Wichtige Zeichen

. Ein untergesetzter Punkt kennzeichnet die kurze betonte Silbe, z. B. Referent.

_ Ein untergesetzter Strich kennzeichnet die lange betonte Silbe, z. B. Fassade.

| Der senkrechte Strich gibt die möglichen Worttrennungen am Zeilenende an, z. B. Mor|ta|del|la, mü|he|voll.

® Das Zeichen ® kennzeichnet als Marken geschützte Wörter (Bezeichnungen, Namen). Sollte dieses Zeichen einmal fehlen, so ist das keine Gewähr dafür, dass das Wort als Handelsname frei verwendet werden darf.

- Der waagerechte Strich vertritt das unveränderte Stichwort bei den Beugungsangaben des Stichworts, z. B. Insel, die; -, -n (vgl. S. 11, Abschnitt Substantive).

… Drei Punkte stehen bei Auslassung von Teilen eines Wortes, z. B. Eindruck, der; -[e]s, …drücke; oder: Anabolikum, das; -s, …ka.

[] Die eckigen Klammern schließen Aussprachebezeichnungen, Zusätze zu Erklärungen in runden Klammern und beliebige Auslassungen ein (Buchstaben und Silben, wie z. B. in abschnitt[s]weise, Wissbegier[de]).

() Die runden Klammern schließen Erklärungen und Hinweise zum heutigen Sprachgebrauch ein, z. B. orakeln (in dunklen Andeutungen sprechen). Sie enthalten außerdem stilistische Bewertungen, fachsprachliche Zuordnungen und Angaben zur räumlichen und zeitlichen Verbreitung des Stichwortes.

⟨⟩ Die Winkelklammern schließen Angaben zur Herkunft des Stichwortes ein, z. B. Affäre ⟨franz.⟩.

D Die Regeln zur Rechtschreibung und Zeichensetzung (S. 24 ff.) sind zur besseren Übersicht mit Zahlen gegliedert, auf die im Wörterverzeichnis mit einem Pfeil verwiesen wird, z. B. ↑D71.

📖 Die Texte in den Regeln zur Rechtschreibung und Zeichensetzung, die mit diesem Symbol markiert sind, enthalten weiterführende Hinweise, Erläuterungen oder Empfehlungen der Dudenredaktion zu (insbesondere orthografischen) Zweifelsfällen.

Zur gelben Unterlegung vgl. den Abschnitt Variantenempfehlungen (S. 14 ff.). Zu den gelb unterlegten Infokästen vgl. den Abschnitt Infokästen (S. 14).

Lehrerhandreichung, Software und App

Zu diesem Buch stellen wir Ihnen kostenlos eine **Lehrerhandreichung** mit Erläuterungen zum Rechtschreibduden und Unterrichtsmaterial einschließlich Kopiervorlagen zur Verfügung. Sie können diese unter http://www.duden.de/download-d1 herunterladen.

Den Dudenband 1, »Die deutsche Rechtschreibung«, gibt es auch als **Software** und als **App.** Die Software können Sie im Dudenshop erwerben. Sie ist Teil der elektronischen »Dudenbibliothek«, in der auch weitere Dudentitel als Software erhältlich sind. Die App finden Sie in allen gängigen Appstores.

Duden Band 1

Jahr	Name	Klasse

Leihexemplar
Goethe-Grundschule

Der Duden in zwölf Bänden
Das Standardwerk zur deutschen Sprache

1. **Die deutsche Rechtschreibung**

2. **Das Stilwörterbuch.
   Typische Wortverbindungen**

3. **Das Bildwörterbuch**

4. **Die Grammatik**

5. **Das Fremdwörterbuch**

6. **Das Aussprachewörterbuch**

7. **Das Herkunftswörterbuch**

8. **Das Synonymwörterbuch**

9. **Das Wörterbuch der
   sprachlichen Zweifelsfälle.
   Richtiges und gutes Deutsch**

10. **Das Bedeutungswörterbuch**

11. **Redewendungen**

12. **Zitate und Aussprüche**

Duden

Die deutsche Rechtschreibung

27., völlig neu bearbeitete und erweiterte Auflage

Herausgegeben
von der Dudenredaktion

Auf der Grundlage der aktuellen
amtlichen Rechtschreibregeln

Duden Band 1

Sonderausgabe
für alle *Schulen* in Deutschland

Dudenverlag
Berlin

Redaktionelle Bearbeitung
Dr. Kathrin Kunkel-Razum (Projektleiterin),
Prof. Dr. Peter Gallmann, Melanie Kunkel, Dr. Franziska Münzberg,
Dr. Ralf Osterwinter, Carsten Pellengahr, Dr. Ilka Pescheck,
Hannah Schickl, Christian Stang, André Zimmermann

Susanne Jung (»Sprache in Zahlen«)
Thorsten Frank (computerlinguistische Arbeiten)
Unter Mitwirkung des österreichischen und des schweizerischen Dudenausschusses

Autor der Beilage Christian Stang

Herstellung Ursula Fürst

Die **Duden-Sprachberatung** beantwortet Ihre Fragen zu Rechtschreibung, Zeichensetzung, Grammatik u. Ä. montags bis freitags zwischen 09:00 und 17:00 Uhr.
Aus Deutschland: 09001 870098 (1,99 € pro Minute aus dem Festnetz)
Aus Österreich: 0900 844144 (1,80 € pro Minute aus dem Festnetz)
Aus der Schweiz: 0900 383360 (3.13 CHF pro Minute aus dem Festnetz)
Die Tarife für Anrufe aus den Mobilfunknetzen können davon abweichen.
Den kostenlosen Newsletter der Duden-Sprachberatung können Sie unter www.duden.de/newsletter abonnieren.

Bibliografische Information der Deutschen Nationalbibliothek
Die Deutsche Nationalbibliothek verzeichnet diese Publikation
in der Deutschen Nationalbibliografie; detaillierte bibliografische
Daten sind im Internet über http://dnb.dnb.de abrufbar.

Namen und Kennzeichen, die als Marken bekannt sind und entsprechenden
Schutz genießen, sind durch das Zeichen ® geschützt. Aus dem Fehlen des
Zeichens darf in Einzelfällen nicht geschlossen werden, dass ein Name frei ist.

Das Wort **Duden** ist für den Verlag Bibliographisches Institut GmbH
als Marke geschützt.

Kein Teil dieses Werkes darf ohne schriftliche Einwilligung des Verlages
in irgendeiner Form (Fotokopie, Mikrofilm oder ein anderes Verfahren),
auch nicht für Zwecke der Unterrichtsgestaltung, reproduziert oder unter
Verwendung elektronischer Systeme verarbeitet, vervielfältigt oder
verbreitet werden.

Alle Rechte vorbehalten. Nachdruck, auch auszugsweise, verboten.
© Duden 2019   D C B A
Bibliographisches Institut GmbH, Mecklenburgische Straße 53, 14197 Berlin

Typografisches Konzept, Satz Umtexte Farnschläder & Mahlstedt, Hamburg
Umschlaggestaltung Tom Leifer Design, Hamburg
Satz Wörterverzeichnis Dörr + Schiller GmbH, Stuttgart
Druck und Bindung GGP Media GmbH, Karl-Marx-Straße 24, 07381 Pößneck
Printed in Germany
ISBN 978-3-411-70627-3
www.duden.de

Inhalt

Vorwort 7

Auswahl der Stichwörter 8
Wie kommen die Wörter
in den Duden? 8

Zur Wörterbuchbenutzung 9
Anordnung der Stichwörter 9
Grammatische Informationen 10
Aussprache der Stichwörter 12
Herkunft der Stichwörter 13
Bedeutungserklärungen 14
Infokästen 14
Variantenempfehlungen
(Dudenempfehlungen) 14
Reduktion von Schreibvarianten 18

Abkürzungen im Wörterverzeichnis 19

Wichtige grammatische Fachausdrücke 22

Rechtschreibung und Zeichensetzung 24
Einleitung 24
Übersicht 24

Textverarbeitung und E-Mails 110

Gestaltung von Geschäftsbriefen 134

Gestaltung von geschäftlichen E-Mails 139

Textkorrektur 141

Das griechische Alphabet 146

**Die Umsetzung der amtlichen
Rechtschreibregelung in Pressetexten** 147

Sprache in Zahlen 148

Wörterverzeichnis A–Z 161

Wichtige Zeichen
→ vorderer Einbanddeckel innen
Wörter und Unwörter des Jahres
→ hinterer Einbanddeckel innen

Vorwort

Liebe Leserin, lieber Leser,

vor Ihnen liegt die 27. Auflage des Dudenbands 1 – Die deutsche Rechtschreibung. Die erste Auflage erschien im Jahr 1880 als schmales Bändchen mit gerade mal 187 Seiten und rund 27 000 Stichwörtern.

In dieser neuen Auflage stehen nun rund 145 000 Stichwörter, etwa 5000 davon haben wir neu aufgenommen, z. B. *postfaktisch*, *frugan* oder *Schmähgedicht*. Wie wir diese Wörter ermitteln, erklären wir auf den folgenden Seiten. Mit dieser Auswahl dokumentieren wir die aktuellen Entwicklungen im Wortschatz der deutschen Gegenwartssprache. Alle Einträge werden mit sämtlichen Schreibvarianten, die nach der gültigen amtlichen Rechtschreibung zulässig und begründbar sind, aufgeführt.

Vor dem Wörterverzeichnis finden Sie zunächst Hinweise dazu, wie Sie dieses Wörterbuch am besten benutzen, wie die Stichwörter sortiert sind und welche Informationen zu einem Stichwort gegeben werden. Aufgelistet sind hier auch die Abkürzungen, die wir im Wörterbuch verwenden, und die wichtigsten grammatischen Fachausdrücke mit einer kurzen Erklärung.

Vollständig überarbeitet haben wir die alphabetisch angeordneten Regeln zur Rechtschreibung und Zeichensetzung. Vom Wörterverzeichnis aus wird immer wieder auf diesen Teil verwiesen (z. B. vom Stichwort *mitternachts* auf ↑D70), um zu erklären, auf welcher Regel eine bestimmte Schreibung fußt. Es folgen Hinweise zur formalen Gestaltung von Texten und E-Mails und zur Korrektur von Texten.

Für den sich anschließenden Teil »Sprache in Zahlen« haben wir beispielsweise untersucht, welches Wort das längste ist, welcher Buchstabe am häufigsten auftritt und wie hoch jeweils der Anteil der einzelnen Wortarten im Duden ist.

Wir sind überzeugt davon, dass die Fähigkeit, korrekt und angemessen zu schreiben, auch in Zeiten digitaler Informations- und Kommunikationsprozesse ihren hohen Stellenwert behaupten wird. Diese Neuauflage des Rechtschreibdudens leistet dazu einen wichtigen Beitrag.

Sehr herzlich danken wir allen Kolleginnen und Kollegen sowie allen Institutionen, die an der Neubearbeitung beteiligt waren oder die unsere Arbeit durch vielfältige Kontakte und Kooperationen unterstützen und bereichern. Besonders genannt seien die Mitglieder des österreichischen und schweizerischen Dudenausschusses, die Gesellschaft für deutsche Sprache (GfdS) in Wiesbaden und das Institut für Deutsche Sprache (IDS) in Mannheim.

Berlin, im Mai 2019
Die Dudenredaktion

Auswahl der Stichwörter

Wie kommen die Wörter in den Duden?

Für den Rechtschreibduden erfasst die Dudenredaktion den Allgemeinwortschatz der deutschen Sprache. Dazu gehören zunächst einmal Erbwörter, Lehnwörter und Fremdwörter der Hochsprache, aber auch umgangssprachliche Ausdrücke und landschaftlich verbreitete Wörter. Hinzu kommen Wörter aus Fachsprachen, Gruppen- und Sondersprachen, z. B. aus der Medizin, der Chemie, der Jagd oder dem Sport. Auch sind einige Namen, z. B. Personen- oder Ortsnamen, und allgemein gebräuchliche Abkürzungen verzeichnet.

Das Material für die Auswahl steht der Redaktion mit dem Dudenkorpus zur Verfügung. Das ist eine umfangreiche elektronische Textsammlung, die derzeit mehr als 4 Milliarden Einträge umfasst. Sie stammen überwiegend aus Zeitungen aus Deutschland, Österreich und der Schweiz, aber auch aus Romanen und Sachtexten. Wenn eine Neubearbeitung des Rechtschreibdudens geplant ist, ermittelt die Redaktion mit modernen computerlinguistischen Methoden, welche Wörter seit der letzten Auflage neu in das Korpus gekommen sind und welche davon am häufigsten nachgewiesen werden können. Die daraus resultierenden umfangreichen Listen werden gesichtet und redaktionell bewertet: Für die Auswahl der Aufnahmekandidaten sind vor allem die Häufigkeit des Auftretens und die Verbreitung über verschiedene Textsorten hinweg, also der allgemeine Gebrauch, entscheidend. Hinzu kommen als Kriterien natürlich mögliche rechtschreibliche Schwierigkeiten oder grammatische Fragen. Wenn ein Wort nicht im Duden verzeichnet ist, heißt das also nicht, dass dieses Wort gänzlich ungebräuchlich oder nicht korrekt ist.

Zur Wörterbuchbenutzung

Anordnung der Stichwörter

Stichwörter
Die Stichwörter sind **halbfett** gedruckt.

Schreibungen
Wenn die Rechtschreibregeln mehrere Schreibungen zulassen, stehen beide Formen durch Komma getrennt nebeneinander. Das bedeutet, dass nach geltender Rechtschreibung beide Schreibungen gleichberechtigt sind (s. Abschnitt »Dudenvarianten«).

Beispiel: Geograf, Geograph

Eine Ausnahme bilden stilistische, regionale oder als fachsprachlich markierte Schreibungen. Diese werden mit der entsprechenden Angabe versehen an die Hauptform angeschlossen.

Beispiel: Zellulose, *fachspr.* Cellulose

Fügt sich die Schreibung, die an zweiter Position steht, nicht in das Alphabet ein, steht an der entsprechenden Alphabetstelle ein Verweis.

Beispiel: Cellulose *vgl.* Zellulose

Bei der Anordnung der gleichberechtigten Schreibungen werden [im Haupteintrag] die von der Dudenredaktion empfohlenen Schreibungen in der Regel zuerst angeführt (s. Abschnitt »Dudenvarianten«).

Beispiel: Gebrauchsgrafik, Gebrauchsgraphik

Dudenvarianten
Für alle, die sich nicht selbst zwischen den erlaubten Schreibvarianten entscheiden möchten, sind die Varianten, die im Dudenverlag selbst bevorzugt verwendet werden, gelb unterlegt. Zur Begründung der jeweiligen Auswahl vgl. den Abschnitt Variantenempfehlungen (S. 14 f.).

Trennmöglichkeiten
Die geltenden Regeln zur Worttrennung lassen – besonders bei Fremdwörtern – häufig mehrere Trennmöglichkeiten zu. Der Duden kennzeichnet bei jedem Stichwort alle Trennmöglichkeiten durch senkrechte Striche.

Beispiel: Chi|r|ur|gie

Alphabetische Sortierung
Die Anordnung der Stichwörter ist alphabetisch.

Die Umlaute *ä, ö, ü, äu* werden wie die nicht umgelauteten Vokale (Selbstlaute) *a, o, u, au* behandelt. Die Schreibungen *ae, oe, ue* (in Namen) werden nach *ad* usw. eingeordnet. Der Buchstabe *ß* wird wie *ss* eingeordnet. Bei gleichlautenden Wörtern steht das Wort mit *ss* vor dem mit *ß*.

Beispiele		
harken	Godthåb	Mäßchen
Härlein	Goes	Masse
Harlekin	Goethe	Maße
Harlem	Gof	Massegläubiger

Kleinbuchstaben werden vor Großbuchstaben eingeordnet, Ziffern folgen nach dem letzten Buchstaben des Alphabets. Einträge aus mehreren Wörtern werden wie einfache Einträge behandelt.

Grammatische Informationen

Beispiele		
Arles	Gyroskop	Laokoon
arm	G-7-Staat	La Ola
Arm	G-8-Staat	La-Ola-Welle
Armada	h	Laon

Abweichend von der alphabetischen Ordnung gibt es an manchen Stellen Infokästen mit Wörtern, die wegen ihrer ungewöhnlichen Schreibung häufig nicht am richtigen Ort gesucht werden.

Wortnester
Stichwörter, die sprachlich (etymologisch) verwandt sind, werden aus Platzgründen gelegentlich zu kurzen, überschaubaren Wortgruppen (»Nestern«) zusammengefasst, soweit die alphabetische Ordnung das zulässt.

Indizes
Gleich geschriebene Stichwörter werden durch hochgestellte Zahlen (Indizes) unterschieden.

> **Beispiel:** [1]Elf (Naturgeist)
> [2]Elf (Zahl)

Grammatische Informationen

... zu Verben
(Tätigkeitswörtern, Zeitwörtern)

Beugungsformen
Bei den schwachen Verben werden im Allgemeinen keine Beugungsformen angegeben, da sie regelmäßig im Präteritum (erste Vergangenheit) auf -te und im Partizip II (2. Mittelwort) auf -t ausgehen.

Bei den starken und unregelmäßigen Verben werden in der Regel folgende Formen angegeben: die 2. Person Singular (Einzahl) im Indikativ des Präteritums (Wirklichkeitsform der ersten Vergangenheit), die [umgelautete] 2. Person Singular im Konjunktiv des Präteritums (Möglichkeitsform der ersten Vergangenheit), das Partizip II (2. Mittelwort), der Singular des Imperativs (Befehlsform). Andere Besonderheiten werden nach Bedarf angegeben.

> **Beispiel:** biegen; du bogst; du bögest; gebogen; bieg[e]!

Bei den Verben, deren Stammvokal *e (ä, ö)* zu *i* wechselt, und bei Verben, die Umlaut haben, werden ferner angegeben: 2. und 3. Person Singular im Indikativ des Präsens (Wirklichkeitsform der Gegenwart).

> **Beispiele:** (e/i-Wechsel:) geben; *du gibst, er gibt;* du gabst; du gäbest; gegeben; gib! (mit Umlaut:) fallen; *du fällst, er fällt;* du fielst; du fielest; gefallen; fall[e]!

Für zusammengesetzte oder mit einer Vorsilbe gebildete Verben sind die grammatischen Hinweise beim einfachen Verb nachzuschlagen, z. B. *vorziehen* bei *ziehen, behandeln* bei *handeln, abgrenzen* bei *grenzen.*

s-Endung
Bei den Verben, deren Stamm mit einem s-Laut oder Zischlaut endet *(s, ß, sch, z, tz),* wird die 2. Person Singular im Indikativ des Präsens (Wirklichkeitsform der Gegenwart) angegeben, weil -e- oder -es- der Endung gewöhnlich ausfällt.

> **Beispiele:** zischen; du zischst; lesen; du liest; sitzen; du sitzt

Bei den starken Verben, deren Stamm mit -ß endet, steht wegen des Wechsels von *ss* und *ß* zusätzlich die 1. Person Singular im Indikativ des Präteritums (Wirklichkeitsform der ersten Vergangenheit).

Beispiel: beißen; du beißt; *ich biss;* du bissest

... zu Substantiven (Hauptwörtern)

Einfache Substantive
Bei einfachen Substantiven sind mit den Ausnahmen, die unten aufgelistet sind, der Artikel (das Geschlechtswort), der Genitiv Singular (Wesfall der Einzahl) und, soweit gebräuchlich, der Nominativ Plural (Werfall der Mehrzahl) angeführt.

Beispiel: Knabe, der; -n, -n (das bedeutet: der Knabe, des Knaben, die Knaben)

Substantive, die nur im Plural (Mehrzahl) vorkommen, werden durch ein nachgestelltes *Plur.* gekennzeichnet.

Beispiel: Ferien *Plur.*

Ableitungen
Die Angabe des Artikels und der Beugung fehlt gewöhnlich bei abgeleiteten Substantiven, die mit folgenden Silben gebildet sind:

-chen:	Rädchen	das; -s, -
-lein:	Brüderlein	das; -s, -
-ei:	Bäckerei	die; -, -en
-er:	Lehrer	der; -s, -
-heit:	Keckheit	die; -, -en
-in:	Lehrerin	die; -, -nen
-keit:	Ähnlichkeit	die; -, -en
-ling:	Jüngling	der; -s, -e
-schaft:	Landschaft	die; -, -en
-tum:	Besitztum	das; -s, ...tümer
-ung:	Prüfung	die; -, -en

Bei Ableitungen, die in Artikel und Beugung von diesen Beispielen abweichen, sind aber die grammatischen Angaben hinzugefügt, z. B. bei denen, die keinen Plural bilden, wie: *Müdigkeit, die;* - oder: *Christentum, das; -s.*

Zusammengesetzte Substantive
Bei zusammengesetzten Substantiven und bei Substantiven, die zu zusammengesetzten Verben oder zu solchen mit Vorsilbe gebildet sind, fehlen im Allgemeinen Artikel und Beugungsendungen. In diesen Fällen ist beim Grundwort oder bei dem zum einfachen Verb gebildeten Substantiv nachzuschlagen.

Beispiele: Eisenbahn bei Bahn, Fruchtsaft bei Saft; Abschluss (Bildung zu abschließen) und Verschluss (Bildung zu verschließen) bei Schluss (Bildung zu schließen)

Artikel und Endungen werden dann angegeben, wenn sie sich von denen des Grundwortes unterscheiden, wenn von zwei Bildungsmöglichkeiten nur eine zutrifft oder wenn keine augenfällige (inhaltliche) Verbindung zwischen den vom einfachen und vom nicht einfachen Verb abgeleiteten Substantiven besteht.

Beispiele: Stand, der; -[e]s, Stände, *aber:* Ehestand, der; -[e]s (kein Plural); Teil, der *od.* das; -[e]s, -e, *aber:* Vorteil, der; -[e]s, -e (nur Maskulinum); Sage, die; -, -n; ebenso: Absage, die; -, -n

... zu Adjektiven (Eigenschaftswörtern)

Bei Adjektiven sind vor allem Besonderheiten und Schwankungen in der Bildung der Steigerungsformen vermerkt.

Beispiele: alt, älter, älteste; glatt, glatter, *auch* glätter, glatteste, *auch* glätteste

11

Aussprache der Stichwörter

Aussprachebezeichnungen stehen in eckigen Klammern hinter Fremdwörtern und einigen deutschen Wörtern, deren Aussprache von der sonst üblichen abweicht. Die verwendete Lautschrift folgt dem Zeichensystem der International Phonetic Association (IPA).

Die Ausspracheangaben bei Fremdwörtern beziehen sich auf die in der deutschen Standardsprache übliche Lautung, die oft nicht exakt mit derjenigen der fremden Sprache übereinstimmt. Wer sich für zusätzliche und ausführlichere Ausspracheangaben interessiert, sollte das Duden-Aussprachewörterbuch zurate ziehen.

Die übliche Aussprache wurde nicht angegeben bei

c	[k]	vor *a, o, u* (wie in *Café*)
c	[ts]	vor *e, i, ä, ae* [ɛ(:)], *ö, ü, y* (wie in *Celsius*)
i	[i̯]	vor Vokal in Fremdwörtern (wie in *Union*)
sp	[ʃp]	im Stammsilbenanlaut deutscher und im Wortanlaut eingedeutschter Wörter (wie in *Spiel, Spedition*)
sp	[sp]	im Wortinlaut (wie in *Knospe, Prospekt*)
st	[ʃt]	im Stammsilbenanlaut deutscher und im Wortanlaut eingedeutschter Wörter (wie in *Bestand, Strapaze*)
st	[st]	im Wortin- und -auslaut (wie in *Fenster, Existenz, Ast*)
ti	[tsi̯]	vor Vokal in Fremdwörtern (wie in *Aktion, Patient*)
v	[f]	vor Vokal im Anlaut (wie in *Vater*)

Zeichen der Lautschrift
Beispiele und Umschreibung

[a]	Butler	[ˈbat...]
[aː]	H-Milch	[ˈhaː...]
[ɐ]	Flyer	[...ˈflaːɐ̯]
[ɐ̯]	Friseur	[...ˈzøːɐ̯]
[ʌ]	One-Way-Flug	[ˈwʌnweɪ...]
[ã]	Centime	[sãˈtiːm]
[ãː]	Franc	[frãː]
[aɪ]	live	[laɪf]
[aʊ]	Couch	[kaʊtʃ]
[ç]	Bronchie	[...çi̯ə]
[dʒ]	Gin	[dʒɪn]
[e]	Descartes	[deˈkart]
[eː]	Attaché	[...ˈʃeː]
[ɛ]	Handicap	[ˈhɛndikɛp]
[ɛː]	fair	[fɛːɐ̯]
[ɛ̃]	Impromptu	[ɛ̃prõˈtyː]
[ɛ̃ː]	Timbre	[ˈtɛ̃ːbrə]
[ɛɪ]	Rating	[ˈrɛɪtɪŋ]
[eɪ]	San Diego	[sæn diˈeɪgəʊ]
[ə]	Bulgarien	[...i̯ən]
[ə̯]	Guetsli	[ˈgʊə̯...]
[əʊ]	Roosevelt	[ˈrəʊ...]
[i]	Citoyen	[sitɔaˈjɛ̃ː]
[iː]	Creek	[kriːk]
[i̯]	Linie	[...i̯ə]
[ɪ]	City	[ˈsɪti]
[l̩]	Shuttle	[ˈʃatl̩]
[n̩]	Action	[ˈɛkʃn̩]
[ŋ]	Dubbing	[ˈdabɪŋ]
[o]	Logis	[loˈʒiː]
[oː]	Plateau	[...ˈtoː]
[ɔ]	Cognac	[kɔnˈjak]

Herkunft der Stichwörter

[ɔ:]	Firewall [ˈfaɪ̯ɐwɔ:l]		[x]	Chuzpe [x...]
[õ]	Bonmot [bõˈmo:]		[y]	Budget [byˈdʒe:]
[õ:]	Chanson [ʃãˈsõ:]		[y:]	Avenue [avəˈny:]
[ø]	Pasteurisation [...tø...]		[y̌]	Habitué [(h)abiˈty̌e:]
[ø:]	Friseuse [...ˈzø:zə]		[ʀ]	de luxe [dəˈlʏks]
[œ]	Portefeuille [...ˈfœj]		[z]	Browser [ˈbraʊ̯zɐ]
[œ̃]	Dunkerque [dœ̃ˈkɛrk]		[ʒ]	Genie [ʒe...]
[œ̃:]	Verdun [...ˈdœ̃:]		[θ]	Thrill [θrɪl]
[o̯a]	chamois [ʃaˈmo̯a]		[ð]	on the rocks [- ðə -]
[o̯a:]	Memoiren [...ˈmo̯a:rən]		[ǀ]	Disagio [...ˈǀa:dʒo]
[ɔʊ̯]	Soap [sɔʊ̯p]			
[ɔɪ̯]	Boykott [bɔɪ̯...]			
[s]	City [ˈsɪti]			
[ʃ]	Charme [ʃarm]			
[ts]	Peanuts [ˈpi:nats]			
[tʃ]	Match [mɛtʃ]			
[u]	Routine [ru...]			
[u:]	Route [ˈru:...]			
[u̯]	Louis-quatorze [lu̯ikaˈtɔrs]			
[ʊ]	Jogurt [ˈjo:gʊrt]			
[v]	Cover [ˈkavɐ]			
[w]	Walking [ˈwɔ:kɪŋ]			

Ein Doppelpunkt nach dem Vokal bezeichnet dessen Länge, z. B. *Plateau* [...ˈto:]. Lautbezeichnungen in runden Klammern bedeuten, dass der betreffende Laut nicht mitgesprochen werden muss, z. B. *Habitué* [(h)abiˈty̌e:]. Der Hauptakzent [ˈ] steht vor der betonten Silbe, z. B. *Catenaccio* [kateˈnatʃo].

Die beim ersten Stichwort stehende Aussprachangabe ist im Allgemeinen für alle nachfolgenden Wortformen eines Stichwortartikels oder einer Wortgruppe gültig, sofern diese nicht eine neue Angabe erfordern.

Herkunft der Stichwörter

Die Herkunft der Fremdwörter und einiger jüngerer Lehnwörter wird in knapper Form in Winkelklammern angegeben; meist wird die gebende Sprache, nicht die Ursprungssprache genannt. In einigen Fällen werden die Ursprungssprache und die vermittelnde Sprache, verbunden durch einen Bindestrich, angegeben.

Beispiel: Bombast ⟨pers.-engl.⟩

Steht eine Sprachbezeichnung in runden Klammern, so heißt das, dass auch diese Sprache die gebende Sprache gewesen sein kann.

Beispiel: Bronze ⟨ital.(-franz.)⟩

Durch das Semikolon (Strichpunkt) zwischen den Herkunftsangaben wird deutlich gemacht, dass es sich bei dem Stichwort um eine Zusammensetzung aus Wörtern oder Wortteilen der angegebenen Sprachen handelt.

Beispiel: bipolar ⟨lat.; griech.⟩

Die wörtliche Bedeutung eines Wortes wird gelegentlich in Anführungszeichen an die Herkunftsangabe angeschlossen.

Beispiel: per aspera ad astra ⟨lat., »auf rauen Wegen zu den Sternen«⟩

Aus Platzgründen wird die Herkunftsangabe bei Ableitungen und Zusammensetzungen in der Regel nicht wiederholt.

Bedeutungserklärungen

Der Rechtschreibduden ist kein Bedeutungswörterbuch; er enthält daher keine ausführlichen Bedeutungsangaben. Nur wo es für das Verständnis eines Wortes erforderlich ist, werden kurze Hinweise zur Bedeutung gegeben, etwa bei schwierigen Fremdwörtern, Fachtermini, umgangssprachlichen, landschaftlichen und veralteten Ausdrücken. Solche Erklärungen stehen in runden Klammern. Zusätze, die nicht notwendig zu den Erklärungen gehören, stehen innerhalb der runden Klammern in eckigen Klammern.

Beispiele: Akteur (Handelnder; Spieler; Schauspieler), Amortisation ([allmähliche] Tilgung; Abschreibung, Abtragung [einer Schuld]), Rabatz (*ugs. für* Krawall, Unruhe), Karfiol (*österr. für* Blumenkohl), Gleisner (*veraltet für* Heuchler)

Infokästen

In den gelb unterlegten Infokästen werden zum einen orthografisch besonders schwierige Stichwörter behandelt, oft mit ausführlichen und übersichtlich gegliederten Beispielen. Zum anderen gibt es Kästen mit grammatischen Besonderheiten oder mit Warnhinweisen, wenn Wörter als diskriminierend empfunden werden können.

Variantenempfehlungen (Dudenempfehlungen)

Die Empfehlungen der Dudenredaktion sollen all denen eine richtige und einheitliche Rechtschreibung ermöglichen, die dies wünschen und keine eigenen Entscheidungen bei der Variantenauswahl treffen möchten. Es geht dabei ausschließlich um Schreibungen. Wo unterschiedliche Wortformen wie »gern« und »gerne« oder »Verdopplung« und »Verdoppelung« nebeneinander gebräuchlich sind, geben wir keine Empfehlungen. Auch wenn fachsprachliche oder regionale Schreibvarianten angeführt werden, wird keine Bevorzugung angezeigt, da man sich hier in der Schreibung am besten nach dem jeweiligen Textzusammenhang richtet.

Bei der Auswahl der Varianten hat sich die Dudenredaktion an folgenden drei Kriterien orientiert:

Variantenempfehlungen (Dudenempfehlungen)

1. Nach Möglichkeit soll der tatsächliche Schreibgebrauch, wie ihn die Dudenredaktion beobachtet, berücksichtigt werden.

2. Wir wollen den Bedürfnissen der Lesenden nach optimaler Erfassbarkeit der Texte möglichst umfassend gerecht werden.

3. Auch die Bedürfnisse der Schreibenden nach einfacher Handhabbarkeit der Rechtschreibung sollen weitgehend befriedigt werden.

Diese Gesichtspunkte, die nicht selten im Widerspruch zueinander stehen, waren sorgfältig gegeneinander abzuwägen. Es gibt Bereiche, wo die Dudenredaktion den Schreibenden überzeugt die neuere Schreibvariante empfehlen kann, und andere, in denen sie eher zur konservativen Variante rät.

Schreibung von Fremdwörtern

Wörter aus dem Französischen mit é/ee
»Dragee«, »Entree« und »Separee« sind nach unserer Einschätzung auch in diesen Schreibungen schon so gebräuchlich, dass man auf das Akzent-e verzichten kann. Eine Ausnahme bildet hier der Schreibgebrauch in der Schweiz, wo Fremdwörter aus dem Französischen generell eher in der nicht angeglichenen Form (»Dragée«, »Séparée«) geschrieben werden.

Das ph in Wörtern aus dem Griechischen
fon/phon
Entsprechend der Schreibung »Telefon« empfehlen wir auch »Megafon«, »Saxofon« oder »Xylofon«. Eine Ausnahme bilden einige Fachwörter wie »Phonologie« und »Phonometrie«.

fot/phot
Nach »Foto« und »fotokopieren« bevorzugen wir nun auch die f-Schreibung für Fachwörter wie »Fotochemie«, »Fotosynthese« usw. Eine Ausnahme bilden die Wörter »Phot« und »Photon«.

graf/graph
Nach »Fotografie« und »Grafiker[in]« empfehlen wir nun auch »Paragraf«, »Geografie«, »Telegraf«, »Biografie« usw. Als Ausnahmen betrachten wir einige Fachwörter wie »Graph« und »Graphem«.

fan/phan
Für die sehr oft gebrauchten Wörter »Fantasie«, »fantastisch« usw. erscheint die f-Schreibung angemessen, bildungssprachliche Wörter wie »Phantasmagorie« sollten dagegen das *ph* behalten (»Phantom« ist nach wie vor auf *ph* festgelegt).

tial/zial, tiell/ziell
Wenn eine Zuordnung zu einem Grundwort mit *z* plausibel ist, dann empfehlen wir für Wörter wie »existenziell« und »Existenzialismus« (wegen: Existenz) generell die z-Schreibung.

Sonstige
Bei den sonstigen Varianten in der Laut-Buchstaben-Zuordnung, etwa hinsichtlich der c- oder k-Schreibung, der ch- oder sch-Schreibung, der ou- oder u-Schreibung, der e- oder ä-Schreibung u. a., lässt sich kaum eine systematische Richtlinie aufstellen. Hier hat die Dudenredaktion in jedem Einzelfall geprüft, ob eine Tendenz zugunsten einer Variante im Schreibgebrauch feststellbar ist. Solchen Beobachtungen folgen die Empfehlungen in diesem Wörterbuch.

Getrennt- und Zusammenschreibung

mithilfe / mit Hilfe
Bei Fügungen dieser Art empfehlen wir jeweils die zusammengeschriebene Variante, da (nur zusammenzuschreibende) Fälle wie »beiseite«, »inmitten« oder »zuliebe« eine

Variantenempfehlungen (Dudenempfehlungen)

gewisse Tendenz zur Einwortschreibung erkennen lassen.

gewinnbringend / Gewinn bringend
Bei der Verbindung von Substantiv und erstem Partizip empfehlen wir in einer größeren Zahl von Fällen die früher vorwiegend übliche Zusammenschreibung.

Alleinerziehende / allein Erziehende
Bei den substantivierten Verbindungen mit einem Partizip als zweitem Bestandteil haben sich eine Reihe von Zusammensetzungen im Schreibgebrauch fest etabliert (z. B. »das Kleingedruckte«, »Alleinerziehende«, »Festangestellte«, »Ratsuchende« usw.). Hier empfehlen wir in der Regel die Beibehaltung der Zusammenschreibung.

stehenlassen / stehen lassen
Die Grundregel, nach der zwei Verben getrennt geschrieben werden, ist so eindeutig und einfach, dass wir ihre Anwendung auch bei übertragenem Gebrauch empfehlen. Eine Ausnahme bildet »kennenlernen«.

kleinschneiden / klein schneiden
Auch bei der Verbindung von Adjektiv und Verb ist bei nicht übertragener Bedeutung die Getrenntschreibung immer die einfachste Lösung. Sobald das Adjektiv erweitert oder gesteigert ist (»ganz klein schneiden«, »kleiner schneiden«), darf ohnehin nur getrennt geschrieben werden.

vielsagend / viel sagend
Einige Verbindungen aus Adjektiv oder Adverb und Partizip sind so geläufig, dass sie meist als Zusammensetzung und seltener als Wortgruppe empfunden werden. Hier empfehlen wir die Zusammenschreibung.

Achtzigerjahre / achtziger Jahre
Hier empfehlen wir die Zusammenschreibung, wie sie in schon länger üblichen Wörtern wie »Sechserpack« oder »Zweierbeziehung« vorgegeben ist.

Schreibung mit Bindestrich

Ein Bindestrich kann grundsätzlich in jedem mehrteiligen Wort gesetzt werden, in dem man einen Bestandteil aus irgendeinem Grund besonders hervorheben oder das man besser lesbar machen möchte. Im Folgenden geht es jedoch nur um die Frage einer generellen Bindestrichschreibung für besondere Fallgruppen:

Lotto-Annahmestelle/Lottoannahmestelle
Bei längeren unübersichtlichen sowie bei nicht eindeutigen Zusammensetzungen empfehlen wir Bindestrichschreibungen, also z. B. »Lotto-Annahmestelle« oder »Druck-Erzeugnis«. Dasselbe gilt auch für Fremdwörter wie »Desktop-Publishing« oder »Bungee-Jumping«.

blaurot / blau-rot
Bei zusammengesetzten Farbbezeichnungen können die Abtönung einer Farbe (z. B. ein bläuliches Rot) durch Zusammenschreibung (»blaurot«), das Nebeneinander zweier Farben durch Bindestrichschreibung (ein Kleid in Blau und Rot ist ein »blau-rotes« Kleid) ausgedrückt werden. Diese Unterscheidung hilft, Missverständnisse zu vermeiden, und wird deshalb von uns empfohlen.

Kick-down / Kickdown
Für englisch-amerikanische Fremdwörter, die auf ein Verb plus Präposition oder Adverb zurückgehen, empfehlen wir die Bindestrichschreibung, da eine Zusammenschreibung in Fällen wie »Sit-in« zu einem ungewohnten und ziemlich

Variantenempfehlungen (Dudenempfehlungen)

schlecht lesbaren Schriftbild führen würde. Wenn das Wort allerdings im Englischen bereits zusammengeschrieben wird (z. B. »Blackout« oder »Countdown«), sollte es in dieser Form beibehalten werden.

New Yorker / New-Yorker
Bei Ableitungen auf -er von mehrteiligen getrennt geschriebenen Städtenamen ziehen wir die Schreibung ohne Bindestrich vor, also »New Yorker«, »Sankt Galler«, »Bad Wörishofener« usw., da so das Schriftbild des zugrunde liegenden Namens besser bewahrt wird.

Groß- und Kleinschreibung

auf das Beste geregelt / auf das beste geregelt
Die Großschreibung erspart eine Unterscheidung zwischen »ihre Wahl fiel auf das Beste aus dem Angebot« und »sie hatte auf das Beste gewählt«. Der Artikel »das« legt die Großschreibung noch zusätzlich nahe.

jedem das Seine / jedem das seine
Auch hier ist wegen des Artikels »das« die Großschreibung die rechtschreiblich einfachere Lösung; also »jedem das Seine«, »grüße die Deinen« usw.

von Neuem / von neuem
Um Diskrepanzen zwischen »ohne weiteres« und »des Weiteren« oder zwischen »aufs Neue« und »von neuem« zu vermeiden, empfehlen wir auch in diesen Fällen die Großschreibung.

Adieu sagen / adieu sagen
Bei »etwas sagen« erwartet man statt des grammatischen Platzhalters »etwas« in den meisten Fällen ein Substantiv (z. B. »die Wahrheit sagen«); analog dazu empfehlen wir auch bei den Grußformeln die Großschreibung.

Hunderte fleißiger Ameisen / hunderte fleißiger Ameisen
In solchen Fällen empfehlen wir die Großschreibung von »Hunderte«, »Tausende« und »Dutzende«, da vor allem die Kleinschreibung von »Dutzende« sehr ungewohnt sein dürfte.

etwas anderes / etwas Anderes
Die Großschreibung der Wörter »eine«, »andere«, »wenig« und »viel« wird in der amtlichen Rechtschreibregelung nur als Ausnahme betrachtet. Das stimmt mit dem bisherigen Schreibgebrauch überein.

das Schwarze Brett / schwarze Brett
Wird eine Verbindung aus Adjektiv und Substantiv als »fester Begriff« aufgefasst, findet sich häufig die Großschreibung des Adjektivs. Dem trägt der Bericht des Rats für deutsche Rechtschreibung 2016 Rechnung, indem er in mehr Fällen auch die Großschreibung zulässt. Die Dudenempfehlung richtet sich im Wesentlichen nach dem Schreibgebrauch.

Reduktion von Schreibvarianten

Der Rat für deutsche Rechtschreibung hat in seinem Bericht 2016 beschlossen, die folgenden heute ungebräuchlichen Schreibvarianten aus dem amtlichen Wörterverzeichnis zu entfernen:

Anschovis, Belkanto, Bravur (und *bravurös*)*, Campagne, Frotté, Grislibär, joga, Jockei, Kalvinismus, Kanossa[gang], Kargo, Ketchup, Kollier, Kommunikee, Komplice, Majonäse, Masurka, Negligee, Nessessär, passee, Rakett* (Tennisschläger; Gang)*, Roulett, Varietee, Wandalismus.*

Ebenfalls werden die Eintragungen *Goali/Goalie* und *Cherub/Kerub* sowie die morphologische Variante *Poulard* aus dem Wörterverzeichnis gestrichen.

Neu aufgenommen wurden die folgenden Varianten:

Canapé, Entrée, Praliné, Soirée.

Die nur nationale Zulassung wird aufgehoben bei

Buffet, Casino, Vademecum.

Damit werden diese Schreibungen allgemein zugelassen.

Die Dudenredaktion berücksichtigt diese Änderungen seit Dezember 2016 in den Nachdrucken und Neuauflagen ihrer Wörterbücher.

Abkürzungen im Wörterverzeichnis

Abkürzungen, bei denen nur -isch zu ergänzen ist, sind nicht aufgeführt, z. B. ägypt. = ägyptisch. Das Wortbildungselement -lich wird gelegentlich mit …l. abgekürzt, z. B. ähnl. = ähnlich.

Abk.	Abkürzung	EDV	elektronische Datenverarbeitung und -übermittlung
afrik.	afrikanisch		
Akk.	Akkusativ		
allg.	allgemein	ehem.	ehemals, ehemalig
amerik.	amerikanisch	Eigenn.	Eigenname
Amtsspr.	Amtssprache	eigtl.	eigentlich
Anat.	Anatomie	Elektrot.	Elektrotechnik
Anm.	Anmerkung	eskim.	eskimoisch
Anthropol.	Anthropologie	etw.	etwas
aram.	aramäisch	europ.	europäisch
Archit.	Architektur	ev.	evangelisch
astron.	astronomisch		
Astron.	Astronomie	fachspr.	fachsprachlich
A. T.	Altes Testament	Fachspr.	Fachsprache
Ausspr.	Aussprache	fam.	familiär
		Familienn.	Familienname
Bankw.	Bankwesen	Finanzw.	Finanzwesen
Bauw.	Bauwesen	Fliegerspr.	Fliegersprache
Bed.	Bedeutung	Flugw.	Flugwesen
Bergmannsspr.	Bergmannssprache	Forstwirtsch.	Forstwirtschaft
Berufsbez.	Berufsbezeichnung	fotogr.	fotografisch
bes.	besonders	Fotogr.	Fotografie
best.	bestimmt	franz.	französisch
Bez.	Bezeichnung	Funkw.	Funkwesen
bild. Kunst	bildende Kunst		
Biol.	Biologie	Gastron.	Gastronomie
Börsenw.	Börsenwesen	Gaunerspr.	Gaunersprache
Bot.	Botanik	gebr.	gebräuchlich
Buchw.	Buchwesen	geh.	gehoben
		Gen.	Genitiv
chin.	chinesisch	Geogr.	Geografie
		Geol.	Geologie
Dat.	Dativ	Geom.	Geometrie
Druckerspr.	Druckersprache	germ.	germanisch
Druckw.	Druckwesen	Ggs.	Gegensatz
dt.	deutsch		

Abkürzungen im Wörterverzeichnis

hebr.	hebräisch		Münzw.	Münzwesen
hist.	historisch		Mythol.	Mythologie
Hüttenw.	Hüttenwesen			
			nationalsoz.	nationalsozialistisch
idg.	indogermanisch		niederl.	niederländisch
ind.	indisch		nlat.	neulateinisch
ital.	italienisch		Nom.	Nominativ
			nordamerik.	nordamerikanisch
Jägerspr.	Jägersprache		nordd.	norddeutsch
jap.	japanisch		norw.	norwegisch
Jh.	Jahrhundert		N.T.	Neues Testament
jmd., jmdm.,	jemand, jemandem,			
jmdn., jmds.	jemanden, jemandes		o. ä.	oder ähnlich
Jugendspr.	Jugendsprache		o. Ä.	oder Ähnliche[s]
			od.	oder
kath.	katholisch		ökum.	ökumenisch
Kaufmannsspr.	Kaufmannssprache			(nach den Loccumer
Kinderspr.	Kindersprache			Richtlinien von 1971)
Konj.	Konjunktion		Ortsn.	Ortsname
Kunstw.	Kunstwort		ostd.	ostdeutsch
Kunstwiss.	Kunstwissenschaft		österr.	österreichisch
Kurzw.	Kurzwort		Österr.	Österreich
			ostmitteld.	ostmitteldeutsch
l.	linker, linke, linkes			
landsch.	landschaftlich		Päd.	Pädagogik
Landwirtsch.	Landwirtschaft		Pharm.	Pharmazie
lat.	lateinisch		philos.	philosophisch
lit.	litauisch		Philos.	Philosophie
Literaturwiss.	Literaturwissenschaft		Physiol.	Physiologie
			Plur.	Plural
m.	männlich		port.	portugiesisch
MA.	Mittelalter		Postw.	Postwesen
marx.	marxistisch		Präp.	Präposition
math.	mathematisch		Psychol.	Psychologie
Math.	Mathematik			
mdal.	mundartlich		r.	rechter, rechte, rechtes
med.	medizinisch		Rechtsspr.	Rechtssprache
Med.	Medizin		Rechtswiss.	Rechtswissenschaft
Meteorol.	Meteorologie		Rel.	Religion[swissen-
mexik.	mexikanisch			schaften]
milit.	militärisch		Rhet.	Rhetorik
Mineral.	Mineralogie			
mitteld.	mitteldeutsch		sanskr.	sanskritisch
mittelhochd.	mittelhochdeutsch		scherzh.	scherzhaft
mlat.	mittellateinisch		Schülerspr.	Schülersprache
mongol.	mongolisch		Schulw.	Schulwesen

Abkürzungen im Wörterverzeichnis

schweiz.	schweizerisch	urspr.	ursprünglich
Seemannsspr.	Seemannssprache	Verbindungsw.	Verbindungswesen
Seew.	Seewesen	Verhaltensf.	Verhaltensforschung
Sing.	Singular	Verkehrsw.	Verkehrswesen
skand.	skandinavisch	Versicherungsw.	Versicherungswesen
Soldatenspr.	Soldatensprache	vgl. [d.]	vergleiche [dort]
Soziol.	Soziologie	Vorn.	Vorname
Sportspr.	Sportsprache		
Sprachwiss.	Sprachwissenschaft	w.	weiblich
Steuerw.	Steuerwesen	Werbespr.	Werbesprache
stud.	studentisch	westd.	westdeutsch
südamerik.	südamerikanisch	westgerm.	westgermanisch
südd.	süddeutsch	westmitteld.	westmitteldeutsch
südwestd.	südwestdeutsch	Wirtsch.	Wirtschaft
svw.	so viel wie		
		Zahnmed.	Zahnmedizin
Textilind.	Textilindustrie	Zigeunerspr.	Zigeunersprache (Es handelt sich hier um eine in der Sprachwissenschaft übliche Bezeichnung, die nicht diskriminierend zu verstehen ist.)
Theol.	Theologie		
Tiermed.	Tiermedizin		
u.	und		
u. a.	und andere		
u. ä.	und ähnlich		
u. Ä.	und Ähnliche[s]	Zollw.	Zollwesen
übertr.	übertragen	Zool.	Zoologie
ugs.	umgangssprachlich	Zus.	Zusammensetzung
ung.	ungarisch		

Wichtige grammatische Fachausdrücke

Dieses Verzeichnis soll dazu dienen, die wichtigsten im Rechtschreibduden verwendeten grammatischen Fachwörter verständlich zu machen. Es stellt keine Einführung in die Grammatik dar und erhebt auch keinen Anspruch auf Vollständigkeit.

Adjektive (Eigenschaftswörter)
sind z. B. *schön, dick, alt*. Sie verändern ihre Form nach Geschlecht, Zahl und Fall und können in der Regel Steigerungsformen bilden: *schön* (Positiv/Grundstufe) – *schöner* (Komparativ/1. Steigerungsstufe) – *am schönsten* (Superlativ/2. Steigerungsstufe).

Adverbien (Umstandswörter)
sind z. B. *dahin, heute, sofort*. Ihre Form ist nicht veränderbar. Sie geben die näheren Umstände eines Geschehens an.

Akkusativ Vgl. ↑ Substantive.

Artikel (Geschlechtswörter)
verändern ihre Form nach Geschlecht, Zahl und Fall. Sie sind Begleiter des Substantivs. Unterschieden werden zwei Arten: die bestimmten Artikel (z. B. *der* Hund, *die* Katze, *das* Haus) und die unbestimmten Artikel (z. B. *ein* Mann, *eine* Geschichte, *ein* Haus).

Beugung
Unter Beugung versteht man die Veränderung/Konjugation von Verben (z. B. sie *sitzt*, ihr *gabt*) sowie die Veränderung/Deklination von Substantiven (z. B. in *Häusern*), Artikeln (z. B. *dem* Mann), Pronomen (z. B. *ihrer* Mutter) oder Adjektiven (z. B. der *teure* Wein).

Dativ Vgl. ↑ Substantive.

Genitiv Vgl. ↑ Substantive.

Infinitive (Nenn- oder Grundformen)
sind z. B. *kommen, lesen, denken*. Sie sind die Formen, in denen Verben genannt und in denen sie auch in Wörterbüchern verzeichnet sind.

Komparativ (1. Steigerungsstufe/Höherstufe)
Vgl. ↑ Adjektive.

Konjunktionen (Bindewörter)
gehören zu den unveränderlichen Wörtern. Sie haben die Aufgabe, Sätze, Satzteile und Wörter miteinander zu verbinden (z. B. *und, oder, weil, dass*). Manchmal lässt sich nicht ohne Weiteres feststellen, ob es sich bei einem Wort um eine Konjunktion oder um ein Adverb handelt. Hier hilft ein Blick auf die Wortstellung: Adverbien können in einem einfachen Satz allein vor das gebeugte Verb treten, Konjunktionen nicht. Bisweilen kann ein Wort sowohl als Konjunktion als auch als Adverb gebraucht werden: (*doch* ist Konjunktion:) *Wir möchten gerne bleiben, doch wir haben keine Zeit.* (*doch* ist Adverb:) *Wir möchten gerne bleiben, doch haben wir keine Zeit.*

Konjunktiv (Möglichkeitsform)
stellt als Aussageweise (Modus) des Verbs ein Geschehen als erwünscht, möglich oder nicht wirklich dar, z. B. *er habe* (so behauptet er) *das Buch gelesen; ich käme gerne* (aber ich kann nicht, da ich keine Zeit habe); *Würde sie mir doch helfen!*

Wichtige grammatische Fachausdrücke

Konsonanten (Mitlaute)
sind z. B. *m, p, s*. Gegensatz: ↑Vokale.

Nominativ Vgl. ↑Substantive.

Partizipien (Mittelwörter)
Bei Partizipien unterscheidet man zwischen Partizip I (Mittelwort der Gegenwart), z. B. *hoffend, weinend, bindend, lügend*, und Partizip II (Mittelwort der Vergangenheit), z. B. *gehofft, geweint, gebunden, gelogen*.

Plural (Mehrzahl) Vgl. ↑Substantive.

Präpositionen (Verhältniswörter)
sind z. B. *auf, aus, in, nach, über, von, zu*. Sie kennzeichnen die Beziehung, das Verhältnis zwischen Wörtern: *Sie sitzt auf dem Stuhl. Er geht in den Garten*. Präpositionen sind in ihrer Form unveränderlich (nicht beugbar) und bestimmen den Fall des folgenden Substantivs.

Pronomen (Fürwörter)
sind z. B. *er, sie; mein Auto, dieses fröhliche Kind*. Sie vertreten oder begleiten ein Substantiv (bzw. eine Substantivgruppe) und verändern ihre Form nach Fall, Geschlecht und Zahl.

Singular (Einzahl) Vgl. ↑Substantive.

Substantive (Nomen, Hauptwörter)
sind z. B. *Meer, Tag, Luft, Richtung, Wetterlage*. Sie haben in der Regel ein festes Geschlecht, verändern ihre Form aber nach Zahl und Fall:

Geschlecht

maskulin/männlich	*der Regen*
feminin/weiblich	*die Luft, die See*
neutral/sächlich	*das Wetter, das Meer*

Zahl

Singular/Einzahl	*die Richtung*
Plural/Mehrzahl	*die Richtungen*

Fall

Nominativ/1. Fall (wer oder was?)	*der Tag*
Genitiv/2. Fall (wessen?)	*des Tag[e]s*
Dativ/3. Fall (wem?)	*dem Tag*
Akkusativ/4. Fall (wen oder was?)	*den Tag*

Substantivierungen
sind z. B. *das Lesen, das Schöne*, etwas *Neues*. Bei einer Substantivierung wird ein Wort, das einer anderen Wortart angehört, wie ein ↑Substantiv gebraucht.

Superlativ (2. Steigerungsstufe/Höchststufe)
Vgl. ↑Adjektive.

Verben (Zeitwörter)
sind z. B. *geben, werden, wünschen*. Sie können ihre Form meist nach Person und Zahl verändern und verschiedene Zeitformen bilden (z. B. *gibt – gab – wird geben, wünscht – wünschte – wird wünschen*).

Vokale (Selbstlaute)
sind *a, e, i, o, u*.
Gegensatz: ↑Konsonanten.

Zahladjektive/Zahlwörter
bezeichnen entweder eine Zahl (z. B. *ein, vier, drittel, achtel*) oder geben eine unbestimmte Menge bzw. ein unbestimmtes Maß an (z. B. *viel, wenig*). Die Letzteren werden unbestimmte Zahladjektive genannt.

Rechtschreibung und Zeichensetzung

Einleitung

Sie möchten sich über die Kommasetzung oder den Bindestrich informieren? Hier finden Sie einen mit Randnummern (D1, D2, D3 ...) gegliederten Abriss der Regeln zur Rechtschreibung und Zeichensetzung. Diese allgemein verständliche Darstellung beruht auf den amtlichen Regeln; an vielen Stellen verweisen wir auf die zugrunde liegenden Paragrafen und Unterabschnitte (z. B. ‹§ 101 (2)›, ‹§ 45 E₁›). Das amtliche Regelwerk basiert auf einer zwischenstaatlichen Erklärung zur Neuregelung der deutschen Rechtschreibung aus dem Jahr 1996, die die Rechtschreibreform begründete. Inzwischen wurde es durch den 2004 gegründeten Rat für deutsche Rechtschreibung auf der Grundlage von Beobachtungen des Schreibgebrauchs mehrfach überarbeitet; die letzten Änderungen sind im Juni 2017 in Kraft getreten. Den genauen Wortlaut des amtlichen Regelwerks finden Sie auf der Internetseite www.rechtschreibrat.com. Sie können das Dokument dort auch kostenlos herunterladen.

Außerdem enthalten die Dudenregeln einige zusätzliche, mit dem Symbol ❦ gekennzeichnete Abschnitte, in denen wir weiterführende Hinweise, Erläuterungen oder Empfehlungen zu bestimmten rechtschreiblichen oder anderen Zweifelsfällen geben.

Um Ihnen ein schnelles Auffinden der gewünschten Informationen zu ermöglichen, werden die Regelungen und Hinweise unter alphabetisch geordneten Suchbegriffen wie »Apostroph«, »Bindestrich«, »Datum«, »Fremdwörter« oder »Getrennt- und Zusammenschreibung« angeführt. Dabei zeigen wir die eine oder andere Rechtschreibregelung an mehreren Stellen, sodass Sie zum Beispiel für ein Problem mit der Groß- und Kleinschreibung in Straßennamen sowohl unter »Groß- und Kleinschreibung« als auch unter »Straßennamen« sofort die Lösung finden können.

Übersicht

Abkürzungen D1–D6 S. 26
Der Punkt bei Abkürzungen D1–D6
Die Deklination (Beugung) der Abkürzungen

Anführungszeichen D7–D12 S. 29
Bei wörtlicher Rede D7
Zur Hervorhebung D8
Kombination mit anderen Satzzeichen D9–D11

Halbe Anführungszeichen D12

Apostroph D13–D16 S. 32
Bei Auslassungen D13–D15
Bei Namen D16

Auslassungspunkte D17–D18 S. 35

Ausrufezeichen D19–D20 S. 36

Übersicht

Bindestrich D 21–D 31 S. 37
Zur Hervorhebung und Verdeutlichung
  D 21–D 25
Bei Aneinanderreihungen D 26–D 27
Bei Abkürzungen, Ziffern und Zeichen
  D 28–D 30
Als Ergänzungsstrich D 31

Datum D 32 S. 41

Doppelpunkt D 33–D 35 S. 42

Fragezeichen D 36–D 37 S. 43

Fremdwörter D 38–D 42 S. 44
Die Angleichung (Integration) der
  Fremdwörter D 38–D 39
Zur Groß- und Kleinschreibung D 40
Zusammengesetzte Fremdwörter
  D 41–D 42

Gedankenstrich D 43–D 46 S. 46
Der einfache Gedankenstrich D 43–D 44
Der doppelte (paarige) Gedankenstrich
  D 45–D 46

Getrennt- und Zusammenschreibung
  D 47–D 66 S. 48
Zusammensetzungen und Wortgruppen
  mit Verben D 47–D 56
Zusammensetzungen und Wortgruppen
  mit Adjektiven und Partizipien
  D 57–D 62
Präposition (Verhältniswort) und
  Substantiv D 63
Geografische Namen auf -er D 64
Zahlen D 65–D 66

Groß- und Kleinschreibung D 67–D 97 S. 58
Substantive und ehemalige Substantive
  D 67–D 71
Substantivierungen D 72–D 82
Anredepronomen (Anredefürwörter)
  D 83–D 85
Überschriften und Werktitel D 86
Namen D 87–D 91

Satzanfang D 92–D 96
Einzelbuchstaben und Abkürzungen D 97

Klammern D 98–D 99 S. 72

Komma D 100–D 132 S. 74
Bei Reihungen (Aufzählungen) D 100–D 102
Bei nachgestellten Zusätzen D 103–D 107
Bei Datums-, Wohnungs-, Literaturangaben
  D 108–D 110
Bei Reihungen mit Konjunktionen
  (Bindewörtern) D 111–D 113
Bei Partizipgruppen D 114–D 115
Bei Infinitivgruppen D 116–D 117
Bei selbstständigen Teilsätzen D 118–D 120
Bei Nebensätzen D 121–D 128
Bei Hervorhebungen, Ausrufen, Anreden
  D 129–D 132

Laut-Buchstaben-Zuordnung D 133 S. 91

Namen D 134–D 151 S. 92
Personennamen D 134–D 139
Geografische (erdkundliche) Namen
  D 140–D 149
Sonstige Namen D 150–D 151

Punkt D 152–D 154 S. 98

Schrägstrich D 155–D 157 S. 100

Semikolon D 158 S. 101

s-Schreibung: s, ss und ß D 159–D 160 S. 102

Straßennamen D 161–D 163 S. 103

Worttrennung D 164–D 168 S. 105
Die Trennung einfacher Wörter D 164–D 166
Die Trennung zusammengesetzter Wörter
  D 167–D 168

Zahlen und Ziffern S. 108

Zusammentreffen dreier gleicher Buchstaben
  D 169 S. 109

Abkürzungen

🔖 In diesem Abschnitt geht es um die häufig auftretenden Fragen:
- Mit oder ohne Punkt?
- Mit oder ohne Deklinationsendung (Beugungsendung)?

Zu weiteren Informationen:
↑ Apostroph (D 15, 16)
↑ Bindestrich (D 26, 28, 29)
↑ Groß- und Kleinschreibung (D 97)

Außerdem:
↑ Textverarbeitung und E-Mails (S. 111)

Zusätzliche Erläuterungen zur sinnvollen Bildung und Verwendung von Abkürzungen und Kurzwörtern finden sich in DIN 2340.

Der Punkt bei Abkürzungen

D 1 Nach bestimmten Abkürzungen steht ein Punkt ‹§ 101›. (Vgl. aber auch D 2–5.)

- Dr. (*für:* Doktor)
- usw. (*für:* und so weiter)
- a. D. (*für:* außer Dienst)
- Abk.-Verz. (*für:* Abkürzungsverzeichnis)
- Weißenburg i. Bay. (*für:* Weißenburg in Bayern)

🔖 Diese Abkürzungen werden in der gesprochenen Sprache gewöhnlich durch die zugrunde liegenden Vollformen ersetzt. Ausnahmen sind Fälle wie *a. D.* (auch gesprochen: a-de); vgl. dazu auch D 3.

D 2 Bei national oder international festgelegten Abkürzungen für Maßeinheiten in Naturwissenschaft und Technik, für Himmelsrichtungen und für bestimmte Währungseinheiten setzt man im Allgemeinen keinen Punkt ‹§ 102 (1)›.

- m (*für:* Meter)
- g (*für:* Gramm)
- s (*für:* Sekunde)
- W (*für:* Watt)
- Bq (*für:* Becquerel)
- MHz (*für:* Megahertz)
- NO (*für:* Nordost[en])
- CAD (*für:* Kanadischer Dollar)

Abkürzungen

D 3 Initialwörter beruhen auf den Anfangsbuchstaben (zum Teil auch weiteren Buchstaben) der zugrunde liegenden Wortteile, Wörter oder Ausdrücke.
1. In der gesprochenen Sprache werden sie meistens buchstabiert.
2. Es gibt aber auch Initialwörter, die wie gewöhnliche Wörter gesprochen werden.

Initialwörter werden im Allgemeinen ohne Punkt geschrieben. Zu ursprünglichen Abkürzungen mit Punkt (wie *a. D.*) vgl. D 1.

1. BGB (*gesprochen:* be-ge-be, *für:* Bürgerliches Gesetzbuch)
- Na (*gesprochen:* en-a, *für:* Natrium)
2. TÜV (*gesprochen:* tüf, *für:* Technischer Überwachungs-Verein)

D 4 Viele fachsprachliche Abkürzungen (vor allem von längeren Zusammensetzungen und Wortgruppen) werden ohne Punkt geschrieben ⟨§ 102 E_1⟩.

- MBliV (*für:* Ministerialblatt der inneren Verwaltung)
- BStMdI (*für:* Bayerisches Staatsministerium des Innern)
- RücklVO (*für:* Rücklagenverordnung)
- JuSchG (*für:* Jugendschutzgesetz)
- StUffz (*für:* Stabsunteroffizier)
- OStRin (*für:* Oberstudienrätin)

D 5 In einigen Fällen gibt es Doppelformen ⟨§ 102 E_2⟩.

- Co. *oder* Co (*für:* Compagnie, Kompanie)
- M. d. B. *oder* MdB (*für:* Mitglied des Bundestags)

D 6 Steht eine Abkürzung mit Punkt am Satzende, dann ist der Abkürzungspunkt zugleich der Schlusspunkt des Satzes ⟨§ 103⟩.

- Er verwendet gern Zitate von Goethe, Schiller u. a.
- Ihr Vater ist Regierungsrat a. D.
Aber:
- Ist er wirklich Regierungsrat a. D.?
- Er ist wirklich Regierungsrat a. D.!
- Seine Amtsbezeichnung ist »Regierungsrat a. D.«.

Steht am Satzende eine Abkürzung, die an sich ohne Punkt geschrieben wird, dann muss trotzdem der Schlusspunkt gesetzt werden.

- Diese Bestimmung finden Sie im BGB.
- Er fährt einen roten Pkw.
Aber:
- Fährt er einen roten Pkw?
- Er fährt in der Tat einen roten Pkw!

Abkürzungen

Die Deklination (Beugung) der Abkürzungen

- Bei reinen Schreibabkürzungen (vgl. D 1) wird meist keine Deklinationsendung (Beugungsendung) gezeigt.
  Wenn man die Deklinationsendung wiedergeben will, z. B. um Missverständnisse zu vermeiden, gilt üblicherweise Folgendes:
  1. Endet eine Abkürzung mit dem letzten Buchstaben des abgekürzten Wortes, so wird die Deklinationsendung unmittelbar angehängt.
  2. Bei Namen ist es üblich, die Endung -s nach dem Abkürzungspunkt zu setzen.
  3. Gelegentlich wird der Plural durch Buchstabenverdopplung ausgedrückt.

  - lfd. J. (*für:* laufenden Jahres)
  - im Ndl. (*für:* im Niederländischen)
  - d. M. (*für:* dieses Monats)

  1. die Bde. (*für:* die Bände)
     - OStRinnen (*für:* Oberstudienrätinnen)
  2. B.s Werke (*für:* Brechts Werke)
  3. Jgg. (*für:* Jahrgänge)
     - ff. (*für:* folgende [Seiten])

- Für Initialwörter (vgl. D 3) gilt:
  1. Im Plural erhalten sie meist die Endung -s.
  2. Das gilt vor allem für die weiblichen, weil bei ihnen der Artikel im Singular und im Plural gleich lautet.
  3. Im Singular wird die Endung -s oft weggelassen.

  1. die Lkws, *seltener:* die Lkw (*weil im Singular:* der Lkw)
     - die MGs, *seltener:* die MG
  2. die GmbHs, *selten:* die GmbH (*weil der Singular gleich lautet:* die GmbH)
  3. des Pkw (*auch:* des Pkws)
     - des EKG (*auch:* des EKGs)

- Bei Initialwörtern steht im Plural gegebenenfalls die Endung -s (und nicht die Endung des zugrunde liegenden Wortes).

  - die EKGs (*nicht:* die EKGe)
  - die AGs (*nicht:* die AGen)

Anführungszeichen

In den folgenden Hinweisen werden die sogenannten „Gänsefüßchen" als Anführungszeichen verwendet, die in der Schulschreibschrift üblich sind. In der Textverarbeitung und im grafischen Gewerbe sind heute auch andere Formen der Anführungszeichen sehr verbreitet. (Zu halben Anführungszeichen ↑D12.)

Zu weiteren Informationen:
↑ Groß- und Kleinschreibung (D 93, 94)

Außerdem:
↑ Textverarbeitung und E-Mails (S. 112)

Bei wörtlicher Rede

D 7 Anführungszeichen stehen vor und hinter wörtlich wiedergegebenen Äußerungen und Gedanken (direkter Rede) sowie wörtlich wiedergegebenen Textstellen (Zitaten) ‹§ 89›.	• Sie sagte: „Hier gefällt es mir." • „Wenn doch nur alles vorüber wäre", dachte Petra. • Er schreibt in seinen Memoiren: „Nie werde ich den Tag vergessen, an dem der erste Zeppelin über der Stadt schwebte."
✎ Wird eine angeführte direkte Rede oder ein Zitat unterbrochen, so setzt man die einzelnen Teile in Anführungszeichen.	• „Wir sollten nach Hause gehen", meinte sie. „Hier ist jede Diskussion zwecklos." • „Der Mensch", so heißt es in diesem Buch, „ist ein Gemeinschaftswesen."

Zur Hervorhebung

| **D 8** Anführungszeichen können Wörter oder Textstücke einschließen, die hervorgehoben werden sollen ‹§ 94›.
Dazu gehören:
1. Wortteile, Wörter oder Textstücke (z. B. Sprichwörter, Äußerungen), über die man eine Aussage machen will;
2. ironische Hervorhebungen;
3. zitierte Überschriften, Werktitel (z. B. von Büchern, Filmen, Musikstücken), Namen von Zeitungen o. Ä. | 1. In dem Wort „Tri"athlon steckt das griechische „tri-" (= drei).
• Das Sprichwort „Geteiltes Leid ist halbes Leid" tröstet nicht immer.
• Mit einem lauten „Mir reichts!" verließ sie den Raum.
2. Sie hat „nur" die Silbermedaille gewonnen.
• Dieser „treue Freund" verriet ihn als Erster.
3. „Das Parfum" ist ein Roman von Patrick Süskind.
• Das Zitat stammt aus dem Film „Casablanca". |

Anführungszeichen

 Für Werktitel, Namen von Zeitungen o. Ä. gilt darüber hinaus:
1. Der einleitende Artikel kann mit in die Anführungszeichen genommen werden, wenn er unverändert bleibt.
2. Ändert sich der einleitende Artikel, bleibt er außerhalb der Anführungszeichen.
3. Wenn eindeutig erkennbar ist, dass ein Titel o. Ä. vorliegt, werden die Anführungszeichen häufig weggelassen.
4. Zur Groß- und Kleinschreibung vgl. D 86.

1. Wir mussten „Das Lied von der Glocke" (*oder:* das „Lied von der Glocke") auswendig lernen.
2. Sie hatte eine Strophe aus dem „Lied von der Glocke" vorgetragen.
3. Goethes Faust wurde schon mehrfach verfilmt.
- Der Artikel erschien vorige Woche im SPIEGEL.

Kombination mit anderen Satzzeichen

D 9
1. Treffen Frage- oder Ausrufezeichen mit Anführungszeichen zusammen, so stehen sie vor dem Schlusszeichen, wenn sie zum wörtlich wiedergegebenen Text gehören ‹§ 90›.
2. Wenn nach dem wörtlich wiedergegebenen Text der Begleitsatz (übergeordnete Satz) folgt oder weitergeführt wird, setzt man ein Komma nach dem Schlusszeichen ‹§ 93›.

1. Sie fragte: „Wie geht es dir?"
- Er brüllte: „Bleib sofort stehen!"
2. „Sie fahren sofort nach Hause!", befahl er.
- Sie rief: „Weshalb darf ich das nicht?", und sah mich wütend an.
- Als er sagte: „Das war ja wohl eine Schnapsidee!", wurde ich sehr verlegen.

D 10
1. Treffen Punkt, Frage- oder Ausrufezeichen mit Anführungszeichen zusammen, so stehen sie nach dem Schlusszeichen, wenn sie zum Begleitsatz (übergeordneten Satz) gehören ‹§ 90›.
2. Gelegentlich endet sowohl der angeführte Text als auch der Begleitsatz mit Frage- oder Ausrufezeichen ‹§ 91›.

1. Ich habe die „Buddenbrooks" gelesen und den „Zauberberg".
- Wer kennt das Theaterstück „Der Stellvertreter"?
- Sie verwies darauf, „dass niemand den Angeklagten am Tatort gesehen hat".
- Ich brauche dringend den Text von „Figaros Hochzeit"!
2. Gefällt dir der Roman „Quo vadis?"?
- Lies doch den Roman „Quo vadis?"!
- Lass doch dieses ewige „Ich will nicht!"!

Anführungszeichen

D 11
1. Vor dem Komma zwischen wörtlich wiedergegebenem Text und Begleitsatz (übergeordnetem Satz) verliert der wörtlich wiedergegebene Satz seinen Schlusspunkt ‹§ 92›.
2. Ein eingeschobener Begleitsatz wird in Kommas eingeschlossen ‹§ 93›.
3. Folgt der wörtliche Text dem Begleitsatz (übergeordneten Satz), dann steht nach dem Schlusszeichen kein Punkt mehr ‹§ 92›.

1. „Gehen wir doch ins Kino", schlug sie vor.
- „Nachdem du das gelesen hast, wirst du verstehen, was ich meine", sagte Großvater.
2. „Morgen früh", versprach er, „komme ich zurück."
- „Wenn du willst", meinte seine Frau, „kann ich den Wagen morgen in die Werkstatt fahren."
3. Er stellte fest: „Das muss jeder selbst entscheiden."
- Auf meine Frage nach der Zahl der Gäste erwiderte sie: „Fünfzehn."
- Wir schrien: „Pass auf!"
- Sie fragte: „Bist du bereit?"

Halbe Anführungszeichen

D 12 Eine Anführung innerhalb einer Anführung wird durch halbe Anführungszeichen gekennzeichnet ‹§ 95›.

- Sie schreibt in ihrem Brief: „Ich kann Ihnen nur empfehlen, sich den ‚Besuch der alten Dame' in der Neuinszenierung anzusehen."
- „Mit wie vielen h schreibt man ‚Rhythmus'?", wollte er wissen.
- „Die Sendung heißt ‚Bares für Rares'", sagte sie.

Apostroph

> Der Apostroph zeigt gewöhnlich an, dass in einem Wort ein oder mehrere Buchstaben ausgelassen worden sind (D 13–15). Gelegentlich verdeutlicht er, dass an ein Wort eine Endung angefügt worden ist (D 16).
> In vielen Fällen können die Schreibenden selbst entscheiden, ob sie einen Apostroph setzen wollen oder nicht (vgl. D 14, 16).

Zu weiteren Informationen:
↑ Groß- und Kleinschreibung (D 96)
↑ Textverarbeitung und E-Mails (S. 114)

Bei Auslassungen

D 13 Man setzt einen Apostroph bei Wörtern mit Auslassungen, wenn die verkürzten Wortformen sonst schwer lesbar oder missverständlich wären ‹§ 96 (2)›.

- Schlaf nun selig und süß, schau im Traum's Paradies.
- Dass aber der Wein von Ewigkeit sei, daran zweifl' ich nicht ...
- Ein einz'ger Augenblick kann alles umgestalten.
- 's ist schon spät.
- Das Wasser rauscht', das Wasser schwoll ...

> Solche Formen treten oft in dichterischen Texten auf. Als gut lesbar und unmissverständlich gelten dagegen im Allgemeinen die folgenden Fälle; sie werden daher gewöhnlich ohne Apostroph gesetzt:
> 1. Ein unbetontes *e* im Wortinnern entfällt und die kürzere Form ist allgemein gebräuchlich.
> 2. Es entfällt ein Schluss-*e* bei bestimmten Verbformen.
> 3. Es liegt eine Variante eines Substantivs, Adjektivs oder Adverbs vor (vgl. im Einzelnen das Wörterverzeichnis).
> 4. Es liegt eine Fügung vor, in der ein Adjektiv oder Pronomen endungslos verwendet wird.

1. ich wechsle (wechsele)
- trockner (trockener) Boden
2. Das hör (höre) ich gern.
- Ich lass (lasse) das nicht zu.
- Leg (Lege) den Mantel ab.
3. Bursch (*neben:* Bursche)
- öd (*neben:* öde)
- trüb (*neben:* trübe)
- heut (*neben:* heute)
4. um gut Wetter bitten
- ruhig Blut bewahren
- Wir wollen sein ein einzig Volk von Brüdern ...
- Das sind all meine Sachen.
- Wir stießen auf manch Merkwürdiges.

Apostroph

D 14 Man kann einen Apostroph setzen, wenn Wörter der gesprochenen Sprache mit Auslassungen schriftlich wiedergegeben werden und sonst schwer verständlich sind ‹§ 97›.

- So 'n Blödsinn!
- Nimm 'ne andere Farbe.
- Gehen S' 'nauf!
- Er hat g'nug.
- Sie saß auf'm Tisch.
- Wir gehen in'n Zirkus.

In den folgenden Fällen wird üblicherweise kein Apostroph gesetzt:
1. bei den allgemein üblichen Verschmelzungen von Präposition (Verhältniswort) und Artikel;
2. bei den mit *r-* beginnenden Kürzungen von Wörtern wie *heran, herauf, herein, herüber;*
3. bei bestimmten Wörtern und Namen mundartlicher Herkunft;
4. bei Verbindungen der Kurzform des Pronomens *es* mit dem vorangehenden Wort – sofern das Lesen nicht erschwert wird.

1. ans, aufs, durchs, fürs, hinters, ins, übers, unters, vors
- am, beim, hinterm, überm, unterm, vorm
- hintern, übern, untern, vorn
- zur
2. Runter vom Balkon!
- Bitte reich mir mal das Buch rüber.
- Sie ließ ihn rauswerfen.
- Was für ein Reinfall!
3. Brettl
- Dirndl
- Hansl
- Rosl
4. Wie gehts (*auch:* geht's) dir?
- Sie machte sichs (*auch:* sich's) bequem.
- Wenns (*auch:* Wenn's) weiter nichts ist ...
- *Aber eher:* Sie weiß, wo's langgeht.

D 15 Man setzt einen Apostroph bei Wörtern mit längeren Auslassungen im Wortinneren ‹§ 96 (3)›.

- D'dorf (*für:* Düsseldorf)
- Ku'damm (*für:* Kurfürstendamm)
- Lu'hafen (*für:* Ludwigshafen)
- M'gladbach (*für:* Mönchengladbach)

Apostroph

Bei Namen

D 16 **1.** Der Apostroph steht im Genitiv anstelle der Endung *-s*, wenn beide der folgenden Bedingungen zutreffen:
- Die Grundform des Namens geht auf *s*, *ss*, *ß*, *tz*, *z*, *x*, *ce* aus. (Bei fremden Namen können diese Buchstaben in der Grundform auch stumm sein.) ‹§ 96 (1)›
- Dem Namen geht kein Artikel o. Ä. voran.

2. Der Apostroph wird gelegentlich zur Verdeutlichung der Grundform eines Personennamens gebraucht:
- vor dem Genitiv-*s*;
- vor der Adjektivendung *-sch* ‹§ 97 E›.

Zur Groß- und Kleinschreibung von Adjektiven mit der Endung *-sch* vgl. D 91.

1. Hans Sachs' Gedichte, Le Mans' Umgebung, Grass' Blechtrommel, Voß' Übersetzung, Ringelnatz' Gedichte, Cádiz' Hafen, Marx' Philosophie, das Leben Johannes' des Täufers, Maurice' Freundin, Amiens' Kathedrale; Dumas' Werke, Bordeaux' Zentrum

- *Aber mit Artikel o. Ä.:*
die Gedichte des Hans Sachs, das Leben des Johannes, die Streiche unseres kleinen Tobias

2. Andrea's Blumenecke *(zur Unterscheidung vom männlichen Vornamen Andreas)*, Willi's Würstchenbude
- die Grimm'schen Märchen (*neben:* die grimmschen Märchen), der Ohm'sche Widerstand (*neben:* der ohmsche Widerstand)

1. Normalerweise wird vor der Genitivendung *-s* kein Apostroph gesetzt. Vor dem Plural-*s* steht nie ein Apostroph.

2. Auch im Genitiv und im Plural von Initialwörtern und Abkürzungen steht kein Apostroph.
Vgl. auch ↑Abkürzungen, Hinweise zur Deklination (Beugung).

1. Brechts Dramen
- Hamburgs Reedereien
- des Studios, die Studios

2. des Lkws (*neben:* des Lkw), die GmbHs (*selten:* die GmbH), B.s Dramen
- des Bds.

Auslassungspunkte

Zu weiteren Informationen:
↑ Textverarbeitung und E-Mails (S. 115)

D 17 Drei Auslassungspunkte zeigen an, dass in einem Wort, Satz oder Text Teile ausgelassen worden sind ‹§ 99›.	• Verd...! • Der Horcher an der Wand ... • Die Erhebung fand in den nachfolgend genannten Städten ... zum ersten Mal statt.
Vor allem in wissenschaftlichen Texten werden Auslassungen in Zitaten zusätzlich durch eckige Klammern kenntlich gemacht.	• Weiter oben schrieb der Autor bereits: »Die Forschungen auf dem Gebiet der Gentechnologie [...] haben zu politischen Kontroversen geführt.«
D 18 Stehen Auslassungspunkte am Satzende, entfällt der Satzschlusspunkt ‹§ 100›.	• Ich würde es dir sagen, wenn ... • Viele Märchen beginnen mit den Worten: »Es war einmal ...«
Frage- und Ausrufezeichen werden jedoch meist gesetzt. Ein Satz behält seinen Satzschlusspunkt, wenn der Folgesatz mit Auslassungspunkten beginnt.	• Ist er denn noch ...? • Dass dich der ...! • Das Arbeitsverhältnis wird zum Jahresende entfristet. ... läuft zu unveränderten Konditionen weiter.

Ausrufezeichen

Zu weiteren Informationen:
↑ Anführungszeichen (D 9, 10)
↑ Anrede im Brief (D 132)
↑ Gedankenstrich (D 46)
↑ Klammern (D 99)

D 19
1. Das Ausrufezeichen verleiht dem Vorangehenden einen besonderen Nachdruck ‹§ 69›.
2. Es kann auch nach frei stehenden Zeilen, z. B. nach einer Anrede, stehen ‹§ 69 E$_2$, E$_3$›.

(Zur Anrede im Brief vgl. auch D 132.)

- 1. Guten Tag!
- Prosit Neujahr!
- Welch ein Glück!
- Ruhe!
- Verlassen Sie den Raum, wenn Sie sich nicht anständig benehmen können!
- 2. Meine Damen und Herren!
- Sehr geehrte Frau Präsidentin!

---

1. Ein Ausrufezeichen steht auch bei Ausrufesätzen, die die Form einer Frage haben.
2. Ein eingeklammertes Ausrufezeichen kann in bestimmten Fällen anzeigen, dass eine Angabe innerhalb eines Textes hervorgehoben werden soll.
3. Gelegentlich werden ein Fragezeichen und ein Ausrufezeichen gesetzt, um einen Fragesatz gleichzeitig als Ausrufesatz zu kennzeichnen.

- 1. Wie lange soll ich denn noch warten!
- Ist denn das zu fassen!
- 2. Nach Zeugenaussagen hatte der Angeklagte 24 (!) Schnäpse getrunken, bevor er sich ans Steuer setzte.
- 3. Was fällt dir denn ein?!

D 20 Aneinandergereihte nachdrückliche Sätze oder Wörter können mit Komma verbunden werden. Das Ausrufezeichen steht dann nur am Ende der Aneinanderreihung ‹§ 69 E$_1$›.

- »Nein, nein!«, rief er. (*Oder:* »Nein! Nein!«, rief er.)
- Au, das tut weh! (*Oder:* Au! Das tut weh!)
- Das ist ja hervorragend, herzlichen Glückwunsch! (*Oder:* Das ist ja hervorragend! Herzlichen Glückwunsch!)

Bindestrich

🖉 Der Bindestrich *kann* zur Hervorhebung einzelner Bestandteile in Zusammensetzungen und Ableitungen verwendet werden, die normalerweise in einem Wort geschrieben werden (D 21–25). Er *muss* gesetzt werden, wenn die Zusammensetzungen mit (einzelnen) Buchstaben, Ziffern oder Abkürzungen gebildet werden und wenn es sich um mehrteilige Zusammensetzungen mit Wortgruppen handelt (D 26–30).

Darüber hinaus markiert er, als sogenannter Ergänzungsstrich, bei der Zusammenfassung mehrerer Wörter das Ersparen von Wortteilen (D 31).

Steht ein Bindestrich am Zeilenende, dann gilt er zugleich als Trennstrich.

Zu weiteren Informationen:
↑Fremdwörter (D 41, 42)
↑Groß- und Kleinschreibung (D 68, 81, 97)
↑Namen (D 136–139, 143–149)
↑Schrägstrich (D 156)

Zur Hervorhebung und Verdeutlichung

D 21 Zur Hervorhebung einzelner Bestandteile von Zusammensetzungen und Ableitungen kann ein Bindestrich gesetzt werden ‹§ 45 (1)›.	• Ich-Sucht *(neben:* Ichsucht) • Soll-Stärke *(neben:* Sollstärke) • etwas be-greifen *(um besonders zu betonen, dass ein konkretes Greifen gemeint ist)* • die Hoch-Zeit der Renaissance *(um deutlich hervorzuheben, dass hier die Blütezeit der Renaissance gemeint ist)*
D 22 Man kann einen Bindestrich in unübersichtlichen Zusammensetzungen setzen ‹§ 45 (2)›. Dies gilt auch für fremdsprachliche Fügungen aus zwei Substantiven ‹§ 45 E₁›.	• Mehrzweck-Küchenmaschine • Lotto-Annahmestelle • Umsatzsteuer-Tabelle • Desktop-Publishing • Shopping-Center
🖉 Dabei sollte der Bindestrich eine Haupttrennfuge markieren.	Flüssigwasserstoff-Tank *(nicht:* Flüssigwasser-Stofftank *oder* Flüssig-Wasserstofftank)

Bindestrich

D 23 In unübersichtlichen oder sonst schlecht lesbaren Zusammensetzungen aus gleichrangigen Adjektiven wird ein Bindestrich gesetzt ‹§ 44›.

- ein französisch-deutsches Wörterbuch
- die medizinisch-technische Assistentin
- geistig-kulturelle Strömungen

Es steht kein Bindestrich, wenn das erste Adjektiv nur die Bedeutung des zweiten Adjektivs näher bestimmt (vgl. D 57).

- schwerreich
- tiefblau
- lauwarm

Für zusammengesetzte Farbadjektive empfehlen sich die folgenden Schreibungen:
1. Wenn eine Mischfarbe oder eine Farbtönung gemeint ist, steht besser kein Bindestrich. (Zur Getrennt- und Zusammenschreibung vgl. D 57–62.)
2. Wenn ein Nebeneinander zweier Farben vorliegt, kann zur Verdeutlichung mit Bindestrich oder aber wie bei Punkt 1 geschrieben werden.

1.
- das blaurote Kleid *(die Farbe des Kleids ist ein bläuliches Rot)*
- das bläulich rote Kleid
- eine gelbgrün gestreifte Bluse *(eine Bluse mit gelblich grünen Streifen)*

2. das blau-rote *oder* blaurote Kleid *(das Kleid hat die Farben Blau und Rot)*
- eine gelb-grün *oder* gelbgrün gestreifte Bluse *(eine Bluse mit gelben und grünen Streifen)*
- schwarz-weiß *oder* schwarzweiß malen; eine Schwarz-Weiß-Aufnahme *oder* Schwarzweißaufnahme

D 24 Einen Bindestrich kann man setzen, um Missverständnisse zu vermeiden ‹§ 45 (3)›.

- Druck-Erzeugnis (*für:* Erzeugnis einer Druckerei)
- Drucker-Zeugnis (*für:* Zeugnis eines Druckers)

D 25 Ein Bindestrich kann beim Zusammentreffen dreier gleicher Buchstaben in Zusammensetzungen gesetzt werden ‹§ 45 (4)› (vgl. auch D 22, 169).

- Kaffee-Ersatz (*neben:* Kaffeeersatz)
- Schwimm-Meisterschaft (*neben:* Schwimmmeisterschaft)
- Auspuff-Flamme (*neben:* Auspuffflamme)

Bei Zusammensetzungen mit Adjektiven und Partizipien als zweitem Bestandteil ist die Bindestrichschreibung in diesen Fällen zwar zulässig, aber nicht empfehlenswert.

- seeerfahren (*besser nicht:* See-erfahren)
- fetttriefend (*besser nicht:* Fett-triefend)
- helllila (*besser nicht:* hell-lila)

Bindestrich

Bei Aneinanderreihungen

D 26 In Aneinanderreihungen und Zusammensetzungen mit Wortgruppen setzt man Bindestriche zwischen die einzelnen Wörter. Das gilt auch, wenn Buchstaben, Ziffern oder Abkürzungen Teile einer Zusammensetzung sind ‹§§ 43, 44, 45 E$_2$›.

- das Sowohl-als-auch, das Als-ob
- Magen-Darm-Katarrh
- Mund-zu-Mund-Beatmung
- Links-rechts-Kombination
- Chrom-Molybdän-legiert
- Make-up, Abend-Make-up
- Latte-macchiato-Glas
- Vertriebs-Joint-Venture
- September-Oktober-Heft (*auch:* September/Oktober-Heft)
- A-Dur-Tonleiter
- 400-m-Lauf
- E.-T.-A.-Hoffmann-Straße
- 1.-Klasse-Kabine
- Giro-d'Italia-Gewinner
- 4-2-4-System
- St.-Johann-Kindergarten

Wenn Verbindungen aus Buchstaben und Ziffern als Einheit empfunden werden, kann man in Aneinanderreihungen auf einen Bindestrich verzichten.

- G-8-Staaten, *auch:* G8-Staaten
- W-3-Professor, *auch:* W3-Professor
- *Aber nur:* DIN-A4-Heft

D 27 Substantivisch gebrauchte Infinitive mit mehreren Bestandteilen schreibt man mit Bindestrichen, wenn sonst unübersichtliche und schwer lesbare Aneinanderreihungen entstehen ‹§ 43›.

- zum Aus-der-Haut-Fahren
- das Nicht-mehr-fertig-Werden
- *Aber:*
- das Sichausweinen
- das Motorradfahren
- das Inkrafttreten

Bei Abkürzungen, Ziffern und Zeichen

D 28 Ein Bindestrich steht in Zusammensetzungen mit Abkürzungen. Das gilt auch für Zusammensetzungen, bei denen mehrere Bestandteile abgekürzt sind ‹§ 40 (2)›.

- Kfz-Papiere, UKW-Sender
- Lungen-Tbc, Musik-CD
- US-amerikanisch, CO-haltig, BND-intern
- km-Zahl, dpa-Meldung
- Dipl.-Ing., Reg.-Rat, Abt.-Leiterin
- röm.-kath.
- Rechng.-Nr.
- ca.-Preis

Bindestrich

D 29 Ein Bindestrich steht in Zusammensetzungen mit einzelnen Buchstaben und Ziffern ‹§ 40 (1), (3)›.

- i-Punkt, A-Dur, a-Moll
- s-förmig, *auch:* S-förmig (*vgl.* D 97)
- Dehnungs-h, Super-G
- n-Eck, y-Achse
- 8-Zylinder, 3-Tonner, 3/4-Takt
- 8,5-fach (*vgl.* D 30)
- 100-prozentig, x-beliebig, 8,5-mal
- 17-jährig, alle 17-Jährigen
- 400-m-Lauf
- eine 2:3-Niederlage
- ein 5:2-(2:0-)Sieg, *auch:* 5:2 (2:0)-Sieg

D 30
1. Vor Suffixen (Nachsilben) steht nur dann ein Bindestrich, wenn sie mit einem Einzelbuchstaben verbunden werden ‹§ 41›.
2. Zusammensetzungen mit Ziffer und Suffix als erstem Bestandteil schreibt man mit einem Bindestrich ‹§ 42›.
3. Der Wortbestandteil *-fach* kann mit oder ohne Bindestrich an die Ziffer angehängt werden.
Bei Substantivierungen ist nach dem Bindestrich großzuschreiben.

1. n-fach, n-tel, die x-te Wurzel
   Aber:
   die 68er, 32stel, 5%ig, FKKler
2. 68er-Generation

3. 8fach *oder* 8-fach, 8,5fach *oder* 8,5-fach

   das 8fache *oder* 8-Fache der Summe
   (*aber:* die 8fache *oder* 8-fache Menge)

Als Ergänzungsstrich

D 31 Einen Ergänzungsstrich (Bindestrich als Ergänzungszeichen) setzt man, um anzuzeigen, dass ein gleicher Bestandteil von Zusammensetzungen oder Ableitungen eingespart wird ‹§ 98›.

(Zum Ergänzungsstrich bei Straßennamen vgl. D 163.)

- Ein- und Ausgang
- Ein-/Ausgang
- Balkon-, Garten- und Campingmöbel
- Steuerreform-Befürworter und -Kritiker
- saft- und kraftlos
- 2- bis 3-mal
- das 2-/3-/4fache *oder* das 2-/3-/4-Fache (*vgl.* D 30.3)
- Privat- und öffentliche Mittel
  (*aber:* öffentliche und Privatmittel)
- Textilgroß- und -einzelhandel

Datum

Zu weiteren Informationen:
↑ Komma (D 108)
↑ Punkt (D 153)

Außerdem:
↑ Textverarbeitung und E-Mails (S. 116)

Eine ausführliche Darstellung der internationalen Datumsnorm findet sich in DIN ISO 8601.

D 32 Für Verbindungen aus Wochentag und Kalendertag gilt: • Zwischen Wochentag und Kalendertag steht immer ein Komma. • Nach dem Kalendertag ist das Komma fakultativ ‹§ 77 (3)›. (Vgl. auch D 108, insbesondere zu Verbindungen mit Uhrzeitangaben.)	• Die Familie kommt [am] Montag, 5. September[,] an. • Die Familie kommt Montag, den 5. September[,] an. • Die Familie kommt Montag, den 5. September[,] um 12 Uhr[,] an. • Der Brief ist auf Mittwoch, den 30. Juli[,] datiert. • Die Spiele haben letzten Sonntag, den 3. März[,] begonnen. • Wir haben heute Dienstag, den 10. April. • Heute ist Sonntag, der 14. Juli.
Bei Datumsangaben mit *am* kann der Kalendertag im Dativ oder im Akkusativ stehen.	• Die Familie kommt am Montag, dem/den 5. September[,] an.

Doppelpunkt

Zu weiteren Informationen:
↑ Groß- und Kleinschreibung (D 93)

D 33 Der Doppelpunkt steht vor angekündigten wörtlich wiedergegebenen Äußerungen, Gedanken oder Textstellen ‹§ 81 (1)›.	• Friedrich der Große sagte: »Ich bin der erste Diener meines Staates.« • Eva dachte: »Nur das nicht!« • Im Vertrag heißt es: »Mündliche Nebenabreden sind nicht getroffen.«
D 34 Der Doppelpunkt steht vor angekündigten Aufzählungen, Angaben, Erläuterungen, Titeln usw. ‹§ 81 (2)›.	• Folgende Teile werden nachgeliefert: Rohre, Muffen, Schlauchklemmen und Dichtungen. • Familienstand: verheiratet • Gebrauchsanweisung: Man nehme … • Robert Gernhardt: Lichte Gedichte
D 35 Der Doppelpunkt steht vor Sätzen, die das vorher Gesagte zusammenfassen oder eine Schlussfolgerung daraus ziehen ‹§ 81 (3)›. Zur Groß- und Kleinschreibung vgl. Erläuterung zu D 93.	• Der Wald, die Felder, der See: All das gehörte früher einem einzigen Mann. • Du arbeitest bis spät in die Nacht, rauchst eine Zigarette nach der anderen, gehst kaum noch an die frische Luft: Du machst dich kaputt, mein Lieber!

Fragezeichen

Zu weiteren Informationen:
↑ Anführungszeichen (D 9, 10)
↑ Gedankenstrich (D 46)
↑ Klammern (D 99)

D 36

1. Das Fragezeichen kennzeichnet einen Satz als Frage ‹§ 70›.
2. Das gilt auch für frei stehende Zeilen, z. B. bei einer Überschrift ‹§ 70 E₂›.

1. Wo wohnst du? Wie heißt du?
- Was gibt es zu essen? Wann? Wo?
- »Weshalb darf ich das denn nicht?«, fragte sie.
- Kommt er bald nach Hause?
- Sie heißen auch Meier?
2. Volksentscheid in Bayern?
- Wer hat Angst vor Virginia Woolf?

1. Fragenebensätze haben keinen Einfluss auf das Satzschlusszeichen. Ein Fragezeichen erscheint nur, wenn der zusammengesetzte Satz als Ganzes eine Frage ausdrückt.
2. Ein eingeklammertes Fragezeichen kann in bestimmten Fällen anzeigen, dass eine Angabe innerhalb eines Textes bezweifelt wird.
3. Gelegentlich werden ein Fragezeichen und ein Ausrufezeichen gesetzt, um einen Fragesatz gleichzeitig als Ausrufesatz zu kennzeichnen.

1. Sie fragte, wann sie kommen solle.
- Sag mir sofort, woher du das Geld hast!
- Weiß man schon, wer gewonnen hat?
2. Das Mädchen behauptet, das Geld gefunden (?) zu haben.
- Nach Zeugenaussagen hatte der Angeklagte 24 (?) Schnäpse getrunken, bevor er sich ans Steuer setzte.
3. Was fällt dir denn ein?!

D 37

Aneinandergereihte Fragen oder Fragewörter können mit Komma verbunden werden. Das Fragezeichen steht dann nur am Ende der Aneinanderreihung ‹§ 70 E₁›.

- Was höre ich, wie viele Mitglieder sind aus dem Verein ausgetreten? (*Oder:* Was höre ich? Wie viele Mitglieder sind aus dem Verein ausgetreten?)
- Wie denn, wo denn, was denn? (*Oder:* Wie denn? Wo denn? Was denn?)
- Soll man sich ärgern, soll man sich den Tag verderben lassen? (*Oder:* Soll man sich ärgern? Soll man sich den Tag verderben lassen?)

Fremdwörter

Zu weiteren Informationen:
↑ Worttrennung (D 164–167)

Die Angleichung (Integration) der Fremdwörter

D 38 Häufig gebrauchte Fremdwörter können sich nach und nach der deutschen Schreibweise angleichen. In diesen Fällen sind oft sowohl die eingedeutschten (integrierten) als auch die nicht eingedeutschten Schreibungen korrekt ‹§ 20 (2), § 32 (2)›.

- Delfin *oder* Delphin
- Frisör *oder* Friseur
- Grafit *oder* Graphit
- Jogurt *oder* Joghurt
- Jacht *oder* Yacht
- Panter *oder* Panther
- Portmonee *oder* Portemonnaie
- Creme *oder* Crème
- Tunfisch *oder* Thunfisch

1. Die Wortbestandteile *graph*, *phon* und *phot* können grundsätzlich auch *graf*, *fon* und *fot* geschrieben werden. In einigen Fällen hat sich die integrierte Schreibung durchgesetzt.
2. Der weitaus größte Teil der Fremdwörter ist (noch) nicht vollständig an die deutsche Schreibung angeglichen.

1.
- Geografie *oder* Geographie
- Mikrofon *oder* Mikrophon
- Saxofon *oder* Saxophon
- Fotograf *oder* Photograph
- *Aber nur:* Telefon

2. Milieu, Jalousie, Jeans, Moiré, online, Computer, Aerobic, Macho, Chance, Metapher, Philosophie, synthetisch, Thron, Rheuma, Paläolithikum

D 39 Wörter und Wortgruppen, die als Zitate aus einer fremden Sprache angesehen werden, bleiben in der Schreibung meist völlig unverändert ‹A 0 (3.1) a›.

- Carnegie Hall
- High Church
- New Deal
- cherchez la femme
- in dubio pro reo
- Es ist ein für die englische detective novel typisches Handlungsmuster.

Häufig werden solche »Zitatwörter« durch Anführungszeichen oder Schriftauszeichnung (z. B. Kursive) markiert.

- Wir wurden zu einem »business lunch« eingeladen.
- Sie schreibt einen Aufsatz über den *nouveau roman*.

Fremdwörter

Zur Groß- und Kleinschreibung

D 40
1. Bei mehrteiligen Substantiven und substantivischen Aneinanderreihungen werden das erste Wort und die substantivischen Bestandteile großgeschrieben ⟨§ 55 (3)⟩. Zum Bindestrich vgl. D 26, 42.
2. Bei festen fremdsprachlichen adverbialen Fügungen gilt jedoch Kleinschreibung der Substantive ⟨§ 55 E₂⟩.
3. Wenn eine fremdsprachliche adverbiale Fügung Bestandteil einer substantivischen Aneinanderreihung ist, wird das erste Wort großgeschrieben.

1. Sie aßen ein Cordon bleu.
- Es bleibt alles beim Status quo.
- eine Multiple-Choice-Aufgabe
- Duty-free-Shop
- Go-go-Girl
- Walkie-Talkie
2. a cappella singen
- de facto anerkennen
3. A-cappella-Chor
- De-facto-Anerkennung

Zusammengesetzte Fremdwörter

D 41
1. Zusammengesetzte Fremdwörter werden zusammengeschrieben ⟨§ 37 (1)⟩. Besteht die Zusammensetzung aus Substantiven, kann zur besseren Lesbarkeit ein Bindestrich gesetzt werden ⟨§ 45 E₁⟩.
2. Ist der erste Bestandteil ein Adjektiv, kann zusammengeschrieben werden, wenn die gemeinsame Hauptbetonung auf dem ersten Bestandteil liegt. Andernfalls gilt in Anlehnung an die Herkunftssprache nur Getrenntschreibung ⟨§ 37 E₄⟩.
3. Bei Substantivierungen aus dem Englischen, die auf eine Verbindung aus Verb und Partikel (Adverb) zurückgehen, setzt man gewöhnlich einen Bindestrich; daneben ist auch Zusammenschreibung möglich ⟨§ 45 E₂⟩.

1. Desktoppublishing (*auch:* Desktop-Publishing)
- Airconditioning (*auch:* Air-Conditioning)
- Sciencefiction (*auch:* Science-Fiction)
- Midlifecrisis (*auch:* Midlife-Crisis)
2. Longdrink *oder* Long Drink
- Hotspot *oder* Hot Spot
  Aber nur:
- High Fidelity, Electronic Banking, Top Ten
3. Black-out (*auch:* Blackout)
- Count-down (*auch:* Countdown)
- Kick-off (*auch:* Kickoff)
- *Aber besser nur:* Check-in, Make-up

D 42 Aneinanderreihungen und Zusammensetzungen mit Wortgruppen schreibt man mit Bindestrich ⟨§ 43, 44⟩.

Andere Zusammensetzungen aus Fremdwörtern und Nicht-Fremdwörtern werden entsprechend den allgemeinen Regeln behandelt.

- Boogie-Woogie
- Do-it-yourself-Programm
- No-Future-Generation

- Computerfachabteilung (*auch:* Computer-Fachabteilung)
- Cornedbeefbüchse (*auch:* Corned-Beef-Büchse, Cornedbeef-Büchse)

Gedankenstrich

Der Gedankenstrich wird häufig dort verwendet, wo man in der gesprochenen Sprache eine deutliche Pause macht. Oft könnten in solchen Fällen auch andere Satzzeichen wie Kommas oder Klammern gesetzt werden.

Der einfache Gedankenstrich

D 43 Ein Gedankenstrich kündigt etwas Folgendes, oft etwas Unerwartetes an ‹§ 82›. (Teilweise kann an dieser Stelle auch ein Doppelpunkt oder ein Komma stehen.)

- Er glaubte sich in Sicherheit – ein verhängnisvoller Irrtum.
- Plötzlich – ein gellender Aufschrei!
  Hier auch möglich: Plötzlich: ein gellender Aufschrei!
  Oder: Plötzlich, ein gellender Aufschrei!
- Du kannst das Auto haben – und zwar geschenkt!
  Hier auch möglich: Du kannst das Auto haben, und zwar geschenkt!

In manchen Texten zeigt der Gedankenstrich an, dass die Rede abgebrochen wurde, sodass etwas unausgesprochen bleibt.

- »Sei still, du –!«, schrie er ihn wütend an.

D 44 Zwischen Sätzen kann der Gedankenstrich den Wechsel des Themas oder des Sprechers anzeigen ‹§ 83›.

- Wir sprachen in der letzten Sitzung über die Frage der Neustrukturierung unserer Abteilung. – Ist übrigens heute schon die Post gekommen?
- »Mein Sohn, was birgst du so bang dein Gesicht?« – »Siehst, Vater, du den Erlkönig nicht?«

Der doppelte (paarige) Gedankenstrich

D 45 Mit Gedankenstrichen kann man Zusätze oder Nachträge deutlich vom übrigen Text abgrenzen ‹§ 84›. (Oft können an den entsprechenden Stellen auch Kommas oder Klammern stehen.)

- Dieses Bild – es ist das letzte und bekannteste der Künstlerin – wurde vor einigen Jahren nach Amerika verkauft.
  Hier auch möglich: Dieses Bild, es ist das letzte und bekannteste der Künstlerin, wurde ...
  Oder: Dieses Bild (es ist das letzte und bekannteste der Künstlerin) wurde ...

Gedankenstrich

D 46
1. Ausrufe- oder Fragezeichen, die zu einem eingeschobenen Zusatz oder Nachtrag gehören, stehen unmittelbar hinter diesem, also vor dem zweiten Gedankenstrich.
2. Es steht jedoch kein Punkt vor dem zweiten Gedankenstrich, auch wenn es sich bei dem Einschub um einen vollständigen Satz handelt.
3. Zum umschließenden Text gehörende Satzzeichen dürfen nicht weggelassen werden ‹§ 85›.

1. Unsere kleine Absprache – Sie erinnern sich noch? – sollte besser unter uns bleiben.
2. Sie flüsterte mir – ihre Stimme war kaum zu hören – den Namen ins Ohr.
3. Er sagte – wie immer –, dass er nichts wisse.
- Verächtlich sagte er – er wandte kaum den Kopf dabei –: »Das ist eine Fälschung.«
- Sie verschweigt – leider! –, wen sie mit ihrem Vorwurf gemeint hat.

▶ Endet der eingeschobene Teil mit einem Nebensatz, steht kein Komma vor dem schließenden Gedankenstrich.

- Philipp verließ – im Gegensatz zu seinem Vater, der 40 weitere Reisen unternommen hatte – Spanien nicht mehr.

Getrennt- und Zusammenschreibung

Grundsätzlich gilt:
- Die Bestandteile von Wortgruppen werden getrennt geschrieben.
- Die Bestandteile von Zusammensetzungen werden zusammengeschrieben.

Allerdings ist die Unterscheidung von Wortgruppen und Zusammensetzungen nicht immer eindeutig möglich. Wo die nachstehenden Hinweise und das amtliche Regelwerk keine Klarheit schaffen, sollte sowohl Getrenntschreibung als auch Zusammenschreibung toleriert werden.

Die Getrenntschreibung von substantivischen Zusammensetzungen, die aus grafischen oder anderen Gründen vor allem in Eigennamen und Produktbezeichnungen gelegentlich verwendet wird, entspricht nicht der amtlichen Regelung der Rechtschreibung (Abenteuer Verlag, Wildschwein Pastete). Korrekt ist dagegen die unverbundene Nachstellung von genaueren Bestimmungen: Universität Mannheim, Aldi Süd, Frankfurt Süd *oder* Frankfurt-Süd (D 148).

Die folgende Darstellung behandelt die Getrennt- und Zusammenschreibung unter diesen Gesichtspunkten:

- **Zusammensetzungen und Wortgruppen mit Verben** (D 47–56)
  auffallen / auf fällt, dass ...; aufeinanderprallen, klein schneiden / kleinschneiden, schwarzarbeiten, preisgeben, davonkommen / davon kommen; da sein, getrennt schreiben, Schlittschuh laufen, einkaufen gehen

- **Zusammensetzungen und Wortgruppen mit Adjektiven und Partizipien** (D 57–62)
  bitterkalt, teilnehmend, mondbeschienen; gestochen scharf, riesig groß, schwer verständlich / schwerverständlich

- **Präposition (Verhältniswort) und Substantiv** (D 63)
  anstatt, anstelle / an Stelle, zu Fuß

- **Geografische Namen auf *-er*** (D 64)
  Schweizergarde, Walliser Alpen

- **Zahlen** (D 65, 66)
  neunzehnhundertneunundneunzig, zwei Millionen

Zu weiteren Informationen:
↑ Bindestrich (D 21–31)
↑ Fremdwörter (D 41, 42)
↑ Groß- und Kleinschreibung (D 72)
↑ Namen (D 136–139, 143–149)
↑ Straßennamen (D 162, 163)

Getrennt- und Zusammenschreibung

Zusammensetzungen und Wortgruppen mit Verben

Bei Verbindungen mit Verben ist die Getrenntschreibung grundsätzlich der Normalfall. Die folgenden Regeln erfassen daher hauptsächlich die Sonderfälle mit obligatorischer oder fakultativer Zusammenschreibung. Wegen der Komplexität der Getrennt- und Zusammenschreibung kann es allerdings Grenzfälle geben, die mit diesen Regeln nicht eindeutig zu klären sind. Wenn auch das Wörterverzeichnis nicht weiterhilft, stehen den Schreibenden gewisse Freiräume für eigene Entscheidungen offen.

Zu Zusammensetzungen mit Partizipien, die wie Adjektive gebraucht werden, vgl. D 58.

D 47	
Verben können mit anderen Wörtern sogenannte trennbare (unfeste) Zusammensetzungen bilden. Bei diesen Wörtern kann es sich handeln um:	1. auffallen, eine auffallende Ähnlichkeit • er war ihr aufgefallen, um aufzufallen • … weil es auffällt, auffallen sollte uns … *aber:* auf fällt, dass …; ich falle auf
1. Präpositionen (z. B. *auf* in *auffallen*); 2. Adverbien (z. B. *hin* in *hingehen*); 3. Adjektive (z. B. *schwarz* in *schwarzarbeiten*); 4. (teilweise verblasste) Substantive (z. B. *Teil* in *teilnehmen*).	2. hingehen, wir sind hingegangen • ohne hinzugehen, sobald er hingeht … • hingehen will ich nicht *aber:* hin gehe ich nicht, wir gehen hin 3. schwarzarbeiten, hat sie schwarzgearbeitet?
Trennbare Zusammensetzungen werden zusammengeschrieben: • im Infinitiv; • in den beiden Partizipien; • in Nebensätzen mit Endstellung des Verbs ‹§ 34 (1)–(3), E₃›.	• um nicht schwarzzuarbeiten • schwarzarbeiten dürfen sie nicht *aber:* schwarz arbeiten sie nie, sie arbeiten schwarz 4. teilnehmen, alle haben teilgenommen, ohne daran teilzunehmen, wenn man daran teilnimmt … *aber:* sie nahm an der Tagung teil, teil nahm sie vorerst nicht

🖙 Wenn Wortgruppen mit einem Infinitiv substantiviert werden, entstehen Zusammensetzungen. Man schreibt dann zusammen.
Zur Schreibung mit Bindestrich vgl. D 27.

• Salz streuen → das Salzstreuen, beim Salzstreuen
• älter werden → das Älterwerden, trotz des Älterwerdens

Getrennt- und Zusammenschreibung

D 48 Zusammensetzungen mit Verben können gelegentlich aus denselben oder ähnlichen Wörtern bestehen wie getrennt geschriebene Wortgruppen. Bei den Zusammensetzungen aus Adverb und Verb ist das Adverb meist deutlich stärker betont als das Verb. Bei den entsprechenden Wortgruppen sind die Bestandteile in der Regel etwa gleich betont ‹§ 33 E, § 34 E₁›.

- Wir sind noch einmal davongekommen. *Aber:* Die Flecken sind davon gekommen, dass …
- Die Richterin hat ihn freigesprochen. *Aber:* Sie hat frei gesprochen (ohne Manuskript).
- Er hat am Wettbewerb teilgenommen. *Aber:* Er hat sich seinen Teil genommen.
- Sie soll dableiben (nicht weggehen). *Aber:* Sie soll da bleiben, wo sie hingehört.
- Wir werden uns einer starken Opposition gegenübersehen. *Aber:* Das Haus, das Sie gegenüber sehen …
- aufeinanderprallen, *aber:* aufeinander zugehen
- rückwärtsfahren, *aber:* rückwärts einparken

In gleicher Bedeutung:
- marathonlaufen *oder* Marathon laufen

Bei Substantivierung wird zusammengeschrieben (vgl. Erläuterung zu D 47).

- beim Rückwärtseinparken

D 49 Verbindungen mit dem Verb *sein* werden generell getrennt geschrieben ‹§ 35›.

- da sein, da gewesen
- dabei sein, um dabei zu sein
- aus sein, wenn es aus ist
- hinüber sein

Bei Substantivierung wird zusammengeschrieben (vgl. Erläuterung zu D 47).

- unser Dasein
- das Dabeisein

D 50 Bei bestimmten Zusammensetzungen aus Adverb oder Präposition + Verb zeigt die Betonung, ob es sich um ein trennbares oder untrennbares Verb handelt. Man schreibt in beiden Fällen zusammen ‹§ 33 (3)›.

- durchlaufen (*trennbar:* sie lief vorhin hier durch)
- durchlaufen (*nicht trennbar:* das Projekt durchlief verschiedene Stadien)
- übersetzen (*trennbar:* der Fährmann setzte über)
- übersetzen (*nicht trennbar:* sie übersetzte den Brief ins Deutsche)

Getrennt- und Zusammenschreibung

D 51 Zusammenschreibung gilt in der Regel, wenn der erste Bestandteil als frei vorkommendes Wort ungebräuchlich ist ‹§ 34 (1.3)›.	• abhandenkommen • anheimstellen • einhergehen • übereinstimmen • zunichtemachen • zuteilwerden
Man schreibt jedoch getrennt, wenn der erste Bestandteil auch in zwei Wörtern geschrieben werden kann ‹vgl. § 55 (4), Beispiele›.	• zugrunde liegen, *weil auch* zu Grunde liegen *möglich ist.*
D 52 Zusammenschreibung gilt, wenn der erste Bestandteil in der Verbindung mit dem Verb nicht mehr eindeutig einer Wortart zugerechnet werden kann ‹§ 34 E₄›.	• fehlgehen • feilbieten • heim- (heimbringen, heimgehen, heimleuchten, heimsuchen …) • irreführen, irreleiten, irrewerden • kundtun • wettmachen
D 53 Ist der erste Bestandteil ein Partizip, wird in der Regel getrennt geschrieben ‹§ 34 (2.3)›.	• getrennt schreiben • gefangen nehmen, halten, setzen • geschenkt bekommen • rasend werden
Bei Substantivierung wird zusammengeschrieben (vgl. Erläuterung zu D 47).	• das Getrenntschreiben • das Gefangennehmen

Getrennt- und Zusammenschreibung

D 54 Ist der erste Bestandteil ein Substantiv, dann gilt:
1. Getrenntschreibung ist der Normalfall.
2. Bei einer begrenzten Anzahl von Verbindungen schreibt man zusammen. Das Substantiv gilt hier als verblasst.
3. Bei einigen Verbindungen sind zwei Schreibungen zulässig.

‹§ 34 (3), E₆›

1. Schlittschuh laufen
- Auto fahren
- Rad fahren
- Schlange stehen
- Klavier spielen
- Kuchen backen
2. eislaufen
- kopfstehen
- leidtun
- nottun
- preisgeben
- standhalten
- stattfinden, stattgeben, statthaben
- teilhaben, teilnehmen
- wundernehmen
3. achtgeben *oder* Acht geben, achthaben *oder* Acht haben
- haltmachen *oder* Halt machen
- maßhalten *oder* Maß halten

Bei Substantivierung wird zusammengeschrieben (vgl. Erläuterung zu D 47).

- das Schlittschuhlaufen
- beim Autofahren

D 55 Ist der erste Bestandteil ein Verb, dann gilt:
1. Getrenntschreibung ist der Normalfall.
2. Verbindungen mit *bleiben* und *lassen* als zweitem Bestandteil dürfen auch zusammengeschrieben werden, aber nur bei übertragener Bedeutung ‹§ 34 (4), E₇›.
3. Bei der Verbindung aus *kennen* und *lernen* ist sowohl die Getrennt- als auch die Zusammenschreibung möglich (ohne Bedeutungsunterschied).

1. einkaufen gehen
- spazieren fahren
- schreiben lernen
2. Er ist auf dem Stuhl sitzen geblieben *(nur so)*.
- Er ist in der Schule zweimal sitzen geblieben *oder* sitzengeblieben (nicht versetzt worden).
- Die Fußgänger sind vor der Ampel stehen geblieben *(nur so)*.
- Wo sind wir das letzte Mal stehen geblieben *oder* stehengeblieben? (Wo haben wir das letzte Mal aufgehört?)
3. Wir haben uns im Urlaub kennen gelernt *oder* kennengelernt.

Bei Substantivierung wird zusammengeschrieben (vgl. Erläuterung zu D 47).

- beim Spazierengehen
- das Sitzenbleiben *(in jeder Bedeutung)*

Getrennt- und Zusammenschreibung

D 56 Ist der erste Bestandteil ein Adjektiv, dann gilt:
1. Wenn sich das Adjektiv auf ein Objekt bezieht und ein Resultat ausdrückt, kann getrennt oder zusammengeschrieben werden ‹§ 34 (2.1)›.
2. Nur getrennt schreibt man:
   - zusammengesetzte Adjektive ‹§ 34 (2.3)›;
   - erweiterte Adjektive ‹§ 34 (2.3)›;
   - abgeleitete Adjektive ‹§ 34 (2.3)›;
   - Adjektive bei zusammengesetzten Verben (Verben mit Verbzusatz).
3. Wenn die Verbindung von Adjektiv und (meist einfachem) Verb eine neue, als solche verfestigte Gesamtbedeutung ergibt, schreibt man zusammen ‹§ 34 (2.2)›. Wenn dies nicht klar entschieden werden kann, ist Getrennt- oder Zusammenschreibung zulässig ‹§ 34 E₅›.

Bei Substantivierung wird zusammengeschrieben (vgl. Erläuterung zu D 47).

1. klein schneiden *oder* kleinschneiden
   - warm machen *oder* warmmachen
   - *In Fällen wie* festtreten, totschlagen *oder* volltanken *ist die (nach den Regeln nicht ausgeschlossene) Getrenntschreibung ungebräuchlich.*
2. klitzeklein schneiden *(ugs.)*, lauwarm machen
   - ganz klein schneiden, sehr warm machen, zu/allzu warm machen, 30 Grad warm machen
   - schmutzig *(Ableitung von* Schmutz*)* machen
   - ein Fernglas scharf einstellen
   - das Gartenmöbel grün anstreichen
3. jmdn. freihalten (für ihn bezahlen)
   - den Verkehr lahmlegen
   - etwas satthaben
   - eine Arbeit fertigstellen *oder* fertig stellen

- zum Kleinschneiden
- durch das Warmmachen

Zusammensetzungen und Wortgruppen mit Adjektiven und Partizipien

D 57 Es gibt zwei Arten von Zusammensetzungen aus Adjektiv + Adjektiv. Für beide gilt Zusammenschreibung:
1. Das erste Adjektiv verstärkt oder mindert die Bedeutung des zweiten Adjektivs. Beim ersten Adjektiv handelt es sich gewöhnlich um ein einfaches Adjektiv. Zusammensetzungen dieser Art bilden oft längere Reihen ‹§ 36 (1.5)›.
2. Die beiden Adjektive haben den gleichen Rang, das heißt, sie sind einander nebengeordnet ‹§ 36 (1.4)›.

(Zur Schreibung mit Bindestrich vgl. D 23.)

1. bitterkalt, bitterböse, bitterernst
   - halbamtlich, halboffiziell, halbstaatlich
   - ganzleinen, ganzledern, ganzwollen
   - dunkelrot, dunkelgrün, dunkelblau
   - superklug, superbequem, superschnell

2. dummdreist, feuchtwarm, nasskalt

Getrennt- und Zusammenschreibung

D 58 Wenn Partizipien wie Adjektive gebraucht werden, richtet sich die Schreibung nach den zugrunde liegenden Verbindungen im Infinitiv ‹§ 36 (2.1)›.
1. Wenn die Verbindung im Infinitiv zusammengeschrieben wird, gilt auch für die Partizipien Zusammenschreibung.
2. Wenn im Infinitiv zwei Schreibungen möglich sind, dann auch bei den Partizipien.
3. Wenn die Verbindung im Infinitiv getrennt geschrieben wird, gilt auch für die Partizipien grundsätzlich Getrenntschreibung. Zusätzlich können aber einfache Wortformen auch mit dem Partizip zusammengeschrieben werden.

Diese Regeln gelten auch für Substantivierungen.

1. die teilnehmenden Schülerinnen (*wegen:* teilnehmen), *entsprechend auch:* die Teilnehmenden
- die irregeleiteten Wanderer (*wegen:* irreleiten)
- das abhandengekommene Geld (*wegen:* abhandenkommen; *entsprechend auch:* das Abhandengekommene)
2. das verloren gegangene Geld (*wegen:* verloren gehen) *oder* das verlorengegangene Geld (*wegen:* verlorengehen); *entsprechend auch:* das verloren Gegangene *oder* Verlorengegangene
3. der zugrunde liegende Sachverhalt (*wegen:* zugrunde liegen) *oder* der zugrundeliegende Sachverhalt; *hier außerdem möglich:* der zu Grunde liegende Sachverhalt (*vgl.* D 51); *entsprechend auch:* das zugrunde Liegende *oder* das Zugrundeliegende *oder* das zu Grunde Liegende
- eine allein erziehende Mutter (*wegen:* allein erziehen) *oder* eine alleinerziehende Mutter; *entsprechend auch:* eine allein Erziehende *oder* eine Alleinerziehende
- die Erdöl fördernden Staaten (*wegen:* Erdöl fördern) *oder* die erdölfördernden Staaten
- eine Gewinn bringende Investition (*wegen:* Gewinn bringen) *oder* eine gewinnbringende Investition. *Aber nur:* eine großen Gewinn bringende Investition (»großen« *bezieht sich nur auf* »Gewinn«; »großen Gewinn« *ist also eine Wortgruppe*), eine äußerst gewinnbringende Investition (»äußerst« *bezieht sich auf die ganze folgende Verbindung, nicht nur auf* »Gewinn«)

Getrennt- und Zusammenschreibung

D 59 Zusammensetzungen mit einem Substantiv als erstem Bestandteil sind oft Verkürzungen von Wortgruppen. Es wird dabei ein Artikel oder eine Präposition (ein Verhältniswort) eingespart ‹§ 36 (1)›.

- mondbeschienen (= vom Mond beschienen)
- sagenumwoben (= von Sagen umwoben)
- herzquickend (= das Herz erquickend)
- meterhoch (= einen/mehrere Meter hoch)

D 60
1. Für Fälle, die in D 57–59 nicht beschrieben sind, gilt in der Regel Getrenntschreibung ‹§ 36›.
2. Verbindungen mit *nicht* als erstem Bestandteil können getrennt oder zusammengeschrieben werden ‹§ 36 (2.3)›.

1.
- gestochen scharfe Fotos
- rasend eifersüchtig
- abstoßend hässlich
- kochend heißes Wasser
- ein blendend weißes Kleid
- riesig groß
- verführerisch leicht
- grünlich gelb

2.
- nicht öffentliche *oder* nichtöffentliche Sitzungen
- nicht amtliche *oder* nichtamtliche Verlautbarungen

D 61 Längere, in Zusammenschreibung unübersichtliche Zusammensetzungen aus gleichrangigen Adjektiven schreibt man mit Bindestrich ‹§ 44 (2)›.

- die römisch-katholische Kirche
- der öffentlich-rechtliche Rundfunk
- ein lateinisch-deutsches Wörterbuch
- medizinisch-technische Assistentinnen

D 62 Ist der erste Bestandteil gesteigert oder erweitert, gilt Getrenntschreibung ‹§ 36 E₄›.

- leichter verdaulich
- besonders leicht verdaulich

Präposition (Verhältniswort) und Substantiv

D 63 Man schreibt ein [verblasstes] Substantiv mit einer Präposition zusammen, wenn die Fügung zu einer neuen Präposition oder einem Adverb geworden ist. In vielen Fällen kann die Fügung auch als Wortgruppe angesehen und getrennt geschrieben werden ‹§ 39 (1), (3), E₃ (1), (3)›.

Vgl. im Einzelnen das Wörterverzeichnis.

(Zu Verbindungen mit Verben vgl. auch D 51, zu Verbindungen mit Partizipien D 58.)

- anstatt, inmitten, zuliebe
- anstelle *oder* an Stelle
- aufgrund *oder* auf Grund
- infrage *oder* in Frage [stellen, kommen]
- zugrunde *oder* zu Grunde [gehen, richten]
- aufseiten *oder* auf Seiten
  Aber nur getrennt: zu Fuß, zu Ende, von Sinnen, bei der Hand

Getrennt- und Zusammenschreibung

Geografische Namen auf -er

D 64	1. Ableitungen von geografischen Namen auf -er schreibt man mit dem folgenden Substantiv zusammen, wenn sie Personen bezeichnen ‹§ 37 E₁›. 2. Man schreibt sie in der Regel getrennt, wenn sie die geografische Lage bezeichnen ‹§ 38›.	1. Schweizergarde (päpstliche Garde, die aus Schweizern besteht) • Römerbrief (Brief an die Römer) • Danaergeschenk (Geschenk der Danaer) 2. Walliser Alpen (die Alpen im Wallis) • Glatzer Neiße (die von Glatz kommende Neiße) • Köln-Bonner Flughafen

➤ Es gibt geografische Namen, die keine Ableitungen der oben genannten Art sind. Hier gilt Zusammenschreibung.
- Glocknergruppe
- Brennerpass

➤ In der Schweiz wird bei Straßen- und Seennamen, zum Teil auch bei Bergnamen zusammengeschrieben.
- die Baslerstraße (*bzw. nach* D 160: Baslerstrasse)
- der Genfersee
- das Stanserhorn

➤ Zusammenschreibung gilt auch
1. für einige Sortenbezeichnungen;
2. für Zusammensetzungen mit Sachbezeichnungen auf -er.

1. Burgunderwein, Perserteppich, Bündnerfleisch
   • *Aber regelhaft:* Berliner Pfannkuchen, Frankfurter Würstchen, Wiener Walzer
2. eine Pilsnerflasche, der Hamburgerstand

Zahlen

Zu Fällen wie *32stel, 8-silbig, 61er-Bildröhre* vgl. D 29, 30. Zur Schreibung in Buchstaben oder in Ziffern vgl. unter „Zahlen und Ziffern".

D 65	1. In Buchstaben geschriebene Zahlen schreibt man zusammen, wenn sie kleiner als eine Million sind, und getrennt, wenn sie größer als eine Million sind. 2. Ordnungszahlen werden generell zusammengeschrieben ‹§ 36 (1.6)›. 3. Dezimalzahlen schreibt man als Wortgruppe.	1. zweitausendzehn • neunzehnhundertneunundneunzig • tausendsechsundsechzig • siebzehn Milliarden • zehn Millionen fünfhunderttausend 2. der zweimillionste Teil (*aber:* zwei Millionen) 3. acht Komma fünf (*aber:* achteinhalb)

Getrennt- und Zusammenschreibung

D 66 In Buchstaben geschriebene Ableitungen von Zahlen mit der Endung *-er* schreibt man mit dem folgenden Wort zusammen. Bei Verbindungen mit *Jahr* kann die Ableitung auch getrennt und kleingeschrieben werden ‹§ 37 (1)›.
(Zur Schreibung in Ziffern vgl. D 30.)

- Zweierbeziehung
- Viererbob
- Zwanzigerjahre *oder* zwanziger Jahre; *in Ziffern:* 20er-Jahre *oder* 20er Jahre

Groß- und Kleinschreibung

Grundsätzlich gilt: Kleinschreibung ist der Normalfall.

Besonders zu regeln ist also die Großschreibung. Im Deutschen gilt Großschreibung für die folgenden vier Bereiche:

1. Satzanfänge
Wie Satzanfänge werden auch Überschriften und dergleichen behandelt.

2. Substantive und Substantivierungen
Eine Substantivierung liegt vor, wenn eine Wortform eines Wortes mit anderer Wortart wie ein Substantiv gebraucht wird. Substantive und Substantivierungen sind oft daran erkennbar, dass ihnen ein Artikel oder ein dekliniertes Adjektiv vorangeht oder im betreffenden Satz ein entsprechendes Wort davor eingesetzt werden kann.

3. Namen
Einfache Namen sind gewöhnlich Substantive und werden auch von der vorangehenden Regelung abgedeckt. Bei mehrteiligen Eigennamen unterliegen aber auch Wörter anderer Wortart der Großschreibung.

4. Anredepronomen, insbesondere die Höflichkeitsformen

Darüber hinaus gilt:
Im Wortinnern erscheinen Großbuchstaben in der Regel nur bei (fachsprachlichen) Abkürzungen, in Zusammensetzungen mit Bindestrich und bei durchgehender Großschreibung.
- EDV (elektronische Datenverarbeitung), H_2O (Wasser)
- BVerfG (Bundesverfassungsgericht), OStD (Oberstudiendirektor[in])
- Schiller-Theater, Fulltime-Job, U-Bahn, 8-Zylinder
- NEUERÖFFNUNG, RÄUMUNGSVERKAUF

In bestimmten Kontexten gebräuchlich, aber nicht Gegenstand der amtlichen Rechtschreibregelung sind Großbuchstaben im Wortinnern
- zur Vermeidung der Doppelnennung männlicher und weiblicher Formen (BürgerInnen, KollegInnen; zu Alternativen vgl. D 98, 156),
- als gestalterisches Mittel zur Bezeichnung von Firmen, Produkten und Dienstleistungen (eBay®, BahnCard®, TeleBanking).

Solche Schreibungen werden kontrovers diskutiert und für den allgemeinen Schreibgebrauch häufig abgelehnt.

Groß- und Kleinschreibung

Die folgende Darstellung behandelt die Groß- und Kleinschreibung unter diesen Gesichtspunkten:

- **Substantive und ehemalige Substantive** (D 67–71)
  vorgestern Nacht, abends, ich nehme teil
- **Substantivierungen** (D 72–82)
  das Gute, im Dunkeln tappen, eine Acht schreiben, jeder Dritte, das Rechnen
- **Anrede** (D 83–85)
  Was hast du dir dabei gedacht? Haben Sie alles besorgen können?
- **Titel und Namen** (D 86–91)
  Klein Dora, italienischer/Italienischer Salat, das Ulmer Münster, kafkaeske Gestalten
- **Satzanfang** (D 92–96)
  De Gaulle starb am 9. November 1970. 's ist geradezu unglaublich!
- **Einzelbuchstaben und Abkürzungen** (D 97)
  das A und O, US-amerikanisch

Zu weiteren Informationen:
↑ Fremdwörter (D 40)
↑ Namen (D 134, 135, 140–142, 150, 151)

Substantive und ehemalige Substantive

D 67 Substantive schreibt man groß ‹§ 55›. (Vgl. aber D 70, 71.)	Erde, Kindheit, Verständnis, Reichtum, Verwandtschaft, Verantwortung, Aktion, Genie, Rhythmus, Computer, Pizza, Karaoke, Make-up
Das gilt auch für Namen.	Franziska, Thomas, Goethe, Beethoven, Müller-Lüdenscheidt, Winnetou, Lassie, Berlin, Schweiz, Mosel, Großglockner

| **D 68** 1. Auch in Zusammensetzungen und Aneinanderreihungen mit Bindestrich werden die Substantive großgeschrieben ‹§ 55 (2)›.
2. Das erste Wort einer substantivischen Zusammensetzung oder Aneinanderreihung schreibt man auch dann groß, wenn es kein Substantiv ist ‹§ 57 (2)›. | 1. Mehrzweck-Küchenmaschine
• Schwimm-Meisterschaft
• das Schaurig-Schöne
• Moskau-freundlich
• in den 90er-Jahren
• Mund-zu-Mund-Beatmung
• Chrom-Molybdän-legiert
2. Pro-Kopf-Verbrauch
• Ad-hoc-Arbeitsgruppe
• das Auf-der-faulen-Haut-Liegen |

Groß- und Kleinschreibung

D 69 Die Bezeichnungen von Tageszeiten nach Adverbien wie *gestern*, *heute*, *morgen* werden als Substantive angesehen und großgeschrieben ‹§ 55 (6)›.

- vorgestern Nacht (*vgl.:* vorgestern in der Nacht)
- gestern Abend (*vgl.:* gestern am Abend)
- heute Morgen
- übermorgen Vormittag
- heute Nachmittag
- morgen Mittag

Zur Tageszeitangabe *früh/Früh*:
In Österreich wird darin meist das Substantiv *Früh* gesehen (vgl.: die Früh[e], in der Früh[e]), in Deutschland meist das (kleinzuschreibende) Adjektiv *früh*.

heute Früh *oder* früh

D 70 Aus Substantiven entstandene Wörter anderer Wortarten werden kleingeschrieben. Dazu gehören:
1. Adverbien (auch solche auf -s);
2. Adjektive (in Verbindung mit *sein*, *werden*, *bleiben*);
3. Präpositionen (Verhältniswörter);
4. unbestimmte Pronomen (Fürwörter) und Zahlwörter

‹§ 56 (1), (3), (4), (5)›.

1. mitten, kreuz und quer
- abends, morgens, sonntags, anfangs, rings, teils, willens, rechtens
  (*aber:* eines Abends, jenes Morgens, des letzten Sonntags *usw.*)
2. Mir ist/wurde angst.
  (*Aber:* Ich habe Angst.)
- Sie blieb mir gram.
- Du bist schuld daran.
3. dank, kraft, laut, statt, trotz, seitens, angesichts, namens, um ... willen
4. ein bisschen (= ein wenig)
- ein paar (= einige), *aber:* ein Paar (= zwei zusammengehörende) Schuhe

D 71 Wenn ein (ursprüngliches) Substantiv mit einem Verb im Infinitiv zusammen- und kleingeschrieben wird (vgl. D 54), wird es auch in getrennter Stellung kleingeschrieben ‹§ 56 (2)›. Zur Getrennt- und Zusammenschreibung vgl. D 54.

- teilnehmen, ich nehme an der Veranstaltung teil
  Aber:
- Anteil nehmen, ich nehme am Vorfall Anteil
- maßhalten *oder* Maß halten, ich halte maß *oder* Maß

Substantivierungen

D 72
1. Wie Substantive gebrauchte Adjektive und Partizipien werden in der Regel großgeschrieben.
2. Häufig zeigen vorangehende Wörter wie *alles, etwas, nichts, viel, wenig* den substantivischen Gebrauch an.
3. Großschreibung gilt auch für feste Wendungen, denen der Artikel oder eine Präposition mit (gegebenenfalls verschmolzenem) Artikel vorangeht.
4. Feste Wendungen aus einer bloßen Präposition (ohne Artikel) und einem deklinierten Adjektiv können groß- oder kleingeschrieben werden.
- Für adverbiale Wendungen mit nicht deklinierten Adjektiven gilt dagegen nur Kleinschreibung ‹§ 58 (3)›.
5. Paarformeln zur Bezeichnung von Personen werden auch dann großgeschrieben, wenn sie nicht dekliniert sind ‹§ 57 (1)›.

1. das Gute, die Angesprochene, Altes und Neues; und Ähnliches (*Abk.* u. Ä.), wir haben Folgendes / das Folgende geplant; das der Schülerin Bekannte, das zu Beachtende, das dort zu Findende, der Einzelne, die Russisch-Orthodoxen
- ein gut verständliches Englisch, etwas auf Englisch sagen; das Blau des Himmels, in Blau und Gelb
- der zuletzt Genannte (*oder* Zuletztgenannte), die Rat Suchenden (*oder* Ratsuchenden) (*zur Getrennt- und Zusammenschreibung vgl.* D 58)
2. alles Gewollte, etwas [besonders] Gutes, nichts Wichtiges, viel Unnötiges, wenig Durchdachtes
3. des Langen und Breiten, auf dem Laufenden halten, eine Fahrt ins Blaue, im Freien, im Geheimen, im Allgemeinen, im Dunkeln tappen, zum Besten geben; es ist das Beste, wenn …
4. ohne Weiteres *oder* weiteres, seit Längerem *oder* längerem, von Weitem *oder* weitem
- *Aber nur:* von fern, auf ewig, durch dick und dünn, über kurz oder lang
5. ein Programm für Jung und Alt (*wie:* für Junge und Alte)

D 73 Wenn nach einem Adjektiv ein Substantiv eingespart worden ist, das sonst noch im Text vorkommt und daher ohne Weiteres ergänzt werden kann, schreibt man klein (= attributiv-elliptischer Gebrauch) ‹§ 58 (1)›.

- Mir gefallen alle Krawatten sehr gut. Besonders mag ich die gestreiften und die gepunkteten (= die gestreiften und gepunkteten Krawatten).
- Sie war die aufmerksamste und klügste unter allen Zuhörerinnen.
- Das blaue ist mein Auto.

Groß- und Kleinschreibung

D 74 Superlative mit *am*, nach denen man mit *wie?* fragen kann, schreibt man klein ‹§ 58 (2)›. (In diesen Fällen ist *am* nicht zu *an dem* auflösbar.)

- Diese Regel ist (wie?) am leichtesten zu lernen.
- Etwas zu essen brauchen wir (wie?) am nötigsten.
  Aber: Es fehlt uns am (= an dem) Nötigsten.

D 75 In festen adverbialen Wendungen aus *aufs* oder *auf das* und Superlativ, die sich mit *wie?* erfragen lassen, kann das Adjektiv groß- oder kleingeschrieben werden ‹§ 58 E₁›.

- Er erschrak aufs Äußerste *oder* aufs äußerste.
- Alles hatte sich auf das Schönste *oder* auf das schönste geregelt.
- Wir werden uns aufs Königlichste *oder* aufs königlichste amüsieren.
  Aber: Wir sind (worauf?) aufs Schlimmste gefasst.

D 76 1. Wie Substantive gebrauchte Pronomen (Fürwörter) schreibt man groß ‹§ 57 (3)›. (Meist steht in diesen Fällen ein Artikel.)
2. Sonst schreibt man sie klein, auch wenn sie als Stellvertreter von Substantiven verwendet werden ‹§ 58 (4)›. (Vgl. aber zu den Anredepronomen D 83, 84.)
3. Possessivpronomen (besitzanzeigende Fürwörter) in Verbindung mit dem bestimmten Artikel können auch großgeschrieben werden ‹§ 58 E₃›.

1. jemandem das Du anbieten
- ein gewisser Jemand
- Der Hund ist eine Sie.
2. Kommst du?
- Da ist doch jemand!
- Hier hat sich schon mancher verirrt.
- Wenn einer eine Reise tut …
- Es ist alles bereit.
3. Er sorgt für die Seinen *oder* seinen.
- Wir haben das Unsere *oder* unsere zur Finanzierung des Projekts geleistet.

D 77 1. Die Wörter *viel*, *wenig*, *[der] eine*, *[der] andere* können großgeschrieben werden, wenn ihr substantivischer Charakter hervorgehoben werden soll ‹§ 58 E₄›.
2. In der Regel werden sie jedoch mit allen ihren Deklinations- und Steigerungsformen kleingeschrieben ‹§ 58 (5)›.

1. Das Lob der vielen *oder* Vielen (= der breiten Masse) war ihr nicht wichtig.
- Auf der Suche nach dem anderen *oder* Anderen (= nach einer neuen Welt) sein.
- Die einen *oder* Einen sahen zu, die anderen *oder* Anderen halfen mit.
- Die meisten *oder* Meisten blieben zu Hause.
2. Es gab viele, die nicht mitmachen wollten.
- Den wenigsten war das bekannt.

Groß- und Kleinschreibung

D 78 Für Grundzahlen gilt:
1. Weibliche Substantivierungen schreibt man groß. Sie bezeichnen dann oft eine Ziffer ‹§ 57 (4)›.
2. Sonst werden Grundzahlen unter einer Million kleingeschrieben ‹§ 58 (6)›.

(Siehe auch ↑Zahlen und Ziffern.)

1.
- die Null, zwei Nullen
- eine Eins, vier Einsen im Zeugnis
- die verhängnisvolle Dreizehn
- eine Sechs würfeln
- eine Zwölf schießen

2.
- Alle vier waren jünger als zwanzig.
- Es hatten sich an die fünfzig gemeldet.
- Sie kam erst gegen zwölf.
- Der Redner ist schon über achtzig.
- Er fuhr über hundertsechzig.
- die ersten zehn (*aber:* die zehn Ersten; vgl. D 80)

D 79 Die Wörter *hundert*, *tausend* oder *Dutzend* können klein- oder großgeschrieben werden, wenn mit ihnen unbestimmte, nicht in Ziffern schreibbare Mengen angegeben werden ‹§ 58 E₅›.

- Auf dem Platz drängten sich Hunderte *oder* hunderte von Menschen.
- Viele Hundert *oder* hundert kamen bei dem Erdbeben ums Leben.
- Einige Tausend *oder* tausend kleiner Vögel verdunkelten die Sonne.
- Es gab Dutzende *oder* dutzende von Reklamationen.

Aber nur:
- Wir erwarteten hundert Gäste (= 100 Gäste).
- Das Boot kostete zehntausend Euro (= 10 000 Euro).
- Ich kaufte zwei Dutzend Eier (= 24 Eier).

D 80 Bruchzahlen schreibt man groß, ausgenommen in Verbindung mit Maßeinheiten und in regionalen Uhrzeitangaben ‹§ 56 (6)›.

- ein Zehntel des Kuchens
- ein zehntel Gramm (*bei Auffassung als Maßeinheit aber auch:* ein Zehntelgramm)
- um viertel fünf (*aber:* um Viertel nach vier)

Für substantivierte Ordnungszahlen gelten die Regeln zur Schreibung der substantivierten Adjektive (vgl. D 72) ‹§ 57 (1)›. Man schreibt sie also groß.

- Wenn zwei sich streiten, freut sich der Dritte.
- Jeder Dritte, der hereinkam, trug einen Hut.
- Sie wurde Dritte im Weitsprung.
- Als Erstes werden wir mal im Kühlschrank nachsehen.
- Den Letzten beißen die Hunde.

Groß- und Kleinschreibung

D 81 Wenn Wörter anderer Wortart wie Substantive gebraucht werden, schreibt man sie groß ‹§ 57 (5)›. Dies betrifft:
1. Adverbien;
2. Präpositionen;
3. Konjunktionen;
4. Interjektionen.

Bei mehrteiligen, mit einem Bindestrich verbundenen Konjunktionen gilt die Großschreibung nur für das erste Wort ‹§ 57 E₄›.

1. Sie lebt nur im Heute, ein Gestern oder Morgen kennt sie nicht.
- Auf das ganze Drum und Dran könnte ich verzichten.
2. Wir müssen das Für und Wider abwägen.
3. Entscheidend ist nicht nur das Ob, sondern auch das Wie.
- Es gibt hier nur ein Sowohl-als-auch, kein Entweder-oder.
4. Mit dem üblichen Weh und Ach gab er ihr schließlich das Geld.

D 82
1. Wie Substantive gebrauchte Infinitive (Grundformen) schreibt man groß ‹§ 57 (2)›.
2. Bloße Infinitive (das heißt Infinitive ohne Artikel, Präposition oder nähere Bestimmung) können in bestimmten Fällen entweder als substantiviert oder als normale Verbformen aufgefasst werden. Man kann dann groß- oder kleinschreiben ‹§ 57 E₃›.

1. das Rechnen, das Lesen, das Schreiben, [das] Verlegen von Rohren, im Sitzen und Liegen, für Hobeln und Einsetzen [der Türen], zum Verwechseln ähnlich, lautes Schnarchen
- das Zustandekommen, beim Kuchenbacken sein (*vgl.* D 49–55)
- das In-den-Tag-hinein-Leben (*vgl.* D 27)
2. ... weil Geben *oder* geben seliger denn Nehmen *oder* nehmen ist.
- Die Kinder lernen schwimmen *oder* Schwimmen (*vgl.:* Die Kinder lernen zu schwimmen / das Schwimmen).
- *Aber zu unterscheiden:* In diesem Kurs lernt man richtig [zu] atmen / richtiges Atmen *(das deklinierte Adjektiv zeigt die Substantivierung an).*

Groß- und Kleinschreibung

Anredepronomen (Anredefürwörter)

D 83
1. Die [vertraulichen] Anredepronomen *du* und *ihr* sowie die entsprechenden Possessivpronomen *dein* und *euer* werden im Allgemeinen kleingeschrieben ‹§ 66›.
2. In Briefen kann auch großgeschrieben werden ‹§ 66 E›.

- 1. Was hast du dir dabei gedacht?
  (*Aber:* Sie hat ihm das Du angeboten; vgl. D 76.)
  - Ich habe euch heute in der Stadt gesehen.
  - (*Ebenso:*) Wir wollen euretwegen keinen Ärger bekommen. Ich will mich nicht mit deinesgleichen abgeben.
- 2. Liebe Stefanie,
  wie hat Dir (*oder* dir) Dein (*oder* dein) Weihnachtsgeschenk gefallen? ...
  Herzliche Grüße
  Deine (*oder* deine) Petra

D 84
1. Die Höflichkeitsanrede *Sie* und das entsprechende Possessivpronomen *Ihr* werden immer großgeschrieben ‹§ 65›.
2. Das rückbezügliche Pronomen *sich* schreibt man dagegen klein ‹§ 66›.

- 1. Haben Sie alles besorgen können?
  - Wie geht es Ihnen und Ihren Kindern?
  - Mit Ihrer Tochter ist unsere Personalabteilung sehr zufrieden.
  - (*Ebenso:*) Ich habe das Ihretwegen gemacht. Das ist nichts für Ihresgleichen.
- 2. Bei diesen Zahlen müssen Sie sich geirrt haben.
  - Sie können sich nicht vorstellen, was mir gestern passiert ist!

D 85
Die Pronomen in bestimmten älteren Anredeformen und Titeln schreibt man groß ‹§ 65 E₁, E₂›.

- Schweig Er!
- Höre Sie mir gut zu!
- Wollt Ihr Euch selbst überzeugen, edler Herr!
- Führen Sie mich zu Seiner Exzellenz.
- Auf das Wohl Ihrer Majestät, der Königin!

Groß- und Kleinschreibung

Überschriften und Werktitel

D 86 Das erste Wort eines Buch-, Film- oder Zeitschriftentitels, einer Überschrift o. Ä. wird großgeschrieben ‹§ 53 (1)›.

Zur Kennzeichnung von zitierten Überschriften und Werktiteln mit Anführungszeichen oder Schriftauszeichnung vgl. D 8 (einschließlich Erläuterung).

- Der Artikel stand in der Neuen Rundschau.
- Er hat in dem Film »Der Totmacher« die Hauptrolle gespielt.
- Heinrich Mann übersetzte »Die gefährlichen Liebschaften« (*oder:* die »Gefährlichen Liebschaften«) aus dem Französischen. Cécile ist eine Hauptfigur in den »Gefährlichen Liebschaften«.
- Der Aufsatz hat die Überschrift »Mein schönstes Ferienerlebnis«.

Namen

D 87 Das erste Wort eines Straßennamens wird großgeschrieben, ebenso alle zum Namen gehörenden Adjektive und Zahlwörter ‹§ 60 (2.2)›. (Vgl. auch D 161.)

- Lange Gasse
- Neuer Markt
- Auf dem Sand
- An den Drei Pfählen
- In der Mittleren Holdergasse
- Von-Repkow-Platz

D 88 1. Alle zu einem mehrteiligen Namen gehörenden Adjektive, Partizipien, Pronomen und Zahlwörter schreibt man groß ‹§ 60›.

1. Klein Dora, Friedrich der Große, Friedrich der Dritte, der Große Kurfürst, der Alte Fritz, Unsere Liebe Frau (Maria), der Schiefe Turm von Pisa, die Ewige Stadt (Rom), der Große Bär (Sternbild), der Indische Ozean, das Kap der Guten Hoffnung, die Schwäbische Alb, Vereinigte Staaten von Amerika, Gasthaus zur Alten Post, Medizinische Klinik des Städtischen Krankenhauses Wiesbaden, Statistisches Bundesamt, Börsenverein des Deutschen Buchhandels, Institut für Deutsche Sprache, der Westfälische Friede, das Elisabethanische Zeitalter, der Zweite Weltkrieg, die Acht Alten Orte der Eidgenossenschaft

2. Nicht am Anfang des Namens stehende Adjektive werden gelegentlich auch kleingeschrieben ‹§ 60 E₂›.

2. Gesellschaft für deutsche Sprache, Institut für angewandte Umweltforschung

Groß- und Kleinschreibung

D 89 Feste Begriffe aus Adjektiv und Substantiv sind keine Namen. Bei einigen davon werden aber die Adjektive trotzdem wie bei Namen großgeschrieben. Man kann hierin eine Art Begriffsgroßschreibung sehen.

1. Die Kleinschreibung des Adjektivs ist der Normalfall. Das heißt, Großschreibung ist nur bei bestimmten Verbindungen üblich ‹§ 63 (1.1)›.
- Kleinschreibung des Adjektivs gilt auch für bildhafte Vergleiche, die in der Gegenwartssprache noch als solche wirken, sich also nicht verselbstständigt haben ‹§ 63 (1.2)›. Vgl. auch Punkt 3 b.

2. Bei den folgenden Verbindungen wird das Adjektiv großgeschrieben:
a) bei Titeln, Ehren- und Amtsbezeichnungen sowie fakultativ bei Funktions- und Berufsbezeichnungen ‹§ 63 (2.2), (3), E₄›;
b) bei amtlichen und kirchlichen Feier- oder Gedenktagen ‹§ 63 (3.2)›, fakultativ auch bei besonderen Kalendertagen und Anlässen ‹§ 63 E₄›;
c) bei Gattungen, Arten und Rassen der Botanik und der Zoologie ‹§ 63 E₃›.

1.
- die absolute Mehrheit
- die alten Sprachen
- der freie Mitarbeiter
- das geistige Eigentum
- der genetische Fingerabdruck
- die innere Sicherheit
- die kalte Platte
- die natürliche Person
- das stille Wasser
- der blinde Passagier
- der wilde Streik
- der kleine Mann
- der harte Kern
- die graue Maus
- der rote Teppich
- ein teures Pflaster

2.
a) Königliche Hoheit
- Heiliger Vater
- die Erste Vorsitzende (*als Amtsbezeichnung nur so, sonst auch:* die erste Vorsitzende)
- Regierender Bürgermeister (*als Amtsbezeichnung nur so, sonst auch:* regierender Bürgermeister)
- der Leitende Akademische Direktor (*als Amtsbezeichnung nur so, sonst auch:* der leitende akademische Direktor)
- die technische *oder* Technische Direktorin
- der kaufmännische *oder* Kaufmännische Geschäftsführer
- der technische *oder* Technische Assistent
- die medizinische *oder* Medizinische Fachangestellte

b) der Erste Mai
- der Heilige Abend
- das neue *oder* Neue Jahr
- die goldene *oder* Goldene Hochzeit

c) das Fleißige Lieschen (Impatiens walleriana)
- die Schwarze Mamba (Dendroaspis polylepis)

Groß- und Kleinschreibung

3. Bei einigen Verbindungen ist die Großschreibung fakultativ.
a) Dies gilt für begriffliche Einheiten weiterer Fachsprachen ‹§ 63 (2.2), E₂›.
b) Außerdem kann man mit Großschreibung anzeigen, dass eine Verbindung eine Gesamtbedeutung angenommen hat, die nicht ohne Weiteres aus ihren Teilen hervorgeht ‹§ 63 (2.1)›. Vgl. aber auch Punkt 1.

3.
a) *Politik, Verwaltung, Recht:* die dringliche *oder* Dringliche Anfrage, die aktuelle *oder* Aktuelle Stunde, das neue *oder* Neue Steuerungsmodell, der gelbe *oder* Gelbe Sack, die mittlere *oder* Mittlere Reife, der letzte *oder* Letzte Wille
- *Mathematik:* der goldene *oder* Goldene Schnitt
- *Wirtschaft:* der neue *oder* Neue Markt
- *Medizin:* die multiple *oder* Multiple Sklerose, die erste *oder* Erste Hilfe
- *Astronomie:* das schwarze *oder* Schwarze Loch
- *Sport:* die rote *oder* Rote Karte, das gelbe *oder* Gelbe Trikot
- *Kochkunst:* der falsche *oder* Falsche Hase, italienischer *oder* Italienischer Salat

b) der blaue *oder* Blaue Brief (= Verwarnungsschreiben)
- der runde *oder* Runde Tisch (= Verhandlungstisch, Verhandlungsrunde)
- das schwarze *oder* Schwarze Brett (= Anschlagtafel)
- das zweite *oder* Zweite Gesicht (= Fähigkeit des Hellsehens)

D 90
1. Von geografischen Namen abgeleitete Wörter auf *-er* schreibt man immer groß ‹§ 61›.
2. Die von geografischen Namen abgeleiteten Adjektive auf *-isch* schreibt man klein, außer wenn sie Teil eines Namens sind ‹§ 62›.

(Vgl. auch D 141, 142.)

1. das Ulmer Münster
- eine Kölner Firma
- die Schweizer Uhrenindustrie
- die Wiener Kaffeehäuser
2. chinesische Seide
- böhmische Dörfer
- ein atlantisches Tiefdruckgebiet
- *Aber:* der Atlantische Ozean (*vgl.* D 88)

Groß- und Kleinschreibung

D 91
1. Von Personennamen abgeleitete Adjektive werden kleingeschrieben ‹§ 62›.
2. Adjektive auf -sch werden großgeschrieben, wenn die Grundform des Namens mit einem Apostroph verdeutlicht wird. (Vgl. auch D 16.)

1. platonische Schriften, platonische Liebe
- kafkaeske Gestalten
- eulenspiegelhaftes Treiben
- vorlutherische Bibelübersetzungen
- darwinistische Auffassungen
2. die darwinsche *oder* Darwin'sche Evolutionstheorie
- das ohmsche *oder* Ohm'sche Gesetz, der ohmsche *oder* Ohm'sche Widerstand
- *(Aber, da als Ganzes ein Name:)* der Halleysche *oder* Halley'sche Komet

Satzanfang

Wenn in den folgenden Ausführungen (D 92–96) von Groß- oder Kleinschreibung gesprochen wird, geht es immer nur darum, ob Satzanfangsgroßschreibung vorliegt oder nicht. Großschreibung aus anderen Gründen (z. B. Großschreibung der Substantive) ist ausgeblendet.

D 92
Das erste Wort eines selbstständigen Satzes (zu dem auch ein oder mehrere Teilsätze gehören können) schreibt man groß ‹§ 54›.

(Zu Überschriften vgl. D 86.)

- Wir fangen um 9 Uhr an.
- Was ist das?
- Komm!
- Wenn das Wetter so bleibt, fahren wir ins Grüne.
- De Gaulle starb am 9. November 1970.
- Vgl. hierzu das Nachfolgende.

D 93
1. Das erste Wort eines angeführten Satzes wird großgeschrieben ‹§ 54 (2)›.
2. Nach einem Doppelpunkt wird ein selbstständiger Satz in der Regel großgeschrieben ‹§ 54 (1)›.

1. Sie rief: »Es ist alles in Ordnung!«
- Mit seinem ständigen »Ich mag nicht!« ging er uns allen auf die Nerven.
2. Beachten Sie folgenden Hinweis: Alle Bänke sind frisch gestrichen.
- Empfehlung: Drücken Sie die Samen etwa 1 cm tief in den Boden ein.

Groß- und Kleinschreibung

1. Nach einem Doppelpunkt kann ein Satz groß- oder kleingeschrieben werden, wenn er (wie ein Teilsatz) auch mit Komma oder Gedankenstrich angeschlossen werden könnte.
2. Man schreibt nach einem Doppelpunkt klein, wenn der folgende Text nicht als selbstständiger Satz aufgefasst wird. Das ist in der Regel bei Aufzählungen, bei speziellen Angaben in Formularen o. Ä. der Fall.

1. Er konnte seine Kredite nicht mehr zurückzahlen, sprich: Er *oder* er war pleite. (*Man könnte hier auch schreiben:* Er konnte seine Kredite nicht mehr zurückzahlen, sprich, er war pleite.)
- Das Haus, die Wirtschaftsgebäude, die Stallungen: Alles *oder* alles war den Flammen zum Opfer gefallen. (*Man könnte hier auch schreiben:* Das Haus, die Wirtschaftsgebäude, die Stallungen – alles war den Flammen zum Opfer gefallen.)
2. Er hat alles verspielt: sein Haus, seine Jacht, seine Pferde.
- 1000 €, in Worten: eintausend Euro
- Rechnen: sehr gut
- Familienstand: verheiratet

D 94 Wenn bei direkter Rede der Begleitsatz eingeschoben ist oder ihr folgt, beginnt er klein ‹§ 54 (3)›.

- »Ich habe«, rief er, »nicht gelogen!«
- »Wohin gehst du?«, fragte er.
- »Nach Hause«, antwortete sie.
- Sie schrie: »Niemals!«, und schlug die Tür zu.

D 95 Wenn ein selbstständiger Satz in einen anderen Satz eingeschoben ist, wird das erste Wort kleingeschrieben ‹§ 54 (4)›.

Vgl. auch Gedankenstrich (D 45, 46) und Klammern (D 98, 99).

- Mein Bruder (du hast ihn doch kennengelernt?) heiratet im September.
- Der Staat hat – das behauptet jedenfalls die Regierung – keinen Spielraum für Steuersenkungen.

D 96 Mit Apostroph beginnende sowie auf Auslassungspunkte folgende Wörter bleiben am Satzanfang unverändert ‹§ 64 (6)›.

- 's ist geradezu unglaublich!
- 'nen neuen Bleistift bräuchte ich.
- 'ne Menge Geld hat das gekostet.
- 'nauf mit euch!
- ... und fertig ist das Mondgesicht!

Wenn ein zitiertes Wort mit Anführungszeichen oder Schriftauszeichnung vom Rest des Textes abgehoben wird, bleibt es ebenfalls häufig unverändert.

- »von« ist eine Präposition.
- *das* und *dass* werden leicht verwechselt.

Groß- und Kleinschreibung

Einzelbuchstaben und Abkürzungen

Wie Substantive gebrauchte einzelne Buchstaben schreibt man üblicherweise groß. Meint man aber den Kleinbuchstaben, wie er im Schriftbild vorkommt, schreibt man meist klein.

- das A und O
- jemandem ein X für ein U vormachen
- der Punkt auf dem i
- das n in Land

D 97 Die Groß- und Kleinschreibung von Abkürzungen, zitierten Wörtern und Einzelbuchstaben ändert sich in Zusammensetzungen mit Bindestrich nicht ‹§ 55 (1), (2)›.

- US-amerikanisch
- TÜV-geprüft
- n-Eck
- pH-Wert
- ca.-Preis
- dass-Satz (*aber ohne Bindestrich:* Dasssatz)
- das Dehnungs-h
  (*groß oder klein:* das Zungen-R, das Zungen-r; s-förmig, S-förmig; *aber nur:* T-förmig)

Klammern

Allgemein gebräuchlich sind runde Klammern. In bestimmten Textsorten werden daneben auch eckige Klammern verwendet.

Zu weiteren Informationen:
↑ Auslassungspunkte (D 17)
↑ Groß- und Kleinschreibung (D 95)
↑ Textverarbeitung und E-Mails (S. 122, S. 126, S. 133)

D 98

Mit Klammern kann man Zusätze und Nachträge deutlich vom übrigen Text abgrenzen ‹§ 86›. Das gilt auch für längere Abschnitte ‹§ 87›. (Oft können an den entsprechenden Stellen auch Kommas oder Gedankenstriche stehen.)

- Frankfurt (Oder)
- Rentnerin Lehmann (78, begeisterte Bergsteigerin) versteht die Welt nicht mehr.
- Als Hauptwerk Matthias Grünewalds gelten die Gemälde des Isenheimer Altars. (Der Zeitpunkt ihrer Vollendung ist umstritten. Einige nehmen 1511 an, andere 1515.)
- In seiner Jugend (nur wenige kannten ihn noch von früher) gab es manchen dunklen Punkt. *Auch möglich:* In seiner Jugend, nur wenige kannten ihn noch von früher, gab es … *Oder:* In seiner Jugend – nur wenige kannten ihn noch von früher – gab es …

1. Erläuterungen zu einem bereits eingeklammerten Zusatz werden häufig in eckige Klammern gesetzt.
2. Auch bei eigenen Zusätzen in zitierten Texten oder bei Ergänzungen in nicht lesbaren oder zerstörten Texten werden oft eckige Klammern verwendet.
3. Häufig werden Buchstaben, Wortteile oder Wörter in Klammern eingeschlossen, um Verkürzungen, Zusammenfassungen, Alternativen o. Ä. zu kennzeichnen. (Zu Varianten mit Schrägstrich vgl. D 156.)
4. Werden Teile eines zusammengesetzten Substantivs eingeklammert, kann auch ein Ergänzungsstrich gesetzt werden.
5. Bei weglassbaren Buchstaben, Wortteilen oder Wörtern werden in Wörterbüchern, auf Formularen o. Ä. oft eckige Klammern verwendet.

1. Mit dem Wort Bankrott (vom italienischen »banca rotta« [zusammengebrochene Bank]) bezeichnet man die Zahlungsunfähigkeit.
2. In ihrem Tagebuch heißt es: »Ich habe das große Ereignis [gemeint ist die Verleihung des Friedenspreises] selbst miterlebt und war sehr beeindruckt.«
3. Mitarbeiter(in) (*als Kurzform für:* Mitarbeiterin oder Mitarbeiter)
- Lehrer(innen) (*als Kurzform für:* Lehrerinnen und/oder Lehrer)
- Kolleg(inn)en (*als Kurzform für:* Kolleginnen und/oder Kollegen)
4. (Wieder)eintritt *oder* (Wieder-)Eintritt
- Gewinn(anteil) *oder* Gewinn(-Anteil)
5. Kopp[e]lung, acht[und]einhalb, gern[e], sieb[en]tens
- Eltern mit [schulpflichtigen] Kindern

Klammern

D 99
1. Ausrufe- oder Fragezeichen, die zum eingeklammerten Text gehören, stehen vor der schließenden Klammer.
2. Zum übergeordneten Text gehörende Satzzeichen dürfen nicht weggelassen werden.
3. Der Schlusspunkt steht nur dann vor der schließenden Klammer, wenn ein ganzer Satz eingeklammert ist, der nicht an den vorhergehenden Satz angeschlossen sein soll ‹§ 88›.

1. Den Antrag sollten Sie vollständig ausgefüllt (bitte deutlich schreiben!) an die Bank zurücksenden.
- Es gab damals (erinnern Sie sich noch?) eine furchtbare Aufregung.
2. Wir wohnen in Ilsenburg (Harz).
- Sie wundern sich (so schreiben Sie), dass ich so wenig von mir hören lasse.
3. Dies halte ich für das wichtigste Ergebnis meiner Untersuchungen. (Die entsprechenden Dokumente sind auf S. 225 abgedruckt.)
Oder: Dies halte ich für das wichtigste Ergebnis meiner Untersuchungen (die entsprechenden Dokumente sind auf S. 225 abgedruckt).

Komma

Das Komma ist ein Gliederungszeichen. Es wird im Deutschen in erster Linie nach grammatischen Gesichtspunkten gesetzt. Man kann drei Regelgruppen unterscheiden, vgl. Punkte 1–3. Zum Gewicht dieser Regeln vgl. Punkt 4.

1. Das Komma steht zwischen den Teilen von Reihungen (Aufzählungen) (D 100–102, 111–113):
>Feuer, Wasser, Luft und Erde. Sie wirkte ruhig, gelassen, entspannt.
>Hier stehe ich, ich kann nicht anders.
>Wir waren arm, aber gesund.

Unterregel: Es steht allerdings kein Komma bei Reihungen, deren Elemente mit Konjunktionen des Typs *und/oder* verbunden sind (D 111). Vgl. aber Punkt 4.
>Er stand auf und ging. Im Sack waren Nüsse und Datteln sowie Feigen und Mandarinen.

Unterunterregel: Bei gereihten Hauptsätzen, die mit solchen Konjunktionen verbunden sind, darf hingegen ein Komma gesetzt werden (D 119):
>Nimm das Geld[,] oder lass es bleiben.
>Anna liest die Zeitung[,] und Otto löst ein Kreuzworträtsel.

2. Das Komma grenzt nachgestellte Zusätze vom Rest des Satzes ab (D 103–107):
>Da kommt Michael, mein Bruder.
>Sie liest viele Bücher, vor allem Romane.

Ist ein Zusatz eingeschoben, steht am Anfang und am Ende je ein Komma (= paariges Komma):
>Michael, mein Bruder, kennt dich noch nicht.
>Viele Bücher, vor allem Romane, regen die Fantasie an.

3. Das Komma grenzt Nebensätze vom übergeordneten Satz ab (D 118–125):
>Sobald ich Zeit habe, komme ich bei euch vorbei.
>Ich komme bei euch vorbei, sobald ich Zeit habe.

Ist der Nebensatz in den übergeordneten Satz eingeschoben, steht am Anfang und am Ende des Nebensatzes je ein Komma (= paariges Komma):
>Ich komme, sobald ich Zeit habe, bei euch vorbei.

4. Die Regeln 2 und 3 haben mehr Gewicht als die Regeln in Punkt 1.
Dieses Wissen ist hilfreich, wenn man zunächst nicht weiß, welche von zwei infrage kommenden Regeln zum Zug kommt. Das folgende Beispiel enthält einen Zusatz (→ Komma) und eine Reihung mit *und* (→ kein Komma). Die Regel 2 für Zusätze hat mehr Gewicht, und daher steht am Ende des Zusatzes ein Komma:
> Sie liest viele Bücher, vor allem Romane, und diskutiert auch gern darüber.

Entsprechend nach einem Nebensatz:
> Sie sagte, sie komme gleich wieder, und ging hinaus.

5. Es ist allerdings einzuräumen, dass nicht immer ganz klar ist, was für eine Konstruktion vorliegt. In solchen Bereichen gewähren die Kommaregeln einen gewissen Freiraum. Dies gilt insbesondere für die folgenden Bereiche:

- **Datums-, Wohnungs-, Literaturangaben** (D 108–110)
  Sie wird Mittwoch, den 13. März[,] eintreffen. Herr Meier aus Bonn, Lindenstraße 12[,] hat zwei Freikarten gewonnen. Sie hat aus dem Brockhaus, 21. Auflage, Band 14[,] zitiert.

- **Partizip- und Infinitivgruppen** (D 114–117)
  Das ist[,] grob gerechnet[,] die Hälfte. (Zwei Kommas oder gar keins!)
  Sie weigerte sich[,] uns zu helfen.
  Sie weigerte sich[,] uns zu helfen[,] und ging weg. (Zwei Kommas oder gar keins!)

- **mehrteilige Nebensatzeinleitungen** (D 126–128)
  Angenommen[,] dass morgen gutes Wetter ist …

6. Besonders zu beachten sind außerdem Hervorhebungen, Ausrufe und Anreden (D 129–132):
> Deine Mutter, die habe ich gut gekannt. Ach, das ist aber schade.

7. Zum Schluss soll noch eine Faustregel genannt werden:

- **Kein Komma ohne Grund!**
  Im folgenden Satz liegt weder eine Reihung noch ein Zusatz oder ein Nebensatz vor. Es gibt daher keinen Grund für ein Komma:
  (Falsch:) Nach einer langen Reise mit Zug und Bus, kamen wir endlich am Nordkap an.
  (Richtig:) Nach einer langen Reise mit Zug und Bus kamen wir endlich am Nordkap an.

Zu weiteren Informationen:
↑ Anführungszeichen (D 9, 11)
↑ Gedankenstrich (D 43, 45, 46)
↑ Klammern (D 98, 99)

Komma

Das Komma bei Reihungen (Aufzählungen)

Zu Reihungen mit Konjunktionen (Bindewörtern) vgl. D 111–113. Zu gereihten Sätzen vgl. D 118, 119, zu gereihten Nebensätzen D 122.

D 100 Das Komma steht bei Aufzählungen, zwischen gleichrangigen Wörtern und Wortgruppen, wenn sie nicht durch Wörter wie *und* oder *oder* (vgl. D 111, 113) verbunden sind ‹§ 71 (2) u. 72›.

- Feuer, Wasser, Luft und Erde.
- Sie wirkte ruhig, gelassen, entspannt.
- Möchten Sie ein Menü aus drei, aus vier oder aus fünf Gängen?
- Ich wollte nur am Strand sitzen, keine Berge besteigen, keine Museen besuchen, an keiner Weinprobe teilnehmen.

Am Schluss der Aufzählung steht kein Komma, wenn der Satz weitergeht.

- Er sägte, hobelte, hämmerte die ganze Nacht.
- Sie ist viel, viel klüger.

D 101 Zwischen zwei Adjektiven steht nur dann ein Komma, wenn sie einander nebengeordnet sind, das heißt den gleichen Rang haben.
Gelegentlich hängt es vom Sinn des Satzes ab, ob Nebenordnung (Gleichrangigkeit) vorliegt oder nicht ‹§ 71 E₁›.
Es gibt aber auch Fälle, in denen zwischen den zwei Konstruktionsweisen nur ein geringer Unterschied besteht.

Mit Komma:
- ein süßes, klebriges Getränk
- ein schwarzer, breitkrempiger Hut

Aber ohne Komma:
- die jüngsten politischen Entwicklungen
- ein Glas dunkles bayerisches Bier (»bayerisches Bier« *wird hier als Einheit angesehen, die durch* »dunkles« *näher bestimmt ist*)
- ein seltsam süßes Getränk (»seltsam« *beschreibt hier* »süßes« *näher und ist daher nicht dekliniert*)

Je nach Bedeutung:
- höher liegende unbewaldete Hänge *(ohne Komma, sofern es auch tiefer liegende unbewaldete Hänge gibt)*
- höher liegende, unbewaldete Hänge *(mit Komma, sofern die tiefer liegenden Hänge bewaldet sind)*

Mit geringem Bedeutungsunterschied:
- langes[,] blondes Haar
- helle[,] kernlose Trauben
- unsere freiheitliche[,] demokratische Grundordnung

Komma

- Davon zu unterscheiden sind Fälle, in denen ein Adjektiv durch eine folgende Adjektiv- oder Partizipgruppe näher bestimmt wird (vgl. D 105, 113).

- Das Buch enthält viele farbige, [und zwar] mit der Hand kolorierte Holzschnitte.
- Auf der Ausstellung waren viele ausländische, vor allem niederländische Firmen vertreten.

D 102
1. Mehrere vorangestellte Namen und Titel werden nicht durch Komma getrennt.
2. Angaben mit *geb.*, *verh.*, *verw.* usw. können ohne Komma stehen oder als Zusätze angesehen und mit Kommas abgetrennt werden ‹§ 77 E₂›.

1. Hans Albert Schulze, Erika Müller (*aber:* Schulze, Hans Albert, und Erika Müller, ...)
- Direktor Professor Dr. Max Müller
- Seine Heiligkeit Papst Johannes Paul II.
2. Martha Schneider[,] geb. Kühn
- Frau Tanja Schuster-Lehmann[,] geb. Lehmann[,] und ihr Ehemann Peter[,] geb. Schuster[,] verpflichten sich hiermit ...

Das Komma bei nachgestellten Zusätzen

D 103 Das Komma trennt nachgestellte Zusätze (Appositionen) ab. Wenn der Satz danach weitergeht, steht auch am Ende des Zusatzes ein Komma (= paariges Komma) ‹§ 77 (2)›.

(Vgl. auch D 104, 107.)

- Das ist Michael, mein Bruder.
- Das Auto, Massenverkehrsmittel und Statussymbol zugleich, hat das Gesicht unserer Städte nachhaltig geprägt.
- Johannes Gutenberg, der Erfinder der Buchdruckerkunst, wurde in Mainz geboren.

- Gelegentlich zeigt allein das Komma an, ob eine Aufzählung oder ein Zusatz vorliegt. In solchen Fällen kann also das Komma den Sinn des Satzes verändern.

- Sabine, meine Schwester, und ich wohnen in demselben Haus *(Zusatz; Sabine ist meine Schwester; es ist von zwei Personen die Rede).*
- Sabine, meine Schwester und ich wohnen in demselben Haus *(Aufzählung; Sabine und meine Schwester und ich; es ist von drei Personen die Rede).*

D 104 Wenn der Zusatz Teil des Namens ist, steht kein Komma ‹§ 77 E₂›. Man spricht hier auch von Beinamen.

- Heinrich der Löwe wurde im Dom zu Braunschweig begraben.
- Das ist ein Gemälde von Hans Holbein dem Jüngeren.

Komma

D 105
1. Das Komma trennt nachgestellte Erläuterungen ab. (Solche Erläuterungen werden häufig durch *und zwar*, *nämlich*, *z. B.*, *insbesondere* oder ähnliche Wörter und Fügungen eingeleitet.)
2. Wenn der Satz nach der Erläuterung weitergeht, steht auch am Ende der Erläuterung ein Komma (= paariges Komma) ‹§ 77 (4)›.
3. Steht die Erläuterung jedoch zwischen Adjektiv und Substantiv oder zwischen Verb und Hilfsverb, entfällt das schließende Komma ‹§ 77 (4)›. (Vgl. auch D 101.)

1. Sie liest viel, vor allem Krimis.
- Das Schiff verkehrt wöchentlich einmal, und zwar sonntags.
- Das Schiff verkehrt nur in der Hauptsaison, das heißt im Sommer.
- Wir müssen etwas unternehmen, und das bald.
- Es gibt vier Jahreszeiten, nämlich Frühling, Sommer, Herbst und Winter.
2. Bei unserer nächsten Sitzung, also am Donnerstag, werde ich diese Angelegenheit zur Sprache bringen.
3. Das Buch enthält viele farbige, und zwar mit der Hand kolorierte Holzschnitte.
- Er wurde erst ruhiger, als er sein Herz ausgeschüttet, das heißt alles erzählt hatte.

D 106
1. Das Komma trennt Adjektive und Partizipien ab, die einem Substantiv oder einem Pronomen nachgestellt sind. Wenn der Satz danach weitergeht, steht auch am Ende der entsprechenden Wortgruppe ein Komma (= paariges Komma) ‹§ 77 (7)›. (Vgl. auch D 114.)
2. Das Komma steht aber nicht, wenn in bestimmten festen Fügungen (oder in poetischen Texten) ein allein stehendes Adjektiv nachgestellt ist ‹§ 77 E₃›.

1. Sie erzählte allerlei Geschichten, erlebte und erfundene.
- Dein Wintermantel, der blaue, muss in die Reinigung.
- Er, das leere Glas in der Hand [haltend], ging zur Theke.
- Kabeljau, gedünstet
2. Aal blau
- Karl Meyer junior
- Bei einem Wirte wundermild …
- Ich arme Jungfer zart, ach, hätt ich genommen den König Drosselbart!
- Du Glücklicher hast endlich gewonnen! *(Pronomen mit substantiviertem Adjektiv)*

Komma

D 107
Oft können die Schreibenden selbst entscheiden, ob sie Wörter oder Satzteile als Zusatz kennzeichnen wollen oder nicht ‹§ 78›. Das gilt besonders
1. bei Wortgruppen mit *wie* (vgl. auch D 112) ‹§ 78 (2)›;
2. bei Wortgruppen, die von einer Präposition (einem Verhältniswort) eingeleitet sind ‹§ 78 (1)›;
3. bei Namen, die auf eine Funktionsbezeichnung o. Ä. folgen (vgl. auch D 103) ‹§ 78 (4)›.

Punkt 3 gilt auch, wenn die einem Namen vorangestellte Bezeichnung durch Beifügungen umfänglicher ist.

- Du hast mir leider nicht alles gesagt.
  Oder mit besonderer Hervorhebung:
  Du hast mir, leider, nicht alles gesagt.
1. Öffentliche Verkehrsmittel[,] wie Busse und Bahnen[,] sollen stärker gefördert werden.
2. Alle[,] bis auf Robert[,] wollen mitfahren.
- Das Spiel wurde[,] wegen des schlechten Wetters[,] abgesagt.
3. Der Angeklagte[,] Max Müller[,] erschien nicht zur Verhandlung.
- Der Erfinder der Buchdruckerkunst[,] Johannes Gutenberg[,] wurde in Mainz geboren.

Das Komma bei Datums-, Wohnungs-, Literaturangaben

D 108
Mehrteilige Datums- und Zeitangaben gliedert man durch Kommas. Man kann diese Angaben als Reihungen (Aufzählungen) oder als Fügungen mit Zusatz auffassen; deshalb ist das letzte (schließende) Komma vor der Weiterführung des Satzes freigestellt ‹§ 77 (3)›. (Vgl. auch D 32.)

Im Briefkopf steht zwischen Orts- und Datumsangabe im Allgemeinen ein Komma.

- Sie kommt [am] Mittwoch, 13. März[,] wieder zurück.
- Sie kommt Mittwoch, den 13. März[,] wieder zurück.
- Wir treffen uns am Freitag, dem 12. August, [um] 20 Uhr.
- Sie kommt am Montag, dem/den 5. April[,] wieder zurück.
- Mittwoch, den 25. Juli[,] um 14 Uhr[,] findet eine Sitzung statt.
- Die Sitzung findet Mittwoch, den 25. Juli, 14 Uhr[,] im großen Besprechungszimmer statt.
- Mannheim, [den] 31. 10. 2017

D 109
Mehrteilige Wohnungsangaben gliedert man durch Kommas. Man kann diese Angaben als Reihungen (Aufzählungen) oder als Fügungen mit Zusatz auffassen; deshalb ist das letzte (schließende) Komma vor der Weiterführung des Satzes freigestellt ‹§ 77 (3)›.

- Sie wohnt in Berlin, Kurfürstendamm 37.
- Herr Meier aus Bonn, Lindenstraße 12[,] hat zwei Freikarten gewonnen.
- Frau Schmitt ist von Bonn, Königstraße 20[,] nach Mannheim, Eberbacher Platz 14[,] umgezogen.
  (*Aber:* Frau Anke Meyer wohnt in Heidelberg in der Hauptstraße 15.)

Komma

D 110 1. Mehrteilige Literaturangaben gliedert man durch Kommas. Man kann diese Angaben als Reihungen (Aufzählungen) oder als Fügungen mit Zusatz auffassen; deshalb ist das letzte (schließende) Komma vor der Weiterführung des Satzes freigestellt.
2. Bei Hinweisen auf Gesetze, Verordnungen usw. setzt man jedoch kein Komma ‹§ 77 (3)›.

1. Ich zitiere aus dem Brockhaus, 21. Auflage, Band 12.
- Es ist ein Zitat aus Goethes »Tasso«, 2. Akt, 1. Szene.
- Der Artikel ist im »Spiegel«, Heft 48, 2008, S. 25[,] erschienen.
2. Wir beziehen uns auf § 6 Abs. 2 Satz 2 der Personalverordnung.

Das Komma bei Reihungen mit Konjunktionen (Bindewörtern)

Allgemeines zu Reihungen vgl. D 100–102. Zu gereihten Sätzen vgl. D 119, zu gereihten Nebensätzen D 122.

D 111 Werden gleichrangige Wörter und Wortgruppen durch eine der folgenden Konjunktionen (Bindewörter) verbunden, so setzt man kein Komma ‹§ 72 (2)›:

1. **und**
2. **wie** (in der Bedeutung »und«)
3. **sowie**
4. **sowohl – als [auch]**
5. **sowohl – wie [auch]**
6. **weder – noch**
7. **nicht – noch**
8. **oder**
9. **entweder – oder**
10. **beziehungsweise (bzw.)**
11. **respektive (resp.)**

1. Er stand auf und ging.
- Sie grübelte und grübelte und grübelte.
- Sie hört gern Musik und liebt besonders die Oper.
2. Der Becher war innen wie außen vergoldet.
3. Die Präsidentin sowie ihre Stellvertreterin sind berechtigt ...
4. Der Vorfall war sowohl ihm als auch seiner Frau sehr peinlich.
5. Wir können das Modell sowohl mit Benzinmotor wie auch mit Dieselmotor liefern.
6. Ich weiß weder seinen Vornamen noch seinen Nachnamen.
7. Wir werden nicht rasten noch ruhen ...
8. Gib mir einen Stock, einen Schirm oder etwas Ähnliches.
9. Du musst dich entweder für uns oder gegen uns entscheiden.
10. Das Geld haben mir meine Verwandten geschenkt beziehungsweise geliehen.
11. Das Geld haben mir meine Verwandten geschenkt respektive geliehen.

Das schließende Komma eines vorangehenden Zusatzes oder Nebensatzes bleibt jedoch erhalten ‹§ 72 E₁›.
(Vgl. auch Vorbemerkungen zur Kommasetzung.)

- Mein Onkel, ein großer Tierfreund, sowie seine vierzehn Katzen leben jetzt in einer alten Mühle.
- Wir hoffen, dass wir Ihre Bedenken hiermit zerstreut haben, und grüßen Sie ...
- Wir hoffen, Ihre Bedenken hiermit zerstreut zu haben, und grüßen Sie ... (*Vgl.* D 116.)

D 112

Für die vergleichenden Konjunktionen *als* und *wie* gilt:
1. Wenn diese Konjunktionen nur Wörter oder Wortgruppen (ohne Verb) einleiten, setzt man kein Komma ‹§ 74 E₃›.
2. Wenn diese Konjunktionen einen Nebensatz (mit Verb) einleiten, steht ein Komma.
3. Bei nachgestellten Zusätzen, die mit *wie* eingeleitet werden, können Kommas gesetzt werden ‹§ 78 (2)›. (Vgl. auch D 107.)

1. Die Wunde heilte besser als erwartet.
- Wir haben mehr Stühle als nötig.
- Die neuen Geräte gingen weg wie warme Semmeln.
- Wie schon bei den ersten Verhandlungen konnte auch diesmal keine Einigung erzielt werden.
2. Die Wunde heilte besser, als wir erwartet hatten.
- Wir haben mehr Stühle, als eigentlich nötig sind.
- Der Kleine hatte nichts Besseres zu tun, als mit dem Aschenbecher zu spielen. (*Vgl. auch* D 117.)
3. Ihre Auslagen[,] wie Kopierkosten, Eintrittsgelder, Fahrtkosten und dergleichen[,] werden wir Ihnen ersetzen.

D 113

Bei Konjunktionen, die nicht in den vorgenannten Regeln (D 111 und D 112) aufgeführt sind, gilt die Grundregel der Kommasetzung zwischen gleichrangigen Wörtern und Wortgruppen (vgl. D 100) ‹§ 71›.

Dies gilt insbesondere, wenn eine Reihung mit den folgenden entgegensetzenden Konjunktionen vorliegt ‹§ 72 E₂›:
- aber
- doch
- jedoch
- sondern

- Die Investition ist einerseits mit hohen Gewinnchancen, andererseits mit hohem Risiko verbunden.
- Wir waren arm, aber gesund.
- Das war kein Pkw, sondern ein Lastwagen.
- Sie hat ihn nicht nur abgewiesen, sondern auch ausgelacht.

Komma

- Bei den Konjunktionen *aber, doch, jedoch, sondern* lässt sich nicht immer zweifelsfrei entscheiden, ob sie eine Reihung oder einen Zusatz einleiten. In diesen Fällen ist das schließende Komma freigestellt.

- Sie waren arm, aber nicht unglücklich[,] und hatten viele Freunde.
- Die meisten Eltern, jedoch auch einige Schüler[,] waren gegen die Klassenfahrt.

Das Komma bei Partizipgruppen

Das Komma bei Partizip- und Adjektivgruppen ist teils fakultativ (D 114), teils obligatorisch (D 115). Zu Partizip- und Adjektivgruppen, die einem Substantiv als Zusatz folgen, vgl. D 106.

D 114
Partizip- und Adjektivgruppen kann man durch Komma abtrennen, um die Gliederung des Satzes deutlich zu machen oder um Missverständnisse auszuschließen. Sind sie eingeschoben, ist gegebenenfalls am Anfang und am Schluss der Wortgruppe ein Komma zu setzen (= paariges Komma oder gar kein Komma).

Das gilt auch für Wortgruppen, die als Verkürzungen von Partizipgruppen aufgefasst werden können ‹§ 78 (3)›.

- Das ist[,] grob gerechnet[,] die Hälfte.
- Er fiel[,] von einer Kugel getroffen[,] vom Pferd.
- Die Renovierung Ihrer Wohnung betreffend[,] möchte ich Ihnen den folgenden Vorschlag machen.
- Seit mehreren Jahren kränklich[,] hatte er sich in ein Sanatorium zurückgezogen.
- Sie stand[,] ein Glas in der Hand[,] an der Theke. *(Vgl. daneben:)* Sie stand[,] ein Glas in der Hand haltend[,] an der Theke.

D 115
Partizip- und Adjektivgruppen sind durch Komma abzutrennen,
1. wenn sie mit einem hinweisenden Wort oder einer Wortgruppe angekündigt oder wieder aufgenommen werden;
2. wenn sie einem Substantiv oder Pronomen als Zusatz folgen (vgl. D 106) ‹§ 77 (7)›;
3. wenn sie als Nachtrag am Satzende stehen ‹§ 77 (7)›.
4. Das gilt auch für Wortgruppen, die als Verkürzungen von Partizipgruppen aufgefasst werden können ‹§ 78 (3)›.

Sind sie eingeschoben, steht am Anfang und am Schluss der Wortgruppe ein Komma (= paariges Komma).

1. Genau so, mit viel Salami belegt, hat er die Pizza am liebsten.
   - Aus vollem Halse lachend, so kam sie auf uns zu.
   - Auf diese Weise, jeden Stein einzeln umdrehend, hatten wir schließlich Erfolg mit unserer Suche.
   - Nur so, bleich und ganz in Schwarz, ist mir mein Großvater in Erinnerung geblieben.
2. Er, tödlich getroffen, fiel vom Pferd.
3. Er fiel vom Pferd, tödlich getroffen.
   - Das ist die Hälfte, grob gerechnet.
4. Sie, ihr Glas in der Hand [haltend], stand an der Theke.

Das Komma bei Infinitivgruppen

Bei Infinitiven mit *zu* sind zwei Gebrauchsweisen zu unterscheiden:

1. Der Infinitiv bildet, gegebenenfalls zusammen mit weiteren Wörtern oder Satzteilen, eine Wortgruppe, die einem Nebensatz nahekommt. Man spricht dann von satzwertigen Infinitivgruppen. Infinitivgruppen dieser Art werden tendenziell mit Komma abgetrennt.
2. Der Infinitiv mit *zu* bildet mit einem übergeordneten Verb ein komplexes Prädikat. In diesem Fall wird kein Komma gesetzt.

Da diese Konstruktionsweisen unterschiedlich gut zu erkennen sind, gilt ein Teil der Kommaregeln für satzwertige Infinitivgruppen fakultativ (D 116 sowie D 117, Punkt 4), ein anderer Teil hingegen obligatorisch (D 117, Punkte 1–3). Zu Infinitivgruppen, die gewöhnlich nicht mit Komma abgetrennt werden, vgl. die Erläuterung zu D 117.

D 116

(Satzwertige) Infinitivgruppen kann man durch Komma abtrennen, um die Gliederung des Satzes deutlich zu machen oder um Missverständnisse auszuschließen ‹§ 75 E₂›.
Sind sie eingeschoben, ist gegebenenfalls am Anfang und am Schluss der Wortgruppe ein Komma zu setzen (= paariges Komma oder gar kein Komma).

- Sie weigerte sich[,] zu helfen.
- Sie weigerte sich[,] uns zu helfen.
- Sich selbst zu besiegen[,] ist der schönste Sieg.
- Wir empfehlen[,] ihm zu folgen.
- Wir empfehlen ihm[,] zu folgen.
- Er versuchte[,] ins Haus zu gelangen[,] und schlug ein Fenster ein.

Komma

D 117 (Satzwertige) Infinitivgruppen werden unter den folgenden Bedingungen immer durch Komma abgetrennt:
1. Die Infinitivgruppe wird durch eine der folgenden Konjunktionen eingeleitet: *als, anstatt, außer, ohne, statt, um* ‹§ 75 (1)›.
2. Die Infinitivgruppe hängt von einem Substantiv ab ‹§ 75 (2)›.
3. Die Infinitivgruppe wird mit einem hinweisenden Wort angekündigt oder wieder aufgenommen ‹§ 75 (3)›.
4. Das Komma ist aber bei den Gebrauchsweisen 2 und 3 fakultativ, sofern ein einfacher Infinitiv mit *zu* (ohne weitere Wörter oder Satzteile) vorliegt und keine Missverständnisse entstehen können ‹§ 75 E₁›.

Ist die Infinitivgruppe eingeschoben, steht am Anfang und am Schluss der Wortgruppe ein Komma (= paariges Komma), bei Gebrauchsweise 4 gegebenenfalls auch gar kein Komma.

1. Ich kenne nichts Schöneres, als mit einem guten Buch am Kamin zu sitzen.
- Anstatt einen Brief zu schreiben, könntest du auch einfach anrufen.
- Ihr könnt nichts tun, außer abzuwarten.
- Er antwortete, ohne gefragt worden zu sein.
- Wir wollen helfen, statt nur zu reden.
- Sie ging nach Hause, um sich umzuziehen.
2. Mein Vorschlag, ins Kino zu gehen, wurde verworfen.
- Er gab uns den Rat, erst einmal in Ruhe zu überlegen.
- Ich war nicht in der Lage, mich wieder zu beruhigen.
3. Erinnere mich daran, den Mülleimer auszuleeren.
- Ihre Absicht ist es, im nächsten Jahr nach Mallorca zu fahren.
- Zu tanzen, das ist ihre größte Freude.
4. Seine Angst, zu versagen, war unbegründet. *Oder:* Seine Angst zu versagen war unbegründet. (*Aber nicht:* Seine Angst zu versagen, war unbegründet.)
- Wir zweifeln nicht daran[,] zu gewinnen.

✏ In bestimmten Gebrauchsweisen bildet der Infinitiv mit einem übergeordneten Verb ein mehrteiliges Prädikat. Es wird dann im Allgemeinen kein Komma gesetzt.
1. Der Infinitiv hängt von einem der folgenden Verben ab: *sein, haben, brauchen, pflegen, scheinen;* im übertragenen Sinn auch: *drohen, versprechen.*

1. Die Spur war ganz deutlich zu sehen.
- Sie haben uns gar nichts zu befehlen!
- Du brauchst dich wegen dieser Sache nicht zu schämen.
- Sie pflegt abends ein Glas Wein zu trinken.
- Er scheint heute schlecht gelaunt zu sein.
- Das Flugzeug drohte ins Meer zu stürzen. (*Aber:* Der Terrorist drohte[,] das Flugzeug ins Meer zu stürzen.)
- Die Wahl verspricht spannend zu werden. (*Aber:* Der Politiker verspricht[,] die Steuern zu senken.)

2. Die Infinitivgruppe ist mit dem übergeordneten Satz verschränkt.
3. Die Infinitivgruppe schließt den übergeordneten Satz ein.
4. Der Infinitiv steht zusammen mit dem übergeordneten Verb in der rechten Satzklammer.

2. Diesen Vorgang wollen wir zu erklären versuchen. (*Übergeordneter Satz:* »wir wollen versuchen«; *Infinitivgruppe:* »diesen Vorgang zu erklären«.)
3. Den genannten Betrag bitten wir auf unser Konto zu überweisen. (*Übergeordneter Satz:* »wir bitten«; *Infinitivgruppe:* »den genannten Betrag auf unser Konto zu überweisen«.)
4. Wir hatten den Betrag zu überweisen beschlossen. (*Übergeordneter Satz:* »wir hatten ... beschlossen«; *Infinitivgruppe:* »den Betrag zu überweisen«.)

Das Komma bei selbstständigen Teilsätzen

Allgemeines zu Reihungen vgl. D 100–102, zu Reihungen mit Konjunktionen D 111–113.

D 118
Das Komma steht zwischen gleichrangigen selbstständigen Teilsätzen ‹§ 71 (1), 72›. (Vgl. aber zu selbstständigen Teilsätzen, die mit Konjunktionen wie *und* oder *oder* verbunden sind, D 119.)

- Hier stehe ich, ich kann nicht anders.
- Die Sonne versank hinter dem Horizont, die Schatten der Nacht senkten sich über das Land.
- Die Zeiten ändern sich, sie ändern sich sogar sehr schnell.
- Wo hört die Toleranz auf, wo beginnt die Gleichgültigkeit?

Teilsätze dieser Art können auch durch Satzschlusszeichen voneinander getrennt werden.

- Die Zeiten ändern sich. Sie ändern sich sogar sehr schnell.
- Wo hört die Toleranz auf? Wo beginnt die Gleichgültigkeit?

Komma

D 119 1. Werden gleichrangige selbstständige Teilsätze durch Konjunktionen wie *und* oder *oder* verbunden, so setzt man in der Regel kein Komma ‹§ 72 (1)›.
2. Ein Komma kann jedoch auch in diesen Fällen gesetzt werden, um die Gliederung des Ganzsatzes deutlich zu machen (besonders, um Missverständnisse zu vermeiden) ‹§ 73›.
3. Das schließende Komma eines vorangehenden Einschubs oder Nebensatzes bleibt erhalten ‹§ 72 E₁›. (Vgl. auch D 121 sowie die Vorbemerkungen zu den Kommaregeln.)

(Zu Konjunktionen wie *und* oder *oder* vgl. auch D 111.)

- 1. Nimm das Geld oder lass es bleiben.
- Wir können zu Fuß gehen oder wir können die Straßenbahn nehmen.
- Seien Sie bitte so nett und geben Sie mir das Buch.
- Sie machten es sich bequem, die Kerzen wurden angezündet und der Gastgeber versorgte sie mit Getränken.
- 2. Entweder ich sage es ihm[,] oder du sagst es ihm selbst.
- Er schimpfte auf die Regierung[,] und sein Publikum applaudierte.
- 3. Entweder ich sage es ihm, und zwar heute noch, oder du sagst es ihm morgen selbst.
- Wir hoffen, dass wir Ihnen weiterhelfen konnten, und verbleiben mit freundlichen Grüßen ...

D 120 Eingeschobene selbstständige Teilsätze werden von Kommas eingeschlossen ‹§ 77 (1)›.

Meist könnten an den entsprechenden Stellen auch Gedankenstriche oder Klammern stehen.

- Sie hat, das weiß ich genau, ihr Examen mit Auszeichnung bestanden.
- Das Tier, es wird wohl ein Wiesel gewesen sein, war plötzlich verschwunden.
- *Auch möglich:* Das Tier – es wird wohl ein Wiesel gewesen sein – war plötzlich verschwunden.
- *Oder:* Das Tier (es wird wohl ein Wiesel gewesen sein) war plötzlich verschwunden.

Das Komma bei Nebensätzen

D 121 Nebensätze werden vom übergeordneten Satz mit Komma abgetrennt. Wenn der Nebensatz in den übergeordneten Satz eingeschoben ist, steht am Anfang und am Schluss des Nebensatzes ein Komma (= paariges Komma) ‹§ 74›.

- Ich freue mich, dass du wieder gesund bist.
- Dass du wieder gesund bist, freut mich.
- Über die Nachricht, dass du wieder gesund bist, habe ich mich gefreut.
- Ich hoffe, dass du wieder gesund bist, und grüße dich herzlich.

Komma

D 122 1. Zwischen gleichrangigen (nebengeordneten) Nebensätzen steht ein Komma ‹§ 71 (1)›.
2. Man setzt aber kein Komma, wenn sie durch eine Konjunktion wie *und* oder *oder* verbunden sind (vgl. D 111) ‹§ 72 (1)›.

1. Wenn das wahr ist, wenn du ihn wirklich nicht gesehen hast, dann brauchst du dir keine Vorwürfe zu machen.
- Er kannte niemanden, der ihm geholfen hätte, an den er sich hätte wenden können.
2. Sie wird schon wissen, wem sie vertrauen kann und wem sie besser nichts erzählt.
- Wir erwarten, dass er die Ware liefert oder dass er das Geld zurückzahlt.

D 123 Nebensätze können mit gewöhnlichen Satzteilen Reihungen bilden. Bei Reihungen mit Konjunktionen wie *und* oder *oder* (vgl. D 111) gilt:
1. Zwischen dem Nebensatz und den übrigen Bestandteilen der Reihung entfällt das Komma ‹§ 74 E₂›.
2. Andere Nebensatzkommas können nicht entfallen.

1. Sie kaufte ihrer Tochter einen Koffer, einen Mantel, ein Kleid und was sonst noch für die Reise gebraucht wurde.
- Was du für die Reise brauchst sowie die Geschenke für deine Gastgeber besorgst du dir am besten selbst.
2. Sie hatte ihrer Tochter einen Koffer, einen Mantel, ein Kleid und was sonst noch für die Reise gebraucht wurde, gekauft.
- Die Geschenke für deine Gastgeber und was du für die Reise brauchst, besorgst du dir am besten selbst.

D 124 Das Komma trennt Nebensätze verschiedenen Grades ‹§ 74›.

- Die Genehmigung kann nicht erteilt werden, wenn die Gefahr besteht, dass sie missbraucht wird.

D 125 Bei formelhaft gebrauchten [verkürzten] Nebensätzen kann das Komma weggelassen werden ‹§ 76›.

- Er ging[,] wie immer[,] nach dem Essen spazieren.
- Wir wollen die Angelegenheit[,] wenn möglich[,] heute noch erledigen. (*Aber:* Wir wollen die Angelegenheit, wenn es möglich ist, heute noch erledigen.)

Sonst gelten für verkürzte Teilsätze dieselben Richtlinien wie bei vollständigen Sätzen.

- Vielleicht, dass er noch eintrifft.
- Ende gut, alles gut.

Komma

D 126 Wird ein Nebensatz von einer mehrteiligen Fügung eingeleitet, so steht zwischen den Teilen der Fügung im Allgemeinen kein Komma ‹§ 74 E₁ (1)›.

- Der Plan ist viel zu umständlich, als dass wir ihn ausführen könnten.
- Er tut, wie wenn er von der ganzen Angelegenheit nichts wisse.
- Anstatt dass der Direktor kam, erschien nur sein Stellvertreter.

D 127 Bei einigen mehrteiligen Fügungen kann ein Komma zwischen die Teile der Fügung gesetzt werden ‹§ 74 E₁ (2)›.

- angenommen[,] dass
- ausgenommen[,] wenn
- besonders[,] wenn
- egal[,] ob
- geschweige[,] dass
- geschweige denn[,] dass
- gleichviel[,] ob
- je nachdem[,] ob

Das Komma entspricht hier einer deutlich wahrnehmbaren Pause im gesprochenen Text.

- Angenommen[,] dass morgen gutes Wetter ist, wohin wollen wir fahren?
- Er ist sehr umgänglich, ausgenommen[,] wenn er schlechte Laune hat.
- Egal[,] welche Farbe sie sich aussucht …

D 128 Gelegentlich kann der Gebrauch des Kommas verdeutlichen, welche Wörter als Einleitung des Nebensatzes verstanden werden ‹§ 74 E₁ (3)›.

- Sie freut sich, auch wenn du ihr nur eine Postkarte schreibst.
- Sie freut sich auch, wenn du ihr nur eine Postkarte schreibst.

Das Komma bei Hervorhebungen, Ausrufen, Anreden

D 129
1. Wörter oder Wortgruppen, die zur Hervorhebung vorangestellt sind, werden von den nachfolgenden Teilen des Satzes mit Komma abgetrennt. Meist werden solche Wortgruppen mit einem Pronomen oder einem Adverb wieder aufgenommen ‹§ 77 (5)›.
2. Wörter oder Wortgruppen, die einem Pronomen oder Adverb als genauere Erläuterung folgen, werden mit Komma abgetrennt. Wenn der Satz danach weitergeht, steht auch nach der Erläuterung ein Komma (= paariges Komma) ‹§ 77 (5)›.

1. Deine Mutter, die habe ich gut gekannt.
- In diesem Krankenhaus, da haben sie mir die Mandeln herausgenommen.
- Mit viel Salami, genau so hat er die Pizza am liebsten.
- Im engsten Familienkreis und ohne große Feierlichkeiten, so erlebte sie ihren Ehrentag.
2. Nur er, der Kommissar selbst, konnte der Täter gewesen sein.
- Als Täter kommt nur er infrage, der Kommissar selbst.
- Genau so, mit viel Salami, hat er die Pizza am liebsten.
- Eigentlich hat er ihn gemocht, diesen Lebenskünstler.

D 130 Das Wort *bitte* steht als bloße Höflichkeitsformel oft ohne Komma. Bei besonderer Hervorhebung wird es jedoch durch Komma abgetrennt ‹§ 79 (2), (3)›.

- Bitte nehmen Sie doch Platz.
- Kann ich bitte mal dein Telefon benutzen?
- Wenn Sie mir bitte nach nebenan folgen würden.
- Aber bitte, so nehmen Sie doch Platz!
- Bitte, lass mich dein Telefon benutzen!
- Wenn Sie mir, bitte, nach nebenan folgen würden.

D 131 Ausrufe, kommentierende Äußerungen, Bekräftigungen werden durch Komma abgetrennt. Das Komma entfällt jedoch, wenn keine Hervorhebung gewollt ist ‹§ 79 (2), (3)›.

- Ach, das ist aber schade!
- Wie eklig, igitt!
- Sie hatte, leider, keine Zeit für uns.
- Ja, ein Gläschen nehme ich noch.
- Es geht uns gut, danke.
- Ach das ist aber schade.
- Sie hatte leider keine Zeit für uns.
- Der ach so liebe Kleine hatte mir vors Schienbein getreten.

Komma

D 132
1. Das Komma trennt die Anrede vom übrigen Satz ‹§ 79 (1)›.
2. In Briefen folgt nach der Anrede gewöhnlich ein neuer Absatz. Es bestehen dann die folgenden Möglichkeiten ‹§ 69 E₃›:
- Gewöhnlich steht nach der Anrede ein Komma. Der folgende Absatz beginnt dann klein.
- Gelegentlich steht nach der Anrede ein Ausrufezeichen. Der folgende Absatz beginnt dann groß.
- In der Schweiz wird nach der Anrede meist gar kein Satzzeichen gesetzt. Der folgende Absatz beginnt dann groß.

1. Harry, fahr bitte den Wagen vor.
- Das, mein Lieber, kann ich dir nicht versprechen.
- Danke für euer Verständnis, Freunde.
2. Sehr geehrter Herr Schneider,
gestern erhielt ich …
- Sehr geehrter Herr Schneider!
Gestern erhielt ich …
- *(Schweiz.:)*
Sehr geehrter Herr Schneider
Gestern erhielt ich …

In modernen und weniger förmlichen Briefanreden besteht die Neigung, das Komma vor dem Namen wegzulassen.

- Guten Tag[,] Frau Schneider,
gestern erhielt ich …
- Hallo[,] Sabine,
wir sind jetzt umgezogen …

Laut-Buchstaben-Zuordnung

Für die Schreibung des Deutschen verwenden wir eine Buchstabenschrift, in der die Laute der gesprochenen Sprache und die Buchstaben der geschriebenen Sprache als einander zugeordnet betrachtet werden. Rechtschreibliche Schwierigkeiten ergeben sich vor allem dort, wo gleiche Laute durch unterschiedliche Buchstaben repräsentiert sind.

Zu weiteren Informationen:
↑ Fremdwörter (D 38)
↑ *s*-Schreibung: *s*, *ss* und *ß* (D 159)

> **D 133** Die richtige Schreibung eines Wortes kann häufig aus der Schreibung verwandter Wörter abgeleitet werden ‹Regelabschnitt A, Vorbemerkung (2.2)›.
>
> - Gewähr (Garantie), *aber:* Gewehr (*zu:* Wehr, wehrhaft)
> - Rechen (Harke), *aber:* sich rächen (*zu:* Rache)
> - Bändel (*zu:* Band)
> - Karamell (*wegen:* Karamelle)
> - nummerieren (*wegen:* Nummer)

Dabei wird nicht nur die sprachgeschichtliche Verwandtschaft, sondern in einigen Fällen auch eine inhaltliche Verwandtschaft zugrunde gelegt.

- Quäntchen (*Eigentlich zu* »Quent«, *dem Namen eines früheren deutschen Handelsgewichts, das seinerseits auf das lateinische* »quintus« *[fünfter Teil] zurückgeführt werden kann. Heute wird das Wort gewöhnlich mit* »Quantum« *in Verbindung gebracht; daher die Schreibung mit* »ä«.)

Namen

In diesem Abschnitt wird auch die Schreibung der von Namen abgeleiteten Wörter behandelt. Die Darstellung ist nach folgenden Punkten gegliedert:
- **Personennamen** (D 134–139)
  (Katharina die Große, platonische Schriften, Dieselmotor, Schiller-Theater)
- **Geografische (erdkundliche) Namen** (D 140–149)
  (die Hohe Tatra, der Hamburger Hafen, indischer Tee, Berlin-Schöneberg)
- **Sonstige Namen** (D 150, 151)
  (der Kleine Bär, Zur Neuen Post, Schwarzer Holunder)

Zu weiteren Informationen:
↑ Apostroph (D 15, 16)
↑ Geografische Namen auf -er (D 64)
↑ Groß- und Kleinschreibung (D 67, 86–91)
↑ Straßennamen (D 161–163)

Personennamen

Die Schreibung der Familiennamen unterliegt nicht den allgemeinen Richtlinien der Rechtschreibung. Hier gilt vielmehr die standesamtlich jeweils festgelegte Schreibung.

1. Auch die Schreibung der Vornamen wird standesamtlich festgehalten. Man folgt dabei weitgehend den üblichen Schreibweisen, für die es eine Reihe von allgemein anerkannten Varianten gibt.

   1. Klaus *oder* Claus
   - Maike *oder* Meike
   - Otmar, Ottmar *oder* Othmar

2. Zwei Vornamen stehen gewöhnlich unverbunden nebeneinander; einige werden jedoch als Doppelnamen angesehen und dann mit Bindestrich oder in einem Wort geschrieben.

   2. Johann Wolfgang
   - Johanna Katharina
   - Karl Heinz, Karl-Heinz *oder* Karlheinz
   - Anne Marie, Anne-Marie *oder* Annemarie

D 134

Zu einem mehrteiligen Personennamen gehörende
- Adjektive,
- Partizipien,
- Pronomen (Fürwörter)
- und Zahladjektive

werden großgeschrieben ‹§ 60 (1)›. (Vgl. auch D 88.)

- Katharina die Große
- der Alte Fritz
- der Große Kurfürst
- Klein Erna
- Albrecht der Entartete
- Unsere Liebe Frau
  (= *Maria als Mutter Gottes*)
- Heinrich der Achte

Namen

D 135
1. Von Personennamen abgeleitete Adjektive werden kleingeschrieben ‹§ 62›.
2. Adjektive auf *-sch* werden großgeschrieben, wenn die Grundform des Namens mit einem Apostroph verdeutlicht wird. (Vgl. auch D 16.)

1. platonische Schriften, platonische Liebe
   - kafkaeske Gestalten
   - eulenspiegelhaftes Treiben
   - vorlutherische Bibelübersetzungen
   - darwinistische Auffassungen
2. die darwinsche *oder* Darwin'sche Evolutionstheorie
   - das ohmsche *oder* Ohm'sche Gesetz, der ohmsche *oder* Ohm'sche Widerstand
   - *(Aber, da als Ganzes ein Name:)* der Halleysche *oder* Halley'sche Komet

D 136
1. Zusammensetzungen mit einfachen Personennamen schreibt man im Allgemeinen ohne Bindestrich ‹§ 37 E₁›.
2. Einen Bindestrich kann man setzen, wenn der Name hervorgehoben werden soll oder wenn dem Namen ein zusammengesetztes Grundwort folgt ‹§ 51›.

1. Dieselmotor
   - Röntgenstrahlen
   - Achillesferse
   - Bachkantate
2. Schiller-Theater
   neben: Schillertheater
   - Paracelsus-Ausgabe
     neben: Paracelsusausgabe
   - Goethe-freundlich
     neben: goethefreundlich
   - Mozart-Konzertabend
     neben: Mozartkonzertabend

🖝 Eine Hervorhebung des Personennamens ist nicht zu empfehlen, wenn die Zusammensetzung zu einer Gattungsbezeichnung geworden ist.

- Bunsenbrenner *(besser nicht:* Bunsen-Brenner)
- Kneippkur *(besser nicht:* Kneipp-Kur)

D 137 Bindestriche setzt man bei Zusammensetzungen mit mehreren oder mit mehrteiligen Namen ‹§ 50›.

- Goethe-und-Schiller-Denkmal
- Richard-Wagner-Festspiele
- Johann-Sebastian-Bach-Gymnasium
- Sankt-Marien-Kirche, St.-Marien-Kirche
- de-Gaulle-treu
- Van-Allen-Gürtel

🖝 Bei einer substantivischen Zusammensetzung schreibt man den Namenszusatz am Anfang des Wortes groß.

- De-Gaulle-Denkmal
- Van't-Hoff-Regel

Namen

D 138 1. Einen Bindestrich setzt man bei Zusammensetzungen mit einem Namen als zweitem Bestandteil und bei Zusammensetzungen aus zwei Namen ‹§46 (1)›.
2. Wenn die Zusammensetzung zu einer Gattungsbezeichnung geworden ist, steht kein Bindestrich ‹§47›.

1.
- Möbel-Müller
- Getränke-Wagner
- der Huber-Franz
- die Hofer-Marie
- die Bäcker-Anna
- Müller-Frankenfeld

2.
- Suppenkaspar
- Wurzelsepp

D 139 Von mehrteiligen Namen abgeleitete Adjektive schreibt man mit Bindestrich ‹§49›. (Vgl. auch D 16, 26, 91.)

- die heinrich-mannschen Romane (*auch:* die Heinrich-Mann'schen Romane)
- die von-bülowschen Zeichnungen (*auch:* die von-Bülow'schen Zeichnungen)

Geografische (erdkundliche) Namen

Zu weiteren Informationen:
↑ Straßennamen (D 161–163)
↑ Geografische Namen auf *-er* (D 64)

1. Die Schreibung von Städte- und Gemeindenamen ist behördlich festgelegt. Sie folgt im Prinzip dem allgemeinen Schreibgebrauch.
2. In vielen Fällen ist jedoch an alten Schreibweisen festgehalten worden.
3. Fremde geografische Namen werden gewöhnlich in der fremden Schreibweise geschrieben; in einigen Fällen gibt es jedoch eingedeutschte Formen.

1.
- Freudental
- Freiburg im Breisgau
- Zell

2.
- Frankenthal
- Freyburg/Unstrut
- Celle

3.
- Toulouse
- Philadelphia
- Rio de Janeiro
- Brüssel (*für:* Bruxelles)
- Ostende (*für:* Oostende)
- Kopenhagen (*für:* København)

D 140 Adjektive und Partizipien, die Bestandteil eines geografischen Namens sind, werden großgeschrieben ‹§60 (2)›.
Das gilt auch für inoffizielle Namen ‹§60 (5)›.

- die Hohe Tatra
- der Kleine Belt
- das Schwarze Meer
- der Bayerische Wald
- der Ferne Osten
- die Neue Welt (Amerika)

Namen

D 141 Von geografischen Namen abgeleitete Wörter auf *-er* schreibt man immer groß ‹§ 61›. (Vgl. auch D 90.)

- der Hamburger Hafen
- ein Frankfurter Sportverein
- Schwarzwälder Rauchschinken
- die Schweizer Banken

D 142 Die von geografischen Namen abgeleiteten Adjektive auf *-isch* schreibt man klein, außer wenn sie Teil eines Namens sind ‹§ 62›. (Vgl. auch D 89.3, 90.)

- indischer Tee
- italienische Spezialitäten
- russisches Roulette
  Aber:
- der Indische Ozean
- die Holsteinische Schweiz
- die Spanische Hofreitschule (in Wien)

D 143 Zusammensetzungen mit geografischen Namen schreibt man im Allgemeinen ohne Bindestrich ‹§ 37 (3)›. Man kann jedoch einen Bindestrich setzen bei unübersichtlichen Zusammensetzungen oder wenn man den Namen hervorheben will ‹§ 45 (2), 51›.

- Nildelta, Rheinfall, Manilahanf, Großglocknermassiv, Kleinasien, Mittelfranken, Ostindien, Norddeutschland
- rheinabwärts
- Mosel-Winzergenossenschaft
- Jalta-Abkommen
- Moskau-freundlich
  (*neben:* moskaufreundlich)

D 144 1. Ein Bindestrich steht bei Zusammensetzungen aus zwei geografischen Namen.
2. Ein Bindestrich wird auch gesetzt, wenn nur der zweite Bestandteil ein geografischer Name ist und die ganze Zusammensetzung keinen offiziellen Namen bildet ‹§ 46 (2), E₂›.

1. Berlin-Schöneberg, München-Schwabing, Hamburg-Altona, Leipzig-Grünau, Rheinland-Pfalz, Nordrhein-Westfalen, Mecklenburg-Vorpommern
2. Alt-Wien, Groß-London, Alt-Heidelberg
- (*Offizielle Namen sind individuell auf eine bestimmte Schreibweise festgelegt:* Neuruppin, Groß Pankow, Klein-Auheim.)

D 145 1. Bei Ableitungen von mit Bindestrich geschriebenen Namen bleibt der Bindestrich erhalten ‹§ 48›.
2. Ableitungen von mehrteiligen geografischen Namen erhalten einen Bindestrich, der jedoch bei Ableitungen auf *-er* auch weggelassen werden kann ‹§ 49, 49 E›. (Zur Groß- und Kleinschreibung vgl. D 141, 142.)

1. alt-heidelbergisch
- Alt-Wiener Theater
- Schleswig-Holsteiner
- schleswig-holsteinisch
2. sri-lankisch (*zu:* Sri Lanka)
- Sri-Lanker *oder* Sri Lanker
- New-Yorker *oder* New Yorker

Namen

D 146 Bindestriche setzt man bei Zusammensetzungen mit mehreren oder mehrteiligen Namen ‹§ 50›.

- Dortmund-Ems-Kanal, Saar-Nahe-Bergland, Rio-de-la-Plata-Bucht, Sankt-Gotthard-Tunnel, St.-Lorenz-Strom, Kaiser-Franz-Josef-Land, König-Christian-IX.-Land
- Mount-Everest-erprobt

D 147
1. Die Wörter *Sankt* und *Bad* stehen vor einfachen geografischen Namen ohne Bindestrich und getrennt ‹§ 46 E₂›. (Vgl. aber D 146.)
2. Die zugehörigen Ableitungen auf *-er* schreibt man mit Bindestrich. Dieser Bindestrich kann aber auch weggelassen werden ‹§ 49 E›.

1.
- Sankt Blasien, St. Blasien
- Sankt Gallen, St. Gallen
- Bad Elster
- Bad Kissingen
- Stuttgart-Bad Cannstatt

2. Sankt-Galler *oder* Sankt Galler St.-Galler *oder* St. Galler (*aber nur*: sankt-gallisch, st.-gallisch)
- Bad-Kreuznacher *oder* Bad Kreuznacher

D 148 Nachgestellte Substantive können ohne oder mit Bindestrich stehen ‹§ 52›.

Frankfurt Stadt *oder* Frankfurt-Stadt
Wiesbaden Süd *oder* Wiesbaden-Süd

D 149 Bei Adjektiven, die sich auf geografische Namen beziehen, gilt:
1. Gleichrangige (nebengeordnete) Verbindungen kann man zusammen- oder mit Bindestrich schreiben ‹§ 45 (2)›.
2. Nur zusammen schreibt man, wenn der erste Bestandteil im Deutschen nicht selbstständig gebraucht wird ‹§ 36 (2)›.

1.
- die Entwicklung des deutschamerikanischen *oder* deutsch-amerikanischen Schiffsverkehrs
- die deutschschweizerischen *oder* deutsch-schweizerischen Verhandlungen

2.
- afroamerikanische Beziehungen
- die afroamerikanische Kultur
- finnougrisch
- galloromanisch

Nicht gleichrangige Verbindungen dieser Art schreibt man in der Regel zusammen.

- die deutschamerikanische Literatur (Literatur der Deutschamerikaner)
- die schweizerdeutsche Mundart

Sonstige Namen

D 150 1. Alle zu einem mehrteiligen Namen gehörenden Adjektive, Partizipien, Pronomen und Zahlwörter schreibt man groß ‹§ 60›.
2. Nicht am Anfang des Namens stehende Adjektive werden gelegentlich auch kleingeschrieben ‹§ 60 E₂›.

(Vgl. auch D 88.)

1. der Kleine Bär (Sternbild)
- Römisch-Germanisches Museum
- Institut für Angewandte Geodäsie
- die Hängenden Gärten der Semiramis
- Vereinigte Evangelisch-Lutherische Kirche Deutschlands
- Gasthof zur Alten Schmiede
- die Französische Revolution
2. Institut der deutschen Wirtschaft e. V.
- Gesellschaft für musikalische Aufführungs- und mechanische Vervielfältigungsrechte

D 151 Feste Begriffe sind keine Namen. Einige davon werden aber trotzdem wie Namen großgeschrieben. Zu Einzelheiten vgl. D 89.

Kleinschreibung (Normalfall):
- schwarzer Tee
- das große Einmaleins
- die alten Bundesländer
- die angewandten Naturwissenschaften

Großschreibung:
- der Heilige Vater (der Papst)
- Tag der Deutschen Einheit
- Schwarzer Holunder (Sambucus nigra)
- Nordische Wühlmaus (Microtus oeconomus)

Klein oder groß:
- der letzte *oder* Letzte Wille
- das zweite *oder* Zweite Gesicht
- das gelbe *oder* Gelbe Trikot
- die aktuelle *oder* Aktuelle Stunde

Punkt

Zu weiteren Informationen:
↑ Abkürzungen (D 1–6)
↑ Anführungszeichen (D 10, 11)
↑ Auslassungspunkte (D 17, 18)
↑ Gedankenstrich (D 46)
↑ Klammern (D 99)

D 152 Der Punkt ist das neutrale Satzschlusszeichen. Er steht nach einem einfachen oder einem zusammengesetzten Satz. (Ein zusammengesetzter Satz besteht aus mehreren inhaltlich und/oder grammatisch zusammengehörenden Teilsätzen.)

(Sätze in diesem Sinn werden durch ein Fragezeichen als Frage oder durch ein Ausrufezeichen als besonders nachdrücklich gekennzeichnet; vgl. D 36, 37 ‹§ 70› sowie D 19, 20 ‹§ 69›.)

- Es wird Frühling.
- Wir freuen uns auf euren Besuch.
- Wenn du willst, kannst du mitkommen.
- Das geht nicht.
  (*Als Frage:* Das geht nicht?)
  (*Mit Nachdruck:* Das geht nicht!)

✎ Fragenebensätze haben keinen Einfluss auf das Satzschlusszeichen. Wenn ein zusammengesetzter Satz als Ganzes nicht als Frage oder als nachdrückliche Äußerung gekennzeichnet werden soll, steht am Ende ein Punkt. (Vgl. auch Erläuterung zu D 36.)

- Sie weiß, wann er kommt.
- Weiß sie, wann er kommt?
- Sie sollte doch wissen, wann er kommt!

D 153 Der Punkt steht nicht nach frei stehenden (vom übrigen Text deutlich abgehobenen) Zeilen ‹§ 68›. Das gilt z. B. für:
1. Überschriften, Buch- und Zeitungstitel ‹§ 68 (1)›;
2. Anschriften in Briefen und auf Umschlägen;
3. Datumszeilen;
4. Grußzeilen und Unterschriften ‹§ 68 (3)›.

(Zur Briefanrede vgl. D 132.)

1. Der Frieden ist gesichert
   Nach schwierigen Verhandlungen zwischen den Vertragspartnern ...
- Jedermann
  Das Spiel vom Sterben des reichen Mannes
- Die Aktion
  Wochenschrift für Politik, Literatur, Kunst
2. Herrn
   Konrad Meier
   Rüdesheimer Straße 29
   65197 Wiesbaden
3. Mannheim, 27. 7. 2017
4. Mit herzlichem Gruß
   Ihre Veronika Meier

Punkt

> **D 154** Der Punkt steht nach Zahlen, um sie als Ordnungszahlen zu kennzeichnen ‹§104›. Steht eine Ordnungszahl mit Punkt am Satzende, so wird kein zusätzlicher Schlusspunkt gesetzt ‹§105›.
>
> - Sonntag, den 15. April
> - Friedrich II., König von Preußen
> - Katharina von Aragonien war die erste Frau Heinrichs VIII.

Schrägstrich

D 155 Der Schrägstrich kann zur Angabe von Größen- oder Zahlenverhältnissen im Sinne von *je* oder *pro* gebraucht werden ‹§ 106 (3)›.

- Wir fuhren durchschnittlich 120 km/h.
- 100 Ew./km² (= 100 Einwohner je Quadratkilometer)

D 156 Der Schrägstrich fasst Wörter oder Zahlen zusammen. Das gilt vor allem für
1. die Angabe mehrerer Möglichkeiten,
2. die Verbindung von Personen, Institutionen, Orten u. a.,
3. Jahreszahlen oder andere kalendarische Angaben ‹§ 106 (1)›.

(Zum Schrägstrich bei Straßennamen vgl. D 163.)

1. - Ich/Wir überweise[n] von meinem/unserem Konto …
   - für Männer und/oder Frauen
   - die Kolleginnen/Kollegen vom Betriebsrat
   - unsere Mitarbeiter/-innen (*vgl. auch Varianten mit Klammern*, D 98)
   - Bestellungen über 50/100/200 Stück
2. - das Wörterbuch von Muret/Sanders
   - Die Pressekonferenz der CDU/CSU wurde mit Spannung erwartet.
   - In dieser Bootsklasse siegte die Renngemeinschaft Ratzeburg/Kiel.
3. - 1870/71
   - im Wintersemester 2016/17
   - so um den 4./5. Mai
   - der Katalog für Herbst/Winter 2017
   - der Herbst/Winter-Katalog *oder* Herbst-Winter-Katalog
   - der Beitrag für März/April/Mai
   - Ende April / Anfang Mai

D 157 Der Schrägstrich gliedert Akten- oder Diktatzeichen o. Ä. ‹§ 106 (2)›.

- M/III/47
- Dr. Dr/Ko
- Rechn.-Nr. 1427/17

Der Schrägstrich erscheint außerdem in Bruchzahlen.

- ¾ (*neben:* $\frac{3}{4}$)

Semikolon

D 158 Das Semikolon erscheint in zwei Gebrauchsweisen:
1. Es kann zwischen gleichrangigen Sätzen oder Wortgruppen stehen, wo der Punkt zu stark, das Komma zu schwach trennen würde ‹§ 80›.
2. In Aufzählungen kann es verwendet werden, um die innere Gliederung zu verdeutlichen.

1. Man kann nicht jede Frage nur mit Ja oder Nein beantworten; oft muss man etwas weiter ausholen. *(Hier könnte statt des Semikolons auch ein Punkt oder ein Komma stehen.)*
2. Unser Proviant bestand aus gedörrtem Fleisch, Speck und Rauchschinken; Ei- und Milchpulver; Reis, Nudeln und Grieß. *(Hier könnten statt der Semikolons auch Kommas stehen.)*

s-Schreibung: *s, ss* und *ß*

s-Schreibung: *s, ss* und *ß*

D 159
Für die s-Schreibung gilt:
1. Einfaches *s* ist der Normalfall.
2. Folgt im Wortstamm auf einen betonten kurzen Vokal nur ein einfacher *s*-Laut, wird er in der Schreibung verdoppelt ‹§ 2›.
3. Wörter auf *-nis* und bestimmte Fremdwörter werden nur mit einem *s* geschrieben, obwohl ihr Plural mit Doppel-*s* gebildet wird ‹§ 4, 5›.
4. *ß* (genannt »Eszett«, »scharfes s« oder »Scharf-s«) steht in Wortstämmen, in denen auf einen langen Vokal oder einen Diphthong (Zwielaut) nur ein einfacher, stimmloser *s*-Laut folgt. Dies gilt jedoch nur, wenn der *s*-Laut in allen Beugungsformen stimmlos bleibt ‹§ 23, 25›.

1. Sache, Hülse, Bremse, Skala, Kapsel, Kasten
2. Masse, Kongress, wässrig, Erstklässler
- Fluss, Flüsse
- essen, ihr esst, du isst, iss!
- *(Auch Präfixe:)* Missetat, missachten
- Ausnahmen: das *(Artikel/Pronomen, vgl. aber Konjunktion* dass*)*, was, des, wes, bis
3. Zeugnis (*trotz:* Zeugnisse)
- Geheimnis (*trotz:* Geheimnisse)
- Bus (*trotz:* Busse)
- Atlas (*trotz:* Atlasse)
4. Blöße, Maße, Maß, grüßen, grüßte, Gruß
- außer, reißen, es reißt, Fleiß, Preußen
  Ausnahmen: aus, heraus *usw.*
  Aber:
- Haus (*stimmhaftes s in* Häuser)
- Gras (*stimmhaftes s in* Gräser)
- sauste (*stimmhaftes s in* sausen)
- meistens *(kein einfacher s-Laut; es folgt ein weiterer Konsonant im Wortstamm)*

✏ In Personennamen oder geografischen Namen kann die Schreibung des stimmlosen *s*-Lauts von den amtlichen Regeln abweichen.

- Theodor Heuss (erster deutscher Bundespräsident)
- Neuss (Stadt am Niederrhein)

D 160
1. Fehlt das *ß* (z. B. bei einem Computerprogramm), schreibt man dafür *ss*. In der Schweiz wird das *ß* generell durch *ss* ersetzt ‹§ 25 E₂›.
2. Bei Verwendung von Großbuchstaben steht traditionellerweise *SS* für *ß*. In manchen Schriften gibt es aber auch einen entsprechenden Großbuchstaben; seine Verwendung ist fakultativ ‹§ 25 E₃›.
3. Wenn *ss* anstelle von *ß* steht, wird es in der Worttrennung wie andere Doppelkonsonanten behandelt ‹§ 110›.

1. Strasse (*statt:* Straße), aussen (*statt:* außen), Fussball (*statt:* Fußball)
2. STRASSE, AUSSEN, FUSSBALL
- *Auch:* STRAẞE, AUẞEN, FUẞBALL
3. Stras-se, aus-sen, Fuss-ball

✏ In Dokumenten kann bei Namen aus Gründen der Eindeutigkeit auch bei Großbuchstaben anstelle von Doppel-*s* bzw. großem Eszett das kleine *ß* verwendet werden.

- HEINZ GROßE

Straßennamen

Für die Schreibung der Namen von öffentlichen Straßen, Plätzen, Brücken u. Ä. gelten im Allgemeinen dieselben Regeln wie für sonstige Namen. Abweichende Einzelfestlegungen durch die jeweils zuständigen Behörden kommen jedoch vor.

D 161 Das erste Wort eines Straßennamens wird großgeschrieben, ebenso alle zum Namen gehörenden Adjektive und Zahlwörter ‹§ 60 (2.2)›. (Vgl. auch D 87.)

- Im Trutz
- Am Alten Lindenbaum
- Kleine Bockenheimer Straße
- An den Drei Tannen
- Von-Repkow-Platz

D 162
1. Zusammengesetzte Straßennamen schreibt man zusammen ‹§ 37 E₂›.
2. Getrennt schreibt man jedoch, wenn eine Ableitung auf *-er* von einem Orts- oder Ländernamen vorliegt ‹§ 38, 49 E›.
3. Straßennamen, die mit mehrteiligen Namen zusammengesetzt sind, schreibt man mit Bindestrichen ‹§ 50›.

1. Bahnhofstraße, Rathausgasse, Bismarckring, Beethovenplatz, Schlossallee
- Neumarkt, Langgasse, Hochstraße
Aber bei dekliniertem (gebeugtem) Adjektiv:
Neuer Markt, Lange Gasse, Hohe Straße
2. Leipziger Straße, Am Saarbrücker Tor, Thüringer Platz, Kalk-Deutzer Straße, Bad Homburger Weg *oder* Bad-Homburger Weg (vgl. D 145)
(*Aber, da keine Ableitungen, sondern selbst auf* -er *endende Orts-, Völker- oder Familiennamen:* Drusweilerweg, Römerplatz, Herderstraße)
3. Georg-Büchner-Straße, Kaiser-Friedrich-Ring, Van-Dyck-Weg, E.-T.-A.-Hoffmann-Straße, Carl-Maria-von-Weber-Allee, Berliner-Tor-Platz, Am St.-Georgs-Kirchhof, Bad-Kissingen-Straße, Sankt-Blasien-Weg, Bürgermeister-Dr.-Meier-Allee

In der Schweiz werden Straßennamen, die die Ableitung eines geografischen Namens auf *-er* enthalten, zusammengeschrieben. (Vgl. auch Erläuterung zu D 64.)

- Zürcherallee
- Engadinerweg
- Hottingerplatz

Straßennamen

D 163 Bei der Zusammenfassung mehrerer Straßennamen setzt man einen Ergänzungsstrich, wenn ein Teil einer Zusammensetzung erspart wird ‹§ 98›.

- Ecke [der] Motz- und Kleiststraße
- Ecke Motz-/Kleiststraße
- Ecke [der] Motz- und Ansbacher Straße
- Ecke Motz-/Ansbacher Straße
- Ecke [der] Motz- und Albrecht-Dürer-Straße
- Ecke Motz-/Albrecht-Dürer-Straße
- Ecke [der] Albrecht-Dürer- und Motzstraße
- Ecke Albrecht-Dürer-/Motzstraße
- Ecke [der] Ansbacher und Motzstraße

Worttrennung

🕮 Da jede Worttrennung das Lesen erschwert, sollte am Zeilenende möglichst nur dann getrennt werden, wenn sich so ein angemessener Raumgewinn ergibt.

Für die Trennung der Wörter am Zeilenende gibt es zwei Grundprinzipien: Man trennt einfache Wörter nach Sprechsilben, wie sie sich beim langsamen Vorlesen ergeben, und man trennt zusammengesetzte Wörter und Wörter mit Präfixen (Vorsilben) nach ihren erkennbaren Bestandteilen.

Dabei können folgende Schwierigkeiten auftreten:
1. Bei mehreren aufeinanderfolgenden Konsonanten führt auch das langsame Vorlesen nicht immer zu einer eindeutigen Festlegung der Silbengrenze. Deshalb gibt es hier eine »mechanische« Regelung, nach der nur der letzte Konsonant auf die neue Zeile kommt (vgl. D 164). Diese Regel gilt generell bei einheimischen Wörtern; für Fremdwörter ist sie aber in bestimmten Fällen nur eine Kannregel (vgl. D 166).
2. Nicht immer sind die Bestandteile von Zusammensetzungen klar erkennbar. In solchen Fällen ist neben der Trennung nach Bestandteilen auch die Trennung nach Sprechsilben korrekt.

Worttrennung

Die Trennung einfacher Wörter

D 164 1. Mehrsilbige einfache Wörter trennt man so, wie sie sich beim langsamen Vorlesen in Silben zerlegen lassen ‹§ 107›. Einzelne Vokalbuchstaben am Wortanfang oder -ende werden jedoch nicht abgetrennt. Das gilt auch bei Zusammensetzungen ‹§ 107 E₁›.

1.
- Freun-de, Män-ner, Mül-ler, Mül-le-rin, for-dern, wei-ter, Or-gel, kal-kig, Bes-se-rung, Brau-e-rei, fe-en-haft, Se-en-plat-te
- Bal-kon, Bal-ko-ne, Fis-kus, Ho-tel, Pla-net, Kon-ti-nent, Re-mi-nis-zenz, Na-ti-on, Na-ti-o-nen, El-lip-se, po-e-tisch, In-di-vi-du-a-list
- aber-mals, Über-see, Fluss-aue
- Fei-er-abend, Olym-pia-dorf

2. Ein einzelner Konsonant im Wortinneren kommt in der Regel auf die neue Zeile; von mehreren Konsonanten trennt man nur den letzten ab ‹§ 110›. (Vgl. aber **D 166**).

2.
- tre-ten, nä-hen, Ru-der, rei-ßen, bo-xen, Ko-kon, Na-ta-li-tät, Kre-ta, Chi-na
- An-ker, Fin-ger, war-ten, Fül-lun-gen, Knos-pen, Kat-zen, Städ-ter, neh-men, Ar-sen, Kas-ko, Pek-tin, Un-garn, At-lan-tik, Kas-ten, bes-tens, Hus-ten
- kämp-fen, Karp-fen, Drechs-ler, dunk-le, gest-rig, and-re, Bess-rung
- las-ten, läs-tig, sechs-te, er brems-te, des Diens-tes, Akus-tik, Hys-te-rie, schöns-te, be-deu-tends-te
- Grü-ße, hei-ßen

3. Steht *ss* als Ersatz für *ß* zwischen zwei Vokalen, dann wird zwischen den beiden *s* getrennt ‹§ 110›. (Vgl. **D 160**.)

3. Grüs-se (*statt:* Grü-ße), heis-sen (*statt:* hei-ßen)
(*Aber nach Punkt 2:* scheuss-lich)

D 165 Die Konsonantenverbindungen *ch*, *ck* und *sch*, in Fremdwörtern auch *ph*, *rh*, *sh* und *th*, bleiben ungetrennt, wenn sie für einen einfachen Laut stehen ‹§ 111›.

- Bü-cher, Zu-cker, ba-cken, Fla-sche
- Ma-che-te, Pro-phet, Myr-rhe, Ca-shew-nuss, ka-tho-lisch

Die Diphthonge (Zwielaute) *ai*, *au*, *äu*, *ei*, *eu*, *oi* [gesprochen ɔɪ̯] werden nicht getrennt. Auch in Wörtern aus dem Französischen bleibt *oi* [gesprochen ʋa, vor n: ʋɛ̃] besser ungetrennt. Die stummen Dehnungsbuchstaben *e* und *i* werden ebenfalls nicht abgetrennt. Das stumme *w* in der Namensendung *-ow* wird wie andere Konsonanten behandelt.

- Kai-ser, Trau-ung, Räu-ber, ei-nig, Eu-le, Broi-ler
- Cloi-son-né, moi-riert, Poin-te
- Wie-se
- Coes-feld [*gesprochen* ˈkoːs...]
- Trois-dorf [*gesprochen* ˈtroːs...]
- Tel-to-wer Rübchen

Worttrennung

D 166 In Fremdwörtern können Konsonantengruppen wie die folgenden ungetrennt bleiben ‹§112›:
- bl, cl, fl, gl, kl, phl, pl
- br, cr, dr, fr, gr, kr, phr, pr, thr, tr, vr
- gn, kn

- Pu-bli-kum *oder* Pub-li-kum
- Re-gle-ment *oder* Reg-le-ment
- Zy-klus *oder* Zyk-lus
- Di-plom *oder* Dip-lom
- Fe-bru-ar *oder* Feb-ru-ar
- Hy-drant *oder* Hyd-rant
- Ar-thri-tis *oder* Arth-ri-tis
- In-dus-trie *oder* In-dust-rie
- Li-vree *oder* Liv-ree
- Ma-gnet *oder* Mag-net

Die Trennung zusammengesetzter Wörter

D 167
1. Zusammengesetzte Wörter und Wörter mit Präfixen (Vorsilben) werden nach ihren Bestandteilen getrennt ‹§108›.

2. Die einzelnen Bestandteile trennt man nach den voranstehenden Regeln.

3. Wird ein Wort nicht mehr als Zusammensetzung erkannt oder empfunden, so ist auch die Trennung nach Sprechsilben korrekt ‹§113›.

1. Diens-tag, Stadt-staat, Kahl-schlag, tod-schick, Ver-kauf, be-stimmt, ge-treu
   - Sweat-shirt, Hard-ware, Pro-gramm, Ex-press
   - Neu-stadt, Inns-bruck
2. Klei-der-schrank, Ho-sen-trä-ger, ge-ra-ten, Ver-bin-dung
   - Trans-ak-ti-on, ka-pi-tal-in-ten-siv
3. wa-rum *oder* war-um
   - ei-nan-der *oder* ein-an-der
   - He-li-kop-ter *oder* He-li-ko-pter
   - in-te-res-sant *oder* in-ter-es-sant
   - Mai-nau *oder* Main-au

D 168 Trennungen, die den Leseablauf stören oder den Wortsinn entstellen, sollte man vermeiden ‹§107 E₂›.

Man trennt also nach Möglichkeit
- Spar-gelder *statt* Spargel-der
- be-inhalten *statt* bein-halten
- An-alphabet *statt* Anal-phabet

🕮 Auch die Trennung bei Apostrophen und Schrägstrichen ist nicht zu empfehlen.

- Bis-marck'sche
  und nicht Bismarck'-sche
  Schöne-feld/Mayer
  und nicht Schönefeld/-Mayer

Zahlen und Ziffern

Zu weiteren Informationen:
↑ Bindestrich (D 26, 29–31)
↑ Getrennt- und Zusammenschreibung (D 65, 66)
↑ Groß- und Kleinschreibung (D 78–80)
Außerdem:
↑ Bruchzahlen (D 157, Erläuterung)
↑ Textverarbeitung und E-Mails (S. 120, S. 132)

1. Ganze Zahlen können von der Endziffer aus durch Zwischenräume in dreistellige Gruppen gegliedert werden.	1. 3 000 000 EUR • 34 512 zahlende Zuschauer • 134 512 Einwohner
2. Postleitzahlen werden im Allgemeinen nicht gegliedert.	2. 68167 Mannheim
3. Bei Zahlen, die eine Nummer darstellen, sind auch andere Gruppierungen als die Dreiergliederung gebräuchlich.	3. Telefon 0621 709614 • IBAN DE89 6704 0920 0008 5824 04 • ISBN 978-3-411-04017-9
Zahlen lassen sich mit Ziffern (Zahlzeichen) oder Buchstaben schreiben. Man kann sich hier an die folgenden Empfehlungen halten:	
1. Ein- und zweisilbige Zahlen werden in allgemeinen Texten in Buchstaben gesetzt, längere in Ziffern.	1. eins, sieben, zwölf, dreißig, hundert • 37 (*statt:* siebenunddreißig)
2. Bei Nummern, Jahreszahlen, Maß- und Währungsbezeichnungen und beim Datum werden auch kurze Zahlen in Ziffern gesetzt.	2. im Jahr 4 v. Chr. • am 2. April • 12 km, –5 °C
3. Kurze Zahlen werden ferner in Ziffern gesetzt, wenn sie mit längeren im gleichen Zusammenhang stehen oder wenn die Zahlen Vergleichswert haben (so in Sportberichten, Inventaren, Tabellen).	3. Den Gegnern fehlen noch 23 Punkte, unserem Team nur noch 8 Punkte. • (*Inventar:*) 2 Kabel und 1 Muffe fehlen.

Zusammentreffen dreier gleicher Buchstaben

D 169 Treffen bei Zusammensetzungen drei gleiche Buchstaben aufeinander, kann zur besseren Lesbarkeit ein Bindestrich gesetzt werden ‹§ 45 (4)›. (Vgl. auch D 25.)

- Kaffeeersatz *oder* Kaffee-Ersatz
- Kunststoffflasche *oder* Kunststoff-Flasche
- Kongressstadt *oder* Kongress-Stadt
- Geschirrreiniger *oder* Geschirr-Reiniger
- Kennnummer *oder* Kenn-Nummer

Bei der Zusammenschreibung ohne Bindestrich darf keiner der drei Buchstaben entfallen. (Vgl. auch D 25.)

- Brennnessel, Schifffahrt, Balletttruppe, schneeerhellt, helllila, griffffest, schnelllebig, stickstofffrei, fetttriefend
- (*Es gibt hier drei Ausnahmen:* dennoch, Drittel, Mittag ‹§ 4 (8)›.)

Textverarbeitung und E-Mails

Die folgenden, nach Schlagwörtern alphabetisch geordneten Hinweise gelten für Satz- und Textverarbeitungssysteme. Letztere nähern sich im hier behandelten Bereich den Möglichkeiten von Satzsystemen immer mehr an.

Für die Textverarbeitung und E-Mails gilt die DIN 5008, deren Empfehlungen immer dann angeführt werden, wenn sich Abweichungen zu den allgemeinen Richtlinien ergeben.

Um eine problemlose Umwandlung elektronisch gespeicherter Texte in Schriftsatz zu gewährleisten, sollte bereits die Texterfassung in Absprache mit der Setzerei erfolgen.

Einzelheiten, die im Folgenden nicht erfasst sind, und sachlich begründete Abweichungen sollten – als Anleitung für Korrektoren und Setzer – in einer besonderen Satzanweisung für das betreffende Werk festgelegt werden.

Abkürzungen S. 111
Anführungszeichen S. 112
Anrede und Gruß in Briefen und E-Mails S. 112
Anschrift S. 113
Antiqua im Fraktursatz S. 114
Apostroph S. 114
Auslassungspunkte S. 115
Bindestrich S. 115
Datum S. 116
Einheitenzeichen S. 117
Fehlende Zeichen S. 117
Festabstände S. 118
Formeln S. 118
Fußnoten- und Anmerkungszeichen S. 119
Gedankenstrich S. 119
Genealogische Zeichen S. 120
Gliederung von Nummern S. 120
Gradzeichen S. 121
Hochgestellte Zahlen S. 122

Kaufmännisches und-Zeichen (Et-Zeichen &) S. 122
Klammern S. 122
Ligaturen S. 123
Paragrafzeichen S. 124
Prozent- und Promillezeichen S. 124
Rechenzeichen S. 124
Satzzeichen S. 125
Schrägstrich S. 125
Schriftauszeichnung S. 125
s-Laute im Fraktursatz S. 127
ss/ß S. 129
Streckenstrich S. 129
Strich bei Währungsangaben S. 130
Strich für »gegen« und »bis« S. 130
Uhrzeit S. 131
Unterführungszeichen S. 131
Worttrennung am Zeilenende S. 132
Zahlen S. 132
Zusätze in Wortverbindungen S. 133

Abkürzungen

1. Leerschritte und Zwischenräume

Nach Abkürzungen folgt ein Leerschritt. Das gilt nach DIN 5008 auch für mehrere aufeinanderfolgende Wörter, die jeweils mit einem Punkt abgekürzt sind. In der Textverarbeitung wird innerhalb von Abkürzungen zwischen den einzelnen Elementen ein sogenannter geschützter Leerschritt gesetzt, der einen Zeilenumbruch an dieser Stelle unterbindet und mit einem kleineren Zwischenraum (Festabstand) verbunden ist.	… desgl. ein paar Strümpfe … … z. B. ein Zeppelin … … Hüte, Schirme, Taschen u. a. m.

2. Am Satzanfang

Abkürzungen, die für mehr als ein Wort stehen, sollten am Satzanfang ausgeschrieben werden.	*nicht:*	Z. B. hat … M. a. W. …
	sondern:	Zum Beispiel hat … Mit anderen Worten …

3. S., Bd., Nr., Anm.

Abkürzungen wie S., Bd., Nr., Anm. sollten nur verwendet werden, wenn ihnen kein Artikel und keine Zahl vorangeht.	S. 5, Bd. 8, Nr. 4, Anm. B *aber:* die Seite 5, der Band 8, die Nummer 4, die Anmerkung B 5. Seite, 8. Band, 4. Nummer

4. Trennung

Die Trennung von mehrteiligen Abkürzungen sollte nach Möglichkeit vermieden werden. Ebenso sollten auch abgekürzte Maß- und Währungseinheiten nicht von den dazugehörigen Zahlen getrennt werden. (Vgl. auch ↑ Festabstände.)	*nicht:*	Die Hütte liegt 2 800 m ü. d. M.
	sondern:	Die Hütte liegt 2 800 m ü. d. M.
	nicht:	Für die Umstellung werden 160 € berechnet.
	sondern:	Für die Umstellung werden 160 € berechnet.

Vgl. auch D1– D6 und D28 im Abschnitt »Rechtschreibung und Zeichensetzung«.

Anführungszeichen

Im deutschen Schriftsatz werden im Allgemeinen die Anführungszeichen „..." und »...« sowie ihre einfachen Formen ‚...' und ›...‹ verwendet. Sie stehen ohne Zwischenraum vor und nach den eingeschlossenen Textabschnitten, Wörtern u. a. In anderen Sprachen finden sich: "...", '...', «...», ‹...›, "...", „...", »...».	„Ja", sagte er. Sie rief: »Ich komme gleich!«
Bei einzelnen aus fremden Sprachen angeführten Wörtern und Wendungen werden die Anführungszeichen wie im deutschen Text gesetzt. Werden dagegen ganze Sätze oder Absätze aus fremden Sprachen zitiert, dann verwendet man die in dieser Sprache üblichen Anführungszeichen.	Der „guardia" ist so etwas wie ein Abschnittsbevollmächtigter. Ein englisches Sprichwort lautet: "Early to bed and early to rise makes a man healthy, wealthy, and wise." Cavours letzte Worte waren: «Frate, frate! Libera chiesa in libero stato!»
(Vgl. auch D 7– D 12 im Abschnitt »Rechtschreibung und Zeichensetzung«.)	

Anmerkungszeichen ↑ Fußnoten- und Anmerkungszeichen

Anrede und Gruß in Briefen und E-Mails

Anrede und Grußformel werden vom übrigen Text durch jeweils eine Leerzeile abgesetzt. (Vgl. auch S. 135 ff.)	Sehr geehrter Herr Schmidt, gestern erhielten wir Ihre Nachricht vom … Wir würden uns freuen, Sie bald hier begrüßen zu können. Mit freundlichen Grüßen Kraftwerk AG

Anschrift

Anschriften auf [nicht elektronischen] Postsendungen werden zeilenweise ohne Leerzeilen gegliedert. Man unterteilt hierbei wie folgt:

[Zusätze und Vermerke wie
Sendungsart oder Vorausverfügung];
[Firmen]name;
Postfach oder Straße und Hausnummer
[Wohnungsnummer/Stockwerk/Gebäudeteil];
Postleitzahl, Bestimmungsort
[Bestimmungsland]

Die Postleitzahl wird nicht ausgerückt, der Bestimmungsort nicht unterstrichen.

Bei Postsendungen ins Ausland empfiehlt die Deutsche Post AG, Bestimmungsort und Bestimmungsland in Großbuchstaben zu schreiben. Das früher übliche Voranstellen des Landeskennzeichens vor die Postleitzahl des Bestimmungsortes (z. B. A- für Österreich) wird nicht mehr empfohlen.

Am Zeilenende stehen keine Satzzeichen; eine Ausnahme bilden Abkürzungspunkte sowie die zu Kennwörtern o. Ä. gehörenden Anführungs-, Ausrufe- oder Fragezeichen.

Bei E-Mails besteht die international standardisierte Adresse aus dem Empfängernamen, dem Zeichen @ und der organisatorischen oder geografischen Kennung des Rechnerstandortes. Leerzeichen (Blanks) werden nicht gesetzt; als Abgrenzungszeichen dienen Punkt, Bindestrich oder Unterstrich. Die Umlaute *ä*, *ö*, *ü* werden als *ae*, *oe*, *ue* geschrieben; *ß* wird durch *ss* ersetzt.

Einschreiben
Bibliographisches Institut GmbH
Mecklenburgische Straße 53
14197 Berlin

Herrn
Helmut Schildmann
Jenaer Straße 18 a
99425 Weimar

Frau
Maria Baeren
Münsterplatz 8
3000 BERN
SCHWEIZ

Herrn Major a. D.
Kurt Meier
Postfach 90 10 98
60450 Frankfurt am Main

Reisebüro Bauer
Kennwort »Ferienlotterie«
Postfach 70 96
1121 WIEN
ÖSTERREICH

c_mueller@klinikum.rwth-aachen.de

Cornelia.Rimmler@auto-welker.de

Gert.Seibler@t-online.de

Antiqua im Frakursatz

1. Wörter aus Fremdsprachen

Fremdsprachige Wörter und Wortgruppen, die nicht durch Schreibung, Beugung oder Lautung als eingedeutscht erscheinen, müssen im Fraktursatz in Antiqua gesetzt werden. Dies gilt besonders für die italienischen Fachausdrücke in der Musik.	en avant, en vogue, all right, in praxi, in petto, a conto, dolce far niente Agent Provocateur, Tempi passati, Agnus Dei andante, adagio, moderato, vivace *usw.*
Solche fremdsprachigen Wörter werden aber dann in Fraktur gesetzt, wenn sie in Schreibung, Beugung oder Lautung eingedeutscht sind oder mit einem einheimischen Wort zusammengesetzt werden.	Er spielte ein Adagio (*nicht:* adagio). Die Firma leistete eine Akontozahlung (*nicht:* A-conto-Zahlung).

2. Bindestriche im gemischten Satz

Treffen bei zusammengesetzten Wörtern Teile in verschiedener Schriftart aufeinander, dann wird der Bindestrich aus der Textschrift gesetzt.	Das sinkende Schiff sandte SOS-Rufe.

Apostroph

Dem Apostroph am Wortanfang geht im Allgemeinen der regelmäßige Wortzwischenraum voran.	Aber 's kam anders. So 'n Mann hat gesagt …
Bei umgangssprachlichen Zusammenziehungen mit 's (für »es«) wird aber der Zwischenraum meistens weggelassen.	Wie geht's dir? Wenn's weiter nichts ist. Hab ich's nicht gesagt?
(Vgl. auch D 13–D 16 im Abschnitt »Rechtschreibung und Zeichensetzung«.)	

Auslassungspunkte

Um eine Auslassung in einem Text zu kennzeichnen, werden drei Punkte (als Sonderzeichen) gesetzt. Vor und nach den Auslassungspunkten wird jeweils ein Wortzwischenraum gesetzt, wenn sie für ein selbstständiges Wort oder mehrere Wörter stehen. Bei Auslassung eines Wortteils werden sie unmittelbar an den Rest des Wortes angeschlossen.	Keiner der genannten Paragrafen … ist im vorliegenden Fall anzuwenden. Sie glaubten in Sicherheit zu sein, doch plötzlich … Mit »Para…« beginnt das gesuchte Wort.
Am unmittelbaren Satzende wird kein zusätzlicher Schlusspunkt gesetzt.	Vielen Dank für Ihr Schreiben vom …
Satzzeichen werden ohne Zwischenraum angeschlossen.	Bitte wiederholen Sie den Abschnitt nach »Wir möchten Sie auffordern …«.

Ausrufezeichen ↑Satzzeichen

Bindestrich

Der Bindestrich entspricht typografisch dem Trennstrich (Divis) der jeweiligen Schrift.	Hals-Nasen-Ohren-Arzt, C-Dur-Tonleiter … Maschendrahtzaun …
Als Ergänzungsstrich steht der Bindestrich unmittelbar vor oder nach dem zu ergänzenden Wortteil.	Laub- und Nadelbäume Eisengewinnung und -verarbeitung
Bei der Kopplung oder Aneinanderreihung gibt es zwischen den verbundenen Wörtern oder Schriftzeichen und dem Bindestrich ebenfalls keine Leerschritte. Darüber hinaus findet das Zeichen Verwendung als Trennstrich bei der Worttrennung. Nach DIN 5008 kann es auch als Gedankenstrich, als Rechenzeichen, als Strich für Strecken, beim Datum, als Untersatzzeichen, bei Unterführungen und als Strich für »gegen« und »bis« dienen.	Textilgroß- und -einzelhandel Hals-Nasen-Ohren-Arzt St.-Martins-Kirche C-Dur-Tonleiter Berlin-Schöneberg Hawaii-Insel UKW-Sender 3- bis 4-mal
(Vgl. auch D21–D31 im Abschnitt »Rechtschreibung und Zeichensetzung«.)	

»bis« ↑Strich für »gegen« und »bis«

Datum

1. Reihenfolge

Die im deutschsprachigen Raum übliche Reihenfolge ist: Tag, Monat, Jahr. Nach DIN 5008 soll gemäß internationaler Norm die Reihenfolge Jahr, Monat, Tag eingehalten werden. Tag und Monat sollen bei der reinen Zahlenangabe zweistellig angegeben werden. Die Jahreszahl wird vorzugsweise mit vier Ziffern geschrieben.	Berlin, [den] 1. 9. 2017 am 10. 5. 1963 geboren 2017-09-01

2. Abstände

In der Textverarbeitung wird zwischen Tag und Monat ein kleinerer Zwischenraum (Festabstand, geschützter Leerschritt), vor dem Jahr ein normaler Wortabstand gesetzt. Erfolgt die Jahresangabe nur zweistellig, wird auch davor ein kleinerer Zwischenraum gesetzt.	01. 09. 2017 01. 09. 17
Nach DIN 5008 wird das nur in Zahlen angegebene Datum ohne Leerschritte gegliedert. Schreibt man den Monatsnamen in Buchstaben, setzt man zwischen den einzelnen Angaben je einen Leerschritt.	01.09.2017 1. September 2017

3. Gliederungszeichen

Bei der traditionellen Datumsangabe mit der Reihenfolge Tag, Monat, Jahr wird ein Punkt nach den Zahlen für Tag und Monat gesetzt. Die Jahresangabe steht ohne Punkt.	13.12.2017
Bei der Datumsangabe nach DIN 5008 mit der Reihenfolge Jahr, Monat, Tag wird durch Bindestriche gegliedert. Zur Zusammenfassung von aufeinanderfolgenden oder aus der Geschichte geläufigen Jahreszahlen wird ein Schrägstrich verwendet.	2017-12-13 2016/2017 1914/18
Die allein stehende zweistellige Jahresangabe steht ohne Apostroph.	in den Jahren 08 und 09

Divis ↑Bindestrich

Doppelpunkt ↑Satzzeichen

Einheitenzeichen

Besteht die Ziffer vor einer Einheit oder die Einheit aus nur einem Zeichen, so ist ein kleinerer Zwischenraum (Festabstand, geschützter Leerschritt) zu setzen. Die Trennung von Ziffer und Einheit am Zeilenende sollte vermieden werden.	300 V Höchstgewicht: 2 kg
Nach DIN 5008 werden Einheitenzeichen mit einem Leerschritt hinter der Ziffer geschrieben. In Fachtexten unterscheidet man die Einheitenzeichen durch gerade Schrift von den kursiv zu setzenden Formelzeichen (vgl. auch ↑Formeln).	5 000 km ein Luftdruck von 998 hPa

Einrücken ↑Schriftauszeichnung

Et-Zeichen (&) ↑Kaufmännisches und-Zeichen

Fehlende Zeichen

Auf der Tastatur fehlende Zeichen können in einigen Fällen durch Kombinationen anderer Zeichen ersetzt werden: Die Umlaute *ä, ö, ü* kann man als *ae, oe, ue* schreiben. Das *ß* kann durch *ss* wiedergegeben werden. Besonders im internationalen E-Mail-Verkehr kann der Verzicht auf Umlaute, Sonderzeichen (z. B. Akzente) und den Buchstaben *ß* sinnvoll sein, da diese Zeichen von den E-Mail-Programmen der Empfänger/-innen oft nicht angemessen umgesetzt werden.	südlich – suedlich SÜDLICH – SUEDLICH mäßig – maessig Fußsohle – Fusssohle

Festabstände

Festabstände sind nicht variable, meist kleinere Zwischenräume zwischen Zeichen. Sie dienen sowohl der Ästhetik als auch der besseren Lesbarkeit von Texten, indem sie Zusammengehöriges verbinden oder Unübersichtliches gliedern. Ihre Eingabe lässt sich mit einer Trennungssperre verbinden (geschützter Leerschritt), sodass auf diese Weise verbundene Zeichen am Zeilenende nicht auseinandergerissen werden können. Festabstände werden beispielsweise verwendet bei Abkürzungen, beim Datum, bei der Gliederung von Nummern, bei Paragrafzeichen, Rechenzeichen, Zahlen und Einheiten.	v. l. n. r. d. Gr. a. D. 28. 8. 2017 28. 08. 17 Güteklasse 1a § 17 ff. 6 + 2 = 8 7 513 499 €

Formeln

Mathematische, physikalische und chemische Formeln sollten nach Möglichkeit eingerückt und auf eine eigene Zeile gestellt werden sowie ungetrennt bleiben.	CH_3-CHCl_2
Ist eine Trennung der Formel unvermeidlich, dann sollte nur am Gleichheitszeichen (oder einem ähnlichen Zeichen wie ≡, ≈, ≤, ~), wenn auch das nicht möglich ist, an einem Rechenzeichen umbrochen werden.	$10^{-6} = \dfrac{1}{1\,000\,000}$ $= 0{,}000\,001$
Nach DIN 1338 werden Formelzeichen im Satz durch kursive Schrift von den gerade zu setzenden Einheitenzeichen unterschieden.	m (Masse) m (Meter) V (Volumen) V (Volt)

Fragezeichen ↑Satzzeichen

Fraktursatz ↑Antiqua im Fraktursatz, ↑Ligaturen, ↑s-Laute im Fraktursatz

Fußnoten- und Anmerkungszeichen

Als Fußnoten- und Anmerkungszeichen sind heute fast nur noch hochgestellte Ziffern ohne Klammern üblich.

Die verschiedenen Holzsorten[1] werden mit Spezialklebern[2] verarbeitet und später längere Zeit[3] getrocknet.
   [1] Zum Beispiel Fichte, Eiche, Buche.
   [2] Vorwiegend Zweikomponentenkleber.
   [3] Etwa 4 bis 6 Wochen.

Treffen Fußnotenzeichen mit Satzzeichen zusammen, gilt folgende Grundregel: Wenn sich die Fußnote auf den ganzen Satz bezieht, steht die Ziffer nach dem schließenden Satzzeichen; wenn die Fußnote sich nur auf das unmittelbar vorangehende Wort oder eine unmittelbar vorangehende Wortgruppe bezieht, steht die Ziffer vor dem schließenden Satzzeichen.

Im Tagungsbericht heißt es, der Vortrag behandele »einige Aspekte der Internetkommunikation«.[1]
   [1] Das Skript finden Sie auch auf unserer Homepage.
   (Anmerkung zu dem ganzen Satz.)

Im Tagungsbericht heißt es, der Vortrag behandele »einige Aspekte der Internetkommunikation«[1].
   [1] Tagungsbericht S. 12.
   (Stellenangabe für das Zitat.)

Im Tagungsbericht heißt es, der Vortrag behandele »einige Aspekte der Internetkommunikation[1]«.
   [1] Besonders das Sprachverhalten in E-Mails.
   (Anmerkung zu einem einzelnen Wort des Zitats.)

Die Untersuchung befasst sich vor allem mit »dem massenhaften Gebrauch der Heiligennamen«[1].

[1] P. Müller, 189.

Fußnoten werden nach DIN 5008 mit einem Fußnotenstrich vom übrigen Text abgegrenzt und mit einfachem Zeilenabstand geschrieben. Zwischen Fließtext und Fußnotenstrich muss mindestens eine Leerzeile stehen.

Gedankenstrich

Der Gedankenstrich ist länger als der Bindestrich und in der Regel kürzer als das Minuszeichen. Gesetzt wird er mit vorausgehendem und folgendem Wortabstand. Er soll nach Möglichkeit nicht am Zeilenanfang stehen. Vgl. auch ↑ Streckenstrich, ↑ Strich bei Währungsangaben, ↑ Strich für »gegen« und »bis«; D 43–D 46 im Abschnitt »Rechtschreibung und Zeichensetzung«.

Diese Frau – ich habe sie schon vor vielen Jahren kennengelernt – hat eine außergewöhnliche Begabung.

»gegen«

»gegen« ↑Strich für »gegen« und »bis«

Genealogische Zeichen

Aus Gründen der Platzersparnis können genealogische Zeichen in entsprechenden Texten verwendet werden.	* = geboren (geb.); (*) = außerehelich geboren; †* = tot geboren; *† = am Tag der Geburt gestorben; ∼∼∼ = getauft (get.); ° = verlobt (verl.); ∞ = verheiratet (verh.); ∞∣o = geschieden (gesch.); o—o = außereheliche Verbindung; † = gestorben (gest.); ✕ = gefallen (gef.); ☐ = begraben (begr.); ⌂ = eingeäschert

Geschützter Leerschritt ↑Festabstände

Gliederung von Nummern

Die fünfstellige **Postleitzahl** wird in der Regel nicht untergliedert.	14328 Berlin
Postfachnummern werden, von der letzten Ziffer ausgehend, durch einen kleinen Zwischenraum in Zweiergruppen gegliedert.	10 03 11
In **Telefon-** und **Telefaxnummern** wird nach DIN 5008 jeweils ein Leerzeichen zwischen Anbieter, Landesvorwahl, Ortsnetzkennzahl und Rufnummer des Teilnehmers gesetzt.	06281 4391 0172 3701458
Durchwahlnummern werden mit Bindestrich angeschlossen. Gibt eine Sondernummer die Höhe des Tarifs an, so wird davor und dahinter ein Leerschritt gesetzt.	06281 2346-0 (Zentralnummer) 06281 2346-224 (Durchwahlnummer) 0180 2 55972
Bei **internationalen Telefon-** und **Faxnummern** wird der Landesvorwahl (ohne doppelte Null) ein + unmittelbar vorangestellt, die Null der Ortsvorwahl entfällt. Im Schriftsatz ist es auch möglich, die Zahlen von rechts beginnend zweistellig zu gliedern. Die Vorwahlnummer wird dann in Klammern gesetzt. Internationale Telefon- und Faxnummern werden im Schriftsatz üblicherweise ohne Klammern gesetzt.	+49 221 943612 +49 30 26011-231 (06281) 4391 (0172) 3701458 +49 30 26 12 31

Kontonummern bestehen aus maximal zehn Ziffern. Sie können von der Endziffer aus jeweils in Dreiergruppen gegliedert werden. Häufig erfolgt keine Gliederung durch Zwischenräume.	8 582 404 1 843 462 527 8582404 1843462527
Nationale Bankleitzahlen bestehen aus acht Ziffern. Sie werden von links nach rechts in zwei Dreiergruppen und eine Zweiergruppe gegliedert.	BLZ 670 409 20
Internationale Kontonummern gliedern sich in fünf Vierergruppen und eine Zweiergruppe.	IBAN DE89 6704 0920 0008 5824 04
Der **BIC** wird nicht gegliedert.	BIC PBNKDEFF
In **Inhaltsverzeichnissen** können zur Gliederung der Abschnitte arabische Ziffern verwendet werden. Zwischen den einzelnen Teilnummern stehen Punkte, jedoch nicht hinter der letzten Nummer.	1 Der Punkt 2 Das Komma 2.1 Das Komma zwischen Satzteilen 2.1.1 Das Komma bei Aufzählungen 2.1.2 Das Komma bei herausgehobenen Satzteilen 2.2 Das Komma bei Partizipial- und Infinitivgruppen
Die einzelnen Zahlenblöcke der **ISBN** (Internationalen Standardbuchnummer) werden durch Bindestrich oder Zwischenraum voneinander getrennt.	ISBN 978-3-411-04014-8 ISBN 978 3 503 09863 7
(Vgl. auch ↑Festabstände, ↑Zahlen.)	

Gradzeichen

Bei Temperaturangaben steht zwischen der Zahl und dem Gradzeichen ein kleinerer Zwischenraum (Festabstand, geschützter Leerschritt), nach DIN 5008 ein ganzer Leerschritt. Der Kennbuchstabe der Temperaturskala folgt ohne weiteren Zwischenraum.	−3 °C +17 °C
Bei anderen Gradangaben wird das Gradzeichen ohne Zwischenraum an die Zahl angeschlossen.	ein Winkel von 30° 50° nördlicher Breite

Hervorhebung ↑Schriftauszeichnung

Hochgestellte Zahlen

Hochzahlen und Fußnotenziffern werden ohne Leerschritt angeschlossen.	eine Entfernung von 10^8 Lichtjahren ein Gewicht von 10^{-6} Gramm Nach einer anderen Quelle[4] hat es diesen Mann nie gegeben.

Inhaltsverzeichnisse ↑Gliederung von Nummern

Kaufmännisches und-Zeichen (Et-Zeichen &)

Das kaufmännische und-Zeichen (Et-Zeichen, &) ist gleichbedeutend mit »und«, wird aber nur bei Firmenbezeichnungen und in daran angelehnten Titeln, Überschriften usw. angewendet. In allen anderen Fällen steht »u.« als Abkürzung für »und«.	C & A Müller & Co. Meyer & Neumann Giraffe, Erdmännchen & Co. (Fernsehserie) Erscheinungstermin für Bd. I u. II die Hochzeit von Lisa u. Heinz

Klammern

Klammern schreibt man ohne Leerschritt vor und nach den Textabschnitten, Wörtern, Wortteilen oder Zeichen, die von ihnen eingeschlossen werden.	Das neue Serum (es wurde erst vor Kurzem entwickelt) hat sich bewährt. Der Grundbetrag (12 EUR) wird angerechnet. Lehrer(in) für Deutsch gesucht.

Ligaturen

Ligaturen fassen Buchstaben zu einem Zeichen zusammen. Sie dienen der besseren Lesbarkeit. Wenn sie verwendet werden, muss dies innerhalb eines Druckwerks einheitlich geschehen. Ligaturen waren im Bleisatz üblich, können aber auch von manchen elektronischen Satzsystemen erzeugt werden. Typische Ligaturen (bei Verwendung von Antiquaschriften) sind: **ff, fi, fl**, zum Teil auch **ft, ch, ck**. Eine Ligatur wird nur gesetzt, wenn die Buchstaben im Wortstamm zusammengehören.	schaffen, schafft, erfinden, Pfiff, abflauen, Leidenschaft, heftig
Keine Ligatur steht zwischen Wortstamm und Endung (Ausnahme: fi).	ich schaufle, ich kaufte, höflich; *aber:* streifig, affig
Keine Ligatur steht in der Wortfuge von Zusammensetzungen.	Schaffell, Kaufleute, Schilfinsel
In Zweifelsfällen wird die Ligatur entsprechend der Gliederung des Wortes nach Sprechsilben gesetzt.	Rohstofffrage, Schifffahrt, knifflig, schafften
Schließt eine Abkürzung mit zwei Buchstaben, die eine Ligatur bilden können, dann wird diese angewendet.	Aufl. (*aber:* Auflage), gefl. (*aber:* gefällig, gefälligst)
Fremdsprachige Ligaturen wie Œ, œ, Æ, æ werden als ein Zeichen betrachtet.	
Im Frakturschriftsatz und vereinzelt auch in anderen Schriften können die nebenstehenden Ligaturen gebraucht werden. (Die Ligatur ß gilt als ein Buchstabe.) Für die Anwendung dieser Ligaturen gilt das oben Gesagte. In gesperrter Schrift werden ch, ck und tz nicht mitgesperrt. Die Ligaturen fi und ſi werden wie Antiqua-fi behandelt.	ch, ck, ff, fi, fl, ft, ll, ſch, ſi, ſſ, ſt, tt, tz

Namen ↑Schriftauszeichnung (1)

Nummerngliederung ↑Gliederung von Nummern

Paragrafzeichen

In Verbindung mit einer nachgestellten Zahl wird das Wort Paragraf als Zeichen § wiedergegeben. Nach DIN 5008 wird zwischen Ziffer und §-Zeichen ein ganzer Leerschritt, in der Textverarbeitung ein kleinerer Zwischenraum (Festabstand, geschützter Leerschritt) gesetzt.	§ 9 § 17 ff. der § 17 § 17 Abs. 3 Satz 2
Zwei Paragrafzeichen (§§) kennzeichnen den Plural.	§§ 10 bis 15, §§ 10–15 die §§ 10 bis 15, die §§ 10–15
Ohne Zahlenangabe wird das Wort Paragraf ausgeschrieben.	Der entsprechende Paragraf wurde geändert.
(Vgl. auch ↑Festabstände, ↑Zahlen.)	

Prozent- und Promillezeichen

Vor dem Prozent- und dem Promillezeichen wird ein kleinerer, fester Zwischenraum, nach DIN 5008 ein ganzer Leerschritt gesetzt. Der Zwischenraum entfällt bei Ableitungen.	25 % 5 %-Hürde 0,5 ‰ ein 25%iger Umsatzrückgang

Rechenzeichen

Rechenzeichen werden zwischen den Zahlen mit vorausgehendem und folgendem kleinerem, festem Zwischenraum, nach DIN 5008 mit einem ganzen Leerschritt gesetzt. Vorzeichen werden aber ohne Zwischenraum (kompress) gesetzt.	$6 + 2 = 8$ $6 - 2 = 4$ $6 \cdot 2 = 12; 6 \times 2 = 12$ $6 : 2 = 3$ $-2a$ $+15$
(Vgl. auch ↑Festabstände, ↑Formeln.)	

Satzzeichen

Die Satzzeichen Punkt, Komma, Semikolon, Doppelpunkt, Fragezeichen und Ausrufezeichen werden ohne Leerschritt an das vorangehende Wort oder Schriftzeichen angehängt. Das nächste Wort folgt nach einem Leerschritt. Zu Satzeichen in der Hervorhebung vgl. auch ↑Schriftauszeichnung.	Wir haben noch Zeit. Gestern, heute und morgen. Am Mittwoch reise ich ab; mein Vertreter kommt nicht vor Freitag. Es muss heißen: Hippologie. Wie muss es heißen? Hör doch zu!

Schrägstrich

Vor und nach dem Schrägstrich wird im Allgemeinen kein Leerschritt angeschlagen. Der Schrägstrich kann als Bruchstrich verwendet werden; er steht außerdem bei Diktat- und Aktenzeichen sowie bei zusammengefassten Jahreszahlen.	2/3, 3 1/4 % Zinsen Aktenzeichen c/XII/14 Ihr Zeichen: Dr/Ls Er begann sein Studium im Wintersemester 2015/16.
Bei der Zusammenfassung von Wortgruppen ist es auch üblich, vor und nach dem Schrägstrich einen Leerschritt zu setzen. Dabei ist der Zwischenraum vor dem Schrägstrich zu schützen, um eine Trennung zu verhindern.	Die Veranstaltung war für Ende Oktober / Anfang November geplant.

Schriftauszeichnung

Die wichtigsten Schriftauszeichnungen sind: **halbfette** und *kursive* Schrift, VERSALIEN und KAPITÄLCHEN. Darüber hinaus wird auch g e s p e r r t e Schrift verwendet.

1. Hervorhebung von Eigennamen

Bei der Hervorhebung von Eigennamen wird das Genitiv-*s* mit hervorgehoben. Die Ableitung *-sche* usw. wird dagegen aus der Grundschrift gesetzt.	*Meyers* Weltatlas, **Meyers** Weltatlas, MEYERS Weltatlas, M e y e r s Weltatlas der *virchow*sche Versuch, der **virchow**sche Versuch, der VIRCHOWsche Versuch, der v i r c h o w sche Versuch

Schriftauszeichnung

2. Satzzeichen und Klammern

Satzzeichen und Klammern werden – auch am Ende eines ausgezeichneten Textteils – in der Regel in der Auszeichnungsschrift gesetzt. Ausnahmen, z. B. aus ästhetischen oder inhaltlichen Gründen, sind möglich.	**anstrengend:** *ermüdend, strapaziös:* eine anstrengende Arbeit. **Vieraugen[fische]** **Vieraugen[fische]**
Wird ein gemischt gesetzter Textteil von Klammern eingeschlossen, so werden im Allgemeinen beide Klammern in der Grundschrift gesetzt.	(xxx *xxx* xxx) (*xx* xxxxx *xx*)
Überwiegt die gerade Schrift in der Klammer, so werden beide Klammern gerade gesetzt.	
Beginnt oder endet ein Text unterschiedlich mit kursivem oder gerade stehendem Text, so werden beide Klammern gerade gesetzt.	(*xxx* xxx xxx) (xxx xxx *xxx*)
Ist kursiver Text eingeklammert, werden auch die Klammern kursiv gesetzt; das nachfolgende Satzzeichen kann kursiv oder gerade gesetzt werden.	xxx *(xxxxx);* xxx *(xxxxx)*?
Bindestrich, Gedankenstrich und das Gleichheitszeichen in Verbindung mit halbfetter oder fetter Schrift werden immer halbfett bzw. fett gesetzt.	

3. Sperren

Die Wortabstände vor und nach dem gesperrten Wort bzw. Text werden ebenso wie die Satzzeichen im Allgemeinen mit gesperrt. Allerdings gilt dies in der Regel nicht für den Punkt und die Anführungszeichen. Auch Zahlen werden nicht gesperrt.	W a r u m ? D a r u m ! D e r T a g e s a u s s t o ß b e t r ä g t 10 000 S t ü c k .

4. Hervorhebungen bei E-Mails und beim Maschinenschreiben

Hervorhebungen sind möglich durch Einrücken und Zentrieren, Unterstreichen und Sperren, durch Anführungszeichen, Großbuchstaben, fette und kursive Schrift sowie den Wechsel der Schriftarten. Moderne E-Mail-Programme bieten diese Möglichkeiten der Textauszeichnung auch, allerdings empfiehlt es sich nicht, diese einzusetzen, da sie durch die elektronische Übertragung unter Umständen verloren gehen. Ebenso ist das Einrücken und Zentrieren bei E-Mail-Texten nicht sinnvoll. Beim Unterstreichen werden Wortzwischenräume und Satzzeichen mit unterstrichen. Beim Sperren werden vor und nach der Sperrung je drei Leerschritte angeschlagen. (Vgl. auch den vorangegangenen Abschnitt.)	Wir werden auf alle Fälle kommen. Vorsicht Glas! Diese Übungen finden immer nur m o n t a g s statt.

s-Laute im Frakturſatz

Das s der Antiqua wird in der Fraktur (sogenannte deutsche Schrift) durch ſ oder s wiedergegeben.

Für ß steht ß, für ss im Inlaut steht ſſ. Näheres wird in den folgenden Richtlinien geregelt.

1. Das lange ſ

Für Antiqua-s im Anlaut einer Silbe steht langes ſ.	ſagen, ſehen, ſieben, ſezieren, Heldenſage, Höhenſonne, Erbſe, Rätſel, wachſen, kleckſen; leſen, Roſe, Baſis, Friſeur, Muſeum; Mikroſkop; Manuſkript, Proſzenium
Das gilt auch dann, wenn ein sonst im Silbenanlaut stehender s-Laut durch den Ausfall eines unbetonten e in den Auslaut gerät.	auserleſne (*für:* auserleſene), ich preiſ (*für:* ich preiſe), Verwechſlung (*für:* Verwechſelung); Wechſler (*zu:* wechſeln)
In Zusammensetzungen mit trans-, deren zweiter Bestandteil mit einem s beginnt, ist das s von trans (trans=) meist ausgefallen. Deshalb steht hier ſ.	tranſpirieren, tranſzendent, Tranſkription (*aber:* transſibiriſch, Transſubſtantiation)

Sperren

In polnischen Namen wird der Laut [sch] durch ſz (nicht ß oder sz) wiedergegeben; das ſ steht auch in der Endung =ſti (nicht: =sti).	Lukaſzewſki
Das lange ſ steht in den Buchstabenverbindungen ſch, ſp, ſt.	ſchaden, Fiſch, maſchinell; Knoſpe, Weſpe, Veſper; geſtern, Herbſt, Optimiſt, er lieſt
Kein ſ steht aber, wenn in Zusammensetzungen s + ch, s + p und s + t zusammentreffen.	Zirkuschef, Lackmuspapier, Dispens, transparent, Dienstag, Preisträger

2. Das Schluss-s

Für Antiqua-s im Auslaut einer Silbe steht Schluss-s.	dies, Gans, Maske, Mustel, Riesling, Klausner, bösartig, Desinfektion, ich las, aus, als, bis; Dienstag, Donnerstag, Ordnungsliebe, Häschen; Kindes, Vaters, welches; Gleichnis, Kürbis, Globus, Atlas, Kirmes; Kubismus, Arabeske, Ischias, Schleswig
Dasselbe gilt für -sk in bestimmten Fremdwörtern.	brüsk, grotesk, Obelisk
In skandinavischen Personennamen, die auf =sen oder =son enden, wird der vorangehende s-Laut mit Schluss-s gesetzt.	Gulbranssen, Jonasson

3. Das ſſ

Für Doppel-s der Antiqua im Inlaut steht ſ.	Maſſe, Miſſetat, Flüſſe, Diſſertation, Aſſeſſor, Gleichniſſe
Kein ſſ steht aber, wenn s + s an der Wortgrenze von Zusammensetzungen aufeinandertreffen.	Aussatz, desselben, Reissuppe, transsilvanisch

4. Sonderregelung zu ſs

Das nach der Neuregelung der Rechtschreibung häufiger zu schreibende Doppel-s im Auslaut sollte im Frakturſatz aus ästhetischen Gründen mit ſs wiedergegeben werden.	Schuſs, ich muſs, laſs (*aber bei Schreibung mit Apostroph:* laſs'), Verſchluſsſache

Sperren ↑Schriftauszeichnung

ss/ß

1. Im deutschsprachigen Satz

In der Schweiz wird das ß generell durch *ss* wiedergegeben. Diese Regelung darf sonst im deutschsprachigen Satz nur angewendet werden, wenn in einer Schrift oder einem Zeichensatz das ß nicht vorhanden ist. Manuskripte ohne ß müssen deshalb den Regeln entsprechend umgesetzt werden.	Gruss, Flossfahrt
Stößt für ß verwendetes *ss* innerhalb eines Wortes mit *s* zusammen, dann werden drei *s* gesetzt.	Fusssohle, Reissschiene, massstabgerecht
Will man nur Großbuchstaben verwenden, so kann jetzt das große ẞ benutzt werden, oder man gibt ß wie bisher durch SS wieder.	STRAẞE *oder* STRASSE MAẞE *oder* MASSE (*für:* Maße)
(Vgl. auch ↑Fehlende Zeichen und D 159 f. im Abschnitt »Rechtschreibung und Zeichensetzung«.)	

2. Im fremdsprachigen Satz

Wenn ein deutsches Wort mit ß latinisiert wird oder wenn ein deutscher Name mit ß im fremdsprachigen Satz erscheint, dann bleibt das ß erhalten.	Weißenburg – der Codex Weißenburgensis Madame Aßmann était à Paris.

Streckenstrich

Bei Streckenangaben wird der Gedankenstrich als Streckenstrich gesetzt. Strich und Ortsbezeichnungen werden dabei traditionell ohne Zwischenraum miteinander verbunden, d. h. kompress gesetzt.	Berlin–Leipzig Köln–München
(Vgl. ↑Gedankenstrich.)	

Strich bei Währungsangaben

Der Gedankenstrich kann bei glatten Währungsbeträgen statt der Ziffern hinter dem Komma stehen. (Vgl. ↑Gedankenstrich.)	25,– EUR *neben* 25,00 EUR *oder* 25 EUR

Strich für »gegen« und »bis«

Als Zeichen für »gegen« und »bis« findet der Gedankenstrich Verwendung. Für »gegen« (z. B. in Sportberichten) wird er mit Zwischenraum gesetzt.	Schalke 04 – Eintracht Frankfurt 3 : 3 Becker/Stich – Agassi/Sampras 7 : 5, 6 : 4
Für »bis« wird er ohne Zwischenraum (kompress) gesetzt. Ersatzweise kann der Bindestrich gesetzt werden.	Das Buch darf 10–12 Euro kosten. Sprechstunde 8–11, 14–16 Uhr
Bei Hausnummern kann auch der Schrägstrich stehen.	Burgstraße 14–16 Burgstraße 14/16
Das »bis«-Zeichen sollte nicht mit anderen Strichen zusammentreffen.	*nicht:* vier-–fünfmal *sondern:* vier- bis fünfmal
Am Zeilenende oder -anfang ist statt des Striches das Wort »bis« auszuschreiben, ebenso in der Verbindung »von ... bis«.	
In der Rechtssprache wird ./. als Zeichenkombination für »gegen« verwendet, z. B. in Schriftsätzen bei Gerichtsverfahren.	In Sachen Müller ./. Schneider ist die Beweisaufnahme abgeschlossen.

Uhrzeit

Für die Uhrzeit sind im deutschsprachigen Raum verschiedene Schreibweisen mit Ziffern üblich. Ziffern und Punkte werden ohne Leerschritt geschrieben. Nach DIN 5008 wird mit dem Doppelpunkt gegliedert; jede Zeiteinheit ist zweistellig anzugeben. Vor und nach dem Doppelpunkt wird kein Leerschritt angeschlagen.	Es ist 9 Uhr. 17:30 Uhr 0.12 Uhr Das Spiel beginnt um 19^{30} Uhr. 14:31:52 Uhr 00:25:35 Uhr

Umlaut ↑Fehlende Zeichen

Unterführungszeichen

Als Unterführungszeichen dienen die öffnenden Anführungszeichen. Sie werden im Schriftsatz unter die Mitte des zu unterführenden Wortes gesetzt. Die Unterführung gilt auch für Bindestrich und Komma. Zahlen dürfen nicht unterführt werden.	Hamburg-Altona
	   „ Finkenwerder
	   „ Fuhlsbüttel
	   „ Blankenese
	1 Regal, 50 cm × 80 cm mit Rückwand
	1 „ 50 cm × 80 cm ohne „

Ist mehr als ein Wort zu unterführen, so wird das Unterführungszeichen auch dann unter jedes einzelne Wort gesetzt, wenn die Wörter nebeneinanderstehend ein Ganzes bilden.	Unterlauterbach b. Treuen „ „ „
In der Schweiz wird als Unterführungszeichen das schließende Anführungszeichen der Schweizer Form (») verwendet.	Basel-Stadt » Landschaft

Nach DIN 5008 gelten, besonders für E-Mails und beim Maschinenschreiben, die folgenden Bestimmungen:
Unterführungszeichen stehen jeweils unter dem ersten Buchstaben des zu unterführenden Wortes.
	Duden, Band 2, Stilwörterbuch
	  „ „ 5, Fremdwörterbuch
	  „ „ 7, Herkunftswörterbuch

Unterstreichen

Ein übergeordnetes Stichwort, das in Aufstellungen wiederholt wird, kann durch den Bindestrich ersetzt werden. Er steht unter dem ersten Buchstaben des Stichwortes. In E-Mail-Texten sind Unterführungen nicht sinnvoll.	Nachschlagewerke; deutsche und fremdsprachige Wörterbücher -; naturwissenschaftliche und technische Fachbücher -; allgemeine Enzyklopädien -; Atlanten

Unterstreichen ↑Schriftauszeichnung

Worttrennung am Zeilenende

Zur Worttrennung wird nur beim Maschinenschreiben der Bindestrich ohne Leerschritt an den Wortteil angehängt. In Mitteilungen, die zur elektronischen Übertragung bestimmt sind, wird auf die Eingabe von Worttrennungen verzichtet.	... Vergissmeinnicht ...

Zahlen

Zahlen mit mehr als drei Stellen links oder rechts des Kommas werden unter Verwendung eines kleineren Zwischenraums (Festabstand, geschützter Leerschritt) vom Komma ausgehend in 3-stellige Gruppen gegliedert. Nach DIN 5008 soll ein ganzer Leerschritt gesetzt werden.	7 162 354,53 € 0,37218 g
Bei 4-stelligen Zahlen hat sich neben der Schreibung mit Zwischenraum auch die ohne eingebürgert.	5 340 *neben* 5340
Bei Geldbeträgen können nach DIN 5008 aus Sicherheitsgründen auch Punkte zur Gliederung verwendet werden. Jahreszahlen, Postleitzahlen sowie Seiten- und Paragrafenangaben sind nicht zu gliedern.	3.947.775 €
Die Zahlen vor Zeichen und Abkürzungen von Maßen, Gewichten, Geldsorten usw. sind in Ziffern zu setzen.	21,5 kg 6 € 14 $\frac{1}{2}$ cm

Besteht die Ziffer vor einer Einheit oder die Einheit aus nur einem Zeichen, ist ein kleinerer Zwischenraum (Festabstand) zu setzen. Die Trennung von Ziffer und Einheit sollte grundsätzlich vermieden werden. Nach DIN 5008 werden Einheiten u. Ä. mit einem ganzen Leerzeichen hinter der Ziffer geschrieben. Wählt man bei der Einheit die ausgeschriebene Form, dann kann die Zahl in Ziffern oder in Buchstaben gesetzt werden.	2 kg 6 Mio. € 37 TEUR 2 Euro *oder:* zwei Euro (*nicht:* zwei €)
Bei Ableitungen mit Zahlen wird kein Zwischenraum hinter die Zahl gesetzt.	5%ig, ein 32stel, eine 70er-Bildröhre
(Vgl. auch ↑Datum, ↑Festabstände, ↑Gliederung von Nummern, ↑Rechenzeichen, ↑Uhrzeit; »Zahlen und Ziffern« im Abschnitt »Rechtschreibung und Zeichensetzung«.)	

Zeichen ↑Kaufmännisches und-Zeichen (Et-Zeichen; &), ↑Genealogische Zeichen, ↑Gradzeichen, ↑Paragrafzeichen, ↑Prozent- und Promillezeichen, ↑Rechenzeichen

Ziffern ↑Gliederung von Nummern, ↑Uhrzeit, ↑Zahlen

Zusätze in Wortverbindungen

Erklärende Zusätze am Anfang von und innerhalb von Wortverbindungen werden in Klammern gesetzt (vgl. auch D 98 im Abschnitt »Rechtschreibung und Zeichensetzung«).	Gemeinde(amts)vorsteher (= Gemeindevorsteher oder Gemeindeamtsvorsteher), *aber:* Gemeinde-(Amts-)Vorsteher (= Gemeindevorsteher oder Amtsvorsteher); Privat-(Haus-)Briefkasten, Magen-(und Darm-)Beschwerden, Ostende-Belgrad-(Tauern-)Express, *aber ohne Klammer:* Fuhr- u. a. Kosten
In Wörterverzeichnissen werden Erklärungen oft mithilfe von eckigen Klammern zusammengezogen.	[Gewebe]streifen (= Gewebestreifen *und auch:* Streifen)
Soll am Zeilenende nach der schließenden Klammer getrennt werden, sind die nebenstehenden Formen zu empfehlen.	Gemeinde(amts)- vorsteher Gemeinde-(Amts-) Vorsteher

Gestaltung von Geschäftsbriefen

Die folgenden Angaben basieren auf den Gestaltungsvorschriften der DIN 5008:2011, die festlegen, wo bestimmte Informationen auf dem Briefbogen (DIN-A4-Format) und in E-Mails angeordnet werden. Das Ziel ist es, Briefe und E-Mails zweckmäßig und übersichtlich zu gestalten und so eine schnelle Erfassung und Verarbeitung der Informationen zu gewährleisten.

Der Geschäftsbrief setzt sich aus folgenden Teilen zusammen:

❶ **Absenderangabe:** Die Absenderangabe besteht aus dem Namen, der Straße oder dem Postfach, dem Ort und im internationalen Schriftverkehr auch dem Land. Auf Briefbogen ohne Vordruck des Absenders beginnt die Angabe in der fünften Zeile von der oberen Blattkante aus gezählt. Die einzelnen Bestandteile der Absenderangabe werden nicht durch Leerzeilen voneinander abgesetzt.

❷ **Anschriftfeld:** Das Anschriftfeld ist in eine dreizeilige Zusatz- und Vermerkzone und eine sechszeilige Anschriftzone gegliedert. Die Zusatz- und Vermerkzone enthält Angaben zur Sendungsart oder Vorausverfügungen wie z. B. »Nicht nachsenden!«. Die Zusatz- und Vermerkzone beginnt in der neunten bzw. dreizehnten Zeile von der oberen Blattkante, die Anschriftzone in der zwölften bzw. sechzehnten Zeile. Zur Gestaltung des Anschriftfeldes vgl. S. 136 und 137.

❸ **Bezugszeichenzeile:** Bezugszeichen, Name, Telefonnummer und Datum stehen eine Zeile unter den vorgedruckten Leitwörtern (»Ihr Zeichen«, »Ihre Nachricht vom«, »unser Zeichen«, »Unsere Nachricht vom«, »Telefon«, »Datum«) der Bezugszeichenzeile. Das erste Schriftzeichen wird unter den Anfangsbuchstaben des jeweils ersten Leitwortes gesetzt (vgl. Seite 136). Weitere Kommunikationsangaben wie Telefaxnummer oder E-Mail-Adresse können in einer Kommunikationszeile rechts neben dem Anschriftfeld in Höhe der letzten Zeile des Anschriftfeldes stehen. Wenn keine vorgedruckten Leitwörter auf dem Briefbogen vorhanden sind oder in der Kommunikationszeile mehr als zwei Angaben benötigt werden, können die Angaben auch in einem Informationsblock rechts neben dem Anschriftfeld angeordnet werden (vgl. S. 137). Der Informationsblock beginnt in Höhe der ersten Zeile des Anschriftfeldes. Zwischen den Bezugszeichen und den Kontaktangaben des entsprechenden Ansprechpartners sowie vor dem Leitwort »Datum« ist eine Leerzeile einzufügen. Die Leitwörter können ergänzt, modifiziert oder auch weggelassen werden. In einfachen Briefen kann die Bezugszeichenzeile auch entfallen; es wird dann nur das Datum rechts oben auf dem Briefbogen auf Höhe der ersten Zeile der Absenderangabe gesetzt (vgl. S. 138).

❹ **Betreffzeile:** Der Betreff ist eine stichwortartige Inhaltsangabe, die in der Regel mit dem Abstand von zwei Leerzeilen unter den Bezugszeichen oder dem Informationsblock steht. Das Leitwort »Betreff« ist heute im Schriftverkehr in Wirtschaft und Verwaltung nicht mehr üblich. Das erste Wort der Betreffzeile wird großgeschrieben, ein Schlusspunkt wird nach dem Betreff nicht gesetzt. Der Betreff wird häufig durch Farbe und/oder durch fette Schrift hervorgehoben.

❺ Anrede: Die Anrede wird zwei Leerzeilen unter den Betreff geschrieben. Als Anreden sind heute das neutrale »Sehr geehrte(r)« und das vertrauliche »Liebe(r)« am gebräuchlichsten. Nach der Anrede steht üblicherweise ein Komma, nicht mehr ein Ausrufezeichen. Das erste Wort der folgenden Zeile schreibt man nach dem Komma klein (wenn es kein Substantiv oder Anredepronomen ist), nach dem Ausrufezeichen groß.

❻ Text: Der Text ist durch eine Leerzeile von der Anrede abgesetzt und wird mit einfachem Zeilenabstand geschrieben. Absätze werden durch jeweils eine Leerzeile getrennt.

❼ Grußzeile: Die Grußformel wird mit einer Leerzeile Abstand unter den Text gesetzt. Als Grußformeln sind im Geschäftsbereich heute meist »Mit freundlichen Grüßen«, »Mit freundlichem Gruß« oder »Freundliche Grüße« üblich; die Formel »Hochachtungsvoll« wird heute in der Regel als veraltet empfunden und nur noch selten verwendet. Die Grußformel steht ohne Komma, Punkt oder Ausrufezeichen.

❽ Firmenbezeichnung: Der Name des Unternehmens oder der Behörde wird mit einer Leerzeile Abstand unter die Grußformel gesetzt.

❾ Maschinenschriftliche Angabe der Unterzeichner: Die maschinenschriftliche Angabe der Unterzeichner steht unter der Firmenbezeichnung. Die Leerzeilen zwischen dieser Angabe und der Firmenbezeichnung werden nach Bedarf eingefügt.

❿ Zusätze: Zusätze wie *i. A., i. V.* oder *ppa.* werden zwischen die Firmenbezeichnung und die maschinenschriftliche Namenswiedergabe oder vor die handschriftliche Namenszeichnung gesetzt. Zur Schreibung von *i. A.* und *i. V.* vgl. das Wörterverzeichnis.

⓫ Anlagen- und Verteilvermerke: Der Anlagen- bzw. Verteilvermerk wird durch mindestens drei Leerzeilen von der Grußzeile oder von der Firmenbezeichnung abgesetzt. Bei maschinenschriftlicher Angabe der Unterzeichner wird das Wort »Anlage(n)« bzw. »Verteiler« mit einer Leerzeile Abstand daruntergesetzt. Gibt es sowohl einen Anlagen- als auch einen Verteilvermerk, dann steht der Verteilvermerk mit einer Leerzeile Abstand unter dem Anlagenvermerk. Die Wörter »Anlage(n)« und »Verteiler« können durch Fettschrift hervorgehoben werden.

Geschäftsbrief (Beispiel 1)

50,8

63,5

❶ Feld für Postanschrift des Absenders

101,6

114,3

WINCO Werkzeuge GmbH
Uhlandstraße 170
91438 Bad Windsheim ❷

❸ Ihr Zeichen, Ihre Nachricht vom   Unser Zeichen, unsere Nachricht vom   Telefon, Name   Datum
                                  Hi-Wd   04421 1234-   2017-06-15   mind. 10
                                                                                           711
                                                                                            Petra Hillmann

❹ **Anfrage Werkzeugkästen**

❺ Sehr geehrte Damen und Herren,

❻ durch Ihre Anzeige im »Werkmarkt«, Ausgabe 6/17, sind wir auf Ihr Unternehmen aufmerksam geworden.

25   Bitte schicken Sie uns den Katalog und die Preisliste Ihres Sortiments einschließlich Verkaufs- und Lieferbedin-   mind. 10
gungen. Außerdem benötigen wir die (Staffel)preise für Abnahmemengen von 1 000, 3 000 und 5 000 Stück,
alternativ den Preis für einen Abrufauftrag für 5 000 Stück bei einer Mindestabrufmenge von 500 Stück.

❼ Mit freundlichen Grüßen

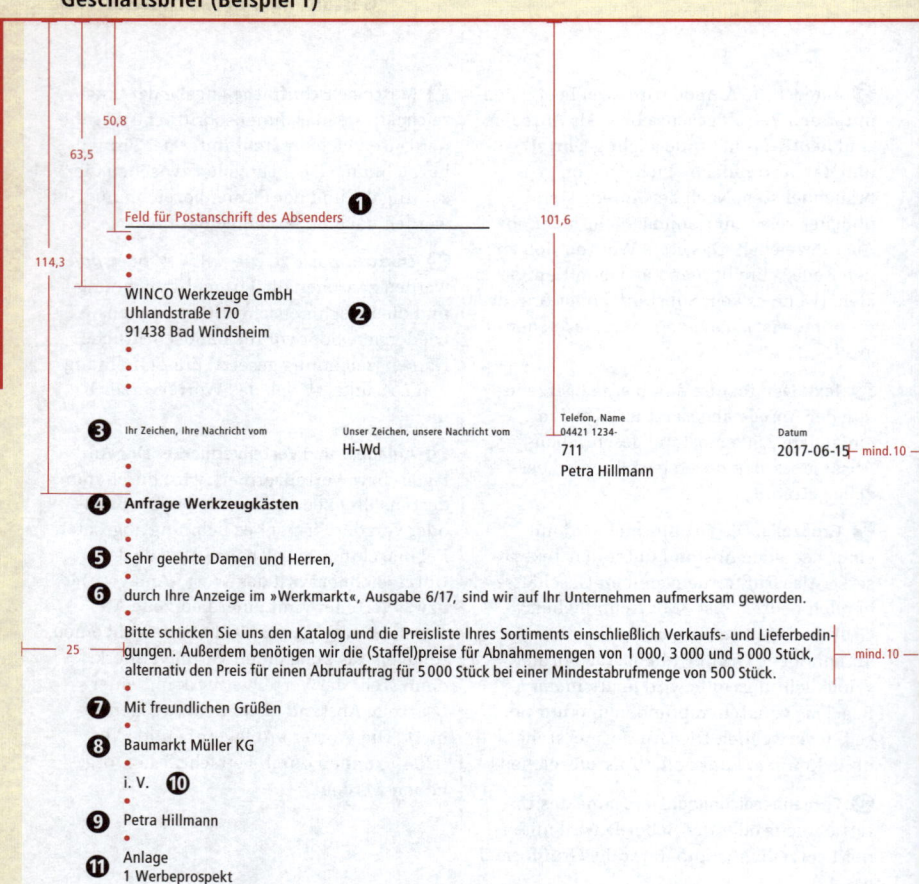

❽ Baumarkt Müller KG

i. V. ❿

❾ Petra Hillmann

⓫ Anlage
1 Werbeprospekt

Feld für Geschäftsangaben

Geschäftsbrief (Beispiel 2)

Feld für Postanschrift des Absenders ❶

Ihr Zeichen: Pa-Fe
Ihre Nachricht vom: 2017-03-23 ❸
Unser Zeichen: akm-rf

Kurt Schneider GmbH
Herrn Toni Paulsen   ❷
Rebenweg 4
71384 Weinstadt

Telefon: 0711 88765-432
Telefax: 0711 88765-431
E-Mail: Klaus.Patschke@GLZ.com

Datum: 2017-04-25

❹ **Unsere Bestellung vom 19.03.2017**
5 Kartons 1998er Michelstaler Spätlese

❺ Sehr geehrter Herr Paulsen,

❻ am 23.03.2017 haben Sie unseren Auftrag schriftlich bestätigt und die Lieferung der 5 Kartons Spätlese für den 05.04.2017 zugesichert.

Wir haben Ihnen schriftlich am 11.04.2017 eine Nachfrist zur Lieferung bis zum 20.04.2017 gesetzt. Die Ware ist bis heute nicht bei uns eingetroffen.

Da uns wegen des Lieferverzugs erhebliche Nachteile entstanden sind, treten wir von unserer Bestellung zurück.

❼ Mit freundlichen Grüßen

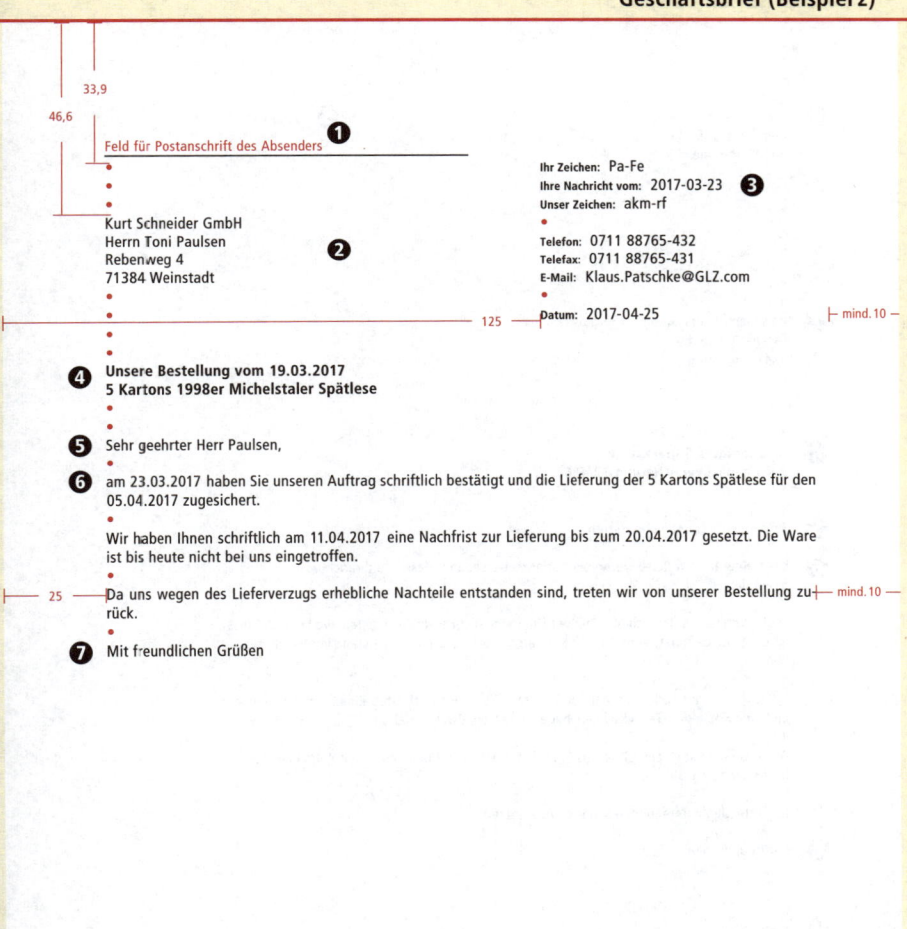

Feld für Geschäftsangaben

Geschäftsbrief (Beispiel 3)

❶ Manfred Kühn
Engelbertstraße 11
68309 Mannheim

❸ 29.04.2017

❷ Reisegepäckversicherung »Sorglos reisen«
Essener Straße 89
22419 Hamburg

❹ **Beschädigtes Gepäckstück**
Reisegepäckversicherung 12/456Z

❺ Sehr geehrte Damen und Herren,

❻ bei meiner letzten Reise wurde ein Koffer so beschädigt, dass er unbrauchbar geworden ist.

Leider konnte ich den Schaden bei der Übergabe nicht sofort feststellen, weil sich der Riss an der Seite befindet. Vermutlich ist er durch einen scharfen Gegenstand verursacht worden.

Der Koffer ist aus Leder und hat vor 3 Jahren 289,00 EUR gekostet. Eine Rechnungskopie und eine Kopie des Gepäckscheins habe ich diesem Brief beigelegt.

Die Reise fand statt am 26.04.2017 mit dem ICE 77 von Mannheim nach Karlsruhe, Abfahrtszeit 16:43 Uhr.

Ich bitte, den entstandenen Schaden zu ersetzen.

❼ Mit freundlichen Grüßen

⓫ **Anlagen**
1 Rechnungskopie
1 Kopie des Gepäckscheins

Gestaltung von geschäftlichen E-Mails

Die Gestaltungsvorschriften der DIN 5008:2011 für E-Mails gelten nur für die Verwendung als Ersatz für Geschäftsbriefe, nicht jedoch für die rein unternehmensinterne E-Mail-Kommunikation. Grundsätzlich gelten für geschäftliche E-Mails die gleichen Höflichkeits- und Stilangaben wie für Geschäftsbriefe. So darf in einer geschäftlichen E-Mail die Anrede nicht fehlen, auch der Schluss einer E-Mail sollte alle Bestandteile des Schlussteils eines Geschäftsbriefes enthalten; auf »MfG« als Grußformel ist in geschäftlichen E-Mails zu verzichten.

Anschrift, Verteiler und Betreff sind die vorgegebenen Zeilen bzw. Felder im Kopf einer E-Mail (vgl. Beispiel).

❶ **An-Zeile:** In dieses Feld muss die Anschrift, d. h. die E-Mail-Adresse des Empfängers bzw. der Empfänger, eingetragen werden. Zum Aufbau von E-Mail-Adressen s. S. 113.

❷ **cc-Zeile:** In diese Zeile (cc = carbon copy; Durchschlag) werden die E-Mail-Adressen der Personen eingetragen, die eine Kopie der E-Mail erhalten sollen.

❸ **bcc-Zeile:** Diese Zeile (bcc = blind carbon copy; Blindkopie) ist für die E-Mail-Adressen derjenigen Personen vorgesehen, die ohne Wissen des Empfängers / der Empfänger eine Kopie der E-Mail erhalten sollen.

❹ **Betreffzeile:** Diese Zeile enthält eine stichwortartige Inhaltsangabe.

❺ **Textfeld:** In diesem Feld wird die eigentliche E-Mail verfasst.

❻ Sie beginnt in der ersten Zeile mit der **Anrede**, die vom folgenden Text durch eine Leerzeile abgesetzt ist.

❼ Der **Text** wird als Fließtext ohne Worttrennungen geschrieben, da der Umbruch durch die Software des Empfängers / der Empfänger geregelt wird. Absätze werden vom folgenden Text durch jeweils eine Leerzeile getrennt.

❽ Der **Schlussteil** einer E-Mail wird meist in Form eines elektronischen Textbausteins eingefügt. Er besteht in der Regel aus der Grußformel, dem Firmennamen, dem Namen des Bearbeiters, der Telefon- und Telefaxnummer sowie der E-Mail- und Internetadresse. Die Firmenadresse und weitere Geschäftsangaben folgen.

Gestaltung von geschäftlichen E-Mails

❶ An: info@buerosysteme-meyer.com
❷ Cc:
❸ Bcc:
❹ Betreff: Informationsbroschüre Schrankwände und Lagersysteme

❺ Sehr geehrte Damen und Herren, ❻

❼ durch einen Prospekt Ihres Hauses wurden wir darauf aufmerksam, dass Sie auch Schrankwände und Lagersysteme in Ihrem Programm haben.

Wir planen einen Umbau unserer Geschäftsräume und würden gern genauere Informationen über Ihr Angebot erhalten.

Für die Zusendung umfangreicherer Broschüren wären wir Ihnen deshalb dankbar.

❽ Mit freundlichen Grüßen

Autohaus Weller GmbH

i. A. Tanja Rimmler

Telefon: +49 941 84275-30
Telefax: +49 941 84275-10
E-Mail: tanja.rimmler@auto-weller.de
Internet: www.auto-weller.de

Postanschrift: Postfach 11 01 23, 93019 Regensburg
Sitz/Hausanschrift: Karl-Liebknecht-Straße 12, 93051 Regensburg

Geschäftsführer: Johannes Müller
Handelsregister HRB 471234 beim Amtsgericht Regensburg

Textkorrektur

Hauptregeln

Jedes eingezeichnete Korrekturzeichen ist auf dem Rand zu wiederholen. Die erforderliche Änderung ist rechts neben das wiederholte Korrekturzeichen zu ~~zeichn~~en, sofern dieses nicht (wie ⌠, ⌐) für sich selbst spricht.

Korrekturzeichen müssen den Korrekturstellen schnell und eindeutig zugeordnet werden können. Darum ist es bei großer Fehlerdichte wichtig, verschiedene, frei zu wählende Korrekturzeichen – gegebenenfalls auch in verschiedenen Farben – zu benutzen.

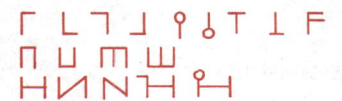

⌐ ⌊ ⌉ ⌋ ⎡ ⎣ ⊤ ⊥ ⊢
⊓ ⊔ ⊓ ⊔
⊢ ⋈ ⊣ ⊢

usw.

Wichtigste Korrekturzeichen nach DIN 16 511

Andere Schrift oder Schriftgröße wird verlangt, indem man die betreffende Stelle unterstreicht und auf dem Rand die gewünschte Schrift, den Schriftschnitt (fett, kursiv usw.) oder die gewünschte Schriftgröße (8p, 9p usw.) oder beides (8p fett, 9p kursiv usw.) vermerkt. Gewünschte Kursivschrift wird oft nur durch eine Wellenlinie unter dem Wort und auf dem Rand bezeichnet. Versehentlich falsch Hervorgehobenes wird ebenfalls UNTERSTRICHEN; die Anweisung auf dem Rand lautet dann: »Grundschrift« oder »gewöhnlich«.

Fälschlich aus anderen Schriften gesetzte Buchstaben (Zwiebelfische) werden durchgestrichen und auf dem Rand zweimal unterstrichen.

Falsche Buchstaben oder **Wörter** werden durchgestrichen und auf dem Rand durch die richtigen ersetzt.

Falsche Trennungen werden am Ende der Zeile und am folgenden Zeilenanfang angezeichnet.

Wird nach **Streichung eines Bindestrichs** oder **Buchstabens** die Schreibung der verbleibenden Teile zweifelhaft, dann wird außer dem Tilgungszeichen die Zusammenschreibung durch einen Doppelbogen, die Getrenntschreibung durch das Zeichen ⌐ angezeichnet, z. B. blendend-weiß.

Textkorrektur

Fehlende Buchstaben werden angezeichnet, indem der vorangehende oder folgende Buchstabe durchgestrichen und zusammen mit dem fehlenden wiederholt wird. Es kann auch das ganze Wort oder die Silbe durchgestrichen und auf dem Rand berichtigt werden.

Fehlende Wörter (Leichen) werden in der Lücke durch Winkelzeichen gemacht und auf dem Rand angegeben.
Bei größeren Auslassungen wird auf die Manuskriptseite verwiesen. Die Stelle ist auf der Manuskriptseite zu kennzeichnen.

Diese Presse bestand aus ⌐ befestigt war.

Zu tilgende Buchstaben oder **Wörter** werden durchgestrichen und auf dem Rand durch ⌀ (für: deleatur, d. h. »es werde getilgt«) angezeichnet.

Fehlende oder **zu tilgende Satzzeichen** werden wie fehlende oder zu tilgende Buchstaben angezeichnet.

Verstellte Buchstaben werden durchgestrichen und auf dem Rand in der richtigen Reihenfolge angegeben.
Verstellte Wörter durch werden das Umstellungszeichen gekennzeichnet.
Die Wörter werden bei größeren Umstellungen beziffert.
Ist die Verstellung schlecht zu überschauen, empfiehlt es sich, den verstellten Text ganz zu tilgen und ihn auf dem Korrekturrand zu wiederholen.
Verstellte Zahlen sind immer ganz durchzustreichen und in der richtigen Ziffernfolge auf den Rand zu schreiben, z. B. 1684.

Für unleserliche oder **zweifelhafte Manuskriptstellen,** die noch nicht blockiert sind, sowie für noch **zu ergänzenden Text** wird vom Korrektor eine Blockade verlangt, z. B.:

Hyladen sind Insekten mit unbeweglichem Prothorax (s. S. [...]).

Sperrung oder **Aufhebung einer Sperrung** wird wie beim Verlangen einer anderen Schrift durch Unterstreichung gekennzeichnet.

Fehlender Wortzwischenraum wird mit ⌐ bezeichnet. **Zu weiter Zwischenraum** wird durch ⌂, zu enger Zwischenraum durch ⌂ angezeichnet. Soll ⌂ ein **Zwischenraum ganz wegfallen,** so wird dies durch zwei Bogen ohne Strich angedeutet.

Fehlender Zeilenabstand (Durchschuss) wird durch einen zwischen die Zeilen gezogenen Strich mit nach außen offenem Bogen angezeichnet.
Zu großer Zeilenabstand (Durchschuss) wird durch einen zwischen die Zeilen gezogenen Strich mit einem nach innen offenen Bogen angezeichnet.

Textkorrektur

Ein **Absatz** wird durch das Zeichen im Text und auf dem Rand verlangt:

Die ältesten Drucke sind so gleichmäßig schön ausgeführt, dass sie die schönste Handschrift übertreffen. Die älteste Druckerpresse scheint von der, die uns Jost Amman im Jahre 1568 im Bilde vorführt, nicht wesentlich verschieden gewesen zu sein.

Das Anhängen eines Absatzes verlangt man durch eine den Ausgang mit dem folgenden Text verbindende Linie:

Die Presse bestand aus zwei senkrechten Säulen, die durch ein Gesims verbunden waren.
In halber Manneshöhe war auf einem verschiebbaren Karren die Druckform befestigt.

Zu tilgender Einzug erhält am linken Rand das Zeichen ⊢——, am rechten Rand das Zeichen ——⊣, z. B.:

Die Buchdruckerpresse ist eine faszinierende Maschine, deren kunstvollen Mechanismus nur der begreift, der selbst daran gearbeitet hat.

Fehlender Einzug wird durch ⌐ möglichst genau bezeichnet, z. B. (wenn der Einzug um ein Geviert verlangt wird):

… über das Ende des 14. Jahrhunderts hinaus führt keine Art des Metalldruckes. Der Holzschnitt kommt in Druckwerken ebenfalls nicht vor dem 14. Jahrhundert vor.

Aus Versehen falsch Korrigiertes wird rückgängig gemacht, indem man die Korrektur auf dem Rand durchstreicht und Punkte unter die fälschlich korrigierte Stelle setzt.

Ligaturen (zusammengezogene Buchstaben) werden verlangt, indem man die fälschlich einzeln nebeneinandergesetzten Buchstaben durchstreicht und auf dem Rand mit einem Bogen darunter wiederholt, z. B. Schiff.
Fälschlich gesetzte Ligaturen werden durchgestrichen, auf dem Rand wiederholt und durch einen Strich getrennt, z. B. Auflage.

Weitere Empfehlungen

Kommen in einer Zeile mehrere Fehler vor, dann erhalten sie ihrer Reihenfolge nach verschiedene Zeichen. Für ein und denselben falschen Buchstaben wird aber nur ein Korrekturzeichen verwendet, das am Rand mehrfach vor den richtigen Buchstaben gesetzt wird.

Textkorrektur

Fehlende Zeilen signalisiert man mit ⊢— am linken Textrand zwischen vorangehender und folgender Zeile.

⊢erste Zeile
⊢dritte Zeile

⊢— zweite Zeile

Bei der Korrektur ist auf **zu häufige Trennungen** hinzuweisen, die die Setzerei nach Möglichkeit durch Umsetzen verringern sollte. Bei langen Zeilen sollten nicht mehr als 3, bei kurzen (z. B. im Wörterbuch oder Lexikon) nicht mehr als 5 Trennungen aufeinanderfolgen.

mmmmmmmmmmmm-
mmmmmmmmmmmm-
mmmmmmmmmmmm-
mmmmmmmmmmmm-
mmmmmmmmmmmm-
mmmmmmmmmmmm-

6 Trennungen

Bei der Korrektur sollten auch **sinnentstellende** und **unschöne Trennungen** aufgelöst werden, um einen mühelosen Lesefluss zu gewährleisten. Zu diesem Zweck darf im Flattersatz das Zeichen ⌐ verwendet werden, im Blocksatz sind die umzustellenden Zeichen zu umkreisen und mit einer Schleife zu versetzen.

Spargel-   Walzer-   bein-   Steuerer-
der   zeugnisse   halten   hebung

Vergleichster-   Wasserstoffio-
min   nen

Mit Randvermerken wird auf eine umfangreiche Korrektur hingewiesen, die rechts neben dem Text zu viel Platz einnehmen würde.

siehe oben
siehe unten
siehe Anlage

Der **auf Mitte zu setzende Punkt,** z. B. der Multiplikationspunkt bei mathematischem Satz, wird mit nebenstehendem Zeichen angegeben.

Verstellte Zeilen werden mit waagerechten Randstrichen versehen und in der richtigen Reihenfolge nummeriert, z. B.:

Sah ein Knab' ein Röslein stehn, —————— 1
lief er schnell, es nah zu sehn, ——————— 4
war so jung und morgenschön, ——————— 3
Röslein auf der Heiden, ————————————— 2
sah's mit vielen Freuden. ———————————— 5
           Goethe ————————————— 6

Textkorrektur

In den östlichen Bundesländern übliche Korrekturzeichen

In Ostdeutschland werden neben den Zeichen der DIN-Norm häufig auch Korrekturzeichen verwendet, die bis 1990 in der DDR nach dem Standard TGL 0-16511 gültig waren. Dies gilt vor allem für die folgenden Fälle:
Mit dem Zeichen _ _ _ werden zu sperrende Wörter oder Wortteile unterstrichen. Das Zeichen wird auf dem Rand wiederholt.
Einfügungen in Form eines Wortes oder mehrerer Wörter werden durch eins der Zeichen ⋁ ⋁ ⋎ ⋎ ⋁ kenntlich gemacht; der fehlende Textteil wird neben das auf ⋁ Rand wiederholte Zeichen geschrieben.
Sollen Zeilen oder ganze Abschnitte umgestellt werden, so erfasst man von der aus ein Pfeil zur richtigen Stelle führt. Das Zeichen ist am sie seitlich (in der Regel am linken Satzrand) mit einer Klammer, rechten Rand zu wiederholen.
Als Exponenten oder Indizes zu setzende Ziffern werden wie folgt gekennzeichnet: Exponent 1. Ordnung mit dem Zeichen ⋁, Exponent 2. Ordnung mit dem Zeichen ⋎ (das Zeichen wird unter die Ziffer oder unter den Buchstaben gesetzt):

e x n̬ (e^{x^n})

Index 1. Ordnung mit Zeichen ⋀, Index 2. Ordnung mit dem Zeichen ⋏ (das Zeichen wird über die Ziffer oder über den Buchstaben gesetzt):

H2̂O, yn̂3 (H_2O, y_{n_3})

Korrekturzeichen aus dem Bleisatz

Beschädigte Buchstaben werden durchgestrichen und auf dem Rand einmal unterstrichen.

Um unle̶rliche Textpassagen, ver̶schm̶utzte Buchstaben und zu s̶tark̶ erscheinende Stellen wird eine Linie gezogen. Dieses Zeichen wird auf dem Rand wiederholt.

Auf dem Kopf stehende Buchstaben ▯ **(Fliegenköpfe)** werden durchgestrichen und auf dem Rand durch die richtigen ersetzt. Dies gilt auch für quer stehende und umgedrehte Buchstaben.

Spieße, d.h. im Satz mitgedruckter Ausschluss, Durchschuss oder ebensolche Quadrate, werden unterstrichen und auf dem Rand durch # angezeigt.

Nicht Linie haltende Stellen werden durch $\overline{\text{üb}}e^r$ und $u^n t_{er}$ der Zeile gezogene parallele Striche angezeichnet.

Das griechische Alphabet

Buchstabe	Name
A, α	Alpha
B, β	Beta
Γ, γ	Gamma
Δ, δ	Delta
E, ε	Epsilon
Z, ζ	Zeta
H, η	Eta
Θ, θ	Theta

Buchstabe	Name
I, ι	Jota
K, κ	Kappa
Λ, λ	Lambda
M, μ	My
N, ν	Ny
Ξ, ξ	Xi
O, o	Omikron
Π, π	Pi

Buchstabe	Name
P, ρ	Rho
Σ, σ, ς	Sigma
T, τ	Tau
Y, υ	Ypsilon
Φ, φ	Phi
X, χ	Chi
Ψ, ψ	Psi
Ω, ω	Omega

Die Umsetzung der amtlichen Rechtschreibregelung in Pressetexten

Seit dem 1. August 2007 entsprechen sämtliche Texte der folgenden deutschsprachigen Nachrichtenagenturen uneingeschränkt dem offiziellen Regelwerk:

AFP (Agence France-Presse)
APA (Austria Presse Agentur)
dadp (Deutscher Auslands-Depeschendienst)
Dow Jones
dpa (Deutsche Presse-Agentur)
epd (Evangelischer Pressedienst)
KNA (Katholische Nachrichtenagentur)
Reuters
sid (Sport-Informations-Dienst)

Detaillierte Informationen zur Anwendung der Rechtschreibregeln durch die Agenturen sowie ergänzende umfangreiche Wortlisten sind über die Internetadresse http://www.die-nachrichtenagenturen.de zu finden.

Sprache in Zahlen

Sprachliche Rekorde und Phänomene

79 oder 44: Aus wie vielen Buchstaben besteht das längste deutsche Wort? Mehr als vier Milliarden Wortformen oder 145 000 Stichwörter: Wie umfangreich ist der deutsche Wortschatz? Und welcher Buchstabe kommt eigentlich am häufigsten in deutschen Wörtern vor?

Die Dudenredaktion erreichen seit vielen Jahren Fragen nach dem längsten Wort, dem Umfang des deutschen Wortschatzes, nach dem Wort mit den meisten aufeinanderfolgenden Konsonanten, den häufigsten Wörtern oder Buchstaben im Deutschen.

Im Mittelpunkt des Interesses stehen dabei die Entwicklung der deutschen Sprache und ihre Besonderheiten. Weil sich Sprache aber immer in einem lebendigen, kreativen Prozess entwickelt, ist oft mehr als eine Antwort möglich.

Die Grundlage der Zahlen: Rechtschreibduden und Dudenkorpus

Wie werden Sprachrekorde und Phänomene ermittelt, die als repräsentativ für »die deutsche Sprache« angesehen werden können?

Bislang gibt es die »eine« deutsche Text- bzw. Sprachbasis zur Erforschung der deutschen Sprache nicht. Doch dank großer elektronischer Textdatenbanken und moderner computerlinguistischer Methoden in der Wörterbucharbeit sind Antworten als Momentaufnahmen heute recht zuverlässig möglich.

Die hier vorliegenden Grafiken und Tabellen resultieren aus Untersuchungen der Dudenredaktion auf der Basis ihrer eigenen Datenbanken: Eine Datenbank stellt das vorliegende Werk, der Rechtschreibduden, selbst dar. Er verzeichnet in dieser Auflage rund 145 000 Stichwörter. Die zweite Datenbank ist das Dudenkorpus. Das ist eine elektronische Volltextdatenbank, die seit 1995 existiert, ständig erweitert wird und inzwischen mehr als vier Milliarden Wortformen (Stand Frühjahr 2017) umfasst. Das Dudenkorpus enthält sehr große Mengen journalistischer und belletristischer Texte sowie Sach-, Fach- und Gebrauchstexte in elektronischer Form. Für die Suche nach neuen Wörtern »durchkämmt« die Redaktion das Korpus mithilfe von Computerprogrammen auf bislang unbekannte Wörter. Wenn diese in einer gewissen Häufung und einer bestimmten Streuung über verschiedene Texte hinweg erscheinen, werden sie zu Neuaufnahmekandidaten für die Wörterbücher (siehe dazu »Wie kommen die Wörter in den Duden?«, S. 8).

Grundformen (Stichwörter) und Wortformen

Der Rechtschreibduden selbst und das Dudenkorpus bilden also die Grundlagen für die Rekorde und Phänomene, die hier präsentiert werden.

Wichtig für die Interpretation der Zahlen ist die Unterscheidung in **Grundformen** und **Wortformen**: Im Dudenkorpus sind sowohl **Wortformen**, wie sie in einem normalen Text (Fließtext) vorkommen, als auch ihre **Grundform** enthalten.

Eine **Wortform** ist ein Wort genau so, wie es in einem Fließtext vorkommt; je nach Wortart steht es dort entweder gebeugt oder ungebeugt. Der Satz *Sie versprach, den Betrag gutzuschreiben* beispielsweise besteht aus den Wortformen »Sie«, »versprach«, »den«, »Betrag« und »gutzuschreiben«.

Die **Grundform** eines Wortes ist zum Beispiel bei Verben der Infinitiv, bei Substantiven und bei Artikeln normalerweise der Nominativ Singular. Die Grundformen zu dem oben angeführten Beispiel lauten also »sie«, »versprechen«, »der«, »Betrag«, »gutschreiben«.

Wortform im Korpus	Grundform im Korpus / Stichwort im Duden
Sie	sie
versprach	versprechen
den	der
Betrag	Betrag
gutzuschreiben	gutschreiben

Diese **Grundformen** sind auch die Stichwörter, die in einem Wörterbuch wie dem Rechtschreibduden verzeichnet sind. Die Stichwörter sind fett gedruckt, wie »gutschreiben« im folgenden Stichwortartikel:

gut|schrei|ben (anrechnen); sie versprach, den Betrag gutzuschreiben

In einem Wörterbuch kommt jedes Stichwort, also die **Grundform** eines Wortes, normalerweise nur einmal vor.

Die **Wortformen** hingegen können in einem Text mehrmals vorkommen, so zum Beispiel in dem Satz:
Wer täglich das tut, was täglich getan werden muss, hat viel zu tun.

Aus wie vielen Wörtern besteht dieser Satz?

Das kommt auf die Zählweise an. Beim einfachen Zählen kommt man auf 13; zählt man hingegen nur die verschiedenen Wörter, sind es lediglich 12, denn »täglich« kommt zweimal vor. Reduziert man aber alle Wörter auf ihre **Grundform** und zählt nur diese, dann lautet das Ergebnis 10, denn die **Grundform** »tun« kommt dreimal (in den Wortformen »tut«, »getan«, »tun«) vor.

Der Umfang des deutschen Wortschatzes

Wenn es in diesem Kapitel um **Wortformen** und **Grundformen** geht, ist mit Wortformen immer die erste Zählweise (13), mit Grundformen immer die letzte Zählweise (10) gemeint.

Der Umfang des deutschen Wortschatzes

Wie umfangreich ist der aktuelle deutsche Wortschatz? Wie viele Wörter benutzt ein deutscher Durchschnittssprecher?

Der Wortschatz der deutschen Gegenwartssprache wird im Allgemeinen zwischen 300 000 und 500 000 Wörtern (Grundformen) angesetzt. Ein deutscher Durchschnittssprecher benutzt etwa 12 000 bis 16 000 Wörter, darunter sind rund 3500 Fremdwörter. Verstehen kann er aber sehr viel mehr: Mit mindestens 50 000 Wörtern ist sein passiver Wortschatz um ein Vielfaches größer.

Diese Zahlen kann man allerdings nur schätzen: Weil Wörter neu gebildet und aus anderen Sprachen entlehnt werden, verändern sich die Angaben ständig. So wächst der deutsche Wortschatz kontinuierlich und er wird beispielsweise in Literatur-, Medien- und Wissenschaftssprache stetig ausgebaut. Aber auch Situations- oder Gelegenheitsbildungen, wie etwa »Parkplatzglück« in dem Satz *Mit etwas Parkplatzglück können Sie Ihr Auto in den Parkbuchten vor unserem Restaurant kostenfrei abstellen* machen exakte Angaben über den Umfang unmöglich.

Konkreter sind die folgenden Angaben: Der Rechtschreibduden in der vorliegenden, aktuellen 27. Ausgabe enthält rund 145 000 Stichwörter (Grundformen), das »Deutsche Wörterbuch« (1852–1971) von Jacob und Wilhelm Grimm hingegen etwa 450 000, viele davon sind aber längst nicht mehr in Gebrauch. Das Dudenkorpus hat nach heutigem Stand (Frühjahr 2017) einen Umfang von knapp 10 Millionen unterschiedlichen Wörtern (Grundformen).

Wie erklärt sich diese enorme Diskrepanz zwischen Wörterbuch und Korpus?

Sehr viele Wörter im Dudenkorpus kommen nur einmal bzw. wenige Male vor und sind wegen mangelnder Häufigkeit keine Aufnahmekandidaten für ein Wörterbuch (siehe dazu »Wie kommen die Wörter in den Duden?«, S. 8).

Es handelt sich dabei oft um Namen oder mehrteilige Zusammensetzungen, z. B. »Vampirdarstellerin« oder »Vogelschutzgutachten«. Deren Bedeutung erschließt sich aus den einzelnen Bestandteilen, die möglichst lückenlos in einem Wörterbuch wie dem Duden verzeichnet sein sollten. Die vielfältigen Zusammensetzungen jedoch, die im Deutschen möglich sind, können – schon aus Platzgründen – niemals vollständig in einem gedruckten Wörterbuch abgebildet werden.

Die längsten Wörter im Duden

Die Stichwortzahlen der Dudenauflagen

27 000 Stichwörter enthielt das »Vollständige Orthographische Wörterbuch der deutschen Sprache« von Konrad Duden, wie der erste Duden (»Urduden«) offiziell hieß, als er 1880 erschien. Der Umfang des Dudens ist mit jeder Auflage gewachsen und hat sich bis heute mehr als verfünffacht.

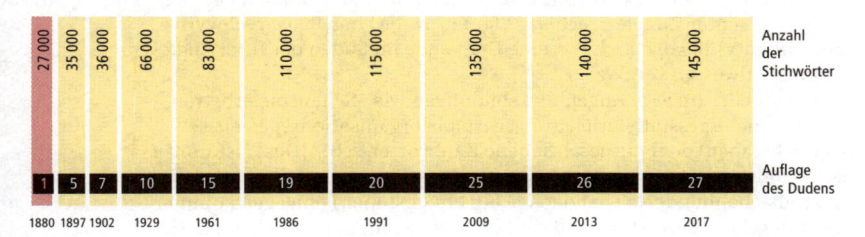

Anzahl der Stichwörter	27 000	35 000	36 000	66 000	83 000	110 000	115 000	135 000	140 000	145 000
Auflage des Dudens	1	5	7	10	15	19	20	25	26	27
Jahr	1880	1897	1902	1929	1961	1986	1991	2009	2013	2017

Die längsten Wörter im Duden

Die »Aufmerksamkeitsdefizit-Hyperaktivitätsstörung« ist mit 44 Buchstaben das längste Wort im Rechtschreibduden, gefolgt von der »Kraftfahrzeug-Haftpflichtversicherung« mit 36 Buchstaben.

Die folgende Tabelle zeigt die 10 längsten aller im Rechtschreibduden enthaltenen Stichwörter. Nicht berücksichtigt wurden dabei Stichwörter, die aus mehreren mit Leerzeichen voneinander getrennten Wörtern bestehen, z. B. »Vereinigtes Königreich [Großbritannien und Nordirland]«, »vorgelesen, genehmigt, unterschrieben«, »non scholae, sed vitae discimus«.

Die meisten der längsten Wörter stammen aus den Bereichen Recht und Verwaltung. Bei allen handelt es sich um Substantive, die aus mindestens zwei, meistens sogar drei und mehr Bestandteilen zusammengesetzt sind:

Rang	Stichwort im Duden	Anzahl der Buchstaben (ohne Bindestriche)
1.	Aufmerksamkeitsdefizit-Hyperaktivitätsstörung	44
2.	Kraftfahrzeug-Haftpflichtversicherung	36
3.	Donau-Dampfschifffahrtsgesellschaft	34
4.	Arbeiterunfallversicherungsgesetz	33
5.	Bundesausbildungsförderungsgesetz	33
6.	Rhein-Main-Donau-Großschifffahrtsweg	33
7.	Behindertengleichstellungsgesetz	32
8.	Finanzdienstleistungsunternehmen	32
9.	Finanzmarktstabilisierungsgesetz	32
10.	Straßenverkehrs-Zulassungs-Ordnung	32

Die längsten Wörter im Dudenkorpus

»Rinderkennzeichnungsfleischetikettierungsüberwachungsaufgabenübertragungsgesetz«: 79 Buchstaben hat das längste Wort in der elektronischen Datenbank, im Dudenkorpus, das mit einer verlässlichen Häufigkeit vorkommt; die vorliegende Auswertung beschränkt sich auf Wörter, die mindestens 5-mal im Korpus erscheinen. Mit 58 Buchstaben liegt auf Platz 4 ein echter Zungenbrecher: »Llanfairpwllgwyngyllgogerychwyrndrobwllllantysiliogogogoch« ist eine Gemeinde im Süden der Insel Anglesey im Nordwesten von Wales.

Individuelle, kreative Augenblicksbildungen wie »Schauspielerbetreuungsflugbuchungsstatisterieleitungsgastspielorganisationsspezialist« (85 Buchstaben) oder ausgeschriebene Zahlwörter, z. B. »[Das] Neunmilliardeneinhundertzweiundneunzigmillionensechshunderteinunddreißigtausendsiebenhundertsiebzigfache« (104 Buchstaben) hingegen kommen in der Regel nur einmal vor und sind deshalb keine Aufnahmekandidaten für das Wörterbuch.

Die Spitzenreiter auf der Liste der längsten Wörter (Grundformen) mit mindestens 5 Vorkommen im Dudenkorpus zeigt die folgende Tabelle. Wie im Duden auch stammen sie meist aus der Rechts- und Verwaltungssprache und sind ebenfalls aus mehreren Substantiven zusammengesetzt. Diese »Bandwurmwörter« weisen bis zu 6 Bestandteile und in der Spitze 35 Buchstaben mehr auf als das längste Wort im Duden:

Rang	Wort im Dudenkorpus (Grundformen, mindestens 5-mal belegt)	Anzahl der Buchstaben
1.	Rinderkennzeichnungsfleischetikettierungsüberwachungsaufgabenübertragungsgesetz	79
2.	Grundstücksverkehrsgenehmigungszuständigkeitsübertragungsverordnung	67
3.	Rindfleischetikettierungsüberwachungsaufgabenübertragungsgesetz	63
4.	Llanfairpwllgwyngyllgogerychwyrndrobwllllantysiliogogogoch	58
5.	Straßenentwässerungsinvestitionskostenschuldendienstumlage	58
6.	Unterhaltungselektroniktelefonverarbeitungspartner	50
7.	Arzneimittelversorgungswirtschaftlichkeitsgesetz	48
8.	Erdachsendeckelscharnierschmiernippelkommission	47
9.	Investitionsverwaltungsentwicklungsgesellschaft	47
10.	Wochenstundenentlastungsbereinigungsverordnung	46

Die durchschnittliche Länge eines deutschen Wortes

Die durchschnittliche Länge eines Stichwortes im Rechtschreibduden beträgt 10,6 Buchstaben. Wie sich die Anzahl der Stichwörter dabei auf die unterschiedlichen Wortlängen verteilt, zeigt die Grafik unten.

Bei der durchschnittlichen Wortlänge im Dudenkorpus kommt man zu sehr unterschiedlichen Ergebnissen: 6,09 Buchstaben ergibt die Berechnung des Durchschnitts aller Wörter, also der mehr als 4 Milliarden Wortformen, die im Dudenkorpus vorkommen. Die relative Kürze folgt aus der Tatsache, dass die meisten Wörter in Texten einfache Wörter sind, z. B. »der«, »und«, »zu« usw. (siehe dazu die Liste der häufigsten Wörter in deutschsprachigen Texten auf Seite 156).

Nimmt man als Berechnungsgrundlage hingegen nur die unterschiedlichen Wörter, also die im Dudenkorpus verzeichneten knapp 10 Millionen Grundformen, so beträgt deren durchschnittliche Länge 12,73 Buchstaben. Die relative Länge der Grundformen ergibt sich aus der hohen Anzahl an Wortzusammensetzungen im Korpus.

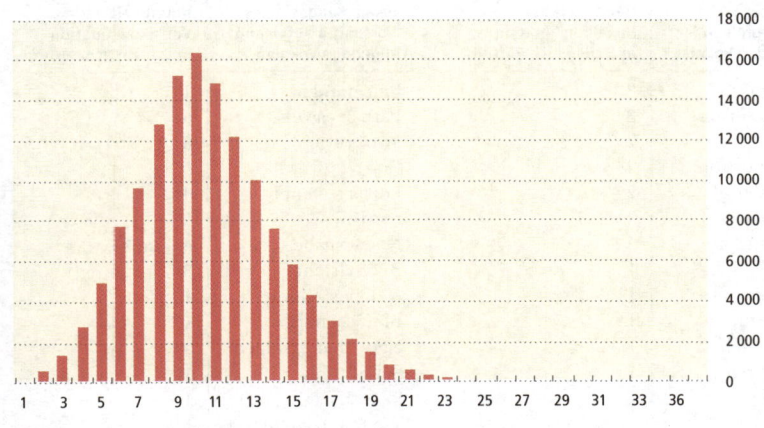

■ Anzahl der Buchstaben je Dudenstichwort

Die Wörter mit den meisten aufeinanderfolgenden Vokalen

Im Rechtschreibduden sind die Spitzenreiter mit jeweils 5 aufeinanderfolgenden Vokalen die folgenden 3 Stichwörter:

zweieiig
Donauauen
Treueeid

Bei diesen Wörtern handelt es sich um Zusammensetzungen. Einfache, also nicht zusammengesetzte oder abgeleitete Wörter mit 5 aufeinanderfolgenden Vokalen gibt es im Deutschen nicht.

Beispiele für Wörter mit 4 aufeinanderfolgenden Vokalen im Duden zeigt die folgende Tabelle, in der zwischen einfachen und zusammengesetzten Wörtern unterschieden wird. Angezeigt wird auch, wie oft ein bestimmtes Vokalmuster, z. B. »iuea«, im Stichwortbestand des Rechtschreibdudens insgesamt vorkommt:

Einfaches Wort mit 4 aufeinanderfolgenden Vokalen	Häufigkeit der Vokalkombination in Dudenstichwörtern	Zusammengesetztes Wort mit 4 aufeinanderfolgenden Vokalen	Häufigkeit der Vokalkombination in Dudenstichwörtern
niueanisch	3	beieinander	14
hawaiianisch	3	Parteiausweis	6
Queue	2	armeeeigen	5
desavouieren	2	Prärieauster	5
Hawaiiinsel	2	Lotterieeinnehmer[in]	4
Sequoia	2		
Pistoiaer[in]	2	Neuausgabe	4
Hygieia	1	Bauaufsicht	3
miauen	1	Neueinstellung	1
Montesquieu	1	Blaueisenerz	1
pistoiaisch	1	Niveauunterschied	1
tatauieren	1	Schneeeule	1
Sequoie	1	Seeaal	1
		Videoaufzeichnung	1
		Zweieurostück	1
		Treueaktion	1

Die gleiche Analyse im Dudenkorpus erbringt sehr ähnliche Ergebnisse. Über die oben zitierten Wörter »zweieiig«, »Donauauen« und »Treueeid« hinaus finden sich hier z. B. die folgenden Wortformen mit 5 aufeinanderfolgenden Vokalen:

Bäckereieierzeugnis
Niveauausgleich
Spreeaue[npark]
Milieuaufklärer (bei der Polizei)
Queueing (EDV)
Zschopauaue

Die Wörter mit den meisten aufeinanderfolgenden Konsonanten

Darüber hinaus gibt es im Dudenkorpus zahlreiche Namen mit 5 aufeinanderfolgenden Vokalen, z. B. »Azzaaoui«, »Maaouiya« oder »Zaouia«, sowie Anlehnungen an die gesprochene Sprache mit Schreibungen wie »uiuiuiui«, »neeeeiin« oder »süüüüüß«.

Wegen seines wesentlich größeren Umfangs sind im Dudenkorpus deutlich mehr Wörter mit 4 aufeinanderfolgenden Vokalen als im Rechtschreibduden vertreten. Darunter befinden sich zahlreiche Zusammensetzungen (z. B. »Technologieausrüster«), viele Personen- oder geografische Namen (z. B. »Miricioiu« oder »Kilauea«) oder auch einfach Tippfehler (z. B. »Gleisdreieick«). Aus dieser Fülle ergeben sich viele weitere Vokalkombinationsmuster.

Die Wörter mit den meisten aufeinanderfolgenden Konsonanten

Den Rekord im Rechtschreibduden hält der »Borschtsch«: Der Name der russischen Suppe ist hier das einzige einfache (also nicht zusammengesetzte oder abgeleitete) Wort mit 8 aufeinanderfolgenden Konsonanten.

Lässt man bei der Suche nach dem Wort mit den meisten aufeinanderfolgenden Konsonanten auch Zusammensetzungen zu, findet man im Rechtschreibduden außerdem die folgenden Wörter mit jeweils 8 Konsonanten:

Deu*tschschw*eiz
Deu*tschschw*eizer[in],
deu*tschschw*eizerisch
We*lschschw*eizer[in],
we*lschschw*eizerisch

Ang*stschw*eiß
Geschi*chtsschr*eibung
Re*chtsschr*ift
Unterri*chtsschr*itt

Das Dudenkorpus weist ebenfalls den »Borschtsch« als das (einfache) Wort mit den meisten aufeinanderfolgenden Konsonanten aus. Die Liste der Zusammensetzungen mit 8 Konsonanten hintereinander ist lang, sodass hier nur einige repräsentative Beispiele gezeigt werden können. Wie oben beginnt auch hier der zweite Bestandteil der Korpusbelege meistens mit der Buchstabenkombination *sch* + *l*, *m*, *n*, *r* oder *w*, etwa in:

ang*tschl*otternd
Weihna*chtsschm*uck
nä*chstschn*ellere

Kunstgeschi*chtsschr*eibung
Herb*stschw*immfest

Die häufigsten Wörter in deutschsprachigen Texten

Von den knapp 10 Millionen unterschiedlichen Wörtern (Grundformen), die im Dudenkorpus enthalten sind, kommen die folgenden am häufigsten vor:

Rang	Wort	Rang	Wort	Rang	Wort
1.	der, die, das [bestimmter Artikel]	17.	der, die, das [Relativpronomen]	33.	Jahr
				34.	aber
				35.	wir
2.	in	18.	auch	36.	so
3.	und	19.	er	37.	noch
4.	sein	20.	als	38.	über
5.	ein	21.	bei	39.	nur
6.	zu	22.	sie	40.	vor
7.	von	23.	dies	41.	müssen
8.	haben	24.	aus	42.	sagen
9.	werden	25.	können	43.	sollen
10.	mit	26.	dass	44.	man
11.	an	27.	ihr	45.	geben
12.	für	28.	nach	46.	bis
13.	auf	29.	viel	47.	oder
14.	sich	30.	wie	48.	all
15.	nicht	31.	um	49.	neu
16.	es	32.	ich	50.	wollen

Erstaunlicherweise machen die 100 häufigsten Wörter fast die Hälfte aller Wörter in den Texten des Dudenkorpus aus. Mit den häufigsten 2533 Wörtern deckt man schon 75 % der Texte ab, die restlichen 25 % ergeben sich aus der Differenz zu den oben erwähnten knapp 10 Millionen Grundformen. Das bedeutet ganz allgemein formuliert: Es gibt in deutschen Texten relativ wenige Wörter, die sehr oft vorkommen, und umgekehrt relativ viele Wörter, die sehr selten vorkommen.

Ebenfalls bemerkenswert: In den 70 häufigsten Wörtern tauchen nur 4 Substantive auf: »Jahr« (auf Rang 33), »Euro« (Rang 64), »Uhr« (Rang 69) und »Prozent« (Rang 70).

Die häufigsten Wörter in deutschsprachigen Texten

Schlüsselt man die häufigsten Wörter des Dudenkorpus nach Wortarten auf, so ergeben sich diese Rangfolgen:

Im gesamten Dudenkorpus

Rang	Die häufigsten Substantive	Die häufigsten Adjektive	Die häufigsten Verben	Rang	Die häufigsten Substantive	Die häufigsten Adjektive	Die häufigsten Verben
1.	Jahr	neu	sein	11.	Kind	letzt...	gehen
2.	Euro	groß	haben	12.	Frau	hoch	machen
3.	Uhr	erst...	werden	13.	Mann	alt	stehen
4.	Prozent	viel	können	14.	Unternehmen	jung	lassen
5.	Deutschland	ander...	müssen	15.	Stadt	einig	sehen
6.	Zeit	deutsch	sagen	16.	Ende	zweit...	finden
7.	Tag	weit	sollen	17.	Berlin	vergangen	bleiben
8.	Mensch	gut	geben	18.	Woche	lange	liegen
9.	Land	klein	wollen	19.	Fall	nah	zeigen
10.	Million	eigen	kommen	20.	Seite	wenig	dürfen

Wie die Liste der häufigsten Substantive deutlich zeigt, ist das Korpus stark durch Zeitungstexte geprägt. Betrachtet man andere Textgattungen wie Romane oder Sach- und Fachtexte, verändert sich die Rangfolge und es erscheinen neue Wörter in der Liste. Die folgenden Substantive, Adjektive und Verben kommen in deutschsprachigen Romanen am häufigsten vor:

In Romanen des Dudenkorpus

Rang	Die häufigsten Substantive	Die häufigsten Adjektive	Die häufigsten Verben	Rang	Die häufigsten Substantive	Die häufigsten Adjektive	Die häufigsten Verben
1.	Mann	ander...	sein	11.	Vater	weit	machen
2.	Frau	klein	haben	12.	Kind	viel	geben
3.	Hand	groß	werden	13.	Haus	einig	lassen
4.	Tag	erst...	können	14.	Blick	jung	sollen
5.	Auge	gut	sagen	15.	Leben	nahe	stehen
6.	Zeit	alt	sehen	16.	Mensch	gerade	wissen
7.	Jahr	ganz	müssen	17.	Tür	eigen...	fragen
8.	Kopf	lang	wollen	18.	Wort	spät	tun
9.	Gesicht	letzt...	kommen	19.	Stimme	einzig	nehmen
10.	Mutter	neu	gehen	20.	Herr	lieb	hören

Die häufigsten Buchstaben in deutschen Wörtern

»e« weit vorne, gefolgt von »n« und »r«: Die folgende Grafik veranschaulicht, welche Buchstaben in allen Wortformen des Dudenkorpus am häufigsten vorkommen. Groß- und Kleinbuchstaben sind jeweils zusammengefasst.

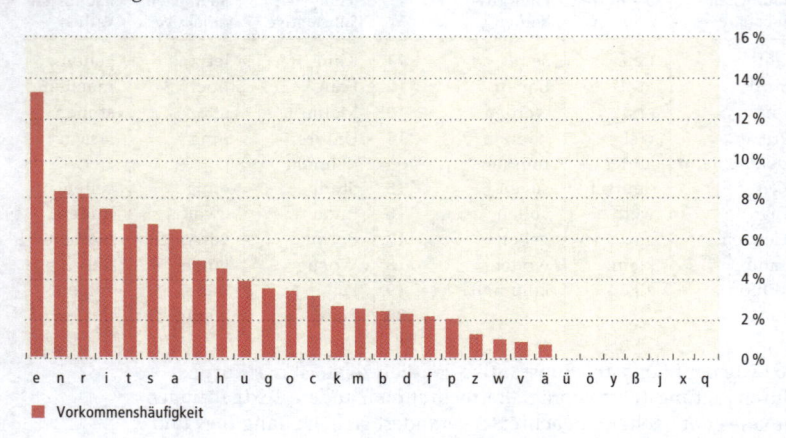

Die Verteilung der Artikel (Genusangabe) im Rechtschreibduden

Vor welchen Substantiven können »der«, »die«, »das«, also alle drei Artikel, gebraucht werden?

Mit 98,5 % wird die überwältigende Mehrheit der deutschen Substantive von nur einem Artikel begleitet, zum Beispiel »*der* Bumerang« (maskulin), »*die* Untersuchung« (feminin) oder »*das* Gewinnspiel« (neutral). Die Grafik zeigt, wie sie sich innerhalb der Gruppe der Substantive mit lediglich einem Artikel mengenmäßig verteilen:

Auf knappe 40 Substantive im Rechtschreibduden passen alle drei Artikel. Das ist ein sehr geringer Anteil von nur 0,04 %. Hierzu zählen z. B.:

der, *die* oder *das* Joghurt
der, *die* oder *das* Spam
der, *die* oder *das* Triangel

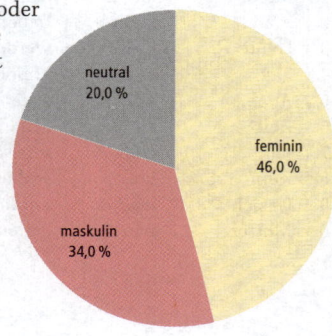

Wenige Substantive werden ganz ohne Artikel gebraucht, z. B. »Aids«, »Allerheiligen«, »Donnerlittchen« oder »Fernost«. Sie machen im Rechtschreibduden rund 0,1 % der verzeichneten Substantive aus.

Für knapp 1,4 % der Substantive sind zwei Artikel möglich, wobei einer oft nur selten, regional begrenzt oder fachsprachlich gebraucht wird:

Maskulin/neutral ist die häufigste Kombination von Substantiven mit zwei Artikeln (knapp 69 %), z. B. bei

> *der* oder *das* Alcopop
> *der* oder *das* Barock
> *der* oder *das* Virus

An zweiter Stelle steht die Kombination maskulin/feminin (knapp 18 %), z. B. bei

> *der* oder *die* Appendix
> *der* oder *die* Fussel
> *der* oder *die* Salbei

Mit knapp 14 % steht die Kombination feminin/neutral an letzter Stelle, z. B. bei

> *die* oder *das* Aerobic
> *die* oder *das* Consommé
> *die* oder *das* E-Mail

Die Verteilung der Wortarten im Rechtschreibduden

Wie die Grafik zeigt, stellen die Substantive mit 74,5 % die größte Gruppe der im Rechtschreibduden verzeichneten Stichwörter. Mit großem Abstand folgen die Adjektive (13,6 %), dann die Verben (knapp 10 %). Adverbien machen lediglich 1,2 % der Stichwörter aus.

Deutlich unterhalb der 1-Prozent-Grenze liegen Interjektionen, Präpositionen und Pronomen (insgesamt rund 560), das Schlusslicht bilden die Konjunktionen, Partikeln und Artikel, deren Zahl sich zusammengenommen auf nicht einmal 100 beläuft.

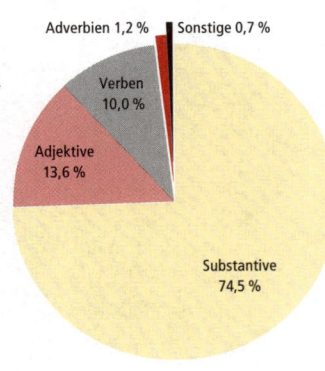

abbimsen

A

a = ¹Ar; Atto...
a (Zeichen für a-Moll); in a
a, A, das; -, - (Tonbezeichnung)
a. = am (bei Ortsnamen, z. B. Frankfurt a. Main)
a. = anno
a. = alt (schweiz.; vor Amtsbezeichnungen, z. B. a. Bundesrat)
A (Buchstabe); das A; des A, die A, aber das a in i Land; der Buchstabe A, a; von A bis Z (ugs. für alles, von Anfang bis Ende); das A und O (der Anfang und das Ende, das Wesentliche [nach dem ersten und letzten Buchstaben des griech. Alphabets]); a-Laut ↑D 29
A (Zeichen für A-Dur); in A
A = Ampere; Autobahn
Ä (Buchstabe; Umlaut); des Ä, die Ä, aber das ä in Bäcker; der Buchstabe Ä, ä
A, α = Alpha
à [a] ⟨franz.⟩ (bes. Kaufmannsspr. zu [je]); 3 Stück à 20 Euro, dafür besser ... zu [je] 20 Euro
Å = Ångström
@ [ɛt] ⟨ursprünglich das Zeichen für »at« [= zu, je] auf amerik. Schreibmaschinentastaturen⟩ = At-Zeichen (Gliederungszeichen in E-Mail-Adressen)
a. a. = ad acta
¹Aa, das; -[s] ⟨Kinderspr. Kot); Aa machen
²Aa, die; - (Name europäischer Flüsse u. Bäche); Engelberger Aa
¹AA, das; - = Auswärtiges Amt
²AA Plur. = Anonyme Alkoholiker
Aa|chen (Stadt in Nordrhein-Westfalen); Aa|che|ner; Aachener Printen (ein Gebäck); der Aachener Dom; Aa|che|ne|rin
AAD = analoge Aufnahme, analoge Bearbeitung, digitale Wiedergabe (bei CD-Aufnahmen)
Aal, der; -[e]s, -e; vgl. aber Älchen
aa|len, sich (ugs. für behaglich ausgestreckt sich ausruhen)
aal|glatt
Aall [oːl] (norw. Philosoph)
Aal|tier|chen (ein Fadenwurm)

a. a. O. = am angeführten Ort; auch am angegebenen Ort
Aar, der; -[e]s, -e (geh. für Adler)
Aar|au (Hauptstadt des Kantons Aargau)
Aa|re, die; - (schweiz. Fluss)
Aar|gau, der; -[e]s (schweiz. Kanton); Aar|gau|er; Aar|gau|e|rin; aar|gau|isch
Aar|hus [ˈɔːhuːs] vgl. Århus
Aa|ron (bibl. m. Eigenn.)
Aas, das; -es, -es, Plur. -e u. (nur als Schimpfwort:) Äser
Aas|blu|me (Pflanze, deren Blütengeruch Aasfliegen anzieht)
aa|sen (ugs. für verschwenderisch umgehen); du aast, er aas|te
Aas|fres|ser; Aas|gei|er
aa|sig (gemein; ekelhaft)
Aast, das; -[e]s, Äs|ter (landsch. Schimpfwort)

ab

Adverb:
– ab und an (von Zeit zu Zeit); von ... ab (ugs. für von ... an)
– ab und zu (gelegentlich) nehmen; aber ↑D 31: ab- und zunehmen (abnehmen und zunehmen)
– weil die Hütte weit ab sein soll; da die Hütte weit ab ist

Präposition mit Dativ:
– ab Bremen, ab [unserem] Werk
– ab erstem März

Bei Zeitangaben, Mengenangaben o. Ä. auch mit Akkusativ:
– ab erstem oder ersten März
– ab vierzehn Jahre[n]
– ab 50 Exemplare[n]

AB, der; -[s], -s = Anrufbeantworter
A. B. = Augsburger Bekenntnis
ab... (in Zus. mit Verben, z. B. abschreiben, du schreibst ab, abgeschrieben, abzuschreiben)
Aba, die; -, -s ⟨arab.⟩ (weiter, kragenloser Mantel der Araber)
Aba|kus, der; -, Plur. -se u. ...ki ⟨griech.⟩ (Rechenbrett der Antike; Archit. Säulendeckplatte)
Abä|lard [...'laːrt, auch 'abɛ...] (französischer Philosoph)
ab|än|der|lich
ab|än|dern
Ab|än|de|rung
Ab|än|de|rungs|an|trag
Ab|än|de|rungs|vor|schlag
Aban|don [abãˈdõː], der; -s, -s ⟨franz.⟩ (Rechtsspr. Abtretung, Preisgabe von Rechten od. Sachen); aban|don|nie|ren
ab|ar|bei|ten; Ab|ar|bei|tung
Ab|art
ab|ar|ten (selten für von der Art abweichen)
ab|ar|tig; Ab|ar|tig|keit
Aba|sie, die; -, ...ien ⟨griech.⟩ (Med. Unfähigkeit zu gehen)
ab|as|ten, sich (ugs. für sich abplagen)
ab|äs|ten; einen Baum abästen
Aba|te, der; -[n], Plur. ...ti od. ...ten ⟨ital.⟩ (kath. Kirche Titel der Weltgeistlichen in Italien)
Aba|ton [ˈa(ː)batɔn], das; -s, ...ta ⟨griech.⟩ (Rel. das Allerheiligste, der Altarraum in den Kirchen des orthodoxen Ritus)
Abb. = Abbildung
Ab|ba ⟨aram. »Vater!«⟩ (neutestamentl. Anrede Gottes im Gebet)
ab|ba|cken
ab|bal|lern (ugs. für abschießen)
Ab|ba|si|de, der; -n, -n (Angehöriger eines aus Bagdad stammenden Kalifengeschlechtes)
Ab|bau, der; -[e]s, Plur. (Bergmannsspr. für Abbaustellen:) Abbaue u. (landsch. für abseits gelegene Anwesen, einzelne Gehöfte:) Abbauten
ab|bau|bar
ab|bau|en
Ab|bau|feld (Bergbau); Ab|bau|ge|recht|tig|keit (Rechtsspr.); Ab|bau|pro|dukt
ab|bau|wür|dig
Ab|be (dt. Physiker)
Ab|bé, der; -s, -s ⟨franz.⟩ (kath. Kirche Titel der niederen Weltgeistlichen in Frankreich)
ab|be|din|gen (Rechtsspr. außer Kraft setzen); abbedungen; Ab|be|din|gung
ab|bei|ßen
ab|bei|zen; Ab|beiz|mit|tel, das
ab|be|kom|men
ab|be|ru|fen; Ab|be|ru|fung
ab|be|stel|len; Ab|be|stel|lung
ab|beu|teln (bayr., österr. für abschütteln)
Ab|be|vil|li|en [abəvɪˈli̯ɛː], das; -[s] ⟨nach der Stadt Abbeville in Nordfrankreich⟩ (Kultur der frühesten Altsteinzeit)
ab|be|zah|len; Ab|be|zah|lung
ab|bie|gen; Ab|bie|ge|spur; Ab|bie|gung
Ab|bild; ab|bil|den; Ab|bil|dung (Abk. Abb.)
ab|bim|sen (ugs. für abschreiben)

abbinden

Abend

der; -s, -e

Großschreibung:
- des, eines Abends; am Abend; gegen Abend; diesen Abend; den Abend über
- es wird Abend; [zu] Abend essen; wir wollen nur Guten, *auch:* guten Abend sagen
- gestern, heute, morgen Abend; bis, von gestern, heute, morgen Abend ↑D 69

Kleinschreibung:
- abends ↑D 70
- von morgens bis abends
- abends spät, *aber* spätabends
- [um] 8 Uhr abends, abends [um] 8 Uhr
- dienstagabends *od.* dienstags abends (*vgl.* Dienstagabend)

---

ab|bin|den; Ab|bin|dung
Ab|bit|te; Abbitte leisten, tun; ab|bit|ten
ab|bla|sen
ab|blas|sen
ab|blät|tern
ab|blen|den; Ab|blend|licht *Plur.* ...lichter; Ab|blen|dung
ab|blit|zen (*ugs. für* abgewiesen werden)
ab|blo|cken (*Sport* abwehren)
Ab|brand (*Hüttenw.* Metallschwund beim Schmelzen)
ab|brau|sen
ab|bre|chen
ab|brem|sen; Ab|brem|sung
ab|bren|nen
Ab|bre|vi|a|ti|on, Ab|bre|vi|a|tur, die; -, -en ⟨lat.⟩ (Abkürzung); ab|bre|vi|ie|ren
ab|brin|gen
ab|brö|ckeln; Ab|brö|cke|lung, Ab|bröck|lung
ab|bro|cken (*bayr., österr. für* abpflücken)
Ab|bruch, der; -[e]s, ...brüche; der Sache [keinen] Abbruch tun
Ab|bruch|ar|beit *meist Plur.*; Ab|bruch|ge|län|de; Ab|bruch|ge|neh|mi|gung; Ab|bruch|haus
ab|bruch|reif
Ab|bruchs|ar|beit usw. (*österr. für* Abbrucharbeit usw.)
ab|brü|hen *vgl.* abgebrüht
ab|bu|chen; Ab|bu|chung
ab|bü|geln (*ugs. auch für* zurechtweisen)
ab|bum|meln (*ugs. für* [Überstunden] durch Freistunden ausgleichen)
ab|bürs|ten
ab|bus|seln (*ugs., bes. österr. für* abküssen)
ab|büßen
Abc, Abe|ce, das; -[s], -[s]
ab|ca|shen [...kɛʃn] ⟨dt.; engl.⟩ (*ugs., bes. österr.* abkassieren)
Abc-Buch, Abe|ce|buch (*veraltet für* Fibel)
Abc-Code, der; -s (internationaler Telegrammschlüssel)
Ab|cha|se [apˈxaː...], der; -n, -n (Einwohner von Abchasien); Ab|cha|sin (autonome Republik innerhalb Georgiens); Ab|cha|sin; ab|cha|sisch
ab|che|cken (*ugs. für* überprüfen)
abc|lich, abe|ce|lich (*selten*)
Abc-Schüt|ze, Abe|ce|schüt|ze; Abc-Schüt|zin, Abe|ce|schüt|zin
ABC-Staa|ten *Plur.* (Argentinien, Brasilien u. Chile)
ABC-Waf|fen *Plur.* (atomare, biologische u. chemische Waffen); ABC-Waf|fen-frei; eine ABC-Waffen-freie Zone ↑D 26
ab|da|chen; Ab|da|chung
Ab|dampf (*Technik*); ab|damp|fen (*ugs. auch für* abfahren)
ab|däm|pfen (mildern)
Ab|dampf|wär|me (*Technik*)
ab|dan|ken; Ab|dan|kung (*schweiz. auch für* Trauerfeier)
ab|de|cken
Ab|de|cker (jmd., der Tierkadaver beseitigt); Ab|de|cke|rei
Ab|deck|plat|te; Ab|de|ckung
Ab|de|ra (altgriech. Stadt); Ab|de|rit, der; -en, -en (Bewohner von Abdera; *übertr. für* einfältiger Mensch, Schildbürger)
ab|dich|ten; Ab|dich|tung
Ab|di|ka|ti|on, die; -, -en ⟨lat.⟩ (*veraltet für* Abdankung)
ab|ding|bar (*Rechtsspr.* durch freie Vereinbarung ersetzbar)
ab|di|zie|ren ⟨lat.⟩ (*veraltet für* abdanken)
Ab|do|men, das; -s, *Plur.* - u. ...mina ⟨lat.⟩ (*Med.* Unterleib, Bauch; *Zool.* Hinterleib der Gliederfüßer); ab|do|mi|nal
ab|drän|gen; jmdn. abdrängen
ab|dre|hen
Ab|drift, die; -, -en (*bes. Seemannsspr., Fliegerspr.* durch Wind od. Strömung hervorgerufene Kursabweichung); ab|drif|ten
ab|dros|seln; Ab|dros|se|lung, Ab|dross|lung
Ab|druck, der; -[e]s, *Plur.* (in Gips u. a.:) ...drücke u. (*für* Drucksachen:) ...drucke; im letzten
Abdruck (*österr. für* im letzten Augenblick)
ab|dru|cken; ein Buch abdrucken
ab|drü|cken
ab|du|cken (*Boxen*)
Ab|duk|ti|on, die; -, -en ⟨lat.⟩ (*Med.* das Bewegen von Körperteilen von der Körperachse weg)
Ab|duk|tor, der; -s, ...oren (eine Abduktion bewirkender Muskel, Abziehmuskel)
Ab|dul|lah (urspr. arab. m. Vorn.)
ab|dun|keln
ab|du|schen
ab|dü|sen (*ugs. für* sich rasch entfernen)
ab|eb|ben
Abe|ce usw. *vgl.* Abc usw.
Abee [*auch* ˈaː...], der u. das; -s, -s (*landsch. für* ¹Abort)
ab|ei|sen (*österr. veraltend für* abtauen)
Abel (bibl. m. Eigenn.)
Abel|mo|schus [*auch* ˈaː...], der; -, -se ⟨arab.⟩ (eine Tropenpflanze)
Abend *s. Kasten*
Abend|aka|de|mie (Abendkurse anbietendes Lehrinstitut, oft an Volkshochschulen)
Abend|blatt (Abendzeitung)
Abend|brot; Abend|däm|me|rung
aben|de|lang; *aber* drei od. mehrere Abende lang
abend|es|sen (*österr. für* [zu] Abend essen); gehen wir abendessen; hast du schon abendgegessen?; *vgl.* mittagessen
Abend|es|sen; Abend|frie|de[n], der; ...dens
abend|fül|lend
Abend|gar|de|ro|be; Abend|ge|bet; Abend|got|tes|dienst; Abend|gym|na|si|um; Abend|him|mel
Abend|kas|sa (*österr.*); Abend|kas|se
Abend|kleid
Abend|kurs; Abend|kur|sus
Abend|land, das; -[e]s; Abend|län|der, der; Abend|län|de|rin, die; abend|län|disch
abend|lich

abgängig

A
abgä

aber

I. *Konjunktion:*
- er sah sie, hörte sie aber (jedoch) nicht
- er sah sie, aber er hörte sie nicht
- ein kleiner, aber gepflegter Garten
- sie ist streng, aber gerecht

II. *Adverb in veralteten Fügungen wie:*
- aber und abermals (wieder und wiederum)
- tausend und aber[mals] tausend
- tausend- und aber[mals] tausendmal

III. *Klein- oder Großschreibung in Verbindungen mit* »hundert« *und* »tausend« ↑D 79:
- Aberhundert *od.* aberhundert Sterne
- Abertausend *od.* abertausend Vögel
- Aberhunderte *od.* aberhunderte kleiner Vögel
- Abertausende *od.* abertausende von kleinen Vögeln
- das Jubilieren Aberhunderter *od.* aberhunderter von Vögeln

Abend|licht, das; -[e]s
Abend|mahl *Plur.* ...mahle; Abendmahl[s]|kelch
Abend-Make-up
Abend|mes|se (*kath. Kirche*)
Abend|öff|nung (Öffnung eines Geschäfts, eines Museums o. Ä. in den Abendstunden)
Abend|pro|gramm
Abend|rot, das; -s, Abend|rö|te, die; -
abends *vgl.* Abend
Abend|schu|le; Abend|son|ne
Abend|spit|ze (*bes. österr., schweiz. für* Stoßverkehr am Abend)
Abend|stern; Abend|stun|de; Abend|ver|an|stal|tung; Abend|ver|kauf; Abend|zei|tung
Aben|teu|er, das; -s, -
Aben|teu|er|film; Aben|teu|er|ge|schich|te; Aben|teu|e|rin, Aben|teu|re|rin, die; -, -nen
aben|teu|er|lich
Aben|teu|er|lust, die; -; aben|teu|er|lus|tig
aben|teu|ern; ich abenteu[e]re; geabenteuert
Aben|teu|er|ro|man; Aben|teu|er|spiel|platz; Aben|teu|er|ur|laub
Aben|teu|rer; Aben|teu|re|rin, Aben|teu|e|rin, die; -, -nen
aber *s. Kasten*
Aber, das; -[s], -[s]; viele Wenn und Aber vorbringen ↑D 81
Aber|glau|be, *seltener* Aber|glauben
aber|gläu|big (*veraltet für* abergläubisch)
aber|gläu|bisch
aber|hun|dert *vgl.* aber
ab|er|ken|nen; ich erkenne ab, *selten* ich aberkenne; ich erkannte ab, *selten* ich aberkannte; Ab|er|ken|nung
aber|ma|lig; aber|mals
Ab|er|ra|ti|on, die; -, -en (*lat.*) (*fachspr. für* Abweichung)
Aber|see, der; -s ↑D 143 ([Ort am] Wolfgangsee)
aber|tau|send *vgl.* aber

Aber|witz, der; -es (*geh. für* völliger Unsinn); aber|wit|zig
ab|es|sen
Abes|si|ni|en (*ältere Bez. für* Äthiopien); abes|si|nisch
Abf. = Abfahrt
ABF, die; -, -s = Arbeiter-und-Bauern-Fakultät (*DDR*)
ab|fa|ckeln (*Technik* überflüssige Gase abbrennen); Ab|fa|cke|lung, Ab|fack|lung
ab|fä|deln; Bohnen abfädeln
ab|fahr|be|reit
ab|fah|ren
Ab|fahrt (*Abk.* Abf.)
Ab|fahrt[s]|be|fehl; Ab|fahrt[s]|gleis
Ab|fahrts|lauf; Ab|fahrts|ren|nen
Ab|fahrt[s]|si|g|nal
Ab|fahrts|stre|cke
Ab|fahrt[s]|zei|chen; Ab|fahrt[s]|zeit
Ab|fall, der
Ab|fall|auf|be|rei|tung; Ab|fall|be|sei|ti|gung; Ab|fall|ei|mer
ab|fal|len
Ab|fall|hau|fen
ab|fäl|lig; abfällig beurteilen; Ab|fäl|lig|keit
Ab|fall|ka|len|der
Ab|fall|kü|bel (*bes. österr. für* Abfalleimer)
Ab|fall|pro|dukt; Ab|fall|quo|te
Ab|fall|rohr (*Bauw.*)
Ab|fall|wirt|schaft
ab|fäl|schen (*Ballspiele, Eishockey*); den Ball [zur Ecke] abfälschen
ab|fan|gen
Ab|fang|jä|ger (ein Jagdflugzeug); Ab|fang|sa|tel|lit (*Militär*)
ab|fär|ben
ab|fa|sen (*fachspr. für* abkanten)
ab|fas|sen (verfassen; *ugs. für* abfangen); Ab|fas|sung
ab|fau|len
ab|fe|dern; Ab|fe|de|rung
ab|fe|gen
ab|fei|ern
ab|fei|len
ab|fer|ti|gen (*österr. auch für* abfinden); Ab|fer|ti|gung (*österr. auch für* Abfindung)

Ab|fer|ti|gungs|hal|le; Ab|fer|ti|gungs|schal|ter
ab|feu|ern
ab|fie|ren (*Seemannsspr.* an einem Tau herunterlassen)
ab|fie|seln (*bes. südd., österr. ugs. für* abnagen, ablösen)
ab|fil|men
ab|fin|den; Ab|fin|dung
Ab|fin|dungs|sum|me
ab|fi|schen
ab|fla|chen; sich abflachen
Ab|fla|chung
ab|flau|en (schwächer werden)
ab|flie|gen
ab|flie|ßen
Ab|flug; ab|flug|be|reit
Ab|flug|tag; Ab|flug|ter|mi|nal; Ab|flug|zeit
Ab|fluss
Ab|fluss|hahn; Ab|fluss|rohr
Ab|fol|ge
ab|for|dern
ab|fo|to|gra|fie|ren
Ab|fra|ge (*bes. EDV*)
ab|fra|gen; jmdn. *od.* jmdm. etw. abfragen
ab|fres|sen
ab|fret|ten, sich (*südd., österr. ugs. für* sich abmühen)
ab|frie|ren
ab|frot|tie|ren
ab|früh|stü|cken (*ugs. für* erledigen, abspeisen); abgefrühstückt
ab|füh|len
Ab|fuhr, die; -, -en
ab|füh|ren; Ab|führ|mit|tel, das; Ab|führ|tee; Ab|füh|rung
ab|fül|len; Ab|fül|lung
ab|füt|tern; Ab|füt|te|rung
Abg. = Abgeordnete
Ab|ga|be
Ab|ga|ben|be|hör|de (*österr. für* Finanzbehörde); ab|ga|ben|frei
Ab|ga|ben|last; Ab|ga|ben|pflich|tig
Ab|ga|be|preis; Ab|ga|be|ter|min
Ab|gang, der
Ab|gän|ger (von der Schule Abgehender); Ab|gän|ge|rin
ab|gän|gig

Abgängigkeitsanzeige

Ab|gän|gig|keits|an|zei|ge (österr. für Vermisstenmeldung)
Ab|gangs|zeug|nis
Ab|gas
ab|gas|arm; ab|gas|frei
Ab|gas|ka|ta|ly|sa|tor; Ab|gas|rei|ni|ger; Ab|gas|rei|ni|gung
Ab|gas|un|ter|su|chung (Messung des Kohlenmonoxidgehalts im Abgas bei Leerlauf des Motors; Abk. AU)
Ab|gas|wert meist Plur.
ABGB, das; - = Allgemeines Bürgerliches Gesetzbuch (für Österreich)
ab|ge|ar|bei|tet
ab|ge|ben
ab|ge|blasst
ab|ge|brannt (ugs. auch für ohne Geldmittel)
ab|ge|brüht (ugs. für [sittlich] abgestumpft, unempfindlich); **Ab|ge|brüht|heit**
ab|ge|dreht (ugs. für verrückt, überspannt)
ab|ge|dro|schen; abgedroschene Redensarten; **Ab|ge|dro|schen|heit**, die; -
ab|ge|fah|ren (ugs. auch für begeisternd, toll)
ab|ge|feimt (durchtrieben); **Ab|ge|feimt|heit**
ab|ge|fuckt [...fa...] ⟨dt.; engl.⟩ (derb für heruntergekommen)
ab|ge|grif|fen
ab|ge|hackt
ab|ge|han|gen
ab|ge|härmt
ab|ge|här|tet
ab|ge|hen
ab|ge|hetzt
ab|ge|kämpft
ab|ge|kar|tet (ugs.); eine abgekartete Sache
ab|ge|klärt; Ab|ge|klärt|heit
ab|ge|la|gert
ab|ge|lau|fen; abgelaufene Schuhe; ein abgelaufenes Verfallsdatum
Ab|geld (selten für Disagio)
ab|ge|lebt; Ab|ge|lebt|heit, die; -
ab|ge|le|dert (landsch. für abgenutzt); eine abgelederte Hose
ab|ge|le|gen
ab|ge|lei|ert; abgeleierte (ugs. für [zu] oft gebrauchte) Worte
ab|gel|ten; Ab|gel|tung (österr., schweiz. auch für Vergütung)
Ab|gel|tungs|steu|er, Ab|gel|tung|steu|er, die (Steuerw.)
ab|ge|macht (ugs.)
ab|ge|ma|gert
ab|ge|mer|gelt (erschöpft; abgemagert); vgl. abmergeln

ab|ge|mes|sen (geh.)
ab|ge|neigt; Ab|ge|neigt|heit, die; -
ab|ge|nutzt
ab|ge|ord|net; Ab|ge|ord|ne|te, der u. die; -n, -n (Abk. Abg.)
Ab|ge|ord|ne|ten|haus; Ab|ge|ord|ne|ten|kam|mer; Ab|ge|ord|ne|ten|man|dat
ab|ge|plat|tet
ab|ge|rech|net
ab|ge|ris|sen; abgerissene Kleider; **Ab|ge|ris|sen|heit**, die; -
ab|ge|rockt (ugs. für abgenutzt)
ab|ge|run|det
ab|ge|sagt; ein abgesagter (geh. für erklärter) Feind des Nikotins
Ab|ge|sand|te, der u. die; -n, -n
Ab|ge|sang (Verslehre abschließender Strophenteil)
ab|ge|schabt
ab|ge|schie|den (geh. für einsam [gelegen]; verstorben); **Ab|ge|schie|de|ne**, der u. die; -n, -n (geh.); **Ab|ge|schie|den|heit**, die; -
ab|ge|schlafft vgl. abschlaffen
ab|ge|schla|gen; Ab|ge|schla|gen|heit, die; - (Erschöpfung)
ab|ge|schlos|sen
ab|ge|schmackt (geistlos, platt); **Ab|ge|schmackt|heit**
ab|ge|se|hen; abgesehen von ...; abgesehen davon, dass ...
ab|ge|son|dert
ab|ge|spannt; Ab|ge|spannt|heit, die; -
ab|ge|spielt
ab|ge|stan|den
ab|ge|stor|ben
ab|ge|sto|ßen
ab|ge|stuft
ab|ge|stumpft; Ab|ge|stumpft|heit, die; -
ab|ge|ta|kelt (ugs. auch für heruntergekommen, ausgedient); vgl. abtakeln
ab|ge|tan; die Sache war schnell abgetan (erledigt); vgl. abtun
ab|ge|tra|gen
ab|ge|wetzt
ab|ge|wichst (derb für heruntergekommen)
ab|ge|win|nen
ab|ge|wirt|schaf|tet
ab|ge|wo|gen; Ab|ge|wo|gen|heit, die; -
ab|ge|wöh|nen; ich werde es mir abgewöhnen; **Ab|ge|wöh|nung**
ab|ge|zehrt
ab|ge|zir|kelt
ab|ge|zockt (salopp für routiniert

u. dreist); **Ab|ge|zockt|heit** Plur. selten (Sport, bes. Fußball)
ab|ge|zo|gen
ab|gie|ßen
Ab|glanz
Ab|gleich, der; -[e]s, -e; **ab|glei|chen** (fachspr. für angleichen, vergleichen)
ab|glei|ten
ab|glit|schen (ugs.)
Ab|gott, der; -[e]s, Abgötter; **Ab|göt|te|rei; Ab|göt|tin**
ab|göt|tisch
Ab|gott|schlan|ge
ab|gra|ben; jmdm. das Wasser abgraben
ab|gra|sen (ugs. auch für absuchen)
ab|gra|ten; ein Werkstück abgraten
ab|grät|schen; vom Barren abgrätschen
ab|grei|fen
ab|gren|zen; Ab|gren|zung
Ab|grund
ab|grün|dig; ab|grund|tief
ab|gu|cken, ab|ku|cken (ugs.); [von od. bei] jmdm. etwas abgucken od. abkucken
Ab|guss
ab|ha|ben (ugs.); wenn sie ihre Brille abhat; er soll sein[en] Teil abhaben
ab|ha|cken
ab|hä|keln
ab|ha|ken
ab|half|tern; Ab|half|te|rung
ab|hal|ten; Ab|hal|tung
ab|han|deln
ab|han|den|kom|men; das Buch kam uns abhanden, ist uns abhandengekommen; **Ab|han|den|kom|men**, das; -s
Ab|hand|lung
Ab|hang
¹ab|hän|gen, schweiz. auch **ab|hän|gen**; das hing von ihm ab, hat von ihm abgehangen; vgl. ¹hängen
²ab|hän|gen (ugs. auch für abschütteln); er hängte das Bild ab; sie hat alle Konkurrenten abgehängt; vgl. ²hängen
ab|hän|gig; Ab|hän|gig|keit; Ab|hän|gig|keits|ver|hält|nis
ab|här|men, sich
ab|här|ten; Ab|här|tung
ab|hau|en (ugs. auch für davonlaufen); ich hieb den Ast ab; wir hauten ab
ab|häu|ten
ab|he|ben
ab|he|bern (bes. Chemie eine Flüs-

abliegen

sigkeit mit einem Heber entnehmen); ich hebere ab
ab|hef|ten; Ab|hef|tung

abheften
Bei »etwas abheften in« steht gewöhnlich der Dativ:
– Sie heftete den Brief im Ordner ab.

ab|hei|len; Ab|hei|lung
ab|hel|fen; einem Mangel abhelfen
ab|het|zen; sich abhetzen
ab|heu|ern *(Seemannsspr.)*; jmdm. abheuern; er hat abgeheuert
Ab|hil|fe
Ab|hit|ze *vgl.* Abwärme
ab|ho|beln
ab|hold; jmdm., einer Sache abhold sein
ab|ho|len; Ab|ho|ler; Ab|ho|le|rin; Ab|hol|markt; Ab|ho|lung
ab|hol|zen; Ab|hol|zung
ab|hor|chen
ab|hö|ren; jmdm. *od.* etwas abhören; Ab|hör|ge|rät; Ab|hör|prak|tik *meist Plur.*; ab|hör|si|cher; Ab|hör|wan|ze *(ugs.)*
ab|hun|gern
ab|hus|ten
Abi, das; -s, -s *(ugs.; kurz für* Abitur*)*
Abi|d|jan [...'dʒaːn] (Stadt in der Republik Côte d'Ivoire)
Abio|ge|ne|se, Abio|ge|ne|sis [*auch* ...'geː...], die; - ⟨griech.⟩ (Entstehung von Lebewesen aus unbelebter Materie)
ab|ir|ren
ab|iso|lie|ren; Ab|iso|lier|zan|ge
Abi|tur, das; -s, -e *Plur. selten* ⟨lat.⟩ (Reifeprüfung)
Abi|tu|ri|ent, der; -en, -en (Reifeprüfling); Ab|i|tu|ri|en|tin
Ab|i|tur|zeug|nis
ab|ja|gen
Ab|ju|di|ka|ti|on, die; -, -en ⟨lat.⟩ *(veraltet für* Aberkennung*)*; ab|ju|di|zie|ren *(veraltet)*
Abk. = Abkürzung
ab|ka|cken *(derb für* völlig versagen*)*
ab|kal|ten *(Kochkunst schweiz.* abkühlen lassen*)*
ab|kan|men
ab|kan|ten; ein Blech abkanten
ab|kan|zeln *(ugs. für* scharf tadeln*)*; ich kanz[e]le ab; Ab|kan|ze|lung, Ab|kanz|lung *(ugs.)*
ab|ka|pi|teln *(landsch. für* schelten*)*

ab|kap|seln; ich kaps[e]le ab; Ab|kap|se|lung, Ab|kaps|lung
ab|kas|sie|ren
Ab|kauf; ab|kau|fen
Ab|kehr, die; -; ab|keh|ren
ab|kip|pen
ab|klam|mern *(Film, Fernsehen* einen Ausschnitt auf einer Filmrolle markieren, um ihn zu kopieren*)*
ab|klap|pern *(ugs. für* suchend, fragend ablaufen*)*
ab|klä|ren; Ab|klä|rung
Ab|klatsch; ab|klat|schen
ab|kle|ben
ab|klem|men
ab|klin|gen
Ab|kling|kon|s|tan|te *(Physik)*; Ab|kling|zeit
ab|klop|fen
ab|knab|bern
ab|knal|len *(ugs.)*
ab|knap|pen *(landsch. für* abknapsen*)*; ab|knap|sen *(ugs. für* wegnehmen*)*
ab|kni|cken
ab|knöp|fen; jmdm. Geld abknöpfen *(ugs. für* abnehmen*)*
ab|knut|schen *(ugs.)*
ab|ko|chen
ab|kom|man|die|ren
Ab|kom|me, der; -n, -n *(geh. für* Nachkomme*)*
ab|kom|men
Ab|kom|men, das; -s, -
Ab|kom|men|schaft *(selten)*
ab|kömm|lich
Ab|kömm|ling
ab|kön|nen *(nordd. ugs. für* aushalten*)*; ich kann das nicht ab
ab|kon|ter|fei|en *(meist scherzh. für* abmalen, abzeichnen*)*
ab|kop|peln; Ab|kop|pe|lung, Ab|kopp|lung
ab|kra|gen *(Bauw.* abschrägen*)*
ab|krat|zen *(derb auch für* sterben*)*
ab|krie|gen *(ugs.)*
ab|ku|cken *(nordd. für* abgucken [vgl. d.])
ab|küh|len; Ab|küh|lung
ab|kün|di|gen (von der Kanzel verkünden); Ab|kün|di|gung
Ab|kunft, die; -
ab|kup|fern *(ugs. für* [unerlaubt] übernehmen; abschreiben*)*
ab|kür|zen; Ab|kür|zung *(Abk.* Abk.*)*
Ab|kür|zungs|spra|che *vgl.* Aküsprache
Ab|kür|zungs|ver|zeich|nis
ab|küs|sen
ab|la|chen *(ugs. für* ausgiebig, herzhaft lachen*)*

ab|la|den; *vgl.* ¹laden; Ab|la|de|platz; Ab|la|der; Ab|la|dung
Ab|la|ge *(schweiz. auch für* Annahme-, Zweigstelle*)*
ab|la|gern; Ab|la|ge|rung
ab|lan|dig *(Seemannsspr.* vom Lande her wehend *od.* strömend*)*; ablandiger Wind
Ab|lass, der; -es, Ablässe *(kath. Kirche)*; Ab|lass|brief
ab|las|sen
Ab|la|ti|on, die; -, -en ⟨lat.⟩ *(fachspr. für* Abschmelzung; *Med.* Wegnahme; Ablösung, bes. der Netzhaut*)*
Ab|la|tiv, der; -s, -e *(Sprachwiss.* Kasus in indogermanischen Sprachen*)*; Ab|la|ti|vus ab|so|lu|tus, der; - -, ...vi ...ti *(Sprachwiss.* eine bestimmte Konstruktion in der lateinischen Sprache*)*
Ab|lauf
Ab|lauf|da|tum *(bes. österr. für* Haltbarkeitsdatum*)*
ab|lau|fen
Ab|lauf|rin|ne
ab|lau|gen
Ab|laut *(Sprachwiss.* gesetzmäßiger Vokalwechsel in der Stammsilbe von Wortformen u. etymologisch verwandten Wörtern, z. B. »singen, sang, gesungen«*)*; ab|lau|ten (Ablaut haben)
ab|läu|ten (zur Abfahrt läuten)
ab|le|ben *(geh. für* sterben*)*; Ab|le|ben, das; -s
ab|le|cken
ab|le|dern *(ugs. für* mit einem Leder trockenwischen; *landsch. für* verprügeln*)*; *vgl.* abgeledert
ab|le|gen
Ab|le|ger (Pflanzentrieb; *ugs. scherzh. für* Sohn *od.* Tochter*)*
ab|leh|nen; einen Vorschlag ablehnen; Ab|leh|nung
ab|leis|ten; Ab|leis|tung
ab|lei|ten
Ab|lei|tung *(auch Sprachwiss.* Bildung eines Wortes durch Lautveränderung [Ablaut] *od.* durch das Anfügen von Elementen, z. B. »Trank« von »trinken«, »königlich« von »König«*)*
Ab|lei|tungs|mor|phem *(Sprachwiss.)*
ab|len|ken; Ab|len|kung; Ab|len|kungs|ma|nö|ver
ab|le|sen; Ab|le|ser; Ab|le|se|rin
ab|leug|nen; Ab|leug|nung
ab|lich|ten; Ab|lich|tung
ab|lie|fern; Ab|lie|fe|rung; Ab|lie|fe|rungs|soll *vgl.* ²Soll
ab|lie|gen (entfernt sein; *landsch.*

A
abli

ablisten

auch für nachreifen; *südd., schweiz. auch für* faul herumliegen); weit abliegen
ab|lis|ten; jmdm. etwas ablisten
ab|lo|cken
ab|lö|schen (*fachspr. für* mit kalter Flüssigkeit übergießen)
Ab|lö|se, die; -, -n (*kurz für* Ablösesumme); ab|lö|se|frei
ab|lo|sen ['aplu:zn̩] ⟨dt.; engl.⟩ (*ugs. für* versagen, keinen Erfolg haben); *vgl.* ³losen
ab|lö|sen; Ab|lö|se|sum|me; Ab|lö|sung; Ab|lö|sungs|sum|me
ab|luch|sen (*ugs. für* ablisten); jmdm. etwas abluchsen
Ab|luft, die; - (*Technik* verbrauchte, abgeleitete Luft); Ab|luft|trock|ner
ABM, die; -, -[s] = Arbeitsbeschaffungsmaßnahme
ab|ma|chen; Ab|ma|chung
ab|ma|gern; ich magere ab; Ab|ma|ge|rung; Ab|ma|ge|rungs|kur
ab|mah|nen; Ab|mah|nung
ab|ma|len; ein Bild abmalen
Ab|marsch, der; ab|mar|schie|ren
ab|meh|ren (*schweiz. für* abstimmen durch Handerheben)
ab|mei|ern; jmdn. abmeiern (entmachten; abqualifizieren; *früher für* jmdm. das Pachtgut, den Erbhof entziehen); ich meiere ab; Ab|mei|e|rung
ab|mel|den; Ab|mel|dung
Ab|melk|wirt|schaft (Rinderhaltung nur zur Milchgewinnung)
ab|mer|geln, sich (*landsch. für* sich abmühen); ich merg[e]le mich ab; *vgl.* abgemergelt
ab|mes|sen; Ab|mes|sung
ab|mil|dern; Ab|mil|de|rung
ab|mi|schen (*Film, Rundfunk, Fernsehen*)
ab|mon|tie|ren
ABM-Stel|le ↑D 28
ab|mü|hen, sich
ab|murk|sen (*ugs. für* umbringen)
ab|mus|tern (*Seemannsspr.* entlassen; den Dienst aufgeben); Ab|mus|te|rung
ab|na|beln; ich nab[e]le ab
ab|na|gen
ab|nä|hen; Ab|nä|her
Ab|nah|me, die; -, -n *Plur. selten*
ab|neh|men; *vgl.* ab
Ab|neh|mer; Ab|neh|me|rin; Ab|neh|mer|land
Ab|nei|gung
ab|nib|beln (*landsch. ugs. für* sterben); ich nibb[e]le ab
ab|ni|cken (*ugs. für* [diskussionslos] genehmigen); ich nicke ab

ab|norm (von der Norm abweichend, regelwidrig; krankhaft)
ab|nor|mal (*bes. österr., schweiz. für* unnormal, ungewöhnlich)
Ab|nor|mi|tät, die; -, -en
ab|nö|ti|gen; jmdm. etwas abnötigen
ab|nu|deln (*ugs. für* ausdruckslos [ab]spielen, vortragen; abnutzen); abgenudelte Sketche
ab|nut|zen, *bes. südd., österr.* ab|nüt|zen; Ab|nut|zung, *bes. südd., österr.* Ab|nüt|zung
Ab|nut|zungs|ge|bühr
Abo, das; -s, -s (*kurz für* Abonnement)
A-Bom|be ↑D 29 (Atombombe)
Abon|ne|ment [...'mã:, *schweiz.* ...ə'mɛnt, *auch* abɔn'maː], das; -s, *Plur.* -s u. (bei deutscher Aussprache:) -e ⟨franz.⟩ (Dauerbezug von Zeitungen u. Ä.; Dauermiete für Theater u. Ä.); Abon|ne|ment[s]|kon|zert; Abon|ne|ment[s]|preis; Abon|ne|ment[s]|vor|stel|lung
Abon|nent, der; -en, -en (Inhaber eines Abonnements); Abon|nen|tin; abon|nie|ren; auf etwas abonniert sein
Abo|preis (*ugs. kurz für* Abonnement[s]preis)
ab|ord|nen; Ab|ord|nung
¹Ab|o|ri|gi|ne [ebəˈrɪdʒini], der; -s, -s ⟨lat.-engl.⟩ (Ureinwohner [Australiens]); ²Ab|o|ri|gi|ne, die; -, -s
¹Ab|ort [*schweiz. nur* 'abɔrt], der; -[e]s, -e (Toilette)
²Ab|ort, der; -s, -e ⟨lat.⟩ (*Med.* Fehlgeburt; Schwangerschaftsabbruch); ab|or|tie|ren
Ab|or|ti|on, die; -, -en (Abtreibung); ab|or|tiv (abtreibend)
ab ovo ⟨lat.⟩ (von Anfang an)
ab|pa|cken
ab|pa|schen (*österr. ugs. für* weglaufen)
ab|pas|sen
ab|pau|sen; ein Bild abpausen
ab|per|len
ab|pfei|fen (*Sport*); Ab|pfiff
ab|pflü|cken
ab|pin|nen (*ugs. für* abschreiben)
ab|pla|gen, sich
ab|plat|ten (platt, flach machen); Ab|plat|tung
Ab|prall, der; -[e]s, -e *Plur. selten*
ab|pral|len; von etwas abprallen
Ab|pral|ler (Ballspiele)
ab|pres|sen
Ab|pro|dukt (*fachspr. für* Abfall, Müll; Abfallprodukt)

ab|prot|zen (*Militär; derb auch für* seine Notdurft verrichten)
ab|puf|fern (*ugs. für* abmildern)
ab|pum|pen
Ab|putz ([Ver]putz)
ab|put|zen
ab|quä|len, sich
ab|qua|li|fi|zie|ren; Ab|qua|li|fi|zie|rung
ab|ra|ckern, sich (*ugs.*)
Ab|ra|ham (bibl. m. Eigenn.)
Ab|ra|ham a San[c]|ta Cla|ra (dt. Prediger)
ab|rah|men; Milch abrahmen
Ab|ra|ka|da|b|ra, das; -s (Zauberwort; [sinnloses] Gerede)
Ab|ra|sax *vgl.* Abraxas
ab|ra|sie|ren
Ab|ra|si|on, die; -, -en ⟨lat.⟩ (*Geol.* Abtragung der Küste durch die Brandung; *Fachspr.* Ab-, Ausschabung)
ab|ra|ten
Ab|raum, der; -[e]s (*Bergmannsspr.* Deckschicht über Lagerstätten; *landsch. für* Abfall)
ab|räu|men
Ab|raum|hal|de; Ab|raum|salz
ab|rau|schen (*ugs. für* sich rasch entfernen)
Ab|ra|xas, Ab|ra|sax (Zauberwort)
ab|re|agie|ren; sich abreagieren
ab|re|beln (*österr., auch nordwestd. für* [Beeren] einzeln abpflücken)
ab|rech|nen; Ab|rech|nung; Ab|rech|nungs|ter|min
Ab|re|de; etwas in Abrede stellen
ab|re|geln (*Fachjargon* regulieren)
ab|re|gen, sich (*ugs.*)
ab|reg|nen
ab|rei|ben; Ab|rei|bung
Ab|rei|se *Plur. selten*; ab|rei|sen
Ab|reiß|block *vgl.* Block
ab|rei|ßen *vgl.* abgerissen
Ab|reiß|ka|len|der
ab|rei|ten
ab|rich|ten
Ab|rich|ter (Dresseur); Ab|rich|te|rin; Ab|rich|tung
Ab|rieb, der; -[e]s, *Plur.* (*Technik für* abgeriebene Teilchen:) -e
ab|rieb|fest; Ab|rieb|fes|tig|keit
ab|rie|geln; Ab|rie|ge|lung, Ab|rieg|lung
ab|rin|gen; jmdm. etwas abringen
Ab|riss, der; -es, -e
Ab|riss|bir|ne (beim Abriss von Gebäuden verwendete Stahlkugel); Ab|riss|haus
Ab|riss|par|ty (*ugs. für* Party vor dem Abriss od. Umbau eines Gebäudes)

Abschussrampe

ab|rol|len
ab|rub|beln *(ugs. für abreiben, trocken reiben)*
ab|rü|cken
Ab|ruf *Plur. selten;* auf Abruf
ab|ruf|bar; ab|ruf|be|reit
ab|ru|fen
ab|run|den; eine Zahl [nach unten, seltener oben] abrunden; Ab|run|dung
ab|rup|fen
ab|rupt ⟨lat.⟩ (abgebrochen, zusammenhanglos, plötzlich)
ab|rüs|ten
Ab|rüs|tung; ab|rüs|tungs|fä|hig; Ab|rüs|tungs|kon|fe|renz
ab|rut|schen
Ab|ruz|zen *Plur.* (Gebiet im südl. Mittelitalien; *auch für* Abruzzischer Apennin)
Ab|ruz|zi|sche Apen|nin, der; -n -s (Teil des Apennins)
Abs. = Absatz; Absender
ABS, das; - = Antiblockiersystem
ab|sa|cken *(ugs. für* [ab]sinken*)*
Ab|sa|cker, der; -s, - *(ugs. für* letztes alkoholisches Getränk am Abend*)*
Ab|sa|ge, die; -, -n; ab|sa|gen
ab|sä|gen
ab|sah|nen (die Sahne abschöpfen; *ugs. für* sich bereichern)
Ab|sa|lom, ökum. Ab|scha|lom (bibl. m. Eigenn.)
Ab|sam (österr. Ort)
ab|sam|meln *(österr. für* einsammeln*)*
Ab|satz, der; -es, Absätze *(Abk.* Abs. *[für* Textabschnitt]*)*
Ab|satz|flau|te *(Kaufmannsspr.)*
Ab|satz|kick *(Fußball)*
Ab|satz|kri|se; Ab|satz|markt; Ab|satz|plus, das; - *(Kaufmannsspr.)*
ab|satz|stark *(bes. Wirtsch.)*
Ab|satz|trick *(Fußball)*
ab|satz|wei|se
ab|sau|fen *(ugs.)*
ab|sau|gen
ab|scha|ben
ab|scha|deln *(ugs. für* sich hemmungslos betrinken*)*
ab|schaf|fen; schaffte ab, hat abgeschafft; Ab|schaf|fung
Ab|scha|lom *vgl.* Absalom
ab|schal|ten; Ab|schal|tung
ab|schat|ten
ab|schat|tie|ren; Ab|schat|tie|rung
Ab|schat|tung
ab|schätz|bar; ab|schät|zen; ab|schät|zig
ab|schau|en *(bes. südd., österr., schweiz.)*

Ab|schaum, der; -[e]s
ab|schei|den *vgl.* abgeschieden
Ab|schei|der *(Fachspr.);* Ab|schei|dung
ab|sche|ren *vgl.* ¹scheren
Ab|scheu, der; -s *u.* die; -
ab|scheu|er|re|gend, Ab|scheu er|re|gend; eine abscheuerregende, *auch* Abscheu erregende Tat; *aber nur* eine großen Abscheu erregende Tat, eine äußerst abscheuerregende, noch abscheuerregendere Tat ↑ **D 58**
ab|scheu|lich; Ab|scheu|lich|keit
Ab|schich|tung *(österr. Amtsspr.* Vermögensaufteilung; Aufgliederung akademischer Prüfungen*)*
ab|schi|cken
Ab|schie|be|haft, die; -
ab|schie|ben
Ab|schie|be|stopp *(ugs.)*
Ab|schie|bung
Ab|schied, der; -[e]s, -e
Ab|schieds|be|such; Ab|schieds|brief; Ab|schieds|fei|er; Ab|schieds|ge|schenk; Ab|schieds|gruß; Ab|schieds|schmerz; Ab|schieds|spiel *(bes. Fußball);* Ab|schieds|stun|de; Ab|schieds|sze|ne; Ab|schieds|vor|stel|lung
ab|schie|ßen
ab|schif|fen *(ugs. für* scheitern*)*
ab|schil|fern *(landsch.);* Ab|schil|fe|rung (Abschuppung)
ab|schin|den, sich *(ugs.)*
Ab|schirm|dienst *(Militär)*
ab|schir|men; Ab|schir|mung
ab|schir|ren; Pferde abschirren
ab|schlach|ten; Ab|schlach|tung
ab|schla|fen *(ugs.)*
Ab|schlag; auf Abschlag kaufen
ab|schla|gen
ab|schlag|frei *vgl.* abschlagsfrei
ab|schlä|gig; jmdn. *od.* etwas abschlägig bescheiden (etwas nicht genehmigen)
ab|schläg|lich *(veraltet);* abschlägliche Zahlung (Abschlagszahlung)
ab|schlags|frei, *fachsprachlich auch* ab|schlag|frei (ohne Abschlag [gezahlt])
Ab|schlags|zah|lung, *fachspr. auch* Ab|schlag|zah|lung
ab|schläm|men (als Schlamm absetzen; von Schlamm befreien)
ab|schle|cken *(südd., österr., schweiz.)*
ab|schlei|fen
Ab|schlepp|dienst

ab|schlep|pen
Ab|schlepp|seil; Ab|schlepp|stan|ge
ab|schlie|ßen; ab|schlie|ßend; Ab|schlie|ßung
Ab|schluss
Ab|schluss|be|richt; Ab|schluss|exa|men; Ab|schluss|fahrt; Ab|schluss|fei|er; Ab|schluss|kund|ge|bung; Ab|schluss|prü|fung; Ab|schluss|trai|ning; Ab|schluss|ver|an|stal|tung; Ab|schluss|zeug|nis
ab|schmal|zen *(bayr., österr. für* abschmälzen*)*
ab|schmäl|zen *(Kochkunst* mit gebräunter Butter übergießen*)*
ab|schme|cken
ab|schmel|zen; das Eis schmilzt ab; *vgl.* ¹schmelzen, ²schmelzen
ab|schmet|tern *(ugs.)*
ab|schmie|ren; Ab|schmier|fett
ab|schmin|ken
ab|schmir|geln (durch Schmirgeln glätten, polieren, entfernen)
Abschn. = Abschnitt
ab|schnal|len
ab|schnei|den
Ab|schnitt *(Abk.* Abschn.*)*
Ab|schnitts|be|voll|mäch|tig|te, der *u.* die; -n, -n (in der DDR für ein bestimmtes [Wohn]gebiet zuständige[r] Volkspolizist[in]; *Abk.* ABV.)
Ab|schnitts|wei|se, ab|schnitt|wei|se
ab|schnü|ren; Ab|schnü|rung
ab|schöp|fen; Ab|schöp|fung
ab|schot|ten; Ab|schot|tung
ab|schrä|gen
ab|schram|men *(derb auch für* sterben*)*
ab|schrau|ben
ab|schre|cken *vgl.* schrecken; ab|schre|ckend; Ab|schre|ckung; Ab|schre|ckungs|stra|fe
ab|schrei|ben; Ab|schrei|ber *(schweiz. für* Abschreibung*);* Ab|schrei|bung; ab|schrei|bungs|fä|hig
ab|schrei|ten *(geh.)*
Ab|schrift; ab|schrift|lich *(Amtsspr.* in Abschrift*)*
Ab|schrot, der; -[e]s, -e (meißelförmiger Ambosseinsatz); ab|schro|ten (Metallteile auf dem Abschrot abschlagen)
ab|schrub|ben *(ugs.)*
ab|schuf|ten, sich *(ugs.)*
ab|schup|pen; Ab|schup|pung
ab|schür|fen; Ab|schür|fung
Ab|schuss; Ab|schuss|be|fehl
ab|schüs|sig; Ab|schüs|sig|keit, die; -
Ab|schuss|lis|te; Ab|schuss|ram|pe

abschütteln

absc

ab|schüt|teln
ab|schüt|ten
ab|schwä|chen; Ab|schwä|chung
ab|schwat|zen, *landsch.* ab|schwät|zen
ab|schwei|fen; Ab|schwei|fung
ab|schwel|len *vgl.* ¹schwellen
ab|schwem|men
ab|schwin|gen
ab|schwir|ren (*ugs. auch für* weggehen)
ab|schwö|ren
Ab|schwung
ab|seg|nen (*ugs. für* genehmigen)
ab|seh|bar; in absehbarer Zeit
ab|se|hen *vgl.* abgesehen
ab|sei|fen
ab|sei|len; sich abseilen
ab sein *vgl.* ab
¹Ab|sei|te, die; -, -n (*landsch. für* Nebenraum, -bau)
²Ab|sei|te (Stoffrückseite); Ab|sei|ten|stoff (*für* ¹Reversible)
ab|sei|tig; Ab|sei|tig|keit
ab|seits; *Präp. mit Gen.*: abseits des Weges; *Adverb*: der Stürmer war abseits (*Sport* stand im Abseits)
Ab|seits, das; -, - (*Sport*); Abseits pfeifen, im Abseits stehen
Ab|seits|fal|le
ab|seits|hal|ten; sie hatte sich meist abseitsgehalten, *aber* wir hatten ein Stück abseits [der Straße] gehalten
Ab|seits|po|si|ti|on; Ab|seits|re|gel
ab|seits|ste|hen; *aber* im Abseits stehen ↑D48; die abseitsstehenden Kinder, *aber* die ein Stück abseits [der Straße] stehenden Kinder; eine abseitsstehende Stürmerin; alle Abseitsstehenden herbeirufen; ↑D47: abseits stand eine Hütte
Ab|seits|stel|lung; Ab|seits|tor
Ab|sence [aˈpsãːs], die; -, -n ⟨franz.⟩ (*Med.* kurzzeitige Bewusstseinstrübung, bes. bei Epilepsie)
ab|sen|den; Ab|sen|der (*Abk.* Abs.); Ab|sen|der|an|ga|be; Ab|sen|de|rin; Ab|sen|dung
ab|sen|ken
Ab|sen|ker (vorjähriger Trieb, der zur Vermehrung der Pflanze in die Erde gelegt wird)
Ab|sen|kung
ab|sent ⟨lat.⟩ (*veraltet für* abwesend)
ab|sen|tie|ren, sich (*veraltend für* sich entfernen)
Ab|senz, die; -, -en (*österr.*,

schweiz., sonst veraltend für Abwesenheit, Fehlen)
ab|ser|beln (*schweiz. für* dahinsiechen); ich serb[e]le ab
ab|ser|vie|ren (*ugs. auch für* seines Einflusses berauben)
Ab|setz|bar; Ab|setz|bar|keit
Ab|setz|be|trag (*österr. für* steuerlich gutgeschriebener Betrag)
Ab|set|zen; sich absetzen
Ab|setz|pos|ten (*österr.*)
Ab|set|zung
ab|si|chern; Ab|si|che|rung; Ab|si|che|rungs|ge|schäft (*Wirtsch.*, *Bankw.*)
Ab|sicht, die; -, -en
ab|sicht|lich [*österr. u. schweiz. nur so, sonst auch* ...ˈzɪçt...]; Ab|sicht|lich|keit
Ab|sichts|er|klä|rung
ab|sichts|los; ab|sichts|voll
ab|sie|deln (*bes. südd., österr. für* umsiedeln); ich sied[e]le ab; abgesiedelte Dörfer; Ab|sie|de|lung
Ab|sin|gen, das; -s; unter Absingen (*nicht*: unter Absingung)
ab|sin|ken
Ab|sinth, der; -[e]s, -e ⟨griech.⟩ (Wermutbranntwein)
ab|sit|zen
ab|so|lut ⟨lat.⟩ (völlig; ganz u. gar; uneingeschränkt); absoluter Nullpunkt, absolute Atmosphäre (*Physik*); absolute Mehrheit ↑D89
Ab|so|lut|heit
Ab|so|lu|ti|on, die; -, -en (Los-, Freisprechung, bes. Sündenvergebung)
Ab|so|lu|tis|mus, der; - (uneingeschränkte Herrschaft eines Monarchen, Willkürherrschaft); ab|so|lu|tis|tisch
Ab|so|lu|to|ri|um, das; -s, ...rien (*österr. für* Bestätigung eines Hochschulabschlusses)
Ab|sol|vent, der; -en, -en (Schulgänger mit Abschlussprüfung); Ab|sol|ven|ten|tref|fen; Ab|sol|ven|tin
ab|sol|vie|ren (erledigen, ableisten; [eine Schule] durchlaufen; *Rel.* Absolution erteilen); Ab|sol|vie|rung
ab|son|der|lich; Ab|son|der|lich|keit
ab|son|dern; Ab|son|de|rung
Ab|sor|bens, das; -, *Plur.* ...benzien *u.* ...bentia ⟨lat.⟩ (*Technik* der bei der Absorption aufnehmende Stoff); Ab|sor|ber, der; -s, - ⟨engl.⟩ (Vorrichtung zur

Absorption von Gasen, Strahlen)
ab|sor|bie|ren ⟨lat.⟩ (aufsaugen; [gänzlich] beanspruchen)
Ab|sorp|ti|on, die; -, -en; Ab|sorp|ti|ons|spek|t|rum (*Physik*); ab|sorp|tiv (zur Absorption fähig)
ab|spal|ten; Ab|spal|tung
ab|spa|nen, ¹ab|spä|nen (*Technik* ein metallisches Werkstück durch Abtrennung von Spänen formen)
²ab|spä|nen (*landsch. für* entwöhnen)
Ab|spann, der; -[e]s, -e *u.* ...spänne; *vgl.* Nachspann
ab|span|nen; Ab|spann|mast, der (*Elektrot.*); Ab|span|nung
ab|spa|ren, sich; du hast es dir vom Munde abgespart
ab|spe|cken (*ugs. für* [gezielt] abnehmen)
ab|spei|chern (EDV)
ab|spei|sen; Ab|spei|sung
ab|spens|tig; jmdm. jmdn. od. etwas abspenstig machen
ab|sper|ren (*bayr., österr. auch für* abschließen)
Ab|sperr|hahn; Ab|sperr|ket|te
Ab|sper|rung
ab|spie|geln; Ab|spie|ge|lung, Ab|spieg|lung
Ab|spiel, das; -[e]s, -e (*Sport*); ab|spie|len; Ab|spiel|feh|ler
Ab|spiel|ge|rät
ab|split|tern; Ab|split|te|rung
Ab|spra|che; ab|spra|che|ge|mäß
ab|spre|chen
ab|sprei|zen
ab|sprin|gen; Ab|sprung; Ab|sprung|ha|fen (*Militär*)
ab|spu|len
ab|spü|len; Geschirr abspülen
ab|stam|men; Ab|stam|mung
Ab|stand; von etwas Abstand nehmen (etwas nicht tun)
ab|stand|hal|ten (*am Fahrrad*)
ab|stän|dig; abständiger (*Forstwirtsch.* absterbender) Baum
Ab|stands|kon|t|rol|le (*Kfz-Technik*)
Ab|stands|sum|me
ab|stat|ten; jmdm. einen Besuch abstatten (*geh.*); Ab|stat|tung
ab|stau|ben (*ugs. auch für* unbemerkt mitnehmen; *Sport* ein Tor mühelos erzielen)
ab|stäu|ben (*landsch. für* abstauben)
Ab|stau|ber; Ab|stau|be|rin; Ab|stau|ber|tor
ab|ste|chen; Ab|ste|cher; einen Abstecher machen
ab|ste|cken *vgl.* ²stecken

ab|ste|hen
ab|stei|fen *(Bauw.)*; Ab|stei|fung
Ab|stei|ge, die; -, -n *(ugs. abwertend)*
ab|stei|gen
Ab|stei|ge|quar|tier, österr. Ab|steig|quar|tier
Ab|stei|ger *(Sport)*; Ab|stei|ge|rin
ab|stell|bahn|hof
ab|stel|len

abstellen

Nach »abstellen auf/in/unter« steht gewöhnlich der Dativ:
– Wir stellten das Gepäck auf dem Bahnsteig ab.
– Hast du das Auto im Hof abgestellt?
– Stell das Paket bitte unter dem Vordach ab.

Ab|stell|gleis; Ab|stell|kam|mer; Ab|stell|platz; Ab|stell|raum
Ab|stell|lung
ab|stem|peln; Ab|stem|pe|lung, Ab|stemp|lung
ab|step|pen
ab|ster|ben
Ab|stich
Ab|stieg, der; -[e]s, -e
Ab|stiegs|ge|fahr *(Sport)*; ab|stiegs|ge|fähr|det; Ab|stiegs|kampf *(Sport)*; Ab|stiegs|kan|di|dat *(Sport)*; Ab|stiegs|kan|di|da|tin; Ab|stiegs|run|de; Ab|stiegs|zo|ne *(Sport)*
ab|stil|len
ab|stim|men
Ab|stimm|kreis *(Elektrot.)*; Ab|stimm|schär|fe *(Elektrot.)*
Ab|stim|mung; Ab|stim|mungs|er|geb|nis; Ab|stim|mungs|kampf *(schweiz. für politische Auseinandersetzung vor einer Volksabstimmung)*
ab|s|ti|nent *(lat.)* (enthaltsam, alkoholische Getränke meidend); Ab|s|ti|nent, der; -en, -en *(schweiz. für Abstinenzler)*; Ab|s|ti|nen|tin
Ab|s|ti|nenz, die; -; Ab|s|ti|nenz|ler (enthaltsam lebender Mensch, bes. in Bezug auf Alkohol); Ab|s|ti|nenz|le|rin
Ab|s|ti|nenz|tag *(kath. Kirche Tag, an dem die Gläubigen kein Fleisch essen dürfen)*
ab|stop|pen
Ab|stoß; ab|sto|ßen; ab|sto|ßend; Ab|sto|ßung
ab|stot|tern *(ugs. für in Raten bezahlen)*

Ab|s|tract ['ɛpstrɛkt], das u. der; -s, -s ⟨lat.-engl.⟩ (kurze Inhaltsangabe eines Artikels od. Buches)
ab|stra|fen; Ab|stra|fung
ab|s|tra|hie|ren ⟨lat.⟩ (das Allgemeine vom Einzelnen absondern, verallgemeinern)
ab|strah|len; Ab|strah|lung
ab|s|trakt ⟨lat.⟩ (begrifflich, nur gedacht); abstrakte (nicht gegenständliche) Kunst ↑D 89; Ab|s|trakt|heit
Ab|s|trak|ti|on, die; -, -en
Ab|s|trak|tum, das; -s, ...ta *(Philos.* allgemeiner Begriff; *Sprachwiss.* Substantiv, das etwas Nichtgegenständliches benennt, z. B. »Liebe«)
ab|stram|peln, sich *(ugs.)*
ab|strän|gen ([ein Zugtier] abspannen)
ab|strei|chen; Ab|strei|cher
ab|strei|fen; Ab|strei|fer
ab|strei|ten
Ab|strich
ab|s|t|rus ⟨lat.⟩ (verworren, schwer verständlich)
ab|stu|fen; Ab|stu|fung
ab|stump|fen; Ab|stump|fung
Ab|sturz; ab|stür|zen
ab|stüt|zen; sich abstützen
ab|su|chen
Ab|sud [*auch* ...'zu:t], der; -[e]s, -e *(veraltet für durch Abkochen gewonnene Flüssigkeit)*
ab|surd ⟨lat.⟩ (sinnwidrig, sinnlos); absurdes Drama (eine Dramenform des 20. Jhs) ↑D 89
Ab|sur|dis|tan, das; -s *meist ohne Artikel* (fiktives Land, in dem absurde Verhältnisse herrschen)
Ab|sur|di|tät, die; -, -en
Ab|s|zess, der, *österr. auch das*; -es, -e ⟨lat.⟩ *(Med.* eitrige Geschwulst)
Ab|s|zis|se, die; -, -n ⟨lat.⟩ *(Math.* auf der Abszissenachse abgetragene erste Koordinate eines Punktes); Ab|s|zis|sen|ach|se
Abt, der; -[e]s, Äbte (Kloster-, Stiftsvorsteher)
Abt. = Abteilung
ab|ta|keln; ein Schiff abtakeln (das Takelwerk entfernen, außer Dienst stellen); *vgl.* abgetakelt; Ab|ta|ke|lung, Ab|tak|lung
ab|tan|zen *(ugs. für weggehen; ausdauernd tanzen)*
ab|tas|ten; Ab|tast|na|del; Ab|tas|tung
ab|tau|chen
ab|tau|en
Ab|tausch; ab|tau|schen

abtrumpfen

Ab|tau|ung
Ab|tei (Kloster, dem ein Abt od. eine Äbtissin vorsteht)
Ab|teil [*schweiz.* 'a...], das; -[e]s, -e
ab|tei|len
¹Ab|tei|lung, die; - (Abtrennung)
²Ab|tei|lung [*schweiz.* 'a...] (abgeteilter Raum; Teil eines Unternehmens, einer Behörde o. Ä.; *Abk.* Abt.); Ab|tei|lungs|lei|ter; Ab|tei|lungs|lei|te|rin
ab|teu|fen *(Bergmannsspr.)*; einen Schacht abteufen (senkrecht nach unten bauen)
ab|tip|pen *(ugs.)*
Äb|tis|sin (Kloster-, Stiftsvorsteherin)
Abt.-Lei|ter[in] = Abteilungsleiter[in]
ab|tö|nen; Ab|tön|far|be; Ab|tö|nung
ab|tör|nen *(ugs. für die Laune verderben; verdrießen)*
ab|tö|ten; Ab|tö|tung
Ab|trag, der; -[e]s, Abträge; jmdm. od. einer Sache Abtrag tun *(geh. für* schaden)
ab|tra|gen
ab|träg|lich (schädlich); jmdm. od. einer Sache abträglich sein *(geh.)*; Ab|träg|lich|keit
Ab|tra|gung
ab|trai|nie|ren; zwei Kilo abtrainieren
Ab|trans|port; ab|trans|por|tie|ren
ab|trei|ben *(österr. auch für* cremig verrühren); Ab|trei|bung
Ab|trei|bungs|geg|ner; Ab|trei|bungs|geg|ne|rin
Ab|trei|bungs|kli|nik *(ugs.)*
Ab|trei|bungs|pa|ra|graf, Ab|trei|bungs|pa|ra|graph *(ugs. für* § 218 des Strafgesetzbuches); Ab|trei|bungs|pil|le *(zur Auslösung einer Fehlgeburt)*; Ab|trei|bungs|recht; Ab|trei|bungs|ver|such
ab|trenn|bar; ab|tren|nen; Ab|tren|nung
ab|tre|ten; Ab|tre|ter; Ab|tre|tung
Ab|trieb, der; -[e]s, -e (das Abtreiben des Viehs von der Weide; *Forstwirtsch.* Abholzung; österr. auch *für* ¹Rührteig)
Ab|trift usw. *vgl.* Abdrift usw.
ab|trin|ken
Ab|tritt *(veraltend, noch landsch. auch für* ¹Abort)
ab|trock|nen
ab|trop|fen; Ab|tropf|scha|le
ab|trot|zen; jmdm. etwas abtrotzen
ab|trump|fen *(Kartenspiele)*

abtrünnig

abtr

ab|wärts

Man schreibt »abwärts« als Verbzusatz mit dem folgenden Verb zusammen ↑D48:
– abwärtsfahren, abwärtsfallen, abwärtsfließen
– wir sind zwei Stunden lang nur abwärtsgegangen
– mit seiner Gesundheit ist es abwärtsgegangen

Aber:
– abwärts dahinfließen, sich abwärts entwickeln
– abwärts ging es schneller als aufwärts
– wir wollen abwärts gehen, nicht fahren

---

ab|trün|nig; Ab|trün|ni|ge, der u. die; -n, -n; Ab|trün|nig|keit, die; -
Abts|stab; Abts|wür|de
ab|tun (*schweiz. auch für* töten); etwas als Scherz abtun
ab|tup|fen
ab|tur|nen [...tœ:ɐ̯...]; *vgl.* abtörnen
Abt|wahl
Abu [*auch* 'a...] ⟨arab., »Vater«⟩ (Bestandteil von Eigenn.)
Abu Dha|bi [- d...] (Scheichtum der Vereinigten Arabischen Emirate; deren Hauptstadt); abu-dha|bisch
Abu|ja [...dʒ...] (Hauptstadt von Nigeria)
ab|un|dant ⟨lat.⟩ (*bes. fachspr. für* häufig [vorkommend])
Ab|un|danz, die; - ([große] Häufigkeit; Fülle)
ab und zu; *vgl.* ab
ab ur|be con|di|ta ⟨lat., »seit Gründung der Stadt« [Rom]⟩ (altröm. Zeitrechnung, beginnend mit 753 v. Chr.; *Abk.* a. u. c.)
ab|ur|tei|len; Ab|ur|tei|lung
Abu Sim|bel (Ort am Nil mit in Felsen gehauenen Tempelanlagen)
Ab|usus, der; -, - ⟨lat.⟩ (*Med.* Missbrauch [z. B. von Arznei- od. Genussmitteln])
ABV, der u. die; -, -s = Abschnittsbevollmächtigte[r]
Ab|ver|kauf (*österr. auch für* Ausverkauf); ab|ver|kau|fen
ab|ver|lan|gen
ab|vie|ren (*fachspr. für* vierkantig zuschneiden); Ab|vie|rung
ab|wä|gen; du wägst ab; du wägtest, wogst ab; abgewogen, abgewägt; Ab|wä|gung
Ab|wahl; ab|wäh|len
ab|wäl|len *vgl.* wällen
ab|wäl|zen
ab|wan|deln; Ab|wan|de|lung, Ab|wand|lung
ab|wan|dern; Ab|wan|de|rung
Ab|wär|me (*Technik* nicht genutzte Wärmeenergie)
ab|wär|men (*Sport selten);* sich auf- und abwärmen
Ab|wart (*schweiz. für* Hausmeister, Hauswart)
ab|war|ten

Ab|war|tin (*schweiz.*)
ab|wärts s. Kasten
Ab|wärts|ent|wick|lung
ab|wärts|fah|ren *vgl.* abwärts; ab|wärts|ge|hen; ab|wärts|rich|ten; ab|wärts|rut|schen
Ab|wärts|trend
¹Ab|wasch, der; -[e]s, Abwäsche (Geschirrspülen; schmutziges Geschirr; *seltener für* Spülstein)
²Ab|wasch, die; -, ...wäschen (*landsch. für* Abwaschbecken)
ab|wasch|bar
Ab|wä|sche (*österr. für* Spülbecken)
ab|wa|schen
Ab|wä|scher (*österr. für* Tellerwäscher); Ab|wä|sche|rin
Ab|wasch|fet|zen (*österr. für* Spültuch)
Ab|wa|schung
Ab|wasch|was|ser *Plur.* ...wässer, *auch* ...wasser
Ab|was|ser *Plur.* Abwässer, *auch* Abwasser; Ab|was|ser|auf|be|rei|tung; Ab|was|ser|ka|nal; Ab|was|ser|werk; Ab|was|ser|zweck|ver|band
ab|wat|schen (*bayr., österr. ugs. für* ohrfeigen; scharf kritisieren)
ab|wech|seln; sich abwechseln
ab|wech|selnd; Ab|wech|se|lung, Ab|wechs|lung
ab|wechs|lungs|hal|ber; ab|wechs|lungs|los; ab|wechs|lungs|reich
Ab|weg *meist Plur.*
ab|we|gig; Ab|we|gig|keit
Ab|wehr, die; -; ab|weh|ren
Ab|wehr|kampf; Ab|wehr|kraft *meist Plur.*; Ab|wehr|me|cha|nis|mus; Ab|wehr|ra|ke|te; Ab|wehr|re|ak|ti|on
Ab|wehr|spie|ler (*Sport*); Ab|wehr|spie|le|rin
ab|wehr|stark (*Sport*)
¹ab|wei|chen; ein Etikett abweichen; *vgl.* ¹weichen
²ab|wei|chen; vom Kurs abweichen; *vgl.* ²weichen
Ab|weich|ler (jmd., der von der politischen Linie einer Partei abweicht); Ab|weich|le|rin
Ab|wei|chung
ab|wei|den

ab|wei|sen; Ab|wei|ser (*Bauw.* Prellstein); Ab|wei|sung
ab|wend|bar
ab|wen|den

abwenden

Das Wort kann in den meisten Fällen auf zwei Arten konjugiert werden:
– ich wandte *od.* wendete mich ab, habe mich abgewandt *od.* abgewendet
– sie wandte *od.* wendete den Blick ab, hat den Blick abgewandt *od.* abgewendet
– *Aber nur:* er hat das Unheil abgewendet

---

ab|wen|dig (*veraltet für* abspenstig, abgeneigt)
Ab|wen|dung
ab|wer|ben; Ab|wer|ber; Ab|wer|be|rin; Ab|wer|bung
ab|wer|fen
ab|wer|ten; Ab|wer|tung
ab|we|send; Ab|we|sen|de, der u. die; -n, -n; Ab|we|sen|heit
ab|wet|tern; einen Sturm abwettern (*Seemannsspr.* auf See überstehen); einen Schacht abwettern (*Bergmannsspr.* abdichten)
ab|wet|zen (*ugs. auch für* schnell weglaufen)
ab|wich|sen; sich einen abwichsen (*derb für* onanieren)
ab|wi|ckeln; Ab|wi|cke|lung, Ab|wick|lung
Ab|wick|lungs|bank *Plur.* ...banken; Ab|wick|lungs|fonds (*Finanzw.*)
ab|wie|geln; Ab|wie|ge|lung, Ab|wieg|lung
ab|wie|gen *vgl.* ¹wiegen
ab|wim|meln (*ugs. für* [mit Ausflüchten] abweisen)
Ab|wind (*Meteorol.* absteigender Luftstrom)
ab|win|ken; er hat abgewinkt (*häufig auch* abgewunken); ↑D82: bis zum Abwinken (*ugs.*)
ab|wirt|schaf|ten; abgewirtschaftet
ab|wi|schen
ab|woh|nen

Achsenbruch

ab|wra|cken; ein Schiff abwracken (verschrotten); Ab|wrack|fir|ma; Ab|wrack|prä|mie
Ab|wurf; Ab|wurf|vor|rich|tung
ab|wür|gen
abys|sisch ⟨griech.⟩ (aus der Tiefe der Erde stammend; zum Tiefseebereich gehörend; abgrundtief); Abys|sus, der; - ⟨veraltet für Tiefe der Erde, Abgrund⟩
Ab|zah|len
ab|zäh|len; Ab|zähl|reim
Ab|zah|lung; Ab|zah|lungs|geschäft
ab|zap|fen; Ab|zap|fung
ab|zap|peln, sich
ab|zäu|men
ab|zäu|nen; Ab|zäu|nung
Ab|zeh|rung (Abmagerung)
Ab|zei|chen
ab|zeich|nen; sich abzeichnen
Ab|zieh|bild; Ab|zieh|film vgl. abgezogen; Ab|zie|her
ab|zie|len; auf etw. abzielen
ab|zin|sen ⟨Bankw. das Anfangskapital vor der Verzinsung ermitteln⟩; abgezinste Wertpapiere; Ab|zin|sung
ab|zipp|bar; abzippbare Ärmel
ab|zip|pen (mithilfe eines Reißverschlusses vom Kleidungsstück abtrennen)
ab|zir|keln; Ab|zir|ke|lung, Ab|zirk|lung
ab|zi|schen ⟨ugs. für sich rasch entfernen⟩
Ab|zo|cke, die; -, -n ⟨ugs. für Übervorteilung⟩; ab|zo|cken ⟨ugs. für jmdn. [auf betrügerische Art] um sein Geld bringen⟩; Ab|zo|cker; Ab|zo|cke|rin
Ab|zug

ab|züg|lich
⟨Kaufmannsspr.⟩
Präposition mit Genitiv:
– abzüglich des gewährten Rabatts
– abzüglich der Unkosten
Ein allein stehendes, stark gebeugtes Substantiv steht im Singular ohne Beugungsendung:
– abzüglich Rabatt
– abzüglich Porto

ab|zugs|fä|hig; ab|zugs|frei
Ab|zugs|ka|nal; Ab|zugs|schacht
ab|zup|fen
ab|zwa|cken ⟨ugs. für entziehen⟩
ab|zwe|cken ⟨selten⟩; auf eine Sache abzwecken

Ab|zweig (Amtsspr. Abzweigung); Ab|zweig|do|se
ab|zwei|gen; Ab|zweig|stel|le; Ab|zwei|gung
a c. = a conto
Ac ⟨chem. Zeichen für Actinium⟩
AC = Assessment-Center
à c. = à condition
Aca|dé|mie fran|çaise [...de... frã-ˈsɛːz], die; - - ⟨franz.⟩ (Akademie für französische Sprache u. Literatur)
Açai|bee|re, Acai|bee|re [asaˈ-(ǀ)i:...] ⟨brasilian.⟩ Açai|pal|me, Acai|pal|me (eine südamerik. Palmenart)
a cap|pel|la ⟨ital.⟩ (Musik ohne Begleitung von Instrumenten); A-cap|pel|la-Chor
Aca|pul|co (Stadt in Mexiko)
acc. c. inf. = accusativus cum infinitivo; vgl. Akkusativ
ac|cel. = accelerando; ac|ce|le|ran|do [atʃe...] ⟨ital.⟩ (Musik schneller werdend)
Ac|cent ai|gu [aksãˈtɛˈɡyː], der; - -, -s -s [akˈsãːzeˈɡyː] ⟨Sprachwiss. Akut; Zeichen ´, z. B. é⟩
Ac|cent cir|con|flexe [akˈsã: sirkõˈfleks], der; - -, -s -s [akˈsã: sirkõˈfleks] ⟨Sprachwiss. Zirkumflex; Zeichen ˆ, z. B. â⟩
Ac|cent grave [akˈsã: ˈɡraːf], der; - -, -s -s [akˈsã: ˈɡraːf] ⟨Sprachwiss. Gravis; Zeichen `, z. B. è⟩
Ac|ces|soire [akseˈsoaːɐ], das; -s, -s meist Plur. ⟨franz.⟩ (modisches Zubehör, z. B. Gürtel, Schmuck)
Ac|count [əˈkaʊnt], der od. das; -s, -s ⟨engl., »Konto«⟩ (Zugangsberechtigung zum Internet od. zu einer Mailbox)
Ac|count-Ma|na|ger, Ac|count|ma|na|ger [əˈkaʊnt...] (für Kundenberatung u. -betreuung zuständiger Vertriebsspezialist)
Ac|count-Ma|na|ge|rin, Ac|count|ma|na|ge|rin
Ac|cra (Hauptstadt von Ghana)
Ac|cro|cha|ge [...ˈʃaːʒə], die; -, -n ⟨franz.⟩ (Ausstellung einer Privatgalerie)
ACE, der; - = Auto Club Europa
Ace|tat usw. vgl. Azetat usw.
Ace|to bal|sa|mi|co [aˈtʃeːto -], der; - -, Aceti balsamici [aˈtʃeːti balˈzaːmitʃi] ⟨ital.⟩ (eine dunkle, süße Essigsorte; Balsamessig)
Ace|ton vgl. Azeton
Ace|ty|len usw. vgl. Azetylen usw.
Ace|tyl|sa|li|cyl|säu|re vgl. Azetylsalizylsäure
ach!; ach so!; ach ja!; ach je!

Ach, das; -s, -[s]; mit Ach und Krach; mit Ach und Weh; Ach und Weh od. ach und weh schreien ↑D 81
Achä|er (Angehöriger eines altgriech. Stammes); Achä|e|rin
Acha|ia [...ja, auch aˈxaja] ⟨griech. Landschaft⟩
Achä|me|ni|de, der; -n, -n (Angehöriger einer altpersischen Dynastie)
Achä|ne, die; -, -n ⟨griech.⟩ (Bot. Schließfrucht)
Achat, der; -[e]s, -e ⟨griech.⟩ (ein Schmuckstein); acha|ten (aus Achat)
Ache [auch ˈaː...], die; - (Bestandteil von Flussnamen); Tiroler Ache
acheln ⟨jidd.⟩ ⟨landsch. für essen⟩; ich ach[e]le
Achen|see, der; -s (See in Tirol)
Ache|ron, der; -[s] (Unterweltsfluss der griech. Sage)
Acheu|lé|en [aʃøleˈɛ̃ː], das; -[s] ⟨nach dem Fundort Saint-Acheul in Nordfrankreich⟩ (Kultur der älteren Altsteinzeit)
Achill, Achil|les (Held der griech. Sage); Achil|le|is, die; - (Heldengesang über Achill)
Achil|les|fer|se (verwundbare Stelle); Achil|les|seh|ne
Achil|leus vgl. Achill
Achim (m. Vorn.)
Ach|laut, Ach-Laut
Ach|med (m. Vorn.)
a. Chr. [n.] = ante Christum [natum]
Achro|ma|sie [...k...], die; -, ...ien ⟨griech.⟩ (Physik Brechung der Lichtstrahlen ohne Zerlegung in Farben)
Achro|mat, der; -[e]s, -e (Linsensystem, das Lichtstrahlen nicht in Farben zerlegt)
achro|ma|tisch [österr. ˈa...] (Achromasie aufweisend)
Achro|ma|t|op|sie, die; -, ...ien (Med. Farbenblindheit)
Achs|bruch, Ach|sen|bruch; Achs|druck Plur. ...drücke, fachspr. auch -e
Ach|se, die; -, -n
Ach|sel, die; -, -n
Ach|sel|griff; Ach|sel|höh|le; Ach|sel|klap|pe; Ach|sel|pat|te (schweiz. für Schulterklappe)
ach|sel|stän|dig (Bot. in der Blattachsel stehend)
Ach|sel|zu|cken, das; -s
ach|sel|zu|ckend
Ach|sen|bruch, Achs|bruch

achsig

acht

I. *Zahlwort:*
– die Zahlen von acht bis zwölf; acht Millionen; im Jahre acht; die Linie acht
– er ist über acht [Jahre]; Kinder von acht [bis zehn] Jahren; mit acht [Jahren] hatte sie die Masern
– es ist acht [Uhr]; um acht [Uhr]; es schlägt eben acht; [ein] Viertel auf, vor acht; halb acht; drei viertel acht (*vgl.* viertel, Viertel); Punkt, Schlag acht
– wir sind [unser] acht; eine Familie von achten (*ugs.*); wir sind zu acht
– diese acht [Leute]; die ersten, letzten acht
– das macht acht fünfzig (*ugs. für* 8,50 €); er sprang acht zweiundzwanzig (*ugs. für* 8,22 m)
– acht und eins macht, ist (*nicht:* machen, sind) neun; acht mal zwei (8 mal 2); acht zu vier (8 : 4); acht Komma fünf (8,5)

II. *Ableitungen und Zusammensetzungen:*
– acht[und]einhalb; achtundzwanzig; der achtmillionste Kunde
– achterlei, achtfach (8-fach *od.* 8fach); achtjährig (8-jährig; *vgl. d.*); achtmal (8-mal; *vgl. d.*); achtmalig (8-malig); achtteilig (8-teilig)
– achtens; achtel; das Achtel
– Achtmetersprung (8-Meter-Sprung ↑D 26)
– der Achter

Vgl. ¹Acht, ²Acht

---

ach|sig (*für* axial)
...ach|sig (z. B. einachsig)
Ach|sig|keit (*für* Axialität)
Achs|ki|lo|me|ter (Maßeinheit bei der Eisenbahn); **Achs|la|ger** *Plur.* ...lager; **Achs|last**
achs|recht (*für* axial)
Achs|schen|kel|bol|zen (Kfz-Technik)
acht s. Kasten
¹Acht, die; -, -en (Ziffer, Zahl); die Zahl Acht, die Ziffer Acht; eine arabische Acht, eine römische Acht; eine Acht schreiben; mit den Rollschuhen, Schlittschuhen eine Acht fahren; mit der Acht (*ugs. für* [Straßenbahn]linie 8) fahren
²Acht, die; - (*veraltet für* Aufmerksamkeit; Fürsorge); [auf jmdn., etwas] achtgeben *od.* Acht geben; gib acht! *od.* gib Acht!; *aber nur* sehr, gut, genau achtgeben; gib gut acht!; große, allergrößte Acht geben; auf etwas achthaben *od.* Acht haben; habt acht! *od.* habt Acht!; *aber nur* habt gut acht!; sich in Acht nehmen; etwas [ganz] außer Acht lassen; etwas außer aller Acht lassen; das Außerachtlassen ↑D 27 *u.* 54
³Acht, die; - (*früher für* Ächtung); in Acht und Bann tun
Acht|ach|ser (*mit Ziffer* 8-Achser)
acht|ar|mig; acht|bän|dig
acht|bar; Acht|bar|keit, die; -
ach|te; das achte Gebot; das achte Weltwunder ↑D 89; der achte Mai, am achten Januar; *aber* der Achte, den ich treffe; sie wurde Achte im Weitsprung; jeder Achte; der Achte, am Achten [des Monats]; am

achten Achten (8. August); Heinrich der Achte
Acht|eck; acht|eckig
acht|ein|halb, acht[und]ein|halb
ach|tel; ein achtel Zentner, drei achtel Liter, *aber* (Maß): ein Achtelliter
Ach|tel, das, *schweiz. auch* der; -s, -; ein Achtel Rotwein; drei Achtel des Ganzen, *aber* im Dreiachteltakt; *mit Ziffern* im ³/₈-Takt ↑D 29
Ach|tel|fi|na|le; Ach|tel|li|ter (*vgl.* achtel); **Ach|tel|los; Ach|tel|no|te**
ach|ten
äch|ten
Ach|ten|der (Hirsch mit acht Geweihenden)
ach|tens
Ach|ter (Ziffer 8; Form einer 8; ein Boot für acht Ruderer)
ach|ter|aus (*Seemannsspr.* nach hinten)
Ach|ter|bahn; [auf, mit der] Achterbahn fahren; **Ach|ter|bahn|fahrt**
Ach|ter|deck (Hinterdeck)
Ach|terl, das; -s, -[n]; *vgl.* Pickerl (*österr. für* Achtelliter [Wein])
ach|ter|las|tig (*Seemannsspr.* achtern tiefer liegend als vorn)
ach|ter|lei
ach|ter|lich (*Seemannsspr.* von hinten kommend)
ach|tern (*Seemannsspr.* hinten); nach achtern
Ach|ter|pa|ckung
Ach|ter|rei|he
Ach|ter|ren|nen (Rudersport)
Ach|ter|ste|ven (*Seemannsspr.*)
acht|fach (*mit Ziffer* 8-fach *od.* 8fach ↑D 30); die achtfache Menge; **Acht|fa|che** (*mit Ziffer* 8-Fache *od.* 8fache ↑D 30), das; -n; [um] ein Achtfaches; um das Achtfache
Acht|flach, das; -[e]s, -e, **Acht|fläch|ner** (*für* Oktaeder)
Acht|fü|ßer (*für* Oktopode)
acht|ge|ben, acht|ha|ben *vgl.* ²Acht
acht|ge|schos|sig, *südd., österr. auch* **acht|ge|scho|ßig** (*mit Ziffer* 8-geschossig)
acht|hun|dert
acht|jäh|rig (*mit Ziffer* 8-jährig)
Acht|jäh|ri|ge, der *u.* die; -n, -n mit Ziffer: 8-Jährige; die unter Achtjährigen
Acht|kampf (Sport)
acht|kan|tig
Acht|kläss|ler *vgl.* Erstklässler; **Acht|kläss|le|rin**
acht|köp|fig (*mit Ziffer* 8-köpfig)
acht|los; Acht|lo|sig|keit
acht|mal (*mit Ziffer* 8-mal); *bei besonderer Betonung auch* acht Mal (8 Mal); *aber* acht mal zwei (*mit Ziffern* 8 mal 2) ist (*nicht:* sind) sechzehn; achtmal so groß wie (*seltener als*) ...; acht- bis neunmal ↑D 31; *vgl.* bis
acht|ma|lig (*mit Ziffer* 8-malig)
acht Mil|li|o|nen Mal, acht Mil|li|o|nen Ma|le
acht|mil|li|ons|te; der achtmillionste Besucher
acht|mo|na|tig *mit Ziffer:* 8-monatig (acht Monate dauernd)
acht|mo|nat|lich *mit Ziffer:* 8-monatlich (alle acht Monate)
acht|pro|zen|tig (*mit Ziffer* 8-prozentig)
acht|sam; Acht|sam|keit, die; -
acht|sei|tig (*mit Ziffer* 8-seitig); **acht|spän|nig; acht|stö|ckig**

ad acta

A · **ad a**

Acht|stun|den|tag; acht|stün|dig (acht Stunden dauernd)
acht|tä|gig *mit Ziffer:* 8-tägig (acht Tage dauernd)
acht|tau|send; Acht|tau|sen|der ([über] 8000 m hoher Berg)
acht|tei|lig (*mit Ziffer* 8-teilig)
Acht|ton|ner (*mit Ziffer* 8-Tonner ↑D 29); Acht|uhr|zug (*mit Ziffer* 8-Uhr-Zug ↑D 26)
acht|und|ein|halb, acht|ein|halb
Acht|und|sech|zi|ger, der; -s, - (Teilnehmer an der Studentenrevolte Ende der Sechzigerjahre); Acht|und|sech|zi|ge|rin
acht|und|zwan|zig
Ach|tung, die; -
Äch|tung
Ach|tung ge|bie|tend, ach|tung|ge|bie|tend; eine Achtung gebietende *od.* achtunggebietende Persönlichkeit; *aber nur* große Achtung gebietend; sehr achtunggebietend, noch achtunggebietender ↑D 58
Ach|tungs|ap|plaus; Ach|tungs|be|zei|gung; Ach|tungs|er|folg
Ach|tungs|stel|lung, die; - (*schweiz. milit. für* Strammstehen)
ach|tungs|voll
acht|wö|chig *mit Ziffer:* 8-wöchig (acht Wochen dauernd)
acht|zehn; im Jahre achtzehn; *vgl.* acht; Acht|zehn|en|der (Hirsch mit achtzehn Geweihenden)
acht|zehn|hun|dert
acht|zehn|jäh|rig *vgl.* achtjährig

acht|zig

– er ist, wird achtzig, achtzig Jahre alt
– die achtzig erreichen; in die achtzig kommen; mit achtzig ist sie immer noch sehr rüstig; der Mensch über achtzig [Jahre]; er ist schon in den achtzig; die beiden sind Mitte achtzig
– Wein aus dem Jahr achtzig
– Tempo achtzig; mit achtzig [Sachen] (*ugs. für* mit achtzig Stundenkilometern) fahren; auf achtzig bringen (*ugs. für* wütend machen)

Vgl. acht, achtziger

Acht|zig, die; -, -en (Zahl); *vgl.* ¹Acht
acht|zi|ger (*mit Ziffern* 80er); die Achtzigerjahre *od.* achtziger Jahre [des vorigen Jahrhunderts] (*mit Ziffern* 80er-Jahre *od.* 80er Jahre); in den Achtzigerjahren *od.* achtziger Jahren (über achtzig Jahre alt) war sie noch rüstig; in den Achtzigern (über achtzig Jahre alt) sein; Mitte der Achtziger
Acht|zi|ger (jmd., der [über] 80 Jahre ist; Wein aus dem Jahre achtzig [eines Jahrhunderts]; *österr. auch für* 80. Geburtstag); Acht|zi|ge|rin (Frau, die [über] 80 Jahre alt ist)
Acht|zi|ger|jah|re [*auch* 'a...'ja:...] *Plur.; vgl.* achtziger
acht|zig|fach *vgl.* achtfach
acht|zig|jäh|rig *vgl.* achtjährig
acht|zig|mal *vgl.* achtmal
acht|zigs|te (*Großschreibung:* er feiert seinen Achtzigsten [= 80. Geburtstag]; *vgl.* achte)
acht|zigs|tel *vgl.* achtel
Acht|zigs|tel, das, *schweiz. auch* der; -s, -, *vgl.* Achtel
acht|zöl|lig, *auch* acht|zol|lig
Acht|zy|lin|der (*mit Ziffer* 8-Zylinder ↑D 29; *ugs. für* Achtzylindermotor *od.* damit ausgerüstetes Kraftfahrzeug); Acht|zy|lin|der|mo|tor; acht|zy|lin|d|rig
äch|zen; du ächzt
a. c. i. = accusativus cum infinitivo; *vgl.* Akkusativ
Acid ['ɛsɪt], das; -s ⟨engl.⟩ (moderne [computererzeugte] Tanzmusik mit schnellen Rhythmen)
Aci|di|tät, die; - ⟨lat.⟩ (*Chemie* Säuregrad einer Flüssigkeit)
Aci|do|se, die; -, -n (*Med.* krankhafte Vermehrung des Säuregehaltes im Blut)
Acker, der; -s, Äcker; 30 Acker Land; Acker|bau, der; -[e]s
¹Acker|bau|er (*veraltet für* Landwirt; *vgl.* ²Bauer)
²Acker|bau|er, der; -s, -[n] *meist Plur.* (*Völkerkunde* Bebauer von Äckern)
Acker|bau|e|rin (zu ²Ackerbauer)
Acker|bäu|e|rin (zu ¹Ackerbauer)
Acker|bau trei|bend, acker|bau|trei|bend; die Ackerbau treibenden *od.* ackerbautreibenden Bewohner ↑D 58
Acker|bo|den
Äcker|chen
Acker|flä|che; Acker|gaul (*ugs.*); Acker|land, das; -[e]s
Acker|mann *vgl.* Ackersmann
Acker|men|nig, Oder|men|nig, der; -[e]s, -e (eine Heilpflanze)
ackern; ich ackere
Acker|nah|rung, die; - (*Landwirtsch.* Ackerfläche, die zum Unterhalt einer Familie ausreicht)
Ackers|mann, Acker|mann *Plur.* ...leute *u.* ...männer
Ack|ja, der; -[s], -s ⟨schwed.⟩ (lappischer Schlitten in Bootsform; *auch für* Rettungsschlitten)
AC-Me|tho|de = Assessment-Center-Methode
à con|di|ti|on [a kõdi'sjõ:] ⟨franz.⟩ (*Kaufmannsspr.* mit Rückgaberecht; *Abk.* à c.)
a con|to ⟨ital.⟩ (*Bankw.* auf [laufende] Rechnung von ...; *Abk.* a c.); *vgl.* Akontozahlung
Acre ['e:kɐ], der; -[s], -s ⟨engl.⟩ (Flächenmaß); 7 Acre Land
Ac|ryl, das; -s ⟨griech.⟩ (eine Chemiefaser)
Ac|ryl|amid, das; -[e]s, -e (krebserregende Substanz [die bei der Erhitzung stärkehaltiger Lebensmittel entsteht])
Ac|ryl|far|be (eine wasserlösliche Farbe); Ac|ryl|glas; Ac|ryl|harz; Ac|ryl|ma|le|rei; Ac|ryl|säu|re (stechend riechende Säure)
ACS, der; - = Automobil-Club der Schweiz
Act [ɛkt], der; -s, -s ⟨engl.⟩ (*ugs. für* Popgruppe; Auftritt; *auch für* großer Aufwand)
Ac|ti|ni|um, das; -s ⟨griech.⟩ (chemisches Element)
Ac|tion ['ɛkʃn], die; - ⟨engl.⟩ (spannende [Film]handlung; lebhafter Betrieb); *vgl. aber* Aktion
Ac|tion|film
Ac|tion-Pain|ting, Ac|tion|pain|ting [...peɪn...], das; -[s] ⟨engl.⟩ (Richtung in der amerik. abstrakten Malerei)
ad ⟨lat., »zu«⟩; z. B. ad 1 = zu Punkt 1
a d. = a dato
a. d. = an der (bei Ortsnamen, z. B. Bad Neustadt a. d. Saale)
a. D. = außer Dienst
A. D. = Anno Domini
Ada (w. Vorn.)
Ada|bei, der; -s, -s ⟨*bayr., österr. ugs. für* jmd., der sich überall wichtig u. dazugehörig fühlt⟩
ad ab|sur|dum ⟨lat.⟩; ad absurdum führen (das Widersinnige nachweisen)
ADAC, der; -[s] = Allgemeiner Deutscher Automobil-Club
ad ac|ta ⟨lat., »zu den Akten«⟩ (*Abk.* a. a.); ad acta legen (als erledigt betrachten)

adagio

ada|gio [...dʒo] ⟨ital.⟩ (*Musik* langsam, ruhig); **Ada|gio**, das; -s, -s

Adal|bert, **A̱del|bert** (m. Vorn.); **Adal|ber|ta**, **Adel|ber|ta** (w. Vorn.)

A̱dam (m. Vorn.); *vgl.* ³Riese

Ada|mit, der; -en, -en (Angehöriger einer bestimmten Sekte); **Ada|mi|tin**; **ada|mi|tisch**

Adams|ap|fel; **Adams|kos|tüm**

Ad|ap|ta|ti|on, die; -, -en ⟨lat.⟩ (Anpassung[svermögen])

Ad|ap|ter, der; -s, - ⟨engl.⟩ (*Technik* Verbindungsstück)

ad|ap|tie|ren ⟨lat.⟩ (anpassen *[Biol. u. Physiol.]*; ein literarisches Werk für Film u. Funk umarbeiten; *österr. auch für* eine Wohnung, ein Haus o. Ä. herrichten); **Ad|ap|tie|rung**

Ad|ap|ti|on, die; -, -en; *vgl.* Adaptation; **ad|ap|tiv** (*fachspr. für* auf Anpassung beruhend)

ad|äquat ⟨lat.⟩ (angemessen); **Ad|äquat|heit**, die; -

a da|to ⟨lat.⟩ (vom Tage der Ausstellung [an]; *Abk.* a d.)

ADB = Allgemeine Deutsche Biographie

Ad|blo|cker ['ɛt...], der; -s, - ⟨engl.⟩ (*EDV* Werbeblocker)

ad ca|len|das grae|cas ⟨lat.⟩ (niemals)

ADD = analoge Aufnahme, digitale Bearbeitung, digitale Wiedergabe; *vgl.* AAD

ad|den ['ɛdn] ⟨engl.⟩ (*EDV* als Kontakt in einem sozialen Netzwerk hinzufügen; du addest (*seltener* addst); geaddet

Ad|den|dum, das; -s, ...da *meist Plur.* ⟨lat.⟩ (*veraltet für* Zusatz, Nachtrag)

ad|die|ren (zusammenzählen); **Ad|dier|ma|schi|ne**

Ad|dis Abe|ba [- 'a(:)..., *auch* - a'be:...] (Hauptstadt Äthiopiens)

Ad|di|ti|on, die; -, -en ⟨lat.⟩ (Zusammenzählung)

ad|di|ti|o|nal (*fachspr. für* zusätzlich)

ad|di|tiv (*fachspr. für* hinzufügend, auf Addition beruhend); **Ad|di|tiv**, das; -s, -e ⟨engl.⟩ (*Chemie* Zusatz, der einen Stoff verbessert)

ad|di|zie|ren ⟨lat.⟩ (*fachspr. für* zusprechen, zuerkennen)

Add-on [ɛt...], das; -[s], -s ⟨engl.⟩ (*EDV* Hilfsprogramm; Erweiterungskomponente)

Adresse
Wie im Französischen, aus dem das Wort gegen Ende des 18. Jahrhunderts entlehnt wurde, schreibt man *Adresse* nur mit einem *d*.

Ad|duk|ti|on, die; -, -en ⟨lat.⟩ (*Med.* das Bewegen von Körperteilen zur Körperachse hin)

Ad|duk|tor, der; -s, ...o̱ren (Adduktion bewirkender Muskel)

ade! (*veraltend, noch landsch.*); *vgl.* adieu!

A̱de, das; -s, -s; **Ade** *od.* ade sagen

A̱de|bar, der; -s, -e (*bes. nordd. für* Storch)

A̱del, der; -s

²A̱del, *bayr. meist* O̱del, der; -s (*bes. bayr. u. österr. für* Mistjauche)

¹A̱de|laide ['ɛdəle:t] (Hauptstadt Südaustraliens)

²A̱de|la|i̱|de (w. Vorn.)

A̱del|bert, Adal|bert (m. Vorn.)

A̱del|ber|ta, Adal|ber|ta (w. Vorn.)

A̱de|le (w. Vorn.)

A̱del|heid (w. Vorn.)

a̱de|lig, a̱d|lig

a̱deln; ich ad[e]le

Adels|brief; **Adels|fa|mi|lie**; **Adels|ge|schlecht**; **Adels|haus**; **Adels|prä|di|kat**; **Adels|ti|tel**

A̱de|lung

A̱den (Hafenstadt in Jemen)

A̱de|nau|er, Konrad (erster dt. Bundeskanzler)

A̱de|nom, das; -s, -e ⟨griech.⟩ (*Med.* Drüsengeschwulst); **ade|no|ma|tös**

Ad|ept, der; -en, -en ⟨lat.⟩ (*früher für* [als Schüler] in eine Geheimlehre Eingeweihter)

A̱der, die; -, -n; **Ä̱der|chen**

a̱de|rig, ä̱de|rig, a̱d|rig, ä̱d|rig

A̱der|lass, der; -es, ...lässe

Ä̱der|lein

ä̱dern; ich ädere; **Ä̱de|rung**

à deux mains [a 'dø 'mɛ̃:] ⟨franz.⟩ (Klavierspiel mit zwei Händen)

ADFC, der; -[s] = Allgemeiner Deutscher Fahrrad-Club

ad|hä|rent ⟨lat.⟩ (*fachspr. für* anhaftend)

Ad|hä|si|on, die; -, -en (*fachspr. für* Aneinanderhaften von Stoffen od. Körpern); **Ad|hä|si|ons|ver-**

schluss (mit einer Haftschicht versehener Verschluss)

ad|hä|siv (anhaftend)

ad hoc [*auch* - 'hoːk] ⟨lat.⟩ ([eigens] zu diesem [Zweck]; aus dem Augenblick heraus); **Ad-hoc-Bil|dung** ↑ D 26

ADHS (*Med., Psychol.*) = Aufmerksamkeitsdefizit-Hyperaktivitätsstörung

adi|a|ba|tisch ⟨griech.⟩ (*Physik, Meteorol.* ohne Wärmeaustausch)

Adi|a|pho|ra *Plur.* ⟨griech.⟩ (*Philos., Theol.* sittlich neutrale Werte)

adieu! [a'djøː] ⟨franz.⟩ (*landsch., sonst veraltend für* lebe [lebt] wohl!)

Adieu, das; -s, -s (Lebewohl); jmdm. **Adieu** *od.* adieu sagen

Adi|ge [...dʒe] ⟨ital. Name für Etsch⟩; *vgl.* Alto Adige

Ä̱dil, der; *Gen.* -s *u.* -en, *Plur.* -en (altröm. Beamter)

ad in|fi|ni|tum, in in|fi|ni|tum ⟨lat.⟩ (ohne Ende, unaufhörlich)

adi|pös ⟨lat.⟩ (*Med.* fett[reich], fettleibig); **Adi|po|si|tas**, die; - (*Med.* Fettleibigkeit, -sucht)

à dis|cré|ti|on [...kre'sjo̱ː] ⟨franz.⟩ (*bes. schweiz. für* nach Belieben)

Ad|jek|tiv, das; -s, -e ⟨lat.⟩ (*Sprachwiss.* Eigenschaftswort, z. B. »schön«); **ad|jek|ti|visch**

Ad|ju|di|ka|ti|on, die; -, -en ⟨lat.⟩ (richterliche Zuerkennung); **ad|ju|di|zie|ren**

Ad|junkt, der; -en, -en, *schweiz. auch* -s, -e ⟨lat.⟩ (*österr. u. schweiz.* Beamtentitel)

ad|jus|tie|ren ⟨lat.⟩ (*Technik* [Werkstücke] zurichten; eichen; fein einstellen; *österr. auch für* ausrüsten, dienstmäßig kleiden); **Ad|jus|tie|rung** (*österr. auch für* Uniform)

Ad|ju|tant, der; -en, -en ⟨lat.⟩ (beigeordneter Offizier); **Ad|ju|tan|tin**; **Ad|ju|tan|tur**, die; -, -en (Amt, Dienststelle des Adjutanten)

Ad|ju|tum, das; -s, ...ten (*veraltet für* [Bei]hilfe; *österr. für* Entlohnung während einer Ausbildungs- od. Probezeit)

ad l. = ad libitum

Ad|la̱|tus, der; -, ...ten ⟨lat.⟩ (Gehilfe; Helfer)

Ad|ler, der; -s, -; **Ad|ler|blick**

Ad|ler|farn (*Bot.*)

Ad|ler|horst; **Ad|ler|na|se**

Advocatus Diaboli

ad lib. = ad libitum
ad li|bi|tum ⟨lat.⟩ (nach Belieben; *Abk.* ad l., ad lib., a. l.)
ad|lig, ade|lig
Ad|li|ge, der *u.* die; -n, -n
ad ma|io|rem Dei glo|ri|am, om|nia ad ma|io|rem Dei glo|ri|am ⟨lat.⟩ »[alles] zur größeren Ehre Gottes«⟩ (Wahlspruch der Jesuiten)
Ad|mi|nis|t|ra|ti|on, die; -, -en ⟨lat.⟩ (das Verwalten; Verwaltung; verwaltende Behörde)
ad|mi|nis|t|ra|tiv (zur Verwaltung gehörend)
Ad|mi|nis|t|ra|tor, der; -s, ...oren (Verwalter); **Ad|mi|nis|t|ra|to|rin**
ad|mi|nis|t|rie|ren (verwalten)
ad|mi|ra|bel ⟨lat.⟩ (*veraltet für* bewundernswert)
Ad|mi|ral, der; -s, *Plur.* -e, *seltener* ...räle ⟨franz.⟩ (Marineoffizier im Generalsrang; ein Schmetterling); **Ad|mi|ra|lin**
Ad|mi|ra|li|tät, die; -, -en
Ad|mi|ra|li|täts|in|seln *Plur.* (Inselgruppe in der Südsee)
Ad|mi|rals|rang
Ad|mi|ral|stab (oberster Führungsstab einer Kriegsmarine)
Ad|mont (Stift u. Marktort in der Steiermark)
ADN, der; - = Allgemeiner Deutscher Nachrichtendienst (*in der DDR*)
ad no|tam ⟨lat.⟩ (*veraltet für* zur Kenntnis); ad notam nehmen
ad ocu|los ⟨lat., »vor Augen«⟩; ad oculos demonstrieren (*veraltet für* vorzeigen; klar darlegen)
Ado|les|zenz, die; - ⟨lat.⟩ (späterer Abschnitt des Jugendalters)
Adolf (m. Vorn.)
Ado|nai ⟨hebr. »mein Herr«⟩ (alttestamentl. Name Gottes)
¹Ado|nis (schöner Jüngling der griech. Sage)
²Ado|nis, der; -, -se (schöner Jüngling, Mann)
ado|nisch (schön wie Adonis)
ad|op|tie|ren ⟨lat.⟩; ein Kind adoptieren; **Ad|op|ti|on,** die; -, -en
Ad|op|tiv|el|tern; Ad|op|tiv|kind; Ad|op|tiv|mut|ter; Ad|op|tiv|sohn; Ad|op|tiv|toch|ter; Ad|op|tiv|va|ter
ad|o|ra|bel ⟨lat.⟩ (*veraltet für* anbetungswürdig); ...a|b|le Heilige
Ad|o|ra|ti|on, die; -, -en (*veraltet für* Anbetung; Huldigung)
ad|o|rie|ren (*veraltet für* anbeten)
Ador|no, Theodor Wiesengrund (dt. Philosoph, Soziologe, Musiktheoretiker u. Komponist)

Adr. = Adresse
ad rem ⟨lat.⟩ (zur Sache [gehörend])
Ad|re|na|lin, das; -s ⟨nlat.⟩ (*Med.* ein Hormon des Nebennierenmarks)
Ad|re|na|lin|jun|kie (*ugs. scherzh. für* Draufgänger[in]); **Ad|re|na|lin|spie|gel; Ad|re|na|lin|stoß**
Adress|an|ga|be
Ad|res|sant, der; -en, -en ⟨lat.⟩ (Absender); **Ad|res|san|tin**
Ad|res|sat, der; -en, -en (Empfänger; [bei Wechseln:] Bezogener); **Ad|res|sa|tin**
Ad|ress|buch
Ad|res|se, die; -, -n (*Abk.* Adr.); **Ad|res|sen|ver|zeich|nis**
ad|res|sie|ren; Ad|res|sier|ma|schi|ne
Ad|ress|ver|zeich|nis
ad|rett ⟨franz.⟩ (nett, hübsch, ordentlich, sauber)
Ad|ria, die; - (Adriatisches Meer)
Ad|ri|an (m. Vorn.); *vgl.* Hadrian
Ad|ri|a|na, Ad|ri|a|ne (w. Vorn.)
Ad|ri|a|ti|sche Meer, das; -n -[e]s ↑ D 140 (Teil des Mittelmeers)
ad|rig, äd|rig, ade|rig, äde|rig
Ad|rio, das; -s, -s ⟨*schweiz.*⟩ (in Schweinsnetz eingenähte Bratwurstmasse aus Kalb- od. Schweinefleisch)
ADS, das; - (*Med., Psychol.*) = Aufmerksamkeitsdefizitsyndrom
ad|sor|bie|ren ⟨lat.⟩ (*fachspr. für* [Gase od. gelöste Stoffe an feste Körper] anlagern); **Ad|sorp|ti|on,** die; -, -en; **ad|sorp|tiv** (zur Adsorption fähig)
Ad|strin|gens, das; -, *Plur.* ...gen|zien, *auch* ...gentia ⟨lat.⟩ (*Med.* zusammenziehendes, Blutungen stillendes Mittel)
ad|strin|gie|ren
Ädu|er (Angehöriger eines gallischen Stammes); **Ädu|e|rin**
Adu|lar, der; -s, -e (ein Feldspat [Schmuckstein])
adult ⟨lat.⟩ (*Med.* erwachsen)
Adul|tis|mus, der; - ⟨lat.-engl.⟩ (*Soziol.* Diskriminierung von Kindern od. Jugendlichen durch Erwachsene)
A-Dur [*auch* 'aːduːɐ̯], das; -[s] (Tonart; *Zeichen* A); **A-Dur-Ton|lei|ter** ↑ D 26
ad us. = ad usum
ad usum ⟨lat., »zum Gebrauch«⟩ (*Abk.* ad us.); **ad usum Del|phi|ni** (für Schüler bestimmt)

Ad|van|tage [ɛt'vaːntɪtʃ], der; -s, -s ⟨engl.⟩ (*Sport* der erste gewonnene Punkt nach dem Einstand beim Tennis)

Ad|vent

[*Aussprache* ...v..., österr. u. schweiz. auch ...f...]
der; -[e]s, -e *Plur.* selten ⟨lat., »Ankunft«⟩ (Zeit vor Weihnachten)

Zusammensetzungen mit »Advent« werden im Allgemeinen mit Fugen-s gebildet:
– Adventskalender, Adventskranz

In Österreich entfällt das Fugen-s:
– Adventkalender, Adventkranz

Ad|ven|tist, der; -en, -en ⟨engl.⟩ (Angehöriger einer christl. Glaubensgemeinschaft); **Ad|ven|tis|tin; ad|ven|tis|tisch**
Ad|ven|tiv|pflan|ze (*Bot.* in einem Gebiet ursprünglich nicht heimische Pflanze)
Ad|vent|ka|len|der (österr.); **Ad|vent|kranz** (österr.)
ad|vent|lich
Ad|vent|sams|tag (österr.)
Ad|vents|ge|steck
Ad|vents|ka|len|der; Ad|vents|kranz
Ad|vent|sonn|tag (österr.)
Ad|vents|sams|tag
Ad|vents|sonn|tag
Ad|vents|zeit, Ad|vent|zeit
Ad|verb, das; -s, -ien ⟨lat.⟩ (Umstandswort, z. B. »dort«)
ad|ver|bi|al; adverbiale Bestimmung; **Ad|ver|bi|al, Ad|ver|bi|al,** das; -s, -e (Umstandsbestimmung)
Ad|ver|bi|al|be|stim|mung; Ad|ver|bi|al|le, das; -s, ...lien (Umstandsbestimmung); **Ad|ver|bi|al|satz**
ad|ver|bi|ell (*seltener für* adverbial)
ad|ver|sa|tiv ⟨lat.⟩ (entgegensetzend); adversative Konjunktion (*Sprachwiss.*; z. B. »aber«)
Ad|ver|ti|sing ['ɛtvətaɪzɪŋ], das; -s, -s ⟨engl.⟩ (*fachspr. für* Werbung)
Ad|vo|ca|tus Dei, der; - -, ...ti - ⟨lat.⟩ (Geistlicher, der im kath. kirchl. Prozess für eine Heilig- od. Seligsprechung eintritt)
Ad|vo|ca|tus Di|a|bo|li, der; - -, ...ti - (Geistlicher, der im kath. kirchl. Prozess Gründe gegen die Heilig- od. Seligsprechung vorbringt; *übertr. für* jmd., der bewusst Gegenargumente in eine Diskussion einbringt)

Advokat

Ad|vo|kat, der; -en, -en ⟨geh. für [Rechts]anwalt⟩; **Ad|vo|ka|tin**
Ad|vo|ka|tur, die; -, -en ⟨fachspr., sonst veraltend für [Rechts]anwaltschaft; schweiz., sonst veraltend für Anwaltsbüro⟩; **Ad|vo|ka|tur|bü|ro** ⟨schweiz.⟩
AdW, die; - = Akademie der Wissenschaften
Ad|ware [ˈɛtvɛːɐ̯], die; -, -s Plur. selten ⟨engl.⟩ (EDV Computerprogramme, die unerwünschte Werbung einblenden)
AE = astronomische Einheit
Aech|mea, die; -, ...meen ⟨griech.⟩ (eine Zimmerpflanze)
ae|ro... ⟨griech.⟩ (luft...); **Ae|ro...** (Luft...)
ae|rob (Biol. Sauerstoff zum Leben brauchend)
Ae|ro|bic [ɛˈroːbɪk], das; -s, auch die; - meist ohne Artikel ⟨engl.-amerik.⟩ (Fitnesstraining mit tänzerischen u. gymnast. Übungen)
Ae|ro|bi|er ⟨griech.⟩ (Biol. Organismus, der nur mit Luftsauerstoff leben kann); **Ae|ro|bi|ont**, der; -en, -en ⟨svw. Aerobier⟩
Ae|ro|dy|na|mik (Physik Lehre von der Bewegung gasförmiger Körper; Eigenschaften in Bezug auf den Luftwiderstand); **ae|ro|dy|na|misch**
Ae|ro|flot, die; - ⟨griech.; russ.⟩ (russ. Luftfahrtgesellschaft)
Ae|ro|gramm, das; -s, -e (Luftpostleichtbrief)
Ae|ro|lith, der; Gen. -en u. -s, Plur. -e[n] ⟨griech.⟩ (veraltet für Meteoriten)
Ae|ro|lo|gie, die; - (Wissenschaft von der Erforschung der höheren Luftschichten)
Ae|ro|me|cha|nik, die; - (Physik Lehre von dem Gleichgewicht u. der Bewegung der Gase)
Ae|ro|me|ter, das; -s, - (Gerät zum Bestimmen der Luftdichte)
Ae|ro|nau|tik, die; - (veraltet für Luftfahrt)
Ae|ro|plan, der; -[e]s, -e ⟨griech.; lat.⟩ (veraltet für Flugzeug)
Ae|ro|sa|lon, der; -s, -s ⟨griech.; franz.⟩ (Luftfahrtausstellung)
Ae|ro|sol, das; -s, -e ⟨griech.; lat.⟩ (feinste Verteilung fester od. flüssiger Stoffe in Gas)
Ae|ro|sta|tik, die; - ⟨griech.⟩ (Physik Lehre von den Gleichgewichtszuständen bei Gasen); **ae|ro|sta|tisch**
AF, die; - = Air France

AFC, die; - ⟨engl.⟩ = automatic frequency control (automatische Frequenzabstimmung)
AfD, die; - = Alternative für Deutschland (Partei)
Af|fä|re, die; -, -n ⟨franz.⟩ (Angelegenheit; [unangenehmer, peinlicher] Vorfall; Streitsache)
Äff|chen
Af|fe, der; -n, -n
Af|fekt, der; -[e]s, -e ⟨lat.⟩ ([heftige] Gemütsbewegung)
Af|fek|ta|ti|on, die; -, -en (selten für Getue, Ziererei)
af|fekt|be|tont
Af|fekt|hand|lung
af|fek|tiert (geziert, gekünstelt); **Af|fek|tiert|heit**
Af|fek|ti|on, die; -, -en (Med. Befall eines Organs mit Krankheitserregern)
af|fek|tiv (gefühlsbetont); **Af|fek|ti|vi|tät**, die; -, -en
Af|fekt|stau (Psychol.)
äf|fen (veraltend für nachahmen, narren)
Af|fen|art; **af|fen|ar|tig**
Af|fen|brot|baum (eine afrik. Baumart); vgl. Baobab
af|fen|geil (ugs. für großartig)
Af|fen|hit|ze (ugs.); **Af|fen|lie|be**; **Af|fen|schan|de** (ugs.); **Af|fen|the|a|ter** (ugs.); **Af|fen|zahn** (ugs.); **Af|fen|zeck**, der; -s (ugs. abwertend für Affentheater)
Af|fe|rei (ugs. abwertend für eitles Gebaren); **Äf|fe|rei** (veraltet für Irreführung)
Af|fi|che [...ʃ(ə), auch ˈa...], die; -, -n ⟨franz.⟩ (schweiz. für Aushang, Plakat); **af|fi|chie|ren** (österr., schweiz. für ankleben)
Af|fi|da|vit, das; -s, -s ⟨lat.⟩ (eidesstattl. Versicherung)
af|fig (ugs. abwertend für eitel); **Af|fig|keit** (ugs. abwertend)
Af|fi|li|a|ti|on, die; -, -en ⟨lat.⟩ (Wechsel der Loge eines Freimaurers; Wirtsch. Tochtergesellschaft)
af|fin ⟨lat.⟩; affine Abbildung (eine geometrische Abbildung)
Äf|fin, die; -, -nen
af|fi|nie|ren ⟨franz.⟩ (Chemie läutern; scheiden [z. B. Edelmetalle])
Af|fi|ni|tät, die; -, -en ⟨lat.⟩ (Verwandtschaft; Ähnlichkeit; Chemie Verbindungsneigung von Atomen od. Atomgruppen)
Af|fir|ma|ti|on, die; -, -en ⟨lat.⟩ (Bejahung, Zustimmung); **af|fir-**

ma|tiv (bejahend, zustimmend); **af|fir|mie|ren** (geh.)
äf|fisch
Af|fix, das; -es, -e ⟨lat.⟩ (Sprachwiss. an den Wortstamm vorn od. hinten angefügtes Wortbildungselement); vgl. Präfix u. Suffix
af|fi|zie|ren ⟨lat.⟩ (Med. reizen; krankhaft verändern)
Af|fo|dill, **As|pho|dill**, der; -s, -e ⟨griech.⟩ (ein Liliengewächs)
Af|fri|ka|ta, **Af|fri|ka|te**, die; -, ...ten ⟨lat.⟩ (Sprachwiss. Verschlusslaut mit folgendem Reibelaut, z. B. pf)
Af|front [aˈfrõː, auch aˈfrɔnt], der; -s, Plur. -s [aˈfrõːs] u. -e [aˈfrɔntə] ⟨franz.⟩ (Beleidigung)
Af|gha|ne [...ˈgaː...], der; -n, -n (Angehöriger eines vorderasiat. Volkes; auch eine Hunderasse)
Af|gha|ni, der; -[s], -[s] (afghanische Währungseinheit)
Af|gha|nin; **af|gha|nisch**; **Af|gha|nisch**, das; -[s]; vgl. Paschtu
Af|gha|nis|tan (Staat in Vorderasien)
Afi|ci|o|na|da [...fiθ...], die; -, -s (w. Form zu Aficionado)
Afi|ci|o|na|do [...fiθ...], der; -[s], -s ⟨span.⟩ (begeisterter Anhänger)
AFL [eːɛfˈɛl], die; - = American Federation of Labor (amerikanischer Gewerkschaftsbund)
Af|la|to|xin, das; -s, -e ⟨lat.⟩ (Giftstoff in Schimmelpilzen)
AFN [ɛɪɛfˈɛn] = American Forces Network (Rundfunkanstalt der außerhalb der USA stationierten amerik. Streitkräfte)
à fonds per|du [a fõː ...ˈdyː] ⟨franz.⟩ (ohne Aussicht auf Gegenleistung od. Rückerhalt)
AFP, die; - = Agence France-Presse
Af|ra (w. Vorn.)
a fres|co ⟨ital.⟩ (auf den noch feuchten Verputz [gemalt]); **A-fres|co-Ma|le|rei**
Af|ri|ka [ˈaː)f...]
af|ri|kaans; die afrikaanse Sprache; **Af|ri|kaans**, das; - (Sprache [der Weißen] in Südafrika)
Af|ri|ka|na Plur. (Werke über Afrika)
Af|ri|ka|ner; **Af|ri|ka|ne|rin**
af|ri|ka|nisch; der Afrikanische Elefant (Zool.)
Af|ri|ka|nist, der; -en, -en; **Af|ri|ka|nis|tik**, die; - (wissenschaftl. Erforschung der Geschichte,

Aglaia

Sprachen u. Kulturen Afrikas); **Af|ri|ka|nis|tin**, **af|ri|ka|nis|tisch**
Af|ro|ame|ri|ka|ner ['a(:)f...] (Amerikaner schwarzafrikanischer Abstammung); **Af|ro|ame|ri|ka|ne|rin**; **af|ro|ame|ri|ka|nisch** (die Afroamerikaner betreffend; *auch für* Afrika u. Amerika betreffend; afroamerikanische Beziehungen, Musik
af|ro|asi|a|tisch ['a(:)f...] (Afrika u. Asien betreffend)
af|ro|deutsch ['a(:)f...]; **Af|ro|deutsche**, der *u.* die (Deutsche[r] schwarzafrikanischer Herkunft)
Af|ro|look, der; -s, -s ⟨engl.⟩ (aus stark gekrausten, dichten Locken bestehende Frisur)
Af|ter, der; -s, -
Af|ter|le|der (Hinterleder des Schuhes)
Af|ter|sales ['a:ftəseɪls], das; - ⟨engl.⟩ (*Wirtsch.* Geschäftsbereich, der für die Kundennachbetreuung zuständig ist)
Af|ter|sau|sen (*derb für* Angst)
Af|ter|shave [...ʃɛɪf], das; -[s], -s (*kurz für* Aftershave-Lotion)
Af|ter|shave-Lo|ti|on, **Af|ter|shavelo|ti|on** [...bvʃn, ...lo:ʃn] ⟨engl.⟩ (Rasierwasser zum Gebrauch nach der Rasur)
Af|ter-Show-Par|ty, **Af|ter|showpar|ty** [...(')ʃoʊ...], die; -, -s ⟨engl.⟩ (nach einer Show o. Ä. stattfindende Party)
Af|ter-Work-Par|ty, **Af|ter|workpar|ty**, die; -, -s ⟨engl.⟩ [...(')vœːɐ̯k...] (Party, die [unmittelbar] nach Arbeitsende beginnt)
A-Füh|rer|schein (*Kfz-Wesen*)
a. G. = auf Gegenseitigkeit; (*beim Theater*) als Gast
Ag = Argentum
¹**AG**, die; -, -s = Aktiengesellschaft
²**AG**, die; -, -s = Arbeitsgemeinschaft
³**AG**, das; - = Amtsgericht
Aga, der; -[s], -s ⟨türk.⟩ (früherer türkischer Titel)
Äga|di|sche In|seln *Plur.* (Inselgruppe westlich von Sizilien ↑D 90)
Ägä|is, die; - (Ägäisches Meer); **Ägä|i|sche Meer**, das; -n -[e]s ↑D 90
Aga Khan [- k...], der; - -s, - -e ⟨türk.⟩ (Oberhaupt eines Zweiges der Ismailiten)
Aga|mem|non (sagenhafter König von Mykenä)
Aga|pe, die; -, -n ⟨griech.⟩ (schenkende [Nächsten]liebe *[nur Sing.]*; gemeinsames Mahl nach einem Gottesdienst)
Agar-Agar, der *od.* das; -s ⟨malai.⟩ (Gallerte aus ostasiat. Algen)
Aga|the (w. Vorn.); **Aga|thon** [*auch* 'a...] (m. Eigenn.)
Agal|ve, die; -, -n ⟨griech.⟩ ([sub]trop. Pflanze); **Aga|vendick|saft** (aus der Agave gewonnenes Süßungsmittel)
AGB, die; - = allgemeine Geschäftsbedingungen
Agence France-Presse [a'ʒãs 'frɛːs prɛs], die; - - ⟨franz.⟩ (Name einer französischen Nachrichtenagentur; *Abk.* AFP)
Agen|da, die; -, ...den ⟨lat.⟩ (Merkbuch; Liste von Gesprächspunkten); **Agen|da 21** (*bes. Politik* Zusammenstellung zukunftsweisender Themen); **Agenda-21-Pro|zess**
Agen|de, die; -, -n (*ev. Kirche* Gottesdienstordnung); **Agen|den** *Plur.* (bes. österr. *für* Obliegenheiten, Aufgaben)
Agens, das; -, Agenzien ⟨lat.⟩ (*Philos.* tätiges Wesen od. Prinzip; *Med.* wirkendes Mittel; *Sprachwiss.* Träger eines im Verb genannten aktiven Verhaltens)
Agent, der; -en, -en ⟨lat.⟩ (Spion; Vermittler von Engagements); **Agen|ten|ring**; **Agen|ten|tä|tigkeit**
Agen|tie [...'tsiː], die; -, ...tien ⟨ital.⟩ (österr. veraltet *für* Geschäftsstelle)
Agen|tin
Agent Pro|vo|ca|teur, Agent provo|ca|teur [a'ʒã: ...tøːɐ̯], der; - -, - -s [a'ʒã: ...tøːɐ̯] ⟨franz.⟩ (Lockspitzel)
Agen|tur, die; -, -en ⟨lat.⟩ (Geschäftsstelle, Vertretung, Nachrichtenbüro; Vermittlungsbüro); Agentur für Arbeit (staatl. Arbeitsvermittlungsstelle); **Agen|tur|mel|dung**
Agen|zi|en (*Plur. von* Agens)
Age|si|la|os, **Age|si|la|us** (König von Sparta)
Ag|glo, die; -, -s ⟨schweiz. kurz für⟩ [städtische] Agglomeration)
Ag|glo|me|rat, das; -[e]s, -e ⟨lat.⟩ (*fachspr. für* Anhäufung; *Geol.* Ablagerung loser Gesteinsbruchstücke); **Ag|glo|me|ra|ti|on**, die; -, -en (*fachspr. für* Zusammenballung; Ballungsraum); **agglo|me|rie|ren**
Ag|glu|ti|na|ti|on, die; -, -en ⟨lat.⟩ (*Med.* Verklebung, Verklumpung; *Sprachwiss.* Anfügung von Bildungselementen an das unverändert bleibende Wort); **ag|glu|ti|nie|ren**; agglutinierende Sprachen
Ag|gre|gat, das; -[e]s, -e ⟨lat.⟩ (Maschinensatz; aus mehreren Gliedern bestehender mathematischer Ausdruck)
Ag|gre|ga|ti|on, die; -, -en (*Chemie* Zusammenlagerung [von Molekülen])
Ag|gre|gat|zu|stand (*Chemie*, *Physik* Erscheinungsform eines Stoffes)
Ag|gres|si|on, die; -, -en ⟨lat.⟩ (Angriff[sverhalten], Überfall); **Ag|gres|si|ons|krieg**; **Ag|gres|sions|trieb**
ag|gres|siv (angriffslustig); **Aggres|si|vi|tät**, die; -, -en
Ag|gres|sor, der; -s, ...oren (Angreifer); **Ag|gres|so|rin**
Ägid, **Ägi|di|us** (m. Vorn.)
Ägi|de, die; - ⟨griech.⟩ (Schutz, Obhut); unter der Ägide von ...
agie|ren ⟨lat.⟩ (handeln; *Theater* als Schauspieler auftreten)
agil ⟨lat.⟩ (flink, wendig, beweglich); **Agi|li|tät**, die; -
Agi|lol|fin|ger (Angehöriger eines alten bayr. Herzogsgeschlechts); **Agi|lol|fin|ge|rin**
Ägi|na (griech. Insel; Stadt)
Ägi|ne|te, der; -n, -n (Bewohner Äginas); **Ägi|ne|ten** *Plur.* (Giebelfiguren des Tempels von Ägina)
Agio [...dʒo, *auch* ...ʒio], das; -s, *Plur.* -s *u.* Agien [...dʒn, *auch* ...ʒin] ⟨ital.⟩ (*Wirtsch.* Aufgeld)
Agio|tal|ge [aʒio'ta:ʒə, österr. ...ʃ], die; -, -n ⟨franz.⟩ (Ausnutzung von Börsenkursschwankungen)
Agio|teur [...tøːɐ̯], der; -s, -e (Börsenmakler); **Agio|teu|rin**; **agiotie|ren**
Ägir (*germ. Mythol.* Meerriese)
Ägis, die; - (Schild des Zeus u. der Athene)
Agi|ta|ti|on, die; -, -en ⟨lat.⟩ (politische Hetze; intensive politische Aufklärungs-, Werbetätigkeit)
Agi|ta|tor, der; -s, ...oren (jmd., der Agitation betreibt); **Agi|tato|rin**; **agi|ta|to|risch**; **agi|tie|ren**
Agit|prop, die; - (*Kurzw. aus* Agitation u. Propaganda); **Agitprop|the|a|ter** (Laientheater der Arbeiterbewegung in den 1920er-Jahren)
Ag|la|ia [...ja] (»Glanz« (eine der

Agna

drei griech. Göttinnen der Anmut, der Chariten; w. Vorn.)

Ag|nat, der; -en, -en ⟨lat.⟩ (Blutsverwandte[r] der m. Linie); **ag|na|tisch**

Ag|nes (w. Vorn.)

Ag|ni (ind. Gott des Feuers)

Ag|no|sie, die; -, ...ien ⟨griech.⟩ (*Med.* Störung des Erkennens; *Philos.* Nichtwissen)

Ag|nos|ti|ker (Verfechter des Agnostizismus); **Ag|nos|ti|ke|rin**

Ag|nos|ti|zis|mus, der; - (philosophische Lehre, die das übersinnliche Sein für unerkennbar hält)

ag|nos|zie|ren ⟨lat.⟩ (*österr. Amtsspr. für* identifizieren); einen Toten agnoszieren; **Ag|nos|zie|rung**

Ag|nus Dei, das; -, - - ⟨lat., »Lamm Gottes«⟩ (Bezeichnung Christi *[nur Sing.]*; Gebet; geweihtes Wachstäfelchen)

Ago|gik, die; - ⟨griech.⟩ (*Musik* Lehre von der individuellen Gestaltung des Tempos); **agogisch**

à go|go [a'goːgo] ⟨franz.⟩ (*ugs. für* in Hülle u. Fülle, nach Belieben)

Agon, der; -s, -e ⟨griech.⟩ (Wettkampf der alten Griechen; Streitgespräch als Teil der attischen Komödie); **ago|nal** (kämpferisch)

Ago|nie, die; -, ...ien (Todeskampf)

Ago|nist, der; -en, -en (Teilnehmer an einem Agon)

¹**Ago|ra**, die; -, Agoren (Markt u. auch die dort stattfindende Volksversammlung im alten Griechenland)

²**Ago|ra**, die; -, Agorot ⟨hebr.⟩ (Untereinheit des Schekels)

Ago|ra|pho|bie, die; -, ...ien ⟨griech.⟩ (Platzangst beim Überqueren freier Plätze)

Ag|raf|fe [*schweiz. auch* 'a...], die; -, -n ⟨franz.⟩ (Schmuckspange; *Bauw.* klammerförmige Rundbogenverzierung; *Med.* Wundklammer; Drahtbefestigung von Sektkorken; *schweiz. auch für* Krampe)

Agra|fie, Agra|phie, die; -, ...ien ⟨griech.⟩ (*Med.* Verlust des Schreibvermögens)

Ag|ram (früherer dt. Name von Zagreb)

Agra|phie *vgl.* **Agrafie**

Ag|rar|be|völ|ke|rung; Ag|rar|fa|brik (abwertend); **Ag|rar|för|de|rung**

Ag|ra|ri|er ⟨lat.⟩ (Großgrundbesitzer, Landwirt); **Ag|ra|ri|e|rin; ag|ra|risch**

Ag|rar|land; Ag|rar|markt

Ag|rar|po|li|tik; ag|rar|po|li|tisch

Ag|rar|pro|dukt; Ag|rar|re|form; Ag|rar|roh|stoff *meist Plur.;* **Ag|rar|staat; Ag|rar|tech|nik; Ag|rar|wirt|schaft; Ag|rar|wis|sen|schaft**

Ag|ree|ment [ə'griːmənt], das; -s, -s ⟨engl.⟩ (Abmachung; *Politik* formlose Übereinkunft im zwischenstaatlichen Verkehr)

Ag|ré|ment [agre'mã:], das; -s, -s ⟨franz.⟩ (*Politik* Zustimmung zur Ernennung eines diplomat. Vertreters; *[nur Plur.:]* Musik Verzierungen)

Aggression

Das auf das Lateinische zurückgehende Substantiv schreibt sich mit einem im Deutschen eher ungewöhnlichen doppelten g. Ebenso *aggressiv, Aggressivität, Aggressor*.

Ag|ri|co|la, Georgius (dt. Naturforscher)

Ag|ri|kul|tur ⟨lat.⟩ (Ackerbau, Landwirtschaft); **Ag|ri|kul|tur|che|mie**

Ag|rip|pa (röm. m. Eigenn.)

Ag|rip|pi|na (röm. w. Eigenn.)

Ag|ro|gen|tech|nik, Ag|ro-Gen|tech|nik (Anwendung der Gentechnik in der Landwirtschaft)

Ag|ro|nom, der; -en, -en ⟨griech.⟩ (wissenschaftlich ausgebildeter Landwirt); **Ag|ro|no|mie**, die; - (Ackerbaukunde, Landwirtschaftswissenschaft); **Ag|ro|no|min; ag|ro|no|misch**

Ag|ro|sprit (*ugs. für* Biokraftstoff)

Ag|ro|tech|nik (Landwirtschaftstechnik)

Ägyp|ten; Ägyp|ter; Ägyp|te|rin

ägyp|tisch; eine ägyptische (tiefe) Finsternis; *vgl.* deutsch/ Deutsch; **Ägyp|tisch**, das; -[s] (Sprache); **Ägyp|ti|sche**, das; -n; *vgl.* ²Deutsche

Ägyp|to|lo|ge, der; -n, -n; **Ägyp|to|lo|gie**, die; - (wissenschaftl. Erforschung des ägypt. Altertums); **Ägyp|to|lo|gin; ägyp|to|lo|gisch**

ah!; ah so!; ah was!; ah ja!; **Ah**, das; -s, -s; ein lautes Ah ertönte

Ah = Amperestunde

A. H. = Alter Herr (einer stud. Verbindung)

äh! [*auch* ɛ]

aha! [*od.* a'ha:]

Aha-Er|leb|nis, Aha|er|leb|nis (*Psychol.*)

Ahag|gar (Gebirge in der algerischen Sahara [Fundort alter Felsbilder])

Ahas|ver [*auch* a'ha...], der; -s, *Plur.* -s *u.* -e, **Ahas|ve|rus**, der; -, -se *Plur. selten* ⟨hebr.-lat.⟩ (ruhelos umherirrender Mensch; der Ewige Jude); **ahas|ve|risch**

ahd. = althochdeutsch

ahis|to|risch (nicht historisch)

Ahl|beck, See|bad (Stadt auf Usedom)

Ah|le, die; -, -n (nadelartiges Werkzeug); *vgl.* Pfriem

ähm (füllt eine Pause beim Sprechen oder drückt Verlegenheit aus)

Ah|ming, die; -, *Plur.* -e *u.* -s (Seemannsspr. Tiefgangsmarke)

Ahn, der; *Gen.* -[e]s *u.* -en, *Plur.* -en (Stammvater, Vorfahr)

ahn|den (*geh. für* strafen; rächen); **Ahn|dung**

¹**Ah|ne**, der; -n, -n (*geh. Nebenform von* Ahn)

²**Ah|ne**, die; -, -n (Stammmutter, Vorfahrin)

äh|neln; ich ähn[e]le

ah|nen

Ah|nen|ga|le|rie; Ah|nen|kult; Ah|nen|rei|he; Ah|nen|ta|fel

Ahn|frau; Ahn|herr; Ah|nin (*svw.* ²Ahne)

ähn|lich

– zwei ähnliche Bilder
– einander, sich, jmdm. ähnlich sehen (*vgl. aber* ähnlichsehen)
– eine dem Efeu ähnliche Pflanze, *aber* eine efeuähnliche Pflanze

Großschreibung der Substantivierung ↑**D 72**:
– das Ähnliche und das Verschiedene
– Ähnliches und Verschiedenes
– etwas, viel, nichts Ähnliches
– ich habe Ähnliches erlebt
– oder Ähnliche[s] (*Abk.* o. Ä.); Hüte, Mützen o. Ä. (*aber* Hüte, Mützen o. ä. Kopfbedeckungen)
– es ging um Abgaben und Ähnliches (*Abk.* u. Ä.)

Ähn|lich|keit

ähn|lich|se|hen (von jmdm. nicht anders zu erwarten sein); es sieht ihm ähnlich, hat ihm ähnlichgesehen, uns nicht zu infor-

Akkordarbeiterin

mieren; *aber* einander ähnlich sehen; *vgl.* ähnlich
Ah|nung
ah|nungs|los; Ah|nungs|lo|sig|keit ah|nungs|voll
ahoi! (*Seemannsspr.* Anruf [eines Schiffes]); Boot ahoi!
Ahorn, der; -s, -e (ein Laubbaum)
Ahorn|si|rup
Ahr, die; - (linker Nebenfluss des Rheins)
Äh|re, die; -, -n; **Äh|ren|le|se**
...äh|rig (z. B. kurzährig)
AHS, die; -, - (*österr. für* allgemeinbildende höhere Schule, Gymnasium); **AHS-Leh|rer** (*österr.*); AHS-Leh|re|rin (*österr.*)
Ahu|ra Mas|dah (Gestalt der iran. Religion); *vgl.* Ormuzd
AHV, die; - = Alters- und Hinterlassenenversicherung (Schweiz)
Ai, das; -s, -s (indian.) (ein Dreizehenfaultier)
Ai|chin|ger (österr. Schriftstellerin)
Ai|da (Titelgestalt der Oper von Verdi)
Aide [ɛːt], der; -n, -n (franz.) (Mitspieler, Partner, bes. im Whist)
Aide-Mé|moire [ˈɛːtmeˈmoaːʁ], das; -[s], -[s] [*Politik* Niederschrift von mündlich getroffenen Vereinbarungen)
Aids [ɛɪ̯ts], das; - *meist ohne Artikel* (Kurzwort für engl. acquired immune deficiency syndrome) (erworbenes Immunschwächesyndrom, eine gefährliche Infektionskrankheit)
Aids|be|ra|tung; Aids|be|ra|tungs|stel|le
aids|in|fi|ziert; aids|krank; Aids|kran|ke; Aids|test (HIV-Test); **Aids|vi|rus**
Ai|gret|te [ɛˈɡʁɛtə], die; -, -n (franz.) ([Reiher]federschmuck; büschelförmiges Gebilde)
Ai|ki|do, das; -[s] (jap.) (jap. Form der Selbstverteidigung)
Ai|nu, der; -[s], -[s] (Ureinwohner der jap. Inseln u. Südsachalins)
¹Air [ɛːʁ], das; -s, -s *Plur. selten* (franz.) (Aussehen, Haltung; Fluidum)
²Air, das; -s, -s (alte Form der Vokal- od. Instrumentalmusik, z. B. in der Suite)
Air|bag [ˈɛːʁbɛk], der; -s, -s (engl.) (Luftkissen im Auto, das sich bei einem Aufprall automatisch aufbläst)
Air|bnb® [ˈɛːʁbiːənˈbiː], das; -s *o. Art.* (engl.) (Internetdienst, der private Unterkünfte vermittelt)

Air|board [ˈɛːʁbɔːʁt], das; -s, -s (engl.) (aufblasbarer Rodelschlitten)
Air|brush [...braʃ], der; -[s], -s, *auch* die; -, -s (ein Farbsprühgerät)
Air|bus® [ˈɛːʁ...], der; -ses (*auch* -), -se (nach dem gleichnamigen Hersteller) (ein Großraumflugzeug)
Air|con|di|tion, Air-Con|di|tion [...kɔndɪʃn], die; -, -s, **Air|con|di|tio|ner,** Air-Con|di|tio|ner, der; -s, -, **Air|con|di|tio|ning,** Air-Con|di|tio|ning [...kɔndɪʃ(ə)nɪŋ], das; -s, -s (engl.) (Klimaanlage)
Aire|dale|ter|ri|er [ˈɛːʁdɛɪ̯...] (engl.) (eine Hunderasse)
Air France [ɛːʁˈfrãːs], die; - - (franz. Luftfahrtgesellschaft; *Abk.* AF)
Air|line [ˈɛːʁlaɪ̯n], die; -, -s (engl.) (*engl. Bez. für* Fluggesellschaft)
Air|play [ˈɛːʁplɛɪ̯], das; -s (engl.) (das Senden eines Liedes o. Ä. im Radio)
Air|port [ˈɛːʁpɔːʁt], der; -s, -s (engl.) (*engl. Bez. für* Flughafen)
ais, Ais, das; -, - (Tonbezeichnung)
Ai|scha, Ai|sche (w. Vorn.)
Ais|chy|los [...ç...] *vgl.* Äschylus
Ai|tel, der; -s, -[n] (*bayr., österr. für* ¹Döbel [ein Fisch])
Ait|ma|tow, Tschingis (kirgisischer Schriftsteller)
Aix-en-Pro|vence [ɛksɑ̃proˈvãːs] (Stadt in Südfrankreich)
Aja, die; -, -s (ital.) (*veraltet für* Erzieherin [fürstlicher Kinder])
Ajac|cio [*franz.* aʒakˈsjo, *ital.* aˈjatʃo] (Stadt auf Korsika)
Aja|tol|lah, *engl. Schreibung* Ayatollah, der; -[s], -s (pers.) (schiitischer Ehrentitel)
Ajax (griech. Sagengestalt)
¹à jour [a ˈʒuːʁ] (franz., »bis zum [heutigen] Tag«); à jour sein (auf dem Laufenden sein)
²à jour (franz., *zu* jour »Fenster«, eigtl. = durchbrochen) (*Bauw.* frei gegen den Raum stehend; durchbrochen [von Geweben]); à jour gefasst (nur am Rande gefasst [von Edelsteinen]);
Ajour|ar|beit; ajou|rie|ren (österr. *für* Ajourarbeit machen)
A-Ju|gend (*Sport*); **A-Ju|ni|or; A-Ju|ni|o|ren-Bun|des|li|ga; A-Ju|ni|o|rin**
¹AK, das; -, - = Armeekorps
²AK, der; -, -s = Arbeitskreis
³AK = Alaska
aka (= also known as) (engl. *für* auch bekannt als)

Aka|de|mie, die; -, ...ien (griech.) (wissenschaftliche Gesellschaft; [Fach]hochschule; österr. *auch für* literarische od. musikalische Veranstaltung)
Aka|de|mi|ker (Person mit Hochschulausbildung; **Aka|de|mi|ker|ar|beits|lo|sig|keit; Aka|de|mi|ke|rin; Aka|de|mi|ker|quo|te**
aka|de|misch; das akademische Viertel
Akan|thit, der; -s (griech.) (ein Mineral)
Akan|thus, der; -, - (stachliges Staudengewächs; **Akan|thus|blatt**
Aka|ro|id|harz (griech.; dt.) (ein Baumharz)
aka|ta|lek|tisch (griech.) (*Verslehre* unverkürzt)
Aka|tho|lik, der; -en, -en (griech.) (nicht katholischer Christ); **Aka|tho|li|kin** [*auch* ...ˈliː...]; **aka|tho|lisch** [*auch* ...ˈtoː...]
Aka|zie, die; -, -n (griech.) (ein tropischer Laubbaum od. Strauch)
Ake|lei, die; -, -en (mlat.) (eine Zier- u. Wiesenpflanze)
AKH, das; -[s] = Allgemeines Krankenhaus
Aki, das; -[s], -[s] (*kurz für* Aktualitätenkino)
Akk. = Akkusativ
Ak|kad (ehemalige Stadt in Babylonien); **ak|ka|disch** *vgl.* deutsch / Deutsch; **Ak|ka|disch,** das; -[s] (Sprache); **Ak|ka|di|sche,** das; -n; *vgl.* ²Deutsche
Ak|kla|ma|ti|on, die; -, -en (lat.) (geh. *für* Zuruf; Beifall); **ak|kla|mie|ren** (geh.)
Ak|kli|ma|ti|sa|ti|on, die; -, -en (lat.) (Anpassung an veränderte Klima-, Umwelt- od. Lebensbedingungen)
ak|kli|ma|ti|sie|ren, sich; **Ak|kli|ma|ti|sie|rung** *vgl.* Akklimatisation
Ak|ko|la|de, die; -, -n (franz.) (feierliche Umarmung beim Ritterschlag u. a.; *Druckw.* Klammer ⎴)
Ak|kom|mo|da|ti|on, die; -, -en (franz.) (*fachspr. für* Anpassung); **Ak|kom|mo|die|ren**
Ak|kom|pa|gne|ment [...panˈjəmãː], das; -s, -s (franz.) (*Musik* Begleitung); **ak|kom|pa|g|nie|ren**
Ak|kord, der; -[e]s, -e (lat.) (*Musik* Zusammenklang; *Wirtsch.* Bezahlung nach Stückzahl)
Ak|kord|ar|beit; Ak|kord|ar|bei|ter; Ak|kord|ar|bei|te|rin

A
Akko

Akkordeon

Ak|kor|de|on, das; -s, -s; **Ak|kor|de|o|nist**, der; -en, -en (Akkordeonspieler); **Ak|kor|de|o|nis|tin**
ak|kor|die|ren ⟨österr. für vereinbaren⟩
Ak|kord|lohn (Wirtsch.)
ak|kre|di|tie|ren ⟨Politik franz., Bankw. ital.⟩ (Politik beglaubigen; bevollmächtigen; Bankw. Kredit einräumen; jmdn. bei einer Bank für einen Betrag akkreditieren; **Ak|kre|di|tie|rung**; **Ak|kre|di|tie|rungs|ver|fah|ren**
Ak|kre|di|tiv, das; -s, -e ⟨franz.⟩ (Politik Beglaubigungsschreiben eines Botschafters; Bankw. Handelsklausel, Kreditbrief)
Ak|ku, der; -s, -s ⟨Kurzw. für Akkumulator⟩
Ak|ku|be|trie|ben
Ak|kul|tu|ra|ti|on, die; -, -en ⟨lat.⟩ (kultureller Anpassungsprozess); **ak|kul|tu|rie|ren**
Ak|ku|mu|lat, das; -[e]s, -e ⟨lat.⟩ (Geol. Anhäufung von Gesteinstrümmern); **Ak|ku|mu|la|ti|on**, die; -, -en (Anhäufung)
Ak|ku|mu|la|tor, der; -s, ...oren (ein Stromspeicher; ein Druckwasserbehälter; Kurzw. Akku)
ak|ku|mu|lie|ren (anhäufen; sammeln, speichern)

Akupunktur
Das Wort ist mit »akut« verwandt, dessen lateinischer Ursprung »scharf, spitz« bedeutet. Daher die Schreibung mit nur einem k.

ak|ku|rat ⟨lat.⟩ (sorgfältig, ordentlich; landsch. für genau); **Ak|ku|ra|tes|se**, die; - ⟨franz.⟩
Ak|ku|sa|tiv, der; -s, -e ⟨lat.⟩ (Sprachwiss. Wenfall, 4. Fall; Abk. Akk.); Akkusativ mit Infinitiv, lat. accusativus cum infinitivo (eine grammatische Konstruktion; Abk. acc. c. inf. od. a. c. i.); **Ak|ku|sa|tiv|ob|jekt**
Ak|ku|schrau|ber (akkubetriebener Schraubendreher)
Ak|me, die; - ⟨griech.⟩ (Med. Höhepunkt [einer Krankheit])
Ak|mo|la (früherer Name von Astana)
Ak|ne, die; -, -n ⟨griech.⟩ (Med. Hautausschlag)
Ako|luth (selten für Akolyth); **Ako|lyth**, der; Gen. -en u. -s, Plur. -en ⟨griech.⟩ (Laie, der während der Messe bestimmte Dienste am Altar verrichtet; früher katholischer Kleriker im 4. Grad der niederen Weihen)
Akon|to, das; -s, Plur. ...ten u. -s ⟨ital.⟩ ⟨österr., schweiz. für Anzahlung⟩; **Akon|to|zah|lung** (Bankw. Abschlagszahlung); vgl. a conto
AKP = Afrika, Karibik und pazifischer Raum; **AKP-Staa|ten** Plur. (mit den EU-Staaten assoziierte Entwicklungsländer aus Afrika, der Karibik u. dem Pazifik)
ak|qui|rie|ren [akvi...] ⟨lat.⟩ (anschaffen; Wirtsch. Kunden werben); **Ak|qui|rie|rung**
Ak|qui|se, die; -, -n (Akquisition)
Ak|qui|si|teur [...'tø:ɐ̯], der; -s, -e ⟨franz.⟩ (Kunden-, Anzeigenwerber); **Ak|qui|si|teu|rin**
Ak|qui|si|ti|on, die; -, -en (Anschaffung; Wirtsch. Kundenwerbung)
Ak|qui|si|tor, der; -s, ...oren ⟨österr. für Akquisiteur⟩; **Ak|qui|si|to|rin** ⟨österr.⟩; **ak|qui|si|to|risch**
Ak|ri|bie, die; - ⟨griech.⟩ (höchste Genauigkeit); **ak|ri|bisch**
Ak|ro|bat, der; -en, -en ⟨griech.⟩; **Ak|ro|ba|tik**, die; - (große körperliche Gewandtheit, Körperbeherrschung); **Ak|ro|ba|tin**; **ak|ro|ba|tisch**
Ak|ro|le|in, das; -s ⟨griech.; lat.⟩ (eine chem. Verbindung)
Ak|ro|nym, das; -s, -e ⟨griech.⟩ (aus den Anfangsbuchstaben mehrerer Wörter gebildetes Wort, z. B. »Aids«)
Ak|ro|po|lis, die; -, ...polen (altgriech. Stadtburg [von Athen])
Ak|ros|ti|chon, das; -s, Plur. ...chen u. ...cha (Anfangsbuchstaben, -silben od. -wörter der Verszeilen eines Gedichtes, die ein Wort od. einen Satz ergeben)
Ak|ro|ter, der; -s, -e, **Ak|ro|te|ri|on**, das; -s, ...ien (Archit. Giebelverzierung)
Ak|ro|ze|pha|lie, die; -, ...jen (Med. Spitzschädeligkeit)
äks! (ugs. für pfui!)
Akt, der; -[e]s, -e ⟨lat.⟩ (Abschnitt, Aufzug eines Theaterstückes; Handlung, Vorgang; künstler. Darstellung des nackten Körpers); vgl. Akte
Ak|tant, der; -en, -en ⟨franz.⟩ (Sprachwiss. abhängiges Satzglied)
Ak|te, die; -, -n, bes. österr. auch **Akt**, der; -[e]s, Plur. -e, österr. -en ⟨lat.⟩; zu den Akten (erledigt; Abk. z. d. A.)
Ak|tei (Aktensammlung)
Ak|ten|de|ckel; **Ak|ten|ein|sicht**; **Ak|ten|kof|fer**
ak|ten|kun|dig
Ak|ten|la|ge; nach Aktenlage (Amtsspr.)
Ak|ten|ord|ner; **Ak|ten|schrank**; **Ak|ten|ta|sche**; **Ak|ten|ver|merk**
Ak|ten|zahl ⟨österr. für Aktenzeichen⟩
Ak|ten|zei|chen (Abk. AZ od. Az.)
Ak|teur [...'tø:ɐ̯], der; -s, -e ⟨franz.⟩ (Handelnder; Spieler; Schauspieler); **Ak|teu|rin**
Ak|tie ['aktsjə], die; -, -n ⟨niederl.⟩ (Anteil[schein])
Ak|ti|en|bör|se; **Ak|ti|en|fonds**; **Ak|ti|en|ge|sell|schaft** (AG); **Ak|ti|en|ge|setz** (Rechtsspr.)
Ak|ti|en|in|dex (Finanzw. Kennziffer für die Kursentwicklung am Aktienmarkt); **Ak|ti|en|in|ha|ber** (Aktionär); **Ak|ti|en|in|ha|be|rin**
Ak|ti|en|ka|pi|tal; **Ak|ti|en|kauf**; **Ak|ti|en|kurs**; **Ak|ti|en|markt**; **Ak|ti|en|op|ti|on**; **Ak|ti|en|pa|ket**; **Ak|ti|en|recht**
Ak|ti|nie, die; -, -n ⟨griech.⟩ (Zool. eine sechsstrahlige Koralle)
ak|ti|nisch (Physik radioaktiv; Med. durch Strahlung hervorrufen, z. B. von Krankheiten)
Ak|ti|no|me|ter, das; -s, - (Meteorol. Strahlungsmesser); **ak|ti|no|morph** (Biol. strahlenförmig)
Ak|ti|on, die; -, -en ⟨lat.⟩ (Handlung, Unternehmung; schweiz. auch für Sonderangebot; vgl. aber Action)
Ak|ti|o|när, der; -s, -e ⟨franz.⟩ (Aktienbesitzer)
Ak|ti|o|na|ri|at, das; -s, -e ⟨schweiz. für Gesamtheit der Aktionärinnen u. Aktionäre⟩; **Ak|ti|o|nä|rin**; **Ak|ti|o|närs|ver|samm|lung**
Ak|ti|o|nis|mus, der; - ⟨lat.⟩ (Bestreben, durch [provozierende, künstlerische] Aktionen die Gesellschaft zu verändern; übertriebener Tätigkeitsdrang); **Ak|ti|o|nist**, der; -en, -en; **Ak|ti|o|nis|tin**; **ak|ti|o|nis|tisch**
Ak|ti|ons|art (Sprachwiss. Geschehensweise beim Verb, z. B. perfektiv: »verblühen«)
Ak|ti|ons|bünd|nis; **Ak|ti|ons|ge|mein|schaft**; **Ak|ti|ons|ko|mi|tee**
Ak|ti|ons|kunst, die; - (Kunstform, die künstlerische Aktionen an die Stelle von Kunstobjekten stellt); **Ak|ti|ons|künst|ler**; **Ak|ti|ons|künst|le|rin**
Ak|ti|ons|preis (Werbespr.)
Ak|ti|ons|pro|gramm

Ak|ti|ons|ra|di|us (Reichweite; Fahr-, Flugbereich);
Ak|ti|ons|tag; **Ak|ti|ons|wo|che**
Ak|ti|um (griech. Landzunge)
ak|tiv [auch 'a...] ⟨lat.⟩ (tätig; wirksam; im Dienst stehend; seltener für aktivisch); aktive Bestechung; aktive Bilanz; aktives Wahlrecht; aktiv werden
¹**Ak|tiv**, das; -s, -e Plur. selten (Sprachwiss. Tatform, Tätigkeitsform)
²**Ak|tiv**, das; -s, Plur. -s, seltener -e (regional für Personen, die gemeinsam an der Lösung bestimmter Aufgaben arbeiten)
Ak|ti|va, **Ak|ti|ven** (Plur. von Aktivum)
Ak|tiv|be|zug (österr. für Beamtengehalt im Ggs. zur Pension)
Ak|tiv|bür|ger (schweiz. für Bürger im Besitz der Stimm- u. Wahlrechts); **Ak|tiv|bür|ge|rin**
Ak|tiv|for|de|rung (Kaufmannsspr. ausstehende Forderung)
ak|ti|vie|ren (in Tätigkeit setzen; Vermögensteile in die Bilanz einsetzen); **Ak|ti|vie|rung**
ak|ti|visch ⟨lat.⟩ (Sprachwiss. das ¹Aktiv betreffend)
Ak|ti|vis|mus, der; - (Tätigkeitsdrang; zielstrebiges Handeln)
Ak|ti|vist, der; -en, -en (zielbewusst Handelnder; in der DDR jmd., der für vorbildliche Leistungen ausgezeichnet wurde); **Ak|ti|vis|tin**; **ak|ti|vis|tisch**
Ak|ti|vi|tas, die; - (Verbindungsw. Gesamtheit der zur aktiven Beteiligung in einer Studentenverbindung Verpflichteten)
Ak|ti|vi|tät, die; -, -en (Tätigkeit[sdrang]; Wirksamkeit)
Ak|tiv|koh|le (staubfeiner, poröser Kohlenstoff); **Ak|tiv|koh|le|fil|ter**
Ak|tiv|le|gi|ti|ma|ti|on (im Zivilprozess die Rechtszuständigkeit auf der Klägerseite)
Ak|tiv|pos|ten; **Ak|tiv|sal|do** (Einnahmeüberschuss)
Ak|ti|vum, das; -s, ...va u., bes. österr., ...ven meist Plur. ⟨lat.⟩ (Wirtsch. Vermögenswert eines Unternehmens); **Ak|tiv|ver|mö|gen** (wirkliches Vermögen)
Ak|t|ri|ce [...sə], die; -, -n ⟨franz.⟩ (veraltend für Schauspielerin)
ak|tu|a|li|sie|ren ⟨lat.⟩ (aktuell machen); **Ak|tu|a|li|sie|rung**
Ak|tu|a|li|tät, die; -, -en (Gegenwartsbezogenheit, Zeitnähe); **Ak|tu|a|li|tä|ten|ki|no** (Kurzw. Aki)

Ak|tu|ar, der; -s, -e ⟨lat.⟩ (Versicherungs- u. Wirtschaftsmathematiker; schweiz. für Schriftführer); **Ak|tu|a|rin**
ak|tu|ell ⟨franz.⟩ (gegenwartsnah, zeitgemäß); die Aktuelle od. aktuelle Stunde (im Parlament) ↑D 89
Aku|pres|sur, die; -, -en ⟨lat.⟩ (Heilbehandlung durch leichten Druck der Fingerkuppen)
Aku|punk|teur [...'tø:ɐ̯], der; -s, -e (Person, die Akupunkturen durchführt); **Aku|punk|teu|rin**
aku|punk|tie|ren
Aku|punk|tur, die; -, -en (Heilbehandlung durch Einstechen von Nadeln an best. Körperpunkten)
Akü|spra|che, die; - (kurz für Abkürzungssprache)
Akus|tik, die; -, -en ⟨griech.⟩ (Lehre vom Schall, von den Tönen; Klangwirkung); **akus|tisch**
akut ⟨lat.⟩; akutes (dringendes) Problem; akute (unvermittelt auftretende, heftig verlaufende) Krankheit; akut werden
Akut, der; -[e]s, -e (Sprachwiss. ein Betonungszeichen: ´, z. B. é)
AKW, das; -[s], -[s] = Atomkraftwerk; **AKW-Geg|ner**; **AKW-Geg|ne|rin** ↑D 28; **AKW-Lauf|zeit**
Ak|ze|le|ra|ti|on, die; -, -en ⟨lat.⟩ (Beschleunigung); **Ak|ze|le|ra|tor**, der; -s, ...oren (Beschleuniger); **ak|ze|le|rie|ren**
Ak|zent, der; -[e]s, -e ⟨lat.⟩ (Betonung[szeichen]; Tonfall, Aussprache; Nachdruck); **Ak|zent|buch|sta|be**
ak|zent|frei; **ak|zent|los**
Ak|zen|tu|a|ti|on, die; -, -en (Betonung); **ak|zen|tu|ie|ren** (betonen); **Ak|zen|tu|ie|rung**
Ak|zent|wech|sel
Ak|zept, das; -[e]s, -e ⟨lat.⟩ (Bankw. Annahmeerklärung des Bezogenen auf einem Wechsel; der akzeptierte Wechsel selbst)
ak|zep|ta|bel (annehmbar); ...a|b|le Bedingungen; **Ak|zep|ta|bi|li|tät**, die; -
Ak|zep|tant, der; -en, -en (Bankw. der zur Bezahlung des Wechsels Verpflichtete; Bezogener)
Ak|zep|tanz, die; -, -en (Bereitschaft, etwas zu akzeptieren)
Ak|zep|ta|ti|on, die; -, -en (Annahme)
ak|zep|tie|ren (annehmen; hinnehmen); **Ak|zep|tie|rung**

Ak|zep|tor, der; -s, ...oren (Bankw. Empfänger)
Ak|zes|si|on, die; -, -en ⟨lat.⟩ (Zugang; Erwerb; Beitritt)
Ak|zes|si|o|nä|tät, die; -, -en (Rechtswiss. Abhängigkeit des Nebenrechtes von dem zugehörigen Hauptrecht); **ak|zes|so|risch** (nebensächlich)
Ak|zi|dens, das; -, Plur. ...denzien u. ...dentia ⟨lat.⟩ (das Zufällige, was einer Sache nicht wesenhaft zukommt)
ak|zi|den|tell, **ak|zi|den|ti|ell** (zufällig; unwesentlich)
Ak|zi|denz, die; -, -en meist Plur. (Druckarbeit, die nicht zum Buch-, Zeitungs- u. Zeitschriftendruck gehört [z. B. Formulare); **Ak|zi|denz|druck** Plur. ...drucke; **Ak|zi|denz|set|zer**; **Ak|zi|denz|set|ze|rin**
Ak|zi|se, die; -, -n ⟨franz.⟩ (früher für Verbrauchssteuer; Zoll)
a. l. = ad libitum
Al. = Alinea
¹**AL**, die; - = Alternative Liste
²**AL** = Alabama
ä. L. = ältere[r] Linie (Geneal.)
à la [a la] ⟨franz.⟩ (im Stil, nach Art von)
alaaf! (Karnevalsruf); Kölle alaaf!
à la baisse [- - 'bɛːs] ⟨franz.⟩ (Börsenw. auf Fallen der Kurse [spekulieren])
Ala|ba|ma (Staat in den USA; Abk. AL)
Ala|bas|ter, der; -s, - Plur. selten ⟨griech.⟩ (eine Gipsart); **ala|bas|tern** (aus od. wie Alabaster)
à la bonne heure! [- - bɔ'nø:ɐ̯] ⟨franz.⟩ (so ist es recht!)
à la carte [- - 'kart] ⟨franz.⟩ (nach der Speisekarte); à la carte essen; **À-la-carte-Es|sen** ↑D 26; **À-la-carte-Re|s|tau|rant** ↑D 26
Ala|din (m. Eigenn.; Gestalt aus »1001 Nacht«)
à la hausse [- - 'oːs] ⟨franz.⟩ (Börsenw. auf Steigen der Kurse [spekulieren])
Al-Ak|sa-Mo|schee, die; - (auf dem Tempelberg in Jerusalem)
à la longue [- - 'lõːk] (auf längere Zeit)
à la mode [- - 'mɔt] ⟨franz.⟩ (nach der neuesten Mode)
Ala|mo|de|li|te|ra|tur, die; -; **Ala|mo|de|zeit**, die; -
Åland, der; -[e]s, -e (ein Fisch)
Åland|in|seln ['oː...] Plur. (finn. Inselgruppe in der Ostsee)

Alane

A **Alan**

Ala|ne, der; -n, -n (Angehöriger eines alten Nomadenvolkes)
Alant, der; -[e]s, -e (eine Heilpflanze)
Ala|rich (König der Westgoten)
Alarm, der; -[e]s, -e ⟨ital.⟩; **Alarm|an|la|ge**; **alarm|be|reit**; **Alarm|be|reit|schaft**; **Alarm|glo|cke**
alar|mie|ren ⟨ital.-franz.⟩
Alarm|ka|me|ra ⟨österr. für Überwachungskamera⟩; **Alarm|si|gnal**; **Alarm|stu|fe**; Alarmstufe Rot; **Alarm|zei|chen**; **Alarm|zustand**
Alas|ka (nordamerik. Halbinsel; Staat der USA; *Abk.* AK); **alas|kisch**
Alaun, der; -s, -e ⟨lat.⟩ (*Chemie* ein Salz); **alau|ni|sie|ren** (mit Alaun behandeln); **Alaun|stein**
a-Laut ↑**D 29**
¹**Alb**, der; -[e]s, -en (Naturgeist; *auch für* gespenstisches Wesen; Albdrücken); *vgl. aber* ²**Alp**
²**Alb**, die; - (Gebirge); Schwäbische, Fränkische Alb ↑**D 140**
Al|ban, Al|ba|nus (m. Vorn.)
Al|ba|ner; **Al|ba|ne|rin**
Al|ba|ni|en (Balkanstaat)
al|ba|nisch *vgl.* deutsch / Deutsch; **Al|ba|nisch**, das; -[s] (Sprache); **Al|ba|ni|sche**, das; -n; *vgl.* ²Deutsche
Al|ba|nus *vgl.* Alban
Al|ba|tros, der; -, -se ⟨angloind.-niederl.⟩ (ein Sturmvogel)
Alb|druck, Alp|druck, der; -[e]s, ...drücke; **Alb|drü|cken**, Alp|drücken, das; -s
Al|be, die; -, -n ⟨lat.⟩ (weißes liturgisches Gewand)
Al|be|do, die; - (*Physik* Rückstrahlungsvermögen nicht selbst leuchtender Oberflächen [z. B. Schnee od. Eis])
Al|be|rei
Al|be|rich (den Nibelungenhort bewachender Zwerg)
¹**al|bern**; ich albere
²**al|bern**; alberne Witze
Al|bern|heit
Al|bert (m. Vorn.)
¹**Al|ber|ta** [*auch* ɛl'bœːɐ̯ta] (kanadische Provinz)
²**Al|ber|ta**, **Al|ber|ti|ne** (w. Vorn.)
Al|ber|ti|na, die; - (Sammlung grafischer Kunst in Wien)
al|ber|ti|ni|sche Li|nie, die; -n - (sächsische Linie der Wettiner ↑**D 89**)
Al|ber|ti|num, das; -s (Museum in Dresden)

Al|ber|tus Ma|g|nus (dt. Theologe, Philosoph u. Naturforscher)
Al|bi|gen|ser, der; -s, - (*svw.* Katharer); **Al|bi|gen|se|rin**
Al|bin, Al|bi|nus (m. Vorn.)
Al|bi|nis|mus, der; - ⟨lat.⟩ (Unfähigkeit, Farbstoffe in Haut, Haaren u. Augen zu bilden)
Al|bi|no, der; -s, -s ⟨span.⟩ (Mensch, Tier od. Pflanze mit fehlender Farbstoffbildung); **al|bi|no|tisch**
Al|bi|nus *vgl.* Albin
Al|bi|on ⟨kelt.-lat.⟩ (*alter dichterischer Name für* England)
Al|bo|in, Al|bu|in (langobardischer König)
Al|b|recht (m. Vorn.)
Alb|traum, Alp|traum
Al|bu|in *vgl.* Alboin
¹**Al|bu|la**, die; - (Fluss in der Schweiz); ²**Al|bu|la**, die; - [s] (Berg u. Pass in der Schweiz); **Al|bu|la|pass**, **Al|bu|la-Pass**, der; -es
Al|bum, das; -s, ...ben ⟨lat.⟩ (Gedenk-, Sammelbuch; *auch für* Tonträger mit mehreren Musikstücken)
Al|bu|men, das; -s (*Biol., Med.* Eiweiß); **Al|bu|min**, das; -s, -e *meist Plur.* (ein Eiweißstoff); **al|bu|mi|nös** (eiweißhaltig); **Al|bu|mi|n|u|rie**, die; -, ...ien ⟨lat.; griech.⟩ (*Med.* Ausscheidung von Eiweiß im Harn)
Al|bus, der; -, *Plur.* - u. -se (Weißpfennig, alte deutsche Münze)
Al|can|ta|ra®, das; -[s] ⟨arab.-ital.⟩ (ein Velourslederimitat)
Al|ca|traz [ɛlkəˈtrɛs] (Felseninsel in der Bucht von San Francisco [frühere Gefängnisinsel])
Al|cä|us *vgl.* Alkäus
Al|ces|te *vgl.* Alkeste
Al|che|mie, die; - ⟨arab.⟩ (Chemie des MA.s; vermeintl. Goldmacherkunst; Schwarzkunst); **Al|che|mist**, der; -en, -en; **Al|che|mis|tin**; **al|che|mis|tisch**
Äl|chen (kleiner Aal; *Zool.* Fadenwurm)
Al|chi|mie usw. *vgl.* Alchemie usw.
Al|ci|bi|a|des *vgl.* Alkibiades
Al|co|pop, Al|ko|pop, das *od.* der; -[s], -s ⟨engl.⟩ (alkoholhaltiges Limonadenmischgetränk)
Al|co|test® (Test[gerät] zur Ermittlung des Alkoholspiegels im Blut)
Al|cy|o|ne [*auch* ...ˈtsy̆oːnə] usw. *vgl.* ¹Alkyone usw.
Al|de|ba|ran [*auch* ...ˈbaː...], der; - ⟨arab.⟩ (ein Stern)

Al|de|hyd, der *od.* das; -s, -e (*Chemie* eine organ. Verbindung)
al den|te ⟨ital.⟩ (*Gastron.* bissfest)
Al|der|man [ˈɔːldəmən], der; -s, ...men [...mən] ⟨engl.⟩ (Ratsherr in angelsächsischen Ländern)
¹**Al|di|ne**, die; -, -n (Druckwerk des venezianischen Druckers Aldus Manutius)
²**Al|di|ne**, die; - (*Druckw.* halbfette Antiqua)
Ale [eːl, *auch* ɛɪl], das; -s, -s ⟨engl.⟩ (engl. Bier)
alea iac|ta est ⟨lat., »der Würfel ist geworfen«⟩ (die Entscheidung ist gefallen)
Ale|a|to|rik, die; - ⟨lat.⟩ (*Musik* im 20. Jh. entstandener Kompositionsstil mit Zufallselementen); **ale|a|to|risch** (vom Zufall abhängig)
Alek|to (eine der drei Erinnyen)
Ale|man|ne, der; -n, -n (Angehöriger eines germanischen Volksstammes); **Ale|man|nin**; **ale|man|nisch** *vgl.* deutsch / Deutsch; **Ale|man|nisch**, das; -[s] (deutsche Mundart); **Ale|man|ni|sche**, das; -n; *vgl.* ²Deutsche
Alep|po|ki|e|fer (nach der syrischen Stadt Aleppo) (Kiefernart des Mittelmeerraumes)
alert ⟨ital.⟩ (*landsch. für* munter, flink)
Alert [əˈlœːɐ̯t], der *od.* das; -s, -s ⟨engl.⟩ (*EDV* Internetdienst, der auf Anfrage bestimmte Neuigkeiten meldet)
Aleu|ron, das; -s ⟨griech.⟩ (*Biol.* Reserveeiweiß der Pflanzen)
Ale|u|ten *Plur.* (Inseln zwischen Beringmeer u. Pazifischem Ozean)
Ale|vis|mus, der; - (eine Glaubensrichtung des Islams)
Ale|vit, der; -en, -en ⟨arab.⟩ (Anhänger des Alevismus); **Ale|vi|tin**; **ale|vi|tisch**
Alex (m. Vorn.)
Ale|xa (w. Vorn.); **Ale|x|an|der** (m. Vorn.)
Ale|x|an|der Lu|cas, die; --, -- (eine Birnensorte)
Ale|x|an|d|ra (w. Vorn.)
Ale|x|an|d|ria [*auch* ...ˈdriːa], **Ale|x|an|d|ri|en** (ägypt. Stadt)
Ale|x|an|d|ri|ner (Bewohner von Alexandria; ein Versmaß); **ale|x|an|d|ri|nisch**
Ale|xi|a|ner, der; -s, - ⟨griech.⟩ (Angehöriger einer Laienbruderschaft); **Ale|xi|a|ne|rin**

Alkyone

Ale|xie, die; - ⟨griech.⟩ (*Med.* Leseunfähigkeit bei erhaltenem Sehvermögen)
Ale|xin, das; -s, -e *meist Plur.* ⟨griech.⟩ (*Biochemie* ein Abwehrstoff gegen Bakterien)
Alf (m. Vorn.)
Al|fa|gras ⟨arab.; dt.⟩ (zur Papierherstellung verwendete Grasart)
Al|fons (m. Vorn.)
Al|fred (m. Vorn.)
al fres|co (*häufig für* a fresco)
Al|fried (m. Vorn.)
ALG, Alg = Arbeitslosengeld
Al|gar|ve, die *u.* der; - (südliche Provinz Portugals)
Al|ge, die; -, -n ⟨lat.⟩
Al|ge|b|ra ⟨griech. ...'ge:...⟩, die; -, *Plur.* (*für* algebraische Strukturen:) ...ebren ⟨arab.⟩ (Lehre von den mathematischen Gleichungen); **al|ge|b|ra|isch;** algebraische Gleichungen
Al|ge|nib, der; -[s] ⟨arab.⟩ (ein Stern)
Al|gen|pest (übermäßiges Auftreten von Algen)
Al|ge|ri|en (Staat in Nordafrika); **Al|ge|ri|er; Al|ge|ri|e|rin**
al|ge|risch
Al|gier [...ʒiːɐ̯, ...giːɐ̯] (Hauptstadt Algeriens)
Al|gol [*auch* 'a...], der; -[s] ⟨arab.⟩ (ein Stern)
ALGOL, das; -[s] ⟨Kunstwort aus engl. **al**go**ri**thmic **l**anguage⟩ (eine Programmiersprache)
Al|go|lo|ge, der; -n, -n; **Al|go|lo|gie,** die; - ⟨lat.; griech.⟩ (Algenkunde); **Al|go|lo|gin**
Al|gon|kin, das; -[s] (eine indian. Sprachfamilie in Nordamerika)
al|go|rith|misch ⟨arab.⟩ (*Math., EDV*); **Al|go|rith|mus,** der; -, ...men (nach einem bestimmten Schema ablaufender Rechenvorgang)
Al|gra|fie, Al|gra|phie, die; -, ...ien ⟨lat.; griech.⟩ (Flachdruckverfahren u. danach hergestelltes Kunstblatt)
Al|ham|b|ra, die; - ⟨arab.⟩ (Palast bei Granada)
Ali [*auch* 'ali, a'liː] (m. Vorn.)
ali|as ⟨lat.⟩ (anders; sonst; auch ... genannt); **Ali|as** [*auch* 'ɛːlias], der *od.* das; -, -[se] ⟨lat.-engl.⟩ (*EDV* Ersatzname)
Ali|bi, das; -s, -s ⟨[Nachweis der] Abwesenheit vom Tatort des Verbrechens; Rechtfertigung⟩
Ali|bi|frau (Frau, die als Beweis für die Verwirklichung der Chancengleichheit angeführt wird); **Ali|bi|mann**
Ali|ce [...sə, *österr.* ...s] (w. Vorn.)
Ali|en ['ɛɪlian], der *od.* das; -s, -s ⟨engl.⟩ (außerirdisches Lebewesen)
Ali|e|na|ti|on, die; -, -en ⟨lat.⟩ (*veraltet für* Entfremdung; Verkauf); **ali|e|nie|ren** (*veraltet*)
Ali|gne|ment [alɪnjə'mã:], das; -s ⟨franz.⟩ ([Abstecken einer] Richtlinie); **ali|g|nie|ren**
Ali|men|ta|ti|on, die; -, -en ⟨lat.⟩ (Lebensunterhalt)
Ali|men|te *Plur.* (*ugs. für* Unterhaltsbeiträge, bes. für nicht eheliche Kinder); **ali|men|tie|ren** (mit Geldmitteln unterstützen)
Ali|nea, das; -s, -s ⟨lat.⟩ (*veraltet für* [mit Absatz beginnende] neue Druckzeile; *Abk.* A.)
ali|pha|tisch ⟨griech.⟩ (*Chemie*) aliphatische Verbindungen (Verbindungen mit offenen Kohlenstoffketten)
ali|quant ⟨lat.⟩ (*Math.* mit Rest teilend)
ali|quot [*auch* ...'kvoːt] ⟨lat.⟩ (*Math.* ohne Rest teilend; *österr. für* anteilmäßig); **ali|quo|tie|ren** (*österr. für* anteilmäßig aufteilen)
Al|ita|lia, die; - ⟨ital.⟩ (ital. Luftfahrtgesellschaft)
Ali|za|rin, das; -s ⟨arab.⟩ (ein [Pflanzen]farbstoff)
Alk, der; *Gen.* -[e]s *od.* -en, *Plur.* -e[n] ⟨nord.⟩ (ein arktischer Meeresvogel)
Al Kai|da vgl. El Kaida
Al|kai|os vgl. Alkäus; **al|kä|isch** (nach Alkäus benannt)
Al|kal|de, der; -n, -n ⟨span.⟩ (spanischer Bürgermeister, Dorfrichter)
Al|ka|li [*auch* 'a...], das; -s, ...alien *meist Plur.* ⟨arab.⟩ (*Chemie* eine stark basische Verbindung); **Al|ka|li|me|tall** (*Chemie*)
al|ka|lisch (basisch; laugenhaft)
Al|ka|lo|id, das; -[e]s, -e ⟨arab.; griech.⟩ (meist giftige natürliche Stickstoffverbindung)
Al|kä|us (griech. Dichter)
Al|ka|zar [...zar, *österr.* ...'saːr], der; -[s], ...zare ⟨arab.-span.⟩ (Burg, Palast [in Spanien])
Al|ke, Alk|je (w. Vorn.)
Al|kes|te (w. Gestalt der griech. Mythol.)
Al|ki, der; -s, -s ⟨*ugs. kurz für* Alkoholiker)
Al|ki|bi|a|des (griech. Staatsmann
Alk|je, Al|ke (w. Vorn.)
Alk|man [*auch* 'a...] ⟨griech. Dichter⟩; **alk|ma|nisch;** alkmanischer Vers ↑D89
Alk|me|ne (Gattin des Amphitryon, Mutter des Herakles)
Al|ko|hol [*auch* ...'hoːl], der; -s, -e ⟨arab.⟩
al|ko|hol|ab|hän|gig; Al|ko|hol|ab|hän|gig|keit
Al|ko|hol|ein|fluss, der; -es
Al|ko|hol|ex|zess; Al|ko|hol|fah|ne (*ugs.*); **al|ko|hol|frei; Al|ko|hol|ge|halt,** der; **Al|ko|hol|ge|nuss,** der; -es; **al|ko|hol|hal|tig,** *österr.* **al|ko|hol|häl|tig**
Al|ko|ho|li|ka *Plur.* (alkoholische Getränke)
Al|ko|ho|li|ker; Al|ko|ho|li|ke|rin; al|ko|ho|lisch
al|ko|ho|li|sie|ren (mit Alkohol versetzen; *scherzh. für* unter Alkohol setzen); **al|ko|ho|li|siert** (betrunken)
Al|ko|ho|lis|mus, der; -
Al|ko|hol|kon|sum
Al|ko|hol|krank, Al|ko|hol|kran|ke, der *u.* die; -n, -n
Al|ko|hol|miss|brauch, der; -[e]s; **Al|ko|hol|pro|b|lem**
Al|ko|hol|schloss (*Kfz-Technik* Vorrichtung, die den Alkoholspiegel des Fahrers überprüft u. ein Starten des Fahrzeugs nur dann ermöglicht, wenn er nüchtern ist)
Al|ko|hol|spie|gel; Al|ko|hol|sucht; Al|ko|hol|sün|der; Al|ko|hol|sün|de|rin; Al|ko|hol|test; Al|ko|hol|ver|bot; Al|ko|hol|ver|gif|tung
Al|ko|len|ker (*österr. für* alkoholisierter Autofahrer); **Al|ko|len|ke|rin**
Al|ko|li|mit, das; -s, -s (*österr. für* Promillegrenze)
Al|ko|mat, der; -en, -en (Gerät zur Messung des Alkoholspiegels im Blut)
Al|ko|pop vgl. Alcopop
Al|kor [*auch* 'a...], der; -[s] ⟨arab.⟩ (ein Stern)
Al|ko|test vgl. Alcotest
Al|ko|ven [*auch* 'a...], der; -s, - ⟨arab.⟩ (Nebenraum; Bettnische)
Al|ku|in (angelsächsischer Gelehrter)
Al|kyl, das; -s, -e ⟨arab.; griech.⟩ (*Chemie* einwertiger Kohlenwasserstoffrest); **al|ky|lie|ren** (eine Alkylgruppe einführen)
¹**Al|ky|o|ne** [*auch* alˈkyːone] (Tochter des Äolus)

Alkyone

all

alle, alles
- all[e] diese; alle beide
- alle, die eingeladen waren; sie kamen alle
- sie alle (*als Anrede:* Sie alle)
- er opferte sich für alle; ich grüße euch alle
- in, vor, bei allem
- bei, in, mit, nach, trotz, von, zu allem dem *od.* all[e]dem, all[em] diesem
- das, dies[es], was, wer alles
- all[es] das, dies[es]
- ich werde alles tun, was in meiner Macht steht
- für, um alles
- dem allen (*häufiger für* dem allem)
- diese alle
- diesem allen (*auch* diesem allem)
- alle Anwesenden
- alles Gute
- die Freude an allem Schönen; die Freunde alles Schönen
- allen Übels (*meist für* alles Übels)
- all[e] die Sorgen; all[e] die Mühe
- all der Schmerz; all das Schöne
- alle ehrlichen Menschen; aller erwiesene (*selten* erwiesener) Respekt
- die Bedingung allen (*auch* alles) geistigen Lebens
- trotz aller vorheriger Planung
- mit all[er] seiner Habe

In festen Verbindungen, Redewendungen und Zusammensetzungen:
- mein Ein und [mein] Alles
- alles und jedes; alles oder nichts
- alles in allem; alles in einem
- alles andere
- ein für alle Mal[e], *aber* allemal (*vgl. d.*)
- alle neun[e] (beim Kegeln)
- alle (*landsch.* aller) nase[n]lang, naslang (*ugs.*)
- allen Ernstes
- aller guten Dinge sind drei
- all[e]zeit (*vgl. d.*); allesamt; allenfalls allenthalben; allerart (*vgl. d.*); allerdings; allerhand (*vgl. d.*); allerlei (*vgl. d.*); allerorten, allerorts; all[er]seits; allerwärts; alle[r]wege (*vgl. d.*); alltags (*vgl. d.*); allwöchentlich; allzu (*vgl. d.*)

²**Al|ky|o|ne** [*auch* al'ky:one] (ein Stern)
al|ky|o|nisch (*geh. für* friedlich, windstill)
all *s. Kasten*
All, das; -s (Weltall)
all|abend|lich
al|la bre|ve ⟨ital.⟩ (*Musik im* ¹/₂- *statt* ¹/₄-Takt); **Al|la-bre|ve-Takt**
Al|lah ⟨arab.⟩ (*islam. Rel.* Gott)
al|la mar|cia [- ...tʃa] ⟨ital.⟩ (*Musik* marschmäßig)
al|la po|lac|ca ⟨ital.⟩ (*Musik in der Art der* Polonaise)
Al|lasch, der; *Gen.* -[e]s *u.* -, *Plur.* -e (ein Kümmellikör)
al|la te|des|ca ⟨ital.⟩ (*Musik in der Art eines deutschen Tanzes*)
al|la tur|ca ⟨ital.⟩ (*Musik in der Art der türkischen Musik*)
al|la zin|ga|re|se ⟨ital.⟩ (*Musik in der Art der Zigeunermusik*)
all|be|kannt
all|da (*veraltend*)
all|dem, alle|dem; bei all[e]dem; *aber* sie sagte nichts von all dem, was sie wusste
all|die|weil, die|weil (*veraltet*)
al|le *vgl.* all
al|le|dem, all|dem; bei all[e]dem
Al|lee, die; -, Al|leen ⟨franz.⟩; Schreibung in Straßennamen: ↑D 162 *u.* 163

Al|le|ghe|nies [ɛli'geɪni:s] *Plur.* (*svw.* Alleghenygebirge); **Al|le|ghe|ny|ge|bir|ge** [...ni...], das; -s (nordamerik. Gebirge)
Al|le|go|rie, die; -, ...ien ⟨griech.⟩ (Sinnbild; Gleichnis); **Al|le|go|rik,** die; -; **al|le|go|risch; al|le|go|ri|sie|ren** (versinnbildlichen)
al|le|gret|to ⟨ital.⟩ (*Musik mäßig schnell, mäßig lebhaft*); **Al|le|gret|to,** das; -s, *Plur.* -s *u.* ...tti
al|le|gro (*Musik lebhaft*); **Al|le|gro,** das; -s, *Plur.* -s *u.* ...gri
al|lein *s. Kasten Seite 185*
al|lei|ne (*ugs. für* allein)
Al|lein|er|be; Al|lein|er|bin
al|lein|er|zie|hend, al|lein er|zie|hend *vgl.* allein
Al|lein|er|zie|hen|de, der *u.* die; -n, -n, al|lein Er|zie|hen|de, der *u.* die; - -n, - -n ↑D 58
Al|lein|er|zie|her (*österr. für* Alleinerziehender); **Al|lein|er|zie|he|rin**
Al|lein|flug; Al|lein|gang, der
al|lein gül|tig, al|lein|gül|tig *vgl.* allein
Al|lein|heit, die; - (*Philos.*)
Al|lein|herr|schaft; Al|lein|herr|scher; Al|lein|herr|sche|rin
al|lei|nig
Al|lein|in|ha|ber; Al|lein|in|ha|be|rin
al|lein|las|sen (im Stich lassen);

aber allein lassen (ohne Gesellschaft lassen)
Al|lein|schuld, die; -
Al|lein|sein, das; -s
al|lein se|lig ma|chend, al|lein se|lig|ma|chend *vgl.* allein
Al|lein|spie|ler (*bes. Skat*); **Al|lein|spie|le|rin**
al|lein|ste|hen *vgl.* allein
al|lein|ste|hend *vgl.* allein
Al|lein|ste|hen|de, der *u.* die; -n, -n; *vgl.* allein
Al|lein|stel|lungs|merk|mal (Marketing)
Al|lein|un|ter|hal|ter; Al|lein|un|ter|hal|te|rin
al|lein ver|bind|lich, al|lein|ver|bind|lich; allein verbindliche *od.* alleinverbindliche Regeln
Al|lein|ver|die|ner; Al|lein|ver|die|ne|rin; Al|lein|ver|tre|tung; Al|lein|ver|trieb
al|lel ⟨griech.⟩; allele Gene; **Al|lel,** das; -s, -e *meist Plur.* (eines von zwei einander entsprechenden Genen in homologen Chromosomen)
al|le|lu|ja! usw. *vgl.* halleluja! usw.
al|le|mal (*ugs. für* natürlich, in jedem Fall); das kann sie allemal besser; *aber* ein für alle Mal, ein für alle Male

allgemeinverständlich

al|lein
- von allein[e] *(ugs.)*
- *Schreibung in Verbindung mit Verben und Adjektiven* ↑D 89 *u.* 58:
- allein sein, bleiben
- die Kinder allein erziehen
- jmdn. allein lassen (ohne Gesellschaft), *aber* jmdn. alleinlassen (im Stich lassen)
- das allein gültige *od.* alleingültige Zahlungsmittel
- die allein selig machende *od.* allein seligmachende Kirche
- das Kind kann schon allein stehen, *aber* er wollte im Alter nicht alleinstehen
- sie ist eine alleinstehende Frau (lebt nicht mit einem [Ehe]partner zusammen)
- eine alleinerziehende *od.* allein erziehende Mutter
- die Alleinerziehenden *od.* die allein Erziehenden

Al|le|man|de [al(ə)'mã:...], die; -, -n ⟨franz.⟩ (alter dt. Tanz)
Al|len ['ɛlən], Woody ['wʊdɪ] (amerik. Regisseur u. Schauspieler)
al|len|falls; al|lent|hal|ben
Al|ler, der; - (Nebenfluss der Weser)
al|ler|al|ler|letz|te *vgl.* letzte
al|ler|art (allerlei); allerart Dinge, *aber* Dinge aller Art
Al|ler|bar|mer, der; -s (religiöse Bezeichnung für Gott)
al|ler|bes|te; das kann sie am allerbesten; *aber* ↑D 72: es ist das Allerbeste, dass ...; *vgl.* beste
al|ler|christ|lichs|te; Al|ler|christ|lichs|te Ma|jes|tät, die; -n - (früher Titel der franz. Könige)
al|ler|dings
al|ler|durch|lauch|tigs|te; Al|ler|durch|lauch|tigs|ter ... (*früher* Anrede an einen Kaiser)
al|ler|ers|te; *zur Groß- u. Kleinschreibung vgl.* erste
al|ler|frü|hes|tens
al|ler|gen ⟨griech.⟩ (*Med.* Allergien auslösend); **Al|l|er|gen**, das; -s, -e *meist Plur.* (*Med.* Stoff, der eine Allergie hervorrufen kann)
Al|l|er|gie, die; -, ...ien (Überempfindlichkeit); **al|l|er|gie|ge|tes|tet; Al|l|er|gie|schock**, der
Al|l|er|gi|ker; Al|l|er|gi|ke|rin
al|l|er|gisch (überempfindlich)
Al|l|er|go|lo|ge, der; -n, -n; **Al|l|er|go|lo|gie**, die; - (wissenschaftliche Erforschung der Allergien); **Al|l|er|go|lo|gin; al|l|er|go|lo|gisch**
al|ler|größ|te *vgl.* groß
al|ler|hand *(ugs.)*; allerhand Neues ↑D 72; allerhand Streiche; das ist ja allerhand
Al|ler|hei|li|gen, das; -, österr. *Plur.* (kath. Fest zu Ehren aller Heiligen); **Al|ler|hei|li|gen|fest**
al|ler|hei|ligs|te; die allerheiligsten Güter; **Al|ler|hei|ligs|te**, das; -n

Al|ler|heil|mit|tel (*bes. schweiz. neben* Allheilmittel)
al|ler|höchs|te; allerhöchstens; auf das, aufs Allerhöchste *od.* auf das, aufs allerhöchste ↑D 75
Al|ler|ka|tho|lischs|te Ma|jes|tät, die; -n - (Titel der span. Könige)
al|ler|lei; allerlei Wichtiges ↑D 72; **Al|ler|lei**, das; -s, -s; Leipziger Allerlei (Mischgemüse)
al|ler|letz|te; zuallerletzt; *zur Groß- u. Kleinschreibung vgl.* letzte
al|ler|liebst; Al|ler|liebs|te, der *u.* die; -n, -n
Al|ler|manns|har|nisch (Pflanze)
al|ler|meis|te; allermeisten *od.* Allermeisten glauben ... ↑D 77
al|ler|min|des|te; das allermindeste *od.* Allermindeste wäre ...; *vgl.* mindeste
al|ler|nächs|te; *zur Groß- u. Kleinschreibung vgl.* ¹nächst
al|ler|neu|es|te, al|ler|neus|te; das Allerneu[e]ste ↑D 72
al|ler|nö|tigs|te; das Allernötigste ↑D 72
al|ler|or|ten (*geh.*); **al|ler|orts** (*geh.*)
Al|ler|see|le, das; - (kath. Gedächtnistag für die Verstorbenen); **Al|ler|see|len|tag**
al|ler|seits, allseits
al|ler|spä|tes|te; al|ler|spä|tes|tens
al|ler|wärts (überall)
al|ler|we|ge, al|ler|we|gen, al|ler|wegs (*veraltet für* überall, immer)
al|ler|weil *vgl.* allweil
Al|ler|welts|kerl *(ugs.)*; **Al|ler|welts|mit|tel**, das; **Al|ler|welts|na|me; Al|ler|welts|wort** *Plur.* ...wörter
al|ler|we|nigs|te ↑D 77; das allerwenigste *od.* Allerwenigste, was ...; am allerwenigsten; allerwenigstens
Al|ler|wer|tes|te, der; -n, -n *(ugs. scherzh. für* Gesäß)
al|les *vgl.* all; **al|le|samt** *(ugs.)*

Al|les|bes|ser|wis|ser *(ugs.)*; **Al|les|bes|ser|wis|se|rin** *(ugs.)*
Al|les|bren|ner (Ofen)
Al|les|fres|ser; Al|les|fres|se|rin
Al|les-in|klu|si|ve-Ur|laub
Al|les|kle|ber
Al|les|kön|ner; Al|les|kön|ne|rin
Al|les|schnei|der (ein Küchengerät)
al|le|we|ge *vgl.* alle[r]wege
al|le|weil *vgl.* allweil
al|lez! [a'le:] ⟨franz., »geht!«⟩ (vorwärts!)
al|le|zeit, all|zeit (*veraltend, noch landsch. für* immer)
all|fäl|lig [österr. al'fɛl...] (österr., schweiz. *für* etwaig, allenfalls [vorkommend], eventuell); **All|fäl|li|ge**, das; -n *meist ohne Artikel* (österr., schweiz. *für* letzter Punkt einer Tagesordnung)
All|gäu, das; -s; **All|gäu|er; All|gäu|e|rin; all|gäu|isch**
All|ge|gen|wart; all|ge|gen|wär|tig
all|ge|mein *s. Kasten Seite 186*
All|ge|mein|arzt; All|ge|mein|ärz|tin; All|ge|mein|be|fin|den
all|ge|mein|bil|dend, all|ge|mein bil|dend *vgl.* allgemein; **All|ge|mein|bil|dung**, die; -
All|ge|mein|chi|r|ur|gie
all|ge|mein|gül|tig, all|ge|mein gültig *vgl.* allgemein; **All|ge|mein|gül|tig|keit**
All|ge|mein|gut
All|ge|mein|heit
All|ge|mein|me|di|zin, die; -; **All|ge|mein|me|di|zi|ner; All|ge|mein|me|di|zi|ne|rin**
All|ge|mein|platz (abgegriffene Redensart)
all|ge|mein|sprach|lich; der allgemeinsprachliche Wortschatz
all|ge|mein ver|bind|lich, all|ge|mein|ver|bind|lich *vgl.* allgemein
All|ge|mein|ver|bind|lich|keit
all|ge|mein ver|ständ|lich, all|ge|mein|ver|ständ|lich *vgl.* allgemein

Allgemeinwissen

A
Allg

all|ge|mein

Kleinschreibung ↑ **D 89**:
- die allgemeine Schul-, Wehrpflicht
- allgemeine Geschäftsbedingungen (*Abk.* AGB), *aber* Gesetz zur Regelung des Rechts der Allgemeinen Geschäftsbedingungen
- die Allgemeine *od.* allgemeine Hochschulreife (Reifeprüfung an einer höheren Schule)

Großschreibung der Substantivierung:
- im Allgemeinen (gewöhnlich; *Abk.* i. Allg.)
- er bewegt sich stets nur im Allgemeinen (beachtet nicht das Besondere)

Großschreibung als Bestandteil von Namen ↑ **D 88**:
- Allgemeine Deutsche Biographie (*Abk.* ADB)
- Allgemeiner Deutscher Automobil-Club (*Abk.* ADAC)
- Allgemeiner Studierendenausschuss (*Abk.* AStA)
- Allgemeines Bürgerliches Gesetzbuch (in Österreich geltend; *Abk.* ABGB)
- Deutsches Allgemeines Sonntagsblatt (Zeitung)

In Verbindung mit einem Adjektiv kann je nach Betonung getrennt oder zusammengeschrieben werden:
- die allgemeingültigen *od.* allgemein gültigen Bestimmungen
- eine allgemein verbindliche *od.* allgemeinverbindliche Regelung
- ein allgemein verständlicher *od.* allgemeinverständlicher Text

Aber nur:
- die allgemein anerkannten Verfahren
- die allgemein übliche Verschwendung

In Verbindung mit adjektivisch gebrauchten Partizipien kann getrennt oder zusammengeschrieben werden ↑ **D 58**:
- die allgemeinbildenden *od.* allgemein bildenden Schulen

All|ge|mein|wis|sen; All|ge|mein|wohl; All|ge|mein|zu|stand
All|ge|walt (*geh.*); **all|ge|wal|tig** (*geh., oft iron.*)
All|heil|mit|tel, das
All|heit (*Philos.*)
Al|li|anz, die; -, -en ⟨franz.⟩ ([Staaten]bündnis); die Heilige Allianz
Al|li|ga|tor, der; -s, ...oren ⟨lat.⟩ (eine Panzerechse)
al|li|ie|ren, sich ⟨franz.⟩ (sich verbünden); **Al|li|ier|te,** der u. die; -n, -n
all-in|clu|sive [ˈɔːl(l)ɪnˈkluːzɪf] ⟨engl.⟩ (alles [im Preis] enthaltend); wir reisen all-inclusive; eine Woche all-inclusive;
All-in|clu|sive-Ur|laub
Al|li|te|ra|ti|on, die; -, -en ⟨lat.⟩ (*Verslehre* Anlaut-, Stabreim); **al|li|te|rie|rend** (stabreimend)
all|jähr|lich
all|lie|bend (*geh.*)
All|macht, die; - (*geh.*)
all|mäch|tig; All|mäch|ti|ge, der; -n (Gott); Allmächtiger!
all|mäh|lich
All|meind, All|mend, die; -, -en (*schweiz. für* Allmende); **All|men|de,** die; -, -n (*früher für* gemeinsam genutztes Gemeindegut); **All|mend|recht**
all|mo|nat|lich; all|mor|gend|lich
All|mut|ter, die; - (*dichter.*); Allmutter Natur
all|näch|tlich
al|lo|ch|thon [...x...] ⟨griech.⟩ (*Geol.* an anderer Stelle entstanden)

Al|lod, das; -[e]s, -e (*MA.* dem Lehensträger persönlich gehörender Grund u. Boden); **al|lo|di|al** ⟨germ.-mlat.⟩ (zum Allod gehörend)
Al|lo|ga|mie, die; - ⟨griech.⟩ (*Bot.* Fremdbestäubung)
Al|lo|ku|ti|on, die; -, -en ⟨lat.⟩ (feierliche [päpstliche] Ansprache [an die Kardinäle])
Al|lon|ge [aˈlõːʒə], die; -, -n ⟨franz.⟩ (*Wirtsch.* Verlängerungsstreifen [bei Wechseln])
Al|lon|ge|pe|rü|cke (langlockige Perücke des 17. u. 18. Jh.s)
Al|lo|pa|thie, die; - ⟨griech.⟩ (ein Heilverfahren der Schulmedizin); **al|lo|pa|thisch**
Al|lo|t|ria *Plur., heute meist das;* -[s] ⟨griech.⟩ (Unfug)
All|par|tei|en|re|gie|rung
All|par|tei|lich|keit, die; -
All|rad, der; -[e]s (*kurz für* Allradantrieb); **All|rad|an|trieb; all|rad|be|trie|ben** (*seltener für* allradgetrieben); **all|rad|ge|trie|ben;** allradgetriebene Fahrzeuge
all right! [ˈɔːl ˈraɪt] ⟨engl.⟩ (richtig!, in Ordnung!)
All|roun|der [ɔːlˈraʊndɐ], der; -s, -, **All|round|man** [...ˈraʊntmən], der; -[s], ...men [...mən] ⟨engl.⟩ (jmd., der viele Bereiche beherrscht); **All|roun|de|rin**
all|sei|tig; All|sei|tig|keit; all|seits; all|ler|seits
All-Star-Band [ˈɔːlstaːɐ̯...], die; -, -s ⟨engl.⟩ (Jazzband, die aus berühmten Spielern besteht)

all|stünd|lich
All|tag *Plur.* selten
all|täg|lich [ˈa... (= alltags), alˈtɛː... (= üblich, gewöhnlich)]; **All|täg|lich|keit**
all|tags ↑ **D 70**, *aber* des Alltags; alltags wie feiertags
All|tags|be|schäf|ti|gung; All|tags|er|fah|rung; All|tags|fra|ge; All|tags|kleid; All|tags|kom|pe|tenz (bes. in der Pflege[versicherung]); **All|tags|le|ben; All|tags|sor|gen** *Plur.;* **All|tags|spra|che; all|tags|taug|lich; All|tags|trott**
all|über|all (*geh.*); **all|um|fas|send**
Al|lü|re, die; -, -n *meist Plur.* ⟨franz.⟩ (*meist abwertend für* eigenwilliges Benehmen)
al|lu|vi|al ⟨lat.⟩ (*Geol.* angeschwemmt, abgelagert)
Al|lu|vi|on, die; -, -en (angeschwemmtes Land)
Al|lu|vi|um, das; -s ⟨*ältere Bez. für* Holozän⟩
All|va|ter, der; -s ⟨*Bez. für* Gott⟩
all|weil, al|le[r]|weil (*bes. österr. ugs. für* immer)
All|wet|ter|klei|dung
all|wis|send; Doktor Allwissend (Märchengestalt); **All|wis|sen|heit,** die; -
all|wö|chent|lich
all|zeit, al|le|zeit (*veraltend, noch landsch. für* immer)
all|zu; allzu bald, allzu oft, allzu sehr, allzu selten usw. *immer getrennt, aber* allzumal
all|zu|mal (*veraltet für* alle zusammen; immer)

Alsterwasser

Alst

All|zweck|tuch *Plur.* ...tücher; All-zweck|waf|fe
Alm, die; -, -en (Bergweide)
Al|ma (w. Vorn.)
Al|ma-A|ta (frühere Hauptstadt Kasachstans)
Al|ma|ab|trieb
Al|ma Ma|ter, die; - - ↑D 40 ⟨lat.⟩ (*geh. für* Universität)
Al|ma|nach, der; -s, -e ⟨niederl.⟩ (Kalender, Jahrbuch)
Al|man|din, der; -s, -e (Abart des ²Granats)
Al|ma|ty (kasachische Form von Alma-Ata)
Alm|dud|ler® (*bes. österr. für* eine Kräuterlimonade)
al|men (*österr. für* Vieh auf der Alm halten)
Al|men|rausch, Alm|rausch, der; -[e]s (Alpenrose)
Al|mer (*westösterr. neben* Senner); Al|me|rin, die; -, -nen
Al|mo|sen, das; -s, - ⟨griech.⟩ (kleine Gabe, geringes Entgelt)
Al|mo|sen|emp|fän|ger; Al|mo|sen|emp|fän|ge|rin
Al|mo|se|nier, der; -s, -e (geistlicher Würdenträger)
Alm|rausch *vgl.* Almenrausch
Alm|ro|se (*südd., österr., auch* ostmitteld. *neben* Alpenrose)
Al|mut (w. Vorn.)
Aloe [...loe], die; -, -n [...loən] ⟨griech.⟩ (eine Zier- u. Heilpflanze); Aloe|ex|trakt; Aloe ve|ra, die; - -, - -s ⟨griech.; lat.⟩ (*Pharm.* Pflanze, aus der Hautpflegemittel gewonnen werden)
alo|gisch ⟨griech.⟩ (nicht logisch)
alo|ha! ⟨hawaiisch⟩ (hawaiischer Gruß)
Alo|is [...is, .. i:s], Alo|i|si|us [*auch* a'lɔɪ...] (m. Vorn.)
Alo|i|sia [*auch* a'lɔɪ...] (w. Vorn.)
¹Alp usw. *alte Schreibung für* ¹Alb usw.
²Alp, die; -, -en (landsch., *bes.* schweiz. *für* Alm)
¹Al|pa|ka, das; -s, -s ⟨indian.-span.⟩ (südamerik. Lamaart)
²Al|pa|ka, das *u.* (*für* Gewebeart:) der; -s (Wolle vom ¹Alpaka; bestimmte Webart)
³Al|pa|ka®, das; -s (Neusilber)
al pa|ri ⟨ital.⟩ (*Bankw.* zum Nennwert [einer Aktie]); *vgl.* pari
Alp|druck, Alb|druck, der; -[e]s, ...drücke; Alp|drü|cken, Alb|drü|cken, das; -s

Al|pe, die; -, -n (schweiz., westösterr. *für* Alm)
Alpe-d'Hu|ez [alp'dyes] (franz. Wintersportzentrum in den Alpen)
al|pen (schweiz. *für* Vieh auf einer ²Alp halten)
Al|pen *Plur.* (Gebirge)
Al|pen|glü|hen, das; -s
Al|pen|jä|ger (*Militär*)
Al|pen|land *Plur.* ...länder (Land, dessen Territorium [überwiegend] einen Teil der Alpen umfasst); al|pen|län|disch
Al|pen|re|pu|b|lik (ugs. scherzh. *für* Österreich [im *Plur. für* Österreich u. die Schweiz])
Al|pen|ro|se; Al|pen|veil|chen; Al|pen|ver|ein; Al|pen|vor|land, das; -[e]s, *Plur.* ...lande *od.* ...länder
Al|pha, das; -[s], -s (griechischer Buchstabe: A, α); das Alpha und [das] Omega (*geh. für* den Anfang und das Ende)
Al|pha|bet, das; -[e]s, -e (Abc); al|pha|be|tisch
al|pha|be|ti|sie|ren (alphabetisch ordnen; Analphabeten lesen u. schreiben lehren); Al|pha|be|ti|sie|rung
Al|pha Cen|tau|ri, der; - - (hellster Stern im Sternbild Zentaur)
Al|pha|mäd|chen (ugs. *für* durchsetzungsfähige junge Frau)
Al|pha|männ|chen (*Zool.* ranghöchstes männliches Tier in einer Gruppe)
al|pha|me|risch, al|pha|nu|me|risch ⟨griech.; lat.⟩ (*EDV* Buchstaben u. Ziffern enthaltend)
Al|phard, der; -[s] ⟨arab.⟩ (ein Stern)
Al|pha|strah|len, α-Strah|len *Plur.* ↑D 29 (*Physik* beim Zerfall von Atomkernen bestimmter radioaktiver Elemente auftretende Strahlen)
Al|pha|tier (*Zool.* ranghöchstes Tier in einer Gruppe)
Al|phei|os, Al|phi|os, der; - (peloponnes. Fluss)
Alp|horn *Plur.* ...hörner; Alp|hüt|te
al|pin ⟨lat.⟩ (die Alpen, das Hochgebirge betreffend od. darin vorkommend); alpine Kombination (*Skisport*)
Al|pi|na|ri|um, das; -s, ...ien (Wildpark im Hochgebirge)
Al|pin|gen|darm (*österr. für* Gendarm für Gebirgseinsätze); Al|pin|gen|dar|me|rie (*österr.*)

Al|pi|ni *Plur.* ⟨ital.⟩ (italienische Alpenjäger)
Al|pi|nis|mus, der; - ⟨lat.⟩ (*sportl.* Bergsteigen); Al|pi|nist, der; -en, -en (*sportl.* Bergsteiger im Hochgebirge); Al|pi|nis|tik, die; - (svw. Alpinismus); Al|pi|nis|tin
Al|pin|po|li|zei *Plur.* selten (Gebirgspolizei in Österr.); Al|pin|po|li|zist; Al|pin|po|li|zis|tin
Al|pin|ski (Ski für den alpinen Skisport)
Al|pin|sport, der; -[e]s (bes. österr., schweiz. *für* alpiner [Ski]sport)
Al|pi|num, das; -s, ...nen (Anlage mit Alpenpflanzen)
Älp|ler (meist abwertend *für* Alpenbewohner); Älp|le|rin; älp|le|risch; Älp|ler|ma|g|ro|nen, Älp|ler|mak|ka|ro|nen *Plur.* (schweiz. Gericht aus Teigwaren, Kartoffeln u. Käse)
Alp|traum, Alb|traum
al-Qai|da [...k...]; *vgl.* El Kaida
Al|rau|ne, die; -, -n (menschenähnlich aussehende Zauberwurzel; Zauberwesen)

als
– als ob
– sie ist klüger als ihr Freund, *aber (bei Gleichheit):* sie ist so klug wie ihre Freundin

Kommasetzung:
– ↑D 112: er ist größer als sein Bruder; er ist größer, als sein Bruder im gleichen Alter war
– ↑D 116: ich konnte nichts Besseres tun, als nach Hause zu gehen

al s. = al segno
als|bald [schweiz. 'a...]; als|bal|dig [schweiz. 'a...]; als|dann [schweiz. 'a...]
als dass; es ist zu schön, als dass es wahr sein könnte ↑D 126
al se|g|no [- ...njo] ⟨ital.⟩ (*Musik* bis zum Zeichen [bei Wiederholung eines Tonstückes]; *Abk.* al s.)
al|so
Als-ob, der; - (*Philos.*); Als-ob-Phi|lo|so|phie
Al (*chem. Zeichen für* Aluminium)
Als|ter, die; - (rechter Nebenfluss der unteren Elbe)
Als|ter|was|ser *Plur.* ...wässer, *auch*

187

alt

alt

äl|ter, äl|tes|te

- alt aussehen; sich alt fühlen; alt werden
- *Vgl.* alt machen, altmachen

Kleinschreibung ↑D 89:
- alte Sprachen
- die alten Griechen, Römer
- die alten Bundesländer
- alter Mann (*auch Bergmannsspr. für* abgebaute Teile der Grube)
- alten Stils (Zeitrechnung; *Abk.* a. St.)

Großschreibung der Substantivierung ↑D 72:
- etwas Altes
- der Alte (Greis), die Alte (Greisin)
- er ist immer noch der Alte (derselbe); wir bleiben die Alten (dieselben)
- es bleibt alles beim Alten; alles beim Alten lassen
- am Alten hängen
- Altes und Neues
- eine Mischung aus Alt und Neu *od.* aus alt und neu
- aus Alt mach Neu, aus Alt wird Neu *od.* aus alt mach neu, aus alt wird neu
- Alte und Junge
- der Konflikt zwischen Alt und Jung (den Generationen)
- ein Fest für Alt und Jung (für jedermann)
- die Alten (alte Leute, Völker)
- der Älteste (Kirchenälteste); die Ältesten (der Gemeinde)
- mein Ältester (ältester Sohn), *aber* er ist der älteste meiner Söhne

Großschreibung als Bestandteil von Namen und in bestimmten namenähnlichen Verbindungen ↑D 88 u. 89:
- der Ältere (*Abk.* d. Ä.; als Ergänzung bei Eigennamen)
- der Alte Fritz (Friedrich II., der Große, König von Preußen)
- Alter Herr (*Verbindungsw. für* Altmitglied einer studentischen Verbindung; *Abk.* A. H.)
- mein alter Herr *od.* Alter Herr (*ugs. für* mein Vater)
- das Alte Testament (*Abk.* A. T.)
- die Alte Welt (Europa, Afrika und Asien im Gegensatz zu Amerika)

...wasser (*landsch. für* Getränk aus Bier u. Limonade)
alt *s. Kasten*
Alt, der; -s, -e ⟨lat.⟩ (tiefe Frauen- od. Knabenstimme; Sängerin mit dieser Stimme)
Alt... (z. B. Altbundespräsident; in der Schweiz gewöhnlich so geschrieben: alt Bundesrat)
Alt|acht|und|sech|zi|ger, Alt-68er *vgl.* Achtundsechziger
Al|tai, der; -[s] (Gebirge in Zentralasien)
Al|ta|ir, der; -[s]; *vgl.* Atair
al|ta|isch; altaische Sprachen
Al|ta|mi|ra (Höhle in Spanien mit altsteinzeitlichen Malereien)
Al|tan, der; -[e]s, -e ⟨ital.⟩ (Balkon; Söller)
Alt|an|la|ge, die; -, -n (*Fachspr.*)
Al|tar, der; -[e]s, ...täre ⟨lat.⟩; **Al|tar|bild**
Al|tar[s]|sa|k|ra|ment, das; -[e]s
alt|ba|cken; altbackenes Brot; altbackene Vorstellungen
Alt|bau, der; -[e]s, -ten
Alt|bau|woh|nung
alt|be|kannt
Alt-Ber|lin ↑D 144
alt|be|währt
Alt|be|wer|ber; Alt|be|wer|be|rin
Alt|bier (obergäriges Bier)
Alt|bun|des|kanz|ler; Alt|bun|des|prä|si|dent; Alt|bun|des|trai|ner
Alt|bür|ger|meis|ter; Alt|bür|ger|meis|te|rin
alt|deutsch
Alt|dorf (Hauptort des Kantons Uri)
Alt|dor|fer (deutscher Maler)
Al|te, der *u.* die; -n, -n
alt|ehr|wür|dig (*geh.*)
alt|ein|ge|ses|sen; Alt|ein|ge|ses|se|ne, der *u.* die; -n, -n
Alt|ei|sen, das; -s
Al|te Land, das; -n -[e]s (Teil der Elbmarschen)
Al|te|na (Stadt im Sauerland); **Al|te|na|er; Al|te|na|e|rin; al|te|na|isch**
alt|eng|lisch
Al|ten|heim; Al|ten|hil|fe; Al|ten|pfle|ge
Al|ten|pfle|ger; Al|ten|pfle|ge|rin
Al|ten|teil, das; sich auf das/sein Altenteil zurückziehen
Al|ten|wohn|heim
Al|ter, das; -s, -; eine Frau mittleren Alters, *aber* ↑D 70: seit alters (*geh.*), von alters her (*geh.*)
Al|te|ra|ti|on, die; -, -en ⟨lat.⟩ (*Musik* chromatische Veränderung eines Akkordtones; *Med.* krankhafte Veränderung)
Al|ter|chen
Al|ter Ego [*auch* -'ε...], das; - -[s], - -s ⟨lat.⟩ (anderes Ich; vertrauter Freund)
al|te|rie|ren ⟨franz.⟩; sich alterieren (sich aufregen); alterierter Klang (*Musik* Alteration)
Al|te|ri|tät, die; -, -en ⟨lat.⟩ (*Völkerk., Philos.* Andersartigkeit, Verschiedenheit)
al|tern; ich altere; **Al|tern**, das; -s
Al|ter|nanz, die; -, -en ⟨lat.⟩ (Wechsel, Abwechslung)
al|ter|na|tiv (wahlweise; zwischen zwei Möglichkeiten die Wahl lassend; für als menschen- u. umweltfreundlicher angesehene Formen des [Zusammen]lebens eintretend; im Gegensatz zum Herkömmlichen stehend); alternative Wählervereinigungen; alternative Energien ↑D 89; **Al|ter|na|tiv|be|we|gung**
¹**Al|ter|na|ti|ve**, die; -, -n (Entscheidung zwischen zwei [*od. mehr*] Möglichkeiten; Möglichkeit des Wählens; eine von zwei *od.* mehr Möglichkeiten)
²**Al|ter|na|ti|ve**, der *u.* die; -n, -n (jmd., der einer Alternativbewegung angehört)
Al|ter|na|tiv|ener|gie; Al|ter|na|tiv|kul|tur
al|ter|na|tiv|los
Al|ter|na|tiv|me|di|zin (von der Schulmedizin abweichende Lehre der Erkennung u. Behandlung von Krankheiten)
Al|ter|na|tiv|pro|gramm; Al|ter|na|tiv|sze|na|rio
al|ter|nie|ren ([ab]wechseln)
al|ter|nie|rend; alternierende Blattstellung (*Bot.*)

Altweibersommer

Al|terns|for|schung (*für* Gerontologie)
al|terns|ge|recht; alternsgerechte Arbeitszeiten
Al|terns|vor|gang
alt|er|probt
al|ters *vgl.* Alter
al|ters|ar|mut
al|ters|be|dingt
Al|ters|be|schwer|den *Plur.*; Al|ters|de|menz; Al|ters|di|a|be|tes; Al|ters|dis|kri|mi|nie|rung
Al|ters|fleck (altersbedingte Hautverfärbung)
Al|ters|ge|nos|se; Al|ters|ge|nos|sin
al|ters|ge|recht
Al|ters|gren|ze; Al|ters|grün|de *Plur.*; aus Altersgründen; Al|ters|grup|pe
Al|ters|heil|kun|de, die (*für* Geriatrie)
Al|ters|heim
Al|ters|jahr (*schweiz. für* Lebensjahr); Al|ters|klas|se
al|ters|los
Al|ters|py|ra|mi|de (graf. Darstellung des Altersaufbaus einer Bevölkerung in Form einer Pyramide)
Al|ters|ren|te; Al|ters|rück|stel|lung (*Versicherungsw.*); Al|ters|ru|he|geld
al|ters|schwach; Al|ters|schwä|che
Al|ters|si|che|rung; Al|ters|sich|tig|keit; Al|ters|span|ne; Al|ters|starr|sinn; Al|ters|struk|tur; Al|ters|stu|fe; Al|ters|teil|zeit; Al|ters|un|ter|schied; Al|ters|ver|si|che|rung; Al|ters|ver|sor|gung
al|ters|ver|wirrt; Al|ters|vor|sor|ge; Al|ters|werk
Al|ter|tum, das; -s; das klassische Altertum
Al|ter|tü|me|lei; al|ter|tü|meln (Stil u. Wesen des Altertums nachahmen); ich altertüm[e]le
Al|ter|tü|mer *Plur.* (Gegenstände aus dem Altertum); al|ter|tüm|lich; Al|ter|tüm|lich|keit
Al|ter|tums|for|scher; Al|ter|tums|for|sche|rin; Al|ter|tums|for|schung
Al|ter|tums|kun|de, die (*für* Archäologie); Al|ter|tums|wis|sen|schaft
Al|te|rung (*auch für* Reifung; Veränderung durch Altern); Al|te|rungs|pro|zess
Äl|tes|te, der *u.* die; -n, -n
Äl|tes|ten|rat; Äl|tes|ten|recht (Seniorat)
alt|frän|kisch (*geh. für* altmodisch)
alt|fran|zö|sisch (*Sprachwiss.*)

alt|ge|dient
Alt|ge|ige (Bratsche)
Alt|ge|sel|le; Alt|ge|sel|lin
alt|ge|wohnt
Alt|glas, das; -es; Alt|glas|be|häl|ter; Alt|glas|con|tai|ner
Alt|gold
Alt|grad (*veraltet für* Grad als 90. Teil des rechten Winkels)
alt|grie|chisch; Alt|grie|chisch, das; -[s] (Sprache); *vgl.* Deutsch; Alt|grie|chi|sche, das; -n; *vgl.* ²Deutsche
Al|thee, die; -, -n ⟨griech.⟩ (Eibisch)
Alt-Hei|del|berg ↑ D 144
alt|her|ge|bracht
Alt|her|ren|mann|schaft (Sport)
Alt|her|ren|schaft (*Verbindungsw.*)
alt|hoch|deutsch (*Abk.* ahd.); *vgl.* deutsch; Alt|hoch|deutsch, das; -[s] (Sprache); *vgl.* Deutsch; Alt|hoch|deut|sche, das; -n; *vgl.* ²Deutsche
Al|tist, der; -en, -en ⟨lat.⟩ (Knabe mit Altstimme); Al|tis|tin (Altsängerin)
Alt|jahr|abend, Alt|jahrs|abend [*auch* ...'ja:...] (*landsch., schweiz. für* Silvesterabend); Alt|jahrs|tag (*österr., schweiz. für* Silvester); Alt|jahrs|wo|che (*schweiz. für* Woche zwischen Weihnachten u. Neujahr)
alt|jüng|fer|lich
Alt|kanz|ler; Alt|kanz|le|rin
Alt-Ka|tho|lik, Alt|ka|tho|lik (*die Kirchengemeinschaft selbst verwendet den Bindestrich*)
Alt-Ka|tho|li|kin, Alt|ka|tho|li|kin
alt-ka|tho|lisch, alt|ka|tho|lisch
Alt-Ka|tho|li|zis|mus, Alt|ka|tho|li|zis|mus
Alt|kleid *meist Plur.*; Alt|klei|der|con|tai|ner; Alt|klei|der|samm|lung
alt|klug; alt|klu|ger, alt|klugs|te
Alt|last *meist Plur.*
ält|lich
alt ma|chen, alt ma|chen; die Erfahrungen haben ihn frühzeitig alt gemacht *od.* altgemacht; Kleider, die alt machen *od.* altmachen
Alt|mark, die; - (Landschaft westlich der Elbe); alt|mär|kisch
Alt|ma|te|ri|al
Alt|meis|ter (*urspr.* Vorsteher einer Innung; [als Vorbild geltender] altbewährter Meister in einem Fachgebiet); Alt|meis|te|rin
Alt|me|tall
alt|mo|disch

Alt|mühl, die; - (linker Nebenfluss der Donau)
alt|nor|disch *vgl.* deutsch; Alt|nor|disch, das; -[s] (älteste nordgermanische Sprachstufe); *vgl.* Deutsch; Alt|nor|di|sche, das; -n; *vgl.* ²Deutsche
Al|to Adi|ge [- ...dʒe] (*ital. Name für* Südtirol)
Alt|öl; Alt|öl|ent|sor|gung
Al|to|na (Stadtteil von Hamburg); Al|to|na|er; Al|to|na|e|rin; al|to|na|isch
Alt|pa|pier, das; -s; Alt|pa|pier|be|häl|ter; Alt|pa|pier|samm|lung
Alt|par|tei *meist Plur.*
Alt|phi|lo|lo|ge; Alt|phi|lo|lo|gie (klassische Philologie); Alt|phi|lo|lo|gin; alt|phi|lo|lo|gisch
Alt|ro|cker; Alt|ro|cke|rin
alt|rö|misch
alt|ro|sa
Alt|ru|is|mus, der; - ⟨lat.⟩ (Selbstlosigkeit); Alt|ru|ist, der; -en, -en; Alt|ru|is|tin; al|tru|is|tisch
alt|sprach|lich; altsprachlicher Zweig
Alt|stadt; Alt|stadt|sa|nie|rung
Alt|stein|zeit, die; - (*für* Paläolithikum)
Alt|stim|me
Alt|stoff *meist Plur.*; Alt|stoff|sam|mel|zen|t|rum (*österr. für* Recyclinghof); Alt|stoff|samm|lung
alt|tes|ta|men|ta|risch (oft abwertend, bes. in Bezug auf zu große Strenge o. Ä.)
Alt|tes|ta|ment|ler (Erforscher des A. T.); Alt|tes|ta|ment|le|rin; alt|tes|ta|ment|lich
Alt|tier (*Jägerspr.* Muttertier beim Rot- u. Damwild)
Alt|ti|rol (das historische Tirol bis 1919)
alt|über|lie|fert
alt|vä|te|risch (altmodisch); alt|vä|ter|lich (ehrwürdig)
alt|ver|traut
Alt|vor|de|re, der *u.* die; -[e]n, -[e]n (*geh. für* Vorfahr[in], Ahn[in])
Alt|wa|re; Alt|wa|ren|händ|ler; Alt|wa|ren|händ|le|rin
Alt|was|ser, das; -s, ...wasser (ehemaliger Flussarm mit stehendem Wasser)
Alt|wei|ber|fas[t]|nacht (*landsch. für* letzter Donnerstag vor Aschermittwoch)
Alt|wei|ber|ge|schwätz
Alt|wei|ber|som|mer (warme Nachsommertage; vom Wind getragene Spinnweben)

Alt-Wien

Alt-Wien ↑D 144; **alt-wie|ne|risch**
Alu, das; -s (*kurz für* Aluminium); **Alu|fo|lie**
Alu|mi|nat, das; -[e]s, -e ⟨lat.⟩ (*Chemie* Salz der Aluminiumsäure)
alu|mi|nie|ren (Metallteile mit Aluminium überziehen)
Alu|mi|nit, der; -s (ein Mineral)
Alu|mi|ni|um, das; -s (chemisches Element, Leichtmetall; *Zeichen* Al); **Alu|mi|ni|um|fo|lie**
Alum|na, die; -, ...nae (w. Form zu ²Alumnus)
Alum|nat, das; -[e]s, -e ⟨lat.⟩ (Schülerheim; *österr. veraltend für* Einrichtung zur Ausbildung von Geistlichen)
Alum|ne, der; -n, -n, ¹**Alum|nus**, der; -, ...nen *u.* ...ni (Alumnatszögling)
²**Alum|nus**, der; -, ...ni ⟨lat.-engl.⟩ (ehem. Student einer Hochschule)
Al|ve|o|lar, der; -s, -e ⟨lat.⟩ (*Sprachwiss.* am Gaumen unmittelbar hinter den Zähnen gebildeter Laut, z. B. d)
Al|ve|o|le, die; -, -n (*Med.* Zahnmulde im Kiefer; Lungenbläschen)
Al|win (m. Vorn.); **Al|wi|ne** (w. Vorn.)
Al|zerl, das; -s, -n *Plur. selten* (*ostösterr. ugs. für* geringe Menge)
Alz|hei|mer (*kurz für* Alzheimerkrankheit); **Alz|hei|mer|krank|heit**, **Alz|hei|mer-Krank|heit**, die; - ↑D 136 ⟨nach dem dt. Neurologen Alzheimer⟩ (mit fast völligem Gedächtnisverlust verbundene Gehirnkrankheit)
Am (*chem. Zeichen für* Americium)
am (an dem; *Abk.* a. [*bei Ortsnamen, z. B.* Ludwigshafen a. Rhein]; *vgl.* an); am Sonntag, dem (*od.* den) 27. März ↑D 32; am Boden (*österr. auch für* auf dem Boden); am Programm (*österr. auch für* auf dem Programm)
Ama|de|us (m. Vorn.)
Ama|ler, **Ame|lun|gen** *Plur.* (ostgot. Königsgeschlecht)
Amal|gam, das; -s, -e ⟨mlat.⟩ (Quecksilberlegierung); **Amal|gam|fül|lung**
amal|ga|mie|ren (mit Quecksilber legieren; mit Quecksilber aus Erzen gewinnen)
Ama|lia, **Ama|lie** [...jə] (w. Vorn.)
Aman|da (w. Vorn.)

am an|ge|führ|ten, **an|ge|ge|be|nen Ort** (*Abk.* a. a. O.)
Ama|rant, der; -s, -e ⟨griech.⟩ (eine Zierpflanze)
ama|ran|ten (dunkelrot)
Ama|ranth, der, *auch* das; -s (ein Farbstoff)
ama|rant|rot
Ama|rel|le, die; -, -n ⟨lat.⟩ (eine Sauerkirschensorte)
Ama|ret|to, der; -s, ...tti ⟨ital.⟩ (ein Mandellikör)
Ama|ro|ne, der; -[s], - ⟨ital.⟩ (ein ital. Rotwein)
Ama|ryl, der; -s, -e ⟨griech.⟩ (künstl. Saphir); **Ama|ryl|lis**, die; -, ...llen (eine Zierpflanze)
Ama|teur [...'tøːɐ̯], der; -s, -e ⟨franz.⟩ (jmd., der Kunst, Sport usw. aus Liebhaberei ausübt; Nichtfachmann)
Ama|teur|film
Ama|teur|funk; **Ama|teur|fun|ker**; **Ama|teur|fun|ke|rin**
Ama|teur|fuß|ball
ama|teur|haft
Ama|teu|rin
Ama|teur|sport, der; -[e]s; **Ama|teur|sta|tus**
¹**Ama|ti** (italienischer Meister des Geigenbaus); ²**Ama|ti**, die; -, -s (von der Geigenbauerfamilie Amati hergestellte Geige)
Ama|zo|nas, der; - (südamerikanischer Strom)
Ama|zo|ne, die; -, -n (Angehörige eines kriegerischen Frauenvolkes der griechischen Sage; *auch für* Turnierreiterin); **Ama|zo|nen|sprin|gen**, das; -s, - (Springreiten, an dem nur Reiterinnen teilnehmen)
Am|bas|sa|deur [...'døːɐ̯], der; -s, -e (*veraltet für* Botschafter)
Am|be, die; -, -n ⟨lat.⟩ (*Math.* Verbindung zweier Größen in der Kombinationsrechnung)
Am|ber, der; -s, -[n], **Am|b|ra**, die; -, -s ⟨arab.⟩ (Ausscheidung des Pottwals; Duftstoff)
am bes|ten *vgl.* beste
Am|bi|ance [ã'bjãːs], die; - ⟨franz.⟩ (*schweiz. für* Umgebung, Stimmung)
Am|bi|en|te, das; - ⟨ital.⟩ (Umwelt, Atmosphäre)
am|big, **am|bi|gue** [...guə] ⟨lat.⟩ (mehrdeutig, doppelsinnig); **Am|bi|gu|i|tät**, die; -, -en
Am|bi|ti|on, die; -, -en (Ehrgeiz); **am|bi|ti|o|niert** (ehrgeizig, strebsam); **am|bi|ti|ös** (*meist abwertend für* ehrgeizig)

am|bi|va|lent ⟨lat.⟩ (doppeldeutig; zwiespältig); **Am|bi|va|lenz**, die; -, -en (Doppelwertigkeit)
¹**Am|bo**, der; -s, *Plur.* -s u. ...ben ⟨lat.⟩ (*österr. für* Doppeltreffer beim Lotto)
²**Am|bo**, der; -s, -s, **Am|bon**, der; -s, ...bonen (erhöhtes Lesepult in christl. Kirchen)
Am|boss, der; -es, -e
Am|b|ra *vgl.* Amber
Am|b|ro|sia, die; - ⟨griech.⟩ (Götterspeise in der griech. Sage)
am|b|ro|si|a|nisch ⟨*zu* Ambrosius⟩; ambrosianische Hymnen (*kath. Kirche*) ↑D 89 u. 135
am|b|ro|sisch ⟨griech.⟩ (*geh. veraltend für* himmlisch)
Am|b|ro|si|us (Kirchenlehrer)
am|bu|lant ⟨lat.⟩ (wandernd; *Med.* nicht stationär); ↑D 89; ambulantes Gewerbe (Wandergewerbe); ambulante Behandlung (im Krankenhaus)
Am|bu|lanz, die; -, -en (beweglliches Lazarett; Krankentransportwagen; Abteilung einer Klinik für ambulante Behandlung)
am|bu|la|to|risch; ambulatorische Behandlung; **Am|bu|la|to|ri|um**, das; -s, ...ien (Raum, ärztliche, med. Einrichtung für ambulante Behandlung)
Amei|se, die; -, -n; **Amei|sen|bär**; **Amei|sen|hau|fen**; **Amei|sen|säu|re**, die; -
Ame|lia, **Ame|lie** [...li, *auch* ameˈliː-, aˈmeːliə] (w. Vorn.)
Ame|li|o|ra|ti|on, die; -, -en ⟨lat.⟩ (Verbesserung [des Ackerbodens]); **ame|li|o|rie|ren**
Ame|lun|gen *vgl.* Amaler
amen ⟨hebr.-griech.-lat.⟩; in Ewigkeit, amen!
Amen, das; -s - *Plur. selten* (feierliche Bekräftigung); zu allem Ja und Amen *od.* ja und amen sagen (*ugs.*)
Amen|de|ment [amãdəˈmã:], das; -s, -s ⟨franz.⟩ (Zusatz-, Abänderungsantrag zu Gesetzen); **amen|die|ren** [amen...]
Amen|ho|tep, **Ame|no|phis** (ägyptischer Königsname)
Ame|nor|rhö, die; -, -en ⟨griech.⟩ (*Med.* Ausbleiben der Menstruation); **ame|nor|rho|isch**
Ame|ri|can Foot|ball [əˈmerɪkn ˈfʊtbɔːl] *vgl.* Football
Ame|ri|ci|um, das; -s ⟨nach Amerika⟩ (chemisches Element, Transuran; *Zeichen* Am)
Ame|ri|ka

Amplifikation

Ame|ri|ka|deut|sche, der u. die
Ame|ri|ka|ner; Ame|ri|ka|ne|rin
ame|ri|ka|nisch; vgl. deutsch
ame|ri|ka|ni|sie|ren; Ame|ri|ka|ni|sie|rung
Ame|ri|ka|nis|mus, der; -, ...men (sprachliche Besonderheit im amerik. Englisch; Entlehnung aus dem Amerikanischen)
Ame|ri|ka|nist, der; -en, -en; **Ame|ri|ka|nis|tik,** die; - (Erforschung der Sprache u. Kultur Amerikas); **Ame|ri|ka|nis|tin**
Ame|thyst, der; -[e]s, -e ⟨griech.⟩ (ein Schmuckstein); **ame|thys|ten** (amethystfarben)
Ame|t|rie, die; -, ...ien ⟨griech.⟩ (Ungleichmäßigkeit; Missverhältnis); **ame|t|risch**
Am|ha|ra Plur. (hamitisches Volk in Äthiopien); **am|ha|risch** vgl. deutsch; **Am|ha|risch,** das; -[s] (Sprache); vgl. Deutsch
Ami, der; -s, -s (ugs.; kurz für Amerikaner)
Ami|ant, der; -s, -e ⟨griech.⟩ (ein Mineral)
Ami|ens [aˈmjɛ̃] (Stadt in Nordfrankreich)
Ami|go, der; -s, -s ⟨span., »Freund«⟩ (ugs. für Geschäftsmann als Freund u. Gönner eines Politikers)
Amin, das; -s, -e ⟨Chemie organische Stickstoffverbindung⟩
Ami|no|säu|re (Eiweißbaustein)
Amisch, der u. die; -n, -n ⟨nach Jakob Amman⟩ (Mitglied einer christl. Glaubensgemeinschaft)
Amish [ˈaːmɪʃ] Plur. (die Amischen)
Ami|to|se, die; -, -n ⟨griech.⟩ (Biol. einfache Zellkernteilung)
Am|man (Hauptstadt Jordaniens)
Am|mann, der; -[e]s, Ammänner (schweiz.; vgl. Gemeinde-, Landammann); **Am|män|nin**
Am|me, die; -, -n; **Am|men|mär|chen**
¹Am|mer, die; -, -n, fachspr. auch der; -s, -n (ein Singvogel)
²Am|mer, im Unterlauf Am|per, die; - (Isarzufluss)
Am|mer|see, der; -s
Am|mon (altägyptischer Gott); Jupiter Ammon
Am|mo|ni|ak [auch ˈa..., österr. aˈmoː...], das; -s ⟨ägypt.⟩ (Chemie stechend riechendes Gas aus Stickstoff u. Wasserstoff)
Am|mo|nit, der; -en, -en ⟨ägypt.⟩ (Ammonshorn)

Am|mo|ni|ter, der; -s, - ⟨ägypt.⟩ (Angehöriger eines alttestamentl. Nachbarvolks der Israeliten); **Am|mo|ni|te|rin**
Am|mo|ni|um, das; -s ⟨ägypt.⟩ (Chemie Atomgruppe aus Stickstoff u. Wasserstoff)
Am|mons|horn, das; -[e]s, ...hörner ⟨ägypt.; dt.⟩ (Versteinerung)
Am|ne|sie, die; -, ...ien ⟨griech.⟩ (Med. Gedächtnisschwund); **am|ne|sisch**
Am|nes|tie, die; -, ...ien (Begnadigung, Straferlass); **am|nes|tie|ren**
Am|nes|ty In|ter|na|ti|o|nal [ˈɛmnɪsti ɪntɐˈnɛʃənl] ⟨engl.⟩ (internationale Organisation zum Schutz der Menschenrechte)
Amö|be, die; -, -n ⟨griech.⟩ (Zool. ein Einzeller); **amö|bo|id** (amöbenartig)
Amok [auch aˈmɔk], der; -[s] ⟨malai.⟩; Amok laufen [in einem Anfall von Paranoia] umherlaufen und blindwütig töten)
Amok|fah|rer; Amok|fah|re|rin
Amok|lauf; Amok|lau|fen, das; -s
Amok|läu|fer; Amok|läu|fe|rin
Amok|schüt|ze; Amok|schüt|zin
a-Moll [ˈaːmɔl, auch ˈaːˈmɔl], das; -[s] (Tonart; Zeichen a); a-Moll-Ton|lei|ter ↑D 26
Amor (röm. Liebesgott)
Amo|ral, die; - ⟨lat.⟩ (Unmoral)
amo|ra|lisch (sich über die Moral hinwegsetzend)
Amo|ra|lis|mus, der; - (gleichgültige od. feindl. Einstellung gegenüber der geltenden Moral)
Amo|ra|li|tät, die; - (amoralische Lebenshaltung)
Amo|ret|te, die; -, -n ⟨franz.⟩ (bild. Kunst Figur eines geflügelten Liebesgottes)
amorph ⟨griech.⟩ (gestaltlos)
amor|ti|sa|bel ⟨franz.⟩ (tilgbar); ...a|b|le Anleihen
Amor|ti|sa|ti|on, die; -, -en ⟨lat.⟩ ([allmähliche] Tilgung; Abschreibung, Abtragung [einer Schuld])
amor|ti|sier|bar; amor|ti|sie|ren
Amos (bibl. Prophet)
Amou|ren [aˈmuː...] Plur. ⟨franz.⟩ (veraltend für Liebschaften, Liebesabenteuer)
Amour fou [amurˈfu], die; - - ⟨franz.⟩ (rasende Liebe)
amou|rös (Liebschaften betreffend)
Am|pel, die; -, -n

Am|pel|an|la|ge (Verkehrsw.)
Am|pel|frau (Symbol bei Fußgängerampeln)
Am|pel|ko|a|li|ti|on ⟨nach den Parteifarben Rot, Gelb, Grün⟩ (Koalition aus SPD, FDP u. Grünen)
Am|pel|männ|chen (Symbol bei Fußgängerampeln); **Am|pel|re|ge|lung** (Verkehrsw.); **Am|pel|schal|tung** (Verkehrsw.)
Am|per vgl. ²Ammer
Am|pere [...ˈpɛːɐ̯], das; -[s], - ⟨nach dem franz. Physiker Ampère⟩ (Einheit der elektr. Stromstärke; Zeichen A)
Am|pere|me|ter (Strommesser); **Am|pere|se|kun|de** (Einheit der Elektrizitätsmenge; Zeichen As); **Am|pere|stun|de** (Einheit der Elektrizitätsmenge; Zeichen Ah)
Amp|fer, der; -s, - (eine Pflanze)
Am|phe|t|a|min, das; -s, -e (als Weckamin gebrauchte chemische Verbindung)
Am|phi|bie, die; -, -n meist Plur. ⟨griech.⟩ (sowohl im Wasser als auch auf dem Land lebendes Wirbeltier; Lurch)
Am|phi|bi|en|fahr|zeug (Land-Wasser-Fahrzeug); **Am|phi|bi|en|pan|zer**
am|phi|bisch
Am|phi|go|nie, die; - ⟨griech.⟩ (Biol. zweigeschlechtige Fortpflanzung)
Am|phi|k|ty|o|ne, der; -n, -n ⟨griech.⟩ (Mitglied einer Amphiktyonie); **Am|phi|k|ty|o|nie,** die; -, ...ien (kultisch-politischer Verband altgriechischer Nachbarstaaten od. -stämme)
Am|phi|o|le®, die; -, -n (Med. Kombination aus Ampulle u. Injektionsspritze)
Am|phi|the|a|ter ⟨griech.⟩ (elliptisches, meist dachloses Theatergebäude mit stufenweise aufsteigenden Sitzen); **am|phi|the|a|t|ra|lisch**
Am|phi|t|ri|te (griechische Meeresgöttin)
Am|phi|t|ry|on (sagenhafter König von Tiryns)
Am|pho|ra, Am|pho|re, die; -, ...oren ⟨griech.⟩ (zweihenkliges Gefäß der Antike)
am|pho|ter ⟨griech., »zwitterhaft«⟩ (Chemie sich teils als Säure, teils als Base verhaltend)
Am|p|li|fi|ka|ti|on, die; -, -en ⟨lat.⟩ (fachspr. für Erweiterung;

A
ampl

amplifizieren kunstvolle Ausweitung einer Aussage); am|p|li|fi|zie|ren
Am|p|li|tu|de, die; -, -n *(Physik* Schwingungsweite, Ausschlag)
Am|pul|le, die; -, -n ‹griech.› (Glasröhrchen [bes. für Injektionslösungen])
Am|pu|ta|ti|on, die; -, -en ‹lat.› (operative Abtrennung eines Körperteils); am|pu|tie|ren
Am|rum (Nordseeinsel)
Am|sel, die; -, -n
a. m. = ante meridiem; ante mortem
Ams|ter|dam [*auch* 'a...] (Hauptstadt der Niederlande); Ams|ter|da|mer; Ams|ter|da|me|rin
Amt, das; -[e]s, Ämter; von Amts wegen; ein Amt bekleiden; Ämt|chen
am|ten *(schweiz. für* amtieren, tätig sein)
Äm|ter|häu|fung; Äm|ter|pa|t|ro|na|ge; äm|ter|über|grei|fend
Amt|frau

Amtfrau / Amtmännin
Die weibliche Entsprechung zu »Amtmann« lautet *Amtfrau* od. *Amtmännin*. In der Anrede kann man also wahlweise *Frau Amtfrau* od. *Frau Amtmännin* verwenden.

am|tie|ren; der amtierende deutsche Meister *(Sport);* die amtierende Bürgermeisterin
amt|lich; amt|li|cher|seits
Amt|mann *Plur.* ...männer *u.* ...leute; Amt|män|nin, die; -, -nen
Amts|äl|tes|te *(schweiz.)*
Amts|an|tritt
Amts|an|walt *(Rechtsspr.* Beamter, der die Funktion des Staatsanwalts beim Amtsgericht ausübt); Amts|an|wäl|tin
Amts|arzt; Amts|ärz|tin; amts|ärzt|lich
amts|be|kannt *(österr. Amtsspr.)*
Amts|blatt (Zeitung mit amtlichen Bekanntmachungen u. Mitteilungen)
Amts|bo|nus; Amts|bru|der
Amts|chef; Amts|che|fin; Amts|deutsch; Amts|eid; Amts|ein|füh|rung; Amts|ent|he|bung
amts|füh|rend *(bes. österr. für* amtierend); amtsführender Stadtrat (mit eigenem Ressort); nicht amtsführender Stadtrat; Amts|füh|rung *Plur. selten*
Amts|ge|bäu|de; Amts|ge|heim|nis
Amts|ge|richt *(Abk.* AG); Amts|ge|richts|rat *Plur.* ...räte; Amts|ge|richts|rä|tin
Amts|ge|schäft *meist Plur.*
amts|hal|ber
amts|han|deln *(österr.);* ich amtshand[e]le; amtsgehandelt; Amts|hand|lung
Amts|haus *(bes. österr.)*
Amts|hel|fer *(österr. für* Leitfaden für Behördenwege)
Amts|hil|fe
Amts|in|ha|ber; Amts|in|ha|be|rin
Amts|ka|len|der *(österr. für* Verzeichnis der öffentlichen Dienststellen)
Amts|kap|pl, das; -s, -n *(österr. ugs. für* engstirniger Beamter)
Amts|kir|che
Amts|kol|le|ge; Amts|kol|le|gin
Amts|lei|tung
Amts|miss|brauch
amts|mü|de; Amts|mü|dig|keit
Amts|pe|ri|o|de; Amts|per|son
Amts|rich|ter; Amts|rich|te|rin
Amts|schim|mel, der; -s *(ugs.)*
Amts|schwes|ter; Amts|sitz; Amts|spra|che
Amts|stel|le *(schweiz. für* Dienststelle); Amts|stu|be
Amts|ta|fel *(österr. für* offizielles Anschlagbrett); Amts|tag *(bes. österr. auch für* Sprechtag bei Behörden); Amts|ti|tel
Amts|trä|ger; Amts|trä|ge|rin
Amts|über|ga|be; Amts|über|nah|me; Amts|vor|gän|ger; Amts|vor|gän|ge|rin
Amts|weg; amts|we|gig *(österr.);* Amts|we|gig|keit, die; - *(österr. Rechtsspr. für* Prinzip, dass eine Behörde von Amts wegen vorzugehen hat)
Amts|zeit; Amts|zim|mer
Amu|lett, das; -[e]s, -e ‹lat.› (Gegenstand, dem Unheil abwehrende Kraft zugeschrieben wird)
Amund|sen (norwegischer Polarforscher)
Amur [*auch* a'muːɐ̯], der; -[s] (asiatischer Fluss)
amü|sant ‹franz.› (unterhaltend; vergnüglich)
Amuse-Bouche [amy:z'buː ʃ], das; -[s], -s ‹franz.› (*svw.* Amuse-Gueule)
Amuse-Gueule [amy:z'gœl], das; -[s], -s ‹franz.› (Appetithäppchen)
Amü|se|ment [...'māː], das; -s, -s
amü|sier|be|trieb
amü|sie|ren; sich amüsieren

amu|sisch ‹griech.› (ohne Kunstverständnis)
Amyg|da|lin, das; -s ‹griech.› (Geschmacksstoff in bitteren Mandeln u. Ä.)

an
– am (an dem; *vgl.* am)
– ans (an das; *vgl.* ans)
– an [und für] sich (eigentlich)
– ab und an *(landsch. für* ab und zu)
– Gemeinden von an [die] 1 000 Einwohnern

Mit Dativ (zur Angabe einer Position) oder Akkusativ (zur Angabe einer Richtung):
– an dem Zaun stehen, *aber* an den Zaun stellen
– an der Kante liegen, *aber* an die Kante legen

Getrenntschreibung in Verbindung mit »sein« ↑D 49:
– an sein *(ugs. für* eingeschaltet sein); das Radio ist an gewesen

Abkürzung bei Ortsnamen:
– Neustadt a. d. Weinstraße
– Bad Neustadt a. d. Saale

an... *(in Zus. mit Verben, z. B.* anbinden, du bindest an, angebunden, anzubinden)
...a|na *Plur.* ‹lat.› (z. B. Afrikana [*vgl. d.*])
Ana|bap|tis|mus, der; - ‹griech.› (Wiedertäuferlehre); Ana|bap|tist, der; -en, -en (Wiedertäufer); Ana|bap|tis|tin
ana|bol ‹griech.›; anabole Medikamente; Ana|bo|li|kum, das; -s, ...ka ‹griech.-lat.› *(Pharm.* muskelbildendes Präparat)
Ana|cho|ret [...ç..., ...x..., *auch* ...k...], der; -en, -en ‹griech.› (frühchristlicher Einsiedler)
Ana|cho|re|ten|tum, das; -s
ana|cho|re|tisch
Ana|chro|nis|mus [...k...], der; -, ...men ‹griech.› (falsche zeitliche Einordnung; veraltete, überholte Einrichtung); Ana|chro|nist, der; -en, -en; ana|chro|nis|tisch
Ana|dy|o|me|ne [...ne, *auch* ...'meːna] ‹griech.›, »die [aus dem Meer] Aufgetauchte«› (Beiname der griech. Göttin Aphrodite)
an|ae|rob ‹griech.› *(Biol.* ohne Sauerstoff lebend)
Ana|gly|phen|bril|le ‹griech.; dt.›

anbaufähig

(für das Betrachten von dreidimensionalen Bildern)
Ana|gramm, das; -s, -e ⟨griech.⟩ (durch Umstellung von Buchstaben od. Silben eines Wortes entstandenes neues Wort; Buchstabenrätsel)
An|a|ko|luth, das, *auch* der; -s, -e ⟨griech.⟩ (*Sprachwiss.* Satzbruch); **an|a|ko|lu|thisch**
Ana|kon|da, die; -, -s (eine Riesenschlange)
Ana|kre|on (altgriech. Lyriker)
Ana|kre|on|ti|ker (Nachahmer Anakreons); **ana|kre|on|tisch**
anal ⟨lat.⟩ (*Med.* den After betreffend)
Ana|lek|ten *Plur.* ⟨griech.⟩ (gesammelte Aufsätze, Auszüge)
Ana|lep|ti|kum, das; -s, ...ka ⟨griech.⟩ (*Pharm.* anregendes Mittel); **ana|lep|tisch**
Anal|ero|tik ⟨lat.; griech.⟩ (*Psychol.* [frühkindliches] sexuelles Lustempfinden im Bereich des Afters); **Anal|fis|sur** (*Med.*)
An|al|ge|sie, An|al|gie, die; -, ...ien ⟨griech.⟩ (*Med.* Schmerzlosigkeit); **An|al|ge|ti|kum,** das; -s, ...ka (schmerzstillendes Mittel)
An|al|gie *vgl.* Analgesie
ana|log ⟨griech.⟩ (entsprechend; *EDV* stufenlos, kontinuierlich; *Physik* einen Wert durch eine physikal. Größe darstellend); analoge Technik; analog [zu] diesem Fall); **Ana|lo|gie,** die; -, ...ien; **Ana|lo|gie|bil|dung**
Ana|log|kä|se (Käseersatz)
Ana|lo|gon, das; -s, ...ga (ähnlicher Fall)
Ana|log|rech|ner (eine Rechenanlage); **Ana|log|schin|ken** (minderwertiges Schinkenimitat); **Ana|log|uhr** (Uhr mit Zeigern)
An|al|pha|bet [*auch* 'a...], der; -en, -en ⟨griech.⟩ (jmd., der nicht lesen u. schreiben gelernt hat)

> **Analphabet**
> Das Wort *Analphabet* und seine Ableitungen sollten nicht zwischen *l* und *p* getrennt werden, da sonst eine irritierende und das Lesen hemmende Trennung entsteht.

An|al|pha|be|ten|tum, das; -s
An|al|pha|be|tin
An|al|pha|be|tis|mus (Unfähigkeit, zu lesen u. zu schreiben)

Anal|ver|kehr ⟨lat.; dt.⟩ (Variante des Geschlechtsverkehrs)
Ana|ly|sand, der; -en, -en ⟨griech.⟩ (*Psychoanalyse* die zu analysierende Person)
Ana|ly|se, die; -, -n (Zergliederung, Untersuchung); **ana|ly|sie|ren**
Ana|ly|sis, die; - (Gebiet der Mathematik, in dem mit Grenzwerten u. veränderlichen Größen gearbeitet wird; Voruntersuchung beim Lösen geometrischer Aufgaben)
Ana|lyst, der; -en, -en (Fachmann, der das Geschehen an der Börse, auf den Finanzmärkten u. a. beobachtet u. analysiert); **Ana|lys|tin**
Ana|ly|tik, die; - (Kunst od. Lehre der Analyse); **Ana|ly|ti|ker; Ana|ly|ti|ke|rin; ana|ly|tisch;** analytische Geometrie ↑D 89
Analyzer [ˈɛnəlaɪzɐ], der; -s, - ⟨griech.-engl.⟩ (elektron. Analysegerät; *EDV* Analysesoftware)
An|ä|mie, die; -, ...ien ⟨griech.⟩ (*Med.* Blutarmut); **an|ä|misch**
Ana|m|ne|se, die; -, -n ⟨griech.⟩ (*Med.* Vorgeschichte einer Krankheit); **ana|m|nes|tisch, ana|m|ne|tisch**
ana|morph ⟨griech.⟩ (*Optik, Fernsehen, Film* verwandelt, verzerrt)
Ana|nas, die; -, *Plur.* - *u.* -se (indian.-span.) (eine tropische Frucht)
Ana|ni|as, ökum. Ha|na|ni|as (bibl. m. Eigenn.)
An|an|kas|mus, der; -, ...men ⟨griech.⟩ (*Psychol.* krankhafter Zwang zu bestimmten Handlungen)
Ana|päst, der; -[e]s, -e ⟨griech.⟩ (ein Versfuß); **ana|päs|tisch**
Ana|pha|se, die; -, -n ⟨griech.⟩ (*Biol.* dritte Phase der indirekten Zellkernteilung)
Ana|pher, die; -, -n, **Ana|pho|ra,** die; -, ...rä ⟨griech.⟩ (*Rhet.* Wiederholung des Anfangswortes [in aufeinanderfolgenden Sätzen], z. B.: mit all meinen Gedanken, mit all meinen Wünschen ...); **ana|pho|risch** (*Sprachwiss.* rückweisend)
ana|phy|lak|tisch ⟨griech.⟩ (*Med.*); anaphylaktischer Schock; **Ana|phy|la|xie,** die; -, ...ien (schockartige allergische Reaktion)
An|ar|chie, die; -, ...ien ⟨griech.⟩ ([Zustand der] Herrschafts-, Gesetzlosigkeit; Chaos in polit., wirtschaftl. o. ä. Hinsicht)

an|ar|chisch
An|ar|chis|mus, der; -, ...men (Lehre, die sich gegen jede Autorität richtet u. für unbeschränkte Freiheit eintritt)
An|ar|chist, der; -en, -en; **An|ar|chis|tin; an|ar|chis|tisch**
An|ar|cho, der; -s, -s ⟨*ugs. für* jmd., der sich gegen die bürgerliche Gesellschaft mit [gewaltsamen] Aktionen auflehnt⟩; **An|ar|cho|sze|ne**
Anas|ta|sia (w. Vorn.); **Anas|ta|si|us** (m. Vorn.)
An|äs|the|sie, die; -, ...ien ⟨griech.⟩ (*Med.* Schmerzunempfindlichkeit; Schmerzbetäubung); **an|äs|the|sie|ren,** an|äs|the|ti|sie|ren; **An|äs|the|sist,** der; -en, -en (Narkosefacharzt); **An|äs|the|sis|tin**
An|äs|the|ti|kum, das; -s, ...ka (schmerzstillendes Mittel)
an|äs|the|tisch; an|äs|the|ti|sie|ren, an|äs|the|sie|ren
An|as|tig|mat, der; -en, -en, *auch* das; -s, -e ⟨griech.⟩ (*Fotogr.* ein Objektiv); **an|as|tig|ma|tisch** (unverzerrt)
Anas|to|mo|se, die; -, -n ⟨griech.⟩ (*Med.* Verbindung, z. B. zwischen Blut- od. Lymphgefäßen)
Ana|them, das; -s, -e, **Ana|the|ma,** das; -s, ...themata ⟨griech.⟩ (*Rel.* Verfluchung, Kirchenbann); **ana|the|ma|ti|sie|ren**
Ana|tol (m. Vorn.)
Ana|to|li|en (asiatischer Teil der Türkei); **Ana|to|li|er; Ana|to|li|e|rin; ana|to|lisch**
Ana|tom, der; -en, -en ⟨griech.⟩ (*Med.* Wissenschaftler auf dem Gebiet der Anatomie)
Ana|to|mie, die; -, ...ien (Lehre von Form u. Körperbau der [menschlichen] Lebewesen; anatomisches Institut); **ana|to|mie|ren** (sezieren); **Ana|to|min; ana|to|misch**
Ana|xa|go|ras (altgriechischer Philosoph)
an|ba|cken
an|bag|gern (*ugs. für* [herausfordernd] ansprechen u. sein Interesse zeigen)
an|bah|nen; Kontakte anbahnen; **An|bah|nung**
an|ban|deln, *bes. schweiz.* **an|bän|deln** (*ugs. für* eine Liebesbeziehung anknüpfen; Streit anfangen); ich bänd[e]le an
An|bau, der; -[e]s, -ten
an|bau|en; an|bau|fä|hig

Anbaufläche

an|de|re, and|re

Im Allgemeinen wird »andere, andre« kleingeschrieben ↑D 77:
- der, die, das and[e]re
- eine, keine, jeder, alles and[e]re
- die, keine, alle and[e]ren, andern
- ein, kein and[e]rer
- ein, kein, etwas, allerlei, nichts and[e]res
- der eine, der and[e]re
- die einen und die and[e]ren
- einer, eins nach dem and[e]ren
- und and[e]re, und and[e]res (*Abk.* u. a.)
- und and[e]re mehr, und and[e]res mehr (*Abk.* u. a. m.)
- von etwas and[e]rem, anderm sprechen
- unter and[e]rem, anderm (*Abk.* u. a.)
- zum einen …, zum and[e]ren
- sich eines and[e]ren, andern besinnen
- ich bin and[e]ren, andern Sinnes
- and[e]res gedrucktes Material
- and[e]re ähnliche Fälle
- andere Gute
- ein andermal, *aber* ein and[e]res Mal
- das and[e]re Mal
- ein um das and[e]re Mal
- ein und das and[e]re Mal

Bei Substantivierung ist auch Großschreibung möglich ↑D 77, *beispielsweise:*
- der, die, das and[e]re *od.* And[e]re
- eine, keine, jeder, alles and[e]re *od.* And[e]re
- ein, kein, etwas, allerlei, nichts and[e]res *od.* And[e]res
- die einen und die anderen *od.* die Einen und die And[e]ren
- die Suche nach dem and[e]ren *od.* And[e]ren (nach einer neuen Welt)

An|bau|flä|che; An|bau|ge|biet; An|bau|mö|bel; An|bau|ver|bot
An|be|ginn, der; -[e]s *(geh.);* seit Anbeginn, von Anbeginn [an]
an|be|hal|ten *(ugs.)*
an|bei *[auch* 'a…] *(Amtsspr.)*
an|bei|ßen; der Fisch hat angebissen; ↑D 82: zum Anbeißen sein *(ugs. für* reizend anzusehen sein)
an|[be]|lan|gen; was mich an[be]langt, so …
an|bel|len
an|be|que|men, sich *(veraltend für* sich anpassen)
an|be|rau|men; ich beraum[t]e an, *selten* ich anberaum[t]e; anberaumt; anzuberaumen; **An|be|rau|mung**
an|be|ten
An|be|tracht; *nur in* in Anbetracht seiner Lage; in Anbetracht dessen, dass er all dies schon hat
an|be|tref|fen; *nur in* was jmdn., etw. anbetrifft
an|bet|teln
An|be|tung
an|bie|dern, sich *(abwertend);* ich biedere mich an; **An|bie|de|rung**
an|bie|ten
An|bie|ter; An|bie|te|rin
An|bie|ter|wech|sel
an|bin|den; An|bin|dung
An|biss
an|blaf|fen *(ugs. abwertend für* anbellen; zurechtweisen)
an|bla|sen
An|blick; an|bli|cken
an|blin|ken
an|boh|ren
An|bot, das; -[e]s, -e *(österr. neben* Angebot)

an|bras|sen *(Seemannsspr.* die Rahen in Längsrichtung bringen)
an|bra|ten; das Fleisch anbraten
an|bräu|nen
an|bre|chen; der Tag bricht an *(geh.)*
an|bren|nen
an|brin|gen; etwas am Haus[e] anbringen
An|bruch, der; -[e]s, …brüche *(geh. für* Beginn; *Bergmannsspr.* bloßgelegter Erzgang)
an|brül|len
an|brum|men
an|brü|ten
ANC, der; -[s] ⟨engl.⟩ = African National Congress (Afrikanischer Nationalkongress, südafrik. Partei)
An|cho|rage ['ɛŋkərɪdʒ] (Stadt in Alaska)
An|chor|man ['ɛŋkəmɛn], der; -, …men […men] ⟨engl.⟩ (Journalist o. Ä., der bes. in Nachrichtensendungen die verbindenden Worte u. Kommentare spricht)
An|chor|wo|man ['ɛŋkəʊumən], die; -, …women […vɪmɪn]; *vgl.* Anchorman
An|cho|vis [...'ʃo:...], die; -, - ⟨griech.⟩ ([gesalzene] kleine Sardelle)
An|ci|en|ni|tät [ãsjɛ...], die; - ⟨franz.⟩ *(veraltet für* [Reihen]folge nach dem] Dienstalter);
An|ci|en|ni|täts|prin|zip
An|ci|en Ré|gime [ã'sjɛ̃ re'ʒi:m], das; - - (Zeit des französischen Absolutismus [vor der Französischen Revolution])
An|dacht, die; -, *Plur.* - - *(für* Gebets-stunden:) -en; **an|däch|tig; An|dachts|übung; an|dachts|voll** *(geh.)*
An|da|lu|si|en (span. Landschaft); **An|da|lu|si|er** *(auch für* eine Pferderasse); **An|da|lu|si|e|rin; an|da|lu|sisch**
An|da|lu|sit, der; -s, -e (ein Mineral)
An|da|ma|nen *Plur.* (Inselkette im nordöstl. Indischen Ozean)
an|dan|te ⟨ital., »gehend«⟩ *(Musik* mäßig langsam); **An|dan|te,** das; -[s], -s (mäßig langsames Musikstück)
an|dan|ti|no *(Musik* etwas leichter akzentuiert als andante); **An|dan|ti|no,** das; -s, *Plur.* -s *u.* …ni
an|dau|en *(Med.* anfangen zu verdauen)
an|dau|ern; an|dau|ernd
An|dau|ung ⟨*zu* andauen⟩
An|den *Plur.* (südamerikanisches Gebirge)
an|den|ken; es ist angedacht, aufzustocken
An|den|ken, das; -s, -
an|de|re, and|re *s. Kasten*
an|de|ren|falls, an|dern|falls
an|de|ren|orts, an|dern|[n]orts
an|de|ren|tags, an|dern|tags
an|de|ren|teils, an|dern|teils; einesteils …, and[e]nteils
an|de|rer|seits, an|dern|seits, and|rer|seits; einerseits macht es Spaß, andererseits macht Angst
An|der|ge|schwis|ter|kind [*auch* …'ʃvɪ…] *(landsch. für* Verwandte, deren Großväter od. Großmütter Geschwister sind)
An|der|kon|to (Treuhandkonto)
an|der|lei *(geh.)*

Anemone

an|der|mal; ein andermal, *aber* ein and[e]res Mal
An|der|matt (schweiz. Ortsn.)
än|dern; ich ändere
an|dern|falls usw. *vgl.* anderenfalls usw.
an|der[n]|orts, an|de|ren|orts
an|ders; jemand. niemand, wer anders (*bes. südd., österr. auch* and[e]rer); mit jemand, niemand anders (*bes. südd., österr. auch* and[e]rem, anderm) reden; ich sehe jemand, niemand anders (*bes. südd., österr. auch* and[e]ren, andern); irgendwo anders (irgendwo sonst), wo anders? (wo sonst?; *vgl. aber* woanders); anders als ... (*nicht:* anders wie ...); anders sein, denken; anders gesinnte Leute; andersdenkende *od.* anders denkende Freunde; die Andersdenkenden *od.* anders Denkenden; andersgeartete *od.* anders geartete Fehler; anderslautende *od.* anders lautende Texte; etwas Anderslautendes *od.* anders Lautendes ist nicht bekannt ↑D 58
an|ders|ar|tig; An|ders|ar|tig|keit
An|ders|dersch (dt. Schriftsteller)
an|ders|den|kend, anders denkend ↑D 58; An|ders|den|ken|de, der *u.* die; -r, -n, an|ders Den|ken|de, der *u.* die; - -n, - -n ↑D 58
an|der|seits, an|de|rer|seits, and|rer|seits
An|der|sen (dän. Dichter)
an|ders|far|big
an|ders|ge|ar|tet, anders ge|ar|tet ↑D 58; anders ge|sinnt
an|ders|gläu|big; An|ders|gläu|bi|ge, der *u.* die; -n, -n
an|ders|he|r|um
an|ders|lau|tend, anders lau|tend ↑D 58
An|ders|lau|ten|de, das; -n, anders Lau|ten|de, das; - -n ↑D 58
an|ders|rum
An|ders|sein
an|ders|spra|chig
an|ders|wie; an|ders|wo; an|ders|wo|her; an|ders|wo|hin
an|dert|halb; in anderthalb Stunden; anderthalb Pfund; an|dert|halb|fach; an|dert|halb|fa|che, das; -n; *vgl.* Achtfache; an|dert|halb|mal; anderthalbmal so groß wie (*seltener* als) sie; *vgl.* ¹Mal; an|dert|halb|tau|send
Än|de|rung; Än|de|rungs|an|trag; Än|de|rungs|kün|di|gung (*bes.*

Arbeitsrecht); Än|de|rungs|wunsch
an|der|wär|tig; an|der|wärts
an|der|weit, an|der|wei|tig
an|deu|ten; An|deu|tung; an|deu|tungs|wei|se
an|dich|ten; jmdm. etwas andichten
an|di|cken; eine Soße andicken
an|die|nen (*Kaufmannsspr.* [Waren] anbieten); An|die|nung (*Kaufmannsspr., Versicherungsw.*); An|die|nungs|pflicht (*Versicherungsw.*)
an|din (die Anden betreffend)
an|do|cken (dt.; engl.) (ein Raumfahrzeug ankoppeln)
An|dor|ra (Staat in den Pyrenäen); An|dor|ra|ner; An|dor|ra|ne|rin; an|dor|ra|nisch
An|drang, der; -[e]s; an|drän|gen
and|re *vgl.* andere
An|dré [*auch* ã...] (m. Vorn.); An|d|rea (w. Vorn.); An|d|re|as (m. Vorn.)
An|d|re|as|kreuz; An|d|re|as|or|den (ehem. höchster russ. Orden)
an|dre|hen; jmdm. etwas andrehen (*ugs. für* aufschwatzen)
and|rer|seits, an|de|rer|seits, and|rer|seits
an|d|ro|gyn ⟨griech.⟩ (*Biol.* männliche u. weibliche Merkmale vereinigend); An|d|ro|gy|nie, die; -
an|dro|hen; An|dro|hung
¹An|d|ro|id® [ˈɛndrɔɪt, *auch* andro'(I)i:t], das; -[s] *meist ohne Artikel* (*EDV* freies Betriebssystem für mobile Geräte)
An|d|ro|i|de, der; -n, -n, ²An|d|ro|id, der; -en, -en ⟨griech.⟩ (künstlicher Mensch, menschenähnliche Maschine)
An|d|ro|lo|ge, der; -n, -n; An|d|ro|lo|gie, die; - ⟨griech.⟩ (Männerheilkunde); An|d|ro|lo|gin; an|d|ro|lo|gisch
An|d|ro|ma|che [...xe] (griech. Sagengestalt, Frau Hektors)
¹An|d|ro|me|da (w. griech. Sagengestalt); ²An|d|ro|me|da, die; - (ein Sternbild)
An|d|ro|pau|se (Klimakterium des Mannes)
An|druck, der; -[e]s, -e (*Druckw.* Probe-, Prüfdruck); an|dru|cken
an|drü|cken
an|dü|beln
an|du|deln; sich einen anduden (*ugs. für* sich betrinken); ich dud[e]le mir einen an
an|düns|ten

Äne|as (Held der griechisch-römischen Sage)
an|ecken (an etwas anstoßen; *ugs. auch für* Anstoß erregen)
an|ei|fern (*südd., österr. für* anspornen)
an|eig|nen, sich; ich eigne mir Kenntnisse an; An|eig|nung

an|ei|n|an|der

Man schreibt »aneinander« mit dem folgenden Verb in der Regel zusammen, wenn es den gemeinsamen Hauptakzent trägt ↑D 48:
– aneinanderfügen, aneinandergrenzen, aneinandergeraten, aneinanderlegen usw.

Aber:
– aneinander denken, sich aneinander freuen, aneinander vorbeigehen usw.

an|ei|n|an|der|fü|gen; er fügte die Teile aneinander, hat die Teile aneinandergefügt; um die Teile aneinanderzufügen
an|ei|n|an|der|ge|ra|ten; sie waren heftig aneinandergeraten
an|ei|n|an|der|gren|zen; die Grundstücke grenzen aneinander
an|ei|n|an|der|hän|gen; wir sahen mehrere Wagen, die aneinanderhingen; *aber* die Geschwister, die sehr aneinander hingen
an|ei|n|an|der|le|gen; sie legte die Teile des Puzzles aneinander
an|ei|n|an|der|rei|hen; ein Film aus aneinandergereihten Episoden; An|ei|n|an|der|rei|hung
an|ei|n|an|der|rü|cken; wir haben die Tische aneinandergerückt
an|ei|n|an|der|schie|ben; wir schoben die Tische aneinander
an|ei|n|an|der|sto|ßen; ohne aneinanderzustoßen
Äne|is, die; - (eine Dichtung Vergils)
An|ek|döt|chen
An|ek|do|te, die; -, -n ⟨griech.⟩ (kurze, jmdn. od. etwas [humorvoll] charakterisierende Geschichte)
an|ek|do|ten|haft; an|ek|do|tisch
an|ekeln; du ekelst mich an
Ane|mo|graf, Ane|mo|graph, der; -en, -en ⟨griech.⟩ (*Meteorol.* selbst schreibender Windmesser); Ane|mo|me|ter, das; -s, - (Windmesser)
Ane|mo|ne, die; -, -n (Windröschen)

anempfehlen

an|emp|feh|len *(geh.);* ich empfehle (empfahl) an *u.* ich anempfehle (anempfahl); anempfohlen; anzuempfehlen

An|er|be, der; -n, -n *(Rechtsspr.* bäuerlicher Alleinerbe, Hoferbe); **An|er|ben|recht**

an|er|bie|ten, sich *(geh.);* ich erbiete mich an; anerboten; anzuerbieten; *vgl.* bieten; **An|erbie|ten,** das; -s, -; **An|er|bin**

an|er|kannt; das; -es, -: **an|er|kann|ter|ma|ßen**

an|er|ken|nen; ich erkenne (erkannte) an, *seltener* ich anerkenne (anerkannte); anerkannt; anzuerkennen

an|er|ken|nens|wert

An|er|kennt|nis, das; -ses, -se *(Rechtsspr.), sonst:* die; -, -se

An|er|ken|nung

Ane|ro|id|ba|ro|me|ter ⟨griech.⟩ *(Meteorol.* Gerät zum Anzeigen des Luftdrucks)

an|es|sen; ich habe mir einen Bauch angegessen; ich habe mich angegessen *(österr. ugs. für* bin satt)

Anet|te *vgl.* Annette

An|eu|rys|ma, das; -s, ...men *od.* ...mata ⟨griech.⟩ *(Med.* Erweiterung der Schlagader)

an|fa|chen; er facht die Glut an

an|fah|ren *(auch für* heftig anreden); **An|fahrt**

An|fahrts|skiz|ze; An|fahrts|weg

An|fall, der; **an|fal|len**

an|fäl|lig; An|fäl|lig|keit

An|fang, der; -[e]s, ...fänge; *vgl.* anfangs; im Anfang; von Anfang an; zu Anfang; Anfang Januar; Anfang nächsten Jahres; Anfang Jahr *(schweiz. für* Anfang des Jahres)

an|fan|gen; sie fing an

An|fän|ger; An|fän|ge|rin

An|fän|ger|kurs

an|fang|haft *(bes. Rel.)*

an|fäng|lich; an|fangs ↑D70

---

anfangs / Anfang

Das Substantiv »Anfang« kann mit einer Zeitangabe gebraucht werden:
– Anfang Februar, Anfang 2013
– Anfang des Monats [Februar], Anfang des Jahres [2013]

Das Adverb »anfangs« steht ohne weitere Zeitangabe:
– Anfangs ging alles gut.
– Sie hat sich anfangs sehr zurückgehalten.

An|fangs|buch|sta|be; An|fangs|er|folg; An|fangs|ge|halt, das; **An|fangs|pha|se; An|fangs|sta|di|um; An|fangs|ver|dacht; An|fangs|zeit**

an|fas|sen *vgl.* fassen

an|fau|chen

an|fau|len

an|fa|xen (ein Fax schicken)

an|fecht|bar; An|fecht|bar|keit

an|fech|ten; das ficht mich nicht an; **An|fech|tung**

An|fech|tungs|kla|ge *(Rechtsspr.)*

an|fein|den; An|fein|dung

an|fer|ti|gen; An|fer|ti|gung

an|feuch|ten; An|feuch|ter

an|feu|ern; An|feue|rung

an|fi|xen *(ugs. für* jmdn. zum Einnehmen von Drogen animieren)

an|flan|schen *(Technik)*

an|fle|hen; An|fle|hung

an|flie|gen; An|flug

an|for|dern; An|for|de|rung

An|for|de|rungs|pro|fil (Eigenschaften, Fähigkeiten, die ein Stellenbewerber haben soll)

An|fra|ge; die Kleine *od.* kleine Anfrage, die Große *od.* große Anfrage, die Dringliche *od.* dringliche Anfrage [im Parlament] ↑D89

an|fra|gen; bei jmdm. anfragen, *schweiz.* jmdn. anfragen

an|fres|sen *(derb); vgl.* anessen, angefressen

an|freun|den, sich; **An|freun|dung**

an|fü|gen; An|fü|gung

an|füh|len; der Stoff fühlt sich weich an

An|fuhr, die; -, -en

an|füh|ren

An|füh|rer; An|füh|re|rin

An|füh|rung; An|füh|rungs|strich

An|füh|rungs|zei|chen

an|fül|len; wir füllen den Graben mit Erde an

an|fun|ken (durch Funkspruch)

an|fut|tern, sich; du futterst dir einen Bauch an

An|ga|be *(auch [nur Sing.] ugs. für* Prahlerei, Übertreibung)

an|gän|gig; erlaubt; zulässig)

An|ga|ra [*auch* ...'ra], die; - (Fluss in Mittelsibirien)

an|geb|bar; an|ge|ben

An|ge|ber *(ugs.);* **An|ge|be|rei; An|ge|be|rin; an|ge|be|risch**

An|ge|be|te, der *u.* die; -n, -n

An|ge|bin|de, das; -s, - *(geh. veraltet für* Geschenk)

an|geb|lich

an|ge|bo|ren

An|ge|bot

An|ge|bots|lü|cke *(Wirtsch.);* **An-**

ge|bots|pa|ket *(Werbespr.);* **An|ge|bots|pa|let|te** *(Werbespr.);* **An|ge|bots|preis** *(Wirtsch.)*

an|ge|bracht

an|ge|bro|chen; eine Flasche ist angebrochen

an|ge|bun|den; kurz angebunden *(ugs. für* abweisend) sein

an|ge|dei|hen; *nur in* jmdm. etwas angedeihen lassen

An|ge|den|ken, das; -s *(geh. für* Erinnerung, Gedenken)

an|ge|fres|sen *(ugs. für* verärgert)

an|ge|führt; am angeführten Ort *(Abk.* a. a. O.)

an|ge|ge|ben; am angegebenen Ort *(Abk.* a. a. O.)

an|ge|gos|sen; wie angegossen sitzen *(ugs. für* genau passen)

an|ge|graut; angegraute Schläfen

an|ge|grif|fen *(auch für* geschwächt); **An|ge|grif|fen|heit**

an|ge|hei|ra|tet

an|ge|hei|tert (leicht betrunken)

an|ge|hen; das geht nicht an (ist nicht vertretbar, erlaubt); es geht nicht [nichts] an; jmdn. um etwas angehen (bitten)

an|ge|hend (künftig)

an|ge|hö|ren; einem Volk[e] angehören; **An|ge|hö|rig,** **An|ge|hö|ri|ge,** der *u.* die; -n, -n; **An|ge|hö|ri|gen|kreis; An|ge|hö|rig|keit,** die; -

an|ge|jahrt

Angekl. = Angeklagte[r]

An|ge|klag|te, der *u.* die; -n, -n *(Abk.* Angekl.)

an|ge|knackst *(ugs.)*

an|ge|krän|kelt

an|ge|kün|digt

An|gel, die; -, -n

An|ge|la [*bes. österr.* ...'ge:...] (w. Vorn.)

an|ge|le|gen; ich lasse mir etwas angelegen sein *(geh. für* ich kümmere mich darum)

An|ge|le|gen|heit

¹**an|ge|le|gent|lich** *(geh. für* nachdrücklich); auf das, aufs Angelegentlichste *od.* auf das, aufs angelegentlichste ↑D75

²**an|ge|le|gent|lich** *Präp. mit Gen. (geh. für* anlässlich); angelegentlich des Papstbesuchs

an|ge|legt; gut angelegtes Geld

An|gel|ha|ken

¹**An|ge|li|ka** (w. Vorn.)

²**An|ge|li|ka,** die; -, *Plur.* ...ken *u.* -s (Engelwurz)

An|ge|li|na [...dʒ...] (w. Vorn.)

an|geln; ich ang[e]le

An|geln *Plur.* (germ. Volksstamm)

An|ge|lo [...dʒ...] (m. Vorn.)

Angstpartie

an|ge|lo|ben (geh. für zusagen, versprechen; österr. für feierlich vereidigen); An|ge|lo|bung

An|gel|punkt

An|gel|ru|te

An|gel|sach|se, der; -n, -n (Angehöriger eines germ. Volksstammes); An|gel|säch|sin; an|gel|säch|sisch vgl. deutsch / Deutsch

An|gel|säch|sisch, das; -[s] (Sprache); vgl. Deutsch; An|gel|säch|si|sche, das; -n; vgl. ²Deutsche

An|gel|schein

An|ge|lus, der, auch das; -, - ⟨lat.⟩ (kath. Gebet; Glockenzeichen); An|ge|lus|läu|ten, das; -s

an|ge|mes|sen; An|ge|mes|sen|heit, die; -

an|ge|nehm; etwas Angenehmes erleben

an|ge|nom|men; angenommen[,] dass ... ↑D 127

an|ge|passt; An|ge|passt|heit

An|ger, der; -s, -; An|ger|dorf

an|ge|regt

an|ge|sagt (ugs. für in Mode, sehr gefragt); ein angesagtes Lokal; Frühstück ist angesagt (steht an)

an|ge|säu|selt (ugs. für leicht betrunken)

an|ge|schla|gen (ugs. für erschöpft; beschädigt)

an|ge|schmutzt (leicht schmutzig)

An|ge|schul|dig|te, der u. die; -n, -n

an|ge|se|hen (geachtet)

An|ge|sicht Plur. Angesichter u. Angesichte (geh.)

an|ge|sichts; Präp. mit Gen.: angesichts des Todes

an|ge|spannt

Angest. = Angestellte[r]

an|ge|stammt

an|ge|staubt

An|ge|stell|te, der u. die; -n, -n

An|ge|stell|ten|ver|si|che|rung

An|ge|stell|ten|ver|si|che|rungs|ge|setz (Abk. AVG)

an|ge|stie|felt (ugs.); angestiefelt kommen

an|ge|strebt; die angestrebte Position

an|ge|strengt; An|ge|strengt|heit

an|ge|tan; sie war sehr angetan (begeistert) von der Reise

An|ge|trau|te, der u. die (scherzh. für Ehemann, Ehefrau)

an|ge|trun|ken (leicht betrunken)

an|ge|wandt; angewandte Kunst; angewandte Mathematik, Physik ↑D 89; vgl. anwenden

an|ge|wie|sen; auf eine Person oder eine Sache angewiesen sein

an|ge|wöh|nen; ich gewöhne mir etwas an; An|ge|wohn|heit; An|ge|wöh|nung

an|ge|wur|zelt; wie angewurzelt stehen bleiben

An|gi|na, die; -, ...nen ⟨lat.⟩ (Med. Mandelentzündung)

An|gi|na Pec|to|ris, die; - - ⟨lat.⟩ (Med. Herzkrampf)

An|gi|om, das; -s, -e ⟨griech.⟩ (Med. Gefäßgeschwulst)

An|gio|sper|me, die; -, -n meist Plur. (Bot. bedecktsamige Blütenpflanze)

Ang|kor (Ruinenstadt in Kambodscha)

An|g|lai|se [ã'glɛ:...], die; -, -n ⟨franz.⟩ (»englischer« Tanz)

An|gleich, der; -[e]s, -e Plur. selten (selten für Angleichung); an|glei|chen; An|glei|chung

Ang|ler; Ang|le|rin

an|glie|dern; An|glie|de|rung

an|g|li|ka|nisch ⟨mlat.⟩; anglikanische Kirche (engl. Staatskirche) ↑D 89; An|g|li|ka|nis|mus, der; - (Lehre u. Wesen[sform] der engl. Staatskirche)

an|g|li|sie|ren (englische Sitten u. Gebräuche einführen; englisieren)

An|g|list, der; -en, -en (Wissenschaftler auf dem Gebiet der Anglistik); An|g|lis|tik, die; - (engl. Sprach- u. Literaturwissenschaft); An|g|lis|tin

An|g|li|zis|mus, der; -, ...men (engl. Spracheigentümlichkeit in einer anderen Sprache)

An|g|lo|ame|ri|ka|ner (aus England stammender Amerikaner; auch Sammelname für Engländer u. Amerikaner); An|g|lo|ame|ri|ka|ne|rin; an|g|lo|ame|ri|ka|nisch

an|g|lo|fon, an|g|lo|phon (englischsprachig)

an|g|lo|fran|zö|sisch [auch 'a...]

An|g|lo|ka|na|di|er u. Anglokanadier; An|g|lo|ka|na|di|e|rin

An|g|lo|ma|ne, der; -n, -n ⟨lat.; griech.⟩ (jmd., der alles Englische in übertriebener Weise schätzt); An|g|lo|ma|nie, die; -

an|g|lo|nor|man|nisch

an|g|lo|phil (englandfreundlich); An|g|lo|phi|lie, die; -

an|g|lo|phob (englandfeindlich); An|g|lo|pho|bie, die; -

an|g|lo|phon vgl. anglofon

an|glot|zen (ugs.)

An|go|la (Staat in Afrika)

An|go|la|ner; An|go|la|ne|rin

an|go|la|nisch

An|go|ra|ka|nin|chen; An|go|ra|kat|ze; An|go|ra|wol|le (nach Angora, dem früheren Namen von Ankara)

An|gos|tu|ra®, der; -[s], -s ⟨span.⟩ (ein Bitterlikör)

an|gra|ben (ugs. auch für ansprechen, belästigen)

an|greif|bar; an|grei|fen vgl. angegriffen; An|grei|fer; An|grei|fe|rin

an|gren|zen; An|gren|zer (landsch. für Nachbar, Anlieger); An|gren|ze|rin; An|gren|zung

An|griff, der; -[e]s, -e; etwas in Angriff nehmen

an|grif|fig (schweiz. für draufgängerisch, zupackend)

An|griffs|drit|tel (Eishockey)

An|griffs|flä|che; An|griffs|geist, der; -[e]s; An|griffs|krieg

An|griffs|lust; an|griffs|lus|tig

An|griffs|punkt

An|griffs|spiel (Sport); An|griffs|spie|ler; An|griffs|spie|le|rin

An|griffs|waf|fe; an|griffs|wei|se

an|grin|sen

Angst, die; -, Ängste; in Angst, in [tausend] Ängsten sein; Angst haben; jmdm. Angst [und Bange] machen; aber ↑D 70: mir ist, wird angst [und bange]; Angst erregen; vgl. angsterregend

angst|be|setzt; ein angstbesetztes Thema

ängs|ten, sich (selten für sich ängstigen)

angst|er|füllt; aber von Angst erfüllt ↑D 59

angst|er|re|gend, Angst er|re|gend ↑D 58; ein angsterregender od. Angst erregender Vorfall; aber nur ein große Angst erregender Vorfall; ein besonders angsterregender, noch angsterregenderer Vorfall

angst|frei; angstfreies Lernen

Angst|ge|fühl

Angst|geg|ner (bes. Sport Gegner, der einem nicht liegt, den man fürchtet); Angst|geg|ne|rin

Angst|ha|se (ugs.); Angst|hä|sin

ängs|ti|gen; Ängs|ti|gung

ängst|lich; Ängst|lich|keit

angst|lö|send; angstlösende Medikamente

Angst|neu|ro|se (Med., Psychol. krankhaftes Angstgefühl)

Angst|par|tie (Spiel, Unternehmen, um dessen guten Ausgang man fürchtet)

Angstpsychose

A
Angs

Angst|psy|cho|se *(Med., Psychol.)*
Ång|s|t|röm [ˈɔ..., *auch* ˈa...], das; -[s], - (veraltende Einheit der Licht- u. Röntgenwellenlänge; Zeichen Å)
Angst|ruf; Angst|schweiß
angst|ver|zerrt; angst|voll
Angst|zu|stand *meist Plur.*
an|gu|cken *(ugs.)*
an|gu|lar *(lat.)* (zu einem Winkel gehörend, Winkel...)
an|gur|ten; sich angurten
Anh. = Anhang
an|ha|ben; ..., dass er nichts anhat, angehabt hat *(ugs.);* er kann mir nichts anhaben
an|haf|ten; ein Nachteil haftet dieser Sache an
an|ha|ken
¹An|halt (ehem. Land des Deutschen Reiches)
²An|halt (Anhaltspunkt)
an|hal|ten; an|hal|tend
¹An|hal|ter *vgl.* Anhaltiner
²An|hal|ter *(ugs.);* per Anhalter fahren
An|hal|te|rin
An|hal|ti|ner, ¹An|hal|ter ⟨*zu* ¹Anhalt⟩; An|hal|ti|ne|rin; an|hal|tisch
An|halts|punkt
An|hal|tung
an|hand; *Präp. mit Gen.:* anhand des Buches; anhand von Unterlagen; *vgl.* Hand
An|hang, der; -[e]s, Anhänge *(Abk.* Anh.)
an|hän|gen; er hing einer Sekte an; *vgl.* ¹hängen
²an|hän|gen; sie hängte den Zettel [an die Tür] an; *vgl.* ²hängen
An|hän|ger; An|hän|ge|rin
An|hän|ger|kupp|lung, An|hän|ger|kupplung; An|hän|ger|schaft
an|hän|gig *(Rechtsspr.* beim Gericht zur Entscheidung liegend); eine Klage anhängig machen (Klage erheben)
an|häng|lich (treu); An|häng|lich|keit, die; -
An|häng|sel, das; -s, -
an|hangs|wei|se
an|hau|chen
an|hau|en *(ugs. auch für* formlos ansprechen, um etwas bitten)
an|häu|fen; An|häu|fung
an|he|ben *(auch geh. für* anfangen); sie hob *(veraltet* hub) an[,] zu singen; An|he|bung

an|hef|ten; etwas am Hut *od.* an den Hut anheften
an|hei|meln; er meint, das Zimmer heim[e]le ihn an
an|heim|fal|len *(geh. für* zufallen, zum Opfer fallen); sie fiel der Vergessenheit anheim, ist anheimgefallen; ohne anheimzufallen; an|heim|ge|ben *(geh. für* anvertrauen, übergeben); an|heim|stel|len *(geh. für* überlassen); ich stelle Ihnen das anheim
an|hei|schig; *nur in* sich anheischig machen *(geh. für* sich verpflichten, sich anbieten)
an|hei|zen
an|herr|schen; jmdn. anherrschen
an|heu|ern; auf einem Schiff anheuern
An|hieb; *nur in* auf Anhieb (sofort)
an|him|meln *(ugs.)*
an|hin; bis anhin *(schweiz.* bis jetzt)
An|hö|he
an|hö|ren; An|hö|rung *(für* Hearing)
An|hy|d|rid, das; -s, -e ⟨griech.⟩ *(Chemie* durch Wasserentzug entstandene Verbindung)
An|hy|d|rit, der; -s, -e (wasserfreier Gips)
änig|ma|tisch *(ältere Schreibung für* enigmatisch)
Ani|lin, das; -s ⟨arab.-port.⟩ (Ausgangsstoff für Farben u. Heilmittel); Ani|lin|far|be; Ani|lin|le|der; Ani|lin|rot, das; -[s]
ani|ma|lisch ⟨lat.⟩ (tierisch; tierhaft; triebhaft)
Ani|ma|lis|mus, der; -, ...men (religiöse Verehrung von Tieren)
Ani|ma|teur [...ˈtøːɐ̯], der; -s, -e ⟨franz.⟩ (jmd., der beruflich in einem Freizeitzentrum, auf einer Reise o. Ä. die Gäste unterhält); Ani|ma|teu|rin
Ani|ma|ti|on, die; -, -en ⟨lat.⟩ (organisierte Sport- u. Freizeitaktivitäten für Urlauber; Belebung, Bewegung der Figuren im Trickfilm); Ani|ma|ti|ons|film
ani|ma|to ⟨ital.⟩ *(Musik* beseelt, belebt)
Ani|ma|tor, der; -s, ...oren ⟨lat.⟩ (Trickfilmzeichner; *schweiz. auch für* Animateur); Ani|ma|to|rin

Ani|me, der; -[s], -s ⟨engl.-jap.⟩ (japanischer Zeichentrickfilm)
ani|mie|ren ⟨franz.⟩ (beleben, anregen, ermuntern)
Ani|mier|knei|pe *(ugs.);* Ani|mier|mäd|chen *(ugs.)*
Ani|mis|mus, der; -, ...men ⟨lat.⟩ (Lehre von der Beseeltheit aller Dinge); ani|mis|tisch
Ani|mo, das; -s ⟨ital.⟩ *(österr. für* Schwung, Lust; Vorliebe)
Ani|mo|si|tät, die; -, -en ⟨lat.⟩ (Feindseligkeit)
Ani|mus, der; - ⟨lat., »Seele«⟩ *(scherzh. für* Ahnung)
An|ion, das; -s, -en ⟨griech.⟩ *(Physik* negativ geladenes elektrisches Teilchen)
Anis [*auch* ˈa...], der; -[es], -e ⟨griech.⟩ (eine Gewürz- u. Heilpflanze)
Ani|sette [...ˈzɛt], der; -[s], -s ⟨franz.⟩ (Anislikör)
Ani|ta (w. Vorn.)
An|ja (w. Vorn.)
Anjou [ãˈʒuː] (altfranz. Grafschaft; Fürstengeschlecht)
Ank. = Ankunft
an|kämp|fen
An|ka|ra (Hauptstadt der Türkei)
An|ka|the|te, die; -, -n *(Geometrie)*
An|kauf; An- und Verkauf ↑D31
an|kau|fen
An|kaufs|etat; An|kaufs|recht
An|ke (w. Vorn.)
An|ken, der; -s *(schweiz. mdal. für* Butter)
An|ker, der; -s, -; vor Anker gehen, liegen
An|ker|ak|ti|o|när *(Wirtsch., Börsenw.* verlässlicher Großaktionär, der sich langfristig an einem Unternehmen beteiligt); An|ker|ak|ti|o|nä|rin
An|ker|bo|je; An|ker|ket|te
An|ker|mie|ter *(Fachspr.* Mieter in einem Einkaufszentrum o. Ä., der große Anziehungskraft auf Kunden u. andere Mieter ausübt); An|ker|mie|te|rin
an|kern; ich ankere
An|ker|platz; An|ker|spill; An|ker|tau, das; -[e]s, -e; An|ker|win|de
an|ket|ten
an|kläf|fen *(ugs.)*
An|kla|ge
An|kla|ge|bank *Plur.* ...bänke
An|kla|ge|er|he|bung *(Rechtsspr.)*
an|kla|gen; An|kla|ge|punkt
An|klä|ger; An|klä|ge|rin
An|kla|ge|schrift
An|k|lam (Stadt an der Peene)

anmotzen

an|klam|mern; sich anklammern
An|klang; Anklang finden
an|kle|ben

ankleben

In Verbindung mit »an« kann »ankleben« sowohl mit dem Akkusativ der Richtung als auch mit dem Dativ des Ortes verbunden werden:
– Wir haben einen kleinen Zettel an die Tür *od.* an der Tür angeklebt.

An|klei|de|ka|bi ne
an|klei|den; sich ankleiden
An|klei|de|raum
an|kli|cken
an|klin|geln (*landsch. für* anrufen)
an|klin|gen
an|klop|fen
an|knab|bern
an|knack|sen (*ugs. für* schädigen); meine Gesundheit ist angeknackst
an|knip|sen (*ugs.*)
an|knüp|fen
An|knüp|fung; An|knüp|fungs|punkt
an|knur|ren
an|ko|chen
an|koh|len; jmdn. ankohlen (*ugs. für* zum Spaß belügen)
an|ko|keln (*landsch. für* anbrennen); ich kok[e]le an
an|kom|men; es kommt mir nicht darauf an
An|kömm|ling
an|kön|nen (*ugs. für* sich gegen jmdn. durchsetzen können); er kann gegen sie nicht an
an|kop|peln; ich kopp[e]le an
an|kör|nen (*Handwerk* zu bohrende Löcher mit dem Körner markieren)
an|kot|zen (*derb für* anwidern)
an|kral|len; sich an das *od.* am Gitter ankrallen
an|krat|zen; sich ankratzen (*ugs. für* sich einschmeicheln)
an|krei|den; jmdm. etwas ankreiden (*ugs. für* zur Last legen)
An|kreis (*Geometrie*)
an|kreu|zeln (*bayr., österr. ugs.*);
 an|kreu|zen
an|ku|cken (*nordd. für* angucken)
an|kün|den (*älter u. schweiz. für* ankündigen)
an|kün|di|gen; An|kün|di|gung
An|kunft, die; -, Ankünfte *Plur.* selten (*Abk.* Ank.)
An|kunfts|stem|pel; An|kunfts|zeit
an|kur|beln

An|kur|be|lung, An|kurb|lung
An|ky|lo|se, die; -, -n 〈griech.〉 (*Med.* Gelenkversteifung)
an|la|bern (*ugs. für* ansprechen)
an|lä|cheln; ich läch[e]le sie an
an|la|chen
An|la|ge; etwas als *od.* in der Anlage übersenden; öffentliche Anlagen (Parks)
An|la|ge|be|ra|ter (*Wirtsch.*); An|la|ge|be|ra|te|rin
An|la|ge|klas|se (*Wirtsch.*)
An|la|gen|bau, der; -[e]s (*Technik*)
An|la|gen|fi|nan|zie|rung
An|la|gen|füh|rer; An|la|gen|füh|re|rin
An|la|ge|pa|pier
an|la|ge|rung (*Chemie*); An|la|ge|rung
An|la|ge|ver|mö|gen
an|lan|den; etwas, jmdn. anlanden (an Land bringen); irgendwo anlanden (anlegen); An|lan|dung
an|lan|gen; wir waren am Ziel angelangt; *vgl.* an[be]langen
An|lass, der; -es, Anlässe; Anlass geben, haben
an|lass|be|zo|gen; anlassbezogene Kontrolle
an|las|sen; An|las|ser (*Technik*)
An|lass|fall (*österr. für* Ereignis, das eine Reaktion auslöst)
an|läss|lich (*Amtsspr.*); *Präp. mit Gen.:* anlässlich des Festes
an|lass|los
an|las|ten (zur Last legen)
An|lauf; an|lau|fen
An|lauf|ge|schwin|dig|keit; An|lauf|schwie|rig|keit *meist Plur.;* An|lauf|stel|le; An|lauf|ver|lus|te *Plur.;* An|lauf|zeit
An|laut; an|lau|ten (mit einem bestimmten Laut beginnen)
an|läu|ten; jmdn., *südd. auch, schweiz. nur* jmdm. anläuten (jmdn. telefonisch anrufen)
an|le|gen; An|le|ge|platz
An|le|ger (jmd., der Kapital anlegt; *Druckw.* Papiereinführer); An|le|ge|rin
An|le|ge|stel|le
an|leh|nen; ich lehne mich an die Wand an
An|leh|nung; An|leh|nungs|be|dürf|nis; an|leh|nungs|be|dürf|tig
An|leh|re (*schweiz. für* Anlernzeit, Kurzausbildung)
an|lei|ern (*ugs. für* ankurbeln); ein Hilfsprogramm anleiern
An|lei|he; An|lei|he|ab|lö|sung; An|lei|he|emis|si|on (Ausgabe von Wertpapieren); An|lei|he|pa|pier; An|lei|he|zins
an|lei|men

an|lei|nen; den Hund anleinen
an|lei|ten; An|lei|tung
An|lern|be|ruf
an|ler|nen; jmdn. anlernen; das habe ich mir angelernt (*ugs.*)
An|lern|ling; An|lern|zeit
an|le|sen
an|lie|fern; An|lie|fe|rung
an|lie|gen; eng am Körper anliegen; *vgl.* angelegen
An|lie|gen, das; -s, - (Wunsch)
an|lie|gend (*Kaufmannsspr.*); anliegend (anbei) der Bericht
An|lie|ger (Anwohner); An|lie|ge|rin; An|lie|ger|staat *Plur.* ...staaten; An|lie|ger|ver|kehr
an|lie|ken (*Seemannsspr.* das Liek an einem Segel befestigen)
an|lo|ben (*österr. für* vereidigen)
an|lo|cken
an|lö|ten
an|lü|gen
an|lu|ven (*Seemannsspr.* Winkel zwischen Kurs u. Windrichtung verkleinern)
Anm. = Anmerkung
An|ma|che, die; - (*ugs.*)
an|mä|che|lig (*schweiz. mdal. für* reizend, attraktiv)
an|ma|chen (*ugs. auch für* ansprechen; belästigen)
an|mah|nen
an|mai|len (*ugs. für* eine Mail zuschicken)
an|ma|len
An|marsch, der; An|marsch|weg
an|ma|ßen, sich; du maßt dir etwas an; sich zu etwas anzumaßen; an|ma|ßend; An|ma|ßung
an|me|ckern (*ugs. für* nörgelnd belästigen); jmdn. anmeckern
an|mei|ern (*landsch. für* anführen, betrügen)
An|mel|de|for|mu|lar; An|mel|de|frist
an|mel|den
An|mel|de|pflicht; an|mel|de|pflich|tig; An|mel|de|schluss; An|mel|dung
an|men|gen (*landsch.*); Mehl [mit Milch] anmengen
an|mer|ken; ich ließ mir nichts anmerken
An|mer|kung (*Abk.* Anm.)
an|mes|sen; jmdm. einen Anzug anmessen
an|mie|ten; An|mie|tung
an|mo|de|rie|ren (als Moderator[in] die Einführungsworte sprechen)
an|mon|tie|ren
an|mot|zen (*ugs. für* nörgelnd belästigen); jmdn. anmotzen

anmustern

an|mus|tern (Seemannsspr. anwerben; den Dienst aufnehmen); An|mus|te|rung
An|mut, die; -
an|mu|ten; es mutet mich seltsam an (wirkt seltsam auf mich)
an|mu|tig; an|mut[s]|voll
An|mu|tung (Eindruck; bestimmte Wirkung)
¹An|na (w. Vorn.); Anna selbdritt (Anna, Maria u. das Jesuskind)
²An|na, der; -[s], -[s] ⟨Hindi⟩ (frühere Münzeinheit in Indien; ¹/₁₆ Rupie)
An|na|bel|la (w. Vorn.)
an|na|geln; ich nag[e]le an
an|nä|hen
an|nä|hern; sich annähern; an|nä|hernd; annähernd gleich groß
An|nä|he|rung; An|nä|he|rungs|ver|such
an|nä|he|rungs|wei|se
An|nah|me, die; -, -n
An|nah|me|er|klä|rung; An|nah|me|frist; An|nah|me|stel|le; An|nah|me|ver|merk; An|nah|me|ver|wei|ge|rung
An|na|len Plur. ⟨lat.⟩ ([geschichtliche] Jahrbücher)
An|na|pur|na, der; -[s] (Gebirgsmassiv im Himalaja)
An|na|ten Plur. ⟨lat.⟩ (finanzielle Abgaben an die päpstl. Kurie im MA.)
Änn|chen (w. Vorn.)
An|ne, Än|ne (für Anna; w. Vorn.)
An|ne|do|re (w. Vorn.)
An|ne|gret (w. Vorn.)
An|ne|heid, An|ne|hei|de (w. Vorn.)
an|nehm|bar
an|neh|men vgl. angenommen
an|nehm|lich (veraltet); An|nehm|lich|keit meist Plur.
an|nek|tie|ren ⟨lat.⟩ (sich [gewaltsam] aneignen); An|nek|tie|rung
An|ne|li (w. Vorn.)
An|ne|lie|se (w. Vorn.)
An|ne|lo|re (w. Vorn.)
An|ne|ma|rie (w. Vorn.)
An|ne|ro|se (w. Vorn.)
An|net|te, Anet|te (w. Vorn.)
An|nex, der; -es, -e ⟨lat.⟩ (Zubehör; Anhängsel)
An|ne|xi|on, die; -, -en ([gewaltsame] Aneignung); An|ne|xi|o|nis|mus, der; - (Bestrebungen, eine Annexion herbeizuführen)
An|ni, Än|ni (w. Vorn.)
An|ni|ver|sar, das; -s, -e, An|ni|ver|sa|ri|um, das; -s, ...ien meist Plur. ⟨lat.⟩ (kath. Kirche jährlich wiederkehrende Gedächtnisfeier für einen Toten)

an|no ⟨lat.⟩ (geh. für im Jahre; Abk. a.); anno elf; anno 1648; anno dazumal; anno Tobak (ugs. für in alter Zeit)
An|no Do|mi|ni (im Jahre des Herrn; Abk. A. D.); Anno Domini 1648
An|non|ce [aˈnõːsə, österr. aˈnõːs], die; -, -n ⟨franz.⟩ (Zeitungsanzeige); An|non|cen|ex|pe|di|ti|on (Anzeigenvermittlung)
an|non|cie|ren
An|no|ne, die; -, -n ⟨indian.⟩ (trop. Baum mit essbaren Früchten)
An|no|ta|ti|on, die; -, -en meist Plur. ⟨lat.⟩ (veraltet für Aufzeichnung, Vermerk; Buchw. kurze Charakterisierung eines Buches)
an|nu|a|li|siert ⟨lat.-franz.⟩ (Wirtsch. auf ein Jahr umgerechnet); die annualisierte Wachstumsrate
an|nu|ell ⟨franz.⟩ (Bot. einjährig)
An|nu|i|tät, die; -, -en ⟨lat.⟩ (jährliche Zahlung zur Tilgung einer Schuld)
An|nul|la|ti|on, die; -, -en (schweiz. für Annullierung); an|nul|lie|ren ⟨lat.⟩ (für ungültig erklären); An|nul|lie|rung
An|nun|zi|a|ten|or|den (ehem. höchster ital. Orden)
An|o|de, die; -, -n ⟨griech.⟩ (Physik positive Elektrode, Pluspol)
an|öden (ugs. für langweilen)
An|o|den|bat|te|rie (Physik); An|o|den|span|nung
an|o|mal [od. ...ˈmaːl] ⟨griech.⟩ (unregelmäßig, regelwidrig; An|o|ma|lie, die; -, ...ien
Ano|mie, die; -, ...ien ⟨griech.⟩ (Soziol. Zustand gestörter Stabilität der sozialen Beziehungen)
an|o|nym ⟨griech.⟩ (ohne Nennung des Namens, ungenannt); ein anonymer Anrufer, aber ↑D 88: Anonyme Alkoholiker
An|o|ny|ma Plur. (Schriften ohne Verfasserangabe)
an|o|ny|mi|sie|ren
An|o|ny|mi|tät, die; - (Unbekanntheit des Namens; Namenlosigkeit)
An|o|ny|mus, der; -, Plur. ...mi u. ...nymen (Ungenannter)
An|o|phe|les, die; -, - ⟨griech.⟩ (Zool. Malariamücke)
Ano|rak, der; -s, -s ⟨eskim.⟩ (Windbluse mit Kapuze)
an|ord|nen; An|ord|nung (Abk. AO)
An|o|rek|ti|kum, das; -s, ...ka ⟨griech.⟩ (Appetitzügler); an|o-

rek|tisch; An|o|re|xia ner|vo|sa, die; - - ⟨nlat.⟩ (Med. Magersucht); An|o|re|xie, die; -, ...ien (Med. Appetitlosigkeit)
an|or|ga|nisch ⟨griech.⟩ (unbelebt); anorganische Chemie
anor|mal ⟨nlat.⟩ (regelwidrig, ungewöhnlich, krankhaft)
An|or|thit, der; -s ⟨griech.⟩ (ein Mineral)
Anouilh [aˈnuj] (franz. Dramatiker)
an|pa|cken
an|pad|deln; ich padd[e]le an; An|pad|deln, das; -s (jährl. Beginn des Paddelsports)
an|pass|bar
an|pas|sen; An|pas|sung
an|pas|sungs|fä|hig; An|pas|sungs|fä|hig|keit
an|pat|zen (bayr., österr. ugs. für bekleckern; österr. ugs. auch für verleumden)
an|pei|len; An|pei|lung
an|pfei|fen (ugs. auch für heftig tadeln); An|pfiff
an|pflan|zen; An|pflan|zung
an|pflau|men (ugs. für necken, verspotten; heftig zurechtweisen); An|pflau|me|rei
an|pi|cken (bayr., österr. für ankleben)
an|pin|keln (ugs.)
an|pin|nen (ugs. für mit Pinnen befestigen)
an|pir|schen; sich anpirschen (ugs. für sich heranschleichen)
an|pis|sen (derb für an, auf etwas urinieren; verärgern); sie war ziemlich angepisst
an|pö|beln (ugs. abwertend für in grober Weise belästigen)
An|prall, der; -[e]s; an|pral|len
an|pran|gern (öffentl. tadeln); ich prangere an; An|pran|ge|rung
an|prei|en (Seemannsspr. [ein anderes Schiff] anrufen)
an|prei|sen; An|prei|sung
An|pro|be; an|pro|bie|ren
an|pum|pen (ugs.); jmdn. anpumpen (sich Geld leihen)
an|pus|ten (ugs.)
an|quas|seln (ugs. für ungeniert ansprechen)
an|quat|schen (ugs. für ungeniert ansprechen)
an|rai|nen (angrenzen); An|rai|ner (Rechtsspr., bes. österr. für Anlieger, Grenznachbar); An|rai|ne|rin; An|rai|ner|staat
an|ran|zen (ugs. für scharf tadeln); du ranzt an; An|ran|zer (ugs.)
an|ra|ten; An|ra|ten, das; -s; auf Anraten des Arztes

200

anschwindeln

an|rau|chen; die Zigarre anrauchen
an|rau|en; angeraut
an|raun|zen (ugs. für scharf zurechtweisen)
an|rech|nen; das rechne ich dir hoch an; An|rech|nung; (Amtsspr.:) in Anrechnung bringen, dafür besser anrechnen
An|recht; An|rechts|kar|te
An|re|de
An|re|de|fall, der (für Vokativ); An|re|de|für|wort (z. B. du, Sie)
an|re|den; jmdn. mit Sie, Du anreden
an|re|gen; an|re|gend
An|re|gung; An|re|gungs|mit|tel
an|rei|chen (helfend zureichen; hinüberreichen)
an|rei|chern; ich reichere an; Lebensmittel mit Vitaminen anreichern; An|rei|che|rung
an|rei|hen; an|rei|hend (für kopulativ)
An|rei|se; an|rei|sen; An|rei|se|tag
an|rei|ßen
An|rei|ßer (Vorzeichner; aufdringlicher Kundenwerber); An|rei|ße|rin; an|rei|ße|risch (aufdringlich; marktschreierisch)
An|reiz; an|rei|zen
an|rem|peln (ugs.); ich remp[e]le an; An|rem|pe|lung, An|remp|lung
an|ren|nen
An|rich|te, die; -, -n; an|rich|ten; An|rich|te|tisch
An|riss, der; -es, -e (Technik Vorzeichnung; Sport kräftiges Durchziehen zu Beginn eines Ruderschlages)
an|rol|len; angerollt kommen
an|ros|ten; angerostetes Eisen
an|rü|chig; An|rü|chig|keit
an|ru|cken (mit einem Ruck anfahren)
an|rü|cken ([in einer Formation] näher kommen)
an|ru|dern; An|ru|dern, das; -s (jährl. Beginn des Rudersports)
An|ruf; An|ruf|be|ant|wor|ter
an|ru|fen; An|ru|fer; An|ru|fe|rin; An|ru|fung
an|rüh|ren
ans ↑D 14 (an das); bis ans Ende
an|sä|en; Weizen ansäen
An|sa|ge, die; -, -n; An|sa|ge|dienst; an|sa|gen
an|sa|gen
An|sa|ger (kurz für Rundfunk-, Fernsehansager); An|sa|ge|rin
an|sa|men (Forstwirtsch. sich durch herabfallende Samen entwickeln)

an|sam|meln; An|samm|lung
an|säs|sig; An|säs|sig|keit, die; -
An|satz; An|satz|punkt; An|satz|rohr (Med.); An|satz|stück
an|satz|wei|se
an|sau|fen (derb); ich saufe mir einen an (ich betrinke mich)
an|säu|seln; ich säus[e]le mir einen an (ugs. für ich betrinke mich leicht); vgl. angesäuselt
Ans|bach (Stadt in Mittelfranken)
An|schaf|fe, die; - (ugs.; auch für Prostitution)
an|schaf|fen (bayr., österr. auch für anordnen); schaffte an, hat angeschafft
An|schaf|fung; An|schaf|fungs|kos|ten Plur.; An|schaf|fungs|preis
an|schäf|ten; Pflanzen anschäften (veredeln)
an|schal|ten
an|schau|en
an|schau|lich; An|schau|lich|keit
An|schau|ung; An|schau|ungs|ma|te|ri|al; An|schau|ungs|un|ter|richt
An|schein, der; -[e]s; allem, dem Anschein nach
an|schei|nend

---

anscheinend / scheinbar

Mit »anscheinend« wird die Vermutung zum Ausdruck gebracht, dass etwas so ist, wie es erscheint.
– Herr Maier ist anscheinend krank. (= Es sieht so aus/hat den Anschein, als ob Herr Maier krank sei; vermutlich ist er es tatsächlich.)

Das Adjektiv »scheinbar« besagt, dass etwas nur dem Schein nach, nicht aber in Wirklichkeit so ist, wie es sich darstellt. Dieses Wort steht im Gegensatz zu »wirklich«, »wahr«, »tatsächlich«:
– Die meisten Abstürze passieren in scheinbar harmlosem Gelände.

---

an|schei|ßen (derb für heftig tadeln)
an|schi|cken, sich
an|schie|ben
an|schie|ßen
an|schim|meln
an|schir|ren; ein Pferd anschirren
An|schiss, der; -es, -e (derb für heftiger Tadel)
An|schlag; An|schlag|brett; an|schla|gen

An|schlä|ger (Bergmannsspr.)
an|schlä|gig (landsch. für schlau, geschickt)
An|schlag|säu|le; An|schlag|ta|fel
an|schlei|chen; sich anschleichen
¹an|schlei|fen; sie hat das Messer angeschliffen (ein wenig scharf geschliffen); vgl. schleifen
²an|schlei|fen; er hat den Sack angeschleift (ugs. für schleifend herangezogen); vgl. schleifen
an|schlep|pen
an|schlie|ßen; an|schlie|ßend
An|schluss; An|schluss|ka|bel
An|schluss|stel|le, An|schluss-Stel|le, An|schluss|stre|cke, An|schluss-Stre|cke
An|schluss|tor (Sport); An|schluss|tref|fer
An|schluss|zug
an|schmach|ten
an|schme|cken (probieren; am Geschmack bemerken)
an|schmei|cheln
an|schmie|gen; sich an jmdn. anschmiegen
an|schmieg|sam; An|schmieg|sam|keit, die; -
an|schmie|ren (ugs. auch für betrügen)
an|schmut|zen; angeschmutzt
an|schnal|len; sich anschnallen
An|schnall|pflicht, die; -
an|schnau|zen (ugs. für grob tadeln); An|schnau|zer (ugs.)
an|schnei|den; An|schnitt
An|schop|pung (Med. vermehrte Ansammlung von Blut in den Kapillaren)
an|schrau|ben
an|schrei|ben; An|schrei|ben
an|schrei|en
An|schrift
An|schub; An|schub|fi|nan|zie|rung (Wirtsch.)
an|schul|di|gen; An|schul|di|gung
An|schuss (Jägerspr.)
an|schüt|ten (österr. für Flüssigkeit auf jmdn. schütten; verleumden)
an|schwär|zen (ugs. auch für verleumden)
an|schwei|gen
an|schwei|ßen
¹an|schwel|len; der Strom schwillt an, war angeschwollen; vgl. ¹schwellen
²an|schwel|len; der Regen hat die Flüsse angeschwellt; vgl. ²schwellen
An|schwel|lung
an|schwem|men; An|schwem|mung
an|schwin|deln (ugs.); ich schwind[e]le sie an

anschwitzen

an|schwit|zen (in heißem Fett gelb werden lassen)
An|schwung *(Turnen)*
An|se, die; -, -n (kleine, seichte Bucht)
an|se|geln; ich seg[e]le an; An|se|geln, das; -s (jährl. Beginn des Segel[flug]sports)
an|se|hen; ich sehe mir das an; *vgl.* angesehen
An|se|hen, das; -s; ohne Ansehen der Person (ganz gleich, um wen es sich handelt)
an|se|hens|wert
an|sehn|lich; An|sehn|lich|keit, die; -
an|sei|len; sich anseilen
an sein *vgl.* an
An|selm (m. Vorn.); *vgl.* Anshelm
An|sel|ma (w. Vorn.)
an|sen|gen (leicht versengen)
an|set|zen; am oberen Ende ansetzen; einen Saum an den *od.* am Rock ansetzen; An|set|zung
Ans|gar (m. Vorn.)
Ans|helm (m. Vorn.)
¹an sich (eigentlich)
²an sich; etw. an sich haben, bringen
An|sicht, die; -, -en; meiner Ansicht nach *(Abk. m. A. n.)*
an|sich|tig; *mit Gen.:* des Gebirges ansichtig werden *(geh.)*
An|sichts|kar|te; An|sichts|sa|che; An|sichts|sen|dung
an|sie|deln; ich sied[e]le mich an
An|sie|de|lung, An|sied|lung
An|sied|ler; An|sied|le|rin
An|sied|lung *vgl.* Ansiedelung
An|sin|nen, das; -s, -; ein Ansinnen an jmdn. stellen
An|sitz *(Jägerspr.; österr. auch für* repräsentativer Wohnsitz*)*
an|sonst *(bayr., schweiz., österr. für* anderenfalls*);* an|sons|ten *(ugs. für* im Übrigen, anderenfalls*)*
an|span|nen; An|span|nung
an|spa|ren
an|spei|en *(geh. für* anspucken*)*
An|spiel, das; -[e]s, -e *(Ballspiele, Eishockey)*
an|spiel|bar; an|spie|len
An|spie|lung (versteckter Hinweis)
an|spin|nen; etw. spinnt sich an
an|spit|zen *(ugs. auch für* antreiben*)*
An|spit|zer
An|sporn, der; -[e]s; an|spor|nen; An|spor|nung
An|spra|che
an|sprech|bar

an|spre|chen; auf etw. ansprechen (reagieren); an|spre|chend; am ansprechendsten ↑D 74
An|sprech|part|ner; An|sprech|part|ne|rin; An|sprech|per|son
an|sprin|gen
an|sprit|zen
An|spruch; etwas in Anspruch nehmen; An|spruchs|den|ken
an|spruchs|los; An|spruchs|lo|sig|keit
an|spruchs|voll
An|sprung
an|spu|cken
an|spü|len; An|spü|lung
an|sta|cheln
An|stalt, die; -, -en; keine Anstalten zu etw. machen (nicht beginnen [wollen])
An|stalts|er|zie|hung; An|stalts|lei|ter, der; An|stalts|lei|te|rin
An|stand, der; -[e]s, ...stände; keinen Anstand an dem Vorhaben nehmen *(geh. für* keine Bedenken haben*)*
an|stän|dig; An|stän|dig|keit
an|stands|hal|ber; an|stands|los
An|stands|re|gel; An|stands|wau|wau *(ugs.)*
an|stän|kern *(ugs.);* gegen etw., jmdn. anstänkern
an|star|ren
an|statt; anstatt dass ↑D 126; *vgl.* ¹statt
an|stau|ben
an|stau|en
an|stau|nen
an|ste|cken; ein Fass anstechen (anzapfen)
an|ste|cken *vgl.* ²stecken; an|ste|ckend
An|ste|cker; An|steck|na|del
An|ste|ckung; An|ste|ckungs|ge|fahr
an|ste|hen *(auch Bergmannsspr.* hervortreten, zutage liegen*);* ich stehe nicht an (habe keine Bedenken); auf jmdn. anstehen *(österr. für* angewiesen sein*)*
an|ste|hend; die anstehenden (bevorstehenden) Wahlen; anstehende (zu erledigende) Aufgaben
an|stei|gen

---

an|stel|le, an Stel|le

mit Genitiv:
– **anstelle** *od.* an Stelle von Worten
– **anstelle** *od.* an Stelle des Vaters; *aber* an die Stelle des Vaters ist der Vormund getreten

---

an|stel|len; sich anstellen; An|stel|le|rei *(abwertend)*
an|stel|lig (geschickt); An|stel|lig|keit, die; -
An|stel|lung; An|stel|lungs|ver|trag
an|steu|ern
An|stich (eines Fasses [Bier])
An|stieg, der; -[e]s, -e
an|stie|ren
an|stif|ten; An|stif|ter; An|stif|te|rin; An|stif|tung
an|stim|men; ein Lied anstimmen
an|stin|ken *(ugs. für* anwidern; sich auflehnen); die Sache stinkt mich an; dagegen muss man anstinken
An|stoß; an etwas Anstoß nehmen
an|sto|ßen
an|stö|ßer *(schweiz. für* Anlieger, Anrainer*);* An|stö|ße|rin
an|stö|ßig; An|stö|ßig|keit
an|strah|len; An|strah|lung
an|strän|gen; ein Pferd anstrengen (anschirren)
an|stre|ben; an|stre|bens|wert
an|strei|chen; An|strei|cher; An|strei|che|rin
an|stren|gen; sich anstrengen (sehr bemühen); einen Prozess anstrengen
an|stren|gend; An|stren|gung
An|strich
an|stü|cken
An|sturm, der; -[e]s, ...stürme; an|stür|men
an|su|chen; um etwas ansuchen *(Amtsspr.* um etwas bitten*)*
An|su|chen, das; -s, - (förmliche Bitte; Gesuch); auf Ansuchen; An|su|cher; An|su|che|rin
An|ta|go|nis|mus, der; -, ...men ⟨griech.⟩ (Widerstreit; Gegensatz); An|t|a|go|nist, der; -en, -en (Gegner); An|t|a|go|nis|tin; an|t|a|go|nis|tisch
an|tail|lie|ren *(Schneiderei* mit leichter Taille versehen*)*
An|tal|ya (Stadt in der Türkei)
An|ta|na|na|ri|vo (Hauptstadt Madagaskars)
an|tan|zen *(ugs. für* kommen*)*
An|t|a|res [*auch* ˈantares], der; - ⟨griech.⟩ (ein Stern)
Ant|ark|ti|ka (antarktischer Kontinent); Ant|ark|tis, die; - ⟨griech.⟩ (Gebiet um den Südpol); ant|ark|tisch
an|tas|ten
an|tau|chen *(österr. ugs. für* anschieben; sich mehr anstrengen*)*
an|tau|en
An|tä|us (Gestalt der griech. Sage)

antikapitalistisch

anti

an|täu|schen (Sport)
An|te, die; -, -n ⟨lat.⟩ (Archit. viereckiger Wandpfeiler)
an|tea|sen [...ti:zn] ⟨dt.; engl.⟩ (bes. Werbe- u. Mediensprache [Kunden, Konsumenten] auf etwas neugierig machen); teaste an, angeteast
an|te Chris|tum [na|tum] ⟨lat.⟩ (veraltet für vor Christi Geburt, vor Christus; Abk. a. Chr. [n.])
An|teil, der; -[e]s, -e
an|tei|lig; der anteilige Gewinn
An|teil|nah|me, die; -, -n
An|teil|schein; An|teils|eig|ner (Inhaber eines Anteilscheins); An|teils|eig|ne|rin
an|teil[s]|mä|ßig
an|te me|ri|di|em ⟨lat.⟩ (vormittags; Abk. a. m.)
an|te mor|tem ⟨lat.⟩ (Med. kurz vor dem Tode; Abk. a. m.)
An|ten|ne, die; -, -n ⟨lat.⟩
An|ten|nen|fern|se|hen
An|ten|nen|mast
An|ten|nen|wald (ugs.)
An|ten|tem|pel ⟨lat.⟩ (altgriech. Tempel mit Anten)
An|te|pen|di|um, das; -s, ...ien ⟨lat.⟩ (Verkleidung des Altarunterbaues)
An|the|mi|on, das; -s, ...ien ⟨griech.⟩ (Archit. [altgriech.] Schmuckfries)
An|the|re, die; -, -n (Bot. Staubbeutel der Blütenpflanzen)
An|tho|lo|gie, die; -, ...ien ([Gedicht]sammlung; Auswahl); an|tho|lo|gisch (ausgewählt)
An|th|ra|cen, An|th|ra|zen, das; -s, -e ⟨griech.⟩ (aus Steinkohlenteer gewonnene chem. Verbindung)
¹An|th|rax, der; - ⟨griech.⟩ (Med. Milzbrand)
²An|th|rax, das; - (Kampfstoff mit Anthraxerregern)
An|th|ra|zen vgl. Anthracen
an|th|ra|zit (schwarzgrau)
An|th|ra|zit, der; -s, -e Plur. selten (hochwertige Steinkohle); an|th|ra|zit|far|ben, an|th|ra|zit|far|big
an|th|ro|po|gen ⟨griech.⟩ (durch den Menschen beeinflusst, verursacht); An|th|ro|po|ge|nie, die; -, ...ien ([Lehre von der] Entstehung des Menschen)
an|th|ro|po|id (menschenähnlich); An|th|ro|po|i|de, der; -n, -n, An|th|ro|po|id, der; -en, -en (Menschenaffe)
An|th|ro|po|lo|ge, der; -n, -n; An|th|ro|po|lo|gie, die; -, ...ien (Wissenschaft vom Menschen u. seiner Entwicklung); An|th|ro|po|lo|gin; an|th|ro|po|lo|gisch
an|th|ro|po|morph (menschenähnlich); an|th|ro|po|mor|phisch (die menschliche Gestalt betreffend); An|th|ro|po|mor|phis|mus, der; -, ...men (Vermenschlichung [des Göttlichen])
An|th|ro|po|pha|ge, der; -n, -n (fachspr. für Kannibale)
An|th|ro|po|pho|bie, die; -, ...ien (Psychol. Menschenscheu)
An|th|ro|po|soph, der; -en, -en; An|th|ro|po|so|phie, die; - (von R. Steiner begründete Weltanschauungslehre); An|th|ro|po|so|phin; an|th|ro|po|so|phisch
an|th|ro|po|zen|t|risch (den Menschen in den Mittelpunkt stellend)
An|thu|rie, die; -, -n ⟨griech.⟩ (Flamingoblume, eine Zierpflanze)
an|ti... ⟨griech., »gegen...«⟩; An|ti... (Gegen...)
Anti-Aging, An|ti|aging [...'-ɛɪdʒɪŋ], das; -s ⟨engl.⟩ (Gesamtheit der med. u. kosmet. Maßnahmen zur Verzögerung der Alterungsprozesse)
An|ti-AKW-Be|we|gung [...|a:ka:'ve:...]; An|ti-AKW-De|mons|t|ra|ti|on
An|ti|al|ko|ho|li|ker [auch 'an...] ⟨griech.; arab.⟩ (Alkoholgegner); An|ti|al|ko|ho|li|ke|rin
an|ti|ame|ri|ka|nisch [auch 'an...] (gegen die USA gerichtet); An|ti|ame|ri|ka|nis|mus, der; -
An|ti|apart|heid|be|we|gung
An|ti|atom|be|we|gung, An|ti-Atom-Be|we|gung; An|ti|atom|kraft|be|we|gung, An|ti-Atom-kraft-Be|we|gung
an|ti|au|to|ri|tär [auch 'an...] ⟨griech.; lat.⟩ (autoritäre Normen ablehnend)
An|ti|ba|by|pil|le [...'be:...] ⟨griech.; engl.; lat.⟩ (ugs.)
an|ti|bak|te|ri|ell [auch 'an...]
An|ti|bio|ti|ka|re|sis|tent (Med.)
An|ti|bio|ti|ka|re|sis|tenz
An|ti|bio|ti|kum, das; -s, ...ka ⟨griech.⟩ (Pharm. biologischer Wirkstoff gegen Krankheitserreger); an|ti|bio|tisch
An|ti|blo|ckier|sys|tem ⟨griech.; franz.; griech.⟩ (Abk. ABS)
an|ti|cham|b|rie|ren [...ʃ...] ⟨franz.⟩ (katzbuckeln, dienern)
An|ti|christ, der; -[s] (Rel. der Widerchrist, Teufel) u. der; -en, -en ⟨griech.⟩ (Gegner des Christentums); an|ti|christ|lich
an|ti|de|mo|kra|tisch [auch 'an...]
An|ti|de|pres|si|vum, das; -s, ...va meist Plur. ⟨griech.; lat.⟩ (Pharm. Mittel gegen Depressionen)
an|ti|deutsch [auch 'an...]
An|ti|di|a|be|ti|kum, das; -s, ...ka ⟨griech.⟩ (Pharm. Medikament gegen Diabetes)
An|ti|dis|kri|mi|nie|rung; An|ti|dis|kri|mi|nie|rungs|ge|setz; An|ti|dis|kri|mi|nie|rungs|stel|le
An|ti|dot, das; -[e]s, -e, An|ti|do|ton, das; -s, ...ta ⟨griech.⟩ (Med. Gegengift)
An|ti|dum|ping|ge|setz [...'da...] ⟨griech.; engl.; dt.⟩ (Wirtsch.)
An|ti|fa (Jargon; kurz für Antifaschismus)
An|ti|fa|schis|mus [auch 'an...] ⟨griech.; ital.⟩ (Gegnerschaft gegen Faschismus u. Nationalsozialismus); An|ti|fa|schist [auch 'an...], der; -en, -en; An|ti|fa|schis|tin [auch 'an...]; an|ti|fa|schis|tisch [auch 'an...]
An|ti|fon, An|ti|phon, die; -, -en, An|ti|fo|ne, An|ti|pho|ne, die; -, -n ⟨griech.⟩ (liturg. Wechselgesang)
An|ti|fo|nal|le, An|ti|pho|nal|le, das; -s, ...lien, An|ti|fo|nar, An|ti|pho|nar, das; -s, -ien (Sammlung von Antifonen)
An|ti|fouling [...faʊ..., ...faʊ...], das; -s ⟨griech.; engl.⟩ (Anstrich für den unter Wasser befindlichen Teil des Schiffes, der pflanzl. u. tier. Bewuchs verhindern)
An|ti|gen, das; -s, -e ⟨griech.⟩ (Med., Biol. artfremder Eiweißstoff, der im Körper die Bildung von Abwehrstoffen bewirkt)
An|ti|go|ne [...ne] (griech. Sagengestalt, Tochter des Ödipus)
An|ti|gua|ner; An|ti|gua|ne|rin; an|ti|gua|nisch; An|ti|gua und Bar|bu|da (Inselstaat in der Karibik)
an|ti|haft|be|schich|tet; An|ti|haft|be|schich|tung
An|ti|held ⟨griech.; dt.⟩ (inaktive od. negative Hauptfigur in der Literatur); An|ti|hel|din
an|ti|im|pe|ri|a|lis|tisch [auch 'an...] (gegen den Imperialismus gerichtet)
an|tik ⟨lat.⟩ (altertümlich; dem klass. Altertum angehörend)
an|ti|ka|pi|ta|lis|tisch [auch 'an...]

Antike

(gegen den Kapitalismus gerichtet)

¹An|ti|ke, die; - (das klass. Altertum u. seine Kultur)

²An|ti|ke, die; -, -n meist Plur. (antikes Kunstwerk)

An|ti|ken|samm|lung

an|ti|kisch (der ¹Antike nachstrebend); **an|ti|ki|sie|ren** (die ¹Antike nachahmen)

an|ti|kle|ri|kal [auch ˈan...] ⟨griech.⟩ (kirchenfeindlich); **An|ti|kle|ri|ka|lis|mus** [auch ˈan...]

An|ti|kli|max, die; -, -e Plur. selten ⟨griech.⟩ (Rhet., Stilkunde Übergang vom stärkeren zum schwächeren Ausdruck)

an|ti|kli|nal ⟨griech.⟩ (Geol. sattelförmig)

An|ti|klopf|mit|tel (Zusatz zu Vergaserkraftstoffen)

An|ti|kom|mu|nis|mus [auch ˈan...] ⟨griech.; lat.⟩; **an|ti|kom|mu|nis|tisch** [auch ˈan...]

an|ti|kon|zep|ti|o|nell [auch ˈan...] ⟨griech.; lat.⟩ (Med. die Empfängnis verhütend); **An|ti|kon|zep|ti|vum,** das; -s, ...va (Med. empfängnisverhütendes Mittel)

An|ti|kör|per meist Plur. ⟨griech.; dt.⟩ (Med. Abwehrstoff im Blut gegen artfremde Eiweiße)

An|ti|kor|rup|ti|ons|be|hör|de (Behörde zur Bekämpfung der Korruption)

An|ti|kri|tik [auch ˈan...] ⟨griech.⟩ (Erwiderung auf eine Kritik)

An|til|len Plur. (Inselgruppe in der Karibik)

An|ti|lo|pe, die; -, -n ⟨franz.⟩ (ein Huftier)

An|ti|ma|chi|a|vell [...kia...], der; -[s] ⟨griech.; ital.⟩ (Schrift Friedrichs d. Gr. gegen Machiavelli)

An|ti|ma|te|rie [auch ...te:...] ⟨griech.; lat.⟩ (Kernphysik Materie aus Antiteilchen)

An|ti|mi|li|ta|ris|mus [auch ˈan...], der; - ⟨griech.; lat.⟩ (Ablehnung militärischer Gesinnung u. Rüstung); **an|ti|mi|li|ta|ris|tisch**

An|ti|mon [auch ˈan...], das; -s ⟨arab.⟩ (chemisches Element, Metall; Zeichen Sb [vgl. Stibium])

an|ti|mo|n|ar|chisch [auch ˈan...] ⟨griech.⟩ (monarchiefeindlich)

An|ti|neu|r|al|gi|kum, das; -s, ...ka ⟨griech.⟩ (Pharm. Schmerzen stillendes Mittel)

An|ti|no|mie, die; -, ...i|en ⟨griech.⟩ (fachspr. für Widerspruch eines Satzes in sich od. zweier gültiger Sätze)

An|ti|no|us (schöner griech. Jüngling an Hadrians Hof)

an|ti|o|che|nisch ⟨zu Antiochia, Antiochien⟩

An|ti|o|chia [auch ...ˈxi:a] (altsyr. Stadt)

An|ti|o|chi|en (mittelalterl. Patriarchat in Kleinasien)

An|ti|o|chi|er; An|ti|o|chi|e|rin

An|ti|o|chos, An|ti|o|chus (m. Eigenname)

An|ti|oxi|dans, An|ti|oxy|dans, das; -, ...dantien u. ...danzien (Chemie Lebensmittelzusatz, der die Oxidation verhindert)

An|ti|pas|to, der od. das; -[s], Plur. -s u. ...ti ⟨ital.⟩ (ital. Bez. für Vorspeise)

An|ti|pa|thie [auch ˈan...], die; -, ...i|en ⟨griech.⟩ (Abneigung, Widerwille); eine Antipathie gegen jmdn., etwas od. gegenüber jmdm., etwas haben; **an|ti|pa|thisch** [auch ˈan...]

An|ti|per|so|nen|mi|ne

An|ti|phon usw. vgl. **Antifon** usw.

An|ti|po|de, der; -n, -n ⟨griech.⟩ (Geogr. auf dem gegenüberliegenden Punkt der Erde wohnender Mensch; übertr. für Gegner); **An|ti|po|din**

an|tip|pen

An|ti|py|re|ti|kum, das; -s, ...ka ⟨griech.⟩ (Pharm. fiebersenkendes Mittel)

An|ti|qua, die; - ⟨lat.⟩ (Druckw. Lateinschrift)

An|ti|quar, der; -s, -e (jmd., der mit alten Büchern handelt); **An|ti|qua|ri|at,** das; -[e]s, -e (Geschäft, in dem alte Bücher ge- u. verkauft werden; nur Sing.: Handel mit alten Büchern); **An|ti|qua|rin; an|ti|qua|risch**

An|ti|qua|schrift (svw. Antiqua)

an|ti|quiert (veraltet; altertümlich); antiquierte Überzeugungen, Methoden, Ideen; **An|ti|quiert|heit** Plur. selten

An|ti|qui|tät, die; -, -en meist Plur. (altertümliches Kunstwerk, Möbel u. a.)

An|ti|qui|tä|ten|han|del; An|ti|qui|tä|ten|händ|ler; An|ti|qui|tä|ten|händ|le|rin; An|ti|qui|tä|ten|samm|ler; An|ti|qui|tä|ten|samm|le|rin

An|ti|ra|ke|te; An|ti|ra|ke|ten|ra|ke|te

An|ti|rau|cher|kam|pa|gne

An|ti|se|mit, der; -en, -en; **An|ti|se|mi|tin; an|ti|se|mi|tisch; An|ti|se|mi|tis|mus,** der; - (Abneigung od. Feindschaft gegenüber Juden)

An|ti|sep|sis, An|ti|sep|tik, die; - ⟨griech.⟩ (Med. Vernichtung von Krankheitskeimen [bes. in Wunden]); **An|ti|sep|ti|kum,** das; -s, ...ka (keimtötendes Mittel [bes. bei der Wundbehandlung]); **an|ti|sep|tisch**

An|ti|se|rum [auch ˈan...], das; -s, Plur. ...ren u. ...ra ⟨griech.; lat.⟩ (Med. Heilserum mit Antikörpern)

An|ti|spas|mo|di|kum, das; -s, ...ka ⟨griech.⟩ (Pharm. krampflösendes Mittel); **an|ti|spas|tisch** (Med. krampflösend)

an|ti|sta|tisch ⟨griech.⟩ (Physik elektrostatische Aufladung aufhebend)

An|ti|s|tes, der; -, ...stites ⟨lat.⟩ (kath. Kirche Ehrentitel für Bischof u. Abt)

An|ti|stro|phe [...st..., auch ˈantifˌt...] ⟨griech.⟩ (Chorlied im antiken griech. Drama)

An|ti|teil|chen (Kernphysik zu einem Elementarteilchen komplementäres Teilchen mit entgegengesetzter elektr. Ladung)

An|ti|ter|ror|ein|heit; An|ti|ter|ror|ge|setz; An|ti|ter|ror|krieg (militärische Bekämpfung des Terrorismus)

An|ti|the|se [auch ˈan...] ⟨griech.⟩ (entgegengesetzte Behauptung); **An|ti|the|tik,** die; - (Philos.); **an|ti|the|tisch**

An|ti|to|xin [auch ˈan...], das; -s, -e ⟨griech.⟩ (Med. Gegengift); **an|ti|to|xisch** [auch ˈan...]

An|ti|trans|pi|rant, das; -s, Plur. -e u. -s ⟨griech.; lat.⟩ (schweißhemmendes Mittel)

An|ti|vi|ren|pro|gramm (EDV Programm gegen Computerviren); **An|ti|vi|ren|soft|ware** (EDV)

An|ti|zi|ga|nis|mus, der; - (Feindschaft gegenüber Sinti und Roma); **an|ti|zi|ga|nis|tisch** [auch ˈan...] (gegen Sinti und Roma gerichtet)

An|ti|zi|o|nis|mus [auch ˈan...] (Ablehnung des Zionismus)

An|ti|zi|pa|ti|on, die; -, -en ⟨lat.⟩ (Vorwegnahme; Vorgriff); **an|ti|zi|pie|ren**

an|ti|zy|k|lisch [auch ˈan...] (Wirtsch. einem Konjunkturzustand entgegenwirkend)

An|ti|zy|k|lo|ne [*auch* 'an...] (*Meteorol.* Hochdruckgebiet)
Ant|je (w. Vorn.)
Ant|litz, das; -es, -e (*geh.*)
An|toi|net|te [antŏa'nɛt(ə), *auch* ã...] (w. Vorn.)
An|ton (m. Vorn.)
an|tö|nen (*schweiz. für* andeuten)
An|to|nia, An|to|nie (w. Vorn.)
An|to|ni|us (röm. m. Eigenn.; Heiliger)
an|to|nym ⟨griech.⟩ (*Sprachwiss.* von entgegengesetzter Bedeutung); **An|to|nym**, das; -s, -e (*Sprachwiss.* Gegen[satz]wort, z. B. »gesund – krank«); **an|to|ny|misch** *vgl.* antonym
an|tör|nen (*ugs. für* in gute Stimmung bringen; berauschen)
An|trag, der; -[e]s, ...träge; einen Antrag auf etwas stellen; auf, *österr. auch* über Antrag von ...
an|tra|gen (*geh.*); jmdm. ein Amt antragen
An|trags|for|mu|lar
an|trags|ge|mäß
An|trag|stel|ler; An|trag|stel|le|rin
an|trai|nie|ren
an|trau|en; angetraut
an|tref|fen
An|trei|ber; An|trei|be|rin
an|tre|ten
An|trieb
An|triebs|kraft; An|triebs|schei|be
An|triebs|sys|tem; An|triebs|wel|le
an|trin|ken; sich antrinken (*österr. ugs. für* sich betrinken); ich trinke mir einen an (*ugs.*)
An|tritt, der; -[e]s, -e *Plur. selten;* **An|tritts|al|ter** (*österr. für* Renteneintrittsalter)
An|tritts|be|such; An|tritts|re|de; An|tritts|vor|le|sung
an|trock|nen
an|tun; sich etwas antun (*österr. ugs. auch für* sich besonders bemühen; sich [grundlos] aufregen)
¹**an|tur|nen** (*ugs. für* herbeieilen)
²**an|tur|nen** [...tœ:ɐ̯...] ⟨dt.; engl.⟩; *vgl.* antörnen
Antw. = Antwort
Ant|wer|pen (belg. Hafenstadt)
Ant|wort, die; -, -en (*Abk.* Antw.); um [*od.* Um] Antwort wird gebeten (*Abk.* u. [*od.* U.] A. w. g.)
Ant|wort|brief
ant|wor|ten
ant|wort|lich; antwortlich Ihres Briefes (*Amtsspr.* auf Ihren Brief)

Ant|wort|schein (*Postw.*); **Ant|wort|schrei|ben; Ant|wort|zeit**

annullieren

Die vor allem in der Rechts- und Kaufmannssprache gebräuchliche Bezeichnung geht auf das gleichbedeutende spätlateinische Verb *annullare* zurück und wird deshalb mit zwei *n* und zwei *l* geschrieben.

an und für sich [*auch* - - 'fy:ɐ̯ -]
An|u|rie, die; -, ...ien ⟨griech.⟩ (*Med.* Versagen der Harnausscheidung)
Anus, der; -, Ani ⟨lat.⟩ (*Med.* After); **Anus prae|ter**, der; - -, Ani - (*Med.* künstlicher Darmausgang)
an|ver|trau|en; jmdm. einen Brief anvertrauen; sich jmdm. anvertrauen; ich vertrau[t]e an, *seltener* ich anvertrau[t]e; anvertraut; anzuvertrauen
an|ver|wahrt (*österr. Amtsspr. für* beiliegend)
an|ver|wan|deln (*geh.*); sich etwas anverwandeln (zu eigen machen); ich verwand[e]le mir ihre Meinung an, *seltener* ich anverwand[e]le mir ...; **An|ver|wand|lung** (*geh.*)
An|ver|wand|te, der *u.* die; -n, -n (*geh.*)
an|vi|sie|ren
Anw. = Anweisung
an|wach|sen
an|wäh|len
An|wähl|pro|gramm (*svw.* Dialer)
An|walt, der; -[e]s, ...wälte; **An|wäl|tin; an|walt|lich**
An|walt|schaft, die; -, -en *Plur. selten;* **An|walts|kam|mer; An|walts|kanz|lei**
an|wan|deln; An|wan|de|lung, *häufiger* **An|wand|lung**
an|wan|zen, sich (*ugs. für* sich anbiedern)
an|wär|men
An|wär|ter; An|wär|te|rin
An|wart|schaft, die; -, -en

an was / woran

An was kommt in der gesprochenen Sprache recht häufig vor: *An was hast du das gemerkt?* Im geschriebenen Standarddeutsch wird in der Regel *woran* verwendet: *Woran hast du das gemerkt?*

an|wei|sen *vgl.* angewiesen
An|wei|sung (*Abk.* Anw.)
an|wend|bar; An|wend|bar|keit
an|wen|den; ich wandte *od.* wendete die Regel an, habe angewandt *od.* angewendet; die angewandte *od.* angewendete Regel; *vgl.* angewandt
An|wen|der; an|wen|der|freund|lich; ein anwenderfreundliches Programm; **An|wen|de|rin**
An|wen|dung
An|wen|dungs|be|reich; an|wen|dungs|be|zo|gen; An|wen|dungs|ge|biet; an|wen|dungs|ori|en|tiert
an|wer|ben; An|wer|bung
an|wer|fen
An|wert, der; -[e]s (*bayr., österr. für* Wertschätzung); Anwert finden, haben
An|we|sen (Grundstück [mit Wohnhaus, Stall usw.])
an|we|send; An|we|sen|de, der *u.* die; -n, -n
An|we|sen|heit, die; -; **An|we|sen|heits|lis|te**
an|wi|dern; es widert mich an
an|win|keln; ich wink[e]le an
An|woh|ner; An|woh|ne|rin; An|woh|ner|park|platz; An|woh|ner|schaft, die; -
An|wuchs (*Forstwirtsch.*)
An|wurf
an|wur|zeln *vgl.* angewurzelt
An|zahl, die; -; eine Anzahl gute[r] Freunde

Anzahl / Zahl

Die alte Unterscheidung, nach der »Zahl« eine Gesamtmenge ausdrückt, »Anzahl« dagegen einen Teil einer Menge, wird im heutigen Sprachgebrauch vor allem dann noch beachtet, wenn es auf eine präzise Aussage ankommt:
– Die Zahl der Zugezogenen lag bei ungefähr 800 Personen, darunter eine größere Anzahl Studenten.

an|zah|len
an|zäh|len
An|zah|lung; An|zah|lungs|sum|me
an|zap|fen; An|zap|fung
An|zei|chen
an|zeich|nen
An|zei|ge, die; -, -n; **an|zei|gen**
An|zei|gen|ak|qui|se
An|zei|ge[n]|blatt; An|zei|gen|kam|pa|g|ne; An|zei|gen|teil
An|zei|ge|pflicht; an|zei|ge|pflich|tig; anzeigepflichtige Krankheit

Anzeiger

An|zei|ger; An|zei|ge|ta|fel
An|zen|gru|ber (österr. Schriftsteller)
An|zet|tel|er, An|zett|ler; An|zet|te|le|rin; an|zet|teln (abwertend); ich zett[e]le an; **An|zet|te|lung, An|zett|lung; An|zett|le|rin**
an|zie|hen; sich anziehen
an|zie|hend (reizvoll)
An|zieh|sa|chen Plur. (ugs. für Kleidungsstücke)
An|zie|hung; An|zie|hungs|kraft; An|zie|hungs|punkt
an|zie|len (zum Ziel haben)
an|zi|schen
¹**An|zucht,** die; -, ...züchte (Bergmannsspr. Abwassergraben)
²**An|zucht,** die; - (Aufzucht junger Pflanzen [u. Tiere]); **An|zucht|gar|ten**
an|zu|ckern (österr. für mit Zucker bestreuen)
An|zug, der; -[e]s, ...züge (schweiz. auch für [Bett]bezug, Überzug; schweiz. [Basel] auch Antrag [im Parlament]); es ist Gefahr im Anzug
an|züg|lich (zweideutig; anstößig); **An|züg|lich|keit**
An|zugs|kraft
An|zugs|stoff
An|zugs|ver|mö|gen, das; -s
An|zug|trä|ger
an|zün|den; An|zün|der
an|zwe|cken (landsch.)
an|zwei|feln; ich zweif[e]le an
An|zwei|fe|lung, An|zweif|lung
an|zwit|schern; sich einen anzwitschern (ugs. für sich betrinken)
AO = Abgabenordnung; Anordnung
ao., a. o. = außerordentlich
AOK, die; - = Allgemeine Ortskrankenkasse
Äo|li|en (antike Landschaft an der Nordwestküste von Kleinasien); **Äo|li|er; Äo|li|e|rin**
¹**äo|lisch** (zu Äolien) ↑D89: äolische Versmaße; Äolische Inseln; vgl. Liparische Inseln
²**äo|lisch** (zu Äolus) (durch Windeinwirkung entstanden); äolische Sedimente
Äols|har|fe (Windharfe)
Äo|lus (griech. Windgott)
Äon, der; -s, -en meist Plur. ⟨griech.⟩ (Zeitraum, Weltalter; Ewigkeit); **äo|nen|lang**
ao. Prof., a. o. Prof. = außerordentlicher Professor, außerordentliche Professorin
Ao|rist, der; -[e]s, -e ⟨griech.⟩

(Sprachwiss. eine Zeitform, bes. im Griechischen)
Aor|ta, die; -, ...ten ⟨griech.⟩ (Med. Hauptschlagader); **Aor|ten|klap|pe**
AP [ɛɪˈpiː], die; - = Associated Press
APA, die; - = Austria Presse Agentur (so die von den Richtlinien der Rechtschreibung abweichende Schreibung)
Apa|che [...tʃə], der; -n, -n (Angehöriger eines Indianerstammes); **Apa|chin**
Apa|na|ge [...ʒə, österr. ...ʃ], die; -, -n ⟨franz.⟩ (regelmäßige finanzielle Zuwendung)
apart ⟨franz.⟩ (geschmackvoll, reizvoll); etwas Apartes
Apart|be|stel|lung (Buchhandel Einzelbestellung [eines Heftes od. Bandes aus einer Reihe])
Apart|heid, die; - ⟨afrikaans⟩ (früher Trennung zwischen Weißen u. Farbigen in der Republik Südafrika); **Apart|heid|po|li|tik**

Apartheid
Im Gegensatz zu deutschen Substantiven auf -heit wie *Menschheit, Freiheit* endet das aus dem Afrikaans stammende Wort mit einem -d.

Apart|ment, das; -s, -s ⟨engl.⟩ (kleinere Wohnung); vgl. Appartement; **Apart|ment|haus**
Apa|thie, die; -, ...ien Plur. selten ⟨griech.⟩ (Teilnahmslosigkeit); **apa|thisch**
Apa|tit, der; -s, -e ⟨griech.⟩ (ein Mineral)
Apa|to|sau|rus, der; -, ...rier ⟨griech.⟩ (ausgestorbene Riesenechse)
Apel|les (altgriech. Maler)
Apen|nin, der; -s, **Apen|ni|nen** Plur. (Gebirge in Italien)
Apen|ni|nen-Halb|in|sel, Apen|ni|nen|halb|in|sel, die; -; **apen|ni|nisch;** aber die Apenninische Halbinsel
aper (südd., schweiz., österr. für schneefrei); apere Wiesen
Aper|çu [...ˈsyː], das; -s, -s ⟨franz.⟩ (geistreiche Bemerkung)
Ape|ri|tif, der; -s, Plur. -s, auch -e ⟨franz.⟩ (appetitanregendes alkohol. Getränk)
apern (südd., schweiz., österr. für schneefrei werden); sie sagt, es apere (taue) morgen

Apé|ro, Ape|ro [...pe..., auch ...ˈroː], der, selten das; -s, -s ⟨franz.⟩ (bes. schweiz.; kurz für Aperitif)
Ape|rol®, der; -[s], - (ein ital. Likör)
Aper|schnal|zen, das; -s (österr. Volksbrauch zum Vertreiben des Winters)
Aper|tur, die; -, -en ⟨lat.⟩ (Optik Maß für die Fähigkeit eines Systems, sehr feine Details abzubilden; Med. Öffnung, Eingang eines Organs)
Apex, der; -, Apizes ⟨lat.⟩ (Astron. Zielpunkt einer Gestirnsbewegung; Sprachwiss. Zeichen zur Bezeichnung langer Vokale, z. B. â, á)
Ap|fel, der; -s, Äpfel
Ap|fel|baum
Ap|fel|chen
Ap|fe|les|sig
ap|fel|för|mig
Ap|fel|ge|lee; Ap|fel|korn, der; -[e]s (ein Schnaps); **Ap|fel|kraut,** das; -[e]s (landsch. für Sirup aus Äpfeln); **Ap|fel|kren** (österr. für Soße aus Meerrettich u. geriebenem Apfel); **Ap|fel|ku|chen; Ap|fel|most; Ap|fel|mus**
äp|feln; das Pferd musste äpfeln
Ap|fel|saft; Ap|fel|saft|schor|le
Ap|fel|schim|mel vgl. ²Schimmel
Ap|fel|schor|le
Ap|fel|si|ne, die; -, -n; **Ap|fel|si|nen|scha|le**
Ap|fel|spal|te (einzelnes halbmondförmiges Stück eines vom Kerngehäuse befreiten Apfels)
Ap|fel|stru|del; Ap|fel|wein
Ap|fel|wick|ler (ein Kleinschmetterling)
Aph|ä|re|se, Aph|ä|re|sis, die; -, ...resen ⟨griech.⟩ (Sprachwiss. Wegfall eines Lautes od. einer Silbe am Wortanfang, z. B. »'s« für »es«)
Apha|sie, die; -, ...ien ⟨griech.⟩ (Philos. Urteilsenthaltung; Med. Verlust des Sprechvermögens)
Aph|el [aˈfeːl], **Ap|hel** [apˈheːl], das; -s, -e ⟨griech.⟩ (Astron. Punkt der größten Sonnenferne eines Planeten od. Kometen; Ggs. Perihel)
Aphe|l|an|d|ra, die; -, ...dren ⟨griech.⟩ (eine Zierpflanze)
Apho|ris|mus, der; -, ...men ⟨griech.⟩ (geistreicher, knapp formulierter Gedanke, der eine Lebensweisheit vermittelt);

Aphoristiker; Aphoristikerin; **aphoristisch**

Aphrodisiakum, das; -s, ...ka ⟨griech.⟩ (*Pharm.* den Geschlechtstrieb anregendes Mittel)

aphrodisieren (*Med.*, Sexualkunde u. geh. für sexuell anregen); aphrodisierende Wirkung;

aphrodisisch (Aphrodite betreffend; den Geschlechtstrieb steigernd)

Aphrodite (griech. Göttin der Liebe); **aphroditisch** (Aphrodite betreffend)

Aphthe, die; -, -n *meist Plur.* ⟨griech.⟩ (*Med.* kleines Geschwür der Mundschleimhaut)

Aphthenseuche (*Tiermed.* Maul- u. Klauenseuche)

Apia (Hauptstadt von Samoa)

apikal ⟨lat.⟩ (den Apex betreffend)

Apis, der; - (heiliger Stier der alten Ägypter); **Apisstier**

Apizes (*Plur. von* Apex)

apl. = außerplanmäßig

Aplanat, der; -en, -en, *auch* das; -s, -e ⟨griech.⟩ (*Optik* Linsensystem, durch das die Aberration korrigiert wird); **aplanatisch**

Aplomb [aˈplõː], der; -s ⟨franz.⟩ (Sicherheit im Auftreten, Nachdruck; Abfangen einer Bewegung im Balletttanz)

Apnoe [aˈpnoːə], die; -, -n ⟨griech.⟩ (*Med.* Atemlähmung); **Apnoiker; Apnoikerin**

APO, Apo, die; - = außerparlamentarische Opposition [in den 1960er-Jahren]

Apochromat [...k...], der; -en, -en, *auch* das; -s, -e ⟨griech.⟩ (*Optik* Linsensystem, das Farbfehler korrigiert); **apochromatisch**

apodiktisch ⟨griech.⟩ (sicher; keinen Widerspruch duldend)

Apogäum, das; -s, ...äen ⟨griech.⟩ (*Astron.* Punkt der größten Erdferne des Mondes od. eines Satelliten; Ggs. Perigäum)

à point [...ˈpo̯ɛː] ⟨franz.⟩ (*Gastron.* halb, mittel durchgebraten)

Apokalypse, die; -, -n ⟨griech.⟩ (*Rel.* Schrift über das Weltende, bes. die Offenbarung des Johannes; Unheil, Grauen); **apokalyptisch** ↑D 89: die apokalyptischen Reiter

Apokope [.. pe], die; -, ...kopen ⟨griech.⟩ (*Sprachwiss.* Abfall eines Lautes od. einer Silbe am Wortende, z. B. »hatt'« *für* »hatte«); **apokopieren**

apokryph ⟨griech.⟩ (unecht; die Apokryphen betreffend); **Apokryph,** das; -s, -en *meist Plur.* ⟨griech.⟩ (*Rel.* nicht anerkannte Schrift [der Bibel])

Apolda (Stadt in Thüringen)

apolitisch ⟨griech.⟩ (unpolitisch)

Apoll (geh. für ¹Apollo, ²Apollo)

Apollinaris (Heiliger)

apollinisch (in der Art Apollos; harmonisch, ausgeglichen)

¹Apollo (griech.-röm. Gott [der Dichtkunst])

²Apollo, der; -s, -s (schöner [junger] Mann)

³Apollo (amerik. Raumfahrtprogramm, das die Landung bemannter Raumfahrzeuge auf dem Mond zum Ziel hatte)

Apollofalter (ein Schmetterling)

Apollon vgl. ¹Apollo

Apollonia (w. Vorn.)

Apollonius (m. Vorn.)

Apollo-Raumschiff, Apolloraumschiff vgl. ³Apollo

Apologet, der; -en, -en ⟨griech.⟩ (Verfechter, Verteidiger)

Apologetik, die; -, -en ⟨bes. *Theol.* Verteidigung, Rechtfertigung [der christl. Lehren])

Apologetin; apologetisch

Apologie, die; -, ...ien (geh. für Verteidigung; Verteidigungsrede, -schrift)

Apophthegma, das; -s, *Plur.* ...men u. ...mata ⟨griech.⟩ ([witziger] Aus-, Sinnspruch); **apophthegmatisch**

Apophyse, die; -, -n ⟨griech.⟩ (*Med.* Knochenfortsatz)

Apoplektiker ⟨griech.⟩ (*Med.* zu Schlaganfällen Neigender; an den Folgen eines Schlaganfalls Leidender); **Apoplektikerin**

apoplektisch; Apoplexie, die; -, ...ien (Schlaganfall)

Apoptose, die; -, -n ⟨griech.⟩ (notwendiger, genetisch programmierter Zelltod)

Aporie, die; -, ...ien ⟨griech.⟩ (*Philos.* Unmöglichkeit, eine philos. Frage zu lösen)

Apostasie, die; -, ...ien ⟨griech.⟩ (*Rel.* Abfall [vom Glauben]); **Apostat,** der; -en, -en (Abtrünniger); **Apostatin**

Apostel, der; -s, - ⟨griech.⟩

Apostelbrief (im N. T.); **Apostelgeschichte**

Apostelkuchen (*svw.* Brioche)

a posteriori ⟨lat.⟩ (*Philos.* aus der Wahrnehmung gewonnen, aus Erfahrung; *geh. für* nachträglich); **Aposteriori,** das; -, - (Erfahrungssatz); **aposteriorisch** (erfahrungsgemäß)

Apostille, die; -, -n ⟨griech.⟩ ([empfehlende od. beglaubigende] Nachschrift; Randbemerkung)

Apostolat, das, *Theol. auch* der; -[e]s, -e ⟨griech.⟩ (Apostelamt)

Apostolikum, das; -s ⟨*Theol.* Apostolisches Glaubensbekenntnis)

apostolisch (nach Art der Apostel; von den Aposteln ausgehend); ↑D 89: die apostolische Sukzession; die apostolischen Väter; den apostolischen Segen erteilen; *aber* ↑D 150 u. 151: das Apostolische Glaubensbekenntnis, die Apostolische Majestät; der Apostolische Delegat, Nuntius, Stuhl

Apostroph [*schweiz.* 'apo...], der; -s, -e ⟨griech.⟩ (Auslassungszeichen, z. B. in »wen'ge«)

Apostrophe [*auch* a'postrofe], die; -, -n (*Rhet.* feierliche Anrede); **apostrophieren** ([feierlich] anreden; nachdrücklich bezeichnen); **Apostrophierung**

Apotheke, die; -, -n ⟨griech.⟩; **Apothekenhelferin; Apothekennotdienst**

apothekenpflichtig

Apotheker; Apothekergewicht

Apothekerin; Apothekerwaage

Apotheose, die; -, -n ⟨griech.⟩ (Vergöttlichung; Verklärung; *Theater* wirkungsvolles Schlussbild)

apotropäisch ⟨griech.-nlat.⟩ (*geh. für* Unheil abwehrend)

App [ɛp], die; -, -s, *selten* das; -s, -s ⟨Kurzf. von Applikation⟩ (zusätzliches Anwendungsprogramm, das auf bestimmte Mobiltelefone heruntergeladen werden kann)

Appalachen *Plur.* (nordamerik. Gebirge)

Appaloosa [ɛpəˈluːsa], der *od.* das; -s, -s ⟨indian.-amerik.⟩ (eine Pferderasse)

Apparat, der; -[e]s, -e ⟨lat.⟩ (Gerät, technische Vorrichtung)

Apparatebau, der; -[e]s

Apparatemedizin, die; - (med. Versorgung mit [übermäßigem] Einsatz technischer Apparate)

apparativ (den Apparat[ebau] betreffend); ↑D 89: apparative Diagnostik

Apparatschik, der; -s, -s ⟨russ.⟩

Apparatur

A Appa

(*abwertend für* bürokratisch handelnder Funktionär im Staats- u. Parteiapparat stalinistisch geprägter Staaten)

Ap|pa|ra|tur, die; -, -en (Gesamtanlage von Apparaten)

Ap|par|te|ment [...'mã:, *schweiz. auch* ...'mɛnt], das; -s, *Plur.* -s u. -e (bei deutscher Aussprache:) -e ⟨franz.⟩ (Zimmerflucht in einem Hotel); *vgl.* Apartment

Ap|pas|si|o|na|ta, die; - ⟨ital.⟩ (eine Klaviersonate von Beethoven)

Ap|peal [ɛˈpiːl], der; -s ⟨engl.⟩ (Anziehungskraft, Ausstrahlung)

Ap|pease|ment [ɛˈpiːsmənt], das; -[s] ⟨engl.⟩ (nachgiebige Haltung, Beschwichtigungspolitik)

Ap|pell, der; -s, -e ⟨franz.⟩ (Aufruf; Mahnruf; *Militär* Antreten zum Befehlsempfang usw.)

Ap|pel|la|ti|on, die; -, -en (*schweiz., sonst veraltet für* Berufung); **Ap|pel|la|ti|ons|ge|richt**

Ap|pel|la|tiv, das; -s, -e (*Sprachwiss.* Wort, das eine Gattung gleichgearteter Dinge od. Wesen u. zugleich jedes einzelne Wesen od. Ding dieser Gattung bezeichnet, z. B. »Mensch«)

ap|pel|la|to|risch (mahnend)

ap|pel|lie|ren (sich mahnend, beschwörend an jmdn. wenden)

Ap|pell|platz

¹Ap|pen|dix, der; -, *Gen. auch* -es, *Plur.* ...dizes, *auch* -e ⟨lat.⟩ (Anhängsel; *fachspr. auch* Anhang)

²Ap|pen|dix, die; -, ...dices [...tseːs], *alltagssprachlich auch* der; -, ...dizes [...tseːs] ⟨lat.⟩ (*Med.* Wurmfortsatz); **Ap|pen|di|zi|tis,** die; -, ...itiden (*Med.* Entzündung der Appendix)

Ap|pen|zell (Kanton der Schweiz [Halbkantone Appenzell Außerrhoden u. Appenzell Innerrhoden]; Hauptort von Innerrhoden)

Ap|pen|zel|ler; Ap|pen|zel|le|rin; ap|pen|zel|lisch

Ap|per|zep|ti|on, die; -, -en ⟨lat.⟩ (*Psychol.* bewusste Wahrnehmung); **ap|per|zi|pie|ren** (bewusst wahrnehmen)

Ap|pe|tenz, die; -, -en ⟨lat.⟩ (*Biol.* Trieb); **Ap|pe|tenz|ver|hal|ten**

Ap|pe|tit, der; -[e]s, -e *Plur. selten*

ap|pe|tit|an|re|gend; eine appetitanregende Vorspeise; es roch appetitanregend; *aber* ↑D 59; den Appetit anregend

Ap|pe|tit|hap|pen; Ap|pe|tit|hem|mer (Appetitzügler)

ap|pe|tit|lich; ap|pe|tit|los; Ap|pe|tit|lo|sig|keit, die; -

Ap|pe|tit|züg|ler (den Appetit zügelndes Mittel)

Ap|pe|ti|zer [ˈɛpətaɪzɐ], der; -s, - ⟨lat.-engl.⟩ (appetitanregendes Mittel)

app|fä|hig (*vgl.* App)

ap|pla|nie|ren (*österr. für* einen Streit schlichten)

ap|plau|die|ren ⟨lat.⟩ (Beifall klatschen); jmdm. applaudieren

Ap|plaus, der; -es, -e *Plur. selten* (Beifall)

App|let [ˈɛplət], das; -s, -s ⟨engl.⟩ (*EDV* kleineres Anwendungsprogramm)

Ap|pli|ka|ti|on, die; -, -en ⟨lat.⟩ (Anwendung; *Med.* Verabreichung [von Arzneimitteln]; aufgenähte Verzierung)

ap|pli|ka|tiv; ap|pli|zie|ren

ap|port! ⟨franz.⟩ (*Befehl an den Hund* bring es her!); **Ap|port,** der; -s, -e (Herbeibringen); **ap|por|tie|ren; Ap|por|tier|hund**

Ap|po|si|ti|on, die; -, -en ⟨lat.⟩ (*Sprachwiss.* substantivische Beifügung, z. B. Konrad Adenauer, der erste deutsche Bundeskanzler, ...); **ap|po|si|ti|o|nell**

Ap|pre|teur [...ˈtøːɐ̯], der; -s, -e ⟨franz.⟩ (*Textilind.* Zurichter, Ausrüster [von Geweben]); **ap|pre|tie|ren** ([Gewebe] zurichten, ausrüsten); **Ap|pre|tur,** die; -, -en ⟨lat.⟩ ([Gewebe]zurichtung, -veredelung)

Ap|proach [əˈprəʊtʃ], der; -[e]s, -[e]s ⟨engl.⟩ (*Wissensch.* Art der Annäherung an ein Problem; *Werbespr.* besonders wirkungsvolle Werbezeile)

Ap|pro|ba|ti|on, die; -, -en ⟨lat.⟩ (staatl. Zulassung als Arzt/Ärztin od. Apotheker[in]; *österr. auch für* Genehmigung von Schulbüchern, Annahme einer Diplomarbeit); **ap|pro|bie|ren;** approbierter Arzt

Ap|pro|xi|ma|ti|on, die; -, -en ⟨lat.⟩ (*bes. Math.* Annäherung); **ap|pro|xi|ma|tiv** (annähernd)

Apr. = April

Ap|rès-Ski [aprɛˈʃiː], das; - ⟨franz.; norw.⟩ (bequeme [modische] Kleidung, die man nach dem Skilaufen trägt; Vergnügen nach dem Skilaufen)

Ap|rès-Ski-Klei|dung

Ap|ri|ko|se, die; -, -n ⟨lat.⟩

ap|ri|ko|sen|far|ben

Ap|ri|ko|sen|kon|fi|tü|re; Ap|ri|ko|sen|mar|me|la|de

Ap|ril, der; -[s], -e ⟨lat.⟩ (vierter Monat im Jahr, Ostermond, Wandelmonat; *Abk.* Apr.)

Ap|ril|schau|er; Ap|ril|scherz; Ap|ril|tag; Ap|ril|wet|ter

a pri|ma vis|ta ⟨ital.⟩ (ohne vorherige Kenntnis)

a pri|o|ri ⟨lat.⟩ (*bes. Philos.* von der Wahrnehmung unabhängig; von vornherein)

Apri|o|ri, das; -, - (*Philos.* Vernunftsatz)

apri|o|risch (allein durch Denken gewonnen; aus Vernunftgründen [erschlossen]); **Apri|o|ris|mus,** der; -, ...men (*Philos.* Lehre, die eine von der Erfahrung unabhängige Erkenntnis annimmt)

ap|ro|pos [...ˈpoː] ⟨franz.⟩ (nebenbei bemerkt; übrigens)

Ap|si|de, die; -, -n ⟨griech.⟩ (*Astron.* Punkt der kleinsten od. größten Entfernung eines Planeten von dem Gestirn, das er umläuft; *auch für* Apsis)

Ap|sis, die; -, ...siden ⟨griech.⟩ (*Archit.* halbrunde, auch vieleckige Altarnische; [halbrunde] Nische im Zelt für Gepäck u. a.)

ap|tie|ren ⟨lat.⟩ (*Philatelie* [einen Stempel] so ändern, dass eine weitere Benutzung möglich ist)

Apu|li|en (Region in Italien)

Aqua de|s|til|la|ta, das; - - ⟨lat.⟩ (destilliertes Wasser)

Aquä|dukt, der, *auch* das; -[e]s, -e (über eine Brücke geführte antike Wasserleitung)

Aqua|jog|ging (kraftvolles Vorwärtsbewegen u. Gymnastik im brusthohen Wasser)

Aqua|kul|tur (Bewirtschaftung des Meeres, z. B. durch Muschelkulturen)

aqua|ma|rin (von der Farbe des Aquamarins); **Aqua|ma|rin,** der; -s, -e (ein Edelstein)

Aqua|naut, der; -en, -en (Unterwasserforscher); **Aqua|nau|tin**

Aqua|pla|ning, das; -[s] ⟨lat.; engl.⟩ (Wasserglätte; das Rutschen der Reifen bei regennasser Straße)

Aqua|rell, das; -s, -e ⟨ital.(-franz.)⟩ (mit Wasserfarben gemaltes Bild); in Aquarell (Wasserfarben) malen; **Aqua|rell|far|be; aqua|rel|lie|ren**

Aqua|ri|a|ner ⟨lat.⟩ (Aquarienliebhaber); **Aqua|ri|a|ne|rin**

Aqua|ri|en|glas *Plur.* ...gläser
Aqua|ris|tik, die; - (sachgerechtes Halten u. Züchten von Wassertieren u. -pflanzen)
Aqua|ri|um, das; -s, ...ien (Behälter zur Pflege u. Züchtung von Wassertieren u. -pflanzen; Gebäude für diese Zwecke)
Aqua|tin|ta, die; -, ...ten ⟨ital.⟩ (ein Kupferstichverfahren *[nur Sing.]*; nach diesem Verfahren hergestellte Grafik)
aqua|tisch ⟨lat.⟩ (dem Wasser angehörend); aquatische Fauna ↑D 89
Äqua|tor, der; -s ⟨lat.⟩ (größter Breitenkreis der Erde); **äqua|to|ri|al** (in der Nähe des Äquators)
Äqua|to|ri|al|gui|nea (Staat in Afrika); **Äqua|to|ri|al|gui|ne|er; Äqua|to|ri|al|gui|ne|e|rin; äqua|to|ri|al|gui|ne|isch**
Äqua|tor|tau|fe
Aqua|vit *[auch* ...'vɪt], der; -s, -e ⟨lat.⟩ (ein mit Kümmel aromatisierter Branntwein)
äqui|di|s|tant ⟨lat.⟩ (*Math.* gleich weit entfernt)
Äqui|li|b|rist, *fachspr. auch* **Equi|li|b|rist,** der; -en, -en ⟨franz.⟩ (Gleichgewichtskünstler, bes. Seiltänzer); **Äqui|li|b|ris|tin**
Äqui|li|b|ri|um, *fachspr. auch* **Equi|li|b|ri|um,** das; -s ⟨lat.(-franz.)⟩ (*geh. für* Gleichgewicht)
äqui|nok|ti|al ⟨lat.⟩ (*fachspr. für* das Äquinoktium betreffend); **Äqui|nok|ti|al|stür|me** *Plur.*
Äqui|nok|ti|um, das; -s, ...ien (Tag- und nachtgleiche)

Akquise
Das aus dem Lateinischen stammende Wort weist die im Deutschen ungewöhnliche Schreibweise *-kqu-* auf. Ebenso *akquirieren, Akquisiteur, Akquisiteurin, Akquisition, Akquisitor, akquisitorisch.*

Aqui|ta|ni|en (hist. Landschaft in Südwestfrankreich)
äqui|va|lent ⟨lat.⟩ (gleichwertig); **Äqui|va|lent,** das; -[e]s, -e (Gegenwert; Ausgleich); **Äqui|va|lenz,** die; -, -en (Gleichwertigkeit)
äqui|vok (mehrdeutig)
¹Ar, das, *österr. nur so, auch* der; -s, -e ⟨lat.⟩ (ein Flächenmaß; Zeichen a); drei Ar
²Ar (*chem. Zeichen für* Argon)

AR = Arkansas
Ara, Ara|ra, der; -s, -s ⟨indian.⟩ (trop. Langschwanzpapagei)
Ära, die; -, Ären *Plur. selten* ⟨lat.⟩ (Zeitalter, Epoche)
Ara|bel|la (w. Vorn.)
Ara|bel|li|on, die; -, -en (die Aufstände u. Proteste in arabischen Staaten)
Ara|ber *[auch* 'a..., *österr. u. schweiz. auch* a'raː...], der; -s, -; **Ara|be|rin**
ara|besk ⟨ital.-franz.⟩ (*bild. Kunst* rankenförmig verziert, verschnörkelt); **Ara|bes|ke,** die; -, -n (*bild. Kunst* stilisiertes Rankenornament; *Musik* heiteres Musikstück [für Klavier])
Ara|bi|en
ara|bisch ↑D 89: arabische Ziffern; ↑D 142: arabisches Vollblut; ↑D 150: Arabische Republik Ägypten; Arabisches Meer; Arabische Liga; der Arabische Frühling (Machtwechsel und Demokratisierung in bestimmten arabischen Staaten seit 2010); *vgl.* deutsch
Ara|bisch, das; -[s] (eine Sprache); *vgl.* Deutsch; **Ara|bi|sche,** das; -n; *vgl.* ²Deutsche
ara|bi|sie|ren
Ara|bist, der; -en, -en; **Ara|bis|tik,** die; - (Erforschung der arabischen Sprache u. Literatur); **Ara|bis|tin**
Arach|ni|den, Arach|no|i|den *Plur.* ⟨griech.⟩ (*Zool.* Spinnentiere)
Arach|no|lo|ge, der; -n, -n; **Arach|no|lo|gie,** die; - (Wissenschaft von den Spinnentieren); **Arach|no|lo|gin**
Ara|gón (*span. Schreibung für* Aragonien)
Ara|go|ne|se, der; -n, -n (*auch für* Aragonier); **Ara|go|ne|sin**
Ara|go|ni|en (hist. Provinz in Spanien); **Ara|go|ni|er; Ara|go|ni|e|rin; ara|go|nisch**
Ara|go|nit, der; -s (ein Mineral)
Aral|lie, die; -, -n (Pflanzengattung; Zierpflanze)
Aral|see, Aral-See, der; -s (abflussloser See in Mittelasien)
Ara|mäa ⟨aram., »Hochland«⟩ (alter Name für Syrien)
Ara|mä|er, der; -s, - (Angehöriger eines westsemit. Nomadenvolkes); **Ara|mä|e|rin**
ara|mä|isch *vgl.* deutsch; **Ara|mä|isch,** das; -[s] (eine Sprache); *vgl.* Deutsch; **Ara|mä|i|sche,** das; -n; *vgl.* ²Deutsche

Arbeitnehmerveranlagung

Aran|ci|ni [aran'tʃiːni] (*italienische Schreibung von* Aranzini)
Aran|ju|ez [...n'xu̯es, *auch* ...ran...] (span. Stadt)
Aran|zi|ni *Plur.* ⟨pers.-ital.⟩ (*bes. österr. für* Orangeat)
Ärar, das; -s, -e ⟨lat.⟩ (Staatsvermögen; *österr. für* Fiskus)
Ara|ra *vgl.* Ara
Ara|rat ['a(ː)...], der; -[s] (höchster Berg der Türkei)
ära|risch ⟨lat.⟩ (zum Ärar gehörend; staatlich)
Arau|ka|ner (chilen. u. argentin. Indianer); **Arau|ka|ne|rin**
Arau|ka|rie, die; -, -n (Zimmertanne)
Araz|zo, der; -s, ...zzi ⟨ital., nach der franz. Stadt Arras⟩ (gewirkter Bildteppich)
Ar|beit, die; -, -en ↑D 58: Arbeit suchende *od.* arbeitsuchende Menschen; die Arbeitsuchenden *od.* Arbeit Suchenden
ar|bei|ten; Ar|bei|ter
Ar|bei|ter|be|we|gung; Ar|bei|ter|dich|ter; Ar|bei|ter|fa|mi|lie; Ar|bei|ter|füh|rer
Ar|bei|te|rin
Ar|bei|ter|kam|mer (gesetzliche Interessenvertretung der Arbeitnehmer in Österreich)
Ar|bei|ter|kind
Ar|bei|ter|klas|se; Ar|bei|ter|par|tei
Ar|bei|ter|pries|ter (kath. Priester, der unter denselben Bedingungen wie die Arbeiter lebt)
Ar|bei|ter-Sa|ma|ri|ter-Bund
Ar|bei|ter|schaft
Ar|bei|ter|schutz, der; -es (*österr. für* Arbeitsschutz)
Ar|bei|ter-und-Bau|ern-Fa|kul|tät (Bildungseinrichtung in der DDR; *Abk.* ABF)
Ar|bei|ter|un|fall|ver|si|che|rungs|ge|setz; Ar|bei|ter|vier|tel; Ar|bei|ter|wohl|fahrt
Ar|beit|ge|ber; Ar|beit|ge|ber|an|teil; Ar|beit|ge|be|rin; ar|beit|ge|ber|nah; Ar|beit|ge|ber|sei|te, die; -; Ar|beit|ge|ber|ver|band
Ar|beit|neh|mer; Ar|beit|neh|me|rin
Ar|beit|neh|mer/-innen, Ar|beit|neh|mer(innen) (Kurzformen für Arbeitnehmerinnen u. Arbeitnehmer)
Ar|beit|neh|mer|schaft *Plur. selten*
Ar|beit|neh|mer|schutz, der; -es (*bes. österr., schweiz. für* Arbeitsschutz); **Ar|beit|neh|mer|sei|te,** die; -
Ar|beit|neh|mer|ver|an|la|gung

Arbeitnehmervertreter

Arbe

(österr. für Lohnsteuerjahresausgleich); Ar|beit|neh|mer|ver|tre|ter (im Aufsichtsrat); Ar|beit|neh|mer|ver|tre|te|rin
Ar|beits|ab|lauf
Ar|beits|agen|tur
Ar|beits|ago|ge, der; -n, -n (schweiz. für sozialpädagogischer Helfer bei schwierigen Fällen der Arbeitsvermittlung); Ar|beits|ago|gin
Ar|beits|all|tag
ar|beit|sam
Ar|beits|amt (jetzt Arbeitsagentur)
Ar|beits|auf|wand, ar|beits|auf|wen|dig, ar|beits|auf|wän|dig
Ar|beits|be|ginn, der; -[e]s; Ar|beits|be|las|tung; Ar|beits|be|reich
Ar|beits|be|schaf|fung; Ar|beits|be|schaf|fungs|maß|nah|me (Abk. ABM)
Ar|beits|be|such (Politik)
Ar|beits|be|wil|li|gung (österr., schweiz. für Arbeitserlaubnis)
Ar|beits|di|rek|tor; Ar|beits|di|rek|to|rin
Ar|beits|ei|fer; Ar|beits|ein|kom|men; Ar|beits|ein|satz; Ar|beits|en|de; Ar|beits|ent|gelt; Ar|beits|er|laub|nis; Ar|beits|es|sen
ar|beits|fä|hig; Ar|beits|fä|hig|keit, die; -
Ar|beits|feld
ar|beits|frei; [einen Tag] arbeitsfrei haben
Ar|beits|gang, der; Ar|beits|ge|biet; Ar|beits|ge|mein|schaft; Ar|beits|ge|rät; Ar|beits|ge|richt; Ar|beits|grup|pe; Ar|beits|haus (früher); Ar|beits|hy|gi|e|ne
ar|beits|in|ten|siv
Ar|beits|ka|me|rad; Ar|beits|ka|me|ra|din
Ar|beits|kampf; Ar|beits|klei|dung; Ar|beits|kli|ma
Ar|beits|kol|le|ge; Ar|beits|kol|le|gin
Ar|beits|kos|ten Plur.
Ar|beits|kraft; Ar|beits|kräf|te|man|gel, der; -s
Ar|beits|kreis; Ar|beits|la|ger; Ar|beits|le|ben; Ar|beits|leis|tung; Ar|beits|lohn
ar|beits|los; Ar|beits|lo|se, der u. die; -n, -n
Ar|beits|lo|sen|geld; Ar|beits|lo|sen|hil|fe; Ar|beits|lo|sen|quo|te; Ar|beits|lo|sen|ra|te; Ar|beits|lo|sen|un|ter|stüt|zung; Ar|beits|lo|sen|ver|si|che|rung; Ar|beits|lo|sen|zahl
Ar|beits|lo|sig|keit, die; -
Ar|beits|markt; der zweite Arbeitsmarkt (subventionierte Arbeitsverhältnisse); Ar|beits|markt|fä|hig|keit (bes. schweiz. für Qualifikation, die dazu befähigt, eine Arbeitsstelle zu finden); Ar|beits|markt|po|li|tik; Ar|beits|markt|ser|vice, das, auch der; -[s], -s (österr. für Arbeitsagentur)
Ar|beits|ma|te|ri|al
Ar|beits|mi|nis|ter; Ar|beits|mi|nis|te|rin; Ar|beits|mi|nis|te|ri|um
Ar|beits|mög|lich|keit; Ar|beits|mo|ral; Ar|beits|nie|der|le|gung; Ar|beits|or|ga|ni|sa|ti|on; Ar|beits|ort; Ar|beits|pa|pier; Ar|beits|pen|sum; Ar|beits|plan
Ar|beits|platz; Ar|beits|platz|ab|bau; Ar|beits|platz|ga|ran|tie; Ar|beits|platz|ver|lust
Ar|beits|pro|gramm; Ar|beits|pro|zess; Ar|beits|raum
Ar|beits|recht; Ar|beits|recht|ler; Ar|beits|recht|le|rin; ar|beits|recht|lich
Ar|beits|rich|ter; Ar|beits|rich|te|rin
ar|beits|scheu
Ar|beits|schritt; Ar|beits|schuh; Ar|beits|schutz, der; -es
Ar|beits|sieg (Sportjargon)
Ar|beits|spei|cher (EDV)
Ar|beits|stät|te; Ar|beits|stel|le
Ar|beits|stö|rung; Ar|beits|stun|de
Ar|beits|su|che, Ar|beit|su|che Plur. selten
ar|beits|su|chend; Ar|beits|su|chen|de, der u. die; -n, -n
Ar|beits|sucht; ar|beits|süch|tig; Ar|beits|süch|ti|ge
Ar|beits|tag; ar|beits|täg|lich
ar|beits|teil|lig; Ar|beits|tei|lung; Ar|beits|tier
Ar|beits|ti|tel (vorläufiger Titel eines geplanten Buchs, Theaterstücks o. Ä.)
Ar|beit|su|che vgl. Arbeitssuche
Ar|beit su|chend, ar|beit|su|chend ↑D58; Ar|beit|su|chen|de, der u. die; -n, -n, Ar|beit Su|chen|de, der u. die; -n, - -
ar|beits|un|fä|hig; Ar|beits|un|fä|hig|keit
Ar|beits|un|fall
Ar|beits|un|ter|richt (Prinzip der Unterrichtsgestaltung)
Ar|beits|ver|dich|tung
Ar|beits|ver|hält|nis
Ar|beits|ver|mitt|ler; Ar|beits|ver|mitt|le|rin; Ar|beits|ver|mitt|lung
Ar|beits|ver|trag; Ar|beits|wei|se; Ar|beits|welt
ar|beits|wil|lig; Ar|beits|wil|li|ge, der u. die; -n, -n
Ar|beits|wo|che
Ar|beits|zeit; Ar|beits|zeit|kon|to; Ar|beits|zeit|ver|kür|zung; Ar|beits|zeit|ver|län|ge|rung
Ar|beits|zim|mer
Ar|bi|t|ra|ge [...ʒə, österr. ...ʃ], die; -, -n ⟨franz.⟩ (Schiedsgerichtsvereinbarung im Handelsrecht; [Ausnutzen der] Kursunterschiede an verschiedenen Börsen)
ar|bi|t|rär (willkürlich)
Ar|bi|t|ra|ti|on, die; -, -en (Schiedswesen für Streitigkeiten an der Börse)
ARBÖ, der; - = Auto-, Motor- und Radfahrerbund Österreichs
Ar|bo|re|tum, das; -s, ...ten ⟨lat.⟩ (Bot. Pflanzung verschiedener Bäume zu Studienzwecken)
Ar|bu|se, die; -, -n ⟨pers.-russ.⟩ (Wassermelone)
arc = Arcus
ARCD, der; - = Auto- u. Reiseclub Deutschland
Arc de Tri|omphe ['ark də tri'õːf], der; - - - (Triumphbogen in Paris)
Ar|cha|i|kum, Ar|chä|i|kum, das; -s ⟨griech.⟩ (Geol. ältestes Zeitalter der Erdgeschichte)
ar|cha|isch (aus sehr früher Zeit [stammend], altertümlich)
Ar|chä|isch ⟨zu Archaikum⟩
ar|cha|i|sie|ren (archaische Formen verwenden; altertümeln); Ar|cha|is|mus, der; -, ...men (altertümliche Ausdrucksform, veraltetes Wort); ar|cha|is|tisch
Ar|chan|gelsk [auch ...x...] ⟨russ. Stadt⟩
Ar|chäo|lo|ge, der; -n, -n ⟨griech.⟩; Ar|chäo|lo|gie, die; - (Altertumskunde, -wissenschaft); Ar|chäo|lo|gin; ar|chäo|lo|gisch
Ar|chä|o|p|te|ryx, der; -, Plur. -e u. ...teryges (Urvogel)
Ar|che, die; -, -n ⟨lat.⟩ (schiffähnlicher Kasten); Arche Noah
Ar|che|typ [auch 'a...], der; -s, -en, Ar|che|ty|pus, der; -, ...pen ⟨griech.⟩ (Urbild, Urform); ar|che|ty|pisch (dem Urbild entsprechend)
Ar|chi|bald (m. Vorn.)
Ar|chi|di|a|kon ⟨griech.⟩ (Titel von Geistlichen [der anglikanischen Kirche])
Ar|chi|man|d|rit, der; -en, -en (Ost-

kirche Klostervorsteher; Ehrentitel für Priester)

Ar|chi|me|des (altgriech. Mathematiker); ar|chi|me|disch ↑D 89 u. 135: archimedisches Prinzip; archimedischer Punkt (Angelpunkt); archimedische Spirale

Ar|chi|pel, der; -s, -e ⟨griech.-ital.⟩ (Inselmeer, -gruppe)

Ar|chi|tekt, der; -en, -en ⟨griech.⟩; Ar|chi|tek|ten|bü|ro; Ar|chi|tek|ten|wett|be|werb; Ar|chi|tek|tin

Ar|chi|tek|to|nik, die; -, -en (Wissenschaft der Baukunst *[nur Sing.]*; Bauart; planmäßiger Aufbau); ar|chi|tek|to|nisch (baulich; baukünstlerisch)

Ar|chi|tek|tur, die; -, -en (Baukunst; Baustil)

ar|chi|tek|tu|ral, ar|chi|tek|tu|rell (svw. architektonisch)

Ar|chi|tek|tur|bü|ro; Ar|chi|tek|tur|mu|se|um

Ar|chi|trav, der; -s, -e (*Archit.* auf Säulen ruhender Tragbalken)

Ar|chiv, das; -s, -e (Akten-, Urkundensammlung)

Ar|chi|val|le, das; -s, ...lien *meist Plur.* (Aktenstück [aus einem Archiv]); ar|chi|va|lisch (urkundlich)

Ar|chi|var, der; -s, -e (Archivbeamter); Ar|chi|va|rin

Ar|chiv|bild

ar|chi|vie|ren (in ein Archiv aufnehmen); Ar|chi|vie|rung

Ar|chiv|ma|te|ri|al

Ar|chon, der; -s, Archonten, Ar|chont, der; -en, -en ⟨griech.⟩ (höchster Beamter im alten Athen)

<mark>Ar|cus,</mark> Ar|kus, der; -, - ⟨lat.⟩ (*Math.* Kreisbogen eines Winkels; *Zeichen* arc)

ARD, die; - = Arbeitsgemeinschaft der öffentlich-rechtlichen Rundfunkanstalten der Bundesrepublik Deutschland

Ar|da|bil, Ar|de|bil, der; -[s], -s (iran. Teppich)

Ar|den|nen *Plur.* (Gebirge)

Ar|den|ner Wald, der; - -[e]s (*früher für* Ardennen)

Ar|dey, der; -s (gebirgiger Teil des Sauerlandes)

Are, die; -, -n (*schweiz. für* ¹Ar)

Are|al, das; -s, -e ([Boden]fläche, Gelände)

Are|ka|nuss ⟨Malajalam-port.; dt.⟩ (Frucht der Arekapalme; Betelnuss)

are|li|gi|ös (nicht religiös)

Ären (*Plur. von* Ära)

Are|na, die; -, ...nen ⟨lat.⟩ ([sandbestreuter] Kampfplatz; Sportplatz; Manege im Zirkus)

Arendt, Hannah (amerik. Philosophin u. Publizistin dt. Herkunft)

Are|o|pag, der; -s ⟨griech.⟩ (Gerichtshof im alten Athen)

Ares (griech. Kriegsgott)

Arez|zo (ital. Stadt)

arg; ärger, ärgste; ein arger Bösewicht, *aber* der Arge (*veraltet für* Teufel); Arges befürchten; nichts Arges denken; im Argen liegen; zum Ärgsten kommen; vor dem Ärgsten bewahren; das Ärgste befürchten, verhüten

Arg, das; -s (*geh.*); ohne Arg; kein Arg an einer Sache finden; es ist kein Arg an ihm

Ar|gan|öl, das; -[e]s ⟨arab.; dt.⟩ (ein wertvolles Speiseöl aus Marokko)

¹Ar|ge, der; -n (*veraltet für* Teufel)

²Ar|ge, die; -, -n (*bes. österr.; kurz für* Arbeitsgemeinschaft)

Ar|gen|ti|ni|en (südamerik. Staat)

Ar|gen|ti|ni|er; Ar|gen|ti|ni|e|rin

ar|gen|ti|nisch; argentinische Literatur, *aber* die Argentinische Republik

Ar|gen|tit, der; -s (*Mineral.* Silberglanz)

Ar|gen|tum, das; -[s] (*lat. Bez. für* Silber; *Zeichen* Ag)

Är|ger, der; -s; är|ger|lich

är|gern; ich ärgere; sich über etwas ärgern; Är|ger|nis, das; -ses, -se

Ärgernis

Substantive auf -nis werden im Nominativ Singular mit einem -s geschrieben, obwohl der Genitiv Singular und die Pluralform mit einem Doppel-s gebildet werden: des Ärgernisses, die Ärgernisse.

Arg|list, die; -; arg|lis|tig

arg|los; Arg|lo|sig|keit

Ar|go, die; - ⟨griech.⟩ (Name des Schiffes der Argonauten; ein Sternbild)

Ar|go|lis (griech. Landschaft)

Ar|gon *[auch ...'goːn]*, das; -s ⟨griech.⟩ (chemisches Element, Edelgas; *Zeichen* Ar)

Ar|go|naut, der; -en, -en ⟨griech.⟩ (Held der griech. Sage; ein Tintenfisch)

Ar|gon|nen *Plur.* (franz. Gebirge)

Ar|got [ar'goː], das *od.* der; -s, -s ⟨franz.⟩ (franz. Gaunersprache; Jargon bestimmter sozialer Gruppen)

Ar|gu|ment, das; -[e]s, -e ⟨lat.⟩ (Beweis[mittel, -grund])

Ar|gu|men|ta|ri|um, das; -s, ...ien (*schweiz. für* Zusammenstellung von Argumenten)

Ar|gu|men|ta|ti|on, die; -, -en (Beweisführung)

ar|gu|men|ta|tiv (mit Argumenten); ar|gu|men|tie|ren

¹Ar|gus (Riese der griech. Sage)

²Ar|gus, der; -, -se (scharf beobachtender Wächter); Ar|gus|au|gen *Plur.* (scharfe, wachsame Augen); ↑D 136; ar|gus|äu|gig

Arg|wohn, der; -[e]s (*geh.*)

arg|wöh|nen; ich argwöhne; geargwöhnt; zu argwöhnen

arg|wöh|nisch

Århus, Aarhus ['ɔːhuːs] (dän. Stadt)

Arhyth|mie *vgl.* Arrhythmie

Ari|ad|ne (griech. weibliche Sagengestalt); Ari|ad|ne|fa|den, der; -s

Ari|a|ne (w. Vorn.; Name einer europ. Trägerrakete)

Ari|a|ner (*Rel.* Anhänger des Arianismus); Ari|a|ne|rin; ari|a|nisch; der Arianische Streit ↑D 89

Ari|a|nis|mus, der; - (Lehre des Arius, wonach Christus mit Gott nicht wesensseins, sondern ihm nur wesensähnlich sei)

arid ⟨lat.⟩ (*Geogr.* trocken; wüstenhaft); Ari|di|tät, die; -

Arie [...i̯ə], die; -, -n ⟨ital.⟩ (Sologesangsstück mit Instrumentalbegleitung)

¹Ari|el [...eːl, *auch* ...eːl] ⟨hebr.⟩ (alter Name Jerusalems; Name eines Engels; Luftgeist in Shakespeares »Sturm«)

²Ari|el, der; -s (Uranusmond)

Ari|er, der; -s, - ⟨sanskr.⟩ (Angehöriger eines der frühgeschichtl. Völker mit idg. Sprache; *nationalsoz.* Angehöriger der sogenannten »nordischen Rasse«); Ari|e|rin

Ari|es, der; - ⟨lat.⟩, »Widder« (ein Sternbild)

Ari|ma|thia, Ari|ma|tä|a (altpalästinensischer Ort)

Ari|on (altgriech. Sänger)

ari|o|so ⟨ital.⟩ (*Musik* liedmäßig [vorgetragen]); Ari|o|so, das; -s, *Plur.* -s u. ...si (liedhaftes Musikstück)

Ari|ost, Ari|os|to (ital. Dichter)

Ari|o|vist (Heerkönig der Sweben)

arisch ⟨*zu* Arier⟩; ari|sie|ren (*natio-*

Arisierung

A **Aris**

nalsoz. jüdisches Eigentum in den Besitz sogenannter Arier überführen); Ari|sie|rung
Aris|ti|des (athen. Staatsmann)
Aris|to|krat, der; -en, -en ⟨griech.⟩ (Angehöriger des Adels; vornehmer Mensch); Aris|to|kra|tie, die; -, ...ien; Aris|to|kra|tin; aris|to|kra|tisch
Aris|to|pha|nes (altgriech. Lustspieldichter); aris|to|pha|nisch; die aristophanische Komödie; von aristophanischer Laune ↑D 89 u. 135
Aris|to|te|les (altgriech. Philosoph); Aristoteles' Schriften ↑D 16; Aris|to|te|li|ker (Anhänger der Lehre des Aristoteles); Aris|to|te|li|ke|rin
aris|to|te|lisch; die aristotelische Logik ↑D 89 u. 135
Arith|me|tik, die; -, -en ⟨griech.⟩ (Zahlenlehre, -rechnen); Arith|me|ti|ker; Arith|me|ti|ke|rin; arith|me|tisch (auf die Arithmetik bezogen); ↑D 89: arithmetisches Mittel (Durchschnittswert)
Arith|mo|griph, der; -en, -en (Zahlenrätsel)
Ari|us (alexandrinischer Presbyter)
Ari|zo|na (Staat in den USA; Abk. AZ)
Ar|ka|de, die; -, -n ⟨franz.⟩ (Archit. Bogen auf zwei Pfeilern od. Säulen; meist Plur. Bogenreihe)
Ar|ka|di|en (griech. Landschaft); Ar|ka|di|er; Ar|ka|di|e|rin; ar|ka|disch; arkadische Poesie (Hirten- u. Schäferdichtung)
ar|kan ⟨lat.⟩ (geheim, nicht zugänglich)
Ar|kan|sas (Staat in den USA; Abk. AR)
Ar|ka|num, das; -s, ...na ⟨lat.⟩ (Geheimnis; Geheimmittel)
Ar|ke|bu|se, die; -, -n ⟨niederl. »Hakenbüchse«⟩ (Gewehr im 15./16. Jh.); Ar|ke|bu|sier, der; -s, -e (Soldat mit Arkebuse)
Ar|ko|na (Kap auf Rügen)
Ar|ko|se, die; -, -n ⟨franz.⟩ (Geol. feldspatreicher Sandstein)
Ark|ti|ker, der; -s, - ⟨griech.⟩ (Bewohner der Arktis); Ark|ti|ke|rin
Ark|tis, die; - (Gebiet um den Nordpol); ark|tisch
Ark|tur, der; -[s], Ark|tu|rus, der; - (ein Stern)
Ar|kus vgl. Arcus
Arl|berg, der; -[e]s (Alpenpass)

Arl|berg|bahn, Arl|berg-Bahn, die; -
Arles [arl] (franz. Stadt am Rhonedelta)

arm

ärmer, ärmste
– wir armen Kinder; aber wir Armen
– Arm und Reich (veraltet für jedermann)
– ein Konflikt zwischen Arm und Reich (armen u. reichen Menschen); Arme und Reiche, bei Armen und Reichen, der Arme und der Reiche
– arme od. Arme Ritter (eine Süßspeise) ↑D 89

Vgl. arm machen, armmachen

Arm, der; -[e]s, -e; ein Armvoll od. Arm voll Reisig
Ar|ma|da, die; -, ...den u. -s ⟨span.⟩ ([mächtige] Kriegsflotte)
Ar|ma|ged|don, das; -[s] ⟨hebr.-griech.⟩ (Katastrophe)
Ar|ma|gnac [...man'jak], der; -[s], -s ⟨franz.⟩ (franz. Weinbrand)
arm|am|pu|tiert; ein armamputierter Mann
Ar|ma|tur, die; -, -en ⟨lat.⟩; Ar|ma|tu|ren|brett
Arm|band, das; Plur. ...bänder; Arm|band|uhr
Arm|beu|ge; Arm|be|we|gung; Arm|bin|de
Arm|blatt (Einlage gegen Achselschweiß in Kleidungsstücken)
Arm|bruch
Arm|brust, die; -, Plur. ...brüste, selten -e; Arm|brust|schie|ßen, das; -s, -
Ärm|chen
arm|dick; ein armdicker Ast, aber einen Arm dick
Ar|me, der u. die; -n, -n
Ar|mee, die; -, ...meen ⟨franz.⟩ (Heer; Heeresabteilung)
ar|mee|ei|gen ↑D 25
Ar|mee-Ein|heit, Ar|mee|ein|heit; Ar|mee|füh|rung; Ar|mee|korps (Abk. AK)
Är|mel, der; -s, -
Ar|mel|leu|tes|sen; Ar|mel|leu|te|ge|ruch (abwertend); Ar|me|leu|te|vier|tel
...är|me|lig, ...ärm|lig (z. B. kurzärm[e]lig)
Är|mel|ka|nal, der; -s
Är|mel|län|ge; är|mel|los

Ar|men|haus
Ar|me|ni|en (Staat in Vorderasien)
Ar|me|ni|er; Ar|me|ni|e|rin
ar|me|nisch
Ar|men|pfle|ger (veraltet); Ar|men|recht, das; -[e]s
Ar|men|sün|der|glo|cke, die; -, -n (österr. für Armesünderglocke); Ar|men|sün|der|mie|ne, die; -, -n (österr. für reuiger Gesichtsausdruck)
Ar|men|vier|tel
Ar|mes|län|ge; auf Armeslänge an jmdn. herankommen; um Armeslänge voraus sein
Ar|me|sün|der, der; des Armesünders, die Armesünder; bei Beugung des ersten Bestandteils Getrenntschreibung: des armen Sünders, die armen Sünder, ein armer Sünder
Ar|me|sün|der|glo|cke, die; -, -n, Ar|me-Sün|der-Glo|cke, die; -, -n (bei Beugung des ersten Bestandteils nur mit Bindestrichen)
ar|mie|ren ⟨lat.⟩ (Technik ausrüsten, bestücken, bewehren)
Ar|mie|rung; Ar|mie|rungs|ei|sen
...ar|mig (z. B. langarmig)
Ar|min (m. Vorn.)
Ar|mi|nia ⟨zu Arminius⟩ (Name von Sportvereinen u. Studentenverbindungen)
Ar|mi|ni|us (Cheruskerfürst)
arm|lang; ein armlanger Stiel, aber einen Arm lang
Arm|län|ge; Arm|leh|ne
Arm|leuch|ter (auch Schimpfwort)
ärm|lich; Ärm|lich|keit
...ärm|lig vgl. ...ärmelig
Ärm|ling (Ärmel zum Überstreifen)
arm ma|chen, arm|ma|chen; ihre Spielleidenschaft hat sie arm gemacht od. armgemacht
Arm|mus|kel
Ar|mo|ri|ka (kelt. Bez. für die Bretagne); ar|mo|ri|ka|nisch; aber ↑D 140: das Armorikanische Gebirge (Geol.)
Arm|reif, der; -[e]s, -e
arm|se|lig; Arm|se|lig|keit
¹Arm|strong, Louis (amerik. Jazzmusiker)
²Arm|strong, Neil [ni:l] (amerik. Astronaut)
Arm|sün|der|glo|cke vgl. Armesünderglocke
Ar|mu|re, Ar|mü|re [...'my:...], die; -, -n ⟨franz.⟩ (klein gemustertes [Kunst]seidengewebe)
Ar|mut, die; -

arterhaltend

Ar|muts|flücht|ling (Soziol.); **ar|muts|ge|fähr|det** (von wirtschaftlicher Armut bedroht); **Ar|muts|ge|fähr|dung** *Plur. selten*

Ar|muts|gren|ze; **Ar|muts|mi|gra|ti|on**; **Ar|muts|ri|si|ko**; **Ar|muts|zeug|nis**; **Ar|muts|zu|wan|de|rung** *Plur. selten (Politikjargon)*

Arm|voll, **Arm voll**; *vgl.* Arm

Arndt (dt. Dichter)

Ar|ne (m. Vorn.)

Ar|ni|ka, die; -, -s ⟨griech.⟩ (eine Heilpflanze); **Ar|ni|ka|tink|tur**

Ar|nim (märk. Adelsgeschlecht)

¹Ar|no, der; -[s] (ital. Fluss)

²Ar|no (m. Vorn.)

Ar|nold (m. Vorn.)

Ar|nulf (m. Vorn.)

Arom, das; -s, -e ⟨griech.⟩ (*geh. für* Aroma); **Aro|ma**, das; -s, *Plur.* ...men, -s *u. älter* -ta

aro|ma|tisch; aromatische Verbindungen *(Chemie)* ↑D 89; **aro|ma|ti|sie|ren** (mit Aroma versehen)

Aron|stab ⟨griech.; dt.⟩ (eine Pflanze)

Aro|sa (Ort in Graubünden); **Aro|ser**; **Aro|se|rin**

Ar|pad (erster Herzog der Ungarn); **Ar|pa|de**, der; -n, -n (Angehöriger eines ung. Fürstengeschlechtes)

Ar|peg|gia|tur [...dʒa...], die; -, -en ⟨ital.⟩ (*Musik* Reihe gebrochener Akkorde)

ar|peg|gie|ren (nach Harfenart spielen); **ar|peg|gio**; **Ar|peg|gio**, das; -s, *Plur.* -s *u.* ...ggien [...dʒiən]

Ar|rak, der; -s, *Plur.* -e *u.* -s ⟨arab.⟩ (Branntwein aus Reis od. Melasse)

Ar|ran|ge|ment [arãʒə'mãː], das; -s, -s ⟨franz.⟩ (Anordnung; Übereinkunft; Einrichtung eines Musikstücks)

Ar|ran|geur [...'ʒøːɐ̯], der; -s, -e (jmd., der etwas arrangiert; jmd., der ein Musikstück einrichtet, einen Schlager instrumentiert); **Ar|ran|geu|rin**

ar|ran|gie|ren; **Ar|ran|gier|pro|be** (*Theater* Stellprobe)

Ar|ras (franz. Stadt)

Ar|ray [əˈreɪ], das *u.* der; -s, -s ⟨engl.⟩ (*Fachspr., bes. EDV* bestimmte Anordnung von Objekten, Bauelementen, Schaltelementen, Daten u. a.)

Ar|rest, der; -[e]s, -e ⟨lat.⟩ (Beschlagnahme; Haft)

Ar|res|tant, der; -en, -en (*veraltend für* Inhaftierter); **Ar|res|tan|ten|wa|gen** (österr.); **Ar|res|tan|tin**

Ar|rest|zel|le

ar|re|tie|ren (*Technik* anhalten; sperren; *veraltet für* verhaften); **Ar|re|tie|rung** (Sperrvorrichtung)

Ar|rhe|ni|us (schwed. Chemiker u. Physiker)

Ar|rhyth|mie, die; -, ...ien ⟨griech.⟩ (Unregelmäßigkeit in einer sonst rhythm. Bewegung; *Med.* Unregelmäßigkeit des Herzschlags); **ar|rhyth|misch** [*od.* 'a...]

Ar|ri|val [ɛˈraɪvl̩], das; -s, -s ⟨engl.⟩ (Ankunft [Hinweis auf Flughäfen])

ar|ri|vie|ren ⟨franz.⟩ (in der Karriere vorwärtskommen); **ar|ri|viert** (anerkannt, erfolgreich); **Ar|ri|vier|te**, der *u.* die; -n, -n

ar|ro|gant ⟨lat.⟩ (anmaßend); **Ar|ro|ganz**, die; -

ar|ron|die|ren [*auch* arõ...] ⟨franz.⟩; Grundbesitz arrondieren (abrunden, zusammenlegen); **Ar|ron|die|rung**

Ar|ron|dis|se|ment [arõdis(ə)ˈmãː], das; -s, -s (Unterabteilung eines franz. Departements; Bezirk)

Ar|row|root [ˈɛroʊruːt], das; -s, -s ⟨engl., »Pfeilwurz«⟩ (ein Stärkemehl)

Ar|sa|ki|de, der; -n, -n (Angehöriger eines pers. u. armen. Herrschergeschlechtes)

Arsch, der; -[e]s, Ärsche (*derb*)

Arsch|ba|cke (*derb*); **Arsch|bom|be** (*derb für* Sprung ins Wasser mit nach vorne hochgezogenen Beinen); **Arsch|gei|ge** (*derb*); **Arsch|ge|weih** (*derb für* geweihähnliche Tätowierung am unteren Rücken)

arsch|kalt (*derb für* sehr kalt)

Arsch|kar|te; die Arschkarte ziehen (*derb für* den Schaden tragen); **Arsch|krie|cher** (*derb für* übertrieben schmeichlerischer Mensch); **Arsch|krie|che|rin**

Arsch|le|der (*Bergmannsspr.*)

Arsch|loch (*derb*); **Arsch|pau|ker** (*derb für* Lehrer)

Arsch|run|zeln, das; -s (*derb*); meist in jmdm. ein [müdes] Arschrunzeln kosten (*derb für* jmdm. keinerlei Mühe kosten); **Arsch|wisch** (*derb für* wertloses Schriftstück)

Ar|sen, das; -s ⟨griech.⟩ (chemisches Element; *Zeichen* As)

Ar|se|nal, das; -s, -e ⟨arab.-ital.⟩ (Geräte-, Waffenlager)

ar|se|nig ⟨griech.⟩ (arsenikhaltig)

Ar|se|nik, das; -s (*Chemie* giftige Arsenverbindung); **ar|se|nik|hal|tig**; **Ar|sen|kies** (ein Mineral); **Ar|sen|ver|gif|tung**

Ar|sis, die; -, Arsen ⟨griech.⟩ (*Verslehre* Hebung)

Art, die; -, -en; ein Mann [von] der Art (solcher Art); *aber* dieser Mann hat mich derart (so) beleidigt, dass ...; *vgl. auch* allerart

Art

An die Fügung »eine Art ...« kann das folgende Substantiv mit von + Dativ oder unmittelbar angeschlossen werden:
– Es war eine Art von hölzernem Gestell.
– Es war eine Art hölzerner Kasten. Sie hob den Deckel einer Art hölzernen Kastens. Er arbeitete mit einer Art hölzernem Kasten. Wir sahen eine Art hölzernen Kasten.
– *In gehobenem Sprachgebrauch auch:* Es war eine Art hölzernen Kastens.

Art. = Artikel

Art|an|ga|be (*Sprachwiss.* Umstandsangabe der Art u. Weise)

Ar|ta|xer|xes (Name altpersischer Könige)

Art dé|co [ˈaːɐ̯ deˈ...], der *u.* das; - - ⟨franz.⟩ (Kunst[gewerbe]stil der Jahre 1920–40)

Art|di|rec|tor [...dɪrɛktɐ, *auch* ...daɪrɛktɐ], der; -s, -s ⟨engl.⟩ (künstlerischer Leiter / künstlerische Leiterin des Layouts in einer Werbeagentur)

Art-Di|rek|tor (Berufsbez.); *vgl.* Artdirector; **Art-Di|rek|to|rin**

Ar|te|fakt, das; -[e]s, -e ⟨lat.⟩ (*Archäol.* von Menschen geformter vorgeschichtlicher Gegenstand; *geh. für* Kunstwerk)

art|ei|gen (*Biol.* einer bestimmten Art entsprechend, eigen)

Ar|tel [*auch* arˈtjɛl], das; -s, -s ⟨russ., »Gemeinschaft«⟩ ([Arbeiter]genossenschaft im alten Russland u. in der sowjet. Kollektivwirtschaft)

Ar|te|mis (griech. Göttin der Jagd)

ar|ten; nach jmdm. arten

ar|ten|reich (*Biol.*); **Ar|ten|reich|tum**, der; -s; **Ar|ten|schutz**, der; -es; **Ar|ten|viel|falt**

art|er|hal|tend

Arterie

Ar|te|rie, die; -, -n ⟨griech.⟩ (*Med.* Schlagader); **ar|te|ri|ell**; arterielles Blut
Ar|te|ri|en|ver|kal|kung
Ar|te|ri|i|tis, die; -, ...itiden (Arterienentzündung)
Ar|te|rio|skle|ro|se (Arterienverkalkung); **ar|te|rio|skle|ro|tisch**
ar|te|sisch ⟨zu Artois⟩ ↑D 89: artesischer Brunnen (Brunnen, dessen Wasser durch Überdruck des Grundwassers aufsteigt)
art|fremd (*bes. Biol.*); artfremdes Gewebe
Art|ge|nos|se; Art|ge|nos|sin
art|ge|recht
Ar|thral|gie, die; -, ...ien ⟨griech.⟩ (*Med.* Gelenkschmerz)
Ar|thri|ti|ker (an Arthritis Leidender); **Ar|thri|ti|ke|rin**
Ar|thri|tis, die; -, ...itiden ⟨griech.⟩ (Gelenkentzündung); **ar|thri|tisch**
Ar|thro|po|den *Plur.* (*Zool.* Gliederfüßer)
Ar|thro|se, die; -, -n (*Med.* chronische Gelenkerkrankung)
Ar|thur *vgl.* Artur
ar|ti|fi|zi|ell ⟨franz.⟩ (künstlich)
ar|tig (gesittet; folgsam) ...**ar|tig** (z. B. gleichartig)
Ar|tig|keit
Ar|ti|kel [*auch* ...'ti...], der; -s, - ⟨lat.⟩ (Geschlechtswort; Abschnitt eines Gesetzes u. Ä. [*Abk.* Art.]; Ware; Aufsatz)
Ar|ti|kel|se|rie (Folge von Artikeln zu einem Thema)
ar|ti|ku|lar (*Med.* zum Gelenk gehörend)
Ar|ti|ku|la|ti|on, die; -, -en (*Sprachwiss.* Lautbildung; [deutliche] Aussprache); **ar|ti|ku|la|to|risch**; **ar|ti|ku|lie|ren** ([deutlich] aussprechen)
Ar|til|le|rie [*auch* 'ar...], die; -, ...ien ⟨franz.⟩; **Ar|til|le|rist**, der; -en, -en; **Ar|til|le|ris|tin**; **ar|til|le|ris|tisch**
Ar|ti|scho|cke, die; -, -n ⟨ital.⟩ (eine Zier- u. Gemüsepflanze); **Ar|ti|scho|cken|bo|den**; **Ar|ti|scho|cken|herz**
Ar|tist, der; -en, -en ⟨franz.⟩; **Ar|tis|tik**, die; - (Kunst der Artisten); **Ar|tis|tin**; **ar|tis|tisch**
Art|nap|ping, das; -s, -s ⟨engl.⟩ (Diebstahl von Kunstwerken, um für die Rückgabe ein Lösegeld zu erpressen)
Art nou|veau ['a:ɐ̯ nu'vo:], der, die *u.* das; - - ⟨franz.⟩ (Jugendstil in England u. Frankreich)

Ar|tois [...'toa], das; - (hist. Provinz in Nordfrankreich)
Ar|to|thek, die; -, -en ⟨lat.; griech.⟩ (Galerie, die Bilder od. Plastiken ausleiht)
Ar|tur (m. Vorn.)
Ar|tus (sagenhafter walis. König); **Ar|tus|hof** (*Geschichte*)
art|ver|wandt
Ar|ve [...və, *schweiz.* ...fə], die; -, -n (Zirbelkiefer)
Arz|nei; Arz|nei|kun|de, die
arz|nei|lich
Arz|nei|mit|tel, das; **Arz|nei|mit|tel|bud|get; Arz|nei|mit|tel|ge|setz**
Arz|nei|mit|tel|her|stel|ler; Arz|nei|mit|tel|her|stel|le|rin
Arz|nei|mit|tel|leh|re; Arz|nei|mit|tel|preis|ver|ord|nung
Arzt, der; -es, Ärzte
Ärz|te|kam|mer; Ärz|te|man|gel, der; -s; **Ärz|te|schaft**, die; -
Arzt|hel|fer; Arzt|hel|fe|rin
Arzt|hil|fe|schein (*österr. amtl. für* Krankenschein)
Ärz|tin
ärzt|lich ↑D 89: ärztliches Attest, *aber* Ärztlicher Direktor (Amtsbezeichnung); **ärzt|li|cher|seits**
Arzt-Pa|ti|en|ten-Ver|hält|nis ↑D 26
Arzt|pra|xis; Arzt|rech|nung; Arzt|ro|man; Ärzt|ter|min
¹**as, ¹As**, das; -, - (Tonbezeichnung)
²**as** (*Zeichen für* as-Moll); in as
²**As** (*Zeichen für* As-Dur); in As
³**As**, der; Asses, Asse ⟨lat.⟩ (altröm. Gewichts- u. Münzeinheit)
⁴**As** (*chem. Zeichen für* Arsen)
⁵**As** *alte Schreibung für* ¹Ass
A-Sai|te (z. B. bei der Geige)
Asant, der; -s ⟨lat.⟩ (eine asiat. Gewürzpflanze)
asap = as soon as possible (*engl. für* so bald wie möglich)
ASB = Arbeiter-Samariter-Bund
As|best, der, *auch* das; -[e]s, -e ⟨griech.⟩ (feuerfeste mineralische Faser); **As|best|to|se**, die; -, -n (*Med.* durch Asbeststaub hervorgerufene Lungenerkrankung)
Asch, der; -[e]s, Äsche (*ostmitteld. für* Napf, [tiefe] Schüssel)
¹**Aschan|ti**, der; -s (Angehöriger eines Volksstammes in Ghana)
²**Aschan|ti**, die; -, - (*ostösterr. für* Erdnuss); **Aschan|ti|nuss**
Asch|be|cher (Aschenbecher)
asch|bleich; asch|blond
Asche, die; -, -n
Äsche, die; -, -n (ein Fisch); *vgl. aber* Esche
Asche|ge|halt, der

¹**aschen** (*geh. für* aschfarben)
²**aschen** ([Zigaretten]asche abstreifen, fallen lassen); du aschst
Aschen|bahn
Aschen|be|cher
Aschen|brö|del, das; -s, - (eine Märchengestalt)
Aschen|gru|be
aschen|hal|tig
Aschen|put|tel, das; -s, -; *vgl.* Aschenbrödel
Ascher (*ugs. für* Aschenbecher)
Äscher (*Gerberei* Aschen- u. Kalklauge)
Ascher|mitt|woch (Mittwoch nach Fastnacht)
Asche|wol|ke
asch|fahl
asch|far|ben, asch|far|big
Asch|ga|bat (Hauptstadt von Turkmenistan)
asch|grau; bis ins Aschgraue (bis zum Überdruss); **aschig**
Asch|ke|na|se, der; -n, -n, **Asch|ke|na|si**, der; -, ...sim [...zi:m, *auch* ...'zi:m] ⟨meist im Plur. Aschkenasim verwendet⟩ ⟨hebr.⟩ (ein ost- od. mitteleuropäischer Jude); **asch|ke|na|sisch**
Asch|ku|chen (*ostmitteld. für* Napfkuchen)
Asch|mo|dai *vgl.* ¹Asmodi
Asch|ram, der; -s, -s ⟨sanskr.⟩ (Zentrum für Meditation in Indien)
äschy|le|isch; Äschy|lus [*auch* 'ɛ:...] (altgriech. Tragiker)
ASCII-Code ['aski...] ⟨engl. American Standard Code of Information Interchange⟩ (*EDV* ein Zeichencode)
As|co|na (schweiz. Ort am Lago Maggiore)
As|cor|bin|säu|re, *veraltend* Askor|bin|säu|re (Vitamin C)
As|cot ['ɛskət] (Dorf in der Nähe von London, berühmter Austragungsort für Pferderennen)
As-Dur ['asdu:ɐ̯, *auch* 'as'du:ɐ̯], das; -[s] (Tonart; *Zeichen* As); **As-Dur-Ton|lei|ter** ↑D 26
Ase, der; -n, -n *meist Plur.* (germanische Gottheit)
ASEAN, die; - = Association of South East Asian Nations (Vereinigung südostasiatischer Staaten); **ASEAN-Staa|ten** *Plur.*
A-Sei|te (die Seite einer Singleschallplatte mit dem in der Regel bekannteren Titel)
äsen; das Rotwild äst (weidet)
Asep|sis, die; - ⟨griech.⟩ (*Med.* Keimfreiheit); **asep|tisch** (keimfrei)

Aser (*südd. für* Jagdtasche)
¹Äser *vgl.* Aas
²Äser (*Jägerspr.* Maul bestimmter Tierarten)
Aser|bai|d|schan (Landschaft u. Provinz im nordwestl. Iran; Staat am Kaspischen Meer)
Aser|bai|d|scha|ner; **Aser|bai|d|scha|ne|rin**; **aser|bai|d|scha|nisch**
ase|xu|al [*auch* azɛˈksu̯aːl] ⟨griech.; lat.⟩ (geschlechtslos); **ase|xu|ell** [*auch* azɛˈksu̯ɛl] ⟨griech.; lat.⟩
As|gard (*germ. Mythol.* Sitz der Asen)
Asi|at, der; -en, -en ⟨lat.⟩; **Asi|a|tin**; **asi|a|tisch**; die asiatische Grippe, *aber* der Asiatische Elefant (*Zool.*)
Asi|en
As|ka|ni|er, der; -s, - (Angehöriger eines alten deutschen Fürstengeschlechtes); **As|ka|ni|e|rin**
As|ka|ri, der; -[s], -s ⟨arab.⟩ (eingeborener Soldat im ehemaligen Deutsch-Ostafrika)
As|ka|ris, die; -, ...iden ⟨griech.⟩ (*Med., Zool.* Spulwurm)
As|ke|se, die; - ⟨griech.⟩ (enthaltsame Lebensweise); **As|ket**, der; -en, -en; **As|ke|tik** *vgl.* Aszetik; **As|ke|tin**; **as|ke|tisch**
As|k|le|pi|os, **As|k|le|pi|us** *vgl.* Äskulap
As|kor|bin|säu|re *vgl.* Ascorbinsäure
Äs|ku|lap [*auch* ˈɛ...] ⟨griech.-röm. Gott der Heilkunde⟩; **Äs|ku|lap|schlan|ge**; **Äs|ku|lap|stab**
As|lan (m. Vorn.)
As|ma|ra (Hauptstadt Eritreas)
¹As|mo|di, ökum. Asch|mo|dai ⟨aram.⟩ (ein Dämon im A. T. u. im jüdischen Volksglauben)
²As|mo|di (dt. Dramatiker)
as-Moll [ˈasmɔl, *auch* ˈasˈmɔl], das; -[s] (Tonart; *Zeichen* as); **as-Moll-Ton|lei|ter** ↑D 26
Äsop (altgriech. Fabeldichter); **äso|pisch**; **Äso|pus** *vgl.* Äsop
Asow|sche Meer [*auch* aˈzɔ... -], das Asowsche Meer; des Asowschen Meer[e]s (Teil des Schwarzen Meeres)
aso|zi|al ⟨griech.; lat.⟩ (unfähig zum Leben in der Gemeinschaft; am Rand der Gesellschaft lebend); **Aso|zi|a|le**, der *u.* die; **Aso|zi|a|li|tät**, die; -
As|pa|ra|gin, das; -s ⟨griech.⟩ (chem. Verbindung)
As|pa|ra|gus [*auch* ...ˈraː...], der; - (Zierspargel)

As|pa|sia (Geliebte [u. später Frau] des Perikles)
As|pekt, der; -[e]s, -e ⟨lat.⟩ (Ansicht, Gesichtspunkt; *Sprachwiss.* [den slaw. Sprachen eigentümliche] grammat. Kategorie; *Astron.* bestimmte Stellung der Planeten zueinander)
As|per|gill, das; -s, -e ⟨lat.⟩ (*kath. Kirche* Weihwasserwedel)
As|per|si|on, die; -, -en ⟨lat.⟩ (Besprengung mit Weihwasser)
As|phalt [*auch* ˈas...], der; -[e]s, -e ⟨griech.⟩; **As|phalt|de|cke**
as|phal|tie|ren; **as|phal|tisch**; **As|phalt|lack**; **As|phalt|stra|ße**
As|pho|dill *vgl.* Affodill
As|pik [*auch* ...ˈpɪk, ˈas...], der, *auch* das; -s, -e ⟨franz.⟩ (Gallert aus Gelatine od. Kalbsknochen)
As|pi|rant, der; -en, -en ⟨lat.⟩ (Bewerber; Anwärter; *schweiz. auch für* Offiziersschüler); **As|pi|ran|tin**; **As|pi|ran|tur**, die; -, -en (besondere Ausbildungsgang des wissenschaftlichen Nachwuchses in der DDR)
As|pi|ra|ta, die; -, *Plur.* ...ten *u.* ...tä (*Sprachwiss.* behauchter Verschlusslaut, z. B. griech. ϑ)
As|pi|ra|teur [...ˈtøːɐ̯], der; -s, -e ⟨franz.⟩ (Maschine zum Vorreinigen des Getreides)
As|pi|ra|ti|on, die; -, -en ⟨lat.⟩ (*Sprachwiss.* [Aussprache mit] Behauchung; *Med.* Ansaugung)
As|pi|ra|tor, der; -s, ...oren (Luft-, Gasansauger)
as|pi|ra|to|risch (*Sprachwiss.* mit Behauchung gesprochen); **as|pi|rie|ren** (*Sprachwiss.* mit Behauchung aussprechen; *österr. auch für* sich um etwas bewerben)
As|pi|rin®, das; -s, *Plur.* -, *selten* -e (ein Schmerzmittel); **As|pi|rin|ta|b|let|te**
aß *vgl.* essen
¹Ass, das; -es, -e ⟨franz.⟩ (Eins [auf Karten]; das od. der Beste [z. B. im Sport]; *Tennis* für den Gegner unerreichbarer Aufschlagball)
²Ass, das; -es, -e (*österr. ugs. für* Abszess, Eitergeschwür)
Ass. = Assessor, Assessorin
As|sa|gai, der; -[s], *Plur.* -s *u.* -e ⟨berberisch⟩ (Wurfspeer der Bantu)
As|sam (Bundesstaat der Republik Indien); **As|sam|tee**
as|sa|nie|ren ⟨franz.⟩ (*österr. für* Grundstücke, Wohngebiete o. Ä. sanieren); **As|sa|nie|rung** (*österr.*)

As|sas|si|ne, der; -n, -n ⟨arab.-ital.⟩ (Angehöriger einer islam. religiösen Gemeinschaft)
As|saut [aˈsoː], das; -s, -s ⟨franz.⟩ (Übungsform des Fechtens)
As|se|ku|ranz, die; -, -en ⟨lat.⟩ (*fachspr. für* Versicherung, Versicherungsgesellschaft)
As|sel, die; -, -n (ein Krebstier)
As|sem|b|la|ge [asã...ʒə], die; -, -n ⟨franz.⟩ (*Kunst* Kombination verschiedener Objekte)
As|sem|b|ler [ɛˈsɛ..., *auch* a...], der; -s, - ⟨engl.⟩ (*EDV* eine Programmiersprache; Übersetzungsprogramm)
As|ser|ti|on, die; -, -en ⟨lat.⟩ (*Philos.* bestimmte Behauptung); **as|ser|to|risch** (behauptend)
As|ser|vat, das; -[e]s, -e ⟨lat.⟩ (*Rechtsspr.* amtlich aufbewahrte Sache); **As|ser|va|ten|kam|mer**
As|sess|ment [əˈsɛsmənt], das; -s, -s ⟨engl.⟩ (*kurz für* Assessment-Center); **As|sess|ment-Cen|ter**, **As|sess|ment|cen|ter** ↑D 22, das; -s, - (ein psycholog. Eignungstest; *Abk.* AC); **As|sess|ment-Cen|ter-Me|tho|de**, **As|sess|ment|cen|ter|me|tho|de**, die; - (*Abk.* AC-Methode)

> **Accessoire**
> Das Wort wird häufig am Anfang [as...] statt [aks...] ausgesprochen und dann entsprechend nicht mit *cc*, sondern auch an dieser Stelle fälschlich mit *ss* geschrieben.

As|ses|sor, der; -s, ...oren ⟨lat.⟩ (Anwärter der höheren Beamtenlaufbahn nach der zweiten Staatsprüfung; *Abk.* Ass.); **as|ses|so|ral**; **As|ses|so|rin** (*Abk.* Ass.); **as|ses|so|risch**
As|set [ˈɛsɛt], das; -s, -s ⟨engl.⟩ (*Wirtsch.* Vermögenswert eines Unternehmens; *EDV* Ergänzung zu einem Multimediaprogramm); **As|set|klas|se** (*Wirtsch.* Anlageklasse); **As|set-Ma|nage|ment**, **As|set|ma|nage|ment** (*Wirtsch.* Vermögensverwaltung)
as|si (*ugs., oft abwertend für* asozial; *Jugendspr. auch für* schlecht, abzulehnen; sehr)
¹As|si, der; -s, -s *u.* die, -, -s (*Kurzw. für* Assistent[in])
²As|si, der; -s, -s *u.* die; -, -s (*ugs., oft abwertend für* Asoziale[r];

Assibilation

Assibi|la|ti|on, die; -, -en ⟨lat.⟩ (Sprachwiss. Aussprache eines Verschlusslautes in Verbindung mit einem Zischlaut, z. B. z = ts in »Zahn«; Verwandlung eines Verschlusslautes in einen Zischlaut, z. B. niederdeutsch »Water« = hochdeutsch »Wasser«); **as|si|bi|lie|ren**

As|si|et|te, die; -, -n ⟨franz.⟩ (flacher Behälter aus Alufolie)

as|sig (*Jugendspr. svw.* assi)

As|si|mi|la|ti|on, die; -, -en ⟨lat.⟩; *vgl.* Assimilierung; **as|si|mi|lie|ren**; sich assimilieren (anpassen); **As|si|mi|lie|rung** (Angleichung; *Sprachwiss.* Angleichung eines Mitlautes an einen anderen, z. B. das m in »Lamm« aus mhd. »lamb«)

As|si|si (mittelital. Stadt)

As|sist [ɛˈsɪst], der; -s, -s ⟨engl.⟩ (*Eishockey, Basketball* Zuspiel, das zum Tor *od.* Korb führt)

As|sis|tent, der; -en, -en ⟨lat.⟩ (Gehilfe, Mitarbeiter [an Hochschulen]); **As|sis|ten|tin**

As|sis|tenz, die; -, -en (Beistand)

As|sis|tenz|arzt; **As|sis|tenz|ärz|tin**

As|sis|tenz|ein|satz (*österr. für* Hilfseinsatz des Bundesheeres bei staatlichen Sicherungsaufgaben o. Ä.)

As|sis|tenz|pro|fes|sor; **As|sis|tenz|pro|fes|so|rin**; **As|sis|tenz|trai|ner**; **As|sis|tenz|trai|ne|rin**

as|sis|tie|ren (helfen, mitwirken)

As|so|ci|a|ted Press [əˈsəʊʃɪeɪtɪd -], die; - - ⟨engl.⟩ (US-amerik. Nachrichtenbüro; *Abk.* AP)

As|so|cié [...ˈsjeː], der; -s, -s ⟨franz.⟩ (*veraltet für* Teilhaber)

As|so|lu|ta, die; -, -s ⟨ital.⟩ (w. Spitzenstar in Ballett u. Oper)

As|so|nanz, die; -, -en ⟨lat.⟩ (*Verslehre* Gleichklang nur der Vokale am Versende, z. B. »haben«; »klagen«)

as|sor|tie|ren ⟨franz.⟩ (nach Warenarten ordnen u. vervollständigen)

As|sor|ti|ment, das; -[e]s, -e (*veraltet für* Lager; Sortiment)

asozial
Das Adjektiv wird nur mit einem *s* geschrieben, entsprechend den Bestandteilen *a-* (= un-, nicht) und *sozial*, aus denen es gebildet ist.

As|so|zi|a|ti|on, die; -, -en ⟨lat.⟩ (Vereinigung; *Psychol.* Vorstellungsverknüpfung); **as|so|zi|a|tiv** (durch Vorstellungsverknüpfung bewirkt)

as|so|zi|ie|ren ⟨franz.⟩ (verknüpfen); sich assoziieren (sich zusammenschließen); **As|so|zi|ie|rung**

ASSR, die; - = Autonome Sozialistische Sowjetrepublik (bis 1991)

As|su|an [*od.* ˈaː...] (oberägypt. Stadt); **As|su|an|stau|damm**, **As|su|an-Stau|damm**

As|sump|ti|o|nist, der; -en, -en (Angehöriger einer katholischen Ordensgemeinschaft)

As|sump|ti|on, die; -, -en (Mariä Himmelfahrt *[nur Sing.];* deren bildliche Darstellung)

As|sy|rer; **As|sy|re|rin**; **As|sy|ri|en** (altes Reich in Mesopotamien); **As|sy|ri|er** usw. *vgl.* Assyrer usw.

As|sy|rio|lo|ge, der; -n, -n; **As|sy|rio|lo|gie**, die; - (Erforschung der assyrisch-babylonischen Kultur u. Sprache); **As|sy|rio|lo|gin**

as|sy|risch

Ast, der; -[e]s, Äste

a. St. = alten Stils (Zeitrechnung)

As|ta (w. Vorn.)

AStA, der; -[s], *Plur.* -[s], *auch* ASten = Allgemeiner Studentenausschuss; Allgemeiner Studierendenausschuss

As|ta|na (Hauptstadt Kasachstans)

As|tar|te (altsemitische Liebes- u. Fruchtbarkeitsgöttin)

As|tat, **As|ta|tin**, das; -s ⟨griech.⟩ (chem. Element; *Zeichen* At)

as|ta|tisch (*Physik* gegen den Einfluss elektrischer *od.* magnetischer Felder geschützt)

Äst|chen

as|ten (*landsch. für* sich abmühen); geastet

äs|ten (Äste treiben)

As|ter, die; -, -n ⟨griech.⟩ (eine Gartenblume)

As|te|risk, der; -s, -e, **As|te|ris|kus**, der; -, ...ken (*Druckw.* Sternchen; *Zeichen* *)

As|tern|strauß

As|te|ro|id, der; -en, -en (Planetoid)

ast|frei; astfreies Holz

Ast|ga|bel

As|the|nie, die; -, ...ien ⟨griech.⟩ (*Med.* allgemeine Körperschwäche); **As|the|ni|ker** (schmaler, schmächtiger Mensch); **As|the|ni|ke|rin**; **as|the|nisch**

Äs|thet, der; -en, -en (Mensch mit ausgeprägtem Schönheitssinn)

Äs|the|tik, die; -, -en *Plur. selten* (Wissenschaft von den Gesetzen der Kunst, bes. vom Schönen; das Schöne, Schönheit)

Äs|the|ti|ker (Vertreter *od.* Lehrer der Ästhetik); **Äs|the|ti|ke|rin**

Äs|the|ti|sie|rung

äs|the|tisch (*auch für* überfeinert)

äs|the|ti|sie|ren ([einseitig) nach den Gesetzen des Schönen urteilen *od.* gestalten); **Äs|the|ti|sie|rung**

Äs|the|ti|zis|mus, der; - (das Ästhetische betonende Haltung)

Asth|ma, das; -s ⟨griech.⟩ (anfallsweise auftretende Atemnot); **Asth|ma|an|fall**; **Asth|ma|spray** (zur akuten Behandlung von Atemnot); **Asth|ma|ti|ker**; **Asth|ma|ti|ke|rin**; **asth|ma|tisch**

¹**As|ti** (ital. Stadt)

²**As|ti**, der; -[s], - (Wein [von ¹Asti]); Asti spumante (italienischer Schaumwein)

as|tig

as|tig|ma|tisch ⟨griech.⟩ (*Optik* Punkte strichförmig verzerrend); **As|tig|ma|tis|mus**, der; -, ...men (*Med.* Stabsichtigkeit; *Optik* Abbildungsfehler von Linsen)

äs|ti|mie|ren ⟨franz.⟩ (*veraltend für* schätzen, würdigen)

Ast|loch

¹**As|tra|chan** [...xa(ː)n] (russische Stadt)

²**As|tra|chan**, der; -s, -s (eine Lammfellart)

As|t|ra|chan|ka|vi|ar, **As|t|ra|chan-Ka|vi|ar**, der; -s

as|t|ral ⟨griech.⟩ (die Gestirne betreffend; Stern...)

As|t|ral|leib (*Okkultismus* dem irdischen Leib innewohnender ätherischer Leib)

ast|rein (*ugs. auch für* völlig in Ordnung, sehr schön)

As|t|rid (w. Vorn.)

As|t|ro|graf, **As|t|ro|graph**, der; -en, -en ⟨griech.⟩ (Vorrichtung zur fotografischen Aufnahme von Gestirnen, zum Zeichnen von Sternkarten); **As|t|ro|gra|fie**, **As|t|ro|gra|phie**, die; -, ...ien (Sternbeschreibung)

As|t|ro|la|bi|um, das; -s, ...ien (altes astron. Instrument)

As|t|ro|lo|ge, der; -n, -n (Sterndeuter); **As|t|ro|lo|gie**, die; - (Sterndeutung); **As|t|ro|lo|gin**; **as|t|ro|lo|gisch**

Atlantikpakt

As|t|ro|naut, der; -en, -en (Weltraumfahrer); **As|t|ro|nau|tik,** die; - (Wissenschaft von der Raumfahrt, *auch* die Raumfahrt selbst); **As|t|ro|nau|tin; as|t|ro|nau|tisch**

As|t|ro|nom, der; -en, -en (Stern-, Himmelsforscher); **As|t|ro|no|mie,** die; - (wissenschaftliche Stern-, Himmelskunde); **As|t|ro|no|min; as|t|ro|no|misch**

As|t|ro|phy|sik [*auch* ...'zi:k] (Teilgebiet der Astronomie); **as|t|ro|phy|si|ka|lisch; As|t|ro|phy|si|ker; As|t|ro|phy|si|ke|rin**

Äs|tu|ar, das; -s, *Plur.* -e u. ...rien ⟨lat.⟩ (*fachspr. für* trichterförmige Flussmündung)

As|tu|ri|en (hist. Provinz in Spanien); **As|tu|ri|er; As|tu|ri|e|rin; as|tu|risch**

Ast|werk, das; -[e]s

ASU, die; - = Abgassonderuntersuchung (*früher; vgl.* ¹AU)

Asun|ci|ón [...'sion] (Hauptstadt von Paraguay)

Äsung ⟨*zu* äsen⟩

ASVG-Pen|si|on (*österr. für* Rente nach der allgemeinen Sozialversicherung); **ASVG-Pen|si|o|nist; ASVG-Pen|si|o|nis|tin**

Asyl, das; -s, -e ⟨griech.⟩ (Zufluchtsort)

Asyl|ant, der; -en, -en (*gelegentlich als diskriminierend empfunden* Bewerber um Asylrecht); **Asyl|an|tin**

Asyl|an|trag; Asyl|be|scheid

Asyl|be|wer|ber; Asyl|be|wer|ber|heim; Asyl|be|wer|be|rin

Asyl|ge|richts|hof (*österr.*)

Asyl|miss|brauch; Asyl|recht

Asyl su|chend, asyl|su|chend; **Asyl|su|chen|de,** der u. die; -n, -n; **Asyl Su|chen|de,** der u. die; - -n, - -n

Asyl|ver|fah|ren

Asyl|wer|ber (*österr. für* Asylbewerber); **Asyl|wer|be|rin**

Asym|me|t|rie [*auch* ...'tri:], die; -, ...ien ⟨griech.⟩ (Mangel an Symmetrie); **asym|me|t|risch** [*auch* ...'me:...]

Asym|p|to|te, die; -, -n ⟨griech.⟩ (*Math.* Gerade, der sich eine ins Unendliche verlaufende Kurve beliebig nähert, ohne sie zu erreichen); **asym|p|to|tisch**

asyn|chron [*auch* ...'kro:n] ⟨griech.⟩ (nicht gleichzeitig); **Asyn|chro|ni|tät,** die; -, -en (*bes. Fachspr.*)

asyn|de|tisch [*auch* ...'de:...] ⟨griech.⟩ (*Sprachwiss.*) nicht durch Konjunktion verbunden); **Asyn|de|ton,** das; -s, ...ta (*Sprachwiss.* Wort- od. Satzreihe, deren Glieder nicht durch Konjunktionen verbunden sind, z. B. »alles rennet, rettet, flüchtet«)

As|zen|dent, der; -en, -en ⟨lat.⟩ (*Genealogie* Vorfahr; Verwandter in aufsteigender Linie; *Astron.* Aufgangspunkt eines Gestirns); **As|zen|denz,** die; -, -en (Verwandtschaft in aufsteigender Linie; Aufgang eines Gestirns); **as|zen|die|ren** (*Astron.* [von Gestirnen] aufsteigen)

As|ze|tik, die; - (*kath. Kirche* Lehre vom Streben nach christlicher Vollkommenheit)

At (*chem. Zeichen für* Astat)

A. T. = Altes Testament

Ata|ir, der; -[s] ⟨arab.⟩ (ein Stern im Sternbild Adler)

Ata|man, der; -s, -e ⟨russ.⟩ (frei gewählter Stammes- u. milit. Führer der Kosaken)

Ata|ra|xie, die; - ⟨griech.⟩ (Unerschütterlichkeit, Seelenruhe [in der griech. Philosophie])

Ata|türk *vgl.* Kemal Atatürk

Ata|vis|mus, der; -, ...men ⟨lat.⟩ (*Biol.* Wiederauftreten von Merkmalen od. Verhaltensweisen aus einem früheren entwicklungsgeschichtlichen Stadium); **ata|vis|tisch**

Ate (griech. Göttin des Unheils)

Ate|li|er [atə'lje:], das; -s, -s ⟨franz.⟩ (Werkstatt eines Künstlers, Fotografen o. Ä.; Gebäude für Filmaufnahmen); **Ate|li|er|auf|nah|me; Ate|li|er|fens|ter; Ate|li|er|fest; Ate|li|er|woh|nung**

Atem, der; -s; Atem holen; außer Atem sein; **Atem|al|ko|hol|test; atem|be|rau|bend; Atem|be|schwer|den** *Plur.*; **Atem|ho|len,** das; -s; **atem|los; Atem|luft; Atem|not,** die; -; **Atem|pau|se**

a tem|po (ital.) (*ugs. für* schnell, sofort; *Musik* im Anfangstempo)

atem|rau|bend

Atem|test; Atem|übung

Atem|we|ge *Plur.*; **Atem|wegs|er|kran|kung; Atem|zug**

Äthan (*veraltend für* Ethan)

Atha|na|sia ⟨griech., »die Unsterbliche« (w. Vorn.)⟩; **atha|na|si|a|nisch;** das Athanasianische Glaubensbekenntnis ↑D 88;

Atha|na|sie, die; - (*Rel.* Unsterblichkeit)

Atha|na|si|us (Kirchenlehrer)

Äthanol (*veraltend für* Ethanol)

Athe|is|mus, der; - ⟨griech.⟩ (Weltanschauung, die die Existenz eines Gottes verneint); **Athe|ist,** der; -en, -en; **Athe|is|tin; athe|is|tisch**

Athen (Hauptstadt Griechenlands)

Athe|nä|um, das; -s, ...äen (Tempel der Göttin Athene); **Athe|ne** (griech. Göttin der Weisheit)

Athe|ner; Athe|ne|rin; athe|nisch

¹Äther, der; -s ⟨griech.⟩ (feiner Urstoff in der griech. Philosophie; *geh. für* Himmel)

²Äther, *fachspr. auch* Ether, der; -s, - (chem. Verbindung; Betäubungs-, Lösungsmittel)

¹äthe|risch (vergeistigt, zart)

²äthe|risch, *fachspr. auch* ethe|risch (ätherartig); ätherische od. etherische Öle; **äthe|ri|sie|ren** (mit ²Äther behandeln)

ather|man ⟨griech.⟩ (*Physik* für Wärmestrahlen undurchlässig)

Äthi|o|pi|en ⟨griech.⟩ (Staat in Ostafrika); **Äthi|o|pi|er; Äthi|o|pi|e|rin; äthi|o|pisch**

Ath|let, der; -en, -en ⟨griech.⟩ (muskulöser Mann; Wettkämpfer im Sport); **Ath|le|tik,** die; -; **Ath|le|ti|ker** (Mensch von athletischer Konstitution); **Ath|le|ti|ke|rin; Ath|le|tin; ath|le|tisch**

Athos, der; - (Berg auf der nordgriech. Halbinsel Chalkidike)

Äthyl, *fachspr.* Ethyl, das; -s ⟨griech.⟩ (Atomgruppe zahlreicher chem. Verbindungen); **Äthyl|al|ko|hol,** *fachspr.* Ethylalkohol, der; -s; *vgl.* Ethanol; **Äthy|len,** das; -s (im Leuchtgas enthaltener ungesättigter Kohlenwasserstoff)

Ätio|lo|gie, die; - ⟨griech.⟩ (Lehre von den [Krankheits]ursachen)

At|lant, der; -en, -en ⟨griech.⟩ (*Bauw.* Gebälkträger in Form einer Männerfigur); *vgl.* ²Atlas

At|lan|ta (Hauptstadt von Georgia)

At|lan|tik, der; -s (Atlantischer Ozean)

At|lan|tik|char|ta, die; - (1941 abgeschlossene Vereinbarung zwischen Großbritannien u. den USA über die Kriegs- u. Nachkriegspolitik)

At|lan|tik|küs|te

At|lan|tik|pakt (NATO)

Atlantis

At|lan|tis (sagenhaftes, im Meer versunkenes Inselreich)
at|lan|tisch ↑D 89: ein atlantisches Tief; *aber* ↑D 140: der Atlantische Ozean; die Atlantische *od.* atlantische Allianz
¹At|las (griech. Sagengestalt)
²At|las, der; *Gen. - u.* ...lasses, *Plur.* ...lanten, *auch* ...lasse (*selten für* Atlant)
³At|las, der; - (Gebirge in Nordwestafrika)
⁴At|las, der; *Gen. - u.* ...lasses, *Plur.* ...lasse *u.* ...lanten (Sammlung geografischer Karten [als Buch]; Bildtafelwerk)
⁵At|las, der; *Gen. - u.* ...lasses (*Med.* erster Halswirbel)
⁶At|las, der; *Gen. - u.* ...lasses, *Plur.* ...lasse ⟨arab.⟩ (ein Seidengewebe); **at|las|sen** (aus ⁶Atlas)
at|men
At|mo, die; -, -s (*kurz für* Atmosphäre; Hintergrundgeräusche bei einer Tonaufzeichnung)
at|mos|fair®, At|mos|fair (Organisation, die mit Geldspenden von Flugreisenden Klimaschutzprojekte fördert)
At|mo|sphä|re, die; -, -n ⟨griech.⟩ (Lufthülle; *als Druckeinheit früher für* Pascal; Stimmung, Milieu, Umwelt)
At|mo|sphä|ren|über|druck *Plur.* ...drücke (Zeichen [veraltet] atü)
At|mo|sphä|ri|li|en *Plur.* (Bestandteile der Luft)
at|mo|sphä|risch
AT-Mo|tor = Austauschmotor
At|mung, die; -
at|mungs|ak|tiv (Werbespr.)
At|mungs|or|gan *meist Plur.*
Ät|na [*auch* ˈɛ...], der; -[s] (Vulkan auf Sizilien)
Äto|li|en (altgriech. Landschaft; Gebiet im westl. Griechenland);
Äto|li|er, der; -s, - (Angehöriger eines altgriech. Stammes); **Äto|li|e|rin; äto|lisch**
Atoll, das; -s, -e ⟨drawid.⟩ (ringförmige Koralleninsel)
Atom, das; -s, -e ⟨griech.⟩ (kleinste Einheit eines chem. Elements)
Atom|an|la|ge
ato|mar (das Atom, die Kernenergie betreffend; mit Atomwaffen [versehen])
Atom|aus|stieg; atom|be|trie|ben
Atom|bom|be (*kurz* A-Bombe);
Atom|bom|ben|ver|such
Atom|de|bat|te (Politikjargon)

Atom|ener|gie, die; -
Atom|geg|ner; Atom|geg|ne|rin
Atom|ge|wicht
Ato|mi|seur [...ˈzøːɐ̯], der; -s, -e (Zerstäuber); **ato|mi|sie|ren** (in Atome auflösen; völlig zerstören); **Ato|mi|sie|rung**
Ato|mis|mus, der; - (Weltanschauung, die alle Vorgänge in der Natur auf Atome u. ihre Bewegungen zurückführt); **ato|mis|tisch**
Ato|mi|um, das; -s (Bauwerk in Brüssel)
Atom|kern
Atom|kraft, die; -; **Atom|kraft|geg|ner; Atom|kraft|geg|ne|rin**
Atom|kraft|werk (AKW)
Atom|krieg; Atom|lob|by
Atom|macht (Staat, der über Atomwaffen verfügt)
Atom|mei|ler; Atom|mi|ne
Atom|müll; Atom|müll|trans|port; Atom|phy|sik; Atom|pro|gramm; Atom|ra|ke|te; Atom|re|ak|tor; Atom|schmug|gel; Atom|spreng|kopf; Atom|stopp; Atom|strom; Atom|tech|nik
Atom|test; Atom|test|stopp|ab|kom|men
Atom-U-Boot ↑D 26
Atom|waf|fe *meist Plur.*; **atom|waf|fen|frei;** atomwaffenfreie Zone; **Atom|waf|fen|sperr|ver|trag**, der; -[e]s
Atom|wen|de, die; - (Atomausstieg)
Atom|wirt|schaft
Atom|wis|sen|schaft|ler; Atom|wis|sen|schaft|le|rin
Atom|zeit|al|ter, das; -s
ato|nal ⟨griech.⟩ (*Musik* an keine Tonart gebunden); atonale Musik; **Ato|na|li|tät**, die; -, -en
Ato|nie, die; -, ...ien ⟨griech.⟩ (*Med.* Muskelerschlaffung); **ato|nisch**
Atout [aˈtuː], das, *auch* der; -s, -s ⟨franz.⟩ (*Kartenspiel* Trumpf)
ato|xisch [*auch* aˈtɔ...] ⟨griech.⟩ (*fachspr. für* ungiftig)
ATP [eɪtiːˈpiː], die; - (*Abk. für* Association of Tennis Professionals; Verband der männlichen Tennisprofis); **ATP-Tur|nier**
At|ra|zin, das; -s (in der EU verbotenes Herbizid)
At|reus (griech. Sagengestalt)
At|ri|um, das; -s, ...ien ⟨lat.⟩ (*Archit.* nach oben offener [Haupt]raum des altrömischen Hauses; Innenhof)
Atro|phie, die; -, ...ien ⟨griech.⟩

(*Med.* Schwund von Organen, Geweben, Zellen); **atro|phisch**
At|ro|pin, das; -s ⟨griech.⟩ (Gift der Tollkirsche)
At|ro|pos (eine der drei Parzen)
ätsch! (*Kinderspr.*); **ätsch, bätsch!** (*Kinderspr.*)
At|tac ⟨franz.⟩ = Association pour une Taxation des Transactions pour l'Aide aux Citoyens (internationale globalisierungskritische Bewegung)
At|ta|ché [...ˈʃeː], der; -s, -s ⟨franz.⟩ (Anwärter des diplomatischen Dienstes; einer Auslandsvertretung zugeteilter Berater); **At|ta|chée**, die; -, -n [...ˈʃeːən]; *vgl.* Attaché; **at|ta|chie|ren** (*veraltet für* zuteilen)
At|tach|ment [əˈtɛtʃmənt], das; -s, -s ⟨engl.⟩ (*EDV* einer E-Mail als Anhang beigefügte Datei)
At|ta|cke, die; -, -n ⟨franz.⟩; **at|ta|ckie|ren** (angreifen)
At|ten|tat [*auch* ...ˈtaːt], das; -[e]s, -e ⟨franz.⟩ ([Mord]anschlag)
At|ten|tä|ter; At|ten|tä|te|rin
At|ter|see, der; -s (österr. See)
At|test, das; -[e]s, -e ⟨lat.⟩ (ärztliche Bescheinigung)
At|tes|ta|ti|on, die; -, -en ⟨lat.⟩ (*DDR für* Qualifikationsbescheinigung ohne Prüfungsnachweis)
at|tes|tie|ren (bescheinigen)
Ät|ti, der; -[s] (*südwestd. u. schweiz. mdal. für* Vater)
¹At|ti|ka (griech. Halbinsel)
²At|ti|ka, die; -, ...ken ⟨griech.-lat.⟩ ([Skulpturen tragender] Aufsatz über dem Hauptgesims eines Bauwerks)
At|ti|ka|woh|nung (*schweiz. für* Penthouse)
¹At|ti|la (Hunnenkönig)
²At|ti|la, die; -, -s (mit Schnüren besetzte Husarenjacke)
at|tisch (aus ¹Attika)
At|ti|tü|de, die; -, -n ⟨franz.⟩ ([innere] Einstellung; [leere] Pose; *Ballett* eine [Schluss]figur)
At|ti|zis|mus, der; -, ...men ⟨griech.⟩ (an klassischen Vorbildern orientierter Sprachstil im antiken Griechenland); **At|ti|zist**, der; -en, -en (Anhänger des Attizismus); **At|ti|zis|tin; at|ti|zis|tisch**
Att|nang-Puch|heim (österr. Ort)
At|to... ⟨skand.⟩ (ein Trillionstel einer Einheit, z. B. Attofarad = 10^{-18} Farad; *Zeichen* a)
At|trak|ti|on, die; -, -en ⟨lat.⟩ (etwas, was große Anziehungs-

Aufbau

auf
- aufs (auf das)
- aufs, auf das Beste gespannt sein; *aber* aufs, auf das Beste *od.* beste (sehr gut) informiert sein
- auf einmal (*vgl. auch* ¹Mal); aufs Mal (*schweiz. svw.* auf einmal)
- auf und ab (*vgl. d.*), seltener auf und nieder
- auf und davon (*vgl. d.*)
- **aufgrund** *od.* auf Grund (*vgl.* Grund)
- **aufseiten** *od.* auf Seiten

Präposition mit Dativ (zur Angabe einer Position) oder Akkusativ (zur Angabe einer Richtung):
- auf dem Tisch liegen, *aber* auf den Tisch legen

Getrenntschreibung in Verbindung mit »sein« ↑**D 49**:
- auf sein; *ugs. für* geöffnet sein; nicht mehr im Bett sein)

Großschreibung der Substantivierung ↑**D 81**:
- das Auf und Nieder, das Auf und Ab

---

kraft hat); **at|trak|tiv** (anziehend); **At|trak|ti|vi|tät**, die; -
At|trap|pe, die; -, -n ⟨franz.⟩ ([täuschend ähnliche] Nachbildung; Schau-, Blindpackung)
at|tri|bu|ie|ren (dat.) (als Attribut beifügen); **At|tri|but**, das; -[e]s, -e (charakteristische Eigenschaft; *Sprachwiss.* Beifügung); **at|tri|bu|tiv** [*auch* 'a...] (beifügend); **At|tri|but|satz**
atü = Atmosphärenüberdruck (*veraltet*)
ATX, der; - (österr. Aktienindex)
aty|pisch (nicht typisch)
Ätz|al|ka|li|en *Plur.* (ätzende Hydroxide der Alkalimetalle); **Ätz|druck** *Plur.* ...drucke
At|ze, die; -, -n (*berlin. für* Bruder, Freund *od.* Schwester, Freundin)
At-Zei|chen ['ɛt...] (das Zeichen @); *vgl. aber* Et-Zeichen
At|zel, die; -, -n (*landsch. für* Elster)
at|zen (*Jägerspr.* [Greifvögel] füttern); du atzt
ät|zen [*schweiz. auch* 'e...] (mit Säure, Lauge o. Ä. bearbeiten); du ätzt; **ät|zend** [*schweiz. auch* 'e...] (*ugs. auch für* sehr schlecht)
Ätz|flüs|sig|keit
At|zung (*Jägerspr.* Fütterung, Nahrung [junger Greifvögel])
Ät|zung (*Druckw.*)
au!; au Backe!; auweh!
Au (*südd., österr. nur so*), **Aue**, die; -, Auen (*landsch. od. geh. für* flaches Wiesengelände)
Au = Aurum (*chem. Zeichen für* Gold)
¹**AU**, die; - = Abgasuntersuchung
²**AU**, die; - = Afrikanische Union
aua!
AUA, die; - = Austrian Airlines (österr. Luftverkehrsgesellschaft)
au|ber|gi|ne [obɛrˈʒiːn(ə)] ⟨arab.-franz.⟩ (rötlich violett)

Au|ber|gi|ne [...nə], die; -, -n (eine Gemüsepflanze)
a. u. c. = ab urbe condita
auch; wenn auch; auch wenn ↑**D 126** *u.* **128**
Auck|land ['ɔːklənd] (Hafenstadt in Neuseeland)
au con|t|raire [o kõˈtrɛːɐ̯] ⟨franz.⟩ (im Gegenteil)
AUD (Währungscode für austral. Dollar)
Au|di®, der; -[s], -s ⟨lat. »audi!« = »horch!«; nach dem Automobilkonstrukteur u. Firmengründer August Horch⟩ (dt. Kraftfahrzeugmarke)
au|di|a|tur et al|te|ra pars ⟨lat.⟩ (römischer Rechtsgrundsatz: auch die Gegenpartei soll angehört werden)
Au|di|enz, die; -, -en (feierlicher Empfang; Zulassung zu einer Unterredung)
Au|di|max, das; - (*stud. Kurzw. für* Auditorium maximum)
Au|dio, das; -s, -s *meist ohne Artikel* (*ugs. kurz für* akustisches Element, Programm usw.)
Au|dio|book [...bʊk], das; -s, -s (gesprochener Text auf Kassette *od.* CD; Hörbuch)
Au|dio|da|tei (*EDV* digitale Datei, die Musik, gesprochenen Text, Geräusche u. Ä. enthält)
Au|dio|guide [...gaɪ̯d] ⟨lat.; engl.⟩ (elektronischer, Tonaufnahmen abspielender Museums- *od.* Stadtführer)
Au|dio|kom|men|tar
Au|di|on, das; -s, *Plur.* -s *u.* ...onen (*Elektrot.* Schaltung in Rundfunkempfängern zur Verstärkung der hörbaren Schwingungen)
au|dio|phil (von hoher Klangqualität, großen Wert auf diese legend); **Au|dio|phi|lie**, die; -
Au|dio|stream [...striːm], das; -s -s ⟨engl.⟩ (*EDV* Datei zum Hören im Internet)
Au|dio|vi|si|on, die; - (audiovisuelle

Technik; Information durch Wort u. Bild); **au|dio|vi|su|ell** (zugleich hör- u. sichtbar, Hören u. Sehen ansprechend); audiovisueller Unterricht
Au|dit [*auch* 'ɔːdɪt], das, *auch:* der; -s, -s (Prüfung betrieblicher Qualitätsmerkmale); **au|di|tie|ren**
Au|di|ting ['ɔːdɪtɪŋ], das; -s, -s ⟨lat.-engl.⟩ (Aufnahmeprüfung der Scientology-Bewegung; *Wirtsch.*
au|di|tiv ⟨lat.⟩ (*Med.* das Hören betreffend; *Psychol.* vorwiegend mit Gehörsinn begabt)
Au|di|tor, der; -s, ...oren (Beamter der röm. Kurie, Richter im kanonischen Recht; Prüfer für Qualitätssicherung; *österr. früher, schweiz.* öffentl. Ankläger bei einem Militärgericht); **Au|di|to|rin**
Au|di|to|ri|um, das; -s, ...ien (ein Hörsaal [der Hochschule]; Zuhörerschaft); **Au|di|to|ri|um ma|xi|mum**, das; - - (größter Hörsaal einer Hochschule; *stud. Kurzwort für* Audimax)
¹**Aue** *vgl.* Au
²**Aue** *vgl.* Hartmann von Aue
Au|en|land|schaft
Au|en|wald, **Au|wald**
Au|er|hahn; **Au|er|hen|ne**; **Au|er|huhn**; **Au|er|och|se**
Au|er|stedt (Dorf in Thüringen)
auf s. Kasten
auf... (in Zus. mit Verben, z.B. aufführen, du führst auf, aufgeführt, aufzuführen)
auf|ad|die|ren
auf|ar|bei|ten; **Auf|ar|bei|tung**
auf|at|men
auf|ba|cken
auf|bag|gen
auf|bah|ren; **Auf|bah|rung**
auf|bam|meln (*ugs. für* aufhängen)
auf|bän|ken; einen Steinblock aufbänken (auf zwei Haublöcke legen)
Auf|bau, der; -[e]s, *Plur.* (*für* Gebäude-, Schiffsteil:) -ten

Aufbauarbeit

Auf|bau|ar|beit; **Auf|bau|dar|le|hen**
auf|bau|en; eine Theorie auf einer Annahme aufbauen
Auf|bau|hel|fer *(DDR)*; **Auf|bau|hel|fe|rin**; **Auf|bau|hil|fe** *(Politik, Wirtsch.)*
auf|bäu|meln *(ugs. für aufhängen)*
auf|bäu|men *(Jägerspr. [von Tieren] sich auf einem Baum niederlassen; auf einen Baum klettern)*
auf|bäu|men, sich
auf|bau|schen *(auch für übertreiben)*
Auf|bau|schu|le
Auf|bau|spie|ler *(Ballspiele)*; **Auf|bau|spie|le|rin**
Auf|bau|stu|di|um
Auf|bau|ten *vgl.* Aufbau
Auf|bau|trai|ning *(Sport)*
auf|be|geh|ren
auf|be|hal|ten
auf|bei|ßen
auf|be|kom|men
auf|be|rei|ten; **Auf|be|rei|tung**
auf|bes|sern; **Auf|bes|se|rung**, selten **Auf|bess|rung**
auf|bet|ten *(landsch. für das Bett machen; im Bett höher legen)*; einen Kranken aufbetten; **Auf|bet|tung**
auf|be|wah|ren
Auf|be|wah|rung; **Auf|be|wah|rungs|ort**, der; -[e]s, -e
auf|bie|gen
auf|bie|ten; **Auf|bie|tung**; unter Aufbietung aller Kräfte
auf|bin|den; jmdm. etwas aufbinden *(ugs. für weismachen)*
auf|blä|hen *vgl.* aufgebläht; **Auf|blä|hung**
auf|blas|bar; **auf|bla|sen**
auf|blät|tern
auf|blei|ben *(ugs.)*
auf|blen|den; **Auf|blen|dung**
auf|bli|cken
auf|blin|ken
auf|blit|zen
auf|blo|cken; ein Bild aufblocken
auf|blü|hen
auf|bo|cken
auf|boh|ren
auf|bra|ten
auf|brau|chen
auf|brau|sen; **auf|brau|send**
auf|bre|chen *(Jägerspr. auch für ausweiden)*
auf|bre|zeln, sich *(ugs. für sich auffällig schminken u. kleiden)*; ich brez[e]le mich auf

auf|brin|gen *(auch für kapern)*; **Auf|brin|gung**
auf|bri|sen ⟨zu Brise⟩ (an Stärke zunehmen [vom Wind])
auf|bro|deln; Nebel brodelt auf
Auf|bruch, der; -[e]s, ...brüche *(Jägerspr. auch für Eingeweide des erlegten Wildes)*
Auf|bruch[s]|stim|mung
auf|brü|hen
auf|brül|len
auf|brum|men *(ugs. für auferlegen)*; eine Strafe aufbrummen
Auf|bü|gel|mus|ter; **auf|bü|geln**
auf|bür|den *(geh.)*
auf|bürs|ten
auf|däm|mern
auf|damp|fen
auf|däm|pfen
auf dass *(veraltend für damit)*
auf|de|cken; **Auf|de|cker** *(bes. österr., schweiz. für Whistleblower)*; **Auf|de|cke|rin**; **Auf|de|ckung**
auf|don|nern, sich *(ugs. für sich auffällig schminken u. kleiden)*
auf|drän|geln, sich *(ugs.)*
auf|drän|gen; jmdm. etwas aufdrängen; sich jmdm. aufdrängen
auf|dre|hen *(südd., österr. auch für einschalten)*
auf|dring|lich; **Auf|dring|lich|keit**
auf|drö|seln *(landsch. für [etwas Verheddertes, Wolle o. Ä. mühsam] aufdrehen)*
Auf|druck, der; -[e]s, -e; **auf|dru|cken**
auf|drü|cken

auf|ei|n|an|der

Man schreibt »aufeinander« mit dem folgenden Verb in der Regel zusammen, wenn es den gemeinsamen Hauptakzent trägt ↑D 48:
– aufeinanderlegen, aufeinanderprallen, aufeinandertreffen usw.

Aber:
– aufeinander achten, aufeinander aufpassen, sich aufeinander beziehen, sich aufeinander zubewegen, aufeinander hören usw.

Auf|ei|n|an|der|fol|ge, die; -
auf|ei|n|an|der|fol|gen, **auf|ei|n|an|der fol|gen**; an mehreren aufeinanderfolgenden od. aufeinander folgenden Tagen
auf|ei|n|an|der|le|gen; zwei aufeinandergelegte Kissen

auf|ei|n|an|der|pral|len; die Meinungen, zwei Autos prallten aufeinander
auf|ei|n|an|der|sta|peln; aufeinandergestapelte Kisten
auf|ei|n|an|der|sto|ßen; ohne hart aufeinanderzustoßen
auf|ei|n|an|der|tref|fen; Ost und West trafen friedlich aufeinander
auf|en|tern *vgl.* entern
Auf|ent|halt, der; -[e]s, -e
Auf|ent|hal|ter *(schweiz. für jmd., der an einem Ort nur vorübergehend seinen Wohnsitz hat)*; **Auf|ent|hal|te|rin**
Auf|ent|halts|be|rech|ti|gung; **Auf|ent|halts|be|reich**; **Auf|ent|halts|be|wil|li|gung**; **Auf|ent|halts|dau|er**; **Auf|ent|halts|er|laub|nis**; **Auf|ent|halts|ge|neh|mi|gung**; **Auf|ent|halts|ort**, der; -[e]s, -e; **Auf|ent|halts|raum**; **Auf|ent|halts|ver|bot**
auf|er|le|gen; ich erlege ihm etwas auf, *seltener* ich auferlege; auferlegt; aufzuerlegen
auf|er|ste|hen; er ersteht auf *od.* er aufersteht; wenn er auferstünde; er ist auferstanden; **Auf|er|ste|hung**
auf|er|we|cken *vgl.* auferstehen; **Auf|er|we|ckung**
auf|es|sen
auf|fä|chern; **Auf|fä|che|rung**
auf|fä|deln; **Auf|fä|de|lung**, **Auf|fäd|lung**
auf|fah|ren
Auf|fahrt, die; -, -en *(nur Sing.: südd. u. schweiz. auch für Christi Himmelfahrt)*
Auf|fahrt|ram|pe, **Auf|fahrts|ram|pe**
Auf|fahrts|stra|ße
Auf|fahr|un|fall
auf|fal|len; damit es nicht auffällt; *aber* auf fällt, dass ... ↑D 47
auf|fal|lend; die auffallends|ten Merkmale
auf|fäl|lig; **Auf|fäl|lig|keit**
Auf|fang|be|cken
auf|fan|gen
Auf|fang|la|ger; **Auf|fang|stel|le**
auf|fas|sen
Auf|fas|sung; **Auf|fas|sungs|ga|be**; **Auf|fas|sungs|sa|che**; **Auf|fas|sungs|un|ter|schied**
auf|fe|gen *(bes. nordd.)*
auf|fet|ten *(österr. für finanziell aufbessern)*
auf|find|bar
auf|fin|den; **Auf|fin|dung**

auf|fi|schen (ugs.)
auf|fla|ckern; auf|flam|men
auf|flat|tern
auf|flie|gen (ugs. auch für entdeckt werden)
auf|for|dern; Auf|for|de|rung; Auf|for|de|rungs|satz
auf|fors|ten (Wald [wieder] anpflanzen); Auf|fors|tung
auf|fres|sen
auf|fri|schen; der Wind frischt auf; Auf|fri|schung
auf|fri|sie|ren (ugs.); einen Motor auffrisieren; auffrisierte Haare
auf|führ|bar; Auf|führ|bar|keit, die; -
auf|füh|ren; Auf|füh|rung; Auf|füh|rungs|pra|xis (Musik); Auf|füh|rungs|recht
auf|fül|len; Auf|fül|lung
auf|fut|tern (ugs. für aufessen)
Auf|ga|be
auf|ga|beln (ugs. auch für zufällig treffen u. mitnehmen)
Auf|ga|ben|be|reich; Auf|ga|ben|feld; Auf|ga|ben|ge|biet
Auf|ga|ben|heft
Auf|ga|ben|stel|lung; Auf|ga|ben|ver|tei|lung
Auf|ga|be|stem|pel (Postw.)
auf|ga|gen [...ge...] (mit Gags versehen, ausstatten)
Auf|ga|lopp (Reiten Probegalopp an den Schiedsrichtern vorbei zum Start)
Auf|gang, der
Auf|gangs|punkt (Astron.)
auf|ge|ben
auf|ge|bläht (auch abwertend für großtuerisch)
auf|ge|bla|sen; ein aufgeblasener (ugs. für eingebildeter) Kerl
Auf|ge|bla|sen|heit (ugs.)
Auf|ge|bot; Auf|ge|bots|schein
auf|ge|bracht (auch für erzürnt)
auf|ge|don|nert vgl. aufdonnern
auf|ge|dreht (ugs. für angeregt)
auf|ge|dun|sen
auf|ge|hen
auf|ge|ien (Seemannsspr. Segel mit Geitauen zusammenholen)
auf|gei|len (derb); sich aufgeilen
auf|ge|klärt; Auf|ge|klärt|heit, die; -
auf|ge|knöpft (ugs. auch für mitteilsam)
auf|ge|kratzt; in aufgekratzter (ugs. für froher) Stimmung sein
Auf|geld (für Agio)
auf|ge|legt (auch für zu etwas bereit, gelaunt; österr. ugs.

auch für offensichtlich); zum Spazierengehen aufgelegt sein
auf|ge|löst (auch für außer Fassung)
auf|ge|passt!
auf|ge|räumt (auch für heiter); Auf|ge|räumt|heit Plur. selten
auf|ge|raut
auf|ge|regt; Auf|ge|regt|heit
Auf|ge|sang (Verslehre erster Teil der Strophe beim Meistersang)
auf|ge|schlos|sen; Auf|ge|schlos|sen|heit
auf|ge|schmis|sen; aufgeschmissen (ugs. für hilflos) sein
auf|ge|schos|sen; hoch aufgeschossen
auf|ge|schwemmt
auf|ge|setzt (unnatürlich, übertrieben)
auf|ge|stellt (schweiz. für lebensfroh; lebhaft)
auf|ge|ta|kelt (ugs. für auffällig, geschmacklos gekleidet)
auf|ge|wärmt
auf|ge|weckt; ein aufgeweckter (kluger) Junge; Auf|ge|weckt|heit, die; -
auf|ge|wor|fen; ein aufgeworfener Mund
auf|gie|ßen
auf|glei|sen (Technik auf Gleise setzen; schweiz. auch für in die Wege leiten); du gleist auf; er gleiste auf; Auf|glei|sung
auf|glei|ten (Meteorol. sich [gleitend] über etwas schieben [von Luftmassen])
auf|glie|dern; Auf|glie|de|rung
auf|glim|men
auf|glü|hen
auf|gra|ben; Auf|gra|bung
auf|grät|schen; auf den Barren aufgrätschen
auf|grei|fen
auf|grund, auf Grund Präp. mit Gen.; aufgrund od. auf Grund des Wetters; aufgrund od. auf Grund dessen
Auf|guss; Auf|guss|beu|tel; Auf|guss|tier|chen (für Infusorium)
auf|ha|ben (ugs.); es ist schön, einen Hut aufzuhaben; für die Schule viel aufhaben; ein Laden, der mittags aufhat
auf|ha|cken; den Boden aufhacken
auf|ha|ken (einen Hakenverschluss lösen)
auf|hal|sen (ugs. für aufbürden)
auf|hal|ten
auf|häl|tig (bes. Amtsspr. sich [vorübergehend] aufhaltend)

auf|hält|lich (svw. aufhältig)
Auf|hal|tung
auf|hän|gen; vgl. ²hängen

aufhängen
In der Standardsprache gilt nur folgende Beugung als korrekt: *Wir hängten* (nicht *hingen*) *die Wäsche auf. Wir haben die Wäsche aufgehängt* (nicht *aufgehangen*).

Auf|hän|ger; Auf|hän|ge|vor|rich|tung; Auf|hän|gung
auf|hau|en (ugs.)
auf|häu|fen
auf|he|beln
auf|he|ben
Auf|he|ben, das; -s; [ein] großes Aufheben, viel Aufheben[s] von dem Buch machen
Auf|he|bung
Auf|he|bungs|ver|trag (Rechtsspr.)
auf|hei|tern; Auf|hei|te|rung
auf|hei|zen; Auf|hei|zung
auf|hel|fen
auf|hel|len; Auf|hel|ler (Chemie); Auf|hel|lung
auf|het|zen; Auf|het|zung
auf|heu|len
auf|hol|len; Auf|hol|jagd
auf|hor|chen
auf|hö|ren
auf|hüb|schen (ugs. für verschönern); sich aufhübschen (sich herausputzen)
auf|hu|cken (ugs. für auf den Rücken nehmen)
auf|hus|sen (österr. ugs. für aufwiegeln)
auf|ja|gen
auf|jauch|zen
auf|jau|len
Auf|kauf; auf|kau|fen; Auf|käu|fer; Auf|käu|fe|rin
auf|keh|ren (bes. südd., österr.)
auf|kei|men
auf|klaf|fen (einen [breiten] Spalt bilden)
auf|klapp|bar; auf|klap|pen
auf|kla|ren (klar werden, sich aufklären [vom Wetter]; Seemannsspr. aufräumen); der Himmel klart auf
auf|klä|ren (Klarheit in etwas Ungeklärtes bringen; belehren; sich aufhellen); der Himmel klärt sich auf
Auf|klä|rer; Auf|klä|re|rin; auf|klä|re|risch; Auf|klä|rung
Auf|klä|rungs|ar|beit
Auf|klä|rungs|flug|zeug

Aufklärungskampagne

Auf|klä|rungs|kam|pa|g|ne
auf|klat|schen
auf|klau|ben (*südd., österr. für* aufheben)
auf|kle|ben; Auf|kle|ber
auf|klin|gen
auf|klin|ken
auf|kna|cken
auf|knöp|fen *vgl.* aufgeknöpft
auf|kno|ten
auf|knüp|fen; Auf|knüp|fung
auf|ko|chen (*südd., österr. auch für* zu einem besonderen Anlass reichlich kochen)
auf|kom|men
Auf|kom|men, das; -s, - (Summe der [Steuer]einnahmen)
auf|kom|mens|neu|t|ral (keine Kosten verursachend)
auf|krat|zen *vgl.* aufgekratzt
auf|krei|schen
auf|krem|peln
auf|kreu|zen (*ugs.*)
auf|krie|gen (*ugs.*)
auf|kün|den (*älter für* aufkündigen)
auf|kün|di|gen; Auf|kün|di|gung
Aufl. = Auflage
auf|la|chen
auf|lad|bar; aufladbare Chipkarten
auf|la|den; *vgl.* ¹laden; Auf|la|de|platz; Auf|la|der; Auf|la|dung
Auf|la|ge (*Abk.* Aufl.); Auf|la|ge[n]hö|he; auf|la|gen|stark
Auf|la|ger (*Bauw.*)
auf|lan|dig (*Seemannsspr.* auf das Land zu wehend od. strömend)
auf|las|sen (aufsteigen lassen; *Bergmannsspr.* [eine Grube] stilllegen; *Rechtsspr.* [Grundeigentum] übertragen; *bes. südd., österr. für* stilllegen, aufgeben; *ugs. für* geöffnet lassen)
auf|läs|sig (*Bergmannsspr.* außer Betrieb)
Auf|las|sung
auf|las|ten (*für* aufbürden)
auf|lau|ern; jmdm. auflauern
Auf|lauf (Ansammlung; überbackene [Mehl]speise)
Auf|lauf|brem|se (*Kfz-Technik*)
auf|lau|fen (anwachsen [von Schulden]; *Seemannsspr.* auf Grund geraten; *Sport* zum Spielbeginn aufs Spielfeld laufen)
Auf|lauf|form
Auf|lauf|kind (*Fußball* Kind, das einen Spieler beim Auflaufen aufs Spielfeld begleitet)
auf|le|ben
auf|le|cken
Auf|le|ge|ma|t|rat|ze

auf|le|gen; *vgl. auch* aufgelegt
Auf|le|ger; Auf|le|gung
auf|leh|nen, sich; Auf|leh|nung
auf|lei|men
auf|le|sen
auf|leuch|ten
auf|lich|ten; Auf|lich|tung
Auf|lie|fe|rer (*Transportwesen*); auf|lie|fern; Auf|lie|fe|rung
auf|lie|gen; Auf|lie|ge|zeit (Ruhezeit der Schiffe)
auf|lis|ten; Auf|lis|tung
auf|lo|ckern; Auf|lo|cke|rung
auf|lo|dern
auf|lö|sen

auflösen
Im Sinne von »sich zerteilen, zergehen« wird sich auflösen mit dem Dativ verbunden: *Die Tablette hat sich im Wasser aufgelöst.* Bedeutet sich auflösen aber »in etwas übergehen, sich in etwas verwandeln«, dann steht es mit dem Akkusativ: *Die Wolken lösten sich in prasselnden Regen auf.*

Auf|lö|sung; Auf|lö|sungs|er|scheinung; Auf|lö|sungs|pro|zess
Auf|lö|sungs|zei|chen (*Musik*)
auf|lüp|fisch (*schweiz. für* rebellisch, aufrührerisch)
auf|lut|schen; den Bonbon auflutschen
auf|lu|ven (*Seemannsspr.* den Winkel zwischen Kurs u. Windrichtung verkleinern)
aufm, auf'm (*ugs. für* auf dem, auf einem); ↑D 14
auf|ma|chen; auf- und zumachen; sich aufmachen (sich auf den Weg machen)
Auf|ma|cher (wirkungsvoller Titel; eingängige Schlagzeile)
Auf|ma|chung
auf|ma|len
Auf|marsch, der; Auf|marsch|ge|län|de; auf|mar|schie|ren
auf|ma|scherln (*österr. ugs. für* aufputzen); aufgemascherlt
Auf|maß (*Bauw., Archit.*)
auf|mei|ßeln
auf|mer|ken
auf|merk|sam; jmdn. auf etwas aufmerksam machen
Auf|merk|sam|keit; **Auf|merk|sam|keits|de|fi|zit-Hy|per|ak|ti|vi|täts|stö|rung**, Auf|merk|sam|keits|de|fi|zit|hy|per|ak|ti|vi|täts|stö|rung (*Med., Psychol.* Aufmerksamkeitsdefizit-Syndrom mit Hyperaktivität; *Abk.* ADHS); **Auf|merk|sam|keits|de|fi|zit-Syn|drom**, Auf|merk|sam|keits|de|fi|zit|syn|drom (*Med., Psychol.* Störung der Konzentrationsfähigkeit in Verbindung mit sprunghaftem, impulsivem Handeln; *Abk.* ADS)
auf|merk|sam|keits|stark (*Werbespr.*)
auf|mes|sen (*Bauw., Archit.*)
auf|mi|schen (*ugs. auch für* verprügeln)
auf|mö|beln (*ugs. für* aufmuntern; erneuern); ich möb[e]le auf
auf|mon|tie|ren
auf|mot|zen (*ugs. für* effektvoller gestalten, zurechtmachen)
auf|mu|cken
auf|mun|tern; ich muntere auf; Auf|mun|te|rung
auf|müp|fig (*landsch. für* aufsässig, trotzig); Auf|müp|fig|keit
auf|mut|zen (*landsch. für* zum Vorwurf machen)
aufn, auf'n (*ugs. für* auf den, auf einen); ↑D 14
auf|nä|hen; Auf|nä|her
Auf|nah|me, die; -, -n; Auf|nah|me|be|din|gung *meist Plur.*; Auf|nah|me|ein|rich|tung
auf|nah|me|fä|hig; Auf|nah|me|fä|hig|keit
Auf|nah|me|ge|bühr; Auf|nah|me|lei|ter, der (*Film*); Auf|nah|me|prü|fung; Auf|nah|me|stopp (*österr. auch für* Einstellungsstopp); Auf|nah|me|tech|nik
auf|nahms|fä|hig (*österr.*); Auf|nahms|prü|fung (*österr.*)
auf|neh|men; Auf|neh|mer (*landsch. für* Scheuerlappen)
äuf|nen (*schweiz. für* [Güter, Bestände, Fonds] vermehren)
auf|nes|teln
auf|nö|ti|gen; jmdm. etw. aufnötigen
Äuf|nung (*schweiz.*)
auf|ok|t|ro|y|ie|ren (aufzwingen)
auf|op|fern; sich [für jmdn. *od.* etwas] aufopfern; Auf|op|fe|rung; auf|op|fe|rungs|voll
auf|pa|cken
auf|päp|peln (*ugs.*); ein Kind aufpäppeln
auf|pap|pen (*ugs. für* aufkleben)
auf|pas|sen; Auf|pas|ser; Auf|pas|se|rin
auf|peit|schen
auf|pel|zen (*österr. für* aufbürden)
auf|pep|pen (*ugs. für* einer Sache Pep, Schwung geben)
auf|pflan|zen

Aufsehen erregend

auf|pfrop|fen
auf|pi|cken (*österr. auch für* aufkleben)
auf|plat|zen
auf|plus|tern; sich aufplustern
auf|po|lie|ren
auf|pols|tern
auf|pop|pen (*ugs. für* nach Art der Popkunst aufmachen; *EDV* sich als Pop-up öffnen)
auf|prä|gen
Auf|prall, der; -[e]s, -e *Plur. selten*; auf|pral|len; Auf|prall|schutz
Auf|preis (Mehrpreis)
auf|pro|bie|ren
auf|pu|deln, sich (*österr. ugs. für* sich aufspielen)
auf|pul|vern
auf|pum|pen
auf|pus|ten
auf|put|schen; Auf|putsch|mit|tel
auf|put|zen; sich aufputzen
auf|quel|len; *vgl.* ¹quellen
auf|raf|fen; sich aufraffen
auf|ra|gen
auf|rap|peln, sich (*ugs. für* sich aufraffen)
auf|rau|en
auf|räu|feln (*landsch. für* [Gestricktes] wieder auflösen); ich räuf[e]le auf
Auf|räum|ar|beit
auf|räu|men *vgl.* aufgeräumt
Auf|räu|me|rin (*österr. für* Putzfrau)
Auf|räu|mung; Auf|räu|mungs|ar|beit *meist Plur.*
auf|rech|nen; Auf|rech|nung
auf|recht; aufrecht halten, sitzen, stehen, stellen; er kann sich nicht aufrecht halten; aufrecht gehalten, aufrecht zu halten
auf|recht|blei|ben (bestehen bleiben)
auf|recht|er|hal|ten (weiterhin bestehen lassen, nicht aufgeben); um einen Anspruch aufrechtzuerhalten; Auf|recht|er|hal|tung
auf|re|den; jmdm. eine Versicherung aufreden
auf|re|gen; auf|re|gend; aufregends|te; Auf|re|ger (*ugs. für* Skandal); Auf|re|ger|the|ma (*ugs.*); Auf|re|gung
auf|rei|ben
auf|rei|bend; aufreibends|te
auf|rei|hen; sich aufreihen; Auf|rei|hung
auf|rei|ßen (*auch für* im Überblick darstellen; *ugs. auch für* mit jmdm. eine [sexuelle] Beziehung anzuknüpfen versuchen);

Auf|rei|ßer, der; -s, - (*ugs.*); Auf|rei|ße|rin
auf|rei|ten (*auch Zool.* [von manchen Säugetieren] begatten)
auf|rei|zen; auf|rei|zend; aufreizends|te; Auf|rei|zung
auf|rib|beln (*landsch. für* aufräufeln)
Auf|rich|te, die; -, -n (*schweiz. für* Richtfest)
auf|rich|ten; sich aufrichten
auf|rich|tig; Auf|rich|tig|keit
Auf|rich|tung
Auf|riss (Bauzeichnung)
auf|rol|len; Auf|rol|lung
auf|rü|cken
Auf|ruf; auf|ru|fen
Auf|ruhr, der; -[e]s, -e *Plur. selten*; auf|rüh|ren; Auf|rüh|rer; Auf|rüh|re|rin; auf|rüh|re|risch
auf|run|den ([Zahlen] nach oben runden); Auf|run|dung
auf|rü|schen (*ugs. für* herausputzen)
auf|rüs|ten; Auf|rüs|tung
auf|rüt|teln; Auf|rüt|te|lung, Auf|rütt|lung
aufs ↑D 14 (auf das); *vgl.* auf
auf|sa|gen; Auf|sa|ger (*Fernsehen* vorbereiteter, in der Kamera gesprochener Text); Auf|sa|gung (*geh. auch für* Kündigung)
auf|sam|meln
Auf|san|dung (*österr. Rechtsspr. für* Einwilligung eines Liegenschaftseigentümers zur Belastung des Grundstücks); Auf|san|dungs|ur|kun|de
auf|säs|sig; Auf|säs|sig|keit, die; -
Auf|satz; Auf|satz|the|ma
auf|sau|gen
auf|schal|ten (*Telefonie* eine Verbindung zu einem besetzten Anschluss herstellen); Auf|schal|tung
auf|schär|fen (*Jägerspr.* [den Balg] aufschneiden)
auf|schau|en
auf|schau|keln
auf|schau|men
auf|schei|nen (*österr. für* erscheinen, vorkommen)
auf|scheu|chen
auf|scheu|ern; ich scheu[e]re mir die Knie auf
auf|schich|ten; Auf|schich|tung
auf|schie|ben; Auf|schie|bung
auf|schie|ßen
Auf|schlag; auf|schla|gen
Auf|schlä|ger (*Sport*); Auf|schlä|ge|rin
Auf|schlag|feh|ler; Auf|schlag|ver|lust; Auf|schlag|zün|der

auf|schläm|men
auf|schle|cken (*südd., österr.*)
auf|schlie|ßen *vgl.* aufgeschlossen; Auf|schlie|ßung
auf|schlit|zen
auf|schluch|zen
Auf|schluss
auf|schlüs|seln; Auf|schlüs|se|lung, Auf|schlüss|lung
auf|schluss|reich
auf|schnap|pen
auf|schnau|fen (*südd., österr. ugs. für* aufatmen)
auf|schnei|den (*ugs. auch für* prahlen); Auf|schnei|der; Auf|schnei|de|rei; Auf|schnei|de|rin; auf|schnei|de|risch
Auf|schnitt, der; -[e]s
auf|schnü|ren
auf|schrau|ben
¹auf|schre|cken; sie schrak *od.* schreckte auf; sie war aufgeschreckt; *vgl.* schrecken
²auf|schre|cken; ich schreckte ihn auf; sie hatte ihn aufgeschreckt; *vgl.* schrecken
Auf|schrei
auf|schrei|ben; ich schreibe mir etwas auf
auf|schrei|en
Auf|schrift
Auf|schub; Auf|schub|zeit (*Versicherungsw.* Zeit zwischen dem Beginn einer privaten Rentenversicherung u. der Auszahlung der Rente)
auf|schür|fen
auf|schüt|teln
auf|schüt|ten; Auf|schüt|tung
auf|schwat|zen, auf|schwät|zen (*ugs.*)
auf|schwei|ßen
¹auf|schwel|len; der Leib schwoll auf, ist aufgeschwollen; *vgl.* ¹schwellen
²auf|schwel|len; der Exkurs schwellte das Buch auf, hat das Buch aufgeschwellt; *vgl.* ²schwellen
Auf|schwel|lung
auf|schwem|men; Auf|schwem|mung
auf|schwin|gen; Auf|schwung
auf|se|hen; zu jmdm. aufsehen
Auf|se|hen, das; -s; Aufsehen erregen
auf|se|hen|er|re|gend, Auf|se|hen er|re|gend; ein aufsehenerregender *od.* Aufsehen erregender Fall; *aber nur* ein großes Aufsehen erregender Fall, ein äußerst aufsehenerregender Fall, ein noch aufsehenerregenderer Fall

Aufseher

↑D 58; etwas Aufsehenerregendes od. Aufsehen Erregendes ↑D 72
Auf|se|her; Auf|se|he|rin
auf sein vgl. auf
auf|sei|ten, auf Seiten; mit Gen.: aufseiten od. auf Seiten der Regierung
auf|set|zen; Auf|set|zer (bes. Fußball, Handball)
auf|seuf|zen
Auf|sicht, die; -, -en; der Aufsicht führende od. aufsichtführende Lehrer ↑D 58
Auf|sicht|füh|ren|de, der u. die; -n, -n, Aufsicht Füh|ren|de, der u. die; - -n, - -n
auf|sicht|los (seltener für aufsichtslos)
Auf|sichts|be|am|te; Auf|sichts|be|am|tin; Auf|sichts|be|hör|de; Auf|sichts|be|schwer|de (Rechtsw.)
auf|sichts|los (unbeaufsichtigt)
Auf|sichts|pflicht
Auf|sichts|rat Plur. ...räte; Auf|sichts|rä|tin
Auf|sichts|rats|chef (ugs.); Auf|sichts|rats|che|fin
Auf|sichts|rats|prä|si|dent (österr.); Auf|sichts|rats|prä|si|den|tin
Auf|sichts|rats|sit|zung
Auf|sichts|rats|vor|sit|zen|de
auf|sit|zen; jmdm. aufsitzen (auf jmdn. hereinfallen); Auf|sit|zer (österr. für Reinfall)
Auf|sitz|ra|sen|mä|her
auf|spal|ten; Auf|spal|tung
auf|span|nen
auf|spa|ren; ich spare mir etwas auf; Auf|spa|rung
auf|spei|chern; Auf|spei|che|rung
Auf|sperr|dienst (österr. für Schlüsseldienst)
auf|sper|ren
auf|spie|len; sich aufspielen
auf|spie|ßen; Auf|spie|ßung
auf|split|ten
auf|split|tern; Auf|split|te|rung
Auf|split|tung
auf|spray|en
auf|spren|gen; Auf|spren|gung
auf|srie|ßen
auf|sprin|gen
auf|sprit|zen; Auf|sprit|zung
auf|sprü|hen; Auf|sprü|hung
Auf|sprung
auf|spu|len
auf|spü|len; Sand aufspülen
auf|spü|ren; Auf|spü|rung
auf|sta|cheln; Auf|sta|che|lung, Auf|stach|lung

auf|stal|len (Landwirtsch.); Auf|stal|lung; Auf|stal|lungs|ge|bot
auf|stamp|fen
Auf|stand
auf|stän|dern (Technik auf Ständern errichten); ich ständere auf; Auf|stän|de|rung
auf|stän|disch; Auf|stän|di|sche, der u. die; -n, -n
auf|sta|peln; Auf|sta|pe|lung, Auf|stap|lung
auf|star|ten (schweiz. für [einen Computer, ein Programm] starten, hochfahren)
Auf|stau, der; -[e]s (Technik, Wasserbau)
auf|stäu|ben
auf|stau|en; Auf|stau|ung
auf|ste|chen
auf|ste|cken vgl. ²stecken
auf|ste|hen
auf|stei|gen (österr. auch für in die nächste Klasse kommen; Auf|stei|ger; Auf|stei|ge|rin
auf|stel|len (schweiz. auch für gute Laune bringen); Auf|stel|lung
auf|stem|men
auf|step|pen
Auf|stieg, der; -[e]s, -e; Auf|stiegs|am|bi|ti|on meist Plur.; Auf|stiegs|chan|ce meist Plur.; Auf|stiegs|mög|lich|keit meist Plur.
Auf|stiegs|spiel (Sport)
auf|stö|bern
auf|sto|cken ([um ein Stockwerk, einen Betrag o. Ä.] erhöhen)
Auf|sto|cker (jemand, dessen Einkommen niedriger als das Arbeitslosengeld ist u. bei dem der Staat die Differenz ausgleicht); Auf|sto|cke|rin
Auf|sto|ckung
auf|stöh|nen
auf|stöp|seln (ugs.); eine Flasche aufstöpseln
auf|stö|ren; jmdn. aufstören
auf|sto|ßen; mir stößt etwas auf
auf|stre|ben; auf|stre|bend
auf|strei|chen; Auf|strich
Auf|strom, der; -[e]s (Technik aufsteigender Luftstrom)
auf|stu|fen (höher einstufen); Auf|stu|fung
auf|stül|pen; Auf|stül|pung
auf|stüt|zen
auf|sty|len [...staj...], sich ⟨dt.; engl.⟩ (ugs. für sich sorgfältig kleiden [u. schminken])
auf|su|chen
auf|sum|men, auf|sum|mie|ren (EDV Werte addieren od. subtrahieren)
auf|ta|keln (Seemannsspr. mit

Takelwerk ausrüsten); sich auftakeln (ugs. für sich sehr auffällig kleiden und schminken); vgl. aufgetakelt; Auf|ta|ke|lung, Auf|tak|lung
Auf|takt, der; -[e]s, -e
Auf|takt|fol|ge (erste Folge einer Fernsehserie)
auf|tan|ken
auf|tau|chen
auf|tau|en
auf|teen [...tiːən] ⟨dt.; engl.⟩ (Golf den Ball zum Abschlag auf das Tee legen)
auf|tei|len; Auf|tei|lung
auf|tip|pen; den Ball kurz auftippen
auf|ti|schen ([Speisen] auftragen; ugs. für vorbringen)
auf|top|pen (Seemannsspr. die Rahen in senkrechter Richtung bewegen)
Auf|trag, der; -[e]s, ...träge; im -[e] (Abk. i. A. od. I. A. [vgl. d.])
auf|tra|gen
Auf|trag|ge|ber; Auf|trag|ge|be|rin; Auf|trag|neh|mer; Auf|trag|neh|me|rin
Auf|trags|ar|beit; Auf|trags|be|stand; Auf|trags|be|stä|ti|gung; Auf|trags|buch; Auf|trags|ein|gang; Auf|trags|fer|ti|ger, der; -s, - (Wirtsch.); Auf|trags|flau|te (Kaufmannsspr.)
auf|trags|ge|mäß
Auf|trags|kil|ler (ugs.); Auf|trags|kil|le|rin
Auf|trags|la|ge (Wirtsch.)
Auf|trags|mord
Auf|trags|pols|ter (Vorrat an Aufträgen); Auf|trags|rück|gang; Auf|trags|stand
Auf|trag[s]|wal|ze (Druckw.)
Auf|trags|werk
auf|tref|fen
auf|trei|ben
auf|tren|nen
auf|tre|ten; Auf|tre|ten, das; -s
Auf|tre|tens|wahr|schein|lich|keit
Auf|trieb; Auf|triebs|kraft
Auf|tritt; Auf|tritts|ver|bot
auf|trump|fen
auf|tun; sich auftun
auf|tup|fen; Wassertropfen [mit einem Tuch] auftupfen
auf|tür|men; sich auftürmen
auf und ab; auf und ab gehen (ohne bestimmtes Ziel), aber in Zus. ↑D 31: auf- und absteigen (aufsteigen und absteigen)
Auf und Ab, das; - - -[s]
Auf-und-ab-Ge|hen, das; -s ↑D 27; ein Platz zum Auf-und-ab-Ge-

Augsburger

hen, aber ↑D 31 u. 82: das Auf- und Absteigen (Aufsteigen und Absteigen)
auf und da|von; sich auf und davon machen *(ugs.);* zum Auf-und-davon-Laufen sein ↑D 27
auf|wa|chen; Auf|wach|raum
auf|wach|sen
auf|wal|len; Auf|wal|lung
auf|wäl|ti|gen *(Bergmannsspr.);* vgl. gewältigen
Auf|wand, der; -[e]s, Aufwände
auf|wän|dig vgl. aufwendig
Auf|wands|ent|schä|di|gung
auf|wär|men; Auf|wärm|trai|ning; **Auf|wär|mung**
Auf|war|te|frau
auf|war|ten

auf|wärts
– auf- und abwärts
– aufwärts kompatibel *(EDV)*
Man schreibt »aufwärts« als Verbzusatz mit dem folgenden Verb zusammen ↑D 48:
– aufwärtsfahren, aufwärtsschieben, aufwärtssteigen
– wir sind zwei Stunden lang nur aufwärtsgegangen
– mit ihrer Gesundheit ist es stetig aufwärtsgegangen
Aber:
– aufwärts davonfliegen
– aufwärts ging es langsamer als abwärts
– wir wollten aufwärts gehen, nicht fahren

Auf|wärts|be|we|gung; Auf|wärts-ent|wick|lung
auf|wärts|fah|ren; auf|wärts|ge|hen vgl. aufwärts
Auf|wärts|ha|ken
auf|wärts|rich|ten
Auf|wärts|trend
Auf|war|tung

auf was / worauf
Auf was kommt in der gesprochenen Sprache recht häufig vor: Auf was muss ich dabei achten? *Im geschriebenen Standarddeutsch wird in der Regel* worauf *verwendet:* Worauf muss ich dabei achten?

Auf|wasch, der; -[e]s; **auf|wa|schen;** **Auf|wasch|tisch; Auf|wasch|wasser** *Plur.* ...wässer, *auch* ...wasser
auf|we|cken; vgl. *auch* aufgeweckt

auf|wei|chen vgl. ¹weichen; **Auf|weichung**
Auf|weis, der; -es, -e; **auf|wei|sen**
auf|wen|den; ich wandte *od.* wendete viel Zeit auf, habe aufgewandt *od.* aufgewendet; aufgewandte *od.* aufgewendete Zeit
auf|wen|dig, auf|wän|dig
Auf|wen|dung
auf|wer|fen; Auf|wer|tung
auf|wi|ckeln; Auf|wi|cke|lung, Auf|wick|lung
Auf|wie|ge|lei *(abwertend);* **aufwie|geln; Auf|wie|ge|lung,** Aufwieglung
auf|wie|gen
Auf|wieg|ler; Auf|wieg|le|rin; auf|wieg|le|risch; Auf|wieg|lung vgl. Aufwiegelung
Auf|wind *(Meteorol.)*
auf|wir|beln
auf|wi|schen; Auf|wisch|lap|pen
auf|wöl|ben
auf|wöl|ken
Auf|wuchs *(Forstwirtsch.)*
auf|wüh|len
Auf|wurf
auf|zah|len *(südd., österr. für* dazuzahlen)
auf|zäh|len
Auf|zah|lung *(südd., österr., schweiz. auch für* Aufpreis)
Auf|zäh|lung
auf|zäu|men; das Pferd am *od.* beim Schwanz aufzäumen *(ugs. für* etwas verkehrt beginnen)
auf|zeh|ren
auf|zeich|nen; Auf|zeich|nung
auf|zei|gen (dartun, darlegen)
auf Zeit *(Abk. a.* Z.)
auf|zie|hen; Auf|zucht; auf|züch|ten; **Auf|zucht|sta|ti|on**
auf|zu|cken
Auf|zug
Auf|zug|füh|rer; Auf|zug|füh|re|rin
Auf|zug|schacht, Auf|zugs|schacht
auf|zün|geln *(geh.)*
auf|zwin|gen
auf|zwir|beln; die Bartenden auf-zwirbeln
Aug. = August
Aug|ap|fel
Au|ge, das; -s, -n; Auge um Auge; **Äu|gel|chen**
äu|geln *(veraltet für* [verstohlen] blicken; *auch für* okulieren); ich äug[e]le
äu|gen ([angespannt] blicken)
Au|gen|arzt; Au|gen|ärz|tin
Au|gen|auf|schlag
Au|gen|aus|wi|sche|rei *(bes. österr. für* Augenwischerei)

Au|gen|bank *Plur.* ...banken *(Med.)*
Au|gen|bin|de
Au|gen|blick *[auch ...'blɪk]*
au|gen|blick|lich *[auch ...'blɪk...];* **au|gen|blicks** *(veraltend für* sofort, sogleich); **Au|gen|blicks-idee; Au|gen|blicks|sa|che**
Au|gen|braue; Au|gen|brau|en|stift
Au|gen|de|ckel
Au|gen|di|ag|no|se
au|gen|fäl|lig
Au|gen|far|be
Au|gen|glas *(veraltend);* vgl. ¹Glas
Au|gen|heil|kun|de, die
Au|gen|hö|he; auf [gleicher] Augenhöhe *(übertr. für* gleichberechtigt)
Au|gen|klap|pe; Au|gen|kli|nik; Au|gen|kon|takt; Au|gen|krank|heit
Au|gen|licht, das; -[e]s
Au|gen|lid; Au|gen-Make-up ↑D 26
Au|gen|maß, das
Au|gen|merk, das; -[e]s
Au|gen|op|ti|ker; Au|gen|op|ti|ke|rin
Au|gen|pul|ver, das; -s *(ugs. für* sehr kleine Schrift)
Au|gen|rin|ge *Plur.;* **Au|gen|schatten**
Au|gen|schein, der; -[e]s; **au|gen-schein|lich** *[auch ...'ʃaɪ...]*
Au|gen|schmaus (erfreulicher Anblick)
Au|gen|stern *(ugs. für* das Liebste)
Au|gen|trost (eine Heilpflanze)
Au|gen|wei|de, die; -, -n
Au|gen|win|kel
Au|gen|wi|sche|rei
Au|gen|zahn (oberer Eckzahn)
Au|gen|zeu|ge; Au|gen|zeu|gen|be-richt; Au|gen|zeu|gin
Au|gen|zwin|kern, das; -s; **au|gen-zwin|kernd**
Au|gi|as (Gestalt der griech. Sage); **Au|gi|as|stall** *[auch 'aʊ...]* *(übertr. auch für* korrupte Verhältnisse)
...äu|gig (z. B. braunäugig)
Au|git, der; -s, -e ⟨griech.⟩ (ein Mineral)
Äug|lein
Aug|ment, das; -s, -e ⟨lat.⟩ *(Sprachwiss.* Vorsilbe des Verbstammes zur Bezeichnung der Vergangenheit, bes. im Sanskrit u. im Griechischen)
Aug|men|ta|ti|on, die; -, -en *(Musik* Vergrößerung der Notenwerte)
au gra|tin *[o ...'tɛ̃]* ⟨franz.⟩ *(Gastron.* mit einer Kruste überbacken)
Augs|burg (Stadt am Lech)
Augs|bur|ger; Augsburger Bekenntnis *(Abk. [österr.]* A. B.);

Augsburgerin

Augs|bur|ge|rin; augs|bur|gisch; *aber* ↑D 150: die Augsburgische Konfession
Aug|spross, der; -es, -en, **Aug|spros|se** (*Jägerspr.* unterste Sprosse am Hirschgeweih)
Au|gur, der; *Gen.* -s *u.* ...uren, *Plur.* ...uren ⟨*lat.*, »Vogelschauer«⟩ (Priester im alten Rom; Wahrsager)
Au|gu|ren|lä|cheln, das; -s (wissendes Lächeln Eingeweihter)
¹**Au|gust,** der; *Gen.* -[e]s *u.* -, *Plur.* -e ⟨*lat.*⟩ (achter Monat im Jahr, Ernting, Erntemonat; *Abk.* Aug.)
²**Au|gust** (m. Vorn.); der dumme August (Clown); ↑D 89
Au|gus|ta, Au|gus|te (w. Vorn.)
au|gus|te|isch ↑D 89; das Augusteische Zeitalter (Zeitalter des Kaisers Augustus; *aber* ein augusteisches (der Kunst und Literatur günstiges) Zeitalter
Au|gust|fei|er (in der Schweiz Feier am Abend des Nationalfeiertags [1. August])
¹**Au|gus|tin** (m. Vorn.)
²**Au|gus|tin** *vgl.* Augustinus
Au|gus|ti|ne (w. Vorn.)
Au|gus|ti|ner, der; -s, - (Angehöriger eines katholischen Ordens)
Au|gus|ti|nus, ²**Au|gus|tin** (Heiliger, Kirchenlehrer)
Au|gus|tus (Beiname des römischen Kaisers Oktavian)
Auk|ti|on, die; -, -en ⟨*lat.*⟩ (Versteigerung)
Auk|ti|o|na|tor, der; -s, ...oren (Versteigerer); **Auk|ti|o|na|to|rin**
auk|ti|o|nie|ren
Auk|ti|ons|haus; Auk|ti|ons|saal
Au|la, die; -, *Plur.* ...len *u.* -s ⟨*lat.*⟩ (Fest-, Versammlungssaal in [Hoch]schulen)
Au|le, die; -, -n (*landsch. derb für* Auswurf)
Au|los, der; -, ...oi ⟨*griech.*⟩ (ein antikes griechisches Musikinstrument)
au na|tu|rel [o ...ty...] ⟨*franz.*⟩ (*Gastron.* ohne künstlichen Zusatz [bei Speisen, Getränken])
au pair [o ˈpɛːɐ̯] ⟨*franz.*⟩ (ohne Bezahlung, nur gegen Unterkunft u. Verpflegung)
¹**Au-pair,** die; -, -s *od. das;* -s, -s (*kurz für* Au-pair-Mädchen)
²**Au-pair,** der; -s, -s (*kurz für* Au-pair-Junge)
Au-pair-Jun|ge; Au-pair-Mäd|chen ↑D 26; **Au-pair-Stel|le**
AU-Pla|ket|te [aːˈluː...]

Au|ra, die; -, Auren (Med.: Aurae) ⟨*lat.*⟩ (besondere Ausstrahlung; *Med.* Unbehagen vor epileptischen Anfällen)
Au|ra|min, das; -s ⟨nlat.⟩ (gelber Farbstoff)
Au|rar (*Plur. von* Eyrir)
au|ra|tisch (eine Aura besitzend, verbreitend)
Au|re|lia, Au|re|lie (w. Vorn.)
Au|re|li|an (römischer Kaiser)
Au|re|lie *vgl.* Aurelia
Au|re|li|us (altrömischer Geschlechtername)
Au|re|o|le, die; -, -n ⟨*lat.*⟩ (Heiligenschein; Hof [um Sonne u. Mond])
Au|ri|g|na|ci|en [orinjaˈsjɛː], das; -[s] ⟨nach der franz. Stadt Aurignac⟩ (Kulturstufe der jüngeren Altsteinzeit); **Au|ri|g|nac|mensch** [...ˈjak...]
Au|ri|kel, die; -, -n ⟨*lat.*⟩ (eine Primelart)
au|ri|ku|lar (*Med.* die Ohren betreffend)
Au|ri|pig|ment, das; -[e]s ⟨*lat.*⟩ (ein Mineral, Rauschgelb)
¹**Au|ro|ra** (römische Göttin der Morgenröte)
²**Au|ro|ra,** die; -, -s (ein Schmetterling; Lichterscheinung in der oberen Atmosphäre); **Au|ro|ra|fal|ter**
Au|rum, das; -[s] ⟨*lat.*⟩ (*lat. Bez. für* Gold; *Zeichen* Au)

aus

Präposition mit Dativ:
– aus dem Haus[e]
– aus aller Herren Länder[n]

Adverb:
– aus sein (*ugs. für* zu Ende, erloschen, ausgeschaltet sein)
– auf etwas aus sein (*ugs. für* etwas haben, erreichen wollen)
– weder aus noch ein wissen
– aus und ein gehen (verkehren)

Aber in Zusammensetzungen ↑D 31:
– aus- und eingehende (ausgehende und eingehende) Waren

Aus, das; -, -; der Ball ist im Aus
aus... (*in Zus. mit Verben, z. B.* ausbeuten, du beutest aus, ausgebeutet, auszubeuten)
aus|agie|ren (*Psychol.*)
aus|apern (*südd., österr., schweiz. für* schneefrei werden)
aus|ar|bei|ten; Aus|ar|bei|tung

aus|ar|ten; Aus|ar|tung
aus|äs|ten; Obstbäume ausästen
aus|at|men; Aus|at|mung
aus|ba|cken
aus|ba|den
aus|bag|gern
aus|bal|ken (*Seew.*)
aus|ba|lan|cie|ren
aus|bal|do|wern ⟨*dt.; jidd.*⟩ (*ugs. für* auskundschaften)
Aus|ball (*Ballspiele*)
Aus|bau, der; -[e]s, *Plur.* (*für* Gebäudeteile:) ...bauten
aus|bau|chen; Aus|bau|chung
aus|bau|en; Aus|bau|fä|hig
Aus|bau|ge|biet; Aus|bau|ge|wer|be; Aus|bau|woh|nung
aus|be|din|gen, sich; *vgl.* ²bedingen
aus|bei|nen (*landsch. für* Knochen aus dem Fleisch lösen)
aus|bei|ßen; ich beiße mir die Zähne aus
aus|bei|zen (mit ätzendem Mittel entfernen od. reinigen)
aus|bes|sern; Aus|bes|se|rung; Aus|bes|se|rungs|ar|beit
aus|bes|se|rungs|be|dürf|tig
Aus|bes|se|rungs|werk
aus|beu|len
Aus|beu|te, die; -, -n
aus|beu|teln (*bes. österr. für* ausschütteln)
aus|beu|ten; Aus|beu|ter; Aus|beu|te|rei; Aus|beu|te|rin; aus|beu|te|risch; Aus|beu|ter|klas|se (*marx.*); **Aus|beu|tung**
aus|be|zah|len
aus|bie|gen
aus|bie|ten (feilbieten); **Aus|bie|tung** (Aufforderung zum Bieten bei Versteigerungen)
aus|bil|den
Aus|bil|den|de, der *u.* die; -n, -n
Aus|bil|der; Aus|bil|de|rin
Aus|bild|ner (*österr. u. schweiz.*); **Aus|bild|ne|rin**
Aus|bil|dung; Aus|bil|dungs|bei|hil|fe; Aus|bil|dungs|be|ruf; Aus|bil|dungs|bör|se; Aus|bil|dungs|för|de|rungs|ge|setz; Aus|bil|dungs|gang; Aus|bil|dungs|mes|se; Aus|bil|dungs|platz; Aus|bil|dungs|[platz]ab|ga|be
aus|bil|dungs|reif (schon für eine Ausbildung geeignet)
Aus|bil|dungs|stät|te; Aus|bil|dungs|ver|trag; Aus|bil|dungs|zeit; Aus|bil|dungs|zen|t|rum
aus|bit|ten; ich bitte mir Ruhe aus
aus|bla|sen; Aus|blä|ser (ausgebranntes, nicht explodiertes Geschoss)

Ausfahrt[s]signal

aus|blei|ben

¹aus|blei|chen (bleich machen); du bleichtest aus; ausgebleicht; vgl. ¹bleichen

²aus|blei|chen (bleich werden); es blich aus; ausgeblichen (auch ausgebleicht). vgl. ²bleichen

aus|blen|den

Aus|blick; aus|bli|cken

aus|blü|hen (fachspr. auch für an die Oberfläche treten u. eine Verkrustung entstehen lassen [von Salzen]); Aus|blü|hung

aus|blu|ten

aus|bo|gen; ausgebogte Zacken

aus|boh|ren

aus|bol|jen (Seew. ein Fahrwasser mit Seezeichen versehen); er bojet aus, hat ausgebojet

aus|bom|ben vgl. Ausgebombte

aus|boo|ten (ugs. auch für entmachten, entlassen)

aus|bor|gen; ich borge mir ein Buch von ihm aus

aus|bra|ten; Speck ausbraten

aus|bre|chen; Aus|bre|cher; Aus|bre|che|rin

aus|brei|ten; Aus|brei|tung

aus|brem|sen (Rennsport)

aus|bren|nen

aus|brin|gen; einen Trinkspruch ausbringen

Aus|bruch, der; -[e]s, ...brüche (auch für Wein besonderer Güte); Aus|bruchs|ver|such

aus|brü|hen

aus|brü|ten

aus|bu|chen (Kaufmannsspr. aus dem Rechnungsbuch streichen); vgl. ausgebucht

aus|buch|ten; Aus|buch|tung

aus|bud|deln (ugs.)

aus|bü|geln (ugs. auch für bereinigen)

aus|bu|hen (ugs. für durch Buhrufe sein Missfallen ausdrücken)

Aus|bund, der; -[e]s; aus|bün|dig (veraltet für außerordentlich)

aus|bür|gern; ich bürgere aus; Aus|bür|ge|rung

aus|bürs|ten

aus|bü|xen (landsch. für weglaufen); du büxt aus

aus|che|cken (dt.; engl.) (Flugw.)

Ausch|witz (im 2. Weltkrieg Vernichtungslager der Nationalsozialisten in Polen)

Aus|dau|er; aus|dau|ernd

Aus|dau|er|sport

aus|deh|nen; sich ausdehnen; Aus|deh|nung; Aus|deh|nungs|ko|ef|fi|zi|ent (Physik)

aus|dei|chen (Landflächen durch Zurückverlegung des Deichs preisgeben)

aus|den|ken; denke dir etwas aus

aus|deu|ten (für interpretieren)

aus|deut|schen (österr. ugs. für genau erklären)

aus|die|nen vgl. ausgedient

aus|dif|fe|ren|zie|ren; Aus|dif|fe|ren|zie|rung

aus|dis|ku|tie|ren

aus|do|cken (Schiffbau aus dem Dock holen)

aus|dor|ren; aus|dör|ren

aus|dre|hen

aus|dre|schen

Aus|druck, der; -[e]s, Plur. ...drücke u. (Druckw.) ...drucke

aus|dru|cken; Texte ausdrucken

aus|drü|cken; sich ausdrücken

aus|drück|lich [auch ...'drʏk...]

Aus|drucks|form; Aus|drucks|kraft; Aus|drucks|kunst, die; - (auch für Expressionismus)

aus|drucks|los; Aus|drucks|lo|sig|keit, die; -

Aus|drucks|mit|tel meist Plur.; Aus|drucks|mög|lich|keit meist Plur.

aus|drucks|stark

Aus|drucks|tanz (Tanzform, die Empfindungen durch Bewegungen ausdrücken soll)

aus|drucks|voll

Aus|drucks|wei|se

Aus|drusch, der; -[e]s, -e (Ertrag des Dreschens)

aus|dün|nen; Aus|dün|nung

aus|düns|ten, häufiger aus|düns|ten

Aus|duns|tung, häufiger Aus|düns|tung

aus|ei|n|an|der

Man schreibt »auseinander« mit dem folgenden Verb in der Regel zusammen, wenn es den gemeinsamen Hauptakzent trägt ↑D 48:
– auseinanderbrechen, auseinanderdividieren, auseinanderhalten, auseinandersetzen usw.

Aber:
– auseinander hervorgehen, sich auseinander ergeben

Mit »sein« immer getrennt:
– auseinander sein (sich getrennt haben)

aus|ei|n|an|der|bau|en; wir bauten den Schrank auseinander

aus|ei|n|an|der|bre|chen; das Bündnis brach auseinander, ist auseinandergebrochen

aus|ei|n|an|der|di|vi|die|ren (aufspalten, entzweien)

aus|ei|n|an|der|drif|ten; die Kontinente driften auseinander

aus|ei|n|an|der|ent|wi|ckeln; die beiden Tierarten haben sich auseinanderentwickelt (in getrennte Richtungen)

Aus|ei|n|an|der|ent|wick|lung

aus|ei|n|an|der|fal|len; alles fiel auseinander, ist auseinandergefallen; ohne auseinanderzufallen

aus|ei|n|an|der|ge|hen (auch ugs. für dick werden); sie sind wortlos auseinandergegangen

aus|ei|n|an|der|hal|ten; die Zwillinge sind nicht auseinanderzuhalten

aus|ei|n|an|der|klaf|fen; Traum und Wirklichkeit klafften weit auseinander

aus|ei|n|an|der|kla|mü|sern (landsch. für erklären, entwirren)

aus|ei|n|an|der|klapp|bar

aus|ei|n|an|der|klap|pen; er klappte seinen Liegestuhl auseinander

aus|ei|n|an|der|neh|men (auch ugs. für verprügeln, besiegen); sie hatte den Staubsauger auseinandergenommen

aus|ei|n|an|der|po|sa|men|tie|ren (landsch. für umständlich erklären)

aus|ei|n|an|der|rei|ßen; die Familie wurde durch den Krieg auseinandergerissen

aus|ei|n|an|der|set|zen; wir setzten uns mit dem Problem, dem Gegner auseinander

Aus|ei|n|an|der|set|zung

aus|ei|n|an|der|zie|hen; sie zog die Vorhänge auseinander

aus|er|ko|ren (geh. für auserwählt)

aus|er|le|sen

aus|er|se|hen

aus|er|wäh|len; aus|er|wählt; Aus|er|wähl|te, der u. die; -n, -n; Aus|er|wäh|lung

aus|fä|chern

aus|fä|deln, sich (Verkehrsw.)

aus|fahr|bar; aus|fah|ren

aus|fah|rend (heftig)

Aus|fah|rer (bes. südd., österr. für jmd., der Warenlieferungen ausfährt); Aus|fah|re|rin

Aus|fahr|gleis; Aus|fahr|si|g|nal (Eisenbahn)

Aus|fahrt

Aus|fahrt[s]|er|laub|nis

Aus|fahrt[s]|gleis vgl. Ausfahrgleis

Aus|fahrts|schild, das; Aus|fahrt[s]-

Ausfahrt[s]straße

si|g|nal *vgl.* Ausfahrsignal; **Aus|fahrt[s]|stra|ße**
Aus|fall, der; **Aus|fall|bürg|schaft**
aus|fal|len
aus|fäl|len (*Chemie* gelöste Stoffe in Form von Kristallen, Flocken o. Ä. ausscheiden; *schweiz. auch für* [eine Strafe] verhängen)
aus|fal|lend, **aus|fäl|lig** (beleidigend)
Aus|fall[s]|er|schei|nung (*Med.*)
Aus|fall[s]|tor, das
Aus|fall|stra|ße
Aus|fall|tag
Aus|fäl|lung (*Chemie*)
Aus|fall|zeit
aus|falt|bar; **aus|fal|ten**
aus|fas|sen (*österr. für* [als Strafe o. Ä.] bekommen)
aus|fech|ten
aus|fe|gen (*landsch.*); **Aus|fe|ger** (*landsch.*)
aus|fei|len
aus|fer|ti|gen; **Aus|fer|ti|gung**
aus|fet|ten
aus|fil|tern
aus|fi|nan|zie|ren (die Finanzierung für etwas sicherstellen)
aus|fin|dig; ausfindig machen; **Aus|fin|dig|ma|chen**, das; -s
aus|fit|ten ([ein Schiff] mit seemännischem Zubehör ausrüsten)
aus|flag|gen (mit Flaggen kennzeichnen)
aus|flie|gen; jmdn. aus der Gefahrenzone ausfliegen
aus|flie|ßen
aus|flip|pen (*ugs. für* sich aus der Realität zurückziehen, zum Beispiel durch Drogenkonsum; außer sich geraten); ausgeflippt sein
aus|flo|cken (Flocken bilden)
Aus|flucht, die; -, ...flüchte *meist Plur.*
Aus|flug
Aus|flüg|ler; **Aus|flüg|le|rin**
Aus|flugs|gast|stät|te; **Aus|flugs|ort**; **Aus|flugs|schiff**; **Aus|flugs|ver|kehr**; **Aus|flugs|ziel**
Aus|fluss
aus|fol|gen (*bes. österr. für* übergeben, aushändigen); **Aus|fol|gung** (*Amtsspr., bes. österr.*)
aus|for|men
aus|for|mu|lie|ren; **Aus|for|mu|lie|rung**
Aus|for|mung
aus|for|schen (*österr. auch für* ausfindig machen); **Aus|for|schung** (*österr. auch für* Ermittlung)

aus|fra|gen; **Aus|fra|ge|rei** (*ugs. abwertend*)
aus|fran|sen *vgl.* ausgefranst
aus|fres|sen; etwas ausgefressen (*ugs. für* verbrochen) haben
aus|fu|gen; eine Mauer ausfugen
Aus|fuhr, die; -, -en
aus|führ|bar; **Aus|führ|bar|keit**, die; -; **aus|füh|ren**; **Aus|füh|rer** (*für* Exporteur)
Aus|fuhr|land *Plur.* ...länder (*Wirtsch.*)
aus|führ|lich [*auch* ...'fyːɐ̯...]; Ausführliches in meinem nächsten Brief ↑D 8; **Aus|führ|lich|keit**
Aus|fuhr|prä|mie
Aus|füh|rung
Aus|füh|rungs|be|stim|mung
Aus|füh|rungs|pla|nung (*Bauw.*)
Aus|fuhr|ver|bot
aus|fül|len; **Aus|fül|lung**
aus|füt|tern
Aus|ga|be
Aus|ga|be|kurs (*Bankw.* Kurs, zu dem ein Wertpapier erstmals in den Handel gebracht wird)
Aus|ga|be[n]|buch; **Aus|ga|ben|po|li|tik**; **aus|ga|ben|sei|tig** (*bes. österr.*)
Aus|ga|be|preis (*Bankw.* Ausgabekurs)
Aus|ga|be|stel|le; **Aus|ga|be|ter|min**
Aus|gang
aus|gangs *Präp. mit Gen.* (*Amtsspr.*); ausgangs des Tunnels
Aus|gangs|ba|sis; **Aus|gangs|la|ge**; **Aus|gangs|ma|te|ri|al**; **Aus|gangs|po|si|ti|on**; **Aus|gangs|punkt**; **Aus|gangs|si|tu|a|ti|on**
Aus|gangs|sper|re
Aus|gangs|spra|che (*Sprachwiss.*)
Aus|gangs|stel|lung
Aus|gangs|wert (*Steuerw.*)
aus|gä|ren (fertig gären)
aus|ga|sen; **Aus|ga|sung**
aus|ge|ben; Geld ausgeben
Aus|ge|beu|te|te, der *u.* die; -n, -n
aus|ge|bil|det
aus|ge|bleicht *vgl.* ¹ausbleichen
aus|ge|bli|chen *vgl.* ²ausbleichen
Aus|ge|bomb|te, der *u.* die; -n, -n
aus|ge|brannt
aus|ge|bucht; ein ausgebuchtes Hotel, Flugzeug
aus|ge|bufft (*ugs. für* raffiniert)
Aus|ge|burt (*geh. abwertend*)
aus|ge|dehnt
aus|ge|dient; ausgedient haben
Aus|ge|din|ge, das; -s, - (*landsch. für* Altenteil); **Aus|ge|din|ger**
aus|ge|dorrt; **aus|ge|dörrt**
aus|ge|fal|len

aus|ge|feilt
aus|ge|feimt (*landsch. für* abgefeimt)
aus|ge|flippt *vgl.* ausflippen
aus|ge|franst; ausgefranste Jeans
aus|ge|fuchst (*ugs. für* durchtrieben)
aus|ge|gli|chen; **Aus|ge|gli|chen|heit**
Aus|geh|an|zug
aus|ge|hen; es geht sich aus (*österr. ugs. für* es reicht, passt)
Aus|ge|her (*landsch. für* Bote); **Aus|ge|he|rin**
aus|ge|hun|gert (sehr hungrig)
Aus|geh|uni|form (*Militär*)
Aus|geh|ver|bot; **Aus|geh|vier|tel**
aus|ge|klü|gelt
aus|ge|kocht (*ugs. auch für* durchtrieben)
aus|ge|las|sen (*auch für* übermütig); **Aus|ge|las|sen|heit**
aus|ge|las|tet
aus|ge|latscht (*ugs.*)
aus|ge|laugt; ausgelaugte Böden
aus|ge|lei|ert
aus|ge|lernt; ein ausgelernter Schlosser; **Aus|ge|lern|te**, der *u.* die; -n, -n
aus|ge|lit|ten; ausgelitten haben
aus|ge|lutscht (*ugs. für* kraftlos, abgenutzt)
aus|ge|macht (feststehend); ein ausgemachter (*ugs. für* großer) Schwindel
aus|ge|mer|gelt
aus|ge|mu|gelt (*österr. ugs.*); ausgemugelte (stark ausgefahrene) Skipisten
aus|ge|nom|men; alle waren zugegen, er ausgenommen (*od.* ausgenommen er); ich erinnere mich aller Vorgänge, ausgenommen dieses einen (*od.* diesen einen ausgenommen); der Tadel galt allen, ausgenommen ihm (*od.* ihn ausgenommen); ausgenommen[,] dass/wenn ↑D 127
aus|ge|picht (*ugs. für* gerissen)
¹**aus|ge|po|wert** [...paveʁt] *vgl.* ¹auspowern
²**aus|ge|po|wert** *vgl.* ²auspowern
aus|ge|prägt; **Aus|ge|prägt|heit**, die; -
aus|ge|pumpt (*ugs. für* erschöpft)
aus|ge|rech|net (eben, gerade)
aus|ge|reift
aus|ge|ruht
aus|ge|schamt (*landsch. für* unverschämt)
aus|ge|schla|fen (*ugs. auch für* gewitzt)
aus|ge|schlos|sen

Auskofferung

Ausk

aus|ge|schnit|ten
aus|ge|sorgt; ausgesorgt haben
aus|ge|spielt; ausgespielt haben
aus|ge|spro|chen (entschieden, sehr groß); eine ausgesprochene Abneigung; aus|ge|spro|che|ner|ma|ßen
aus|ge|stal|ten; Aus|ge|stal|tung
aus|ge|stellt; ein ausgestellter (nach unten erweiterter) Rock
aus|ge|steu|ert (Versicherungsw. keine Versicherungsleistungen mehr erhaltend); Aus|ge|steu|er|te, der u. die; -n, -n (bes. schweiz.)
aus|ge|stor|ben
Aus|ge|sto|ße|ne, der u. die; -n, -n
aus|ge|sucht; ausgesuchte (erlesene) Früchte
aus|ge|tre|ten
aus|ge|wach|sen (voll ausgereift)
aus|ge|wählt
aus|ge|wie|sen; ein ausgewiesener Fachmann
aus|ge|wo|gen; Aus|ge|wo|gen|heit
aus|ge|zehrt
aus|ge|zeich|net
aus|gie|big (reichlich); Aus|gie|big|keit, die; -
aus|gie|ßen; Aus|gie|ßer; Aus|gie|ßung
Aus|gleich, der; -[e]s, -e; aus|gleich|bar; aus|glei|chen
Aus|gleichs|ab|ga|be; Aus|gleichs|amt; Aus|gleichs|fonds
Aus|gleichs|ge|trie|be (für Differenzial)
Aus|gleichs|re|ge|lung (bes. Politik, Rechtsspr.)
Aus|gleichs|sport; Aus|gleichs|treffer
Aus|gleichs|ver|fah|ren (österr. Rechtsspr. für Vergleichsverfahren); Aus|gleichs|ver|wal|ter (österr. für Sachwalter bei einem Konkurs); Aus|gleichs|ver|wal|te|rin
Aus|gleichs|zu|la|ge (österr. für Zuschuss bei zu niedriger Rente)
aus|glei|ten
aus|glie|dern; Aus|glie|de|rung
aus|glit|schen (landsch. für ausrutschen)
aus|glü|hen (z. B. einen Draht)
aus|gra|ben
Aus|grä|ber; Aus|grä|be|rin
Aus|gra|bung; Aus|gra|bungs|stät|te
aus|grau|en (EDV auf dem Bildschirm in Grau u. damit als nicht aktiviert kennzeichnen); eine ausgegraute Schaltfläche
aus|grei|fen

aus|gren|zen; Aus|gren|zung
aus|grün|den (Wirtsch. einen Teil eines Betriebes getrennt als selbstständiges Unternehmen weiterführen); Aus|grün|dung
Aus|guck, der; -[e]s, -e; aus|gu|cken, aus|ku|cken; Aus|guck|pos|ten
Aus|guss
aus|ha|ben; ..., dass er den Mantel aushat; das Buch aushaben; um 12 Uhr Schule aushaben
aus|ha|cken; Unkraut aushacken
aus|haf|ten (österr. für noch zu zahlen sein); aushaftende (noch nicht zurückgezahlte) Kredite
aus|ha|ken
aus|hal|ten; es ist nicht zum Aushalten
aus|han|deln
aus|hän|di|gen; Aus|hän|di|gung
Aus|hang
Aus|hän|ge|bo|gen (Druckw.)
aus|han|gen (älter u. mdal. für ¹aushängen)
¹aus|hän|gen; die Verordnung hat ausgehangen; vgl. ¹hängen
²aus|hän|gen; ich habe die Tür ausgehängt; vgl. ²hängen
Aus|hän|ger (Aushängebogen)
Aus|hän|ge|schild, das
aus|har|ren
aus|här|ten (Technik); Aus|här|tung
aus|hau|chen (geh.); sein Leben aushauchen
aus|hau|en
aus|häu|sig (landsch. für außer Haus); Aus|häu|sig|keit, die; -
aus|he|beln; ich heb[e]le aus
aus|he|ben (herausheben; zum Heeresdienst einberufen; österr. auch für [Briefkasten] leeren)
Aus|he|ber (Griff beim Ringen)
aus|he|bern (Med. bes. den Magen spülen); ich hebere aus; Aus|he|be|rung
Aus|he|bung (österr. auch für Leerung des Briefkastens)
aus|he|cken (ugs. für mit List ersinnen)
aus|hei|len; Aus|hei|lung
aus|hel|fen; Aus|hel|fer; Aus|hel|fe|rin
aus|heu|len; sich ausheulen
Aus|hil|fe
Aus|hilfs|ar|beit; Aus|hilfs|kell|ner; Aus|hilfs|kell|ne|rin; Aus|hilfs|koch; Aus|hilfs|kö|chin; Aus|hilfs|kraft
aus|hilfs|wei|se
aus|höh|len; Aus|höh|lung
aus|ho|len
aus|hol|zen; Aus|hol|zung

aus|hor|chen; Aus|hor|cher
aus|hors|ten (Jägerspr. junge Greifvögel aus dem Horst nehmen)
Aus|hub, der; -[e]s, -e
aus|hun|gern vgl. ausgehungert
aus|hus|ten; sich aushusten
aus|ixen (ugs. für [durch Übertippen] mit dem Buchstaben x ungültig machen); du ixt aus
aus|jä|ten
aus|ju|di|zie|ren (österr. für von einem obersten Gericht entscheiden lassen)
aus|kal|ku|lie|ren
aus|käm|men; Aus|käm|mung
aus|ke|geln (landsch. auch für ausrenken)
aus|keh|len; Aus|keh|lung (das Anbringen einer Hohlkehle)
Aus|kehr vgl. Auskehrung; aus|keh|ren; Aus|keh|rung, die; -, -en; Aus|kehr, die; - (Rechtsspr. berechtigte Auszahlung einer Summe)
aus|kei|len
aus|kei|men; Aus|kei|mung
aus|ken|nen, sich
aus|ker|ben; Aus|ker|bung
aus|ker|nen; Aus|ker|nung
aus|kip|pen
aus|kla|gen (Rechtsspr.); Aus|kla|gung
aus|klam|mern; Aus|klam|me|rung
aus|kla|mü|sern (ugs. für austüfteln)
Aus|klang
aus|klapp|bar; aus|klap|pen
aus|kla|rie|ren (Schiff u. Güter vor der Ausfahrt verzollen)
aus|klau|ben (landsch. für mit den Fingern [mühsam] auslesen)
aus|klei|den; Aus|klei|dung
aus|klin|gen
aus|klin|ken; ein Seil ausklinken; ich klinke mich aus der Sitzung aus
aus|klop|fen; Aus|klop|fer
aus|klü|geln; Aus|klü|ge|lung, Aus|klüg|lung
aus|knei|fen (ugs. für feige u. heimlich weglaufen)
aus|knip|sen (ugs.)
aus|kno|beln (ugs. auch für ausdenken)
aus|kno|cken [...nɔ...] (engl.) (Boxen durch K. o. besiegen)
aus|knöpf|bar; aus|knöp|fen
aus|ko|chen vgl. ausgekocht
aus|kof|fern (Straßenbau eine vertiefte Fläche für den Unterbau schaffen); ich koffere aus; Aus|kof|fe|rung

aus|kol|ken (Geol. auswaschen); Aus|kol|kung
aus|kom|men; Aus|kom|men, das; -s; aus|kömm|lich
aus|kop|peln
aus|kos|ten
aus|kot|zen (derb); sich auskotzen
aus|kra|gen (Bauw. herausragen [lassen]); Aus|kra|gung
aus|kra|men (ugs.)
aus|krat|zen
aus|kreu|zen (Bot. veränderte Gene auf wild wachsende Pflanzen übertragen); Aus|kreu|zung
aus|krie|chen
aus|krie|gen (ugs.)
aus|kris|tal|li|sie|ren; sich auskristallisieren; Aus|kris|tal|li|sie|rung
aus|ku|cken vgl. ausgucken
aus|ku|geln
aus|küh|len; Aus|küh|lung
Aus|kul|ta|ti|on, die; -, -en (Med. das Abhorchen); aus|kul|ta|to|risch (Med. durch Abhorchen); aus|kul|tie|ren
aus|kund|schaf|ten
Aus|kunft, die; -, ...künfte
Aus|kunf|tei; Aus|kunfts|bü|ro; aus|kunfts|freu|dig; Aus|kunfts|per|son; Aus|kunfts|stel|le
aus|kun|geln (ugs. abwertend für in fragwürdiger Weise aushandeln); ich kung[e]le aus
aus|kup|peln
aus|ku|rie|ren
aus|la|chen
Aus|lad, der; -[e]s (schweiz. für das Ausladen [von Gütern])
¹aus|la|den; Waren ausladen; vgl. ¹laden
²aus|la|den (eine Einladung zurücknehmen); vgl. ²laden
aus|la|dend (weit ausgreifend)
Aus|la|de|ram|pe; Aus|la|dung
Aus|la|ge
aus|la|gern; Aus|la|ge|rung
Aus|land, das; -[e]s
Aus|län|der; Aus|län|der|be|auf|trag|te; Aus|län|der|be|hör|de; Aus|län|der|bei|rat
aus|län|der|feind|lich; Aus|län|der|feind|lich|keit
Aus|län|de|rin; Aus|län|der|po|li|tik; Aus|län|der|recht
aus|län|disch
Aus|lands|ab|satz (Wirtsch.); Aus|lands|auf|ent|halt; Aus|lands|be|zie|hun|gen Plur.
Aus|lands|schwei|zer; Aus|land|schwei|ze|rin
aus|lands|deutsch; Aus|lands|deut|sche, der u. die
Aus|lands|ein|satz; Aus|lands|ge|schäft; Aus|lands|ge|spräch; Aus|lands|in|ves|ti|ti|on (Wirtsch.)
Aus|lands|kor|re|s|pon|dent; Aus|lands|kor|re|s|pon|den|tin
Aus|lands|markt (Wirtsch.)
Aus|lands|rei|se
Aus|lands|re|por|ter; Aus|lands|re|por|te|rin
Aus|lands|schutz|brief; Aus|lands|tour|nee; Aus|lands|ver|tre|tung
aus|lan|gen (landsch. für zum Schlag ausholen; ausreichen); Aus|lan|gen, das; -s; das Auslangen finden (österr. für auskommen)
Aus|lass, der; -es, Auslässe
aus|las|sen (österr. auch für freilassen, loslassen); sich [über jmdn. od. etw.] auslassen; vgl. ausgelassen; Aus|las|sung
Aus|las|sungs|punk|te Plur.; Aus|las|sungs|satz (für Ellipse); Aus|las|sungs|zei|chen (für Apostroph)
Aus|lass|ven|til (Kfz-Technik)
aus|las|ten; Aus|las|tung
aus|lat|schen; die Schuhe auslatschen
Aus|lauf; Aus|lauf|bahn (Skisport)
aus|lau|fen
Aus|läu|fer (Meteorol., Geogr. Randgebiet, in dem etwas allmählich endet); der Ausläufer eines Tiefdruckgebiets
Aus|lauf|mo|dell
aus|lau|gen
Aus|laut; aus|lau|ten; auf »n« auslauten
aus|läu|ten
aus|le|ben; sich ausleben
aus|le|cken
aus|lee|ren; Aus|lee|rung
aus|le|gen; Aus|le|ger
Aus|le|ger|boot; Aus|le|ger|brü|cke
Aus|le|ge|wa|re, Aus|leg|wa|re (Teppichmaterial)
Aus|le|gung
aus|lei|ern (ugs.)
Aus|lei|he; aus|lei|hen; ich leihe mir bei ihm ein Buch aus; Aus|lei|hung
aus|lei|ten; Aus|lei|tung
aus|ler|nen vgl. ausgelernt
Aus|le|se; aus|le|sen; Aus|le|se|pro|zess
aus|leuch|ten; Aus|leuch|tung
aus|lich|ten; Obstbäume auslichten
aus|lie|fern; Aus|lie|fe|rung
aus|lie|gen
Aus|li|nie (Sport)
aus|lis|ten (aus dem Sortiment nehmen); Aus|lis|tung
aus|lo|ben (Rechtsspr. als Belohnung aussetzen); Aus|lo|bung
aus|löf|feln; die Suppe auslöffeln
aus|log|gen; sich ausloggen
aus|lo|gie|ren (anderswo einquartieren)
aus|lös|bar
¹aus|lö|schen; er löschte das Licht aus, hat es ausgelöscht; vgl. ¹löschen
²aus|lö|schen (veraltet); das Licht losch (auch löschte) aus, ist ausgelöscht; vgl. ²löschen
Aus|lö|schung
aus|lo|sen vgl. ¹losen
aus|lö|sen; Aus|lö|ser
Aus|lo|sung (durch das Los getroffene [Aus]wahl)
Aus|lö|sung (pauschale Entschädigung für Reisekosten; Loskaufen [eines Gefangenen])
aus|lo|ten
Aus|lucht, die; -, -en (Archit. Vorbau an Häusern; Quergiebel einer Kirche)
aus|lüf|ten
Aus|lug, der; -[e]s, -e (veraltet für Ausguck); aus|lu|gen (veraltet)
aus|lut|schen
ausm, aus'm ↑D 14 (ugs. für aus dem, aus einem)
aus|ma|chen vgl. ausgemacht
aus|mah|len; Aus|mah|lung (z. B. des Kornes)
aus|ma|len; Aus|ma|lung (z. B. des Bildes)
aus|ma|nö|v|rie|ren
aus|mar|chen (schweiz. für seine Rechte, Interessen abgrenzen); Aus|mar|chung (schweiz.)
aus|mä|ren, sich (bes. ostmitteld. für trödeln; auch zu trödeln aufhören)
Aus|maß, das
aus|mau|ern; Aus|mau|e|rung
aus|mei|ßeln
aus|mer|geln; Kalk mergelt aus; Aus|mer|ge|lung, Aus|merg|lung
aus|mer|zen (radikal beseitigen); du merzt aus; Aus|mer|zung
aus|mes|sen; Aus|mes|sung
aus|mie|ten (Landwirtsch.); Kartoffeln ausmieten; Aus|mie|tung
aus|mis|ten
aus|mit|teln (veraltend für ermitteln); ich mitt[e]le aus
aus|mit|tig, au|ßer|mit|tig (Technik außerhalb des Mittelpunktes)
aus|mon|tie|ren
aus|mün|den
aus|mün|zen; Aus|mün|zung (Münzprägung)
aus|mus|tern; Aus|mus|te|rung
Aus|nah|me, die; -, -n

Ausscheidungskampf

Aus|nah|me|ath|let; Aus|nah|me-ath|le|tin
Aus|nah|me|be|stim|mung
Aus|nah|me|er|schei|nung
Aus|nah|me|fall, der; Aus|nah|me|ge|neh|mi|gung; Aus|nah|me|re|ge|lung; Aus|nah|me|si|tu|a|ti|on; Aus|nah|me|stel|lung; Aus|nah|me|zu|stand
Aus|nahms|fall (österr.)
aus|nahms|los; aus|nahms|wei|se
Aus|nahms|zu|stand (österr.)
aus|neh|men; sich gut ausnehmen (gut wirken); vgl. ausgenommen; aus|neh|mend (sehr)
aus|nüch|tern; ich nüchtere [mich] aus; Aus|nüch|te|rung; Aus|nüch|te|rungs|zel|le
aus|nut|zen, südd., österr. u. schweiz. meist aus|nüt|zen; Aus|nut|zung, südd., österr. u. schweiz. meist Aus|nüt|zung
aus|pa|cken
aus|par|ken
aus|peit|schen; Aus|peit|schung
aus|pen|deln (auch für täglich zu einem auswärtigen Arbeitsplatz fahren); Aus|pend|ler (Person, die außerhalb ihres Wohnortes arbeitet); Aus|pend|le|rin
aus|pen|nen (ugs. für ausschlafen)
aus|pfäh|len (Bergmannsspr. mit Pfählen abstützen)
aus|pfei|fen
aus|pflan|zen
aus|pflü|cken
Aus|pi|zi|um, das; -s, ...ien meist Plur. ⟨lat.⟩ (geh. für Vorbedeutung; Aussichten); unter jemandes Auspizien (unter jmds. Schirmherrschaft, Oberhoheit)
aus|plau|dern
aus|plau|schen (österr. veraltet)
aus|plün|dern; Aus|plün|de|rung
aus|pols|tern; Aus|pols|te|rung
aus|po|sau|nen (ugs. für [etwas, was nicht bekannt werden sollte] überall erzählen)
¹aus|po|w|ern [...paʊ...] ⟨dt.; engl.⟩ (ugs. für seine Kräfte vollständig aufbrauchen); sie hat sich beim Training ausgepowert (ugs. für völlig verausgabt)
²aus|po|w|ern [...po:...] ⟨dt.; franz.⟩ (ugs. abwertend für ausbeuten); ich powere aus
aus|prä|gen vgl. ausgeprägt; Aus|prä|gung
aus|prei|sen (Waren mit einem Preis versehen)
aus|pres|sen
aus|pro|bie|ren
Aus|puff, der; -[e]s, -e

Aus|puff|an|la|ge; Aus|puff|flam|me, Aus|puff-Flam|me; Aus|puff|topf (Technik)
aus|pum|pen vgl. ausgepumpt
aus|punk|ten (Boxen nach Punkten besiegen)
aus|pus|ten
aus|put|zen; Aus|put|zer; Aus|put|ze|rin
aus|quar|tie|ren; Aus|quar|tie|rung
aus|quat|schen (ugs.); sich ausquatschen
aus|quet|schen
aus|ra|deln, aus|rä|deln (mit einem Rädchen ausschneiden); ich rad[e]le od. räd[e]le aus
aus|ra|die|ren
aus|ran|gie|ren (ugs. für aussondern; ausscheiden)
aus|ra|sie|ren
aus|ras|ten (ugs. auch für zornig werden); sich ausrasten (südd., österr. für ausruhen)
aus|rau|ben; aus|räu|bern
aus|rau|chen (zu Ende rauchen)
aus|räu|chern
aus|rau|fen; ich könnte mir [vor Wut] die Haare ausraufen
aus|räu|men; Aus|räu|mung
aus|rech|nen; Aus|rech|nung
aus|re|cken
Aus|re|de; aus|re|den; jmdm. etwas auszureden versuchen
aus|reg|nen; sich
aus|rei|ben (österr. auch für scheuern); Aus|reib|tuch Plur. ...tücher (österr. für Scheuertuch)
aus|rei|chen; aus|rei|chend; er hat mit [der Note] »ausreichend« bestanden; er hat nur ein [knappes] Ausreichend bekommen ↑D 72
aus|rei|fen; Aus|rei|fung, die; -
Aus|rei|se; Aus|rei|se|er|laub|nis; Aus|rei|se|ge|neh|mi|gung
aus|rei|sen
Aus|rei|se|sper|re; Aus|rei|se|ver|bot; Aus|rei|se|vi|sum
aus|rei|se|wil|lig
aus|rei|ßen; Aus|rei|ßer; Aus|rei|ße|rin
aus|rei|ten
aus|rei|zen; die Karten ausreizen
aus|ren|ken; du hast dir den Arm ausgerenkt; Aus|ren|kung
aus|rich|ten; etwas ausrichten
Aus|rich|ter; Aus|rich|te|rin
Aus|rich|tung
aus|rin|gen (landsch. für auswringen)
aus|rin|nen
aus|rip|pen (von den Rippen lösen); Tabakblätter ausrippen

Aus|riss (Ausschnitt mit Rändern, die wie durch Reißen entstanden aussehen)
Aus|ritt
aus|ro|den; Aus|ro|dung
aus|rol|len
aus|rot|ten; Aus|rot|tung
aus|rü|cken (ugs. auch für fliehen)
Aus|ruf; aus|ru|fen
Aus|ru|fer; Aus|ru|fe|rin
Aus|ru|fe|satz; Aus|ru|fe|wort (Interjektion; Plur. ...wörter); Aus|ru|fe|zei|chen
Aus|ru|fung
Aus|ru|fungs|zei|chen; Aus|ruf|zei|chen (österr. für, schweiz. neben Ausrufezeichen)
aus|ru|hen; sich ausruhen
aus|rup|fen
aus|rüs|ten; Aus|rüs|ter; Aus|rüs|te|rin; Aus|rüs|tung
Aus|rüs|tungs|ge|gen|stand; Aus|rüs|tungs|stück
aus|rut|schen; Aus|rut|scher
Aus|saat; aus|sä|en
Aus|sa|ge, die; -, -n; Aus|sa|ge|kraft, die; -; aus|sa|ge|kräf|tig; aus|sa|gen
aus|sä|gen
Aus|sa|ge|satz; Aus|sa|ge|wei|se (Sprachwiss. Modus); Aus|sa|ge|wert
Aus|satz, der; -es (eine Krankheit); aus|sät|zig; Aus|sät|zi|ge, der u. die; -n, -n
aus|sau|fen
aus|sau|gen
aus|scha|ben; Aus|scha|bung
aus|schach|ten; Aus|schach|tung
aus|schaf|fen (schweiz. für ausweisen, abschieben); schaffte aus; ausgeschafft; Aus|schaf|fung; Aus|schaf|fungs|haft
aus|schal|men (Bauw. Verschalung entfernen; verschalen)
aus|schä|len
aus|schal|men; Bäume ausschalmen (Forstwirtsch. durch Kerben kennzeichnen)
aus|schal|ten; Aus|schal|ter; Aus|schal|tung
Aus|schal|lung (Bauw.)
Aus|schank, der, österr. auch die
aus|schar|ren
Aus|schau, die; -; Ausschau halten; aus|schau|en (südd., österr. auch für aussehen)
aus|schau|feln
aus|schäu|men
Aus|scheid, der; -[e]s, -e (regional für Ausscheidungskampf)
aus|schei|den; Aus|schei|dung
Aus|schei|dungs|kampf

Ausscheidungsorgan

A Auss

Aus|schei|dungs|or|gan
Aus|schei|dungs|run|de; Aus|schei|dungs|spiel
aus|schei|ßen *(derb)*
aus|schel|ten
aus|schen|ken (Bier, Wein usw.)
aus|sche|ren (die Linie, Spur verlassen); der Wagen scherte aus, ist ausgeschert
aus|schi|cken
aus|schie|ßen *(Druckw.)*
Aus|schieß|plat|te *(Druckw.)*
aus|schif|fen; Aus|schif|fung
aus|schil|dern; Aus|schil|de|rung
aus|schimp|fen
aus|schir|ren
aus|schlach|ten; Aus|schlach|te|rei; Aus|schlach|ken
aus|schla|fen; sich ausschlafen; *vgl.* ausgeschlafen
Aus|schlag; aus|schla|gen
aus|schlag|ge|bend; *aber* ↑D 72: das Ausschlaggebende
aus|schläm|men (Schlamm aus etwas entfernen)
aus|schle|cken
aus|schlei|men; sich ausschleimen (*ugs. für* sich aussprechen)
aus|schlie|ßen; aus|schlie|ßend
aus|schließ|lich [*auch* ...′ʃliː...]; ausschließlich der Verpackung; ausschließlich des genannten Betrages; ausschließlich Porto, ausschließlich Getränken; *vgl.* einschließlich; Aus|schließ|lich|keit [*auch* ...′ʃliː...]
Aus|schlie|ßung
aus|schlip|fen (*schweiz. mdal. für* ausrutschen)
Aus|schlupf; aus|schlüp|fen
aus|schlür|fen
Aus|schluss
aus|schmie|ren (*ugs. auch für* übertölpeln)
aus|schmü|cken; den Saal ausschmücken; Aus|schmü|ckung
aus|schnap|sen (*südd., österr. ugs. für* vereinbaren, aushandeln)
aus|schnau|ben
aus|schnau|fen (*südd., österr., schweiz. für* verschnaufen)
aus|schnei|den; Aus|schnitt; aus|schnitt|haft; aus|schnitt|wei|se
aus|schnüf|feln
aus|schöp|fen; Aus|schöp|fung, die; -
aus|schop|pen (*bayr., österr. ugs. für* ausstopfen)
aus|schrei|ben; Aus|schrei|bung
aus|schrei|en; aus|schrei|er
aus|schrei|ten; Aus|schrei|tung *meist Plur.*

aus|schu|len (aus der Schule nehmen); Aus|schu|lung
Aus|schuss; Aus|schuss|mit|glied
Aus|schuss|quo|te
Aus|schuss|sit|zung, Ausschuss-Sitzung; Aus|schuss|vor|sit|zen|de
Aus|schuss|wa|re
aus|schüt|teln
aus|schüt|ten; Aus|schüt|tung
aus|schwär|men
aus|schwe|feln
aus|schwei|fen; aus|schwei|fend; Aus|schwei|fung
aus|schwei|gen, sich
aus|schwem|men; Sand ausschwemmen; Aus|schwem|mung
aus|schwen|ken
aus|schwin|gen; Aus|schwin|get, der; -s (*schweiz. für* Endkampf im Schwingen)
aus|schwit|zen; Aus|schwit|zung
Aus|see, Bad (Solbad in der Steiermark); Aus|se|er; Aus|se|e|rin; **Aus|se|er|land**, Aus|se|er Land (Gebiet in der Steiermark)
aus|seg|nen (Verstorbenen den letzten Segen erteilen); Aus|seg|nung
aus|se|hen; Aus|se|hen, das; -s
aus sein *vgl.* aus
au|ßen; von außen [her]; nach innen und außen; nach außen [hin]; Farbe für außen und innen; außen vor lassen (*nordd. für* unberücksichtigt lassen); er spielt außen (augenblickliche Position eines Spielers); *vgl. aber* Außen; die **außen liegenden** *od.* außenliegenden Kabinen; eine **außen gelegene** *od.* außengelegene Treppe
Au|ßen, der; -, - (*Sport* Außenspieler); er spielt Außen (als Außenspieler); *vgl. aber* außen
Au|ßen|als|ter
Au|ßen|an|ten|ne; Au|ßen|ar|bei|ten *Plur.*; Au|ßen|auf|nah|me *meist Plur.*; Au|ßen|bahn (*Sport*); Au|ßen|be|cken; Au|ßen|be|zirk
Au|ßen|bor|der ([Boot mit] Außenbordmotor); Au|ßen|bord|mo|tor; au|ßen|bords (außerhalb des Schiffes)
aus|sen|den
Au|ßen|dienst; Au|ßen|dienst|ler; Au|ßen|dienst|le|rin; au|ßen|dienst|lich
Aus|sen|dung (*österr. auch für* schriftliche Verlautbarung)
Au|ßen|el|be
Au|ßen|gas|t|ro|no|mie
Au|ßen|ge|he|ge

au|ßen ge|le|gen, au|ßen|ge|le|gen; *vgl.* außen ↑D 58
Au|ßen|han|del, der; -s; Au|ßen|han|dels|bi|lanz; Au|ßen|han|dels|po|li|tik
Au|ßen|haut (äußere Verkleidung, Verschalung, Bespannung [bes. eines Schiffes, Flugzeugs])
Au|ßen|kur|ve
au|ßen lie|gend, au|ßen|lie|gend; *vgl.* außen ↑D 58
Au|ßen|mau|er
Au|ßen|mi|nis|ter; Au|ßen|mi|nis|te|rin; Au|ßen|mi|nis|te|ri|um
Au|ßen|po|li|tik; Au|ßen|po|li|ti|ker; Au|ßen|po|li|ti|ke|rin; au|ßen|po|li|tisch
Au|ßen|rist (äußere Seite des Fußrückens); Au|ßen|sei|te
Au|ßen|sei|ter; Au|ßen|sei|te|rin; Au|ßen|sei|ter|rol|le
Au|ßen|spie|gel
Au|ßen|stän|de *Plur.* (ausstehende Forderungen)
au|ßen|ste|hend, au|ßen ste|hend (unbeteiligt); ein **außenstehender** *od.* außen stehender Beobachter; Au|ßen|ste|hen|de, der u. die; -n, -n, au|ßen Ste|hen|de, der u. die; - -n, - -n ↑D 58
Au|ßen|stel|le
Au|ßen|stür|mer; Au|ßen|stür|me|rin
Au|ßen|tem|pe|ra|tur; Au|ßen|trep|pe; Au|ßen|tür
Au|ßen|ver|tei|di|ger; Au|ßen|ver|tei|di|ge|rin
Au|ßen|wand; Au|ßen|welt; Au|ßen|wirt|schaft
au|ßer *s. Kasten Seite 233*
Au|ßer|acht|las|sung
au|ßer|amt|lich; au|ßer|be|ruf|lich
au|ßer|be|trieb|nah|me, die; -, -n
au|ßer|bi|lan|zi|ell (*Wirtsch.* nicht in der Bilanz erfasst)
au|ßer|börs|lich; außerbörslicher Handel
au|ßer dass
au|ßer dem [*auch* ...′deːm]
au|ßer|dienst|lich
äu|ße|re ↑D 140: die Äußere Mongolei; Äu|ße|re, das; ...r[e]n; im Äußer[e]n; sein Äußeres; ein erschreckendes Äußere[s]; Minister des Äußeren
au|ßer|ehe|lich; au|ßer|eu|ro|pä|isch; au|ßer|ge|richt|lich; au|ßer|ge|wöhn|lich
au|ßer|halb; außerhalb von München; *als Präp. mit Gen.:* außerhalb Münchens
au|ßer|ir|disch; Au|ßer|ir|di|sche, der u. die; -n, -n
Au|ßer|kraft|set|zung

ausstecken

au|ßer

Konjunktion:
– außer dass/wenn/wo

mit Komma:
– wir fahren in die Ferien, außer [wenn] es regnet
↑D 126

ohne Komma:
– niemand kann diese Schrift lesen außer er selbst

Präposition mit Dativ:
– niemand kann es lesen außer ihm selbst
– außer [dem] Haus[e]
– außer allem Zweifel
– außer Dienst (*Abk*. a. D.)
– außer Rand und Band
– ich bin außer mir (empört)
– außer Acht lassen; außer aller Acht lassen

Präposition mit Akkusativ (bei Verben der Bewegung):
– außer allen Zweifel setzen
– etwas außer jeden Zusammenhang stellen

Präposition mit Dativ oder Akkusativ:
– ich gerate außer mir *od*. mich vor Freude

Präposition mit Genitiv nur in:
– außer Landes gehen, sein

Zusammen- oder Getrenntschreibung bei:
– **außerstande** *od*. außer Stande sein
– sich **außerstande** *od*. außer Stande sehen
– **außerstand** *od*. außer Stand setzen
– *Aber nur:* außer Frage stehen, außer Landes sein

äu|ßer|lich; Äu|ßer|lich|keit
äu|ßerln *nur im Infinitiv gebr.* (*österr. ugs.*): seinen Hund äußerln führen; äußerln gehen
au|ßer|mit|tig *vgl.* ausmittig
äu|ßern; ich äußere; sich äußern
au|ßer|or|dent|lich [*auch* 'aʊ...] ↑D 89: außerordentliche Kündigung; außerordentlicher [Professor], außerordentliche [Professorin] (*Abk*. ao., a. o. [Prof.])
au|ßer|orts (außerhalb einer Ortschaft)
au|ßer|par|la|men|ta|risch ↑D 89: die außerparlamentarische Opposition (*Abk*. APO, *auch* Apo)
au|ßer|plan|mä|ßig (*Abk*. apl.);
↑D 89: außerplanmäßiger [Professor], außerplanmäßige [Professorin] (*Abk*. apl. [Prof.])
Au|ßer|rho|den (*kurz für* Appenzell Außerrhoden)
au|ßer|schu|lisch
au|ßer|sinn|lich; außersinnliche Wahrnehmung

äu|ßerst

Kleinschreibung:
– mit äußerster Konzentration

Großschreibung der Substantivierung ↑D 72:
– das Äußerste befürchten
– 20 Euro sind *od*. ist das Äußerste
– das Äußerste, was ...
– es zum Äußersten kommen lassen
– bis zum Äußersten gehen

Groß- oder Kleinschreibung ↑D 75:
– auf das, aufs **Äußerste** *od*. auf das, aufs äußerste (sehr) erschrocken sein

---

au|ßer|stand [*auch* 'aʊ...], au|ßer Stand *vgl*. außer
au|ßer|stan|de, au|ßer Stan|de *vgl*. außer
äu|ßers|ten|falls; *vgl. auch* ¹Fall
Au|ßer|streit|rich|ter (*österr. Rechtsspr*.); Au|ßer|streit|ver|fah|ren (*österr. Rechtsspr. für ein besonderes zivilrechtliches Verfahren*)
au|ßer|tour|lich [...tu:ɐ̯...] (*österr. für* außer der Reihe)
Äu|ße|rung
au|ßer|uni|ver|si|tär
au|ßer|un|ter|richt|lich
au|ßer wenn/wo
aus|set|zen; Aus|set|zer (*ugs. auch für* Geistesabwesenheit, Erinnerungslücke); Aus|set|zung
Aus|si *vgl*. Aussie
Aus|sicht, die; -, -en
aus|sichts|los; Aus|sichts|lo|sig|keit
Aus|sichts|punkt
aus|sichts|reich
Aus|sichts|turm
aus|sichts|voll
Aus|sichts|wa|gen
Aus|sie, Aus|si, der; -s, -s *u*. die; -, -s (*ugs. für* Australier, Australierin)
aus|sie|ben
aus|sie|deln; Aus|sie|de|lung
Aus|sied|ler; Aus|sied|ler|hof; Aus|sied|le|rin; Aus|sied|lung
aus|sit|zen (*ugs. auch für* in der Hoffnung, dass sich etwas von allein erledigt, untätig bleiben)
aus|söh|nen; sich aussöhnen; Aus|söh|nung
aus|son|dern; Aus|son|de|rung
aus|sor|gen; ausgesorgt haben
aus|sor|tie|ren; Aus|sor|tie|rung
aus|sour|cen [...sɔːɐ̯sn̩] (*svw*. out-

sourcen); ich source aus; sie sourct aus; auszusourcen; ausgesourct
aus|spä|hen; Aus|spä|hung
Aus|spann, der; -[e]s, -e (*früher für* Wirtshaus mit Stall)
aus|span|nen; Aus|span|nung
aus|spa|ren; Aus|spa|rung
aus|spei|en
aus|spei|sen (*bayr., österr. für* beköstigen); Aus|spei|sung
aus|sper|ren; Aus|sper|rung
aus|spie|len; Aus|spie|lung
aus|spin|nen
aus|spi|o|nie|ren
Aus|spra|che
Aus|spra|che|an|ga|be; Aus|spra|che|be|zeich|nung; Aus|spra|che|wör|ter|buch
aus|sprech|bar; aus|spre|chen; sich aussprechen
aus|spren|gen; ein Gerücht aussprengen
aus|sprit|zen; Aus|sprit|zung
Aus|spruch
aus|spu|cken
aus|spü|len; Aus|spü|lung
aus|staf|fie|ren (ausstatten); Aus|staf|fie|rung
Aus|stand (*schweiz. auch für* vorübergehendes Verlassen eines Gremiums); in den Ausstand treten (streiken); aus|stän|dig (*südd., österr. für* ausstehend); Aus|ständ|ler (Streikender); Aus|ständ|le|rin
aus|stan|zen
aus|stat|ten; Aus|stat|ter; Aus|stat|te|rin; Aus|stat|tung; Aus|stat|tungs|film
Aus|stat|tungs|li|nie (*bes. Kfz-Bau*); Aus|stat|tungs|stück
aus|ste|chen
aus|ste|cken

ausstehen

aus|ste|hen; jmdn. nicht ausstehen können

aus|stei|fen *(Bauw.);* **Aus|stei|fung**

aus|stei|gen; Aus|stei|ger (jmd., der seinen Beruf, seine gesellschaftliche Rolle o. Ä. plötzlich aufgibt); **Aus|stei|ge|rin**

aus|stei|nen; Pflaumen aussteinen

aus|stel|len

Aus|stel|ler; Aus|stel|le|rin

Aus|stell|fens|ter *(Kfz-Technik)*

Aus|stel|lung

Aus|stel|lungs|er|öff|nung; Aus|stellungs|flä|che; Aus|stel|lungs|gelän|de; Aus|stel|lungs|hal|le; Aus|stel|lungs|ka|ta|log; Aus|stellungs|pa|vil|lon; Aus|stel|lungsraum; Aus|stel|lungs|stand; Aus|stel|lungs|stück

Aus|ster|be|etat; in Wendungen wie auf dem Aussterbeetat stehen *(ugs. für jede Bedeutung verlieren),* auf den Aussterbeetat setzen *(ugs. für zum Verschwinden verurteilen)*

aus|ster|ben

Aus|steu|er, die; -, -n *Plur.* selten

aus|steu|ern; Aus|steu|e|rung

Aus|stich (das Beste [vom Wein]; *Sport schweiz.* auch für Entscheidungskampf)

Aus|stieg, der; -[e]s, -e; **Aus|stiegluke**

aus|stop|fen; Aus|stop|fung

Aus|stoß, der; -es, Ausstöße *Plur.* selten (z. B. von Bier)

aus|sto|ßen; Aus|sto|ßung

aus|strah|len; Aus|strah|lung

aus|stre|cken

aus|strei|chen

aus|streu|en; Gerüchte ausstreuen; **Aus|streu|ung**

Aus|strich *(Med.)*

aus|strö|men

aus|stül|pen; Aus|stül|pung

aus|su|chen; ich suche es mir aus

aus|sü|ßen (zu Süßwasser werden)

aus|tan|zen *(bes. Fußball* den Gegner geschickt umspielen)

aus|ta|pe|zie|ren

aus|ta|rie|ren (ins Gleichgewicht bringen)

Aus|tausch

aus|tausch|bar; Aus|tausch|bar|keit

Aus|tausch|dienst (Einrichtung, die den [internationalen] Austausch von Studierenden, Lehrkräften u. a. organisiert)

aus|tau|schen

Aus|tausch|jahr

Aus|tausch|mo|tor ([als neuwertig geltender] Ersatzmotor)

Aus|tausch|schü|ler; Aus|tauschschü|le|rin

Aus|tausch|stoff (künstlicher Roh- u. Werkstoff)

Aus|tausch|stu|dent; Aus|tauschstu|den|tin

aus|tausch|wei|se

aus|tei|len; Aus|tei|lung

Aus|ten [ɔːstn], Jane (engl. Schriftstellerin)

Aus|te|nit, der; -s, -e ⟨nach dem engl. Forscher Roberts-Austen⟩ (ein Eisenmischkristall)

Aus|ter, die; -, -n ⟨niederl.⟩ (essbare Meeresmuschel)

Aus|te|ri|tät, die; - ⟨lat.⟩ *(bildungsspr.* für Strenge, Sparsamkeit); **Aus|te|ri|täts|po|li|tik,** die; - (staatliche Sparpolitik); **Aus|te|ri|ty** [ɔː...ti], die; - ⟨engl. Bez. für Strenge; wirtschaftliche Einschränkung⟩

Aus|ter|litz (Schlachtort bei Brünn)

Aus|tern|bank *Plur.* ...bänke; **Aus|tern|fi|scher** (Watvogel); **Austern|park; Aus|tern|zucht**

aus|tes|ten

aus|the|ra|piert *(Med.* auf keine Therapie mehr reagierend)

aus|ti|cken *(ugs.* für durchdrehen, die Nerven verlieren)

aus|til|gen

aus|til|len *(ugs.* für die Beherrschung verlieren)

aus|to|ben; sich austoben

aus|ton|nen *(Seew.* ausbojen)

Aus|trag, der; -[e]s *(südd. u. österr.* auch für Altenteil); zum Austrag kommen *(Amtsspr.)*

aus|tra|gen; Aus|trä|ger (Person, die etwas austrägt); **Aus|trä|gerin; Aus|träg|ler** *(südd. u. österr.* für Bauer, der auf dem Altenteil lebt); **Aus|träg|le|rin**

Aus|tra|gung; Aus|tra|gungs|modus; Aus|tra|gungs|ort

aus|trai|niert (völlig trainiert)

Aus|tra|li|an Open [ɔsˈtreɪljən ˈəʊpn] *Plur.* (Tennisturnier in Australien)

Aus|tra|li|en; Aus|tra|li|er; Aus|tra|li|e|rin; aus|tra|lisch; *aber* ↑ **D 150:** die Australischen Alpen

aus|träu|men; ausgeträumt

aus|trei|ben; Aus|trei|bung

aus|tre|ten

Aus|tria *(lat. Form von* Österreich); **aus|t|ri|a|kisch; Aus|t|ri|a|zis|mus,** der; -, ...men ⟨lat.⟩ (österr. Sprachvariante)

aus|trick|sen *(auch Sport)*

Aus|trieb (das Austreiben [von Pflanzen])

aus|trin|ken

Aus|tritt; Aus|tritts|er|klä|rung

aus|t|ro|asi|a|tisch; austroasiatische Sprachen

aus|trock|nen; Aus|trock|nung

Aus|t|ro|fa|schis|mus *[auch* ˈaʊs...] (österr. Sonderform des Faschismus [1933 bis 1938]); **Aus|t|ro|mar|xis|mus** *[auch* ˈaʊs...] (österr. Sonderform des Marxismus vor 1938)

aus|trom|pe|ten *vgl.* ausposaunen

Aus|t|ro|pop (österr. Popmusik)

aus|tru|deln

aus|tüf|teln; Aus|tüf|te|lung, Austüf|tlung

aus|tun; sich austun können *(ugs. für sich ungehemmt betätigen können)*

aus|tup|fen; eine Wunde austupfen

aus|üben; Aus|übung

aus|ufern (über die Ufer treten; das Maß überschreiten); sie sagte, die Diskussion ufere aus

aus|ver|han|deln *(bes. österr. für* aushandeln, sich einigen)

Aus|ver|kauf; aus|ver|kau|fen; aus|ver|kauft

aus|ver|schämt *(landsch. für* dreist, unverschämt)

aus|wach|sen ↑ **D 82:** es ist zum Auswachsen *(ugs. für zum Verzweifeln); vgl.* ausgewachsen

aus|wä|gen *(fachspr.* für das Gewicht feststellen, vergleichen)

Aus|wahl; aus|wäh|len

Aus|wahl|fens|ter *(EDV);* **Aus|wahlmann|schaft; Aus|wahl|mög|lich|keit; Aus|wahl|spie|ler; Aus|wahlspie|le|rin; Aus|wahl|ver|fah|ren**

Aus|wahl|wet|te (Wette, bei der bestimmte Fußballergebnisse vorausgesagt werden müssen)

aus|wal|len *(bayr., österr. für* [Teig] ausrollen)

aus|wal|len *(schweiz., auch bayr. für* [Teig] ausrollen)

aus|wal|zen

Aus|wan|de|rer; Aus|wan|de|rerschiff; Aus|wan|de|rin

aus|wan|dern; Aus|wan|de|rung

Aus|wan|de|rungs|wel|le

aus|wär|tig; auswärtiger Dienst, *aber* ↑ **D 150:** das Auswärtige Amt *(Abk.* AA); Minister des Auswärtigen ↑ **D 72**

aus|wärts; von auswärts kommen; auswärts (im Restaurant) essen

Autobiographie

A
Auto

aus|wärts|bie|gen; auswärtsgebogene Gitterstäbe
Aus|wärts|er|folg (Sport)
aus|wärts|ge|hen (mit auswärtsgerichteten Füßen gehen)
Aus|wärts|hür|de (Sport)
aus|wärts|nie|der|la|ge (Sport)
aus|wärts|rich|ten; auswärtsgerichtete Zugkräfte (fachspr.)
Aus|wärts|sieg (Sport); Aus|wärts|spiel (Sport)

aus was / woraus
Aus was kommt in der gesprochenen Sprache recht häufig vor: Aus was wird das gemacht? Im geschriebenen Standarddeutsch wird in der Regel woraus verwendet: Woraus wird das gemacht?

aus|wa|schen; Aus|wa|schung
Aus|wech|sel|bank Plur. ...bänke
aus|wech|sel|bar
aus|wech|seln; Aus|wech|se|lung, Aus|wechs|lung
Aus|weg; aus|weg|los; Aus|weg|lo|sig|keit
aus|wei|che; aus|wei|chen vgl. ²weichen; aus|wei|chend
Aus|weich|ma|nö|ver; Aus|weich|mög|lich|keit; Aus|weich|stel|le
aus|wei|den (Jägerspr. Eingeweide entfernen [bei Wild usw.])
aus|wei|nen; sich ausweinen
Aus|weis, der; -es, -e; aus|wei|sen; sich ausweisen
Aus|weis|kon|trol|le
aus|weis|lich (Amtsspr. wie aus ... zu erkennen ist); Präp. mit Gen.: ausweislich der Akten
Aus|weis|pa|pier meist Plur.
aus|wei|ßen (z. B. einen Stall)
Aus|wei|sung
aus|wei|ten; Aus|wei|tung
aus|wel|len; Teig auswellen
aus|wen|dig; etwas auswendig lernen, wissen; auswendig gelernte od. auswendiggelernte Formeln ↑D58
Aus|wen|dig|ler|nen, das; -s
aus|wer|fen; Aus|wer|fer (Technik)
aus|wer|keln; das Türschloss ist ausgewerkelt (österr. ugs. für ausgeleiert, stark abgenutzt)
aus|wer|ten; Aus|wer|tung
aus|wet|zen; eine Scharte auswetzen
aus|wi|ckeln
aus|wie|gen vgl. ausgewogen
aus|wil|dern; Aus|wil|de|rung

aus|win|den (landsch. u. schweiz. für auswringen)
aus|win|tern (durch Frost Schaden leiden); die Saat ist ausgewintert; Aus|win|te|rung, die; -
aus|wir|ken, sich; Aus|wir|kung
aus|wi|schen; jmdm. eins auswischen (ugs. für schaden)
aus|wit|tern (verwittern; an die Oberfläche treten lassen)
aus|wrin|gen; Wäsche auswringen
Aus|wuchs, der; -es, ...wüchse
aus|wuch|ten (bes. Kfz-Technik); Aus|wuch|tung
Aus|wurf
Aus|würf|ling (Geol. von einem Vulkan ausgeworfenes Magma- od. Gesteinsbruchstück); Aus|wurf[s]|mas|se (Geol.)
aus|zah|len; das zahlt sich nicht aus (ugs. für lohnt sich nicht)
aus|zäh|len; Aus|zähl|reim (bes. österr. für Abzählreim)
Aus|zah|lung
Aus|zäh|lung
aus|zan|ken (landsch. für ausschimpfen)
aus|zeh|ren; Aus|zeh|rung (Kräfteverfall)
aus|zeich|nen; sich auszeichnen; Aus|zeich|nung; Aus|zeich|nungs|pflicht
Aus|zeit (Sport Spielunterbrechung)
aus|zieh|bar; Aus|zieh|couch
aus|zie|hen; sich ausziehen
Aus|zieh|tisch
aus|zir|keln (genau ausmessen)
aus|zi|schen (durch Zischen sein Missfallen kundtun)
aus|zo|nen (schweiz. Amtsspr. für aus einer Bauzone ausgliedern)
Aus|zu|bil|den|de, der u. die; -n, -n; Kurzw. Azubi
aus|zu|cken (österr. ugs. für die Beherrschung verlieren)
Aus|zug (südd., österr. auch für Altenteil); Aus|züg|ler (landsch. für auf dem Altenteil lebender Bauer); Aus|züg|le|rin
Aus|zug|mehl vgl. Auszug[s]mehl
Aus|zugs|bau|er (vgl. ²Bauer; österr. für auf dem Altenteil lebender Bauer); Aus|zugs|bäu|e|rin
Aus|zug[s]|mehl (feines, kleiefreies Weizenmehl); aus|zugs|wei|se
aus|zup|fen
au|t|ark (griech.) (sich selbst genügend; wirtschaftlich unabhängig vom Ausland); Au|t|ar|kie, die; -, ...ien (wirtschaftliche Unabhängigkeit vom Ausland)
Au|then|tie, die; - (griech.) (svw.

Authentizität); Au|then|ti|fi|ka|ti|on, die; -, -en (EDV); au|then|ti|fi|zie|ren (griech.; lat.) (die Echtheit bezeugen; beglaubigen; EDV einen Benutzer identifizieren)
au|then|tisch (griech.) (im Wortlaut verbürgt; echt); au|then|ti|sie|ren (geh. für glaubwürdig, rechtsgültig machen); Au|then|ti|sie|rung
Au|then|ti|zi|tät, die; - (Echtheit; Rechtsgültigkeit)

autorisieren
Das Wort ist mit »Autor« verwandt und wird deshalb im Deutschen (anders als im Englischen author und authorize) nicht mit th geschrieben.

Aut-idem-Re|ge|lung (lat; dt.) (Regelung, nach der der Apotheker anstelle des verordneten Arzneimittels ein preisgünstigeres, wirkstoffgleiches Präparat auswählt)
Au|tis|mus, der; - ⟨griech.⟩ (Med. eine psych. Störung); Au|tist, der; -en, -en; Au|tis|tin; au|tis|tisch
Au|to, das; -s, -s ⟨griech.⟩ (kurz für Automobil); ↑D 54: Auto fahren; ich bin Auto gefahren
au|to... ⟨griech.⟩ (selbst...)
Au|to... (Selbst...)
Au|to|at|las
Au|to|bahn (Zeichen A, z. B. A 14)
Au|to|bahn|an|bin|dung; Au|to|bahn|an|schluss; au|to|bahn|ar|tig; Au|to|bahn|auf|fahrt; Au|to|bahn|aus|fahrt; Au|to|bahn|brü|cke; Au|to|bahn|drei|eck; Au|to|bahn|ein|fahrt; Au|to|bahn|ge|bühr; Au|to|bahn|kno|ten (bes. österr.); Au|to|bahn|kreuz; Au|to|bahn|maut
Au|to|bahn|meis|te|rei (Dienststelle für die bautechnische Betreuung eines Autobahnabschnitts)
Au|to|bahn|pi|ckerl (österr. für Autobahnvignette); Au|to|bahn|rast|stät|te; Au|to|bahn|sta|ti|on (österr. für Autobahnraststätte); Au|to|bahn|vig|net|te; Au|to|bahn|zu|brin|ger
Au|to|bau|er (ugs. für Firma, die Autos herstellt)
Au|to|be|sit|zer; Au|to|be|sit|ze|rin
Au|to|bio|gra|fie, Au|to|bio|gra|phie, die; -, ...ien ⟨griech.⟩ (lite-

autobiografisch

rarische Darstellung des eigenen Lebens); au|to|bio|gra|fisch, au|to|bio|gra|phisch
Au|to|bom|be
Au|to|bus, der; ...busses, ...busse ⟨griech.; lat.⟩; vgl. auch Bus
Au|to|car, der; -s, -s ⟨franz.⟩ (schweiz. für [Reise]omnibus)
au|to|ch|thon [...x...] ⟨griech.⟩ (eingesessen); Au|to|ch|tho|ne, der u. die; -n, -n (Ureinwohner[in])
Au|to|cross, Au|to-Cross, das; -, -e (Geländeprüfung für Autosportler)
Au|to|dach
Au|to|da|fé, das; -s, -s ⟨port.⟩ (Ketzergericht u. -verbrennung)
Au|to|di|dakt, der; -en, -en ⟨griech.⟩ (jmd., der sich sein Wissen durch Selbstunterricht angeeignet hat); Au|to|di|dak|tin; au|to|di|dak|tisch
Au|to|drom, das; -s, -e ⟨griech.-franz.⟩ (ringförmige Straßenanlage für Renn- u. Testfahrten; österr. [Fahrbahn für] Skooter)
Au|to|ero|tik, die; - (svw. Masturbation); au|to|ero|tisch
Au|to|fäh|re
Au|to|fah|ren, das; -s ↑D 82, aber Auto fahren; Au|to|fah|rer; Au|to|fah|re|rin, Au|to|fah|rer|klub, Au|to|fah|rer|club (österr. für Automobilklub, Automobilclub); Au|to|fahrt
Au|to|fo|kus (Fotogr. Einrichtung zur automatischen Einstellung der Bildschärfe bei Kameras); Au|to|fo|kus|ka|me|ra
au|to|frei; autofreier Sonntag
Au|to|fried|hof (ugs.); Au|to|gas (Gasgemisch als Treibstoff für Kraftfahrzeuge)
au|to|gen ⟨griech.⟩ (ursprünglich; selbsttätig); autogenes od. Autogenes Training (Med. eine Methode der Selbstentspannung) ↑D 89
Au|to|graf, Au|to|graph, das; -s, Plur. -e od. -en (eigenhändig geschriebenes Schriftstück einer bedeutenden Persönlichkeit); Au|to|gra|fie, Au|to|gra|phie, die; -, ...ien (Druckw. Umdruckverfahren)
Au|to|gramm, das; -s, -e ⟨griech.⟩ (eigenhändig geschriebener Name); Au|to|gramm|jä|ger; Au|to|gramm|jä|ge|rin
Au|to|graph, Au|to|gra|phie vgl. Autograf, Autografie
Au|to|händ|ler; Au|to|händ|le|rin

Au|to|her|stel|ler; Au|to|her|stel|le|rin
Au|to|hil|fe; Au|to|hof (Einrichtung des Güterfernverkehrs)
Au|to|hyp|no|se ⟨griech.⟩ (Selbsthypnose)
Au|to|im|mun|er|kran|kung ⟨griech.; lat.; dt.⟩ (Med. Erkrankung, bei der das Immunsystem Antikörper gegen körpereigene Stoffe bildet)
Au|to|in|dus|t|rie; Au|to|kar|te; Au|to|kenn|zei|chen; Au|to|ki|no
Au|to|klav, der; -s, -en ⟨griech.; lat.⟩ (Gefäß zum Erhitzen unter Druck)
Au|to|kna|cker; Au|to|ko|lon|ne; Au|to|kon|zern (kurz für Automobilkonzern)
Au|to|kor|rek|tur (EDV eine Funktion in Textverarbeitungsprogrammen)
Au|to|kor|so
Au|to|krat, der; -en, -en ⟨griech.⟩ (Alleinherrscher; selbstherrlicher Mensch); Au|to|kra|tie, die; -, ...ien (unumschränkte [Allein]herrschaft); Au|to|kra|tin; au|to|kra|tisch
Au|to|len|ker (bes. österr. neben Autofahrer); Au|to|len|ke|rin
Au|to|ly|se, die; - ⟨griech.⟩ (Med. Abbau von Körpereiweiß ohne Mitwirkung von Bakterien)
Au|to|mar|der (ugs.; svw. Autoknacker); Au|to|mar|ke
Au|to|mat, der; -en, -en ⟨griech.⟩; am, auf den Automaten
Au|to|ma|ten|kna|cker; Au|to|ma|ten|re|s|tau|rant
Au|to|ma|tik, die; -, -en (Vorrichtung, die einen techn. Vorgang steuert u. regelt); Au|to|ma|tik|ge|trie|be
Au|to|ma|ti|on, die; -, -en ⟨engl.⟩ (vollautomatische Fabrikation; EDV zusammenfassende Programmierung wiederkehrender Abläufe)
au|to|ma|ti|ons|un|ter|stützt (österr. für computergestützt)
au|to|ma|tisch ⟨griech.⟩ (selbsttätig; zwangsläufig)
au|to|ma|ti|sie|ren (auf vollautomatische Fabrikation umstellen); Au|to|ma|ti|sie|rung
Au|to|ma|tis|mus, der; -, ...men (sich selbst steuernder, unbewusster Ablauf)
Au|to|me|cha|ni|ker; Au|to|me|cha|ni|ke|rin
Au|to|mi|nu|te; zehn Autominuten entfernt

au|to|mo|bil; die automobile Gesellschaft; Au|to|mo|bil, das; -s, -e ⟨griech.; lat.⟩
Au|to|mo|bil|aus|stel|lung; Au|to|mo|bil|bau, der; -[e]s
Au|to|mo|bil|club vgl. Automobilklub; Au|to|mo|bil|in|dus|t|rie
Au|to|mo|bi|list, der; -en, -en (bes. schweiz. für Autofahrer); Au|to|mo|bi|lis|tin; Au|to|mo|bil|klub, Au|to|mo|bil|club; aber Allgemeiner Deutscher Automobil-Club (Abk. ADAC); Automobilclub von Deutschland (Abk. AvD)
Au|to|mo|bil|kon|zern
Au|to|mo|bil|sa|lon (Automobilausstellung)
Au|to|mon|teur (schweiz. für Automechaniker); Au|to|mon|teu|rin
au|to|nom ⟨griech.⟩ (selbstständig, unabhängig); Au|to|no|me, der u. die; -n, -n
Au|to|no|mie, die; -, ...ien (Selbstständigkeit, Unabhängigkeit)
Au|to|no|mie|be|hör|de (in den palästinensischen Autonomiegebieten)
Au|to|num|mer; Au|to|öl
Au|to|pa|pie|re Plur. (Wagenpapiere)
Au|to|pi|lot (automatische Steuerung von Flugzeugen u. Ä.)
Au|to|plas|tik, die (Med. Verpflanzung körpereigenen Gewebes)
Au|t|op|sie, die; -, ...ien ⟨griech.⟩ (Med. Leichenöffnung)
Au|tor, der; -s, ...oren ⟨lat.⟩ (Verfasser); des Autors; dem, den Autor
Au|to|ra|dio; Au|to|rei|fen; Au|to|rei|se|zug
Au|to|ren|film (Film, bei dem der Autor od. die Autorin des Drehbuchs auch Regie führt)
Au|to|ren|grup|pe; Au|to|ren|kol|lek|tiv (bes. in der DDR)
Au|to|ren|kor|rek|tur (selten für Autorkorrektur); Au|to|ren|le|sung
Au|to|ren|nen; Au|to|re|pa|ra|tur
Au|to|re|verse [...riv̯œːɐs], das; - ⟨engl.⟩ (Umschaltautomatik bei Kassettenrekordern)
Au|to|rin, die; -, -nen ⟨lat.⟩
Au|to|r(inn)en (Kurzform für Autorinnen u. Autoren)
Au|to|ri|sa|ti|on, die; -, -en (Ermächtigung, Vollmacht); au|to|ri|sie|ren; au|to|ri|siert ([einzig] berechtigt; ermächtigt); Au|to|ri|sie|rung

au|to|ri|tär (unbedingten Gehorsam fordernd; diktatorisch);
Au|to|ri|ta|ris|mus, der; - ⟨franz.⟩ (absoluter Autoritätsanspruch);
Au|to|ri|tät, die; -, -en (Einfluss u. Ansehen; bedeutende[r] Vertreter[in] eines Faches);
au|to|ri|ta|tiv (sich auf echte Autorität stützend, maßgebend);
au|to|ri|täts|gläu|big;
Au|tor|kor|rek|tur; **Au|tor|re|fe|rat** (Referat des Autors über sein Werk); **Au|tor|schaft**;
Au|to|sa|lon (kurz für Automobilsalon);
Au|to|schlan|ge; **Au|to|schlos|ser**; **Au|to|schlos|se|rin**; **Au|to|schlüssel**;
Au|to|sei|te (Teil einer Zeitung, in dem bes. über [neue] Autos berichtet wird);
Au|to|ser|vice, der, österr. auch das;
Au|to|skoo|ter vgl. Skooter;
Au|to|speng|ler (südd., österr., schweiz. für Karosserieschlosser); **Au|to|speng|le|rin**;
Au|to|stopp; vgl. ²Anhalter; **au|to|stop|pen** nur im Infinitiv gebr. (bes. österr.); **Au|to|stop|per**; **Au|to|stop|pe|rin**;
Au|to|stra|ße (österr. auch für autobahnähnliche Schnellstraße);
Au|to|strich (ugs. für Prostitution an Autostraßen);
Au|to|stun|de vgl. Autominute;
Au|to|sug|ges|ti|on [auch …'tio:n], die; -, -en ⟨griech.; lat.⟩ (Selbstbeeinflussung);
Au|to|te|le|fon;
Au|to|to|zoom (Med. Eigengift);
au|to|troph ⟨griech.⟩ (Biol. sich von anorganischen Stoffen ernährend);
Au|to|tür;
Au|to|ty|pie, die; -, …ien ⟨griech.⟩ (Druckw. netzartige Bildätzung für Buchdruck);
Au|to|un|fall; **Au|to|ver|kehr**; **Au|to|ver|lad** (schweiz.); vgl. Verlad; **Au|to|ver|leih**; **Au|to|ver|mietung**; **Au|to|wä|sche**; **Au|to|werkstatt**; **Au|to|wrack**;
Au|to|zoom (automatischer Zoom [vgl. d.])
autsch!
Au|ver|gne [oˈvɛrnjə], die; - (Region in Frankreich)
Au|wald, **Au|en|wald**
au|weh!; **au|wei!**; **au|weia!**
Au|xin, das; -s, -e ⟨griech.⟩ (Bot. Pflanzenwuchsstoff)
a v. = a vista

Aval, der, seltener das; -s, -e ⟨franz.⟩ (Bankw. Wechselbürgschaft); **ava|lie|ren** ([Wechsel] als Bürge unterschreiben)
Avan|ce [aˈvãːsə], die; -, -n ⟨franz.⟩ (veraltet für Vorteil; Vorschuss); jmdm. Avancen machen (jmdm. entgegenkommen, um ihn für sich zu gewinnen)
Avan|ce|ment [avãsəˈmãː], österr. avãsˈmãː], der; -s, -s (geh. für Beförderung)
avan|cie|ren (befördert werden)
Avant|gar|de [avã...], die; -, -n ⟨franz.⟩ (die Vorkämpfer für eine Idee); **Avant|gar|dis|mus** [avã...], der; -; **Avant|gar|dist**, der; -en, -en; **Avant|gar|dis|tin**; **avant|gar|dis|tisch**
avan|ti! ⟨ital.⟩ (ugs. für vorwärts!)
Ava|tar [auch ˈɛvətɐ], der; -s, -e [avaˈtaːrə] u. -s [ˈɛvətɐs] ⟨sanskr.-engl.⟩ (EDV bewegliche Grafik, die den Teilnehmer eines Chats darstellt)
AvD, der; - = Automobilclub von Deutschland
Ave, das; -[s], -[s] ⟨lat.⟩ (kurz für Ave-Maria); **Ave-Ma|ria**, das; -[s], -[s] ⟨»Gegrüßet seist du, Maria!«⟩ (kath. Gebet); **Ave-Ma|ria-Läu|ten**, das; -s ↑ D 27
Aven|tin, der; -[s] (Hügel in Rom); **Aven|ti|ni|sche Hü|gel**, der; -n -s
Aven|tiu|re […ˈtyː…], die; -, -n ⟨franz.⟩ (mhd. Ritterzählung; als Personifikation Frau Aventiure
Aven|tu|rin, der; -s, -e ⟨lat.-franz.⟩ (goldflimmriger Quarzstein); **Aven|tu|rin|glas**
Ave|nue [avəˈnyː], die; -, …uen […ˈnyːən] (Prachtstraße)
Aver|ro|es (arab. Philosoph u. Theologe im MA.)
Avers [österr. aˈvɛːr], der; -es, -e ⟨franz.⟩ (Münzw. Vorderseite [einer Münze])
Aver|si|on, die; -, -en ⟨lat.⟩ (Abneigung, Widerwille)
aver|siv (geh. für Widerwillen hervorrufend)
AVG = Angestelltenversicherungsgesetz
Avi|a|ri|um, das; -s, …ien ⟨lat.⟩ (großes Vogelhaus)
Avi|a|tik, die; - ⟨lat.⟩ (Flugtechnik, -wesen); **avi|a|tisch**
Avi|cen|na (latinisierter Name des pers. Philosophen u. Arztes Ibn Sina)
Avi|gnon [aviˈnjõː] (franz. Stadt)
Avis [aˈviː], der od. das; -, -, auch [aˈviːs], der od. das; -es, -e ⟨franz.⟩ (Wirtsch. Nachricht, Anzeige); **avi|sie|ren** (ankündigen; schweiz. auch für benachrichtigen)
¹Avi|so, der; -s, -s ⟨span.⟩ (früher kleines, schnelles Kriegsschiff)
²Avi|so, das; -s, -s ⟨ital.⟩ (österr. für Avis)
a vis|ta ⟨ital.⟩ (Bankw. bei Vorlage zahlbar; Abk. a v.); vgl. a prima vista; **Avis|ta|wech|sel** (Bankw.)
Avi|ta|mi|no|se, die; -, -n ⟨lat.⟩ (Med. durch Vitaminmangel hervorgerufene Krankheit)
avi|vie|ren ⟨franz.⟩ (Färberei Gewebe nachbehandeln)
Avo|ca|do, die; -, -s ⟨indian.-span.⟩ (eine Frucht)
Avo|da […v…] vgl. Awoda
Avo|ga|d|ro (ital. Physiker u. Chemiker)
Avus, die; - (Kurzw. für Automobil-Verkehrs- u. -Übungsstraße [frühere Autorennstrecke in Berlin, heute Teil der Stadtautobahn])
¹AWACS = airborne early warning and control system (Frühwarnsystem der NATO)
²AWACS [ˈɛvɛks, engl. ˈeɪwæks], die; -, -, auch [ˈeɪwæks], die; -, - (mit einem Frühwarnsystem ausgestattetes Aufklärungsflugzeug)
Award [əˈwɔːd], der; -s, -s ⟨engl. Bez. für von einer Jury verliehener Preis⟩
Awa|re, der; -n, -n (Angehöriger eines untergegangenen türk.-mongol. Steppennomadenvolkes); **Awa|rin**; **awa|risch**
Awes|ta, das; - ⟨pers.⟩ (heilige Schriften der Parsen); **awestisch**; awestische Sprache
Awo|da, Avo|da […v…], die; - ⟨hebr.⟩ (eine sozialist. Partei in Israel)
¹Axel (m. Vorn.)
²Axel, der; -s, - (kurz für Axel-Paulsen-Sprung); **Axel-Paulsen-Sprung** (nach dem norw. Eiskunstläufer Axel Paulsen benannter Kürsprung)
Axen|stra|ße, die; - (in der Schweiz)
axi|al ⟨lat.⟩ (in der Achsenrichtung; längs der Achse); **Axi|a|li|tät**, die; -, -en (Achsigkeit); **Axi|al|ver|schie|bung**
axil|lar ⟨lat.⟩ (Bot. achsel-, winkelständig); **Axil|lar|knos|pe** (Knospe in der Blattachsel)
Axi|om, das; -s, -e ⟨griech.⟩ (kei-

Axiomatik

nes Beweises bedürfender Grundsatz); **Axi|o|ma|tik**, die; - (Lehre von den Axiomen); **axi|o|ma|tisch**; **axi|o|ma|ti|sie|ren**
Ax|mins|ter|tep|pich, **Ax|minster-Tep|pich** ['ɛ...] ⟨nach dem engl. Ort⟩
Axo|lotl, der; -s, - ⟨aztekisch⟩ (mexik. Schwanzlurch)
Axon, das; -s, *Plur.* Axone *u.* Axonen (*Biol.* zentraler Strang einer Nervenfaser)
Axt, die; -, Äxte; **Axt|helm** (Axtstiel); *vgl.* ²Helm; **Axt|hieb**
Aya|tol|lah *vgl.* Ajatollah
aye [aɪ] ⟨engl.⟩ (*Seemannsspr.* ja, zu Befehl!); aye, aye, Käpten!
Aye-Aye, das *od.* der; -[s], -s ⟨Malagassi⟩ (Fingertier, ein Halbaffe)
Ay|ers Rock ['ɛːɐs -] (Berg in Australien); *vgl.* Uluru
Ay|ran, der *od.* das; -[s], -[s] ⟨türk.⟩ (ein Joghurtgetränk)
Ayur|ve|da, **Ayur|we|da** [ajʊr...], der; -[s] ⟨sanskr.⟩ (Sammlung der wichtigsten Lehrbücher der altindischen Medizin); **ayur|ve|disch**, ayur|we|disch
a. Z. = auf Zeit
AZ = Arizona
AZ, Az. = Aktenzeichen
Aza|lee, *seltener* **Aza|lie**, die; -, -n ⟨griech.⟩ (eine Zierpflanze)
Aze|tat, *fachspr.* Acetat, das; -s, -e ⟨lat.⟩ (*Chemie* Salz der Essigsäure; Chemiefaser); **Azetat|sei|de**, *fachspr.* Acetatseide
Aze|ton, *fachspr.* Aceton, das; -s (ein Lösungsmittel)
Aze|ty|len, *fachspr.* Acetylen, das; -s (gasförmiger Kohlenwasserstoff); **Aze|ty|len|gas**, *fachspr.* Acetylengas; **Aze|tylsa|li|zyl|säu|re**, *fachspr.* Acetylsalicylsäure (ein schmerzstillender Wirkstoff)
Azid, das; -[e]s, -e ⟨griech.⟩ (*Chemie* Salz der Stickstoffwasserstoffsäure); **Azi|di|tät** *vgl.* Acidität; **Azi|do|se** *vgl.* Acidose
Azi|mut, das, *auch* der; -s, -e ⟨arab.⟩ (*Astron.* eine bestimmte Winkelgröße)
Azo|farb|stoff ⟨griech.; dt.⟩ (*Chemie* Farbstoff aus der Gruppe der Teerfarbstoffe)
Azo|i|kum, das; -s ⟨griech.⟩ (*Geol.* erdgeschichtl. Urzeit ohne Spuren organ. Lebens); **azoisch**
Azoo|sper|mie [atsoo...], die; -, ...jen (*Biol., Med.* Fehlen reifer Samenzellen in der Samenflüssigkeit)
Azo|ren *Plur.* (Inselgruppe im Atlantischen Ozean); **Azo|rer**; **Azo|re|rin**; **azo|risch**
Az|te|ke, der; -n, -n (Angehöriger eines Indianerstammes in Mexiko); **Az|te|ken|reich**, das; -[e]s; **Az|te|kin**; **az|te|kisch**
Azu|bi [*auch* a'tsu:...], der; -s, -s *u.* die; -, -s (*ugs. für* Auszubildende[r]); **Azu|bi|ne**, *seltener* **Azu|bi|e|ne**, die; -, -n (*ugs. scherzh. für* Auszubildende)
Azu|le|jo [...xɔ], der; -[s], -s *meist Plur.* ⟨span.⟩ (bunte Wandkachel)
Azur, der; -s ⟨pers.⟩ (*geh. für* Himmelsblau); **Azu|ree|li|ni|en** *Plur.* (waagerechtes, meist wellenförmiges Linienband auf Vordrucken [z. B. auf Schecks]); **azu|riert**
Azu|rit, der; -s (ein dunkelblaues Mineral); **azurn** (himmelblau)
azy|k|lisch ⟨griech.⟩ (*bes. Med.* zeitlich unregelmäßig)
Az|zur|ri ⟨ital., »die Blauen«⟩, *ugs. auch* **Az|zur|ris** *Plur.* (Bez. für ital. Sportmannschaften)

B

b (*Zeichen für* b-Moll); in b
b, B, das; -, - (Tonbezeichnung)
b. = bei[m]
B (*Zeichen für* B-Dur); in B
B = *Zeichen für* Bel; Bundesstraße
B (*chem. Zeichen für* Bor)
B (Buchstabe); das B; des B, die B, *aber* das b in Abend; der Buchstabe B, b
B [*auf dt. Kurszetteln*] = Brief (d. h., das Wertpapier wurde zum angegebenen Preis angeboten)
B. = Bachelor
B, β = Beta
Ba (*chem. Zeichen für* Barium)
B. A. ['biː 'eɪ] = Bachelor of Arts; *vgl.* Bachelor
¹BA = Berufsakademie
²BA [biː'eɪ], die; - = British Airways
Baal ⟨hebr.⟩ (semit. Wetter- u. Himmelsgott)
Baal|bek (Stadt im Libanon)
Baals|dienst, der; -[e]s
Baar, die; - (Gebiet zwischen Schwarzwald u. Schwäbischer Alb)
Baas, der; -es, -e ⟨niederl.⟩ (*nordd., bes. Seemannsspr.* Herr, Meister, Aufseher)
BAB = Bundesautobahn
¹ba|ba, **bä|ba** (*Kinderspr.* schmutzig, eklig)
²ba|ba (*österr. Kinderspr.* Abschiedsgruß)
bab|beln (*landsch. für* schwatzen); ich babb[e]le
Ba|bel *vgl.* Babylon
Ba|ben|ber|ger, der; -s, - (Angehöriger eines Fürstengeschlechtes); **Ba|ben|ber|ge|rin**
Ba|bet|te (w. Vorn.)
Ba|bu|sche [*auch* ...'buː...], Pampu|sche [*auch* ...'puː...], die; -, -n ⟨pers.⟩ (*landsch., bes. ostmitteld. für* Stoffpantoffel)
Ba|by ['beːbi], das; -s, -s ⟨engl.⟩ (Säugling, Kleinkind)
Ba|by|ak|tie (*Wirtsch.* Aktie mit kleinem Nennwert)
Ba|by|bauch; **Ba|by|bäuch|lein**
Ba|by|blues, der; - ⟨engl.⟩ (depressive Verstimmung der Mutter in den ersten Tagen nach der Geburt)
Ba|by|boom (Anstieg der Geburtenzahlen); **Ba|by|boo|mer**, der; -s, - (jmd., der zu den geburtenstarken Jahrgängen gehört); **Ba|by|boo|me|rin**
Ba|by|fon®, **Ba|by|phon**, das; -s, -e (telefonähnliches Gerät, das Geräusche aus dem Kinderzimmer überträgt)
Ba|by|glück (Glücksgefühl, ein Baby zu haben)
Ba|by|jahr (einjähriger Erziehungsurlaub)
Ba|by|klap|pe (anonyme Abgabestelle für Säuglinge); **Ba|byklei|dung**; **Ba|by|korb** (*auch svw.* Babyklappe); **Ba|by|lei|che**
ba|by|leicht (*ugs. für* ganz leicht, einfach)
Ba|by|lon, **Ba|bel** (Ruinenstadt am Euphrat)
Ba|by|lo|ni|en (antiker Name für das Land zwischen Euphrat u. Tigris); **Ba|by|lo|ni|er**; **Ba|by|lo-**

Backloading

Ba|che|lor

['bɛtʃələ]
der; -[s], -s
⟨engl.⟩

(unterster akademischer Grad; *Abk.* B.)
Im deutschsprachigen Raum vergebene Bachelorgrade und die zugehörigen Abkürzungen in Auswahl:
– Bachelor of Arts [- - 'aːɐ̯ts] (Abschluss in den Geistes-, Sozial- oder Wirtschaftswissenschaften; *Abk.* B. A., z. B. Claudia Meier B. A.)
– Bachelor of Engineering [- - ɛndʒɪ'nɪːrɪŋ] (Abschluss in den Ingenieurwissenschaften; *Abk.* B. Eng.)
– Bachelor of Laws [- - 'lɔːs] (Abschluss in den Rechtswissenschaften; *Abk.* LL. B.)
– Bachelor of Science [- - 'saɪ̯əns] (Abschluss in den Natur-, Ingenieur- oder Wirtschaftswissenschaften; *Abk.* B. Sc.)

Vgl. Bakkalaureus

B
Back

---

ni|e|rin; ba|by|lo|nisch; ein babylonisches Sprachengewirr; *aber* ↑**D 150**: die Babylonische Gefangenschaft; der Babylonische Turm
Ba|by|mas|sa|ge
Ba|by|nah|rung ['beː...]
Ba|by|pau|se (Unterbrechung der Erwerbstätigkeit durch die Geburt eines Kindes)
Ba|by|phon *vgl.* Babyfon
Ba|by|po|po, Ba|by|po *(fam.)*
Ba|by|pup|pe
Ba|by|schwim|men, das; -s
ba|by|sit|ten *(ugs.)*; sie babysittet, hat babygesittet *od.* gebabysittet; Ba|by|sit|ter, der; -s, - ⟨engl.⟩ (jmd., der Kleinkinder bei Abwesenheit der Eltern beaufsichtigt); Ba|by|sit|te|rin
Ba|by|speck, der; -[e]s
Ba|by|strich *(ugs. für* [Straße mit] Prostitution von Minderjährigen)
Ba|by|zel|le (kleine Batterie)
Bac|ca|ra, Bac|ca|rat, Bak|ka|rat [...ra(t), *auch* ...'raː], das; -[s] ⟨franz.⟩ (ein Kartenglücksspiel)
Bac|ca|ra|ro|se (eine tiefrote, sehr langstielige Rose)
Bac|cha|nal [...xaː..., *österr. meist* ...kaː...], das; -s, *Plur.* -e u. -ien ⟨griech.⟩ (altröm. Bacchusfest; wüstes Trinkgelage)
Bac|chant, der; -en, -en *(geh. für* weinseliger Trinker); Bac|chan|tin; bac|chan|tisch
bac|chisch (nach Art des Bacchus)
Bac|chi|us, der; -, ...ien (antiker Versfuß)
Bac|chus (röm. Gott des Weines)
¹Bach, der; -[e]s, Bäche
²Bach, Johann Sebastian (dt. Komponist)
bach|ab *(schweiz.);* bachab gehen

(zunichtewerden); bachab schicken (verwerfen, ablehnen)
Ba|cha|ta [...'tʃaː...], die; -, -s ⟨span.⟩ (aus der Karibik stammender Musikstil; ein Tanz)
Bach|bett
Ba|che, die; -, -n *(Jägerspr.* weibliches Wildschwein)
Ba|chel|lor *s.* Kasten
Ba|chel|lor|ab|schluss
Ba|chel|lor|ab|sol|ven|tin
Ba|chel|lor|ar|beit; Ba|che|lor|grad, der; Ba|che|lor|stu|di|en|gang; Ba|che|lor|stu|di|um
Bach|fo|rel|le; Bach|lauf
Bäch|lein
Bach|mann (österr. Schriftstellerin)
Bach®-Blü|ten, Bach|blü|ten ⟨nach dem brit. Arzt E. Bach⟩ (Essenz aus bestimmten Blüten u. Pflanzenteilen zur Beeinflussung seelisch-geistiger Zustände); Bach®-Blü|ten-The|ra|pie, Bach|blü|ten|the|ra|pie
Bach|stel|ze
Bach-Wer|ke-Ver|zeich|nis ↑**D 137**
back *(Seemannsspr.* zurück)
¹Back, die; -, -en *(Seemannsspr.* [Ess]schüssel; Esstisch; Tischgemeinschaft; Aufbau auf dem Vordeck)
²Back [bɛk], der; -s, -s ⟨engl.⟩ *(schweiz. u. österr., sonst veraltet für* [Fußball]verteidiger)
Back|blech
Back|bone ['bɛkbɔʊ̯n], der *od.* das; -s, -s ⟨engl.⟩, »Rückgrat«⟩ *(EDV* Hauptstrang, Kern eines Datenübertragungsnetzes)
Back|bord, das; -[e]s, -e (linke Schiffsseite [von hinten gesehen]); back|bord[s]
Bäck|chen

Ba|cke, die; -, -n, *landsch.* Ba|cken, der; -s, -

ba|cken

Für »backen« gibt es in Präsens und Präteritum neben regelmäßigen auch unregelmäßige Formen:
– du bäckst *od.* backst
– er/sie bäckt *od.* backt
– du backtest *(älter* buk[e]st)
– du backtest *(älter* bükest)
– gebacken; back[e]!

In der Bedeutung »kleben« wird nur regelmäßig gebeugt:
– der Schnee backt, backte, hat gebackt *(vgl.* festbacken)

Ba|cken|bart; Ba|cken|streich; Ba|cken|ta|sche *(Zool.);* Ba|cken|zahn
Bä|cker
Back|erb|se *(bes. österr.)*
Bä|cke|rei *(österr. auch für* süßes Kleingebäck); Bä|cke|rin
Bä|cker|in|nung; Bä|cker|jun|ge, der *(veraltet);* Bä|cker|la|den
Bä|cker|meis|ter; Bä|cker|meis|te|rin; Bä|cker[s]|frau
Back|fisch *(veraltet auch für* junges Mädchen)
Back|gam|mon [bɛk'gɛmən], das; -[s] ⟨engl.⟩ (ein Würfelspiel)
Back|ground ['bɛkgraʊ̯nt], der; -s, -s ⟨engl.⟩ (Hintergrund; *übertr. für* [Lebens]erfahrung)
Back|ground|sän|ger; Back|ground|sän|ge|rin
Back|hendl *(österr. für* paniertes Hähnchen)
Back|hendl|sta|ti|on *(bayr., österr.)*
Back|huhn *vgl.* Backhendl
Back|list ['bɛk...], die; -, -s ⟨engl.⟩ (Liste lieferbarer Bücher)
Back|loa|ding ['bɛklɔʊ̯dɪŋ], das; -[s] ⟨engl.⟩ *(Wirtsch.* erneute,

Backobst

B Back

zeitlich verzögerte Herausgabe von Emissionszertifikaten)
Back|obst; Back|ofen
Back|of|fice ['bɛkˌɔfɪs], das; -, -s (*Finanzw.* Buchhaltung)
Back|pa|cker ['bɛkpɛkɐ], der; -s, - ⟨engl.⟩ (Rucksacktourist); **Back|pa|cke|rin**
Back|pa|pier
Back|pfei|fe (*landsch. für* Ohrfeige); **back|pfei|fen** (*landsch.*); sie backpfeifte ihn, hat ihn gebackpfeift; **Back|pfei|fen|gesicht** (*abwertend*)
Back|pflau|me; Back|pul|ver; Back|rohr (*südd., österr.*); **Back|röh|re**
Back|schaft (*Seemannsspr.* Tischgemeinschaft)
Back|slash ['bɛkslɛʃ], der; -s, -s ⟨engl.⟩ (*EDV* Schrägstrich von links oben nach rechts unten)
Back|stag (*Seemannsspr.* den Mast von hinten haltendes Seil)
back|stage ['bɛksteɪdʒ] ⟨engl.⟩ (hinter der Bühne, den Kulissen); **Back|stage**, die; -, -s (Raum hinter der Bühne); **Back|stage|aus|weis**
Back|stein; Back|stein|bau *Plur.* ...bauten; **Back|stein|mau|er**
Back|stu|be
Back-up, Back|up ['bɛkʌp], das *od.* der; -s, -s ⟨engl.⟩ (*EDV* Sicherungskopie)
Back|wa|re *meist Plur.*; **Back|werk**, das; -[e]s
¹**Bal|con** ['beːkŋ], der; -s ⟨engl.⟩ (Frühstücksspeck)
²**Bal|con** ['bɛkŋ], Francis ['fraːnsɪs] (engl. Philosoph)
Bad, das; -[e]s, Bäder; Bad Kösen, Bad Homburg v. d. H., Stuttgart-Bad Cannstatt ↑D 144 *u.* 147
Bad... (*südd., österr., schweiz.* in Zusammensetzungen neben Bade..., z. B. Badanstalt)
Bad Aus|see *vgl.* Aussee, Bad
Bad Bank ['bɛt ˈbɛŋk], die; --, --s ⟨engl.⟩ (Bank, die schlechte Kredite von anderen Banken übernimmt)
Bad Bram|bach *vgl.* Brambach, Bad
Ba|de|an|stalt; Ba|de|an|zug
Ba|de|arzt; Ba|de|är|z|tin
Ba|de|gast; Ba|de|hau|be; Ba|de|ho|se; Ba|de|kap|pe; Ba|de|kleid *vgl.* Badkleid; **Ba|de|man|tel; Ba|de|mat|te**
Ba|de|meis|ter, *schweiz. auch* Badmeister; **Ba|de|meis|te|rin**, *schweiz. auch* Badmeisterin
Ba|de|müt|ze

ba|den; baden gehen (*ugs. auch für* scheitern)
Ba|den (Teil des Bundeslandes Baden-Württemberg)
Ba|den-Ba|den (Badeort im nördl. Schwarzwald); **Ba|den-Ba|de|ner; Ba|den-Ba|de|ne|rin**
Ba|de|ner; Ba|de|ne|rin
Ba|den|ser (Badener); **Ba|den|se|rin**
Ba|den-Würt|tem|berg ↑D 144 *u.* 145
Ba|den-Würt|tem|ber|ger
Ba|den-Würt|tem|ber|ge|rin
ba|den-würt|tem|ber|gisch
Ba|de|ort, der; -[e]s, -e
Ba|der (*veraltet für* Barbier; Heilgehilfe); **Ba|de|rin**
Ba|de|sai|son; Ba|de|salz
Ba|de|schiff (zu einem Schwimmbad umgebautes Schiff); **Ba|de|shorts** *Plur.*
Ba|de|strand; Ba|de|teich; Ba|de|tuch *Plur.* ...tücher; **Ba|de|wan|ne**, *schweiz. auch* Bad|wan|ne; **Ba|de|was|ser** *Plur.* ...wässer, *auch* ...wasser; **Ba|de|zeit; Ba|de|zim|mer**, *schweiz. auch* Bad|zimmer; **Ba|de|zu|satz**
Bad Gas|tein (*österr.* Badeort [bis 1996 »Badgastein«])
ba|disch ↑D 142 (aus Baden)
Bad Ischl (*österr.* Ischl, Bad
Bad|kleid, Ba|de|kleid (*schweiz. für* Badeanzug)
Bad|meis|ter, Bad|meis|te|rin *vgl.* Bademeister, Bademeisterin
Bad|min|ton ['bɛtmɪntn̩], das; - ⟨nach dem Landsitz des Herzogs von Beaufort in England⟩ (Federballspiel)
Bad Oeyn|hau|sen *vgl.* Oeynhausen, Bad
Bad Pyr|mont *vgl.* Pyrmont, Bad
Bad Ra|gaz *vgl.* Ragaz, Bad
Bad Salz|uf|len (Stadt am Teutoburger Wald)
Bad|wan|ne *vgl.* Badewanne
Bad Wö|ris|ho|fen *vgl.* Wörishofen, Bad
Bad|zim|mer *vgl.* Badezimmer
Bae|de|ker®, der; -[s], - (ein Reisehandbuch)
Ba|fel, der; -s, - ⟨jidd.⟩ (*landsch. für* Ausschussware; *nur Sing.:* Geschwätz)
baff (*ugs. für* verblüfft); baff sein
Ba|fin, Ba|Fin, die; - ⟨= Bundesanstalt für Finanzdienstleistungsaufsicht⟩
BA|föG, Ba|föG, das; -[s] = Bundesausbildungsförderungsgesetz (*auch* für Geldzahlungen nach diesem Gesetz)
Ba|ga|ge [...ʒə, *österr.* ...ʒ], die; -,

-n *Plur.* selten ⟨franz.⟩ (*veraltet für* Gepäck; *ugs. für* Gesindel)
Ba|gas|se, die; -, -n ⟨franz.⟩ (Pressrückstand bei der Rohrzuckergewinnung)
Ba|ga|tell|de|likt (*Rechtsspr.*)
Ba|ga|tel|le, die; -, -n ⟨franz.⟩ (unbedeutende Kleinigkeit)
ba|ga|tel|li|sie|ren (als unbedeutende Kleinigkeit behandeln); **Ba|ga|tel|li|sie|rung; Ba|ga|tell|sa|che; Ba|ga|tell|scha|den**
Bag|dad (Hauptstadt Iraks)
Bag|da|der; Bag|da|de|rin
Ba|gel ['beɪɡl], der; -s, -s ⟨jidd.-amerik.⟩ (ringförmiges Brotteiggebäck)
Bag|ger, der; -s, -; **Bag|ge|rer** (*ugs.*)
Bag|ger|füh|rer; Bag|ger|füh|re|rin
bag|gern; ich baggere
Bag|ger|prahm; Bag|ger|schau|fel; Bag|ger|see
Bag|gy Pants, Bag|gy|pants ['bɛɡipɛnts] *Plur.* ⟨engl.⟩ (weite Hose)
Bal|g|no ['banjo], das; -s, *Plur.* -s *u.* ...gni ⟨ital.⟩ (früher für Straflager [in Italien u. Frankreich])
Ba|guette [...'ɡɛt], das; -s, -s, *auch* die; -, -s ⟨franz.⟩ (franz. Stangenweißbrot)
bah!, pah! (Ausruf der Geringschätzung, des Ekels)
bäh! (Ausruf der Schadenfreude, des Ekels)
Ba|hai, der; -[s], -[s] ⟨pers.⟩ (Anhänger des Bahaismus); **Ba|ha|is|mus**, der; - (aus dem Islam hervorgegangene Religion)
Ba|ha|ma|er; Ba|ha|ma|e|rin
Ba|ha|ma|in|seln *vgl.* Bahamas
ba|ha|ma|isch
Ba|ha|mas *Plur.* (Inselstaat im Atlantischen Ozean)
Ba|har (w. Vorn. persischer Herkunft)
bä|hen (*südd., österr., schweiz. für* [Brot] leicht rösten)
Bahn, die; -, -en; Bahn fahren; ich breche mir Bahn; eine sich Bahn brechende Entwicklung; *vgl. aber* bahnbrechend
bahn|amt|lich (*früher*)
bahn|bre|chend; eine bahnbrechende Erfindung; *vgl. aber* Bahn; **Bahn|bre|cher; Bahn|bre|che|rin**
Bahn|bus; Bahn|card® [...kaːɐ̯t] (Kundenkarte der Deutschen Bahn AG, mit der Fahrkarten verbilligt gekauft werden können); **Bahn|damm; bah|nei|gen**
bah|nen; ich bahne mir einen Weg
bah|nen|wei|se

Bak|ka|lau|re|us

der; -, ...rei [...rei]
⟨mlat.⟩

(früherer akademischer Grad in Österreich; Inhaber des Bakkalaureats; *Abk. [bei Titeln]* Bakk.
– Bakkalaureus/Bakkalaurea der Kommunikationswissenschaften (*Abk.* Bakk. komm., z. B. Peter Müller Bakk. komm.)
– Bakkalaureus/Bakkalaurea der Künste (*Abk.* Bakk. art.)
– Bakkalaureus/Bakkalaurea der Naturwissenschaften (*Abk.* Bakk. rer. nat.)
– Bakkalaureus/Bakkalaurea der Philosophie (*Abk.* Bakk. phil.)
– Bakkalaureus/Bakkalaurea der Rechtswissenschaften (*Abk.* Bakk. iur.)
– Bakkalaureus/Bakkalaurea der Sozial- und Wirtschaftswissenschaften (*Abk.* Bakk. rer. soc. oec.)
– Bakkalaureus/Bakkalaurea der technischen Wissenschaften (*Abk.* Bakk. techn.)

Bahn|fahrt; Bahn|ge|werk|schaft
Bahn|hof (*Abk.* Bf., Bhf.)
Bahn|hof|buf|fet (*schweiz. für* Bahnhofsgaststätte)
Bahn|hofs|buch|hand|lung
Bahn|hofs|bü|fett, Bahn|hofs|buf|fet
Bahn|hofs|ge|bäu|de; Bahn|hofs|hal|le; Bahn|hofs|mis|si|on; Bahn|hofs|res|tau|rant; Bahn|hofs|vier|tel; Bahn|hofs|vor|platz
Bahn|hofs|vor|stand (*österr. für* Bahnhofsvorsteher)
Bahn|hofs|vor|ste|her; Bahn|hofs|vor|ste|he|rin
Bahn|hof|vor|stand (*schweiz. für* Bahnhofsvorsteher)
bahn|la|gernd
Bähn|ler (*schweiz. für* Eisenbahner); **Bähn|le|rin**
Bahn|li|nie; Bahn|rei|sen|de; Bahn|schran|ke; Bahn|steig; Bahn|steig|kan|te; Bahn|steig|kar|te; Bahn|stre|cke; Bahn|streik; Bahn|tras|se; Bahn|über|gang; Bahn|ver|bin|dung
Bahn|wär|ter; Bahn|wär|te|rin
Ba|höl, der; -s ⟨*ostösterr. ugs. für* großer Lärm, Tumult⟩
Bah|rain [bax...] (Inselgruppe u. Scheichtum im Persischen Golf); **Bah|rai|ner; Bah|rai|ne|rin; bah|rai|nisch**
Bah|re, die; -, -n
Bahr|tuch *Plur.* ...tücher
Baht, der; -, - (Währungseinheit in Thailand)
Bä|hung (Heilbehandlung mit warmen Umschlägen od. Dämpfen)
Bai, die; -, -en ⟨niederl.⟩ (Bucht); *vgl. aber* Bei, Bey
Bai|kal, der; -[s] (Baikalsee)
Bai|kal-Amur-Ma|gis|t|ra|le, die; - (Eisenbahnstrecke in Sibirien)
Bai|kal|see, der; -s (See in Südsibirien)
Bai|ko|nur (russ. Raumfahrtzentrum in Kasachstan)

Bai|ri|ki (Hauptstadt von Kiribati)
bai|risch (*Sprachwiss.* die bayerische Mundart betreffend)
Bai|ser [bɛːˈzeː], das; -s, -s ⟨franz.⟩ (Schaumgebäck)
Bais|se [ˈbɛːs(ə)], die; -, -n ⟨franz.⟩ ([starkes] Fallen der Börsenkurse od. Preise); **Bais|si|er** [bɛːˈsi̯eː], der; -s, -s (auf Baisse Spekulierender)
Ba|ja|de|re, die; -, -n ⟨franz.⟩ (ind. [Tempel]tänzerin)
Ba|jaz|zo, der; -s, -s ⟨ital.⟩ (Possenreißer; *auch* Titel einer Oper von Leoncavallo)
Ba|jo|nett, das; -[e]s, -e ⟨nach der Stadt Bayonne in Südfrankreich⟩ (Seitengewehr); **ba|jo|net|tie|ren** (mit dem Bajonett fechten)
Ba|jo|nett|ver|schluss (*Technik* [leicht lösbare] Verbindung von rohrförmigen Teilen)
Ba|ju|wa|re, der; -n, -n ⟨*scherzh., sonst veraltet für* Bayer); **Ba|ju|wa|rin; ba|ju|wa|risch**
Ba|ke, die; -, -n (festes Orientierungszeichen für Seefahrt, Luftfahrt, Straßenverkehr; Vorsignal auf Bahnstrecken)
Ba|ke|lit®, das; -s ⟨nach dem belg. Chemiker Baekeland⟩ (ein Kunststoff)
Ba|ken|ton|ne (ein Seezeichen)
Bakk. (*in Österr.*) = baccalaureus/baccalaurea, baccalaureus/baccalaurea (*vgl. d.*)
Bak|ka|lau|rea, die; -, ...reae (*w. Form zu* Bakkalaureus *[vgl. d.]*)
Bak|ka|lau|re|at, das; -[e]s, -e ⟨lat.⟩ (unterster akadem. Grad [in Österr., England u. Nordamerika]; Abschluss der höheren Schule [in Frankreich]); **Bak|ka|lau|re|ats|ar|beit; Bak|ka|lau|re|ats|prü|fung; Bak|ka|lau|re|ats|stu|di|um**

Bak|ka|lau|re|us *s. Kasten*
Bak|ka|rat [...ra(t), *auch* ...'ra] *vgl.* Baccara
Bakk. art. = baccalaureus/baccalaurea artium; *vgl.* Bakkalaureus
Bak|ken, der; -[s], - ⟨norw.⟩ (Skisport Sprungschanze)
Bakk. phil. = baccalaureus/baccalaurea philosophiae; *vgl.* Bakkalaureus
Bakk. rer. nat. = baccalaureus/baccalaurea rerum naturalium; *vgl.* Bakkalaureus
Bakk. rer. soc. oec. = baccalaureus/baccalaurea rerum socialium oeconomicarumque; *vgl.* Bakkalaureus
Bakk. techn. = baccalaureus/baccalaurea rerum technicarum; *vgl.* Bakkalaureus
Ba|k|la|va, die; -, -s *od.* das; -s, -s ⟨türk.⟩ (ein Strudelgebäck)
Bak|schisch, das; -[(e)s], -e ⟨pers.⟩ (Almosen; Trinkgeld)
Bak|te|ri|ä|mie, die; -, ...ien ⟨griech.⟩ (Überschwemmung des Blutes mit Bakterien)
Bak|te|rie [...i̯ə], die; -, -n *meist Plur.* (einzelliges Kleinstlebewesen)
bak|te|ri|ell (durch Bakterien hervorgerufen, die Bakterien betreffend); **bak|te|ri|en|be|stän|dig; Bak|te|ri|en|trä|ger** (*Med.*)
Bak|te|rio|lo|ge, der; -n, -n; **Bak|te|rio|lo|gie**, die; - (Lehre von den Bakterien); **Bak|te|rio|lo|gin; bak|te|rio|lo|gisch**
Bak|te|rio|ly|se, die; -, -n (Auflösung von Bakterien); **Bak|te|rio|pha|ge**, der; -n, -n (Virus, das Bakterien als Wirtszelle wählt); **Bak|te|rio|se**, die; -, -n (durch Bakterien verursachte Pflanzenkrankheit); **Bak|te|ri|um**, das; -s, ...ien (Bakterie)
bak|te|ri|zid (*Med.* keimtötend);

Bakterizid

Bak|te|ri|zid, das; -s, -e (keimtötendes Mittel)
Bak|t|ri|en (altpers. Landschaft)
Ba|ku [*auch* ...'ku:] (Hauptstadt Aserbaidschans)
Ba|lak|la|va, die; -, -s ⟨nach der ukrain. Stadt Balaklawa⟩ (Kopf, Hals u. Gesicht bedeckende Mütze mit Öffnungen für Augen u. Mund)
Ba|la|lai|ka, die; -, *Plur.* -s *u.* ...ken (russ. Saiteninstrument)
Ba|lan|ce [...'lã:s(ə)], die; -, -n ⟨franz.⟩ (Gleichgewicht); **Ba|lan|ce|akt**
Ba|lan|cier|bal|ken
ba|lan|cie|ren ⟨franz.⟩ (das Gleichgewicht halten)
Ba|lan|cier|stan|ge
Ba|la|ta [*auch* ...'la:...], die; - ⟨indian.-span.⟩ (kautschukähnliches Naturerzeugnis)
Ba|la|ton, der; -[s] ⟨ung.⟩ (ung. Name für den Plattensee)
bal|bie|ren (*landsch. veraltet für* rasieren); jmdn. über den Löffel balbieren *od.* barbieren (*ugs. für* betrügen)
Bal|boa, der; -[s], -[s] ⟨nach dem gleichnamigen span. Entdecker⟩ (Währungseinheit in Panama)
Bal|chen, der; -s, - (*schweiz. für* großer Felchen, ein Fisch)
bald; *Steigerung* eher, am ehesten; möglichst bald; so bald wie, *auch* als möglich; sie spielte bald laut, bald leise; *vgl.* sobald
Bal|da|chin, der; -s, -e ⟨nach der Stadt Baldacco, d. h. Bagdad⟩ (Trag-, Betthimmel); **bal|da|chin|ar|tig**
Bäl|de; nur *in* in Bälde (*Amtsspr. für* bald)
bal|dig; **bal|digst** (schnellstens); **bald|mög|lichst**
bal|do|wern (*ugs. für* nachforschen); ich baldowere
Baldr, Bal|dur (*germ. Mythol.* Lichtgott)
Bal|d|ri|an, der; -s, -e (eine Heilpflanze)
Bal|d|ri|an|tee; **Bal|d|ri|an|tink|tur**; **Bal|d|ri|an|trop|fen** *Plur.*
Bal|du|in (m. Vorn.)
Bal|dung, Hans, *genannt* Grien (dt. Maler)
Bal|dur (m. Vorn.; *auch für* Baldr)
Ba|le|a|ren *Plur.* (Inselgruppe im westl. Mittelmeer); **Ba|le|a|rer**; **Ba|le|a|re|rin**; **ba|le|a|risch**

Ba|les|ter, der; -s, - ⟨lat.⟩ (*früher* Armbrust, mit der Kugeln abgeschossen werden können)

Ballett
Das Wort geht auf das italienische »balletto« zurück und wird wie dieses mit Doppel-l geschrieben.

¹**Balg**, der; -[e]s, Bälge (Tierhaut; Luftsack; ausgestopfter Körper einer Puppe; *auch für* Balgen)
²**Balg**, der *od.* das; -[e]s, Bälger (*ugs. für* unartiges Kind)
Bal|ge, die; -, -n (*nordd. für* Waschfass; Wasserlauf im Watt)
bal|gen, sich (*ugs. für* raufen)
Bal|gen, der; -s, - (ausziehbares Verbindungsteil zwischen Objektiv u. Gehäuse beim Fotoapparat); **Bal|gen|ka|me|ra**
Bal|ge|rei (*ugs.*)
Balg|ge|schwulst
Ba|li (westlichste der Kleinen Sundainseln); **Ba|li|ne|se**, der; -n, -n; **Ba|li|ne|sin**; **ba|li|ne|sisch**
Bal|kan, der; -s (Gebirge; *auch für* Balkanhalbinsel); **Bal|kan|halb|in|sel**, **Bal|kan-Halb|in|sel**
bal|ka|nisch; **bal|ka|ni|sie|ren** (ein Land staatlich so zersplittern wie die Staaten der Balkanhalbinsel vor dem Ersten Weltkrieg); **Bal|ka|ni|sie|rung**, die; -
Bal|ka|nis|tik, die; - (*svw.* Balkanologie)
Bal|kan|krieg
Bal|ka|no|lo|ge, der; -n, -n; **Bal|ka|no|lo|gie**, die; - (wissenschaftl. Erforschung der Balkansprachen u. -literaturen); **Bal|ka|no|lo|gin**; **bal|ka|no|lo|gisch**; **Bal|kan|rou|te** (Flucht- od. Schmuggelroute durch verschiedene Balkanstaaten)
Bälk|chen
Bal|ken, der; -s, -
Bal|ken|de|cke; **Bal|ken|dia|gramm**; **Bal|ken|kon|s|t|ruk|ti|on**
Bal|ken|schröter (Zwerghirschkäfer)
Bal|ken|waa|ge
Bal|kon [...'kõ:, *auch*, *südd.*, *österr. u. schweiz. nur* ...'ko:n], der; -s, -e [...'ko:nə] ⟨franz.⟩
Bal|ko|ni|en (*scherzh.*); Urlaub auf Balkonien; **Bal|kon|kas|ten**; **Bal|kon|mö|bel**; **Bal|kon|pflan|ze**; **Bal|kon|tür**
¹**Ball**, der; -[e]s, Bälle; Ball spielen ↑D 54, *aber* das Ballspielen ↑D 82

²**Ball**, der; -[e]s, Bälle ⟨franz.⟩ (Tanzfest)
bal|la, **bal|la|bal|la** (*ugs. für* nicht recht bei Verstand)
Ball|abend
Ball|ab|ga|be (Sport)
Bal|la|de, die; -, -n ⟨griech.⟩ (episch-dramatisches Gedicht); **bal|la|den|haft**; **Bal|la|den|stoff**; **bal|la|desk**
Ball|an|nah|me (Sport)
Bal|last [*auch*, *österr. u. schweiz. nur* ...'la...], der; -[e]s, -e *Plur.* selten (tote Last; Bürde)
Bal|last|stoff *meist Plur.* (Nahrungsbestandteil, den der Körper nicht verwertet); **bal|last|stoff|reich**
Bal|last|was|ser
Bal|la|watsch *vgl.* Pallawatsch
Ball|be|hand|lung (Sport)
Ball|be|sitz (Sport)
Ball|chen
Bal|lei ⟨lat.⟩ ([Ritter]ordensbezirk)
Ball|ei|sen, **Bal|len|ei|sen** (Werkzeug)
bal|len; sich ballen
Bal|len, der; -s, -
Bal|len|ei|sen *vgl.* Balleisen
Bal|len|stedt (Stadt am Harz)
Bal|le|rei (*ugs. für* lautes Schießen)
Bal|le|ri|na, *selten* **Bal|le|ri|ne**, die; -, ...nen ⟨ital.⟩ (Balletttänzerin)
¹**Bal|ler|mann**, der; -s, ...männer (*ugs. für* Revolver)
²**Bal|ler|mann**® *Plur.* ...männer ⟨Verballhornung der span. Bez. Balneario (No. 6)⟩ (*ugs. scherzh. für* deutscher Tourist auf Mallorca)
bal|lern (*ugs. für* knallen, schießen); ich ballere
Bal|le|ron, der; -s, -s ⟨franz.⟩ (*schweiz. für* eine dicke Aufschnittwurst)
Bal|ler|spiel (*ugs.*)
bal|les|tern (*österr. ugs. für* Fußball spielen); ich ballestere
Bal|lett, das; -[e]s, -e ⟨ital.⟩ (Bühnentanz[gruppe]; Ballettmusik)
Bal|lett|korps (Theatertanzgruppe); **Bal|lett|meis|ter**; **Bal|lett|meis|te|rin**; **Bal|lett|mu|sik**; **Bal|lett|schu|le**
Bal|lett|tän|zer, **Bal|lett-Tän|zer**; **Bal|lett|tän|ze|rin**, **Bal|lett-Tän|ze|rin**
Bal|lett|the|a|ter, **Bal|lett-The|a|ter**; **Bal|lett|trup|pe**, **Bal|lett-Trup|pe**
Ball|füh|rung (Sport)
Ball|ge|fühl, das; -[e]s (Sport)
ball|hor|ni|sie|ren *vgl.* verballhornen
bal|lig (ballförmig, gerundet)

Bal|lis|te, die; -, -n ⟨griech.⟩ (antikes Wurfgeschütz)
Bal|lis|tik, die; - (Lehre von der Bewegung geschleuderter od. geschossener Körper); **Bal|lis|ti|ker; Bal|lis|ti|ke|rin; bal|lis|tisch;** ballistische Kurve (Flugbahn)
Ball|jun|ge, der (Junge, der beim Tennis die Bälle aufsammelt)
Ball|kleid; Ball|kö|ni|gin
Ball|künst|ler ([Fußball]spieler mit sehr guter Technik); **Ball|künst|le|rin**
Ball|lo|kal, Ball-Lo|kal
Ball|mäd|chen vgl. Balljunge
Ball|nacht
Bal|lon […'lõː, auch, südd., österr. u. schweiz. nur …'loːn], der; -s, Plur. -s u. -e […'loːnə] ⟨franz.⟩ (auch für Korbflasche)
Bal|lo|nett, das; -[e]s, Plur. -e u. -s (Luftkammer im Innern von Fesselballons u. Luftschiffen)
Bal|lon|fah|rer; Bal|lon|fah|re|rin
Bal|lon|rei|fen
Bal|lon|sper|re (Militär)
Bal|lot […'loː], das; -s, -s (kleiner Warenballen)
Bal|lo|ta|de, die; -, -n (Sprung des Pferdes bei der Hohen Schule)
Bal|lo|ta|ge […ʒə], die; -, -n (geheime Abstimmung mit weißen od. schwarzen Kugeln); **bal|lo|tie|ren**
Ball|saal
ball|si|cher (Sport); **Ball|si|cher|heit,** die; -; **Ball|spiel; Ball|spie|len,** das; -s; aber ↑D 54: ich will Ball spielen; **Ball|tech|nik** (Sport)
Ball|ung
Bal|lungs|ge|biet; Bal|lungs|raum; Bal|lungs|zen|t|rum
Ball|wech|sel (Sport)
Bal|ly|hoo ['bɛlihuː, auch …'huː], das; - ⟨engl.⟩ (Reklamerummel)
Bal|mung (Name von Siegfrieds Schwert)
Bal|neo|gra|fie, Bal|neo|gra|phie, die; -, …ien ⟨griech.⟩ (Bäderbeschreibung); **Bal|neo|lo|gie,** die; - (Bäderkunde); **bal|neo|lo|gisch; Bal|neo|the|ra|pie,** die; -, …ien (Heilung durch Bäder)
Bal pa|ré [- …'reː], der; - -, -s -s [- -] ⟨franz.⟩ (geh. veraltet für festlicher Ball)
Bal|sa, das; - ⟨span.⟩ (sehr leichtes Holzart); **Bal|sa|holz**
Bal|sam, der; -s, …same Plur. selten ⟨hebr.⟩ ([lindernde] Salbe)
Bal|sam|es|sig vgl. Aceto balsamico
Bal|sa|mi|co, der; -s ⟨hebr.-griech.-lat.-ital.⟩, **Bal|sa|mi|co|es|sig** (svw. Balsamessig)
bal|sa|mie|ren (einsalben); **Bal|sa|mie|rung**
Bal|sa|mi|ne, die; -, -n (eine Zierpflanze)
bal|sa|misch (würzig; lindernd)
Bal|te, der; -n, -n (Angehöriger der balt. Sprachfamilie; Bewohner des Baltikums); **Bal|ten|land**
Bal|tha|sar (m. Vorn.)
Bal|ti|ca, die; - (Geol. europäischer Urkontinent)
Bal|ti|kum, das; -s, -s (das Gebiet der Staaten Estland, Lettland u. Litauen)
Bal|ti|more […moːɐ̯, engl. ˈbɔːltɪmɔː] (Stadt in den USA)
Bal|tin; bal|tisch; aber ↑D 140: der Baltische Höhenrücken
bal|to|sla|wisch
Ba|lu|ba vgl. Luba
Ba|lus|ter, der; -s, - ⟨franz.⟩ (Archit. kleine Säule als Geländerstütze); **Ba|lus|ter|säu|le**
Ba|lus|t|ra|de, die; -, -n (Brüstung, Geländer)
Balz, die; -, -en (Paarungsspiel u. -zeit bestimmter Vögel)
Bal|zac […'zak] (franz. Schriftsteller)
bal|zen (werben [von bestimmten Vögeln]); **Balz|ruf; Balz|zeit**
bam!; bim, bam!
BAM, die; - = Baikal-Amur-Magistrale; Bundesanstalt für Materialforschung und -prüfung
Ba|ma|ko [auch …'maː…] (Hauptstadt von Mali)
Bam|berg (Stadt an der Regnitz)
Bam|ber|ger ↑D 150: Bamberger Reiter (bekanntes Standbild im Bamberger Dom); **Bam|ber|ge|rin; bam|ber|gisch**
¹Bam|bi, das; -s, -s (Kinderspr. kleines Reh)
²Bam|bi, der; -s, -s (Filmpreis); **Bam|bi|ni|lauf** (Sport)
Bam|bi|no, der; -s, Plur. …ni, ugs. -s ⟨ital.⟩ (ugs. für Kind, kleiner Junge)
Bam|bu|le, die; -, -n ⟨franz.⟩ (Gaunerspr. Krawall protestierender Häftlinge od. Heiminsassen)
Bam|bus, der; Gen. - u. -ses, Plur. -se ⟨malai.⟩ (trop. baumartige Graspflanze)
Bam|bus|hüt|te; Bam|bus|rohr; Bam|bus|spross meist Plur.
BAMF, Bamf, das; -[s] = Bundesamt für Migration und Flüchtlinge
Ba|mi|go|reng, das; -[s], -s ⟨malai.⟩ (indones. Nudelgericht)
Bam|mel, der; -s ⟨ugs. für Angst⟩
bam|meln (landsch. für baumeln); ich bamm[e]le
Bam|per|letsch, Pam|per|letsch, der; -, -[en] ⟨ital.⟩ (österr. abwertend für kleines Kind)
¹Ban, der; -s, -e, Ba|nus, der; -, - (früherer ung. u. kroat. Gebietsvorsteher)
²Ban, der; -[s], Bani ⟨rumän.⟩ (Untereinheit des ²Leu)
ba|nal ⟨franz.⟩ (alltäglich, fade, flach); **ba|na|li|sie|ren; Ba|na|li|tät,** die; -, -en
Ba|na|ne, die; -, -n ⟨afrik.-port.⟩
Ba|na|nen|flan|ke (Fußball)
Ba|na|nen|re|pu|b|lik (abwertend)
Ba|na|nen|schale; Ba|na|nen|split, das; -s, -s (Banane mit Eis u. Schlagsahne)
Ba|na|nen|ste|cker (Elektrot.)
Ba|nat, das; Gen. -[e]s u. - (Gebiet zwischen Donau, Theiß u. Maros); **Ba|na|ter; Ba|na|te|rin**
Ba|nau|se, der; -n, -n ⟨griech.⟩ (unkultivierter Mensch); **Ba|nau|sen|tum,** das; -s; **Ba|nau|sin; ba|nau|sisch**
Ban|co|mat®, der; -en, -en (bes. schweiz. für Geldautomat); vgl. Bankomat
band vgl. binden
¹Band, das; -[e]s, Bänder ([Gewebe]streifen; Gelenkband); auf Band spielen, sprechen; am laufenden Band
²Band, der; -[e]s, Bände (Buch; Abk. Sing.: Bd., Plur.: Bde.)
³Band [bɛnt, bænd], die; -, -s ⟨engl.⟩ (Gruppe von Musikern, bes. Jazz- u. Rockband)
⁴Band, das; -[e]s, -e meist Plur. (geh. für Bindung; Fessel); außer Rand und Band
Ban|da|ge […ʒə], die; -, -n ⟨franz.⟩ (Stütz- od. Schutzverband); **ban|da|gie|ren**
Ban|da|gist, der; -en, -en (Hersteller von Bandagen u. Heilbinden); **Ban|da|gis|tin**
Ban|dar Se|ri Be|ga|wan (Hauptstadt von Brunei)
Bänd|brei|te; Bänd|chen
¹Ban|de, die; -, -n (Einfassung, z. B. Billardbande)
²Ban|de, die; -, -n ⟨franz.⟩ (organisierte Gruppe von Verbrechern; abwertend od. scherzh. für Gruppe von Jugendlichen)
Band|ei|sen

B
Band

Bandeisen

Bandel

Ban|del vgl. Bandl; **Bän|del,** der *(schweiz. nur so)* od. das; -s, - *(bes. südd., schweiz. für* [schmales] Band, Schnur)
Ban|den|krieg; Ban|den|kri|mi|na|li|tät; Ban|den|mit|glied
Ban|den|spek|t|rum *(Physik)*
Ban|den|wer|bung (Werbung auf der Einfassung von Spielflächen u. -feldern)
Ban|de|ril|la [...'rılja], die; -, -s ⟨span.⟩ (mit Bändern geschmückter Spieß, den der Banderillero dem Stier in den Nacken stößt)
Ban|de|ril|le|ro [...rrl'je:...], der; -s, -s (Stierkämpfer, der den Stier mit Banderillas reizt)
bän|dern; ich bändere
Ban|de|ro|le, die; -, -n ⟨franz.⟩ (Verschlussband [mit Steuervermerk]); **Ban|de|rol|len|steu|er,** die (Verbrauchssteuer auf verpackte Konsumgüter)
ban|de|ro|lie|ren (mit Banderole[n] versehen; versteuern)
Bän|der|riss *(Med.* Riss in den 'Bändern)
Bän|der|ton, der; -[e]s, ...tone *(Geol.);* **Bän|de|rung**
Bän|der|zer|rung *(Med.)*
Band|för|de|rer; Band|ge|ne|ra|tor; Band|ge|schwin|dig|keit
...bän|dig (z. B. vielbändig)
bän|di|gen
Bän|di|ger; Bän|di|ge|rin
Ban|dit, der; -en, -en ⟨ital.⟩ ([Straßen]räuber); **Ban|di|ten|we|sen; Ban|di|tin**
Band|ke|ra|mik, die; - (älteste steinzeitliche Kultur Mitteleuropas)
Bandl, Ban|del, das; -s, -[n] *(bayr., österr. für* Bändel)
Band|lea|der ['bɛntli:dɐ, 'bænd...], der; -s, - ⟨engl.⟩ (Leiter einer Jazz- od. Rockgruppe); **Band|lea|de|rin**
Band|maß; Band|nu|del
Ban|do|ne|on, Ban|do|ni|on, das; -s, -s (nach dem dt. Erfinder Band) (ein Musikinstrument); **Ban|do|ne|o|nist,** der; -en, -en (Bandoneonspieler); **Ban|do|ne|o|nis|tin; Ban|do|ni|on** vgl. Bandoneon
Band|sä|ge
Band|schei|be *(Med.);* **Band|scheiben|scha|den** *(Med.);* **Band|scheiben|vor|fall** *(Med.)*
Bänd|sel, das; -s, - *(Seemannsspr.* dünnes Tau)
Ban|dung (Stadt in Westjava); **Ban|dung|kon|fe|renz, Ban|dung-Konfe|renz**
Band|wurm; Band|wurm|be|fall

bang, ban|ge
– banger u. bänger; am bangsten u. am bängsten ↑ D 74

Kleinschreibung:
– mir ist angst und bang[e]; ihm wird ganz bang ↑ D 70

Großschreibung:
– er hat keine Bange; nur keine Bange!
– sie hat mir ganz schön Bange gemacht; jemandem Angst und Bange machen
– das Bangemachen ↑ D 82; **Bangemachen** od. Bange machen gilt nicht

Ban|ga|le, der; -n, -n (Bangladescher); **Ban|ga|lin; ban|ga|lisch**
Ban|ga|lore ['bɛŋgɑlɔ:] (Stadt in Indien)
Bang|büx, Bang|bu|xe, Bang|bü|xe, die; -, ...xen *(nordd. scherzh. für* Angsthase)
ban|ge vgl. bang; **Ban|ge,** die; - *(landsch. für* Angst); vgl. bang
ban|gen; Ban|gig|keit
Bang|ka (eine Sundainsel)
Bang|ki|rai, das; -[s] (ein südasiat. wetterfestes Hartholz)
Bang|kok (Hauptstadt Thailands)
Bang|krank|heit, Bang-Krank|heit, die; - ⟨nach dem dän. Tierarzt B. Bang⟩ (Rinderkrankheit)
Ban|g|la|desch [baŋgla...] (Staat am Golf von Bengalen)
Ban|g|la|de|scher; Ban|g|la|de|sche|rin; ban|g|la|de|schisch
bäng|lich; Bang|nis, die; -, -se
Ban|gui [bā'gi:] (Hauptstadt der Zentralafrikanischen Republik)
Ba|ni *(Plur. von* ²Ban)
Ban|ja Lu|ka (Stadt in Bosnien u. Herzegowina)
Ban|jo [auch 'bɛndʒo], das; -s, -s ⟨amerik.⟩ (ein Musikinstrument)
Ban|jul [bɛn'dʒu:l] (Hauptstadt Gambias)
¹Bank, die; -, Bänke (Sitzgelegenheit)
²Bank, die; -, -en ⟨ital.(-franz.)⟩ (Geldinstitut)
Ban|ka vgl. Bangka
Bank|ak|zept (ein auf eine ²Bank gezogener Wechsel)
Bank|an|ge|stell|te
Bank|an|lei|he; Bank|au|to|mat

Bank|a|zinn ⟨zu Bangka⟩
Bank|be|am|te; Bank|be|am|tin
Bank|bi|lanz; Bank|buch *(Wirtsch.)*
Bänk|chen
Bank|da|ten *Plur.;* **Bank|de|pot**
Bank|di|rek|tor; Bank|di|rek|to|rin
Bank|ein|zug
Bank|ei|sen (gelochtes Flacheisen an Tür- u. Fensterrahmen)
Bän|kel|lied; Bän|kel|sang; Bän|kelsän|ger; Bän|kel|sän|ge|rin; bän|kel|sän|ge|risch
Ban|ken|ab|ga|be (*Wirtsch.* von Banken an den Staat zu zahlender Betrag zur Deckung möglicher Kosten für bestimmte Risiken)
Ban|ken|kom|mis|si|on (*Finanzw.* Behörde für die Finanzmarktaufsicht); **Ban|ken|ret|tung** (*Politik, Wirtsch.*)
Ban|ken|ret|tungs|fonds
Ban|ken|schluss, der; - *(schweiz. für* Geschäftsschluss im Bankensektor)
Ban|ken|stress|test
ban|ken|un|ab|hän|gig
Ban|ken|uni|on, die; - *(Politik, Wirtsch.* Zentralisierung der Finanzaufsicht in der EU)
Ban|ker [auch 'bɛŋkɐ] ⟨engl.⟩ (*ugs. für* Bankier, Bankfachmann)
Bän|ker; Ban|ke|rin; Bän|ke|rin
Bank|erl, das; -s, -[n]; vgl. Pickerl *(österr. ugs. für* kleine Bank)
bank|rott, Bank|ke|rott (*veraltet für* bankrott, Bankrott)
Ban|kert, der; -s, -e (*veraltend abwertend für* nicht eheliches Kind)
¹Ban|kett, das; -[e]s, -e, *selten* -s ⟨ital.⟩ (Festmahl)
²Ban|kett, das; -[e]s, -e, **Ban|ket|te,** die; -, -n ⟨franz.⟩ ([unfester] Randstreifen neben einer Straße)
Bank|fach, das; -s, *Plur.* (*nur für* Schließfach:) ...fächer (Spezialgebiet der Bankkaufleute; Schließfach in einer ²Bank)
bank|fä|hig; bankfähiger Wechsel
Bank|fei|er|tag; Bank|ge|heim|nis; Bank|ge|schäft; Bank|ge|sell|schaft; Bank|gut|ha|ben
Bank|hal|ter (Spielleiter bei Glücksspielen); **Bank|hal|te|rin**
Bank|haus
Ban|ki|er [...kịe:], der; -s, -s ⟨franz.⟩ (Inhaber einer ²Bank); **Ban|ki|e|rin**
Bank|kauf|frau; Bank|kauf|mann
Bank|kon|to; Bank|kre|dit
Bank|kun|de; Bank|kun|din
Bank|leit|zahl *(Abk.* BLZ)

Bänk|ler (*schweiz. svw.* Banker); **Bänk|le|rin**
Bank|nach|bar; **Bank|nach|ba|rin**
Bank|no|te
Ban|ko|mat®, der; -en, -en (*bes. österr. für* Geldautomat); *vgl.* Bancomat; **Ban|ko|mat|kar|te**
Bank|plei|te (*ugs.*)
Bank|raub; **Bank|räu|ber**; **Bank|räu|be|rin**
ban|k|rott (*ital.*) (zahlungsunfähig; *auch übertr. für* am Ende, erledigt); bankrott sein, werden; **Ban|k|rott**, der; -[e]s, -e; Bankrott machen
Ban|k|rott|er|klä|rung
Ban|k|rot|teur [...'tøːɐ̯], der; -s, -e (Person, die Bankrott macht); **Ban|k|rott|teu|rin**
ban|k|rott|ge|hen (*ugs. für* Bankrott machen); die Firma ging bankrott; **ban|k|rot|tie|ren**
Bank|schal|ter
Bank|stel|le (*österr. für* Filiale einer ²Bank)
Bank|über|fall; **Bank|ver|bin|dung**;
Bank|we|sen, das; -s
Bann, der; -[e]s, -e (Ausschluss [aus einer Gemeinschaft])
Bann|bruch, der (*Rechtsspr.*);
Bann|bul|le, die (*kath. Kirche*)
ban|nen
Ban|ner, das; -s, - (Fahne; *auch für* Werbung im Internet)
Ban|ner|trä|ger; **Ban|ner|trä|ge|rin**
Ban|ner|wer|bung
Bann|fluch (im MA.); **Bann|gut** (*Rechtsswiss.*)
ban|nig (*nordd. ugs. für* sehr)
Bann|kreis; **Bann|mei|le**; **Bann|strahl**; **Bann|wald** (Schutzwald gegen Lawinen)
Bann|wa|re (*Rechtsspr.* Ware, die unter Umgehung der Zollgesetze ein- bzw. ausgeführt wird)
Bann|wart (*schweiz. für* Flur- u. Waldhüter)
Ban|se, der; -, -n, *auch* **Ban|sen**, der; -s, - (*mitteld. u. nordd. für* Lagerraum in einer Scheune)
ban|sen, *auch* **ban|seln**; Getreide bansen, *auch* banseln (*mitteld. u. nordd. für* aufschichten); du banst; ich bans[e]le
Ban|sin, **See|bad** (auf Usedom)
Ban|tam (Ort auf Java)
Ban|tam|ge|wicht (Gewichtsklasse in der Schwerathletik)
Ban|tam|huhn (Zwerghuhn)
Ban|tu, der; -[s], -[s] *u.* die; -, -[s] (Angehörige[r] einer Sprach- u. Völkergruppe in Afrika); **Ban|tu|frau**; **Ban|tu|spra|che**

Ba|nus *vgl.* ¹Ban
Ba|o|bab, der; -s, -s ⟨afrik.⟩ (Affenbrotbaum)
Ba|pho|met, der; -[e]s ⟨arab.⟩ ([angebliches] Götzenbild der Tempelherren)
Bap|tis|mus, der; - ⟨griech.⟩ (Lehre ev. Freikirchen, die als Bedingung für die Taufe ein persönliches Bekenntnis voraussetzt)
¹**Bap|tist** (m. Vorn.)
²**Bap|tist**, der; -en, -en (Anhänger des Baptismus); **Bap|tis|ten|ge|mein|de**; **Bap|tis|te|ri|um**, das; -s, ...ien ⟨*christl. Rel., Kunstwiss.* Taufbecken; Taufkirche, -kapelle⟩; **Bap|tis|tin**
¹**bar** = ¹Bar
²**bar**; aller Ehre[n] bar; bares Geld, *aber* Bargeld; bar zahlen; in bar; gegen bar; barer Unsinn
...bar (z. B. lesbar, offenbar)
¹**Bar**, das; -s, -s ⟨griech.⟩ (veraltende Maßeinheit des [Luft]druckes; *Zeichen* bar); 5 Bar
²**Bar**, die; -, -s ⟨engl.⟩ (kleines [Nacht]lokal; Theke)
³**Bar**, der; -[e]s, -e (ein Meistersingerlied)
¹**Bär**, der; -en, -en (ein Raubtier); ↑**D 150**: der Große, der Kleine Bär (Sternbilder)
²**Bär**, der; -s, *Plur.* -en, *fachspr.* -e (Maschinenhammer)
Ba|rab|bas (bibl. Gestalt)
Ba|ra|ber, der; -s, - ⟨ital.⟩ (*österr. ugs. für* Schwerarbeiter); **ba|ra|bern** (*österr. ugs. für* schwer arbeiten)
Bar|ab|he|bung (Bankw.)
Ba|ra|cke, die; -, -n ⟨franz.⟩ (leichtes, meist eingeschossiges Behelfshaus); **Ba|ra|cken|la|ger**
Ba|ra|cken|ler (*ugs. für* Barackenbewohner); **Ba|ra|cken|le|rin**
Ba|ratt, der; -[e]s ⟨ital.⟩ (*Kaufmannsspr.* Austausch von Waren); **ba|rat|tie|ren**
Bar|ba|di|er (Bewohner von Barbados); **Bar|ba|di|e|rin**; **bar|ba|disch**
Bar|ba|dos (Inselstaat im Osten der Kleinen Antillen)
Bar|bar, der; -en, -en ⟨griech.⟩ (ungesitteter, wilder Mensch)
Bar|ba|ra (w. Vorn.)
Bar|ba|ra|zweig
Bar|ba|rei (Rohheit); **Bar|ba|rin**; **bar|ba|risch**
Bar|ba|ris|mus, der; -, ...men (grober sprachlicher Fehler)
Bar|ba|ros|sa (»Rotbart«⟩ (Beiname des Kaisers Friedrich I.)
Bar|be, die; -, -n ⟨lat.⟩ (ein Karp-

fenfisch; *früher* Spitzenband an Frauenhauben)
Bar|be|cue [...bɪkju], das; -[s], -s ⟨engl.⟩ (Gartenfest mit Spießbraten; Grill[fleisch]); **Bar|be|cue|so|ße**, **Bar|be|cue|sau|ce**
bär|bei|ßig (grimmig; verdrießlich); **Bär|bei|ßig|keit**
Bär|bel (w. Vorn.)
Bar|bie®, die; -, -s; **Bar|bie|pup|pe**, **Bar|bie-Pup|pe**
Bar|bier, der; -s, -e ⟨franz.⟩ (veraltet für Herrenfriseur); **bar|bie|ren** (veraltet für rasieren); *vgl. auch* balbieren
Bar|bi|tu|rat, das; -s, -e ⟨Kunstwort⟩ (*Pharm.* Schlaf- u. Beruhigungsmittel)
Bar|bi|tur|säu|re (chem. Substanz mit narkotischer Wirkung)
bar|brüs|tig (mit nackter Brust); **bar|bu|sig** (mit nacktem Busen)
Bar|ce|lo|na [*auch* ...s...,*span.* ...θ...] (Hauptstadt Kataloniens); **Bar|ce|lo|ner**; **Bar|ce|lo|ne|rin**; **bar|ce|lo|nisch**
Bär|chen
Bar|chent, der; -[e]s, -e ⟨arab.⟩ (Baumwollflanell)
Bar|code ⟨engl.⟩ (*EDV* Strichcode)
Bar|da|me
¹**Bar|de**, die; -, -n ⟨arab.-franz.⟩ (Speckscheibe auf gebratenem magerem Fleisch)
²**Bar|de**, der; -n, -n ⟨kelt.-franz.⟩ ([altkelt.] Sänger u. Dichter)
bar|die|ren (mit ¹Barden umwickeln)
Bar|di|et, das; -[e]s, -e ⟨germ.-lat.⟩, **Bar|di|tus**, der; -, - (Schlachtgeschrei der Germanen)
bar|disch (*zu* ²Barde)
Bar|di|tus *vgl.* Bardiet
Bar|do|wick [*auch* 'ba...] (Ort in Niedersachsen)
Ba|re, das; -n (*ugs. für* Bargeld); sie will Bares sehen
Ba|ren|boim (israel. Pianist u. Dirigent)
Bä|ren|dienst (schlechter Dienst); **Bä|ren|dreck** (*südd., österr., schweiz., ugs. für* Lakritze); **Bä|ren|fang**, der; -[e]s (Honiglikör); **Bä|ren|fell**; **Bä|ren|haut**; **Bä|ren|hun|ger** (*ugs. für* großer Hunger)
Bä|ren|klau, die; - *od.* der; -s (ein Doldengewächs)
Bä|ren|lauch (*svw.* Bärlauch)
Bä|ren|markt (*Börsenw.* negative Kursentwicklung)
bä|ren|mä|ßig
Bä|ren|na|tur (sehr robuste körperliche Verfassung)

Bärennatur

B
Bäre

bärenruhig

bä|ren|ru|hig (ugs. für sehr ruhig);
bä|ren|stark (ugs. für sehr stark;
  auch für hervorragend)
Bä|ren|trau|be (eine Heilpflanze)
Bä|ren|trau|ben|blät|ter|tee
Bä|rents|see, Ba|rents-See, die; -
  ⟨nach dem niederl. Seefahrer
  W. Barents⟩ (Teil des Nordpolarmeeres)
Bä|ren|zu|cker (österr. neben
  Bärendreck)
Ba|rett, das; -[e]s, Plur. -e, selten -s
  ⟨lat.⟩ (flache, randlose Kopfbedeckung, auch als Teil einer
  Amtstracht)
Bar|frau (svw. Barkeeperin)
Bar|frei|ma|chung (Postw.)
Bar|frost (landsch. für Frost ohne
  Schnee)
bar|fuß; barfuß gehen, laufen
Bar|fuß|arzt ([in der Volksrepublik
  China] jmd., der Grundkenntnisse hat u. auf dem Land
  einfachere Krankheiten behandelt); Bar|fuß|ärz|tin
Bar|fü|ßer, der; -s, - (kath. Kirche
  Angehöriger eines Ordens, dessen Mitglieder ursprünglich
  barfuß gingen); bar|fü|ßig; Barfüß|ler (svw. Barfüßer)
Bar|fuß|pfad (Weg, auf dem die
  nackten Füße unterschiedliche
  Materialien u. Stoffe fühlen
  können)
barg vgl. bergen
Bar|geld, das; -[e]s; bar|geld|los;
  bargeldloser Zahlungsverkehr
Bar|ge|schäft
bar|haupt (geh.); bar|häup|tig
  (geh.)
Bar|ho|cker
Ba|ri (Stadt in Apulien)
Ba|ri|bal, der; -s, -s (nordamerik.
  Schwarzbär)
bä|rig (landsch. für bärenhaft,
  stark; ugs. für gewaltig, toll)
Bä|rin, die; -, -nen
ba|risch ⟨griech.⟩ (Meteorol. den
  Luftdruck betreffend)
Ba|ris|ta, der; -[s], -[s] u. die; -,
  -[s] ⟨ital.⟩ (jmd., der in einer
  Espressobar o. Ä. Kaffee zubereitet)
Ba|ri|ton [ˈbaː...], der; -s, -e ⟨ital.⟩
  (Männerstimme zwischen
  Tenor u. Bass; auch Sänger mit
  dieser Stimme); ba|ri|to|nal; Bari|to|nist, der; -en, -en (Baritonsänger)
Bä|ri|um, das; -s ⟨griech.⟩ (chem.
  Element, Metall; Zeichen Ba)
Bark, die; -, -en ⟨niederl.⟩ (ein
  Segelschiff)

Bar|ka|ro|le, die; -, -n ⟨ital.⟩ (Gondellied)
Bar|kas|se, die; -, -n ⟨niederl.⟩
  (Motorboot; größtes Beiboot
  auf Kriegsschiffen)
Bar|kauf
Bar|ke, die; -, -n (kleines Boot)
Bar|kee|per, der; -s, - ⟨engl.⟩ (jmd.,
  der in einer ²Bar Getränke mixt
  u. ausschenkt); Bar|kee|pe|rin
Bar|lach (dt. Bildhauer, Grafiker u.
  Dichter)
Bär|lapp, der; -s, -e (moosähnliche
  Sporenpflanze)
Bär|lauch (nach Knoblauch riechende Pflanze)
Bar|mann, der; -[e]s, ...männer
  (svw. Barkeeper)
Barm|bek (Stadtteil von Hamburg)
Bär|me, die; - (nordd. für Hefe)
bar|men (nord- u. ostd. abwertend
  für klagen, jammern)
Bar|men (Stadtteil von Wuppertal); Bar|mer; Bar|me|rin
barm|her|zig; ein barmherziger
  Mensch, aber ↑D 150: Barmherzige Brüder, Barmherzige
  Schwestern (religiöse Genossenschaften für Krankenpflege);
  Barm|her|zig|keit, die; -
Bar|mit|tel Plur. (verfügbares Bargeld)
Bar|mi|xer (Getränkemischer in
  einer ²Bar); Bar|mi|xe|rin
¹Bar-Miz|wa, der; -s, -s ⟨hebr.⟩
  (Jude nach Vollendung des
  13. Lebensjahrs)
²Bar-Miz|wa, die; -, -s ⟨hebr.⟩ (Feier
  zur Initiation der ¹Bar-Mizwas)
Barn, der; -[e]s, -e (südd., österr.
  für Futtertrog)
Bar|na|bas (ein urchristl. Missionar); Bar|na|bit, der; -en, -en
  (Angehöriger eines kath. Männerordens)
Bar|nim, der; -[s] (Landschaft
  nordöstlich von Berlin)
ba|rock ⟨franz.⟩ (im Stil des
  Barocks; verschnörkelt, überladen); Ba|rock, das od. der; Gen.
  -s, fachspr. auch - ([Kunst]stil
  des 17. u. 18. Jh.s)
Ba|rock|bau Plur. ...bauten; Barock|kir|che; Ba|rock|kunst; Barock|mu|sik; Ba|rock|per|le (unregelmäßig geformte Perle); Barock|stil, der; -[e]s; Ba|rock|zeit,
  die; -
Ba|ro|graf, Ba|ro|graph, der; -en,
  -en ⟨griech.⟩ (Meteorol. Gerät
  zur Registrierung des Luftdrucks)
Ba|ro|me|ter, das, österr. u.

schweiz. auch der; -s, - (Luftdruckmesser); Ba|ro|me|ter|stand; ba|ro|me|t|risch
Ba|ron, der; -s, -e ⟨franz.⟩ (svw.
  Freiherr); Ba|ro|ness, die; -, -en,
  häufiger Ba|ro|nes|se, die; -, -n
  (svw. Freifräulein)
Ba|ro|net [ˈba..., auch ˈbe...], der;
  -s, -s ⟨engl.⟩ (engl. Adelstitel)
Ba|ro|nie, die; -, ...ien ⟨franz.⟩
  (Besitz eines Barons; Freiherrnwürde); Ba|ro|nin (svw. Freifrau);
  ba|ro|ni|sie|ren (in den Freiherrnstand erheben)
Bar|ra|ku|da, der; -s, -s ⟨span.⟩
  (Pfeilhecht, ein Raubfisch)
Bar|ras, der; - (Soldatenspr. Heerwesen; Militär)
Bar|re, die; -, -n ⟨franz.⟩ (Bauw.
  Schranke aus waagerechten
  Stangen; Geol. Sandbank)
Bar|rel [ˈbɛ...], das; -s, -s ⟨engl.,
  »Fass, Tonne«⟩ (in Großbritannien u. in den USA verwendetes
  Hohlmaß unterschiedl. Größe);
  drei Barrel[s] Weizen
bar|ren (Pferdesport [ein Springpferd] durch Schlagen mit einer
  Stange an die Beine dazu bringen, einen Abwurf zu vermeiden)
Bar|ren, der; -s, - (Turngerät; Handelsform der Edelmetalle;
  südd., österr. auch für Futtertrog; vgl. Barn)
Bar|ri|e|re, die; -, -n ⟨franz.⟩
  (Schranke; Sperre); bar|ri|e|rearm; bar|ri|e|re|frei; Bar|ri|e|refrei|heit, die; -
Bar|ri|ka|de ([Straßen]sperre, Hindernis)
Bar|rique [baˈriːk], die; -, -s, auch
  das; -[s], -s (Weinfass aus
  Eichenholz)
Bar|ris|ter [ˈbɛ..., auch ˈba...], der; -s, - ⟨engl.⟩
  (Rechtsanwalt bei den englischen Obergerichten)
barsch (unfreundlich, rau)
Barsch, der; -[e]s, -e (ein Raubfisch)
Bar|schaft; Bar|scheck (in bar einzulösender Scheck)
Barsch|heit
Bar|soi, der; -s, -s ⟨russ.⟩ (russ.
  Windhund)
Bar|sor|ti|ment (Buchhandelsbetrieb zwischen Verlag u. Einzelbuchhandel)
barst vgl. bersten
Bart, der; -[e]s, Bärte; Bärt|chen
Bar|te, die; -, -n (Hornplatte im
  Oberkiefer der Bartenwale,
  Fischbein); Bar|tel, die; -, -n

meist Plur. (bartähnlicher Hautanhang am Maul von Fischen)
Bar|ten|wal
Bar|terl, das; -s, -[n]; *vgl.* Pickerl (*bayr. u. österr. ugs. für* Kinderlätzchen)
Bart|flech|te; Bart|haar
Bar|thel, Bar|tho|lo|mä|us (m. Vorn.)
Bär|tier|chen (mikroskopisch kleines, wurmförmiges Tier)
bär|tig; Bär|tig|keit, die; -
bart|los; Bart|lo|sig|keit, die; -
Bar|tók [...tɔk], Béla (ung. Komponist)
Bart|stop|pel; Bart|trä|ger
Bart|wisch (*österr. für* Handbesen)
Bart|wuchs
Ba|ruch (Gestalt im A. T.)
Bär|wurz (ein Gewürzkraut)
ba|ry... ⟨griech.⟩ (schwer...); **Ba-ry...** (Schwer...)
Ba|ry|on, das; -s, ...onen (*Kernphysik* schweres Elementarteilchen)
Ba|ry|sphä|re, die; - (*Geol.* Erdkern)
Ba|ryt, der; -[e]s, -e (Schwerspat)
Ba|ry|ton, das; -s, -e (ein Saiteninstrument des 18. Jh.s)
Ba|ryt|pa|pier (mit Baryt beschichtetes Papier)
ba|ry|zen|t|risch (auf das Baryzentrum bezüglich); **Ba|ry|zen|t|rum,** das; -s, *Plur.* ...tra *u.* ...tren (*Physik* Schwerpunkt)
Bar|zah|lung
ba|sal (die Basis betreffend)
Ba|salt, der; -[e]s, -e ⟨griech.⟩ (vulkanisches Gestein)
Ba|sal|tem|pe|ra|tur (*Med.* morgens gemessene Körpertemperatur bei der Frau zur Feststellung des Eisprungs)
ba|sal|ten, ba|sal|tig, ba|sal|tisch
Ba|salt|tuff, der; -s, -e
Ba|sar, Ba|zar [...'zaːɐ̯], der; -s, -e ⟨pers.⟩ (orientalisches Händlerviertel; Verkauf von Waren für wohltätige Zwecke)
Bäs|chen
Basch|ki|re, der; -n, -n (Angehöriger eines turkotatar. Stammes); **Basch|ki|ri|en; Basch|ki|rin; basch|ki|risch**
Basch|lik, der; -s, -s ⟨turkotatar.⟩ (kaukas. Wollkapuze)
¹Ba|se, die; -, -n (*südd., sonst veraltet für* Cousine)
²Ba|se, die; -, -n ⟨griech.⟩ (*Chemie* Verbindung, die mit Säuren Salze bildet)
Base|ball ['beɪsbɔːl], der; -s ⟨engl.⟩ (amerik. Schlagballspiel); **Base|ball|kap|pe; Base|ball|schlä|ger**
Ba|se|dow [...do], der; -s (*kurz für* Basedowkrankheit)
Ba|se|dow|krank|heit, Ba|se|dow-Krank|heit, die; - ⟨nach dem Arzt K. v. Basedow⟩ (auf vermehrter Tätigkeit der Schilddrüse beruhende Krankheit)
Ba|sel (schweiz. Stadt am Rhein)
Ba|sel|biet, das; -s (*svw.* Baselland); **Ba|sel|bie|ter; Ba|sel|bie|te|rin**
Ba|se|ler, *schweiz. nur* **Bas|ler;** Bas[e]ler Friede; Basler Leckerli
Ba|se|le|rin, *schweiz. nur* **Bas|le|rin**
Ba|se|litz (dt. Maler, Zeichner u. Grafiker)
Ba|sel-Land|schaft, Ba|sel|land (schweiz. Halbkanton); **Ba|sel-Land|schäft|ler; Ba|sel-Land|schäft|le|rin; ba|sel-land|schaft|lich** ↑D 145
Ba|sel-Stadt (schweiz. Halbkanton); **Ba|sel-Städ|ter; Ba|sel-Städ|te|rin; ba|sel-städ|tisch** ↑D 145
Ba|sen (*Plur. von* Base, Basis)
Ba|shing ['beʃɪŋ], das; -s ⟨engl.⟩ (heftige Kritik)
BASIC ['beɪsɪk], das; -[s] ⟨engl.⟩ = *Kunstwort aus* beginner's all purpose symbolic instruction code (eine einfache Programmiersprache)
Ba|sic En|g|lish ['beɪsɪk 'ɪŋɡlɪʃ], das; - - (Grundenglisch; vereinfachte Form des Englischen)
Ba|sics ['beɪsɪks] *Plur.* ⟨engl.⟩ (Grundlagen)
ba|sie|ren ⟨franz.⟩ (beruhen); etwas basiert auf der Tatsache (gründet sich auf die Tatsache)
...ba|siert (z. B. netzwerkbasiert)
Ba|si|li|a|ner (nach der Regel des hl. Basilius lebender Mönch)
Ba|si|li|en|kraut (*selten für* Basilikum)
Ba|si|li|ka, die; -, ...ken ⟨griech.⟩ (Kirchenbauform mit überhöhtem Mittelschiff); **ba|si|li|kal; ba|si|li|ken|för|mig**
Ba|si|li|kum, das; -s, *Plur.* -s *u.* ...ken ⟨griech.-lat.⟩ (ein Kraut)
Ba|si|lisk, der; -en, -en ⟨griech.⟩ (Fabeltier; trop. Echse); **Ba|si|lis|ken|blick** (böser, stechender Blick)
Ba|si|li|us (griech. Kirchenlehrer)
Ba|sis, die; -, Ba|sen ⟨griech.⟩ (Grundlage; *Math.* Grundlinie, -fläche; Grundzahl; *Archit.* Fuß[punkt]; Sockel; Unterbau; *Politik* Masse des Volkes, der Parteimitglieder o. Ä.)
Ba|sis|ar|beit
ba|sisch (*Chemie* sich wie eine ²Base verhaltend); basische Salze; basischer Stahl
Ba|sis|de|mo|kra|tie; ba|sis|de|mo|kra|tisch; Ba|sis|grup|pe ([links orientierter] politisch aktiver [Studenten]arbeitskreis)
Ba|sis|kurs (*Börsenw.*)
Ba|sis|la|ger (*Bergsteigen*)
Ba|sis|sta|ti|on (*EDV* zentrales, fest installiertes Sende- u. Empfangsgerät für die drahtlose Telekommunikation mit Mobiltelefonen u. Ä.; *auch svw.* Basislager)
Ba|sis|ta|rif (Grundpreis, -prämie o. Ä.)
Ba|sis|te|le|fon (auf einem Sockel angebrachtes öffentliches Kartentelefon)
Ba|sis|tun|nel (durch den Fuß eines Berges führender Tunnel)
Ba|sis|wis|sen (Grundwissen)
Ba|si|zi|tät, die; - *(Chemie)*
Bas|ke, der; -n, -n (Angehöriger eines Pyrenäenvolkes); **Bas|ken|land,** das; -[e]s; **Bas|ken|müt|ze**
Bas|ket|ball ⟨engl.⟩; **Bas|ket|ball|bun|des|li|ga**
Bas|ket|bal|ler; Bas|ket|bal|le|rin
Bas|ket|ball|schuh
Bas|kin; bas|kisch *vgl.* deutsch; **Bas|kisch,** das; -[s] (Sprache); *vgl.* Deutsch; **Bas|ki|sche,** das; -n; *vgl.* ²Deutsche
Bas|kü|le, die; -, -n ⟨franz.⟩ (Riegelverschluss für Fenster u. Türen, der zugleich oben u. unten schließt); **Bas|kü|le|ver|schluss**
Bas|le|rin *vgl.* Baselerin; **bas|le|risch**
Bas|ma|ti, der; -s (eine indische Reissorte); **Bas|ma|ti|reis**
Bas|re|li|ef ['barɛljɛf] ⟨franz.⟩ (*bild. Kunst* Flachrelief)
bass (*veraltet, noch scherzh. für* sehr); er war bass erstaunt
Bass, der; Basses, Bässe ⟨ital.⟩ (tiefe Männerstimme; Sänger; Streichinstrument; Bassgitarre)
Bass|arie; Bass|ba|ri|ton; Bass|blä|ser; Bass|blä|se|rin; Bass|buf|fo
Bas|se, der; -n, -n (*Jägerspr.* [älterer] starker Keiler)
Bas|se|na, die; -, -s ⟨ital.⟩ (*ostösterr. für* Wasserbecken im Flur eines Altbaus)
Bas|set [...'seː, *auch* 'bɛsɪt], der; -s, -s (eine Hunderasse)

Basseterre

Basse|terre [bas'tɛ:ɐ̯] (Hauptstadt von St. Kitts u. Nevis)
Bass|sett|horn *Plur.* ...hörner (Blasinstrument des 18. Jh.s)
Bass|gei|ge; Bass|gi|tar|re
Bas|sin [...'sɛ̃:], das; -s, -s ⟨franz.⟩ (künstliches Wasserbecken)
Bas|sist, der; -en, -en ⟨ital.⟩ (Basssänger; Kontrabassspieler); **Bas|sis|tin**
Bas|so, der; -, Bassi; Bas|so con|ti|nuo (Generalbass); Bas|so os|ti|na|to (sich oft wiederholendes Bassthema)
Bass|sän|ger, Bass-Sän|ger
Bass|schlüs|sel, Bass-Schlüs|sel
Bass|stim|me, Bass-Stim|me
Bass|töl|pel ⟨nach der schottischen Felseninsel Bass Rock⟩ (ein Meeresvogel)
Bast, der; -[e]s, -e (eine Pflanzenfaser)
bas|ta ⟨ital.⟩ (*ugs. für* genug!); [und] damit basta!
Bas|tard, der; -[e]s, -e ⟨franz.⟩ (*Biol.* Pflanze od. Tier als Ergebnis von Kreuzungen; *veraltet für* nicht eheliches Kind)
bas|tar|die|ren (*Biol.* Arten kreuzen); **Bas|tar|die|rung**
Bas|tar|din (*veraltet*)
Bas|tard|pflan|ze; Bas|tard|schrift (zwei Schriftarten vermischende Druckschrift)
Bas|te, die; -, -n ⟨franz.⟩ (Trumpfkarte in einigen Kartenspielen)
Bas|tei ⟨ital.⟩ (Vorsprung an alten Festungsbauten; *nur Sing.:* Felsgruppe im Elbsandsteingebirge)
Bas|tel|ar|beit
bas|teln; ich bast[e]le
bas|ten (aus Bast)
bast|far|ben, bast|far|big
Bas|ti|an (m. Vorn.)
Bas|til|le [...'ti:jə], die; -, -n ⟨franz.⟩ (befestigtes Schloss, bes. das 1789 erstürmte Staatsgefängnis in Paris)
Bas|ti|on, die; -, -en (Bollwerk)
Bast|ler; Bast|le|rin
Bas|to|na|de, die; -, -n ⟨franz.⟩ (Prügelstrafe, bes. Schläge auf die Fußsohlen)
BA-Stu|di|um (Studium an einer Berufsakademie)
Ba|su|to, der; -[s], -[s] (Angehöriger eines Bantustammes)
bat *vgl.* bitten
Bat. = Bataillon
BAT = Bundesangestelltentarif
Ba|tail|le [...'talje, *auch* ...'ta:jə], die; -, -n ⟨franz.⟩ (*veraltet für* Schlacht; Kampf)
Ba|tail|lon [...tal'jo:n], das; -s, -e (Truppenabteilung; *Abk.* Bat., Btl.); **Ba|tail|lons|kom|man|deur**
Ba|ta|te, die; -, -n ⟨indian.-span.⟩ (trop. Süßkartoffel[pflanze])
Ba|ta|ver, der; -s, - (Angehöriger eines germ. Stammes); **Ba|ta|ve|rin**
Ba|ta|via (*alter Name von* Jakarta)
ba|ta|visch
Bath|se|ba, ökum. Bat|se|ba (bibl. w. Eigenn.)
Ba|thy|skaph, der; -en, -en, **Ba|thy|scaphe**, der *u.* das; -[s], - [...fə] [...'ska:f] ⟨griech.⟩ (Tiefseetauchgerät)
Ba|thy|sphä|re, die; - (*Geol.* tiefste Schicht des Weltmeeres)
Ba|tik, die; -, -en, *seltener* der; -s, -en ⟨malai.⟩ (Textilfärbeverfahren unter Verwendung von Wachs *[nur Sing.];* derart gemustertes Gewebe)
Ba|tik|druck *Plur.* ...drucke
ba|ti|ken; gebatikt
Ba|tist, der; -[e]s, -e ⟨franz.⟩ (feines Gewebe); **ba|tis|ten** (aus Batist); **Ba|tist|ta|schen|tuch**
Bat-Miz|wa, die; -, -s ⟨hebr.⟩ (*selten für* Jüdin nach Vollendung des 12. Lebensjahres)
Bat|se|ba *vgl.* Bathseba
Batt., Battr. = Batterie
Bat|te|rie, die; -, ...ien ⟨franz.⟩ (*Militär* Einheit der Artillerie [*Abk.* Batt(r).]; *Technik* Stromspeicher); **bat|te|rie|be|trie|ben**
Bat|te|rie|fach; Bat|te|ri|en|fach
Bat|te|rie|ge|rät
Battr. *vgl.* Batt.
Bat|zen, der; -s, - (*ugs. für* Klumpen; frühere Münze)

Bau
der; -[e]s, -ten *u.* -e
– sich im *od.* in Bau befinden

In der Bedeutung »Bauwerk, Gebäude« lautet der Plural:
– die Bauten (Altbauten, Neubauten, Hochbauten)

In der Bedeutung »Höhle« als Unterschlupf für Tiere und »Stollen« (in der Bergmannsspr.) lautet der Plural:
– die Baue (Fuchsbaue, Dachsbaue; Tagebaue, Abbaue)

Bau|ab|schnitt; Bau|amt; Bau|an|suchen (*österr.*); **Bau|an|trag; Bau|ar|bei|ten** *Plur.;* **Bau|ar|bei|ter; Bau|ar|bei|te|rin; Bau|art; Bau|auf|sicht; Bau|auf|sichts|be|hör|de**
bau|aus|füh|rend; Bau|ba|ra|cke (*bes. schweiz.*); **Bau|be|ginn; Bau|be|hör|de; Bau|be|wil|li|gung** (*österr., schweiz. für* Baugenehmigung)
Bau|bio|lo|gie (Lehre von der Beziehung zwischen Mensch u. Wohnumwelt)
Bau|block *Plur.* ...blocks *od.* ...blöcke; **Bau|boom; Bau|bü|ro**
Bauch, der; -[e]s, Bäuche
Bauch|an|satz; Bauch|bin|de
Bauch|de|cke (*Anat.*)
Bauch|ent|schei|dung (Entscheidung nach Gefühl)
Bauch|fell
Bauch|fleck, der; -[e]s, -e (*österr. für* Bauchklatscher)
Bauch|fleisch
bauch|frei
Bauch|ge|fühl
Bauch|grim|men (*veraltend für* Bauchschmerzen)
Bauch|höh|le (*Anat.*)
Bauch|klat|scher (*ugs. für* ungeschicktes Auftreffen mit dem Bauch beim Sprung ins Wasser)
Bauch|knei|fen; Bauch|knei|pen, das; -s (*ugs. für* Bauchschmerzen)
Bauch|la|den
Bauch|lan|dung
Bäuch|lein; bäuch|lings
Bauch|mus|ku|la|tur; Bauch|na|bel; Bauch|na|bel|pier|cing
bauch|re|den *meist nur im Infinitiv gebr.;* **Bauch|red|ner; Bauch|red|ne|rin**
Bauch|schmerz; Bauch|schuss
Bauch|speck
Bauch|spei|chel|drü|se; Bauch|spei|chel|drü|sen|krebs
Bauch|tanz; bauch|tan|zen *meist nur im Infinitiv gebr.;* **Bauch|tän|zer; Bauch|tän|ze|rin**
Bau|chung
Bauch|weh, das; -s (*ugs.*)
Bau|cis (*vgl.* Philemon u. Baucis)
Baud [*auch* bo:t], das; -[s], - ⟨nach dem franz. Ingenieur Baudot⟩ (Maßeinheit der Telegrafiergeschwindigkeit)
Bau|de, die; -, -n (*ostmittel. für* Unterkunftshütte im Gebirge)
Bau|de|laire [bodə'lɛ:ɐ̯] (franz. Dichter)
Bau|denk|mal, das; -[e]s, *Plur.* ...mäler, *geh. auch* ...male
Bau|dou|in [bo'dʊɛ̃:] (m. Vorn.)
Bau|ele|ment

bau|en
Bau|ent|wurf
¹**Bau|er**, der; -s, - (Be-, Erbauer)
²**Bau|er**, der; *Gen.* -n, *selten* -s, *Plur.* -n (Landwirt; eine Schachfigur; eine Spielkarte)
³**Bau|er**, das, *auch* der; -s, - (Vogelkäfig)
Bäu|er|chen; [ein] Bäuerchen machen (*ugs. für* aufstoßen)
Bäu|e|rin; bäu|e|risch (*seltener für* bäurisch); **bäu|er|lich**
bau|ern (*schweiz. für* Landwirtschaft betreiben)
Bau|ern|brot; Bau|ern|bur|sche; Bau|ern|fa|mi|lie
Bau|ern|fän|ger (*abwertend*); **Bau|ern|fän|ge|rei** (*abwertend*)
Bau|ern|früh|stück (Bratkartoffeln mit Rührei u. Speck)
Bau|ern|gut; Bau|ern|haus; Bau|ern|hof
Bau|ern|krieg
Bau|ern|le|gen, das; -s (Einziehen von Bauernhöfen durch den Großgrundbesitzer vom 16. bis zum 18. Jh.)
Bau|ern|markt
Bau|ern|op|fer (*Schach* Preisgabe eines Bauern; *auch* Opfer, das dem Erhalt der eigenen Position dient)
Bau|ern|par|tei (politische Partei, die bes. die Interessen der Bauern vertritt)
Bau|ern|re|gel (altüberlieferte Lebensregel in Spruchform, bes. über das Wetter)
Bau|ern|sa|me, Bau|er|sa|me, die; - (*schweiz. veraltend für* Bauernschaft)
Bau|ern|schaft, die; -
bau|ern|schlau; Bau|ern|schläue
Bau|ern|stand, der; -[e]s; **Bau|ern|ster|ben**, das; -s; **Bau|ern|stu|be**
Bau|ern|ver|band
Bau|er|sa|me *vgl.* Bauernsame
Bau|er|schaft (*landsch. für* Bauernsiedlung)
Bau|ers|frau (*svw.* Bäuerin); **Bau|ers|leu|te** *Plur.*; **Bau|ers|mann**, der; -[e]s (*veraltet*)
Bau|er|war|tungs|land, das; -[e]s (zum Bauen vorgesehenes Land)
bau|fäl|lig; Bau|fäl|lig|keit, die; -
Bau|fir|ma; Bau|flucht *vgl.* ¹Flucht; **Bau|flucht|li|nie; Bau|form**
Bau|frau (*seltener für* Bauherrin)
Bau|füh|rer; Bau|füh|re|rin
Bau|ge|bre|chen (*österr. Amtsspr. für* Schaden am Bau)
Bau|ge|län|de; Bau|geld; Bau|geld|ver|mitt|ler; Bau|ge|mein|schaft; Bau|ge|neh|mi|gung; Bau|ge|nos|sen|schaft; Bau|ge|rüst
Bau|ge|schich|te (Geschichte der Entstehung eines Bauwerks)
Bau|ge|sell|schaft
Bau|ge|spann (*schweiz. für* Stangen, die die Ausmaße eines geplanten Gebäudes anzeigen)
Bau|ge|wer|be
bau|gleich (von gleicher Bauart)
Bau|gru|be; Bau|grund
Bau|haus, das; -es (dt. Hochschule für Gestaltung, an der bekannte Maler u. Architekten der Zwanzigerjahre arbeiteten); **Bau|haus|stil**, der; -[e]s
Bau|herr, der; -[e]n, -[e]n; **Bau|her|ren|mo|dell** (steuerbegünstigtes Finanzierungsmodell für Bauobjekte); **Bau|her|rin; Bau|hof**
Bau|holz
Bau|hüt|te; Bau|in|dus|t|rie
Bau|in|ge|ni|eur; Bau|in|ge|ni|eu|rin
Bau|jahr
Bau|kas|ten; Bau|kas|ten|sys|tem (*Technik*)
Bau|klotz, der; -es, *Plur.* ...klötze, *ugs. auch* ...klötzer; Bauklötze[r] staunen (*ugs.*)
Bau|kon|junk|tur; Bau|kon|zern
Bau|kör|per (*Archit.* Gesamtheit eines Bauwerks od. eines größeren Teils davon)
Bau|kos|ten; Bau|kos|ten|zu|schuss
Bau|kran; Bau|kre|dit; Bau|kunst
Bau|land, das; -[e]s (*auch* eine badische Landschaft)
Bau|lei|ter; Bau|lei|te|rin
bau|lich; Bau|lich|keit *meist Plur.* (*Amtsspr.*)
Bau|lö|we (*ugs. abwertend für* Bauunternehmer)
Bau|lü|cke
Baum, der; -[e]s, Bäume
Bau|markt; Bau|ma|schi|ne; Bau|maß|nah|me; Bau|ma|te|ri|al
Baum|be|stand; Baum|blü|te
Bäum|chen
Bau|mé|grad [bo'me:...] ⟨nach dem franz. Chemiker Baumé⟩ (alte Maßeinheit für das spezifische Gewicht von Flüssigkeiten; ↑D 136; *Zeichen* °Bé); 5 °Bé
Bau|meis|ter; Bau|meis|te|rin
bau|meln; ich baum[e]lle
¹**bau|men** *vgl.* aufbaumen
²**bau|men**, ¹**bäu|men** (mit dem Wiesbaum befestigen)
²**bäu|men**, sich
Baum|farn; Baum|gren|ze; Baum|haus
bäu|mig (*schweiz. für* großartig)

baum|kan|tig ([von Holzbalken] an den Kanten noch mit Rinde)
Baum|kro|ne; Baum|kro|nen|pfad (künstlicher Waldlehrpfad auf Höhe der Baumkronen)
Baum|ku|chen
baum|lang
Baum|läu|fer (ein Vogel)
baum|los; eine baumlose Insel
Baum|nuss (*schweiz. für* Walnuss)
Baum|pfle|ge
baum|reich
Baum|sche|re; Baum|schu|le; Baum|stamm
baum|stark
Baum|strunk; Baum|stumpf; Baum|wip|fel
Baum|wol|le; baum|wol|len
Baum|woll|garn; Baum|woll|hemd
Baum|woll|in|dus|t|rie; Baum|woll|pi|kee; Baum|woll|spin|ne|rei
Baun|zerl, das; -s, -[n]; *vgl.* Pickerl (*österr. veraltet für* längliches Milchbrötchen)
Bau|ord|nung; Bau|plan *vgl.* ²Plan; **Bau|platz**
Bau|po|li|zei; bau|po|li|zei|lich
Bau|pro|jekt
Bau|rat *Plur.* ...räte; **Bau|rä|tin**
Bau|recht; Bau|re|fe|rat (für das Bauwesen zuständige Abteilung einer Behörde)
bau|reif; baureife Grundstücke
Bau|rei|he
Bäu|rin (*südd., österr. neben* Bäuerin)
bäu|risch, *seltener* **bäu|e|risch**
Bau|ru|i|ne; Bau|satz
Bausch, der; -[e]s, *Plur.* -e *u.* Bäusche; in Bausch und Bogen (ganz und gar)
Bäu|schel, Päu|schel, der *od.* das; -s, - (*Bergmannsspr.* schwerer Hammer)
bau|schen; du bauschst; sich bauschen; **Bau|schen**, der; -s, - (*österr. neben* Bausch)
bau|schig
Bau|schutt
Bau|se|nat; Bau|se|na|tor; Bau|se|na|to|rin
bau|spa|ren

---

bausparen

Von »bausparen« werden nur Beugungsformen verwendet, bei denen »bau« nicht für sich allein steht:
– Wir wollen bausparen.
– Wer bauspart, ist klug.
– Wenn du bausparst, kannst du dir bald ein Haus kaufen.

Bau|spa|rer; Bau|spa|re|rin
Bau|spar|kas|se; Bau|spar|ver|trag
Bau|stein; Bau|stel|le; Bau|stel|len|ein|rich|tung, die; -; Bau|stil; Bau|stoff; Bau|stopp; Bau|sub|s|tanz
Bau|ta|stein ⟨altnord.⟩ (Gedenkstein der Wikingerzeit in Skandinavien)
Bau|tä|tig|keit
Bau|te, die; -, -n (schweiz. Amtsspr. für Bau[werk])
Bau|teil, der (Gebäudeteil) od. das (Bauelement)
Bau|ten vgl. Bau
Bau|trä|ger; Bau|trä|ge|rin
Baut|zen (Stadt in der Oberlausitz); Baut|ze|ner; Baut|ze|ne|rin; bautz|nisch
Bau|über|wa|chung (Bauw.)
Bau|un|ter|neh|men; Bau|un|ter|neh|mer; Bau|un|ter|neh|me|rin
Bau|ver|bot (Rechtsspr.); Bau|vor|ha|ben; Bau|wa|gen; Bau|wei|se
Bau|werk
Bau|wer|ker; Bau|wer|ke|rin
Bau|we|sen, das; -s
Bau|wich, der; -[e]s, -e (Bauw. Häuserzwischenraum)
Bau|wirt|schaft, die; -
bau|wür|dig (Bergmannsspr. abbauwürdig)
Bau|xerl, das; -s, -[n]; vgl. Pickerl (ostösterr. ugs. für kleines, herziges Kind)
Bau|xit, der; -s, -e ⟨nach dem ersten Fundort Les Baux in Südfrankreich⟩ (ein Mineral)
bauz!
Bau|zaun; Bau|zeit; Bau|zo|ne (schweiz. Amtsspr. für Gebiet, das bebaut werden darf)
Ba|va|ria, die; - ⟨lat.⟩ (Frauengestalt als Sinnbild Bayerns)
Bay|er vgl. Baier; Bay|e|rin, Bay|rin; bay|e|risch, bay|risch ↑D 89: die bay[e]rischen Seen, aber ↑D 140: der Bayerische Wald; vgl. bairisch
Bay|er|land, das; -[e]s
Bay|ern
Bay|ram, der u. das; -[s], -s (türk. Bez. für Feiertag, Fest)
Bay|reuth (Stadt am Roten Main); Bay|reu|ther; die Bayreuther Festspiele; Bay|reu|the|rin
bay|risch vgl. bayerisch
Ba|zar [...ˈzaːɐ̯] vgl. Basar
Ba|zi, der; -[s], -[s] (bayr., österr. ugs. für Gauner, Taugenichts)
Ba|zil|len|trä|ger ⟨lat.; dt.⟩
Ba|zil|lus, der; -, ...llen ⟨lat.⟩ (Biol.; Med. Sporen bildender Spaltpilz)
BBC [biːbiːˈsiː], die; - = British Broadcasting Corporation

BBk, die; - = Deutsche Bundesbank
BCG ⟨nach zwei franz. Tuberkuloseforschern⟩ = Bazillus Calmette-Guérin; BCG-Schutz|imp|fung [beːtseːˈgeː...] (vorbeugende Tuberkuloseimpfung)
Bd. = Band
BDA, der; - = Bund Deutscher Architekten
Bde. = Bände
BDPh = Bund Deutscher Philatelisten
BDÜ, der; - = Bundesverband der Dolmetscher und Übersetzer
B-Dur [ˈbeːduːɐ̯, auch ˈbeːˈduːɐ̯], das; -[s] (Tonart; Zeichen B); B-Dur-Ton|lei|ter ↑D 26
Be (chem. Zeichen für Beryllium)
BE = Broteinheit
be... (Vorsilbe von Verben, z. B. beabsichtigen, du beabsichtigst, beabsichtigt, zu beabsichtigen)
Bé = Baumé; vgl. Baumégrad
be|ab|sich|ti|gen
Beach|par|ty [ˈbiːtʃ...] ⟨engl.⟩ (Strandparty)
be|ach|ten; be|ach|tens|wert; be|acht|lich; Be|ach|tung
Beach|vol|ley|ball, Beach-Vol|ley|ball [ˈbiːtʃ...] (Strandvolleyball)
be|ackern ([den Acker] bestellen; ugs. auch für gründlich bearbeiten); Be|acke|rung
Bea|gle [ˈbiːgl̩] ⟨engl.⟩ (eine Hunderasse)
bea|men [ˈbiːmən] ⟨engl.⟩ (bis zur Unsichtbarkeit auflösen u. an einem anderen Ort wieder der Gestalt annehmen lassen [in Science-Fiction-Filmen]; mit einem Beamer wiedergeben); gebeamt; Bea|mer, der; -s, - (Gerät, mit dem elektronisch gespeicherte Bilder auf eine Leinwand projiziert werden)
be|am|peln (fachspr.); eine beampelte Kreuzung
Be|am|te, der; -n, -n

Beamte

Das Wort hat folgende Beugungsformen:
– der Beamte, ein Beamter, zwei Beamte, die Beamten
– einige Beamte, alle Beamten, solche Beamte[n], beide Beamten (seltener: Beamte)
– die Versorgung ausscheidender Beamter
– ihm als Beamtem od. Beamten

Be|am|ten|an|wär|ter; Be|am|ten|an|wär|te|rin
Be|am|ten|be|lei|di|gung; Be|am|ten|bund, der; -[e]s; Be|am|ten|deutsch; Be|am|ten|ge|werk|schaft; Be|am|ten|recht
Be|am|ten|schaft, die; -; Be|am|ten|stand, der; -[e]s; Be|am|ten|tum, das; -s; Be|am|ten|ver|hält|nis
be|am|tet; Be|am|te|te, der u. die; -n, -n
Be|am|tin
be|amts|han|deln (österr. Amtsspr., oft auch scherzh. amtlich handeln)
be|ängs|ti|gend
be|an|schrif|ten (Amtsspr.)
be|an|spru|chen; Be|an|spru|chung
be|an|stan|den; Be|an|stan|dung
be|an|tra|gen; du beantragtest; beantragt; Be|an|tra|gung
be|ant|wort|bar
be|ant|wor|ten; Be|ant|wor|tung
be|ar|bei|ten; Be|ar|bei|ter; Be|ar|bei|te|rin; Be|ar|bei|tung; Be|ar|bei|tungs|ge|bühr
be|arg|wöh|nen (geh.)
bea|rish, bea|risch [ˈbɛːrɪʃ] ⟨engl.⟩ (Wirtschaftsjargon mit fallenden Börsenkursen rechnend)
¹Beat [biːt], der; -[s], -s ⟨engl.⟩ (Musik Schlagrhythmus; betonter Taktteil; kurz für Beatmusik)
²Be|at der; Beatus
Be|a|ta, Be|a|te (w. Vorn.)
bea|ten [ˈbiːtn̩] ⟨engl.⟩ (ugs. veraltend für Beatmusik spielen; nach Beatmusik tanzen)
Beat|ge|ne|ra|tion, Beat-Ge|ne|ra|tion [ˈbiːtdʒenəreɪʃn̩], die; - ⟨amerik.⟩ (alles Bürgerliche radikal ablehnende amerik. [Schriftsteller]gruppe der Fünfzigerjahre)
Be|a|ti|fi|ka|ti|on, die; -, -en ⟨lat.⟩ (kath. Kirche Seligsprechung); be|a|ti|fi|zie|ren
Bea|tle [ˈbiːtl̩], der; -s, -s ⟨engl.⟩; vgl. Beatles; Beat|les Plur. (brit. Popgruppe der 1960er-Jahre)
be|at|men (Med. Luft od. Gasgemische in die Atemwege blasen); Be|at|mung
Be|at|mungs|an|la|ge; Be|at|mungs|ge|rät; Be|at|mungs|stö|rung
Beat|mu|sik [ˈbiːt...], die; - ([Tanz]musik mit betontem Schlagrhythmus)
Beat|nik [ˈbiːt...], der; -[s], -s ⟨amerik.⟩ (Vertreter der Beatgeneration)
Be|a|t|ri|ce [...sə, ...tʃə], Be|a|t|rix (w. Vorn.)

bedingen

Be|a|tus, *schweiz.* ²Be|at ⟨lat.⟩ (m. Vorn.)
Beau [bo:], der; -[s], -s ⟨franz.⟩ (*spöttisch für* schöner Mann)
Beau|fort|ska|la, Beau|fort-Ska|la ['bo:fɐt...], die; - ↑D 136 ⟨nach dem engl. Admiral⟩ (Skala für Windstärken)
be|auf|schla|gen (*Technik* auf etw. auftreffen; Be|auf|schla|gung
be|auf|sich|ti|gen; Be|auf|sich|ti|gung
be|auf|tra|gen; du beauftragtest; beauftragt; Be|auf|trag|te, der u. die; -n, -n; Be|auf|tra|gung
be|aug|ap|feln; ich beaugapf[e]le
be|äu|geln; ich beäug[e]le; beäugelt; be|äu|gen; beäugt
be|au|gen|schei|ni|gen (*Amtsspr., auch scherzh.*); der neue Wagen wurde beaugenscheinigt
Beau|jo|lais [boʒoˈlɛ(:)], der; -, - ⟨franz.⟩ (ein franz. Rotwein)
Beau|mar|chais [bomarˈʃɛ:] (franz. Schriftsteller)
be|aus|kunf|ten (Auskunft geben)
Beau|té [boˈte:], die; -, -s ⟨franz.⟩ (*geh. für* schöne Frau)
Beau|ty|case, Beau|ty-Case ['bju:tikɛɪs], das, *auch* der; -, -s ⟨engl.⟩ (Kosmetikkoffer)
Beau|ty|farm, Beau|ty-Farm ['bju:ti...], die; -, -en ⟨engl.⟩ (Schönheitsfarm)
Beau|voir, de [də boˈvoaːɐ̯] (franz. Schriftstellerin)
be|bän|dern
be|bar|tet (mit Bart versehen)
be|bau|en; Be|bau|ung; Be|bau|ungs|plan
Bé|bé [beˈbe:], das; -s, -s ⟨franz.⟩ (*schweiz. für* Säugling, Baby)
Be|bel (Mitbegründer der dt. Sozialdemokratischen Partei)
be|ben; Be|ben, das; -s, -
be|bil|dern; ich bebildere; Be|bil|de|rung
be|bop ['bi:...], der; -[s], -s ⟨amerik.⟩ (Jazzstil der 1940er-Jahre [*nur Sing.*]; Tanz in diesem Stil)
be|brillt
be|brü|ten
Be|bung (*Musik*)
be|bun|kern ([ein Schiff] mit Brennstoff versehen)
be|buscht; ein bebuschter Hang
Bé|cha|mel|kar|tof|feln [beʃa...] ⟨nach dem Marquis de Béchamel⟩; Bé|cha|mel|so|ße, Bé|cha|mel|sau|ce
Be|cher, der; -s, -; be|cher|för|mig
be|chern (*ugs. scherzh. für* tüchtig trinken); ich bechere

Be|cher|werk (*Technik* Fördergerät)
be|cir|cen *vgl.* bezirzen
Be|cken, das; -s, -; Be|cken|bruch, der (*Med.*)
Be|cken|rand
Be|cket, Thomas (engl. Lordkanzler u. Erzbischof)
Be|ckett (ir.-franz. Schriftsteller)
Beck|mann (dt. Maler)
Beck|mes|ser (Gestalt aus Wagners »Meistersingern«; *abwertend* kleinlicher Kritiker); Beck|mes|se|rei; Beck|mes|se|rin; beck|mes|sern (kleinlich tadeln, krittelnd); ich beckmessere; gebeckmessert
Bec|que|rel [bɛkə...], das; -s, - ⟨nach dem franz. Physiker⟩ (Maßeinheit für die Aktivität ionisierender Strahlung; *Zeichen* Bq)
be|da|chen (*Handwerk* mit einem Dach versehen)
be|dacht; auf eine Sache bedacht sein; Be|dacht, der; -[e]s; mit Bedacht; auf etwas Bedacht nehmen (*Amtsspr.*); Be|dach|te, der u. die; -n, -n (jmd., dem ein Vermächtnis ausgesetzt worden ist)
be|däch|tig; Be|däch|tig|keit, die; -
Be|dacht|nah|me (*österr.*); unter Bedachtnahme (unter Berücksichtigung)
be|dacht|sam; Be|dacht|sam|keit, die; -
Be|da|chung (*Handwerk*)
be|damp|fen (*Technik* durch Verdampfen von Metall mit einer Metallschicht überziehen)
be|dan|ken, sich
Be|darf, der; -[e]s, *Plur. (fachspr.)* -e; nach Bedarf; der Bedarf an etwas; bei Bedarf
Be|darfs|am|pel; Be|darfs|ar|ti|kel; Be|darfs|de|ckung; Be|darfs|fall, der; im Bedarfsfall[e]
be|darfs|ge|recht
Be|darfs|gut *meist Plur.*; Be|darfs|hal|te|stel|le; Be|darfs|zu|wei|sung
be|dau|er|lich; be|dau|er|li|cher|wei|se; sie war bedauerlicherweise nicht zu Hause, *aber* sie hat in bedauerlicher Weise auf unsere Kritik reagiert
be|dau|ern; ich bedau[e]re; Be|dau|ern, das; -s; be|dau|erns|wert
Be|de, die; -, -n (Abgabe im MA.)
be|de|cken (*österr. auch für* finanziell abdecken); be|deckt; bedeckter Himmel

Be|deckt|sa|mer, der; -s, - *meist Plur.* (*Bot.* Pflanze, deren Samenanlage im Fruchtknoten eingeschlossen ist; *Ggs.* Nacktsamer); be|deckt|sa|mig (*Bot.*)
Be|de|ckung
be|den|ken; bedacht (*vgl. d.*); sich eines Besser[e]n bedenken; Be|den|ken, das; -s, -
be|den|ken|los; Be|den|ken|lo|sig|keit, die; -; be|den|kens|wert
Be|den|ken|trä|ger; Be|den|ken|trä|ge|rin
be|denk|lich; Be|denk|lich|keit
Be|denk|zeit, die; -
be|dep|pert (*ugs. für* ratlos, gedrückt)
be|deu|ten; be|deu|tend; am bedeutendsten; *aber* ↑D 72: das Bedeutendste; etwas Bedeutendes; um ein Bedeutendes zunehmen
be|deut|sam; Be|deut|sam|keit
Be|deu|tung
Be|deu|tungs|an|ga|be; Be|deu|tungs|leh|re (*Sprachwiss.*)
be|deu|tungs|los; Be|deu|tungs|lo|sig|keit; be|deu|tungs|schwan|ger; be|deu|tungs|schwer
Be|deu|tungs|un|ter|schied
Be|deu|tungs|ver|lust
be|deu|tungs|voll
Be|deu|tungs|wan|del; Be|deu|tungs|wör|ter|buch
be|dien|bar; leicht bedienbare Armaturen; Be|dien|bar|keit, die; -
Be|dien|ele|ment (*Technik*)
be|die|nen; eines Kompasses bedienen (*geh.*); bedient sein (*ugs. für* genug haben)
Be|die|ner; Be|die|ne|rin (*bes. österr. für* Aufwartefrau)
be|diens|tet (in Dienst stehend); Be|diens|te|te, der u. die; -n, -n
Be|dien|te, der u. die; -n, -n (*veraltet für* Diener[in])
Be|die|nung (*österr. auch* Stelle als Bedienerin)
Be|die|nungs|an|lei|tung; Be|die|nungs|feh|ler; Be|die|nungs|geld; Be|die|nungs|kom|fort
Be|die|nungs|the|ke (Theke, an der die Kundschaft persönlich bedient wird [im Gegensatz zur Selbstbedienung])
Be|die|nungs|zu|schlag, Be|dien|zu|schlag
¹be|din|gen (voraussetzen; zur Folge haben); sich gegenseitig bedingen; *vgl.* bedingt
²be|din|gen (*älter für* ausbedin-

Bedingnis

gen); du bedangst; bedungen; der bedungene Lohn
Be|ding|nis, das; -ses, -se (österr. Amtsspr. für Bedingung)
be|dingt (eingeschränkt, an Bedingungen geknüpft); ↑D89; bedingter Reflex; bedingte Verurteilung (österr., schweiz. für Verurteilung mit Bewährungsfrist)
Be|dingt|gut, das; -[e]s (für Kommissionsgut)
Be|dingt|heit
Be|dingt|sen|dung (für Kommissionssendung)
Be|din|gung; Be|din|gungs|form (für Konditional)
be|din|gungs|los
Be|din|gungs|satz (für Konditionalsatz)
be|din|gungs|wei|se
be|drän|gen; Be|dräng|nis, die; -, -se; Be|dräng|te, der u. die; -n, -n; Be|drän|gung
be|dripst (nordd. für kleinlaut, betrübt)
be|dro|hen; bedrohte Tierarten
be|droh|lich; Be|droh|lich|keit
Be|dro|hung
be|dröp|pelt (ugs. für kleinlaut, betrübt)
be|dru|cken
be|drü|cken; Be|drü|cker
be|drückt; Be|drückt|heit
Be|dru|ckung (das Bedrucken)
Be|drü|ckung
Be|du|i|ne, der; -n, -n ⟨arab.⟩ (arab. Nomade); Be|du|i|nin; be|du|i|nisch
be|dun|gen vgl. ²bedingen
be|dün|ken (veraltet); es will mich bedünken; Be|dün|ken, das; -s; meines Bedünkens (veraltet für nach meiner Ansicht)
be|dür|fen (geh.); mit Gen.: des Trostes bedürfen
Be|dürf|nis, das; -ses, -se; Be|dürf|nis|an|stalt (Amtsspr.)
be|dürf|nis|los
be|dürf|tig; mit Gen.: der Hilfe, des Trostes bedürftig
Be|dürf|ti|ge, der u. die; -n, -n; Be|dürf|tig|keit; Be|dürf|tig|keits|prü|fung
be|du|seln, sich (ugs. für sich leicht betrinken)
Bee|fal|lo ['bi:...], der; -[s], -s ⟨amerik.⟩ (Kreuzung aus Bison u. Hausrind)
Beef|ea|ter ['bi:fi:tɐ], der; -s, -s ⟨engl.⟩ (Angehöriger der königl. Leibwache im Londoner Tower)

Beef|steak, das; -s, -s (Rinds[lenden]stück); deutsches Beefsteak ↑D151; Beef|tea [...ti:], der; -s, -s (Rindfleischbrühe)
be|eh|ren (geh.); sich beehren
be|ei|den (mit einem Eid bekräftigen); be|ei|di|gen (geh. für beeiden; österr. für in Eid nehmen); gerichtlich beeidigter Sachverständiger
be|ei|fern, sich (veraltet für sich eifrig bemühen)
be|ei|len, sich; Be|ei|lung, die; - (meist als Aufforderung)
be|ein|dru|cken; eine beeindruckende Leistung
be|ein|fluss|bar; Be|ein|fluss|bar|keit, die; -; be|ein|flus|sen; du beeinflusst; Be|ein|flus|sung
be|ein|spru|chen (österr. für Berufung einlegen)
be|ein|träch|ti|gen; Be|ein|träch|ti|gung
be|elen|den (schweiz. für nahegehen; betrüben); es beelendet mich
Beel|ze|bub [auch be'ɛl...], der; - ⟨hebr.⟩ (Herr der bösen Geister, oberster Teufel im N. T.)
be|en|den; beendet; be|en|di|gen; beendigt; Be|en|di|gung; Be|en|dung
be|en|gen; Be|engt|heit
Be|en|gung
Bee|per ['bi:pɐ], der; -s, - ⟨engl.⟩ (elektronisches Fernrufgerät)
be|er|ben; jmdn. beerben; Be|er|bung
be|er|den ([Pflanzen] mit Erde versehen)
be|er|di|gen; Be|er|di|gung; Be|er|di|gungs|in|s|ti|tut
Bee|re, die; -, -n
Bee|ren|aus|le|se; bee|ren|för|mig; Bee|ren|obst
Beet, das; -[e]s, -e
Bee|te vgl. Bete
Beet|ho|ven [...ho:fn̩], Ludwig van (dt. Komponist)
be|fä|hi|gen; ein befähigter Mensch; Be|fä|hi|gung; Be|fä|hi|gungs|nach|weis
be|fahl vgl. befehlen
be|fahr|bar; Be|fahr|bar|keit, die; -
¹be|fah|ren; befahrener (Jägerspr. bewohnter) Bau; befahrene (Seemannsspr. im Seedienst erfahrene) Matrosen
²be|fah|ren; eine Straße befahren
Be|fall, der; -[e]s; be|fal|len
be|fan|gen (schüchtern; voreinge-

nommen); Be|fan|gen|heit; Be|fan|gen|heits|an|trag
be|fas|sen; befasst; sich mit etwas befassen; jmdn. mit etwas befassen (Amtsspr.)
be|feh|den (geh. für bekämpfen); Be|feh|dung (geh.)
Be|fehl, der; -[e]s, -e
be|feh|len; du befiehlst; du befahlst; du befählest, älter beföhlest; befohlen; befiehl!; be|feh|le|risch
be|feh|li|gen
Be|fehls|aus|ga|be; Be|fehls|emp|fän|ger; Be|fehls|emp|fän|ge|rin
Be|fehls|form (für Imperativ)
be|fehls|ge|mäß; Be|fehls|ge|walt
Be|fehls|ha|ber; Be|fehls|ha|be|rin; be|fehls|ha|be|risch
Be|fehls|not|stand; Be|fehls|satz; Be|fehls|ton, der; -[e]s; Be|fehls|ver|wei|ge|rung
be|fein|den; Be|fein|dung
be|fes|ti|gen; Be|fes|ti|gung; Be|fes|ti|gungs|an|la|ge
be|feuch|ten; Be|feuch|tung
be|feu|ern (Seemannsspr. auch für mit Leuchtfeuern versehen); Be|feu|e|rung
Beff|chen (Halsbinde mit zwei Leinenstreifen vorn am Halsausschnitt von Amtstrachten bes. evangelischer Geistlicher)
be|fie|dern; ich befiedere
be|fiehlt vgl. befehlen
be|fin|den; befunden; den Plan für gut befinden; sich befinden
Be|fin|den, das; -s

be|find|lich

(vorhanden)
Man kann sagen:
– der im Kasten *befindliche* Schmuck *od.* der *sich* im Kasten *befindende* Schmuck

Nicht korrekt ist dagegen:
– der *sich* im Kasten *befindliche* Schmuck

Be|find|lich|keit (seel. Zustand)
be|fin|gern (ugs. für betasten)
be|fi|schen; einen See befischen; Be|fi|schung
be|flag|gen; die Gebäude sind beflaggt; Be|flag|gung
be|fle|cken; Be|fle|ckung
be|fle|geln (österr. für beschimpfen)
be|flei|ßen, sich (veraltet, selten noch für sich befleißigen); du

Beglückwünschung

befleißt dich; ich befliss mich, du beflissest dich; beflissen *(vgl. d.)*; befleiß[e] dich!
be|flei|ßi|gen, sich *(geh.);* mit *Gen.:* sich guter Manieren befleißigen
be|flie|gen; eine Strecke befliegen
be|flir|ten [...'flœ:ɐ̯...] *(ugs. für* zum Flirten zu bewegen versuchen)
be|flis|sen (eifrig bemüht); um Anerkennung beflissen; **Be|flis|sen|heit**, die; -
be|flis|sent|lich *(seltener für* geflissentlich)
be|flo|cken *(Textilind.* Stoffe mit Mustern, Bildern o. Ä. bekleben); **Be|flo|ckung**
be|flü|geln *(geh.)*
be|flu|ten (unter Wasser setzen); **Be|flu|tung**
be|foh|len *vgl.* befehlen
be|fol|gen; **Be|fol|gung**
be|för|der|bar; **Be|för|de|rer,** Be|förd|rer; **Be|för|de|rin,** Be|förd|re|rin
be|för|der|lich *(schweiz. für* beschleunigt, rasch)
be|för|dern; **Be|för|de|rung**
Be|för|de|rungs|be|din|gun|gen *Plur.*; **Be|för|de|rungs|kos|ten** *Plur.*; **Be|för|de|rungs|mit|tel**; **Be|för|de|rungs|stau**; **Be|för|de|rungs|ta|rif**
Be|för|de|rer, Be|förd|rer; **Be|förd|re|rin**, Be|för|de|rin
be|fors|ten (forstlich bewirtschaften)
be|förs|tern *(Forstwirtsch.* nicht staatliche Waldungen durch Forstbeamte verwalten lassen); **Be|förs|tung**
be|frach|ten; **Be|frach|ter; Be|frach|te|rin; Be|frach|tung**
be|frackt (einen Frack tragend)
be|fra|gen ↑ D 82: auf Befragen; **Be|fra|gung**
be|franst
be|frei|en; sich befreien
Be|frei|er; Be|frei|e|rin; Be|frei|ung
Be|frei|ungs|be|we|gung; Be|frei|ungs|kampf; Be|frei|ungs|krieg
Be|frei|ungs|schlag *(Eishockey)*
Be|frei|ungs|theo|lo|gie (Theologie, die die spezifische Situation der Dritten Welt berücksichtigt u. das verkündete Heil auch als diesseitige Erlösung u. Befreiung versteht)
be|frem|den; es befremdet [mich]; **Be|frem|den,** das; -s

be|frem|dend; be|fremd|lich
Be|frem|dung, die; -
be|freun|den, sich; be|freun|det
be|frie|den (Frieden bringen; *geh. für* einhegen); befriedet
be|frie|di|gen (zufriedenstellen); be|frie|di|gend; die befriedigendste Lösung; *vgl.* ausreichend; **Be|frie|di|gung**
Be|frie|dung
be|fris|ten; be|fris|tet; ein befristetes Arbeitsverhältnis; **Be|fris|tung**
be|fruch|ten; **Be|fruch|tung**
be|fu|gen; **Be|fug|nis,** die; -, -se; be|fugt; befugt sein
be|füh|len
be|fül|len; einen Tank befüllen; **Be|fül|lung**
be|fum|meln *(ugs. für* betasten)
Be|fund, der; -[e]s, -e (Feststellung); nach Befund; ohne Befund *(Med.; Abk.* o. B.)
be|fürch|ten; **Be|fürch|tung**
be|für|sor|gen *(österr., bayr. Amtsspr. für* betreuen)
be|für|wor|ten; **Be|für|wor|ter; Be|für|wor|te|rin; Be|für|wor|tung**
Beg, der; -[s], -s (höherer türk. Titel); *vgl.* Bei
be|ga|ben *(geh. für* mit etw. ausstatten)
be|gabt; **Be|gab|te,** der *u.* die; -n, -n; **Be|gab|ten|för|de|rung**
Be|ga|bung; Be|ga|bungs|re|ser|ve
be|gaf|fen *(abwertend)*
be|gan|gen *vgl.* begehen
Be|gäng|nis, das; -ses, -se *(geh. für* feierliche Bestattung)
be|gann *vgl.* beginnen
be|ga|sen; du begast; **Be|ga|sung**
be|gat|ten; **Be|gat|tung**
be|gau|nern *(ugs. für* betrügen)
be|geb|bar
¹be|ge|ben *(Bankw.* verkaufen, in Umlauf setzen); einen Wechsel begeben
²be|ge|ben, sich (irgendwohin gehen; sich ereignen; verzichten); er begibt sich eines Rechtes (er verzichtet darauf)
Be|ge|ben|heit
Be|ge|ber *(für* Girant [eines Wechsels])
Be|geb|nis, das; -ses, -se *(veraltet für* Begebenheit, Ereignis)
Be|ge|bung; die Begebung von Aktien
be|geg|nen; jmdm. begegnen; **Be|geg|nung; Be|geg|nungs|stät|te; Be|geg|nungs|tag**
be|geh|bar; **Be|geh|bar|keit**

be|ge|hen; ein Unrecht begehen; die begangenen Straftaten
Be|gehr, das, *auch* der; -s *(geh.)*
be|geh|ren; **Be|geh|ren,** das; -s, - *Plur. selten;* be|geh|rens|wert
be|gehr|lich; **Be|gehr|lich|keit**
be|gehrt; eine begehrte Tänzerin
Be|ge|hung
be|gei|fern *(auch für* beschimpfen); **Be|gei|fe|rung**
be|geis|tern; ich begeistere; sich begeistern; be|geis|tert
Be|geis|te|rung; be|geis|te|rungs|fä|hig; **Be|geis|te|rungs|sturm; Be|geis|te|rungs|wel|le**
be|gich|ten *(Hüttenw.* Erz in den Schachtofen einbringen); **Be|gich|tung**
Be|gier *(geh.);* **Be|gier|de,** die; -, -n; be|gie|rig
be|gie|ßen; **Be|gie|ßung**
Be|gi|ne, die; -, -n (niederl.) (Angehörige einer halbklösterl. Frauenvereinigung); **Be|gi|nen|hof** (historische Wohnanlage der Beginen; generationsübergreifendes Wohnprojekt für Frauen)
Be|ginn, der; -[e]s, -e *Plur. selten;* von Beginn an/*österr. auch:* weg; zu Beginn
be|gin|nen; du begannst; du begännest, *seltener* begönnest; begonnen; beginn[e]!; **Be|gin|nen,** das; -s (Vorhaben)
be|glän|zen *(geh.)*
be|glau|bi|gen; beglaubigte Abschrift; **Be|glau|bi|gung; Be|glau|bi|gungs|schrei|ben**
be|glei|chen; eine Rechnung begleichen; **Be|glei|chung**
Be|gleit|ad|res|se (Begleitschein)
Be|gleit|agen|tur (Escortservice); **Be|gleit|brief**
be|glei|ten (mitgehen); begleitet
Be|glei|ter; Be|glei|te|rin
Be|gleit|er|schei|nung
Be|gleit|ge|setz *(Rechtsspr.);* **Be|gleit|hund; Be|gleit|mu|sik; Be|gleit|pa|pier** *meist Plur.*; **Be|gleit|per|son; Be|gleit|schein** *(Zollw.);* **Be|gleit|schrei|ben; Be|gleit|text; Be|gleit|um|stand**
Be|glei|tung
Beg|ler|beg, der; -s, -s (türk.) (Provinzstatthalter in der alten Türkei)
be|glot|zen *(ugs. für* anstarren)
be|glü|cken; **Be|glü|cker; Be|glü|cke|rin; Be|glü|ckung**
be|glück|wün|schen; beglückwünscht; **Be|glück|wün|schung**

begnaden

be|gna|den (*geh. für eine Gnade zuteilwerden lassen*); be|gna|det (hochbegabt)
be|gna|di|gen (jmdm. seine Strafe erlassen); Be|gna|di|gung; Be|gna|di|gungs|recht
be|nü|gen, sich
Be|go|nie, die; -, -n ⟨nach dem Franzosen Michel Bégon⟩ (eine Zierpflanze)
be|gon|nen vgl. beginnen
be|gön|nern; ich begönnere
be|gö|schen (*nordd. für* beschwichtigen); du begöschst
begr. = begraben (*Zeichen* □)
be|gra|ben
Be|gräb|nis, das; -ses, -se
Be|gräb|nis|fei|er; Be|gräb|nis|fei|er|lich|keit; Be|gräb|nis|kos|ten *Plur.*; Be|gräb|nis|stät|te
be|grab|schen *vgl.* begrapschen
be|gra|di|gen ([einen ungeraden Weg od. Wasserlauf] gerade legen); Be|gra|di|gung
be|grannt (mit Grannen)
be|grap|schen, be|grab|schen (*landsch. abwertend für* betasten, anfassen)
be|greif|bar
be|grei|fen *vgl.* begriffen
be|greif|lich; be|greif|li|cher|wei|se
be|gren|zen
Be|gren|zer (*Technik* bei Erreichen eines Grenzwertes einsetzende Unterbrechervorrichtung)
be|grenzt; Be|grenzt|heit *Plur. selten;* Be|gren|zung
Be|griff, der; -[e]s, -e; im Begriff sein
be|grif|fen; diese Tierart ist im Aussterben begriffen
be|griff|lich; begriffliches Substantiv (*für* Abstraktum); Be|griff|lich|keit
Be|griffs|be|stim|mung; Be|griffs|bil|dung; Be|griffs|form (Kategorie)
be|griffs|mä|ßig; be|griffs|stut|zig, *österr.* be|griffs|stüt|zig
Be|griffs|ver|wir|rung
Be|grün|den; Be|grün|dend
Be|grün|der; Be|grün|de|rin
Be|grün|det; Be|grün|det|heit, die; -
Be|grün|dung
Be|grün|dungs|an|ga|be (Umstandsangabe des Grundes); Be|grün|dungs|satz (Kausalsatz); Be|grün|dungs|wei|se
be|grü|nen; Be|grü|nung

be|grü|ßen (*schweiz. auch für* nach jmds. Ansicht fragen); be|grü|ßens|wert
Be|grü|ßung
Be|grü|ßungs|abend; Be|grü|ßungs|an|spra|che; Be|grü|ßungs|geld; Be|grü|ßungs|kuss; Be|grü|ßungs|re|de; Be|grü|ßungs|trunk
be|gu|cken (*ugs.*)
Be|gum [*auch* ...am], die; -, -en ⟨angloind.⟩ (Titel ind. Fürstinnen)
be|güns|ti|gen; Be|güns|tig|te, der *u.* die; -n, -n (*Rechtsspr.*); Be|güns|ti|gung
be|gut|ach|ten; begutachtet
Be|gut|ach|ter; Be|gut|ach|te|rin
Be|gut|ach|tung
Be|gut|ach|tungs|pla|ket|te (*österr. für* TÜV-Plakette); Be|gut|ach|tungs|stel|le
be|gü|tert
be|gü|ti|gen; Be|gü|ti|gung
be|haa|ren, sich; be|haart; Be|haa|rung
be|hä|big; Be|hä|big|keit
be|ha|cken
be|haf|ten (*schweiz.*); jmdn. auf od. bei etwas behaften (jmdn. auf etwas festlegen, beim Wort nehmen)
be|haf|tet; mit etwas behaftet sein
be|ha|gen; Be|ha|gen, das; -s
be|hag|lich; Be|hag|lich|keit
Be|hal|te|frist (*Finanzw.*; *österr. auch für* Zeitraum, in dem ein Kündigungsschutz gilt)
be|hal|ten
Be|häl|ter; Be|hält|nis, das; -ses, -se
be|häm|mern; be|häm|mert (*ugs. für* nicht bei Verstand)
be|hän|de ↑D 133
be|hän|deln
be|hän|di|gen (*schweiz. Amtsspr. für* an sich nehmen)
Be|hän|dig|keit, die; - ↑D 133
Be|hand|lung
Be|hand|lungs|kos|ten *Plur.*; Be|hand|lungs|me|tho|de; Be|hand|lungs|op|ti|on (*Med.*); Be|hand|lungs|pflicht; Be|hand|lungs|raum; Be|hand|lungs|stuhl; Be|hand|lungs|wei|se
be|hand|schuht (Handschuhe tragend)
Be|hang, der; -[e]s, Behänge (*Jägerspr. auch* Schlappohren)
be|han|gen; der Baum ist mit Äpfeln behangen

be|hän|gen *vgl.* ²hängen; behängt; eine grün behängte Wand
be|har|ken; sich beharken (*ugs. für* bekämpfen)
be|har|ren
be|harr|lich; Be|harr|lich|keit, die; -
Be|har|rung; Be|har|rungs|be|schluss (*österr. Politik* erneuter Beschluss eines Gesetzes im Nationalrat nach einem Einspruch des Bundesrates); Be|har|rungs|ver|mö|gen, das; -s
be|hau|chen; behauchte Laute (*für* Aspiraten); Be|hau|chung
be|hau|en; ich behaute den Stein
be|haup|ten; sich behaupten
be|haup|tet (*Börse* fest, gleichbleibend)
Be|haup|tung; Be|haup|tungs|wil|le, der; -ns
be|hau|sen; Be|hau|sung
Be|ha|vi|o|ris|mus [bihevjə...], der; - ⟨engl.⟩ (amerik. sozialpsychologische Forschungsrichtung); be|ha|vi|o|ris|tisch
be|heb|bar; nicht behebbare Schäden
be|he|ben (beseitigen; *österr. auch für* abheben, abholen, z. B. Geld von der Bank); Be|he|bung (Beseitigung; *österr. auch für* Abhebung, Abholung)
be|hei|ma|ten; be|hei|ma|tet; Be|hei|ma|tung
be|heiz|bar; be|hei|zen; Be|hei|zung, die; -
Be|helf, der; -[e]s, -e; be|hel|fen, sich; ich behelfe mich, *auch* mir
Be|helfs|heim; be|helfs|mä|ßig; Be|helfs|un|ter|kunft; be|helfs|wei|se
be|hel|li|gen (belästigen); Be|hel|li|gung
be|helmt (einen Helm tragend)
Be|he|mot[h] [*auch* 'be:...], der; -[e]s, -s ⟨hebr., »Riesentier«⟩ (im A. T. Bezeichnung für ein nilpferdartiges Ungeheuer)
be|hen|de *alte Schreibung für* behände
Be|hen|nuss, Ben|nuss ⟨span.-dt.⟩ (ölhaltige Frucht eines afrik. Baumes)
be|her|ber|gen; Be|her|ber|gung
be|herrsch|bar; Be|herrsch|bar|keit
be|herr|schen; sich beherrschen
Be|herr|scher; Be|herr|sche|rin

254

beidseitig

be|herrscht; Be|herrsch|te, der u. die; -n, -n; Be|herrsch|te|heit
Be|herr|schung, die; -
be|her|zi|gen; be|her|zi|gens|wert; Be|her|zi|gung
be|herzt (entschlossen); Be|herzt|heit, die; -
be|he|xen
be|hilf|lich
Be|hind [bɪˈhaɪnt], das; -s ⟨engl.⟩ ⟨schweiz. für Raum hinter der Torlinie⟩
be|hin|dern; be|hin|dert; geistig behindert ↑D 58; Be|hin|der|te, der u. die; -n, -n; die körperlich Behinderten

Behinderte
Gelegentlich wird das Wort *Behinderte* als zu unpersönlich und sogar diskriminierend empfunden. Man spricht dann stattdessen von *behinderten Menschen* oder *Menschen mit Behinderung*. Jeden Anklang an »behindert« sollen Formulierungen wie *körperlich eingeschränkte Menschen* vermeiden.

Be|hin|der|ten|be|auf|trag|te
be|hin|der|ten|ge|recht
Be|hin|der|ten|gleich|stel|lungs|ge|setz
Be|hin|der|ten|sport; Be|hin|der|ten|sport|ler; Be|hin|der|ten|sport|le|rin
Be|hin|de|rung; Be|hin|de|rungs|fall, der; im Behinderungsfall[e]
Behm|lot ⟨nach dem dt. Physiker Behm⟩ (Echolot)
be|ho|beln
be|hor|chen (*ugs. für* abhören)
Be|hör|de, die; -, -n; Be|hör|den|ap|pa|rat; Be|hör|den|deutsch (*oft abwertend*); Be|hör|den|gang (Gang zu einer Behörde, um dort etwas zu erledigen); Be|hör|den|schrift|ver|kehr; Be|hör|den|spra|che (*svw.* Behördendeutsch)
Be|hör|den|ver|fah|ren (*österr. für* amtlicher Instanzenweg)
Be|hör|den|weg (*bes. österr.*)
be|hörd|lich; be|hörd|li|cher|seits
be|host (*ugs. für* mit Hosen bekleidet)
Be|huf, der; -[e]s, -e (*Amtsspr. veraltend für* Zweck, Erfordernis); zum Behuf[e]; zu diesem Behuf[e]; be|hufs ↑D 70 (*Amtsspr. veraltet*); *Präp. mit Gen.:* behufs des Verfahrens
be|hum|sen, be|hump|sen (*ostmitteld. für* übervorteilen)
be|hü|ten; behüt' dich Gott!
Be|hü|ter; Be|hü|te|rin
be|hut|sam; Be|hut|sam|keit
Be|hü|tung, die; -

bei
(*Abk.* b.)
Präposition mit Dativ:
– beim (*vgl.* d.)
– bei der Hand sein
– bei[m] Abgang des Sängers
– bei aller Bescheidenheit
– bei all dem Treiben
– bei all[e]dem
– bei dem allen (*häufiger für* allem)
– bei diesem allem (*neben* allen)
– ↑D 72: bei Weitem *od.* weitem
– komm bei mich (*veraltet, noch landsch. für* komm zu mir)

Bei, Bey [baɪ], der; -s, *Plur.* -e *u.* -s ⟨türk., »Herr«⟩ (türk. Titel, *oft hinter Namen*, z. B. Ali-Bei); *vgl.* Beg *u.* Bai

bei... (*in Zus. mit Verben*, z. B. beidrehen, du drehst bei, beigedreht, beizudrehen)
bei|be|hal|ten; Bei|be|hal|tung
bei|bie|gen (*ugs. für* jmdm. etw. beibringen)
Bei|blatt
Bei|boot
bei|brin|gen; jmdm. etwas beibringen (lehren, übermitteln); eine Bescheinigung, Zeugen beibringen; jmdm. eine Wunde beibringen; Bei|brin|gung, die; -
Beich|te, die; -, -n; beich|ten
Beicht|ge|heim|nis; Beich|ti|ger (*veraltet für* Beichtvater); Beicht|kind (der *od.* die Beichtende); Beicht|sie|gel, das; -s (*svw.* Beichtgeheimnis); Beicht|stuhl; Beicht|va|ter (die Beichte hörender Priester)
beid|ar|mig (*bes. Sport* mit beiden Armen [gleich geschickt]); beidarmiges Reißen; beidarmiger Stürmer; beid|bei|nig (*bes. Sport*); beidbeiniger Absprung
bei|de *s. Kasten*
bei|der|lei; Personen beiderlei Geschlecht[e]s
bei|der|sei|tig; in beiderseitigem Einverständnis
bei|der|seits; *Präp. mit Gen.:* beiderseits des Flusses
Bei|der|wand, die; - *od.* das; -[e]s (grobes Gewebe)
beid|fü|ßig (*bes. Sport* mit beiden Füßen [gleich geschickt]); beidfüßiger Stürmer
Beid|hän|der (jmd., der mit beiden Händen gleich geschickt ist); Beid|hän|de|rin; beid|hän|dig
bei|dre|hen (*Seemannsspr.* die Fahrt verlangsamen)
beid|sei|tig; beidseitig furniert

B
beid

bei|de
Man schreibt »beide« immer klein ↑D 76:
– es waren die beiden dort
– beide Mal, beide Male

Beispiele zur Beugung:
– die beiden, diese beiden
– dies beides, dieses beides
– beides; alles beides; alle beide
– man bedarf aller beider
– einer von beiden; für euch beide
– wir beide, *seltener* wir beiden
– ihr beiden, *auch* ihr beide
– uns, euch, sie beide
– wir, ihr beiden jungen Leute
– sie beide (*als Anrede* Sie beide)
– unser, euer, ihrer beider
– uns, euch, ihnen beiden
– euer beider Anteilnahme
– der Gegenstand ihrer beider Interesses
– mit unser beider Hilfe
– von beider Leben ist nichts bekannt
– euch beide jungen Leute kennt hier niemand

beid|seits (*bes. schweiz. für* zu beiden Seiten); beidseits des Rheins

bei|ei|n|an|der

Man schreibt »beieinander« mit dem folgenden Verb in der Regel zusammen, wenn es den gemeinsamen Hauptakzent trägt ↑D 48:
– beieinanderbleiben, beieinanderhaben, beieinandersitzen, beieinanderstehen

Aber:
– es beieinander aushalten
– sich beieinander ausweinen

Mit »sein« nur getrennt:
– beieinander sein (zusammen sein)
– gut beieinander sein (gesund sein)

---

bei|ei|n|an|der|blei|ben; sie sind immer beieinandergeblieben
bei|ei|n|an|der|ha|ben; wir müssten jetzt alles beieinanderhaben
bei|ei|n|an|der|lie|gen; da die Ortschaften eng beieinanderliegen
bei|ei|n|an|der|sit|zen; wir hatten gemütlich beieinandergesessen
bei|ei|n|an|der|ste|hen; sie vermieden es, zu nahe beieinanderzustehen
bei|ern (*landsch. für* mit dem Klöppel läuten); ich beiere
beif. = beifolgend
Bei|fah|rer; Bei|fah|rer|air|bag
Bei|fah|re|rin; Bei|fah|rer|sitz
Bei|fall, der; -[e]s
bei|fal|len (*veraltet für* in den Sinn kommen)
Bei|fall hei|schend, bei|fall|hei|schend ↑D 58
bei|fäl|lig
Bei|fall[s]|klat|schen, das; -s
Bei|falls|kund|ge|bung; Bei|fallssturm
Bei|fang (*Fischerei* mitgefangene, nicht zum eigentlichen Fang gehörende Fische)
Bei|film (Film im Beiprogramm)
bei|fol|gend (*Amtsspr. veraltend für* anbei; *Abk.* beif.)
bei|fü|gen; Bei|fü|gung (*auch für* Attribut)
Bei|fuß, der; -es (eine Gewürz- u. Heilpflanze)
Bei|fut|ter (Zugabe zum gewöhnlichen Futter); **bei|füt|tern**
Bei|ga|be (Zugabe)
beige [beːʃ, beːʒ] ⟨franz.⟩ (sandfarben); ein beige[farbenes], beiges Kleid; *vgl.* blau; ¹**Beige,** das; -, *Plur.* -, *ugs.* -s
²**Bei|ge,** die; -, -n (*südd. u. schweiz. für* Stoß, Stapel)
bei|ge|ben (*auch für* sich fügen); klein beigeben
beige|far|ben, beige|far|big
bei|gen (*südd. u. schweiz. für* [auf]schichten, stapeln)
Bei|ge|ord|ne|te, der u. die; -n, -n
Bei|ge|schmack, der; -[e]s
bei|ge|sel|len (*geh.*); sich jmdm. beigesellen
Bei|g|net [bɛnˈjeː], der; -s, -s ⟨franz.⟩ (Schmalzgebackenes mit Füllung)
Bei|heft; bei|hef|ten; beigeheftet
Bei|hil|fe; Beihilfe beantragen
bei|hil|fe|fä|hig (*Amtsspr.*)
Bei|hirsch (*Jägerspr.* im Rudel mitlaufender, in der Brunft vom Platzhirsch verdrängter Hirsch)
Beijing [ˈbeɪdʒɪŋ, *auch* …ˈdʒɪŋ] *vgl.* Peking
Bei|klang
Bei|koch, der (Hilfskoch); **Bei|köchin**
bei|kom|men; ihm ist nicht beizukommen (er ist nicht zu fassen, zu besiegen); mir ist nichts beigekommen (*geh. für* nichts eingefallen)
Bei|kost (zusätzliche Nahrung)
beil. = beiliegend
Beil, das; -[e]s, -e
bei|la|den *vgl.* ¹laden; **Bei|la|dung** (*auch Rechtsspr.*)
Bei|la|ge; Bei|la|gen|hin|weis (Hinweis auf beigelegte Prospekte o. Ä.)
Bei|la|ger (*veraltet für* Beischlaf)
bei|läu|fig (*bayr., österr. auch für* ungefähr, etwa); **bei|läu|fig|keit**
bei|le|gen; Bei|le|gung
bei|lei|be; beileibe nicht (auf keinen Fall)
Bei|leid
Bei|leids|be|kun|dung; Bei|leids|be|zei|gung, Bei|leids|be|zeu|gung; Bei|leids|kar|te; Bei|leids|schrei|ben
bei|lie|gen; bei|lie|gend (*Abk.* beil.); **Bei|lie|gen|de,** das; -n
Beiln|gries (Stadt in Oberbayern)
beim ↑D 14: bei dem; *Abk.* b.; ↑D 72: alles beim Alten lassen; ↑D 82: beim Singen und Spielen
bei|men|gen; Bei|men|gung
bei|me|sen; Bei|mes|sung
bei|mi|schen; Bei|mi|schung
be|imp|fen
Bein, das; -[e]s, -e

Bein|ab|stand (gegenüber dem Vordersitz)
bei|nah [*auch* …ˈnaː], **bei|na|he** [*auch* …ˈnaːə]
Bein|ar|beit (Sport)
Bein|bruch, der; -[e]s (Liliengewächs)
Bein|bruch, der
bei|nern (aus Knochen)
Bein|fleisch (*österr. für* Suppenfleisch)
Bein|frei|heit, die; - (Raum gegenüber dem Vordersitz)
be|in|hal|ten (enthalten, bedeuten); es beinhaltete; beinhaltet

---

beinhalten

Das Wort *beinhalten* sollte nicht zwischen *n* und *h* getrennt werden, da sonst eine irritierende und das Lesen hemmende Trennung entsteht.

---

bein|hart (*ugs. für* sehr hart)
Bein|haus (Aufbewahrungsort für ausgegrabene Gebeine auf Friedhöfen)
…bei|nig (z. B. hochbeinig)
Bein|kleid (*veraltet für* Hose)
Bein|ling (Strumpfoberteil; *auch* Hosenbein)
Bein|paar (zwei zusammengehörige Beine)
Bein|pro|the|se; Bein|ring
Bein|sche|re (Sport); **Bein|schlag** (Sport)
Bein|stumpf; bein|ver|sehrt
Bein|well, der; -s (eine Heilpflanze)
Bein|zeug (Beinschutz der Ritterrüstung)
bei|ord|nen; bei|ord|nend (*für* koordinierend); **Bei|ord|nung**
Bei|pack, der; -[e]s (zusätzliches Frachtgut; *Fernmeldetechnik* um den Mittelleiter liegende Leitungen bei Breitbandkabeln)
bei|pa|cken; beigepackt
Bei|pack|zet|tel ([einem Medikament] beiliegender Zettel mit Angaben zur Zusammensetzung u. Verwendung)
bei|pflich|ten
Bei|pro|gramm (Film)
Bei|rat *Plur.* …räte; **Bei|rä|tin**
Bei|ried, das; -[e]s u. die; - (*österr. für* Rippen-, Rumpfstück)

bekennen

be|ir|ren; sich nicht beirren lassen
Bei|rut [*auch* 'beɪ...] (Hauptstadt Libanons); Bei|ru|ter; Bei|ru|te|rin
bei|sam|men; beisammen sein (einer bei dem andern sein; *auch für* in guter körperlicher u. geistiger Verfassung sein); wir sind lange beisammen gewesen; die damals noch alle beisammen gewesenen *od.* beisammenmengewesenen Familienmitglieder; bei|sam|men|blei|ben; bei|sam|men|ha|ben
Bei|sam|men|sein, das; -s
bei|sam|men|sit|zen ↑D48; bei|sam|men|ste|hen ↑D48
Bei|sas|se, der; -n, -n (Einwohner ohne Bürgerrecht im MA., Häusler)
Bei|satz (*für* Apposition)
bei|schie|ßen (einen [Geld]beitrag leisten)
Bei|schlaf (*geh., Rechtsspr.* Geschlechtsverkehr); bei|schla|fen
Bei|schlä|fer; Bei|schlä|fe|rin
Bei|schlag, der; -[e]s, Beischläge (*Archit.* erhöhter Vorbau an Häusern)
bei|schla|gen (*jägerspr.* in das Bellen eines anderen Hundes einstimmen)
bei|schlie|ßen (*österr. für* beigeben, beilegen); Bei|schluss (*österr. für* das Beigeschlossene; Anlage); unter Beischluss von ...
Bei|se|gel (zusätzliches Segel)
Bei|sein, das; -s; in ihrem Beisein
bei|sei|te; Spaß, Scherz beiseite!
bei|sei|te|las|sen (unerwähnt lassen)
bei|sei|te|le|gen (weglegen; sparen)
bei|sei|te|neh|men; jmdn. beiseitenehmen (mit jmdm. unter vier Augen sprechen)
bei|sei|te|schaf|fen (beseitigen); Bei|sei|te|schaf|fung, die; -
bei|sei|te|schie|ben
bei|sei|te|set|zen (hintansetzen); Bei|sei|te|set|zung
bei|sei|te|ste|hen (zurückstehen; unterstützen)
bei|sei|te|tre|ten (zur Seite treten)
bei|seits (*südwestd. für* beiseite)
Bei|sel, das; -s, -[n] (*bayr., österr. ugs. für* Kneipe)
bei|set|zen; Bei|set|zung
Bei|sit|zer; Bei|sit|ze|rin
Bei|spiel, das; -[e]s, -e; zum Beispiel (*Abk.* z. B.)
bei|spiel|ge|bend; bei|spiel|haft; bei|spiel|los
Bei|spiel|satz; Bei|spiels|fall, der
bei|spiels|hal|ber; bei|spiels|wei|se; (*Abk.* bspw.)
bei|sprin|gen (*geh. für* helfen)
Bei|ßel, der; -s, - (*mitteld. für* Beitel, Meißel)
bei|ßen; du beißt; ich biss, du bissest; gebissen; beiß[e]; der Hund beißt ihn (*auch* ihm) ins Bein; sich beißen ([von Farben] nicht harmonieren)
Bei|ßer; Bei|ße|rei; Bei|ße|rin
Beiß|korb; Beiß|ring
beiß|wü|tig
Beiß|zan|ge
Bei|stand, der; -[e]s, Beistände (*österr. auch für* Trauzeuge)
Bei|stän|din
Bei|stand|schaft (*Rechtsspr.*)
Bei|stands|pakt
bei|ste|hen
bei|stel|len (*österr. für* [zusätzlich] zur Verfügung stellen)
Bei|stell|mö|bel; Bei|stell|tisch
Bei|stel|lung
Bei|steu|er, die (*bes. südd.*); bei|steu|ern
bei|stim|men
Bei|strich (*bes. österr. für* Komma)
Bei|tel, der; -s, - (meißelartiges Werkzeug)
Bei|trag, der; -[e]s, ...träge
bei|tra|gen; er hat das Seine *od.* seine, sie hat das Ihre *od.* ihre dazu beigetragen
Bei|trä|ger; Bei|trä|ge|rin
Bei|trags|be|mes|sungs|gren|ze (*Sozialversicherung*)
bei|trags|fi|nan|ziert; bei|trags|frei
Bei|trags|klas|se; Bei|trags|pflicht (*Sozialversicherung*); Bei|trags|rück|er|stat|tung; Bei|trags|satz
Bei|trags|zah|ler; Bei|trags|zah|le|rin; Bei|trags|zah|lung
bei|trei|ben (*Rechtsspr.*); Schulden beitreiben (eintreiben); Bei|trei|bung
bei|tre|ten
Bei|tritt; Bei|tritts|er|klä|rung; Bei|tritts|land (*Politik*); Bei|tritts|ver|hand|lung *meist Plur.*; Bei|tritts|wer|ber (*österr. für* Land, das der EU beitreten möchte)
Bei|wa|gen; Bei|wa|gen|fah|rer; Bei|wa|gen|fah|re|rin
Bei|werk, das; -[e]s ([schmückende] Zutat; Unwichtiges)
bei|woh|nen (*geh.*); einem Staatsakt beiwohnen; einer Frau beiwohnen (Geschlechtsverkehr mit ihr haben); Bei|woh|nung

Bei|wort *Plur.* ...wörter (*für* Adjektiv)
Beiz, die; -, -en (*schweiz. mdal. für* Schenke, Wirtshaus)
Bei|zäu|mung (*Reiten*)
¹Bei|ze, die; -, -n (chem. Flüssigkeit zum Färben, Gerben u. Ä.)
²Bei|ze, die; -, -n (Beizjagd)
³Bei|ze, die; -, -n (*landsch. für* Wirtshaus)
bei|zei|ten ↑D63
bei|zen; du beizt
Bei|zer (*landsch. u. schweiz. für* Besitzer einer Beiz, ³Beize); Bei|ze|rin
bei|zie|hen (*bes. südd., österr., schweiz. für* hinzuziehen); Bei|zie|hung, die; -
Beiz|jagd
Bei|zug, der; -[e]s, Beizüge (*schweiz. für* das Hinzuziehen)
Bei|zung (Behandlung mit ¹Beize)
Beiz|vo|gel (für die Jagd abgerichteter Falke)
be|ja|gen (*Jägerspr.*); Be|ja|gung
be|ja|hen
be|jahrt (*geh.*)
Be|ja|hung
be|jam|mern; be|jam|merns|wert
be|ju|beln
be|ka|keln (*nordd. ugs. für* gemeinsam besprechen)
be|kämp|fen; Be|kämp|fung
be|kannt *s. Kasten Seite 258*
Be|kann|te, der *u.* die; -n, -n; liebe Bekannte; Be|kann|ten|kreis
be|kann|ter|ma|ßen
be|kann|ter|wei|se (bekanntlich); *aber* in bekannter Weise
Be|kannt|ga|be
be|kannt ge|ben, be|kannt|ge|ben *vgl.* bekannt
Be|kannt|heit; Be|kannt|heits|grad, der; -[e]s
be|kannt|lich
be|kannt ma|chen, be|kannt|ma|chen *vgl.* bekannt; Be|kannt|ma|chung
Be|kannt|schaft
be|kannt wer|den, be|kannt|wer|den *vgl.* bekannt
be|kan|ten (mit Kanten versehen); Be|kan|tung
Be|kas|si|ne, die; -, -n ⟨franz.⟩ (Sumpfschnepfe)
be|kau|fen, sich (*landsch. für* zu teuer, unüberlegt einkaufen)
be|keh|ren; sich bekehren; Be|keh|rer; Be|keh|re|rin; Be|kehr|te, der *u.* die; -n, -n; Be|keh|rung
be|ken|nen; sich bekennen; Bekennende Kirche (Name einer

Bekenner

be|kannt

Getrennt- und Zusammenschreibung:
- bekannt sein; sie ist mit ihm gut bekannt gewesen; alle uns damals bekannt gewesenen *od.* bekanntgewesenen Umstände
- bekannt geben *od.* bekanntgeben; die Verfügung wurde bekannt gegeben *od.* bekanntgegeben
- bekannt machen *od.* bekanntmachen; er soll mich mit ihm bekannt machen *od.* bekanntmachen; sich mit einer Sache bekannt machen *od.* bekanntmachen; das Gesetz wurde bekannt gemacht *od.* bekanntgemacht (veröffentlicht)
- bekannt werden *od.* bekanntwerden; ich bin bald mit ihm bekannt geworden *od.* bekanntgeworden; der Wortlaut ist bekannt geworden *od.* bekanntgeworden

Großschreibung der Substantivierung ↑D 72:
- jemand Bekanntes
- etwas Bekanntes
- nach [dem] Bekanntwerden der Entscheidung

Bewegung in den dt. ev. Kirchen); ↑D 150
Be|ken|ner; **Be|ken|ner|brief**; **Be|ken|ne|rin**; **Be|ken|ner|schrei|ben** (Schreiben, in dem sich jmd. zu einem [politischen] Verbrechen bekennt); **Be|ken|ner|vi|deo**
Be|kennt|nis, das; -ses, -se
Be|kennt|nis|buch; **Be|kennt|nis|frei|heit**, die; -; **Be|kennt|nis|kir|che** (Bekennende Kirche)
be|kennt|nis|mä|ßig
Be|kennt|nis|schu|le (Schule mit Unterricht im Geiste eines religiösen Bekenntnisses)
be|kie|ken (*landsch. für* betrachten)
be|kiest; bekieste Wege
be|kifft (*ugs. für* im Drogenrausch)
be|kla|gen; sich beklagen; **be|kla|gens|wert**
Be|klag|te, der u. die; -n, -n (*Rechtsspr.* jmd., gegen den eine [Zivil]klage erhoben wird)
be|klat|schen
be|klau|en (*ugs. für* bestehlen)
be|kle|ben; **Be|kle|bung**
be|kle|ckern (*ugs. für* beklecksen); sich beklecksen; beklecksen; sich beklecksen; bekleckst
be|klei|den; ein Amt bekleiden
Be|klei|dung; **Be|klei|dungs|in|dus|t|rie**
be|klem|men; **be|klem|mend**; **Be|klemm|nis**, die; -, -se; **Be|klem|mung**
be|klom|men (bedrückt, ängstlich); **Be|klom|men|heit**, die; -
be|klop|fen
be|kloppt (*ugs. für* dumm; unerfreulich)
be|knab|bern
be|knackt (*ugs. für* dumm; unerfreulich)
be|kni|en; jmdn. beknien (*ugs. für* jmdn. dringend bitten)
be|ko|chen; jmdn. bekochen (*ugs. für* für jmdn. kochen)

be|kö|dern (*Angeln* mit einem Köder versehen)
be|koh|len (*fachspr. für* mit Kohlen versorgen)
be|kohl|ung
be|kom|men; ich habe es bekommen; es ist mir gut bekommen
be|kömm|lich; ein leicht bekömmliches *od.* leichtbekömmliches Essen; *aber nur* ein leichter bekömmliches, ein besonders leicht bekömmliches Essen; **Be|kömm|lich|keit**
be|kös|ti|gen; **Be|kös|ti|gung**
be|kot|zen (*derb*)
be|kräf|ti|gen; **Be|kräf|ti|gung**
be|krallt (mit Krallen versehen)
be|krän|zen; **Be|krän|zung**
be|kreu|zen (mit dem Kreuzzeichen segnen); bekreuzt; **be|kreu|zi|gen**, sich
be|krie|chen
be|krie|gen
be|krit|teln (*abwertend für* bemängeln, [kleinlich] tadeln); **Be|krit|te|lung**, **Be|kritt|lung**
be|krit|zeln; Wände bekritzeln
be|krö|nen; **Be|krö|nung**
be|ku|cken (*nordd. für* begucken)
be|küm|mern; das bekümmert ihn; sich um jmdn. *od.* etwas bekümmern; **Be|küm|mer|nis**, die; -, -se (*geh.*); **be|küm|mert**; **Be|küm|mert|heit**, die; -; **Be|küm|me|rung**
be|kun|den (*geh.*); **Be|kun|dung**
Bel, das; -s, - ⟨nach dem amerik. Physiologen A. G. Bell⟩ (eine physikal. Zählungseinheit; Zeichen B)
Bé|la (m. Vorn.)
be|lä|cheln; **be|la|chen**
be|la|den *vgl.* ¹laden; **Be|la|dung**
Be|lag, der; -[e]s, ...läge
Be|la|ge|rer; **Be|la|ge|rin**
be|la|gern
Be|la|ge|rung; **Be|la|ge|rungs|ring**; **Be|la|ge|rungs|zu|stand**
Bel|la|mi, der; -[s], -s ⟨franz.⟩ (Frauenliebling)

be|läm|mern (*nordd. für* [mit dauerndem Bitten] belästigen); ich belämmere ihn; **be|läm|mert** (*ugs. für* betreten, eingeschüchtert; übel)
Be|lang, der; -[e]s, -e; von Belang sein
be|lan|gen; jmdn. belangen (zur Rechenschaft ziehen; verklagen)
be|lang|los; **Be|lang|lo|sig|keit**
be|lang|reich
Be|lang|sen|dung (*österr. für* Sendung einer Interessenvertretung in Funk u. Fernsehen)
Be|lan|gung
be|lang|voll
Be|la|rus (österr. Name für Weißrussland, auch in Deutschland im internationalen Verkehr zu benutzen); **Be|la|ru|se**; **Be|la|rus|sin**; **be|la|rus|sisch**
be|las|sen; **Be|las|sung**, die; -
be|last|bar; belastbare (zuverlässige) Daten; **Be|last|bar|keit**
be|las|ten; **be|las|tend**
be|läs|ti|gen; **Be|läs|ti|gung**
Be|las|tung
Be|las|tungs-EKG (*Med.*)
Be|las|tungs|gren|ze; **Be|las|tungs|ma|te|ri|al**; **Be|las|tungs|pro|be**
Be|las|tungs|stö|rung (*Psychol.*)
Be|las|tungs|zeu|ge; **Be|las|tungs|zeu|gin**
be|lat|schern (*ugs. für* bereden, überreden)
be|lau|ben, sich; **Be|lau|bung**
be|lau|ern; **Be|lau|e|rung**
¹Be|lauf, der; -[e]s (*veraltet für* Betrag; Höhe [der Kosten])
²Be|lauf (Forstbezirk)
be|lau|fen; sich belaufen; die Kosten haben sich auf ... belaufen
be|lau|schen
Bel|can|to, der; -[s] ⟨*ital.*⟩ (ital. Gesangsstil)
Bel|chen, der; -[s] (Erhebung im südl. Schwarzwald); ↑D 140: Großer Belchen, Elsässer Belchen (Erhebung in den Vogesen)

be|le|ben; be|lebt; Be|lebt|heit; Be|le|bung
be|le|cken
Be|leg, der; -[e]s, -e
Be|leg|arzt; Be|leg|ärz|tin
be|leg|bar
Be|leg|bett (auf einer Belegstation)
be|le|gen
Be|leg|exem|pl|ar
Be|leg|schaft; Be|leg|schafts|ak|tie; Be|leg|schafts|stär|ke; Be|leg|schafts|ver|tre|tung
Be|leg|sta|ti|on (im Krankenhaus)
Be|leg|stück (svw. Belegexemplar)
be|legt; belegte Brötchen
Be|le|gung Plur. selten; Be|le|gungs|dich|te
be|leh|nen (früher für in ein Lehen einsetzen; schweiz. für beleihen); Be|leh|nung
be|lehr|bar; be|leh|ren ↑D 77: eines and[e]ren od. andern belehren, aber ↑D 72: eines Besser[e]n od. Bessren belehren; Be|leh|rung
be|leibt; Be|leibt|heit, die; -
be|lei|di|gen; Be|lei|di|ger; Be|lei|di|ge|rin; be|lei|digt
Be|lei|di|gung; Be|lei|di|gungs|kla|ge; Be|lei|di|gungs|pro|zess
be|lei|hen; be|lei|hen; Be|lei|hung
be|lem|mern, be|lem|mert alte Schreibungen für belämmern, belämmert
Be|lem|nit, der; -en, -en ⟨griech.⟩ (Geol. fossiler Schalenteil von Tintenfischen)
be|le|sen; Be|le|sen|heit, die; -
Bel|es|prit [bɛlɛs'pri:], der; -s, -s ⟨franz.⟩ (veraltet, noch spöttisch für Schöngeist)
Bel|eta|ge [bɛ...ʒə], die; -, -n (Archit. Hauptgeschoss, erster Stock)
be|leuch|ten
Be|leuch|ter; Be|leuch|te|rin
Be|leuch|tung; Be|leuch|tungs|an|la|ge; Be|leuch|tungs|ef|fekt; Be|leuch|tungs|tech|nik
be|leum|det, be|leu|mun|det; sie ist gut, übel beleumdet
Bel|fast [od. 'bɛ...] (Hauptstadt von Nordirland)
bel|fern (ugs. für bellen; keifend schimpfen); ich belfere
Bel|gi|en; Bel|gi|er; Bel|gi|e|rin; bel|gisch
Bel|grad (Hauptstadt Serbiens); vgl. Beograd; Bel|gra|der; Bel|gra|de|rin
Be|li|al, ökum. Be|li|ar, der; -[s] ⟨hebr.⟩ (Teufel im N. T.)
be|lich|ten

Be|lich|tung; Be|lich|tungs|mes|ser, der; Be|lich|tungs|zeit
be|lie|ben (geh. für wünschen); es beliebt (gefällt) mir sehr (oft iron.); Be|lie|ben, das; -s; nach Belieben; es steht in ihrem Belieben

be|lie|big
– x-beliebig ↑D 29
– ein beliebiges Beispiel
– eine beliebig große Zahl
– etwas beliebig verändern

Großschreibung ↑D 72:
– etwas Beliebiges; ein Beliebiger; jeder Beliebige; alle Beliebigen; alles Beliebige

be|liebt; Be|liebt|heit, die; -; Be|liebt|heits|ska|la; Be|liebt|heits|wert
be|lie|fern; Be|lie|fe|rung
Bel|in|da (w. Vorn.)
Be|lize [...'li:s] (Staat in Mittelamerika); Be|li|zer [...zɐ]; Be|li|ze|rin [...zərɪn]; be|li|zisch
Bel|la (w. Vorn.)
Bel|la|don|na, die; -, ...nnen ⟨ital.⟩ (Tollkirsche)
Belle-Alli|ance [bɛla'liǎ:s]; die Schlacht bei Belle-Alliance (Waterloo)
Belle Époque [bɛl e'pɔk], die; - - ⟨franz.⟩ (Zeit des gesteigerten Lebensgefühls in Frankreich zu Beginn des 20. Jh.s)
bel|len; Bel|ler
Bel|let|rist, der; -en, -en ⟨franz.⟩ (Unterhaltungsschriftsteller); Bel|let|ris|tik, die; - (Unterhaltungsliteratur); Bel|let|ris|tin; bel|let|ris|tisch
¹Belle|vue [bɛl'vy:], die; -, -n [...'vy:ən] ⟨franz.⟩ (veraltet für Aussichtspunkt)
²Belle|vue, das; -[s], -s (Bez. für Schloss, Gaststätte mit schöner Aussicht)
Bel|li|ni (ital. Malerfamilie; ital. Komponist)
Bel|lin|zo|na (Hauptstadt des Kantons Tessin)
Bel|li|zis|mus, der; - ⟨lat.⟩ (Befürwortung des Krieges); Bel|li|zist, der; -en, -en; Bel|li|zis|tin; bel|li|zis|tisch
Bel|lo (ein Hundename)
Bel|lo|na (röm. Kriegsgöttin)
Bel|mo|pan (Hauptstadt von Belize)
be|lo|ben (veraltet für belobigen)
be|lo|bi|gen; Be|lo|bi|gung

Be|lo|bi|gungs|schrei|ben
Be|lo|bung (veraltet)
be|loh|nen; Be|loh|nung
be|lo|rus|sisch vgl. belarussisch
Bel Pa|e|se®, der; - -, Bel|pa|e|se, der; - (ein ital. Weichkäse)
Bel|sa|zar, ökum. Bel|schaz|zar (babylon. Kronprinz, nach dem A. T. letzter König von Babylon)
Belt, der; -[e]s, -e (Meerenge); der Große Belt, der Kleine Belt ↑D 140
be|lüf|ten; Be|lüf|tung
¹Be|lu|ga, die; -, -s ⟨russ.⟩ (Hausen [vgl. d.]; Weißwal)
²Be|lu|ga, der; -s (der aus dem Rogen des Hausens bereitete Kaviar)
be|lü|gen
be|lus|ti|gen; sich belustigen; Be|lus|ti|gung
Be|lut|sche [auch ...'lʊ...], der; -n, -n (Angehöriger eines asiat. Volkes); Be|lut|schin; be|lut|schisch; Be|lut|schis|tan (westpakistan. Hochland)
Bel|ve|de|re, das; -[s], -s ⟨ital., »schöne Aussicht«⟩ (Aussichtspunkt; Bez. für Schloss, Gaststätte mit schöner Aussicht)
¹bel|zen (landsch. für sich vor der Arbeit drücken); vgl. ¹pelzen
²bel|zen (landsch. für ²pelzen)
Belz|ni|ckel, der; -s, - (westmitteld. für Nikolaus)
Bem. = Bemerkung
be|ma|chen (ugs. für besudeln; betrügen); sich bemachen (ugs. auch für sich aufregen)
be|mäch|ti|gen, sich; sich des Geldes bemächtigen; Be|mäch|ti|gung
be|mä|keln (ugs. für bemängeln, bekritteln); Be|mä|ke|lung, Be|mäk|lung
be|ma|len; Be|ma|lung
be|män|geln; ich bemäng[e]le; Be|män|ge|lung, seltener Be|mäng|lung
be|man|nen; ein Schiff bemannen; be|mannt; die bemannte Raumfahrt; Be|man|nung
be|män|teln (beschönigen); ich bemänt[e]le; Be|män|te|lung, seltener Be|mänt|lung
be|ma|ßen (fachspr. für mit Maßen versehen); Be|ma|ßung
be|mas|ten (mit einem Mast versehen); Be|mas|tung
be|mau|sen (ugs. für bestehlen)
be|mau|ten (mit einer Maut belegen); Be|mau|tung

Bembel

Bem|bel, der; -s, - (landsch. für [Apfelwein]krug; kleine Glocke)
be|meh|len; Be|meh|lung, die; -
be|mei|ern (ugs. für überlisten); ich bemeiere
be|meis|tern (geh.); seinen Zorn bemeistern
be|merk|bar; sich bemerkbar machen
be|mer|ken; Be|mer|ken, das; -s; mit dem Bemerken
be|mer|kens|wert; be|mer|kens|wer|ter|wei|se; aber in bemerkenswerter Weise
Be|mer|kung (Abk. Bem.)
be|mes|sen; sich bemessen; die Steuern bemessen sich nach dem Einkommen
Be|mes|sung; Be|mes|sungs|gren|ze (Versicherungsw.); **Be|mes|sungs|grund|la|ge** (Fachspr.)
be|mit|lei|den; be|mit|lei|dens|wert; Be|mit|lei|dung
be|mit|telt (wohlhabend)
Bemm|chen (ostmitteld.); **Bem|me**, die; -, -n ⟨slaw.⟩ (ostmitteld. für Brotschnitte mit Belag)
be|mo|geln (ugs. für betrügen)
be|moost
be|mü|hen; sich bemühen; er ist um sie bemüht
be|mü|hend (schweiz. für unerfreulich, peinlich)
be|müht (angestrengt, eifrig)
Be|mü|hung
be|mü|ßi|gen (geh. für sich einer Sache bedienen); **be|mü|ßigt**; ich sehe mich bemüßigt (geh. für veranlasst, genötigt)
be|mus|tern (Kaufmannsspr. mit Warenmustern versehen); **Be|mus|te|rung**
be|mut|tern; ich bemuttere; **Be|mut|te|rung**
be|mützt (eine Mütze tragend)
Ben (bei hebr. u. arab. Eigennamen Sohn od. Enkel)
BEN = Bestätigungsnummer
be|nach|bart
be|nach|rangt (österr. Verkehrsw. nicht vorfahrtberechtigt)
be|nach|rich|ti|gen; Be|nach|rich|ti|gung
be|nach|tei|li|gen; Be|nach|tei|li|gung
be|na|geln (mit Nägeln versehen); **Be|na|ge|lung**
be|na|gen
be|nam|sen (ugs. u. scherzh. für benennen); du benamst
be|nannt
be|narbt (mit Narben bedeckt)

Be|na|res (früherer Name für Varanasi)
be|näs|sen (geh.)
Bench|mark ['bɛntʃmark], die; -, -s u. der; -s, -s ⟨engl.⟩ (Wirtsch. Maßstab für Leistungsvergleiche); **Bench|mar|king**, das; -s (Wirtsch. das Vergleichen von Herstellungsprozessen, Managementpraktiken sowie Produkten od. Dienstleistungen)
Ben|del alte Schreibung für Bändel
Ben|dix (m. Vorn.)
be|ne ⟨lat.⟩ (gut)
be|ne|beln (verwirren, den Verstand trüben)
be|ne|belt (ugs. für [durch Alkohol] geistig verwirrt)
Be|ne|be|lung, seltener **Be|neb|lung**
be|ne|dei|en ⟨lat.⟩ (segnen; seligpreisen); du benedeist; gebenedeit (auch benedeit); die Gebenedeite (vgl. d.)
Be|ne|dic|tus, das; -, - ⟨lat.⟩ (Teil der lat. Liturgie)
Be|ne|dikt, Be|ne|dik|tus (m. Vorn.); Papst Benedikt XVI.; die Botschaft [Papst] Benedikts XVI.; **Be|ne|dik|ta** (w. Vorn.)
Be|ne|dikt|beu|ern (Ort u. Kloster in Bayern)
Be|ne|dik|ten|kraut, das; -[e]s (eine Heilpflanze)
Be|ne|dik|ti|ner (Mönch des Benediktinerordens; auch Likörsorte); **Be|ne|dik|ti|ne|rin, Be|ne|dik|ti|ner|or|den**, der; -s (Abk. OSB [vgl. d.])
Be|ne|dik|ti|on, die; -, -en (Segnung, kath. kirchl. Weihe)
Be|ne|dik|tus vgl. Benedikt
be|ne|di|zie|ren (segnen, weihen)
Be|ne|fiz, das; -es, -e ⟨lat.⟩ (Wohltätigkeitsveranstaltung)
Be|ne|fi|zi|ar, der; -s, -e, **Be|ne|fi|zi|at**, der; -en, -en (Inhaber eines [kirchl.] Benefiziums)
Be|ne|fi|zi|um, das; -s, ...ien (Pfründe; mittelalterl. Lehen)
Be|ne|fiz|kon|zert; Be|ne|fiz|lauf; Be|ne|fiz|spiel; Be|ne|fiz|tur|nier; Be|ne|fiz|vor|stel|lung
be|neh|men vgl. benommen; **Be|neh|men**, das; -s; sich mit jmdm. ins Benehmen setzen
be|nei|den; be|nei|dens|wert
Be|ne|lux [auch ...'lʊks] (Kurzw. für die seit 1947 in einer Zollunion zusammengefassten Länder Belgique [Belgien], Nederland [Niederlande] u. Luxembourg [Luxemburg])

Be|ne|lux|staa|ten, Be|ne|lux-Staa|ten Plur.
be|nen|nen; Be|nen|nung
be|net|zen (geh.); **Be|net|zung**
B. Eng. = Bachelor of Engineering; vgl. Bachelor
Ben|ga|le, der; -n, -n (Einwohner von Bengalen); **Ben|ga|len** (vorderindische Landschaft)
Ben|ga|li, das; -[s] (Sprache)
Ben|ga|lin; ben|ga|lisch ↑D 89: bengalisches Feuer (Buntfeuer)
Ben|ga|lo, der; -s, -s (ugs. für bengalisches Feuer)
Ben|gel, der; -s, Plur. -, ugs. -s ([ungezogener] Junge; veraltet für Stock, Prügelholz)
Ben Gu|ri|on (israel. Politiker)
be|nie|sen; etwas beniesen
Be|nimm, der; -s (ugs. für Betragen, Benehmen)
Be|nimm|re|gel meist Plur.
Be|nin (Staat in Afrika, früher Dahome[y]); **Be|ni|ner** (Einwohner von Benin); **Be|ni|ne|rin; be|ni|nisch**
Be|ni|to (m. Vorn.)
[1]Ben|ja|min (m. Vorn.)
[2]Ben|ja|min, der; -s, -e (Jüngster in einer Gruppe)
Benn (dt. Dichter)
Ben|ne, die; -, -n ⟨lat.⟩ (schweiz. mdal. für Schubkarren)
Ben|no (m. Vorn.)
Ben|nuss vgl. Behennuss
be|nom|men (fast betäubt); **Be|nom|men|heit**, die; -
be|no|ten
be|nö|ti|gen
Be|no|tung
Ben|thal, das; -s ⟨griech.⟩ (Biol. Bodenregion eines Gewässers)
Ben|thos, das; - (in der Bodenregion eines Gewässers lebende Tier- u. Pflanzenwelt)
be|num|mern; Be|num|me|rung

---

benutz..., benütz...
Für benutzen, Benutzer usw. wird im süddeutschen Raum, in Österreich und in der Schweiz meist benützen, Benützer usw. gebraucht.

---

be|nutz|bar, be|nütz|bar
Be|nutz|bar|keit, Be|nütz|bar|keit, die; -
be|nut|zen, be|nüt|zen
Be|nut|zer, Be|nüt|zer
be|nut|zer|freund|lich, be|nüt|zer|freund|lich; Be|nut|zer|freund|lich|keit, Be|nüt|zer|freund|lich|keit

bereit

Be|nut|ze|rin, Be|nüt|ze|rin
Be|nut|zer|kreis, Be|nüt|zer|kreis
Be|nut|zer|na|me, Be|nüt|zer|na|me (bes. EDV)
Be|nut|zer|ober|flä|che, Be|nüt|zer|ober|flä|che (EDV auf einem Computerbildschirm sichtbare Darstellung eines Programms)
Be|nut|zung, Be|nüt|zung
Be|nut|zungs|ge|bühr, Be|nüt|zungs|ge|bühr
Ben|ve|nu|ta (w. Vorn.); Ben|ve|nu|to (m. Vorn.)
Benz (dt. Ingenieur)
ben|zen (österr. ugs. für betteln, bitten; ständig ermahnen)
Ben|zin, das; -s, -e ⟨arab.⟩
ben|zin|be|trie|ben
Ben|zi|ner (ugs. für Auto mit Benzinmotor)
Ben|zin|gut|schein; Ben|zin|hahn; Ben|zin|ka|nis|ter; Ben|zin|kut|sche (ugs. scherzh. für Auto); Ben|zin|mo|tor; Ben|zin|preis; Ben|zin|preis|er|hö|hung; Ben|zin|tank; Ben|zin|uhr; Ben|zin|ver|brauch
Ben|zo|di|a|ze|pin, das; -s, -e (Med. ein Tranquilizer)
Ben|zoe [...oe], die; - (ein duftendes ostind. Harz); Ben|zoe|harz
Ben|zoe|säu|re, die; - (ein Konservierungsmittel)
Ben|zol, das; -s, -e (Teerdestillat aus Steinkohle; Lösungsmittel)
Benz|py|ren, das; -s (Chemie ein als Krebs erzeugend geltender Kohlenwasserstoff)
Ben|zyl, das; -s (Chemie Atomgruppe in zahlreichen chem. Verbindungen); Ben|zyl|al|ko|hol (Chemie aromat. Alkohol; Grundstoff für Parfüme)
Beo, der; -s, -s ⟨indones.⟩ (Singvogel aus Indien)
be|ob|ach|ten; Be|ob|ach|ter; Be|ob|ach|te|rin; Be|ob|ach|ter|sta|tus (Völkerrecht)
Be|ob|ach|tung; Be|ob|ach|tungs|ga|be; Be|ob|ach|tungs|sta|ti|on; Be|ob|ach|tungs|stel|le
Be|o|grad [auch beˈɔ...] (serbischer Name für Belgrad)
be|ölen, sich (ugs. für sich sehr amüsieren)
be|or|dern; ich beordere
be|pa|cken
be|pelzt
be|pfan|den (Fachspr. für etw. Pfand erheben)
be|pflan|zen; Be|pflan|zung
be|pflas|tern; Be|pflas|te|rung

be|pin|keln (ugs.)
be|pin|seln; Be|pin|se|lung, Be|pins|lung
be|pis|sen (derb)
be|plan|ken (mit Planken versehen); Be|plan|kung
be|prei|sen (Wirtsch. einen Preis festsetzen); Be|prei|sung
be|pro|ben (Fachspr. eine Probe entnehmen)
be|pu|dern; Be|pu|de|rung
be|quas|seln (ugs. für bereden)
be|quat|schen (ugs. für bereden)
be|quem; be|que|men, sich
be|quem|lich (veraltet für bequem)
Be|quem|lich|keit
be|ran|ken; Be|ran|kung
Be|rapp, der; -[e]s (Bauw. rauer Verputz)
be|rap|peln, sich (ugs. für sich aufraffen)
¹be|rap|pen ⟨zu Berapp⟩
²be|rap|pen (ugs. für bezahlen)
be|ra|ten; beratende Ingenieurin
Be|ra|ter; Be|ra|te|rin
Be|ra|ter|ver|trag (Wirtsch.)
be|rat|schla|gen; du beratschlagtest; beratschlagt; Be|rat|schla|gung
Be|ra|tung
Be|ra|tungs|aus|schuss; Be|ra|tungs|be|schei|ni|gung; Be|ra|tungs|dienst|leis|tung; Be|ra|tungs|ge|spräch; Be|ra|tungs|gre|mi|um; Be|ra|tungs|pro|to|koll (Bankw.); be|ra|tungs|re|sis|tent (keiner Beratung zugänglich); Be|ra|tungs|schein; Be|ra|tungs|stel|le; Be|ra|tungs|ver|trag (Wirtsch.)
be|rau|ben; Be|rau|bung
be|rau|schen; sich berauschen
be|rau|schend; be|rauscht; Be|rauscht|heit; Be|rau|schung
Ber|ber, der; -s, - (Angehöriger einer Völkergruppe in Nordafrika; Berberteppich; auch für Nichtsesshafter); Ber|be|rei, die; - (alter Name für die Küstenländer im westl. Nordafrika); Ber|be|rin; ber|be|risch
Ber|be|rit|ze, die; -, -n ⟨lat.⟩ (Sauerdorn, ein Zierstrauch)
Ber|ber|pferd; Ber|ber|tep|pich
Ber|ceu|se [...søː...], die; -, -n ⟨franz.⟩ (Musik Wiegenlied)
Berch|tes|ga|den (Luftkurort in Oberbayern); Berch|tes|ga|de|ner; Berchtesgadener Alpen; Berch|tes|ga|de|ne|rin
Berch|told (m. Vorn.)
Berch|tolds|tag (2. Januar; in der Schweiz vielerorts Feiertag)
be|re|chen|bar; Be|re|chen|bar|keit

be|rech|nen; be|rech|nend
Be|rech|nung; Be|rech|nungs|grund|la|ge
be|rech|ti|gen; be|rech|tigt
Be|rech|tig|te, der u. die; -n, -n
be|rech|tig|ter|wei|se
Be|rech|ti|gung; Be|rech|ti|gungs|schein
be|re|den; be|red|sam; Be|red|sam|keit, die; -
be|redt; Be|redt|heit, die; -

beredsam/beredt

Das Wort *beredsam* ist eine Ableitung vom Verb *bereden* und wird wie dieses nur mit *d* geschrieben. Dagegen ist *beredt* als Verkürzung von *beredet* entstanden, weshalb man es mit *dt* schreibt.

Be|re|dung
be|ree|dert (Seew. einer Reederei gehörend, von ihr betreut)
be|reg|nen; Be|reg|nung
Be|reg|nungs|an|la|ge
Be|reich, der, selten das; -[e]s, -e
be|rei|chern; ich bereichere mich; Be|rei|che|rung
Be|rei|che|rungs|ab|sicht; Be|rei|che|rungs|ver|such
be|reichs|über|grei|fend
be|rei|fen (mit Reifen versehen); das Auto ist neu bereift
be|reift (mit Reif bedeckt)
Be|rei|fung
be|rei|ni|gen; Be|rei|ni|gung
be|rei|sen; ein Land bereisen; Be|rei|sung

bereit

Getrenntschreibung ↑D 49:
– [zu allem] bereit sein; wir werden bereit sein, sind bereit gewesen; wenn ihr bereit seid

Zusammenschreibung ↑D 56:
– wir werden alles rechtzeitig bereithalten
– du musst dich bereithalten
– sich zu etwas bereitfinden
– sie wird alles bereithalten, bereitlegen, bereitstellen
– es muss immer alles bereitliegen, bereitstehen

Getrennt- oder Zusammenschreibung:
– sich zu etwas bereit machen *od.* bereitmachen
– sich zu etwas bereit erklären *od.* bereiterklären

bereiten

B bere

¹be|rei|ten (zubereiten); bereitet
²be|rei|ten (zureiten); beritten; Be|rei|ter (Zureiter); Be|rei|te|rin
be|reit er|klä|ren, be|reit|er|klä|ren vgl. bereit
be|reit|fin|den; ich habe mich zu diesem Schritt bereitgefunden
be|reit|ha|ben vgl. bereit
be|reit|hal|ten; ich habe das Geld bereitgehalten; wir werden uns bereithalten; ↑D 31: bereit- u. zur Verfügung halten, aber zur Verfügung u. bereithalten
be|reit|le|gen; ich habe das Buch bereitgelegt; be|reit|lie|gen; die Bücher werden bereitliegen
be|reit ma|chen, be|reit|ma|chen; ich habe mich bereit gemacht od. bereitgemacht
be|reits
Be|reit|schaft
Be|reit|schafts|arzt; Be|reit|schafts|ärz|tin; Be|reit|schafts|dienst; Be|reit|schafts|po|li|zei
be|reit|ste|hen; das Essen hat bereitgestanden
be|reit|stel|len; Be|reit|stel|lung
Be|rei|tung
be|reit|wil|lig; Be|reit|wil|lig|keit
Be|re|ni|ce [...tsə, auch ...tʃe] vgl. Berenike; Be|re|ni|ke (w. Vorn.)
be|ren|nen; das Tor berennen (Sport)
be|ren|ten (Amtsspr. eine Rente zusprechen)
Be|re|si|na [od. ...'na], die; - (Nebenfluss des Dnjepr)
Bé|ret [bere], das; -s, -s ⟨franz.⟩ (schweiz. für Baskenmütze)
be|reu|en
¹Berg, der; -[e]s, -e; zu Berg[e] fahren; die Haare stehen einem zu Berg[e] (ugs.)
²Berg (früheres Großherzogtum)
³Berg, Alban (österr. Komponist)
berg|ab; bergab gehen
berg|ab|wärts; aber den Berg abwärts
Berg|ahorn; Berg|aka|de|mie
Ber|ga|mas|ke, der; -n, -n (Einwohner von Bergamo); Ber|ga|mas|ker; Ber|ga|mas|kin; ber|ga|mas|kisch
Ber|ga|mo (ital. Stadt)
Ber|ga|mot|te, die; -, -n ⟨türk.⟩ (eine Birnensorte; eine Zitrusfrucht); Ber|ga|mott|öl
Berg|amt (Aufsichtsbehörde für den Bergbau)
berg|an; bergan gehen
Berg|ar|bei|ter; Berg|ar|bei|te|rin
berg|auf; bergauf steigen

berg|auf|wärts; aber den Berg aufwärts
Berg|bahn; Berg|bau, der; -[e]s; Berg|bau|er (vgl. ²Bauer); Berg|bäu|e|rin; Berg|bau|in|dus|t|rie (Wirtsch.); Berg|be|hör|de; Berg|be|stei|gung; Berg|be|woh|ner; Berg|be|woh|ne|rin; Berg|dorf
Ber|ge Plur. (Bergbau taubes Gestein)
ber|ge|hoch, berg|hoch
Berg|ell, das; -s (südliches Tal von Graubünden)
Ber|ge|lohn (Seew.)
ber|gen; [etwas in sich] bergen; du birgst; du bargst; du bärgest; geborgen; birg!
Ber|gen|gruen [...gry:n] (dt. Schriftsteller)
Ber|ges|hö|he (geh.)
ber|ge|wei|se (ugs.)
Berg|fahrt (Fahrt den Strom, den Berg hinauf; Ggs. Talfahrt)
berg|fern
Berg|fex (leidenschaftl. Bergsteiger)
Berg|fried, der; -[e]s, -e (Hauptturm auf Burgen; Wehrturm); vgl. auch Burgfried
Berg|füh|rer; Berg|füh|re|rin
Berg|gän|ger (bes. schweiz. für Bergsteiger); Berg|gän|ge|rin
Berg|geist (Märchen-, Sagenfigur)
Berg|gip|fel; Berg|hang
berg|hoch, ber|ge|hoch
Berg|ho|tel; Berg|hüt|te
ber|gig
ber|gisch (zum Lande Berg gehörend); aber ↑D 140: das Bergische Land (Gebirgslandschaft zwischen Rhein, Ruhr und Sieg)
Ber|gisch Glad|bach (Stadt in Nordrhein-Westfalen)
Berg|isel, der; - (Berg bei Innsbruck)
Berg|ka|ra|bach (Gebiet in Kaukasien)
Berg|kä|se (ein würziger Hartkäse aus den Alpen)
Berg|ket|te; Berg|kie|fer
Berg|knap|pe (veraltet)
Berg|krank|heit; Berg|kris|tall, der; -s, -e (ein Mineral); Berg|kup|pe
Berg|land, das; -[e]s, ...länder
Berg|ler, der; -s, - (im Bergland Wohnender); Berg|le|rin
Berg|luft, die; -
¹Berg|man, Ingmar (schwed. Regisseur)
²Berg|man, Ingrid (schwed. Filmschauspielerin)
Berg|mann Plur. ...leute, seltener

...männer; berg|män|nisch; Bergmanns|spra|che
Berg|mas|siv; Berg|meis|ter; Berg|not, die; -
Berg|par|te, die; -, -n (Bergbau Paradebeil der Bergleute)
Berg|pfad
Berg|pre|digt, die; - (N. T.)
berg|reich
Berg|ren|nen (Motorsport); Berg|ret|tungs|dienst; Berg|rutsch
Berg|scha|den (durch Bergbau hervorgerufener, an der Erdoberfläche auftretender Schaden)
Berg|schi vgl. Bergski
Berg|schuh
berg|schüs|sig (Bergmannsspr. reich an taubem Gestein)
Berg|see
berg|seits
Berg|ski, Berg|schi (bei der Fahrt am Hang der obere Ski)
Berg|spit|ze
Berg|sta|ti|on (oberer Haltepunkt einer Bergbahn)
berg|stei|gen meist im Infinitiv gebr.; seltener: ich bergsteige, bin berggestiegen; Berg|stei|gen, das; -s; Berg|stei|ger; Berg|stei|ge|rin; berg|stei|ge|risch
Berg|stra|ße (am Westrand des Odenwaldes); Berg|strä|ßer; Bergsträßer Wein; Berg|strä|ße|rin
Berg|tod, der; -[e]s; Berg|tour
Berg-und-Tal-Bahn ↑D 26; Berg-und-Tal-Fahrt
Ber|gung; Ber|gungs|mann|schaft
Berg|wacht; Berg|wald; Berg|wand
berg|wan|dern nur im Infinitiv gebr.; oft als Substantivierung: das Bergwandern; Berg|wan|de|rung
berg|wärts (zum Berg hin)
Berg|welt
Berg|werk; Berg|werks|ab|ga|be
Berg|wer|tung (Radsport)
Berg|wet|ter (Wetterverhältnisse im Gebirge)
Be|ri|be|ri, die; - ⟨singhales.⟩ (auf einem Mangel an Vitamin B_1 beruhende Krankheit)
Be|richt, der; -[e]s, -e; Bericht erstatten
be|rich|ten; falsch, gut berichtet sein (veraltend)
Be|rich|ter; Be|rich|te|rin
Be|richt|er|stat|ter; Be|richt|er|stat|te|rin; Be|richt|er|stat|tung
be|rich|ti|gen; Be|rich|ti|gung
Be|richts|halb|jahr
Be|richts|heft (Heft für wöchentl.

Berufsjugendliche

Arbeitsberichte von Auszubildenden)
Be|richts|jahr; Be|richts|quar|tal; Be|richts|zeit|raum
be|rie|chen; sich beriechen (ugs. für vorsichtige Kontakte herstellen)
be|rie|seln; ich beries[e]le; Be|rie|se|lung, Be|ries|lung
Be|rie|se|lungs|an|la|ge
Be|ries|lung vgl. Berieselung
be|rin|gen ([Vögel u. a.] mit Ringen [am Fuß] versehen)
Be|ring|meer, Be|ring-Meer, das; -[e]s (nördlichstes Randmeer des Pazifiks); Be|ring|stra|ße, Be|ring-Stra|ße, die; -
Be|rin|gung (von Vögeln u. a.)
Be|ritt ([Forst]bezirk; [kleine] Abteilung Reiter); be|rit|ten
Ber|ke|li|um, das; -s ⟨nach der Universität Berkeley in den USA⟩ (chemisches Element, Transuran; Zeichen Bk)
Ber|lin (Hauptstadt u. Land der Bundesrepublik Deutschland)
Ber|li|na|le, die; -, -n (Bez. für die Filmfestspiele in Berlin)
Ber|lin-Dah|lem
Ber|li|ner (auch kurz für Berliner Pfannkuchen); ein Berliner Kind; Berliner Bär (Wappen von Berlin); Berliner Republik
Ber|li|ner Blau, das; - -[s] (ein Farbstoff)
Ber|li|ne|rin; ber|li|ne|risch
ber|li|nern (berlinerisch sprechen); ich berlinere
Ber|lin-Fried|richs|hain
ber|li|nisch
Ber|lin-Jo|han|nis|thal; Ber|lin-Kö|pe|nick; Ber|lin-Lich|ten|berg; Ber|lin-Mar|zahn; Ber|lin-Neu|kölln; Ber|lin-Pan|kow; Ber|lin-Prenz|lau|er Berg; Ber|lin-Rei|ni|cken|dorf; Ber|lin-Steg|litz; Ber|lin-Trep|tow [...'trɛːpto, auch ...'trɛ...]; Ber|lin-Wed|ding; Ber|lin-Wil|mers|dorf; Ber|lin-Zeh|len|dorf
Ber|li|oz [bɛr'lǐoːs] (franz. Komponist)
Ber|litz|schu|le, Ber|litz®-Schu|le ↑D 136 ⟨nach dem Gründer⟩ (eine Sprachschule)
Ber|lo|cke, die; -, -n ⟨franz.⟩ (kleiner Schmuck an [Uhr]ketten)
Ber|me, die; -, -n (Wasserbau, Straßenbau Absatz, flacher Streifen an einer Böschung)
Ber|mu|da|drei|eck, Ber|mu|da-Drei|eck, das; -s (Teil des Atlantiks, in dem sich auf bisher nicht befriedigend geklärte Weise Schiffs- u. Flugzeugunglücke häufen)
Ber|mu|da|in|seln, Ber|mu|da-In|seln, Ber|mu|das Plur. (Inseln im Atlantik)
Ber|mu|da|shorts, Ber|mu|da-Shorts Plur. (fast knielange Shorts od. Badehose)
Ber|mu|der (Bewohner der Bermudainseln); Ber|mu|de|rin; ber|mu|disch
Bern (Hauptstadt der Schweiz, schweizerischer Kanton u. Hauptstadt dieses Kantons)
Ber|na|dette [...'dɛt] (w. Vorn.)
Ber|na|dotte [...'dɔt] (schwed. Königsgeschlecht)
Ber|na|nos (franz. Schriftsteller)
Ber|nar|di|no, der; -[s] (ital. Form von Bernhardin)
Bern|biet, das; -s (svw. Kanton Bern)
Bernd, Bernt (m. Vorn.)
Ber|ner; die Berner Alpen, das Berner Oberland; Ber|ne|rin
Bern|hard (m. Vorn.); Bern|har|de (w. Vorn.)
Bern|har|din, der; -s, Bern|har|din|pass, der; -es (kurz für Sankt-Bernhardin-Pass); vgl. Bernardino
Bern|har|di|ne (w. Vorn.)
Bern|har|di|ner, der; -s, - (eine Hunderasse); Bern|har|di|ner|hund
Bern|hild, Bern|hil|de (w. Vorn.)
Ber|ni|na, der; -s, auch die; - (kurz für Piz Bernina, Berninapass bzw. für Berninagruppe, -massiv); Ber|ni|na|bahn, Ber|ni|na-Bahn, die; -; Ber|ni|na|grup|pe, Ber|ni|na-Grup|pe, die; -; Ber|ni|na|mas|siv, Ber|ni|na-Mas|siv, das; -s; Ber|ni|na|pass, Ber|ni|na-Pass, der; -es
ber|nisch ⟨zu Bern⟩
¹Bern|stein [auch 'bœːɐ̯nst...], Leonard ['lɛnəd] (amerik. Komponist u. Dirigent)
²Bern|stein ([als Schmuckstein verarbeitetes] fossiles Harz); bern|stei|ne[r]n; bern|stein|far|ben; Bern|stein|ket|te
Bernt vgl. Bernd
Bern|ward (m. Vorn.)
Bern|wards|kreuz, das; -es
Be|rol|li|na, die; - (Frauengestalt als Sinnbild Berlins)
Ber|sa|gli|e|re [...al'jɛː...], der; -[s], ...ri ⟨ital.⟩ (ital. Scharfschütze)
Ber|ser|ker [oder ...'zɛr...], der; -s, - ⟨altnord.⟩ (wilder Krieger der altnord. Sage; auch für blindwütig tobender Mensch); ber|ser|ker|haft; Ber|ser|ke|rin; Ber|ser|ker|wut
bers|ten; es birst; es barst; geborsten; Berst|schutz (Kerntechnik)
Bert (m. Vorn.)
Ber|ta, Ber|tha (w. Vorn.)
Bert|hil|de (w. Vorn.)
Bert|hold vgl. Bertold
Ber|ti (w. od. m. Vorn.)
Ber|ti|na, Ber|ti|ne (w. Vorn.)
Ber|told, Bert|hold (m. Vorn.)
Bert|ram (m. Vorn.)
Bert|rand (m. Vorn.)
be|rüch|tigt
be|rü|cken (betören); be|rü|ckend
be|rück|sich|ti|gen; Be|rück|sich|ti|gung
Be|rü|ckung (geh. für Bezauberung)
Be|ruf, der; -[e]s, -e
be|ru|fen (österr. auch für Berufung einlegen); sich auf jmdn. od. etwas berufen
be|ruf|lich; Be|rufs|aka|de|mie
be|rufs|an|fän|ger; Be|rufs|an|fän|ge|rin
Be|rufs|ar|mee
Be|rufs|auf|bau|schu|le (Schulform des zweiten Bildungsweges zur Erlangung der Fachschulreife)
Be|rufs|aus|bil|dung; Be|rufs|aus|sich|ten Plur.; Be|rufs|aus|sicht
be|rufs|be|dingt; be|rufs|be|glei|tend; berufsbegleitendes Studium
Be|rufs|be|ra|ter; Be|rufs|be|ra|te|rin; Be|rufs|be|ra|tung
Be|rufs|be|zeich|nung
be|rufs|be|zo|gen
Be|rufs|bild; be|rufs|bil|dend; berufsbildende Schulen
Be|rufs|bil|dungs|werk (Einrichtung zur Berufsausbildung für behinderte Jugendliche)
Be|rufs|bo|xen, das; -s
Be|rufs|dich|ter; Be|rufs|dich|te|rin
Be|rufs|eig|nung
Be|rufs|ein|stei|ger; Be|rufs|ein|stei|ge|rin
be|rufs|er|fah|ren; Be|rufs|er|fah|rung
Be|rufs|ethos; Be|rufs|fach|schu|le
Be|rufs|fah|rer; Be|rufs|fah|re|rin
Be|rufs|feu|er|wehr
be|rufs|fremd
Be|rufs|ge|heim|nis; Be|rufs|ge|nos|sen|schaft; Be|rufs|grup|pe; Be|rufs|heer
Be|rufs|ju|gend|li|che (ugs. abwertend für sich bemüht jugendlich gebender Mensch)

Be|rufs|klas|se; Be|rufs|klei|dung
Be|rufs|kol|le|ge; Be|rufs|kol|le|gin
Be|rufs|krank|heit; Be|rufs|le|ben, das; -s
Be|rufs|leh|re (schweiz. für Berufsausbildung)
be|rufs|los; be|rufs|mä|ßig
Be|rufs|ma|tur, Be|rufs|ma|tu|ra (schweiz. für Fachabitur)
Be|rufs|mu|si|ker; Be|rufs|mu|si|ke|rin
Be|rufs|or|ga|ni|sa|ti|on
Be|rufs|pä|d|a|go|gik
Be|rufs|po|li|ti|ker; Be|rufs|po|li|ti|ke|rin
Be|rufs|prak|ti|kum
Be|rufs|rei|fe|prü|fung (österr. für Prüfung für den Hochschulzugang ohne Matura)
Be|rufs|re|vo|lu|ti|o|när (oft abwertend)
Be|rufs|rich|ter; Be|rufs|rich|te|rin
Be|rufs|ri|si|ko
Be|rufs|schu|le; Be|rufs|schü|ler; Be|rufs|schü|le|rin; Be|rufs|schul|leh|rer; Be|rufs|schul|leh|re|rin
Be|rufs|sol|dat; Be|rufs|sol|da|tin
Be|rufs|spie|ler; Be|rufs|spie|le|rin
Be|rufs|sport|ler; Be|rufs|sport|le|rin
Be|rufs|stand; be|rufs|stän|disch
be|rufs|tä|tig; Be|rufs|tä|ti|ge, der u. die; -n, -n; Be|rufs|tä|tig|keit
be|rufs|un|fä|hig; Be|rufs|un|fä|hig|keit; Be|rufs|un|fä|hig|keits|ren|te; Be|rufs|un|fä|hig|keits|ver|si|che|rung
Be|rufs|ver|band; Be|rufs|ver|bot
Be|rufs|ver|bre|cher; Be|rufs|ver|kehr, der; -[e]s
Be|rufs|wahl, die; -; Be|rufs|wech|sel; Be|rufs|weg; Be|rufs|wunsch; Be|rufs|ziel
Be|ru|fung
Be|ru|fungs|frist (Rechtswiss.); Be|ru|fungs|ge|richt; Be|ru|fungs|in|stanz; Be|ru|fungs|recht; Be|ru|fungs|ver|fah|ren; Be|ru|fungs|ver|hand|lung
be|ru|hen; auf einem Irrtum beruhen; die Sache auf sich beruhen lassen
be|ru|hi|gen; sich beruhigen; ein beruhigender Kräutertee; Be|ru|hi|gung; Be|ru|hi|gungs|mit|tel, das; Be|ru|hi|gungs|pil|le; Be|ru|hi|gungs|sprit|ze
be|rühm|ten, sich (sich auf etw. berufen; sich rühmen)
be|rühmt; be|rühmt-be|rüch|tigt
Be|rühmt|heit
be|rüh|ren; Be|rüh|rung
Be|rüh|rungs|angst (Psychol.)

be|rüh|rungs|emp|find|lich
Be|rüh|rungs|li|nie; Be|rüh|rungs|punkt
be|ru|ßen; berußt sein
Be|ryll, der; -s, -e (griech.) (ein Edelstein); Be|ryl|li|um, das; -s (chemisches Element, Metall; Zeichen Be)
bes. = besonders
be|sab|beln (ugs. für mit Speichel beschmutzen); sich besabbeln; ich besabb[e]le
be|sab|bern (ugs. für mit Speichel beschmutzen); sich besabbern
be|sa|en
be|sa|gen; das besagt nichts; besagt (Amtsspr. erwähnt)
be|sai|ten; zart besaitet; vgl. zart
Be|sai|tung
be|sal|men
be|sam|meln (schweiz. für sammeln [der Mitglieder einer Gruppe u. Ä.]); ich besamm[e]le; sich besammeln (schweiz. für sich versammeln (schweiz.)
Be|sa|mung (Befruchtung); künstliche Besamung; Be|sa|mungs|sta|ti|on; Be|sa|mungs|zen|t|rum
Be|san, der; -s, -e ⟨niederl.⟩ (Seemannsspr.) Segel am hintersten Mast)
be|sänf|ti|gen; Be|sänf|ti|gung
Be|san|mast (Seemannsspr. hinterster Mast eines Segelschiffes)
be|sät; mit etwas besät (über u. über bedeckt) sein
Be|satz, der; -es, Besätze
Be|sat|zer, der; -s, - (ugs. abwertend für Angehöriger einer Besatzungsmacht); Be|sat|ze|rin
Be|satz|strei|fen
Be|sat|zung; Be|sat|zungs|kind; Be|sat|zungs|kos|ten Plur.; Be|sat|zungs|macht; Be|sat|zungs|sol|dat; Be|sat|zungs|zo|ne
be|sau|fen, sich (derb für sich betrinken); besoffen
¹Be|säuf|nis, das; -ses, -se od. die; -, -se (ugs. für ausgiebiges Zechen)
²Be|säuf|nis, die; - (ugs. für Volltrunkenheit)
be|säu|seln, sich (ugs. für sich [leicht] betrinken); be|säu|selt
be|schä|di|gen; Be|schä|di|gung
be|schaff|bar
¹be|schaf|fen (besorgen); sie beschaffte, hat beschafft
²be|schaf|fen (geartet); mit etwas ist es gut, schlecht beschaffen; Be|schaf|fen|heit
Be|schaf|fung
Be|schaf|fungs|kos|ten Plur.

Be|schaf|fungs|kri|mi|na|li|tät (kriminelle Handlungen zur Beschaffung von [Geld für] Drogen)
be|schäf|ti|gen; sich [mit etw.] beschäftigen; beschäftigt sein; Be|schäf|tig|te, der u. die; -n, -n; Be|schäf|tig|ten|grup|pe; Be|schäf|tig|ten|zahl
Be|schäf|ti|gung
Be|schäf|ti|gungs|be|wil|li|gung (österr. für Arbeitserlaubnis)
Be|schäf|ti|gungs|ge|sell|schaft (Unternehmen zur Arbeitsbeschaffung, Umschulung usw.)
Be|schäf|ti|gungs|los; Be|schäf|ti|gungs|lo|se, der u. die; -n, -n
Be|schäf|ti|gungs|po|li|tik
Be|schäf|ti|gungs|stand, der; -[e]s
Be|schäf|ti|gungs|the|ra|pie
Be|schäf|ti|gungs|ver|hält|nis
be|schä|len (begatten [von Pferden]); Be|schä|ler (Zuchthengst)
be|schal|len (starken Schall eindringen lassen; Technik u. Med. mit Ultraschall behandeln, untersuchen); Be|schal|lung
be|schä|men; be|schä|mend
be|schä|men|der|wei|se
Be|schä|mung
be|schat|ten; Be|schat|tung
Be|schau, die; -; be|schau|en
Be|schau|er; Be|schau|e|rin
be|schau|lich; Be|schau|lich|keit
Be|scheid, der; -[e]s, -e; Bescheid geben, sagen, tun, wissen
¹be|schei|den; eine bescheidene Frau
²be|schei|den; beschied; beschieden; ein Gesuch abschlägig bescheiden (Amtsspr. ablehnen); sich bescheiden (sich zufriedengeben)
Be|schei|den|heit
be|schei|dent|lich (geh. veraltend)
be|schei|nen
be|schei|ni|gen; Be|schei|ni|gung
be|schei|ßen (derb für betrügen); beschissen
be|schen|ken; Be|schenk|te, der u. die; -n, -n
¹be|sche|ren (beschneiden); beschoren; vgl. ¹scheren
²be|sche|ren (schenken; zuteilwerden lassen; auch für beschenken); jmdm. [etwas] bescheren; die Kinder wurden [reich] beschert; Be|sche|rung
be|scheu|ert (derb für nicht bei Verstand; ärgerlich, lästig)
be|schich|ten; Be|schich|tung
be|schi|cken

besichern

be|schi|ckert (ugs. für leicht betrunken)
Be|schi|ckung
be|schie|den; das ist ihm beschieden; vgl. ²bescheiden
be|schie|ßen; Be|schie|ßung
be|schil|dern (mit einem ¹Schild versehen); Be|schil|de|rung
be|schimp|fen; Be|schimp|fung
be|schir|men
Be|schir|mer; Be|schir|me|rin
be|schirmt (scherzh. für mit einem Schirm ausgerüstet)
Be|schiss, der; -es (derb für Betrug); be|schis|sen (derb für sehr schlecht); vgl. bescheißen
be|schlab|bern, sich (sich beim Essen beschmutzen)
Be|schlächt, das; -[e]s, -e (hölzerner Uferschutz)
be|schla|fen (überschlafen); ich muss das noch beschlafen
Be|schlag, der; -[e]s, Beschläge; mit Beschlag belegen; in Beschlag nehmen, halten
Be|schläg, das; -s, -e (schweiz. für Beschlag, Metallteile an Türen, Fenstern, Schränken)
¹be|schla|gen (gut beschlagen (bewandert; kenntnisreich) sein
²be|schla|gen; Pferde beschlagen; die Fenster sind beschlagen; die Glasscheibe beschlägt [sich] (läuft an); die Hirschkuh ist beschlagen [worden] (Jägerspr. für begattet [worden])
Be|schla|gen|heit, die; - ⟨zu ¹beschlagen⟩
Be|schlag|nah|me, die; -, -n; be|schlag|nah|men; beschlagnahmt; Be|schlag|nah|mung
be|schlei|chen
be|schleu|ni|gen; Be|schleu|ni|ger; be|schleu|nigt (schnell)
Be|schleu|ni|gung; Be|schleu|ni|gungs|an|la|ge (Kernphysik); Be|schleu|ni|gungs|sen|sor (Technik); Be|schleu|ni|gungs|ver|mö|gen, das; -s (Technik); Be|schleu|ni|gungs|wert (Technik)
be|schleu|sen (mit Schleusen versehen); einen Fluss beschleusen
be|schlie|ßen
Be|schlie|ßer (veraltet für Aufseher, Haushälter); Be|schlie|ße|rin
be|schlos|sen; be|schlos|se|ner|ma|ßen
Be|schluss
be|schluss|fä|hig; Be|schluss|fä|hig|keit, die; -; Be|schluss|fas|sung; Be|schluss|la|ge; Be|schluss|or|gan; Be|schluss|recht
be|schmei|ßen (ugs.)

be|schmie|ren
be|schmut|zen; ich beschmutze mir das Kleid; Be|schmut|zung
be|schnei|den; Be|schnei|dung; Beschneidung Jesu (kath. Fest)
be|schnei|en; beschneite Dächer; Be|schnei|ung; Be|schnei|ungs|an|la|ge
be|schnit|ten
be|schnüf|feln (ugs. auch für vorsichtig prüfen)
be|schnup|pern
be|schö|ni|gen; Be|schö|ni|gung
be|schot|tern (Straßenbau, Eisenbahn); Be|schot|te|rung
be|schrän|ken; sich beschränken
be|schrankt (Eisenbahn mit Schranken versehen); beschrankter Bahnübergang
be|schränkt (beengt); Be|schränkt|heit; Be|schrän|kung
be|schreib|bar; be|schrei|ben; Be|schrei|bung
be|schrei|en; etwas nicht beschreien
be|schrei|ten (geh.)
Be|schrieb, der; -s, -e (schweiz. neben Beschreibung)
be|schrif|ten; Be|schrif|tung
be|schu|hen; be|schuht
be|schul|di|gen; jmdn. eines Verbrechens beschuldigen
Be|schul|di|ger; Be|schul|di|ge|rin
Be|schul|dig|te, der u. die; -n, -n
Be|schul|di|gung
be|schu|len (Amtsspr. mit [Schulen u.] Schulunterricht versorgen); Be|schu|lung Plur. selten; Be|schu|lungs|ver|trag
be|schum|meln (ugs.)
be|schup|pen vgl. beschupsen
be|schuppt (mit Schuppen bedeckt)
be|schup|sen (ugs. für betrügen)
be|schürzt
Be|schuss, der; -es
be|schüt|zen
Be|schüt|zer; Be|schüt|ze|rin
Be|schüt|zer|ins|tinkt
be|schwat|zen, landsch. be|schwät|zen (ugs.)
be|schwei|gen (nicht darüber sprechen)
be|schwer, die; -, auch das; -[e]s (veraltet für Anstrengung, Bedrückung; auch Rechtsspr. ungünstige Entscheidung als Voraussetzung für die Einlegung eines Rechtsmittels)
Be|schwer|de, die; -, -n; Beschwerde führen
Be|schwer|de|buch
Be|schwer|de|frei

Be|schwer|de|frist (Rechtsswiss.)
Be|schwer|de|füh|ren|de, der u. die; -n, -n (Rechtsswiss.)
Be|schwer|de|füh|rer (Rechtsswiss.); Be|schwer|de|füh|re|rin
Be|schwer|de|ins|tanz (Rechtsswiss.); Be|schwer|de|weg; auf dem Beschwerdeweg
be|schwe|ren; sich beschweren
be|schwer|lich; Be|schwer|lich|keit
Be|schwer|nis, die; -, -se, auch das; -ses, -se; Be|schwe|rung
be|schwich|ti|gen; Be|schwich|ti|gung
be|schwin|deln
be|schwin|gen (in Schwung bringen); be|schwingt; Be|schwingt|heit, die; -
be|schwipst (ugs. für leicht betrunken); Be|schwips|te, der u. die; -n, -n
be|schwö|ren; du beschworst; er beschwor; du beschwörest; beschworen; beschwör[e]!
Be|schwö|rer; Be|schwö|re|rin
Be|schwö|rung; Be|schwö|rungs|for|mel
be|see|len (geh. für beleben; mit Seele erfüllen); be|seelt; Be|seelt|heit, die; -; Be|see|lung
be|se|geln; die Meere besegeln
Be|se|ge|lung, Be|seg|lung
be|se|hen
be|sei|ti|gen; Be|sei|ti|gung
be|se|li|gen (geh. für glücklich machen); be|se|ligt (geh.); Be|se|li|gung (geh.)
Be|sen, der; -s, -
Be|sen|bin|der; Be|sen|bin|de|rin
Be|sen|kam|mer
Be|sen|ma|cher (Berufsbez.); Be|sen|ma|che|rin
be|sen|rein
Be|sen|rei|ser, der; -s, - meist Plur. (Med.)
Be|sen|schrank; Be|sen|stiel
Be|serl, das; -s, -[n]; vgl. Pickerl (ostösterr. für Handbesen)
Be|serl|baum (ostösterr. ugs. für unansehnlicher Baum)
Be|serl|park (ostösterr. ugs. für kleiner Park)
be|ses|sen; von einer Idee besessen; Be|ses|se|ne, der u. die; -n, -n; Be|ses|sen|heit, die; -
be|set|zen; Be|set|zer; Be|set|ze|rin
be|setzt; die Leitung ist besetzt; Be|setzt|zei|chen
Be|set|zung; Be|set|zungs|couch (Filmjargon, Theaterjargon); Be|set|zungs|lis|te (Liste der Rollenverteilung für ein Theaterstück)
be|si|chern (Bankw.)

besichert

bes|ser

- es ist besser, wenn du gleich kommst

Großschreibung der Substantivierung ↑D72:
- es ist das Bessere *od.* Bessre, wenn du gleich kommst
- jmdn. eines Besser[e]n *od.* Bessren belehren
- sich eines Besser[e]n *od.* Bessren besinnen
- eine Wendung zum Besser[e]n *od.* Bessren
- das Bessere ist des Guten Feind

Getrennt- und Zusammenschreibung in Verbindung mit Verben und Partizipien:
- du musst immer alles besser wissen!
- mit den neuen Schuhen wirst du besser gehen können
- dem Kranken wird es bald besser gehen *od.* bessergehen
- du solltest das Buch besser stellen als legen, *aber* man sollte kinderreiche Familien wirtschaftlich besserstellen
- ein heller Pullover würde dir besser stehen, *aber* wir werden uns finanziell bald besserstehen
- besser verdienende *od.* besserverdienende Angestellte
- die Besserverdienenden *od.* besser Verdienenden

Vgl. auch gut, beste

---

be|si|chert *(Bankw.)*
Be|si|che|rung, die; -, -en *(Bankw. Kreditsicherung)*
be|sich|ti|gen; Be|sich|ti|gung; Be|sich|ti|gungs|tour
be|sie|deln; Be|sie|de|lung, Be|sied|lung
be|sie|geln; Be|sie|ge|lung, Be|sieg|lung
be|sie|gen
Be|sieg|lung *vgl.* Besiegelung
Be|sieg|te, der u. die; -n, -n
be|sin|gen
be|sin|nen, sich ↑D 77: sich eines and[e]ren, andern besinnen, *aber* ↑D 72 sich eines Besseren, Bessren besinnen
be|sinn|lich; Be|sinn|lich|keit
Be|sin|nung
Be|sin|nungs|auf|satz *(früher)*
be|sin|nungs|los; Be|sin|nungs|lo|sig|keit, die; -
Be|sitz, der; -es, -e; Be|sitz|an|spruch
be|sitz|an|zei|gend; besitzanzeigendes Fürwort *(für Possessivpronomen)*
Be|sitz|bür|ger *(meist abwertend);* Be|sitz|bür|ge|rin; Be|sitz|bür|ger|tum
be|sit|zen; Be|sit|zer
be|sit|zer|grei|fend; er war ihr zu eifersüchtig und besitzergreifend; Be|sit|zer|grei|fung
Be|sit|ze|rin
Be|sit|zer|stolz; Be|sit|zer|wech|sel
be|sitz|los; Be|sitz|lo|se, der u. die; -n, -n; Be|sitz|lo|sig|keit, die; -
Be|sitz|nah|me, die; -, -n
Be|sitz|stand; Be|sitz|stands|den|ken; Be|sitz|stands|wah|rung
Be|sitz|stö|rung *(Rechtsswiss.* widerrechtliche Benutzung eines Grundstücks); Be|sitz|tum

Be|sit|zung
Be|sitz|ver|hält|nis|se *Plur.;* Be|sitz|ver|tei|lung; Be|sitz|wech|sel
Bes|ki|den *Plur.* (Teil der Karpaten)
be|sof|fen *(derb für* betrunken); Be|sof|fen|heit, die; - *(derb)*
be|soh|len; Be|soh|lung
be|sol|den; Be|sol|de|te, der u. die; -n, -n
Be|sol|dung; Be|sol|dungs|grup|pe; Be|sol|dungs|ord|nung; Be|sol|dungs|recht; Be|sol|dungs|ta|rif
be|söm|mern *(Landwirtsch.* den Boden nur im Sommer nutzen)
be|son|de|re; zur besonderen Verwendung *(Abk.* z. b. V.); insbesond[e]re; ↑D 72: das Besond[e]re; etwas, nichts Besond[e]res; im Besonder[e]n, im Besondren; Be|son|der|heit
be|son|ders *(Abk.* bes.); besonders[,] wenn ↑D 127
¹be|son|nen *(überlegt, umsichtig)*
²be|son|nen; sich besonnen (von der Sonne beschienen) lassen
Be|son|nen|heit, die; -
be|sonnt; besonnte Hänge
be|sor|gen
Be|sorg|nis, die; -, -se; Besorgnis erregen
be|sorg|nis|er|re|gend, Be|sorg|nis er|re|gend; ein besorgniserregender *od.* Besorgnis erregender Zustand, *aber* nur ein große Besorgnis erregender Zustand, ein äußerst besorgniserregender Zustand, ein noch besorgniserregender Zustand ↑D 58
be|sorgt; Be|sorgt|heit
Be|sor|gung

be|span|nen; Be|span|nung
be|spa|ßen *(ugs. für* durch Spaßmachen zufriedenstellen); Be|spa|ßung *(ugs.)*
be|spei|en *(geh. für* bespucken)
be|spickt (dicht bestecken)
be|spie|geln; Be|spie|ge|lung, Be|spieg|lung
be|spiel|bar
be|spie|len; eine DVD bespielen
be|spi|ken [...'spai...] *(fachspr. für* mit Spikes versehen)
be|spit|zeln; Be|spit|ze|lung, Be|spitz|lung
be|spöt|teln; be|spot|ten
be|spre|chen; Be|spre|chung
be|spren|gen; mit Wasser besprengen
be|spren|keln
be|sprin|gen (begatten [von Tieren])
be|sprit|zen
be|sprü|hen; Be|sprü|hung
be|spu|cken
Bes|sa|ra|bi|en (Gebiet nordwestl. vom Schwarzen Meer)
Bes|se|mer|bir|ne ⟨nach dem engl. Erfinder⟩ *(techn.* Anlage zur Stahlgewinnung)
bes|ser *s. Kasten*
bes|ser|ge|hen *vgl.* besser
Bes|ser|ge|stell|te, der u. die; -n, -n, bes|ser Ge|stell|te, der u. die; --n, --n; *vgl.* besser
bes|sern; ich bessere, *auch* bess|re; sich bessern
bes|ser|ste|hen *vgl.* besser
bes|ser|stel|len *vgl.* besser
Bes|se|rung, Bess|rung
Bes|ser|ver|die|nen|de, bes|ser Verdie|nen|de; *vgl.* besser
Bes|ser|ver|die|ner; Bes|ser|ver|die|ne|rin
Bes|ser|wes|si *(ugs. abwertend)*

Bestimmerin

Bes|ser|wis|ser *(abwertend);* Bes|ser|wis|se|rei; Bes|ser|wis|se|rin; bes|ser|wis|se|risch
Bes|srung *vgl.* Besserung
Best, das; -[e]s, -e *(bayr., österr. für* ausgesetzter [höchster] Preis, Gewinn)
best...; z. B. bestgehasst

best...
Die mit *best...* gebildeten Adjektive drücken bereits einen höchsten Grad der Steigerung aus. Deshalb gelten Formen wie *bestmöglichste, bestbezahlteste* usw. als standardsprachlich nicht korrekt.

Best Ager [- 'eɪdʒɐ], der; - -s, - -[s] *meist Plur. (Werbespr.* jmd., der zur konsumfreudigen Kundengruppe der über 40-Jährigen gehört); Best Age|rin
be|stal|len *(Amtsspr.* [förmlich] in ein Amt einsetzen); wohlbestallt; Be|stal|lung; Be|stal|lungs|ur|kun|de
Be|stand, der; -[e]s, Bestände; Bestand haben; von Bestand sein; der zehnjährige Bestand *(österr. für* das Bestehen) des Vereins; ein Gut in Bestand *(österr. für* Pacht) haben, nehmen
be|stan|den (bewachsen; *schweiz. auch für* in vorgerücktem Alter); ein bestandener Mann
Be|stan|des|auf|nah|me *(schweiz. svw.* Bestandsaufnahme)
be|stän|dig; das Barometer steht auf »beständig«; Be|stän|dig|keit
Be|stands|auf|nah|me
be|stands|frei *(österr. Amtsspr.* unvermietet)
Be|stands|ju|bi|lä|um *(österr. für* Jubiläum des Bestehens)

Be|stands|mie|te (¹Miete eines nicht neu abgeschlossenen Mietvertrages)
Be|stands|ver|trag, Be|stand|ver|trag *(österr. Amtsspr. für* Pachtvertrag)
Be|stand|teil, der; Be|stand|ver|trag *vgl.* Bestandsvertrag
be|stär|ken; Be|stär|kung
be|stä|ti|gen; der offiziell bestätigte Wahlsieger; Be|stä|ti|gung
Be|stä|ti|gungs|num|mer *(EDV* zusätzliche Sicherungsnummer für elektronische Geschäftsabwicklung; *Abk.* BEN)
be|stat|ten; Be|stat|ter; Be|stat|te|rin; Be|stat|nis, das; -, -se *(westösterr. für* Beerdigung)
Be|stat|tung; Be|stat|tungs|got|tes|dienst; Be|stat|tungs|in|s|ti|tut; Be|stat|tungs|un|ter|neh|men; Be|stat|tungs|wald
be|stau|ben; bestaubt; sich bestauben (staubig werden)
be|stäu|ben *(Bot.);* Be|stäu|bung
be|stau|nen
best|aus|ge|rüs|tet
Best|be|set|zung *(bes. Sport)*
best|be|währt; best|be|zahlt
Best|bie|ter *(bes. österr.);* Best|bie|te|rin
bes|te *s.* Kasten
be|ste|chen; be|ste|chend
be|stech|lich; Be|stech|lich|keit *Plur. selten*
Be|ste|chung; Be|ste|chungs|af|fä|re; Be|ste|chungs|geld; Be|ste|chungs|skan|dal; Be|ste|chungs|sum|me; Be|ste|chungs|ver|such
Be|steck, das; -[e]s, *Plur.* -e, *ugs.* -s
be|ste|cken
Be|steck|kas|ten
Be|steg, der; -[e]s, -e *(Geol.* tonige Lage zwischen Gesteinsschichten)
be|ste|hen; auf etwas bestehen;

ich bestehe auf meiner *(heute selten* meine) Forderung; die Verbindung soll bestehen bleiben; wir wollen die Regelung bestehen lassen; Be|ste|hen, das; -s; seit Bestehen der Firma
be|steh|len
be|stei|gen; Be|stei|gung
be|stell|bar
Be|stell|block *Plur.* ...blocks *od.* ...blöcke
Be|stell|el|tern *Plur. (bes. Rechtsspr.* Eltern, die das Kind einer Leihmutter adoptieren)
be|stel|len; Be|stel|ler; Be|stel|le|rin
Be|stel|ler|prin|zip, das; - *(ugs. für* gesetzlich festgelegte Regelung für Provisionszahlungen bei Wohnungsvermittlung)
Be|stell|geld *(Postw.* Zustellgebühr)
Be|stell|kar|te
Be|stell|lis|te, Be|stell-Lis|te
Be|stell|num|mer
Be|stel|lung
bes|ten|falls
Bes|ten|lis|te
bes|tens
be|sternt; der besternte Himmel
be|steu|ern; Be|steu|e|rung
Best|form, die; - *(Sport)*
best|ge|hasst; best|ge|hü|tet; best|ge|pflegt
bes|ti|a|lisch ⟨lat.⟩ (unmenschlich, grausam); Bes|ti|a|li|tät, die; -, -en (Unmenschlichkeit, grausames Verhalten)
Bes|ti|a|ri|um, das; -s, ...rien (Titel mittelalterlicher Tierbücher)
be|sti|cken
Be|stick|hö|he *(Deichbau)*
Be|sti|ckung
Bes|tie, die; -, -n (wildes Tier; Unmensch)
be|stie|felt
be|stimm|bar; be|stim|men
Be|stim|mer *(ugs.);* Be|stim|me|rin

---

bes|te

Kleinschreibung:
– das beste [Buch] ihrer Bücher
– dieser Wein ist der beste
– sie konnte am besten von allen rechnen
– wir fangen am besten gleich an
– es ist am besten, wenn ...

Großschreibung der Substantivierung ↑D 72:
– ich halte es für das Beste, wenn ...
– er ist der Beste in der Klasse
– er ist unser Bester, *aber* er ist unser bester Schüler
– sie hat ihr Bestes getan
– aus etwas das Beste machen

– mit ihrer Gesundheit steht es nicht zum Besten (nicht gut)
– etwas zum Besten geben
– jemanden zum Besten haben, halten
– es ist nur zu deinem Besten
– ich will nicht das erste Beste

Groß- oder Kleinschreibung ↑D 75:
– wir arbeiten auf das, aufs Beste *od.* beste zusammen; *aber nur* seine Wahl ist auf das, aufs Beste gefallen

bestimmt

be|stimmt; bestimmter Artikel (Sprachwiss.) ↑D 89; Be|stimmt|heit, die; -
Be|stim|mung; Be|stim|mungs|bahn|hof; be|stim|mungs|ge|mäß; Be|stim|mungs|ha|fen; Be|stim|mungs|ort
Be|stim|mungs|wort Plur. ...wörter (Sprachwiss. erster Bestandteil einer Zusammensetzung, der das Grundwort näher bestimmt, z. B. »Schinken« in »Schinkenbrötchen«)
best|in|for|miert
be|stirnt; der bestirnte Himmel
Best|leis|tung
Best|mann, der; -[e]s, ...männer (Seemannsspr. erfahrener Seemann, der auf Küstenschiffen den Schiffsführer vertritt)
Best|mar|ke (Sport Rekord)
best|mög|lich; falsch: bestmöglichst
be|sto|cken; Be|sto|ckung (Bot. Seitentriebbildung; Forstwirtsch. Aufforstung)
Best-of, das; -[s], -s ⟨engl.⟩ (ugs. für Zusammenstellung von bes. beliebten u. erfolgreichen Musikstücken, Filmen o. Ä.); Best-of-CD (CD mit den erfolgreichsten Stücken)
be|sto|ßen (fachspr.; schweiz. auch für [eine Alp] mit Vieh besetzen)
best|plat|ziert (bes. Sport); die drei bestplatzierten Teilnehmerinnen; Best|plat|zier|te, der u. die; -n, -n
Best Prac|tice ['best 'præktɪs], die; -, - -s ⟨engl.⟩ (Wirtsch. bestmögliche Methode, höchster Standard)
best|qua|li|fi|ziert (bes. österr., schweiz.); Best|qua|li|fi|zier|te, der u. die; -n, -n
be|stra|fen; Be|stra|fung
be|strah|len; Be|strah|lung
Be|strah|lungs|do|sis; Be|strah|lungs|zeit
be|stre|ben, sich; Be|stre|ben, das; -s; be|strebt; Be|stre|bung
be|strei|chen; Be|strei|chung
be|strei|ken; Be|strei|kung
be|strei|ten; Be|strei|tung
best|re|nom|miert; das bestrenommierte Hotel
be|streu|en; Be|streu|ung
be|stri|cken (bezaubern; für jmdn. stricken); be|stri|ckend; Be|stri|ckung
be|strumpft
Best|sel|ler, der; -s, - ⟨engl.⟩ (Ware [bes. Buch] mit bes. hohen Verkaufszahlen)
Best|sel|ler|au|tor; Best|sel|ler|au|to|rin; Best|sel|ler|lis|te
be|stü|cken (ausstatten, ausrüsten); Be|stü|ckung
be|stuh|len (mit Stühlen ausstatten); Be|stuh|lung
be|stür|men; Be|stür|mung
be|stür|zen; be|stür|zend
be|stürzt; bestürzt sein; Be|stürzt|heit, die; -; Be|stür|zung, die; -
be|stusst (ugs. für dumm)
best|vor|be|rei|tet
Best|wert (Optimum); Best|zeit (Sport); Best|zu|stand
Be|such, der; -[e]s, -e; auf, zu Besuch sein
be|su|chen; Be|su|cher
Be|su|cher|fre|quenz
Be|su|che|rin
Be|su|cher|re|kord
Be|su|cher|rit|ze (svw. Besuchsritze); Be|su|cher|ser|vice, der, österr. auch das; Be|su|cher|strom; Be|su|cher|zahl; Be|suchs|er|laub|nis
Be|suchs|recht
Be|suchs|rit|ze (scherzh. für Spalt zwischen zwei Ehebetten)
Be|suchs|tag; Be|suchs|zeit; Be|suchs|zim|mer
be|su|deln; Be|su|de|lung, Be|sud|lung
Be|ta, das; -[s], -s (griech. Buchstabe: Β, β); Be|ta|blo|cker, der; -s, - (kurz für Betarezeptorenblocker)
Be|ta|ca|ro|tin, β-Ca|ro|tin (ein Provitamin); be|ta|ca|ro|tin|reich, β-Ca|ro|tin-reich
be|tagt (geh. für alt); vgl. hochbetagt; Be|tag|ten|heim (schweiz. für Altersheim); Be|tagt|heit, die; -
be|ta|keln (Seemannsspr. mit Takelwerk versehen; österr. ugs. für beschwindeln); Be|ta|ke|lung, seltener Be|tak|lung
Be|ta|ni|en vgl. Bethanien
be|tan|ken; ein Fahrzeug betanken; Be|tan|kung
Be|ta|re|zep|to|ren|blo|cker, β-Re|zep|to|ren-Blo|cker ['be:ta...], der; -s, - ↑D 26 (Arzneimittel für bestimmte Herzkrankheiten)
be|tas|ten
Be|ta|strah|len, β-Strah|len ['be:ta...] Plur. ↑D 29 (Kernphysik); Be|ta|strah|ler (Med. Bestrahlungsgerät); Be|ta|strah|lung (Kernphysik)
Be|tas|tung
Be|ta|test (EDV Test der Betaversion eines [Software]produktes); Be|ta|tes|ter; Be|ta|tes|te|rin
be|tä|ti|gen; sich betätigen; Be|tä|ti|gung; Be|tä|ti|gungs|feld
Be|ta|t|ron, das; -s, -s, Plur. ...one od. -s (Kernphysik Elektronenschleuder)
be|tat|schen (ugs. für betasten)
be|täu|ben; Be|täu|bung
Be|täu|bungs|mit|tel; Be|täu|bungs|mit|tel|ge|setz
be|tau|en; betaute Wiesen
Be|ta|ver|si|on (EDV Vorabversion einer Software)
Be|ta|zer|fall (Kernphysik)
Bet|bank Plur. ...bänke; Bet|bru|der
Be|te, Bee|te, die; -, -n (Wurzelgemüse; Futterpflanze); Rote Bete od. Beete ↑D 89
Be|tei|geu|ze, der; - ⟨arab.⟩ (ein Stern)
be|tei|len (österr. veraltet für beschenken; versorgen)
be|tei|li|gen; sich an einem Vorhaben beteiligen; die beteiligten Personen; Be|tei|lig|te, der u. die; -n, -n; Be|tei|ligt|sein, das; -s
Be|tei|li|gung; Be|tei|li|gungs|fi|nan|zie|rung; Be|tei|li|gungs|ge|sell|schaft
Be|tel, der; -s ⟨Malajalam-port.⟩ (Genussmittel aus der Betelnuss); Be|tel|kau|er; Be|tel|nuss
be|ten; Be|ter; Be|te|rin
Be|tes|da vgl. Bethesda
be|teu|ern; ich beteuere; Be|teu|e|rung
be|tex|ten
Be|tha|ni|en, ökum. Be|ta|ni|en (bibl. Ortsn.)
Be|thel (Heil- u. Pflegeanstalt bei Bielefeld)
Be|thes|da, ökum. Be|tes|da, der; -[s] (ehem. Teich in Jerusalem)
Beth|le|hem, ökum. Bet|le|hem (Stadt im Westjordanland); beth|le|he|mi|tisch ↑D 89 u. 142: der bethlehemitische Kindermord
Beth|männ|chen ⟨nach der Frankfurter Bankiersfamilie Bethmann⟩ (ein Gebäck aus Marzipan u. Mandeln)
Be|ti|se, die; -, -n ⟨franz.⟩ (geh. für Dummheit)
be|ti|teln; Be|ti|te|lung, seltener Be|tit|lung
Bet|le|hem vgl. Bethlehem
be|töl|peln (übertölpeln); ich betölp[e]le; Be|töl|pe|lung
Be|ton [be'tõ, auch, bes. südd., österr. be'to:n], der; -s, Plur.

betrüblicherweise

(Sorten): -s, *auch, bes. südd., österr.* -e [...'to:nə] ⟨franz.⟩ (Baustoff aus Zement, Wasser, Sand usw.); Be|ton|bau *Plur.* ...bauten; Be|ton|block *Plur.* ...blöcke; Be|ton|burg (*abwertend für* großer Betonbau)
be|to|nen
Be|to|nie, die; -, -n ⟨lat.⟩ (eine Wiesenblume; Heilpflanze)
be|to|nie|ren (*auch übertr. für* festlegen, unveränderlich machen); Be|to|nie|rer; Be|to|nie|re|rin; Be|to|nie|rung
Be|ton|klotz (*auch ugs. für* [hässliches] großes Gebäude aus Beton); Be|ton|kopf (*abwertend für* völlig uneinsichtiger, auf seinen [politischen] Ansichten beharrender Mensch)
Be|ton|misch|ma|schi|ne
be|ton|nen (*Seemannsspr.* ein Fahrwasser durch Seezeichen [Tonnen usw.] bezeichnen)
be|tont; be|ton|ter|ma|ßen; Be|to|nung
be|tö|ren (*geh.*); be|tö|rend; Be|tö|rer; Be|tö|re|rin; Be|tö|rung
Bet|pult (*kath. Kirche*)
betr. = betreffend, betreffs
Betr. = Betreff
Be|tracht, der; *nur noch in Fügungen wie* in Betracht kommen, ziehen; außer Betracht bleiben
be|trach|ten; sich betrachten
Be|trach|ter; Be|trach|te|rin
be|trächt|lich; eine beträchtliche Summe, *aber* um ein Beträchtliches höher ↑D72
Be|trach|tung; Be|trach|tungs|wei|se, die; Be|trach|tungs|win|kel
Be|trag, der; -[e]s, Beträge
be|tra|gen; sich betragen; Be|tra|gen, das; -s
be|tram|peln (*ugs.*)
be|trau|en; mit etwas betraut sein
be|trau|ern
be|träu|feln
Be|trau|ung
Be|treff, der; -[e]s, -e (*Amtsspr.; Abk.* Betr.); in Betreff, *aber* betreffs (*vgl. d.*) des Neubaus
be|tref|fen; was mich betrifft ...
be|tref|fend (zuständig; sich auf jmdn., etwas beziehend; *Abk.* betr.); die betreffende Behörde; den Neubau betreffend; *bes. österr. auch* betreffend den/ *schweiz.* dem Neubau
Be|tref|fen|de, der *u.* die; -n, -n
Be|treff|nis, das; -ses, -se (*schweiz. für* Anteil; Summe, die auf jmdn. entfällt)

be|treffs (*Amtsspr.; Abk.* betr. ↑D70); *Präp. mit Gen.:* betreffs des Neubaus (*besser:* wegen)
Be|treff|zei|le
be|trei|ben (*schweiz. auch für* jmdn. durch das Betreibungsamt zur Zahlung einer Schuld veranlassen); Be|trei|ben, das; -s; auf mein Betreiben
Be|trei|ber; Be|trei|ber|fir|ma; Be|trei|ber|ge|sell|schaft; Be|trei|be|rin; Be|trei|ber|kon|zept; Be|trei|ber|wech|sel
Be|trei|bung (Förderung, das Voranbringen; *schweiz. auch für* Beitreibung); Be|trei|bungs|amt (*in der Schweiz* Amt, das Zwangsvollstreckungen durchführt)
be|tresst (mit Tressen versehen)
¹be|tre|ten (verlegen)
²be|tre|ten (*österr. Amtsspr. auch für* ertappen); einen Raum betreten; Be|tre|ten, das; -s
Be|tre|ten|heit, die; -
Be|tre|tungs|fall; im Betretungsfall (*österr. Amtsspr. für* beim Ertapptwerden)
be|treu|en; betreutes Wohnen
Be|treu|er; Be|treu|e|rin
Be|treu|te, der *u.* die; -n, -n
Be|treu|ung; Be|treu|ungs|geld
Be|treu|ungs|leh|rer; Be|treu|ungs|leh|re|rin; Be|treu|ungs|quo|te (*bes. Amtsspr.*); Be|treu|ungs|schlüs|sel (Schema zur Zuweisung von Betreuungspersonal); Be|treu|ungs|stel|le; Be|treu|ungs|un|ter|halt
Be|trieb, der; -[e]s, -e; eine Maschine in Betrieb setzen; die Maschine ist in Betrieb (läuft)
be|trieb|lich; betriebliche Altersversorgung, Altersvorsorge
be|trieb|sam; Be|trieb|sam|keit
Be|triebs|an|ge|hö|ri|ge
Be|triebs|an|lei|tung
Be|triebs|arzt; Be|triebs|ärz|tin
Be|triebs|aus|flug
Be|triebs|aus|schuss
Be|triebs|bahn|hof
be|triebs|be|dingt; betriebsbedingte Kündigungen
Be|triebs|be|ge|hung
Be|triebs|be|reit
Be|triebs|be|wil|li|gung (*bes. österr., schweiz.*)
be|triebs|blind; Be|triebs|blind|heit
Be|triebs|di|rek|tor; Be|triebs|di|rek|to|rin
Be|triebs|ei|gen
Be|triebs|er|geb|nis (*Wirtsch.*)
Be|triebs|er|laub|nis

be|triebs|fä|hig
Be|triebs|fe|ri|en *Plur.;* Be|triebs|fest; Be|triebs|form
be|triebs|fremd
Be|triebs|frie|den, der; ...dens; Be|triebs|füh|rung; Be|triebs|ge|heim|nis; Be|triebs|ge|mein|schaft; Be|triebs|ge|sell|schaft (*Wirtsch.*); Be|triebs|grö|ße
Be|triebs|hof (*Fachspr.* Sammelstelle, -lager)
Be|triebs|in|ha|ber; Be|triebs|in|ha|be|rin
be|triebs|in|tern
Be|triebs|ka|pi|tal; Be|triebs|kli|ma, das; -s; Be|triebs|kos|ten *Plur.*
Be|triebs|kran|ken|kas|se; Be|triebs|kü|che
Be|triebs|lei|ter; Be|triebs|lei|te|rin; Be|triebs|lei|tung
Be|triebs|nu|del (*ugs. abwertend für* jmd., der Stimmung zu machen versteht)
Be|triebs|ob|frau; Be|triebs|ob|mann
Be|triebs|prü|fer; Be|triebs|prü|fe|rin; Be|triebs|prü|fung
Be|triebs|rat *Plur.* ...räte; Be|triebs|rä|tin; Be|triebs|rats|mit|glied
Be|triebs|rats|vor|sit|zen|de; Be|triebs|rats|wahl
Be|triebs|ren|te; Be|triebs|ru|he; Be|triebs|schluss
be|triebs|si|cher
Be|triebs|sport|ge|mein|schaft
Be|triebs|stät|te, *amtlich* Be|trieb|stät|te; Be|triebs|stö|rung
Be|triebs|sys|tem (*EDV*)
be|trieb|stö|rend
Be|triebs|treue; Be|triebs|un|fall
Be|triebs|ver|ein|ba|rung
Be|triebs|ver|fas|sung; Be|triebs|ver|fas|sungs|ge|setz
Be|triebs|ver|mö|gen (*Wirtsch.*)
Be|triebs|ver|samm|lung
Be|triebs|wirt; Be|triebs|wir|tin
Be|triebs|wirt|schaft
Be|triebs|wirt|schaf|ter (*österr., schweiz. für* Betriebswirt); Be|triebs|wirt|schaft|le|rin
Be|triebs|wirt|schaft|ler (Betriebswirt); Be|triebs|wirt|schaft|le|rin
be|triebs|wirt|schaft|lich; Be|triebs|wirt|schafts|leh|re (*Abk.* BWL)
Be|triebs|zu|ge|hö|rig|keit
be|trin|ken, sich; betrunken
be|trof|fen; betroffen sein; Be|trof|fe|ne, der *u.* die; -n, -n
Be|trof|fen|heit
be|trop|pezt ⟨jidd.⟩ (*österr. ugs. für* bestürzt)
be|trü|ben; be|trüb|lich; be|trüb|li|cher|wei|se

Be|trüb|nis, die; -, -se *(geh.)*
be|trübt; Be|trübt|heit, die; -
Be|trug, der; -[e]s; be|trü|gen; Be|trü|ger; Be|trü|ge|rei; Be|trü|ge|rin; be|trü|ge|risch
Be|trugs|ma|sche *(ugs.)*; Be|trugs|ver|such
be|trun|ken; Be|trun|ke|ne, der u. die; -n, -n
Bet|schwes|ter *(abwertend)*
Bett, das; -[e]s, -en; zu Bett gehen
Bett|tag vgl. Buß- und Bettag
Bett|bank Plur. ...bänke *(österr. für Bettcouch)*
Bett|be|zug; Bett|couch; Bett|de|cke
Bet|tel, der; -s *(abwertend für minderwertiges Zeug, Kram)*
bet|tel|arm
Bet|tel|arm|band *(ein Schmuckstück)*
Bet|te|lei *(abwertend)*
Bet|tel|mann Plur. ...leute *(veraltet)*; Bet|tel|mönch
bet|teln; ich bett[e]le
Bet|tel|or|den
Bet|tel|stab; jmdn. an den Bettelstab bringen (finanziell ruinieren); Bet|tel|ver|bot
bet|ten; sich betten
Bet|ten|bau, der; -[e]s
Bet|ten|burg *(ugs. abwertend für großes Hotel)*
bet|ten|füh|rend, Bet|ten füh|rend ↑D 58 *(Fachspr. [von Krankenhausabteilungen] mit Betten ausgestattet)*
Bet|ten|ma|chen, das; -s; Bet|ten|man|gel, der; -s; Bet|ten|steu|er *(ugs. für auf Übernachtungen erhobene Abgabe)*
Bett|fe|der; Bett|fla|sche *(südd., westösterr., schweiz. für Wärmflasche)*; Bett|ge|schich|te *(ugs.)*; Bett|ge|stell; Bett|ha|se *(ugs.)*; Bett|him|mel; Bett|hup|ferl, das; -s, -[n]; vgl. Pickerl *(landsch. für Süßigkeiten vor dem Zubettgehen)*
Bet|ti, Bet|ti|na, Bet|ti|ne (w. Vorn.); Bett|ja|cke; Bett|kan|te; Bett|kas|ten; Bett|la|de (Bett[stelle])
bett|lä|ge|rig
Bett|lä|ge|rig|keit, bes. südd., österr., schweiz. Bett|läg|rig|keit
Bett|la|ken; Bett|lek|tü|re
Bett|ler; Bett|le|rin
Bett|näs|sen, das; -s; Bett|näs|ser; Bett|näs|se|rin
Bett|pfan|ne; Bett|pfos|ten; Bett|rand
bett|reif *(ugs.)*
Bett|ru|he; Bett|schwe|re *(ugs.)*
Bett|statt, die; -, ...stätten, schweiz. ...statten *(landsch. u. schweiz. für Bett[stelle])*; Bett|stel|le
Bett|sze|ne *(Film)*
Bett|tru|he, Bett-Tru|he
Bett|tuch Plur. ...tücher, Bett-Tuch Plur. ...-Tücher (Bettlaken)
Bet|tuch Plur. ...tücher (beim jüdischen Gottesdienst)
Bett|um|ran|dung
Bet|tung *(Fachspr.)*
Bett|vor|la|ge *(seltener)*; Bett|vor|le|ger; Bett|wä|sche
Bet|ty [...ti] (w. Vorn.); Bett|zeit
Bett|zeug
be|tucht ⟨jidd.⟩ *(ugs. für vermögend, wohlhabend)*
be|tu|lich *(in umständlicher Weise freundlich u. geschäftig; gemächlich)*; Be|tu|lich|keit
be|tun (jmdn. verwöhnen); sich betun (sich zieren); betan
be|tup|fen
be|tup|pen *(landsch. für betrügen)*
be|tu|sam *(seltener für betulich)*
be|tü|tern (umsorgen); sich betütern *(nordd. ugs. für sich einen Schwips antrinken)*; be|tü|tert *(nordd. ugs.)*
beug|bar *(auch für flektierbar)*
Beu|ge, die; -, -n *(Turnübung; selten für Biegung)*
Beu|ge|haft, die
Beu|gel, das; -s, - *(österr. für Hörnchen)*
Beu|ge|mus|kel
beu|gen *(auch für flektieren, deklinieren, konjugieren)*; sich beugen
Beu|ger (Beugemuskel)
Beu|ge|stra|fe *(Ordnungstrafe)*
beug|sam *(veraltet)*
Beu|gung *(auch für Flexion, Deklination, Konjugation)*
Beu|gungs|en|dung *(Sprachwiss.)*; Beu|gungs-s, das; -, - ↑D 29 *(Sprachwiss.)*
Beu|le, die; -, -n
beu|len; sich beulen
Beu|len|pest, die; -
beu|lig; ein beuliger Hut
be|un|ru|hi|gen; sich beunruhigen; Be|un|ru|hi|gung
be|ur|grun|zen *(ugs. scherzh. für näher untersuchen)*
be|ur|kun|den; Be|ur|kun|dung
be|ur|lau|ben; Be|ur|lau|bung
be|ur|teil|bar; Be|ur|teil|bar|keit, die; -
be|ur|tei|len; Be|ur|tei|ler; Be|ur|tei|le|rin; Be|ur|tei|lung; Be|ur|tei|lungs|maß|stab
Beu|schel, das; -s, - *(österr. für Gericht aus Lunge u. Herz)*
beut, beutst *(veraltet u. geh. für bietet, bietest)*; vgl. bieten
¹Beu|te, die; -, -n Plur. selten (Erbeutetes)
²Beu|te, die; -, -n *(landsch. für Holzgefäß; Imkerspr. Bienenstock)*
beu|te|gie|rig
Beu|te|grei|fer *(Zool.)*
Beu|te|gut; Beu|te|kunst, die; - *(im Krieg erbeutete Kunstwerke)*
Beu|tel, der; -s, -
beu|teln; ich beut[e]le *(südd., österr. für schütteln; sich bauschen)*; das Kleid beutelt [sich]
Beu|tel|rat|te; Beu|tel|schnei|der *(ugs. für Taschendieb; Wucherer)*; Beu|tel|schnei|de|rin; Beu|tel|tier
beu|tel|lüs|tern; beu|te|lus|tig
beu|ten; Bienen beuten *(Imkerspr. einsetzen)*; du beutest; er beutet; gebeutet; Beu|ten|hoh|nig
Beu|te|recht; Beu|te|stück; Beu|tier
Beut|ler *(Zool. Beuteltier)*
Beut|ner *(Imkerspr. Bienenzüchter)*; Beut|ne|rei, die; -; Beut|ne|rin
beutst vgl. beut
Beuys [bɔɪ̯s], Joseph *(dt. Zeichner u. Aktionskünstler)*
be|völ|kern; ich bevölkere
Be|völ|ke|rung
Be|völ|ke|rungs|an|teil; Be|völ|ke|rungs|dich|te; Be|völ|ke|rungs|ex|plo|si|on; Be|völ|ke|rungs|grup|pe; Be|völ|ke|rungs|po|li|tik
Be|völ|ke|rungs|py|ra|mi|de *(grafisch dargestellte Zusammensetzung der Bevölkerung nach Alter u. Geschlecht)*
Be|völ|ke|rungs|reich
Be|völ|ke|rungs|schicht; Be|völ|ke|rungs|schutz, der; -es; Be|völ|ke|rungs|schwund; Be|völ|ke|rungs|sta|tis|tik; Be|völ|ke|rungs|struk|tur; Be|völ|ke|rungs|wachs|tum; Be|völ|ke|rungs|wis|sen|schaft; Be|völ|ke|rungs|zahl; Be|völ|ke|rungs|zu|nah|me; Be|völ|ke|rungs|zu|wachs
be|voll|mäch|ti|gen; Be|voll|mäch|tig|te, der u. die; -n, -n; Be|voll|mäch|ti|gung
be|vor
be|vor|mun|den; Be|vor|mun|dung

bewusst

be|vor|rangt (*österr. Verkehrsw.* vorfahrtberechtigt)
be|vor|ra|ten; Be|vor|ra|tung
be|vor|rech|ten (*älter für* bevorrechtigen); bevorrechtet
be|vor|rech|ti|gen; bevorrechtigt; **Be|vor|rech|ti|gung**
Be|vor|rech|tung (*älter für* Bevorrechtigung)
be|vor|schus|sen (*bes. österr., schweiz. Amtsspr.* vorläufig bezahlen); du bevorschusst; **Be|vor|schus|sung**
be|vor|ste|hen; die bevorstehenden Wahlen
be|vor|tei|len (jmdm. einen Vorteil zuwenden; *veraltet für* übervorteilen); **Be|vor|tei|lung**
be|vor|wor|ten (mit einem Vorwort versehen)
be|vor|zu|gen; die bevorzugten Standorte; **Be|vor|zu|gung**
be|wa|chen
Be|wa|cher; Be|wa|che|rin
be|wach|sen
Be|wa|chung
be|waff|nen; be|waff|net; bewaffneter Raubüberfall; **Be|waff|ne|te**, der *u.* die; -n, -n; **Be|waff|nung**
be|wah|ren (hüten; aufbewahren); Gott bewahre uns davor!, *aber* gottbewahre! (*ugs.*)
be|wäh|ren, sich
Be|wah|rer; Be|wah|re|rin
be|wahr|hei|ten, sich; **Be|wahr|hei|tung** *Plur. selten*
be|währt; Be|währt|heit, die; -
Be|wah|rung (Schutz; Aufbewahrung)
Be|wäh|rung (Erprobung)
Be|wäh|rungs|auf|la|ge (*Rechtsspr.*); **Be|wäh|rungs|frist**
Be|wäh|rungs|hel|fer; Be|wäh|rungs|hel|fe|rin
Be|wäh|rungs|pro|be; Be|wäh|rungs|stra|fe; Be|wäh|rungs|zeit
be|wal|den; be|wal|det
be|wald|rech|ten (*Forstwirtsch.* [gefällte Bäume] behauen)
Be|wal|dung
be|wäl|tig|bar; bewältigbare Aufgaben
be|wäl|ti|gen; Be|wäl|ti|gung
be|wan|dert (erfahren; unterrichtet)
be|wandt (*veraltet für* beschaffen); **Be|wandt|nis**, die; -, -se
be|wäs|sern; Be|wäs|se|rung, Be|wäs|s|rung; Be|wäs|se|rungs|sys|tem
be|weg|bar
¹be|we|gen (Lage ändern); du bewegst; du bewegtest; bewegt; beweg[e]!; sich bewegen
²be|we|gen (veranlassen); du bewegst; du bewogst; du bewögest; bewogen; beweg[e]!
be|we|gend; ein bewegendes Schauspiel
Be|weg|grund
be|weg|lich; Be|weg|lich|keit
be|wegt; Be|wegt|heit
Be|we|gung; Be|we|gungs|ab|lauf; Be|we|gungs|an|ge|bot
Be|we|gungs|ap|pa|rat (*Anat.* Gesamtheit der zur Ausführung von Bewegungen erforderlichen Körperteile)
Be|we|gungs|drang; Be|we|gungs|frei|heit
be|we|gungs|los
Be|we|gungs|man|gel
Be|we|gungs|mel|der (*Technik*); Be|we|gungs|sen|sor (*Technik*)
Be|we|gungs|stu|die; Be|we|gungs|the|ra|pie
be|we|gungs|un|fä|hig
be|weh|ren (*Technik* ausrüsten; *veraltend für* bewaffnen); **Be|weh|rung**
be|wei|ben, sich (*scherzh., sonst veraltet für* sich verheiraten)
be|wei|den (*Landwirtsch.*); **Be|wei|dung**
be|weih|räu|chern (*auch abwertend für* übertrieben loben); **Be|weih|räu|che|rung**
be|wei|nen
be|wein|kau|fen (*landsch. für* einen Kauf durch Weintrinken besiegeln)
Be|wei|nung; Beweinung Christi
Be|weis, der; -es, -e; etwas unter Beweis stellen (*Amtsspr.*)
Be|weis|an|trag (*Rechtswiss.*); **Be|weis|auf|nah|me**
be|weis|bar; kaum beweisbar sein; **Be|weis|bar|keit**
be|wei|sen; bewiesen
Be|weis|er|he|bung; Be|weis|füh|rung
Be|weis|kraft, die; -; be|weis|kräf|tig
Be|weis|la|ge (*bes. Rechtsspr.*)
Be|weis|last; Be|weis|ma|te|ri|al; Be|weis|mit|tel, das; Be|weis|stück
be|wen|den; nur in es bei etw. bewenden lassen; **Be|wen|den**, das; -s; es hat dabei sein Bewenden (es bleibt dabei)
Be|werb, der; -[e]s, -e (*Sport österr. für* Wettbewerb)
Be|werb|chen (*landsch.*); nur in sich ein Bewerbchen machen (unter Vortäuschung einer Beschäftigung ein bestimmtes Ziel verfolgen); ich mache mir ein Bewerbchen
be|wer|ben, sich; sich um, *auch* auf eine Stelle bewerben
Be|wer|ber; Be|wer|be|rin
Be|wer|bung
Be|wer|bungs|ge|spräch; Be|wer|bungs|map|pe; Be|wer|bungs|schrei|ben; Be|wer|bungs|un|ter|la|ge *meist Plur.*
be|wer|fen; Be|wer|fung
be|werk|stel|li|gen; Be|werk|stel|li|gung
be|wer|ten; Be|wer|tung; Be|wer|tungs|por|tal (*EDV*)
Be|wet|te|rung (*Bergmannsspr.* Versorgung der Grubenbaue mit Frischluft)
be|wi|ckeln; Be|wi|cke|lung, Be|wick|lung
be|wil|li|gen; Be|wil|li|gung
be|will|komm|nen; du bewillkommnest; bewillkommnet; **Be|will|komm|nung**
be|wim|pert
be|wir|ken; Be|wir|kung
be|wir|ten
be|wirt|schaf|ten; Be|wirt|schaf|tung
Be|wir|tung; Be|wir|tungs|ver|trag
Be|wit|te|rung (eine Methode der Werkstoffprüfung)
be|wit|zeln
be|wog, be|wo|gen *vgl.* ²bewegen
be|wohn|bar; be|woh|nen
Be|woh|ner; Be|woh|ne|rin
Be|woh|ner|par|ken, das; -s
Be|woh|ner|schaft
be|wöl|ken, sich; be|wölkt; bewölkter Himmel
Be|wöl|kung
Be|wöl|kungs|auf|lo|cke|rung; Be|wöl|kungs|zu|nah|me *Plur. selten*
be|wu|chern
Be|wuchs, der; -es
Be|wun|de|rer, Be|wund|rer
Be|wun|de|rin, Be|wund|re|rin
be|wun|dern; be|wun|derns|wert; be|wun|derns|wür|dig
Be|wun|de|rung *Plur. selten*
be|wun|de|rungs|wert; be|wun|de|rungs|wür|dig
Be|wund|rer, Be|wun|de|rer
Be|wund|re|rin, Be|wun|de|rin
Be|wurf
be|wur|zeln, sich (Wurzeln bilden)
be|wusst; *mit Gen.:* ich bin mir keines Vergehens bewusst; ich war mir dessen bewusst; sich eines Versäumnisses ==bewusst werden== *od.* bewusstwerden; er

Bewusstheit

hat den Fehler bewusst (mit Absicht) gemacht; *aber* sie hat mir den Zusammenhang **bewusst gemacht** *od.* bewusstgemacht; **Be|wusst|heit**, die; -
be|wusst|los; Be|wusst|lo|sig|keit, die; -
be|wusst ma|chen, be|wusst|ma|chen *vgl.* bewusst; **Be|wusst|ma|chung**
Be|wusst|sein, das; -s
Be|wusst|seins|bil|dung; Be|wusst|seins|er|wei|te|rung; Be|wusst|seins|trü|bung
be|wusst wer|den, be|wusst|wer|den *vgl.* bewusst
Be|wusst|wer|dung, die; -
Bey, **Bei**, der; -s, *Plur.* -e u. -s ⟨türk., »Herr«⟩ (türk. Titel, *oft hinter Namen,* z. B. Ali-Bey); *vgl.* Beg u. Bai
bez., bez, bz = bezahlt
bez. = bezüglich
Bez. = Bezeichnung
Bez., Bz. = Bezirk
be|zahl|bar; Be|zahl|bar|keit, die; -
Be|zahl|dienst (Dienstleister, der Zahlungen abwickelt; kostenpflichtiges [digitales] Angebot)
be|zah|len; eine **gut bezahlte** *od.* gutbezahlte Stellung
Be|zah|ler; Be|zah|le|rin
Be|zahl|fern|se|hen (*ugs. für* Pay-TV)
Be|zahl|mo|dell (ein Geschäftsmodell [bes. im Internet])
Be|zahl|schran|ke (Funktion, die bestimmte Inhalte einer Website erst nach Bezahlung zur Verfügung stellt)
Be|zahl|sen|der
be|zahlt (*Abk.* bez., bez, bz); sich bezahlt machen (lohnen); Be|zah|lung; Be|zahl|vor|gang
be|zähm|bar; be|zäh|men; sich bezähmen; **Be|zäh|mung**
be|zau|bern; be|zau|bernd; Be|zau|be|rung
be|zecht (betrunken)
be|zeich|nen; be|zeich|nend
be|zeich|nen|der|wei|se
Be|zeich|nung (*Abk.* Bez.); Be|zeich|nungs|leh|re (*für* Onomasiologie)
be|zei|gen (*geh. für* zu erkennen geben); Gunst, Beileid, Ehren bezeigen; **Be|zei|gung**
be|zeu|gen (Zeugnis ablegen; bekunden); **Be|zeu|gung**
be|zich|ti|gen; jemanden eines Verbrechens bezichtigen; **Be|zich|ti|gung**
be|zieh|bar

be|zie|hen; sich auf eine Sache beziehen
Be|zie|her; Be|zie|he|rin
Be|zie|hung; in Beziehung setzen
Be|zie|hungs|ar|beit (*Psychol.*)
Be|zie|hungs|ge|flecht
Be|zie|hungs|kis|te (*ugs. für* Beziehung zu einem [Lebens]partner)
Be|zie|hungs|leh|re (Theorie der Soziologie)
be|zie|hungs|los; Be|zie|hungs|lo|sig|keit; be|zie|hungs|reich
Be|zie|hungs|sta|tus (bes. in sozialen Netzwerken); Be|zie|hungs|stress
be|zie|hungs|wei|se (*Abk.* bzw.)
be|zif|fern; ich beziffere; sich beziffern auf; **Be|zif|fe|rung**
Be|zirk, der; -[e]s, -e (*Abk.* Bez. *od.* Bz.); be|zirk|lich
Be|zirks|amt; Be|zirks|aus|schuss
Be|zirks|bür|ger|meis|ter; Be|zirks|bür|ger|meis|te|rin
Be|zirks|ge|richt (*DDR, österr., schweiz.*)
Be|zirks|haupt|frau (*österr.*); Be|zirks|haupt|mann (*österr.*); Be|zirks|haupt|mann|schaft (*österr.*); Be|zirks|haupt|stadt (*österr.*)
Be|zirks|kar|te (*Geogr.*)
Be|zirks|klas|se (*Sport*)
Be|zirks|lei|ter; Be|zirks|lei|te|rin
Be|zirks|li|ga (*Sport*)
Be|zirks|mu|se|um (*österr.*)
Be|zirks|par|la|ment (*österr.*)
Be|zirks|rat; Be|zirks|rä|tin
Be|zirks|re|gie|rung
Be|zirks|rich|ter (*DDR, österr., schweiz.*); Be|zirks|rich|te|rin
Be|zirks|schul|rat (*österr.*); Be|zirks|schul|rä|tin; Be|zirks|stadt; Be|zirks|stadt|rat; Be|zirks|stadt|rä|tin
Be|zirks|tag (in Bayern)
Be|zirks|ver|band
Be|zirks|ver|ord|ne|ten|ver|samm|lung (in Berlin); Be|zirks|ver|tre|tung (*österr.*)
Be|zirks|vor|sit|zen|de; Be|zirks|vor|ste|her; Be|zirks|vor|ste|he|rin
be|zirks|wei|se
be|zir|zen, be|cir|cen ⟨nach der sagenhaften griech. Zauberin Circe⟩ (*ugs. für* verführen, verzaubern); du **bezirzt** *od.* becirct; er wurde **bezirzt** *od.* becirct
Be|zo|ar, der; -s, -e ⟨*pers.*⟩ (in der Volksmedizin verwendeter Magenstein von Wiederkäuern)
Be|zo|ge|ne, der; -n, -n (*Bankw.*

Adressat u. Akzeptant [eines Wechsels]); Be|zo|gen|heit
be|zopft

Be|zug

der; -[e]s, Bezüge

(*österr. auch für* Gehalt; *vgl.* Bezüge)
– in Bezug auf
– mit Bezug auf
– auf etwas Bezug haben, nehmen (sich auf etwas beziehen)
– **Bezug nehmend** *od.* bezugnehmend auf (mit Bezug auf)

Be|zü|ge *Plur.* (Einkünfte)
Be|zü|ger (*schweiz. für* Bezieher); Be|zü|ge|rin
be|züg|lich; bezügliches Fürwort (*für* Relativpronomen); *als Präp. mit Gen.* (*Amtsspr.; Abk.* bez.): bezüglich Ihres Briefes; *mit Dat., wenn der Gen. nicht erkennbar ist:* bezüglich Bewerbern; Be|züg|lich|keit
Be|zug|nah|me, die; -, -n
Be|zug neh|mend, be|zug|neh|mend *vgl.* Bezug
be|zugs|fer|tig; eine bezugsfertige Wohnung
Be|zugs|per|son; Be|zugs|punkt; Be|zugs|quel|le; Be|zugs|rah|men
Be|zug[s]|schein; Be|zug[s]|stoff; Be|zug[s]|sys|tem; Be|zugs|wert (*bes. Fachspr.*)
be|zu|schus|sen (*Amtsspr.*); du bezuschusst; Be|zu|schus|sung
be|zwe|cken
be|zwei|feln; Be|zwei|fe|lung, Be|zweif|lung
be|zwing|bar; be|zwin|gen; be|zwin|gend
Be|zwin|ger; Be|zwin|ge|rin; Be|zwin|gung, die; -
be|zwun|gen
Bf. = Bahnhof; Brief
BfA, die; - = Bundesversicherungsanstalt für Angestellte
BFD, der; - = Bundesfreiwilligendienst
bfn. = brutto für netto
bfr *vgl.* Franc
B-Füh|rer|schein (*Kfz-Wesen*)
Bg. = Bogen
BG, das; - = Bundesgymnasium (*österr.*)
BGB, das; - = Bürgerliches Gesetzbuch
BGBl. = Bundesgesetzblatt
BGH = Bundesgerichtshof
BGN (Währungscode für Lew

BGS, der; - *(früher)* = Bundesgrenzschutz; **BGS-Be|am|te; BGS-Be|am|tin**

¹**BH** = *österr.* Bezirkshauptmannschaft; Bundesheer

²**BH** [beːˈhaː], der; -[s], -[s] *(ugs. für* Büstenhalter*)*

Bhag|wan, Bha̱g|van [b...], der; -[s], -s ⟨*Hindi*⟩ (Ehrentitel für religiöse Lehrer des Hinduismus [nur Sing.]; Träger dieses Ehrentitels)

Bha̱|rat [b...] (*amtl. Bez. für* Republik Indien)

Bhf. = Bahnhof

BHS, die; -, - (*österr. für* berufsbildende höhere Schule)

Bhu̱|tan [b...] (Königreich im Himalaja); **Bhu̱|ta|ner** (Einwohner von Bhutan); **Bhu̱|ta|ne|rin; bhu̱|ta|nisch**

bi (*ugs. für* bisexuell)

Bi = Bismutum (*chem. Zeichen für* Wismut)

BI = Bürgerinitiative

bi... ⟨lat.⟩ (zwei...; doppel[t]...)

Bi... (Zwei...; Doppel[t]...)

Bia|fra (Teil von Nigeria)

Bia|ły|s|tok [...'ɯı...] (Stadt in Polen)

Bian|ca, Bian̲ ka (w. Vorn.)

Bi̱ath|let, der; -en, -en ⟨lat.; griech.⟩; **Bi̱ath|le|tin; Bi̱ath|lon,** der *u.* das; -s, -s (Kombination aus Skilanglauf u. Scheibenschießen)

bib|bern (*ugs. für* zittern); ich bibbere

Bi̱|bel, die; -, -n ⟨griech.⟩

Bi̱|bel|druck, der; -[e]s, -e; **Bi̱|bel|druck|pa|pier**

Bi̱|bel|les|käs, der; -es, **Bi̱|bel|les|kä|se,** der; -s (*alemannisch für* Quark)

bi̱|bel|fest

Bi̱|bel|for|scher; Bi̱|bel|for|sche|rin; Bi̱|bel|for|schung

Bi̱|bel|kon|kor|danz

Bi̱|bel|le|se (ev. Kirche)

Bi̱|bel|re|gal (kleine Orgel des 16. bis 18. Jh.s)

Bi̱|bel|se|mi|nar; Bi̱|bel|spruch; Bi̱|bel|stel|le; Bi̱|bel|stun|de; Bi̱|bel|text; Bi̱|bel|vers; Bi̱|bel|wort *Plur.* ...worte

¹**Bi̱|ber,** der; -s, - (ein Nagetier; *kurz für* Biberpelz)

²**Bi̱|ber**®, der *od.* das; -s (Rohflanell)

³**Bi̱|ber,** der; -s, - (*schweiz. für* eine Art Lebkuchen)

Bi̱|ber|ach an der Riß (Stadt in Oberschwaben)

Bi̱|ber|bett|tuch

Bi̱|ber|fla|den (³Biber)

Bi̱|ber|geil, das; -[e]s (Drüsenabsonderung des Bibers)

Bi̱|ber|nel|le, die; -, -n (*Nebenform von* Pimpernell)

Bi̱|ber|pelz; Bi̱|ber|schwanz (*auch* Dachziegelart)

Bi̱|bi, der; -s, -s (*ugs. für* steifer Hut; Kopfbedeckung)

Bi|b|lio|graf, Bi|b|lio|graph, der; -en, -en ⟨griech.⟩ (Bearbeiter einer Bibliografie)

Bi|b|lio|gra|fie, Bi|b|lio|gra|phie, die; -, ...ien (Bücherkunde, Bücherverzeichnis)

bi|b|lio|gra|fie|ren, bi|b|lio|gra|phie|ren (den Titel einer Schrift bibliografisch verzeichnen, *auch* genau feststellen)

Bi|b|lio|gra|fin, Bi|b|lio|gra|phin, die; -, -nen

bi|b|lio|gra|fisch, bi|b|lio|graphisch (bücherkundlich)

Bi|b|lio|graph, Bi|b|lio|gra|phie usw. *vgl.* Bibliograf, Bibliografie usw.

bi|b|lio|man (krankhaft Bücher liebend); **Bi|b|lio|ma|ne,** der; -n, -n (Büchernarr); **Bi|b|lio|ma|nie,** die; -; **Bi|b|lio|ma|nin**

bi|b|lio|phil (schöne od. seltene Bücher liebend; für Bücherliebhaber); **Bi|b|lio|phi|le,** der *u.* die; -n, -n (Bücherliebhaber[in]); zwei Bibliophile[n]; **Bi|b|lio|phi|lie,** die; - (Liebe zu Büchern)

Bi|b|lio|thek, die; -, -en ([wissenschaftliche] Bücherei); Deutsche Bibliothek (in Frankfurt)

Bi|b|lio|the|kar, der; -s, -e (Verwalter einer Bibliothek); **Bi|b|lio|the|ka|rin; bi|b|lio|the|ka|risch**

Bi|b|lio|theks|be|stand; Bi|b|lio|theks|saal; Bi|b|lio|theks|sig|na|tur; Bi|b|lio|theks|we|sen

bi|b|lisch ⟨griech.⟩; eine biblische Geschichte (Erzählung aus der Bibel)

BIC, der; -[s], -[s] = bank identifier code (Banken-Identifizierungsschlüssel)

Bi|car|bo|nat *vgl.* Bikarbonat

Bick|bee|re (*nordd. für* Heidelbeere)

bi|cy|c|lisch [*auch* 'biː...] *vgl.* bizyklisch

Bi|det [...'deː], das; -s, -s ⟨franz.⟩ (längliches Sitzbecken für Spülungen u. Waschungen)

Bi|don [bidõː], der *u.* das; -s, -s ⟨franz.⟩ (*schweiz. für* Kanne, Kanister)

bie|der

Bie̱|der|frau (seltener)

Bie̱|der|keit

Bie̱|der|mann *Plur.* ...männer

Bie̱|der|mei|er, das; *Gen.* -s, *fachspr. auch* - ([Kunst]stil in der Zeit des Vormärz [1815 bis 1848]); **bie̱|der|mei|er|lich**

Bie̱|der|mei|er|stil, der; -[e]s; **Bie̱|der|mei|er|zeit,** die; -; **Bie̱|der|mei|er|zim|mer**

Bie̱|der|sinn, der; -[e]s (geh.)

bieg|bar; Bie̱|ge, die; -, -n (*landsch. für* Krümmung)

bie̱|gen; du bogst; du bögest; gebogen; bieg[e]!; sich biegen; ↑ **D 82**: es geht auf Biegen oder Brechen (*ugs.*)

bieg|sam; Bie̱g|sam|keit

Bie̱|gung

Biel (BE) (schweiz. Stadt)

Bie̱|le|feld (Stadt am Teutoburger Wald); **Bie̱|le|fel|der; Bie̱|le|fel|de|rin**

Bie̱|ler See, der; - -s, *schweiz.* **Bie̱|ler|see,** der; -s (See in der Schweiz)

Bi̱en, der; -s ⟨*Imkerspr.*⟩ Gesamtheit des Bienenvolkes

Bi̱en|chen

Bi̱e|ne, die; -, -n; **Bi̱e|nen|fleiß; bi̱e|nen|fleißig; bi̱e|nen|haft**

Bi̱e|nen|haus; Bi̱e|nen|ho|nig; Bi̱e|nen|kö|ni|gin; Bi̱e|nen|korb; Bi̱e|nen|schwarm; Bi̱e|nen|spra|che, die; -

Bi̱e|nen|stich (*auch* Hefekuchen mit Cremefüllung u. Mandelbelag); **Bi̱e|nen|stock** *Plur.* ...stöcke; **Bi̱e|nen|volk; Bi̱e|nen|wachs; Bi̱e|nen|wachs|ker|ze**

Bi̱e|nen|zucht; Bi̱e|nen|züch|ter; Bi̱e|nen|züch|te|rin

bi|en|na̲l ⟨lat.⟩ (zweijährlich; alle zwei Jahre stattfindend); **Bi|en|na̱|le,** die; -, -n ⟨ital.⟩ (zweijährliche Veranstaltung, bes. in der bildenden Kunst u. im Film)

Bi|en|ni|um, das; -s, ...ien ⟨lat.⟩ (*österr. Amtsspr. für* Gehaltserhöhung im Abstand von zwei Jahren)

Bi̱er, das; -[e]s, -e; 5 Liter helles Bier; 3 [Glas] Bier; untergäriges, obergäriges Bier

Bi̱er|abend; Bi̱er|an|stich (*bes. südd., österr.*); **Bi̱er|arsch** (*derb für* breites Gesäß)

Bi̱er|bank; Bi̱er|bank|po|li|tik, die; - (abwertend)

Bi̱er|bass (*ugs. scherzh. für* tiefe Stimme); **Bi̱er|bauch** (*ugs.*)

Bi̱er|bör|se (ein Volksfest)

B
Bier

Bier|brau|er; Bier|brau|e|rin
Bier|chen; Bier|de|ckel; Bier|do|se;
Bier|du|sche; Bier|ei|fer (ugs.)
bier|ernst (ugs. für übertrieben
ernst); Bier|ernst
Bier|fass; Bier|fla|sche; Bier|gar-
ten; Bier|glas; Bier|he|fe; Bier-
kas|ten; Bier|kel|ler; Bier|kis|te
(landsch.); Bier|krug; Bier|krü-
gel (österr.)
Bier|lachs (beim Skat ein Spiel um
eine Runde Bier); Bier|lei|che
(ugs. scherzh. für Betrunkener);
Bier|rei|se (ugs. scherzh.)
Bier|ru|he (ugs. für unerschütterli-
che Ruhe)
Bier|schin|ken (eine Wurstsorte)
Bier|sei|del
bier|se|lig (scherzh.)
Bier|sie|der (Berufsbez.); Bier|sie-
de|rin
Bier|stim|me (ugs. für tiefe
Stimme)
Bier|teig (Kochkunst); Bier|tisch
Bier|trin|ker; Bier|trin|ke|rin
Bier|ver|lag (Unternehmen für den
Zwischenhandel mit Bier)
Bier|wär|mer; Bier|wurst; Bier|zei-
tung; Bier|zelt
Bie|se, die; -, -n (farbiger Streifen
an Uniformen; Ziersäumchen);
vgl. aber Bise
Bies|flie|ge (Dasselfliege)
¹Biest, das; -[e]s, -er (ugs. für Tier;
Schimpfwort)
²Biest, der; -[e]s (Biestmilch)
Bies|te|rei (zu ¹Biest) (ugs. abwer-
tend für Gemeinheit); bies|tig
(ugs. für gemein; unangenehm);
eine biestige Kälte
Biest|milch (zu ²Biest) (erste Kuh-
milch nach dem Kalben
bie|ten; du bietest; vgl. beut; du
botst (auch botest), du bötest;
geboten; biet[e]!; sich bieten
bie|ten las|sen, bie|ten|las|sen;
sich etwas nicht bieten lassen
od. bietenlassen
Bie|ter; Bie|te|rin
Bi|fi|do|bak|te|ri|um (lat.; griech.)
(Med. Darmbakterie)
Bi|fo|kal|bril|le (lat.; dt.) (Brille mit
Bifokalgläsern)
Bi|fo|kal|glas Plur. ...gläser (Bril-
lenglas mit Fern- u. Nahteil)
Bi|ga, die; -, ...gen (lat.) (von zwei
Pferden gezogener [Renn]wagen
in der Antike)
Bi|ga|mie, die; -, ...ien (lat.;
griech.) (Doppelehe); bi|ga-
misch; Bi|ga|mist, der; -en, -en;
Bi|ga|mis|tin; bi|ga|mis|tisch
Big Band, die; -, - -s, Big|band,

die; -, -s (engl.-amerik.) (großes
Jazz- od. Tanzorchester)
Big Bang [- 'bɛŋ], der; - -s, - -s
⟨engl.⟩ (Urknall)
Big Ben, der; - - ⟨engl.⟩ (Stunden-
glocke der Uhr im Londoner
Parlamentsgebäude; auch der
Glockenturm)
Big Bro|ther [- 'brʌðɐ], der; - -s, - -s
⟨engl.⟩ (Beobachter, Überwa-
cher)
Big Busi|ness [- 'bɪsnɛs], das; - -
⟨engl.-amerik.⟩ (Geschäftswelt
der Großunternehmer)
Big Da|ta [bɪg 'deɪtə], -, --s ohne
Artikel ⟨engl.⟩ (EDV riesige
Datenmengen; Technologien zu
deren Verarbeitung u. Auswertung)
Bi|gos, Bi|gosch, der od. das; - (ein
polnischer Eintopf)
bi|gott (franz.) (engherzig fromm;
scheinheilig); Bi|got|te|rie, die; -,
...ien
Big Point, der; - -s, - -s, Big|point,
der; -s, -s ⟨engl.⟩ (Tennis
[spiel]entscheidender Punkt)
Bi|jou [...'ʒu:], das; -s, -s ⟨franz.⟩
(schweiz. für Kleinod, Schmuck-
stück); Bi|jou|te|rie, die; -, ...ien
([billiger] Schmuck; schweiz.
auch für Schmuckwarenge-
schäft); Bi|jou|ti|er [...'tje:], der;
-s, -s (schweiz. für Juwelier); Bi-
jou|tiè|re [...'tjɛ:rə], die; -, -n
(schweiz. für Juwelierin)
Bi|kar|bo|nat, fachspr. Bi|car|bo-
nat ⟨lat.⟩ (doppeltkohlensaures
Salz)
Bike [baɪk], das; -s, -s ⟨engl.⟩
(Motorrad; Fahrrad); bi|ken
(Motorrad, Fahrrad fahren); sie
bikt; gebikt; Bi|ker ['baɪkɐ], der;
-s, -; Bi|ke|rin ['baɪkərɪn]
Bi|ki|ni, der (schweiz.: das); -s, -s
⟨nach dem Südseeatoll⟩ (knapper, zweiteiliger Badeanzug); Bi-
ki|ni|hös|chen
Bi|ki|ni|li|nie (Linie, jenseits
deren die Schamhaare nicht
vom Bikinihöschen bedeckt
werden)
bi|kon|kav [auch ...'ka:f] ⟨lat.⟩
(Optik beiderseits hohl)
bi|kon|vex [auch ...'vɛks] ⟨lat.⟩
(Optik beiderseits gewölbt)
bi|ku|bisch (Fotogr. auf der Berech-
nung der acht benachbarten
Pixel beruhend)
bi|la|bi|al [auch ...'bja:l] ⟨lat.⟩
(Sprachwiss. mit beiden Lippen
gebildet); Bi|la|bi|al, der; -s, -e,
Bi|la|bi|al|laut, der; -[e]s, -e (mit

Ober- u. Unterlippe gebildeter
Laut, z. B. p)
Bi|lanz, die; -, -en ⟨ital.⟩ (Wirtsch.
Gegenüberstellung von Vermö-
gen u. Schulden für ein
Geschäftsjahr; übertr. für Ergeb-
nis); Bi|lanz|buch|hal|ter; Bi|lanz-
buch|hal|te|rin
bi|lan|zi|ell (zu Bilanz) (Wirtsch.)
bi|lan|zie|ren (Wirtsch. sich aus-
gleichen; eine Bilanz abschlie-
ßen); Bi|lan|zie|rung
Bi|lanz|pres|se|kon|fe|renz; Bi|lanz-
sai|son, die; -
bi|lanz|si|cher; ein bilanzsicherer
Buchhalter; Bi|lanz|sum|me
bi|la|te|ral [auch ...'ra:l] ⟨lat.⟩
(zweiseitig); bilaterale Verträge
Bil|bao (Stadt in Spanien)
Bilch, der; -[e]s, -e ⟨slaw.⟩ (ein
Nagetier); Bilch|maus
Bild, das; -[e]s, -er; im Bilde sein
Bild|ar|chiv; Bild|aus|schnitt; Bild-
band, der; Bild|be|ar|bei|tung;
Bild|bei|la|ge
Bild|be|richt; Bild|be|richt|er|stat-
ter; Bild|be|richt|er|stat|te|rin
Bild|be|schrei|bung
Bild|chen; Bild|da|tei (EDV)
bil|den; sich bilden; die **bildenden**
od. Bildenden Künste ↑D 151
Bil|der|at|las; Bil|der|bo|gen; Bil-
der|buch
Bil|der|buch|ehe (sehr gute Ehe);
Bil|der|buch|kar|ri|e|re; Bil|der-
buch|lan|dung; Bil|der|buch|tor
(Sport); Bil|der|buch|wet|ter
Bil|der|chro|nik; Bil|der|ga|le|rie;
Bil|der|ge|schich|te; Bil|der|rah-
men; Bil|der|rät|sel
Bil|der|reich
Bil|der|schrift
Bil|der|spra|che, Bild|spra|che
Bil|der|sturm, der; -[e]s; Bil|der-
stür|mer; Bil|der|stür|me|rei; Bil-
der|stür|me|rin
Bild|flä|che; Bild|fol|ge; Bild|for-
mat; Bild|fre|quenz; Bild|funk
bild|ge|bend; ein bildgebendes
Verfahren
Bild|ge|schich|te; Bild|ge|stal|tung
bild|ge|wal|tig
bild|haft; Bild|haf|tig|keit, die; -
Bild|hau|er; Bild|hau|e|rei; Bild|hau-
e|rin; bild|hau|e|risch; Bild|hau-
er|kunst; bild|hau|ern; ich bild-
hau[e]re; gebildhauert
bild|hübsch
Bild|in|halt; Bild|kon|ser|ve; Bild-
kraft, die; -
bild|kräf|tig; bild|lich
Bild|mar|ke (Rechtsspr.); bild|mä-
ßig; Bild|ma|te|ri|al

Bild|mi|scher; Bild|mi|sche|rin
Bild|mo|tiv
Bild|ner; Bild|ne|rin; bild|ne|risch
Bild|nis, das; -ses, -se
Bild|plat|te *(früher)*; **Bild|punkt;**
  Bild|qua|li|tät
Bild|re|dak|teur; Bild|re|dak|teu|rin
Bild|re|por|ta|ge; Bild|re|por|ter;
  Bild|re|por|te|rin
Bild|röh|re
bild|sam; Bild|sam|keit
Bild|säu|le; Bild|schär|fe
Bild|schirm; Bild|schirm|le|xi|kon
Bild|schirm|scho|ner *(EDV Programm, das bei nicht mehr veränderter Bildschirmanzeige nach einer gewissen Zeit automatisch gestartet wird u. vorgegebene [bewegte] grafische Elemente zeigt)*
Bild|schirm|text *(Abk. Btx)*; **Bildschirm|zei|tung**
bild|schön
Bild|spei|cher *(EDV Arbeitsspeicher für Bilddaten)*
Bild|spra|che, Bil|der|spra|che
bild|stark
Bild|stel|le; Bild|stock *Plur.* ...stöcke; **Bild|stö|rung; Bild|strei|fen**
bild|syn|chron; bildsynchroner Ton
Bild|ta|fel; Bild|te|le|fon
Bild|te|le|gra|fie, Bild|te|le|gra|phie
Bild|text *(einer Abbildung beigegebener erläuternder Text)*
Bild-Ton-Ka|me|ra
Bil|dung; Bil|dungs|aka|de|mie; Bildungs|an|ge|bot; Bil|dungs|an|stalt; Bil|dungs|ar|beit, die; -; **Bildungs|ar|mut; Bil|dungs|auf|trag**
bil|dungs|be|flis|sen
Bil|dungs|bür|ger; Bil|dungs|bür|ge|rin; bil|dungs|bür|ger|lich
Bil|dungs|bür|ger|tum
Bil|dungs|chan|ce; Bil|dungs|ein|rich|tung
Bil|dungs|emp|feh|lung *(Empfehlung für den Besuch einer bestimmten weiterführenden Schule)*; **Bil|dungs|er|leb|nis**
bil|dungs|fä|hig; bil|dungs|feind|lich; bil|dungs|fern
Bil|dungs|gang, der; **Bil|dungs|ge|rech|tig|keit,** die; -; **Bil|dungs|gip|fel** *(Politikjargon)*; **Bil|dungs|grad; Bil|dungs|gut|schein; Bil|dungs|ka|renz** *(österr. für Bildungsurlaub)*; **Bil|dungs|lü|cke**
Bil|dungs|maß|nah|me
Bil|dungs|mi|nis|ter; Bil|dungs|mi|nis|te|rin
Bil|dungs|mög|lich|keit; Bil|dungs|ni|veau; Bil|dungs|not|stand; Bil-

dungs|pa|ket *(Politikjargon)*; **Bil|dungs|plan**
Bil|dungs|po|li|tik; Bil|dungs|po|li|ti|ker; Bil|dungs|po|li|ti|ke|rin; bil|dungs|po|li|tisch
Bil|dungs|pri|vi|leg; Bil|dungs|re|form; Bil|dungs|rei|se
bil|dungs|re|sis|tent *(bildungsspr. abwertend für Bildung ablehnend)*; **Bil|dungs|re|sis|tenz** *Plur. selten*; **Bil|dungs|ro|man** *(Literaturwiss.)*
bil|dungs|sprach|lich
Bil|dungs|spre|cher *(bes. österr. für bildungspolitischer Sprecher einer Partei o. Ä.)*; **Bil|dungs|spre|che|rin**
Bil|dungs|stand; Bil|dungs|stät|te; Bil|dungs|streik; Bil|dungs|stu|fe; Bil|dungs|sys|tem; Bil|dungs|ur|laub; Bil|dungs|weg; Bil|dungs|we|sen, das; -s; **Bil|dungs|zen|t|rum; Bil|dungs|ziel**
Bil|dun|ter|schrift; Bild|vor|la|ge; Bild|wer|bung; Bild|wer|fer *(Projektionsapparat)*
Bild|wör|ter|buch; Bild|zu|schrift
Bil|ge, die; -, -n ⟨engl.⟩ *(Seemannsspr. Kielraum, in dem sich das Leckwasser sammelt)*; **Bil|ge|was|ser,** das; -s
Bil|har|zi|o|se, die; -, -n ⟨nach dem dt. Arzt Bilharz⟩ *(eine Wurmkrankheit)*
bi|lin|gu|al [*auch* ˈbiː...] ⟨lat.⟩ *(fachspr. für zwei Sprachen sprechend; zweisprachig)*; bilingualer Unterricht; **bi|lin|gu|isch** [*auch* ˈbiː...] *(in zwei Sprachen geschrieben; zweisprachig)*
Bi|li|ru|bin, das; -s ⟨lat.⟩ *(Med. Gallenfarbstoff)*
¹**Bill,** die; -, -s ⟨engl.⟩ *(Gesetzentwurf im engl. Parlament)*
²**Bill** (m. Vorn.)
Bil|lard [ˈbɪljart, *österr. auch* bɪˈjaːɐ̯, bɪlˈjaːɐ̯], das; -s, *Plur.* -e, *österr.* -s ⟨franz.⟩ *(Kugelspiel; dazugehöriger Tisch)*
bil|lar|die|ren *(beim Billard in regelwidriger Weise stoßen)*
Bil|lard|queue (Billardstock); **Bil|lard|tisch**
Bill|ber|gie, die; -, -n ⟨nach dem schwed. Botaniker Billberg⟩ *(eine Zimmerpflanze)*
Bil|le|teur [bɪljəˈtøːɐ̯, *österr.* bijəˈtøːr], der; -s, -e *(österr. für Platzanweiser; schweiz. früher für Schaffner)*; **Bil|le|teu|se** [...ˈtøː...], die; -, -n
Bil|lett [bɪˈljɛt, *österr. meist* bɪˈjeː, *auch* bɪˈlɛt], das; -[e]s, *Plur.* -s u.

-e *(veraltet für Zettel, kurzes Briefchen; bes. österr. für Briefkarte; schweiz. für Einlasskarte, Fahrkarte)*

Billard
Das Wort stammt aus dem Französischen und wird im Deutschen wie dort nur mit einem *i* vor den beiden *ll* geschrieben.

Bil|li|ar|de, die; -, -n ⟨franz.⟩ (10^{15}; tausend Billionen)
bil|lig; das ist nur recht und billig; ein Produkt billig herstellen, machen; ein Produkt billig machen *od.* billigmachen (verbilligen); *aber nur* ein Produkt billiger machen, zu billig machen ↑ D 56
Bil|lig|air|line *vgl.* Billigfluglinie
Bil|lig|an|bie|ter; Bil|lig|an|ge|bot
bil|li|gen; billigend in Kauf nehmen
bil|li|ger|ma|ßen; bil|li|ger|wei|se
Bil|lig|flie|ger *(ugs.)*; *vgl.* Billigfluglinie; **Bil|lig|flug|li|nie** *(Fluggesellschaft, die Flüge zu sehr niedrigen Preisen anbietet)*
Bil|lig|hei|mer, der; -s, - *(ugs. für Billiganbieter)*
Bil|lig|job *(ugs. für schlecht entlohnte Tätigkeit)*
Bil|lig|keit, die; -
Bil|lig|lohn|land *Plur.* ...länder *(Land, in dem vergleichsweise niedrige Löhne gezahlt werden)*
bil|lig ma|chen, bil|lig|ma|chen *vgl.* billig; **Bil|lig|preis**
Bil|ligst|bie|ter *(bes. österr.)*; **Bil|ligst|bie|te|rin**
Bil|lig|toch|ter *(Wirtsch.* Tochterunternehmen mit niedrigeren Preisen [u. Löhnen]*)*
Bil|li|gung, die; -
Bil|lig|wa|re
Bil|li|on, die; -, -en ⟨franz.⟩ (10^{12}; eine Million Millionen *od.* tausend Milliarden)
bil|li|on[s]|tel *vgl.* achtel; **Bil|li|on[s]|tel,** das; -s, -; *vgl.* Achtel
Bil|lon [bɪlˈjõː], der *od.* das; -s ⟨franz.⟩ *(Silberlegierung mit hohem Kupfergehalt [für Münzen])*
Bil|sen|kraut, das; -[e]s *(ein giftiges Kraut)*
Bil|wiss, der; -es *(landsch. für Kobold, Zauberer)*

bim!; bim, bam!
Bim, die; - ⟨österr. ugs. für Straßenbahn⟩
Bim|bam, das; -s; *aber* heiliger Bimbam! *(ugs.)*
Bim|bes, der *od.* das; - ⟨landsch. für Geld⟩
Bi|mes|ter, das; -s, - ⟨lat.⟩ ⟨veraltet für Zeitraum von zwei Monaten⟩
Bi|me|tall (Elektrot. zwei miteinander verbundene Streifen aus verschiedenem Metall); **Bi|me|tal|lis|mus**, der; - (Doppelwährung)
Bim|mel, die; -, -n ⟨ugs. für Glocke⟩
Bim|mel|bahn ⟨ugs. scherzh.⟩
Bim|me|lei ⟨ugs. abwertend⟩
bim|meln ⟨ugs.⟩; ich bimm[e]le
bim|sen ⟨ugs. für schleifen, drillen; angestrengt lernen⟩; du bimst
Bims|stein
bi|nar, bi|när, bi|na|risch ⟨lat.⟩ ⟨fachspr. für aus zwei Einheiten bestehend, Zweistoff...⟩
bi|na|ti|o|nal (zwei Nationen gemeinsam betreffend)
Bin|de, die; -, -n; **Bin|de|ge|we|be**
bin|de|ge|we|big (Med.)
Bin|de|ge|webs|ent|zün|dung; **Bin|de|ge|webs|fa|ser**; **Bin|de|ge|webs|mas|sa|ge**; **Bin|de|ge|webs|schwä|che**
Bin|de|glied
Bin|de|haut; **Bin|de|haut|ent|zün|dung**
Bin|de|mit|tel, das
bin|den; du bandst (bandest); du bändest; gebunden (vgl. d.); bind[e]!; sich binden
Bin|der; **Bin|de|rei**; **Bin|de|rin**
Bin|de-s, das; -, - ↑D 29
Bin|de|strich; **Bin|de|wort** *Plur.* ...wörter *(für Konjunktion)*
Bind|fa|den
bin|dig; bindiger (schwerer, zäher) Boden; **Bin|dung**
Bin|ge, **Pin|ge**, die; -, -n *(Bergmannsspr.* durch Einsturz alter Grubenbaue entstandene trichterförmige Vertiefung*)*
Binge-Drin|king [ˈbɪndʒ...], das; -[s] ⟨engl.⟩ (Koma-, Rauschtrinken)
Bin|gel|kraut (ein Gartenunkraut)
Bin|gen (Stadt am Rhein); **Bin|ger**; das Binger Loch; **Bin|ge|rin**; **bin|ge|risch**
Bin|go, das; -[s] ⟨engl.⟩ (Glücksspiel; eine Art Lotto)
Bin|kel, der; -s, -[n] ⟨bayr., österr. ugs. für⟩ Bündel; Beule

Bin|kerl, das; -s, -[n]; *vgl.* Pickerl ⟨österr. für [kleines] Bündel⟩

bin|nen
Präposition mit Dativ:
– binnen einem Jahr (geh. auch mit Genitiv: binnen eines Jahres)
– binnen drei Tagen (auch binnen dreier Tage)
– binnen **Kurzem** *od.* kurzem ↑D 72
– binnen Jahr und Tag

Bin|nen|als|ter
Bin|nen|bords (innerhalb des Schiffes)
bin|nen|deutsch; **Bin|nen|deutsch**, **Bin|nen|deut|sche**, das (die deutsche Sprache innerhalb Deutschlands)
Bin|nen|eis; **Bin|nen|el|be**; **Bin|nen|fi|sche|rei**; **Bin|nen|ha|fen**; **Bin|nen|han|del**
Bin|nen-I, das (Großbuchstabe zur Darstellung des m. und w. Plurals in demselben Wort); das Binnen-I bei SchülerInnen; **Bin|nen|kauf|kraft**, die; - *(Wirtsch.);* **Bin|nen|kli|ma**, das; -s; **Bin|nen|kon|sum**, der; -s *(Wirtsch.);* **Bin|nen|land** *Plur.* ...länder; **Bin|nen|markt**; **Bin|nen|meer**; **Bin|nen|nach|fra|ge** *(Wirtsch.)*
Bin|nen|schif|fer; **Bin|nen|schif|fe|rin**; **Bin|nen|schiff|fahrt**
Bin|nen|see, der
Bi|no|kel [auch ...ˈnɔ...], das; -s, - ⟨franz.⟩ ⟨veraltet für Brille, Fernrohr⟩; **bi|no|ku|lar** [auch ˈbi:...], ⟨lat.⟩ (mit beiden Augen, für beide zugleich)
Bi|nom, das; -s, -e ⟨lat.; griech.⟩ *(Math.* Summe aus zwei Gliedern*)*; **Bi|no|mi|al|ko|ef|fi|zi|ent**; **Bi|no|mi|al|rei|he**
bi|no|misch *(Math.* zweigliedrig*)*
Bin|se, die; -, -n; in die Binsen gehen *(ugs. für verloren gehen)*
Bin|sen|wahr|heit *(svw.* Binsenweisheit*)*; **Bin|sen|weis|heit** (allgemein bekannte Tatsache)
bio [*kurz für* biologisch (im Sinne von unbelastet, naturrein)]; sie kauft nur, was bio ist
Bio, der - *meist ohne Artikel (Schülerspr.* Biologieunterricht*)*
bio... ⟨griech.⟩ (leben[s]...); **Bio...** (Leben[s]...)
bio|ak|tiv [auch ˈbi:o...] (biologisch aktiv); ein bioaktives Waschmittel

Bio|bau|er; **Bio|bäu|e|rin**
Bio|che|mie [auch ˈbi:o...] (Lehre von den chemischen Vorgängen in Lebewesen); **Bio|che|mi|ker**; **Bio|che|mi|ke|rin**; **bio|che|misch**
bio|deutsch (meist iron. abwertend für deutscher Abstammung u. in Deutschland heimisch); **Bio|deut|sche**, der *u.* die; -n, -n
Bio|die|sel
bio|dy|na|misch [auch ˈbi:o...] (nur mit organischer Düngung)
Bio|etha|nol, das; -s, -e (aus Biomasse gewonnener Bestandteil von Kraftstoffen)
Bio|ethik (auf biologisch-medizinische Forschung angewandte Ethik); **Bio|ethi|ker**; **Bio|ethi|ke|rin**
Bio|ethik|kom|mis|si|on, **Bio|ethik-Kom|mis|si|on**
Bio|gas
bio|gen *(Biol.* von Lebewesen stammend*)*; **Bio|ge|ne|se**, die; -, -n (Entwicklung[sgeschichte] der Lebewesen); **bio|ge|ne|tisch**
Bio|geo|gra|fie, **Bio|geo|gra|phie** [auch ˈbi:o...], die; - (Beschreibung der geografischen Verbreitung der Lebewesen)
Bio|geo|zö|no|se, die; -, -n (Wechselbeziehungen zwischen Pflanzen od. Tieren u. der unbelebten Umwelt)
Bio|graf, **Bio|graph**, der; -en, -en; **Bio|gra|fie**, Bio|gra|phie, die; -, ...ien (Lebensbeschreibung); **Bio|gra|fin**, Bio|gra|phin; **bio|gra|fisch**, bio|gra|phisch
Bio|graph usw. *vgl.* **Biograf**
Bio|in|for|ma|tik [auch ˈbi:o...]
Bio|ka|ta|ly|sa|tor [auch ˈbi:o...] (die Stoffwechselvorgänge steuernder biolog. Wirkstoff)
Bio|kost; **Bio|kraft|stoff** (vorwiegend aus nachwachsenden Rohstoffen erzeugter Kraftstoff); **Bio|la|den**
Bio|lo|ge, der; -n, -n; **Bio|lo|gie**, die; - (Lehre von der belebten Natur); **Bio|lo|gie|un|ter|richt**; **Bio|lo|gin**
bio|lo|gisch; biologische Schädlingsbekämpfung, *aber* ↑D 150: Biologische Anstalt Helgoland
bio|lo|gisch-dy|na|misch ([nach anthroposophischen Prinzipien] nur mit organischer Düngung zutreffend)
Bio|ly|se, die; -, -n (chem. Zersetzung durch lebende Organismen); **bio|ly|tisch**

Bio|mar|ker (*Biol.*, *Med.* Substanz, die in einem Organismus Schädigungen durch Krankheit o. Ä. anzeigt)

Bio|mas|se (Gesamtheit aller Organismen einschließlich der von ihnen produzierten organischen Substanz an einem Ort)

Bio|me|di|zin [*auch* …'tsi:n] (Fachbereich, der sich mit biologischer Grundlagenforschung auf medizinischem Gebiet beschäftigt; alternative Medizin)

Bio|me|t|rie, Bio|me|t|rik, die; - ([Lehre von der] Zählung u. [Körper]messung an Lebewesen); **bio|me|t|risch**

Bio|müll (organische Abfälle)

Bio|nik, die; - ⟨*Kurzw. aus* Biologie *u.* Technik⟩ (Wissenschaft, die technische u. elektronische Probleme nach dem Vorbild biologischer Funktionen zu lösen versucht); **bi|o|nisch**

Bio|phy|sik [*auch* 'bi:o…] (Lehre von den physikalischen Vorgängen in u. an Lebewesen; heilkundlich angewandte Physik)

Bio|pic [baɪ'ɔ…], das; -[s], -s ⟨engl.⟩; kurz für biographical picture = biografischer Film⟩ (Verfilmung des Lebens einer Person, die tatsächlich lebt od. gelebt hat)

Bio|pi|ra|te|rie (*abwertend für* Patentierung bisher frei verfügbarer biologischer Substanzen)

Bi|op|sie, die; -, -n ⟨*Med.* Untersuchung von Gewebe aus einem lebenden Organismus)

Bio|rhyth|mus (periodischer Rhythmus von Wachstum, Leistungsfähigkeit u. anderen physiologischen Vorgängen bei Lebewesen)

Bio|sphä|re [*auch* …'sfɛ:…] (gesamter irdischer Lebensraum der Pflanzen u. Tiere)

Bio|sphä|ren|re|ser|vat (geschütztes Gebiet für nachhaltige Entwicklung)

Bio|sprit (*ugs. für* Biokraftstoff)

Bio|su|per|markt

Bio|tech|fir|ma […tɛk…]; **Bio|tech|nik** [*auch* …'tɛç…] (Nutzbarmachung biologischer Vorgänge); **Bio|tech|no|lo|gie** [*auch* …'giː]; (Wissenschaft von den Verfahren zur Nutzbarmachung biologischer Vorgänge); **bio|tech|no|lo|gisch** [*auch* …'loː…]

bio|tisch (*fachspr. für* auf Lebewesen, auf Leben bezüglich)

Bi|o|tit, der; -[e]s, -e ⟨nach dem franz. Physiker Biot⟩ (ein Mineral)

Bio|ton|ne ⟨griech.; dt.⟩ (Mülltonne für organische [Haushalts]abfälle)

Bio|top, der *u.* das; -s, -e ⟨griech.⟩ (*Biol.* durch bestimmte Lebewesen od. eine bestimmte Art gekennzeichneter Lebensraum)

Bio|treib|stoff (*svw.* Biokraftstoff)

Bio|typ, Bio|ty|pus (*Biol.* Gruppe von Lebewesen mit gleicher Erbanlage)

Bio|waf|fe (biologische Waffe)

Bio|wis|sen|schaft

Bio|zö|no|se, die; -, -n (Lebensgemeinschaft von Pflanzen u. Tieren); **bio|zö|no|tisch**

BIP, das; -[s] = Bruttoinlandsprodukt

bi|po|lar [*auch* …'laːɐ̯] ⟨lat.; griech.⟩ (zweipolig); **Bi|po|la|ri|tät** [*auch* 'biː…]

Bi|qua|d|rat ⟨lat.⟩ (*Math.* Quadrat des Quadrats, vierte Potenz); **bi|qua|d|ra|tisch** [*auch* …'draː…]; biquadratische Gleichung (Gleichung vierten Grades)

Bir|cher|mües|li ⟨nach dem Arzt Bircher-Benner⟩ (↑D 136 *vgl.* Müesli *u.* [1]Müsli); **Bir|cher|mus; Bir|cher|müs|li**

Bir|die ['bœːɐ̯di], das; -s, -s ⟨engl.⟩ (*Golf* ein Schlag unter Par)

Bi|re|me, die; -, -n ⟨lat.⟩ („Zweiruderer") (antikes Kriegsschiff)

Bi|rett, das; -[e]s, -e ⟨lat.⟩ (Kopfbedeckung der katholischen Geistlichen)

Bir|ger (m. Vorn.)

Bir|git, Bir|git|ta (w. Vorn.)

birgt *vgl.* bergen

Bir|ke, die; -, -n (ein Laubbaum); **bir|ken** (aus Birkenholz)

Bir|ken|stock|san|da|le® (bequeme, der Fußsohle angepasste Sandale)

Bir|ken|wald

Birk|hahn; Birk|huhn

Bir|ma (Staat in Südostasien; *vgl.* Myanmar); **Bir|ma|ne,** der; -n, -n; **Bir|ma|nin; bir|ma|nisch**

Bir|ming|ham ['bœːɐ̯mɪŋəm] (engl. Stadt)

Birn|baum

Bir|ne, die; -, -n

Bir|nel, das; -s (*schweiz. für* Sirup aus gekochten Birnen)

bir|nen|för|mig, birn|för|mig

Bir|nen|weg|gen, Birn|weg|gen (ein schweizerisches Gebäck)

Birn|stab (*Archit.* Stilelement der got. Baukunst)

Birn|weg|gen *vgl.* Birnenweggen

Birr, das; -s; -[s] ⟨äthiop. Währungseinheit⟩

birst *vgl.* bersten

Bir|te (w. Vorn.)

Birth|ler-Be|hör|de, die; - ⟨nach der ehem. Leiterin⟩ (*vgl.* Gauck-Behörde)

B
Bise

bis

– bis [nach] Berlin; bis hierher
– bis wann?; bis jetzt
– bis nächsten Montag; bis ans Ende der Welt; bis auf wenige Ausnahmen; bis zu 50 %
– bis auf Weiteres *od.* weiteres ↑D 72
– vier- bis fünfmal ↑D 31; mit Ziffern 4- bis 5-mal
– bis und mit (*schweiz. für* bis einschließlich); bis und mit achtem August

In folgenden Beispielen steht nach der präpositionalen Fügung »bis zu« der Dativ:
– Gemeinden bis zu 10 000 Einwohnern
– mit einer Laufzeit bis zu 36 Monaten

Dagegen hat »bis zu« im folgenden Satz keinen Einfluss auf die Beugung, weil es adverbial gebraucht wird:
– wir können bis zu vier gebundene Exemplare abgeben

Bi|sam, der; -s, *Plur.* -e *u.* -s ⟨hebr.⟩ (Moschus [*nur Sing.*]; Pelz); **Bi|sam|rat|te**

Bis|ca|ya […'kaːja] *vgl.* Biskaya

bi|schen (*mitteld. für* [ein Baby] beruhigend auf dem Arm wiegen); du bischst

bisschen

Das Wort *bisschen* im Sinne von *wenig* bedeutet eigentlich *kleiner Bissen*. Deshalb wird es mit *ss* geschrieben.

Bisch|kek (Hauptstadt Kirgisistans)

Bi|schof, der; -s, Bischöfe (kirchl. Würdenträger); **Bi|schö|fin,** die; -; **bi|schöf|lich**

Bi|schofs|hut, der; -; **Bi|schofs|kon|fe|renz; bi|schofs|li|la**

Bi|schofs|müt|ze; Bi|schofs|sitz; Bi|schofs|stab; Bi|schofs|stuhl; Bi|schofs|sy|n|o|de; Bi|schofs|wei|he

Bi|se, die; -, -n *Plur. selten*

Bisexualität

(schweiz. für Nord[ost]wind); vgl. aber Biese

Bi|se|xu|a|li|tät [auch ...'tɛ:t] ⟨Biol. Doppelgeschlechtigkeit; bes. Med., Psychol. Nebeneinander von homo- u. heterosexuellen Veranlagungen); bi|se|xu|ell [auch ...'ksuɛl] ⟨lat.⟩ (Biol. doppelgeschlechtig; sowohl heterosexuell als auch homosexuell)

bis|her (bis jetzt); bis|he|rig; der bisherige Außenminister; aber das Bisherige; Bisheriges; beim Bisherigen bleiben; im Bisherigen (im bisher Gesagten, Geschriebenen)

Bis|ka|ya, Bis|ca|ya [...'ka:ja], die; - (kurz für Golf von Biskaya; Bucht des Atlantiks)

Bis|kot|te, die; -, -n ⟨ital.⟩ (österr. für Löffelbiskuit)

Bis|kuit [...'kvi:t, auch ...'kvɪt], das, auch der; -[e]s, Plur. -s, auch -e ⟨franz.⟩ (feines Gebäck aus Eierschaum)

Bis|kuit|por|zel|lan; Bis|kuit|teig

bis|lang (bis jetzt)

Bis|marck (Gründer u. Kanzler des Deutschen Reiches)

Bis|marck|ar|chi|pel, Bis|marck-Ar|chi|pel, der; -s (Inselgruppe nordöstlich von Neuguinea); Bis|marck|he|ring

bis|mar|ckisch, bis|marcksch; die bismarck[i]schen od. Bismarck'schen Sozialgesetze; ein Politiker von bismarck[i]schem od. Bismarck'schem Format

Bis|mark (Stadt in der Altmark)

Bis|mut, das; -[e]s; vgl. Wismut; Bis|mu|tum, das; -s ⟨lat. Bez. für Wismut; Zeichen Bi)

Bi|son, der; -s, -s (nordamerik. Wildrind)

Bis|phe|nol, das; -s, -e (eine chemische Verbindung); Bis|phe|nol A (in Kunststoffen enthaltene gesundheitsschädliche Substanz); des Bisphenols A

Bis|phos|phat, das; -[e]s, -e (eine chem. Verbindung)

Bis|phos|pho|nat, das; -s, -e ⟨Med. Medikament zur Behandlung von Osteoporose u. Knochentumoren)

Biskuit

Das Wort geht auf das französische *biscuit* zurück und wird trotz der Aussprache im Deutschen nicht mit *qu* sondern mit *ku* geschrieben.

biss vgl. beißen

Biss, der; Bisses, Bisse

Bis|sau (Hauptstadt von Guinea-Bissau)

biss|chen; das bisschen; dieses kleine bisschen; ein bisschen (ein wenig); ein klein bisschen; mit ein bisschen Geduld

Biss|chen (kleiner Bissen)

bis|sel, bis|serl (landsch. für bisschen); ein bissel od. bisserl Brot

Bis|sen, der; -s, -; bis|sen|wei|se

bis|serl vgl. bissel

biss|fest; Nudeln bissfest kochen

Biss|gurn, die; -, - (bayr., österr. ugs. für zänkische Frau

bis|sig; Bis|sig|keit; Biss|spur, Biss-Spur; Biss|ver|let|zung

Bis|ten, das; -s (Lockruf der Haselhenne)

Bis|ter, der od. das; -s ⟨franz.⟩ (braune Wasserfarbe)

Bis|tro [auch ...'tro:], das; -s, -s ⟨franz.⟩ (kleines Lokal)

Bis|tum, das; -s, ...tümer (Amtsbezirk eines kath. Bischofs)

bis|wei|len

Bis|wind, der; -[e]s ⟨schweiz., südbad. neben Bise)

¹Bit, das; -[s], -s ⟨aber: eine Million Bits od. Bit) ⟨engl.; Kurzw. aus binary digit) (EDV Informationseinheit); Zeichen bit

²Bit, der od. das; -s, -s ⟨engl.⟩ (Technik genormtes Einsatzstück für Bohrmaschinen od. Geräte zum Schrauben)

¹Bit|coin®, -[s], ohne Artikel (Finanzw. ein Zahlungssystem im Internet); ²Bit|coin, der; -s, -s od. -, -s (Einheit der digitalen Währung von ¹Bitcoin)

Bi|thy|ni|en (antike Landschaft in Kleinasien); Bi|thy|ni|er; Bi|thy|ni|e|rin; bi|thy|nisch

bi|to|nal ⟨lat.⟩ (Musik auf zwei Tonarten bezogen)

Bitt|brief

bit|te; bitte schön!; bitte wenden! (Abk. b. w.); geben Sie mir[,] bitte[,] das Buch ↑D130; du musst Bitte od. bitte sagen; Bit|te, die; -, -n

bit|ten; du batst (batest); du bätest; gebeten; bitt[e]!; Bit|ten, das; -s

bit|ter; er hat es bitter nötig; bit|ter|bö|se

Bit|te|re, der; Bitter[e]n, Bitter[e]n u. Bitt|re, der; -n, -n (bitterer Schnaps)

bit|ter|ernst; es wird bitterernst (sehr ernst); bit|ter|kalt; es ist bitterkalt; ein bitterkalter Wintertag

Bit|ter|keit; Bit|ter|klee

Bit|ter Le|mon, das; - -[s], - -, Bit|ter|le|mon, das; -[s], - [- 'lemən, auch ...lemən] ⟨engl.⟩ (ein Erfrischungsgetränk)

bit|ter|lich

Bit|ter|ling (Fisch; Pflanze; Pilz)

Bit|ter|man|del; Bit|ter|man|del|öl

Bit|ter|nis, die; -, -se

Bit|ter|salz (Magnesiumsulfat)

Bit|ter|stoff (eine chemische Verbindung)

bit|ter|süß ↑D23

Bit|ter|was|ser Plur. ...wässer, auch ...wasser (Mineralwasser mit Bittersalzen)

Bit|ter|wurz, Bit|ter|wur|zel (Gelber Enzian)

Bit|te|schön, das; -s; sie sagte ein höfliches Bitteschön; vgl. aber bitte

Bitt|gang, der; Bitt|ge|bet; Bitt|ge|such

Bitt|re vgl. Bittere

Bitt|schrift

Bitt|stel|ler; Bitt|stel|le|rin

Bitt|tag, Bitt-Tag (kath. Kirche)

Bi|tu|men, das; -s, Plur. -, auch ...mina ⟨lat.⟩ (teerartige [Abdichtungs- u. Isolier]masse); bi|tu|mig; bi|tu|mi|nie|ren; bi|tu|mi|nös

¹bit|zeln (bes. südd. für prickeln; [vor Kälte] beißend wehtun; österr. auch für zornig, gereizt sein; kleinlich genau vorgehen)

²bit|zeln (mitteld. für kleine Stückchen abschneiden); ich bitz[e]le

Bitz|el|was|ser (bes. südd. für Sprudelwasser)

Bitz|ler ⟨zu ¹bitzeln⟩; Bitz|le|rin; bitz|lig

bi|va|lent [auch 'bi:...] (zweiwertig)

Bi|wak, das; -s, Plur. -s u. -e ⟨nordd.-franz.⟩ (behelfsmäßiges Nachtlager im Freien); bi|wa|kie|ren

bi|zarr ⟨franz.⟩ (wunderlich; seltsam); Bi|zar|re|rie, die; -, ...ien

Bi|zeps, der; -[es], -e ⟨lat.⟩ (Beugemuskel des Oberarmes)

Bi|zet [...'ze:] (franz. Komponist)

bi|zy|k|lisch, fachspr. bi|cy|c|lisch [auch 'bi:...] ((einen Kohlenstoffdoppelring enthaltend)

Björn (m. Vorn.)

Bjørn|son ['bjœ...] (norw. Schriftsteller)

Bk (chem. Zeichen für Berkelium)

BKA, das; - = Bundeskriminalamt;

Blason

blank

blan|ker, blanks|te

(rein, bloß)
- ↑D 140: der Blanke Hans (*nordd. für stürmische Nordsee*)
- Drähte, Kabel sollten nicht blank liegen; blank liegende *od.* blankliegende Drähte, Kabel

Wenn »blank« das Ergebnis der mit dem folgenden einfachen Verb bezeichneten Tätigkeit angibt, kann getrennt oder zusammengeschrieben werden ↑D 56:
- blank putzen *od.* blankputzen
- blank reiben *od.* blankreiben
- blank polieren *od.* blankpolieren
- die Drähte blank legen *od.* blanklegen

Bei übertragener Bedeutung gilt Zusammenschreibung:
- der Gardist hatte blankgezogen (den Säbel aus der Scheide gezogen)

Im Zweifelsfall ist Getrennt- od. Zusammenschreibung zulässig:
- die Nerven haben blank gelegen *od.* blankgelegen

B
Blas

österr. auch für Bundeskanzleramt

Bl. = Blatt

Bla|bla, das; -[s] (*ugs. für* Gerede)

bla, bla, bla (*salopp Nachahmung von langweiligem, nichtssagendem Gerede*)

Bla|che, die; -, -n (*landsch. u. schweiz. Nebenform von* Blahe)

Blach|feld (*geh. veraltend für* flaches Feld)

Black|ber|ry® ['blɛkbɛri], der, auch das; -[s], -s (mobiles Gerät zum Telefonieren, zum Senden u. Empfangen von E-Mails u. a.)

Black|box, die; -, -es, **Black Box,** die; - -, - -es ['blɛk..., auch -'bɔks] ⟨engl.⟩ (Teil eines kybernetischen Systems; Flugschreiber)

Black|jack, das; -, -, **Black Jack,** das; - -, - - ['blɛkdʒɛk] ⟨amerik.⟩ (Kartenspiel)

Black Me|tal [blɛk 'mɛtl], der; - -[s] ⟨engl.⟩ (Subkultur u. Variante des Heavy Metal)

Black|out, Black-out ['blɛkaʊt, blɛk'aʊt], der u. das; -[s], -s ⟨engl.⟩ (Geistesabwesenheit, Erinnerungslücke; *Theater* plötzliche Verdunkelung am Szenenschluss; totaler Stromausfall)

Black Pow|er ['blɛk 'paʊɐ], die; - - (Bewegung nordamerikanischer Schwarzer gegen die Rassendiskriminierung)

blad (*österr. ugs. abwertend für* dick); **Bla|de,** der u. die; -n, -n

bla|den ['blɛɪdn] ⟨zu Rollerblade®⟩ (mit Inlineskates fahren)

blaf|fen, bläf|fen (*ugs. für* bellen)

Blaf|fer, Bläf|fer

Blag, das; -[e]s, -en, **Bla|ge,** die; -, -n (*ugs. für* [lästiges] Kind)

Bläh|bauch (aufgeblähter Bauch)

Bla|he, landsch. **Blä|che,** österr. mdal. **Pla|che,** die; -, -n (Plane; grobe Leinwand)

blä|hen; sich blähen; **Blä|hung**

bla|ken (*nordd. für* schwelen, rußen)

blä|ken (*ugs. abwertend für* schreien)

Bla|ker ⟨zu blaken⟩ (metallene [Wand]leuchte mit reflektierendem Schild)

bla|kig (*nordd. für* rußend)

bla|ma|bel ⟨franz.⟩ (beschämend; ...a|b|le Geschichte

Bla|ma|ge [...ʒə], die; -, -n (Schande; Bloßstellung)

bla|mie|ren ⟨franz.⟩

blanc [blã] ⟨franz., »weiß«⟩; Sauvignon blanc (eine Weißweinrebsorte)

Blan|ca (w. Vorn.)

Blanc de Blancs ['blãdə'blã], der; - - -, -s - - ⟨franz.⟩ (nur aus weißen Trauben gekelterter [Schaum]wein)

blan|chie|ren [blã'ʃi:...] ⟨franz.⟩ (*Gastron.* überbrühen)

bland ⟨lat.⟩ (*Med.* milde, reizlos [von einer Diät]; ruhig verlaufend [von einer Krankheit])

Blan|di|ne (w. Vorn.)

blank s. Kasten

Blank [blɛŋk], der *od.* das; -s, -s ⟨engl.⟩ (*EDV* [Wort]zwischenraum, Leerstelle)

Blan|ka (w. Vorn.)

Blän|ke, die; -, -n (*selten für* kleiner Tümpel)

Blank|eis ([Gletscher]eis ohne Schnee)

Blan|ke|ne|se (Stadtteil von Hamburg)

Blan|kett, das; -[e]s, -e ⟨zu blank⟩ (unterschriebenes, noch nicht [vollständig] ausgefülltes Schriftstück)

blank le|gen, blank|le|gen vgl. blank

blank lie|gen, blank|lie|gen vgl. blank

blan|ko ⟨ital.⟩ (leer, unausgefüllt)

Blan|ko|scheck; Blan|ko|voll|macht (unbeschränkte Vollmacht)

blank po|lie|ren, blank|po|lie|ren; ein blank polierter *od.* blankpolierter Stiefel; vgl. blank

blank put|zen, blank|put|zen vgl. blank

blank rei|ben, blank|rei|ben vgl. blank

Blank|vers ⟨engl.⟩ (fünffüßiger Jambenvers)

blank|zie|hen; er hat den Säbel blankgezogen (aus der Scheide)

Bläs|chen; Bla|se, die; -, -n; ein Blasen ziehendes *od.* blasenziehendes Mittel

Bla|se|balg *Plur.* ...bälge

bla|sen; du bläst, er bläst; ich blies, du bliesest; geblasen; blas[e]!

Bla|sen|bil|dung

Bla|sen|ent|zün|dung

Bla|sen|kam|mer (*Kernphysik* Gerät zum Sichtbarmachen der Bahnspuren ionisierender Teilchen)

Bla|sen|ka|tarrh; Bla|sen|ka|the|ter; Bla|sen|lei|den; Bla|sen|schwä|che; Bla|sen|spie|ge|lung; Bla|sen|stein

Bla|sen|tang (eine Braunalgenart)

Bla|sen zie|hend, bla|sen|zie|hend ↑D 58; vgl. Blase

Blä|ser; Bla|se|rei; Blä|se|rin

bla|siert ⟨franz.⟩ (dünkelhaft-herablassend); **Bla|siert|heit**

bla|sig

Blas|in|s|t|ru|ment

Bla|si|us (m. Vorn.)

Blas|ka|pel|le; Blas|mu|sik

Bla|son [...zõ:], der; -s, -s ⟨franz.⟩ (*Heraldik* Wappen[schild])

blasonieren

blau

blau|er, blau|es|te, blaus|te

Kleinschreibung ↑D89:
- blau sein (*auch ugs. für* betrunken sein)
- blau in blau
- die blaue Blume (Sinnbild der Romantik)
- blauer *od.* Blauer Brief (*ugs. für* Mahnschreiben der Schule an die Eltern, *auch* Kündigungsschreiben)
- jemandem blauen Dunst vormachen (*ugs.*)
- blauer Fleck (*ugs. für* Bluterguss)
- unsere blauen Jungs (*ugs. für* Marinesoldaten)
- blauer Montag (*ugs. für* Montag, an dem jmd. ohne triftigen Grund nicht zur Arbeit geht)
- die blaue Mauritius
- sein blaues Wunder erleben (*ugs. für* staunen)
- Aal blau
- *im Pass o. Ä.:* Augen: blau

Großschreibung der Substantivierung ↑D72:
- die Farbe Blau
- ins Blaue reden
- Fahrt ins Blaue
- die Farbe der Fahne ist Blau *od.* blau

In Namen und bestimmten namenähnlichen Fügungen ↑D88 u. 89:
- der Blaue *od.* blaue Planet (die Erde)
- das Blaue Band des Ozeans
- Blauer Eisenhut
- der Blaue Engel (Siegel für umweltschonende Produkte)
- das Blaue Wunder (Brücke in Dresden)
- die Blaue Grotte (von Capri)
- der Blaue Nil
- der Blaue Reiter (Name einer Künstlergemeinschaft)

Vgl. auch Blau, Blaue

Zusammensetzungen von »blau« mit einer anderen Farbbezeichnung:
- blaugrün, blaurot usw. ↑D23

Getrennt- und Zusammenschreibung:
- ein blau gestreifter *od.* blaugestreifter Stoff ↑D58

Wenn »blau« das Ergebnis der mit einem folgenden einfachen Verb bezeichneten Tätigkeit angibt, kann ebenfalls getrennt oder zusammengeschrieben werden:
- etwas blau färben *od.* blaufärben

Aber nur:
- etwas hellblau färben, etwas blau einfärben

Vgl. auch blaumachen, matt, metallic

---

bla|so|nie|ren (Wappen fachgerecht beschreiben); **Bla|so|nie|rung**
Blas|or|ches|ter
Blas|phe|mie, die; -, ...ien ⟨griech.⟩ (Gotteslästerung); **blas|phe|mie|ren**; blas|phe|misch, *selten* blas|phe|mis|tisch
Blas|rohr
blass, blasser (*auch* blässer), blasseste (*auch* blässeste); blass sein; blass werden; **blass|blau**
Bläs|se, die; - (Blassheit); *vgl. aber* Blesse
blas|sen (*selten für* blass werden); du blasst; geblasst
blass|gelb; blass|grün
Bläss|huhn, Bless|huhn
bläss|lich, bläss|ro|sa
Blas|to|ge|ne|se, die; - ⟨griech.⟩ (*Biol.* ungeschlechtliche Entstehung eines Lebewesens)
Blas|tom, das; -s, -e (*Med.* Geschwulst)
Blas|tu|la, die; -, ...lae (*Biol.* Entwicklungsstadium des Embryos nach der Furchung der Eizelle)
Blatt, das; -[e]s, Blätter (*Abk.* Bl. [Papier]; 5 Blatt Papier
Blätt|chen
blat|ten (*Jägerspr.* auf einem Blatt [Pflanzenblatt od. Instrument] Rehe anlocken); **Blatt|ter** (Instrument zum Blatten)
blät|te|rig *vgl.* blättrig
Blät|ter|ma|gen (Magen der Wiederkäuer)
Blat|tern *Plur.* (*älter für* Pocken)
blät|tern; ich blättere
Blat|ter|nar|be (*älter für* Pockennarbe); **blat|ter|nar|big** (*älter für* pockennarbig)
Blät|ter|teig
Blät|ter|wald (*scherzh. für* die Presse, die Zeitungen)
blät|ter|wei|se, blatt|wei|se
Blät|ter|werk *vgl.* Blattwerk
Blatt|fe|der; Blatt|gold; Blatt|grün, das; -s; **Blatt|laus**
Blatt|li|nie (*bes. österr. für* politische Ausrichtung einer Zeitung); **blatt|los**
Blatt|ma|cher (*ugs. für* Zeitungsjournalist, Zeitungsverleger); **Blatt|ma|che|rin**
Blatt|pflan|ze
blätt|rig, blät|te|rig
Blatt|sa|lat
Blatt|schuss, der; -es (*österr. für* Redaktionsschluss)
Blatt|schuss
Blatt|tang, Blatt-Tang, der; -[e]s
Blatt|trieb, Blatt-Trieb
blatt|wei|se, blät|ter|wei|se
Blatt|werk, Blät|ter|werk, das; -[e]s
blau *s. Kasten*
Blau, das; -[s], -[s] (blaue Farbe); in Blau gekleidet; mit Blau bemalt; Stoffe in Blau; das Blau des Himmels
blau|äu|gig
Blau|bart, der; -[e]s, ...bärte (Frauenmörder [im Märchen])
Blau|ba|salt
Blau|bee|re (Heidelbeere)
blau|blü|tig (*ugs. für* adlig)
Blau|druck *Plur.* ...drucke
Blaue, das; -n ↑D72; das Blaue vom Himmel [herunter]reden; Fahrt ins Blaue; **Bläue,** die; -
(Himmel[sblau])
Blau|ei|sen|erz
blau|en (*geh. für* blau werden)
¹**bläu|en** (blau machen, färben)
²**bläu|en** (*veraltend für* schlagen)
Blau|fah|rer (*schweiz. für* unter Alkoholeinwirkung stehender Autofahrer); **Blau|fah|re|rin**
blau fär|ben, blau|fär|ben; ein blau gefärbtes *od.* blaugefärbtes Kleid; *vgl.* blau
Blau|fel|chen (ein Fisch)
Blau|frän|ki|sche, der; -n, -n (österr. Weinsorte)
Blau|fuchs
blau|grau ↑D23; blau|grün

blindfliegen

Blau|helm (UN-Soldat)
Blau|ja|cke (*ugs. für* Matrose)
Blau|kraut, das; -[e]s (*landsch. u. österr. für* Rotkohl)
bläu|lich; bläulich grün, bläulich rot usw. ↑D60
Blau|licht *Plur.* ...lichter
Blau|ling, **Bläu|ling** (ein Schmetterling; Fisch)
blau|ma|chen (*ugs. für* nicht zur Arbeit, Schule o. Ä. gehen)
Blau|mann *Plur.* ...männer (*ugs. für* blauer Monteuranzug)
Blau|mei|se
Blau|pau|se (Lichtpause auf bläulichem Papier)
Blau|ra|cke (ein Vogel)
blau|rot ↑D23
Blau|säu|re, die; -; **Blau|schim|mel**; **Blau|schim|mel|kä|se**
blau|sti|chig; ein blaustichiges Farbfoto
Blau|strumpf (*veraltend scherzh. für* intellektuelle Frau); **blau|strümp|fig**
Blau|tan|ne
Blau|wal
Blau|weiß|por|zel|lan
Blau|zun|gen|krank|heit, die; - (eine Tierseuche)
Bla|zer ['ble:zɐ], der; -s, - ⟨engl.⟩ (Klubjacke; sportl. Jackett)
Blea|ching ['bli:tʃɪŋ], das; -s ⟨engl.⟩ (optische Aufhellung der Zähne)
Blech, das; -[e]s, -e
Blech|blä|ser; **Blech|blä|se|rin**
Blech|blas|ins|t|ru|ment
Blech|büch|se; **Blech|do|se**
ble|chen (*ugs. für* zahlen)
ble|chern (aus Blech)
Blech|ku|chen (flacher, auf dem Kuchenblech gebackener Kuchen)
Blech|la|wi|ne (lange Kolonne dicht aufeinanderfolgender Autos)
Blech|mu|sik
Blech|ner (*südd. für* Klempner); **Blech|ne|rin**
Blech|sa|lat (*ugs. für* Autounfall mit Totalschaden)
Blech|schach|tel; **Blech|scha|den**; **Blech|sche|re**; **Blech|trom|mel**
ble|cken; die Zähne blecken
¹**Blei**, das; -[e]s, -e (chemisches Element, Metall; *Zeichen* Pb [*vgl.* Plumbum]; Richtblei; *zollamtlich für* Plombe)
²**Blei**, der, *auch* das; -[e]s, -e (*ugs.; kurz für* Bleistift)
³**Blei**, der; -[e]s, -e (*svw.* Brachse)
Blei|asche

Blei|be, die; -, -n *Plur. selten* (Unterkunft)
blei|ben; du bliebst; geblieben; bleib[e]!; sie hat es bleiben lassen (*seltener* bleiben gelassen) *od.* bleibenlassen (*seltener* bleibengelassen); *aber* nur du kannst die Kinder noch ein bisschen bei uns bleiben lassen
blei|bend; bleibende Schäden davontragen
blei|ben las|sen, **blei|ben|las|sen** (unterlassen)
Blei|be|recht (Aufenthaltsrecht von Ausländern im Inland)
bleich; **Blei|che**, die; -, -n
¹**blei|chen** (bleich machen); du bleichtest; gebleicht; bleich[e]!; die Sonne bleicht das Haar
²**blei|chen** (bleich werden); du bleichtest (*veraltet* blichst); gebleicht (*veraltet* geblichen); bleich[e]!; der Teppich bleicht in der Sonne
Blei|che|rei
Blei|chert, der; -s, -e (blasser Rotwein)
Bleich|ge|sicht *Plur.* ...gesichter
Bleich|sand (graublaue Sandschicht)
Bleich|sucht, die; -; **bleich|süch|tig**
blei|en (mit Blei versehen)
blei|ern (aus Blei)
blei|far|ben, **blei|far|big**
blei|frei; bleifrei (mit bleifreiem Benzin) fahren; **Blei|frei**, das; -s *meist ohne Artikel*; Bleifrei (bleifreies Benzin) tanken
Blei|fuß; mit Bleifuß (ständig mit Vollgas) fahren
Blei|gie|ßen, das; -s; **Blei|glanz** (ein Mineral); **blei|hal|tig**; **Blei|kris|tall**; **blei|schwer**
Blei|stift, der; *vgl.* ²Blei
Blei|stift|ab|satz; **Blei|stift|spit|zer**; **Blei|stift|stum|mel**; **Blei|stift|zeich|nung**
Blei|weiß (Bleifarbe)
Blei|wüs|te (nicht sehr ansprechend [z. B. ohne Absätze, ohne Bilder, in sehr kleiner Schrift] gestalteter Text)
Blend, der *u.* das; -s, -s ⟨engl.⟩ (Verschnitt)
Blen|de, die; -, -n (ein Mineral; *Optik* lichtabschirmende Scheibe; *Fotogr.* Einrichtung zur Belichtungsregulierung)
Blen|ded Lear|ning ['blɛndɪt ˈlɜːɐnɪŋ], das; - -[s] ⟨engl.⟩ (Lernmodell, in dem computergestütztes Lernen – z. B. über das Internet – u. klassi-

scher Unterricht kombiniert werden)
blen|den; **Blen|den|au|to|ma|tik**
blen|dend; ein blendend weißes Kleid; der Schnee war blendend weiß
Blen|der (abwertend); **Blen|de|rin**
blend|frei
Blend|gra|na|te; **Blend|la|ter|ne**
Blend|schutz; **Blend|schutz|zaun**
Blen|dung; **Blend|werk**
Bles|se, die; -, -n (weißer Stirnfleck *od.* -streifen; Tier mit weißem Stirnfleck); *vgl. aber* Blässe
Bless|huhn, Bläss|huhn
bles|sie|ren ⟨franz.⟩ (*veraltet für* verwunden); **Bles|sur**, die; -, -en (*geh. für* Verwundung)
bleu [blø:] ⟨franz.⟩ (blassblau); ein bleu[farbenes] Kleid; **Bleu**, das; -s, *Plur., ugs.* -s
Bleu|el, der; -s, - (*veraltet für* Schlägel [zum Wäscheklopfen])
bleu|en *alte Schreibung für* ²bläuen
Blick, der; -[e]s, -e; **blick|dicht**; blickdichte Strumpfhosen
bli|cken
bli|cken las|sen, **bli|cken|las|sen**; schön, dass du dich mal wieder blicken lässt *od.* blickenlässt
Blick|fang; **Blick|feld**; **Blick|kon|takt**
blick|los
Blick|punkt; **Blick|rich|tung**
Blick|wech|sel (Austausch von Blicken; Wechsel der Sehweise)
Blick|win|kel
blieb *vgl.* bleiben
blies *vgl.* blasen
blind ↑D89; blinder Alarm; blinder Passagier; blind sein, werden; sich blind stellen; ein blind geborenes *od.* blindgeborenes Kind; *vgl.* blindfliegen, blindschreiben, blindspielen
Blind|darm; **Blind|darm|ent|zün|dung**
Blind Date ['blaɪnd ˈdeɪt], das; - -[s], - -s ⟨amerik.⟩ (Verabredung mit einer unbekannten Person)
Blin|de, der *u.* die; -n, -n
Blin|de|kuh *ohne Artikel*; Blindekuh spielen
Blin|den|an|stalt (*veraltet*)
Blin|den|füh|rer; **Blin|den|füh|re|rin**
Blin|den|hund; **Blin|den|leit|sys|tem**; **Blin|den|schrift**; **Blin|den|stock**; **Blin|den|ver|band**; Deutscher Blindenverband
Blind|fisch (*Zool.; ugs. für* Person, die etwas Offensichtliches nicht sieht)
blind|flie|gen (ohne Sicht, nur mit

Blindfliegen

Instrumenten fliegen); **Blind|flie|gen**, das; -s; **Blind|flug**
Blind|gän|ger
blind ge|bo|ren, **blind|ge|bo|ren** ↑D 58; *vgl.* blind
Blind|ge|bo|re|ne, **Blind|ge|bor|ne**, der *u.* die; -n, -n, **blind Ge|bo|re|ne**, **blind Ge|bor|ne**, der *u.* die; - -n, - -n
Blind|heit, die; -; **blind|lings**
Blind|pro|be (Art der Weinverkostung)
Blind|schacht (nicht zu Tage gehender Schacht)
Blind|schlei|che, die; -, -n
blind|schrei|ben (ohne auf die Tastatur zu schauen); um blindzuschreiben; **Blind|schreib|ver|fah|ren**
blind|spie|len (Schach ohne Brett u. Figuren spielen)
Blind|spie|ler; **Blind|spie|le|rin**
Blind|ver|kos|tung (*vgl.* Blindprobe)
blind|wü|tig; **Blind|wü|tig|keit**, die; -
Bling-Bling, das; -s *meist ohne Artikel* ⟨amerik.⟩ (stark glitzernder Schmuck)
Bli|ni, der; -[s], -[s] ⟨russ.⟩ (Kochkunst russ. Pfannkuchen)
blink; blink und blank
blin|ken; **Blin|ker**; **Blin|ke|rei**
blin|kern; ich blinkere
Blink|feu|er (Seezeichen); **Blink|leuch|te**; **Blink|licht** *Plur.* ...lichter; **Blink|zei|chen**
blin|zeln; ich blinz[e]le
Blis|ter, der; -s, - ⟨engl.⟩ (Kunststofffolie zur Verpackung)
Blitz, der; -es, -e
Blitz|ab|lei|ter; **Blitz|ak|ti|on**
blitz|ar|tig
blitz|blank, *ugs. auch* **blitz|ze|blank**; **blitz|blau**, *ugs. auch* **blitz|ze|blau**
Blitz|eis (sehr schnell zu Eis gefrorenes [Regen]wasser)
blit|zen (*ugs. auch für* mit Blitzlicht fotografieren; [in provozierender Absicht] nackt über belebte Straßen o. Ä. rennen)
Blit|zer (*ugs. für* Radarfalle)
Blit|zes|schnel|le, die; -
Blitz|ge|rät
blitz|ge|scheit
Blitz|ge|spräch
Blitz|gnei|ßer (*österr. ugs. für* Schnellmerker); **Blitz|gnei|ße|rin** (*österr. ugs.*)
Blitz|kar|rie|re; **Blitz|krieg**
Blitz|lam|pe; **Blitz|licht** *Plur.* ...lichter; **Blitz|licht|auf|nah|me**; **Blitz|licht|ge|wit|ter**

Blitz|ma|ra|thon (Straßenverkehr zahlreiche gleichzeitige Geschwindigkeitskontrollen)
blitz|sau|ber
Blitz|schach; **Blitz|schlag**
blitz|schnell
Blitz|sieg; **Blitz|start**; **Blitz|strahl**; **Blitz|um|fra|ge**; **Blitz|wür|fel**
Bliz|zard [...zɐt], der; -s, -s ⟨engl.⟩ (Schneesturm [in Nordamerika])
¹**Bloch**, der, *auch* das; -[e]s, *Plur.* Blöcher, *österr. meist* Bloche (*südd. u. österr. für* Holzblock, -stamm)
²**Bloch** (dt. Philosoph)
blo|chen (*schweiz. für* bohnern); **Blo|cher** (*schweiz. für* Bohner[besen])
Bloch|holz (*zu* ¹Bloch)

Block

der; -[e]s

Plural für Beton-, Eis-, Eisen-, Fels-, Granit-, Hack-, Holz-, Metall-, Motor-, Stein-, Zylinderblock usw.:
– Blö|cke

Plural für Abreiß-, Bestell-, Brief-, Buch-, Formular-, Häuser-, Kalender-, Kassen-, Notiz-, Quittungs-, Rezept-, Schreib-, Steno[gramm]-, Wohn-, Zeichenblock usw.:
– Blocks *od.* Blö|cke, *österreichisch u. schweizerisch nur* Blö|cke

Plural für Macht-, Militär-, Währungs-, Wirtschaftsblock usw.:
– Blö|cke, *selten* Blocks

Blo|cka|de, die; -, -n ⟨franz.⟩ ([See]sperre, Einschließung; *Druckw.* durch Blockieren gekennzeichnete Stelle; *Zeichen:* ▪)
Block|bil|dung
Block|buch (aus einzelnen Holzschnitten geklebtes Buch des 15. Jh.s)
Block|buch|sta|be
Block|bus|ter [ˈblɔkbastɐ], der; -s, - ⟨engl.⟩ (sehr erfolgreiches Produkt, bes. ein Kinofilm)
blo|cken (*südd. auch für* bohnern); **Blo|cker**, der; -s, - (*südd. für* Bohnerbesen)
Block|flö|te; **Block|haus**
blo|ckie|ren ⟨franz.⟩ (einschließen, blocken, [ab]sperren; unterbinden, unterbrechen; *Druckw.* feh-

lenden Text durch ▪ kennzeichnen)
Blo|ckie|rer; **Blo|ckie|re|rin**
Blo|ckie|rung
blo|ckig (klotzig)
Block|malz, das; -es (Hustenbonbon[s] aus Malzzucker)
Block|po|li|tik
Blocks|berg, der; -[e]s (*in der Volkssage für* ²Brocken)
Block|scho|ko|la|de; **Block|schrift**
Block|se|mi|nar
Block|sig|nal (Eisenbahn)
Block|stel|le (Eisenbahn)
Block|stun|de (Doppelstunde im Schulunterricht)
Blo|ckung
Block|un|ter|richt (Schule)
Block|ver|an|stal|tung
Block|werk (Eisenbahn Kontrollstelle für einen Streckenabschnitt)
blöd, **blö|de** (*ugs. für* dumm); das ist der blödes|te Witz, den ich je gehört habe; sich blöd stellen; *aber* ↑D 72: so etwas Blödes!
Blö|del, der; -s, - (*ugs. abwertend für* dummer Mensch)
Blö|del|bar|de
Blö|de|lei
blö|deln (*ugs. für* Unsinn reden, albern sein); ich blöd[e]le
blö|der|wei|se (*ugs.*)
Blöd|ham|mel (*svw.* Blödel); **Blöd|heit** (Dummheit)
Blö|di|an, der; -[e]s, -e (*svw.* Blödel); **Blö|dig|keit**, die; - (*veraltet für* Schwäche; Schüchternheit)
Blöd|ling (*svw.* Blödel); **Blöd|mann** *Plur.* ...männer (*svw.* Blödel)
Blöd|sinn, der; -[e]s (*ugs.*); **blöd|sin|nig** (*svw.* blöd); **Blöd|sin|nig|keit**
Blog, das, *auch* der; -s, -s ⟨engl.⟩ (*kurz für* Weblog); **Blog|ein|trag**; **blog|gen** (an einem Blog [mit]schreiben); sie bloggt; er hat gebloggt; **Blog|ger** (jmd., der an einem Blog [mit]schreibt); **Blog|ge|rin**
Blo|go|sphä|re *Plur. selten* (Gesamtheit der Weblogs im Internet)
blö|ken
blond ⟨franz.⟩; blond gefärbtes *od.* blondgefärbtes Haar ↑D 58
Blond|chen (*ugs.*, *meist abwertend für* blonde Frau)
¹**Blon|de**, die *u.* der; -n, -n (blonde Frau; blonder Mann)
²**Blon|de**, die *u.* das; -n, -n (Glas Weißbier, helles Bier); zwei Blonde; ein kühles Blondes
³**Blon|de** [*auch* blõː(ə)], die; -, -n (Seidenspitze)

blond ge|färbt, blond|ge|färbt vgl. blond
blond ge|lockt, blond|ge|lockt
Blond|haar, das; -[e]s
blon|die|ren (blond färben)
Blon|di|ne, die; -, -n (blonde Frau)
Blon|di|nen|witz
Blond|kopf; blond|lo|ckig; Blondschopf
¹bloß (nur)
²bloß (entblößt); ↑D 56: wenn die Nerven **bloß liegen** od. bloßliegen; Mauern, Leitungen **bloß legen** od. bloßlegen; *aber nur* sich bloß strampeln; das Kind hat sich bloß gestrampelt
Blö|ße, die; -, -n
bloß|fü|ßig (veraltend)
bloß|le|gen (enthüllen); Hintergründe bloßlegen; vgl. ²bloß
bloß lie|gen, bloß|lie|gen vgl. ²bloß
bloß|stel|len (blamieren); vgl. ²bloß; Bloß|stel|lung
bloß stram|peln vgl. ²bloß
Blou|son [bluˈzõː], das, *auch* der; -[s], -s (franz.) (an den Hüften eng anliegende Jacke mit Bund)
Blow|job [ˈblɔʏdʒɔp] (derb für Fellatio)
Blow-up, Blow|up [ˈblɔʊap], das; -s, -s (engl.) (fotograf. Vergrößerung)
blub|bern (nordd. für glucksen; rasch u. undeutlich sprechen); ich blubbere
Blü|cher (preuß. Feldmarschall)
Blu|denz (österr. Stadt)
Blue|box, die; -, -es, Blue Box, die; --, -- es [ˈbluː..., auch -ˈbɔks] (engl.) (Gerät für ein Projektionsverfahren, das künstliche Hintergründe schafft)
Blue|chip, der; -s, -s, Blue Chip, der; - -s, - -s [ˈbluːtʃip] (engl.) (erstklassiges Wertpapier)
Blue|jean [bluːˈdʒiːn], die; -, -s (österr. für Bluejeans)
Blue|jeans [ˈbluːdʒiːns] (amerik.) (blaue [Arbeits]hose aus geköpertem Baumwollgewebe)
Blues [bluːs], der; -, - (zur Kunstform entwickeltes Volkslied der nordamerik. Schwarzen; älterer Jazzform; langsamer Tanz im ⁴/₄-Takt)
Blue|tooth® [ˈbluːtuːθ], der od. das; -[s] (engl.) (Kurzstreckenfunkstandard); Blue|tooth|anwen|dung
Bluff [auch blœf], der; -s, -s (engl.) (Täuschung); bluf|fen
blü|hen

Blüh|pha|se (Bot.)
Blüm|chen; Blüm|chen|kaf|fee (ugs. scherzh. für dünner Kaffee); Blüm|chen|sex, der (ugs., oft scherzh. od. abwertend für besonders zärtlicher Sex [ohne Koitus])
Blu|me, die; -, -n; Blu|men|beet
Blu|men|bin|der (Berufsbez.); Blu|men|bin|de|rin
Blu|men|bou|quet, Blu|men|bu|kett
Blu|men|draht; Blu|men|frau; Blu|men|ge|schäft
blu|men|ge|schmückt
Blu|men|gruß; Blu|men|kas|ten; Blu|men|kind; Blu|men|kist|chen (österr. schweiz.); Blu|men|kis|te (bes. südd., österr., schweiz. für Blumenkasten); Blu|men|kohl; Blu|men|kü|bel; Blu|men|la|den; Blu|men|ra|bat|te
blu|men|reich
Blu|men|schmuck
Blu|men|strauß Plur. ...sträuße; Blu|men|topf; Blu|men|va|se; Blu|men|wie|se
blü|me|rant (franz.) (ugs. für übel, flau); mir ist ganz blümerant
blu|mig; Blüm|lein
Blun|ze, die; -, -n, *auch* Blun|zen, die; -, - (bayr. österr. ugs. für Blutwurst)
Blu-Ray, **Blu-ray**® [ˈbluːrɛɪ], der od. das; -[s], -s meist ohne Artikel ⟨zu engl. blu[e] ray, »blauer Strahl«⟩ (ein Aufzeichnungs- u. Wiedergabeverfahren bei Datenträgern)
Blu-Ray-Disc, **Blu-ray-Disc**®, Blu-Ray-Disk, Blu-ray-Disk, die; -, -s (DVD mit hoher Speicherkapazität); **Blu-Ray-Lauf|werk**, **Blu-ray-Laufwerk**®; **Blu-Ray-Player**, **Blu-ray-Player**® (Abspielgerät für Blu-Ray-Discs)
Blu|se, die; -, -n (franz.)
Blü|se, die; -, -n (Seemannsspr. Leuchtfeuer)
blu|sig
Blust, der od. das; -[e]s (südd. u. schweiz., sonst veraltet für Blütezeit, Blühen)
Blut, der; -[e]s, Plur. (Med. fachspr.) -e; vgl. blutbildend, blutreinigend usw.
Blut|ader; Blut|al|ko|hol
¹blut|arm (arm an Blut)
²blut|arm (ugs. für sehr arm)
Blut|ar|mut; Blut|bad; Blut|bahn; Blut|bank Plur. ...banken (Sammelstelle für Blutkonserven)
blut|be|schmiert
Blut|bild

blut|bil|dend, Blut bil|dend; ein **blutbildendes** od. Blut bildendes Medikament ↑D 58 u. 59
Blut|bla|se; Blut|bu|che
Blut|di|a|mant meist Plur. (Edelstein, dessen Verkauf der Finanzierung bewaffneter Konflikte dient)
Blut|do|ping (leistungssteigernde Eigenblutinjektion)
Blut|druck Plur. ...drücke u. ...drucke; blut|druck|sen|kend
blut|durch|tränkt; blutdurchtränkte Tücher
Blut|durst; blut|dürs|tig
Blü|te, die; -, -n
Blut|egel; Blut|ei|weiß
blu|ten
Blü|ten|blatt; Blü|ten|ho|nig; Blü|ten|kelch; Blü|ten|le|se
blü|ten|los; blütenlose Pflanze
Blü|ten|pracht; Blü|ten|stand; Blü|ten|staub
Blut|ent|nah|me
blü|ten|weiß; blütenweiße Wäsche
Blü|ten|zweig
Blu|ter (jmd., der an der Bluterkrankheit leidet)
Blut|er|guss
Blu|te|rin
Blu|ter|krank|heit, die; - (erbliche Störung der Gerinnungsfähigkeit des Blutes)
Blut|fett|zeit
Blut|farb|stoff; Blut|fett|wert; Blut|fleck; Blut|ge|fäß; Blut|ge|rinn|sel
blut|ge|tränkt; ein blutgetränktes Taschentuch
Blut|grup|pe; Blut|grup|pen|un|tersu|chung
Blut|hoch|druck, der; -[e]s
Blut|hund
blu|tig
¹...blü|tig (zu Blut) (z. B. heißblütig)
²...blü|tig (zu Blüte) (z. B. langblütig)
blut|jung (ugs. für sehr jung)
Blut|kon|ser|ve (konserviertes Blut); Blut|kör|per|chen; Blutkrebs; Blut|kreis|lauf; Blut|la|che
blut|leer (ohne Blut)
...blüt|ler (z. B. Lippenblütler)
blut|mä|ßig vgl. blutsmäßig
Blut|oran|ge; Blut|pfropf; Blut|plasma; Blut|plätt|chen (Med.); Blutpro|be; Blut|pro|fil (fachspr. für durch Tests über einen längeren Zeitraum ermitteltes Blutbild eines Menschen); Blut|ra|che; Blut|rausch
blut|rei|ni|gend, Blut rei|ni|gend; **blutreinigender** od. Blut reinigender Tee ↑D 58 u. 59
blut|rot; blut|rüns|tig

B blut

blut|sau|gend, Blut sau|gend; ein blutsaugender od. Blut saugender Vampir ↑D 58 u. 59; Blut|sauger; Blut|sau|ge|rin
Bluts|bru|der; Bluts|brü|der|schaft
Blut|schan|de, die; -; blut|schän|de|risch
Blut-Schweiß-und-Trän|en-Re|de (bes. dramatische, schwere Zeiten ankündigende Rede)
Blut|sen|kung; Blut|se|rum
bluts|mä|ßig (durch Blutsverwandtschaft bedingt)
Blut|spen|de; Blut|spen|de|ak|ti|on; Blut|spen|de|dienst; Blut|spen|der; Blut|spen|de|rin
Blut|spur
blut|stil|lend, Blut stil|lend; blutstillende od. Blut stillende Watte ↑D 58 u. 59
Bluts|trop|fen; Blut|sturz
bluts|ver|wandt; Bluts|ver|wand|te; Bluts|ver|wandt|schaft
blutt (südd. mdal., schweiz. ugs. für nackt)
Blut|tat; Blut|trans|fu|si|on
blut|trie|fend; blut|über|strömt
blut|über|tra|gung; Bly|tung
blut|un|ter|lau|fen; blutunterlaufene Augen
Blut|un|ter|su|chung; Blut|ver|dün|ner (ugs. für die Blutgerinnung hemmendes Mittel); Blut|ver|gie|ßen, das; -s; Blut|ver|gif|tung; Blut|ver|lust
blut|ver|schmiert; blut|voll
Blut|wä|sche; Blut|was|ser
blut|we|nig (ugs. für sehr wenig)
Blut|wert (Med.)
Blut|wurst
Blut|zel|le (Med. Blutkörperchen)
Blut|zeu|ge (Märtyrer); Blut|zeu|gin
Blut|zoll, der; -[e]s (geh.)
Blut|zu|cker; Blut|zu|fuhr
BLZ, die; - = Bankleitzahl
B-Ma|tu|ra (österr. für Beamtenaufstiegsprüfung)
BMI, der; - = Body-Mass-Index
b-Moll [ˈbeːmɔl, auch ˈbeːˈmɔl], das; -[s] (Tonart; Zeichen b); b-Moll-Ton|lei|ter
B-Mo|vie [ˈbiːmuːvi], das; -[s], -s ⟨engl.-amerik.⟩ (Film mit geringen Mitteln produzierter Film)
BMW®, der; -[s], -[s] ⟨nach dem Unternehmen Bayerische Motoren Werke AG⟩ (deutsche Kraftfahrzeugmarke)
BMX-Rad [beːˈɛmˈɪks...] ⟨zu engl. bicycle moto-cross⟩ (kleineres, bes. geländegängiges Fahrrad)
BND, der; -[s] = Bundesnachrichtendienst

BNE, das; -s = Bruttonationaleinkommen
BNP, das; -[s] = Bruttonationalprodukt
Bö, Böe, die; -, Böen (heftiger Windstoß)
Boa, die; -, -s (eine Riesenschlange; langer, schmaler Schal aus Pelz od. Federn)
boah! [boːɐ̯] (Ausruf des Staunens)
¹Board [bɔːɐ̯t], das; -s, -s ⟨engl.⟩ (kurz für Kickboard, Skateboard, Snowboard u. Ä.)
²Board [bɔːɐ̯t], das, auch der; -s, -s ⟨engl.⟩ (Wirtsch. für die Leitung u. Kontrolle eines Unternehmens zuständiges Gremium)
boar|den [ˈbɔːɐ̯dn̩] ⟨engl.⟩; wir sind/haben geboardet (Snowboard oder Skateboard gefahren); sie sind als Erste geboardet (Flugw. haben das Flugzeug als Erste bestiegen); Boar|ding, das; -s -s (Flugw. das Besteigen eines Passagierflugzeugs)
Boat|peo|ple, Boat-Peo|ple [ˈbɔʊ̯tpiːpl̩] Plur. ⟨engl.⟩ ↑D 22 (mit Booten geflohene [vietnamesische] Flüchtlinge)
¹Bob (m. Vorn.)
²Bob, der; -s, -s ⟨engl., Kurzform für Bobsleigh⟩ (Rennschlitten); Bob|bahn
bob|ben (beim Bobfahren durch eine ruckweise Oberkörperbewegung die Fahrt beschleunigen)
Bob|by [...bi], der; -s, -s ⟨nach dem Reorganisator der engl. Polizei, Robert (»Bobby«) Peel⟩ ⟨engl. ugs. für Polizist⟩
¹Bo|ber, der; -s, - (schwimmendes Seezeichen)
²Bo|ber, der; -s - (Nebenfluss der Oder)
Bob|fah|rer; Bob|fah|re|rin
Bo|bi|ne, der; -, -n ⟨franz.⟩ ([Garn]spule in der Baumwollspinnerei; Bergmannsspr. Wickeltrommel für Förderseile)
Bo|bi|net [auch ...ˈnɛt], der; -s, -s ⟨engl.⟩ (Gewebe; engl. Tüll)
Bo|bo, der; -s, -s u. die; -, -s ⟨Kurzw. aus franz. bourgeois u. bohémien⟩ (österr., auch abwertend Angehörige[r] einer modernen städtischen Gesellschaftsschicht)
Bob|sleigh [...sleː] vgl. ²Bob
Bob|tail [...teːl], der; -s, -s ⟨engl.⟩ (Hunderasse)
Boc|cac|cio [...ˈkatʃo] (ital. Dichter)

Boc|cia [...tʃa], das od. die; -, -s ⟨ital.⟩ (ital. Kugelspiel)
Boche [bɔʃ], der; -, -s ⟨franz.⟩ (franz. Schimpfname für den Deutschen)
Bo|cholt (Stadt im Münsterland)
Bo|chum (Stadt im Ruhrgebiet); Bo|chu|mer; Bo|chu|me|rin
¹Bock, der; -[e]s, Böcke (Ziegen-, Rehbock o. Ä.; Gestell; Turngerät; schweiz. auch für Sitz des Parlamentspräsidenten); Bock springen; aber das Bockspringen; (bes. Jugendspr.) auf etw. Bock (Lust) haben
²Bock, das, auch der; -s ⟨kurz für Bockbier⟩; zwei Bock
bock|bei|nig (ugs. für widerspenstig)
Bock|bier
Böck|chen
bö|ckeln (landsch. für nach ¹Bock riechen)
bo|cken; bo|ckig; Bo|ckig|keit
Bock|kä|fer; Bock|lei|ter, die
Böck|lin (schweiz. Maler)
Bock|mist (ugs. für Blödsinn, Fehler)
Bocks|beu|tel (bauchige Flasche; Frankenwein in solcher Flasche)
Bocks|dorn, der; -[e]s, -e (ein Strauch)
Böck|ser, der; -s, - (Winzerspr. fauliger Geruch u. Geschmack bei jungem Wein)
Bocks|horn Plur. ...hörner; lass dich nicht ins Bockshorn jagen (ugs. für einschüchtern)
Bocks|hörndl, das; -s, -n (österr. ugs. für Frucht des Johannisbrotbaumes); Bocks|horn|klee, der; -s (eine Pflanze)
Bock|sprin|gen, das; -s ↑D 82
Bock|sprung
bock|stark (ugs. für sehr stark, sehr gut)
bock|still (schweiz. ugs. für völlig bewegungslos)
Bock|wurst
Bo|cuse [bɔˈkyːz] (franz. Koch)
Bod|den, der; -s, - (nordd. für Strandsee, [Ostsee]bucht)
Bo|de|ga, die; -, -s ⟨span.⟩ (span. Weinkeller, -schenke)
Bo|de|gym|nas|tik, Bo|de-Gym|nas|tik, die; - (Ausdrucksgymnastik nach Rudolf Bode)
Bo|del|schwingh (dt. ev. Theologe)
Bo|den, der; -s, Böden
Bo|den|ab|wehr; Bo|den|be|ar|bei|tung; Bo|den|be|lag
Bo|den-Bo|den-Ra|ke|te

Bollandist

Bo|den|ero|si|on; Bo|den|frei|heit; Bo|den|frost
Bo|den|haf|tung (*Motorsport; auch bildlich für* Realitätssinn)
Bo|den|hal|tung
Bo|den|hoch (*Meteorol.* in Bodennähe liegendes Hochdruckgebiet)
Bo|den|kam|mer
bo|den|lang; ein bodenlanges Kleid
Bo|den|le|ger (Berufsbez.); Bo|den|le|ge|rin
bo|den|los ↑D 72: ins Bodenlose fallen; bo|den|nah
Bo|den|ne|bel; Bo|den|per|so|nal; Bo|den|pro|be; Bo|den|re|form; Bo|den|satz; Bo|den|schät|ze *Plur.*
Bo|den|see, der; -s
Bo|den|spe|ku|la|ti|on
bo|den|stän|dig; Bo|den|stän|dig|keit, die; -
Bo|den|sta|ti|on
Bo|den|staub|sau|ger; bo|den|tief; ein bodentiefes Fenster; Bo|den|tief (*Meteorol.* in Bodennähe liegendes Tiefdruckgebiet); Bo|den|trup|pe *meist Plur.*; Bo|den|tur|nen; Bo|den|va|se; Bo|den|wachs (*österr.* für Bohnerwachs); Bo|den|wel|le; Bo|den|wich|se (*schweiz.* für Bohnerwachs)
bo|di|gen (*schweiz.* für besiegen)
Bod|me|rei (Schiffsbeleihung, -verpfändung)
Bo|do (m. Vorn.); *vgl.* Boto
Bo|dy [...di], der; -s, -s ⟨engl.⟩ (*engl. Bez. für* Körper; *kurz für* Bodysuit)
Bo|dy|buil|der [...bɪldɐ], der; -s, - (jmd., der Bodybuilding betreibt); Bo|dy|buil|de|rin; Bo|dy|buil|ding, das; -s (gezieltes Muskeltraining mit besonderen Geräten)
Bo|dy|cam [...kɛm], die; -, -s (Körperkamera)
Bo|dy|check, der; -s, -s (erlaubtes Rempeln des Gegners beim Eishockey)
Bo|dy|guard [...gaːɐ̯t], der; -s, -s (Leibwächter)
Bo|dy|lo|ti|on [...bɔʊ̯n, ...loːʃn] (Körperlotion)
Bo|dy-Mass-In|dex [...mæs...] (*Med.* Verhältnis von Körpergröße u. -gewicht; *Abk.* BMI)
Bo|dy|pain|ting [...peɪn...], das; -[s], -s (Bemalung des ganzen Körpers als Kunstform)
Bo|dy|scree|ning [...skriːnɪŋ], das; -[s], -s (computergestütztes Verfahren zur Durchleuchtung von Personen)
Bo|dy|sto|cking [...stɔ...], der; -[s], -s (*vgl.* Bodysuit); Bo|dy|suit [...sjuːt], der; -s, -s (eng anliegende, einteilige Unterkleidung)
Bo|dy|wrap|ping [...rɛpɪŋ], das; -[s], -s (kosmetische Behandlungsmethode, bei der Körperteile mit einer besonderen Folie umwickelt werden)
Böe *vgl.* Bö
Boe|ing® [ˈboːɪŋ], die; -, -s ⟨nach dem amerik. Flugzeughersteller Boeing⟩ (Flugzeugtyp)
Bo|e|thi|us (spätröm. Philosoph)
Bo|fist [*auch* boˈfɪst], Bo|vist [ˈboːvɪst, *auch* boˈvɪst], der; -[e]s, -e (ein Pilz)
bog *vgl.* biegen
Bo|gart, Humphrey [ˈhamfrɪ] (amerik. Schauspieler)
Bo|gen, der; -s, *Plur. - u. (bes. südd., österr. u. schweiz.)* Bögen; *Abk.* (für den Bogen Papier:) Bg.; in Bausch und Bogen (ganz und gar)
Bo|gen|füh|rung
Bo|gen|lam|pe
Bo|gen|ma|cher (Berufsbez.); Bo|gen|ma|che|rin
Bo|gen|schie|ßen, das; -s; Bo|gen|schüt|ze; Bo|gen|schüt|zin
Bo|gey [ˈbɔʊ̯gi], der; -s, -s ⟨engl.⟩ (*Golf* ein Schlag über Par)
bo|gig
Bo|gis|law (m. Vorn.)
Bog|ner (Bogenschütze; Bogenmacher); Bog|ne|rin
Bo|go|tá (Hauptstadt Kolumbiens)
Bo|hei *vgl.* Buhei
Bo|heme [boˈɛːm, *auch* boˈheːm], die; - (unkonventionelles Künstlermilieu); Bo|he|mi|en [boeˈmi̯ɛː, *auch* bohe...], der; -s, -s (Angehöriger der Boheme); Bo|he|mi|enne [...ˈmi̯ɛn], die; -, -s [...ˈmi̯ɛn]
Boh|le, die; -, -n (starkes Brett); Boh|len|be|lag
Böh|me, der; -n, -n; Böh|men; Böh|mer|land, das; -[e]s; Böh|mer|wald, der; -[e]s (ein Gebirge); Böh|mer|wäld|ler; Böh|mer|wäld|le|rin
böh|min, böh|misch (*auch ugs. für* unverständlich); das kommt mir böhmisch vor; ↑D 89: [das sind für mich] böhmische Dörfer, *aber* ↑D 140: Böhmisches Mittelgebirge
Böhn|chen

Boh|ne, die; -, -n
boh|nen (*landsch. für* bohnern)
Boh|nen|ein|topf; Boh|nen|kaf|fee; Boh|nen|kraut; Boh|nen|sa|lat; Boh|nen|stroh; dumm wie Bohnenstroh (ugs.)
Boh|ner (*svw.* Bohnerbesen); Boh|ner|be|sen; boh|nern; ich bohnere; Boh|ner|wachs
boh|ren; Boh|rer
Bohr|fut|ter
Bohr|ham|mer (mit Druckluft betriebener Schlagbohrer)
Bohr|in|sel; Bohr|loch; Bohr|ma|schi|ne; Bohr|turm; Bohr|ung
bö|ig; böiger Wind (in kurzen Stößen wehender Wind)
Boi|ler, der; -s, - ⟨engl.⟩ (Warmwasserbereiter)
Boi|zen|burg (Stadt an der Elbe)
Bo|jar, der; -en, -en ⟨russ.⟩ (Adliger im alten Russland; Großgrundbesitzer im alten Rumänien); Bo|ja|rin
Bo|je, die; -, -n (*Seemannsspr.* [verankerter] Schwimmkörper als Seezeichen od. zum Festmachen); Bo|jen|ge|schirr
Bok|mål [...moːl], das; -[s] ⟨norw.⟩ (vom Dänischen beeinflusste norw. Schriftsprache [*vgl.* Riksmål *u.* Nynorsk])
Bol *vgl.* Bolus
Bo|la, die; -, -s ⟨span.⟩ (südamerik. Wurf- u. Fangleine)

Bowle

Das auf das Englische zurückgehende Substantiv wird mit einem in der Lautung nicht hörbaren -w- geschrieben.

Bo|le|ro, der; -s, -s (Tanz; kurze Jacke); Bo|le|ro|jäck|chen
Bo|li|de, der; -n, -n (schwerer Rennwagen; *Astron.* Meteor)
Bo|li|var, der; -[s], -[s] (Währungseinheit in Venezuela)
Bo|li|vi|a|ner; Bo|li|vi|a|ne|rin; bo|li|vi|a|nisch
Bo|li|vi|a|no, der; -[s], -[s] (bolivianische Währungseinheit)
Bo|li|vi|en (südamerikanischer Staat); Bo|li|vi|er *vgl.* Bolivianer; Bo|li|vi|e|rin *vgl.* Bolivianerin; bo|li|visch *vgl.* bolivianisch
böl|ken (*nordd. für* blöken [vom Rind, Schaf], brüllen; aufstoßen)
Böll, Heinrich (dt. Schriftsteller)
Bol|lan|dist, der; -en, -en (Mitglied

B
Boll

der jesuit. Arbeitsgemeinschaft zur Herausgabe von Heiligenleben)
Bol|le, die; -, -n ⟨landsch. für Zwiebel; Loch im Strumpf⟩
Bol|len, der; -s, - ⟨landsch. für Klumpen⟩
Böl|ler (kleiner Mörser zum Schießen, Feuerwerkskörper)
bol|lern ⟨landsch. für poltern, krachen⟩; ich bollere
böl|lern; ich böllere
Bol|ler|wa|gen ⟨landsch. für Handwagen⟩
Bol|let|te, die; -, -n ⟨ital.⟩ ⟨österr. für Zoll-, Steuerbescheinigung⟩
Boll|werk
Bol|ly|wood [...livʊt] ⟨engl.⟩ (indische Filmindustrie)
Bo|lo|gna [...'lɔnja] (italienische Stadt)
Bo|lo|gna-Pro|zess, Bo|lo|gna|pro|zess ⟨[in Bologna 1999 beschlossene] Vereinheitlichung des europ. Hochschulwesens⟩;
↑D 143; **Bo|lo|gna-Re|form**, Bo|lo|gna|re|form; svw. Bologna-Prozess
Bo|lo|gne|se, der; -n, -n (seltener); **Bo|lo|gne|ser**; **Bo|lo|gne|se|rin**; **Bo|lo|gne|sin** (seltener); **bo|lo|gne|sisch**
Bo|lo|me|ter, das; -s, - ⟨griech.⟩ (Strahlungsmessgerät)
Bol|sche|wik, der; -en, Plur. -i u. (abwertend) -en ⟨russ.⟩ (hist. Bez. für Mitglied der kommunistischen Partei Russlands bzw. der Sowjetunion); **Bol|sche|wi|ki**; **bol|sche|wi|sie|ren**; **Bol|sche|wi|sie|rung**
Bol|sche|wis|mus, der; -; **Bol|sche|wist**, der; -en, -en; **Bol|sche|wis|tin**; **bol|sche|wis|tisch**
Bol|schoi|the|a|ter (Opern- u. Ballettbühne in Moskau)
Bo|lus, Bol, der; -, ...li ⟨griech.⟩ (Tonerdesilikat; Med. Bissen; große Pille)
Bol|za|no (ital. Name von Bozen)
bol|zen (Fußball derb, systemlos spielen); du bolzt
Bol|zen, der; -s, -; **bol|zen|ge|ra|de**
Bol|ze|rei; **Bolz|platz**
Bom|bal|ge [...ʒə], die; -, -n ⟨franz.⟩ (Biegen von Glastafeln u. Blech; Hervorwölbung des Deckels von Konservendosen mit verdorbenem Inhalt)
Bom|bar|de, die; -, -n (Steinschleudermaschine des 15. bis 17. Jh.s)
Bom|bar|de|ment [...'māː, österr. ...bard'māː, schweiz. bɔmbarda-

'ment], das; -s, Plur. -s u. (bei schweiz. Aussprache:) -e (Beschießung; Abwurf von Bomben); **bom|bar|die|ren**
Bom|bar|dier|kä|fer
Bom|bar|die|rung
Bom|bar|don [...'dõː], das; -s, -s (Basstuba)
Bom|bast, der; -[e]s ⟨pers.-engl.⟩ ([Rede]schwulst, Wortschwall); **bom|bas|tisch**
Bom|bay [...be] vgl. Mumbai
Bom|be, die; -, -n ⟨franz.⟩ (mit Sprengstoff angefüllter Hohlkörper; ugs. wuchtiger Schuss aufs [Fußball]tor); **bom|ben**
Bom|ben|alarm; **Bom|ben|an|griff**; **Bom|ben|an|schlag**; **Bom|ben|at|ten|tat**; **Bom|ben|dro|hung**
Bom|ben|er|folg (ugs. für großer Erfolg)
Bom|ben|ex|plo|si|on
¹**bom|ben|fest**; ein bombenfester Unterstand
²**bom|ben|fest** (ugs. für ganz sicher); sie behauptet es bombenfest
Bom|ben|flug|zeug
Bom|ben|form, die; - (ugs.); **Bom|ben|ge|schäft** (ugs.)
Bom|ben|ha|gel; **Bom|ben|krieg**
Bom|ben|le|ger; **Bom|ben|le|ge|rin**
Bom|ben|nacht
Bom|ben|schuss (Sport)
¹**bom|ben|si|cher**; ein bombensicherer Keller
²**bom|ben|si|cher** (ugs.); sie weiß es bombensicher
Bom|ben|stim|mung (ugs.)
Bom|ben|tep|pich; **Bom|ben|ter|ror**; **Bom|ber|ja|cke**; **Bom|ber|ver|band**
bom|bie|ren ⟨zu Bombage⟩ (fachspr. für biegen [von Glas, Blech]); bombiertes Blech (Wellblech); **Bom|bie|rung**
bom|big (ugs. für hervorragend); eine bombige Party
Bom|mel, die; -, -n u. der; -s, - (landsch. für Quaste)
Bon [bɔŋ, auch bõː], der; -s, -s ⟨franz.⟩ (Gutschein; Kassenzettel)
bo|na fi|de ⟨lat.⟩ (guten Glaubens)
Bo|na|par|te (Familienn. Napoleons)
Bo|na|par|tis|mus, der; -; **Bo|na|par|tist**, der; -en, -en (Anhänger der Familie Bonaparte)
Bo|na|ven|tu|ra (Kirchenlehrer)
Bon|bon [bõˈbõː], der od. (österr. nur) das; -s, -s ⟨franz.⟩ (Süßigkeit zum Lutschen); **bon|bon|bunt**; **bon|bon|far|ben**

Bon|bon|ni|e|re, Bon|bo|ni|e|re, die; -, -n (gut ausgestattete Pralinenpackung)
bon|bon|ro|sa vgl. blau
Bond, der; -s, -s ⟨engl.⟩ (Bankw. Schuldverschreibung mit fester Verzinsung)
Bong, die; -, -s ⟨Thai⟩ (Wasserpfeife zum Haschischrauchen)
bon|gen ⟨franz.⟩ (ugs. für einen Kassenbon tippen); ist gebongt (ugs. für ist abgemacht)
Bon|go, das; -[s], -s od. die; -, -s meist Plur. ⟨span.⟩ (paarweise verwendete [Jazz]trommel); **Bon|go|trom|mel**
Bön|ha|se (nordd. für Pfuscher; nicht zünftiger Handwerker)
Bon|hoef|fer [...hœfɐ] (ev. Theologe)
Bon|ho|mie [bɔnɔ'miː], die; -, ...ien ⟨franz.⟩ (veraltet für Gutmütigkeit, Einfalt); **Bon|homme** [bɔˈnɔm], der; -, -s (veraltet für gutmütiger, einfältiger Mensch)
bo|nie|ren ⟨franz.⟩ (bes. österr. für bongen)
Bo|ni|fa|ti|us, Bo|ni|faz [auch 'boː...] (Verkünder des Christentums in Deutschland; m. Vorn.); **Bo|ni|fa|ti|us|brun|nen**
Bo|ni|fi|ka|ti|on, die; -, -en ⟨lat.⟩ (Vergütung, Gutschrift); **bo|ni|fi|zie|ren** (vergüten, gutschreiben)
Bo|ni|tät, die; -, -en (Kaufmannsspr. [guter] Ruf einer Person od. Firma in Bezug auf ihre Zahlungsfähigkeit [nur Sing.]; Forstwirtsch., Landwirtsch. Güte, Wert eines Bodens)
bo|ni|tie|ren ([Grundstück, Boden, Waren] schätzen); **Bo|ni|tie|rung**
Bon|mot [bõˈmoː], das; -s, -s ⟨franz.⟩ (geistreiche Wendung)
Bonn (Stadt am Rhein; frühere Hauptstadt der Bundesrepublik Deutschland)
Bon|nard [...'naːɐ̯] (franz. Maler)
Bon|ner ⟨zu Bonn⟩; **Bon|ne|rin**
Bon|net [...'neː], das; -s, -s ⟨franz.⟩ (Damenhaube des 18. Jh.s)
¹**Bon|sai**, der; -[s], -[s] ⟨jap.⟩ (jap. Zwergbaum)
²**Bon|sai**, das; -s - (Kunst des Ziehens von Zwergbäumen)
Bon|sels (dt. Schriftsteller)
Bont|je, der; -s, -s (landsch. für Bonbon)
Bo|nus, der; Gen. - u. Bonusses, Plur. - u. Boni, auch Bonusse ⟨lat.⟩ (Vergütung; Rabatt)
Bo|nus-Ma|lus-Sys|tem (Wirtsch. das ökonomische Verhalten

steuerndes System von positiven u. negativen Anreizen)

Bo|nus|ma|te|ri|al (zusätzliche Aufnahme auf einer CD od. DVD [als Kaufanreiz])

Bo|nus|mei|le (Einheit im Rabattsystem von Fluggesellschaften);
Bo|nus|pro|gramm (Wirtsch.);
Bo|nus|punkt; Bo|nus|track [...trɛk], der; -s, -s ⟨engl.⟩ (als Kaufanreiz gedachte zusätzliche Aufnahme auf einer CD od. DVD); **Bo|nus|zah|lung; Bo|nus|zer|ti|fi|kat** (Wirtsch., Börsenw. zu den Derivaten gehörende Form der Geldanlage)

Bon|vi|vant [bõviˈvã:], der; -s, -s ⟨franz.⟩ (veraltend für Lebemann; Theater Fach des Salonhelden)

Bon|ze, der; -n, -n ⟨jap.⟩ ([buddhistischer] Mönch, Priester; abwertend für dem Volk entfremdeter höherer Funktionär); **Bon|zen|tum,** das; -s

Böögg [...k], der; Gen. -s od. -en, Plur. -e od. -en (schweizerische Fastnachts- u. Brauchtumsfigur)

Boo|gie-Woo|gie [ˈbʊgiˈvʊgi], der; -[s], -s ⟨amerik.⟩ (Jazztanz; ein Tanz)

Book|let [ˈbʊklɪt], das; -s, -s ⟨engl.⟩ (kleines Beiheft)

Book|mark [ˈbʊkmark], der; -s od. die; -, -s od. das; -s, -s ⟨engl.⟩ (EDV Eintrag einer Internetadresse in einem elektronischen Verzeichnis)

Book-on-De|mand, Book-on-demand [bʊkˈɔndiˈmaːnt], der; Gen. **Book[s]-on-Demand**, Book[s]-on-demand, Plur. **Books-on-Demand**, Books-on-Demand ⟨engl.⟩ (auf Anforderung gedrucktes Buch)

boole'scher Aus|druck, Boole'scher Aus|druck [ˈbuːl...] ⟨nach dem brit. Mathematiker Boole⟩ (Informatik in Programmiersprachen verwendeter Ausdruck, der nur den Wert »wahr« od. »falsch« haben kann); ↑D 89

Boom [buːm], der; -s, -s ⟨engl.⟩ ([plötzlicher] Wirtschaftsaufschwung); **boo|men** (ugs. für einen Boom erleben)

Boos|ter [ˈbuːstɐ], der; -s, - ⟨engl.⟩ (Elektronik Zusatzverstärker für Antennen- u. Hi-Fi-Anlagen)

¹**Boot,** das; -[e]s, Plur. -e, landsch. auch Böte; Boot fahren

²**Boot** [buːt], der; -s, -s meist Plur.

⟨engl.⟩ (bis über den Knöchel reichender [Wildleder]schuh)

Boot|camp [ˈbuːtkɛmp], das; -s, -s ⟨engl.⟩ (Trainingslager für Rekruten od. straffällig gewordene Jugendliche [in den USA])

Boot|chen vgl. Bötchen

boo|ten [ˈbuːtn] (EDV einen Computer neu starten); ich boote, ich habe gebootet

Bo|o|tes, der; - ⟨griech.⟩ (ein Sternbild)

Bö|o|ti|en (altgriech. Landschaft); **Bö|o|ti|er; Bö|o|ti|e|rin**

Boot|leg [buːt...], das; -s, -s ⟨amerik.⟩ (illegale Tonaufnahme);
Boot|leg|ger [ˈbuːt...], der; -s, - ⟨amerik.⟩ (amerik. Bez. für Alkoholschmuggler; Hersteller illegaler Tonaufnahmen)

Boot|loa|der [ˈbuːtləʊdɐ], der; -s, - ⟨engl.⟩ (EDV das Betriebssystem startende Software)

Boots|bau, der; -[e]s, ...bauten Plur. selten; **Boots|fahrt; Boots|frau; Boots|gast** (Matrose im Bootsdienst); **Boots|ha|ken; Boots|haus; Boots|län|ge**

Boots|mann Plur. ...leute; **Boots|manns|maat**

Boots|mo|tor; Boots|steg

boot[s]|wei|se

Bor, das; -s ⟨pers.⟩ (chemisches Element, Nichtmetall; Zeichen B)

Bo|ra, die; -, -s ⟨ital.⟩ (kalter Adriawind)

Bo|ra|go, der; -s ⟨arab.⟩ (Borretsch)

Bo|rat, das; -[e]s, -e ⟨pers.⟩ (borsaures Salz)

Bo|rax, der, österr. auch das; Gen. - u. -es (Borverbindung)

Bor|chardt (dt. Schriftsteller)
Bor|chert (dt. Schriftsteller)

¹**Bord,** das; -[e]s, -e ([Bücher-, Wand]brett)

²**Bord,** der; -[e]s, -e ([Schiffs]rand, -deck, -seite; übertr. auch für Schiff, Luftfahrzeug); an Bord gehen; Mann über Bord!

³**Bord,** das; -[e]s, -e ⟨schweiz. für Rand, [kleiner] Abhang, Böschung)

Bord|buch (Schiffstagebuch; Fahrtenbuch)

Bord|case [...keɪs], das u. der; -, -s ⟨dt.; engl.⟩ (kleiner Koffer [für Flugreisen])

Bord|com|pu|ter; Bord|dienst

Bör|de, die; -, -n (fruchtbare Ebene); Magdeburger Börde

¹**Bor|deaux** [...ˈdo:] (franz. Stadt); Bordeaux' [...ˈdo:s] Hafen

²**Bor|deaux,** der; -, Plur. (Sorten:) - (ein Wein); **bor|deaux|rot** (weinrot); vgl. blau

Bor|de|lai|ser [...ˈlɛ:...]; Bordelaiser Brühe (Mittel gegen [Reben]krankheiten)

Bor|de|le|se, der; -n, -n (Einwohner von Bordeaux); **Bor|de|le|sin**

Bor|dell, das; -s, -e (Haus, in dem Prostituierte ihrem Gewerbe nachgehen)

bör|deln (Blech mit einem Rand versehen; umbiegen); ich bördelle; **Bör|de|lung**

Bor|der|line|syn|drom, Bor|der|line-Syn|drom [...laɪn...] ⟨engl.⟩ (Med. eine psych. Erkrankung)

Bor|de|ro, Bor|de|reau [...ˈro:], der od. das; -s, -s ⟨franz.⟩ (Bankw. Verzeichnis eingelieferter Wertpapiere)

Bor|der|preis ⟨engl.; dt.⟩ (Preis frei Grenze)

Bord|funk; Bord|fun|ker; Bord|fun|ke|rin

bor|die|ren ⟨franz.⟩ (fachspr. für einfassen, besetzen); **Bor|die|rung**

Bord|ka|me|ra; Bord|kan|te; Bord|kar|te (Flugw.)

Bord|mit|tel Plur.

Bord|stein; Bord|stein|kan|te

Bor|dü|re, die; -, -n ⟨franz.⟩ (Einfassung, [farbiger] Geweberand, Besatz); **Bor|dü|ren|kleid**

Bord|waf|fe meist Plur.; **Bord|zei|tung**

bo|re|al ⟨griech.⟩ (nördlich)

¹**Bo|re|as** ⟨griech. Gottheit [des Nordwindes]⟩

²**Bo|re|as,** der; - (Nordwind im Gebiet des Ägäischen Meeres)

Bö|rek, der od. das; -s, -s ⟨türk.⟩ (eine Art Strudelgebäck mit einer Füllung aus Fleisch, Käse od. Gemüse)

¹**Borg** (das Borgen); nur noch in auf Borg kaufen

²**Borg,** der; -[e]s, -e (bereits als Ferkel kastriertes männliches Schwein)

bor|gen

Bor|ges [ˈbɔrxes], Jorge [xɔrxe] Luis (argentin. Schriftsteller)

Bor|ghe|se [...ˈgeː...] (röm. Adelsgeschlecht)

Bor|gia [...dʒa], der; -s, -s u. die; -, -s (Angehörige[r] eines span.-ital. Adelsgeschlechtes)

Bor|gis, die; - ⟨franz.⟩ (Druckw. ein Schriftgrad)

Bo|ris (m. Vorn.)

Bor|ke, die; -, -n (Rinde)

Borkenkäfer

Bor|ken|kä|fer; Bor|ken|krepp
Bor|ken|scho|ko|la|de
bor|kig
Bor|kum (eine der Ostfriesischen Inseln)
Born, der; -[e]s, -e (geh., veraltet für Quelle, Brunnen)
Bor|ne (dt. Schriftsteller)
Bor|neo (größte der Großen Sundainseln)
Born|holm (eine dän. Ostseeinsel)
bor|niert ⟨franz.⟩ (unbelehrbar, engstirnig); Bor|niert|heit
Bor|re|li|o|se, die; -, -n (Med. durch Zecken übertragene Infektionskrankheit)
Bor|retsch, der; -[e]s (ein Küchenkraut)
Bör|ri|es (m. Vorn.)
Bor|ro|mä|i|sche In|seln Plur. (im Lago Maggiore); ↑D 135
Bor|ro|mä|us (m. Eigenn.); Bor|ro|mä|us|ver|ein, Bor|ro|mä|us-Verein
Bor|sal|be (ein Heilmittel); Bor|säu|re, die; -
Borschtsch, der; - ⟨russ.⟩ (osteuropäische Suppe mit Roter Bete u. Fleisch)
Bör|se, die; -, -n ⟨niederl.⟩ (Wirtsch. Markt für Wertpapiere; veraltend für Portemonnaie; Boxen Einnahme aus einem Wettkampf)
Bör|sen|auf|sicht (staatliche Überwachung der Börse auf Einhaltung der gesetzlichen Vorschriften)
Bör|sen|be|richt; Bör|sen|crash (svw. Börsenkrach); Bör|sen|gang; Bör|sen|ge|schäft; Bör|sen|gu|ru (scherzh.)
Bör|sen|han|del; Bör|sen|händ|ler; Bör|sen|krach (Börsensturz infolge einer Wirtschaftskrise)
Bör|sen|kurs; Bör|sen|mak|ler; Bör|sen|mak|le|rin
bör|sen|no|tiert, bör|se|no|tiert (Wirtsch.); ein bör|se[n]notiertes Unternehmen; aber ein an der Börse notiertes Unternehmen
Bör|sen|platz; Bör|sen|schluss
Bör|sen|spe|ku|lant; Bör|sen|spe|ku|la|tin; Bör|sen|spe|ku|la|ti|on
Bör|sen|sturz (plötzliches u. tiefes Fallen der Börsenkurse)
Bör|sen|tag (Handelstag an einer Börse); bör|sen|täg|lich (an einem Börsentag, an Börsentagen [stattfindend])

Bör|sen|tipp; Bör|sen|um|satz|steu|er; Bör|sen|ver|ein; Bör|sen|wert (Wirtsch. an der Börse gehandeltes Wertpapier; Kurswert der Aktien einer Firma)
Bör|sen|zo|cker (ugs. für jmd., der bes. riskante Börsengeschäfte tätigt); Bör|sen|zo|cke|rin (ugs.)
Bör|si|a|ner (ugs. für Börsenmakler, -spekulant); Bör|si|a|ne|rin
börs|lich (Wirtsch., Börsenw.)
Bors|te, die; -, -n (starkes Haar); Bors|ten|vieh
bors|tig; Bors|tig|keit
Borst|wisch (ostmitteld. für Handfeger)
Bor|te, die; -, -n (gemustertes Band als Besatz)
Bo|rus|se, der; -n, -n (scherzh. für Preuße); Bo|rus|sia, die; - (Frau engestalt als Symbol Preußens)
Bor|was|ser, das; -s
bös vgl. böse
bös|ar|tig; Bös|ar|tig|keit
¹Bosch, Robert (dt. Erfinder); die boschsche od. Bosch'sche Zündkerze
²Bosch [auch bɔs], Hieronymus (niederl. Maler)
bö|schen (Eisenbahn, Straßenbau abschrägen)
Bö|schung; Bö|schungs|win|kel
Bos|co, Don (Priester u. Pädagoge)

bö|se

Kleinschreibung:
– böser Blick; böses Wetter; eine böse Sieben; der böseste seiner Feinde

Großschreibung der Substantivierung ↑D 72:
– das Böseste, was mir passieren kann; im Bösen auseinandergehen; sich zum Bösen wenden
– das Gute und das Böse unterscheiden; im Guten wie im Bösen; jenseits von Gut und Böse
– der Böse (vgl. d.)

Bö|se, der; -n, -n (auch für Teufel [nur Sing.])
Bö|se|wicht, der; -[e]s, -e[r]; Bö|se|wich|tin
bos|haft; Bos|haf|tig|keit
Bos|heit
Bos|kett, das; -s, -e ⟨franz.⟩ (Ziergebüsch)
Bos|kop, Bos|koop, der; -s, - ⟨nach dem niederl. Ort Boskoop⟩ (eine Apfelsorte)
Bos|ni|ak, der; -en, -en (österr. für

Bosnier, Bosniake; auch ein Kümmelgebäck); Bos|ni|a|ke, der; -n, -n (südslaw. Moslem in Bosnien u. Herzegowina); Bos|ni|a|kin
Bos|ni|ckel vgl. Bosnigl
Bos|ni|en (Gebiet im Norden von Bosnien u. Herzegowina); Bos|ni|en-Her|ze|go|wi|na, -s, amtlich Bos|ni|en und Her|ze|go|wi|na, -s - -s (Staat in Südosteuropa)
Bos|ni|er; Bos|ni|e|rin
Bos|nigl, der; -s, -n, Bos|ni|ckel, der; -s, - (bayr., österr. ugs. für boshafter Mensch)
bos|nisch; bos|nisch-her|ze|go|wi|nisch
Bos|po|rus, der; - (Meerenge bei Istanbul)
Boss, der; Bosses, Bosse ⟨amerik.⟩ (Chef; Vorgesetzter)
Bos|sa no|va, der, auch die; - -, - -s ⟨port.⟩ (ein Tanz)
Bo|ßel, der; -s, - u. die; -, -n (nordd. für Kugel)
bos|se|lie|ren vgl. bossieren
bos|seln (ugs. für kleine Arbeiten [peinlich genau] machen; auch für bossieren); ich boss[e]le
bo|ßeln (nordd. für mit der [dem] Boßel werfen); ich boß[e]le
Bos|sen|qua|der; Bos|sen|werk (rau bearbeitetes Mauerwerk)
Bos|sier|ei|sen (Gerät zum Behauen roher Mauersteine)
bos|sie|ren (die Rohform einer Figur aus Stein herausschlagen; Mauersteine behauen; auch in Ton, Wachs od. Gips modellieren); Bos|sie|rer; Bos|sie|re|rin
Bos|sier|wachs
Bos|sin (w. Form zu Boss)
Bos|sing, das; -s ⟨engl.⟩ (ständiges Schikanieren einzelner Mitarbeiter[innen] durch den Vorgesetzten)
Bos|titch®, der; -[e]s, -e (schweiz. für Gerät zum Zusammenheften)
¹Bos|ton [...tn] (Stadt in England u. in den USA)
²Bos|ton, das; -s (ein Kartenspiel)
³Bos|ton, der; -s, -s (ein Tanz)
bös|wil|lig; Bös|wil|lig|keit, die; -
bot vgl. bieten
Bot, der; -s, -s ⟨engl.⟩ (EDV weitgehend automatisiertes [Schad]programm)
Bo|ta|nik, die; - ⟨griech.⟩ (Pflanzenkunde); Bo|ta|ni|ker; Bo|ta|ni|ke|rin
bo|ta|nisch; botanische Gärten, aber ↑D 150: der Botanische Garten in München

Box

bo|ta|ni|sie|ren (Pflanzen sammeln); Bo|ta|ni|sier|trom|mel
Böt|chen, Boot|chen (kleines Boot)
Bo|te, der; -n, -n
Bo|tel, das; -s, -s ⟨Kurzw. aus Boot u. Hotel⟩ (als Hotel ausgebautes Schiff)
Bo|tel|lón [...'ljɔn], der; -s, Botellones ⟨span. »große Flasche«⟩ ([über das Internet organisiertes] Trinkgelage einer großen Zahl Jugendlicher auf öffentlichen Plätzen in Spanien)
Bo|ten|dienst; Bo|ten|frau; Bo|ten|gang; Bo|ten|lohn
Bo|ten|stoff (Med., Physiol. Überträgerstoff)
Bo|te|ro, Fernando (kolumbian. Maler u. Bildhauer)
Bo|tin
Böt|lein (kleines Boot)
bot|mä|ßig (geh., veraltet für untertan); Bot|mä|ßig|keit, die; -
Bot|net, das; -s, -s, Bot|netz, das; -es, -e ⟨engl.⟩ (EDV größere Zahl ferngesteuerter, untereinander vernetzter, missbräuchlich eingesetzter Bots)
Bo|to (m. Vorn.)
Bo|to|ku|de, der; -n, -n (brasilian. Indianer); bo|to|ku|disch
Bo|tox®, das; - ⟨Kurzw. für Botulinumtoxin⟩ (Nervengift, das in stark verdünnter Form bes. zum Glätten von Falten gespritzt wird)
Bot|schaft (diplomatische Vertretung); Bot|schaf|ter; Bot|schaf|ter|ebe|ne; auf Botschafterebene; Bot|schaf|te|rin
Bot|schafts|rat Plur. ...räte; Bot|schafts|rä|tin; Bot|schafts|se|kre|tär; Bot|schafts|se|kre|tä|rin
Bo|t|su|a|na (Staat in Afrika); Bo|t|su|a|ner; Bo|t|su|a|ne|rin; bo|t|su|a|nisch
Bo|ts|wa|na (internationale Schreibung für Botsuana); bo|ts|wa|nisch (schweiz. für botsuanisch)
Bott, das; -[e]s, -e (schweiz. für Mitgliederversammlung bestimmter Vereine u. Gesellschafter.)
Bött|cher (Bottichmacher); vgl. auch Büttner u. Küfer; Bött|cher|ar|beit; Bött|che|rei; Bött|che|rin
bött|chern; ich böttchere
Bot|ten Plur. (landsch. für Stiefel; große, klobige Schuhe)
Bot|ti|cel|li [...'tʃɛl...], Sandro (ital. Maler)

Bot|tich, der; -[e]s, -e
Bot|tle|par|ty, Bot|tle-Par|ty [...tl...], die; -, -s ⟨engl.⟩ (Party, zu der die Gäste die Getränke mitbringen)
bott|nisch; aber ↑D 140: der Bottnische Meerbusen
Bott|rop (Stadt im Ruhrgebiet)
Bo|tu|lis|mus, der; - ⟨lat.⟩ (Med. bakterielle Lebensmittelvergiftung)
¹**Bou|c|lé**, ¹Bu|k|lee [buˈkleː], das; -s, -s ⟨franz.⟩ (Garn mit Knoten u. Schlingen)
²**Bou|c|lé**, ²Bu|k|lee [buˈkleː], das; -s, -s (Gewebe u. Teppich aus ¹Bouclé)
Bou|doir [buˈdo̯aːɐ̯], das; -s, -s ⟨franz.⟩ (veraltet für elegantes Zimmer einer Dame)
Bou|gain|vil|lea [buɡɛ̃...], die; -, ...leen ⟨nach dem Comte de Bougainville⟩ (eine Zierpflanze)
Bou|gie [buˈʒiː], die; -, -s ⟨franz.⟩ (Med. Dehnsonde); bou|gie|ren (Med. mit der Dehnsonde untersuchen, erweitern)
Bouil|la|baisse [bujaˈbɛːs], die; -, -s ⟨franz.⟩ (provenzalische Fischsuppe)
Bouil|lon [bʊlˈjõː, österr. buˈjõː], die; -, -s ⟨franz.⟩ (Kraft-, Fleischbrühe); Bouil|lon|wür|fel
boul|dern [ˈbɔyl...] ⟨engl.⟩ (Sport ungesichert über Felsblöcke od. an Kletterwänden klettern); ich bouldere
Boule [buːl], das; -[s], auch die; - ⟨franz.⟩ (franz. Kugelspiel)
Bou|le|vard [bulaˈvaːɐ̯, österr. bʊlˈvaːɐ̯], der; -s, -s ⟨franz.⟩ (breite [Ring]straße)
Bou|le|vard|blatt (svw. Boulevardzeitung); bou|le|var|desk (bunt, unterhaltsam); Bou|le|vard|pres|se, die; - (oft abwertend); Bou|le|vard|the|a|ter (mit unterhaltsamem Programm); Bou|le|vard|zei|tung
Bou|lez [buˈlɛːs] (franz. Komponist u. Dirigent)
Bou|lo|gne [buˈlɔnjə]; Bou|lo|gne-rin; Bou|lo|gne-sur-Mer [buˈlɔnjəsyrmɛːɐ̯] (franz. Stadt)
Bou|quet [buˈkeː], das; -s, -s, Bukett, das; -[e]s, Plur. -s u. -e ⟨franz.⟩ ([Blumen]strauß; Duft [des Weines])
Bou|qui|nist [buki...], der; -en, -en ⟨franz.⟩ ([Straßen]buchhändler in Paris); Bou|qui|nis|tin, die; -, -nen

Bour|bon [bʊɐ̯bn̩], der; -s, -s ⟨amerik.⟩ (amerikanischer Whiskey)
Bour|bo|ne [bʊr...], der; -n, -n (Angehöriger eines franz. Herrschergeschlechtes); **bour|bo|nisch**
Bour|bon|va|nil|le [burˈbõː...], die; - ⟨franz.⟩ (eine Art Vanille)
bour|geois [burˈʒo̯a] ⟨franz.⟩ (der Bourgeoisie angehörend, entsprechend); bourgeoises [...ˈʒo̯aːzəs] Verhalten
Bour|geois, der; -, - (abwertend für wohlhabender, selbstzufriedener Bürger)
Bour|geoi|sie [...ʒo̯aˈziː], die; -, ...jen ([wohlhabender] Bürgerstand; marx. herrschende Klasse im Kapitalismus)
Bour|rée [buˈreː], die; -, -s ⟨franz.⟩ (ein alter Tanz; Teil der Suite)
Bour|ret|te [bʊ...], die; -, -n ⟨franz.⟩ (Gewebe aus Abfallseide)
Bou|tan|ger Moor [ˈbuː...], das; -[e]s (teilweise trockengelegtes Moorgebiet westl. der mittleren Ems)
Bou|teil|le [buˈtɛːj(ə)], die; -, -n [...ˈtɛːjən] ⟨franz.⟩ (veraltet für Flasche)
Bou|tique [buˈtiːk, österr. buˈtɪk], die; -, -n ⟨franz.⟩ (kleiner Laden für meist modische Artikel)
Bou|ton [buˈtõː], der; -s, -s ⟨franz.⟩ (Ohrclip; Anstecker)
Bo|vist [ˈboːvɪst, auch boˈvɪst], Bofist [auch boˈfɪst], der; -[e]s, -e (ein Pilz)
Bow|den|zug [ˈbaʊ̯...], der; -s, ...züge ↑D 136 (nach dem engl. Erfinder Bowden) (Technik Drahtkabel zur Übertragung von Zugkräften)
Bo|wie|mes|ser [ˈviː...], das; -s, - ↑D 136 (nach dem amerik. Oberst James Bowie) ([nordamerik.] Jagdmesser)
Bow|le [ˈboː...], die; -, -n ⟨engl.⟩ (Getränk aus Wein, Zucker u. Früchten; Gefäß dafür)
bow|len [ˈboː...] ⟨engl.⟩ (Sport Bowling spielen)
Bow|len|glas [ˈboː...] Plur. ...gläser
Bow|ler [ˈboːlɐ], der; -s, - ⟨engl.⟩ (Bowlingspieler); Bow|le|rin
Bow|ling [ˈboː...], das; -s, -s ⟨engl.⟩ (amerik. Art des Kegelspiels; engl. Kugelspiel auf glattem Rasen); Bow|ling|bahn; Bow|ling|cen|ter [...s...], das; -s, -

Box, die; -, -en ⟨engl.⟩ (Pferdestand; Unterstellraum; Montageplatz bei Autorennen; frühere einfache Kamera; *kurz für* Lautsprecherbox)

Box|calf, Box|kalf [*auch* ...ka:f]; das; -s, -s ⟨engl.⟩ (Kalbsleder)

Box|calf|schuh, Box|kalf|schuh

bo|xen ⟨engl.⟩; du boxt; er boxte ihn (*auch* ihm) in den Magen

Bo|xen *vgl.* brechen

Bo|xen|gas|se (*Motorsport*)

Bo|xen|lu|der (*ugs. für* junge, attraktive Frau, die sich bei großen Autorennen im Fahrerlager aufhält u. auf Rennfahrzeugen posiert)

Bo|xen|stopp (*Motorsport*)

Bo|xer, der; -s, - (*bes. südd., österr. auch* Faustschlag; eine Hunderasse); **Bo|xe|rin**

bo|xe|risch; boxerisches Können

Bo|xer|mo|tor (*Technik*); **Bo|xer|na|se**

Bo|xer|shorts [...ʃ...] *Plur.* ⟨engl.⟩ (Herrenunterhose mit kurzem Beinteil)

Box|hand|schuh; **Box|hieb**

Box|kalf [*auch* ...ka:f] *usw. vgl.* **Boxcalf** *usw.*

Box|kampf; **Box|ring**; **Box|sport**

Box|spring|bett (amerik. Bett)

Boy [bɔy], der; -s, -s ⟨engl.⟩ ([Hotel]diener, Bote); **Boy|band** [...bɛnt, ...bænd], die; -, -s ⟨engl.⟩ (Boygroup)

Boy|friend [...frɛnt], der; -[s], -s ⟨engl.⟩ (*ugs. für* Freund einer jungen Frau)

Boy|friend|jeans, Boy|friend-Jeans (Jeans für Damen mit weitem, maskulinem Schnitt)

Boy|group [...gruːp], die; -, -s ⟨engl.⟩ (Popgruppe aus jungen, attraktiven Männern, deren Bühnenshow bes. durch tänzerische Elemente geprägt ist)

Boy|kott [bɔy...], der; -[e]s, *Plur.* -s, *auch* -e (nach dem geächteten engl. Gutsverwalter Boycott) (politische, wirtschaftliche od. soziale Ächtung; Nichtbeachten); **Boy|kott|auf|ruf**

boy|kot|tie|ren

Boy|kott|maß|nah|me *meist Plur.*

Boyle-Ma|ri|otte-Ge|setz [ˈbɔylmaˈriɔt...] *vgl.* Mariotte

Boy|scout, Boy-Scout [...skaʊt] ⟨engl. Bez. für Pfadfinder⟩

Bo|zen (Stadt in Südtirol); *vgl.* Bolzano; **Boz|ner**; **Boz|ne|rin**

BPOL, die; - = Bundespolizei

Bq = Becquerel

Br (*chem. Zeichen für* Brom)

BR, der; - = Bayerischer Rundfunk

Bra|ban|çonne [...bãˈsɔn], die; - ⟨franz.; nach der belg. Provinz Brabant⟩ (belg. Nationalhymne)

Bra|bant (belg. Provinz); **Bra|ban|ter**; Brabanter Spitzen; **Bra|ban|te|rin**

brab|beln (*ugs. für* undeutlich vor sich hin reden); ich brabb[e]le

¹**brach** *vgl.* brechen

²**brach** (unbestellt; unbebaut); brach liegen; **brachliegende** *od.* brach liegende Felder; *vgl.* brachliegen

Bra|che, die; -, -n (Brachfeld)

Bra|chet, der; -s, -e (*alte Bez. für* Juni)

Brach|feld; **Brach|flä|che**

bra|chi|al ⟨griech.⟩ (*Med.* den Arm betreffend; mit roher Körperkraft); **Bra|chi|al|ge|walt**, die; - (rohe, körperliche Gewalt)

Bra|chio|sau|rus, der; -, ...rier (ausgestorbene Riesenechse)

brach le|gen, brach|le|gen (nicht bebauen; nicht nutzen); einen Acker **brach legen** od. brachlegen

brach|lie|gen (nicht genutzt werden); Fähigkeiten, die brachliegen; *aber* Äcker, die brach liegen; *vgl.* ²brach

Brach|mo|nat, **Brach|mond** *vgl.* Brachet

Brach|se, die; -, -n, **Brach|sen**, der; -s, -, *schweiz.* **Brachs|men**, der; -s, - (ein Karpfenfisch); *vgl. auch* ¹Brasse *u.* Brassen

brach|te *vgl.* bringen

Brach|vo|gel (Schnepfenart)

bra|chy... ⟨griech.⟩ (kurz...); **Brachy...** (Kurz...); **Bra|chy|lo|gie**, die; -, ...ien (*Rhet.*, Stilkunde Kürze im Ausdruck)

Brack, das; -[e]s, *Plur.* -s od. -en (*landsch. für* Tümpel, kleiner See; Brackwasser)

Bra|cke, der; -n, -n, *seltener* die; -, -n (Spürhundrasse)

brackig (schwach salzig u. daher ungenießbar)

Bräckin (*w. Form zu* Bracke)

bra|ckisch (aus Brackwasser abgelagert); **Brack|was|ser**, das; -s, ...wasser (Gemisch aus Salz- u. Süßwasser)

Brae|burn [ˈbreɪbœːɐn], der; -s, -s ⟨engl.⟩ (eine Apfelsorte)

Brä|gen, der; -s, - (*Nebenform von* Bregen)

Bra|gi (nord. Gott der Dichtkunst)

Brah|ma ⟨sanskr.⟩ (ind. Gott)

Brah|ma|huhn *vgl.* Brahmaputrahuhn

Brah|ma|is|mus *vgl.* Brahmanismus

Brah|man, das; -[s] (*ind. Rel. u. Philos.* Weltseele); **Brah|ma|ne**, der; -n, -n (Angehöriger einer ind. Priesterkaste); **brah|ma|nisch**; **Brah|ma|nis|mus**, der; - (eine ind. Religion; *auch für* Hinduismus)

Brah|ma|pu|t|ra, der; -[s] (südasiatischer Strom); **Brah|ma|pu|t|ra|huhn**, Brah|ma|huhn (eine Hühnerrasse)

Brahms (dt. Komponist)

Braille|schrift [ˈbraɪ(l)...], die; - ↑D 136 (nach dem franz. Erfinder Braille) (Blindenschrift)

Brain|drain [ˈbreɪndreɪn], der; -s ⟨engl.-amerik.⟩ (Abwanderung von Wissenschaftlern)

brain|stor|men [ˈbreɪnstɔːɐmən] (*zu* Brainstorming); sie brainstormt; gebrainstormt

Brain|stor|ming, das; -s, -s (Verfahren, durch Sammeln spontaner Einfälle die [beste] Lösung für ein Problem zu finden)

Brain|trust, Brain-Trust, der; -s, -s ([wirtschaftl.] Beratungsausschuss)

Brak|te|at, der; -en, -en ⟨lat.⟩ (eine mittelalterl. Münze)

Bram, die; -, -en ⟨niederl.⟩ (*Seemannsspr.* zweitoberste Verlängerung der Masten sowie deren Takelage)

Bra|mar|bas, der; -, -se (Aufschneider); **bra|mar|ba|sie|ren** (aufschneiden, prahlen)

Bram|bach, **Bad** (Stadt im südl. Vogtland)

Bram|busch (*nordd. für* Ginster)

Bram|me, die; -, -n (*Walztechnik* Eisenblock); **Bram|men|walz|werk**

Bram|se|gel

bram|sig (*nordd. ugs. für* derb; protzig; prahlerisch)

Bram|sten|ge *vgl.* Bram

Bran|che [ˈbrãːʃə, *österr.* brãːʃ], die; -, -n ⟨franz.⟩ (Wirtschafts-, Geschäftszweig; *ugs. für* Fachgebiet)

Bran|chen|er|fah|rung

bran|chen|fremd

Bran|chen|füh|rer; **Bran|chen|füh|re|rin**; **Bran|chen|ken|ner**; **Bran|chen|ken|ne|rin**

Bran|chen|kennt|nis; **Bran|chen|kri|se**

bran|chen|kun|dig

Bran|chen|lea|der (*österr., schweiz. für* Marktführer in einer Branche); **Bran|chen|mix**

bran|chen|neu|t|ral

Brauerin

Bran|chen|pri|mus (*ugs. für größtes, erfolgreichstes Unternehmen in einer Branche*)
Bran|chen|ta|rif|ver|trag
bran|chen|über|grei|fend
bran|chen|üb|lich
Bran|chen|ver|zeich|nis
Bran|chi|at, der; -en, -en ⟨*griech.*⟩ (*mit Kiemen atmender Gliederfüßer*); **Bran|chie**, die; -, -n *meist Plur.* (*Zool.* Kieme)
¹**Brand**, der; -[e]s, Brände (*fachspr. auch kurz für* Weinbrand, Obstbrand); in Brand stecken
²**Brand** [brænd], der, *auch das*; -[s], -s, *selten die*; -, -s ⟨*engl.*⟩ (*Wirtsch.* Marke, Markenartikel, Markenfirma)
brand|ak|tu|ell
Brand|an|schlag; Brand|bin|de; Brand|bla|se; Brand|bom|be
Brand|brief (*ugs.*)
Brand|di|rek|tor; Brand|di|rek|torin
brand|ei|lig (*ugs. für* sehr eilig)
bran|deln (*österr. ugs. für* brenzlig riechen; *viel* zahlen müssen)
¹bran|den; das Meer brandet gegen die Felsen
²bran|den ['brɛndn̩] ⟨*zu* Branding⟩; ein gebrandetes (mit einem Markennamen versehenes) Handy
Bran|den|burg (Stadt an der Havel; dt. Bundesland); Bran|den|burger; Bran|den|bur|ge|rin; branden|bur|gisch; *aber* ↑D 150: die Brandenburgischen Konzerte (von Bach)
Bran|den|te (*älter für* Brandgans)
Brand|fa|ckel
Brand|fall; im Brandfall
Brand|gans (ein Vogel)
Brand|ge|fahr; brand|ge|fähr|lich (*meist Sportjargon*)
Brand|grab (*Archäol.*)
brand|heiß
Brand|herd
bran|dig
Bran|ding ['brɛndɪŋ], das; - ⟨*engl.*⟩ (*Wirtsch.* Entwicklung von Markennamen; Einbrennen von Mustern in die Haut)
Brand|kas|se
Brand|ka|tas|t|ro|phe
Brand|le|ger (*österr. für* Brandstifter); Brand|le|ge|rin; Brand|legung (*österr. für* Brandstiftung)
Brand|mal *Plur.* ...male, *selten* ...mäler (*geh.*)
brand|mar|ken; gebrandmarkt
Brand|mau|er
Brand|meis|ter; Brand|meis|te|rin

brand|neu
Brand|ort
Brand|re|de (flammende, anklagende [politische] Rede)
Brand|ro|dung (Rodung durch Verbrennen der Bäume)
brand|rot
Brand|sal|be
Brand|satz (leicht entzündliches Gemisch [bes. als Füllung von Brandbomben])
brand|schat|zen; du brandschatzt, gebrandschatzt (*früher für* durch Brandandrohung erpressen); Brand|schat|zung
Brand|schutz
Brand|soh|le (im Schuh)
Brand|stät|te (*geh.*)
Brand|stif|ter; Brand|stif|te|rin; Brand|stif|tung
Brandt, Willy (vierter dt. Bundeskanzler)
Brand|teig
Bran|dung
Brand|ur|sa|che; Brand|wa|che; Brand|wun|de
Bran|dy ['brɛndi], der; -s, -s ⟨*engl.*⟩ (*engl. Bez. für* Weinbrand)
Brand|zei|chen
brann|te *vgl.* brennen
Brannt|kalk (Ätzkalk)
Brannt|wein; Brannt|wei|ner (*österr. für* [Wirt einer] Branntweinschenke); Brannt|wein|steuer, die
Braque [brak] (franz. Maler)
brä|sig (*bes. nordd. für* dickfellig); Brä|sig|keit (*bes. nordd.*)
¹Bra|sil, der; -s, *Plur.* -e *u.* -s ⟨*nach* Brasilien⟩ (Tabak; Kaffeesorte)
²Bra|sil, die; -, -[s] (Zigarre)
Bra|sil|holz ↑D 143
Bra|si|lia, Bra|si|lia (Hauptstadt Brasiliens); Bra|si|li|a|ner; Bra|sili|a|ne|rin; bra|si|li|a|nisch; Bra|sili|en (südamerik. Staat)
Bra|si|li|en|holz *vgl.* Brasilholz
Brass, der; Brasses (*ugs. für* Ärger, Wut); Brass haben; in Brass kommen
Brass|band, Brass-Band ['braːsbɛnt, ...bænd], die; -, -s ⟨*engl.*⟩ (Blaskapelle)
¹Bras|se, die; -, -n, Bras|sen, der; -s, - (*nordd., mitteld. für* Brachse)
²Bras|se, die; -, -n (*Seemannsspr.* Tau zum Stellen der Segel)
Bras|sel|lett, das; -s, -e ⟨*franz.*⟩ (*Gaunerspr.* Handschelle)
bras|sen (*Seemannsspr.* die ²Brassen benutzen); du brasst
Bras|sen *vgl.* ¹Brasse

Bras|se|rie, die; -, ...ien ⟨*franz.*⟩ (Bierlokal)
Brät, *österr.* Brat, das; -s (fein gehacktes [Bratwurst]fleisch)
Brat|ap|fel; Brat|but|ter (*bes. schweiz. für* zum Braten verwendete, bes. fettreiche Butter)
brä|teln (*schweiz. für* grillen); ich brät[e]le
bra|ten; du brätst, er brät; du brietst; du brietest; gebraten; brat[e]!; **Bra|ten**, der; -s, -
Bra|ten|duft; Bra|ten|fett
Bra|ten|pfan|ne (*österr. für* ovaler Schmortopf mit hohem Rand)
Bra|ten|rock (*veraltend scherzh. für* Gehrock)
Bra|ten|saft; **Bra|ten|so|ße**, Braten|sau|ce
Brä|ter (*landsch. für* Schmortopf)
brat|fer|tig
Brat|fisch; Brat|hähn|chen; Brathendl, das; -s, -n (*südd., österr. für* Brathähnchen); Brat|he|ring
Bra|ti|s|la|va (Hauptstadt der Slowakei); *vgl.* Pressburg
Brat|kar|tof|fel *meist Plur.*
Brat|ling (gebratener Kloß aus Gemüse od. Getreide)
Brät|ling (Pilz; Fisch)
Brat|pfan|ne; Brat|rohr (*südd., österr.*); Brat|röh|re; Brat|rost
Brat|sche, die; -, -n ⟨*ital.*⟩ (ein Streichinstrument); Brat|scher (Bratschenspieler); Brat|sche|rin; Brat|schist, der; -en, -en; Bratschis|tin
Brat|spieß
Brat|spill (*Seemannsspr.* Ankerwinde mit waagerechter Welle)
Brat|wurst
Bräu, das; -[e]s, *Plur.* -e *u.* -s (*bes. südd., österr. für* Bier; Brauerei, z. B. in Löwenbräu)
Brauch, der; -[e]s, Bräuche; in od. im Brauch sein (*österr., schweiz.*)
brauch|bar; Brauch|bar|keit
brau|chen; du brauchst, er braucht; du brauchtest (*ugs. auch* bräuchtest); gebraucht; er hat es nicht zu tun brauchen; *vgl. aber* gebrauchen
Brauch|tum, das; -s, ...tümer *Plur. selten*
Brauch|was|ser (nicht zum Trinken, aber für industrielle u. a. Zwecke geeignetes Wasser); Brauch|was|ser|an|la|ge
Braue, die; -, -n
brau|en
Brau|er; Brau|e|rei; Brau|e|rin

B
Brau

Brau|haus; Brau|meis|ter; Brau-meis|te|rin
braun; eine braun gebrannte od. braungebrannte Frau ↑D 58; die Sonne hat uns braun gebrannt od. braungebrannt ↑D 56; vgl. blau; Braun, das; -[s], -[s] (braune Farbe); vgl. Blau
Braun|al|ge
braun|äu|gig
Braun|bär
Braun|bier (alte Biersorte)
¹Brau|ne, der; -n, -n (braunes Pferd; österr. auch für Kaffee mit Milch)
²Brau|ne, das; -n ↑D 72
Bräu|ne, die; - (braune Färbung; veraltend für Halsentzündung)
Braun|ei|sen|erz, das; -es, -e, Braun|ei|sen|stein, der; -[e]s
¹Brau|nel|le, die; -, -n (ein Singvogel)
²Brau|nel|le, Bru|nel|le, die; -, -n ⟨franz.⟩ (eine Pflanze)
bräu|nen
braun ge|brannt, braun|ge|brannt vgl. braun
Braun|kehl|chen
Braun|koh|le; Braun|koh|len|bergwerk; Braun|koh|len|bri|kett
bräun|lich; bräunlich gelb usw. ↑D 60
Braun|schweig (Stadt im nördl. Vorland des Harzes); Braunschwei|ger; Braun|schwei|ge|rin; braun|schwei|gisch
Braun|stein, der; -[e]s (ein Mineral)
Bräu|nung; Bräu|nungs|stu|dio
Braus, der; nur noch in in Saus und Braus (verschwenderisch) leben
Brau|sche, die; -, -n ⟨landsch. für Beule, bes. an der Stirn⟩
Brau|se, die; -, -n; Brau|se|bad
Brau|se|kopf (Duschkopf; veraltend für Hitzkopf)
Brau|se|li|mo|na|de
brau|sen; du braust; er braus|te; Brau|sen, das; -s
Brau|se|pul|ver; Brau|se|ta|blet|te
Bräu|stüb|chen (südd. für kleines Gasthaus; Gastraum); Bräu|stüberl (bayr., österr.)
Braut, die; -, Bräute; Braut|el|tern Plur.
Braut|füh|rer
Bräu|ti|gam, der; -s, -e
Braut|jung|fer; Braut|kleid; Braut|kranz; Braut|leu|te Plur.
bräut|lich
Braut|mut|ter; Braut|nacht; Brautpaar

Braut|schau; auf Brautschau gehen
Braut|schmuck; Braut|stand, der; -[e]s; Braut|strauß; Braut|va|ter
brav ⟨franz.⟩ (tüchtig; artig, ordentlich); Brav|heit, die; -
bra|vis|si|mo! ⟨ital.⟩ (sehr gut!)
bra|vo! (gut!); vgl. ¹Bravo
¹Bra|vo, das; -s, -s (Beifallsruf); Bravo od. bravo rufen
²Bra|vo, der; -s, Plur. -s u. ...vi (frühere ital. Bezeichnung für gedungenen Mörder, Räuber)
Bra|vo|ruf
Bra|vour [...'vuːɐ̯], die; - ⟨franz.⟩ (Tapferkeit; meisterhafte Technik); Bra|vour|arie; Bra|vour|leis|tung
bra|vou|rös (schneidig; meisterhaft); Bra|vour|stück
Braz|za|ville [...za'vil] (Hauptstadt der Republik Kongo)
BRD, die; - = Bundesrepublik Deutschland
break! [breɪk] ⟨engl., »trennt euch«⟩ (Trennkommando des Ringrichters beim Boxkampf)
Break, der od. das; -s, -s (Sport unerwarteter Durchbruch; Tennis Durchbrechen des gegnerischen Aufschlags; Jazz kurzes Zwischensolo)
Break|dance [...deːns], der; - ⟨amerik.⟩ (tänzerisch-akrobatische Darbietung zu Popmusik); Break|dan|cer, der; -s, -; Break|dan|ce|rin
brea|ken ⟨zu Break⟩ (Tennis dem Gegner bei dessen Aufschlag ein Spiel abnehmen; Funktechnik über CB-Funk ein Gespräch führen)
Break-even [breɪk'liːvn̩], der; -[s], -s ⟨engl.⟩ (kurz für Break-even-Point); Break-even-Point [breɪk'liːvn̩pɔɪnt], der; -[s], -s (Wirtsch. Rentabilitätsschwelle)
Brec|cie [...tʃə], Brek|zie, die; -, -n ⟨ital.⟩ (Geol. Sedimentgestein aus kantigen Gesteinstrümmern)
brech|bar
Brech|boh|ne
Brech|durch|fall
Brech|ei|sen
bre|chen; du brichst, er bricht; du brachst; du brächest; gebrochen; brich!; sich brechen; brechend voll; er brach den Stab über ihn (nicht ihm); auf Biegen oder Brechen (ugs.)
Bre|cher (Sturzsee; Grobzerkleinerungsmaschine)

Brech|mit|tel, das; -; Brech|reiz
Brech|stan|ge
Brecht, Bert[olt] (dt. Schriftsteller)
Bre|chung; Bre|chungs|win|kel (Physik)
Bre|douil|le [...'dʊljə], die; -, -n ⟨franz.⟩ (ugs. für Verlegenheit, Bedrängnis); in die Bredouille sein; in die Bredouille kommen
Bree|ches ['brɪtʃəs] Plur. ⟨engl.⟩ (Sport-, Reithose)
Bre|gen, der; -s, - (nordd. für Gehirn [vom Schlachttier]); vgl. auch Brägen
Bre|genz (Hauptstadt von Vorarlberg); Bre|gen|zer; Bre|gen|ze|rin
Bre|gen|zer Wald, der; - -[e]s, bes. österr. Bre|gen|zer|wald, der; -[e]s (Bergland)
Brehm (dt. Zoologe)
Brei, der; -[e]s, -e; brei|ig
Brein, der; -s (österr. mdal. für Hirse, Hirsebrei)
Breilsach (Stadt am Oberrhein)
Breis|gau, der; landsch. das; -[e]s (südwestd. Landschaft)
breit s. Kasten Seite 293
Breit|band|an|schluss (Elektrot.)
Breit|band|an|ti|bio|ti|kum (Med.)
Breit|band|aus|bau, der; -s (Elektrot.)
breit|ban|dig (Fachspr.); Breit|band-in|ter|net (Internetzugang mit hoher Übertragungsgeschwindigkeit); Breit|band|ka|bel (Elektrot.)
breit|bei|nig
Brei|te, die; -, -n; nördliche Breite (Abk. n. Br.); südliche Breite (Abk. s. Br.); in die Breite gehen (ugs. für dick werden)
brei|ten; ein Tuch über den Tisch breiten
Brei|ten|ar|beit, die; -
Brei|ten|grad (Geogr.); Brei|ten|kreis (Geogr.)
Brei|ten|sport, der; -[e]s
brei|ten|wirk|sam; Brei|ten|wir|kung
breit ge|fä|chert, breit|ge|fä|chert vgl. breit
Breit|ling (Fisch)
breit|ma|chen, sich (viel Platz beanspruchen; sich ausbreiten); vgl. breit
breit|na|sig; breit|ran|dig
breit|schla|gen ↑D 47 (ugs. für überreden); er hat mich breitgeschlagen; sich breitschlagen lassen; vgl. breit
Breit|schul|ter|rig, Breit|schult|rig
Breit|schwanz (ein Lammfell)
Breit|sei|te
breit|spu|rig

breit
- ein 3 cm breiter Saum
- ein breites Lachen
- die breite Masse (die meisten)
- weit und breit

Großschreibung der Substantivierung ↑D 72:
- des Langen und Breiten (umständlich) darlegen
- des Breiter[e]n darlegen
- ein Langes und Breites (viel) sagen
- ins Breite fließen

Getrennt- und Zusammenschreibung:
Wenn »breit« das Ergebnis der mit dem folgenden einfachen Verb bezeichneten Tätigkeit angibt, kann getrennt oder zusammengeschrieben werden ↑D 56:
- die Schuhe breit treten *od.* breittreten
- einen Nagel breit schlagen *od.* breitschlagen

Schreibung mit Partizipien ↑D 58:
- ein breit gefächertes *od.* breitgefächertes Warenangebot

Wenn Adjektiv und Verb eine neue Gesamtbedeutung bilden, schreibt man zusammen ↑D 56:
- das Gerücht wurde in der Presse breitgetreten (weiterverbreitet)
- sie ließ sich breitschlagen (überreden), uns zu treffen
- er soll sich nicht so breitmachen (nicht so viel [Platz] beanspruchen)
- es hatte sich eine allgemeine Müdigkeit breitgemacht (ausgebreitet)

---

breit|tre|ten (*ugs. für* weitschweifig darlegen); ein Thema breittreten; *vgl.* breit

breit|wal|zen (*ugs. abwertend für* unnötig weitschweifig behandeln); *vgl.* breit

Breit|wand (im Kino); **Breit|wandfilm**

Bre|me, die; -, -n (*südd., schweiz. mdal. für* Stechfliege, ²Bremse)

Bre|men (Bundesland u. Hafenstadt an der Weser); **Bre|mer**

Bre|mer|ha|ven (Hafenstadt an der Wesermündung)

Bre|me|rin; **bre|misch**

Brems|ba|cke; **Brems|be|lag**; **Bremsberg** (*Bergbau*)

¹**Brem|se**, die; -, -n (Hemmvorrichtung)

²**Brem|se**, die; -, -n (ein Insekt)

brem|sen; du bremst

Brem|sen|pla|ge; **Brem|sen|stich**

Brem|ser; **Brem|ser|häus|chen**; **Brem|se|rin**

Brems|flüs|sig|keit; **Brems|he|bel**; **Brems|klotz**; **Brems|licht** *Plur.* ...lichter; **Brems|pe|dal**; **Brems|pro|be**; **Brems|ra|ke|te**; **Bremsspur**

Brem|sung

Brems|weg; **Brems|wir|kung**

brenn|bar; **Brenn|bar|keit**, die; -

Brenn|dau|er; **Brenn|ei|sen**

Brenn|ele|ment (*Kernphysik*); **Brenn|ele|men|te|steu|er**

bren|nen; du branntest; *selten du* brenntest; gebrannt; brenn[e]!; brennend gern (*ugs.*)

¹**Bren|ner**

²**Bren|ner**, der; -s (ein Alpenpass); **Bren|ner|bahn**, **Bren|ner-Bahn**, die; - ↑D 143

Bren|ne|rei

Bren|ner|pass, **Bren|ner-Pass**, der; -es; **Bren|ner|tun|nel**, der; -s, **Bren|ner-Tun|nel**

Brenn|glas

brenn|heiß (*österr. für* sehr heiß)

Brenn|holz, das; -es; **Brenn|ma|te|ri|al**

Brenn|nes|sel, **Brenn-Nes|sel**, die

Brenn|punkt; **Brenn|sche|re**; **Brenn|spie|gel**; **Brenn|spi|ri|tus**, der; -; **Brenn|sprit** (*bes. schweiz.*); **Brenn|stab** (*Kernphysik*)

Brenn|stoff; **Brenn|stoff|fra|ge**, **Brenn|stoff-Fra|ge**; **Brenn|stoff|zel|le** (*Chemie, Technik*)

Brenn|sup|pe (*südd., österr. für* Suppe aus Mehlschwitze)

Brenn|wei|te (*Optik*); **Brenn|wert**

Brent, der *od.* das; -s (*engl.*) (eine Rohölsorte)

Bren|ta|no (dt. Dichter)

Bren|te, die; -, -n (*schweiz. für* Tragbütte)

bren|zeln (*landsch. für* nach Brand riechen)

brenz|lich (*landsch. für* brenzlig)

brenz|lig

Bre|sche, die; -, -n (*franz.*) (*veraltend für* große Lücke)

Bre|scia ['breʃʃa] (Stadt u. Provinz in Italien)

Bres|lau (*poln.* Wrocław); **Bres|lau|er**; **Bres|lau|e|rin**

Bre|ta|gne [...'tanjə], die; - (franz. Halbinsel)

Bre|ton [brə'tõː], der; -s, -s ([Stroh]hut mit nach oben gerollter Krempe)

Bre|to|ne [bre...], der; -n, -n; **Bre|to|nin**; **bre|to|nisch**

Brett, das; -[e]s, -er

Bret|tel, **Brettl**, das; -s, -[n] *meist Plur.* (*südd., österr. für* kleines Brett; Ski); **bret|teln** (*österr. ugs. für* schnell fahren; Schnee mit Skiern festtreten); ich brett[e]le

Bret|ter|bu|de

¹**bret|tern** (aus Brettern bestehend)

²**bret|tern** (*ugs. für* schnell fahren)

Bret|ter|wand; **Bret|ter|zaun**

bret|tig; brettiger Stoff

Brettl, das; -s, - (Kleinkunstbühne; *vgl.* Brettel); **brettl|eben** (*österr. für* ganz flach); **Brettl|jau|se** (*österr. für* auf einem Brett servierte Zwischenmahlzeit)

Brett|spiel

Bret|zel, die; -, -n (*schweiz. neben* Brezel)

Breu|ghel [...g]]; *vgl.* Brueg[h]el

Bre|ve, das; -s, -s od. -n ⟨lat.⟩ (kurz gefasster päpstl. Erlass)

Bre|vet [bre've:], das; -s, -s (*früher für* Gnadenbrief des franz. Königs; *veraltet für* Schutz-, Verleihungs-, Ernennungsurkunde; *schweiz. für* Prüfungsausweis, Ernennungsurkunde)

bre|ve|tie|ren (*schweiz. für* ein Brevet erwerben, ausstellen)

Bre|vier, das; -s, -e (Gebetbuch der kath. Geistlichen; Stundengebet)

Bre|xit, der; -s ⟨engl.; Kunstw. aus Britain u. exit⟩ (*bes. Politikjargon* Austritt Großbritanniens aus der EU)

Bre|ze *vgl.* Brezen

Bre|zel, die; -, -n, *österr. auch das*; -s, -, *landsch. auch der*; -s, -, *schweiz. auch* Bretzel, die; -, -n (salziges *od.* süßes Gebäck); **Bre|zen**, der; -, -, Bre|ze, die; -, -n (*bayr., österr.*)

Bri|and-Kel|logg-Pakt [bri'ã:...], der; -[e]s ↑D 136 ⟨nach dem franz. Außenminister A. Briand

u. dem nordamerik. Außenminister F. B. Kellogg) (Kriegsächtungspakt von 1928)
bricht vgl. brechen
Bri|cke, die; -, -n (landsch. für Neunauge)
Bri|de, die; -, -n ⟨franz.⟩ (schweiz. für Kabelschelle)
Bridge [brɪtʃ], das; - ⟨engl.⟩ (ein Kartenspiel); **Bridge|par|tie** [ˈbr...]
Bridge|town [ˈbrɪtʃtaʊn] (Hauptstadt von Barbados)
Brie, der; -[s], -s ⟨kurz für Briekäse⟩
Brief, der; -[e]s, -e (Abk. Bf., auf dt. Kursbetitel B [vgl. d.])
Brief|adel; Brief|be|schwe|rer; Brief|block vgl. Block; **Brief|bogen; Brief|bom|be; Brief|druck|sache**
brie|fen ⟨engl.⟩ (jmdn. über einen Sachverhalt informieren)
Brief|freund; Brief|freun|din
Brief|ge|heim|nis, das; -ses
Brie|fing, das; -s, -s ⟨engl.-amerik.⟩ (Informationsgespräch)
Brief|kar|te; Brief|kas|ten; Brief|kas|ten|fir|ma (Scheinfirma); **Brief|kas|ten|on|kel; Brief|kas|ten|tan|te**
Brief|kopf; Brief|kurs (Bankw.); **Brief|ku|vert** (österr., sonst veraltend für Briefumschlag)
brief|lich
Brief|mar|ke ↑ D 26: 55-Cent-Briefmarke; 1-€-Briefmarke
Brief|mar|ken|auk|ti|on; Brief|mar|ken|block vgl. Block; **Brief|mar|ken|kun|de,** die; -; **Brief|mar|ken|samm|ler; Brief|mar|ken|samm|le|rin**
Brief|öff|ner; Brief|pa|pier; Brief|part|ner; Brief|part|ne|rin; Brief|por|to; Brief|ro|man
Brief|schaf|ten Plur.
Brief|schrei|ber; Brief|schrei|be|rin; Brief|stel|ler (veraltend); **Brief|ta|sche**
Brief|tau|be; Brief|trä|ger; Brief|trä|ge|rin; Brief|um|schlag; Brief|ver|kehr, der; -s
Brief|wahl; Brief|wech|sel; Brief|zu|stel|ler; Brief|zu|stel|le|rin
Brie|kä|se ↑ D 143
Brienz (BE) (schweiz. Ort); **Brien|zer See** (im Berner Oberland); **Brien|zer See,** der; - -s, schweiz. **Brien|zer|see,** der; -s (im Berner Oberland)
Bries, das; -es, -e, **Brie|sel,** das; -, - (innere Brustdrüse bei Tieren, bes. beim Kalb

Bries|chen, Brös|chen (Gericht aus Briesen des Kalbs)
Brie|sel vgl. Bries
Bries|ki|cker (österr. für Spielmacher)
briet vgl. braten
Bri|ga|de, die; -, -n ⟨franz.⟩ (größere Truppenabteilung; DDR kleinste Arbeitsgruppe in einem Produktionsbetrieb)
Bri|ga|de|füh|rer; Bri|ga|de|füh|re|rin; Bri|ga|de|ge|ne|ral; Bri|ga|de|ge|ne|ra|lin; Bri|ga|de|lei|ter, der; **Bri|ga|de|lei|te|rin**
Bri|ga|di|er [...ˈdieː], der; -s, -s (Befehlshaber einer Brigade) u. [...ˈdieː, auch ...diˑɐ], der; -s, Plur. -s [...ˈdieːs] od. -e [...ˈdiːrə] (DDR Leiter einer Arbeitsbrigade); **Bri|ga|die|rin**
Bri|gant, der; -en, -en ⟨ital.⟩ (frühere ital. Bezeichnung für [Straßen]räuber)
Bri|gan|ti|ne, die; -, -n (svw. Brigg)
Brigg, die; -, -s ⟨engl.⟩ (zweimastiges Segelschiff)
Briggs (engl. Mathematiker); ↑ D 135: **briggssche** od. Briggs'sche Logarithmen; **Briggs-Lo|ga|rith|mus**
Bri|git|ta, Bri|git|te (w. Vorn.)
Bri|kett, das; -s, Plur. -s, selten -e ⟨franz.⟩ (in Form gepresste Braun- od. Steinkohle)
bri|ket|tie|ren (zu Briketts formen); **Bri|ket|tie|rung**
bri|kol|lie|ren ⟨franz.⟩ (Billard durch Rückprall [von der Bande] treffen)
bril|lant [brɪlˈjant] ⟨franz.⟩ (glänzend; fein)
¹**Bril|lant,** der; -en, -en (geschliffener Diamant)
²**Bril|lant,** die; - (Druckw. ein Schriftgrad)
Bril|lant|bro|sche; Bril|lant|col|li|er; Bril|lant|feu|er|werk
Bril|lan|tin, das; -s, -e (österr. neben Brillantine), **Bril|lan|ti|ne,** die; -, -n (Haarpomade)
Bril|lant|na|del; Bril|lant|ring; Bril|lant|schliff; Bril|lant|schmuck
Bril|lanz, die; - (Glanz; Virtuosität)
Bril|le, die; -, -n
Bril|len|etui; Bril|len|fut|te|ral; Bril|len|ge|stell; Bril|len|glas Plur. ...gläser
Bril|len|kauz
Bril|len|schlan|ge (ugs. scherzh. auch für Brillenträger[in])
Bril|len|trä|ger; Bril|len|trä|ge|rin

Bril|li, der; -s, -s (ugs. scherzh. für ¹Brillant)

brillant, Brillant
Das Adjektiv und das Substantiv gehen auf das französische Verb briller (= glänzen) zurück. Beide werden im Deutschen nur mit einem i vor dem Doppel-l geschrieben.

bril|lie|ren [brɪlˈjiː..., auch, bes. österr. brˈli:...] (glänzen; sich hervortun)
Brim|bo|ri|um, das; -s ⟨lat.⟩ (ugs. für Gerede; Umschweife)
Brim|sen, der; -s ⟨rumän.⟩ (österr. für Frischkäse aus Schafsmilch)
Bri|nell|här|te, die; - ⟨nach dem schwed. Ingenieur Brinell⟩ (↑ D 136 Maß für die Härte eines Werkstoffes; Zeichen HB)
brin|gen; du brachtest; du brächtest; gebracht; bring[e]!
Brin|ger (veraltend für Überbringer; ugs. für jmd., der Erfolg hat, etwas Erfolgreiches); **Brin|ge|rin**
Bring|schuld (Rechtsspr. beim Gläubiger zu bezahlende Schuld)
Bri|o|che [...ˈɔʃ], die; -, -s ⟨franz.⟩ (ein Gebäck)
Bri|o|ni|sche In|seln Plur. (Inselgruppe vor Istrien)
bri|sant ⟨franz.⟩ (hochexplosiv; sehr aktuell); **Bri|sanz,** die; -, -en (Sprengkraft; nur Sing.: brennende Aktualität)
Bris|bane [...bn̩, ...beɪn] (australische Stadt)
Bri|se, die; -, -n ⟨franz.⟩ (ein gleichmäßiger Segelwind)
Bri|so|lett, das; -s, -e, **Bri|so|let|te,** die; -, -n ⟨franz.⟩ (gebratenes Kalbfleischklößchen)
¹**Bris|sa|go** (Schweizer Ort am Lago Maggiore)
²**Bris|sa|go,** die; -, -s ⟨nach dem Ort ¹Brissago⟩ (Zigarrensorte aus der Schweiz)
Bris|tol [ˈbrɪstl̩] (engl. Stadt am Avon); **Bris|tol|ka|nal,** der; -s (Bucht zwischen Wales u. Cornwall); **Bris|tol|kar|ton** ↑ D 143 (Zeichenkarton aus mehreren Lagen)
Brit (w. Vorn.)
Bri|tan|nia|me|tall, das; -[e]s ↑ D 143 (Zinnlegierung)
Bri|tan|ni|en; bri|tan|nisch
Bri|te, der; -n, -n; **Bri|tin; bri|tisch;**

bruchsicher

aber ↑**D 150**: die Britischen Inseln, das Britische Museum
Bri|tisch-Hon|du|ras (*früher für* Belize)
Bri|tisch-Ko|lum|bi|en (kanad. Provinz)
Bri|ti|zis|mus, der; -, ...men (Spracheigentümlichkeit des britischen Englisch)
Brit|ta (w. Vorn.)
Brit|ten (engl. Komponist)
Brno ['brnɔ] (Stadt in Mähren; *vgl.* Brünn)
Broad|way ['brɔːdweɪ], der; -s ⟨engl.⟩ (Hauptstraße in New York)
Broc|co|li *vgl.* **Brokkoli**
Broch (österr. Schriftsteller)
Bröck|chen; bröck|chen|wei|se
brö|cke|lig, bröck|lig; Brö|cke|lig|keit, Bröck|lig|keit, die; -
brö|ckeln; ich bröck[e]le
bro|cken (einbrocken; *bayr. u. österr. auch für* pflücken)
¹**Bro|cken,** der; -s, - (das Abgebrochene)
²**Bro|cken,** der; -s (höchster Berg im Harz)
Bro|cken|haus (*schweiz. für* Stelle, die gebrauchten Hausrat o. Ä. entgegennimmt u. zu wohltätigen Zwecken weiterverwendet od. -verkauft)
bro|cken|wei|se
Brö|ckerl, das; -s, -[n]; *vgl.* Pickerl (*österr. ugs. für* Stückchen; *scherzh. auch für* kräftiger Mensch)
Bro|ckes (dt. Dichter)
bröck|lig, bröck|lig; Bröck|lig|keit *vgl.* Bröckeligkeit
Brod (österr. Schriftsteller)
bro|deln (dampfend aufsteigen, aufwallen; *österr. ugs. für* Zeit vertrödeln); ich brod[e]le
Bro|dem, der; -s (*geh. für* Qualm, Dampf, Dunst)
Bro|de|rie, die; -, ...ien ⟨franz.⟩ (*veraltet für* Stickerei)
Brod|ler (*österr. ugs. für* jmd., der die Zeit vertrödelt); **Brod|le|rin**
Broi|ler, der; -s, - ⟨engl.⟩ (*regional für* Hähnchen zum Grillen); **Broi|ler|bu|de; Broi|ler|mast,** die
Bro|kat, der; -[e]s, -e ⟨ital.⟩ (kostbares [Seiden]gewebe)
Bro|ka|tell, der; -s, -e, **Bro|ka|tel|le,** die; -, -n (ein Baumwollgewebe)
bro|ka|ten (*geh.*); **Bro|kat|vor|hang**
Bro|ker [*auch* 'brɔʊkɐ], der; -s, - ⟨engl.⟩ (*engl. Bez. für* Börsenmakler); **Bro|ke|rin**

Brok|ko|li, Broc|co|li, der; -[s], -[s] ⟨ital.⟩ (Spargelkohl)
Brom, das; -s ⟨griech.⟩ (chemisches Element, Nichtmetall; Zeichen Br)
Brom|bee|re; Brom|beer|strauch
brom|hal|tig
Bro|mid, das; -[e]s, -e ⟨griech.⟩ (Salz des Bromwasserstoffs)
Bro|mit, das; -s, -e (Bromsilber [ein Mineral])
Brom|säu|re, die; -; **Brom|sil|ber; Brom|sil|ber|pa|pier**
bron|chi|al ⟨griech.⟩
Bron|chi|al|asth|ma; Bron|chi|al|ka|tarrh (Luftröhrenkatarrh)
Bron|chie [...çiə], die; -, -n *meist Plur.* (*Med.* Luftröhrenast)
Bron|chi|tis, die; -, ...itiden (Bronchialkatarrh)
Bron|to|sau|rus, der; -, ...rier ⟨griech.⟩ (eine ausgestorbene Riesenechse)
Bronx, die; - (Stadtteil von New York)
Bron|ze ['brɔ̃ːsə, *österr.* brɔ̃ːs], die; -, -n ⟨ital.(-franz.)⟩ (Metallmischung; Kunstgegenstand aus Bronze; *nur Sing.:* Farbe)
bron|ze|far|ben, bron|ze|far|big
Bron|ze|kunst, die; -; **Bron|ze|me|dail|le**
bron|zen (aus Bronze)
Bron|ze|plas|tik, die
Bron|ze|zeit, die; - (vorgeschichtliche Kulturzeit); **bron|ze|zeit|lich**
bron|zie|ren (mit Bronze überziehen)
Bron|zit, der; -s (ein Mineral)
Brook|lyn ['brʊklɪn] (Stadtteil von New York)
Bro|sa|me, die; -, -n *meist Plur.*
brosch. = broschiert
Bro|sche, die; -, -n ⟨franz.⟩
Brös|chen, Bries|chen (Gericht aus Briesen des Kalbs)
bro|schie|ren ⟨franz.⟩ (Druckbogen in einen Papierumschlag heften od. leimen); **bro|schiert** (*Abk.* brosch.)
¹**Bro|schur,** die; - (das Heften od. Leimen)
²**Bro|schur,** die; -, -en (broschierte Druckschrift)
Bro|schü|re, die; -, -n (leicht geheftetes Druckwerk)
Brö|sel, der, *bayr., österr.* das; -s, - *meist Plur.* (Krümel, Bröckchen)
brö|se|lig, brös|lig
brö|seln (bröckeln); ich brös[e]le
Brös|me|li, das; -[s], -; *vgl. auch* Götti (*schweiz. für* Krümel; Semmelbrösel)

Brot, das; -[e]s, -e
Brot|auf|strich; Brot|bä|cke|rei (*seltener*)
Brot|be|ruf (Beruf, der den Lebensunterhalt sichert)
Brot|beu|tel
Brot|chen; Brot|chen|ge|ber (*scherzh. für* Arbeitgeber)
Brot|chen|tas|te (*ugs. für* Taste am Parkscheinautomaten für kostenloses kurzes Parken)
Brot|ein|heit (*Med.; Abk.* BE)
Brot|er|werb; Brot|fa|brik; Brot|ge|trei|de; Brot|kas|ten; Brot|korb; Brot|kru|me; Brot|krü|mel; Brot|krus|te; Brot|laib
Brot|li, das; -s, - (*schweiz. für* Brötchen)
brot|los, brotlose Kunst
Brot|ma|schi|ne; Brot|mes|ser; Brot|neid; Brot|preis; Brot|schei|be; Brot|schnei|de|ma|schi|ne; Brot|schnit|te
Brot|stu|di|um, das; -s
Brot|sup|pe; Brot|teig; Brot|trunk®
Brot|zeit (*landsch. für* Zwischenmahlzeit [am Vormittag])
Brow|nie ['braʊni], der; -s, -s ⟨engl.⟩ (ein Schokoladengebäck)
Brow|ning ['braʊ...], der; -s, -s *u.* die; -, -s ⟨nach dem amerik. Erfinder⟩ (eine Schusswaffe)
Brow|ser ['braʊzɐ], der; -s, - ⟨engl.⟩ (Software zum Verwalten, Finden u. Ansehen von Dateien); **Brow|ser-Plug-in** ⟨engl.⟩ (die Funktionen eines Browsers erweiterndes Pogramm)
brr! (*Zuruf an Zugtiere* halt!)
BRT = Bruttoregistertonne
¹**Bruch,** der; -[e]s, Brüche (*ugs. auch für* Einbruch); zu Bruch gehen; in die Brüche gehen
²**Bruch** [*auch* bruːx], der *u.* das; -[e]s, *Plur.* Brüche, *landsch.* Brücher (Sumpfland)
Bruch|band, das; *Plur.* ...bänder (*Med.*)
Bruch|bu|de (*ugs. abwertend für* schlechtes, baufälliges Haus)
bruch|fest; Bruch|fes|tig|keit
brü|chig [*auch* 'bruː...] (sumpfig)
brü|chig; Brü|chig|keit, die; -
bruch|lan|den, bruchgelandet; **Bruch|lan|dung**
bruch|los
bruch|rech|nen *nur im Infinitiv üblich;* **Bruch|rech|nen,** das; -s; **Bruch|rech|nung**
Bruch|scha|den
Bruch|scho|ko|la|de
bruch|si|cher; bruchsicher verpackt

Bruchstein

Bruch|stein; Bruch|stel|le; Bruch|strich
Bruch|stück; bruch|stück|haft
Bruch|teil, der; Bruch|zahl
Brück|chen
Brü|cke, die; -, -n
Brü|cken|bau Plur. ...bauten; **Brü|cken|ge|län|der; Brü|cken|kopf** (Militär); **Brü|cken|pfei|ler**
Brü|cken|sa|nie|rung
Brü|cken|schlag (Herstellung einer Verbindung)
Brü|cken|tag (Tag zwischen zwei arbeitsfreien Tagen, der sich als Urlaubstag anbietet)
Brü|cken|tech|no|lo|gie (unvollkommene u. daher nur übergangsweise genutzte Technologie)
Bruck|ner (österr. Komponist)
Brü|den, der; -s, - (Technik Schwaden, Abdampf); vgl. Brodem
Bru|der, der; -s, Brüder; die Brüder Grimm; **Brü|der|chen**
Brü|der|ge|mei|ne, die; -, -n (Kurzform von Herrnhuter Brüdergemeine) (pietistische Freikirche)
Bru|der|hand; Bru|der|herz (noch scherzh. für Bruder, Freund)
Bru|der|krieg; Bru|der|kuss
Brü|der|lein; brü|der|lich; Brü|der|lich|keit, die; -
Bru|der Lus|tig, der; Gen. Bruder Lustigs u. Bruder[s] Lustig, Plur. Brüder Lustig (veraltend für leichtlebiger Mensch)
Bru|der|mord
Bru|der|paar
Bru|der|schaft ([rel.] Vereinigung)
Brü|der|schaft (brüderliches Verhältnis); Brüderschaft trinken
Bru|der|volk; Bru|der|zwist
Brue|g[h]el ['brɔɪɡl] (fläm. Malerfamilie)
Brüg|ge (belg. Stadt)
Brü|he, die; -, -n; **brü|hen**
brüh|heiß
Brüh|kar|tof|feln Plur.
brüh|warm (ugs.)
Brüh|wür|fel; Brüh|wurst
Brüll|af|fe
brül|len; Brül|ler
Bru|maire [bryˈmɛːɐ̯], der; -[s], -s ⟨franz., »Nebelmonat«⟩ (2. Monat des Kalenders der Franz. Revolution: 22. Okt. bis 20. Nov.)
Brumm|bär (ugs.); **Brumm|bass**
brum|me|lig; brum|meln (ugs. für leise brummen; undeutlich sprechen); ich brumm[e]le
brum|men; Brum|mer (ugs.)
Brum|mi, der; -s, -s (ugs. scherzh. für Lastkraftwagen)

brum|mig; Brum|mig|keit, die; -
Brumm|krei|sel; Brumm|schä|del (ugs.)
Brunch [brantʃ], der; -[e]s, Plur. -[e]s u. -e ⟨engl.⟩ (ausgedehntes u. reichhaltiges, das Mittagessen ersetzendes Frühstück)
brun|chen ['brantʃn]; ich brunche, gebruncht
Bru|nei, -s, amtlich **Bru|nei Da|rus|sa|lam,** - -s (Staat auf Borneo); **Bru|nei|er; Bru|nei|e|rin; bru|nei|isch**
Bru|nel|le, Brau|nel|le, die; -, -n ⟨franz.⟩ (eine Pflanze)
Bru|nel|lo di Mon|tal|ci|no [- - ...ˈtʃiːno], der; - - - (ein ital. Rotwein)
brü|nett (braunhaarig, -häutig); **Brü|net|te,** die; -[n], -[n] (brünette Frau); zwei Brünette[n]
Brunft, die; -, Brünfte (Jägerspr. Brunst beim Wild)
brunf|ten; Brunft|hirsch
brunf|tig; ein brunftiger Hirsch
Brunft|schrei; Brunft|zeit
Brun|hild, Brun|hil|de (dt. Sagengestalt; w. Vorn.)
brü|nie|ren ⟨franz.⟩ (fachspr. für [Metall] bräunen)
Brünn (tschech. Brno)
Brünn|chen
Brün|ne, die; -, -n (Nackenschutz der mittelalterl. Ritterrüstung)
Brun|nen, der; -s, -
Brun|nen|fi|gur; Brun|nen|kres|se (Salatpflanze); **Brun|nen|ver|gif|ter** (abwertend für Verleumder); **Brun|nen|ver|gif|tung**
Brünn|lein (geh.)
¹**Bru|no** (m. Vorn.)
²**Bru|no,** Giordano [dʒɔr...] (ital. Philosoph)
bru|noise [bryˈnŏaːz(ə)] ⟨franz.⟩ (Gastron. gewürfelt, in kleine Würfel geschnitten); de; - (Gemüse brunoise)
Brunst, die; -, Brünste (Periode der geschlechtl. Erregung u. Paarungsbereitschaft bei einigen Tieren); vgl. auch Brunft
bruns|ten; brüns|tig; Brunst|zeit
brun|zen (landsch. derb für urinieren)
Brus|chet|ta [brʊsˈkɛta, bruˈskɛta], die; -, -s u. ...tte [...ˈkɛte] ⟨ital.⟩ (geröstetes Weißbrot mit Tomaten)
brüsk; brüskie|ren (barsch; schroff)
brüs|kie|ren (barsch, schroff behandeln); **Brüs|kie|rung**
Brüs|sel, niederl. Brus|sel ['brʏsl] (Hauptstadt Belgiens); vgl. Bru-

xelles; **Brüs|se|ler,** seltener **Brüss|ler; Brüs|se|le|rin,** seltener **Brüss|le|rin**
Brust, die; -, Brüste
brust|am|pu|tiert
Brust|bein; Brust|beu|tel; Brust|bild; Brust|brei|te
Brüst|chen
brüs|ten, sich
Brust|fell; Brust|fell|ent|zün|dung
Brust|hoch
Brust|höh|le (Med.)
...brüs|tig (z. B. engbrüstig)
Brust|kas|ten Plur. ...kästen; **Brust|kind; Brust|korb**
Brust|krebs; Brust|la|ge
<mark>**brust|schwim|men,** Brust schwimmen;</mark> aber nur: er schwimmt Brust; **Brust|schwim|men,** das; -s
Brust|spitz, der; -es, -e (südd., österr., schweiz. für Brustfleisch von Rind od. Kalb)
Brust|stim|me; Brust|ta|sche
Brust|tee; Brust|ton Plur. ...töne; **Brust|um|fang**
Brüs|tung
Brust|ver|grö|ße|rung; Brust|ver|klei|ne|rung; Brust|war|ze; Brust|wehr, die; **Brust|wi|ckel**
brut [brʏt] ⟨franz.⟩ (von Schaumweinen sehr trocken)
Brut, die; -, -en Plur. selten
bru|tal ⟨lat.⟩ (roh; gefühllos; gewalttätig; rücksichtslos)
bru|ta|li|sie|ren; Bru|ta|li|sie|rung
Bru|ta|li|tät, die; -, -en
bru|talst|mög|lich
Brut|ap|pa|rat
brü|ten; brü|tend; brütende Hitze; ein brütend heißer Tag
Brü|ter (Kernphysik Brutreaktor); schneller Brüter ↑D 89
Brut|hit|ze (ugs.)
brü|tig (zum Brüten bereit)
Brut|kas|ten; Brut|ofen; Brut|pfle|ge; Brut|re|ak|tor (svw. Brüter); **Brut|schrank; Brut|stät|te**
brut|to ⟨ital.⟩ (mit Verpackung; ohne Abzug der [Un]kosten; Abk. btto.); brutto für netto (Abk. bfn.)
Brut|to|ein|kom|men; Brut|to|er|trag (Rohertrag); **Brut|to|ge|halt,** das; **Brut|to|ge|wicht**
Brut|to|in|lands|pro|dukt (Wirtsch.; Abk. BIP)
Brut|to|lohn
Brut|to|mas|se
Brut|to|na|ti|o|nal|ein|kom|men (Wirtsch.; Abk. BNE)
Brut|to|na|ti|o|nal|pro|dukt (österr. für Bruttosozialprodukt; Abk. BNP)

Buckel

Bruttoraumzahl (Abk. BRZ); **Bruttoregistertonne** (früher für Bruttoraumzahl; Abk. BRT)
Bruttosozialprodukt (Wirtsch. älter für Bruttonationaleinkommen; Abk. BSP)
Bruttoverdienst, der
Brutus (röm. Eigenn.)
brutzeln (ugs. für in zischendem Fett braten); ich brutz[e]le
Bruxelles [bry'sɛl] (franz. Form von Brüssel)
Bruyèreholz [bry'jɛːʀ...] ⟨franz.; dt.⟩ (Wurzelholz der Baumheide)
Bryologie, die; - ⟨griech.⟩ (Mooskunde)
BRZ = Bruttoraumzahl
BSA, der; - = Bund schweizerischer Architekten
B. Sc. = Bachelor of Science; vgl. Bachelor
BSE, die; - meist ohne Artikel = bovine spongiforme Enzephalopathie (Rinderwahnsinn); **BSE-frei**
B-Seite ['beː...] (die Seite einer Singleschallplatte, auf der in der Regel ein weniger bekannter Titel zu hören ist)
BSE-Test
BSI, der; -[s], - = Bezirksschulinspektor (österr.)
Bsp. = Beispiel
BSP, das; -[s] = Bruttosozialprodukt
bspw. = beispielsweise
BSR, der; -[s], - = Bezirksschulrat (österr.)
bst! vgl. pst!
BStU = Bundesbehörde für die Stasi-Unterlagen
Btl. = Bataillon
btto. = brutto
Bttr. = Batterie (Militär)
Btx = Bildschirmtext
Bub, der; -en, -en (südd., österr., schweiz. für Junge)
bubbern (nordd. ugs. für klopfen)
Bübchen; **büb chenhaft**
Bube, der; -n, -n (veraltend für niederträchtiger Mensch; Spielkartenbezeichnung)
bubenhaft
Bubenstreich (auch veraltend für übler Streich); **Bubenstück** (veraltend); **Bübelrei** (veraltend)
Bubi, der; -s, -s (Koseform von Bub)
Bubikopf (Damenfrisur)
Bübin (abwertend)
bübisch
Bubo, der; -s, ...onen ⟨griech.⟩

(Med. entzündl. Lymphknotenschwellung im Leistenbereich)
Buch, das; -[e]s, Bücher; Buch führen; die <mark>Buch führende</mark> od. buchführende Geschäftsstelle ↑ D 58; zu Buche schlagen
¹**Buchara** (Landschaft u. Stadt in Usbekistan)
²**Buchara**, der; -[s], -s (ein Teppich)
Buchare, der; -n, -n; **Bucharin**
Buchausstattung; **Buchbesprechung**
Buchbinder; **Buchbinderei**; **Buchbinderin**
buchbindern; ich buchbindere, gebuchbindert
Buchblock vgl. Block; **Buchdeckel**
Buchdruck Plur. ...drucke
Buchdrucker; **Buchdruckerei**; **Buchdruckerin**; **Buchdruckerkunst**, die; -
Buche, die; -, -n; **Buchecker**
Buchel, die; -, -n (landsch. für Buchecker)
Büchelchen
¹**buchen** (aus Buchenholz)
²**buchen** (in ein Rechnungsbuch eintragen; reservieren lassen)
Buchenholz; **Buchenklobenen**
Buchenland, das; -[e]s (dt. Name der Bukowina); **buchenländisch**
Buchenscheit; **Buchenstamm**; **Buchenwald**
Bücherbord, das; **Bücherbrett**; **Bücherbus** (mit einer Leihbücherei ausgestatteter Bus)
Bücherei; Deutsche Bücherei (in Leipzig; Abk. DB)
Bücherkunde, die; -; **bücherkundlich**
Bücherregal
Bücherrevisor ([Rechnungs]buchprüfer); **Bücherrevisorin**
Bücherschrank; **Bücherstube**
Büchertisch (Tisch, auf dem Bücher zum Verkauf od. zur Information ausgelegt sind)
Bücherverbrennung
Bücherwand
Bücherwurm, der (scherzh.)
Buchfink
Buchform, nur in: in Buchform [veröffentlicht]
<mark>**Buch führend**</mark>, **buchführend** vgl. Buch
Buchführung; **Buchgemeinschaft**; **Buchgewerbe**
Buchhalter; **Buchhalterin**; **buchhalterisch**; **Buchhaltung**
Buchhandel vgl. ¹Handel; **Buch-**

händler; **Buchhändlerin**; **buchhändlerisch**; **Buchhandlung**
Buchkritik; **Buchkunst**, die; -
Büchl, das; -s, -n (bayr., österr. ugs. für Büchlein; Notiz-, Sparbuch)
Buchladen; **Buchlaufkarte**
Büchlein
Buchmacher; **Buchmacherin**
Buchmarkt; **Buchmesse**
Büchner (dt. Dichter); **Büchnerpreis**
Buchpreisbindungsgesetz
Buchprüfer (Bücherrevisor); **Buchprüferin**
Buchs, der; -es, -e (svw. Buchsbaum); **Buchsbaum**
Buchse, die; -, -n (Steckdose; Hohlzylinder als Lager einer Welle, eines Zapfens usw.)
Büchse, die; -, -n (zylindrisches Gefäß mit Deckel; Feuerwaffe)
Büchsenfleisch
Büchsenlicht, das; -[e]s (zum Schießen ausreichende Helligkeit); **Büchsenmacher**; **Büchsenmacherin**
Büchsenmilch; **Büchsenöffner**
Büchsenschuss
Buchstabe, der; Gen. -ns, selten -n, Plur. -n
buchstabengetreu; **buchstabengläubig**
Buchstabenkombination; **Buchstabenrätsel**; **Buchstabenschrift**
buchstabieren
...buchstabig (z. B. vierbuchstabig; mit Ziffer 4-buchstabig)
buchstäblich (genau nach dem Wortlaut)
Buchstütze
Bucht, die; -, -en
Buchtel, die; -, -n ⟨tschech.⟩ (österr. für ein Hefegebäck; bayr. für Dampfnudel)
buchtig
Buchtitel
Buchung; **Buchungsmaschine**; **Buchungsportal** (im Internet)
Buchverleih; **Buchversand**
Buchweizen (eine Nutzpflanze); **Buchweizenmehl**
Buchwert (Wirtsch. Wert, mit dem ein Vermögens- od. Schuldposten verbucht wird)
Buchwesen, das; -s; **Buchwissen** (abwertend); **Buchzeichen**
Bucintoro [...tʃ...], der; -s ⟨ital.⟩ (ital. für Buzentaur)
Bücke, die; -, -n (Turnübung)
¹**Buckel**, der; -s, -, auch die; -, -n (erhabene Metallverzierung)

²Bu|ckel, der; -s, - (Höcker, Rücken)
Bu|ckel|flie|ge
bu|cke|lig, buck|lig
Bu|ckel|kra|xe, die; -, -n (bayr., österr. ugs. für eine Rückentrage); bu|ckel|kra|xen (österr. für huckepack); buckelkraxen tragen
bu|ckeln (ugs. für einen Buckel machen; auf dem Buckel tragen; *abwertend für* sich unterwürfig verhalten); ich buck[e]le
Bu|ckel|pis|te
Bu|ckel|rind (Zebu); Bu|ckel|wal
bü|cken, sich
Bu|ckerl, der; -s, -[n]; *vgl.* Pickerl (österr. ugs. für Verbeugung)
Bü|cking, Bück|ling (geräucherter Hering)
Bu|ck|ing|ham [ˈbakɪŋəm] (engl. Orts- u. Familienn.); Bu|ck|ing-ham-Pa|last, der; -[e]s
buck|lig usw.; *vgl.* buckelig usw.; Buck|li|ge, der *u.* die; -n, -n
¹Bück|ling (scherzh., auch abwertend für Verbeugung)
²Bück|ling, Bü|cking (geräucherter Hering)
Buck|ram, der od. das; -s ⟨nach der Stadt Buchara⟩ (stark appretiertes Gewebe [für Bucheinbände])
Buck|skin, der; -[s], -s ⟨engl.⟩ (gerautes Wollgewebe)
Bück|wa|re (DDR für offiziell nicht vorhandene Ware, die unter dem Ladentisch verkauft wird)
Bu|cu|reşti [bukuˈreʃtj] (rumän. Form von Bukarest)
Bu|da|pest (Hauptstadt Ungarns); Bu|da|pes|ter; Bu|da|pes|te|rin
Büd|chen (kleine Bude)
Bud|del, Bụt|tel, die; -, -n (ugs. für Flasche)
Bud|de|lei (ugs.)
Bud|del|kas|ten (landsch.)
bud|deln (ugs. für [im Sand] graben); ich budd[e]le
Bud|del|schiff (Seemannsspr. in eine Flasche hineingebautes Schiffsmodell)
Bud|den|brooks (Romantitel)
¹Bud|dha […da] ⟨sanskr., »der Erwachte, der Erleuchtete«⟩ (Ehrenname des ind. Religionsstifters Siddhartha)
²Bud|dha, der; -s, -s (Abbild, Statue Buddhas)
Bud|dhis|mus, der; - (Lehre Buddhas)
Bud|dhist, der; -en, -en; Bud|dhis|tin; bud|dhis|tisch
Budd|leia, Budd|le|ja, die; -, -s ⟨nach dem engl. Botaniker A. Buddle⟩ (ein Gartenstrauch)
Bu|de, die; -, -n
Bu|del, der; -, -[n] (bayr. u. österr. ugs. für Verkaufstisch)
Bu|den|zau|ber (ugs. für ausgelassenes Fest in der Wohnung)
Bud|get [byˈdʒe-], das; -s, -s ⟨franz.⟩ ([Staats]haushaltsplan, Voranschlag)
bud|ge|tär
Bud|get|aus|schuss (österr. für Haushaltsausschuss)
Bud|get|be|trag; Bud|get|de|fi|zit; Bud|get|ent|wurf; Bud|get|ho|heit
bud|ge|tie|ren (ein Budget aufstellen); Bud|ge|tie|rung
Bud|get|loch (bes. österr., schweiz.); Bud|get|mit|tel Plur.
Bud|get|plan (bes. österr. Haushaltsplan); Bud|get|ver|hand|lung meist Plur.; Bud|get|vor|an|schlag (österr., schweiz. für Haushaltsplan)
Bu|di|ke, die; -, -n ⟨franz.⟩ (landsch. veraltend für kleiner Laden; kleine Kneipe); Bu|di|ker (Kneipenbesitzer); Bu|di|ke|rin
Büd|ner (landsch. für Kleinbauer); Büd|ne|rin
Bu|do, das; -[s] ⟨jap.⟩ (Sammelgriff für Kampfsportarten)
Bu|do|ka, der; -[s], -[s] u. die; -, -[s] (Budosportler[in])
Bue|nos Ai|res (Hauptstadt Argentiniens)
¹Buf|di, der; -[s], -[s] (kurz für Bundesfreiwilligendienst)
²Buf|di, der; -s, -s u. die; -, -s (Dienstleistende[r] im Bundesfreiwilligendienst)
Bü|fett, das; -[e]s, Plur. -s u. -e, auch, bes. österr. u. schweiz. Buf|fet [byˈfeː, bes. schweiz. ˈbyfe], das; -s, -s ⟨franz.⟩ (Anrichte; Theke; Geschirrschrank); kaltes Büfett, Buffet (zur Selbstbedienung angerichtete kalte Speisen)
Bü|fet|tier […ˈtieː], der; -s, -s ([Bier]ausgeber, Zapfer); Bü|fet|ti|e|re
Büf|fel, der; -s, - (wild lebende Rinderart)
Büf|fe|lei (ugs.)
Büf|fel|her|de
büf|feln (ugs. für angestrengt lernen); ich büff[e]le
Buf|fet [byˈfeː, bes. schweiz. ˈbyfe] vgl. Büfett
Buf|fo, der; -s, Plur. -s u. Buffi ⟨ital.⟩ (Sänger komischer Rollen)
buf|fo|nesk (im Stil eines Buffos)

¹Bug, der; -[e]s, Plur. (für Schiffsvorderteil:) -e u. (für Schulterstück [des Pferdes u. des Rindes]:) Büge
²Bug, der; -s (Fluss in Osteuropa); der Westliche, Südliche Bug
³Bug [bak], der; -s, -s ⟨engl.⟩ (EDV Fehler in Hard- od. Software)
Bü|gel, der; -s, -
Bü|gel|au|to|mat
Bü|gel-BH
Bü|gel|brett; Bü|gel|ei|sen; Bü|gel|fal|te
bü|gel|fest; bü|gel|frei
bü|geln; ich büg[e]le
Bü|gel|sä|ge
Bü|gel|tisch
Bug|gy [ˈbagi], der; -s, -s ⟨engl.⟩ (leichter [offener] Wagen; kleines Auto mit offener Karosserie; zusammenklappbarer Kindersportwagen)
Büg|ler (ugs. auch für Bügelautomat); Büg|le|rin
bug|sie|ren ⟨niederl.⟩ ([ein Schiff] schleppen, ins Schlepptau nehmen; ugs. für mühsam an einen Ort befördern); Bug|sie|rer (Seemannsspr. Bugsierschiff)
Bug|spriet, das u. der; -[e]s, -e (Seemannsspr. über den Bug hinausragende Segelstange)
Bug|wel|le
buh! (Ausruf als Ausdruck des Missfallens); Buh, das; -s, -s (ugs.); es gab viele Buhs
Bu|hei, Bo|hei, das; -s (landsch. für Aufheben); großes Buhei, Bohei [um etw.] machen
Bü|hel, der; -s, -, Bühl, der; -[e]s, -e (südd., österr. für Hügel, bes. in geogr. Namen)
bu|hen (ugs. für durch Buhrufe sein Missfallen ausdrücken)
Buh|frau
Bühl vgl. Bühel
¹Buh|le, der; -n, -n (geh. veraltet für Geliebter); ²Buh|le, die; -, -n (geh. veraltet für Geliebte)
buh|len (veraltet); um jmds. Gunst buhlen (geh.)
Buh|ler (veraltet); Buh|le|rei (veraltet); Buh|le|rin (veraltet)
buh|le|risch (veraltet); Buhl|schaft (veraltet für Liebesverhältnis)
Buh|mann Plur. …männer (ugs. für Schreckgespenst, Prügelknabe)
Buh|ne, die; -, -n (künstlicher Damm zum Uferschutz)
Büh|ne, die; -, -n ([hölzerne] Plattform; Schaubühne; Spielfläche; südd., schweiz. auch für Dachboden; vgl. Heubühne)

Bundesanwaltschaft

Büh|nen|ar|bei|ter; Büh|nen|ar|bei|te|rin; Büh|nen|ar|bei|tung

Büh|nen|bild; Büh|nen|bild|ner; Büh|nen|bild|ne|rin

Büh|nen|fas|sung; Büh|nen|ge|stalt; Büh|nen|haus

Büh|nen|kopf (äußerstes Ende einer Buhne ⟨vgl. d.⟩)

büh|nen|mä|ßig

Büh|nen|mu|sik; Büh|nen|raum

büh|nen|reif

Büh|nen|schaf|fen|de, der u. die; -n, -n

Büh|nen|show; Büh|nen|stück; Büh|nen|tech|nik; Büh|nen|werk

büh|nen|wirk|sam

Buh|ruf

Bu|hurt, der; -[e]s, -e ⟨franz.⟩ (mittelalterl. Reiterkampfspiel)

Bu|jum|bu|ra [...ʒʊm...] (Hauptstadt von Burundi)

buk vgl. backen

Bu|ka|ni|er, der; -s, - ⟨engl.⟩ (westindischer Seeräuber im 17. Jh.); Bu|ka|nie|rin (selten)

Bu|ka|rest (Hauptstadt Rumäniens); vgl. București; Bu|ka|res|ter; Bu|ka|res|te|rin

Bu|kett, das; -[e]s, Plur. -s u. -e, Bouquet [buˈkeː], das; -s, -s ⟨franz.⟩ ([Blumen]strauß; Duft [des Weines])

Buk|lee vgl. ¹Bouclé, ²Bouclé

Bu|ko|lik, die; - ⟨griech.⟩ (Literaturwiss. Hirtendichtung); bu|ko|lisch; bukolische Dichtung

Bu|ko|wi|na, die; - (Karpatenlandschaft; vgl. Buchenland); Bu|ko|wi|ner; Bu|ko|wi|ne|rin; bu|ko|wi|nisch

Bu|kow|s|ki (amerik. Schriftsteller)

bul|bös ⟨lat.⟩ (Med. zwiebelartig, knollig); bulböse Schwellung

Bul|bus, der; -, Plur. ...bi od., Bot. nur, ...ben (Bot. Zwiebel; Med. Augapfel; Anschwellung)

Bül|lent (m. Vorn.)

Bu|let|te, die; -, -n ⟨franz.⟩ (landsch. für Frikadelle)

Bul|ga|re, der; -n, -n; Bul|ga|ri|en [...jən]; Bul|ga|rin; bul|ga|risch

Bul|ga|risch, das; -[s] (Sprache); vgl. Deutsch; Bul|ga|ri|sche, das; -n; vgl. ²Deutsche

Bul|gur, der; -s ⟨arab.⟩ (gekochter, getrockneter Weizen)

Bu|li|mie, die; - ⟨griech.⟩ (Med. Ess-Brech-Sucht); Bu|li|mi|ker; Bu|li|mi|ke|rin; bu|li|misch

bul|lish, bul|lisch ⟨engl.⟩ (Wirtschaftsjargon auf steigende Börsenkurse hinweisend)

Bulk|car|ri|er [ˈbalkkɛriɐ], der; -s, - ⟨engl.⟩ (Massengutfrachtschiff)

Bulk|la|dung (Seemannsspr. Schüttgut)

Bull|au|ge (rundes Schiffsfenster)

Bull|dog®, der; -s, -s ⟨engl.⟩ (Zugmaschine)

Bull|dog|ge (eine Hunderasse)

Bull|do|zer [...doʊzɐ], der; -s, - (schweres Raupenfahrzeug)

¹Bul|le, der; -n, -n (Stier, männliches Zuchtrind; auch männliches Tier verschiedener großer Säugetierarten; ugs. oft abwertend für Polizist; Börsenw. Optimist hinsichtlich der Kursentwicklung)

²Bul|le, die; -, -n ⟨lat.⟩ (mittelalterliche Urkunde; feierlicher päpstlicher Erlass); die Goldene Bulle ↑ D 150

Bul|len|bei|ßer (svw. Bulldogge; ugs. für grober Mensch)

Bul|len|hit|ze, die; - (ugs.)

Bul|len|markt (Börsenw. Marktphase mit steigenden Kursen); vgl. Bärenmarkt

bul|len|stark (ugs.)

bul|le|rig, bull|rig (landsch. für polternd, aufbrausend)

bul|lern (ugs. für dumpfe, unregelmäßige Geräusche machen); er sagte, der Ofen bullere

Bul|le|tin [bylˈtɛ̃ː], das; -s, -s ⟨franz.⟩ (amtliche Bekanntmachung; Krankenbericht)

Bull|finch [...fɪntʃ], der; -s, -s ⟨engl.⟩ (Hecke als Hindernis beim Pferderennen)

bull|ig

bull|rig vgl. bullerig

Bull|shit [...ʃɪt], der; -s ⟨engl.⟩ (ugs. abwertend für Unsinn, dummes Zeug)

Bull|ter|ri|er (engl. Hunderasse)

Bul|ly [...li], das; -s, -s ⟨engl.⟩ (Anspiel im [Eis]hockey)

Bü|low [...lo] (Familienname)

Bult, der; -s, Plur. Bülte od. Bulten, Bül|te, die; -, -n (nordd. für feste, grasbewachsene [Moor]stelle; Hügelchen)

Bult|sack (früher für Seemannsmatratze)

bum!; bum, bum!

Bum|bass, der; -es, ...bässe (ein altes Musikinstrument [der Bettelmusikanten])

Bum|boot (kleines Händlerboot zur Versorgung großer Schiffe)

Bum|bum, das; -s ⟨ugs. für Gepolter⟩

Bu|me|rang [auch ˈbʊ...], der; -s, Plur. -s od. -e ⟨engl.⟩ (gekrümmtes Wurfholz)

¹Bum|mel, der; -s, - ⟨ugs. für Spaziergang⟩

²Bum|mel vgl. Bommel

Bum|me|lant, der; -en, -en (ugs.); Bum|me|lei (ugs.); bum|me|lig (ugs.); Bum|me|lig|keit, die; -

bum|meln (ugs.); ich bumm[e]le

Bum|mel|streik

Bum|mel|zug (ugs.)

Bum|merl, das; -s, -[n]; vgl. Pickerl (österr. ugs. für Verlustpunkt beim Kartenspiel; Tor im Sport)

Bum|merl|sa|lat (österr. für Eisbergsalat)

bum|mern (ugs. für dröhnend klopfen); ich bummere

Bumm|ler (ugs.); Bumm|le|rin

bumm|lig; Bumm|lig|keit, die; - (ugs.)

bumm|voll (österr. ugs. für sehr voll)

bums!; Bums, der; -es, -e (ugs. für dumpfer Schlag)

bum|sen (ugs. für dröhnend aufschlagen; koitieren); du bumst

Bums|lo|kal (ugs. abwertend für zweifelhaftes Vergnügungslokal)

Bums|mu|sik (ugs. abwertend für laute, dröhnende Musik)

bums|voll (ugs. für sehr voll)

Bu|na®, der od. das; -[s] (synthet. Gummi); Bu|na|rei|fen

¹Bund, der; -[e]s, Bünde (»das Bindende«; Vereinigung; oberer Rand an Rock od. Hose); der Alte, Neue Bund ↑ D 150

²Bund, das; -[e]s, -e, österr. der; -[e]s, -e od. Bünde (»das Gebundene«; Gebinde); vier Bund Stroh

BUND, der; -[s] = Bund für Umwelt und Naturschutz Deutschland

Bun|da, die; -, -s ⟨ung.⟩ (Schaffellmantel ung. Bauern)

Bünd|chen

Bün|del, das; -s, -; Bün|de|lei

bün|deln; ich bünd[e]le; Bün|de|lung

Bün|den (schweiz.; kurz für Graubünden)

Bun|des|ab|ga|be (österr. für vom Bund erhobene Steuer, Gebühr)

Bun|des|ad|ler

Bun|des|agen|tur für Ar|beit (Abk. BA); Bun|des|amt; Bun|des|an|ge|stell|ten|ta|rif (Abk. BAT); Bun|des|an|lei|he; Bun|des|an|stalt

Bun|des|an|walt; Bun|des|an|wäl|tin; Bun|des|an|walt|schaft

Bundesarbeitsgericht

B
Bund

Bun|des|ar|beits|ge|richt
Bun|des|ar|beits|mi|nis|ter; Bun|des|ar|beits|mi|nis|te|rin; Bun|des|ar|beits|mi|nis|te|ri|um
Bun|des|aus|bil|dungs|för|de|rungs|ge|setz, das; -es (Abk. BAföG)
Bun|des|au|ßen|mi|nis|ter; Bun|des|au|ßen|mi|nis|te|rin; Bun|des|au|ßen|mi|nis|te|ri|um
Bun|des|au|to|bahn
Bun|des|bahn (österr., schweiz. für die staatliche Eisenbahn); die Österreichischen Bundesbahnen (Abk. ÖBB); die Schweizerischen Bundesbahnen (Abk. SBB)
Bun|des|bank, die; -
Bun|des|be|am|te; Bun|des|be|am|tin; Bun|des|be|auf|trag|te; Bun|des|be|diens|te|te; Bun|des|be|hör|de
Bun|des|be|treu|ung, die; - (österr. für staatliche Grundversorgung von Asylbewerbern)
Bun|des|bru|der (Verbindungsw.)
Bun|des|bür|ger; Bun|des|bür|ge|rin
Bun|des|da|ten|schutz|be|auf|trag|te (Politik)
Bun|des|denk|mal|amt (österr.)
bun|des|deutsch; Bun|des|deut|sche, der u. die
Bun|des|ebe|ne, die; -; auf Bundesebene
bun|des|ei|gen
Bun|des|el|tern|rat Plur. ...räte; Bun|des|el|tern|rä|tin
Bun|des|fi|nanz|mi|nis|ter; Bun|des|fi|nanz|mi|nis|te|rin; Bun|des|fi|nanz|mi|nis|te|ri|um
Bun|des|frau|en|mi|nis|te|rin
Bun|des|frei|wil|li|gen|dienst (freiwillige, staatlich organisierte Tätigkeit im Rahmen gemeinnütziger Projekte u. Einrichtungen)
Bun|des|ge|biet, das; -[e]s
Bun|des|ge|nos|se; Bun|des|ge|nos|sin; bun|des|ge|nös|sisch
Bun|des|ge|richt; Bun|des|ge|richts|hof, der; -[e]s
Bun|des|ge|setz; Bun|des|ge|setz|blatt (Abk. BGBl.)
Bun|des|grenz|schutz, der; -es (Abk. BGS; seit dem 1. Juli 2005 Bundespolizei)
Bun|des|gym|na|si|um (österr.; Abk. BG)
Bun|des|haupt|stadt; Bun|des|haus; Bun|des|haus|halt
Bun|des|heer (österr.)
Bun|des|hym|ne (österr.)
Bun|des|in|nen|mi|nis|ter; Bun|des|in|nen|mi|nis|te|rin; Bun|des|in|nen|mi|nis|te|ri|um

Bun|des|jus|tiz|mi|nis|ter; Bun|des|jus|tiz|mi|nis|te|rin; Bun|des|jus|tiz|mi|nis|te|ri|um
Bun|des|ka|bi|nett
Bun|des|kanz|ler; Bun|des|kanz|ler|amt; Bun|des|kanz|le|rin
Bun|des|kar|tell|amt; Bun|des|kri|mi|nal|amt, das; -[e]s (Abk. BKA)
Bun|des|la|de (jüd. Rel.)
Bun|des|land Plur. ...länder
Bun|des|lehr|an|stalt (österr. für Schule für bestimmte Berufe); die Höhere Bundeslehranstalt (Abk. HBLA) für Tourismus
Bun|des|leh|rer (österr. für staatlich angestellter [Gymnasial]lehrer); Bun|des|leh|re|rin
Bun|des|li|ga (höchste Spielklasse in verschiedenen Sportarten); die Erste, Zweite Bundesliga
Bun|des|li|ga|klub, Bun|des|li|ga|club; Bun|des|li|ga|spiel; Bun|des|li|ga|spie|ler; Bun|des|li|ga|spie|le|rin; Bun|des|li|gist, der; -en, -en
Bun|des|ma|ri|ne, die; -
Bun|des|mi|nis|ter; Bun|des|mi|nis|te|rin; Bun|des|mi|nis|te|ri|um
Bun|des|nach|rich|ten|dienst (Abk. BND)
Bun|des|netz|agen|tur, die; - (vgl. Netzagentur)
Bun|des|par|tei (Partei in ihrer überregionalen Organisationsform); Bun|des|par|tei|tag
Bun|des|pa|tent|amt; Bun|des|pa|tent|ge|richt
Bun|des|po|li|tik; Bun|des|po|li|ti|ker; Bun|des|po|li|ti|ke|rin; bun|des|po|li|tisch
Bun|des|po|li|zei (Abk. BPOL)
Bun|des|prä|si|dent; Bun|des|prä|si|den|tin; Bun|des|prä|si|di|al|amt
Bun|des|pres|se|amt
Bun|des|rat; Bun|des|rä|tin (in Österreich u. der Schweiz); Bun|des|rech|nungs|hof, der; -[e]s; Bun|des|recht, das; -[e]s; Bun|des|re|gie|rung
Bun|des|re|pu|blik; bun|des|re|pu|bli|ka|nisch; Bun|des|re|pu|blik Deutsch|land (nicht amtliche Abk. BRD)
Bun|des|schü|ler|rat Plur. ...räte; Bun|des|schü|ler|rä|tin
Bun|des|si|cher|heits|rat, der; -[e]s; Bun|des|so|zi|al|ge|richt, das; -[e]s; Bun|des|staat Plur. ...staa|ten
Bun|des|stadt, die; - (schweiz. für Bern als Sitz von Bundesregierung u. -parlament; auch für

Bonn als ehemalige bundesdeutsche Hauptstadt)
Bun|des|stra|ße (Zeichen B, z. B. B 38)
Bun|des|tag
Bun|des|tags|ab|ge|ord|ne|te; Bun|des|tags|de|bat|te; Bun|des|tags|frak|ti|on; Bun|des|tags|man|dat; Bun|des|tags|prä|si|dent; Bun|des|tags|prä|si|den|tin; Bun|des|tags|sit|zung; Bun|des|tags|wahl; Bun|des|tags|wahl|kampf
Bun|des|the|a|ter (österr.)
Bun|des|trai|ner; Bun|des|trai|ne|rin
Bun|des|tro|ja|ner (EDV-Jargon Computerprogramm, mit dem eine Bundesbehörde die privaten Daten eines Internetnutzers einsehen kann)
Bun|des|um|welt|mi|nis|ter; Bun|des|um|welt|mi|nis|te|rin; Bun|des|um|welt|mi|nis|te|ri|um
Bun|des|ver|band
Bun|des|ver|dienst|kreuz
Bun|des|ver|ei|ni|gung
Bun|des|ver|fas|sung (österr., schweiz. für das nationale Grundgesetz); Bun|des|ver|fas|sungs|ge|richt, das; -[e]s; Bun|des|ver|fas|sungs|ge|setz
Bun|des|ver|kehrs|mi|nis|ter; Bun|des|ver|kehrs|mi|nis|te|rin; Bun|des|ver|kehrs|mi|nis|te|ri|um
Bun|des|ver|samm|lung
Bun|des|ver|wal|tung; Bun|des|ver|wal|tungs|ge|richt
Bun|des|vor|sit|zen|de
Bun|des|vor|stand
Bun|des|wahl|aus|schuss Plur. selten; Bun|des|wahl|be|hör|de Plur. selten (österr.)
Bun|des|wehr, die; -; Bun|des|wehr|ein|satz
bun|des|weit
Bun|des|wett|be|werbs|be|hör|de, die; - (österr.)
Bun|des|wirt|schafts|mi|nis|ter; Bun|des|wirt|schafts|mi|nis|te|rin; Bun|des|wirt|schafts|mi|nis|te|ri|um
Bun|des|zu|wei|sung
Bund|fal|ten|ho|se; Bund|ho|se
bün|dig (bindend; Bauw. in gleicher Fläche liegend); kurz und bündig; Bün|dig|keit, die; -
bün|disch (der freien Jugendbewegung angehörend); die bündische Jugend
Bünd|ner (schweiz. für Graubündner); Bünd|ner Fleisch, schweiz. meist Bünd|ner|fleisch (luftgetrocknetes mageres Rindfleisch); Bünd|ne|rin; bünd|ne-

risch (schweiz. für graubündnerisch)
Bünd|nis, das; -ses, -se; Bündnis 90/Die Grünen (Kurzform die Grünen, auch Bündnisgrünen)
Bünd|nis|block vgl. Block
bünd|nis|grün; Bünd|nis|grü|ne, der u. die; -n, -n (Mitglied der Partei Bündnis 90 / Die Grünen)
Bünd|nis|part|ner; Bünd|nis|part|ne|rin; Bünd|nis|sys|tem; Bünd|nis|treue; Bünd|nis|ver|trag
Bund|schuh (Bauernschuh im MA.)
Bund|steg; Bund|wei|te
Bun|ga|low [...lo], der; -s, -s ⟨Hindi-engl.⟩ (eingeschossiges Wohn- od. Sommerhaus mit flachem Dach)
Bun|ge, die; -, -n (kleine Fischreuse aus Netzwerk od. Draht)
Bun|gee-Jum|ping, Bun|gee|jum|ping ['bandʒidʒa...], das; -s ⟨engl.⟩ (Springen aus großer Höhe mit Sicherung durch ein starkes Gummiseil)
Bun|ker, der; -s, - (Behälter für Massengut [Kohle, Erz]; Betonunterstand; Golf Sandloch); bun|kern (in der Bunker füllen; Brennstoff aufnehmen [von Schiffen]; ugs. für horten); ich bunkere
Bun|ny ['bani], das; -s, -s ⟨engl.⟩ (als Häschen kostümierte Serviererin in bestimmten Klubs)
Bun|sen|bren|ner ⟨nach dem Erfinder Bunsen⟩ ↑D 136
bunt; die buntesten Farben; ein bunter Abend; er ist bekannt wie ein bunter Hund; ↑D 56: ein Kleid **bunt färben** od. buntfärben; Ostereier bunt bemalen; ↑D 58: ein **bunt gefiederter** od. buntgefiederter Vogel; ein **bunt gefleckte** od. buntgefleckte Kuh; ein **bunt gestreifter** od. buntgestreifter Pullover; ein **bunt gemischtes** od. buntgemischtes Programm; **bunt schillernde** od. buntschillernde Fische; vgl. aber buntscheckig
Bunt|barsch (Aquarien- od. Speisefisch)
Bunt|bart|schlüs|sel
Bunt|druck Plur. ...drucke
bunt fär|ben, bunt|fär|ben; **bunt gefärbte** od. buntgefärbte Stoffe
Bunt|film; Bunt|fo|to
bunt ge|fie|dert, bunt|ge|fie|dert vgl. bunt
bunt ge|fleckt, bunt|ge|fleckt vgl. bunt; **bunt ge|mischt**, bunt|ge|mischt vgl. bunt; **bunt ge|streift**, bunt|ge|streift vgl. bunt
Bunt|heit, die; -
Bunt|me|tall; Bunt|pa|pier
Bunt|sand|stein (Gestein; nur Sing.: Geol. unterste Stufe der Trias)
Bunt|sche|ckig
bunt schil|lernd, bunt|schil|lernd vgl. bunt
Bunt|specht
Bunt|stift; Bunt|wä|sche
Bu|ñu|el [bonjuˈɛl], Luis (span. Filmregisseur)
Bunz|lau (Stadt in Niederschlesien); Bunz|lau|er; Bunzlauer [Stein]gut; Bunz|lau|e|rin
Bünz|li, der; -[s], -[s]; vgl. Götti (schweiz. ugs. für Spießbürger); bünz|lig (schweiz. ugs. für spießig)
Bu|o|nar|ro|ti, Michelangelo (ital. Künstler)
Burck|hardt (schweiz. Kunst- u. Kulturhistoriker)
Bür|de, die; -, -n
Bu|re, der; -n, -n (Nachkomme der niederländischen u. deutschen Ansiedler in Südafrika)
Bu|ren|krieg
Bu|ren|wurst (ostösterr. für eine Brühwurst)
Bü|ret|te, die; -, -n ⟨franz.⟩ (Messröhre für Flüssigkeiten)
Burg, die; -, -en
Bür|ge, der; -n, -n
bür|gen
Bur|gen|land, das; -[e]s (österr. Bundesland); Bur|gen|län|der; Bur|gen|län|de|rin; bur|gen|län|disch
¹Bur|ger, der; -s, - (schweiz. landsch. für Ortsbürger)
²Bur|ger [ˈbœːɐ̯gɐ], der; -s, - (ugs. kurz für ²Hamburger)
Bür|ger|an|fra|ge
Bür|ger|an|walt (österr. für jmd., der sich für Bürgerrechte einsetzt); Bür|ger|an|wäl|tin
Bür|ger
Bür|ger|be|geh|ren, das; -s, -; Bür|ger|be|we|gung
Bür|ger|bus (bürgerschaftliche Ergänzung des ÖPNV im ländlichen Raum)
Bür|ger|ent|scheid; Bür|ger|fo|rum
bür|ger|freund|lich; Bür|ger|gre|mi|um; Bür|ger|haus; Bür|ger|hin|weis
Bür|ge|rin (w. Form zu ¹Burger)
Bür|ge|rin
Bür|ger|in|i|ti|a|ti|ve (Abk. BI); Bür|ger|ko|mi|tee
Bür|ger|krieg; bür|ger|kriegs|ähn|lich
bür|ger|lich; bürgerliche Ehrenrechte; bürgerliches Recht, aber ↑D 150: das Bürgerliche Gesetzbuch (Abk. BGB); Bür|ger|lich|keit
Bür|ger|meis|ter [auch ...ˈmaɪ...]; Bür|ger|meis|ter|amt; Bür|ger|meis|te|rei; Bür|ger|meis|te|rin
bür|ger|nah; bürgernahe Politik; Bür|ger|nä|he
Bür|ger|pflicht
Bür|ger|recht; Bür|ger|recht|ler; Bür|ger|recht|le|rin; Bür|ger|rechts|be|we|gung
Bür|ger|schaft; Bür|ger|schaft|lich; Bür|ger|schafts|ab|ge|ord|ne|te; Bür|ger|schafts|wahl
Bür|ger|schreck, der; -s, -e (Mensch mit provozierendem Verhalten)
Bür|ger|sinn, der; -[e]s (svw. Gemeinsinn)
Bür|gers|mann Plur. ...leute (veraltet)
Bür|ger|sprech|stun|de
Bür|ger|steig
Bür|ger|te|le|fon
Bür|ger|tum, das; -s
Bür|ger|ver|samm|lung
Bür|ger|ver|si|che|rung (Form der Sozialversicherung, die alle Bevölkerungsgruppen einschließt)
Bür|ger|ver|tre|ter; Bür|ger|ver|tre|te|rin
Bür|ger|wehr (Geschichte von Gemeindebürgern [zur Selbstverteidigung] gebildete bewaffnete Einheit)
Burg|fried vgl. Bergfried
Burg|frie|de[n]; Burg|gra|ben
Burg|graf; Burg|grä|fin
Burg|hof
Bür|gin
Burgk|mair (dt. Maler)
Bur|gos (span. Stadt)
Burg|ru|i|ne
Bürg|schaft
Burg|the|a|ter (österr. Nationaltheater in Wien)
Bur|gund (franz. Landschaft u. früheres Herzogtum)
Bur|gun|de, der; -n, -n (Angehöriger eines germ. Volksstammes); Bur|gun|der (Einwohner von Burgund; franz. Weinsorte; auch für Burgunde); bur|gun|der|far|ben; Bur|gun|de|rin
Bur|gun|der|wein
bur|gun|disch; aber ↑D 140: die Burgundische Pforte

Burgverlies

Burg|ver|lies; Burg|vogt *(früher)*
Bu|rin ‹zu Bure›; **bu|risch**
Bur|ja|te, der; -n, -n (Angehöriger eines mongol. Volksstammes); **Bur|ja|tin; bur|ja|tisch, bur|ja|tisch**
Bur|ka, die; -, -s ‹arab.› (den ganzen Körper bedeckender Umhang mit einem Einsatz aus Netzgewebe für die Augen)
Burk|hard (m. Vorn.)
Bur|ki|na|be [...be:], der *u.* die; -, - (Burkiner[in])
Bur|ki|na Fa|so (Staat in Westafrika, früher Obervolta); **Bur|ki|ner; Bur|ki|ne|rin**
Bur|ki|ni, der; -s, -s ‹gebildet aus »Burka« u. »Bikini«› (islam. Vorschriften entsprechender, den ganzen Körper bedeckender Badeanzug für Frauen); **bur|ki|nisch**
bur|lesk ‹franz.› (possenhaft); **Bur|les|ke**, die; -, -n (Posse, Schwank)
Bur|li, das; -[s], -[s] *(österr. ugs. für* Bub, Bübchen)
Bür|li, das; -[s], -[s] *vgl.* Götti *(schweiz. für* Brötchen)
Bur|ma *(bes. engl. u. schweiz. für* Myanmar; *vgl.* **Bur|me|se**, der; -n, -n, **bur|me|sisch**
Bur|ner ['bœ:gnɐ], der; -s, - ‹engl.›; der *od.* ein Burner sein *(bes. Jugendspr.* eine tolle Sache sein)
Burn-out, Burn|out ['bœ:ɐnlaʊ̯t], das *od.* der; -[s], -s ‹engl.› *(kurz für* Burn-out-Syndrom)
Burn-out-Syn|drom, Burn|out-Syn|drom, Burn|out|syn|drom ‹engl.› *(Med.* Syndrom der völligen seelischen u. körperlichen Erschöpfung)
Burns [bœ:ɐ̯...] (schott. Dichter)
Bur|nus, der; *Gen. -* u. *-ses, Plur. -*se ‹arab.› (Beduinenmantel mit Kapuze)
Bü|ro, das; -s, -s ‹franz.›
Bü|ro|an|ge|stell|te; Bü|ro|ar|beit
Bü|ro|au|to|ma|ti|on (Ausstattung eines Büros mit moderner Datenverarbeitung)
Bü|ro|be|darf; Bü|ro|flä|che; Bü|ro|ge|bäu|de; Bü|ro|ge|mein|schaft; Bü|ro|haus; Bü|ro|hengst *(ugs. abwertend für* Büroangestellter)
Bü|ro|kauf|frau; Bü|ro|kauf|mann
Bü|ro|klam|mer
Bü|ro|kom|mu|ni|ka|ti|on
Bü|ro|krat, der; -en, -en; **Bü|ro|kra|tie**, die; -, ...ien; **Bü|ro|kra|tin; bü|ro|kra|tisch**
bü|ro|kra|ti|sie|ren
Bü|ro|kra|ti|sie|rung

Bü|ro|kra|tis|mus, der; - *(abwertend für* bürokratische Pedanterie)
Bü|ro|kra|ti|us, der; - *(scherzh. für* Personifizierung des Bürokratismus); heiliger Bürokratius!
Bü|ro|list, der; -en, -en *(schweiz. veraltend für* Büroangestellter); **Bü|ro|lis|tin**
Bü|ro|ma|nage|ment, das; -s
Bü|ro|ma|te|ri|al; Bü|ro|mensch *(ugs.);* **Bü|ro|mö|bel; Bü|ro|raum**
Bü|ro|schluss, der; ...schlusses; **Bü|ro|turm; Bü|ro|zeit**
Bur|ri|to, der; -s, -s ‹span.› (mexik. Gericht)
Bursch *vgl.* Bursche; **Bürsch|chen**
Bur|sche, der; -n, -n, *auch (bayr., österr. nur)* **Bursch**, der; -en, -en (junger Mann; *Verbindungsw.* Verbindungsstudent mit allen Rechten)
Bur|schen|schaft; Bur|schen|schaf|ter, Bur|schen|schaft|ler; bur|schen|schaft|lich
Bür|scherl, das; -s, -[n]; *vgl.* Pickerl *(bayr., österr. ugs. für* Bürschchen)
bur|schi|kos ([betont] ungezwungen; formlos); **Bur|schi|ko|si|tät**, die; -, -en
Bur|se, die; -, -n *(früher für* Studentenheim)
Bürst|chen
Bürs|te, die; -, -n; **bürs|ten**
Bürs|ten|ab|zug *(Druckw.* Probeabzug); **Bürs|ten|bin|der**
Bürs|ten|[haar]|schnitt
Bu|run|di (Staat in Afrika); **Bu|run|di|er; Bu|run|di|e|rin; bu|run|disch**
Bür|zel, der; -s, - (Schwanz[wurzel], bes. von Vögeln); **Bür|zel|drü|se** *(Zool.)*
Bus, der; Busses, Busse *(kurz für* Autobus, Omnibus; *EDV* Sammelleitung zur Datenübertragung zwischen mehreren Funktionseinheiten); **Bus|bahn|hof**
¹**Busch** (deutscher Maler, Zeichner u. Dichter); die buschschen *od.* Busch'schen Gedichte
²**Busch**, der; -[e]s, Büsche; **Busch|boh|ne; Büsch|chen**
Bü|schel, das; -s, -
bü|sche|lig, büsch|lig
bü|scheln *(südd. u. schweiz. für* zu einem Büschel, Strauß zusammenbinden); ich büsch[e]le
bü|schel|wei|se
Bu|schen, der; -s, - *(bayr., österr. ugs. für* [Blumen]strauß)
Bu|schen|schank | **Bu|schen|schen|ke**, die, **Bu|schen|schän|ke**, die *(österr. für* Straußwirtschaft)

Busch|funk, der; -s *(ugs. für* das Weitersagen, das inoffizielle Verbreiten von Nachrichten)
Busch|hemd
bu|schig
büsch|lig, bü|sche|lig
Busch|mann *Plur.* ...männer (Angehöriger eines in Südwestafrika lebenden Volkes); **Busch|mann|frau**
Busch|mes|ser, das
Busch|trom|mel ([früher] im Dschungel zur Nachrichtenübermittlung verwendete Trommel; *im Plural auch ugs. svw.* Buschfunk)
Busch|werk
Busch|wind|rös|chen
Bu|sen, der; -s, -; **bu|sen|frei**
Bu|sen|freund; Bu|sen|freun|din
Bu|sen|grap|schen, das; -s *(ugs.)*
Bu|sen|grap|scher *(ugs.)*
Bu|sen|wun|der *(ugs.)*
Bus|fah|rer; Bus|fah|re|rin
Bus|hal|te|stel|le
Bu|shel [...ʃ], der; -s, -s ‹engl.› (engl.-amerik. Getreidemaß); 6 Bushel[s]
Bü|si, das; -[s], -[s]; *vgl.* Götti *(schweiz. für* Katze)
bu|sig *(ugs.);* eine busige Schönheit
Busi|ness ['bɪsnɛs, *auch* 'bɪznɪs], das; - ‹engl.› (Geschäft[sleben])
busi|ness as usu|al ['bɪznɪs əz 'ju:ʒʊəl] ‹engl.› (alles geht seinen Gang [im Geschäftsleben])
Busi|ness|class, Busi|ness-Class [...kla:s], **Busi|ness|klas|se**, die; - (bes. für Geschäftsreisende eingerichtete Reiseklasse im Flugverkehr); **Busi|ness|plan** (Geschäfts-, Unternehmensplan); **Busi|ness-to-Busi|ness** [bɪznɪstʊ'bɪznɪs], das; - ‹engl.› (Handel zwischen Unternehmen, bes. im Internet)
Bus|li|nie
bus|per *(südwestd. u. schweiz. mdal. für* munter, lebhaft)

Bus

Autobus, Omnibus und die Kurzform *Bus* werden wie das zugrunde liegende lateinische Wort *omnibus* (= für alle) im Nominativ, Dativ und Akkusativ Singular nur mit einem *-s* geschrieben, obwohl der Genitiv Singular und die Pluralformen mit Doppel-s gebildet werden *(des Busses, die Busse).*

B2C-Geschäft

Buß|an|dacht (kath. Kirche)
Bus|sard, der; -s, -e ⟨franz.⟩ (ein Greifvogel)
Bu|ße, die; -, -n (auch für Geldstrafe)
bus|seln (südd., österr. ugs. für küssen); ich buss[e]le
bü|ßen (schweiz. auch für jmdn. mit einer Geldstrafe belegen); du büßt; **Bü|ßer; Bü|ßer|hemd; Bü|ße|rin**
Bus|serl, das; -s, -[n]; vgl. Pickerl (südd., österr. ugs. für Kuss)
buß|fer|tig (Rel.); **Buß|fer|tig|keit**
Buß|geld; Buß|geld|be|scheid; buß|geld|be|wehrt (Rechtsspr.); **Buß|geld|ver|fah|ren**
Buß|got|tes|dienst (kath. Kirche)
Bus|si, das; -s, -s (kurz für Busserl)
Bus|so|le, die; -, -n ⟨ital.⟩ (Magnetkompass)
Buß|pre|di|ger; Buß|pre|di|ge|rin; Buß|sa|k|ra|ment (kath. Kirche); **Buß|tag**
Bus|stopp (ugs. für Bushaltestelle)
Buß- und Bet|tag
Büs|te (auch by:...], die; -, -n; **Büs|ten|hal|ter** (Abk. BH)
Bus|ti|er [bʏsˈtje:], das; -s, -s ⟨franz.⟩ (miederartig anliegendes Damenunterhemd ohne Ärmel)
Bu|s|t|ro|phe|don, das; -s ⟨griech.⟩ (Art des Schreibens, bei der die Schrift abwechselnd nach rechts u. nach links läuft [in alten Inschriften])
Bu|su|ki, die; -, -s ⟨neugriech.⟩ (griech. Lauteninstrument)
bu|sy [ˈbɪzɪ] ⟨engl.⟩ (ugs., bes. Jugendspr. sehr beschäftigt; geschäftig)
Bu|ta|di|en, das; -s (Chemie ungesättigter gasförmiger Kohlenwasserstoff)
Bu|tan, das; -s ⟨griech.⟩ (gasförmiger Kohlenwasserstoff)
Bu|tan|gas, das; -es (Heiz- u. Treibstoff)
bu|ten (nordd. für draußen, jenseits [der Deiche])
But|ja|din|gen (Halbinsel zwischen der Unterweser u. dem Jadebusen)
But|ler [ˈbat...], der; -s, - ⟨engl.⟩ (Diener in vornehmen [engl.] Häusern); **But|le|rin**
Bu|tor [by...] (franz. Schriftsteller)
But|scher vgl. Buttje[r]
Buts|kopf (Schwertwal)
Butt, der; -[e]s, -e (Flunder)
Bütt, die; -, -en (landsch. für fassförmiges Vortragspult für Karnevalsredner)
But|te, die; -, -n (südd., schweiz. u. österr. für Bütte); **Bütte,** die; -, -n (wannenartiges Gefäß)
But|tel vgl. Buddel
Büt|tel, der; -s, - (veraltend, noch abwertend für Ordnungshüter, Polizist)
Büt|ten, das; -s ⟨zu Bütte⟩ (Papierart); **Büt|ten|pa|pier**
Büt|ten|re|de
But|ter, die; -; **But|ter|berg**
But|ter|bir|ne; But|ter|blu|me
But|ter|brot; But|ter|brot|pa|pier
But|ter|creme, **But|ter|crème**; **But|ter|creme|tor|te**, **But|ter|crème|tor|te**
But|ter|do|se
But|ter|fahrt (ugs. für Schiffsfahrt mit der Möglichkeit, [zollfrei] billig einzukaufen)
But|ter|fass
But|ter|fly [ˈbatəflaɪ], der; -[s] ⟨engl.⟩, **But|ter|fly|stil,** der; -[e]s (Schwimmsport Schmetterlingsstil)
But|ter|ge|bäck; But|ter|ge|ba|cke|ne, das; -n
but|te|rig
but|te|rig, butt|rig
But|ter|kä|se
But|ter|keks; But|ter|ku|chen; But|ter|milch
but|tern; ich buttere
But|ter|plätz|chen; But|ter|schmalz; But|ter|stul|le (landsch.)
but|ter|weich
Butt|je[r], But|tscher, der; -s, -s (nordd. für Junge, Kind)
Bütt|ner (landsch. für Böttcher)
But|ton [ˈbatn], der; -s, -s ⟨engl.-amerik.⟩ (Ansteckplakette)
butt|rig, but|te|rig
Bu|tyl|al|ko|hol ⟨griech.; arab.⟩ (chem. Verbindung)
Bu|ty|ro|me|ter, das; -s, - ⟨griech.⟩ (Fettgehaltmesser)
¹**Butz** vgl. ¹Butze
²**Butz,** der; -en, -en (österr. für Kerngehäuse)
Bütz|chen (rhein. für Kuss)
¹**But|ze,** der; -n, -n (landsch. für Kobold; Knirps)
²**But|ze,** die; -, -n (nordd. für Verschlag, Wandbett)
But|ze|mann Plur. ...männer (svw. Kobold, Kinderschreck)
But|zen, der; -s, - (landsch. für Kerngehäuse)
büt|zen (rhein. für küssen)
But|zen|schei|be (in der Mitte verdickte [runde] Glasscheibe)
Bu|vette [byˈvɛt], die; -, -n ⟨franz.⟩ (schweiz. für Freiluftbar)
Büx, die; -, Büxen, **Bu|xe,** die; -, Buxen (nordd. für Hose)
Bux|te|hu|de (Stadt südwestl. von Hamburg)
Buy-out, **Buy|out** [ˈbaɪaʊt], das od. der; -s, -s (kurz für Management-Buy-out)
Bu|zen|taur, der; -en, -en ⟨griech.⟩ (Untier in der griech. Sage; Prunkschiff der Dogen von Venedig); vgl. Bucintoro
Buz|zer [ˈbazɐ], der; -s, - ⟨engl.⟩ (Gerät, das auf Knopfdruck einen Summton erzeugt)
BV, die; - = [schweizerische] Bundesverfassung
BVG = Berliner Verkehrs-Betriebe; Bundesversorgungsgesetz
b. w. = bitte wenden!
BWL = Betriebswirtschaftslehre
BWV = Bach-Werke-Verzeichnis
bye! [baɪ], **bye-bye!** [ˈbaɪˈbaɪ] ⟨engl.⟩ (auf Wiedersehen!)
By|pass [ˈbaɪ...], der; -es, ...pässe ⟨engl.⟩ (Med. Überbrückung eines krankhaft veränderten Abschnittes der Blutgefäße)
By|pass|ope|ra|ti|on
BYR (Währungscode für Belarus-Rubel)
By|ron [ˈbaɪrən] (engl. Dichter)
Bys|sus, der; - ⟨griech.⟩ (Zool. Haftfäden mancher Muscheln)
Byte [baɪt], das; -[s], -s (aber: eine Million Bytes od. Byte) ⟨engl.⟩ (EDV Einheit von acht Bits)
By|zan|ti|ner (Bewohner von Byzanz); **By|zan|ti|ne|rin**
by|zan|ti|nisch; aber ↑D 150: das Byzantinische Reich
By|zan|ti|nis|mus, der; -, ...men (abwertend für Kriecherei, Schmeichelei)
By|zan|ti|nist, der; -en, -en; **By|zan|ti|nis|tik,** die; - (Wissenschaft von der byzantinischen Literatur u. Kultur); **By|zan|ti|nis|tin**
By|zanz (alter Name von Istanbul)
bz, bez, bez. = bezahlt
Bz., Bez. = Bezirk
bzw. = beziehungsweise
B2B [biːtuˈbiː] ⟨engl.⟩ = Business-to-Business (zwischen Firmen); **B2B-Ge|schäft**
B2C [biːtuˈsiː] ⟨engl.⟩ = Business-to-Customer (zwischen Firma und Kunden); **B2C-Ge|schäft**

C

c, ch s. Kasten Seite 305
c = Cent, Centime; Zenti...
c, C, das; -, - (Tonbezeichnung); das hohe C
c (Zeichen für c-Moll); in c
C (Buchstabe); das C; des C, die C, aber das c in Tacitus
C (Zeichen für C-Dur); in C
C = Carboneum (chem. Zeichen für Kohlenstoff); Celsius (fachspr. °C); Coulomb
C = 100 (röm. Zahlzeichen)
C. = Cajus; vgl. Gajus
ca. = circa, zirka
CA = California; vgl. Kalifornien
Ca (chem. Zeichen für Calcium)
Ca. = Carcinoma; vgl. Karzinom
ca.-An|ga|be ↑D 28 u. 97
Cab [kæp], das; -s, -s ⟨engl.⟩ (einspännige engl. Droschke)
Ca|bal|le|ro [...bal'je:...], der; -s, -s ⟨span.⟩ (früher für span. Edelmann, Ritter)
Ca|ban [...'bã:], der; -s, -s ⟨franz.⟩ (kurzer Mantel)
Ca|ba|ret [...'re:, auch 'kabare] vgl. Kabarett
Ca|ber|net [...'ne:], der; -[s], -s ⟨franz.⟩ (eine Wein- u. Rebsorte); Cabernet Sauvignon
Ca|bo|chon [...'ʃõ:], der; -s, -s ⟨franz.⟩ (ein gewölbt geschliffener Edelstein)
Ca|brio, das; -[s], -s ⟨kurz für Cabriolet⟩
Ca|brio|let [auch, österr. nur ...'le:], das; -s, -s ⟨franz.⟩ (Auto mit aufklappbarem Verdeck)
Ca|brio|lim|ou|si|ne
Cache [kɛʃ, auch kaʃ], der; -, -s ⟨franz.-engl.⟩ (EDV Zwischenspeicher für Dateien; Geocache); **ca|chen** ['kɛʃn] ⟨engl.⟩ (im Cache ablegen; Geocaching spielen)
Ca|che|nez [...ʃ(ə)'ne:], das; -, - ⟨franz.⟩ ([seidenes] Halstuch)
Ca|chet [kaʃɛ], das; -s, -s ⟨franz.⟩ (schweiz. für Gepräge; Eigentümlichkeit)
Ca|che|te|ro [...tʃ...], der; -s, -s ⟨span.⟩ (Stierkämpfer, der dem vom Matador verwundeten Stier den Gnadenstoß gibt)
Cä|ci|lia, Cä|ci|lie (w. Vorn.)
Cä|ci|li|en-Ver|band, der; -[e]s ↑D 136 (Vereinigung für kath. Kirchenmusik)
¹CAD (EDV) = computer-aided design (computerunterstütztes Konstruieren)
²CAD (Währungscode für kanad. Dollar)
Cad|die, ¹Cad|dy ['kɛdi], der; -s, -s ⟨engl.⟩ (jmd., der für den Golfspieler die Schlägertasche trägt; ® Einkaufswagen im Supermarkt; Wagen zum Transportieren der Golfschläger)
²Caddy ['kɛdi], der; -s, -s ⟨engl.⟩ (EDV Schutzhülle für eine CD-ROM od. DVD)
Ca|dil|lac® [franz. ...di'jak, engl. 'kɛdilɛk], der; -s, -s ⟨nach dem franz. Offizier Antoine de la Mothe Cadillac, dem Gründer der amerik. Autostadt Detroit⟩ (amerik. Kraftfahrzeug)
Cá|diz [...dɪs] (span. Hafenstadt u. Provinz)
Cad|mi|um vgl. Kadmium
Cae|li|us, der; - (Hügel in Rom)
Caen [kã] (Stadt in Frankreich)
Cae|sar vgl. ¹Cäsar
Cae|si|um vgl. Cäsium
Ca|fard [kafa:r], der; -[s] ⟨franz.⟩ (schweiz. für Überdruss)
Ca|fé, das; -s, -s ⟨franz.⟩ (Kaffeehaus, -stube); vgl. Kaffee; **Café au Lait** [kafeo'lɛ], der; - - -, - - - ⟨franz.⟩ (Milchkaffee); **Ca|fé com|p|let** [kafe kõ'plɛ], der; - -, - -s ⟨schweiz. für Kaffee mit Milch, Brötchen, Butter u. Marmelade⟩; **Ca|fé crème, Ca|fé Crème** [kafe krɛ:m], der; - -, - - ⟨schweiz. für Kaffee mit Sahne⟩
Ca|fe|te, die; -, -n ⟨gek. aus Cafeteria⟩ (Jargon)
Ca|fe|te|ria, die; -, Plur. -s u. ...ien ⟨amerik.-span.⟩ (Café od. Restaurant mit Selbstbedienung)
Caf|fè Lat|te ['kafe -], der; - -, - - ⟨ital.⟩ (Milchkaffee)
Ca|g|li|os|t|ro [kal'jɔ...] (ital. Abenteurer)
Cai|pi|rin|ha [kaipi'rinja], der; -s, -s u. die; -, -s ⟨port.⟩ (ein Mixgetränk)
Ca|is|sa (Göttin des Schachspiels)
Cais|son [kɛ'sõ:], der; -s, -s ⟨franz.⟩ (Senkkasten für Bauarbeiten unter Wasser); **Cais|son|krank|heit,** die; - (Med.)
Ca|jus vgl. Gajus

cal = Kalorie
Ca|lais [...'lɛ:] (franz. Stadt)
Ca|la|ma|res Plur. ⟨span.⟩ (Gericht aus Tintenfischstückchen)
Ca|la|mus, der; -, ...mi ⟨lat.⟩ (antikes Schreibgerät)
ca|lan|do ⟨ital.⟩ (Musik an Tonstärke u. Tempo gleichzeitig abnehmend)
Ca|lau (Stadt in der Niederlausitz)
Cal|be (Saa|le) (Stadt an der unteren Saale); vgl. aber Kalbe (Milde)
Cal|cit vgl. Kalzit
Cal|ci|um usw. vgl. Kalzium usw.
Cal|de|rón [...'rɔn] (span. Dichter)
Cal|ga|ry ['kɛlgəri] (Stadt in Kanada)
Ca|li|for|ni|um, das; -s ⟨radioaktives chemisches Element, ein Transuran; Zeichen Cf⟩
Ca|li|gu|la (röm. Kaiser)
Ca|lixt, Ca|lix|tus vgl. Kalixt, Kalixtus
Cal|la, Kal|la, die; -, -s ⟨griech.⟩ (eine Zierpflanze)
Cal|la|ne|tic® [kɛlə...], das; -s, auch die; - meist o. Art., **Cal|la|ne|tics**®, das; - meist o. Art. ⟨nach der Erfinderin Callan Pinckney⟩ (ein Fitnesstraining)
Cal|las (griech. Sängerin)
Call|boy ['kɔ:l...], der; -s, -s ⟨engl.⟩ (vgl. Callgirl)
Call-by-Call ['kɔ:lbaɪ'kɔ:l], das; -s, meist ohne Artikel ⟨engl.⟩ (Auswahl einer bestimmten Telefongesellschaft per Vorwahl); **Call-by-Call-An|bie|ter**
Call|cen|ter, Call-Cen|ter ['kɔ:lsɛntɐ], das; -s, - ⟨engl.-amerik.⟩ (Büro für telefonische Dienstleistungen); **Call|cen|ter-agent, Call-Cen|ter-Agent** (jmd., der in einem Callcenter Anrufe beantwortet); **Call|cen|ter|agen|tin, Call-Cen|ter-Agen|tin**
Call|girl, das; -s, -s (Prostituierte, die auf telefonischen Anruf hin kommt od. jmdn. empfängt)
Call-in [kɔ:l'ɪn], das; -s, -s ⟨engl.⟩ (Anrufsendung)
Call|mette [...'mɛt] (franz. Bakteriologe)
ca|lo|ri|sie|ren (chem. fachspr. für kalorisieren)
Ca|lu|met [auch ...ly'mɛ] vgl. Kalumet
Cal|va|dos, der; -, - ⟨franz.⟩ (ein Apfelbranntwein)
Cal|vin [österr. 'ka...] (Genfer Reformator); **cal|vi|nisch;** das calvinische Bekenntnis ↑D 89 u. 35

Canterbury

c, ch

Häufig gebrauchte Fremdwörter, die ein c oder ch enthalten, können sich nach und nach der deutschen Schreibweise angleichen.

Dabei wurde c in der Regel zu k vor a, o, u und vor Konsonanten (Mitlauten):
- Kalzium, *fachsprachlich* Calcium
- Kopie *für* Copie
- Akkusativ *für* Accusativ
- Spektrum *für* Spectrum

Dagegen wurde c zu z vor e, i, y, ä *und* ö:
- Zentrum *für* Centrum
- Zitrone *für* Citrone
- Zäsur *für* Cäsur

In manchen Fremdwörtern kann ch der ursprünglichen Aussprache entsprechend auch sch geschrieben werden:
- Schimäre, Chimäre (Trugbild)

C
Cant

Cal|vi|nis|mus, der; - (evangelisch-reformierter Glaube); Cal|vi|nist, der; -en, -en (Anhänger des Calvinismus); Cal|vi|nis|tin; cal|vi|nis|tisch

Calw [kalf] (Stadt a. d. Nagold); Cal|wer [...ve]; Cal|we|rin

Ca|lyp|so [...'lɪ...], der; -[s], -s (Tanz im Rumbarhythmus); *vgl. aber* Kalypso

Cal|zo|ne, die; -, -n ⟨ital.⟩ (zusammengeklappte, gefüllte Pizza)

CAM = computer-aided manufacturing (computerunterstütztes Fertigen)

Ca|margue [...'mark], die; - (südfranz. Landschaft)

Cam|bridge ['keɪmbrɪdʒ] ⟨engl. u. nordamerik. Ortsn.⟩

Cam|burg (Stadt a. d. Saale)

Cam|cor|der *vgl.* Kamerarekorder

Ca|mem|bert [...beːɐ̯, *auch* ...mãˈbɛːɐ̯], der; -s, -s ⟨nach dem franz. Ort⟩ (ein Weichkäse)

Ca|meo ['kɛmjo], der; -s ⟨ital.-engl.⟩ (kurzer Filmauftritt eines Prominenten)

Ca|me|ra obs|cu|ra, die; - -, ...rae ...rae ⟨lat.⟩ (Lochkamera)

Ca|mil|la (w. Vorn.); Ca|mil|lo (m. Vorn.)

Ca|mi|on [kamjõː], der; -s, -s ⟨franz.⟩ (*schweiz. für* Lastkraftwagen); Ca|mi|on|na|ge [kamjɔnaːʒə], die; -, -n ⟨*schweiz. für* Spedition); Ca|mi|on|neur [kamjɔnøːɐ̯], der; -s, -e ⟨*schweiz. für* Spediteur⟩; Ca|mi|on|neu|se [...ˈnøːzə], die; -, -n (*w. Form zu* Camionneur)

Ca|mõ|es [...ˈmõːɪʃ] (port. Dichter)

Ca|mor|ra, Ka|mor|ra, die; - ⟨ital.⟩ (Geheimbund im ehemaligen Königreich Neapel)

Ca|mou|f|la|ge [...muː...ʒə], die; -, -n ⟨franz.⟩ (*veraltet für* milit. Tarnung); ca|mou|f|lie|ren (*veraltet*)

Camp [kɛmp], das; -s, -s ⟨engl.⟩ ([Feld-, Gefangenen]lager)

Cam|pa|g|na [kamˈpanja], die; - (ital. Landschaft)

Cam|pa|ni|le, der; -[s], -[s] (*bes. österr. neben* Kampanile)

Cam|pa|ri®, der; -s, - ⟨ital.⟩ (ein Bitterlikör)

Cam|pe|che|holz [...ˈpɛtʃə...] *vgl.* Kampescheholz

cam|pen [ˈkɛ...] ⟨engl.⟩ (im Zelt od. Wohnwagen leben); Cam|per; Cam|pe|rin

Cam|pe|si|no [ka...], der; -s, -s ⟨span.⟩ (armer Landarbeiter, Bauer [in Lateinamerika])

cam|pie|ren (österr. *für,* schweiz. *neben* campen; *vgl.* kampieren

Cam|ping [ˈkɛ...], das; -s ⟨engl.⟩ (Leben auf Zeltplätzen im Zelt od. Wohnwagen); Cam|ping|an|hän|ger; Cam|ping|ar|ti|kel; Cam|ping|aus|rüs|tung; Cam|ping|bus; Cam|ping|füh|rer; Cam|ping|ko|cher; Cam|ping|platz; Cam|ping|rei|se; Cam|ping|ur|laub; Cam|ping|zelt

Cam|pus, der; -, *Plur.* - u. -se ⟨lat.-engl.⟩ (Universitätsgelände)

Cam|pus|maut (ugs. scherzh. *für* Studiengebühren)

Cal|mus [kaˈmyː] (franz. Schriftsteller)

Can [dʒan] (m. Vorn.)

Ca|na|da ⟨engl. Schreibung von Kanada⟩

Ca|nail|le *vgl.* Kanaille

Ca|na|let|to (ital. Maler)

Ca|na|pé [*österr.* ...ˈpeː] *vgl.* Kanapee

Ca|nas|ta, das; -s ⟨span.⟩ (ein Kartenspiel)

Ca|na|ve|ral *vgl.* Kap Canaveral

Can|ber|ra [ˈkɛnbərə] (Hauptstadt Australiens)

Can|can [kãˈkã:], der; -[s], -s ⟨franz.⟩ (ein Tanz)

can|celn [ˈkɛnts|n] ⟨engl.⟩ (streichen, absagen, rückgängig machen); ich canc[e]le die Buchung; gecancelt

cand. = candidatus; *vgl.* Kandidat

Can|de|la, die; -, - ⟨lat.⟩ (Lichtstärkeeinheit; *Zeichen* cd)

¹Can|di|da (w. Vorn.)

²Can|di|da, die; - ([krankheitserregender] Sprosspilz; Antiquadruckschrift); Can|di|do|se, Kan|di|do|se, die; -, -n (Med. durch ²Candida hervorgerufene Pilzerkrankung der [Schleim]häute)

Can|di|dus (m. Vorn.)

Can|dle-Light-Din|ner, Can|dle-light-Din|ner [ˈkɛndl̩laɪt...] ⟨engl.⟩ (festliches Abendessen mit Kerzenbeleuchtung)

Ca|net|ti (deutschsprachiger Schriftsteller)

Can|na, Kan|na, die; -, -s ⟨sumer.-lat.⟩ (eine Zierpflanze)

Can|na|bi|no|id, das; -[e]s, -e *meist Plur.* (Inhaltsstoff des Hanfes mit medizinischer Wirkung); Can|na|bis, der *u.* das; - ⟨griech.-lat.⟩ (Hanf; *auch für* Haschisch)

Can|nae *vgl.* Kannä

Can|nel|lo|ni *Plur.* ⟨ital.⟩ (gefüllte Röllchen aus Nudelteig)

Cannes [kan] (Seebad an der Côte d'Azur)

Cann|statt, Bad ↑D 147 (Stadtteil von Stuttgart); Cann|statt|ter; Cannstatter Wasen (Volksfest)

Ca|ñon [...njɔn, *auch* ˈkɛnjən], der; -s, -s ⟨span.⟩ (enges, tief eingeschnittenes Tal, bes. im westl. Nordamerika)

Ca|no|pus *vgl.* ²Kanopus

Ca|nos|sa, das; -[s], -s ⟨nach der Felsenburg Canossa in Norditalien⟩; ein Gang nach Canossa (*übertr. für* Demütigung); Ca|nos|sa|gang, der ↑D 143

Can|stein|sche Bi|bel|an|stalt, die; -n - ↑D 150 ⟨nach dem Gründer Freiherr von Canstein⟩

can|ta|bi|le ⟨ital.⟩ (*Musik* gesangartig, ausdrucksvoll)

can|tan|do ⟨ital.⟩ (*Musik* singend)

Can|ta|te *vgl.* ²Kantate

Can|ter|bu|ry [ˈkɛntɐbəri] ⟨engl. Stadt⟩

Cantharidin

Can|tha|ri|din vgl. Kantharidin
Can|to, der; -s, -s ⟨ital.⟩ (Gesang)
Can|tus fir|mus, der; - -, - ['kantu:s] ...mi ⟨lat.⟩ (Hauptmelodie eines mehrstimmigen Chor- od. Instrumentalsatzes)
Can|vas ['kɛnvəs], der od. das; - ⟨engl. Bez. für Leinwand, Segeltuch⟩; **Can|vas|ta|sche**
Can|yon ['kɛnjən], der; -s, -s ⟨engl.⟩ ⟨engl. Bez. für Cañon⟩
Can|yo|ning ['kɛnjənɪŋ], das; -s ⟨engl.⟩ (als Sport betriebenes Durchwandern von Gebirgsschluchten u. -flüssen)
Cap [kɛp], die; -, -s, auch der od. das; -s, -s ⟨engl.⟩ (Baseballmütze)
Ca|pa, die; -, -s ⟨span.⟩ (roter Umhang der Stierkämpfer)
Cape [keɪp], das; -s, -s ⟨engl.⟩ (ärmelloser Umhang)
Ca|pe|a|dor [ka...], der; -s, -es ⟨span.⟩ (Stierkämpfer, der den Stier mit der Capa reizt)
Ca|pel|la vgl. Kapella
Ca|po|ei|ra [...ˈpoe:..., brasilian. kaˈpue̯ɪɾɐ], die; - ⟨brasilian.⟩ (eine Tanz- u. Kampftechnik)
Ca|pone [kəˈpoʊn], Al [æl] (amerik. Gangster)
Ca|po|te [kəˈpoʊti], Truman [ˈtruːmən] (amerik. Schriftsteller)
Cap|puc|ci|no [...ˈtʃi:...], der; -[s], -[s] u. ...ccini ⟨ital.⟩ (Kaffeegetränk)
ca.-Preis ↑D 28 u. 97
Ca|p|re|se, der; -n, -n (Bewohner von Capri); **Ca|p|re|sin**; **ca|p|re|sisch**
Ca|p|ri (Insel im Golf von Neapel)
Ca|p|ric|cio [...ˈprɪtʃo], das; -s, -s ⟨ital.⟩ (scherzhaftes, launiges Musikstück); **ca|p|ric|cio|so** (Musik scherzhaft, launig)
Ca|p|ri|ce [...ˈpriːsə], Ka|p|ri|ce [...sə], die; -, -n ⟨franz.⟩ (Laune)
Ca|p|ri|ho|se (Damenhose mit engen, dreiviertellangen Beinen)
Cap|tain [ˈkɛptn], der; -s, -s ⟨engl.⟩ (schweiz. für Mannschaftsführer, -sprecher)
Cap|ta|tio Be|ne|vo|len|ti|ae, die; - - ⟨lat.⟩ (Redewendung, mit der man das Wohlwollen des Publikums zu gewinnen sucht)
Cap|t|cha [ˈkɛptʃɐ], das od. das; -s, -s ⟨engl.; Akronym aus »completely automated public Turing test to tell computers and humans apart«; nach dem engl. Mathematiker A. M. Turing⟩

(EDV Test, mit dem festgestellt werden kann, ob sich ein Mensch od. ein Computer eines Programms bedient)
Ca|pua (ital. Stadt)
Ca|put mor|tu|um, das; - - ⟨lat.⟩ (Eisenrot, rote Malerfarbe)
Ca|que|lon [kak(ə)ˈlõː], das; -s, -s ⟨franz.⟩ (schweiz. für feuerfestes irdenes Gefäß)
Car, der; -s, -s ⟨franz.⟩ ⟨schweiz.; kurz für Autocar⟩
Ca|ra|bi|ni|e|re, Ka|ra|bi|ni|e|re, der; -[s], ...ri ⟨ital.⟩ (Angehöriger einer italienischen Polizeitruppe)
Ca|ra|cal|la (röm. Kaiser)
Ca|ra|cas (Hauptstadt Venezuelas)
ca|ram|ba! ⟨span.⟩ (ugs. für Donnerwetter!, Teufel!)
Ca|ra|mel, das; -s, -s ⟨schweiz. für Karamell⟩
Ca|ra|vag|gio [...ˈvadʒo] (ital. Maler)
Ca|ra|van [ˈka(ː)..., auch ...ˈva:n, ˈkɛrəvɛn], der; -s, -s ⟨engl.⟩ (kombinierter Personen- u. Lastenwagen; Wohnwagen); **Ca|ra|va|ner**; **Ca|ra|va|ne|rin** (selten); **Ca|ra|va|ning**, das; -s (Leben im Wohnwagen)
Car|bid vgl. ²Karbid
Car|bo... usw. vgl. Karbo... usw.
Car|bo|nat vgl. ²Karbonat
Car|bo|ne|um, das; -s ⟨lat.⟩ (veraltete Bez. für Kohlenstoff, chemisches Element; Zeichen C)
Car|bo|run|dum® vgl. Karborund
Car|bo|xy|grup|pe (Chemie eine funktionelle Gruppe der Carbonsäuren)
Car|ci|no|ma vgl. Karzinom
Car|diff [ˈkɑːdɪf] (Hauptstadt von Wales)
Car|di|gan, der; -s, -s ⟨engl.⟩ (lange Strickweste)
CARE [kɛːɐ̯] = Cooperative for American Remittances to Europe (eine Hilfsorganisation)
care of [ˈkɛːɐ̯ ɔf] ⟨engl.⟩ (in Briefanschriften usw. wohnhaft bei ...; per Adresse; Abk. c/o)
Care|pa|ket [ˈkɛːɐ̯...] vgl. CARE
Car|go, der; -s, -s ⟨span.⟩ (Verkehrsw. Fracht)
Ca|ri|na vgl. Karina
Ca|rin|thia (lat. Name für Kärnten); **ca|rin|thisch**
Ca|ri|o|ca, die; -, -s ⟨indian.-port.⟩ (lateinamerik. Tanz)
Ca|ri|tas, die; - (Deutscher Caritasverband); vgl. Karitas
Car|ja|cking, Car-Ja|cking [ˈkaːɐ̯-

dʒɛkɪŋ], das; -[s], -s ⟨engl.⟩ (Vorgang, bei dem ein Auto unter Androhung von Gewalt seinem Fahrer weggenommen wird)
Car|loft®, der; -s, -s ⟨engl.⟩ (Apartment in einem Gebäude mit eigenem Lift für Autos)
Car|los (m. Vorn.)
Car|lyle [kaːˈlaɪl] (schott. Schriftsteller u. Historiker)
Car|ma|g|no|le [...manˈjoː...], die; - ⟨franz. Revolutionslied⟩
Car|men (w. Vorn.)
Car|nal|lit, Kar|nal|lit, der; -s ⟨nach dem Geologen R. v. Carnall⟩ (ein Mineral)
Car|ne|gie [kaːɐ̯ˈneɡɪ] (nordamerik. Milliardär); **Car|ne|gie Hall** [...ˈhɔːl], die; - - (Konzerthalle in New York)
Car|net [de Pas|sa|ges] [...ˈneː (də ...ʒa)], das; - - -, -s [...ˈneː] - - (Zollbescheinigung zur Einfuhr von Kraftfahrzeugen)
Car|not|zet [...tsɛ], das; -s, -s ⟨franz. mdal.⟩ (schweiz. für Weinlokal, kleiner Weinkeller)
Ca|ro|la vgl. Karola
Ca|ros|sa (dt. Schriftsteller)
Ca|ro|tin vgl. Karotin
Car|pac|cio [karˈpatʃo], das u. der; -s, -s ⟨ital.⟩ (kalte [Vor]speise aus rohen, dünn geschnittenen Zutaten)
Car|port, der; -s, -s ⟨engl.-amerik.⟩ (überdachter Abstellplatz für Autos)
Car|ra|geen, Car|ra|gheen vgl. Karrageen
Car|ra|ra (ital. Stadt); **Car|ra|rer**; **car|ra|risch**; carrarischer Marmor
Car|roll [ˈkɛrəl], Lewis [ˈluːɪs] (engl. Schriftsteller)
Car|sha|ring, Car-Sha|ring [ˈkaːɐ̯ʃɛːrɪŋ], das; -[s] ⟨engl.⟩ (organisierte Nutzung eines Autos von mehreren Personen)
Cars|ten vgl. Karsten
Cars|tens, Karl (fünfter dt. Bundespräsident)
Carte blanche [kart ˈblãːʃ], die; - -, -s -s [kart ˈblãːʃ] ⟨franz.⟩ (unbeschränkte Vollmacht)
car|te|si|a|nisch, **car|te|sisch** vgl. kartesianisch, kartesisch; **Car|te|si|us** (lat. Form von Descartes)
Car|tha|min vgl. Karthamin
Car|toon [...ˈtuːn], der od. das; -[s], -s ⟨engl.⟩ (Karikatur, Witzzeichnung; kurzer Comicstrip); **Car|too|nist**, der; -en, -en (Cartoonzeichner); **Car|too|nis|tin**

Ca|ru|so (ital. Sänger)
car|ven ⟨engl.⟩ (mit Skiern od. Snowboard auf der Kante fahren, ohne zu rutschen); wir sind ohne Stöcke gecarvt; **Car|ver**, der; -s, -; **Car|ve|rin**; **Car|ving**, das; -[s] ⟨engl.⟩ (beim Ski- u. Snowboardfahren das Fahren auf der Kante, ohne zu rutschen); Car|ving|ski, Car|ving-Ski
Ca|sa|blan|ca (Stadt in Marokko)
Ca|sals (span. Cellist)
¹**Ca|sa|no|va** (ital. Abenteurer, Schriftsteller u. Frauenheld)
²**Ca|sa|no|va**, der; -[s], -s ⟨ugs. für Frauenheld, -verführer⟩
¹**Cä|sar** (röm. Feldherr u. Staatsmann; m. Vorn.)
²**Cä|sar**, der; Cäsaren, Cäsaren (Ehrenname der röm. Kaiser); **Cä|sa|ren|wahn**, der; -[e]s; **cä|sa|risch** (kaiserlich; selbstherrlich)
Cä|sa|ris|mus, der; - (unbeschränkte [despotische] Staatsgewalt); **Cä|sa|ro|pa|pis|mus**, der; - (Staatsform, bei der der weltl. Herrscher zugleich geistl. Oberhaupt ist)
cash [kɛʃ] ⟨engl.⟩ (bar); **Cash**, das; - ⟨Wirtsch. Kasse, Bargeld, Barzahlung⟩; **Cash-and-car-ry-Klau|sel** ['kɛʃənt'keri...], die; - (Überseehandel Klausel, nach der der Käufer die Ware bar bezahlen u. im eigenen Schiff abholen muss)
Cash|cow ['kɛʃkaʊ], die; -, -s ⟨engl.⟩ (Wirtsch. hohen Gewinn bringender Bereich eines Unternehmens od. Konzerns)
Ca|shew|nuss ['kɛʃu...] ⟨port.-engl.; dt.⟩ (trop. Nusssorte)
Cash|flow ['kɛʃfloʊ], der; -s, -s ⟨engl.⟩ (Wirtsch. Überschuss an finanziellen Mitteln nach Abzug der Ausgaben von den Einnahmen)
Cash|mere ['kɛʃmiːɐ̯] ⟨engl.⟩ (engl. Bez. für Kaschmir)
Ca|si|mir vgl. Kasimir
Ca|si|no, Ka|si|no, das; -s, -s ⟨ital., »Gesellschaftshaus«⟩ (Speiseraum [für Offiziere]; kurz für Spielkasino)
Cä|si|um, Cae|si|um, nicht fachspr. auch Zä|si|um, das; -s ⟨lat.⟩ (chemisches Element, Metall; Zeichen Cs)
Cas|sa|ta, die; -, -s (Speiseeisspezialität)
Cas|si|rer, Ernst (dt.-schwed. Philosoph)
Cas|sis, der; -, - ⟨lat.-franz.⟩ ([Likör aus dem] Sirup Schwarzer Johannisbeeren)
Cas|si|us (Name eines röm. Staatsmannes)
Cas|tel Gan|dol|fo (ital. Stadt am Albaner See; Sommerresidenz des Papstes)
cas|ten ⟨engl.⟩ (Film [von jmdm.] Probeaufnahmen machen); gecastet
Cas|ter, der; -s, - (für die Rollenbesetzung bei Film u. Fernsehen zuständige Person); **Cas|te|rin**
Cas|ting, das; -s, -s (Rollenbesetzung; Wettkampf in der Sportfischerei); **Cas|ting|show**, Casting-Show
Cas|tor®, der; -s, -s u. ...oren ⟨engl.⟩, **Cas|tor|be|häl|ter** (Spezialbehälter für radioaktives Material); **Cas|tor|trans|port**
Cas|t|ries [...rɪs, auch ka'striː] (Hauptstadt von St. Lucia)
Cas|t|ro, Fidel (kuban. Politiker)
Cas|t|rop-Rau|xel (Stadt im Ruhrgebiet)
Ca|sus Bel|li, der; - -, - - ⟨lat.⟩ (Grund für einen Konflikt)
Ca|sus ob|li|quus, der; - -, - - ...qui (Sprachwiss. abhängiger Fall, z. B. Genitiv, Dativ, Akkusativ)
Ca|sus rec|tus, der; - -, - - ...ti (Sprachwiss. unabhängiger Fall, Nominativ)
Ca|ta|nia (Stadt auf Sizilien)
Cat|boot ['kɛ...], das; -[e]s, -e ⟨engl.; dt.⟩ (kleines Segelboot)
Catch-as-catch-can ['kɛtʃ-|ɛsˈkɛtʃkɛn], das; - ⟨amerik.⟩ (Freistilringkampf)
cat|chen; **Cat|cher**; **Cat|che|rin**
Ca|te|nac|cio [kateˈnatʃo], der; -[s] ⟨ital.⟩ (Verteidigungstechnik im Fußball)
Ca|te|rer ['keɪtərɐ], der; -s, - ⟨engl.⟩ (auf Catering spezialisiertes Unternehmen); **Ca|te|ring** ['keɪtərɪŋ], das; -[s] (Verpflegung)
Ca|ter|pil|lar® ['kɛtɐpɪlɐ], der; -[s], -[s] ⟨engl.⟩ (Raupenschlepper)
Cat|gut ['kɛtgat] vgl. Katgut
Ca|ti|li|na (röm. Verschwörer); vgl. katilinarisch
Ca|to (röm. Zensor)
Cat|ta|ro (ital. Name von Kotor)
Ca|tull, **Ca|tul|lus** (röm. Dichter)
Cat|walk ['kɛtvɔːk], der; -s, -s (engl. Bez. für Laufsteg)
Cau|dil|lo [...ˈdɪljo], der; -[s], -s ⟨span.⟩ (Diktator)
Cau|sa, die; -, ...sae ⟨lat.⟩ (Grund, Ursache, [Streit]sache); **Cause cé|lè|bre** ['koːs seˈlɛːbrə], die; - -, Plur. -s -s [- -] ⟨franz.⟩ (berühmter Rechtsstreit)
Cau|seur [...ˈzøːɐ̯], der; -s, -e (veraltet für Plauderer)
Ca|va|li|e|re, der; -, ...ri ⟨ital.⟩ (italienischer Adelstitel)
Ca|yenne [...ˈjɛn] (Hauptstadt von Französisch-Guayana); **Ca|yenne|pfef|fer**, der; -s
Cay|man Is|lands [ˈkeɪmən ˈaɪləndz] (engl. Bez. für Kaimaninseln)
CB [tseːˈbeː] = Citizen-Band ⟨engl.-amerik.⟩ (für den privaten Funkverkehr freigegebener Wellenbereich); **CB-Funk**
cbm (früher für) = Kubikmeter (m³)
cc = carbon copy ⟨engl.⟩ (Durchschlag; Kopie)
CC, das; -, -s = Corps consulaire (konsularisches Korps)
ccm = Kubikzentimeter (früher für cm³)
cd = Candela
Cd (chem. Zeichen für Cadmium)
¹**CD**, das; -, -s = Corps diplomatique (diplomatisches Korps)
²**CD**, die; -, -s ⟨zu engl. compact disc⟩ (Datenträger in Form einer runden, silbrigen Scheibe; Kompaktschallplatte)
CD-Bren|ner (Gerät zum Beschreiben von CDs); **CD-Co|ver**; **CD-Lauf|werk** (für CDs od. CD-ROMs); **CD-Play|er** (CD-Spieler)
CD-R, die; -, -[s] ⟨zu engl. compact disc recordable⟩ (einmal bespielbare CD); **CD-Roh|ling** (noch unbespielte CD)
CD-ROM, die; -, -[s] (CD, deren Inhalt vom Benutzer nicht gelöscht od. überschrieben werden kann); **CD-ROM-Lauf|werk**; **CD-RW** ⟨compact disc rewritable⟩ (mehrfach bespielbare CD); **CD-Spie|ler**
CDU, die; - = Christlich Demokratische Union [Deutschlands]; (früher mit Bindestrichschreibung: Christlich-Demokratische Union); **CDU/CSU-Frak|ti|on**; **CDU-Frak|ti|on**; **CDU-ge|führt**; die CDU-geführten Länder
C-Dur ['tseːduːɐ̯, auch 'tseːˈduːɐ̯], das; -[s] (Tonart; Zeichen C); **C-Dur-Ton|lei|ter** ↑ D 26
Ce (chem. Zeichen für Cer)
Ce|BIT®, **Ce|bit**, die; - ⟨= Centrum für Büro-, Informations- und Telekommunikationstechnik⟩ (internationale Messe der Informations- u. Telekommunikationsindustrie)

Cedille

Ce|dil|le [seˈdiːjə], die; -, -n ⟨franz.⟩ (Sprachwiss. Häkchen als Aussprachezeichen, z. B. bei franz. ç als stimmloses s vor a, o, u)
Cel|lan (deutschsprachiger Schriftsteller)
Ce|le|bes [tseː..., auch ˈtseː...] (früherer Name von Sulawesi)
Ce|le|bri|ty [səˈlɛbriti], die; -, Plur. -s u. ...ties ⟨engl.⟩ (berühmte Person)
Ce|les|ta [tʃ...], die; -, Plur. -s u. ...sten ⟨ital.⟩ (ein Tasteninstrument)
Ce|li|bi|da|che [tʃ...ke] (rumän. Dirigent)
Cel|la, die; -, Cellae ⟨lat.⟩ (Med. Zelle)
Cel|le (Stadt an der Aller); **Cel|ler; Cel|le|rin**
Cel|li|ni [tʃ...] (ital. Bildhauer)
cel|lisch, cel|lesch ⟨zu Celle⟩
Cel|list [tʃ...], der; -en, -en ⟨ital.⟩ (Cellospieler); **Cel|lis|tin**
Cel|lo [ˈtʃ...], das; -s, Plur. -s, auch ...lli ⟨ital.⟩ (kurz für Violoncello); **Cel|lo|kon|zert**
Cel|lo|phan®, das; -s, **Cel|lo|pha|ne**®, die; - ⟨lat.; griech.⟩ (glasklare Folie); vgl. Zellophan; **cel|lo|pha|nie|ren** vgl. zellophanieren
Cel|lu|li|te, die; -, -n ⟨lat.⟩ (Degeneration des Zellgewebes)
Cel|lu|li|tis, Zell|lu|li|tis, die; -, ...itiden; vgl. Cellulite
Cel|lu|lo|id vgl. Zelluloid; **Cel|lu|lo|se** vgl. Zellulose
Ce|lo|vec [tseˈlɔvɛts] ⟨slowen. Form von Klagenfurt⟩
Cel|si|us (nach dem Schweden Anders Celsius) (Gradeinheit auf der Celsiusskala; Zeichen C; fachspr. °C); 5 Grad C od. 5° C od. 5 °C (fachspr. nur so)
Cem [dʒɛm] (m. Vorn.)
Cem|ba|lo [tʃ...], das; -s, Plur. -s u. ...li ⟨ital.⟩ (ein Tasteninstrument)
Ce|mi|le [dʒɛmiˈle] (w. Vorn.)
Cen|giz [dʒɛŋˈgɪs] (m. Vorn.)
Cent [s..., ts...], der; -[s], -[s] ⟨engl.⟩ (Untereinheit von Euro, Dollar u. anderen Währungen [Abk. c, ct]); 5 Cent
Cen|ta|vo [s...], der; -[s], -[s] ⟨port. u. span.⟩ (Untereinheit süd- u. mittelamerik. Währungen)
¹**Cen|ter** [s...], das; -s, - ⟨amerik.⟩ (Geschäftszentrum; Großeinkaufsanlage)
²**Cen|ter**, der; -s, - (zentraler Spieler im Basketball); **Cen|te|rin**

Cen|ter|park (Feriendorf mit vielen Freizeiteinrichtungen)
Cen|te|si|mo [tʃ...], der; -[s], ...mi ⟨ital.⟩ (ehem. ital. Münze)
Cen|té|si|mo [s...], der; -[s], -[s] ⟨span.⟩ (Untereinheit süd- u. mittelamerik. Währungen)
cent|ge|nau; centgenaue Beträge
Cen|time [sãˈtiːm], der; -[s] ⟨franz.⟩ (Untereinheit des Franc, des Gourde u. des marokkan. Dirham; Abk. c, ct; schweiz. früher neben Rappen)
Cén|ti|mo [s...], der; -[s], -[s] ⟨span.⟩ (Währungsuntereinheit in Mittel- u. Südamerika)
Cent|mün|ze
Cen|tre-Court, Cen|tre|court [ˈsɛntɐ...], der; -s, -s ⟨engl.⟩ (Hauptplatz großer Tennisanlagen)
CEO [siːiːˈoʊ], der; -[s], -s = Chief Executive Officer ⟨engl. Bez. für Vorstandsvorsitzende[r]⟩
Cer, Zer, das; -s ⟨lat.⟩ (chem. Element, Metall; Zeichen Ce)
Ce|ran|feld® (Kochfeld aus Glaskeramik)
Cer|be|rus vgl. Zerberus
Cer|cle [ˈsɛrkl], der; -s, -s ⟨franz.⟩ (österr. für die ersten Reihen im Theater u. Konzertsaal); **Cer|cle|sitz** (österr.)
Ce|re|a|li|en [...i̯ən] (altröm. Fest zu Ehren der Ceres); vgl. aber Zerealie
Ce|re|bel|lum vgl. Zerebellum
Ce|re|brum vgl. Zerebrum
Ce|res (röm. Göttin des Ackerbaus)
Ce|re|sin vgl. Zeresin
Cer|to|sa [tʃ...], die; -, ...sen ⟨ital.⟩ (Kartäuserkloster in Italien)
Cer|van|tes [s...] (span. Dichter)
Cer|ve|lat [ˈsɛrvala], der; -s, -s ⟨franz.⟩ (schweiz.; eine Brühwurst aus Rindfleisch); vgl. Servela u. Zervelatwurst
Cer|vix vgl. Zervix
ces, Ces, das; -, - (Tonbezeichnung); **Ces** (Zeichen für Ces-Dur); in Ces; **Ces-Dur** [ˈtsɛsduːɐ̯, auch ˈtsɛsˈduːɐ̯], das; -[s] (Tonart; Zeichen Ces); **Ces-Dur-Ton|lei|ter** ↑D 26
c'est la vie [sɛlaˈviː] ⟨franz.⟩ »so ist das Leben nun einmal« (als Ausdruck der Resignation)
CETA [ˈtseːta], -, ohne Artikel ⟨engl.; Kurzw. für Comprehensive Economic and Trade Agreement⟩ (europ.-kanadisches Freihandelsabkommen)

ce|te|rum cen|seo ⟨lat., »übrigens meine ich«⟩ (als Einleitung einer immer wieder vorgebrachten Forderung)
Ce|vap|ci|ci, Če|vap|či|ći [tʃɛˈvaptʃitʃi] Plur. ⟨serbokroat.⟩ (gegrillte Hackfleischröllchen)
Ce|ven|nen [s...] Plur. ⟨franz. Gebirge⟩
Cey|lon [ˈtseɪ...] (früherer Name von Sri Lanka; Insel im Ind. Ozean); **Cey|lo|ne|se**, der; -n, -n; **Cey|lo|ne|sin; cey|lo|ne|sisch; Cey|lon|tee** ↑D 143
Cé|zanne [seˈzan] (franz. Maler)
cf = cost and freight ⟨engl.⟩ (Überseehandel Verladekosten u. Fracht im Preis inbegriffen)
cf. = confer!
Cf. (chem. Zeichen für Californium)
C-Fal|ter [ˈtseː...] (ein Tagfalter)
C-Füh|rer|schein (Kfz-Wesen)
cg = Zentigramm
CH = Confoederatio Helvetica
Cha|b|lis [ʃaˈbliː], der; -, - ⟨franz.⟩ (franz. Weißwein)
Cha-Cha-Cha [ˈtʃatʃaˈtʃa], der; -, -s (ein Tanz)
Cha|conne [ʃaˈkɔn], die; -, Plur. -s u. -n ⟨franz.⟩, **Cia|co|na** [tʃa...], die; -, -s ⟨ital.⟩ (ein Tanz; Instrumentalstück)
Cha|gall [ʃa...] (russ. Maler)
Cha|grin [ʃaˈgrɛ̃ː], das; -s, -s (Leder mit künstl. Narben); **cha|g|ri|nie|ren** (Leder mit Narben versehen); **Cha|g|rin|le|der**
Chai|ber|pass [ˈkaɪ̯bɐ...] vgl. Khaiberpass
Chai Lat|te [tʃaɪ̯ -], der; --, -- ⟨chin.; ital.⟩ (Tee mit aufgeschäumter Milch)
Chai|ne [ˈʃɛːn(ə)], die; -, -n ⟨franz.⟩ (Weberei Kettfaden)
Chair|man [ˈtʃɛːɐ̯mən], der; -, ...men ⟨engl.⟩ (engl. Bez. für Vorsitzender); **Chair|per|son** [ˈtʃɛːɐ̯pœːɐ̯sn̩], die; -, -s ⟨engl. Bez. für Vorsitzende od. Vorsitzender); **Chair|wo|man** [ˈtʃɛːɐ̯gʊmən], die; -, ...women [...vɪmɪn] ⟨engl. Bez. für Vorsitzende⟩
Chai|se [ˈʃɛːzə], die; -, -n ⟨franz.⟩ (ugs. abwertend für altes Auto); **Chai|se|longue** [ʃɛzaˈlɔŋ], die; -, Plur. -n [...lɔŋən] od. -s, ugs. auch das; -s, -s (gepolsterte Liege mit Kopflehne)
Cha|k|ra [tʃa...], das; -[s], Plur. -s u. ...kren ⟨sanskr.⟩ (Energiezentrum im menschl. Körper)
Chal|däa [kal...] (A. T. Babylonien);

Chal|dä|er (Angehöriger eines aramäischen Volksstammes); **Chal|dä|e|rin**; **chal|dä|isch**
Chal|let [ʃaˈleː, *auch* ʃaˈlɛ], das; -s, -s ⟨franz.⟩ (Sennhütte; Landhaus)
Chal|ki|di|ke [çalˈkiːdikɛ], die; - (nordgriech. Halbinsel)
chal|ko|gen ⟨griech.-lat., »Erz bildend«⟩ *(Chemie)*; **Chal|ko|gen**, das; -s, -e *meist Plur.* (Element einer chem. Gruppe)
Chal|ko|li|thi|kum, das; -s (späte Stufe der Jungsteinzeit)
Chal|len|ger [ˈtʃɛlɪndʒɐ], die; - ⟨engl., »Herausforderer«⟩ (eine amerik. Raumfähre)
Chal|ze|don [kal...], der; -s, -e (ein Mineral)
Cham [kaːm] (Stadt am Regen; Gemeinde im schweiz. Kanton Zug)
Cha|ma|de [ʃa...] *vgl.* Schamade
Cha|mä|le|on [ka...], das; -s, -s ⟨griech.⟩ (eine Echse; *abwertend für* oft seine Überzeugung wechselnder Mensch); **cha|mä|le|on|ar|tig**
Cha|ma|ve [çaˈmaːvə], der; -n, -n (Angehöriger eines germ. Volksstammes); **Cha|ma|vin**
Cham|ber|lain [ˈtʃeɪmbəlɪn] (engl. Familienn.)
Cham|bre sé|pa|rée [ˈʃɑ̃ːbrə sepaˈreː], das; - -, -s - s [ˈʃɑ̃ːbrə sepaˈreː] ⟨franz.⟩ (*veraltet für* kleiner Nebenraum für ungestörte Zusammenkünfte)
Cha|mis|so [ʃa...] (dt. Dichter)
cha|mois [ʃaˈmoa] ⟨franz.⟩ (gämsfarben, bräunlich gelb); ein chamois[farbenes] Hemd; **Cha|mois**, das; - (chamois Farbe; weiches Gämsen-, Ziegen-, Schafleder); Stoffe in Chamois; **Cha|mois|le|der**
Champ [tʃɛmp], der; -s, -s ⟨engl.⟩ (*Kurzw. für* Champion)
Cham|pa|gne [ʃãˈpanjə], die; - (franz. Landschaft)
Cham|pa|gner [ʃamˈpanjɐ], der; -s, - (ein Schaumwein)
Cham|pa|gner|du|sche (das Übergießen od. Nassspritzen mit Champagner [zur Feier eines sportlichen Erfolgs]); **cham|pa|gner|far|ben**, **cham|pa|gner|far|big**; **Cham|pa|gner|lau|ne**; **Cham|pa|gner|wein**
Cham|pi|gnon [ˈʃampɪnjɔn], der; -s, -s (ein Edelpilz)
Cham|pi|on [ˈtʃɛmpɪən, *auch* ʃãˈpjõː], der; -s, -s ⟨engl.⟩ (Meis-

ter in einer Sportart); **Cham|pi|o|nat** [ʃa...], das; -[e]s, -e ⟨franz.⟩ (Meisterschaft)
Cham|pi|ons League ®, **Cham|pi|ons|league** [ˈtʃɛmpɪənsliːg], die; - - ⟨engl.⟩ *(Sport* Wettbewerb für europ. Spitzenmannschaften)
Champs-Ély|sées [ʃãzeliˈzeː] *Plur.* (eine Prachtstraße in Paris)
Chan [k..., *auch* x...] *vgl.* Khan
Chan|ce [ˈʃã:s(ə), *auch* ˈʃãsə], die; -, -n ⟨franz.⟩ (günstige Gelegenheit; *meist Plur.*: Aussichten auf Erfolg)
Chan|cel|lor [ˈtʃaːnsəlɐ], der; -s, -s ⟨engl.⟩ *(engl. Bez. für* Kanzler)
Chan|cen|ge|rech|tig|keit
chan|cen|gleich; **Chan|cen|gleich|heit**, die; -
chan|cen|los; **chan|cen|o|ri|en|tiert**; **chan|cen|reich**
Chan|cen|tod *(Jargon abwertend* Stürmer, der häufig Torchancen vergibt); **Chan|cen|vor|teil** *(Sport)*
¹**Change** [tʃeɪn(t)ʃ], der; - *(engl. Bez. für* [Geld]wechsel)
²**Change** [ʃãːʒ], die; - *(franz. Bez. für* [Geld]wechsel)
chan|geant [ʃãˈʒã] ⟨franz.⟩ (in mehreren Farben schillernd [von Stoffen]; ein changeanter Stoff; **Chan|geant**, der; -[s], -s (schillernder Stoff; Edelstein mit schillernder Färbung)
chan|gie|ren (schillern [von Stoffen]; *Jägerspr.* die Fährte wechseln [vom Jagdhund])
Chang Ji|ang, **Chang|ji|ang** [tʃaŋˈdʒjaŋ]; *vgl.* Jangtse
Chan|nel [ˈtʃɛnl], der; -s, -s ⟨engl. »Kanal«⟩ *(EDV* Gesprächsgruppe beim Chat im Internet)
Chan|son [ʃãˈsõː], das; -s, -s ⟨franz.⟩ ([Kabarett]lied); **Chan|son|net|te**, **Chan|so|net|te**, die; -, -n (Chansonsängerin; kleines Chanson); **Chan|son|ni|er**, **Chan|so|ni|er** [...ˈnjeː], der; -s, -s (Chansonsänger, -dichter); **Chan|son|ni|è|re**, **Chan|so|ni|è|re** [...ˈnjeːra], die; -, -n (Chansonsängerin, -dichterin)
Chan|teu|se [ʃãˈtøːzə], die; -, -n ⟨franz.⟩ (Sängerin)
Cha|nuk|ka [x...], die; - ⟨hebr.⟩ (ein jüd. Fest); **Cha|nuk|ka|leuch|ter** (Leuchter, der zur Chanukka angezündet wird)
Cha|os [ˈkaːɔs], das; - ⟨griech.⟩ (wüstes Durcheinander, Auflösung aller Ordnung)
Cha|os|ta|ge *Plur.* (mehrtägiges,

oft mit Krawallen verbundenes Treffen von Punkern); **Cha|os|the|o|rie** (eine mathematisch-physikalische Theorie)
Cha|ot, der; -en, -en (jmd., der die bestehende Gesellschaftsordnung durch Gewaltaktionen zu zerstören versucht; *ugs. für* sprunghafter Mensch, Wirrkopf); **Cha|o|tin**; **cha|o|tisch**
Cha|peau [ʃaˈpoː], der; -s, -s ⟨franz.⟩ (*scherzh., sonst veraltet für* Hut); Chapeau! (Hut ab!, Respekt!); **Cha|peau claque**, **Cha|peau Claque** [ʃaˈpoːˈklak], der; - -, -x -s [- -] (Klappzylinder)
Chap|lin [ˈtʃɛ...] (engl. Filmschauspieler, Schriftsteller u. Regisseur); **Chap|li|na|de**, die; -, -n (komischer Vorgang [wie in Chaplins Filmen]); **chap|li|nesk**
Cha|ra|de [ʃ...]; *ältere Schreibung für* Scharade
Cha|rak|ter [k..., ʃ...], der; -s, ...ere ⟨griech.⟩; **Cha|rak|ter|an|la|ge**; **Cha|rak|ter|bild**; **Cha|rak|ter|bil|dung**; **Cha|rak|ter|dar|stel|ler**; **Cha|rak|ter|dar|stel|le|rin**; **Cha|rak|ter|ei|gen|schaft**; **Cha|rak|ter|feh|ler**
cha|rak|ter|fest; **Cha|rak|ter|fes|tig|keit**, die; -
cha|rak|te|ri|sie|ren; **Cha|rak|te|ri|sie|rung**
Cha|rak|te|ris|tik, die; -, -en (Kennzeichnung; [treffende] Schilderung); **Cha|rak|te|ris|ti|kum**, das; -s, ...ka (kennzeichnendes Merkmal); **cha|rak|te|ris|tisch**; **cha|rak|te|ris|ti|scher|wei|se**
Cha|rak|ter|kopf; **Cha|rak|ter|kun|de**, die; - (für Charakterologie)
cha|rak|ter|lich; **cha|rak|ter|los**; **Cha|rak|ter|lo|sig|keit**
Cha|rak|ter|rol|le; **Cha|rak|ter|schwä|che**; **Cha|rak|ter|schwein** (*derb abwertend für* unmoralischer Mensch); **Cha|rak|ter|stär|ke**; **Cha|rak|ter|stu|die**; **cha|rak|ter|voll**; **Cha|rak|ter|zug**
Char|cu|te|rie [ʃarkytˈriː], die; -, -n ⟨franz.⟩ (*schweiz. für* Wurstwaren[abteilung])
Char|don|nay [ʃardɔˈneː], der; -[s], -s ⟨franz.⟩ (eine Wein- u. Rebsorte)
Char|ge [ˈʃarʒə], die; -, -n ⟨franz.⟩ (Amt; Rang; *Militär* Dienstgrad; *Pharm.* eine bestimmte Serie von Arzneimitteln; *Technik* Ladung, Beschickung; *Theater*

Nebenrolle [mit einseitigem Charakter]); **Char|gen|num|mer** *(Pharm.);* **char|gie|ren** *(Technik* beschicken; *Theater* eine Charge spielen)
Char|gier|te, der; -n, -n (Mitglied des Vorstandes einer stud. Verbindung)
Cha|ris [ˈça(ː)...], die; -, ...iten *meist Plur.* ⟨griech.⟩ (eine der griech. Göttinnen der Anmut [Aglaia, Euphrosyne, Thalia])
Cha|ris|ma [ˈça(ː)... *od.* ˈka(ː)..., *auch* ...ˈrɪs...], das; -s, *Plur.* ...rɪsmen *u.* ...rɪsmata (besondere Ausstrahlung)
Cha|ris|ma|ti|ker (jmd., der Charisma besitzt); **Cha|ris|ma|ti|ke|rin; cha|ris|ma|tisch**
Cha|ri|té [ʃ...], die; -, -s ⟨franz., »[Nächsten]liebe«⟩ (Name von Krankenhäusern)
Cha|ri|ten [ça...] *vgl.* Charis; **Cha|ri|tin,** die; -, -nen ⟨griech.⟩ *(svw.* Charis)
Cha|ri|ty [ˈtʃɛrɪti], die; - *meist ohne Artikel* ⟨engl.; franz.⟩ *(Jargon* Wohltätigkeit; *auch kurz für* Charityveranstaltung, -organisation)
Cha|ri|va|ri [ʃ...], das; -s, -s ⟨franz.⟩ *(veraltet für* Durcheinander; Katzenmusik; *bayr. für* [Anhänger *für* ein] Uhrkette)
Char|kow [ç..., *auch* x...] (Stadt in der Ukraine)
Charles [ʃarl] (franz. m. Vorn.), [tʃɑːɐ̯ls] (engl. m. Vorn.)
Charles|ton [ˈtʃɑːɐ̯lstn], der; -, -s ⟨engl.⟩ (ein Tanz)
Char|ley, Char|lie [tʃ...] (m. Vorn.)
Char|lot|te [ʃ...] (w. Vorn.)
Char|lot|ten|burg (Stadtteil Berlins); *vgl.* Berlin
char|mant [ʃ...] ⟨franz.⟩ (liebenswürdig)
Charme [ʃarm], der; -s ⟨franz.⟩ (liebenswürdig-gewinnende Wesensart); **Charme|bol|zen** [ˈʃarm...] *(ugs. für* Charmeur)
Char|meur [...ˈmøːɐ̯], der; -s, *Plur.* -s *od.* -e (charmanter Plauderer); **Char|meu|rin** *(seltener)*
Char|meuse [...ˈmøːs], die; - (maschenfeste Wirkware [aus synthet. Fasern])
Cha|ron [ç...] (in der griech. Sage Fährmann in der Unterwelt)
Chart [tʃ...], der *od.* das; -s ⟨engl.⟩ (grafische Darstellung von Zahlenreihen); *vgl.* Charts
Char|ta [k...], die; -, -s ⟨lat.⟩ ([Verfassungs]urkunde)

Char|te [ʃ...], die; -, -n ⟨franz.⟩ (wichtige Urkunde im Staats- u. Völkerrecht)
char|ten [tʃ...] ⟨engl.⟩ *(ugs. für* in die Charts kommen)
Char|ter [tʃ..., ʃ...], die; -, -, *auch* der; -s, -s ⟨engl.⟩ (Freibrief, Urkunde; Miet- od. Frachtvertrag); **Char|te|rer** (Mieter eines Schiffes od. Flugzeugs); **Char|ter|flug; Char|ter|ge|schäft; Char|ter|ge|sell|schaft; Char|ter|ma|schi|ne**
char|tern ⟨engl.⟩ (ein Schiff od. Flugzeug mieten); ich chartere; gechartert
Char|tres [ˈʃartrə] (franz. Stadt)
¹**Char|treu|se** [ʃarˈtrøː...], die; - ⟨franz.⟩ (Hauptkloster des Kartäuserordens)
²**Char|treu|se** ®, der; - (Kräuterlikör der Mönche von ¹Chartreuse)
³**Char|treu|se,** die; -, -n (Pudding aus Gemüse u. Fleischspeisen)
Charts [tʃ...] *Plur.* ⟨engl.⟩ *(svw.* Hitliste[n])
Cha|ryb|dis [ç...], die; - ⟨griech.⟩ (Meeresstrudel in der Straße von Messina); *vgl.* Szylla
Chas|sid [xas...], der; -[s], ...dim, *auch* -en *meist Plur.* ⟨hebr.⟩ (Anhänger einer religiösen Bewegung des osteuropäischen Judentums); **chas|si|disch**
Chas|sis [ʃaˈsiː], das; -, - ⟨franz.⟩ (Fahrgestell von Kraftfahrzeugen; Montagerahmen)
Cha|su|ble [ˈʃaˈzyːbl], das; -s, -s ⟨franz.⟩ (westenähnliches Überkleid)
Chat [tʃɛt], der; -s, -s ⟨engl.⟩ ([zwanglose] Kommunikation im Internet)
Châ|teau, Cha|teau [ʃaˈtoː], das; -s, -s *(franz. Bez. für* Schloss)
Cha|teau|bri|and [ʃatobriˈɑ̃ː], das; -[s], -s ⟨nach dem franz. Schriftsteller u. Politiker⟩ (gebratenes Rinderfilet)
Chat|group, Chat-Group [ˈtʃɛtgruːp], die; -, -s ⟨engl.⟩ (Gruppe, die miteinander chattet)
Cha|ti|quet|te [tʃɛtiˈkɛtə], die; -, -n (Umgangsformen beim Chatten)
Chat|line, Chat-Line [ˈtʃɛtlaɪ̯n], die; -, -s ⟨engl.⟩ (Internetleitung, über die man chatten kann)
Chat|room, Chat-Room [ˈtʃɛtruːm], der; -s, -s ⟨engl.⟩ (Internetdienst, der das Chatten ermöglicht)
Cha|t|scha|tur|jan [x...] (armen. Komponist)
Chat|te [k..., *auch* ç...], der; -n, -n

(Angehöriger eines westgerm. Volksstammes)
chat|ten [ˈtʃɛtn̩] ⟨engl.⟩ (sich [meist unter einem Decknamen] im Internet mit anderen zwanglos über bestimmte Themen austauschen); gechattet; **Chat|ter,** der; -s, - (jmd., der chattet); **Chat|te|rin**
Chat|tin ⟨*zu* Chatte⟩
Chau|cer [ˈtʃɔːsɐ] (engl. Dichter)
Chau|deau [ʃoˈdoː], das; -[s], -s ⟨franz.⟩ (Weinschaumsoße)
Chauf|feur [ʃɔˈføːɐ̯], der; -s, -e ⟨franz.⟩ (Fahrer); **Chauf|feu|rin**
Chauf|feu|se [...ˈføːzə] *(bes. schweiz. für* Chauffeurin); **chauf|fie|ren**
Chau|ke [ç...], der; -n, -n (Angehöriger eines westgerm. Volksstammes); **Chau|kin**
Chaus|see [ʃɔ...], die; -, ...sseen ⟨franz.⟩ *(veraltend für* Landstraße); ↑**D 162** *u.* **163**; **Chaus|see|baum; Chaus|see|gra|ben**
Chau|vi [ˈʃoː...], der; -s, -s *(ugs. für* Mann, der sich Frauen gegenüber überlegen fühlt, der ein übertriebenes männliches Selbstwertgefühl hat); **Chau|vi|nis|mus,** der; - ⟨franz.⟩ (übersteigerter Nationalismus, Patriotismus; übertriebenes männliches Selbstwertgefühl)
Chau|vi|nist, der; -en, -en; **Chau|vi|nis|tin; chau|vi|nis|tisch**
Chaux-de-Fonds [ʃotˈfɔ̃ː] *vgl.* La Chaux-de-Fonds
Che [tʃe] *(volkstüml.* Name von Guevara)
Cheb [x...] (tschech. Stadt in Westböhmen); *vgl.* Eger
¹**Check** [ʃɛk] *vgl.* ¹Scheck
²**Check** [tʃ...], der; -s, -s ⟨engl.⟩ (Prüfung, Kontrolle; *Eishockey* Behinderung, Rempeln)
che|cken *(Eishockey* behindern, [an]rempeln; *bes. Technik* kontrollieren; *ugs. auch für* begreifen); **Check-in** [*auch* ˈtʃɛkɪn], das *od.* -[s], -s ⟨engl.⟩ (das Einchecken); **Check-in-Au|to|mat; Check|lis|te** (Kontrollliste)
Check-out [tʃɛkˈlaʊ̯t, *auch* ˈtʃɛklaʊ̯t], das *od.* -[s], -s ⟨engl.⟩ (das Auschecken); **Check|point,** der; -s, -s (Kontrollpunkt an Grenzübergängen); **Check-up** [ˈtʃɛklap, *auch* ...ˈlap], der *od.* das; -[s], -s ⟨engl.⟩ *(med.* Vorsorgeuntersuchung; Überprüfung)
chee|rio!, cheers! [ˈtʃiː...] ⟨engl.⟩ *(ugs. für* auf Wiedersehen!; zum Wohl!)

Cheer|lea|der ['tʃiːɐ̯liːdɐ], der; -s, -[s] ⟨engl.⟩ (Mitglied einer Gruppe von Frauen (seltener auch Männern), die bei Sportveranstaltungen das Publikum zur Anfeuerung einer Mannschaft ermuntern sollen); **Cheerlea|de|rin**

cheers! ['tʃiːː...] ⟨engl.⟩ (*ugs. für* auf Wiedersehen!; zum Wohl!)

Cheese|bur|ger ['tʃiːsbœːɐ̯...], der; -s, - ⟨engl.⟩ (²Hamburger mit Käse)

Chef [ʃ..., *österr.* ʃɛːf], der; -s, -s ⟨franz.⟩; **Chef|arzt**; **Chef|ärz|tin**; **Chef|coach**

Chef de Mis|si|on [- də ...'si̯õː], der; -[s] - -, -s - - ⟨franz.⟩ (Leiter einer [sportl.] Delegation)

Chef|di|ri|gent; Chef|di|ri|gen|tin; Chef|eta|ge; Chef|in

Chef|in|ge|ni|eur; Chef|in|ge|ni|eu|rin; Chef|koch; Chef|kö|chin; Chef|lek|tor; Chef|lek|to|rin; Chef|pi|lot; Chef|pi|lo|tin

Chef|re|dak|teur; Chef|re|dak|teu|rin; Chef|re|dak|ti|on

Chef|sa|che

Chef|se|kre|tär; Chef|se|kre|tä|rin

Chef|ses|sel

Chef|trai|ner; Chef|trai|ne|rin

Chef|vi|si|te

Cheib [x...] *vgl.* Keib

Che|mie

die; - ⟨arab.⟩

In der Standardlautung gilt nur die Aussprache çeˈmiː *als korrekt; süddeutsch und österreichisch wird die Aussprache* keˈmiː *verwendet.*

Che|mie|ar|bei|ter; Che|mie|ar|bei|te|rin

Che|mie|fa|ser

Che|mie|in|ge|ni|eur; Che|mie|in|ge|ni|eu|rin

Che|mie|kon|zern

Che|mie|la|bo|rant; Che|mie|la|bo|ran|tin; Che|mie|wer|ker; Che|mie|wer|ke|rin

Che|mi|graf, Che|mi|graph, der; -en, -en ⟨arab.; griech.⟩ (Hersteller von Druckplatten)

Che|mi|gra|fie, Che|mi|gra|phie, die; - (fotomechanische Bildproduktion u. Druckplattenherstellung)

Che|mi|gra|fin, Che|mi|gra|phin

Che|mi|ka|lie, die; -, -n

Che|mi|kant, der; -en, -en (Chemiefacharbeiter); **Che|mi|kan|tin**

Che|mi|ker; Che|mi|ke|rin

Che|mi|née ['ʃmine:], das; -s, -s ⟨franz.⟩ (*schweiz. für* offener Kamin in einem Wohnraum)

che|misch [ç..., *südd.*, *österr.* k...] ⟨arab.⟩; chemische Reinigung; chemisches Element; chemische Keule (Tränengasspray) ↑ D 89

che|misch-tech|nisch ↑ D 26

Che|mi|sett, das; -[e]s, *Plur.* -s u. -e, **Che|mi|set|te**, die; -, - ⟨franz.⟩ (Hemdbrust; Einsatz an Damenkleidern)

Che|mis|mus, der; - (Gesamtheit chemischer Vorgänge)

Chem|nitz [k...] (Stadt u. Fluss in Sachsen); **Chem|nit|zer**; **Chem|nit|ze|rin**

Che|mo, die; -, -s (*ugs.*; kurz für Chemotherapie)

Che|mo|keu|le [ç..., *südd.*, *österr.* k...] ⟨arab.; dt.⟩ (*ugs. abwertend für* starker chem. Wirkstoff)

che|mo|tak|tisch; **Che|mo|tak|sis**, die; -, ...xen ⟨arab.; griech.⟩ (*Biol.* durch chem. Reizung ausgelöste Orientierungsbewegung niederer Organismen)

Che|mo|tech|ni|ker; Che|mo|tech|ni|ke|rin

Che|mo|the|ra|peu|ti|kum (*Pharm.*); che|mo|the|ra|peu|tisch; **Che|mo|the|ra|pie** (Heilbehandlung mit chemischen Mitteln)

Chem|trail ['kɛmtreɪl], der; -s, -s ⟨engl.⟩ ([laut Verschwörungstheorien] chemikalienhaltiger Kondensstreifen am Himmel)

...chen (z. B. Mädchen, das; -s, -)

Che|nil|le [ʃəˈnɪljə, *auch* ...ˈniːjə], die; -, -n ⟨franz.⟩ (Garn mit flauschig abstehenden Fasern)

Chen|nai ['tʃɛnaɪ] (Stadt in Indien [*früherer Name* Madras])

Che|ops [ç..., *südd.*, *österr.* k...] (altägypt. Herrscher); **Che|ops-py|ra|mi|de**, Che|ops-Py|ra|mi|de, die; -

Cheque [ʃɛk] *vgl.* ¹Scheck

Cher|bourg [ʃɛrˈbuːɐ̯] (franz. Stadt)

cher|chez la femme! [ʃɛrˈʃe la ˈfam] ⟨franz.⟩, »sucht nach der Frau!« (hinter der Sache steckt bestimmt eine Frau)

Cher|ry-Bran|dy, Cher|ry|bran|dy ['tʃɛribrɛndi], der; -s, -s ⟨engl.⟩ (Kirschlikör)

Che|rub [ç..., *auch* k...], Ke|rub, der; -s, *Plur.* -im u. -inen ⟨hebr.⟩ (das Paradies bewachender Engel); che|ru|bi|nisch (engelgleich); *aber* ↑ D 150: der Cherubinische Wandersmann (eine Sinnspruchsammlung)

Che|rus|ker [ç...], der; -s, - (Angehöriger eines westgerm. Volksstammes); **Che|rus|ke|rin**

Ches|ter [tʃ...] (engl. Stadt)

Ches|ter|field (engl. Stadt)

Ches|ter|kä|se ↑ D 143

che|va|le|resk [ʃə...] ⟨franz.⟩ (ritterlich)

Che|va|li|er [...ˈli̯eː], der; -s, -s ⟨franz.⟩ (Adelstitel)

Che|vau|le|ger [...voleˈʒeː], der; -s, -s (*Militär früher für* leichter Reiter)

Che|v|reau [ʃəˈvroː, *auch* ˈʃɛvro], das; -[s], -s ⟨franz.⟩ (Ziegenleder); **Che|v|reau|le|der**

Che|v|ron [ʃəˈvrõː], der; -s, -s (Gewebe mit Fischgrätenmusterung; franz. Dienstgradabzeichen; *Heraldik* Sparren [nach unten offener Winkel])

Che|w|ing|gum ['tʃuːɪŋgam], der; -[s], -s (*engl. Bez. für* Kaugummi)

Chey|enne [ʃaɪˈɛn], der u. die; -, - (Angehörige[r] eines nordamerik. Indianerstammes)

CHF (Währungscode für Schweizer Franken)

¹**Chi** [ç...], das; -[s], -s (griech. Buchstabe: *X*, χ)

²**Chi** [tʃiː] *vgl.* Qi

Chi|an|ti [k...], der; -[s], -s (ein ital. Rotwein)

Chi|as|mus [ç...], der; -, ...men ⟨griech.⟩ (*Sprachwiss.* Kreuzstellung von Satzgliedern, z. B.: »Der Einsatz war groß, gering war der Gewinn«)

Chi|as|so [k...] (schweiz. Ortsn.)

chi|as|tisch [ç...] (*Sprachwiss.* in der Form des Chiasmus)

chic

[ʃik] ⟨franz.⟩

In der Grundform sind die Schreibweisen *chic* und *schick* korrekt: *Das Abendkleid ist besonders* chic/schick. In den gebeugten Formen wird jedoch nur die eingedeutschte Schreibung gebraucht: *Sie trägt ein schickes Abendkleid.*

Chic, der; -s, **Schick**, der; -[e]s ([modische] Feinheit); die Dame hat Chic *od.* Schick

Chi|ca ['tʃiːka], die; -, -s ⟨span.⟩ (*w. Form zu* Chico)

Chicago

Chi|ca|go [ʃ...] (Stadt in den USA); **Chi|ca|go|er; Chi|ca|go|e|rin**
Chi|chi [ʃiˈʃi], das; -[s] ⟨franz.⟩ (Getue, Gehabe; verspielte Accessoires)
Chi|cken|wing [ˈtʃɪknwɪŋ], der; -s, -s ⟨engl.⟩ (knusprig gebratener Hähnchenflügel)
Chi|co [ˈtʃiːko], der; -[s], -s ⟨span. Bez. für⟩ [kleiner] Junge)
Chi|co|rée [ʃ...re, auch ...ˈreː], der; -s, auch die; - ⟨franz.⟩ (ein Gemüse)
Chief [tʃiːf], der; -s, -s ⟨engl. Bez. für⟩ Chef, Häuptling)
Chiem|see [k...], der; -s
Chif|fon [ˈʃifõ, österr. ʃiˈfoːn], der; -s, Plur. -s, österr. -e (feines Gewebe); **Chif|fon|kleid**
Chif|f|re [ˈʃifrə, auch ˈʃifə], die; -, -n ⟨franz.⟩ (Ziffer; Geheimzeichen; Kennwort); **Chif|f|re|schrift** (Geheimschrift)
chif|f|rie|ren (in Geheimschrift abfassen); **Chif|f|rier|kunst**
Chi|g|non [ʃinˈjõː], der; -s, -s ⟨franz.⟩ (im Nacken getragener Haarknoten)
Chi|hua|hua [tʃiˈuaua], der; -[s], -s ⟨span.⟩ (eine Hunderasse)
Chi|ka|go [ʃ...] (dt. Form von Chicago)
Chi|kun|gun|ya [tʃikʊnˈɡʊnja], das; -[s] ⟨Suaheli⟩ (eine trop. Infektionskrankheit); **Chi|kun|gun|ya|fie|ber**
Chil|bi [x...], der; -, Chilbenen (schweiz. für Kirchweih)
Chi|le [ˈtʃiːle, österr. u. schweiz. nur so, auch ˈçiːle] (südamerik. Staat); **Chi|le|ne**, der; -n, -n; **Chi|le|nin; chi|le|nisch**
Chi|le|sal|pe|ter ↑D 143
Chi|li [tʃ...], der; -s, -s ⟨span.⟩ (ein scharfes Gewürz)
Chi|li|as|mus [ç...], der; - ⟨griech.⟩ (Lehre von der Erwartung des Tausendjährigen Reiches Christi); **Chi|li|ast**, der; -en, -en; **Chi|li|as|tin; chi|li|as|tisch**
Chi|li con Car|ne [tʃ... - -], das; -[s] - - ⟨span.-engl.⟩ (mit Chilischoten gewürztes mexik. Rinderragout mit Bohnen)
Chi|li|pul|ver
chil|len [tʃ...] ⟨engl.⟩ (ugs. für sich entspannen); **chil|lig** [tʃ...] ⟨engl.⟩ (ugs. für erholsam; entspannt); **Chill-out-Room** [tʃilˈlaʊtruːm], der; -s, -s ⟨engl.⟩ (Erholungsraum für Raver)
Chi|mä|ra [ç...ra], ¹**Chi|mä|re** [ç...rə], die; - ⟨griech.⟩ (Ungeheuer der griech. Sage)
²**Chi|mä|re** usw. vgl. Schimäre usw.
³**Chi|mä|re**, die; -, -n ⟨Biol. aus genetisch verschiedenen Zellen aufgebauter Organismus)
Chim|bo|ras|so [tʃ...], der; -[s] (ein südamerik. Berg)
Chi|na [ç..., südd., österr. k...]
Chi|na|kohl, der; -[e]s
Chi|na|rin|de [ç..., südd., österr. k...] (eine chininhaltige Droge)
Chi|na|town [ˈtʃaɪnataʊn], die; -, -s, auch das; -s, -s ⟨engl.⟩ (überwiegend von Chinesen bewohntes Stadtviertel in Städten außerhalb Chinas)
¹**Chin|chil|la** [tʃɪnˈtʃɪl(j)a], die; -, -s od., österr. nur, das; -s, -s ⟨indian.-span.⟩ (ein Nagetier)
²**Chin|chil|la**, das; -s, -s (Kaninchenrasse; Fell von ¹,²Chinchilla)

Chi|ne|se
der; -n, -n
In der Standardlautung gilt nur die Aussprache çiˈneːzə *usw. als korrekt; süddeutsch und österreichisch wird die Aussprache* kiˈneːzə *usw. verwendet.*

Chi|ne|sin; chi|ne|sisch; aber ↑D 150: die Chinesische Mauer; **Chi|ne|sisch**, das; -[s] (Sprache); vgl. Deutsch; **Chi|ne|si|sche**, das; -n; vgl. ²Deutsche
Chi|nin [ç..., südd., österr. k...], das; -s ⟨indian.⟩ (Alkaloid der Chinarinde als Arznei gegen Fieber); **chi|nin|hal|tig**
Chi|no [ˈtʃiːno], die; -, -s meist Plur. ⟨span.-amerik.⟩ (Baumwollhose)
Chi|noi|se|rie [ʃinoazə...], die; -, ...ien ⟨franz.⟩ (kunstgewerbl. Arbeit in chinesischem Stil)
Chintz [tʃ...], der; -[es], -e ⟨Hindi⟩ (bedrucktes, glänzendes [Baumwoll]gewebe)
Chip [tʃ...], der; -s, -s ⟨engl.⟩ (Spielmarke [bei Glücksspielen]; meist Plur.: roh in Fett gebackene Kartoffelscheiben; Elektronik sehr kleines Halbleiterplättchen mit elektronischen Schaltelementen; Golf Schlag über eine kurze Distanz)
Chip|kar|te (Plastikkarte mit einem elektronischen Chip)
chip|pen (mit einem Chip versehen; eine Chipkarte aufladen; Golf den Ball über eine kurze Distanz schlagen)
Chip|pen|dale [ˈtʃɪpndeɪl], das; -[s] ⟨nach dem engl. Tischler⟩ ([Möbel]stil)
Chip|satz (Elektronik)
Chi|rac [ʃiˈrak] (franz. Staatspräsident)
Chi|r|a|g|ra [ç..., südd., österr. k...], das; -s ⟨griech.⟩ (Med. Handgicht)
Chi|ro|mant, der; -en, -en (Handliniendeuter); **Chi|ro|man|tie**, die; -; **Chi|ro|man|tin**
Chi|ro|prak|tik, die; - (manuelle Behandlung von Funktionsstörungen am menschlichen Bewegungsapparat); **Chi|ro|prak|ti|ker; Chi|ro|prak|ti|ke|rin**
Chi|r|urg [ç...], der; -en, -en; **Chi|r|ur|gie**, die; -, ...ien; **Chi|r|ur|gin; chi|r|ur|gisch**
Chi|și|nău [kiʃiˈnəʊ] (Hauptstadt der Republik Moldau)
Chi|tin [ç..., südd., österr. k...], das; -s ⟨semit.⟩ (hornähnlicher Stoff im Panzer der Gliederfüßer); **chi|ti|nig; Chi|tin|pan|zer**
Chi|ton, der; -s, -e (altgriech. Untergewand)
chlad|nisch [k...] ⟨nach dem dt. Physiker Chladni⟩; **chlad|ni|sche** od. Chlad|ni|sche Klangfigur ↑D 89 u. 135
Chla|my|di|en [kla...] Plur. ⟨griech.⟩ (Med. verschiedene Infektionen auslösende Bakterien)
Chla|mys [ç..., auch k...], die; -, - ⟨griech.⟩ (altgriech. Überwurf für Reiter u. Krieger)
ch-Laut [tseːˈhaː...]
Chlod|wig [k...] (fränk. König)
Chloe [ˈkloːe] (w. Vorn.)
Chlor [k...], das; -s ⟨griech.⟩ (chemisches Element; Zeichen Cl); **Chlo|ral**, das; -s ⟨Chemie eine Chlorverbindung); **chlo|ren** (mit Chlor behandeln; Chemie Chlor in eine chem. Verbindung einführen); **chlor|frei; chlor|hal|tig**
Chlor|hühn|chen (ugs. für zum Schutz vor Mikroben mit Chlordioxid behandeltes Geflügel)
Chlo|rid, das; -[e]s, -e ⟨Chemie eine Chlorverbindung)
chlo|rie|ren (svw. chloren); **chlo|rig**
¹**Chlo|rit**, der; -s, -e (ein Mineral)
²**Chlo|rit**, das; -s, -e ⟨Chemie ein Salz)
Chlor|kalk
Chlo|ro|form, das; -s ⟨griech.; lat.⟩

(Betäubungs-, Lösungsmittel); **chlo|ro|for|mie|ren** (mit Chloroform betäuben)
Chlo|ro|phyll, das; -s ⟨griech.⟩ (*Bot.* Blattgrün)
Chlo|ro|se, die; -, -n (*Med.* Bleichsucht)
Chlo|rung
Chlot|hil|de [k...] (*vgl.* Klothilde)
Cho|do|wi|ec|ki [k...tski, *auch* x...] (dt. Kupferstecher)
Choke [tʃoːk], der; -s, -s ⟨engl.⟩,
Cho|ker, der; -s, - (*Kfz-Technik* Kaltstarthilfe)
Cho|le|ra [k...], die; - ⟨griech.⟩ (*Med.* eine Infektionskrankheit); **Cho|le|ra|epi|de|mie**
Cho|le|ri|ker (leicht erregbarer, jähzorniger Mensch); **Cho|le|ri|ke|rin**; **cho|le|risch**
Cho|les|te|rin [k..., *auch* ç...], das; -s, -e, *fachspr.* **Cho|les|te|rol** (eine in tierischen Geweben vorkommende organ. Verbindung, Hauptbestandteil der Gallensteine); **Cho|les|te|rin|spie|gel**; **Cho|les|te|rin|wert**
Cho|les|te|rol *vgl.* Cholesterin
Cho|mai|ni [x...] *vgl.* Khomeini
Cho|pin [ʃoˈpɛ̃ː] (poln. Komponist)
Chop|per [tʃ...], der; -s, -[s] ⟨engl.⟩ (Motorrad mit hohem Lenker u. langer Gabel)
Chop|su|ey [tʃɔpˈsuːi], das; -[s], -s ⟨chin.-engl.⟩ (Gericht aus Fleisch- od. Fischstückchen mit Gemüse u. anderen Zutaten)
Chor [k...], der; -[e]s, Chöre ⟨griech.⟩ ([er]höhter Kirchenraum mit [Haupt]altar; Gruppe von Sängern; Komposition für Gruppengesang); gemischter Chor; **Cho|ral**, der; -s, ...räle (Kirchengesang, -lied); **Cho|ral|buch**; **Cho|ral|vor|spiel**; **Chör|chen**
Chor|da [k...], die; -, ...den ⟨griech.-lat.⟩ (*Biol.* knorpeliges Gebilde als Vorstufe der Wirbelsäule); **Chor|dat**, der; -en, -en, **Chor|da|te**, der; -n, -n, **Chor|da|tier**, das; -[e]s, -e *meist Plur.* (*Zool.* Angehöriger eines Tierstammes, dessen Kennzeichen die Chorda ist)
Chor|di|rek|tor; **Chor|di|rek|to|rin**
Cho|rea [k...], die; - ⟨griech.⟩ (*Med.* ein Nervenleiden); Chorea Huntington
Cho|reo, die; -, -s (*ugs.; kurz für* Choreografie); **Cho|reo|graf**, **Cho|reo|graph** [k...], der; -en, -en; **Cho|reo|gra|fie**, **Cho|reo|gra|phie**, die; -, ...ien (Gestaltung,

Einstudierung eines Balletts); **cho|reo|gra|fie|ren**, **cho|reo|gra|phie|ren**; ein Ballett choreografieren; **Cho|reo|gra|fin**, **Cho|reo|gra|phin**; **cho|reo|gra|fisch**, **cho|reo|gra|phisch**
Cho|reut [ç...], der; -en, -en (altgriech. Chortänzer)
Chor|ge|bet [k...]; **Chor|ge|sang**; **Chor|ge|stühl**; **Chor|herr** (*kath. Kirche*)
...chö|rig (z. B. zwei-, dreichörig)
Cho|rin [k...] (Ort u. ehem. Zisterzienserkloster bei Angermünde)
cho|risch [k...] ⟨griech.⟩; **Cho|rist**, der; -en, -en ([Berufs]chorsänger); **Cho|ris|tin**
Cho|ri|zo [tʃ...], die; -, -s ⟨span.⟩ (eine span. Wurstsorte)
Chor|kna|be; **Chor|kon|zert**
Chör|lein (kleiner Erker an mittelalterlichen Wohnbauten)
Chor|lei|ter, der; **Chor|lei|te|rin**
Chor|mu|sik; **Chor|pro|be**
Chor|re|gent (Leiter eines kath. Kirchenchors); **Chor|re|gen|tin**
Chor|sän|ger; **Chor|sän|ge|rin**
Cho|rus, der; -, -se (Sängerchor; *Jazz* das mehrfach wiederholte u. improvisierte Thema)

Koryphäe

Das Substantiv wird, obwohl es auch aus dem Griechischen stammt und den gleichen Anlaut wie *Chor, Choral* hat, nicht mit *Ch-* geschrieben, sondern mit *K-*.

Cho|se [ʃ...], die; -, -n *Plur. selten* ⟨franz.⟩ (*ugs. für* Sache, Angelegenheit)
Chow-Chow [tʃaʊˈtʃaʊ, *auch* ʃaʊˈʃaʊ], der; -s, -s ⟨chin.-engl.⟩ (chin. Spitz)
Chres|to|ma|thie [k...], die; -, ...ien ⟨griech.⟩ (Auswahl von Texten bekannter Autoren)
Chri|sam [ˈçriːzam], das *od.* der; -s, **Chris|ma** [çrɪs...], das; -s ⟨griech.⟩ (Salböl der kath. Kirche)
¹Christ [k...] ⟨griech.⟩ (*veraltet für* Christus)
²Christ, der; -en, -en (Anhänger des Christentums)
Chris|ta (w. Vorn.)
Christ|baum (*landsch. für* Weihnachtsbaum); **Christ|baum|ku|gel**; **Christ|baum|schmuck**
Christ|de|mo|krat, der; -en, -en (Anhänger einer christlich-de-

mokratischen Partei); **Christ|de|mo|kra|tin**; **christ|de|mo|kra|tisch**
Chris|tel (w. Vorn.)
Chris|ten|ge|mein|de; **Chris|ten|ge|mein|schaft**; **Chris|ten|glau|be[n]**
Chris|ten|heit, die; -
Chris|ten|leh|re, der; - (kirchl. Unterweisung der konfirmierten ev. Jugend; *regional für* christl. Religionsunterricht)
Chris|ten|tum, das; -s
Chris|ten|ver|fol|gung
Christ|fest (*landsch. für* Weihnachten); **Christ|ge|schenk**
Chris|ti|an (m. Vorn.); **Chris|ti|a|ne** (w. Vorn.); **Chris|ti|a|nia** (*früherer Name von* Oslo; *ältere Schreibung von* ¹Kristiania)
chris|ti|a|ni|sie|ren; **Chris|ti|a|ni|sie|rung**
Chris|tin
Chris|ti|na, **Chris|ti|ne** (w. Vorn.)
christ|ka|tho|lisch (*schweiz. für* altkatholisch)
Christ|kind; **Christ|kindl**, das; -s (*bes. südd., österr.; österr. auch für* Weihnachtsgeschenk, -gabe); **Christ|kindl|markt**, **Christ|kind|les|markt** (*bayr., österr.*)
Christ|kö|nigs|fest (*kath. Kirche*)
Christl (*bayr., österr. Form von* Christel)
christ|lich; christliche Seefahrt, *aber* ↑D 150: die Christlich Demokratische Union [Deutschlands] (*Abk.* CDU), die Christlich-Soziale Union (*Abk.* CSU); **Christ|lich|keit**, die; -
Christ|met|te; **Christ|mo|nat**, **Christ|mond** (*veraltet für* Dezember)
Chris|to|lo|gie, die; -, ...ien (*Theol.* Lehre von Christus); **chris|to|lo|gisch**
Chris|toph (m. Vorn.); **Chris|to|pher** (m. Vorn.)
Chris|to|pher Street Day [ˈkrɪstəfə ˈstriːt deɪ], der; - - -s, - - -s ⟨amerik.⟩ (internat. Gedenktag der Homosexuellen; *Abk.* CSD)
Chris|to|pho|rus (legendärer Märtyrer)
Christ|ro|se
christ|so|zi|al (christlich-sozial)
Christ|stol|le[n]
Christ|tag (*bayr., österr. für* erster Weihnachtsfeiertag)
Chris|tus (»Gesalbter« (Jesus Christus); Christi Himmelfahrt; nach Christo *od.* nach Christus (*Abk.* n. Chr.), nach Christi Geburt (*Abk.* n. Chr. G.); vor Christo *od.* vor Christus (*Abk.*

Christusdorn

v. Chr.), vor Christi Geburt (*Abk.* v. Chr. G.)

Chris|tus|dorn, der; -[e]s, -e (Zierpflanze); **Chris|tus|kopf**; **Chris|tus|mo|no|gramm**; **Chris|tus|or|den** (päpstl. Orden)

Christ|ves|per (Abendgottesdienst am Heiligen Abend)

Chrom [k...], das; -s ⟨griech.⟩ (chemisches Element, Metall; *Zeichen* Cr)

Chro|ma|tik, die; - (*Physik* Farbenlehre; *Musik* Veränderung der Grundtöne um einen Halbton); **chro|ma|tisch**; chromatische Tonleiter

Chro|ma|to|gra|fie, **Chro|ma|to|gra|phie**, die; -, ...ien (*Chemie* Verfahren zur Trennung von Gemischen aus organischen Stoffen)

Chro|ma|to|phor, das; -s, -en *meist Plur.* (*Bot.* Farbstoffträger in der Pflanzenzelle; *Zool.* Farbstoffzelle bei Tieren, die den Farbwechsel der Haut ermöglicht)

chrom|blit|zend

Chrom|gelb (eine Farbe); **Chromgrün**, das; -[s] (eine Farbe); **Chrom|leis|te**

Chrom|olith, der; *Gen.* -s *u.* -en, *Plur.* -e[n] (unglasiertes, farbig gemustertes Steinzeug); **Chro|mo|li|tho|gra|fie**, **Chro|mo|li|tho|gra|phie** (Farbdruck, farbiger Steindruck)

Chro|mo|som, das; -s, -en *meist Plur.* (*Biol.* das Erbgut tragendes, fadenförmiges Gebilde im Zellkern); **chro|mo|so|mal**; **Chro|mo|so|men|satz**; **Chro|mo|so|men|zahl**

Chro|mo|sphä|re, die; - (glühende Gasschicht um die Sonne)

Chrom|rot (eine Farbe)

Chrom|stahl (rostfreier Stahl)

Chro|ni|fi|zie|rung (*Med.* Übergang einer Erkrankung in einen chronischen Zustand)

Chro|nik [k...], die; -, -en ⟨griech.⟩ (Aufzeichnung geschichtl. Ereignisse nach ihrer Zeitfolge; *im Sing. auch für* Chronika); **Chro|ni|ka** *Plur.* (Geschichtsbücher des A. T.); **chro|ni|ka|lisch**

Chro|ni|ker (*Med.* chronisch Kranker); **Chro|ni|ke|rin**

Chro|nique scan|da|leuse [...'ni:k skădă'lø:s], die; -, -s -s [- -] ⟨franz.⟩ (Skandalgeschichten)

chro|nisch ⟨griech.⟩ (*Med.* langwierig; *ugs. für* dauernd; *vgl. auch* Kranke)

Chro|nist, der; -en, -en (Verfasser einer Chronik); **Chro|nis|ten|pflicht**; **Chro|nis|tin**

Chro|no|bio|lo|ge; **Chro|no|bio|lo|gie** (Wissenschaft von den zeitlichen Gesetzmäßigkeiten im Ablauf von Lebensvorgängen); **Chro|no|bio|lo|gin**; **chro|no|bio|lo|gisch**

Chro|no|graf, **Chro|no|graph**, der; -en, -en (Gerät zur Übertragung der Zeitangabe einer Uhr auf einen Papierstreifen); **Chro|no|gra|fie**, **Chro|no|gra|phie**, die; -, ...ien (Geschichtsschreibung nach der zeitl. Abfolge); **chro|no|gra|fisch**, **chro|no|gra|phisch**

Chro|no|lo|gie, die; -, -n (*nur Sing.:* Wissenschaft von der Zeit[messung]; Zeitrechnung; zeitliche Folge); **chro|no|lo|gisch**

Chro|no|me|ter, das, *ugs. auch* der; -s, - (genau gehende Uhr); **chro|no|met|risch**

Chru|scht|schow [x...] (sowjet. Politiker)

Chry|s|an|the|me [k...], die; -, -n, **Chry|s|an|the|mum** [*auch* ç...], das; -s, ...men ⟨griech.⟩ (Zierpflanze mit großen strahligen Blüten)

Chry|so|be|ryll [ç...] ⟨griech.⟩ (ein Schmuckstein); **Chry|so|lith**, der; *Gen.* -s *u.* -en, *Plur.* -e[n] (ein Mineral); **Chry|so|pras**, der; -es, -e (ein Edelstein)

Chry|sos|to|mus [ç...] ⟨griech.⟩ (griech. Kirchenlehrer)

chtho|nisch [ç...] ⟨griech.⟩ (der Erde angehörend; unterirdisch)

Chur [k...] (Hauptstadt des Kantons Graubünden)

Chur|chill ['tʃœːɐ̯tʃil] (engl. Familienname; brit. Politiker)

Chur|firs|ten [k...] *Plur.* (schweiz. Bergkette)

Chut|ney ['tʃatni], das; -[s], -s ⟨Hindi-engl.⟩ (Paste aus Früchten u. Gewürzen)

Chuz|pe [x...], die; - ⟨hebr.-jidd.⟩ (*ugs. für* Dreistigkeit)

Chy|mo|sin [ç...], das; -s ⟨griech.⟩ (*Biol.* Labferment)

Chy|mus, der; - (*Med.* Speisebrei)

Ci = Curie

CIA [si:aɪ'eɪ], die *od.* der; - = Central Intelligence Agency (US-amerik. Geheimdienst)

Cia|bat|ta [tʃa...], die; -, ...te, *auch* das; -s, -s ⟨ital.⟩ (ital. Weißbrot)

Cia|co|na *vgl.* Chaconne

ciao! *vgl.* **tschau!**

¹**Ci|ce|ro** (röm. Redner)

²**Ci|ce|ro**, die, *schweiz.:* der; -, - (ein Schriftgrad); 3 Cicero

Ci|ce|ro|ne [tʃitʃe...], der; -[s], *Plur.* -s *u.* ...ni ⟨ital.⟩ (*scherzh. für* Fremdenführer)

Ci|ce|ro|ni|a|ner [tsitse...] ⟨lat.⟩ (Anhänger der mustergültigen Schreibweise Ciceros); **ci|ce|ro|ni|a|nisch** (*seltener*), **ci|ce|ro|nisch** (*auch für* mustergültig, stilistisch vollkommen); ciceronische Beredsamkeit

Ci|cis|beo [tʃitʃi...], der; -[s], -s ⟨ital.⟩ (Hausfreund)

Cid [s...], der; -[s] (»Herr« ⟨span. Nationalheld⟩)

Ci|d|re [s...], der; -[s], -s, Zi|der, der; -s, - ⟨franz.⟩ (franz. Apfelwein)

Cie. (*schweiz., sonst veraltet für* Co.)

cif [ts..., s...] = cost, insurance, freight [ˈkɔst ɪnˈʃuːrəns ˈfreːt] ⟨engl.⟩ (*Klausel im Überseehandel* frei von Kosten für Verladung, Versicherung, Fracht)

Cil|li, **Cil|ly** ['tsɪli] (w. Vorn.)

Cinch|ste|cker ['tʃɪn(tʃ)...] ⟨engl.-dt.⟩ (*Elektrot.* Stecker aus Hülse u. zentralem Stift)

Cin|cin|na|ti [sɪnsɪˈnɛ...] (Stadt in den USA)

Cin|cin|na|tus (röm. Staatsmann)

Ci|ne|ast [s...], der; -en, -en ⟨griech.⟩ (Filmfachmann; Filmfan); **Ci|ne|as|tin**; **ci|ne|as|tisch**

Ci|ne|cit|tà [tʃ...tʃ...] ⟨ital.⟩ (ital. Filmproduktionszentrum bei Rom)

Ci|ne|ma|scope® [s...'skoːp], das; - ⟨engl.⟩ (besonderes Breitwand- u. Raumtonverfahren)

Ci|ne|ma|thek [s...], die; -, -en ⟨griech.⟩ (*svw.* Kinemathek)

Ci|ne|max® [s...], das; -, -e ⟨engl.; lat.⟩ (Kinocenter)

Ci|ne|phi|lie, die; - (Liebe zum Film, Kino); **Ci|ne|ra|ma**®, das; - (besonderes Breitwand- u. Raumtonverfahren)

Cin|que|cen|tist [tʃɪŋkvetʃɛn...], der; -en, -en ⟨ital.⟩ (Dichter, Künstler des Cinquecentos); **Cin|que|cen|tis|tin**; **Cin|que|cen|to**, das; -[s] (Kunst u. Kultur in Italien im 16. Jh.)

CIO [si:aɪˈʤʊʏ], der; - = Congress of Industrial Organizations (Spitzenverband der amerik. Gewerkschaften)

Ci|pol|lin, **Ci|pol|li|no** [tʃ...], der; -s ⟨ital.⟩ (Zwiebelmarmor)

cir|ca, zir|ka ⟨lat.⟩ (ungefähr, etwa; *Abk.* ca.)

C
club

Cir|ca|an|ga|be, Zir|ka|an|ga|be; *Abk.* ca.-Angabe; **Cir|ca|preis**, Zir|ka|preis; *Abk.* ca.-Preis

Cir|ce, die; -, -n (verführerische Frau; *nur Sing.:* eine Zauberin der griech. Mythologie); *vgl.* bezirzen

Cir|cu|lus vi|ti|o sus, der; - -, ...li ...si (Zirkelschluss; Teufelskreis)

Cir|cus usw. *vgl.* Zirkus usw.

¹**cis**, ¹**Cis**, das; -, - (Tonbezeichnung)

²**cis** (*Zeichen für* cis-Moll); in cis

²**Cis**, das; -, - (*Zeichen für* Cis-Dur); in Cis; **Cis-Dur** ['tsɪsduːɐ̯, *auch* 'tsɪs'duːɐ̯], das; -[s] (Tonart; *Zeichen* Cis); **Cis-Dur-Ton|lei|ter** ↑D 26

Cis|jor|da|ni|en (*schweiz. neben* Westjordanland)

Cis|la|weng *vgl.* Zislaweng

cis-Moll ['tsɪsmɔl, *auch* 'tsɪs'mɔl], das; -[s] (Tonart; *Zeichen* cis); **cis-Moll-Ton|lei|ter** ↑D 26

Ci|to|y|en [sitoa'jɛ̃ː], der; -s, -s ⟨franz.⟩ (*franz. Bez. für* Bürger)

Ci|t|rat, **Ci|t|rin** *vgl.* Zitrat, ²Zitrin

Ci|ty ['sɪti], die; -, -s ⟨engl.⟩ (Innenstadt)

Ci|ty|bike [...baɪk], das; -s, -s ⟨engl.⟩ (Fahrrad für die Stadt); **Ci|ty|la|ge**

Ci|ty|light® [...laɪt], das, -s, -s ⟨engl.⟩ (von hinten beleuchtete Glasfläche mit rotierenden Werbemotiven); **Ci|ty|light|pos|ter**; **Ci|ty|maut** (beim Befahren des Innenstadtbereichs zu entrichtende Maut)

ci|ty|nah; **Ci|ty|nä|he**

Ci|vet [siˈveː], das; -s, -s ⟨franz.⟩ (Wildragout)

Ci|vi|tas Dei, die; - - ⟨lat.⟩ (der kommende [jenseitige] Gottesstaat [nach Augustinus])

Cl (*chem. Zeichen für* Chlor)

cl = Zentiliter

c. l. = citato loco ⟨lat.⟩ (am angeführten Ort)

Claim [kleɪm], der *u.* das; -s, -s ⟨engl.⟩ (Anspruch, Besitztitel; Anteil an einem Goldgräberunternehmen; Werbeslogan)

Clair-ob|s|cur [klɛrɔpsˈkyːɐ̯], das; -[s] ⟨franz.⟩ (*Kunstwiss.* Helldunkelmalerei)

Clair|vaux [klɛrˈvo:] (ehemalige franz. Abtei)

Clan [klaːn, *engl.* klɛn] ⟨engl.⟩, Klan, der; -s, *Plur.* -e, *bei engl.* Ausspr. -s ([schott.] Lehns-, Stammesverband; Gruppe von Personen, die jmd. um sich schart); **Clan|chef**; **Clan|che|fin**

Claque [klak], die; -, -n ⟨franz.⟩ (eine bestellte Gruppe von Claqueuren); **Cla|queur** [...køːɐ̯], der; -s, -e (bezahlter Beifallklatscher); **Cla|queu|rin**

Clash [klɛʃ], der; -, -s -s ⟨engl.⟩ (Zusammenprall, Kollision)

Clau|del [klo...] (franz. Schriftsteller)

Clau|dia, **Clau|di|ne** (w. Vorn.)

Clau|dio (m. Vorn.)

¹**Clau|di|us** (röm. Kaiser)

²**Clau|di|us**, Matthias (dt. Dichter)

Claus *vgl.* Klaus

Clau|se|witz (preuß. General)

Claus|thal-Zel|ler|feld (Stadt im Harz)

Cla|vi|cem|ba|lo [...ˈtʃɛ...], das; -s, -s, *Plur.* -s *u.* ...li (ital.) (*älter für* Cembalo; *vgl.* Klavizimbel)

Cla|vi|cu|la *vgl.* Klavikula

clean [kliːn] ⟨engl.⟩ (*ugs. für* nicht mehr [drogen]abhängig)

Clea|ring ['kliː...], das; -[s], -s ⟨engl.⟩ (*Wirtsch.* Verrechnungs[sverfahren]); **Clea|ring|system**; **Clea|ring|ver|kehr**, der; -[e]s

Cle|ma|tis (*fachspr. für* Klematis)

Cle|mens (m. Vorn.); **Cle|men|tia** (w. Vorn.)

¹**Cle|men|ti|ne** (w. Vorn.)

²**Cle|men|ti|ne**, ²Kle|men|ti|ne, die; -, -n ⟨vermutl. nach dem franz. Trappistenmönch Père Clément⟩ (kernlose Sorte der Mandarine)

Clerk [klaːɐ̯k], der; -s, -s ⟨engl.⟩ (kaufmänn. Angestellter, Verwaltungsbeamter in England u. in den USA)

cle|ver ⟨engl.⟩ (klug, gewitzt); **Cle|ver|le**, das; -s, -[s] (schlauer Mensch, bes. aus Schwaben); wir sind viele Cleverle[s] begegnet; **Cle|ver|ness**, die; -

Cli|ché [...ˈʃeː] *alte Schreibung für* Klischee

Click|wor|ker [...vœːɐ̯kɐ], der; -s, - ⟨jmd., der im Internet vermittelte Aufträge freiberuflich für [ein] Unternehmen erledigt⟩; **Click|wor|ke|rin**

Cli|ent ['klaɪənt], der; -s, -s ⟨engl.⟩ (*EDV* Rechner, der vom Server Dienste abruft)

Clinch [...ntʃ], der; -[e]s ⟨engl.⟩ (Umklammerung des Gegners im Boxkampf); mit jmdm. im Clinch liegen (*ugs. für* Streit haben); **clin|chen** (*Boxen*)

Clin|ton [...tn] (Präsident der USA)

Clip, Klipp, der; -s, -s ⟨engl.⟩ (Klemme; Schmuckstück [am Ohr]); *vgl.* Videoclip

¹**Clip|art**, die; - ⟨engl.⟩ (*EDV* Angebot von computerisierten [kleineren] Bildern); ²**Clip|art**, das; -s, -s *meist Plur.* (*EDV* [kleineres] computerisiertes Bild)

Clip|per® ⟨engl.⟩ (Langstreckenflugzeug); *vgl. aber* Klipper

Clip|ping, das; -s, -s ⟨engl.⟩ (*fachspr. für* [Zeitungs]ausschnitt, Pressebeleg)

Clips *vgl.* **Klips**

Cli|que ['klɪkə, *auch* 'kliː...], die; -, -n (Freundeskreis [junger Leute]; Klüngel); **Cli|quen|bil|dung**; **Cli|quen|we|sen**, das; -s; **Cli|quen|wirt|schaft**

Cli|via, Kli|vie [...jə], die; -, -...ien ⟨nach Lady Clive [klaɪv]⟩ (eine Zierpflanze)

Clo|chard [...ˈʃaːɐ̯], der; -[s], -s ⟨franz.⟩ (*franz. Bez. für* Stadt- od. Landstreicher)

Cloche [klɔʃ], die; -, -s [klɔʃ] ⟨franz.⟩ (Haube zum Warmhalten von Speisen)

Clog, der; -s, -s *meist Plur.* ⟨engl.⟩ (Holzpantoffel mit dicker Sohle)

Cloi|son|né [kloa...], das; -[s], -s ⟨franz.⟩ (Art der Emailmalerei)

Clo|qué [...ˈkeː], der; -[s], -s ⟨franz.⟩ (¹Krepp mit blasiger Oberfläche)

Close-up ['kloʊsˌap], das; -[s], -s ⟨engl.⟩ (*Film, Fernsehen* Nah-, Großaufnahme)

Cloth [klɔθ], der *od.* das; -[s], -s ⟨engl.⟩ (ein Baumwollgewebe)

Clou [kluː], der; -s, -s ⟨franz.⟩ (Glanzpunkt)

Cloud [klaʊt], der; - ⟨engl.⟩ (*EDV* Netzwerk des Cloud-Computings); **Cloud-Com|pu|ting**, **Cloud|com|pu|ting** [...kɔmpjuː...], das; -s ⟨engl.⟩ (*EDV* Nutzung mehrerer verteilter Rechner über ein Netzwerk, z. B. das Internet); **Cloud-Dienst**, **Cloud-dienst** (Internetdienst, der Rechen- od. Speicherkapazität in einer Cloud anbietet)

Clown [klaʊn], der; -s, -s ⟨engl.⟩ (Spaßmacher); **Clow|ne|rie**, die; -, -...ien (Betragen nach Art eines Clowns); **clow|nesk** (nach Art eines Clowns); **Clown|fisch**; **Clow|nin**

Club usw. *vgl.* Klub usw.

club|ben ['klabn̩] ⟨zu Club⟩ (mehrere Discos und Tanzklubs am sel-

ben Abend besuchen; an einem Clubbing teilnehmen); sie clubbt gern; wir haben geclubbt; **club|big** ['klabɪç] (für eine Disco, einen Tanzklub charakteristisch); clubbige Musik; **Club|bing,** das; -s, -s (größere Tanz-, Festveranstaltung einer Disco, eines Tanzklubs o. Ä.)
Club|sze|ne vgl. Klubszene
Clu|ny [kly'ni:] (franz. Stadt; Abtei)
Clus|ter ['kla...], der, auch das; -s, - ⟨engl.⟩ (Chemie, Physik aus vielen Teilen od. Molekülen zusammengesetztes System; Musik Klangballung; Sprachwiss. ungeordnete Menge semantischer Merkmale eines Begriffes)
Clutch [klatʃ], die; -, -[e]s ⟨engl.⟩ (kleine Damenhandtasche ohne Schulterriemen od. Griff)
cm = Zentimeter
Cm (chem. Zeichen für Curium)
cm² = Quadratzentimeter
cm³ = Kubikzentimeter
cmm = Kubikmillimeter (früher für mm³)
c-Moll ['tseːmɔl, auch 'tseːˈmɔl], das; -[s] (Tonart; Zeichen c); **c-Moll-Ton|lei|ter** ↑D26
cm/s, cm/sec = Zentimeter in der Sekunde
CNY (Währungscode für Yuan)
c/o = care of
¹**Co** = Cobaltum (chem. Zeichen für Kobalt)
²**Co, Co.** = Compagnie, Kompanie
CO = Colorado
Coach [koʊtʃ, koːtʃ], der; -[e]s, -[e]s ⟨engl.⟩ (Sportlehrer, Trainer; jmd., der durch Beratung u. Übungen das professionelle Potenzial von Berufstätigen zu optimieren versucht)
coa|chen (trainieren, betreuen); sie coacht die Mannschaft; sie hat ihn gecoacht
Coa|chin (w. Form zu Coach)
Coa|ching, das; -[s], -s (das Coachen, bes. während des Wettkampfs)
Co-Ad|ju|tor, Co|ad|ju|tor, Ko-Ad-ju|tor, Ko|ad|ju|tor [auch ...ˈjuː...], der; -s, ...oren ⟨lat.⟩ (Amtsgehilfe eines kath. Geistlichen, bes. eines Bischofs); ↑D21
Coat [koʊt], der; -s, -s ⟨engl.⟩ (dreiviertellanger Mantel)
Co-Au|tor, Co|au|tor, Ko-Au|tor, Ko|au|tor, Kon|au|tor, der; -s, -en ⟨lat.⟩ (Mitverfasser); ↑D21

Co-Au|to|rin, Co|au|to|rin, Ko-Au|to|rin, Ko|au|to|rin, Kon|au|to|rin
Co|balt vgl. Kobalt; **Co|bal|tum,** das; -s (lat. Bez. für Kobalt; Zeichen Co)
Cob|b|ler, der; -s, -[s] ⟨engl.⟩ (Cocktail mit Fruchtsaft)
COBOL, Co|bol, das; -[s] ⟨engl.⟩ (Kunstwort aus common business oriented language; eine Programmiersprache)
Co|burg (Stadt in Oberfranken)
¹**Co|ca** vgl. Koka
²**Co|ca,** das; -[s], -s od. die; -, -s (ugs. kurz für Coca-Cola); **Co|ca-Co|la®,** das; -[s] od. die; - (Erfrischungsgetränk); 5 [Flaschen] Coca-Cola
Co|ca|in (chem. fachspr. für Kokain)
Co|chem (Stadt a. d. Mosel)
Co|che|nil|le [...ʃəˈnɪljə] vgl. Koschenille
Co|cker|spa|ni|el, der; -s, -s ⟨engl.⟩ (engl. Jagdhundeart)
Cock|ney [...nɪ], das; -[s] ⟨engl.⟩ (Londoner Mundart)
Cock|pit, das; -s, -s ⟨engl.⟩ (Pilotenkabine in Flugzeugen; Fahrersitz in einem Rennwagen; vertiefter Sitzraum für die Besatzung von Jachten u. Ä.)
Cock|tail [...teɪl], der; -s, -s ⟨engl.⟩ (alkohol. Mischgetränk)
Cock|tail|emp|fang; Cock|tail|kir|sche; Cock|tail|kleid; Cock|tail|par|ty; Cock|tail|to|ma|te (kleine Tomatensorte)
Co|coo|ning [kəˈkuːnɪŋ], das; -s ⟨engl.⟩ (das Zu-Hause-Bleiben während der Freizeit)
Coc|teau [kɔkˈtoː] (franz. Dichter)
Co|da, Ko|da, die; -, -s ⟨ital.⟩ (Musik Schlussteil eines Satzes)
Code, Kode [koːt], der; -s, -s ⟨franz.-engl.⟩ (System verabredeter Zeichen; Schlüssel zum Dechiffrieren)
Code ci|vil [ˈkɔːt s...], der; - - (bürgerliches Gesetzbuch in Frankreich)
Co|de|in, Ko|de|in, das; -s ⟨griech.⟩ (ein Beruhigungsmittel)
Code Na|po|lé|on [ˈkɔːt ...leˈõː], der; - - (Bez. des Code civil im 1. u. 2. franz. Kaiserreich)
Code|num|mer, Kode|num|mer
Code|sha|ring [...ʃɛːrɪŋ], das; -s ⟨engl.⟩ (gemeinsame Durchführung eines Linienflugs durch mehrere Fluggesellschaften);

Code|wort, Kode|wort Plur. ...wörter
Co|dex vgl. Kodex
co|die|ren, ko|die|ren (durch einen Code verschlüsseln); **Co|die|rung,** fachspr. seltener Kodierung
Coes|feld [ˈkoːs...] (Stadt in Nordrhein-Westfalen)
Cœur [kœːɐ̯], das; -[s], -[s] ⟨franz.⟩ (Herz im Kartenspiel); **Cœur-ass, Cœur-Ass** [ˈkœːɐ̯|as, auch ˈkœːɐ̯ˈas], das; -es, -e
Co|fer|men|ta|ti|on [auch ...ˈtsjoːn] vgl. Kofermentation
Cof|fee|shop, Cof|fee-Shop [ˈkɔfiː...], der; -s, -s ⟨engl.⟩ (Café; Kaffeegeschäft [mit Verkauf von Drogen])
Cof|fe|in vgl. Koffein
co|gi|to, er|go sum (lat., »ich denke, also bin ich«) (Grundsatz Descartes')
co|g|nac [ˈkɔnjak] (goldbraun); ein cognac Hemd; vgl. auch beige; in Cognac ↑D72
¹**Co|g|nac** [ˈkɔnjak] (franz. Stadt)
²**Co|g|nac®** [ˈkɔnjak], der; -s, -s (franz. Weinbrand); vgl. aber Kognak; **Co|g|nac|fla|schen**
Co|hi|ba®, die; -, -s ⟨indian.⟩ (kubanische Zigarre)
Coif|feur [koaˈføːɐ̯], der; -s, -e (schweiz., sonst geh. für Friseur); **Coif|feu|se** [koaˈføː...], die; -, -n; **Coif|fure** [koaˈfyːɐ̯], die; -, -n (franz. Bez. für Frisierkunst; schweiz. auch für Coiffeursalon, Haartracht)
Co|ir, das; -[s] od. die; - ⟨engl.⟩ (Faser der Kokosnuss)
Co|i|tus usw. vgl. Koitus usw.
Coke® [koːk], das; -[s], -s od. die; -, -s ⟨amerik.⟩ (Kurzw. für Coca-Cola)
col. = columna (Spalte)
Co|la, das; -[s], -s od. die; -, -s (ugs. kurz für koffeinhaltiges Erfrischungsgetränk)
Co|la|ni vgl. Kolani
Cold|cream, die; -, -s, **Cold Cream,** die; - -, - -s [ˈkoʊlt...] ⟨engl.⟩ (kühlende Hautcreme)
Cö|les|tin vgl. ²Zölestin; **Cö|les|ti|ne** vgl. Zölestine; **Cö|les|ti|nus** vgl. Zölestinus
Co|li|g|ny [...lɪnˈjiː] (franz. Hugenottenführer)
Col|la|ge [...ʒə, österr. ...ʃ], die; -, -n ⟨franz.⟩ (Kunst aus Papier od. anderem Material geklebtes Bild; auch für literar. od. musikal. Komposition aus verschie-

conchieren

denen sprachl. bzw. musikal. Materialien)
col|la|gie|ren (aus verschiedenen Materialien zusammensetzen)
Col|lege [...lɪtʃ], das; -[s], -s ⟨engl.⟩ (höhere Schule in England; Eingangsstufe der Universität in den USA)
Col|lège [...'lɛ:ʃ], das; -[s], -s ⟨franz.⟩ (höhere Schule in Frankreich, Belgien u. in der Westschweiz)
Col|le|gi|um mu|si|cum, das; - -, ...gia ...ca ⟨lat.⟩ (freie Vereinigung von Musizierenden, bes. an Universitäten)
Col|li|co®, der; -s, -s (zusammenlegbare, bahneigene Transportkiste aus Metall); **Col|li|co|kis|te**, **Col|li|co-Kis|te**
Col|lie [...li], der; -s, -s ⟨engl.⟩ (schottischer Schäferhund)
Col|li|er [...'lie:], der; -s, -s ⟨franz.⟩ (ein Halsschmuck)
Col|mar (Stadt im Elsass); **Col|ma|rer**; **Col|ma|re|rin**; **col|ma|risch**
Co|lom|bo (Hauptstadt von Sri Lanka)
Co|lón, der; -[s], -[s] (Währungseinheit von Costa Rica u. El Salvador)
Co|lo|nel [...'nɛl, 'kœ:ɐ̯n], der; -s, -s ⟨franz.(-engl.)⟩ (franz. u. engl. Bez. für Oberst)
Co|lo|nia|kü|bel, Ko|lo|nia|kü|bel (ostösterr. für Mülltonne)
Co|lor... ⟨lat.⟩ (in Zus. = Farb..., z. B. Colorfilm, Colorwaschmittel)
Co|lo|ra|do (Staat in den USA; Abk. CO); **Co|lo|ra|do|kä|fer** vgl. Koloradokäfer
Colt®, der; -s, -s (nach dem amerik. Erfinder) (Revolver); **Colt|ta|sche**
Co|lum|bia vgl. D. C.
Com|bo, die; -, -s (kleines Jazz- od. Tanzmusikensemble)
Come|back, Come-back [kam'bɛk], das; -[s], -s ⟨engl.⟩ (erfolgreiches Wiederauftreten eines bekannten Künstlers, Sportlers, Politikers nach längerer Pause)
COMECON, **Co|me|con**, der od. das; - = Council for Mutual Economic Assistance/Aid (engl. Bez. für RGW [vgl. d.])
Co|me|di|an [kɔ'mi:dĭən], der; -s, -s ⟨engl.⟩ (humoristischer Unterhaltungskünstler)
Co|me|dy ['kɔmədi], die; -, -s ⟨engl.⟩ ([oft als Serie produzierte] humoristische Sendung)

Co|me|ni|us (tschech. Theologe u. Pädagoge)
Co|mer See, der; - -s (in Italien)
Co|mes|ti|bles [komɛs'ti:bl] Plur. ⟨franz.⟩ (schweiz. für Feinkost, Delikatessen)
Co|mic [...mɪk], der, auch das; -[s], -s ⟨amerik.⟩ (kurz für Comicstrip); **Co|mic|fi|gur**; **Co|mic|heft**; **Co|mic|held**; **Co|mic|hel|din**; **Co|mic|se|rie**
Co|mic|strip, der; -s, -s (Bildgeschichte [mit Sprechblasen])
Co|ming-of-Age-Film [kʌmɪŋɔf'eɪdʒ...] ⟨engl.⟩ (Film über das Erwachsenwerden)
Co|ming|out, **Co|ming|out**, [kʌmɪŋ'aʊt], das; -[s], -s ⟨engl.⟩ (öffentliches Sichbekennen zu seiner Homosexualität; das Öffentlichmachen von etwas [als bewusstes Handeln])
Com|me|dia dell'Ar|te, die; - - ⟨ital.⟩ (volkstümliche ital. Stegreifkomödie des 16. bis 18. Jh.s)
comme il faut [kɔm ɪl 'fo:] ⟨franz.⟩ (wie es sich gehört, vorbildlich)
Com|mit|ment [kə'mɪtmənt], das; -s, -s (das [Sich]verpflichten)
com|mit|ten, sich ⟨engl.⟩ (Jargon sich bekennen, verpflichten)
Com|mon-Rail-Sys|tem [kɔmən're:l...] ⟨engl.; griech.⟩ (elektronisches Einspritzsystem für Dieselmotoren)
Com|mon Sense, der; - -, **Com|mon|sense**, der; - ['kɔmən sɛns, auch 'kɔmənsɛns] ⟨engl.⟩ (gesunder Menschenverstand)
Com|mon|wealth ['kɔmənvɛlθ], das; - ⟨engl.⟩ (Gemeinschaft der Staaten des ehemaligen brit. Weltreichs)
Com|mu|ni|qué in der Schweiz häufigere Schreibung für Kommuniqué
Com|mu|ni|ty [kɔ'mju:niti], die; -, -s ⟨engl.⟩ (Gruppe von Menschen mit gleichen Interessen, Wertvorstellungen; bes. die Nutzer des Internets)
Com|pact Disc, **Com|pact Disk** ['kɔmpɛkt 'dɪsk], die; - -, - -s ⟨engl.⟩ (Abk. ²CD [vgl. d.])
Com|pa|gnie [...pan'ji:] vgl. Kompanie
Com|pi, der; -s, -s (ugs. scherzh. für Computer)
Com|pi|ler [...paɪ...], der; -s, - ⟨engl.⟩ (EDV Programm zur Übersetzung einer Programmiersprache in die Maschinensprache eines Computers)

Com|pli|ance [...'plaɪəns], die; - ⟨engl.⟩ (Wirtsch. korrektes Verhalten; Med., Psychol. Bereitschaft eines Patienten zur Mitwirkung an Therapien)
Com|po|sé [kõ...], das; -[s], -s ⟨lat.-franz.⟩ (mehrere farblich u. im Muster aufeinander abgestimmte Stoffe)
Com|po|ser, der; -s, - ⟨engl.⟩ (Druckw. elektr. Schreibmaschine, die druckfertige Vorlagen liefert)
Com|pret|te®, die; -, -n meist Plur. (ein Arzneimittel)
Com|pu|ter [...'pju:...], der; -s, - ⟨engl.⟩; stundenlang [am] Computer spielen
Com|pu|ter|ani|ma|ti|on (durch Computer erzeugte bewegte Bilder); **Com|pu|ter|bild**; **Com|pu|ter|di|a|g|nos|tik**, die; -; **Com|pu|ter|ge|ne|ra|ti|on**
com|pu|ter|ge|ne|riert; **com|pu|ter|ge|steu|ert**; **com|pu|ter|ge|stützt**
com|pu|te|ri|sie|ren (mit Computern ausstatten)
Com|pu|ter|kri|mi|na|li|tät
Com|pu|ter|lin|gu|ist; **Com|pu|ter|lin|gu|is|tik**; **Com|pu|ter|lin|gu|is|tin**
com|pu|tern (ugs. für mit dem Computer arbeiten, umgehen); ich computere
Com|pu|ter|netz|werk; **Com|pu|ter|pro|gramm**; **Com|pu|ter|si|mu|la|ti|on**; **Com|pu|ter|spiel**; **Com|pu|ter|spra|che**; **Com|pu|ter|tech|nik**
Com|pu|ter|to|mo|graf, **Com|pu|ter|to|mo|graph**, der; -s, -en (Gerät zur Erzeugung dreidimensionaler Röntgenbilder); **Com|pu|ter|to|mo|gra|fie**, **Com|pu|ter|to|mo|gra|phie**, die; -, ...ien (Abk. CT)
Com|pu|ter|to|mo|gramm, das; -s, -e (dreidimensionales Röntgenbild; Abk. CT)
Com|pu|ter|vi|rus, der, auch das; -, ...ren; **Com|pu|ter|wurm**
Co|na|k|ry [...'kri:, auch ...'na:...] (Hauptstadt von ¹Guinea)
con|axi|al koaxial
con brio ⟨ital.⟩ (Musik lebhaft, feurig)
Con|cept-Art, **Con|cept|art** ['kɔnsɛptlaːɐ̯t], die; - ⟨engl.⟩ (eine Kunstrichtung des 20. Jh.s)
Con|cha vgl. Koncha
Con|che ['kõ...ʃə], **Kon|che**, die; -, -n ⟨franz.⟩ (Rührmaschine für die Schokoladenherstellung); **con|chie|ren**, kon|chie|ren (Schokola-

denmasse zur Veredelung durchrühren)

Con|ci|erge [kõˈsjɛrʃ], der u. die; -, -s ⟨franz.⟩ (franz. Bez. für Pförtner[in])

Con|corde [kõˈkɔrt], die; -, -s (brit.-franz. Überschallverkehrsflugzeug)

Con|di|tio|ner [kənˈdɪʃənɐ] ⟨engl.⟩ (leicht festigendes Haarpflegemittel)

Con|di|tio si|ne qua non, die; - - - - ⟨lat.⟩ (unerlässliche Bedingung)

con|fer! ⟨lat.⟩ (vergleiche!; Abk. cf.)

Con|fé|rence [kõfeˈrãːs], die; -, -n ⟨franz.⟩ (Ansage); **Con|fé|ren|ci|er** [kõferãˈsjeː], der; -s, -s (Sprecher, Ansager)

Con|fi|se|rie, Kon|fi|se|rie [auch kõ...], die; -, ...ien ⟨franz.⟩ (schweiz. für [Geschäft für] Süßwaren, Pralinen u. Ä. aus eigener Herstellung)

Con|fi|seur, Kon|fi|seur [...ˈzøːɐ̯], der; -s, -e (Berufsbez.)

Con|fi|seu|rin, Kon|fi|seu|rin

Con|foe|de|ra|tio Hel|ve|ti|ca, die; - - ⟨lat.⟩ (Schweizerische Eidgenossenschaft; Abk. CH)

Con|ga, Kon|ga, die; -, -s ⟨span.⟩ (eine große Handtrommel)

Con|nec|ti|cut [kəˈnetɪkət] (Staat in den USA; Abk. CT)

Con|nec|tion [kɔˈnɛkʃn̩], die; -, -s ⟨lat.-engl.⟩ (ugs. für Beziehung, Verbindung)

Con|se|cu|tio Tem|po|rum, die; - - ⟨lat.⟩ (Sprachwiss. Zeitenfolge im zusammengesetzten Satz)

Con|si|li|um Ab|e|un|di, das; - - ⟨lat.⟩ (veraltend für Aufforderung, eine höhere Schule od. Hochschule zu verlassen)

Con|som|mé, Kon|som|mee [kõ...], die; -, -s od. das; -s, -s (Kochkunst Fleischbrühe)

con sor|di|no ⟨ital.⟩ (Musik mit Dämpfer, gedämpft)

Cons|tan|tin vgl. Konstantin

Cons|tan|ze vgl. Konstanze

Cons|ti|tu|ante [kõstiˈtyãːt], die; -, -s, Kons|ti|tu|an|te, die; -, -n ⟨franz.⟩ (grundlegende verfassunggebende [National]versammlung, bes. die der Franz. Revolution von 1789)

Con|sul|tant [kənˈsaltənt], der; -s, -s ⟨engl.⟩ (Wirtsch. [Unternehmens]berater)

Con|sul|ting [kənˈsal...], das; -s ⟨lat.-engl.⟩ (Wirtsch. Beratung; Beratertätigkeit)

Con|tai|ner [...ˈteː...], der; -s, - ⟨engl.⟩ ([genormter] Großbehälter); **Con|tai|ner|bahn|hof; Con|tai|ner|ha|fen; con|tai|nern** [...ˈteː...] ⟨engl.⟩ (ugs. für weggeworfene, noch genießbare Lebensmittel aus einem Müllcontainer holen u. selbst verbrauchen); **Con|tai|ner|schiff; Con|tai|ner|ter|mi|nal** (Umschlaghafen für Container); **Con|tai|ner|ver|kehr**

Con|te, der; -, Conti ⟨lat.-ital.⟩ (italienischer Adelstitel)

Con|te|nance [kõtəˈnãːs], die; - ⟨franz.⟩ (veraltend für Fassung, Haltung [in einer schwierigen Lage]); die Contenance wahren

Con|tent, der; -s, -s ⟨engl.⟩ (EDV Informationsgehalt)

Con|test, der; -[s], -s ⟨engl.⟩ (Jargon Wettbewerb)

Con|ti|nuo, der; -[s], -s ⟨ital.⟩ (Musik Generalbass)

con|t|ra vgl. **kontra**

con|t|re..., **Con|t|re...;** vgl. **konter-, Konter-**

Con|t|rol [kənˈtroʊl] ohne Artikel gebraucht ⟨engl. Bez. für Steuerung[staste])

Con|t|rol|ler [kənˈtroʊlɐ], der; -s, - ⟨engl.⟩ (Wirtsch. Fachmann für Kostenrechnung u. -planung in einem Betrieb); **Con|t|rol|le|rin**

Con|t|rol|ling, das; -s ⟨engl.⟩ (von der Unternehmensführung ausgeübte Steuerungsfunktion)

Con|vey|er [...ˈveːɐ̯], der; -s, - ⟨engl.⟩ (Becherwerk, Förderband)

Cook [kʊk] (brit. Entdecker)

Coo|kie [ˈkʊki], der od. das; -s, -s ⟨engl.⟩ (EDV Datengruppe, mit der der Benutzer einer Website identifiziert werden kann)

Cook|in|seln Plur. (Inselgruppe im Südwestpazifik)

cool [kuːl] ⟨engl.-amerik.⟩ (ugs. für ruhig, überlegen, kaltschnäuzig; hervorragend)

Cool-down [kuːlˈdaʊn], das; -s, -s ⟨engl.⟩ (Sport Entspannungsübung[en] am Ende eines Trainings)

Cool Jazz [ˈkuːl dʒɛs], der; - - (Jazzstil der 1950er-Jahre)

Cool|ness, die; -

Cool|pack [ˈkuːlpɛk], das; -s, -s, der; -, -s (Kühlelement, -akku)

Cop, der; -s, -s ⟨amerik.⟩ (amerik. ugs. Bez. für Polizist)

Co-Pi|lot, Co|pi|lot, Ko-Pi|lot, Ko|pi|lot (zweiter Flugzeugführer; zweiter Fahrer); ↑D 21; **Co-Pi|lo|tin,** **Co|pi|lo|tin,** Ko-Pi|lo|tin, Ko|pi|lo|tin

Co-Pro|du|zent, Co|pro|du|zent, Ko-Pro|du|zent, Ko|pro|du|zent
↑D 21; **Co-Pro|du|zen|tin,** Co|pro|du|zen|tin, Ko-Pro|du|zen|tin, Ko|pro|du|zen|tin

Co|py|right [...paɪɾ], das; -s, -s ⟨engl.⟩ (Urheberrecht; Zeichen ©); **Co|py|shop** [ˈkɔpiʃɔp] ⟨engl.⟩ (Geschäft, in dem man Texte u. Bilder vervielfältigen lassen kann)

Coq au Vin [ˈkɔk o ˈvɛ̃ː], das; - - -, -s - - ⟨franz.⟩ (Hähnchen in Weinsoße)

Co|ra (w. Vorn.)

co|ram pu|b|li|co ⟨lat.⟩ (vor aller Welt; öffentlich)

Cord, [2]**Cord,** der; -[e]s, Plur. -e u. -s ⟨engl.⟩ (geripptes Gewebe)

Cord|an|zug, Kord|an|zug

Cor|de|lia, Cor|de|lie (w. Vorn.)

Cord|ho|se, Kord|ho|se

[1]**Cór|do|ba** (span. Stadt)

[2]**Cór|do|ba,** der; -[s], -[s] ⟨nach dem span. Forscher⟩ (Währungseinheit in Nicaragua)

Cor|don bleu [...dõˈblø:], das; - -, -s - [- -] ⟨franz.⟩ (mit Käse u. gekochtem Schinken gefülltes [Kalbs]schnitzel)

Cord|samt, Kord|samt

Cor|du|la (w. Vorn.)

Core [kɔːɐ̯], das; -[s], -s ⟨engl.⟩ (Kernphysik wichtigster Teil eines Kernreaktors)

Co-Re|gis|seur, Co|re|gis|seur, Ko-Re|gis|seur, Ko|re|gis|seur
↑D 21; **Co-Re|gis|seu|rin,** Co-Re|gis|seu|rin, Ko-Re|gis|seu|rin, Ko|re|gis|seu|rin

Co|rel|li (ital. Komponist)

Cor|gi [ˈkɔrgi], der; -s, -s ⟨engl.⟩ (eine Hunderasse); Welsh Corgi

Co|rin|na (w. Vorn.)

Co|rinth, Lovis (dt. Maler)

Cor|nea, Kor|nea, die; -, ...neae ⟨lat.⟩ (Med. Hornhaut des Auges)

Cor|ned Beef, das; - -, **Cor|ned-beef,** das; - [ˈkɔrn(ə)t ˈbiːf, ˈkɔːɐ̯n(ə)t ˈbiːf, auch ˈk...] ⟨engl.⟩ (gepökeltes [Büchsen]rindfleisch); **Cor|ned-Beef-Büch|se,** Cor|ned|beef|büch|se, Cor|ned|beef-Büch|se

Cor|neille [...ˈnɛj] (franz. Dramatiker)

Cor|ne|lia, Cor|ne|lie [...jə] (w. Vorn.)

Cor|ne|li|us (m. Vorn.)

Cor|ner [ˈkɔːɐ̯nɐ], der; -s, - ⟨engl.⟩ (Börse planmäßig herbeigeführ-

Countrymusic

ter Kursanstieg; *Boxen* Ringecke; *österr. u. schweiz. für* Eckball beim Fußballspiel)
Cor|net [...'nɛ], das; -s, -s (*schweiz. für* tütenförmiges Gebäck mit Eis)
Cor|nett, das; -s, *Plur.* -s, *auch* -e (*schweiz.*); *vgl.* ²Kornett
Corn|flakes [...fl.ɛɪks, *auch* 'kɔːɐ̯n...] *Plur.* ⟨engl.⟩ (geröstete Maisflocken)
Cor|ni|chon [...ʃõː], das; -s, -s (kleine Pfeffergurke)
Corn|wall ['kɔːɐ̯nvəl] (Grafschaft in Südwestengland)
Co|ro|na, ²**Ko|ro|na** (w. Vorn.)
Co|ro|na|vi|rus, das; -, ...ren (*Med.* ein Virustyp mit Hüllmembran)
Co|ro|ner ['kɔrə...], der; -s, -[s] ⟨engl.⟩ (Beamter in England u. in den USA, der ungeklärte Todesfälle untersucht)
Cor|po|ra (*Plur. von* Corpus)
Cor|po|rate Iden|ti|ty ['kɔːɐ̯pərətaɪ̯'dentɪti], die; - -, - -, ...tities ⟨engl.⟩ (*Wirtsch.* [angestrebtes] Erscheinungsbild einer Firma in der Öffentlichkeit)
Corps [koːɐ̯] *usw. vgl.* Korps *usw.*
Corps con|su|lai|re [kɔr kõsyˈlɛːɐ̯], das; - -, - - -s (Konsularisches Korps; *Abk.* CC)
Corps de Bal|let [kɔr də baˈlɛ], das; - - -, - - - (Ballettgruppe, -korps; **Corps di|p|lo|ma|tique** [kɔr diploma'tiːk], das; - -, - -s (Diplomatisches Korps; *Abk.* CD)
Cor|pus, das; -...pora ⟨lat.⟩; *vgl.* ²Korpus
Cor|pus De|lic|ti, das; - -, ...pora - ⟨lat.⟩ (Gegenstand od. Werkzeug eines Verbrechens; Beweisstück); **Cor|pus Iu|ris**, des; - - (Gesetzbuch, -sammlung)
Cor|reg|gio [...redʒo] (ital. Maler)
Cor|ri|da [de To|ros], die; - [- -], -s [- -] (*span. Bez. für* Stierkampf)
cor|ri|ger la for|tune [...ʒe: la ...'tyːn] ⟨franz.⟩ (dem Glück nachhelfen; falschspielen)
Cor|so *vgl.* Korso
Cor|tes *Plur.* ⟨span.⟩ (Volksvertretung in Spanien)
Cor|tez [...tɛs], *span.* **Cor|tés** [...'tɛs] (span. Eroberer)
cor|ti|co|trop *usw. vgl.* kortikotrop *usw.*
Cor|ti|na d'Am|pez|zo (Kurort in den Dolomiten)
cor|tisch ⟨nach dem ital. Arzt Corti⟩; das cortische *od.* Cortische Organ (*Med.* Teil des inneren Ohres); ↑D 89 u. 135

Cor|ti|son *vgl.* Kortison
Cor|vey (ehem. Benediktinerabtei bei Höxter)
cos = Kosinus
Co|sa Nos|t|ra, die; - - ⟨ital., »unsere Sache«⟩ (amerik. Verbrechersyndikat)
cosec = Kosekans
Co|shop|ping, **Co-Shop|ping** (das Bilden einer Käufergemeinschaft beim Einkauf im Internet)
Co|si fan tut|te ⟨ital., »so machens alle [Frauen]«⟩ (Titel einer Oper von Mozart)
Co|si|ma (w. Vorn.)
Co|si|mo (m. Vorn.)
Co|si|nus, *vgl.* Kosinus
Cos|play [...pleɪ], das; -[s], -s ⟨engl.⟩ (das Sichverkleiden als eine Figur aus einem Manga o. Ä.)
Cos|ta Bra|va, die; - - (Küstengebiet in Nordostspanien)
Cos|ta del Sol, die; - - - (Küstengebiet in Südspanien)
Cos|ta Ri|ca (Staat in Mittelamerika)
Cos|ta Ri|ca|ner, **Cos|ta-Ri|ca|ner** ↑D 145; **Cos|ta Ri|ca|ne|rin**, **Cos|ta-Ri|ca|ne|rin**; **cos|ta-ri|ca|nisch**
Co|sub|s|t|rat *vgl.* Kosubstrat
Cos|wig (dt. Ortsn.)
cot = Kotangens
Co|tan|gens *vgl.* Kotangens
Côte d'Azur ['koːt daˈzyːɐ̯], die; - - (franz. Riviera)
Côte d'Ivoire ['koːt diˈvoaːɐ̯], die; - - (*amtl. Bez. für* Elfenbeinküste); *vgl.* Ivorer
Côte d'Or ['koːt -], die; - - (franz. Landschaft)
CO-Test [tseːˈloː...] ⟨CO = Kohlenmonoxid⟩ (Messung des Kohlenmonoxidgehalts in Abgasen)
Co|to|nou [...'nuː] (Regierungssitz von Benin)
Co-Trai|ner, **Co|trai|ner**, Ko-Trainer, Ko|trai|ner (*svw.* Assistenztrainer); ↑D 21; **Co-Trai|ne|rin**, **Co|trai|ne|rin**, Ko-Trai|ne|rin, Ko|trai|ne|rin
Cot|tage [...ɪtʃ], das; -[s], -s ⟨engl.⟩ (*engl. Bez. für* Landhaus; *österr. für* Villenviertel)
Cott|bus (Stadt an der Spree); **Cott|bu|ser**, **Cott|bus|ser**; **Cott|bu|se|rin**, **Cott|bus|se|rin**
Cot|ti|sche Al|pen (Teil der Westalpen); ↑D 140
Cot|ton [...tn], der *od.* -s ⟨engl. Bez. für Baumwolle, Kattun⟩; *vgl.* Koton *usw.*
Cot|ton|ma|schi|ne ⟨nach dem

Erfinder⟩ (Wirkmaschine zur Herstellung von Damenstrümpfen)
Cot|ton|öl, das; -[e]s (Öl aus Baumwollsamen)
Cou|ber|tin [kubɛrˈtɛ̃ː] (Initiator der Olympischen Spiele der Neuzeit)
Couch [kaʊ̯tʃ], die; -, *Plur.* -[e]s, *auch* -en, *schweiz. auch* der; -s, -[e]s ⟨engl.⟩ (Liegesofa)
Couch|gar|ni|tur
Couch-Po|ta|to, **Couch|po|ta|to** ['kaʊ̯tʃpoteɪ̯to], der; -[s], -[e]s *u.* die; -, -[e]s ⟨engl.⟩ (jmd., der am liebsten fernsehend auf der Couch sitzt)
Couch|sur|fing® ['kaʊ̯tʃsœːɐ̯fɪŋ] ([Internetnetzwerk für] kostenloses Übernachten in Wohnungen anderer Mitglieder)
Couch|tisch
Cou|den|ho|ve-Ka|ler|gi [ku...] (Gründer der Paneuropa-Bewegung)
Cou|leur [kuˈløːɐ̯], die; -, -s ⟨franz.⟩ (*nur Sing.*: bestimmte Eigenart, Prägung; *Verbindungsw.* Band u. Mütze einer Verbindung)
Cou|loir [kuˈloaːɐ̯] *od.* das; -s, -s ⟨franz.⟩ (*Alpinistik* Schlucht, schluchtartige Rinne; *Reiten* ovaler Sprunggarten für Pferde)
Cou|lomb [kuˈlõː, *auch* ...'lɔmp], das; -s, - ⟨nach dem franz. Physiker⟩ (Maßeinheit für die Elektrizitätsmenge; *Zeichen* C); 6 Coulomb
Count [kaʊ̯nt], der; -s, -s ⟨engl.⟩ (engl. Titel für einen nicht britischen Grafen)
Count|down, **Count-down** ['kaʊ̯ntdaʊ̯n], der, *seltener* das; -s, -s ⟨amerik.⟩ (bis zum [Start]zeitpunkt null rückwärts schreitende Zeitzählung; die letzten Vorbereitungen, Augenblicke vor dem Beginn eines Unternehmens)
Counter ['kaʊ̯ntɐ], der; -s, - ⟨engl.⟩ (*Jargon* Abfertigungsschalter; Theke in Reisebüros u. Ä.)
Coun|ter|part ['kaʊ̯...], der; -s, -s ⟨engl.⟩ (einem Entwicklungsexperten in der Dritten Welt zugeordnete [heimische] Fachkraft)
Coun|ter|te|nor ['kaʊ̯...] ⟨engl.⟩ (*Musik* Altist)
Coun|tess ['kaʊ̯ntɪs], die; -, ...tesses [...tɪsɪs] *u.* ...tessen ⟨engl.⟩ (Gräfin)
Coun|try, der; - (*kurz für* Countrymusic); **Coun|t|ry|mu|sic** ['kan-

trimju:zɪk], die; - ⟨amerik.⟩ (Volksmusik [der Südstaaten in den USA]); **Coun|t|ry|song**
Coun|ty [ˈkaʊnti], das; -s, -s ⟨od. die; -, -s ⟨engl.⟩ (Verwaltungsbezirk in England u. in den USA)
Coup [ku:], der; -s, -s ⟨franz.⟩ (Schlag; [Hand]streich)
Coup d'État [ˈkuːdeˈta], der; - -, -s - [- -] ⟨franz.⟩ (veraltend für Staatsstreich)
Coupe [kup], der; -s, Plur. -s od. -n, auch die; -, Plur. -s od. -n ⟨franz.⟩ (schweiz. für Eisbecher)
Cou|pé, das; -s, -s (Auto mit sportlicher Karosserie; veraltet für [Wagen]abteil)
Cou|p|let [kuˈpleː], das; -s, -s ⟨franz.⟩ (scherzhaft-satirisches Lied [für die Kleinkunstbühne])
Cou|pon [kuˈpõː, österr. ...ˈpoːn], **Ku|pon**, der; -s, -s ⟨franz.⟩ (abtrennbarer Zettel; [Stoff]abschnitt; Zinsschein)
Cour [kuːɐ̯], die; - ⟨franz.⟩; jmdm. die Cour machen, schneiden (den Hof machen)
Cou|ra|ge [kuˈraːʒə], die; - ⟨franz.⟩ (Mut); **cou|ra|giert** (beherzt)
Cour|bet [kʊrˈbeː] (franz. Maler)
Court [kɔːɐ̯t], der; -s, -s ⟨engl.⟩ (Tennisplatz)
Cour|ta|ge, **Kur|ta|ge** [kʊrˈtaːʒə], die; -, -n ⟨franz.⟩ (Maklergebühr bei Börsengeschäften)
Courths-Mah|ler [ˈkʊrts...] (dt. Schriftstellerin)
Cour|toi|sie [kʊrtoa...], die; -, ...ien ⟨franz.⟩ (veraltend für ritterliches Benehmen, Höflichkeit)
Cous|cous, ²**Kus|kus** [ˈkʊskʊs], der u. das; -, - ⟨arab.⟩ (ein nordafrik. Gericht)
Cou|sin [kuˈzɛ̃ː], der; -s, -s ⟨franz.⟩ (Vetter); **Cou|sin|chen**, **Ku|sinchen**; **Cou|si|ne** [ku...], **Ku|si|ne**, die; -, -n (¹Base)
Cou|ture [kuˈtyːɐ̯] vgl. Haute Couture
Cou|tu|ri|er [...ˈrie:], der; -s, -s ⟨franz.⟩ (Modeschöpfer); **Cou|turi|è|re** [...ˈrieːrə], die; -, -n
Cou|vert [kuˈveː] usw. in der Schweiz häufigere, sonst alte Schreibung für Kuvert usw.
Co|ven|t|ry [...ri] (engl. Stadt)
Co|ver [ˈkavɐ], das; -s, -s ⟨engl.⟩ (Titelbild; Hülle von Tonträgern u. Büchern)
Co|ver|band [...bɛnt, ...bænd], die; -, -s ⟨engl.⟩ (Band, die Stücke von berühmten Bands [originalgetreu] spielt)

Co|ver|coat, der; -[s], -s ([Mantel aus] Wollstoff)
Co|ver|girl, das; -s, -s (auf der Titelseite einer Illustrierten abgebildete junge Frau)
co|vern [ˈkavɐn] (eine Coverversion aufnehmen); ich covere; **Co|ver|song**
Co|ver|sto|ry (Titelgeschichte)
Co|ver|ver|si|on (neue Fassung eines älteren Musikstücks)
Cow|boy [ˈkaʊ...], der; -s, -s ⟨engl.⟩ (berittener amerik. Rinderhirt); **Cow|boy|hut**; **Cow|boy|stie|fel**; **Cow|girl**
Cow|per [ˈkaʊ...], der; -s, -[s] ⟨nach dem engl. Erfinder⟩ (Technik Winderhitzer bei Hochöfen)
Cox Oran|ge [- ˈɔrɪndʒ], **Cox' Orange** [ˈkɔks -], der; - -, - -, auch die; - -, - -n ⟨nach dem engl. Züchter R. Cox⟩ (eine Apfelsorte)
Co|yo|te vgl. Kojote
CO_2 [tseːoːˈtsvaɪ] ⟨chem. Formel für Kohlendioxid⟩; CO_2-**Ab|ga|be** (bes. schweiz. Wirtsch., Steuerw. Umweltabgabe auf fossile Brennstoffe); CO_2-**Aus|stoß**; CO_2-**Bi|lanz** (Bilanz der Auswirkungen von CO_2-Emissionen auf die Umwelt); CO_2-**Emis|si|on**; CO_2-**Fuß|ab|druck** (individuell verursachter CO_2-Ausstoß)
Cr ⟨chem. Zeichen für Chrom⟩
¹**Crack** [krɛk], der; -s, -s ⟨engl.⟩ (Sport bes. aussichtsreicher Spitzensportler; gutes Rennpferd)
²**Crack** [krɛk], das; -s ⟨engl.⟩ (Kokain enthaltendes synthetisches Rauschgift)
cra|cken [ˈkrɛ...], **kra|cken** [auch ˈkrɛ...] ⟨engl.⟩ (Chemie Schweröle in Leichtöle umwandeln; EDV in fremde Computersysteme eindringen)
Cra|cker [ˈkrɛkɐ], der; -s, -[s], Krä-cker, der; -s, - ⟨engl.⟩ (sprödes Kleingebäck)
Cra|cking [ˈkrɛkɪŋ], das; -s (Chemie Verfahren vom Cracken; EDV das Cracken); **Cra|ckung** [ˈkrɛ...], **Kra|ckung** [auch ˈkrɛ...] (Chemie Cracking); **Crack|ver|fah|ren** [ˈkrɛk...], **Krack|ver|fah|ren** [auch ˈkrɛk...] (Chemie)
Cra|nach (dt. Malerfamilie)
Cran|ber|ry [ˈkrɛnbɛri], die; -, -s (der Preiselbeere ähnliche Beere)
Cra|que|lé [...kəˈle:], **Kra|ke|lee**, das; -[s], -s ⟨franz.⟩ (feine Haarrisse in der Glasur von Keramiken, auch auf Glas)
Crash [krɛʃ], der; -s, -s ⟨engl.⟩

(Zusammenstoß; Zusammenbruch)
Crash|kid, das; -s, -s (Jugendlicher, der Autos aufbricht, um sie kaputtzufahren)
Crash|kurs (Lehrgang, in dem der Unterrichtsstoff besonders komprimiert vermittelt wird)
Crash|test (Test, mit dem das Unfallverhalten von Kraftfahrzeugen ermittelt wird)
Cras|sus (röm. Staatsmann)
Crawl [krɔːl, krɔːl], **craw|len** usw. vgl. Kraul, ¹Kraulen usw.
Cra|y|on [krɛˈjõː] vgl. Krayon
cra|zy [ˈkrɛɪzi] ⟨engl.⟩ (bes. Jugendspr. verrückt, überspannt; außergewöhnlich)
Cream [kriːm], die; -, -s ⟨engl. Bez. für Creme; Sahne⟩
Cre|do, **Kre|do**, das; -s, -s ⟨lat.; »ich glaube«⟩ (Glaubensbekenntnis)
Creek [kriːk], der; -s, -s ⟨engl.⟩ ([zeitweise ausgetrockneter] Flusslauf, bes. in Nordamerika u. Australien)
Cre|ma, die; - ⟨ital.⟩ (Schaumschicht auf Kaffee)
Cré|mant [kreˈmãː], der; -s, -s ⟨franz.⟩ (franz. Schaumwein)
creme [kreːm, auch krɛːm] ⟨franz.⟩ (mattgelb); ein creme Kleid; vgl. auch beige; in Creme ↑D72
Creme, **Crème**, die; -, Plur. -s, schweiz. u. österr. auch -n [ˈkrɛːmən] (Salbe zur Hautpflege; Süßspeise; Tortenfüllung; nur Sing.: gesellschaftliche Oberschicht); **Crème bru|lée**, fachspr. **Crème brûlée** [krɛːm bryˈleː], die; - -, -s -s (Dessert aus Eiern u. Sahne mit karamellisierter Oberfläche); **Crème Ca|ra|mel** [ˈkrɛːm karaˈmɛl], die; - -, - -s - (eine Süßspeise)
creme|far|ben, **crème|far|ben**; **creme|far|big**, **crème|far|big**; **Crème fraîche** [ˈkrɛːm ˈfrɛʃ], die; - -, -s -s [- -] ⟨franz.⟩ (saure Sahne mit hohem Fettgehalt)
cre|men; die Haut cremen
Creme|schnitt|te, **Crème|schnit|te**; **Creme|tor|te**, **Crème|tor|te**
cre|mig
Cre|o|le, die; -, -n ⟨franz.⟩ (großer Ohrring)
¹**Crêpe** [krɛp] vgl. Krepp
²**Crêpe** [krɛp], ²**Krepp**, die; -, -s u. der; -[s], -s ⟨franz.⟩ (dünner Eierkuchen)
Crêpe de Chine [ˈkrɛp də ˈʃiːn], der; - - -, -s - - [- - -] ⟨franz.⟩ (Seidenkrepp in Taftbindung)

Crêpe Geor|gette ['krɛp ʒɔr'ʒɛt], der; - -, -s - [- -] (durchsichtiges Gewebe aus Kreppgarn)

Crêpe Su|zette ['krɛp sy'zɛt], die; - -, -s - [- -] (dünner Eierkuchen, mit Likör flambiert)

cresc. = crescendo

cre|scen|do [...'ʃɛ...] ⟨ital.⟩ (Musik anschwellend); **Cre|scen|do**, das; -s, Plur. -s u. ...di

Cres|cen|tia vgl. Kreszentia

Cre|tonne, Kre|tonne [krɛ'tɔn], die; -, -s od. der; -, -s ⟨franz.⟩ (ein Baumwollstoff)

Creutz|feldt-Ja|kob-Krank|heit, die; - ⟨nach den Neurologen H. G. Creutzfeldt u. A. Jakob⟩ (Med. eine Erkrankung des zentralen Nervensystems)

Cre|vet|te vgl. Krevette

Crew [kru:], die; -, -s ⟨engl.⟩ (Besatzung, Mannschaft)

c. r. m. = cand. rev. min.; vgl. Kandidat

Croi|sé [kroa...], das; -[s], -s ⟨franz.⟩ (ein Gewebe)

Crois|sant [kroa'sã...], das; -s, -s ⟨franz.⟩ (Blätterteighörnchen)

Cro|ma|gnon|mensch [...man'jõ...], der ⟨nach dem Fundort⟩ (Mensch, Menschentypus der jüngeren Altsteinzeit)

Cro|m|ar|gan®, das; -s ⟨rostfreier Chrom-Nickel-Stahl⟩

Crom|well [...vl] ⟨engl. Staatsmann⟩

Cro|quet|te [...'kɛ...] ⟨franz. Schreibung für Krokette⟩

Cro|quis [...'ki:, schweiz. 'kro...] vgl. Kroki

cross ⟨engl.⟩ (Tennis diagonal); den Ball cross spielen; **Cross**, der; -[es], -[es] (Tennis diagonal über den Platz geschlagener Ball; kurz für Cross-Country)

Cross-Coun|t|ry, **Cross|coun|t|ry** [...'kantri], das; -[s], -s (Querfeldeinwettbewerb)

Cross|dres|sing (das Tragen von Kleidung, Schmuck u. Ä. des anderen Geschlechts)

Cross|golf (Golfspiel im freien Gelände)

Cross|lauf (Sport Querfeldeinlauf)

Cross|me|dia ohne Artikel ⟨engl.⟩ (Transport von Inhalten über unterschiedliche Medien); **Cross-media nutzen**; **cross|me|di|al**

Cross-over, **Cross|over** [...'oʊvɐ], das; -[s], -s ⟨engl.⟩ (Vermischung unterschiedl. [Musik]stile; Biol. Erbfaktorenaustausch zwischen homologen Chromosomen)

Cross|rad (geländegängiges Fahrrad)

Cross-Sel|ling, das; -s, -s ⟨engl.⟩ (Wirtsch. der Verkauf weiterer Produkte über bestehende Kundenkontakte)

Cross|trai|ner, **Cross-Trai|ner** (ein Fitnessgerät)

Crou|pier [kru'pi̯e:], der; -s, -s ⟨franz.⟩ (Angestellter eines Spielbank); **Crou|pi|è|re** [...'pi̯ɛrə], die; -, -n

Crou|pon [...'põ], der; -s, -s (Kern-, Rückenstück einer [gegerbten] Haut)

Croû|ton [kru'tõ:], der; -[s], -s (gerösteter Weißbrotwürfel)

Crowd|fun|ding ['kraʊdfandɪŋ], das; -[s] ⟨engl.⟩ (Wirtsch. Finanzierung durch zahlreiche Kleinstbeträge neuer Investoren)

Crowd|in|ves|ting ['kraʊd...], das; -[s] ⟨engl.⟩ (Wirtsch. Finanzierung eines Start-ups durch viele Kleininvestoren)

Crowd|sour|cing ['kraʊdsɔːɐ̯sɪŋ], das; -[s] ⟨engl.⟩ (Wirtsch. [unentgeltliche] Übernahme von Arbeitsaufgaben durch eine Gruppe Freiwilliger über das Internet)

Crowd|tes|ting ['kraʊd...], das; -[s] ⟨engl.⟩ (Erprobung neuer Software über das Internet durch eine große Gruppe von Testpersonen)

crt. = courant; vgl. kurant

Cruise-Mis|sile, **Cruise|mis|sile** ['kruːsˈmɪsaɪl], das; -[s], -s ⟨engl.-amerik.⟩ (Militär Marschflugkörper)

crui|sen ['kruːzn] ⟨engl.⟩ (Jargon ohne Ziel [gemächlich] herumfahren od. -gehen); du cruist; wir sind gecruist

Crui|ser ['kruːzɐ], der; -s, - ⟨engl.⟩ (sportliches Fahrzeug mit hoher Motorleistung, aber relativ niedriger Geschwindigkeit; kurz für Cruisergewicht); **Crui|ser|ge|wicht** (Boxen eine Körpergewichtsklasse)

Crux vgl. Krux

Crys|tal Meth ['krɪstl 'mɛθ], das; - - meist ohne Artikel ⟨engl.⟩ (synthetische Droge)

Cs (chem. Zeichen für Cäsium)

Csar|das, **Csár|dás** ['tʃardaʃ], der; -, - ⟨ung.⟩ (ungarischer Nationaltanz)

C-Schlüs|sel ['tseː...] (Musik)

CSD, der; -[s], -s = Christopher Street Day

ČSFR (von 1990 bis 1992 amtliche Bezeichnung der früheren Tschechoslowakischen Republik); vgl. Tschechische Republik u. Slowakei

Csi|kos, **Csi|kós** ['tʃiːkoːʃ, auch 'tʃi...], der; -, - ⟨ung.⟩ (ungarischer Pferdehirt)

Cso|kor [tʃɔ...] (österr. Schriftsteller)

ČSSR (bis 1990 amtliche Bezeichnung der früheren Tschechoslowakischen Republik); vgl. Tschechische Republik u. Slowakei

CSU, die; - = Christlich-Soziale Union; **CSU-Frak|ti|on**

ct = Centime[s]; Cent[s]

c. t. = cum tempore

Ct. = Centime

¹CT = Connecticut

²CT, die; - = Computertomografie

³CT, das; -[s], -[s] = Computertomogramm

cts = Centimes; Cents

Cu = Cuprum (chem. Zeichen für Kupfer)

Cu|ba (span. Schreibung von Kuba)

cui bo|no? ⟨lat., »wem nutzt es?«⟩ (wer hat einen Vorteil?)

Cul de Pa|ris ['kyː də ...'riː], der; - -, -s - [- - -] ⟨franz.⟩ (um die Jahrhundertwende unter dem Kleid getragenes Gesäßpolster)

Cu|le|mey|er, der; -s, -s ⟨nach dem Erfinder⟩ (schwerer Tieflader, auf den ein Eisenbahnwaggon verladen werden kann)

Cul|li|nan ['kalinan], der; -s ⟨engl.⟩ (ein großer Diamant)

Cu|lotte [ky'lɔt], die; -, -n ⟨franz.⟩ ([knöchellange,] weit geschnittene Damenhose; im 17. u. 18. Jh. von der [franz.] Aristokratie getragene Kniehose); vgl. Sans-culotte

Cu|ma|rin vgl. Kumarin

Cum|ber|land|so|ße, **Cum|ber|land-sau|ce** ['kambɐlɛnt...], die; - ⟨nach der engl. Grafschaft⟩ (pikante Würzsoße)

cum gra|no sa|lis ⟨lat., »mit einem Körnchen Salz«⟩ (mit entsprechender Einschränkung, nicht ganz wörtlich zu nehmen)

cum lau|de ⟨lat., »mit Lob«⟩ (drittbeste Note der Doktorprüfung)

cum tem|po|re ⟨lat.⟩ (mit akadem. Viertel, d. h. [Vorlesungsbeginn] eine Viertelstunde nach der angegebenen Zeit; Abk. c. t.)

Cun|ni|lin|gus, der; - ⟨lat.⟩ (sexuelle

Stimulierung der äußeren w. Geschlechtsorgane mit der Zunge); *vgl.* Fellatio
Cup [kap], der; -s, -s ⟨engl.⟩ (Pokal; Pokalwettbewerb; Schale des Büstenhalters)
Cup|be|werb (*österr.* für Pokalwettbewerb)
Cup|cake [ˈkapkɛɪk], der; -s, -s ⟨engl.⟩ (in einer tassenförmigen Backform gebackenes Törtchen); **Cup|fi|nal**, der *(schweiz.)*; **Cup|fi|na|le**
Cu|pi|do (röm. Liebesgott, Amor)
Cu|p|rum, das; -s *(lat. Bez. für Kupfer; Zeichen* Cu)
Cup|sie|ger; Cup|sie|ge|rin
¹**Cu|ra|çao** [kyraˈsaːo] (Insel im Karibischen Meer)
²**Cu|ra|çao®**, der; -[s], -s (ein Likör)
Cu|ra pos|te|ri|or, die; - - ⟨lat., »spätere Sorge«⟩ (nicht vorrangig zu klärende Angelegenheit)
Cu|ra|re *(fachspr.* für Kurare)
Cur|cu|ma *vgl.* Kurkuma
Cu|ré [ky...], der; -s, -s ⟨franz.⟩ (kath. Pfarrer in Frankreich)
Cu|rie [ky...], das; -, - ⟨nach dem franz. Physikerehepaar⟩ (Maßeinheit der Radioaktivität; *Zeichen* Ci)
Cu|ri|um, das; -s (chemisches Element, Transuran; *Zeichen* Cm)
cur|len [ˈkœːɐ̯...] ⟨engl.⟩ (Curling spielen; mit Gewichten die Armmuskulatur trainieren); **Cur|ling** [ˈkœːɐ̯...], das; -s ⟨schott. Eisspiel⟩
cur|ri|cu|lar *(Päd.* das Curriculum betreffend)
Cur|ri|cu|lum, das; -s, ...la ⟨lat.-engl.⟩ *(Päd.* Theorie des Lehr- u. Lernablaufs; Lehrplan); **Cur|ri|cu|lum Vi|tae**, das; - -, ...la - - (Lebenslauf)
Cur|ry [ˈkœri, ˈka...], der, *auch* das; -s ⟨angloind.⟩ (Gewürzpulver; indisches Gericht); **Cur|ry|pul|ver; Cur|ry|wurst**
Cur|sor [ˈkœːɐ̯ze], der; -s, -[s] ⟨engl.⟩ *(EDV* Bildschirmzeiger)
Cus|tard [ˈkastɐt], der; -[s], -s ⟨engl.⟩ (eine engl. Süßspeise)
Cus|to|mi|zing [ˈkastəmaɪz...], das; -s ⟨engl.⟩ *(Wirtsch.* Anpassung des Angebots an die speziellen Wünsche der Kunden)
Cut [kat, *auch* kœt], der; -s ⟨engl.⟩ *(Filmschnitt; kurz für* Cutaway; *Boxen* Riss der Haut; *Golf* Ausscheiden der schlechteren Spieler vor den Schlussrunden)

Cut|away [...əveɪ], der; -s, -s ⟨engl.⟩ (abgerundet geschnittener Herrenschoßrock)
cut|ten [ˈka...] ⟨engl.⟩ (Filmszenen, Tonbandaufnahmen schneiden)
Cut|ter, der; -s, - *(Film, Rundfunk, Fernsehen* Schnittmeister; sehr scharfes Messer); **Cut|te|rin**
cut|tern; ich cuttere; *vgl.* cutten
Cu|vée [kyˈveː], die; -, -s ⟨franz.⟩ *(Winzerspr.* Mischung, Verschnitt von Weinen)
Cux|ha|ven [...fn] (Hafenstadt a. d. Elbmündung)
CVJM = *früher* Christlicher Verein Junger Männer; *heute in Deutschland:* ... Menschen
CVP, die; - = Christlichdemokratische Volkspartei (in der Schweiz)
c_w = Luftwiderstandsbeiwert
cwt, cwt. *vgl.* Hundredweight
c_w**-Wert** *(Technik)*
Cy|an *vgl.* Zyan
cy|ber..., Cy|ber... [ˈsaɪbɐ...] ⟨engl.⟩ (die von Computern erzeugte virtuelle Welt betreffend)
Cy|ber|an|griff ([durch einen Hacker o. Ä.] geführter Angriff auf ein Computernetzwerk); **Cy|ber|at|ta|cke**
Cy|ber|crime [...kraɪm], das; -[s], -s *od.* die; -, -s *oft ohne Artikel* ⟨engl.⟩ (illegale Handlung im Computer- od. Telekommunikationsbereich, bes. im Internet)
Cy|ber|krieg
Cy|ber|kri|mi|na|li|tät; cy|ber|kri|mi|nell; Cy|ber|kri|mi|nel|le, der *u.* die; -n, -n
Cy|ber|mob|bing ⟨engl.⟩ (Schikanieren, Diffamieren von Personen über das Internet)
Cy|ber|si|cher|heit, die; -
Cy|ber|space [...speɪs], der; -, -s ⟨engl.⟩ *(EDV* virtueller Raum)
Cy|ber|spi|o|na|ge [...ʒə]
Cy|ber|stal|king [...ˈstɔːkɪŋ] ⟨engl.⟩ (Belästigung, Verleumdung, Bedrohung u. Ä. einer Person über das Internet)
Cy|b|org [ˈsaɪbɔːɐ̯g], der; -s, -s ⟨Kunstwort aus engl. cybernetic organism⟩ (Mensch, in dessen Körper technische Geräte integriert sind)
cy|c|lisch *vgl.* zyklisch
Cy|c|lo|phos|pha|mid, das; -s ⟨griech.-nlat.⟩ *(Pharm.* Zytosta-

tikum zur Behandlung von Krebs u. a.)
Cy|re|nai|ka, die; - (Landschaft in Nordafrika)
Cy|rus *vgl.* Kyros
CZK (Währungscode für tschech. Krone)

D

d = dextrogyr; Denar; Dezi...; Penny, Pence
d (stets kursiv) = Durchmesser
d *(Zeichen für* d-Moll); in d
d, D, das; -, - (Tonbezeichnung)
⌀ = deleatur
D (Buchstabe); das D; des D, die D, *aber* das d in Bude ↑D 97; der Buchstabe D, d
D *(Zeichen für* D-Dur); in D
D = Deuterium
D = 500 (röm. Zahlzeichen)
D. = Decimus
D. *vgl.* Doktor
Δ, δ = Delta
da = Deka...; Deziar

da

Konjunktion:
– da (weil) sie krank war, fehlte sie
Adverb:
– hier und da; da und dort
Getrenntschreibung in Verbindung mit »sein«:
– da sein; weil wir da sind
– es ist alles schon da gewesen
Aber:
– das Dasein
– noch nie da gewesene *od.* dagewesene Ereignisse ↑D 58
– etwas noch nie Dagewesenes *od.* da Gewesenes ↑D 72

Vgl. dableiben, dalassen usw. und dabei, dafür usw.

d. Ä. = der Ältere
DAAD, der; - = Deutscher Akademischer Austauschdienst

DAB = Deutsches Arzneibuch
da|be|hal|ten (nicht weglassen); sie haben ihn gleich dabehalten

da|bei
[*hinweisend:* ˈdaː...]
– sie ist sehr schön und dabei (trotzdem) gar nicht eitel
– wenn er dabei (bei der Behauptung) bleibt; falls es dabei (bei den Gegebenheiten) bleibt
– du kannst dabei (bei dieser Tätigkeit) sitzen (brauchst nicht zu stehen)
– du solltest dabei (bei dieser Tätigkeit) stehen
Getrenntschreibung in Verbindung mit »sein«:
– dabei sein; weil sie dabei ist
– wir sind dabei gewesen
Aber:
– alle Dabeigewesenen *od.* dabei Gewesenen ↑D 72

Vgl. dabeibleiben, dabeisitzen, dabeistehen

da|bei|blei|ben (bei einer Tätigkeit bleiben); sie hat mit dem Training begonnen, ist aber nicht dabeigeblieben; *vgl.* aber dabei
da|bei|ha|ben (*ugs. für* bei sich haben; teilnehmen lassen); ..., weil er nichts dabeihatte; sie wollten ihn gern dabeihaben
da|bei sein *vgl.* dabei
da|bei|sit|zen (sitzend zugegen sein); er hat nur schweigend dabeigesessen; *vgl.* aber dabei
da|bei|ste|hen (stehend zugegen sein); sie hat bei dem Gespräch dabeigestanden; *vgl.* aber dabei
da|blei|ben (nicht fortgehen); er ist den ganzen Tag dageblieben; *aber* er ist da geblieben, wo er war
da ca|po (ital.) (*Musik* noch einmal von Anfang an; *Abk.* d. c.)
Da|ca|po, Da|ka|po, das; -[s], -s
Da-ca|po-Arie, Da|ca|po|arie
Dac|ca *vgl.* Dhaka
d'ac|cord [daˈkoːʁ] ⟨franz.⟩ (*bes. österr. für* einig; einverstanden); mit jmdm. d'accord gehen
Dach, das; -[e]s, Dächer; **Dachan|ten|ne**; **dach|ar|tig**
Dach|au (Stadt in Bayern; ehem. Konzentrationslager)

Dach|bal|ken; **Dach|bo|den**; **Dachbo|den|ver|schlag**
Dach|de|cker; **Dach|de|cke|rin**
Dä|chel|chen; **Dä|cher|chen** *Plur.*
Dach|fens|ter; **Dach|first**; **Dach|flä|che**
Dach|fonds (*Wirtsch.*)
Dach|gar|ten; **Dach|gau|be**, **Dachgau|pe**; **Dach|ge|päck|trä|ger**
Dach|ge|schoss, *südd., österr. auch* **Dach|ge|schoß** (*Abk.* DG); **Dach|ge|schoss|woh|nung**
Dach|ge|sell|schaft (*Wirtsch.* Spitzen-, Muttergesellschaft)
Dach|ge|stühl; **Dach|gie|bel**
Dach|glei|che, **Dach|glei|chen|fei|er** (*österr. für* Richtfest)
Dach|ha|se (*scherzh. für* Katze)
Dach|kam|mer; **Dach|kan|del** (*landsch. für* Dachrinne); **Dach|kän|nel** (*schweiz.*)
Dach|kon|s|t|ruk|ti|on
Dachl, das; -s, -[n] (*österr. für* [kleines] Dach)
Dach|lat|te; **Dach|la|wi|ne**; **Dachlu|ke**
Dach|or|ga|ni|sa|ti|on
Dach|pap|pe; **Dach|pfan|ne**; **Dachrei|ter**; **Dach|rin|ne**
Dachs, der; -es, -e; **Dachs|bau** *Plur.* ...baue
Dach|scha|den, der; -s (*ugs. abwertend für* geistiger Defekt)
Dächs|chen; **Däch|sel**, der; -s, - (*Jägerspr.* Dachshund)
Dachs|fell; **Dachs|haar**; **Dachshund**
Däch|sin
Dachs|par|ren
Dachs|pin|sel (Rasierpinsel aus Dachshaar; ein Hutschmuck)
Dach|stein, der; -s (Gruppe der Salzburger Kalkalpen)
Dach|stu|be
Dach|stuhl; **Dach|stuhl|brand**
dach|te *vgl.* denken
Dach|tel, die; -, -n (*landsch. für* Ohrfeige)
Dach|ter|ras|se; **Dach|trau|fe**
Dach|ver|band
Dach|woh|nung; **Dach|zie|gel**; **Dach|zie|gel|ver|band**
Da|ckel, der; -s, - (Dachshund, Teckel)
Da|ckel|bei|ne *Plur.* (*ugs. scherzh. für* kurze, krumme Beine); **Da|ckel|blick** (treuherziger Blick)
da|ckeln (*ugs. für* [langsam] gehen); ich dack[e]le
Dad [dɛd], der; -[s], -s (*svw.* Daddy)
Da|da, der; -[s] (*kurz für* Dadaismus)

Da|da|is|mus, der; - ⟨nach franz. kinderspr. »dada« = Holzpferdchen⟩ (Kunst- u. Literaturrichtung um 1920)
Da|da|ist, der; -en, -en; **Da|da|is|tin**; **da|da|is|tisch**
Dä|da|lus (Baumeister u. Erfinder in der griech. Sage)
dad|deln (*ugs. für* am Spielautomaten spielen); ich dadd[e]le
Dad|dy [ˈdɛdi], der; -s, -s ⟨engl.⟩ (*engl. ugs. Bez. für* Vater)
da|durch [*auch* ˈdaː...]; dadurch, dass sie so spät kam
DaF = Deutsch als Fremdsprache
Daff|ke ⟨hebr.⟩ (*berlin.*); nur in aus Daffke (aus Trotz; nur zum Spaß)
da|für [*auch* ˈdaː...]; das Auto ist gebraucht, dafür aber billig; ich kann nicht dafür sein (kann nicht zustimmen)
da|für|hal|ten (meinen); da ich dafürhalte, dass ...; *aber* er war der Täter, obwohl niemand ihn dafür hielt; **Da|für|hal|ten**, das; -s; nach meinem Dafürhalten
da|für|kön|nen, **da|für kön|nen**; sie behauptet, dass sie nichts dafürkann *od.* dafür kann; *aber* nur dafür kann sie nichts ↑D 47
da|für sein *vgl.* dafür
da|für|spre|chen, **da|für spre|chen**; weil viel dafürspricht *od.* dafür spricht, *aber* nur dafür spricht die Zeugenaussage
da|für|ste|hen (*veraltet für* für etwas bürgen; *bayr., österr. für* sich lohnen); es steht [nicht] dafür
da|für|stim|men, **da|für stim|men**; die Mehrheit hat dafürgestimmt *od.* dafür gestimmt, *aber* nur wenige haben dafür gestimmt ↑D 47
dag = Deka[gramm]
DAG, die; - = Deutsche Angestellten-Gewerkschaft
da|ge|gen [*auch* ˈdaː...]; eure Arbeit war gut, seine dagegen schlecht; dagegen sein; etwas, nichts dagegen haben; *vgl.* dagegenhalten, dagegensetzen, dagegensprechen, dagegenstellen
da|ge|gen ha|ben *vgl.* dagegen
da|ge|gen|hal|ten; sie wird dagegenhalten, das sei zu teuer; ob die Wandfarbe zu den Fliesen passt, sieht man

dagegen sein

erst, wenn man eine dagegenhält
da|ge|gen sein vgl. dagegen
da|ge|gen|set|zen (entgegensetzen, gegen etwas vorbringen); es gibt nichts dagegenzusetzen
da|ge|gen|spre|chen, da|ge|gen spre|chen; weil nichts dagegenspricht od. dagegen spricht, *aber* dagegen spricht wirklich nichts ↑D47
da|ge|gen|stel|len; die Verwaltung hat sich dagegengestellt (sich widersetzt); die Tür bleibt zu, wenn du einen Stuhl dagegenstellst
da|ge|gen|stim|men, da|ge|gen stim|men; im Parlament wird die Fraktion dagegenstimmen *od.* dagegen stimmen, *aber* nur dagegen stimmt die Opposition ↑D47
Da|ges|tan, der; -, ⟨nach dem gleichnamigen Gebiet am Kaspischen Meer) (geknüpfter Teppich aus Schafwolle)
Dag|mar (w. Vorn.)
Da|go|bert (m. Vorn.)
Da|gon (Hauptgott der Philister)
Da|guerre […ˈgɛːɐ̯] (Erfinder der Fotografie); **Da|guer|reo|ty|pie** […gero…], die; - (fotograf. Verfahren mit Metallplatten)
da|ha|ben (ugs. für vorrätig haben); mal sehen, was ich dahabe; *aber* da haben wir den Salat!; mal sehen, was ich da habe (was ich gefunden habe)
da|heim; daheim sein; sich daheim ausruhen; von daheim kommen; **Da|heim,** das; -s
da|heim|blei|ben; sie ist daheimgeblieben; **Da|heim|ge|blie|be|ne,** der u. die; -n, -n
da|heim|sit|zen; sie hatte lange genug daheimgesessen
da|her [auch ˈdaː…]; daher (von da) bin ich; daher, dass *u.* daher, weil; von daher (aus diesem Grund) geht das nicht
da|her|flie|gen; ein Luftballon kam dahergeflogen
da|her|ge|lau|fen; ein dahergelaufener Kerl; **Da|her|ge|lau|fe|ne,** der u. die; -n, -n
da|her|kom|men; man sah ihn daherkommen; *aber* es wird daher kommen, dass …
da|her|re|den; dumm daherreden
da|her|rei|ten; sie kam lässig dahergeritten

da|her|stap|fen; er kam gemächlich dahergestapft
da|hier (veraltet für an diesem Ort)

da|hin
[hinweisend: ˈdaː…]
– wie weit ist es [bis] dahin?
– bis dahin ist noch viel Zeit
– dann wird das Geld längst dahin sein (ugs. für verloren, aufgebraucht sein)
– da- und dorthin
– er äußerte sich dahin gehend *od.* dahingehend
– ein dahin gehender *od.* dahingehender Antrag

Getrenntschreibung auch in Verbindung mit Verben, wenn »dahin« durch »an diesen Ort« oder »so weit« ersetzt werden kann:
– wir wollen nächstes Jahr wieder dahin fahren
– wie soll ich ohne Auto dahin kommen?
– wir können zu Fuß dahin gehen
– du wirst es noch dahin bringen, dass …
– es darf nicht dahin kommen, dass …

Vgl. aber dahinbewegen, dahindämmern, dahineilen *usw.*

da|hin|ab [auch ˈdaː…]
da|hin|auf [auch ˈdaː…]
da|hin|aus [auch ˈdaː…]
da|hin|be|we|gen, sich (sich gleichmäßig vorwärtsbewegen)
da|hin|däm|mern; ich dämmere dahin
da|hin|durch [auch ˈdaː…]
da|hin|ei|len (geh. für vergehen); die Jahre sind dahingeeilt
da|hin|ein [auch ˈdaː…]
da|hin|fah|ren (geh. verhüllend für sterben); sie ist dahingefahren
da|hin|fal|len (schweiz. für als erledigt, als überflüssig wegfallen)
da|hin|flie|gen (geh. für vergehen); die Zeit ist dahingeflogen
da|hin|flie|ßen; die Erzählung floss sanft dahin
da|hin|ge|gen [auch ˈdaː…]
da|hin|ge|hen (geh.); wie schnell sind die Tage dahingegangen
da|hin ge|hend, da|hin|ge|hend vgl. dahin
da|hin|ge|stellt; dahingestellt bleiben, sein; dahingestellt sein lassen

da|hin|le|ben; da|hin|plät|schern; da|hin|raf|fen
da|hin|re|den; da|hin|sa|gen
da|hin|schei|den (geh. für sterben)
da|hin|schlep|pen, sich (sich mühsam fortbewegen)
da|hin|schmel|zen (geh.)
da|hin|schrei|ben (geh.)
da|hin|schwin|den (geh. für sich vermindern, abnehmen)
da|hin|se|geln (geh.); ich seg[e]le dahin
da|hin|sie|chen; elend dahinsiechen
da|hin|ste|hen (nicht sicher, noch fraglich sein)
da|hin|ster|ben (geh. für sterben)
da|hin|ten [auch ˈdaː…]; dahinten auf der Bank

da|hin|ter
[hinweisend: ˈdaː…]
– ein Haus mit einem Garten dahinter
– was mag wohl dahinter sein?

Getrenntschreibung auch in Verbindung mit Verben, wenn der Hauptakzent auf dem Verb liegt:
– der Zettel, der dahinter rausguckte, dahinter versteckt war

Vgl. aber dahinterklemmen, dahinterknien *usw.*

da|hin|ter|her; dahinterher sein (ugs. für sich intensiv darum bemühen)
da|hin|ter|klem|men, sich (ugs. für mit Nachdruck betreiben)
da|hin|ter|kni|en, sich (ugs. für sich anstrengen); sie hat sich dahintergekniet
da|hin|ter|kom|men (ugs. für herausfinden); wir werden schon noch dahinterkommen, wer das Fahrrad gestohlen hat
da|hin|ter|set|zen; er ging zu seinem Schreibtisch, um sich dahinterzusetzen; ich werde mich dahintersetzen (ugs. für es mit Nachdruck betreiben)
da|hin|ter|ste|cken; du kannst einen Zettel dahinterstecken; ich möchte wissen, was dahintersteckt (ugs. für was es zu bedeuten hat)
da|hin|ter|ste|hen (ugs. für unterstützen)
da|hin|un|ter [auch ˈdaː…]
Däh|le, die; -, -n (schweiz. regional für Föhre)

Dampf

Dah|lie [...jə] die; -, -n ⟨nach dem schwed. Botaniker Dahl⟩ (Zierpflanze); vgl. Georgine
da|ho|cken (ugs.)
Da|ho|mey [daho'mɛː], Da|ho|me (früher für Benin)
Dáil Ei|reann ['daːlj 'eːrjən, 'dɔɪl 'ɛərən], der; - - (das irische Abgeordnetenhaus)
Dai|ly ['deɪli], die; -, -s ⟨kurz für Daily Soap⟩; Dai|ly Soap ['deɪli 'soʊp], die; - -, - -s ⟨engl.⟩ (werktägl. ausgestrahlte triviale Hörspiel- od. Fernsehserie)
Daim|ler (dt. Ingenieur)
Dai|mo|ni|on, das; -s ⟨griech.⟩ (die warnende innere Stimme [der Gottheit] bei Sokrates)
¹Dai|na, die; -, Dainos ⟨lit.⟩ (lit. Volkslied)
²Dai|na, die; -, -s ⟨lett.⟩ (lett. Volkslied)
Dai|qui|ri [...ki...], der; -[s], -[s] ⟨nach einer kuban. Stadt⟩ (ein Cocktail)
Dai|sy ['deɪzi] (w. Vorn.)
Da|ka|po vgl. Dacapo
Da|kar [auch ...'kaːɐ̯] (Hauptstadt von Senegal)
Da|ker ⟨zu Dakien⟩; Da|ke|rin
Da|ki|en, Da'zi|en (im Altertum das Land zwischen Theiß, Donau u. Dnjestr)
da|kisch; aber ↑D 151: die Dakischen Kriege
Dak|ka vgl. Dhaka
¹Da|ko|ta, der; -[s], -[s] (Angehöriger eines nordamerik. Indianerstammes)
²Da|ko|ta (Staaten in den USA [Nord- u. Süddakota])
dak|ty|lisch ⟨griech.⟩ (Verslehre aus Daktylen bestehend)
Dak|ty|lo|gramm, das; -s, -e (Fingerabdruck)
Dak|ty|lo|s ko|pie, die; -, ...ien (Fingerabdruckverfahren)
Dak|ty|lus, der; -, ...ylen (Verslehre ein Versfuß)
dal = Dekaliter
Da|lai-La|ma, der; -[s], -s ⟨tibet.⟩ (weltl. Oberhaupt des Lamaismus)
da|las|sen; sie hat uns etwas Geld dagelassen; aber wenn man das Bild genau da (dort) lässt, wo es sich befindet ...
Dal|be, Dal|ben (Kurzw. für Duckdalbe, Duckdalben)
dal|bern (landsch. veraltend für albern sein)
Da|li (span. Maler)
da|lie|gen; er hat wie tot dagele-

gen; aber lass es da (dort) liegen, wo es liegt
Da|li|la vgl. Delila
Dalk, der; -[e]s, -e (südd., österr. ugs. für ungeschickter Mensch)
dal|ken (österr. ugs. für kindisch, dumm reden)
Dal|ken Plur. (österr. ugs. für eine Mehlspeise)
dal|kert (österr. ugs. für dumm, ungeschickt; nichtssagend)
Dal|las ['dɛləs] (Stadt in Texas)
Dal|le, die; -, -n (landsch. für Delle)
Dal|les, der; - ⟨hebr.-jidd.⟩ (landsch. für Armut; Not)
dal|li! ⟨poln.⟩ (ugs. für schnell!); dalli, dalli!
Dal|ma|ti|en (Küstenland an der Adria)
Dal|ma|tik, Dal|ma|ti|ka, die; -, ...ken (liturg. Gewand)
Dal|ma|ti|ner (auch Hunderasse; Wein)
dal|ma|ti|nisch, dal|ma|tisch
dam = Dekameter
da|ma|lig; da|mals
Da|mas|kus (Hauptstadt Syriens)
Da|mast, der; -[e]s, -e (ein Gewebe); da|mast|ar|tig; Da|mast|be|zug; da|mas|ten (geh. für aus Damast)
Da|mas|ze|ner; Damaszener Klinge, Stahl; da|mas|ze|nisch
da|mas|zie|ren (Stahl mit flammigen, aderigen Zeichnungen versehen); Da|mas|zie|rung
Dam|bock (Jägerspr. selten für m. Damhirsch)
Däm|chen
Da|me, die; -, -n (ohne Artikel kurz für Damespiel); Da|me|brett
Dä|mel, der; -s, - (ugs. für Dummkopf, alberner Kerl)
Da|men|bart; Da|men|be|glei|tung; Da|men|be|kannt|schaft
Da|men|be|such
Da|men|bin|de (Monatsbinde)
Da|men|dop|pel (Sport); Da|men|ein|zel (Sport)
Da|men|fahr|rad
Da|men|fri|seur, Da|men|fri|sör; Da|men|fri|seu|rin, Da|men|fri|sörin
Da|men|fuß|ball
Da|men|ge|sell|schaft
Da|men|haft; Da|men|hut
Da|men|mann|schaft
Da|men|mo|de; Da|men|ober|be|klei|dung; Da|men|re|de; Da|men|sat|tel
Da|men|schnei|der; Da|men|schnei|de|rin

Da|men|ten|nis
Da|men|to|i|let|te
Da|men|wahl (beim Tanz)
Da|men|welt, die; - (scherzh.)
Da|me|spiel; Da|me|stein
Dam|hirsch
da|misch (südd., österr. ugs. für dumm, albern; schwindlig; sehr)
¹da|mit [auch 'daː...]; [und] damit basta! (ugs.); was soll ich damit tun?
²da|mit; sie sprach langsam, damit es alle verstanden
Däm|lack, der; -s, Plur. -e u. -s (ugs. für Dummkopf)
Dam|le|der; dam|le|dern
däm|lich (ugs. für dumm, albern)
Damm, der; -[e]s, Dämme
Dam|mar, das; -s (Harz südostasiat. Bäume)
Dam|ma|ra|fich|te; Dam|ma|ra|lack
Dam|mar|harz
Damm|bruch, der; -[e]s, ...brüche
däm|men (auch für isolieren)
Däm|mer, der; -s (geh. für Dämmerung)
däm|me|rig, däm|m|rig
Däm|mer|licht, das; -[e]s; däm|mern; es dämmert; sie sagt, es dämmere schon
Däm|mer|schein; Däm|mer|schlaf; Däm|mer|schop|pen; Däm|mer|stun|de
Däm|me|rung; däm|me|rungs|ak|tiv; dämmerungsaktive Tiere
Däm|me|rungs|schal|ter (vom Tageslicht abhängiger Lichtschalter)
Däm|mer|zu|stand
Dämm|ma|te|ri|al, Damm-Ma|te|ri|al, Dämm|mat|te, Damm-Mat|te
dämm|rig, däm|me|rig
Damm|riss (Med.)
Damm|schnitt (Med.)
Damm|schutz, der; -es (Med.)
Dämm|stoff
Däm|mung (auch für Isolierung)
Dam|num, das; -s, ...na ⟨lat.⟩ (Wirtsch. Abzug vom Nennwert eines Darlehens)
Da|mo|k|les (griech. m. Eigenn.); Da|mo|k|les|schwert, das; -[e]s ↑D 136
Dä|mon, der; -s, ...onen ⟨griech.⟩; dä|mo|nen|haft
Dä|mo|nie, die; -, ...ien; Dä|mo|nin; dä|mo|ni|sie|ren; Dä|mo|ni|sie|rung
Dä|mo|nis|mus, der; - (Glaube an Dämonen); Dä|mo|no|lo|gie, die; -, ...ien (Lehre von den Dämonen); dä|mo|no|lo|gisch
Dampf, der; -[e]s, Dämpfe

Dampf|ab|zug (bes. schweiz. für Dunstabzug[shaube])
Dampf|bad; Dampf|bü|gel|ei|sen
Dampf|dom (Technik); vgl. ²Dom; Dampf|druck Plur. meist ...drücke, seltener ...drucke
damp|fen; die Suppe dampft, hat gedampft
dämp|fen; ich dämpfe das Gemüse, den Ton, seinen Zorn usw., habe gedämpft
Dampf|er (kurz für Dampfschiff)
Dämp|fer; einen Dämpfer bekommen (ugs. für eine Rüge einstecken müssen); jmdm. einen Dämpfer aufsetzen (ugs. für jmds. Überschwang dämpfen)
Dampf|er|fahrt; Dampf|hei|zung
damp|fig (voll Dampf)
dämp|fig (kurzatmig [vom Pferd]; landsch. für schwül); Däm|pfigkeit, die; - (Atembeschwerden bei Pferden)
Dampf|kes|sel; Dampf|koch|topf
Dampfl, das; -s, -n (österr. für Vorteig)
Dampf|lok; Dampf|lo|ko|mo|ti|ve
Dampf|ma|schi|ne
Dampf|nu|del
Dampf|plau|de|rer (ugs. für Vielredner); Dampf|plau|de|rin
Dampf|ra|dio (ugs. scherzh. für Rundfunk[gerät]); Dampf|ross (scherzh. für Dampflokomotive)
Dampf|schiff; Dampf|schiff|fahrt
Dämp|fung (Abschwächung)
Dampf|wal|ze
Dam|wild
Dan, der; -, - ⟨jap.⟩ (Rangstufe im Budo)
da|nach [auch 'da:...]; sich danach richten; ↑D 81; sich um das Danach nicht kümmern
Da|nae [...nae] (Mutter des Perseus)
Da|na|er|ge|schenk (Unheil bringendes Geschenk [der Danaer = Griechen]); ↑D 136
Da|na|i|de, die; -, -n meist Plur. (Tochter des Danaos)
Da|na|i|den|ar|beit; Da|na|i|den|fass
Da|na|os, Da|na|us (sagenhafter König, Stammvater der Griechen)
Dance|floor ['dɛːnsflɔːɐ̯], der; -s, -s (Tanzfläche; nur Sing.: elektron. erzeugte, bes. zum Tanzen geeignete Musik)
Dan|cing ['dɛːnsɪŋ], das; -s, -s ⟨engl.⟩ (Tanz[veranstaltung])
Dan|dy ['dɛndi], der; -s, -s ⟨engl.⟩ (sich übertrieben modisch kleidender Mann); dan|dy|haft

Dan|dy|is|mus, der; -; dan|dy|istisch; Dan|dy|tum, das; -s
Dä|ne, der; -n, -n

da|ne|ben
[hinweisend: 'daː...]
– das Haus links daneben
– der Schalter muss direkt daneben sein
– sein Aufzug war total daneben (ugs. für unpassend, unangebracht)

Getrenntschreibung auch in Verbindung mit Verben, wenn der Hauptakzent auf dem Verb liegt:
– er hat sich direkt daneben postiert, aufgebaut, hingesetzt
– auf dem Tisch liegen Bücher, daneben steht eine Vase

Vgl. aber danebenbenehmen, danebengehen, danebengreifen usw.

da|ne|ben|be|neh|men, sich (ugs. für sich unpassend benehmen); da|ne|ben|ge|hen (auch ugs. für misslingen); da|ne|ben|grei|fen (auch für einen Fehlgriff tun)
da|ne|ben|hau|en (auch ugs. für sich irren)
da|ne|ben|le|gen
da|ne|ben|lie|gen (ugs. auch für sich irren)
da|ne|ben|schie|ßen (auch ugs. für sich irren)
da|ne|ben|set|zen; da|ne|ben|sitzen; da|ne|ben|ste|hen; da|neben|stel|len
Da|ne|b|rog, Dan|ne|b|rog, der; -[s] ⟨dän.⟩ (dän. Flagge)
Dä|ne|mark
Da|ne|werk, das; -[e]s (dän. Grenzwall)
da|nie|den (veraltet für [hier] unten auf der Erde)
da|nie|der (geh.); da|nie|der|lie|gen ↑D 48
Da|ni|el [...iːl, auch ...ɛl] (m. Vorn.; bibl. Prophet)
Da|ni|e|la (w. Vorn.); Da|ni|elle [...'niɛl] (w. Vorn.)
Dä|nin
dä|nisch ↑D 89: Dänische Dogge; ↑D 90: der Dänische Wohld (Halbinsel in Schleswig-Holstein); vgl. deutsch; Dä|nisch, das; -[s] (Sprache); vgl. Deutsch; Dä|ni|sche, das; -n; vgl. ²Deutsche
dä|ni|sie|ren (dänisch machen)
dank; Präp. mit Gen. od. Dat., im Plur. meist mit Gen.: dank meinem Fleiße; dank eures guten Willens; dank raffinierter Verfahren ↑D 70
Dank, der; -[e]s; Gott sei Dank!; vielen, herzlichen, tausend Dank!; hab[t] Dank!; sie weiß dir dafür (auch dessen) keinen Dank; jmdm. Dank sagen (vgl. danksagen), schulden, wissen; mit Dank [zurück]; zu Dank verpflichtet
Dank|ad|res|se; Dank|an|dacht
dank|bar; Dank|bar|keit, die; -
dan|ke!; du musst Danke od. danke sagen; danke schön!; ich möchte ihr Danke schön od. danke schön sagen; er sagte: »Danke schön!«, vgl. aber Dankeschön; dan|ken
dan|kens|wert; dan|kens|wer|terwei|se
dank|er|füllt (geh.); Dan|kes|be|zeigung (nicht ...bezeugung)
Dan|ke|schön, das; -s; sie sagte ein herzliches Dankeschön, vgl. aber danke
Dan|kes|for|mel; Dan|kes|gruß; Dan|kes|schuld; Dan|kes|wor|te Plur.
Dank|ge|bet; Dank|got|tes|dienst
dank|sa|gen, Dank sa|gen ↑D 54; du danksagtest u. du sagtest Dank; dankgesagt u. Dank gesagt; dankzusagen u. Dank zu sagen; aber ich sage vielen Dank; vgl. Dank
Dank|sa|gung; Dank|schrei|ben
Dank|ward (m. Vorn.)
dann; dann und wann; vgl. dannzumal u. dazumal
Dan|ne|b|rog vgl. Danebrog
dan|nen; nur in von dannen gehen, eilen (veraltet)
dann|zu|mal (schweiz. für dann, in jenem Augenblick)
Danse ma|ca|bre ['daːs -], der; - -, -s -s [- -] ⟨franz.⟩ (Totentanz)
Dan|te Ali|ghi|e|ri [- ...'gjeː...] (ital. Dichter)
Dan|tes, Tan|tes Plur. ⟨span.⟩ (veraltet für Spielmarken)
dan|tesk (nach Art der Schöpfungen Dantes); dan|tisch; Verse von dantischer Schönheit, die dantischen Werke
Dan|ton [dã'tõː] (franz. Revolutionär)
Dan|zig ⟨poln. Gdańsk⟩
Dan|zi|ger; Danziger Goldwasser (ein Likör)
Dao usw. vgl. Tao usw.
¹Daph|ne (w. Vorn.)

Darlehensbetrag

²**Daph|ne,** die; -, -n ⟨griech.⟩ (Seidelbast, ein Zierstrauch)
Daph|nia, Daph|nie, die; -, ...ien (Wasserfloh)
dar... (*in Zus. mit Verben, z. B.* dartun, du tust dar, dargetan, darzutun)

da|r|an

[*hinweisend:* 'da:...], (*ugs.*) dran
– es könnte etwas daran sein (*ugs. für* es könnte teilweise zutreffen)
– sie ist nahe daran gewesen, alles aufzugeben

Getrenntschreibung auch in Verbindung mit Verben, wenn der Hauptakzent auf dem Verb liegt:
– daran denken, glauben, zweifeln, dass ...
– wenn er etwas verspricht, muss er sich auch daran halten
– daran teilhaben, teilnehmen
– du wirst gut daran tun, dir das zu merken
– wir sollten lieber nicht daran rühren

Vgl. aber darangeben, darangehen, daranhalten *usw.*

da|r|an|ge|ben (*auch geh. für* opfern)
da|r|an|ge|hen; er ist endlich darangegangen, die Garage aufzuräumen
da|r|an|hal|ten; du musst dich schon daranhalten (dich anstrengen, beeilen), wenn du fertig werden willst; *aber* wir müssen uns alle daran (an diese Vorschrift) halten ↑D 48

da|r|an|ma|chen; wir werden uns daranmachen[,] die Kartoffeln zu schälen; *aber* was kann ich denn daran machen (ändern)? ↑D 48
da|r|an|set|zen; sie hat alles darangesetzt, um ihr Ziel zu erreichen ↑D 48
da|r|auf *s. Kasten*
da|r|auf fol|gend, da|r|auf|fol|gend *vgl.* darauf
da|r|auf|hin [*auch* 'da:...] (demzufolge, danach, darauf, unter diesem Gesichtspunkt); ihr Vermögen wurde daraufhin beschlagnahmt; wir haben alles daraufhin überprüft, ob ...; *aber* alles deutet darauf hin; er hat darauf hingewiesen, dass ...
da|r|auf kom|men, da|r|auf|kom|men *vgl.* darauf
da|r|auf|le|gen *vgl.* darauf
da|r|auf|los *vgl.* drauflos
da|r|auf|set|zen *vgl.* darauf
da|r|auf|stel|len *vgl.* darauf
da|r|aus [*auch* 'da:...], *ugs.* draus; sich nichts daraus machen; es wird nichts daraus werden
dar|ben (*geh. für* Not, Hunger leiden)
dar|bie|ten (*geh.*); **Dar|bie|tung;** **Dar|bie|tungs|kunst**
dar|brin|gen; **Dar|brin|gung**
Dar|da|nel|len *Plur.* (Meerenge zwischen der Ägäis u. dem Marmarameer)
da|r|ein [*auch* 'da:...], (*ugs.:*) **drein**
da|r|ein|fin|den, drein|fin|den, sich; sie hat sich dareingefunden
da|r|ein|mi|schen, drein|mi|schen, sich; du darfst dich nicht überall dareinmischen; ↑D 48

da|r|ein|re|den, drein|re|den; er hat uns ständig dareingeredet
da|r|ein|set|zen (*geh. für* aufbieten, einsetzen); sie hat ihren Ehrgeiz dareingesetzt, als Erste fertig zu sein; ↑D 48
Da|r|es|sa|lam (frühere Hauptstadt von Tansania; *vgl.* Dodoma)
Dar|fur (Region in Westsudan)
Darg, **Dark,** der; -s, -e (*nordd. für* fester Moorgrund, torfartige Schicht)
Dar|ge|bot, das; -[e]s (*Technik die einer Verfügung stehende [Wasser]menge*)
dar|ge|tan *vgl.* dartun
da|r|in [*auch* 'da:...], **drin;** wir können alle darin (im Wagen) sitzen, *aber* drinsitzen (*vgl. d.*); der Schlüssel bleibt darin (im Schloss) stecken, *aber* drinstecken (*vgl. d.*)
da|r|in|nen [*auch* 'da:...] (*geh. für* drinnen)
Da|ri|us (pers. König)
Dar|jee|ling [...'dʒi:...], der; -[s], -s ⟨nach dem Ort⟩ (ind. Tee)
Dark *vgl.* Darg
Dark|net, Dark Net ['da:knet], das; -s ⟨engl.⟩ (schwer zugänglicher [illegaler] Bereich des Internets)
Dark|room ['da:kru:m], der; -s, -s, **Dark Room,** der; - -s, -s ⟨engl.-amerik.⟩ (abgedunkeltes Nebenzimmer o. Ä. in Homosexuellenlokalen)
Dark Wave ['da:ɐ̯k 'weɪ̯v], der; - - ⟨engl.⟩ (u. a. aus dem New Wave hervorgegangener Musikstil)
dar|le|gen; Dar|le|gung
Dar|le|hen, Dar|lehn, das; -s, -
Dar|le|hens|be|trag

da|r|auf

[*hinweisend:* 'da:...], (*ugs.*) drauf
– ein Topf mit einem Deckel darauf
– ich bin sehr neugierig darauf, wer ...
– wir werden noch darauf zu sprechen kommen

Getrenntschreibung in Verbindung mit Verben, wenn der Hauptakzent auf dem Verb liegt:
– darauf vertrauen, dass ...
– sich darauf einrichten, dass ...
– es darauf angelegt haben
– alles, was darauf folgen wird

Zusammenschreibung in Verbindung mit Verben, wenn der Hauptakzent auf »darauf« liegt:
– ein Tuch darauflegen
– sich vorsichtig daraufsetzen
– du kannst dich ruhig daraufstellen

Gelegentlich sind unterschiedliche Betonungen möglich:
– ich bin einfach nicht darauf gekommen *od.* daraufgekommen (es ist mir nicht eingefallen)
– das Schreiben und der darauf folgende *od.* darauffolgende Briefwechsel
– am darauffolgenden *od.* darauf folgenden Tag ↑D 58

Vgl. auch drauflos *usw.*

Darlehenskasse

da|r|ü|ber

[*hinweisend:* 'da:...], *(ugs.)* drüber
– sie ist darüber sehr böse
– darüber hinaus habe ich keine Fragen

Getrenntschreibung in Verbindung mit Verben, wenn der Hauptakzent auf dem Verb liegt:
– wir haben uns darüber gestritten
– wir müssen darüber reden

Zusammenschreibung in Verbindung mit Verben, wenn der Hauptakzent auf »darüber« liegt:
– mit der Hand darüberfahren
– sich darübermachen *(ugs. für mit etw. beginnen)*
– die Vorwürfe stören uns nicht, weil wir darüberstehen (darüber erhaben sind)

Gelegentlich sind unterschiedliche Betonungen möglich:
– wir haben ein Brett darübergelegt, *aber* du solltest das Brett darüber legen, nicht hierüber
– da steht ein Karton, pass auf, dass du nicht darüberfällst *od.* darüber fällst

Vgl. auch darüber hinaus

Dar|le|hens|kas|se, Dar|lehns|kas|se
Dar|le|hens|neh|mer *(Bankw.);* Dar|le|hens|neh|me|rin
Dar|le|hens|sum|me, Dar|lehns|sum|me; Dar|le|hens|ver|trag, Dar|lehns|ver|trag; Dar|le|hens|zins, Dar|lehns|zins, der; -es, -en
Dar|lehn usw. *vgl.* Darlehen usw.
Dar|ling, der; -s, -s ⟨engl.⟩ *(svw.* Liebling)
Darm, der; -[e]s, Därme
Darm|bak|te|rie *meist Plur.* (im Darm lebende Bakterie)
Darm|blu|tung; Darm|bruch; Darm|ent|lee|rung; Darm|er|kran|kung
Darm|flo|ra *Plur. selten. (Med.* Gesamtheit der im Darm lebenden Bakterien)
Darm|in|fek|ti|on; Darm|in|halt; Darm|ka|nal; Darm|ka|tarrh; Darm|keim; Darm|krank|heit; Darm|krebs; Darm|krebs|prä|ven|ti|on; Darm|pa|ra|sit; Darm|po|lyp; Darm|sai|te; Darm|spie|ge|lung *(Med.);* Darm|spü|lung
Darm|stadt (Stadt in Hessen); Darm|städ|ter; Darm|städ|te|rin
darm|städ|tisch
Darm|tä|tig|keit; Darm|träg|heit; Darm|trakt; Darm|ver|schlin|gung; Darm|ver|schluss; Darm|vi|rus; Darm|wand; Darm|wind
dar|nach, dar|ne|ben, dar|nie|der *(älter für* danach usw.)
da|r|ob [*auch* 'da:...], drob *(veraltet für* deswegen)
Dar|re, die; -, -n *(fachspr. für* Trocken- *od.* Röstvorrichtung; *auch svw.* Darrsucht)
dar|rei|chen *(geh.);* Dar|rei|chung *(geh.)*
dar|ren *(fachspr. für* dörren, trocknen, rösten)
Darr|ge|wicht; Darr|malz; Darr|ofen; Darr|sucht (eine Tierkrankheit); Dar|rung

Darß, der; -es *od.* - (Halbinsel an der Ostseeküste); Darßer Ort
dar|stell|bar; dar|stel|len; darstellende Geometrie
Dar|stel|ler; Dar|stel|le|rin
dar|stel|le|risch; Dar|stel|lung
Dar|stel|lungs|form; Dar|stel|lungs|kunst; Dar|stel|lungs|mit|tel; Dar|stel|lungs|wei|se
Darts, das; - ⟨engl.⟩ (ein Wurfpfeilspiel)
dar|tun (zeigen); dargetan
da|r|ü|ber *s. Kasten*
da|r|ü|ber|fah|ren *vgl.* darüber
da|r|ü|ber|fal|len *vgl.* darüber
da|r|ü|ber hi|n|aus (außerdem); es gab darüber hinaus nicht viel Neues; *aber* darüber hinausgehende *od.* darüberhinausgehende Informationen; das Darüberhinausgehende *od.* darüber Hinausgehende
da|r|ü|ber|le|gen *vgl.* darüber
da|r|ü|ber|ma|chen *vgl.* darüber
da|r|ü|ber|ste|hen *vgl.* darüber
da|r|ü|ber|stel|len *vgl.* darüber
da|r|um [*auch* 'da:...], *ugs.* drum; darum herum; nicht darum herumkommen; er hat nur darum herumgeredet
da|r|um|kom|men (nicht bekommen); er ist darumgekommen; *aber* weil sie nur darum (aus diesem Grunde) kommt
da|r|um|le|gen (um etwas legen); sie hat Mull darumgelegt
da|r|um|ste|hen (um etwas stehen); sie sah das Auto und die Leute, die darumstanden
da|r|un|ter [*auch* 'da:...], *ugs.* drunter; es sollen auch kleine Kinder darunter sein; *vgl. auch* darüber
da|r|un|ter|fal|len (dazugehören, betroffen sein); auch Minderjährige waren darunter gefallen ↑D 47 *u.* 48

da|r|un|ter|le|gen; du kannst eine Decke darunterlegen ↑D 47 *u.* 48
da|r|un|ter|lie|gen; die Schätzungen haben darunter gelegen (waren niedriger) ↑D 47 *u.* 48
da|r|un|ter|set|zen; sie muss noch ihre Unterschrift daruntersetzen ↑D 47 *u.* 48
Dar|win (engl. Naturforscher)
dar|wi|nisch, dar|winsch; die darwinische Lehre; darwinsche *od.* Darwin'sche Lehre ↑D 135 *u.* 89
Dar|wi|nis|mus, der; - (Lehre Darwins)
Dar|wi|nist, der; -en, -en; Dar|wi|nis|tin; dar|wi|nis|tisch
das *(Nom. u. Akk.); vgl.* der; alles das, was ich gesagt habe; *vgl. auch* das/dass
das / dass *s. Kasten Seite 329*
da sein *vgl.* da
Da|sein, das; -s
Da|seins|angst
da|seins|be|din|gend
Da|seins|be|rech|ti|gung
Da|seins|form; Da|seins|freu|de
da|seins|hung|rig
Da|seins|kampf, der; -[e]s
da|seins|mä|ßig *(für* existenziell)
Da|seins|recht; Da|seins|vor|sor|ge; Da|seins|wei|se; Da|seins|zweck
da|selbst *(geh. veraltend für* dort)
Dash|board ['dɛʃbɔːɐ̯t], das; -s, -s ⟨engl.⟩ *(EDV* Computerprogramm, das relevante Informationen übersichtlich darstellt)
Dash|cam ['dɛʃkɛm], die; -, -s ⟨engl.⟩ (kleine Kamera in einem Fahrzeug, die die Fahrt aufzeichnet)
das heißt *(Abk.* d. h.); ↑D 105; alle seine Freunde werden ihn am 27. August, d. h. an seinem Geburtstag, besuchen; wir weisen darauf hin, dass der Teilnehmerkreis

Datowechsel

das / dass

Mit nur einem s schreibt man das bezügliche Fürwort (Relativpronomen) »das«:
- Er betrachtete ein Bild, das an der Wand hing.

»Das« bezieht sich auf ein Substantiv im vorangegangenen (Haupt)satz und lässt sich meist durch »welches« ersetzen.

Ebenfalls mit nur einem s schreibt man das Demonstrativpronomen »das«:
- Das habe ich nicht gewollt.

Hier lässt sich »das« meist durch »dieses« ersetzen.

Schließlich wird auch der sächliche Artikel mit nur einem s geschrieben:
- Sie hoffte, das Hospital bald verlassen zu können.

Auch hier lässt sich »das« meist durch »dieses« ersetzen.

In allen anderen Fällen handelt es sich um die mit zwei s zu schreibende Konjunktion (das Bindewort) »dass«:
- Ich weiß, dass es schon ziemlich spät ist.
- Dass es schon ziemlich spät ist, weiß ich.

Die Konjunktion »dass« verbindet Nebensätze meist mit Hauptsätzen, in denen Verben wie »behaupten, bestätigen, denken, glauben, hoffen, meinen, sagen, versprechen, wissen« usw. vorkommen. Sie kann nicht durch »dieses« oder »welches« ersetzt werden.

D
Dato

---

gemischt ist, d. h., dass ein Teil bereits gute Fachkenntnisse besitzt
das ist (Abk. d. i.); ↑D 105
da|sit|zen; wenn ihr so dasitzt ...; aber er soll da (dort) sitzen
das|je|ni|ge; Gen. desjenigen, Plur. diejenigen
dass; sodass od. so dass; auf dass (veraltet); bis dass (veraltet); ich glaube, dass ...; dass-Satz od. Dasssatz; vgl. auch das/dass
das|sel|be; Gen. desselben, Plur. dieselben; es ist alles ein und dasselbe
Das|sel|beu|le; **Das|sel|flie|ge**
dass-Satz, Dasssatz
da|ste|hen; fassungslos, steif dastehen; die Firma hat glänzend dagestanden (war wirtschaftlich gesund); ein einmalig dastehender Fall; aber er soll da (dort) stehen, nicht hier ↑D 48
Da|sy|me|ter, das; -s, - ⟨griech.⟩ (Gasdichtemesser)
dat. = datum
Dat. = Dativ
DAT, das; -[s] ⟨zu engl. digital audio tape⟩ ⟨kurz für DAT-System⟩
Da|ta-Mi|ning, **Da|ta|mi|ning** ['deɪtəmaɪnɪŋ], das; -s, -s ⟨engl.⟩ (EDV softwaregestützte Auswertung von Daten hinsichtlich bestimmter Regelmäßigkeiten zur Ermittlung verborgener Zusammenhänge, Trends o. Ä., z. B. in der Konsumforschung)
Date [deɪt], das; -s, -s ⟨amerik.⟩ (ugs. für Verabredung, Treffen)
Da|tei (Beleg- u. Dokumentensammlung, bes. in der EDV)
Da|tei|an|hang; **da|tei|ba|siert** (EDV); **Da|tei|for|mat**; **Da|tei|na-**

me; **Da|tei|sys|tem** (EDV Bestandteil des Betriebssystems)
Da|ten (Plur. von Datum; Zahlenwerte; Angaben); Daten verarbeitende od. datenverarbeitende Maschinen; **Da|ten|ab|gleich**
Da|ten|au|to|bahn (EDV Telekommunikationsnetz zur schnellen Übertragung großer Datenmengen)
Da|ten|bank Plur. ...banken; **da|ten|bank|ge|stützt**
Da|ten|be|stand
Da|ten|bril|le (EDV Gerät, das Bilder od. Texte augennah darstellt); **Da|ten|dieb|stahl**; **Da|ten|er|fas|sung**; **da|ten|fä|hig**
Da|ten|high|way (EDV svw. Datenautobahn)
Da|ten|kar|te (EDV Steckkarte zur Verbindung eines Notebooks mit dem Internet)
Da|ten|klau, der; -s ⟨ugs. für Diebstahl von elektronisch gespeicherten Daten⟩
Da|ten|kom|pri|mie|rung; **Da|ten|leck**, das (Offenlegung vertraulicher Daten); **Da|ten|lei|tung** (EDV); **Da|ten|lie|fe|rung**; **Da|ten|ma|te|ri|al**; **Da|ten|men|ge**; **Da|ten|netz**; **da|ten|nut|zung**; **Da|ten|ober|gren|ze** (EDV); **Da|ten|pan|ne**
Da|ten|ra|te (EDV Geschwindigkeit der Datenübertragung)
Da|ten|sa|lat (ugs.); **Da|ten|satz** (EDV)
Da|ten|schat|ten, der; -s (bei der Benutzung eines Computers hinterlassene elektronische Spur)
Da|ten|schutz, der; -es; **Da|ten|schutz|be|auf|trag|te**; **Da|ten-**

schutz|be|hör|de; **Da|ten|schüt|zer**; **Da|ten|schüt|ze|rin**; **Da|ten|schutz|ge|setz**; **Da|ten|schutz|kom|mis|si|on**; **da|ten|schutz|recht|lich**
Da|ten|si|cher|heit; **Da|ten|skan|dal**
Da|ten|spei|cher; **Da|ten|spei|che|rung**
Da|ten|spio|na|ge
Da|ten|ta|rif (EDV Tarif für die mobile Internetnutzung)
Da|ten|trä|ger
Da|ten|ty|pist; **Da|ten|ty|pis|tin**
Da|ten|über|tra|gung
Da|ten ver|ar|bei|tend, **da|ten|ver|ar|bei|tend** ↑D 58; **Da|ten|ver|ar|bei|tung** (Abk. DV); elektronische Datenverarbeitung (Abk. EDV); **Da|ten|ver|ar|bei|tungs|an|la|ge**
Da|ten|vo|lu|men (Datenmenge)
Da|ten|wei|ter|ga|be, die; -; **Da|ten|wol|ke** (Cloud)
da|tie|ren ⟨franz.⟩ ([Brief usw.] mit Zeitangabe versehen); einen Brief [auf den 5. Mai] datieren; die Handschrift datiert (stammt) aus dem 4. Jh.; der Brief datiert (trägt das Datum) vom 1. Oktober; **Da|tie|rung**
Da|ting-App ['deɪtɪŋ...] ⟨engl.⟩ (App, die Treffen zur Anbahnung von Partnerschaften vermittelt)
Da|tiv, der; -s, -e ⟨lat.⟩ (Sprachwiss. Wemfall, 3. Fall; Abk. Dat.); das Dativ-e; **Da|tiv|ob|jekt**
Da|ti|vus ethi|cus, der; - -, ...vi ...ci (Sprachwiss.)
da|to ⟨lat.⟩ (Kaufmannsspr. veraltet für heute⟩; bis dato (bis heute); **Da|to|wech|sel** (Bankw. der auf eine bestimmte Zeit

nach dem Ausstellungstag zahlbar gestellte Wechsel)
DAT-Re|kor|der (Gerät zur Aufnahme u. Wiedergabe von Digitaltonbändern)
Dat|scha, die; -, *Plur.* -s *od.* ...schen ⟨russ.⟩ (russ. Holzhaus, Wochenendhaus); **Dat|sche**, die; -, -n (*regional für* bebautes Wochenendgrundstück)
DAT-Sys|tem, das; -s (techn. Verfahren, durch das akustische Signale digital auf einem Magnetband gespeichert werden)
Dat|tel, die; -, -n; **Dat|tel|pal|me**
da|tum ⟨lat., »gegeben«⟩ (*veraltet für* geschrieben; *Abk.* dat.); **Datum**, das; -s, ...ten; *vgl.* Daten
Da|tums|an|ga|be; **Da|tums|gren|ze**; **Da|tums|stem|pel**
Dau, Dhau [daʊ]̯, die; -, -en ⟨arab.⟩ (arab. Segelschiff)
DAU, der; -s, -s ⟨ugs. scherzh. für dümmster anzunehmender User⟩
Dau|be, die; -, -n (Seitenbrett eines Fasses; hölzernes Zielstück beim Eisschießen)
Dau|bel, die; -, -n (österr. für Fischnetz)
Dau|er, die; -, *Plur. fachspr.* gelegentlich -n
Dau|er|ar|beits|lo|se; **Dau|er|arbeits|lo|sig|keit**
Dau|er|auf|trag; **Dau|er|ausstel|lung**; **Dau|er|aus|weis**; **Dau|er|be|las|tung**; **Dau|er|be|schäf|ti|gung**; **Dau|er|be|trieb**; **Dau|er|bom|bar|de|ment**; **Dau|er|bren|ner**; **Dau|er|ein|rich|tung**; **Dau|er|frost**; **Dau|er|gast** *Plur.* ...gäste; **Dau|er|ge|schwin|dig|keit**
dau|er|haft
Dau|er|haf|tig|keit, die; -
Dau|er|kar|te
Dau|er|kun|de; **Dau|er|kun|din**
Dau|er|lauf; **Dau|er|leih|ga|be**
Dau|er|lö|sung; **Dau|er|lut|scher**
Dau|er|mie|ter; **Dau|er|mie|te|rin**
¹**dau|ern**; es dauert lange; sie sagt, es dau[e]re nicht lange
²**dau|ern** (*geh. für* leidtun); es dauert mich; mich dauert jeder Cent
dau|ernd
Dau|er|par|ker; **Dau|er|par|ke|rin**
Dau|er|re|gen; **Dau|er|ritt**
Dau|er|scha|den; **Dau|er|schlei|fe**; **Dau|er|stel|lung**
Dau|er|stress; **Dau|er|test**; **Dau|er|ton** *Plur.* ...töne; **Dau|er|wel|le**; **Dau|er|wurst**; **Dau|er|zu|stand**
Däum|chen; **Däu|me|lin|chen** (eine Märchengestalt)

Dau|men, der; -s, -
Dau|men|ab|druck *Plur.* ...abdrücke; **Dau|men|bal|len**
dau|men|breit; ein daumenbreiter Abstand, *aber* der Abstand ist zwei Daumen breit; **dau|men|dick** *vgl.* daumenbreit
Dau|men|ki|no (kleiner Block mit Bildern, die beim raschen Abblättern eine Art Zeichentrickfilm ergeben)
Dau|men|lut|scher; **Dau|men|lut|sche|rin**
Dau|men|na|gel
Dau|men|re|gis|ter; **Dau|men|schrau|be**
Dau|mi|er [doˈmi̯e:] (franz. Grafiker, Zeichner u. Maler)
Däum|ling (Daumenschutzkappe; *nur Sing.:* eine Märchengestalt)
Dau|ne, die; -, -n (Flaumfeder)
Dau|nen|bett; **Dau|nen|de|cke**; **Dau|nen|fe|der**; **Dau|nen|ja|cke**; **Dau|nen|kis|sen**; **dau|nen|weich**
Dau|phin [doˈfɛ̃:], der; -s, -s ⟨franz.⟩ (früher franz. Thronfolger)
Dau|phi|né [do...], die; - (franz. Landschaft)
¹**Daus**; ei der Daus! (veralteter Ausruf des Erstaunens)
²**Daus**, das; -es, *Plur.* Däuser, *auch* -e ⟨lat.⟩ (zwei Augen im Würfelspiel; Ass in der Spielkarte)
Da|vid [...f..., *auch* ...v...] (m. Vorn.; bibl. König); **Da|vid[s]|stern** *vgl.* ²Stern
Da|vis|cup, **Da|vis-Cup**, **Da|vis|po|kal**, **Da|vis-Po|kal** [ˈdeɪ...], der; -s ↑D 136 (nach dem amerik. Stifter) (internationaler Tenniswanderpreis); **Da|vis|po|kal|mann|schaft**, **Da|vis-Po|kal-Mann|schaft**
Da|vis|stra|ße, **Da|vis-Stra|ße** [ˈdeː...], die; - (nach dem Entdecker) (Durchfahrt zwischen Grönland u. Nordamerika)
Da|vit [ˈdɛvɪt], der; -s, -s ⟨engl.⟩ (Seew. dreh- u. schwenkbarer Schiffskran)

da|von
[*hinweisend:* ˈdaː...]
– sie wird auf und davon laufen
– er will etwas davon, viel davon, nichts davon haben
– es ist nichts davon (von der bezeichneten Sache) geblieben; es ist davon gekommen, dass ...; sie können nicht davon lassen

Vgl. aber davonbleiben, davonkommen, davonlassen usw.

da|von|blei|ben (sich entfernt halten, nicht anfassen); er sollte besser davonbleiben; *vgl.* davon
da|von, **dass**
da|von|fah|ren (wegfahren)
da|von|ge|hen (weggehen)
da|von|kom|men (glücklich entrinnen); er ist noch einmal davongekommen; *vgl.* davon
da|von|las|sen; er soll die Finger davonlassen (sich nicht damit abgeben)
da|von|lau|fen (weglaufen); wenn sie davonläuft; ↑D 82: es ist zum Davonlaufen; *aber* auf und davon laufen
da|von|ma|chen, sich (*ugs.*); er hat sich davongemacht
da|von|steh|len, sich (sich unbemerkt entfernen)
da|von|tra|gen (wegtragen); weil er den Sack davontrug; er hat den Sieg davongetragen (errungen)
da|von|zie|hen (sich entfernen); sie sind singend davongezogen
da|vor [*auch* ˈdaː...]; ich fürchte mich davor; davor war alles gut; einen Vorhang davorhängen, *aber* sie hat den Vorhang davor gehängt, nicht hiervor ↑D 47 *u.* 48
da|vor|schie|ben; einen Riegel davorschieben; *vgl.* davor
da|vor|ste|hen; sie haben davorgestanden; *vgl.* davor
Da|vos (Kurort in der Schweiz); **Da|vo|ser**; **Da|vo|se|rin**
Da|vy [ˈdeɪvi] (engl. Chemiker); **da|vysch** ↑D 135 *u.* 89; **davysche** *od.* Davy'sche Lampe
da|wai! ⟨russ.⟩ (los!); dawai, dawai! (los, los!)
Dawes [dɔːz] (amerik. Finanzmann); **Dawes|plan**, **Dawes-Plan**, der; -[e]s
da|wi|der (*veraltet für* dagegen); dawider sein
da|wi|der|re|den (*veraltet für* das Gegenteil behaupten); sie hat dawidergeredet
DAX®, **Dax**, der; - (Kennzahl für die Wertentwicklung der 30 wichtigsten deutschen Aktien)
Day-Tra|ding, **Day|tra|ding** [ˈdeɪtreɪdɪŋ], das; -s ⟨engl. »Tageshandel«⟩ (kurzfristiger Handel mit Aktien [über das Internet])
DaZ = Deutsch als Zweitsprache

de Beauvoir

Da|zi|en, Da|zi|er usw. vgl. Daker, Dakien usw.

da|zu

[hinweisend: 'da:...]

– sie sind nicht dazu bereit
– er war nicht dazu gekommen, zu antworten
– die Entwicklung wird dazu führen, dass ...
– weil viel Mut dazu gehört
– dazu bin ich gut genug

Vgl. aber dazubekommen, dazugeben, dazugehören usw.

da|zu|be|kom|men (zusätzlich bekommen); sie hat noch zwei Äpfel dazubekommen
da|zu|ge|ben (hinzutun); du musst noch etwas Mehl dazugeben
da|zu|ge|hö|ren (zu jmdm. od. etw. gehören); er wünscht sich[,] dazuzugehören; vgl. dazu
da|zu|ge|hö|rig
da|zu|ge|win|nen (zusätzlich gewinnen; sich verbessern)
da|zu|hal|ten, sich (landsch. für sich anstrengen, beeilen)
da|zu|kom|men (hinzukommen); es sind noch Gäste dazugekommen; aber ↑D 47: dazu kommt, dass ...; vgl. dazu
da|zu|kön|nen (ugs. für dafürkönnen)
da|zu|le|gen (zu etwas anderem legen); du kannst deine Tasche dazulegen
da|zu|ler|nen (zusätzlich, neu lernen); um [etwas] dazuzulernen
da|zu|mal; anno dazumal
da|zu|rech|nen (rechnend hinzufügen)
da|zu|schau|en (österr. für sich anstrengen); er muss dazuschauen, dass er fertig wird
da|zu|schrei|ben (hinzufügen); er hat einige Zeilen dazugeschrieben
da|zu|set|zen (hinzusetzen); sie hat sich am Nachbartisch dazugesetzt; aber du musst dich dazu (zu dieser Tätigkeit) setzen
da|zu|tun (hinzutun); er hat einen Apfel dazugetan; aber was kann ich noch dazu tun?
Da|zu|tun, das (Hilfe, Unterstützung); ohne mein Dazutun
da|zu|ver|die|nen (zusätzlich verdienen); in den Ferien hat sie sich etwas dazuverdient

da|zwi|schen

[seltener 'da:...]

– dazwischen hindurchgehen
– genau dazwischen sein
– sich genau dazwischen befinden

Vgl. aber dazwischenfahren, dazwischenfragen, dazwischengehen usw.

da|zwi|schen|fah|ren (sich in etwas einmischen, Ordnung schaffen); du musst mal ordentlich dazwischenfahren
da|zwi|schen|fra|gen; er hat ständig dazwischengefragt
da|zwi|schen|fun|ken (ugs. für sich einschalten, etwas durchkreuzen); der Chef hat dauernd dazwischengefunkt
da|zwi|schen|ge|hen (auch ugs. für sich einschalten)
da|zwi|schen|kom|men (auch übertr. für sich in etwas einmischen)
Da|zwi|schen|kunft, die; -, ...künfte (veraltet)
da|zwi|schen|lie|gen; die Wahrheit wird irgendwo dazwischenliegen, aber nur dazwischen liegen mehrere Haltestellen ↑D 47
da|zwi|schen|qua|ken (ugs. für dazwischenreden)
da|zwi|schen|re|den; er hat ständig dazwischengeredet
da|zwi|schen|ru|fen; sie hat ständig dazwischengerufen
da|zwi|schen|schal|ten; ein dazwischengeschaltetes Modul
da|zwi|schen|schla|gen (mit Schlägen in eine Auseinandersetzung o. Ä. eingreifen)
da|zwi|schen|tre|ten (auch übertr. für schlichten, ausgleichen); **Da|zwi|schen|tre|ten**, das; -s
Dazz|ler ['dɛslɐ], der; -s, - ⟨engl.⟩ (Zahnschmuck)
dB = Zeichen für Dezibel
¹DB, die; - = Deutsche Bücherei
²DB, die; - = Deutsche Bundesbahn (bis 1993); Deutsche Bahn (ab 1994)
DBB, der; - = Deutscher Beamtenbund
DBD, die; - = Demokratische Bauernpartei Deutschlands (in der DDR)
DB-ei|gen; DB-eigene Einrichtungen

DBGM = Deutsches Bundes-Gebrauchsmuster
DBP = Deutsches Bundespatent
d. c. = da capo
D. C. [diːˈsiː] = District of Columbia
d. d. = de dato
Dd. = doctorandus; vgl. Doktorand
D-Day ['diːdeɪ], der; -s, -s ⟨engl.⟩ (Bez. für den Tag, an dem ein größeres [militärisches] Unternehmen beginnt; Tag X)
DDD = digitale Aufnahme, digitale Bearbeitung, digitale Wiedergabe; vgl. AAD
DDr. (österr.) = Dr. Dr.
DDR, die; - = Deutsche Demokratische Republik (1949–1990)
DDR-Bür|ger; **DDR-Bür|ge|rin**
DDR-Zeit; zu DDR-Zeiten
DDT®, das; - ⟨aus Dichlordiphenyltrichlorethan⟩ ([heute weitgehend verbotenes] Insektenvernichtungsmittel)
D-Dur ['deːduːɐ̯, auch deːˈduːɐ̯], das; -[s] (Tonart; Zeichen D); **D-Dur-Ton|lei|ter** ↑D 26
DE = Delaware
Dead|line ['dɛtlaɪn], die; -, -s ⟨engl.⟩ (letzter Termin)
de|ak|ti|vie|ren, des|ak|ti|vie|ren (in einen nicht aktiven Zustand versetzen)
Deal [diːl], der; -s, -s ⟨ugs. für Handel, Geschäft⟩
dea|len ⟨engl.⟩ (illegal mit Rauschgift handeln); **Dea|ler**, der; -s, - (Rauschgifthändler); **Dea|le|rin**
Dean [diːn], James (amerik. Schauspieler)
Death|me|tal, der; -[s], **Death Metal**, der; - -[s] [ˈdɛθmɛtl̩] ⟨engl.⟩ (extreme Variante des Heavy Metal)
Death Val|ley [ˈdɛθ ˌvɛli], - -[s], auch mit Artikel das; - -[s] (wüstenhaftes Tal im Osten Kaliforniens)
De|ba|kel, das; -s, - ⟨franz.⟩ (Zusammenbruch; Niederlage)
De|bat|te, die; -, -n ⟨franz.⟩ (Erörterung [im Parlament])
De|bat|ter, der; -s, - (svw. Debattierer); **De|bat|te|rin**
de|bat|tie|ren ⟨franz.⟩ (erörtern, verhandeln); **De|bat|tie|rer** (jmd., der an einer Debatte teilnimmt, der debattiert); **De|bat|tie|re|rin**; **De|bat|tier|fo|rum**
De|bat|tier|klub, **De|bat|tier|club**
de Beau|voir [də boˈvoa̯ːɐ̯] vgl. Beauvoir, de

De|bet, das; -s, -s ⟨lat.⟩ (Bankw. Sollseite eines Kontos)
de|bil ⟨lat.⟩ (Med. an Debilität leidend); De|bi|li|tät, die; - (Med. veraltet für leichte geistige Behinderung)
de|bi|tie|ren ⟨lat.⟩ (Bankw. jmdn., ein Konto belasten)
De|bit|kar|te [...'bi:...] (Geldkarte)
De|bi|tor, der; -s, ...oren meist Plur. (Schuldner, der Waren auf Kredit bezogen ist); De|bi|to|ren|kon|to; De|bi|to|rin; de|bi|to|risch
¹De|bo|ra (bibl. w. Eigenn.)
²De|bo|ra, De|bo|rah (w. Vorn.)
De|bre|cen (Stadt in Ungarn)
De|bre|czin [...tsi:n], De|bre|zin (im Dt. gebräuchliche Formen von Debrecen)
De|bre|czi|ner, De|bre|zi|ner, die; -, - (stark gewürztes Würstchen)
De|bus|sy [dəbyˈsiː] (franz. Komponist)
De|büt [...'byː], das; -s, -s ⟨franz.⟩ (erstes Auftreten)
De|bü|tant, der; -en, -en (erstmalig Auftretender; Anfänger); De|bü|tan|tin; De|bü|tan|tin|nen|ball
de|bü|tie|ren
De|ca|me|ro|ne, der, auch das; -s ⟨ital.⟩ (vgl. Dekameron)
De|cha|nat, De|ka|nat, das; -[e]s, -e ⟨lat.⟩ (Amt od. Sprengel eines Dechanten, Dekans)
De|cha|nei, De|ka|nei (Wohnung eines Dechanten)
De|chant [auch, österr. nur, 'dɛ...], der; -en, -en, De|kan, der; -s, -e ⟨lat.⟩; (höherer kath. Geistlicher, Vorsteher eines kath. Kirchenbezirkes u. a.); De|chan|tin, De|ka|nin
De|cher, das od. der; -s, - ⟨lat.⟩ (früheres deutsches Maß [= 10 Stück] für Felle u. Rauchwaren)
de|chif|f|rie|ren [deʃ...] ⟨franz.⟩ ([Geheimschrift, Nachricht] entschlüsseln); De|chif|f|rie|rung
Dech|sel, die; -, -n (beilähnliches Werkzeug)
De|ci|mus (röm. m. Vorn.; Abk. D.)
Deck, das; -[e]s, Plur. -s, selten -e
Deck|ad|res|se; Deck|an|schrift; Deck|auf|bau|ten Plur.; Deckbett; Deck|blatt
De|cke, die; -, -n
De|ckel, der; -s, -
De|ckel|glas Plur. ...gläser; De|ckel|kan|ne; De|ckel|krug
de|ckeln (ugs. auch für rügen; [Ausgaben] begrenzen); ich deck[e]le; De|cke|lung (ugs.)
de|cken

De|cken|be|leuch|tung; De|cken|flu|ter (zur Decke strahlende Standleuchte); De|cken|ge|mäl|de; De|cken|hö|he; De|cken|kon|s|t|ruk|ti|on; De|cken|lam|pe; De|cken|ma|le|rei; De|cken|ven|ti|la|tor
Deck|far|be; Deck|haar; Deckhengst; Deck|man|tel; Deck|name; Deck|plat|te
Deck[s]|la|dung; Deck[s]|last
Deck[s]|of|fi|zier ⟨Seew.⟩; Deck[s]-of|fi|zie|rin; Deck[s]|plan|ke
De|ckung
de|ckungs|gleich (für kongruent)
De|ckungs|bei|trag (Wirtsch.)
De|ckungs|feh|ler (Sport)
de|ckungs|gleich (für kongruent)
De|ckungs|kar|te (Kfz-Versicherung); De|ckungs|lü|cke; De|ckungs|sum|me (Versicherungsw.)
Deck|weiß
Deck|wort Plur. ...wörter
De|co|der (Elektronik Datenschlüssler); de|co|die|ren, de|ko|die|ren (eine Nachricht entschlüsseln); De|co|die|rung, De|ko|die|rung
De|col|la|ge [...ˈʒə], die; -, -n ⟨franz.⟩ (Kunstwerk, das durch zerstörende Veränderung von Materialien entsteht)
De|col|la|gist, der; -en, -en (Künstler, der Decollagen herstellt); De|col|la|gis|tin
de|cou|ra|giert [...kuraˈʒiːɐ̯t] ⟨franz.⟩ (veraltend für verzagt)
de|cresc. = decrescendo
de|cre|scen|do [...ˈʃɛ...] ⟨ital.⟩ (Musik abnehmend; Abk. decresc.); De|cre|scen|do, das; -s, Plur. -s u. ...di (Musik)
de da|to vgl. a dato
De|di|ka|ti|on, die; -, -en ⟨lat.⟩ (Widmung; Geschenk); de|di|zie|ren (widmen; schenken)
De|duk|ti|on, die; -, -en ⟨lat.⟩ (Philos. Herleitung des Besonderen aus dem Allgemeinen; Beweis); De|duk|ti|ons|the|o|rem
de|duk|tiv [auch 'deː...]
De|du|p|li|ka|ti|on (das Deduplizieren); de|du|p|li|zie|ren (EDV mehrfach vorhandene Daten erkennen u. eliminieren); De|du|p|li|zie|rung
de|du|zier|bar; de|du|zie|ren
Deep|link [ˈdiːplɪŋk], der; -[s], -s ⟨engl.⟩ (EDV Link auf eine Internetseite, der nicht zur Startseite, sondern zu einer Unterseite führt)
Deern, die; -, -s (norddt. für Mädchen)

De|es|ka|la|ti|on [auch 'deː...], die; -, -en ⟨franz.-engl.⟩ (stufenweise Abschwächung); de|es|ka|lie|ren [auch 'deː...]
DEFA, die; - = Deutsche Film-AG
de fac|to, - - ⟨lat.⟩ (tatsächlich [bestehend]); De-fac|to-An|er|ken|nung ↑ D 26; De-fac|to-Re|gie|rung
De|fä|ka|ti|on, die; -, -en ⟨lat.⟩ (Med. Stuhlentleerung); de|fä|kie|ren
De|fä|tis|mus, schweiz. auch De|fai|tis|mus [...fɛ...], der; - ⟨franz.⟩ (Hoffnungslosigkeit, Neigung zum Aufgeben); De|fä|tist, schweiz. auch De|fai|tist [...fɛ...], der; -en, -en (jmd., der mut- u. hoffnungslos ist); De|fä|tis|tin, schweiz. auch De|fai|tis|tin; de|fä|tis|tisch, schweiz. auch de|fai|tis|tisch [...fɛ...]
De|fault [dɪˈfɔːlt], das od. der; -s, - ⟨engl.⟩ (EDV Voreinstellung, Standardeinstellung); de|fault|mä|ßig (EDV)
de|fekt ⟨lat.⟩ (schadhaft; fehlerhaft); De|fekt, der; -[e]s, -e
de|fek|tiv [auch 'deː...] (mangelhaft)
De|fek|ti|vum, das; -s, ...va (Sprachwiss. nicht an allen grammatischen Möglichkeiten seiner Wortart teilnehmendes Wort, z. B. »Leute« [ohne Singular])
De|fen|sio, die; -, -nes ⟨lat.⟩ (österr. für Verteidigung einer Doktorarbeit)
de|fen|siv [auch 'deː...] ⟨lat.⟩ (verteidigend); De|fen|si|ve, die; -, -n Plur. selten (Verteidigung)
De|fen|siv|krieg
De|fen|siv|spiel (Sport); De|fen|siv|spie|ler; De|fen|siv|spie|le|rin
De|fen|siv|stel|lung; De|fen|siv|tak|tik
De|fen|sor, der; -s, ...oren (Verteidiger, z. B. in Fidei Defensor = Verteidiger des Glaubens [Ehrentitel des engl. Königs])
De|fe|r|eg|gen, das; -s (österr. Alpental); De|fe|r|eg|gen|tal, De|fe|r|eg|gen-Tal
De|fi|b|ril|la|ti|on, die; -, -en (Med. Beseitigung von Herzmuskelstörungen); De|fi|b|ril|la|tor, der; -s, ...oren
De|fi|lee [schweiz. 'deː...], das; -s, Plur. -s, schweiz. nur so, sonst auch ...leen ⟨franz.⟩ ([parademäßiger] Vorbeimarsch)
de|fi|lie|ren (parademäßig od. feierlich vorbeiziehen)

de|fi|nier|bar
de|fi|nie|ren ⟨lat.⟩ ([einen Begriff] erklären, bestimmen)
de|fi|nit (bestimmt); definite Größen (*Math.* Größen, die immer das gleiche Vorzeichen haben)
De|fi|ni|ti|on, die; -, -en
de|fi|ni|tiv [*auch* 'de:...] (endgültig, abschließend); definitiv stellen (*österr. für* auf Lebenszeit anstellen, verbeamten)
De|fi|ni|ti|vum, das; -s, ...va (endgültiger Zustand)
de|fi|ni|to|risch (die Definition betreffend)
De|fi|zi|ent, der; -en, -en ⟨lat.⟩ (*veraltet für* Dienstunfähiger)
De|fi|zit, das; -s, -e (Fehlbetrag; Mangel); de|fi|zi|tär
De|fla|ti|on, die; -, -en ⟨lat.⟩ (*Geol.* Abblasung lockeren Gesteins durch Wind; *Wirtsch.* Abnahme des Preisniveaus); de|fla|ti|o|när, de|fla|ti|o|nis|tisch, de|fla|to|risch (*Wirtsch.* eine Deflation betreffend, bewirkend)
De|flek|tor, der; -s, ...oren ⟨lat.⟩ (*Technik* Saug-, Rauchkappe; *Kerntechnik* Ablenkungselektrode im Zyklotron)
De|flo|ra|ti|on, die; -, -en ⟨lat.⟩ (Zerstörung des Hymens beim ersten Geschlechtsverkehr)
de|flo|rie|ren; De|flo|rie|rung
De|foe [dəˈfoʊ] (engl. Schriftsteller)
De|for|ma|ti|on, die; -, -en (Formänderung; Verunstaltung)
de|for|mie|ren; De|for|mie|rung (svw. Deformation); De|for|mi|tät (*Med.* Fehlbildung)
de|frag|men|tie|ren (*EDV* auf einer Festplatte verstreut liegende Daten zu größeren Einheiten zusammenfassen); De|frag|men|tie|rer (Programm zum Defragmentieren); De|frag|men|tie|rung
De|frau|dant, der; -en, -en ⟨lat.⟩ (*veraltet für* Betrüger); De|frau|dan|tin
De|frau|da|ti|on, die; -, -en (*veraltet für* Unterschlagung, Hinterziehung); de|frau|die|ren
De|fros|ter ⟨engl.⟩, De|fros|ter|an|la|ge ⟨engl./dt.⟩ (Anlage im Auto, die das Vereisen der Windschutzscheibe verhütet)
def|tig (derb, saftig; tüchtig, sehr); Def|tig|keit
De|ga|ge|ment [...ʒəˈmɑ̃:], das; -s, -s ⟨franz.⟩ (*veraltet für* Zwanglosigkeit; Befreiung); de|ga|gie|ren (*veraltet für* befreien)

De|gas [dəˈɡa] (franz. Maler)
de Gaulle [dəˈɡoːl] *vgl.* Gaulle, de; De-Gaulle-An|hän|ger ↑D 137; De-Gaulle-An|hän|ge|rin; de-Gaulle-freund|lich ↑D 137
¹De|gen, der; -s, - (*altertümelnd für* [junger] Held; Krieger)
²De|gen, der; -s, - (eine Stichwaffe)
De|ge|ne|ra|ti|on, die; -, -en (Entartung; Rückbildung); De|ge|ne|ra|ti|ons|er|schei|nung; de|ge|ne|ra|tiv; de|ge|ne|rie|ren
De|gen|fech|ten; De|gen|griff
De|gen|hard (m. Vorn.)
De|gen|klin|ge; De|gen|korb; De|gen|stoß
de|gor|gie|ren [...ʒi...] (*Fachspr.* die Hefe entfernen [bei der Schaumweinherstellung])
De|gout [...ˈɡu:], der; -s ⟨franz.⟩ (*geh. für* Ekel, Widerwille); de|gou|tant (*geh. für* ekelhaft); de|gou|tie|ren (*geh. für* anekeln; ekelhaft finden)
De|gra|da|ti|on, die; -, -en ⟨lat.⟩ (Degradierung; Ausstoßung eines kath. Geistlichen aus dem geistl. Stand)
de|gra|die|ren; De|gra|die|rung (Herabsetzung [im Rang]; Herabwürdigung)
De|gres|si|on, die; -, -en ⟨franz.⟩ (*Wirtsch.* relative Kostenabnahme bei steigender Produktionsmenge; *Steuerwesen* Abnahme des Steuersatzes bei abnehmendem Einkommen)
de|gres|siv (abnehmend, sich [stufenweise] vermindernd); degressive Kosten
De|gus|ta|ti|on, die; -, -en ⟨lat.⟩ (*bes. schweiz. für* Kostprobe)
de gus|ti|bus non est dis|pu|tan|dum ⟨lat.⟩, »über den Geschmack ist nicht zu streiten«)
de|gus|tie|ren (*bes. schweiz. für* probieren, kosten); Weine degustieren
dehn|bar; Dehn|bar|keit, die; -
deh|nen
dehn|fä|hig; Dehn|fä|hig|keit
Dehn|son|de (*Med.*); Dehn|übung
Deh|nung; Deh|nungs-h, das; -, - ↑D 29; Deh|nungs|zei|chen
De|hors [deˈoːɐ̯(s)] *Plur.* ⟨franz.⟩ (*veraltend für* äußerer Schein; gesellschaftlicher Anstand); die Dehors wahren
De|hy|dra|ta|ti|on, die; -, -en ⟨lat.; griech.⟩ (*fachspr. für* Trocknung von Lebensmitteln])
De|hy|dra|ti|on, die; -, -en; *vgl.* Dehydrierung; de|hy|d|ra|ti|sie-

ren ([Lebensmitteln] zur Trocknung Wasser entziehen)
de|hy|d|rie|ren ([einer chem. Verbindung] Wasserstoff entziehen; *Med.* zu viel Flüssigkeit verlieren, austrocknen); De|hy|d|rie|rung (Entzug von Wasserstoff)
Dei|bel *vgl.* Deiwel
Deich, der; -[e]s, -e (Damm)
Deich|bau, der; -[e]s; Deich|bö|schung; Deich|bruch; dei|chen; Deich|fuß; Deich|ge|nos|sen|schaft
Deich|graf, Deich|gräf; Deich|grä|fin
Deich|haupt|mann; Deich|kro|ne; Deich|ord|nung
¹Deich|sel, die; -, -n (Wagenteil)
²Deich|sel, die; -, -n (*Nebenform von* Dechsel)
Deich|sel|bruch; Deich|sel|kreuz
deich|seln (*ugs. für* [etwas Schwieriges] zustande bringen); ich deichs[e]le
Deich|vor|ste|her
Dei|fi|ka|ti|on, die; -, -en ⟨lat.⟩ (Vergottung einer Person od. Sache); de|i|fi|zie|ren
Dei Gra|tia (von Gottes Gnaden; *Abk.* D. G.)
deik|tisch [*auch* deˈɪ... (*mit Trennung* de|ik|tisch)] ⟨griech.⟩ (hinweisend; auf Beispiele gegründet)

¹dein

– dein Buch, deine Brille
– Wessen Buch ist das? Ist es dein[e]s?
– ein Streit über Mein und Dein
– Mein und Dein verwechseln

In Briefen kann »dein« groß- od. kleingeschrieben werden:
– Liebe Petra, vielen Dank für Deinen *od.* deinen Brief

Vgl. auch deine

²dein, dei|ner (Gen. von »du«; *geh.*); ich gedenke dein[er]
de|in|dus|t|ri|a|li|sie|ren (in einem Land, einer Region die industrielle Produktion verringern, abbauen); sich deindustrialisieren
De|in|dus|t|ri|a|li|sie|rung, Des|in|dus|t|ri|a|li|sie|rung
dei|ne, dei|ni|ge; Wessen Garten ist das? Ist es der dein[ig]e?, *aber* grüße die Dein[ig]en *od.* die dein[ig]en (deine Angehörigen); du musst das Dein[ig]e *od.* das dein[ig]e tun
dei|ner *vgl.* ²dein

deinerseits

dei|ner|seits
dei|nes|glei|chen; dei|nes|teils
dei|net|hal|ben *(veraltend)*
dei|net|we|gen
dei|net|wil|len; um deinetwillen
dei|ni|ge *vgl.* deine
de|ins|tal|lie|ren *(EDV)*
De|is|mus, der; - ⟨lat.⟩ (Gottesglaube [aus Vernunftgründen])
De|ist, der; -en, -en; De|is|tin; de|is|tisch
Dei|wel, der; -s, -, Dei|xel, der; -s *(ugs. für* Teufel)
Dé|jà-vu-Er|leb|nis [deʒa'vy:...] ⟨franz.; dt.⟩ *(Psychol.* Eindruck, Gegenwärtiges schon einmal »gesehen«, erlebt zu haben)
De|jekt, das; -[e]s, -e ⟨lat.⟩ *(Med.* Ausgeschiedenes [bes. Kot]); De|jek|ti|on, die; -, -en (Ausscheidung)
De|jeu|ner [...ʒø'ne:], das; -s, -s ⟨franz.⟩ *(geh. für* Frühstücksgedeck; *veraltet für* Frühstück)
de ju|re ⟨lat.⟩ (von Rechts wegen); De-ju|re-An|er|ken|nung ↑ D 26
De|ka, das; -[s], - ⟨griech.⟩ *(österr.; kurz für* Dekagramm; *vgl.* dag)
de|ka... (zehn...); De|ka... (Zehn...; das Zehnfache einer Einheit, z. B. Dekameter = 10 Meter; *Zeichen* da)
De|ka|b|rist, der; -en, -en ⟨griech.-russ.⟩ (Teilnehmer an dem Aufstand im Dezember 1825 in Russland)
De|ka|de, die; -, -n ⟨griech.⟩ (zehn Stück; Zeitraum von zehn Tagen, Wochen, Monaten od. Jahren)
de|ka|dent ⟨lat.⟩ (im Verfall begriffen); De|ka|denz, die; - ([kultureller] Verfall, Niedergang)
de|ka|disch ⟨griech.⟩ (zehnteilig; dekadischer Logarithmus, dekadisches System *(Math.)*
De|ka|eder, das; -s, - (Zehnflächner)
De|ka|gramm [*auch* 'dɛ...] (10 g; *Zeichen* dag); *vgl.* Deka
De|ka|li|ter [*auch* 'dɛ...] (10 l; *Zeichen* dal)
De|kal|kier|pa|pier ⟨lat.; griech.⟩ (für den Druck von Abziehbildern)
De|ka|log, der; -[e]s ⟨griech.⟩ *(christl. Rel.* die Zehn Gebote)
De|ka|me|ron, das; -s ⟨ital.⟩ (Boccaccios Erzählungen der »zehn Tage«); *vgl.* Decamerone
De|ka|me|ter [*auch* 'dɛ...] ⟨griech.⟩ (10 m; *Zeichen* dam)
De|kan, der; -s, -e ⟨lat.⟩ (Vorsteher einer Fakultät; Amtsbezeichnung für Geistliche); *vgl.* Dechant; De|ka|nat, das; -[e]s, -e ⟨lat.⟩ (Amt, Bezirk eines Dekans); *vgl.* Dechanat
De|ka|nei (Wohnung eines Dekans); *vgl.* Dechanei
De|ka|nin; *vgl.* Dekan u. Dechantin
de|kan|tie|ren ⟨franz.⟩ *(bes. Chemie* [eine Flüssigkeit vom Bodensatz] abgießen)
de|ka|pie|ren ⟨franz.⟩ *(fachspr. für* [Metalle] abbeizen; entzundern)
De|ka|po|de, der; -n, -n *meist Plur.* ⟨griech.⟩ *(Zool.* Zehnfußkrebs)
De|k|ar, das; -s, -e ⟨franz.⟩ (10 Ar); 3 Dekar
De|k|a|re, die; -, -n ⟨lat.⟩ *(svw.* Dekar)
de|kar|tel|lie|ren, de|kar|tel|li|sie|ren ⟨franz.⟩ *(Wirtsch.* Kartelle entflechten, auflösen); De|kar|tel|li|sie|rung
De|ka|teur [...'tø:ɐ̯], der; -s, -e ⟨franz.⟩ *(Textilind.* Fachmann, der dekatiert); De|ka|teu|rin
De|k|ath|lon, der *u.* das; -s, -s ⟨griech.⟩ (Wettkampf aus zehn Einzeldisziplinen der Leichtathletik)
de|ka|tie|ren *(bes.* Wollstoffe durch Dämpfen behandeln, um nachträgliches Einlaufen zu vermeiden); De|ka|tie|rer *vgl.* Dekateur; De|ka|tie|re|rin
De|ka|tur, die; -, -en (Vorgang des Dekatierens)
De|kla|ma|ti|on, die; -, -en ⟨lat.⟩ (kunstgerechter Vortrag [einer Dichtung])
De|kla|ma|tor, der; -s, ...oren; De|kla|ma|to|rin; de|kla|ma|to|risch
de|kla|mie|ren
De|kla|ra|ti|on, die; -, -en ⟨lat.⟩ ([öffentl.] Erklärung; Steuer-, Zollerklärung; Inhalts-, Wertangabe)
de|kla|ra|tiv; de|kla|ra|to|risch; deklaratorische Urkunde
de|kla|rie|ren; De|kla|rie|rung
de|klas|sie|ren ⟨lat.⟩ (herabsetzen; *Sport* [einen Gegner] überlegen besiegen); De|klas|sie|rung
de|kli|na|bel ⟨lat.⟩ *(Sprachwiss.* beugbar); ...a|b|le Wörter
De|kli|na|ti|on, die; -, -en *(Sprachwiss.* Beugung der Substantive, Adjektive, Pronomen u. Numeralien; *Geophysik* Abweichung der Richtung einer Magnetnadel von der geogr. Nordrichtung; *Astron.* Abweichung, Winkelabstand eines Gestirns vom Himmelsäquator); De|kli|na|ti|ons|en|dung *(Sprachwiss.)*
De|kli|na|tor, der; -s, ...oren, De|kli|na|to|ri|um, das; -s, ...ien *(Geophysik* Gerät zur Bestimmung [zeitlicher Änderungen] der Deklination)
de|kli|nier|bar *(Sprachwiss.* beugbar); de|kli|nie|ren *(Sprachwiss.* [Substantive, Adjektive, Pronomen u. Numeralien] beugen)
De|ko, der; -, -s *(ugs.; kurz für* Dekoration)
de|ko|die|ren *usw. vgl.* decodieren *usw.*
De|kokt, das; -[e]s, -e ⟨lat.⟩ *(Pharm.* Abkochung, Absud [von Arzneimitteln])
De|kol|le|té, De|kol|le|tee [...kɔl'te:], das; -s, -s ⟨franz.⟩ (tiefer [Kleid]ausschnitt); de|kol|le|tie|ren; de|kol|le|tiert
De|ko|lo|ni|sa|ti|on, die; -, -en ⟨nlat.⟩ (Entlassung einer Kolonie aus der Abhängigkeit vom Mutterland); de|ko|lo|ni|sie|ren; De|ko|lo|ni|sie|rung
de|kom|po|nie|ren ⟨lat.⟩ (zerlegen [in die Grundbestandteile])
De|kom|po|si|ti|on, die; -, -en; de|kom|po|si|to|risch *(geh. für* zersetzend, zerstörend)
De|kom|pres|si|on, die; -, -en ⟨lat.⟩ *(Technik* Druckabfall; Druckentlastung); de|kom|pri|mie|ren
de|kon|so|li|die|ren *(Wirtsch.* ein anteilig dazugehöriges Unternehmen aus einem Konzernabschluss herausnehmen); De|kon|so|li|die|rung
de|kon|s|t|ru|ie|ren ⟨lat.⟩ (zerlegen, auflösen); De|kon|s|t|ruk|ti|on
De|kon|s|t|ruk|ti|vis|mus, der; - ⟨lat.-engl.⟩ (gegenwärtige Strömung der Architektur, Wissenschaftstheorie u. Literaturwissenschaft); De|kon|s|t|ruk|ti|vist; De|kon|s|t|ruk|ti|vis|tin; de|kon|s|t|ruk|ti|vis|tisch
De|kon|ta|mi|na|ti|on, die; -, -en ⟨nlat.⟩ (Entgiftung; Beseitigung od. Verringerung radioaktiver Verstrahlung); de|kon|ta|mi|nie|ren; De|kon|ta|mi|nie|rung
De|kon|zen|t|ra|ti|on, die; -, -en ⟨nlat.⟩ (Zerstreuung, Zersplitterung); de|kon|zen|t|rie|ren
De|kor, der *od.* das; -s, *Plur.* -s *u.* -e ⟨franz.⟩ ([farbige] Verzierung, Vergoldung; Muster)
De|ko|ra|teur [...'tø:ɐ̯], der; -s, -e; De|ko|ra|teu|rin
De|ko|ra|ti|on, die; -, -en

De|ko|ra|ti|ons|ar|ti|kel; De|ko|ra|ti|ons|ma|ler; De|ko|ra|ti|ons|ma|le|rin; De|ko|ra|ti|ons|pa|pier; De|ko|ra|ti|ons|stoff

de|ko|ra|tiv

de|ko|rie|ren (ausschmücken, gestalten; mit einem Orden ehren); **De|ko|rie|rung** *auch für* Auszeichnung mit Orden u. Ä.)

De|kort [...'ko:ɐ̯, *auch* ...'kɔrt], der; -s, *Plur.* -s *u.* (*bei dt. Ausspr.*) -e ⟨franz.⟩ (*Wirtsch.* Zahlungsabzug wegen Mindergewicht, Qualitätsmangel u. Ä.; Preisnachlass); **de|kor|tie|ren**

De|ko|rum, das; -s ⟨lat.⟩ (*veraltend für* Anstand, Schicklichkeit); das Dekorum wahren

De|ko|stoff (*kurz für* Dekorationsstoff)

DEKRA, die; - häufig ohne Artikel = Deutscher Kraftfahrzeug-Überwachungsverein

De|kre|ment, das; -[e]s, -e ⟨lat.⟩ (Verminderung, Verfall; *Med.* Abklingen einer Krankheit)

De|kre|pi|ta|ti|on, die; -, -en ⟨*Chemie* Verpuffen, knisterndes Zerplatzen [beim Erhitzen]); **de|kre|pi|tie|ren**

De|kre|scen|do [...'ʃɛ...] *vgl.* Decrescendo; **De|kres|zenz**, die; -, -en (*fachspr. für* Abnahme)

De|kret, das; -[e]s, -e ⟨lat.⟩ (Beschluss; Verordnung; behördliche, richterliche Verfügung)

De|kre|ta|le, das; -, ...lien *od.* die; -, -n *meist Plur.* ([päpstlicher] Entscheid)

de|kre|tie|ren

De|ku|bi|tus, der; - ⟨lat.⟩ (*Med.* Wundliegen)

De|ku|ma|ten|land, De|ku|mat|land, das; -[e]s ⟨lat.; dt., »Zehntland«⟩ (altrömisches Kolonialgebiet zwischen Rhein, Main u. Neckar)

de|ku|pie|ren ⟨franz.⟩ (ausschneiden, aussägen); **De|ku|pier|sä|ge** (Schweif-, Laubsäge)

De|ku|rie [...i̯ə], die; -, -n ⟨lat.⟩ (*bei den Römern* urspr. Abteilung von zehn Mann in der altröm. Reiterei; *dann allgemein für* Gruppe von Senatoren, Richtern, Rittern)

De|ku|rio, der; *Gen.* -s *u.* ...onen, *Plur.* ...onen (*urspr.* Vorsteher einer Dekurie; *dann auch* Mitglied des Stadtrates in altröm. Städten)

de|ku|v|rie|ren (*geh. für* entlarven); **De|ku|v|rie|rung** (*geh.*)

del. = deleatur; delineavit

De|la|croix [dəla'krŏa], Eugène [ø'ʒɛn] (franz. Maler)

De|lau|nay [dəlo'nε], Robert (franz. Maler)

¹**De|la|ware** [...ləvεːɐ̯] (Staat in den USA; *Abk.* DE)

²**De|la|wa|re** [dela...], der; -n, -n (Angehöriger eines nordamerik. Indianerstammes)

de|le|a|tur ⟨lat., »man streiche«⟩ (*Druckw.* Anweisung zur Streichung; *Abk.* del.; *Zeichen* ℓ)

De|le|a|tur, das; -s, - (*Druckw.* Tilgungszeichen ℓ); **De|le|a|tur|zeichen**

De|le|gat, der; -en, -en ⟨lat.⟩ (Bevollmächtigter); Apostolischer Delegat; **De|le|ga|tin**

De|le|ga|ti|on, die; -, -en (Abordnung); **De|le|ga|ti|ons|lei|ter**; **De|le|ga|ti|ons|lei|te|rin**; **De|le|ga|ti|ons|mit|glied**

de|le|gie|ren (abordnen; auf einen anderen übertragen)

De|le|gier|te, der *u.* die; -n, -n (Abgesandte[r], Mitglied einer Delegation)

De|le|gier|ten|kon|fe|renz; De|le|gier|ten|ver|samm|lung

De|le|gie|rung

de|le|gi|ti|mie|ren (*geh. für* die Legitimation absprechen); **De|le|gi|ti|mie|rung**

de|lek|tie|ren ⟨lat.⟩ (*geh. für* erfreuen); sich delektieren

de|le|tär ⟨nlat.⟩ (*Med.* tödlich, verderblich)

De|lete [di'liːt] *ohne Artikel gebr.* ⟨engl., »löschen«⟩ (*kurz für* Deletetaste); **De|lete|tas|te** (auf der Computertastatur)

Del|fin, Del|phin, der; -s, -e ⟨griech.⟩ (ein Zahnwal)

Del|fi|na|ri|um, Del|phi|na|ri|um, das; -s, ...ien (Anlage zur Pflege, Züchtung u. Dressur von Delfinen); **Del|fin|for|scher, Del|phin|for|scher; Del|fin|for|sche|rin, Del|phin|for|sche|rin**

del|fin|schwim|men, Del|phin schwim|men, Del|phin schwim|men; *aber nur* sie schwimmt Delfin *od.* Delphin; **Del|fin|schwim|men, Del|phin|schwim|men**, das; -s; **Del|fin|schwim|mer, Del|phin|schwim|mer; Del|fin|schwim|me|rin, Del|phin|schwim|me|rin**

Del|fin|sprung, Del|phin sprung

Delft (niederl. Stadt); **Delf|ter**; Delfter Fayencen; **Delf|te|rin**

Del|hi [...li] (Hauptstadt der Republik Indien); *vgl.* Neu-Delhi

De|li, das, *auch* der; -[s], -s ⟨amerik. *kurz für* delicatessen⟩ (Schnellrestaurant, -imbiss [mit jüdischer Küche], oft mit Feinkostladen)

De|lia (w. Vorn.)

De|li|be|ra|ti|on, die; -, -en ⟨lat.⟩ (*geh. für* Beratschlagung); **de|li|be|ra|tiv**

Deli

delegieren

Wie das Substantiv *Delegation* geht auch *delegieren* auf das lateinische *delegare* (= beauftragen) zurück. Deshalb wird es nach dem *l* mit *e* geschrieben und nicht mit *i*.

de|li|kat ⟨franz.⟩ (lecker, wohlschmeckend; zart; heikel)

De|li|ka|tes|se, die; -, -n (Leckerbissen; Feinkost; *nur Sing.:* Zartgefühl)

De|li|ka|tes|sen|ge|schäft, De|li|ka|tess|ge|schäft; De|li|ka|tess|senf, De|li|ka|tess-Senf

De|li|kat|la|den (*DDR* Geschäft für hochwertige Lebens- u. Genussmittel)

De|likt, das; -[e]s, -e ⟨lat.⟩ (Vergehen; Straftat)

de|likts|fä|hig

De|li|la (w. Vorn.; bibl. w. Eignn.)

de|lin.., de|lin. = delineavit

de|li|ne|a|vit ⟨lat., »hat [es] gezeichnet«⟩ (unter Bildern; *Abk.* del., delin.)

de|lin|quent ⟨lat.⟩ (straffällig, verbrecherisch)

De|lin|quent, der; -en, -en (Übeltäter); **De|lin|quen|tin**

De|lin|quenz, die; - (*fachspr. für* Straffälligkeit)

de|li|rie|ren ⟨lat.⟩ (*Med.* sich im Delirium befinden)

De|li|ri|um, das; -s, ...ien (Form der Psychose mit Bewusstseins- u. Orientierungsstörungen); **De|li|ri|um tre|mens**, das; - - (bei [Alkohol]vergiftungen auftretendes Delirium)

de|lisch (von Delos); ↑D 142: das delische Problem (von Apollo den Griechen gestellte Aufgabe, seinen würfelförmigen Altar auf Delos zu verdoppeln); *aber* ↑D 150: der Delische Bund

de|li|zi|ös ⟨franz.⟩ (*geh. für* köstlich)

De|li|zi|us, der; -s, -; *vgl.* Golden Delicious

Delkredere

Del|kre|de|re, das; -, - ⟨ital.⟩ (*Wirtsch.* Haftung; Wertberichtigung für voraussichtliche Ausfälle)
Del|le, die; -, -n ⟨landsch. für⟩ [leichte] Vertiefung; Beule
de|lo|gie|ren [...ˈʒiː...] ⟨franz.⟩ (*bes. österr. für* jmdn. zum Auszug aus einer Wohnung veranlassen od. zwingen); **De|lo|gie|rung** (Zwangsräumung)
De|los (Insel im Ägäischen Meer)
Del|phi (altgriech. Orakelstätte)
Del|phin, del|phin|schwim|men usw. *vgl.* Delfin, delfinschwimmen usw.
del|phisch ↑D 142: ein delphisches [nach Delphi benanntes] doppelsinniges] Orakel; *aber* ↑D 150: das Delphische (in Delphi bestehende) Orakel
¹**Del|ta**, das; -[s], -s ⟨griech. Buchstabe: Δ, δ⟩
²**Del|ta**, das; -s, *Plur.* -s u. ...ten (fächerförmiges Gebiet im Bereich einer mehrarmigen Flussmündung)
del|ta|för|mig; Del|ta|mün|dung
Del|ta|strah|len, δ-**Strah|len** [ˈdɛlta...] *Plur.* (beim Durchgang radioaktiver Strahlung durch Materie freigesetzte Elektronenstrahlen)
Del|to|id, das; -[e]s, -e ⟨griech.⟩ (Viereck aus zwei gleichschenkligen Dreiecken)
de luxe [dəˈlʏks] ⟨franz.⟩ (aufs Beste ausgestattet, mit allem Luxus); **De-luxe-Aus|stat|tung**
dem *vgl.* der
De|m|a|go|ge, der; -n, -n ⟨griech.⟩ (Volksverführer, -aufwiegler); **De|m|a|go|gie**, die; -, ...ien; **De|m|a|go|gin; de|m|a|go|gisch**
De|mant [*auch* ...ˈmant], der; -[e]s, -e ⟨franz.⟩ (*geh. für* Diamant); **de|man|ten** (*geh. für* diamanten)
De|man|to|id, der; -[e]s, -e ⟨griech.⟩ (ein Mineral)
De|mar|che [...ˈʃ(ə)], die; -, -n ⟨franz.⟩ (diplomatischer Schritt, mündlich vorgetragener diplomatischer Einspruch)
De|mar|ka|ti|on, die; -, -en ⟨franz.⟩ (Abgrenzung)
De|mar|ka|ti|ons|li|nie
de|mar|kie|ren; De|mar|kie|rung
de|mas|kie|ren ⟨franz.⟩ (entlarven); sich demaskieren (die Maske abnehmen); **De|mas|kie|rung**
De|men (*Plur. von* Demos)
de|ment ⟨lat.⟩ (*Med.* an Demenz leidend)

de|ment|ge|gen (dagegen)
De|men|ti, das; -s, -s ⟨lat.-franz.⟩ (offizieller Widerruf; Berichtigung)
De|men|tia, die; -, ...tiae ⟨lat.⟩ (*svw.* Demenz)
de|men|ti|ell, de|men|zi|ell
de|men|tie|ren ⟨lat.⟩ (widerrufen; für unwahr erklären)
dem|ent|spre|chend; er war müde und dementsprechend ungehalten; *aber* eine dem [Gesagten] entsprechende Antwort
De|menz, die; -, -en ⟨lat.⟩ (*Med.* krankheitsbedingter Abbau der Leistungsfähigkeit des Gehirns)
de|men|zer|krankt; De|menz|er|krank|te, der u. die; -n, -n
de|men|zi|ell, de|men|ti|ell
de|menz|krank; De|menz|kran|ke
De|me|rit, der; -en, -en ⟨franz.⟩ (*kath. Kirche* straffällig gewordener Geistlicher)
De|me|ter [*österr. meist* ˈdeː...] ⟨griech. Göttin des Ackerbaues⟩
De|me|ter®, -s *o. Art.* (Handelsmarke für Bioprodukte)
dem|ge|gen|über (andererseits); *aber* dem [Mann] gegenüber saß ...
dem|ge|mäß
De|mi|john [...dʒɔn], der; -s, -s ⟨engl.⟩ (Korbflasche)
de|mi|li|ta|ri|sie|ren (entmilitarisieren); **De|mi|li|ta|ri|sie|rung**
De|mi|mon|de [dəmiˈmõːd(ə)], die; - ⟨franz.⟩ (»Halbwelt«)
de|mi|nu|tiv usw. *vgl.* diminutiv usw.
de|mi-sec [...ˈsɛk] ⟨franz.⟩ (halbtrocken [von Schaumweinen])
De|mis|si|on ⟨franz.⟩ (Rücktritt eines Ministers od. einer Regierung)
De|mis|si|o|när, der; -s, -e ⟨schweiz. für⟩ Funktionär, der seinen Rücktritt erklärt hat; *veraltet für* entlassener, verabschiedeter Beamter); **De|mis|si|o|nä|rin**
de|mis|si|o|nie|ren
De|mi|urg, der; *Gen.* -en u. -s ⟨griech.⟩ (Weltschöpfer, göttlicher Weltbaumeister [bei Platon u. in der Gnosis])
dem|nach
dem|nächst [*auch* ...ˈnɛː...]
De|mo [*auch* ˈdeː...], die; -, -s ⟨ugs.; kurz für⟩ Demonstration
De|mo|band, das; -[e]s, ...bänder; *vgl.* Demotape
De|mo|bi|li|sa|ti|on, die; -, -en ⟨lat.⟩
de|mo|bi|li|sie|ren (den Kriegszustand beenden, die Kriegswirtschaft abbauen); **De|mo|bi|li|sie|rung; De|mo|bil|ma|chung**
De|mo|graf, De|mo|graph, der; -en, -en ⟨griech.⟩ (jmd., der berufsmäßig Demografie betreibt)
De|mo|gra|fie, De|mo|gra|phie, die; -, ...ien (Bevölkerungsstatistik, -wissenschaft)
De|mo|gra|fin, De|mo|gra|phin
de|mo|gra|fisch, de|mo|gra|phisch; demografische *od.* demografische Entwicklung
De|moi|selle [...mo̯aˈzɛl], die; -, -n ⟨franz.⟩ (*veraltet für* unverheiratete Frau)
De|mo|krat, der; -en, -en ⟨griech.⟩
De|mo|kra|tie, die; -, ...ien ⟨griech.⟩, »Volksherrschaft« (Staatsform, in der die vom Volk gewählten Vertreter die Herrschaft ausüben); mittelbare, parlamentarische, repräsentative, unmittelbare Demokratie
de|mo|kra|tie|po|li|tisch (im Hinblick auf eine demokratische Politik)
De|mo|kra|tie|ver|ständ|nis
De|mo|kra|tin
de|mo|kra|tisch; eine demokratische Verfassung, demokratische Wahlen; *aber* ↑D 150: Freie Demokratische Partei (*Abk.* FDP); Partei des Demokratischen Sozialismus (*Abk.* PDS)
de|mo|kra|ti|sie|ren; De|mo|kra|ti|sie|rung
De|mo|krit (griech. Philosoph); **De|mo|kri|tos** *vgl.* Demokrit
de|mo|lie|ren ⟨franz.⟩ (gewaltsam beschädigen); **De|mo|lie|rung**
de|mo|ne|ti|sie|ren ⟨franz.⟩ (*Bankw.* [Münzen] aus dem Verkehr ziehen); **De|mo|ne|ti|sie|rung**
De|mons|t|rant, der; -en, -en ⟨lat.⟩; **De|mons|t|ran|tin**
De|mons|t|ra|ti|on, die; -, -en ([Protest]kundgebung; nachdrückliche Bekundung; Veranschaulichung)
De|mons|t|ra|ti|ons|ma|te|ri|al
De|mons|t|ra|ti|ons|ob|jekt
De|mons|t|ra|ti|ons|recht
De|mons|t|ra|ti|ons|ver|bot
De|mons|t|ra|ti|ons|zug
de|mons|t|ra|tiv
De|mons|t|ra|tiv, das; -s, -e, **De|mons|t|ra|tiv|pro|no|men** (*Sprachwiss.* hinweisendes Fürwort, z. B. »dieser, diese, dieses«)
De|mons|t|ra|tor, der; -s, ...oren (Vorführer); **De|mons|t|ra|to|rin**
de|mons|t|rie|ren (beweisen, vorführen; eine Demonstration

dental

veranstalten, daran teilnehmen)

De|mon|ta|ge [...ʒə, auch ...mõ...], die; -, -n ⟨franz.⟩ (Abbau, Abbruch, Zerlegung [bes. von Industrieanlagen])

de|mon|tie|ren; De|mon|tie|rung

De|mo|ra|li|sa|ti|on, die; -, -en ⟨franz.⟩ (Untergrabung der Moral; Entmutigung)

de|mo|ra|li|sie|ren (jmdm. den moralischen Halt nehmen; entmutigen); De|mo|ra|li|sie|rung

de mor|tu|is nil ni|si be|ne ⟨lat.⟩ (»von den Toten [soll man] nur gut [sprechen]«)

De|mos, der; -, Demen (früher für [niederes] Volk; Gebiet u. Bürgerschaft eines altgriech. Stadtstaates; heute in Griechenland kleinster staatl. Verwaltungsbezirk)

De|mos|kop, der; -en, -en ⟨griech.⟩ (Meinungsforscher)

De|mos|ko|pie, die; -, ...ien (Meinungsumfrage, Meinungsforschung)

De|mos|ko|pin; de|mos|ko|pisch; demoskopische Untersuchungen

De|mos|the|nes (altgriech. Redner); de|mos|the|nisch; demosthenische Beredsamkeit; die demosthenischen Reden ↑D 135

De|mo|tape [...teɪp] ⟨engl.⟩ (Tonträger mit Musikaufnahmen zur Vor[auf]führung)

de|mo|tisch ⟨griech.⟩ (altägyptisch [in der volkstüml. jüngeren Form]); demotische Schrift

De|mo|tisch, das; -[s]; vgl. Deutsch; De|mo|ti|sche, das; -n; vgl. ²Deutsche

De|mo|ti|va|ti|on, die; -, -en ⟨nlat.⟩ (das Demotivieren, das Demotiviertsein); de|mo|ti|vie|ren (jmds. Motivation schwächen)

De|mut, die; -

de|mü|tig; de|mü|ti|gen; De|mü|ti|gung

De|muts|ge|bär|de; De|muts|haltung

de|mut[s]|voll

dem|zu|fol|ge (demnach); demzufolge ist die Angelegenheit geklärt, aber das Vertragswerk, dem zufolge die Staaten sich verpflichten ...

den vgl. der

den = Denier

De|na|li [de..., auch di...], der; -[s] (indian.) (höchster Berg Nordamerikas)

De|nar, der; -s, -e ⟨lat.⟩ (altröm. Münze; merowing.-karoling. Münze, Pfennig [Abk. d])

De|na|tu|ra|li|sa|ti|on, die; -, -en ⟨lat.⟩ (Entlassung aus der bisherigen Staatsangehörigkeit); de|na|tu|ra|li|sie|ren

de|na|tu|rie|ren (fachspr. für ungenießbar machen; vergällen); denaturierter Spiritus; De|na|tu|rie|rung

de|na|zi|fi|zie|ren (svw. entnazifizieren); De|na|zi|fi|zie|rung

Den|dri|mer, das; -s, -e ⟨griech.⟩ (Chemie baumförmig verzweigtes Makromolekül)

Den|drit, der; -en, -en ⟨griech.⟩ (Geol. Gestein mit feiner, verästelter Zeichnung; Med. verästelter Protoplasmafortsatz einer Nervenzelle); den|dri|tisch (verzweigt, verästelt)

Den|dro|chro|no|lo|gie (Geol. Altersbestimmung anhand von Jahresringen); den|dro|chro|no|lo|gisch; Den|dro|lo|gie, die; - (wissenschaftl. Baumkunde); Den|dro|me|ter, das; -s, - (Baummessgerät)

De|neb, der; -[s] ⟨arab.⟩ (ein Stern)

de|nen vgl. der

Den|gel, der; -s, - (Schneide einer Sense o. Ä.)

Den|gel|am|boss; Den|gel|ham|mer

den|geln ([eine Sense o. Ä.] durch Hämmern schärfen); ich deng[e]le

Deng|lisch (abwertend für deutsch mit [zu] vielen englischen Ausdrücken vermischt); Deng|lisch, das; -[s] (abwertend)

Den|gue|fie|ber ['dɛŋɡə...], das; -s ⟨span.⟩ (eine tropische Infektionskrankheit)

Deng Xiao|ping [- ɕiaʊ̯...] (chin. Politiker)

Den Haag vgl. Haag, Den

De|nier [də'nie:], das, -[s], - ⟨franz.⟩ (Einheit für die Fadenstärke bei Seide u. Chemiefasern; Abk. den); vgl. Tex

De|nim®, der od. das; -[s] ⟨franz.⟩ (blauer Jeansstoff)

De|nise [də'ni:z] (w. Vorn.)

De|niz [...z] (m. Vorn.)

Denk|an|satz; Denk|an|stoß; Denk|art; Denk|auf|ga|be

denk|bar; die denkbar günstigsten Bedingungen

Den|ke, die; - (ugs. für Denkart)

den|ken; du dachtest; du dächtest; gedacht; denk[e]!; Den|ken, das; -s; ihr ganzes Denken

Den|ker; Den|ke|rin

den|ke|risch

Den|ker|stirn

Denk|fa|b|rik (Institution o. Ä. zur Erarbeitung von Lösungsvorschlägen zu wirtschaftlichen, gesellschaftlichen u. ä. Problemen)

denk|faul

Denk|feh|ler; Denk|form; Denk|ge|wohn|heit; Denk|hil|fe

Denk|mal Plur. ...mäler, auch ...male; denk|mal|ge|recht; denkmalgerechte Sanierung; denk|mal|ge|schützt

Denk|mal[s]|kun|de, die; -; denk|mal[s]|kund|lich

Denk|mal[s]|pfle|ge; Denk|mal[s]|pfle|ger; Denk|mal[s]|pfle|ge|rin; denk|mal[s]|pfle|ge|risch

Denk|mal[s]|schän|dung; Denk|mal[s]|schutz, der; -es

Denk|mo|dell; Denk|mus|ter; Denk|pau|se; Denk|pro|zess; Denk|scha|b|lo|ne; Denk|schrift

Denk|sport; Denk|sport|auf|ga|be; Denk|sport|ler; Denk|sport|le|rin

Denk|spruch

denks|te! (ugs. für das hast du dir so gedacht!)

Denk|stein; Denk|übung

Den|kungs|art

Denk|ver|bot; Denk|ver|mö|gen, das; -s; Denk|wei|se

denk|wür|dig; Denk|wür|dig|keit, die; -, -en

Denk|zet|tel; jmdm. einen Denkzettel geben; Denk|zet|tel|wahl (ugs.)

denn; es sei denn, dass ...; mehr denn je; man kennt ihn eher als Maler denn als Dichter

Den|nis (m. Vorn.)

den|noch

den|n|schon vgl. wennschon

De|no|mi|na|ti|on, die; -, -en ⟨lat.⟩ (veraltet für Benennung; amerik. Bez. für christliche Glaubensgemeinschaft, Sekte)

De|no|mi|na|tiv, das; -s, -e, De|no|mi|na|ti|vum, das; -s, ...va (Sprachwiss. Ableitung von einem Substantiv od. Adjektiv, z. B. »trösten« von »Trost«, »bangen« von »bang«)

De|no|ta|ti|on, die; -, -en (Sprachwiss. begriffliche od. Sachbedeutung eines Wortes); de|no|ta|tiv

Den|si|me|ter, das; -s, - ⟨lat.⟩; griech.⟩ (Gerät zur Messung des spezifischen Gewichts [vorwiegend von Flüssigkeiten])

den|tal ⟨lat.⟩ (Med. die Zähne betreffend; Sprachwiss. mithilfe

der Zähne gebildet); **Den|tal**, der; -s, -e, **Den|tal|laut**, der; -[e]s, -e (*Sprachwiss.* Zahnlaut, an den oberen Schneidezähnen gebildeter Laut, z. B. t)
Den|tal|hy|gi|e|ni|ker; **Den|tal|hy|gi|e|ni|ke|rin**
Den|tal|la|bor
den|te|lie|ren [dãtə...] ⟨franz.⟩ (*Textilind.* auszacken)
Den|tin, das; -s ⟨lat.⟩ (*Med.* Zahnbein; *Biol.* Hartsubstanz der Haischuppen)
Den|tist, der; -en, -en (Zahnarzt, früher Zahnarzt ohne Hochschulprüfung); **Den|tis|tin**
Den|ti|ti|on, die; -, -en (*Med.* Zahnen; Zahndurchbruch)
Den|to|lo|gie, die; - ⟨lat.; griech.⟩ (Zahnheilkunde)
De|nu|da|ti|on, die; -, -en ⟨lat.⟩ (*Geol.* flächenhafte Abtragung der Erdoberfläche durch Wasser, Wind u. a.)
De|nun|zi|ant, der; -en, -en ⟨lat.⟩ (jmd., der einen anderen denunziert); **De|nun|zi|an|tentum**, das; -s; **De|nun|zi|an|tin**; **De|nun|zi|a|ti|on**, die; -, -en; **de|nun|zi|a|to|risch**; **de|nun|zie|ren** (aus persönlichen, niedrigen Beweggründen anzeigen; als negativ hinstellen)
Den|ver (Hauptstadt des amerik. Bundesstaates Colorado)
Deo, das; -s, -s (*kurz für* Deodorant); **De|o|do|rant**, das; -s, *Plur.* -s, *auch* -e ⟨engl.⟩ (Mittel gegen Körpergeruch); **De|o|do|rantspray**; **de|o|do|rie|ren** ([Körper]geruch hemmen)
Deo gra|ti|as! ⟨lat., »Gott sei Dank!«⟩ (*kath.* Kirche)
Deo|rol|ler (Deodorantstift)
Deo|spray (*kurz für* Deodorantspray)
De|par|te|ment [...tə'mã:, *österr.* ...part'mã:, *schweiz.* ...tə'mɛnt], das; -s, -s *u.* (bei deutscher Aussprache:) -[e]s, -e ⟨franz.⟩ (Verwaltungsbezirk in Frankreich; Ministerium beim Bund u. in einigen Kantonen der Schweiz; Verwaltungsabteilung in einigen Gemeinden u. Universitäten der Schweiz)
De|part|ment [di...], das; -s, -s ⟨engl. *Form von* Departement⟩
De|par|ture [di...tʃe] *ohne Artikel gebr.* ⟨engl.⟩ (Abflug [Hinweis auf Flughäfen])
De|pen|dance [depã'dã:s], **Dé|pendance** ['depãdã:s], die; -, -n ⟨franz.⟩ (Zweigstelle; Nebengebäude [eines Hotels])
De|pen|denz, die; -, -en ⟨lat.⟩ (*Philos.*, *Sprachwiss.* Abhängigkeit)
De|pen|denz|gram|ma|tik (Forschungsrichtung der Linguistik)
De|pe|sche, die; -, -n ⟨franz.⟩ (Telegramm); **de|pe|schie|ren** (selten)
De|pi|la|ti|on, die; -, -en ⟨lat.⟩ (*Med.* Enthaarung); **De|pi|la|to|ri|um**, das; -s, ...ien (Enthaarungsmittel); **de|pi|lie|ren**
De|pla|ce|ment [...sə'mã:], das; -s, -s ⟨franz.⟩ (*Seew.* Wasserverdrängung eines Schiffes)
de|pla|ciert [...'si:ɐt] (*veraltet für* deplatziert); **de|plat|ziert** (fehl am Platz, unpassend)
De|po|la|ri|sa|ti|on, die; -, -en ⟨lat.⟩ (*Physik* Aufhebung der Polarisation); **de|po|la|ri|sie|ren**
De|po|nat, das; -[e]s, -e ⟨lat.⟩ (etwas, was deponiert ist)
De|po|nens, das; -, *Plur.* ...nentia *u.* ...nenzien (*Sprachwiss.* Verb mit passivischen Formen, aber aktivischer Bedeutung)
De|po|nent, der; -en, -en (jmd., der etw. hinterlegt); **De|po|nen|tin**
De|po|nie, die; -, ...ien ⟨lat.-franz.⟩ (zentraler Müllabladeplatz; geordnete, wilde Deponie
de|po|nie|ren ⟨lat.⟩; **De|po|nie|rung**
De|port [*auch* ...'pɔːɐ̯], der; -s, *Plur.* -s, *bei dt. Ausspr.* -e ⟨franz.⟩ (*Bankw.* Kursabschlag)
De|por|ta|ti|on, die; -, -en ⟨lat.⟩ (zwangsweise Verschickung; Verbannung); **De|por|ta|ti|ons|lager**
de|por|tie|ren; **De|por|tier|te**, der *u.* die; -n, -n; **De|por|tie|rung**
De|po|si|tar ⟨lat.⟩, *bes. schweiz.* **De|po|si|tär** ⟨franz.⟩ der; -s, -e (Verwahrer von Wertgegenständen, -papieren u. a.); **De|po|si|ta|rin**, **De|po|si|tä|rin**
De|po|si|ten *Plur.* ⟨lat.⟩ (*Bankw.* Sicht- und Termineinlagen); **De|po|si|ten|bank** *Plur.* ...banken; **De|po|si|ten|kas|se**
De|po|si|ti|on, die; -, -en (Hinterlegung; Absetzung eines kath. Geistlichen)
De|po|si|to|ri|um, das; -s, ...ien (Aufbewahrungsort; Hinterlegungsstelle)
De|po|si|tum, das; -s, ...siten (das Hinterlegte; hinterlegter Betrag); *vgl.* Depositen
De|pot [...'poː], das; -s, -s ⟨franz.⟩ (Aufbewahrungsort; Hinterlegtes; Sammelstelle, Lager; Bodensatz; *Med.* Ablagerung; *schweiz. auch für* Pfand)
de|pot|füh|rend (ein Bankdepot führend)
De|pot|fund (*Archäol.* Sammelfund); **De|pot|prä|pa|rat**; **De|pot|schein** (Hinterlegungsschein); **De|pot|wech|sel** (als Sicherheit hinterlegter Wechsel)
Depp, der; *Gen.* -en, *auch* -s, *Plur.* -en, *auch* -e (*bes. südd., österr. ugs. für* ungeschickter, einfältiger Mensch); **dep|pert** (*südd., österr. ugs. für* einfältig, dumm)
De|pra|va|ti|on, die; -, -en ⟨lat.⟩ (Wertminderung im Münzwesen; *Med.* Verschlechterung eines Krankheitszustandes)
de|pra|vie|ren (*geh. für* verderben; im Wert mindern [von Münzen])
De|pres|si|on, die; -, -en ⟨lat.⟩ (Niedergeschlagenheit; Senkung; wirtschaftlicher Rückgang; *Meteorol.* Tief)
de|pres|siv (niedergeschlagen); **De|pres|si|vi|tät**, die; -
de|pri (*ugs.; kurz für* deprimiert, depressiv); depri drauf sein
¹**De|pri**, die; -, -s (*ugs.; kurz für* Depression; unter einer Depression Leidende)
²**De|pri**, der; -s, -s (*ugs.; kurz für* unter einer Depression Leidender)
de|pri|mie|ren ⟨franz.⟩ (niederdrücken; entmutigen); **de|pri|miert** (entmutigt, niedergeschlagen, schwermütig)
De|pri|va|ti|on, die; -, -en ⟨lat.⟩ (*Psychol.* Entzug von Liebe u. Zuwendung; Absetzung eines kath. Geistlichen); **de|pri|vie|ren** (*Psychol.* [Liebe] entbehren lassen)
De Pro|fun|dis, das; - - ⟨lat., »Aus der Tiefe [rufe ich, Herr, zu dir]«⟩ (Anfangsworte u. Bez. des 130. Psalms nach der Vulgata)
De|pu|tant, der; -en, -en ⟨lat.⟩ (jmd., der auf ein Deputat Anspruch hat); **De|pu|tan|tin**
De|pu|tat, das; -[e]s, -e (regelmäßige Leistungen in Naturalien als Teil des Lohnes; Anzahl der Pflichtstunden, die eine Lehrkraft zu geben hat)
De|pu|ta|ti|on, die; -, -en (Abordnung)
De|pu|tat|lohn
de|pu|tie|ren (abordnen); **De|pu|tier|te**, der *u.* die; -n, -n; **De|pu|tier|ten|kam|mer**

der, die *(vgl. d.),* das *(vgl. d.);* des u. dessen *(vgl. d.),* dem, den; Plur. die, der, deren u. derer *(vgl. d.),* den u. denen, die

De|ran|ge|ment […rãʒəˈmã:], das; -s, -s ⟨franz.⟩ *(veraltet für* Störung, Verwirrung*)*

de|ran|gie|ren […ʒi:…] (verwirren, durcheinanderbringen; *veraltet für* stören); **de|ran|giert** (verwirrt, zerzaust)

der|art (so); *vgl.* Art

der|ar|tig; derartige Überlegungen; etwas derartig Schönes; wir haben Derartiges, etwas Derartiges noch nie erlebt ↑ D 72

derb; Derb|heit; derb|kno|chig derb|ko|misch ↑ D 23

der|ble|cken *(bayr. für* verspotten*)*

¹**Der|by** [ˈdaːɐ̯bi], (engl. Stadt)

²**Der|by** […bi, ˈdœːɐ̯bi], das; -s, -s ⟨nach dem 12. Earl of Derby⟩ (Pferderennen; Spiel zwischen Mannschaften aus der gleichen Region); **Der|by|ren|nen**

de|re|fe|ren|zie|ren *(EDV* einem Zeiger folgen, um gezielt auf Informationen im Speicher zuzugreifen)

de|re|gu|lie|ren (Regeln, Vorschriften o. Ä. abbauen); **De|re|gu|lie|rung**

der|einst, *selten* **der|eins|tig**

---

de|ren / de|rer

deren (vorangestelltes Genitivattribut):
– mit deren nettem Mann; mit deren bester Art; seit deren erstem Hiersein; mit Ausnahme der Mitarbeiter und deren Angehöriger
– die Freunde, deren Glückwünsche wir bekommen haben
– ich habe deren (z. B. Freunde) nicht viele

derer (vorausweisendes Demonstrativpronomen; das Bezugswort folgt):
– der Andrang derer, die …
– gedenkt derer, die euer gedenken
– das Haus derer von Arnim

deren od. derer:
– die Frist, innerhalb deren *od.* derer …
– die Beweise, aufgrund deren *od.* derer sie verurteilt wurden
– die Opfer, deren *od.* derer wir gedenken

---

de|rent|hal|ben; de|rent|we|gen; de|rent|wil|len; um derentwillen

de|rer *vgl.* deren / derer

de|ret|we|gen

der|ge|stalt (so)

---

der gleiche / derselbe

In der Alltagssprache wird der Unterschied zwischen der gleiche *und* derselbe *häufig nicht beachtet. Vor allem, wenn Missverständnisse möglich sind, sollte differenziert werden:*
– Er trägt denselben Anzug wie gestern (der Anzug ist identisch).
– Er trägt den gleichen Anzug wie gestern (es ist ein anderer Anzug, der aber genauso aussieht).

---

der|glei|chen *(Abk.* dgl.); und dergleichen [mehr] *(Abk.* u. dgl. [m.])

De|ri|vat, das; -[e]s, -e ⟨lat.⟩ (*Chemie* chem. Verbindung, die aus einer anderen entstanden ist; *Biol.* aus einer Vorstufe abgeleitetes Organ; *Wirtsch.* [*meist Plur.*] Finanzprodukte, die von traditionellen Wertpapieren wie Aktien, Anleihen u. Ä. abgeleitet sind); **De|ri|va|te|ge|schäft,** das

De|ri|va|te|han|del *(Bankw.)*

De|ri|va|te|händ|ler; De|ri|va|te|händ|le|rin

De|ri|va|ti|on, die; -, -en *(Sprachwiss.* Ableitung); **de|ri|va|tiv** (durch Ableitung entstanden); **De|ri|va|tiv,** das; -s, -e; **de|ri|vie|ren**

der|je|ni|ge *Gen.* desjenigen, *Plur.* diejenigen

Derk (m. Vorn.)

der|lei (dergleichen)

Der|ma, das; -s, -ta *(Med.* Haut); **der|mal** *(Med.* die Haut betreffend, an ihr gelegen)

der|mal|einst *(veraltet)*

der|ma|len [österr. …ˈmaː…] *(veraltet für* jetzt); **der|ma|lig** [österr. …ˈmaː…] *(veraltet für* jetzig)

der|ma|ßen (so)

der|ma|tisch *vgl.* dermal

Der|ma|ti|tis, die; -, …itiden ⟨griech.⟩ *(Med.* Hautentzündung)

Der|ma|to|lo|ge, der; -n, -n (Hautarzt); **Der|ma|to|lo|gie,** die; - (Lehre von den Hautkrankheiten); **Der|ma|to|lo|gin**

der|ma|to|lo|gisch; dermatologisch getestet

Der|ma|to|plas|tik, die *(Med.* operativer Ersatz von kranker od. verletzter Haut durch gesunde)

Der|ma|to|se, die; -, -n *(Med.* Hautkrankheit)

Der|mo|gra|fie, Der|mo|gra|phie, die; -, **Der|mo|gra|fis|mus, Der|mo|gra|phis|mus,** der; - *(Med.* Streifen- od. Striemenbildung auf gereizten Hautstellen)

Der|mo|plas|tik, die (Verfahren zur Präparation von Tieren; *Med. svw.* Dermatoplastik)

Der|ni|er Cri […ˈnieː -], der; - -, -s -s […ˈnieː ˈkriː], ⟨franz., »letzter Schrei«⟩ (neueste Mode)

de|ro *(veraltet für* deren*); in der Anrede* Dero

De|ro|ga|ti|on, die; -, -en ⟨lat.⟩ *(Rechtsspr.* Teilaufhebung [eines Gesetzes])

de|ro|ga|tiv, de|ro|ga|to|risch (zum Teil aufhebend)

de|ro|gie|ren (zum Teil aufheben)

De|route […ˈruːt(ə)], die; -, -n ⟨franz.⟩ *(Wirtsch.* Kurs-, Preissturz; *veraltet für* wilde Flucht)

de|ro|we|gen *(veraltet); vgl.* dero

Der|rick, der; -s, -s ⟨nach einem engl. Henker⟩ (Drehkran); **Der|rick|kran**

der|sel|be *Gen.* desselben, *Plur.* dieselben; ein und derselbe; mit ein[em] und demselben; ein[en] und denselben; es kamen dieselben wie gestern; es war derselbe Hund

der|sel|bi|ge (↑ D 76; *veraltet für* derselbe)

der|weil, der|wei|le[n]

Der|wisch, der; -[e]s, -e ⟨pers.⟩ (Mitglied eines islamischen religiösen Ordens); **Der|wisch|tanz**

der|zeit (augenblicklich, gegenwärtig; *veraltend für* früher, damals; *Abk.* dz.); **der|zei|tig** *vgl.* derzeit

des; *auch ältere Form für* dessen *(vgl. d.);* des (dessen) bin ich sicher; des ungeachtet

des, Des, das; -, - (Tonbezeichnung)

des. = designatus; **Des** (*Zeichen für* Des-Dur); in Des

des|ak|ti|vie|ren *vgl.* deaktivieren

des|ar|mie|ren ⟨franz.⟩ *(veraltet für* entwaffnen; *Fechten* dem Gegner die Klinge aus der Hand schlagen)

De|sas|ter, das; -s, - ⟨franz.⟩ (schweres Missgeschick; Zusammenbruch); **de|sas|t|rös** (verhängnisvoll, katastrophal)

desavouieren

de|s|a|vou|ie|ren [...vu...] ⟨franz.⟩ (nicht anerkennen, in Abrede stellen; bloßstellen); **De|s|a|vou|ie|rung**

Des|cartes [deˈkart] (franz. Philosoph)

Des|de|mo|na [*auch* ...ˈde:...] (Frauengestalt bei Shakespeare)

Des-Dur [ˈdɛsduːɐ̯, *auch* ˈdɛsˈduːɐ̯], das; -[s] (Tonart; *Zeichen* Des); **Des-Dur-Ton|lei|ter** ↑D 26

de|sen|si|bi|li|sie|ren ⟨lat.⟩ (*Med.* unempfindlich machen); **De|sen|si|bi|li|sie|rung**

De|ser|teur [...ˈtøːɐ̯], der; -s, -e ⟨franz.⟩ (Fahnenflüchtiger, Überläufer); **De|ser|teu|rin**; **de|ser|tie|ren**; **De|ser|ti|on**, die; -, -en (Fahnenflucht)

desgl. = desgleichen; **des|glei|chen** (*Abk.* desgl.); **des|halb**

de|si|de|ra|bel ⟨lat.⟩ (*geh. für* wünschenswert); ...a|b|le Erfolge

De|si|de|rat, das; -[e]s, -e, **De|si|de|ra|tum**, das; -s, ...ta (etwas Erwünschtes, Fehlendes)

De|sign [diˈzaɪ̯n], das; -s, -s ⟨engl.⟩ (Gestalt, Muster)

De|sig|na|ti|on [dezɪɡnaˈ...], die; -, -en ⟨lat.⟩ (Bestimmung; vorläufige Ernennung); **de|si|g|na|tus** (im Voraus ernannt, vorgesehen; *Abk.* des.; z. B. Dr. des.)

de|sig|nen [diˈzaɪ̯nən] ⟨engl.⟩ (das Design von Gebrauchs- u. Verbrauchsgütern entwerfen); designt; **De|si|g|ner** [diˈzaɪ̯nɐ], der; -s, -

De|si|g|ner|ba|by (*ugs. für* Kind, das aus einem künstlich gezeugten u. nach genetischen Merkmalen ausgewählten Embryo entstanden ist)

De|si|g|ner|dro|ge (synthetisch hergestelltes, neuartiges Rauschmittel); **De|si|g|ner|food** [...fuːt], das; -[s], -s ⟨engl.⟩ (für bestimmte Konsumenten speziell entwickelte[s] Nahrungsmittel; Novel Food)

De|si|g|ne|rin; **De|si|g|ner|mö|bel**; **De|si|g|ner|mo|de**

De|si|g|ner-Out|let, **De|si|g|ner|outlet** [...aʊ̯tlɛt], das; -s, -s ⟨engl.⟩ (Direktverkaufsstelle einer od. mehrerer Designerfirmen)

de|si|g|nie|ren [dezɪˈɡniː...] ⟨lat.⟩ (für ein Amt vorsehen)

de|si|g|niert; die designierte Ministerin

Des|il|lu|si|on [*auch* ˈdɛs...], die; -, -en ⟨franz.⟩ (Enttäuschung; Ernüchterung); **des|il|lu|si|o|nie|ren**; **Des|il|lu|si|o|nie|rung**

Des|in|dus|t|ri|a|li|sie|rung *vgl.* Deindustrialisierung

Des|in|fek|ti|on, **Des|in|fi|zie|rung**, die; -, -en ⟨lat.⟩ (Vernichtung von Krankheitserregern; Entkeimung); **Des|in|fek|ti|ons|lö|sung**; **Des|in|fek|ti|ons|mit|tel**

Des|in|fi|zi|ens, das; -, *Plur.* ...zien|zien u. ...zien|tia (Entkeimungsmittel); **des|in|fi|zie|ren**; **Des|in|fi|zie|rung** *vgl.* Desinfektion

Des|in|for|ma|ti|on [*auch* ˈdɛs...], die; -, -en ⟨lat.⟩ (bewusst falsche Information)

Des|in|te|g|ra|ti|on [*auch* ˈdɛs...], die; -, -en ⟨lat.⟩ (Auflösung eines Ganzen in seine Teile; fehlende Integration)

Des|in|te|g|ra|tor, der; -s, ...oren (eine techn. Apparatur)

des|in|te|g|rie|ren

Des|in|te|r|es|se, das; -s ⟨franz.⟩ (Uninteressiertheit, Gleichgültigkeit); **des|in|te|r|es|sie|ren** (selten für sein Interesse an etw. verlieren); **des|in|te|r|es|siert**

Des|in|ves|ti|ti|on, die; -, -en ⟨lat.-nlat.⟩ (Verringerung des Bestandes an Gütern für späteren Bedarf); **Des|in|vest|ment** (Desinvestition)

De|si|ree, **Dé|si|rée** (w. Vorn.)

De|skrip|ti|on, die; -, -en ⟨lat.⟩ (Beschreibung); **de|skrip|tiv** (beschreibend)

De|skrip|tor, der; -s, ...oren (*Buchw., EDV* Kenn-, Schlüsselwort)

Desk|top, der; -s, -s ⟨engl.⟩ (*EDV* sichtbarer Hintergrund des Fenster- u. Symbolsystems bei Betriebssystemen mit grafischer Benutzeroberfläche; *kurz für* Desktop-PC)

Desk|top-Pu|b|li|shing, **Desk|top|pu|b|li|shing** [...pablɪʃɪŋ] ↑D 22, das; -[s] ⟨engl.⟩ (*EDV* das Erstellen von Satz u. Layout eines Textes am Schreibtisch mithilfe der EDV; *Abk.* DTP)

De|s|o|do|rant *vgl.* Deodorant

de|s|o|do|rie|ren, **de|s|o|do|ri|sie|ren** *vgl.* deodorieren; **De|s|o|do|rie|rung**, **De|s|o|do|ri|sie|rung** des Öl|te|ren, des Öf|tern *vgl.* öfter

de|so|lat ⟨lat.⟩ (trostlos, traurig)

De|s|or|d|re [...dɐ], der; -s, -s ⟨franz.⟩ (*veraltet für* Unordnung, Verwirrung)

Des|or|ga|ni|sa|ti|on [*auch* ˈdɛs...], die; -, -en ⟨franz.⟩ (Auflösung, Zerrüttung, Unordnung); **des|or|ga|ni|sie|ren** [*auch* ˈdɛs...]

des|ori|en|tiert [*auch* ˈdɛs...] (verwirrt); **Des|ori|en|tie|rung**

Des|oxi|da|ti|on, **Des|oxy|da|ti|on**, die; -, -en ⟨griech.⟩ (Entzug von Sauerstoff); *vgl.* Oxidation; **des|oxi|die|ren**, **des|oxy|die|ren**

Des|oxy|ri|bo|nu|k|le|in|säu|re (Bestandteil des Zellkerns; *Abk.* DNS, DNA)

des|pek|tier|lich ⟨lat.⟩ (*geh. für* geringschätzig; respektlos)

De|s|pe|ra|do, der; -s, -s ⟨span.⟩ (zu jeder Verzweiflungstat entschlossener [politischer] Abenteurer; Bandit)

de|s|pe|rat ⟨lat.⟩ (verzweifelt, hoffnungslos)

Des|pot, der; -en, -en ⟨griech.⟩ (Gewaltherrscher; herrische Person); **Des|po|tie**, die; -, ...ien

Des|po|tin; **des|po|tisch**; **Des|po|tis|mus**, der; -

Des|sau (Stadt nahe der Mündung der Mulde in die Elbe); **Des|sau|er**; der Alte Dessauer (Leopold I. von Anhalt-Dessau); ↑D 134; **des|sau|isch**

des|sel|ben *vgl.* dasselbe, derselbe

des|sen (*Gen. Sing. der* [als Vertreter eines Substantivs gebrauchten] *Pronomen* der, das); mit dessen neuem Wagen; die Ankunft meines Bruders und dessen Verlobter; dessen ungeachtet; *vgl.* des; indessen, währenddessen (*vgl. d.*)

des|sent|hal|ben

des|sent|we|gen, **des|we|gen**

des|sent|wil|len, **des|wil|len**; um des[sent]willen

des|sen un|ge|ach|tet *vgl.* dessen

Des|sert [dɛˈseːɐ̯, *auch* dɛˈsɛrt, dɛˈsɛːɐ̯, ˈdɛsɛːɐ̯], das; -s, -s ⟨franz.⟩ (Nachtisch)

Des|sert|ga|bel; **Des|sert|löf|fel**; **Des|sert|mes|ser**, das; **Des|sert|tel|ler**; **Des|sert|wein**

Des|sin [...ˈsɛ̃ː], das; -s, -s ⟨franz.⟩ (Zeichnung; Muster)

Des|si|na|teur [...ˈtøːɐ̯], der; -s, -e (Musterzeichner [im Textilgewerbe]); **Des|si|na|teu|rin**

des|si|nie|ren (*fachspr. für* [Muster] zeichnen); **des|si|niert** (gemustert); **Des|si|nie|rung**

Des|sous [...ˈsuː], das; - [dɛˈsuː(s)], - [dɛˈsuːs] *meist Plur.* ⟨franz.⟩ (Damenunterwäsche)

de|sta|bi|li|sie|ren ⟨lat.⟩ (aus dem Gleichgewicht bringen); **De|sta|bi|li|sie|rung**

Deuteronomium

De|s|til|lat, das; -[e]s, -e ⟨lat.⟩ (wieder verflüssigter Dampf bei einer Destillation); **De|s|til|lat|bren|ner** (Lehrberuf der Industrie); **De|s|til|la|teur** [...'tøːɐ̯], der; -s, -e ⟨franz.⟩ (Branntweinbrenner); **De|s|til|la|teu|rin**

De|s|til|la|ti|on, die; -, -en ⟨lat.⟩ (Trennung flüssiger Stoffe durch Verdampfung u. Wiederverflüssigung; Branntweinbrennerei); **De|s|til|la|ti|ons|gas**

De|s|til|le, die; -, -n (ugs. veraltend für Branntweinausschank)

De|s|til|le|rie, die; -, -n ([Branntwein]brennerei)

De|s|til|lier|ap|pa|rat

de|s|til|lie|ren; destilliertes (chemisch reines) Wasser ↑D 89

De|s|til|lier|kol|ben; De|s|til|lier|ofen

De|s|ti|na|tar ⟨lat.⟩, **De|s|ti|na|tär** ⟨franz.⟩ der; -s, -e (auf Seefrachtbriefen Empfänger von Gütern)

De|s|ti|na|ti|on, die; -, -en ⟨lat.⟩ (Reiseziel; veraltet für Bestimmung, Endzweck)

des|to; desto besser, größer, mehr, weniger; aber nichtsdestoweniger

de|s|t|ru|ie|ren ⟨lat.⟩ (selten für zerstören)

De|s|t|ruk|ti|on, die; -, -en (Zerstörung; Geol. Abtragung der Erdoberfläche durch Verwitterung)

de|s|t|ruk|tiv [auch 'de:...] (zersetzend, zerstörend); **De|s|t|ruk|ti|vi|tät**, die; - (auch für destruktive Art)

des un|ge|ach tet [auch - ...'a...] vgl. des

des|we|gen, des|sent|we|gen

des Wei|te|ren vgl. weiter

des|wil|len vgl. dessentwillen

de|s|zen|dent ⟨lat.⟩ (fachspr. für nach unten sinkend, absteigend); deszendentes Wasser

De|s|zen|dent, der; -en, -en (Nachkomme, Ab-, Nachkömmling; Astron. Gestirn im Untergang; Untergangspunkt)

De|s|zen|denz, die; -, -en (Abstammung; Nachkommenschaft; Astron. Untergang eines Gestirns); **De|s|zen|denz|the|o|rie** (Abstammungslehre)

de|s|zen|die|ren (fachspr. für absteigen, sinken)

De|ta|che|ment [...ʃə'mã:, schweiz. ...'mɛnt], das; -s, -s u. (bei deutscher Aussprache:) -e ⟨franz.⟩ (veraltet für abkommandierte Truppe)

¹De|ta|cheur [...'ʃøːɐ̯], der; -s, -e (Maschine zum Lockern des Mehls)

²De|ta|cheur, der; -s, -e ⟨franz.⟩ (Fachmann für chem. Fleckenentfernung); **De|ta|cheu|rin**

¹de|ta|chie|ren ⟨franz.⟩ (Mehl auflockern; veraltet für abkommandieren, entsenden)

²de|ta|chie|ren (von Flecken reinigen)

De|tail [de'taɪ̯, auch ...'taɪ̯l, schweiz. auch 'de...], das; -s, -s ⟨franz.⟩ (Einzelheit, Einzelteil); vgl. en détail; **De|tail|be|ses|sen; De|tail|fra|ge; de|tail|ge|nau; de|tail|ge|treu**

De|tail|han|del (schweiz., sonst veraltet für Einzelhandel)

De|tail|kennt|nis

de|tail|lie|ren [...ta'jiː...] (im Einzelnen darlegen); **de|tail|liert**

De|tail|list [...ta'jɪst, auch ...'jɪst], der; -en, -en (schweiz. für Einzelhändler); **De|tail|lis|tin**

de|tail|reich

De|tek|tei ⟨lat.⟩ (Detektivbüro)

De|tek|ti|on, die; -, -en ⟨lat.⟩ (Fachspr. das Aufspüren, Feststellen)

De|tek|tiv, der; -s, -e; dem, den Detektiv; **De|tek|tiv|bü|ro; De|tek|tiv|ge|schich|te**

De|tek|tiv|in; de|tek|ti|visch

De|tek|tiv|ro|man

De|tek|tor, der; -s, ...oren ⟨lat.⟩ (Technik Hochfrequenzgleichrichter; Gerät zum Aufspüren von Stoffen od. Vorgängen)

De|tek|tor|emp|fän|ger; De|tek|tor|ge|rät

Dé|tente [de'tãːt], die; - ⟨franz.⟩ (Entspannung zwischen Staaten); **De|tente|po|li|tik**

De|ter|gens, das; -, Plur. ...gentia u. ...genzien meist Plur. ⟨lat.⟩ (fachspr. für Wasch-, Reinigungsmittel)

De|te|ri|o|ra|ti|on, die; -, -en ⟨lat.⟩ (Rechtswiss. Wertminderung einer Sache)

de|te|ri|o|rie|ren; De|te|ri|o|rie|rung vgl. Deterioration

De|ter|mi|nan|te, die; -, -n ⟨lat.⟩ (Hilfsmittel der Algebra zur Lösung eines Gleichungssystems; bestimmender Faktor)

De|ter|mi|na|ti|on, die; -, -en (nähere Begriffsbestimmung)

de|ter|mi|na|tiv (bestimmend, begrenzend, festlegend; entschieden, entschlossen)

de|ter|mi|nie|ren (bestimmen, begrenzen, festlegen); **De|ter|mi|niert|heit**, die; -

De|ter|mi|nis|mus, der; - (Lehre von der Unfreiheit des menschlichen Willens); **De|ter|mi|nist**, der; -en, -en; **De|ter|mi|nis|tin; de|ter|mi|nis|tisch**

de|te|s|ta|bel ⟨lat.⟩ (veraltet für verabscheuungswürdig); ...a|b|le Ansichten

Det|lef [auch 'dɛ...] (m. Vorn.)

Det|mold (Stadt am Teutoburger Wald)

¹De|to|na|ti|on, die; -, -en ⟨lat.⟩ (Knall, Explosion)

²De|to|na|ti|on, die; -, -en ⟨franz.⟩ (Musik Unreinheit des Tones)

De|to|na|tor, der; -s, ...oren ⟨lat.⟩ (fachspr. für Zündmittel)

¹de|to|nie|ren (explodieren)

²de|to|nie|ren ⟨franz.⟩ (Musik unrein singen, spielen)

De|t|ri|tus, der; - ⟨lat.⟩ (Med. Zell- u. Gewebstrümmer; Geol. zerriebenes Gestein; Biol. Schwebe- u. Sinkstoffe in Gewässern)

De|t|roit [di...] (Stadt in den USA)

det|to ⟨ital.⟩ (bes. bayr., österr. für dito)

De|tu|mes|zenz, die; - ⟨lat.⟩ (Med. Abschwellung [einer Geschwulst])

Deu|bel vgl. Deiwel

deucht usw. vgl. dünken

Deu|ka|li|on (Gestalt der griech. Sage); die Sintflut des Deukalion

De|us ex Ma|chi|na [- - 'maxina], der; - - -, Dei - - Plur. selten ⟨lat., »Gott aus der [Theater]maschine«⟩ (unerwarteter Helfer)

Deut, der ⟨niederl.⟩ (veraltet für kleine Münze); keinen Deut, nicht einen Deut (ugs. für gar nicht, gar nichts)

deut|bar

Deu|te|lei (abwertend für kleinliche Auslegung); **deu|teln**; ich deut[e]le

deu|ten; Deu|ter

Deu|te|r|a|go|nist, der; -en, -en ⟨griech.⟩ (zweiter Schauspieler auf der altgriech. Bühne)

Deu|te|rin

Deu|te|ri|um, das; -s ⟨griech.⟩ (schwerer Wasserstoff, Wasserstoffisotop; Zeichen D); **Deu|te|ron**, das; -s, ...onen (Atomkern des Deuteriums)

Deu|te|ro|no|mi|um, das; -s (5. Buch Mosis)

...deutig

deutsch / Deutsch

deutsch
Abk. dt.

I. Kleinschreibung ↑D 89:
a) *Da das Adjektiv »deutsch« nur in Namen, bestimmten namenähnlichen Fügungen und in Substantivierungen großgeschrieben wird, gilt in den folgenden Fällen Kleinschreibung:*
– das deutsche Volk
– die deutsche Einheit
– die deutsche Sprache
– der deutsche Michel
– die deutschen Meisterschaften [im Eiskunstlauf]
– sie ist deutsche Meisterin, *aber* (als Titel:) Anita G., Deutsche Meisterin
Vgl. auch Abschnitt II

b) *Kleinschreibung gilt für »deutsch« auch in Verbindung mit Verben, wenn es mit »wie?« erfragt werden kann:*
– sich deutsch unterhalten
– deutsch mit jmdm. reden (*auch ugs. für jmdm.* unverblümt die Wahrheit sagen)
– die Rednerin hat deutsch (nicht englisch) gesprochen
– am Nebentisch saß ein (gerade jetzt) deutsch sprechendes *od.* deutschsprechendes Ehepaar
– der Brief ist deutsch (in deutscher Sprache bzw. in deutscher Schreibschrift) geschrieben
– Staatsangehörigkeit: deutsch (in Formularen u. Ä.)
Vgl. auch Abschnitt II und »Deutsch«

II. Großschreibung ↑D 72:
a) *Großgeschrieben wird das substantivierte Adjektiv, wenn es im Sinne von »deutsche Sprache« verwendet wird:*
– etwas auf Deutsch sagen
– der Brief ist in Deutsch abgefasst
– eine Zusammenfassung in Deutsch
– auf gut Deutsch gesagt
– das heißt auf/zu Deutsch ...
Vgl. aber Abschnitt I und »Deutsch«

b) *Großgeschrieben wird »deutsch« auch als Bestandteil von Namen und bestimmten namenähnlichen Fügungen* ↑D 88 u. 89:
– Deutscher Akademischer Austauschdienst (*Abk.* DAAD)
– Deutsche Angestellten-Gewerkschaft (*Abk.* DAG)
– die Deutsche Bucht (Teil der Nordsee)
– der Deutsche Bund (1815–66)
– der Deutsche Bundestag
– Deutsche Bahn AG (*Abk.* DB)
– Deutsche Bundesbank (*Abk.* BBk)
– Deutsche Demokratische Republik (1949–90; *Abk.* DDR)
– die Deutsche Dogge
– der Tag der Deutschen Einheit (3. Oktober)
– Deutscher Fußball-Bund (*Abk.* DFB)
– Deutscher Gewerkschaftsbund (*Abk.* DGB)
– Deutscher Industrie- und Handelstag (*Abk.* DIHT)
– Verein Deutscher Ingenieure
– Deutsches Institut für Normung (*Zeichen* DIN)
– Deutsches Jugendherbergswerk (*Abk.* DJH)
– Deutsche Lebens-Rettungs-Gesellschaft (*Abk.* DLRG)
– Deutsche Mark (1948–2002; *Abk.* DM)
– die Deutsche Nationalbibliografie
– die Deutsche Nationalbibliothek
– der Deutsche Orden (ein Ritterorden)
– Deutsche Post AG
– Deutsche Presse-Agentur (*Abk.* dpa)
– das Deutsche Reich
– Deutsche Rentenversicherung
– Deutsches Rotes Kreuz (*Abk.* DRK)
– der Deutsche Schäferhund
– Institut für Deutsche Sprache
– *Aber* ↑D 150: Gesellschaft für deutsche Sprache
– Deutscher Turner-Bund (*Abk.* DTB)
– der Deutsch-Französische Krieg (1870/71) [*aber* ein deutsch-französischer Krieg (irgendeiner)]
Vgl. auch Abschnitt I und »Deutsch« sowie die Stichwörter ¹*Deutsche und* ²*Deutsche*

Deutsch, das; des Deutsch[s], dem Deutsch (die deutsche Sprache, sofern sie die Sprache eines Einzelnen oder einer bestimmten Gruppe bezeichnet oder sonst näher bestimmt ist; Kenntnis der deutschen Sprache)
– dein, euer, ihr, mein, sein Deutsch ist schlecht
– die Aussprache seines Deutsch[s]
– das Plattdeutsch Fritz Reuters
– das Kanzleideutsch, das Kaufmannsdeutsch, das Schriftdeutsch
– sie kann, lehrt, lernt, schreibt, spricht, versteht [kein, nicht, gut, schlecht] Deutsch
– ein Deutsch sprechender *od.* deutschsprechender Ausländer (*vgl. aber* deutsch I)
– [das ist] gutes Deutsch
– er spricht gut[es] Deutsch
– sie kann kein Wort Deutsch
– ein Lehrstuhl für Deutsch
– er hat eine Eins in Deutsch (im Fach Deutsch)
– in heutigem Deutsch *od.* im heutigen Deutsch
Vgl. auch »deutsch« I und II sowie die Stichwörter ¹*Deutsche und* ²*Deutsche*

...deu|tig (z. B. zweideutig)
Deut|ler; Deut|le|rin
deut|lich; auf das, aufs Deutlichs|te *od.* auf das, aufs deutlichs|te ↑D 75; etwas deutlich machen; Deut|lich|keit
deut|lich|keits|hal|ber

deutsch / Deutsch *s. Kasten*
Deutsch|ame|ri|ka|ner [*auch* ...'ka:...] (↑D 149; Amerikaner dt. Abstammung); Deutsch|ame|ri|ka|ne|rin
deutsch|ame|ri|ka|nisch ↑D 23: die deutschamerikanische Kultur; der deutsch-amerikanische *od.*
deutschamerikanische Schiffsverkehr
Deutsch|ar|beit; eine Deutscharbeit schreiben
deutsch-deutsch; die deutsch-deutschen Beziehungen (*früher* zwischen BRD u. DDR)
¹Deut|sche, der *u.* die; -n, -n; ich

Deutscher; wir Deutschen (auch wir Deutsche); drei Deutsche; alle [guten] Deutschen
²Deut|sche, das; des -n, dem -n (die deutsche Sprache überhaupt; in Zusammensetzungen bes. zur Bezeichnung der hist. u. landsch. Teilbereiche der deutschen Sprache); das Deutsche (z. B. im Ggs. zum Französischen); das Althochdeutsche, das Mittelhochdeutsche, das Neuhochdeutsche; die Laute des Deutschen (z. B. im Ggs. zum Englischen); die Formen des Niederdeutschen; im Deutschen (z. B. im Ggs. zum Italienischen); aus dem Deutschen, ins Deutsche übersetzen; vgl. auch Deutsch
Deut|schen|feind; Deut|schen|feindin; Deut|schen|freund; Deutschen|freun|din
Deut|schen|hass
deutsch|feind|lich
deutsch-fran|zö|sisch; die deutschfranzösischen Beziehungen
deutsch|freund|lich
Deutsch|herr (svw. Deutschordensritter)
Deutsch|kun|de, die; -; deutschkund|lich; deutschkundlicher Unterricht
Deutsch|land; des vereinigten Deutschland[s]
Deutsch|land|fah|ne
Deutsch|land|funk, der; -s (Informationsprogramm des Deutschlandradios)
deutsch|län|disch (bes. österr., schweiz. für in Deutschland üblich, binnendeutsch)
Deutsch|land|lied, das; -[e]s (Nationalhymne des Deutschen Reiches [seit 1922], deren dritte Strophe heute die offizielle Hymne Deutschlands ist)
Deutsch|land|po|li|tik
Deutsch|land|ra|dio, das; -s (überregional ausgerichteter, öffentlich-rechtlicher Rundfunksender)
deutsch|land|weit
Deutsch|leh|rer; Deutsch|leh|re|rin
Deutsch|meis|ter (Landmeister des Deutschen Ordens)
deutsch|na|ti|o|nal; deutschnationale Gesinnung
Deutsch|or|dens|rit|ter; Deutsch|ritter|or|den, der; -s
Deutsch|schweiz, die; - (schweiz. für deutschsprachige Schweiz)
Deutsch|schwei|zer (Schweizer deutscher Muttersprache); Deutsch|schwei|ze|rin
deutsch|schwei|ze|risch ↑D 23: die deutschschweizerische Literatur; ein deutsch-schweizerisches od. deutschschweizerisches Abkommen; vgl. schweizerdeutsch
deutsch|spra|chig (die deutsche Sprache sprechend, in ihr abgefasst, vorgetragen); deutschsprachige Völkerung
deutsch|sprach|lich (die deutsche Sprache betreffend); deutschsprachlicher Unterricht
Deutsch|spre|chen, das; -s
deutsch spre|chend, deutsch|sprechend vgl. deutsch / Deutsch
Deutsch spre|chend, deutsch|sprechend vgl. deutsch / Deutsch
deutsch|stäm|mig
Deutsch|stun|de
Deutsch|tum, das; -s (deutsche Wesensart)
Deutsch|tü|me|lei (abwertend für aufdringliche Betonung des Deutschtums); deutsch|tü|melnd; Deutsch|tüm|ler (abwertend); Deutsch|tüm|le|rin
Deutsch|tür|ke (↑D 149; Deutscher türkischer Abstammung, in Deutschland lebender Türke); Deutsch|tür|kin; deutsch|tür|kisch ↑D 23: die deutschtürkische Kultur; die deutsch-türkischen od. deutschtürkischen Beziehungen
Deutsch|un|ter|richt
Deu|tung; Deu|tungs|ver|such
Deut|zie, die; -, -n (nach dem Holländer van der Deutz) (ein Zierstrauch)
Deux|pi|èces, Deux-Pi|èces [døˈpi̯ɛːs], das; -, - (franz.) (zweiteiliges Kleid)
De|val|va|ti|on, die; -, -en (lat.) (Abwertung einer Währung); de|val|va|to|risch, de|val|va|ti|o|nistisch (abwertend); de|val|vie|ren (abwerten)
De|vas|ta|ti|on, die; -, -en (lat.) (Verwüstung); de|vas|tie|ren
De|ver|ba|tiv, das; -s, -e, De|ver|ba|ti|vum, das; -s, ...va (lat.) (Sprachwiss. von einem Verb abgeleitetes Substantiv od. Adjektiv, z. B. »Eroberung« von »erobern«, »hörig« von »hören«)
de|vi|ant (lat.) (fachspr. für abweichend); De|vi|a|ti|on, die; -, -en (Abweichung)
De|vice [diˈvaɪs], das; -, -s (engl.) (EDV reales od. virtuelles Stück Hardware); de|vi|ie|ren (von der [Partei]linie abweichen)
De|vi|se, die; -, -n (franz.) (Wahlspruch)
De|vi|sen Plur. (Zahlungsmittel in ausländischer Währung)
De|vi|sen|aus|gleich; De|vi|sen|be|stim|mung meist Plur.
De|vi|sen|be|wirt|schaf|tung; De|vi|sen|brin|ger
De|vi|sen|ge|schäft; De|vi|sen|handel vgl. ¹Handel; De|vi|sen|kurs; De|vi|sen|markt; De|vi|sen|reser|ve; De|vi|sen|schmug|gel; De|vi|sen|ver|ge|hen; De|vi|sen|ver|kehr
De|von, das; -[s] (nach einer engl. Grafschaft) (Geol. Formation des Paläozoikums); de|vo|nisch
de|vot (lat.) (unterwürfig); De|vo|ti|on, die; -, -en (Unterwürfigkeit; Andacht)
De|vo|ti|o|na|lie, die; -, -n (kath. Kirche der Andacht dienender Gegenstand); De|vo|ti|o|na|li|en|han|del
De|wa|na|ga|ri, die; - (sanskr.) (ind. Schrift [für das Sanskrit])
Dex|t|rin, das; -s, -e (lat.) ([Klebe]stärke)
dex|t|ro|gyr (lat.; griech.) (Chemie die Ebene polarisierten Lichtes nach rechts drehend; Zeichen d)
Dex|t|ro|kar|die, die; -, ...ien (lat.; griech.) (Med. anomale rechtsseitige Lage des Herzens)
Dex|t|ro|se, die; - (Traubenzucker)
Dez, der; -es, -e (mdal. für Kopf)
Dez. = Dezember
De|zem|ber, der; -[s], - (lat.) (zwölfter Monat im Jahr; Christmond, Julmond, Wintermonat; Abk. Dez.); De|zem|ber|abend; De|zem|ber|tag
De|zem|vir, der; Gen. -s u. -n, Plur. -n (Mitglied des Dezemvirats)
De|zem|vi|rat, das; -[e]s, -e (altrömisches Zehnmännerkollegium)
De|zen|ni|um, das; -s, ...ien (Jahrzehnt)
de|zent (lat.) (zurückhaltend, taktvoll; unaufdringlich)
De|zen|t|ral [auch ze:...] (nlat.) (vom Mittelpunkt entfernt)
De|zen|t|ra|li|sa|ti|on, De|zen|t|ra|li|sie|rung, die; -, -en (Auseinanderlegung von Verwaltungen usw.); de|zen|t|ra|li|sie|ren; De|zen|t|ra|li|sie|rung vgl. Dezentralisation
De|zenz, die; - (geh. für Anstand, Zurückhaltung; unauffällige Eleganz)
De|zer|nat, das; -[e]s, -e (lat.)

Dezernent

(Geschäftsbereich eines Dezernenten; Sachgebiet)
De|zer|nent, der; -en, -en (Sachbearbeiter mit Entscheidungsbefugnis [bei Behörden]; Leiter eines Dezernats); De|zer|nen|tin
De|zi, der; -[s], -[s]; *vgl.* Götti *(schweiz.; kurz für* Deziliter); 2 Dezi Wein
De|zi... ⟨lat.⟩ (Zehntel...; ein Zehntel einer Einheit [z. B. Dezimeter = $^1/_{10}$ Meter]; Zeichen d)
De|zi|bel, das; -s, - ($^1/_{10}$ Bel; bes. Maß der relativen Lautstärke; Zeichen dB)
de|zi|die|ren ⟨lat.⟩ *(geh. für* entscheiden); de|zi|diert (entschieden, energisch, bestimmt)
De|zi|gramm ⟨lat.; griech.⟩ ($^1/_{10}$ g; Zeichen dg)
De|zi|li|ter ($^1/_{10}$ l; Zeichen dl)
de|zi|mal ⟨lat.⟩ (auf der Grundzahl 10 bezogen)
De|zi|mal|bruch, der (Bruch, dessen Nenner mit [einer Potenz von] 10 gebildet wird)
De|zi|ma|le, die; -[n], -n *(Math.* eine Ziffer der Ziffernfolge, die rechts vom Komma einer Dezimalzahl steht)
de|zi|ma|li|sie|ren (auf das Dezimalsystem umstellen); De|zi|ma|li|sie|rung
De|zi|mal|klas|si|fi|ka|ti|on, die; -, -en *(Abk.* DK); De|zi|mal|maß; De|zi|mal|punkt; De|zi|mal|rech|nung; De|zi|mal|stel|le
De|zi|mal|sys|tem, das; -s; De|zi|mal|waa|ge; De|zi|mal|zahl
De|zi|me, die; -, -n *(Musik* zehnter Ton vom Grundton an)
De|zi|me|ter, der; -s, - ⟨lat.; griech.⟩ ($^1/_{10}$ m; Zeichen dm)
de|zi|mie|ren ⟨lat.⟩ (stark vermindern); de|zi|miert
De|zi|mie|rung
de|zi|siv ⟨lat.⟩ (entscheidend, bestimmt)
De|zi|ton|ne (100 kg; Zeichen dt)
DFB, der; - = Deutscher Fußball-Bund; DFB-Po|kal
DFF, der; - = Deutscher Fernsehfunk *(DDR)*
D-Füh|rer|schein
dg = Dezigramm
Dg = Dekagramm
DG = Dachgeschoss
D. G. = Dei Gratia
DGB, der; - = Deutscher Gewerkschaftsbund; DGB-ei|gen
dgl. = dergleichen
d. Gr. = der *od.* die Große

DGS = Deutsche Gebärdensprache
d. h. = das heißt
Dha|ka [d...], Dạc|ca, Dạk|ka (Hauptstadt von Bangladesch)
Dhau [daʊ] *vgl.* Dau
d'hondtsch [dɔntʃ, *auch* dəˈɔntʃ] (nach dem belgischen Juristen d'Hondt); das d'hondt|sche *od.* d'Hondt'sche System (ein Berechnungsmodus bei [Parlaments]wahlen) ↑D 89 *u.* 135
d. i. = das ist
Di. = Dienstag
DI = Diplomingenieur[in] *(in Österr.)*
Dia, das; -s, -s *(kurz für* Diapositiv)
Di|a|bas, der; -es, -e ⟨griech.⟩ (ein Ergussgestein)
Di|a|be|tes, der; - ⟨griech.⟩ *(Med.* Harnruhr); Diabetes mellitus *(Med.* Zuckerkrankheit)
Di|a|be|ti|ker; Di|a|be|ti|ke|rin
di|a|be|tisch
Dia|be|trach|ter (optisches Gerät)
Di|a|bo|lie, Di|a|bo|lik, die; - ⟨griech.⟩ (teuflisches Verhalten)
di|a|bo|lisch (teuflisch); diabolisches (magisches) Quadrat
Di|a|bo|lo, das; -s, -s ⟨ital.⟩ (ein Geschicklichkeitsspiel)
Di|a|bo|los, Di|a|bo|lus, der; - ⟨griech.⟩ (der Teufel)
dia|chron [...k...], dia|chro|nisch ⟨griech.⟩ *(Sprachwiss.* [entwicklungs]geschichtlich)
Dia|chro|nie, die; - *(Sprachwiss.* [Darstellung der] geschichtl. Entwicklung einer Sprache)
dia|chro|nisch *vgl.* diachron
Di|a|dem, das; -s, -e ⟨griech.⟩ (kostbarer [Stirn]reif)
Di|a|do|che, der; -n, -n ⟨griech.⟩ (mit anderen konkurrierender Nachfolger [Alexanders d. Gr.])
Di|a|do|chen|kampf *meist Plur.;* Di|a|do|chen|zeit, die; -
Dia|ge|ne|se, die; -, -n ⟨griech.⟩ (Veränderung eines Sediments durch Druck u. Temperatur)
Di|a|gno|se, die; -, -n ⟨griech.⟩ ([Krankheits]erkennung; *Zool., Bot.* Bestimmung); Di|a|gno|se|pro|gramm *(EDV)*
Di|a|gno|se|ver|fah|ren; Di|a|gno|se|zen|t|rum
Di|a|gnos|tik, die; -, -en *(Med.* Fähigkeit u. Lehre, Krankheiten usw. zu erkennen); Di|a|gnos|ti|ker; Di|a|gnos|ti|ke|rin; di|a|gnos|tisch; di|a|gnos|ti|zie|ren
dia|go|nal ⟨griech.⟩ (schräg laufend); Dia|go|nal, der; -[s] -s (schräg gestreifter Kleiderstoff)
Dia|go|na|le, die; -, -n (Gerade, die zwei nicht benachbarte Ecken eines Vielecks miteinander verbindet); drei Diagonale[n]
Dia|go|nal|rei|fen
Di|a|gramm, das; -s, -e ⟨griech.⟩ (zeichnerische Darstellung errechneter Zahlenwerte; Stellungsbild beim Schach)
Di|a|kaus|tik, die; -, -en ⟨griech.⟩ (die beim Durchgang von parallelem Licht bei einer Linse entstehende Brennfläche); di|a|kaus|tisch
Di|a|kon *(österr.* 'di:...], der; *Gen.* -s *u.* -en, *Plur.* -e[n] ⟨griech.⟩ (kath., anglikan. od. orthodoxer Geistlicher; karitativ od. seelsorgerisch tätiger Angestellter in ev. Kirchen); *vgl.* Diakonus
Di|a|ko|nat, das, *auch* der; -[e]s, -e (Diakonenamt, -wohnung)
Di|a|ko|nie®, die; -, ...ien ([berufsmäßige] Sozialtätigkeit [Krankenpflege, Gemeindedienst] in der ev. Kirche
Di|a|ko|nin; di|a|ko|nisch
Di|a|ko|nis|se, die; -, -n *u.* Di|a|ko|nis|sin, die; -, -nen (ev. Kranken- u. Gemeindeschwester); Di|a|ko|nis|sen|haus; Di|a|ko|nis|sin *vgl.* Diakonisse
Di|a|ko|nus, der; -, ...ko|ne[n] *(veraltet für* zweiter od. dritter Pfarrer einer ev. Gemeinde, Hilfsgeistlicher)
Dia|kri|se, Dia|kri|sis, die; -, ...jsen ⟨griech.⟩ *(Med.* entscheidende Krise einer Krankheit)
dia|kri|tisch (unterscheidend); diakritisches Zeichen *(Sprachwiss.)*
Di|a|lekt, der; -[e]s, -e ⟨griech.⟩ (Mundart); di|a|lek|tal (mundartlich)
Di|a|lekt|aus|druck *Plur.* ...drücke; Di|a|lekt|dich|tung; Di|a|lekt|fär|bung; Di|a|lekt|for|schung
di|a|lekt|frei
Di|a|lekt|geo|gra|fie, Di|a|lekt|geo|gra|phie
Di|a|lek|tik, die; -, -en (Erforschung der Wahrheit durch Aufweisung u. Überwindung von Widersprüchen)
Di|a|lek|ti|ker (jmd., der die dialektische Methode anwendet); Di|a|lek|ti|ke|rin
di|a|lek|tisch (die Dialektik betreffend; *auch für* spitzfindig; *seltener* mundartlich); dialektische

dichroitisch

Methode (von den Sophisten ausgebildete Kunst der Gesprächsführung); dialektischer Materialismus (marx. Lehre von den Grundbegriffen der Dialektik u. des Materialismus); dialektische Theologie (eine Richtung der ev. Theologie nach dem 1. Weltkrieg) ↑D 89
Di|a|lek|to|lo|gie, die; -, -n (Mundartforschung als Teilgebiet der Sprachwissenschaft); di|a|lek|to|lo|gisch
Di|a|lekt|spre|cher; Di|a|lekt|spre|che|rin
Di|a|ler ['daɪələ], der; -s, - ⟨engl.⟩ (EDV Computerprogramm, das eine Telefonverbindung [zum Internet] herstellt)
Di|a|log, der; -[e]s, -e ⟨griech.⟩ (Zwiegespräch; Wechselrede); Di|a|log|be|reit|schaft, die; -
di|a|lo|gisch (in Dialogform); di|a|lo|gi|sie|ren (in Dialogform kleiden); Di|a|log|kunst, die; -
Di|a|ly|sa|tor, der; -s, ...oren ⟨griech.⟩ (Chemie Gerät zur Durchführung der Dialyse)
Di|a|ly|se, die; -, -n (chem. Trennungsmethode; Med. Blutwäsche); Di|a|ly|se|ge|rät
Di|a|ly|se|pa|ti|ent; Di|a|ly|se|pa|ti|en|tin
Di|a|ly|se|sta|ti|on; Di|a|ly|se|zen|t|rum (für Nierenkranke)
di|a|ly|sie|ren; di|a|ly|tisch (auf Dialyse beruhend)
¹Di|a|mant, die; - ⟨franz.⟩ (Druckw. ein Schriftgrad)
²Di|a|mant, der; -en, -en; vgl. auch Demant; Di|a|mant|boh|rer
Di|a|mant|col|li|er
di|a|man|ten; diamantene od. Diamantene Hochzeit (60. Jahrestag der Hochzeit) ↑D 89
Di|a|mant|feld
Di|a|mant|hoch|zeit
Di|a|mant|leim (zum Fassen von Schmucksteinen)
Di|a|mant|schild|krö|te
Di|a|mant|schlei|fer; Di|a|mant|schlei|fe|rin
Di|a|mant|schliff; Di|a|mant|schmuck; Di|a|mant|staub
Di|a|mant|tin|te (ein Ätzmittel für Glas)
DIAMAT, Di|a|mat, der; - = dialektischer Materialismus
Di|a|me|ter, der; -s, - ⟨griech.⟩ (Durchmesser)
di|a|me|t|ral (entgegengesetzt)
di|a|me|t|risch (dem Durchmesser entsprechend)

Di|a|mor|phin (Med. Heroin)
Di|a|na (röm. Göttin der Jagd)
Di|a|pa|son, der; -s, Plur. -s u. ...one ⟨griech.⟩ (Kammerton; Stimmgabel; [auch das; -s, -s:] engl. Orgelregister)
di|a|phan ⟨griech.⟩ (Kunstwiss. durchscheinend); Di|a|phan|bild (durchscheinendes Bild)
Di|a|pho|ra, die; - ⟨griech.⟩ (Rhet. Betonung des Unterschieds zweier Dinge)
Di|a|pho|re|se, die; -, -n (Med. Schwitzen); di|a|pho|re|tisch (schweißtreibend)
Di|a|phrag|ma, das; -s, ...men ⟨griech.⟩ (Chemie durchlässige Scheidewand; Med. Zwerchfell; mechanisches Empfängnisverhütungsmittel)
Di|a|po|si|tiv [auch ...'tiːf], das; -s, -e ⟨griech.; lat.⟩ (durchscheinendes fotografisches Bild; Kurzform Dia); Di|a|pro|jek|tor (Vorführgerät für Dias)
Di|ä|re|se, Di|ä|re|sis, die; -, ...resen ⟨griech.⟩ (Sprachwiss. getrennte Aussprache zweier Vokale, z. B. naiv; Verslehre Einschnitt im Vers an einem Wortende; Philos. Begriffszerlegung; Med. Zerreißung eines Gefäßes mit Blutaustritt)
Di|a|ri|um, das; -s, ...ien ⟨lat.⟩ (Tagebuch; Kladde)
Di|ar|rhö, die; -, -en ⟨griech.⟩ (Med. Durchfall); di|ar|rhö|isch
Dia|show
Di|a|skop, das; -s, -e ⟨griech.⟩ (veraltend für Diaprojektor)
Di|a|s|po|ra, die; - ⟨griech.⟩ (Rel. Gebiet, in dem die Anhänger einer Konfession in der Minderheit sind; religiöse od. nationale Minderheit); Di|a|s|po|ra|ge|mein|de
Dia|s|to|le [auch di'astole], die; -, ...olen (Med. mit der Systole rhythmisch abwechselnde Erweiterung des Herzens); di|a|s|to|lisch; diastolischer Blutdruck (Med.) ↑D 89
Di|ät, die; -, Plur. (Arten:) -en ⟨griech.⟩ (Krankenkost; Schonkost; spezielle Ernährungsweise; Diät leben; Diät halten, kochen; jmdn. auf Diät setzen
Di|ät|as|sis|ten|tin (svw. Diätistin)
di|ä|ten meist im Infinitiv gebr. (ugs.) selten: ich diäte, habe diätet
Di|ä|ten Plur. ⟨lat.⟩ (Tagegelder;

Aufwandsentschädigung u. a. [bes. von Parlamentariern])
Di|ä|te|tik, die; -, -en ⟨griech.⟩ (Ernährungslehre); Di|ä|te|ti|kum, das; -s, ...ka (für eine Diät geeignetes Nahrungsmittel); di|ä|te|tisch (der Diätetik gemäß)
Di|ät|fahr|plan (ugs. für Diätplan)
Di|ät|feh|ler (Med. Fehler in der Ernährungsweise)
Dia|thek, die; -, -en ⟨griech.⟩ (Diapositivsammlung)
dia|ther|man ⟨griech.⟩ (Med., Meteorol. Wärmestrahlen durchlassend); Dia|ther|mie, die; - (Med. Heilverfahren, bei dem Hochfrequenzströme innere Körperteile durchwärmen)
Dia|the|se, die; -, -n ⟨griech.⟩ (Med. Veranlagung zu bestimmten Krankheiten)
Di|äthy|len|gly|kol, fachspr. Diethy|len|gly|kol (griech.) (Bestandteil von Frostschutzmitteln u. a.)
di|ä|tisch ⟨griech.⟩ (die Ernährung betreffend); Di|ä|tis|tin (w. Fachkraft, die bei der Aufstellung von Diätplänen mitwirkt)
Di|ät|kost; Di|ät|kü|che; Di|ät|kur
Di|a|to|mee, die; -, -n meist Plur. ⟨griech.⟩ (Bot. Kieselalge)
Di|a|to|me|en|er|de (svw. Kieselgur); Di|a|to|me|en|schlamm (Ablagerung von Diatomeen)
Dia|to|nik, die; - ⟨griech.⟩ (Musik Dur-Moll-Tonsystem; das Fortschreiten in der Tonfolge der 7-stufigen Tonleiter); dia|to|nisch (auf der Diatonik beruhend); die diatonische Tonleiter
Di|ät|plan
Dia|t|ri|be, die; -, -n ⟨griech.⟩ (Abhandlung; Streitschrift)
Dia|vor|trag
Dib|bel|ma|schi|ne ⟨engl.; franz.⟩; dib|beln ⟨engl.⟩ (Landwirtsch. in Reihen aussäen); ich dibb[e]le; vgl. aber tippeln
dich (kann in Briefen groß- oder kleingeschrieben werden); vgl. du
Di|cho|to|mie, die; -, ...ien ⟨griech.⟩ (Zweiteilung [in Begriffspaare]; Bot. Gabelung); di|cho|to|misch; di|cho|tom
Di|chro|is|mus [...k...], der; - ⟨griech.⟩ (Physik Zweifarbigkeit von Kristallen bei Lichtdurchgang); di|chro|i|tisch; dichroitische Spiegel

dichromatisch

di|chro|ma|tisch (*Optik* zweifarbig); dichromatische Gläser

Di|chro|s|kop, das; -s, -e (besondere Lupe zur Prüfung auf Dichroismus); di|chro|s|ko|pisch

D / dich

dicht
– dicht an dicht, dicht bei dicht
– dicht neben dem Haus

Wenn »dicht« das Ergebnis der mit einem folgenden einfachen Verb bezeichneten Tätigkeit angibt, kann getrennt oder zusammengeschrieben werden ↑D 56:
– ein Fass dicht machen od. dichtmachen
– *Aber:* das Gelände wurde zu dicht bebaut; das Glas muss dicht schließen

Bei übertragener Bedeutung gilt Zusammenschreibung; vgl. dichthalten, dichtmachen

In Verbindung mit adjektivisch gebrauchten Partizipien kann bei nicht übertragener Bedeutung getrennt oder zusammengeschrieben werden ↑D 58:
– ein dicht bebautes od. dichtbebautes Gelände
– eine dicht behaarte od. dichtbehaarte Brust
– eine dicht besiedelte, dicht bevölkerte od. dichtbesiedelte, dichtbevölkerte Region

dicht|auf; dichtauf folgen
dicht be|baut, dicht|be|baut vgl. dicht
dicht be|haart, dicht|be|haart vgl. dicht
dicht be|laubt, dicht|be|laubt vgl. dicht
dicht be|sie|delt, dicht|be|sie|delt vgl. dicht
dicht be|völ|kert, dicht|be|völ|kert vgl. dicht
dicht be|wölkt, dicht|be|wölkt vgl. dicht
Dich|te, die; -, -n *Plur. selten* (*Technik auch für* Verhältnis der Masse zur Raumeinheit); Dich|te|mes|ser, der (*für* Densimeter)
¹dich|ten (dicht machen)
²dich|ten (Verse schreiben); Dich|ten, das; -s ↑D 82: das Dichten und Trachten der Menschen
Dich|ter
Dich|ter|fürst (*geh. für* herausragender Dichter); Dich|te|rin
dich|te|risch; dichterische Freiheit
Dich|ter|kom|po|nist (Dichter u. Komponist in einer Person); Dich|ter|kom|po|nis|tin
Dich|ter|kreis; Dich|ter|le|sung; Dich|ter|spra|che
Dich|ter|tum, das; -s
Dich|ter|wort *Plur.* ...worte
dicht ge|drängt, dicht|ge|drängt vgl. dicht
dicht|hal|ten (*ugs. für* nichts verraten); sie hat [absolut] dichtgehalten, *aber* der Verschluss hat dicht gehalten ↑D 56
Dicht|heit, die; -
Dich|tig|keit, die; -
Dicht|kunst, die; -
dicht|ma|chen (*ugs. für* schließen); sie haben die Fabrik dichtgemacht; *aber* das Fass wurde dicht gemacht od. dichtgemacht; die Schotten dicht machen od. dichtmachen; *vgl.* dicht
¹Dich|tung (Gedicht)
²Dich|tung (Vorrichtung zum Dichtmachen)
Dich|tungs|art; Dich|tungs|gat|tung
Dich|tungs|mas|se; Dich|tungs|ma|te|ri|al; Dich|tungs|mit|tel, das; Dich|tungs|ring; Dich|tungs|schei|be; Dich|tungs|stoff
dick; durch dick und dünn ↑D 72; dick auftragen; dick machen od. dickmachen
dick|bau|chig; dick|bäu|chig
Dick|blatt|ge|wächs (*Bot.*)
Dick|darm; Dick|darm|ent|zün|dung; Dick|darm|krebs
di|cke; *nur in* jmdn., eine Sache dicke haben (*ugs. für* jmds., einer Sache überdrüssig sein)
¹Di|cke, die; -, -n (*nur Sing.:* Dicksein; *[in Verbindung mit Maßangaben]* Abstand von einer Seite zur anderen; Bretter von 2 mm Dicke, von verschiedenen Dicken
²Di|cke, der u. die; -n, -n
di|cken (zähflüssig machen, werden); Brombeersaft dickt leicht
Di|ckens (engl. Schriftsteller)
Di|cken|wachs|tum (z. B. eines Baumes)
Di|cker|chen
di|cke|tun, dịck|tun (*ugs. für* sich wichtigmachen); ich tue mich dick[e]; dick[e]getan; dick[e]zu|tun
dick|fel|lig (*ugs. abwertend*); Dick|fel|lig|keit, die; -
dick|flei|schig; dick|flüs|sig
Dick|häu|ter
Di|ckicht, das; -s, -e
Dick|kopf (*ugs.*); dick|köp|fig (*ugs.*)
dick|lei|big; dick|lich
dick ma|chen, dick|ma|chen vgl. dick
Dick|ma|cher (*ugs. für* sehr kalorienreiches Nahrungsmittel)
Dick|milch
Dick|schä|del (*ugs.*); dick|schä|de|lig, dick|schäd|lig
Dick|schiff (großes Seeschiff)
Dick|sein, das; -s
Dick|te, die; -, -n (*Druckw.* Buchstabenbreite)
Dick|tu|er; Dick|tu|e|rei; Dick|tu|e|rin; dick|tun vgl. dicketun
Di|ckung (*Jägerspr.* Dickicht)
dick|wan|dig
Dick|wanst (*ugs. abwertend*)
Dick|wurz (Runkelrübe)
Di|dak|tik, die; -, -en ⟨griech.⟩ (Unterrichtslehre); Di|dak|ti|ker; Di|dak|ti|ke|rin; di|dak|tisch (unterrichtskundlich; lehrhaft)
di|del|dum!; di|del|dum|dei!
Di|de|rot [...'ro:] (franz. Schriftsteller u. Philosoph)
Did|ge|ri|doo [dɪdʒəri'du:], das; -s, -s ⟨engl.⟩ (röhrenförmiges Blasinstrument der australischen Ureinwohner)
Di|do (sagenhafte Gründerin Karthagos)
die; der u. deren (*vgl. d.*); *Plur. vgl.* der
Dieb, der; -[e]s, -e; Die|be|rei
Die|bes|ban|de vgl. ²Bande; Die|bes|beu|te; Die|bes|gut; Die|bes|ha|ken vgl. ²Dietrich; Die|bes|nest
die|bes|si|cher
Die|bes|tour; Die|bes|zug; Die|bin
die|bisch
Dieb|stahl, der; -[e]s, ...stähle; Dieb|stahl|ver|si|che|rung
Dief|fen|ba|chie [...jə], die; -, -n ⟨nach dem österr. Botaniker Dieffenbach⟩ (eine Zierpflanze)
die|je|ni|ge; *Gen.* derjenigen, *Plur.* diejenigen
Die|le, die; -, -n
Di|elek|t|ri|kum, das; -s, ...ka ⟨griech.⟩ (elektr. Nichtleiter); di|elek|t|risch
Di|elek|t|ri|zi|täts|kon|s|tan|te (Wert, der die elektrischen Eigenschaften eines Stoffes kennzeichnet; *Zeichen* ε)
die|len (mit Dielen belegen); Die|len|bo|den; Die|len|brett
Die Lin|ke (eine polit. Partei)
Die|me, die; -, -n, Die|men, der; -s, - (*nordd. für* [Heu]haufen)
die|nen

Dierk

Diens|tag

der; -[e]s, -e (*Abk.* Di.)

Das Substantiv »Dienstag« wird großgeschrieben:
- ich werde euch [am] Dienstag besuchen
- alle Dienstage; eines Dienstags; des Dienstags

Hingegen wird das Adverb »dienstags« kleingeschrieben ↑D 70*:*
- dienstags (jeden Dienstag) um fünf Uhr
- immer dienstags; dienstags abends; dienstags nachmittags

Verbindungen aus Wochentag und Tageszeitangabe werden meist zusammengeschrieben:
- am [nächsten] Dienstagabend, Dienstagnachmittag
- seit Dienstagmorgen streiken die Lokführer, bis Dienstagnacht fallen viele Zugverbindungen aus
- *aber* die Preisverleihung findet Dienstag [am] Abend statt
- immer dienstagabends (*od.* dienstags abends); immer dienstagnachmittags (*od.* dienstags nachmittags)
- *entsprechend in Verbindung mit* Morgen, morgens usw.
- *bes. österr.* wir haben davon erst Dienstagfrüh erfahren, *aber* wir werden dich [am] Dienstag früh (zeitig) abholen

Vgl. auch Dienstagabend *u.* ↑D 69

Die|ner; Die|ne|rin
die|nern; ich dienere
Die|ner|schaft; Die|ner|schar *vgl.* ¹Schar
dien|lich; sein Verhalten war der Sache [wenig] dienlich
Dienst, der; -[e]s, -e; *auch zu* Diensten stehen; etw. in Dienst stellen (in Betrieb nehmen); außer Dienst (*Abk.* a. D.); der diensthabende *od.* Dienst habende Beamte; die diensttuende *od.* Dienst tuende Ärztin; dienstleistende *od.* Dienst leistende Tätigkeiten ↑D 58; ↑D 72; der Diensthabende wurde gerufen; im öffentlichen *od.* Öffentlichen Dienst
Dienst|ab|teil
Diens|tag *s. Kasten*
Diens|tag|abend [*auch* 'di:...'la:...]; meine Dienstagabende sind schon alle belegt; er ist für diesen Dienstagabend bestellt; am, jeden Dienstagabend; *aber* sie kommt Dienstag [am] Abend; eines schönen Dienstagabends; *aber* dienstagabends *od.* dienstags abends spielen wir Skat; *vgl.* Dienstag
diens|tä|gig *vgl.* ...tägig; diens|täg|lich *vgl.* ...täglich
Diens|tag|mit|tag [*auch* 'di:...'mɪt...] *vgl.* Dienstagabend
Diens|tag|mor|gen [*auch* 'di:...'mɔr...] *vgl.* Dienstagabend
Diens|tag|nach|mit|tag [*auch* 'di:...'na:...] *vgl.* Dienstagabend
Diens|tag|nacht [*auch* 'di:...'na...] *vgl.* Dienstagabend
diens|tags *vgl.* Dienstag
Diens|tags|ver|an|stal|tung
Diens|tag|vor|mit|tag [*auch* 'di:...'fo:ɐ̯...] *vgl.* Dienstagabend

Dienst|al|ter; Dienst|äl|tes|te
Dienst|an|tritt; Dienst|an|wei|sung; Dienst|an|zug; Dienst|auf|fas|sung
Dienst|auf|sicht; Dienst|auf|sichts|be|schwer|de (*Rechtswiss.*)
Dienst|aus|weis; Dienst|au|to
dienst|bar; Dienst|bar|keit
Dienst|be|flis|sen
Dienst|be|ginn, der; -[e]s; Dienst|be|hör|de
Dienst|be|reit; Dienst|be|reit|schaft, die; -
Dienst|bo|te; Dienst|bo|tin
Dienst|büch|lein (*schweiz. für* Ausweis über die Erfüllung der Militärpflicht)
dienst|eif|rig
Dienst|fahrt
dienst|fer|tig; dienst|frei; dienstfrei haben, sein
Dienst|ge|ber (*österr. neben* Arbeitgeber); Dienst|ge|ber|bei|trag (*österr. neben* Arbeitgeberbeitrag); Dienst|ge|be|rin
Dienst|ge|brauch; nur für den Dienstgebrauch
Dienst|ge|heim|nis; Dienst|ge|spräch; Dienst|grad
dienst|ha|bend, Dienst ha|bend *vgl.* Dienst; Dienst|ha|ben|de, der *u.* die; -n, -n ↑D 72
Dienst|han|dy
Dienst|herr; Dienst|her|rin
Dienst|jahr; Dienst|ju|bi|lä|um
dienst|leis|tend, Dienst leis|tend *vgl.* Dienst
Dienst|leis|ter; Dienst|leis|te|rin
Dienst|leis|tung; Dienst|leis|tungs|abend; Dienst|leis|tungs|be|trieb; Dienst|leis|tungs|ge|sell|schaft; Dienst|leis|tungs|ge|wer|be; Dienst|leis|tungs|sek|tor; Dienst|leis|tungs|un|ter|neh|men

dienst|lich
Dienst|mäd|chen (*veraltet*)
¹Dienst|mann *Plur.* ...mannen (*früher für* Lehnsmann)
²Dienst|mann *Plur.* ...männer *u.* ...leute (*veraltend für* Gepäckträger)
Dienst|mar|ke
Dienst|neh|mer (*österr. neben* Arbeitnehmer); Dienst|neh|me|rin; Dienst|per|so|nal
Dienst|pflicht; dienst|pflich|tig; Dienst|plan
Dienst|prag|ma|tik (*österr. früher für* generelle Norm für das öffentl.-rechtl. Dienstverhältnis)
Dienst|rang
Dienst|recht; dienst|recht|lich
Dienst|rei|se; Dienst|sa|che
Dienst|schluss, der; ...schlusses
Dienst|sie|gel; Dienst|sitz
Dienst|stel|le; Dienst|stel|len|ausschuss (*österr. für* Personalvertretung in einer Dienststelle)
Dienst|stem|pel; Dienst|stun|de
dienst|taug|lich
dienst|tu|end, Dienst tu|end *vgl.* Dienst
dienst|un|fä|hig; Dienst|un|fä|hig|keit
Dienst|ver|ge|hen; Dienst|ver|hält|nis
dienst|ver|pflich|tet; Dienst|ver|trag
Dienst|ver|wei|ge|rer (*bes. schweiz.*); Dienst|ver|wei|ge|rin
Dienst|vor|schrift; Dienst|waf|fe; Dienst|wa|gen; Dienst|weg
dienst|wid|rig
Dienst|woh|nung; Dienst|zeit
Dienst|zet|tel (*österr. für* schriftliche Aufstellung der Dienstverpflichtungen); Dienst|zeug|nis
Dierk *vgl.* Dirk

dies, die|ses; *Gen.* dieses
Di|es, der; - *(kurz für* Dies academicus*)*; **Di|es aca|de|mi|cus**, der; - - ⟨lat.⟩ *(vorlesungsfreier Tag an der Universität, an dem eine Feier o. Ä. angesetzt ist)*
dies|be|züg|lich
Die|sel, der; -[s], - ⟨nach dem Erfinder⟩ *(kurz für* Dieselkraftstoff; [Auto mit] Dieselmotor*)*
die|sel|be; *Gen.* derselben; *Plur.* dieselben; ein[e] und dieselbe
die|sel|bi|ge *(veraltet für* dieselbe*)*
die|sel|elek|t|risch
Die|sel|fahr|zeug
Die|sel|kraft|stoff *(Abk.* DK*)*
Die|sel|mo|tor ↑D 136
die|seln (wie ein Dieselmotor ohne Zündung weiterlaufen)
Die|sel|öl; **Die|sel|par|ti|kel|fil|ter**; **Die|sel|tank**
die|ser, diese, dieses (dies); *Gen.* dieses, dieser, dieses; *Plur.* diese; dieser selbe [Augenblick]
die|ser|art *(auf diese Weise; so)*; *aber* Fälle [von] dieser Art
die|ser|halb *(geh. veraltend)*
die|ses *vgl.* dies
die|ses Jah|res *(Abk.* d. J.*)*
die|ses Mo|nats *(Abk.* d. M.*)*
dies|falls *(österr., schweiz., sonst veraltend)*
die|sig *(dunstig, trübe u. feucht)*; **Die|sig|keit**, die; -
Di|es I|rae, das; - - ⟨lat., »Tag des Zornes«⟩ *(Rel.* Anfang eines Hymnus auf das Weltgericht; Teil des Requiems*)*
dies|jäh|rig
dies|mal; *aber* dieses Mal, dieses *od.* dies eine, letzte Mal; **dies|ma|lig**
dies|sei|tig; **Dies|sei|tig|keit**, die; -
dies|seits; *Präp. mit Gen.:* diesseits des Flusses; **Dies|seits**, das; -; im Diesseits
Dies|seits|glau|be
Die|ter, **Die|ther** (m. Vorn.)
Diet|hild, **Diet|hil|de** (w. Vorn.)
Di|ethy|len|gly|kol *vgl.* Diäthylenglykol
Diet|lind, **Diet|lin|de** (w. Vorn.)
Diet|mar (m. Vorn.)
¹Diet|rich (m. Vorn.)
²Diet|rich, der; -s, -e *(Nachschlüssel)*
³Diet|rich, Marlene (dt.-amerik. Schauspielerin)
die|weil, all|die|weil *(veraltet)*
Dif|fa|ma|ti|on, die; -, -en ⟨lat.⟩ *(Verleumdung)*; **dif|fa|ma|to|risch**; **Dif|fa|mie**, die; -, ...ien *(verleumderische Bosheit)*; **dif|fa|mie|ren**; **Dif|fa|mie|rung**

dif|fe|rent ⟨lat.⟩ *(verschieden)*
dif|fe|ren|ti|al, **Dif|fe|ren|ti|al** usw. *vgl.* Differenzial, differenzial usw.
dif|fe|ren|ti|ell *vgl.* differenziell
Dif|fe|renz, die; -, -en *(Unterschied; Unstimmigkeit)*
Dif|fe|renz|be|trag; **Dif|fe|renz|ge|schäft** *(Börsentermingeschäft)*
dif|fe|ren|zi|al, dif|fe|ren|ti|al *(einen Unterschied begründend od. darstellend)*
Dif|fe|ren|zi|al, **Dif|fe|ren|ti|al**, das; -s, -e *(Math.* unendlich kleine Differenz; *kurz für* Differenzialgetriebe*)*
Dif|fe|ren|zi|al|geo|me|t|rie, Dif|fe|ren|ti|al|geo|me|t|rie *(Math.)*
Dif|fe|ren|zi|al|ge|trie|be, Dif|fe|ren|ti|al|ge|trie|be *(Ausgleichsgetriebe beim Kraftfahrzeug)*
Dif|fe|ren|zi|al|glei|chung, Dif|fe|ren|ti|al|glei|chung *(Math.)*
Dif|fe|ren|zi|al|quo|ti|ent, Dif|fe|ren|ti|al|quo|ti|ent *(Math.)*
Dif|fe|ren|zi|al|rech|nung, Dif|fe|ren|ti|al|rech|nung *(Math.)*
Dif|fe|ren|zi|al|schal|tung, Dif|fe|ren|ti|al|schal|tung *(Elektrot.)*
Dif|fe|ren|zi|a|ti|on, Dif|fe|ren|ti|a|ti|on, die; -, -en *(Math.* Anwendung der Differenzialrechnung; *Geol.* Aufspaltung einer Stammschmelze*)*
dif|fe|ren|zi|ell, dif|fe|ren|ti|ell *(svw.* differenzial*)*
dif|fe|ren|zie|ren *(unterscheiden; abstufen; Math.* die Differenzialrechnung anwenden*)*; eine differenzierte Betrachtungsweise
Dif|fe|ren|ziert|heit *(Unterschiedlichkeit; Abgestuftsein)*
Dif|fe|ren|zie|rung
dif|fe|rie|ren *(verschieden sein; voneinander abweichen)*
dif|fi|zil ⟨franz.⟩ *(schwierig, kompliziert; schwer zu behandeln)*
Dif|frak|ti|on, die; -, -en ⟨lat.⟩ *(Physik* Strahlenbrechung, Beugung des Lichtes*)*
dif|fun|die|ren ⟨lat.⟩ *(fachspr. für* durchdringen; zerstreuen*)*
dif|fus *(zerstreut; verschwommen)*; diffuses Licht
Dif|fu|si|on, die; -, -en *(Chemie* gegenseitige Durchdringung [von Gasen od. Flüssigkeiten]; *Physik* Zerstreuung; *Bergmannsspr.* Wetteraustausch*)*
Dif|fu|sor, der; -s, ...oren *(Technik* Rohrleitungsteil, dessen Querschnitt sich erweitert; *Fotogr.* Licht streuende Plastikscheibe zur Erweiterung des Messwinkels bei Lichtmessern*)*

Di|gam|ma, das; -[s], -s *(Buchstabe im ältesten griech. Alphabet;* F*)*
di|gen ⟨griech.⟩ *(Biol.* durch Verschmelzung zweier Zellen gezeugt*)*
di|ge|rie|ren ⟨lat.⟩ *(Chemie* auslaugen, -ziehen; *Med.* verdauen*)*
Di|gest ['daɪdʒɛst], der *od.* das; -[s], -s ⟨engl.⟩ *(Zeitschrift, die Auszüge aus Büchern, Zeitschriften u. Ä. bringt)*
Di|ges|ten [di'gɛ...] *Plur.* ⟨lat.⟩ *(Gesetzessammlung des Kaisers Justinian)*
Di|ges|tif [...ʒɛs'ti:f], der; -s, -s ⟨franz.⟩ *(Verdauungsgetränk)*
Di|ges|ti|on [...g...], die; -, -en ⟨lat.⟩ *(Med.* Verdauung; *Chemie* Auslaugen*)*
di|ges|tiv *(Med.* Verdauung bewirkend; Verdauungs-...*)*
Di|git [...dʒɪt], das; -s, -s ⟨engl.⟩ *(Ziffer einer elektron. Anzeige)*
di|gi|tal [digi...] ⟨lat.⟩ *(Med.* mit dem Finger; *Technik* in Ziffern dargestellt, ziffernmäßig; *EDV* in Stufen erfolgend*)*
Di|gi|tal|box *(für digitalen Fernsehempfang)*
Di|gi|tal|fern|se|hen; **Di|gi|tal|fo|to**; **Di|gi|tal|funk**
Di|gi|tal|ge|schäft *(Wirtsch.)*
Di|gi|ta|lis, die; -, - *(Fingerhut, eine Arzneipflanze)*
di|gi|ta|li|sie|ren *(Technik* mit Ziffern darstellen; in ein digitales Signal umwandeln*)*; **Di|gi|ta|li|sie|rung**
Di|gi|tal|ka|me|ra; **Di|gi|tal|ka|nal** *(digitaler Rundfunk- od. Fernsehkanal)*
Di|gi|tal Na|tive ['dɪdʒɪtl 'neɪtɪv], der; - -s, - -s ⟨lat.-engl.⟩ *(jmd., der mit digitalen Technologien aufgewachsen ist u. routiniert mit ihnen umgeht)*
Di|gi|tal|ra|dio, das; -s; **Di|gi|tal|rech|ner**; **Di|gi|tal|tech|nik**; **Di|gi|tal|ton|band**; **Di|gi|tal-TV**, das; -[s]; **Di|gi|tal|uhr**
di|glos|sie, die; -, ...ien ⟨griech.⟩ *(Sprachwiss.* Zweisprachigkeit*)*
Di|glyph, der; -s, -e, **Di|gly|phe**, die; -, -n ⟨griech.⟩ *(Archit.* zweigeschlitzte Platte am Gebälk [ital. Renaissance]*)*
Di|gni|tar ⟨lat.⟩, **Di|gni|tär** ⟨franz.⟩ der; -s, -e *(Würdenträger der kath. Kirche)*; **Di|gni|tät**, die; -, -en ⟨lat.⟩ *(bes. kath. Rel.* Würde*)*

Dinosaurus

Di|gres|si|on, die; -, -en ⟨lat.⟩ (*Astron.* Winkel zwischen dem Meridian u. dem Vertikalkreis, der durch ein polnahes Gestirn geht)

DIHK, der; - = Deutscher Industrie- und Handelskammertag

Di|jam|bus, der; -, ...ben ⟨griech.⟩ (*Verslehre* Doppeljambus)

Di|jon [di'ʒõ:] ⟨franz. Stadt⟩

Di|ke ⟨griech. Göttin der Gerechtigkeit, eine der ²Horen⟩

di|klin ⟨griech.⟩ (*Bot.* eingeschlechtig)

Di|ko|tyle, Di|ko|ty|le|do|ne, die; -, -n ⟨griech.⟩ (*Bot.* zweikeimblättrige Pflanze)

Dik|ta|fon, Dik|ta|phon, das; -s, -e ⟨lat.; griech.⟩ (Tonbandgerät zum Diktieren)

Dik|tant, der; -en, -en (jmd., der diktiert); **Dik|tan|tin**

Dik|ta|phon vgl. **Diktafon**

Dik|tat, das; -[e]s, -e ⟨lat.⟩

Dik|ta|tor, der; -s, ...oren; **Dik|ta|to|rin; dik|ta|to|risch**

Dik|ta|tur, die; -, -en; die Diktatur des Proletariats (*marx.*)

dik|tie|ren (zur Niederschrift vorsprechen; aufzwingen)

Dik|tier|ge|rät

Dik|ti|on, die; -, -en (Schreibart; Ausdrucksweise)

Dik|ti|o|när, das u. der; -s, -e ⟨franz.⟩ (*veraltet für* Wörterbuch)

Dik|tum, das; -s, ...ta ⟨lat., »Gesagtes«⟩ (Ausspruch)

di|la|ta|bel ⟨lat.⟩ (dehnbar); ...ta|ble Buchstaben; **Di|la|ta|bi|les** *Plur.* (in die Breite gezogene hebr. Buchstaben)

Di|la|ta|ti|on, die; -, -en (*Physik* Ausdehnung; *Med.* Erweiterung [von Körperhöhlen])

Di|la|ti|on, die; -, -en ⟨lat.⟩ (*Rechtsspr.* Aufschub[frist]); **di|la|to|risch** (aufschiebend)

Dil|do, der; -[s], -s ⟨engl.⟩ (künstlich nachgebildeter erigierter Penis)

Di|lem|ma, das; -s, *Plur.* -s, *auch* -ta ⟨griech.⟩ (Zwangslage; Wahl zwischen zwei [unangenehmen] Dingen)

Di|let|tant, der; -en, -en ⟨ital.⟩ (*geh. für* [Kunst]liebhaber; Nichtfachmann; Stümper); **di|let|tan|ten|haft; Di|let|tan|tin; di|let|tan|tisch**

Di|let|tan|tis|mus, der; - (laienhafte Beschäftigung mit etwas, Liebhaberei; Stümperhaftigkeit); **di|let|tie|ren**

Di|li (Hauptstadt von Timor-Leste)

Dill, der; -s, -e, *bes. österr. auch* **Dil|le,** die; -, -n (eine Gewürzpflanze)

Dil|len|kraut, Dill|kraut (*österr.*)

Dil|they (dt. Philosoph)

Di|lu|vi|um, das; -s (*älter für* Pleistozän)

dim. = diminuendo

Dime [daɪm], der; -s, -s (US-amerik. Münze); 10 Dime

Di|men|si|on, die; -, -en ⟨lat.⟩ (Ausdehnung; [Aus]maß; Bereich); **di|men|si|o|nal** (die Ausdehnung bestimmend); **di|men|si|o|nie|ren** (abmessen; *Technik* die Maße festlegen)

Di|me|ter, der; -s, - ⟨griech.⟩ (*Verslehre* antike Verseinheit aus zwei Füßen)

di|mi|nu|en|do ⟨ital.⟩ (*Musik* in der Tonstärke abnehmend; *Abk.* dim.); **Di|mi|nu|en|do,** das; -s, *Plur.* -s u. ...di

di|mi|nu|ie|ren ⟨lat.⟩ (verkleinern, verringern); **Di|mi|nu|ti|on,** die; -, -en (*Musik auch für* Verkürzung der Notenwerte; variierende Verzierung)

di|mi|nu|tiv (*Sprachwiss.* verkleinernd); **Di|mi|nu|tiv,** das; -s, -e, **Di|mi|nu|ti|vum,** das; -s, ...va (*Sprachwiss.* Verkleinerungswort, z. B. »Öfchen«); **Di|mi|nu|tiv|form** (*Sprachwiss.*); **Di|mi|nu|ti|vum** vgl. Diminutiv

dim|men ⟨engl.⟩ (mit einem Dimmer regulieren); gedimmt; **Dim|mer,** der; -s, - (stufenloser Helligkeitsregler)

di|morph ⟨griech.⟩ (zweigestaltig, zweiformig); **Di|mor|phis|mus,** der; -, ...men

DIN® ⟨*Abk. für* Deutsche Industrie-Norm⟩ (Verbandszeichen des Deutschen Instituts für Normung e. V.); DIN lang (Bezeichnung für ein Papierformat); *mit einer Nummer zur Bezeichnung einer Norm* (z. B. DIN 16 511) *u. bei Kopplungen* (z. B. DIN-A4-Blatt, DIN-Norm, DIN-Mitteilungen, DIN-Format, DIN-lang-Format); *vgl. auch* ↑D 26

Di|na (w. Vorn.; bibl. w. Eigenn.)

Di|nar, der; -[s], -e (Währungseinheit in Algerien, Bahrain, Irak, Jordanien, Kuwait, Libyen, Serbien, Tunesien)

di|na|risch; *aber* ↑D 140: das Dinarische Gebirge (im Westen des ehem. Jugoslawien)

¹Di|ner [...'ne:], das; -s, -s ⟨franz.⟩ (*geh. für* [festliches] Abend- od. Mittagessen mit mehreren Gängen)

²Di|ner ['daɪnɐ], der; -s, - ⟨amerik.⟩ (amerik. Schnellrestaurant)

¹Ding, das; -[e]s, *Plur.* -e, *ugs.* -er (Sache); guter Dinge sein

²Ding, das; -[e]s, -e (germ. Volks-, Gerichts- u. Heeresversammlung); *vgl. auch* Thing

Din|gel|chen (kleines Ding)

din|gen (*veraltend für* in Dienst nehmen); du dingest; gedungen (*seltener* gedingt); ding[e]!

Din|ger|chen, das; -s, -

ding|fest; *nur in* jmdn. dingfest machen (verhaften)

Din|gi, das; -s, -s ⟨Hindi⟩ (kleines Beiboot)

ding|lich (eine Sache betreffend; gegenständlich); dinglicher Anspruch; **Ding|lich|keit,** die; -

Din|go, der; -s, -s ⟨austral.⟩ (austral. Wildhund)

Dings, Dings|bums, ¹Dings|da, der, die, das; - (*ugs. für* eine unbekannte od. unbenannte Person od. Sache)

...dings (z. B. neuerdings)

²Dings|da, Dings|kir|chen [*auch* ...'kɪr...], der, die, das; - (*ugs. für* einen unbekannten od. unbenannten Ort)

Ding|wort *Plur.* ...wörter (*für* Substantiv)

di|nie|ren ⟨franz.⟩ (*geh. für* [in festlichem Rahmen] essen, speisen)

Di|ning|room ['daɪnɪŋruːm], der; -s, -s ⟨engl.⟩ (*engl. Bez. für* Speisezimmer)

Dink, der; -s, -s *meist Plur.* ⟨aus engl. double income, no kids = doppeltes Einkommen, keine Kinder⟩ (jmd., der in einer kinderlosen Partnerschaft lebt, in der beide Partner einem Beruf nachgehen)

Din|kel, der; -s, - *Plur. selten* (Weizenart, Spelt)

Din|ner, das; -s, -[s] ⟨engl.⟩ (Hauptmahlzeit in England [abends eingenommen])

Din|ner|ja|cket, Din|ner-Ja|cket [...'dʒɛkɪt], das; -s, -s ⟨*engl. Bez. für* Smoking[jackett]⟩

Din|ner|show

Di|no, der; -s, -s (*ugs.; kurz für* Dinosaurier); **Di|no|sau|ri|er,** der; -s, -, **Di|no|sau|rus,** der; -, ...rier ⟨griech.⟩ (ausgestorbene Riesenechse)

D
Dino

Dinotherium

Di|no|the|ri|um, das; -s, ...ien (ausgestorbenes Rüsseltier Europas)
Di|o|de, die; -, -n ⟨griech.⟩ (elektronisches Bauelement)
Di|o|ge|nes (altgriech. Philosoph)
Di|o|k|le|ti|an (röm. Kaiser); **di|o|k|le|ti|a|nisch**; die diokletianischen Reformen ↑ D 89 u. 135
Di|o|len®, das; -[s] (eine synthetische Faser)
Di|on, die; -, -en ⟨österr.; kurz für Direktion, selten für Division⟩
Di|o|ny|si|en Plur. ⟨griech.⟩ (Dionysosfest); **di|o|ny|sisch** (dem Gott Dionysos zugehörend; auch für wild begeistert, tobend; rauschend [von Festen]); **Di|o|ny|sos** (griech. Gott des Weines, des Rausches u. der Fruchtbarkeit)
di|o|phan|tisch ⟨nach dem altgriech. Mathematiker Diophantos⟩; diophantische Gleichung ↑ D 89 u. 135
Di|op|ter, das; -s, - ⟨griech.⟩ (Zielgerät; Fotogr. Rahmensucher)
Di|op|t|rie, die; -, ...ien (Optik Maßeinheit für den Brechwert von Linsen; Abk. dpt, dptr., Dptr.); **Di|op|t|rien|aus|gleich**; **di|op|t|risch**
Di|o|ra|ma, das; -s, ...men ⟨griech.⟩ (plastisch wirkendes Schaubild)
Di|o|rit, der; -s, -e ⟨griech.⟩ (ein Tiefengestein)
Di|os|ku|ren Plur. ⟨griech., »Zeussöhne«⟩ (Kastor u. Pollux; auch für unzertrennliche Freunde)
Di|o|ti|ma [auch ...'ti:...] (myth. Priesterin bei Platon)
Di|oxid [auch ...'ksi:t], **Di|oxyd** [auch ...'ksy:t], das; -[e]s, -e (Oxid, das zwei Sauerstoffatome enthält); vgl. Oxid
Di|oxin, das; -s, -e ⟨griech.⟩ (hochgiftige Verbindung von Chlor u. Kohlenwasserstoff)
Di|oxyd [auch ...'ksy:t] vgl. Dioxid
Di|ö|ze|san, der; -en, -en ⟨griech.⟩ (Angehöriger einer Diözese)
Di|ö|ze|se, die; -, -n (Amtsgebiet eines kath. Bischofs)
Di|ö|zie, die; - (Bot. Zweihäusigkeit); **di|ö|zisch** (Bot.)
Dip, der; -s, -s ⟨engl.⟩ (Soße zum Eintunken)
Di|phos|gen, das; -s ⟨griech.-nlat.⟩ (eine hochgiftige chemische Verbindung)
Di|phos|pho|nat, das; -s, -e ⟨griech.⟩ (Bisphosphonat)
Diph|the|rie, die; -, ...ien ⟨griech.⟩ (Med. eine Infektionskrankheit)

Diph|the|rie|schutz|imp|fung; **Diph|the|rie|se|rum**; **diph|the|risch**
Di|ph|thong, der; -[e]s, -e ⟨griech.⟩ (Sprachwiss. Doppellaut, z. B. ei, au; Ggs. Monophthong)
di|ph|thon|gie|ren (einen Vokal zum Diphthong entwickeln); **Di|ph|thon|gie|rung**; **di|ph|thon|gisch**
dipl. = diplomiert
Dipl.-Betriebsw. = Diplom-Betriebswirt[in]
Dipl.-Bibl. = Diplom-Bibliothekar[in]
Dipl.-Biol. = Diplom-Biologe/-Biologin
Dipl.-Chem. = Diplom-Chemiker[in]
Dipl.-Dolm. = Diplom-Dolmetscher[in]
Di|plex|be|trieb vgl. Duplexbetrieb
Dipl.-Hdl. = Diplom-Handelslehrer[in]
Dipl.-Hist. = Diplom-Historiker[in]
Dipl.-Holzw. = Diplom-Holzwirt[in]
Dipl.-Inform. = Diplom-Informatiker[in]
Dipl.-Ing. = Diplom-Ingenieur[in]
Dipl.-Jur. = Diplom-Jurist[in]
Dipl.-Kff[r]. = Diplom-Kauffrau
Dipl.-Kfm. = Diplom-Kaufmann
Dipl.-Landw. = Diplom-Landwirt[in]
Dipl.-Math. = Diplom-Mathematiker[in]
Dipl.-Med. = Diplom-Mediziner[in]
Dipl.-Med.-Päd. = Diplom-Medizinpädagoge/-pädagogin
Dipl.-Met. = Diplom-Meteorologe/-Meteorologin
Di|plo|do|kus, der; -, ...ken ⟨griech.⟩ (ausgestorbene Riesenechse)
Dipl.-Oecotroph. = Diplom-Oecotrophologe/-Oecotrophologin
di|p|lo|id ⟨griech.⟩ (Biol. mit doppeltem Chromosomensatz)
Dipl.-Ök. = Diplom-Ökonom[in]
Di|p|lo|kok|kus, der; -, ...kken ⟨griech.⟩ (Med. Kokkenpaar [Krankheitserreger])
Di|p|lom s. Kasten Seite 351
Di|p|lo|mand, der; -en, -en (jmd., der sich auf die Diplomprüfung vorbereitet); **Di|p|lo|man|din**; **Di|p|lom|ar|beit**
Di|p|lo|mat, der; -en, -en ⟨griech.⟩ (beglaubigter Vertreter eines Landes bei einem fremden Staat)

Di|p|lo|ma|ten|aus|weis; **Di|p|lo|ma|ten|kof|fer**; **Di|p|lo|ma|ten|lauf|bahn**; **Di|p|lo|ma|ten|pass**
Di|p|lo|ma|tie, die; - (Regeln u. Methoden für die Führung außenpolit. Verhandlungen; Gesamtheit der Diplomaten; Geschicktheit im Umgang)
Di|p|lo|ma|tik, die; - (Urkundenlehre); **Di|p|lo|ma|ti|ker** (Urkundenforscher u. -kenner); **Di|p|lo|ma|ti|ke|rin**
Di|p|lo|ma|tin
di|p|lo|ma|tisch (die Diplomatie u. die Diplomatik betreffend; urkundlich; klug u. geschickt im Umgang); das diplomatische Korps ↑ D 89; aber ↑ D 150: das Diplomatische Korps in Rom
di|p|lo|mie|ren (ein Diplom erteilen); **Di|p|lom|stu|di|um**, das; -s
Dipl.-Päd. = Diplom-Pädagoge/-Pädagogin
Dipl.-Phys. = Diplom-Physiker[in]
Dipl.-Pol. = Diplom-Politologe/-Politologin
Dipl.-Psych. = Diplom-Psychologe/-Psychologin
Dipl.-Sportl. = Diplom-Sportlehrer[in]
Dipl.-Theol. = Diplom-Theologe/-Theologin
Dipl.-Verww. = Diplom-Verwaltungswirt[in]
Dipl.-Volksw. = Diplom-Volkswirt[in]
Dipl.-Wirtsch.-Ing. = Diplom-Wirtschaftsingenieur[in]
Di|po|die, die; -, ...ien ⟨griech.⟩ (Verslehre zweiteilige Taktgruppe in einem Vers); **di|po|disch**
Di|pol, der; -s, -e ⟨griech.⟩ (Physik Anordnung von zwei entgegengesetzten gleichen elektrischen Ladungen); **Di|pol|an|ten|ne**
Dip|pel, der; -s, - (südd. für Dübel; österr. ugs. für Beule; vgl. Tippel)
Dip|pel|baum (österr. für Trag-, Deckenbalken)
¹**dip|pen** (landsch. für eintauchen)
²**dip|pen** ⟨engl.⟩ (Seemannsspr. die Flagge zum Gruß halb niederholen u. wieder hochziehen)
Dip|tam, der; -s ⟨griech.⟩ (eine Zierpflanze)
Dip|te|ren Plur. ⟨griech.⟩ (Zool. zweiflüglige Insekten)
Di|p|te|ros, der; -, ...roi (Tempel mit doppelter Säulenreihe)
Di|p|ty|chon, das; -s, Plur. ...chen

Di|p|lom

das; -[e]s, -e ⟨griech.⟩

(amtliches Schriftstück; Urkunde; [Ehren]zeugnis; akademischer Grad)
Im Folgenden sind ausgewählte Berufsbezeichnungen mit »Diplom« und die zugehörigen Abkürzungen aufgeführt, wobei die Abkürzungen sowohl für die männlichen als auch für die weiblichen Titel gelten. Alle Bezeichnungen können auch ohne Bindestrich geschrieben werden: **Diplom-Betriebswirt** *od.* Diplombetriebswirt *usw.*

- Diplom-Betriebswirt[in], *Abk.* Dipl.-Betriebsw.
- Diplom-Bibliothekar[in], *Abk.* Dipl.-Bibl.
- Diplom-Biologe/-Biologin, *Abk.* Dipl.-Biol.
- Diplom-Chemiker[in], *Abk.* Dipl.-Chem.
- Diplom-Dolmetscher[in], *Abk.* Dipl.-Dolm.
- Diplom-Handelslehrer[in], *Abk.* Dipl.-Hdl.
- Diplom-Historiker[in], *Abk.* Dipl.-Hist.
- Diplom-Holzwirt[in], *Abk.* Dipl.-Holzw.
- Diplom-Informatiker[in], *Abk.* Dipl.-Inform.
- Diplom-Ingenieur[in], *Abk.* Dipl.-Ing., *österr. auch* DI
- Diplom-Jurist[in], *Abk.* Dipl.-Jur.
- Diplom-Kauffrau, *Abk.* Dipl.-Kff. *od.* Kffr.
- Diplom-Kaufmann *Plur.* ...leute, *Abk.* Dipl.-Kfm., *österr.* Dkfm.
- Diplom-Landwirt[in], *Abk.* Dipl.-Landw.
- Diplom-Mathematiker[in], *Abk.* Dipl.-Math.
- Diplom-Mediziner[in], *Abk.* Dipl.-Med.
- Diplom-Medizinpädagoge/-pädagogin, *Abk.* Dipl.-Med.-Päd.
- Diplom-Meteorologe/-Meteorologin, *Abk.* Dipl.-Met.
- Diplom-Oecotrophologe/-Oecotrophologin, *Abk.* Dipl.-Oecotroph.
- Diplom-Ökonom[in], *Abk.* Dipl.-Ök.
- Diplom-Pädagoge/-Pädagogin, *Abk.* Dipl.-Päd.
- Diplom-Physiker[in], *Abk.* Dipl.-Phys.
- Diplom-Politologe/-Politologin, *Abk.* Dipl.-Pol.
- Diplom-Psychologe/-Psychologin, *Abk.* Dipl.-Psych.
- Diplom-Sportlehrer[in], *Abk.* Dipl.-Sportl.
- Diplom-Theologe/-Theologin, *Abk.* Dipl.-Theol.
- Diplom-Tierarzt/-Tierärztin *(österr.), Abk.* Mag. med. vet.
- Diplom-Verwaltungswirt[in], *Abk.* Dipl.-Verww.
- Diplom-Volkswirt[in], *Abk.* Dipl.-Volksw.
- Diplom-Wirtschaftsingenieur[in], *Abk.* Dipl.-Wirtsch.-Ing.

u. ...cha ⟨griech.⟩ (zusammenklappbare Schreibtafel im Altertum; zweiflügeliges Altarbild)

dir

Beugung des folgenden [substantivierten] Adjektivs oder Partizips:
- dir jungen (*selten* junger) Frau
- dir altem (*auch* alten) Menschen
- dir Geliebten (*weiblich; selten* Geliebter)
- dir Geliebtem (*männlich; neben* Geliebten)

In Briefen kann »dir« groß- oder kleingeschrieben werden; vgl. du

Dir. = Direktor[in]
Di|rect Mai|ling [ˈdaɪrɛkt ˈmeɪlɪŋ], das; - -[s], - -s ⟨engl.⟩ (Werbespr. Form der Direktwerbung, bei der Werbematerial verschickt wird)
Di|rec|toire [...rɛkˈtoaːɐ̯], das; -[s] ⟨franz.⟩ (französischer [Kunst]stil Ende des 18. Jh.s)
Di|rec|tor's Cut [daɪˈrɛktəs kat], der; - -[s], - -s ⟨engl.⟩ (*Film* meist längere vom Regisseur freigegebene Fassung eines Films)
di|rekt ⟨lat.⟩; direkte Rede (*Sprachwiss.* wörtliche Rede) ↑D 89
Di|rekt|bank *Plur.* ...banken (Kreditinstitut ohne Filialen)
di|rekt|de|mo|kra|tisch
Di|rekt|ein|sprit|zer (*Kfz-Technik* besondere Form des Dieselmotors); **Di|rekt|ein|sprit|zung**
di|rek|te|mang (*landsch. für* geradewegs)
Di|rekt|flug; Di|rekt|heit
Di|rek|ti|on, die; -, -en (*schweiz. auch* kantonales Ministerium)
Di|rek|ti|ons|kraft (*Physik*); **di|rek|ti|ons|los** (richtungslos)
Di|rek|ti|ons|se|kre|tä|rin; Di|rek|ti|ons|zim|mer
Di|rek|ti|ve, die; -, -n (Weisung; Verhaltensregel)
Di|rekt|man|dat
Di|rekt|mar|ke|ting (auf Endverbraucher konzentrierte Absatzförderung)
Di|rek|tor, der; -s, ...oren (*Abk.* Dir.); **Di|rek|to|rat**, das; -[e]s, -e; **di|rek|to|ri|al** (dem Direktor zustehend, von ihm herrührend); **Di|rek|to|rin; Di|rek|to|ri|um**, das; -s, ...ien; **Di|rek|tor|zim|mer**
Di|rek|t|ri|ce [...sə, *österr., schweiz.* ...s], die; -, -n ⟨franz.⟩ (leitende Angestellte [bes. in der Bekleidungsindustrie])
Di|rekt|rix, der; - ⟨lat.⟩ (*Math.* Leitlinie von Kegelschnitten)
Di|rekt|sen|dung; Di|rekt|spiel; Di-
rekt|über|tra|gung; Di|rekt|ver|kauf; Di|rekt|wahl; Di|rekt|wer|bung
Di|ret|tis|si|ma, die; -, -s ⟨ital.⟩ (Route, die ohne Umwege zum Berggipfel führt)
Di|rex, der; -, -e (*Schülerspr.* Direktor)
Dir|ham, der; -[s], -s, **Dir|hem**, der; -s, -s (Währungseinheit in arab. Ländern)
Di|ri|gat, das; -[e]s, -e ⟨lat.⟩ (das Dirigieren [eines Orchesters])
Di|ri|gent, der; -en, -en; **Di|ri|gen|ten|pult; Di|ri|gen|ten|stab**
Di|ri|gen|tin; di|ri|gie|ren ([ein Orchester] leiten; lenken)
Di|ri|gis|mus, der; - (staatl. Lenkung der Wirtschaft); **di|ri|gis|tisch**
di|ri|mie|ren ⟨lat.⟩ (*österr. für* bei Stimmengleichheit entscheiden); **Di|ri|mie|rungs|recht**
Dirk, Dierk (m. Vorn.)
Dirn, die; -, -en (*bayr., österr. mdal. für* Magd)
Dirndl, das; -s, -[n] (*bayr., österr. für* junges Mädchen; Dirndlkleid; *österr. auch für* [Frucht der] Kornelkirsche); **Dirndl|kleid; Dirndl|rock**
Dirndl|strauch (*ostösterr. ugs. für* Strauch der Kornelkirsche)
Dir|ne, die; -, -n (Prostituierte; *mdal. für* junges Mädchen)

dis, **Dis**, das; -, - (Tonbezeichnung); **dis** (Zeichen für dis-Moll); in dis; **Dis** (Zeichen für Dis-Dur); in Dis

Dis|agio [...'la:dʒo, *auch* ...'la:ʒjo], das; -s, *Plur.* -s u. ...gien [...'l-a:dʒn̩, *auch* ...'la:ʒjən] ⟨ital.⟩ (*Finanzw.* Abschlag, um den der Kurs von Wertpapieren od. Geldsorten unter dem Nennwert od. der Parität steht)

Disc, Dĩsk, die; -, -s ⟨engl.⟩ (*EDV*; kurz für Diskette; *auch für* CD od. DVD)

Disc|jo|ckey, Dĩsk|jo|ckey, der; -s, -s ⟨engl.⟩ (jmd., der Musiktitel präsentiert)

Dis|clai|mer [...'kleɪ...], der; -s, - (*bes. EDV* Distanzierungserklärung)

Dis|co, Dĩs|ko, die; -, -s ⟨engl.⟩ (Tanzlokal u. -veranstaltung mit CD- od. Schallplattenmusik)

Dis|co|fox, Dĩs|ko|fox (Form des Foxtrotts)

Dis|co|ku|gel, Dĩs|ko|ku|gel (Kugel mit Spiegelfacetten für besondere Beleuchtungseffekte)

Dis|co|mu|sik, Dĩs|ko|mu|sik

Dis|co|rol|ler, Dĩs|ko|rol|ler, der; -s, - ⟨engl.⟩ (Rollschuh [mit Kunststoffrollen])

Dis|count [dɪs'kaʊnt], der; -s, -s ⟨engl.⟩ (Preisnachlass; Discounter; *Börsenw.* verbilligte Form der Aktie)

Dis|count|bro|ker, Dĩs|count-Bro|ker [...'kaʊnt...], der; -s, - ⟨engl.⟩ (Unternehmen, das Wertpapierhandelsgeschäfte ohne Beratung betreibt)

Dis|coun|ter [...'kaʊn...], der; -s, - (Geschäft, in dem Waren besonders preisgünstig verkauft werden); **Dis|count|preis**

Dis|co|ve|ry [...'kavəri], die; - ⟨engl., »Entdeckung«⟩ (Name einer amerik. Raumfähre)

Dis-Dur ['dɪsduːɐ̯, *auch* 'dɪs'duːɐ̯], das; -[s] (Tonart; *Zeichen* Dis); **Dis-Dur-Ton|lei|ter** ↑ D 26

Dis|en|gage|ment [dɪsɪnˈɡeɪt͡ʃmənt], das; -s ⟨engl.⟩ (*milit.* Auseinanderrücken der Machtblöcke)

Di|seur [...'zøːɐ̯], der; -s, -e ⟨franz.⟩ (Vortragskünstler); **Di|seu|se** [...'zøː...], die; -, -n

Dis|har|mo|nie [*auch* 'dɪs...], die; -, ...ien ⟨lat.; griech.⟩ (Missklang; Uneinigkeit); **dis|har|mo|nie|ren**; **dis|har|mo|nisch**

Dis|junk|ti|on, die; -, -en ⟨lat.⟩ (Trennung; Sonderung); **dis|junk|tiv**; disjunktive Konjunktion (*Sprachwiss.* ausschließendes Bindewort, z. B. »oder«)

Disk *vgl.* Disc

Dis|kant, der; -s, -e ⟨lat.⟩ (*Musik* höchste Stimm- od. Tonlage)

Dis|kant|schlüs|sel; **Dis|kant|stim|me**

Dis|ken (*Plur. von* Diskus)

Dis|ket|te, die; -, -n ⟨engl.; franz.⟩ (als Datenspeicher dienende Magnetplatte)

Disk|jo|ckey *vgl.* Discjockey

Dis|ko *vgl.* Disco

Dis|ko|fox *vgl.* Discofox

Dis|ko|gra|fie, Dis|ko|gra|phie, die; -, ...ien ⟨griech.⟩ (Schallplattenverzeichnis)

Dis|ko|ku|gel *vgl.* Discokugel

Dis|ko|mu|sik *vgl.* Discomusik

Dis|kont, der; -s, -e ⟨ital.⟩ (*Bankw.* Zinsvergütung bei noch nicht fälligen Zahlungen; *österr. auch für* Discounter)

Dis|kon|ten *Plur.* (inländische Wechsel)

Dis|kon|ter, der; -s, - (*bes. österr. für* Discounter)

Dis|kont|er|hö|hung; **Dis|kont|ge|schäft**; **Dis|kont|he|r|ab|set|zung**

dis|kon|tie|ren (eine später fällige Forderung unter Abzug von Zinsen ankaufen)

dis|kon|ti|nu|ier|lich [*auch* 'dɪs...] ⟨lat.⟩ (unterbrochen, zusammenhanglos); **Dis|kon|ti|nu|i|tät** [*auch* 'dɪs...], die; -, -en

Dis|kont|satz (*Bankw.* Zinssatz); **Dis|kont|sen|kung**; **Dis|kont|spe|sen** *Plur.* (Wechselspesen)

Dis|kor|danz, die; -, -en ⟨lat.⟩ (Uneinigkeit, Missklang; *Geol.* ungleichförmige Lagerung zweier Gesteinsverbände)

Dis|ko|rol|ler *vgl.* Discoroller

Dis|ko|thek, die; -, -en ⟨griech.⟩ (Schallplattensammlung; *auch svw.* Disco); **Dis|ko|the|kar**, der; -s, -e (Verwalter einer Diskothek [beim Rundfunk]); **Dis|ko|the|ka|rin**

Dis|kre|dit, der; -[e]s ⟨lat.⟩ (übler Ruf); **dis|kre|di|tie|ren** (in Verruf bringen); **dis|kre|di|tie|rung**

dis|kre|pant ⟨lat.⟩ (abweichend; widersprüchlich); **Dis|kre|panz**, die; -, -en (Missverhältnis)

dis|kret ⟨lat.⟩ (taktvoll; unauffällig; vertraulich; *Physik, Math.* abgegrenzt, getrennt); **Dis|kre|ti|on**, die; -, -en (Verschwiegenheit, ²Takt)

Dis|kri|mi|nan|te, die; -, -n ⟨lat.⟩ (*math.* Ausdruck bei Gleichungen zweiten u. höheren Grades)

dis|kri|mi|nie|ren; **Dis|kri|mi|nie|rung** (unterschiedliche Behandlung; Herabsetzung)

dis|kur|rie|ren ⟨lat.⟩ (*landsch. für* sich eifrig unterhalten)

Dis|kurs, der; -es, -e ([eifrige] Erörterung; methodisch aufgebaute Abhandlung); **dis|kur|siv** (*Philos.* von Begriff zu Begriff logisch fortschreitend)

Dis|kus, der; *Gen.* - u. -ses, *Plur.* ...ken u. -se ⟨griech.⟩ (Wurfscheibe); **Dis|kus|fisch**

Dis|kus|si|on, die; -, -en ⟨lat.⟩ (Erörterung; Aussprache; Meinungsaustausch)

Dis|kus|si|ons|abend; **Dis|kus|si|ons|ba|sis**; **Dis|kus|si|ons|bei|trag**; **Dis|kus|si|ons|fo|rum**

dis|kus|si|ons|freu|dig

Dis|kus|si|ons|ge|gen|stand; **Dis|kus|si|ons|grund|la|ge**

Dis|kus|si|ons|lei|ter, der; **Dis|kus|si|ons|lei|te|rin**; **Dis|kus|si|ons|red|ner**; **Dis|kus|si|ons|red|ne|rin**

Dis|kus|si|ons|run|de

Dis|kus|si|ons|stoff

Dis|kus|si|ons|teil|neh|mer; **Dis|kus|si|ons|teil|neh|me|rin**

Dis|kus|si|ons|the|ma

Dis|kus|si|ons|wür|dig

Dis|kus|wer|fen, das; -s; **Dis|kus|wer|fer**; **Dis|kus|wer|fe|rin**; **Dis|kus|wurf**

dis|ku|ta|bel ⟨lat.⟩ (erwägenswert; strittig); diskuta|b|le Fragen

Dis|ku|tant, der; -en, -en ⟨lat.⟩ (Diskussionsteilnehmer); **Dis|ku|tan|tin**

dis|ku|tier|bar; **dis|ku|tie|ren**; [über] etwas diskutieren

Dis|lo|ka|ti|on, die; -, -en ⟨lat.⟩ (räumliche Verteilung [von Truppen]; *Geol.* Störung der normalen Lagerung von Gesteinsverbänden; *Med.* Verschiebung der Bruchenden)

dis|lo|zie|ren ([Truppen] räumlich verteilen, verlegen); **Dis|lo|zie|rung**

dis-Moll ['dɪsmɔl, *auch* 'dɪs'mɔl], das; -[s] (Tonart; *Zeichen* dis); **dis-Moll-Ton|lei|ter** ↑ D 26

Dis|ney [...ni], Walt [vɔːlt] (amerik. Trickfilmzeichner u. Filmproduzent); **Dis|ney|land®** [...lɛnt], das; -s, -s *meist ohne Artikel* (ein Vergnügungspark)

Dis|pa|che [...ʃə], die; -, -n ⟨franz.⟩ (*Seew.* Schadenberechnung u. -verteilung bei Seeschäden); **Dis-**

pa|cheur [...ˈʃøːɐ̯], der; -s, -e (Seeschadenberechner); **dis|pa|chie|ren**
dis|pa|rat ‹lat.› (ungleichartig; unvereinbar); **Dis|pa|ri|tät,** die; -, -en (Ungleichheit)
Dis|pat|cher [...ˈpɛtʃɐ], der; -s, - ‹engl.› (leitender Angestellter in der Industrie, der den Produktionsablauf überwacht); **Dis|pat|che|rin; Dis|pat|cher|sys|tem**
Dis|pens, der; -es, -e *u. (österr. u. im kath. Kirchenrecht nur)* die; -, -en ‹lat.› (Aufhebung einer Verpflichtung, Befreiung; Ausnahme[bewilligung])
Dis|pen|saire|be|treu|ung [...ˈsɛːɐ̯..., *auch* ...pãˈsɛːɐ̯...] ‹franz.; dt.› (vorbeugende med. Betreuung Gefährdeter)
Dis|pen|sa|ti|on [...pɛ...], die; -, -en ‹lat.› (Befreiung)
Dis|pen|sa|to|ri|um, das; -s, ...ien (Arznei-, Apothekerbuch)
Dis|pens|ehe *(kath. Kirchenrecht)*
dis|pen|sie|ren (von einer Vorschrift befreien, freistellen; Arzneien bereiten u. abgeben); **Dis|pen|sie|rung**
di|s|per|gie|ren ‹lat.› (verbreiten)
di|s|pers (fein verteilt; zerstreut); disperse Phase *(Physik);* **Di|s|per|si|on,** die; -, -en (feinste Verteilung eines Stoffes in einem anderen; *Physik* Abhängigkeit der Fortpflanzungsgeschwindigkeit einer Wellenbewegung von der Wellenlänge)
Di|s|per|si|ons|far|be
Dis|placed Per|son [...ˈpleɪ̯st ˈpœːɐ̯sn̩], die; - -, - -s (Ausländer, der während des Zweiten Weltkriegs nach Deutschland [zur Arbeit] verschleppt wurde)
Dis|play [*auch* ...ˈpleɪ̯], das; -s, -s ‹engl.› (aufstellbares Werbematerial; *EDV* optische Datenanzeige)
Dis|play|auf|lö|sung
Dis|play|er [...ˈpleɪ̯ɐ], der; -s, - (Dekorations-, Packungsgestalter); **Dis|play|e|rin**
Dis|play|ma|te|ri|al
Dis|po, der; -s, -s *(ugs.; kurz für* Dispositionskredit)
Di|spon|de|us, der; -, ...een ‹griech.› (*Verslehre* Doppelspondeus)
Dis|po|nen|de, die; -, -n *meist Plur.* ‹lat.› (bis zum Abrechnungstermin unverkauftes Buch, dessen weitere Lagerung beim Buchhändler der Verleger gestattet)
Dis|po|nent, der; -en, -en (kaufmänn. Angestellter mit besonderen Vollmachten, der einen größeren Unternehmungsbereich leitet); **Dis|po|nen|tin**
dis|po|ni|bel (verfügbar); disponi|ble Gelder; **Dis|po|ni|bi|li|tät,** die; - (Verfügbarkeit)
dis|po|nie|ren; dis|po|niert *(auch für* aufgelegt; empfänglich [für Krankheiten])
Dis|po|si|ti|on, die; -, -en ‹lat.› (Anordnung, Gliederung; Verfügung; Anlage; Empfänglichkeit [für Krankheiten]); zur Disposition (im einstweiligen Ruhestand; *Abk.* z. D.); **dis|po|si|ti|ons|fä|hig** (geschäftsfähig)
Dis|po|si|ti|ons|fonds; Dis|po|si|ti|ons|gel|der *Plur.* (Vergnügungsgelder); **Dis|po|si|ti|ons|kre|dit** (*Bankw.* Überziehungskredit)
dis|po|si|tiv (anordnend, verfügend; *Rechtsspr.* abdingbar *[vgl. d.]*); dispositives Recht
Dis|po|si|tiv, das; -s, -e (*schweiz. für* Gesamtheit der Vorkehrungen für einen bestimmten Fall)
Dis|po|zins, der; -es, -en
Dis|pro|por|ti|on [*auch* ˈdɪs...], die; -, -en ‹lat.› (Missverhältnis)
dis|pro|por|ti|o|nal (schlecht proportioniert); **Dis|pro|por|ti|o|na|li|tät; dis|pro|por|ti|o|niert**
Dis|put, der; -[e]s, -e ‹lat.› (Wortwechsel; Streitgespräch)
dis|pu|ta|bel (strittig); disputa|b|le Fragen
Dis|pu|tant, der; -en, -en (Disputierender); **Dis|pu|tan|tin**
Dis|pu|ta|ti|on, die; -, -en (Streitgespräch); **dis|pu|tie|ren**
Dis|qua|li|fi|ka|ti|on, die; -, -en ‹lat.›; **dis|qua|li|fi|zie|ren** (vom sportl. Wettbewerb ausschließen; für untauglich erklären); **Dis|qua|li|fi|zie|rung**
Dis|ra|e|li [*engl.* dɪzˈreɪ̯li] (brit. Schriftsteller u. Politiker)
Diss. = Dissertation
Dis|se, die; -, -n (*Jugendspr.* Disco)
dis|sen ‹amerik.› (*Jugendspr.* verächtlich machen, schmähen); du disst
Dis|sens, der; -es, -e ‹lat.› (Meinungsverschiedenheit)
Dis|sen|ter, der; -s, -[s] *meist Plur.* ‹engl.› (sich nicht zur anglikan. Kirche Bekennender)
dis|sen|tie|ren ‹lat.› (*geh. für* abweichender Meinung sein)
Dis|ser|tant, der; -en, -en ‹lat.› (jmd., der eine Dissertation anfertigt); **Dis|ser|tan|tin**
Dis|ser|ta|ti|on, die; -, -en (wissenschaftl. Abhandlung zur Erlangung der Doktorwürde; *Abk.* Diss.); **dis|ser|tie|ren** (eine Dissertation anfertigen)
Dis|si|dent, der; -en, -en ‹lat.› (jmd., der von einer offiziellen [politischen, religiösen] Ideologie abweicht); **Dis|si|den|tin; dis|si|die|ren** (anders denken; [aus der Kirche] austreten)
Dis|si|mi|la|ti|on, die; -, -en ‹lat.› (*Sprachwiss.* »Entähnlichung« von Lauten, z. B. Wechsel von t zu k in »Kartoffel« [*aus* »Tartüffel«]; *Biol.* Abbau u. Verbrauch von Nährstoffen unter Energiegewinnung); **dis|si|mi|lie|ren**
Dis|si|mu|la|ti|on, die; -, -en ‹lat.› (*Med., Psychol.* bewusste Verheimlichung einer Krankheit); **dis|si|mu|lie|ren**
Dis|si|pa|ti|on, die; -, -en ‹lat.› (*Physik* Übergang einer Energieform in Wärmeenergie)
Dis|si|pa|ti|ons|sphä|re, die; - (*svw.* Exosphäre)
dis|so|lu|bel ‹lat.› (löslich, auflösbar, zerlegbar); dissolu|b|le Mischungen; **Dis|so|lu|ti|on,** die; -, -en (Auflösung, Trennung)
dis|so|nant ‹lat.› (misstönend)
Dis|so|nanz, die; -, -en (Missklang; Unstimmigkeit); **dis|so|nie|ren**
Dis|so|zi|a|ti|on, die; -, -en ‹lat.› (*fachspr. für* Zerfall, Trennung; Auflösung); **dis|so|zi|ie|ren**
Dis|stress [...st...], Dys|stress [ˈdʏs...], der; -es, -e ‹griech., engl.› (*Med., Psychol.* lang andauernder starker Stress)
di|s|tal ‹lat.› (*Med.* weiter von der Körpermitte, bei Blutgefäßen weiter vom Herzen entfernt)
Di|s|tanz, die; -, -en ‹lat.› (Entfernung; Abstand)
Di|s|tanz|ge|schäft (Verkauf nach Katalog od. Mustern)
di|s|tan|zie|ren ([im Wettkampf] überbieten, hinter sich lassen); sich distanzieren (von jmdm. od. etwas abrücken)
di|s|tan|ziert; Di|s|tan|zie|rung
Di|s|tanz|re|lais *(Elektrot.)*
Di|s|tanz|ritt (Ritt über eine sehr lange Strecke)
Di|s|tanz|schuss *(Sport)*
Di|s|tanz|wech|sel (*Bankw.* Wechsel mit verschiedenem Ausstellungs- u. Zahlungsort)
Di|s|tanz|wurf *(Sport)*
Dis|tel, die; -, -n; **Dis|tel|fal|ter** (ein

Distelfink

Schmetterling); **Dis|tel|fink** (ein Vogel)

Dis|then, der; -s, -e ⟨griech.⟩ (ein Mineral)

Dis|ti|chon, das; -s, ...chen ⟨griech.⟩ (*Verslehre* Verspaar aus Hexameter u. Pentameter)

dis|tin|guiert [...'giːɐ̯t] ⟨lat.⟩ (*geh. für* betont vornehm); **Dis|tin|guiert|heit**, die; -

dis|tinkt (klar u. deutlich [abgegrenzt])

Dis|tink|ti|on, die; -, -en (Auszeichnung; [hoher] Rang; *österr. für* Rangabzeichen)

dis|tink|tiv (unterscheidend)

Dis|tor|si|on, die; -, -en ⟨lat.⟩ (*Optik* Verzerrung, Verzeichnung; *Med.* Verstauchung)

dis|tra|hie|ren ⟨lat.⟩ (*fachspr. für* auseinanderziehen; trennen)

Dis|trak|ti|on, die; -, -en (*veraltet für* Zerstreuung; *Geol.* Zerrung von Teilen der Erdkruste; *Med.* Behandlung von Knochenbrüchen mit Streckverband)

Dis|tri|bu|ent, der; -en, -en ⟨lat.⟩ (Verteiler); **Dis|tri|bu|en|tin**; **dis|tri|bu|ie|ren** (verteilen)

Dis|tri|bu|ti|on, die; -, -en (Verteilung; Auflösung; *Wirtsch.* Einkommensverteilung, Verteilung von Handelsgütern; *Sprachwiss.* die Umgebung eines sprachlichen Elements; *Psychol.* Verteilung u. Aufspaltung der Aufmerksamkeit)

Dis|tri|bu|ti|ons|for|mel (Spendeformel beim Abendmahl)

dis|tri|bu|tiv (verteilend)

Dis|tri|bu|tiv|ge|setz (*Math.*); **Dis|tri|bu|tiv|zahl** (im Deutschen mit »je« gebildet, z. B. »je acht«)

Dis|tri|bu|tor, der; -s, ...oren ⟨lat.-engl.⟩ (*Wirtsch.* Verkäufer; Vertriebsgesellschaft); **Dis|tri|bu|to|rin**

Dis|t|rikt, der; -[e]s, -e ⟨lat.⟩ (Bezirk, Bereich)

Dis|t|rikt[s]|vor|ste|her; **Dis|t|rikt[s]|vor|ste|he|rin**

Di|sul|fid|bin|dung (griech.; lat.) (*Chemie* Bindung zwischen zwei Schwefelatomen)

Dis|zi|p|lin, die; -, -en ⟨lat.⟩ (*nur Sing.:* Zucht, Ordnung; Fach einer Wissenschaft; Teilbereich des Sports); **dis|zi|p|li|när** (*bes. österr. für* disziplinarisch)

Dis|zi|p|li|nar|ge|walt (Ordnungsgewalt)

dis|zi|p|li|na|risch, dis|zi|p|li|nell (die Disziplin, Dienstordnung betreffend; mit gebotener Strenge)

Dis|zi|p|li|nar|maß|nah|me; **Dis|zi|p|li|nar|recht** (Teil des Beamtenrechts); **Dis|zi|p|li|nar|stra|fe**; **Dis|zi|p|li|nar|ver|fah|ren**; **Dis|zi|p|li|nar|ver|ge|hen**

dis|zi|p|li|nell *vgl.* disziplinarisch

dis|zi|p|li|nie|ren (zur Ordnung erziehen); **dis|zi|p|li|niert**

Dis|zi|p|li|niert|heit, die; -

dis|zi|p|lin|los; **Dis|zi|p|lin|lo|sig|keit**

dis|zi|p|lin|wid|rig

Di|te|t|ro|de, die; -, -n ⟨griech.⟩ (*Elektrot.* Doppelvierpolröhre)

Dith|mar|schen (Gebiet an der Nordseeküste); **Dith|mar|scher**; **Dith|mar|sche|rin**; **dith|mar|sisch**

Di|thy|ram|be, die; -, -n, **Di|thy|ram|bus**, der; -, ...ben ⟨griech.⟩ (*Literaturwiss.* Weihelied [auf Dionysos]; überschwängliches Gedicht); **di|thy|ram|bisch** (begeistert, überschwänglich)

Dı̄|tib, **DİTİB** = Türkisch-Islamische Union der Anstalt für Religion

di|to ⟨lat.⟩ (dasselbe, ebenso; *Abk.* do. *od.* dto.); *vgl.* detto

Di|tro|cha|us, der; -, ...äen ⟨griech.⟩ (*Verslehre* Doppeltrochäus)

Ditt|chen, das *u.* der; -s, - *meist Plur.* (ostpreuß. für Zehnpfennigstück)

Dit|te (w. Vorn.)

Dit|to|gra|fie, **Dit|to|gra|phie**, die; -, ...ien ⟨griech.⟩ (Doppelschreibung von Buchstaben[gruppen])

Di|u|re|se, die; -, -n ⟨griech.⟩ (*Med.* Harnausscheidung); **Di|u|re|ti|kum**, das; -s, ...ka (harntreibendes Mittel); **di|u|re|tisch**

Di|ur|nal, das; -s, -e, **Di|ur|na|le**, das; -, ...lia ⟨lat.⟩ (Gebetbuch der kath. Geistlichen mit den Tagesgebeten)

Di|va, die; -, *Plur.* -s *u.* ...ven ⟨ital., »Göttliche«⟩ (erste Sängerin, gefeierte Schauspielerin)

di|ven|haft (wie eine Diva)

di|ver|gent ⟨lat.⟩ (auseinanderhend; in entgegengesetzter Richtung [ver]laufend); **Di|ver|genz**, die; -, -en (das Auseinandergehen; Meinungsverschiedenheit); **di|ver|gie|ren**

di|vers ⟨lat.⟩ (verschieden; *im Plur. auch* mehrere)

Di|ver|sant, der; -en, -en (*im kommunist. Sprachgebrauch* Saboteur); **Di|ver|san|tin**

Di|ver|si|fi|ka|ti|on, die; -, -en (Abwechslung, Mannigfaltigkeit; *Wirtsch.* Ausweitung des Waren- od. Produktionssortiments eines Unternehmens)

di|ver|si|fi|zie|ren; **Di|ver|si|fi|zie|rung** (*svw.* Diversifikation)

Di|ver|si|on, die; -, -en (*veraltet für* Ablenkung; Angriff von der Seite; *im kommunist. Sprachgebrauch* Sabotage durch den Klassenfeind)

Di|ver|si|tät, die; - (Vielfalt, Vielfältigkeit)

Di|ver|ti|kel, das; -s, - (*Med.* Ausbuchtung an Organen)

Di|ver|ti|men|to, das; -s, *Plur.* -s *u.* ...ti ⟨ital.⟩ (*Musik* heiteres Instrumentalstück; Tanzeinlage; Zwischenspiel)

Di|ver|tis|se|ment [...sə'mãː], das; -s, -s ⟨franz.⟩ (Gesangs- *od.* Balletteinlage der franz. Oper des 17./18. Jh.s; *selten für* Divertimento)

di|vi|de et im|pe|ra ⟨lat., »teile und herrsche!«⟩ (legendäres Prinzip der altrömischen Außenpolitik)

Di|vi|dend, der; -en, -en ⟨lat.⟩ (*Math.* zu teilende Zahl; Zähler eines Bruchs)

Di|vi|den|de, die; -, -n (*Wirtsch.* der auf eine Aktie entfallende Gewinnanteil); **Di|vi|den|den|aus|schüt|tung**; **Di|vi|den|den|ren|di|te**; **Di|vi|den|den|schein**

di|vi|die|ren (*Math.* teilen); zehn dividiert durch fünf ist, macht, gibt zwei

Di|vi|di|vi *Plur.* ⟨indian.-span.⟩ (gerbstoffreiche Schoten einer [sub]tropischen Pflanze)

Di|vi|na Com|me|dia, die; - - ⟨ital.⟩ (Dantes »Göttliche Komödie«)

di|vi|na|to|risch ⟨lat.⟩ (vorahnend; seherisch)

Di|vi|ni|tät, die; - (Göttlichkeit)

Di|vis, das; -es, -e ⟨lat.⟩ (*Druckw.* Trennungs- od. Bindestrich)

Di|vi|si|on, die; -, -en (*Math.* Teilung; Heeresabteilung)

Di|vi|si|o|när, der; -s, -e ⟨franz.⟩ (*bes. schweiz., österr. für* Befehlshaber einer Division); **Di|vi|si|o|nä|rin**

Di|vi|si|ons|kom|man|deur; **Di|vi|si|ons|la|za|rett**; **Di|vi|si|ons|stab**

Di|vi|sor, der; -s, ...oren ⟨lat.⟩ (*Math.* teilende Zahl; Nenner)

Di|vi|so|ri|um, das; -s, ...ien (*Druckw.* gabelförmige Klammer [zum Halten der Vorlage])

Di|wan, der; -s, -e ⟨pers.⟩ (*veraltend für* niedriges Liegesofa; *Literaturwiss.* [oriental.] Gedicht-

sammlung); [Goethes] »Westöstlicher Diwan«
Dix (dt. Maler)
Di|xie [...ksi], der; -[s] (ugs.; kurz für Dixieland)
Di|xie|land [...lent], der; -[s] ⟨amerik.⟩, **Di|xie|land-Jazz**, **Di|xie|landjazz** (eine nordamerik. Variante des Jazz)
d. J. = dieses Jahres; der Jüngere
DJ [ˈdiːdʒɛɪ], der; -[s], -s ⟨engl.⟩ = Discjockey
Dja|kar|ta [dʒ...] (ältere Schreibung für Jakarta)
Dja|maa [dʒ...] vgl. Dschamaa
DJane [diːˈdʒɛɪn], die; -, -s ⟨engl.⟩ (w. DJ)
Djan|na [dʒ...], die; - ⟨arab.⟩ (islam. Bezeichnung für Paradies)
Djem|be [dʒ...], die; -, -n ⟨afrik.-franz.⟩ (afrik. Holztrommel)
Djer|ba [dʒ...] (tunes. Insel)
DJH, das; -[s] = Deutsches Jugendherbergswerk
Dji|bou|ti [dʒiˈbuti] ⟨schweiz. u. franz. für Dschibuti⟩
Dji|had [dʒi...], der; - ⟨arab.⟩ (bes. österr. neben Dschihad)
DJK, die; - = Deutsche Jugendkraft [e. V.]
Dju|ma [dʒ...], die; - ⟨arab.⟩ (Freitagsgebet im Islam)
DK = Dezimalklassifikation; Dieselkraftstoff
Dkfm. (österr.) = Diplom-Kaufmann
DKK = Währungscode für dän. Krone
DKP, die; - = Deutsche Kommunistische Partei
dkr = dänische Krone (Münze)
dl = Deziliter
DLF, der; - = Deutschlandfunk
DLG, die; - = Deutsche Landwirtschaftsgesellschaft
DLRG, die; - = Deutsche Lebens-Rettungs-Gesellschaft
dm = Dezimeter
dm² = Quadratdezimeter
dm³ = Kubikdezimeter
d. M. = dieses Monats
DM = Deutsche Mark
D-Mark, die; -, - (Deutsche Mark); D-Mark in Euro umrechnen
d-Moll [ˈdeːmɔl, auch ˈdeːˈmɔl], das; -[s] (Tonart; Zeichen d); **d-Moll-Ton|lei|ter** ↑D 26
DNA, die; - ⟨engl.⟩ = deoxyribonucleic acid (Desoxyribonukleinsäure); **DNA-Ana|ly|se; DNA-Chip; DNA-Re|gis|ter**
Dnjepr, der; -[s] (russ.-weißruss.-ukrain. Fluss)

Dnjestr, der; -[s] (moldauisch-ukrain. Fluss)
DNS, die; - = Desoxyribonukleinsäure (veraltend für DNA)
do ⟨ital.⟩ (Solmisationssilbe)
do. = dito
d. O. = der od. die Obige
Do. = Donnerstag
Do|bel vgl. Tobel
¹**Dö|bel**, der; -s, - (ein Fisch)
²**Dö|bel** usw. vgl. Dübel usw.
Do|ber|mann, der; -s, ...männer ⟨nach dem Züchter⟩ (Hunderasse); **Do|ber|mann|pin|scher**
Döb|lin (dt. Schriftsteller)
Do|bos|tor|te [...bɔʃ...] (ung.) (österr. eine Cremetorte)
Do|b|ratsch, der; -[e]s od. - (Gebirge in Kärnten)
Do|b|ru|d|scha, die; - (Gebiet zwischen Donau u. Schwarzem Meer)
doch; ja doch!; nicht doch!
Docht, der; -[e]s, -e; **Docht|sche|re**
Dock, das; -s, Plur. -s, selten -e ⟨niederl. od. engl.⟩ (Anlage zum Ausbessern von Schiffen)
Do|cke, die; -, -n (Garnmaß; zusammengedrehter Garnstrang; Baluster; landsch. für Puppe); vgl. aber Dogge; docken (Garn, Flachs, Tabak bündeln)
²**do|cken** ⟨niederl. od. engl.⟩ (ein Schiff ins Dock bringen; im Dock liegen; svw. andocken)
Do|cker (Arbeiter in einem Dock); **Dock|ha|fen** vgl. ¹Hafen
Do|cking, das; -s, -s (Ankoppelung an ein Raumfahrzeug); **Do|ckingma|nö|ver**
Do|cking|sta|tion [...steɪʃn], die; -, -s ⟨engl.⟩ (Vorrichtung, die eine Verbindung zwischen tragbaren elektronischen Geräten u. der Stromversorgung od. einem fest installierten Datennetz herstellt od. als Abspielgerät dient)
Do|cu|men|ta, die; - (Ausstellung zeitgenössischer Kunst in Kassel)
Do|cu|tain|ment [dɔkjuˈteɪn...], Doku|tain|ment [...teɪn...], das; -s ⟨engl.⟩ (dokumentarische Unterhaltungsfilme u. -fernsehprogramme)
do|de|ka|disch ⟨griech.⟩ (12 Einheiten umfassend, duodezimal)
Do|de|ka|eder, das; -s, - (von zwölf gleichen, regelmäßigen Fünfecken begrenzter Körper)
Do|de|ka|fo|nie, **Do|de|ka|pho|nie**, die; - ⟨griech.⟩ (Zwölftonmusik);

do|de|ka|fo|nisch, **do|de|ka|phonisch** (die Dodekafonie betreffend); **Do|de|ka|fo|nist**, **Do|de|kapho|nist**, der; -en, -en (Komponist der Zwölftonmusik)
Do|de|ka|nes, der; - ⟨»Zwölfinseln«⟩ (Inselgruppe im Ägäischen Meer)
Dö|del, der; -s, - (ugs. für einfältiger Mensch, Dummkopf)
Do|de|rer, Heimito von (österr. Schriftsteller)
Do|do|ma (Hauptstadt von Tansania)
Do|do|na (Orakelheiligtum des Zeus); **do|do|nä|isch**
Do|ga|res|sa, die; -, ...essen (ital.) (Gemahlin des Dogen)
Dog|cart [...kaːɐ̯t], der; -s, -s ⟨engl.⟩ (offener, zweirädriger Einspänner)
Do|ge [...ʒə, auch ...dʒə], der; -n, -n ⟨ital., »Herzog«⟩ (früher Titel des Staatsoberhauptes in Venedig u. Genua)
Do|gen|müt|ze; **Do|gen|pa|last**
Dog|ge, die; -, -n ⟨engl.⟩ (eine Hunderasse); vgl. aber Docke
¹**Dog|ger**, der; -s ⟨engl.⟩ (Geol. mittlere Juraformation)
²**Dog|ger**, der; -s, - ⟨niederl.⟩ (niederl. Fischereifahrzeug); **Dogger|bank**, die; - (Untiefe in der Nordsee)
Dög|ling (schwed.) (Entenwal)
Dog|ma, das; -s, ...men ⟨griech.⟩ (Kirchenlehre; [Glaubens]satz; Lehrmeinung)
Dog|ma|tik, die; -, -en (Glaubenslehre); **Dog|ma|ti|ker** (Glaubenslehrer; abwertend für [unkritischer] Verfechter einer Lehrmeinung); **Dog|ma|ti|ke|rin**
dog|ma|tisch (die [Glaubens]lehre betreffend; lehrhaft; streng [an Lehrsätze] gebunden); **dog|mati|sie|ren** (zum Dogma erheben); **Dog|ma|tis|mus**, der; - (oft abwertend für [unkritisches] Festhalten an Lehrmeinungen u. Glaubenssätzen)
Dog|men|ge|schich|te
Dog|skin, das; -[s] (Leder aus kräftigem Schaffell)
Do|ha (Hauptstadt Katars)
Doh|le, die; -, -n (ein Rabenvogel)
Doh|ne, die; -, -n (Schlinge zum Vogelfang)
do it your|self! [ˈduː ɪt juːɐ̯ˈsɛlf] ⟨engl.⟩, »mach es selbst!«) (Schlagwort für die eigene Ausführung handwerklicher Arbeiten); **Do-it-your|self-Be|we|gung**

Doket

Dok|tor

der; -s, ...en ⟨lat.⟩

(höchster akademischer Grad; *ugs. auch für* Arzt; *Abk.* Dr. *[im Plural* Dres., *wenn mehrere Personen, nicht mehrere Titel einer Person gemeint sind]* u. D. [*in* D. theol.])
- Ehrendoktor, Doktor ehrenhalber *od.* Ehren halber (*Abk.* Dr. eh., Dr. e. h. u. Dr. E. h.; *vgl.* E. h.), Doktor honoris causa (*Abk.* Dr. h. c.)
- mehrfacher Doktor (*Abk.* Dr. mult.); mehrfacher Doktor honoris causa (*Abk.* Dr. h. c. mult.)
- *im Brief:* Sehr geehrter Herr Doktor/Sehr geehrte Frau Doktor[in]!, Sehr geehrter Herr/Sehr geehrte Frau Dr. Schmidt!

Im Folgenden sind ausgewählte Doktortitel und deren Abkürzungen aufgeführt. In einigen Promotionsordnungen ist die Verwendung der weiblichen Form »Doktorin« ausdrücklich vorgesehen.
- Doktor[in] der Arzneikunde (*Abk.* Dr. pharm.)
- Doktor[in] der Bergbauwissenschaften (*Abk.* Dr. rer. mont.)
- Doktor[in] der Bodenkultur (*österr., Abk.* Dr. nat. techn.)
- Doktor[in] der Forstwissenschaft (*Abk.* Dr. forest. *od.* Dr. rer. silv.)
- Doktor[in] der Gartenbauwissenschaften (*Abk.* Dr. rer. hort.)
- habilitierter Doktor/habilitierte Doktorin [z. B. der Philosophie] (*Abk.* Dr. [z. B. phil.] habil.)
- Doktor[in] der Handelswissenschaften (*österr., Abk.* Dr. rer. comm.)
- Doktor[in] der gesamten Heilkunde (*österr., Abk.* Dr. med. univ.)
- Doktor[in] der gesamten Heilkunde und der medizinischen Wissenschaft (*österr., Abk.* Dr. med. univ. et scient. med.)
- Doktor[in] der Humanwissenschaften (*Abk.* Dr. sc. hum.)
- Doktor[in] der Ingenieurwissenschaften (Doktoringenieur, *Abk.* Dr.-Ing.)
- Doktor[in] der Landwirtschaft (*Abk.* Dr. [sc.] agr.)
- Doktor[in] der mathematischen Wissenschaften (*Abk.* Dr. sc. math.)
- Doktor[in] der Medizin (*Abk.* Dr. med.)
- Doktor[in] der medizinischen Wissenschaften (*österr., Abk.* Dr. scient. med.)
- Doktor[in] der montanistischen Wissenschaften (*österr., Abk.* Dr. mont.)
- Doktor[in] der Naturwissenschaften (*Abk.* Dr. phil. nat. *od.* Dr. rer. nat. *od.* Dr. sc. nat.)
- Doktor[in] der Pädagogik (*Abk.* Dr. paed.)
- Doktor[in] der Philosophie (*Abk.* Dr. phil.)
- Doktor[in] der Philosophie einer Katholisch-Theologischen Fakultät (*österr., Abk.* Dr. phil. fac. theol.)
- Doktor[in] der Rechtswissenschaft (*Abk.* Dr. iur. *od.* Dr. jur.); Doktor[in] beider Rechte (*Abk.* Dr. iur. utr. *od.* Dr. jur. utr.)
- Doktor[in] der Sozialwissenschaften (*Abk.* Dr. disc. pol.)
- Doktor[in] der Sozial- und Wirtschaftswissenschaften (*österr., Abk.* Dr. rer. soc. oec.)
- Doktor[in] der Staatswissenschaften (*Abk.* Dr. rer. pol. *od.* Dr. sc. pol. *od.* Dr. oec. publ.)
- Doktor[in] der technischen Wissenschaften (*Abk.* Dr. rer. techn., Dr. sc[ient]. techn. [*österr.* Dr. techn.])
- Doktor[in] der Theologie (*Abk.* Dr. theol.; Ehrenwürde der ev. Theologie, *Abk.* D. oder D. theol.)
- Doktor[in] der Tierheilkunde (*Abk.* Dr. med. vet.)
- Doktor[in] der Veterinärmedizin (*österr., Abk.* Dr. med. vet.)
- Doktor[in] der Wirtschaftswissenschaft (*Abk.* Dr. oec. *od.* Dr. rer. oec.)
- Doktor[in] der Zahnheilkunde (*Abk.* Dr. med. dent.)
- Doktor[in] der Zahnmedizin und der medizinischen Wissenschaft (*österr., Abk.* Dr. med. dent. et scient. med.)

Do|ket, der; -en, -en ⟨griech.⟩ (Anhänger einer Glaubensgemeinschaft der ersten christl. Jahrhunderte)

dok|tern ⟨lat.⟩ (*ugs. u. scherzh. für* Arzt spielen); ich doktere

Dok|tor *s. Kasten*

Dok|to|rand, der; -en, -en (Student, der sich auf die Doktorprüfung vorbereitet; *Abk.* Dd.); **Dok|to|ran|din**

Dok|tor|ar|beit; **Dok|to|rat**, das; -[e]s, -e (*österr., sonst veraltend für* Doktorwürde); **Dok|to|rats|stu|di|um** (*österr.*); **Dok|tor|di|p|lom**; **Dok|tor|exa|men**

Dok|tor|fra|ge (sehr schwierige Frage)

Dok|tor|grad; **Dok|tor|hut**, der

dok|to|rie|ren (*veraltet für* promovieren)

Dok|to|rin [*auch* 'dɔ...] (*w.* Form zu Doktor *[vgl.* d.*]*)

Dok|tor|in|ge|ni|eur (*Abk.* Dr.-Ing.); **Dok|tor|inge|ni|eu|rin**

Dok|tor|mut|ter; **Dok|tor|prü|fung**; **Dok|tor|schrift**; **Dok|tor|ti|tel**; **Dok|tor|va|ter**; **Dok|tor|wür|de**

Dok|t|rin, die; -, -en (Grundsatz; Lehrmeinung) ⟨franz.⟩ (*abwertend für* an einer Lehrmeinung starr festhaltend); **Dok|t|ri|när**, der; -s, -e; **Dok|t|ri|nä|rin**; **Dok|t|ri|na|ris|mus**, der; -

Do|ku, die; -, -s (*ugs.; kurz für* Dokumentation, Dokumentarfilm o. Ä.)

Do|ku|ment, das; -[e]s, -e ⟨lat.⟩ (amtl. Schriftstück; Beweis)

Do|ku|men|ta|list, der; -en, -en (svw. Dokumentar); **Do|ku|men|ta|lis|tin**

Do|ku|men|tar, der; -s, -e (wissenschaftlicher Mitarbeiter in einer Dokumentationsstelle)

Do|ku|men|tar|auf|nah|me; **Do|ku|men|tar|be|richt**; **Do|ku|men|tar|film**; **Do|ku|men|ta|rin**

do|ku|men|ta|risch

Do|ku|men|ta|rist, der; -en, -en (jmd., der Dokumentarfilme macht); **Do|ku|men|ta|ris|tin**

Do|ku|men|tar|se|rie

Do|ku|men|ta|ti|on, die; -, -en (Zusammenstellung u. Nutzbarmachung von Dokumenten u. Materialien jeder Art; *EDV* Gebrauchsanleitung); **Do|ku-**

men|ta|ti|ons|pflicht; Do|ku|men|ta|ti|ons|zen|t|rum
do|ku|men|ten|echt (von Schreibgeräten u. Ä.)
Do|ku|men|ten|samm|lung
do|ku|men|tie|ren (zeigen; beweisen)
Do|ku|soap, Do|ku-Soap, die; -, -s ⟨engl.⟩ (Fernsehen Dokumentarserie mit teilweise inszeniertem Ablauf)
Do|ku|tain|ment [...teɪn...] vgl. Docutainment
Dol, das; -[s], - ⟨lat.⟩ (Med. Maßeinheit für die Stärke einer Schmerzempfindung)
Dol|by-Sys|tem® ⟨nach dem amerik. Elektrotechniker⟩ (Verfahren zur Rauschunterdrückung bei Tonbandaufnahmen)
dol|ce [...tʃə] ⟨ital.⟩ (Musik sanft, lieblich, weich)
dol|ce far ni|en|te ⟨»süß [ists], nichts zu tun«⟩; Dol|ce|far|ni|en|te, das; - (süßes Nichtstun)
Dol|ce Vi|ta, das od. die; - - ⟨»süßes Leben«⟩ (ausschweifendes Müßiggängertum)
Dolch, der; -[e]s, -e
Dolch|mes|ser, das; Dolch|spit|ze; Dolch|stich; Dolch|stoß
Dolch|sto߶|le|gen|de, die; -
Dol|de, die; -, -n (schirmähnlicher Blütenstand); Dol|den|blüt|ler; dol|den|för|mig; Dol|den|gewächs; Dol|den|ris|pe; dol|dig
Dol|le, die; -, -n (bedeckter Abzugsgraben; schweiz. auch für Sinkkasten)
Dol|le|rit, der; -s, -e ⟨griech.⟩ (grobkörniger Basaltart)
Dolf (m. Vorn.)
Do|li|cho|ze|pha|lie, die; - ⟨griech.⟩ (Med. Langköpfigkeit)
dol|lie|ren vgl. dollieren
Dol|li|ne, die; -, -n ⟨slaw.⟩ (Geol. trichterförmige Vertiefung im Karst)
doll (ugs. für toll)
Dol|lar, der; -[s], -s ⟨amerik.⟩ (Währungseinheit in den USA [Währungscode USD], in Kanada [CAD], Australien [AUD], Neuseeland [NZD] u. anderen Staaten; Zeichen $); 30 Dollar; Dol|lar|kurs
Dol|lart, der; -s (Nordseebucht an der Emsmündung)
Dol|lar|wäh|rung; Dol|lar|zei|chen
Doll|boh|rer (ugs. für ungeschickter Mensch)
Doll|bord, das; -[e]s, -e (obere Planke auf dem Bootsbord)

Dol|le, die; -, -n (Vorrichtung zum Halten der Riemen [Ruder])
Dol|len, der; -s, - (fachspr. für Dübel)
dol|lie|ren, dol|lie|ren ⟨franz.⟩ (Gerberei [Leder] abschleifen)
Doll|punkt (ugs. für umstrittener Punkt)
¹Dol|ly (w. Vorn.; Name des ersten geklonten Schafs)
²Dol|ly, der; -[s], -s ⟨engl.⟩ (fahrbares Kamerastativ; Kamerawagen)
Dolm, der; -s, -e ⟨österr. ugs. für dummer Mensch⟩
Dol|man, der; -s ⟨türk.⟩ (Kleidungsstück)
Dol|men, der; -s, - ⟨breton.-franz.⟩ (prähist. Steingrabkammer)
Dol|metsch, der; -[e]s, -e ⟨türk.-ung.⟩ (österr., sonst seltener für Dolmetscher)
dol|met|schen; du dolmetschst
Dol|met|scher, der; -s, - (jmd., der [berufsmäßig] mündlich übersetzt); Dol|met|sche|rin
Dol|met|scher|in|s|ti|tut; Dol|met|scher|schu|le
Do|lo|mit, der; -s, -e ⟨nach dem franz. Mineralogen Dolomieu⟩ (ein Mineral; Sedimentgestein)
Do|lo|mi|ten Plur. (Teil der Südalpen)
Do|lo|res (w. Vorn.)
do|los ⟨lat.⟩ (Rechtsspr. vorsätzlich, arglistig)
Do|lus, der; - (Rechtsspr. List; böse Absicht); Do|lus even|tu|a|lis, der; - - (Rechtsspr. Inkaufnahme einer Folge)
¹Dom, der; -[e]s, -e ⟨lat.⟩ (Bischofs-, Hauptkirche)
²Dom, der; -[e]s, -e ⟨griech.⟩ (Kuppel, gewölbter Aufsatz)
³Dom [port. dõ], der; - ⟨port.⟩ (Herr; vor Vornamen ohne Artikel)
Do|ma, das; -s, ...men ⟨griech.⟩ (Kristallfläche, die zwei Kristallachsen schneidet)
Do|main [do'meɪn], die; -, -s ⟨engl.⟩ (Internetadresse)
Do|mä|ne, die; -, -n ⟨franz.⟩ (Staatsgut, -besitz; Spezialgebiet); Do|mä|nen|amt
Do|ma|ni|al|be|sitz (staatlicher Landbesitz)
Dom|chor; Dom|de|chant
Do|mes|tik, der; -en, -en meist Plur. (veraltend für Dienstbote); Do|mes|ti|ka|ti|on, die; -, -en ⟨lat.⟩ (Umzüchtung wilder Tiere zu Haustieren); Do|mes|ti|ke, der; -n, -n (svw. Domestik); Do|mes|ti|kin; do|mes|ti|zie|ren

Dom|frei|heit (der um einen ¹Dom gelegene Bereich, der im MA. unter der geistl. Gerichtsbarkeit des Domstiftes stand)
Dom|herr; Dom|her|rin
¹Do|mi|na, die; -, ...nä ⟨lat., »Herrin«⟩ (Stiftsvorsteherin)
²Do|mi|na, die; -, -s (Jargon Prostituierte, die sadistische Handlungen vornimmt)
do|mi|nant (vorherrschend; bestimmend; überdeckend)
Do|mi|nan|te, die; -, -n (vorherrschendes Merkmal; Musik die Quinte vom Grundton aus)
Do|mi|nanz, die; -, -en
Do|mi|nanz|ver|hal|ten
Do|mi|ni|ca (Inselstaat in Mittelamerika); Do|mi|ni|ca|ner; Do|mi|ni|ca|ne|rin; do|mi|ni|ca|nisch
do|mi|nie|ren ([vor]herrschen; beherrschen)
Do|mi|nik, Do|mi|ni|kus (m. Vorn.)
¹Do|mi|ni|ka|ner, der; -s, - (Angehöriger des vom hl. Dominikus gegründeten Ordens)
²Do|mi|ni|ka|ner (Einwohner der Dominikanischen Republik); Do|mi|ni|ka|ne|rin
Do|mi|ni|ka|ner|klos|ter; Do|mi|ni|ka|ner|mönch
Do|mi|ni|ka|ner|or|den, der; -s; Abk. O. P. od. O. Pr. (vgl. d.)
do|mi|ni|ka|nisch; Do|mi|ni|ka|ni|sche Re|pu|b|lik, die; - -n - (Staat in Mittelamerika)
Do|mi|ni|kus vgl. Dominik
Do|mi|ni|on [...njən], das; -s, Plur. -s u. ...ien ⟨engl.⟩ (früher für sich selbst regierender Teil des Commonwealth)
Do|mi|nique [...'ni:k] (m. u. w. Vorn.)
Do|mi|ni|um, das; -s, Plur. -s u. ...ien ⟨lat.⟩ (altröm. Herrschaftsgebiet)
¹Do|mi|no, der; -s, -s (Maskenmantel, -kostüm)
²Do|mi|no, das; -s, -s (Spiel)
Do|mi|no|ef|fekt (durch ein Ereignis ausgelöste Folge von ähnlichen Ereignissen)
Do|mi|no|spiel; Do|mi|no|stein
Do|mi|nus vo|bis|cum! ⟨»Der Herr sei mit euch!«⟩ (liturg. Gruß)
Do|mi|zil, das; -s, -e (Wohnsitz; Bankw. Zahlungsort [vom Wechseln]); do|mi|zi|lie|ren (ansässig sein, wohnen); Do|mi|zil|wech|sel (Bankw.)
Dom|ka|pell|meis|ter
Dom|ka|pi|tel; Dom|ka|pi|tu|lar (Domherr)

Domleschg

Dom|leschg, das; -[s] (unterste Talstufe des Hinterrheins)
Do|mo|wi|na [auch ˈdɔ...], die; - ⟨sorb., »Heimat«⟩ (Organisation der sorb. Minderheit in Deutschland)
Dom|pfaff, der; Gen. -en, auch -s, Plur. -en (ein Singvogel)
Dom|propst (kath. Kirche)
Domp|teur [...ˈtøːɐ̯], der; -s, -e ⟨franz.⟩ (Tierbändiger); **Domp|teu|rin**; **Domp|teur|kunst**; **Domp|teu|se** [...ˈtøː...], die; -, -n
Dom|ra, die; -, Plur. -s u. ...ren ⟨russ.⟩ (russ. Musikinstrument)
Dom|schatz; **Dom|schu|le**
¹Don, der; -[s] (russ. Fluss)
²Don, der; -[s], -s ⟨vor Vornamen ohne Artikel⟩ ⟨span. u. ital., »Herr«⟩ (in Spanien höfl. Anrede, w. Form Doña [vgl. d.]; in Italien Titel der Priester u. bestimmter Adelsfamilien, w. Form Donna [vgl. d.])
Do|ña [...nja], die; -, -s ⟨span.⟩ (Frau; vor Vornamen ohne Artikel)
Do|nald [engl. ˈdɔn(ə)ld] (m. Vorn.)
Do|nar (germ. Gott); vgl. Thor
Do|na|rit, der; -s (ein Sprengstoff)
Do|na|tor, der; -s, ...oren ⟨lat.⟩ (schweiz., sonst veraltet für Geber, Spender; Physik, Chemie Atom od. Molekül, das Elektronen od. Ionen abgibt); **Do|na|to|rin** (schweiz.)
Do|na|tus (m. Vorn.)
Do|nau, die; - (europ. Strom)
Do|nau-Au|en, **Do|nau|au|en** Plur.
Do|nau-Dampf|schiff|fahrts|ge|sell|schaft, die; -; **Do|nau|del|ta**, **Do|nau-Del|ta**, das; -s
Do|nau|ka|nal, der; -s (Seitenarm der Donau in Wien)
Do|nau|mo|n|ar|chie, **Do|nau-Mo|n|ar|chie**, die; - (österreichisch-ungarische Monarchie von 1869 bis 1918)
Do|nau|raum, der; -[e]s (die von der Donau durchflossenen Staaten u. Gebiete)
Do|nau|wörth (Stadt in Bayern)
Don|bass [auch ...ˈbas], der, auch das; - ⟨russ.⟩ (russ. Kurzw. für Donez-Steinkohlenbecken; Industriegebiet westl. des Donez)
Don Bos|co vgl. Bosco
Don Car|los (span. Prinz [literarische Figur])
Dö|ner, der; -s, - (kurz für Döner Kebab); **Dö|ner|bu|de** (ugs.)

Dö|ner Ke|bab, **Dö|ner Ke|bap** [auch ˈkeː...], der; - -[s], - -s, **Dö|ner|ke|bab**, **Dö|ner|ke|bap**, der; -[s], -s ⟨türk.⟩ (Kebab aus an einem Drehspieß gebratenem Fleisch); vgl. Kebab, Kebap
Do|nez, der; - (rechter Nebenfluss des Don)
Dong, der; -[s], -[s] (vietnames. Währungseinheit); 50 Dong
Don Gio|van|ni [- ˈdʒo...] ⟨ital.⟩ (Titelgestalt der Oper von Mozart)
Do|ni|zet|ti (ital. Komponist)
Don|jon [dõˈʒõː], der; -s, -s ⟨franz.⟩ (Hauptturm mittelalterl. Burgen in Frankreich)
Don Ju|an [- ˈxu̯an], der; - -s, - -s ⟨span.⟩ (span. Sagengestalt; Verführer; Frauenheld)
Don|ko|sak (Angehöriger eines am Don wohnenden Stammes der Kosaken); **Don|ko|sa|ken|chor**
Don|na, die; -, Plur. -s u. Donnen ⟨ital., »Herrin«⟩; (vor Vornamen ohne Artikel) vgl. auch Madonna
Don|ner, der; -s, -; Donner und Doria! (ugs.; vgl. Doria)
Don|ner|bal|ken (ugs. scherzh. für Latrine); **Don|ner|büch|se** (scherzh. für Feuerwaffe)
Don|ne|rer (Donnergott)
Don|ner|gott (germ. Gott)
Don|ner|grol|len, das; -s; **Don|ner|keil** (Belemnit)
Don|ner|litt|chen!, **Don|ner|lütt|chen!** (landsch.)
don|nern; ich donnere
Don|ner|schlag
Don|ners|tag, der; -[e]s, -e (Abk. Do.); vgl. Dienstag
Don|ners|tag|abend usw. vgl. Dienstagabend usw.; **don|ners|tags**; vgl. Dienstag u. ↑D 70
Don|ner|wet|ter; Donnerwetter [noch einmal]!
Don Qui|chotte [- kiˈʃɔt], der; - -[s], - -s ⟨span.⟩ (Romanheld bei Cervantes; weltfremder Idealist)
Don|qui|chot|te|rie, die; -, ...ien (Torheit [aus weltfremdem Idealismus])
Don Qui|jo|te, **Don Qui|xo|te** [- kiˈxo...], der; - -s, - -s (svw. Don Quichotte)
Dont|ge|schäft [ˈdõː...] ⟨franz.; dt.⟩ (Börse Termingeschäft)
Do|nut, Dough|nut [ˈdoːnat], der; -s, -s ⟨amerik.⟩ (ringförmiges Hefegebäck)
doof (ugs.); **Doof|heit**

Do|pa|min, das; -s, -e (Biol., Physiol. eine körpereigene Substanz)
Dope [doːp], das; -s ⟨niederl.-engl.⟩ (ugs. für Rauschgift)
do|pen (Sport durch [verbotene] Substanzen zu Höchstleistungen zu bringen versuchen); gedopt; **Do|per**, der; -s, - (jmd., der [sich] dopt); **Do|pe|rin**
Do|ping, das; -s, -s
Do|ping|arzt (ugs. für Arzt, der Sportlern verbotene Substanzen zur Leistungssteigerung verabreicht od. verschafft; seltener für Arzt, der Dopingkontrollen durchführt); **Do|ping|ärz|tin**
Do|ping|kon|t|rol|le
Do|ping|sün|der; **Do|ping|sün|de|rin**
Do|ping|ver|dacht
¹Dop|pel, das; -s, - (zweite Ausfertigung; Tennis, Tischtennis Zwei-gegen-zwei-Spiel)
²Dop|pel, der; -s, - (schweiz. für Einsatz beim Schützenfest)
Dop|pel|ad|ler; **Dop|pel|agent**; **Dop|pel|agen|tin**
Dop|pel|axel (doppelter ²Axel)
Dop|pel|bau|er (vgl. ²Bauer; Schach)
Dop|pel|be|las|tung; **Dop|pel|be|lich|tung**; **Dop|pel|be|steu|e|rung**; **Dop|pel|bett**
Dop|pel|bock, das, auch der; -s (ein Starkbier)
dop|pel|bö|dig (hintergründig); **Dop|pel|bö|dig|keit**
Dop|pel|bür|ger (bes. schweiz.); **Dop|pel|bür|ge|rin**
Dop|pel-CD
Dop|pel|ci|ce|ro (ein Schriftgrad)
Dop|pel|de|cker (ein Flugzeugtyp; ugs. für Omnibus mit Oberdeck)
dop|pel|deu|tig; **Dop|pel|deu|tig|keit**
Dop|pel|er|folg; **Dop|pel|feh|ler** (Tennis, Volleyball); **Dop|pel|fens|ter**; **Dop|pel|fol|ge** (auch Math.); **Dop|pel|funk|ti|on**
Dop|pel|gän|ger; **Dop|pel|gän|ge|rin**
dop|pel|glei|sig; **Dop|pel|glei|sig|keit**
Dop|pel|haus; **Dop|pel|haus|hälf|te**
Dop|pel|heft
Dop|pel|heit Plur. selten
Dop|pel|he|lix, die; - (Biol. Struktur des DNA-Moleküls)
Dop|pel|hoch|zeit
Dop|pel|jahr|gang (bes. Bildungswesen); **Dop|pel|kinn**
Dop|pel|klick (EDV zweimaliges Betätigen der Maustaste); **dop|pel|kli|cken**; doppelgeklickt
Dop|pel|kno|ten; **Dop|pel|kon|zert**

Dop|pel|kopf, der; -[e]s (Kartenspiel)
Dop|pel|kupp|lungs|ge|trie|be *(Kfz-Technik)*
Dop|pel|kur|ve
Dop|pel|laut (Diphthong)
Dop|pel|le|ben, das; -s
Dop|pel|lutz (doppelter ²Lutz)
Dop|pel|mo|ral; Dop|pel|mord
dop|peln *(bayr., österr. für* besohlen); ich dopp[e]le
Dop|pel|na|me
Dop|pel|nel|son (doppelter ²Nelson)
Dop|pel|num|mer (doppeltes Heft einer Zeitschrift u. Ä.)
Dop|pel|pack, der; -s, -s
Dop|pel|part|ner; Dop|pel|part|ne|rin
Dop|pel|pass; Dop|pel|punkt
dop|pel|rei|hig
Dop|pel|ritt|ber|ger (doppelter Rittberger)
Dop|pel|rol|le
Dop|pel|sal|chow (doppelter Salchow)
Dop|pel|schlag
Dop|pel|sei|te; dop|pel|sei|tig; eine doppelseitige Anzeige
Dop|pel|sieg *(bes. Sport)*
Dop|pel|sinn; dop|pel|sin|nig
Dop|pel|spiel
Dop|pel|spit|ze (gemeinsames Innehaben eines hohen Amtes durch zwei Personen)
Dop|pel|stock|bett; dop|pel|stö|ckig (mit zwei Etagen); **Dop|pel|stock|wa|gen** *(Eisenbahn)*
Dop|pel|stra|te|gie; Dop|pel|stun|de

dop|pelt
Kleinschreibung:
– doppelte Buchführung
– das Mittel soll doppelt wirken
– ein doppelt wirkendes *od.* doppeltwirkendes Mittel ↑ D 58
– doppelt gemoppelt *od.* doppeltgemoppelt *(ugs. für* unnötigerweise zweimal)
– doppelt so groß, doppelt so viel
– er ist doppelt so reich wie *(selten* als) ich
Großschreibung der Substantivierung ↑ D 72:
– um das, ums Doppelte größer
– das Doppelte an Zeit

dop|pelt|koh|len|sau|er *(Chemie);* doppeltkohlensaures Natron
Dop|pel-T-Trä|ger, der; -s, -; ↑ D 26 *(Bauw.)*
Dop|pel|tür

dop|pelt wir|kend, dop|pelt|wir|kend *vgl.* doppelt
Dop|pe|lung
Dop|pel|ver|die|ner; Dop|pel|ver|die|ne|rin
dop|pel|wan|dig
Dop|pel|zent|ner (2 × 100 Pfund = 100 kg; *Zeichen* dz, *österr. u. schweiz.* q; *vgl.* Zentner)
Dop|pel|zim|mer
Dop|pel|zün|gig *(abwertend);* **Dop|pel|zün|gig|keit**
Dop|pik, die; - ⟨Kunstwort⟩ (doppelte Buchführung)
Dopp|ler *(bayr., österr. für* erneuerte Schuhsohle; Zweiliterflasche)
Dopp|ler|ef|fekt, Dopp|ler-Ef|fekt, der; -[e]s ⟨nach dem österr. Physiker⟩ (ein physikalisches Prinzip)
Dopp|lung
Do|ra (w. Vorn.)
Do|ra|de, die; -, -n ⟨franz.⟩ (ein Fisch)
Do|ra|do *vgl.* Eldorado
Do|rant, der; -[e]s, -e ⟨mlat.⟩ (Zauber abwehrende Pflanze)
Dor|chen (w. Vorn.)
Dor|do|gne [...ˈdɔnjə], die; - (Fluss u. Departement in Frankreich)
Dor|d|recht (Stadt in den Niederlanden)
Do|reen [...ˈriːn] (w. Vorn.)
Do|rer *vgl.* Dorier
Dorf, das; -[e]s, Dörfer
Dorf|an|ger; Dorf|bach
Dorf|be|woh|ner; Dorf|be|woh|ne|rin; Dörf|chen
Dorf|club *vgl.* Dorfklub
Dorf|er|neu|e|rung
Dorf|ge|mein|schaft
dörf|isch *(meist abwertend)*
Dorf|kir|che
Dorf|klub, Dorf|club *(regional für* kulturelles Zentrum auf dem Land)
Dörf|ler; Dörf|le|rin; dörf|lich
Dorf|lin|de; Dorf|platz
Dorf|schaft *(schweiz. für* Gesamtheit der Dorfbewohner)
Dorf|schen|ke, Dorf|schän|ke
Dorf|schö|ne; Dorf|schön|heit; Dorf|schul|le; Dorf|schul|ze; Dorf|stra|ße; Dorf|teich; Dorf|trot|tel *(abwertend)*
Do|ria (ital. Familienn.); *nur in* Donner und Doria! (Ausruf)
Do|ri|er, Do|rer, der; -s, - (Angehöriger eines altgriech. Volksstammes); **Do|ri|e|rin, Do|re|rin**
¹**Do|ris** (altgriech. Landschaft)
²**Do|ris** (w. Vorn.)

do|risch (auf die Dorier bezüglich; aus *vgl.* ¹Doris); dorische Tonart; dorische Säule ↑ D 89
Do|rit (w. Vorn.)
Dor|mi|to|ri|um, das; -s, ...ien ⟨lat.⟩ (Schlafsaal eines Klosters)
Dorn, der; -[e]s, *Plur.* -en, *ugs.* auch Dörner, *in der Technik* -e
Dorn|busch; Dörn|chen
Dor|nen|he|cke, Dorn|he|cke
Dor|nen|kro|ne; dor|nen|reich; Dor|nen|weg (Leidensweg)
Dorn|fel|der (Rebsorte; ein Rotwein)
Dorn|fin|ger|spin|ne (eine giftige Spinne)
Dorn|fort|satz *(Med.* nach hinten gerichteter Wirbelfortsatz)
Dorn|ge|strüpp; Dorn|he|cke *vgl.* Dornenhecke; **Dor|nicht,** das; -s, -e *(veraltet für* Dorngestrüpp)
dor|nig
Dorn|rös|chen (eine Märchengestalt); **Dorn|rös|chen|schlaf**
Do|ro|thea, Do|ro|thee [*auch* ...ˈteː(ə)] (w. Vorn.)
Dor|pat (Stadt in Estland; *estn.* Tartu)
Dörr|boh|ne *(schweiz.)*
Dör|re, die; -, -n *(landsch. für* Darre)
dor|ren *(geh. für* dürr werden)
dör|ren (dürr machen); *vgl.* darren; **Dörr|fleisch; Dörr|ge|mü|se; Dörr|obst; Dörr|ofen; Dörr|pflau|me; Dörr|zwetsch|ke** *(österr.)*
dor|sal ⟨lat.⟩ *(Med.* den Rücken betreffend, rückseitig)
Dor|sal, der; -s, -e, **Dor|sal|laut,** der; -[e]s, -e *(Sprachwiss.* mit dem Zungenrücken gebildeter Laut)
Dorsch, der; -[e]s, -e (junger Kabeljau)

dort
– dort drüben
– von dort aus

Getrenntschreibung in Verbindung mit Verben, wenn der Hauptakzent auf dem Verb liegt:
– sich dort auskennen
– von dort gekommen sein
– sie wird dort wohnen

Zusammenschreibung in Verbindung mit Verben, wenn der Hauptakzent auf »dort« liegt:
– sie sind gleich dortgeblieben
– man hat ihn einige Zeit dortbehalten

dortbehalten

dort|be|hal|ten vgl. dort
dort|blei|ben vgl. dort
dort|her [auch 'dɔ...]; von dorther
dort|hin [auch 'dɔ...] ↑D 31; da- und dorthin; **dort|hi|n|ab** [auch 'dɔ...]; **dort|hi|n|aus** [auch 'dɔ...]; bis dorthinaus
dor|tig
Dort|mund (Stadt im Ruhrgebiet); **Dort|mund-Ems-Ka|nal**, der; -s; ↑D 146; **Dort|mun|der**; **Dort|mun|de|rin**
dort|sei|tig (Amtsspr. dortig); **dort|seits** (Amtsspr. [von] dort); **dortselbst** (veraltend)
dort|zu|lan|de, dort zu Lan|de
Do|ry|pho|ros, der; - ⟨griech., »Speerträger«⟩ (berühmte Statue des Bildhauers Polyklet)
Dos, die; -, Dotes ⟨lat.⟩ (Rechtsspr. Mitgift)
Do|sa|ge [...ʒə], die; -, -n ⟨franz.⟩ (Zugabe von Zuckerlösung bei der Schaumweinherstellung)
Dos and Don'ts ['du:s ənt 'dəʊnts] Plur. ⟨engl.⟩ (Verhaltensregeln)
Dös|chen
Do|se, die; -, -n (kleine Büchse; selten für Dosis)
Do|sen (Plur. von Dose u. Dosis)
dö|sen (ugs. für wachend träumen; halb schlafen); du döst; er dös|te
Do|sen|bier; **Do|sen|blech**
do|sen|fer|tig
Do|sen|fleisch; **Do|sen|ge|mü|se**; **Do|sen|milch**; **Do|sen|öff|ner**; **Do|sen|pfand**, das; -[e]s; **Do|sen|sup|pe**; **Do|sen|wurst**
do|sier|bar; **do|sie|ren** ⟨franz.⟩ (ab-, zumessen); **Do|sier|pum|pe**; **Do|sie|rung**
dö|sig (ugs. für schläfrig; stumpfsinnig)
Do|si|me|ter, das; -s, - ⟨griech.⟩ (Gerät zur Messung der aufgenommenen Menge radioaktiver Strahlen); **Do|si|me|t|rie**, die; -, ...ien (Messung der Energiemenge von Strahlen)
Do|sis, die; -, Dosen (zugemessene [Arznei]gabe, kleine Menge)
Dos|si|er [...sje:], das; -s, -s ⟨franz.⟩ (Akte od. ähnliche Zusammenstellung von Dokumenten u. Texten zu einem Thema, einem Vorgang)
dos|sie|ren (fachspr. für abschrägen; böschen); **Dos|sie|rung** (flache Böschung)
Dost, der; -[e]s, -e (eine Gewürzpflanze [Origanum])
Dos|tal, Nico (österr. Komponist)

Dos|to|jew|s|ki, Fjodor (russ. Schriftsteller)
Do|ta|ti|on, die; -, -en ⟨lat.⟩ (Schenkung; [geldliche] Zuwendung; veraltet für Mitgift)
Dot|com, das; -s, -s u. die; -, -s ⟨engl.⟩ (Unternehmen der New Economy)
do|tie|ren (mit einer bestimmten Geldsumme ausstatten; bezahlen); ein mit 5 000 Euro dotierter Preis; **Do|tie|rung**
Dot|ter, der u. das; -s, - (Eigelb); **Dot|ter|blu|me**; **dot|ter|gelb**; **Dot|ter|sack** (Zool.)
¹**Dou|a|la** (Hafenstadt in Kamerun)
²**Dou|a|la**, der; -[s], -[s] (Angehöriger eines Bantustammes)
³**Dou|a|la**, das; - (Sprache)
Dou|a|ne [duˈaːn(ə)], die; -, -n ⟨arab.-franz.⟩ (veraltet für Zoll[amt]); **Dou|a|ni|er** [...ˈnjeː], der; -s, -s ⟨franz. Bez. für Zollbeamter⟩
dou|beln ['duː...] ⟨franz.⟩ (Film als Double spielen); ich doub[e]le
Doub|le ['duːbl], das; -s, -s ⟨franz.⟩ (Film Ersatzspieler od. Ersatzspielerin [ähnlichen Aussehens])
Dou|b|lé [du...], Dub|lee, das; -s, -s ⟨franz.⟩ (Metall mit Edelmetallüberzug; Stoß beim Billardspiel)
Dou|b|lé|gold, Du|b|lee|gold
dou|b|lie|ren, du|b|lie|ren ([Garn] verdoppeln; Dublee herstellen)
Dough|nut ['doːnat] vgl. Donut
Doug|las|fich|te ['duː...], **Doug|la|sie** [du...sjə], die; -, -n, **Doug|las|tan|ne** ['duː...] ↑D 136 (nach dem schott. Botaniker David Douglas) (Nadelbaum)
Dou|ro ['doːru], der; - (port. Form von Duero)
do ut des ⟨lat., »ich gebe, damit du gibst«⟩ (Rechtswiss.)
Do|ver (engl. Hafenstadt)
Dow-Jones-In|dex ['daʊˈdʒoʊns...], der; - (nach der amerik. Firma Dow, Jones & Co.) (Wirtsch. Durchschnitt der Aktienkurse von ausgewählten Unternehmen an der New Yorker Börse)
down [daʊn], ⟨engl., »niedrig«⟩; down sein (ugs. für bedrückt, abgespannt sein)
Down|cy|c|ling ['daʊnsaɪklɪŋ] ⟨engl.⟩ (Rohstoffgewinnung aus [ursprünglich höherwertigen] Abfallstoffen)
Down|hill ['daʊn...], das od. der; -s, -s ⟨engl.⟩ (Abfahrtsrennen mit Mountainbikes)

Dow|ning Street ['daʊnɪŋ striːt], die; - - ⟨nach dem engl. Diplomaten Sir George Downing⟩ (Straße in London; Amtssitz des Premierministers [im Haus Nr. 10]; übertr. für die britische Regierung)
Down|link ['daʊn...], der; -s, -s ⟨engl.⟩ (EDV Datenverbindung von einem Provider zu einem Endgerät)
Down|load ['daʊnlɔʏt], der u. das; -s, -s ⟨engl.⟩ (EDV das Herunterladen); **down|load|bar**; **Download|code**, **Down|load-Code**
down|loa|den ['daʊnlɔʏdn] ⟨engl.⟩ (EDV Daten von einem Computer, aus dem Internet herunterladen); ich downloade, ich habe downgeloadet; **Down|load|shop**, **Down|load-Shop**

> **downloaden**
> Die Eindeutschung englischer Verben wie *to download* führt zu ungewohnten und oft als sehr unschön empfundenen Beugungsformen, die durch die Verwendung von Synonymen (hier: *herunterladen*) vermieden werden können.

down|shif|ten ['daʊnʃɪftn] ⟨engl.⟩ (bewusst auf beruflichen Aufstieg, Konsum u. Luxus o. Ä. verzichten); wir downshiften, wir haben downgeshiftet; **Down|shif|ter**, der; -s, -; **Down|shif|te|rin**; **Down|shif|ting**, das; -s, -s Plur. selten
Down|syn|drom, **Down-Syn|drom** ['daʊn...], das; -s ⟨nach dem britischen Arzt J. L. H. Down⟩ (genetisch bedingte Entwicklungshemmungen u. Veränderungen des Erscheinungsbildes eines Menschen)
Down|time [...taɪm], die; -, -s ⟨engl.⟩ (EDV Zeit, in der ein Computersystem gewartet wird od. gestört ist)
Down|town ['daʊntaʊn], die; -, -s ⟨amerik. Bez. für Innenstadt⟩
Down Un|der [daʊn ˈandɐ], - - ohne Artikel ⟨engl.⟩ (Australien [u. Neuseeland])
Do|xa|le, das; -s, -s ⟨lat.⟩ (Archit. Gitter zwischen hohem Chor u. Hauptschiff)
Do|xo|lo|gie, die; -, ...ien ⟨griech.⟩ (gottesdienstliche Lobpreisungsformel)

dranbleiben

Do|xo|ru|bi|cin, das; -s ⟨griech.; lat.⟩ (*Med.* ein Zytostatikum)
Do|yen [dŏaˈjɛ̃ː], der; -s, -s ⟨franz.⟩ ([Rang-, Dienst]ältester u. Wortführer [des diplomatischen Korps]); **Do|yenne** [...ˈjɛn], die; -, -n
Doz. = Dozent
Do|zent, der; -en, -en ⟨lat.⟩ (Lehrer [an einer Universität od. Hochschule]; *Abk.* Doz.); **Do|zen|ten|schaft; Do|zen|tin**
Do|zen|t(in)en (*kurz für* Dozentinnen u. Dozenten)
Do|zen|tur, die; -, -en; **do|zie|ren**
DP, die; - = Deutsche Post
dpa, die; - = Deutsche Presse-Agentur; **Dpa-Mel|dung** ↑ D 28
dpi ⟨*Abk. für engl.* dots per inch⟩ = Punkte pro Inch⟩ (Maßeinheit für die Bildauflösung)
dpt, dptr., Dptr. = Dioptrie
d. R. = der Reserve (*Militär*)
Dr = Drachme
Dr. = doctor, Doktor (*vgl. d.*)
Dr. ... (z. B. Dr. phil.)
DR, die; - = Deutsche Reichsbahn (1920 – 1993)
Dra|che, der; -n, -n (ein Fabeltier)
Dra|chen, der; -s, - (Fluggerät; Segelboot; *kurz für* Drachenviereck; *abwertend für* zänkische Frau)
Dra|chen|boot (*Segeln*)
Dra|chen|fels, der; -[es], -ens *u.* -en (Berg im Siebengebirge)
Dra|chen|flie|gen, das; -s (*Sport*); **Dra|chen|flie|ger; Dra|chen|flie|ge|rin**
Dra|chen|frucht (Pitahaya)
Dra|chen|gift
Dra|chen|klas|se (*Segeln*)
Dra|chen|saat (*geh.*)
Dra|chen|vier|eck (*Math.*)
Drach|me, die; -, -n ⟨griech.⟩ (frühere griech. Währungseinheit; frühere Apothekergewicht)
Dra|cu|la (Titelfigur eines Vampirromans)
Draft, der; -s, -s *od.* die; -, -s ⟨engl.⟩ (Auswahlverfahren für Nachwuchsspieler im nordamerik. Profisport); **draf|ten** (*auch Radsport* im Windschatten eines anderen fahren)
Dra|gee, **Dra|gée** [...ˈʒeː], das; -s, -s ⟨franz.⟩ (mit Zucker od. Schokolade überzogene Süßigkeit; Arzneipille); **Dra|geur** [...ˈʒøːɐ̯], der; -s, -e (Hersteller von Dragees); **Dra|geu|rin**
Drag|gen, der; -s, - (*Seemannsspr.* mehrarmiger Anker ohne Stock)

dra|gie|ren [...ˈʒiː...] ⟨franz.⟩ (Dragees herstellen)
Drag|o|man, der; -s, -e ⟨arab.⟩ (einheim. Dolmetscher, Übersetzer im Nahen Osten)
Dra|gon, Dra|gun, der *od.* das; -s ⟨arab.⟩ (*seltener für* Estragon)
Dra|go|ner, der; -s, - (*früher für* leichter Reiter; *österr. noch für* Rückenspange am Rock u. am Mantel; *ugs. für* resolute Frau)
Drag|queen [ˈdrɛgkviːn], die; -, -s ⟨engl.⟩ (*Jargon* männlicher glamourös gekleideter u. geschminkter Transvestit)
Dr. agr. = doctor agronomiae; *vgl.* Doktor
Dra|gun *vgl.* Dragon
drahn (*österr. ugs. für* [nachts] feiern, sich vergnügen)
Drah|rer, der; -s, - (*österr. ugs. für* Nachtschwärmer); **Drah|re|rin**
Draht, der; -[e]s, Drähte
Draht|be|sen; Draht|bürs|te
Dräht|chen
¹**drah|ten** (mit Draht zusammenflechten; *veraltend für* telegrafieren)
²**drah|ten** (aus Draht)
Draht|esel (*ugs. scherzh. für* Fahrrad)
Draht|funk (*früher für* Verbreitung von Rundfunksendungen über Fernsprecher); **Draht|ge|flecht; Draht|git|ter; Draht|glas**
Draht|haar|da|ckel (eine Hunderasse); **Draht|haar|fox** (eine Hunderasse)
draht|haa|rig; draht|tig
...dräh|tig (z. B. dreidrähtig; *mit Ziffer* 3-drähtig; ↑ D 29)
Draht|kom|mo|de (*ugs. scherzh. für* Klavier); **Draht|korb**
Draht|leh|re (Werkzeug zur Bestimmung der Drahtdicke)
draht|los; drahtlose Telegrafie
Draht|sche|re
Draht|seil; Draht|seil|akt; Draht|seil|bahn
Draht|ver|hau; Draht|zan|ge; Draht|zaun
Draht|zie|her (*auch für* jmd., der im Verborgenen andere für seine [polit.] Ziele einsetzt); **Draht|zie|he|rin**
Drain [drɛːn, drɛ̃ː]; der; -s, -s, Drän, der; -s, *Plur.* -s *u.* -e ⟨franz.⟩ (*Med.* Wundröhrchen, dienende der Entwässerung unterirdisches Abzugsrohr);
Drai|na|ge, Drä|na|ge [drɛˈnaːʒə, ...ʃ], die; -, -n (*Med.* Ableitung von Wundabsonderungen; *schweiz. für* Drainung); **drai|nen** ⟨zu Drain⟩, drä|nen ([Boden] entwässern; *vgl. auch* drainieren); **drai|nie|ren** [drɛ...], drä|nie|ren (*Med.* eine Drainage legen; *auch für* drainen); **Drain|netz**, Drän|netz; **Drain|rohr**, Drän|rohr; **Drai|nung**, Drä|nung (Bodenentwässerung durch Drainen)
Drai|si|ne [draɪ..., *auch* drɛ...], die; -, -n ⟨nach dem dt. Erfinder Drais⟩ (Vorläufer des Fahrrades; Eisenbahnfahrzeug zur Streckenkontrolle)
Drake [drɛɪk] (engl. Seefahrer)
Dra|ko, Dra|kon (altgriech. Gesetzgeber)
dra|ko|nisch (sehr streng)
drall (derb, stramm)
Drall, der; -[e]s, -e *Plur.* selten ([Geschoss]drehung; Windung der Züge in Feuerwaffen; Drehung bei Garn u. Zwirn)
Drall|heit, die; -
Dra|lon®, das; -[s] (eine synthet. Faser)
Dra|ma, das; -s, ...men ⟨griech.⟩ (Schauspiel; erregendes od. trauriges Geschehen)
Dra|ma|tik, die; - (dramatische Dichtkunst; erregende Spannung); **Dra|ma|ti|ker** (Dramendichter); **Dra|ma|ti|ke|rin**
dra|ma|tisch (in Dramenform; auf das Drama bezüglich; aufregend u. spannend; drastisch); dramatische Musik
dra|ma|ti|sie|ren (als Schauspiel für die Bühne bearbeiten; als besonders aufregend, schlimm darstellen); **Dra|ma|ti|sie|rung**
Dra|ma|turg, der; -en, -en (literarisch-künstlerischer Berater bei Theater, Film u. Fernsehen); **Dra|ma|tur|gie**, die; -, ...ien (Gestaltung, Bearbeitung eines Dramas; Lehre vom Drama); **Dra|ma|tur|gin**; **dra|ma|tur|gisch**
Dra|mo|lett, das; -s, -e, *auch* -s (kurzes, dramenartiges Theaterstück)
dran (*ugs. für* daran); dran sein (*ugs. für* an der Reihe sein); dran glauben müssen (*ugs. für* vom Schicksal ereilt werden); das Drum und Dran ↑ D 81
Drän *vgl.* Drain; **Drä|na|ge** [drɛˈnaːʒə, ...ʃ] *vgl.* Drainage
dran|blei|ben (*ugs. für* an jmdm., etwas bleiben); am Gegner dranbleiben

D
dran

dränen

drä|nen *vgl.* drainen
drang *vgl.* dringen
Drang, der; -[e]s, Dränge *Plur. selten*
dran|ge|ben (*ugs. für* darangeben [*vgl. d.*]); dran|ge|hen (*ugs. für* darangehen [*vgl. d.*])
Drän|gel|ei; drän|geln; ich dräng[e]le
drän|gen; Drän|ge|rei
Dräng|ler; Dräng|le|rin
Drang|pe|ri|o|de (*Sport*)
Drang|sal, die; -, -e, *veraltet das;* -[e]s, -e (*geh.*); drang|sa|lie|ren (quälen, peinigen)
drang|voll
dran|hal|ten, sich (*ugs. für* sich daranhalten [*vgl. d.*]); dran|hän|gen (*ugs. für* zusätzlich Zeit für etwas aufbringen)
drä|nie|ren *vgl.* drainieren
Drank, der; -[e]s (*nordd. für* Küchenabfälle; Spülwasser; flüssiges Viehfutter); Drank|fass
dran|kom|men (*ugs. für* an die Reihe kommen); dran|krie|gen (*ugs.*); jmdn. drankriegen
Drank|ton|ne (*nordd.*)
dran|ma|chen (*ugs. für* daranmachen [*vgl. d.*]); dran|neh|men (*ugs. für* abfertigen; aufrufen)
Drän|netz *vgl.* Drainnetz; Drän|rohr *vgl.* Drainrohr
dran|set|zen (*ugs. für* daransetzen [*vgl. d.*])
Drä|nung *vgl.* Drainung
Dra|pee, Dra|pé, der; -s, -s ⟨franz.⟩ (ein Stoff)
Dra|pe|rie, die; -, ...ien (*veraltend für* [kunstvoller] Faltenwurf)
dra|pie|ren ([mit Stoff] behängen, [aus]schmücken; raffen; in Falten legen); Dra|pie|rung
Drasch, der; -[e]s (*landsch. für* lärmende Geschäftigkeit, Hast)
Dras|tik, die; - ⟨griech.⟩ (Deutlichkeit, Derbheit)
Dras|ti|kum, das; -s, ...ka (*Pharm.* starkes Abführmittel)
dras|tisch (sehr deutlich; derb)
Drau, die; - (rechter Nebenfluss der Donau)
dräu|en (*veraltet für* drohen)
drauf (*ugs. für* darauf); drauf und dran (*ugs. für* nahe daran) sein, etwas zu tun; [gut/schlecht] drauf sein (*ugs. für* [gut/schlecht] gelaunt sein)
Drauf|ga|be (Handgeld beim Vertrags- od. Kaufabschluss; *österr. auch für* Zugabe des Künstlers)
Drauf|gän|ger; Drauf|gän|ge|rin;

drauf|gän|ge|risch; Drauf|gän|ger|tum, das; -s
drauf|ge|ben; jmdm. eins draufgeben (*ugs. für* einen Schlag versetzen; zurechtweisen)
drauf|ge|hen (*ugs. auch für* verbraucht werden; sterben)
Drauf|geld (Draufgabe)
drauf|ha|ben (*ugs. für* etw. beherrschen); drauf|hal|ten (*ugs. für* etwas zum Ziel nehmen)
drauf|hau|en (*ugs.*)
drauf|kom|men (*ugs. für* durchschauen; auf die Schliche kommen); die Polizei ist ihm schnell draufgekommen; *aber* ich bin erst später drauf gekommen (es ist mir erst später eingefallen), *vgl.* darauf
drauf|krie|gen; eins, etwas draufkriegen (*ugs. für* getadelt werden; enttäuscht werden)
drauf|le|gen (*ugs. für* zusätzlich bezahlen)
drauf|los, *selten* da|r|auf|los; immer drauflos!
drauf|los|ge|hen; sie geht drauflos; drauflosgegangen; drauflos|zu|gehen; drauf|los|re|den; drauf|los|rei|ten; drauf|los|schie|ßen; drauf|los|schimp|fen; drauf|los|wirt|schaf|ten
drauf|ma|chen; einen draufmachen (*ugs. für* ausgiebig feiern)
drauf|pa|cken; eins, einen draufpacken (*bes. Sportjargon* etw., sich steigern)
drauf|sat|teln (*ugs. für* zusätzlich geben)
drauf|schla|gen (*ugs. für* auf etwas schlagen; aufschlagen)
drauf|schrei|ben (*ugs. für* auf etw. schreiben; *aber* drauf schreiben [oder malen])
drauf sein *vgl.* drauf
drauf|set|zen; eins, einen draufsetzen (*ugs. für* eine Situation durch eine Äußerung od. Handlung weiter verschärfen)
Drauf|sicht (Zeichenlehre)
drauf|ste|hen (*ugs. für* darauf zu lesen sein)
drauf|zah|len (*svw.* drauflegen
draus (*ugs. für* daraus); draus|brin|gen (*südd., österr. ugs. für* verwirren, aus dem Konzept bringen); draus|kom|men (*südd., österr. ugs. für* sich verwirren, ablenken lassen)
drau|ßen; die Hunde müssen draußen bleiben
Dra|wi|da [*auch* 'dra:...], der; -[s], -[s] (Angehöriger einer Völker-

gruppe in Vorderindien); dra|wi|disch; drawidische Sprachen
Dr. disc. pol. = doctor disciplinarum politicarum; *vgl.* Doktor
Dread|locks ['drɛd...] *Plur.* ⟨engl.⟩ (verfilzte Haarsträhnen [als Frisur])
Dream-Team, Dream|team ['dri:mti:m], das; -s, -s ⟨engl.⟩ (*bes. Sport* ideal besetzte Mannschaft)
Drech|se|lei
drech|seln; ich drechs[e]le
Drechs|ler; Drechs|ler|ar|beit; Drechs|le|rei; Drechs|le|rin
Dreck, der; -[e]s (*ugs.*)
Dreck|ar|beit; Dreck|ei|mer; Dreck|fink, der; *Gen.* -en, *auch* -s, *Plur.* -en (*ugs.*); Dreck|hau|fen
dre|ckig
Dreck|kerl *vgl.* Dreckskerl
Dreck|nest (*derb abwertend für* Dorf, Kleinstadt); Dreck|pfo|te (*derb abwertend für* schmutzige Hand); Dreck|sack (*derb abwertend*)
Drecks|ar|beit (*ugs. abwertend*)
Dreck|sau (*derb abwertend*)
Dreck|schleu|der (*ugs. für* freches Mundwerk; Fabrikanlage o. Ä., die die Luft stark verschmutzt)
Drecks|kerl (*derb abwertend*)
Dreck|spatz (*ugs.*); dreck|star|rend
Dred|sche, die; -, -n ⟨engl.⟩ (*fachspr. für* Schleppnetz)
Dreesch *vgl.* Driesch
Dreh, der; -[e]s, *Plur.* -s *od.* -e (*ugs. für* Einfall, Kunstgriff; *seltener für* Drehung); Dreh|ach|se
Dreh|ar|beit, die; -, -en *meist Plur.* (*Film*)
Dreh|bank *Plur.* ...bänke
dreh|bar; drehbarer Sessel
Dreh|be|we|gung; Dreh|blei|stift; Dreh|brü|cke
Dreh|buch; Dreh|buch|au|tor; Dreh|buch|au|to|rin
Dreh|büh|ne
Dre|he, die; - (*landsch. ugs. für* Gegend)
Dr. eh., e. h., E. h. = Ehrendoktor, Doktor Ehren halber; *vgl.* Doktor
dre|hen
Dre|her; Dre|he|rei; Dre|he|rin
dreh|freu|dig; Dreh|kran; Dreh|krank|heit, die; -; Dreh|kreuz
Dreh|lei|er (mittelalterliches Saiteninstrument)
Dreh|ma|schi|ne; Dreh|mo|ment, das (*Physik*); Dreh|or|gel
Dreh|ort (*Film*); Dreh|pau|se (*Film*)
Dreh|punkt; Dreh|res|tau|rant; Dreh|schei|be
Dreh|schuss (*Fußball*)

drei

Beugung:
- *Genitiv* dreier, *Dativ* dreien, drei
- wir sind zu dreien *od.* zu dritt
- herzliche Grüße von uns dreien
- die Interessen dreier großer, *selten* großen Völker
- die Beförderung dreier Angestellten, *seltener* Angestellter

Nur Kleinschreibung ↑D 78:
- die drei Grazien
- die ersten drei
- alle drei
- die drei sagten übereinstimmend, dass ...
- der Junge ist schon drei [Jahre]
- sie kommt um drei [Uhr]

- aller guten Dinge sind drei
- sie arbeitet für drei (*ugs. für* sie arbeitet sehr viel)
- er kann nicht bis drei zählen (*ugs. für* er ist sehr dumm)
- (*im Zeugnis:*) Latein: drei Komma fünf (*vgl. aber* Drei)

Schreibung in Verbindung mit »viertel«:
- der Saal war erst drei viertel voll
- es ist drei viertel acht, *aber* drei Viertel der Bevölkerung
- in einer Dreiviertelstunde, *aber* in drei viertel Stunden *od.* in drei Viertelstunden

Vgl. acht *u.* Viertel

D
Drei

Dreh|strom; Dreh|strom|mo|tor
Dreh|stuhl; Dreh|tür; Dre|hung
Dreh|vor|rich|tung; Dreh|wurm
Dreh|zahl (Anzahl der Umdrehungen in einer Zeiteinheit); Dreh|zahl|mes|ser, der
drei *s. Kasten*
Drei, die; -, -en; eine Drei würfeln; er schrieb in Latein eine Drei; die Note »Drei«; mit [der Durchschnittsnote] »Drei-Komma-fünf« bestanden; *vgl.* ¹Acht *u.* Eins
Drei|ach|ser (Wagen mit drei Achsen; *mit Ziffer* 3-Achser; ↑D 29); drei|ach|sig
Drei|ach|tel|takt (*mit Ziffern* ³/₈-Takt; ↑D 26); im Dreiachteltakt
Drei|an|gel, der; -s, - (*landsch. u. schweiz. für* winkelförmiger Riss im Stoff)
drei|ar|mig; drei|bän|dig; drei|bei|nig
Drei|blatt (Name von Pflanzen); drei|blätt|te|rig; drei|blätt|rig
Drei|bund, der; -[e]s
drei|di|men|si|o|nal; dreidimensionales Bild, dreidimensionaler Film *od.* ↑D 26: Drei-D-Bild, Drei-D-Film; *mit Ziffer:* 3-D-Bild *od.* 3D-Bild, 3-D-Film *od.* 3D-Film; Bilder in 3-D *od.* 3D
Drei|eck; drei|eckig
Drei|ecks|chal|tung (*Technik*)
Drei|ecks|ge|schich|te; Drei|ecks|mes|sung; Drei|ecks|netz
Drei|ecks|tuch, Drei|eck|tuch *Plur.* ...tücher
drei|ein *vgl.* dreieinig
drei|ein|halb, drei|und|ein|halb
drei|ei|nig; der dreieinige Gott; Drei|ei|nig|keit, die; - (*christl. Rel.*)

Drei|ei|nig|keits|fest (erster Sonntag nach Pfingsten)
Drei|er *vgl.* Achter; Drei|er|kom|bi|na|ti|on (*Sport*)
drei|er|lei
Drei|er|rei|he
drei|fach; Drei|fa|che *vgl.* Achtfache
drei|fal|tig; die dreifaltige Gottheit; Drei|fal|tig|keit, die; - (*svw.* Dreieinigkeit); Drei|fal|tig|keits|fest (erster Sonntag nach Pfingsten)
Drei|far|ben|druck *Plur.* ...drucke; drei|far|big
Drei|fel|der|wirt|schaft, die; -
drei|fens|trig
Drei|fin|ger|faul|tier (*für* Ai)
Drei|fuß
Drei-Gän|ge-Me|nü, Drei|gän|ge|me|nü; drei|gän|gig; Drei|gang|me|nü
drei|ge|schos|sig *vgl.* ...geschossig
Drei|ge|stirn
drei|ge|stri|chen (*Musik*)
Drei|heit
drei|hun|dert
drei|jäh|rig *vgl.* achtjährig
Drei|kai|ser|bund, der; -[e]s, Drei|kai|ser|bünd|nis, das; -ses (*Geschichte*)
Drei|kampf (*Sport*)
Drei|kant, das *od.* der; -[e]s, -e; Drei|kan|ter (Gesteinsform; Dreikanthof); Drei|kant|hof (eine Form des Bauernhofs); drei|kan|tig; Drei|kant|stahl (*vgl.* Stahl)
Drei|kä|se|hoch, der; -s, -[s]
Drei|klang
Drei|klas|sen|wahl|recht
Drei|kö|nig, Drei|kö|ni|ge *ohne Artikel* (Dreikönigsfest); an, auf, nach, vor, zu Dreikönig[e]; Drei|kö|nigs|fest (6. Jan.); Drei|kö|nigs|sin|gen, das; -s; Drei|kö|nigs-

spiel; Drei|kö|nigs|tag; Drei|kö|nigs|tref|fen
drei|köp|fig
Drei|län|der|eck (Gebiet, in dem die Grenzen dreier Länder, Staaten aneinanderstoßen); Drei|län|der|tref|fen
Drei|ling (alte Münze; altes Weinmaß)
Drei|li|ter|au|to (Auto, das nur drei Liter Treibstoff auf 100 km verbraucht)
drei|mäh|dig (dreischürig)
drei|mal ↑D 31; zwei- bis dreimal (*mit Ziffern* 2- bis 3-mal); *vgl.* achtmal; drei|ma|lig
Drei|mas|ter (dreimastiges Schiff; *auch für* Dreispitz); drei|mas|tig
Drei|mei|len|zo|ne
Drei|me|ter|brett
drei|mo|na|tig *vgl.* achtmonatig
drei|mo|nat|lich *vgl.* achtmonatlich
Drei|mo|nats|ko|lik (*Med.*)
drein (*ugs. für* darein)
drein|bli|cken (in bestimmter Weise blicken); finster dreinblicken; drein|fah|ren (*ugs. für* energisch in eine Angelegenheit eingreifen); drein|fin|den, sich (*ugs. für* dareinfinden, sich)
Drein|ga|be (*landsch. u. schweiz. für* Zugabe)
drein|mi|schen, sich (*ugs. für* dareinmischen, sich)
drein|re|den (*ugs. für* dareinreden)
drein|schau|en (*svw.* dreinblicken)
drein|schla|gen (*ugs. für* in etwas hineinschlagen)
Drei|pass, der; -es, ...passe (*Archit.* Verzierungsform mit drei Bogen)
Drei|per|so|nen|haus|halt
Drei|pfund|brot
Drei|pha|sen|strom (*svw.* Drehstrom)

Dreipunktewurf

Drei|punk|te|wurf (Basketball)
Drei|punkt|gurt (Verkehrsw.)
Drei|rad; drei|rä|de|rig, drei|räd|rig
Drei|raum|woh|nung (regional für Dreizimmerwohnung)
Drei|ru|de|rer (antikes Kriegsschiff); **Drei|satz; Drei|schneuß** (Ornament im got. Maßwerk)
Drei|schritt|re|gel, die; - (Handball)
drei|schü|rig (drei Ernten liefernd); dreischürige Wiese
Drei|sei|ten|hof; Drei|seit|hof; drei|sei|tig
Drei|se|kun|den|re|gel (Basketball, Handball)
drei|sil|big; drei|spal|tig
Drei|spän|ner; Drei|spitz (ein dreieckiger Hut); **Drei|sprung**
drei|ßig vgl. achtzig
Drei|ßig, die; -, -en (Zahl)
drei|ßi|ger vgl. achtziger
Drei|ßi|ger vgl. Achtziger; **Drei|ßi|ge|rin** vgl. Achtzigerin; **Drei|ßi|ger|jah|re** vgl. Achtzigerjahre
drei|ßig|jäh|rig; eine dreißigjährige Frau, aber ↑D 89: der Dreißigjährige Krieg; vgl. achtjährig
dreist
drei|stel|lig; dreistellige Zahl
Drei|ster|ne|ho|tel
Dreist|heit; Dreis|tig|keit
drei|stim|mig; drei|stö|ckig; drei|strah|lig; drei|stück|wei|se
Drei|stu|fen|ra|ke|te
drei|stün|dig (drei Stunden dauernd)
Drei|ta|ge|bart; Drei|ta|ge|fie|ber, das; -s (Infektionskrankheit)
drei|tä|gig mit Ziffer: 3-tägig (drei Tage dauernd)
drei|tau|send; Drei|tau|sen|der ([über] 3000 m hoher Berg)
Drei|tei|ler; drei|tei|lig
drei|und|ein|halb, drei|ein|halb
drei|und|zwan|zig vgl. acht
drei vier|tel vgl. drei, Viertel; **drei|vier|tel|lang** [...ˈfɪ...]
Drei|vier|tel|li|ter|fla|sche (mit Ziffern ³/₄-Liter-Flasche; ↑D 26)
Drei|vier|tel|mehr|heit [...ˈfɪ...]; **Drei|vier|tel|mil|li|on; Drei|vier|tel|stun|de**
Drei|vier|tel|takt [...ˈfɪ...] (mit Ziffern ³/₄-Takt; ↑D 29); im Dreivierteltakt
Drei|we|ge|ka|ta|ly|sa|tor (Kfz-Technik)
drei|wö|chig (mit Ziffer 3-wöchig; drei Wochen dauernd)
Drei|zack, der; -[e]s, -e; **drei|za|ckig**
drei|zehn; die verhängnisvolle Dreizehn ↑D 78; vgl. acht; **drei-**
zehn|hun|dert; drei|zehn|jäh|rig usw. vgl. achtjährig usw.; **Drei-**
zehn|te, der; -n, -n (österr. auch für dreizehntes Monatsgehalt)
Drei|zim|mer|woh|nung (mit Ziffer 3-Zimmer-Wohnung, ↑D 26)
Drei|zü|ger (Schach)
Drell, der; -s, -e (nordd. für Drillich)
drem|meln (landsch. für bittend drängen); ich dremm[e]le
Drem|pel, der; -s, - (Mauer zur Vergrößerung des Dachraumes; Schwelle [im Schleusenbau])
Dres. = doctores; vgl. Doktor
Dre|sche, die; - (ugs. für Prügel)
dre|schen; du drischst, er drischt; du droschst; du dröschest; gedroschen; drisch!
Dre|scher; Dre|sche|rin
Dresch|fle|gel; Dresch|gut, das; -[e]s; **Dresch|ma|schi|ne**
Dres|den (Hauptstadt von Sachsen); **Dres|den-Alt|stadt; Dres|de|ner, Dresd|ner; Dres|de|ne|rin, Dresd|ne|rin; Dres|den-Neu|stadt**
Dress, der; Gen. - u. Dresses, Plur. Dresse, österr. auch die; -, Dressen Plur. selten ⟨engl.⟩ ([Sport]kleidung)
Dress|code (engl. für Kleidervorschrift)
Dres|seur [...ˈsøːɐ̯], der; -s, -e ⟨franz.⟩ (jmd., der Tiere abrichtet); **Dres|seu|rin** [...ˈsøː...]
dres|sie|ren
Dres|sier|sack (Spritzbeutel)
Dres|sing, das; -s, -s ⟨engl.⟩ (Salatsoße)
Dress|man [...mɛn], der; -s, ...men [...mɛn] ⟨anglisierend⟩ (männliches Mannequin)
Dres|sur, die; -, -en ⟨franz.⟩; **Dres|sur|akt; Dres|sur|leis|tung; Dres|sur|num|mer; Dres|sur|prü|fung**
Dres|sur|rei|ten, das; -s; **Dres|sur|rei|ter; Dres|sur|rei|te|rin**
Drey|fus|af|fä|re, Drey|fus-Af|fä|re, die; - (der 1894–1906 gegen den franz. Offizier A. Dreyfus geführte Prozess u. seine Folgen)
Dr. forest. = doctor scientiae rerum forestalium; vgl. Doktor
Dr. ... habil. = doctor ... (z. B. philosophiae) habilitatus; vgl. Doktor
Dr. h. c. = doctor honoris causa; vgl. Doktor
Dr. h. c. mult. = doctor honoris causa multiplex; vgl. Doktor
drib|beln ⟨engl.⟩ (Sport den Ball durch kurze Stöße vortreiben);
ich dribb[e]le; **Dribb|ler,** der; -s, - (Spieler, der gut dribbeln kann); **Dribb|le|rin; Dribb|ling,** das; -s (das Dribbeln)
Driesch, Dreesch, der; -[e]s, -e (landsch. für Brache)
¹**Drift,** die; -, -en (Strömung an der Meeresoberfläche; auch svw. Abtrift; vgl. Trift)
²**Drift,** der; -s, -s (Motorsport)
¹**drif|ten** (Seemannsspr. treiben)
²**drif|ten** (Motorsport); **drif|tig** (treibend)
Drilch, der; -[e]s, -e ⟨schweiz. für Drillich⟩
¹**Drill,** der; -[e]s, -e (Nebenform von Drell)
²**Drill,** der; -[e]s, -e (harte [milit.] Ausbildung)
Drill|boh|rer
dril|len ([milit.] hart ausbilden; mit dem Drillbohrer bohren; Landwirtsch. in Reihen säen)
Dril|lich, der; -s, -e (ein festes Gewebe); **Dril|lich|an|zug; Dril|lich|ho|se; Dril|lich|zeug,** das; -[e]s
Dril|ling (auch für Jagdgewehr mit drei Läufen)
Drill|ma|schi|ne (Landwirtsch. Maschine, die in Reihen sät)
drin (ugs. für darin); drin sein (ugs. auch für möglich sein)
drin|blei|ben, bleib
Dr.-Ing. = Doktoringenieur[in], Doktor der Ingenieurwissenschaften; vgl. Doktor
drin|gen; du dring[e]st; du drängest; gedrungen; dring[e]!; **dringend;** auf das, aufs Dringendste od. auf das, aufs dringendste ↑D 75
dring|lich; die Dringliche od. dringliche Anfrage (in österr. u. schweiz. Parlament) ↑D 89; **Dring|lich|keit**
Dring|lich|keits|an|fra|ge; Dring|lich|keits|an|trag
Drink, der; -s, -s ⟨engl.⟩ (meist alkohol. [Misch]getränk)
drin|nen; ich möchte lieber drinnen arbeiten
drin sein vgl. drin
drin|sit|zen (ugs. für in der Patsche sitzen); vgl. darin; **drin|ste|cken** (ugs. für viel Arbeit, Schwierigkeiten haben); er hat bis über die Ohren dringesteckt; vgl. darin; **drin|ste|hen** (ugs. für in etwas zu lesen sein); vgl. darin
Dri|schel, der; -s, - od. die; -n (bayr. u. österr. für [Schlagkolben am] Dreschflegel)

drit|te

Kleinschreibung:
- das dritte Kapitel
- jeder dritte Bundesbürger
- der dritte (3.) November
- die dritte seiner Töchter ist hellblond
- der dritte od. Dritte Stand (Bürgerstand) ↑D 89

Großschreibung der Substantivierung ↑D 80:
- er ist der Dritte im Bunde
- ein Dritter (ein Unbeteiligter)
- sie wurde Dritte im Weitsprung
- sie ist die Dritte [von links] in der Reihe
- von dreien der Dritte
- nur jeder Dritte erhielt die Zulassung
- es bleibt noch ein Drittes zu erwähnen
- zum Dritten wäre dies noch zu erwähnen
- die Dritten (*ugs. für* die dritten Zähne, das künstliche Gebiss)

Großschreibung in Namen und bestimmten namenähnlichen Fügungen ↑D 88 u. 89:
- Friedrich der Dritte
- der Dritte Oktober (Tag der Deutschen Einheit)
- der Dritte Punische Krieg
- das Dritte Reich
- die Dritte Welt (die Entwicklungsländer)

Vgl. auch achte *u.* erste

D
Dröh

---

dritt *vgl.* drei
drit|te *s. Kasten*
drit|tel *vgl.* achtel; **Drit|tel**, das, *schweiz. meist* der; -s, -; zwei Drittel; *vgl.* Achtel; **drit|teln** (in drei Teile teilen); ich dritt[e]le
Drit|ten|ab|schla|gen, das; -s (ein Laufspiel)
drit|tens
Drit|te-Welt-La|den (Laden mit Erzeugnissen aus Entwicklungsländern); *vgl.* dritte
dritt|höchs|te; dritt|klas|sig
Dritt|kläss|ler *vgl.* Erstklässler
Dritt|land *Plur.* ...länder
dritt|letz|te *vgl.* letzte
Dritt|mit|tel *Plur.;* etwas aus Drittmitteln finanzieren
Dritt|per|son (*bes. schweiz. für* Unbeteiligte[r])
Dritt|scha|den
Dritt|schuld|ner (*Rechtsspr.*); **Drittschuld|ne|rin**
Dritt|welt... (*bes. schweiz. meist in Zusammensetzungen für* Dritte-Welt-...)
Dr. iur., Dr. jur. = doctor iuris; *vgl.* Doktor
Dr. iur. utr., Dr. jur. utr. = doctor iuris utriusque; *vgl.* Doktor
Drive [draɪf], der; -s, -s ⟨*engl.*⟩ (Schwung; Tendenz, Neigung; Treibschlag beim Golf u. Tennis; *Jazz* treibender Rhythmus)
Drive-in-Re|s|tau|rant [draɪfˈɪn...] (Schnellgaststätte für Autofahrer mit Bedienung am Fahrzeug)
Dri|ver [ˈdraɪvɐ], der; -s, - (ein Golfschläger; *EDV* Treiber)
Dr. jur. *vgl.* Dr. iur.
Dr. jur. utr. *vgl.* Dr. iur. utr.
DRK, das; - = Deutsches Rotes Kreuz
Dr. med. = doctor medicinae; *vgl.* Doktor
Dr. med. dent. = doctor medicinae dentariae; *vgl.* Doktor
Dr. med. dent. et scient. med. (*in Österr.*) = doctor medicinae dentariae et scientiae medicae; *vgl.* Doktor
Dr. med. univ. (*in Österr.*) = doctor medicinae universae; *vgl.* Doktor
Dr. med. univ. et scient. med. (*in Österr.*) = doctor medicinae universae et scientiae medicae; *vgl.* Doktor
Dr. med. vet. = doctor medicinae veterinariae; *vgl.* Doktor
Dr. mont. (*in Österr.*) = doctor rerum montanarum; *vgl.* Doktor
Dr. mult. = doctor multiplex; *vgl.* Doktor
Dr. nat. techn. (*in Österr.*) = doctor rerum naturalium technicarum; *vgl.* Doktor
drob *vgl.* darob
dro|ben (*geh.; südd. u. österr. für* da oben); **dro|ben|blei|ben** (*südd., österr.*)
Dr. oec. = doctor oeconomiae; *vgl.* Doktor
Dr. oec. publ. = doctor oeconomiae publicae; *vgl.* Doktor
Dro|ge, die; -, -n ⟨*franz.*⟩ (Rohstoff für Heilmittel; Rauschgift)
drö|ge (*nordd. für* trocken; langweilig)
Drö|ge|ler, Drögller (*schweiz. für* Drogenabhängiger); **Drö|ge|le|rin**, Drögl|le|rin
dro|gen|ab|hän|gig; **Dro|gen|ab|hän|gi|ge**, der u. die; -n, -n
Dro|gen|be|auf|trag|te
Dro|gen|be|ra|tungs|stel|le
Dro|gen|dea|ler (Rauschgifthändler); **Dro|gen|dea|le|rin**
Dro|gen|ein|fluss, der; -es
Dro|gen|fahn|der (jmd., der nach Rauschgifthändlern fahndet); **Dro|gen|fahn|de|rin**; **Dro|gen|fahn|dung**
Dro|gen|ge|schäft
Dro|gen|han|del; **Dro|gen|händ|ler**; **Dro|gen|händ|le|rin**
Dro|gen|kon|sum; **Dro|gen|kon|su|ment**; **Dro|gen|kon|su|men|tin**; **Dro|gen|kon|sum|raum**
Dro|gen|kri|mi|na|li|tät (die im Zusammenhang mit Drogen stehenden kriminellen Vergehen)
Dro|gen|ku|rier (jmd., der im Auftrag anderer Drogen schmuggelt); **Dro|gen|ku|rie|rin**
Dro|gen|miss|brauch; **Dro|gen|po|li|tik**; **Dro|gen|schnell|test**
Dro|gen|scree|ning [...skriːnɪŋ] (*Med.* Untersuchung zum Nachweis von Drogenkonsum)
Dro|gen|sucht; **dro|gen|süch|tig**
Dro|gen|sze|ne; **Dro|gen|tol|te**
Dro|ge|rie, die; -, ...ien; **Dro|ge|rie|ar|ti|kel** *meist Plur.;* **Dro|ge|rie|markt**
Dro|gist, der; -en, -en; **Dro|gis|tin**
Drög|ler *vgl.* Drögeler; **Drög|le|rin** *vgl.* Drögelerin
Droh|brief
dro|hen; eine drohende Gefahr
Droh|ge|bär|de
Droh|ku|lis|se (bedrohlich wirkende Umstände)
Drohn, der; -en, -en (*fachspr. für* Drohne); **Droh|ne**, die; -, -n (Bienenmännchen; *Militär* unbemanntes Aufklärungs- u. Kampfflugzeug)
dröh|nen (*ugs. auch für* Rauschgift nehmen)
Droh|nen|an|griff (*Militär*)
Droh|nen|da|sein; **Droh|nen|krieg**
Droh|nen|schlacht (*Imkerspr.*)
Dröh|nung (*ugs. für* Rauschgiftdosis; Rauschzustand)

Drohung

Dro|hung; Droh|vi|deo; Droh|wort Plur. ...worte
drol|lig; Drol|lig|keit
Dro|me|dar [auch 'dro:...], das; -s, -e ⟨griech.⟩ (einhöckeriges Kamel)
Dröm|ling, der; -[s] (Landschaft im Südwesten der Altmark)
Dron|te, die; -, -n (ein ausgestorbener Vogel)
Dront|heim (norw. Stadt); vgl. auch Trondheim
¹Drop|box® o. Art. ⟨engl. Kurzw.⟩ (ein Dienst für Webhosting)
²Drop|box®, die; -, Plur. ...en od. -es (bei ¹Dropbox angelegtes Dateiverzeichnis)
Drop-down-Me|nü [...'dayn...] ⟨engl.⟩ (EDV Menü, das [nach unten] aufklappt)
Drop|kick ⟨engl.⟩ (Fußball)
Drop-out, Drop|out [...layt], der; -[s], -s (jmd., der aus seiner sozialen Gruppe ausgebrochen ist; Tontechnik Aussetzen der Schallaufzeichnung)
Drop-out-Ra|te, Drop|out|ra|te, Drop|out-Ra|te (Anteil derjenigen, die ein Studium, einen Kurs o. Ä. vorzeitig beenden)
Drops, der, auch, österr., bayr. nur das; -, - meist Plur. ⟨engl.⟩ (Fruchtbonbon)
Drosch|ke, die; -, -n ⟨russ.⟩
Drosch|ken|gaul; Drosch|ken|kutscher; Drosch|ken|kut|sche|rin
drö|seln (landsch. für [Faden] drehen; trödeln); ich drös[e]le
Dro|so|phi|la, die; -, ...lae [...le] ⟨griech.-nlat.⟩ (Zool. Taufliege)
¹Dros|sel, die; -, -n (ein Singvogel)
²Dros|sel, die; -, -n (Jägerspr. Luftröhre des Wildes; auch für Drosselspule)
Dros|sel|bart; König Drosselbart (eine Märchengestalt)
Dros|sel|klap|pe (Technik)
dros|seln; ich dross[e]le
Dros|sel|spu|le (Elektrot.)
Dros|se|lung, Dross|lung
Dros|sel|ven|til (Technik)
Drost, der; -[es], -e (nordd. früher Verwalter einer Drostei)
Dros|te-Hüls|hoff (dt. Dichterin)
Dros|tei (nordd. früher Verwaltungsbezirk)
Dr. paed. = doctor paedagogiae; vgl. Doktor
Dr. pharm. = doctor pharmaciae; vgl. Doktor
Dr. phil. = doctor philosophiae; vgl. Doktor
Dr. phil. fac. theol. (in Österr.)
= doctor philosophiae facultatis theologicae; vgl. Doktor
Dr. phil. nat. = doctor philosophiae naturalis; vgl. Doktor
Dr. rer. camer. = doctor rerum cameralium; vgl. Doktor
Dr. rer. comm. (in Österr.)
= doctor rerum commercialium; vgl. Doktor
Dr. rer. hort. = doctor rerum hortensium; vgl. Doktor
Dr. rer. med[ic]. = doctor rerum medicarum; vgl. Doktor
Dr. rer. mont. = doctor rerum montanarum; vgl. Doktor
Dr. rer. nat. = doctor rerum naturalium; vgl. Doktor
Dr. rer. oec. = doctor rerum oeconomicarum; vgl. Doktor
Dr. rer. pol. = doctor rerum politicarum; vgl. Doktor
Dr. rer. silv. = doctor rerum silvestrium; vgl. Doktor
Dr. rer. soc. oec. (in Österr.)
= doctor rerum socialium oeconomicarumque; vgl. Doktor
Dr. rer. techn. = doctor rerum technicarum; vgl. Doktor
Dr. sc. agr. = doctor scientiarum agrarium; vgl. Doktor
Dr. sc. hum. = doctor scientiarum humanarum; vgl. Doktor
Dr. scient. med. (in Österr.)
= doctor scientiae medicae; vgl. Doktor
Dr. sc[ient]. techn. = doctor scientiarum technicarum; vgl. Doktor
Dr. sc. math. = doctor scientiarum mathematicarum; vgl. Doktor
Dr. sc. nat. = doctor scientiarum naturalium od. doctor scientiae naturalis; vgl. Doktor
Dr. sc. pol. = doctor scientiarum politicarum od. doctor scientiae politicae; vgl. Doktor
Dr. techn. (in Österr.) = doctor rerum technicarum; vgl. Doktor
Dr. theol. = doctor theologiae; vgl. Doktor
drü|ben (auf der anderen Seite); hüben und drüben; drü|ben|blei|ben; drü|ber (ugs. für darüber [vgl. d.]); es geht drunter und drüber; wir müssen drüber reden; drü|ber|fah|ren (ugs.); drü|ber|streu|en; zum Drüberstreuen (österr. ugs. für zur Abrundung)
¹Druck, der; -[e]s, Plur. (Technik:) Drücke, seltener -e; in dem Behälter können hohe Drücke entstehen

²Druck, der; -[e]s, Plur. (Druckw.:) Drucke u. (Textilind. bedruckte Stoffe:) -s; im Archiv lagern viele alte Drucke
Druck|ab|fall, der; -[e]s; Druck|an|stieg; Druck|aus|gleich
Druck|blei|stift
Druck|bo|gen Plur. -; Druck|buch|sta|be
Drü|cke|ber|ger; Drü|cke|ber|ge|rei; Drü|cke|ber|ge|rin; drü|cke|ber|ge|risch
druck|emp|find|lich
dru|cken
drü|cken
drü|ckend; drückend heißes Wetter; es war drückend heiß
Dru|cker
Drü|cker
Dru|cke|rei
Drü|cke|rei
Dru|cker|fisch (ein Aquarienfisch)
Dru|cke|rin
Drü|cke|rin
Druck|er|laub|nis
Dru|cker|pa|pier; Dru|cker|pres|se; Dru|cker|schwär|ze; Dru|cker|spra|che
Dru|cker|trei|ber (EDV)

Druckerzeugnis
Um Missverständnissen vorzubeugen, sollte in dieser Zusammensetzung grundsätzlich ein Bindestrich gesetzt werden: *Druck-Erzeugnis* (für etwas Gedrucktes) oder *Drucker-Zeugnis* (für das Zeugnis eines Druckers).

Druck-Er|zeug|nis, Druck|er|zeug|nis
Druck|fah|ne; Druck|feh|ler; Druck|feh|ler|teu|fel; druck|fer|tig; druck|fest; druck|frisch
druck|gas|be|trie|ben; druckgasbetriebene Fahrzeuge
Druck|gra|fik, Druck|gra|phik (Kunstwiss.)
Druck|in|dus|t|rie
Druck|ka|bi|ne; Druck|kes|sel
Druck|knopf
Druck|koch|topf
Druck|kos|ten Plur.
Druck|kraft
Druck|le|gung
Druck|luft|brem|se
druck|luft|ge|steu|ert
Druck|ma|schi|ne
Druck|ma|schi|nen|bau|er (ugs. für Firma, die Druckmaschinen herstellt)

du

du

Kleinschreibung:
– du Glücklicher!
– du bist im Recht
– Leute wie du und ich
– jmdn. du nennen

In Briefen kann »du« groß- oder kleingeschrieben werden:
– Liebe Maria, wie Du *od.* du bestimmt schon gemerkt hast ...

Großschreibung ↑D 76:
– das vertraute Du
– jmdm. das Du anbieten
– jmdn. mit Du anreden
– mit jmdm. auf Du und Du stehen
– Du *od.* du zueinander sagen
– mit jmdm. per Du *od.* per du sein

D
du

Druck|mit|tel, das
Druck|mus|ter
Druck|pa|pier; Druck|plat|te
Druck|punkt
Druck|raum (*Jargon* Drogenkonsumraum)
druck|reif; Druck|sa|che; Druck|schrift; Druck|sei|te
druck|sen (*ugs.* für zögerlich antworten); du druckst; Druck|se|rei
Druck|si|tu|a|ti|on
Druck|sor|te (*österr.* für Formular; Druck|spal|te
Druck|stel|le
Druck|stock *Plur.* ...stöcke
Druck|tas|te
Druck|tech|nik; druck|tech|nisch
Druck|ver|band
Druck|ver|fah|ren
druck|voll (kraftvoll)
Druck|was|ser|re|ak|tor (*Kernphysik*)
Druck|wel|le
Druck|werk; Druck|we|sen
Druck|zy|lin|der
Drud, die; -, -en (*österr.*), Dru|de, die; -, -n (Nachtgeist; Zauberin)
Dru|den|fuß (Zeichen gegen Zauberei; Pentagramm)
Drug|store ['drakstɔ:ɐ], der; -s, -s (*engl.-amerik.*) ([in den USA] Verkaufsgeschäft für gängige Bedarfsartikel mit Imbissecke)
Dru|i|de, der; -n, -n (kelt. Priester); Dru|i|din; dru|i|disch
drum (*ugs.* für darum); drum herum, *aber* das Drumherum; drum herumreden; nicht drum herumkommen; das Drum und Dran
Drum [dram], die; -, -s (*engl.*) (*engl. Bez. für* Trommel); *vgl.* ¹Drums
drum|bin|den (*ugs.*)
Drum|com|pu|ter
Drum|he|r|um, das; -s (*ugs.*)
drum|le|gen (*ugs.*)
Drum|lin [*auch* 'dra...], der; -s, -s (kelt.-engl.) (*Geol.* ellipt. Hügel der Grundmoräne)

Drum|mer ['dra...], der; -s, - (*engl.*) (Schlagzeuger in einer ³Band); Drum|me|rin
¹Drums [dra...] *Plur.* (*Bez. für* das Schlagzeug)
²Drums [*auch* dra...] *Plur.* (kelt.-engl.) (*svw.* Drumlins)
Drum und Dran, das; - - -
drun|ten (da unten)
drun|ter (*ugs. für* darunter [*vgl. d.]*); es geht drunter und drüber
drun|ter|lie|gen (*ugs.*); drun|ter|stel|len
Drun|ter und Drü|ber, das; - - - (*ugs.*)
Drusch, der; -[e]s, -e (Dreschen; Dreschertrag); Drusch|ge|mein|schaft (in der DDR)
Dru|schi|na, die; - (*russ.*) (Gefolgschaft altruss. Fürsten)
¹Dru|se, die; -, -n (Hohlraum im Gestein, dessen Wände mit kristallisierten Mineralien besetzt sind; eine Pferdekrankheit)
²Dru|se, der; -n, -n (Angehöriger einer im 11. Jh. aus dem Islam hervorgegangenen Religionsgemeinschaft)
Drü|se, die; -, -n
Drü|sen|fie|ber; Drü|sen|funk|ti|on; Drü|sen|schwel|lung
dru|sig ⟨zu ¹Druse⟩
drü|sig (voll Drüsen)
Dru|sin ⟨zu ²Druse⟩; dru|sisch
Dru|sus (röm. Beiname)
dry [draɪ] ⟨*engl.,* »trocken«⟩ ([von alkohol. Getränken] herb)
Dry|a|de, die; -, -n *meist Plur.* ⟨griech.⟩ (*griech. Mythol.* Baumnymphe)
DSA = Deutscher Sprachatlas
DSB = Deutscher Sportbund
Dscha|maa, Dja|maa [dʒ...], die; - ⟨arab.⟩ (eine fundamentalistische muslimische Gemeinschaft)
Dsche|bel, der; -[s] ⟨arab.⟩ (*in arab. erdkundl. Namen* Gebirge, Berg)
Dschi|bu|ti (Staat u. dessen Hauptstadt in Nordostafrika); Dschi|bu|ti|er; Dschi|bu|ti|e|rin; dschi|bu|tisch
D-Schicht ['de:...], die; - (*Meteorol.* stark ionisierte Luftschicht in der hohen Atmosphäre)
Dschig|ge|tai, der; -s, -s ⟨mongol.⟩ (wilder Halbesel in Asien)
Dschi|had, Ji|had [dʒi...], der; - ⟨arab.⟩ (»Heiliger Krieg« der Muslime zur Verteidigung u. Ausbreitung des Islams); Dschi|ha|dist, der; -en, -en; Dschi|ha|dis|tin; dschi|ha|dis|tisch
Dschin|gis Khan (mongol. Eroberer)
Dschinn, der; -s, *Plur.* - u. -en ⟨arab.⟩ (Dämon, Geist im Volksglauben der Araber)
Dschu|ba *vgl.* Juba
Dschun|gel, der; -s, *selten* das; -s, - ⟨Hindi⟩ (*auch übertr. für* Dickicht; dichtes, undurchschaubares Geflecht)
Dschun|gel|camp; Dschun|gel|krieg; Dschun|gel|pfad
Dschun|ke, die; -, -n ⟨chin.-malai.⟩ (chin. Segelschiff)
DSG, die; - = Deutsche Schlafwagen- und Speisewagen-Gesellschaft mbH
DSL = digital subscriber line ⟨engl., »digitale Anschlussleitung«⟩ (*EDV* Technik, mit der Daten in hoher Bandbreite digital übertragbar sind)
Dsun|ga|rei, die; - (zentralasiat. Landschaft); dsun|ga|risch
dt = Dezitonne
dt. = deutsch
DTB, der; - = Deutscher Turner-Bund; Deutscher Tennis Bund
DTC, der; - = Deutscher Touring Automobil Club
dto. = dito
DTP = Desktop-Publishing
DTSB, der; - = Deutscher Turn- und Sportbund
Dtzd. = Dutzend
du *s.* Kasten

du|al ⟨lat.⟩ (eine Zweiheit bildend); ein duales System, *aber* ↑D 88: die Gesellschaft Duales System Deutschland GmbH; **Du|al**, der; -s, -e (*Sprachwiss.* Zweizahl)
Du|a|la vgl. ¹Douala, ²Douala, ³Douala
Du|a|lis, der; -, ...le ⟨lat.⟩; vgl. Dual
Du|a|lis|mus, der; -, ...men (Zweiheit; Gegensätzlichkeit); **Du|a|list**, der; -en, -en; **Du|a|lis|tin**; **du|a|lis|tisch**; dualistische Weltanschauung
Du|a|li|tät, die; - (Zweiheit; Doppelheit; Vertauschbarkeit)
Du|al|sys|tem, das; -s (*Math.*)
Du|al Use ['dju:əl 'ju:s], der; - ⟨engl.⟩ (zivile u. militärische Verwendbarkeit); **Du|al-Use-Pro|dukt**
¹Du|ath|lon, das; -s ⟨lat.; griech.⟩ (Mehrkampfsport aus Laufen u. Radfahren); **²Du|ath|lon**, der; -s, -s (einzelner Wettkampf im ¹Duathlon)
Du|bai [*auch* 'du:...] (Hafenstadt u. Scheichtum am Pers. Golf)
Du|bai|er (Einwohner von Dubai); **Du|bai|e|rin**; **du|bai|isch**
Dub|bing ['dabɪŋ], das; -s, -s ⟨engl.⟩ (Überspielen, Kopieren von Video- od. Tonaufnahmen)
Dü|bel, der; -s, - (Zapfen zum Verankern von Schrauben u. a.; *Bauw.* Verbindungselement zum Zusammenhalten von Bauteilen); **Dü|bel|mas|se**
dü|beln; ich düb[e]le
du|bi|os ⟨lat.⟩, *seltener* **du|bi|ös** ⟨franz.⟩ (zweifelhaft; unsicher)
Du|bi|o|sen *Plur.* (*Wirtsch.* unsichere Forderungen)
du|bi|ta|tiv (Zweifel ausdrückend)
Du|b|lee usw. vgl. Doublé usw.
Du|b|let|te, die; -, -n (doppelt vorhandenes Stück)
du|b|lie|ren vgl. doublieren
Dub|lin ['da...] (Hauptstadt der Republik Irland)
Du|b|lo|ne, die; -, -n ⟨lat.⟩ (frühere span. Goldmünze)
Du|b|lü|re, die; -, -n ⟨franz.⟩ (verzierte Innenseite des Buchdeckels)
Du|b|rov|nik (kroat. Hafenstadt)
Dub|step ['dapstɛp], der; -[s] ⟨engl.⟩ (ein Musikstil)
Duc [dyk], der; -[s], -s ⟨lat.-

franz.⟩ (*franz. Bez.* für Herzog)
Du|chess ['dʌtʃɪs], die; -, -es [...sɪz] ⟨franz.-engl.⟩ (*engl. Bez.* für Herzogin)
¹Du|chesse [dy'ʃɛs], die; -, -n ⟨franz.⟩ (*franz. Bez.* für Herzogin)
²Du|chesse, die; - (ein Seidengewebe)
Ducht, die; -, -en (*Seemannsspr.* Sitzbank im Boot)
Duck|dal|be, *seltener* **Dück|dal|be**, die; -, -n, **Duck|dal|ben**, *seltener* **Dück|dal|ben**, der; -s, - (*Seemannsspr.* in den Hafengrund gerammte Pfahlgruppe)
du|cken; sich ducken
Du|cker (Schopfantilope)
Duck|mäu|ser (*ugs.* für verängstigter, feiger Mensch); **Duck|mäu|se|rin**; **duck|mäu|se|risch**; **Duck|mäu|ser|tum**, das; -s
du|del|dum|dei!
Du|de|lei; **Du|del|ler**, **Dud|ler**; **Du|del|le|rin**, **Dud|le|rin**
Du|del|funk (*ugs. abwertend* für Radiosender, der überwiegend aktuelle Schlager spielt); **du|deln**; ich dud[e]le
Du|del|sack ⟨türk.; dt.⟩; **Du|del|sack|pfei|fer**; **Du|del|sack|pfei|fe|rin**
Dud|ler, **Du|del|ler**; **Dud|le|rin**, **Du|del|le|rin**
Due Di|li|gence [dju: 'dɪlɪdʒəns], die; -, -, -s ⟨engl.⟩ (*Wirtsch.* umfassende Prüfung eines Unternehmens)
Du|ell, das; -s, -e ⟨franz.⟩ (Zweikampf); **Du|el|lant**, der; -en, -en; **Du|el|lan|tin**; **du|el|lie|ren**, sich
Du|en|ja, die; -, -s ⟨span., »Herrin«⟩ (*veraltet* für Erzieherin)
Du|e|ro, der; - ⟨span.⟩ (Fluss auf der Iber. Halbinsel); vgl. Douro
Du|ett, das; -[e]s, -e ⟨ital.⟩ (Musikstück für zwei Singstimmen)
duff (*nordd.* für matt); duffes Gold
Düf|fel, der; -s ⟨nach einem belg. Ort⟩ (ein weiches Gewebe)
Duf|f|le|coat ['dafl...], der; -s, -s ⟨engl.⟩ (kurzer, sportl. Mantel)
Duft, der; -[e]s, Düfte; **Düft|chen**
duf|te ⟨jidd.⟩ (*ugs. veraltend* für gut, fein)
duf|ten
duf|tig; **Duf|tig|keit**, die; -
Duft|ker|ze; **Duft|lam|pe**; **Duft-

mar|ke** (*Biol.*); **Duft|no|te**; **Duft|öl**
duft|reich; duftreiche Blüten
Duft|stoff; **Duft|was|ser** *Plur.* ...wässer; **Duft|wol|ke**
Du|gong, der; -s, *Plur.* -e u. -s ⟨malai.⟩ (eine Seekuhart)
Duis|burg ['dy:...] (Stadt in Nordrhein-Westfalen); **Duis|bur|ger**; **Duis|bur|ge|rin**
du jour [dy 'ʒu:ɐ] ⟨franz., »vom Tage«⟩; du jour sein (*veraltend* für Tagesdienst haben)
Du|kat, der; -[e]s, *Plur.* -s u. (*fachspr.:*) -e, *selten* **Du|ka|te**, die; -, -n; vgl. Dukaten
Du|ka|ten, der; -s, - ⟨ital.⟩ (frühere Goldmünze)
Du|ka|ten|esel (*ugs. für* unerschöpfliche Geldquelle); **Du|ka|ten|schei|ßer** (*derb*)
Duke [dju:k], der; -[s], -s ⟨engl.⟩ (*engl. Bez.* für Herzog)
Dü|ker, der; -s, - (Rohrleitung unter einem Deich, Fluss, Weg o. Ä.; *landsch.* für Tauchente)
duk|til ⟨lat.⟩ (*Technik* dehn-, verformbar); **Duk|ti|li|tät**, die; -
Duk|tus, der; - (charakteristische Art, Linienführung)
dul|den; **Dul|der**; **Dul|de|rin**; **Dul|der|mie|ne**; **duld|sam**; **Duld|sam|keit**, die; -; **Dul|dung**
Dult, die; -, -en (*bayr.* für Messe, Jahrmarkt)
Dul|zi|nea, die; -, *Plur.* -een u. -s ⟨span.; nach der Geliebten des Don Quichotte⟩ (*scherzh. abwertend* für Geliebte, Freundin)
Du|ma, die; -, -s ⟨russ. Bez.* für gewählte Volksvertretung)
Du|mas d. Ä., **Du|mas d. J.** [dy'ma - -] (Dumas der Ältere, der Jüngere [franz. Schriftsteller])
Dum|dum, das; -[s], -[s] ⟨nach dem Ort der ersten Herstellung in Indien⟩ (Geschoss mit sprenggeschossartiger Wirkung); **Dum|dum|ge|schoss** vgl. Geschoss
dumm; düm|mer, dümms|te; dummer August (Clown); sich dumm stellen; vgl. dummkommen
Dumm|bar|tel, der; -s, - (*ugs. für* dummer Mensch); **Dumm|chen** (*ugs.*); **dumm|dreist**
Dum|me|jun|gen|streich, der; des Dumme[n]jungenstreich[e]s, die Dumme[n]jungenstreiche; **Dum|me-Jun|gen-Streich**; *aber* ein Dummer-Jungen-Streich

Dum|men|fang, der; -[e]s; auf Dummenfang ausgehen
Dum|mer|chen (ugs.); **Dum|mer|jan, Dum|mri|jan,** der; -s, -e (ugs. für dummer Kerl); **Dum|merl,** das; -s, -[n]; vgl. Pickerl (österr. ugs. für Dummerchen); **Dum|mer|ling** (ugs.)
dum|mer|wei|se
dumm|frech
Dumm|heit
Dum|mi|an, der; -s, -e (landsch. u. österr. für Dummerjan)
Dum|mie, der; -s, -s (ugs. für jmd., der auf einem Gebiet nicht Bescheid weiß); vgl. Dummy
dumm kom|men, dumm|kom|men (ugs.); jmdm. **dumm kommen** od. dummkommen (zu jmdm. frech, unverschämt werden)
Dumm|kopf (abwertend)
dümm|lich; Dümm|ling
Dum|mri|jan vgl. Dummerjan
Dumm|schwät|zer (ugs. abwertend); **Dumm|schwät|ze|rin**
dumm|stolz
Dum|my ['dami], der, auch (für Attrappe, Probeheft:) das; -s, -s ⟨engl.⟩ (Puppe für Unfalltests; Attrappe, Probeheft [zu Werbezwecken]); vgl. Dummie
düm|peln (Seemannsspr. leicht schlingern); ich dümp[e]le
Dum|per ['da..., auch 'dʌ...], der; -s, - ⟨engl.⟩ (ein Kippfahrzeug)
dumpf
Dumpf|ba|cke (ugs. abwertend für törichter, einfältiger Mensch)
Dumpf|heit, die; -
dump|fig; Dumpf|ig|keit, die; -
Dum|ping ['da...], das; -s, -s ⟨engl.⟩ (Wirtsch. Unterbieten der Preise); **Dum|ping|lohn** (oft abwertend für Niedriglohn); **Dum|ping|preis** (Preis einer Ware, der deutlich unter ihrem Wert liegt)
dun (nordd. für betrunken)
Dü|na, die; - (Westliche Dwina); vgl. Dwina
Du|nant [dy'nã:], Henri, später Henry (schweiz. Philanthrop, Gründer des Roten Kreuzes)
Du|ne, die; -, -n (nordd. für Daune)
Dü|ne, die; -, -n; **Dü|nen|gras; Dü|nen|land|schaft**
Dung, der; -[e]s; **Dung|ab|la|ge**
Dün|ge|mit|tel, das
dün|gen; Dün|ger, der; -s, -; **Dün|ger|wirt|schaft,** die; -

Dung|gru|be; Dung|hau|fen
Dün|gung

dun|kel
dunk|ler, dun|kels|te
– ein dunkler Fleck
– ein dunklerer Farbton

Großschreibung ↑ D 72:
– seine Spuren verloren sich im Dunkeln
– sie hat uns über ihre Absichten im Dunkeln gelassen
– im Dunkeln tappen
– im Dunkeln ist gut munkeln
– ein Sprung ins Dunkle

Wenn »dunkel« das Ergebnis der mit einem folgenden einfachen Verb beschriebenen Tätigkeit angibt, kann getrennt oder zusammengeschrieben werden:
– **dunkel färben** od. dunkelfärben
– **dunkel lackieren** od. dunkellackieren
– *Aber:* dunkel einfärben, dunkel anstreichen usw.

Zusammenschreibung mit Farbadjektiven:
– dunkelblau, dunkelrot usw.

Dun|kel, das; -s
Dün|kel, der; -s (geh. abwertend für Eingebildetheit, Hochmut)
dun|kel|äu|gig
dun|kel|blau; dun|kel|blond; dun|kel|braun; dun|kel|braun|rot; dun|kel|grau; dun|kel|grün; dun|kel|haa|rig
dün|kel|haft (geh. abwertend); **Dün|kel|haf|tig|keit,** die; -
dun|kel|häu|tig; Dun|kel|heit
Dun|kel|kam|mer; Dun|kel|mann Plur. ...männer
dun|keln; es dunkelt
Dun|kel|res|tau|rant (Restaurant ohne Beleuchtung)
dun|kel|rot; dun|kel|weiß (scherzh. für angeschmutzt)
Dun|kel|zif|fer (nicht bekannte Anzahl)
dün|ken; mich od. mir dünkt, veraltet deucht; dünkte, auch deuchte; hat gedünkt, veraltet gedeucht
Dun|kerque [dœ'kɛrk] vgl. Dünkirchen
Dun|king ['da...], der; -s, -s ⟨engl.⟩ (Basketball Korbwurf, bei dem die Hände des Werfenden oberhalb des Korbrings sind)

Dün|kir|chen, franz. **Dun|kerque** [dœ'kɛrk] (franz. Hafenstadt)
dünn; durch dick und dünn; eine **dünn besiedelte** od. dünnbesiedelte, **dünn bevölkerte** od. dünnbevölkerte Gegend ↑ D 58; **dünn gesät** od. dünngesät sein (selten, spärlich vorhanden sein; nur schwer zu finden sein); sich ganz dünn machen (ugs. für wenig Platz einnehmen); könnt ihr euch ein bisschen dünner machen?; vgl. aber dünnmachen
dünn|bei|nig
Dünn|bier
Dünn|brett|boh|rer (ugs. abwertend für wenig intelligenter Mensch); **Dünn|brett|boh|re|rin**
Dünn|darm; Dünn|darm|ent|zün|dung
Dünn|druck Plur. ...drucke
Dünn|druck|aus|ga|be; Dünn|druck|pa|pier
Dü|ne, die; -
dun|ne|mals (landsch. für damals)
dünn|flüs|sig
dünn ge|sät, dünn|ge|sät vgl. dünn
dünn|häu|tig (auch übertr. für empfindlich)
Dünn|heit, die; -; **dünn|lip|pig**
dünn|ma|chen, sich (ugs. für weglaufen); er hat sich dünngemacht; vgl. aber dünn
Dünn|pfiff (ugs. für Durchfall)
Dünn|säu|re (Chemie Schwefelsäure als Abfallprodukt); **Dünn|säu|re|ver|klap|pung**
Dünn|schicht|mo|dul, das; -s, -s (sehr dünnes Solarmodul)
Dünn|schiss (derb für Durchfall)
Dünn|schliff; Dünn|schnitt
Dü|nung (Jägerspr. Flanke des Wildes)
dünn|wan|dig
Dun|sel, der; -s, - (landsch. für Dummkopf, Tollpatsch)
Duns Sco|tus (schott. Philosoph u. Theologe)
Dunst, der; -[e]s, Dünste; **Dunst|ab|zugs|hau|be** (über dem Herd)
duns|ten (Dunst verbreiten)
düns|ten (durch Dampf gar machen)
Dunst|glo|cke; Dunst|hau|be
duns|tig; Dunst|kreis
Dunst|obst, selten **Dünst|obst**
Dunst|schicht; Dunst|schlei|er; Dunst|wol|ke
Dü|nung (durch Wind hervorgerufener Seegang)
Duo, das; -s, -s ⟨ital.⟩ (Musikstück

Duodenum

für zwei Instrumente; *auch für die zwei Ausführenden*);
Duo|de|num, das; -s, ...na ⟨lat.⟩ (*Med.* Zwölffingerdarm)
Duo|dez, das; -es ⟨lat.⟩ (*Buchw.* Zwölftelbogengröße; *Zeichen* 12°)
Duo|dez... (*in Zus. übertr.* besonders klein, lächerlich); **Duo|dez|fürs|ten|tum**
duo|de|zi|mal (zwölfteilig); **Duo|de|zi|mal|sys|tem**, das; -s
Duo|de|zi|me, die; -, -n (der zwölfte Ton der diaton. Tonleiter; Intervall von zwölf diaton. Tonstufen)
dü|pie|ren ⟨franz.⟩ (täuschen, überlisten); **Dü|pie|rung**
Du|pla (*Plur. von* Duplum)
Du|plex|be|trieb, **Di|plex|be|trieb** ⟨lat.; dt.⟩ (Doppelbetrieb)
du|plie|ren ⟨lat.⟩ (verdoppeln); **Du|plie|rung**
Du|plik, die; -, -en ⟨franz.⟩ (*veraltend für* Gegenantwort auf eine Replik)
Du|pli|kat, das; -[e]s, -e ⟨lat.⟩ (Ab-, Zweitschrift); **Du|pli|ka|ti|on**, die; -, -en (Verdopplung); **Du|pli|ka|tur**, die; -, -en (*Med.* Doppelbildung)
du|pli|zie|ren (verdoppeln); **Du|pli|zi|tät**, die; -, -en (doppeltes Auftreten)
Du|plum, das; -s, ...la (Duplikat)
Dups, der; -es, -e ⟨poln.⟩ (*landsch. veraltend für* Gesäß)
Dur, das; -[s] ⟨lat.⟩ (*Musik* Tongeschlecht mit großer Terz); in A-Dur, A-Dur-Tonleiter ↑**D 29**; *vgl.* ¹Moll
du|ra|bel ⟨lat.⟩ (dauerhaft; bleibend); ...a|b|le Ausführung
Dur|ak|kord (*Musik*)
Dur|alu|min®, das; -s (eine Aluminiumlegierung)
du|ra|tiv ⟨lat.⟩ (*Sprachwiss.* verlaufend; dauernd)
durch; *Präp. mit Akk.:* durch mich, sie, ihn; durch und durch; die ganze Nacht [hin]durch; der Zug wird schon durch sein (*ugs. für* durchgekommen sein); es muss schon elf Uhr durch sein (*ugs. für* nach elf Uhr sein); bei jmdm. unten durch sein (*ugs. für* jmds. Wohlwollen verscherzt haben)
durch...; z. B. d**u**rcharbeiten (*vgl. d.*), d**u**rchgearbeitet; durchd**ü**rfen (*vgl. d.*); *in festen Zusammensetzungen* z. B. durch**a**rbeiten (*vgl. d.*), durch**a**rbeitet

durch|a|ckern (*ugs. für* angestrengt durcharbeiten); sie hat das ganze Buch durchgeackert
durch|ar|bei|ten; der Teig ist gut durchgearbeitet; er hat die Nacht durchgearbeitet; **durch|ar|bei|ten**; eine durcharbeitete Nacht; **Durch|ar|bei|tung**
durch|at|men; sie hat tief durchgeatmet
durch|aus [*auch* 'dʊ...]
durch|ba|cken; durchgebackenes Brot; **durch|ba|cken**; mit Rosinen durchbackenes Brot
durch|be|ben; von Schauern durchbebt
durch|bei|ßen (beißend trennen); sie hat den Faden durchgebissen; sich durchbeißen (*ugs.*); **durch|bei|ßen** (beißend durchdringen); der Hund hat ihm beinahe die Kehle durchbissen
durch|be|kom|men (*ugs.*); er hat alles durchbekommen
durch|be|ra|ten; der Plan ist durchberaten
durch|bet|teln; er hat sich durchgebettelt
durch|bie|gen; das Regal hat sich durchgebogen
durch|bil|den (vollständig ausbilden); sein Körper ist gut durchgebildet; **Durch|bil|dung**
durch|bla|sen; der Arzt hat ihm die Ohren durchgeblasen
durch|blät|tern, durch|blät|tern; sie hat das Buch durchgeblättert *od.* durchblättert
durch|bläu|en (*ugs. für* durchprügeln); er hat ihn durchgebläut
Durch|blick; durch|bli|cken; er hat [durch das Glas] durchgeblickt; durchblicken lassen (andeuten); **Durch|bli|cker** (*ugs. für* scharfsinniger Mensch); **Durch|bli|cke|rin**
durch|blit|zen; ein Gedanke hat sie durchblitzt
durch|blu|ten (Blut durch etwas dringen lassen); die Wunde hat durchgeblutet; **durch|blu|ten** (mit Blut versorgen); frisch durchblutete Haut
Durch|blu|tung; Durch|blu|tungs|stö|rung
durch|boh|ren; er hat ein Loch durchgebohrt; der Wurm hat sich durchgebohrt; **durch|boh|ren**; eine Kugel hat die Tür durchbohrt; von Blicken durchbohrt; **Durch|boh|rung**
durch|bo|xen (*ugs. für* durchsetzen)
durch|bra|ten; das Fleisch war gut durchgebraten

durch|brau|sen; der Zug ist durchgebraust; **durch|brau|sen**; der Sturm hat das Tal durchbraust
durch|bre|chen; er ist [durch das Eis] durchgebrochen; er hat den Stock durchgebrochen; **durch|bre|chen**; er hat die Schranken, die Schallmauer durchbrochen; durchbrochene Arbeit (Stickerei, Goldarbeit); **Durch|bre|chung**
durch|bren|nen (*ugs. auch für* sich heimlich davonmachen); der Faden ist durchgebrannt; **Durch|bren|ner** (*ugs. für* Ausreißer)
durch|brin|gen; es war schwer, sich ehrlich durchzubringen; er hat die ganze Erbschaft durchgebracht (verschwendet)
Durch|bruch, der; -[e]s, ...brüche
durch|bum|meln; sie haben die ganze Nacht durchgebummelt; **durch|bum|meln**; eine durchbummelte Nacht
durch|che|cken; wir haben die Liste durchgecheckt
durch|de|kli|nie|ren (*Jargon* ausschöpfen, gründlich durchgehen); sie hat das Thema durchdekliniert
durch|den|ken; ich habe die Sache noch einmal durchgedacht; **durch|den|ken**; ein fein durchdachter Plan
durch|dis|ku|tie|ren; die Frage ist noch nicht durchdiskutiert
durch|drän|gen; sie hat sich durchgedrängt
durch|dre|hen; das Fleisch [durch den Wolf] durchdrehen; ich bin völlig durchgedreht (*ugs. für* verwirrt)
durch|drin|gen; die Sonne ist kaum durchgedrungen; **durch|drin|gen**; sie hat das Urwaldgebiet durchdrungen; sie war von der Idee ganz durchdrungen; **durch|drin|gend; Durch|drin|gung**
Durch|druck *Plur.* ...drucke (ein Druckverfahren); **durch|dru|cken**; sie haben die ganze Nacht durchgedruckt
durch|drü|cken; er hat die Änderung doch noch durchgedrückt (*ugs. für* durchgesetzt)
durch|drun|gen; er ist von Ernst durchdrungen (erfüllt); *vgl.* durchdringen
durch|dür|fen (*ugs.*); wir haben nicht durchgedurft

durchhaben

durch|ei|len; er ist schnell durchgeeilt; **durch|ei|len;** er hat den Hof durcheilt

durch|ei|n|an|der

Man schreibt »durcheinander« mit dem folgenden Verb in der Regel zusammen, wenn es den gemeinsamen Hauptakzent trägt
↑ D 48:
– durcheinanderbringen, durcheinandergehen, durcheinandergeraten, durcheinanderreden, durcheinanderwirbeln usw.

Aber:
– durcheinander sein
– die Zahlen durcheinander (ugs. für ungeordnet) eingeben

Durch|ei|n|an|der [auch 'dʊ...], das; -s
durch|ei|n|an|der|brin|gen; durch|ei|n|an|der|es|sen; alles durcheinanderessen und -trinken; **durch|ei|n|an|der|ge|hen; durch|ei|n|an|der|ge|ra|ten**
durch|ei|n|an|der|lau|fen; Durch|ei|n|an|der|lau|fen, das; -s
durch|ei|n|an|der|re|den; durch|ei|n|an|der|trin|ken; durch|ei|n|an|der|wir|beln
durch|es|sen, sich; er hat sich überall durchgegessen
durch|ex|er|zie|ren; wir haben den Plan durchexerziert
durch|fah|ren; ich bin die ganze Nacht durchgefahren; **durch|fah|ren;** er hat das ganze Land durchfahren; ein Schreck durchfuhr sie
Durch|fahr|gleis vgl. Durchfahrtsgleis
Durch|fahrt; Durch|fahrts|gleis, Durch|fahr|gleis (Eisenbahn); **Durch|fahrts|hö|he; Durch|fahrts|recht; Durch|fahrts|stra|ße,** auch **Durch|fahrt|stra|ße**
Durch|fall, der; -[e]s, ...fälle
durch|fal|len; die kleinen Steine sind [durch den Rost] durchgefallen; er ist durchgefallen (ugs. für die Prüfung nicht bestanden); **durch|fal|len;** der Stein hat den Raum durchfallen
durch|fau|len; das Brett ist durchgefault
durch|fa|xen (ugs. für per Fax senden); durchgefaxte Infos
durch|fech|ten; er hat den Kampf durchgefochten
durch|fe|gen; er hat nur durchgefegt
durch|fei|ern; sie haben die Nacht durchgefeiert; **durch|fei|ern;** manche Nacht würde durchfeiert
durch|fei|len; er hat das Gitter durchgefeilt
durch|feuch|ten; vom Regen durchfeuchtet
durch|fil|zen (ugs. für genau durchsuchen); die Gefangenen wurden durchgefilzt
durch|fin|den; sich durchfinden; ich habe gut durchgefunden
durch|flech|ten; sie hat das Band [durch den Kranz] durchgeflochten; **durch|flech|ten;** mit Blumen durchflochten
durch|flie|gen; der Stein ist [durch die Scheibe] durchgeflogen; er ist durchgeflogen (ugs. für hat die Prüfung nicht bestanden); **durch|flie|gen;** der Jet hat die Wolken durchflogen
durch|flie|ßen; das Wasser ist durchgeflossen; **durch|flie|ßen;** das Tal wird von einem Bach durchflossen
Durch|flug; Durch|flugs|recht
Durch|fluss
durch|flu|ten; das Wasser ist durch den Riss im Deich durchgeflutet; **durch|flu|ten;** das Zimmer ist von Licht durchflutet
durch|flut|schen (ugs.); ich bin gerade noch durchgeflutscht (hindurchgeschlüpft)
durch|for|men (vollständig formen); die Statue ist durchgeformt; **Durch|for|mung**
durch|for|schen (forschend durchsuchen); er hat alles durchforscht; **Durch|for|schung**
durch|fors|ten (den Wald ausholzen; etw. [kritisch] durchsehen); durchforstet; **Durch|fors|tung**
durch|fra|gen, sich; sie hat sich zum Bahnhof durchgefragt
durch|fres|sen; der Rost hat sich durchgefressen; er hat sich bei anderen durchgefressen (derb für durchgegessen); **durch|fres|sen;** von Lauge durchfressen
durch|frie|ren; der Teich ist bis auf den Grund durchgefroren; wir waren völlig durchgefroren; **durch|frie|ren;** ich bin ganz durchfroren
Durch|fuhr, die; -, -en (Wirtsch. Transit)
durch|führ|bar; Durch|führ|bar|keit, die; -; **durch|füh|ren;** er hat die Aufgabe durchgeführt

Durch|fuhr|er|laub|nis
Durch|füh|rung; Durch|füh|rungs|be|stim|mung; Durch|füh|rungs|ver|ord|nung; Durch|füh|rungs|vor|schrift
Durch|fuhr|ver|bot
durch|fur|chen; ein durchfurchtes Gesicht
durch|fut|tern, sich (ugs.); er hat sich überall durchgefuttert
durch|füt|tern; wir haben das Vieh durchgefüttert
Durch|ga|be; die Durchgabe eines Telegramms
Durch|gang
Durch|gän|ger; Durch|gän|ge|rin
durch|gän|gig; Durch|gän|gig|keit
Durch|gangs|arzt; Durch|gangs|ärz|tin
Durch|gangs|bahn|hof; Durch|gangs|la|ger; Durch|gangs|pra|xis; Durch|gangs|raum; Durch|gangs|sta|di|um; Durch|gangs|sta|ti|on; Durch|gangs|stra|ße; Durch|gangs|ver|kehr
durch|ga|ren; das Gemüse ist nicht durchgegart
durch|gau|nern, sich (ugs.); du hast dich oft durchgegaunert
durch|ge|ben; er hat die Meldung durchgegeben
durch|ge|dreht (ugs. für verwirrt); vgl. durchdrehen
durch|ge|fro|ren; vgl. durchfrieren
durch|ge|hen; ich bin [durch alle Räume] durchgegangen; das Pferd ist durchgegangen; wir sind den Plan durchgegangen; **durch|ge|hen** (veraltet); ich habe den Wald durchgangen
durch|ge|hend, österr. veraltend **durch|ge|hends;** das Geschäft ist durchgehend[s] geöffnet
durch|geis|tigt
durch|ge|knallt (ugs. für überspannt, exaltiert)
durch|ge|stal|ten; das Motiv ist künstlerisch durchgestaltet; **Durch|ge|stal|tung**
durch|glie|dern, durch|glie|dern (unterteilen); ein gut durchgliedertes od. durchgliedertes Buch; **Durch|glie|de|rung** [auch ...'gli:...]
durch|glü|hen; das Eisen wird durchgeglüht; **durch|glü|hen;** von Begeisterung durchglüht
durch|grei|fen; sie hat energisch durchgegriffen
durch|ha|ben (ugs. für ganz gelesen, bearbeitet haben); er hat das Buch bald durchgehabt

D
durc

durchhalten

durch|hal|ten; er hat bis zum Schluss durchgehalten
Durch|hal|te|pa|ro|le; Durch|hal|te|ver|mö|gen, das; -s
durch|hän|gen (*ugs. auch für* müde, abgespannt sein); das Seil hat stark durchgehangen; Durch|hän|ger; einen Durchhänger haben (*ugs. für* in schlechter Verfassung sein)
durch|han|teln, sich (*österr. für* sich durchkämpfen); ich hant[e]le mich durch
Durch|hau (*svw.* Durchhieb)
durch|hau|en; er hat den Knoten mit einem Schlag durchhauen; durchhauener Wald; durch|hau|en (*ugs. auch für* durchprügeln); er hieb den Ast mit der Axt durch, hat ihn durchgehauen; er haute den Jungen durch, hat ihn durchgehauen
Durch|haus (*österr. für* Haus mit einem Durchgang, der zwei Straßen verbindet)
durch|he|cheln (*ugs. auch für* boshaft über jmdn. reden); sie hat alle durchgehechelt
durch|hei|zen; das Haus ist gut durchgeheizt
durch|hel|fen; er hat ihr durchgeholfen
Durch|hieb (Schneise, ausgehauener Waldstreifen)
durch|hun|gern, sich; ich habe mich durchgehungert
durch|ir|ren; sie hat die Straßen durchirrt
durch|ixen (*ugs. für* auf der Schreibmaschine mit dem Buchstaben x ungültig machen); du ixt durch; in dem Text war einiges durchgeixt
durch|ja|gen; der Antrag wurde durchgejagt
durch|käm|men; das Haar wurde durchgekämmt; die Polizei hat den Wald durchgekämmt; durch|käm|men; die Polizei durchkämmte den Wald, hat ihn durchkämmt; Durch|käm|mung [*auch* ...'kɛ...]
durch|kämp|fen; er hat sich zum Ausgang durchgekämpft; durch|kämp|fen; sie hat manche Nacht durchkämpft
durch|kau|en (*ugs. auch für* eingehend, immer wieder erörtern); das Thema wurde durchgekaut
durch|kit|zeln; er wurde gehörig durchgekitzelt
durch|klet|tern; sie ist unterm Zaun durchgeklettert; durch|klet|tern; der Bergsteiger hat den Kamin durchklettert; Durch|klet|te|rung
durch|kli|cken, sich (*EDV*); ich habe mich durchgeklickt
durch|klin|geln (*nordd. ugs. für* anrufen); sie hat zu Hause durchgeklingelt
durch|klin|gen; der Bass hat zu laut durchgeklungen; durch|klin|gen; die Musik hat das ganze Haus durchklungen
durch|knal|len (*ugs.*); die Sicherung ist durchgeknallt; *vgl.* durchgeknallt
durch|kne|ten; sie hat den Teig, die Muskeln gut durchgeknetet
durch|knöp|fen; das Kleid ist durchgeknöpft
durch|kom|men; er ist noch einmal durchgekommen
durch|kom|po|nie|ren; die Lieder sind durchkomponiert
durch|kön|nen (*ugs.*); wir haben wegen der Absperrungen nicht durchgekonnt
durch|kon|s|t|ru|ie|ren; der Motor war gut durchkonstruiert
durch|kop|peln
durch|kos|ten; er hat alle Weine durchgekostet; durch|kos|ten (*geh.*); er hat alle Freuden durchkostet
durch|kreu|zen (kreuzweise durchstreichen); sie hat den Brief durchgekreuzt; durch|kreu|zen (*auch für* vereiteln); man hat ihren Plan durchkreuzt; Durch|kreu|zung
durch|krie|chen; er ist unter dem Zaun durchgekrochen; durch|krie|chen; er hat das Gestrüpp durchkrochen
durch|la|den; er hatte das Gewehr durchgeladen
durch|län|gen (*Bergmannsspr.* Strecken anlegen); durchgelängt
Durch|lass, der; -es, ...lässe; durch|las|sen; sie wurde durchgelassen
durch|läs|sig; Durch|läs|sig|keit
Durch|laucht [*auch* ...'laʊ...], die; -, -en; durch|lauch|tig; durch|lauch|tigst; *in der Anrede u. als Ehrentitel* Durchlauchtigst
Durch|lauf, der; durch|lau|fen; er ist die ganze Nacht durchgelaufen; das Wasser ist durchgelaufen; durch|lau|fen; das Projekt hat viele Stadien durchlaufen; es durchläuft mich kalt
Durch|lauf|er|hit|zer, Durchlauf-Was|ser|er|hit|zer ↑D 22 *u.* 24 (ein Gas- od. Elektrogerät)

durch|la|vie|ren, sich (*ugs. für* sich geschickt durchbringen); er hat sich überall durchlaviert
durch|le|ben; wir haben die Tage froh durchlebt
durch|lei|den; sie hat viel durchlitten
durch|le|sen; ich habe den Brief durchgelesen
durch|leuch|ten; das Licht hat [durch die Vorhänge] durchgeleuchtet; durch|leuch|ten (mit Licht, mit Röntgenstrahlen durchdringen); die Brust des Kranken wurde durchleuchtet; Durch|leuch|tung
durch|lie|gen; eine durchgelegene Matratze
durch|lo|chen; er hat das Papier durchlocht
durch|lö|chern; von Kugeln durchlöchert
durch|lot|sen (*ugs. für* geschickt hindurchgeleiten); sie hat uns durchgelotst
durch|lüf|ten (von der Luft durchziehen lassen); das Zimmer wurde durchlüftet; durch|lüf|ten (gründlich lüften); er hat zehn Minuten durchgelüftet
Durch|lüf|ter; Durch|lüf|tung
durch|lü|gen, sich (*ugs.*); er hat sich frech durchgelogen
durch|ma|chen (*ugs.*); die Familie hat viel durchgemacht
Durch|marsch, der (*ugs. auch für* Durchfall); durch|mar|schie|ren; sie sind durchmarschiert
durch|mes|sen (vollständig messen); er hat alle Räume durchgemessen; durch|mes|sen; er hat das Land laufend durchmessen
Durch|mes|ser, der (*Zeichen d* [*nur kursiv*] *od.* ⌀)
durch|mi|schen; der Salat ist gut durchgemischt; durch|mi|schen; der Kalk ist mit Sand durchmischt; Durch|mi|schung
durch|mo|geln, sich (*ugs.*); du hast dich da durchgemogelt
durch|müs|sen (*ugs.*); wir haben hier durchgemusst
durch|mus|tern, durch|mus|tern; sie hat sämtliche Waren durchgemustert *od.* durchmustert; Durch|mus|te|rung [*auch* ...'mʊ...]
durch|na|gen, durch|na|gen; die Maus hat den Strick durchgenagt *od.* durchnagt
durch|nah|me, die; -
durch|näs|sen; sie war völlig durchnässt

durch|neh|men; die Klasse hat den Stoff durchgenommen

durch|num|me|rie|ren; die Seiten waren durchnummeriert; **Durch|num|me|rie|rung**

durch|or|ga|ni|sie|ren; es war alles gut durchorganisiert

durch|ör|tern *(Bergmannsspr.* Strecken anlegen); durchörtert

durch|pau|ken *(ugs. auch für* unbeirrt durchsetzen); das Gesetz wurde durchgepaukt

durch|pau|sen; er hat die Zeichnung durchgepaust

durch|peit|schen *(auch ugs. abwertend für* eilig durchbringen); der Gesetzentwurf wurde durchgepeitscht

durch|plump|sen *(ugs. auch für* eine Prüfung nicht bestehen); sie ist durchgeplumpst

durch|pro|bie|ren; sie hat alle Schuhe durchprobiert

durch|prü|fen; wir haben alles noch einmal durchgeprüft

durch|prü|geln; man hat ihn tüchtig durchgeprügelt

durch|pul|sen; von Begeisterung durchpulst

durch|que|ren; sie hat das Land zu Fuß durchquert; **Durch|que|rung**

durch|quet|schen, sich; sie haben sich durchgequetscht

durch|ra|sen; der Zug ist durchgerast; **durch ra|sen;** der Wagen hat die Stadt durchrast

durch|ras|seln *(ugs. für* eine Prüfung nicht bestehen)

durch|ra|ti|o|na|li|sie|ren; durchrationalisierte Betriebe

durch|rau|schen *(ugs. für* eine Prüfung nicht bestehen)

durch|rech|nen; er hat die Aufgabe zweimal durchgerechnet; **Durch|rech|nung** *(österr. für* Heranziehung mehrerer Jahre für die Pensionsberechnung); **Durch|rech|nungs|zeit|raum** *(österr.)*

durch|re|gie|ren *(auch für* sehr konsequent regieren)

durch|reg|nen; es hat durchgeregnet; ich bin ganz durchgeregnet; **durch|reg|nen;** ich bin ganz durchregnet

Durch|rei|che, die; -, -n (Öffnung zum Durchreichen von Speisen); **durch|rei|chen;** er hat es ihm durchgereicht

Durch|rei|se; durch|rei|sen; ich bin oft durchgereist; **durch rei|sen;** er hat das Land durchreist; **Durch|rei|sen|de,** der *u.* die; -n, -n; **Durch|rei|se|vi|sum**

durch|rei|ßen; sie hat den Brief durchgerissen

durch|rei|ten; sie ist nur durchgeritten; **durch|rei|ten;** sie hat den Parcours durchritten

durch|rie|seln; der Sand ist durchgerieselt; **durch|rie|seln;** von Wonne durchrieselt

durch|rin|gen, sich; sie hat sich zu dieser Überzeugung durchgerungen

durch|rol|len; der Ball ist durchgerollt

durch|ros|ten; durchgerostet

durch|rut|schen *(ugs.);* er ist bei der Prüfung gerade noch durchgerutscht

durch|rüt|teln; der Bus hat uns durchgerüttelt

durchs ↑D 14 (durch das); durchs Haus

durch|sa|cken; das Flugzeug ist durchgesackt

Durch|sa|ge, die; -, -n; **durch|sa|gen;** der Termin wurde durchgesagt

durch|sä|gen; er hat das Brett durchgesägt

Durch|satz *(fachspr. für* in einer bestimmten Zeit durch Hochöfen u. Ä. geleiteter Stoff; *EDV* Zahl der pro Zeiteinheit bearbeiteten Aufträge); **Durch|satz|ra|te** *(EDV)*

durch|sau|sen *(ugs.);* er ist durchgesaust

durch|schau|bar; durch|schau|en; er hat [durch das Fernrohr] durchgeschaut; **durch|schau|en;** ich habe ihn durchschaut

durch|schau|ern; von Entsetzen durchschauert

durch|schei|nen; die Sonne hat durchgeschienen; **durch|schei|nen;** vom Tageslicht durchschienen; **durch|schei|nend**

durch|scheu|ern; der Ärmel ist durchgescheuert

durch|schie|ßen; er hat den Ball zwischen den Stangen durchgeschossen; **durch|schie|ßen;** er hat das Blech durchschossen

durch|schim|mern; die Sterne haben durchgeschimmert; **durch|schim|mern;** von Licht durchschimmert

durch|schla|fen; sie hat durchgeschlafen (ohne Unterbrechung); **durch|schla|fen;** er hat die Tage durchschlafen

Durch|schlag

durch|schla|gen; sie hat die Suppe [durch das Sieb] durchgeschlagen; **durch|schla|gen;** die Kugel hat den Panzer durchschlagen; **durch|schla|gend;** ein durchschlagender Erfolg

durch|schlä|gig *(Bergmannsspr.)*

Durch|schlag|pa|pier

Durch|schlags|kraft, die; -; **durch|schlags|kräf|tig**

durch|schlän|geln, sich; ich habe mich durchgeschlängelt

durch|schlei|chen; er hat sich durchgeschlichen

durch|schlep|pen *(ugs.);* sie hat ihn drei Jahre durchgeschleppt

durch|schleu|sen; das Schiff wurde durchgeschleust

Durch|schlupf, der; -[e]s, -e u. Durchschlüpfe; **durch|schlüp|fen;** sie ist durchgeschlüpft

durch|schmo|ren; das Kabel war durchgeschmort

durch|schmug|geln; er hat den Brief durchgeschmuggelt

durch|schnei|den; er hat das Tuch durchgeschnitten; **durch|schnei|den;** die Landschaft ist von Kanälen durchschnitten

Durch|schnitt; im Durchschnitt; **durch|schnitt|lich**

Durch|schnitts|al|ter; Durch|schnitts|bil|dung

Durch|schnitts|bür|ger; Durch|schnitts|bür|ge|rin

Durch|schnitts|ein|kom|men; Durch|schnitts|ge|schwin|dig|keit; Durch|schnitts|ge|sicht; Durch|schnitts|leis|tung; Durch|schnitts|mensch

Durch|schnitts|schü|ler; Durch|schnitts|schü|le|rin

Durch|schnitts|tem|pe|ra|tur; Durch|schnitts|wert

durch|schnüf|feln, durch|schnüf|feln *(ugs. für* untersuchen); er hat alles durchgeschnüffelt *od.* durchschnüffelt

durch|schos|sen; ein [mit leeren Seiten] durchschossenes Buch; *(Druckw.)* durchschossener Satz

Durch|schrei|be|block *Plur.* ...blocks *od.* ...blöcke; **durch|schrei|ben; Durch|schrei|be|ver|fah|ren**

durch|schrei|ten; sie haben den Fluss durchschritten

Durch|schrift

durch|schum|meln, sich; du hast dich durchgeschummelt

Durch|schuss *(Druckw.* Zeilenzwischenraum); *vgl.* Reglette

durch|schüt|teln; wir wurden im Bus kräftig durchgeschüttelt

durchschwärmen

durch|schwär|men; eine durchschwärmte Nacht
durch|schwei|fen; sie haben die Gegend durchschweift
durch|schwim|men; er ist unter dem Seil durchgeschwommen; **durch|schwim|men;** er hat den Fluss durchschwommen
durch|schwin|deln, sich; er hat sich frech durchgeschwindelt
durch|schwit|zen; durchgeschwitzt
durch|se|geln; das Schiff ist [durch den Kanal] durchgesegelt; **durch|se|geln;** er hat das Meer durchsegelt
durch|se|hen; sie hat die Akten durchgesehen
durch|sei|hen; durchgeseiht
durch sein vgl. durch
durch|setz|bar; durch|set|zen (erreichen); ich habe es durchgesetzt; **durch|set|zen;** das Gestein ist mit Erzen durchsetzt
Durch|set|zung, die; -
durch|set|zungs|fä|hig; Durch|set|zungs|fä|hig|keit
Durch|set|zungs|kraft; Durch|set|zungs|ver|mö|gen, das; -s
durch|seu|chen; das Gebiet war völlig durchseucht
Durch|sicht; durch|sich|tig; Durch|sich|tig|keit
durch|si|ckern; die Nachricht ist durchgesickert
durch|sie|ben; sie hat das Mehl durchgesiebt; **durch|sie|ben;** die Tür war von Kugeln durchsiebt
durch|sit|zen; er hat die Hose durchgesessen
durch|spie|len; sie hat alle Möglichkeiten durchgespielt
Durch|spra|che; nach Durchsprache des Berichts; **durch|spre|chen;** sie haben den Plan durchgesprochen
durch|sprin|gen; der Löwe ist [durch den Reifen] durchgesprungen; **durch|sprin|gen;** der Löwe hat den Reifen durchsprungen
durch|star|ten; der Pilot hat die Maschine durchgestartet; **Durch|star|ter; Durch|star|te|rin**
durch|ste|chen; ich habe [durch das Tuch] durchgestochen; **durch|ste|chen;** der Damm wird durchstochen
Durch|ste|che|rei (Täuschung, Betrug)
durch|ste|hen; sie hat viel durchgestanden; er hat den Skisprung durchgestanden
durch|stei|gen; er ist [durch das

Fenster] durchgestiegen; da steig ich nicht mehr durch (ugs. für das verstehe ich nicht); **durch|stei|gen;** sie hat die Gebirgswand durchstiegen; **Durch|stei|gung**
durch|stel|len; sie hat das Gespräch durchgestellt
Durch|stich; Durch|stieg
durch|stie|ren (schweiz. für [gegen Widerstand] durchsetzen)
durch|stö|bern; er hat die Papiere durchstöbert
Durch|stoß; durch|sto|ßen; sie hat die Stange [durch das Eis] durchgestoßen; **durch|sto|ßen;** sie hat das Eis durchstoßen
durch|stre|cken; sie hat den Kopf durchgestreckt
durch|strei|chen; das Wort ist durchgestrichen; **durch|strei|chen** (veraltend); er hat das Land durchstrichen
durch|strei|fen; sie haben das Land durchstreift
durch|strö|men; große Scharen sind durchgeströmt; **durch|strö|men;** das Land wird von Flüssen durchströmt
durch|struk|tu|rie|ren (bis ins Einzelne strukturieren); **Durch|struk|tu|rie|rung**
durch|sty|len ‹dt.; engl.›; durchgestylte Räume
durch|such|bar; durch|su|chen; sie hat schon das ganze Adressbuch durchgesucht; **durch|su|chen;** alle Koffer wurden durchsucht
Durch|su|chung; Durch|su|chungs|be|fehl (ugs.); **Durch|su|chungs|be|schluss**
durch|tan|ken, sich (Fußball, Handball); er hat sich durchgetankt
durch|tan|zen; sie hat die Nacht durchgetanzt; **durch|tan|zen;** sie hat ganze Nächte durchtanzt
durch|trai|nie|ren; mein Körper ist durchtrainiert
durch|trän|ken; das Papier ist mit Öl durchtränkt
durch|trei|ben; er hat den Nagel durch das Holz durchgetrieben
durch|tren|nen, durch|tren|nen; er hat das Kabel durchgetrennt od. durchtrennt
durch|tre|ten; er hat das Gaspedal ganz durchgetreten
durch|trie|ben (gerissen, verschlagen); **Durch|trie|ben|heit,** die; -

durch|wa|chen; sie hat bis zum Morgen durchgewacht; **durch|wa|chen;** ich habe die Nacht durchwacht
durch|wach|sen; [mit Fleisch] durchwachsener Speck; [mit Speck, Fett] durchwachsenes Fleisch; durchwachsenes (ugs. für abwechselnd besseres u. schlechteres) Wetter; die Stimmung ist durchwachsen (ugs. für nicht besonders gut)
durch|wa|gen, sich; ich habe mich durchgewagt
Durch|wahl
durch|wäh|len; durchgewählt
Durch|wahl|num|mer
durch|wal|ken; das Tuch wurde durchgewalkt; er wurde durchgewalkt (ugs. für verprügelt)
durch|wan|dern; sie ist ohne Rast durchgewandert; **durch|wan|dern;** sie hat das ganze Land durchwandert
durch|wär|men, durch|wär|men; der Tee hat uns durchgewärmt od. durchwärmt

durch was / wodurch

Durch was kommt in der gesprochenen Sprache recht häufig vor: Durch was kann man sich davor schützen? Im geschriebenen Standarddeutsch wird in der Regel wodurch verwendet: Wodurch kann man sich davor schützen?

durch|wa|schen; sie hat die Strümpfe durchgewaschen
durch|wa|ten; er ist [durch den Bach] durchgewatet; **durch|wa|ten;** er hat den Bach durchwatet
durch|we|ben; der Stoff ist durchgewebt; **durch|we|ben;** mit Goldfäden durchwebt od. geh. durchwoben
durch|wech|seln (Sport); der Trainer hat durchgewechselt
durch|weg [auch …'vek]; **durch|wegs** [auch …'ve:…] (österr. u. schweiz. nur so, sonst ugs. neben durchweg)
durch|wei|chen, durch|wei|chen; ich bin vom Regen ganz durchgeweicht od. durchweicht worden; vgl. ¹weichen
durch|wet|zen; durchgewetzt
durch|win|den, sich; ich habe mich zwischen den Tischen durchgewunden

durch|win|ken vgl. winken
durch|wir|ken; der Teig war gut durchgewirkt; **durch|wir|ken;** mit Goldfäden durchwirkt
durch|wit|schen; er ist mir durchgewitscht (ugs. für entkommen)
durch|wol|len (ugs. für hindurchgelangen wollen); an dieser Stelle haben sie durchgewollt
durch|wüh|len; die Maus hat sich durchgewühlt; er hat den Schrank durchgewühlt; **durch|wüh|len;** die Diebe haben alles durchwühlt
durch|wurs|teln, durch|wurs|teln, sich (ugs.); ich wurstel[e]le od. wurst[e]le mich irgendwie durch; durchgewurstelt od. durchgewurstelt
durch|zäh|len; sie hat durchgezählt; **Durch|zäh|lung**
durch|zap|pen (ugs.); ich habe alle Sender durchgezappt
durch|ze|chen; er hat die Nacht durchgezecht; **durch|ze|chen;** er hat ganze Nächte durchzecht
durch|zeich|nen; durchgezeichnet
durch|zie|hen; ich habe den Faden durchgezogen; **durch|zie|hen;** wir haben das Land durchzogen
durch|zit|tern; Freude hat ihn durchzittert
durch|zu|cken; Blitze haben den Himmel durchzuckt
Durch|zug
Durch|züg|ler (Zool.)
Durch|zugs|ar|beit (Weberei)
Durch|zugs|stra|ße (österr. für Durchgangsstraße); **Durch|zugs|ver|kehr** (österr.)
durch|zwän|gen; durchgezwängt
Dur|drei|klang (Musik)
Dü|rer (dt. Maler)
dür|fen; du darfst, er/sie/es darf; du durftest; du dürftest; gedurft; du hast [es] nicht gedurft, aber das hättest du nicht tun dürfen
durf|te vgl. dürfen
dürf|tig; Dürf|tig|keit, die; -
Du|ro|plast, der; -[e]s, -e meist Plur. ⟨lat.; griech.⟩ (in Hitze härtbarer, aber nicht schmelzbarer Kunststoff)
dürr
Dur|ra, die; - ⟨arab.⟩ (Sorgho)
Dür|re, die; -, -n
Dür|re|ka|tas|tro|phe
Dür|ren|matt (schweiz. Dichter)

Dür|re|pe|ri|o|de; Dür|re|schä|den Plur.
Dürr|fut|ter (Trockenfutter)
Durst, der; -[e]s; **durs|ten** (geh. für Durst haben)
dürs|ten; mich dürstet, ich dürste
durs|tig
durst|lö|schend ↑D 59; **Durst|lö|scher; durst|stil|lend** ↑D 59
Durst|stre|cke (Zeit der Entbehrung)
Dur|ton|art; Dur|ton|lei|ter (Musik)
Du|schan|be (Hauptstadt von Tadschikistan)
Dusch|bad
Du|sche [auch 'du:...], die; -, -n ⟨franz.⟩
Dusch|ecke
du|schen; du duschst
Dusch|gel; Dusch|ka|bi|ne; Dusch|kopf; Dusch|raum; Dusch|schaum; Dusch|vor|hang
Dü|se, die; -, -n
Du|sel, der; -s ⟨ugs. für unverdientes Glück⟩; **Du|se|lei** (ugs.)
du|se|lig, dus|lig, nordd. **dü|se|lig** (ugs.)
du|seln (ugs. für im Halbschlaf sein); ich dus[e]le
dü|sen (ugs. für sausen); du düst; sie düsten
Dü|sen|an|trieb; Dü|sen|flug|zeug; Dü|sen|jä|ger; Dü|sen|ma|schi|ne; Dü|sen|trieb|werk
dus|lig vgl. duselig
Dus|sel, der; -s, - (ugs. für Dummkopf)
Düs|sel|dorf (Hauptstadt von Nordrhein-Westfalen); **Düs|sel|dor|fer**
Dus|se|lei (ugs.)
dus|se|lig, duss|lig (ugs.); **Dus|se|lig|keit, Duss|lig|keit** (ugs.)
Dust, der; -[e]s (nordd. für Dunst, Staub)
dus|ter (landsch. für düster)
düs|ter; düst[e]rer, düsterste; **Düs|ter,** das; -s (geh.)
Düs|ter|heit, Düs|ter|keit, die; -
düs|tern; es düstert; er sagt, es düstere schon; **Düs|ter|nis,** die; -, -se
Dutch|man ['datʃmən], der; -s, ...men [...mən] ⟨engl.⟩ (Niederländer; von Englisch sprechenden Matrosen verwendete Bez. für deutscher Seemann)
Dutt, der; -[e]s, Plur. -s od. -e (landsch. für Haarknoten)
Dut|te, die; -, -n (landsch. für Zitze)
Du|ty-free-Shop ['dju:ti'fri:...]

⟨engl.⟩ (Laden, in dem zollfreie Waren verkauft werden)

Dut|zend

das; -s, -e (Abk. Dtzd.)
– 6 Dutzend frische Eier
– mit 3 Dutzend Gläsern
– ein halbes, zwei Dutzend Mal[e]

Bei unbestimmten Mengenangaben kann groß- oder kleingeschrieben werden:
– es gab Dutzende od. dutzende von Reklamationen
– [einige] Dutzend od. dutzend Demonstranten; [viele] Dutzend[e] od. dutzend[e] Mal[e]

dut|zend|fach
dut|zend|mal (sehr oft); aber ein Dutzend Mal; vgl. ¹Mal
Dut|zend|wa|re; dut|zend|wei|se
Du|um|vir, der; Gen. -s u. -n, Plur. -n meist Plur. ⟨lat.⟩ (altröm. Beamtentitel); **Du|um|vi|rat,** das; -[e]s (Amt der Duumvirn)
Du|vet [dyvɛ], das; -s, -s ⟨franz.⟩ (schweiz. für Feder-, Deckbett)
Du|ve|tine [dyf'ti:n], der; -s, -s (ein samtartiges Gewebe)
Duz|bru|der
du|zen; du duzt
Duz|freund; Duz|freun|din
Duz|fuß; nur in mit jmdm. auf [dem] Duzfuß stehen
Du|zis, das; - (schweiz. für Anrede mit Du); mit jmdm. Duzis machen
DV, die; - = Datenverarbeitung
DVB, das; -[s] ⟨aus engl. Digital Video Broadcasting⟩ (System zur Übertragung digitaler Fernsehprogramme)
DVD [de:fau'de:], die; -, -s ⟨aus engl. digital versatile disc⟩ (einer CD ähnlicher Datenträger mit mehr Speicherplatz)
DVD-Bren|ner (EDV); **DVD-Lauf|werk**
DVD-Play|er ⟨engl.⟩ (Gerät zum Abspielen von DVDs)
DVD-R, die; -, -[s] ⟨DVD recordable⟩ (einmal bespielbare DVD)
DVD-Re|kor|der, DVD-Re|cor|der (Gerät zum Aufnehmen u. Abspielen von DVDs)
DVD-Roh|ling (unbeschriebene DVD)
DVD-RW, die; -, -[s] ⟨DVD rewritable⟩ (mehrfach bespielbare DVD); **DVD-Vi|deo**
Dvo|řák ['dvɔrʒa(:)k], Antonín ['antɔni:n] (tschech. Komponist)
DW, die; - = Deutsche Welle
dwars (Seemannsspr. quer); **Dwars-**

Dwarssee

li|nie; in Dwarslinie fahren (nebeneinanderfahren); **Dwarssee**, die
Dweil, der; -s, -e ⟨Seemannsspr. eine Art Schrubber⟩
Dwi|na, die; - ⟨russ. Fluss, Nördliche Dwina; russ.-lett. Fluss, Düna od. Westliche Dwina⟩
Dy ⟨chem. Zeichen für Dysprosium⟩
dy|a|disch ⟨griech.⟩ (dem Zweiersystem zugehörend); dyadisches Zahlensystem
Dy|as, die; - ⟨veraltet für ²Perm⟩
Dyck, van [van ˈdaɪk, auch fan ...] (flämischer Maler)
Dy|lan [ˈdɪlən], Bob (amerik. Sänger u. Musiker)
dyn = Dyn
Dyn, das; -[s], - ⟨griech.⟩ (veraltete Maßeinheit der Kraft, 10^{-5} Newton; Zeichen dyn)
Dy|na|mik, die; -, -en (Lehre von den Kräften; Schwung, Triebkraft); **Dy|na|mi|ker** (dynamischer Mensch); **Dy|na|mi|ke|rin**; **dy|na|misch** (voll innerer Kraft; Kraft...; eine Entwicklung aufweisend); dynamische Rente ↑D 89
dy|na|mi|sie|ren (vorantreiben; an eine Entwicklung anpassen); **Dy|na|mi|sie|rung**
Dy|na|mis|mus, der; -, ...men ⟨Philos. Weltanschauung, die die Wirklichkeit auf Kräfte u. deren Wirkungen zurückführt⟩
Dy|na|mit, das; -s ⟨Sprengstoff⟩; **Dy|na|mit|pa|t|ro|ne**
Dy|na|mo [auch ˈdy:...], der; -s, -s ⟨kurz für Dynamomaschine⟩; **Dy|na|mo|ma|schi|ne** (Stromerzeuger); **Dy|na|mo|me|ter**, das; -s, - (Vorrichtung zum Messen von Kräften u. von mechanischer Arbeit)
Dy|nast, der; -en, -en (Herrscher; [kleiner] Fürst)
Dy|nas|tie, die; -, ...jen ⟨griech.⟩ (Herrschergeschlecht); **Dy|nas|tin; dy|nas|tisch**
dys... ⟨griech.⟩ (übel, schlecht, miss...)
Dy|s|en|te|rie, die; -, ...jen ⟨griech.⟩ (Med. ¹Ruhr); **dy|s|en|te|risch** (ruhrartig)
Dys|funk|ti|on, die; -, -en ⟨griech.; lat.⟩ (Med. gestörte Funktion)
dys|funk|ti|o|nal (Soziol. einer Funktion, Wirkung o. Ä. abträglich)
Dys|li|pi|d|ä|mie, die; - ⟨griech.-nlat.⟩ (Med. Fettstoffwechselstörung)

dys|mel ⟨griech.⟩ (mit Dysmelie behaftet); **Dys|me|lie**, die; -, ...jen ⟨Med. angeborene Fehlbildung an Gliedmaßen⟩
Dys|me|nor|rhö, die; -, -en ⟨griech.⟩ (Med. Menstruationsschmerzen)
Dys|pep|sie, die; -, ...jen ⟨griech.⟩ (Med. Verdauungsbeschwerden); **dys|pep|tisch** (schwer verdaulich; schwer verdauend)
Dys|phe|mis|mus, der; -, ...men ⟨griech.⟩ (negative, herabsetzende Umschreibung für ein neutrales od. positives Wort)
Dys|pnoe, die; - ⟨griech.⟩ (Med. Atembeschwerden)
Dys|pro|si|um, das; -s ⟨griech.⟩ (chemisches Element, Metall; Zeichen Dy)
Dys|stress [ˈdys...] vgl. Disstress
Dys|to|nie, die; -, ...jen ⟨griech.⟩ (Med. Störung des normalen Spannungszustandes der Muskeln u. Gefäße)
dys|troph ⟨griech.⟩ (Med. die Ernährung störend); **Dys|tro|phie**, die; -, ...ien ⟨Med. Ernährungsstörung⟩; **Dys|tro|phi|ker; Dys|tro|phi|ke|rin**
Dys|u|rie, die; -, ...ien ⟨griech.⟩ (Med. Harnbeschwerden)
dz = Doppelzentner
dz. = derzeit
dzt. (österr.) = derzeit
D-Zug® [ˈdeː...] (»Durchgangszug« (Schnellzug); **D-Zug-ar|tig** ↑D 26; **D-Zug-Wa|gen** ↑D 26

E

e (Zeichen für e-Moll); in e
e, E, das; -, - (Tonbezeichnung)
E, das; -, - (Buchstabe); das E; des E, die E, aber das e in Berg; der Buchstabe E, e
E (Zeichen für E-Dur); in E
E = (internationale Wetterkunde) East [iːst] ⟨engl.⟩ od. Est [ɛst] ⟨franz.⟩ (Ost)
E = Europastraße

E = Europa; essbar vgl. E-Nummer
ε = Zeichen für Dielektrizitätskonstante
E, ε = Epsilon
H, η = Eta
€ = Euro
Ea|gle [ˈiːgl̩], der, auch das; -[s], -s ⟨engl., »Adler«⟩ (Golf zwei Schläge unter Par)
EAN, die; - = europäische Artikelnummerierung (für den Strichcode auf Waren); **EAN-Code**, **EAN-Kode**
¹Earl [œːɐ̯l], der; -s, -s ⟨engl. Bez. für Graf⟩
²Earl (m. Vorn.)
Ear|ly Adop|ter, der; --s, -- ⟨engl.⟩ (EDV, Wirtsch. jmd., der frühzeitig technische Neuerungen anschafft)
ea|sy [ˈiːzi] ⟨engl.⟩ (ugs. für leicht)
Ea|sy Ri|der [ˈiːzi raɪ...], der; - -s, - -[s] ⟨nach dem amerik. Spielfilm⟩ (Jugendlicher, der ein Motorrad mit hohem, geteiltem Lenker u. hoher Rückenlehne fährt)
Eau de Co|lo|g|ne [ˈoː də ...ˈlɔnjə, österr. ...ˈlɔn], das, seltener die; - - -, Eaux - - [- - -] ⟨franz.⟩ (Kölnischwasser); **Eau de Parfum** [ˈoː də ...ˈfœ:], das; - - -, Eaux - - [- - -] (Duftwasser, das stärker als Eau de Toilette duftet); **Eau de Toi|lette** [ˈoː də tɔ̯aˈlɛt], das; - - -, Eaux - - [- - -] (Duftwasser)
E-Au|to (kurz für Elektroauto)
E-Ban|king [ˈiːbɛŋkɪŋ], das; -[s] (kurz für Electronic Banking)
eBay®, E-Bay [ˈiːbeɪ], das; -[s] meist ohne Artikel (ein Auktionshaus im Internet)
Eb|be, die; -, -n; **eb|ben**; es ebbte (die Ebbe kam); **Eb|be|strom**, **Ebb|strom** (Strömung bei Ebbe)
ebd. = ebenda
eben; ebenes (flaches) Land; das ist nun eben (einmal) so; vgl. aber ebenso
Eben|bild
eben|bür|tig; Eben|bür|tig|keit
eben|da [auch ...ˈdaː] (Abk. ebd.)
eben|da|her [auch ...ˈdaː...]; **eben|da|hin** [auch ...ˈdaː...]
eben|dann [auch ...ˈdan]
eben|da|rum [auch ...ˈdaː...]
eben|da|selbst [auch ...ˈdaː...]
eben|der [auch ...ˈdeːɐ̯]; **eben|der|sel|be** [auch ...ˈzɛ...]
eben|des|halb [auch ...ˈdɛ...]; **eben|des|we|gen** [auch ...ˈdɛ...]
eben|die|ser [auch ...ˈdiː...]

eben|dort [auch ...'dɔ...]; **eben-dort|selbst** [auch ...'zɛ...]
Ebe|ne, die; -, -n; auf die schiefe Ebene geraten, kommen (auf Abwege geraten)
eben|er|dig
eben|falls
Eben|heit
Eben|holz ⟨ägypt.; dt.⟩; **eben|holz-far|ben** (tiefdunkel)
eben|je|ner [auch ...'je:...]
Eben|maß, das; -es; **eben|mä|ßig**; **Eben|mä|ßig|keit**, die; -
eben|so
– ich mache es ebenso wie Sie
Man schreibt »ebenso« in der Regel getrennt vom folgenden Adverb od. Adjektiv:
– wir können ihn ebenso gut auch einladen
– wir können ihn ebenso gut leiden wie ihr
– das dauert bei ihr ebenso lange wie bei ihm
– ich habe den Film ebenso oft gesehen wie du
– wir freuen uns ebenso sehr wie die anderen
– ebenso viel sonnige Tage
– er hat zwei Autos, sie hat ebenso viele
– sie aß ebenso wenig wie ich
– sie wollte ebenso wenig nach Hause gehen wie ich

eben|solch [auch ...'zɔ...]; **eben|sol-cher** [auch ...'zɔ...]
eben|so oft, **eben|so sehr**, **eben|so viel** *vgl.* ebenso
eben|so|viel|mal, **eben|so viel Mal**
Eber, der; -s, - (m. Schwein)
Eber|esche (ein Laubbaum)
Eber|hard (m. Vorn.)
Ebert, Friedrich (erster Präsident der Weimarer Republik)
E-Bike ['i:...], das; -s, -s ⟨engl.⟩ (Elektrofahrrad)
EBIT, **Ebit**, das; -[s], -s ⟨aus engl. earnings before interest and taxes⟩ (*Wirtsch.* operatives Betriebsergebnis)
eb|nen
Eb|ner-Eschen|bach, Marie von (österr. Schriftstellerin)
Eb|nung
Ebo|la, **Ebo|la|fie|ber**, das; -s ⟨nach dem Fluss Ebola in der Demokratischen Republik Kongo⟩ (meist tödlich verlaufende Infektionskrankheit)

Ebo|nit®, das; -s ⟨ägypt.⟩ (Hartgummi aus Naturkautschuk)
E-Book ['i:bʊk], das; -[s], -s ⟨engl.; »elektronisches Buch«⟩ (digitalisierter Inhalt eines Buches, der mithilfe eines E-Book-Readers gelesen werden kann);
E-Book-Rea|der [...ri:dɐ], der; -s, - (digitales Lesegerät [in Buchformat], mit dem E-Books gelesen werden können)

E-Book / E-Book-Reader / E-Reader
Gelegentlich wird E-Book als Kurzform für E-Book-Reader gebraucht. Da E-Book aber in erster Linie das elektronisch verfügbare Werk und nicht das Lesegerät bezeichnet, können hier Missverständnisse entstehen, die durch die Verwendung von E-Reader (od. Lesegerät) vermieden werden.

Eb|ro, der; -[s] (Fluss in Spanien)
E-Buch (*vgl.* E-Book)
E-Busi|ness ['i:...], das; - (*kurz für* Electronic Business)
EC®, der; -[s], -[s] ⟨engl.⟩ Eurocityzug
E-Card ['i:ka:d], die; -, -s ⟨engl.⟩ (elektronische Grußkarte; österr. für elektronische Krankenversicherungskarte)
Ec|ce-Ho|mo ['ɛktsə...], das; -[s], -[s] ⟨lat., »Sehet, welch ein Mensch!«⟩ (Darstellung des dornengekrönten Christus)
Echarpe [e'ʃarp], die; -, Plur. -s, auch -n ⟨franz.⟩ (schweiz. u. fachspr., sonst veraltend für Schärpe, Schal)
echauf|fie|ren [eʃɔ...], sich (geh. für sich erhitzen; sich aufregen); **echauf|fiert**
Eche|ve|ria [ɛtʃe...], die; -, ...ien ⟨nach dem mexik. Pflanzenzeichner Echeverría⟩ (ein Dickblattgewächs)
Echi|nit, der; *Gen.* -s u. -en, *Plur.* -e[n] ⟨griech.⟩ (*Geol.* versteinerter Seeigel)
Echi|no|der|me, der; -n, -n *meist Plur.* (*Zool.* Stachelhäuter)
Echi|no|kok|kus, der; -, ...kken (*Med.* Blasenwurm [ein Hundebandwurm] od. dessen Finne)
Echi|nus, der; -, - (ein Seeigel)
¹**Echo** (Nymphe des griech. Mythos)
²**Echo**, das; -s, -s ⟨griech.⟩ (Widerhall)
echo|en; es echot; geechot

Echo|lot; **Echo|lo|tung**
Ech|se, die; -, -n (ein Kriechtier, z. B. Eidechse)
echt; ein echtgoldener *od.* echt goldener Ring; die Kette ist echtsilbern *od.* echt silbern
Ech|ter|nach (Stadt in Luxemburg); **Ech|ter|na|cher**; Echternacher Springprozession; **Ech|ter|na|che|rin**
echt|gol|den *vgl.* echt
Echt|haar; **Echt|haar|pe|rü|cke**
Echt|heit, die; -; **Echt|heits|prü|fung**
Echt|sil|ber; aus Echtsilber; **echt-sil|bern** *vgl.* echt
Echt|zeit (*EDV*)
Eck, das; -[e]s, *Plur.* -e, österr. -en u. (für Dreieck usw.:) -e (*bes. südd. u. österr. für* Ecke; sonst fast nur in geogr. Namen u. in Dreieck usw.); das Deutsche Eck
Eckart, **Ecke|hart**, **Eck|hart** (dt. Mystiker, *gen.* Meister Eck[e]hart; m. Vorn.)
EC-Kar|te, **ec-Kar|te** [e:'tse:...] (Eurochequekarte)
Eck|ball (*Sport*)
Eck|bank *Plur.* ...bänke
Eck|bert, **Eg|bert** (m. Vorn.); **Eck-brecht**, **Eg|brecht** (m. Vorn.)
Eck|brett
Eck|chen
Eck|da|ten *Plur.* (Richtwerte)
Ecke, die; -, -n; *vgl.* Eck
Ecke|hard, **Ecke|hart** (m. Vorn.)
ecken (veraltet für mit Ecken versehen)
Ecken|band *vgl.* Eggenband
Ecken|ste|her (ugs. veraltend)
Ecker, die; -, -n (*svw.* Buchecker, selten für Eichel)
Eckerl|kä|se (österr. für Streichkäse in Form eines Dreiecks)
Ecker|mann (Vertrauter u. Gehilfe Goethes)
Eckern *Plur.*, als *Sing.* gebraucht (Farbe im dt. Kartenspiel); Eckern spielen; Eckern sticht
Eckern|för|de (Hafenstadt in Schleswig-Holstein)
Eck|fah|ne (*Sport*)
Eck|fens|ter
Eck|hard, **Eck|hart** (m. Vorn.)
Eck|haus
eckig; **Eckig|keit**, die; -
Eck|kneipe (ugs.)
Eck|lohn
Eck|mann|schrift, die; - (eine Druckschrift des Jugendstils)
Eck|pfei|ler; **Eck|plat|te**; **Eck|punkt**
Eck|satz (*Musik*)
Eck|schrank; **Eck|stein**
Eck|stoß (*Fußball*)

Eckstück

Eck|stück; Eck|tisch
Eck|wert
Eck|zahn; Eck|zim|mer
Eck|zins, der; -es, -en *(Finanzw.)*
Ec|lair [eˈklɛːɐ̯], das; -s, -s *(franz.)* (ein Gebäck)
E-Com|merce [ˈiːkɔmœːɐ̯s], der; - *(kurz für* Electronic Commerce*)*
Eco|no|mi|ser [iˈkɔnəmaɪ...], der; -s, - 〈engl.〉 *(Technik* Vorwärmer bei Dampfkesselanlagen*)*
Eco|no|my [iˈkɔnəmi], die; - *(Kurzw. für* Economyclass*)*; Economy fliegen
Eco|no|my|class, Eco|no|my-Class [iˈkɔnəmikla:s], **Eco|no|my|klas|se,** die; - (Tarifklasse im Flugverkehr)
Ecos|sai|se [...ˈsɛː...], die; -, -n 〈franz.〉 (ein Tanz)
Ec|s|ta|sy [ˈɛkstəzi], die; -, -s *od.* das; -[s], -s 〈engl.〉 (eine Droge)
Ecu, ECU [eˈkyː], der; -[s], -[s] *u.* die; -, - 〈*Abk. für engl.* European Currency Unit, in Anlehnung an die alte franz. Silbermünze »Écu«〉 (europ. Verrechnungseinheit vor dem Euro); 10 Ecu
Ecu|a|dor (südamerik. Staat); **Ecu|a|do|ri|a|ner; Ecu|a|do|ri|a|ne|rin; ecu|a|do|ri|a|nisch**
ed. = edidit 〈lat., »herausgegeben hat es ...«〉; ediert
Ed. = Edition
Edam (niederl. Stadt)
Eda|ma|me Plur. 〈jap.〉 *(Kochkunst* junge, grüne Sojabohnen*)*
¹**Eda|mer;** Edamer Käse
²**Eda|mer,** der; -s, - (ein Käse)
Eda|phon, das; -s 〈griech.〉 *(Biol.* die in u. auf dem Erdboden lebenden Kleinlebewesen*)*
edd. = ediderunt 〈lat., »herausgegeben haben es ...«〉
¹**Ed|da,** die; - 〈altnord.〉 (Sammlung altnord. Dichtungen)
²**Ed|da** (w. Vorn.)
ed|disch *(zu* ¹Edda); eddische Lieder
edel; ein ed|les Pferd
Edel|bert (m. Vorn.)
Edel|fäu|le *(fachspr. für* Überreife von Weintrauben*)*
Edel|frau *(früher für* Adlige*)*; **Edel|fräu|lein** *(früher)*
Edel|gard (w. Vorn.)
Edel|gas *(Chemie)*
Edel|ling (germ. Adliger)
Edel|kas|ta|nie; Edel|kitsch
Edel|mann Plur. ...leute, *auch* ...männer *(früher für* Adliger*)*; **edel|män|nisch**
Edel|mar|der; Edel|me|tall

Edel|mut, der; **edel|mü|tig**
Edel|pilz|kä|se
Edel|rau|te (Beifuß)
Edel|rost (Patina)
Edel|schim|mel (Schimmelpilz, der Käse u. a. aromatisiert)
Edel|stahl
Edel|stein; edel|stein|be|setzt
edel|süß; edelsüßer Paprika
Edel|tan|ne
Edel|traud, Edel|trud (w. Vorn.)
Edel|weiß, das; -[es], -[e] (eine Gebirgspflanze)
Edel|zwi|cker (ein Elsässer Weißwein)
Eden, das; -s 〈(sumer.-)hebr.〉 (Paradies im A. T.); der Garten Eden
Eden|ta|te, der; -n, -n *meist Plur.* *(Zool.* zahnarmes Säugetier*)*
Eder, die; - (Nebenfluss der Fulda)
Ed|gar (m. Vorn.)
edie|ren 〈lat.〉 (herausgeben, veröffentlichen; *EDV auch für* editieren); **ediert** *(Abk.* ed.)
Edikt, das; -[e]s, -e 〈lat.〉 (amtl. Erlass von Kaisern u. Königen; *österr. auch für* gerichtliche Bekanntmachung von Versteigerungen u. Konkursverfahren)
Edin|burg *(dt. Form von* Edinburgh*)*; **Edin|burgh** [...bərə] (Hauptstadt Schottlands)
Edi|son [*auch* ˈɛdɪsn̩] (amerik. Erfinder)
Edith, Edi|tha (w. Vorn.)
edi|tie|ren 〈engl.〉 *(EDV* Daten in ein Terminal eingeben, löschen, verändern*)*
Edi|ti|on, die; -, -en 〈lat.〉 (Ausgabe; *Abk.* Ed.)
Edi|tor [*auch* eˈdiː...], der; -s, ...oren (Herausgeber); **Edi|to|ri|al** [*auch* ɛdɪˈtɔ(ː)riəl], das; -s, -s 〈lat.-engl.〉 (Vorwort od. Leitartikel des Herausgebers einer Zeitschrift od. Zeitung); **Edi|to|rin; edi|to|risch**
Ed|le, der *u.* die; -n, -n; Edler von ... (Adelstitel)
Ed|mund (m. Vorn.)
Edom (Land östl. u. südöstl. des Toten Meeres im A. T.); **Edo|mi|ter; Edo|mi|te|rin**
Edu|ard (m. Vorn.)
Edu|ka|ti|on, die; - 〈lat.〉 *(veraltet für* Erziehung*)*
Edukt, das; -[e]s, -e *(fachspr. für* aus Rohstoffen abgeschiedener Stoff [z. B. Öl]*)*
E-Dur [ˈeːduːɐ̯, *auch* ˈeːˈduːɐ̯], das; -[s] (Tonart; *Zeichen* E); **E-Dur-Ton|lei|ter** ↑D 28

Edu|tain|ment [edjuˈteɪnmənt], das; -s 〈engl.; *Kurzw. aus* education »Erziehung« *u.* entertainment »Unterhaltung«〉 (Wissensvermittlung auf unterhaltsame u. spielerische Weise)
EDV, die; - = elektronische Datenverarbeitung; **EDV-ge|stützt; EDV-Kurs; EDV-Pro|gramm** ↑D 28
Ed|ward (m. Vorn.)
Ed|win (m. Vorn.)
Ed|zard (m. Vorn.)
¹**EEG,** das; -s, -s = Elektroenzephalogramm
²**EEG,** das; -s = Erneuerbare-Energien-Gesetz; **EEG-Um|la|ge**
Efen|di *vgl.* Effendi
Efeu, der, *auch* das; -s; **efeu|be|wach|sen; Efeu|ran|ke**
Eff|eff; etwas aus dem Effeff *(ugs. für* gründlich*)* verstehen
Ef|fekt, der; -[e]s, -e 〈lat.〉 (Wirkung, Erfolg; Ergebnis)
Ef|fek|ten *Plur.* (Wertpapiere; *schweiz. auch für* bewegliche Habe)
Ef|fek|ten|bank *Plur.* ...banken; **Ef|fek|ten|bör|se; Ef|fek|ten|gi|ro|ver|kehr; Ef|fek|ten|han|del**
Ef|fekt|ha|sche|rei *(abwertend);* **ef|fekt|ha|sche|risch**
ef|fek|tiv (tatsächlich; wirksam; greifbar); effektive Leistung (Nutzleistung)
Ef|fek|tiv, das; -s, -e *(Sprachwiss.* Verb des Verwandelns, z. B. »knechten« = »zum Knecht machen«*)*
Ef|fek|tiv|be|stand (Istbestand)
Ef|fek|ti|vi|tät, die; - (Wirkungskraft)
Ef|fek|tiv|lohn
ef|fek|tu|ie|ren 〈franz.〉 *(veraltet für* einen Auftrag ausführen; eine Zahlung leisten*)*
ef|fekt|voll (wirkungsvoll)
ef|fe|mi|niert 〈lat.〉 *(Med., Psychol.* verweiblicht*)*
Ef|fen|di, Efen|di, der; -[s], -s 〈türk.〉 (früherer türk. Anredetitel)
Ef|fet [ɛˈfeː], der, *selten* das; -s, -s 〈franz.〉 (Drall einer [Billard]kugel, eines Balles)
Ef|fi|cien|cy [ɛˈfɪʃnsi], die; - 〈engl.〉 *(Wirtsch.* Wirtschaftlichkeit, bestmöglicher Wirkungsgrad*)*
ef|fi|lie|ren 〈franz.〉 (die Haare beim Schneiden ausdünnen); **Ef|fi|lier|sche|re**
ef|fi|zi|ent 〈lat.〉 (wirksam; wirtschaftlich); **Ef|fi|zi|enz,** die; -, -en

378

Ef|fi|zi|enz|haus (Haus mit geringem Energiebedarf)
Ef|fi|zi|enz|klas|se (Klassifizierung von Elektrogeräten nach Stromverbrauch)
Ef|fi|zi|enz|stei|ge|rung
Ef|flo|res|zenz, die; -, -en ⟨lat.⟩ (Med. Hautblüte [z. B. Pusteln]; Geol. Mineralüberzug auf Gesteinen); **ef|flo|res|zie|ren**
Ef|fu|si|on, die; -, -en ⟨lat.⟩ (Geol. Ausfließen von Lava); **ef|fu|siv** (durch Erguss gebildet); **Ef|fu|siv|ge|stein** (Ergussgestein)
EFSF, die; - = Europäische Finanzstabilisierungsfazilität (Kreditinstitut zur Stützung finanziell angeschlagener Staaten der EU)
EFTA, die; - ⟨engl.; Kurzwort für European Free Trade Association⟩ (Europäische Freihandelsassoziation)
eG, e. G. = eingetragene Genossenschaft; vgl. eingetragen
¹EG, die; - = Europäische Gemeinschaft; EU
²EG, das; -[s] = Erdgeschoss
¹egal (ugs. für gleichgültig); das ist mir egal; egal[,] wer kommt
²egal (landsch. für immer [wieder, noch]); er hat egal etwas an mir auszusetzen
ega|li|sie|ren (gleichmachen, ausgleichen); **Ega|li|sie|rung**
ega|li|tär (auf Gleichheit gerichtet); **Ega|li|ta|ris|mus**, der; -
Ega|li|tät, die; - (geh. für Gleichheit)
Éga|li|té vgl. Liberté, Égalité, Fraternité
Egart, die; - (bayr. u. österr. früher für Grasland); **Egar|ten|wirt|schaft**, **Egart|wirt|schaft**, die; - (Feldgraswirtschaft)
Eg|bert, Eg|brecht (m. Vorn.)
Egel, der; -s, - (ein Wurm); **Egel|schne|cke**
Eger (tschech. Cheb); **Eger|land**, das; -[e]s; **Eger|län|der**
Eger|ling (landsch. für Champignon)
¹Eg|ge, die; -, -n (Gewebekante)
²Eg|ge, die; -, -n (ein Ackergerät); **eg|gen**; das Feld wird geeggt
Eg|gen|band, das; Plur. ...bänder (festes Band, das Nähte vor dem Verziehen schützen soll)
Egg|head [...het], der; -[s], -s ⟨engl.-amerik., »Eierkopf«⟩ (in den USA ironische od. abwertende Bez. für Intellektueller)
Egil [auch 'ɛ...] (nord. Sagengestalt)

Egi|nald (m. Vorn.); **Egin|hard, Ein|hard** (m. Vorn.)
E-Gi|tar|re (elektronisch verstärkte Gitarre)
Egk [ek] (dt. Komponist)
Eg|li, das od. der; -[s]; -[s] vgl. Götti (bes. schweiz. für Flussbarsch)
eGmbH, EGmbH = eingetragene, auch Eingetragene Genossenschaft mit beschränkter Haftpflicht (früher)
Eg|mont (Titelgestalt der gleichnamigen Tragödie von Goethe)
eGmuH, EGmuH = eingetragene, auch Eingetragene Genossenschaft mit unbeschränkter Haftpflicht (früher)
ego [auch 'ɛ...] ⟨lat.⟩ (ich); vgl. Alter Ego; **Ego**, das; -[s], -s (Philos., Psychol. das Ich); **Ego-Goo|geln**, das; -s ⟨lat.; engl.⟩ (Suche mit Google® nach dem eigenen Namen im Internet)
Ego|is|mus, der; -, ...men (Selbstsucht; Ggs. Altruismus); **Ego|ist**, der; -en, -en; **Ego|is|tin**; **ego|is|tisch**
ego|man ⟨lat.; griech.⟩ (krankhaft selbstbezogen); **Ego|ma|ne**, der; -n, -n; **Ego|ma|nie**, die; -; **Ego|ma|nin**; **ego|ma|nisch**
Egon (m. Vorn.)
Ego|tis|mus, der; - ⟨lat.⟩ (Neigung, sich selbst in den Vordergrund zu stellen); **Ego|tist**, der; -en, -en; **Ego|tis|tin**
Ego|trip ⟨engl.⟩; auf dem Egotrip sein (ugs. für sich egozentrisch verhalten)
E-Go|vern|ment ['iːgavnmənt], das; -s, -s ⟨engl.⟩ (Durchführung von staatlichen Verwaltungsprozessen u. Dienstleistungen mithilfe elektronischer Medien)
Ego|zen|t|rik, die; - ⟨lat.⟩ (Ichbezogenheit); **Ego|zen|t|ri|ker**; **Ego|zen|t|ri|ke|rin**; **ego|zen|t|risch**
eg|re|nie|ren ⟨franz.⟩ (fachspr. für Baumwollfasern von den Samen trennen); **Eg|re|nier|ma|schi|ne**
Egyp|ti|enne [egɪp'tsjɛn, auch eʒi'psjɛn], die; - ⟨franz.⟩ (Druckw. eine Antiquaschriftart)
¹eh (sowieso)
²eh vgl. ehe
³eh! (Ausruf)
eh., e. h. = ehrenhalber
e. h. (österr.) = eigenhändig
E. h. = Ehren halber (frühere Schreibung von ehrenhalber), z. B. in Dr.-Ing. E. h.

ehe; ehe (eh) ich das nicht weiß, ...; ↑D 13: seit eh und je
Ehe, die; -, -n; **ehe|ähn|lich; Ehe|an|bah|nungs|in|s|ti|tut**
ehe|bal|dig[st] (österr. für möglichst bald)
Ehe|be|ra|ter; Ehe|be|ra|te|rin; Ehe|be|ra|tung; Ehe|be|ra|tungs|stel|le
Ehe|bett
ehe|bre|chen nur im Infinitiv u. Partizip I gebr.; muss man gleich ehebrechen?; der ehebrechende Partner
Ehe|bre|cher; Ehe|bre|che|rin; ehe|bre|che|risch; Ehe|bruch
Ehe|buch (österr. für Personenstandsbuchs zur Beurkundung der Eheschließungen)
Ehec, die; - ⟨lat.; Kurzwort für Entero-hämorrhagische Escherichia Coli⟩ (durch ein Kolibakterium verursachte Infektionskrankheit)
ehe|dem (geh. für vormals)
Ehe|dis|pens; Ehe|fä|hig|keit; Ehe|frau; Ehe|füh|rung
Ehe|gat|te (bes. Amtsspr.); **Ehe|gat|ten|split|ting** vgl. Splitting; **Ehe|gat|tin**
Ehe|ge|spons (scherzh., veraltet); **Ehe|glück; Ehe|ha|fen** (scherzh.); **Ehe|hälf|te** (scherzh.); **Ehe|hin|der|nis; Ehe|hy|gi|e|ne; Ehe|jahr; Ehe|joch** (scherzh.); **Ehe|krach** (ugs.)
Ehe|kre|dit ([staatlicher] Kredit für junge Ehepaare)
Ehe|kri|se; Ehe|le|ben; Ehe|leu|te Plur.
ehe|lich; eheliches Güterrecht
ehe|li|chen (veraltend, noch scherzh.)
Ehe|lich|er|klä|rung (BGB); **Ehe|lich|keit**, die; - (Abstammung aus rechtsgültiger Ehe); **Ehe|lich|keits|er|klä|rung** (svw. Ehelicherklärung)
ehe|los; Ehe|lo|sig|keit, die; -
ehe|ma|lig; Ehe|ma|li|ge, der u. die; -n, -n; **Ehe|ma|li|gen|tref|fen**
ehe|mals
Ehe|mann Plur. ...männer; **Ehe|na|me; Ehe|paar**
Ehe|part|ner; Ehe|part|ne|rin
Ehe|pro|b|lem meist Plur.
eher; je eher (früher), je lieber; je eher (früher), desto besser; eher ([viel]mehr) klein [als groß]; er wird es umso eher (lieber) tun, als ...
Ehe|recht; Ehe|ring
ehern; ehernes (unveränderliches) Gesetz; ehernes Lohngesetz

Ehescheidung

(Wirtsch.) die eherne Schlange (bibl.); ↑D 89

Ehe|schei|dung; Ehe|schein (schweiz. für Heiratsurkunde); Ehe|schlie|ßung

ehest (österr. veraltend für baldmöglichst)

Ehe|stand, der; -[e]s

ehes|te; bei ehester (nächster) Gelegenheit; am ehesten (am leichtesten)

ehes|tens (frühestens; österr. für so schnell wie möglich)

ehest|mög|lich (bes. österr. für frühestmöglich)

Ehe|streit; Ehe|tra|gö|die; Ehe|verbot; Ehe|ver|mitt|lung; Ehe|verspre|chen; Ehe|ver|trag; Ehe|weib (scherzh., sonst veraltet); ehewid|rig; ehewidriges Verhalten

Ehr|ab|schnei|der; Ehr|ab|schnei|derin

ehr|bar (geh.); Ehr|bar|keit, die; - (geh.); ehr|be|gie|rig (geh.)

Ehr|be|griff; Ehr|be|lei|di|gung, Ehren|be|lei|di|gung

Eh|re, die; -, -n; in, mit Ehren, jmdm. zu Ehren; vgl. E. h.

eh|ren

Eh|ren|amt; Eh|ren|amt|ler, Eh|renämt|ler (ugs.); Eh|ren|amt|le|rin, Eh|ren|ämt|le|rin; eh|ren|amt|lich

Eh|ren|be|lei|di|gung; Ehr|be|lei|digung; Eh|ren|be|zei|gung, Eh|ren|be|zeu|gung

Eh|ren|bür|ger; Eh|ren|bür|ger|brief; Eh|ren|bür|ge|rin; Eh|ren|bür|gerschaft

Eh|ren|co|dex vgl. Ehrenkodex

Eh|ren|dienst

Eh|ren|dok|tor vgl. Doktor; Eh|rendok|to|rin; Eh|ren|dok|tor|wür|de

Eh|ren|ein|tritt (Bankw. Intervention [bei einem Wechsel])

Eh|ren|er|klä|rung; Eh|ren|es|kor|te

Eh|ren|fä|hig|keit (schweiz. Rechtsspr.)

Eh|ren|frau (veraltet für Hofdame; selten für ehrenhafte Frau)

Eh|ren|fried (m. Vorn.)

Eh|ren|ga|be; Eh|ren|gar|de; Eh|rengast; Eh|ren|ge|leit; Eh|ren|ge|richt; Eh|ren|grab

eh|ren|haft; Eh|ren|haf|tig|keit, die; -

eh|ren|hal|ber (Abk. eh. u. e. h.; E. h.)

Eh|ren|hof; Eh|ren|kar|te; Eh|ren|ko|dex, Eh|ren|co|dex; Eh|ren|kom|pa|nie

Eh|ren|le|gi|on, die; - (franz. Orden)

Eh|ren|mal Plur. ...male u. ...mäler

Eh|ren|mann Plur. ...männer; Eh|ren|mit|glied

Eh|ren|mord (Mord, der verübt wird, um jmds. Ehre, bes. die der eigenen Familie, wiederherzustellen)

Eh|ren|na|del; Eh|ren|na|me

Eh|ren|ob|frau (bes. österr.); Eh|ren|ob|mann (bes. österr.)

Eh|ren|pflicht; Eh|ren|platz

Eh|ren|prä|si|dent; Eh|ren|prä|si|den|tin

¹Eh|ren|preis (Gewinn)

²Eh|ren|preis, das od. der; -es, - (eine Heilpflanze)

Eh|ren|pro|mo|ti|on [...motsjo:n]; Eh|ren|rat

Eh|ren|rech|te Plur.; die bürgerlichen Ehrenrechte

eh|ren|reich; Eh|ren|ret|tung; Eh|ren|ring; eh|ren|rüh|rig; Eh|ren|run|de

Eh|ren|sa|che; das ist Ehrensache (ugs. für selbstverständlich)

Eh|ren|sa|lut; Eh|ren|sal|ve

eh|ren|schän|de|risch (geh.)

Eh|ren|schuld; Eh|ren|schutz, der; -es (österr. für Schirmherrschaft)

Eh|ren|se|na|tor; Eh|ren|se|na|to|rin

Eh|ren|sold; Eh|ren|spa|lier; Eh|ren|stra|ße; Eh|ren|tag; Eh|ren|tanz; Eh|ren|ti|tel; Eh|ren|tor (Sport)

Eh|ren|traud (w. Vorn.)

Eh|ren|tref|fer (Sport)

Eh|ren|tri|bü|ne

Eh|ren|trud (w. Vorn.)

Eh|ren|ur|kun|de

eh|ren|voll; eh|ren|wert

Eh|ren|wort Plur. ...worte; eh|ren|wört|lich

Eh|ren|zei|chen

ehr|er|bie|tig (geh.); Ehr|er|bie|tig|keit, die; - (geh.)

Ehr|er|bie|tung

Ehr|furcht; Ehrfurcht gebieten

Ehr|furcht ge|bie|tend, ehr|furcht|ge|bie|tend; ein Ehrfurcht gebietendes od. ehrfurchtgebietendes Schauspiel, aber nur ein große Ehrfurcht gebietendes Schauspiel, ein äußerst ehrfurchtgebietendes Schauspiel ↑D 58

ehr|fürch|tig; ehr|furchts|los; ehr|furchts|voll

Ehr|ge|fühl

Ehr|geiz; ehr|gei|zig; Ehr|geiz|ling (abwertend)

ehr|lich; ein ehrlicher Makler (redlicher Vermittler) sein; das ist[,] ehrlich gesagt[,] nicht so wichtig; ehr|li|cher|wei|se; Ehr|lich|keit, die; -; ehr|lie|bend

ehr|los; Ehr|lo|sig|keit, die; -

ehr|pus|se|lig, ehr|puss|lig (mit einem kleinlichen, spießigen Ehrbegriff); Ehr|pus|se|lig|keit, Ehr|puss|lig|keit

ehr|sam (geh. veraltend); Ehr|sam|keit, die; - (geh. veraltend)

Ehr|sucht, die; -; ehr|süch|tig

Eh|rung

ehr|ver|ges|sen; Ehr|ver|lust, der; -[e]s (Rechtsspr.)

Ehr|wür|den (kath. Kirche [veraltend] Anrede für Brüder u. Schwestern in geistl. Orden u. Kongregationen); ehr|wür|dig; Ehr|wür|dig|keit

ei!; ei, ei!; ei machen (Kinderspr. streicheln, liebkosen)

Ei, das; -[e]s, -er; eine Eier legende od. eierlegende Wollmilchsau ↑D 58 (etwas, was nur Vorteile hat)

...ei (z. B. Bäckerei, die; -, -en)

eia!

Ei|ab|la|ge (Zool.)

eia|po|peia!, heia|po|peia!

EIB, die; - = Europäische Investitionsbank

Ei|be, die; -, -n (ein Nadelbaum); ei|ben (aus Eibenholz)

Ei|bisch, der; -[e]s, -e (eine Heilpflanze); Ei|bisch|tee, der; -s

Eib|see, der; -s (See in den Alpen)

Eich (dt. Lyriker u. Hörspielautor)

Eich|amt

Eich|baum vgl. ¹Eiche

Eich|blatt|sa|lat

¹Ei|che, die; -, -n (ein Baum)

²Ei|che, die; -, -n (Eichung; fachspr. ein Maischemaß)

Ei|chel, die; -, -n

Ei|chel|hä|her (ein Vogel)

Ei|chel|mast, die

Ei|cheln Plur., als Sing. gebraucht (Farbe im dt. Kartenspiel); Eicheln sticht; Eicheln spielen

¹ei|chen (aus Eichenholz)

²ei|chen (das gesetzliche Maß geben; prüfen)

Ei|chen, das; -s, - (kleines Ei)

Ei|chen|baum (geh. für ¹Eiche)

Ei|chen|dorff (dt. Dichter)

Ei|chen|hain; Ei|chen|holz; Ei|chen|klotz; Ei|chen|kranz; Ei|chen|laub; Ei|chen|tisch; Ei|chen|wick|ler (ein Schmetterling)

Ei|cher (Eichmeister); Ei|che|rin

Eich|ge|setz; Eich|ge|wicht

Eich|hörn|chen, landsch. Eich|kätz|chen, Eich|kat|ze

Eich|maß; Eich|meis|ter (Beamter beim Eichamt); Eich|meis|te|rin; Eich|me|ter, das; -s, - (veraltet)

Eigentümerin

Eichs|feld, das; -[e]s (dt. Landschaft); Eichs|fel|der; Eichs|fel|de|rin; eichs|fel|disch
Eich|stätt (Stadt am Rand der Fränkischen Alb)
Eich|stem|pel; Eich|strich
Ei|chung
Ei|co|sa|no|id vgl. Eikosanoid
Eid, der; -[e]s, -e; an Eides statt erklären
Ei|dam, der; -[e]s, -e (veraltet für Schwiegersohn)
Eid|bruch, der; eid|brü|chig
Ei|dechs|chen; Ei|dech|se, die; -, -n; Ei|dech|sen|le|der; Ei|dech|sle|der
Ei|der, die; - (ein Fluss)
Ei|der|dau|ne ⟨isländ.; dt.⟩; Ei|der|en|te; Ei|der|gans
Ei|der|stedt (Halbinsel an der Nordseeküste); Ei|der|sted|ter; Ei|der|sted|te|rin
Ei|des|be|leh|rung; Ei|des|for|mel
Ei|des|hel|fer, Eid|hel|fer; Ei|des|hel|fe|rin, Eid|hel|fe|rin
Ei|des|leis|tung
ei|des|statt|lich; eidesstattliche Versicherung ↑D 89
Ei|de|tik, die; - ⟨griech.⟩ (Psychol. Fähigkeit, früher Geschehenes od. Vorgestelltes anschaulich zu vergegenwärtigen); Ei|de|ti|ker; Ei|de|ti|ke|rin; ei|de|tisch
eidg. = eidgenössisch
Eid|ge|nos|se; Eid|ge|nos|sen|schaft, die; -; Schweizerische Eidgenossenschaft (amtl. Name der Schweiz); Eid|ge|nos|sin, seltener Eid|ge|nös|sin; eid|ge|nös|sisch (Abk. eidg.); aber ↑D 150: Eidgenössische Technische Hochschule (Abk. ETH)
Eid|hel|fer vgl. Eideshelfer
eid|lich; eine eidliche Erklärung
Ei|dot|ter (das Gelbe im Ei)
Ei|er|be|cher; Ei|er|bri|kett
Ei|er|chen Plur.; Ei|er|frau (ugs.)
Ei|er|hand|gra|na|te
Ei|er|kopf (für Egghead)
Ei|er|korb; Ei|er|ku|chen; Ei|er|lau|fen; Ei|er|li|kör; Ei|er|löf|fel; Ei|er|mann (ugs.)
ei|ern (ugs. für ungleichmäßig rotieren; wackelnd gehen); das Rad eiert; ich eiere
Ei|er|pe|cken, das; -s (ein Osterbrauch in Österreich)
Ei|er|pfann|ku|chen; Ei|er|punsch; Ei|er|sa|lat
Ei|er|schal|le, Ei|schale
Ei|er|sche|cke (landsch. für eine Kuchensorte); Ei|er|schnee, Ei|schnee
Ei|er|schwamm (landsch. u. schweiz. für Pfifferling); Ei|er|schwam|merl (österr. für Pfifferling)
Ei|er|speis, die; -, -en, Ei|er|spei|se (Gericht, für das bes. Eier verwendet werden; österr. für Rührei)
Ei|er|stich (Suppeneinlage aus Ei)
Ei|er|stock Plur. ...stöcke (Med.)
Ei|er|tanz (ugs.)
Ei|er|uhr; Ei|er|wär|mer
Ei|fel, die; - (Teil des westlichen Rheinischen Schiefergebirges)
Ei|fe|ler, Eif|ler; Ei|fe|le|rin, Eif|le|rin

Eiffelturm

Das berühmte Bauwerk in Paris wurde unter der Leitung des französischen Ingenieurs Gustave Eiffel errichtet und ist nach ihm benannt. Daher die Schreibung mit *ff*.

Ei|fer, der; -s; Ei|fe|rer; Ei|fe|rin; ei|fern; ich eifere
Ei|fer|sucht, die; -, ...süchte Plur. selten; Ei|fer|süch|te|lei; ei|fer|süch|tig; Ei|fer|suchts|dra|ma; Ei|fer|suchts|sze|ne
Eif|fel|turm (in Paris); ↑D 136
Eif|ler, Eifeler; Eif|le|rin, Eifelerin
ei|för|mig
eif|rig; Eif|rig|keit, die; -
Ei|gelb, das; -s, -e; 3 Eigelb
ei|gen; eig[e]ne; mein eigen Kind (geh.); mein eig[e]ner Sohn; das ist ihr eigen (für sie charakteristisch); sich etwas zu eigen machen; etwas Eigenes besitzen; vgl. Eigen; Ei|gen, das; -s; mein Eigen (geh. für Besitz); etwas sein Eigen nennen
Ei|gen|an|ga|be (eigene, selbst geäußerte Angabe)
Ei|gen|an|rei|se; Ei|gen|an|teil
Ei|gen|ar|beit; in Eigenarbeit erstellt
Ei|gen|art; ei|gen|ar|tig; Ei|gen|ar|tig|keit
Ei|gen|bau, der; -[e]s; Ei|gen|be|darf; Ei|gen|be|richt
Ei|gen|be|sitz, der; -es (BGB); Ei|gen|be|sit|zer (BGB); Ei|gen|be|sit|ze|rin
Ei|gen|be|trieb (Wirtsch.)
Ei|gen|be|we|gung
Ei|gen|brö|te|lei; Ei|gen|bröt|ler (Sonderling); Ei|gen|bröt|le|rei (svw. Eigenbrötelei); Ei|gen|bröt|le|rin; ei|gen|bröt|le|risch
Ei|gen|dun|kel (geh.)
Ei|gen|dy|na|mik
Ei|ge|ne, Eig|ne, das; -n (Eigentum; Eigenart)
Ei|gen|fi|nan|zie|rung; Ei|gen|ge|brauch; Ei|gen|ge|schmack; Ei|gen|ge|schwin|dig|keit
ei|gen|ge|setz|lich; Ei|gen|ge|setz|lich|keit
Ei|gen|ge|wächs (bes. Weinbau; übertragen auch im Sport)
Ei|gen|ge|wicht
Ei|gen|goal (schweiz. für Eigentor)
Ei|gen|gut (schweiz. für in die Ehe eingebrachter Besitz)
Ei|gen|han|del (Bankw. Handel mit Geld, Wertpapieren o. Ä. im eigenen Namen u. auf eigene Rechnung)
ei|gen|hän|dig (Abk. österr. e. h.); Ei|gen|hän|dig|keit, die; -
Ei|gen|heim; Ei|gen|heim|be|sit|zer; Ei|gen|heim|be|sit|ze|rin; Ei|gen|heim|sied|lung; Ei|gen|heim|zu|la|ge
Ei|gen|heit
Ei|gen|hil|fe; Ei|gen|in|i|ti|a|ti|ve; Ei|gen|in|te|res|se; Ei|gen|ka|pi|tal
Ei|gen|ka|pi|tal|hil|fe (Darlehen für Existenzgründer)
Ei|gen|kir|che (im MA.)
Ei|gen|le|ben; Ei|gen|leis|tung; Ei|gen|lie|be; Ei|gen|lob
ei|gen|mäch|tig; ei|gen|mäch|ti|ger|wei|se; Ei|gen|mäch|tig|keit
Ei|gen|mar|ke (Wirtsch.)
Ei|gen|mit|tel Plur.
Ei|gen|na|me
Ei|gen|nutz, der; -es; ei|gen|nüt|zig; Ei|gen|nüt|zig|keit, die; -
Ei|gen|pen|si|on (österr. für Pension aus selbst erworbenen Versicherungsansprüchen)
Ei|gen|pro|duk|ti|on
Ei|gen|re|gie; etwas in Eigenregie organisieren
ei|gens (geh.)
Ei|gen|schaft; Ei|gen|schafts|wort Plur. ...wörter (für Adjektiv); ei|gen|schafts|wört|lich
Ei|gen|schwin|gung
Ei|gen|sinn, der; -[e]s; ei|gen|sin|nig; Ei|gen|sin|nig|keit
ei|gen|staat|lich; Ei|gen|staat|lich|keit, die; -
ei|gen|stän|dig; Ei|gen|stän|dig|keit, die; -
Ei|gen|sucht, die; -; ei|gen|süch|tig
ei|gent|lich (Abk. eigtl.); Ei|gent|lich|keit, die; -
Ei|gen|tor, das (Sport)
Ei|gen|tum, das; -s, Plur. (für Wohnungseigentum u. Ä.:) ...tume; Ei|gen|tü|mer; Ei|gen|tü|me|rin

Eigentümervertreter

¹ein

I. *Unbestimmter Artikel (nicht betont; als Beifügung zu einem Substantiv od. Pronomen):*
– es war ein Mann, nicht eine Fr<u>a</u>u
– es war ein K<u>i</u>nd und kein Erw<u>a</u>chsener

II. *Unbestimmtes Pronomen*
a) *allein stehend:*
– der/die/das eine
– wenn einer (jemand) das nicht versteht, dann soll er darüber nicht reden
– da kann einer (*ugs. statt* man) doch völlig verrückt werden
– die Aussagen eines (jemandes), der dabei war, …
– ein[es] (etwas) fehlt ihm: Geduld
– das tut einem (mir) wirklich leid
– sie sollen einen in Ruhe lassen
– sie ist eine von uns
– da hat eine ihren Lippenstift vergessen
– ein[e]s von eins Kindern
– *ugs.:* einen (einen Schnaps) heben; eins (ein Lied) singen; jmdm. eins auswischen

b) *in [hinweisender] Gegenüberstellung:*
– vom einen, von einem zum and[e]ren, andern
– die einen (diese) [Zuschauer] klatschten, die and[e]ren, andern (jene) [Zuschauer] pfiffen

III. *Zahlwort (betont; als Beifügung oder allein stehend):*
– es war <u>ei</u>n Mann, <u>ei</u>ne Frau, <u>ei</u>n Kind (nicht zwei)
– wenn [nur] <u>ei</u>ner das erfährt, dann ist der Plan zunichte

– einer für alle und alle für einen
– ein[e]s der beiden Pferde, nicht alle beide
– zwei Augen sehen mehr als ein[e]s
– einer nach dem anderen
– zum einen …, zum anderen …
– der ein[e] oder andere
– unter einem (*österr. Amtsspr. für* zugleich)
– in einem fort
– zwei Pfund Wurst in einem [Stück]
– in ein[em] und einem halben Jahr
– in ein[er] und derselben Straße
– ein und dieselbe Sache
– es läuft alles auf eins (dasselbe) hinaus
– sie ist sein Ein und [sein] Alles
– einundzwanzig; einmal; einhalbmal
– ein für alle Mal[e]
– ein oder mehrmals (*vgl.* ¹Mal)
– ein bis zwei Tage

Bei Auffassung als Substantiv ist auch Großschreibung möglich:
– die einen *od*. Einen sagen dies, die anderen *od*. Anderen das
– sie will das eine *od*. Eine tun und das andere *od*. Andere nicht lassen

Vgl. auch eins

Ei|gen|tü|mer|ver|tre|ter (*bes. österr. für* Vertreter einer Gemeinschaft von [Wohnungs]eigentümern); **Ei|gen|tü|mer|ver|tre|te|rin** (*bes. österr.*)
ei|gen|tüm|lich; Ei|gen|tüm|lich|keit
Ei|gen|tums|bil|dung; Ei|gen|tums|de|likt; Ei|gen|tums|recht; ei|gen|tums|recht|lich
Ei|gen|tums|streu|ung; Ei|gen|tums|ver|ge|hen; Ei|gen|tums|ver|hält|nis *meist Plur.;* **Ei|gen|tums|woh|nung**
ei|gen|ver|ant|wort|lich; Ei|gen|ver|ant|wor|tung
Ei|gen|ver|brauch; Ei|gen|ver|si|che|rung; Ei|gen|ver|such
Ei|gen|vor|sor|ge
Ei|gen|wa|re, die; - (Ware aus dem Besitz des Versteigerers)
Ei|gen|wär|me
Ei|gen|wech|sel (Solawechsel); **Ei|gen|wer|bung**
Ei|gen|wert; ei|gen|wer|tig
Ei|gen|wil|le; ei|gen|wil|lig; Ei|gen|wil|lig|keit
ei|gen|wüch|sig (*selten*)
Ei|ger, der; -[s] (Bergstock in den Berner Alpen); **Ei|ger|nord|wand,** die; -

Eig|ne *vgl.* Eigene
eig|nen; etwas eignet ihm (*geh. für* ist ihm eigen); sich eignen (geeignet sein)
eig|ner, ei|ge|ner *vgl.* eigen
Eig|ner ([Schiffs]eigentümer); **Eig|ne|rin**
Eig|nung (Befähigung)
Eig|nungs|prü|fung; Eig|nungs|test
eigtl. = eigentlich
…ei|ig (z. B. zweieiig)
Ei|ke (m., *seltener* w. Vorn.)
Ei|klar, das; -s, - (*österr. für* Eiweiß)
Ei|ko (m. Vorn.)
Ei|ko|sa|no|id, Ei|co|sa|no|id, das; -[e]s, -e *meist Plur.* (griech.) (*Med.* ein endogener Mediator)
Ei|land, das; -[e]s, -e (*geh. für* Insel)
Eil|an|ge|bot; Eil|bo|te; Eil|brief
Ei|le, die; -
Ei|lei|ter, der (*Med.*)
ei|len; eile mit Weile!; **ei|lends**
eil|fer|tig; Eil|fer|tig|keit
Eil|gut; Eil|gü|ter|zug
ei|lig ↑D 72: etwas Eiliges zu besorgen haben; nichts Eiligeres (Wichtigeres) zu tun haben, als …; **ei|ligst**

Eil|marsch; Eil|päck|chen; Eil|schritt; Eil|sen|dung; Eil|tem|po; Eil|trieb|wa|gen
Eil|ver|fah|ren (*Rechtsspr.*)
Eil|zug (Zeichen E)
Eil|zugs|tem|po, Eil|zug|tem|po (*bes. österr., schweiz.*)
Eil|zu|stel|lung
Ei|mer, der; -s, -; im Eimer sein (*ugs. für* entzwei, verdorben sein); **ei|mer|wei|se**
¹ein *s.* Kasten
²ein; nicht ein noch aus wissen (ratlos sein); wer bei dir ein und aus geht (verkehrt), *aber* (in Zus.) ↑D 31: ein- und aussteigen (einsteigen und aussteigen)
ein… (*in Zus. mit Verben,* z. B. einbürgern, du bürgerst ein, eingebürgert, einzubürgern)
Ein|achs|an|hän|ger (Kfz-Technik); **ein|ach|sig**
Ein|ak|ter (Bühnenstück das nur einem Akt); **ein|ak|tig**
ei|n|an|der (*meist geh.*); *vgl.* aneinander, aufeinander, auseinander, beieinander usw.
ein|ant|wor|ten (*österr. Amtsspr. veraltend für* über-

eineiig

geben); **Ein|ant|wor|tung** (österr. Amtsspr.)
Ei|nar (m. Vorn.)
ein|ar|bei|ten

einarbeiten
Nach *einarbeiten* steht gewöhnlich der Akkusativ: *Sie muss sich in das Gebiet erst noch einarbeiten*. Aber auch der Dativ ist möglich: *Sie muss sich in dem Gebiet erst noch einarbeiten*.

Ein|ar|bei|tung; Ein|ar|bei|tungs|zeit
ein|ar|mig
ein|äschern; ich äschere ein; eingeäschert (Zeichen ⌂); **Ein|äscherung; Ein|äsche|rungs|hal|le** (*für* Krematorium)
ein|at|men; Ein|at|mung
ein|ato|mig (*Physik, Chemie*)
ein|ät|zen
ein|äu|gig; Ein|äu|gi|ge, der u. die; -n, -n
Ein|back, der; -[e]s, *Plur.* -e u. ...bäcke, ugs. auch -s (ein Gebäck)
ein|bah|nig; einbahniger Verkehr
Ein|bahn|stra|ße; Ein|bahn|ver|kehr
ein|bal|sa|mie|ren; Ein|bal|sa|mierung
Ein|band, der; -[e]s, ...bände; **Ein|band|de|cke**
ein|bä|n|dig
ein|ba|sig, ein|ba|sisch (*Chemie*)
Ein|bau, der; -[e]s, *Plur.* (*für* eingebauter Teil:) -ten; **ein|bau|en; ein|bau|fer|tig; Ein|bau|kü|che**
Ein|baum (Boot aus einem ausgehöhlten Baumstamm)
Ein|bau|mö|bel, ein|bau|reif; Ein|bau|schrank; Ein|bau|teil
Ein|bee|re (eine Giftpflanze)
ein|be|grif|fen, in|be|grif|fen (*österr. u. schweiz. nur so*); in dem *od.* den Preis [mit] einbegriffen; alle waren beteiligt, er einbegriffen; sie erinnerte sich aller Beteiligten, ihn einbegriffen; der Tadel galt allen, ihn einbegriffen; er zahlte die Zeche, den Wein einbegriffen
ein|be|hal|ten; Ein|be|hal|tung
ein|bei|nig
ein|be|ken|nen (*österr. für* eingestehen); **Ein|be|kennt|nis**
ein|be|rech|nen
ein|be|ru|fen; Ein|be|ru|fe|ne, der u. die; -n, -n; **Ein|be|ru|fung; Ein|be|ru|fungs|be|fehl**
ein|be|schlie|ßen (*geh.*)
ein|be|schrie|ben (*Math.*); einbeschriebener Kreis (Inkreis)

ein|be|stel|len (*bes. Amtsspr.*); **Ein|be|stel|lung**
ein|be|to|nie|ren; Ein|be|to|nie|rung
ein|bet|ten; Ein|bet|tung; Ein|bett|zim|mer
ein|beu|len; Ein|beu|lung
ein|be|zah|len (*svw.* einzahlen)
ein|be|zie|hen; Ein|be|zie|hung
Ein|be|zug, der; -[e]s (*bes. schweiz. für* Einbeziehung)
ein|bie|gen; Ein|bie|gung
ein|bil|den, sich; du bildest dir die Geschichte nur ein; **Ein|bil|dung; Ein|bil|dungs|kraft,** die; -
ein|bim|sen (*ugs. für* durch angestrengtes Lernen einprägen)
ein|bin|den; Ein|bin|dung
ein|bla|sen; Ein|blä|ser (*Schülerspr. auch für* Vorsager); **Ein|blä|se|rin**
Ein|blatt (*Kunstwiss.*); **Ein|blatt|druck** *Plur.* ...drucke
ein|bläu|en (blau machen; *auch ugs. für* mit Nachdruck einprägen, einschärfen)
ein|blen|den (*Rundfunk, Fernsehen*); sich einblenden; **Ein|blendung**
ein|bleu|en alte Schreibung für einbläuen (einschärfen)
Ein|blick
ein|blu|ten (*Med.*); **Ein|blu|tung**
ein|boh|ren; sich einbohren
ein|bon|gen; Waren einbongen
ein|boo|ten; Passagiere einbooten
ein|bra|ten (*österr. ugs. auch für* durch listiges Einschmeicheln für sich gewinnen)
ein|bre|chen; in ein[em] Haus einbrechen; **Ein|bre|cher; Ein|bre|cher|ban|de; Ein|bre|che|rin**
ein|brem|sen (*bes. südd., österr. für* abbremsen; aufhalten)
Ein|brenn, die; -, -en (*österr.*), **Ein|brenn|ne,** die; -, -n (*bes. südd. für* Mehlschwitze)
ein|bren|nen
Ein|brenn|la|ckie|rung
Ein|brenn|sup|pe (*österr.*)
ein|brin|gen; sich einbringen; **ein|bring|lich; Ein|brin|gung**
ein|bro|cken; sich, jmdm. etwas einbrocken (*ugs.*)
Ein|bruch, der; -[e]s, ...brüche
Ein|bruch[s]|dieb|stahl; ein|bruch[s]|si|cher; Ein|bruch|stel|le; Ein|bruch[s]|werk|zeug
ein|buch|ten (*ugs. für* ins Gefängnis sperren); **Ein|buch|tung**
ein|bud|deln (*ugs.*)
ein|bü|geln; eingebügelte Falten
ein|bun|kern
ein|bür|gern; ich bürgere ein; **Ein|bür|ge|rung; Ein|bür|ge|rungs|ge-**

such (*bes. schweiz.*); **Ein|bür|ge|rungs|test** (behördliche Prüfung, die bestehen muss, wer eingebürgert werden möchte)
Ein|bu|ße; ein|bü|ßen
Ein|cent|mün|ze *vgl.* Eineuromünze; **Ein|cent|stück** *vgl.* Eineurostück
ein|che|cken ⟨dt.; engl.⟩ (sich [am Flughafen] abfertigen lassen)
ein|cre|men
ein|däm|men; Ein|däm|mung
ein|damp|fen; Ein|damp|fung
ein|de|cken; sich mit Obst eindecken
Ein|de|cker (ein Flugzeugtyp)
ein|dei|chen; Ein|dei|chung
ein|del|len (*ugs. für* eine Delle in etwas machen); **ein|dep|schen** (*österr. ugs. für* einbeulen)
ein|deu|tig; Ein|deu|tig|keit
ein|deutsch|en; du deutschst ein; **Ein|deut|schung**
ein|di|cken; Ein|di|ckung
ein|di|men|si|o|nal
ein|do|cken (*Schiffbau*) ins Dock transportieren)
ein|do|len (*bes. schweiz. für* einen Bach in Röhren unter die Erde verlegen)
ein|do|sen (in Dosen einkochen); du dost ein; sie dos[e]te ein
ein|dö|sen (*ugs. für* in Halbschlaf fallen; einschlafen)
ein|drän|gen; auf jmdn. eindrängen; sich eindrängen
ein|dre|hen; sich, jmdm. die Haare eindrehen
ein|drei|vier|tel [...'fır...], **ein|und|drei|vier|tel** ['aın...'fır...]; eindreiviertel Jahre, in eindreiviertel Jahren; ein[und]dreivierteimal so viel
ein|dre|schen; er hat auf das Pferd eingedroschen
ein|drill|len (*ugs. für* einüben)
ein|drin|gen; ein|dring|lich; auf das, aufs Eindringlichste *od.* eindringlichste ↑ D 75; **Ein|dring|lich|keit,** die; -; **Ein|dring|ling**
Ein|druck, der; -[e]s, ...drücke
ein|dru|cken
ein|drü|cken
ein|drück|lich (*bes. schweiz. für* eindrucksvoll); **ein|drucks|voll**
ein|dü|beln
ein|dun|keln (*bes. schweiz. für* dunkel werden)
ein|du|seln (*ugs. für* in Halbschlaf fallen)
ei|ne *vgl.* ¹ein
ein|eb|nen; Ein|eb|nung
Ein|ehe (*für* Monogamie); **ein|ehig** (*für* monogam)
ein|ei|ig; eineiige Zwillinge

E
eine

eineindeutig

ein|ein|deu|tig (*fachspr. für* umkehrbar eindeutig); **Ein**|ein|deu|tig|keit *Plur. selten*

ein|ein|halb, ein|und|ein|halb; eineinhalb Tage, *aber* ein und ein halber Tag; ein[und]einhalbmal so viel

ein|ein|vier|tel [...'fīr...] *vgl.* eindreiviertel

Einem, Gottfried von (österr. Komponist)

ei|nen (*geh. für* einigen)

ein|en|gen; **Ein**|en|gung

einer *vgl.* ¹ein

¹**Ei**ner, **Ein**|ser (Zahl)

²**Ei**ner (einsitziges Sportboot)

Ei|ner|ka|jak

ei|ner|lei; **Ei**|ner|lei, das; -s

ei|ner|seits; einerseits ..., ander[er]seits, andrerseits

Ei|ner|zim|mer (*schweiz. für* Einzelzimmer)

ei|nes *vgl.* ¹ein

ei|nes|teils; einesteils ... ander[e]nteils

Ein-Eu|ro-Job, **Ein**|eu|ro|job (*mit Ziffer* 1-Euro-Job ↑ D 26); Beschäftigung für einen geringen Stundenlohn zusätzlich zum Arbeitslosengeld)

Ein|**eu**|ro|**mün**|ze, Ein-Eu|ro-Mün|ze (*mit Ziffer* 1-Euro-Münze ↑ D 26)

Ein|**eu**|ro|**stück**, Ein-Eu|ro-Stück (*mit Ziffer* 1-Euro-Stück ↑ D 26)

ein|ex|er|zie|ren

ein|fach ↑ D 89: einfache Mehrheit; einfache Buchführung; einfache Fahrt; am einfachs|ten; *aber* das Einfachs|te ist, wenn ...; das Einfachste, was er finden konnte; **Ein**|fa|che, das; -n; das Einfache einer Zahl

ein|fä|chern (in Fächer verteilen)

ein|fach|ge|setz|lich (*Rechtsspr.* durch Gesetze geregelt, nicht aber in der Verfassung verankert)

Ein|fach|heit, die; -; der Einfachheit halber; ein|fach|heits|hal|ber

ein|fä|deln (*Verkehrsw.*); **Ein**|fä|de|lung, **Ein**|fäd|lung

ein|fah|ren

Ein|fahr|gleis (*Eisenbahn*); **Ein**|fahr|si|g|nal (*Eisenbahn*)

Ein|fahrt

Ein|fahrt[s]|er|laub|nis

Ein|fahrt[s]|gleis *vgl.* Einfahrgleis; **Ein**|fahrt[s]|si|g|nal *vgl.* Einfahrsignal

Ein|fall, der; ein|fal|len

ein|falls|arm; ein|falls|los; **Ein**|falls|lo|sig|keit, die; -

ein|fall[s]|reich; **Ein**|fall[s]|reich|tum

Ein|fall[s]|win|kel

Ein|falt, die; -; ein|fäl|tig; **Ein**|fäl|tig|keit, die; -; **Ein**|falts|pin|sel (*ugs. abwertend*)

ein|fal|zen (*Buchw.*); **Ein**|fal|zung

Ein|fa|mi|li|en|haus

ein|fan|gen

ein|fär|ben; **ein**|far|big, *österr.* ein|far|big; **Ein**|fär|bung

ein|fa|schen (*österr. für* verbinden; *vgl.* Fasche)

ein|fas|sen; **Ein**|fas|sung

ein|fat|schen (*österr. für* verbinden; *vgl.* Fasche)

ein|fen|zen ⟨dt.; engl.⟩ (einzäunen); du fenzt ein

ein|fet|ten; **Ein**|fet|tung

ein|fil|t|rie|ren (*ugs. für* einflößen)

ein|fin|den, sich

ein|flech|ten; **Ein**|flech|tung

ein|fli|cken

ein|flie|gen; **Ein**|flie|ger (*Flugw.*); **Ein**|flie|ge|rin

ein|flie|ßen

ein|flö|ßen; **Ein**|flö|ßung

Ein|flug

ein|flü|ge|lig, ein|flüg|lig

Ein|flug|schnei|se (*Flugw.*)

Ein|fluss; **Ein**|fluss|be|reich, der; ein|fluss|los; **Ein**|fluss|mög|lich|keit; **Ein**|fluss|nah|me, die; -, -n *Plur. selten*; ein|fluss|reich; **Ein**|fluss|sphä|re, **Ein**|fluss-Sphä|re

ein|flüs|tern; **Ein**|flüs|te|rung

ein|for|dern; **Ein**|for|de|rung

ein|för|mig; **Ein**|för|mig|keit

Ein|fran|ken|stück (*mit Ziffer* 1-Franken-Stück; ↑ D 26); **Ein**|fränk|ler, der; -s, - (*schweiz. svw.* Einfrankenstück)

ein|fres|sen, sich; der Rost hatte sich tief eingefressen

ein|frie|den, *selten* ein|frie|di|gen (*geh. für* einhegen); **Ein**|frie|di|gung, *häufiger* **Ein**|frie|dung

ein|frie|ren; **Ein**|frie|rung

ein|fri|schen (*österr. für* [Blumen] ins Wasser stellen)

ein|fros|ten; **Ein**|fros|tung

ein|fuch|sen (*ugs. für* gut einarbeiten)

ein|fü|gen; **Ein**|fü|gung

ein|füh|len, sich; ein|fühl|sam; **Ein**|fühl|ung, die; -

Ein|füh|lungs|ga|be; **Ein**|füh|lungs|ver|mö|gen, das; -s

Ein|fuhr, die; -, -en; **Ein**|fuhr|be|schrän|kung

ein|füh|ren

Ein|fuhr|ha|fen *vgl.* ¹Hafen; **Ein**|fuhr|kon|tin|gent; **Ein**|fuhr|land; **Ein**|fuhr|sper|re; **Ein**|fuhr|stopp

Ein|füh|rung; **Ein**|füh|rungs|kurs; **Ein**|füh|rungs|preis; **Ein**|füh|rungs|vor|trag

Ein|fuhr|ver|bot; **Ein**|fuhr|zoll

ein|fül|len; **Ein**|füll|öff|nung

¹**ein**|füt|tern (*EDV* in den Computer eingeben)

²**ein**|füt|tern (*Gartenbau* [Pflanzen] tief eingraben)

Ein|ga|be (*auch EDV*); **Ein**|ga|be|feld (*EDV*)

Ein|ga|be|frist (*schweiz. für* Einreichungsfrist)

Ein|ga|be|ge|rät (*EDV*); **Ein**|ga|be|mas|ke (*EDV*); **Ein**|ga|be|stift (*EDV*)

Ein|ga|be|ter|min (*schweiz. für* Einreichungstermin)

Ein|gang; Ein- und Ausgang ↑ D 31

ein|gän|gig; **Ein**|gän|gig|keit, die; -

ein|gangs (*Amtsspr.*) ↑ D 70; *mit Gen.*: eingangs des Briefes

Ein|gangs|buch; **Ein**|gangs|da|tum; **Ein**|gangs|hal|le; **Ein**|gangs|stem|pel; **Ein**|gangs|steu|er|satz; **Ein**|gangs|stro|phe; **Ein**|gangs|tor; **Ein**|gangs|tür; **Ein**|gangs|ver|merk

ein|ge|äschert (*Zeichen* ⚰)

ein|ge|baut; mit eingebauter Kamera

ein|ge|ben

ein|ge|bet|tet; eingebettet in die *od.* in der Landschaft

ein|ge|bil|det; eingebildet sein

Ein|ge|bin|de (*veraltet für* Patengeschenk)

¹ein|ge|bo|ren; der eingeborene (einzige) Sohn [Gottes]

²ein|ge|bo|ren; die eingeborene Bevölkerung

Ein|ge|bo|re|ne, **Ein**|ge|bor|ne, der *u.* die; -n, -n (*veraltend*); **Ein**|ge|bo|re|nen|spra|che

ein|ge|bracht; eingebrachtes Gut (*Rechtsspr.*); **Ein**|ge|brach|te, das; -n (*veraltet für* Heiratsgut)

Ein|ge|bung

ein|ge|denk (*geh.*); *mit Gen.*: eingedenk des Verdienstes

ein|ge|fah|ren; eingefahrene Gewohnheiten

ein|ge|fal|len; mit eingefallenem Gesicht

ein|ge|fleischt; eingefleischter Junggeselle

ein|ge|frie|ren (*seltener für* einfrieren)

ein|ge|fuchst (*ugs. für* eingearbeitet)

ein|ge|hen; ein|ge|hend; auf das, aufs Eingehendste *od.* eingehendste ↑ D 75

ein|ge|keilt; in eine[r] Menge eingekeilt

Ein|ge|mach|te, das; -n

ein|ge|mein|den; **Ein**|ge|mein|dung

384

ein|ge|nom|men (begeistert); sie ist von dem Plan eingenommen
Ein|ge|nom|men|heit, die; -
ein|ge|rech|net; den Überschuss eingerechnet
Ein|ge|rich|te, das; -s, - (*fachspr. für* innerer Bau eines Türschlosses)
ein|ge|sandt
ein|ge|schlech|tig (*für* diklin)
ein|ge|schlos|sen; eingeschlossen im, *auch* in den Preis
ein|ge|schos|sig *vgl.* ...geschossig
ein|ge|schränkt; eingeschränktes Halteverbot
ein|ge|schwo|ren; sie ist auf diese Musik eingeschworen
ein|ge|ses|sen (einheimisch)
ein|ge|spielt; sie sind aufeinander eingespielt
ein|ge|sprengt; eingesprengtes Gold
ein|ge|stan|de|ner|ma|ßen, **ein|ge|stand|ner|ma|ßen**
Ein|ge|ständ|nis; **ein|ge|ste|hen**
ein|ge|stri|chen (*Musik*)
ein|ge|tra|gen; eingetragene Genossenschaft (*Abk.* eG, e. G.), *auch* ↑D 150: Eingetragene Genossenschaft (*Abk.* EG); eingetragener Verein (*Abk.* e. V.), *auch* ↑D 150: Eingetragener Verein (*Abk.* E. V.); eingetragene Lebenspartnerschaft ↑D 89
Ein|ge|wei|de, das; -s, - *meist Plur.*; **Ein|ge|wei|de|bruch**
Ein|ge|weih|te, der *u.* die; -n, -n
ein|ge|wöh|nen; sich eingewöhnen; **Ein|ge|wöh|nung**, die; -
ein|ge|zo|gen (zurückgezogen); **Ein|ge|zo|gen|heit**, die; -
ein|gie|ßen; **Ein|gie|ßung**
ein|gip|sen
ein|git|tern
Ein|glas *Plur.* ...gläser (*veraltet für* Monokel)
ein|gla|sen
ein|glei|sen (wieder auf das Gleis bringen); du gleist ein; er gleis|te ein
ein|glei|sig
ein|glie|dern; **Ein|glie|de|rung**
ein|gra|ben; **Ein|gra|bung**
ein|gra|vie|ren; **Ein|gra|vie|rung**
ein|grei|fen; **Ein|greif|trup|pe** (Sondereinsatztruppe in militärischen Krisengebieten); die schnelle Eingreiftruppe ↑D 89
ein|gren|zen; **Ein|gren|zung**
Ein|griff; **Ein|griffs|mög|lich|keit**
ein|grü|nen; **Ein|grü|nung**
ein|grup|pie|ren; **Ein|grup|pie|rung**
Ein|guss 〈*zu* eingießen〉 (*Technik*)
ein|ha|cken; der Sperber hackte auf die Beute ein

ein|ha|ken; den Riemen einhaken; sich bei jmdm. einhaken; sie hakte hier ein (*ugs. für* unterbrach das Gespräch)
ein|halb|mal (ein halbes Mal); einhalbmal so viel (*ugs. für* um die Hälfte mehr)
Ein|halt, der; -[e]s; Einhalt gebieten; **ein|hal|ten**; **Ein|hal|tung**
ein|häm|mern
ein|han|deln
ein|han|dig
ein|hän|di|gen, **Ein|hän|di|gung**, die; -
Ein|hand|seg|ler (jmd., der ein Segelboot allein führt); **Ein|hand|seg|le|rin**
ein|hän|gen *vgl.* ²hängen; **Ein|hän|ge|öse**
ein|hard (m. Vorn.)
ein|har|ken (*nordd. für* [Samen, Dünger] mit der Harke unter das Erdreich mischen)
ein|hau|chen (*geh.*); **Ein|hau|chung**
ein|hau|en; er hieb auf die Fliehenden ein; er haute tüchtig ein (*ugs. für* aß tüchtig)
ein|hau|sen (Straßenbau [einen Autobahnabschnitt] überdachen)
ein|häu|sig (*Bot.* monözisch)
Ein|hau|sung
ein|he|ben; einen Betrag einheben (*bes. südd., österr. für* einziehen); **Ein|he|bung**
ein|hef|ten
ein|he|gen; **Ein|he|gung**
ein|hei|misch; **Ein|hei|mi|sche**, der *u.* die; -n, -n
ein|heim|sen (*ugs.*); du heimst ein
Ein|hei|rat; **ein|hei|ra|ten**
Ein|heit; die deutsche Einheit; der Tag der Deutschen Einheit (3. Oktober)
Ein|hei|ten|sys|tem; das Internationale Einheitensystem ↑D 150
ein|heit|lich; **Ein|heit|lich|keit**, die; -
Ein|heits|bei|trag
Ein|heits|brei (*abwertend*)
Ein|heits|front; **Ein|heits|ge|werk|schaft**; **Ein|heits|kurz|schrift**; **Ein|heits|lis|te**; **Ein|heits|look**; **Ein|heits|par|tei**; **Ein|heits|preis**
Ein|heits|re|gie|rung (Regierung mit Beteiligung der oppositionellen Partei[en])
Ein|heits|schu|le (*auch abwertend*)
Ein|heits|wäh|rung; **Ein|heits|wert**
ein|hei|zen
ein|hel|fen (*landsch. für* vorsagen); jmdm. einhelfen
ein|hel|lig; **Ein|hel|lig|keit**, die; -
ein|hen|ke|lig, **ein|henk|lig**

ein|hen|keln (*landsch. für* einhaken); ich henk[e]le ein
ein|hen|ke|lig, **ein|henk|lig**
ein|her|fah|ren (*geh.*)
ein|her|ge|hen; die Grippe war mit Fieber einhergegangen
Ein|he|ri|er, der; -s, - (*germ. Mythol.* der gefallene Kämpfer in Walhall)
ein|her|schrei|ten (*geh.*)
ein|hie|ven; die Ankerkette einhieven (einziehen)
ein|hö|cke|rig, **ein|höck|rig**
ein|ho|len
Ein|hol|netz; **Ein|hol|ta|sche**
Ein|ho|lung, die; -
ein|hö|ren, sich
Ein|horn *Plur.* ...hörner (Fabeltier)
Ein|hu|fer (*Zool.*); **ein|hu|fig**
ein|hül|len; **Ein|hül|lung**
ein|hun|dert

einhundert / hundert
Soweit es nicht auf besondere Genauigkeit ankommt, lässt man bei der Wiedergabe der Zahlen von 100 bis 199 das *ein-* gewöhnlich weg: *hunderteinundzwanzig* (seltener: *einhunderteinundzwanzig*). Bei höheren Zahlen entfällt das *ein-* dagegen nicht: *dreitausendeinhunderteinundzwanzig*.

ein|hü|ten (*nordd. für* sich in jmds. Abwesenheit um die Wohnung kümmern)
ei|nig; [sich] einig sein, werden; *vgl.* einiggehen

ei|ni|ge
– einige Stunden später
– einige Mal, einige Male
– einige Tausend *od.* tausend Schüler
– von einigen wird behauptet ...
– einiges, was ...
– einige (etwas; *oft auch* [sehr] viel) Mühe haben
– sie wusste einiges
– einiger politischer Sinn
– einiges milde (*selten* mildes) Nachsehen
– bei einigem guten Willen
– einige gute Menschen; die Taten einiger guter (*selten* guten) Menschen
– mit einigem Neuen

ein|igeln, sich; ich ig[e]le mich ein; **Ein|ige|lung**
ei|ni|ge Mal *vgl.* einige

einigen

ei|ni|gen; Ei|ni|ger; Ei|ni|ge|rin
ei|ni|ger|ma|ßen
ei|ni|ges vgl. einige
ei|nig|ge|hen (sich einig sein); wir gehen darin einig, dass ...
Ei|nig|keit, die; -; Ei|ni|gung
Ei|ni|gungs|be|stre|bung; Ei|ni|gungs|ver|trag; Ei|ni|gungs|werk
ein|imp|fen; Ein|imp|fung
ein|ja|gen; jmdm. einen Schreck einjagen
ein|jäh|rig vgl. achtjährig
¹Ein|jäh|ri|ge, der od. die; -n, -n (einjähriger Junge, einjähriges Mädchen o. Ä.; auch veraltend für Soldat, der nur ein Jahr Militärdienst leistet)
²Ein|jäh|ri|ge, das; -n (veraltend für mittlere Reife)
³Ein|jäh|ri|ge, der; -n, -n (früher für Einjährig-Freiwillige)
Ein|jäh|rig-Frei|wil|li|ge, der; -n, -n (im ehem. deutschen Heer)
ein|ka|cheln (landsch. für stark heizen)
ein|kal|ku|lie|ren (einplanen)
Ein|kam|mer|sys|tem
ein|kamp|fern (mit Kampfer behandeln); ich kampfere ein
ein|kap|seln; ich kaps[e]le ein; sich einkapseln; Ein|kap|se|lung, seltener Ein|kaps|lung
Ein|ka|rä|ter (einkarätiger Edelstein); ein|ka|rä|tig
ein|kas|sie|ren; Ein|kas|sie|rung
ein|kas|teln (bayr., österr.); ein|käs|teln
Ein|kauf; ein|kau|fen
Ein|käu|fer; Ein|käu|fe|rin
Ein|kaufs|ab|tei|lung
Ein|kaufs|beu|tel; Ein|kaufs|bum|mel; Ein|kaufs|cen|ter
Ein|kaufs|ge|nos|sen|schaft
Ein|kaufs|korb; Ein|kaufs|mei|le; Ein|kaufs|mög|lich|keit
Ein|kaufs|nacht (Einkaufsmöglichkeit bis in die Nachtstunden)
Ein|kaufs|netz; Ein|kaufs|preis; Ein|kaufs|quel|le; Ein|kaufs|ta|sche; Ein|kaufs|tem|pel (ugs.); Ein|kaufs|tou|ris|mus; Ein|kaufs|tü|te; Ein|kaufs|wa|gen; Ein|kaufs|zen|t|rum
Ein|kehr, die; - (auch geh. für innere Sammlung); ein|keh|ren; Ein|kehr|mög|lich|keit
ein|kei|len; wir waren eingekeilt
ein|keim|blätt|rig, ein|keim|blätt|rig (Bot.)
ein|kel|lern; ich kellere ein; Ein|kel|le|rung; Ein|kel|le|rungs|kar|tof|feln Plur.
ein|ker|ben; Ein|ker|bung

ein|ker|kern (geh.); ich kerkere ein; Ein|ker|ke|rung (geh.)
ein|kes|seln (bes. Militär); ich kess[e]le ein; Ein|kes|se|lung
ein|kip|pen (ugs. für eingießen)
ein|klag|bar; ein|kla|gen; einen Rechnungsbetrag einklagen; Ein|kla|gung
ein|klam|mern; Ein|klam|me|rung
Ein|klang; mit etwas im od. in Einklang stehen
Ein|klas|sen|schu|le; ein|klas|sig; eine einklassige Schule
ein|kle|ben
ein|klei|den; sich einkleiden; Ein|klei|dung
ein|klem|men; du hast dir die Finger eingeklemmt; Ein|klem|mung
ein|kli|cken; sich ins Internet einklicken
ein|klin|ken
ein|kni|cken; Ein|kni|ckung
ein|knöp|fen; Ein|knöpf|fut|ter vgl. ²Futter
ein|knüp|peln; auf jmdn. einknüppeln
ein|ko|chen; Ein|koch|topf
ein|kom|men; um Versetzung einkommen (Amtsspr. bitten)
Ein|kom|men, das; -s, -; ein|kom|mens|be|zo|gen; Ein|kom|ment|wick|lung; Ein|kom|mens|gleich|heit, die; -; Ein|kom|mens|gren|ze
ein|kom|mens|los
Ein|kom|mens|ni|veau
Ein|kom|mens|sche|re (Abstand zwischen hohen u. niedrigen Einkommen)
ein|kom|mens|schwach; ein|kom|mens|stark
Ein|kom|mens|steu|er, Ein|kom|men|steu|er, die; Ein|kom|men|steu|er|er|klä|rung; ein|kom|men|steu|er|pflich|tig
Ein|kom|mens|un|gleich|heit; Ein|kom|mens|un|ter|schied meist Plur.; Ein|kom|mens|ver|hält|nis|se Plur.; Ein|kom|mens|ver|tei|lung; Ein|kom|mens|zu|wachs
ein|köp|fen (Fußball durch einen Kopfball ein Tor erzielen)
Ein|korn, das; -[e]s (Weizenart)
ein|ko|ten, sich (sich mit dem eigenen Kot beschmutzen)
ein|kra|chen (ugs.)
ein|krei|sen; Ein|krei|sung; Ein|krei|sungs|po|li|tik, die; -
ein|kreu|zen (Biol. durch Kreuzung verändern); Ein|kreu|zung
ein|krie|gen (ugs. für einholen)
ein|krin|geln (ugs. für mit einem kleinen Kreis markieren)

Ein|kris|tall, der (fachspr. für einheitlich aufgebauter Kristall)
ein|küh|len (in einer Kühlanlage haltbar machen); Ein|küh|lung
Ein|kunft, die; - (fachspr. Singular zu Einkünfte)
Ein|künf|te Plur.
Ein|kunfts|art (Finanzw.)
ein|kup|peln; langsam einkuppeln; ein|ku|scheln (ugs.); sich einkuscheln
Ein|lad, der; -s (schweiz. svw. Verladung)
¹ein|la|den; Waren einladen; vgl. ¹laden
²ein|la|den; zum Essen einladen; vgl. ²laden; ein|la|dend
Ein|la|dung
Ein|la|dungs|kar|te; Ein|la|dungs|schrei|ben
Ein|la|ge
Ein|la|gen|si|che|rung (Finanzw.); Ein|la|gen|si|che|rungs|sys|tem
ein|la|gern; Ein|la|ge|rung
ein|lan|gen (österr. für eintreffen)
Ein|lass, der; -es, Einlässe
ein|las|sen (südd. u. österr. auch für mit Wachs einreiben; lackieren); sich auf etwas einlassen
Ein|lass|kar|te
ein|läss|lich (schweiz. für gründlich); des Ein|läss|lichs|ten ↑D72
Ein|las|sung (bes. Rechtsspr.)
Ein|lauf; ein|lau|fen; sich einlaufen
Ein|lauf|stel|le (Stelle bei einer Behörde für den Posteingang)
Ein|lauf|wet|te (beim Pferderennen)
ein|läu|ten; den Sonntag einläuten
ein|le|ben, sich
Ein|le|ge|ar|beit
ein|le|gen
Ein|le|ger (Bankw.); Ein|le|ge|rin
Ein|le|ge|soh|le
Ein|le|gung, die; -
ein|lei|ten; Ein|lei|te|wort Plur. ...wörter (Sprachwiss.)
Ein|lei|tung; Ein|lei|tungs|ka|pi|tel
ein|len|ken; Ein|len|kung
ein|ler|nen
ein|le|sen; sich einlesen
ein|leuch|ten; ein|leuch|tend
Ein|lie|fe|rer; Ein|lie|fe|rin
ein|lie|fern; Ein|lie|fe|rung
Ein|lie|fe|rungs|schein; Ein|lie|fe|rungs|ter|min
ein|lie|gend, österr. u. schweiz. in|lie|gend (Papierdt.); einliegend (anbei, hiermit) der Bericht
Ein|lie|ger (Mieter); Ein|lie|ge|rin; Ein|lie|ger|woh|nung
ein|li|nig
ein|lo|chen (ugs. für ins Gefängnis

sperren; *Golf* den Ball ins Loch spielen)
ein|log|gen *(EDV);* ich habe mich eingeloggt
ein|lo|gie|ren
ein|lös|bar; ein|lö|sen; Ein|lö|se|sum|me; Ein|lö|sung; Ein|lö|sungs|sum|me
ein|lul|len *(ugs.)*
Ein|mach, Ein|ma|che, die; - *(österr. für* Mehlschwitze)
ein|ma|chen
Ein|mach|glas *Plur.* ...gläser
ein|mäh|dig *(svw.* einschürig)
ein|mah|nen; Ein|mah|nung
ein|mal; auf einmal; noch einmal; nicht einmal; nun einmal; ↑D 31: ein- bis zweimal *(mit Ziffern* 1- bis 2-mal); *vgl.* mal, ¹Mal
Ein|mal|ein|la|ge *(Finanzw.)*
Ein|mal|eins, das; -; das große Einmaleins; das kleine Einmaleins; das berufliche Einmaleins
Ein|mal|er|lag, der; -s, ...läge *(österr. für* einmalige Zahlung)
Ein|mal|hand|tuch
ein|ma|lig; Ein|ma|lig|keit, die; -
Ein|mal|zah|lung
Ein|mann|be|trieb; Ein|mann|ge|sell|schaft *(Wirtsch.* Kapitalgesellschaft, deren Anteile in einer Hand sind); Ein|mann|zelt
Ein|mark|stück *(früher; mit Ziffer* 1-Mark-Stück; ↑D 26)
Ein|marsch, der; ein|mar|schie|ren
ein|ma|sie|ren
Ein|mas|ter; ein|mas|tig
ein|mau|ern; Ein|mau|e|rung
ein|mei|ßeln
ein|men|gen; sich einmengen
ein|mes|sen *(fachspr.);* Ein|mes|sung
Ein|me|ter|brett *(mit Ziffer* 1-Meter-Brett; ↑D 26)
¹ein|mie|ten; sich einmieten; *vgl.* ¹mieten
²ein|mie|ten; Feldfrüchte einmieten; *vgl.* ²mieten
Ein|mie|ter *meist Plur. (Zool.* Insekt, das in Nestern anderer Tiere lebt); Ein|mie|tung
ein|mi|schen, sich; Ein|mi|schung
ein|mo|na|tig; ein einmonatiger (einen Monat dauernder) Kurs
ein|mon|tie|ren
ein|mo|to|rig; einmotoriges Flugzeug
ein|mot|ten
ein|mum|meln, ein|mum|men *(ugs. für* warm einhüllen)
ein|mün|den; Ein|mün|dung
ein|mü|tig; Ein|mü|tig|keit, die; -
ein|nach|ten *(schweiz. für* Nacht werden)

ein|nä|hen
Ein|nah|me, die; -, -n
Ein|nah|me|aus|fall; Ein|nah|me|buch; ein|nah|men|sei|tig, ein|nah|me|sei|tig *(bes. österr.);* Ein|nah|me|quel|le; Ein|nah|me|sei|te; Ein|nah|me|soll
Ein|nahms|quel|le *(österr.)*
ein|näs|sen *(bes. Med., Psychol., Päd.);* das Kind nässt ein
ein|ne|beln; ich neb[e]le ein; Ein|ne|be|lung, Ein|neb|lung
ein|neh|men; ein|neh|mend
Ein|neh|mer *(veraltend);* Ein|neh|me|rin
ein|net|zen *(bes. Fußball* ein Tor erzielen)
ein|ni|cken *(ugs. für* [für kurze Zeit] einschlafen)
ein|nis|ten, sich; Ein|nis|tung
ein|nor|den; eine Landkarte einnorden
Ein|öd, die; -, -en *(bayr., österr. für* Einöde)
Ein|öde; Ein|öd|hof
ein|ölen; sich einölen
ein|ord|nen; sich links, rechts einordnen; Ein|ord|nung; Ein|ord|nungs|schwie|rig|kei|ten *Plur.*
ein|pa|cken; Ein|pa|ckung
ein|par|ken; Ein|par|ker; Ein|par|ke|rin; Ein|park|hil|fe
Ein|par|tei|[en|]re|gie|rung; Ein|par|tei|[en|]sys|tem
ein|pas|sen; Ein|pas|sung
ein|pau|ken *(ugs.);* Ein|pau|ker
ein|pe|geln, sich (einpendeln)
ein|peit|schen; Ein|peit|scher; Ein|peit|sche|rin
ein|pen|deln, sich; Ein|pend|ler (Person, die an einem Ort arbeitet, aber nicht dort wohnt); Ein|pend|le|rin
ein|pen|nen *(ugs. für* einschlafen)
Ein|per|so|nen|haus|halt; Ein|per|so|nen|stück *(Theater)*
ein|pfar|ren (einer Pfarrei eingliedern); Ein|pfar|rung
Ein|pfen|nig|stück *(früher; mit Ziffer* 1-Pfennig-Stück; ↑D 26)
ein|pfer|chen; Ein|pfer|chung
ein|pflan|zen; Ein|pflan|zung
ein|pfle|gen *(bes. EDV)* Daten einpflegen
Ein|pha|sen|strom *(Elektrot.);* Ein|pha|sen-Wech|sel|strom|sys|tem ↑ D 22; ein|pha|sig
ein|pin|seln; Ein|pin|se|lung, *seltener* Ein|pins|lung
ein|pla|nen; Ein|pla|nung
ein|pö|keln
ein|pol|dern; Ein|pol|de|rung (Eindeichung)

ein|po|lig *(Physik, Elektrot.)*
ein|prä|gen; sich einprägen; ein|präg|sam; Ein|präg|sam|keit, die; -; Ein|prä|gung
ein|pras|seln; Fragen prasselten auf sie ein
ein|prei|sen (im Preis berücksichtigen)
ein|pres|sen
ein|pro|gram|mie|ren *(bes. EDV)*
ein|prü|geln; auf jmdn. einprügeln
ein|pu|dern
ein|pup|pen, sich *(Biol.)*
ein|put|ten *(Golf)*
ein|quar|tie|ren; Ein|quar|tie|rung
Ein|rad
ein|rah|men; ein Bild einrahmen; Ein|rah|mung
ein|ram|men; Pfähle einrammen
ein|ran|gie|ren; Ein|ran|gie|rung
ein|ras|ten
ein|rau|chen
ein|räu|men
Ein|raum|knei|pe *(ugs.)*
Ein|räu|mung; Ein|räu|mungs|satz *(für* Konzessivsatz)
Ein|raum|woh|nung *(regional für* Einzimmerwohnung)
ein|rech|nen *vgl.* eingerechnet
Ein|re|de *(Rechtsspr.* Einwand, Einspruch); ein|re|den
ein|reg|nen; es regnet sich ein
ein|re|gu|lie|ren; Ein|re|gu|lie|rung
ein|rei|ben; Ein|rei|bung
ein|rei|chen; Ein|reich|frist; Ein|rei|chung; Ein|rei|chungs|frist
ein|rei|hen; sich einreihen
Ein|rei|her *(Textilind.* Anzug, dessen Jackett nur eine Knopfreihe hat); ein|rei|hig
Ein|rei|hung
Ein|rei|se; Ein|rei|se|er|laub|nis; Ein|rei|se|ge|neh|mi|gung
ein|rei|sen; nach Frankreich, in die Schweiz einreisen (wohin?), *aber* er ist in Frankreich (wo?) eingereist
Ein|rei|se|sper|re *(bes. schweiz. für* Einreiseverbot); Ein|rei|se|ver|bot; Ein|rei|se|ver|wei|ge|rung; Ein|rei|se|vi|sum
ein|rei|ßen; Ein|reiß|ha|ken
ein|rei|ten
ein|ren|ken; Ein|ren|kung
ein|ren|nen
ein|re|xen *(österr. für* einwecken); du rext ein
ein|rich|ten; sich einrichten; Ein|rich|ter; Ein|rich|te|rin
Ein|rich|tung
Ein|rich|tungs|ge|gen|stand; Ein|rich|tungs|haus
ein|rin|geln *(österr. für* einkringeln)

Einriss

Ein|riss
ein|rit|zen; Ein|rit|zung
ein|rol|len; Ein|rol|lung
ein|ros|ten
ein|rü|cken; Ein|rü|ckung
Ein|ruf (*seltener für* Zwischenruf; *Theater* Ruf auf die Bühne)
ein|rüh|ren; sich, jmdm. etwas einrühren (*ugs. auch für* Unannehmlichkeiten bereiten)
ein|rüs|ten; ein Haus einrüsten (mit einem Gerüst versehen)

eins

Zahlwort (Zahl 1):
– eins u. zwei macht, ist (*nicht* machen, sind) drei
– eins Komma fünf
– sie ist eins achtzig groß (*ugs.*)
– etwas eins zu eins umsetzen; eine Eins-zu-eins-Umsetzung (1:1-Umsetzung)
– aus eins mach zwei
– es ist, schlägt eins (ein Uhr); ein Viertel auf, vor eins; halb eins; gegen eins
– im Jahr[e] eins
– Nummer, Punkt, Absatz eins
– das ist eine a [Ia] (*ugs. für* ausgezeichnet)
– er war eins, zwei, drei (*ugs. für* sehr schnell) damit fertig
Vgl. auch drei, ¹ein III *u.* Eins

Adjektiv (*für* einig, gleich, dasselbe):
– eins (einig) sein, werden
– in eins setzen (gleichsetzen)
– es ist mir alles eins (gleichgültig)

Unbestimmtes Pronomen:
– ein[e]s; *vgl.* ¹ein II

Eins, die; -, -en; sie hat die Prüfung mit der Note »Eins« bestanden; er würfelt drei Einsen; er hat in Latein eine Eins geschrieben; *vgl.* ¹Acht
Ein|saat (*Landwirtsch.*)
ein|sa|cken
ein|sä|en
ein|sa|gen (*landsch. für* vorsagen); Ein|sa|ger; Ein|sa|ge|rin
Eins-a-La|ge (*ugs.; mit Ziffer* 1-a-Lage)
ein|sal|ben; Ein|sal|bung
ein|sal|zen; eingesalzen, *seltener* eingesalzt; Ein|sal|zung
ein|sam; Ein|sam|keit *Plur. selten;* Ein|sam|keits|ge|fühl
ein|säm|meln; Ein|samm|lung, Ein|samm|lung
ein|sar|gen; Ein|sar|gung

Ein|sat|te|lung, Ein|satt|lung (sattelförmige Vertiefung)
Ein|satz, der; -es, Einsätze
Ein|satz|be|fehl
ein|satz|be|reit; Ein|satz|be|reit|schaft, die; -
Ein|satz|be|spre|chung
Ein|satz|dienst
ein|satz|fä|hig; ein|satz|freu|dig
Ein|satz|ge|biet; Ein|satz|grup|pe; Ein|satz|kom|man|do; Ein|satz|kraft *meist Plur.;* Ein|satz|lei|ter, der; Ein|satz|lei|te|rin; Ein|satz|mög|lich|keit; Ein|satz|pla|nung
Ein|satz|wa|gen (nach Bedarf einzusetzender [Straßenbahn]wagen; Spezialfahrzeug der Polizei)
Ein|satz|zen|t|ra|le
ein|sau|en (*derb für* [stark] beschmutzen)
ein|säu|ern; Ein|säu|e|rung
ein|sau|gen; Ein|sau|gung
ein|säu|men; Ein|säu|mung
ein|scan|nen [...skɛnən] (*EDV*)
ein|schach|teln; Ein|schach|te|lung, Ein|schacht|lung
ein|scha|len (*Bauw.* verschalen); Ein|scha|ler (jmd., der einschalt); Ein|scha|le|rin
ein|schal|ten; sich einschalten
Ein|schalt|he|bel; Ein|schalt|quo|te
Ein|schal|tung
Ein|scha|lung
ein|schär|fen; jmdm. etw. einschärfen; Ein|schär|fung
ein|schar|ren
ein|schätz|bar; ein|schät|zen; sich einschätzen; Ein|schät|zung
Ein|schau (*österr. für* Revision); Ein|schau|be|richt
ein|schäu|men
ein|schen|ken; Wein einschenken
ein|sche|ren (*Verkehrsw.* sich in den Verband, in die Kolonne einreihen; *Seemannsspr.* Tauwerk durch Halterungen o. Ä. ziehen); scherte ein; eingeschert
Ein|schicht, die; - (*bayr. österr. für* Öde, Einsamkeit); ein|schich|tig (*südd., österr. für* abseits gelegen, einsam)
ein|schi|cken
ein|schie|ben; Ein|schieb|sel, das; -s, -; Ein|schie|bung
Ein|schie|nen|bahn
ein|schie|ßen; sich einschießen
ein|schif|fen; sich einschiffen; Ein|schif|fung
einschl. = einschließlich
ein|schla|fen
ein|schla|fe|rig *vgl.* einschläfig
ein|schlä|fern; ich schläfere ein; ein|schlä|fernd; Ein|schlä|fe|rung

ein|schlä|fig, ein|schläf|rig; ein|schläf[r]iges (für eine Person gedachtes) Bett
Ein|schlag; ein|schla|gen
ein|schlä|gig (zu etwas gehörend)
Ein|schlag|pa|pier
ein|schläm|men; Sträucher einschlämmen (stark bewässern)
ein|schlei|chen, sich
ein|schlei|fen (*österr. auch für* nach u. nach anpassen); Ein|schleif|re|ge|lung (*österr.*)
ein|schlei|men, sich (*ugs. abwertend für* sich einschmeicheln)
ein|schlep|pen; Ein|schlep|pung
ein|schleu|sen; Ein|schleu|sung
ein|schlich|ten (*österr. für* einordnen, einlagern)
ein|schlie|ßen

ein|schließ|lich

(*Abk.* einschl.)
Präposition mit Genitiv:
– einschließlich des Kaufpreises
– einschließlich Berlins

Ein allein stehendes, stark gebeugtes Substantiv steht im Singular ungebeugt:
– einschließlich Porto
– einschließlich Auf- und Abladen

Wenn bei Pluralformen der Genitiv nicht erkennbar ist, steht »einschließlich« mit Dativ:
– einschließlich Getränken

Ein|schlie|ßung
ein|schlum|mern
Ein|schlupf
Ein|schluss
ein|schmei|cheln, sich; sich [bei jmdm.] einschmeicheln wollen; Ein|schmei|che|lung, Ein|schmeich|ler; Ein|schmeich|le|rin; Ein|schmeich|lung
ein|schmei|ßen (*ugs. für* einwerfen)
ein|schmel|zen; Ein|schmel|zung; Ein|schmel|zungs|pro|zess
ein|schmie|ren; sich einschmieren
ein|schmug|geln
ein|schnap|pen (*ugs. auch für* gekränkt sein)
ein|schnei|den; ein|schnei|dend; einschneidende Veränderung
ein|schnei|en
Ein|schnitt
ein|schnü|ren; Ein|schnü|rung
ein|schrän|ken; *vgl.* eingeschränkt; Ein|schrän|kung
ein|schrau|ben
Ein|schreib|brief, Ein|schrei|be|brief; ein|schrei|ben; Ein|schrei|ben, das;

einstürzen

-s, - (eingeschriebene Postsendung); etwas per Einschreiben schicken; Ein|schrei|be|sen|dung; Ein|schreib|sen|dung; Ein|schreibung
ein|schrei|ten
ein|schrump|fen; Ein|schrump|fung
Ein|schub, der; -[e]s, Einschübe; Ein|schub|de|cke (Bauw.); Ein|schubtech|nik
ein|schüch|tern; ich schüchtere ein; Ein|schüch|te|rung; Ein|schüch|te|rungs|ver|such
ein|schu|len; Ein|schu|lung; Ein|schulungs|al|ter, das; -s
ein|schü|rig; einschürige (nur eine Ernte im Jahr liefernde) Wiese
Ein|schuss; Ein|schuss|loch; Ein|schuss|stel|le, Ein|schuss-Stel|le
ein|schwär|zen
ein|schwe|ben (Flugw.)
ein|schwei|ßen
ein|schwen|ken (einen Richtungswechsel vollziehen)
ein|schwim|men (Technik)
ein|schwin|gen
ein|schwö|ren; er ist auf diese Mittel eingeschworen
ein|seg|nen; Ein|seg|nung
ein|seh|bar; ein|se|hen; Ein|se|hen, das; -s; ein Einsehen haben
ein|sei|fen (ugs. auch für anführen, betrügen)
ein|sei|tig; Ein|sei|tig|keit
ein|sen|den; Ein|sen|der; Ein|sen|derin; Ein|sen|de|schluss; Ein|sen|deter|min; Ein|sen|dung
ein|sen|ken; sich einsenken; Ein|senkung
Ein|ser vgl. ¹Einer
ein|setz|bar; ein|set|zen; Ein|set|zung
Ein|sicht, die; -, -en; in etwas Einsicht nehmen; ein|sich|tig; Ein|sich|tig|keit, die; -; Ein|sicht|nah|me, die; -, -n (Amtsspr.); ein|sichts|los; ein|sichts|voll
ein|si|ckern
Ein|sie|de|glas Plur. ...gläser (südd., österr. für Einmachglas)
Ein|sie|de|lei; Ein|sie|deln (Abtei u. Wallfahrtsort in der Schweiz)
ein|sie|den (bayr., österr. für einkochen, einmachen)
Ein|sied|ler; Ein|sied|le|rin; ein|sied|le|risch; Ein|sied|ler|krebs
Ein|sil|ber vgl. Einsilbler
ein|sil|big; Ein|sil|big|keit, die; -
Ein|silb|ler; Ein|sil|ber (einsilbiges Wort)
ein|si|lie|ren (Landwirtsch. in einem Silo einlagern)
ein|sin|gen; sich einsingen
ein|sin|ken; Ein|sink|tie|fe

Ein|sitz, der; -es (schweiz. für Mitgliedschaft [in einem Gremium]); ein|sit|zen (Rechtsspr. im Gefängnis sitzen)
Ein|sit|zer; ein|sit|zig
ein|som|me|rig, ein|söm|me|rig; einsommerige od. einsömmerige (erst einen Sommer alte) Forellen
ein|sor|tie|ren; Ein|sor|tie|rung
ein|spal|tig (Druckw.)
ein|span|nen
Ein|spän|ner (österr. auch für Mokka mit Schlagsahne)
ein|spän|nig
ein|spa|ren; Ein|spar|mög|lich|keit
Ein|spar|po|ten|zi|al, Ein|spar|poten|ti|al
Ein|spa|rung; Ein|spa|rungs|maß|nah|me meist Plur.
ein|spei|cheln; Ein|spei|che|lung
ein|spei|sen (Technik zuführen, eingeben); Ein|spei|sung
ein|sper|ren
ein|spie|len; Ein|spiel|er|geb|nis; Ein|spie|lung
ein|spin|nen; sich einspinnen
Ein|spon|be|trug (eine Form des Wirtschaftsbetrugs)
Ein|spra|che (österr., schweiz. für Einspruch)
ein|spra|chig; Ein|spra|chig|keit, die; -
ein|spre|chen; er hat auf sie eingesprochen
ein|spren|gen; Ein|spreng|sel
ein|sprin|gen
Ein|spritz|dü|se; ein|sprit|zen
Ein|spritz|er (ugs. für Einspritzmotor); Ein|spritz|mo|tor
Ein|spritz|ung
Ein|spruch; Einspruch erheben; Ein|spruchs|frist; Ein|spruchs|recht
ein|sprü|hen
ein|spu|ren (schweiz. für sich in eine Fahrspur einordnen)
ein|spu|rig
Eins|sein
einst (geh.); Einst, das; - (geh.); das Einst und [das] Jetzt ↑D 81
ein|stal|len (Landwirtsch.); Kühe einstallen
ein|stamp|fen; Ein|stamp|fung
Ein|stand, der; -[e]s, Einstände; Ein|stands|preis
ein|stan|zen
ein|stau|ben (österr. auch für einstäuben); ein|stäu|ben (pudern)
ein|ste|chen
Ein|steck|bo|gen (Druckw.)
ein|ste|cken vgl. ²stecken; Ein|steck|kamm; Ein|steck|tuch Plur. ...tücher
ein|ste|hen (bürgen)

Ein|steig|dieb|stahl (bes. österr.), Ein|stei|ge|dieb|stahl
ein|stei|gen; Ein|stei|ger (ugs.); Ein|stei|ge|rin (ugs.)
Ein|stein (dt.-amerik. Physiker); Ein|stei|ni|um, das; -s ⟨nach Einstein⟩ (chemisches Element; Zeichen Es)
ein|steinsch; die einsteinsche od. Einstein'sche Gleichung ↑D 135 u. 89
ein|stell|bar; ein|stel|len; sich einstellen
Ein|stell|hal|le (schweiz. für [unterirdische] Garage)
ein|stel|lig; eine einstellige Zahl
Ein|stell|platz
Ein|stel|lung
Ein|stel|lungs|be|scheid; Ein|stel|lungs|ge|spräch
Ein|stel|lungs|sa|che
Ein|stel|lungs|stopp; Ein|stel|lungs|test
Ein|stel|lungs|ver|fü|gung (Rechtsspr.)
eins|tens (geh. für einst)
Ein|stich; Ein|stich|stel|le
Ein|stieg, der; -[e]s, -e; Ein|stiegs|dro|ge (Droge, deren ständiger Genuss meist zur Einnahme stärkerer Rauschgifte führt)
ein|stie|len (Jargon auch für auf den Weg bringen, durchführen); ein Geschäft einstielen
eins|tig
ein|stim|men; sich einstimmen
ein|stim|mig; Ein|stim|mig|keit, die; -
Ein|stim|mung
ein|stip|pen (landsch.); das Brot einstippen (eintauchen)
einst|ma|lig; einst|mals (geh.)
ein|stö|ckig
ein|stöp|seln (ugs.); ein Gerät einstöpseln
ein|sto|ßen
ein|strah|len; Ein|strah|lung
ein|strei|chen; er strich das Geld ein (ugs. für nahm es an sich)
Ein|streu (Landwirtsch.); ein|streuen
ein|strö|men
ein|stu|die|ren; ein|stu|diert; ein einstudiertes Lächeln; Ein|stu|die|rung
ein|stu|fen; ein|stu|fig; Ein|stu|fung
ein|stül|pen; Ein|stül|pung
Ein|stun|den|takt; die Züge verkehren im Einstundentakt
ein|stün|dig (eine Stunde dauernd)
ein|stünd|lich (selten für stündlich)
ein|stür|men; alles stürmt auf ihn ein
Ein|sturz Plur. ...stürze; Ein|sturz|be|ben; ein|stür|zen

E
eins

389

Einsturzgefahr

Ein|sturz|ge|fahr, die; -; **ein|sturz|ge|fähr|det**
einst|wei|len; einst|wei|lig *(Amtsspr.);* einstweilige Verfügung
Eins|wer|den, das; -s *(geh.);* **Eins|wer|dung,** die; -
Eins-zu-eins-Kon|takt *(mit Ziffern* 1:1-Kontakt; unmittelbarer, persönlicher Kontakt)
Eins-zu-eins-Um|set|zung *(in Ziffern* 1:1-Umsetzung; Umsetzung ohne Abweichungen von der Vorgabe)
ein|tä|gig (einen Tag dauernd)
Ein|tags|fie|ber, das; -s; **Ein|tags|flie|ge**
ein|tan|zen; Ein|tän|zer (in Tanzlokalen angestellter Tanzpartner); **Ein|tän|ze|rin**
ein|tas|ten (über eine Tastatur eingeben)
ein|tä|to|wie|ren
ein|tau|chen
Ein|tausch, der; -[e]s
ein|tau|schen
ein|tau|send
ein|ta|xie|ren
ein|tei|gen (mit Teig umhüllen)
ein|tei|len
ein|tei|lig
Ein|tei|lung; Ein|tei|lungs|prin|zip
Ein|tel, das, *schweiz. meist* der; -s, - (Math. Ganzes); *vgl.* Achtel
ein|tip|pen (den Betrag eintippen)
ein|tö|nig; Ein|tö|nig|keit, die; -
Ein|topf
ein|top|fen (eine Blume eintopfen)
Ein|topf|ge|richt
Ein|tracht, die; -; **ein|träch|tig; Ein|träch|tig|keit,** die; -; **ein|träch|tig|lich** *(veraltend)*
Ein|trag, der; -[e]s, ...träge; **ein|tra|gen;** *vgl. auch* eingetragen
ein|träg|lich; Ein|träg|lich|keit, die; -
Ein|tra|gung
ein|trai|nie|ren
ein|trän|ken; jmdm. etwas eintränken *(ugs. für* heimzahlen)
ein|träu|feln; Ein|träu|fe|lung, Ein|träuf|lung
ein|tref|fen
ein|treib|bar; ein|trei|ben; Ein|trei|ber; Ein|trei|be|rin; Ein|trei|bung
ein|tre|ten; in ein Zimmer, eine Verhandlung eintreten *(schweiz. für* auf etwas eingehen, mit der Beratung von etwas beginnen)
ein|tre|ten|den|falls *(Amtsspr.)*
Ein|tre|tens|de|bat|te *(schweiz. für* allgemeine Aussprache über eine Vorlage im Parlament)

ein|trich|tern *(ugs. für* einflößen; einprägen)
Ein|tritt; Ein|tritts|al|ter
Ein|tritts|geld; Ein|tritts|kar|te; Ein|tritts|preis
Ein|tritts|prü|fung *(schweiz. für* Aufnahmeprüfung); **Ein|tritts|test** *(schweiz. für* Einstufungstest)
ein|trock|nen
ein|tröp|feln; Ein|tröp|fe|lung, Ein|tröpf|lung
ein|trü|ben; sich eintrüben; **Ein|trü|bung**
ein|tru|deln *(ugs. für* langsam eintreffen)
ein|tun|ken *(österr., sonst landsch.);* das Brot eintunken (eintauchen)
ein|tü|rig; ein eintüriger Schrank
ein|tü|ten (in Tüten füllen)
ein|üben; sich einüben; **Ein|über** *(für* Korrepetitor); **Ein|übe|rin; Ein|übung**
ein und aus ge|hen *vgl.* ²ein
ein und der|sel|be *vgl.* derselbe
ein|und|ein|halb, ein|ein|halb; ein[und]einhalbmal so viel
ein|und|zwan|zig
Ei|nung *(veraltet für* Einigung)
ein|ver|lan|gen *(schweiz. für* verlangen, anfordern)
ein|ver|lei|ben; sich einverleiben; er verleibt ein, *auch* er einverleibt; einverleibt; einzuverleiben; **Ein|ver|lei|bung**
Ein|ver|nah|me, die; -, -n *(bes. österr., schweiz. für* Verhör); **ein|ver|neh|men** *(zu* Einvernahme)
Ein|ver|neh|men, das; -s *(geh.);* mit jmdm. in gutem Einvernehmen stehen; sich ins Einvernehmen setzen; **ein|ver|nehm|lich**
ein|ver|stan|den; ein|ver|ständ|lich; Ein|ver|ständ|nis; Ein|ver|ständ|nis|er|klä|rung
Ein|waa|ge *Plur. selten* (in Dosen o. Ä. eingewogene Menge; Gewichtsverlust beim Wiegen)
¹**ein|wach|sen;** ein eingewachsener Zehennagel
²**ein|wach|sen** (mit Wachs einreiben)
ein|wäh|len, sich (über eine Telefonleitung Zugang zum Internet herstellen)
Ein|wahl|num|mer *(Telefonie)*
Ein|wahl|punkt *(EDV* Ort, an dem die drahtlose Verbindung zum Internet genutzt werden kann)
Ein|wand, der; -[e]s, ...wände
Ein|wan|de|rer; Ein|wan|de|rin
ein|wan|dern; Ein|wan|de|rung
Ein|wan|de|rungs|be|hör|de; Ein|wan|de|rungs|land

ein|wand|frei
ein|wärts; die Füße einwärts (nach innen gedreht) aufsetzen
ein|wärts|bie|gen; einwärtsgebogene Gitterstäbe
ein|wärts|ge|hen (mit einwärtsgerichteten Füßen gehen)
ein|wärts|rich|ten; einwärtsgerichtete Zugkräfte *(fachspr.)*
ein|we|ben
ein|wech|seln; Ein|wech|se|lung, Ein|wechs|lung
ein|we|cken (einmachen); **Ein|weck|glas** *Plur.* ...gläser
Ein|weg|fla|sche (Flasche zum einmaligen Gebrauch); **Ein|weg|glas** *Plur.* ...gläser
Ein|weg|hahn *(Technik)*
Ein|weg|pfand
Ein|weg|schei|be (nur einseitig durchsichtige Glasscheibe)
Ein|weg|sprit|ze; Ein|weg|ver|pa|ckung
ein|wei|chen *vgl.* ¹weichen; **Ein|wei|chung**
ein|wei|hen; Ein|wei|hung
ein|wei|sen; jmdn. in ein Amt einweisen; **Ein|wei|ser; Ein|wei|se|rin; Ein|wei|sung**
ein|wen|den; ich wandte *od.* wendete ein, habe eingewandt *od.* eingewendet; **Ein|wen|dung**
ein|wer|ben; Gelder, Spenden einwerben
ein|wer|fen
ein|wer|tig *(Fachspr.);* **Ein|wer|tig|keit,** die; -
ein|wi|ckeln; Ein|wi|ckel|pa|pier
Ein|wick|lung
ein|wie|gen
ein|wil|li|gen; Ein|wil|li|gung
ein|win|keln; die Arme einwinkeln
ein|win|ken *(Verkehrsw.)*
ein|win|tern; ich wintere Kartoffeln ein
ein|wir|ken; Ein|wir|kung; Ein|wir|kungs|mög|lich|keit
ein|wö|chent|lich *(selten für* wöchentlich)
ein|wö|chig (eine Woche dauernd)
ein|woh|nen *(selten)*
Ein|woh|ner; Ein|woh|ner|amt (Einwohnermeldeamt)
Ein|woh|ner|dienst *meist Plur. (schweiz. regional für* Einwohnermeldeamt); **Ein|woh|ne|rin; Ein|woh|ner|mel|de|amt; Ein|woh|ner|schaft; Ein|woh|ner|ver|zeich|nis; Ein|woh|ner|zahl**
ein|wüh|len; sich einwühlen
Ein|wurf
ein|wur|zeln; Ein|wur|ze|lung, Ein|wurz|lung

Eisenbahnerin

ein|zeln

Kleinschreibung:
- ein einzelner Baum
- jede einzelne Mitarbeiterin
- jede einzelne unserer Mitarbeiterinnen
- sie übertrat kein einzelnes, sondern alle Verbote
- bitte einzeln eintreten
- es gab einzelne bemerkenswerte Leistungen
- ein einzeln stehendes *od.* einzelnstehendes Haus ↑D 58

- jeder Einzelne ist verantwortlich
- bis ins Einzelne geregelt
- Einzelne werden sich fragen, ob …
- wir wollen nicht zu sehr ins Einzelne gehen
- Einzelnes blieb ungeklärt
- die Dinge sind im Einzelnen noch zu klären
- vom Einzelnen auf das Ganze schließen

Großschreibung der Substantivierung ↑D 72:
- der, die, das Einzelne
- ich als Einzelner

E
Eise

Ein|zahl, die; -, -en *Plur.* selten (*für* Singular)
ein|zah|len; Ein|zah|ler; Ein|zah|le|rin; Ein|zah|lung
Ein|zah|lungs|be|leg; Ein|zah|lungs|schal|ter; Ein|zah|lungs|schein (*österr., schweiz. für* Zahlkarte)
ein|zäu|nen; Ein|zäu|nung
ein|ze|hig (*Zool.*)
ein|zeich|nen; Ein|zeich|nung
ein|zei|lig (*mit Ziffer* 1-zei|lig)
Ein|zel, das; -s, - (*Sport*)
Ein|zel|ab|teil; Ein|zel|ak|ti|on; Ein|zel|aus|ga|be; Ein|zel|be|ob|ach|tung
Ein|zel|bild; Ein|zel|bild|schal|tung (Vorrichtung, die das Fortbewegen eines Films in Einzelschritten ermöglicht)
Ein|zel|bü|ro; Ein|zel|denk|mal
Ein|zel|ding; Ein|zel|dis|zi|p|lin (*Sport*); Ein|zel|er|schei|nung
Ein|zel|fall; ein|zel|fall|be|zo|gen; Ein|zel|fall|prü|fung
Ein|zel|gän|ger; Ein|zel|gän|ge|rin
Ein|zel|ge|spräch; Ein|zel|grab; Ein|zel|haft
Ein|zel|han|del *vgl.* ¹Handel
Ein|zel|han|dels|ge|schäft; Ein|zel|han|dels|kauf|frau; Ein|zel|han|dels|kauf|mann; Ein|zel|han|dels|ver|band
Ein|zel|händ|ler; Ein|zel|händ|le|rin
Ein|zel|heit
Ein|zel|in|te|r|es|se *meist Plur.*
Ein|zel|kämp|fer; Ein|zel|kämp|fe|rin
Ein|zel|kind; Ein|zel|leis|tung
Ein|zel|ler (*Biol.* einzelliges Lebewesen); ein|zel|lig
Ein|zel|mit|glied|schaft
ein|zeln *s.* K*asten*
Ein|zel|per|son; Ein|zel|rei|se; Ein|zel|ren|nen (*Sport*); Ein|zel|rich|ter; Ein|zel|rich|te|rin; Ein|zel|schick|sal; Ein|zel|sieg; Ein|zel|spie|ler; Ein|zel|spie|le|rin; Ein|zel|staat
Ein|zel|ste|hen|de, der *u.* die; -n, -n
Ein|zel|stück

Ein|zel|tä|ter; Ein|zel|tä|te|rin
Ein|zel|teil; Ein|zel|ver|kauf
Ein|zel|wer|tung (*Sport*)
Ein|zel|we|sen
Ein|zel|wett|kampf (*Sport*); Ein|zel|zel|le; Ein|zel|zim|mer
ein|ze|men|tie|ren
ein|zie|hen
Ein|zieh|schacht (*Bergmannsspr.* Frischluftschacht)
Ein|zie|hung; Ein|zie|hungs|auf|trag (*österr. für* Einzugsermächtigung)

ein|zig

»einzig« wird normalerweise nicht gesteigert:
- er war mein einziger (*nicht* einzigster) Freund

Kleinschreibung:
- wir waren die einzigen Gäste
- sie ist einzig in ihrer Art
- eine einzig dastehende Leistung
- das ist einzig und allein meine Schuld

Großschreibung der Substantivierung ↑D 72:
- der, die, das Einzige
- sie als Einzige
- ein Einziger; kein Einziger
- Peter ist unser Einziger

ein|zig|ar|tig ↑D 72: das Einzigartige ist, dass …; Ein|zig|ar|tig|keit
Ein|zig|keit
Ein|zim|mer|woh|nung
ein|zo|nen (*schweiz. Amtsspr. für* einer Bauzone zuweisen)
ein|zu|ckern
Ein|zug
¹Ein|zü|ger (mit einem Zug zu lösende Schachaufgabe)
²Ein|zü|ger (*schweiz. für* Kassierer)
Ein|zü|ge|rin
Ein|zugs|be|reich; Ein|zugs|er|mäch|ti|gung; Ein|zugs|ge|biet

ein|zwän|gen; Ein|zwän|gung
Ei|pul|ver (Trockenei)
Éi|re [ˈeːrjə, *auch* ˈɛərə] (*irischer Name für* Irland)
Ei|re|ne (griech. Göttin des Friedens, eine der ²Horen)
ei|rund; Ei|rund
eis, Eis, das; -, - (Tonbezeichnung)
Eis, das; -es; [drei] Eis essen; auf dem Eis laufen; *vgl. aber* eislaufen
Ei|sack, der; -[s] (linker Nebenfluss der Etsch)
Eis|bad; Eis|ba|den, das; -s
Eis|bahn
Eis|bär; Eis|bä|rin
Eis|be|cher
Eis|bein (eine Speise)
Eis|berg; Eis|berg|sa|lat
Eis|beu|tel
Eis|blink, der; -[e]s, -e (*Meteorol.* Widerschein des Polareises am Horizont)
Eis|block *Plur.* …blöcke; Eis|blu|me; Eis|bom|be; Eis|bre|cher
Eis|ca|fé (Lokal; *vgl.* Eiskaffee)
Ei|schal|le (*bes. fachspr.*)
Ei|schnee, Ei|er|schnee
Eis|creme, Eis|crème
Eis|cru|sher […kraʃɐ], der; -s, - ⟨engl.⟩ (Gerät, das Eiswürfel zerkleinert)
Eis|de|cke; Eis|die|le
ei|sen (mit Eis kühlen, mischen); du eist; ge|eis|te Früchte
Ei|sen, das; -s, - (*nur Sing.:* chemisches Element, Metall; *Zeichen* Fe; *vgl.* Ferrum; Gegenstand aus Eisen); die Eisen schaffende *od.* eisenschaffende, Eisen verarbeitende *od.* eisenverarbeitende Industrie ↑D 58
Ei|se|n|ach (Stadt am Thüringer Wald); Ei|se|n|a|cher; Ei|se|n|a|che|rin
Ei|sen|bahn; Ei|sen|bahn|brü|cke
Ei|sen|bah|ner; Ei|sen|bah|ne|rin

Eisenbahnfahrplan

E
Eise

Ei|sen|bahn|fahr|plan; Ei|sen|bahn|ge|sell|schaft; Ei|sen|bahn|li|nie; Ei|sen|bahn|wa|gen; Ei|sen|bahn|we|sen

Ei|sen|bart[h] (dt. Wundarzt); ein Doktor Eisenbart[h] (*übertr. für* Arzt, der gern derbe Kuren anwendet)

Ei|sen|bau *Plur.* ...bauten

ei|sen|be|schla|gen

Ei|sen|be|ton; Ei|sen|blech; Ei|sen|block *Plur.* ...blöcke

Ei|sen|blü|te (ein Mineral); Ei|sen|erz

Ei|sen|fres|ser (*ugs. für* Person, die Krafttraining betreibt; unerbittlicher, rücksichtsloser Mann)

Ei|sen|guss

ei|sen|hal|tig; ei|sen|hart

Ei|sen|how|er [...hau̯ɐ] (Präsident der USA)

Ei|sen|hut, der (eine Heil- u. Zierpflanze)

Ei|sen|hüt|te; Ei|sen|hüt|ten|we|sen, das; -s

Ei|sen|in|dus|t|rie

Ei|sen|lup|pe (*Technik*); Ei|sen|rahm (ein Mineral)

Ei|sen schaf|fend, ei|sen|schaf|fend ↑D 58 (*veraltet*)

ei|sen|schüs|sig (eisenhaltig)

Ei|sen|stadt (Hauptstadt des Burgenlandes)

Ei|sen|stan|ge

Ei|sen ver|ar|bei|tend, ei|sen|ver|ar|bei|tend *vgl.* Eisen

Ei|sen|wa|ren; Ei|sen|wa|ren|hand|lung

Ei|sen|zeit, die; - (frühgeschichtl. Kulturzeit)

ei|sern

Kleinschreibung ↑D 89:
- die eiserne Ration
- der eiserne Vorhang (feuersicherer Abschluss der Theaterbühne)
- mit eisernem Besen auskehren
- mit eiserner Willenskraft
- eiserne *od.* eiserne Hochzeit (65. Jahrestag der Hochzeit)
- die Eiserne *od.* eiserne Lunge (*Med.* Beatmungsgerät)

Großschreibung ↑D 89 u. 140:
- das Eiserne Kreuz (ein Orden)
- die Eiserne Krone (die lombardische Königskrone)
- das Eiserne Tor (Durchbruchstal der Donau)
- der Eiserne Vorhang (zwischen Ost und West in der Zeit des Kalten Krieges)

Ei|ses|käl|te

Eis|fach

Eis|flä|che

eis|frei; dieser Hafen ist eisfrei

Eis|gang

eis|ge|kühlt

eis|glatt; Eis|glät|te

eis|grau

Eis|hei|li|gen *Plur.* (Maifröste)

Eis|ho|ckey

Eis|ho|ckey-Län|der|spiel, Eis|ho|ckey|län|der|spiel; Eis|ho|ckey|spie|ler; Eis|ho|ckey|spie|le|rin

ei|sig; es waren eisig kalte Tage; die Tage waren eisig kalt

Eis|jacht, Eis|yacht (Schlitten zum Eissegeln)

Eis|kaf|fee (Kaffee mit Eis u. Sahne; *vgl.* Eiscafé)

eis|kalt

Eis|kas|ten (*bes. südd., österr. neben* Kühlschrank)

Eis|klet|tern, das; -s (*Bergsteigen*)

Eis|krat|zer (ein Autozubehör)

Eis|kris|tall *meist Plur.*

Eis|kü|bel

Eis|kunst|lauf, der; -[e]s; Eis|kunst|läu|fer; Eis|kunst|läu|fe|rin

Eis|lauf, der; -[e]s

eis|lau|fen; ich laufe eis, bin eisgelaufen; Eis|läu|fer; Eis|läu|fe|rin

Eis|lauf|platz (*bes. österr.*); Eis|lauf|schuh (*bes. österr.*)

Eis|le|ben (Stadt im östl. Harzvorland); Eis|le|ber; Eis|le|be|rin

Eis|män|ner *Plur.* (*bayr., österr. für* Eisheilige)

Eis|meer; das Nördliche, Südliche Eismeer ↑D 40

Eis|mo|nat, Eis|mond (alte Bez. für Januar); Eis|nacht

Eis|pi|ckel

Ei|sprung (*Med.* Follikelsprung)

Eis|re|vue

Eiß, der; -es, -e, Ei|ße, die; -, -n (*südd. u. schweiz. mdal. für* Blutgeschwür; Eiterbeule)

Eis|sa|lon (*bes. österr. für* Eisdiele, Eiscafé)

Eis|schicht

Eis|schie|ßen, das; -s (*svw.* Eisstockschießen)

Eis|schnell|lauf, der; -[e]s

Eis|schnell|läu|fer; Eis|schnell|läu|fe|rin

Eis|schol|le; Eis|schrank; Eis|se|geln

Eis|spross, der; -es, -en, Eis|spros|se, die; -, -n (*Jägerspr.*)

Eis|sta|di|on; Eis|stau

Eis|stock *Plur.* ...stöcke (ein Sportgerät); Eisstock schießen, wir schießen Eisstock; Eis|stock|schie|ßen, das; -s

Eis|stoß (*landsch. u. österr. für* Eisstau)

Eis|sturm (mit heftigem Frost einhergehender Sturm)

Eis|tanz; Eis|tee; Eis|vo|gel; Eis|waf|fel; Eis|wein; Eis|wür|fel

Eis|yacht *vgl.* Eisjacht

Eis|zap|fen

Eis|zeit; eis|zeit|lich

¹ei|tel; ein eitler Mensch

²ei|tel (*veraltend für* nur, nichts als); eitel Sonnenschein

Ei|tel|keit

Ei|ter, der; -s; Ei|ter|beu|le; Ei|ter|er|re|ger; Ei|ter|herd

ei|te|rig, eit|rig; ei|tern

Ei|ter|pi|ckel; Ei|te|rung

eit|rig, ei|te|rig

Ei|vis|sa (katalanischer Name von Ibiza)

Ei|weiß, das; -es, -e; 2 Eiweiß

Ei|weiß|be|darf; Ei|weiß|ge|halt, der; Ei|weiß|man|gel

ei|weiß|reich; Ei|weiß|stoff

Ei|zel|le

Eja|ku|lat, das; -[e]s, -e ⟨*lat.*⟩ (*Med.* ausgespritzte Samenflüssigkeit); Eja|ku|la|ti|on, die; -, -en (Samenerguss); eja|ku|lie|ren

Ejek|ti|on, die; -, -en (*Geol.* Ausschleudern von Magma)

Ejek|tor, der; -s, ...oren (Auswerfer bei Jagdgewehren; absaugende Strahlpumpe)

eji|zie|ren (*Geol.* ausschleudern)

Ekart [eˈkaːɐ̯], der; -s, -s ⟨*franz.*⟩ (*Börsenw.* Abstand zwischen Basis- u. Prämienkurs)

¹Ekar|té, das; -s, -s ⟨*franz.*⟩ (ein Kartenspiel)

²Ekar|té, das; -s, -s (*Ballett* Stellung schräg zum Zuschauer)

EKD, die; - = Evangelische Kirche in Deutschland

ekel (*geh.*); ein ek|ler Geruch

¹Ekel, der; -s; Ekel erregen; eine ekelerregende *od.* Ekel erregende Brühe ↑D 59

²Ekel, das; -s, - (*ugs. für* widerlicher Mensch)

ekel|er|re|gend, Ekel er|re|gend; eine ekelerregende *od.* Ekel erregende Brühe, *aber nur* eine großen Ekel erregende Brühe, eine äußerst ekelerregende Brühe, eine noch ekelerregendere Brühe ↑D 58

ekel|haft; eke|lig, ek|lig; ekeln; es ekelt mich *od.* mir; sich ekeln; ich ek[e]le mich

Ekel|na|me (*veraltet für* Spitz-, Übername)

Ekel|pa|ket (*ugs. abwertend*)

EKG, das; -s, -s = Elektrokardiogramm
Ek|ke|hard (scheffelsche Schreibung von Eckehard)
Ek|kle|sia, die; - ⟨griech.-lat.⟩ (Theol. christl. Kirche); **Ek|kle|si|as|ti|kus**, der; - (in der Vulgata Titel des Buches Jesus Sirach)
Ek|kle|sio|lo|gie, die; - (Lehre von der Kirche)
Ek|lat [e'kla(:)]. der; -s, -s ⟨franz.⟩ (aufsehenerregendes Ereignis, Skandal); **ek|la|tant** (aufsehenerregend; offenkundig)
Ek|lek|ti|ker ⟨griech., »Auswähler«⟩ (Vertreter des Eklektizismus); **Ek|lek|ti|ke|rin; ek|lek|tisch**
Ek|lek|ti|zis|mus, der; - (unselbstständige, mechan. Vereinigung zusammengetragener Gedanken-, Stilelemente usw.)
ek|lek|ti|zis|tisch
ek|lig, eke|lig
Ek|lip|se, die; -, -n ⟨griech.⟩ (Sonnen- od. Mondfinsternis)
Ek|lip|tik, die; -, -en (scheinbare Sonnenbahn; Erdbahn); **ek|lip|tisch**
Ek|lo|ge, die; -, -n ⟨griech.⟩ (altröm. Hirtenlied)
Ekos|sai|se [eko'sɛː...] vgl. Ecossaise
Ek|ra|sit, das; -s ⟨franz.⟩ (ein Sprengstoff)
Ek|rü|sei|de ⟨franz.; dt.⟩ (Rohseide)
Ek|s|ta|se, die; -, -n ⟨griech.⟩ ([religiöse] Verzückung; höchste Begeisterung); **Ek|s|ta|ti|ker; Ek|s|ta|ti|ke|rin; ek|s|ta|tisch**
Ek|ta|se, **Ek|ta|sis**, die; -, Ektasen ⟨griech.⟩ (antike Verslehre Dehnung eines Selbstlautes)
Ek|ta|sie, die; -, ...ien ⟨Med. Erweiterung⟩
Ek|ta|sis vgl. Ektase
ek|to... ⟨griech.⟩ (außen...); **Ek|to...** (Außen...)
Ek|to|derm, das; -s, -e ⟨griech.⟩ (Zool. äußeres Keimblatt des Embryos); **Ek|to|derm|zel|le**
Ek|to|mie, die; -, ...ien ⟨griech.⟩ (Med. operative Entfernung)
Ek|to|pa|ra|sit ⟨griech.⟩ (Med. Schmarotzer der äußeren Haut)
Eku|a|dor usw. vgl. Ecuador usw.
Ek|zem, das; -s, -e ⟨griech.⟩ (Med. eine Entzündung der Haut)
EL = Esslöffel
Ela|bo|rat, das; -[e]s, -e ⟨lat.⟩ (schriftl. Arbeit, Ausarbeitung; meist abwertend für Machwerk)
ela|bo|riert (differenziert ausgebildet)

Elan, der; -s ⟨franz.⟩ (Schwung; Begeisterung)
Elast, der; -[e]s, -e meist Plur. ⟨griech.⟩ (elastischer Kunststoff)
Elas|tik, das; -s, -s od. die; -, -en (ein elastisches Gewebe)
Elas|tik|akt
elas|tisch (biegsam, dehnbar, aber wieder in die Ausgangsform zurückstrebend; übertr. für flexibel)
Elas|ti|zi|tät, die; - (Federkraft; Spannkraft)
Elas|ti|zi|täts|gren|ze; Elas|ti|zi|täts|mo|dul (Physik, Technik Messgröße der Elastizität); **Elas|ti|zi|täts|ver|lust**
Elas|to|mer, das; -s, -e, **Elas|to|me|re**, das; -n, -n meist Plur. ([synthetischer] Kautschuk u. Ä.)
Ela|tiv, der; -s, -e ⟨lat.⟩ (Sprachwiss. absoluter Superlativ [ohne Vergleich], z. B. »beste [= sehr gute] Lage«)
El|ba (ital. Mittelmeerinsel)
elb|ab|wärts; elb|auf|wärts
El|be, die; - (ein Strom); **El|be-Lü|beck-Ka|nal**, der; -s ↑D 146; **El|be|sei|ten|ka|nal**, der; -s ↑D 143
Elb-Flo|renz (Bez. für Dresden)
Elb|kahn; Elb|mün|dung
El|b|rus, der; - (höchste Erhebung des Kaukasus)
Elb|sand|stein|ge|bir|ge, das; -s ↑D 143; **Elb|strand; Elb|strom**
El|burs, der; - (iran. Gebirge)
Elch, der; -[e]s, -e (Hirscharten)
Elch|bul|le; El|chin; Elch|jagd; Elch|kuh
Elch|test (ugs. für Test, mit dem die Sicherheit eines Autos bei Ausweichmanövern erprobt wird)
El|do|ra|do, Do|ra|do, das; -[s] ⟨span.⟩ (sagenhaftes Goldland in Südamerika; übertr. für Paradies)
E-Lear|ning ['iːlœːɐ̯nɪŋ], das; -[s] ⟨engl.⟩ (computergestütztes Lernen)
Ele|a|te, der; -n, -n meist Plur. (Vertreter einer altgriech. Philosophenschule); **ele|a|tisch**
Elec|t|ro|nic Ban|king [ɪlɛk'trɒnɪk 'bɛŋkɪŋ], das; - - [-s] ⟨engl.⟩ (elektronisch abgewickelter Zahlungs- u. Bankverkehr)
Elec|t|ro|nic Busi|ness [ɪlɛk'trɒnɪk -], das; - - ⟨engl., »elektronisches Geschäft«⟩ (Abwicklung von Geschäftsprozessen über elektronische Medien)
Elec|t|ro|nic Com|merce [ɪlɛk'trɒnɪk 'kɒmɜːs], der; - - ⟨engl.⟩ (Vertrieb

von Waren od. Dienstleistungen über das Internet)
Elec|t|ro|nic Pu|b|li|shing [ɪlɛk'trɒnɪk 'pʌblɪʃɪŋ], das; - - [-s] ⟨engl.⟩ (Veröffentlichung von Verlagserzeugnissen über elektronische Medien)
Elec|t|ro|nic Vo|ting [ɪlɛk'trɒnɪk 'voʊtɪŋ], das; - - [-s] ⟨engl., »elektronisches Abstimmen«⟩ (Stimmabgabe mithilfe eines elektronischen Geräts)
Ele|fant, der; -en, -en ⟨griech.⟩; der Afrikanische, der Indische Elefant (Zool.); **Ele|fan|ten|bul|le**, der; -n, -n
Ele|fan|ten|fuß (runder Trittschemel); **Ele|fan|ten|haut** (wasserfester Schutzanstrich)
Ele|fan|ten|hoch|zeit (Zusammenschluss von mächtigen Unternehmen, Verbänden o. Ä.)
Ele|fan|ten|kuh
Ele|fan|ten|ren|nen (ugs. für langwieriger Überholvorgang zwischen Lastwagen)
Ele|fan|ten|run|de (ugs. für Fernsehdiskussionsrunde der Parteivorsitzenden nach einer Wahl)
Ele|fan|ti|a|sis, Ele|phan|ti|a|sis, die; -, ...asen (Med. unförmige Hautverdickung)
Ele|fan|tin
ele|fan|tös
ele|gant ⟨franz.⟩
Ele|gant [...'gãː], der; -s, -s (veraltend, geh. für sich elegant kleidender Mann)
Ele|ganz, die; -
Ele|gie, die; -, ...ien ⟨griech.⟩ (eine Gedichtform; Klagelied); **Ele|gi|en|dich|ter; Ele|gi|ker** (Elegiendichter); **Ele|gi|ke|rin**
ele|gisch (wehmütig)
Eleg|i|am|bus (ein altgriech. Versmaß)
Elei|son [e'lɛɪ..., e'laɪ...] vgl. Kyrie eleison!
elek|tiv ⟨lat.⟩ (auswählend); vgl. selektiv
Elek|to|rat, das; -[e]s, -e (geh. für Wählerschaft; früher für Kurfürstentum, Kurwürde)
Elek|t|ra (griech. Sagengestalt)
Elek|t|ri|fi|ka|ti|on, die; -, -en ⟨griech.⟩ (schweiz. neben Elektrifizierung)
elek|t|ri|fi|zie|ren (auf elektrischen Betrieb umstellen); **Elek|t|ri|fi|zie|rung**
Elek|t|rik, die; -, -en (Gesamtheit einer elektrischen Anlage; ugs. für Elektrizitätslehre); **Elek|t|ri|ker; Elek|t|ri|ke|rin**

elektrisch

elek|trisch; elektrische Eisenbahn; elektrische Lokomotive (*Abk.* E-Lok); elektrischer Stuhl; elektrisches Feld

Elek|tri|sche, die; -n, -n (*ugs. veraltet für* elektrische Straßenbahn); vier Elektrische[n]

elek|tri|sie|ren; Elek|tri|sier|ma|schi|ne

Elek|tri|zi|tät, die; -; **Elek|tri|zi|täts|werk** (*Abk.* E-Werk); **Elek|tri|zi|täts|wirt|schaft**

Elek|tro|akus|tik [*auch* e'lɛk...] (Umwandlung von Schall in elektrische Spannung u. umgekehrt); **elek|tro|akus|tisch** [*auch* e'lɛk...]

Elek|tro|au|to; Elek|tro|bike (Elektrofahrrad); **Elek|tro|boot**

Elek|tro|che|mie [*auch* e'lɛk...]; **elek|tro|che|misch** [*auch* e'lɛk...]; elektrochemische Spannungsreihe

Elek|tro|de, die; -, -n (den Stromübergang vermittelnder Leiter)

Elek|tro|dy|na|mik [*auch* e'lɛk...], die; -; **elek|tro|dy|na|misch** [*auch* e'lɛk...]

Elek|tro|en|ze|pha|lo|graf, Elek|tro|en|ze|pha|lo|graph (*Med.* Gerät zur Aufzeichnung von Hirnströmen)

Elek|tro|en|ze|pha|lo|gramm (*Med.* Aufzeichnung der Hirnströme; *Abk.* EEG)

Elek|tro|fach|markt

Elek|tro|fahr|rad; Elek|tro|fahr|zeug

Elek|tro|ge|rät; Elek|tro|gi|tar|re

Elek|tro|gra|fie, Elek|tro|gra|phie, die; - (*Elektrot., EDV* galvanische Hochätzung)

Elek|tro|ham|mer; Elek|tro|herd

Elek|tro|in|dus|trie

Elek|tro|in|ge|ni|eur; Elek|tro|in|ge|ni|eu|rin

Elek|tro|ins|tal|la|teur; Elek|tro|ins|tal|la|teu|rin

Elek|tro|kar|dio|gramm (*Med.* Aufzeichnung der Aktionsströme des Herzens; *Abk.* EKG, Ekg)

Elek|tro|kar|ren

Elek|tro|kon|zern

Elek|tro|ly|se, die; -, -n (elektrische Zersetzung chemischer Verbindungen)

Elek|tro|lyt, der; *Gen.* -en, *selten* -s, *Plur.* -e, *selten* -en (*Physik, Chemie* Substanz, die durch entgegengesetzt geladene, bewegliche Ionen elektrisch leitfähig ist); **elek|tro|ly|tisch;** elektrolytische Dissoziation

Elek|tro|mag|net [*auch* e'lɛk...]; **elek|tro|mag|ne|tisch** [*auch* e'lɛk...]; elektromagnetisches Feld ↑D 89

Elek|tro|me|cha|ni|ker; Elek|tro|me|cha|ni|ke|rin; Elek|tro|meis|ter; Elek|tro|meis|te|rin

Elek|tro|me|ter, das; -s, -

Elek|tro|mo|bil, das; -s, -e; **Elek|tro|mo|bi|li|tät,** die; -

Elek|tro|mon|teur; Elek|tro|mon|teu|rin

Elek|tro|mo|tor

¹**Elek|t|ron** [*auch* e'lɛ..., ...'tro:n], das; -s, ...onen (*Kernphysik* negativ geladenes Elementarteilchen)

²**Elek|t|ron**®, das; -s (eine Magnesiumumlegierung)

Elek|tro|nen|blitz; Elek|tro|nen|[ge|]hirn; Elek|tro|nen|mi|kro|s|kop; Elek|tro|nen|or|gel; Elek|tro|nen|rech|ner; Elek|tro|nen|röh|re

Elek|tro|nen|schleu|der (Betatron)

Elek|tro|nen|stoß (Stoß eines Elektrons auf Atome)

Elek|tro|nen|the|o|rie (Lehre vom Elektron)

Elek|tro|nen|volt vgl. Elektronvolt

Elek|tro|nik, die; -, -en (Zweig der Elektrotechnik; Gesamtheit der elektronischen Bauteile einer Anlage); **Elek|tro|ni|ker** (Berufsbez.); **Elek|tro|ni|ke|rin**

elek|tro|nisch; elektronische Musik; elektronische Datenverarbeitung (*Abk.* EDV) ↑D 89

Elek|t|ron|volt, Elek|t|ro|nen|volt (Energieeinheit der Kernphysik; *Zeichen* eV)

Elek|tro|ofen

Elek|tro|pho|re|se, die; - (Transport elektr. geladener Teilchen durch elektr. Strom)

Elek|tro|phy|sik [*auch* e'lɛk...]

Elek|tro|pi|a|no (*schweiz. für* E-Piano)

Elek|t|ro|po|ra|ti|on, die; -, -en (griech.) (bes. *Biol.* Methode, Zellmembranen mithilfe starker elektrischer Felder durchlässig zu machen)

Elek|tro|ra|sie|rer; Elek|tro|rol|ler

Elek|tro|roll|stuhl

Elek|tro|schock, der

Elek|tro|smog (elektromagnetische Strahlung, die von elektrischen Leitungen, Geräten, Sendern o. Ä. ausgeht)

Elek|tro|sta|tik [*auch* e'lɛk...], die; -; **elek|tro|sta|tisch** [*auch* e'lɛk...]

Elek|tro|tech|nik; Elek|tro|tech|ni|ker; Elek|tro|tech|ni|ke|rin; elek|tro|tech|nisch

Elek|tro|the|ra|pie

Elek|tro|to|mie, die; -, ...ien (*Med.* Operation mit einer elektr. Schneidschlinge)

Ele|ment, das; -[e]s, -e (lat.) (Urstoff; Grundbestandteil; chem. Grundstoff; Naturgewalt; ein elektrisches Gerät; *meist Plur.: abwertend für* zwielichtige Person; vgl. Elemente); er ist, fühlt sich in seinem Element

ele|men|tar; elementare Begriffe; elementare Gewalt

Ele|men|tar|ge|walt (Naturgewalt)

Ele|men|tar|schu|le (Anfänger-, Grundschule)

Ele|men|tar|teil|chen

Ele|men|te *Plur.* (Grundbegriffe [einer Wissenschaft])

Ele|mi, das; -[s] (arab.) (trop. Harz); **Ele|mi|öl,** das; -[e]s

Elen, das, *seltener* der; -s, - (lit.) (Elch); **Elen|an|ti|lo|pe**

elend; ihm war elend [zumute]

Elend, das; -[e]s

elen|dig [*bayr., österr.* e'lɛ...] (*österr., sonst landsch.);* **elen|dig|lich** (geh.)

Elends|ge|stalt; Elends|quar|tier; Elends|vier|tel

Elen|tier (Elen, Elch)

Ele|o|no|re (w. Vorn.)

Ele|phan|ti|a|sis vgl. Elefantiasis

Eleu|si|ni|en *Plur.* (nach Eleusis) (Fest mit Prozession zu Ehren der griech. Ackerbaugöttin Demeter); **eleu|si|nisch;** *aber* ↑D 150: die Eleusinischen Mysterien (Geheimkult im alten Athen); **Eleu|sis** (altgriech. Ort)

Ele|va|ti|on, die; -, -en (lat.) (Erhebung; Emporheben der Hostie u. des Kelches beim kath. Messopfer; *Astron.* Höhe eines Gestirns über dem Horizont)

Ele|va|tor, der; -s, ...oren (*Technik* Förder-, Hebewerk)

Ele|ve, der; -n, -n (franz.) (Schauspiel-, Ballettschüler; Land- u. Forstwirt während der prakt. Ausbildung); **Ele|vin**

elf; wir sind zu elfen od. zu elft; vgl. acht

¹**Elf,** der; -en, -en (m. Naturgeist)

²**Elf,** die; -, -en (Zahl; [Fußball]mannschaft); vgl. ¹Acht

El|fe, die; -, -n (w. Naturgeist)

El|feck; elf|eckig

elf|ein|halb vgl. achteinhalb

El|fen|bein, das; -[e]s, -e *Plur. selten;* **el|fen|bei|nern** (aus Elfenbein); **el|fen|bein|far|ben**

El|fen|bein|küs|te, die; - (Staat in Westafrika; vgl. Côte d'Ivoire)

elysisch

El|fen|bein|schnit|zer; El|fen|bein|schnit|ze|rin

El|fen|bein|turm

el|fen|haft; El|fen|rei|gen

El|fer (ugs. für Elfmeter); vgl. Achter

el|fer|lei

El|fer|rat (beim Karneval)

El|fer|schie|ßen (ugs. für Elfmeterschießen)

El|fer|wet|te (beim Fußballtoto)

elf|fach

El|fi (w. Vorn.)

elf|fisch ⟨zu ¹Elf⟩

elf|jäh|rig vgl. achtjährig

elf|mal vgl. achtmal; elf|ma|lig

Elf|me|ter, der; -s, - (Strafstoß beim Fußball); Elf|me|ter|mar|ke; Elf|me|ter|punkt; elf|me|ter|reif; elfmeterreife Situationen

Elf|me|ter|schie|ßen; Elf|me|ter|schuss; Elf|me|ter|schüt|ze; Elf|me|ter|schüt|zin; Elf|me|ter|tor

El|frie|de (w. Vorn.)

elft vgl. elf; elf|tau|send

elf|te; Elf|te im Elften (karnevalist. Bezeichnung für den 11. November); vgl. achte

elf|tel vgl. achtel; Elf|tel, das, schweiz. meist der; -s, -; vgl. Achtel

elf|tens

elf|und|ein|halb (svw. elfeinhalb)

El Gre|co (span. Maler griech. Herkunft)

Eli|as, ökum. Eli|ja (Prophet im A.T.)

Eli|as, Norbert (dt. Soziologe)

eli|die|ren ⟨lat.⟩ (Sprachwiss. eine Elision vornehmen); Eli|die|rung

Eli|gi|us (ein Heiliger)

Eli|ja vgl. Elias

Eli|mi|na|ti|on, die; -, -en ⟨lat.⟩ (Beseitigung, Ausscheidung)

eli|mi|nie|ren; Eli|mi|nie|rung

Eli|ot [ˈɛljət] (amerik.-engl. Schriftsteller)

Eli|sa (w. Vorn.)

¹Eli|sa|beth (w. Vorn.)

²Eli|sa|beth, ökum. Eli|sa|bet (bibl. w. Eigenn.)

eli|sa|be|tha|nisch; aber ↑D 89: das Elisabethanische Zeitalter

Eli|se (w. Vorn.)

Eli|si|on, die; -, -en ⟨lat.⟩ (Sprachwiss. Auslassung eines unbetonten Vokals, z. B. des »e« in »Wand[e]rung«)

eli|tär (einer Elite angehörend, auserlesen)

Eli|te, die; -, -n ⟨franz.⟩ (Auslese der Besten); Eli|te|trup|pe (Militär)

Eli|te|uni (ugs.); Eli|te|uni|ver|si|tät

Eli|xier, das; -s, -e ⟨griech.⟩ (Heil-, Zaubertrank)

El Kai|da [auch - ˈka:ida] ⟨arab.⟩ (eine Terrororganisation)

El|ke (w. Vorn.)

El|la (w. Vorn.)

ell|bö|geln (schweiz. für die Ellbogen einsetzen); ich ellbög[e]le, du ellbögelst; geellbögelt

Ell|bo|gen, El|len|bo|gen, der; -s, ...bogen, der; -s, ...bogen; Ell|bo|gen|frei|heit, El|len|bo|gen|frei|heit, El|len|bo|gen|frei|heit

El|le, die; -, -n (ein Unterarmknochen; alte Längeneinheit); drei Ellen Tuch

El|len (w. Vorn.)

El|len|bo|gen vgl. Ellbogen

El|len|bo|gen|frei|heit vgl. Ellbogenfreiheit; El|len|bo|gen|ge|sell|schaft (abwertend)

el|len|lang (ugs. für übermäßig lang)

El|ler, die; -, -n (nordd. für Erle)

El|li (w. Vorn.)

El|lip|se, die; -, -n ⟨griech.⟩ (Sprachwiss. Ersparung von Redeteilen, z. B. »[ich] danke schön«; Auslassungssatz; Math. Kegelschnitt); el|lip|sen|för|mig

el|lip|so|id (ellipsenähnlich); El|lip|so|id, das; -[e]s, -e (Geom. durch Drehung einer Ellipse entstandener Körper); el|lip|so|i|disch (Geom. die Form eines Elipsoids habend; Geodäsie mit einem Referenzellipsoid ermittelt)

el|lip|tisch (ellipsenförmig; Sprachwiss. unvollständig); elliptische Sätze

El|lip|ti|zi|tät, die; - (Astron. Abplattung)

El|lok, die; -, -s; vgl. E-Lok

Ell|wan|gen (Jagst) (Stadt an der Jagst); Ell|wan|ger; Ell|wan|ge|rin

El|ly [...li] (w. Vorn.)

Elm, der; -s (Höhenzug südöstl. von Braunschweig)

El|mar, El|mo (m. Vorn.)

Elms|feu|er (elektr. Lichterscheinung); vgl. auch Sankt

El Ni|ño [- ˈninjo] (Klimaunregelmäßigkeit im tropischen Pazifik mit weltweiter Auswirkung)

Elo|ge [...ʒə], die; -, -n ⟨franz.⟩ (Lob, Schmeichelei)

Elo|him ⟨hebr.⟩ (im A. T. Gottesbezeichnung)

E-Lok, die; -, -s ↑D 28 (kurz für elektrische Lokomotive)

Elon|ga|ti|on, die; -, -en ⟨lat.⟩ (Physik Ausschlag des Pendels; Astron. Winkel zwischen Sonne u. Planeten)

elo|quent ⟨lat.⟩ (beredt); Elo|quenz, die; -

Elo|xal®, das; -s (Schutzschicht auf Aluminium); elo|xie|ren

Elo|zahl, Elo-Zahl ⟨nach dem Erfinder A. E. Elo⟩ (Zahl für die individuelle Spielstärke, bes. im Schach)

El|rit|ze, die; -, -n (ein Karpfenfisch)

Els, El|sa (w. Vorn.)

El Sal|va|dor (mittelamerik. Staat); vgl. Salvadorianer u. salvadorianisch

El|sass, das; Gen. - u. Elsasses

El|säs|ser; El|säs|se|rin; el|säs|sisch

El|sass-Loth|rin|gen

el|sass-loth|rin|gisch

Els|beth, El|se (w. Vorn.)

El|se|vir vgl. Elzevir

El|si (w. Vorn.)

Els|tar, der; -, - (eine Apfelsorte)

¹Els|ter, die; - (Flussname); die Schwarze Elster, die Weiße Elster ↑D 140

²Els|ter, die; -, -n (ein Vogel); Els|tern|nest

El|ter, das u. der; -s, -n (fachspr. für ein Elternteil); el|ter|lich; elterliche Gewalt

El|tern Plur.; El|tern|abend

El|tern|ak|tiv (DDR für Elternvertretung einer Schulklasse)

El|tern|an|teil; El|tern|bei|rat

El|tern|geld (svw. Erziehungsgeld)

El|tern|ge|ne|ra|ti|on; El|tern|haus

El|tern|ka|renz (österr. für Elternzeit)

El|tern|kurs; El|tern|lie|be

el|tern|los

El|tern|paar; El|tern|rat Plur. ...räte; El|tern|rä|tin; El|tern|recht

El|tern|schaft

El|tern|se|mi|nar; El|tern|sprech|tag; El|tern|teil, der; El|tern|teil|zeit

El|tern|ver|tre|ter (Vertreter der Elternschaft einer Schulklasse, eines Kindergartens o. Ä.); El|tern|ver|tre|te|rin; El|tern|ver|tre|tung

El|tern|zeit (berufliche Freistellung nach der Geburt eines Kindes); in Elternzeit sein

Elt|vil|le am Rhein [...ˈvɪlə, auch ˈɛ...] (Stadt im Rheingau)

El|vi|ra (w. Vorn.)

ely|sisch vgl. elysisch

Ély|sée [eliˈze:], das; -[s] ⟨franz.⟩ (Palast in Paris; Amtssitz des franz. Staatspräsidenten)

ely|sisch, ely|sä|isch ⟨griech.⟩

Elysium

(wonnevoll, paradiesisch); elysische Gefilde ↑D 89

Ely|si|um, das; -s ⟨griech.⟩ (Aufenthaltsort der Seligen in der griech. Sage)

Ely|t|ron, das; -s, ...ytren meist Plur. ⟨griech.⟩ ⟨Zool.⟩ Deckflügel [der Insekten])

El|ze|vir [...zə...], El|se|vir, die; - ⟨nach der niederl. Buchdruckerfamilie Elsevi(e)r⟩ (Druckw. eine Antiquadruckschrift); El|ze|vi|ri|a|na Plur. (Elzevirdrucke)

em. = emeritiert, emeritus

EM, die; -, -[s] = Europameisterschaft

Email [e'maɪ̯, e'maɪ̯l], das; -s, -s, Email|le [e'maljə, auch e'maɪ̯, schweiz. 'e...], die; -, -n ⟨franz.⟩ (Schmelzüberzug)

E-Mail ['i:meɪ̯l], die; -, -s, auch (bes. südd., österr., schweiz.) das; -s, -s ⟨engl.⟩ (elektronische Post)

E-Mail-Ad|res|se ['i:meɪ̯l...]; e-mai|len, emai|len; geemailt; E-Mail-Kon|to ['i:meɪ̯l...]

Email|le [e'maljə, auch e'maɪ̯, schweiz. 'e...] vgl. Email

Email|le|far|be, Email|far|be; Email|le|ma|le|rei, Email|ma|le|rei

Email|leur [ema(l)'jø:ɐ̯], der; -s, -e (Schmelzarbeiter); Email|leu|rin

email|lie|ren [ema(l)'ji:..., emaɪ̯'li:...]; Email|lier|ofen

E-Mail-Post|fach ['i:meɪ̯l...]; E-Mail-Pro|gramm; E-Mail-Wurm (EDV Computervirus, der sich über Netzwerke selbsttätig verbreitet)

Ema|na|ti|on, die; -, -en ⟨lat., »Ausfluss«⟩ (das Ausströmen; Ausstrahlung); ema|nie|ren

Ema|nu|el, Im|ma|nu|el [...eːl, auch ...ɛl] (m. Vorn.); Ema|nu|el|la (w. Vorn.)

Eman|ze, die; -, -n ⟨lat.⟩ (ugs. abwertend für emanzipierte, sich für die Emanzipation einsetzende Frau)

Eman|zi|pa|ti|on, die; -, -en (Befreiung von Abhängigkeit; Gleichstellung); Eman|zi|pa|ti|ons|be|we|gung; Eman|zi|pa|ti|ons|stre|ben; eman|zi|pa|to|risch

eman|zi|pie|ren; sich emanzipieren; eman|zi|piert (unabhängig; frei von überkommenen Vorstellungen); Eman|zi|pie|rung

E-Maut (elektronisch erhobene Maut)

Em|bal|la|ge [ã...ʒə], die; -, -n ⟨franz.⟩ (Verpackung [einer Ware]); em|bal|lie|ren

Em|bar|go, das; -s, -s ⟨span.⟩ (Zurückhalten od. Beschlagnahme [von Schiffen] im Hafen; Ausfuhrverbot)

Em|b|lem [auch ã...], das; -s, -e ⟨franz.⟩ (Kennzeichen, Hoheitszeichen; Sinnbild); Em|b|le|ma|tik, die; - (sinnbildliche Darstellung; Emblemforschung); em|b|le|ma|tisch (sinnbildlich)

Em|bo|lie, die; -, ...ien ⟨griech.⟩ (Med. Verstopfung eines Blutgefäßes); Em|bo|lus, der; -, ...li (Med. Pfropf, Fremdkörper in der Blutbahn)

Em|bon|point [ãbõˈpo̯ɛ̃ː], das od. der; -s ⟨franz.⟩ (veraltet für Wohlbeleibtheit; dicker Bauch)

Em|b|ryo, der, österr. auch das; -s, Plur. -s u. ...onen ⟨griech.⟩ (noch nicht geborenes Lebewesen); Em|b|ryo|lo|gie, die; - (Lehre von der Entwicklung des Embryos)

em|b|ryo|nal, Em|b|ryo|nisch (im Anfangsstadium der Entwicklung)

Em|b|ryo|nen|for|schung; Em|b|ryo|nen|schutz|ge|setz

em|b|ryo|nisch vgl. embryonal

Em|b|ryo|trans|fer (Biol. Übertragung u. Einpflanzung von Eizellen, die außerhalb des Körpers befruchtet wurden)

Em|b|ryo|zel|le (embryonale Stammzelle)

Emd, das; -[e]s (schweiz. für Grummet); vgl. Öhmd; em|den (schweiz. für Grummet machen)

Em|den (Hafenstadt an der Emsmündung); Em|der, Em|de|ner; Em|de|rin, Em|de|ne|rin

Em|det, der; -s (schweiz. für zweiter Grasschnitt)

Emen|da|ti|on, die; -, -en ⟨lat.⟩ (Literaturwiss. Verbesserung, Berichtigung [von Texten]); emen|die|ren

Eme|ren|tia, Eme|renz (w. Vorn.)

emer|gent (Fachspr.); Emer|genz, die; -, -en (Fachspr. das Auftreten neuer, nicht voraussagbarer Qualitäten beim Zusammenwirken mehrerer Faktoren)

Eme|rit, der; -en, -en ⟨lat.⟩ (kath. Kirche im Alter dienstunfähig gewordener Geistlicher)

Eme|ri|ta, die; -, ...tae [...tɛː] (emeritierte Hochschulprofessorin)

eme|ri|tie|ren (in den Ruhestand versetzen); eme|ri|tiert (Abk. em.); emeritierte Professorin; Eme|ri|tie|rung

eme|ri|tus (lat. für emeritiert); Professor emeritus

Eme|ri|tus, der; -, ...ti (emeritierter Hochschulprofessor)

Eme|ti|kum, das; -s, ...ka ⟨griech.⟩ (Pharm. Brechmittel); eme|tisch, eme|to|gen (Med. Brechreiz erregend)

Emi|g|rant, der; -en, -en ⟨lat.⟩ (Auswanderer [bes. aus politischen od. religiösen Gründen]); Emi|g|ran|ten|schick|sal; Emi|g|ran|tin

Emi|g|ra|ti|on, die; -, -en; emi|g|rie|ren

Emil (m. Vorn.)

Emi|lia, Emi|lie (w. Vorn.)

Emi|lia-Ro|ma|gna [...ˈmanja] (ital. Landschaft)

emi|nent ⟨lat.⟩ (hervorragend; außerordentlich)

Emi|nenz, die; -, -en (früherer Titel der Kardinäle); vgl. auch euer u. ¹sein; vgl. grau

Emir [auch eˈmiːɐ̯], der; -s, -e ⟨arab.⟩ (arab. [Fürsten]titel)

Emi|rat, das; -[e]s, -e (arab. Fürstentum)

Emis|sär, der; -s, -e ⟨franz.⟩ (Abgesandter mit Geheimauftrag); Emis|sä|rin

Emis|si|on, die; -, -en ⟨lat.⟩ (Physik Ausstrahlung; Technik Ablassen von Gasen, Ruß u. Ä. in die Luft; Wirtsch. Ausgabe [von Wertpapieren]; Med. Entleerung)

emis|si|ons|arm (wenig Schadstoffe in die Luft abgebend)

Emis|si|ons|han|del (Handel mit CO_2-Emissionsrechten)

Emis|si|ons|stopp

Emit|tent, der; -en, -en (Bankw. Ausgeber von Wertpapieren); Emit|ten|tin

Emit|ter, der; -s, - ⟨engl.⟩ (Technik Teil des Transistors)

emit|tie|ren ⟨lat.⟩; Wertpapiere emittieren (ausgeben); Elektronen, Schadstoffe emittieren (Physik, Technik aussenden)

Em|ma (w. Vorn.)

Em|ma|us (biblischer Ort)

Emm|chen (ugs. scherzh. für Mark)

Em|me, die; - (Nebenfluss der Aare); Kleine Emme (Nebenfluss der Reuß)

Em|men|tal, das; -[e]s (schweiz. Landschaft)

¹Em|men|ta|ler; Emmentaler Käse

²Em|men|ta|ler, der; -s, - (ein Käse)

Em|men|ta|le|rin

Em|mer, der; -s (eine Weizenart)

Em|me|rich (m. Vorn.)

Em|mi (w. Vorn.)

Emulation

Em|mo (m. Vorn.)
Em|my Award [...i ə'vɔːɐ̯t], der; --[s], --s ⟨engl.⟩ (ein Fernsehpreis)
E-Mo|bi|li|tät, die; - (auf elektrischem Antrieb beruhende Fortbewegung)
Emo|ji [...dʒi], das; -s, -s ⟨jap.⟩ (*EDV* Piktogramm, das auf Gefühlslagen, Gegenstände od. Lebewesen verweist)
e-Moll [ˈeːmɔl, *auch* ˈeːˈmɔl], das; -[s] (Tonart; *Zeichen* e);
e-Moll-Ton|lei|ter ↑D 26
Emo|ti|con, das; -s, -s ⟨zu engl. emotion u. icon⟩ (*EDV* Zeichenkombination, mit der in einer E-Mail eine Gefühlsäußerung wiedergegeben werden kann)
Emo|ti|on, die; -, -en ⟨lat.⟩ (Gemütsbewegung)
emo|ti|o|nal (gefühlsmäßig; seelisch erregt); **emo|ti|o|na|li|sie|ren**; **Emo|ti|o|na|li|tät**, die; -
emo|ti|o|nell (*svw.* emotional)
emo|ti|ons|frei; **emo|ti|ons|ge|la|den**; eine emotionsgeladene Diskussion; **emo|ti|ons|los**
E-Mo|tor (*kurz für* Elektromotor)
EMPA, **Em|pa**, die; - = Eidgenössische Materialprüfungs- und Forschungsanstalt
Em|pa|thie, die; -, ...ien *Plur. selten* ⟨griech.⟩ (*Psychol.* Fähigkeit, sich in andere hineinzuversetzen); **Em|pa|thi|ker**; **Em|pa|thi|ke|rin**; **em|pa|thisch**
Em|pe|dok|les (altgriech. Philosoph)
emp|fahl *vgl.* empfehlen
Emp|fang, der; -[e]s, ...fänge
emp|fang|bar (*Funkw.*, *Rundfunk*, *Fernsehen*)
emp|fan|gen; du empfängst; du empfingst; du empfingest; empfangen; empfang[e]!
Emp|fän|ger; **Emp|fän|ger|ab|schnitt**; **Emp|fän|ge|rin**
emp|fäng|lich; **Emp|fäng|lich|keit**, die; -
Emp|fangs|nah|me, die; -, -n (*Amtsspr.*)
Emp|fäng|nis, die; -, -se *Plur. selten*
emp|fäng|nis|ver|hü|tend; ein empfängnisverhütendes Mittel; **Emp|fäng|nis|ver|hü|tung**
Emp|fäng|nis|zeit
Emp|fangs|an|ten|ne
emp|fangs|be|rech|tigt
emp|fangs|be|reit
Emp|fangs|be|schei|ni|gung; **Emp|fangs|be|stä|ti|gung**

Emp|fangs|chef; **Emp|fangs|che|fin**;
Emp|fangs|da|me
Emp|fangs|ge|rät
Emp|fangs|saal; **Emp|fangs|sta|ti|on**
Emp|fangs|stö|rung
Emp|fangs|zim|mer
emp|feh|len; du empfiehlst; du empfahlst; du empföhlest, *auch* empfählest; empfohlen; empfiehl!; sich empfehlen

> **empfehlen**
> Bei *sich empfehlen als* ... steht das folgende Substantiv gewöhnlich im Nominativ: *Er empfahl sich als geeigneter Nachfolger*. Seltener gebraucht, aber auch richtig ist der Akkusativ: *Er empfahl sich als geeigneten Nachfolger*.

emp|feh|lens|wert
Emp|feh|lung; **Emp|feh|lungs|brief**; **Emp|feh|lungs|schrei|ben**
emp|fiehlt *vgl.* empfehlen
emp|find|bar
emp|fin|den; du empfandst; du empfändest; empfunden; empfind[e]!; **Emp|fin|den**, das; -s
Emp|find|lich; **Emp|find|lich|keit**
emp|find|sam; empfindsame Dichtung; **Emp|find|sam|keit**, die; -
Emp|fin|dung; **emp|fin|dungs|los**; **Emp|fin|dungs|lo|sig|keit**, die; -
Emp|fin|dungs|wort *Plur.* ...wörter (*für* Interjektion)
emp|fing *vgl.* empfangen
emp|foh|len *vgl.* empfehlen
Em|pha|se, die; -, -n ⟨griech.⟩ (Nachdruck [im Reden]); **em|pha|tisch** (mit Nachdruck)

> **Empathie**
> Das Fachwort *Empathie* (= Einfühlungsfähigkeit) ist mit *Pathos* verwandt und schreibt sich mit *p* und nicht mit *ph*. Das abgeleitete Adjektiv *empathisch* kann leicht mit dem zu *Emphase* (= Nachdrücklichkeit) gehörenden *emphatisch* verwechselt werden.

Em|phy|sem, das; -s, -e ⟨griech.⟩ (*Med.* Luftansammlung im Gewebe)
¹Em|pire [ãˈpiːɐ̯], das; - ⟨*Gen.* -s, *fachspr. auch* -⟩ ⟨franz.⟩ (Kunststil der Zeit Napoleons I.)
²Em|pi|re [...paɪɐ], das; -[s] ⟨engl.⟩ (das frühere britische Weltreich)

Em|pi|rem, das; -s, -e ⟨griech.⟩ (Erfahrungstatsache)
Em|pire|mö|bel [ãˈpiːɐ̯...] ⟨zu ¹Empire⟩; **Em|pire|stil**, der; -[e]s
Em|pi|rie, die; - ⟨griech.⟩ (Erfahrung, Erfahrungswissen, Erfahrungswissenschaft); **Em|pi|ri|ker**; **Em|pi|ri|ke|rin**
Em|pi|rio|kri|ti|zis|mus (philos. Richtung, die sich nur auf die kritische Erfahrung beruft)
em|pi|risch
Em|pi|ris|mus, der; - (Lehre, die allein die Erfahrung als Erkenntnisquelle gelten lässt); **Em|pi|rist**, der; -en, -en; **Em|pi|ris|tin**; **em|pi|ris|tisch**
Em|plo|y|a|bi|li|ty [ɛmplɔɪəˈbɪlɪti], die; - ⟨engl.⟩ (berufliche Einsetzbarkeit)
em|por
em|por... (*in Zus. mit Verben*, z. B. emporkommen, du kamst empor, emporgekommen, emporzukommen)
em|por|ar|bei|ten, sich; **em|por|bli|cken**
Em|po|re, die; -, -n (erhöhter Sitzraum [in Kirchen])
em|pö|ren; sich empören; **em|pö|rend** (unerhört)
Em|pö|rer (*geh. für* Rebell); **Em|pö|re|rin**; **em|pö|re|risch**
em|por|he|ben
em|por|klet|tern; **em|por|kom|men**
Em|por|kömm|ling (abwertend)
em|por|ra|gen; **em|por|schla|gen**; **em|por|schnel|len**; **em|por|stei|gen**; **em|por|stre|ben**
em|pört
Em|pö|rung; **Em|pö|rungs|schrei**; **Em|pö|rungs|wel|le**
em|py|re|isch ⟨griech.⟩ (lichtstrahlend; himmlisch); **Em|py|re|um**, das; -s (Himmel in der antiken u. scholast. Philosophie)
Ems, die; - (Fluss in Nordwestdeutschland)
¹Em|scher, die; - (rechter Nebenfluss des Niederrheins)
²Em|scher, das; -s ⟨*nach* ¹Emscher⟩ (eine geol. Stufe)
Em|se, die; -, -n (*veraltet für* Ameise)
Em|ser ⟨*nach* Bad Ems⟩; Emser Depesche; Emser Salz; **Em|se|rin**
em|sig; **Em|sig|keit**, die; -
Ems-Ja|de-Ka|nal, der; -s ↑D 146
Emu, der; -s, -s ⟨port.⟩ (ein straußenähnlicher Laufvogel)
Emu|la|ti|on, die; -, -en ⟨lat.-engl.⟩ (*EDV* Nachahmung der Funktionen eines anderen Computers);

Emu|la|tor, der; -s, ...oren ⟨*EDV* Zusatzgerät od. Programm zur Emulation⟩

Emul|ga|tor, der; -s, ...oren ⟨lat.⟩ (*Chemie* Stoff, der die Bildung einer Emulsion ermöglicht)

emul|gie|ren (eine Emulsion bilden)

Emul|sin, das; -s (Enzym in bitteren Mandeln)

Emul|si|on, die; -, -en (feinste Verteilung einer Flüssigkeit in einer anderen, nicht mit ihr mischbaren Flüssigkeit)

E-Mu|sik, die; - ↑ D 28 (kurz für ernste Musik; *Ggs.* U-Musik)

EN = europäische Norm

Ena|ki|ter, Enaks|kin|der, Enaks|söh|ne *Plur.* (*im A. T.* sagenhaftes Volk von Riesen)

En|al|la|ge [ɛn'lalage, ...'geː], die; - ⟨griech.⟩ (Versetzung des Attributs, z. B. »mit einem blauen Lächeln seiner Augen« *statt* »mit einem Lächeln seiner blauen Augen«)

En|an|them, das; -s, -e ⟨griech.⟩ (*Med.* Schleimhautausschlag)

en avant! [ɑ̃naˈvã:] ⟨franz.⟩ (vorwärts!)

en bloc [ɑ̃ ˈblɔk] ⟨franz.⟩ (im Ganzen); **En-bloc-Ab|stim|mung**

en car|rière [ɑ̃ kaˈrɪ̯ɛːɐ̯] ⟨franz.⟩ (in vollem Lauf)

En|chi|la|da [...tʃi...], die; -, -s ⟨span.⟩ (mit Fleisch u. Gemüse gefüllte Tortilla)

En|co|der, En|ko|der, der; -s, - ⟨engl.⟩ (*Elektronik* Vorrichtung zur Encodierung)

en|co|die|ren, en|ko|die|ren ⟨engl.⟩ ([eine Nachricht] verschlüsseln); **En|co|die|rung**, En|ko|die|rung

En|coun|ter [ɪnˈkaʊ...], das, *auch* der; -s, - ⟨engl.⟩ (*Psychol.* Gruppentraining zur Steigerung der Empfindungsfähigkeit)

End|ab|rech|nung

End|aus|scheid, der; -[e]s, -e (*regional*); **End|aus|schei|dung**; **End|bahn|hof**; **End|be|richt**; **End|be|scheid**

End|chen; ein Endchen Schnur

End|drei|ßi|ger (Mann Ende dreißig); **End|drei|ßi|ge|rin**

En|de, das; -s, -n; am Ende; zu Ende sein, bringen, führen, gehen, kommen; Ende Januar; letzten Endes; eine Frau Ende dreißig; Ende Jahr (*schweiz. für* Ende des Jahres)

End|ef|fekt; im Endeffekt

En|del, das; -s, - (*bayr., österr. für* Stoffrand); **en|deln** (*bayr., österr. für* Stoffränder einfassen)

En|de|mie, die; -, ...ien ⟨griech.⟩ (*Med.* örtlich begrenztes Auftreten einer Infektionskrankheit)

en|de|misch (*Biol., Med.*)

En|de|mis|mus, der; - (*Biol.* begrenztes Vorkommen von Tieren u. Pflanzen in einem Bezirk)

en|den; nicht enden wollender Beifall

End|er|folg; End|er|geb|nis

end|er|le|di|gen (*österr.*)

en dé|tail [ɑ̃ deˈtaj] ⟨franz.⟩ (im Kleinen; einzeln; im Einzelkauf; *Ggs.* en gros); *vgl.* Detail

End|fas|sung

End|fünf|zi|ger (Mann Ende fünfzig); **End|fünf|zi|ge|rin**

End|ge|rät (*EDV* Eingabe- od. Ausgabegerät, z. B. Terminal)

End|ge|schwin|dig|keit

end|gül|tig; End|gül|tig|keit

End|hal|te|stel|le

en|di|gen (*älter für* enden)

En|di|gung (veraltet)

En|di|vie, die; -, -n ⟨ägypt.⟩ (Salatpflanze); **En|di|vi|en|sa|lat**

End|kampf; End|kon|so|nant

End|kun|de, End|kun|din

End|la|ger; end|la|gern *meist im Inf. u. Partizip II gebr.*

End|la|ger|stät|te; End|la|ge|rung

End|lauf

end|lich; eine endliche Größe; aber ↑ D 72: im Endlichen (im endlichen Raum); **End|lich|keit**

end|los; endloses Band; aber ↑ D 72: bis ins Endlose; **End|los|band**, das; *Plur.* ...bänder; **End|los|for|mu|lar**

End|lo|sig|keit, die; -

End|los|pa|pier (*EDV*); **End|los|schlei|fe** (*EDV*)

End|mon|ta|ge

End|mo|rä|ne

en|do... ⟨griech.⟩ (innen...); **En|do...** (Innen...)

En|do|can|na|bi|no|id, das; -[e]s, -e *meist Plur.* ⟨griech.⟩ (*Biochemie* dem Wirkstoff der Cannabispflanze ähnliche körpereigene Substanz)

En|do|ga|mie, die; -, ...ien ⟨griech.⟩ (*Völkerkunde* Heirat innerhalb von Stamm, Kaste usw.)

en|do|gen ⟨griech.⟩ (im Innern entstehend; von innen kommend); endogene Psychosen

En|do|kard, das; -[e]s, -e ⟨griech.⟩ (*Med.* Herzinnenhaut); **En|do|kar|di|tis**, die; -, ...itiden (Entzündung der Herzinnenhaut)

En|do|karp, das; -s, -e ⟨griech.⟩ (*Bot.* die innerste Schicht der Fruchtwand)

en|do|krin ⟨griech.⟩ (*Med.* mit innerer Sekretion); endokrine Drüsen; **En|do|kri|no|lo|gie**, die; - (Lehre von der inneren Sekretion)

En|do|me|t|ri|o|se, die; -, -n (*Med.* gutartige Wucherung der Gebärmutterschleimhaut)

En|do|pro|the|se ⟨griech.⟩ (*Med.* künstliches Gelenk od. Knochenersatz zur Einpflanzung in den Körper)

En|dor|phin, das; -s, -e ⟨*aus* endo... *u.* Morphin⟩ (*Med., Biol.* körpereigener Eiweißstoff mit schmerzstillender Wirkung)

En|do|s|kop, das; -s, -e ⟨griech.⟩ (*Med.* Instrument zur Untersuchung von Körperhöhlen); **En|do|s|ko|pie**, die; -, ...ien (Untersuchung mit dem Endoskop)

En|do|som, das; -s, -en (*Biol.* durch Einstülpung der Zellmembran aufgenommene Vesikel)

En|do|thel, das; -s, -e, **En|do|the|li|um**, das; -s, ...ien ⟨griech.⟩ (Zellschicht, die Blut- u. Lymphgefäße auskleidet)

en|do|therm ⟨griech.⟩ (*Chemie* Wärme bindend, aufnehmend)

en|do|vas|ku|lar, en|do|vas|ku|lär ⟨griech.; lat.⟩ (*Med.* im Inneren eines Blutgefäßes)

End|pha|se; End|pro|dukt; End|punkt; End|re|dak|ti|on (*bes. österr., schweiz.*); **End|reim; End|rei|ni|gung; End|re|sul|tat; End|run|de**

End|sech|zi|ger; End|sech|zi|ge|rin

End|sil|be; End|spiel; End|spurt; End|sta|di|um; End|stand

end|stän|dig (*Biol.*)

End|sta|ti|on; End|stel|le; End|stück

End|stu|fe; End|sum|me

En|dung; en|dungs|los

En|du|ro, die; -, -s ⟨engl.⟩ (geländegängiges Motorrad)

End|ur|sa|che

End|ver|brau|cher; End|ver|brau|che|rin

end|ver|han|deln

End|vier|zi|ger; End|vier|zi|ge|rin

End|vo|kal (*Sprachwiss.*)

End|zeit; end|zeit|lich; End|zeit|stim|mung (Weltuntergangsstimmung)

End|ziel; End|zif|fer; End|zu|stand

End|zwan|zi|ger; End|zwan|zi|ge|rin

End|zweck

englisch

EnEG, das; - = Energieeinsparungsgesetz

ene, me|ne, mu|h] (Abzählreim, meist mit der Fortsetzung »und raus bist du!«)

Ener|ge|tik, die; - ⟨griech.⟩ (Lehre von der Energie; *Philos.* Auffassung von der Energie als Grundkraft); **ener|ge|tisch** (die Energie betreffend)

Ener|gie, die; -, ...ien; **Ener|gie|an|bie|ter; ener|gie|arm; Ener|gie|auf|wand**

Ener|gie|aus|weis (Dokumentation der für den Energieverbrauch eines Gebäudes bedeutsamen Daten); **ener|gie|au|t|ark**

Ener|gie|be|darf; ener|gie|be|wusst

Ener|gie|bün|del (*ugs. für* energiegeladener Mensch)

ener|gie|ef|fi|zi|ent

Ener|gie|ef|fi|zi|enz *Plur. selten*; **Ener|gie|ef|fi|zi|enz|ge|setz** *Plur. selten (bes. österr.)*; **Ener|gie|ef|fi|zi|enz|klas|se** (zur Kennzeichnung von Geräten, Wohngebäuden, Pkw u. Ä.)

Ener|gie|ein|spa|rung; Ener|gie|er|spar|nis; Ener|gie|er|zeu|gung; Ener|gie|form

ener|gie|ge|la|den

Ener|gie|ge|win|nung; Ener|gie|haus|halt; Ener|gie|im|port

ener|gie|in|ten|siv

Ener|gie|kon|zern; Ener|gie|kos|ten; Ener|gie|kri|se; Ener|gie|lie|fe|rant; Ener|gie|lie|fe|ran|tin

ener|gie|los; Ener|gie|lo|sig|keit, die; -

Ener|gie|netz

Ener|gie|pass (*svw.* Energieausweis)

Ener|gie|po|li|tik; ener|gie|po|li|tisch

Ener|gie|preis

Ener|gie|quel|le

ener|gie|reich

Ener|gie|si|cher|heit *Plur. selten* (*Wirtsch.*)

ener|gie|spa|rend, Ener|gie spa|rend ↑D58

Ener|gie|spa|rer; Ener|gie|spa|re|rin

Ener|gie|spar|haus; Ener|gie|spar|lam|pe; Ener|gie|spar|pro|gramm

Ener|gie|trä|ger; Ener|gie|ver|brauch; Ener|gie|ver|brauchs|kenn|zeich|nung (*Amtsspr.*); **Ener|gie|ver|sor|ger; Ener|gie|ver|sor|gung**

Ener|gie|wen|de (Ersatz der Nutzung von fossilen u. atomaren Energiequellen durch eine ökologische, nachhaltige Energieversorgung)

Ener|gie|wirt|schaft; Ener|gie|zu|fuhr

ener|gisch

Ener|gy|drink, Ener|gy-Drink [ˈɛnədʒi...] ⟨engl.⟩ (Energie spendendes, alkoholfreies Getränk)

Ener|va|ti|on, die; -, -en ⟨lat.⟩ (*Med.* Ausschaltung der Verbindung zwischen Nerv u. dazugehörigem Organ); **ener|vie|ren** (entnerven, entkräften)

Enes|cu, Enes|co (rumän. Komponist u. Geigenvirtuose)

en face [ã ˈfas] ⟨franz.⟩ (von vorn; gegenüber)

en fa|mille [ã faˈmiːj] ⟨franz., »in der Familie«⟩ (*veraltend für* im engsten [Familien]kreis)

En|fant ter|ri|ble [ã'fã ...bl], das; - -, -s -s [- -] ⟨franz.⟩ (jmd., der seine Umgebung durch sein Verhalten schockiert)

eng

– ↑D58: ein **eng anliegendes** *od.* enganliegendes Kleid; **eng befreundete** *od.* engbefreundete Familien; ein **eng bedrucktes** *od.* engbedrucktes Blatt; sie saßen **eng umschlungen** *od.* engumschlungen auf dem Sofa
– ↑D75: die Bereiche sind auf das, aufs **Engste** *od.* auf das, aufs engste miteinander verflochten

Wenn »eng« das Ergebnis der mit einem folgenden einfachen Verb bezeichneten Tätigkeit angibt, kann getrennt oder zusammengeschrieben werden:
– einen Durchgang **eng machen** *od.* engmachen
– die Räume **eng machen** *od.* engmachen (*Fußball*)

Aber:
– ein Blatt eng bedrucken
– du darfst das nicht so eng sehen (*ugs.*)
– den Gürtel enger schnallen

En|ga|din [*auch, schweiz. nur* ...ˈdiːn], das; -s (Talschaft des Inns in der Schweiz); **En|ga|di|ner;** Engadiner Nusstorte

En|ga|ge|ment [ãgaʒ(ə)ˈmãː], das; -s, -s ⟨[An]stellung, bes. eines Künstlers; persönlicher Einsatz⟩

en|ga|gie|ren [ãgaˈʒ...] (verpflichten, binden); sich engagieren (sich einsetzen)

en|ga|giert; En|ga|giert|heit, die; -

eng an|lie|gend, eng|an|lie|gend *vgl.* eng

eng|brüs|tig

En|ge, die; -, -n

En|gel, der; -s, -

En|ge|laut (*für* Frikativ)

En|gel|berg (schweiz. Abtei u. Kurort südl. des Vierwaldstätter Sees)

En|gel|bert (m. Vorn.)

En|gel|brecht (m. Vorn.)

En|gel|chen, En|ge|lein

en|gel|gleich, en|gels|gleich

en|gel|haft; En|gel|haf|tig|keit, die; -; **En|gel|kopf, En|gels|kopf**

En|gel|ma|cher (*ugs. verhüllend für* jmd., der illegale Abtreibungen vornimmt); **En|gel|ma|che|rin**

en|gel|rein; engelreine Stimmen

En|gels (Mitbegründer des Marxismus)

En|gels|burg, die; - (in Rom)

en|gel|schön (*geh.*)

En|gels|ge|duld; En|gels|ge|sicht *Plur.* ...gesichter

en|gels|gleich, en|gel|gleich

En|gels|haar; En|gels|kopf, En|gel|kopf; En|gels|stim|me

En|gels|süß, das; -es (Farnart)

En|gels|zun|gen *Plur.; nur in* mit [Menschen- und mit] Engelszungen (so eindringlich wie möglich) reden

En|gel|wurz (eine Heilpflanze)

en|gen (*selten für* einengen)

En|ger|ling (Maikäferlarve)

eng|her|zig; Eng|her|zig|keit, die; -

Eng|ig|keit, die; -

En|gi|nee|ring [...dʒi'niː...], das; -[s] ⟨engl.⟩ (Ingenieurwesen)

Eng|land; Eng|län|der (*auch Bez. für* einen Schraubenschlüssel); **Eng|län|de|rin**

Eng|lein

eng|lisch

Kleinschreibung ↑D89:
– ein englischer Garten
– englischer Trab
– englische Broschur (ein Bucheinband)
– englische Woche (*Fußball*)
– die englische Krankheit (*veraltet für* Rachitis)

Großschreibung als Bestandteil eines Namens ↑D150:
– der Englische Garten in München
– der Englische Gruß (Gebet)
– das Englische Fräulein (*vgl. d.*)

Vgl. auch deutsch / Deutsch

Englisch

Eng|lisch, das; -[s] (Sprache); vgl. Deutsch; **Eng|li|sche,** das; -n; vgl. ²Deutsche

Eng|li|sche Fräu|lein, das; -n -s, -n - (Angehörige eines Frauenordens)

Eng|li|sche Gruß, der; -n -es ⟨zu Engel⟩ (ein Gebet)

Eng|lisch|horn Plur. ...hörner (ein Holzblasinstrument)

eng|lisch|spra|chig

Eng|lish spo|ken ['ɪŋglɪʃ 'spoʊ...] ⟨engl., [hier wird] »Englisch gesprochen«⟩

Eng|lish|waltz ['ɪŋglɪʃvo:ls], der; -, -, **Eng|lish Waltz,** der; - -, - - (langsamer Walzer)

eng|li|sie|ren [ɛŋ(g)li...] (einem Pferd die niederziehenden Schweifmuskeln durchschneiden, damit es den Schwanz hoch trägt; anglisieren [vgl. d.])

eng ma|chen, eng|ma|chen vgl. eng

eng|ma|schig

Eng|nis, die; -, -se u. das; -ses, -se (schweiz. für enge Stelle)

En|go|be [ã...], die; -, -n ⟨franz.⟩ (keram. Überzugsmasse); **en|go|bie|ren**

Eng|pass

En|gramm, das; -s, -e ⟨griech.⟩ (Med., Psychol. bleibende Spur geistiger Eindrücke, Erinnerungsbild)

en gros [ã 'gro:] ⟨franz.⟩ (im Großen; Ggs. en détail)

En|gros|han|del (Großhandel); **En|gros|preis**

En|gros|sist [ã...] (österr. neben Grossist); **En|gros|sis|tin**

engs|tens; sie sind engstens miteinander vertraut

eng|stir|nig (abwertend); **Eng|stir|nig|keit,** die; -, -en Plur. selten

eng um|grenzt, eng|um|grenzt ↑D 58; **eng um|schlun|gen,** eng|um|schlun|gen vgl. eng; **eng ver|wandt,** eng|ver|wandt ↑D 58

en|har|mo|nisch ⟨griech.⟩ ([von Tönen] dem Klang nach gleich, in der Bez. verschieden, z. B. cis = des); enharmonische Verwechslung

enig|ma|tisch ⟨griech.⟩ (rätselhaft)

En|jam|be|ment [ãʒã(bə)'mã:], das; -s, -s (Verslehre Übergreifen eines Satzes auf den nächsten Vers)

en|kaus|tie|ren ⟨griech.⟩ (bild. Kunst mit flüssigem Wachs verschmolzene Farbe auftragen); **En|kaus|tik,** die; -; **en|kaus|tisch**

¹**En|kel,** der; -s, - (landsch. für Fußknöchel)

²**En|kel,** der; -s, - (Kindeskind); **En|ke|lin; En|kel|kind; En|kel|sohn; En|kel|toch|ter**

En|kel|trick (das Vortäuschen einer verwandtschaftlichen Beziehung zu betrügerischen Zwecken)

En|kla|ve, die; -, -n ⟨franz.⟩ (ein fremdstaatl. Gebiet im eigenen Staatsgebiet); vgl. Exklave

En|kli|se, En|kli|sis ⟨griech.⟩ die; -, ...isen (Sprachwiss. Anlehnung eines unbetonten Wortes an das vorausgehende betonte)

En|kli|ti|kon, das; -s, Plur. ...ka od. ...ken (Sprachwiss. unbetontes Wort, das sich an das vorhergehende betonte anlehnt, z. B. in ugs. »kommste« für »kommst du«); **en|kli|tisch**

En|ko|der usw. vgl. Encoder usw.

En|ko|mi|on, En|ko|mi|um ⟨griech.⟩ das; -s, ...ien (Lobrede, -schrift)

en masse [ã 'mas] ⟨franz.⟩ (ugs. für massenhaft, gehäuft)

en mi|ni|a|ture [ã ...'tyːʀ] ⟨franz.⟩ (im Kleinen)

en|net (schweiz. mdal. für jenseits); Präp. mit Gen. od. Dat.; ennet des Gebirges od. dem Gebirge; **en|net|bir|gisch** (schweiz. für jenseits der Alpen gelegen); **en|net|rhei|nisch** (schweiz. für jenseits des Rheins gelegen)

En|no (ostfries. m. Vorn.)

¹**Enns,** die; - (rechter Nebenfluss der Donau)

²**Enns** (Stadt in Oberösterreich)

Enns|tal, das; -[e]s (Tal in der Steiermark); **Enns|ta|ler Al|pen**

en|nu|yie|ren [ãny'ji:...] (veraltet für langweilen)

enorm ⟨franz.⟩ (außerordentlich; sehr); **Enor|mi|tät,** die; -, -en

en pas|sant [ã ...'sãː] ⟨franz.⟩ (im Vorübergehen; beiläufig)

en pro|fil [ã -] ⟨franz.⟩ (im Profil, von der Seite)

En|quete, schweiz. häufig **En|quête** [ãˈkɛːt], die; -, -n ⟨franz.⟩ (Untersuchung, Erhebung; österr. auch für Arbeitstagung); **En|quete|kom|mis|si|on**

en|ra|giert [ãraˈʒiːɐ̯t] ⟨franz.⟩ (veraltet für leidenschaftlich erregt)

en route [ã 'ruːt] ⟨franz.⟩ (unterwegs)

En|sem|ble [ã'sãːbl], das; -s, -s ⟨franz.⟩ (ein zusammengehörendes Ganzes; Künstlergruppe; mehrteiliges [Damen]kleidungsstück)

En|sem|ble|mit|glied; En|sem|ble|spiel, das; -[e]s

En|si|la|ge [ã...ʒə], Si|la|ge [...ʒə], die; -, -n ⟨franz.⟩ (Gärfutter[bereitung])

En|sor (belg. Maler)

en suite [ã ˈsy̆it] ⟨franz.⟩ (ununterbrochen)

ent... (Vorsilbe von Verben, z. B. entführen, du entführst, er hat ihn entführt, zu entführen)

...ent (z. B. Referent, der; -en, -en)

ent|am|ten (veraltet für des Amtes entheben); **Ent|am|tung**

ent|ar|ten; ent|ar|tet; entartete Kunst (Nationalsoz.)

Ent|ar|tung

ent|aschen; Ent|aschung

En|ta|se, En|ta|sis, die; -, ...asen ⟨griech.⟩ (Archit. Schwellung des Säulenschaftes)

ent|as|ten, ent|äs|ten (Äste entfernen)

ent|äu|ßern, sich (geh. für sich von etwas trennen); ich entäußere mich allen Besitzes; **Ent|äu|ße|rung**

Ent|bal|lung; Entballung von Industriegebieten

ent|beh|ren; ein Buch entbehren; des Trostes entbehren

ent|behr|lich; Ent|behr|lich|keit, die; -

Ent|beh|rung; ent|beh|rungs|reich; ent|beh|rungs|voll

ent|bei|nen (Knochen aus etwas entfernen)

ent|bie|ten (geh.); Grüße entbieten

ent|bin|den; Ent|bin|dung

Ent|bin|dungs|pfle|ger (Berufsbez.); **Ent|bin|dungs|pfle|ge|rin**

Ent|bin|dungs|sta|ti|on

ent|blät|tern; sich entblättern

ent|blö|den; nur in sich nicht entblöden (sich nicht scheuen)

ent|blö|ßen; du entblößt; sich entblößen; **Ent|blö|ßung**

ent|bren|nen (geh.)

ent|bü|ro|kra|ti|sie|ren; Ent|bü|ro|kra|ti|sie|rung

Ent|chen

ent|chlo|ren; Trinkwasser entchloren

ent|de|cken; Ent|de|cker; Ent|de|cker|freu|de; Ent|de|cke|rin; entdeckerisch

Ent|de|ckung; Ent|de|ckungs|fahrt; Ent|de|ckungs|rei|se; Ent|de|ckungs|rei|sen|de

ent|dröh|nen (Technik dröhnende

entgräten

Geräusche dämpfen); **Ent|dröh|nung**
ent|dun|keln; ich entdunk[e]lle
En|te, die; -, -n (ugs. auch für falsche [Presse]meldung); ↑D 151: kalte od. Kalte Ente (ein Getränk)
ent|eh|ren; ent|eh|rend; **Ent|eh|rung**
ent|eig|nen; **Ent|eig|nung**
ent|ei|len (geh.)
ent|ei|sen (von Eis befreien); du enteist; er/sie enteis|te; enteist
ent|ei|se|nen (von Eisen befreien); du enteisenst; enteisent; enteisentes Wasser; **Ent|ei|se|nung**
Ent|ei|sung (Befreiung von Eis)
En|te|le|chie, die; -, ...ien (griech.) (Philos. im Organismus liegende Kraft zur Entwicklung der Anlagen); **en|te|le|chisch**
En|ten|bra|ten; **En|ten|brust**; **En|ten|ei**; **En|ten|grüt|ze**, die; - (Geflecht von Wasserlinsen); **En|ten|kü|ken** vgl. ¹Küken
En|tente [ãˈtãːt], die; -, -n (franz.) (Bündnis zwischen Staaten); ↑D 150: die Kleine Entente (Geschichte); **En|tente cor|di|a|le** [- ...ˈdjal], die; - - (Bez. für das franz.-engl. Bündnis nach 1904)
En|ten|teich; **En|ten|wal**
¹**En|ter**, das, auch der; -s, - (norddt. für einjähr. Fohlen, Kalb)
²**En|ter** ohne Artikel gebr. (engl., »eingeben«) (kurz für Entertaste)
ent|er|ben
En|ter|brü|cke
En|ter|bung
En|ter|ha|ken
En|te|rich, der; -s, -e (m. Ente)
En|te|ri|tis, die; -, ...itiden (griech.) (Med. Darmentzündung)
en|tern (niederl.) (auf etwas klettern); ein Schiff entern (mit Enterhaken festhalten und erobern); ich entere
En|te|ro|kly|se, die; -, -n (griech.) (Med. Darmspülung)
En|te|ro|s|kop, das; -s, -e (Med. Endoskop zur Untersuchung des Dickdarms)
En|te|ro|s|to|mie, die; -, ...ien (Med. Anlegung eines künstlichen Afters)
En|ter|tai|ner [...teɪ...], der; -s, - (engl.) ([berufsmäßiger] Unterhalter); **En|ter|tai|ne|rin**; **En|ter|tain|ment** [...teɪn...], das; -s
En|ter|tas|te (Taste zur Befehlsbestätigung auf der Computertastatur)
En|te|rung

ent|fa|chen (geh.); **Ent|fa|chung**
ent|fah|ren; ein Fluch entfuhr ihm
Ent|fall, der; -[e]s (bes. bayr., österr. für Wegfall)
ent|fal|len
ent|falt|bar; ent|fal|ten; sich entfalten; **Ent|fal|tung**; **Ent|fal|tungs|mög|lich|keit**
ent|fär|ben; **Ent|fär|ber** (Entfärbungsmittel)
ent|fer|nen; sich entfernen
ent|fernt; weit davon entfernt, das zu tun; entfernt verwandt sein; nicht im Entferntesten
Ent|fer|nung; in einer Entfernung von 4 Meter[n]; **Ent|fer|nungs|mes|ser**, der; **Ent|fer|nungs|pau|scha|le**
ent|fes|seln; **Ent|fes|se|lung**, seltener **Ent|fess|lung**
Ent|fes|se|lungs|künst|ler; **Ent|fes|se|lungs|künst|le|rin**
ent|fes|ti|gen; Metalle entfestigen (weich[er] machen); **Ent|fes|ti|gung**
ent|fet|ten; **Ent|fet|tung**; **Ent|fet|tungs|kur**
ent|feuch|ten; **Ent|feuch|ter** (Gerät, das der Luft Feuchtigkeit entzieht); **Ent|feuch|tung**
ent|flamm|bar; ent|flam|men (geh.); ent|flammt; **Ent|flam|mung**
ent|flech|ten; er/sie entflicht (auch entflechtet); er/sie entflocht (auch entflechtete); entflochten; **Ent|flech|tung**
ent|flie|chen (altertümelnd scherzh. für entfliehen)
ent|flie|gen
ent|flie|hen
ent|frem|den; sich entfremden; **Ent|frem|dung**
ent|freun|den (salopp); sich [von jmdm.] entfreunden (jmdn. in einem sozialen Netzwerk als Freund entfernen)
ent|fris|ten (von einer Befristung lösen); Tarifverträge entfristen; **Ent|fris|tung**
ent|fros|ten; **Ent|fros|ter**; **Ent|fros|tung**
ent|füh|ren; **Ent|füh|rer**; **Ent|füh|re|rin**; **Ent|füh|rung**
ent|ga|sen; du entgast; **Ent|ga|sung**
ent|ge|gen; entgegen meinem Vorschlag od. seltener meinem Vorschlag entgegen
ent|ge|gen... (in Zus. mit Verben, z. B. entgegenkommen, du kommst entgegen, entgegengekommen, entgegenzukommen)
ent|ge|gen|bli|cken

ent|ge|gen|brin|gen; das entgegengebrachte Vertrauen
ent|ge|gen|fah|ren; ent|ge|gen|fie|bern; ent|ge|gen|ge|hen
ent|ge|gen|ge|setzt; aber das Entgegengesetzte ↑D 72; er ging in die entgegengesetzte Richtung
ent|ge|gen|ge|setz|ten|falls (Amtsspr.)
ent|ge|gen|hal|ten
ent|ge|gen|kom|men; **Ent|ge|gen|kom|men**, das; -s; ent|ge|gen|kom|mend; ent|ge|gen|kom|men|der|wei|se; aber in entgegenkommender Weise
ent|ge|gen|lau|fen
Ent|ge|gen|nah|me, die; -, -n; ent|ge|gen|neh|men
ent|ge|gen|schla|gen; ent|ge|gen|schleu|dern; ent|ge|gen|se|hen
ent|ge|gen|set|zen; ent|ge|gen|set|zend (auch für adversativ)
ent|ge|gen|ste|hen; ent|ge|gen|stel|len; ent|ge|gen|stem|men, sich; ent|ge|gen|stre|cken; ent|ge|gen|tre|ten; ent|ge|gen|wir|ken
ent|geg|nen (erwidern); **Ent|geg|nung**
ent|ge|hen; ich lasse mir nichts entgehen
ent|geis|tert (sprachlos; verstört)

Entgelt

Das Wort bezeichnet eine als Gegenleistung für geleistete Arbeit gewährte Bezahlung. Es ist vom Verb entgelten abgeleitet und wird deshalb auch am Ende mit t geschrieben.

Ent|gelt, das; -[e]s, -e; gegen, ohne Entgelt; ent|gel|ten (geh.); er lässt mich keine Nachlässigkeit nicht entgelten; **Ent|gelt|er|hö|hung**; ent|gelt|lich (gegen Bezahlung); **Ent|gelt|ord|nung** (verbindliche Regelung der Bezahlung Angestellter nach Berufsgruppen, bes. im öffentlichen Dienst); **Ent|gelt|ta|rif**
ent|gif|ten; **Ent|gif|tung**
ent|glei|sen; du entgleist; er/sie entgleis|te; **Ent|glei|sung**
ent|glei|ten
ent|glo|ri|fi|zie|ren; **Ent|glo|ri|fi|zie|rung**
ent|got|ten
ent|göt|tern; ich entgöttere; **Ent|göt|te|rung**
Ent|got|tung
ent|gra|ten; entgratetes Eisen
ent|grä|ten; entgräteter Fisch

ent|gren|zen (*geh. für* aus der Begrenztheit lösen); Ent|gren|zung
ent|haa|ren; Ent|haa|rung; Ent|haa|rungs|mit|tel, das
ent|haf|ten (*bes. österr. für* aus der Haft entlassen); Ent|haf|tung
ent|hal|ten; sich enthalten; ich enthielt mich der Stimme
ent|halt|sam; Ent|halt|sam|keit, die; -
Ent|hal|tung
ent|här|ten; Ent|här|ter; Ent|här|tung
ent|haup|ten; Ent|haup|tung
ent|häu|ten; Ent|häu|tung
ent|he|ben (*geh.*); jmdn. seines Amtes entheben; Ent|he|bung
ent|hei|li|gen; Ent|hei|li|gung
ent|hem|men (*Psychol.*); Ent|hemmt|heit, die; -; Ent|hem|mung
ent|hül|len; Ent|hül|lung; Ent|hül|lungs|jour|na|lis|mus; Ent|hül|lungs|platt|form (Internetseite, auf der geheime Informationen veröffentlicht werden); Ent|hül|lungs|ro|man
ent|hül|sen
ent|hu|ma|ni|sie|ren; Ent|hu|ma|ni|sie|rung
en|thu|si|as|mie|ren ⟨franz.⟩ (begeistern); En|thu|si|as|mus, der; - ⟨griech.⟩ (Begeisterung; Leidenschaftlichkeit)
En|thu|si|ast, der; -en, -en; En|thu|si|as|tin; en|thu|si|as|tisch
ent|ideo|lo|gi|sie|ren (von ideologischen Vorurteilen befreien); Ent|ideo|lo|gi|sie|rung
En|ti|tät, die; -, -en ⟨lat.⟩ (*Philos.* Dasein im Unterschied zum Wesen eines Dinges)
ent|jung|fern; ich entjungfere; Ent|jung|fe|rung
ent|kal|ken; Ent|kal|ker (*ugs.*); Ent|kal|kung
ent|kei|men; Ent|kei|mung
ent|ker|nen; Früchte entkernen; Ent|ker|ner; Ent|ker|nung
ent|klei|den; Ent|klei|dung
Ent|klei|dungs|sze|ne (im Film, Theaterstück)
ent|kno|ten
ent|kof|fei|ni|e|ren; entkoffeinierter Kaffee
ent|ko|lo|ni|a|li|sie|ren; Ent|ko|lo|ni|a|li|sie|rung
ent|kom|men; Ent|kom|men, das; -s
ent|kop|peln; Ent|kop|pe|lung, Ent|kopp|lung
ent|kor|ken
ent|kräf|ten; Ent|kräf|tung
ent|kramp|fen; Ent|kramp|fung

ent|krau|ten; den Boden entkrauten
ent|kri|mi|na|li|sie|ren; Ent|kri|mi|na|li|sie|rung, die; -
ent|la|den; sich entladen; *vgl.* ¹laden; Ent|la|dung

ent|lang
Präposition
Bei Nachstellung mit Akkusativ; schweiz., sonst selten mit Dativ:
– den Wald entlang (*selten:* dem Wald entlang)
Bei Voranstellung mit Genitiv, seltener mit Dativ:
– entlang des Flusses (*seltener:* entlang dem Fluss; *veraltet mit Akkusativ:* entlang den Fluss)
Adverb:
– sich an der Mauer entlang aufstellen
– einen Weg am Ufer entlang verfolgen
– *Zusammenschreibung:* am, das Ufer entlanglaufen usw.

ent|lang... (in Zus. mit Verben, z. B. entlanglaufen, du läufst entlang, entlanggelaufen, entlangzulaufen)
ent|lang|fah|ren; ent|lang|füh|ren; ent|lang|ge|hen; ent|lang|kom|men; ent|lang|lau|fen; ent|lang|zie|hen
ent|lar|ven [...f...]; Ent|lar|vung
Ent|lass... (*südd. in Zus. für* Entlassungs..., z. B. Entlassfeier)
ent|las|sen; Ent|las|sung
Ent|las|sungs|fei|er; Ent|las|sungs|grund; Ent|las|sungs|pa|pie|re *Plur.*; Ent|las|sungs|schein
Ent|las|sungs|schü|ler; Ent|las|sungs|schü|le|rin
Ent|las|sungs|wel|le
ent|las|ten; Ent|las|tung
Ent|las|tungs|an|griff; Ent|las|tungs|ma|te|ri|al; Ent|las|tungs|schlag
Ent|las|tungs|zeu|ge; Ent|las|tungs|zeu|gin
Ent|las|tungs|zug
ent|lau|ben; Ent|lau|bung
ent|lau|fen
ent|lau|sen; Ent|lau|sung; Ent|lau|sungs|schein
Ent|lin|buch, das; -s (schweiz. Landschaft)
ent|le|di|gen; sich der Aufgabe entledigen; Ent|le|di|gung
ent|lee|ren; Ent|lee|rung
ent|le|gen; Ent|le|gen|heit, die; - (*geh.*)

ent|leh|nen; Ent|leh|nung
ent|lei|ben, sich (*geh. für* sich töten)
ent|lei|hen (für sich leihen); Ent|lei|her; Ent|lei|he|rin; Ent|lei|hung
Ent|lein; ein hässliches Entlein (*ugs. für* unattraktiver [junger] Mensch) ↑D89
ent|lie|ben, sich (*scherzh. für* aufhören zu lieben)
ent|lo|ben, sich; Ent|lo|bung
ent|lo|cken
ent|loh|nen, *schweiz.* ent|löh|nen Ent|loh|nung, *schweiz.* Ent|löh|nung
ent|lüf|ten; Ent|lüf|ter
Ent|lüf|tung; Ent|lüf|tungs|hau|be; Ent|lüf|tungs|ven|til
ent|mach|ten; Ent|mach|tung
ent|mag|ne|ti|sie|ren
ent|man|nen; Ent|man|nung
ent|men|schen; ent|mensch|li|chen; ent|menscht
ent|mie|ten (Mieter zum Auszug veranlassen)
ent|mi|li|ta|ri|sie|ren; entmilitarisierte Zone; Ent|mi|li|ta|ri|sie|rung
ent|mi|schen (*Chemie, Technik*); Ent|mi|schung
ent|mis|ten; Ent|mis|tung
ent|mün|di|gen; Ent|mün|di|gung
ent|mu|ti|gen; Ent|mu|ti|gung
ent|mys|ti|fi|zie|ren (mystische Vorstellungen von etw. beseitigen); Ent|mys|ti|fi|zie|rung
ent|my|thi|sie|ren (*svw.* entmythologisieren); Ent|my|thi|sie|rung
ent|my|tho|lo|gi|sie|ren (mythische od. irrationale Vorstellungen von etw. beseitigen); Ent|my|tho|lo|gi|sie|rung
Ent|nah|me, die; -, -n
ent|na|ti|o|na|li|sie|ren (ausbürgern; die Verstaatlichung rückgängig machen); Ent|na|ti|o|na|li|sie|rung
ent|na|zi|fi|zie|ren; Ent|na|zi|fi|zie|rung
ent|neh|men; [aus] den Worten entnehmen
ent|ner|ven; ent|nervt; Ent|ner|vung
En|to|derm, das; -s, -e ⟨griech.⟩ (*Biol.* inneres Keimblatt des Embryos)
ent|ölen; entölter Kakao
En|to|mo|lo|ge, der; -n, -n ⟨griech.⟩ (Insektenforscher); En|to|mo|lo|gie, die; -; En|to|mo|lo|gin; en|to|mo|lo|gisch
en|to|pisch ⟨griech.⟩ (*fachspr. für* am Ort befindlich, einheimisch)
en|t|op|tisch ⟨griech.⟩ (*Med.* im Innern des Auges gelegen)

Entseuchung

en|t|o|tisch ⟨griech.⟩ (Med. im Innern des Ohres entstehend)
En|tou|ra|ge [ãtuˈraːʒə], die; -, -n ⟨franz.⟩ (persönliches Umfeld, Gefolge)
ent|pa|cken (EDV komprimierte Dateien wieder in die Ausgangsform bringen)
ent|per|sön|li|chen (das Persönliche bei etwas ausschalten); Ent|per|sön|li|chung
ent|pflich|ten (von Amtspflichten entbinden); Ent|pflich|tung
ent|po|li|ti|sie|ren; Ent|po|li|ti|sie|rung
ent|pul|pen (fachspr. für [Rübenzuckersaft] entfasern)
ent|pup|pen, sich; Ent|pup|pung
ent|quel|len (geh.)
ent|rah|men; Ent|rah|mer (Maschine, mit der die Milch entrahmt wird); Ent|rah|mung
ent|ra|ten (veraltend für entbehren); des Brotes [nicht] entraten können
ent|rät|seln; Ent|rät|se|lung, seltener Ent|räts|lung
ent|rau|chen (bes. Fachspr.); Ent|rau|chung; Ent|rau|chungs|an|la|ge
En|t|re|akt [ãtrəˈlakt, auch ãˈtrakt], der; -[e]s, -e ⟨franz.⟩ (Theater Zwischenakt, Zwischenspiel, Zwischenmusik)
ent|rech|ten; Ent|rech|tung
En|t|re|cote [ãtrəˈkoːt], das; -[s], -s ⟨franz.⟩ (Rippenstück vom Rind)
En|t|ree, En|t rée [ãˈtreː], das; -s, -s ⟨franz.⟩ (Eintritt[sgeld], Eingang; Vorspeise; Eröffnungsmusik [bei Balletten]); En|t|ree|tür, En|t|rée|tür
ent|rei|ßen
en|t|re nous [ãː... ˈnuː] ⟨franz., »unter uns«⟩ (selten für ungezwungen, vertraulich)
En|t|re|pot [ãtrəˈpoː], das; -, -s ⟨franz.⟩ (zollfreier Stapelplatz)
En|t|re|pre|neur [ãtrəprəˈnøːɐ], der; -s, -e ⟨franz.⟩ (Wirtsch. Unternehmer, Firmengründer); En|t|re|pre|neu rin; En|t|re|pre|neur|ship [...ʃɪp], die; -, -s od. das; -[s], -s ⟨engl.⟩ (Existenzgründungsmanagement; Unternehmergeist)
ent|rich|ten; Ent|rich|tung
ent|rie|geln; Ent|rie|ge|lung
ent|rin|den; Bäume entrinden
ent|rin|gen, sich (geh.); ein Seufzer entrang sich ihr
ent|rin|nen ⟨geh.⟩; Ent|rin|nen, das; -s

ent|rol|len; sich entrollen
En|tro|pie, die; -, ...ien ⟨griech.⟩ (Physik Größe der Thermodynamik; Informationstheorie Größe des Nachrichtengehalts einer Zeichenmenge)
ent|ros|ten; Ent|ros|ter (Mittel gegen Rost); Ent|ros|tung
ent|rü|cken (geh.); Ent|rückt|heit
Ent|rü|ckung
ent|rüm|peln; ich entrümp[e]le; Ent|rüm|pe|lung, seltener Ent|rümp|lung
ent|ru|ßen; den Ofen entrußen
ent|rüs|ten; sich entrüsten; ent|rüs|tet
Ent|rüs|tung; Ent|rüs|tungs|sturm
ent|saf|ten; Ent|saf|ter
ent|sa|gen (geh.); dem Vorhaben entsagen; Ent|sa|gung (geh.); ent|sa|gungs|voll
ent|sah|nen
ent|sal|zen; entsalzt; Ent|sal|zung
Ent|satz, der; -es; jmdm. Entsatz bringen
ent|säu|ern; Ent|säu|e|rung
ent|schä|di|gen; Ent|schä|di|gung; Ent|schä|di|gungs|sum|me
ent|schär|fen; Ent|schär|fung
ent|scheid, der; -[e]s, -e
ent|schei|den; sich für od. gegen etwas entscheiden; ent|schei|dend; Ent|schei|der; Ent|schei|de|rin
Ent|schei|dung
Ent|schei|dungs|be|fug|nis; Ent|schei|dungs|fin|dung; Ent|schei|dungs|fra|ge (Sprachwiss.); Ent|schei|dungs|frei|heit; Ent|schei|dungs|ge|walt; Ent|schei|dungs|hil|fe; Ent|schei|dungs|pro|zess; Ent|schei|dungs|schlacht
Ent|schei|dungs|schwach; ent|schei|dungs|schwer (geh.)
Ent|schei|dungs|spiel
Ent|schei|dungs|trä|ger; Ent|schei|dungs|trä|ge|rin
ent|schie|den; auf das, aufs Entschiedens|te od. auf das, aufs entschiedens|te; Ent|schie|den|heit, die; -
ent|schla|cken; Ent|schla|ckung; Ent|schla|ckungs|kur
ent|schla|fen (geh., verhüllend für sterben); Ent|schla|fe|ne, der u. die; -n, -n
ent|schla|gen, sich (veraltet); sich aller Sorgen entschlagen
ent|schläm|men; Ent|schläm|mung
ent|schlei|ern (geh.); ich entschleiere; Ent|schlei|e|rung
ent|schleu|ni|gen; Ent|schleu|ni-

gung, die; -, -en (Verlangsamung einer Entwicklung o. Ä.)
ent|schlie|ßen, sich; sie entschloss sich; Ent|schlie|ßung; Ent|schlie|ßungs|an|trag (Politik)
ent|schlos|sen; Ent|schlos|sen|heit, die; -
ent|schlüp|fen
Ent|schluss
ent|schlüs|seln; Ent|schlüs|se|lung, Ent|schlüss|lung
ent|schluss|fä|hig; Ent|schluss|fä|hig|keit, die; -
Ent|schluss|frei|heit, die; -; Ent|schluss|freu|dig|keit, die; -; Ent|schluss|kraft
ent|schluss|los; Ent|schluss|lo|sig|keit, die; -
Ent|schlüss|lung, Ent|schlüs|se|lung
ent|schrot|ten; Ent|schrot|tung
ent|schuld|bar; Ent|schuld|bar|keit, die; -
ent|schul|den (Schulden senken)
ent|schul|di|gen; sich wegen od. für etwas entschuldigen
Ent|schul|di|gung
ent|schul|di|gungs|brief; Ent|schul|di|gungs|grund; Ent|schul|di|gungs|schrei|ben
Ent|schul|dung
ent|schup|pen
ent|schwe|ben (geh., häufig iron.)
ent|schwe|feln; Ent|schwe|fe|lung, Ent|schwef|lung
ent|schwei|ßen ([Wolle] von Schweiß u. Fett reinigen)
ent|schwin|den (geh.)
ent|seelt (geh. für tot)
Ent|see|lung, die; - (geh. für das Seelenloswerden); die Entseelung der Umwelt
Ent|sen|de|ge|setz (Gesetz, das tarifliche Mindestlöhne im Baugewerbe auch für ausländische Arbeitnehmer vorsieht)
ent|sen|den; Ent|sen|dung
ent|set|zen; sich entsetzen
Ent|set|zen, das; -s; Entsetzen erregen
ent|set|zen|er|re|gend, Ent|setzen er|re|gend; ein entsetzenerregender od. Entsetzen erregender Anblick, aber nur ein äußerstes Entsetzen erregender Anblick, ein äußerst entsetzenerregender Anblick ↑D 58
Ent|set|zens|schrei
ent|setz|lich; Ent|setz|lich|keit
ent|setzt
ent|seu|chen (fachspr. für desinfizieren); Ent|seu|chung

entsichern

ent|si|chern; das Gewehr entsichern
ent|sie|geln; Ent|sie|ge|lung, Ent|sieg|lung
ent|sin|nen, sich; ich habe mich deiner entsonnen
ent|sinn|li|chen; Ent|sinn|li|chung, die; -
ent|sitt|li|chen; Ent|sitt|li|chung, die; -
Ent|so|li|da|ri|sie|rung
ent|sor|gen; Ent|sor|ger; Ent|sor|ge|rin; Ent|sor|gung (Beseitigung von Müll u. Ä.)
ent|span|nen, sich entspannen; ent|spannt; entspanntes Wasser
Ent|span|nung; Ent|span|nungs|po|li|tik; Ent|span|nungs|übung
ent|sper|ren; ein Handy entsperren
ent|spie|geln; eine Brille entspiegeln; Ent|spie|ge|lung, seltener Ent|spieg|lung
ent|spin|nen, sich
ent|spre|chung
ent|spre|chend; entsprechend seinem Vorschlag od. seinem Vorschlag entsprechend; ↑D 72: Entsprechendes, das Entsprechende gilt für …
Ent|spre|chung
ent|sprie|ßen (geh.)
ent|sprin|gen
ent|sta|li|ni|sie|ren; Ent|sta|li|ni|sie|rung, die; -
ent|stam|men
ent|stau|ben; Ent|stau|bung
ent|ste|hen
Ent|ste|hung; Ent|ste|hungs|ge|schich|te; Ent|ste|hungs|ort; Ent|ste|hungs|ur|sa|che; Ent|ste|hungs|zeit
ent|stei|gen (geh.)
ent|stei|nen; Kirschen entsteinen
ent|stel|len (verunstalten); ent|stellt; Ent|stel|lung
ent|stem|peln; die Nummernschilder wurden entstempelt
ent|sti|cken (Chemie Stickoxide aus Rauchgasen entfernen); Ent|sti|ckung
ent|stoff|li|chen
ent|stö|ren
Ent|stö|rung; Ent|stö|rungs|dienst
ent|strö|men (geh.)
ent|süh|nen (geh.); Ent|süh|nung
ent|sump|fen; Ent|sump|fung
ent|ta|bu|i|sie|ren, ent|ta|bu|li|sie|ren ([einer Sache] den Charakter des Tabus nehmen); Ent|ta|bu|i|sie|rung, Ent|ta|bu|li|sie|rung
ent|tar|nen; Ent|tar|nung
ent|täu|schen; ent|täu|schend; ent|täuscht

Ent|täu|schung; ent|täu|schungs|reich
ent|tee|ren; Ent|tee|rung
ent|thro|nen; Ent|thro|nung
ent|trüm|mern; Ent|trüm|me|rung
ent|völ|kern; ich entvölkere; Ent|völ|ke|rung
entw. = entweder
ent|wach|sen
ent|waff|nen; Ent|waff|nung
ent|wal|den; Ent|wal|dung
ent|wan|zen; Ent|wan|zung
ent|war|nen; Ent|war|nung
ent|wäs|sern
Ent|wäs|se|rung, Ent|wäss|rung
Ent|wäs|se|rungs|gra|ben
Ent|wäs|s|rung, Ent|wäss|lung
ent|we|der [auch …'ve:…] (Abk. entw.); nur in entweder – oder
Ent|we|der-oder, das; -, - ↑D 81
ent|wei|chen vgl. ²weichen; Ent|weich|ge|schwin|dig|keit (svw. Fluchtgeschwindigkeit); Ent|wei|chung
ent|wei|hen; Ent|wei|hung
ent|wen|den; ich entwendete, habe entwendet; Ent|wen|dung
ent|wer|fen; Pläne entwerfen; Ent|wer|fer; Ent|wer|fe|rin
ent|wer|ten; Ent|wer|ter (Automat); Ent|wer|tung
ent|we|sen; ein Gebäude entwesen (fachspr. für von Ungeziefer reinigen); Ent|we|sung
ent|wi|ckeln; sich entwickeln; ich entwick[e]le mich; Ent|wi|cke|lung vgl. Entwicklung
Ent|wick|ler (Fotogr.)
Ent|wick|lung, Ent|wi|cke|lung; Ent|wick|lungs|dienst
ent|wick|lungs|fä|hig
Ent|wick|lungs|ge|schich|te; ent|wick|lungs|ge|schicht|lich
Ent|wick|lungs|ge|setz; Ent|wick|lungs|grad
Ent|wick|lungs|hel|fer; Ent|wick|lungs|hel|fe|rin
ent|wick|lungs|hem|mend
Ent|wick|lungs|hil|fe; Ent|wick|lungs|jah|re Plur.; Ent|wick|lungs|kos|ten Plur.; Ent|wick|lungs|land Plur. …länder; Ent|wick|lungs|li|nie
Ent|wick|lungs|mi|nis|ter (ugs.); Ent|wick|lungs|mi|nis|te|rin; Ent|wick|lungs|mi|nis|te|ri|um (ugs.)
Ent|wick|lungs|mög|lich|keit meist Plur.; Ent|wick|lungs|pha|se
Ent|wick|lungs|po|li|tik; ent|wick|lungs|po|li|tisch
Ent|wick|lungs|po|ten|zi|al, Ent|wick|lungs|po|ten|ti|al
Ent|wick|lungs|pro|jekt; Ent|wick-

lungs|pro|zess; Ent|wick|lungs|ro|man; Ent|wick|lungs|stö|rung; Ent|wick|lungs|stu|fe; Ent|wick|lungs|zeit
ent|wid|men (Amtsspr. einer bestimmten Benutzung entziehen); einen Weg entwidmen; Ent|wid|mung
ent|win|den vgl. ¹winden
ent|wirr|bar
ent|wir|ren; Ent|wir|rung
ent|wi|schen (ugs. für entkommen)
ent|wöh|nen; Ent|wöh|nung
ent|wöl|ken, sich (geh.); Ent|wöl|kung
ent|wür|di|gen; Ent|wür|di|gung
Ent|wurf; Ent|wurfs|ge|schwin|dig|keit (Richtwert im Straßenbau); Ent|wurfs|zeich|nung
ent|wur|men; Ent|wur|mung
ent|wur|zeln; ich entwurz[e]le; Ent|wur|ze|lung, seltener Ent|wurz|lung
ent|zau|bern; ich entzaubere; Ent|zau|be|rung
ent|zer|ren; Ent|zer|rer (Technik); Ent|zer|rung
ent|zie|hen; sich entziehen
Ent|zie|hung; Ent|zie|hungs|er|schei|nung; Ent|zie|hungs|kur
ent|zif|fer|bar
Ent|zif|fe|rer; ent|zif|fern; ich entziffere; Ent|zif|fe|rung
ent|zü|cken; Ent|zü|cken, das; -s (geh.); ent|zü|ckend; Ent|zü|ckung (geh.)
Ent|zug, der; -[e]s, …züge; Ent|zugs|er|schei|nung
ent|zünd|bar; ent|zün|den; sich entzünden
ent|zun|dern (für dekapieren); ich entzundere
ent|zünd|lich; ein leicht entzündliches od. leichtentzündliches Gemisch; Ent|zünd|lich|keit, die; -
Ent|zün|dung; ent|zün|dungs|hem|mend; Ent|zün|dungs|herd
ent|zwei; entzwei sein ↑D 49
ent|zwei… (in Zus. mit Verben, z. B. entzweibrechen, du brichst entzwei, entzweigebrochen, entzweizubrechen)
ent|zwei|bre|chen
ent|zwei|en; sich entzweien
ent|zwei|ge|hen; ent|zwei|hau|en; ent|zwei|rei|ßen; ent|zwei|schnei|den
Ent|zwei|ung
Enu|me|ra|ti|on, die; -, -en (lat.) (fachspr. für Aufzählung); enu|me|ra|tiv (fachspr. für aufzählend)

Epilation

E-Nummer (europäische Kennziffer für Zusatzstoffe in Lebensmitteln); E 101 *od.* E101 (Riboflavin)

En|ve|lop|pe [ãvəˈlɔp(ə)], die; -, -n ⟨franz.⟩ (*Math.* einhüllende Kurve)

En|vi|ron|ment [ɛnˈvaɪrənmənt], das; -s, -s ⟨amerik.⟩ (*Kunstwiss.* künstlerisch gestalteter Raum); **en|vi|ron|men|tal**

En|vi|ron|to|lo|gie, die; - (Umweltforschung)

en vogue [ãˈvoːk] ⟨franz.⟩ (beliebt; modisch; im Schwange)

En|vo|yé [ãvoaˈjeː], der; -s, -s ⟨franz. für Gesandter⟩

Enz, die; - (linker Nebenfluss des Neckars)

En|ze|pha|li|tis, die; -, ...itiden ⟨griech.⟩ (*Med.* Gehirnentzündung); **En|ze|pha|lo|gramm**, das; -s, -e (Röntgenbild der Gehirnkammern); **En|ze|pha|lo|pa|thie**, die; -, ...ien (Erkrankung des Gehirns)

En|zi|an, der; -s, -e (eine Alpenpflanze; ein alkohol. Getränk); 3 [Glas] Enzian; **en|zi|an|blau**

En|zy|k|li|ka, die; -, ...ken ⟨griech.⟩ (päpstl. Rundschreiben)

en|zy|k|lisch (einen Kreis durchlaufend)

En|zy|k|lo|pä|die, die; -, ...ien ⟨griech.⟩ (Nachschlagewerk)

en|zy|k|lo|pä|disch (umfassend)

En|zy|k|lo|pä|dist, der; -en, -en (Mitarbeiter an der berühmten franz. Enzyklopädie)

En|zym, das; -s, -e ⟨griech.⟩ (*Biochemie* den Stoffwechsel regulierende Verbindung); **en|zy|ma|tisch**; **En|zy|mo|lo|gie**, die; - (Lehre von den Enzymen)

eo ip|so ⟨lat.⟩ (von selbst; selbstverständlich)

Eo|li|enne [...ˈli̯ɛn], die; - ⟨franz.⟩ (ein [Halb]seidengewebe in Taftbindung)

Eo|lith, der; *Gen.* -s *u.* -en, *Plur.* -e[n] ⟨griech.⟩ (vermeintl. vorgeschichtl. Werkzeug)

eom ⟨engl.⟩ = end of message (signalisiert am Ende einer E-Mail-Betreffzeile, dass die Nachricht schon im Betreff enthalten ist)

Eos (griech. Göttin der Morgenröte)

EOS, die; -, - = erweiterte Oberschule *(DDR)*; *vgl.* erweitern

Eo|sin, das; -s, -e ⟨griech.⟩ (ein roter Farbstoff); **eo|si|nie|ren**

eo|zän ⟨griech.⟩ (*Geol.* das Eozän betreffend); **Eo|zän**, das; -s (zweitälteste Stufe des Tertiärs)

Eo|zo|i|kum, das; -s (*veraltet für* Proterozoikum); **eo|zo|isch**

ep..., Ep... *vgl.* epi..., Epi...

ep|a|go|gisch ⟨griech.⟩ (*Philos.* zum Allgemeinen führend)

E-Pass (elektronisch lesbarer Pass od. Ausweis [mit biometrischen Daten])

Epau|lett [epo...], das; -s, -s ⟨franz.⟩, *häufiger* **Epau|let|te**, die; -, -n (Schulterstück auf Uniformen)

Epen (*Plur. von* Epos)

Ep|en|the|se, Ep|en|the|sis, die; -, ...thesen ⟨griech.⟩ (*Sprachwiss.* Einschaltung von Lauten [zur Aussprecheerleichterung], z. B. »t« in »namentlich«)

Ep|ex|e|ge|se, die; -, -n ⟨griech.⟩ (*Rhet.* hinzugefügte Erklärung, z. B. drunten »im Unterland«)

eph..., Eph... *vgl.* Epi..., epi...

Ephe|be, der; -n, -n ⟨griech.⟩ (*im alten Griechenland Bez. für einen wehrfähigen jungen Mann*); **ephe|bisch**

Ephe|d|rin®, das; -s (ein Arzneimittel)

Eph|e|li|den *Plur.* ⟨griech.⟩ (*Med.* Sommersprossen)

eph|e|mer ⟨griech.⟩ (nur einen Tag dauernd; vorübergehend)

Eph|e|me|ri|de, die; -, -n (*Astron.* Gestirn[berechnungs]tafel)

Ephe|ser (Bewohner von Ephesus); **Ephe|ser|brief**, der; -[e]s *(N. T.)*; ↑D 64; **Ephe|se|rin**

ephe|sisch; Ephe|sos, Ephe|sus (altgriech. Stadt in Kleinasien)

Ephor, der; -en, -en ⟨griech.⟩ (einer der fünf höchsten Beamten im alten Sparta); **Epho|rat**, das; -[e]s, -e (Amt eines Ephoren od. Ephorus); **Epho|ren|amt**

Epho|rie, die; -, -ien ([kirchl.] Aufsichtsbezirk); **Epho|rus**, der; -, Ephoren (Dekan in der reformierten Kirche; Leiter eines ev. Predigerseminars)

Eph|ra|im (m. Vorn.)

epi..., Epi... *vor Vokalen und h* ep..., Ep... ⟨griech. Vorsilbe *darauf [örtl. u. zeitl.]*, daneben, bei, *darüber*⟩

E-Pi|a|no (*kurz für* elektronisches Piano)

Epi|de|mie, die; -, ...ien ⟨griech.⟩ (Seuche, Massenerkrankung)

Epi|de|mi|o|lo|ge, der; -n, -n; **Epi|de|mi|o|lo|gie**, die; - (Lehre von den epidemischen Erkrankungen); **Epi|de|mi|o|lo|gin; epi|de|mi|o|lo|gisch**

epi|de|misch (seuchenartig)

Epi|der|mis, die; -, ...men ⟨griech.⟩ (*Med.* Oberhaut)

Epi|di|a|s|kop, das; -s, -e ⟨griech.⟩ (als Diaskop u. Episkop verwendbarer Bildwerfer)

Epi|ge|ne|se, die; -, -n ⟨griech.⟩ (*Biol.* Entwicklung durch Neubildung; *Geol.* nachträgliche Entstehung eines Flusstals)

Epi|ge|ne|tik (Teilgebiet der Genetik)

epi|ge|ne|tisch

epi|go|nal (nachahmend, unschöpferisch); **Epi|go|ne**, der; -n, -n ⟨griech.⟩ (Nachahmer ohne Schöpferkraft); **epi|go|nen|haft; Epi|go|nen|tum**, das; -s

Epi|graf, Epi|graph, das; -s, -e (antike Inschrift); **Epi|gra|fik, Epi|gra|phik**, die; - (Inschriftenkunde); **Epi|gra|fi|ker, Epi|gra|phi|ker** (Inschriftenforscher); **Epi|gra|fi|ke|rin, Epi|gra|phi|ke|rin**

Epi|gramm, das; -s, -e ⟨griech.⟩ (Sinn-, Spottgedicht); **Epi|gramm|a|ti|ker** (Verfasser von Epigrammen); **Epi|gramm|a|ti|ke|rin; epi|gramm|a|tisch** (kurz, treffend)

Epi|graph, Epi|gra|phik usw. *vgl.* Epigraf, Epigrafik usw.

Epik, die; - ⟨griech.⟩ (erzählende Dichtkunst)

Epi|kan|thus, der; - ⟨griech.-lat.⟩ (*Med.* Hautfalte am inneren Rand des oberen Augenlids)

Epi|karp, das; -s, -e ⟨griech.⟩ (*Bot.* äußerste Schicht der Fruchtschale)

Epi|ker (*zu* Epik); **Epi|ke|rin**

Epi|k|le|se, die; -, -n ⟨griech.⟩ (Anrufung des Heiligen Geistes in der orthodoxen Kirche)

Epi|kon|dy|li|tis, die; -, ...itiden ⟨griech.⟩ (*Med.* Tennisarm)

Epi|kri|se, die; -, -n ⟨griech.⟩ (*Med.* abschließende Beurteilung einer Krankheit)

Epi|kur (griech. Philosoph)

Epi|ku|re|er (Anhänger der Lehre Epikurs; *seit der 2. Hälfte des 20. Jh.s für* Genussmensch); **Epi|ku|re|e|rin**

epi|ku|re|isch (*auch für* auf Genuss gerichtet); ↑D 89 *u.* 135: epikureische Schriften; **epi|ku|risch** (*seltener für* epikureisch)

Epi|la|ti|on, die; -, -en ⟨lat.⟩ (*Med.* Enthaarung)

Epilepsie

Epi|lep|sie, die; -, ...ien ⟨griech.⟩ (Erkrankung mit plötzlich eintretenden Krämpfen u. kurzer Bewusstlosigkeit); **Epi|lep|ti|ker; Epi|lep|ti|ke|rin; epi|lep|tisch**
epi|lie|ren ⟨lat.⟩ (*Med., Kosmetik* enthaaren)
Epi|log, der; -s, -e ⟨griech.⟩ (Nachwort; Nachspiel, Ausklang)
Epin|glé [epɛ̃...], der; -[s], -s ⟨franz.⟩ (Kleider- u. Möbelstoff mit ungleich starken Querrippen)
Epi|ni|ki|on, das; -s, ...ien ⟨griech.⟩ (altgriech. Siegeslied)
Epi|pha|ni|as, die; - ⟨*zu* Epiphanie⟩ (Fest der Erscheinung des Herrn; Dreikönigsfest); **Epi|pha|nie**, die; -, ...ien ⟨griech., »Erscheinung«⟩; **Epi|pha|ni|en|fest** ⟨*svw.* Epiphanias⟩
Epi|phä|no|men (*Philos.* Begleiterscheinung); **Epi|phä|no|me|na|lis|mus** (philos. Lehre, die das Bewusstsein als Epiphänomen körperlicher Vorgänge begreift)
Epi|pho|ra, die; -, ...rä ⟨griech.⟩ (*Med.* Tränenfluss; *Rhet., Stilkunde* Wiederholung von Wörtern am Ende aufeinanderfolgender Sätze od. Satzteile)
Epi|phyll|lum, das; -s, ...llen ⟨griech.⟩ (ein Blätterkaktus)
Epi|phy|se, die; -, -n ⟨griech.⟩ (*Med.* Zirbeldrüse; Endstück der Röhrenknochen)
Epi|phyt, der; -en, -en (*Bot.* Pflanze, die [bei selbstständiger Ernährung] auf anderen Pflanzen wächst)
Epi|rot, der; -en, -en (Bewohner von Epirus); **epi|ro|tisch; Epi|rus** (westgriech. Landschaft)
epiisch ⟨griech.⟩ (erzählend; das Epos betreffend); episches Theater
Epi|s|kop, das; -s, -e ⟨griech.⟩ (Bildwerfer für nicht durchsichtige Bilder)
epi|s|ko|pal, epi|s|ko|pisch ⟨griech.⟩ (bischöflich); **Epi|s|ko|pa|lis|mus**, der; - (Auffassung, nach der das Konzil der Bischöfe über dem Papst steht); **Epi|s|ko|pa|list**, der; -en, -en (Anhänger des Episkopalismus); **Epi|s|ko|pal|kir|che**
Epi|s|ko|pat, das, *Theol.* der; -[e]s, -e (Gesamtheit der Bischöfe [eines Landes]; Bischofswürde)
epi|s|ko|pisch *vgl.* episkopal
Epi|s|ko|pus, der; -, ...pi ⟨*lat. Bez. für* Bischof⟩

Epi|so|de, die; -, -n ⟨griech.⟩ (vorübergehendes, nebensächl. Ereignis; einzelne Folge einer Fernsehserie); **Epi|so|den|film**
epi|so|den|haft; epi|so|disch
Epi|s|tel, die; -, -n ⟨griech.⟩ (Apostelbrief; vorgeschriebene gottesdienstl. Lesung; *ugs. für* Brief, Strafpredigt)
Epi|s|te|mo|lo|gie, die; - ⟨griech.-engl.⟩ (*Philos.* Erkenntnistheorie); **epi|s|te|mo|lo|gisch**
Epi|s|tyl, das; -s, -e ⟨griech.⟩ (*svw.* Architrav)
Epi|taph, das; -s, -e ⟨griech.⟩, **Epi|ta|phi|um**, das; -s, ...ien (Grabschrift; Grabmal mit Inschrift)
Epi|tha|la|mi|on, Epi|tha|la|mi|um, das; -s, ...ien ⟨griech.⟩ ([antikes] Hochzeitslied)
Epi|thel, das; -s, -e ⟨griech.⟩, **Epi|the|li|um**, das; -s, ...ien (*Biol.* oberste Zellschicht der Haut); **Epi|thel|zel|le**
epi|ther|misch (*Physik* eine höhere kinetische Energie als die der thermischen Bewegung besitzend; epithermische Neutronen
Epi|the|ton, das; -s, ...ta ⟨griech.⟩ (*Sprachwiss.* Beiwort); **Epi|the|ton or|nans**, das; - -, ...ta ...antia ⟨griech.; lat., »schmückendes« Beiwort⟩ (formelhaftes Attribut; z. B. »grüne« Wiese)
Epi|t|rit, der; -en, -en ⟨griech. Versfuß⟩
Epi|zen|t|rum ⟨griech.⟩ (senkrecht über dem Erdbebenherd liegender Erdoberflächenpunkt)
Epi|zy|k|lo|i|de, die; -, -n ⟨griech.⟩ (*Geom.* eine spezielle Kurve)
Epo, EPO, das; - ⟨*ugs.*⟩; *vgl.* Erythropoietin
epo|chal ⟨griech.⟩ (für einen [großen] Zeitabschnitt geltend; [sehr] bedeutend)
Epo|che, die; -, -n (Zeitabschnitt); Epoche machen
epo|che|ma|chend, Epo|che machend; eine epochemachende *od.* Epoche machende Erfindung ↑D 58
Epo|chen|un|ter|richt (*Päd.*)
Ep|o|de, die; -, -n ⟨griech.⟩ (eine [antike] Gedichtform)
Epo|pöe [*auch* ...'pø:], die; -, ...öen ⟨griech.⟩ (*veraltet für* Epos)
Epos, das; -, Epen (erzählende Versdichtung; Heldengedicht)
E-Post, die; - (E-Mail)
Ep|pich, der; -s, -e (landsch. Bez. für mehrere Pflanzen, z. B. Efeu)

Ep|rou|vet|te [epru'vɛt(ə)], die; -, -n ⟨franz.⟩ (*bes. österr. für* Proberöhrchen, Reagenzglas)
Ep|si|lon, das; -[s], -s ⟨griech. Buchstabe [kurzes e]: E, ε⟩
E-Pu|b|li|shing ['iːpablɪʃɪŋ], das; -[s] ⟨engl.⟩ (*kurz für* Electronic Publishing)
EQ [eːˈkuː] = emotionaler Quotient (*Psychol.* Messgröße für die emotionalen Fähigkeiten eines Menschen)
Equa|li|zer ['iːkvəlaɪzɐ], der; -s, - ⟨engl.⟩ (Zusatzgerät an Verstärkern von Hi-Fi-Anlagen zur Klangverbesserung)
Equi|li|b|rist usw. *vgl.* Äquilibrist usw.
Equi|li|b|ri|um *vgl.* Äquilibrium
Equi|pa|ge [ek(v)iˈpaːʒə, *österr.* ...'paːʒ], die; -, -n ⟨franz.⟩ (*früher für* elegante Kutsche; Ausrüstung eines Offiziers)
Equi|pe [eˈkiːp, *auch* eˈkɪp, eˈkiːpə], die; -, -n ([Reiter]mannschaft, [Arbeits]team)
equi|pie|ren [ek(v)i...] (*veraltet für* ausrüsten); **Equi|pie|rung**
Equip|ment [ɪ...], das; -s, -s ⟨engl.⟩ (techn. Ausrüstung)
er; er kommt; er trägt in diesem Sommer gedeckte Farben
¹Er (veraltete Anrede an eine männliche Person); höre Er!; jmdn. Er nennen; ↑D 76: das veraltete Er
²Er, der; -, -[s] (*ugs. für* Mensch od. Tier m. Geschlechts); es ist ein Er; ein Er und eine Sie
³Er (chem. Zeichen für Erbium)
ER = Europäischer Rat
er... (*Vorsilbe von Verben*, z. B. erahnen, du erahnst, erahnt, zu erahnen)
...er (z. B. Lehrer, der; -s, -)
er|ach|ten; jmdn. als *od.* für geeignet erachten
Er|ach|ten, das; -s; meinem Erachten nach, meines Erachtens (*Abk.* m. E.); (*nicht korrekt:* meines Erachtens nach)
er|ah|nen
er|ar|bei|ten; Er|ar|bei|tung
eras|misch (sich auf Erasmus von Rotterdam beziehend); ↑D 89 *u.* 135: die erasmische Satire »Lob der Torheit«
Eras|mus von Rot|ter|dam (niederl. Theologe u. Humanist)
Era|to [*auch* 'eː...] (Muse der Lyrik, bes. der Liebesdichtung)
Era|tos|the|nes (altgriech. Gelehrter)

Erdhörnchen

er|äu|gen *(meist scherz.)*
Erb|adel; Erb|an|la|ge
Erb|an|spruch
er|bar|men, sich erbarmen; du erbarmst dich seiner, *seltener* über ihn; er erbarmt mich, *österr. auch* mir (er tut mir leid)
Er|bar|men, das; -s; er|bar|mens|wert; Er|bar|mer, der; -s *(geh.)*; Er|bar|me|rin
er|bärm|lich; Er|bärm|lich|keit, die; -
Er|bar|mung *Plur. selten*
er|bar|mungs|los; Er|bar|mungs|lo|sig|keit, die; -; er|bar|mungs|voll; er|bar|mungs|wür|dig
er|bau|en; sich erbauen *(geh. für* sich erfreuen*)*
er|bau|er; Er|bau|e|rin
er|bau|lich; Er|bau|lich|keit
Er|bau|ung; Er|bau|ungs|li|te|ra|tur, die; -
Erb|bau|recht; Erb|be|gräb|nis
erb|be|rech|tigt
Erb|bild *(für* Genotyp*)*
Erb|bio|lo|gie; erb|bio|lo|gisch
¹Er|be, der; -n, -n; gesetzlicher Erbe
²Er|be, das; -s; kulturelles Erbe
er|be|ben
erb|ei|gen (ererbt)
erb|ein|ge|ses|sen (alteingesessen)
er|ben
Er|ben|ge|mein|schaft; er|ben|los
¹er|be|ten (durch Beten erlangen); erbetete, erbetet
²er|be|ten; ein erbetener Gast
er|bet|teln
er|beu|ten; Er|beu|tung
erb|fä|hig; Erb|fak|tor
Erb|fall *(Rechtsspr.* Todesfall, der jmdn. zum Erben macht*)*
Erb|feind; Erb|fein|din
Erb|fol|ge, die; -; Erb|fol|ge|krieg
Erb|fol|ger; Erb|fol|ge|rin
Erb|groß|her|zog; Erb|gut; Erb|hof
er|bie|ten, sich *(geh.);* Er|bie|ten, das; -s *(geh.)*
Er|bin
Erb|in|for|ma|ti|on *(Genetik)*
er|bit|ten; jmds. Rat erbitten
er|bit|tern; es erbittert mich; erbitterter Widerstand; er|bit|tert; ein erbitterter Streit; Er|bit|te|rung, die; -
Er|bi|um, das; -s (chemisches Element, Metall; *Zeichen* Er)
Erb|krank|heit
er|blas|sen *(geh. für* bleich werden*)*; die Baronin erblasste
Erb|las|sen|schaft *(Rechtswiss.)*
Erb|las|ser (der eine Erbschaft Hinterlassende); Erb|las|se|rin
erb|las|se|risch; Erb|las|sung

Erb|last
Erb|le|hen
er|blei|chen (bleich werden); du erbleichtest; erbleicht u. *(veraltet, im Sinne von »gestorben«:)* erblichen; *vgl.* ²bleichen
Erb|lei|den; Erb|lei|he
erb|lich; Erb|lich|keit, die; -
er|bli|cken
er|blin|den; Er|blin|dung
erb|los
erb|blü|hen
Erb|mas|se; erb|mä|ßig
Erb|mo|n|ar|chie
Erb|on|kel *(ugs. scherz.)*
er|bo|sen (erzürnen); du erbost; sein Verhalten erboste mich; ich habe mich erbost
er|bö|tig (bereit); er ist erbötig, macht sich erbötig, uns zu helfen; Er|bö|tig|keit, die; -
Erb|pacht; Erb|päch|ter; Erb|päch|te|rin
Erb|prinz; Erb|prin|zes|sin
er|bre|chen, sich erbrechen
Er|bre|chen, das; -s; bis zum Erbrechen *(ugs. für* bis zum Überdruss*)*
Erb|recht
er|brin|gen; den Nachweis erbringen
Er|bro|che|ne, das; -n
er|brü|ten *(fachspr. für* ausbrüten*)*
Erbs|brei; Erb|sen|brei
Erb|schaft
Erb|schafts|steu|er, *fachspr. auch* Erb|schaft|steu|er, die
Erb|schein
Erb|schlei|cher; Erb|schlei|che|rin
Erb|se, die; -, -n
Erb|sen|bein *(Med.* Knochen der Handwurzel*)*
Erb|sen|brei, Erbs|brei
erb|sen|groß
Erb|sen|reis *(österr. neben* Risipisi*)*
Erb|sen|stroh, Erbs|stroh (getrocknetes Erbsenkraut)
Erb|sen|sup|pe
Erb|sen|zäh|ler *(ugs. abwertend für* kleinlicher, geiziger Mensch*)*
Erb|sen|zäh|le|rei, die; - *(ugs. abwertend)*; Erb|sen|zäh|le|rin
Erbs|stroh *vgl.* Erbsenstroh
Erb|streit; Erb|stück; Erb|sün|de
Erb|wurst
Erb|tan|te *(ugs. scherz.)*
Erb|teil, das, *im BGB* der
Erb|teilung
erb|tüm|lich; erb- und eigentümlich
Erb|ver|trag; Erb|ver|zicht; Erb|ver|zichts|ver|trag
Erb|we|sen, das; -s

Erd|ach|se, die; -
er|dacht *(zu* erdenken*)*; eine erdachte Geschichte
Erd|al|ka|li|en *Plur. (Chemie)*
Erd|an|zie|hung, die; -
Erd|ap|fel *(landsch., bes. österr. für* Kartoffel*)*; Erd|äp|fel|pü|ree
Erd|ar|bei|ten *Plur.*
Erd|at|mo|sphä|re
er|dau|ern *(schweiz. für* [ein Problem] reifen lassen; sich durch Warten verdienen*)*; Er|dau|e|rung *(schweiz.)*
Erd|ball, der; -[e]s; Erd|be|ben
Erd|be|ben|herd; Erd|be|ben|mes|ser, der; Erd|be|ben|op|fer
erd|be|ben|si|cher
Erd|be|ben|war|te; Erd|be|ben|wel|le
Erd|beer|bow|le
Erd|bee|re; Erd|beer|eis
erd|beer|far|ben, erd|beer|far|big
Erd|be|schleu|ni|gung *(Physik* Fallbeschleunigung*)*
Erd|be|schrei|bung; Erd|be|stat|tung; Erd|be|völ|ke|rung
Erd|be|we|gung
Erd|be|woh|ner; Erd|be|woh|ne|rin
Erd|bir|ne *(landsch. für* Kartoffel*)*
Erd|bo|den; Erd|boh|rer *(Technik)*
erd|braun
Er|de, die; -, -n *Plur. selten*
er|den *(Elektrot.* Verbindung zwischen einem elektr. Gerät u. der Erde herstellen*)*
Er|den|bür|ger; Er|den|bür|ge|rin
Er|den|glück *(geh.)*
er|denk|bar; er|den|ken; er|denk|lich; alles erdenklich[e] Gute wünschen
Er|den|le|ben *(geh.);* Er|den|rund, das; -[e]s *(geh.)*
Er|der|wär|mung
Erd|fall, der (trichterförmige Senkung von Erdschichten)
erd|far|ben, erd|far|big
erd|fern; ein erdferner Planet; Erd|fer|ne, die; -
Erdg. = Erdgeschichte; Erdgeschoss
Erd|gas; erd|gas|höf|fig *(vgl.* erdölhöffig*)*
erd|ge|bo|ren *(geh. für* sterblich, irdisch*)*; Erd|ge|bo|re|ne, Erd|ge|bor|ne, *der u.* die; -n, -n
erd|ge|bun|den
Erd|geist *Plur. ...geister
Erd|ge|schich|te *(Abk.* Erdg.*)*
Erd|ge|schoss, *südd., österr. auch* Erd|ge|schoß *(Abk.* EG, Erdg.*)*
erd|haft; Erd|höh|le
Erd|hörn|chen (ein Nagetier)

er|dich|ten ([als Ausrede] erfinden; sich ausdenken)
er|dig
Erd|kern; Erd|kreis; Erd|krus|te; Erd|ku|gel
Erd|kun|de, die; -; Erd|kund|ler; Erd|kund|le|rin; erd|kund|lich
Erd|ling, der; -s, -e (scherzh. für Erdbewohner)
Erd|loch
erd|ma|gne|tisch; erdmagnetische Wellen; Erd|ma|gne|tis|mus
Erd|männ|chen (Kobold; ein Tier)
Erd|man|tel, der; -s (Schicht im Erdinneren)
erd|nah; erdnaher Planet; Erd|nä|he (Astron.)
Erd|nuss; Erd|nuss|but|ter (ugs.); Erd|nuss|creme, Erd|nuss|crème; Erd|nuss|flip, der; -s, -s meist Plur. (eine Knabberware)
Erd|ober|flä|che, die; -
Er|do|ğan, türk. Schreibung Er|do|ğan [erdo'an] (m. Vor- und Familienname)
Erd|öl; Erdöl fördernde od. erdölfördernde, Erdöl exportierende od. erdölexportierende Länder ↑ D 58
er|dol|chen (geh.); Er|dol|chung
Erdöl exportierend, erdölexportierend ↑ D 58; Erdöl fördernd, erdölfördernd ↑ D 58
erd|öl|höf|fig (reiches Erdölvorkommen versprechend)
Erd|öl|pro|duk|ti|on; Erd|öl|vor|kom|men
Erd|or|bit (Erdumlaufbahn)
Erd|pech (veraltet für Asphalt)
Erd|rauch (eine Pflanze)
Erd|reich
er|dreis|ten, sich (geh.)
Er|drin|de, die; -
er|dröh|nen
er|dros|seln; Er|dros|se|lung, seltener Er|dross|lung
er|drü|cken; er|drü|ckend
Er|drusch, der; -[e]s, -e (Ertrag des Dreschens)
Erd|rutsch; Erd|rutsch|sieg; Erd|sa|tel|lit; Erd|schicht
Erd|schlipf (schweiz. für Erdrutsch)
Erd|schluss (Elektrot.); Erd|schol|le; Erd|sicht (Flugw.); Erd|spal|te; Erd|stoß
Erd|strö|me Plur. (elektr. Ströme in der Erdkruste)
Erd|teil, der; Erd|tra|bant
er|dul|den; Er|dul|dung
Erd|um|krei|sung; Erd|um|run|dung
erd|um|span|nend

Er|dung (das Erden)
erd|ver|bun|den
Erd|ver|ka|be|lung; Erd|ver|mes|sung
Erd|wachs (für Ozokerit)
Erd|wall; Erd|wär|me
Erd|zeit|al|ter
E-Rea|der ['iːriːdɐ], der; -s, - (kurz für E-Book-Reader)
Ere|bos, Ere|bus, der; - ⟨griech.⟩ (Unterwelt der griech. Sage)
Ere|ch|thei|on, Ere|ch|the|um, das; -s (Tempel des Erechtheus in Athen)
er|ei|fern, sich; Er|ei|fe|rung
er|eig|nen, sich
Er|eig|nis, das; -ses, -se; ein freudiges Ereignis; ein großes Ereignis
er|eig|nis|los; er|eig|nis|reich
er|ei|len (geh.); das Schicksal ereilte ihn
Erek (m. Vorn.)
erek|til ⟨lat.⟩ (Med. aufrichtbar, schwellfähig); Erek|ti|on, die; -, -en (Aufrichtung, Anschwellung [des Penis]); Erek|ti|ons|stö|rung
Ere|mit, der; -en, -en ⟨griech.⟩ (Einsiedler; Klausner)
¹Ere|mi|ta|ge [...ʒə, ...ʃ], die; -, -n (abseits gelegene Grotte od. Nachahmung einer Einsiedelei in Parkanlagen des 18. Jh.s)
²Ere|mi|ta|ge, Er|mi|ta|ge, der; - (Kunstsammlung in Sankt Petersburg)
Ere|mi|tin
Eren, Ern, der; -, - (landsch. veraltend für Hausflur, -gang)
er|erb|ten (veraltet)
er|erbt; ererbter Besitz
Ere|this|mus, der; - ⟨griech.⟩ (Med., Psychol. übersteigerte Gereiztheit)
er|fahr|bar
¹er|fah|ren; etwas Wichtiges erfahren
²er|fah|ren; erfahrene Fachkräfte
Er|fah|re|ne, der u. die; -n, -n
Er|fah|ren|heit, die; -
Er|fah|rung; Er|fah|rungs|aus|tausch; Er|fah|rungs|be|richt
er|fah|rungs|ge|mäß; er|fah|rungs|mä|ßig
Er|fah|rungs|schatz; Er|fah|rungs|tat|sa|che; Er|fah|rungs|wert; Er|fah|rungs|wis|sen|schaft (für Empirie)
er|fass|bar; er|fas|sen; erfasst
Er|fas|sung

er|fech|ten; erfochtene Siege
er|fin|den; Er|fin|der; Er|fin|der|geist, der; -[e]s; Er|fin|de|rin
er|fin|de|risch
er|find|lich; nicht erfindlich (erkennbar, verständlich) sein
Er|fin|dung; Er|fin|dungs|ga|be; Er|fin|dungs|kraft
er|fin|dungs|reich
er|fle|hen (geh.); erflehte Hilfe
Er|folg, der; -[e]s, -e; Maßnahmen, die Erfolg versprechen; vgl. Erfolg versprechend
er|fol|gen
er|folg|ge|krönt (geh.)
er|folg|los; Er|folg|lo|sig|keit
er|folg|reich
er|folgs|ab|hän|gig
Er|folgs|aus|sicht meist Plur.
Er|folgs|au|tor; Er|folgs|au|to|rin
Er|folgs|be|tei|li|gung; Er|folgs|bi|lanz; Er|folgs|buch; Er|folgs|chan|ce; Er|folgs|den|ken; Er|folgs|er|leb|nis; Er|folgs|ge|heim|nis; Er|folgs|ge|schich|te
Er|folg[s]|ha|sche|rei (abwertend)
Er|folgs|kurs; Er|folgs|mel|dung; Er|folgs|mo|dell
er|folgs|ori|en|tiert
Er|folgs|prä|mie; Er|folgs|quo|te
Er|folgs|rech|nung (Wirtsch.)
Er|folgs|re|zept
Er|folgs|ro|man; Er|folgs|se|rie
er|folgs|si|cher
Er|folgs|sto|ry; Er|folgs|stück
Er|folgs|trai|ner; Er|folgs|trai|ne|rin
er|folgs|ver|wöhnt
Er|folgs|zif|fer; Er|folgs|zwang
Er|folg ver|spre|chend, er|folg|ver|spre|chend; Erfolg versprechende od. erfolgversprechende Maßnahmen; aber nur großen Erfolg versprechende Maßnahmen, höchst erfolgversprechende Maßnahmen; diese Maßnahme ist noch erfolgversprechender, am erfolgversprechendsten ↑ D 58
er|for|der|lich
er|for|der|li|chen|falls (Amtsspr.)
er|for|dern; Er|for|der|nis, das; -ses, -se
er|forsch|bar; er|for|schen
Er|for|scher; Er|for|sche|rin; Er|for|schung
er|fra|gen; Er|fra|gung
er|fre|chen, sich (veraltend)
er|freu|en, sich erfreuen; er|freu|lich; manches Erfreuliche ↑ D 72; er|freu|li|cher|wei|se
er|frie|ren; Er|frie|rung; Er|frie|rungs|tod

er|fri|schen, sich erfrischen; er|fri|schend; erfrischender Humor
Er|fri|schung; Er|fri|schungs|ge|tränk; Er|fri|schungs|raum; Er|fri|schungs|stand; Er|fri|schungs|tuch Plur. ...tücher
Erft, die; - (linker Nebenfluss des Niederrheins)
er|füh|len (geh.)
er|füll|bar; erfüllbare Wünsche
er|fül|len, sich erfüllen; Er|füllt|heit, die; -; Er|fül|lung
Er|fül|lungs|ge|hil|fe (bes. Rechtsspr.); Er|fül|lungs|ge|hil|fin
Er|fül|lungs|ort, der; -[e]s, -e (Rechtsspr.)
Er|furt (Hauptstadt von Thüringen); Er|fur|ter; der Erfurter Dom; Er|fur|te|rin
Erg, das; -s, - ⟨griech.⟩ (ältere physikal. Energieeinheit; Zeichen erg)
Erg, der; -s, -s (Geogr. Sandwüste)
erg = Erg
erg. = ergänze!
er|gän|zen; du ergänzt; ergänze! (Abk. erg.); Er|gän|zung
Er|gän|zungs|ab|ga|be (zusätzliche Steuer); Er|gän|zungs|band, der (Abk. Erg.-Bd.)
Er|gän|zungs|bin|de|strich; Er|gän|zungs|fra|ge (Sprachwiss.)
Er|gän|zungs|kom|man|do (österr. für Kreiswehrersatzamt)
Er|gän|zungs|satz (Objektsatz)
Er|gän|zungs|strich
er|gat|tern (ugs. für sich verschaffen); ich ergattere
er|gau|nern (ugs. für sich durch Betrug verschaffen); ich ergaunere
Erg.-Bd. = Ergänzungsband
¹er|ge|ben; die Zählung hat ergeben, dass ...; sich ins Unvermeidliche ergeben
²er|ge|ben; ergebener Diener; jmdm. treu ergeben sein; Er|ge|ben|heit, die; -; Er|ge|ben|heits|ad|res|se; er|ge|benst
Er|geb|nis, das; -ses, -se; Er|geb|nis|kor|rek|tur
er|geb|nis|los; Er|geb|nis|lo|sig|keit, die; -
er|geb|nis|of|fen; ergebnisoffen diskutieren
er|geb|nis|ori|en|tiert
er|geb|nis|reich
Er|ge|bung (geh.); er|ge|bungs|voll (geh.)
er|ge|hen; wie ist es dir ergangen?; sich im Park ergehen (geh. für spazieren gehen); sie erging sich in Vermutungen; er hat es über sich ergehen lassen; Er|ge|hen, das; -s (Befinden)
er|gie|big; Er|gie|big|keit, die; -
er|gie|ßen; sich ergießen; Er|gie|ßung
er|glän|zen (geh.)
er|glü|hen (geh.)
er|go ⟨lat.⟩ (folglich, also)
Er|go|graf, Er|go|graph, der; -en, -en ⟨griech.⟩ (Med. früher Gerät zur Aufzeichnung der Muskelarbeit)
Er|go|lo|gie, die; - ([historische] Erforschung der Arbeitsgeräte)
Er|go|me|ter, das; -s, - (Med. Gerät zur Messung der körperl. Leistungsfähigkeit)
Er|go|no|mie, Er|go|no|mik, die; - (Erforschung der Leistungsmöglichkeiten u. optimalen Arbeitsbedingungen des Menschen); er|go|no|misch
Er|go|ste|rin, das; -s (Vorstufe des Vitamins D_2)
Er|go|the|ra|peut (Berufsbez.); Er|go|the|ra|peu|tin
Er|go|the|ra|pie, die; -, -n ⟨griech.⟩ (Arbeits- u. Beschäftigungs- u. Bewegungstherapie)
er|göt|zen (geh.); du ergötzt; sich ergötzen; Er|göt|zen, das; -s (geh.); er|götz|lich (geh.); Er|göt|zung (geh.)
er|gra|ben (fachspr. für ausgraben)
er|grau|en; ergraut
er|grei|fen; er|grei|fend; Er|grei|fung Plur. selten
er|grif|fen; er war sehr ergriffen; Er|grif|fen|heit, die; -; Er|grif|fen|sein, das; -s
er|grim|men (geh.)
er|gründ|bar; er|grün|den; Er|grün|dung Plur. selten
er|grü|nen (geh.); die Natur ergrünt
Er|guss; Er|guss|ge|stein (für Effusivgestein)
er|ha|ben; erhabene (erhöhte) Stellen einer Druckplatte; über allen Zweifel erhaben; Er|ha|ben|heit
Er|halt, der; -[e]s (Amtsspr. Empfang; Erhaltung, Bewahrung)
er|hal|ten; erhalten bleiben
er|hal|tens|wert
er|hält|lich
Er|hal|tung, die; -; Er|hal|tungs|trieb
er|hal|tungs|wür|dig
Er|hal|tungs|zu|stand
er|han|deln
er|hän|gen; sich erhängen; vgl. ²hängen; Er|häng|te, der u. die; -n, -n
¹Er|hard (m. Vorn.)
²Er|hard, Ludwig (ehem. Wirtschaftsminister u. zweiter dt. Bundeskanzler)
er|här|ten; Er|här|tung
er|ha|schen
er|he|ben, sich erheben
er|he|bend (feierlich)
er|heb|lich
Er|he|bung
er|hei|ra|ten (durch Heirat erlangen)
er|hei|schen (geh. für erfordern)
er|hei|tern; ich erheitere; Er|hei|te|rung
¹er|hel|len; sich erhellen (hell, heiter werden)
²er|hel|len; daraus erhellt (wird klar), dass ...
Er|hel|lung
er|hit|zen; du erhitzt; sich erhitzen; Er|hit|zer; Er|hit|zung
er|hof|fen; ich erhoffe mir Vorteile; der erhoffte Aufschwung
er|hö|hen; erhöhter Blutdruck; Er|hö|hung
Er|hö|hungs|zei|chen (Musik ♯)
er|ho|len, sich; sie kamen erholt aus dem Urlaub; er|hol|sam
Er|ho|lung, die; -; Erholung suchen; Erholung suchende od. erholungsuchende Großstädter ↑D58; Er|ho|lungs|auf|ent|halt
er|ho|lungs|be|dürf|tig
Er|ho|lungs|ge|biet; Er|ho|lungs|heim; Er|ho|lungs|pau|se; Er|ho|lungs|rei|se; Er|ho|lungs|stät|te
Er|ho|lung su|chend, er|ho|lung|su|chend ↑D58
Er|ho|lung|su|chen|de, der u. die; -n, -n, Er|ho|lung Su|chen|de, der u. die; - -n, - -n
Er|ho|lungs|ur|laub; Er|ho|lungs|wert; Er|ho|lungs|zeit; Er|ho|lungs|zen|t|rum
er|hö|ren; Er|hö|rung
Erich (m. Vorn.)
Eri|da|nos, ¹Eri|da|nus, der; - ⟨griech.⟩ (Fluss der griech. Sage)
²Eri|da|nus, der; - ⟨griech.⟩ (ein Sternbild)
Erie|see ['i:ri..., auch 'i:əri...], der; -s (in Nordamerika)
eri|gi|bel ⟨lat.⟩ (svw. erektil); eri|gie|ren (Med. sich aufrichten)
Erik (m. Vorn.)
¹Eri|ka (w. Vorn.)

²Eri|ka, die; -, ...ken ⟨griech.⟩ (Heidekraut)
er|in|ner|bar; er|in|ner|lich

er|in|nern
– sich [an etwas] erinnern: sie konnte sich nicht erinnern, uns gesehen zu haben; ich erinnere mich an das Ereignis, *in gehobener Ausdrucksweise* des Ereignisses; erinnerst du dich daran, *geh.* dessen?
– jemanden an etwas erinnern: ich musste sie an ihr Versprechen erinnern
– etwas erinnern: ich erinnere das, diesen Vorfall nicht *(bes. nordd.)*

Er|in|ne|rung
Er|in|ne|rungs|bild; Er|in|ne|rungs|buch; Er|in|ne|rungs|fo|to
er|in|ne|rungs|los
Er|in|ne|rungs|lü|cke; Er|in|ne|rungs|mal *vgl.* ²Mal; Er|in|ne|rungs|schrei|ben *(veraltet)*
er|in|ne|rungs|schwer
Er|in|ne|rungs|stät|te; Er|in|ne|rungs|stück; Er|in|ne|rungs|ver|mö|gen, das; -s; Er|in|ne|rungs|zei|chen
Erin|nye [...nÿə], Erin|nys, die; -, ...yen *meist Plur.* ⟨griech.⟩ (griech. Rachegöttin)
Eris (griech. Göttin der Zwietracht); Eris|tik, die; - ⟨griech.⟩ (Kunst u. Technik des Redestreits)
Erit|rea (Staat in Nordostafrika)
Erit|re|er; Erit|re|e|rin; erit|re|isch
Eri|wan (Hauptstadt Armeniens)
er|ja|gen
er|kal|ten; erkaltet
er|käl|ten, sich; erkältet
Er|kal|tung, die; -
Er|käl|tung; Er|käl|tungs|ge|fahr; Er|käl|tungs|krank|heit
er|kämp|fen
Er|kan (m. Vorn.)
er|kau|fen
er|kenn|bar; Er|kenn|bar|keit
er|ken|nen; sich zu erkennen geben; auf eine Freiheitsstrafe erkennen (Rechtsspr. als Urteil verkünden); ein noch nicht erkannter Fehler
er|kennt|lich; sich erkenntlich zeigen; Er|kennt|lich|keit
¹Er|kennt|nis, die; -, -se (Einsicht)
²Er|kennt|nis, das; -ses, -se *(österr., sonst veraltet für* richterl. Urteil*)*

Er|kennt|nis|fä|hig|keit; Er|kennt|nis|kri|tik *(Philos.)*
er|kennt|nis|the|o|re|tisch *(Philos.);* Er|kennt|nis|the|o|rie
Er|ken|nung, die; -
Er|ken|nungs|dienst; er|ken|nungs|dienst|lich
Er|ken|nungs|mar|ke; Er|ken|nungs|me|lo|die; Er|ken|nungs|zei|chen
Er|ker, der; -s, -
Er|ker|fens|ter; Er|ker|zim|mer
er|kie|sen *(geh. für* [aus]wählen*); meist nur noch im Präteritum u. Partizip II gebr.;* ich erkor, du erkorst; erkoren; *vgl.* ²kiesen
er|klär|bar; Er|klär|bar|keit, die; -
er|klä|ren; sich erklären
Er|klä|rer; Er|klä|re|rin
er|klär|lich; er|klär|li|cher|wei|se
er|klärt (entschieden; offenkundig); ein erklärter Nichtraucher, der erklärte Publikumsliebling; er|klär|ter|ma|ßen; er|klär|ter|wei|se
Er|klä|rung; Er|klä|rungs|not; in Erklärungsnot geraten, kommen; Er|klä|rungs|not|stand; Er|klä|rungs|ver|such
er|kleck|lich *(geh.);* ↑D 72: um ein Erkleckliches größer
er|klet|tern; Er|klet|te|rung
er|klim|men *(geh.);* Er|klim|mung
er|klin|gen
er|ko|chen; der Küchenchef hat sich einen Stern erkocht
er|ko|ren *vgl.* erkiesen
er|kran|ken; Er|kran|kung
Er|kran|kungs|fall, der; im Erkrankungsfall
er|küh|nen, sich
er|kun|den
er|kun|di|gen, sich; Er|kun|di|gung
Er|kun|dung; Er|kun|dungs|boh|rung *(bes. Geol.);* Er|kun|dungs|fahrt; Er|kun|dungs|flug; Er|kun|dungs|trupp *(Militär)*
er|küns|teln *(abwertend);* er|küns|telt
er|kü|ren *vgl.* küren
er|la|ben *(veraltet);* sich erlaben
Er|lag, der; -[e]s, Erläge *(österr. für* Hinterlegung*);* Er|lag|schein *(österr. für* Zahlkarte der Post*)*
er|lah|men; Er|lah|mung, die; -
er|lan|gen
Er|lan|gen (Stadt a. d. Regnitz); Er|lan|ger; Er|lan|ge|rin
Er|lan|gung, die; - *(Amtsspr.)*
Er|lass, der; -es, *Plur.* Erlasse, *österr.* Erlässe; er|las|sen; Er|las|sung
er|lau|ben; sich erlauben; ich erlaube mir[,] zu fragen

Er|laub|nis, die; -, -se *Plur. selten;* Er|laub|nis|schein
er|laucht *(geh.);* Er|laucht, die; -, -en (ein Adelstitel); *vgl.* euer, ihr, ¹sein
er|lau|fen; den Ball erlaufen *(Sport)*
er|lau|schen
er|läu|tern; ich erläutere; Er|läu|te|rung; er|läu|te|rungs|wei|se
Er|le, die; -, -n; er|le|ben; Er|le|ben, das; -s
Er|le|bens|fall, der; -[e]s; im Erlebensfall *(Versicherungsw.)*
Er|leb|nis, das; -ses, -se
Er|leb|nis|auf|satz; Er|leb|nis|bad; Er|leb|nis|bau|ern|hof; Er|leb|nis|be|richt; Er|leb|nis|fä|hig|keit *(bes. Psychol.);* Er|leb|nis|gas|tro|no|mie; Er|leb|nis|hun|ger; er|leb|nis|hung|rig
Er|leb|nis|mu|se|um (Museum, das den Besuchern vielfältige Aktivitäten bietet)
er|leb|nis|ori|en|tiert
Er|leb|nis|pä|d|a|go|gik
er|leb|nis|reich
Er|leb|nis|ro|man; Er|leb|nis|ur|laub; Er|leb|nis|wan|de|rung; Er|leb|nis|welt
er|lebt; erlebte Rede *(Sprachwiss.)*
er|le|di|gen; er|le|digt *(ugs. für* völlig erschöpft*);* Er|le|di|gung
er|le|gen *(bes. österr. auch für* [einen Betrag] zahlen*);* Er|le|gung
er|leich|tern; ich erleichtere [mich]; er|leich|tert; Er|leich|te|rung
er|lei|den
er|len (aus Erlenholz)
Er|len|bruch *vgl.* ²Bruch; Er|len|holz
Er|len|mey|er|kol|ben ↑D 136 ⟨nach dem dt. Chemiker R. Erlenmeyer⟩ *(Chemie* kegelförmiger od. bauchiger Glaskolben mit flachem Boden*)*
er|lern|bar; Er|lern|bar|keit, die; -
er|ler|nen; Er|ler|nung, die; -
¹er|le|sen, sich (sich durch Lesen aneignen)
²er|le|sen; ein erlesenes (ausgesuchtes) Gericht; Er|le|sen|heit
er|leuch|ten; Er|leuch|tung
er|lie|gen; zum Erliegen kommen
er|lis|ten; Er|lis|tung, die; -
Erl|kö|nig (»Elfenkönig«) *(nur Sing.:* Sagengestalt; *ugs. für* getarnter Versuchswagen*)*
er|lo|gen *vgl.* erlügen
Er|lös, der; -es, -e

Eroten

er|lö|schen vgl. ²löschen; Er|lö|schen, das; -s
er|lö|sen; erlöst; Er|lö|ser; Er|lö|ser|bild (Rel.); er|lö|ser|haft; Er|lö|se|rin; Er|lö|sung Plur. selten
er|lü|gen; erlogen
er|mäch|ti|gen; Er|mäch|ti|gung
er|mah|nen; Er|mah|nung
er|man|geln; jeglichen Sachverstandes ermangeln
Er|man|ge|lung, Er|mang|lung, die; -; in Ermangelung, Ermanglung eines Besser[e]n (geh.)
er|man|nen, sich (geh.); Er|man|nung, die; -
er|mä|ßi|geln; Er|mä|ßi|gung; Er|mä|ßi|gungs|aus|weis
er|mat|ten; Er|mat|tung, die; -
er|mess|bar; er|mes|sen
Er|mes|sen, das; -s; nach meinem Ermessen
Er|mes|sens|ent|schei|dung; Er|mes|sens|fra|ge; Er|mes|sens|frei|heit; Er|mes|sens|spiel|raum
Er|mi|ta|ge vgl. ²Eremitage
er|mit|tel|bar
er|mit|teln; ich ermitt[e]le
Er|mitt|ler; Er|mitt|ler|duo; Er|mitt|le|rin; Er|mitt|ler|team
Er|mitt|lung
Er|mitt|lungs|ar|beit; Er|mitt|lungs|be|am|te; Er|mitt|lungs|be|hör|de; Er|mitt|lungs|er|geb|nis Er|mitt|lungs|rich|ter; Er|mitt|lungs|rich|te|rin
Er|mitt|lungs|stand, der; -[e]s; Er|mitt|lungs|ver|fah|ren
Erm|land, das; -[e]s (Landschaft im ehem. Ostpreußen)
er|mo|geln; ein ermogelter Elfmeter
er|mög|li|chen; Er|mög|li|chung, die; -
er|mor|den; Er|mor|dung
er|müd|bar; Er|müd|bar|keit, die; -
er|mü|den; Er|mü|dung Plur. selten
Er|mü|dungs|bruch
Er|mü|dungs|er|schei|nung
Er|mü|dungs|zu|stand
er|mun|tern; ich ermuntere; Er|mun|te|rung
er|mu|ti|gen; Er|mu|ti|gung
Ern vgl. Eren
Er|na (w. Vorn.)
er|näh|ren; sich ernähren
Er|näh|rer; Er|näh|re|rin
Er|näh|rung
Er|näh|rungs|ba|sis
Er|näh|rungs|be|dingt
Er|näh|rungs|be|ra|ter; Er|näh|rungs|be|ra|te|rin
Er|näh|rungs|for|schung
Er|näh|rungs|la|ge

Er|näh|rungs|leh|re (Med.)
Er|näh|rungs|phy|sio|lo|gie (Med.); er|näh|rungs|phy|sio|lo|gisch
Er|näh|rungs|plan
Er|näh|rungs|si|cher|heit, die; -
Er|näh|rungs|stö|rung
Er|näh|rungs|wis|sen|schaft|er (schweiz., österr. auch für Ernährungswissenschaftler)
Er|näh|rungs|wis|sen|schaft|te|rin
Er|näh|rungs|wis|sen|schaft|ler; Er|näh|rungs|wis|sen|schaft|le|rin
er|nen|nen; Er|nen|nung
Er|nen|nungs|schrei|ben
Er|nen|nungs|ur|kun|de
er|nes|ti|ni|sche Li|nie, die; -n - (herzogl. Linie der Wettiner ↑D 89 u. 135)
er|neu|en (seltener für erneuern)
Er|neu|er, häufiger er|neu|e|rer, Er|neu|rer; er|neu|er|bar; erneuerbare Energien
Er|neu|er|ba|re-Ener|gi|en-Ge|setz, das; -s (Abk. EEG); Er|neu|e|rin, Er|neu|re|rin
er|neu|ern; sich erneuern
Er|neu|e|rung
er|neu|e|rungs|be|dürf|tig
Er|neu|rer vgl. Erneuerer; Er|neu|re|rin, Er|neu|e|rin
er|neut (nochmals); Er|neu|ung (seltener für Erneuerung)
er|nied|ri|gen; sich erniedrigen
er|nied|ri|gend; Er|nied|ri|gung
Er|nied|ri|gungs|zei|chen (Musik b)

ernst
Schreibung in Verbindung mit Verben und Partizipien ↑D 56 u. 62:
– ernst sein; es ist mir [vollkommen] ernst damit
– ernst werden, die Lage wird ernst
– jmdn., eine Sache [sehr] ernst nehmen
– um ihn soll es sehr ernst stehen
– ein ernst gemeinter od. ernstgemeinter Rat
– ein ernst zu nehmender od. ernstzunehmender Vorschlag
Vgl. auch ¹Ernst.

¹Ernst, der; -es; im Ernst; Ernst machen; Scherz für Ernst nehmen; es ist mir [vollkommener] Ernst damit; es wurde Ernst [aus dem Spiel]; allen Ernstes
²Ernst (m. Vorn.)
Ernst|fall, der

ernst ge|meint, ernst|ge|meint vgl. ernst
ernst|haft; Ernst|haf|tig|keit, die; -
ernst|lich
ernst zu neh|mend, ernst|zu|neh|mend vgl. ernst
Ern|te, die; -, -n
Ern|te|aus|fall (Einbuße bei der Ernte); Ern|te|bri|ga|de (in der DDR); Ern|te|dank|fest; Ern|te|ein|satz; Ern|te|er|geb|nis; Ern|te|fest (Erntedankfest)
Ern|te|hel|fer; Ern|te|hel|fe|rin
Ern|te|kranz; Ern|te|kro|ne
Ern|te|ma|schi|ne
Ern|te|mo|nat, Ern|te|mond (alte Bez. für August)
ern|ten
Ern|te|se|gen; Ern|te|zeit
Ern|ting, der; -s, -e (alte Bez. für August)
er|nüch|tern; ich ernüchtere; Er|nüch|te|rung
er|obe|rer; Er|obe|rin
er|obern; ich erobere
Er|obe|rung; Er|obe|rungs|drang; Er|obe|rungs|krieg; Er|obe|rungs|lust; er|obe|rungs|lus|tig; Er|obe|rungs|zug
ero|die|ren ⟨lat.⟩ (Geol. auswaschen)
er|öff|nen; Er|öff|nung
Er|öff|nungs|be|schluss (Rechtsspr.)
Er|öff|nungs|fei|er; Er|öff|nungs|kon|zert; Er|öff|nungs|re|de; Er|öff|nungs|spiel (Sport); Er|öff|nungs|tag; Er|öff|nungs|ver|an|stal|tung; Er|öff|nungs|vor|stel|lung
ero|gen ⟨griech.⟩ (Med. sexuell erregbar); erogene Zone
Ero|i|ca, Ero|i|ka, die; - ⟨griech.⟩ (kurz für Sinfonia eroica [Titel der 3. Sinfonie Es-Dur von Beethoven])
er|ör|tern; ich erörtere
Er|ör|te|rung
¹Eros (griech. Gott der Liebe); vgl. Eroten
²Eros [auch ˈerɔs], der; - ⟨griech.⟩ (sinnliche Liebe; Philos. Drang nach Erkenntnis); philosophischer Eros
³Eros, der; - (ein Planet)
Eros|cen|ter ⟨griech.-engl.⟩ (verhüllend für Bordell)
Ero|si|on, die; -, -en ⟨lat.⟩ (Geol. Erdabtragung durch Wasser, Eis od. Wind); ero|siv
Ero|ten Plur. ⟨griech.⟩ (allegor. Darstellung geflügelter Liebesgötter, meist in Kindergestalt); vgl. ¹Eros

Ero|tik, die; - (sinnliche Liebe; Sexualität)
¹Ero|ti|ka (Plur. von Erotikon)
²Ero|ti|ka Plur. (sexuell anregende Gegenstände, Mittel o. Ä.)
Ero|ti|ker (Verfasser von erotischen Schriften; sinnlicher Mensch); Ero|ti|ke|rin
Ero|ti|kon, das; -s, Plur. ...ka od. ...ken (erotisches Buch)
ero|tisch (sinnlich, sexuell)
ero|ti|sie|ren; Ero|ti|sie|rung
Ero|to|ma|nie, die; -, ...ien (Med., Psychol. übersteigertes sexuelles Verlangen)
Er|pel, der; -s, - (Enterich)
er|picht (begierig)
er|press|bar; Er|press|bar|keit, die; -
er|pres|sen
Er|pres|ser; Er|pres|ser|brief; Er|pres|se|rin; er|pres|se|risch
Er|pres|sung; Er|pres|sungs|ver|such
er|pro|ben; er|probt; er|prob|ter|wei|se
Er|pro|bung; er|pro|bungs|hal|ber
Er|pro|bungs|pha|se
er|qui|cken (geh. für erfrischen); sich erquicken; er|quick|lich (geh.); Er|qui|ckung (geh.)
Er|ra|ta (Plur. von Erratum)
er|rat|bar; er|ra|ten
er|ra|tisch ⟨lat.⟩ (geh. für abirrend); erratischer Block (Findling[sblock])
Er|ra|tum, das; -s, ...ta (Versehen, Druckfehler)
er|re|chen|bar; er|rech|nen
er|reg|bar; Er|reg|bar|keit, die; -
er|re|gen, sich erregen; ein große Besorgnis erregender Vorfall; Er|re|ger; Er|regt|heit, die; -
Er|re|gung; Er|re|gungs|zu|stand
er|reich|bar; Er|reich|bar|keit
er|rei|chen; Er|rei|chung, die; -
er|ret|ten (geh.); jmdn. von od. vor etwas erretten; Er|ret|ter; Er|ret|te|rin; Er|ret|tung
er|rich|ten; Er|rich|tung
er|rin|gen; Er|rin|gung, die; -
er|rö|ten; Er|rö|ten, das; -s
Er|run|gen|schaft
Er|satz, der; -es; Er|satz|bank Plur. ...bänke (Sport)
Er|satz|be|frie|di|gung (Psychol.)
Er|satz|deh|nung (Sprachwiss.)
Er|satz|dienst
Er|satz|dienst|leis|ten|de, der u. die; -n, -n, Er|satz|dienst Leis|ten|de, der u. die; -n, -n; er|satz|dienst|pflich|tig; Er|satz|dienst|pflich|ti|ge, der u. die; -n, -n
Er|satz|dro|ge
Er|satz|fahr|plan
Er|satz|frau
er|satz|ge|schwächt (bes. Sport)
Er|satz|ge|we|be
Er|satz|hal|te|stel|le
Er|satz|hand|lung (Psychol.)
Er|satz|in|fi|ni|tiv (Sprachwiss. Infinitiv anstelle eines Partizips II nach einem reinen Infinitiv, z. B. er hat ihn kommen »hören« statt »gehört«)
Er|satz|kas|se
er|satz|los; ersatzlos gestrichen
Er|satz|mann Plur. ...leute, auch ...männer
Er|satz|maut (österr. für Strafgeld für eine fehlende Autobahnvignette)
er|satz|pflich|tig
Er|satz|rad
Er|satz|re|ser|ve (Militär)
Er|satz|spie|ler (Sport); Er|satz|spie|le|rin
Er|satz|teil, das, seltener der; Er|satz|teil|la|ger
Er|satz|tor|wart (Sport); Er|satz|tor|war|tin
Er|satz|ver|kehr
Er|satz|wei|se
Er|satz|zeit (Versicherungsw.)
er|sau|fen (ugs. für ertrinken); ersoffen
er|säu|fen (ertränken); ersäuft
er|schaf|fen vgl. schaffen; Er|schaf|fer (geh.); Er|schaf|fe|rin (geh.); Er|schaf|fung, die; - (geh.)
er|schal|len; es erscholl od. erschallte; es erschölle od. erschallte; erschollen od. erschallt; erschall[e]!
er|schau|dern (geh.)
er|schau|en
er|schau|ern (geh.)
er|schei|nen; ihr jetzt erschienener Roman; Er|schei|nung
Er|schei|nungs|bild; Er|schei|nungs|form; Er|schei|nungs|jahr; Er|schei|nungs|ort; Er|schei|nungs|ter|min; Er|schei|nungs|wei|se
er|schie|ßen; Er|schie|ßung
er|schim|mern (geh.)
er|schlaf|fen; er|schlafft; Er|schlaf|fung
er|schla|gen
er|schlei|chen (durch List erringen); Er|schlei|chung
er|schlie|ßen; er|schlie|ßen, sich erschließen; Er|schlie|ßung
Er|schlie|ßungs|ar|beit meist Plur. (bes. Bauw.)
er|schmel|zen (Hüttenw.)
er|schnüf|feln
er|schöpf|bar
er|schöp|fen; sich erschöpfen
er|schöpft; Er|schöp|fung
Er|schöp|fungs|syn|drom (Med., Psychol.)
Er|schöp|fungs|tod; Er|schöp|fungs|zu|stand
er|schrak vgl. ¹erschrecken, ³erschrecken
¹er|schre|cken; er erschrickt; ich erschrak; ich bin darüber erschrocken; vgl. schrecken
²er|schre|cken; sein Aussehen hat mich erschreckt; vgl. schrecken
³er|schre|cken, sich (ugs.); ich habe mich sehr erschreckt, erschrocken
er|schre|ckend; er|schreck|lich (veraltet für erschreckend, schrecklich)
er|schrickt vgl. ¹erschrecken
er|schro|cken vgl. ¹erschrecken, ³erschrecken; Er|schro|cken|heit, die; -; er|schröck|lich (scherzh. für erschrecklich)
er|schüt|tern; ich erschüttere; er|schüt|ternd; Er|schüt|te|rung
er|schwe|ren
Er|schwer|nis, die; -, -se; Er|schwer|nis|zu|la|ge; Er|schwe|rung
er|schwin|deln
er|schwing|bar (svw. erschwinglich); er|schwin|gen
er|schwing|lich (finanziell zu bewältigen); Er|schwing|lich|keit, die; -
er|se|hen
er|seh|nen; du ersehnst dir etwas
er|setz|bar; Er|setz|bar|keit, die; -
er|set|zen; Er|set|zung
er|sicht|lich
er|sin|nen; er|sinn|lich (veraltet)
er|sit|zen; ersessene Rechte; Er|sit|zung (Rechtsspr. Eigentumserwerb durch langen Besitz)
er|sor|gen (schweiz. veraltend für mit Sorge erwarten)
er|spä|hen (geh.)
er|spa|ren
Er|spar|nis, die; -, -se
Er|spar|te, das; -n
Er|spa|rung, die; -
er|spie|len; du hast [dir] einen guten Platz erspielt
er|sprie|ßen (geh.); er|sprieß|lich; Er|sprieß|lich|keit, die; -
er|spü|ren (geh.)
erst; erst recht; erst mal od. erstmal (ugs. für erst einmal)
Erst|an|mel|dung
er|star|ken; Er|star|kung
er|star|ren; Er|star|rung
er|stat|ten; Er|stat|tung; er|stat|tungs|fä|hig

Erstschlagwaffe

ers|te

Kleinschreibung ↑D 89:
- das erste Schneeglöckchen
- der erste (1.) April
- das erste Mal; beim, zum ersten Mal
- der erste Rang
- die erste Geige spielen
- der erste Spatenstich
- erster Klasse fahren
- Bachstraße 7, erster Stock
- die erste heilige *od.* Erste Heilige Kommunion
- das Erste *od.* erste Staatsexamen

Großschreibung der Substantivierung ↑D 80:
- der Erste, der kam
- als Erster, Erste durchs Ziel gehen
- als Erstes tun
- fürs Erste
- zum Ersten
- mein Erstes war, ein Heft zu kaufen (zuerst kaufte ich ...)
- die Ersten werden die Letzten sein
- der Erste des Monats
- vom nächsten Ersten an

Großschreibung in Namen und bestimmten namenähnlichen Fügungen ↑D 88 u. 89:
- Otto der Erste (Otto I.)
- der Erste Weltkrieg
- der Erste Geiger (Konzertmeister)
- der Erste Bürgermeister (Amtsbezeichnung)
- die Erste Staatsanwältin (Amtsbezeichnung)
- der erste *od.* Erste Vorsitzende (Funktionsbezeichnung)
- der Erste Mai (Feiertag [der Werktätigen])
- Verdienstkreuz Erster Klasse
- die Erste Bundesliga (oberste Spielklasse)
- das Erste Deutsche Fernsehen (*für* ARD)
- die Erste *od.* erste Hilfe (bei Unglücksfällen)

Man sollte unterscheiden:
- die ersten beiden (das erste und das zweite Glied, das erste Paar einer Gruppe)
- die beiden Ersten (von zwei Gruppen das jeweils erste Glied)

Vgl. auch achte, erstbeste, erstere

E
Erst

erst|auf|füh|ren *meist nur im Infinitiv u. Partizip II gebr.); die Oper wurde in Kairo erstaufgeführt;* Erst|auf|füh|rung
Erst|auf|nah|me (erste Stufe der Aufnahme von Asylsuchenden); Erst|auf|nah|me|ein|rich|tung; Erst|auf|nah|me|la|ger; Erst|auf|nah|me|stel|le; Erst|auf|nah|me|zen|t|rum (*bes. österr., schweiz.*)
er|stau|nen; Er|stau|nen, das; -s
er|stau|nens|wert
er|staun|lich; er|staun|li|cher|wei|se
er|staunt; Er|staunt|heit, die; -
Erst|aus|ga|be; Erst|aus|stat|tung
Erst|aus|strah|lung (*Rundfunk, Fernseher.*)
Erst|beich|te (*kath. Kirche*)
Erst|be|ra|tung
Erst|be|sitz, der; -es
erst|bes|te; die erstbeste Gelegenheit, *aber* wir nehmen nicht gleich den Erstbesten, den ersten Besten
Erst|be|stei|gung; Erst|be|zug
Erst|bun|des|li|gist
Erst|druck *Plur.* ...drucke
ers|te s. Kasten
er|ste|chen
er|ste|hen; Er|ste|her (*bes. Rechtsspr.*); Er|ste|he|rin
Ers|te-Hil|fe-Aus|rüs|tung; Ers|te-Hil|fe-Lehr|gang
Er|ste|hung
er|steig|bar; Er|steig|bar|keit
er|stei|gen; Er|stei|ger
Er|stei|ge|rer
Er|stei|ge|rin (w. Person, die etw.

ersteigt; w. Person, die etw. ersteigert)
er|stei|gern; Er|stei|ge|rung
Er|stei|gung
er|stel|len; Er|stel|ler; Er|stel|le|rin; Er|stel|lung
ers|te Mal *vgl.* erste
ers|tens; ers|ter *vgl.* erste
er|ster|ben (*geh.*)
ers|te|re; erstere Bedeutung von beiden; ↑D 72: Erstere *od.* die Erstere kommt nicht in Betracht; Ersteres muss noch geprüft werden
Ers|te[r]-Klas|se-Ab|teil ↑D 26
erst|er|wähnt; der ersterwähnte Punkt, *aber* ↑D 72: der Ersterwähnte
Erst|flug
Erst|ge|bä|ren|de, die; -n, -n (*Med.*)
erst|ge|bo|ren; Erst|ge|bo|re|ne, Erst|ge|bor|ne, der, die, das; -n, -n
Erst|ge|burt; Erst|ge|burts|recht
erst|ge|nannt; *aber* ↑D 72: der Erstgenannte
Erst|hel|fer (jmd., der einem Unfallopfer als Erster Hilfe leistet); Erst|hel|fe|rin
Ers|ti, der; -s, -s *u.* die; -, -s (*ugs. für* Erstsemester)
er|sti|cken; Er|sti|ckung, die; -
Er|sti|ckungs|an|fall; Er|sti|ckungs|ge|fahr; Er|sti|ckungs|tod
erst|in|s|tanz|lich (*Rechtsspr.*)
Erst|klass|ab|teil (*schweiz. für* Abteil erster Klasse)
Erst|kläs|ser (*ugs. seltener für* Erstklässler); Erst|kläs|se|rin

Erst|klass|ho|tel (*schweiz.*)
erst|klas|sig; Erst|klas|sig|keit

erstklassig
Da *erstklassig* bereits einen höchsten Grad ausdrückt, gilt die Steigerung *erstklassigste* als standardsprachlich nicht korrekt.

Erst|klass|ler (*landsch., bes. österr.*), Erst|kläss|ler (Schüler der ersten Klasse); Erst|klass|le|rin, Erst|kläss|le|rin
Erst|klass|wa|gen (*schweiz. für* Wagen erster Klasse)
Erst|kom|mu|ni|kant; Erst|kom|mu|ni|kan|tin; Erst|kom|mu|ni|on; Erst|kom|mu|ni|on|fei|er
erst|lich (*veraltet für* erstens)
Erst|li|gist, der; -en, -en (*Sport* Verein in der ersten Liga)
Erst|ling; Erst|lings|aus|stat|tung
Erst|lings|druck *Plur.* ...drucke; Erst|lings|film; Erst|lings|ro|man; Erst|lings|stück; Erst|lings|werk
erst mal, erst|mal *vgl.* mal
erst|ma|lig; Erst|ma|lig|keit, die; -; erst|mals
Erst|pla|zier|te, der *u.* die; -n, -n
er|strah|len
erst|ran|gig; Erst|ran|gig|keit, die; -
er|stre|cken; er|stre|bens|wert
er|stre|cken, sich; Er|stre|ckung
er|strei|ten (*geh.*)
Erst|schlag (*Militär*); Erst|schlag|waf|fe

Erst|se|mes|ter
Erst|se|mes|t|ri|ge, der u. die; -n, -n ⟨österr., schweiz.⟩
Erst|spra|che (bes. Fachspr.)
erst|stel|lig; erststellige Hypothek
Erst|stim|me
Erst|tags|brief; Erst|tags|stem|pel
er|stun|ken (derb für erdichtet); erstunken und erlogen
Erst|un|ter|su|chung
er|stür|men; Er|stür|mung
Erst|ver|kaufs|tag
erst|ver|öf|fent|li|chen nur im Infinitiv u. Part. II gebr.; Erst|ver|öf|fent|li|chung
Erst|ver|sor|gung (Erste Hilfe)
Erst|ver|stor|be|ne, der u. die; -n, -n
Erst|wa|gen
Erst|wäh|ler; Erst|wäh|le|rin
Erst|woh|nung
erst|zu|las|sen nur im Infinitiv u. Part. II gebr.; ein Kraftfahrzeug erstzulassen (erstmals zulassen); Erst|zu|las|sung
er|su|chen; Er|su|chen, das; -s, -; auf Ersuchen
er|tap|pen; sich dabei ertappen
er|tas|ten
er|tei|len; Er|tei|lung
er|tö|nen
er|tö|ten (geh.); Begierden ertöten; Er|tö|tung, die; -
Er|trag, der; -[e]s, Erträge; er|trag|bar
er|tra|gen
er|trag|fä|hig, er|trags|fä|hig; Er|trag|fä|hig|keit, Er|trags|fä|hig|keit, die; -
er|träg|lich; Er|träg|lich|keit, die; -
er|trag|los
Er|träg|nis, das; -ses, -se (seltener für Ertrag); Er|träg|nis|auf|stel|lung; er|träg|nis|reich (seltener für ertragreich)
er|trag|reich
Er|trags|aus|sich|ten Plur.
er|trags|fä|hig, er|trag|fä|hig; Er|trags|fä|hig|keit, Er|trag|fä|hig|keit, die; -
Er|trags|la|ge; Er|trags|min|de|rung
er|trags|si|cher
Er|trag[s]|stei|ge|rung
Er|trag[s]|steu|er
er|trän|ken; ertränkt; Er|trän|kung
er|träu|men; ich erträume es mir
er|trin|ken; ertrunken; Er|trin|ken, das; -s; Er|trin|ken|de, der u. die; -n, -n
er|trot|zen; Er|trot|zung
er|trü|gen (südd., schweiz. für durch Betrug erlangen)
er|trun|ken vgl. ertrinken; Er|trun|ke|ne, der u. die; -n, -n

er|tüch|ti|gen; Er|tüch|ti|gung
er|üb|ri|gen; es erübrigt sich[,] zu erwähnen, ...; Er|üb|ri|gung, die; -
eru|ie|ren ⟨lat.⟩ (herausbringen; ermitteln); Eru|ie|rung
erup|tie|ren; Erup|ti|on, die; -, -en ⟨lat.⟩ ([vulkan.] Ausbruch); erup|tiv; Erup|tiv|ge|stein
Er|ve [...və], die; -, -n (eine Hülsenfrucht)
er|wa|chen; Er|wa|chen, das; -s
¹er|wach|sen; mir sind Bedenken erwachsen
²er|wach|sen; ein erwachsener Mensch
Er|wach|se|ne, der u. die; -n, -n
Er|wach|se|nen|al|ter, das; -s; Er|wach|se|nen|bild|ner; Er|wach|se|nen|bild|ne|rin; Er|wach|se|nen|bil|dung; Er|wach|se|nen|tau|fe
Er|wach|sen|sein, das; -s
er|wä|gen; du erwägst; du erwogst; du erwögest; erwogen; erwäg[e]!; er|wä|gens|wert; Er|wä|gung; in Erwägung ziehen
er|wäh|len (geh.); er|wähl|te, der u. die; -n, -n; Er|wäh|lung
er|wäh|nen; er|wäh|nens|wert; er|wäh|n|ter|ma|ßen (Amtsspr.); Er|wäh|nung
er|wah|ren (schweiz. für das Ergebnis einer Abstimmung od. Wahl rechtsverbindlich feststellen); Er|wah|rung
er|wan|dern; Er|wan|de|rung
er|wär|men (warm machen); sich für jmdn./etwas erwärmen (begeistern); Er|wär|mung
er|war|ten; Er|war|ten, das; -s; wider Erwarten; Er|war|tung; Er|war|tungs|druck, der; -[e]s
er|war|tungs|froh
er|war|tungs|ge|mäß
Er|war|tungs|hal|tung; er|war|tungs|voll
er|we|cken; Er|we|ckung; Er|we|ckungs|er|leb|nis
er|weh|ren, sich; ich konnte mich seiner kaum erwehren
er|weich|bar; er|wei|chen; ich lasse mich nicht erweichen; vgl. ¹weichen; Er|wei|chung
Er|weis, der; -es, -e (veraltend für Nachweis, Beweis); er|wei|sen; sich erweisen

erweisen
Bei sich erweisen als ... steht das folgende Substantiv im Nominativ: Er erwies sich als geeigneter Nachfolger.

er|weis|lich (veraltet); Er|wei|sung
er|wei|ter|bar; er|wei|tern; die erweiterte Oberschule (in der DDR mit dem Abitur abschließende Schule; Abk. EOS); Er|wei|te|rung
Er|wei|te|rungs|bau Plur. ...bauten
Er|werb, der; -[e]s, -e; er|wer|ben; Er|wer|ber; Er|wer|be|rin
Er|werbs|ar|beit; Er|werbs|aus|fall (bes. schweiz. für Verdienstausfall); er|werbs|be|schränkt; Er|werbs|be|tei|li|gung
Er|werbs|bio|gra|fie, Er|werbs|bio|gra|phie (beruflicher Werdegang einer Person)
er|werbs|fä|hig; Er|werbs|fä|hig|keit, die; -
er|werbs|ge|min|dert
Er|werbs|le|ben; im Erwerbsleben stehen
er|werbs|los; Er|werbs|lo|se, der u. die; -n, -n; Er|werbs|lo|sig|keit
Er|werbs|min|de|rung; Er|werbs|mög|lich|keit; Er|werbs|quel|le; Er|werbs|quo|te (Wirtsch.); Er|werbs|stre|ben
er|werbs|tä|tig; Er|werbs|tä|ti|ge, der u. die; -n, -n; Er|werbs|tä|tig|keit
er|werbs|un|fä|hig; Er|werbs|un|fä|hig|keit
Er|werbs|zweig
Er|wer|bung
er|wi|dern; ich erwidere
Er|wi|de|rung
er|wie|sen
er|wie|se|ner|ma|ßen
Er|win (m. Vorn.)
er|wir|ken; Er|wir|kung, die; -
er|wirt|schaf|ten; Gewinn erwirtschaften; Er|wirt|schaf|tung
er|wi|schen (ugs. für ertappen; fassen, ergreifen); mich hat es erwischt (ugs. für ich bin krank, auch für ich bin verliebt)
er|wor|ben; erworbene Rechte
er|wün|schen (selten für wünschen)
er|wünscht; Er|wünscht|heit, die; -
er|wür|gen; Er|wür|gung
ery|man|thisch; aber ↑D 150: der Erymanthische Eber; Ery|man|thos, Ery|man|thus, der; - (Gebirge im Peloponnes)
Ery|si|pel, das; -s, -e ⟨griech.⟩ (Med. Wundrose [Hautentzündung])
Ery|them, das; -s, -e (Med. Hautrötung)
Ery|th|räi|sche Meer, das; -n -[e]s (altgriech. Name für das Arabische Meer)

Ery|th|rin, der; -s ⟨griech.⟩ (ein Mineral)
Ery|th|ro|po|ie|tin®, das; -s (Med., Pharm. die Bildung roter Blutkörperchen förderndes Medikament [Dopingmittel])
Ery|th|ro|zyt, der; -en, -en meist Plur. (Med. rotes Blutkörperchen)
Erz [auch ɛrts], das; -es, -e
erz... ⟨griech.⟩ (verstärkende Vorsilbe, z. B. erzdumm)
Erz... (in Titeln, z. B. Erzbischof, u. in Scheltnamen, z. B. Erzschelm)
Erz|ader [auch 'ɛrts...]
er|zäh|len; erzählende Dichtung; **er|zäh|lens|wert**; **Er|zäh|ler**; **Er|zäh|le|rin**; **er|zäh|le|risch**
Er|zähl|fluss, der; -es; **Er|zähl|freu|de**, die; -; **er|zähl|freu|dig**; **Er|zähl|kunst**, die; -
Er|zähl|ung
Erz|bau [auch 'ɛrts...], der; -[e]s; **Erz|berg|bau**, der; -[e]s
Erz|bi|schof; **erz|bi|schöf|lich**
Erz|bis|tum
erz|bö|se
Erz|di|ö|ze|se
er|zei|gen; sich dankbar erzeigen
er|zen [auch 'ɛrtsn̩] (aus Erz)
Erz|en|gel
er|zeu|gen
Er|zeu|ger; **Er|zeu|ge|rin**
Er|zeu|ger|land; **Er|zeu|ger|preis**
Er|zeug|nis, das; -ses, -se
Er|zeu|gung; **Er|zeu|gungs|kos|ten** Plur.
erz|faul
Erz|feind; **Erz|fein|din**; **Erz|feind|schaft**
Erz|ge|bir|ge [auch 'ɛrts...], das; -s; **Erz|ge|bir|ger**; **Erz|ge|bir|ge|rin**; **erz|ge|bir|gisch**; **Erz|ge|birg|ler**; **Erz|ge|birg|le|rin**
Erz|ge|win|nung [auch 'ɛrts...]
Erz|gie|ßer [auch 'ɛrts...]; **Erz|gie|ße|rei**
erz|hal|tig [auch 'ɛrts...]
Erz|her|zog; **Erz|her|zo|gin**; **erz|her|zog|lich**
Erz|her|zog-Thron|fol|ger ↑D 22
Erz|her|zog|tum
erz|hö|fig [auch 'ɛrts...] (reiches Erzvorkommen versprechend)
er|zieh|bar
er|zie|hen; **Er|zie|her**
Er|zie|her|ga|be, die; -
Er|zie|her|isch; **er|zieh|lich** (bes. österr.)
Er|zie|hung; -
Er|zie|hungs|be|ra|tung
Er|zie|hungs|be|rech|tig|te

Er|zie|hungs|fra|ge; **Er|zie|hungs|geld**; **Er|zie|hungs|hil|fe**; **Er|zie|hungs|maß|nah|me**; **Er|zie|hungs|me|tho|de**
Er|zie|hungs|ro|man (Literaturwiss.)
Er|zie|hungs|schwie|rig|kei|ten Plur.; **Er|zie|hungs|sys|tem**
Er|zie|hungs|ur|laub (ugs., sonst veraltend)

> **Erziehungsurlaub**
> Die offizielle Bezeichnung vonseiten des Gesetzgebers lautet Elternzeit. Damit soll vermieden werden, dass diese der Kindererziehung gewidmete Zeit als Urlaub gewertet wird.

Er|zie|hungs|wis|sen|schaft; **Er|zie|hungs|wis|sen|schaft|ler**; **Er|zie|hungs|wis|sen|schaft|le|rin**; **Er|zie|hungs|zeit**
er|zie|len; **Er|zie|lung**, die; -
er|zit|tern
erz|kon|ser|va|tiv
Erz|lüg|ner; **Erz|lüg|ne|rin**
Erz|lump
Erz|pries|ter; **Erz|pries|te|rin**
Erz|ri|va|le; **Erz|ri|va|lin**
Erz|schelm; **Erz|übel**
er|zür|nen; **Er|zür|nung**
Erz|vor|kom|men [auch 'ɛrts...]
er|zwin|gen; **Er|zwin|gung**, die; -
Er|zwun|ge|ne, das; -n; etwas Erzwungenes
er|zwun|ge|ner|ma|ßen

¹es; es sei denn, dass; ↑D 13; **er ists** od. **ist's**; **er sprachs** od. **sprach's**; 's ist nicht anders; 's war einmal; ↑D 76; das unbestimmte Es
²es; ich bin es zufrieden; ich habe od. ich bin es satt
³es, **¹Es**, das; -, - (Tonbezeichnung)
⁴es (Zeichen für es-Moll); in es
²Es (Zeichen für Es-Dur); in Es
³Es = Einsteinium
⁴Es, das; -, - (Psychol.)
ESA, die; - = European Space Agency (Europäische Weltraumorganisation)
Esau (bibl. m. Eigenn.)
Esc = Escudo
Es|cape [ɪs'keɪp] ohne Artikel gebr. ⟨engl., »entkommen«⟩ (EDV; kurz für Escapetaste); **Es|cape|tas|te** (auf der Computertastatur)
Es|cha|to|lo|gie [ɛsça...], die; -, ...ien ⟨griech.⟩ (Lehre vom Endschicksal des Menschen u. der Welt); **es|cha|to|lo|gisch**

Esche, die; -, -n (ein Laubbaum); **eschen** (aus Eschenholz); **Eschen|holz**
E-Schicht, die; - ↑D 29 (eine Schicht der Ionosphäre)
Es|co|ri|al, der; -[s] (span. Kloster u. Schloss)
Es|cort|ser|vice [auch ɛs'kɔːtsœːɐvɪs], der, österr. auch das ⟨engl.⟩ (Agentur zur Vermittlung von [sexuellen] Kontakten)
Es|cu|do, der; -[s], -[s] ⟨port.⟩ (frühere port. Währungseinheit)
Es-Dur ['ɛsduːɐ, auch ɛs'duːɐ], das; -[s] (Tonart; Zeichen Es); **Es-Dur-Ton|lei|ter** ↑D 26
Esel, der; -s, -; **Esel|chen**
Ese|lei; **esel|haft**
Esel|hengst; **Ese|lin**
Esels|brü|cke (ugs.)
Esels|milch, die; -; **Esels|ohr**; **Esels|rü|cken**; **Esels|stu|te**
E-Shop ['iː...] (Onlineshop); **E-Shop|ping** (Onlineshopping)
es|ka|la|die|ren ⟨franz.⟩ (früher für mit Sturmleitern erstürmen)
Es|ka|la|dier|wand (veraltet für Kletterwand)
Es|ka|la|ti|on, die; -, -en ⟨franz.-engl.⟩ (stufenweise Steigerung, Verschärfung)
es|ka|lie|ren ([sich] stufenweise steigern); **Es|ka|lie|rung**
Es|ka|mo|ta|ge [...ʒə], die; -, -n ⟨franz.⟩ (veraltet für Taschenspielerei); **Es|ka|mo|teur** [...'tøːɐ], der; -s, -e (Taschenspieler, Zauberkünstler); **es|ka|mo|tie|ren** (wegzaubern)
Es|ka|pa|de, die; -, -n ⟨franz.⟩ (Reiten Sprung zur Seite; geh. für mutwilliger Streich)
Es|ka|pis|mus, der; - ⟨engl.⟩ (Psychol. vor der Realität ausweichendes Verhalten); **es|ka|pis|tisch**
Es|ka|ri|ol, der; -s ⟨lat.⟩ (Winterendivie)
¹Es|ki|mo, der; -[s], -[s] ⟨indian.⟩ (Angehöriger eines arktischen Volkes); vgl. Inuk
²Es|ki|mo, der; -s, -s (ein Wollstoff)
Es|ki|mo|frau
es|ki|mo|isch; **Es|ki|mo|i|sche**, das; -n (Sprache der Eskimos)
Es|ki|mo|rol|le (Kanusport)
Es|kor|te, die; -, -n ⟨franz.⟩ (Geleit; Begleitmannschaft)
es|kor|tie|ren; **Es|kor|tie|rung**
ESM = Europäischer Stabilitätsmechanismus (Maßnahmen zur wirtschaftl. Stabilisierung der Eurozone)

Esmeralda

¹Es|me|ral|da, die; -, -s ⟨span.⟩ (ein span. Tanz)
²Es|me|ral|da (w. Vorn.)
es-Moll [ˈɛsmɔl, *auch* eˑsˈmɔl], das; -[s] (Tonart; *Zeichen* es); es-Moll-Ton|lei|ter ↑D 26
Eso|te|rik, die; - ⟨griech.⟩ (Geheimlehre; Grenzwissenschaft); Eso|te|ri|ker (Anhänger der Esoterik); Eso|te|ri|ke|rin
eso|te|risch
ESP® = elektronisches Stabilitätsprogramm *(Kfz-Technik)*
Es|pa|drille [...ˈdriːjə], die; -, -s *meist Plur.* ⟨span.-franz.⟩ (sommerlicher Leinenschuh mit einer Sohle aus Espartogras)
Es|pa|gno|le [...panˈjoː...], die; -, -n ⟨franz.⟩ (spanischer Tanz)
Es|pa|gno|lette|ver|schluss [...ˈlɛt...] (Drehstangenverschluss für Fenster)
Es|pan, der; -[e]s, -e *(landsch. für* Viehweide)
Es|par|set|te, die; -, -n ⟨franz.⟩ (eine Futterpflanze)
Es|par|to, der; -s ⟨span.⟩ (ein Gras); Es|par|to|gras
Es|pe, die; -, -n (Zitterpappel)
es|pen (aus Espenholz)
Es|pen|laub
Es|pe|ran|tist, der; -en, -en (Kenner, Anhänger des Esperanto); Es|pe|ran|tis|tin
Es|pe|ran|to, das; -[s] ⟨nach dem Pseudonym »Dr. Esperanto« des poln. Erfinders L. Zamenhof⟩ (eine künstl. Weltsprache)
Es|pe|ran|to|lo|gie, die; - (Erforschung des Esperantos)
Es|pla|na|de, die; -, -n ⟨franz.⟩ (freier Platz)
es|pres|si|vo ⟨ital.⟩ *(Musik* ausdrucksvoll)
¹Es|pres|so, der; -[s], *Plur.* -s *od.* ...ssi (in der Maschine bereitetes, starkes Kaffeegetränk)
²Es|pres|so, das; -[s], -s (kleines Café)
Es|pres|so|bar, die; Es|pres|so|ma|schi|ne; Es|pres|so|pad [...ped] (mit Espressopulver gefüllter kleiner Beutel aus einem wasserdurchlässigen Material)
Es|prit [...ˈpriː], der; -s ⟨franz.⟩ (Geist, Witz)
Es|pu|ma, der; -[s], -s *u.* die; -, -s ⟨span.⟩ *(Kochkunst* mit dem Siphon hergestellte Schaumspeise)
Esq. = Esquire
Es|quil|lin, der; -s (Hügel in Rom)
Es|qui|re [ɪsˈkvaɪɐ], der; -[s], -s

⟨engl.⟩ (engl. Höflichkeitstitel, *Abk.* Esq.)
Es|ra (bibl. m. Vorn.)
Es|say [ˈɛse, *auch* eˈseː], der *od.* das; -s, -s ⟨engl.⟩ (kürzere Abhandlung); Es|say|ist, der; -en, -en (Verfasser von Essays); Es|say|is|tin; es|say|is|tisch
ess|bar; Ess|ba|re, das; -n; etwas Essbares auftreiben; Ess|bar|keit
Ess|be|steck
Es|se, die; -, -n (Schmiedeherd; *bes. ostmitteld. für* Schornstein)
Ess|ecke
es sei denn, dass
es|sen; du isst; du aßest; du äßest; gegessen; iss!; jmdm. zu essen geben; zu Mittag essen; [griechisch] essen gehen; selber essen macht fett
¹Es|sen, das; -s, -
²Es|sen (Stadt im Ruhrgebiet)
Es|sen|aus|ga|be
es|sen|disch *vgl.* essensch
Es|sen|emp|fang, der; -[e]s
¹Es|se|ner ⟨hebr.⟩ (Angehöriger einer altjüdischen Sekte)
²Es|se|ner *(zu* ²Essen)
¹Es|se|ne|rin *⟨zu* ¹Essener)
²Es|se|ne|rin *(zu* ²Essener)
Es|sen|ge|ruch, Es|sens|ge|ruch
Es|sen|ho|ler; Es|sen|ho|le|rin
Es|sen|kar|te; Es|sens|kar|te
Es|sen|keh|rer *(bes. ostmitteld. für* Schornsteinfeger)
Es|sen|mar|ke, Es|sens|mar|ke
es|sensch *(zu* ²Essen)
Es|sens|ge|ruch, Es|sen|ge|ruch
Es|sens|kar|te, Es|sen|kar|te
Es|sens|mar|ke, Es|sen|mar|ke
Es|sens|rest; Es|sens|zeit
Es|sen|tial [ɪˈsɛnʃəl], das; -s, -s *meist Plur.* ⟨engl.⟩ (wesentlicher Punkt, unentbehrliche Sache)
Es|sen|ti|a|lis|mus *usw. vgl.* Essenzialismus *usw.*
es|sen|ti|ell *vgl.* essenziell
Es|senz, die; -, -en *(nur Sing.:* Wesen, Kern; konzentrierter Auszug)
Es|sen|zi|a|lis|mus, Es|sen|ti|a|lis|mus (philos. Lehre, die den Vorrang des Wesens gegenüber der Existenz zum Inhalt hat); es|sen|zi|a|lis|tisch, es|sen|ti|a|lis|tisch
es|sen|zi|ell, es|sen|ti|ell ⟨franz.⟩ *(Philos.* wesentlich; *Biol., Chemie* lebensnotwendig); essen|ziel|le *od.* essentielle Fettsäuren ↑D 89
Es|ser; Es|se|rei *(ugs. abwertend);* Es|se|rin

Es|sex (engl. Landschaft)
Ess|ge|schirr; ess|ge|stört; Ess|ge|wohn|heit *meist Plur.;* Ess|gier
Es|sig, der; -s, -e
Es|sig|baum
Es|sig|es|senz; Es|sig|gur|ke
Es|sig|mut|ter, die; - (sich im Essigfass bildende Bakterienkultur)
es|sig|sau|er; essigsaure Tonerde ↑D 89; Es|sig|säu|re, die; -
Ess|koh|le (eine Steinkohlenart)
Ess|kul|tur
Ess|löf|fel; ess|löf|fel|wei|se
Ess|lust; ess|lus|tig
Ess|stö|rung, Ess-Stö|rung
Ess|tisch; Ess|un|lust; Ess|ver|hal|ten; Ess|wa|ren *Plur.;* Ess|zim|mer
Es|ta|b|lish|ment [ɪsˈtɛblɪʃmənt], das; -s, -s ⟨engl.⟩ (Schicht der Einflussreichen u. Etablierten)
Es|tam|pe [...ˈtãːp(ə)], die; -, -n (Abdruck eines Holz-, Kupfer- *od.* Stahlstichs)
Es|tan|zia, die; -, -s ⟨span.⟩ (südamerik. Landgut)
Es|te *[auch* ˈɛstə], der; -n, -n (Estländer)
¹Es|ter, der; -s, - *(Chemie* eine organ. Verbindung)
²Es|ter *vgl.* Esther
¹Es|ther, ²Es|ter (bibl. w. Eigenn.)
²Es|ther (w. Vorn.)
Es|tin *[auch* ˈɛst...] (Estländerin)
Est|land *[auch* ˈɛst...]; Est|län|der; Est|län|de|rin; est|län|disch
est|nisch *[auch* ˈɛst...]; estnische Sprache; *vgl.* deutsch; Est|nisch, das; -[s] (Sprache); *vgl.* Deutsch; Est|ni|sche, das; -n; *vgl.* ²Deutsche
Es|to|mi|hi (lat., »Sei mir [ein starker Fels]!«) (letzter Sonntag vor der Passionszeit)
Es|t|ra|de, die; -, -n ⟨franz.⟩ *(veraltend für* Podium; *regional für* volkstüml. künstler. Veranstaltung mit gemischtem Programm); Es|t|ra|den|kon|zert
Es|t|ra|gon, der; -s ⟨arab.⟩ (eine Gewürzpflanze)
¹Es|t|re|ma|du|ra, Ex|t|re|ma|du|ra, die; - (historische Landschaft in Spanien)
²Es|t|re|ma|du|ra, die; - (port. Landschaft)
Es|t|re|ma|du|ra|garn, Es|t|re|ma|du|ra-Garn, das; -[e]s ↑D 143 (ein glattes Baumwollgarn)
Est|rich, der; -s, -e (fugenloser Fußboden; *schweiz. für* Dachboden, -raum)
Es|t|ro|gen *vgl.* Östrogen
Es|t|ron *vgl.* Östron

Es|zett, das; -, - (Buchstabe: »ß«)
et ⟨lat.⟩ (und; *Zeichen [in Firmennamen]* &); *vgl.* Et-Zeichen
Eta, das; -[s], -s ⟨griech. Buchstabe [langes e]: Η, η⟩
eta|b|lie|ren ⟨franz.⟩ (festsetzen); sich etablieren (sich niederlassen; festen Bestand erlangen)
eta|b|liert (fest gegründet; namhaft); **Eta|b|lier|te**, die *u*. die; -n, -n (*jmd.*, der es zu etwas gebracht hat); **Eta|b|lie|rung**
Eta|b|lis|se|ment [...'mã:, *schweiz. auch* ...blisəˈmɛnt], das; -s, -s *u.* (bei deutscher Aussprache) -e (Betrieb; Niederlassung; *auch für* [Nacht]lokal, Bordell)
Eta|ge [...ʒə], die; -, -n (Stock[werk], [Ober]geschoss)
Eta|gen|bett; **eta|gen|för|mig**; **Eta|gen|hei|zung**; **Eta|gen|tür**
Eta|ge|re, die; -, -n (drei übereinander angeordnete, verbundene Schalen für Obst u. Ä.; *veraltend auch für* Gestell für Bücher od. Geschirr)
et al. = et alii; **et a|lii** ⟨lat.⟩ (und andere; *Abk.* et al.)
Eta|lon [...ˈlõː], der; -s, -s ⟨franz.⟩ (*fachspr. für* Normalmaß, Eichmaß)
Eta|min, das, *auch, bes. österr.* der; -s (ein Gewebe)
Etap|pe, die; -, -n ⟨franz.⟩ ([Teil]strecke, Abschnitt; Stufe; *Militär* Versorgungsgebiet hinter der Front)
Etap|pen|ha|se (*Soldatenspr.*); **Etap|pen|hengst** (*Soldatenspr.*)
Etap|pen|sieg; **etap|pen|wei|se**; **Etap|pen|ziel**
etap|pie|ren (*schweiz. für* [ein Projekt] in Etappen aufteilen)
Etat [eˈtaː], der; -s, -s ⟨franz.⟩ ([Staats]haushalt[splan]; Geldmittel); **Etat|auf|stel|lung**; **Etat|be|ra|tung**; **Etat|ent|wurf**
eta|ti|sie|ren (in den Etat aufnehmen)
Etat|jahr; **Etat|kür|zung**; **Etat|la|ge**
etat|mä|ßig (dem Etat gemäß; *Sport* auf einer Position regelmäßig eingesetzt)
Etat|pe|ri|o|de; **Etat|pos|ten**; **Etat|re|de**; **Etat|über|schrei|tung**
Eta|zis|mus, der; - ⟨griech.⟩ (Aussprache des griech. Eta [η] wie langes e)
etc. = et cetera; **et ce|te|ra** (und so weiter; *Abk.* etc.); **etc. pp.** (verstärkend für etc.); *vgl.* pp.
ete|pe|te|te (*ugs. für* geziert, zimperlich; sehr feinfühlig)

Eter|nit®, das *od.* der; -s ⟨lat.⟩ (Faserzement); **Eter|nit|plat|te**
Ete|si|en *Plur.* ⟨griech.⟩ (passatartige Winde im Mittelmeer); **Ete|si|en|kli|ma**, das; -s
ETH, die; -, -s = Eidgenössische Technische Hochschule; ETHL (in Lausanne; *oft auch* EPFL = École Polytechnique Fédérale Lausanne); ETHZ (in Zürich)
Ethan, das; -s ⟨griech.⟩ (*Chemie* gasförmiger Kohlenwasserstoff)
Ether *vgl.* ²Äther
ethe|risch *vgl.* ²ätherisch
Ether|net [*auch* ˈiːθɐnɛt], das; -[s] ⟨engl.⟩ (*EDV* ein Netzwerkstandard)
Ethik, die; -, -en *Plur. selten* ⟨griech.⟩ (Sittenlehre; Gesamtheit der sittlichen u. moralischen Grundsätze); **Ethi|ker**; **Ethi|ke|rin**
Ethik|kom|mis|si|on (unabhängiges Gutachtergremium zur Beurteilung medizinisch-wissenschaftlicher Forschungsvorhaben); **Ethik|rat** *vgl.* Ethikkommission
ethisch (sittlich)
ETHL *vgl.* ETH
Eth|nie, die; -, ...ien ⟨griech.⟩ (*Völkerkunde* Volk, Stamm); **eth|nisch** (die [einheitliche] Kultur- u. Lebensgemeinschaft einer Volksgruppe betreffend)
Eth|no|graf, **Eth|no|graph**, der; -en, -en; **Eth|no|gra|fie**, **Eth|no|gra|phie**, die; -, ...ien [beschreibende] Völkerkunde); **Eth|no|gra|fin**, **Eth|no|gra|phin**; **eth|no|gra|fisch**, **eth|no|gra|phisch**
Eth|no|lo|ge, der; -n, -n; **Eth|no|lo|gie**, die; -, ...ien (Völkerkunde); **Eth|no|lo|gin**; **eth|no|lo|gisch**
Eth|no|pop (von der Volksmusik [bes. Afrikas, Asiens, Südamerikas] beeinflusste Popmusik)
Etho|lo|gie, die; - ⟨griech.⟩ (Verhaltensforschung)
Ethos, das; - (die sittlich-moralische Gesamthaltung)
Ethyl *usw. vgl.* Äthyl *usw.*
Ethyl|al|ko|hol *vgl.* Ethanol
ETHZ *vgl.* ETH
E-Ti|cket [ˈiː...] (elektronisches Ticket)
Eti|en|ne [eˈtjɛn] (m. Vorn.)
Eti|kett, das; -[e]s, *Plur.* -e[n], *auch* -s ⟨franz.⟩ (Zettel mit [Preis]aufschrift, Schild [chen]); ¹**Eti|ket|te**, die; -, -n (*österr., schweiz. für* Etikett); ²**Eti|ket|te**, die; -, -n (Gesamtheit der herkömmlichen Umgangsformen; Vorschriften für den förmlichen Umgang)
Eti|ket|ten|schwin|del (*ugs. für* irreführende Benennung); **eti|ket|tie|ren** (mit einem Etikett versehen); **Eti|ket|tie|rung**
eti|o|lie|ren ⟨franz.⟩ (*Bot.* vergeilen)
et|li|che; etliche Tage, Stunden usw. sind vergangen; ich weiß etliches darüber zu erzählen; etlicher politischer Zündstoff; etliche gute Menschen; die Taten etlicher guter, *selten* guten Menschen
et|li|che Mal, **et|li|che Ma|le**
Et|mal, das; -[e]s, -e (*Seemannsspr.* Zeit von Mittag bis Mittag; innerhalb dieses Zeitraums zurückgelegte Strecke)
Eton [ˈiːtn] (engl. Schulstadt)
Et|ru|ri|en (altital. Landschaft); **Et|rus|ker** (Einwohner Etruriens); **Et|rus|ke|rin**; **et|rus|kisch**
Etsch, die; - (Zufluss der Adria); *vgl.* Adige; **Etsch|tal**, Etsch-Tal
Et|ter, der *od.* das; -s, - (*südd. für* bebautes Ortsgebiet)
Etü|de, die; -, -n ⟨franz.⟩ (*Musik* Übungsstück)
Etui [ɛtˈviː], das; -s, -s ⟨franz.⟩ (Behälter, [Schutz]hülle)
Etui|kleid (sehr eng geschnittenes Kleid)
et|wa; in etwa (ungefähr); **et|wa|ig**; etwaige weitere Kosten
et|was ↑D 72: etwas Auffälliges, Derartiges, Passendes usw., *aber* etwas anderes *od.* Anderes
Et|was, das; -, -; ein gewisses Etwas
et|wel|che; etwelcher, etwelchen (*veraltet für* einige usw.)
Ety|mo|lo|ge, der; -n, -n; **Ety|mo|lo|gie**, die; -, ...ien ⟨griech.⟩ (*Sprachwiss.* [Lehre von] Ursprung u. Geschichte der Wörter); **Ety|mo|lo|gin**; **ety|mo|lo|gisch**; **ety|mo|lo|gi|sie|ren**
Ety|mon, das; -s, ...ma (Wurzel-, Stammwort)
Et-Zei|chen, das; -s, - (Und-Zeichen [in Firmennamen]: &); *vgl. aber* At-Zeichen
Et|zel (*in der Sage* Name des Hunnenkönigs Attila)
Eu (*chem. Zeichen für* Europium)
EU, die; - = Europäische Union

eu...

eu|er

eu|e|re, eu|re, eu|er ↑D 83
- euer Tisch, eu[e]rem, euerm Tisch usw.
- euer von allen unterschriebener Brief
- euren von allen unterschriebenen Brief
- mit eurem von allen unterschriebenen Brief
- eures von allen unterschriebenen Briefes

In Briefen kann groß- od. kleingeschrieben werden:
Mit herzlichen Grüßen
Eure *od.* eure Angela

Genitiv von ²ihr *(geh.)*:
- euer *(nicht* eurer) sind drei, sind nur wenige
- ich gedenke, ich erinnere mich euer *(nicht* eurer)

Großschreibung in Titeln:
a) *im Nominativ, Akkusativ:*
- Euer, Eure *(Abk. für beide Ew.)* Hochwürden usw.
b) *im Genitiv, Dativ:*
- Euer, Eurer *(Abk. für beide Ew.)* Hochwürden usw.

Vgl. auch eu[e]re

E

eu...

eu... ⟨griech.⟩ (wohl..., gut...); Eu...
(Wohl..., Gut...)
EU-Ab|ge|ord|ne|te; EU-Auf|la|ge;
EU-Aus|land
EU-Au|ßen|kom|mis|sar; EU-Au|ßen|kom|mis|sa|rin
EU-Au|ßen|mi|nis|ter
EU-Au|ßen|mi|nis|te|rin
EU-Be|am|te; EU-Be|am|tin
EU-Bei|tritt
Eu|bi|o|tik, die; - ⟨griech.⟩ (*Med.*
Lehre von der gesunden
Lebensführung)
Eu|böa (griech. Insel); eu|bö|isch
EU-Bot|schaf|ter; EU-Bot|schaf|te|rin
euch ↑D 83: *in Briefen klein- od.
großgeschrieben; vgl.* du
Eu|cha|ris|tie, die; -, ...ien ⟨griech.⟩
(kath. Kirche Abendmahl, Altarsakrament;) eu|cha|ris|tisch;
eucharistische Taube (ein liturgisches Gefäß) ↑D 89, *aber* ↑D 150:
der Eucharistische Kongress
Eu|dä|mo|nie, die; - ⟨griech.⟩ (*Philos.* Glückseligkeit); Eu|dä|mo|nis|mus, der; - (Glückseligkeitslehre); eu|dä|mo|nis|tisch
eu|er *s. Kasten*
eu[e]|re, eu|ri|ge; *Groß- oder Kleinschreibung*: unser Bauplatz ist dicht bei dem eur[ig]en; *aber* grüße ihre **Euern**, **Euren**, **Eurigen** *od.* die euern, euren, eurigen; ihr müsst das **Eu[e]re**, **Eurige** *od.* eu[e]re, eurige tun
eu|er|seits, eu|rer|seits
eu|ers|glei|chen, eu|res|glei|chen
eu|ert|hal|ben, eu|ret|hal|ben
eu|ert|we|gen, eu|ret|we|gen
eu|ert|wil|len, eu|ret|wil|len; um euertwillen, um euretwillen
EU-Er|wei|te|rung
Eu|fo|nie, Eu|pho|nie, die; -, ...ien
⟨griech.⟩ (Wohlklang); **eu|fo|nisch**, eu|pho|nisch (wohlklingend; [von Lauten] des Wohllauts wegen eingeschoben, z. B. »t« in »eigent*l*ich«)

EUFOR, Eu|for, die; - ⟨engl.; *Kurzwort für* European Force⟩ (multinationale Truppe der EU, z. B. in Bosnien und Herzegowina)
Eu|gen (m. Vorn.)
Eu|ge|nie (w. Vorn.)
Eu|ge|nik, die; - ⟨griech.⟩ (*Med.*
veraltend für Erbgesundheitslehre, -forschung); eu|ge|nisch
EuGH = Europäischer Gerichtshof
EU-Gip|fel (europ. Gipfeltreffen)
Eu|ka|lyp|tus, der; -, *Plur.* ...ten u. - ⟨griech.⟩ (ein Baum)
Eu|ka|lyp|tus|öl
Eu|ka|ry|ont, Eu|ka|ry|ot, der; -en, -en ⟨griech.⟩ (*Biol.* Einzeller mit echtem Zellkern); eu|ka|ry|on|tisch, eu|ka|ry|o|tisch
Eu|k|lid (altgriech. Mathematiker); eu|k|li|disch ↑D 89 u. 135:
die euklidische Geometrie; der euklidische Lehrsatz
EU-Kom|mis|sar (von den Mitgliedstaaten der EU ernannte Person mit der Aufgabe, zu kontrollieren, zu initiieren u. auszuführen); EU-Kom|mis|sa|rin
EU-Kom|mis|si|on, die; - (Gesamtheit der EU-Kommissare)
EU-kri|tisch
EU-Land (Mitgliedstaat der Europäischen Union)
Eul|le, die; -, -n (nordd. auch für [Decken]besen); eul|len|äu|gig
Eul|len|flucht, die; - (nordd. für Abenddämmerung)
Eul|len|flug, der; -[e]s; eul|len|haft
Eul|len|spie|gel (Titelgestalt eines dt. Volksbuches); Eul|len|spie|ge|lei
Eul|ler (schweiz. Mathematiker)
Eul|mel, der; -s, - (*ugs. für* Dummkopf; Gegenstand, Ding)
Eu|me|ni|de, die; -, -n *meist Plur.*
⟨griech.-lat., zu griech. »Wohlwollende«⟩ (verhüllender Name der Erinnye)
EU-Mi|nis|ter|rat (*ugs. für* Rat der Europäischen Union, der sich aus den Fachministern der Mitgliedstaaten zusammensetzt)
Eu|no|mia [*auch* ...'mi:a] ⟨griech. Göttin der Gesetzmäßigkeit, eine der ²Horen⟩
Eu|nuch, der; -en, -en, Eu|nu|che, der; -n, -n ⟨griech.⟩ (Kastrat [als Haremswächter]); eu|nu|chen|haft; Eu|nu|chen|stim|me
Eu|o|ny|mus, der, *auch* die; -, Evo|ny|mus, der; - ⟨griech.⟩ (ein Zierstrauch; Spindelbaum)
Eu|phe|mis|mus, der; -, ...men ⟨griech.⟩ (beschönigendes Wort, Hüllwort, z. B. »einschlafen« für »sterben« *od.* »freisetzen« für »entlassen«); eu|phe|mis|tisch
Eu|pho|nie usw. *vgl.* **Eufonie** usw.
Eu|phor|bia, Eu|phor|bie, die; -, ...ien ⟨griech.⟩ (*Bot.* ein Wolfsmilchgewächs)
Eu|pho|rie, die; - ⟨griech.⟩ (Zustand gesteigerten Hochgefühls); eu|pho|risch; eu|pho|ri|sie|ren (in Euphorie versetzen)
Eu|ph|rat, der; -[s] (Strom in Vorderasien)
Eu|ph|ro|sy|ne ⟨griech., »die Frohsinnige«⟩ (eine der drei Chariten)
Eu|phu|is|mus, der; - ⟨engl.⟩ (schwülstiger Stil der engl. Barockzeit); eu|phu|is|tisch
EUR (Währungscode für Euro)
Eu|ra|si|en (Festland von Europa u. Asien); Eu|ra|si|er, der; -s, -; Eu|ra|si|e|rin; eu|ra|sisch
Eu|ra|tom, die; - (*Kurzw. für* Europäische Atomgemeinschaft)
EU-Rats|prä|si|dent; EU-Rats|prä|si|den|tin
eu|re, eu[e]|re, eu|ri|ge *vgl.* eu[e]re
EU-Re|form|ver|trag *Plur. selten* (2007 in Lissabon unterzeichnetes Vertragswerk zur Reform der EU)
Eu|rer (*Abk. Ew.*); *vgl.* euer
eu[r]er|seits

Evaluation

eu|res|glei|chen, eu|ers|glei|chen
eu|ret|hal|ben, eu|ert|hal|ben
eu|ret|we|gen, eu|ert|we|gen
eu|ret|wil|len, eu|ert|wil|len; um euret-, euertwillen
Eu|rhyth|mie vgl. Eurythmie
EU-Richt|li|nie
eu|ri|ge vgl. eu[e]re
eu|ri|pi|de|isch; die euripideischen Dramen ↑D 135; Eu|ri|pi|des (altgriech. Tragiker)
¹Eu|ro, der; -[s], -s (europ. Währungseinheit; Zeichen €; Währungscode EUR); 30 Euro
²Eu|ro, die; -, -s ⟨ugs. für Europameisterschaft⟩
eu|ro|at|lan|tisch (bes. Politik)
Eu|ro|bond
Eu|ro|cent (Untereinheit des Euros)
Eu|ro|cheque, der; -s, -s ⟨Kurzw. aus europäisch u. franz. chèque⟩ ([bis 2001] bei den Banken europ. Länder einlösbarer Scheck); Eu|ro|cheque|kar|te, Eu|ro|cheque-Kar|te
Eu|ro|ci|ty®, der; -[s], -s ⟨kurz für Eurocityzug); Eu|ro|ci|ty|zug (europaweit verkehrender Intercityzug; Abk. EC)
Eu|ro|dol|lars Plur. (Dollarguthaben in Europa); Eu|ro|figh|ter (ein Kampfflugzeug)
Eu|ro|geld
Eu|ro|kom|mu|nis|mus (westeuropäische Richtung des Kommunismus)
Eu|ro|kri|se
eu|ro|kri|tisch (kritisch gegenüber dem Euro od. der EU)
Eu|ro|land, -s, auch das; -[e]s (an der Europäischen Währungsunion teilnehmende Staatengruppe, auch einer dieser Staaten [Plur. ...länder])
Eu|ro|mün|ze
Eu|ro|norm (in der EU geltende Norm)
Eu|ro|pa ⟨griech.⟩ ⟨auch griech. w. Sagengestalt⟩
Eu|ro|pa|brü|cke (Name mehrerer Brücken in Europa)
Eu|ro|pa|cup vgl. Europapokal
Eu|ro|pä|er, der; -s, -; Eu|ro|pä|e|rin
Eu|ro|pa|ge|dan|ke, der; ...kens (Politik)
eu|ro|pä|isch; der europäische Gedanke; eine europäische Gemeinschaft, der europäische Binnenmarkt ↑D 89, aber ↑D 150: die Europäische Gemeinschaft (Abk. EG); die Europäische Union (Abk. EU); das Europäische Parlament; die Europäische Währungsunion; die Europäische Zentralbank (Abk. EZB)
eu|ro|pä|i|sie|ren; Eu|ro|pä|i|sie|rung
Eu|ro|pa League®, die; - -, Eu|ro|pa|league, die; - [...li:g] ⟨engl.⟩ (Sport ein Pokalwettbewerb im europäischen Vereinsfußball)
Eu|ro|pa|li|ga (Sport)
Eu|ro|pa|meis|ter (Sport); Eu|ro|pa|meis|te|rin
Eu|ro|pa|meis|ter|schaft (Sport)
Eu|ro|pa|par|la|ment, das; -[e]s
Eu|ro|pa|po|kal (internationale Sporttrophäe, bes. im Fußball)
Eu|ro|pa|po|li|tik; Eu|ro|pa|po|li|ti|ker; Eu|ro|pa|po|li|ti|ke|rin; eu|ro|pa|po|li|tisch
Eu|ro|pa|rat, der; -[e]s
Eu|ro|pa|recht, das; -[e]s
Eu|ro|pa|recht|lich (das Europarecht betreffend, auf ihm beruhend)
Eu|ro|pa|re|kord
Eu|ro|pa|stra|ße (Zeichen E, z. B. E 5)
Eu|ro|pa|uni|on; Eu|ro|pa|wahl; eu|ro|pa|weit
Eu|ro|pi|de, der u. die; -n, -n (Angehörige[r] der in Europa, Nordafrika u. im Westteil Asiens heimischen Menschengruppen)
Eu|ro|pi|um, das; -s (chemisches Element, Metall; Zeichen Eu)
Eu|ro|pol, die; - meist ohne Artikel ⟨Kurzw. aus Europäisches Polizeiamt⟩ (Behörde der EU zur Bekämpfung von Terrorismus, Drogenhandel usw.)
Eu|ro|ret|tung Plur. selten; Eu|ro-Ret|tungs|schirm, Eu|ro|ret|tungs|schirm
Eu|ro|skep|ti|ker; Eu|ro|skep|ti|ke|rin; eu|ro|skep|tisch (gegenüber der Europäischen Union eher zurückhaltend eingestellt)
Eu|ro|sta|bi|li|täts|pakt, Eu|ro-Sta|bi|li|täts|pakt
Eu|ro|star®, der; -s, -s (Hochgeschwindigkeitszug zwischen London u. Paris bzw. Brüssel)
Eu|ro|su|per, das; - meist ohne Artikel ⟨österr. für Superbenzin⟩
Eu|ro|tun|nel, der; -s (unter dem Ärmelkanal)
Eu|ro|vi|si|on ⟨Kurzw. aus europäisch u. Television⟩ (europäische Organisation zur gemeinsamen Veranstaltung von Fernsehsendungen); Eu|ro|vi|si|ons|sen|dung
Eu|ro|zo|ne, die; - (Euroland)
Eu|ry|di|ke [...ke, auch ...'di:...] ⟨griech. Mythol. Gattin des Orpheus⟩
Eu|ryth|mie, Eu|rhyth|mie, die; - ⟨griech.⟩ ([in der Anthroposophie] schönes Gleichmaß von Bewegungen); eu|ryth|misch
eu|ry|top ⟨griech.⟩ (Biol. weitverbreitet [von Tieren u. Pflanzen])
Eu|se|bi|us (m. Eigenn.)
EU-Staat
Eus|tach, Eus|ta|chi|us (m. Vorn.)
eus|ta|chisch ⟨nach dem ital. Arzt Eustachi[o]⟩ ↑D 89 u. 135: eustachische Röhre, eustachische Tube (Med. Ohrtrompete)
Eus|ta|chi|us vgl. Eustach
Eu|stress, der; -es, -e ⟨griech.; engl.⟩ (Med., Psychol. anregender, stimulierender Stress)
Eu|ter, das; landsch. auch der; -s, -
Eu|ter|pe (Muse der lyr. Poesie u. des lyr. Gesangs)
Eu|tha|na|sie, die; - ⟨griech.⟩ (Med. Erleichterung des Sterbens [durch Narkotika]; bewusste Herbeiführung des Todes)
Eu|tin (Stadt im Ostholsteinischen Hügelland)
eu|troph ⟨griech.⟩ (nährstoffreich); eutrophe Pflanzen (an nährstoffreichen Boden gebundene Pflanzen); Eu|tro|phie, die; - (Med. guter Ernährungszustand); Eu|tro|phie|rung (unerwünschte Zunahme von Nährstoffen in Gewässern)
EU-Um|welt|kom|mis|sar; EU-Um|welt|kom|mis|sa|rin
EU-Ver|fas|sung, die; -; EU-weit
EU-Wett|be|werbs|kom|mis|sar; EU-Wett|be|werbs|kom|mis|sa|rin
E. V. = Eingetragener Verein (vgl. eingetragen)
ev. = evangelisch
eV = Elektronvolt
e. V. = eingetragener Verein
Ev. = Evangelium
Eva [...fa, auch ...va] (w. Vorn.)
eva|ku|ie|ren ⟨lat.⟩ ([ein Gebiet von Bewohnern] räumen; [Bewohner aus einem Gebiet] aussiedeln; Technik ein Vakuum herstellen); Eva|ku|ier|te, der u. die; -n, -n; Eva|ku|ie|rung
Eva|lu|a|ti|on, die; -, -en ⟨lat.⟩ (Bewertung; Beurteilung)

evaluieren

eva|lu|ie|ren; Eva|lu|ie|rung
Evan|ge|li|ar, das; -s, Plur. -e u. -ien, **Evan|ge|li|a|ri|um,** das; -s, ...ien ‹mlat.› (Evangelienbuch); **Evan|ge|li|en|buch**
evan|ge|li|kal (die unbedingte Autorität des Evangeliums vertretend); **Evan|ge|li|ka|le,** der u. die; -n, -n
Evan|ge|li|sa|ti|on, die; -, -en (Verkündigung des Evangeliums außerhalb des Gottesdienstes)
evan|ge|lisch (das Evangelium betreffend; auf dem Evangelium fußend; protestantisch; Abk. ev.); die evangelische Kirche ↑D 89, aber ↑D 150: die Evangelische Kirche in Deutschland (Abk. EKD); der Evangelische Bund
evan|ge|lisch-lu|the|risch [auch ...'te:...] (Abk. ev.-luth.)
evan|ge|lisch-re|for|miert (Abk. ev.-ref.)
evan|ge|li|sie|ren ([Außenstehenden] das Evangelium verkünden); **Evan|ge|list,** der; -en, -en (Verfasser eines der vier Evangelien; Titel in evangelischen Freikirchen; Wanderprediger); **Evan|ge|lis|tin**
Evan|ge|li|um, das; -s, Plur. (für die vier ersten Bücher im N. T.:) ...ien (»gute Botschaft«; Heilsbotschaft Christi; Abk. Ev.)
Eva|po|ra|ti|on, die; -, -en ‹lat.› (fachspr. für Verdunstung)
Eva|po|ra|tor, der; -s, ...oren (Gerät zur Verdunstung); **eva|po|rie|ren** (verdunsten; eindampfen)
Eva|si|on, die; -, -en ‹lat.› (Massenflucht)
Evas|kos|tüm; Evas|toch|ter
Eve|li|ne, Eve|lyn [...li:n] (w. Vorn.)
Event [iv...], das od. der; -s, -s ‹engl.› (Veranstaltung); **Event|gas|t|ro|no|mie; Event|ma|nage|ment; Event|ma|na|ger; Event|ma|na|ge|rin**
Even|tu|al... ‹lat.› (möglicherweise eintretend, für mögliche Sonderfälle bestimmt)
Even|tu|al|an|trag (Rechtsspr. Neben-, Hilfsantrag); **Even|tu|al|fall;** im Eventualfall[e]; **Even|tu|al|haus|halt**
Even|tu|a|li|tät, die; -, -en (Möglichkeit, möglicher Fall); **even|tu|a|li|ter** (geh. für eventuell)
even|tu|ell ‹franz.› (möglicherweise eintretend; Abk. evtl.)
ever ‹engl.› (ugs. emotional verstärkend aller Zeiten); das beste Essen ever
Eve|rest ['ɛvərɪst] vgl. Mount Everest
Ever|glades ['ɛvəglɛɪts] Plur. (Sumpfgebiet in Florida)
Ever|glaze® ['ɛvəglɛɪs], das; -, - ‹engl.› (ein [Baumwoll]gewebe)
Ever|green [...gri:n], der, auch das; -s, -s (populär gebliebener Schlager usw.)
Ever|te|b|rat, In|ver|te|b|rat, der; -en, -en ‹lat.› (Zool. wirbelloses Tier)
Evi [...fi] (w. Vorn.)
evi|dent ‹lat.› (offenbar; einleuchtend); **Evi|denz,** die; - (Deutlichkeit, völlige Klarheit); in Evidenz halten (österr. Amtsspr. auf dem Laufenden halten, registrieren)
evi|denz|ba|siert; evidenzbasierte Medizin
Evi|denz|bü|ro (österr. für Büro, in dem Personen, Daten registriert werden)
ev.-luth. = evangelisch-lutherisch
Evo|ka|ti|on, die; -, -en ‹lat.› (Erweckung von Vorstellungen bei Betrachtung eines Kunstwerkes; Rechtsspr. Vorladung eines Beklagten vor ein höheres Gericht); **evo|ka|tiv**
Evo|lu|ti|on, die; -, -en ‹lat.› ([allmählich fortschreitende] Entwicklung; Biol. stammesgeschichtliche Entwicklung der Lebewesen); **evo|lu|ti|o|när**
Evo|lu|ti|o|nis|mus, der; - (eine naturphilos. Richtung des 19. Jh.s)
Evo|lu|ti|ons|bio|lo|gie, die; -; **Evo|lu|ti|ons|the|o|rie**
evo|lu|tiv (die Gesamtentwicklung betreffend; auf ihr beruhend)
Evol|ven|te, die; -, -n (eine math. Kurve)
evol|vie|ren (entwickeln, entfalten)
Evo|ny|mus vgl. Euonymus
E-Vo|ting ['i:voʊtɪŋ], das; -s (kurz für Electronic Voting)
evo|zie|ren ‹lat.› (hervorrufen; Rechtsspr. vorladen)
ev.-ref. = evangelisch-reformiert
evtl. = eventuell
ev|vi|va ‹ital.› »er, sie, es lebe hoch!«) (ital. Hochruf)
Ew. vgl. euer
¹Ewe, der; -, - (Angehöriger eines westafrik. Volkes)
²Ewe, das; - (Sprache)
Ewen|ke, der; -n, -n (Angehöriger eines sibir. Volksstammes; Tunguse)
Ewer, der; -s, - (nordd. für kleines Küsten[segel]schiff)
E-Werk, das; -[e]s, -e ↑D 28 (kurz für Elektrizitätswerk)
EWG, die; - = Europäische Wirtschaftsgemeinschaft
ewig; auf ewig; für immer und ewig; die ewig gleichen Gesichter; ein ewiges Einerlei; das ewige Leben; der ewige Frieden; ewiger Schnee; die ewige Seligkeit; die ewige od. Ewige Licht ↑D 89; die Ewige Stadt (Rom); der Ewige Jude (Ahasver) ↑D 150
Ewig|ge|st|ri|ge, der u. die; -n, -n
Ewig|keit; Ewig|keits|sonn|tag (Totensonntag, letzter Sonntag des ev. Kirchenjahres); **ewig|lich** (veraltet für ewig)
Ewig|weib|li|che, das; -n
Ew. M. = Euer od. Eure Majestät
EWS, das; - = Europäisches Währungssystem
EWU, die; - = Europäische Währungsunion
EWWU, die; - = Europäische Wirtschafts- und Währungsunion
ex ‹lat.› (ugs. für aus; tot); ex trinken
Ex, der u. die; -, - (ugs.; kurz für Ex-Freund[in], Ex-Ehemann bzw. Ex-Ehefrau)
Ex... (ehemalig, z. B. Ex-Freundin, Ex-Minister)
Exa... ‹griech.› (das Trillionenfache einer Einheit, z. B. Exameter = 10^{18} m)
Exa|byte [...baɪt] ‹griech.; engl.› (EDV 10^{18} Byte)
ex ae|quo [- 'ɛ:kvo] ‹lat.› (geh. für gleichermaßen)
ex|akt ‹lat.› (genau; sorgfältig; pünktlich); die exakten Wissenschaften (Naturwissenschaften u. Mathematik)
Ex|akt|heit, die; -
Ex|al|ta|ti|on, die; -, -en ‹lat.› (Überspanntheit)
ex|al|tiert; Ex|al|tiert|heit
Ex|a|men, das; -s, Plur. -, seltener ...mina ‹lat.› ([Abschluss]prüfung)
Ex|a|mens|angst; Ex|a|mens|ar|beit
Ex|a|mens|kan|di|dat; Ex|a|mens|kan|di|da|tin
Ex|a|mi|nand, der; -en, -en (Prüfling); **Ex|a|mi|nan|din**
Ex|a|mi|na|tor, der; -s, ...oren (Prüfer); **Ex|a|mi|na|to|rin**

ex|a|mi|nie|ren ⟨prüfen⟩
Ex|an|them, das; -s, -e ⟨griech.⟩ (Med. Hautausschlag)
Ex|arch, der; -en, -en ⟨griech.⟩ (byzantinischer weltl. od. geistl. Statthalter)
Ex|ar|chat, das, auch der; -[e]s, -e (Amt[szeit] od. Verwaltungsgebiet eines Exarchen)
Ex|ar|ti|ku|la|ti|on, die; -, -en ⟨lat.⟩ (Med. Abtrennung eines Gliedes im Gelenk)
Ex|au|di ⟨lat.; »Erhöre!«⟩ (6. Sonntag nach Ostern)
exc., excud. = excudit
ex ca|the|d|ra ⟨lat.; »vom [Päpstlichen] Stuhl«⟩ (aus päpstl. Vollmacht; unfehlbar)

exzellent
Das auf das lateinische excellens (= hervorragend) zurückgehende Adjektiv wurde (ebenso wie das Substantiv Exzellenz) schon Anfang des 20. Jahrhunderts auf die Schreibung mit z umgestellt.

Ex|change [ɪksˈtʃeɪn(t)ʃ], die; -, -n [...dʒn] od. -s (Bankw. Tausch, Kurs)
excud., exc. = excudit
ex|cu|dit ⟨lat.; »hat es gebildet, verlegt od. gedruckt«⟩ (Vermerk hinter dem Namen der Verlegers [Druckers] bei Kupferstichen: Abk. exc. u. excud.)
Ex-DDR
Ex|e|d|ra, die; -, Exedren ⟨griech.⟩ (Archit. [halbrunde] Nische)
Ex|e|ge|se, die; -, -n ⟨griech.⟩ ([Bibel]erklärung; Wissenschaft von der Bibelauslegung)
Ex|e|get, der; -en, -en (Bibelwissenschaftler); Ex|e|ge|tik, die; - (veraltet für Exegese); Ex|e|ge|tin; ex|e|ge|tisch
ex|e|ku|tie|ren ⟨lat.⟩ (vollstrecken); exekutiert (österr. für gepfändet) werden; Ex|e|ku|ti|on, die; -, -en (Vollstreckung [eines Urteils]; Hinrichtung; österr. auch für Pfändung); Ex|e|ku|ti|ons|ge|richt (österr.)
ex|e|ku|tiv (ausführend); Ex|e|ku|ti|ve, die; -, -n, Ex|e|ku|tiv|ge|walt (vollziehende Gewalt im Staat])
Ex|e|ku|tor, der; -s, ...oren (Vollstrecker; österr. für Gerichtsvollzieher); Ex|e|ku|to|rin; ex|e|ku|to|risch

Ex|em|pel, das; -s, - ⟨lat.⟩ ([warnendes] Beispiel; Aufgabe)
Ex|em|p|lar, das; -s, -e ([einzelnes] Stück; Abk. Expl.)
ex|em|p|la|risch (beispielhaft; warnend); exemplarisches Lernen; exemplarische Strafe
Ex|em|p|li|fi|ka|ti|on, die; -, -en (Erläuterung durch Beispiele); ex|em|p|li|fi|zie|ren; Ex|em|p|li|fi|zie|rung
ex|emt ⟨lat.⟩ (Rechtsspr. befreit); Ex|em|ti|on, die; -, -en ([gesetzliche] Freistellung)
exen ⟨zu lat. ex⟩ (Schülerspr. von der Schule weisen)
Exe|qua|tur, das; -s, ...uren ⟨lat., »er vollziehe!«⟩ (Zulassung eines ausländ. Konsuls)
Exe|qui|en Plur. (kath. Totenmesse)
ex|er|zie|ren ⟨lat.⟩ ([von Truppen] üben); Ex|er|zier|platz
Ex|er|zi|ti|en Plur. (geistl. Übungen); Ex|er|zi|ti|um, das; -s, ...ien (Übung; Hausarbeit)
Ex-Frau, **Ex|frau** ↑D21; **Ex-Freund**, **Ex|freund** ↑D21; **Ex-Freun|din**, **Ex|freun|din**
Ex|ha|la|ti|on, die; -, -en ⟨lat.⟩ (Med. Ausatmung; Geol. Ausströmen vulkan. Gase u. Dämpfe); ex|ha|lie|ren
ex|haus|tiv ⟨lat.⟩ (geh. für vollständig, erschöpfend)
Ex|haus|tor, der; -s, ...oren (Technik Absauger, Entlüfter)
ex|hi|bie|ren ⟨lat.⟩ (zur Schau stellen, vorzeigend darbieten); Ex|hi|bi|ti|on, die; -, -en (Med. Zurschaustellung)
Ex|hi|bi|ti|o|nis|mus, der; - (Neigung zur öffentl. Entblößung der Geschlechtsteile)
Ex|hi|bi|ti|o|nist, die; -en, -en; Ex|hi|bi|ti|o|nis|tin; ex|hi|bi|ti|o|nis|tisch
ex|hu|mie|ren ⟨lat.⟩ ([einen Leichnam] wieder ausgraben)
Ex|hu|mie|rung
Exil, das; -s, -e ⟨lat.⟩ (Verbannung[sort]); Exi|lant, der; -en, -en (im Exil Lebender); Exi|lan|tin; exi|liert (ins Exil geschickt)
Exil|li|te|ra|tur Plur. selten
Exil|po|li|ti|ker; Exil|po|li|ti|ke|rin
Exil|re|gie|rung
ex|i|mie|ren ⟨lat.⟩ (Rechtsspr. von einer Verbindlichkeit befreien)
exis|tent ⟨lat.⟩ (wirklich, vorhanden)
exis|ten|ti|al usw. vgl. existenzial usw.

Exis|ten|ti|a|lis|mus usw. vgl. Existenzialismus usw.
exis|ten|ti|ell vgl. existenziell
Exis|tenz, die; -, -en ⟨lat.⟩ (Dasein; Lebensgrundlage)
Exis|tenz|angst (Daseinsangst); exis|tenz|be|rech|tigt
Exis|tenz|be|rech|ti|gung, die; -
exis|tenz|fä|hig; exis|tenz|ge|fähr|dend; exis|tenz|ge|fähr|det
Exis|tenz|grün|der; Exis|tenz|grün|de|rin; Exis|tenz|grund|la|ge; Exis|tenz|grün|dung
exis|ten|zi|al, exis|ten|ti|al (das Dasein hinsichtlich seines Seinscharakters betreffend)
Exis|ten|zi|a|lis|mus, Exis|ten|ti|a|lis|mus, der; - (philosophische Richtung des 20. Jh.s)
Exis|ten|zi|a|list, Exis|ten|ti|a|list, der; -en, -en; Exis|ten|zi|a|lis|tin, Exis|ten|ti|a|lis|tin; exis|ten|zi|a|lis|tisch, exis|ten|ti|a|lis|tisch
Exis|ten|zi|al|phi|lo|so|phie, Exis|ten|ti|al|phi|lo|so|phie (svw. Existenzialismus)
exis|ten|zi|ell, exis|ten|ti|ell ⟨franz.⟩ (auf das unmittelbare u. wesenhafte Dasein bezogen; lebenswichtig)
Exis|tenz|kampf; Exis|tenz|mi|ni|mum
Exis|tenz|phi|lo|so|phie (svw. Existenzialismus)
Exis|tenz|recht Plur. selten
Exis|tenz|si|che|rung
exis|tie|ren (vorhanden sein, bestehen)
Ex|i|tus, der; - ⟨lat.⟩ (Med. Tod)
Ex-Ju|gos|la|wi|en, **Ex|ju|gos|la|wi|en**
Ex-Kai|ser, **Ex|kai|ser** ↑D21;
Ex-Kai|se|rin, **Ex|kai|se|rin**
Ex-Kanz|ler, **Ex|kanz|ler** ↑D21;
Ex-Kanz|le|rin, **Ex|kanz|le|rin**
Ex|ar|di|na|ti|on, die; -, -en ⟨lat.⟩ (kath. Kirche Entlassung eines Geistlichen aus seiner Diözese)
Ex|ka|va|ti|on, die; -, -en ⟨lat.⟩ (Med. Aushöhlung, Ausbohrung; fachspr. für Ausschachtung); ex|ka|vie|ren
exkl. = exklusive
Ex|kla|ma|ti|on, die; -, -en ⟨lat.⟩ (veraltet für Ausruf); ex|kla|ma|to|risch; ex|kla|mie|ren
Ex|kla|ve, die; -, -n ⟨lat.⟩ (ein eigenstaatl. Gebiet in fremdem Staatsgebiet); vgl. Enklave
ex|klu|die|ren ⟨lat.⟩ (veraltet für ausschließen); Ex|klu|si|on, die; -, -en (Ausschließung)
ex|klu|siv (nur einem bestimmten

E
exkl

Personenkreis zugänglich; auf etw. beschränkt)

ex|klu|si|ve ⟨lat.⟩ (mit Ausschluss von ..., ausschließlich; *Abk.* exkl.) *Präposition mit Genitiv:*
– exklusive aller Versandkosten, des Verpackungsmaterials

Ein allein stehendes, stark gebeugtes Substantiv steht im Singular in der Regel ungebeugt:
– exklusive Porto, Verpackungsmaterial

Im Plural wird bei allein stehenden, stark gebeugten Substantiven häufig der Dativ gesetzt:
– exklusive Getränken, Versicherungsbeiträgen

Ex|klu|siv|in|ter|view
Ex|klu|si|vi|tät, die; - (Ausschließlichkeit; [gesellschaftliche] Abgeschlossenheit)
Ex|klu|siv|recht; Ex|klu|siv|ver|trag
Ex|kom|mu|ni|ka|ti|on, die; -, -en ⟨lat.⟩ (*kath. Kirche* Ausschluss aus der Kirchengemeinschaft); ex|kom|mu|ni|zie|ren
Ex-Kö|nig, Ex|kö|nig ↑D 21; **Ex-Kö|ni|gin**, Ex|kö|ni|gin
Ex|kre|ment, das; -[e]s, -e *meist Plur.* ⟨lat.⟩ (Ausscheidungsprodukt, z. B. Kot)
Ex|kret, das; -[e]s, -e ⟨lat.⟩ (*Med., Zool.* vom Körper ausgeschiedenes wertloses Stoffwechselprodukt); Ex|kre|ti|on, die; -, -en (Ausscheidung von Exkreten)
ex|kre|to|risch (ausscheidend, absondernd)
Ex|kul|pa|ti|on, die; -, -en ⟨lat.⟩ (*Rechtsspr.* Rechtfertigung, Entlastung); ex|kul|pie|ren
Ex|kurs, der; -es, -e ⟨lat.⟩ (Abschweifung; einer Abhandlung beigefügte kürzere Ausarbeitung; Anhang)
Ex|kur|si|on, die; -, -en (Lehrfahrt; Streifzug)
Ex|li|b|ris, das; -, - ⟨lat.⟩ (Bücherzeichen mit dem Namen[szeichen] des Buchbesitzers)
Ex-Mann, Ex|mann *Plur.* ...männer ↑D 21
Ex|ma|t|ri|kel [*auch, österr. nur* ...'trɪk], die; -, -n ⟨lat.⟩ (Bescheinigung über das Verlassen einer Hochschule)
Ex|ma|t|ri|ku|la|ti|on, die; -, -en (Streichung aus der Matrikel einer Hochschule); ex|ma|t|ri|ku|lie|ren
Ex-Mi|nis|ter, Ex|mi|nis|ter ↑D 21; **Ex-Mi|nis|te|rin**, Ex|mi|nis|te|rin
Ex|mis|si|on, die; -, -en ⟨lat.⟩ (*Rechtsspr.* gerichtliche Ausweisung aus einer Wohnung); ex|mit|tie|ren; Ex|mit|tie|rung
Exo|bio|lo|gie, die; - ⟨griech.⟩ (Wissenschaft vom außerirdischen Leben); exo|bio|lo|gisch
Ex|o|dus, der; - ⟨griech.⟩, »Auszug« (das 2. Buch Mosis; *auch für* Auszug aus einem Gebiet)
ex of|fi|cio ⟨lat.⟩ (*Rechtsspr.* von Amts wegen)
Exo|ga|mie, die; -, ...ien ⟨griech.⟩ (*Völkerkunde* Heirat außerhalb von Stamm, Kaste usw.)
exo|gen ⟨griech.⟩ (*Bot.* außen entstehend; *Med.* von außen wirkend; *Psychol.* umweltbedingt)
Exo|karp, das; -s, -e ⟨griech.⟩ (*Bot.* äußere Schicht der Fruchtwand)
exo|krin ⟨griech.⟩ (*Med.* nach außen abscheidend; exokrine Drüsen)
Ex|o|nym, das; -s, -e ⟨griech.⟩ (vom amtlichen Namen abweichende Ortsnamenform, z. B. dt. »Mailand« für ital. »Milano«)
ex|or|bi|tant ⟨lat.⟩ (übertrieben; gewaltig)
ex ori|en|te lux ⟨lat.⟩, »aus dem Osten [kommt das] Licht«) (von der Sonne, dann von Christentum u. Kultur)
ex|or|zie|ren, ex|or|zi|sie|ren ⟨griech.⟩ (böse Geister durch Beschwörung austreiben)
Ex|or|zis|mus, der; -, ...men (Beschwörung böser Geister)
Ex|or|zist, der; -en, -en (Geisterbeschwörer; *früher* dritter Grad der kath. niederen Weihen); Ex|or|zis|tin
Exo|sphä|re, die; -, -n ⟨griech.⟩ (oberste Schicht der Erdatmosphäre)
Exot, der; -en, -en ⟨griech.⟩ (Mensch, Tier, Pflanze aus fernen Ländern; *Plur. auch für* überseeische Wertpapiere)
Exo|ta|ri|um, das; -s, ...ien (Anlage für exotische Tiere)
exo|te|risch ⟨griech.⟩ (für Außenstehende, allgemein verständlich)
exo|therm ⟨griech.⟩ (*Physik, Chemie* Wärme abgebend)
Exo|tik, die; - ⟨griech.⟩ (Anziehungskraft, die vom Fremdländischen ausgeht)
Exo|tin; exo|tisch
Ex|pan|der, der; -s, - ⟨engl.⟩ (Trainingsgerät zur Stärkung der Arm- u. Oberkörpermuskeln)
ex|pan|die|ren ⟨lat.⟩ ([sich] ausdehnen); ex|pan|si|bel ⟨franz.⟩ (*veraltet für* ausdehnbar); ...i|ble Stoffe
Ex|pan|si|on, die; -, -en ⟨lat.⟩ (Ausdehnung; Erweiterung; Ausbreitung [eines Staates])
ex|pan|si|o|nis|tisch
Ex|pan|si|ons|be|stre|bun|gen *Plur.*; Ex|pan|si|ons|drang; Ex|pan|si|ons|ge|schwin|dig|keit; Ex|pan|si|ons|kraft; Ex|pan|si|ons|kurs; Ex|pan|si|ons|po|li|tik
ex|pan|siv ([sich] ausdehnend); Ex|pan|siv|kraft, die (*Physik*)
ex|pa|t|ri|ie|ren ⟨lat.⟩ (ausbürgern)
Ex|pe|di|ent, der; -en, -en ⟨lat.⟩ (Abfertigungsbeauftragter in der Versandabteilung einer Firma); Ex|pe|di|en|tin
ex|pe|die|ren (abfertigen; absenden; befördern)
Ex|pe|dit, das; -[e]s, -e (*österr. für* Versandabteilung)
Ex|pe|di|ti|on, die; -, -en (Forschungsreise; Gruppe von Forschungsreisenden; Versand- od. Abfertigungsabteilung)
Ex|pe|di|ti|ons|lei|ter, der; Ex|pe|di|ti|ons|lei|te|rin; Ex|pe|di|ti|ons|mit|glied
Ex|pe|di|tor, der; -s, ...oren (*seltener, bes. österr., für* Expedient)
Ex|pek|to|rans, das; -, *Plur.* ...ranzien u. ...rantia, Ex|pek|to|ran|ti|um, das; -s, ...tia ⟨lat.⟩ (*Pharm.* schleimlösendes [Husten]mittel); Ex|pek|to|ra|ti|on, die; -, -en (*Med.* Auswurf)
ex|pek|to|rie|ren (*Med.* Schleim aushusten)
ex|pen|siv ⟨lat.⟩ (*selten für* kostspielig)
Ex|pe|ri|ment, das; -[e]s, -e ⟨lat.⟩ ([wissenschaftlicher] Versuch)
Ex|pe|ri|men|tal... (auf Experimenten beruhend, z. B. Experimentalphysik); Ex|pe|ri|men|tal|film
Ex|pe|ri|men|ta|tor, der; -s, ...oren; Ex|pe|ri|men|ta|to|rin
ex|pe|ri|men|tell (auf Experimenten beruhend; experimentelle Psychologie ↑D 89)
Ex|pe|ri|men|tier|büh|ne (Bühne für experimentelles Theater)
ex|pe|ri|men|tie|ren

Ex|pe|ri|men|tier|freu|de
ex|pe|ri|men|tier|freu|dig
Ex|per|te, der; -n, -n (Sachverständiger; Gutachter); **Ex|per|ten|grup|pe**; **Ex|per|ten|ju|ry**; **Ex|per|ten|kom|mis|si|on**
Ex|per|ten|sys|tem (*EDV* hoch entwickeltes Programmsystem mit Elementen künstlicher Intelligenz)
Ex|per|ti|num, das; -s
Ex|per|tin
Ex|per|ti|se, die; -, -n ⟨franz.⟩ (Gutachten; Fachwissen)
Expl. = Exemplar
Ex|pla|na|ti|on, die; -, -en ⟨lat.⟩ (*Literaturwiss.* Erklärung eines Textes); **ex|pla|na|tiv**; **ex|pla|nie|ren**
Ex|plan|ta|ti|on, die; -, -en ⟨lat.⟩ (*Med., Zool.* Entnahme von Zellen od. Gewebe aus dem lebenden Organismus); **ex|plan|tie|ren**
Ex|pli|ka|ti|on, die; -, -en ⟨lat.⟩ (*fachspr. für* Erklärung, Erläuterung); **ex|pli|zie|ren**
ex|pli|zit (deutlich; ausführlich dargestellt; *Ggs.* implizit); explizite Funktion (*Math.*)
↑D 89
ex|pli|zi|te [...te] (ausdrücklich); etwas explizite sagen
ex|plo|dier|bar; **ex|plo|die|ren** ⟨lat.⟩ (krachend [zer]bersten; einen Gefühlsausbruch haben)
Ex|ploi|ta|ti|on [...ploa...], die; -, -en ⟨franz.⟩ (*veraltet für* Ausbeutung; Nutzbarmachung); **ex|ploi|tie|ren**
Ex|plo|rand, der; -en, -en ⟨lat.⟩ (*fachspr. für* zu Untersuchender; zu Befragender); **Ex|plo|ran|din**
Ex|plo|ra|ti|on, die; -, -en (Untersuchung, Erforschung); **Ex|plo|ra|ti|ons|boh|rung**
ex|plo|ra|to|risch
Ex|plo|rer [ı...], der; -s, - ⟨engl., »Erforscher«⟩ (*Bez. für die ersten amerik.* Erdsatelliten)
ex|plo|rie|ren [ε...] ⟨lat.⟩
ex|plo|si|bel ⟨franz.⟩ (explosionsfähig); ...i|ble Stoffe
Ex|plo|si|on, die; -, -en ⟨lat.⟩; **ex|plo|si|ons|ar|tig**
Ex|plo|si|ons|ge|fahr; **Ex|plo|si|ons|herd**; **Ex|plo|si|ons|ka|ta|s|tro|phe**; **Ex|plo|si|ons|kra|ter** (*Geol.*); **Ex|plo|si|ons|mo|tor**
Ex|plo|si|ons|si|cher
ex|plo|siv (leicht explodierend, explosionsartig)

Ex|plo|siv, der; -s, -e *u.* **Ex|plo|siv|laut** (*Sprachwiss.* Verschlusslaut, z. B. b, k)
Ex|plo|siv|ge|schoss; *vgl.* Geschoss
Ex|plo|si|vi|tät, die; - (explosive Beschaffenheit)
Ex|plo|siv|kör|per
Ex|plo|siv|laut *vgl.* Explosiv
Ex|plo|siv|stoff
Ex|po, die; -, -s (*kurz für:* Exposition, Ausstellung)
Ex|po|nat, das; -[e]s, -e ⟨russ.⟩ (Ausstellungs-, Museumsstück)
Ex|po|nent, der; -en, -en ⟨lat.⟩ (Hochzahl, bes. in der Wurzel- u. Potenzrechnung; herausgehobener Vertreter [einer bestimmten Richtung, Politik usw.])
Ex|po|nen|ti|al|funk|ti|on (*Math.*)
Ex|po|nen|ti|al|glei|chung (*Math.*)
Ex|po|nen|ti|al|grö|ße
Ex|po|nen|ti|al|röh|re (*Technik*)
ex|po|nen|ti|ell (*Math.*)
Ex|po|nen|tin
ex|po|nie|ren (hervorheben; [einer Gefahr] aussetzen); **ex|po|niert** (gefährdet; [Angriffen] ausgesetzt; herausgehoben)
Ex|po|nie|rung
Ex|port, der; -[e]s, -e ⟨engl.⟩ (Ausfuhr); ↑D 31: Ex- u. Import
ex|port|ab|hän|gig
Ex|port|ab|hän|gig|keit
Ex|port|an|teil; **Ex|port|ar|ti|kel**
Ex|por|ten *Plur.* (Ausfuhrwaren)
Ex|port|er|war|tung *meist Plur.* (*Wirtsch.*)
Ex|por|teur [...'tø:ɐ], der; -s, -e ⟨franz.⟩ (Ausfuhrhändler od. -firma); **Ex|por|teu|rin**
Ex|port|ge|schäft
ex|por|tie|ren
Ex|port|in|dus|t|rie; **ex|port|in|ten|siv**; exportintensive Branchen
Ex|port|kauf|frau; **Ex|port|kauf|mann**
Ex|port|land *Plur.* ...länder; **Ex|port|markt**; **Ex|port|quo|te**; **Ex|port|schla|ger**; **Ex|port|sub|ven|ti|on** *meist Plur.*; **Ex|port|über|schuss**; **Ex|port|wirt|schaft**
Ex|po|sé, **Ex|po|see**, das; -s, -s ⟨franz.⟩ (Denkschrift, Bericht, Darlegung; Zusammenfassung; Plan, Skizze [für ein Drehbuch])
Ex|po|si|ti|on, die; -, -en ⟨lat.⟩ (Ausstellung, Schau; *Literaturwiss., Musik* Einleitung, erster Teil; *veraltet für* Darlegung)
Ex|po|si|tur, die; -, -en ⟨*kath. Kirche* abgegrenzter selbstständi-

ger Seelsorgebezirk einer Pfarrei; *österr. für* auswärtige Geschäftsfiliale, auswärtiger Teil einer Schule); **Ex|po|si|tus**, der; -, ...ti (Geistlicher einer Expositur)
ex|press ⟨lat.⟩ (*veraltet, noch ugs. für* eilig, Eil...; *landsch. für* eigens, zum Trotz)
Ex|press|bo|te (*veraltet für* Eilbote); **Ex|press|gut**
Ex|pres|si|on, die; -, -en (Ausdruck)
Ex|pres|si|o|nis|mus, der; - (Kunstrichtung im frühen 20. Jh., Ausdruckskunst; **Ex|pres|si|o|nist**, der; -en, -en; **Ex|pres|si|o|nis|tin**; **ex|pres|si|o|nis|tisch**
ex|pres|sis ver|bis (ausdrücklich; mit ausdrücklichen Worten)
ex|pres|siv (ausdrucksvoll); **Ex|pres|si|vi|tät**, die; - (Fülle des Ausdrucks, Ausdrucksfähigkeit; *Biol.* Ausprägungsgrad einer Erbanlage)
Ex|press|rei|ni|gung
Ex|press|stra|ße, **Ex|press-Stra|ße** (*schweiz. für* Schnellstraße [in großen Städten])
Ex|pro|p|ri|a|ti|on, die; -, -en ⟨lat.⟩ (Enteignung [marxistischer Begriff]); **ex|pro|p|ri|ie|ren**
Ex|pul|si|on, die; -, -en ⟨lat.⟩ (*Med.* Austreibung, Abführung); **ex|pul|siv**
ex|qui|sit ⟨lat.⟩ (ausgesucht, erlesen)
Ex|qui|sit, das; -s, -s (*DDR; kurz für* Exquisitladen); **Ex|qui|sit|la|den** (*DDR* Geschäft für auserlesene Waren zu hohen Preisen)
Ex|sik|ka|ti|on, die; -, -en ⟨lat.⟩ (*Chemie* Austrocknung); **ex|sik|ka|tiv**; **Ex|sik|ka|tor**, der; -s, ...oren (Gerät zum Austrocknen od. zum trockenen Aufbewahren von Chemikalien)
ex|spek|ta|tiv (*Med.* abwartend [bei Krankheitsbehandlung])
Ex|spi|ra|ti|on, die; - ⟨lat.⟩ (*Med.* Ausatmung); **ex|spi|ra|to|risch** (*Med.* auf Exspiration beruhend); exspiratorischer Akzent (*Sprachwiss.* Druckakzent); exspiratorische Artikulation (*Sprachwiss.* Lautbildung beim Ausatmen); **ex|spi|rie|ren** (*Med.*)
Ex|stir|pa|ti|on, die; -, -en ⟨lat.⟩ (*Med.* völlige Entfernung [eines Organs]); **ex|stir|pie|ren**
Ex|su|dat, das; -[e]s, -e ⟨lat.⟩ (*Biol., Med.* Absonderung,

Exsudation

Ausschwitzung); **Ex|su|da|ti|on,** die; -, -en (Ausschwitzen, Absondern eines Exsudates)

Ekstase
Das aus dem Griechischen stammende Wort wird nicht mit *Ex-*, sondern mit *Eks-* geschrieben, obwohl die erste Silbe ebenso wie z. B. bei *Export, extra, extrem* gesprochen wird.

Ex|tem|po|ra|le, das; -s, ...lien ⟨lat.⟩ (veraltet für unvorbereitet anzufertigende [Klassen]arbeit)
ex tem|po|re (aus dem Stegreif)
Ex|tem|po|re [...re], das; -s, -s (*Theater* Zusatz, Einlage; Stegreifspiel)
ex|tem|po|rie|ren (aus dem Stegreif reden, schreiben usw.)
ex|ten|die|ren ⟨lat.⟩ (strecken; ausdehnen)
¹**Ex|ten|si|on,** die; -, -en (Ausdehnung)
²**Ex|ten|si|on** [ɪksˈtɛnʃn], die; -, -s *meist Plur.* ⟨engl.⟩ (Haarverlängerung)
Ex|ten|si|tät, die; - (Ausdehnung; Umfang)
ex|ten|siv (der Ausdehnung nach; räumlich; nach außen wirkend); extensive Landwirtschaft (Bodennutzung mit geringem Einsatz von Arbeitskraft u. Kapital) ↑D 89
Ex|ten|sor, der; -s, ...oren (*Med.* Streckmuskel)
Ex|te|ri|eur [...ˈri̯øːɐ̯], das; -s, *Plur.* -s u. -e ⟨franz.⟩ (Äußeres; Außenseite)
ex|ter|mi|na|to|risch ⟨lat.⟩ (auf völlige Vernichtung ausgerichtet)
ex|tern ⟨lat.⟩ (draußen befindlich; auswärtig; *veraltend für* nicht im Internat wohnend [von Schülern])
ex|ter|nal (*Psychol.* äußerlich); **ex|ter|na|li|sie|ren** ⟨lat.-engl.⟩ (*Psychol.* nach außen verlagern); **Ex|ter|na|li|sie|rung** (*Psychol.*)
Ex|ter|ne, der u. die; -n, -n (nicht im Internat wohnender Schüler bzw. nicht dort wohnende Schülerin; von auswärts zugewiesener Prüfling)
Ex|ter|nist, der; -en, -en (*österr. für* Externer); **Ex|ter|nis|tin**
Ex|ter|n|stei|ne *Plur.* (Felsgruppe im Teutoburger Wald)
ex|ter|ri|to|ri|al ⟨lat.⟩ (den Landesgesetzen nicht unterworfen; **Ex|ter|ri|to|ri|a|li|tät,** die; -

Ex|tink|ti|on, die; -, -en ⟨lat.⟩ (*fachspr. für* Schwächung einer Strahlung)
ex|tra ⟨lat.⟩ (nebenbei, außerdem, besonders, eigens)
Ex|tra, das; -s, -s ([nicht serienmäßig mitgeliefertes] Zubehör[teil])
Ex|tra|aus|ga|be
Ex|tra|blatt (Sonderausgabe)
Ex|tra|chor (zusätzlicher, nur in bestimmten Opern eingesetzter Theaterchor)
ex|tra dry ⟨engl.⟩ (sehr herb)
Ex|tra|fahrt (*bes. schweiz. für* Sonderfahrt)
ex|tra|fein
ex|tra|ga|lak|tisch ⟨lat.-griech.⟩ (*Astron.* außerhalb der Galaxis gelegen)
ex|tra|groß; ex|tra|hart
ex|tra|hie|ren ⟨lat.⟩ (einen Auszug machen; [einen Zahn] ausziehen; auslaugen)
Ex|tra|klas|se; ein Film, Sportler der Extraklasse
ex|tra|kor|po|ral (*Biol., Med.* außerhalb des Organismus befindlich, geschehend)
Ex|trakt, der, *auch* das; -[e]s, -e ⟨lat.⟩ (Auszug [aus Büchern, Stoffen]; Hauptinhalt, Kern)
Ex|trak|ti|on, die; -, -en ⟨lat.⟩ (Auszug; Auslaugung; Herausziehen)
ex|trak|tiv ⟨franz.⟩ (ausziehend; auslaugend)
ex|tra|or|di|när ⟨franz.⟩ (*veraltend für* außerordentlich)
Ex|tra|or|di|na|ri|um, das; -s, ...ien ⟨lat.⟩ (*früher für* außerordentlicher Haushaltsplan od. Etat)
Ex|tra|or|di|na|ri|us, der; -, ...ien (*früher für* außerordentlicher Professor)
Ex|tra|po|la|ti|on, die; -, -en ⟨lat.⟩ (das Extrapolieren); **ex|tra|po|lie|ren** (*Math., Statistik* aus den bisherigen Werten einer Funktion auf weitere schließen)
Ex|tra|post (*früher für* besonders eingesetzter Postwagen)
Ex|tra|sys|to|le, die; -, -n ⟨lat.; griech.⟩ (*Med.* vorzeitige Zusammenziehung des Herzens innerhalb der normalen Herzschlagfolge)
ex|tra|ter|res|trisch ⟨lat.⟩ (*Astron., Physik* außerhalb der Erde)
Ex|tra|tour (*ugs. auch für* eigenwilliges Verhalten od. Vorgehen)
ex|tra|va|gant [*auch* ˈe...] ⟨franz.⟩ (verstiegen; überspannt); **Ex|tra|va|ganz,** die; -, -en

Ex|tra|ver|si|on, Ex|t|ro|ver|si|on, die; -, -en ⟨lat.⟩ (*Psychol.* Konzentration der eigenen Interessen auf äußere Objekte)
Ex|tra|ver|tiert *vgl.* extrovertiert; **Ex|tra|ver|tiert|heit**
Ex|tra|wunsch
Ex|tra|wurst (*ugs.; österr. auch für* eine Wurstsorte); jmdm. eine Extrawurst braten
ex|tra|zel|lu|lär, ex|t|ra|zel|lu|lär (*Biol., Med.* außerhalb der Zelle)
Ex|tra|zim|mer (*österr. für* separierter Raum in einem Restaurant); **Ex|tra|zug** (*schweiz. für* Sonderzug)
ex|t|rem, »äußerst« (bis an die äußerste Grenze gehend; radikal; krass)
Ex|t|rem, das; -s, -e (höchster Grad; äußerster Standpunkt)
Ex|t|re|ma|du|ra *vgl.* ¹Estremadura
Ex|treme Me|tal [ɪksˈtriːm ˈmetl], der; - -[s] ⟨engl.⟩ (extreme Form des Heavy Metal)
Ex|t|rem|fall, der; im Extremfall
Ex|t|re|mis|mus, der; -, ...men (übersteigert radikale Haltung); **Ex|t|re|mist,** der; -en, -en; **Ex|t|re|mis|tin; ex|t|re|mis|tisch**
Ex|t|re|mi|tät, die; -, -en (äußerstes Ende; *nur Plur.:* Gliedmaßen)
Ex|t|rem|si|tu|a|ti|on
Ex|t|rem|sport (mit höchster körperlicher Beanspruchung od. mit bes. Gefahren verbundener Sport [z. B. Freeclimbing]); **Ex|t|rem|sport|art; Ex|t|rem|sport|ler; Ex|t|rem|sport|le|rin**
Ex|t|ro|ver|si|on *vgl.* Extraversion
ex|t|ro|ver|tiert, ex|t|ra|ver|tiert (spontan u. kontaktfreudig, seine Gefühle deutlich zeigend)
Ex|t|ru|der, der; -s, - ⟨engl.⟩ (*Technik* Maschine zum Ausformen thermoplastischer Kunststoffe; Schneckenpresse); **ex|t|ru|die|ren** (mit dem Extruder formen)
Ex|ul|ze|ra|ti|on, die; -, -en ⟨lat.⟩ (*Med.* Geschwürbildung); **ex|ul|ze|rie|ren**
Ex-und-hopp-Fla|sche (*ugs. für* Einwegflasche)
ex usu ⟨lat., »aus dem Gebrauch heraus«⟩ (aus der Erfahrung, durch Übung)
Ex|u|vie, die; -, -n ⟨lat.⟩ (abgestreifte tierische Körperhülle [z. B. Schlangenhaut])
ex vo|to ⟨lat., »aufgrund eines Gelübdes«⟩ (Inschrift auf Votivgaben)

Ex|vo|to, das; -s, Plur. -s od. ...ten (Weihegabe, Votivbild)

Ex-Welt|meis|ter, **Ex|welt|meis|ter** ↑D21; **Ex-Welt|meis|te|rin**, **Ex|welt|meis|te|rin** (Sport)

Exz. = Exzellenz

Ex|ze|dent, der; -en, -en ⟨lat.⟩ (über die gewählte Versicherungssumme hinausgehender Betrag)

ex|zel|lent ⟨lat.⟩ (hervorragend)

Ex|zel|lenz, die; -, -en (ein Titel; Abk. Exz.; herausragende Qualität); vgl. euer

Ex|zel|lenz|clus|ter (Forschungsgruppe [an einer Hochschule], die im Rahmen der Exzellenzinitiative besonders gefördert wird)

Ex|zel|lenz|in|i|ti|a|ti|ve (Initiative von Bund u. Ländern zur Förderung herausragender wissenschaftlicher Forschung)

ex|zel|lie|ren (hervorragen)

Ex|zen|ter, der; -s, -, **Ex|zen|ter|schei|be** ⟨nlat.-dt.⟩ (Technik exzentrisch angebrachte Steuerungsscheibe)

Ex|zen|t|rik, die; - ([mit Groteske verbundene] Artistik; Überspanntheit)

Ex|zen|t|ri|ker; **Ex|zen|t|ri|ke|rin**

ex|zen|t|risch (Math., Astron. außerhalb des Mittelpunktes liegend; geh. für überspannt)

Ex|zen|t|ri|zi|tät, die; -, -en (Abweichen, Abstand vom Mittelpunkt; Überspanntheit)

ex|zep|ti|o|nell ⟨franz.⟩ (ausnahmsweise eintretend, außergewöhnlich)

ex|zep|tiv ⟨lat.⟩ (veraltet für ausschließend)

ex|zer|pie|ren ⟨lat.⟩ (ein Exzerpt machen)

Ex|zerpt, das; -[e]s, -e (schriftl. Auszug aus einem Werk)

Ex|zerp|ti|on, die; -, -en (das Exzerpieren); **Ex|zerp|tor**, der; -s, ...oren (jmd., der Exzerpte anfertigt); **Ex|zerp|to|rin**

Ex|zess, der; -es, -e ⟨lat.⟩ (Ausschreitung; Ausschweifung); **ex|zes|siv** (übermäßig; ausschweifend)

ex|zi|die|ren ⟨lat.⟩ (Med. herausschneiden); **Ex|zi|si|on**, die; -, -en (Med. Ausschneidung, z. B. einer Geschwulst)

ex|zi|ta|to|risch (Biol., Med.); **ex|zi|tie|ren** ⟨lat.⟩ (Med. anregen)

ey! [ɛɪ] ⟨engl.⟩ (ugs.)

Eyck, van [van, auch fan ʼaɪk] (niederl. Maler)

Eye|li|ner [ˈaɪlaɪ...], der; -s, - ⟨engl.⟩ (flüssiges Kosmetikum zum Ziehen des Lidstriches)

Eye|tra|cker, **Eye-Tra|cker** [ˈaɪtrɛkɐ], der; -s, - ⟨engl.⟩ (Technik, EDV elektron. Gerät zum Registrieren von Augenbewegungen); **Eye|tra|cking**, **Eye-Tra|cking**, das; -[s]

Ey|rir, der od. das; -s, Aurar ⟨isländ.⟩ (Untereinheit der isländ. Krone)

EZB, die; - = Europäische Zentralbank

Eze|chi|el [...eːl, auch ...el] (bibl. Prophet; bei Luther Hesekiel)

E-Zi|ga|ret|te (zigarettenförmiges elektron. Gerät, mit dem eine verdampfte Substanz inhaliert und dem Rauchen ähnliche Wirkung erzielt wird)

Ez|zes Plur. ⟨hebr.-jidd.⟩ (österr. ugs. für Tipps, Ratschläge)

F

f = Femto...; forte
f (Zeichen für f-Moll); in f
f, F, das; -, - (Tonbezeichnung)
f. = folgende [Seite]; für
F, das; -, - (Buchstabe); das F, des F, die F, aber das f in Haft; der Buchstabe F, f
F (Zeichen für F-Dur); in F
F = Fahrenheit; Farad; Franc
F (chem. Zeichen für Fluor)
fa ⟨ital.⟩ (Solmisationssilbe)
Fa. = Firma

Faa|ker See, der; - -s (in Kärnten)

Fa|bel, die; -, -n ⟨franz.⟩ (erdichtete [lehrhafte] Erzählung; Handlung einer Dichtung)

Fa|bel|buch

Fa|bel|dich|ter; **Fa|bel|dich|te|rin**

Fa|be|lei; **fa|bel|haft**

fa|beln (Erfundenes erzählen); ich fab[e]le; **Fa|bel|tier**; **Fa|bel|welt**; **Fa|bel|we|sen**

Fa|bia (w. Vorn.)

Fa|bi|an (m. Vorn.)

Fa|bi|er, der; -s, - (Angehöriger eines altröm. Geschlechtes)

Fa|bi|o|la (w. Vorn.)

Fa|bi|us (Name altröm. Staatsmänner)

Fa|b|rik [auch ...ˈbrɪ...], die; -, -en ⟨franz.⟩; **Fa|b|rik|an|la|ge**

Fa|b|ri|kant, der; -en, -en (Fabrikbesitzer; Hersteller); **Fa|b|ri|kan|tin**

Fa|b|rik|ar|beit [auch ...ˈrɪ...]; **Fa|b|rik|ar|bei|ter**; **Fa|b|rik|ar|bei|te|rin**

Fa|b|ri|kat, das; -[e]s, -e ⟨lat.⟩ (Industrieerzeugnis)

Fa|b|ri|ka|ti|on, die; -, -en (fabrikmäßige Herstellung)

Fa|b|ri|ka|ti|ons|feh|ler; **Fa|b|ri|ka|ti|ons|ge|heim|nis**; **Fa|b|ri|ka|ti|ons|me|tho|de**; **Fa|b|ri|ka|ti|ons|pro|zess**

Fa|b|rik|be|sit|zer [auch ...ˈrɪ...]; **Fa|b|rik|be|sit|ze|rin**

Fa|b|rik|ge|bäu|de; **Fa|b|rik|ge|län|de**; **Fa|b|rik|hal|le**

fa|b|rik|mä|ßig [auch ...ˈrɪ...]; **fa|b|rik|neu**

Fa|b|riks..., **Fa|b|riks...** (österr. für fabrik..., Fabrik..., z. B. fabriksneu, Fabriksarbeiter)

Fa|b|rik|si|ren|stein [auch ...ˈrɪ...]; **Fa|b|rik|si|re|ne**; **Fa|b|rik|ver|kauf** (Verkauf durch den Hersteller)

fa|b|ri|zie|ren ([fabrikmäßig] herstellen; ugs. auch für mühsam anfertigen; anrichten)

Fa|bu|lant, der; -en, -en ⟨lat.⟩ (Erzähler von fantasievoll ausgeschmückten Geschichten); **Fa|bu|lan|tin**

fa|bu|lie|ren (fantasievoll erzählen); **Fa|bu|lier|kunst**

fa|bu|lös (fantastisch anmutend)

Face|book® [ˈfeɪsbʊk], das; -[s] meist ohne Artikel ⟨amerik.⟩ (Website eines internationalen sozialen Netzwerks; **Face|boo|ken** (ugs.); **Face|book-Sei|te**, **Face|book|sei|te**

Face|lif|ting [ˈfeɪslɪftɪŋ], das; -s, -s ⟨engl.⟩ (svw. Facelifting; auch allgemein für verschönernde Neugestaltung)

Face|lift [ˈfeɪslɪft], der od. das; -s, -s ⟨engl.⟩ (Gesichtsoperation)

Fa|cet|te [...ˈsɛ...], die; -, -n ⟨franz.⟩ (eckig geschliffene Fläche von Edelsteinen u. Glaswaren; Teilaspekt)

Fa|cet|ten|au|ge (Zool. Netzauge)

Fa|cet|ten|glas Plur. ...gläser

fa|cet|ten|reich (mannigfaltig, vielfältig); **Fa|cet|ten|schliff**; **fa|cet|tie|ren** (mit Facetten versehen)

F
face

facettieren

Fach

Fach, das; -[e]s, Fächer
...fach (z. B. vierfach [mit Ziffer 4-fach od. 4fach]; mit Einzelbuchstabe n-fach)
Fach|abi|tur (Fachhochschulreife)
Fach|ar|bei|ter; Fach|ar|bei|terbrief; Fach|ar|bei|te|rin
Fach|arzt; Fach|ärz|tin
fach|ärzt|lich
Fach|aus|druck Plur. ...drücke; Fach|aus|schuss; Fach|be|griff
Fach|be|ra|ter; Fach|be|ra|te|rin
Fach|be|reich; Fach|bi|b|lio|thek
Fach|blatt (Fachzeitschrift); Fach|buch
Fach|chi|ne|sisch (Fachjargon)
...fa|che (z. B. Vierfache, das; -n [mit Ziffer 4-Fache od. 4fache ↑D30])
fä|cheln; ich fäch[e]le
fa|chen (seltener für anfachen)
Fä|cher, der; -s, -; fä|cher|för|mig; fä|che|rig, fäch|rig
fä|chern; ich fächere
Fä|cher|pal|me
fä|cher|über|grei|fend
Fä|che|rung
Fach|frau; fach|fremd; Fach|ge|biet
Fach|ge|lehr|te
fach|ge|mäß; fach|ge|recht
Fach|ge|schäft; Fach|ge|spräch; Fach|ge|werk|schaft; Fach|grup|pe; Fach|han|del vgl. ¹Handel
Fach|hoch|schu|le (Abk. FH); Fach|hoch|schul|rei|fe
Fach|idi|ot (abwertend für jmd., der nur sein Fachgebiet kennt); Fach|idi|o|tin (abwertend)
Fach|jar|gon
Fach|ken|ner; Fach|ken|ne|rin
Fach|kennt|nis
Fach|kol|le|ge; Fach|kol|le|gin
Fach|kom|pe|tenz; Fach|kraft
Fach|kreis; in Fachkreisen
Fach|kun|de, die
fach|kun|dig (Fachkenntnisse habend)
fach|kund|lich (die Fachkunde betreffend)
Fach|leh|rer; Fach|leh|re|rin
Fach|leu|te
fach|lich
Fach|li|te|ra|tur Plur. selten; Fach|ma|ga|zin
Fach|mann Plur. ...leute, selten ...männer; fach|män|nisch
fach|mä|ßig (selten für fachlich)
Fach|me|di|um
Fach|mes|se
Fach|ober|schu|le; Fach|per|so|nal; Fach|pres|se, die; -; Fach|pu|b|li|kum
Fach|re|fe|rent; Fach|re|fe|ren|tin

Fach|rich|tung
fä|ch|rig vgl. fächerig
Fach|schaft
Fach|schu|le; Fach|schul|rei|fe
Fach|sim|pe|lei (ugs.); fach|sim|peln (ugs. für [ausgiebige] Fachgespräche führen); ich fachsimp[e]le; gefachsimpelt; zu fachsimpeln
fach|spe|zi|fisch
Fach|spra|che; fach|sprach|lich
Fach|ta|gung; Fach|ter|mi|nus
fach|über|grei|fend
Fach|ver|band
Fach|ver|käu|fer; Fach|ver|käu|fe|rin
Fach|welt
Fach|werk; Fach|werk|haus
Fach|wis|sen; Fach|wis|sen|schaft; Fach|wis|sen|schaft|ler; Fach|wis|sen|schaft|le|rin
Fach|wort Plur. ...wörter; Fach|wör|ter|buch
Fach|zeit|schrift
¹Fa|ci|es ['fa:tsjes], die; -, - (Med. Gesicht, Gesichtsausdruck)
²Fa|ci|es vgl. Fazies
Fa|ci|li|ty [fə'sɪlɪti], die; -, -s ⟨engl.⟩ (Wirtsch. [technische] Ausstattung, Infrastruktur eines Unternehmens od. Gebäudes); Fa|ci|li|ty-Ma|nage|ment, Fa|ci|li|ty|ma|nage|ment (Wirtsch. Betreuung u. Überwachung von Gebäuden)
Fa|ckel, die; -, -n ⟨lat.⟩; Fa|ckel|licht Plur. ...lichter
fa|ckeln; ich fack[e]le
Fa|ckel|schein
Fa|ckel|trä|ger; Fa|ckel|trä|ge|rin
Fa|ckel|zug
Fact [fɛkt], der; -s, -s meist Plur. ⟨engl.⟩ (Tatsache; vgl. Fakt)
Fac|ti|ce [...'tiːs(ə)], die; -, -n ⟨franz.⟩ (Parfümflasche zu Werbe- u. Dekorationszwecken)
Fac|to|ring ['fɛkta...], das; -[s] (bestimmte Methode der Absatzfinanzierung)
Fac|to|ry-Out|let, Fac|to|ry|out|let ['fɛktəri|aʊtlət], das; -s, -s ⟨engl.⟩ (Direktverkaufsstelle einer Firma); Fac|to|ry-Out|let-Cen|ter, Fac|to|ry|out|let|cen|ter, Fac|to|ry|out|let-Cen|ter ↑D22
Fa|cul|tas Do|cen|di, die; - - ⟨lat.⟩ (Lehrbefähigung)
fad, fa|de ⟨franz.⟩ (schlecht gewürzt, schal; langweilig, geistlos); ein noch faderer Witz; das fad[e]ste Bier

Fäd|chen
fa|de vgl. fad
Fade-in [feɪt'ɪn], das; -[s] ⟨engl.⟩ (das Einblenden, z. B. von Musiktiteln)
fä|deln (einfädeln); ich fäd[e]le eine Schnur durch die Öse
Fa|den, der; -s, Plur. Fäden u. (als Längenmaß:) - (Seemannsspr.); 4 Faden tief
fa|den|dünn
Fa|den|en|de; Fa|den|hef|tung; Fa|den|kreuz; Fa|den|lauf (Weberei); Fa|den|nu|del; Fa|den|pilz
Fa|den|schei|nig (auch für nicht sehr glaubhaft)
Fa|den|schlag, der; -[e]s (schweiz. für lockere [Heft]naht; Heftfaden; übertr. für Vorbereitung)
Fa|den|wurm (Zool.)
Fa|den|zäh|ler (Weberei)
Fade-out [feɪt'laʊt], das; -[s] ⟨engl.⟩ (das Ausblenden)
Fa|des|se [fa'dɛs], die; - ⟨franz.⟩ (österr. ugs. für Langeweile)
Fad|heit
fä|dig (aus feinen Fäden)
...fä|dig (z. B. feinfädig)
Fa|ding ['feɪ...], das; -s, -s ⟨engl.⟩ (Technik An- u. Abschwellen der Lautstärke im Rundfunkgerät; Nachlassen der Bremswirkung infolge Erhitzung der Bremsen)
fa|di|sie|ren (österr. ugs. für langweilen); sich fadisieren
Fa|do, der; -[s], -s ⟨port.⟩ (Musik trauriges port. Lied)
Fae|ces ['fɛ:tse:s] vgl. Fäzes
Faf|ner, Faf|nir (nord. Sagengestalt)
Fa|gott, das; -[e]s, -e (ein Holzblasinstrument); Fa|gott|blä|ser; Fa|got|tist, der; -en, -en (Fagottbläser); Fa|got|tis|tin
Fä|he, die; -, -n (Jägerspr. w. Tier bei Fuchs, Marder u. a.)
fä|hig; mit Genitiv (eines Betruges fähig) od. mit »zu« (zu allem fähig sein)
...fä|hig (z. B. begeisterungsfähig)
Fä|hig|keit
fahl
Fahl|erz (Silber- od. Kupfererz mit fahlem Glanz)
fahl|gelb; Fahl|heit, die; -
Fahl|le|der (fachspr. für Rindsoberleder)
Fähn|chen (ugs. auch für leichtes Kleid)
fahn|den (polizeilich suchen)
Fahn|der; Fahn|de|rin; Fahn|dung

Fahr|dungs|ap|pa|rat; Fahr|dungs-
buch; Fahr|dungs|er|folg; Fahr-
dungs|fo|to; Fahr|dungs|grup|pe;
Fahr|dungs|lis|te
Fah|ne, die; -, -n
Fah|nen|ab|zug *(Druckw.)*
Fah|nen|eid *(Militär)*
Fah|nen|flucht, die; -, -en; *vgl.*
²**Flucht; fah|nen|flüch|tig**
Fah|nen|jun|ker; Fah|nen|jun|ke-
rin
Fah|nen|kor|rek|tur *(Druckw.)*
Fah|nen|mast, der
Fah|nen|schwin|ger; Fah|nen-
schwin|ge|rin
Fah|nen|stan|ge
Fah|nen|trä|ger; Fah|nen|trä|ge|rin
Fah|nen|wei|he
Fähn|lein *(auch für* Truppenein-
heit; Formation*)*
Fähn|rich, der; -s, -e; **Fähn|ri|chin**
Fahr|ab|tei|lung; Fahr|an|fän|ger;
Fahr|an|fän|ge|rin; Fahr|aus|weis
(Fahrkarte, -schein; *schweiz.*
auch für Führerschein)
Fahr|bahn; Fahr|bahn|ein|schrän-
kung *(landsch.);* **Fahr|bahn|mar-**
kie|rung; Fahr|bahn|rand; Fahr-
bahn|scha|den *meist Plur.;* **Fahr-**
bahn|ver|en|gung; Fahr|bahn-
wech|sel
fahr|bar
fahr|be|reit; Fahr|be|reit|schaft
Fahr|be|trieb
Fahr|damm *(landsch.)*
Fahr|dau|er, Fahrt|dau|er
Fähr|de, die; -, -n *(geh. veraltend*
für Gefahr*)*
Fahr|dienst, der; -[e]s *(Eisenbahn)*
Fahr|dienst|lei|ter; Fahr|dienst|lei-
te|rin
Fahr|draht (elektr. Oberleitung)
Fäh|re, die; -, -n
Fahr|eig|nung

fah|ren
– du fährst; er fährt
– du fuhrst; du führest
– gefahren; fahr[e]!
– erster, zweiter Klasse fahren
– ↑D 54: Auto fahren; Rad fahren:
 sie fährt Rad; ich bin Rad gefahren; um Rad zu fahren
– ↑D 55: spazieren fahren: sie ist
 spazieren gefahren; um spazieren zu fahren
– sie hat ihn fahren lassen (= ihm
 erlaubt zu fahren)
– wir hatten alle Hoffnung fahren
 lassen *od.* fahrenlassen *(selte-*
 ner fahren gelassen *od.* fahren-
 gelassen*) (*= aufgegeben*)*

fah|rend; fahrende Habe
 (Rechtsspr.), fahrende Leute;
Fah|ren|de, der *u.* die; -n, -n
 (früher für umherziehender
 Spielmann*)*
Fah|ren|heit *(nach dem dt. Physi-*
 ker*)* (Einheit der Grade beim
 180-teiligen Thermometer; *Zei-*
 chen F, *fachspr.* °F); 5 °F
fah|ren las|sen, fah|ren|las|sen *vgl.*
 fahren
Fah|rens|mann *Plur.* ...leute *u.*
 ...männer *(Seemannsspr.)*
Fah|rer
Fah|rer|as|sis|tenz|sys|tem *(Kfz-*
 Technik)
Fah|re|rei *(oft abwertend)*
Fah|rer|flucht, die; -; **Fah|rer|haus**
Fah|re|rin
fah|re|risch; fahrerisches Können
Fah|rer|laub|nis
Fah|rer|sitz
Fahr|feh|ler
Fahr|gast *Plur.* ...gäste; **Fahr|gast-**
schiff
Fahr|ge|fühl; Fahr|geld; Fahr|ge-
mein|schaft; Fahr|ge|räusch;
Fahr|ge|schäft; Fahr|ge|schwin-
dig|keit; Fahr|ge|stell
Fahr|hal|be *(schweiz. für* Fahrnis*)*
Fahr|hau|er *(Bergmannsspr.)*
fah|rig (zerstreut); **Fah|rig|keit**
Fahr|kar|te
Fahr|kar|ten|aus|ga|be; Fahr|kar-
ten|au|to|mat; Fahr|kar|ten|kon-
t|rol|le; Fahr|kar|ten|schal|ter
Fahr|kom|fort
Fahr|kos|ten, Fahrt|kos|ten
fahr|läs|sig; fahrlässige Tötung;
Fahr|läs|sig|keit
Fahr|leh|rer; Fahr|leh|re|rin
Fahr|leis|tung
Fähr|li|nie (von Fähren befahrene
 Strecke; Unternehmen); **Fähr-**
mann *Plur.* ...männer *u.* ...leute
Fahr|nis, die; -, -se *od.* das; -ses,
 -se *(Rechtsspr.* fahrende Habe,
 bewegliches Vermögen*)*
Fähr|nis, die; -, -se *(geh. für*
 Gefahr*);* **Fähr|nis|bau|te**
 (schweiz. für nicht dauerhaftes
 Bauwerk*)*
Fahr|per|so|nal
Fahr|plan *vgl.* ²Plan; **fahr|plan|mä-**
ßig; Fahr|plan|wech|sel
Fahr|preis; Fahr|preis|er|hö|hung
Fahr|prü|fung
Fahr|rad ↑D 54; Fahrrad fahren
Fahr|rad|ab|stell|platz
Fahr|rad|be|auf|trag|te, der *u.* die;
 -n, -n
Fahr|rad|fah|ren, das; -s ↑D 82
Fahr|rad|fah|rer; Fahr|rad|fah|re|rin

Fahr|rad|helm; Fahr|rad|korb
Fahr|rad|ku|rier; Fahr|rad|ku|rie|rin
Fahr|rad|rei|fen
Fahr|rad|rik|scha (dreirädriges
 Fahrrad mit Platz für die Beförderung von Fahrgästen)
Fahr|rad|schlüs|sel; Fahr|rad|stän-
der; Fahr|rad|stra|ße; Fahr|rad-
strei|fe; Fahr|rad|tour; Fahr|rad-
weg
Fahr|rin|ne
Fahr|schein; Fahr|schein|heft; Fahr-
schein|kon|t|rol|le
Fahr|schiff
Fahr|schu|le; Fahr|schü|ler; Fahr-
schü|le|rin
Fahr|si|cher|heit, die; -; **Fahr|si-**
cher|heits|trai|ning; Fahr|spaß,
 österr. auch **Fahr|spass; Fahr-**
spur
Fahr|stei|ger *(Bergmannsspr.)*
Fahr|stil
Fahr|strahl *(Math., Physik)*
Fahr|stra|ße; Fahr|strei|fen; Fahr-
stuhl; Fahr|stun|de
Fahrt, die; -, -en; Fahrt ins Blaue
fahr|taug|lich; Fahr|taug|lich|keit,
 die; -
Fahrt|dau|er, Fahr|dau|er
Fähr|te, die; -, -n (Spur)
Fahr|tech|nik; fahr|tech|nisch
Fahr|ten|buch; Fahr|ten|mes|ser;
Fahr|ten|schrei|ber *(amtlich*
 Fahrtschreiber*);* **Fahr|ten-**
schwim|mer *(früher)*
Fähr|ten|su|cher; Fähr|ten|su|che-
rin
Fahrt|test
Fahrt|kos|ten, Fahr|kos|ten
Fahr|trep|pe *(fachspr. für* Roll-
 treppe*)*
Fahrt|rich|tung; Fahrt|schrei|ber
 vgl. Fahrtenschreiber; **Fahrt-**
spe|sen *Plur.* (bes. österr.*)*
fahr|tüch|tig; Fahr|tüch|tig|keit
Fahrt|un|ter|bre|chung; Fahrt|weg;
Fahrt|wind
Fahrt|zeit, Fahr|zeit
Fahrt|ziel, Fahr|ziel
Fahr|un|tüch|tig|keit; Fahr|ver|bot;
Fahr|ver|hal|ten
Fahr|ver|käu|fer *(bes. österr. für*
 Verkaufsfahrer*);* **Fahr|ver|käu|fe-**
rin
Fahr|was|ser; Fahr|weg; Fahr|wei-
se; Fahr|werk; Fahr|wind (guter
 Segelwind); **Fahr|zeit, Fahrt|zeit**
Fahr|zeug; Fahr|zeug|bau, der;
 -[e]s; **Fahr|zeug|bör|se**
Fahr|zeug|füh|rer; Fahr|zeug|füh-
re|rin
Fahr|zeug|hal|ter; Fahr|zeug|hal|te|rin

Fahrzeuglenker

Fahr|zeug|len|ker; Fahr|zeug|len|ke|rin
Fahr|zeug|park; Fahr|zeug|rahmen; Fahr|zeug|typ
Fahr|ziel; Fahrt|ziel
Fai|ble ['fɛːbl̩], das; -s, -s ⟨franz.⟩ (Schwäche; Neigung, Vorliebe); ein Faible für etwas haben
fair [fɛːɐ̯] ⟨engl.⟩ (gerecht; anständig; den Regeln entsprechend); ein faires Spiel; fai|rer|wei|se
Fair|ness ['fɛːɐ̯...], die; -
Fair Play, das; - -[s], **Fair|play**, das; -[s] ['fɛːɐ̯ ˈpleɪ̯, auch 'f...] (anständiges Spiel od. Verhalten [im Sport])
Fair|trade® ['fɛːɐ̯(')treɪ̯t] ohne Artikel (Organisation, die Fair Trade fördert, organisiert u. mit einem Siegel auszeichnet)
Fair Trade ['fɛːɐ̯ ˈtreɪ̯t], das; - -[s] meist ohne Artikel ⟨engl.⟩ (fairer Handel mit Produkten aus Entwicklungs- u. Schwellenländern)
Fair|way ['fɛːɐ̯veɪ̯], das; -s, -s ⟨engl.⟩ (Golf Spielbahn zwischen Abschlag u. Grün)
Fait ac|com|p|li [fɛtakɔ̃ˈpli], das; - -, -s -s [ˈfɛzakõˈpli] ⟨franz.⟩ (vollendete Tatsache)
fä|kal ⟨lat.⟩ (Med. kotig)
Fä|kal|dün|ger; Fä|ka|li|en Plur. (Med. Kot); Fä|kal|spra|che Plur. selten
Fake [feɪ̯k], der od. das; -s, -s ⟨engl.⟩ (ugs. für Fälschung, Betrug, Schwindel); fa|ken ['feɪ̯kn̩] (ugs. für fälschen); gefakte Informationen; **Fake News**, Fake-News, Fake|news ['feɪ̯k(')njuːs] Plur. ⟨engl.⟩ (in den Medien u. im Internet, bes. in den Social Media, in manipulativer Absicht verbreitete Falschmeldungen)
Fa|kir [österr. faˈkiːɐ̯], der; -s, -e ⟨arab.⟩ ([indischer] Büßer, Asket; Zauberkünstler)
Fak|si|mi|le [...le], das; -s, -s ⟨lat., »mache ähnlich«⟩ (originalgetreue Nachbildung, z. B. einer alten Handschrift)
Fak|si|mi|le|aus|ga|be; Fak|si|mi|le|druck Plur. ...drucke
fak|si|mi|lie|ren
Fakt, der, auch das; -[e]s, Plur. -en, auch -s ⟨svw. Faktum⟩; das ist [der] Fakt; Fak|ta (Plur. von Faktum); Fak|ten|check; Fak|ten|wis|sen
Fak|ti|on, die; -, -en ⟨lat.⟩ (veraltet für polit. Gruppe in einer Par-

tei); fak|ti|ös ⟨franz.⟩ (veraltet für aufrührerisch)
fak|tisch ⟨lat.⟩ (tatsächlich); faktisches Vertragsverhältnis (Rechtsspr.)
fak|ti|tiv [auch ˈfa...] (bewirkend); Fak|ti|tiv, das; -s, -e (Sprachwiss. Verb des Bewirkens, z. B. »schärfen« = »scharf machen«)
Fak|ti|zi|tät, die; -, -en (Gegebenheit; Wirklichkeit)
Fak|tor, der; -s, ...oren (bestimmender Grund, Umstand; Math. Vervielfältigungszahl)
Fak|to|rei (veraltet für Handelsniederlassung)
Fak|to|tum, das; -s, Plur. -s u. ...ten ⟨lat., »tu alles!«⟩ (jmd., der alle anfallenden Arbeiten erledigt)
Fak|tum, das; -s, Plur. ...ten, veraltend auch ...ta ([nachweisbare] Tatsache; Ereignis); vgl. Fakt
Fak|tur, die; -, -en ⟨ital.⟩ ([Waren]rechnung; Fak|tu|ra, die; -, ...ren (österr. u. schweiz., sonst veraltet für Faktur); Fak|tu|ren|buch (veraltend)
fak|tu|rie|ren ([Waren] berechnen); Fak|tu|rier|ma|schi|ne
Fak|tu|rist, der; -en, -en; Fak|tu|ris|tin
Fa|kul|tas, die; -, ...täten ⟨lat.⟩ ([Lehr]befähigung); vgl. Facultas Docendi
Fa|kul|tät, die; -, -en (Abteilung einer Hochschule; math. Ausdruck; Zeichen !)
fa|kul|ta|tiv (freigestellt, wahlfrei); fakultative Fächer
Fa|la|fel, die; -, -n, auch das; -s, -s ⟨arab.⟩ (pikant gewürztes, frittiertes Bällchen aus Kichererbsenmehl)
falb; Fal|be, der; -n, -n (graugelbes Pferd); zwei Falben
Fal|bel, die; -, -n ⟨franz.⟩ (gekrauster od. gefältelter Kleidbesatz); fäl|beln (mit Falbeln versehen); ich fälb[e]le
Fa|ler|ner, der; -s, - (eine Weinsorte); Falerner Wein
Falk (m. Vorn.)
Fal|ke, der; -n, -n
Fal|ken|au|ge; Fal|ken|bei|ze
Fal|ke|nier, der; -s, -e ⟨svw. Falkner⟩; Fal|ken|jagd
Fal|ken|see; Fal|ken|se|er; Falkenseer Forst; Fal|ken|se|e|rin
Falk|län|der; Falk|land|in|sel
Falk|land|in|seln Plur. (östl. der Südspitze Südamerikas); falk|län|disch

Falk|ner (Falkenabrichter); Falk|ne|rei (Jagd mit Falken); Falk|ne|rin
Fal|ko (m. Vorn.)

¹**Fall**

der; -[e]s, Fälle

(auch für Kasus)
– für den Fall, dass ...; gesetzt den Fall, dass ...; im Fall[e][,] dass ...
– von Fall zu Fall; zu Fall bringen
– erster (1.) Fall (Nominativ)

Klein- u. Zusammenschreibung ↑D 70:
– bestenfalls, nötigenfalls, gegebenenfalls
– allenfalls, ander[e]nfalls, jedenfalls, keinesfalls u. Ä.

²Fall, das; -[e]s, -en (Seemannsspr. spezielles Tau)
Fal|la|da (dt. Schriftsteller)
Fall|ana|ly|se (Kriminologie Analyse eines Kriminalfalles); Fall|ana|ly|ti|ker; Fall|ana|ly|ti|ke|rin
Fäll|ar|beit meist Plur.
Fäll|bad (bei der Chemiefaserstellung)
Fall|beil
Fall|bei|spiel
Fall|be|schleu|ni|gung (Physik; Zeichen g)
Fall|brü|cke
Fal|le, die; -, -n

fal|len

– du fällst; er fällt
– du fielst; du fielest
– gefallen (vgl. d.)
– fall[e]!

Getrennt- und Zusammenschreibung ↑D 55:
– ich habe den Teller fallen lassen (= losgelassen)
– die Maske fallen lassen (übertr. sein wahres Gesicht zeigen)
– er hat eine Bemerkung fallen lassen od. fallenlassen (seltener fallen gelassen od. fallengelassen)

Vgl. auch anheimfallen, leichtfallen, schwerfallen

fäl|len; du fällst; er fällt; du fälltest; gefällt; fäll[e]!
fal|len las|sen, fallenlassen vgl. fallen
Fal|len|stel|ler; Fal|len|stel|le|rin
Fal|lers|le|ben (Stadtteil von Wolfsburg); Fal|lers|le|be|ner, Fal|lers-

Familienpflegezeit

falsch
fal|scher, fal|sches|te

Kleinschreibung ↑**D 89:**
– falsche Zähne
– unter falscher Flagge segeln
– falscher *od.* Falscher Hase (Hackbraten)

Großschreibung ↑**D 72:**
– Falsch und Richtig nicht unterscheiden können

Getrennt- und Zusammenschreibung ↑**D 49 u. 56:**
– falsch sein
– falsch herum
– ein Wort falsch schreiben
– eine Melodie falsch spielen
– beim Skat falschspielen (betrügen)
– falsch (an der falschen Stelle) liegen
– mit einer Schätzung [ganz] falschliegen (sich irren)

---

le|ber; Fal|lers|le|be|rin, Fal|lers-
le|be|ne|rin
Fall|ge|schwin|dig|keit; Fall|ge|setz
(Physik); Fall|gru|be (Jägerspr.);
Fall|hö|he (Physik)
fal|lie|ren ⟨ital.⟩ (zahlungsunfähig
werden; *schweiz. ugs. für* misslingen); die Firma hat falliert;
der Kuchen ist falliert
fäl|lig; ein fällig gewordener *od.*
fälliggewordener Wechsel
Fäl|lig|keit; Fäl|lig|keits|tag
Fall|li|nie, Fall-Li|nie (Linie des
größten Gefälles; *Skisport* kürzeste Abfahrt)
Fall|ma|na|ger (Berater für Arbeitslose); Fall|ma|na|ge|rin
Fäll|mit|tel, das (*Chemie* Mittel
zum Ausfällen eines Stoffes)
Fall|obst
Fall|out, Fall-out [ˈfɔːllaʊt, ...ˈlaʊt],
der; -s, -s ⟨engl.⟩ (*Kernphysik*
radioaktiver Niederschlag)
Fall|plätt|chen (Metallplättchen an
der Schachuhr, das vom Zeiger
mitgenommen wird)
Fall|reep (Seemannsspr. äußere
Schiffstreppe)
Fall|rohr
Fall|rück|zie|her (Fußball)
falls; komme doch[,] falls möglich[,] schon um 17 Uhr ↑**D 125**
Fall|schirm; Fall|schirm|jä|ger; Fall-
schirm|sprin|gen, das; -s; Fall-
schirm|sprin|ger; Fall|schirm-
sprin|ge|rin; Fall|schirm|trup|pe
Fall|strick
Fall|stu|die (Psychol., Soziol.)
Fall|sucht, die; - (*veraltet für* Epilepsie); fall|süch|tig
Fall|tür
Fäl|lung
fall|wei|se (*österr. für* von Fall zu
Fall erfolgend)
Fall|wind
Fa|lott, der; -en, -en ⟨franz.⟩
(*österr. für* Gauner)
Fal|sa (Plur. *von* Falsum)
falsch *s.* Kasten
Falsch, der; *nur noch in* es ist kein
Falsch an ihm; sie ist ohne
Falsch; *vgl. auch* falsch

Falsch|aus|sa|ge; Falsch|be|ra|tung;
Falsch|bu|chung (Wirtsch.);
Falsch|eid (unwissentlich falsches Schwören)
fäl|schen; du fälschst
Fäl|scher; Fäl|sche|rin
Falsch|fah|rer; Falsch|fah|re|rin
Falsch|geld; Falsch|heit
fälsch|lich; fälsch|li|cher-
wei|se
falsch|lie|gen (*ugs. für* sich irren);
vgl. falsch; Falsch|mel|dung
Falsch|mün|zer; Falsch|mün|ze|rei;
Falsch|mün|ze|rin
Falsch|par|ker; Falsch|par|ke|rin
falsch|spie|len (beim Spiel betrügen); *aber* eine Melodie falsch
spielen
Falsch|spie|ler; Falsch|spie|le|rin
Fäl|schung
fäl|schungs|si|cher
Fal|sett, das; -[e]s, -e ⟨ital.⟩ (*Musik*
Kopfstimme); fal|set|tie|ren; Fal-
set|tist, der; -en, -en
Fal|sett|stim|me
Fal|si|fi|kat, das; -[e]s, -e ⟨lat.⟩ (Fälschung)
Fal|si|fi|ka|ti|on, die; -, -en (Widerlegung); fal|si|fi|zie|ren (widerlegen)
Fals|taff (Gestalt bei Shakespeare)
Fals|ter (dän. Insel)
Fal|sum, das; -s, ...sa ⟨lat.⟩ (*veraltet
für* Fälschung)
Falt|ar|beit; falt|bar
Falt|blatt; Falt|boot
Fält|chen
Fal|te, die; -, -n
fäl|teln; ich fält[e]le
fal|ten; gefaltet
Fal|ten|bil|dung; Fal|ten|ge|bir|ge
Fal|ten|los; Fal|ten|reich
Fal|ten|rock; Fal|ten|wurf
Fal|ter, der; -s, - (Schmetterling;
österr. auch für Faltblatt)
fal|tig
...fäl|tig (z. B. vielfältig)
Falt|kar|te; Falt|schach|tel; Falt|tür
Fal|tung
Fa|lun Gong [- ˈgʊŋ], die; - -
⟨chin.⟩ (Schule des chin.
Buddhismus)

Falz, der; -es, -e *u.* Fälze
Falz|bein (Buchbinderei)
fal|zen; du falzt
Fal|zer; Fal|ze|rin
fal|zig; Fal|zung; Falz|zie|gel
Fa|ma, die; - ⟨lat.⟩ (Ruf; Gerücht)
fa|mi|li|är ⟨lat.⟩ (die Familie betreffend; vertraut)
Fa|mi|li|a|ri|tät, die; -, -en
Fa|mi|lie [...i̯ə], die; -, -n
Fa|mi|li|en|ähn|lich|keit; Fa|mi|li|en-
al|bum; Fa|mi|li|en|an|ge|hö|ri|ge;
Fa|mi|li|en|an|ge|le|gen|heit; Fa-
mi|li|en|an|schluss
Fa|mi|li|en|an|zei|ge (in Zeitungen)
Fa|mi|li|en|aus|flug
Fa|mi|li|en|ban|de *Plur.* (geh.)
Fa|mi|li|en|bei|hil|fe (österr.)
Fa|mi|li|en|be|sitz; Fa|mi|li|en|be-
trieb; Fa|mi|li|en|bild; Fa|mi|li|en-
bil|dungs|stät|te; Fa|mi|li|en|clan;
Fa|mi|li|en|dra|ma; Fa|mi|li|en|eh-
re
Fa|mi|li|en|fei|er; Fa|mi|li|en|fest
Fa|mi|li|en|fla|sche; Fa|mi|li|en|for-
schung; Fa|mi|li|en|fo|to
fa|mi|li|en|freund|lich; fa|mi|li|en-
ge|recht
Fa|mi|li|en|ge|richt; Fa|mi|li|en|ge-
schich|te; Fa|mi|li|en|ge|setz|buch
(*DDR*; *Abk.* FGB)
Fa|mi|li|en|glück
Fa|mi|li|en|grab; Fa|mi|li|en|gruft
Fa|mi|li|en|hand; *nur in* aus, von, in
Familienhand
Fa|mi|li|en|heb|am|me (Hebamme
mit Zusatzqualifikation)
Fa|mi|li|en|hil|fe (Leistung an
gesetzlich Krankenversicherte
für ihre unterhaltsberechtigten
Angehörigen)
Fa|mi|li|en|hund; Fa|mi|li|en|hün|din
Fa|mi|li|en|kreis; Fa|mi|li|en|kun|de,
die; -; Fa|mi|li|en|las|ten|aus|gleich,
der; -; Fa|mi|li|en|le|ben, das; -s
Fa|mi|li|en|mi|nis|ter; Fa|mi|li|en|mi-
nis|te|rin; Fa|mi|li|en|mi|nis|te|ri|um
Fa|mi|li|en|mit|glied; Fa|mi|li|en|na-
me; Fa|mi|li|en|ober|haupt; Fa|mi-
li|en|pa|ckung; Fa|mi|li|en|pass
Fa|mi|li|en|pfle|ge; Fa|mi|li|en|pfle-
ger; Fa|mi|li|en|pfle|ge|rin; Fa|mi-

F
Fami

Familienplanung

li|en|pfle|ge|zeit (Reduzierung der Arbeitszeit zwecks Pflege in der Familie)
Fa|mi|li|en|pla|nung
Fa|mi|li|en|po|li|tik; fa|mi|li|en|po|li|tisch
Fa|mi|li|en|recht; Fa|mi|li|en|rich|ter; Fa|mi|li|en|rich|te|rin; Fa|mi|li|en|ro|man; Fa|mi|li|en|schlauch (schweiz. abwertend für Familientreffen); Fa|mi|li|en|sinn, der; -[e]s
Fa|mi|li|en|split|ting (eine Form der Haushaltsbesteuerung)
Fa|mi|li|en|stand, der; -[e]s
Fa|mi|li|en|tag; Fa|mi|li|en|the|ra|pie (Psychol.); Fa|mi|li|en|tisch; Fa|mi|li|en|tra|di|ti|on, Fa|mi|li|en|tra|gö|die; Fa|mi|li|en|tref|fen
Fa|mi|li|en|un|ter|neh|men; Fa|mi|li|en|va|ter; Fa|mi|li|en|ver|band (Soziol.); Fa|mi|li|en|ver|hält|nis|se Plur.; Fa|mi|li|en|vor|stand; Fa|mi|li|en|wap|pen
Fa|mi|li|en|zeit (auch für Unterbrechung od. Reduzierung der Erwerbstätigkeit für die Kinderbetreuung u. -erziehung); Fa|mi|li|en|zu|la|ge; Fa|mi|li|en|zu|sam|men|füh|rung
fa|mos ⟨lat.⟩ (ugs. für großartig)
Fa|mul|la, die; -, ...lä (w. Form zu Famulus)
Fa|mu|lant, der; -en, -en ⟨lat.⟩ (Medizinstudent, der seine Famulatur ableistet); Fa|mu|lan|tin; Fa|mu|la|tur, die; -, -en ⟨lat.⟩ (Krankenhauspraktikum für Medizinstudenten)
fa|mu|lie|ren
Fa|mu|lus, der; -, Plur. ...li u. -se ⟨lat., »Diener«⟩ (veraltet für Famulant; studentische Hilfskraft)
Fan [fɛn], der; -s, -s ⟨engl.⟩ (begeisterter Anhänger)
Fa|nal, das; -s, -e ⟨griech.⟩ (Zeichen, das Veränderungen ankündigt)
Fan|ar|ti|kel ['fɛn...]
Fa|na|ti|ker ⟨lat.⟩ (blinder, rücksichtsloser Eiferer); Fa|na|ti|ke|rin; fa|na|tisch
fa|na|ti|sie|ren (fanatisch machen; aufhetzen); Fa|na|tis|mus, der; -, ...men
Fan|be|auf|trag|te ['fɛn...]
Fan|be|treu|er ['fɛn...]; Fan|be|treu|e|rin
Fan|block ['fɛn...] Plur. ...blöcke, selten -s; Fan|bus ['fɛn...]; Fan|club ['fɛn...] vgl. Fanklub

fan|cy ['fɛnsi] ⟨engl.⟩ (ugs. für ausgefallen, schick); eine fancy Lederjacke
fand vgl. finden
Fan|dan|go, der; -s, -s (ein schneller span. Tanz)
Fan|fa|re, die; -, -n ⟨franz.⟩ (Blasinstrument; Trompetensignal)
Fan|fa|ren|blä|ser; Fan|fa|ren|blä|se|rin
Fan|fa|ren|stoß; Fan|fa|ren|zug
Fang, der; -[e]s, Fänge
Fang|arm (Zool.); Fang|ball, der; -[e]s; Fang|ei|sen
Fan|ge|mein|de ['fɛn...]
fan|gen; du fängst; er fängt; du fingst; du fingest; gefangen; fang[e]!; Fan|gen, das; -s; Fangen spielen
Fän|ger; Fän|ge|rin
Fang|fra|ge
fang|frisch
Fang|ge|rät; Fang|gru|be; Fang|grün|de Plur.
fän|gisch (Jägerspr. fangbereit [von Fallen])
Fang|korb; Fang|lei|ne; Fang|mes|ser (Jägerspr.); Fang|netz
Fan|go ['faŋgo], der; -s ⟨ital.⟩ (heilkräftiger Mineralschlamm); Fan|go|bad; Fan|go|pa|ckung
Fang|quo|te
Fang|schnur (Uniformteil)
Fang|schuss (Jägerspr.)
fang|si|cher; ein fangsicherer Torwart
Fang|spiel; Fang|stoß; Fang|zahn
Fan|klub, Fan|club ['fɛn...] ⟨engl.⟩
Fan|kur|ve (Sport)
Fan|mei|le (breite Straße, auf der viele Sportfans zusammenkommen, bes. um Liveübertragungen von Sportereignissen auf Großleinwänden anzusehen)
Fan|ni, Fan|ny [...ni] (w. Vorn.)
Fan|sei|te ['fɛn...] (Internetseite einer Person, Organisation od. Firma für deren Anhänger, Kunden o. Ä.)
Fan|shop ['fɛnʃɔp] ⟨engl.⟩ (Laden, in dem man Artikel eines Sportklubs o. Ä. kaufen kann)
Fant, der; -[e]s, -e (veraltet für junger, unreifer Mann)
Fan|ta|sia, die; -, -s ⟨griech.⟩ (nordafrik. Reiterkampfspiel)
¹Fan|ta|sie, die; -, ...ien (Musikstück)
²Fan|ta|sie, Phan|ta|sie, die; -, ...ien ⟨griech.⟩ (Vorstellung[skraft]; Trugbild)
fan|ta|sie|be|gabt, phan|ta|sie|begabt

Fan|ta|sie|ge|bil|de, Phan|ta|sie|ge|bil|de; Fan|ta|sie|ge|stalt, Phan|ta|sie|ge|stalt
fan|ta|sie|los, phan|ta|sie|los; Fan|ta|sie|lo|sig|keit, Phan|ta|sie|lo|sig|keit
fan|ta|sie|reich, phan|ta|sie|reich; Fan|ta|sie|reich, Phan|ta|sie|reich
¹fan|ta|sie|ren, phan|ta|sie|ren (sich in der Fantasie ausmalen; wirr reden)
²fan|ta|sie|ren (Musik frei über eine Melodie od. über ein Thema musizieren)
fan|ta|sie|voll, phan|ta|sie|voll
Fan|ta|sie|vor|stel|lung, Phan|ta|sie|vor|stel|lung
Fan|ta|sie|welt, Phan|ta|sie|welt
Fan|tast, Phan|tast, der; -en, -en (Träumer, Schwärmer); Fan|tas|te|rei, Phan|tas|te|rei; Fan|tas|tik, Phan|tas|tik, die; -; Fan|tas|tin, Phan|tas|tin
fan|tas|tisch, phan|tas|tisch (schwärmerisch; unwirklich; ugs. für großartig)
Fan|ta|sy ['fɛntɐzi], die; -, ⟨engl.⟩ (Roman-, Filmgattung, die märchen- u. mythenhafte Traumwelten darstellt); Fan|ta|sy|film
Fan|zine ['fɛnziːn], das; -s, -s ⟨Kurzwort aus engl. fan u. magazine⟩ (Zeitschrift für Fans bestimmter Personen od. Sachen)
Fan|zo|ne ['fɛn...] ⟨engl.⟩ (vgl. Fanmeile)
FAQ [efleɪˈkjuː, auch fak], die; -, -[s] ⟨engl., frequently asked questions⟩ (Informationen zu häufig gestellten Fragen)
Fa|rad, das; -[s], - ⟨nach dem engl. Physiker Faraday⟩ (Maßeinheit der elektr. Kapazität; Zeichen F); 3 Farad
Fa|ra|day|kä|fig, Fa|ra|day-Kä|fig [...de..., auch ˈfɛrədɪ...] (Physik Abschirmung gegen äußere elektr. Felder)
Fa|ra|di|sa|ti|on Plur. selten (med. Anwendung faradischer Ströme); fa|ra|disch; faradische Ströme (Induktionsströme); ↑D 89; fa|ra|di|sie|ren
Farb|ab|stim|mung; Farb|auf|nah|me; Farb|band, das; Plur. ...bänder; Farb|beu|tel; Farb|be|zeich|nung; Farb|bild; Farb|brü|he
Farb|druck vgl. Farbendruck; Farb|dru|cker
Far|be, die; -, -n; eine blaue Farbe; die Farbe Blau
farb|echt

Farb|ef|fekt; Farb|ei
Fär|be|mit|tel, das
...far|ben, ...far|big (z. B. cremefarben, cremefarbig)
fär|ben
Far|ben|be|zeich|nung (*svw.* Farbbezeichnung)
far|ben|blind; Far|ben|blind|heit
Far|ben|druck *Plur.* ...drucke
far|ben|freu|dig; far|ben|froh
Far|ben|kas|ten (*svw.* Farbkasten)
Far|ben|leh|re
Far|ben|pracht, die; -; far|ben|präch|tig
Far|ben|pro|be; far|ben|reich; Far|ben|sinn, der; -[e]s; Far|ben|spiel; Far|ben|sym|bo|lik
Fär|ber; Fär|ber|baum (Pflanze); *vgl.* Sumach
Fär|be|rei; Fär|be|rin
Fär|ber|waid, der; -[e]s (Pflanze)
Farb|fern|se|hen; Farb|fern|se|her; Farb|fern|seh|ge|rät
Farb|film; Farb|fil|ter
Farb|fo|to; Farb|fo|to|gra|fie, Farbpho|to|gra|phie
Farb|ge|bung, die; -, -en (*für* Kolorit); Farb|holz
far|big, *österr. auch* fär|big; farbig ausgeführt
...far|big, *österr.* ...fär|big; z. B. einfarbig, *österr.* einfärbig; *vgl.* ...farben
Far|bi|ge, der *u.* die; -n, -n (Angehörige[r] einer nicht weißen Bevölkerungsgruppe)

Farbige
Das Wort sollte nicht verwendet werden, wo es als diskriminierend empfunden werden kann.

Far|big|keit, *österr.* Fär|big|keit, die; -
Farb|kas|ten; Farb|klecks; Farb|kom|bi|na|ti|on; Farb|kom|po|nen|te; Farb|kon|t|rast
Farb|kör|per (*für* Pigment)
Farb|leh|re (*svw.* Farbenlehre)
farb|lich
farb|los; Farb|lo|sig|keit, die; -
Farb|mi|ne; Farb|mo|ni|tor; Farb|nu|an|ce; Farb|pal|let|te; Farb|pro|be (*svw.* Farbenprobe)
Farb|schicht; Farb|schlag (*Tierzucht* Färbung bei Tieren); Farb|stift; Farb|stoff
Farb|ton *Plur.* ...töne; farb|ton|rich|tig (*für* isochromatisch)
Farb|tup|fen; Farb|tup|fer
Fär|bung
Farb|wal|ze (*Druckw.*)

Farb|wie|der|ga|be
Far|ce [...sə, *österr.* ...s], die; -, -n ⟨franz.⟩ (Posse; Verhöhnung, Karikatur eines Geschehens; *Gastron.* Füllsel); far|cie|ren (*Gastron.* füllen)
Far|fal|le *Plur.* ⟨ital.⟩ (schmetterlingsförmige Nudeln)
Far|feln *Plur.* (österr. für eine Suppeneinlage)
Fa|rin, der; -s ⟨lat.⟩ (nicht raffinierter, gelblicher Zucker)
Fä|rin|ger *vgl.* ²Färöer; Fä|rin|ge|rin
Farm, die; -, -en ⟨engl.⟩; Far|mer, der; -s, -; Far|me|rin; Far|mers|frau
Farn, der; -[e]s, -e (eine Sporenpflanze)
Far|ne|se, der; -, - (Angehöriger eines ital. Fürstengeschlechtes); far|ne|sisch; *aber* ↑ D 135: der Farnesische Stier
Farn|kraut; Farn|pflan|ze; Farn|we|del
¹Fä|rö|er [*auch* ...ˈrøː...] *Plur.* (»Schafinseln« (dän. Inselgruppe im Nordatlantik)
²Fä|rö|er [*auch* ...ˈrøː...], Fä|rin|ger, der; -s, - (Bewohner der ¹Färöer); Fä|rö|e|rin
fä|rö|isch [*auch* ...ˈrøː...]
Far|re, der; -n, -n (*landsch. für* junger Stier); Fär|se, die; -, -n (Kuh, die noch nicht gekalbt hat); *vgl. aber* Ferse
Far|si, das; -[s] (persische Amtssprache in Iran)
Fa|san, der; -[e]s, -e[n]
Fa|sa|nen|ge|he|ge; Fa|sa|nen|zucht
Fa|sa|ne|rie, die; -, ...ien (Fasanengehege)
Fa|sche, die; -, -n ⟨ital.⟩ (österr. für Binde); fa|schen (österr. für mit einer Fasche umwickeln)
fa|schie|ren ⟨franz.⟩ (österr. für Fleisch durch den Fleischwolf drehen); faschierte Laibchen (Frikadellen); Fa|schier|te, das; -n (österr. für Hackfleisch)
Fa|schi|ne, die; -, -n ⟨franz.⟩ (Reisigbündel zur Sicherung von [Ufer]böschungen o. Ä.)
Fa|schi|nen|mes|ser, das (eine Art Seitengewehr); Fa|schi|nen|wall
Fa|sching, der; -s, *Plur.* -e *u.* -s
Fa|schings|ball; Fa|schings|diens|tag; Fa|schings|kos|tüm; Fa|schings|krap|fen
Fa|schings|prinz; Fa|schings|prin|zes|sin
Fa|schings|scherz; Fa|schings|um|zug; Fa|schings|zeit; Fa|schings|zug

fa|schi|sie|ren (mit faschistischen Tendenzen durchsetzen)
Fa|schis|mus, der; - ⟨ital.⟩ (antidemokratische, nationalistische Staatsauffassung od. Herrschaftsform)
Fa|schist, der; -en, -en; Fa|schis|tin; fa|schis|tisch; fa|schis|to|id (dem Faschismus ähnlich); Fa|scho, der; -s, -s (*ugs. für* Faschist)
Fa|se, die; -, -n (Abschrägung einer Kante)
Fa|sel, der; -s, - (junges Zuchttier); Fa|sel|eber
Fa|se|lei; Fa|se|ler, Fas|ler; Fa|se|le|rin, Fas|le|rin
Fa|sel|hans, der; -[es], *Plur.* -e *u.* ...hänse
fa|se|lig (*ugs. abwertend für* konfus, unüberlegt); fa|seln (törichtes Zeug reden); ich fas[e]le
fa|sen (abkanten); du fast
Fa|ser, die; -, -n
Fä|ser|chen
fa|se|rig *vgl.* fasrig
fa|sern; das Gewebe fasert; er behauptet, das Papier fasere
fa|ser|nackt (völlig nackt)
Fa|ser|pflan|ze; Fa|ser|plat|te
fa|ser|scho|nend; ein faserschonendes Waschmittel
Fa|ser|schrei|ber
Fa|se|rung
Fa|shion [ˈfɛʃn], die; - ⟨engl.⟩ (Mode; feine Lebensart); fa|shio|na|bel [faʃioˈnaːbl], fa|shio|na|ble [ˈfɛʃənəbl] (modisch, fein); ...a|b|le Kleidung
Fa|shio|nis|ta [fɛʃəˈnɪsta], der; -[s], -s *u.* die; -, -s ⟨engl.; ital.⟩ (sehr modebewusster Mensch)
Fas|ler, Fa|se|ler; Fas|le|rin, Fa|se|le|rin
Fas|nacht, die; -, -en (*landsch. u. schweiz. für* Fastnacht)
Fas|nächt|ler (*schweiz.*); Fas|nächt|le|rin
fas|rig, fa|se|rig; fasriges Papier
Fass, das; -es, Fässer; zwei Fass Bier
Fas|sa|de, die; -, -n ⟨franz.⟩ (Vorder-, Schauseite; Ansicht)
Fas|sa|den|däm|mung
Fas|sa|den|klet|te|rer; Fas|sa|den|klet|te|rin; Fas|sa|den|rei|ni|gung
Fass|an|stich
fass|bar; Fass|bar|keit, die; -
Fass|bier
¹Fass|bin|der (*südd. u. österr. für* Böttcher)
²Fass|bin|der (dt. Regisseur)
Fass|brau|se (Limonade mit natür-

lichen Frucht- u. Kräuterzusätzen sowie Malzextrakt)
Fäss|chen
Fass|dau|be
fas|sen; du fasst; er fasst; du fasstest; gefasst; fasse! *u.* fass!
fäs|ser|wei|se (in Fässern)
fass|lich; Fass|lich|keit, die; -
¹**Fas|son** [...sõ:, *südd., österr. u. schweiz.* meist ...'so:n], die; -, *Plur.* -s, *südd., österr., schweiz.* meist -en [...'so:nən] ⟨franz.⟩ (Form; Muster; Art; Zuschnitt)
²**Fas|son,** das; -s, -s ⟨Revers⟩
fas|so|nie|ren
Fas|son|schnitt (ein Haarschnitt)
Fass|reif|fen
Fass|spund, Fass-Spund
Fas|sung; Fas|sungs|kraft, die; -
fas|sungs|los; Fas|sungs|lo|sig|keit
Fas|sungs|ver|mö|gen, das; -s
Fass|wein
fass|wei|se
fast (beinahe)
Fast|back [...bɛk], das; -s, -s ⟨engl.⟩ (Fließheck [bei Autos])
Fast|break, der, *od.* das, -s, -s ⟨engl.⟩ (schneller Gegenangriff)
Fast|ebe|ne (*Geogr.* nicht ganz ebene Fläche, Rumpffläche)
Fas|tel|abend (*rheinisch für* Fastnacht)
fas|ten
¹**Fas|ten,** das; -s
²**Fas|ten** *Plur.* (Fasttage)
Fas|ten|bre|chen, das; -s (Beendigung des Fastens)
Fas|ten|kur; Fas|ten|mo|nat; Fas|ten|sonn|tag; Fas|ten|spei|se; Fas|ten|tuch *Plur.* ...tücher; **Fas|ten|zeit**
Fast Food, das; - -[s], **Fast|food,** das; -[s] [...fuːt] ⟨engl.⟩ (schnell verzehrbare kleinere Gerichte)
Fast-Food-Ket|te, Fast|food|ket|te
Fast|nacht, die; -, -en; **Fast|nach|ter; Fast|nach|te|rin**
Fast|nachts|brauch; Fast|nachts|dienst|tag; Fast|nachts|kos|tüm; Fast|nachts|spiel; Fast|nachts|trei|ben, das; -s; **Fast|nachts|zeit; Fast|nachts|zug**
Fast|tag
Fas|zes *Plur.* ⟨lat.⟩ (Bündel aus Ruten u. einem Beil, Abzeichen der altröm. Liktoren)
Fas|zie, die; -, -n (*Med.* sehnenartige Muskelhaut); **Fas|zi|en|trai|ning**
Fas|zi|kel, der; -s, - ([Akten]bündel; Lieferung)
Fas|zi|na|ti|on, die; -, -en ⟨lat.⟩ (fesselnde Wirkung; Anziehungs-

kraft); **fas|zi|nie|ren; fas|zi|nie|rend; Fas|zi|no|sum,** das; -s, ...sa (etwas Fesselndes, Faszinierendes)
Fa|ta (*Plur. von* Fatum)
Fa|tah [fa'tax], die; - ⟨arab.⟩ (gemäßigtere polit. Organisation innerhalb der PLO)
fa|tal ⟨lat.⟩ (verhängnisvoll; peinlich); **fa|ta|ler|wei|se**
Fa|ta|lis|mus, der; -, ...men (*nur Sing.*: Glaube an Vorherbestimmung; fatalistische Einstellung, Äußerung)
Fa|ta|list, der; -en, -en; **Fa|ta|lis|tin**
fa|ta|lis|tisch
Fa|ta|li|tät, die; -, -en (Verhängnis)
Fa|ta Mor|ga|na, die; - -, *Plur.* ...nen u. - -s ⟨ital.⟩ (durch Luftspiegelung verursachte Sinnestäuschung)
Fat|bur|ner [ˈfɛtbœːɐ̯...], der; -s, - ⟨engl.⟩ (Fett verbrennende Substanz; ein Fitnesstraining)
fa|tie|ren ⟨lat.⟩ (*veraltet für* bekennen; *österr. veraltet für* seine Steuererklärung abgeben); **Fa|tie|rung**
Fa|ti|ma (w. Vorn.)
Fa|tum, das; -s, ...ta ⟨lat.⟩ (Schicksal)
Fat|wa, die; -, -s, *auch* das; -s, -s ⟨arab.⟩ (Rechtsgutachten des Muftis)
Fatz|ke, der; *Gen.* -n *u.* -s, *Plur.* -n *u.* -s (*ugs. für* eitler Mann)
fau|chen; du fauchst
faul; fauler (*ugs. für* deckungsloser) Wechsel; fauler Zauber; auf der faulen Haut liegen (*ugs.*)
Faul|baum (eine Heilpflanze)
Faul|brut, die; - (eine Bienenkrankheit)
Fäu|le, die; -
fau|len
fau|len|zen; du faulenzt; **Fau|len|zer; Fau|len|ze|rei; Fau|len|ze|rin**
Faul|gas (Biogas)
Faul|heit, die; -
fau|lig
Faulk|ner [ˈfɔːk...] (amerik. Autor)
Fäul|nis, die; -; **Fäul|nis|er|re|ger**
Faul|pelz (*ugs. für* fauler Mensch)
Faul|schlamm (Bodenschlamm in stehenden Gewässern)
Faul|tier
Faun, der; -[e]s, -e (gehörnter Waldgeist; Faunus)
Fau|na, die; -, ...nen (Tierwelt [eines Gebietes])
fau|nisch ([lüstern] wie ein Faun)
Fau|nus (röm. Feld- u. Waldgott)
Fau|ré [fo...] (franz. Komponist)

¹**Faust** (Gestalt der dt. Dichtung)
²**Faust,** die; -, Fäuste
Faust|ab|wehr; Faust|ball
Fäust|chen
faust|dick; er hat es faustdick hinter den Ohren
Fäus|tel, der; -s, - (Schlägel der Bergleute; *bes. bayr. u. österr. für* Fausthammer)
faus|ten
Faust|feu|er|waf|fe
Faust|for|mel (einfache Formel, mit der man eine überschlägige Berechnung anstellen kann)
faust|groß
Faust|ham|mer; Faust|hand|schuh; Faust|hieb
faus|tisch (nach Art u. Wesen des ¹Faust)
Faust|kampf (*veraltend für* Boxen)
Faust|keil
Fäust|ling (Fausthandschuh; *Bergmannsspr.* faustgroßer Stein)
Faust|pfand
Faust|recht, das; -[e]s ([gewaltsame] Selbsthilfe)
Faust|re|gel; Faust|schlag; Faust|skiz|ze
faute de mieux [ˈfoːt də ˈmjøː] ⟨franz.⟩ (in Ermangelung eines Besseren; im Notfall)
Fau|teuil [foˈtœj], der; -s, -s ⟨franz.⟩ (*österr. u. schweiz., sonst veraltend für* Lehnsessel)
Faut|fracht ⟨franz.; dt.⟩ (*Verkehrsw.* abmachungswidrig nicht genutzter Frachtraum; Summe, die beim Rücktritt vom Frachtvertrag zu zahlen ist)
Fau|vis|mus [foː...], der; - ⟨franz.⟩ (Richtung der franz. Malerei im frühen 20. Jh.); **Fau|vist,** der; -en, -en *meist Plur.*; **Fau|vis|tin; fau|vis|tisch**
Faux|pas [foˈpa], der; -, - ⟨franz., »Fehltritt«⟩ (Taktlosigkeit; Verstoß gegen die Umgangsformen)
Fa|ve|la, die; -, -s ⟨port.⟩ (Slum in Südamerika)
fa|vo|ri|sie|ren (begünstigen; *Sport* als Sieger erwarten)
Fa|vo|rit, der; -en, -en (Günstling, Liebling; *Sport* voraussichtlicher Sieger); **Fa|vo|ri|ten|rol|le; Fa|vo|ri|ten|sturz** *Plur.* ...stürze (*Sport*); **Fa|vo|ri|tin** (Geliebte [eines Herrschers]; *Sport* voraussichtliche Siegerin)
Fa|vus, der; -, *Plur.* ...ven *u.* ...vi ⟨lat.⟩ (*Med.* eine Hautkrankheit; *Zool.* Wachsscheibe im Bienenstock)

Fax, das, *schweiz. meist* der; -, -e (*kurz für* Telefax); **Fax|an|schluss**

Fa|xe, die; -, -n *meist Plur.* (Grimasse; dummer Spaß)

fa|xen (ein Fax, als Fax schicken); du faxt; er faxte; sie hat den Vertrag gefaxt

Fa|xen|ma|cher (Grimassenschneider; Spaßmacher)

Fax|ge|rät; Fax|num|mer

Fa|yence [...'jɑ̃ːs], die; -, -n ⟨franz.⟩ (feinere Töpferware)

Fa|yence|krug; Fa|yence|ofen

Fa|zen|da [*auch* ...'zɛ...], die; -, -s ⟨port.⟩ (Farm in Brasilien)

Fä|zes, Fae|ces [ˈfɛːtseːs] *Plur.* ⟨lat.⟩ (*Med.* Ausscheidungen, Kot)

fa|zi|al ⟨lat.⟩ (*Med.* das Gesicht betreffend; Gesichts...); **Fa|zi|alis**, der; - (*Med.* Gesichtsnerv)

Fa|zi|es, *selten er* ²**Fa|ci|es**, die; -, - (*Geol.* Merkmal von Sedimentgesteinen)

Fa|zi|li|tät, die; -, -en ⟨lat.⟩ (*Wirtsch.* Kreditmöglichkeit)

Fa|zit, das; -s, *Plur.* -e u. -s (Ergebnis; Schlussfolgerung)

FBI [ɛfbiːˈlaɪ], der *od.* das; - = Federal Bureau of Investigation (Bundeskriminalpolizei der USA)

FC, der; - = Fußballclub; Fechtclub

FCKW, das; -, *fachspr. nur Plur.* = Fluorchlorkohlenwasserstoff[e]

FDGB, der; - (*DDR*) = Freier Deutscher Gewerkschaftsbund

FdH [ɛfdeːˈhaː] (»Friss die Hälfte!«) (*ugs. für* eine Diät)

FDJ, die; - (*DDR*) = Freie Deutsche Jugend; **FDJler** ↑D 30; **FDJlerin** ↑D 30

FDP, die; - = Freisinnig-Demokratische Partei (der Schweiz); Freie Demokratische Partei (Deutschlands); **FDP-Frak|ti|on**

F-Dur [ˈɛfduːɐ̯, *auch* ˈɛfˈduːɐ̯], das; -[s] (Tonart; *Zeichen* F); **F-Dur-Ton|lei|ter** ↑D 26

Fe = Ferrum

Fea|ture [ˈfiːtʃɐ], das; -s, -s, *auch* die; -, -s ⟨engl.⟩ (aktuell aufgemachter Dokumentarbericht bes. für Funk od. Fernsehen; Besonderheit, typ. Merkmal); **fea|turen** [ˈfiːtʃɐn] ⟨engl.⟩ (*Jargon* unterstützen, für etw. werben; *bes. Musik* an einer künstlerischen Produktion beteiligen)

Fea|tu|ret|te [...ˈrɛt(ə)], das; -s, -s [...ˈrɛts] *od.* die; -, -n [...ˈrɛtn] ⟨engl.⟩ (kurzes Making-of)

Fe|ber, der; -s, - (*österr. neben* Februar)

Febr. = Februar

fe|b|ril ⟨lat.⟩ (*Med.* fieberhaft)

Fe|b|ru|ar, der; -[s], -e ⟨lat.⟩ (der zweite Monat des Jahres, Hornung; *Abk.* Febr.)

fec. = fecit

fech|sen (*österr. neben* ernten)

Fech|ser (*Landwirtsch.* Schössling, Steckling)

Fech|sung ⟨zu fechsen⟩

Fecht|bahn; Fecht|bo|den

fech|ten; du fichtst, er ficht; du fochtest; du föchtest; gefochten; ficht!; **Fech|ter**

Fecht|er|flan|ke (*Turnen*)

Fech|te|rin; fech|te|risch

Fecht|hand|schuh; Fecht|hieb; Fecht|kunst; Fecht|mas|ke; Fecht|meis|ter; Fecht|meis|te|rin; Fecht|sport

fe|cit (lat., »hat [es] gemacht«) (*Abk.* fec.); ipse fecit (*vgl. d.*)

Fe|da|jin, der; -s, - ⟨arab.⟩ (arabischer Untergrundkämpfer)

Fe|der, die; -, -n

Fe|der|ball; Fe|der|bein; Fe|der|bett; Fe|der|boa; Fe|der|busch

Fe|der|fuch|ser (Pedant); **Fe|der|fuch|se|rin**

fe|der|füh|rend; Fe|der|füh|rung

Fe|der|ge|wicht (Körpergewichtsklasse in der Schwerathletik)

Fe|der|hal|ter

fe|de|rig *vgl.* fedrig

Fe|der|kern|ma|t|rat|ze

Fe|der|kiel; Fe|der|kleid

fe|der|leicht

Fe|der|le|sen, das; -s; nicht viel Federlesen[s] (Umstände) machen

Fe|der|ling (ein Insekt)

Fe|der|mäpp|chen; Fe|der|mes|ser

fe|dern; ich federe

Fe|der|nel|ke

Fe|der|pen|nal (*österr. für* Federmäppchen); **Fe|der|schach|tel** (*österr. für* Federmäppchen)

Fe|der|schmuck

Fe|der|spiel (*Jägerspr.* zwei Taubenflügel zum Zurücklocken des Beizvogels)

Fe|der|stiel (*österr. für* Federhalter); **Fe|der|strich**

Fe|de|rung

Fe|der|vieh (*ugs. für* Geflügel)

Fe|der|waa|ge

Fe|der|wei|ße, der; -n, -n (gärender Weinmost)

Fe|der|wild; Fe|der|wol|ke; Fe|der|zan|ge (*für* Pinzette); **Fe|der|zeich|nung**

Fe|dor, Fe|o|dor (m. Vorn.)

fed|rig; Fed|rig|keit, die; -

Fee, die; -, Feen ⟨franz.⟩ (eine w. Märchengestalt)

Feed [fiːd], der *od.* das; -s, -s ⟨engl.⟩ (*Jargon* elektronische Nachricht aus dem Internet, die kostenlos abonniert u. in ein E-Mail-Programm o. Ä. eingespeist werden kann)

Feed|back, Feed-back [ˈfiːtbɛk], das; -s, -s ⟨engl.⟩ (*bes. fachspr. für* Rückmeldung; Reaktion)

Fee|ling [ˈfiː...], das; -s, -s ⟨engl.⟩ (Gefühl)

Feet [fiːt] (*Plur. von* Foot)

Fe|ge, die; -, -n (Werkzeug zum Getreidereinigen)

Fe|ge|feu|er, *selten* **Feg|feu|er** *Plur. selten*

fe|gen; Fe|ger

Feg|nest, das; -[e]s, -e (*schweiz. mdal. für* unruhiger Mensch); **feg|nes|ten** (*schweiz. mdal.*); gefegnestet; zu fegnesten

Feg|sel, das; -s, - (*landsch. für* Kehricht)

Feh, das; -[e]s, -e (russ. Eichhörnchen; Pelzwerk)

Feh|de, die; -, -n (Streit; kriegerische Auseinandersetzung); **Feh|de|hand|schuh**

fehl; fehl am Platz; **Fehl**, der; *nur noch in* ohne Fehl [und Tadel]

Fehl|an|reiz

Fehl|an|zei|ge

fehl|bar (*schweiz. für* [einer Übertretung] schuldig); **Fehl|bar|keit**, die; -

Fehl|be|die|nung

fehl|be|le|gen *vgl.* fehlbesetzen

Fehl|be|le|gung; Fehl|be|le|gungs|ab|ga|be (*Amtsspr.*)

Fehl|be|ra|tung

fehl|be|set|zen; er besetzt[e] fehl; fehlbesetzt; fehlzubesetzen; **Fehl|be|set|zung**

Fehl|be|stand; Fehl|be|trag

Fehl|bil|dung; Fehl|bil|dungs|syn|drom

Fehl|deu|tung; Fehl|di|a|g|no|se; Fehl|dis|po|si|ti|on; Fehl|ein|schät|zung

feh|len; du fehlst

Fehl|ent|schei|dung; Fehl|ent|wick|lung

Feh|ler; feh|ler|frei

feh|ler|haft; Feh|ler|haf|tig|keit

feh|ler|los; Feh|ler|lo|sig|keit, die; -

Feh|ler|mel|dung

feh|ler|nä|h|ren *meist im Infinitiv*

Fehlernährung

fein
- sehr fein (Zeichen ff)
- das hast du fein (gut) gemacht
- fein säuberlich

Wenn »fein« das Ergebnis der mit einem folgenden einfachen Verb bezeichneten Tätigkeit angibt, kann getrennt oder zusammengeschrieben werden:
- Marmor fein schleifen *od. (fachspr. meist)* feinschleifen
- das Mehl fein mahlen *od.* feinmahlen; *aber das Mehl fein ausmahlen*
- sich fein machen *od.* feinmachen (sich schön anziehen)

In Verbindung mit adjektivisch gebrauchten Partizipien kann getrennt oder zusammengeschrieben werden ↑D 58:
- fein gemahlenes *od.* feingemahlenes Mehl
- fein geäderter *od.* feingeäderter Marmor
- fein genarbtes *od.* feingenarbtes Leder
- fein geschliffenes *od.* feingeschliffenes Kristall
- fein geschnittene *od.* feingeschnittene Kräuter
- ein fein geschwungener *od.* feingeschwungener Bogen
- fein gesponnenes *od.* feingesponnenes Garn
- fein gestreifte *od.* feingestreifte Wäsche
- fein gezähnte *od.* feingezähnte Blätter
- fein vermahlenes *od.* feinvermahlenes Korn
Aber: feinfühlig, feinkörnig usw.

Großschreibung ↑D 72:
- das Feinste vom Feinsten
- ein Kulturangebot vom Feinsten

F
Fehl

u. Part. II gebr. (falsch ernähren); Feh|ler|näh|rung
Feh|ler|quel|le; Feh|ler|quo|te; Feh|ler|su|che; Feh|ler|teu|fel *(scherzh.);* Feh|ler|zahl
Fehl|far|be; Fehl|funk|ti|on
fehl|ge|bil|det
fehl|ge|burt
fehl|ge|hen
fehl|grei|fen *vgl.* fehlbesetzen; Fehl|griff
Fehl|in|for|ma|ti|on
Fehl|in|ter|pre|ta|ti|on; fehl|in|ter|pre|tie|ren *vgl.* fehlbesetzen
Fehl|in|ves|ti|ti|on; Fehl|kal|ku|la|ti|on; Fehl|kauf; Fehl|kon|s|truk|ti|on; Fehl|leis|tung
fehl|lei|ten *vgl.* fehlbesetzen; Fehl|lei|tung
Fehl|mel|dung; Fehl|pass *(Sport);* Fehl|pla|nung
fehl|schie|ßen *vgl.* fehlbesetzen
Fehl|schlag, der; -[e]s, ...schläge; fehl|schla|gen *vgl.* fehlbesetzen
Fehl|schuss; Fehl|sich|tig|keit *Plur. selten (Med.);* Fehl|spe|ku|la|ti|on *(Börsenw.);* Fehl|sprung *(Sport);* Fehl|start *(Sport)*
fehl|tre|ten *vgl.* fehlbesetzen; Fehl|tritt
Fehl|ur|teil; Fehl|ver|hal|ten; Fehl|ver|such; Fehl|wurf *(Leichtathletik);* Fehl|zeit; Fehl|zün|dung
Feh|marn (eine Ostseeinsel); Feh|marn|belt, Feh|marn-Belt, der; -[e]s
Fehn, das; -[e]s, -e ⟨niederl.⟩; *vgl.* Fenn
Fehn|ko|lo|nie (Moorsiedlung); Fehn|kul|tur (bes. Art Moorkultur)

Fehr|bel|lin (Stadt in Brandenburg)
Feh|werk, das; -[e]s (Pelzwerk)
fei|en (geh. für [durch vermeintliche Zaubermittel] schützen); gefeit (sicher, geschützt)
Fei|er, die; -, -n
Fei|er|abend; Fei|er|abend|heim (regional für Altenheim); fei|er|abend|lich
Fei|e|rei
fei|er|freu|dig
fei|er|lich; Fei|er|lich|keit
fei|ern; ich feiere
Fei|er|schicht; Fei|er|stun|de
Fei|er|tag; des Feiertags, aber ↑D 70: feiertags, sonn- u. feiertags ↑D 31; fei|er|täg|lich; fei|er|tags *vgl.* Feiertag; Fei|er|tags|ar|beit *Plur. selten;* Fei|er|tags|stim|mung
fei|er|wü|tig (ugs., auch abwertend)
feig, fei|ge
Fei|ge, die; -, -n
Fei|gen|baum; Fei|gen|blatt; Fei|gen|kak|tus
Feig|heit, die; -
feig|her|zig; Feig|her|zig|keit
Feig|ling
Feig|war|ze (Med. eine Hautwucherung)
feil (veraltend für verkäuflich); feil|bie|ten; er bietet feil; feilgeboten; feilzubieten; Feil|bie|tung
Fei|le, die; -, -n; fei|len
Fei|len|hau|er (Berufsbez.); Fei|len|hau|e|rin
feil|hal|ten *vgl.* feilbieten
feil|schen; du feilschst
Feil|span; Feil|staub

Feim, der; -[e]s, -e, Fei|me, die; -, -n, Fei|men, der; -s, - (landsch. für geschichteter Getreidehaufen; Schober)
fein *s.* Kasten
Fein|ab|stim|mung; Fein|ar|beit; Fein|bä|cke|rei; Fein|blech
feind (veraltend); jmdm., einer Sache feind (feindlich gesinnt) sein, werden, bleiben
Feind, der; -[e]s, -e; jmds. Feind sein, werden, bleiben
Feind|be|rüh|rung; Feind|bild; Feind|ein|wir|kung
Fein|des|hand, die; -; in Feindeshand sein, geraten; Fein|des|land, das; -[e]s
Fein|din
feind|lich; feindlich gesinnte Menschen; *Schreibung in Zusammensetzungen:* menschenfeindlich, kirchenfeindlich; moskaufeindlich ↑D 143; Feind|lich|keit
Feind|schaft; feind|schaft|lich
feind|se|lig; Feind|se|lig|keit
Fei|ne, die; - (Feinheit); fei|nen (Hüttenw. [Metall] veredeln)
Fein|frost|ge|mü|se (regional)
fein|füh|lig; Fein|füh|lig|keit *Plur. selten*
fein ge|ädert, fein ge|ädert *vgl.* fein
Fein|ge|bäck; Fein|ge|fühl, das; -[e]s; Fein|ge|halt, der
Fein|geist *Plur.* ...geister
fein ge|mah|len, fein|ge|mah|len *vgl.* fein; fein ge|schnit|ten, fein|ge|schnit|ten *vgl.* fein; fein ge|schwun|gen, fein|ge|schwun|gen *vgl.* fein
Fein|ge|wicht
fein|glie|de|rig, fein|glied|rig

Fein|gold; Fein|heit
fein|herb; ein feinherber Duft
Fei|nin|ger, Lyonel (dt.-amerik. Maler)
Fein|ke|ra|mik; fein|ke|ra|misch
fein|kör|nig; Fein|kör|nig|keit
Fein|kost; Fein|kost|ge|schäft
fein ma|chen, fein|ma|chen ⟨ugs. für schön anziehen⟩; er hat sich, seine Kinder fein gemacht od. feingemacht; vgl. fein
fein|ma|schig
Fein|me|cha|ni|ker; Fein|me|cha|ni|ke|rin
Fein|mes|sung
Fein|mo|to|rik; fein|mo|to|risch
fein|ner|vig; fein|po|rig
Fein|ripp, der; -s ⟨Textilind. gewirkter Stoff mit feinem Rippenmuster⟩; Fein|ripp|wa|re
fein|san|dig
fein|schlei|fen vgl. fein; Fein|schliff
Fein|schme|cker; Fein|schme|cke|rin
Fein|schnitt; Fein|sil|ber
fein|sin|nig; Fein|sin|nig|keit
Feins|lieb|chen ⟨veraltet für Geliebte⟩
Fein|spitz ⟨österr. für Feinschmecker⟩
Fein|staub; Fein|staub|be|las|tung; Fein|staub|pla|ket|te (Aufkleber, der ein Kfz mit einem bestimmten [geringen] Ausstoß von Feinstaub kennzeichnet); Fein|staub|wert meist Plur.
fein|stoff|lich (feinsinnig, subtil; bes. Anthroposophie zwischen materiell u. immateriell liegend, ätherisch)
Fein|strumpf|ho|se
Feinst|waa|ge
Fein|tu|ning [...tju:nɪŋ] (präzise Einstellung eines Geräts; abschließende Verbesserung)
Fein|un|ze (Gewichtseinheit für Feingold u. -silber [ca. 31,10 g])
fein ver|mah|len, fein|ver|mah|len vgl. fein
Fein|wasch|mit|tel
feiß ⟨südwestd. u. schweiz. mdal. für fett, feist⟩
feist; Feist, das; -[e]s ⟨Jägerspr. Fett⟩; Feis|te, Feist|heit, die; -
Feist|hirsch ⟨Jägerspr.⟩
Feis|tig|keit, die; -
Fei|tel, der; -s, - ⟨bayr., österr. ugs. für einfaches Taschenmesser⟩
fei|xen ⟨ugs.⟩; du feixt
Fel|bel, der; -s, - ⟨ital.⟩ (ein Gewebe)
Fel|ber, der; -s, -, Fel|ber|baum ⟨südd. mdal. für Weidenbaum⟩
Fel|chen, der; -s, - (ein Fisch)

Feld, das; -[e]s, -er; elektrisches Feld; aber querfeldein; ins Feld (in den Krieg) ziehen; ↑D 31; Feld- u. Gartenfrüchte
Feld|ab|wehr (Volleyball)
Feld|ar|beit; Feld|ar|til|le|rie
Feld|berg (Berg im Schwarzwald)
Feld|bett; Feld|blu|me; Feld|dienst
feld|ein; feldein u. feldaus
Fel|den|krais, das; - meist ohne Artikel ⟨nach dem israel. Physiker u. Arzt M. Feldenkrais⟩ (Übungen nach der Feldenkraismethode); Fel|den|krais|me|tho|de, die; - (therapeutisch orientierte Bewegungslehre); ↑D 136
Feld|fla|sche; Feld|flüch|ter (verwilderte Haustaube); Feld|flur, die; Feld|for|schung ⟨fachspr.⟩; Feld|frucht meist Plur.; Feld|got|tes|dienst
feld|grau
Feld|hand|ball, der; -[e]s
Feld|hai|se
Feld|heer; Feld|herr; Feld|her|rin
Feld|herrn|blick
Feld|ho|ckey; Feld|huhn
Feld|hü|ter; Feld|hü|te|rin
...fel|dig (z. B. vierfeldig)
Feld|jä|ger ⟨Militär⟩; Feld|jä|ge|rin
Feld|kü|che; Feld|la|ger
Feld|li|nie meist Plur. ⟨Physik⟩
Feld|mark, die (vgl. ¹Flur)
Feld|mar|schall ⟨früher⟩; Feld|mar|schal|lin
feld|marsch|mä|ßig ⟨Militär⟩
Feld|maß, das; Feld|maus; Feld|mes|ser, der; Feld|post; Feld|sa|lat
Feld|scher, der; -s, -e ⟨früher für Wundarzt; DDR milit. Arzthelfer⟩; Feld|sche|rin
Feld|spat (ein Mineral)
Feld|spie|ler ⟨Sport⟩; Feld|spie|le|rin
Feld|sport, der; -[e]s; Feld|sport|art
Feld|stär|ke ⟨Physik⟩
Feld|ste|cher (Fernglas)
Feld|stein; Feld|stuhl
Feld|the|o|rie ⟨Fachspr.⟩
Feld|über|le|gen|heit ⟨Sport⟩
Feld|ver|such (Versuch unter realen Bedingungen)
Feld|ver|weis ⟨Sport⟩
Feld-Wald-und-Wie|sen-... ⟨ugs. für durchschnittlich, Allerwelts...⟩; z. B. Feld-Wald-und-Wiesen-Programm
Feld|we|bel, der; -s, -
Feld|weg
Feld|wei|bel ⟨schweiz. für ein Unteroffiziersgrad⟩; Feld|wei|be|lin

Feld|zug
Felg|auf|schwung (Reckübung)
Fel|ge, die; -, -n (Radkranz; eine Reckübung); fel|gen ([ein Rad] mit einer Felge versehen)
Fel|gen|brem|se
Fel|gum|schwung (Reckübung)
Fe|lix (m. Vorn.)
Fe|li|zia (w. Vorn.)
Fe|li|zi|tas (w. Vorn.)
Fell, das; -[e]s, -e
Fel|la|che, der; -n, -n ⟨arab.⟩ (Bauer im Vorderen Orient); Fel|la|chin
Fel|la|tio, die; -, ...ones ⟨lat.⟩ (Herbeiführen der Ejakulation mit Lippen u. Zunge)
Fell|ei|sen, das; -s, - ⟨veraltet für Rucksack, Tornister⟩
Fel|li|ni, Federico (ital. Filmregisseur)
Fell|müt|ze
Fel|low [...loʊ], der; -s, -s ⟨engl.⟩ (Mitglied eines Colleges, einer wissenschaftl. Gesellschaft); Fel|low|ship [...ʃɪp], das; -[s], -s, auch die; -, -s (Status eines Fellows; Stipendium für graduierte Studenten an brit. u. amerik. Universitäten)
Fe|lo|nie, die; -, ...ien ⟨franz.⟩ (Untreue [gegenüber dem Lehnsherrn im MA.])
¹Fels, der; -en ⟨hartes Gestein⟩; auf Fels stoßen; im Fels klettern
²Fels, der; Gen. -ens, älter -en, Plur. -en ⟨geh. für Felsen, Felsblock⟩; ein Fels in der Brandung
Fels|bild ⟨vorgeschichtl. Kunst⟩; Fels|block Plur. ...blöcke; Fels|bro|cken
Fel|sen, der; -s, - ([aufragende] Gesteinsmasse, Felsblock)
fel|sen|fest
Fel|sen|nest; Fel|sen|riff; Fel|sen|schlucht (svw. Felsschlucht); Fel|sen|wüs|te (svw. Felswüste)
fel|sig; felsiges Gelände
Fel|sit, der; -s, -e (eine Gesteinsart)
Fels|ma|le|rei; Fels|schlucht; Fels|spalt; Fels|spal|te; Fels|spit|ze
Fels|stück; Fels|vor|sprung; Fels|wand; Fels|wüs|te; Fels|zeich|nung
Fe|lu|cke, die; -, -n ⟨arab.⟩ (Küstenfahrzeug des Mittelmeers
Fe|me, die; -, -n (heimliches Gericht, Freigericht); Fe|me|ge|richt, Fem|ge|richt
Fe|mel, Fim|mel, der; -s ⟨Landwirtsch. Gesamtheit der m. Hanfpflanzen⟩
Fe|mel|be|trieb (Art des Forstbetriebes)
Fe|mel|hanf vgl. Hanf

Fememord

Fe|me|mord
Fe|me|ge|richt, Fe|me|ge|richt
fe|mi|ni|ie|ren ⟨lat.⟩ *(Med., Zool.* verweiblichen)
fe|mi|nin [*auch* ...'ni:n] (weiblich; weibisch); **Fe|mi|ni|num,** *das*; -s, ...na *(Sprachwiss.* weibliches Substantiv, z. B. »die Erde«)
Fe|mi|nis|mus, *der*; -, ...men (Richtung der Frauenbewegung, die ein neues Selbstverständnis der Frau u. die Aufhebung der traditionellen Rollenverteilung anstrebt *[nur Sing.]; Med., Zool.* Ausbildung w. Merkmale bei m. Wesen; Verweiblichung); **Fe|mi|nist; Fe|mi|nis|tin; fe|mi|nis|tisch; Fe|mi|ni|tät,** *die*; -
Femme fa|tale ['fam...'tal], *die*; - -, -s -s ['fam...'tal] ⟨franz.⟩ (charmante Frau, die durch Extravaganz o. Ä. ihrem Partner zum Verhängnis wird)
Fem|to... ⟨skand.⟩ (ein Billiardstel einer Einheit, z. B. Femtofarad = 10^{-15} Farad; *Zeichen* f)
Fench, Fen|nich, *der*; -[e]s, -e ⟨lat.⟩ (Hirseart)
Fen|chel, *der*; -s (eine Heil- u. Gemüsepflanze)
Fen|chel|ge|mü|se; Fen|chel|öl; Fen|chel|tee
Fen|dant [fã'dã:], *der*; -s, -s ⟨franz.⟩ (Weißwein aus dem Wallis)
Fen|der, *der*; -s, - ⟨engl.⟩ (Stoßschutz an Schiffen)
Fe|nek *vgl.* Fennek
Feng-Shui, Feng|shui, *das*; - ⟨chin.⟩ (chinesische Kunst der harmonischen Lebens- u. Wohnraumgestaltung)
Fenn, *das*; -[e]s, -e *(nordd. für* Sumpf-, Moorland)
Fen|nek, *der*; -s, *Plur.* -s *u.* -e ⟨arab.⟩ (Wüstenfuchs)
Fen|nich *vgl.* Fench
Fen|no|sar|ma|tia ⟨lat.⟩ *(früher für* Baltica); **fen|no|sar|ma|tisch**
Fen|no|skan|dia (ein Teil von Fennosarmatia); **fen|no|skan|disch**
Fen|rir (Untier der germ. Mythol.); **Fen|ris|wolf,** *der*; -[e]s (Fenrir)
Fens|ter, *das*; -s, -
Fens|ter|bal|ken *(österr. für* Fensterladen); **Fens|ter|bank** *Plur.* ...bänke; **Fens|ter|brett**
Fens|ter|brief|um|schlag
Fens|ter|flü|gel; Fens|ter|front; Fens|ter|glas *Plur.* ...gläser; **Fens|ter|griff; Fens|ter|kreuz; Fens|ter|la|den** ...läden, *selten* ...laden; **Fens|ter|lai|bung,** Fens|ter|lei|bung, *die*; Fens|ter|le|der

Fens|ter|lei|bung *vgl.* Fensterlaibung
fens|terln *(südd., österr., schweiz. für* ans Fenster klopfen; *in älteren Volksbräuchen:* die Geliebte nachts [am od. durchs Fenster] besuchen); ich fensterle, du fensterlst, er fensterlt; er hat gefensterlt
fens|ter|los
Fens|ter|ni|sche; Fens|ter|öff|nung; Fens|ter|platz
Fens|ter|put|zer; Fens|ter|put|ze|rin
Fens|ter|rah|men
Fens|ter|re|de (Propagandarede)
Fens|ter|ro|se (rundes Kirchenfenster); **Fens|ter|schei|be; Fens|ter|schnal|le** *(österr. für* Fenstergriff); **Fens|ter|sims; Fens|ter|stock** *Plur.* ...stöcke
Fens|ter|tag *(österr. für* Brückentag)
...fens|t|rig (z. B. zweifenstrig)
Fen|ta|nyl, *das*; -s, -e *(Med.* bes. als Schmerzmittel verwendete, opiumähnliche synthet. Substanz)
Fenz, *die*; -, -en ⟨engl.⟩ (Einfried[ig]ung in Nordamerika)
Fe|o|dor (m. Vorn.); **Fe|o|do|ra** (w. Vorn.)
Fe|ra|li|en *Plur.* ⟨lat.⟩ (altröm. jährliches Totenfest)
Fer|di|nand (m. Vorn.); **Fer|di|nan|de** (w. Vorn.); **Ferdl** (m. Vorn.)
Fe|renc [...ents] (m. Vorn.)
Fer|ge, *der*; -n, -n *(veraltet für* Fährmann)
fer|g|gen *(schweiz. früher für* abfertigen); **Ferg|ger** *(schweiz. früher für* Spediteur)
Fe|ri|al... ⟨lat.⟩ *(österr. neben* Ferien..., z. B. Ferialarbeit, Ferialpraxis, Ferialtag)
Fe|ri|en *Plur.* ⟨lat.⟩; die großen Ferien
Fe|ri|en|ak|ti|on; Fe|ri|en|an|la|ge; Fe|ri|en|ar|beit; Fe|ri|en|be|ginn; Fe|ri|en|be|treu|ung; Fe|ri|en|dorf; Fe|ri|en|en|de; Fe|ri|en|flie|ger *(ugs.)*; **Fe|ri|en|gast; Fe|ri|en|geld** *(schweiz. für* zusätzliches vierzehntes Monatsgehalt, das meist Mitte des Jahres ausgezahlt wird)
Fe|ri|en|haus; Fe|ri|en|häus|chen
Fe|ri|en|heim; Fe|ri|en|job; Fe|ri|en|kind; Fe|ri|en|kurs; Fe|ri|en|la|ger
Fe|ri|en|ort, *der*; -[e]s, -e; **Fe|ri|en|pa|ra|dies; Fe|ri|en|park; Fe|ri|en|pro|gramm; Fe|ri|en|rei|se**
Fe|ri|en|tag; Fe|ri|en|woh|nung; Fe|ri|en|zeit

Fer|kel, *das*; -s, -; **Fer|ke|lei; fer|keln;** ich ferk[e]le; **Fer|kel|zucht**
Fer|man, *der*; -s, -e ⟨pers.⟩ *(früher* in islam. Ländern Erlass des Landesherrn)
Fer|ma|te, *die*; -, -n ⟨ital.⟩ *(Musik* Haltezeichen; *Zeichen* ⌢)
Fer|ment, *das*; -[e]s, -e ⟨lat.⟩ *(veraltet für* Enzym)
Fer|men|ta|ti|on, *die*; -, -en (Gärung); **fer|men|ta|tiv** (durch Ferment hervorgerufen)
Fer|ment|bil|dung; fer|men|tie|ren (durch Fermentation veredeln)
Fer|mi|um, *das*; -s ⟨nach dem ital. Physiker Fermi⟩ (chem. Element, ein Transuran; *Zeichen* Fm)

fern
– ferne Länder
– in der ferneren Umgebung
Vgl. fernbleiben, fernhalten, fernliegen, fernsehen, fernstehen usw.

Kleinschreibung ↑D 72:
– von [nah und] fern
– von fern her
Vgl. aber ferner

Großschreibung ↑D 72 u. 140:
– das Ferne suchen
– der Ferne Osten (Ostasien)

Präposition mit Genitiv od. Dativ:
– fern des Heimathauses *od.* dem Heimathaus

fern|ab *(geh.)*
Fern|ab|satz|ge|schäft (Geschäft über Internet, Telefon o. Ä.)
Fer|nam|buk|holz *vgl.* Pernambukholz
Fern|amt; Fern|auf|nah|me; Fern|bahn; Fern|be|die|nung
fern|be|heizt; fernbeheizte Wohnung
Fern|be|zie|hung (Lebensgemeinschaft von Personen, die an verschiedenen Orten wohnen)
fern|blei|ben; er bleibt [dem Unterricht] fern, ist ferngeblieben; *vgl. auch* fern
Fern|bus (Linienbus im Fernverkehr)
Fern|di|a|g|no|se
fer|ne *(geh.);* von ferne [her]; **Fer|ne,** *die*; -, -n; in weiter Ferne
fer|ner; er rangiert unter »ferner liefen«; *aber* des Ferner[e]n darlegen *(Amtsspr.)* ↑D 72
Fer|ner, *der*; -s, - *(Tirol, bayr. für* Gletscher); *vgl.* Firn

fer|ner|hin [*auch* 'fɛrnɐ'hɪn]; fer|ner|lie|gen; nichts würde uns fernerliegen; *vgl.* fernliegen
Fern|fah|rer; Fern|fah|re|rin; Fern|fahrt
Fern|gas
fern|ge|lenkt
Fern|ge|spräch
fern|ge|steu|ert
Fern|glas *Plur.* ...gläser
fern|hal|ten; sich, die Kinder von etwas fernhalten; wir hielten uns fern, haben uns ferngehalten; fernzuhalten
Fern|hei|zung
fern|her (*geh. für* aus der Ferne); *aber* von fern her; fern|hin (*geh.*)
Fern|hoch|schu|le
fern|ko|pie|ren (über das Fernsprechnetz originalgetreu übertragen); Fern|ko|pie|rer (Gerät zum Fernkopieren)
Fern|kurs; Fern|kur|sus
Fern|las|ter, der (*ugs. für* Fernlastzug); Fern|last|zug
Fern|lei|he; Fern|leih|ver|kehr (*Buchw.*)
Fern|lei|tung
fern|len|ken; sie lenkt [das Flugzeug] fern, hat ferngelenkt; Fern|len|kung
Fern|licht *Plur.* ...lichter
fern|lie|gen; das sind Gedanken, die uns [völlig] fernliegen; fern|lie|gend; fernliegende Ideen
Fern|mel|de|amt; Fern|mel|de|dienst; Fern|mel|de|ge|bühr; Fern|mel|de|ge|heim|nis; Fern|mel|de|tech|nik; Fern|mel|de|turm; Fern|mel|de|we|sen, das; -s
fern|münd|lich (*für* telefonisch)
Fern|ost; in Fernost; fern|öst|lich
Fern|pend|ler; Fern|rei|se
Fern|rei|se; Fern|rohr; Fern|ruf
fern|schau|en (*südd., österr., schweiz.*)
Fern|schrei|ben; Fern|schrei|ber
fern|schrift|lich
Fern|schuss
Fern|seh|an|sa|ger; Fern|seh|an|sa|ge|rin
Fern|seh|an|stalt; Fern|seh|an|ten|ne; Fern|seh|ap|pa|rat; Fern|seh|bild; Fern|seh|dis|kus|si|on; Fern|seh|du|ell; Fern|seh|emp|fang, der; -[e]s; Fern|seh|emp|fän|ger
fern|se|hen; Fern|se|hen, das; -s
Fern|se|her (*ugs. für* Fernsehgerät; Fernsehteilnehmer); Fern|se|he|rin
Fern|seh|film
Fern|seh|for|mat (Gestalt, Art einer Fernsehsendung)

Fern|seh|ge|bühr; Fern|seh|ge|rät; Fern|seh|in|ter|view
Fern|seh|jour|na|list; Fern|seh|jour|na|lis|tin
Fern|seh|ka|me|ra; Fern|seh|ka|nal
Fern|seh|koch; Fern|seh|köl|chin
Fern|seh|kom|men|ta|tor; Fern|seh|kom|men|ta|to|rin
Fern|seh|leu|te *Plur.* (*ugs.*)
fern|seh|mü|de
Fern|seh|pa|nel [...pɛnl] (*Statistik*)
Fern|seh|pro|gramm; Fern|seh|rech|te *Plur.*
Fern|seh|re|por|ta|ge; Fern|seh|re|por|ter; Fern|seh|re|por|te|rin
Fern|seh|schirm; Fern|seh|sen|der; Fern|seh|sen|dung; Fern|seh|se|rie; Fern|seh|show; Fern|seh|spiel; Fern|seh|spot; Fern|seh|star; Fern|seh|sta|ti|on; Fern|seh|stu|dio; Fern|seh|team
Fern|seh|teil|neh|mer; Fern|seh|teil|neh|me|rin
Fern|seh|tru|he (*veraltend*); Fern|seh|turm; Fern|seh|über|tra|gung; Fern|seh|wer|bung; Fern|seh|zeit|schrift
Fern|seh|zu|schau|er; Fern|seh|zu|schau|e|rin
Fern|sicht; fern|sich|tig; Fern|sich|tig|keit, die; -
Fern|sprech|amt; Fern|sprech|an|schluss; Fern|sprech|ap|pa|rat
Fern|spre|cher
Fern|sprech|ge|bühr; Fern|sprech|ge|heim|nis, das; -ses; Fern|sprech|num|mer (*österr. Amtsspr.*)
Fern|sprech|teil|neh|mer; Fern|sprech|teil|neh|me|rin
fern|ste|hen (keine innere Beziehung haben); der Kirche fernstehende Personen
fern|steu|ern *vgl.* fernlenken; Fern|steu|e|rung
Fern|stra|ße
Fern|stu|dent; Fern|stu|den|tin; Fern|stu|di|um
Fern|sucht, die; -
Fern|trans|port
fern|trau|en nur im Inf. u. Part. II gebr.; Fern|trau|ung
Fern|über|wa|chung (bes. von Patienten)
Fern|uni|ver|si|tät; Fern|un|ter|richt
Fern|ver|kehr *Plur. selten*; Fern|ver|kehrs|stra|ße
Fern|wär|me; Fern|wär|me|netz; Fern|wär|me|ver|sor|gung
Fern|weh, das; -s
Fern|ziel; Fern|zug
Fer|ra|ra (ital. Stadt)
Fer|ra|ri®, der; -[s], -s ⟨nach dem

Automobilfabrikanten Enzo Ferrari⟩ (ital. Kraftfahrzeug)
Fer|rit, der; -s, -e ⟨lat.⟩ (reine Eisenkristalle; *Nachrichtentechnik* ein magnetischer Werkstoff); Fer|rit|an|ten|ne
Fer|ro *vgl.* Hierro
Fer|rum, das; -s ⟨lat.⟩ (*lat. Bez. für* Eisen, chemisches Element; Zeichen Fe)
Fer|se, der; -s, -n (*vgl.* ¹Hacke); *vgl.* Färse
fer|seln *vgl.* ferserln
Fer|sen|geld; Fersengeld geben (*scherzh. für* fliehen)
fer|serln, fer|seln (*österr. Fußball* den Ball mit der Hacke spielen); ich ferserle, du ferserlst, er ferserlt; er hat geferserlt; ich fers[e]le, du ferselst, er ferselt; er hat geferselt; Fers|ler (*österr. Fußball* Hackentrick)

fer|tig
– fertig sein
– etwas fertig abliefern

Wenn »fertig« das Ergebnis der mit einem folgenden einfachen Verb bezeichneten Tätigkeit angibt, kann getrennt oder zusammengeschrieben werden ↑D 56:
– eine Arbeit fertigbringen *od.* fertig bringen
– eine Arbeit fertigstellen *od.* fertig stellen
– eine Arbeit fertig bekommen *od.* fertigbekommen
– mit der Arbeit fertig werden *od.* fertigwerden
– eine Arbeit fertig machen *od.* fertigmachen
– sich für etwas fertig machen *od.* fertigmachen
– die Suppe fertig kochen *od.* fertigkochen

Bei übertragener Bedeutung gilt Zusammenschreibung; *vgl.* fertigbekommen, fertigbringen, fertigmachen, fertigwerden

Fer|tig|bau *Plur.* ...bauten; Fer|tig|bau|wei|se
fer|tig|be|kom|men; sie hat es fertigbekommen, sich mit allen zu überwerfen; *vgl. auch* fertig
fer|tig|brin|gen (vollbringen); ich habe das nicht fertiggebracht; fertigzubringen; *vgl. auch* fertig
fer|ti|gen
Fer|tig|er|zeug|nis; Fer|tig|ge|richt; Fer|tig|haus

Fertigkeit

fest

- feste Kosten; fester Wohnsitz; festes Gehalt

Schreibung in Verbindung mit Partizipien ↑D 58:
- ein fest stehendes *od.* feststehendes Rednerpult
- fest angestellte *od.* festangestellte Mitarbeiterinnen
- fest besoldete *od.* festbesoldete Beamte
- fest umrissene *od.* festumrissene Begriffe
- *aber* zum festgesetzten Zeitpunkt

Schreibung in Verbindung mit Verben ↑D 56:
- fest stehen (festen Stand haben); *aber* feststehen (sicher sein, entschieden sein)
- eine Schleife [ganz] fest binden; *aber* festbinden (anbinden); die Kuh ist festgebunden

- etwas fest anbinden
- jmdn. fest anstellen
- jmdn. fest besolden

Vgl. festbeißen, festbleiben, festfahren, festhalten, festheften, festklammern, festlegen, festnehmen, festschnüren, festschreiben, festsetzen, festsitzen, festziehen usw.

Fer|tig|keit
Fer|tig|klei|dung (*für* Konfektion)
fer|tig ko|chen, fer|tig|ko|chen *vgl.* fertig
fer|tig|ma|chen (*ugs. für* zermürben, besiegen); *vgl. auch* fertig
Fer|tig|pro|dukt
Fer|tig|so|ße, Fer|tig|sau|ce
fer|tig|stel|len, fer|tig stel|len (abschließen); sie hat das Buch fertiggestellt *od.* fertig gestellt
Fer|tig|stel|lung; Fer|tig|sup|pe; Fer|tig|teil
Fer|ti|gung
Fer|ti|gungs|bri|ga|de (*DDR*)
Fer|ti|gungs|kos|ten; Fer|ti|gungs|me|tho|de; Fer|ti|gungs|pro|zess; Fer|ti|gungs|stra|ße; Fer|ti|gungs|tech|nik; Fer|ti|gungs|ver|fah|ren
Fer|tig|wa|re
fer|tig|wer|den; mit einem Problem fertigwerden (es lösen können); *vgl.* fertig
fer|til (*lat.*) (*Biol., Med.* fruchtbar); Fer|ti|li|sa|ti|on (*Med.* Befruchtung); Fer|ti|li|tät, die; - (Fruchtbarkeit)
fes, ¹Fes, das; -, - (Tonbezeichnung)
²Fes, der; -[es], -[e] (*türk.*) (rote Filzkappe)
³Fes (Stadt in Marokko)
fesch (*österr.* fe:ʃ) (*engl.*) (*ugs. für* flott, schneidig); Fe|schak, der; -s, -s (*österr. ugs. für* fescher Kerl)
¹Fes|sel, die; -, -n (Teil des Beines)
²Fes|sel, die; -, -n (Band, Kette)
Fes|sel|bal|lon
fes|sel|frei
Fes|sel|ge|lenk
fes|sel|los
fes|seln; ich fessele *u.* fessle; fesselnd; Fes|se|lung, Fess|lung
fest *s.* Kasten
Fest, das; -[e]s, -e; Fest|akt
fest an|ge|stellt, fest|an|ge|stellt;

vgl. fest; ↑D 58; Fest|an|ge|stell|te, der *u.* die; -n, -n, fest An|ge|stell|te, der *u.* die; - -n, - -n ↑D 58
Fest|an|schluss (Anschluss für ein Festnetztelefon)
Fest|an|spra|che; Fest|an|stel|lung; Fest|auf|füh|rung
fest|ba|cken (ankleben); der Schnee backt fest, hat festgebackt, festzubacken; *vgl.* fest
Fest|ban|kett
fest|bei|ßen, sich; der Hund hat sich festgebissen; wir haben uns an dem Problem festgebissen ↑D 56
Fest|bei|trag; Fest|be|leuch|tung
fest be|sol|det, fest|be|sol|det; *vgl.* fest; ↑D 58; Fest|be|sol|de|te, der *u.* die; -n, -n, fest Be|sol|de|te, der *u.* die; - -n, - -n ↑D 58
Fest|be|su|cher; Fest|be|su|che|rin
Fest|be|trag (feststehender Betrag)
fest|bin|den (anbinden); die Kuh ist festgebunden, *aber* die Schuhe [ganz] fest binden ↑D 56
fest|blei|ben (nicht nachgeben); er ist in seinem Entschluss festgeblieben; *vgl.* fest
Fest|brenn|stoff
fest|dre|hen; eine Schraube festdrehen, *aber* fest [an der Schraube] drehen ↑D 56
Fes|te, die; -, -n (*veraltet für* Festung; *geh. für* Himmel); *vgl. auch* Veste
fes|ten (*schweiz., sonst selten für* ein Fest feiern)
Fest|es|sen; Fes|tes|stim|mung (*geh.*)
fest|fah|ren; sich festfahren ↑D 56
fest|fres|sen; der Kolben hat sich festgefressen; *vgl.* fest
Fest|freu|de
fest|frie|ren; die Wäsche ist festgefroren ↑D 56

fest ge|fügt, fest|ge|fügt; *vgl.* fest; ↑D 58
Fest|geld (*Bankw.* Einlage mit fester Laufzeit); Fest|geld|kon|to (*Bankw.*)
fest|ge|legt; auf etwas festgelegt sein (gebunden, verpflichtet sein); *vgl. auch* festlegen
fest|ge|schnürt
Fest|ge|wand; Fest|got|tes|dienst
fest|ha|ken; sich festhaken ↑D 56
Fest|hal|le
fest|hal|ten; die Aussage wurde [schriftlich] festgehalten; man hat sie zwei Stunden auf der Wache festgehalten; sich [am Geländer] festhalten; *aber* das Kind [ganz] fest [in den Armen] halten ↑D 56; fest|hän|gen ↑D 56; fest|hef|ten ↑D 56
Fest|hüt|te (*schweiz. für* Festzelt)
fes|ti|gen; Fes|ti|ger (*kurz für* Haarfestiger)
Fes|tig|keit, die; -; Fes|tig|keits|leh|re (*Technik*); Fes|ti|gung
Fes|ti|val [...v], *auch* ...val], das; -s, -s (*engl.*) (Musikfest, Festspiel)
Fes|ti|val|be|su|cher; Fes|ti|val|be|su|che|rin
Fes|ti|vi|tät, die; -, -en (*lat.*) (*schweiz., sonst nur noch scherzh. für* Festlichkeit)
fest|klam|mern; sich festklammern ↑D 56
fest|kle|ben; um das Foto festzukleben ↑D 56
fest|klop|fen (*ugs. auch für* festlegen, besiegeln); ↑D 56
fest|kno|ten; ein am Mast festgeknotetes Seil; *aber* das Seil [ganz] fest [an den Mast] knoten ↑D 56
fest|ko|chend; festkochende Kartoffeln
Fest|ko|mi|tee; Fest|kon|zert
Fest|kör|per (*Physik* Stoff in fes-

tem Aggregatzustand); **Fest|körper|phy|sik**
fest|kral|len, sich ↑D 56
Fest|land Plur. selten; **fest|ländisch**; **Fest|land[s]|block** Plur. ...blöcke; **Fest|land[s]|so|ckel**
fest|lau|fen; das Schiff ist festgelaufen ↑D 56
fest|le|gen (auch für anordnen); sie hat die Hausordnung festgelegt; sich festlegen (sich binden); sie hat sich mit dieser Äußerung festgelegt; vgl. auch fest, festgelegt; **Fest|le|gung**
fest|lich; **Fest|lich|keit**
fest|lie|gen; auf einer Sandbank festliegen; vgl. fest
Fest|lohn (svw. Mindestlohn)
Fest|ma|che|bo|je
fest|ma|chen (auch für vereinbaren); um die Taue festzumachen ↑D 56
Fest|mahl
Fest|mei|le (für ein Straßenfest o. Ä. genutzter Straßenzug)
Fest|me|ter (alte Maßeinheit für 1 m³ fester Holzmasse; vgl. Raummeter; Abk. Fm, fm)
fest|na|geln (ugs. auch für jmdn. auf etwas festlegen); ich nag[e]le ihn fest ↑D 56
fest|nä|hen; um einen Knopf festzunähen ↑D 56
Fest|nah|me, die; -, -n; **fest|neh|men** (verhaften); vgl. fest
Fest|netz (fest verlegte Telefonleitungen); **Fest|netz|an|schluss**; **Fest|netz|spar|te** (Wirtsch.); **Fest|netz|te|le|fon**
Fest|of|fer|te (Kaufmannsspr. festes Angebot)
Fes|ton [...'tõ], das; -s, -s ⟨franz.⟩ (Blumengewinde; Stickerei); **fes|to|nie|ren** (mit Festons versehen); **Fes|ton|stich**
Fest|ord|ner; **Fest|ord|ne|rin**
Fest|pla|ket|te
Fest|plat|te (EDV); **Fest|plat|ten|spei|cher**
Fest|platz; **Fest|preis**
Fest|pro|gramm; **Fest|re|de**; **Fest|red|ner**; **Fest|red|ne|rin**
fest|ren|nen, sich; vgl. festbeißen, sich
Fest|saal
fest|sau|gen, sich ↑D 56
fest|schnal|len; sich festschnallen ↑D 56
fest|schnü|ren (anbinden); das Seil ist an einem Baum festgeschnürt, aber die Schlinge [ganz] fest schnüren ↑D 58
fest|schrau|ben ↑D 56

fest|schrei|ben; dieser Punkt wurde im Vertrag festgeschrieben ↑D 56; **Fest|schrei|bung**
Fest|schrift
fest|set|zen (bestimmen, anordnen; gefangen setzen); er wurde nach dieser Straftat festgesetzt ↑D 56; **Fest|set|zung**
fest|sit|zen (ugs. für nicht weiterkommen); sie haben festgesessen ↑D 56
Fest|spiel; **Fest|spiel|haus**; **Fest|spiel|stadt**
fest|ste|cken; sie hat ihre Haare festgesteckt ↑D 56
fest|ste|hen (festgelegt, sicher, gewiss sein); fest steht, dass ... ↑D 47; es hat/südd., österr. und schweiz. auch ist festgestanden, dass ...; aber [ganz] fest stehen (festen Stand haben) ↑D 56
fest|ste|hend (festgelegt; sicher, gewiss); ein feststehender Termin; vgl. aber fest
fest|stell|bar
fest|stel|len (ermitteln, [be]merken, nachdrücklich aussprechen); vgl. fest
Fest|stell|he|bel; **Fest|stell|tas|te**
Fest|stel|lung; **Fest|stel|lungs|kla|ge** (Rechtsspr.)
Fest|stie|ge (österr. für Prunktreppe); **Fest|stim|mung**
Fest|tag; des Festtags, aber ↑D 70; festtags, sonn- und festtags; **fest|täg|lich**; **fest|tags** vgl. Festtag; **Fest|tags|klei|dung**; **Fest|tags|stim|mung**
fest|tre|ten; um das Erdreich festzutreten ↑D 56
fest um|ris|sen, **fest|um|ris|sen** vgl. fest
Fest|um|zug
Fes|tung; **Fes|tungs|ge|län|de**; **Fes|tungs|gra|ben**; **Fes|tungs|wall**
Fest|ver|an|stal|tung; **Fest|ver|samm|lung**
fest ver|wur|zelt, **fest|ver|wur|zelt** vgl. fest
fest|ver|zins|lich; festverzinsliche Wertpapiere
Fest|vor|stel|lung; **Fest|vor|trag**
fest|wach|sen; [an der Wand] festgewachsener Efeu ↑D 56
Fest|wie|se; **Fest|wo|che**; **Fest|zelt**
fest|zie|hen; um die Schnur festzuziehen ↑D 56
Fest|zug
fest|zur|ren; den Helm festzurren ↑D 56
Fe|ta, der; -s ⟨neugriech.⟩ (ein Schafskäse)

fe|tal, **fö|tal** ⟨lat.⟩ (Med. zum Fetus gehörend)
Fe|te [auch 'fɛ:...], die; -, -n ⟨franz.⟩ (ugs. für Fest)
Fe|tisch, der; -[e]s, -e ⟨franz.⟩ (magischer Gegenstand; Götzenbild); **fe|ti|schi|sie|ren** (zum Fetisch erheben); **Fe|ti|schis|mus**, der; -, ...men Plur. selten (Übertragen des Geschlechtstriebes auf Gegenstände)
Fe|ti|schist, der; -en, -en; **Fe|ti|schis|tin**; **fe|ti|schis|tisch**
fett; fetter Boden; ein Schwein **fett füttern** od. fettfüttern; eine Schlagzeile fett drucken; eine **fett gedruckte** od. fettgedruckte Schlagzeile; **fetter** od. Fetter Donnerstag (landsch. für Altweiberfastnacht) ↑D 89
Fett, das; -[e]s, -e; **Fett|ab|sau|gung**; **Fett|an|satz**
fett|arm
Fett|au|ge
Fett|bauch
Fett|creme, **Fett|crème**
Fett|de|pot (Med.)
Fet|te, die; - (geh. für Fettheit)
fet|ten; **fett|fein** (Druckw.)
Fett|fleck, **Fett|fle|cken**
fett|frei
fett füt|tern, **fett|füt|tern** vgl. fett
fett ge|druckt, **fett|ge|druckt** vgl. fett
Fett|ge|halt; **Fett|ge|we|be**
fett|glän|zend; **fett|hal|tig**
Fett|heit, die; -
Fett|hen|ne (Zierpflanze)
fe|tig; **Fet|tig|keit**, die; -
Fett|koh|le (Steinkohlenart)
Fett|le|be, die; - (ugs. für üppige Mahlzeit; Wohlleben); Fettlebe machen (üppig leben)
fett|lei|big; **Fett|lei|big|keit**, die; -
Fett|näpf|chen; bei jmdm. ins Fettnäpfchen treten (jmds. Unwillen erregen)
Fett|pols|ter; **Fett|rand**
Fett|sack (derb für fetter Mensch)
Fett|säu|re; **Fett|schicht**
Fett|schür|ze (heruntergehängte Haut am Bauch)
Fett|stift, der; **Fett|sucht**, die; -
fett|trie|fend ↑D 25
Fett|trop|fen, **Fett-Trop|fen**
Fett|tu|sche, **Fett-Tu|sche**
Fet|tuc|ci|ne [...'tʃiːnə] Plur. ⟨ital.⟩ (Bandnudeln)
Fett|wanst (derb für fetter Mensch)
Fe|tus, **Fö|tus**, der; Gen. - u. -ses, Plur. -se u. ...ten ⟨lat.⟩ (Med. Leibesfrucht ab dem vierten Monat

Fetz|chen
fet|zeln (*landsch. für* in Fetzen zerreißen); ich fetz[e]le; **fet|zen;** du fetzt; **Fetz|zen,** der; -s, -
Fetz|zen|markt (*österr. für* Trödelmarkt, Flohmarkt)
fet|zig (*ugs. für* toll, mitreißend)
feucht; feucht werden
Feucht|bio|top
Feucht|blat|tern (*österr. für* Windpocken)
Feuch|te, die; -; **feuch|ten** (*geh.*)
feucht|fröh|lich (fröhlich beim Zechen)
Feucht|ge|biet; feucht|heiß
Feuch|tig|keit, die; -
Feuch|tig|keits|ge|halt; Feuch|tig|keits|grad; Feuch|tig|keits|mes|ser; Feuch|tig|keits|tuch
feucht|kalt; feucht|kühl
Feucht|raum; Feucht|raum|ar|ma|tur (*Technik*)
Feucht|wan|ger, Lion (dt. Schriftsteller)
feucht|warm
feu|dal (*germ.-mlat.*) (das Lehnswesen betreffend; Lehns...; *ugs. für* vornehm, großartig; *abwertend für* reaktionär)
Feu|dal|ge|sell|schaft; Feu|dal|herr|schaft
Feu|da|lis|mus, der; - (auf dem Lehnswesen beruhende, den Adel privilegierende Gesellschafts- u. Wirtschaftsordnung [im MA.]); **feu|da|lis|tisch**
Feu|da|li|tät, die; - (Lehnsverhältnis im MA.; Vornehmheit)
Feu|dal|staat; Feu|dal|sys|tem
Feu|del, der; -s, - (*nordd. für* Scheuerlappen); **feu|deln;** ich feud[e]le
Feu|er, das; -s, -; offenes Feuer; ein <mark>Feuer speiender</mark> *od.* feuerspeiender Vulkan ↑D 58
Feu|er|alarm; Feu|er|an|zün|der
¹**Feu|er|bach,** Anselm (dt. Maler)
²**Feu|er|bach,** Ludwig (dt. Philosoph)
Feu|er|ball; Feu|er|be|fehl; Feu|er|be|reit|schaft
feu|er|be|stän|dig
Feu|er|be|stat|tung; Feu|er|boh|ne (weiß od. rot blühende Bohne); **Feu|er|dorn,** (Zierstrauch); **Feu|er|ei|fer**
feu|er|fest; Feu|er|fes|tig|keit
Feu|er|fres|ser; Feu|er|fres|se|rin
Feu|er|ge|fahr; feu|er|ge|fähr|lich; Feu|er|ge|fähr|lich|keit
Feu|er|ge|fecht
Feu|er|hal|le (*österr. neben* Krematorium)

Feu|er|herd; Feu|er|holz
Feu|er|kraft (*Militär*)
Feu|er|land (Südspitze von Südamerika); **Feu|er|län|der,** der; **Feu|er|län|de|rin**
Feu|er|lei|ter; Feu|er|li|lie; Feu|er|loch
Feu|er|lö|scher; Feu|er|lösch|ge|rät; Feu|er|lösch|teich; Feu|er|lösch|zug
Feu|er|mau|er; Feu|er|mel|der
feu|ern; ich feu[e]re
Feu|er|pau|se (*Militär*)
Feu|er|po|li|zei; feu|er|po|li|zei|lich
Feu|er|pro|be
feu|er|rot
Feu|er|sa|la|man|der
Feu|ers|brunst
Feu|er|scha|den
Feu|er|schale; Feu|er|schein; Feu|er|schiff; Feu|er|schlu|cker; Feu|er|schlu|cke|rin; Feu|er|schutz, der; -es
Feu|ers|ge|fahr
feu|er|si|cher
Feu|er|si|re|ne
Feu|ers|not, die; - (*veraltet*)
<mark>**Feu|er spei|end**</mark>, **feu|er|spei|end** ↑D 58
Feu|er|sprit|ze; Feu|er|stät|te; Feu|er|stein; Feu|er|stel|le
Feu|er|stoß (*bes. Militär*)
Feu|er|stuhl (*ugs. für* Motorrad)
Feu|er|sturm (bei Großbränden entstehender starker Luftsog)
Feu|er|tau|fe; Feu|er|teu|fel (*ugs. für* Brandstifter); **Feu|er|tod**
Feu|er|über|fall (*Militär*)
Feu|e|rung; Feu|e|rungs|an|la|ge
Feu|er|ver|si|che|rung
feu|er|ver|zinkt
Feu|er|wa|che; Feu|er|waf|fe
Feu|er|wall (*auch für* Firewall)
Feu|er|was|ser, das; -s (*ugs. für* Branntwein)
Feu|er|wehr
Feu|er|wehr|au|to; Feu|er|wehr|frau; Feu|er|wehr|haus; Feu|er|wehr|kom|man|dant; Feu|er|wehr|kom|man|dan|tin; Feu|er|wehr|mann *Plur.* ...männer *u.* ...leute; **Feu|er|wehr|übung**
Feu|er|wer|ken; ich feuerwerke; gefeuerwerkt; zu feuerwerken; **Feu|er|wer|ker; Feu|er|wer|ke|rin**
Feu|er|werks|kör|per
Feu|er|zan|ge; Feu|er|zan|gen|bow|le
Feu|er|zei|chen; Feu|er|zeug
Feuil|la|ge [fœˈjaːʒə], die; -, -n ⟨franz.⟩ (geschnitztes u. gemaltes Laubwerk)

Feuil|le|ton [fœjəˈtõː, *auch* ˈfœjətõ], das; -s, -s (Kulturteil einer Zeitung; Aufsatz im Plauderton)
Feuil|le|to|nist, der; -en, -en; **Feuil|le|to|nis|tin; feuil|le|to|nis|tisch**
Feuil|le|ton|re|dak|teur; Feuil|le|ton|re|dak|teu|rin; Feuil|le|ton|stil
feu|rig; feurige Kohlen auf jmds. Haupt sammeln (ihn beschämen); **feu|rio!** (alter Feuerruf)
Fex, der; *Gen.* -es, *seltener* -en, *Plur.* -e, *seltener* -en (*südd., österr. für* jmd., der von etwas begeistert ist)
¹**Fez** [feːts, *auch* feːs]; *vgl.* ²Fes
²**Fez,** der; -es ⟨franz.⟩ (*ugs. für* Spaß, Unsinn)
ff = sehr fein
ff = fortissimo
ff. = folgende [Seiten]
FGB, das; - = Familiengesetzbuch
FH, die; -, -s = Fachhochschule
FHD, der; - = Frauenhilfsdienst[leistende] (*früher in der Schweiz*)
FHS = Fachhochschule
Fi|a|ker, der; -s, - ⟨franz.⟩ (*österr. für* Pferdedroschke; Kutscher)
Fi|a|le, die; -, -n ⟨ital.⟩ ([gotisches] Spitztürmchen)
Fi|as|ko, das; -s, -s ⟨ital.⟩ (Misserfolg; Zusammenbruch)
fi|at! ⟨lat., »es geschehe!«⟩
Fi|at®, der; -s, -s (nach dem Unternehmen Fabbrica Italiana Automobili Torino S. p. A.) (ital. Kraftfahrzeugmarke)
¹**Fi|bel,** die; -, -n ⟨griech.⟩ (Abc-Buch; Elementarlehrbuch)
²**Fi|bel,** die; -, -n ⟨lat.⟩ (frühgeschichtl. Spange od. Nadel)
Fi|ber, die; -, -n, *Plur. selten* (Muskel- od. Pflanzen]faser); *vgl. aber* Fieber
Fi|ber|glas®, das; -es (Materialverbindung aus Kunststoff u. Glasfasern)
Fi|b|ril|le, die; -, -n (*Med.* Faser des Muskel- u. Nervengewebes)
Fi|b|rin, das; -s, -e *Plur. selten* (Eiweißstoff des Blutes); **Fi|b|ro|in,** das; -s (Eiweißstoff der Naturseide)
Fi|b|rom, das; -s, -e (*Med.* Bindegewebsgeschwulst)
Fi|b|ro|my|al|gie, die; -, -n (*Med.* chronische Erkrankung mit Muskel- u. Sehnenschmerzen)
fi|b|rös (aus Bindegewebe bestehend)
Fi|bu|la, die; -, *Plur.* Fibuln *u.* (*Med.*) Fibulae ⟨lat.⟩ (*vgl.* ²Fibel; *Med.* Wadenbein)

Filmaufnahme

¹**Fiche** [fi:ʃ], die; -, -s ⟨franz.⟩ (Spielmarke)
²**Fi|che** [ˈfiʃ(ə)], die; -, -n ⟨schweiz. für Karteikarte⟩
³**Fiche** [fi:ʃ], das od. der; -s, -s (Filmkarte mit Mikrokopien)
fi|chie|ren ⟨franz.⟩ ⟨schweiz. für über jmdn. Informationen sammeln, eine Akte anlegen⟩
ficht vgl. fechten
¹**Fich|te** (dt. Philosoph)
²**Fich|te**, die; -, -n (ein Nadelbaum)
Fich|tel|ge|bir|ge, das; -s
fich|ten (aus Fichtenholz)
Fich|ten|hain; Fich|ten|holz; Fich|ten|na|del
Fi|chu [...'ʃy:], das; -s, -s ⟨franz.⟩ (Schultertuch)
Fick, der; -s, -s ⟨derb für Koitus⟩; **fi|cken** ⟨derb für koitieren⟩
fi|cke|rig ⟨landsch. für nervös, unruhig; derb für lüstern⟩
Fick|fack, der; -s, -e ⟨landsch. für Vorwand⟩; **fick|fa|cken** ⟨landsch. für Ausflüchte suchen⟩; **Fick|fa|cker** ⟨landsch. für unzuverlässiger Mensch⟩; **Fick|fa|cke|rei**
Fick|müh|le ⟨landsch. für Zwickmühle⟩
Fi|cus, der; -, ...ci ⟨lat.⟩ (ein [Zier]baum)
Fi|dei|kom|miss [fidei..., auch ˈfi:...], das; -es, -e ⟨lat.⟩ (Rechtsspr. früher für unveräußerliches u. unteilbares Familienvermögen)
fi|del ⟨lat.⟩ ⟨ugs. für lustig, heiter⟩
Fi|del, die; -, -n (der Geige ähnliches Streichinstrument [des Mittelalters]); vgl. Fiedel
Fi|del Cas|t|ro vgl. Castro
Fi|di|bus, der; Gen. - u. -ses, Plur. - u. -se (gefalteter Papierstreifen als [Pfeifer]anzünder)
Fi|d|schi (Inselstaat im Südwestpazifik); **fi|d|schia|ner; Fi|d|schia|ne|rin; fi|d|schia|nisch; Fi|d|schi-In|seln, Fi|d|schi|in|seln** Plur.
Fi|duz, das; -es ⟨ugs. veraltet für Mut⟩; kein Fiduz dazu haben
Fie|ber, das; -s, - Plur. selten ⟨lat.⟩; vgl. aber Fiber
Fie|ber|an|fall; Fie|ber|fan|ta|sie, Fie|ber|phan|ta|sie meist Plur.
fie|ber|frei; Fie|ber|frost; fie|ber|haft; Fie|ber|hit|ze
fie|be|rig vgl. fiebrig
Fie|ber|krank
Fie|ber|kur|ve; Fie|ber|mes|ser, der (bes. schweiz., sonst ugs. Fieberthermometer)
fie|bern; ich fiebere
fie|ber|sen|kend

Fie|ber|ta|bel|le; Fie|ber|ther|mo|me|ter; Fie|ber|traum
fieb|rig; Fieb|rig|keit, die; -
Fie|del, die; -, -n ⟨scherzh., sonst veraltet für Geige⟩; vgl. Fidel; **fie|deln**; ich fied[e]le
Fie|der|blatt (Bot. gefiedertes Blatt); **fie|de|rig, fie|der|tei|lig; Fie|de|rung**
Fied|ler ⟨zu Fiedel⟩; **Fied|le|rin**
fiel vgl. fallen
fie|pen (einen leisen, hohen Ton von sich geben)
Fi|e|rant [fia..., auch fie...], der; -en, -en ⟨ital.⟩ ⟨bayr., österr. für Markthändler⟩
fie|ren (Seemannsspr. [Tau] ablaufen lassen, herablassen)
fies ⟨ugs. für ekelhaft, widerwärtig⟩; fieses Gefühl
Fi|es|co, bei Schiller Fi|es|ko (genuesischer Verschwörer)
Fies|ling ⟨ugs. abwertend für widerwärtiger Mensch⟩
Fi|es|ta, die; -, -s ⟨span.⟩ ([span.] Volksfest)
FIFA, Fi|fa, die; - = Fédération Internationale de Football Association ⟨franz.⟩ (Internationaler Fußballverband)
fif|ty-fif|ty [...ti...ti] ⟨engl.⟩ (zu gleichen Teilen); **Fif|ty-fif|ty-Jo|ker** (Halbierung der Antwortmöglichkeiten beim Fernsehquiz »Wer wird Millionär?«)
Fi|ga|ro, der; -[s], -s (Lustspiel- u. Opernfigur; auch scherzhaft für Friseur)
Fight [faɪt], der; -s, -s ⟨engl.⟩ (Kampf); **figh|ten** (verbissen kämpfen); **Figh|ter**, der; -s, - (Kämpfer); **Figh|te|rin**
Figl, der; -s, -[n] ⟨österr. für Firngleiter⟩
Fi|gur, die; -, -en ⟨lat.⟩
Fi|gu|ra; wie Figura zeigt es (wie klar vor Augen liegt)
fi|gu|ral (mit Figuren versehen)
Fi|gu|ral|mu|sik (in der Kirchenmusik des Mittelalters)
Fi|gu|ra|ti|on, die; -, -en, Fi|gu|rie|rung (Musik Ausschmückung einer Figur od. Melodie)
fi|gu|ra|tiv (bildlich [darstellend])
fi|gur|be|to|nend; fi|gur|be|tont
Fi|gür|chen
Fi|gu|ren|the|a|ter
fi|gu|rie|ren (in Erscheinung treten; Musik eine Figur od. Melodie ausschmücken); **fi|gu|riert** (gemustert; Musik ausgeschmückt); figuriertes Gewebe; **Fi|gu|rie|rung** vgl. Figuration

...fi|gu|rig (z. B. kleinfigurig)
Fi|gu|ri|ne, die; -, -n ⟨franz.⟩ (Figürchen; Nebenfigur in Landschaftsgemälden; Kostümzeichnung)
Fi|gür|lein; fi|gür|lich
Fik|ti|on, die; -, -en ⟨lat.⟩ (Erdachtes; falsche Annahme); **fik|ti|o|nal** (auf einer Fiktion beruhend); **fik|tiv** (nur angenommen, erdacht)
Fi|la|ment, das; -[e]s, -e ⟨lat.⟩ (Bot. Staubfaden der Blüte)
Fi|la|min, das; -s, -e ⟨Kunstwort⟩ (Biochemie ein Protein)
File [faɪl], das, auch der; -s, -s ⟨engl.⟩ (EDV Datei)
Fil|let [...'le:], das; -s, -s ⟨franz.⟩ (Netzstoff; Lendenstück)
Fil|let|ar|beit; Fil|let|de|cke
fil|let|tie|ren (Filets herausschneiden); **Fil|let|tier|ma|schi|ne**
Fil|let|na|del; Fil|let|spit|ze
Fil|let|steak; Fil|let|stück
Fi|li|a|le, die; -, -n (Zweiggeschäft, -stelle); **Fi|li|a|list**, der; -en, -en (Besitzer mehrerer Filialen; Filialleiter); **Fi|li|a|lis|tin**
Fi|li|al|kir|che (Tochterkirche)
Fi|li|al|lei|ter, der; **Fi|li|al|lei|te|rin**
Fi|li|al|netz
Fi|li|a|ti|on, die; -, -en (rechtliche Abstammung; Gliederung des Staatshaushaltsplanes)
¹**Fi|li|bus|ter** vgl. Flibustier
²**Fi|li|bus|ter** [...'bastɐ], der; -[s], - ⟨amerik.⟩ (endloses Reden im amerik. Senat zur Verhinderung einer Beschlussfassung)
fi|lie|ren ⟨franz.⟩ (Netzwerk knüpfen; auch für filetieren); **fi|liert** (netzartig)
fi|li|g|ran (sehr feingliedrig)
Fi|li|g|ran, das; -s, -e ⟨ital.⟩ (Goldschmiedearbeit aus feinem Drahtgeflecht)
Fi|li|g|ran|ar|beit; Fi|li|g|ran|glas; Fi|li|g|ran|schmuck
Fi|li|pi|na, die; -, -s ⟨span.⟩ (w. Form zu Filipino; vgl. Philippinerin); **Fi|li|pi|no**, der; -s, -s (Bewohner der Philippinen; vgl. Philippiner)
Fi|li|us, der; -, ...usse ⟨lat.⟩ (scherzh. für Sohn)
Fil|lér [...lɐ, auch ˈfɪle:ɐ̯], der; -[s], - (bis 1999 Untereinheit des Forint)
Film, der; -[e]s, -e ⟨engl.⟩
Film|abend; Film|aka|de|mie
Film|ama|teur; Film|ama|teu|rin
Film|ar|chiv; Film|ate|li|er; Film|auf|nah|me

Film|au|tor; **Film|au|to|rin**
Film|ball; **Film|bild**; **Film|bran|che**; **Film|di|va**; **Film|dreh** (ugs.)
Film|ema|cher; **Film|ema|che|rin**
fil|men; **Fil|mer** (ugs.); **Fil|me|rin**
Film|fan; **Film|fes|ti|val**; **Film|fest|spie|le**; **Film|ge|schäft**; **Film|ge|schich|te**; **Film|ge|sell|schaft**; **Film|hoch|schu|le**; **Film|in|dus|t|rie**
fil|misch
Film|ka|me|ra; **Film|klas|si|ker**; **Film|ko|mö|die**
Film|kom|po|nist; **Film|kom|po|nis|tin**
Film|ko|pie
Film|kri|tik; **Film|kri|ti|ker**; **Film|kri|ti|ke|rin**
Film|kunst; **Film|ma|te|ri|al**; **Film|mu|se|um**; **Film|mu|sik**
Film noir [... 'nŏa:ɐ̯], der; - -, - -s <franz.> (düsterer amerik. Kriminalfilm der 1940er- u. 1950er-Jahre; nur Sing.: Genre, Stil dieser Filme)
Fil|mo|gra|fie, Fil|mo|gra|phie, die; -, ...ien (Zusammenstellung aller Filme eines Regisseurs, Schauspielers)
Fil|mo|thek, die; -, -en <engl.; griech.> (svw. Kinemathek)
Film|pla|kat; **Film|pre|mie|re**
Film|pro|duk|ti|on; **Film|pro|du|zent**; **Film|pro|du|zen|tin**
Film|pro|jekt
Film|rech|te Plur. (Berechtigung zur Verfilmung)
Film|re|gis|seur; **Film|re|gis|seu|rin**
film|reif; filmreife Szenen
Film|riss (Reißen eines Films; ugs. für plötzlicher Verlust des Erinnerungsvermögens)
Film|rol|le
Film|schau|spie|ler; **Film|schau|spie|le|rin**
Film|stadt; **Film|star** Plur. ...stars; **Film|stu|dio**; **Film|sze|ne**
Film|ta|b|let|te (von einer filmartigen Schicht überzogene Tablette)
Film|team; **Film|the|a|ter**; **Film|ver|leih**
Film|vor|füh|rer; **Film|vor|füh|re|rin**; **Film|vor|füh|rung**
Film|wirt|schaft
Fi|lou [...'lu:], der; -s, -s <franz.> (scherzh. für Betrüger, Spitzbube; Schlaukopf)
Fils, der; -, - <arab.> (Untereinheit des Dinar in Bahrain, Jordanien u. Kuwait; 1 000 Fils = 1 Dinar)
Fil|ter, der, Technik meist das; -s, - <mlat.>

Fil|ter|bla|se (EDV selektive Informationsauswahl auf Webseiten durch Berücksichtigung des Nutzerverhaltens, -standorts o. Ä.); **fil|ter|fein**; filterfein gemahlener Kaffee
fil|tern; ich filtere
Fil|ter|pa|pier, Fil|t|rier|pa|pier; **Fil|ter|staub**; **Fil|ter|tü|te**®
Fil|te|rung
Fil|ter|zi|ga|ret|te
Fil|t|rat, das; -[e]s, -e (durch Filtration geklärte Flüssigkeit); **Fil|t|ra|ti|on**, die; -, -en (Filterung); **fil|t|rie|ren**; Fil|t|rier|pa|pier, Fil|ter|pa|pier
Filz, der; -es, -e (ugs. auch für Geizhals; österr. auch für unausgeschmolzenes Fett)
Filz|de|cke
fil|zen (ugs. auch für nach [verbotenen] Gegenständen durchsuchen; schlafen); du filzt
Filz|hut, der
fil|zig
Filz|laus
Filz|zo|k|ra|tie, die; -, ...ien <dt.; griech.> (ineinander verflochtene Machtverhältnisse)
Filz|pan|tof|fel
Filz|schrei|ber; **Filz|stift**
¹**Fim|mel** (Hanf); vgl. Femel
²**Fim|mel**, der; -s, - (ugs. für übertriebene Vorliebe für etwas)
FINA, Fi|na, die; - <franz.> = Fédération Internationale de Natation Amateur (Internationaler Amateur-Schwimmverband)
fi|nal <lat.> (den Schluss bildend; zweckbezeichnend)
¹**Fi|nal**, der; -s, -s <franz.> (schweiz. für Finale [Sport])
²**Fi|nal** ['faɪnl], das; -s, -s <engl.> (engl. für Finale [Sport])
Fi|nal|ab|schluss (Wirtsch. Endabschluss)
Fi|na|le, das; -s, Plur. -, im Sport auch Finals <franz.> (Schlussteil; Musik Schlussstück, -satz; Sport Endrunde, Endspiel)
fi|na|li|sie|ren (österr. für endgültig vereinbaren; EDV einen optischen Datenträger abschließend beschreiben)
Fi|na|list, der; -en, -en (Endrundenteilnehmer); **Fi|na|lis|tin**
Fi|nal|pro|dukt (Endprodukt)
Fi|nal|satz (Umstandssatz der Absicht, Zwecksatz)
Fi|nal|spiel
Fi|nan|ci|er [...nã'sje:]; vgl. Finanzier
Fi|nanz, die; - <franz.> (Geldwesen;

Gesamtheit der Geld- u. Bankfachleute); vgl. Finanzen
Fi|nanz|ab|tei|lung; **Fi|nanz|ak|tie**; **Fi|nanz|amt**; **Fi|nanz|auf|se|her**; **Fi|nanz|auf|se|he|rin**; **Fi|nanz|auf|sicht** (Behörde, die Finanzdienstleister beaufsichtigt); **Fi|nanz|aus|gleich**; **Fi|nanz|aus|schuss**
Fi|nanz|be|am|te; **Fi|nanz|be|am|tin**
Fi|nanz|be|hör|de
Fi|nanz|be|ra|ter; **Fi|nanz|be|ra|te|rin**
Fi|nanz|buch|hal|ter; **Fi|nanz|buch|hal|te|rin**; **Fi|nanz|buch|hal|tung**
Fi|nanz|chef (ugs.); **Fi|nanz|che|fin**
Fi|nanz|de|ri|vat (Wirtsch., Börsenw. Derivat)
Fi|nanz|dienst|leis|ter (auch für Unternehmen, das finanzielle Dienstleistungen erbringt); **Fi|nanz|dienst|leis|te|rin**; **Fi|nanz|dienst|leis|tung**; **Fi|nanz|dienst|leis|tungs|un|ter|neh|men**
Fi|nan|zen Plur. (Geldwesen: Staatsvermögen; Vermögenslage)
Fi|nan|zer (österr. ugs. für Zoll- od. Finanzbeamter); **Fi|nan|ze|rin**
Fi|nanz|ex|per|te; **Fi|nanz|ex|per|tin**
Fi|nanz|ge|ba|ren; **Fi|nanz|ge|nie**; **Fi|nanz|ge|schäft**; **Fi|nanz|hil|fe**; **Fi|nanz|ho|heit**
fi|nan|zi|ell
Fi|nan|zi|er [...'tsje:], Fi|nan|ci|er [...nã'sje:], der; -s, -s (kapitalkräftiger Geldgeber)
fi|nan|zier|bar; **fi|nan|zie|ren** (mit Geldmitteln ausstatten; geldlich ermöglichen)
Fi|nan|zie|rin (selten)
Fi|nan|zie|rung; **Fi|nan|zie|rungs|kos|ten** Plur.; **Fi|nan|zie|rungs|lü|cke**; **Fi|nan|zie|rungs|plan**; **Fi|nan|zie|rungs|vor|be|halt**
Fi|nanz|in|ves|tor; **Fi|nanz|in|ves|to|rin**
Fi|nanz|ka|pi|tal
Fi|nanz|kenn|zahl; **Fi|nanz|kon|t|rol|le**
Fi|nanz|kraft; **fi|nanz|kräf|tig**
Fi|nanz|kri|se; **Fi|nanz|la|ge**; **Fi|nanz|lan|des|di|rek|ti|on** (österr.)
Fi|nanz|markt; **Fi|nanz|markt|kri|se**; **Fi|nanz|markt|sta|bi|li|sie|rung**; **Fi|nanz|markt|sta|bi|li|sie|rungs|ge|setz**; **Fi|nanz|markt|sta|bi|li|tät**, die; -; **Fi|nanz|markt|steu|er**
Fi|nanz|mi|nis|ter; **Fi|nanz|mi|nis|te|rin**; **Fi|nanz|mi|nis|te|ri|um**
Fi|nanz|not
Fi|nanz|plan; **Fi|nanz|pla|nung**
Fi|nanz|platz (Ort od. Region mit

bedeutendem Finanzmarkt, vielen Banken o. Ä.)
Fi|nanz|po|li|tik; fi|nanz|po|li|tisch
Fi|nanz|pro|ku|ra|tur, die; -, -en ⟨lat.⟩ (österr. für Vertretung des Staates bei Gerichten u. Behörden)
fi|nanz|schwach
Fi|nanz|se|nat; Fi|nanz|se|na|tor; fi|nanz|se|na|to|rin
Fi|nanz|sprit|ze (ugs. für Finanzhilfe); Fi|nanz sta|bi|li|tät
fi|nanz|stark
Fi|nanz|steu|er (kurz für Finanzmarktsteuer); Fi|nanz|sys|tem
Fi|nanz|trans|ak|ti|on (Wirtsch.); Fi|nanz|trans|ak|ti|ons|steu|er
Fi|nanz|ver|wal|tung; Fi|nanz|vor|stand; Fi|nanz|we|sen; Fi|nanz|wirt|schaft
Fi|nanz|wis|sen|schaft; Fi|nanz|wissen|schaft|ler; Fi|nanz|wis|sen|schaft|le|rin
Fin|ca, die; -, -s ⟨span.⟩ (Landhaus mit Garten, Landgut)
Fin|del|kind
fin|den; du fandst (fandest); du fändest; gefunden; find[e]!; ein gefundenes Fressen für jmdn. sein (ugs. für jmdm. gelegen kommen)
Fin|der; Fin|de|rin
Fin|der|lohn
Fin de Siècle [fɛ̃d'si̯ɛkl], das; - - - (durch Verfallserscheinungen in Gesellschaft, Kunst u. Literatur geprägte Zeit des ausgehenden 19. Jh.s)
fin|dig; ein findiger Kopf (einfallsreicher Mensch); Fin|dig|keit, die; -
Find|ling; Find|lings|block Plur. ...blöcke
Fin|dung Plur. selten (das [Heraus]finden); Fin|dungs|pha|se; Fin|dungs|pro|zess
Fines Herbes [fi:n'zɛrp] Plur. ⟨franz.⟩ (Gastron. fein gehackte Kräuter)
Fi|nes|se, die; -, -n ⟨franz.⟩ (Feinheit; Kniff)
fing vgl. fangen
Fin|ger, der; -s, -; der kleine Finger; jmdn. um den kleinen Finger wickeln (ugs.); etwas mit spitzen Fingern (vorsichtig) anfassen; lange, krumme Finger machen (ugs. für stehlen)
Fin|ger|ab|druck Plur. ...drücke
fin|ger|breit; ein fingerbreiter Spalt, aber der Spalt ist keinen Finger breit, 3 Finger breit (vgl. aber Fingerbreit); Fin|ger|breit,

der; -, -, Fin|ger breit, der; - -, - -; einen, ein paar Fingerbreit od. Finger breit größer; keinen Fingerbreit od. Finger breit nachgeben
fin|ger|dick vgl. fingerbreit
Fin|ger|far|be (für Kinder)
fin|ger|fer|tig; Fin|ger|fer|tig|keit
Fin|ger|food, Fin|ger-Food ⟨engl.⟩ ['fɪŋ(g)əfu:t], das; -[s], -s Plur. selten (ohne Besteck zu essende Speisen)
Fin|ger|ges|te (EDV Berührung u. Verschiebung von Objekten auf Bildschirmen od. Displays mit den Fingerspitzen zur Programmsteuerung)
fin|ger|ge|steu|ert (bes. EDV)
Fin|ger|glied
Fin|ger|ha|keln, das; -s (alpenländischer Wettkampf)
Fin|ger|hand|schuh; Fin|ger|hut
...fing|rig vgl. ...fing|rig (z. B. vierfing[e]rig)
Fin|ger|kup|pe (Fingerspitze)
fin|ger|lang vgl. fingerbreit
Fin|ger|glied
fin|gern; ich fingere
Fin|ger|na|gel
Fin|ger|prin|ting ['fɪŋ(g)əprɪntɪŋ], das; -[s], -s Plur. selten (Methode zur Feststellung der Identität einer Person od. Sache; EDV Methode zur Zerlegung eines Datenobjekts); Fin|ger|ring
Fin|ger|satz (Musik Fingerverteilung beim Spielen eines Instruments)
Fin|ger|spiel
Fin|ger|spit|ze; Fin|ger|spit|zen|ge|fühl, das; -[e]s
Fin|ger|tier (vgl. Aye-Aye)
Fin|ger|übung (Musik)
Fin|ger|wisch (svw. Fingergeste)
Fin|ger|zeig, der; -[e]s, -e
fin|gie|ren ⟨lat.⟩ (erdichten; vortäuschen, unterstellen)
...fing|rig vgl. ...fingerig
Fi|nis, das; -, - ⟨lat.; »Ende«⟩ (veraltet für Schlussvermerk in Druckwerken)
Fi|nish [...ɪʃ], das; -s, -[e]s ⟨engl.⟩ (letzter Schliff; Vollendung; Sport Endspurt, Endkampf)
Fi|nis|sa|ge [...'sa:ʒə], die; -, -n ⟨franz.⟩ (Veranstaltung zur Beendigung einer Ausstellung)
Fi|nis|ter|re (nordwestspan. Kap)
fi|nit ⟨lat.⟩ (Sprachwiss. bestimmt, konjugiert; finite Form (Personalform, Form des Verbs, die im Ggs. zur infiniten Form [vgl. infinit] nach Person u. Zahl

bestimmt ist, z. B. [sie] »erwacht« [3. Pers. Sing.])
Fink, der; -en, -en (ein Singvogel)
Fin|ken, der; -s, - ⟨schweiz. mdal. für warmer Hausschuh)
Fin|ken|schlag, der; -[e]s (das Zwitschern des Finken)
Fin|ken|wer|der (Elbinsel)
Finn-Din|gi, Finn-Din|ghy, das; -s, -s ⟨schwed.; Hindi⟩ (kleines Einmann-Sportsegelboot)
¹Fin|ne, die; -, -n (Jugendform bestimmter Bandwürmer; entzündete Pustel)
²Fin|ne, die; -, -n (Rückenflosse von Hai u. Wal; zugespitzte Seite des Hammers)
³Fin|ne, die; - (Höhenzug in Thüringen)
⁴Fin|ne, der; -n, -n (Einwohner von Finnland)
fin|nig (von ¹Finnen befallen)
Fin|nin (zu ⁴Finne)
fin|nisch; aber ↑D 140: der Finnische Meerbusen; die Finnische Seenplatte; vgl. deutsch; Finnisch, das; -[s] (Sprache); vgl. Deutsch; Fin|ni|sche, das; -n; vgl. ²Deutsche
fin|nisch-ug|risch ↑D 145 u. 149: finnisch-ugrische Sprachen, Völker
Finn|land; Finn|län|der (⁴Finne mit schwed. Muttersprache); Finn|län|de|rin; finn|län|disch
¹Finn|mark, die; -, - (frühere finn. Währungseinheit; Abk. Fmk)
²Finn|mark (norw. Verwaltungsbezirk)
fin|no|ug|risch vgl. finnisch-ugrisch; Fin|no|ug|rist, der; -en, -en (Fachmann für finnisch-ugrische Sprachen); Fin|no|ug|ris|tik, die; -; Fin|no|ug|ris|tin
finn|ug|risch usw. vgl. finnougrisch usw.
Finn|wal
Fi|now|ka|nal, Fi|now-Ka|nal [...no...], der; -s (Kanal in Brandenburg)
fins|ter; es wurde immer finst[e]rer; im Finstern tappen (auch für nicht Bescheid wissen); Fins|ter|keit, die; -
Fins|ter|ling (grimmig wirkender Mensch)
Fins|ter|nis, die; -, -se
Fin|te, die; -, -n ⟨ital.⟩ (Vorwand, Täuschung[smanöver]; Sport Scheinangriff); fin|ten|reich
fin|ze|lig, finz|lig (landsch. für überzart, überfein; die Augen [über]anstrengend)
Fi|o|ret|te, die; -, -n meist Plur.

⟨ital., »Blümchen«⟩ (Musik Gesangsverzierung); **Fi|o|ri|tur,** die; -, -en *meist Plur.* (svw. Fiorette)
Fips, der; -es, -e (*landsch. für* kleiner, unscheinbarer Mensch); Meister Fips (*Spottname für* Schneider); **fip|sig** (*ugs. für* unbedeutend, klein)
Fir|dau|si, Abu l-Kasim Mansur (persischer Dichter)
Fi|ren|ze (*ital. Form von* Florenz)
Fire|wall [ˈfaɪ̯ɐwɔːl], die; -, -s u. der; -s, -s ⟨engl., »Brandmauer«⟩ (EDV Programmsystem, das [Computer]netzwerke vor ungewolltem Zugriff schützt)
Fir|le|fanz, der; -es (*ugs. für* überflüssiges, wertloses Zeug; Unsinn); **Fir|le|fan|ze|rei**
firm ⟨lat.⟩; in etw. firm (erfahren, beschlagen) sein
Fir|ma, die; -, ...men ⟨ital.⟩ (*Abk.* Fa.)
Fir|ma|ment, das; -[e]s ⟨lat.⟩ (*geh.*)
fir|men ⟨lat.⟩ (jmdm. die Firmung erteilen)
Fir|men|an|lei|he (*Wirtsch.*)
Fir|men|auf|druck; Fir|men|buch
Fir|men|chef; Fir|men|che|fin
fir|men|ei|gen
¹**Fir|men|er|be,** der
²**Fir|men|er|be,** das
Fir|men|er|bin
Fir|men|grün|der; Fir|men|grün|de|rin
Fir|men|in|ha|ber; Fir|men|in|ha|be|rin
fir|men|in|tern
Fir|men|kopf (*svw.* Firmenaufdruck)
Fir|men|kun|de; Fir|men|kun|din
Fir|men|lauf (*Sport*); **Fir|men|lo|go;**
Fir|men|na|me; Fir|men|re|gis|ter;
Fir|men|schild; Fir|men|sitz
Fir|men|spre|cher; Fir|men|spre|che|rin
Fir|men|stem|pel; Fir|men|ver|zeich|nis; Fir|men|wa|gen; Fir|men|wert; Fir|men|zei|chen; Fir|men|zen|t|ra|le
fir|mie|ren (einen bestimmten Geschäftsnamen führen)
Firm|ling ⟨lat.⟩ (der od. die zu Firmende); **Firm|pa|te; Firm|pa|tin;**
Fir|mung (kath. Sakrament)
firn (*fachspr. für* alt, abgelagert [von Wein]); ein firner Wein
Firn, der; -[e]s, *Plur.* -e, *auch* -en (körnig gewordener Altschnee im Hochgebirge; *schweiz. auch für* damit bedeckter Gipfel)
Fir|ne, die; -, -n (Reife des Weines)

Firn|eis, das; -es
Firn|ne|wein
Firn|glei|ter (Kurzski für Gletscherabfahrten)
fir|nig
Fir|nis, der; -ses, -se ⟨franz.⟩ (schnell trocknender Schutzanstrich); **fir|nis|sen;** du firnisst
Firn|schnee
First, der; -[e]s, -e; **First|bal|ken**
first class [ˈfœːɐ̯st -] ⟨engl.⟩ (erstklassig, von gehobenem Standard); **First-Class-Ho|tel** ⟨engl.; franz.⟩ (Luxushotel)
First|fei|er (*österr. für* Richtfest)
First La|dy, die; - -, - - Ladies ⟨engl., »Erste Dame«⟩ (Frau eines Staatsoberhauptes)
First|pfet|te; First|zie|gel
Firth [fəːθ], der; -, -s ⟨engl.⟩ (tief ins Landesinnere reichender Meeresarm in Schottland)
fis, Fis, das; -, - (Tonbezeichnung); **fis** (*Zeichen für* fis-Moll); in fis; **Fis** (*Zeichen für* Fis-Dur); in Fis
FIS, Fis, die; - ⟨franz.⟩ = Fédération Internationale de Ski (Internationaler Skiverband)
Fisch, der; -[e]s, -e; faule Fische (*ugs. für* Ausreden); kleine Fische (*ugs. für* Kleinigkeiten); die Fisch verarbeitende *od.* fischverarbeitende Industrie ↑D 58
Fisch|ad|ler
fisch|arm
Fisch|au|ge (*auch* ein fotograf. Objektiv); **fisch|äu|gig**
Fisch|bein, das; -[e]s; **Fisch|bestand; Fisch|be|steck**
Fisch|bla|se; Fisch|bla|sen|stil, der; -[e]s (Archit.)
Fisch|blut, das; -[e]s
Fisch|bra|te|rei, Fisch|brat|kü|che (Gaststätte für Fischgerichte)
Fisch|bröt|chen; Fisch|brut
Fisch|bur|ger, Fish|bur|ger [ˈfɪʃbœːɐ̯gɐ], der; -s, - ⟨engl.⟩ (Brötchen mit paniertem Fisch)
fi|scheln (*bes. österr., schweiz. für* nach Fisch riechen); ich fisch[e]lle
fi|schen; du fischst
Fi|schenz, die; -, -en (*schweiz. für* gepachtetes Fischereirecht)
Fi|scher; Fi|scher|boot
Fi|scher-Dies|kau (dt. Sänger)
Fi|scher|dorf
Fi|sche|rei
Fi|sche|rei|gren|ze; Fi|sche|rei|hafen; Fi|sche|rei|we|sen
Fi|sche|rin

Fi|scher|kar|te (*österr. für* Angelschein); **Fi|scher|netz**
Fi|scher|ste|chen (Brauch der Fischer, bei dem diese versuchen, sich gegenseitig mit langen Stangen aus dem Boot zu stoßen)
Fi|scher von Er|lach (österr. Barockbaumeister)
Fisch|fang; Fisch|fi|let; Fisch|frau; Fisch|ge|richt; Fisch|ge|schäft
Fisch|grä|te; Fisch|grä|ten|mus|ter
Fisch|grün|de *Plur.*
Fisch|händ|ler; Fisch|händ|le|rin
fi|schig
Fisch|kal|ter (*bayr., österr. für* Fischbehälter)
Fisch|kon|ser|ve; Fisch|kut|ter;
Fisch|la|den; Fisch|laich
Fisch|land-Darß-Zingst (Halbinsel an der Ostsee)
Fisch|markt; Fisch|maul; Fisch|mehl; Fisch|mes|ser, das; **Fisch|ot|ter,** der; **Fisch|res|tau|rant; Fisch|reu|se; Fisch|ro|gen; Fisch|sem|mel** (*bes. südd., österr.*); **Fisch|stäb|chen; Fisch|sup|pe**
Fisch ver|ar|bei|tend, fisch|ver|ar|bei|tend ↑D 58
Fisch|ver|gif|tung; Fisch|zug
Fis-Dur [ˈfɪsduːɐ̯, *auch* ˈfɪsˈduːɐ̯], das; -[s] (Tonart; *Zeichen* Fis); **Fis-Dur-Ton|lei|ter** ↑D 26
Fi|sett|holz, das; -es (einen gelben Farbstoff enthaltendes Holz)
Fish|bur|ger [ˈfɪʃbœːɐ̯gɐ] *vgl.* Fischburger
Fi|si|ma|ten|ten *Plur.* (*ugs. für* leere Ausflüchte); mach keine Fisimatenten!
fis|ka|lisch (dem Fiskus gehörend; staatlich)
Fis|ka|li|tät (*schweiz. für* Steuersystem; Besteuerung)
Fis|kal|pakt (Vertrag über eine Fiskalunion)
Fis|kal|re|gel (gesetzl. Begrenzung der Ausgaben, Verschuldung *od.* des Defizits einer Gebietskörperschaft od. Sozialversicherung)
Fis|kal|uni|on (Bündnis mehrerer Länder für eine einheitliche Finanzpolitik)
Fis|kus, der; -, *Plur.* ...ken u. -se *Plur. selten* (der Staat als Eigentümer des Staatsvermögens; Staatskasse)
fis-Moll [ˈfɪsmɔl, *auch* ˈfɪsˈmɔl], das; -[s] (Tonart; *Zeichen* fis); **fis-Moll-Ton|lei|ter** ↑D 26
Fi|so|le, die; -, -n ⟨ital.⟩ (*österr. für* grüne Gartenbohne)

flächsern

fis|se|lig *(landsch. für* dünn, fein; Geschicklichkeit erfordernd)
fis|sil *(lat.)* (spaltbar); **Fis|si|li|tät**, die; -; **Fis|si|on**, die; -, -en *(Kernphysik* Kernspaltung)
Fis|sur, die; -, -en *(Med.* Riss)
Fis|tel, die; -, -n *(lat.) (Med.* krankhafter od. operativ angelegter Kanal, der ein Organ mit der Körperoberfläche od. einem anderen Organ verbindet)
fis|teln (mit Fistelstimme sprechen, singen); ich fist[e]le; **Fis|tel|stim|me** (Kopfstimme)
Fist|fu|cking […fakɪŋ], das; -s, -s ⟨engl.⟩ *(vulg. für* sexuelle Praktik, bei der die Hand od. Faust in den After des Geschlechtspartners eingeführt wird)
fit ⟨engl.-amerik.⟩ (in guter [körperlicher] Verfassung; durchtrainiert); fit sein; sich fit halten; ein fitter Bursche; die fitteste Läuferin wird gewinnen
Fi|tis, der; *Gen. - u.* -ses, *Plur.* -se (ein Singvogel)
Fit|marsch *(österr. für* Wanderung, bes. am Nationalfeiertag)
Fit|ness, die; - ⟨engl.-amerik.⟩ (gute körperliche Verfassung)
Fit|ness|cen|ter; Fit|ness|raum; Fit|ness|stu|dio, Fit-ness-Stu|dio
Fit|ness|trai|ner; Fit|ness|trai|ne|rin; Fit|ness|trai|ning
Fit|ness|zu|stand *Plur.* selten
Fit|sche, die; -, -n *(landsch. für* Tür-, Fensterangel, Scharnier)
Fit|tich, der; -[e]s, -e *(geh. für* Flügel)
Fit|ting, das; -s, -s *meist Plur.* ⟨engl.⟩ (Formstück zur Installation von Rohrleitungen)
Fitz, der; -es, -e *(landsch. für* Fadengewirr)
Fitz|boh|ne *(landsch. für* Schnittbohne)
Fitz|chen (Kleinigkeit)
Fit|ze, die; -, -n *(landsch. für* Garnbündel; geflochtene Rute)
Fit|zel, der *od.* das; -s, - *(landsch. für* Fitzchen); **Fit|zel|chen** *(ugs. für* Fitzchen)
fit|zen *(landsch. für* sich verwirren; nervös sein); du fitzt
Fitz|ge|rald, Ella (amerik. Jazzsängerin)
Fi|u|ma|ra, Fi|u|ma|re, die; -, …re[n] ⟨ital.⟩ *(Geogr.* Flusslauf, der nur in regenreicher Zeit Wasser führt)
Fi|u|me *(ital. Name von* Rijeka)
Five o'Clock [ˈfaɪvəˈklɔk], der; - -, - -s, **Five o'Clock Tea** [- - ˈtiː], der; - - -, - - -s ⟨engl.⟩ (Fünfuhrtee)
fix ⟨lat.⟩, »fest« (sicher, stetig, fest; *ugs. für* gewandt, schnell); fixe Idee (Zwangsvorstellung); fixer (fester) Preis; fixes Gehalt; fixe Kosten; fix angestellt *od.* fixangestellt *(österr. für* fest angestellt); fix und fertig
Fix|an|stel|lung *(österr. für* Festanstellung)
Fi|xa|teur […tøːɐ̯], der; -s, -e ⟨franz.⟩ (Zerstäuber für Fixiermittel); **Fi|xa|tiv**, das; -s, -e ⟨lat.⟩ (Fixiermittel für Zeichnungen)
fi|xen ⟨engl.⟩ *(Börsenw.* Leerverkäufe von Wertpapieren tätigen; *ugs. für* sich Drogen spritzen); du fixt; **Fi|xer** *(Börsenw.* Leerverkäufer; Börsenspekulant; *ugs. für* jmd., der sich Drogen spritzt); **Fi|xe|rin**
Fi|xer|stu|be *(ugs. für* behördlich kontrollierter Raum zum Fixen)
fix|fer|tig *(schweiz. für* fix u. fertig)
Fix|ge|halt *(Wirtsch.)*
Fi|xier|bad *(Fotogr.);* fi|xie|ren; **Fi|xier|mit|tel**, das; **Fi|xie|rung**
Fi|xig|keit, die; - *(ugs. für* Gewandtheit)
Fix|kos|ten *Plur.*
Fix|lein|tuch *(schweiz. für* Spannbetttuch)
Fix|preis; Fix|punkt (Festpunkt)
Fix|stern (scheinbar unbeweglicher Stern; *vgl.* ²Stern)
Fi|xum, das; -s, …xa (Festgehalt)
Fix|zeit (Festzeit, während der auch bei gleitender Arbeitszeit alle Arbeitnehmer anwesend sein müssen)
Fjäll (schwed.), **Fjell** (norw.), *älter* **Fjeld**, der; -s, -s ⟨dän.⟩ (baumlose Hochfläche in Skandinavien)
Fjord, der; -[e]s, -e ⟨skand.⟩ (schmale Meeresbucht)
FKK, die *od.* das; - = Freikörperkultur; **FKKler** [ɛfkaːˈkaːlɐ] ↑D 30 *(ugs.);* **FKKle|rin; FKK-Strand** ↑D 28
fl., Fl. = Florin (Gulden)
FL = Florida
Flab, die; - *(schweiz. Kurzw. für* Fliegerabwehr); *vgl.* Flak
flach; auf dem flachen Land[e] (außerhalb der Stadt) wohnen; flach atmen; einen Hut flach drücken *od.* flachdrücken; ein Schnitzel flach klopfen *od.* flachklopfen; den Ball flach halten *od.* flachhalten *(ugs. auch* für sich zurückhalten); sich flach auf den Boden legen, flach auf dem Boden liegen; *vgl.* flachfallen, flachlegen, flachliegen
Flach, das; -[e]s, -e *(Seemannsspr.* Untiefe)
…flach (z. B. Achtflach, das; -[e]s, -e)
Flach|band|ka|bel
Flach|bau *Plur.* …bauten
Flach|bett|scan|ner; Flach|bild|schirm
flach|brüs|tig
Flach|dach; Flach|druck *Plur.* …drucke *(Druckw.)*
flach drü|cken, flach|drü|cken *vgl.* flach
Flä|che, die; -, -n
Flach|ei|sen (ein Werkzeug)
Flä|chen|aus|deh|nung; Flä|chen|blitz; Flä|chen|brand
flä|chen|de|ckend; Flä|chen|er|trag
flä|chen|haft
Flä|chen|in|halt
Flä|chen|nut|zung, Flä|chen|wid|mung; Flä|chen|nut|zungs|plan, Flä|chen|wid|mungs|plan; Flä|chen|staat; Flä|chen|ta|rif|ver|trag
flach|fal|len ↑D 56 *(ugs. für* nicht stattfinden)
Flach|feu|er|ge|schütz
flach hal|ten, flach|hal|ten *vgl.* flach
Flach|heit
flä|chig
flach klop|fen, flach|klop|fen *vgl.* flach
Flach|kopf *(svw.* Dummkopf)
Flach|küs|te
Flach|land *Plur.* …länder; **Flach|län|der, der; Flach|län|de|rin**
flach|le|gen *(ugs. für* sich schlafen legen; jmdn. niederschlagen; mit jmdm. koitieren)
flach|lie|gen *(ugs. für* krank sein); sie hat eine Woche flachgelegen
Flach|mann *Plur.* …männer *(ugs. für* Taschenflasche)
Flach|meer *(Geogr.)*
…fläch|ner (z. B. Achtflächner)
Flachs, der; -es *(Faserpflanze)*
flachs|blond
Flachs|bre|che, die; -, -n
Flachs|schuss *(bes. Fußball)*
Flachs|dar|re
Flach|se *(bayr., österr. für* Flechse)
flach|sen *(ugs. für* necken, spotten, scherzen); du flachst
flach|sen, fläch|sern (aus Flachs)
Flach|se|rei
fläch|sern *vgl.* flächsen

Flachshaar

Flachs|haar; Flachs|kopf
Flach|wich|ser *(derb abwertend)*
Flach|zan|ge
fla|cken *(landsch. für* flackern*)*
Fla|cker|feu|er
fla|cke|rig, flack|rig
fla|ckern
Fla|den, der; -s, - (flacher Kuchen; breiige Masse; *kurz für* Kuhfladen); **Fla|den|brot**
Fla|der, der; -s, -n (Maser, Holzader; bogenförmiger Jahresring in Schnittholz); **Fla|der|holz; Fla|de|rig,** fladʳig (gemasert); **Fla|der|schnitt; Fla|de|rung,** die; - (Maserung)
Fläd|le, das; -s, - *(bes. schwäb. für* Streifen aus Eierteig als Suppeneinlage); Bouillon mit vielen Flädle; **Fläd|le|sup|pe; Fläd|li,** das; -[s], -; *vgl. auch* Götti *(schweiz. für* Flädle*)*; **Fläd|li|sup|pe**
flad|rig *vgl.* fladerig
Fla|gel|lant, der; -en, -en *meist Plur. (lat.,* »Geißler«*)* (Angehöriger religiöser Bruderschaften des MA.s, die sich zur Sündenvergebung selbst geißelten); **Fla|gel|lan|ten|tum,** das; -s; **Fla|gel|lan|tin**
Fla|gel|lat, der; -en, -en *meist Plur. (Biol.* Geißeltierchen*)*
Fla|geo|lett [...ʒo...], das; -s, -s, *Plur.* -e *u.* -s *(franz.)* (kleinster Typ der Schnabelflöte; flötenähnlicher Ton bei Streichinstrumenten u. Harfen; Flötenregister der Orgel); **Fla|geo|lett|ton**, Fla|geo|lett-Ton
Flag|ge, die; -, -n; **flag|gen**
Flag|gen|al|pha|bet; Flag|gen|gruß; Flag|gen|mast *vgl.* ¹Mast
Flag|g|of|fi|zier; Flag|g|of|fi|zie|rin; Flagg|schiff
fla|grant *(lat.)* (deutlich u. offenkundig); *vgl.* in flagranti
Flag|ship-Store, Flag|ship|store ['flɛkʃɪpstɔːɐ̯], der; -s, -s *(engl.)* (besonders repräsentatives Ladengeschäft einer Firma)
Flair [flɛːɐ̯], das; -s *(franz.)* (Fluidum, Atmosphäre; *bes. schweiz. für* feiner Instinkt)
Flak, die; -, *Plur.* -, *auch* -s *(Kurzw. für* Flugzeugabwehrkanone, Flugabwehrartillerie) (die leichten und schweren Flak[s]; **Flak|bat|te|rie**
Fla|ke, die; -, -n *(nordd. für* [Holz]geflecht; Netz)
Flak|hel|fer; Flak|hel|fe|rin
Fla|kon [...'kõː], der *od.* das; -s, -s *(franz.)* ([Riech]fläschchen)

Flam|beau [flãˈboː], der; -s, -s *(franz.)* (mehrarmiger Leuchter mit hohem Fuß)
Flam|berg, der; -[e]s, -e (zweihändiges [meist flammenförmiges] Schwert der Landsknechte)
flam|bie|ren ([Speisen] mit Alkohol übergießen u. anzünden)
¹**Fla|me,** der; -n, -n (Angehöriger der Bevölkerung im Westen u. Norden Belgiens u. in den angrenzenden Teilen Frankreichs u. der Niederlande)
²**Flame** [fleɪm], der; -s, -s, *auch* das; -s, -s *(Jargon* heftige Auseinandersetzung beim Chatten)
Fla|men|co, der; -[s], -s *(span.)* (andalus. [Tanz]lied; Tanz)
Fla|min, Flä|min
Fla|ming, der; -s (Landrücken in der Mark Brandenburg)
Fla|min|go, der; -s, -s *(span.)* ([rosafarbener] Wasservogel)
flä|misch *vgl.* deutsch / Deutsch; **Flä|misch,** das; -[s] (Sprache); *vgl.* Deutsch; **Flä|mi|sche,** das; -n; *vgl.* ²Deutsche
Flam|län|der *(älter für* Flame); **Flam|län|de|rin**
Flämm|chen
Flam|me, die; -, -n
Flamm|ei|sen (ein Werkzeug)
flam|men
fläm|men *(Technik* absengen)
flam|mend *(auch für* leidenschaftlich)
Flam|men|ku|chen *vgl.* Flammkuchen
Flam|men|meer; Flam|men|tod; Flam|men|wer|fer
Flam|me|ri, der; -[s], -s *(engl.)* (eine kalte Süßspeise)
Flamm|garn *(Textilind.)*
flam|mig
Flamm|koh|le (mit langer Flamme brennende Steinkohle)
Flamm|ku|chen, *seltener* Flammen|ku|chen (Kuchen aus Brotteig, z. B. mit Rahm u. Speck)
Flämm|lein
Flamm|punkt (Temperatur, bei der die Dämpfe über einer Flüssigkeit entflammbar sind)
Flan|dern (Gebiet zwischen der Schelde u. der Nordsee); **fländ|risch;** die flandrische Küste
Fla|nell, der; -s, -e *(franz.)* (gerautes Gewebe); **Fla|nell|an|zug**
fla|nell|len (aus Flanell)
Fla|nell|hemd; Fla|nell|ho|se
Fla|neur [...'nøːɐ̯], der; -s, -e *(franz.)* (müßig Umherschlendernder); **Fla|neu|rin**

fla|nie|ren; Fla|nier|mei|le *(ugs. für* Straße zum Flanieren)
Flan|ke, die; -, -n *(franz.)*
flan|ken *(Sport)*
Flan|ken|an|griff; Flan|ken|ball; Flan|ken|wech|sel
Flan|kerl, das; -s, -[n]; *vgl.* Pickerl *(österr. ugs. für* Fussel)
flan|kie|ren *(franz.)* (begleiten)
Flansch, der; -[e]s, -e (Verbindungsansatz an Rohren, Maschinenteilen usw.); **flan|schen** (mit einem Flansch versehen); **Flan|schen|dich|tung; Flansch|ver|bin|dung**
Fla-Pan|zer (Flugabwehrpanzer)
Flap|pe, die; -, -n *(landsch. für* schiefer Mund); eine Flappe ziehen (schmollen)
Flaps, der; -es, -e *(ugs. für* Flegel); **flap|sig** *(ugs.)*
Fla-Ra|ke|te (Flugabwehrrakete)
Fläsch|chen
Fla|sche, die; -, -n *(ugs. auch für* Versager)
Fla|schen|bier; Fla|schen|bürs|te
Fla|schen|gar|ten (Zierpflanzen in einer Flasche)
Fla|schen|gä|rung (bei Schaumwein)
Fla|schen|geist *Plur.* ...geister (Märchenfigur)
fla|schen|grün
Fla|schen|hals *(ugs. auch für* Engpass)
Fla|schen|kind; Fla|schen|öff|ner; Fla|schen|pfand, das; -[e]s; **Fla|schen|post; Fla|schen|samm|ler; Fla|schen|samm|le|rin; Fla|schen|zug**
Fläsch|lein
Flasch|ner *(südd. für* Klempner); **Flasch|ne|rin**
Fla|ser, die; -, -n (Ader im Gestein); **fla|se|rig, flas|rig**
Flash [flɛʃ], der; -s, -s *(engl.;* »Blitz«*)* (Eil-, Kurzmeldung [in den Medien]; *Film* kurze Rückblende)
fla|shen ['flɛʃn] *(engl.) (Jargon* begeistern; *EDV* ROM-gespeicherte Software überschreiben); du flashst; geflasht
Flash|mob ['flɛʃmɔp], der; -s, -s *(engl.)* (spontane Aktion vieler Menschen, die sich mithilfe der Telekommunikation dazu verabredet haben)
Flash|spei|cher, Flash-Spei|cher ['flɛʃ...] *(EDV* schneller, nicht flüchtiger Speicher zum Lesen u. Schreiben)
Flat|rate, die; -, -s, Flat Rate, die; -, -, - -s ['fletreɪt] *(engl.)* ([günstiger] Pauschalpreis für die Nut-

Flesserl

zung von Internet und/oder Telefon)

Flat|rate|par|ty, Flat|rate-Par|ty, Flat-Rate-Par|ty (öffentliches Fest, bei dem alle [alkoholischen] Getränke zu einem günstigen Pauschalpreis ausgeschenkt werden)

Flat|sche [*auch* ˈfla:…], die; -, -n, **Flat|schen**, der; -s, - ⟨*landsch. für* großes Stück; breiige Masse⟩

Flat|ter; *nur in* die Flatter machen (*ugs. für* verschwinden)

Flat|ter|band, das; -[e]s, …bänder (*ugs. für* Absperrband)

Flat|ter|geist *Plur.* …geister

flat|ter|haft; **Flat|ter|haf|tig|keit**

flat|te|rig, flatt|rig

Flat|ter|mann *Plur.* …männer (*ugs. für* Nervosität; unruhiger Mensch; Brathähnchen)

Flat|ter|mar|ke (Druckw.)

flat|tern; ich flattere

Flat|ter|satz, der; -es (Druckw.)

flat|tie|ren ⟨franz.⟩ (*schweiz. für* schmeicheln, gut zureden)

flatt|rig, flat|te|rig

Fla|tu|lenz, die; -, -en ⟨lat.⟩ (Med. Darmaufblähung); **Fla|tus**, der; -, - (Med. Blähung)

flau (*ugs. für* schlecht, übel)

Flau|bert [floˈbɛːɐ̯] (franz. Schriftsteller)

Flau|heit, die; -

¹**Flaum**, der; -[e]s ⟨landsch. für Flomen⟩

²**Flaum**, der; -[e]s (weiche Bauchfedern; erster Bartwuchs)

Flau|ma|cher (*svw.* Miesmacher)

Flau|mer, der; -s, - (*schweiz. für* Mopp)

Flaum|fe|der; **flau|mig**; **flaum|weich**

Flaus, der; -es, -e ⟨*veraltet für* Flausch⟩; **Flausch**, der; -[e]s, -e (weiches Wollgewebe); **flauschig**; **Flausch|rock**

Flau|se, die; -, -n *meist Plur.* (*ugs. für* Ausflucht; törichter Einfall)

Flau|te, die; -, -n (Windstille; *übertr. für* Unbelebtheit [z. B. im Geschäftsleben])

Fla|via (w. Vorn.)

Fla|vi|er, der; -s, - (Angehöriger eines röm. Kaisergeschlechts)

Fla|vio (m. Vorn.)

fla|visch

Fläz, der; -es, -e (*ugs. abwertend für* plumper Mensch; Lümmel); **flä|zen**, sich (*ugs. für* nachlässig sitzen; sich hinlümmeln); du fläzt dich; **flä|zig** (ugs.)

Fleb|be, Flep|pe, die; -, -n *meist Plur.* (*ugs. für* Ausweispapier)

Flech|se, die; -, -n (Sehne); **flech|sig**

Flech|te, die; -, -n (Pflanze; Hautausschlag; *geh. für* Zopf)

flech|ten; du flichtst, er flicht; du flochtest; du flöchtest; geflochten; flicht!

Flecht|er; **Flech|te|rin**

Flecht|werk, das; -[e]s

Fleck, der; -[e]s, -e, **Fle|cken**, der; -s, -; der blinde Fleck (im Auge); **Fleck|chen**

Fle|cke *Plur.* ⟨landsch. für Kutteln⟩

fle|cken (Flecke[n] machen, annehmen; *landsch. auch für* vorankommen, z. B. es fleckt)

Fle|cken, der; -s, - (*svw.* Fleck; größeres Dorf)

Fle|cken|ent|fer|ner

fle|cken|los; **Fle|cken|lo|sig|keit**, die; -

Fleck|ent|fer|ner (*svw.* Fleckenentferner); **Fle|cken|was|ser**

Fle|ckerl, das; -s, -[n]; *vgl.* Pickerl (*österr. für* quadratisch geschnittenes Nudelteigstück als Suppeneinlage); **Fle|ckerl|spei|se**; **Fle|ckerl|sup|pe**

Fle|ckerl|tep|pich (*bayr. u. österr. für* Teppich aus Stoffstreifen)

Fleck|fie|ber, das; -s

fle|ckig, **Fle|ckig|keit**, die; -

Fleck|ty|phus; **Fleck|vieh**

Fled|de|rer; **Fled|de|rin**, **fled|dern** (*Gaunerspr.* ausplündern); ich fleddere

Fle|der|maus; **Fle|der|wisch**

Fleece [fliːs], das; - ⟨engl.⟩ ([synthetischer] Flausch); **Fleece|ja|cke**

Fleet, das; -[e]s, -e (Kanal in Küstenstädten, bes. in Hamburg)

Fle|gel, der; -s, -; **Fle|ge|lei**

fle|gel|haft; **Fle|gel|haf|tig|keit**

fle|ge|lig

Fle|gel|jah|re *Plur.*

fle|geln, sich; ich fleg[e]le mich aufs Sofa

fle|hen; **fle|hent|lich**

fleh|men ([meist von Pferden] die Oberlippe hochziehen)

Fleisch, das; -[e]s; fleischfressende *od.* Fleisch fressende Pflanzen, Tiere; der fleischgewordene *od.* Fleisch gewordene (*veraltend für* personifizierte) Antichrist

Fleisch|be|schau; **Fleisch|be|schau|er**; **Fleisch|be|schau|e|rin**

Fleisch|brü|he; **Fleisch|ein|la|ge**; **Fleisch|ein|waa|ge**

Flei|scher; **Flei|sche|rei**

Flei|scher|ha|ken

Flei|sche|rin

Flei|scher|in|nung

Flei|scher|meis|ter; **Flei|scher|meis|te|rin**

Flei|scher|mes|ser

flei|schern (aus Fleisch)

Flei|sches|lust

Fleisch|es|ser; **Fleisch|es|se|rin**

Fleisch|ex|trakt

fleisch|far|ben, **fleisch|far|big**

fleisch|fres|send, Fleisch fres|send ↑ D 58

Fleisch|ge|richt

fleisch|ge|wor|den, Fleisch ge|wor|den ↑ D 58

Fleisch|ha|cker (*ostösterr. ugs.*); **Fleisch|ha|cke|rin**; **Fleisch|hau|er** (*österr. für* Fleischer); **Fleisch|hau|e|rei** (*österr. für* Fleischerei); **Fleisch|hau|e|rin**

flei|schig; **Flei|schig|keit**, die; -

Fleisch|kä|se (*landsch.*); **Fleisch|klop|fer**; **Fleisch|klöß|chen**; **Fleisch|kon|ser|ve**; **Fleisch|kon|sum**; **Fleisch|laib|chen**, **Fleisch|lai|berl**, das; -s, -[n]; *vgl.* Pickerl (*österr. für* Frikadelle)

fleisch|lich; **Fleisch|lich|keit**, die; -

fleisch|los

Fleisch|ma|schi|ne (*österr. für* Fleischwolf)

Fleisch|pflan|zerl, das; -s, -[n]; *vgl.* Pickerl (*südd. für* Frikadelle)

Fleisch|sa|lat

Fleisch|sel|cher (*österr.*); **Fleisch|sel|che|rin**

Fleisch|ti|ger (*österr. ugs. für* Fleischliebhaber)

Fleisch|to|ma|te; **Fleisch|ver|gif|tung**

Fleisch|vo|gel (*schweiz. für* Roulade)

Fleisch|wa|ren *Plur.*

Fleisch|wer|dung (Menschwerdung, Verkörperung)

Fleisch|wolf; **Fleisch|wun|de**; **Fleisch|wurst**

Fleiß, der; -es; **Fleiß|ar|beit**

flei|ßig; *aber* ↑ D 151: das Fleißige Lieschen (eine Zierpflanze)

Flei|ver|kehr, der; -[e]s (Flug-Eisenbahn-Güterverkehr)

flek|tier|bar ⟨lat.⟩ (*Sprachwiss.* beugbar); **flek|tie|ren** ([ein Wort] beugen, d. h. deklinieren od. konjugieren); *vgl. auch* Flexion

Fle|ming (dt. Dichter)

flen|nen (*ugs. abwertend für* weinen); **Flen|ne|rei**

Flens|burg (Stadt in Schleswig-Holstein)

Flep|pe *vgl.* Flebbe

Fles|serl, das; -s, -[n]; *vgl.* Pickerl (*österr. für* ein mit Kümmel od. Salz bestreutes Gebäck)

fletschen

flet|schen (die Zähne zeigen); du fletschst

flet|schern ⟨nach dem Amerikaner Fletcher⟩ (sorgfältig u. lange kauen); ich fletschere

Flett, das; -[e]s, -e (Wohnküche im niedersächs. Bauernhaus)

Flett|ner (dt. Maschinenbauer); Flett|ner|ru|der, Flett|ner-Ru|der (Hilfsruder)

Fletz [auch flets], das od. der; -es, -e ⟨südd. für Hausflur⟩

fleucht; nur in alles, was da kreucht und fleucht (kriecht und fliegt = alle Tiere)

Fleur [flø:ɐ̯] (w. Vorn.)

Fleu|ron [flø'rõ:], der; -s, -s ⟨franz.⟩ (Blumenornament)

Fleu|rons [flø'rõ:s] Plur. (ungesüßte Blätterteigstückchen)

Fleu|rop® [auch 'flø:...], die; - (internationale Blumenschenkvermittlung)

Flex®, die; -, - (elektr. Winkelschleifer)

fle|xen; du flext

fle|xi|bel ⟨lat.⟩ (biegsam, elastisch; sehr anpassungsfähig; Sprachwiss. beugbar); ...i|ble Wörter

fle|xi|bi|li|sie|ren (flexibel gestalten); Fle|xi|bi|li|sie|rung

Fle|xi|bi|li|tät, die; - (Biegsamkeit; Anpassungsfähigkeit)

Fle|xi|on, die; -, -en (Med. Beugung, Abknickung; Sprachwiss. Beugung, d. h. Deklination od. Konjugation); Fle|xi|ons|en|dung

fle|xi|ons|fä|hig; fle|xi|ons|los

Fle|xi|ren|te Plur. selten (Politikjargon ein Rentenmodell)

Fle|xi|ta|ri|er, der; -s, - ⟨Kunstw.⟩ (jmd., der nur sehr selten Fleisch oder Fisch isst)

Fle|xi|ta|ri|e|rin, die; -, -nen

fle|xi|visch (Sprachwiss. die Beugung betreffend)

Fle|xur, die; -, -en (Geol. Verbiegung)

Fli|bus|ti|er [...iɐ̯], ¹Fi|li|bus|ter, der; -s, - ⟨niederl.⟩ (Seeräuber des 17. Jh.s)

Flic [flik], der; -s, -s ⟨franz.⟩ (franz. ugs. für Polizist)

flicht vgl. flechten

Flick|ar|beit

fli|cken; Fli|cken, der; -s, -; Fli|cken|de|cke; Fli|cken|tep|pich

Flick|er; Fli|cke|rei; Fli|cke|rin

Flick|flack, der; -s, -s ⟨franz.⟩ (in schneller Folge geturnter Handstandüberschlag)

Flick|korb

Flick|schus|ter (Stümper); Flick|schus|te|rei

Flick|werk

Flie|boot ⟨niederl.⟩ (kleines Fischerboot; auch für Beiboot)

Flie|der, der; -s, - (Zierstrauch; landsch. für Holunder)

Flie|der|bee|re; Flie|der|beer|sup|pe; Flie|der|blü|te; Flie|der|busch

flie|der|far|ben, flie|der|far|big

Flie|der|strauch

Flie|der|tee (landsch. für Tee aus getrockneten Holunderblüten)

flieg|bar (bes. Flugw.)

Flie|ge, die; -, -n

flie|gen

– er/sie fliegt; du flogst (flogest); du flögest; geflogen; flieg[e]!

Kleinschreibung ↑ D 89:
– fliegende Blätter, fliegende Hitze, fliegende Untertasse, in fliegender Eile

Großschreibung ↑ D 150 u. 151:
– Fliegende Fische (Zool.)
– Fliegende Blätter (frühere humoristische Zeitschrift)
– der Fliegende Holländer (Sagengestalt, Oper)

Flie|gen|dreck; Flie|gen|fän|ger; Flie|gen|fens|ter

Flie|gen|ge|wicht (Körpergewichtsklasse im Sport); Flie|gen|ge|wicht|ler; Flie|gen|ge|wicht|le|rin

Flie|gen|klap|pe; Flie|gen|klat|sche; Flie|gen|kopf (Druckerspr.); Flie|gen|pilz; Flie|gen|pra|cker (österr. für Fliegenklatsche); Flie|gen|schnäp|per (ein Singvogel)

Flie|ger (auch ugs. für Flugzeug); Flie|ger|ab|wehr; Flie|ger|alarm; Flie|ger|bom|be

Flie|ge|rei; Flie|ger|horst

Flie|ge|rin; flie|ge|risch

Flie|ger|ren|nen (Sport)

Flie|ger|spra|che Plur. selten

Flieh|burg (früher)

flie|hen; er flieht; du flohst (flohest); du flöhest; geflohen; flieh[e]!; flie|hend (schräg nach hinten verlaufend)

Flieh|kraft (für Zentrifugalkraft); Flieh|kraft|kupp|lung (Technik)

Flie|se, die; -, -n; flie|sen (mit Fliesen versehen); du fliest; er flieste; gefliest; Flie|sen|bo|den

Flie|sen|le|ger; Flie|sen|le|ge|rin

Fließ, das; -es, -e (veraltet für Bach)

Fließ|ar|beit (Arbeit am laufenden Band)

Fließ|band, das; Plur. ...bänder

Fließ|band|ar|beit; Fließ|band|ar|bei|ter; Fließ|band|ar|bei|te|rin

Fließ|ei (Vogelei ohne Kalkschale)

flie|ßen; du fließt, er fließt; ich floss, du flossest; du flössest; geflossen; fließ[e]!; ineinanderfließen; ineinanderfließende Farben

flie|ßend (ohne Stocken)

Fließ|heck (bei Autos; vgl. ¹Heck)

Fließ|laut (Liquida)

Fließ|pa|pier (Löschpapier)

Fließ|text (Druckerspr.)

Flight-At|ten|dant ['flaɪtətɛndənt], der; -s u. die; -, -s ⟨schweiz. für Steward[ess]⟩

Flim|mer, der; -s, -

Flim|mer|epi|thel (Biol. mit Wimpern versehene Zellschicht)

Flim|mer|kis|te (ugs. für Fernsehgerät)

flim|mern; ich flimmere

flink; Flink|heit, die; -

flink|zün|gig

Flin|serl, das; -s, -[n]; vgl. Pickerl (österr. ugs. für Flitter; glitzerndes Metallplättchen [als Ohrschmuck])

Flint, der; -[e]s, -e (nordd. für Feuerstein)

Flin|te, die; -, -n (Jagdgewehr, bes. Schrotgewehr); Flin|ten|ku|gel; Flin|ten|schuss

Flin|ten|weib (abwertend)

Flint|glas Plur. ...gläser (sehr reines Glas)

Flinz, der; -es, -e (ein Gestein)

Flip, der; -s, -s ⟨engl.⟩ (ein alkohol. Mischgetränk mit Ei)

Flip|chart, Flip-Chart, das od. der; -s, -s od. die; -, -s (Gestell mit einem darauf befestigten großen Papierblock)

¹Flip|flop, das; -s, -s (svw. Flipflopschaltung); ²Flip|flop, Flip-Flop®, der; -s, -s meist Plur. (badeschuhartige Sandale)

Flip|flop|schal|tung (elektron. Kippschaltung)

Flip|per, der; -s, - (Spielautomat)

flip|pern (am Flipper spielen); ich flippere

flip|pig (ugs. für kess, ausgefallen)

flir|ren (flimmern)

Flirt [flœːɐ̯t], der; -s, -s ⟨engl.⟩ (Liebelei); flir|ten

flit|schen (landsch. ugs. für schleudern, schnellen)

Flit|scherl, das; -s, -[n]; vgl. Pickerl (österr. ugs. für Flittchen)

Flitt|chen (ugs. abwertend für leichtlebige junge Frau)

Flit|ter, der; -s, -; Flit|ter|glanz; Flit|ter|gold; Flit|ter|kram

flit|tern (glänzen); **Flit|ter|werk**, das; -[e]s
Flit|ter|wo|chen; **Flit|ter|wöch|ner**; **Flit|ter|wöch|ne|rin**
Flitz, der; -es, -e (veraltet für Pfeil); **Flitz|bo|gen** (ugs.)
flit|zen (ugs. für sausen, eilen); du flitzt; du flitztest
Flit|zer (ugs. für kleines, schnelles Fahrzeug)
Flitz|pie|pe, die; -, -en (ugs., bes. berlin., häufig abwertend für nicht ernst zu nehmende Person)
Float [floʊt], der; -s, -s ⟨engl.⟩ (Summe der von Konten abgebuchten, aber noch nicht gutgeschriebenen Zahlungen)
floa|ten [ˈfloʊ...] ⟨engl.⟩ (Wirtsch. den Wechselkurs freigeben; sich zur Entspannung in einem Salzwassertank treiben lassen); **Floa|ting**, das; -s
Flo|bert|ge|wehr, **Flo|bert-Ge|wehr** [auch ...ˈbeːɐ...] ⟨nach dem franz. Waffenschmied⟩
F-Loch [ˈɛf...], das; -[e]s, F-Löcher (an Streichinstrumenten)
flocht vgl. flechten
Flo|cke, die; -, -n (nur Plur.: ugs. für Geld); **flo|cken**; **flo|cken|för|mig**; **flo|cken|wei|se**; **flo|ckig**
Flock|sei|de, die; - (äußere Schicht des Seidenkokons)
Flo|ckung (Chemie); **Flo|ckungs|mit|tel**, das
Flö|del, der; -s, - (Doppelstreifen am Rand von Decke u. Boden bei Streichinstrumenten)
flog vgl. fliegen
floh vgl. fliehen
Floh, der; -[e]s, Flöhe; **Floh|biss**
flö|hen
Floh|markt (Trödelmarkt)
Floh|ner|le|ben, das; -s (schweiz. ugs. für bequemes Leben)
Floh|zir|kus, **Floh|cir|cus**
Flo|ka|ti, der; -s, -s ⟨neugriech.⟩ (Teppich aus langen Wollfäden)
Flom, der; -s, **Flo|men**, der; -s (Bauch- u. Nierenfett des Schweines usw.)
Floor, der; -s, -s ⟨engl.⟩ (Discotanzboden)
Flop, der; -s, -s ⟨engl.⟩ (Misserfolg; auch auch für Fosburyflop); **flop|pen** (ugs.)
Flop|py Disk, **Flop|py Disc**, die; - -, - -s (EDV als Datenspeicher dienende Magnetplatte)
¹**Flor**, der; -s, -e Plur. selten ⟨lat.⟩ (geh. für Blüte, Blumenfülle; Gedeihen)

²**Flor**, der; -s, -e, selten Flöre ⟨niederl.⟩ (dünnes Gewebe; samtartige Oberfläche eines Gewebes)
¹**Flo|ra** (altröm. Göttin; w. Vorn.)
²**Flo|ra**, die; -, Floren ⟨lat.⟩ (Pflanzenwelt [eines Gebietes]); **flo|ral** (geblümt; mit Blumen, Blüten)
Flor|band, das; Plur. ...bänder (Trauerflor)
Flo|re|al, der; -[s], -s ⟨franz., »Blütenmonat«⟩ (8. Monat des Kalenders der Franz. Revolution: 20. April bis 19. Mai)
Flo|ren|tin (m. Vorn.)
Flo|ren|ti|ne (w. Vorn.)
Flo|ren|ti|ner; Florentiner Hut; **Flo|ren|ti|ne|rin**; **flo|ren|ti|nisch**
Flo|renz (ital. Stadt)
Flo|res|zenz, die; -, -en Plur. selten ⟨lat.⟩ (Bot. Blütenstand; Blütezeit)
Flo|rett, das; -s, -e ⟨franz.⟩; **Flo|rett|fech|ten**; **Flo|rett|sei|de** (Abfallseide)
Flo|ri|an (m. Vorn.)
Flo|ri|a|ni|prin|zip (bayr., österr. für Sankt-Florians-Prinzip)
Flo|ri|da (Halbinsel u. Staat in den USA; Abk. FL); **Flo|ri|di|a|ner**; **Flo|ri|di|a|ne|rin**; **flo|ri|di|a|nisch**
flo|rie|ren ⟨lat.⟩ (blühen, vorankommen; gedeihen)
Flo|ri|le|gi|um, das; -s, ...ien (veraltet für Anthologie; Sammlung schmückender Redensarten)
Flo|rin, der; -s, Plur. -e u. -s ⟨Gulden in den Niederlanden; ehem. engl. Silbermünze; Abk. fl. u. Fl.⟩
Flo|rist, der; -en, -en (Erforscher einer Flora; Blumenbinder; **Flo|ris|tin**; **flo|ris|tisch**
Flos|kel, die; -, -n ([inhaltsarme] Redensart); **flos|kel|haft**
floss vgl. fließen
Floß, das; -es, Flöße; **flöß|bar**
Flos|se, die; -, -n
flö|ßen; du flößt
Flos|sen|fü|ßer (Zool.)
...**flos|ser** (z.B. Bauchflosser)
Flö|ßer
Flö|ße|rei; **Flö|ße|rin**
Floß|fahrt; **Floß|gas|se** (Wasserbau); **Floß|holz**
Flo|ta|ti|on, die; -, -en ⟨engl.⟩ (Technik Verfahren zur Aufbereitung von Erzen); **flo|ta|tiv**
Flö|te, die; -, -n ↑D 54: Flöte spielen, aber ↑D 82: beim Flötespielen
¹**flö|ten** (Flöte spielen)
²**flö|ten**; nur in flöten gehen (ugs. für verloren gehen)
Flö|ten|blä|ser; **Flö|ten|blä|se|rin**

Flö|ten|spiel; **Flö|ten|spie|ler**; **Flö|ten|spie|le|rin**
Flö|ten|ton
flo|tie|ren ⟨engl.⟩ (Technik Erze durch Flotation aufbereiten)
Flö|tist, der; -en, -en (Flötenbläser); **Flö|tis|tin**
Flo|tow [...to] (dt. Komponist)
flott (rasch, flink; Seemannsspr. frei schwimmend, fahrbereit); solange die Geschäfte so flott gehen; ein flott gehendes od. flottgehendes Geschäft ↑D 58; flott machen (ugs. für sich beeilen); vgl. aber flottmachen; die Flotte Lotte® (ein Küchengerät zum Passieren)
Flott, das; -[e]s (nordd. für Milchrahm)
flott|be|kom|men (fahrbereit machen)
Flot|te, die; -, -n; **Flot|ten|ab|kom|men**, **Flot|ten|ba|sis**; **Flot|ten|stütz|punkt**
flot|tie|ren (schwimmen, schweben); flottierende (schwebende, kurzfristige) Schuld
Flot|til|le [auch ...ˈtɪljə], die; -, -n ⟨span.⟩ (Verband kleiner Kriegsschiffe)
flott|ma|chen (Seemannsspr. zum Schwimmen bringen; ugs. für fahrbereit machen; finanziell unterstützen); vgl. flott
flott|weg (ugs. für in einem weg; zügig)
Flotz|maul (der stets feuchte Nasenteil beim Rind)
Flow [floʊ], der; -s, -s ⟨engl.⟩ (Med. Durchströmen von Flüssigkeiten durch den Körper; Psychol. Zustand höchster Konzentration u. völliger Versunkenheit in eine Tätigkeit)
Flo|wer-Po|wer, **Flo|wer|po|wer** [ˈflaʊɐpaʊɐ], die; - ⟨engl.⟩ (Schlagwort der Hippie-Bewegung [»Macht der Blumen«])
Flöz, das, auch der; -es, -e (abbaubare [Kohle]schicht)
Flu|at, das; -[e]s, -e (Kurzw. für Fluorosilikat)
Fluch, der; -[e]s, Flüche
fluch|be|la|den
flu|chen; **Flu|cher**; **Flu|che|rin**
¹**Flucht**, die; -, -en (zu fliegen) (Fluchtlinie, Richtung, Gerade)
²**Flucht**, die; -, -en (zu fliehen)
flucht|ar|tig
Flucht|au|to; **Flucht|burg** (svw. Fliehburg)
fluch|ten (Bauw. in eine gerade Linie bringen)

flüchten

flüch|ten; sich flüchten
Flucht|fahr|zeug; Flucht|ge|fahr
Flucht|ge|schwin|dig|keit (Physik Geschwindigkeit, die nötig ist, um das Gravitationsfeld eines Planeten zu überwinden)
Flucht|hel|fer; Flucht|hel|fe|rin; Flucht|hil|fe
flüch|tig; Flüch|tig|keit; Flüch|tig|keits|feh|ler
Flücht|ling
Flücht|lings|de|bat|te; Flücht|lings|gip|fel (Politikjargon); Flücht|lings|kri|se; Flücht|lings|la|ger; Flücht|lings|strom; Flücht|lings|tra|gö|die; Flücht|lings|zu|strom
Flucht|li|nie; Flucht|punkt
Flucht|trep|pe
Flucht|ver|dacht; flucht|ver|däch|tig
Flucht|ver|such; Flucht|wa|gen; Flucht|weg
fluch|wür|dig (geh.)
Flüe ['fly:(ə)], Nik[o]laus von (schweiz. Heiliger)
fluf|fig (landsch., sonst ugs. leicht u. luftig)
Flug, der; -[e]s, Flüge; die Zeit vergeht im Flug[e]
Flug|ab|wehr; Flug|angst; Flug|asche; Flug|aus|fall meist Plur.; Flug|bahn; Flug|ball
Flug|be|glei|ter (Steward); Flug|be|glei|te|rin (Stewardess)
flug|be|reit; Flug|be|reit|schaft
Flug|be|trieb; Flug|blatt; Flug|boot
Flug|ech|se (svw. Flugsaurier)
Flü|gel, der; -s, -
Flü|gel|al|tar; Flü|gel|horn
...flü|ge|lig, ...flüg|lig (z. B. einflüg[e]lig)
Flü|gel|kampf meist Plur.
flü|gel|lahm
Flü|gel|mann Plur. ...männer u. ...leute
flü|geln (Jägerspr. in den Flügel schießen); ich flüg[e]le; geflügelt (vgl. d.)
Flü|gel|schlag; flü|gel|schla|gend
Flü|gel|schrau|be
Flü|gel|stür|mer (Sport); Flü|gel|stür|me|rin
Flü|gel|tür
Flug|ent|fer|nung; Flug|feld; Flug|funk; Flug|gast; Flug|gast|da|ten Plur. (bes. Politik)
flüg|ge
Flug|ge|rät
Flug|ge|sell|schaft; Flug|ha|fen vgl. ²Hafen; Flug|ha|fen|ge|län|de; Flug|ha|fen|trans|fer; Flug|hö|he
Flug|hund (Fledermausart)
Flug|ka|pi|tän; Flug|ka|pi|tä|nin

Flug|ki|lo|me|ter; Flug|kör|per; Flug|lärm
Flug|la|ter|ne vgl. Himmelslaterne
Flug|leh|rer; Flug|leh|re|rin
...flüg|lig vgl. ...flügelig
Flug|li|nie; Flug|loch
Flug|lot|se; Flug|lot|sin
Flug|ob|jekt
Flug|pas|sa|gier; Flug|pas|sa|gie|rin
Flug|plan vgl. ²Plan
Flug|platz; Flug|preis; Flug|rei|se
Flug|ret|tung (Rettungsdienst mit Flugzeugen u. Hubschraubern)
Flug|rou|te
flugs (veraltend für schnell, sogleich); ↑D 70
Flug|sand
Flug|sau|ri|er (Pterosaurier)
Flug|schan|ze (Skisport); Flug|schein; Flug|schrei|ber (Gerät, das die technischen Daten eines Fluges aufzeichnet)
Flug|schrift
Flug|schü|ler; Flug|schü|le|rin
Flug|si|cher|heit, die; -; Flug|si|che|rung
Flug|steig; Flug|stun|de; Flug|taug|lich|keit, die; -; Flug|tech|nik; Flug|ti|cket; Flug|ver|bin|dung; Flug|ver|bot; Flug|ver|kehr; Flug|we|sen, das; -s; Flug|zeit
Flug|zet|tel (österr. für Flugblatt)
Flug|zeug, das; -[e]s, -e
Flug|zeug|ab|sturz
Flug|zeug|ab|wehr|ka|no|ne (Kurzw. Flak)
Flug|zeug|bau, der; -[e]s
Flug|zeug|ent|füh|rer; Flug|zeug|ent|füh|re|rin; Flug|zeug|ent|füh|rung
Flug|zeug|füh|rer; Flug|zeug|füh|re|rin
Flug|zeug|mut|ter|schiff; Flug|zeug|trä|ger; Flug|zeug|typ; Flug|zeug|un|glück
Fluh, die; -, Flühe (schweiz. für Fels[wand])
flu|id (lat.) (Chemie flüssig); Flu|id [auch ...'iːt], das; -s, Plur. -s u. -e [...'iːda] (engl.) (fachspr. für flüssiges Mittel, Flüssigkeit)
Flu|i|dum, das; -s, ...da (lat.) (geh. für von einer Person od. Sache ausströmende Wirkung)
Flu|ke, die; -, -n (quer stehende Schwanzflosse der Wale)
Fluk|tu|a|ti|on, die; -, -en (lat.) (Schwanken, Wechsel); fluk|tu|ie|ren
Flum|mi, der; -s, -s ‹aus »fliegendes Gummi«› (Gummiball)
Flun|der, die; -, -n (ein Fisch)

Flun|ke|rei; Flun|ke|rer; Flun|ke|rin; flun|kern; ich flunkere
Flunsch, der; -[e]s, -e u. die; -, -en (ugs. für verzogener Mund)
Flu|or, das; -s ‹lat.› (chem. Element; Nichtmetall; Zeichen F)
Flu|o|res|zenz, die; - (Aufleuchten unter Strahleneinwirkung); flu|o|res|zie|ren; fluoreszierender Stoff (Leuchtstoff)
Flu|o|rid, das; -[e]s, -e (Chemie Salz des Fluorwasserstoffs)
flu|o|ri|die|ren, flu|o|rie|ren (mit Fluor anreichern); Trinkwasser fluoridieren od. fluorieren
Flu|o|rit, der; -s, -e (Chemie Flussspat)
Flu|o|ro|phor, der; -s, -e (Fluoreszenzträger)
Flu|o|ro|si|li|kat (Mittel zur Härtung von Baustoffen); vgl. Fluat
Flupp|e, die; -, -n (ugs. für Zigarette)
¹Flur, die; -, -en (nutzbare Landfläche; Feldflur)
²Flur, der; -[e]s, -e (Gang [mit Türen], Hausflur)
Flur|be|rei|ni|gung
Flur|buch (Kataster)
Flur|för|de|rer (Fahrzeug)
Flur|funk (ugs. für inoffizieller Informationsaustausch innerhalb von Firmen u. Behörden)
Flur|hü|ter; Flur|hü|te|rin
Flur|na|me; Flur|scha|den; Flur|schütz, der
Flur|um|gang (früher für Flurkontrollgang [mit Segnungen])
Flu|se, die; -, -n (landsch. für Fadenrest, Fussel); Flu|sen|sieb
Fluss, der; -es, Flüsse
fluss|ab, fluss|ab|wärts
Fluss|arm
fluss|auf, fluss|auf|wärts
Fluss|bett
Flüss|chen
Fluss|dia|gramm (grafische Darstellung von Arbeitsabläufen)
Fluss|fisch; Fluss|gott
flüs|sig; flüssige (verfügbare) Gelder; flüssige Kristalle; flüssig schreiben, sprechen; Wachs flüssig machen; vgl. aber flüssigmachen
Flüs|sig|ei; Flüs|sig|gas
Flüs|sig|keit; Flüs|sig|keits|brem|se (hydraulische Bremse); Flüs|sig|keits|maß, das; -es; Flüs|sig|keits|men|ge
Flüs|sig|kris|tall|an|zei|ge ([Ziffern]anzeige mithilfe flüssiger Kristalle)
flüs|sig|ma|chen ([Geld] verfügbar

Folienkartoffel

fol|gend
- folgende [Seite] (*Abk.* f.), S. 42 f.
- folgende [Seiten] (*Abk.* ff.), S. 36 ff.
- folgendes politische Bekenntnis
- folgende lange (*seltener* langen) Ausführungen
- wegen folgender richtiger (*auch* richtigen) Sätze

Großschreibung ↑D 72:
- wir möchten Ihnen Folgendes mitteilen
- das Folgende (das später Erwähnte, Geschehende; die nachfolgenden Ausführungen; dieses)
- aus, in, nach, von dem Folgenden; im, vom Folgenden (dem später Erwähnten, Geschehenden; den nachfolgenden Ausführungen; diesem)
- mit Folgendem (hiermit) teilen wir Ihnen das Ergebnis mit

machen); wir mussten 1 000 Euro flüssigmachen; *vgl.* flüssig
Fluss|krebs; Fluss|land|schaft; Fluss|lauf
Fluss|lein
Fluss|mün|dung; Fluss|pferd; Flussre|gu|lie|rung
Fluss|sand, Fluss-Sand
Fluss|schiff|fahrt, Fluss-Schiff|fahrt
Fluss|spat, Fluss-Spat (ein Mineral; *vgl.* ¹Spat)
Fluss|stahl, Fluss-Stahl
Fluss|ufer
Flüs|ter|as|phalt (Straßenbau)
Flüs|te|rer; Flüs|te|rin
flüs|tern; ich flüstere
Flüs|ter|pro|pa|gan|da; Flüs|ter|stim|me; Flüs|ter|ton, der; -[e]s; im Flüsterton sprechen; **Flüs|ter|tü|te** (*scherzh. für* Sprachrohr); **Flüs|ter|witz** (gegen ein totalitäres Regime gerichteter Witz)
Flut, die; -, -en; **flu|ten**
Flut|gra|ben; Flut|hö|he; Flut|ka|ta|s|tro|phe; Flut|licht; Flut|op|fer
flut|schen (*ugs. für* gut vorankommen, -gehen); es flutscht
Flut|war|nung; Flut|wel|le; Flut|zeit
flu|vi|al ⟨lat.⟩ (*Geol.* von fließendem Wasser verursacht)
Fly|er [ˈflaɪɐ], der; -s, - ⟨engl.⟩ (Vorspinn-, Flügelspinnmaschine; Arbeiter an einer solchen Maschine; Handzettel, Werbezettel); **Fly|e|rin**
Fly|ing Dutch|man [ˈflaɪɪŋ ˈdatʃmən], der; -, -...men [...mən] ⟨engl.⟩ (ein Zweimann-Sportsegelboot)
Fly|ing Food [- ˈfuːt], das; - -[s] ⟨engl.⟩ (von Personal auf Platten servierte, im Stehen zu verzehrende kleine Häppchen)
Fly-over, Fly|over [flaɪˈoʊvɐ, ˈflaɪ...], der; -s, -s (Straßenüberführung)
Flysch [flɪʃ, fliːʃ, *österr.* flyːʃ], das, *österr.* der; -[e]s (ein Gestein)
Fm, fm = Festmeter
Fm = Fermium

FMH, die; - = Foederatio Medicorum Helveticorum (Vereinigung schweiz. [Fach]ärzte)
Fmk = Finnmark; *vgl.* Markka
f-Moll [ˈɛfmɔl, *auch* ˈɛfˈmɔl], das; -[s] (Tonart; *Zeichen* f);
f-Moll-Ton|lei|ter ↑D 26
fob = free on board ⟨engl., »frei an Bord«⟩; **Fob|klau|sel**
Fo|cac|cia [foˈkatʃa], die; -, -s *u.* Focacce ⟨ital.⟩ (Fladenbrot, das mit Olivenöl gebacken [u. beliebig belegt bzw. gefüllt] wird)
focht *vgl.* fechten
Fock, die; -, -en (Vorsegel; unterstes Rahsegel des Vormastes); **Fock|mast**, der; **Fock|ra|he; Fock|se|gel**
fö|de|ral (föderativ)
Fö|de|ra|lis|mus, der; - ⟨lat.-franz.⟩ ([Streben nach] Selbstständigkeit der einzelnen Länder innerhalb eines Staatsganzen)
Fö|de|ra|list, der; -en, -en; **Fö|de|ra|lis|tin; fö|de|ra|lis|tisch**
Fö|de|ra|ti|on, die; -, -en (loser [Staaten]bund)
fö|de|ra|tiv (bundesmäßig); **Fö|de|ra|tiv|staat** *Plur.* ...staaten
fo|de|riert (verbündet)
Fo|gosch, der; -[e]s, -e ⟨ung.⟩ (*österr. für* Zander)
foh|len (ein Fohlen zur Welt bringen); **Foh|len**, das; -s, -
Föhn, der; -[e]s, -e ([warmer] trockener Fallwind; *auch für* Haartrockner [als ®: Fön])
föh|nen (föhnig werden; *auch für* mit dem Föhn trocknen); es föhnt; sie föhnt ihr Haar
föh|nig; föhniges Wetter
Föhn|krank|heit, die; -; **Föhn|wind**
Föhr (eine der Nordfries. Inseln)
Föh|re, die; -, -n (*landsch. für* Kiefer); **föh|ren** (aus Föhrenholz); **Föh|ren|wald**
Foie gras [ˈfoa ˈgra(ː)], die; - -, - - ⟨franz.⟩ (Gänsestopfleber)
FÖJ = Freiwilliges Ökologisches *od.* freiwilliges ökologisches Jahr

fo|kal ⟨lat.⟩ (den Fokus betreffend, Brenn...); **Fo|kal|in|fek|ti|on** (*Med.* von einem Streuherd ausgehende Infektion)
Fo|kus, der; -, -se (*Physik* Brennpunkt; *Med.* Krankheitsherd)
fo|kus|sie|ren (scharf stellen; bündeln, konzentrieren); ein Objektiv, seine Interessen auf ein Ziel fokussieren; **Fo|kus|sie|rung**
fol., Fol. = Folio; Folioblatt
Fol|der [ˈfɔʊldɐ], der; -s, - ⟨engl.⟩ (Faltprospekt, -broschüre)
Fol|ge, die; -, -n; Folge leisten; zur Folge haben; in der Folge; *aber* demzufolge (*vgl. d.*); infolge; zufolge; infolgedessen
Fol|ge|er|schei|nung
Fol|ge|jahr
Fol|ge|kos|ten *Plur.*; **Fol|ge|las|ten** *Plur.*
fol|gen; er ist mir gefolgt (nachgekommen); er hat mir gefolgt (Gehorsam geleistet); der Text wird wie folgt (folgendermaßen) geändert
fol|gend *s. Kasten*
fol|gen|der|ge|stalt; fol|gen|der|ma|ßen
fol|gen|los; fol|gen|reich; fol|gen|schwer; Fol|gen|schwe|re, die; -
fol|ge|recht (veraltend); **fol|ge|rich|tig; Fol|ge|rich|tig|keit**
fol|gern; ich folgere; **fol|gernd**
Fol|ge|rung
Fol|ge|satz (*für* Konsekutivsatz)
Fol|ge|scha|den
Fol|ge|ton|horn (*österr. für* Martinshorn)
fol|ge|wid|rig; Fol|ge|wid|rig|keit
Fol|ge|wo|che; Fol|ge|zeit
folg|lich
folg|sam; Folg|sam|keit, die; -
Fo|lia (*Plur. von* Folium)
Fo|li|ant, der; -en, -en ⟨lat.⟩ (Buch in Folio)
Fo|lie [...i̯ə], die; -, -n (dünnes [Metall]blatt; Hintergrund)
Fo|li|en|kar|tof|fel (in Alufolie gegarte Kartoffel)

Folienschweißgerät

Fo|li|en|schweiß|ge|rät
fo|li|en|ver|packt; folienverpackte Ware; **Fo|li|en|ver|pa|ckung**
fo|lie|ren (in eine Folie einschweißen; *auch svw.* foliieren)
Fo|lies-Ber|gère [...li:bɛrˈʒɛ:ɐ̯] *Plur.* ⟨franz.⟩ (Varieté u. Tanzkabarett in Paris)
fo|li|ie|ren ⟨lat.⟩ (mit einer Folie unterlegen; [Druckbogen] nummerieren)
Fo|lio, das; -s, *Plur.* Folien *u.* -s (*Buchw.* Halbbogengröße [*nur Sing.*]; Buchformat; *Abk.* fol., Fol. *od.* 2°]; Blatt im Geschäftsbuch); in Folio
Fo|li|o|band, der; **Fo|li|o|blatt** (*Abk.* Fol.); **Fo|lio|for|mat**
Fo|li|um, das; -s, *Plur.* Folia *u.* Folien (*Bot.* Pflanzenblatt)
Folk [foʊk], der; -[s] ⟨engl.⟩ (an englischsprachige Volksmusik anknüpfende, populäre Musik); **Folk|band** [...bɛnt, ...bænd], die; -, -s
Fol|ke, Fol|ko (m. Vorn.)
Fol|ke|ting, das; -[s] (das dän. Parlament)
Folk|lo|re, die; - ⟨engl.⟩ (volkstüml. Überlieferung; Volksmusik [in der Kunstmusik])
Folk|lo|rist, der; -en, -en; **Folk|lo|ris|tik,** die; - (Wissenschaft von der Folklore); **Folk|lo|ris|tin; folk|lo|ris|tisch**
Folk|ko vgl. Folke
Folk|song [ˈfoʊk...] ⟨engl.⟩ (volksliedhafter [Protest]song)
Folk|wang (germ. Mythol. Palast der Freyja)
Fol|li|kel, der; -s, - ⟨lat.⟩ (*Biol., Med.* Drüsenbläschen; Hülle der reifenden Eizelle im Eierstock)
Fol|li|kel|hor|mon; Fol|li|kel|sprung
fol|li|ku|lar, fol|li|ku|lär (auf den Follikel bezüglich)
Fol|lo|w|er [ˈfɔloʊɐ], der; -s, -[s] ⟨engl.⟩ (regelmäßiger Empfänger einer Nachricht beim Twittern); **Fol|lo|w|e|rin**
Fol|säu|re, die; -
Fol|ter, die; -, -n
Fol|ter|bank *Plur.* ...bänke
Fol|te|rer; Fol|te|rin
Fol|ter|ins|t|ru|ment; Fol|ter|kam|mer; Fol|ter|me|tho|de
fol|tern; ich foltere
Fol|ter|op|fer
Fol|te|rung; Fol|ter|werk|zeug
¹**Fon** vgl. Phon
²**Fon** ohne Artikel u. Beugung gebr. (kurz für Telefon [auf Visitenkarten, in Briefköpfen usw.])

fon..., Fon... vgl. phon..., Phon...
Fön® vgl. Föhn
Fond [fõ:], der; -s, -s ⟨franz.⟩ (Hintergrund; Rücksitz im Wagen; ausgebratener od. -gekochter Fleischsaft); vgl. aber Fonds

Fond / Fonds / Font

Der *Fond* bezeichnet den *Rücksitz im Wagen*, einen *Hinter-* od. *Untergrund* sowie den *Bratensaft*. Der *Fonds* (mit *s* auch im Singular) hat dagegen die Bedeutung *[finanzielle] Reserve, Mittel* od. *Paket von Wertpapieren* (z. B. *Gesundheitsfonds, Aktienfonds*). Mit dem *Font* (mit *t*) schließlich ist ein *Zeichensatz* gemeint.

Fon|dant [fõdã:], der, auch, österr. nur das; -s, -s ⟨franz.⟩ ([Konfekt aus] Zuckermasse)
Fonds [fõ:], der; -, - ⟨franz.⟩ (Geldmittel, -vorrat, Bestand; *Plur.* auch für Anleihen); vgl. aber Fond; **fonds|ge|bun|den; Fonds|ge|sell|schaft**
Fonds|ma|na|ger; Fonds|ma|na|ge|rin
Fon|due [fõˈdy:, schweiz. auch ˈfõdy:], das; -s, -s od. die; -, -s ⟨franz.⟩ (schweiz. Käsegericht; bei Tisch gegartes Fleischgericht); **Fon|due|ga|bel**
Fo|nem vgl. Phonem
Fo|ne|ma|tik vgl. Phonematik; **fo|ne|ma|tisch** vgl. phonematisch
fo|ne|misch vgl. phonemisch
fö|nen alte Schreibung für [die Haare] föhnen
Fo|ne|tik vgl. Phonetik; **Fo|ne|ti|ker** vgl. Phonetiker; **Fo|ne|ti|ke|rin** vgl. Phonetikerin
Fo|ni|a|ter vgl. Phoniater; **Fo|ni|a|te|rin** vgl. Phoniaterin; **Fo|ni|a|t|rie** vgl. Phoniatrie
fo|nisch vgl. phonisch
Fo|no|dik|tat vgl. Phonodiktat
fo|no..., Fo|no... vgl. phon..., Phon...
Fo|no|graf vgl. Phonograph; **Fo|no|gra|fie** vgl. Phonographie; **fo|no|gra|fisch** vgl. phonographisch
Fo|no|gramm vgl. Phonogramm
Fo|no|lith vgl. Phonolith
Fo|no|lo|gie vgl. Phonologie; **fo|no|lo|gisch** vgl. phonologisch
Fo|no|me|ter vgl. Phonometer; **Fo|no|me|t|rie** vgl. Phonometrie
Fo|no|tech|nik vgl. Phonotechnik
Fo|no|thek vgl. Phonothek

Fo|no|ty|pis|tin vgl. Phonotypistin
fon|stark vgl. phonstark
Font, der; -s, -s ⟨engl.⟩ (*EDV* Zeichensatz)
Fon|taine|bleau [fõtɛnˈblo:] (Stadt u. Schloss in Frankreich)
Fon|ta|ne (dt. Dichter)
Fon|tä|ne, die; -, -n ⟨franz.⟩ ([Spring]brunnen)
Fon|ta|nel|le, die; -, -n ⟨*Med.* Knochenlücke am Schädel Neugeborener)
Fon|tan|ge [fõˈtã:ʒə], die; -, -n ⟨nach einer franz. Herzogin⟩ (Frauenhaartracht des 17. Jh.s)
Fon|zahl vgl. Phonzahl
Foo|die [ˈfu:di], der; -s, -s ⟨engl.⟩ (ugs. für Person, die sich sehr für gutes Essen u. Trinken interessiert)
Foot [fʊt], der; -, Feet [fi:t] ⟨engl.⟩ (engl. Längenmaß; *Abk.* ft; *Zeichen* '); 4 Foot, auch 4 Feet
Foot|ball [...bɔ:l], der; -s (amerik. Mannschaftsspiel)
föp|peln (schweiz. für necken, verspotten); ich föpp[e]le
fop|pen
Fop|per; Fop|pe|rei; Fop|pe|rin
Fo|ra|mi|ni|fe|re, die; -, -n *meist Plur.* ⟨lat.⟩ (*Biol.* zu den Wurzelfüßern gehörendes Urtierchen)
Force de Frappe [ˈfɔrs də ˈfrap], die; - - - ⟨franz.⟩ (Gesamtheit der französischen Atomstreitkräfte)
For|che, die; -, -n ⟨südd., alemann. für Föhre⟩
for|cie|ren (erzwingen; verstärken); **for|ciert**
Ford®, der; -s, -s ⟨nach dem Automobilfabrikanten Henry Ford⟩ (amerik. Kraftfahrzeugmarke)
För|de, die; -, -n ⟨nordd. für schmale, lange Meeresbucht⟩
För|der|band, das; *Plur.* ...bänder
För|der|be|trieb
För|de|rer; För|de|rer|kreis (svw. Förderkreis); **För|de|rin**
För|der|koh|le; För|der|korb
För|der|kreis (eines Museums u. Ä.)
För|der|kurs; För|der|land
för|der|lich
För|der|maß|nah|me
För|der|mit|tel *Plur.*; **För|der|mit|tel|an|trag**
for|dern; ich fordere
för|dern; ich fördere
För|der|preis (zur Förderung junger Künstler u. Ä.); **För|der|pro|gramm**
För|der|schacht
För|der|schu|le; För|der|schü|ler; För|der|schü|le|rin

Forsythie

För|der|seil; För|der|stu|fe; För|der|turm
För|de|rung
För|de|rung
För|de|rungs|ka|ta|log
För|de|rungs|maß|nah|me; för|de|rungs|wür|dig; För|der|un|ter|richt; För|der|ver|ein
För|der|werk (Technik)
för|der|wür|dig
Fö|re, die; - ⟨skand.⟩ (Skisport Geführigkeit)
Fore|che|cking ['fɔːɐ̯tʃɛkɪŋ], das; -s, -s ⟨engl.⟩ (Sport das Stören u. Angreifen des Gegners in dessen Verteidigungsdrittel)
Fo|reign Of|fice [...rɪn ...fɪs], das; - - (brit. Außenministerium)
Fo|rel|le, die; -, -n (ein Fisch); Fo|rel|len|teich; Fo|rel|len|zucht
Fo|ren|sik, die; -, -en (Gerichtsmedizin; gerichtsmed. Klinik); Fo|ren|si|ker; Fo|ren|si|ke|rin; fo|ren|sisch ⟨lat.⟩ (gerichtlich)
For|fait [fɔrˈfɛ], das; -s, -s ⟨franz.⟩ (schweiz., bes. Sport für Zurückziehung einer Meldung, bes. für einen Wettkampf; Absage)
Fo|rint [österr. foˈrɪnt], der; -[s], -s ⟨ung.⟩ (ung. Währungseinheit; Währungscode HUF); 10 Forint
For|ke, die; -, -n (nordd. für Heu-, Mistgabel)
for|keln (Jägerspr. mit dem Geweih kämpfen; im Kampf mit dem Geweih verletzen, töten)
For|le, die; -, -n (südd. für Kiefer)
Forl|eu|le (Schmetterling)
Form, die; -, -en; in Form sein; in Form von; vgl. pro forma
for|mal (auf die Form bezüglich; nur der Form nach)
Form|al|de|hyd [...ˈhyːt], der od. das; -s, -e (ein Gas als Desinfektionsmittel)
For|mal|feh|ler (bes. österr.)
For|ma|lie [...i̯ə], die; -, -n meist Plur. (formale Einzelheit)
For|ma|lin®, das; -s (ein Konservierungs-, Desinfektionsmittel)
for|ma|li|sie|ren ⟨franz.⟩ (in [strenge] Form bringen; formal darstellen)
For|ma|lis|mus, der; -, ...men ⟨lat.⟩ (Überbetonung der Form, des rein Formalen)
For|ma|list, der; -en, -en; For|ma|lis|tin; for|ma|lis|tisch
For|ma|li|tät, die; -, -en (Äußerlichkeit, Formsache; Vorschrift); for|ma|li|ter (förmlich)
for|mal|ju|ris|tisch; for|mal|recht|lich

For|man|stieg (Sport)
For|mat, das; -[e]s, -e ⟨lat.⟩
For|mat|fern|se|hen vgl. Formatradio
for|ma|tie|ren (EDV Daten anordnen; [einen Datenträger] zur Datenaufnahme vorbereiten)
For|ma|ti|on, die; -, -en (Anordnung; Gruppe, Verband; Geol. Zeitabschnitt, Folge von Gesteinsschichten); For|ma|ti|ons|flug; For|ma|ti|ons|tanz
for|ma|tiv (auf die Gestaltung bezüglich, gestaltend)
For|mat|ra|dio, das; -s (durchgängig auf bestimmte Zielgruppen ausgerichtetes Sendeprogramm)
form|bar; Form|bar|keit, die; -
form|be|stän|dig; Form|be|stän|dig|keit
Form|blatt; Form|ei|sen
For|mel, die; -, -n
for|mel|haft; For|mel|haf|tig|keit
For|mel|kram, der; -[e]s (ugs.)
for|mell ⟨franz.⟩ (förmlich, die Formen beachtend; äußerlich)
For|mel|spra|che
For|mel-1-Ren|nen [...ˈlaɪ̯ns...] (ein Autorennen); ↑D 26; For|mel-1-Wa|gen (ein Rennwagen); ↑D 26
for|men
For|men|leh|re (Teil der Sprachlehre u. der Musiklehre)
for|men|reich; For|men|reich|tum, der; -s
For|men|sinn, der; -[e]s
For|men|spra|che; die Formensprache der Kubisten
For|men|te|ra (eine Baleareninsel)
For|mer; For|me|rei; For|me|rin
Form|feh|ler
Form|fleisch (in Form gepresstes Fleisch)
Form|fra|ge; Form|ge|bung; Form|ge|fühl
Form|ge|stal|ter (Designer); Form|ge|stal|te|rin; Form|ge|stal|tung
form|ge|wandt; Form|ge|wandt|heit, die; -
for|mi|da|bel ⟨franz.⟩ (veraltend für furchtbar; auch für großartig); ...a|b|le Erscheinung
for|mie|ren ⟨franz.⟩; sich formieren; For|mie|rung
...för|mig (z. B. nadelförmig)
Form|kri|se (Sport); Form|kur|ve
förm|lich; Förm|lich|keit
form|los; Form|lo|sig|keit, die; -
Form|obst (Spalierobst)
For|mo|sa (früher für Taiwan)
Form|sa|che
Form|sand (Gießerei)

form|schön; Form|schön|heit
Form|schwan|kung (Sport)
Form|stren|ge, die; -
Form|tief (Sport)
form|treu
For|mu|lar, das; -s, -e ⟨lat.⟩; For|mu|lar|block vgl. Block
for|mu|lie|ren (in eine angemessene sprachliche Form bringen); For|mu|lie|rung
For|mung
form|voll|en|det
For|nix, der; -, ...nices ⟨lat.⟩ (Med. Gewölbe eines Organs)
forsch ⟨lat.⟩; For|sche, die; - (ugs. für Nachdruck)
for|schen; du forschst
For|scher; For|scher|geist, der; -[e]s; For|sche|rin; for|sche|risch; For|scher|team
For|schung
For|schungs|ar|beit; For|schungs|auf|trag; For|schungs|be|reich; For|schungs|be|richt; For|schungs|er|geb|nis
For|schungs|ge|biet; For|schungs|ge|mein|schaft; For|schungs|grup|pe; For|schungs|in|sti|tut; For|schungs|la|bor
For|schungs|me|tho|de; For|schungs|pro|gramm; For|schungs|pro|jekt; For|schungs|ra|ke|te; For|schungs|re|ak|tor
For|schungs|rei|se; For|schungs|rei|sen|de; For|schungs|rich|tung
For|schungs|schiff; For|schungs|se|mes|ter
for|schungs|stark
For|schungs|sta|ti|on; For|schungs|sti|pen|di|um
For|schungs|stu|dent; For|schungs|stu|den|tin; For|schungs|stu|di|um
For|schungs|vor|ha|ben; For|schungs|zen|t|rum; For|schungs|zweck; zu Forschungszwecken; For|schungs|zweig
Forst, der; -[e]s, -e[n]; Forst|amt
Förs|ter; Förs|te|rei; Förs|te|rin
Forst|fach|ar|bei|ter (bes. österr.); Forst|fach|ar|bei|te|rin; Forst|frau; Forst|fre|vel; Forst|haus
forst|lich
Forst|mann Plur. ...männer u. ...leute
Forst|meis|ter; Forst|meis|te|rin
Forst|rat Plur. ...räte (früher)
Forst|re|vier; Forst|scha|den; Forst|schu|le; Forst|ver|wal|tung
Forst|we|sen
Forst|wirt; Forst|wir|tin; Forst|wirt|schaft
Forst|wis|sen|schaft
For|sy|thie [...tsi̯ə, ...ti̯ə, österr. u.

schweiz. ...'zi:tsjə〉, die; -, -n 〈nach dem engl. Botaniker Forsyth〉 (ein Zierstrauch)
fort; fort sein; fort mit ihm!; und so fort (*Abk.* usf.); in einem fort; weiter fort; immerfort
Fort [foːɐ̯], das; -s, -s 〈franz.〉 (Festungswerk)
fort... (*in Zus. mit Verben, z. B.* fortbestehen, du bestehst fort, fortbestanden, fortzubestehen)
fort|ab; fort|an
Fort|be|stand, der; -[e]s; fort|be|ste|hen
fort|be|we|gen; sich fortbewegen; *vgl.* ¹bewegen; Fort|be|we|gung; Fort|be|we|gungs|mit|tel
fort|bil|den; Fort|bild|ner; Fort|bild|ne|rin; Fort|bil|dung; Fort|bil|dungs|kurs
fort|blei|ben
fort|brin|gen
Fort|dau|er; fort|dau|ern; fort|dau|ernd
for|te 〈ital.〉 (*Musik* stark, laut; *Abk.* f); For|te, das; -s, *Plur.* -s u. ...ti
fort|ent|wi|ckeln; sich fortentwickeln; Fort|ent|wick|lung
For|te|pi|a|no, das; -s, *Plur.* -s u. ...ni 〈ital.〉 (*alte Bez. für* Pianoforte)
fort|er|ben, sich
fort|fah|ren
Fort|fall, der; -[e]s; in Fortfall kommen (*Amtsspr.*); fort|fal|len
fort|flie|gen
fort|füh|ren; Fort|füh|rung
Fort|gang, der; -[e]s; fort|ge|hen
fort|ge|schrit|ten; Fort|ge|schrit|te|ne, der *u.* die; -n, -n
fort|ge|setzt
fort|ha|ben; etwas forthaben wollen (*ugs.*)
fort|hin (*veraltend*)
For|ti|fi|ka|ti|on, die; -, -en 〈lat.〉 (Befestigungswerk; *nur Sing.:* Befestigungskunst); for|ti|fi|zie|ren
For|tis, die; -, ...tes 〈lat.〉 (*Sprachwiss.* starker, mit großer Intensität gesprochener Konsonant, z. B. p, t, k; *Ggs.* Lenis [*vgl. d.*])
for|tis|si|mo 〈ital.〉 (*Musik* sehr stark, sehr laut; *Abk.* ff); For|tis|si|mo, das; -s, *Plur.* -s u. ...mi
fort|ja|gen
fort|kom|men; Fort|kom|men, das fort|kön|nen
fort|las|sen; Fort|las|sung; unter Fortlassung des Titels
fort|lau|fen; fort|lau|fend; fortlaufend nummeriert

fort|le|ben
fort|lo|ben; Mitarbeiter fortloben
fort|ma|chen
fort|müs|sen
fort|pflan|zen; sich fortpflanzen; Fort|pflan|zung, die; -; fort|pflan|zungs|fä|hig
Fort|pflan|zungs|me|di|zin; Fort|pflan|zungs|or|gan; Fort|pflan|zungs|trieb
For|tran, FORTRAN, das; -s 〈*Kurzwort für engl.* formula translator »Formelübersetzer«〉 (*EDV* eine Programmiersprache)
fort|rei|ßen
fort|ren|nen
fort|rüh|ren, sich
Fort|satz, der; -es, Fortsätze
fort|schaf|fen; fortgeschafft
fort|sche|ren, sich (*ugs.*)
fort|schi|cken
fort|schrei|ben ([eine Statistik] fortlaufend ergänzen; *Wirtsch.* den Grundstückseinheitswert neu feststellen); Fort|schrei|bung
fort|schrei|ten; fort|schrei|tend
Fort|schritt
Fort|schritt|ler; Fort|schritt|le|rin
fort|schritt|lich; Fort|schritt|lich|keit, die; -
fort|schritts|feind|lich
Fort|schritts|glau|be; fort|schritts|gläu|big
fort|set|zen; Fort|set|zung; Fort|set|zungs|ro|man
fort|ste|hlen, sich
fort|stre|ben
fort|tra|gen
For|tu|na (röm. Glücksgöttin)
For|tu|nat, For|tu|na|tus (m. Vorn.)
For|tune [...'tyːn], For|tü|ne, die; - 〈franz.〉 (Glück, Erfolg); keine Fortune haben
fort|wäh|ren (*geh. für* andauern, weiterbestehen); fort|wäh|rend
fort|wer|fen
fort|wol|len
fort|zie|hen
Fo|rum, das; -s, *Plur.* ...ren *u.* ...ra 〈lat.〉 (altröm. Marktplatz, Gerichtsort; *Plur. nur* ...ren: Öffentlichkeit; öffentliche Diskussion); Fo|rums|ge|spräch
for|za|to (*selten für* sforzato)
Fos|bu|ry|flop, Fos|bu|ry-Flop [...'bəri...], der; -s, -s 〈nach dem amerik. Leichtathleten〉 (ein Hochsprungstil [*nur Sing.*]; einzelner Sprung in diesem Stil)
Fo|se, die; -, -n (*derb für* Dirne)
Fo|ße, die; -, -n 〈franz.〉 (*nordd. für* minderwertige Spielkarte)

fos|sil 〈lat.〉 (versteinert; vorweltlich); fossile Brennstoffe (z. B. Kohle, Erdöl); fossil befeuerte Kraftwerke; Fos|sil, das; -s, -ien ([versteinerter] Überrest von Tieren od. Pflanzen)
fö|tal *vgl.* fetal
¹Fo|to, das; -s, -s, *schweiz. auch* die; -, -s (*kurz für* Fotografie)
²Fo|to, der; -s, -s (*ugs.; kurz für* Fotoapparat)
Fo|to|al|bum
Fo|to|ama|teur; Fo|to|ama|teu|rin
Fo|to|ap|pa|rat; Fo|to|ar|beit (fotograf. Kunstwerk); Fo|to|ar|ti|kel; Fo|to|ate|li|er; Fo|to|buch
Fo|to|che|mie, Pho|to|che|mie [*auch* 'foː...] (Lehre von der chem. Wirkung des Lichtes)
Fo|to|che|mi|gra|fie, Pho|to|che|mi|gra|phie [*auch* 'foː...] (Herstellung von Ätzungen auf fotografischem Wege); fo|to|che|mi|gra|fisch, pho|to|che|mi|gra|phisch [*auch* 'foː...]; fo|to|che|misch, pho|to|che|misch [*auch* 'foː...] (durch Licht bewirkte chem. Reaktionen betreffend)
Fo|to|druck, der; -[e]s; Fo|to|dru|cker (*EDV*)
Fo|to|ef|fekt, Pho|to|ef|fekt (*Elektrot.* Austritt von Elektronen aus bestimmten Stoffen durch Lichteinwirkung)
Fo|to|elek|t|ri|zi|tät, Pho|to|elek|t|ri|zi|tät [*auch* 'foː...], die; -
Fo|to|elek|t|ron, Pho|to|elek|t|ron (bei Lichteinwirkung frei werdendes Elektron)
Fo|to|ele|ment, Pho|to|ele|ment (elektr. Element [Halbleiter], das Lichtenergie in elektr. Energie umwandelt)
Fo|to|fi|nish (Zieleinlauf, bei dem der Sieger durch ein Zielfoto ermittelt wird)

---

fo|to..., Fo|to...

(licht..., Licht...)
Das ph in den aus dem Griechischen stammenden Wörtern mit »photo« wird in allgemeinsprachlichen Wörtern meist durch f ersetzt:
– Fotoalbum, Fotoapparat

Auch fachsprachliche Wörter können generell mit f geschrieben werden:
– Fotochemie, Photochemie
– Fotosynthese, Photosynthese

Fo|to|gal|le|rie

fo|to|gen, pho|to|gen (zum Fotografieren od. Filmen geeignet); **Fo|to|ge|ni|tät**, Pho|to|ge|ni|tät, die; - (Bildwirksamkeit)

Fo|to|graf, Pho|to|graph, der; -en, -en; **Fo|to|gra|fie**, Pho|to|graphie, die; -, ...ien

fo|to|gra|fie|ren

Fo|to|gra|fik, Pho|to|gra|phik [auch 'fo:...] (fotografisches Verfahren mit gestalterischen Elementen [nur Sing.]; gestaltetes Foto)

Fo|to|gra|fin, Pho|to|gra|phin

fo|to|gra|fisch, pho|to|gra|phisch

Fo|to|gramm, Pho|to|gramm, das; -s, -e (Messbild); **Fo|to|gram|me|t|rie**, Pho|to|gram|me|t|rie, die; - (fachspr. für Herstellung von Grund- u. Aufrissen, Karten aus Lichtbildern); **fo|to|gram|me|t|risch**, pho|to|gram|me|t|risch

Fo|to|gra|vü|re, Pho|to|gra|vü|re (svw. Heliogravüre)

Fo|to|han|dy (Handy mit integrierter Fotokamera)

Fo|to|in|dus|t|rie; **Fo|to|ka|me|ra**

Fo|to|ko|pie (Lichtbildabzug von Schriften, Dokumenten u. a.); **Fo|to|ko|pier|au|to|mat**; **fo|to|ko|pie|ren**; **Fo|to|ko|pie|rer** (ugs.)

fo|to|künst|le|risch; **Fo|to|künst|le|rin**

Fo|to|li|tho|gra|fie, Pho|to|li|tho|gra|phie (Verfahren zur Herstellung von Druckformen für den Flachdruck)

fo|to|me|cha|nisch, pho|to|me|cha|nisch [auch 'fo:...]

Fo|to|me|ter, Pho|to|me|ter, das; -s, - (Gerät zur Lichtmessung); **Fo|to|me|t|rie**, Pho|to|me|t|rie, die; -, ...ien; **fo|to|me|t|risch**, pho|to|me|t|risch

Fo|to|mo|dell (jmd., der für Fotoaufnahmen Modell steht); **Fo|to|mon|ta|ge** (Zusammenstellung verschiedener Bildausschnitte zu einem Gesamtbild); **Fo|to|mo|tiv**

Fo|ton [auch fo'to:n] vgl. **Photon**; **fo|to|nisch** vgl. **photonisch**

Fo|to|phy|si|o|lo|gie, Pho|to|phy|sio|lo|gie [auch 'fo:...] (ein Teilgebiet der Physiologie)

Fo|to|pro|to|koll (Dokumentation anhand von Fotos); **Fo|to|re|a|lis|mus** (sehr naturalistische Kunstrichtung); **fo|to|re|a|lis|tisch**

Fo|to|re|por|ter; **Fo|to|re|por|te|rin**

Fo|to|sa|fa|ri

Fo|to|satz, Pho|to|satz, der; -es (Druckw. Lichtsatz)

Fo|to|shoo|ting vgl. Shooting

Fo|to|sphä|re, Pho|to|sphä|re [auch 'fo:...], die; - (strahlende Gashülle der Sonne)

Fo|to|stu|dio

Fo|to|syn|the|se, Pho|to|syn|the|se [auch 'fo:...], die; - (Aufbau chemischer Verbindungen durch Lichteinwirkung)

Fo|to|tak|tisch, pho|to|tak|tisch; **fototaktisch** od. phototaktische Bewegungen (Bewegungen von Pflanzenteilen zum Licht)

Fo|to|ta|pe|te; **Fo|to|ter|min**

Fo|to|thek, die; -, -en (Lichtbildsammlung)

Fo|to|the|ra|pie, Pho|to|the|ra|pie [auch 'fo:...] (Med. Lichtheilverfahren)

fo|to|trop, pho|to|trop (Physik, Biol. Fototropismus zeigend, lichtwendig; [von Brillengläsern] sich unter der Einwirkung von Licht verfärbend); **fo|to|tro|pisch**, pho|to|tro|pisch (Fototropismus zeigend); **Fo|to|tro|pis|mus**, Pho|to|tro|pis|mus, der; -, ...men (Biol. Krümmungsreaktion von Pflanzenteilen bei einseitigem Lichteinfall)

Fo|to|vol|ta|ik, Pho|to|vol|ta|ik, die; - (Teilgebiet der Elektronik); **Fo|to|vol|ta|ik|an|la|ge** (zur Energiegewinnung aus Sonnenstrahlung); **fo|to|vol|ta|isch**, pho|to|vol|ta|isch

Fo|to|zeit|schrift

Fo|to|zel|le, Pho|to|zel|le

Fö|tus vgl. Fetus

Fot|ze, die; -, -n (derb für w. Scham; bayr. u. österr. ugs. für Ohrfeige; Maul)

Föt|zel, der; -s, - (schweiz. für Lump, Taugenichts)

Föt|zel|schnit|te (schweiz. Kochkunst arme Ritter)

fot|zen (bayr. u. österr. ugs. für ohrfeigen); du fotzt; **Fotz|ho|bel** (bayr. u. österr. ugs. für Mundharmonika)

Fou|cault [fu'ko:] (franz. Physiker); **fou|caultsch**; **fou|caultsche** od. **Foucault'scher Pendelversuch** ↑D 135

Fou|ché [fu'ʃe:] (franz. Politiker)

foul [faʊl] (engl.) (Sport regelwidrig); **Foul**, das; -s, -s (Regelverstoß)

Fou|lard [fu'la:ɐ̯], der; schweiz. auch das; -s, -s (franz.) (leichtes [Kunst]seidengewebe; schweiz. für Halstuch aus [Kunst]seide)

Fou|lé, der; -[s], -s (ein Gewebe)

Foul|elf|me|ter [ˈfaʊl...], der (Sport)

fou|len (engl.) (Sport sich unfair verhalten); **Foul|spiel**

Fou|qué [fu'ke:] (dt. Dichter)

Four|gon [fʊrˈɡõː], der; -s, -s (franz.) (veraltet für Pack-, Vorratswagen)

Fou|rier [fu'riːɐ̯], der; -s, -e (franz.) (österr. u. schweiz. Militär der für Unterkunft u. Verpflegung sorgende Unteroffizier)

fou|tie|ren [fu...], fu|tie|ren (franz.) (schweiz. für sich nicht um etwas kümmern)

Fox, der; -[es], -e (kurz für Foxterrier, Foxtrott)

Fox|ter|ri|er (engl.) (eine Hunderasse)

Fox|trott, der; -[e]s, Plur. -e u. -s (engl.-amerik.) (ein Tanz)

Fo|y|er [foa'je:], das; -s, -s (franz.) (Wandelhalle [im Theater])

FPÖ, die; - = Freiheitliche Partei Österreichs

Fr (chem. Zeichen für Francium)

Fr. = Frau; Freitag; vgl. ²Franken

fr = Franc

fr. = frei

Fra (ital.) (Ordens»bruder«; meist vor konsonantisch beginnenden Namen, z. B. Fra Tommaso); vgl. **Frate**

Fracht, die; -, -en; **Fracht|brief**; **Fracht|damp|fer**

Frach|ten|aus|schuss (Wirtsch.)

Frach|ter (Frachtschiff)

Fräch|ter (österr. für Transportunternehmer); **Fräch|te|rei**

fracht|frei

Fracht|gut; **Fracht|raum**; **Frachtschiff**; **Fracht|stück**; **Fracht|ver|kehr**

Frack, der; -[e]s, Plur. Fräcke, seltener -s (engl.); **Frack|hemd**; **Frack|ho|se**

Fra|cking [ˈfrɛkɪŋ], das; -s (engl.) (Geol. das Aufspalten von Gestein mit Chemikalien u. Wasserdruck)

Frack|sau|sen; nur in **Fracksausen haben** (ugs. für Angst haben)

Frack|wes|te

Fra Di|a|vo|lo (»Bruder Teufel«) (neapolitan. Räuberhauptmann)

Fra|ge, die; -, -n; außer Frage stehen; etwas infrage od. in Frage stellen

Fra|ge|bo|gen; **Fra|ge|bo|gen|ak|ti|on**

Fra|ge|für|wort (für Interrogativpronomen)

fra|gen; du fragst (landsch.

fragen

F
frag

Fragenkatalog

F Frag

fragst); er fragt (*landsch.* frägt); du fragtest (*landsch.* frugst, *Konjunktiv* früg[e]st); gefragt; frag[e]!
Fra|gen|ka|ta|log
Fra|ger; Fra|ge|rei; Fra|ge|rin
Fra|ge|run|de
Fra|ge|satz (Interrogativsatz)
Fra|ge|stel|ler; Fra|ge|stel|le|rin; Fra|ge|stel|lung
Fra|ge|stun|de (im Parlament)
Fra|ge-und-Ant|wort-Spiel ↑ D 26
Fra|ge|wort *Plur.* ...wörter; **Fra|ge|zei|chen**
fra|gil (*lat.*) (zerbrechlich; zart); **Fra|gi|li|tät,** die; -
frag|lich; Frag|lich|keit
frag|los; Frag|lo|sig|keit, die; -
Frag|ment, das; -[e]s, -e (*lat.*) (Bruchstück; unvollendetes Werk); **frag|men|ta|risch** (bruchstückhaft); **frag|men|tie|ren** (in Bruchstücke zerlegen)
Frag|ner, der; -s, - (*bayr. u. österr. veraltet für* Krämer); **Frag|ne|rin**
frag|wür|dig; Frag|wür|dig|keit
frais [frɛːs], *österr.* **frai|se** [ˈfrɛːzə] (*franz.*) (erdbeerfarben); mit einem frais[e] Band; *vgl. auch* beige; in Frais[e] ↑ D 72
Frai|sen *Plur.* (*südd., österr. für* Krämpfe [bei kleinen Kindern])
frak|tal (*lat.-engl.*); fraktale Geometrie (Geometrie der Fraktale) ↑ D 89; **Frak|tal,** das; -s, -e (komplexes geometrisches Gebilde); **Frak|tal|geo|me|t|rie**
Frak|ti|on, die; -, -en (*franz.*) (organisatorischer Zusammenschluss [im Parlament]; *Chemie* Destillat; *westösterr., schweiz. für* Teil einer Gemeinde); **frak|ti|o|nell**
Frak|ti|o|nier|ap|pa|rat (*Chemie*); **frak|ti|o|nie|ren** (Gemische durch Verdampfung in Destillate zerlegen)
Frak|ti|ons|aus|schuss; Frak|ti|ons|be|schluss
Frak|ti|ons|chef; Frak|ti|ons|che|fin
Frak|ti|ons|dis|zi|p|lin
Frak|ti|ons|füh|rer; Frak|ti|ons|füh|re|rin
Frak|ti|ons|kol|le|ge; Frak|ti|ons|kol|le|gin
Frak|ti|ons|mit|glied; Frak|ti|ons|sit|zung
Frak|ti|ons|spre|cher; Frak|ti|ons|spre|che|rin
Frak|ti|ons|stär|ke
Frak|ti|ons|vor|sitz; Frak|ti|ons|vor|sit|zen|de; Frak|ti|ons|vor|stand
Frak|ti|ons|zwang
Frak|tur, die; -, -en (*lat.*) (*Med.*

Knochenbruch; *nur Sing.:* dt. Schrift, Bruchschrift)
Frak|tur|satz, der; -es; **Frak|tur|schrift**
Fram|bö|sie, die; -, ...ien (*franz.*) (*Med.* trop. Hautkrankheit)
¹**Frame** [freːm], der; -n, -n (*engl.*) (*Technik* Rahmen, Träger in Eisenbahnfahrzeugen)
²**Frame** [freɪm], der *u.* das; -s, -s (*engl.*) (*EDV* besondere Datenstruktur in Modellen künstlicher Intelligenz; Rahmen zur Unterteilung einer Website)
Frame|buf|fer [...bafɐ], der; -s, - (*engl.*) (*EDV* Bildspeicher)
Frame|ra|te, die; -, -n (*EDV, Film, Fernsehen* Bildwiederholrate)
Frame|set [...sɛt], das, *auch* der; -[s], -s (*engl.*) (*EDV* Fensteraufteilung)
Fra|ming [ˈfreɪmɪŋ], das; -[s], -s *Plur.* selten (*EDV* Verwendung von ²Frames bei der Programmierung; *Soziol.* subjektive Einbettung medialer Kommunikation)
Franc [frã], der; -, -s [frã:] (*franz.*) (Währungseinheit einiger afrikanischer Staaten; frühere Währungseinheit in Belgien, Frankreich u. Luxemburg; *vgl.* ²Franken)
Fran|çai|se [frãˈsɛː...], die; -, -n (*franz.*) (alter franz. Tanz)
France [frãːs], Anatole [...ˈtɔl] (franz. Schriftsteller); France' Werke ↑ D 16
Fran|ces|ca [...ˈtʃɛ...] (w. Vorn.)
Fran|ces|co [...ˈtʃɛ...] (m. Vorn.)
Franche-Com|té [frãʃkõˈte], die; - (franz. Landschaft)
¹**Fran|chi|se** [frãˈʃiː...], die; -, -n (*franz.*) (Betrag der Selbstbeteiligung an einer Versicherung)
²**Fran|chise** [ˈfrɛntʃaɪs], das; - (*franz.-engl.*) (*Wirtsch.* Vertrieb aufgrund von Lizenzverträgen)
Fran|chise|ge|ber (*Wirtsch.*); **Fran|chise|ge|be|rin; Fran|chise|neh|mer; Fran|chise|neh|me|rin**
Fran|chi|sing [...zɪŋ], das; -s (*svw.* ²Franchise)
Fran|ci|um, das; -s (chemisches Element, Metall; *Zeichen* Fr)
Fran|cke (dt. Theologe u. Pädagoge); **Fran|cke|sche Stif|tun|gen** *Plur.* ↑ D 150
Fran|co, Francisco [...ˈsɪ...] (span. General u. Politiker)
Fran|gi|pani [frandʒi...], der; -[s], -[s] ([sub]tropischer Baum mit großen Blüten)

frank ⟨mlat.-franz.⟩ (frei, offen); frank und frei
Frank (m. Vorn.); **Fran|ka** (w. Vorn.)
Fran|ka|tur, die; -, -en (*ital.*) (das Freimachen von Postsendungen)
Fran|ke, der; -n, -n (Angehöriger eines germanischen Volksstammes; Einwohner von ¹Franken)
¹**Fran|ken** (Land)
²**Fran|ken,** der; -s, - (schweiz. Währungseinheit [*Währungscode* CHF; *Abk.* Fr., sFr.; *im dt.* Bankwesen sfr, *Plur.* sfrs]); *vgl.* Franc
Fran|ken|stein (Titelfigur eines Schauerromans)
Fran|ken|wald, der; -[e]s (Gebirge in Bayern); **Fran|ken|wein**
Frank|furt am Main (Stadt in Hessen); ¹**Frank|fur|ter;** Frankfurter grüne ↑ D 89 Soße *od.* Sauce
²**Frank|fur|ter,** die; -, - *meist Plur.* (Frankfurter Würstchen)
Frank|fur|te|rin
frank|fur|tisch
Frank|furt (Oder) (Stadt in Brandenburg)
fran|kie|ren (*ital.*) (*Postw.*); **Fran|kier|ma|schi|ne**
Frän|kin; frän|kisch; *aber* ↑ D 140: die Fränkische Alb, die Fränkische Schweiz
Frank|lin [ˈfrɛ...] (nordamerik. Staatsmann u. Schriftsteller)
fran|ko (*ital.*) (*Kaufmannsspr.* veraltend für portofrei [für den Empfänger]); franko Basel
fran|ko|fon, fran|ko|phon (französischsprachig); **Fran|ko|fo|nie, Fran|ko|pho|nie,** die; - (Französischsprachigkeit)
Fran|ko|ka|na|di|er (Französisch sprechender Bewohner Kanadas); **Fran|ko|ka|na|di|e|rin; fran|ko|ka|na|disch**
fran|ko|phil (*germ.; griech.*) (frankreichfreundlich)
fran|ko|phon usw. *vgl.* frankofon usw.
Frank|reich
Frank|ti|reur [...ˈrøːɐ̯, *auch* frã...], der; -s, *Plur.* -e, *bei franz. Ausspr.* -s (früher für Freischärler)
Fran|se, die; -, -n; **fran|sen;** der Stoff hat gefranst; **fran|sig**
Franz (m. Vorn.)
Franz *vgl.* Franze
Franz|band, der; -[e]s, ...bände (Ledereinband mit tiefem Falz)
Franz|brannt|wein
Franz|brot (kleines Weißbrot)

Fran|ze, Franz, das; - meist ohne Artikel (Schülerspr. Französischunterricht)
fran|zen (Motorsport als Beifahrer dem Fahrer den Verlauf der Strecke angeben); du franzt; **Fran|zer; Fran|ze|rin**
Frän|zi, Fran|zis|ka (w. Vorn.)
Fran|zis|ka|ner, der; -s, - (Angehöriger des Mönchsordens der Franziskaner); **Fran|zis|ka|ne|rin** (Angehörige des Ordens der Franziskaner:innen); **Fran|zis|ka|ner|or|den,** der; -s ⟨Abk. OFM⟩; **fran|zis|ka|nisch**
fran|zis|ko|jo|se|phi|nisch ⟨nach dem österr. Kaiser Franz Joseph⟩; franziskojosephinische Bauten; aber ↑D 151: das Franziskojosephinische Zeitalter
Fran|zis|kus (m. Vorn.)
Fran|zi|um vgl. Francium
Franz-Jo|seph-Land, das; -[e]s (eine arktische Inselgruppe)
Franz|mann Plur. ...männer (ugs. veraltend für Franzose)
Fran|zo|se, der; -n, -n; **fran|zo|sen|feind|lich; fran|zo|sen|freund|lich**
fran|zö|sie|ren (franz. Verhältnissen anpassen; nach franz. Art gestalten); **Fran|zö|sin**
fran|zö|sisch; französische Broschur ↑D 89; die französische Schweiz (der französischsprachige Teil der Schweiz), aber ↑D 150 u. 151: die Französische Republik; die Französische Revolution (1789 bis 1794); vgl. deutsch
Fran|zö|sisch, das; -[s] (Sprache); vgl. Deutsch; **Fran|zö|si|sche,** das; -n; vgl. ²Deutsche
Fran|zö|sisch-Gu|ay|a|na (französisches Überseedepartement); **Fran|zö|sisch-Po|ly|ne|si|en** (französisches Überseeterritorium)
fran|zö|sisch|spra|chig vgl. deutschsprachig
fran|zö|si|sie|ren (svw. französieren)
frap|pant ⟨franz.⟩ (auffallend)
¹Frap|pé, Frap|pee, der; -s, -s (Stoff mit eingepresstem Muster)
²Frap|pé, Frap|pee, das; -s, -s (mit Eis serviertes alkohol. Getränk)
frap|pie|ren (überraschen, verblüffen; Wein u. Sekt in Eis kühlen)
Fras|ca|ti [...'ka:...], der; -, - (italienischer Weißwein)
Fräs|dorn Plur. ...dorne
Frä|se, die; -, -n (Maschine zum spanabhebenden Formen)
frä|sen; du fräst, er fräs|te

Frä|ser (Teil an der Fräsmaschine; Berufsbez.); **Frä|se|rin; Fräs|ma|schi|ne**
fraß vgl. fressen
Fraß, der; -es, -e; **Fraß|gift; Fraß|spur**
Fra|te ⟨ital.⟩ (Ordensbruder; meist vor vokalisch beginnenden Namen, z. B. Frate Elia, Frat' Antonio); vgl. Fra
Fra|ter, der; -s, Fra|t|res ⟨lat.⟩ ([Ordens]bruder)
fra|ter|ni|sie|ren ⟨franz.⟩ (sich verbrüdern); **Fra|ter|ni|tät,** die; -, -en ⟨lat.⟩ (Brüderlichkeit; Verbrüderung; kirchl. Bruderschaft); **Fra|ter|ni|té** vgl. Liberté, Égalité, Fraternité
Fra|t|res (Plur. von Frater)
Fratz, der; Gen. -es, österr. -en, Plur. -e, österr. -en ⟨ital.⟩ (ungezogenes Kind; schelmisches Mädchen); **Frätz|chen**
Frat|ze, die; -, -n (verzerrtes Gesicht; Grimasse); **Frat|zen|ge|sicht; frat|zen|haft**
frau (bes. im feministischen Sprachgebrauch für ¹man); da weiß frau, was sie hat
Frau, die; -, -en (Abk. Fr.)
Frau|chen
Fraud-Ana|lyst ['frɔːt...] ⟨engl.⟩ (Fachmann für das Aufdecken von Betrügereien in Datennetzen); **Fraud-Ana|lys|tin**
Frau|en|abend; Frau|en|ar|beit
Frau|en|arzt; Frau|en|ärz|tin; frau|en|ärzt|lich
Frau|en|be|auf|trag|te; Frau|en|be|ruf; Frau|en|be|we|gung; Frau|en|bild; Frau|en|buch|la|den; Frau|en|ca|fé; Frau|en|chor
Frau|en|do|mä|ne
Frau|en|eis (ein Mineral)
Frau|en|eman|zi|pa|ti|on, die; -
Frau|en|feind; frau|en|feind|lich; Frau|en|feind|lich|keit
Frau|en|feld (Hauptstadt des Kantons Thurgau)
Frau|en|film; Frau|en|fra|ge; Frau|en|fuß|ball; Frau|en|ge|fäng|nis; Frau|en|ge|stalt; Frau|en|grup|pe; Frau|en|haar
frau|en|haft
Frau|en|haus (für Frauen, die von Männern misshandelt werden)
Frau|en|heil|kun|de, die (für Gynäkologie)
Frau|en|held; Frau|en|herz
Frau|en|hilfs|dienst, der; -[e]s (früher in der Schweiz; Abk. FHD); **Frau|en|hilfs|dienst|leis|ten|de,** die; -n, -n (Abk. FHD)

Frau|en|kir|che
Frau|en|kleid; in Frauenkleidern
Frau|en|kli|nik; Frau|en|kör|per; Frau|en|krank|heit; Frau|en|lei|den; Frau|en|mann|schaft; Frau|en|park|platz
Frau|en|po|w|er, die (ugs. für Macht, Einfluss der Frauen)
Frau|en|quo|te (Anteil der Frauen [in Betrieben, Verwaltungen, Führungspositionen])
Frau|en|recht|le|rin; frau|en|recht|le|risch
Frau|en|rol|le
Frau|en|schuh (auch eine Orchideenart)
Frau|en|schutz, der; -es
Frau|en|schwarm
Frau|ens|per|son (veraltet)
Frau|en|stim|me; Frau|en|tag
Frau|en|über|schuss; Frau|en|ver|band
Frau|en|ver|ste|her (ugs. für Mann, der sich Frauen gegenüber sehr einfühlsam gibt)
Frau|en|wahl|recht; Frau|en|zeit|schrift
Frau|en|zim|mer (veraltet)
Frau|ke (w. Vorn.)
Fräu|lein, das; -s, Plur. -, ugs. auch -s ⟨Abk. Frl.⟩; die Adresse Fräulein Müllers, des Fräulein Müller, Ihres Fräulein Tochter; Ihr Fräulein Braut, Tochter

Fräulein
Heute ist es üblich, erwachsene weibliche Personen mit *Frau* anzusprechen, und zwar unabhängig von Alter und Familienstand.

frau|lich; Frau|lich|keit, die; -
fraun|ho|fer|sche Li|ni|en, Fraun|ho|fer'sche Li|ni|en, Fraun|ho|fer|li|ni|en ↑D 136, 89 u. 135 Plur. ⟨nach dem dt. Physiker⟩ (Linien im Sonnenspektrum)
Frau|schaft (seltener für Frauenmannschaft)
frdl. = freundlich
Freak [friːk], der; -s, -s ⟨amerik.⟩ (jmd., der sich nicht in das bürgerliche Leben einfügt; jmd., der sich für etwas begeistert)
frech; das frechs|te Kind
Frech|dachs (ugs. scherzh. für freches Kind)
Frech|heit; Frech|ling
Fred [auch frɛt] (m. Vorn.)

Freeclimbing

frei

– Bahn frei!; ich bin so frei!; frei nach Goethe

In kaufmannssprachlichem Gebrauch mit Akkusativ:
– frei Haus, frei deutschen Ausfuhrhafen, frei deutsche Grenze liefern (*Abk.* fr.)

I. *Kleinschreibung* ↑D 89:
– der freie Fall; der freie Wille; freie Beweiswürdigung; freie Rücklagen; freie Wahlen; freier Eintritt; freier Journalist; freie Mitarbeiterin; freier Schriftsteller; in freier Wildbahn; die freie Liebe; die freie (nicht staatlich gelenkte) Marktwirtschaft; das Signal steht auf »frei«

II. *Großschreibung*
a) *der Substantivierung* ↑D 72:
– das Freie, im Freien, ins Freie; etwas Freies und Ungezwungenes; es gibt nichts Freieres als sie

b) *in Namen und namenähnlichen Verbindungen* ↑D 89 u. 150:
– Freie Demokratische Partei (*Abk.* FDP); Freie Deutsche Jugend (*in der DDR; Abk.* FDJ); Freie und Hansestadt Hamburg; Freie Hansestadt Bremen; die Freie Reichsstadt Nürnberg, *aber* Frankfurt war lange Zeit eine freie Reichsstadt
– Freier Architekt (*im Titel, sonst* [er ist ein] freier Architekt)

III. *Schreibung in Verbindung mit Verben u. Partizipien* ↑D 56 u. 58:
a) *Getrennt- u. Zusammenschreibung:*
– frei sein, frei werden, frei bleiben
– frei (für sich) stehen; ein frei stehendes *od.* freistehendes Haus; frei stehende *od.* freistehende Zeilen
– frei (ohne Manuskript) sprechen (*vgl. aber* freisprechen)
– frei (ohne Stütze, ohne Leine) laufen; Eier von frei laufenden *od.* freilaufenden Hühnern (von Hühnern, die Auslauf haben)
– frei lebende *od.* freilebende Tiere
– die Ausfahrt frei halten, frei geben, frei lassen
– ein Gewicht frei halten; eine Rede frei halten (*vgl. aber* freihalten)
– den Oberkörper frei machen *od.* freimachen; sich von Vorurteilen frei machen *od.* freimachen; den Weg frei machen *od.* freimachen (*vgl. aber* freimachen)

b) *Zusammenschreibung, wenn eine idiomatisierte Gesamtbedeutung vorliegt:*
– freikaufen; freikommen; [jemanden] freihalten; einen Brief freimachen; sich freischwimmen; jemanden [von Schuld] freisprechen; [jemandem] freistehen; jemandem etwas [völlig] freistellen
– freischaffend, freitragend

c) *Wenn nicht eindeutig ist, ob eine idiomatisierte Gesamtbedeutung vorliegt, dann gilt Getrennt- oder Zusammenschreibung:*
– ein paar Tage freihaben *od.* frei haben
– den Vormittag freibekommen *od.* frei bekommen
– jemandem freigeben *od.* frei geben
– Geiseln freibekommen *od.* frei bekommen
– jemandem den Rücken freihalten *od.* frei halten

Free|clim|bing, das; -s, **Free Climbing**, das; - -s ['fri:klaɪmɪŋ] ⟨engl.⟩ (Klettern ohne technische Hilfsmittel)

Free|ga|ner [fri:...] ⟨engl.⟩ (Person, die sich aus Überzeugung von weggeworfenen Lebensmitteln ernährt); **Free|ga|ne|rin**

Free Jazz ['fri: dʒɛs], der; - - (Spielweise des Modern Jazz)

Free|lan|cer ['fri:la:nsɐ], der; -s, - (freier Mitarbeiter); **Free|lan|ce|rin**

Free|mi|um ['fri:mɪəm], das; -s, -s ⟨Kunstwort⟩ (*Jargon* Software, die als eingeschränkte Grundversion kostenlos vertrieben wird; *Wirtschaft, o. Art., nur Sing.* darauf basierendes Geschäftsmodell)

Free|sie [...jə], die; -, -n ⟨nach dem Kieler Arzt Freese⟩ (eine Zierpflanze)

Free|style, der; -[s], -s, **Free Style**, der; - -[s], - -s ['fri:staɪl] ⟨engl.⟩ (freier Stil, freie [im Ggs. zu vorgeschriebener] Ausführungsart)

Free|town ['fri:taʊn] (Hauptstadt von Sierra Leone)

Free-TV, das; -[s], **Free TV**, das; - -[s] ['fri:tivi:, *auch* - ...'vi:] ⟨engl.⟩ (gebührenfrei empfangbares Fernsehprogramm); ↑D 29 u. 41; **Free-TV-Pre|mi|e|re** (erstmalige Ausstrahlung im Free-TV)

Freeze [fri:s], das; - ⟨engl.⟩ (das Einfrieren aller atomaren Rüstung)

Fre|gat|te, die; -, -n ⟨franz.⟩ (Kriegsschiff; *ugs. auch für* [aufgetakelte] Frau); **Fre|gat|ten|ka|pi|tän**; **Fre|gat|ten|ka|pi|tä|nin**

Fre|gatt|vo|gel (ein großer, an [sub]tropischen Küsten lebender Vogel)

frei *s. Kasten*

Freia *vgl.* Freyja

Frei|an|la|ge (*Archit., Bauw.*)

Frei|bad

Frei|bank *Plur.* ...bänke (*früher*)

frei|be|kom|men, **frei be|kom|men** *vgl.* frei

Frei|berg (Stadt in Sachsen)

Frei|be|ruf|ler; **Frei|be|ruf|le|rin**; **frei|be|ruf|lich**

Frei|be|trag

Frei|beu|ter (Seeräuber); **Frei|beu|te|rei**; **Frei|beu|te|rin**; **frei|beu|te|risch**

Frei|bier

frei blei|ben *vgl.* frei

frei|blei|bend (*Kaufmannsspr.* unverbindlich, ohne Verpflichtung); das freibleibende Angebot, das Angebot ist freibleibend

Frei|bord (Höhe des Schiffskörpers über der Wasserlinie)

Frei|brief

Frei|burg (Kanton der Schweiz; *franz.* Fribourg)

Frei|burg im Breis|gau (Stadt in Baden-Württemberg)

Frei|burg im Ücht|land *od.* **Üecht-**

Freistoßspray

land ['y:ɛxt...] (Hauptstadt des Kantons Freiburg)
Frei|de|mo|krat (Mitglied der Freien Demokratischen Partei); **Frei|de|mo|kra|tin; frei|de|mo|kra|tisch**
Frei|den|ker; Frei|den|ke|rin; frei|den|ke|risch
Freie, der u. die; -n, -n (früher für jmd., der Rechtsfähigkeit u. polit. Rechte besitzt)
frei|en (veraltet für heiraten; um eine Frau werben); **Frei|er; Freie|rin**
Frei|ers|fü|ße Plur.; nur in auf Freiersfüßen gehen (scherzh.)
Frei|ers|mann Plur. ...leute (veraltet)
Frei|ex|em|plar
Frei|fahrt; Frei|fahrt|schein
Frei|flä|che
Frei|frau; Frei|fräu|lein
Frei|ga|be
Frei|gang (Rechtsspr.); **Frei|gän|ger** (Rechtsspr.); **Frei|gän|ge|rin**
frei|ge|ben, frei ge|ben; einen Gefangenen freigeben od. frei geben; es wurden neue Frequenzen für den Funk freigegeben od. frei gegeben; jmdm. den Nachmittag freigeben od. frei geben; vgl. frei
Frei|ge|big; Frei|ge|big|keit, die; -
Frei|ge|he|ge
Frei|geist Plur. ...geister; **Frei|geiste|rei; frei|geis|tig; Frei|ge|län|de**
Frei|ge|las|se|ne, der u. die; -n, -n
Frei|ge|richt (früher für Feme)
frei|gie|big (svw. freigebig)
Frei|graf (früher für Vorsitzender des Freigerichts)
Frei|gren|ze (Steuerw.); **Frei|gut** (Zollw.)
frei|ha|ben, frei ha|ben (Urlaub, keinen Dienst haben); vgl. frei
Frei|ha|fen vgl. ²Hafen
frei|hal|ten; ich werde dich freihalten (für dich bezahlen); aber eine Rede frei (ohne Manuskript) halten; die Ausfahrt frei halten ↑D 56
Frei|hand|bü|che|rei (Bibliothek, in der man die Bücher selbst aus den Regalen entnehmen kann)
Frei|han|del, der; -s; **Frei|han|dels|zo|ne**
frei|hän|dig
Frei|hand|zeich|nen, das; -s
Frei|heit; frei|heit|lich
Frei|heits|be|griff Plur. selten; **Freiheits|be|rau|bung; Frei|heits|drang,** der; -[e]s; **Frei|heits|ent|zug**

Frei|heits|feind|lich
Frei|heits|kampf; Frei|heits|kämpfer; Frei|heits|kämp|fe|rin; Frei|heits|krieg
Frei|heits|lie|bend
Frei|heits|recht; Frei|heits|sinn, der; -[e]s; **Frei|heits|sta|tue; Frei|heits|stra|fe**
frei|her|aus; etwas freiheraus (offen) sagen
Frei|herr (Abk. Frhr.); **Frei|herrn|stand,** der; -[e]s
Frei|in (Freifräulein)
Frei|kar|te
frei|kau|fen (durch Zahlung eines Lösegeldes befreien)
Frei|kir|che; eine protestantische Freikirche
Frei|klet|tern, das; -s (svw. Freeclimbing)
frei|kom|men (loskommen)
Frei|kör|per|kul|tur, die; - (Abk. FKK)
Frei|korps (früher)
frei|krat|zen, frei krat|zen; Autoscheiben freikratzen od. frei kratzen
Frei|la|de|bahn|hof (Eisenbahn)
Frei|land, das; -[e]s; **Frei|land|gemü|se; Frei|land|ver|such**
frei|las|sen, frei las|sen; die Gefangenen wurden freigelassen od. frei gelassen; vgl. frei; **Frei|las|sung**
Frei|lauf (Technik); **frei|lau|fen,** sich (Sport); aber frei (ohne Leine, ohne Stütze) laufen
frei le|bend, frei|le|bend vgl. frei
frei|le|gen, frei le|gen (eine deckende Schicht entfernen); ↑D 56; **Frei|le|gung**
Frei|lei|tung
frei|lich
Frei|licht|büh|ne; Frei|licht|male|rei; Frei|licht|mu|se|um; Freilicht|the|a|ter
Frei|lig|rath (dt. Dichter)
Frei|luft|kon|zert; Frei|luft|schu|le; Frei|luft|ver|an|stal|tung
frei|ma|chen; einen Brief freimachen (Postw.); aber ein paar Tage freimachen od. frei machen (Urlaub machen); den Oberkörper frei machen od. freimachen; sich von Vorurteilen frei machen od. freimachen
Frei|ma|chung (Postw.); **Frei|mar|ke**
Frei|mau|rer; Frei|mau|re|rei, die; -; **Frei|mau|re|rin; Frei|mau|re|risch; Frei|mau|rer|lo|ge**
Frei|mut; frei|mü|tig; Frei|mü|tig|keit, die; -
frei|neh|men, frei neh|men; ein

paar Tage freinehmen od. frei nehmen
Frei|plas|tik, die (Kunstwiss.); **Freiplatz**
frei|pres|sen (durch Erpressung jmds. Freilassung erzwingen)
Frei|raum
frei|re|li|gi|ös
Frei|sass, Frei|sas|se (früher für von bestimmten Abgaben befreiter Bauer)
frei|schaf|fend; ein freischaffender Künstler, Architekt
Frei|schalt|code (Elektrot.); **freischal|ten;** die Leitung wurde freigeschaltet; aber sie konnte ganz frei schalten (nach Belieben verfahren); **Frei|schal|tung**
Frei|schar (früher für militärische Gruppe von Freiwilligen); **Freischär|ler; Frei|schär|le|rin**
Frei|schlag (bes. Hockey)
frei|schwim|men, sich (früher); **Frei|schwim|mer** (früher für Schwimmprüfung)
frei|set|zen (aus einer Bindung lösen); Energie, Kräfte freisetzen; **Frei|set|zung**
Frei|sinn, der; -[e]s (veraltet); **freisin|nig**
Frei|sitz (im Freien liegender Teil einer Gaststätte; Terrasse, Balkon)
frei|spie|len (Sport); sich, einen Stürmer freispielen; vgl. frei
Frei|sprech|an|la|ge, Frei|sprechein|rich|tung (Einrichtung für Handy od. Telefon, die freihändiges Telefonieren ermöglicht)
frei|spre|chen (für nicht schuldig erklären; Handwerk zum Gesellen erklären); aber frei (ohne Manuskript) sprechen; **Freispre|chung; Frei|spruch**
Frei|staat Plur. ...staaten
Frei|statt, Frei|stät|te
frei|ste|hen; das soll dir freistehen (gestattet sein); aber die Wohnung hat lange frei gestanden od. freigestanden; frei stehendes od. freistehendes Haus ↑D 58
frei|stel|len (erlauben); jmdm. etwas [völlig] freistellen; **Freistel|lung**
Frei|stem|pel (Postw.); **Frei|stempler** (Frankiermaschine)
Frei|stil, der; -s (Sport); **Frei|stilrin|gen; Frei|stil|schwim|men,** das; -s
Frei|stoß (beim Fußball); [in]direkter Freistoß; **Frei|stoß|spray** (Fußball nur kurze Zeit sicht-

459

bares Spray für Spielfeldmarkierungen); Frei|stoß|tref|fer
Frei|stun|de
Frei|tag, der; -[e]s, -e (Abk. Fr.); ↑D 151: der Stille Freitag (Karfreitag); vgl. Dienstag; frei|tags vgl. Dienstag
Frei|tags|ge|bet (islam. Rel.)
Frei|tod (Selbstmord)
frei|tra|gend (Bauw.); freitragende Brücken, Treppen
Frei|trep|pe; Frei|übung; Frei|wache (Seemannsspr.)
frei|weg (unbekümmert)
frei wer|den; aber das Freiwerden ↑D 82
Frei|wild
frei|wil|lig; die freiwillige Feuerwehr, aber ↑D 150: die Freiwillige Feuerwehr Nassau; Freiwilliges Soziales od. freiwilliges soziales Jahr, freiwilliger Wehrdienst ↑D 89; Frei|wil|li|ge, der u. die; -n, -n; Frei|wil|li|gen|ar|beit; Frei|wil|li|gen|tag; Frei|wil|lig|keit, die; -
Frei|wurf (Sport)
Frei|zei|chen
Frei|zeit
Frei|zeit|ak|ti|vi|tät; Frei|zeit|an|gebot; Frei|zeit|an|zug; Frei|zeit|bad; Frei|zeit|be|schäf|ti|gung; Frei|zeit|club vgl. Freizeitklub; Frei|zeit|ein|rich|tung; Frei|zeit|ge|stal|tung
Frei|zeit|hemd; Frei|zeit|klei|dung; Frei|zeit|klub, Frei|zeit|club; Frei|zeit|park; Frei|zeit|ver|gnü|gen; Frei|zeit|wert; Frei|zeit|zen|t|rum
frei|zü|gig; Frei|zü|gig|keit, die; -
fremd
Fremd|ar|bei|ter (schweiz., sonst meist abwertend od. veraltet); Fremd|ar|bei|te|rin
fremd|ar|tig; Fremd|ar|tig|keit
fremd|be|stimmt; Fremd|be|stim|mung
fremd|be|zie|hen; Fremd|be|zug
¹Frem|de, der u. die; -n, -n
²Frem|de, die; - (Ausland); in der Fremde
Fremd|ein|wir|kung
frem|deln (vor Fremden scheu, ängstlich sein); ich fremd[e]le; frem|den (schweiz. für fremdeln)
Frem|den|bett; Frem|den|buch (veraltet)
frem|den|feind|lich; Frem|den|feind|lich|keit
Frem|den|füh|rer; Frem|den|füh|re|rin

Frem|den|hass; Frem|den|heim; Frem|den|le|gi|on, die; -; Frem|den|pass
Frem|den|po|li|zei (bes. österr., schweiz. für Ausländerbehörde)
Frem|den|recht (Ausländerrecht)
Frem|den|sit|zung (öffentliche Karnevalssitzung)
Frem|den|ver|kehr, der; -[e]s; Frem|den|ver|kehrs|ab|ga|be; Frem|den|ver|kehrs|amt; Frem|den|ver|kehrs|ge|biet
Frem|den|zim|mer
fremd|fi|cken (derb)
Fremd|fir|ma
fremd|ge|hen (ugs. für in einer Partnerschaft untreu sein)
Fremd|heit, die; - (das Fremdsein)
Fremd|herr|schaft Plur. selten; Fremd|ka|pi|tal; Fremd|kör|per
fremd|län|disch
Fremd|ling (geh. od. scherzh.)
Fremd|mit|tel Plur.
Fremd|scham
fremd|schä|men, sich (ugs. für sich stellvertretend für andere schämen); sie schämt sich fremd od. fremdschämt sich, hat sich fremdgeschämt
Fremd|spra|che; Fremd|sprachen|kor|re|s|pon|dent; Fremd|sprachen|kor|re|s|pon|den|tin; Fremd|spra|chen|un|ter|richt
fremd|spra|chig (eine Fremdsprache sprechend; in einer fremden Sprache geschrieben, gehalten); fremdsprachiger (in einer Fremdsprache gehaltener) Unterricht
fremd|sprach|lich (eine fremde Sprache betreffend; fremdsprachlicher (über eine Fremdsprache gehaltener) Unterricht
fremd|stäm|mig; Fremd|stäm|mig|keit, die; -
fremd|steu|ern
Fremd|stoff
fremd|ver|ge|ben (für outsourcen)
Fremd|ver|schul|den (Amtsspr.)
Fremd|wäh|rung (Finanzw.)
Fremd|wort Plur. ...wörter
Fremd|wör|ter|buch
fremd|wort|frei; fremd|wort|reich
fre|ne|tisch ⟨franz.⟩ (rasend)
fre|quent ⟨lat.⟩ (häufig, zahlreich; Med. beschleunigt [vom Puls])
Fre|quen|ta|ti|on, die; -, -en (veraltet); fre|quen|tie|ren (geh. für häufig besuchen)
Fre|quenz, die; -, -en (Besucherzahl, Verkehrsdichte; Schwingungszahl; Periodenzahl)

Fre|quenz|be|reich; Fre|quenz|messer, der (zur Zählung der Wechselstromperioden)
Fres|ke, die; -, -n ⟨franz.⟩, Fres|ko, das; -s, ...ken ⟨ital.⟩ »frisch« (Wandmalerei auf feuchtem Kalkputz); vgl. a fresco; Fres|koma|le|rei
Fres|nel|lin|se, Fres|nel-Lin|se [frɛ'nɛl...] ↑D 136 ⟨nach dem franz. Physiker⟩ (eine zusammengesetzte Linse)
Fres|sa|li|en Plur. (ugs. scherzh. für Esswaren)
Fres|se, die; -, -n (derb für Mund)
fres|sen; du frisst, er frisst; du fraßest; du fräßest; gefressen; friss!; Fres|sen, das; -s; Fres|ser; Fres|se|rei; Fres|se|rin
Fress|gier; Fress|korb (ugs.); Fressnapf; Fress|pa|ket (ugs.)
Fress|sack, Fress-Sack (ugs. für gefräßiger Mensch)
Fress|tem|pel (ugs. für Nobelrestaurant)
Fress|werk|zeu|ge Plur. (Zool.)
Fress|zel|le (Med. der Infektionsabwehr dienendes weißes Blutkörperchen)
Frett|chen, das; -s, - ⟨niederl.⟩ (Iltisart)
fret|ten, sich (südd., österr. ugs. für sich abmühen)
fret|tie|ren ⟨niederl.⟩ (Jägerspr. mit dem Frettchen jagen)
Freud (österr. Psychiater)
Freu|de, die; -, -n; [in] Freud und Leid ↑D 13
freu|de|los, freu|den|los (svw. freudlos)
Freu|den|be|cher (geh.); Freu|den|bot|schaft; Freu|den|fest; Freu|den|feu|er; Freu|den|ge|heul
Freu|den|haus (verhüllend für Bordell); Freu|den|mäd|chen (veraltend für Prostituierte)
freu|den|reich
Freu|den|ruf; Freu|den|sprung; Freu|den|tag; Freu|den|tanz; Freu|den|tau|mel; Freu|den|trä|ne
freu|de|strah|lend; freu|de|trun|ken
Freu|di|a|ner (Anhänger Freuds); Freu|di|a|ne|rin; freu|di|a|nisch
freu|dig; ein freudiges Ereignis; Freu|dig|keit, die; -
freud|los; Freud|lo|sig|keit, die; -
freud|sch; eine freudsche od. Freud'sche Fehlleistung (bes. Psychol.) ↑D 135 u. 89
freu|en; sich freuen
freund (veraltend); jmdm. freund (freundlich gesinnt) sein, bleiben, werden

Freund, der; -[e]s, -e; jemandes Freund bleiben, sein, werden; gut Freund [mit jmdm.] sein

Freund|chen *(meist [scherzh.] drohend als Anrede)*

Freun|des|kreis; Freun|des|treue

Freund-Feind-Den|ken

Freun|din

freund|lich *(Abk. frdl.);* freundlich gesinnte Menschen; *Schreibung in Zusammensetzungen:* menschenfreundlich, kinderfreundlich; moskaufreundlich↑D 143

freund|li|cher|wei|se

Freund|lich|keit

freund|nach|bar|lich

Freund|schaft; freund|schaft|lich

Freund|schafts|an|fra|ge (in sozialen Netzwerken)

Freund|schafts|ban|de *Plur. (geh.);* **Freund|schafts|buch; Freund|schafts|dienst; Freund|schafts|spiel** *(Sport);* **Freund|schafts|ver|trag**

fre|vel *(veraltet);* frevler Mut

Fre|vel, der; -s, - (Verbrechen)

fre|vel|haft; Fre|vel|haf|tig|keit

Fre|vel|mut *(veraltet)*

fre|veln; ich frev[e]le

Fre|vel|tat

fre|vent|lich *(veraltend)*

Frev|ler; Frev|le|rin; frev|le|risch

Frey, Freyr ['fraɐ̯] *(germ. Mythol.* Gott der Fruchtbarkeit u. des Friedens)

Frey|burg (Un|strut) (Stadt an der unteren Unstrut)

Frey|ja *(germ. Mythol.* Liebesgöttin)

Frey|tag (dt. Schriftsteller)

Frhr. = Freiherr

Fri|aul, -s, *auch mit Artikel* das; -[s] (ital. Landschaft)

fri|ckeln *(ugs. für* basteln); ich frick[e]le

Fri|csay [...tʃaɪ] (ung. Dirigent)

Fri|de|ri|cus *(lat. Form für* Friedrich); Fridericus Rex (König Friedrich [der Große]); **fri|de|ri|zi|a|nisch**

Fri|do|lin (m. Vorn.)

Frie|da (w. Vorn.)

Frie|bert, Frie|de|bert (m. Vorn.)

Frie|de, der; -ns, -n *(seltener für* Frieden)

Frie|del (m. u. w. Vorn.)

Frie|dell (österr. Schriftsteller)

Frie|de|mann (m. Vorn.)

frie|den *(selten für* einfrieden, befrieden); gefriedet

Frie|den, der; -s, -

Frie|dens|ab|kom|men; Frie|dens|be|mü|hung *meist Plur.;* **Frie|dens|be|reit|schaft,** die; -; **frie|dens|be|wegt; Frie|dens|be|we|gung; Frie|dens|bruch,** der

Frie|dens|en|gel

Frie|dens|fahrt (Radrennen zwischen Prag, Warschau u. Berlin)

Frie|dens|for|schung

Frie|dens|freund; Frie|dens|freun|din

Frie|dens|ge|spräch; Frie|dens|in|i|ti|a|ti|ve; Frie|dens|kon|fe|renz

Frie|dens|la|ger, das; -s *(in der DDR Bez. für* die sozialist. Staaten)

Frie|dens|lie|be; Frie|dens|mis|si|on; Frie|dens|no|bel|preis; Frie|dens|ord|nung; Frie|dens|pfei|fe; Frie|dens|pflicht; Frie|dens|plan; Frie|dens|po|li|tik; Frie|dens|preis; Frie|dens|pro|zess

Frie|dens|rich|ter; Frie|dens|rich|te|rin

Frie|dens|schluss; Frie|dens|si|che|rung

Frie|den[s]|stif|ter; Frie|den[s]|stif|te|rin

Frie|den[s]|stö|rer; Frie|den[s]|stö|re|rin

Frie|dens|tau|be; Frie|dens|trup|pe; Frie|dens|ver|hand|lun|gen *Plur.;* **Frie|dens|ver|trag; Frie|dens|zei|chen; Frie|dens|zeit**

Frie|der (m. Vorn.)

Frie|de|ri|ke (w. Vorn.)

frie|de|voll *vgl.* friedvoll

fried|fer|tig; Fried|fer|tig|keit, die; -

Fried|fisch

Fried|helm (m. Vorn.)

Fried|hof; Fried|hofs|gärt|ne|rei; Fried|hofs|ka|pel|le; Fried|hofs|mau|er; Fried|hofs|ru|he

Fried|län|der (Bez. Wallensteins nach dem Herzogtum Friedland; einer aus Wallensteins Mannschaft); **fried|län|disch**

fried|lich; friedliche Koexistenz *(Politik)* ↑D 89; **Fried|lich|keit,** die; -

fried|lie|bend; fried|los

Frie|do|lin *vgl.* Fridolin

¹**Fried|rich** (m. Vorn.); Friedrich der Große ↑D 134

²**Fried|rich,** Caspar David (dt. Maler)

Fried|rich|ro|da (Stadt am Nordrand des Thüringer Waldes)

Fried|richs|dor, der; -s, -e (alte preuß. Goldmünze); 10 Friedrichsdor

Fried|richs|ha|fen (Stadt am Bodensee)

Fried|rich Wil|helm, der; - -s, - -s *(ugs. für* Unterschrift)

fried|voll

Fried|wald® (Urnenbestattung unter Bäumen)

frie|meln *(landsch. für* basteln); ich friem[e]le

Friendly Fire ['frɛntli 'faɐ̯ɐ], das; - -[s], - -s ⟨engl.⟩ *(Militär* versehentlicher Beschuss eigener Truppen; Kritik aus den eigenen Reihen)

frie|ren; du frierst; du frorst; du frörest; gefroren; frier[e]!; ich friere an den Füßen; mich friert an den Füßen

Fries, der; -es, -e ⟨franz.⟩ (Gesimsstreifen; ein Gewebe)

Frie|se, der; -n, -n (Angehöriger eines germ. Stammes an der Nordseeküste)

Frie|sel, der *od.* das; -s, -n *meist Plur.* (Pustel); **Frie|sel|fie|ber**

Frie|sen|nerz *(scherzh. für* Öljacke)

Frie|sin; frie|sisch

Fries|land; Fries|län|der; Fries|län|de|rin; fries|län|disch

Frigg *(germ. Mythol.* Wodans Gattin); *vgl.* Frija

fri|gid *vgl.* frigide

Fri|gi|daire® [...ʒi'dɛːɐ̯, *auch* ...gi...], **Fri|gi|där** [...gi...], der; -[s], -[s] ⟨franz.⟩ *(selten für* Kühlschrank)

Fri|gi|da|ri|um, das; -s, ...ien ⟨lat.⟩ (Abkühlungsraum [in altröm. Bädern])

fri|gi|de, fri|gid ⟨lat.⟩ *(Med. veraltend od. abwertend für* sexuell nicht erregbar, nicht zum Orgasmus fähig [von Frauen]); **Fri|gi|di|tät,** die; -

Fri|ja *(altd. Name für* Frigg)

Fri|ka|del|le, die; -, -n ⟨ital.⟩

Fri|kan|deau [...'doː], das; -s, -s ⟨franz.⟩ (Teil der [Kalbs]keule)

Fri|kan|del|le, die; -, -n (Schnitte aus gedämpftem Fleisch; *auch für* Frikadelle)

Fri|kas|see, das; -s, -s (Gericht aus klein geschnittenem Fleisch); **fri|kas|sie|ren**

fri|ka|tiv ⟨lat.⟩ (auf Reibung beruhend); **Fri|ka|tiv,** der; -s, -e, **Fri|ka|tiv|laut** *(Sprachwiss.* Reibe-, Engelaut, z. B. f, sch)

Frik|ti|on, die; -, -en (Reibung); **Frik|ti|ons|kupp|lung** *(Technik);* **frik|ti|ons|los**

Fri|maire [...'mɛːɐ̯], der; -[s], -s *Plur. selten* ⟨franz., »Reifmonat«⟩ (3. Monat des Kalenders der Franz. Revolution: 21. Nov. bis 20. Dez.)

Frisbee

Fris|bee® [...bi], das; -[s], -s ⟨engl.⟩ (Wurfscheibe); Frisbee spielen

frisch
– auf frischer Tat ertappen
– frisch-fröhlich ↑ D 23

Großschreibung in Namen ↑ D 140:
– die Frische Nehrung
– das Frische Haff

Getrennt- und Zusammenschreibung ↑ D 56 u. 58:
– etwas frisch halten
– sich frisch machen *od.* frischmachen
– eine frisch gestrichene *od.* frischgestrichene Tür; *aber nur* die Tür wurde frisch gestrichen
– das frisch gebackene *od.* frischgebackene Brot (*vgl. aber* frischbacken)
– ein frischgebackenes (gerade erst getrautes) Ehepaar
– die Frischverliebten *od.* frisch Verliebten

Frisch, Max (schweiz. Schriftsteller)
frisch|auf! (*veraltend für* Wanderergruß)
frisch|ba|cken; frischbackenes Brot
Frisch|blut (erst vor kurzer Zeit entnommenes Blut)
Fri|sche, die; -
Frisch|ei
fri|schen (Hüttenw. Metall herstellen, reinigen; *Jägerspr.* [vom Wildschwein] Junge werfen); du frischst
frisch-fröh|lich ↑ D 23
frisch ge|ba|cken, **frisch|ge|ba|cken** *vgl.* frisch
Frisch|ge|mü|se
frisch ge|stri|chen, **frisch|ge|stri|chen** *vgl.* frisch
Frisch|ge|wicht
Frisch|hal|te|fo|lie; **Frisch|hal|te|pa|ckung**; **Frisch|hal|tung**
Frisch|kä|se; **Frisch|kost**
Frisch|ling (junges Wildschwein)
Frisch|luft, die; -; **Frisch|luft|zu|fuhr**
frisch|mel|kend; *nur in* frischmelkende Kuh (Kuh, die gerade gekalbt hat)
Frisch|milch
Frisch|was|ser, das; -s
frisch|weg
Frisch|zel|le; **Frisch|zel|len|the|ra|pie**
Fris|co (*amerik. Abk. für* San Francisco)
Fri|se, die; -, -n (*bes. Jugendspr.* kurz *für* Frisur)

Fri|sée|sa|lat [...'ze:...] ⟨franz.; dt.⟩ (Kopfsalat mit krausen Blättern)
Fri|seur [...'zø:ɐ̯], Fri|sör, der; -s, -e ⟨*zu* frisieren⟩; **Fri|seu|rin** [...'zø:...], Fri|sö|rin
Fri|seur|sa|lon, Fri|sör|sa|lon
Fri|seu|se [...'zø:zə], die; -, -n (*ugs., sonst veraltet für* Friseurin)
fri|sie|ren ⟨franz.⟩ (*ugs. auch für* herrichten, [unerlaubt] verändern); sich frisieren
Fri|sier|kom|mo|de; **Fri|sier|sa|lon**; **Fri|sier|toi|let|te**; **Fri|sier|um|hang**
Fri|sis|tik, die; - (Wissenschaft von der Sprache, Literatur u. Landeskunde der Friesen)
Fri|sör *usw. vgl.* Friseur *usw.*
frisst *vgl.* fressen
Frist, die; -, -en
fris|ten
Fris|ten|lö|sung; **Fris|ten|re|ge|lung** (Regelung für straffreien Schwangerschaftsabbruch in den ersten [drei] Monaten)
Frist|er|stre|ckung (*schweiz. für* Fristverlängerung)
frist|ge|bun|den; **frist|ge|mäß**; **frist|ge|recht**
frist|los; fristlose Entlassung
Frist|über|schrei|tung; **Frist|ver|län|ge|rung**
Frist|wech|sel (*Kaufmannsspr.* Datowechsel)
Fri|sur, die; -, -en
Fri|teu|se [...'tø:...] *alte Schreibung für* Fritteuse
Frit|flie|ge (Getreideschädling)
Frit|hjof (norw. Held; m. Vorn.); **Frit|hjof[s]|sa|ge**, die
fri|tie|ren *alte Schreibung für* frittieren
Frit|ta|ta, die; -, -n ⟨ital.⟩ (Eierkuchenstreifen als Suppeneinlage); **Frit|ta|ten|sup|pe**
Frit|te, die; -, -n ⟨franz.⟩ (Schmelzgemenge; *Plur. ugs. auch für* Pommes frites); **frit|ten** (eine Fritte machen; [von Steinen] sich durch Hitze verändern; *ugs. auch für* frittieren)
Frit|ten|bu|de (*ugs. für* Imbissstube); **Frit|ten|fett** (*ugs.*)
Frit|teu|se [...'tø:...], die; -, -n (elektr. Gerät zum Frittieren)
frit|tie|ren ⟨franz.⟩; Fisch frittieren (in schwimmendem Fett braten)
Frit|tü|re, die; -, -n ⟨franz.⟩ (heißes Ausbackfett; die darin gebackene Speise; *auch für* Fritteuse); **Fri|tü|re** *alte Schreibung für* Frittüre
Fritz (m. Vorn.)

...frit|ze, der; -n, -n (*ugs. abwertend*, z. B. Zeitungsfritze)
fri|vol ⟨franz.⟩ (leichtfertig; schlüpfrig); **Fri|vo|li|tät**, die; -, -en
Frl. = Fräulein
Frö|bel (dt. Pädagoge)
froh; frohen Sinnes; die froh[e]sten Menschen; **froh gelaunt** ↑ D 58, froher gelaunt; *vgl. aber* frohgemut; frohes Ereignis, *aber* ↑ D 150: die Frohe Botschaft (Evangelium)
Froh|bot|schaft, die; - (*svw.* Evangelium)
froh ge|launt, **froh|ge|launt** *vgl.* froh
froh|ge|mut; die frohgemutesten Menschen
fröh|lich; **Fröh|lich|keit**, die; -
froh|lo|cken; sie hat frohlockt
Froh|mut (*geh.*); **froh|mü|tig** (*geh.*)
Froh|na|tur

frönen
Obwohl das ö in *frönen* lang gesprochen wird, schreibt man das Verb ohne Dehnungs-h. Gleiches gilt für die etymologisch verwandten Wörter *Fron*, *Frondienst* und *Fronleichnam*.

Froh|sinn, der; -[e]s; **froh|sin|nig** (selten)
froh|wüch|sig (Tier- u. Pflanzenzucht)
Frois|sé [froa...], der *od.* das; -s, -s ⟨franz.⟩ (künstlich geknittertes Gewebe)
Fro|mage de Brie [frɔ'ma:ʒ də -], der; - - -, -s - - [frɔ'ma:ʒ - -] ⟨franz.⟩ (Briekäse)
fromm; frömmer *od.* frommer, frömms|te *od.* fromms|te
From|me, der; -n (*veraltet für* Ertrag; Nutzen); *noch in* zu Nutz und Frommen
Fröm|me|lei; **fröm|meln** (sich [übertrieben] fromm zeigen); ich frömm[e]le
from|men (*veraltend für* nutzen); es frommt ihm nicht
Fromm|heit, die; -
Fröm|mig|keit, die; -
Fröm|m|ler; **Fröm|m|le|rei**; **Fröm|m|le|rin**; **fröm|m|le|risch**
Fron, die; -, -en (dem Lehnsherrn zu leistende Arbeit; **Fron|ar|beit** (*schweiz. auch für* unbezahlte Gemeinschaftsarbeit für Gemeinde, Verein o. Ä.)
Fron|ar|bei|ter; **Fron|ar|bei|te|rin**
¹**Fron|de**, die; -, -n (*veraltend für* Fron)

früh

früh

frü|her, am frühs|ten *od.* am frü|hes|ten
Groß- und Kleinschreibung:
– von früh bis spät
– von morgens früh bis abends spät
– ich muss immer morgens früh aufstehen (*aber* frühmorgens hat es noch geregnet)
– morgen früh, *bes. österr. auch* morgen Früh schlafe ich aus
– frühstens *od.* frühestens; frühestmöglich (*vgl. d.*)

Getrennt- und Zusammenschreibung:
– allzu früh
– von früh auf
– **früh verstorben** *od.* frühverstorben
– **früh vollendet** *od.* frühvollendet

²**Fron|de** [ˈfrõːdə], die; -, -n ⟨franz.⟩ (regierungsfeindliche Gruppe)
fron|den (*veraltet für* fronen)
Fron|deur [frõˈdøːɐ̯], der; -s, -e ⟨franz.⟩ (Anhänger der ²Fronde);
Fron|deu|rin
Fron|dienst (*früher* Dienst für den Grundherrn; *schweiz. svw.* Fronarbeit)
fron|die|ren [frõ...] ⟨franz.⟩ (als Frondeur auftreten)
fro|nen (Frondienste leisten)
frö|nen (sich einer Neigung, Leidenschaft o. Ä. hingeben)
Frö|ner (Arbeiter im Frondienst); **Frö|ne|rin**
Fron|leich|nam, der; -s (*meist ohne Artikel*) ⟨»des Herrn Leib«⟩ (kath. Fest); **Fron|leich|nams|fest; Fron|leich|nams|pro|zes|si|on; Fron|leich|nams|tag**
Front, die; -, -en ⟨franz.⟩; Front machen (sich widersetzen)
Front|ab|schnitt
fron|tal
Fron|tal|an|griff; Fron|tal|un|ter|richt (*Päd.*); **Fron|tal|zu|sam|men|stoß**
Front|an|trieb; Front|be|richt; Front|brei|te; Front|dienst; Front|ein|satz
Fron|tex, die; - *meist ohne Artikel* ⟨franz.; *Kurzwort für* frontières extérieures = Außengrenzen⟩ (EU-Grenzschutzbehörde);
Front|frau *vgl.* Frontmann
Fron|ti|s|piz, das; -es, -e (*Archit.* Giebeldreieck; *Buchw.* Titelblatt [mit Titelbild])
Front|ka|me|ra (bei Smartphones, Tablets u. Ä., auch bei Kfz)
Front|kämp|fer; Front|kämp|fe|rin
Front|la|der (Schleppfahrzeug)
Front|li|nie
Front|loa|ding [...loʊdɪŋ], das; -s ⟨engl.⟩ (*Wirtsch.* Form der Produktentwicklung mit früher digitaler Modellsimulierung)
Front|mann *Plur.* ...männer, *seltener* ...leute (Musiker, der [als Sänger] in einer Gruppe im Vordergrund agiert)
Front|mo|tor
Front Na|tio|nal [frõ: nasjɔˈnal], der, *auch* die; - - ⟨franz. Widerstandsorganisation im 2. Weltkrieg; franz. Partei⟩
Front|of|fice [...ˈɔfɪs], das; -[s], -s ⟨engl.⟩ (Schalterhalle, Verkaufsräume, Kundenbetreuer o. Ä. eines Unternehmens)
Front|schei|be; Front|sei|te
Front|sol|dat; Front|sol|da|tin
Front|wech|sel (Meinungswandel)
fror *vgl.* frieren
Frosch, der; -[e]s, Frösche
Frosch|au|ge; Frosch|biss (Sumpf- u. Wasserpflanze)
Frösch|chen
Frosch|hüp|fen, das; -s (Springen [u. Vorwärtshüpfen] aus dem Hockstand in den Hocksitz)
Frosch|kö|nig (eine Märchengestalt); **Frosch|laich**
Frösch|lein
Frosch|mann *Plur.* ...männer
Frosch|per|s|pek|ti|ve
Frosch|schen|kel
Frosch|test (ein früher gebräuchlicher Schwangerschaftstest)
Frost, der; -[e]s, Fröste
frost|an|fäl|lig
Frost|auf|bruch; Frost|beu|le
frös|te|lig, fröst|lig; frös|teln; ich fröst[e]le; mich fröstelt
fros|ten; Fros|ter, der; -s, - (Tiefkühlteil einer Kühlvorrichtung)
frost|frei
Frost|ge|fahr, die; -; **Frost|gren|ze**
Frost|hart
fros|tig; Fros|tig|keit, die; -
frost|klar; frost|klir|rend
fröst|lig, frös|te|lig
Frost|scha|den; Frost|schutz|mit|tel; Frost|span|ner (ein Schmetterling); **Frost|wet|ter**
Frot|tee [ˈfrɔte, *österr.* ...ˈteː], das *od.* der; -[s], -s ⟨franz.⟩ ([Kleider]stoff aus gekräuseltem Zwirn; *auch für* Frottiergewebe)
Frot|tee|hand|tuch; Frot|tee|stoff; Frot|tee|tuch *Plur.* ...tücher (*svw.* Frottiertuch)
frot|tie|ren; Frot|tier|tuch *Plur.* ...tücher
Frot|ze|lei; frot|zeln (*ugs. für* necken, aufziehen); ich frotz[e]le
Frucht, die; -, Früchte
frucht|bar; Frucht|bar|keit, die; -
Frucht|be|cher (*auch Bot.*); **Frucht|bla|se; Frucht|blatt** (Karpell);
Frucht|bo|den; Frucht|bon|bon
frucht|brin|gend, Frucht brin|gend; fruchtbringende *od.* Frucht bringende Gespräche ↑D 58
Früch|tchen (*ugs. auch für* kleiner Taugenichts)
Früch|te|brot
fruch|ten; es fruchtet nichts
früch|te|reich *vgl.* fruchtreich
Früch|te|tee
Frucht|fleisch; Frucht|flie|ge
Frucht|fol|ge (Anbaufolge der einzelnen Feldfrüchte)
Frucht|ge|schmack
Frucht|holz (fruchttragendes Holz der Obstbäume)
fruch|tig (z. B. vom Wein)
...**fruch|tig** (z. B. einfruchtig)
Frucht|jo|ghurt, Frucht|jo|gurt
Frucht|kno|ten (*Bot.*)
Frucht|lein
frucht|los; Frucht|lo|sig|keit, die; -
Frucht|mark, das; **Frucht|pres|se**
frucht|reich, früch|te|reich
Frucht|saft; Frucht|sa|lat
frucht|tra|gend, Frucht tra|gend; fruchttragende *od.* Frucht tragende Bäume ↑D 58
Frucht|was|ser, das; -s; **Frucht|was|ser|un|ter|su|chung**
Frucht|wech|sel (*Landwirtsch.*)
Frucht|zu|cker
Fruc|to|se *vgl.* Fruktose
fru|gal ⟨*lat.*⟩ (mäßig; einfach; bescheiden); **Fru|ga|li|tät**, die; -
fru|gan (frutarisch); **Fru|ga|ner** (Frutarier); **Fru|ga|ne|rin**
früh *s.* Kasten

Früh

Früh, die; - (südd., österr. für Frühe); vgl. auch früh
Früh|auf|ste|her; Früh|auf|ste|he|rin
Früh|beet
Früh|bu|cher; Früh|bu|che|rin; Früh|bu|cher|ra|batt
Früh|chen (ugs. für Frühgeborenes); Früh|chen|sta|ti|on
Früh|di|a|g|no|se (Med.)
Früh|dienst
Früh|druck Plur. ...drucke
Frü|he, die; -; in der Frühe; in aller Frühe; bis in die Früh
Früh|ehe
frü|her
Früh|er|ken|nung, die; - (bes. Med.); Früh|er|ken|nungs|un|ter|su|chung
Früh|er|zie|hung
frü|hes|tens, frühes|tens
frü|hest|mög|lich; zum frühestmöglichen Termin
Früh|form; Früh|ge|bo|re|nes, Früh|ge|bor|nes, das Frühgebor[e]ne/ein Frühgebor[e]nes; des/eines Frühgebor[e]nen, die Frühgebor[e]nen/zwei Frühgebor[e]ne; Früh|ge|burt;
Früh|ge|mü|se
Früh|ge|schich|te, die; -; früh|ge|schicht|lich
früh|go|tisch
Früh|in|va|li|di|tät
Früh|jahr; früh|jahrs
Früh|jahrs|an|fang; Früh|jahrs|bestel|lung; Früh|jahrs|kol|lek|ti|on; Früh|jahrs|mes|se; Früh|jahrs|mü|dig|keit; Früh|jahrs|putz, der; -es
Früh|jahrs-Tag|und|nacht|glei|che, Früh|jahrs-Tag-und-Nacht-Gleiche
Früh|kar|tof|fel
früh|kind|lich
Früh|ling, der; -s, -e
Früh|lings|an|fang; Früh|lings|beginn, der; -[e]s; Früh|lings|fe|ri|en Plur. (bes. schweiz.); Früh|lings|fest
Früh|lings|ge|fühl; Frühlingsgefühle haben (ugs. scherzh. für sich [im reifen Alter noch einmal] verlieben)
früh|ling[s]|haft
Früh|lings|mo|nat, Früh|lings|mond (März)
Früh|lings|rol|le (chin. Vorspeise)
Früh|lings|son|ne; Früh|lings|tag; Früh|lings|wet|ter; Früh|lings|zeit; Früh|lings|zwie|bel
Früh|met|te
früh|mor|gend|lich
früh|mor|gens vgl. früh
Früh|ne|bel

früh|neu|hoch|deutsch vgl. deutsch/Deutsch; Früh|neu|hoch|deutsch, das; -[s]; vgl. Deutsch; Früh|neu|hoch|deut|sche, das; -n; vgl. ²Deutsche
Früh|pen|si|o|nie|rung; Früh|pen|si|o|nist; Früh|pen|si|o|nis|tin
Früh|pha|se
früh|reif; Früh|reif (gefrorener Tau); Früh|rei|fe, die; -
Früh|ren|te; Früh|rent|ner; Früh|rent|ne|rin
frühs (ostmitteld. für morgens)
Früh|schicht; Früh|schop|pen
Früh|som|mer; früh|som|mer|lich
Früh|spit|ze (bes. österr., schweiz. für Stoßverkehr am Morgen)
Früh|sport, der; -[e]s; Früh|sta|di|um; Früh|start
frühs|tens, frühes|tens
Früh|stück; früh|stü|cken; gefrühstückt; zu frühstücken
Früh|stücks|brett|chen; Früh|stücks|brot
Früh|stücks|bü|fett, Früh|stücks|buf|fet
Früh|stücks|ei; Früh|stücks|fern|sehen; Früh|stücks|pau|se; Früh|stücks|pen|si|on; Früh|stücks|tisch
Früh|ver|ren|ten (Amtsspr.)
früh ver|stor|ben, früh|ver|stor|ben
↑D 58
früh voll|en|det, früh|voll|en|det
↑D 58
Früh|warn|sys|tem (Militär)
Früh|werk
Früh|zeit; früh|zei|tig
Fruk|ti|dor (fry...), der; -[s], -s ⟨franz., »Fruchtmonat«⟩ (12. Monat des Kalenders der Franz. Revolution: 18. Aug. bis 16. Sept.)
Fruk|ti|fi|ka|ti|on (fruk...), die; -, -en ⟨lat.⟩ (Bot. Frucht- bzw. Sporenbildung); fruk|ti|fi|zie|ren
Fruk|to|se, fachspr. auch Fructose, die; - ⟨lat.⟩ (Fruchtzucker)
Frust, der; -[e]s (ugs. für Frustration); frus|ten (ugs. für frustrieren); gefrustet sein
Frus|t|ra|ti|on, die; -, -en ⟨lat.⟩ (Psychol. Enttäuschung durch Verzicht auf od. Versagung von Befriedigung

Frustration

Das Wort Frustration und seine Ableitungen sollten nicht zwischen t und r getrennt werden, da sonst eine irritierende und das Lesen hemmende Trennung entsteht.

frus|t|rie|ren (enttäuschen); frustriert sein; frus|t|riert; frustrierte Wähler; Frus|t|rie|rung
Fru|ta|ri|er ⟨engl.⟩ (Vegetarier, der sich nur von pflanzlichen Produkten ernährt, die ohne Beschädigung der Pflanze gewonnen wurden); Fru|ta|ri|e|rin; fru|ta|risch
Fruṭ|ti Plur. ⟨ital.⟩ (Früchte); Fruṭ|ti di Ma|re Plur. ⟨»Meeresfrüchte«⟩ (mit dem Netz gefangene Muscheln, Krebse u. Ä.)
F-Schlüs|sel ['ef...] (Musik)
FSJ = Freiwilliges Soziales od. freiwilliges soziales Jahr; FSJler; FSJle|rin
FSK, die; - = Freiwillige Selbstkontrolle (der Filmwirtschaft)
ft = Foot, Feet
Fuchs, der; -es, Füchse; Fuchs|bandwurm; Fuchs|bau Plur. ...baue; Füchs|chen
fuch|sen (ugs. für [sich] ärgern); das fuchst ihn; du fuchst dich
Fuchs|hatz (Jägerspr.)
Fuch|sie [...jə], die; -, -n ⟨nach dem Botaniker L. Fuchs⟩ (eine Zierpflanze)
fuch|sig (fuchsrot; fuchswild)
Fuch|sin, das; -s (roter Farbstoff)
Füch|sin; Fuchs|jagd; Füchs|lein; Fuchs|loch; Fuchs|pelz
fuchs|rot
Fuchs|schwanz
fuchs|[teu|fels]|wild
Fuch|tel, die; -, -n (früher für breiter Degen; strenge Zucht); unter jmds. Fuchtel stehen; fuch|teln; ich fuchtle
fuch|tig (ugs. für aufgebracht)
fud. = fudit
Fu|der, das; -s, - (Wagenladung, Fuhre; Hohlmaß für Wein); fu|der|wei|se
fu|dit ⟨lat., »hat [es] gegossen«⟩ (auf künstlerischen Gusswerken; Abk. fud.)
Fu|d|schi|ja|ma [...dʒi...], der; -s (jap. Vulkan)
Fu|er|te|ven|tu|ra (eine der Kanarischen Inseln)
Fuff|fi, der; -s, - (ugs. für Fünfzigmark- od. -euroschein)
Fuff|zehn (landsch.); in 'ne Fuffzehn machen (Pause machen)
Fuff|zi|ger, der; -s, - (landsch. für Münze od. Schein mit dem Wert 50); ein falscher Fuffziger (ugs. für unaufrichtiger Mensch)
Fug, der; in mit Fug und Recht
fu|ga|to ⟨ital.⟩ (Musik fugenartig); Fu|ga|to, das; -s, Plur. -s u. ...ti

¹**Fu|ge**, die; -, -n (schmaler Zwischenraum; Verbindungsstelle)
²**Fu|ge**, die; -, -n ⟨lat.-ital.⟩ (kontrapunktisches Musikstück)
fu|gen ([Bau]teile verbinden)
fü|gen; sich fügen
fu|gen|los
Fu|gen-s, das; -, - ↑D 29
Fu|gen|stil, der; -[e]s *(Musik)*
Fu|gen|zei|chen (Sprachwiss. die Fuge einer Zusammensetzung kennzeichnender Laut od. kennzeichnende Lautfolge, z. B. -es- in »Liebesdienst«)
Fug|ger (Augsburger Kaufmannsgeschlecht im 15. u. 16. Jh.); **Fug|ge|rei**, die; - (Handelsgesellschaft der Fugger; Stadtteil in Augsburg)
fu|gie|ren (ein musikal. Thema nach Fugenart durchführen)
füg|lich
füg|sam; **Füg|sam|keit**, die; -
Fu|gung
Fü|gung
fühl|bar; **Fühl|bar|keit**, die; -
füh|len
Füh|ler
Fühl|horn *Plur.* ...hörner
fühl|los; **Fühl|lo|sig|keit**, die; -
Füh|lung; **Füh|lung|nah|me**
fuhr *vgl.* fahren
Fuh|re, die; -, -n
Füh|re, die; -, -n *(Bergsteigen* Route)
füh|ren; Buch führen; jmdn. spazieren führen; **füh|rend**; **Füh|rer**
Füh|rer|aus|weis *(schweiz. Amtsspr. für Führerschein)*; **Füh|rer|haus**
Füh|re|rin; **Füh|rer|los**
Füh|rer|schaft
Füh|rer|schein; **Füh|rer|schein|entzug**
Füh|rer|sitz; **Füh|rer|stand**
Führ|hand *(Boxen)*
Führ|hund *(Blindenhund)*
füh|rig usw. *vgl.* geführig usw.
Fuhr|lohn; **Fuhr|mann** *Plur.* ...männer *u.* ...leute; **Fuhr|park**
Füh|rung
Füh|rungs|an|spruch; **Füh|rungs|auf|ga|be**; **Füh|rungs|ebe|ne**; **Füh|rungs|er|fah|rung**; **Füh|rungs|eta|ge**; **Füh|rungs|gre|mi|um**; **Füh|rungs|job**; **Füh|rungs|kraft**; **Füh|rungs|kri|se**
füh|rungs|los
Füh|rungs|macht; **Füh|rungs|mann|schaft**; **Füh|rungs|po|si|ti|on**
Füh|rungs|qua|li|tät *meist Plur.*
Füh|rungs|rie|ge; **Füh|rungs|rol|le**; **Füh|rungs|schicht**
Füh|rungs|schie|ne *(Technik)*

Füh|rungs|schwä|che; **Füh|rungs|spit|ze**; **Füh|rungs|stab**; **Füh|rungs|stil**; **Füh|rungs|team**
Füh|rungs|tor, das *(Sport)*; **Füh|rungs|tref|fer**
Füh|rungs|wech|sel; **Füh|rungs|zeug|nis**
Fuhr|un|ter|neh|men; **Fuhr|un|ter|neh|mer**; **Fuhr|un|ter|neh|me|rin**
Fuhr|werk
fuhr|wer|ken; ich fuhrwerke; gefuhrwerkt; zu fuhrwerken
Fu|ji|ya|ma [fudʒi'ja:ma] ⟨jap.⟩ *(engl. Schreibung für Fudschijama)*
Fu|ku|shi|ma [fuku'ʃi:ma, *auch* fu'kuʃima] (japanische Stadt, in deren Kernkraftwerk sich 2011 eine schwere Nuklearkatastrophe ereignete)
Ful|be *Plur.* (westafrik. Volk)
¹**Ful|da**, die; - (Quellfluss der Weser)
²**Ful|da** (Stadt a. d. Fulda)
Ful|da|er; **Ful|da|e|rin**
ful|disch, **ful|disch**
Ful|gu|rit, der; -s, -e ⟨lat.⟩ (Geol. durch Blitzschlag zusammengeschmolzene Sandkörner)
Fül|le, die; -

Fülle

Auch wenn nach *Fülle* ein Plural folgt, steht das Verb gewöhnlich im Singular: *Eine Fülle von Möglichkeiten bot sich an.* Es ist aber auch zulässig, das Verb in den Plural zu setzen: *Eine Fülle von Möglichkeiten boten sich an.* In diesem Fall wird die Beugungsform nach dem Sinn und nicht nach dem formalen grammatischen Bezug gebildet.

---

fül|len
Fül|len, das; -s, - *(geh. für Fohlen)*
Fül|ler
Füll|fe|der; **Füll|[fe|der|]hal|ter**
Full HD, **Full-HD** ['fʊlha:(')de:], das; -[s] (meist ohne Artikel) ⟨engl.⟩ (Darstellung in bes. hoher HD-Auflösung); **Full-HD-Auf|lö|sung**
Füll|horn *Plur.* ...hörner
Full House [- 'haʊs], das; - -, - -s [- 'haʊzɪs] ⟨engl.⟩ (Kartenkombination beim Poker; *ugs. für* volles Haus)
füll|lig; fülliges Haar
Füll|ort, der *Plur.* ...örter *(Bergmannsspr.)*
Füll|sel, das; -s, -

Full Ser|vice ['fʊl 'sœ:ɐvɪs], der; - -, - -s ⟨engl.⟩ (Rundum-Kundendienst)
Full|time-Job, **Full|time|job** [...taɪm...] ⟨engl.⟩ (Ganztagsarbeit)
Füll|lung
Füll|wort *Plur.* ...wörter
ful|mi|nant ⟨lat.⟩ (glänzend, prächtig); **Ful|mi|nanz**, die; -
Fulp|mes (Ort in Tirol)
Fu|ma|rol|le, die; -, -n ⟨ital.⟩ (vulkan. Dampfquelle)
Fu|mé [fy'me:], der; -[s], -s ⟨franz.⟩ (Probeabdruck eines Holzschnittes mithilfe feiner Rußfarbe)
Fum|mel, der; -s, - *(ugs. für* billiges Kleid)
Fum|me|lei; **fum|me|lig**; eine fummelige Arbeit; **fum|meln** *(ugs. für* sich [unsachgemäß] an etwas zu schaffen machen); lieb fumm[e]le
Fun [fan], der; -s ⟨engl.⟩ (Vergnügen, das etw. bereitet)
Fu|na|fu|ti (Hauptstadt Tuvalus)
Func|tio|nal Food ['faŋkʃənəl 'fu:t], das; - -[s], - -s ⟨engl.⟩ (Lebensmittel mit gesundheitsfördernden Zusatzstoffen)
Fund, der; -[e]s, -e
Fun|da|ment, das; -[e]s, -e ⟨lat.⟩
fun|da|men|tal (grundlegend; schwerwiegend)
Fun|da|men|tal|be|griff
Fun|da|men|ta|lis|mus, der; -; **Fun|da|men|ta|list**, der; -en, -en (jmd., der [kompromisslos] an seinen [politischen, religiösen] Grundsätzen festhält); **Fun|da|men|ta|lis|tin**; **fun|da|men|ta|lis|tisch**
Fun|da|men|tal|op|po|si|ti|on
Fun|da|men|tal|satz
fun|da|men|tie|ren (den Grund legen)
Fun|da|ment|wan|ne *(Bauw.)*
Fund|amt
Fun|da|ti|on, die; -, -en ([kirchliche] Stiftung; *schweiz. für* Fundament[ierung])
Fund|bü|ro; **Fund|gru|be**
Fun|di, der; -s, -s *(ugs. für* Fundamentalist)
fun|die|ren ⟨lat.⟩ (gründen; mit Mitteln versehen); **fun|diert** (begründet; *Kaufmannsspr.* durch Grundbesitz gedeckt)
fün|dig *(Bergmannsspr.* ergiebig, reich); fündig werden (etwas entdecken, ausfindig machen); *Bergmannsspr.* auf Lagerstätten stoßen)
Fund|ort

F
Fund

Fundort

Fundraising

Fund|rai|sing, **Fund-Rai|sing** ['fantreɪzɪŋ], das; -[s], -s ⟨engl.⟩ (Spendensammeln [für wohltätige Zwecke])
Fund|sa|che; **Fund|stät|te**; **Fund|stel|le**; **Fund|stück**; **Fund|un|ter|schla|gung**
Fun|dus, der; -, - ⟨lat.⟩ (Grund u. Boden; Grundlage; Bestand an Kostümen, Kulissen usw.)
Fü|nen (dän. Insel)
fünf; die fünf Sinne; die **Fünf** od. fünf Weisen (Sachverständigenrat); wir sind heute zu fünfen od. zu fünft; fünf gerade sein lassen (ugs. für etwas nicht so genau nehmen); vgl. acht, drei; in fünf viertel Stunden od. in fünf Viertelstunden; vgl. Viertelstunde
Fünf, die; -, -en (Zahl); eine Fünf würfeln, schreiben; vgl. ¹Acht u. Eins
Fünf|cent|stück (mit Ziffer 5-Cent-Stück; ↑D 26)
Fünf|eck; **fünf|eckig**
fünf|ein|halb, **fünf|und|ein|halb**
Fünf-Ele|men|te-Kü|che (auf der Lehre der fünf Elemente [Holz, Feuer, Erde, Metall, Wasser] basierende Ernährung)
Fün|fer (ugs. auch für Münze od. Schein mit dem Wert 5); vgl. Achter
fünf|fer|lei
Fünf|fer|rei|he; in Fünferreihen
Fünf|eu|ro|schein (mit Ziffer 5-Euro-Schein; ↑D 26)
fünf|fach; **Fünf|fa|che** vgl. Achtfache
Fünf|flach, das; -[e]s, -e, **Fünf|flächner** (für Pentaeder)
Fünf|fran|ken|stück (mit Ziffer 5-Franken-Stück; ↑D 26); **Fünf|fränk|ler**, der; -s, - (schweiz. svw. Fünffrankenstück)
Fünf-Gän|ge-Me|nü, **Fünf|gän|ge|me|nü**; **Fünf|gang|ge|trie|be**; **fünf|gän|gig**; **Fünf|gang|me|nü**
fünf|hun|dert (als röm. Zahlzeichen D); **Fünf|hun|der|ter**, der; -s, - (ugs. auch für Schein mit dem Wert 500)
Fünf|hun|dert|eu|ro|schein (mit Ziffern 500-Euro-Schein; ↑D 26)
Fünf|hun|dert|mark|schein (früher; mit Ziffern 500-Mark-Schein; ↑D 26)
fünf|jäh|rig vgl. achtjährig
Fünf|jahr|plan, **Fünf|jah|res|plan** (mit Ziffer 5-Jahr[es]-Plan ↑D 26); für jeweils fünf Jahre aufgestellter Wirtschaftsplan in [ehemals] sozialistischen Ländern)

Fünf|kampf
Fünf|li|ber, der; -s, - (schweiz. mdal. für Fünffrankenstück)
Fünf|ling
fünf|mal vgl. achtmal
fünf|ma|lig
Fünf|mark|schein (früher; mit Ziffer 5-Mark-Schein; ↑D 26)
Fünf|mark|stück (früher; mit Ziffer 5-Mark-Stück; ↑D 26); **fünf|mark|stück|groß**
fünf|mo|na|tig (fünf Monate dauernd)
Fünf|pass, der; -es, ...passe (Archit. Verzierungsform mit fünf Bogen)
Fünf|pfen|nig|stück (früher; mit Ziffer 5-Pfennig-Stück; ↑D 26)
Fünf|pro|zent|hür|de, die; - (mit Ziffer 5-Prozent-Hürde ↑D 26; mit Zeichen 5%-Hürde; vgl. Prozent u. ...prozentig)
Fünf|pro|zent|klau|sel, die; - (mit Ziffer 5-Prozent-Klausel ↑D 26; mit Zeichen 5%-Klausel; vgl. Prozent u. ...prozentig)
Fünf|raum|woh|nung (mit Ziffer 5-Raum-Wohnung; regional für Fünfzimmerwohnung)
fünf|sei|tig
Fünf|sit|zer
fünf|stel|lig
Fünf|ster|ne|ho|tel (mit Ziffer 5-Sterne-Hotel)
fünf|stö|ckig vgl. ...stöckig
Fünf|strom|land, das; -[e]s (für Pandschab)
fünf|stün|dig vgl. ...stündig
fünft vgl. fünf
Fünf|ta|ge|fie|ber, das; -s (Infektionskrankheit)
Fünf|ta|ge|wo|che
fünf|tä|gig vgl. ...tägig
fünf|tau|send
fünf|te; die fünfte Kolonne; aber der Fünfte Kontinent (Australien); vgl. achte
fünf|tei|lig
fünf|tel vgl. achtel; **Fünf|tel**, das; schweiz. meist der; -s, -; vgl. Achtel
fünf|tens
Fünf|uhr|tee
fünf|und|ein|halb, **fünf|ein|halb**
fünf|und|sech|zig|jäh|rig vgl. achtjährig
fünf|und|zwan|zig vgl. acht
fünf|wö|chig
fünf|zehn vgl. acht, Fuffzehn; **fünf|zehn|hun|dert**
fünf|zehn|jäh|rig usw. vgl. achtjährig usw.
fünf|zig usw. vgl. achtzig usw.

Fünf|zig, die; -, -en (Zahl)
Fünf|zig|cent|stück (mit Ziffern 50-Cent-Stück; ↑D 26)
Fünf|zi|ger, der; -s, - (ugs. auch für Münze od. Schein mit dem Wert 50); vgl. Fuffziger
Fünf|zi|ge|rin vgl. Achtzigerin
Fünf|zi|ger|jah|re Plur.
Fünf|zig|eu|ro|schein (mit Ziffern 50-Euro-Schein; ↑D 26)
fünf|zig|fach vgl. achtfach
fünf|zig|jäh|rig vgl. achtjährig
Fünf|zig|mark|schein (früher; mit Ziffern 50-Mark-Schein; ↑D 26)
Fünf|zig|pfen|nig|stück (früher; mit Ziffern 50-Pfennig-Stück; ↑D 26)
Fünf|zim|mer|woh|nung (mit Ziffer 5-Zimmer-Wohnung)
fun|gi|bel ⟨lat.⟩ (einsetzbar; Rechtsspr. vertretbar); fungi|b|le Sache; **Fun|gi|bi|li|tät**, die; -
fun|gie|ren (ein Amt verrichten, verwalten; tätig, wirksam sein)
Fun|gi|zid, das; -[e]s, -e ⟨lat.⟩ (Mittel zur Pilzbekämpfung)
Fun|gus, der; -, ...gi (Med. schwammige Geschwulst)
¹Funk, der; -s (Rundfunk[wesen], drahtlose Telegrafie)
²Funk [faŋk], der; -s ⟨engl.⟩ (bluesbetonte Spielweise im Jazz; Popmusik als Mischung aus Rock u. Jazz)
Funk|ama|teur; **Funk|ama|teu|rin**
Funk|an|la|ge; **Funk|aus|stel|lung**; **Funk|bild**
Fünk|chen
Funk|dienst
Fun|ke, **Fun|ken**, der; ...kens, ...ken ↑D 58: eine Funken sprühende od. funkensprühende Leitung
fun|keln; ich funk[e]le
fun|kel|na|gel|neu (ugs.)
fun|ken (durch Funk übermitteln)
Fun|ken vgl. Funke
Fun|ken|flug; **Fun|ken|ma|rie|chen** (Tänzerin im Karneval); **Fun|ken|re|gen**
Fun|ken sprü|hend, **fun|ken|sprühend** vgl. Funke
funk|ent|stö|ren; ein funkentstörtes Elektrogerät
Fun|ken|wurf (schweiz.)
Fun|ker; **Fun|ke|rin**
Funk|ge|rät; **Funk|haus**
Fun|kie, die; -, -n ⟨nach dem dt. Apotheker Funck⟩ (eine Zierpflanze)
fun|kig ['faŋkɪç] (in der Art des ²Funk)
Funk|kol|leg; **Funk|kon|takt**

Funk|lein
Funk|mess|tech|nik; Funk|pei|lung;
Funk|schat|ten; Funk|si|gnal
Funk|sprech|ge|rät; Funk|sprech|ver|kehr, der; -[e]s; **Funk|spruch**
Funk|sta|ti|on; Funk|stil|le; Funk|stö|rung
Funk|strei|fe; Funk|strei|fen|wa|gen
Funk|ta|xi; Funk|tech|nik
Funk|ti|on, die; -, -en ⟨lat.⟩ (Tätigkeit; Aufgabe; Wirkungsweise; *Math.* abhängige Größe)
funk|ti|o|nal (funktionell); funktionale Grammatik ↑ D 89
funk|ti|o|na|li|sie|ren; Funk|ti|o|na|lis|mus, der; - (Archit., Philos.); **Funk|ti|o|na|list,** der; -en, -en; **Funk|ti|o|na|lis|tin**
Funk|ti|o|na|li|tät, die; -, -en
Funk|ti|o|när, der; -s, -e ⟨franz.⟩; **Funk|ti|o|nä|rin**
funk|ti|o|nell (auf die Funktion bezüglich; wirksam); funktionelle Erkrankung (*Med.*) ↑ D 89
Funk|ti|o|nen|the|o|rie
Funk|ti|o|nie|ren
Funk|ti|ons|be|klei|dung (svw. Funktionskleidung)
Funk|ti|ons|ein|heit
funk|ti|ons|fä|hig; Funk|ti|ons|fä|hig|keit
Funk|ti|ons|ge|bäu|de
Funk|ti|ons|klei|dung (aus Wasser abweisendem u. atmungsaktivem Kunstfasergewebe)
Funk|ti|ons|leis|te (auf einem Bildschirm)
Funk|ti|ons|raum
Funk|ti|ons|stö|rung
Funk|ti|ons|trä|ger; Funk|ti|ons|trä|ge|rin
funk|ti|ons|tüch|tig
Funk|ti|ons|um|fang (Technik, EDV)
Funk|ti|ons|verb (*Sprachwiss.* Verb, das mit verblasster Bedeutung in fester Verbindung mit einem Nomen gebraucht wird, z. B. »[unter Beweis] stellen«)
Funk|ti|ons|wä|sche vgl. Funktionskleidung
Funk|ti|ons|wei|se
Funk|ti|ons|zu|la|ge (eine Form der Besoldungszulage)
Funk|turm; Funk|ver|bin|dung; Funk|wa|gen; Funk|wer|bung; Funk|we|sen, das; -s
fun|ky [ˈfaŋki] ⟨engl.⟩ (funkig; *ugs. auch für* modisch, toll)
Funk|zel|le (von einem einzelnen Sender abgedecktes Gebiet im Mobilfunknetz); **Funk|zel|len|ab|fra|ge** (polizeiliche Abfrage von Daten, die eine Funkzelle registriert hat)

fun|ny [ˈfani] ⟨engl.⟩ (*ugs., bes. Jugendspr.* lustig, spaßig)
fünsch (*nordd. für* aufgebracht)
Fun|sport [ˈfan...], der; -[e]s (Freizeitsport ohne Leistungsdruck)
Fun|zel, *selten* **Fun|sel,** die; -, -n (*ugs. für* schlecht brennende Lampe); **fun|ze|lig, funz|lig**
fun|zen (*ugs., bes. Internetjargon, für* funktionieren); es funzt
für (Abk. f.); *Präp. mit Akk.*: für ihn; ein für alle Mal; für und wider, *aber* ↑ D 81: das Für und [das] Wider; *vgl.* fürs
Fu|ra|ge [...ʒə], die; - ⟨franz.⟩ (*Militär veraltet für* Lebensmittel; Mundvorrat; Futter); **fu|ra|gie|ren** [...ˈʒi:...] (Lebensmittel, Futter empfangen, holen)
für|bass (*veraltet für* weiter)
Für|bit|te; für|bit|ten; nur im Infinitiv gebräuchlich; fürzubitten; **Für|bit|ten,** das; -s; **Für|bit|ter; Für|bit|te|rin**
Fur|che, die; -, -n; **fur|chen; fur|chig**
Furcht, die; -; jmdm. Furcht einflößen; Furcht erregen; *vgl.* Furcht einflößend, Furcht erregend
furcht|bar; Furcht|bar|keit
Fürch|te|gott (m. Vorn.)
Furcht ein|flö|ßend, furcht|ein|flö|ßend; eine Furcht einflößende *od.* furchteinflößende Gestalt, *aber nur* eine große Furcht einflößende Gestalt, die höchst furchteinflößende, noch furchteinflößendere Gestalt ↑ D 58
fürch|ten; fürch|ter|lich
furcht|er|re|gend, Furcht er|regend; ein furchterregender *od.* Furcht erregender Auftritt, *aber nur* ein große Furcht erregender Auftritt, ein äußerst furchterregender, noch furchterregenderer Auftritt ↑ D 58
furcht|los; Furcht|lo|sig|keit, die; -
furcht|sam; Furcht|sam|keit, die; -
Fur|chung
für|der, für|der|hin (*veraltet für* von jetzt an, künftig)
für|ein|an|der (füreinander da sein, einstehen, leben ↑ D 50
Fu|rie [...jə], die; -, -n ⟨lat.⟩ (röm. Rachegöttin; wütende Frau)
Fu|rier, der; -s, -e ⟨franz.⟩ (*Militär veraltet für* Unteroffizier, der für Unterkunft u. Verpflegung sorgt); *vgl.* Fourier
fu|ri|o! (*schweiz. für* feurio!)
fu|ri|os ⟨lat.⟩ (*veraltend für* hitzig, leidenschaftlich; mitreißend);

fu|ri|o|so ⟨ital.⟩ (*Musik* leidenschaftlich); **Fu|ri|o|so,** das; -s, Plur. -s u. ...si (*Musik*)
Fur|ka, die; -, *auch* der; -[s] ⟨schweiz. Alpenpass⟩
für|lieb|neh|men (*älter für* vorliebnehmen); ich nehme fürlieb; sie hat fürliebgenommen; fürliebzunehmen
Fur|nier, das; -s, -e ⟨franz.⟩ (dünnes Deckblatt aus wertvollem Holz); **fur|nie|ren; Fur|nier|holz; Fur|nier|plat|te; Fur|nie|rung**
Fu|ror, der; -s ⟨lat.⟩ (Wut)
Fu|ro|re, die; -, *seltener* das; -s ⟨ital.⟩; Furore machen ([durch Erfolg] Aufsehen erregen)
Fu|ror teu|to|ni|cus, der; - - ⟨lat., »teutonisches Ungestüm«⟩
fürs ↑ D 14 (für das); fürs Erste ↑ D 80
Für|sor|ge, die; - (*früher auch für* Sozialhilfe); **Für|sor|ge|pflicht**
Für|sor|ger (*früher*); **Für|sor|ge|rin**
für|sor|ge|risch (zum Fürsorgewesen gehörend)
für|sorg|lich (pfleglich, liebevoll); **Für|sorg|lich|keit,** die; -
Für|spra|che
Für|sprech, der; -s, -e (*veraltet für* Fürsprecher, Wortführer; *schweiz. für* Rechtsanwalt)
Für|spre|cher; Für|spre|che|rin
Fürst, der; -en, -en
Fürst|abt; Fürst|bi|schof; fürst|bi|schöf|lich; Fürst|bis|tum
fürs|ten; fast nur noch im Partizip II; gefürstet
Fürs|ten|ge|schlecht; Fürs|ten|haus; Fürs|ten|hof; Fürs|ten|sitz; Fürs|ten|tum; Fürst|erz|bi|schof
Fürs|tin; Fürs|tin|mut|ter, die; -
fürst|lich; *in Titeln* ↑ D 151: Fürstlich; **Fürst|lich|keit**
Fürst-Pück|ler-Eis (nach Hermann Fürst von Pückler-Muskau) (Speiseeis in drei Schichten)
Furt, die; -, -en
Fürth (Stadt in Mittelfranken)
Furt|wäng|ler (dt. Dirigent)
Fu|run|kel, der, *auch* das; -s, - ⟨lat.⟩ (Geschwür, Eiterbeule); **Fu|run|ku|lo|se,** die; -, -n
für|wahr (geh. veraltend)

---

für was / wofür

Für was kommt in der gesprochenen Sprache recht häufig vor: *Für was hast du das gekauft?* Im geschriebenen Standarddeutsch wird in der Regel *wofür* verwendet: *Wofür hast du das gekauft?*

Für|witz, der; -es (*älter für* Vorwitz); **für|wit|zig**
Für|wort, das; -[e]s, ...wörter (*für* Pronomen); **für|wört|lich**
Furz, der; -es, Fürze (*derb für* abgehende Blähung); **Fürz|chen; fur|zen;** du furzt
Fu|sche|lei (*landsch. für* rasch hin u. her bewegen; täuschen; pfuschen); ich fusch[e]le
fu|schen (*svw.* fuscheln); du fuschst; **fu|schern** (*svw.* fuscheln); ich fuschere
Fu|sel, der; -s, - (*ugs. für* schlechter Branntwein)
fu|seln (*landsch. für* hastig u. schlecht arbeiten); ich fus[e]le
Fu|sel|öl
Fü|si|lier, der; -s, -e ⟨franz.⟩ (*schweiz. für* Infanterist)
fü|si|lie|ren (standrechtlich erschießen)
Fü|si|lie|rin
Fu|sil|li *Plur.* ⟨ital.⟩ (spiralig gedrehte Nudeln)
Fu|si|on, die; -, -en ⟨lat.⟩ (Verschmelzung, Zusammenschluss); **fu|si|o|nie|ren; Fu|si|o|nie|rung; Fu|si|ons|ver|hand|lung**
Fuß, der; -es, Füße; drei Fuß lang; zu Fuß gehen; zu Füßen fallen; Fuß fassen; das Regal ist einen Fuß breit; der Weg ist kaum fußbreit; *vgl.* Fußbreit
Fuß|ab|druck *Plur.* ...drücke
Fuß|ab|strei|fer; Fuß|ab|tre|ter
Fuß|ab|wehr (*Sport*)
Fuß|an|gel; Fuß|bad
Fuß|ball; Fußball spielen ↑D 54, *aber* das Fußballspielen ↑D 82
fuß|ball|be|geis|tert
Fuß|ball|braut (*ugs.*)
Fuß|ball|bun|des|li|ga; Fuß|ball|bun|des|li|gist
Fuß|ball|bun|des|trai|ner ↑D 22; **Fuß|ball|bun|des|trai|ne|rin**
Fuß|ball|club *vgl.* Fußballklub
Fuß|bal|ler; Fuß|bal|le|rin
fuß|bal|le|risch
Fuß|ball|eu|ro|pa|meis|ter|schaft
Fuß|ball|fan; Fuß|ball|feld
Fuß|ball|frau *meist Plur.* (*Sportjargon* Fußball[national]spielerin)
Fuß|ball|freund; Fuß|ball|freun|din
Fuß|ball|klub, Fuß|ball|club
Fuß|ball-Län|der|spiel, Fuß|ball|län|der|spiel
Fuß|ball|leh|rer, Fuß-ball-Leh|rer; Fuß|ball|leh|re|rin, Fuß-ball-Leh|re|rin

Fuß|ball|mann|schaft
Fuß|ball|meis|ter; Fuß|ball|meis|ter|schaft
Fuß|ball|na|ti|o|nal|mann|schaft
Fuß|ball|platz; Fuß|ball|pro|fi; Fuß|ball|schuh
Fuß|ball|spiel; Fuß|ball|spie|len, das; -s, *aber* ↑D 54: Fußball spielen
Fuß|ball|spie|ler; Fuß|ball|spie|le|rin
Fuß|ball|sport; Fuß|ball|sta|di|on; Fuß|ball|star *vgl.* ²Star; **Fuß|ball|team**
Fuß|ball|ten|nis (ein Spiel)
Fuß|ball|tor; Fuß|ball|to|to
Fuß|ball|trai|ner; Fuß|ball|trai|ne|rin
Fuß|ball|tur|nier; Fuß|ball|ver|band; Fuß|ball|ver|ein; Fuß|ball|welt *Plur. selten;* **Fuß|ball|welt|meis|ter|schaft,** *Abk.:* Fußball-WM
Fuß|bank *Plur.* ...bänke; **Fuß|bett**
Fuß|bo|den; Fuß|bo|den|hei|zung
Fuß|bo|den|le|ger; Fuß|bo|den|le|ge|rin
fuß|breit; eine fußbreite Rinne; *vgl.* Fuß, **Fuß|breit,** der; -, -, **Fuß breit,** der; --, -- (Maß); keinen Fußbreit *od.* Fuß breit weichen; keinen Fußbreit *od.* Fuß breit Landes hergeben; *vgl.* Fuß
Füß|chen
Fuß|dis|tanz (*schweiz.*); in Fußdistanz zum Bahnhof
Fus|sel, die; -, -n, *auch* der; -s, -[n] (Fädchen, Faserstückchen); **fus|se|lig, fuss|lig;** sich den Mund fusselig *od.* fusslig reden; **fus|seln;** der Stoff fusselt; sie sagt, der Pullover fuss[e]le
fü|ßeln (*landsch. für* mit den Füßen unter dem Tisch Berührung suchen); ich füß[e]le
fu|ßen; du fußt; auf einem Vertrag fußen
Füs|sen (Stadt am Lech)
Fuß|en|de
Fus|sen|eg|ger (österr. Schriftstellerin)
...fü|ßer (z. B. Bauchfüßer), **...füßler** (z. B. Tausendfüßler)
Fuß|fall, der; **fuß|fäl|lig**
Fuß|feh|ler (*Hockey, Tennis*)
Fuß|fes|sel; elektronische Fußfessel; *vgl.* ²Fessel
fuß|frei (die Füße frei lassend)
Fuß|gän|ger
Fuß|gän|ger|am|pel; Fuß|gän|ger|brü|cke
Fuß|gän|ge|rin

Fuß|gän|ger|tun|nel; Fuß|gän|ger|über|gang, Fuß|gän|ger|über|weg; Fuß|gän|ger|zo|ne
Fuß|ge|her (*österr. neben* Fußgänger); **Fuß|ge|he|rin**
Fuß|ge|lenk
fuß|ge|recht; fußgerechtes Schuhwerk
fuß|hoch; das Wasser steht fußhoch; *vgl.* Fuß
...fü|ßig (z. B. vierfüßig)
fuß|kalt; ein fußkaltes Zimmer
fuß|krank
fuß|lang *vgl.* Fuß
fuß|läu|fig (*fachspr. für* zu Fuß erreichbar)
fuß|lei|dend
Füß|lein
Fuß|leis|te (Leiste zwischen Fußboden u. Wand)
...füß|ler *vgl.* ...füßer
Füß|li, Füss|li (schweiz.-engl. Maler)
fuss|lig *vgl.* fusselig
Füß|ling (Fußteil des Strumpfes)
Fuß|marsch, der; **Fuß|mat|te; Fuß|na|gel; Fuß|nä|he** (Entfernung, die bequem gelaufen werden kann); Geschäfte befinden sich in Fußnähe; **Fuß|no|te; Fuß|pfad**
Fuß|pfle|ge; Fuß|pfle|ger; Fuß|pfle|ge|rin
Fuß|pilz; Fuß|sack; Fuß|soh|le; Fuß|sol|dat; Fuß|spur
Fuß|stap|fe, die; -, -n, **Fuß|stap|fen,** der; -s, -
fuß|tief; fußtiefe Löcher; *vgl.* Fuß
Fuß|tritt; Fuß|volk; Fuß|wan|de|rung; Fuß|wa|schung; Fuß|weg
fuß|wund
Fuß|zeh, Fuß|ze|he
Fus|ta|ge [...ʒə], die; -, -n ⟨franz.⟩ ([Preis für] Leergut)
Fus|ta|nel|la, die; -, ...llen ⟨ital.⟩ (kurzer Männerrock der Albaner u. Griechen)
Fus|ti *Plur.* ⟨ital.⟩ (unbrauchbare Bestandteile einer Ware)
Fus|tik|holz ⟨arab.; dt.⟩ (gelben Farbstoff enthaltendes Holz)
Fu|thark [...θaː...], das; -s, -e (Runenalphabet)
fu|tie|ren *vgl.* foutieren
Fu|ton, der; -s, -s ⟨jap.⟩ (jap. Matratze)
futsch, pfutsch (*ugs. für* weg, verloren); **fut|schi|ka|to** (italienisierende Bildung zu »futsch«) (*salopp scherzh.*)
¹Fut|ter, das; -s, - *Plur. selten* (Nahrung [der Tiere])
²Fut|ter, das; -s, - (innere Stoffschicht der Oberbekleidung)

Galanterie

Fut|te|ra|ge [...ʒə], die; -, -en (ugs. für Essen)
Fut|te|ral, das; -s, -e (germ.-mlat.) (Hülle, Überzug; Behälter)
Fut|ter|barn, Fut|ter|bar|ren (südd., österr. für Futtertrog)
Fut|ter|ge|trei|de; Fut|ter|häus|chen (für Vögel); **Fut|ter|kar|tof|fel; Fut|ter|krip|pe; Fut|ter|mais**
Fut|ter|mau|er (Stützmauer)
Fut|ter|mit|tel, das
fut|tern (ugs. scherzh. für essen); ich futtere
¹**füt|tern**; den Hund füttern; ich füttere
²**füt|tern** (Futterstoff einlegen); ich füttere
Fut|ter|neid; Fut|ter|platz; Fut|ter|rau|fe; Fut|ter|rü|be
Fut|ter|schnei|de|ma|schi|ne, Fut|ter|schneid|ma|schi|ne
Fut|ter|sei|de; Fut|ter|stoff
Fut|ter|trog
Füt|te|rung
Fu|tur, das; -s, -e Plur. selten (lat.) (Sprachwiss. Zukunft)
Fu|ture [ˈfjuːtʃə], der; -s, -s meist Plur. (engl.) (Börsenw. Termingeschäft)
fu|tu|risch (das Futur betreffend, im Futur auftretend)
Fu|tu|ris|mus, der; - (Kunstrichtung des 20. Jh.s); **Fu|tu|rist**, der; -en, -en (Anhänger des Futurismus); **Fu|tu|ris|tin; fu|tu|ris|tisch**
Fu|tu|ro|lo|ge, der; -n, -n; **Fu|tu|ro|lo|gie**, die; -, ...ien (Zukunftsforschung); **Fu|tu|ro|lo|gin; fu|tu|ro|lo|gisch**
Fu|tu|rum, das; -s, ...ra (älter für Futur); **Fu|tu|rum ex|ak|tum**, das; - -, ...ra ...ta (Sprachwiss. vollendete Zukunft, Vorzukunft)
Fu|zel, der; -s, - (österr. ugs. für Fussel); **fu|zeln** (österr. ugs. für sehr klein schreiben); ich fuz[e]le; **Fu|zerl**, das; -s, -[n]; vgl. Pickerl (svw. Fuzel)
Fu|zi, der; -s, -s (ugs. für nicht ganz ernst zu nehmender Mensch)
Fuz|zy|lo|gic, die; -, **Fuz|zy Lo|gic**, die; - - [ˈfazilɔdʒɪk, auch ˈfaˈlɔ...]; vgl. Fuzzylogik
Fuz|zy|lo|gik [ˈfazi...], die; - ⟨engl.-griech.⟩ (EDV bei Systemen der künstl. Intelligenz angewandte Methode der Nachahmung des menschlichen Denkens)

G

g = Gramm
g = Fallbeschleunigung
⁹ = Gon
g (Zeichen für g-Moll); in g
g, G, das; -, - (Tonbezeichnung)
G (Buchstabe); das G; des G, die G, aber das g in Lage; der Buchstabe G, g
G (Zeichen für G-Dur); in G
G [auf dt. Kurszetteln] = Geld (d. h., das Wertpapier wurde zum angegebenen Preis gesucht)
G = ²Gauß; Giga...
Γ, γ = Gamma
Ga = Gallium
GA = Georgia
Gäa (griech. Göttin der Erde)
gab vgl. geben
Ga|bar|di|ne [...diːn, auch ...ˈdiːn], der; -s, auch [...ˈdiːnə], die; - ⟨franz.⟩ (ein Gewebe); **Ga|bar|di|ne|man|tel**
Gab|b|ro, der; -[s] ⟨ital.⟩ (Geol. ein Tiefengestein)
gä|be vgl. gang
Ga|be, die; -, -n
Ga|bel, die; -, -n
Ga|bel|bis|sen; Ga|bel|bock; Gä|bel|chen; Ga|bel|deich|sel; Ga|bel|früh|stück; Ga|bel|hirsch
ga|be|lig, gab|lig
ga|beln; ich gab[e]le
Ga|bels|ber|ger (Familienn.); **ga|bels|ber|gersch**; die gabelsbergersche od. Gabelsberger'sche Stenografie ↑D89 u. 135
Ga|bel|schlüs|sel; Ga|bel|stap|ler
Ga|bel|lung, Gab|lung
Ga|bel|wei|he (ein Greifvogel)
Ga|ben|tisch
ga|berln (österr. Fußball für den Ball mit dem Fuß in der Luft halten)
Ga|bi (w. Vorn.)
Gäb|lein
Gab|ler (Jägerspr. Gabelbock, -hirsch)
gab|lig, ga|be|lig
Gab|lung, Ga|be|lung
Ga|bo|ro|ne (Hauptstadt Botsuanas)

Ga|b|ri|el [...eːl, auch ...ɛl] (ein Erzengel; m. Vorn.)
Ga|b|ri|e|le (w. Vorn.)
Ga|bun (Staat in Afrika); **Ga|bu|ner; Ga|bu|ne|rin; ga|bu|nisch**
Ga|cke|lei; ga|ckeln (landsch. für gackern); ich gack[e]le
ga|ckern; ich gackere
gack|sen (landsch. für gackern); du gackst; gicksen und gacksen
Gad (bibl. m. Eigenn.)
Ga|da|mer (dt. Philosoph)
Ga|den, der; -s, - (landsch. für einräumiges Haus; Kammer)
Ga|do|li|ni|um, das; -s ⟨nach dem finn. Chemiker Gadolin⟩ (chem. Grundstoff; Zeichen Gd)
Gaf|fel, die; -, -n (um den Mast drehbare, schräge Segelstange); **Gaf|fel|scho|ner; Gaf|fel|se|gel**
gaf|fen (abwertend); **Gaf|fer; Gaf|fe|rei; Gaf|fe|rin**
Gag [gɛk], der; -s, -s ⟨engl.-amerik.⟩ (witziger Einfall)
ga|ga (ugs. für nicht recht bei Verstand)
Ga|gat, der; -[e]s, -e ⟨griech.⟩ (Pechkohle, Jett); **Ga|gat|koh|le**
Ga|ge [...ʒə], die; -, -n ⟨germ.-franz.⟩ (Bezahlung, Gehalt [von Künstlern])
gäh|nen; Gäh|ne|rei
Gail|lar|de [gaˈja...], die; -, -n ⟨franz.⟩ (ein Tanz)
Gains|bo|rough [ˈgeɪnzbərə] (engl. Maler)
Ga|jus (altröm. m. Vorn.; Abk. C. [nach der alten Schreibung Cajus])
Ga|la [auch ˈgala], die; -, -s ⟨span.⟩ (Kleiderpracht; Festkleid; festliche Veranstaltung)
Ga|la|abend; Ga|la|an|zug; Ga|la|auf|füh|rung; Ga|la|di|ner; Ga|la|emp|fang; Ga|la|kon|zert
ga|lak|tisch ⟨griech.⟩ (zur Galaxis gehörend)
Ga|lak|tor|rhö, die; -, -en (Med. Milchfluss nach dem Stillen)
Ga|lak|to|se, die; -, -n (einfacher Zucker)
Gal|lan, der; -s, -e ⟨span.⟩ (veraltend für Liebhaber)
Ga|la|nacht
ga|lant ⟨franz.⟩ (betont höflich, ritterlich; aufmerksam); galante Dichtung (in Europa um 1700); galanter Stil (eine Kompositionsweise des 18. Jh.s in Deutschland) ↑D89
Ga|lan|te|rie, die; -, ...rien (Höflichkeit [gegenüber Frauen])

Galanteriewaren

Ga|lan|te|rie|wa|ren *Plur.* (veraltet für Schmuck-, Kurzwaren)
Ga|lant|homme [...'tɔm], der; -s, -s ⟨franz.⟩ (veraltet für Ehrenmann)
Ga|la|pa|gos|in|seln *Plur.* (zu Ecuador gehörend)
Ga|la|tea (griech. Meernymphe)
Ga|la|ter *Plur.* (griech. Name der Kelten in Kleinasien); **Ga|la|ter|brief**, der; -[e]s *(N. T.)*; ↑**D 64**
Ga|la|uni|form; **Ga|la|vor|stel|lung**
Ga|la|xie, die; -, ...xien ⟨griech.⟩ *(Astron.* großes Sternsystem); **Ga|la|xis**, die; -, ...xien (die Milchstraße *[nur Sing.]*; selten für Galaxie)
Gal|ba (röm. Kaiser)
Gäl|le, der; -n, -n (irisch-schottischer Kelte)
Ga|le|as|se, die; -, -n ⟨ital.⟩ (Küstenfrachtsegler)
Ga|lee|re, die; -, -n (Ruderkriegsschiff); **Ga|lee|ren|skla|ve**; **Ga|lee|ren|skla|vin**; **Ga|lee|ren|sträfling**
Ga|len, **Ga|le|nus** (altgriech. Arzt)
Ga|le|nik, die; - (nach dem Arzt Galen) (Lehre von den natürlichen [pflanzlichen] Arzneimitteln); **ga|le|nisch**; galenische Schriften ↑**D 89** *u.* **135**
Ga|le|o|ne, auch **Ga|li|o|ne**, die; -, -n ⟨niederl.⟩ (mittelalterl. Segel[kriegs]schiff)
Ga|le|o|te, **Ga|li|o|te**, die; -, -n (der Galeasse ähnliches kleineres Küstenfahrzeug)
Ga|le|rie, die; -, ...ien ⟨ital.(-franz.)⟩; **Ga|le|rist**, der; -en, -en (Besitzer, Leiter einer Galerie); **Ga|le|ris|tin**
Gal|gant|wur|zel ⟨arab.; dt.⟩ (heilkräftige Wurzel)
Gal|gen, der; -s, -
Gal|gen|frist; **Gal|gen|hu|mor**
Gal|gen|strick (Galgenvogel); **Gal|gen|vo|gel** *(ugs.* für Strolch, Taugenichts)
Ga|li|ci|en (autonome Region in Spanien); *vgl. aber* Galizien; **Ga|li|ci|er**; **Ga|li|ci|e|rin**; **ga|li|cisch**
Ga|li|läa (Gebirgsland westl. des Jordans); **Ga|li|lä|er**; **Ga|li|lä|e|rin**; **ga|li|lä|isch**; *aber* ↑**D 140**: das Galiläische Meer (See Genezareth)
Ga|li|lei (ital. Physiker)
Ga|li|ma|thi|as, der *u.* das; - ⟨franz.⟩ *(veraltend für* verworrenes Gerede)
Gä|lin *(zu* Gäle)

Gal|li|on, das; -s, -s ⟨niederl.⟩ (Vorbau am Bug älterer Schiffe)
Gal|li|o|ne *vgl.* Galeone
Gal|li|ons|fi|gur
Gal|li|o|te *vgl.* Galeote
Gal|li|pot [...'poː], der; -s ⟨franz.⟩ (ein Fichtenharz)
gä|lisch; gälische Sprache (Zweig des Keltischen); *vgl.* deutsch; **Gä|lisch**, das; -[s] (Sprache); *vgl.* Deutsch; **Gä|li|sche**, das; -n; *vgl.* ²Deutsche
Ga|li|zi|en *(früher für* Gebiet nördl. der Karpaten); *vgl. aber* Galicien; **Ga|li|zi|er**; **Ga|li|zi|e|rin**; **ga|li|zisch**
Gall|ap|fel (kugelförmiger Auswuchs an Blättern usw.)
¹**Gal|le**, die; -, -n (Geschwulst [bei Pferden]; Gallapfel)
²**Gal|le**, die; -, -n (Sekret der Leber; Gallenblase)
gal|le[n]|bit|ter
Gal|len|bla|se; **Gal|len|gang**, der; **Gal|len|ko|lik**; **Gal|len|lei|den**; **Gal|len|stein**; **Gal|len|tee**
gal|len|trei|bend
Gal|len|we|ge *Plur.*

Galerie

Das Substantiv *Galerie* wird trotz kurz gesprochenem *a* dem französischen Vorbild *galerie* folgend mit nur einem *l* geschrieben.

Gal|lert [*auch* ...'lɛ...], das; -[e]s, -e ⟨lat.⟩ (durchsichtige, steife Masse aus eingedickten pflanzl. od. tier. Säften); **gal|lert|ar|tig**
Gal|ler|te [*auch* 'ga...], die; -, -n *(svw.* Gallert); **gal|ler|tig**
Gal|lert|mas|se
Gal|li|en (röm. Name Frankreichs); **Gal|li|er**; **Gal|li|e|rin**
gal|lig *(zu* ²Galle) (gallebitter; verbittert); galliger Humor
gal|li|ka|nisch; gallikanische Kirche (in Frankreich vor 1789)

Galionsfigur

Der erste Bestandteil dieses Wortes geht auf das mittellateinische *galea* (= Galeere) zurück und wird nur mit einem *l* geschrieben.

gall|lisch *(zu* Gallien⟩
Gal|li|um, das; -s (chemisches Element, Metall; *Zeichen* Ga)
Gal|li|zis|mus, der; -, ...men

(Sprachwiss. franz. Spracheigentümlichkeit in einer anderen Sprache)
Gal|lo|ma|nie, die; - ⟨lat.; griech.⟩ (übertriebene Vorliebe für alles Französische)
Gal|lo|ne, die; -, -n ⟨engl.⟩ (brit.-amerik. Hohlmaß)
gal|lo|ro|ma|nisch (den roman. Sprachen auf gallischem Boden angehörend, von ihnen abstammend)
Gall|sei|fe
Gal|lup|ins|ti|tut, **Gal|lup-In|s|ti|tut** [*auch* 'gɛləp...], das; -[e]s ↑**D 136** ⟨nach dem Gründer George H. Gallup⟩ (amerik. Meinungsforschungsinstitut)
Gal|lus (m. Eigenname)
Gal|lus|säu|re, die; - ⟨zu ¹Galle⟩; **Gal|lus|tin|te**
Gall|wes|pe
Gal|mei [*auch* 'gal...], der; -[e]s, -e ⟨griech.⟩ (Zinkerz)
Ga|lon [...'lõː], der; -s, -s ⟨franz.⟩, **Ga|lo|ne**, die; -, -n ⟨ital.⟩ (Borte, Tresse); **ga|lo|nie|ren** (mit Borten, Tressen usw. besetzen)
Ga|lopp, der; -s, *Plur.* -s *u.* -e ⟨ital.⟩
Ga|lop|per; **Ga|lop|pe|rin**
ga|lop|pie|ren
Ga|lopp|renn|bahn; **Ga|lopp|ren|nen**
Ga|lo|sche, die; -, -n ⟨franz.⟩ *(veraltend für* Überschuh; *ugs. für* ausgetretener Schuh)
Gals|wor|thy ['gɔːlzwəːði] ⟨engl. Schriftsteller⟩
¹**galt** *(bayr., österr., schweiz. für* [von Kühen, Ziegen] keine Milch gebend); *vgl.* ¹gelt
²**galt** *vgl.* gelten
Galt|vieh *(bayr., österr., schweiz. für* Jungvieh, Kühe, die keine Milch geben)
Gal|va|ni (ital. Naturforscher)
Gal|va|ni|sa|ti|on, die; -, -en ⟨nlat.⟩ *(Med.* therapeutische Anwendung des elektr. Gleichstroms)
gal|va|nisch; galvanischer Strom; galvanisches Element ↑**D 89**
Gal|va|ni|seur [...'zøːɐ], der; -s, -e ⟨franz.⟩ (Facharbeiter für Galvanotechnik); **Gal|va|ni|seu|rin**; **gal|va|ni|sie|ren** (durch Elektrolyse mit Metall überziehen)
Gal|va|nis|mus, der; - ⟨nlat.⟩ (Lehre vom galvanischen Strom)
Gal|va|no, das; -s, -s ⟨ital.⟩ *(Druckw.* galvanische Abformung eines Druckstockes)
Gal|va|no|kaus|tik *(Med.* Anwendung des Galvanokauters); **Gal|va|no|kau|ter** (auf galvanischem Strom

Ganzheitstheorie

Wege glühend gemachtes chirurg. Instrument)
Gal|va|no|me|ter, das; -s, - (Strommesser)
Gal|va|no|plas|tik, die; - (Verfahren, Gegenstände galvanisch mit Metall zu überziehen); **Gal|va|no|plas|ti|ker** (Berufsbez.); **Gal|va|no|plas|ti|ke|rin; gal|va|no|plas|tisch**
Gal|va|no|s|kop (ein elektr. Messgerät); **Gal|va|no|tech|nik** (Technik des Galvanisierens)
Ga|man|der, der; -s, - ⟨griech.⟩ (eine Pflanze)
Ga|ma|sche, die; -, -n ⟨arab.⟩ (eine Leder- od. Stoffbekleidung des Beins)
Gam|be, die; -, -n ⟨ital.⟩ (ein Streichinstrument)
Gam|bia (Staat in Afrika); **Gam|bi|er; Gam|bi|e|rin; gam|bisch**
Gam|bist, der; -en, -en ⟨ital.⟩ (Gambenspieler); **Gam|bis|tin**
Gam|b|ri|nus ([sagenhafter] König, angeblicher Erfinder des Bieres)
Game [geɪm], das; -s, -s ⟨engl.⟩ (engl. Bez. für [Computer]spiel; Spielgewinn. beim Tennis)
Game|boy® ['geɪmbɔɪ], der; -[s], -s ⟨engl.⟩ (eine Spielkonsole)
Ga|me|lan, das; -s, -s ⟨indones.⟩ (Orchester mit einheimischen Instrumenten auf Java u. Bali)
Ga|mel|le, die; -, -n ⟨franz.⟩ (schweiz. für Koch- u. Essgefäß der Soldaten im Feld)
ga|men ['geɪmən] ⟨engl.⟩ (ein Computerspiel spielen); gegamt
Game|show ['geɪmʃoʊ] ↑D 41 (Unterhaltungssendung im Fernsehen)
Ga|met, der; -en, -en ⟨griech.⟩ (Biol. Geschlechtszelle)
Ga|me|to|phyt, der; -en, -en ⟨Bot. Pflanzengeneration, die sich geschlechtlich fortpflanzt)
Ga|ming ['geɪmɪŋ], das; -s ⟨engl.⟩ (Bereich, Anwendung der Computerspiele)
Gam|ma, das; -[s], -s (griech. Buchstabe: Γ, γ); **Gam|ma|strah|len, γ-Strah|len** ['gama...] Plur. ↑D 29 (radioaktive Strahlen, kurzwellige Röntgenstrahlen)
Gam|mel, der; -s ⟨ugs. für wertloses Zeug)
Gam|mel|fleisch (ugs. für verdorbenes Fleisch); **Gam|mel|fleisch|skan|dal**
gam|me|lig, gamm|lig (ugs. für verkommen; verdorben; faulig); **gam|meln** (ugs. für verderben

[von Nahrungsmitteln]; auch für [ohne Ansprüche] in den Tag hinein leben); ich gamm[e]le
Gamm|ler; Gamm|le|rin
Gamm|ler|tum, das; -s
gamm|lig vgl. gammelig
Gams, die; -, -[en] od. der; -[en], -[en], Jägerspr. u. landsch. das; -[en], -[en] (bes. Jägerspr. u. landsch. für Gämse)
Gams|bart, Gäms|bart; Gams|bock, Gäms|bock
Gäm|se ↑D 133, die; -, -n; vgl. auch Gams
gäms|far|ben (für chamois)
Gäms|jä|ger; Gäms|le|der
Gams|milch (österr. für Milch mit Honig u. Rum)
Gams|pfef|fer, der; -s (südd., österr., schweiz. für Ragout aus Gamsfleisch, Gemüse, Schweineblut usw.)
Gams|wild
Gand, die; -, -en od. das; -s, Gänder (tirol. u. schweiz. für Schuttfeld, Geröllhalde)
Gan|dhi, Ma|hat|ma (ind. Staatsmann)
Ga|neff vgl. Ganove
Gan|er|be, der (früher für Miterbe); **Gan|erb|schaft**
gang; nur noch in gang und gäbe sein, landsch. auch gäng und gäbe sein (allgemein üblich sein)
¹Gang, der; -[e]s, Gänge; im Gang[e] sein; in Gang bringen, halten, setzen; ↑D 27: das Inganghalten, Ingangsetzen
²Gang [gɛŋ], die; -, -s ⟨engl.-amerik.⟩ ([Verbrecher]bande)
gäng (landsch. svw. gang)
Gang|art
gang|bar; Gang|bar|keit, die; -
Gän|gel|band, das; -[e]s, ...bänder; jmdn. am Gängelband führen; **Gän|ge|lei; gän|geln**; ich gäng[e]le; **Gän|ge|lung**
Gan|ges [...gəs], der; - (Fluss in Vorderindien)
Gang|ge|stein (Geol.)
gän|gig; gängige Ware; eine gängige Methode; **Gän|gig|keit**, die; -
Gan|g|li|en|zel|le ['gaŋ(g)liən...] (Biol. Nervenzelle); **Gan|g|li|on**, das; -s, ...ien ⟨griech.⟩ (Nervenknoten; Überbein)
Gan|g|rän, die; -, -en, auch das; -s, -e ⟨griech.⟩ (Med. Brand der Gewebe, Knochen; **gan|g|rä|nes|zie|ren** (brandig werden); **gan|g|rä|nös** (brandig)

Gang|schal|tung
Gang|spill ⟨niederl.⟩ (Seew. Ankerwinde)
Gangs|ta-Rap, Gangs|ta|rap ['gɛŋstɐrɛp] ⟨amerik.⟩ (Rapmusik mit bes. aggressiven Texten)
Gangs|ter ['gɛŋ...], der; -s, - ⟨engl.-amerik.⟩ ([Schwer]verbrecher)
Gangs|ter|ban|de; Gangs|ter|boss; Gangs|ter|braut; Gangs|ter|film; Gangs|te|rin
Gangs|ter|kö|nig, Gangs|ter|kö|ni|gin
Gangs|ter|me|tho|de
Gangs|ter-Rap, Gangs|ter|rap (svw. Gangsta-Rap)
Gangs|ter|tum, das; -s
Gang|way ['gɛŋveɪ], die; -, -s ⟨engl.⟩ (Laufgang zum Besteigen eines Schiffes od. Flugzeuges)
Ga|no|ve, der; -n, -n ⟨jidd.-hebr.⟩, **Ga|neff**, der; -[s], Plur. -e u. -s (ugs. abwertend für Gauner, Betrüger); **Ga|no|ven|eh|re; Ga|no|ven|spra|che; Ga|no|vin**
Gans, die; -, Gänse; **Gäns|chen**
Gän|se|blüm|chen; Gän|se|bra|ten; Gän|se|brust; Gän|se|fe|der; Gän|se|fett
Gän|se|füß|chen (ugs. für Anführungsstrich)
Gän|se|haut; Gän|se|keu|le; Gän|se|kiel; Gän|se|klein, das; -s; **Gän|se|le|ber**
Gän|se|marsch, der; -[e]s, ...märsche Plur. selten; im Gänsemarsch
Gän|ser (südd. für Gänserich); **Gän|se|rich**, der; -s, -e
Gän|se|schmalz; Gän|se|wein, der; -[e]s (scherzh. für Wasser)
Gäns|jung, das; -s (südd. für Gänseklein); **Gäns|le|ber** (österr. für Gänseleber)
Gäns|lein
Gansl|jun|ge, das; -n (österr. für Gänseklein)
Gant, die; -, -en (schweiz. für öffentl. Versteigerung)
Gan|ter (nordd. für Gänserich)
Ga|ny|med [auch, österr. auch, 'ga:...], **Ga|ny|me|des** (Mundschenk des Zeus)
ganz s. Kasten Seite 472
Gän|ze; nur in Wendungen wie zur Gänze (ganz, vollständig); in seiner/ihrer Gänze (geh. für in seinem/ihrem ganzen Umfang)
Ganz|glas|tür
Ganz|heit, die; - (gesamtes Wesen); **ganz|heit|lich**
Ganz|heits|me|di|zin, die; -; **Ganz|heits|me|tho|de; Ganz|heits|the|o|rie**

G
Ganz

ganzjährig

ganz

- ganz und gar; ganz und gar nicht
- die ganze Wahrheit
- ganze Zahlen *(Math.)*
- die ganzen Leute *(ugs. für alle Leute)*
- ganz Europa; in ganz Berlin
- etwas wieder ganz machen *od.* ganzmachen *(ugs. für reparieren)*

- aufs Ganze gehen
- im Ganzen gesehen
- im großen Ganzen; im Großen und Ganzen

Schreibung in Verbindung mit einem Adjektiv:
- ganz allein, ganz hell, ganz groß
- *aber* ein ganzleinener, ganzwollener Kleiderstoff; der Kleiderstoff ist ganzleinen, ganzwollen ↑D57

Großschreibung ↑D72:
- ein Ganzes; das [große] Ganze; ein großes Ganze *od.* Ganzes
- als Ganzes; fürs Ganze; ums Ganze

G ganz

ganz|jäh|rig
Ganz|kör|per|an|zug
Ganz|le|der|band, der; ganz|le|dern (aus reinem Leder)
ganz|lei|nen (aus reinem Leinen); Ganz|lei|nen, das; -s; Ganz|lei|nen|band, der
gänz|lich
ganz ma|chen, ganz|ma|chen *(ugs.)*; vgl. ganz
ganz|sei|den (aus reiner Seide)
ganz|sei|tig; eine ganzseitige Anzeige
ganz|tä|gig
ganz|tags; Ganz|tags|an|ge|bot; Ganz|tags|be|treu|ung; Ganz|tags|kin|der|gar|ten; Ganz|tags|schu|le
Ganz|ton Plur. ...töne
ganz|wol|len (aus reiner Wolle)
Ganz|wort|me|tho|de, die *(Päd.)*
¹gar (fertig gekocht; *südd., österr. ugs. für* zu Ende); das Fleisch ist noch nicht ganz gar, erst halb gar; das Fleisch gar kochen *od.* garkochen; gar gekochtes *od.* gargekochtes Fleisch ↑D58; um das Fleisch gar zu kochen *od.* garzukochen; die Klöße gar ziehen lassen; der Fisch, der inzwischen gar kochte
²gar (überhaupt; *stets getrennt geschrieben*); ganz und gar, gar kein, gar nicht, gar nichts; gar sehr, gar wohl; du sollst das nicht gar so ernst nehmen
Ga|ra|ge [...ʒə], die; -, -n ⟨franz.⟩
Ga|ra|gen|ein|fahrt; Ga|ra|gen|fir|ma; Ga|ra|gen|tor, das; Ga|ra|gen|wa|gen
ga|ra|gie|ren *(österr., schweiz. für* [Wagen] einstellen)
Ga|ra|gist [...'ʒɪst], der; -en, -en *(schweiz. für* Inhaber einer Autowerkstatt); Ga|ra|gis|tin
Ga|ra|mond [...'mõː, ˌga(ː)raˈmõnt], die; - ⟨nach dem franz. Stempelschneider⟩ (eine Antiquadruckschrift)

Ga|rant, der; -en, -en ⟨franz.⟩ (Person, Institution o. Ä., die für etwas garantiert)
Ga|ran|tie, die; -, ...ien (Gewähr; Zusicherung); Ga|ran|tie|an|spruch; Ga|ran|tie|er|klä|rung; Ga|ran|tie|fonds
ga|ran|tie|ren; ga|ran|tiert
Ga|ran|tie|schein
Ga|ran|tin
Ga|raus, der; *nur in* jmdm. den Garaus machen (jmdn. töten)
Gar|be, die; -, -n; Gar|ben|bund, das *od.* (österr. nur) der
Gar|bo, Greta (schwed. Filmschauspielerin)
Gär|bot|tich
Gar|cía Lor|ca [garˈsiːa -] (span. Dichter)
Gar|cía Már|quez [garˈsiːa ˈmarkɛs] (kolumbianischer Schriftsteller)
Gar|çon [...ˈsõː], der; -s, -s ⟨franz.⟩ *(veraltet für* Kellner; Junggeselle); Gar|çon|ne [...ˈsɔn], die; - (knabenhafte Mode der Zwanzigerjahre); Gar|çon|ni|ère [...ˈnjɛːr], die; -, -n *(österr. für* Einzimmerwohnung)
Gar|da|see, der; -s (in Oberitalien)
Gar|de, die; -, -n ⟨franz.⟩ *(Militär* Eliteptruppe)
Gar|de|du|korps [...dyˈkoːɐ̯], das u. die; -, - *(früher für* Leibgarde)
Gar|de|maß, das; Gar|de|of|fi|zier; Gar|de|re|gi|ment
Gar|de|ro|be, die; -, -n ⟨franz.⟩ (Kleidung; Kleiderablage; Ankleideraum im Theater)
Gar|de|ro|ben|frau; Gar|de|ro|ben|ha|ken; Gar|de|ro|ben|mann; Gar|de|ro|ben|mar|ke; Gar|de|ro|ben|schrank; Gar|de|ro|ben|stän|der
Gar|de|ro|bi|er [...ˈbi̯eː], der; -s, -s *(Theater* jmd., der Künstler[innen] u. ihre Kostüme betreut); Gar|de|ro|bi|e|re, die; -, -n ⟨*zu* Garderobier⟩ (Garderobenfrau)
Gar|di|ne, die; -, -n ⟨niederl.⟩

Gar|di|nen|pre|digt *(ugs.)*
Gar|di|nen|schnur; Gar|di|nen|stan|ge
Gar|dist, der; -en, -en ⟨franz.⟩ (Soldat der Garde); Gar|dis|tin
Ga|re, die; - *(Landwirtsch.* günstigster Zustand des Kulturbodens)
ga|ren (gar kochen)
gä|ren; es gor *(auch, bes. in übertr. Bedeutung* gärte); es göre *(auch* gärte); gegoren *(auch* gegärt); gär[e]!
gar ge|kocht, gar|ge|kocht vgl. ¹gar
Ga|ri|bal|di (ital. Freiheitskämpfer)
gar kein vgl. ²gar
gar ko|chen, gar|ko|chen vgl. ¹gar
Gar|kü|che (Küche in einer einfachen Gaststätte o. Ä.)
Gar|misch-Par|ten|kir|chen (bayr. Fremdenverkehrsort)
Garn, das; -[e]s, -e
Gar|ne|le, die; -, -n (ein Krebstier)
gar|ni vgl. Hotel garni
gar nicht; gar nichts vgl. ²gar
gar|nie|ren ⟨franz.⟩ (schmücken, verzieren); Gar|nie|rung
Gar|ni|son, die; -, -en (Standort einer [Besatzungs]truppe); gar|ni|so|nie|ren *(veraltend für* in der Garnison liegen); Gar|ni|son[s]|kir|che
Gar|ni|tur, die; -, -en (Verzierung; Anzahl *od.* Satz zusammengehöriger Gegenstände); *österr. auch für* [Straßenbahn]zug)
Garn|knäu|el
Ga|ronne [...ˈrɔn], die; - (franz. Fluss)
Gar|rot|te, Ga|rot|te, die; -, -n ⟨span.⟩ (Würgschraube *od.* Halseisen zum Hinrichten); gar|rot|tie|ren, ga|rot|tie|ren
gars|tig; Gars|tig|keit
Gär|stoff
Gärt|chen; gär|teln *(südd. für* Gartenarbeit aus Liebhaberei verrichten); ich gärt[e]le
Gar|ten, der; -s, Gärten

gatten

Gar|ten|an|la|ge; Gar|ten|ar|beit
Gar|ten|ar|chi|tekt; Gar|ten|ar|chi|tek|tin
Gar|ten|bank Plur. ...bänke
Gar|ten|bau, der; -[e]s; Gar|ten|bau|aus|stel|lung
Gar|ten|beet
Gar|ten|be|sit|zer; Gar|ten|be|sit|ze|rin
Gar|ten|blu|me; Gar|ten|cen|ter, das; Gar|ten|fest; Gar|ten|freund; Gar|ten|freun|din; Gar|ten|ge|rät
Gar|ten|hag (schweiz. für Garteneinfriedung)
Gar|ten|haus; Gar|ten|lau|be; Gar|ten|lo|kal; Gar|ten|mö|bel meist Plur.; Gar|ten|par|ty
Gar|ten|rot|schwanz (ein Singvogel)
Gar|ten|saal; Gar|ten|sai|son; Gar|ten|schach; Gar|ten|schau; Gar|ten|schlauch; Gar|ten|stadt; Gar|ten|tor; Gar|ten|weg; Gar|ten|wirt|schaft; Gar|ten|zaun; Gar|ten|zwerg
Gärt|lein
Gärt|ner; Gärt|ne|rei; Gärt|ne|rin
Gärt|ne|rin|art; nur in nach Gärtnerinart (Gastron.)
gärt|ne|risch; gärt|nern; ich gärtnere
Gärt|ners|frau
Gä|rung; Gä|rungs|pro|zess
Gar|zeit
Gas, das; -es, -e; Gas geben
Ga|sa vgl. Gaza
Gas|an|bie|ter
Gas|an|griff; Gas|an|zün|der
Gas|chro|ma|to|gra|fie, Gas|chro|ma|to|gra|phie (Chemie Verfahren zur Trennung gasförmiger Stoffe)
Ga|sel, Ga|se|le vgl. Ghasel, Ghasele
ga|sen; es gast; es gas|te
Gas|ex|plo|si|on; Gas|feld; Gas|feu|er|zeug; Gas|fla|sche
gas|för|mig
Gas|ge|misch; Gas|hahn; Gas|hei|zung; Gas|herd; Gas|hül|le
ga|sie|ren (Textiltechnik Garne durch Absengen von Faserenden befreien)
ga|sig
Gas|ko|cher; Gas|lei|tung
Gas-Luft-Ge|misch
Gas|mann Plur. ...männer; Gas|mas|ke; Gas|ofen; Gas|öl
Ga|so|me|ter, der; -s, - ⟨franz.⟩ (veraltend für großer Gasbehälter)
Gas|pe|dal; Gas|pis|to|le; Gas|rech|nung
Gäss|chen
Gas|schlauch

Gas|schmelz|schwei|ßung, Gasschweißung (autogene Schweißung)
Gas|se, die; -, -n (enge, schmale Straße; österr. in bestimmten Verwendungen auch für Straße, z. B. über die Gasse); Schreibung in Straßennamen: ↑D 162 u. 163
Gas|sen|ar|beit, die; - (schweiz. für Streetwork)
Gas|sen|hau|er (ugs. veraltend für allbekanntes Lied)
Gas|sen|kü|che (schweiz. für Einrichtung, in der Essen an Bedürftige abgegeben wird)
Gas|sen|lied
Gas|sen|lo|kal (österr.)
gas|sen|sei|tig (österr. für zur Straße hin gelegen)
Gas|sen|ver|kauf (österr. für Verkauf über die Straße)
Gas|sen|zim|mer (schweiz. für öffentlicher Raum für den Drogenkonsum)
Gas|si; nur in Gassi gehen (ugs. für mit dem Hund auf die Straße [Gasse] gehen)
Gäss|lein
Gas|spei|cher
Gast, der; -[e]s, Plur. Gäste u. (Seemannsspr. für bestimmte Matrosen:) -en; zu Gast sein; zu Gast bitten; als Gast (Abk. a. G.)
Gast|ar|bei|ter (veraltend); Gast|ar|bei|te|rin; Gast|ar|bei|ter|kind
Gast|di|ri|gent; Gast|di|ri|gen|tin
Gast|do|zent; Gast|do|zen|tin
Gäs|te|bett; Gäs|te|buch; Gäs|te|bü|ro; Gäs|te|hand|tuch; Gäs|te|haus; Gäs|te|heim; Gäs|te|in|for|ma|ti|on; Gäs|te|kar|te
Gas|te|rei (veraltet für üppiges Gastmahl)
Gäs|te|toi|let|te; Gäs|te-WC; Gäs|te|zim|mer
Gast|fa|mi|lie
gast|frei; Gast|frei|heit, die; -
Gast|freund (veraltet); Gast|freun|din
gast|freund|lich; Gast|freund|lich|keit; Gast|freund|schaft
Gast|ge|ber; Gast|ge|be|rin
Gast|ge|schenk
Gast|ge|wer|be
Gast|haus; Gast|hof
Gast|hö|rer; Gast|hö|re|rin
gas|tie|ren (Theater)
Gäs|tin (selten)
Gast|land
gast|lich; Gast|lich|keit, die; -
Gast|mahl (geh.)
Gast|mann|schaft (Sport)
Gast|pflan|ze (Schmarotzer)

Gast|pro|fes|sor; Gast|pro|fes|so|rin
Gas|t|räa, die; -, ...äen ⟨griech.⟩ (hypothetisches Urdarmtier)
gas|t|ral (Med. zum Magen gehörend); Gas|t|ral|gie, die; -, ...ien (Magenkrampf)
Gast|recht
Gast|red|ner; Gast|red|ne|rin
gas|t|risch ⟨griech.⟩ (Med. zum Magen gehörend, vom Magen ausgehend); ↑D 89; gastrisches Fieber; Gas|t|ri|tis, die; -, ...itiden (Magenschleimhautentzündung)
Gast|ro|be|trieb (bes. schweiz. für Gastronomiebetrieb)
Gast|rol|le
Gas|t|ro|nom, der; -en, -en ⟨griech.⟩ (Gastwirt mit besonderen Kenntnissen der Gastronomie); Gas|t|ro|no|mie, die; - (Gaststättengewerbe; feine Kochkunst); Gas|t|ro|no|mie|be|trieb; Gas|t|ro|no|min; gas|t|ro|no|misch
Gas|t|ro|po|de, der; -n, -n meist Plur. (Zool. Schnecke)
Gas|t|ros|kop, das; -s, -e (Med. Gerät zur Untersuchung des Mageninneren)
Gas|t|ros|to|mie, die; -, ...ien (Med. Anlegung einer Magenfistel)
Gas|t|ro|to|mie, die; -, ...ien (Med. Magenschnitt)
Gas|t|ru|la, die; - (Biol. Entwicklungsstadium vielzelliger Tiere)
Gast|sän|ger; Gast|sän|ge|rin
Gast|spiel
Gast|stät|te; Gast|stät|ten|ge|wer|be, das; -s
Gast|stu|be
Gast|tier (Schmarotzer)
Gast|ver|ein (Sport)
Gast|vor|le|sung; Gast|vor|stel|lung; Gast|vor|trag
Gast|wirt; Gast|wir|tin; Gast|wirt|schaft
Gast|zim|mer
Gas|ver|brauch; Gas|ver|gif|tung; Gas|ver|sor|gung; Gas|werk; Gas|zäh|ler
Gat vgl. Gatt
Gate [geɪt], das; -s, -s ⟨engl.⟩ (Flugsteig auf Flughäfen)
Gate|way [ˈgeɪtveɪ], das; -s, -s (EDV Rechner, der Daten- bzw. Rechnernetze verbindet)
Gatsch, der; -[e]s (bayr., österr. ugs. für breiige Masse; Matsch); gat|schig
Gatt, Gat, das; -[e]s, Plur. -en u. -s (Seemannsspr. Öse, Loch; enger Raum; Schiffsheck)
Gat|te, der; -n, -n
gat|ten, sich (geh. für sich paaren)

Gattenliebe

Gat|ten|lie|be; Gat|ten|mord; Gat|ten|wahl
Gat|ter, das; -s, - (Gitter, [Holz]zaun); **Gat|ter|sä|ge**
gat|tie|ren (Materialien für das Gießen von Gusseisen zusammenstellen)
Gat|tin
Gat|tung; Gat|tungs|na|me (auch für Appellativ)
Gau, der, landsch. das; -[e]s, -e
GAU, der; -s, -s = größter anzunehmender Unfall
Gäu, das; -[e]s, -e (landsch. für Gau); das Obere Gäu
Gau|be, Gau|pe, die; -, -n (Bauw. u. landsch. für aus einem Dach herausgebautes Fenster)
Gauch, der; -[e]s, Plur. -e u. Gäuche »Kuckuck« (veraltet für Dummkopf)
Gauch|heil, der; -[e]s, -e (Zierpflanze u. Wildkraut)
Gau|cho [...tʃo], der; -[s], -s (indian.-span.) (südamerik. Viehhirt)
Gauck, Joachim (elfter dt. Bundespräsident); **Gauck-Be|hör|de,** die; - (nach dem ersten Leiter) (Bundesbehörde für die Aufbewahrung u. Aufarbeitung der Akten des Staatssicherheitsdienstes der DDR)
Gau|de|a|mus, das; - (lat., »Freuen wir uns!«) (Name [u. Anfang] eines Studentenliedes)
Gau|dee, die; -, -n (österr. Nebenform von Gaudi)
Gau|di, die; -, österr. nur so, auch das; -s (ugs. für Gaudium)
Gau|dí, Antoni (katalanischer Architekt)
Gau|dieb (nordd. veraltet für Gauner)
Gau|di|um, das; -s (lat.) (Freude; Ausgelassenheit; Spaß)
Gau|di|wurm (ugs. scherzh. für Fastnachtszug)
Gau|graf (früher für Graf, dessen Herrschaftsbereich ein Gau ist); **Gau|grä|fin**
Gau|guin [goˈgɛ̃] (franz. Maler)
Gau|ke|lei; gau|kel|haft
gau|keln (veraltend); ich gauk[e]le
Gau|kel|spiel; Gau|kel|werk
Gauk|ler; Gauk|le|rei; gauk|ler|haft; Gauk|le|rin; gauk|le|risch; Gauk|ler|trup|pe
Gaul, der; -[e]s, Gäule; **Gäul|chen**
Gaulle, de [goːl] (franz. General u. Staatsmann); vgl. de-Gaulle-freundlich; **Gaul|lis|mus,** der; - (nach de Gaulle) (politische Bewegung in Frankreich); **Gaul-**

list, der; -en, -en (Anhänger des Gaullismus); **Gaul|lis|tin**
Gault [gɔːlt], der; -[e]s (engl.) (Geol. zweitälteste Stufe der Kreide)
Gau|men, der; -s, -
Gau|men|freu|de (geh.); **Gau|men|kit|zel**
Gau|men|laut (Guttural)
Gau|men|schmaus; Gau|men|se|gel
Gau|men|spal|te (Med. angeborene Spaltung des harten Gaumens)
Gau|men|zäpf|chen
gau|mig; gaumig sprechen
Gau|ner, der; -s, -; **Gau|ner|ban|de; Gau|ne|rei; gau|ner|haft; Gau|ne|rin; gau|ne|risch; gau|nern;** ich gaunere; **Gau|ner|spra|che**
Gau|pe vgl. Gaube
Gaur, der; -[s], -[s] (Hindi) (wild lebendes Rind in Indien)
¹**Gauß** (dt. Mathematiker)
²**Gauß,** das; -, - (alte Maßeinheit der magnetischen Induktion; Zeichen G); vgl. Tesla
Gautsch|brett (Gerät zum Pressen nassen Papiers); **Gautsch|brief**
Gaut|sche, die; -, -n (südd. für Schaukel)
gaut|schen (Papier zum Pressen ins Gautschbrett legen; auch Buchdrucker, Setzer nach altem Buchdruckerbrauch nach der Ausbildung aufnehmen; südwestd. für schaukeln); du gautschst
Gaut|scher; Gaut|sche|rin
Gautsch|fest
gau|zen, gäu|zen (landsch. für bellen)
GAV, der; -, -s (schweiz.) = Gesamtarbeitsvertrag
Ga|vot|te [...ˈvɔt, österr. nur so, auch ...ˈvɔtə], die; -, -n (franz.) (ein alter Tanz)
Ga|wein (Gestalt der Artussage)
gay [geɪ] (engl.) (ugs. für homosexuell); **Gay,** der; -[s], -s (ugs. für Homosexueller)
Ga|za [ˈgaːza], **Ga|sa** (Stadt im östl. Mittelmeerraum); **Ga|za-strei|fen, Ga|za-Strei|fen,** der; -s
Ga|ze [...zə], die; -, -n (pers.) (durchsichtiges Gewebe; Verbandmull)
Ga|zel|le, die; -, -n (arab.-ital.) (Antilopenart)
Ga|zet|te [auch ...ˈzɛt(ə)], die; -, -n (franz.) (veraltet, noch abwertend für Zeitung)
Gaz|pa|cho [gasˈpatʃo], der; -[s], -s, auch die; -, -s (span.) (kalte spanische Gemüsesuppe)
GBl. = Gesetzblatt

GBP (Währungscode für brit. Pfund)
Gd (chem. Zeichen für Gadolinium)
Gdańsk [gdansk, poln. gdaĩsk] (poln. Hafenstadt an der Ostsee); vgl. Danzig
G-Dur [ˈgeːduːɐ̯, auch ˈgeːˈduːɐ̯], das; -[s] (Tonart; Zeichen G); **G-Dur-Ton|lei|ter** ↑ D 26
Ge (chem. Zeichen für Germanium)
ge... (Vorsilbe von Verben, z. B. gehorchen, du gehorchst, gehorcht, zu gehorchen)
ge|ach|tet
Ge|äch|te|te, der u. die; -n, -n
Ge|äch|ze, das; -s
Ge|äder, das; -s; **ge|ädert**
Ge|äf|ter, das; -s, - (Jägerspr. die beiden hinteren Zehen beim Schalenwild u. a.)
Ge|al|be|re, das; -s
ge|ar|tet; die Sache ist so geartet, dass ...
Ge|äse, das; -s, - (Jägerspr. Äsung; Maul bei Hirsch u. Reh)
Ge|äst, das; -[e]s (Astwerk)
¹**geb.** = geboren, geborene, geborener (Zeichen *)
²**geb.** = gebunden (bei Büchern)
Ge|bab|bel, das; -s (landsch. für Geplapper, dauerndes Reden)
Ge|bäck, das; -[e]s, -e
ge|ba|cken (vgl. backen; **Ge|ba|cke|ne,** das; -n; **Ge|bäck|scha|le**
Ge|bal|ge, das; -s (Prügelei)
Ge|bälk, das; -[e]s, -e Plur. selten
ge|ballt
Ge|bän|de, Ge|ben|de, das; -s, - (eine mittelalterl. Kopftracht)
ge|bannt
ge|bar vgl. gebären
Ge|bär|de, die; -, -n; ¹**ge|bär|den,** sich; ²**ge|bär|den** (die Gebärdensprache verwenden); **Ge|bär|den|spiel; Ge|bär|den|spra|che**
ge|ba|ren, sich (veraltet für sich gebärden)
ge|bä|ren; du gebierst, sie gebiert; auch du gebärst, sie gebärt; du gebarst, du gebärest; geboren (vgl. d.); gebär[e]! (geh. gebier!)
Ge|ba|ren, das; -s
Ge|bä|re|rin; Ge|bär|kli|nik (österr. für Entbindungsabteilung)
Ge|bär|mut|ter, die; -, ...mütter; **Ge|bär|mut|ter|hals; Ge|bär|mut|ter|hals|krebs; Ge|bär|mut|ter|spie|gel**
Ge|ba|rung (Gebaren; österr. für Buch-, Geschäftsführung)
ge|bauch|pin|selt (ugs. für geehrt, geschmeichelt)
ge|baucht (bauchig)
Ge|bäu|de, das; -s, -

Gebühreneinzugszentrale

Ge|bäu|de|kom|plex
Ge|bäu|de|rei|ni|ger; Ge|bäu|de|rei|ni|ge|rin
Ge|bäu|de|tech|nik; ge|bäu|de|tech|nisch
Ge|bäu|de|teil, der; Ge|bäu|de|ver|wal|tung
Ge|bäu|lich|keit (südd., schweiz. für Baulichkeit)
ge|baut; ein gut gebauter od. gutgebauter Sportler
ge|be|freu|dig
Ge|bein, das; -[e]s, -e
Ge|bel|fer, das; -s (Belfern, Bellen)
Ge|bell, das; -[e]s; Ge|bel|le, das; -s
ge|ben; du gibst, sie gibt; du gabst; du gäbest; ¹gegeben (vgl. d.); gib!; ↑D 82; Geben od. geben ist seliger denn Nehmen od. nehmen
Ge|ben|de vgl. Gebände
Ge|be|ne|dei|te, die; -n ⟨zu benedeien⟩ (Gottesmutter)
Ge|ber; Ge|be|rin
Ge|ber|land
Ge|ber|lau|ne; in Geberlaune sein
Ge|ber|spra|che (Sprachwiss.)
Ge|bet, das; -[e]s, -e; Ge|bet|buch
ge|be|ten vgl. bitten
Ge|bets|got|tes|dienst; Ge|bets|haus; Ge|bets|man|tel
Ge|bets|müh|le; Ge|bets|müh|len|ar|tig
Ge|bets|ni|sche; Ge|bets|rie|men; Ge|bets|stun|de; Ge|bets|tep|pich
Ge|bet|tel, das; -s
ge|beut (veraltet für gebietet); die Stunde gebeut, dass ...
ge|beu|telt; vom Schicksal gebeutelt werden
Gebhard (m. Vorn.)
Ge|biet, das; -[e]s, -e
ge|bie|ten; geboten; ge|bie|tend
ge|bie|ter; Ge|bie|te|rin; ge|bie|te|risch
ge|biet|lich
Ge|biets|an|spruch; Ge|biets|er|wei|te|rung; ge|biets|fremd; Ge|biets|ho|heit
Ge|biets|kör|per|schaft (Rechtswiss.)
Ge|biets|kran|ken|kas|se (österr.)
Ge|biets|re|form
ge|biets|wei|se
Ge|bild|brot (Gebäck besonderer Form zu bestimmten Festtagen)
Ge|bil|de, das; -s, -
ge|bil|det; Ge|bil|de|te, der u. die; -n, -n
Ge|bim|mel, das; -s
Ge|bin|de, das; -s, -
Ge|bir|ge, das; -s, -

ge|bir|gig; Ge|bir|gig|keit, die; -
Ge|birg|ler; Ge|birg|le|rin
Ge|birgs|bach
Ge|birgs|jä|ger (Militär); Ge|birgs|jä|ge|rin
Ge|birgs|kamm; Ge|birgs|ket|te; Ge|birgs|land|schaft; Ge|birgs|mas|siv; Ge|birgs|stock Plur. ...stöcke; Ge|birgs|zug
Ge|biss, das; -es, -e
ge|bis|sen vgl. beißen
Ge|blaf|fe, das; -s (ugs.)
Ge|bla|se, das; -s (Blasen)
Ge|blä|se, das; -s, - (Technik)
ge|bla|sen vgl. blasen
ge|blie|ben vgl. bleiben
Ge|blö|del, das; -s (ugs.)
Ge|blök, das; -[e]s, Ge|blö|ke, das; -s
ge|blümt, österr. ge|blumt (mit Blumenmuster)
Ge|blüt, das; -[e]s (geh.)
¹ge|bo|gen (gekrümmt)
²ge|bo|gen vgl. biegen
ge|bogt (bogenförmig geschnitten); ein gebogter Kragen
ge|bongt vgl. bongen

ge|bo|ren
(Abk. geb.; Zeichen *)
– sie ist eine geborene Schulz

Kommasetzung ↑D 102:
– Frau Müller geb. Schulz wurde als Zeugin vernommen od. Frau Müller, geb. Schulz, wurde als Zeugin vernommen

Ge|bo|ren|zei|chen
¹ge|bor|gen; sich geborgen fühlen
²ge|bor|gen vgl. bergen
Ge|bor|gen|heit, die; -
ge|bors|ten vgl. bersten
Ge|bot, das; -[e]s, -e; zu Gebot[e] stehen; das erste, zweite Gebot, aber die Zehn Gebote
¹ge|bo|ten vgl. bieten
²ge|bo|ten vgl. gebieten
Ge|bots|schild Plur. ...schilder (Verkehrsw.)
Gebr. = Gebrüder
Ge|bräch, das; -[e]s, -e, Ge|brä|che, das; -s, - (Bergmannsspr. Gestein, das leicht in Stücke zerfällt; Jägerspr. der vom Schwarzwild mit dem Rüssel aufgewühlte Boden)
ge|bracht vgl. bringen
Ge|bräl|me, das; -s, - (veraltet für Verbrämung)
ge|brand|markt
ge|brannt; gebrannter Kalk
ge|bra|ten vgl. braten

Ge|bra|te|ne, das; -n
Ge|bräu, das; -[e]s, -e
Ge|brauch, der; -[e]s, Plur. (für Sitte, Verfahrensweise:) Gebräuche; von etwas Gebrauch machen
ge|brau|chen (benutzen)
ge|bräuch|lich; Ge|bräuch|lich|keit, die; -
Ge|brauchs|an|wei|sung
Ge|brauchs|ar|ti|kel
Ge|brauchs|fer|tig
Ge|brauchs|ge|gen|stand
Ge|brauchs|gra|fik, Ge|brauchs|gra|phik
Ge|brauchs|gut; Ge|brauchs|mu|sik; Ge|brauchs|mus|ter
Ge|brauch[s]|spur meist Plur.
Ge|brauchs|wert
ge|braucht
Ge|braucht|wa|gen; Ge|braucht|wa|gen|händ|ler; Ge|braucht|wa|gen|händ|le|rin; Ge|braucht|wa|gen|markt
Ge|braus, das; -es, Ge|brau|se, das; -s
Ge|brech, das; -[e]s, -e (Bergmannsspr. Gebräch; Jägerspr. Rüssel des Schwarzwildes); Ge|bre|che, das; -s, - (Bergmannsspr., Jägerspr. Gebräch)
ge|bre|chen (geh. für fehlen, mangeln); es gebricht mir an der nötigen Ausdauer
Ge|bre|chen, das; -s, - (geh. für Körperschaden)
ge|brech|lich; Ge|brech|lich|keit
Ge|bres|ten, das; -s, - (schweiz., sonst veraltet für Gebrechen)
ge|bro|chen; gebrochene Farben
Ge|brö|ckel, das; -s
Ge|bro|del, das; -s
Ge|brü|der Plur. (Abk. Gebr.)
Ge|brüll, das; -[e]s
Ge|brumm, das; -[e]s, Ge|brum|me, das; -s; Ge|brum|mel, das; -s
ge|buch|tet; eine gebuchtete Küste
Ge|bück, das; -[e]s, -e (früher für geflochtene Hecke zum Schutz von Anlagen od. Siedlungen)
Ge|bühr, die; -, -en; nach, über Gebühr
ge|büh|ren; etwas gebührt ihr (kommt ihr zu); es gebührt sich nicht, dies zu tun ↑D 117
Ge|büh|ren|be|frei|ung
ge|büh|rend; sie erhielt die gebührende Anerkennung
ge|büh|ren|der|ma|ßen
ge|büh|ren|der|wei|se
Ge|büh|ren|ein|zugs|zen|t|ra|le (Abk. GEZ; seit 2013: Beitragsservice von ARD, ZDF und Deutschlandradio)

Gebührenerhöhung

Ge|büh|ren|er|hö|hung
ge|büh|ren|frei; Ge|büh|ren|frei|heit, die; -
Ge|büh|ren|ord|nung
ge|büh|ren|pflich|tig; Ge|büh|ren|satz; Ge|büh|ren|sat|zung; Ge|büh|ren|sen|kung
Ge|büh|ren|vi|gnet|te (für die Autobahnbenutzung)
ge|bühr|lich *(veraltend);* Ge|bühr|nis, die; -, -se *(veraltet für* Gebühr, Abgabe*)*
Ge|bum|se, das; -s *(ugs.)*
ge|bum[s]|fie|delt; *meist in der Wendung* sich gebum[s]fiedelt fühlen *(ugs. scherzh. für* sich geschmeichelt fühlen*)*
Ge|bund, das *(landsch. für* Bund*);* 4 Gebund Seide
ge|bun|den (*Abk. [bei Büchern]* geb.); ↑ D 89: gebundenes System *(roman. Baukunst);* gebundene Rede (Verse); Ge|bun|den|heit
Ge|burt, die; -, -en
Ge|bur|ten|be|schrän|kung; Ge|bur|ten|häu|fig|keit; Ge|bur|ten|kon|trol|le; Ge|bur|ten|ra|te
Ge|bur|ten|re|ge|lung, Ge|bur|ten|reg|lung
Ge|bur|ten|rück|gang
ge|bur|ten|schwach; ge|bur|ten|stark
Ge|bur|ten|über|schuss; Ge|bur|ten|zahl; Ge|bur|ten|zif|fer
ge|bür|tig; er ist gebürtiger Bonner
Ge|burts|adel; Ge|burts|an|zei|ge; Ge|burts|da|tum; Ge|burts|haus
Ge|burts|hel|fer; Ge|burts|hel|fe|rin
Ge|burts|hil|fe, die; -; ge|burts|hilf|lich
Ge|burts|jahr; Ge|burts|land; Geburts|na|me; Ge|burts|ort *Plur.* ...orte; Ge|burts|schein; Ge|burts|stadt; Ge|burts|sta|ti|on; Ge|burts|stun|de
Ge|burts|tag

Geburtstag

Das Wort bedeutet (abgesehen von seltenen Verwendungen in der Verwaltungssprache) nicht *Tag der Geburt,* sondern *Jahrestag der Geburt.* Man feiert also den ersten Geburtstag, wenn man ein Jahr alt wird; der Tag, an dem man 50 Jahre alt wird, ist der 50. Geburtstag.

Ge|burts|tags|fei|er; Ge|burts|tags|fest; Ge|burts|tags|ge|schenk; Ge|burts|tags|kind; Ge|burts|tags|par|ty; Ge|burts|tags|tor|te
Ge|burts|ur|kun|de

Ge|büsch, das; -[e]s, -e
ge|chintzt [...'tʃi...]; eine gechintzte Bluse; *vgl.* Chintz
Geck, der; -en, -en; Ge|cken|art, die; -; ge|cken|haft; Ge|cken|haf|tig|keit
Ge|cko, der; -s, *Plur.* -s *u. veraltet* ...onen ⟨malai.⟩ (eine trop. Eidechse)
ge|dacht ⟨von denken, gedenken⟩; ich habe nicht daran gedacht; ich habe seiner gedacht; Ge|dach|te, das; -n
Ge|dächt|nis, das; -ses, -se
Ge|dächt|nis|aus|stel|lung; Ge|dächt|nis|fei|er; Ge|dächt|nis|kon|zert; Ge|dächt|nis|leis|tung; Ge|dächt|nis|lü|cke; Ge|dächt|nis|pro|to|koll
Ge|dächt|nis|schwä|che; Ge|dächt|nis|schwund; Ge|dächt|nis|stö|rung; Ge|dächt|nis|stüt|ze; Ge|dächt|nis|trai|ning; Ge|dächt|nis|ver|lust
ge|dackt *(Orgelbau* oben verschlossen*);* gedackte Pfeife
Ge|dan|ke, der; ...kens, ...ken
Ge|dan|ken, der; ...kens, ...ken
Ge|dan|ken|ar|beit; Ge|dan|ken|aus|tausch; Ge|dan|ken|blitz; Ge|dan|ken|flug; Ge|dan|ken|frei|heit; Ge|dan|ken|gang, der; Ge|dan|ken|gut, das; -[e]s; Ge|dan|ken|le|sen, das; -s
ge|dan|ken|los; Ge|dan|ken|lo|sig|keit
Ge|dan|ken|reich; Ge|dan|ken|rei|se; ge|dan|ken|schnell
Ge|dan|ken|spiel; Ge|dan|ken|split|ter; Ge|dan|ken|sprung
Ge|dan|ken|strich
Ge|dan|ken|über|tra|gung; Ge|dan|ken|ver|bin|dung
Ge|dan|ken|ver|lo|ren; ge|dan|ken|voll
Ge|dan|ken|welt
ge|dank|lich
Ge|därm, das; -[e]s, -e, Ge|där|me, das; -s, -
Ge|deck, das; -[e]s, -e; ge|deckt
Ge|deih, der; *nur in* auf Gedeih und Verderb
ge|dei|hen; du gedeihst; du gediehst; du gediehest; gediehen; gedeih[e]t!; Ge|dei|hen, das; -s
ge|deih|lich *(geh. für* nützlich, fruchtbar*);* Ge|deih|lich|keit, die; -
Ge|den|ke|mein, das; -s, - (eine Waldblume)
ge|den|ken; *mit Gen.:* gedenket unser!; Ge|den|ken, das; -s

Ge|denk|fei|er; Ge|denk|got|tes|dienst; Ge|denk|jahr; Ge|denk|mar|ke; Ge|denk|mi|nu|te; Ge|denk|mün|ze; Ge|denk|re|de
Ge|denk|stät|te; Ge|denk|stein; Ge|denk|stun|de; Ge|denk|ta|fel; Ge|denk|tag
ge|deucht *vgl.* dünken
Ge|dicht, das; -[e]s, -e
Ge|dicht|band, der; Ge|dicht|in|ter|pre|ta|ti|on; Ge|dicht|samm|lung
ge|die|gen; Ge|die|gen|heit, die; -
ge|dient; ein gedienter Soldat
Ge|din|ge, das; -s, - (Akkordlohn im Bergbau); Ge|din|ge|ar|bei|ter; Ge|din|ge|ar|bei|te|rin
Ge|don|ner, das; -s
Ge|döns, das; -es *(landsch. für* Aufheben, Getue*);* viel Gedöns um etwas machen
Ge|drän|ge, das; -s; Ge|drän|gel, das; -s *(ugs.)*
ge|drängt; Ge|drängt|heit
Ge|dröhn, das; -[e]s, Ge|dröh|ne, das; -s
ge|drückt; gedrückte Stimmung
Ge|druck|te, das; -n
Ge|drückt|heit, die; -
¹ge|drun|gen; eine gedrungene (untersetzte) Gestalt
²ge|drun|gen *vgl.* dringen
Ge|drun|gen|heit, die; -
Ge|du|del, das; -s *(ugs.)*
Ge|duld, die; -
ge|dul|den, sich; ge|dul|dig
Ge|dulds|ar|beit
Ge|dulds|fa|den; *nur in* jmdm. reißt der Geduldsfaden
Ge|dulds|pro|be; Ge|duld[s]|spiel
ge|dun|gen; gedungene Mörder
ge|dun|sen; ein gedunsenes Gesicht; Ge|dun|sen|heit, die; -
Ge|düns|te|te, das; -n *(österr.)*
ge|durft *vgl.* dürfen
ge|eig|net
...ge|eig|net (z. B. mikrowellengeeignet)
ge|eig|ne|ten|orts *(Amtsspr. veraltet)*
Ge|eig|net|heit, die; -
Geest, die; -, -en (hoch gelegenes, trockenes, weniger fruchtbares Land im Küstengebiet); Geest|land, das; -[e]s
gef. = gefallen *(Zeichen* ⚔*)*
Ge|fach, das; -[e]s, *Plur.* -e *u.* Gefächer (Fach, Lade)
Ge|fahr, die; -, -en; Gefahr laufen; ↑ D 52 u. 59; Gefahr bringend *od.* gefahrbringend, *aber nur* große Gefahr bringend, äußerst gefahrbringend
ge|fähr|den

Gefriertrocknung

Ge|fähr|der (*Amtsspr.* Person, von der eine Gefahr für die öffentliche Sicherheit ausgehen könnte); **Ge|fähr|de|rin**
ge|fähr|det; gefährdete Tierarten
Ge|fähr|dung
Ge|fah|re, das; -s (*ugs. für häufiges Fahren*)
ge|fah|ren vgl. fahren
Ge|fah|ren|ab|wehr, die; -; **Ge|fah|ren|be|reich**; **Ge|fah|ren|ge|mein|schaft**; **Ge|fah|ren|herd**; **Ge|fah|ren|mo|ment**, das
Ge|fah|ren|po|ten|zi|al, **Ge|fah|ren|po|ten|ti|al**
Ge|fah|ren|quel|le; **Ge|fah|ren|si|tu|a|ti|on**; **Ge|fah|ren|zo|ne**; **Ge|fah|ren|zu|la|ge**
ge|fähr|lich; gefährliche Körperverletzung (*Rechtsspr.*); **Ge|fähr|lich|keit**, die; -
ge|fahr|los; **Ge|fahr|lo|sig|keit**, die; -
Ge|fährt, das; -[e]s, -e (Wagen)
Ge|fähr|te, der; -n, -n (Begleiter); **Ge|fähr|tin**
ge|fahr|voll
Ge|fäl|le, das; -s, -
Ge|fäl|le|mes|ser, der (*Geodäsie*)
¹**ge|fal|len**; es hat mir gefallen; sich etwas gefallen lassen
²**ge|fal|len**; er ist gefallen (*Abk.* gef.; *Zeichen* ✕)
¹**Ge|fal|len**, der; -s, -; jmdm. einen Gefallen tun; jmdm. etwas zu Gefallen tun
²**Ge|fal|len**, das; -s; [kein] Gefallen an etwas finden
Ge|fal|le|ne, der u. die; -n, -n
Ge|fal|le|nen|fried|hof; **Ge|fal|le|nen|ge|denk|fei|er**
Ge|fäl|le|stre|cke vgl. Gefällstrecke
ge|fäl|lig (*Abk.* gefl.); **Ge|fäl|lig|keit**; **Ge|fäl|lig|keits|gut|ach|ten**; **Ge|fäl|lig|keits|wech|sel** (*Bankw.*)
ge|fäl|ligst (*Abk.* gefl.)
Ge|fäll|stre|cke
Ge|fall|sucht, die; -; **ge|fall|süch|tig**
ge|fälscht; gefälschte Dokumente
Ge|fäl|tel, das; -s (viele kleine Falten)
ge|fan|gen; gefangen halten, nehmen, setzen; er wurde gefangen gehalten; um sie gefangen zu nehmen ↑D 53; der gefangen genommene od. gefangengenommene Spion; die gefangen gehaltenen od. gefangengehaltenen Geiseln; die gefangen gesetzten od. gefangengesetzten Rebellen ↑D 58
Ge|fan|ge|ne, der u. die; -n, -n

Ge|fan|ge|nen|aus|tausch; **Ge|fan|ge|nen|be|frei|ung**; **Ge|fan|ge|nen|haus** (*österr. neben* Gefängnis); **Ge|fan|ge|nen|la|ger**
Ge|fan|ge|nen|wär|ter; **Ge|fan|ge|nen|wär|te|rin**
ge|fan|gen hal|ten vgl. gefangen
Ge|fan|gen|haus (*österr. amtl. Form für* Gefangenenhaus)
ge|fan|gen|nah|me, die; -, -n
ge|fan|gen neh|men vgl. gefangen
Ge|fan|gen|schaft, die; -, -en
ge|fan|gen set|zen vgl. gefangen
Ge|fäng|nis, das; -ses, -se
Ge|fäng|nis|auf|se|her; **Ge|fäng|nis|auf|se|he|rin**
Ge|fäng|nis|in|sas|se; **Ge|fäng|nis|in|sas|sin**
Ge|fäng|nis|stra|fe
Ge|fäng|nis|wär|ter; **Ge|fäng|nis|wär|te|rin**
Ge|fäng|nis|zel|le
ge|färbt; blau gefärbt *od.* blaugefärbt; vgl. blau
Ge|fa|sel, das; -s (*ugs.*)
Ge|fa|ser, das; -s
Ge|fäß, das; -es, -e
Ge|fäß|chi|r|ur|gie; **Ge|fäß|er|wei|te|rung**; **Ge|fäß|krank|heit**
ge|fasst; auf alles gefasst sein; **Ge|fasst|heit**, die; -
Ge|fecht, das; -[e]s, -e
ge|fechts|be|reit; **Ge|fechts|be|reit|schaft**, die; -
Ge|fechts|kopf (Vorderteil mit Sprengstoff u. Zünder bei Raketen o. Ä.)
ge|fechts|mä|ßig
Ge|fechts|pau|se; **Ge|fechts|stand**
Ge|fe|ge, das; -s (*Jägerspr.* vom Geweih abgeriebener Bast)
ge|fei|ert (geehrt, umjubelt); die gefeiert[e]sten Filmstars
Ge|feil|sche, das; -s
ge|feit (sicher, geschützt); sie ist gegen böse Einflüsse gefeit
Ge|fels, das; -es (veraltet für Felsen)
ge|fens|tert
ge|fes|tigt; gefestigte Meinungen
Ge|fie|del, das; -s
Ge|fie|der, das; -s, -; **ge|fie|dert** (mit Federn ausgestattet)
Ge|fil|de, das; -s, - (*geh. für* Gegend; Landschaft)
ge|fin|gert; gefingertes Blatt
ge|fin|kelt (*österr. für* schlau, durchtrieben)
Ge|fi|on (nord. Göttin)
ge|fir|nisst; das Brett ist gefirnisst
ge|fitzt (*schweiz. mdal. für* schlau)

gefl. = gefällig, gefälligst
Ge|fla|cker, das; -s
ge|flammt; geflammte Muster
Ge|flat|ter, das; -s
Ge|flecht, das; -[e]s, -e
ge|fleckt; blau gefleckt *od.* blaugefleckt; vgl. blau
Ge|flen|ne, das; -s (*ugs. für* andauerndes Weinen)
Ge|flim|mer, das; -s
ge|flis|sent|lich
ge|floch|ten vgl. flechten
ge|flo|gen vgl. fliegen
ge|flo|hen vgl. fliehen
ge|flos|sen vgl. fließen
Ge|flu|che, das; -s
Ge|flu|der, das; -s, - (*Bergmannsspr.* Wasserrinne)
Ge|flü|gel, das; -s
Ge|flü|gel|farm; **Ge|flü|gel|fleisch**; **Ge|flü|gel|pest**; **Ge|flü|gel|sa|lat**; **Ge|flü|gel|sche|re**
ge|flü|gelt; geflügeltes Wort (oft angeführtes Zitat); geflügelte Worte ↑D 89
Ge|flü|gel|zucht; **Ge|flü|gel|züch|ter**; **Ge|flü|gel|züch|te|rin**
Ge|flun|ker, das; -s (*ugs.*)
Ge|flüs|ter, das; -s
ge|foch|ten vgl. fechten
Ge|fol|ge, das; -s, - *Plur. selten*; im Gefolge von ...; **Ge|folg|schaft**
Ge|folgs|frau; **Ge|folgs|leu|te** (*Plur. von* Gefolgsmann; Gesamtheit der Gefolgsfrauen u. Gefolgsmänner); **Ge|folgs|mann** *Plur.* ...männer *u.* ...leute
Gefr. = Gefreite
Ge|fra|ge, das; -s; dein dummes Gefrage; **ge|fragt**
ge|frä|ßig; **Ge|frä|ßig|keit**, die; -
Ge|frei|te, der u. die; -n, -n (*Abk.* Gefr.)
ge|fres|sen vgl. fressen
Ge|frett vgl. Gfrett
ge|freut (*schweiz. mdal. für* erfreulich)
Ge|frier|beu|tel
Ge|frier|brand *Plur. selten* (*fachspr. für* Verfärbung an tiefgefrorenen Lebensmitteln)
ge|frie|ren
Ge|frier|fach (im Kühlschrank)
Ge|frier|fleisch; **Ge|frier|ge|mü|se**
ge|frier|ge|trock|net
Ge|frier|ket|te (System von Lagerung u. Transport tiefgekühlter Lebensmittel)
Ge|frier|punkt; **Ge|frier|schrank**; **Ge|frier|schutz|mit|tel**; **Ge|frier-**

Gefriertruhe

trock|nung; Ge|frier|tru|he; Ge|frier|ver|fah|ren; Ge|frier|wa|re
Ge|frieß vgl. Gfrieß
ge|fro|ren vgl. frieren
Ge|fro|re|ne, Ge|fror|ne, das; -n (südd., österr. veraltet für [Speise]eis)
ge|frus|tet (ugs. für frustriert)
Ge|fü|ge, das; -s, -
ge|fü|gig; Ge|fü|gig|keit, die; -
Ge|fühl, das; -[e]s, -e
ge|füh|lig (gefühlvoll); Ge|füh|lig|keit, die; -
ge|fühl|los; Ge|fühl|lo|sig|keit
ge|fühls|arm
Ge|fühls|aus|bruch
ge|fühls|be|dingt; ge|fühls|be|tont
Ge|fühls|cha|os
Ge|fühls|du|se|lei (ugs.); ge|fühls|du|se|lig, ge|fühls|dus|lig
Ge|fühls|echt
Ge|fühls|la|ge; Ge|fühls|le|ben
ge|fühls|mä|ßig
Ge|fühls|mensch; Ge|fühls|re|gung; Ge|fühls|sa|che; Ge|fühls|welt
ge|fühlt (nach dem Gefühl geschätzt; gefühlsmäßig); eine gefühlte Wärme von 30 Grad
ge|fühl|voll
ge|füh|rig ([vom Schnee] für das Skilaufen günstig); Ge|füh|rig|keit, die; - (für Före)
ge|führt; geführte Wanderungen
Ge|fum|mel, das; -s (ugs.)
ge|fun|den vgl. finden
Ge|fun|kel, das; -s
ge|furcht; eine gefurchte Rinde
ge|fürch|tet
ge|fürs|tet; gefürstete Abtei
Ge|ga|cker, das; -s
ge|gan|gen vgl. gehen
¹ge|ge|ben; aus gegebenem Anlass; etw. als gegeben voraussetzen; er nahm das Gegebene gern; es ist das Gegebene, jetzt zu handeln ↑D 72 u. 117
²ge|ge|ben vgl. geben
ge|ge|be|nen|falls (Abk. ggf.)
Ge|ge|ben|heit
ge|gen; Präp. mit Akk.: er rannte gegen das Tor; Adverb: gegen 20 Leute kamen
Ge|gen|ak|ti|on; Ge|gen|an|ge|bot; Ge|gen|an|griff; Ge|gen|an|trag; Ge|gen|ar|gu|ment; Ge|gen|be|haup|tung; Ge|gen|bei|spiel
Ge|gen|be|such; Ge|gen|be|we|gung; Ge|gen|be|weis; Ge|gen|bild; Ge|gen|bu|chung
ge|gen|che|cken (ugs. für überprüfen)
Ge|gend, die; -, -en

Ge|gen|dar|stel|lung (bes. Zeitungsw.); Ge|gen|de|mons|tra|ti|on; Ge|gen|dienst; Ge|gen|druck Plur. ...drücke u. ...drucke

ge|gen|ei|n|an|der

Man schreibt »gegeneinander« mit dem folgenden Verb in der Regel zusammen, wenn es den gemeinsamen Hauptakzent trägt ↑D 48:
– gegeneinanderdrücken, gegeneinanderprallen, gegeneinanderstehen, gegeneinanderstellen
– die Kugeln sind gegeneinandergeprallt
– ohne gegeneinanderzustoßen

Aber:
– gegeneinander antreten

ge|gen|ei|n|an|der|pral|len vgl. gegeneinander
Ge|gen|ent|wurf; Ge|gen|fahr|bahn
ge|gen|fi|nan|zie|ren; Ge|gen|fi|nan|zie|rung
Ge|gen|for|de|rung; Ge|gen|fra|ge
Ge|gen|füß|ler (veraltend für Antipode)
Ge|gen|ga|be; Ge|gen|ge|ra|de (Sport); Ge|gen|ge|schäft; Ge|gen|ge|walt; Ge|gen|ge|wicht; Ge|gen|gift
ge|gen|gleich; beide Arme gegengleich schwingen
ge|gen|hal|ten (ugs. für Widerstand leisten)
Ge|gen|kan|di|dat; Ge|gen|kan|di|da|tin
Ge|gen|ka|the|te (Geom.)
Ge|gen|kla|ge; Ge|gen|kul|tur; Ge|gen|kurs
ge|gen|läu|fig
Ge|gen|leis|tung
ge|gen|len|ken (um eine Abweichung von der Fahrtrichtung auszugleichen)
ge|gen|le|sen (als Zweite[r] zur Kontrolle lesen)
Ge|gen|licht, das; -[e]s; im Gegenlicht; Ge|gen|licht|auf|nah|me (Fotogr.)
Ge|gen|lie|be; Ge|gen|maß|nah|me
Ge|gen|mehr, das; -s (schweiz. für Summe der Gegenstimmen); ohne Gegenmehr
Ge|gen|mit|tel
Ge|gen|papst; Ge|gen|päps|tin
Ge|gen|part (Widerpart); Ge|gen|par|tei; Ge|gen|pol; Ge|gen|pro|be; Ge|gen|pro|test (gegen Kundgebungen, Versammlungen u. Ä.)

ge|gen|prü|fen (etw. [auf anderem Wege] erneut überprüfen); Ge|gen|re|ak|ti|on
ge|gen|rech|nen (zur Kontrolle nochmals rechnen; einer Berechnung eine andere gegenüberstellen)
Ge|gen|recht (Rechtsspr., sonst schweiz.)
Ge|gen|re|de; Ge|gen|re|for|ma|ti|on, die; -; Ge|gen|re|gie|rung; Ge|gen|rich|tung
Ge|gen|satz; ge|gen|sätz|lich; gegensätzliche Meinungen; aber Gegensätzliches in sich vereinen ↑D 72; Ge|gen|sätz|lich|keit
Ge|gen|schlag; Ge|gen|sei|te
ge|gen|sei|tig; Ge|gen|sei|tig|keit
Ge|gen|spie|ler; Ge|gen|spie|le|rin
Ge|gen|sprech|an|la|ge
Ge|gen|stand
ge|gen|stän|dig (Bot. [von Blättern] gegenüberstehend)
ge|gen|ständ|lich (auf die Welt der Gegenstände bezogen, dinglich; konkret); Ge|gen|ständ|lich|keit, die; -
ge|gen|stands|los; Ge|gen|stands|lo|sig|keit, die; -
ge|gen|steu|ern; einer bedrohlichen Entwicklung gegensteuern
Ge|gen|stim|me; ge|gen|stim|mig
Ge|gen|stoß; Ge|gen|stra|te|gie
Ge|gen|strom; ge|gen|stro|mig, ge|gen|strö|mig; Ge|gen|strö|mung
Ge|gen|stück
Ge|gen|teil, das; -[e]s, -e; im Gegenteil; ins Gegenteil umschlagen; ge|gen|tei|lig; gegenteilige Informationen; aber es wurde nichts Gegenteiliges bekannt ↑D 72
Ge|gen|the|se (svw. Antithese)
Ge|gen|tor; Ge|gen|tref|fer (Sport)
ge|gen|über; Präp. mit Dat.: die Schule steht gegenüber dem Rathaus, auch dem Rathaus gegenüber; bei Ortsnamen auch mit »von«: gegenüber von Blankenese. Schreibung in Verbindung mit Verben ↑D 48: gegenüber (dort drüben, auf der anderen Seite) stehen zwei Häuser; vgl. aber gegenüberliegen, gegenüberstehen usw.; Ge|gen|über, das; -s, -
ge|gen|über|lie|gen; sie haben sich gegenübergelegen
ge|gen|über|se|hen; er wird sich Problemen gegenübersehen

Geheimdokument

ge|heim

Kleinschreibung ↑D 89:
- geheime Wahlen
- ein geheimer Vorbehalt *(Rechtsspr.)*

Großschreibung:
- im Geheimen

In Titeln und Namen ↑D 89 u. 150:
- [Wirklicher] Geheimer Rat
- Geheime Staatspolizei (politische Polizei im nationalsozialistischen Reich; *Abk.* Gestapo)
- Geheimes Staatsarchiv

Schreibung in Verbindung mit Verben:
- etwas muss geheim bleiben, geschehen, getan werden
- etwas geheim halten

- wir haben unsere Pläne lange geheim gehalten
- es war uns gelungen, die neuen Pläne lange Zeit geheim zu halten
- alle waren erstaunt, dass er es geheim getan hatte

Aber:
- mit etwas geheimtun (als habe man ein Geheimnis zu hüten)

G
Gehe

---

ge|gen|über|sit|zen; um sich gegenüberzusitzen
ge|gen|über|ste|hen; sie haben sich gegenübergestanden
ge|gen|über|stel|len; Ge|gen|über|stel|lung
ge|gen|über|tre|ten
Ge|gen|ver|an|stal|tung; Ge|gen|ver|kehr; Ge|gen|vor|schlag
Ge|gen|wart, die; -
ge|gen|wär|tig [*auch* ...'ver...]
↑D 72: die hier Gegenwärtigen
ge|gen|warts|be|zo|gen
Ge|gen|warts|form, die; - (für Präsens)
ge|gen|warts|fremd
Ge|gen|warts|kun|de; Ge|gen|warts|li|te|ra|tur *Plur.* selten
ge|gen|warts nah, ge|gen|warts|na|he
Ge|gen|warts|spra|che

gegen was / wogegen

Gegen was kommt in der gesprochenen Sprache recht häufig vor: *Gegen was hast du das eingetauscht?* Im geschriebenen Standarddeutsch wird in der Regel *wogegen* verwendet: *Wogegen hast du das eingetauscht?*

Ge|gen|wehr; Ge|gen|welt; Ge|gen|wert; Ge|gen|wind; Ge|gen|wir|kung
Ge|gen|wort vgl. Gegensatzwort
ge|gen|zeich|nen ([als Zweiter] mit unterschreiben); ich zeichne gegen; gegengezeichnet; gegenzuzeichnen; Ge|gen|zeich|nung
Ge|gen|zeu|ge; Ge|gen|zeu|gin
Ge|gen|zug
ge|ges|sen vgl. essen
Ge|gir|re, das; -s
ge|gli|chen vgl. gleichen

ge|glit|ten vgl. gleiten
Ge|glit|zer, das; -s
Geg|ner; Geg|ne|rin; geg|ne|risch; Geg|ner|schaft, die; -
ge|gol|ten vgl. gelten
ge|go|ren; der Saft ist gegoren
ge|gos|sen vgl. gießen
gegr. = gegründet
ge|gra|ben vgl. graben
ge|grif|fen vgl. greifen
Ge|grin|se, das; -s
Ge|grö|le, das; -s *(ugs.)*
ge|grün|det (*Abk.* gegr.)
Ge|grun|ze, das; -s
geh. = geheftet
Ge|ha|be, das; -s (Ziererei; eigenwilliges Benehmen)
ge|ha|ben, sich; gehab[e] dich wohl!; Ge|ha|ben, das; -s
ge|habt vgl. haben
Ge|hack|te, das; -n (Hackfleisch)
Ge|ha|der, das; -s
¹Ge|halt, das, *österr. veraltend auch* der; -[e]s, Gehälter (regelmäßige monatliche Bezahlung)
²Ge|halt, der; -[e]s, -e (Inhalt; Wert)
ge|halt|arm
¹ge|hal|ten; die Teilnehmer sind gehalten (verpflichtet) ...
²ge|hal|ten vgl. halten
ge|halt|los; Ge|halt|lo|sig|keit, die; -
ge|halt|reich
Ge|halts|aus|zah|lung
Ge|halts|emp|fän|ger; Ge|halts|emp|fän|ge|rin
Ge|halts|er|hö|hung; Ge|halts|for|de|rung; Ge|halts|kon|to; Ge|halts|kür|zung; Ge|halts|nach|zah|lung; Ge|halts|stu|fe; Ge|halts|un|ter|schied
Ge|halts|ver|rech|ner (*österr. für* Lohnbuchhalter); Ge|halts|ver|rech|ne|rin; Ge|halts|ver|rech|nung
Ge|halts|vor|rü|ckung (*österr. für* Gehaltserhöhung der Beamten)
Ge|halts|zah|lung; Ge|halts|zu|la|ge
ge|halt|voll
Ge|häm|mer, das; -s
Ge|ham|pel, das; -s *(ugs.)*
ge|han|di|capt, ge|han|di|kapt [gəˈhendikɛpt] ⟨engl.⟩ (behindert, benachteiligt)
Ge|hän|ge, das; -s, - (*auch Jägerspr.* Tragriemen für das Jagdhorn, Hirschfängerkoppel)
ge|han|gen vgl. ¹hängen
Ge|häng|te, der u. die; -n, -n; vgl. *auch* Gehenkte
ge|har|nischt; geharnischte (gerüstete) Reiter; geharnischter (scharfer) Protest
ge|häs|sig; Ge|häs|sig|keit
ge|hau|en vgl. hauen
Ge|häu|se, das; -s, -
Geh|bahn (Gehweg)
geh|be|hin|dert; Geh|be|hin|der|te, der u. die; -n, -n; Geh|be|hin|de|rung
Ge|heck, das; -[e]s, -e (*Jägerspr.* die Jungen vom Raubwild; Brut [bei Entenvögeln])
ge|hef|tet (*Abk.* geh.)
Ge|he|ge, das; -s, -
ge|hei|ligt
ge|heim s. Kasten
Ge|heim|ab|kom|men
Ge|heim|agent; Ge|heim|agen|tin
Ge|heim|auf|trag
Ge|heim|bund, der; Ge|heim|bün|de|lei (veraltend); Ge|heim|bünd|ler
Ge|heim|dienst; Ge|heim|dienst|ler *(ugs.)*; Ge|heim|dienst|le|rin; ge|heim|dienst|lich
Ge|heim|di|plo|ma|tie; Ge|heim|do-

Geheimfach

ku|ment; Ge|heim|fach; Ge|heim|fa|vo|rit *(bes. Sport)*
ge|heim hal|ten *vgl.* geheim; Ge|heim|hal|tung, die; -
Ge|heim|leh|re; Ge|heim|mit|tel
Ge|heim|nis, das; -ses, -se
Ge|heim|nis|krä|me|rei; Ge|heim|nis|krä|me|rin
Ge|heim|nis|trä|ger; Ge|heim|nis|trä|ge|rin
Ge|heim|nis|tu|er; Ge|heim|nis|tu|e|rei; Ge|heim|nis|tu|e|rin; ge|heim|nis|tu|e|risch
ge|heim|nis|um|wit|tert
Ge|heim|nis|ver|rat *(Rechtsspr.)*
ge|heim|nis|voll
Ge|heim|num|mer; Ge|heim|po|li|zei
Ge|heim|rat *Plur.* ...räte *(vgl.* geheim*);* Ge|heim|rä|tin
Ge|heim|rats|ecken *Plur.;* Ge|heim|rats|ti|tel
Ge|heim|re|zept; Ge|heim|sa|che; Ge|heim|schrift; Ge|heim|sen|der
Ge|heim|spra|che; ge|heim|sprach|lich
Ge|heim|tipp
Ge|heim|tu|er; Ge|heim|tu|e|rei; Ge|heim|tu|e|rin; ge|heim|tu|e|risch
ge|heim|tun *vgl.* geheim
Ge|heim|tür; Ge|heim|waf|fe
Ge|heim|zahl
Ge|heiß, das; -es, -e; auf Geheiß des ...; auf ihr Geheiß
ge|hei|ßen *vgl.* ¹heißen
ge|hemmt; Ge|hemmt|heit, die; -

ge|hen
du gehst; du gingst, er/sie/es ging; du gingest; gegangen; geh[e]!
– in sich gehen
– vor sich gehen

In Verbindung mit Verben ↑ **D 55**:
– baden gehen, essen gehen, schlafen gehen
– jemanden [nach Hause, nach München, ins Ausland] gehen lassen
– sie haben ihn [nach Hause] gehen lassen, *seltener* gehen gelassen
– den Teig gehen lassen (aufgehen lassen)
– du sollst die Kleine **gehen lassen** *od.* gehenlassen (in Ruhe lassen)
– sich **gehen lassen** *od.* gehenlassen (sich nicht beherrschen, sich undiszipliniert verhalten)

Vgl. auch gut

Ge|hen, das; -s (Sportart); ↑ **D 26**: 20-km-Gehen
Ge|henk, das; -[e]s, -e *(selten für* Gehänge*)*
ge|hen|kelt (mit Henkeln)
Ge|henk|te, der u. die; -n, -n (durch Erhängen hingerichtete Person); *vgl. auch* Gehängte
ge|hen las|sen, ge|hen|las|sen *vgl.* gehen
Ge|hen|na, die; - ⟨hebr.⟩ (frühjüdisch-neutestamentliche Bez. der Hölle)
Ge|her *(Sport);* Ge|he|rin
Ge|het|ze, das; -s
ge|heu|er; jmdm. nicht geheuer sein
Ge|heul, das; -[e]s, Ge|heu|le, das; -s
Geh|fal|te; Geh|feh|ler
Geh|gips (stützender Gipsverband für Bein u. Fuß)
Geh|hil|fe, die; -, -n *(fachspr. für* orthopädisches Hilfsmittel*)*
Ge|hil|fe, der; -n, -n
Ge|hil|fen|brief; Ge|hil|fen|schaft *(schweiz. Rechtsspr. für* Beihilfe [zu einem Vergehen]*);* Ge|hil|fin
Ge|hirn, das; -[e]s, -e
Ge|hirn|ak|ro|ba|tik *(ugs. scherzh.)*
ge|hirn|am|pu|tiert *(ugs. abwertend für* dumm*)*
Ge|hirn|blu|tung; Ge|hirn|chi|r|ur|gie; Ge|hirn|er|schüt|te|rung; Ge|hirn|er|wei|chung *(für* Paralyse*)*
Ge|hirn|haut; Ge|hirn|haut|ent|zün|dung
Ge|hirn|scha|le; Ge|hirn|schlag; Ge|hirn|schmalz, das; -es *(ugs. scherzh.);* Ge|hirn|schwund; Ge|hirn|tod; Ge|hirn|tu|mor
Ge|hirn|wä|sche (Versuch der Umorientierung eines Menschen durch physischen u. psychischen Druck)
Ge|hirn|zel|le
gehl *(landsch. für* gelb*)*
Gehl|chen *(landsch. für* Pfifferling, Gelbling*)*
Geh|mi|nu|te
¹ge|ho|ben; gehobene Sprache
²ge|ho|ben *vgl.* heben
Ge|höft [*auch* ...'hœ...], das; -[e]s, -e
Ge|höh|ne, das; -s
ge|hol|fen *vgl.* helfen
Ge|hölz, das; -es, -e
Ge|hol|ze, das; -s *(Sport* harte, rücksichtslose Spielweise*)*
Ge|hop|se, das; -s
Ge|hör, das; -[e]s; Gehör finden,

schenken; Ge|hör|bil|dung *(Musik)*
ge|hor|chen; du musst ihr gehorchen; der Not gehorchend
ge|hö|ren; das mir gehörende Haus; ich gehöre zur Familie; *südd., österr. auch* ihm gehört (gebührt) eine Strafe
Ge|hör|feh|ler; Ge|hör|gang, der
ge|hör|ge|schä|digt
ge|hö|rig; gehörigen Ortes *(Amtsspr.)*
ge|hör|los; Ge|hör|lo|se, der u. die; -n, -n; Ge|hör|lo|sen|schu|le; Ge|hör|lo|sig|keit, die; -
Ge|hörn, das; -[e]s, -e; ge|hörnt
ge|hor|sam; Ge|hor|sam, der; -s; Ge|hor|sam|keit, die; -
Ge|hor|sams|pflicht; Ge|hor|sams|ver|wei|ge|rung
Ge|hör|sinn, der; -[e]s
¹Geh|re *vgl.* Gehrung
²Geh|re, die; -, -n, Geh|ren, der; -s, - *(landsch. für* Zwickel, Schoß*)*
geh|ren *(fachspr. für* schräg abschneiden*)*
Geh|rock
Geh|rung, die; -, -en, *fachspr. auch* ¹Geh|re, die; -, -n (schräger Zuschnitt von Brettern o. Ä., die unter einem [beliebigen] Winkel zusammenstoßen); Geh|rungs|sä|ge
Geh|ry ['gɛːri], Frank Owen [frɛŋk 'əʊɪn] (amerik. Architekt)
Geh|schu|le (Laufgitter für Kleinkinder; krankengymnastische Einrichtung für Prothesenträger)
Geh|steig; Geh|steig|kan|te
Geht|nicht|mehr; *nur in* bis zum Gehtnichtmehr ([bis] zum Überdruss)
Ge|hu|del, das; -s *(landsch.)*
Ge|hu|pe, das; -s
Ge|hüp|fe, das; -s
Geh|ver|band *(Med.)*
Geh|ver|such *meist Plur.*
Geh|weg
Geh|werk (Teil des Uhrwerkes)
Geh|zeit; *vgl. aber* Gezeit
Gei, die; -, -en *(Seemannsspr.* Tau zum Geien); **gei|en** ([Segel] zusammenschnüren)
Gei|er, der; -s, -; Gei|er|na|se
Gei|fer, der; -s; Gei|fe|rer; Gei|fe|rin; gei|fern; ich geifere
Gei|ge, die; -, -n; die erste Geige spielen; **gei|gen**
Gei|gen|bau, der; -[e]s; Gei|gen-

bau|er vgl. ¹Bauer; Gei|gen|bau|e|rin
Gei|gen|bo|gen; Gei|gen|hals; Gei|gen|kas|ten; Gei|gen|sai|te
Gei|gen|spie|ler; Gei|gen|spie|le|rin
Gei|ger; Gei|ge|rin
Gei|ger|zäh|ler, Gei|ger-Zäh|ler ↑D 136 ⟨nach dem dt. Physiker⟩ (Gerät zum Nachweis radioaktiver Strahlen)
geil (ugs. auch für großartig, toll)
¹Gei|le, die; - (veraltet für Geilheit)
²Gei|le, die; -, -n (Jägerspr. Hoden)
gei|len; Geil|heit, die; -
Gei|sa (Plur. von Geison)
Gei|sel, die; -, -n; Geiseln freilassen; vgl. aber Geißel
Gei|sel|be|frei|ung; Gei|sel|dra|ma; Gei|sel|gangs|ter; Gei|sel|haft
Gei|sel|nah|me, die; -, -n; Gei|sel|neh|mer; Gei|sel|neh|me|rin
Gei|ser vgl. Geysir
Gei|se|rich (König der Vandalen)
Gei|sha ['geːʃa], die; -, -s ⟨jap.⟩ (jap. Gesellschafterin)
Gei|son, das; -s, Plur. -s u. ...sa ⟨griech.⟩ (Kranzgesims des antiken Tempels)
Geiß, die; -, -en (südd., österr., schweiz. für Ziege)
Geiß|bart, der; -[e]s (eine Waldpflanze); Geiß|blatt, das; -[e]s (ein [Kletter]strauch); Geiß|bock (südd., österr., schweiz.)
Gei|ßel, die; -, -n (landsch. auch für Peitsche; übertr. für Plage); eine Geißel der Menschheit; vgl. aber Geisel; gei|ßeln; ich geiß[e]le
Gei|ße|lung, Geiß|lung
Geiß|fuß, der; -es, ...füße (Werkzeug; zahnärztl. Instrument; nur Sing.: ein Wiesenkraut)
Geiß|hirt (südd., österr., schweiz.)
Geiß|lein (junge Geiß)
Geiß|ler ⟨zu geißeln⟩; Geiß|le|rin; Geiß|lung, Gei|ße|lung
Geist, der; -[e]s, Plur. (für Gespenst, kluger Mensch:) -er u. (für Weingeist usw.:) -e
geist|bil|dend
Geis|ter|bahn; Geis|ter|be|schwö|rung; Geis|ter|er|schei|nung
Geis|ter|fah|rer (jmd., der auf der Autobahn auf der falschen Seite fährt; Falschfahrer); Geis|ter|fah|re|rin; Geis|ter|fahrt
geis|ter|haft; Geis|ter|hand; wie von Geisterhand

geis|tern; es geistert; ich geistere
Geis|ter|se|her; Geis|ter|se|he|rin
Geis|ter|stadt (verlassene Stadt)
Geis|ter|stun|de
geis|tes|ab|we|send; Geis|tes|ab|we|sen|heit
Geis|tes|ar|beit; Geis|tes|ar|bei|ter; Geis|tes|ar|bei|te|rin
Geis|tes|blitz; Geis|tes|ga|ben Plur.
Geis|tes|ge|gen|wart; geis|tes|ge|gen|wär|tig
Geis|tes|ge|schich|te, die; -; geis|tes|ge|schicht|lich
geis|tes|ge|stört
Geis|tes|grö|ße; Geis|tes|hal|tung
geis|tes|krank; Geis|tes|kran|ke, der u. die; -n, -n; Geis|tes|krank|heit (Psychose; geistige Behinderung)
geis|tes|ver|wandt
Geis|tes|wis|sen|schaft
Geis|tes|wis|sen|schaft|ler (schweiz., österr. auch für Geisteswissenschaftler); Geis|tes|wis|sen|schaft|le|rin; Geis|tes|wis|sen|schaft|le|rin; geis|tes|wis|sen|schaft|lich
Geis|tes|zu|stand, der; -[e]s
geist|feind|lich
geis|tig; geistiges Eigentum; geistig behindert sein; die geistig Behinderten
Geis|tig|be|hin|der|ten|pä|d|a|go|gik
Geis|tig|keit, die; -
geis|tig-see|lisch ↑D 23
geist|lich; geistlicher Beistand, geistliche Lieder, aber ↑D 151: Geistlicher Rat (kath. Kirche)
Geist|li|che, der u. die; -n, -n; Geist|lich|keit, die; -
geist|los; geist|reich; geist|tö|tend; geist|voll
Gei|tau, das; -[e]s, -e (Tau zum Geien)
Geiz, der; -es, -e (übertriebene Sparsamkeit [nur Sing.]; die Entwicklung beeinträchtigender Nebentrieb einer Pflanze); gei|zen; du geizt
Geiz|hals (geiziger Mensch)
gei|zig
Geiz|kra|gen (svw. Geizhals)
Ge|jam|mer, das; -s
Ge|jauch|ze, das; -s
Ge|jau|le, das; -s
Ge|jo|del, das; -s
Ge|joh|le, das; -s
Ge|kälk, das; -[e]s (Jägerspr. Ausscheidung [von Greifvögeln])
ge|kannt vgl. kennen

Ge|kei|fe, das; -s
Ge|ki|cher, das; -s
Ge|ki|cke, das; -s
ge|kielt (bes. Bot., Zool.) mit einem schmalen, kielförmigen Wulst)

Gecko
Das auf ein malaiisches Wort zurückgehende *Gecko* wird gelegentlich mit Doppel-k geschrieben, ist aber im Duden schon seit über hundert Jahren auf *ck* festgelegt.

Ge|kläff, das; -[e]s, Ge|kläf|fe, das; -s
Ge|klap|per, das; -s
Ge|klat|sche, das; -s
Ge|klim|per, das; -s
Ge|klin|gel, das; -s
Ge|klirr, das; -[e]s, Ge|klir|re, das; -s
Ge|klop|fe, das; -s
Ge|klüft, das; -[e]s, -e, Ge|klüf|te, das; -s
ge|klun|gen vgl. klingen
Ge|knat|ter, das; -s
ge|knickt (ugs. auch für bedrückt)
ge|knif|fen vgl. kneifen
Ge|knir|sche, das; -s
Ge|knis|ter, das; -s
Ge|knorz, das; -[e]s, Ge|knor|ze, das; -s (schweiz. für mühseliger Vorgang)
ge|knüp|pelt; nur in geknüppelt voll (ugs. für sehr voll)
ge|kom|men vgl. kommen
ge|konnt; ihr Spiel wirkte sehr gekonnt; Ge|konnt|heit, die; -
ge|kö|pert (in Köperbindung gewebt)
ge|ko|ren vgl. ²kiesen
ge|körnt (fachspr.); ein gekörntes Werkstück
Ge|kräch|ze, das; -s
Ge|kra|kel, das; -s (ugs.)
Ge|krätz, das; -es, -e (Technik Metallabfall)
Ge|krat|ze, das; -s
Ge|kräu|sel, das; -s
Ge|kreisch, das; -[e]s, Ge|krei|sche, das; -s
Ge|kreu|zig|te, der; -n, -n
Ge|krit|zel, das; -s
Ge|kro|chen vgl. kriechen
ge|kröpft (hakenförmig gebogen)
Ge|krö|se, das; -s, - (Innereien, bes. vom Rind)
ge|küns|telt
Gel, das; -s, -e u. -s (gallertartige Substanz; Gelatine)

Gelabber

Ge|lab|ber, das; -s (landsch. für fades Getränk)
Ge|la|ber, das; -s (ugs. für Gerede)
Ge|läch|ter, das; -s, -
ge|lack|mei|ert (ugs. für angeführt); Ge|lack|mei|er|te, der u. die; -n, -n
ge|lackt vgl. lacken
ge|la|den; das Gewehr ist geladen; geladen (ugs. auch für zornig, wütend) sein
Ge|la|ge, das; -s, -
Ge|lä|ger, das; -s, - (Ablagerung im Weinfass nach der Gärung)
ge|lähmt; Ge|lähm|te, der u. die; -n, -n; ein halbseitig Gelähmter
ge|lahrt (scherzh., sonst veraltet für gelehrt); ein gelahrter Mann
Ge|län|de, das; -s, -
Ge|län|de|fahrt; Ge|län|de|fahr|zeug
ge|län|de|gän|gig
Ge|län|de|lauf; Ge|län|de|marsch, der; Ge|län|de|pro|fil
Ge|län|der, das; -s, -
Ge|län|de|ritt; Ge|län|de|spiel; Ge|län|de|sport, der; -[e]s; Ge|län|de|übung; Ge|län|de|wa|gen
ge|lang vgl. gelingen
ge|lan|gen; der Brief gelangte nicht in jmds. Hände; zu jmdm. gelangen (schweiz. für an jmdn. herantreten)
ge|lang|weilt
ge|lappt; gelappte Blätter (Bot.)
Ge|lär|me, das; -s
Ge|lass, das; -es, -e (geh. für Raum)
¹ge|las|sen; etw. gelassen hinnehmen; gelassen sein
²ge|las|sen vgl. lassen
Ge|las|sen|heit, die; -
Ge|la|te|ria [dʒ...] (ital.) (bes. schweiz. für Eiscafé)
Ge|la|ti|ne [ʒ...], die; - (franz.); Ge|la|ti|ne|kap|sel
ge|la|ti|nie|ren (zu Gelatine erstarren; in Gelatine verwandeln); ge|la|ti|nös (gelatineartig); gelatinöse Masse
Ge|läuf, das; -[e]s, -e (Jägerspr. Spuren u. Wechsel des Federwildes; Sport Boden einer Pferderennbahn, eines Spielfeldes)
Ge|lau|fe, das; -s
ge|lau|fen vgl. laufen
ge|läu|fig; dieses Wort ist sehr geläufig; Ge|läu|fig|keit, die; -
ge|launt; der Chef ist gut gelaunt; vgl. gut
Ge|läut, das; -[e]s, -e (Glocken einer Kirche); Ge|läu|te, das; -s (anhaltendes Läuten)
gelb; sich gelb und grün ärgern;

jetzt ist [es] gelb (an der Ampel); ↑D 89; das Gelbe od. gelbe Sack; das Gelbe od. gelbe Trikot (des Spitzenreiters im Radsport); die Gelbe od. gelbe Karte (bes. Fußball); Gelbe Rüben (Möhren); ↑D 150: der Gelbe Fluss; die Gelben Engel (des ADAC); Gelbe Seiten® (Branchentelefonbuch); vgl. blau
Gelb, das; -[s], -[s] (gelbe Farbe); bei Gelb; die Ampel steht auf Gelb; vgl. Blau
gelb|braun vgl. blau
Gel|be, das; -n
gelb fär|ben, gelb|fär|ben
Gelb|fie|ber; Gelb|fil|ter
gelb|grün ↑D 23
Gelb|kör|per|hor|mon (ein Sexualhormon)
Gelb|kreuz (ein Giftgas)
gelb|lich; gelblich rot, grün usw. ↑D 60
Gelb|licht, das; -[e]s
Gelb|ling (ein Pilz)
Gelb|rand|kä|fer
gelb|rot; der Spieler sah Gelb-Rot od. Gelbrot ↑D 23
Gelb|rü|be (südd. für Möhre)
Gelb|schna|bel (Grünschnabel)
Gelb|sucht, die; -; gelb|süch|tig
Gelb|vei|ge|lein (südd. für Goldlack)
Gelb|wurst
Gelb|wur|zel (tropisches Ingwergewächs)
Geld, das; -[e]s, -er (Abk. auf dt. Kurszetteln G [vgl. d.]); ↑D 31; Geld- und andere Sorgen
Geld|adel; Geld|an|ge|le|gen|heit; Geld|an|la|ge; Geld|au|to|mat; Geld|be|trag; Geld|beu|tel; Geld|bom|be; Geld|bör|se
Geld|brief|trä|ger (früher); Geld|brief|trä|ge|rin
Geld|bu|ße; Geld|ent|wer|tung
Gel|dern (Stadt im Niederrhein. Tiefland); Gel|der|ner; Gel|der|ne|rin
Gel|des|wert, der; -[e]s
Geld|for|de|rung; Geld|fra|ge
Geld|ge|ber; Geld|ge|be|rin
Geld|ge|schäft
Geld|ge|schenk
Geld|gier; geld|gie|rig
Geld|hahn; meist in jmdm. den Geldhahn zudrehen (ugs. für jmdm. kein Geld mehr geben)
Geld|haus; Geld|hei|rat
gel|dig (bayr., österr. für reich)
Geld|in|sti|tut
Geld|kar|te (ein elektronisches Zahlungsmittel)

Geld|kat|ze (am od. als Gürtel getragener Geldbeutel)
Geld|kurs (Bankw.)
geld|lich; aber unentgeltlich
Geld|man|gel; Geld|markt; Geld|markt|fonds (Wirtsch., Börsenw.); Geld|men|ge; Geld|men|gen|wachs|tum; Geld|mit|tel Plur.
Geld|not; in Geldnot sein, geraten
Geld|po|li|tik; Geld|preis; Geld|quel|le
Geld|re|gen (ugs. scherzh.)
gel|drisch (zu Geldern)
Geld|sack; Geld|schein; Geld|schnei|de|rei; Geld|schrank
Geld|schrank|kna|cker; Geld|schrank|kna|ckin
Geld|se|gen (ugs. scherzh.); Geld|sor|gen Plur.; Geld|sor|te; Geld|spen|de; Geld|sprit|ze (ugs. für Geldzuwendung); Geld|stra|fe
Geld|stück; Geld|sum|me; Geld|ta|sche; Geld|um|tausch; Geld|ver|le|gen|heit; Geld|ver|mö|gen; Geld|ver|schwen|dung
Geld|wasch|an|la|ge (ugs. für Institution o. Ä. für Geldwäsche); Geld|wä|sche (ugs. für Umtausch von illegal erworbenem Geld in solches von unverdächtiger Herkunft); Geld|wä|sche|rei (bes. schweiz. für Geldwäsche)
Geld|wech|sel
geld|wert (Finanzw.); geldwerter Vorteil; Geld|wert, der; -[e]s
Geld|we|sen; Geld|wirt|schaft, die; -; Geld|zah|lung
ge|leckt; der Raum sieht aus wie geleckt (ugs. für sehr sauber)
Ge|lee [ʒ...], das, auch der; -s, -s (franz.); Ge|lee|frucht meist Plur.
Ge|le|ge, das; -s, -
¹ge|le|gen; das kommt mir sehr gelegen; das kommt zur rechten Zeit; zu gelegener Zeit
²ge|le|gen vgl. liegen
Ge|le|gen|heit
Ge|le|gen|heits|ar|beit; Ge|le|gen|heits|ar|bei|ter; Ge|le|gen|heits|ar|bei|te|rin
Ge|le|gen|heits|dicht; Ge|le|gen|heits|job; Ge|le|gen|heits|kauf
ge|le|gent|lich; wir sehen uns gelegentlich (ab und zu); als Präp. mit Gen.: gelegentlich seines Besuches (Amtsspr., dafür besser bei seinem Besuch)
ge|leh|rig; Ge|leh|rig|keit, die; -
ge|lehr|sam; Ge|lehr|sam|keit, die; -
ge|lehrt; ein gelehrter Mann; Ge|lehr|te, der u. die; -n, -n; Ge|lehr|ten|streit; Ge|lehrt|heit, die; -
Ge|lei|er, das; -s

Gemeindeversammlung

Ge|lei|se, das; -s, - (schweiz. neben, sonst geh. für Gleis)
Ge|leit, das; -[e]s, -e; Ge|lei|te, das; -s, - (veraltet)
ge|lei|ten
Ge|leit|schutz, der; -es; Ge|leit|wort Plur. ...worte; Ge|leit|zug
gel|len; er gelt die Haare; gegellt
Ge|lenk, das; -[e]s, -e
Ge|lenk|band, das; Plur. ...bänder; Ge|lenk|ent|zün|dung
Ge|lenk|fahr|zeug
ge|len|kig; Ge|len|kig|keit, die; -
Ge|lenk|kap|sel; Ge|lenk|knor|pel; Ge|lenk|pfan|ne; Ge|lenk|rheu|ma|tis|mus; Ge|lenk|schmie|re
ge|lenk|scho|nend
Ge|lenks|ent|zün|dung usw. (österr. für Gelenkentzündung usw.)
Ge|lenk|wel|le (für Kardanwelle)
ge|lernt; ein gelernter Maurer
ge|le|sen vgl. lesen
Ge|leucht, das; -[e]s, Ge|leuch|te, das; -s (Bergmannsspr. Licht, Beleuchtung unter Tage)
Ge|lich|ter, das; -s (veraltet abwertend für Gesindel)
Ge|lieb|te, der u. die; -n, -n
ge|lie|fert; geliefert (ugs. verloren, ruiniert) sein
ge|lie|hen vgl. leihen
ge|lie|ren [3...] ⟨franz.⟩ (zu Gelee werden)
Ge|lier|mit|tel; Ge|lier|zu|cker
ge|lind, ge|lin|de; das ist[,] gelinde gesagt[,] sehr übereilt ↑D 114
ge|lin|gen; es gelang; es gelänge; gelungen; geling[e]!; Ge|lin|gen, das; -s
Ge|lis|pel, das; -s
ge|lis|tet vgl. listen
ge|lit|ten vgl. leiden
Gel|ker|ze (Kerze aus Gelwachs)
¹gell (hell tönend)
²gell?, gel|le? (landsch. für ²gelt?)
gel|len; es gellt; es gellte; gegellt
Gel|lert, Christian Fürchtegott (dt. Dichter)
Geln|hau|sen (Stadt a. d. Kinzig)
ge|lo|ben; jmdm. etwas geloben (versprechen); ↑D 140: das Gelobte Land (bibl.)
Ge|löb|nis, das; -ses, -se
Ge|lock, das; -[e]s; ge|lockt
ge|lo|gen vgl. lügen
ge|löscht; gelöschter Kalk
ge|löst; Ge|löst|heit, die; -
Ge|lo|to|lo|gie, die; - ⟨griech.⟩ (wissenschaftliche Erforschung des Lachens)
Gel|se, die; -, -n (österr. für Stechmücke)
Gel|sen|kir|chen (Stadt im Ruhrgebiet); Gel|sen|kir|che|ner Ba|rock, das od. der; Gen. - -s, fachspr. auch - - (scherzh. für neu gefertigte Möbel im traditionellen Stil mit üppigen Verzierungen)
¹gelt (bayr., österr., schweiz. für unfruchtbar [bes. von Kühen]; vgl. ¹galt
²gelt? (bes. südd. u. österr. für nicht wahr?); vgl. auch ²gell?
gel|ten; du giltst, er gilt; du galtst (galtest); du gältest, auch göltest; gegolten; (selten:) gilt!; gelten lassen; geltend machen
Gel|tend|ma|chung (Amtsspr.)
Gel|tung, die; -
Gel|tungs|be|dürf|nis; Gel|tungs|be|reich, der; Gel|tungs|dau|er; Gel|tungs|sucht
Ge|lüb|de, das; -s, -
Ge|lum|pe, das; -s (ugs.)
Ge|lün|ge, das; -s (svw. ¹Geräusch)
ge|lun|gen; eine äußerst gelungene Aufführung
Ge|lüst, das; -[e]s, -e, Ge|lüs|te, das; -s, - (geh.)
ge|lüs|ten (geh.); es gelüstet mich; Ge|lüs|ten, das; -s (veraltet); ge|lüs|tig (landsch. für begierig)
Gel|wachs (gallertartiges Brennmaterial für Kerzen)
gel|zen (veraltet, noch landsch. für [ein Tier] kastrieren); du gelzt
GEMA, die; - = Gesellschaft für musikalische Aufführungs- u. mechanische Vervielfältigungsrechte
ge|mach; gemach, gemach! (langsam, nichts überstürzen)
Ge|mach, das; -[e]s, Plur. ...mächer, veraltet -e
ge|mäch|lich [auch ...'mɛç...]; Ge|mäch|lich|keit, die; -
ge|macht; ein gemachter (ugs. für erfolgreicher) Mann
Ge|mächt, das; -[e]s, -e, Ge|mäch|te, das; -s, - (scherzh., sonst veraltet für männliche Geschlechtsteile)
¹Ge|mahl, der; -[e]s, -e (geh. für Ehemann)
²Ge|mahl, das; -[e]s, -e (veraltet für Gemahlin)
ge|mah|len vgl. mahlen
Ge|mah|lin ⟨zu ¹Gemahl⟩
ge|mah|nen (geh. für erinnern); das gemahnt mich an ...
Ge|mäl|de, das; -s, -
Ge|mäl|de|aus|stel|lung; Ge|mäl|de|ga|le|rie; Ge|mäl|de|samm|lung
Ge|mar|chen Plur. (schweiz. für Gemarkung); Ge|mar|kung
ge|ma|sert; gemasertes Holz
ge|mäß; dem Befehl gemäß (seltener gemäß dem Befehl; nicht: gemäß des Befehls); gemäß Erlass vom ...
...ge|mäß (z. B. ordnungsgemäß, zeitgemäß)
Ge|mäß|heit, die; - (Angemessenheit)
ge|mä|ßigt; gemäßigte Zone (Meteorol.)
Ge|mäu|er, das; -s, -
Ge|mau|schel, das; -s (ugs.)
Ge|me|cker, Ge|me|cke|re, Ge|meck|re, das; -s
ge|mein; das gemeine Recht, aber ↑D 151: die Gemeine Stubenfliege
Ge|mein|be|sitz, der; -es
Ge|mein|de, die; -, -n
Ge|mein|de|am|mann (schweiz. für Gemeindevorsteher; Vollstreckungsbeamter)
Ge|mein|de|amt
Ge|mein|de|amt|frau (schweiz. für Gemeindevorsteherin; Vollstreckungsbeamtin)
Ge|mein|de|bann (schweiz. für Gemeindegebiet)
Ge|mein|de|bau Plur. ...bauten (österr. für Sozialwohnungsbau der Gemeinde)
Ge|mein|de|be|am|te; Ge|mein|de|be|am|tin
Ge|mein|de|be|zirk
Ge|mein|de|bi|b|lio|thek
Ge|mein|de|bü|ro
ge|mein|de|ei|gen
Ge|mein|de|fu|si|on (Verwaltung)
Ge|mein|de|gut (Allmende)
Ge|mein|de|haus
Ge|mein|de|hel|fer (ev. Kirche); Ge|mein|de|hel|fe|rin
Ge|mein|de|kir|chen|rat Plur. ...räte; Ge|mein|de|kir|chen|rä|tin
Ge|mein|de|mit|glied
Ge|mein|de|ord|nung
Ge|mein|de|prä|si|dent (schweiz.); Ge|mein|de|prä|si|den|tin
Ge|mein|de|rat Plur. ...räte; Ge|mein|de|rä|tin; Ge|mein|de|rats|sit|zung; Ge|mein|de|rats|wahl
Ge|mein|de|saal
Ge|mein|de|schwes|ter
Ge|mein|de|se|kre|tär (bes. österr. für Leiter der Gemeindeverwaltung); Ge|mein|de|se|kre|tä|rin
Ge|mein|de|steu|er, die; Ge|mein|de|stra|ße (Straße, für deren Bau u. Unterhaltung die Gemeinde zuständig ist); Ge|mein|de|um|la|ge meist Plur.
ge|mein|deutsch
Ge|mein|de|ver|samm|lung

Gemeindevertretung

Ge|mein|de|ver|tre|tung; Ge|mein-
de|ver|wal|tung
Ge|mein|de|vor|ste|her; Ge|mein-
de|vor|ste|he|rin
Ge|mein|de|wahl; Ge|mein|de-
woh|nung *(österr.)*; Ge|mein|de-
zen|t|rum
ge|meind|lich
Ge|mein|ei|gen|tum
ge|mein|fass|lich
ge|mein|ge|fähr|lich
Ge|mein|geist, der; -[e]s
Ge|mein|gut
Ge|mein|heit
ge|mein|hin
ge|mei|nig|lich (*veraltend für* gewöhnlich, im Allgemeinen)
Ge|mein|kos|ten *Plur.* (indirekte Kosten)
ge|mein|ma|chen, sich; sich mit jmdm. gemeinmachen (auf die gleiche [niedrige] Stufe stellen)
Ge|mein|nutz, der; -es, Ge|mein-
nut|zen, der; -s; ge|mein|nüt|zig; Ge|mein|nüt|zig|keit, die; -
Ge|mein|platz (*svw.* Phrase)
ge|mein|sam; Ge|mein|sam|keit
Ge|mein|schaft; ge|mein|schaft-
lich
Ge|mein|schafts|an|ten|ne; Ge-
mein|schafts|ar|beit; Ge|mein-
schafts|bild; Ge|mein|schafts|ge-
fühl; Ge|mein|schafts|geist, der; -[e]s; Ge|mein|schafts|haus
Ge|mein|schafts|kun|de, die; - (ein Schulfach)
Ge|mein|schafts|pra|xis; Ge|mein-
schafts|pro|duk|ti|on; Ge|mein-
schafts|pro|jekt; Ge|mein-
schafts|raum; Ge|mein|schafts-
schu|le; Ge|mein|schafts|sen-
dung
Ge|mein|schafts|un|ter|kunft; Ge-
mein|schafts|un|ter|neh|men; Ge|mein|schafts|ver|pfle|gung; Ge|mein|schafts|wäh|rung; Ge-
mein|schafts|werk; Ge|mein-
schafts|zen|t|rum
Ge|mein|sinn, der; -[e]s
Ge|mein|spra|che (allgemeine Sprache); ge|mein|sprach|lich
ge|meint; ein gut gemeinter *od.* gutgemeinter Vorschlag
ge|mein|ver|ständ|lich
Ge|mein|werk, das; -[e]s (*schweiz. für* unbezahlte gemeinnützige Arbeit)
Ge|mein|we|sen; Ge|mein|wirt-
schaft; Ge|mein|wohl
Ge|men|ge, das; -s, -; Ge|men|ge-
la|ge, *selten* Ge|meng|la|ge, die; - (*übertr. für* Mischung); Ge|meng|sel, das; -s, -

¹ge|mes|sen; gemessenen Schritts
²ge|mes|sen *vgl.* messen
Ge|mes|sen|heit, die; -
Ge|met|zel, das; -s, -
ge|mie|den *vgl.* meiden
Ge|mi|na|ti|on, die; -, -en ⟨lat.⟩ (Sprachwiss. Konsonantenverdoppelung); ge|mi|nie|ren
Ge|misch, das; -[e]s, -e
ge|mischt; gemischtes Doppel (Sport); ge|mischt|spra|chig
Ge|mischt|wa|ren|hand|lung (*veraltet, noch österr.*)
ge|mischt|wirt|schaft|lich
Gem|ma, die; -, Gemmen ⟨lat.⟩ (ein Stern)
Gem|me, die; -, -n (Schmuckstein mit eingeschnittenem Bild); Gem|mo|lo|gie, die; - (Edelsteinkunde)
ge|mocht *vgl.* mögen
Gem|se usw. *alte Schreibung für* Gämse usw.
Ge|mun|kel, das; -s
Ge|mur|mel, das; -s
Ge|mur|re, das; -s
Ge|mü|se, das; -s, -; Mohrrüben u. Bohnen sind nahrhafte Gemüse
Ge|mü|se|an|bau, Ge|mü|se|bau, der; -[e]s
Ge|mü|se|beet; Ge|mü|se|bei|la|ge; Ge|mü|se|brü|he
Ge|mü|se|bur|ger (vegetarischer ²Burger); Ge|mü|se|ein|topf; Ge-
mü|se|gar|ten
Ge|mü|se|händ|ler; Ge|mü|se-
händ|le|rin
Ge|mü|se|ho|bel; Ge|mü|se|la|den; Ge|mü|se|pflan|ze; Ge|mü|se-
saft; Ge|mü|se|sor|te; Ge|mü|se-
sup|pe
ge|musst *vgl.* müssen
ge|mus|tert
Ge|müt, das; -[e]s, -er; zu Gemüte führen; ge|müt|haft
ge|müt|lich; Ge|müt|lich|keit
ge|müts|arm
Ge|müts|art; Ge|müts|be|we|gung
ge|müts|krank; Ge|müts|kran|ke; Ge|müts|krank|heit
Ge|müts|la|ge; Ge|müts|lei|den
Ge|müts|mensch (*ugs.*)
Ge|müts|ru|he; Ge|müts|ver|fas-
sung; Ge|müts|zu|stand
ge|müt|voll
Gen, das; -s, -e ⟨griech.⟩ (Träger der Erbanlage)
Gen. = Genitiv; Genosse, Genossin; Genossenschaft
gen (*veraltend für* in Richtung, nach [*vgl.* gegen]); gen Himmel
gen. = genannt
ge|nannt (*Abk.* gen.)

ge|nannt [ʒ...] ⟨franz.⟩ (*landsch. für* schüchtern)
ge|narbt; genarbtes Leder
ge|nä|schig (*geh. für* naschhaft)

ge|nau

– ge|nau|es|tens *od.* ge|naus|tens arbeiten

Großschreibung:
– wir wissen nichts Genaues
– etwas des Genaueren erläutern *(veraltend)*

Groß- oder Kleinschreibung:
– auf das, aufs Genau[e]ste *od.* genau[e]ste

Getrenntschreibung:
– die Karten werden genau so verteilt, dass jeder Spieler ...; *vgl. aber* genauso
– etwas genau nehmen
– sich genau unterrichten
– genau genommen, *bei adjektivischer Verwendung auch* genaugenommen ↑D 58; sie hat[,] genau genommen[,] nicht gelogen
– genau unterrichtete *od.* genauunterrichtete Kreise ↑D 58

Ge|nau|ig|keit, die; -
ge|nau|so (ebenso); genauso viele Freunde; du kannst genauso gut die Bahn nehmen; das dauert genauso lang[e]; das stört mich genauso wenig; *vgl. aber* genau
ge|nau|so|viel|mal, ge|nau|so viel Mal; ich bin genausovielmal *od.* genauso viel Mal dort gewesen wie sie
Gen|bank *Plur.* ...banken; Gen-
check [...tʃ...], der; -s, -s
Gen|darm [ʒan..., *auch* ʒã...], der; -en, -en ⟨franz.⟩ (*veraltet, noch österr. für* Polizist [auf dem Lande]); Gen|dar|me|rie, die; -, ...ien (*österr.* [bis 2005], *sonst veraltet* Polizei [auf dem Lande]); Gen|dar|min
Gen|de|fekt
Gen|der [ˈdʒɛndɐ], das; -s ⟨engl.⟩ (Geschlechtsidentität)
Gen|der|gap, Gen|der-Gap [ˈdʒɛndɐgɛp], der; -[s], -s ⟨engl.⟩ (»Geschlecht« u. »Lücke«) (*Soziol., Wirtsch.* Ungleichheit zwischen den sozialen Geschlechtern; *Sprachwiss.* Lücke mit Unterstrich in einer m. und w. Personenbezeichnung); der Gendergap in »Lehrer_in«
Gen|der-Main|strea|ming [ˈdʒɛndɐmeɪnstriːmɪŋ], das; -s ⟨engl.⟩

genetisch

(Verwirklichung der Gleichstellung von Mann u. Frau unter Berücksichtigung der geschlechtsspezifischen Interessen u. Lebensbedingungen)
gen|dern ['dʒɛndɐn] (das Gender-Mainstreaming anwenden); ich gendere; die Behörde wurde gegendert
Gen|der|stu|dies ['dʒɛndɐstadi:s] *Plur.* ⟨engl.⟩ (Frauen- u. Geschlechterforschung)
Gen|di|a|gnos|tik *(Med.)*
Gen|do|ping, das; -s (genetische Eingriffe zur Leistungssteigerung im Sport)
Ge|nea|lo|ge, der; -n, -n; **Ge|nea|lo|gie,** die; -, ...ien ⟨griech.⟩ (Geschlechterkunde, Familienforschung); **Ge|nea|lo|gin; ge|nea|lo|gisch**
ge|nehm *(geh.)*
ge|neh|mi|gen; Ge|neh|mi|gung
Ge|neh|mi|gungs|pflicht; ge|neh|mi|gungs|pflich|tig
Ge|neh|mi|gungs|ver|fah|ren
ge|neigt; er ist geneigt[,] zuzustimmen; **Ge|neigt|heit,** die; - *(geh.)*
Ge|ne|ra *(Plur. von* Genus*)*
Ge|ne|ral, der; -s, *Plur.* -e *u.* ...räle ⟨lat.⟩
Ge|ne|ral|abon|ne|ment *(schweiz. für* Jahreskarte für den öffentlichen Verkehr; *Abk.* GA*)*
Ge|ne|ral|ab|so|lu|ti|on *(kath. Kirche)*
Ge|ne|ral|ad|mi|ral; Ge|ne|ral|ad|mi|ra|lin
Ge|ne|ral|agent (Hauptvertreter); **Ge|ne|ral|agen|tin; Ge|ne|ral|agen|tur**
Ge|ne|ral|am|nes|tie; Ge|ne|ral|an|griff
Ge|ne|ral|at, das; -[e]s, -e (Generalswürde)
Ge|ne|ral|au|di|enz (öffentliche Audienz des Papstes)
Ge|ne|ral|bass *(Musik)*
Ge|ne|ral|beich|te
Ge|ne|ral|be|voll|mäch|tig|te
Ge|ne|ral|bun|des|an|walt; Ge|ne|ral|bun|des|an|wäl|tin
Ge|ne|ral|de|bat|te
Ge|ne|ral|di|rek|ti|on; Ge|ne|ral|di|rek|tor; Ge|ne|ral|di|rek|to|rin
Ge|ne|ral|feld|mar|schall; Ge|ne|ral|feld|mar|schal|lin *(selten)*
Ge|ne|ral|gou|ver|ne|ment; Ge|ne|ral|gou|ver|neur; Ge|ne|ral|gou|ver|neu|rin
Ge|ne|ra|lin
Ge|ne|ral|ins|pek|teur; Ge|ne|ral|ins|pek|teu|rin; Ge|ne|ral|ins|pek|to|rat (oberste Kontrollbehörde in Österr.)
Ge|ne|ral|in|ten|dant; Ge|ne|ral|in|ten|dan|tin
Ge|ne|ra|li|sa|ti|on, die; -, -en (Verallgemeinerung); **ge|ne|ra|li|sie|ren; Ge|ne|ra|li|sie|rung**
Ge|ne|ra|lis|si|ma, die; -, *Plur.* ...ae *u.* ...mas
Ge|ne|ra|lis|si|mus, der; -, *Plur.* ...mi *u.* ...musse ⟨ital.⟩ (Oberbefehlshaber)
Ge|ne|ra|list, der; -en, -en (jmd., der nicht auf ein bestimmtes Gebiet festgelegt ist); **Ge|ne|ra|lis|tin**
Ge|ne|ra|li|tät, die; -, -en ⟨franz.⟩
Ge|ne|ral|ka|pi|tel *(kath. Kirche);* **Ge|ne|ral|klau|sel** *(Rechtsspr.);* **Ge|ne|ral|kom|man|do**
Ge|ne|ral|kon|sul; Ge|ne|ral|kon|su|lat; Ge|ne|ral|kon|su|lin
Ge|ne|ral|leut|nant; Ge|ne|ral|ma|jor; Ge|ne|ral|ma|jo|rin
Ge|ne|ral|maut *(österr. für* generell erhobene, nicht auf einzelne Strecken bezogene Maut*)*
Ge|ne|ral|mu|sik|di|rek|tor *(Abk.* GMD*);* **Ge|ne|ral|mu|sik|di|rek|to|rin**
Ge|ne|ral|nen|ner; Ge|ne|ral|oberst; Ge|ne|ral|pau|se; Ge|ne|ral|pro|be; Ge|ne|ral|sa|nie|rung
Ge|ne|ral|se|kre|tär; Ge|ne|ral|se|kre|tä|rin
Ge|ne|rals|rang
Ge|ne|ral|staa|ten *Plur.* (das niederländische Parlament)
Ge|ne|ral|staats|an|walt; Ge|ne|ral|staats|an|wäl|tin
Ge|ne|ral|stab; Ge|ne|ral|stäb|ler; Ge|ne|ral|stäb|le|rin; Ge|ne|ral|stabs|chef; Ge|ne|ral|stabs|che|fin; Ge|ne|ral|stabs|kar|te
Ge|ne|ral|streik
Ge|ne|ral|uni|form
ge|ne|ral|über|ho|len; nur im Infinitiv u. Partizip II gebr.: ich lasse das Auto generalüberholen; das Auto wurde generalüberholt
Ge|ne|ral|über|ho|lung
Ge|ne|ral|ver|samm|lung
Ge|ne|ral|ver|tre|ter; Ge|ne|ral|ver|tre|te|rin
Ge|ne|ral|vi|kar (Vertreter des kath. Bischofs, bes. in der Verwaltung); **Ge|ne|ral|vi|ka|rin**
Ge|ne|ra|ti|on, die; -, -en ⟨lat.⟩ (Glied in der Geschlechterfolge; Gesamtheit der Menschen ungefähr gleicher Altersstufe)

Ge|ne|ra|ti|o|nen|haus
Ge|ne|ra|ti|o|nen|kon|flikt
ge|ne|ra|ti|o|nen|über|grei|fend
Ge|ne|ra|ti|o|nen|ver|trag; Ge|ne|ra|ti|o|nen|wech|sel
Ge|ne|ra|ti|on Golf (Altersgruppe der etwa 1965 bis 1975 geborenen Westdeutschen, deren Lebensgefühl durch eine egoistische Grundhaltung u. eine weitgehende Entpolitisierung geprägt ist)
Ge|ne|ra|ti|ons|kon|flikt; ge|ne|ra|ti|ons|über|grei|fend; Ge|ne|ra|ti|ons|wech|sel
Ge|ne|ra|ti|on X [*auch* dʒɛnə'reɪʃn 'ɛks] (Altersgruppe der etwa 1965 bis 1975 Geborenen, denen Orientierungslosigkeit u. Desinteresse unterstellt werden)
ge|ne|ra|tiv (erzeugend; *Biol.* die geschlechtl. Fortpflanzung betreffend); generative Zelle; generative Grammatik *(Sprachwiss.)*
Ge|ne|ra|tor, der; -s, ...oren (Maschine, die Strom erzeugt; Apparat zur Gasgewinnung)
ge|ne|rell ⟨franz.⟩ (allgemein [gültig])
ge|ne|rie|ren ⟨lat.⟩ (hervorbringen)
Ge|ne|ri|kum, das; -s, ...ka (pharmazeut. Präparat mit den gleichen Wirkstoffen wie ein Markenarzneimittel)
ge|ne|risch (das Geschlecht od. die Gattung betreffend, Gattungs...); ↑**D 89**: generisches Maskulinum (Verwendung der maskulinen Form für weibliche u. männliche Personen)
ge|ne|rös [ʒ...] ⟨franz.⟩ (groß-, edelmütig; freigebig); **Ge|ne|ro|si|tät,** die; -
Ge|ne|se, die; -, -n ⟨griech.⟩ (Entstehung, Entwicklung)
ge|ne|sen; du genest, er/sie genest; du genasest, er/sie genas; du genäsest; genesen; genese!; **Ge|ne|sen|de,** der *u.* die; -n, -n
Ge|ne|sis [*auch* 'ge:...], die; - ⟨griech.⟩ (Entstehung, Ursprung; [1. Buch Mosis mit der] Schöpfungsgeschichte)
Ge|ne|sung; Ge|ne|sungs|pro|zess; Ge|ne|sungs|ur|laub
Ge|net [ʒə'ne:] (franz. Autor)
Ge|ne|tik, die; - ⟨griech.⟩ (Vererbungslehre); **Ge|ne|ti|ker** (Genforscher); **Ge|ne|ti|ke|rin**
ge|ne|tisch (erblich bedingt; die Vererbung, das Erbgut betref-

Genetiv

fend); ↑D 89: genetischer Fingerabdruck (Muster des Erbgutes, das durch Genanalyse gewonnen wird u. zu kriminalistischen Indizienbeweisen herangezogen werden kann)
Ge|ne|tiv *(veraltet für* Genitiv)
Ge|nève [ʒəˈnɛːf] *(franz. Form von* Genf)
Ge|ne|ver [ʒ..., *auch* g...], der; -s, - (Wacholderbranntwein)
Ge|ne|za|reth *vgl. See* Genezareth
Genf (Kanton u. Stadt in der Schweiz); *vgl. auch* Genève; **Gen|fer**; Genfer Konvention; **Gen|fe|rin; gen|fe|risch**
Gen|fer See, der; - -s, *schweiz.* **Gen|fer|see**, der; -s
Gen|for|scher; Gen|for|sche|rin; Gen|for|schung
ge|ni|al *(lat.)* (schöpferisch begabt; großartig); **ge|ni|a|lisch** (nach Art eines Genies); **Ge|ni|a|li|tät**, die; -
Ge|nick, das; -[e]s, -e
Ge|nick|fang *Plur. selten (Jägerspr.);* **Ge|nick|fän|ger** (ein Jagdmesser)
Ge|nick|schuss; Ge|nick|star|re
¹Ge|nie [ʒe..., das; -s, -s *(franz.) (nur Sing.:* höchste schöpferische Geisteskraft; äußerst begabter, schöpferischer Mensch)
²Ge|nie, die; - *od.* das; -s *(meist in Zusammensetzungen; schweiz. für* Pioniertruppe)
Ge|ni|en [ˈgeː...] *(Plur. von* Genius)
Ge|nie|of|fi|zier [ʒ...] *(schweiz.)*
ge|nie|ren [ʒ...] *(franz.);* sich genieren; **ge|nier|lich** *(ugs. für* peinlich; schüchtern)
ge|nieß|bar; Ge|nieß|bar|keit, die; -
ge|nie|ßen; du genießt; ich genoss, du genossest, er/sie genoss; du genössest; genossen; genieß[e]!
Ge|nie|ßer; Ge|nie|ße|rin; ge|nie|ße|risch
Ge|nie|streich; Ge|nie|trup|pe
ge|ni|tal *(lat.)* (die Genitalien betreffend); **Ge|ni|ta|le**, das; -s, ...lien *meist Plur.* (Geschlechtsorgan)
Ge|ni|tiv, der; -s, -e *(lat.) (Sprachwiss.* Wesfall, 2. Fall; *Abk.* Gen.); **Ge|ni|tiv|ob|jekt**
Ge|ni|us, der; -, ...ien (Schutzgeist im römischen Altertum; *geh. für* ¹Genie)
Ge|ni|us Lo|ci, der; - - (Schutzgeist eines Ortes)
Gen|kar|tof|fel *(ugs. für* gentechnisch veränderte Kartoffel)

Gen|mais *(ugs. für* gentechnisch veränderter Mais)
Gen|ma|ni|pu|la|ti|on *(griech.. lat.)* (Manipulation des Erbgutes); **gen|ma|ni|pu|liert**
Gen|mu|ta|ti|on (erbliche Veränderung eines Gens)
Gen|ne|sa|ret *vgl. See* Genezareth
Ge|nom, das; -s, -e *(griech.) (Genetik* die im Chromosomensatz vorhandenen Erbanlagen); **Ge|nom|ana|ly|se; ge|no|misch**
ge|nom|men *vgl.* nehmen
Ge|nom|pro|jekt (das Bestreben, das Genom eines Organismus, z. B. des Menschen, umfassend aufzuklären)
ge|noppt (mit Noppen versehen)
Ge|nör|gel, das; -s
ge|noss *vgl.* genießen
Ge|nos|se, der; -n, -n *(Abk.* Gen.)
ge|nos|sen *vgl.* genießen
Ge|nos|sen|schaft *(Abk.* Gen.); *vgl.* eG
Ge|nos|sen|schaf|ter; Ge|nos|sen|schaf|te|rin
Ge|nos|sen|schaft|ler; Ge|nos|sen|schaft|le|rin
ge|nos|sen|schaft|lich
Ge|nos|sen|schafts|bank *Plur.* ...banken
Ge|nos|sen|schafts|bau|er *(vgl.* ²Bauer; *bes. in der DDR);* **Ge|nos|sen|schafts|bäu|e|rin**
Ge|nos|sin
Ge|noss|sa|me, die; -, -n *(schweiz. für* Alp-, Allmendgenossenschaft)
Ge|no|typ, der; -s, -en, **Ge|no|ty|pus**, der; -, ...typen *(griech.) (Biol.* Gesamtheit der Erbfaktoren eines Lebewesens); **ge|no|ty|pisch** (erbmäßig)
Ge|no|ve|va [...fe:fa] (w. Vorn.)
Ge|no|zid, der, *auch* das; -[e]s, *Plur.* -e u. -ien *(griech.; lat.)* (Völkermord)
Gen|pool [...puːl], der; -s, -s *(griech.; engl.)* (Gesamtheit der genetischen Informationen einer Population)
Gen|re [ˈʒãː...], das; -s, -s *(franz.)* (Art, Gattung; Wesen)
Gen|re|bild (Bild aus dem täglichen Leben); **gen|re|haft** (in der Art der Genremalerei); **Gen|re|ma|le|rei**
Gent (Stadt in Belgien)
Gen|tech|nik *Plur. selten (griech.)* (Technik der Erforschung u. Manipulation der Gene)
gen|tech|nik|frei; gentechnikfreies Essen

gen|tech|nisch
Gen|tech|no|lo|gie; gen|tech|no|lo|gisch
Gen|tech|pflan|ze (Pflanze mit gentechnisch verändertem Erbgut)
Gen|test; Gen|the|ra|pie *(Med.)*
Gen|til|homme [ʒãtiˈjɔm], der; -s, -s *(veraltend für* Mann von vornehmer Gesinnung)
Gent|le|man [ˈdʒɛntlmən], der; -s, ...men [...mən] *(engl.)* (Mann von Lebensart u. Charakter [mit tadellosen Umgangsformen])
gent|le|man|like [...laik] (nach Art eines Gentlemans; höflich)
Gent|le|man's Ag|ree|ment, Gent|le|men's Ag|ree|ment, das; - -, - -s (formlose Übereinkunft)
Gen|trans|fer *(griech.; engl.) (Genetik* Übertragung fremder Erbanlagen in die befruchtete Eizelle)
gen|t|ri|fi|zie|ren *(Soziol.* einen Stadtteil durch Sanierung o. Ä. u. der daraus resultierenden Änderung der Einwohnerstruktur aufwerten); **Gen|t|ri|fi|zie|rung**
Gen|t|ry [dʒɛntri], die; - *(engl.)* (niederer Adel u. wohlhabendes Bürgertum in England)
Ge|nua (ital. Stadt); **Ge|nu|e|se**, der; -n, -n; **Ge|nu|e|ser; Ge|nu|e|sin; ge|nu|e|sisch**
ge|nug; genug u. übergenug; ↑D 72: genug Gutes, Gutes genug; genug des Guten; von etw. genug haben; genug getan haben; *vgl. aber* genugtun
Ge|nü|ge, die; -; Genüge tun, leisten; zur Genüge
ge|nü|gen; ge|nü|gend *vgl.* ausreichend
ge|nug|sam *(veraltend für* hinreichend)
ge|nüg|sam (anspruchslos); **Ge|nüg|sam|keit**, die; -
ge|nug|tun *(veraltend);* er hat mir genuggetan (Genugtuung gewährt); ich kann mir damit nicht genugtun (kann damit nicht aufhören); *aber* ich habe jetzt genug (genügend) getan
Ge|nug|tu|ung *Plur. selten*
ge|nu|in *(lat.)* (echt; *Med.* angeboren, echt)
Ge|nus [*auch* ˈgeː...], das; -, Genera (Gattung, Art; *Sprachwiss.* grammatisches Geschlecht); *vgl.* in genere
Ge|nuss, der; Genusses, Genüsse
ge|nuss|freu|dig

486

gepfiffen

Ge|nuss|gift
ge|nüss|lich
Ge|nuss|mit|tel, das
ge|nuss|reich
Ge|nuss|schein, Ge|nuss-Schein (*Börsenw.* Wertpapier, dessen Inhaber an den Erträgen einer Firma teilhat)
Ge|nuss|sucht, Ge|nuss-Sucht, die; -; ge|nuss|süch|tig ↑D 25
ge|nuss|voll
Ge|nus Ver|bi, das; - -, Genera - ⟨lat.⟩ (*Sprachwiss.* Verhaltensrichtung des Verbs: Aktiv u. Passiv)
gen|ver|än|dert; genveränderter Mais
Geo, das; -[s] *meist ohne Artikel* (*Schülerspr.* Geografieunterricht)
Geo|bo|ta|nik [*auch* 'ge:o...] ⟨griech.⟩ (Wissenschaft von der geografischen Verbreitung der Pflanzen); geo|bo|ta|nisch
Geo|cache [...keʃ] ⟨engl.⟩ (beim Geocaching zu suchender Behälter); Geo|ca|cher; Geo|ca|che|rin; Geo|ca|ching, das; -s (eine Art Schatzsuchespiel mit GPS)
Geo|che|mie [*auch* ...'mi:] (Wissenschaft von der chemischen Zusammensetzung der Erde); geo|che|misch [*auch* ...çe:...]
Geo|dä|sie, die; - (Vermessungskunde)
Geo|dät, der; -en, -en (Fachmann, Wissenschaftler auf dem Gebiet der Geodäsie)
Geo|dä|ten *Plur.*
Geo|dä|tin; geo|dä|tisch
Geo|drei|eck® (transparentes Dreieck zum Ausmessen u. Zeichnen von Winkeln o. Ä.)
Geo|dy|na|mik (Lehre von den Bewegungen im Erdinneren)
Geo|ge|nie, Geo|go|nie, die; -, ...ien (Lehre von der Entstehung der Erde)
Geo|glyph, der; -s, -e, Geo|gly|phe, die; -, -n ⟨griech.⟩ (großflächige, durch Steine, Bäume, Wege o. Ä. gestaltete Figur, Erdzeichnung)
Geo|graf, Geo|graph, der; -en, -en; Geo|gra|fie, Geo|gra|phie, die; -, -n; Geo|gra|fin, Geo|gra|phin, die; -, -nen; geo|gra|fisch, geo|gra|phisch
Geo|in|for|ma|tik (Gebiet der angewandten Informatik, das sich mit Geodaten befasst)
Geo|lo|ge, der; -n, -n; Geo|lo|gie, die; - (Wissenschaft von Aufbau, Entstehung u. Entwicklung der Erde); Geo|lo|gin; geo|lo|gisch
Geo|ma|gne|tis|mus (magnetische Erscheinungen eines Himmelskörpers, bes. der Erde)
Geo|man|tie, die; - ⟨griech.⟩ (Kunst, aus Linien u. Figuren im Sand wahrzusagen)
Geo|man|tik, die; - (svw. Geomantie)
Geo|ma|tik, die; - (Wissenschaft von der Erfassung, Analyse u. Verwaltung raumbezogener Daten u. Prozesse)
Geo|me|ter, der; -s, - (svw. Geodät); Geo|me|te|rin
Geo|me|t|rie, die; -, ...ien (ein Zweig der Mathematik); geo|me|t|risch; geometrischer Ort; geometrisches Mittel
Geo|mor|pho|lo|gie [*auch* ...'gi:], die; - (Lehre von der äußeren Gestalt der Erde u. deren Veränderungen)
Geo|öko|lo|gie [*auch* ...'gi:] (sich mit Ökosystemen befassendes Forschungsgebiet der Geowissenschaften)
Geo|phy|sik [*auch* ...'zi:k] (Lehre von den physikalischen Eigenschaften des Erdkörpers); geo|phy|si|ka|lisch; geophysikalische Untersuchungen; Geo|phy|si|ker [*auch* ...'fy:...]; Geo|phy|si|ke|rin
Geo|plas|tik [*auch* 'ge:o...], die (räuml. Darstellung von Teilen der Erdoberfläche)
Geo|po|li|tik [*auch* ...'ti:k], die; - (Lehre von der Einwirkung geografischer Faktoren auf polit. Vorgänge); geo|po|li|tisch
Geo|po|ten|zi|al, Geo|po|ten|ti|al [*auch* ...'tsja:l] (Potenzial der Schwerkraft od. des elektr. Feldes der Erde)
Geo|raum *Plur. selten* (*Geogr.* Erdhülle); geo|räum|lich
ge|ord|net; geordnete Verhältnisse; eine gut geordnete od. gutgeordnete Bibliothek; die Bibliothek ist gut geordnet
Ge|org (m. Vorn.); George [dʒɔːdʒ] (m. Vorn.)
George|town ['dʒɔːdʒtaʊn] (Hauptstadt Guyanas)
¹Geor|gette [ʒɔrˈʒɛt] (w. Vorn.)
²Geor|gette, der; -s, -s (svw. Crêpe Georgette)
Geor|gia ['dʒɔːdʒə] (Staat in den USA; *Abk.* GA)
Ge|or|gi|en (Staat in Transkaukasien); Ge|or|gi|er; Ge|or|gi|e|rin

Ge|or|gi|ne, die; -, -n ⟨nach dem Botaniker Georgi⟩ (svw. Dahlie)
ge|or|gisch; georgische Sprache; Ge|or|gisch, das; -[s] (Sprache); *vgl.* Deutsch; Ge|or|gi|sche, das; -n; *vgl.* ²Deutsche
geo|stra|te|gisch [*auch* ...'te:...] (durch die geografische Lage bedingt strategisch)
Geo|tag [...tɛk], das; -s, -s (*EDV* Metatag, das die geografische Position eines digitalen Mediums angibt); Geo|tag|ging [...tɛgɪŋ], das; -s (Verwendung von Geotags)
Geo|tek|to|nik [*auch* ...'to:...] ⟨griech.⟩ (Lehre von Entstehung u. Aufbau der gesamten Erdkruste); geo|tek|to|nisch
Geo|ther|mie, Geo|ther|mik, die; - (Wissenschaft von den Wärmeverhältnissen im Erdkörper); geo|ther|misch; geothermische Energie
geo|trop, geo|tro|pisch; Geo|tro|pis|mus (*Bot.* Vermögen der Pflanzen, sich in Richtung der Schwerkraft zu orientieren)
Geo|wis|sen|schaft
geo|zen|t|risch [*auch* 'ge:o...] (auf die Erde als Mittelpunkt bezogen; auf den Erdmittelpunkt bezogen)
geo|zy|k|lisch [*auch* 'ge:o...] (den Umlauf der Erde betreffend)
Ge|päck, das; -[e]s
Ge|päck|ab|fer|ti|gung; Ge|päck|ab|la|ge
Ge|päck|an|nah|me ↑D 31: Gepäckannahme und -ausgabe
Ge|päck|auf|be|wah|rung; Ge|päck|auf|be|wah|rungs|schein; Ge|päck|auf|ga|be
Ge|päck|aus|ga|be; Ge|päck|fach; Ge|päck|netz; Ge|päck|raum
Ge|päck|rol|li, der; -s, - ⟨schweiz. für kleiner Wagen zum Gepäcktransport auf Bahnhöfen u. Flughäfen⟩
Ge|päcks... (österr. für Gepäck..., z. B. Gepäcksaufbewahrung, Gepäcksstück, Gepäcksträger)
Ge|päck|schal|ter; Ge|päck|schein; Ge|päck|stück
Ge|päck|trä|ger; Ge|päck|trä|ge|rin
Ge|päck|wa|gen
Ge|pard [*auch* geˈpart], der; *Gen.* -s, *auch* -en, *Plur.* -e, *auch* -en ⟨franz.⟩ (ein katzenartiges Raubtier); Ge|par|din
ge|pfef|fert (*ugs.*); gepfefferte Preise
Ge|pfei|fe, das; -s
ge|pfif|fen *vgl.* pfeifen

gepflegt

ge|ra|de

(ugs. häufig:) gra|de

- eine gerade Zahl ↑D 89
- fünf gerade sein lassen *(ugs.)*
- gerade darum
- der Weg ist gerade (ändert die Richtung nicht)
- er wohnt mir gerade (direkt) gegenüber
- sie fuhr gerade so langsam, dass er mitkam; *vgl. aber* geradeso
- sie kommt gerade (soeben) heraus; *vgl. aber* geradeheraus
- da er gerade sitzt, steht (sich soeben hingesetzt hat, soeben aufgestanden ist)
- er ist gerade mal 40
- die Kerze, sich gerade halten
- das Besteck gerade hinlegen
- sie sollen gerade sitzen, stehen

Wenn »gerade« das Ergebnis der mit einem folgenden einfachen Verb bezeichneten Tätigkeit angibt, kann getrennt oder zusammengeschrieben werden:
- die Stäbe gerade biegen *od.* geradebiegen
- die Hemden gerade legen *od.* geradelegen
- den Zaun gerade richten *od.* geraderichten
- die Möbel gerade stellen *od.* geradestellen
- den Tisch gerade rücken *od.* geraderücken

Bei übertragener Bedeutung gilt Zusammenschreibung; vgl. geradebiegen, geraderücken, geradestehen

---

gepf

ge|pflegt; ein gut gepflegter *od.* gutgepflegter Rasen, *vgl.* gut; *aber nur* der Rasen ist gut gepflegt
Ge|pflegt|heit, die; -
Ge|pflo|gen|heit (Gewohnheit)
Ge|pi|de, der; -n, -n (Angehöriger eines ostgermanischen Volkes); **Ge|pi|din**
Ge|pie|pe, das; -s; **Ge|piep|se,** das; -s
Ge|plän|kel, das; -s, -
Ge|plap|per, das; -s
Ge|plärr, das; -[e]s; **Ge|plär|re,** das; -s
Ge|plät|scher, das; -s
Ge|plau|der, das; -s
Ge|po|che, das; -s
Ge|pol|ter, das; -s
Ge|prä|ge, das; -s
Ge|prah|le, das; -s
Ge|prän|ge, das; -s *(geh. für* Prunk, Prachtentfaltung)
Ge|pras|sel, das; -s
ge|punk|tet; gepunkteter Stoff; blau gepunkteter *od.* blaugepunkteter Stoff
Ge|qua|ke, Ge|quä|ke, das; -s
Ge|quas|sel, das; -s *(ugs.)*
Ge|quat|sche, das; -s *(ugs.)*
Ge|quen|gel, Ge|quen|ge|le, Ge|queng|le, das; -s *(ugs.)*
Ge|quie|ke, das; -s
Ge|quiet|sche, das; -s
ge|quol|len *vgl.* ¹quellen
Ger, der; -[e]s, -e (germ. Wurfspieß)
Ge|ra (Stadt in Thüringen)
ge|rad..., *ugs. häufig* grad... (z. B. geradlinig, *ugs. häufig* gradlinig); **Ge|rad...,** *ugs. häufig* Grad... (z. B. Geradlinigkeit, *ugs. häufig* Gradlinigkeit

ge|ra|de *s. Kasten*
Ge|ra|de, die; -n, -n (gerade Linie; ein Boxschlag); vier Gerade[n]
ge|ra|de|aus; geradeaus blicken, gehen, laufen
ge|ra|de|bie|gen *(ugs. für* in Ordnung bringen); um die Sache wieder geradezubiegen; *vgl. aber* gerade
ge|ra|de ge|wach|sen, ge|ra|de|ge|wach|sen; gerade gewachsene *od.* geradegewachsene Tannen
ge|ra|de hal|ten *vgl.* gerade
ge|ra|de|her|aus (freimütig, direkt); etwas geradeheraus sagen; *vgl. aber* gerade
ge|ra|de|hin (leichtfertig); etwas geradehin versprechen
ge|ra|de le|gen, ge|ra|de|le|gen *vgl.* gerade
ge|ra|de ma|chen, ge|ra|de|ma|chen *vgl.* gerade
ge|ra|den|wegs *vgl.* geradewegs
ge|ra|de rich|ten, ge|ra|de|rich|ten *vgl.* gerade
ge|rä|dert; sich wie gerädert (erschöpft, zerschlagen) fühlen
ge|ra|de|rü|cken (in Ordnung bringen); *vgl. aber* gerade
ge|ra|de sit|zen *vgl.* gerade
ge|ra|de|so (ebenso); das kann ich geradeso gut wie du
ge|ra|de|ste|hen; für etwas geradestehen (die Folgen auf sich nehmen); *vgl. aber* gerade
ge|ra|de stel|len, ge|ra|de|stel|len *vgl.* gerade
ge|rads|wegs (selten für geradewegs); **ge|ra|de|wegs,** ge|ra|den|wegs
ge|ra|de|zu [auch ...'tsu:]; das ist geradezu absurd!; sie ist immer sehr geradezu *(landsch. für* geradeheraus)
Ge|rad|flüg|ler *(Zool.* Insekt mit faltbaren Hinterflügeln)
Ge|rad|heit, die; -
ge|rad|li|nig; Ge|rad|li|nig|keit, die; -
ge|rad|sin|nig
ge|rad|zah|lig *(Math.)*
Ge|rald, Ge|rold (m. Vorn.)
ge|ram|melt; gerammelt voll *(ugs. für* übervoll)
Ge|ran|gel, das; -s
Ge|ra|nie, die; -, -n ⟨griech.⟩ *(svw.* Pelargonie)
ge|rannt *vgl.* rennen
Ge|rant [ʒ...], der; -en, -en ⟨franz.⟩ *(schweiz. für* Geschäftsführer; Herausgeber); **Ge|ran|tin**
Ge|ra|schel, das; -s
Ge|ras|sel, das; -s
Ge|rät, das; -[e]s, -e
¹**ge|ra|ten;** es gerät [mir]; geriet; geraten; ich gerate außer mir *od.* mich vor Freude
²**ge|ra|ten** *vgl.* ¹raten
Ge|rä|te|schup|pen
Ge|rä|te|tur|nen *vgl.* Gerätturnen; **Ge|rä|te|tur|ner; Ge|rä|te|tur|ne|rin**
Ge|rä|te|wa|gen (bei Feuerwehr u. a. Hilfsorganisationen)
Ge|rä|te|wart; Ge|rä|te|war|tin
Ge|ra|te|wohl [auch ...'ra:...], das; *nur in* aufs Geratewohl (auf gut Glück)
Ge|rät|schaft, die; -, -en *meist Plur.*
Ge|rat|ter, das; -s
Ge|rät|tur|nen *(fachspr. für* Geräteturnen); **Ge|rät|tur|ner; Ge|rät|tur|ne|rin**
Ge|räu|cher|te, das; -n
ge|raum *(geh.);* geraume Zeit

gerippt

ge|ring

- eine geringe Höhe
- das wird am geringsten (wenigsten) auffallen

Großschreibung bei Substantivierung:
- ein Geringes tun
- um ein Geringes erhöhen
- es ist nichts Geringes, nichts Geringeres als dies
- es geht Sie nicht das Geringste an
- sie ist auch im Geringsten treu
- das Geringste, was er tun kann, ist dies
- es stört mich nicht im Geringsten
- auch der Geringste hat Anspruch darauf
- keine Geringere als sie

Schreibung in Verbindung mit Verben:
- jemanden, etwas gering achten *od.* geringachten
- jemanden, etwas gering schätzen *od.* geringschätzen
- *aber nur* jemanden, etwas geringer achten, schätzen

Ge|räum|de, das; -s, - (*Forstwirtsch.* abgeholztes Waldstück)
ge|räu|mig; Ge|räu|mig|keit, die; -
Ge|räum|te, das; -s, - (*svw.* Geräumde)
Ge|rau|ne, das; -s
¹Ge|räusch, das; -[e]s (*Jägerspr.* Herz, Lunge, Leber u. Nieren des Schalenwildes, Gelünge)
²Ge|räusch, das; -[e]s, -e
ge|räusch|arm
Ge|räusch|däm|mung; Ge|räusch|dämp|fung
Ge|rau|sche, das; -s
ge|räusch|emp|find|lich
Ge|räusch|ku|lis|se
ge|räusch|los; Ge|räusch|lo|sig|keit, die; -
Ge|räusch|pe|gel
ge|räusch|voll
Ge|räus|per, das; -s
ger|ben; Leder gerben; Ger|ber
Ger|be|ra, die; -, -[s] 〈nach dem dt. Arzt u. Naturforscher T. Gerber〉 (eine Schnittblume)
Ger|be|rei; Ger|be|rin
Ger|ber|lo|he, die; -, -n
Gerb|säu|re; Gerb|stoff
Ger|bung
Gerd (m. Vorn.)
Ger|da (w. Vorn.)
Ge|re|bel|te, der; -n, -n (*österr. für* Wein aus einzeln abgenommenen Beeren); *vgl.* rebeln
ge|recht; jmdm., einer Aufgabe gerecht werden
...ge|recht (z. B. kindgerecht)
Ge|rech|te, der *u.* die; -n, -n
ge|rech|ter|tigt; diese Maßnahme scheint gerechtfertigt
Ge|rech|tig|keit; Ge|rech|tig|keits|sinn, der; -[e]s
Ge|recht|sa|me, die; -, -n (*veraltet für* [Vor]recht)
Ge|re|de, das; -s
ge|re|gelt; geregelte Arbeit

ge|rei|chen (*geh.*); es gereicht ihr zur Ehre
Ge|rei|me, das; -s
ge|reizt
Ge|reizt|heit, die; -
Ge|ren|ne, das; -s
ge|reu|en (*veraltend*); es gereut mich
Ger|fal|ke (Jagdfalke)
Ger|fried (m. Vorn.)
Ger|hard (m. Vorn.)
Ger|hardt, Paul (dt. Dichter)
Ge|ri|a|ter 〈griech.〉 (Facharzt für Geriatrie); **Ge|ri|a|te|rin**
Ge|ri|a|trie, die; - (*Med.* Altersheilkunde); **Ge|ri|a|trie|zen|trum**
Ge|ri|a|tri|kum, das; -s, ...ka (Medikament zur Behandlung von Altersbeschwerden)
ge|ri|a|trisch
Ge|richt, das; -[e]s, -e
ge|richt|lich; gerichtliche Medizin
ge|richts|an|hän|gig (*österr. Rechtsspr. für* in einem Gerichtsverfahren befindlich)
Ge|richts|arzt; Ge|richts|ärz|tin
Ge|richts|as|ses|sor; Ge|richts|as|ses|so|rin
Ge|richts|bar|keit
Ge|richts|be|schluss
Ge|richts|be|zirk
Ge|richts|die|ner; Ge|richts|die|ne|rin
Ge|richts|ent|scheid; Ge|richts|ent|schei|dung
Ge|richts|fe|ri|en *Plur.*
Ge|richts|ge|bäu|de
Ge|richts|herr (*früher*); **Ge|richts|her|rin**
Ge|richts|hof ↑ D 88: der Oberste Gerichtshof
Ge|richts|kos|ten *Plur.*
Ge|richts|me|di|zin, die; -; **Ge|richts|me|di|zi|ner; Ge|richts|me|di|zi|ne|rin; ge|richts|me|di|zi|nisch**

ge|richts|no|to|risch (*Rechtsspr.* vom Gericht zur Kenntnis genommen)
Ge|richts|ort
Ge|richts|prä|si|dent; Ge|richts|prä|si|den|tin
Ge|richts|saal; Ge|richts|spra|che
Ge|richts|spren|gel (*österr.*)
Ge|richts|stand (*Rechtsspr.*)
Ge|richts|ter|min; Ge|richts|ur|teil; Ge|richts|ver|fah|ren; Ge|richts|ver|hand|lung
Ge|richts|voll|zie|her; Ge|richts|voll|zie|he|rin
Ge|richts|weg
¹ge|rie|ben (gerissen, schlau)
²ge|rie|ben *vgl.* reiben
Ge|rie|ben|heit, die; -
ge|rie|hen (*landsch. u. fachspr. für* gereiht); *vgl.* ¹reihen
ge|rie|ren, sich 〈lat.〉 (*geh. für* sich benehmen, auftreten als ...)
Ge|rie|sel, das; -s
ge|rif|felt
ge|ring *s. Kasten*
ge|ring ach|ten, ge|ring|ach|ten *vgl.* Kasten
ge|rin|gelt; geringelte Socken
ge|ring|fü|gig; geringfügige Beschäftigte (*Arbeitsrecht*)
Ge|ring|fü|gig|keit
ge|ring|hal|tig (*Mineral.*)
ge|ring schät|zen, ge|ring|schät|zen *vgl.* gering; **ge|ring|schät|zig; Ge|ring|schät|zung**, die; -
ge|rings|ten|falls *vgl.* ¹Fall
Ge|ring|ver|die|ner; Ge|ring|ver|die|ne|rin
ge|ring|wer|tig; noch geringwertigere *od.* geringerwertige Güter
Ge|rinn|bar; Ge|rinn|bar|keit, die; -
Ge|rin|ne, das; -s, -
ge|rin|nen
Ge|rinn|sel, das; -s, -
Ge|rin|nung, die; -
Ge|rip|pe, das; -s, -
ge|rippt

Geriss

Ge|riss, das; -es (landsch. für Wetteifern)
¹ge|ris|sen (durchtrieben, schlau)
²ge|ris|sen vgl. reißen
Ge|ris|sen|heit, die; -
ge|rit|ten vgl. reiten
ge|ritzt; ist geritzt (ugs. für ist in Ordnung; wird erledigt)
Germ, der; -[e]s od. die; - (bayr., österr. für Hefe)
Ger|ma|ne, der; -n, -n; **Ger|ma|nen|tum,** das; -s
Ger|ma|nia, die; - (Frauengestalt als Sinnbild Deutschlands; lat. Bez. für Deutschland)
Ger|ma|ni|en (das zur Römerzeit von den Germanen besiedelte Gebiet)
Ger|ma|nin
ger|ma|nisch; germanische Kunst, aber ↑D 150: Germanisches Nationalmuseum (Nürnberg)
ger|ma|ni|sie|ren (eindeutschen)
Ger|ma|nis|mus, der; -, ...men (Sprachwiss. deutsche Spracheigentümlichkeit in einer anderen Sprache)
Ger|ma|nist, der; -en, -en; **Ger|ma|nis|tik,** die; - (deutsche [auch germanische] Sprach- u. Literaturwissenschaft); **Ger|ma|nis|tin;** **ger|ma|nis|tisch**
Ger|ma|ni|um, das; -s (chemisches Element; Metall; Zeichen Ge)
Ger|mer, der; -s, - (eine Pflanze)
Ger|mi|nal [ʒ...], der; -[s], -s ⟨franz., »Keimmonat«⟩ (7. Monat des Kalenders der Franz. Revolution: 21. März bis 19. April)
Ger|mi|na|ti|on [g...], die; -, -en ⟨lat.⟩ (Bot. Keimungsperiode der Pflanzen)
Germ|knö|del (bayr., österr.); **Germ|strie|zel** (österr. für Hefezopf)
gern, ger|ne; lieber, am liebsten; jmdn. gern mögen; etwas gern tun; gar zu gern; allzu gern; besonders gern; ein <mark>gern gesehener</mark> od. gerngesehener Gast ↑D 58; vgl. gernhaben
Gern|e|groß, der; -, -e (ugs. scherzh.)
gern|ha|ben (mögen); weil sie uns gernhat; aber das Buch würde ich auch gern haben
Ger|not [auch 'ger...] (m. Vorn.)
Ge|rö|chel, das; -s
ge|ro|chen vgl. riechen
Ge|rold vgl. Gerald
Ge|röll, das; -[e]s, -e, **Ge|röl|le,** das; -s, -

Ge|röll|hal|de; Ge|röll|schutt
Ge|ront, der; -en, -en ⟨griech.⟩ (Mitglied der Gerusia)
Ge|ron|to|lo|ge; Ge|ron|to|lo|gie, die; - (Altersforschung); **Ge|ron|to|lo|gin**
Ge|ron|to|tech|nik, die; - (Technik, die älteren Menschen das Leben erleichtern soll)
Ge|rös|te|te [auch ...'rœ...] Plur. (südd. für Bratkartoffeln)
Gersh|win [ˈgœːɐ̯ʃ...], George (amerik. Komponist)
Gers|te, die; -, Plur. (Sorten:) -n
Gers|ten|kalt|scha|le (scherzh. für Bier)
Gers|ten|korn, das; Plur. ...körner (auch Vereiterung einer Drüse am Augenlid)
Gers|ten|saft (scherzh. für Bier)
Gers|ten|sup|pe
Gerstl, das; -s, -[n] (österr. für Graupe); **Gerstl|sup|pe**
Gert (m. Vorn.); **Ger|ta** (w. Vorn.)
Ger|te, die; -, -n
Ger|tel, der; -s, - (schweiz. für ¹Hippe)
ger|ten|schlank
Ger|traud, Ger|trau|de, Ger|traut (w. Vorn.)
Ger|trud, Ger|tru|de (w. Vorn.)
Ge|ruch, der; -[e]s, Gerüche
ge|ruch|frei, ge|ruchs|frei
ge|ruch|los; Ge|ruch|lo|sig|keit, die; -
Ge|ruchs|be|läs|ti|gung
ge|ruchs|bin|dend
ge|ruchs|frei, ge|ruch|frei
Ge|ruchs|or|gan
Ge|ruchs|sinn, der; -[e]s
Ge|ruchs|ver|mö|gen, das; -
Ge|ruchs|ver|schluss (für Trap)
Ge|rücht, das; -[e]s, -e
Ge|rüch|te|bör|se (bes. österr., schweiz. ugs.); **Ge|rüch|te|kü|che** (ugs.)
Ge|rüch|te|ma|cher; Ge|rüch|te|ma|che|rin
ge|rüch|te|wei|se
ge|ruch|til|gend
ge|rücht|wei|se
ge|ru|fen vgl. rufen
ge|ru|hen (veraltend, noch iron. für sich bereitfinden)
ge|ru|hig (veraltet für ruhig)
ge|ruht vgl. ruhen
ge|ruh|sam; Ge|ruh|sam|keit, die; -
Ge|rum|pel, das; -s (ugs.)
Ge|rüm|pel, das; -s
Ge|run|di|um, das; -s, ...ien ⟨lat.⟩ (Sprachwiss. gebeugter Infinitiv des lat. Verbs)
Ge|run|div, das; -s, -e (Sprachwiss.

Partizip des Passivs des Futurs, z. B. der »zu billigende« Schritt)
ge|run|gen vgl. ringen
Ge|ru|sia, Ge|ru|sie, die; - ⟨griech.⟩ (Rat der Alten [in Sparta])
Ge|rüst, das; -[e]s, -e
Ge|rüst|bau Plur. -ten; **Ge|rüst|bau|er** (vgl. ¹Bauer); **Ge|rüst|bau|e|rin**
Ge|rüs|ter (österr. für Gerüstbauer); **Ge|rüs|te|rin**
ge|rüt|tel, das; -s
ge|rüt|telt; ein gerüttelt Maß; gerüttelt voll
Ger|win (m. Vorn.)
ges, Ges, das; -, - (Tonbezeichnung); **Ges,** das; -, - (Zeichen für Ges-Dur); in Ges
Ge|sa, Ge|se (w. Vorn.)
Ge|säb|ber, das; -s (ugs. für dummes Geschwätz)
Ge|salb|te, der u. die; -n, -n (Rel.)
ge|sal|zen; gesalzene Preise; vgl. salzen; **Ge|sal|ze|ne,** das; -n
ge|sam|melt; die gesammelten (als Titel: Gesammelten) Schriften ↑D 86
ge|samt; im Gesamten (veraltend für insgesamt); **Ge|samt,** das; -s; im Gesamt
Ge|samt|an|sicht
Ge|samt|ar|beits|ver|trag (schweiz. für Tarifvertrag); Abk. GAV
Ge|samt|aus|ga|be; Ge|samt|be|trag
Ge|samt|be|völ|ke|rung
Ge|samt|bi|lanz; Ge|samt|bild
ge|samt|deutsch; gesamtdeutsche Fragen; **Ge|samt|deutsch|land** ↑D 143
Ge|samt|ein|druck
Ge|samt|er|geb|nis
ge|samt|eu|ro|pä|isch
Ge|samt|flä|che
Ge|samt|füh|ren|de, der u. die; -n, -n (bes. Sport)
Ge|samt|ge|sell|schaft|lich
Ge|samt|ge|wicht; Ge|samt|ge|winn
ge|samt|haft (schweiz. u. österr. für [ins]gesamt)
Ge|samt|heit, die; -; **ge|samt|heit|lich**
Ge|samt|hoch|schu|le
Ge|samt|jahr (bes. Wirtsch.)
Ge|samt|klas|se|ment (Sport)
Ge|samt|kom|plex; Ge|samt|kon|zept; Ge|samt|kon|zep|ti|on; Ge|samt|kos|ten Plur.; **Ge|samt|kunst|werk; Ge|samt|leis|tung; Ge|samt|no|te; Ge|samt|pro|ku|ra** (Kaufmannsspr.); **Ge|samt|scha|den; Ge|samt|schau**
Ge|samt|schuld|ner (Rechtsspr.); **Ge|samt|schuld|ne|rin**

Ge|samt|schu|le; Ge|samt|schul|system
ge|samt|schwei|ze|risch (schweiz. für die gesamte Schweiz betreffend)
Ge|samt|sieg; Ge|samt|sie|ger; Ge|samt|sie|ge|rin
Ge|samt|si|tu|a|ti|on; Ge|samt|summe; Ge|samt|text
Ge|samt|to|tal (schweiz. für Gesamtsumme); Ge|samt|um|satz; Ge|samt|ver|band
Ge|samt|vo|lu|men (Wirtsch.)
Ge|samt|werk; Ge|samt|wert; Ge|samt|wer|tung
Ge|samt|wirt|schaft; ge|samt|wirt|schaft|lich
Ge|samt|zahl
ge|sandt vgl. senden
Ge|sand|te, der u. die; -n, -n; Ge|sand|tin
Ge|sandt|schaft; ge|sandt|schaft|lich; Ge|sandt|schafts|rat
Ge|sang, der; -[e]s, Gesänge
Ge|sang|buch, österr. Ge|sangs|buch
ge|sang|lich
Ge|sang|schu|le; Ge|sangs|kunst
Ge|sang[s]|leh|rer; Ge|sang[s]|leh|re|rin
Ge|sang[s]|pä|d|a|go|ge; Ge|sang[s]|pä|d|a|go|gin
Ge|sang[s]|stück; Ge|sang[s]|stun|de; Ge|sang[s]|un|ter|richt; Ge|sang[s]|ver|ein
Ge|säß, das; -es, -e; Ge|säß|fal|te; Ge|säß|mus|kel; Ge|säß|ta|sche
ge|sät|tigt; gesättigte Kohlenwasserstoffe (Chemie) ↑D 89
Ge|sätz, das; -es, -e (Literaturwiss. Strophe im Meistersang)
Ge|sätz|lein (südd. für Abschnitt, Strophe)
Ge|säu|ge, das; -s (Jägerspr. Milchdrüsen)
Ge|sau|se, das; -s
Ge|säu|se, das; -s (ein Alpental)
Ge|säu|sel, das; -s
gesch. = geschieden (Zeichen ∞)
Ge|schä|dig|te, der u. die; -n, -n
ge|schaf|fen vgl. schaffen
Ge|schäft, das; -[e]s, -e; geschäftehalber, aber dringender Geschäfte halber
Ge|schäf|te|ma|cher; Ge|schäf|te|ma|che|rei
ge|schäf|tig; Ge|schäf|tig|keit Plur. selten
ge|schäft|lich
Ge|schäfts|ab|schluss; Ge|schäfts|auf|ga|be; Ge|schäfts|auf|lö|sung; Ge|schäfts|aus|sich|ten Plur.
Ge|schäfts|bank (Bankw.)

Ge|schäfts|be|reich; Ge|schäfts|be|richt; Ge|schäfts|be|trieb; Ge|schäfts|be|zie|hung; Ge|schäfts|brief; Ge|schäfts|buch; Ge|schäfts|er|öff|nung
ge|schäfts|fä|hig (Rechtsspr.)
Ge|schäfts|feld; Ge|schäfts|frau
Ge|schäfts|freund; Ge|schäfts|freun|din
ge|schäfts|füh|rend; der geschäftsführende Vorstand; Ge|schäfts|füh|rer; Ge|schäfts|füh|re|rin; Ge|schäfts|füh|rung
Ge|schäfts|ge|ba|ren; Ge|schäfts|ge|heim|nis; Ge|schäfts|haus; Ge|schäfts|idee
Ge|schäfts|in|ha|ber; Ge|schäfts|in|ha|be|rin
Ge|schäfts|in|te|r|es|se; Ge|schäfts|jahr; Ge|schäfts|kli|ma|in|dex Plur. ...indizes
Ge|schäfts|kos|ten Plur.; auf Geschäftskosten
Ge|schäfts|kun|de; ge|schäfts|kun|dig; Ge|schäfts|kun|din
Ge|schäfts|la|ge; Ge|schäfts|le|ben
Ge|schäfts|lei|ter; Ge|schäfts|lei|te|rin; Ge|schäfts|lei|tung
Ge|schäfts|leu|te Plur.
Ge|schäfts|lis|te (schweiz. für Tagesordnung)
Ge|schäfts|lo|kal (bayr., österr. für Geschäftsräume)
Ge|schäfts|mann Plur. ...leute, selten ...männer
ge|schäfts|mä|ßig
Ge|schäfts|ord|nung
Ge|schäfts|part|ner; Ge|schäfts|part|ne|rin
Ge|schäfts|po|li|tik; Ge|schäfts|prak|tik meist Plur.; Ge|schäfts|raum meist Plur.; Ge|schäfts|rei|se; Ge|schäfts|rück|gang (bes. österr., schweiz. für Umsatzrückgang)
Ge|schäfts|schä|di|gend
Ge|schäfts|schluss
Ge|schäfts|seg|ment
Ge|schäfts|sinn, der; -[e]s
Ge|schäfts|sitz; Ge|schäfts|stel|le; Ge|schäfts|stra|ße; Ge|schäfts|stun|den Plur.; Ge|schäfts|tä|tig|keit
Ge|schäfts|trä|ger; Ge|schäfts|trä|ge|rin
ge|schäfts|tüch|tig
ge|schäfts|un|fä|hig (Rechtsspr.)
Ge|schäfts|ver|bin|dung; Ge|schäfts|ver|kehr; Ge|schäfts|vier|tel; Ge|schäfts|welt Plur. selten; Ge|schäfts|zei|chen; Ge|schäfts|zeit; Ge|schäfts|zweck; Ge|schäfts|zweig

ge|schah vgl. geschehen
Ge|schä|ker, das; -s
Ge|schar|re, das; -s
ge|schätzt; geschätzte Kollegen
Ge|schau|kel, das; -s
ge|scheckt; ein gescheckte Pferd
ge|sche|hen; es geschieht; es geschah; es geschähe; geschehen; Ge|sche|hen, das; -s, -; Ge|scheh|nis, das; -ses, -se
Ge|schei|de, das; -s, - (Jägerspr. Magen u. Gedärme des Wildes)
Ge|schein, das; -[e]s, -e (Bot. Blütenstand der Weinrebe)
ge|scheit; Ge|scheit|heit
Ge|schenk, das; -[e]s, -e
Ge|schenk|an|nah|me; Ge|schenk|ar|ti|kel; Ge|schenk|pa|ckung; Ge|schenk|pa|pier; Ge|schenk|sen|dung
ge|schenk|wei|se
ge|schert, gschert (bayr., österr. ugs. für ungeschlacht, grob, dumm); Ge|scher|te, Gscher|te, der; -n, -n (bayr., österr. ugs. für Tölpel, Landbewohner)
Ge|schich|te, das; -s, -, -n
Ge|schich|ten|buch (Buch mit Geschichten [Erzählungen])
Ge|schich|ten|er|zäh|ler; Ge|schich|ten|er|zäh|le|rin
Ge|schich|te|pro|fes|sor usw. vgl. Geschichtsprofessor usw.
ge|schicht|lich; Ge|schicht|lich|keit, die; -
Ge|schichts|at|las
ge|schichts|be|wusst; Ge|schichts|be|wusst|sein
Ge|schichts|bild; Ge|schichts|buch; Ge|schichts|fäl|schung; Ge|schichts|for|schung; Ge|schichts|kennt|nis; Ge|schichts|kli|te|rung
Ge|schichts|leh|rer; Ge|schichts|leh|re|rin
ge|schichts|los
Ge|schichts|phi|lo|so|phie; ge|schichts|phi|lo|so|phisch
Ge|schichts|pro|fes|sor, österr. auch Ge|schich|te|pro|fes|sor; Ge|schichts|pro|fes|so|rin, österr. auch Ge|schich|te|pro|fes|so|rin
Ge|schichts|schrei|bung; Ge|schichts|stu|di|um
ge|schichts|träch|tig
Ge|schichts|un|ter|richt; Ge|schichts|werk
Ge|schichts|wis|sen|schaft
Ge|schichts|wis|sen|schaf|ter (schweiz., österr. auch für Geschichtswissenschaftler); Ge|schichts|wis|sen|schaf|te|rin; Ge|schichts|wis|sen|schaft|ler; Ge|schichts|wis|sen|schaft|le|rin

Geschick

Ge|schick, das; -[e]s, *Plur.* (*für* Schicksal:) -e
Ge|schick|lich|keit, die; -
Ge|schick|lich|keits|par|cours
Ge|schick|lich|keits|prü|fung
Ge|schick|lich|keits|spiel
ge|schickt; Ge|schickt|heit, die; -
Ge|schie|be, das; -s, -
Ge|schie|be|mer|gel (*Geol.*)
ge|schie|den (*Abk.* gesch.; *Zeichen* ∞); Ge|schie|de|ne, der u. die; -n, -n
ge|schieht *vgl.* geschehen
ge|schie|nen *vgl.* scheinen
Ge|schie|ße, das; -s
Ge|schimp|fe, das; -s
Ge|schirr, das; -[e]s, -e
Ge|schirr|ma|cher; Ge|schirr|ma|che|rin
Ge|schirr|rei|ni|ger, Ge|schirr-Rei|ni|ger
Ge|schirr|schrank; Ge|schirr|spü|ler; Ge|schirr|spül|ma|schi|ne; Ge|schirr|tuch *Plur.* ...tücher; Ge|schirr|wasch|ma|schi|ne (*schweiz.*)
Ge|schiss, das; Geschisses (*derb*); *meist in* Geschiss (ärgerliches Aufheben) [um etw.] machen
ge|schis|sen *vgl.* scheißen
ge|schlab|ber, das; -s (*ugs.*)
ge|schla|fen *vgl.* schlafen
ge|schla|gen; er hat den Hund geschlagen; eine geschlagene Stunde; sich geschlagen geben
ge|schlämmt; geschlämmte Kreide
Ge|schlecht, das; -[e]s, -er; das andere Geschlecht
Ge|schlech|ter|buch; Ge|schlech|ter|fol|ge
Ge|schlech|ter|ge|recht; Ge|schlech|ter|ge|rech|tig|keit, die; -
Ge|schlech|ter|kun|de; Ge|schlech|ter|rol|le (*Soziol.*); Ge|schlech|ter|ver|hält|nis
...ge|schlech|tig (z. B. getrenntgeschlechtig)
ge|schlecht|lich; geschlechtliche Fortpflanzung; Ge|schlecht|lich|keit, die; -
Ge|schlechts|akt; Ge|schlechts|ap|pa|rat; Ge|schlechts|be|stim|mung
Ge|schlechts|ge|nos|se; Ge|schlechts|ge|nos|sin
ge|schlechts|krank; Ge|schlechts|krank|heit
Ge|schlechts|le|ben
Ge|schlechts|lei|den
ge|schlecht[s]|los
Ge|schlechts|merk|mal
Ge|schlechts|na|me (Familienname)

ge|schlechts|neu|t|ral
Ge|schlechts|or|gan
ge|schlechts|reif; Ge|schlechts|rei|fe
Ge|schlechts|rol|le (svw. Geschlechterrolle)
ge|schlechts|spe|zi|fisch
Ge|schlechts|teil, das, auch der
Ge|schlechts|trieb, der; -[e]s
Ge|schlechts|um|wand|lung
Ge|schlechts|ver|kehr, der; -[e]s
Ge|schlechts|wort *Plur.* ...wörter
Ge|schleck, das; -[e]s, Ge|schle|cke, das; -s
Ge|schleif, das; -[e]s, Ge|schlei|fe, das; -s (*Jägerspr.* Röhren des Dachsbaus)
Ge|schlep|pe, das; -s (*Jägerspr.* hinterhergezogener Köder)
ge|schli|chen *vgl.* schleichen
ge|schlif|fen *vgl.* schleifen; Ge|schlif|fen|heit
Ge|schlin|ge, das; -s, - (Herz, Lunge, Leber bei Schlachttieren)
¹ge|schlos|sen; geschlossene Gesellschaft
²ge|schlos|sen *vgl.* schließen; Ge|schlos|sen|heit, die; -
Ge|schluch|ze, das; -s
ge|schlun|gen *vgl.* schlingen
Ge|schmack, der; -[e]s, *Plur.* Geschmäcke, *scherzh.* Geschmäcker
Ge|schmäck|le, das; -s, - *Plur. selten* (*bes. schwäb. für* Beigeschmack, leichte Anrüchigkeit); mit [vielen] Geschmäckle
ge|schmäck|le|risch (*abwertend*)
ge|schmack|lich
ge|schmack|los; Ge|schmack|lo|sig|keit
Ge|schmack|sa|che *vgl.* Geschmackssache
ge|schmacks|bil|dend
Ge|schmacks|emp|fin|dung; Ge|schmacks|fra|ge
Ge|schmack|sinn (svw. Geschmackssinn); Ge|schmacks|knos|pe *meist Plur.* (*Biol., Med.*)
ge|schmacks|neu|t|ral
Ge|schmacks|rich|tung
Ge|schmacks|sa|che, die; -; das ist Geschmackssache
ge|schmacks|si|cher
Ge|schmacks|sinn
Ge|schmacks|stoff, Ge|schmack|stoff
Ge|schmacks|test; Ge|schmacks|ver|ir|rung; Ge|schmacks|ver|stär|ker
ge|schmack|voll
ge|schmälzt, *landsch. auch* ge-

schmelzt (mit geschmolzener Butter serviert)
Ge|schmat|ze, das; -s
Ge|schmau|se, das; -s
Ge|schmei|chel, das; -s
ge|schmei|chelt; ich fühle mich geschmeichelt
Ge|schmei|de, das; -s, -
ge|schmei|dig; Ge|schmei|dig|keit
Ge|schmeiß, das; -es (ekelerregendes Ungeziefer; Gesindel; *Jägerspr.* Raubvogelkot)
Ge|schmet|ter, das; -s
Ge|schmier, das; -[e]s, Ge|schmie|re, das; -s
ge|schmis|sen *vgl.* ¹schmeißen
ge|schmol|zen *vgl.* ¹schmelzen, ²schmelzen
Ge|schmor|te, das; -n
Ge|schmun|zel, das; -s
Ge|schmu|se, das; -s (*ugs.*)
Ge|schnä|bel, das; -s
Ge|schnat|ter, das; -s
Ge|schnet|zel|te, das; -n
ge|schnie|gelt; *meist in* geschniegelt und gebügelt (*ugs. scherzh.*)
ge|schnit|ten *vgl.* schneiden
Ge|schnör|kel, das; -s
Ge|schnüf|fel, das; -s
ge|scho|ben *vgl.* schieben
ge|schol|ten *vgl.* schelten
Ge|schöpf, das; -[e]s, -e
Ge|schoss, *südd., österr. auch* Ge|schoß, das; -es, -e
Ge|schoss|bahn, *südd., österr. auch* Ge|schoß|bahn
ge|schos|sen *vgl.* schießen
Ge|schoss|ha|gel, *südd., österr. auch* Ge|schoß|ha|gel
...ge|schos|sig, *südd., österr. auch* ...ge|scho|ßig [...*fo*...] (z. B. dreigeschossig, *mit Ziffer* 3-geschossig ↑D 29)
ge|schraubt; geschraubter Stil (*abwertend*); Ge|schraubt|heit, die; -
Ge|schrei, das; -s
Ge|schrei|be, das; -s; Ge|schreib|sel, das; -s
ge|schrie|ben *vgl.* schreiben
ge|schrien [...'ʃriːn, *auch* ...'ʃriːən]; *vgl.* schreien
ge|schult; geschulte (geübte) Augen
Ge|schütz, das; -es, -e
Ge|schütz|be|die|nung; Ge|schütz|rohr
Ge|schwa|der, das; -s, - (Verband von Kriegsschiffen od. Kampfflugzeugen)
Ge|schwa|fel, das; -s (*ugs.*)
Ge|schwätz, das; -es; Ge|schwat|ze, das; -s

gesondert

ge|schwät|zig; Ge|schwät|zig|keit, die; -
ge|schweift; geschweifte Klammern
ge|schwei|ge [denn] (noch viel weniger); geschweige[,] dass; geschweige denn[,] dass ↑D 127
ge|schwie|gen vgl. schweigen
ge|schwind
Ge|schwin|dig|keit
Ge|schwin|dig|keits|be|gren|zung; Ge|schwin|dig|keits|be|schrän|kung; Ge|schwin|dig|keits|kon|t|rol|le; Ge|schwin|dig|keits|mes|ser; Ge|schwin|dig|keits|über|schrei|tung
Ge|schwind|schritt; im Geschwindschritt
Ge|schwirr, das; -s
Ge|schwis|ter, das; -s, - (im allg. Sprachgebrauch nur Plur.; Sing. fachspr. für eines der Geschwister [Bruder od. Schwester])
Ge|schwis|ter|kind (Kind, das Bruder od. Schwester eines anderen Kindes ist)
ge|schwis|ter|lich
Ge|schwis|ter|lich|keit
Ge|schwis|ter|lie|be; Ge|schwis|ter|paar
ge|schwol|len vgl. ¹schwellen
ge|schwom|men vgl. schwimmen
ge|schwo|ren vgl. schwören
Ge|schwo|re|ne, österr. auch Geschworne, der u. die; -n, -n
Ge|schwo|re|nen|ge|richt, österr. auch Ge|schwor|nen|ge|richt
Ge|schwo|re|nen|lis|te
Ge|schwor|ne usw. vgl. Geschworene usw.
Ge|schwulst, die; -, auch das; -[e]s, Plur. Geschwülste, seltener Geschwulste
ge|schwuls|t|ar|tig
Ge|schwulst|bil|dung
ge|schwun|den vgl. schwinden
ge|schwun|gen; eine geschwungene Linie
Ge|schwür, das; -[e]s, -e
Ge|schwur|bel, das; -s (ugs. abwertend für unverständliche, inhaltsleere Äußerung); Geschwür|bil|dung; ge|schwü|rig
Ges-Dur [ˈgɛsduːɐ̯, auch ˈgɛsˈduːɐ̯], das; -[s] (Tonart; Zeichen Ges);
Ges-Dur-Ton|lei|ter ↑D 26
Ge|se, Ge|sa (w. Vorn.)
ge|seg|net; gesegnete Mahlzeit!
ge|se|hen vgl. sehen
Ge|seich, das; -[e]s (landsch. derb für leeres Geschwätz)
Ge|sei|re, das; -s (jidd.) (ugs. für unnützes Gerede, Gejammere)

Ge|selch|te, das; -n (bayr., österr. für Rauchfleisch)
Ge|sell, der; -en, -en (veraltet); ein fahrender Gesell
Ge|sel|le, der; -n, -n
ge|sel|len, sich
Ge|sel|len|brief; Ge|sel|len|prü|fung; Ge|sel|len|stück
ge|sel|lig; Ge|sel|lig|keit
Ge|sel|lin
Ge|sell|schaft; Gesellschaft mit beschränkter Haftung (Abk. GmbH)
Ge|sell|schaf|ter; Ge|sell|schaf|ter|aus|schuss; Ge|sell|schaf|te|rin; Ge|sell|schaf|ter|ver|samm|lung
ge|sell|schaft|lich
Ge|sell|schafts|an|zug
Ge|sell|schafts|fä|hig
Ge|sell|schafts|form
Ge|sell|schafts|in|seln Plur. (in der Südsee)
Ge|sell|schafts|klei|dung
Ge|sell|schafts|kri|tik; ge|sell|schafts|kri|tisch
Ge|sell|schafts|leh|re; Ge|sell|schafts|mo|dell; Ge|sell|schafts|ord|nung
Ge|sell|schafts|po|li|tik; ge|sell|schafts|po|li|tisch
Ge|sell|schafts|ro|man; Ge|sell|schafts|schicht; Ge|sell|schafts|spiel; Ge|sell|schafts|struk|tur; Ge|sell|schafts|sys|tem; Ge|sell|schafts|tanz; Ge|sell|schafts|ver|trag; Ge|sell|schafts|wis|sen|schaft
Ge|senk, das; -[e]s, -e (Technik Hohlform zum Pressen von Werkstücken; Bergmannsspr. Verbindung zweier Sohlen)
ge|ses|sen vgl. sitzen
Ge|setz, das; -es, -e
Ge|setz|aus|le|gung; Ge|setz|blatt (Abk. GBl.); Ge|setz|buch; Ge|setz|ent|wurf
Ge|set|zes|än|de|rung
Ge|set|zes|bre|cher; Ge|set|zes|bre|che|rin
Ge|set|zes|ent|wurf
Ge|set|zes|hü|ter; Ge|set|zes|hü|te|rin
Ge|set|zes|in|i|ti|a|ti|ve; Ge|set|zes|kraft, die; -; Ge|set|zes|lü|cke; Ge|set|zes|no|vel|le; Ge|set|zes|pa|ket; Ge|set|zes|samm|lung, Ge|setz|samm|lung
Ge|set|zes|spra|che; Ge|set|zes|text
Ge|set|zes|treu
Ge|set|zes|vor|la|ge; Ge|set|zes|werk
ge|setz|ge|bend; gesetzgebende Gewalt

Ge|setz|ge|ber; Ge|setz|ge|be|rin; ge|setz|ge|be|risch
Ge|setz|ge|bung; Ge|setz|ge|bungs|ver|fah|ren
ge|setz|lich; gesetzliche Erbfolge; gesetzlicher Richter; gesetzliche Krankenversicherung (Abk. GKV); Ge|setz|lich|keit
ge|setz|los; Ge|setz|lo|sig|keit
ge|setz|mä|ßig; Ge|setz|mä|ßig|keit
Ge|setz|samm|lung, Ge|set|zes|samm|lung
ge|setzt; gesetzt[,] dass ...; gesetzt den Fall, [dass] ... ↑D 127
Ge|setzt|heit, die; -
ge|setz|wid|rig
Ge|seuf|ze, das; -s
ges. gesch. = gesetzlich geschützt
¹Ge|sicht, das; -[e]s, -er; sein Gesicht wahren
²Ge|sicht, das; -[e]s, -e (für Vision)
Ge|sichts|aus|druck
Ge|sichts|creme, Ge|sichts|crème
Ge|sichts|er|ker (ugs. scherzh. für Nase)
Ge|sichts|far|be; Ge|sichts|feld; Ge|sichts|kon|t|rol|le; Ge|sichts|kreis
ge|sichts|los
Ge|sichts|mas|ke; Ge|sichts|par|tie
Ge|sichts|punkt
Ge|sichts|sinn, der; -[e]s
Ge|sichts|ver|lust; Ge|sichts|wah|rung, die; -, -en
Ge|sichts|was|ser Plur. ...wässer
Ge|sichts|win|kel
Ge|sichts|zug meist Plur.
Ge|sims, das; -es, -e
Ge|sin|de, das; -s, - (früher für Gesamtheit der Knechte u. Mägde)
Ge|sin|del, das; -s (abwertend)
Ge|sin|de|stu|be
Ge|sin|ge, das; -s
ge|sinnt (von bestimmter Gesinnung); ein übel gesinnter od. übelgesinnter Mensch; vgl. gesonnen; Ge|sin|nung
Ge|sin|nungs|ge|nos|se; Ge|sin|nungs|ge|nos|sin
ge|sin|nungs|los; Ge|sin|nungs|lo|sig|keit, die; -
Ge|sin|nungs|lump (ugs.); Ge|sin|nungs|schnüf|fe|lei
Ge|sin|nungs|tä|ter; Ge|sin|nungs|tä|te|rin
Ge|sin|nungs|wan|del
Ge|sit|tet; Ge|sit|tung, die; -
Ge|socks, das; -[es] (derb für Gesindel)
Ge|söff, das; -[e]s, -e (ugs. für schlechtes Getränk)
ge|sof|fen vgl. saufen
ge|son|dert; gesondert verpacken

gesonnen

ge|son|nen (willens); gesonnen sein[,] etwas zu tun ↑D 116; vgl. gesinnt
ge|sot|ten; Ge|sot|te|ne, das; -n (landsch. für Gekochtes)
ge|spal|ten; gespaltene Fingernägel; vgl. spalten
¹Ge|span, der; Gen. -[e]s u. -en, Plur. -e[n] (veraltet für Mitarbeiter, Helfer; Genosse)
²Ge|span, der; -[e]s, -e ⟨ung.⟩ (früher ung. Verwaltungsbeamter)
Ge|spän|ge, das; -s (Spangenwerk)
Ge|spann, das; -[e]s, -e (Zugtiere; Wagen mit Zugtieren)
ge|spannt; Ge|spannt|heit, die; -
Ge|spär|re, das; -s, - (Bauw. ein Paar sich gegenüberliegender Dachsparren)
Ge|spenst, das; -[e]s, -er
Ge|spens|ter|chen Plur.
Ge|spens|ter|furcht; Ge|spens|ter|glau|be[n]
ge|spens|ter|haft
ge|spens|tern; ich gespenstere
Ge|spens|ter|stun|de
ge|spens|tig, ge|spens|tisch
ge|sper|bert (Jägerspr. in der Art des Sperbers); gesperbertes Gefieder
Ge|sper|re, das; -s, - (Jägerspr. die Jungen [mit Henne] bei Auer-, Birkwild, Fasan; Technik Hemmvorrichtung)
ge|sperrt; eine gesperrte Straße
¹Ge|spie|le, das; -s (andauerndes Spielen)
²Ge|spie|le, der; -n, -n (veraltend für Spielkamerad); Ge|spie|lin
ge|spielt; gespielte Empörung
ge|spien [... ʃpiːn, auch ... ʃpiːən] vgl. speien
Ge|spinst, das; -[e]s, -e
ge|spon|nen vgl. spinnen
¹Ge|spons, des; -es, -e (scherzh., sonst veraltet für Bräutigam; Gatte)
²Ge|spons, das; -es, -e (scherzh., sonst veraltet für Braut; Gattin)
ge|spon|sert vgl. sponsern
Ge|spött, das; -[e]s; jmdn. zum Gespött machen; Ge|spöt|tel, das; -s
Ge|spräch, das; -[e]s, -e
ge|sprä|chig; Ge|sprä|chig|keit, die; -
Ge|sprächs|ba|sis
Ge|sprächs|be|darf, der; -[e]s
ge|sprächs|be|reit; Ge|sprächs|be|reit|schaft
Ge|sprächs|fet|zen; Ge|sprächs|form; Ge|sprächs|ge|gen|stand; Ge|sprächs|kreis
Ge|sprächs|part|ner; Ge|sprächs|part|ne|rin
Ge|sprächs|run|de; Ge|sprächs|stoff
Ge|sprächs|teil|neh|mer; Ge|sprächs|teil|neh|me|rin
Ge|sprächs|the|ma
Ge|sprächs|the|ra|pie (Psychol.)
ge|sprächs|wei|se
ge|spreizt; Ge|spreizt|heit, die; -
Ge|spren|ge, das; -s, - (Archit. Aufbau über spätgotischen Altären; Bergmannsspr. steil aufsteigendes Gebirge)
ge|spren|kelt; gesprenkeltes Fell
Ge|spritz|te, der; -n, -n (südd., österr. für Weinschorle)
ge|spro|chen vgl. sprechen
Ge|spru|del, das; -s
ge|sprun|gen vgl. springen
Ge|spür, das; -s
Geß|ner, Salomon (schweiz. Dichter u. Maler)
gest. = gestorben (Zeichen: †)
Gest, der; -[e]s od. die; - (nordd. für Hefe)
Ge|sta|de, das; -s, - (geh. für Küste, Ufer)
Ges|ta|gen, das; -s, -e (lat.) (Biol. Schwangerschaftshormon)
ge|stählt; ein gestählter Körper
Ge|stalt, die; -, -en; aber dergestalt (so); ge|stalt|bar
ge|stal|ten
ge|stal|ten|reich
Ge|stal|ter; Ge|stal|te|rin
ge|stal|te|risch
ge|stalt|haft; ge|stalt|los
Ge|stal|tung; Ge|stal|tungs|kraft; Ge|stal|tungs|plan (Bauw.); Ge|stal|tungs|prin|zip
Ge|stam|mel, das; -s
Ge|stamp|fe, das; -s
Ge|stän|de, das; -s, - (Jägerspr. Füße, bes. der Beizvögel; ²Horst)
¹ge|stan|den; eine gestandene Bergsteigerin
²ge|stan|den vgl. stehen
ge|stän|dig
Ge|ständ|nis, das; -ses, -se
Ge|stän|ge, das; -s, -
Ge|stank, der; -[e]s
Ge|sta|po, die; - (nationalsoz.) = Geheime Staatspolizei
ge|stat|ten
Ge|stat|te, der; -n, -n (ostösterr. ugs. für Federweißer)
Ges|te [auch ˈɡɛstə], die; -, -n ⟨lat.⟩ (Gebärde)
Ge|steck, das; -[e]s, -e (Blumenarrangement; bayr., österr. für Hutschmuck)
ge|ste|hen; gestanden
Ge|ste|hungs|kos|ten Plur. (Wirtsch. Herstellungs-, Selbstkosten)
ge|stei|gert; [kein] gesteigertes Interesse an etwas haben
Ge|stein, das; -[e]s, -e
Ge|steins|art; Ge|steins|block Plur. ...blöcke; Ge|steins|boh|rer; Ge|steins|bro|cken; Ge|steins|kun|de, die; -; Ge|steins|pro|be; Ge|steins|schicht
Ge|stell, das; -[e]s, -e
Ge|stel|lung (Amtsspr.)
Ge|stel|lungs|be|fehl (veraltet für Einberufungsbefehl)
ge|stelzt; eine gestelzte Sprache
ges|ten|reich [auch ˈɡːɛs...]; gestenreich erklären
Ges|ten|steu|e|rung (EDV)

ges|tern
- bis gestern; seit gestern
- die Mode von gestern
- ich bin nicht von gestern (ugs. für altmodisch, rückständig)
- zwischen gestern und morgen liegt heute, aber ↑D 81: zwischen dem Gestern und dem Morgen liegt das Heute
- ↑D 69: gestern Abend, Mittag, Morgen, Nachmittag, Nacht
- gestern früh, bes. österr. auch Früh
- vorgestern

Ges|tern, das; - (das Vergangene)
Ge|sti|chel, das; -s (ugs.)
ge|stie|felt; gestiefelt u. gespornt (fertig) sein; aber ↑D 150: der Gestiefelte Kater (im Märchen)
ge|stie|gen vgl. steigen
ge|stielt; ein gestielter Besen
Ges|tik [auch ˈɡɛs...], die; - ⟨lat.⟩ (Gesamtheit der Gesten [als Ausdruck einer inneren Haltung])
Ges|ti|ku|la|ti|on, die; -, -en (Gebärde, Gebärdensprache); ges|ti|ku|lie|ren
Ge|stimmt|heit (Stimmung)
Ges|ti|on, die; - (österr. Amtsspr. für Amtsführung); Ges|ti|ons|be|richt (österr. Amtsspr. für Geschäftsbericht)
Ge|stirn, das; -[e]s, -e
ge|stirnt; der gestirnte Himmel
ges|tisch [auch ˈɡɛs...]
ge|sto|ben vgl. stieben

Getreidefeld

Ge|stö|ber, das; -s, -
¹ge|sto|chen; eine gestochene Handschrift; gestochen scharf
²ge|sto|chen vgl. stechen
ge|stockt; gestockte Milch (südd. u. österr. für Dickmilch)
ge|stoh|len; du kannst mir gestohlen bleiben! (ugs.); vgl. stehlen
Ge|stöhn, das; -[e]s; Ge|stöh|ne, das; -s
Ge|stol|per, das; -s
Ge|stör, das; -[e]s, -e (Teil eines Floßes)
ge|stor|ben (Abk. gest.; Zeichen †); vgl. sterben
ge|stört
ge|sto|ßen vgl. stoßen
Ge|stot|ter, das; -s
Ge|stram|pel, das; -s
Ge|sträuch, das; -[e]s, -e
ge|streckt; gestreckter Galopp
ge|streift; rot gestreift od. rotgestreift; vgl. blau
Ge|strei|te, das; -s
ge|streng (veraltend); aber ↑D 150: die Gestrengen Herren (Eisheiligen)
ge|stresst; gestresste Eltern
Ge|streu, das; -[e]s
ge|stri|chen vgl. streichen
Ge|strick, das; -[e]s, -e (Strickware)
gest|rig; mein gestriger Brief
Ge|ström, das; -[e]s (Strömung)
ge|stromt (streifig ohne scharfe Abgrenzung)
Ge|strüpp, das; -[e]s, -e
Ge|stü|be, das; -s (Hüttenw. Gemisch von Koksrückstand u. Lehm)
Ge|stü|ber, das; -s, - (Jägerspr. Kot des Federwildes)
Ge|stühl, das; -[e]s, -e
Ge|stüm|per, das; -s (ugs.)
ge|stun|ken vgl. stinken
Ge|stürm, das; -[e]s (schweiz. mdal. für aufgeregtes Getue)
Ges|tus [auch ges...], der; - ⟨lat.⟩ (Gestik, Ausdruck)
Ge|stüt, das; -[e]s, -e
Ge|stüt|pferd; Ge|stüts|brand (Brandzeichen eines Gestütes)
ge|stylt; kunstvoll gestylte Frisuren
Ge|such, das; -[e]s, -e
Ge|such|stel|ler (schweiz., sonst veraltet für Antragsteller); Ge|such|stel|le|rin
ge|sucht; eine gesuchte Ausdrucksweise; Ge|such|te, der u. die; -n, -n; die polizeilich Gesuchten; Ge|sucht|heit, die; -

Ge|su|del, das; -s
Ge|su|de|re, das; -s (österr. ugs. abwertend für Gejammer)
Ge|summ, das; -[e]s, Ge|sum|me, das; -s
Ge|sums, das; -es (ugs.)
ge|sund; gesünder, seltener gesunder, gesündeste, seltener gesundeste; gesund sein, werden, bleiben; gesund leben; jmdn. wieder gesund machen od. gesundmachen; jmdn. gesund pflegen od. gesundpflegen; vgl. gesundbeten, gesundschreiben, gesundschrumpfen, gesundstoßen
ge|sund|be|ten (durch Gebete o. Ä. zu heilen versuchen)
Ge|sund|be|ter; Ge|sund|be|te|rin
Ge|sund|brun|nen (etw., was jmdn. gesund macht, in Schwung hält)
Ge|sun|de, der u. die; -n, -n
ge|sun|den (geh.)
Ge|sund|heit, die; -
ge|sund|heit|lich
Ge|sund|heits|ak|te (Med.); die elektronische Gesundheitsakte
Ge|sund|heits|amt
Ge|sund|heits|apo|s|tel (scherzh.); Ge|sund|heits|apo|s|te|lin
ge|sund|heits|be|dingt
Ge|sund|heits|be|hör|de
ge|sund|heits|be|wusst
ge|sund|heits|be|zo|gen
Ge|sund|heits|dienst
Ge|sund|heits|er|zie|hung, die; -
Ge|sund|heits|ex|per|te; Ge|sund|heits|ex|per|tin
Ge|sund|heits|fonds (Einrichtung zur Finanzierung der gesetzlichen Krankenversicherung)
ge|sund|heits|för|dernd
ge|sund|heits|ge|fähr|dend; Ge|sund|heits|ge|fähr|dung
ge|sund|heits|hal|ber
Ge|sund|heits|kurs
Ge|sund|heits|mes|se
Ge|sund|heits|mi|nis|ter; Ge|sund|heits|mi|nis|te|rin; Ge|sund|heits|mi|nis|te|ri|um
Ge|sund|heits|pfle|ge, die; -; Ge|sund|heits|pfle|ger; Ge|sund|heits|pfle|ge|rin
ge|sund|heits|po|li|tik; ge|sund|heits|po|li|tisch
Ge|sund|heits|por|tal (EDV)
Ge|sund|heits|pro|dukt
Ge|sund|heits|re|form
Ge|sund|heits|scha|den
ge|sund|heits|schä|di|gend; ge|sund|heits|schäd|lich

Ge|sund|heits|schuh
Ge|sund|heits|schutz, der; -es; Ge|sund|heits|sys|tem; Ge|sund|heits|vor|sor|ge; Ge|sund|heits|we|sen, das; -s; Ge|sund|heits|zeug|nis; Ge|sund|heits|zu|stand
ge|sund ma|chen, ge|sund|ma|chen vgl. gesund
ge|sund pfle|gen, ge|sund|pfle|gen vgl. gesund
ge|sund|schrei|ben; der Arzt hat sie gesundgeschrieben
ge|sund|schrump|fen (ugs. für durch Verkleinerung wieder rentabel machen)
ge|sund|sto|ßen, sich (ugs. für sich bereichern)
Ge|sun|dung, die; -
ge|sun|gen vgl. singen
ge|sun|ken vgl. sinken
get. = getauft (Zeichen: ≈)
Ge|tä|fel, das; -s (Tafelwerk, Täfelung); ge|tä|felt
Ge|tä|fer, das; -s (schweiz. für Getäfel); ge|tä|fert
ge|tan vgl. tun
Ge|tän|del, das; -s
ge|tauft (Abk. get.; Zeichen ≈)
Ge|tau|mel, das; -s
ge|teilt vgl. teilen
Geth|se|ma|ne [...ne], Geth|se|ma|ni, ökum. Get|se|ma|ni (Garten am Ölberg bei Jerusalem)
Ge|tier, das; -[e]s
ge|ti|gert (geflammt)
Ge|tön, das; -[e]s; Ge|tö|ne, das; -s
Ge|to|se, das; -s; Ge|tö|se, das; -s
¹ge|tra|gen; getragene Redeweise
²ge|tra|gen vgl. tragen
Ge|tra|gen|heit, die; -
Ge|tram|pel, das; -s
Ge|tränk, das; -[e]s, -e
Ge|trän|ke|ab|hol|markt; Ge|trän|ke|au|to|mat; Ge|trän|ke|do|se; Ge|trän|ke|kar|te; Ge|trän|ke|kar|ton; Ge|trän|ke|kis|te; Ge|trän|ke|markt
Ge|trän|ke|pa|ckerl (österr. für Getränkekarton)
Ge|trän|ke|stand; Ge|trän|ke|steu|er, die
Ge|trap|pel, das; -s
Ge|tratsch, das; -[e]s, Ge|trat|sche, das; -s (ugs.)
ge|trau|en, sich; ich getraue mich (seltener mir)[,] das zu tun ↑D 116
Ge|trei|de, das; -s, -
Ge|trei|de|an|bau, der; -[e]s
Ge|trei|de|aus|fuhr; Ge|trei|de|ein|fuhr
Ge|trei|de|ern|te; Ge|trei|de|feld;

Getreideflocken

Ge|trei|de|flo|cken *Plur.*; Ge|trei|de|markt; Ge|trei|de|müh|le; Ge|trei|de|preis; Ge|trei|de|spei|cher

ge|trennt
– getrennt sein, werden
– getrennt schreiben; dieses Wort wird getrennt geschrieben; ein **getrennt geschriebenes** *od.* getrenntgeschriebenes Wort ↑D 58
– getrennt leben; ein **getrennt lebendes** *od.* getrenntlebendes Paar ↑D 58
– getrennt marschieren, reisen, vorkommen usw.

ge|trennt|ge|schlech|tig *(bes. Biol.);* ge|trennt|ge|schlecht|lich
Ge|trennt|schrei|bung
ge|tre|ten *vgl.* treten
ge|treu; getreu ihrem Vorsatz; die getreu[e]sten Freunde; Ge|treue, der *u.* die; -n, -n
ge|treu|lich *(geh.)*
Ge|trie|be, das; -s
ge|trie|be|los; getriebelose Windkraftanlagen
ge|trie|ben; aus getriebenem Gold; *vgl.* treiben
Ge|trie|be|öl; Ge|trie|be|scha|den
Ge|tril|ler, das; -s
Ge|trip|pel, das; -s
ge|trock|net; getrocknete Tomaten
ge|trof|fen *vgl.* treffen
Ge|trom|mel, das; -s
ge|trost; ge|trös|ten, sich *(geh.)*
ge|trun|ken *vgl.* trinken
Get|se|ma|ni *vgl.* Gethsemane
Get|to, Ghet|to [g...], das; -s, -s ⟨*ital.*⟩ (abgesondertes [jüdisches] Wohnviertel)
Get|to|blas|ter, Ghet|to|blas|ter [...bla:stɐ], der; -s, - ⟨*engl.*⟩ (großer, leistungsstarker tragbarer Radiorekorder)
Get-to|ge|ther, das; -[s], -s ⟨*engl.*⟩ (geselliges Treffen)
get|to|i|sie|ren, ghet|to|i|sie|ren (isolieren)
Ge|tue, das; -s
Ge|tüm|mel, das; -s, -
ge|tüp|felt, ge|tupft
ge|türkt *(ugs.,* oft als diskriminierend empfunden für *vorgetäuscht)*
Ge|tu|schel, das; -s
ge|übt; Ge|übt|heit, die; -
Geu|se, der; -n, -n *meist Plur.* ⟨*niederl.*⟩ (niederl. Freiheitskämpfer gegen Spanien)

Ge|vat|ter, der; *Gen.* -s, *älter* -n, *Plur.* -n *(scherzh., sonst veraltet für* guter Bekannter); Ge|vat|te|rin *(scherzh., veraltet);* Ge|vat|ter|schaft *(veraltet für* Patenschaft); Ge|vat|ters|mann *Plur.* ...leute *(veraltet)*
Ge|viert, das; -[e]s, -e (Viereck, Quadrat); ins Geviert
ge|vier|teilt
ge|viert|schein *(Astron.)*
Ge|wächs, das; -es, -e
ge|wach|sen; jmdm., einer Sache gewachsen sein; gewachsener Boden; *vgl.* ¹wachsen
Ge|wächs|haus
ge|wachst (mit Wachs behandelt)
Ge|wa|ckel, Ge|wa|cke|le, das; -s
Ge|wack|le, das; -s
Ge|waff, das; -[e]s, -e *(Jägerspr.* Eckzähne des Keilers)
Ge|waf|fen, das; -s *(veraltet für* Gesamtheit der Waffen)
ge|wagt; Ge|wagt|heit
ge|wählt; sich gewählt ausdrücken
ge|wahr; *nur in Wendungen wie* eine[r] Sache gewahr werden; es *u.* dessen gewahr werden
Ge|währ, die; - (Bürgschaft, Sicherheit); ohne Gewähr; *vgl.* gewährleisten
ge|wah|ren *(geh. für* bemerken, erkennen); sie gewahrte den Freund
ge|wäh|ren (bewilligen)
Ge|währ|frist

ge|währ|leis|ten / Ge|währ leis|ten

Zusammenschreibung bei Verwendung mit Akkusativobjekt:
– ich gewährleiste vollen Versicherungsschutz
– wir haben einen glatten Übergang gewährleistet
– um die Sicherheit zu gewährleisten
– wir gewährleisten, dass ...

Getrenntschreibung bei Anschluss mit »für«:
– ich leiste Gewähr für den Versicherungsschutz, habe [dafür] Gewähr geleistet
– um für die Sicherheit Gewähr zu leisten
– wir leisten außerdem Gewähr dafür, dass ...

Ge|währ|leis|tung
¹Ge|wahr|sam, der; -s (Haft, Obhut)
²Ge|wahr|sam, das; -s, -e *(veraltet für* Gefängnis)

Ge|währs|frau; Ge|währs|mann *Plur.* ...leute, *selten* ...männer
Ge|wäh|rung *Plur. selten*
ge|walmt ⟨*zu* Walm⟩; gewalmtes Dach
Ge|walt, die; -, -en
Ge|walt|akt; Ge|walt|an|wen|dung
ge|walt|be|reit; Ge|walt|be|reit|schaft; Ge|walt|ein|wir|kung
Ge|wal|ten|tei|lung, die; -; Ge|wal|ten|tren|nung, die; - *(schweiz. für* Gewaltenteilung)
Ge|walt|frei; Ge|walt|frei|heit, die; -
Ge|walt|herr|schaft; Ge|walt|herr|scher; Ge|walt|herr|sche|rin
ge|wal|tig
ge|wal|ti|gen *(Bergmannsspr.* wieder zugänglich machen)
Ge|wal|tig|keit, die; -
Ge|walt|los; Ge|walt|lo|sig|keit, die; -
Ge|walt|marsch, der; Ge|walt|maß|nah|me; Ge|walt|mensch; **Ge|walt|mo|no|pol; Ge|walt|po|ten|zi|al**, Ge|walt|po|ten|ti|al
ge|walt|sam; Ge|walt|sam|keit
Ge|walt|schuss *(Sport)*
Ge|walt|streich
Ge|walt|tat; Ge|walt|tä|ter; Ge|walt|tä|te|rin
Ge|walt|tä|tig; Ge|walt|tä|tig|keit
Ge|walt|ver|bre|chen; Ge|walt|ver|bre|cher; Ge|walt|ver|bre|che|rin
Ge|walt|ver|herr|li|chend
Ge|walt|ver|herr|li|chung
Ge|walt|ver|zicht; Ge|walt|ver|zichts|ab|kom|men
Ge|wand, das; -[e]s, ...wänder
Ge|wän|de, das; -s, - *(Archit.* seitl. Umgrenzung der Fenster u. Türen)
ge|wan|den *(veraltet, noch geh. od. scherzh. für* kleiden)
Ge|wand|haus *(früher für* Lagerhaus der Tuchhändler)
Ge|wand|haus|or|ches|ter, das; -s (in Leipzig)
Ge|wand|meis|ter *(Theater, Film usw.* Leiter der Kostümschneiderei); Ge|wand|meis|te|rin
ge|wandt; gewandte Tänzer; *vgl.* wenden; Ge|wandt|heit, die; -
Ge|wan|dung
ge|wann *vgl.* gewinnen
Ge|wann, das; -[e]s, -e, *seltener* Ge|wan|ne, das; -s, - *(bes. südd. für* in mehrere Streifen aufgeteiltes [Acker]gelände)

ge|wär|tig; einer Sache gewärtig sein; ich bin es gewärtig
ge|wär|ti|gen; zu gewärtigen (erwarten) haben
Ge|wäsch, das; -[e]s (ugs. für [leeres] Gerede)
ge|wa|schen vgl. waschen
Ge|wäs|ser, das; -s, -; **Ge|wäs|ser|schutz,** der; -es
ge|wäs|sert ⟨zu wassern⟩
ge|wäs|sert; gewässerte Heringe
Ge|we|be, das; -s, -
Ge|we|be|bank Plur. ...banken; **Ge|we|be|brei|te**
Ge|we|be|leh|re (svw. Histologie)
Ge|we|be|pro|be; Ge|we|be|trans|plan|ta|ti|on
Ge|webs|flüs|sig|keit
ge|weckt (aufgeweckt)
Ge|wehr, das; -[e]s, -e
Ge|wehr|kol|ben; Ge|wehr|lauf
Ge|weih, das; -[e]s, -e; **Ge|weih|farn**
¹**ge|weiht** (Jägerspr. Geweih tragend)
²**ge|weiht** ⟨zu weihen⟩
ge|wellt; gewellte Haare
Ge|wen|de, das; -s, - (noch landsch. für Ackergrenze)
Ge|wer|be, das; -s, -; **Ge|wer|be|amt**
Ge|wer|be|auf|sicht, die; -; **Ge|wer|be|auf|sichts|amt**
Ge|wer|be|be|rech|ti|gung (österr.)
Ge|wer|be|be|trieb; Ge|wer|be|flä|che; Ge|wer|be|frei|heit; Ge|wer|be|ge|biet; Ge|wer|be|im|mo|bi|lie
Ge|wer|be|in|spek|tor; Ge|wer|be|in|spek|to|rin
Ge|wer|be|leh|rer; Ge|wer|be|leh|re|rin
Ge|wer|be|ord|nung (Abk. GewO)
Ge|wer|be|park (Gewerbegebiet)
Ge|wer|be|schau; Ge|wer|be|schein; Ge|wer|be|schu|le
Ge|wer|be|steu|er, die
ge|wer|be|trei|bend; Ge|wer|be|trei|ben|de, der u. die; -n, -n
Ge|wer|be|ver|ein; Ge|wer|be|zo|ne (bes. schweiz.); **Ge|wer|be|zweig**
Ge|werb|ler (bes. schweiz. für Gewerbetreibende); **Ge|werb|le|rin**
ge|werb|lich; gewerblicher Rechtsschutz; **ge|werbs|mä|ßig**
Ge|we|re, die; - (bes. im MA. Herrschaftsrecht über Personen u. Sachen)

Ge|werk, das; -[e]s, -e (bes. Fachspr. Zweig des Bauhandwerks; Gewerbe; Zunft)
Ge|wer|ke, der; -n, -n (veraltet für Mitglied einer bergrechtlichen Gewerkschaft)
Ge|werk|schaft
Ge|werk|schaf|ter, Ge|werk|schaft|ler; Ge|werk|schaf|te|rin, Ge|werk|schaft|le|rin
Ge|werk|schaft|ler usw. vgl. Gewerkschafter usw.
ge|werk|schaft|lich
Ge|werk|schafts|ap|pa|rat; Ge|werk|schafts|be|we|gung; Ge|werk|schafts|boss (ugs.)
Ge|werk|schafts|bund, der; -es, ...bünde Plur. selten
Ge|werk|schafts|füh|rer; Ge|werk|schafts|füh|re|rin
Ge|werk|schafts|funk|ti|o|när; Ge|werk|schafts|funk|ti|o|nä|rin
Ge|werk|schafts|haus
Ge|werk|schafts|mit|glied
ge|werk|schafts|nah
Ge|werk|schafts|se|kre|tär; Ge|werk|schafts|se|kre|tä|rin
Ge|werk|schafts|tag; Ge|werk|schafts|ver|samm|lung
Ge|werk|schafts|ver|tre|ter; Ge|werk|schafts|ver|tre|te|rin
Ge|werk|schafts|vor|sit|zen|de
Ge|we|se, das; -s, - (ugs., häufig abwertend für auffallendes Gebaren [nur Sing.]; nordd. für Anwesen)
ge|we|sen vgl. ²sein
ge|wi|chen vgl. ²weichen
¹**Ge|wicht,** das; -[e]s, -er (Jägerspr. Rehgehörn)
²**Ge|wicht,** das; -[e]s, -e
ge|wich|ten (Schwerpunkte setzen; Statistik einen Durchschnittswert unter Berücksichtigung der Häufigkeit vorhandener Einzelwerte bilden)
Ge|wicht|he|ben, das; -s (Sportart); **Ge|wicht|he|ber; Ge|wicht|he|be|rin**
ge|wich|tig; Ge|wich|tig|keit, die; -
Ge|wichts|klas|se (Sport)
Ge|wichts|kon|t|rol|le
Ge|wichts|pro|b|lem; Ge|wichts|ver|la|ge|rung; Ge|wichts|ver|lust; Ge|wichts|zu|nah|me
Ge|wicht|lung
ge|wieft (ugs. für schlau, gerissen)
ge|wiegt (ugs. für sehr erfahren; schlau, durchtrieben)
Ge|wie|her, das; -s
ge|wie|sen vgl. weisen

ge|willt; meist in gewillt (bereit) sein[,] etw. zu tun ↑D 116
Ge|wim|mel, das; -s
Ge|wim|mer, das; -s
Ge|win|de, das; -s, -
Ge|win|de|boh|rer; Ge|win|de|gang, der; -[e]s; **Ge|win|de|gän|gig|keit** (fachspr.)
Ge|winn, der; -[e]s, -e; [großen] Gewinn bringen; vgl. gewinnbringend
Ge|winn|an|teil; Ge|winn|aus|schüt|tung; Ge|winn|be|tei|li|gung
ge|winn|brin|gend, Ge|winn bringend ↑D 58: eine **gewinnbringende** od. Gewinn bringende Investition; aber nur eine großen Gewinn bringende Investition; eine äußerst gewinnbringende, noch gewinnbringendere Investition
Ge|winn|chan|ce
Ge|winn|ein|bruch (Bankw.)
ge|win|nen; du gewannst; du gewönnest, auch gewännest; gewonnen; gewinn[e]!; **ge|win|nend**
Ge|win|ner; Ge|win|ne|rin
Ge|win|ner|stra|ße; auf der Gewinnerstraße sein (ugs.)
Ge|winn|er|war|tung (Wirtsch.)
Ge|winn|klas|se
Ge|winn|mar|ge (Wirtsch.); **Ge|winn|ma|xi|mie|rung** (Wirtsch.)
Ge|winn|mit|nah|me (Bankw.)
Ge|winn|num|mer, Ge|winn-Num|mer
ge|winn|ori|en|tiert
Ge|winn|quo|te; Ge|winn|satz; Ge|winn|span|ne; Ge|winn|spiel
Ge|winn|stre|ben, das; -s
Ge|winn|sucht; ge|winn|süch|tig
ge|winn|träch|tig
Ge|winn-und-Ver|lust-Rech|nung ↑D 26
Ge|win|nung
Ge|winn|war|nung (Börsenw. Ankündigung, dass erwartete Gewinne voraussichtlich nicht erzielt werden können)
Ge|winn|zahl
Ge|winn|zo|ne (Wirtsch.)
Ge|win|sel, das; -s
Ge|winst, der; -[e]s, -e (veraltet für Gewinn)
Ge|wirk, das; -[e]s, -e, **Ge|wir|ke,** das; -s, - (aus Maschen bestehender Textilstoff)
ge|wirkt; gewirkter Stoff
Ge|wirr, das; -[e]s

Gewisper

Ge|wis|per, das; -s
ge|wiss ↑D 72: etwas, nichts Gewisses; ↑D 76: ein gewisses Etwas; ein gewisser Jemand
Ge|wis|sen, das; -s, -
ge|wis|sen|haft; Ge|wis|sen|haf|tig|keit, die; -
ge|wis|sen|los; Ge|wis|sen|lo|sig|keit, die; -
Ge|wis|sens|biss *meist Plur.*
Ge|wis|sens|ent|schei|dung; Ge|wis|sens|er|for|schung; Ge|wis|sens|fra|ge; Ge|wis|sens|frei|heit
Ge|wis|sens|grün|de *Plur.;* etw. aus Gewissensgründen ablehnen
Ge|wis|sens|kon|flikt; Ge|wis|sens|wurm, der; -[e]s *(ugs. scherzh.)*
ge|wis|ser|ma|ßen
Ge|wiss|heit
ge|wiss|lich *(veraltend)*
Ge|wit|ter, das; -s, -; **Ge|wit|ter|front**
ge|wit|ter|haft *(schweiz. für* gewittrig)
ge|wit|te|rig *vgl.* gewittrig
ge|wit|tern; es gewittert
Ge|wit|ter|nei|gung; Ge|wit|ter|re|gen
ge|wit|ter|schwül
Ge|wit|ter|stim|mung; Ge|wit|ter|sturm; Ge|wit|ter|wand; Ge|wit|ter|wol|ke
ge|witt|rig, *selten* ge|wit|te|rig
Ge|wit|zel, das; -s
ge|wit|zigt (klug geworden)
ge|witzt; Ge|witzt|heit, die; -
GewO = Gewerbeordnung
Ge|wo|ge, das; -s
¹ge|wo|gen (zugetan); sie ist mir gewogen
²ge|wo|gen *vgl.* ¹wiegen
Ge|wo|gen|heit, die; -
ge|wöh|nen; sich an etw. od. jmdn. gewöhnen
Ge|wohn|heit
ge|wohn|heits|mä|ßig
Ge|wohn|heits|mensch, der
Ge|wohn|heits|recht
Ge|wohn|heits|tier *(scherzh.)*
Ge|wohn|heits|trin|ker; Ge|wohn|heits|trin|ke|rin
Ge|wohn|heits|ver|bre|cher; Ge|wohn|heits|ver|bre|che|rin
ge|wöhn|lich; für gewöhnlich (meist); **Ge|wöhn|lich|keit,** die; -
ge|wohnt; ich bin es gewohnt, bin schwere Arbeit gewohnt; die gewohnte Arbeit
ge|wöhnt (Partizip II von gewöhnen); ich habe mich an diese Arbeit gewöhnt; ich bin daran gewöhnt

gewohnt / gewöhnt
Die Fügung *etwas gewohnt sein* (nur ohne *an*) bedeutet »eine bestimmte Gewohnheit haben«: *Ich bin gewohnt, früh aufzustehen* (= Ich stehe meistens früh auf). Dagegen hat *an etwas gewöhnt sein* (nur mit *an*) die Bedeutung »mit etwas Bestimmtem durch Gewöhnung vertraut sein«: *Ich bin an das frühe Aufstehen gewöhnt* (= Das frühe Aufstehen macht mir nichts aus).

Ge|wöh|nung, die; -; **ge|wöh|nungs|be|dürf|tig**
Ge|wöl|be, das; -s, -; **Ge|wöl|be|bo|gen; Ge|wöl|be|pfei|ler**
Ge|wölk, das; -[e]s *Plur. selten*
Ge|wöl|le, das; -s, - *(Jägerspr.* von Greifvögeln herausgewürgter Klumpen unverdaulicher Nahrungsreste)
¹ge|wollt (unnatürlich, gekünstelt); ihre Gesten wirken sehr gewollt
²ge|wollt *vgl.* ²wollen
ge|won|nen *vgl.* gewinnen
ge|wor|ben *vgl.* werben
ge|wor|den *vgl.* werden
ge|wor|fen *vgl.* werfen
Ge|wühl, das; -[e]s
ge|wun|den *vgl.* ¹winden
ge|wünscht; der gewünschte Effekt
ge|wür|felt; gewürfelte Stoffe
Ge|wür|ge, das; -s
Ge|würm, das; -[e]s
Ge|würz, das; -es, -e
Ge|würz|gur|ke
ge|wür|zig *(selten für* würzig)
Ge|würz|ku|chen; Ge|würz|mi|schung; Ge|würz|nel|ke
Ge|würz|tra|mi|ner (eine Rebsorte)
Ge|wu|sel, das; -s *(landsch.)*
ge|wusst *vgl.* wissen
Ge|wusst-wie, das; -; ↑D 26
Gey|sir, der; -s, -e, **Gei|ser,** der; -s, - ‹isländ.› (eine Wasserfontänen ausstoßende heiße Quelle)
gez. = gezeichnet
GEZ, der; - = Gebühreneinzugszentrale
ge|zackt
Ge|zä|he, das; -s, - *(Bergmannsspr.* Arbeitsgerät)
ge|zahnt, ge|zähnt; ein gezahntes *od.* gezähntes Blatt

Ge|zänk, das; -[e]s, -e; **Ge|zän|ke,** das; -s
Ge|zap|pel, das; -s
ge|zeich|net *(Abk.* gez.)
Ge|zeit, die; -, -en *(im allgemeinen Sprachgebr. Plur.; Sing. fachspr. für* eine der Gezeiten [Ebbe od. Flut])
Ge|zei|ten|kraft|werk; Ge|zei|ten|ta|fel; Ge|zei|ten|wech|sel
Ge|zer|re, das; -s
Ge|ze|ter, das; -s
Ge|zie|fer, das; -s *(veraltend für* Ungeziefer)
ge|zielt; gezielt fragen
ge|zie|men, sich *(veraltend);* es geziemt sich für ihn; **ge|zie|mend;** eine geziemende Antwort
Ge|zie|re, das; -s
ge|ziert; Ge|ziert|heit
Ge|zirp, das; -[e]s, **Ge|zir|pe,** das; -s
Ge|zisch, das; -[e]s, **Ge|zi|sche,** das; -s
Ge|zi|schel, das; -s
ge|zo|gen *vgl.* ziehen
Ge|zücht, das; -[e]s, -e *(veraltet für* Gesindel)
Ge|zün|gel, das; -s
Ge|zweig, das; -[e]s, -e, **Ge|zwei|ge,** das; -s, -
ge|zwirnt *vgl.* ²zwirnen
Ge|zwit|scher, das; -s
ge|zwun|gen; sie lachte gezwungen; *vgl.* zwingen
ge|zwun|ge|ner|ma|ßen
Ge|zwun|gen|heit
Gfrast, das; -[e]s, -er *(bayr., österr. ugs. für* Fussel; Nichtsnutz)
Gfrett, Ge|frett, das; -s *(südd., österr. ugs. für* Ärger, Plage)
Gfrieß, Ge|frieß, das; -es, -er *(südd., österr. ugs. abwertend für* Gesicht)
GG, das; - = Grundgesetz
ggf. = gegebenenfalls
gGmbH, die; -, -s = gemeinnützige Gesellschaft mit beschränkter Haftung
g. g. T. *(Math.),* **ggT** = größter gemeinsamer Teiler
Gha|na [g...] (Staat in Afrika); **Gha|na|er; Gha|na|e|rin; gha|na|isch**
Gha|sel [ga...], Ga|sel, das; -s, -e, **Gha|se|le,** Ga|se|le, das; -s, -n ‹arab.› (eine [oriental.] Gedichtform)
Ghet|to [g...] usw. *vgl.* Getto usw.
Ghi|bel|li|ne [g...], Gi|bel|li|ne, der; -n, -n ‹ital.› (ital. Anhänger der Hohenstaufen im 13. Jh.)
Ghost|wri|ter [ˈɡoʊstraɪtɐ], der; -s, - ‹engl.› (für eine andere Person Schreibende[r], nicht

Gimmick

genannte[r] Autor[in]); **Ghost|wri|te|rin**

G. I., GI [dʒiːˈlaɪ], der; -[s], -[s] = government issue (Regierungsausgabe [urspr. für die Ausrüstung der Truppe]; *ugs. für* amerikanischer Soldat)

Gia|co|met|ti [dʒa...], Alberto (schweiz. Bildhauer)

Gi|aur, der; -s, -e, *auch* -en, -en ⟨pers.⟩ (*im Islam* Nichtmuslim)

Gib|bon, der; -s, -s ⟨franz.⟩ (ein Affe)

Gi|bel|li|ne vgl. Ghibelline

Gi|b|ral|tar [*auch* ...ˈtaːɐ̯, österr. ˈgiː...] ⟨arab.⟩ (Halbinsel an der Südspitze Spaniens); **Gi|b|ral|ta|rer**; **Gi|b|ral|ta|re|rin**; **gi|b|ral|ta|risch**

gibt vgl. geben

¹**Gicht,** die; -, -en (*Hüttenw.* oberster Teil des Hochofens)

²**Gicht,** die; - (eine Stoffwechselkrankheit)

Gicht|bee|re (*bes. nordd., ostd. für* Schwarze Johannisbeere)

gicht|brü|chig (*veraltet*)

gich|tig, gich|tisch

Gicht|kno|ten

gicht|krank

Gi|ckel, der; -s, - (*landsch. für* Hahn)

gi|ckeln, gi|ckern (*landsch. für* kichern); ich gick[e]le *od.* gickere

gicks (*ugs.*); weder gicks noch gacks sagen

gick|sen, kick|sen, kiek|sen (*landsch. für* einen [leichten] Schrei ausstoßen; stechen; stoßen); du gickst; gicksen und gacksen

Gide [ʒiːd] (franz. Schriftsteller)

Gi|de|on (m. Vorn.)

¹**Gie|bel,** der; -s, - (ein Fisch)

²**Gie|bel,** der; -s, - (Dachgiebel); **Gie|bel|fens|ter**

gie|be|lig, gieb|lig

gie|bel|stän|dig (mit dem Giebel zur Straße hin gebaut)

Gie|bel|wand

gieb|lig, gie|be|lig

Gieh|se (dt. Schauspielerin)

Giek|baum (*Seemannsspr.* Rundholz für Gaffelsegel)

Gie|men, das; -s (krankhaftes Atmungsgeräusch)

Gien, das; -s, -e ⟨engl.⟩ (*Seemannsspr.* starker Flaschenzug); **Gien|block** *Plur.* ...blöcke

Gien|gen an der Brenz [ˈɡɪŋən - - -] (Stadt in Baden-Württemberg)

Gie|per, Jie|per, der; -s (*bes. nordd. für* Gier, Appetit); einen Gieper auf etwas haben; **gie|pern, jie|pern;** ich giepere nach etwas; **giep|rig, jiep|rig**

Gier, die; -

¹**gie|ren** (gierig sein)

²**gie|ren** ([von Schiffen, Flugzeugen] seitlich abweichen); **Gier|fäh|re** (Seilfähre)

gie|rig; Gie|rig|keit, die; -

Giersch, der; -[e]s (*landsch. für* Geißfuß [ein Wiesenkraut])

Gieß|bach

gie|ßen; du gießt; ich goss, du gossest; du gössest; gegossen; gieß[e]!

Gie|ßen (Stadt a. d. Lahn)

Gie|ßer; Gie|ße|rei; Gie|ße|rin

Gieß|form; Gieß|harz

Gieß|kan|ne; Gieß|kan|nen|prin|zip, das; -s; etw. nach dem Gießkannenprinzip (unterschiedslos, willkürlich) verteilen

¹**Gift,** die; -[e]s, -e

²**Gift,** der; -[e]s (*bes. südd. für* Ärger, Zorn); einen Gift auf jmdn. haben

gif|teln (*österr. ugs. für* Drogen konsumieren); ich gift[e]le

gif|ten (*ugs. für* gehässig reden); sich giften (sich ärgern); das giftet mich

gift|fest; gift|frei

Gift|gas; Gift|gas|an|griff; Gift|gas|ein|satz

gift|grün

gif|tig; Gif|tig|keit, die; -

Gift|kö|der

Gift|ler (*österr. ugs. für* Drogenkonsument); **Gift|le|rin**

Gift|mi|scher; Gift|mi|sche|rin

Gift|mord; Gift|müll; Gift|müll|de|po|nie

Gift|nu|del (*ugs. für* boshafter Mensch)

Gift|pfeil; Gift|pflan|ze; Gift|pilz; Gift|schlan|ge; Gift|schrank

Gift|sprit|ze (*ugs. auch für* boshafter Mensch)

Gift|sta|chel; Gift|stoff; Gift|wol|ke; Gift|zahn

Gift|zwerg (*ugs. für* boshafter Mensch)

¹**Gig,** das; -s, -s ⟨engl.⟩ (leichter Einspänner)

²**Gig,** die; -, -s, *seltener* das; -s, - (Sportruderboot)

³**Gig,** der; -s, -s ⟨engl.⟩ (Auftritt bei einem Pop- od. Jazzkonzert)

Gi|ga... ⟨griech.⟩ (das Milliardenfache einer Einheit, z. B. Gigameter = 10^9 Meter; *Zeichen* G)

Gi|ga|bit (*EDV* Einheit von 1 073 741 824 Bit; *Zeichen* Gbit, GBit)

Gi|ga|byte [...baɪt] ⟨griech.; engl.⟩ (*EDV* 2^{30} Byte; *Zeichen* GB, GByte)

Gi|ga|hertz (*Physik* eine Milliarde Hertz; *Zeichen* GHz)

Gi|ga|li|ner [...laɪ...], der; -s, - (sehr langer u. schwerer Lkw)

Gi|gant, der; -en, -en ⟨griech.⟩ (Riese); **Gi|gan|tin; gi|gan|tisch**

Gi|gan|tis|mus, der; -, ...men (übersteigerte Größensucht; *Med.* krankhafter Riesenwuchs)

Gi|gan|to|ma|chie, die; - (Kampf der Giganten gegen Zeus)

Gi|gan|to|ma|nie, die; -, ...jen (Übertreibungssucht); **gi|gan|to|ma|nisch**

Gi|g|ath|lon, der; -s, -s ⟨griech.⟩ (*Sport, bes.* schweizerisch für Mehrkampf aus Schwimmen, Mountainbike- u. Rennradfahren, Inlineskaten u. Laufen)

Gi|gerl, der, *auch* das; -s, -n; vgl. Pickerl (*bes. österr. für* Modegeck); **gi|gerl|haft**

gig|geln (*landsch. für* herumbern, kichern); ich gigg[e]le; gegiggelt

Gi|g|li [ˈdʒiːlji] (ital. Sänger)

Gi|go|lo [ˈʒiː..., *auch* ˈʒɪ...], der; -s, -s ⟨franz.⟩ (Eintänzer; *ugs. für* Mann, der sich aushalten lässt)

Gi|got [ʒiˈgo], das *u.* der; -s, -s (*schweiz. für* Hammelkeule)

Gigue [ʒiːk], die; -, -n [ˈʒiːɡn] (ein alter Tanz)

Gilb, der; -s (gelbliche Verfärbung)

gil|ben (*geh. für* gelb werden)

Gil|bert (m. Vorn.)

Gilb|hard, Gilb|hart, der; -s, -e (*alte Bez. für* Oktober)

Gil|de, die; -, -n (*bes. im MA.* Vereinigung bes. von Handwerkern u. Kaufleuten); **Gil|de|haus**

Gil|de|meis|ter; Gil|de|meis|te|rin

Gil|den|hal|le; Gil|den|schaft

Gi|let [ʒiˈleː], das; -s, -s ⟨franz.⟩ (*österr., schweiz. für* Weste)

Gil|ga|mesch (sagenhafter babylonischer Herrscher); **Gil|ga|mesch|epos, Gil|ga|mesch-Epos**

Gil|ling, die; -, -s, **Gil|lung,** die; -, -en (*Seemannsspr.* einwärtsgebogene Seite des Rahsegels; nach innen gewölbter Teil des Hinterschiffs)

gilt vgl. gelten

Gim|mick, der, *auch* das; -s, -s ⟨engl.⟩ (Werbegag, -geschenk)

Gim|pe, die; -, -n (mit Seide umsponnener Baumwollfaden)
Gim|pel, der; -s, - (ein Singvogel; *ugs. für* einfältiger Mensch)
Gin [dʒɪn], der; -s, -s ⟨engl.⟩ (ein Wacholderbranntwein)
Gin|fizz, Gin-Fizz, der; -, - [...fɪs] (Mixgetränk mit Gin)
ging *vgl.* gehen
Gin|gan [ˈgɪŋgan] ⟨malai.⟩, **Gingham** [ˈgɪŋəm] ⟨engl.⟩ der; -s, -s (ein Baumwollstoff)
Gin|ger [ˈdʒɪndʒɐ], der; -[s], - ⟨engl.⟩ (*engl. Bez. für* Ingwer)
Gin|ger|ale, Gin|ger-Ale, das; -s, -s (ein Erfrischungsgetränk)
Ging|ham [ˈgɪŋəm] *vgl.* Gingan
Gink|go [ˈgɪŋko], **Gin|ko**, der; -s, -s ⟨jap.⟩ (ein asiatischer Baum)
Gin|seng [*auch* ʒ...], der; -s, -s ⟨chin.⟩ (ostasiatische Pflanze mit heilkräftiger Wurzel)
Gins|ter, der; -s, - (ein Strauch)
Gin To|nic [...nɪk], der; - -[s], - -s ⟨engl.⟩ (Gin mit Tonic)
gio|co|so [dʒo...] ⟨ital.⟩ (*Musik* heiter, spaßhaft)
Giot|to [ˈdʒo...] (ital. Maler)
Gio|van|ni [dʒo...] (m. Vorn.)
Gip|fel, der; -s, - (*schweiz. auch für* Hörnchen, Kipfel)
Gip|fel|be|schluss
gip|fe|lig, gipfllig
Gip|fel|kon|fe|renz; Gip|fel|kreuz (Kreuz auf dem Berggipfel)
gip|feln; er behauptet, es gipf[e]le im Krieg
Gip|fel|punkt
Gip|fel|stür|mer; Gip|fel|stür|me|rin
Gip|fel|tref|fen
gipf|lig, gip|fe|lig
Gips, der; -es, -e
Gips|ab|druck *Plur.* ...abdrücke; **Gips|bein; Gips|büs|te**
gip|sen; du gipst
Gip|ser; Gip|se|rin
gip|sern (aus Gips; gipsartig)
Gips|fi|gur; Gips|man|schet|te; Gips|ver|band
Gi|pü|re, die; -, -n ⟨franz.⟩ (Klöppelspitze aus Gimpen)
Gi|raf|fe [*südd., österr.* ʒ...], die; -, -n ⟨arab.⟩ (langhalsiges Tier)
Gi|ran|do|la [ʒ...] ⟨ital.⟩, **Gi|ran|do|le** [ʒ...] ⟨franz.⟩ die; -, ...olen (Feuergarbe beim Feuerwerk; Armleuchter)
Gi|rant [ʒ...], der; -en, -en ⟨ital.⟩ (*Bankw.* jmd., der einen Scheck od. Wechsel durch Giro auf einen anderen überträgt; Indossant); **Gi|ran|tin**
Gi|rat, der; -en, -en, **Gi|ra|tar**, der;

-s, -e (Person, der bei der Übertragung eines Orderpapiers ein Indossament erteilt wurde)
Gi|rau|doux [ʒiroˈduː] (franz. Schriftsteller); Giraudoux' [ʒiroˈduːs] Werke ↑D 16
gi|rie|ren [ʒ...] ⟨ital.⟩ ([einen Wechsel] übertragen
Girl [gœːɐ̯l], das; -s, -s ⟨engl.⟩ (*scherzh. für* Mädchen; w. Mitglied einer Tanztruppe)
Gir|lan|de, die; -, -n ⟨franz.⟩ (Gewinde aus Laub, Blumen, buntem Papier o. Ä.)
Girlie [ˈgœːɐ̯li], das; -s, -s ⟨engl.⟩ (junge Frau in unkonventioneller Kleidung mit selbstbewusstfrechem Auftreten)
Gir|litz, der; -es, -e (ein Singvogel)
Gi|ro [ʒ...], das; -s, *Plur.* -s, *österr. auch* Giri ⟨ital.⟩ (Überweisung im bargeldlosen Zahlungsverkehr; Übertragungsvermerk eines Orderpapiers); **Gi|ro|bank** *Plur.* ...banken
Gi|ro d'Ita|lia [dʒ... -], der; - -, Giri d'Italia [ˈdʒ... -] (in Italien ausgetragenes Radrennen)
Gi|ron|de [ʒiˈrõːd], die; - (Mündungstrichter der Garonne; franz. Departement); **Gi|ron|dist**, der; -en, -en *meist Plur.* (gemäßigter Republikaner der Französischen Revolution); **Gi|ron|dis|tin**
Gi|ro|ver|kehr (bargeldloser Zahlungsverkehr)
girr|en; die Taube girrt
gis, Gis, das; -, - (Tonbezeichnung); **gis** (*Zeichen für* gis-Moll); in gis
Gis|bert (m. Vorn.)
Gis|card d'Es|taing [ʒɪsˈkaːɐ̯ dɛsˈtɛ̃ː] (franz. Staatsmann)
gi|schen (*veraltet für* gischten)
Gischt, der; -, -en *u., bes. fachspr.*, der; -[e]s, -e *Plur. selten* (Schaum; Sprühwasser, aufschäumende See); **gisch|ten**
Gis-Dur [ˈgɪsduːɐ̯, *auch* ˈgɪsˈduːɐ̯], das; - (Tonart; *Zeichen* Gis); **Gis-Dur-Ton|lei|ter** ↑D 26
Gi|se[h] [...ze] (Stadt in Ägypten)
Gi|se|la [*österr.* ...ˈzeː...] (w. Vorn.)
Gi|sel|bert (m. Vorn.); **Gi|sel|her, Gi|sel|mar** (m. Vorn.)
gis-Moll [ˈgɪsmɔl, *auch* ˈgɪsˈmɔl], das; -[s] (Tonart; *Zeichen* gis); **gis-Moll-Ton|lei|ter** ↑D 26
gis|sen (*Seemannsspr., Fliegerspr.* die Position eines Flugzeugs od. Schiffes schätzen)

Gi|tar|re, die; -, -n ⟨span.⟩
Gi|tar|ren|or|ches|ter; Gi|tar|ren|riff, der *od.* das ⟨span.; engl.⟩
Gi|tar|ren|spiel; Gi|tar|ren|spie|ler; Gi|tar|ren|spie|le|rin; Gi|tar|re|ra, die; -, -s ⟨Jargon⟩; **Gi|tar|re|ro**, der; -s, -s ⟨Jargon⟩; **Gi|tar|rist**, der; -en, -en; **Gi|tar|ris|tin**
Git|ta, Git|te (w. Vorn.)
Git|ter, das; -s, -
Git|ter|bett|chen; Git|ter|fens|ter
git|tern; ich gittere
Git|ter|netz; Git|ter|rost
Git|ter|span|nung (*Elektronik*)
Git|ter|stab
Git|zi, das; -[s], -[s] (*schweiz. für* Zicklein, junge Ziege)
Giu|sep|pe [dʒu...] (m. Vorn.)
Give-away, Give|away [ˈgɪvəvɛɪ], das; -s, -s ⟨engl.⟩ (*Werbespr.* kleines Werbegeschenk)
Glace [gla(ː)s, *schweiz.* ˈglasə], die; -, *Plur.* -s [gla(ː)s], *schweiz.* -n [ˈglasn] ⟨franz.⟩ (Zuckerglasur; Gelee aus Fleischsaft; *schweiz.* Speiseeis)
Gla|cé, Gla|cee, der; -[s], -s (ein glänzendes Gewebe)
Gla|cé|hand|schuh, Gla|cee|handschuh; Gla|cé|le|der, Gla|cee|leder
gla|cie|ren (mit Glace überziehen; *veraltet für* zum Gefrieren bringen)
Gla|cis [...ˈsiː], das; -, - (*Militär* Erdaufschüttung vor einem Festungsgraben)
Gla|di|a|tor, der; -s, ...oren ⟨lat.⟩ (altrömischer Schwertkämpfer bei Zirkusspielen); **Gla|di|a|to|rin**
Gla|di|o|le, die; -, -n (ein Schwertliliengewächs)
gla|go|li|tisch ⟨slaw.⟩; glagolitisches (kirchenslawisches) Alphabet
Gla|go|li|za, die; - (die glagolitische Schrift)
Gla|mour [ˈglɛmɐ], der *u.* das; -s ⟨engl.⟩ (Glanz, betörende Aufmachung); **Gla|mour|girl, Glamour-Girl** (Reklame-, Filmschönheit); **gla|mou|rös** [glamu...]
Glam|ping [ˈglɛm...], das; -s ⟨engl.⟩ *Kurzw.* aus glamorous *u.* camping⟩ (luxuriöser Campingurlaub); **Glam|rock**, der; -[s], **Glam Rock**, der; - [...] ⟨engl.; *Kurzw.*⟩ (eine [in glitzernden Kostümen vorgetragene] Richtung der Rockmusik)
Glans, die; -, Glandes ⟨lat.⟩ (*Med.* Eichel des Penis)
Glanz, der; -es, *Plur.* (*fachspr.*) -e

glän|zen; du glänzt; glän|zend; glänzend schwarze Haare; seine Augen waren glänzend schwarz
Glanz|le|der; Glanz|leis|tung; Glanz|licht Plur. ...lichter
glanz|los
Glanz|num|mer; Glanz|pa|pier
Glanz|pa|ra|de (Sport)
Glanz|punkt (Höhepunkt)
Glanz|stück
glanz|voll
Glanz|zeit
Glar|ner ⟨zu Glarus⟩; Glar|ner Al|pen Plur.; Glar|ne|rin; glar|ne|risch
Gla|rus (Kanton u. Stadt in der Schweiz)
¹Glas, das; -es, Gläser; zwei Glas Bier; ein Glas voll; Glas blasen
²Glas, das; -es, -en (Seemannsspr. halbe Stunde)
glas|ar|tig
Glas|au|ge; Glas|bau|stein
Glas|blä|ser; Glas|blä|se|rei; Glas|blä|se|rin
Gläs|chen
Glas|con|tai|ner; Glas|dach
gla|sen (Seemannsspr. die halbe Stunde für die Schiffswache schlagen)
Gla|ser; Gla|se|rei; Gla|se|rin
Glä|ser|klang, der; -[e]s (geh.)
Gla|ser|meis|ter; Gla|ser|meis|te|rin
glä|sern (aus Glas, glasartig)
Glas|fa|ser; Glas|fa|ser|ka|bel
Glas|fas|sa|de; Glas|fens|ter
Glas|fi|ber|stab (Sport)
Glas|fla|sche; Glas|glo|cke
Glas|gow [...gəʊ] (Stadt in Schottland)
Glas|har|fe
glas|hart
Glas|haus; Glas|hüt|te
gla|sie|ren (mit Glasur versehen)
gla|sig; Zwiebeln glasig dünsten
Glas|kas|ten
glas|klar
Glas|kno|chen|krank|heit, die; - (Med. Entwicklungsstörung des Knochens)
Glas|kopf, der; -[e]s (Eisenerzart)
Glas|kör|per (Med. gallertiger Teil des Auges)
Glas|ku|gel
Glas|ma|ller; Glas|ma|le|rei; Glas|ma|le|rin
Glas|nost, die; - ⟨russ.⟩ ([polit.] Offenheit)
Glas|nu|del; Glas|pa|last; Glas|per|le; Glas|plat|te; Glas|rei|ni|ger; Glas|schei|be; Glas|scher|be; Glas|schrank; Glas|split|ter
Glas|sturz Plur. ...stürze (Glasglocke)

Glast, der; -[e]s (veraltet, noch südd. für Glanz); glas|tig
Glas|tür
Gla|su|now (russ. Komponist)
Gla|sur, die; -, -en (glasiger Überzug, Schmelz; Zucker-, Schokoladenguss)
Glas|ver|si|che|rung; Glas|vit|ri|ne; Glas|wand; Glas|wol|le

glatt
glat|ter, auch glät|ter; glat|tes|te, auch glät|tes|te
Wenn »glatt« das Ergebnis der mit einem folgenden einfachen Verb bezeichneten Tätigkeit angibt, kann getrennt oder zusammengeschrieben werden:
– glatt bügeln od. glattbügeln
– glatt hobeln od. glatthobeln
– glatt machen od. glattmachen
– glatt rasieren od. glattrasieren
– glatt rühren od. glattrühren
– glatt streichen od. glattstreichen
– glatt ziehen od. glattziehen
– *aber:* glatt abschleifen, glatt zusammenlegen

Bei übertragener Bedeutung gilt Zusammenschreibung; vgl. glattbügeln, glattgehen, glattmachen, glattstellen

glatt|bü|geln (ugs. für in Ordnung bringen); vgl. aber glatt
Glät|te, die; -
Glätt|eis; Glätt|eis|bil|dung
Glätt|ei|sen (elektr. Gerät zum Glätten von Haaren; schweiz. für Bügeleisen)
glät|ten (landsch. u. schweiz. auch für bügeln)
glat|ter|dings
Glät|te|rin (schweiz. für Büglerin)
glatt|ge|hen (ugs. für ohne Komplikationen ablaufen)
glatt ho|beln, glatt|ho|beln vgl. glatt
glatt käm|men, glatt|käm|men vgl. glatt
glatt|ma|chen (ugs. für bezahlen); vgl. aber glatt
glatt ra|sie|ren, glatt|ra|sie|ren vgl. glatt
glatt rüh|ren, glatt|rüh|ren vgl. glatt
glatt schlei|fen, glatt|schlei|fen vgl. glatt
glatt|stel|len (Kaufmannsspr. ausgleichen); Glatt|stel|lung

glatt strei|chen, glatt|strei|chen vgl. glatt
Glatt|tal, das; -s (Region nördlich von Zürich)
Glät|tung
glatt|weg
glatt zie|hen, glatt|zie|hen vgl. glatt
glatt|zün|gig; Glatt|zün|gig|keit, die; -
Glat|ze, die; -, -n
Glatz|kopf
glatz|köp|fig
Glau|be, der; -ns, -n Plur. selten; jmdm. Glauben schenken
glau|ben; er wollte mich glauben machen, dass ...
Glau|ben, der; -s, - (seltener für Glaube)
Glau|bens|ar|ti|kel; Glau|bens|be|kennt|nis
Glau|bens|bru|der
Glau|bens|ei|fer; Glau|bens|fra|ge; Glau|bens|frei|heit
Glau|bens|ge|mein|schaft
Glau|bens|krieg
Glau|bens|leh|re; Glau|bens|rich|tung; Glau|bens|sa|che; Glau|bens|satz
Glau|bens|schwes|ter
glau|bens|stark
Glau|bens|streit
glau|bens|voll
Glau|ber|salz, das; -es (Natriumsulfat)
glaub|haft; Glaub|haf|tig|keit, die; -
gläu|big; Gläu|bi|ge, der u. die; -n, -n
Gläu|bi|ger, der; -s, - (jmd., der berechtigt ist, von einem Schuldner Geld zu fordern); Gläu|bi|ger|bank Plur. ...banken; Gläu|bi|ge|rin
Gläu|bi|ger|schutz, der; -es; Gläu|bi|ger|ver|samm|lung
Gläu|big|keit Plur. selten
glaub|lich; kaum glaublich, aber wahr
glaub|wür|dig; Glaub|wür|dig|keit, die; -
Glau|kom, das; -s, -e ⟨griech.⟩ (Med. grüner Star [Augenkrankheit])
Glau|ko|nit, der; -s, -e (Mineral)
gla|zi|al ⟨lat.⟩ (Geol. eiszeitlich, die Gletscher betreffend)
Gla|zi|al|fau|na; Gla|zi|al|flo|ra; Gla|zi|al|see; Gla|zi|al|zeit (Vereisungszeit)
Gla|zi|o|lo|ge, der; -n, -n ⟨lat.; griech.⟩; Gla|zi|o|lo|gie, die; - (Eis- u. Gletscherkunde); Gla|zi|o|lo|gin; gla|zi|o|lo|gisch

G
glaz

Gleiboden

gleich
- der gleiche Hut
- die gleichen Rechte
- alle Menschen sind gleich
- die Sonne ging gleich einem roten Ball unter *(geh.)*
- er soll gleich (sofort) kommen

Großschreibung ↑D 72:
- das Gleiche (dasselbe) tun
- das Gleiche ist nicht immer dasselbe
- das Gleiche gilt für dich
- es kommt aufs Gleiche hinaus
- Gleiches mit Gleichem vergelten
- es kann uns Gleiches begegnen
- ins Gleiche (in Ordnung) bringen
- ein Gleiches tun
- Gleicher unter Gleichen
- Gleich und Gleich gesellt sich gern

Schreibung in Verbindung mit Adjektiven, Verben und Partizipien ↑D 56, 58 *u.* 60:
- gleich alt, gleich groß, gleich gut, gleich lang, gleich schnell, gleich verteilt, gleich wahrscheinlich usw.
- zwei gleich große Kinder; die Kinder waren gleich groß

- gleich sein, gleich werden; gleich denken, gleich klingen, gleich lauten
- die Wörter werden gleich geschrieben
- gleich bedeutende Gelehrte, *aber* gleichbedeutende (das Gleiche bedeutende) Wörter
- sie sind einander [völlig] gleich geblieben
- sie ist gleichbleibend *od.* gleich bleibend freundlich
- gleichdenkende *od.* gleich denkende Menschen
- gleichgeartete *od.* gleich geartete Verhältnisse
- ein nicht nur ähnlich, sondern gleich gelagerter Fall *od.* gleichgelagerter Fall
- gleich gesinnte *od.* gleichgesinnte Freunde
- zwei gleich gestimmte *od.* gleichgestimmte Seelen
- gleichlautende *od.* gleich lautende Wörter

Vgl. aber gleichkommen, gleichmachen, gleichschalten, gleichsehen, gleichsetzen, gleichstehen, gleichstellen, gleichtun, gleichziehen

---

Glei|bo|den ⟨russ.; dt.⟩ *(Geol.* feuchter, mineralischer Boden)
gleich s. Kasten
gleich|al|trig, *selten* **gleich|al|te|rig**
gleich|ar|tig; etwas Gleichartiges ↑D 72; **Gleich|ar|tig|keit**, die; -
gleich|auf; gleichauf liegen
gleich|be|deu|tend (das Gleiche bedeutend); gleichbedeutende Wörter, *aber* gl<u>ei</u>ch bed<u>eu</u>tende (gleichermaßen angesehene) Gelehrte
gleich|be|han|deln (gleichermaßen gerecht behandeln); *aber* gl<u>ei</u>ch (in gleicher Weise; sofort) beh<u>a</u>ndeln; **Gleich|be|hand|lung**
Gleich|be|hand|lungs|be|auf|trag|te *(österr.);* **Gleich|be|hand|lungs|ge|setz**
gleich|be|rech|tigt; **Gleich|be|rech|ti|gung**, die; -
gleich be|schaf|fen, **gleich|be|schaf|fen** *vgl.* gleich
gleich|blei|bend, **gleich blei|bend** *vgl.* gleich
gleich|den|kend, **gleich den|kend** *vgl.* gleich
Glei|che, die; -, -n; etwas in die Gleiche bringen
glei|chen (gleich sein); du glichst; geglichen; gleich[e]!
Glei|chen|fei|er *(österr. für* Richtfest*)*
glei|chen|orts *(schweiz. für* am gleichen Ort*);* **glei|chen|tags** *(schweiz. für* am selben Tage*)*

glei|cher|ge|stalt *(veraltet)*
glei|cher|ma|ßen; **glei|cher|wei|se**
gleich|falls *vgl.* ¹Fall
gleich|far|big
gleich|för|mig; **Gleich|för|mig|keit**, die; -
gleich|ge|ar|tet, **gleich ge|ar|tet** *vgl.* gleich; **gleich|ge|la|gert**, **gleich ge|la|gert** *vgl.* gleich
gleich|ge|schlecht|lich; gleichgeschlechtliche Partnerschaft
gleich ge|sinnt, **gleich|ge|sinnt** *vgl.* gleich; **Gleich|ge|sinn|te**, der *u.* die; -n, -n, **gleich Ge|sinn|te**, der *u.* die; -n, - -n ↑D 72
gleich ge|stimmt, **gleich|ge|stimmt** *vgl.* gleich
Gleich|ge|wicht, das; -[e]s, -e; **gleich|ge|wich|tig**
Gleich|ge|wichts|la|ge; **Gleich|ge|wichts|or|gan**; **Gleich|ge|wichts|sinn**; **Gleich|ge|wichts|stö|rung**; **Gleich|ge|wichts|übung**
gleich|gül|tig; **Gleich|gül|tig|keit**
Gleich|heit
Gleich|heits|grund|satz; **Gleich|heits|prin|zip**; **Gleich|heits|zei|chen** (Zeichen =)
Gleich|klang
gleich|kom|men ↑D 47 (entsprechen); das war einer Kampfansage gleichgekommen, *aber* wir sind gl<u>ei</u>ch (sofort) gek<u>o</u>mmen
Gleich|lauf, der; -[e]s *(Technik);* **gleich|lau|fend** (gleichzeitig, parallel); **gleich|läu|fig** *(Technik);* **Gleich|läu|fig|keit**, die; -

gleich|lau|tend, **gleich lau|tend** *vgl.* gleich
gleich|ma|chen ↑D 47 (angleichen); dem Erdboden gleichmachen; *vgl.* gleich
Gleich|ma|cher; **Gleich|ma|che|rei**; **Gleich|ma|che|rin**; **gleich|ma|che|risch**
Gleich|maß, das; -es
gleich|mä|ßig; **Gleich|mä|ßig|keit**, die; -
Gleich|mut, der; -[e]s, *selten* die; -
gleich|mü|tig; **Gleich|mü|tig|keit**, die; -
gleich|na|mig; **Gleich|na|mig|keit**, die; -
Gleich|nis, das; -ses, -se; **gleich|nis|haft**; **gleich|nis|wei|se**
gleich|ran|gig
Gleich|rich|ter *(Elektrot.)*
gleich|sam; gleichsam[,] als ob/ wenn ↑D 127
gleich|schal|ten ↑D 47 (auf eine einheitliche Linie bringen); *vgl.* gleich; **Gleich|schal|tung**
gleich|schau|en *(bes. österr. für* ähnlichsehen*)*
gleich|schen|ke|lig, **gleich|schenk|lig**; gleichschenk[e]lige Dreiecke
Gleich|schritt, der; -[e]s; im Gleichschritt
gleich|se|hen (ähneln)
gleich|sei|tig; **Gleich|sei|tig|keit**, die; -
gleich|set|zen ↑D 47; etwas mit einer Sache gleichsetzen; *vgl.* gleich; **Gleich|set|zung**

Glorifizierung

Gleich|set|zungs|ak|ku|sa|tiv (*Sprachwiss.* Gleichsetzungsglied neben einem Akkusativobjekt, z. B. er nennt mich »einen Lügner«); **Gleich|set|zungs|no|mi|na|tiv** (Ergänzung im Nominativ, z. B. er ist »ein Lügner«); **Gleich|set|zungs|satz**
Gleich|stand, der; -[e]s
gleich|ste|hen ↑D 47 (gleich sein)
gleich|stel|len ↑D 47 (auf die gleiche Stufe stellen); gleichgestellt sein; *vgl.* gleich; **Gleich|stel|lung**; **Gleich|stel|lungs|be|auf|trag|te**
gleich|stim|mig
Gleich|strom; Gleich|strom|ma|schi|ne
gleich|tun ↑D 47 (nacheifern); es jmdm. gleichtun; *aber* du sollst das gleich (sofort) tun!; *vgl.* gleich
Glei|chung
Gleich|ver|tei|lung (*auch Math.*)
gleich|viel; gleichviel[,] ob/wann/wo ↑D 127; gleichviel[,] ob du kommst, *aber* wir haben gleich viel
gleich|wer|tig; Gleich|wer|tig|keit, die; -
gleich|wie
gleich|win|ke|lig, gleich|wink|lig
gleich|wohl; *aber* wir fühlen uns alle gleich (in gleicher Weise) wohl
gleich|zei|tig; Gleich|zei|tig|keit
gleich|zie|hen ↑D 47 (auf den gleichen Leistungsstand kommen)
Gleis, das; -es, -e; *vgl.* Geleise
Gleis|an|la|ge; Gleis|an|schluss
Gleis|ar|bei|ter; Gleis|ar|bei|te|rin
Gleis|bau, der; -[e]s; **Gleis|bett** (Unterlage aus Schotter für Gleise); **Gleis|drei|eck**
Gleis|ner (*veraltet für* Heuchler); **Gleis|ne|rei; Gleis|ne|rin; gleis|ne|risch**
Glei|ße, die; -, -n (*landsch. für* Hundspetersilie)
glei|ßen (glänzen, glitzern); du gleißt; du gleißtest; gegleißt; gleiß[e]!
Gleit|bahn; Gleit|boot
Gleit|creme, Gleit|crème
glei|ten; du glittst; geglitten; gleit[e]!; gleitende Arbeitszeit
Glei|ter (*Flugw.*)
Gleit|flug; Gleit|klau|sel; Gleit|schirm; Gleit|schutz
gleit|si|cher
Gleit|zeit
Glen|check [...tʃɛk], der; -[s], -s ⟨engl.⟩ (ein Gewebe; großflächiges Karomuster)

Glet|scher, der; -s, -
glet|scher|ar|tig
Glet|scher|bahn; Glet|scher|brand; Glet|scher|eis; Glet|scher|feld
Glet|scher|milch, die; - (milchigtrübes Schmelzwasser des Gletschers)
Glet|scher|müh|le (ausgespülter Schacht im Eis od. Fels)
Glet|scher|schliff; Glet|scher|spal|te
Glet|scher|tor (Austrittsstelle des Gletscherbaches)
Glet|scher|zun|ge
Gle|ve [...fə], die; -, -n ⟨franz.⟩ (eine mittelalterl. Waffe)
Glib|ber, der; -s (*nordd. für* glitschige Masse); **glib|be|rig**
glich *vgl.* gleichen
Glied, das; -[e]s, -er
Glie|der|fü|ßer (*für* Arthropoden)
...glie|de|rig, ...glied|rig (z. B. zweigliederig, zweigliedrig, *mit Ziffer* 2-gliederig, 2-gliedrig)
Glie|der|kak|tus
glie|der|lahm
Glie|der|me|ter, der; -s, - (*schweiz. für* Meterstab)
glie|dern; ich gliedere
Glie|der|pup|pe
Glie|der|rei|ßen; Glie|der|schmerz
Glie|der|tier *meist Plur.* (*Zool.*)
Glie|de|rung
Glied|ma|ße, die; -, -n *meist Plur.*
...glied|rig; *vgl.* ...gliederig
Glied|satz (*Sprachwiss.*)
Glied|staat *Plur.* ...staaten
glied|wei|se
glim|men; es glomm, *auch* glimmte; es glömme, *auch* glimmte; geglommen, *auch* geglimmt; glimm[e]!
Glim|mer, der; -s, - (eine Mineralgruppe); **glim|me|rig** *vgl.* glimmrig; **glim|mern;** ich glimmere
Glim|mer|schie|fer
Glimm|lam|pe
glimm|rig, glim|me|rig (*veraltend*)
Glimm|stän|gel (*scherzh. für* Zigarette)
glimpf|lich
Gli|om, das; -s, -e ⟨griech.⟩ (*Med.* Geschwulst im Gehirn, Rückenmark od. an der Netzhaut)
Glis|sa|de, die; -, -n ⟨franz.⟩ (Gleitschritt beim Tanzen)
glis|san|do ⟨ital.⟩ (*Musik* gleitend); **Glis|san|do,** das; -s, *Plur.* -s *u.* ...di
Glitsch|bahn
Glit|sche, die; -, -n (*landsch. für* Schlitterbahn); **glit|schen** (*ugs. für* schlittern); du glitschst
glit|sche|rig, glit|schig, glitsch|rig (*ugs. für* glatt, rutschig)

glitt *vgl.* gleiten
Glit|zer, der; -s; **glit|ze|rig, glitz|rig; Glit|zer|ja|cke**
glit|zern; ich glitzere
glo|bal ⟨lat.⟩ (weltumspannend; umfassend; allgemein)
glo|ba|li|sie|ren (weltweit ausrichten); **Glo|ba|li|sie|rungs|geg|ner; Glo|ba|li|sie|rungs|geg|ne|rin**
Glo|ba|li|sie|rungs|kri|tik; Glo|ba|li|sie|rungs|kri|ti|ker; Glo|ba|li|sie|rungs|kri|ti|ke|rin; glo|ba|li|sie|rungs|kri|tisch
Glo|ba|lis|mus, der; - ⟨lat.⟩; **Glo|ba|li|tät,** die; -
Glo|bal Play|er [ˈgloʊbl̩ -], der; -s, - -[s] ⟨engl.⟩ (Konzern, Unternehmen, Unternehmer o. Ä. mit weltweitem Wirkungskreis)
Glo|bal|sum|me
Glo|be|trot|ter, der; -s, - ⟨engl.⟩ (Weltenbummler); **Glo|be|trot|te|rin,** die; -, -nen
Glo|bin, das; -s, -e ⟨lat.⟩ (*Med., Biol.* Eiweißbestandteil des Hämoglobins); **Glo|bu|lin,** das; -s, -e (Eiweißkörper)
Glo|bus, der; *Gen.* - *u.* -ses, *Plur.* ...ben *u.* -se ⟨lat., »Kugel«⟩ (kugelförmiges Modell der Erde)
Glöck|chen
Glo|cke, die; -, -n
Glo|cken|ap|fel; Glo|cken|blu|me
glo|cken|för|mig
Glo|cken|ge|läut, Glo|cken|ge|läu|te
Glo|cken|gie|ßer; Glo|cken|gie|ße|rei; Glo|cken|gie|ße|rin; Glo|cken|guss
Glo|cken|hei|de (Heidekraut)
glo|cken|hell
Glo|cken|klang; Glo|cken|läu|ten, das; -s; **Glo|cken|man|tel; Glo|cken|rock; Glo|cken|schlag; Glo|cken|spiel; Glo|cken|stuhl; Glo|cken|ton; Glo|cken|turm**
glo|ckig
Glöck|lein; Glöck|ner
Glock|ner|grup|pe (Bergmassiv in den Alpen); ↑D 64
Glöck|ne|rin
Glogg|nitz (österr. Stadt)
glomm *vgl.* glimmen
¹**Glo|ria,** das; -s *u.* die; - ⟨lat.⟩ (*meist iron. für* Ruhm, Ehre); mit Glanz und Gloria
²**Glo|ria,** das; -s (Lobgesang in der kath. Messe)
Glo|rie, die; -, -n (*geh. für* Ruhm, Glanz); **Glo|ri|en|schein** (Heiligenschein)
Glo|ri|fi|ka|ti|on, die; -, -en (Verherrlichung); **glo|ri|fi|zie|ren; Glo|ri|fi|zie|rung**

Gloriole

Glo|ri|o|le, die; -, -n (Heiligenschein)
glo|ri|os (ruhmvoll); glor|reich
glo|sen (landsch. für glühen, glimmen); es gloste
Glos|sar, das; -s, -e ⟨griech.⟩ (Glossensammlung; Wörterverzeichnis [mit Erklärungen])
Glos|sa|tor, der; -s, ...oren (Verfasser von Glossen); Glos|sa|to|rin
Glos|se [fachspr. auch 'glo:sə], die; -, -n (Erläuterung zu einem Ausdruck innerhalb eines Textes; kurzer Kommentar zu aktuellen Problemen); glos|sie|ren
Glos|so|la|lie, die; - ⟨griech.⟩ (Psychol. das Hervorbringen unverständlicher Laute in religiöser Ekstase)
glot|tal; glottaler Verschlusslaut (Sprachwiss.); glot|tal, der; -s, -e ⟨griech.⟩ (Sprachwiss. Stimmritzenlaut, Kehlkopflaut)
Glot|ter|tal, das; -[e]s (im südl. Schwarzwald)
Glot|tis, die; -, Glottides ⟨griech.⟩ (Stimmapparat, Stimmritze); Glot|tis|schlag (Stimmritzenverschlusslaut)
Glot|ze, die; -, -n (ugs. für Fernsehgerät)
glot|zen (ugs.); du glotzt
Glotz|kopf (ugs.)
Glouces|ter ['glɔstə] (engl. Stadt)
Glo|xi|nie, die; -, -n (nach dem Arzt Gloxin) (eine Zimmerpflanze)
Glubsch|au|ge vgl. Glupschauge
glub|schen vgl. glupschen
gluck!; gluck, gluck!
Gluck (dt. Komponist)
Glück, das; -[e]s, -e Plur. selten; jmdm. Glück wünschen; ein Glück bringendes od. glückbringendes Amulett; ein Glück verheißendes od. glückverheißendes Vorzeichen ↑D 58 u. 59; etwas auf gut Glück versuchen
Glück|ab, das; -s; Glück ab! (Fliegergruß)
Glück|auf, das; -s; er rief ihm ein Glückauf zu; Glück auf! (Bergmannsgruß)
Glück brin|gend, glück|brin|gend ↑D 58; vgl. Glück
Glu|cke, die; -, -n; glu|cken
glü|cken
glu|ckern; ich gluckere
glück|haft
Gluck|hen|ne
glück|lich; glück|li|cher|wei|se
glück|los

Glück|sa|che, die; - (svw. Glückssache)
Glücks|brin|ger; Glücks|bu|de
glück|se|lig; Glück|se|lig|keit
gluck|sen; du gluckst
Glücks|fall, der; Glücks|fee; Glücks|ge|fühl; Glücks|göt|tin; Glücks|kä|fer; Glücks|kat|ze; Glücks|kind; Glücks|mo|ment; Glücks|pfen|nig; Glücks|pilz; Glücks|rad
Glücks|rit|ter; Glücks|rit|te|rin
Glücks|sa|che, die; -; Glücks|schwein
Glücks|spiel; Glücks|spiel|ge|setz; Glücks|spiel|mo|no|pol
Glücks|stern; Glücks|sträh|ne; Glücks|tag
glück|strah|lend ↑D 59
Glücks|tref|fer; Glücks|um|stand; Glücks|zahl
Glück ver|hei|ßend, glück|ver|hei|ßend ↑D 58; vgl. Glück
Glück|wunsch
Glück|wunsch|kar|te; Glück|wunsch|te|le|gramm
Glück|zu, das; -; Glück zu!
Glu|co|se vgl. Glukose
Glüh|bir|ne
glü|hen; glü|hend; ein glühender Verehrer; ein glühend heißes Eisen; das Eisen ist glühend heiß
glüh|heiß
Glüh|hit|ze vgl. Gluthitze; Glüh|lam|pe; Glüh|strumpf; Glüh|wein; Glüh|würm|chen
Glu|ko|se, fachspr. Glu|co|se, die; - ⟨griech.⟩ (Traubenzucker)
Glum|pert, das; -s (österr. ugs. für wertloses Zeug)
Glum|se, die; - (landsch. für Quark)
Glupsch|au|ge, Glubsch|au|ge meist Plur.
glup|schen, glub|schen (nordd. für mit großen Augen starr blicken); du glupschst od. glubschst
Glut, die; -, -en
Glu|t|a|mat, das; -[e]s, -e ⟨lat.⟩ (Würzzusatz bei Suppen u. Konserven); Glu|t|a|min|säu|re
Glu|ta|thi|on, das; -s ⟨Kunstw.⟩ (Biochemie ein atypisches Peptid, das als Antioxidans wirkt)
glut|äu|gig (geh.)
Glu|ten, das; -s (Bestandteil des Getreideeiweißes); glu|ten|frei
Glut|hit|ze
Glu|tin, das; -s ⟨lat.⟩ (Eiweißstoff)
Gly|ce|rin vgl. Glyzerin; Gly|ce|rol vgl. Glyzerol
Gly|k|ä|mie, die; - ⟨griech.⟩ (Med.

Zuckergehalt des Blutes); gly|k|ä|misch; glykämischer Index (Wert des von einem Nahrungsmittel verursachten Anstiegs des Blutzuckergehalts)
Gly|ko|gen, das; -s (tierische Stärke)
Gly|kol, das; -s, -e (ein Frostschutz- u. Lösungsmittel)
Gly|ko|se, die; - (ältere Form für Glukose); Gly|ko|sid, das; -[e]s, -e (Chemie eine zuckerhaltige Verbindung); gly|ko|si|disch; Gly|ko|s|u|rie, die; -, ...ien (Med. Zuckerausscheidung im Harn)
Gly|pho|sat, das; -s ⟨Kunstw.⟩ (ein Unkrautvernichtungsmittel)
Glyp|te, die; -, -n ⟨griech.⟩ (geschnittener Stein; Skulptur)
Glyp|tik, die; - (Steinschneidekunst); Glyp|to|thek, die; -, -en (Sammlung von geschnittenen Steinen od. Skulpturen)
Gly|san|tin®, das; -s (ein Kühlerschutzmittel)
Glyx®, der; -[es] meist ohne Artikel (Kurzwort für glykämischer Index)
Gly|ze|rin, Gly|ce|rol, Gly|ce|rin, das; -s, -e ⟨griech.⟩ (dreiwertiger Alkohol)
Gly|zi|ne, Gly|zi|nie, die; -, -n (ein Kletterstrauch)
G-Man ['dʒi:mən], der; -[s], G-Men [...mən] ⟨amerik. Kurzw. aus government man = »Regierungsmann«⟩ (Sonderagent des FBI)
GmbH, die; -, -s = Gesellschaft mit beschränkter Haftung
GMD, der u. die; -; -[s] = Generalmusikdirektor[in]
g-Moll ['ge:mɔl, auch 'geˈmɔl], das; -[s] (Tonart; Zeichen g); g-Moll-Ton|lei|ter ↑D 26
Gmünd (österr. Stadt)
Gmun|den (österr. Stadt)
Gna|de, die; -, -n von Gottes Gnaden; Euer Gnaden (veraltet; vgl. euer)
gna|den (veraltet für gnädig sein); heute nur noch im Konjunktiv I: gnade dir Gott!
Gna|den|akt; Gna|den|be|weis
Gna|den|brin|gend ↑D59; die gnadenbringende Weihnachtszeit
Gna|den|brot; Gna|den|er|lass; Gna|den|frist
Gna|den|ga|be (Gabe von Gottes Gnaden); Gna|den|ge|such; Gna|den|hoch|zeit (siebzigster Hochzeitstag)
gna|den|los; gna|den|reich
Gna|den|stoß

gna|den|voll
Gna|den|weg, der; -[e]s
gnä|dig
Gna|gi, das; -[s], -[s]; vgl. Götti (schweiz. für gepökelte Teile von Kopf, Beinen u. Schwanz des Schweines)
Gnatz, der; -es, -e (landsch. für üble Laune); **gnat|zen** (landsch. für mürrisch, übellaunig sein); du gnatzt; **gnat|zig** (landsch.)
Gneis, der; -es, -e (ein Gestein)
Gnei|se|nau (preußischer Generalfeldmarschall)
Gnit|te, Gnit|ze, die; -, -n (nordd. für kleine Mücke)
Gnoc|chi [ˈnjɔki] Plur. ⟨ital.⟩ (Klößchen aus einem Teig mit Kartoffeln u. Mehl)
Gnom, der; Gen. -en, auch -s, Plur. -en, auch -e (Kobold; Zwerg)
Gno|me, die; -, -n ⟨griech.⟩ (lehrhafter [Sinn-, Denk]spruch)
gno|men|haft
Gno|mi|ker ⟨griech.⟩ (Verfasser von [Sinn-, Denk]sprüchen); **gnomisch;** gnomischer Dichter (Spruchdichter)
Gno|mon, der; -s, ...mone (antikes astron. Instrument [Sonnenuhr])
Gno|sis, die; - ([Gottes]erkenntnis; Wissen um göttliche Geheimnisse); **Gnos|tik,** die; - (Lehre der Gnosis); **Gnos|ti|ker; Gnos|ti|ke|rin; gnos|tisch; Gnos|ti|zis|mus,** der; -
Gnu, das; -s, -s ⟨hottentott.⟩ (ein Steppenhuftier)
Go, das; - (ein jap. Brettspiel)
Goa (indischer Bundesstaat)
Goal [bes. österr. gɔːl, bes. schweiz. goːl], das; -s, -s ⟨engl.⟩ (österr. u. schweiz. für Tor [beim Fußball])
Goal|get|ter (bes. österr. u. schweiz. für Torschütze); **Goal|get|te|rin**
Goa|lie, selten **Goa|li** [...li], der; -s, -s (bes. österr., schweiz. für Torwart); **Goal|kee|per** (österr., schweiz. für Torhüter); **Goal|kee|pe|rin**
Go|a|ner (zu Goa); **Go|a|ne|rin; go|a|nisch**
Go|be|lin [...bəˈlɛ̃ː], der; -s, -s ⟨franz.⟩ (Wandteppich mit eingewirkten Bildern)
Go|bi, die; - ⟨mongol.⟩ (Wüste in Innerasien)
Go|ckel, der; -s, - (bes. südd. für Hahn); vgl. auch Gickel; **Go|ckel|hahn**

Göd, der; -en, -en (österr. für Pate)
Go|dard [gɔˈdaːɐ̯], Jean-Luc [ʒãˈlyːk] (franz. Filmregisseur)
Go|de (Nebenform von ¹Gote, ²Gote); **Go|del,** die; -, -n (südd. für Patin)
Gode|mi|ché [goːtmiˈʃeː], der; -, -s ⟨franz.⟩ (künstlich nachgebildeter erigierter Penis)
Go|den, die; -, - (svw. Godel)
Go|der, der; -s, - (österr. ugs. für Doppelkinn); **Go|derl,** das; -s, -[n]; vgl. Pickerl; jmdm. das Goderl kratzen (österr. ugs. für jmdm. schöntun)
Go|din (landsch. für Patin); vgl. ²Gote
Godl, die; -, -n (österr. für Patin)
Godt|håb [ˈgɔthɔːp] ⟨dän.⟩; vgl. Nuuk
Goes (dt. Schriftsteller)
Goe|the (dt. Dichter)
Goe|the|a|num, das; -s (Tagungs- u. Aufführungsgebäude in Dornach bei Basel)
Goe|the|band, der; Plur. ...bände, **Goe|the-Band,** der; Plur. ...-Bände
goe|the|freund|lich ↑D 136
Goe|the|haus, Goe|the-Haus, das; -es
Goe|the-In|s|ti|tut, das; -[e]s, -e
goe|thesch, goe|thisch; goethesche od. Goethe'sche od. goethische Dramen; er schrieb Verse von **goethescher** od. Goethe'scher od. goethischer Klarheit ↑D 89 u. 135
Goe|the-und-Schil|ler-Denk|mal ↑D 137
Goe|the|zeit, Goe|the-Zeit, die; -; **goe|the|zeit|lich**
goe|thisch vgl. goethesch
Gof, der od. das; -s, -en (schweiz. für [ungezogenes] Kind)
Gog (König im A. T.); Gog und Magog
Gogh, van [fan ˈgɔx], Vincent (niederl. Maler)
Go-go-Girl [auch ˈgoʊgoʊ...], das; -s, -s ⟨amerik.⟩ (Vortänzerin in Tanzlokalen)
Go|gol [auch ˈgɔ...] (russ. Schriftsteller)
Goi, der; -[s], Gojim [auch goˈjiːm] ⟨hebr.⟩ (jüdische Bezeichnung für einen Nichtjuden)
Go-in [gəʊˈ...], das; -[s], -s ⟨engl.⟩ (unbefugtes Eindringen demonstrierender Gruppen, meist um eine Diskussion zu erzwingen)
Go|ing-pu|b|lic [gəʊɪŋˈpʌblɪk], das;

-[s] ⟨engl.⟩ (Wirtsch. Gang an die Börse als Aktiengesellschaft)
Go|jim (Plur. von Goi)
Go|kart, der od. das; -[s], -s ⟨engl.⟩ (niedriger, unverkleideter kleiner Sportrennwagen)
go|keln (mitteld. für mit Feuer spielen); ich gok[e]le; vgl. kokeln
Go|lan|hö|hen Plur. (Hügellandschaft im Nahen Osten)
Gollat|sche vgl. Kolatsche
Gold, das; -[e]s (chemisches Element, Edelmetall; Zeichen Au); etwas ist Gold wert; vgl. Aurum
Gold|am|mer (ein Singvogel); **Gold|am|sel** (Pirol)
Gold|bar|ren; Gold|barsch
gold|blond; gold|braun
Gold|bro|kat; Gold|bron|ze
Gold|dou|b|lé, Gold|dou|blee
gol|den s. Kasten Seite 506
Gol|den De|li|cious [ˈgəʊldn̩ dɪˈlɪʃəs], der; --, -- ⟨engl.⟩ (eine Apfelsorte)
Gol|den Goal [ˈgəʊldn̩ ˈgəʊl], das; --s, --s ⟨engl.⟩ (Spielentscheidung durch das erste gefallene Tor in einer Verlängerung [z. B. beim Hockey])
Gol|den Re|t|rie|ver [ˈgəʊldn̩ rɪˈtriːvɐ] ⟨engl.⟩ (engl. Hunderasse; vgl. Retriever)
Gold|esel (ugs. für unerschöpfliche Geldquelle)
gold|far|ben, gold|far|big
Gold|fa|san; Gold|fisch
gold|gelb; gold|ge|rän|dert
Gold|grä|ber; Gold|grä|be|rin; Gold|grä|ber|stim|mung; Gold|gru|be
gold|haa|rig
Gold|hähn|chen (ein Singvogel)
gold|hal|tig, österr. **gold|häl|tig**
Gold|hams|ter; Gold|ha|se (ein Nagetier)
gol|dig
Gold|jun|ge; Gold|kett|chen; Gold|ket|te; Gold|klum|pen; Gold|kro|ne
Gold|küs|te, die; - (in Westafrika)
Gold|lack, der; -[e]s (eine Blume)
Gold|le|gie|rung; Gold|leis|te
Gold|ma|cher; Gold|ma|che|rin
Gold|mäd|chen; Gold|me|dail|le
Gold|mi|ne; Gold|mull, der; -[e]s, -e (ein maulwurfähnlicher Insektenfresser); **Gold|mün|ze**
Gol|do|ni (ital. Dramatiker)
Gold|pa|pier
Gold|par|mä|ne (eine Apfelsorte)
gold|pla|tiert (Fachspr.)
Gold|preis; Gold|rand; Gold|rausch; Gold|re|gen (ein Strauch, Baum); **Gold|re|ser|ve**

goldrichtig

gol|den
- goldener Schmuck
- etwas golden färben ↑D 56

Kleinschreibung ↑D 89:
- goldene Worte
- den goldenen Mittelweg einschlagen
- goldenes Tor (*Sport* den Sieg entscheidendes Tor)
- goldene *od.* Goldene Hochzeit
- das Goldene *od.* goldene Zeitalter
- der Goldene *od.* goldene Schnitt (*Math.*)

Großschreibung ↑D 140 u. 150:
- die Goldene Aue (Gebiet zwischen Harz u. Kyffhäuser)
- das Goldene Buch (einer Stadt)
- die Goldene Bulle (historisches Dokument)
- die Goldene Rose (ein Medienpreis)
- die Goldene Schallplatte (eine Auszeichnung)
- die Goldene Stadt (Prag)
- das Goldene Dreieck (Grenzgebiet zwischen Thailand, Myanmar und Laos)
- das Goldene Kalb (*bibl.*)
- das Goldene Vlies (*vgl.* Vlies)
- die Goldenen Zwanziger (1920er-Jahre)

G
gold

gold|rich|tig (*ugs.*)
Gold|ring; Gold|schatz; Gold|schmied; Gold|schmie|din; Gold|schmuck; Gold|schnitt; Gold|stern (ein Liliengewächs)
Gold|stück; Gold|waa|ge; Gold|wäh|rung
Gold|wäsche (das Auswaschen von Gold aus Sand od. Gestein); **Gold|wä|scher; Gold|wä|sche|rin**
Gold|wert; Gold|zahn
Go|lem, der; -[s] ⟨hebr.⟩ (durch Zauber zum Leben erweckte menschliche Tonfigur der jüdischen Sage)
Go|leo® (Maskottchen der Fußball-WM 2006)
¹**Golf**, der; -[e]s, -e ⟨griech.⟩ (größere Meeresbucht); der Persische Golf
²**Golf**, das; -s ⟨schott.-engl.⟩ (ein Rasenspiel); Golf spielen
Golf|ball
Golf|club *vgl.* Golfklub
gol|fen (*ugs. für* Golf spielen); **Golfer**, der; -s, - (Golfspieler); **Gol|fe|rin**
Golf|klas|se, die; - ⟨nach dem Automodell VW Golf®⟩ (kompakte Mittelklasse bei Pkw)
Golf|klub, Golf|club
Golf|krieg; Golf|kri|se
Golf|platz; Golf|schlä|ger; Golf|schuh
Golf|spiel; Golf|spie|ler; Golf|spie|le|rin
Golf|sport
Golf|staat *meist Plur.* (Anrainerstaat des Persischen Golfs)
Golf|strom, der; -[e]s
Golf|tur|nier
Gol|ga|tha, *ökum.* **Gol|go|ta** ⟨hebr., »Schädelstätte«⟩ (Hügel vor dem alten Jerusalem)
¹**Go|li|ath**, *ökum.* **Go|li|at** (Riese im A. T.)
²**Go|li|ath**, der; -s, -s (Riese)
Go-live [gɔʊ'laɪf], das, *auch* der; -[s], -s (*EDV, Wirtsch.* Start des Regelbetriebs einer Software, Website o. Ä.)
Göl|ler, das; -s, - ⟨*schweiz. für* Schulterpasse⟩
Gol|lo (m. Vorn.)
Göm|böc [...ts], der; -[es], -e ⟨ung.⟩ (*Math.* Körper, der nur eine stabile u. nur eine labile Gleichgewichtslage hat)
Go|me|ra (eine der Kanarischen Inseln)
Go|mor|rha, *ökum.* **Go|mor|ra** *vgl.* Sodom
gon = Gon; **Gon**, das; -s, -e ⟨griech.⟩ (*Geodäsie* Einheit für [ebene] Winkel [1 gon = 100. Teil eines rechten Winkels]; *Zeichen* gon); 5 Gon
Go|na|de, die; -, -n ⟨griech.⟩ (*Med.; Biol.* Keimdrüse)
Go|n|a|g|ra, das; -s ⟨griech.⟩ (*Med.* Gicht im Kniegelenk)
Gon|del, die; -, -n ⟨ital.⟩ (langes venezianisches Ruderboot; Korb am Luftballon; Kabine am Luftschiff); **gon|deln** (*ugs. für* [gemächlich] fahren); ich ...[e]le; **Gon|do|li|e|ra**, die; -, ...ren (ital. Schifferlied); **Gon|do|li|e|re**, der; -, ...ri (Gondelführer)
Gong, der, *selten* das; -s, -s ⟨malai.⟩; **gon|gen**; es gongt; **Gong|schlag**
Go|nio|me|ter, das; -s, - ⟨griech.⟩ (Winkelmesser); **Go|nio|me|t|rie**, die; - (Winkelmessung)
gön|nen; Gön|ner
gön|ner|haft; Gön|ner|haf|tig|keit, die; -
Gön|ne|rin; gön|ne|risch (*selten für* gönnerhaft); **Gön|ner|mie|ne**
Go|no|kok|kus, der; -, ...kken *meist Plur.* ⟨griech.⟩ (eine Bakterienart [Trippererreger])
Go|nor|rhö, die; -, -en (Tripper); **go|nor|rho|isch**
Gon|zo|jour|na|lis|mus ⟨amerik.⟩ (sehr subjektiver, emotionaler, übertreibender Journalismus)
good|bye! [gʊt'baɪ] ⟨engl., »auf Wiedersehen!«⟩
Goo|die, Goo|dy ['gʊdi], das; -[s], -s ⟨engl.⟩ (kostenlose Zugabe)
Good|will ['gʊt'vɪl], der; -[s] ⟨engl.⟩ (Ansehen; Wohlwollen, freundliche Gesinnung; Firmen-, Geschäftswert); **Good|will|rei|se**
goo|geln ['guːg̩ln] (mit Google im Internet suchen); ich goog[e]le; **Google**® ['guːg̩l], das; -[s] *meist ohne Artikel* (Internetsuchmaschine)
Gö|pel, der; -s, - (alte Drehvorrichtung zum Antrieb von Arbeitsmaschinen durch im Kreis herumgehende Menschen od. Tiere); **Gö|pel|werk**
gor *vgl.* gären
Gör, das; -[e]s, -en, **Gö|re**, die; -, -n (*nordd. für* [kleines] Kind; ungezogenes Mädchen)
Go|ra|le, der; -n, -n (Angehöriger eines polnischen Volkes in den Beskiden u. der Tatra)
Gor|ba|t|schow [...'tʃɔf] (sowjetischer Staatsmann)
Gor|ding, die; -, -s (*Seemannsspr.* Tau zum Einholen der Segel)
gor|disch; der [berühmte] Gordische Knoten; *aber* ein [beliebiger] gordischer (unauflösbarer) Knoten
Gor|don [...dn̩] (m. Vorn.)
Gö|re *vgl.* Gör
Gore|tex® ['gɔːɐ̯tɛks], das; - ⟨Kunstwort⟩ (Wasser u. Wind abweisendes, atmungsaktives Gewebe für Jacken, Schuhe u. a.)
Gor|go, die; -, ...onen (w. Unge-

gottverdammt

heuer der griech. Sage); **Gor|go|nen|haupt**
Gor|gon|zo|la, der; -[s], -s ⟨nach dem gleichnamigen ital. Ort⟩ (ein Käse)
Go|ril|la, der; -s, -s ⟨afrik.⟩ (größter Menschenaffe; *ugs. für* Leibwächter)
Go|ri|zia (*ital. Form von* Görz)
¹**Gor|ki** (russ. Schriftsteller)
²**Gor|ki** *vgl.* Nischni Nowgorod
Gör|litz (Stadt an der Neiße)
Gör|res (dt. Publizist)
Görz (*ital. Stadt*); *vgl.* Gorizia
Gösch, die; -, -en ⟨niederl.⟩ ⟨*Seemannsspr.* kleine rechteckige Nationalflagge; andersfarbiges Obereck am Flaggenstock⟩
Go|sche, **Gu|sche**, die; -, -n (*landsch. für* Mund)
Go|se, die; -, -n (*mitteld. für* obergäriges Bier)
Gos|lar (Stadt am Nordrand des Harzes)
Go-slow [gɔʊ'sloʊ], der u. das; -s, -s ⟨engl.⟩ (Bummelstreik)
Gos|pel, das od. der; -s, -s, **Gos|pel|song** (religiöses Lied der Afroamerikaner); **Gos|pel|got|tes|dienst**; **Gos|pel|kon|zert**
Gos|pel|song *vgl.* Gospel
Gos|po|dar *vgl.* Hospodar; **Gos|po|din**, der; -s, ...da ⟨russ., »Herr«⟩ (russische Anrede)
goss *vgl.* gießen
Gos|se, die; -, -n
Gös|sel, das; -s, -s, -[n] (*nordd. für* Gänseküken)
Gos|sen|spra|che (ungepflegte Ausdrucksweise)
Got|cha ['gɔtʃɐ], das; -s ⟨engl.-amerik.⟩ (Paintball)
¹**Go|te**, der; -n, -n (*landsch. für* Pate)
²**Go|te**, die; -, -n (*landsch. für* Patin); *vgl. auch* Gotte, Gode u. Godin
³**Go|te**, der; -n, -n (Angehöriger eines germ. Volkes)
Gö|te|borg (Hafenstadt an der Südwestküste Schwedens)
¹**Go|tha** (Stadt in Thüringen)
²**Go|tha**, der; -s ⟨Adelskalender⟩
Go|tha|er; **Go|tha|e|rin**; **go|tha|isch**
¹**Go|thic** ['gɔθɪk], das; -s *meist ohne Artikel* (Faszination für Tod und Vergänglichkeit als Lebenshaltung; *auch kurz für* Gothic Rock); ²**Go|thic**, der; -s, -s ⟨Anhänger[in] des ¹Gothic⟩; **Gothic Rock**, der; - -[s] (Rockmusik mit okkulten Texten u. Ritualen auf der Bühne)

Go|tik, die; - ⟨franz.⟩ (Kunststil vom 12. bis 15. Jh.; Zeit des gotischen Stils)
go|tisch (die Goten betreffend; im Stil der Gotik)
¹**Go|tisch** (*zu* ³Gote)
¹**Go|tisch**, die; - ⟨*zu* Gotik⟩ (eine Schriftart)
²**Go|tisch**, das; -[s] ⟨*zu* ³Gote⟩ (Sprache); *vgl.* Deutsch; **Go|ti|sche**, das; -n; *vgl.* ²Deutsche
Got|land (schwed. Ostseeinsel)
Gott, der; *Gen.* -es, Götter; um Gottes willen; in Gottes Namen; Gott sei Dank!; Gott befohlen!; weiß Gott!; Gott[,] der Herr[,] hat ...; grüß [dich] Gott!
gott|ähn|lich; **Gott|ähn|lich|keit**, die; -
gott|be|gna|det
gott|be|wah|re! (*ugs.*); *aber* Gott bewahre uns davor!
Got|te, die; -, -n (*schweiz. für* Patin); **Got|ten|kind** (*schweiz. für* Patenkind einer Taufpatin)
Got|ter|bar|men; zum Gotterbarmen (*ugs. für* jämmerlich); **gott|er|bärm|lich**, **gotts|er|bärm|lich**
Göt|ter|bild
Göt|ter|bo|te; **Göt|ter|bo|tin**
Göt|ter|däm|me|rung (Zustand vor dem Anbruch eines neuen Zeitalters)
Göt|ter|gat|te (*scherzh.*); **Göt|ter|gat|tin**
gott|er|ge|ben
gott|er|gleich
Göt|ter|spei|se (auch eine Süßspeise); **Göt|ter|trank**
Got|tes|acker (*landsch. für* Friedhof)
Got|tes|an|be|te|rin (eine Heuschreckenart)
Got|tes|be|weis
Got|tes|dienst; **Got|tes|dienst|be|su|cher**; **Got|tes|dienst|be|su|che|rin**; **Got|tes|dienst|ord|nung**
Got|tes|frau
Got|tes|furcht; **got|tes|fürch|tig**
Got|tes|ga|be; **got|tes|ge|richt**
Got|tes|gna|de; es ist eine Gottesgnade, *aber in Titeln:* von Gottes Gnaden König ...; **Got|tes|gna|den|tum**, das; -s
Got|tes|haus
Got|tes|kind|schaft
Got|tes|krie|ger (Taliban- u. El-Kaida-Kämpfer); **Got|tes|krie|ge|rin**
got|tes|läs|ter|lich; **Got|tes|läs|te|rung**
Got|tes|leug|ner; **Got|tes|leug|ne|rin**
Got|tes|lohn
Got|tes|mann *Plur.* ...männer

Got|tes|mut|ter, die; -; **Got|tes|sohn**, der; -[e]s
Got|tes|staat; **Got|tes|ur|teil**
Gott|fried (m. Vorn.)
gott|ge|fäl|lig (*geh.*); **Gott|ge|fäl|lig|keit**
gott|ge|ge|ben; **gott|ge|wollt**; **gott|gläu|big**
¹**Gott|hard** (m. Vorn.)
²**Gott|hard**, der; -s (*kurz für* Sankt Gotthard)
Gott|hard|bahn, die; -
Gott|heit
¹**Gott|helf** (m. Vorn.)
²**Gott|helf** (schweiz. Schriftsteller)
Gott|hold (m. Vorn.)

Göt|ti
der; -[s], -[s] (*schweiz. für* Pate)

Schweizer Substantive mit der Endung -(l)i *haben ursprünglich nur eine einzige Form:* der Götti, des Götti, mehrere Götti, mehreren Götti; des Müsli, zwei Müsli. *Finden sie Eingang in den allgemeinen deutschen Wortschatz, so können sie im Genitiv und manchmal sogar im Plural die Endung* -s *erhalten: des* Götti[s], die Götti[s]. *Besonders gebräuchlich ist über die Schweiz hinaus das Wort* Müsli, *das in Deutschland und Österreich heute überwiegend die Beugungsformen des* Müslis, die Müslis *hat.*

Göt|ti|bub (*schweiz. für* männliches Patenkind eines Paten)
Göt|tin
Göt|tin|gen (Stadt a. d. Leine); **Göt|tin|ger**; **Göt|tin|ge|rin**
gött|lich; die göttliche Gnade, *aber* ↑D 86: die Göttliche Komödie (von Dante); **Gött|lich|keit**, die; -
Gott|lieb (m. Vorn.)
gott|lob!
Gott|lob (m. Vorn.)
gott|los; **Gott|lo|se**, der u. die; -n, -n; **Gott|lo|sig|keit**
Gott|mensch, -en (Christus)
Gott|sched (dt. Gelehrter u. Schriftsteller)
Gott|sei|bei|uns [*auch* ...'zaɪ...], der; - (*verhüllend für* Teufel)
gott|se|lig (*veraltend*); **Gott|se|lig|keit**, die; -
gotts|er|bärm|lich, **gott|er|bärm|lich**; **gotts|jäm|mer|lich**
Gott|su|cher; **Gott|su|che|rin**
Gott|va|ter, der; -s *meist ohne Artikel*
gott|ver|dammt (*derb*)

gottverlassen

gott|ver|las|sen
Gott|ver|trau|en
gott|voll
Gott|we|sen, das; -s ⟨Gott⟩
Götz (m. Vorn.)
Göt|ze, der; -n, -n (Abgott); **Göt|zen|al|tar**; **Göt|zen|bild**; **Göt|zen|die|ner**; **Göt|zen|die|ne|rin**; **Göt|zen|dienst**
Gou|ache [gu̯a(:)ʃ], die; -, -n ⟨franz.⟩ (Malerei mit Wasserdeckfarben [nur Sing.]; Bild in dieser Maltechnik)
¹Gou|da [ˈxau̯...] (niederländische Stadt bei Rotterdam)
²Gou|da [ˈɡau̯...], der; -s, -s, **Gou|da|kä|se**, der; -s, -
Gou|d|ron [ɡuˈdrõː], der, auch das; -s ⟨arab.-franz.⟩ (wasserdichter Anstrich)
Gould [guː...], Glenn (kanadischer Pianist)
Gou|nod [ɡuˈnoː] (franz. Komponist)
Gourde [gurd], der; -, -s [gurd] ⟨franz.⟩ (Währungseinheit in Haiti)
Gour|mand [ɡʊrˈmãː], der; -s, -s ⟨franz., »Vielfraß«⟩ (Schlemmer[in]); **Gour|man|di|se**, die; -, -n (Leckerbissen)
Gour|met [...ˈmeː], der; -s, -s (Feinschmecker[in]); **Gour|met|tem|pel** (ugs. für renommiertes Feinschmeckerlokal)
gou|tie|ren [gu...] ⟨franz.⟩ (Geschmack an etwas finden)
Gou|ver|nan|te [gu...], die; -, -n ⟨franz.⟩ (veraltet für Erzieherin); **gou|ver|nan|ten|haft**
Gou|ver|ne|ment [...ˈmãː], das; -s (Regierung; Verwaltung, Verwaltungsbezirk); **gou|ver|ne|men|tal** (schweiz. für regierungsfreundlich; Regierungs-...)
Gou|ver|neur [...ˈnøːɐ̯], der; -s, -e (Statthalter); **Gou|ver|neu|rin**
Go|ya [...ja] (spanischer Maler)
Go|zo [ˈɡoːzoː] (Insel im Mittelmeer)
GPS, das; - ⟨Abk. aus Global Positioning System⟩ (ein satellitengestütztes Navigationssystem)
GPU, die; - ⟨Abk. aus russ. gossudarstwennoje polititscheskoje uprawlenije = staatliche politische Verwaltung⟩ (sowjetische Geheimpolizei bis 1934)
G-Punkt [ˈgeː...] (hinter dem Eingang der Vagina gelegene erogene Zone)

Gr. = Greenwich
Grab, das; -[e]s, Gräber
Grab|ar|bei|ten Plur. (bes. schweiz. für Bauarbeiten, bei denen in den Untergrund gegraben wird)
Grab|be (dt. Dichter)
Grab|bei|ga|be
Grab|be|lei; **grab|beln** (nordd. für herumtasten); ich grabb[e]le; vgl. aber krabbeln
Grab|bel|sack; **Grab|bel|tisch**
Gräb|chen
Gra|be|land, das; -[e]s (kleingärtnerisch genutztes Brachland; künftiges Bauland)
gra|ben; du gräbst; du grubst; du grübest; gegraben; grab[e]!
Gra|ben, der; -s, Gräben; Schreibung in Straßennamen ↑D 162 u. 163
Gra|ben|kampf (Militär; auch übertr. für heftige Auseinandersetzung)
Grä|ber; **Grä|ber|feld**; **Grä|be|rin**
Gra|bes|käl|te; **Gra|bes|kir|che** (in Jerusalem); **Gra|bes|stil|le**; **Gra|bes|stim|me**
Grab|ge|sang; **Grab|ge|wölb|be**; **Grab|hü|gel**; **Grab|kam|mer**
Grab|le|gung; **Grab|licht** Plur. ...lichter
Grab|mal Plur. ...mäler, geh. ...male; **Grab|pfle|ge**; **Grab|plat|te**
Grab|räu|ber; **Grab|räu|be|rin**
Grab|re|de; **Grab|schän|dung**
Grab|scheit (landsch. für Spaten)
grab|schen vgl. grapschen
Grab|scher vgl. Grapscher
Grab|sche|rin vgl. Grapscherin
Grab|spruch; **Grab|stät|te**; **Grab|stein**; **Grab|stel|le**; **Grab|stel|le**
Grab|sti|chel (ein Werkzeug)
Gra|bung
Grac|che [...xə], der; -n, -n meist Plur. (Angehöriger eines altrömischen Geschlechtes)
Gracht, die; -, -en ⟨niederl.⟩ (Kanal[straße] in niederl. Städten)
grad. = graduiert; vgl. graduieren
Grad, der (für Temperatureinheit meist: das); -[e]s, -e ⟨lat.⟩ (Temperatureinheit; Einheit für [ebene] Winkel [1° = 90. Teil eines rechten Winkels]; Zeichen °); 3 Grad C od. 3° C od. 3 °C (fachspr. nur so); der 30. Grad (nicht: °); es ist heute um einige Grad wärmer; ein Winkel von 30°; ein 30°-Winkel; vgl. aber Grat

Gra|da|ti|on, die; -, -en (stufenweise Erhöhung; Abstufung)
Grad|bo|gen
gra|de (ugs. für gerade [vgl. d.])
Grad|ein|tei|lung
Gra|del, Grądl, der; -s, - (südd., österr. für ein Gewebe)

grad..., Grad...
Die Wörter gerad[e] und Gerad[e] sowie die mit ihnen gebildeten Zusammensetzungen werden umgangssprachlich oft in den verkürzten Formen grad... oder Grad... verwendet, z. B. grade, Grade, gradeaus, gradestehen, gradezu, gradlinig, Gradlinigkeit.

Gra|di|ent, der; -en, -en ⟨lat.⟩ (fachspr. für Gefälle od. Anstieg einer Größe auf einer bestimmten Strecke); **Gra|di|en|te**, die; -, -n (von Gradienten gebildete Neigungslinie); **Gra|di|en|ten|ver|fah|ren** (Math. ein Verfahren zur Optimierung bestimmter Funktionen)
gra|die|ren (Salzsole konzentrieren; verstärken; in Grade einteilen); **Gra|dier|haus** (Salzgewinnungsanlage); **Gra|die|rung**; **Gra|dier|werk** (Solerieselanlage [in Kurorten])
...gra|dig, **...grä|dig** (z. B. dreigradig, mit Ziffer 3-gradig)
Grä|dig|keit (Chemie)
Gra|ditz (Ort südöstl. von Torgau); **Gra|dit|zer**; **Gra|dit|ze|rin**
Grądl vgl. Gradel
grad|li|nig; **Grąd|li|nig|keit**
grad|mä|ßig
Grąd|mes|ser, der
Grąd|netz; **Grąd|ska|la**
gra|du|al ⟨lat.⟩ (den Rang betreffend)
Gra|du|a|le, das; -s, ...lien (kurzer Psalmengesang nach der Epistel in der katholischen Messe; das die Choralmessgesänge enthaltende Buch)
gra|du|ell ⟨franz.⟩ (grad-, stufenweise, allmählich)
gra|du|ie|ren (Technik mit genauer Einteilung versehen; einen [akadem.] Grad erteilen); graduierter Ingenieur, Abk. Ing. (grad.)
Gra|du|ier|te, der u. die; -n, -n (jmd., der einen akademischen Grad besitzt)
Gra|du|ier|ten|kol|leg; **Gra|du|ier|ten|schu|le**

Gra|du|ie|rung
Grad|un|ter|schied

Gratwanderung
Der *Grat* in *Gratwanderung* ist die Bezeichnung für die oberste Kante eines Bergrückens und wird mit *t* geschrieben. Er ist nicht zu verwechseln mit der Temperatur- und Winkeleinheit *Grad*, die mit *d* geschrieben wird.

grad|wei|se
Grae|cum, das; -s ⟨griech.⟩ (Prüfung im Altgriechischen)
¹Graf vgl. ¹Graph
²Graf vgl. ²Graph
³Graf, der; -en, -en
Gra|fem vgl. Graphem
Gra|fen|kro|ne; Gra|fen|ti|tel
Graf|fel, das; -s (*bayr., österr. ugs. für* Gerümpel)
Graf|fi|ti|spray er; Graf|fi|tispray|e|rin
Graf|fi|to, der u. das; -[s], ...ti ⟨ital.⟩ (in eine Wand eingekratzte Inschrift; *meist Plur.*: Wandkritzelei; auf Mauern, Fassaden o. Ä. gesprühte od. gemalte Parole od. Darstellung)
Gra|fie, Gra|phie, die; -, -n (*Sprachwiss.* Schreibung)
...gra|fie, ...gra|phie (...[be]schreibung, z. B. Geografie)
Gra|fik, Gra|phik, die; -, -en ⟨griech.⟩ (Schaubild; *nur Sing.*: Sammelbezeichnung für Holzschnitt, Kupferstich, Lithografie u. Handzeichnung)
Gra|fik|chip, Gra|phik|chip (*EDV* Chip, der die Daten der Bilder berechnet, die auf dem Bildschirm ausgegeben werden)
Gra|fik|de|sign, Gra|phik|de|sign
Gra|fik|de|si|gner, Gra|phik|de|signer
Gra|fik|de|si|gne|rin, Gra|phik|designe|rin
Gra|fi|ker, Gra|phi|ker; **Gra|fi|ke|rin**, Gra|phi|ke|rin
Gra|fik|kar|te, Gra|phik|kar|te (*EDV* spezielle Steckkarte zur Erstellung von Grafiken auf dem Computerbildschirm)
Gra|fik|kern, Gra|phik|kern (*EDV* Prozessorkern im Grafikchip)
Gra|fik|leis|tung, Gra|phik|leistung (*EDV* Leistungsfähigkeit eines Grafikchips)
Gra|fik|spei|cher, Gra|phik|speicher (*EDV* Bildspeicher einer Grafikkarte)
Gra|fik|trei|ber, Gra|phik|trei|ber (*EDV*)
Gräfin; Grä|fin|wit|we
gra|fisch, gra|phisch
Gra|fit, Gra|phit, der; -s, -e (ein Mineral)
gra|fit|grau, gra|phit|grau

Graffito
Das aus dem Italienischen übernommene, meist im Plural *Graffiti* erscheinende Substantiv wird nicht, wie oft fälschlicherweise angenommen, mit -*tt*-, sondern mit -*ff*- geschrieben.

gräf|lich; *im Titel* ↑D 89: Gräflich
Gra|fo|lo|ge, Gra|pho|lo|ge, der; -n, -n; **Gra|fo|lo|gie**, Gra|pho|logie, die; - (Lehre von der Deutung der Handschrift als Ausdruck des Charakters); **Gra|folo|gin**, Gra|pho|lo|gin; **gra|fo|logisch**, gra|pho|lo|gisch
Gra|fo|sta|tik, Gra|pho|sta|tik, die; - (zeichnerische Methode zur Lösung statischer Aufgaben)
Graf|schaft
Gra|ham|brot (nach dem amerikanischen Arzt) ↑D 136
Grain [greɪn], der; -s, -s ⟨engl.⟩ (älteres Gewicht); 5 Grain
Gra|ji|sche Al|pen *Plur.* ↑D 140 (Teil der Westalpen)
grä|ko|la|tei|nisch ↑D 149 (griechisch-lateinisch)
Grä|ko|ma|nie, die; - ⟨griech.⟩ ([übertriebene] Vorliebe für altgriechische Kultur)
Gral, der; -s ⟨franz.⟩ (Wunder wirkende ¹Schale im höfischen Roman); der Heilige Gral ↑D 150
Grals|burg; Grals|hü|ter; Grals|hü|te|rin; Grals|rit|ter; Grals|ro|man; Grals|sa|ge
gram; jmdm. gram sein ↑D 70
Gram, der; -[e]s
grä|meln (*bes. mitteld., nordd. für* missmutig sein); ich gräm[e]le
grä|men; sich grämen
gram|er|füllt
Gram|fär|bung, Gram-Fär|bung (nach dem dänischen Arzt H. C. J. Gram) (Färbemethode zur Unterscheidung von Bakterien); gramnegativ, grampositiv
gram|ge|beugt ↑D 59
gram|ge|furcht ↑D 59
gräm|lich; Gräm|lich|keit, die; -
Gramm, das; -s, -e ⟨griech.⟩ (Zeichen g); 2 Gramm
Gram|ma|tik, die; -, -en (Sprachlehre)
gram|ma|ti|ka|lisch (*seltener für* grammatisch)
Gram|ma|ti|ker; Gram|ma|ti|ke|rin
Gram|ma|tik|re|gel; Gram|ma|tiktheo|rie
gram|ma|tisch; grammatisches Geschlecht (Genus)
Gram|mel, die; -, -n (*bayr., österr. für* Griebe); Gram|mel|knö|del (*österr.*)
...gräm|mig (*schweiz.*; z. B. hundertgrämmig, *mit Ziffern* 100-grämmig)
Gramm|mol, Gramm-Mol, **Grammmo|le|kül**, Gramm-Mo|le|kül ⟨griech.; lat.⟩ (*früher für* so viele Gramm einer chemischen Verbindung, wie deren Molekulargewicht angibt)
Gram|mo|fon, Gram|mo|phon®, das; -s, -e ⟨griech.⟩ (Plattenspieler)
Gram|my® ['grɛmi], der; -[s], -s, Gram|my Award® [- ə'vɔːɐ̯t], der; - -, - -s (im Musikbranche verliehener Preis)
gram|ne|ga|tiv, gram|po|si|tiv vgl. **Gramfärbung**
gram|voll
Gran ⟨lat.⟩, Grän ⟨franz.⟩ das; -[e]s, -e (altes Apotheker- u. Edelmetallgewicht); 3 Gran
Gra|na|da (Hauptstadt der gleichnamigen span. Provinz)
¹Gra|nat, der; -[e]s, -e ⟨niederl.⟩ (kleines Krebstier, Garnelenart)
²Gra|nat, der; -[e]s, -e, *österr.* der; -en, -e ⟨lat.⟩ (ein Edelstein)
Gra|nat|ap|fel (Frucht einer subtropischen Pflanze)
Gra|na|te, die; -, -n ⟨ital.⟩
Gra|na|ten|ha|gel, Gra|nat|ha|gel
gra|na|ten|voll (*ugs. für* völlig betrunken)
Gra|nat|ket|te; Gra|nat|schmuck
Gra|nat|split|ter; Gra|nat|trich|ter; Gra|nat|wer|fer (ein Geschütz)
Gran Ca|na|ria (eine der Kanarischen Inseln)
Gran Cha|co [- tʃ...], der; - -s (südamerikanische Landschaft)
¹Grand, der; -[e]s (*nordd. für* Kies)
²Grand, der; -[e]s, -e (*bayr. für* Wasserbehälter)
³Grand [grã:], der; -s, -s ⟨franz.⟩ (höchstes Spiel im Skat)
Grand Can|yon ['grɛnt 'kɛnjən], der; - -[s] (Schlucht im Südwesten der USA)
Gran|de, der; -n, -n ⟨span.⟩ (*früher*

Grande Dame

für Mitglied des Hof-, Hochadels in Spanien)
Grande Dame [grã:d'dam], die; - -, -s-s [grã:d'dam] ⟨franz.⟩ (Grand Old Lady)
Gran|del, Grä|ne, die; -, -n (*Jägerspr.* oberer Eckzahn des Rotwildes)
Gran|deur [grã'dø:ɐ̯], die; - ⟨franz.⟩ (Großartigkeit, Größe)
Gran|dez|za [gra...], die; - ⟨ital.⟩ (elegantes Auftreten)
Grand|ho|tel ['grã:...]
gran|dig ⟨roman.⟩ (*landsch. für* groß, stark)
gran|di|os ⟨ital.⟩ (großartig, überwältigend)
Grand Old La|dy ['grɛnt 'ɔʊlt 'leɪdɪ], die; - - -, *Plur.* - - Ladies ⟨engl.⟩ (älteste bedeutende weibliche Persönlichkeit in einem bestimmten Bereich)
Grand Old Man [- - 'mɛn], der; - - -, - - Men [- -'mɛn] ⟨engl.⟩ (älteste bedeutende männliche Persönlichkeit in einem bestimmten Bereich)
Grand ou|vert ['grã: u've:ɐ̯], der; --[s], --s ['grã: u've:ɐ̯s] ⟨franz.⟩ (Grand, bei dem der Spieler seine Karten offen hinlegen muss)
Grand Prix ['grã: 'pri:], der; - -, -s - ['grã: -] ⟨franz.⟩, »großer Preis«)
Grand|sei|g|neur [grãsɛn'jø:ɐ̯], der; -s, *Plur.* -s u. -e ⟨franz.⟩ (vornehmer, weltgewandter Mann)
Grand Slam® ['grɛnt 'slɛm], der; --[s], --s ⟨engl.⟩ (*Tennis*); **Grand-Slam-Tur|nier**
Grand-Tou|ris|me-Ren|nen [grãtu'rɪsmə...], das; -s, - (Sportwagenrennen)
Grä|ne *vgl.* Grandel
gra|nie|ren ⟨lat.⟩ (*fachspr. für* körnig machen)
Gra|nit, der; -s, -e ⟨ital.⟩ (ein Gestein); **gra|nit|ar|tig**; **Gra|nit|block** *Plur.* ...blöcke; **gra|ni|ten** (aus Granit); **Gra|nit|qua|der**
Gran|ne, die; -, -n (Ährenborste); **gran|nig**
Gran|ny Smith ['grɛnɪ 'smɪθ], der; --, -- ⟨engl.⟩ (eine Apfelsorte)
Grant, der; -s ⟨bayr., österr. für Übellaunigkeit; Unmut⟩; **gran|teln** (grantig sein); ich grant[e]le; **gran|tig**; **Gran|tig|keit**, die; -; **Grant|ler**; **Grant|le|rin**
Gra|nu|la|ri|tät, die; -, -en (*EDV* Anzahl von Untergliederungen eines Elements)
Gra|nu|lat, das; -[e]s, -e ⟨lat.⟩ (Substanz in Körnchenform); **Gra|nu|la|ti|on**, die; -, -en (körnige Struktur [u. deren Bildung])
gra|nu|lie|ren; **Gra|nu|lit**, der; -s, -e (ein Gestein)
Gra|nu|lom, das; -s, -e (*Med.* eine Geschwulstart)
gra|nu|lös (körnig)
Grape|fruit ['greɪpfruːt], die; -, -s ⟨engl.⟩ (eine Zitrusfrucht); **Grape|fruit|saft**
¹**Graph**, ¹Graf, der; -en, -en ⟨griech.⟩ (*Math.* grafische Darstellung)
²**Graph**, ²Graf, das; -s, -e (*Sprachwiss.* Schriftzeichen)
Gra|phem, Gra|fem, das; -s, -e (*Sprachwiss.* kleinste bedeutungsunterscheidende Einheit der geschriebenen Sprache)
Gra|phen, das; -s, -e ⟨Kunstw.⟩ (Zustandsform des Kohlenstoffs)
Gra|phic No|vel ['græfɪk 'nɒvl], die; --, --s ⟨engl.-amerik.⟩ (Comicroman)
Gra|phie *vgl.* Grafie
...**gra|phie** *vgl.* ...grafie
Gra|phik *vgl.* Grafik
Gra|phik|chip *vgl.* Grafikchip
Gra|phik|de|sign *vgl.* Grafikdesign
Gra|phik|de|si|g|ner *vgl.* Grafikdesigner
Gra|phik|de|si|g|ne|rin *vgl.* Grafikdesignerin
Gra|phi|ker *vgl.* Grafiker
Gra|phi|ke|rin *vgl.* Grafikerin
Gra|phik|kar|te *vgl.* Grafikkarte
Gra|phik|kern *vgl.* Grafikkern
Gra|phik|leis|tung *vgl.* Grafikleistung
Gra|phik|spei|cher *vgl.* Grafikspeicher
gra|phisch *vgl.* grafisch
Gra|phit *vgl.* Grafit
gra|phit|grau *vgl.* grafitgrau
Gra|pho|lo|ge *vgl.* Grafologe
Gra|pho|lo|gie *vgl.* Grafologie
Gra|pho|lo|gin *vgl.* Grafologin
gra|pho|lo|gisch *vgl.* grafologisch
Gra|pho|sta|tik *vgl.* Grafostatik
Grap|pa, der; -s, -s, *auch* die; -, -s ⟨ital.⟩ (ital. Tresterbranntwein); drei Grappa
grap|schen, grab|schen; du grapschst, grabschst; **Grap|scher**, Grab|scher, der; -s, - (*abwertend für* männliche Person, die eine Frau gegen ihren Willen sexuell berührt); **Grap|sche|rin**, Grab|sche|rin
grap|sen (österr. *ugs. für* stehlen); du grapst

Gras, das; -es, Gräser
Gras|af|fe (*ugs.* veraltend abwertend für unreifer Mensch)
gras|ar|tig
Gras|bahn|ren|nen (*Motorradsport*)
gras|be|wach|sen ↑D 59
Gras|bo|den; **Gräs|chen**; **Gras|de|cke**
gra|sen; du grast; er/sie graste; **Gra|ser** (*Jägerspr.* Zunge von Rot- u. Damwild)
Grä|ser|chen *Plur.*
Gras|flä|che; **Gras|fleck**
gras|fres|send, **Gras fres|send** ↑D 58
gras|grün
Gras|halm; **Gras|hüp|fer**
gra|sig
Gras|land, das; -[e]s
Gräs|lein
Gras|li|lie; **Gras|mü|cke**, die; -, -n (ein Singvogel)
Gras|nar|be; **Gras|platz**
Grass, Günther (dt. Schriftsteller); Grass' Romane ↑D 16
Gras|sa|me; **Gras|si|chel**
gras|sie|ren ⟨lat.⟩ (sich ausbreiten; wüten [von Seuchen])
gräss|lich; **Gräss|lich|keit**
Gras|step|pe; **Gras|strei|fen**
gras|über|wach|sen; **gras|über|wu|chert**
Grat, der; -[e]s, -e (Kante; Bergkamm[linie]); *vgl. aber* Grad
Grä|te, die; -, -n (Fischgräte); **grä|ten|los**
Gra|ti|an, **Gra|ti|a|nus** (röm. Kaiser; m. Vorn.)
Gra|ti|as, das; -, - (Dank[gebet])
Gra|ti|fi|ka|ti|on, die; -, -en ([freiwillige] [Sonder]zuwendung)
grä|tig (viele Gräten enthaltend; *ugs. für* reizbar, aufbrausend)
Gra|tin [...'tɛ̃:], das; -s, -s ⟨franz.⟩ (überbackenes Gericht)
Grä|ting, die; -, *Plur.* -e *od.* -s ⟨engl.⟩, »Gitterwerk«) (*Seemannsspr.* Gitterrost [auf Schiffen])
gra|ti|nie|ren ⟨franz.⟩ (mit einer Kruste überbacken)
gra|tis ⟨lat.⟩ (unentgeltlich)
Gra|tis|ak|tie; **Gra|tis|ein|tritt** (bes. schweiz.); **Gra|tis|ex|em|p|lar**; **Gra|tis|kin|der|gar|ten** (österr.); **Gra|tis|mus|ter** (bes. schweiz.); **Gra|tis|num|mer** (österr., schweiz. *für* für anrufende Personen kostenlose Telefonnummer); **Gra|tis|pro|be**; **Gra|tis|pro|s|pekt**; **Gra|tis|vor|stel|lung**
Grat|leis|te (in der Tischlerei)
Grät|sche, die; -, -n (eine Turn-

grau

Kleinschreibung ↑D 89:
- in grauer Vorzeit
- sich keine grauen Haare wachsen lassen (*ugs. für sich keine Sorgen machen*)
- die [kleinen] grauen Zellen (*ugs. für Gehirnzellen, Denkvermögen*)
- grau in grau malen
- grauer Markt
- sie ist eine graue Maus (*ugs. für unscheinbar*)
- eine graue *od.* Graue Eminenz (nach außen kaum in Erscheinung tretende, aber einflussreiche [politische] Persönlichkeit)
- grauer *od.* Grauer Star (Augenkrankheit)

Großschreibung ↑D 88:
- die Grauen Schwestern (katholische Kongregation)
- die Grauen Panther (ehemaliger Seniorenschutzbund)

Schreibung in Verbindung mit Verben und Partizipien ↑D 56 u. 58:
- grau sein; grau werden
- grau färben *od.* graufärben
- grau lackieren *od.* graulackieren
- grau streichen *od.* graustreichen
- ein grau gestreifter *od.* graugestreifter Rock
- grau meliert *od.* graumelierte Haare

Vgl. auch blau

G
Grav

übung); **grät|schen** ([die Beine] seitwärts abspreizen); du grätschst; **Grätsch|stel|lung**
Gra|tu|lant, der; -en, -en ⟨lat.⟩; **Gra|tu|lan|tin**
Gra|tu|la|ti|on, die; -, -en; **Gra|tu|la|ti|ons|cour**, die; -, -en ⟨lat.; franz.⟩ ([feierliche] Beglückwünschung durch viele Gratulanten)
gra|tu|lie|ren; jmdm. zum Geburtstag gratulieren
Grat|wan|de|rung
Grätz|el, das; -s, -n (*österr. ugs. für* Teil eines Wohngebiets)
grau s. Kasten
Grau, das; -[s], -[s] (graue Farbe); in Grau; *vgl.* Blau
grau|äu|gig
Grau|bart; **grau|bär|tig**
Grau|be|reich (*svw.* Grauzone)
grau|blau ↑D 23; **grau|braun** ↑D 23
Grau|brot
Grau|bün|den (schweiz. Kanton); *vgl.* Bünden; **Graubünd|ner** *vgl.* Bündner; **Grau|bünd|ne|rin**; **graubünd|ne|risch**
Grau|chen (Eselchen)
Gräu|el, der; -s, -; **Gräu|el|mär|chen**; **Gräu|el|pro|pa|gan|da**; **Gräu|el|tat**
¹**grau|en** (Furcht haben); mir, *seltener* mich graut [es] vor dir
²**grau|en** (dämmern); der Morgen, der Abend graut
Grau|en, das; -s, -; es überkommt ihn ein Grauen (Furcht, Schauder); die Grauen (Schrecken) des Atomkrieges; Grauen erregen; *vgl.* grauenerregend
grau|en|er|re|gend, **Grau|en er|re|gend** ↑D 58; ein **grau|en|er|re|gen|der** *od.* Grauen erregender Vorfall; *aber nur* ein höchstens

Grauen erregender Vorfall; ein höchst grauenerregender, noch grauenerregenderer Vorfall
grau|en|haft; **grau|en|voll**
grau fär|ben, **grau|fär|ben** *vgl.* grau
Grau|gans
grau|grün ↑D 23
grau|haa|rig
Grau|kas, der; -es, **Grau|kä|se** (*westösterr., südösterr. für* ein Sauermilchkäse)
Grau|kopf
grau|len (sich fürchten); es grault mir; ich graule mich
¹**gräu|lich** ⟨zu Grauen⟩
²**gräu|lich**, *selten* **grau|lich** ⟨zu grau⟩
grau me|liert, **grau|me|liert** *vgl.* grau
Grau|pe, die; -, -n *meist Plur.* ([Getreide]korn)
Grau|pel, die; -, -n *meist Plur.* (Hagelkorn); **grau|peln**; es graupelt
Grau|pel|schau|er; **Grau|pel|wet|ter**
Grau|pen|sup|pe
graus (*veraltet für* grausig), **Graus**, der; -es (*veraltet für* Schrecken); o *od.* oh Graus!
grau|sam; **Grau|sam|keit**
Grau|schim|mel; **Grau|schlei|er**
grau|sen (sich fürchten); mir *od.* mich grauste; sich grausen; **Grau|sen**, das; -s
grau|sig
graus|lich (*bes. bayr., österr. ugs. für* unangenehm, hässlich)
Grau|specht; **Grau|spieß|glanz** (ein Mineral); **Grau|tier** (Esel); **Grau|wa|cke** (*Geol.* Sandstein); **Grau|wal**
Grau|werk, das; -[e]s (Pelzwerk,

bes. aus dem grauen Winterpelz russ. Eichhörnchen; Feh)
Grau|zo|ne (Übergangszone)
gra|ve ⟨ital.⟩ (*Musik* schwer); **Grave**, das; -s, -s (*Musik*)
Gra|ven|ha|ge *vgl.* 's-Gravenhage
Gra|ven|stei|ner [...v...] (eine Apfelsorte)
Gra|veur [...'vø:ɐ̯], der; -s, -e ⟨franz.⟩ (Metall-, Steinschneider); **Gra|veur|ar|beit** [...v...] *vgl.* Gravierarbeit; **Gra|veu|rin**
gra|vid ⟨lat.⟩ (*Med.* schwanger); **Gra|vi|di|tät**, die; -, -en (Schwangerschaft)
Gra|vier|ar|beit, **Gra|veur|ar|beit** [...v...] ⟨franz.; dt.⟩; **gra|vie|ren** ([in Metall, Stein, Glas o. Ä.] [ein]schneiden)
gra|vie|rend ⟨lat.⟩ (schwerwiegend; belastend)
Gra|vie|rung
Gra|vi|me|ter, das; -s, - ⟨lat.; griech.⟩ (*Physik* Gerät zum Messen der Schwerkraft); **Gra|vi|met|rie**, die; -, ...ien (*Physik, Chemie*); **gra|vi|met|risch**
Gra|vis, der; -, - ⟨lat.⟩ (*Sprachwiss.* ein Betonungszeichen: ˋ, z. B. è)
Gra|vi|tät, die; - ([steife] Würde)
Gra|vi|ta|ti|on, die; - (Schwerkraft, Anziehungskraft); **Gra|vi|ta|ti|ons|feld**; **Gra|vi|ta|ti|ons|ge|setz**
gra|vi|tä|tisch (würdevoll)
gra|vi|ta|tiv ⟨nlat.⟩ (*bes. Physik* von der Gravitation ausgehend)
gra|vi|tie|ren ([aufgrund der Gravitation] zu etwas hinstreben)
Gra|vur, der; -s, -en ⟨franz.⟩ (eingravierte Schrift, Zeichnung)
Gra|vü|re, die; -, -n ([Kupfer-, Stahl]stich)

Gray [greɪ], das; -, - ⟨nach dem engl. Physiker⟩ (Maßeinheit der Energiedosis; *Zeichen* Gy)

Graz (Hauptstadt der Steiermark); **Gra|zer**; **Gra|ze|rin**

¹**Gra|zie**, die; - ⟨lat.⟩ (Anmut)

²**Gra|zie**, die; -, -n (eine der drei römischen Göttinnen der Anmut; *scherzh. für* anmutige Frau)

gra|zil ⟨lat.⟩ (schlank, geschmeidig, zierlich); **Gra|zi|li|tät**, die; -

gra|zi|ös ⟨franz.⟩ (anmutig)

gra|zi|o|so ⟨ital.⟩ (*Musik* anmutig)

grä|zi|sie|ren ⟨griech.⟩ (nach griechischem Muster formen)

Grä|zis|mus, der; -, ...men (*Sprachwiss.* altgriechische Spracheigentümlichkeit [in einer anderen Sprache])

Grä|zist, der; -en, -en; **Grä|zis|tik**, die; - (Erforschung des Altgriechischen); **Grä|zis|tin**

Grä|zi|tät, die; - (Wesen der altgriech. Sprache u. Sitte)

Gre|co, El *vgl.* El Greco

Green [griːn], das; -s, -s ⟨engl.⟩ (*Golf* um das Loch herum kurz geschnittene Rasenfläche)

Green|back ['griːn...], der; -[s], -s ⟨engl.⟩ (*Finanzw. Jargon* für US-Dollar)

Green|card, die; -, -s, Green Card, die; - -, - - ['griːn...] ⟨engl.⟩ ([un]befristete Arbeits- u. Aufenthaltserlaubnis)

Greene [griːn], Graham (engl. Schriftsteller)

Green|fee, Green-Fee ['griːnfiː], die; -, -s, *auch* das; -s, -s ⟨engl.; *zu* Green⟩ (von einem Golfspieler auf fremdem Platz zu entrichtende Gebühr)

Green|horn ['griːn...], das; -s, -s ⟨engl.⟩ (Anfänger, Neuling)

Green|kee|per, Green-Kee|per ['griːn...], der; -s, - ⟨engl.; *zu* Green⟩ (jmd., der eine Golfanlage in Ordnung hält); **Green-kee|pe|rin**, Green-Kee|pe|rin

Green|peace® ['griːnpiːs] ⟨engl.⟩ (Umweltschutzorganisation)

Green|wa|shing ['griːnvɔʃɪŋ], das; -s ⟨engl.⟩ (Versuch von Firmen, sich als umweltbewusst darzustellen)

Green|wich ['grɪnɪtʃ] (Stadtteil Londons; *Abk.* Gr.); **Green|wi|cher**; Greenwicher Zeit (westeuropäische Zeit); **Green|wi|che|rin**

Grège [grɛːʃ], die; - ⟨franz.⟩ (Naturseidenfaden); **Grège|sei|de**

Gre|gor, Gre|go|ri|us (m. Vorn.)

gre|go|ri|a|nisch ↑D 135 *u.* 89: der gregorianische Kalender; der gregorianische Choral

Gre|go|ri|us *vgl.* Gregor

Greif, der; *Gen.* -[e]s *u.* -en, *Plur.* -e[n] (Fabeltier [Vogel]; *auch für* Greifvogel)

Greif|arm; **Greif|bag|ger**

greif|bar; **grei|fen**; du griffst; gegriffen; greif[e]!; um sich greifen; ↑D 82: zum Greifen nahe!; wir konnten ein Umsichgreifen des Feuers verhindern; **Grei|fer**

Greifs|wald (Stadt in Vorpommern); **Greifs|wal|der**; **Greifs|wal|de|rin**

Greif|vo|gel; **Greif|zan|ge**

grei|nen (*ugs. für* weinen)

greis (*geh. für* sehr alt); **Greis**, der; -es, -e; **Grei|sen|al|ter**, das; -s

grei|sen|haft; **Grei|sen|haf|tig|keit**, die; -

Grei|sen|stim|me; **Grei|sin**

Greiß|ler (*ostösterr. für* Krämer); **Greiß|le|rei**; **Greiß|le|rin**

grell ↑D 58: die <mark>grell beleuchtete</mark> *od.* grellbeleuchtete Bühne; grellgelb usw.; **grell|bunt**; **Grel|le**, die; -

Gre|mi|al|vor|ste|her (*österr. für* Vorsteher eines Gremiums in einer Interessenvertretung); **Gre|mi|al|vor|ste|he|rin**

Gre|mi|um, das; -s, ...ien ⟨lat.⟩ (Ausschuss; Körperschaft)

Gre|na|da (Staat im Bereich der Westindischen Inseln); **Gre|na|der**; **Gre|na|de|rin**

Gre|na|dier, der; -s, -e ⟨franz.⟩ (Infanterist); **Gre|na|die|rin**

Gre|na|dil|le, die; -, -n ⟨franz.⟩ (Passionsfrucht)

¹**Gre|na|di|ne**, die; - ⟨franz.⟩ (Saft, Sirup aus Granatäpfeln)

²**Gre|na|di|ne**, die; - (ein Gewebe)

Gre|na|di|nen *Plur.* (Inselgruppe der Kleinen Antillen)

gre|na|disch (aus Grenada)

Gre|no|ble [grəˈnɔbl] (franz. Stadt)

Grenz|aus|gleich; **Grenz|bahn|hof**; **Grenz|baum**

Grenz|be|am|te; **Grenz|be|am|tin**

Grenz|be|fes|ti|gung *meist Plur.*; **Grenz|be|reich**

Grenz|be|woh|ner; **Grenz|be|woh|ne|rin**

grenz|de|bil (*ugs. für* leicht debil)

Gren|ze, die; -, -n; **gren|zen**; du grenzt; **gren|zen|los**; **Gren|zen|lo|sig|keit**, die; -

Gren|zer (*ugs. für* Grenzjäger, -bewohner; **Gren|ze|rin**

Grenz|fall, der; **Grenz|fluss**; **Grenz|for|ma|li|tät** *meist Plur.*

Grenz|gän|ger; **Grenz|gän|ge|rin**

Grenz|ge|biet; **Grenz|kon|t|rol|le**; **Grenz|land**; **Grenz|li|nie**

grenz|nah; grenznahe Gebiete

Grenz|ort *Plur.* ...orte; **Grenz|pos|ten**; **Grenz|rain**; **Grenz|re|gi|on**; **Grenz|schutz**, der; -es; **Grenz|si|tu|a|ti|on**; **Grenz|sol|dat**; **Grenz|sol|da|tin**; **Grenz|stadt**

Grenz|stein; **Grenz|strei|tig|keit** *meist Plur.*; **Grenz|trup|pe** *meist Plur. (Militär)*; **Grenz|über|gang**

grenz|über|schrei|tend; grenzüberschreitender Verkehr; **Grenz|über|schrei|tung**

Grenz|über|tritt; **Grenz|ver|kehr**; **Grenz|ver|lauf**; **Grenz|ver|let|zung**; **Grenz|wall**; **Grenz|wert**

grenz|wer|tig

Grenz|zie|hung; **Grenz|zwi|schen|fall**

Gret, **Gret|chen** (w. Vorn.); **Gret|chen|fra|ge**

Gre|te, **Gre|tel**, **Gre|ti** (w. Vorn.)

Greu|el usw. *alte Schreibung für* Gräuel usw.; **greu|lich** *alte Schreibung für* ¹gräulich

Gre|ven|broich [...ˈbrɔːx] (Stadt in Nordrhein-Westfalen)

Gre|xit, der; -s ⟨engl.⟩ (*Kunstw. aus* Greek *u.* exit) (*bes. Politikjargon* Austritt Griechenlands aus der Eurozone)

Grey|erz (schweiz. Ortsn.); Greyerzer Käse; *vgl.* Gruyères

Grey|hound ['greɪhaʊnt], der; -[s], -s ⟨engl.⟩ ([für Rennen gezüchteter] engl. Windhund; ein amerik. Überlandbus)

Grie|be, die; -, -n (ausgebratener Speckwürfel)

Grie|ben|fett; **Grie|ben|schmalz**; **Grie|ben|wurst**

Griebs, der; -es, -e (*landsch. für* Kerngehäuse des Obstes; *mitteld. für* Gurgel)

Grie|che, der; -n, -n; **Grie|chen|land**; **Grie|chin**

grie|chisch *vgl.* deutsch / Deutsch; **Grie|chisch**, das; -[s] (Sprache); *vgl.* Deutsch; **Grie|chi|sche**, das; -n; *vgl.* ²Deutsche

grie|chisch-ka|tho|lisch (*Abk.* gr.-kath.); **grie|chisch-or|tho|dox**

grie|chisch-rö|misch (*Ringen*)

grie|chisch-uniert

Grie|fe, die; -, -n (*mitteld. für* Griebe)

Grieg, Edvard (norw. Komponist)

Grie|meln (*westmitteld. für* schadenfroh in sich hineinlachen); ich griem[e]le

Groschen

grie|nen (*ugs. für* grinsen)
Grie|sel, der; -s (*Meteorol.* Niederschlag in Form von kleinen Eiskörnchen)
grie|seln (*nordd. für* erschauern [vor Kälte usw.]); mich grieselt
Gries|gram, der; -[e]s, -e; **gries|grämig**, *selten* **gries|grä|misch**, **gries|gräm|lich**
Grieß, der; -es, -e; **Gieß|brei**
grie|ßeln (körnig werden; *auch* rieseln); es grießelt
grie|ßig; grießiges Mehl; **Grie|ßig**, das; -s (Bienenkot)
Grieß|kloß; **Grieß|klöß|chen|sup|pe**
Grieß|knö|del (*bayr., österr.*)
Grieß|koch (*bayr. für* Speise aus Grießbrei); *vgl.* ²**Koch**; **Grießmehl**; **Grieß|no|ckerl** (*österr.*); **Grieß|schmar|ren** (*österr. für* Süßspeise aus geröstetem Grieß); **Grieß|sup|pe**
griff *vgl.* greifen
Griff, der; -[e]s, -e; **griff|be|reit**; **Griff|brett**
Grif|fel, der; -s, -
griff|fest ↑ D 25
grif|fig; **Grif|fig|keit**, die; -
griff|los
Grif|fon [...'fõː], der; -s, -s ⟨franz.⟩ (ein Vorstehhund)
Griff|tech|nik (Ringen)
¹**Grill**, der; -s, -s ⟨engl.⟩ (Bratrost)
²**Grill**, der; -s, *Plur.* -s u. -z ⟨engl.⟩ (Jargon schmückende, verzierte Zahnspange)
Gril|la|de [gri'jaː...], die; -, -n ⟨franz.⟩ (gegrilltes Stück Fleisch, Fisch o. Ä.); **Grill|an|zün|der**
Gril|le, die; -, -n (ein Insekt; *auch für* sonderbarer Einfall; Laune)
gril|len ⟨engl.⟩ (auf dem Grill braten)
Gril|len|fän|ger (trübsinniger Mensch); **Gril|len|fän|ge|rin**; **gril|len|fän|ge|risch**
gril|len|haft (sonderbar; launisch); **Gril|len|haf|tig|keit**, die; -
Gril|let|te [...'lɛtə], die; -, -n (*regional für* gegrilltes Hacksteak)
Grill|fest; **Grill|ge|rät**; **Grill|ge|richt**; **Grill|hendl** (*österr.*)
gril|lie|ren [auch gri'jiː...] ⟨franz.⟩ (*bes. schweiz. für* grillen)
gril|lig (*svw.* grillenhaft); **Grill|ig|keit**
Grill|par|ty
Grill|par|zer (österr. Dichter)
Grill|platz; **Grill|plausch** (*schweiz. für* Grillparty); **Grill|re|s|tau|rant**
Grill|room [...ruːm], der; -s, -s ⟨engl.⟩ (Grillrestaurant, -stube)

Gri|mas|se, die; -, -n ⟨franz.⟩; **gri|mas|sie|ren**
Grim|bart, der; -s (der Dachs in der Tierfabel)
grimm (*veraltet für* zornig)
¹**Grimm**, der; -[e]s *(veraltend)*
²**Grimm**, Jacob *u.* Wilhelm (dt. Sprachwissenschaftler und Märchensammler); die Brüder Grimm
Grimm|darm (Dickdarmteil)
Grim|mels|hau|sen (dt. Schriftsteller im 17. Jh.)
grim|men *(veraltet für* ärgern)
Grim|men, das; -s ([Bauch]weh)
grim|mig; **Grim|mig|keit**, die; -
grimmsch; das **grimmsche** *od.* Grimm'sche Wörterbuch; die **grimmschen** *od.* Grimm'schen Märchen ↑ D 89 u. 135
Grim|sel, die; -, *auch* der; -[s] (schweiz. Alpenpass)
Grind, der; -[e]s, -e (Schorf; *schweiz. derb für* Kopf; **Grin|del|wald** (Luftkurort im Berner Oberland)
grin|dig
Grind|wal (eine Delfinart)
Grin|go, der; -s, -s ⟨span.⟩ *(abwertend für* nicht romanischer Fremder in Südamerika)
grin|sen; du grinst
Grin|zing (Stadtteil von Wien)
Grip, der; -[e]s ⟨engl.⟩ (Bodenhaftung)
grip|pal *vgl.* grippös
Grip|pe, die; -, -n ⟨franz.⟩ (eine Infektionskrankheit); **Grip|pe|an|fall**; **Grip|pe|epi|de|mie**; **Grip|pe|vi|rus**; **Grip|pe|wel|le**
grip|pös, grip|pal (*Med.* grippeartig)
Grips, der; -es (*ugs. für* Verstand)
Gri|saille [...'zaːi], die; -, -n [...'zajən] (schwarz-weißer Seidenstoff; Malerei in Grautönen [*nur Sing.*]; in dieser Weise hergestelltes Kunstwerk)
Gri|sel|dis (w. Vorn.)
¹**Grit**, der; -s, -e ⟨engl.⟩ (grober Sand; Sandstein)
²**Grit**, **Gritt** (w. Vorn.)
Griw|na, die; -, ...nji, *fachspr.* Hrywnja, die; -, Hrywni *od.* Hrywen (ukrainische Währungseinheit; *Währungscode* UAH); 200 Griwna *od.* Hrywnja
Grizz|ly|bär ['grɪsli...] ⟨engl.; dt.⟩ (großer nordamerik. Braunbär)
gr.-kath. = griechisch-katholisch
grob; gröber, gröbste; grob fahrlässig handeln; Korn <mark>grob mahlen</mark> *od.* grobmahlen; <mark>grob</mark>

<mark>gemahlenes</mark> *od.* grobgemahlenes Korn; <mark>grob gestrickte</mark> *od.* grobgestrickte Socken; ↑ D 75; jmdn. aufs <mark>Gröbste</mark> *od.* gröbste beleidigen; aus dem Gröbsten heraus sein
Grob|blech
Grö|be, die; - (Siebrückstand)
<mark>**grob fahr|läs|sig**</mark>, **grob|fahr|läs|sig**; **grob fahrlässiges** *od.* grobfahrlässiges Handeln; *vgl.* grob
grob|fa|se|rig
<mark>**grob ge|mah|len**</mark>, **grob|ge|mah|len** *vgl.* grob
<mark>**grob ge|strickt**</mark>, **grob|ge|strickt** *vgl.* grob
Grob|heit
Gro|bi|an, der; -[e]s, -e (grober Mensch)
grob|kno|chig; **grob|kör|nig**
gröb|lich (ziemlich grob; sehr)
<mark>**grob mah|len**</mark>, **grob|mah|len** *vgl.* grob
grob|ma|schig; **Grob|ma|schig|keit**, die; -
Grob|mo|to|rik; **grob|mo|to|risch**
grob|schläch|tig (von grober Art); **Grob|schläch|tig|keit**, die; -
Grob|schmied; **Grob|schnitt**
Gro|den, der; -s, - (*nordd. für* [mit Gras bewachsenes] angeschwemmtes Deichvorland)
Grog, der; -s, -s (vielleicht nach dem Spitznamen des engl. Admirals Vernon: »Old Grog« (heißes alkoholisches Getränk)
grog|gy [...gi] (*eigtl.* »vom Grog betrunken« (*Boxen* schwer angeschlagen; *ugs. auch für* zerschlagen, erschöpft)
Groitzsch (Stadt südl. von Leipzig)
grö|len (*ugs.*); **Grö|le|rei**
Groll, der; -[e]s; **groll|en**
Gro|nin|gen (niederl. Stadt)
Grön|land; **Grön|län|der**; **Grön|län|de|rin**; **grön|land|fah|rer**; **grön|län|disch**; **Grön|land|wal**
Groom [gruːm], der; -s, -s ⟨engl.⟩ (Reitknecht)
Groove [gruːv], der; -s, -s ⟨engl.⟩ (rhythmisches Grundmuster [im Jazz]; Gefühl für Rhythmus u. Tempo); **groo|ven** ['gruːvn̩]; er groovt; **groo|vig**; **groo|vy** [...vi] (*auch ugs. für* sehr gut, schön)
Gro|pi|us (amerik. Architekt dt. Herkunft)
Grop|pe, die; -, -n (ein Fisch)
¹**Gros** [groː], das; -, - ⟨franz.⟩ (überwiegender Teil); *vgl.* en gros
²**Gros** [grɔs], das; -ses, -se ⟨niederl.⟩ (12 Dutzend); 2 Gros Nadeln
Gro|schen, der; -s, - ⟨mlat.⟩ (Unter-

Groschenblatt

groß
größer, größte
- größer als (*Math.; Zeichen* >)
- groß[en]teils, größer[e]nteils, größtenteils

I. *Kleinschreibung:*
a) ↑D 74: ihr Haus war am größten
b) ↑D 89: die großen Ferien
- auf große Fahrt gehen
- Kapitän auf großer Fahrt (*Seew.*)
- das große Einmaleins
- das große Los
- die große Pause
- die große (vornehme) Welt
- auf großem Fuß (*ugs. für* verschwenderisch) leben
- etwas an die große Glocke hängen (*ugs. für* überall erzählen)
- einen großen Bahnhof (*ugs. für* feierlichen Empfang) bekommen
- im großen Ganzen

II. *Großschreibung:*
a) ↑D 72: etwas, nichts, viel, wenig Großes
- Groß und Klein (*auch für* jedermann)
- Große und Kleine, die Großen und die Kleinen
- im Großen und Ganzen
- im Großen (en gros) einkaufen
- vom Kleinen auf das Große schließen
- ein Zug ins Große
- im Großen wie im Kleinen treu sein
- das Größte (*ugs. für* sehr gut) wäre, wenn ...
- ein gutes Fußballspiel ist für ihn das Größte
- er ist der Größte (*ugs. für* ist unübertroffen)
b) ↑D 134, 140 *u.* 150: Otto der Große (*Abk.* d. Gr.), *Gen.:* Ottos des Großen
- der Große Schweiger (Moltke)
- der Große Teich (*ugs. für* Atlantischer Ozean)
- der Große Belt
- der Große Wagen, der Große Bär (Sternbilder)
- die Große Strafkammer
- die Große Mauer (in China)
- der Große Rat (*schweiz. das* Kantonsparlament)

c) ↑D 89: das große *od.* Große Latinum
- der Große *od.* große Lauschangriff
- die Große *od.* große Anfrage (im Parlament)
- die Große *od.* große Koalition
- die Große *od.* große Kreisstadt

III. *Schreibung in Verbindung mit Verben:*
- groß herauskommen
- jemanden groß herausbringen
- groß schreiben (in großer Schrift schreiben), *aber* großschreiben (mit großem Anfangsbuchstaben schreiben; sehr wichtig nehmen)
- großtun (prahlen)
- Kinder großziehen (aufziehen)
- groß klicken *od.* großklicken (*EDV* durch Anklicken vergrößern)

IV. *Getrennt- oder Zusammenschreibung bei nicht übertragener Bedeutung in Verbindung mit adjektivisch gebrauchten Partizipien* ↑D 58:
- ein groß angelegter *od.* großangelegter Plan
- ein groß gemusterter *od.* großgemusterter Stoff
- ein groß gewachsener *od.* großgewachsener Junge
- ein groß karierter *od.* großkarierter Mantel

V. *In Straßennamen gilt Getrennt- u. Großschreibung* ↑D 161 *u.* 162:
- Große Bockenheimer Straße
- Große Riedgasse
- In der Großen Heide

G
Gros

einheit des Schillings; *früher ugs. für* Zehnpfennigstück)
Gro|schen|blatt (billige, anspruchslose Zeitung); **Gro|schen|grab** (*scherzh. veraltend für* Spielautomat, Parkuhr o. Ä.); **Gro|schen|heft**; **Gro|schen|ro|man**
Gros|ny (Hauptstadt Tschetscheniens)
groß *s. Kasten*
Groß|ab|neh|mer; **Groß|ab|neh|me|rin**
Groß|ad|mi|ral; **Groß|ad|mi|ra|lin**
Groß|ak|ti|o|när; **Groß|ak|ti|o|nä|rin**
Groß|alarm
Groß|an|drang (*schweiz. für* Massenandrang)
groß an|ge|legt, **groß|an|ge|legt** *vgl.* groß

Groß|an|lass (*schweiz. für* Großveranstaltung)
groß|ar|tig; **Groß|ar|tig|keit**, die; -
Groß|auf|ge|bot; **Groß|auf|marsch** (*bes. schweiz.*); **Groß|auf|nah|me**; **Groß|auf|trag**
Groß|bank *Plur.* ...banken
Groß|bau|er; **Groß|bäu|e|rin**
Groß|bau|stel|le
Groß-Ber|lin ↑D 144; **Groß-Ber|li|ner**
Groß|be|trieb
Groß|bild|lein|wand
Groß|bour|geoi|sie; **Groß|brand**
Groß|bri|tan|ni|en; **groß|bri|tan|nisch**
Groß|buch|sta|be
groß|bür|ger|lich; **Groß|bür|ger|tum**
Groß|club *vgl.* Großklub

Groß|cou|sin (*landsch.*); **Groß|cou|si|ne**, **Groß|ku|si|ne** (*landsch.*)
Groß|de|mons|t|ra|ti|on
groß|deutsch (*bes. nationalsoz.*)
Grö|ße, die; -, -n; Schuhe in Größe vierzig; **Groß|ein|kauf**; **Groß|ein|satz**
Groß|el|tern *Plur.*
Grö|ßen|ord|nung
gro|ßen|teils, groß|teils
Grö|ßen|un|ter|schied; **Grö|ßen|ver|hält|nis**
Grö|ßen|wahn; **grö|ßen|wahn|sin|nig**
grö|ßer *vgl.* groß
Groß|er|eig|nis
grö|ße|ren|teils, grö|ßern|teils
Groß|fahn|dung; **Groß|fa|mi|lie**; **Groß|feu|er**

groß|fi|gu|rig; groß|flä|chig
Groß|flug|ha|fen; Groß|flug|zeug
Groß|fo|lio, das; -s (Buchw.; Abk. Gr.-2°)
Groß|for|mat; groß|for|ma|tig
Groß|fürst; Groß|fürs|tin
Groß|fürs|tin-Mut|ter
Groß|ge|mein|de
groß ge|mus|tert, groß|ge|mus|tert vgl. groß
groß ge|wach|sen, groß|ge|wach|sen vgl. groß
Groß|glock|ner [auch 'gro:...], der; -s (höchster Berg Österreichs); Groß|glock|ner|mas|siv, Groß|glock|ner-Mas|siv
groß|go|schert (österr. ugs. für großsprecherisch)
Groß|grund|be|sit|zer; Groß|grund|be|sit|ze|rin
Groß|han|del; Groß|han|dels|preis
Groß|händ|ler; Groß|händ|le|rin
groß|her|zig; Groß|her|zig|keit
Groß|her|zog; Groß|her|zo|gin; groß|her|zog lich; im Titel ↑D 89: Großherzoglich; Groß|her|zog|tum
Groß|hirn; Groß|hirn|rin|de
Groß|in|dus|t|rie; groß|in|dus|t|ri|ell; Groß|in|dus|t|ri|el|le
Groß|in|ves|ti|ti|on
Gros|sist, der; -en, -en (franz.) (Großhändler); Gros|sis|tin
groß|jäh|rig (veraltend für volljährig); Groß|jäh|rig|keit, die; -
groß|ka|li|b|rig
Groß|kampf|tag (Militär; auch ugs. für harter Arbeitstag)
groß ka|riert, groß|ka|riert vgl. groß
Groß|kat|ze (z. B. Löwe)
Groß|kauf|frau; Groß|kauf|mann Plur. ...kaufleute
Groß|kind (schweiz. für Enkelkind)
groß kli|cken, groß|kli|cken (EDV durch Anklicken vergrößern)
Groß|kli|ma
Groß|klub, Groß|club (Sport, bes. Fußball)
Groß|knecht (früher)
Groß|ko|a|li|ti|on; Groß|ko|a|li|ti|o|när; Groß|ko|a|li|ti|o|nä|rin
Groß|kon|zern
Groß|kop|fe|te, Groß|kop|fer|te, der u. die; -n, -n (ugs. für einflussreiche Persönlichkeit)
groß|köp|fig
Groß|kotz, der; -es, -e (derb für Angeber, Protz); groß|kot|zig; Groß|kot|zig|keit, die; -
Groß|kraft|werk; Groß|kü|che
Groß|kun|de
Groß|kund|ge|bung

Groß|kun|din
Groß|lein|wand
Groß|macht; groß|mäch|tig (veraltet für sehr mächtig; sehr groß); Groß|macht|po|li|tik
Groß|ma|ma
Groß|manns|sucht, die; -; groß|manns|süch|tig
Groß|markt; Groß|markt|hal|le
groß|ma|schig; groß|maß|stä|big, häufiger groß|maß|stäb|lich
Groß|mast (Seemannsspr. zweiter Mast von vorn)
Groß|maul (ugs.); groß|mäu|lig; Groß|mäu|lig|keit, die; -
groß|mehr|heit|lich (schweiz. für mit großer Mehrheit)
Groß|meis|ter; Groß|meis|te|rin
Groß|mo|gul
Groß|mut, die; -; groß|mü|tig; Groß|mü|tig|keit, die; -
Groß|mut|ter Plur. ...mütter; groß|müt|ter|lich
Groß|nef|fe; Groß|nich|te
Groß|of|fen|si|ve (Militär)
Groß|ok|tav, das; -s (Buchw.; Abk. Gr.-8°)
gros|so mo|do ⟨lat.⟩ (grob gesprochen, im Großen und Ganzen)
Groß|on|kel
Groß|pa|ckung
Groß|pa|pa
Groß|par|tei; Groß|pro|duk|ti|on; Groß|pro|jekt
Groß|quart, das; -[e]s (Buchw.; Abk. Gr.-4°)
Groß|rat Plur. ...räte (Mitglied eines schweiz. Kantonsparlaments); Groß|rä|tin
Groß|raum; Groß|raum|bü|ro; Groß|raum|flug|zeug; groß|räu|mig; Groß|raum|wa|gen
Groß|ra|z|zia; Groß|rech|ner (EDV)
Groß|ree|de|rei
Groß|rei|ne|ma|chen, seltener Groß|rein|ma|chen, das; -s
Groß|schan|ze (Skisport)
Groß|schiff|fahrts|weg, Groß-Schiff|fahrts|weg ↑D 22
Groß|schnau|ze (ugs. svw. Großmaul); groß|schnau|zig, groß|schnäu|zig
Groß|schot (Seemannsspr.)
groß|schrei|ben (mit großem Anfangsbuchstaben schreiben; ugs. für wichtig nehmen; Substantive großschreiben; Teamarbeit wird bei uns [sehr] großgeschrieben; vgl. groß
Groß|schreib|tas|te (Umschalttaste); Groß|schrei|bung
Groß|se|gel; Groß|sport|hal|le
groß|spre|che|risch

groß|spu|rig; Groß|spu|rig|keit, die; -
Groß|stadt; Groß|städ|ter; Groß|städ|te|rin; groß|städ|tisch
Groß|stadt|mensch; Groß|stadt|ver|kehr
Groß|stein|grä|ber|leu|te Plur. (Megalithiker der Jüngeren Steinzeit)
Groß|tan|te
Groß|tat
größ|te vgl. groß
Groß|teil, der; groß|teils, gro|ßen|teils; größ|ten|teils
Größt|maß, das
größt|mög|lich (falsch: größtmöglichst)
Groß|tu|er; Groß|tu|e|rei; Groß|tu|e|rin; groß|tu|e|risch; groß|tun (prahlen); er soll nicht so großtun
Groß|un|ter|neh|men (Wirtsch.); Groß|un|ter|neh|mer; Groß|un|ter|neh|me|rin
Groß|va|ter; groß|vä|ter|lich; Groß|va|ter|ses|sel
Groß|ver|an|stal|tung
Groß|ver|die|ner; Groß|ver|die|ne|rin
Groß|vieh; Groß|we|sir; Groß|wet|ter|la|ge
Groß|wild; Groß|wild|jagd; Groß|wild|jä|ger; Groß|wild|jä|ge|rin
groß|zie|hen (aufziehen)
groß|zü|gig; Groß|zü|gig|keit
Gröstl, das; -s, -n (bayr., österr. für Speise aus Röstkartoffeln)
¹Grosz [grɔs] (dt.-amerik. Maler u. Grafiker)
²Grosz [grɔʃ], der; -, -e ⟨dt.-poln.⟩ (Untereinheit des Zloty)
Gro|szy ['grɔʃə] (Gen. Plur. von ²Grosz)
gro|tesk ⟨franz.⟩ (wunderlich; überspannt, verzerrt)
Gro|tesk, die; - (Druckw. eine Schriftgattung)
Gro|tes|ke, die; -, -n (fantastisch geformte Tier- u. Pflanzenverzierung der Antike u. der Renaissance; fantastische Erzählung); gro|tes|ker|wei|se; Gro|tesk|tanz
Grot|te, die; -, -n ⟨ital.⟩ ([künstl.] Felsenhöhle); Grot|ten|bau Plur. ...bauten
grot|ten|doof (ugs. für äußerst dumm); grot|ten|falsch (ugs. für vollkommen falsch)
Grot|ten|olm, der; -[e]s, -e (ein Lurch)
grot|ten|schlecht (ugs. für äußerst schlecht); grot|tig (ugs. für [sehr] schlecht)
Grot|to, das, auch der; -s, ...ti,

grün

I. *Kleinschreibung:*
a) er ist mir nicht grün (*ugs. für* nicht gewogen)
b) ↑D 89: grüner Tee
– die grüne Minna, *österr.* der grüne Heinrich (*ugs. für* Polizeiauto)
– die grüne Lunge (Grünflächen) der Großstadt
– die grüne Versicherungskarte
– die grüne Hölle (tropischer Urwald)
– ein grüner (*ugs. für* unerfahrener) Junge
– ach du grüne Neune! (*ugs. Ausruf des Erstaunens*)
– am grünen *od.* Grünen Tisch
– die grüne *od.* Grüne Grenze
– die grüne *od.* Grüne Hochzeit
– der grüne *od.* Grüne Star (Augenkrankheit)
– die grüne *od.* Grüne Welle (*Verkehrsw.*)
– der grüne *od.* Grüne Pfeil (*Verkehrsw.*)

II. *Großschreibung:*
a) ↑D 72: die Grünen (*vgl. d.*)
– ins Grüne fahren; *vgl.* ²Grüne
b) ↑D 89, 140 u. 150:
– die Grüne Insel (Irland)
– die Grüne Woche (Berliner Ausstellung)
– das Grüne Gewölbe (Kunstsammlung in Dresden)
– Grüner Veltliner (eine Weinsorte)
– Grüner Knollenblätterpilz
– das Grüne *od.* grüne Trikot (*Radsport*)
– der Grüne *od.* grüne Punkt®

Vgl. auch blau, gelb, Grün

---

auch -s ⟨lombardisch⟩ (einfaches Restaurant im Tessin)
Grot|zen, der; -s, - (*mdal. für* Griebs, Kerngehäuse)
Ground Ze|ro [ˈɡraʊ̯nt ˈziːro], der, *auch* das; - -s *meist ohne Artikel* ⟨engl.-amerik.⟩ (Gelände in New York, auf dem das World Trade Center stand)
Grou|pie [ˈgruːpi], das; -s, -s ⟨engl.⟩ (w. Fan, der engen Kontakt mit seinem Idol sucht)
Gro|wi|an, der; -[e]s, -e, *auch* die; -, -en (große Windenergieanlage zur Stromerzeugung)
grub *vgl.* graben
grub|ben *vgl.* grubbern; **Grub|ber,** der; -s, - ⟨engl.⟩ (ein landwirtschaftl. Gerät); **grub|bern** (mit dem Grubber pflügen); ich grubbere
Grüb|chen; Gru|be, die; -, -n
Grü|be|lei; grü|beln; ich grüb[e]le
Gru|ben|ar|bei|ter; Gru|ben|ar|bei|te|rin; Gru|ben|aus|bau; Gru|ben|bau *Plur.* ...baue; **Gru|ben|brand; Gru|ben|gas; Gru|ben|lam|pe; Gru|ben|un|glück**
Grüb|ler; Grüb|le|rin; grüb|le|risch
Gru|de, die; -, -n (Braunkohlenkoks); **Gru|de|koks**
grüe|zi [ˈɡryɑtsi] (*schweiz.* Grußformel)
Gruft, die; -, Grüfte
Gruf|ti, der; -s, -s (*ugs. für* älterer Mensch; Jugendlicher mit einer Vorliebe für schwarze Kleidung, Friedhöfe u. Todessymbole)
grum|me|lig (*ugs.*)
grum|meln (*landsch. für* undeutlich sprechen; murren); ich grumm[e]le
Grum|met, das; -s, *österr. nur so*
Grumt, das; -[e]s (zweites Heu)

grün *s.* Kasten
Grün, das; -[s], -[s] (grüne Farbe); das erste Grün; bei Grün darf man die Straße überqueren; die Ampel steht auf, zeigt Grün; in Grün; das ist dasselbe in Grün (*ugs. für* [fast] ganz dasselbe); *vgl.* Blau
Grün|ab|fuhr (*bes. schweiz. für* Abholung kompostierbarer [Garten]abfälle)
Grün|al|ge
Grün|amt (*landsch. für* Grünflächenamt); **Grün|an|la|ge**
grün|äu|gig; grün|blau ↑D 23
Grün|buch (*Politik* Dokumentensammlung zu einer bestimmten Frage)
Grund, der; -[e]s, Gründe; im Grunde; von Grund auf; von Grund aus; aufgrund *od.* auf Grund [dessen, von]; auf Grund laufen; in [den] Grund bohren; im Grunde genommen; zugrunde *od.* zu Grunde gehen, legen, liegen, richten; der Grund und Boden (*vgl. d.*)
Grund|ak|kord (*Musik*)
Grund|an|nah|me
grund|an|stän|dig
Grund|an|strich; Grund|aus|bildung; Grund|aus|stat|tung
Grund|be|darf; Grund|be|deu|tung; Grund|be|din|gung; Grund|be|dürf|nis; Grund|be|griff
Grund|be|sitz; Grund|be|sit|zer; Grund|be|sit|ze|rin
Grund|buch; Grund|buch|amt; grund|bü|cher|lich (*österr. für* im Grundbuch eingetragen); **Grund|buchs|ge|richt** (*österr. für* Grundbuchamt)
Grund|deutsch (*Sprachwiss.*)
grund|ehr|lich

Grund|ei|gen|tum; Grund|ei|gen|tü|mer; Grund|ei|gen|tü|me|rin
Grund|ein|stel|lung
Grund|eis
Grun|del, Grün|del, die; -, -n, *auch* der; -s, - (ein Fisch); **grün|deln** ([von Wasservögeln] Nahrung unter Wasser suchen)
grün|den; gegründet (*Abk.* gegr.); sich auf eine Tatsache gründen
Grün|der; Grün|de|rin
Grün|der|jah|re *Plur.*; **Grün|der|mut|ter; Grün|der|va|ter** *meist Plur.*
Grund|er|werb; Grund|er|werbs|steu|er, Grund|er|werb|steu|er
Grün|der|zeit, die; -; **Grün|der|zen|trum**
grund|falsch
Grund|far|be; Grund|feh|ler
Grund|fes|te *meist Plur.*; in den Grundfesten erschüttert
Grund|flä|che; Grund|form (*für* Infinitiv); **Grund|fra|ge; Grund|frei|be|trag** (*Steuerw.*); **Grund|funk|ti|on; Grund|ge|bühr; Grund|ge|dan|ke**
¹**Grund|ge|halt,** der; -s, ...gehälte
²**Grund|ge|halt,** das; -s, ...gehälter
Gründ|gens, Gustaf (dt. Schauspieler u. Regisseur)
Grund|ge|setz (Statut); Grundgesetz für die Bundesrepublik Deutschland vom 23. Mai 1949 (*Abk.* GG); **Grund|ge|setz|än|de|rung**
grund|haft (*meist Bauw. von* Grund auf)
Grund|hal|tung
grund|häss|lich
Grund|hol|de, der; -n, -n (von einem Grundherrn abhängiger Bauer)
Grund|idee
grun|die|ren (Grundfarbe auftragen); **Grun|die|rung**

Grund|ka|pi|tal *(Wirtsch.)*; Grund|kennt|nis *meist Plur.*; Grund|kon|sens; Grund|kurs

Grund|la|ge; Grund|la|gen|for|schung

grund|le|gend ↑D 59

gründ|lich; Gründ|lich|keit, die; -

Gründ|ling (ein Fisch)

Grund|li|nie; Grund|li|ni|en|spiel, das; -[e]s *(Tennis)*

grund|los; Grund|lo|sig|keit, die; -

Grund|man|dat; Grund|mau|er *meist Plur.*; Grund|mo|rä|ne *(Geol.)*; Grund|mus|ter; Grund|nah|rungs|mit|tel

Grün|don|ners|tag

Grund|ord|nung; Grund|pfei|ler; Grund|preis; Grund|prin|zip

Grund|prob|lem; Grund|recht; Grund|re|gel; Grund|ren|te

Grund|riss

Grund|satz; Grund|satz|be|schluss; Grund|satz|de|bat|te; Grund|satz|ent|schei|dung; Grund|satz|er|klä|rung; Grund|satz|fra|ge

grund|sätz|lich ↑D 72: im Grundsätzlichen hat sie recht

Grund|satz|pa|pier; Grund|satz|pro|gramm; Grund|satz|re|de; Grund|satz|re|fe|rat; Grund|satz|ur|teil

grund|schlecht

Grund|schnel|lig|keit *(Sport)*

Grund|schuld

Grund|schu|le; Grund|schul|emp|feh|lung; Grund|schü|ler; Grund|schü|le|rin; Grund|schul|leh|rer; Grund|schul|leh|re|rin

Grund|si|che|rung

grund|so|lid, grund|so|li|de

grund|stän|dig *(Bot.* unten am Spross der Pflanze stehend)

Grund|stein; Grund|stein|le|gung

Grund|stel|lung; Grund|steu|er; Grund|stim|mung; Grund|stock *Plur.* ...stöcke; Grund|stoff; Grund|stre|cke *(Bergbau)*

Grund|stück; Grund|stücks|ei|gen|tü|mer; Grund|stücks|ei|gen|tü|me|rin; Grund|stücks|preis; Grund|stücks|ver|wal|tung

Grund|stu|di|um; Grund|stu|fe *(für* ²Positiv)

grund|stür|zend (gründlich)

Grund|ten|denz; Grund|ton *Plur.* ...töne; Grund|übel

Grund|um|satz *(Med.* Energiebedarf des ruhenden Menschen)

Grund und Bo|den, der; - - -s; ein Teil meines Grund und Bodens

Grün|dung; Grün|dungs|fei|er; Grün|dungs|jahr; Grün|dungs|ka|pi|tal; Grün|dungs|mit|glied

Grün|dungs|tag; Grün|dungs|va|ter *meist Plur.*; Grün|dungs|ver|samm|lung; Grün|dungs|zu|schuss (staatliche Förderung bei einer Existenzgründung)

Grün|dü|ngung

grund|ver|kehrt; grund|ver|schie|den; Grund|ver|si|che|rung *Plur. selten* (obligatorische Krankenversicherung in der Schweiz)

Grund|ver|sor|ger (kundenreichstes Energieversorgungsunternehmen in einem bestimmten Netzbereich)

Grund|ver|sor|gung; Grund|ver|trau|en; Grund|vor|aus|set|zung

Grund|was|ser *Plur.* ...wasser *u.* ...wässer *(Ggs.* Oberflächenwasser)

Grund|was|ser|ab|sen|kung (künstliches Tieferlegen des Grundwasserspiegels); Grund|was|ser|spie|gel

Grund|wehr|dienst; Grund|wert; Grund|wis|sen

Grund|wort *Plur.* ...wörter *(Sprachwiss.* zweiter Bestandteil einer Zusammensetzung, z. B. »Wagen« in »Speisewagen«)

Grund|wort|schatz

Grund|zahl (Kardinalzahl)

Grund|zins *Plur.* ...zinsen

Grund|zug; Grund|zu|stand

¹Grü|ne, das; -n; im Grünen lustwandeln; Fahrt ins Grüne

²Grü|ne, der *u.* die; -n, -n (Mitglied der Partei Bündnis 90 / Die Grünen)

³Grü|ne, die; - *(veraltet, noch geh.* für grüne Farbe, Grünsein)

grü|nen (grün werden, sein)

Grü|nen|ab|ge|ord|ne|te *(zu* ²Grüne); Grü|nen|frak|ti|on *(zu* ²Grüne); Grü|nen|vor|sit|zen|de *(zu* ²Grüne)

Grü|ne|wald (dt. Maler)

grün fär|ben, grün|fär|ben *vgl.* blau

Grün|flä|che; Grün|flä|chen|amt

Grün|fut|ter *u. Vgl.* ¹Futter

Grunge [grandʒ], der; - ⟨engl.-amerik.⟩ (eine Stilrichtung der Rockmusik; lässige, bewusst unansehnliche Kleidung)

grün|gelb ↑D 23

Grün|gür|tel; Grün|kern; Grün|kohl

Grün|kram|la|den *(landsch.)*

Grün|land, das; -[e]s *(Landwirtsch.)*

grün|lich; grünlich gelb ↑D 23

Grün|li|lie (eine Zimmerpflanze)

Grün|ling *(ugs.* auch für unerfahrener, unreifer Mensch)

Grün|pflan|ze; Grün|rock *(scherzh.* für Förster, Jäger)

Grün|schna|bel *(ugs.* für unerfahrener, vorlauter Mensch)

Grün|span, der; -[e]s (grüner Belag auf Kupfer od. Messing)

Grün|specht; Grün|strei|fen

Grün|strom (Ökostrom)

grun|zen; du grunzt

Grün|zeug, das; -[e]s *(ugs.)*; Grün|zo|ne

Grupp, der; -s, -s ⟨franz.⟩ (Paket aus Geldrollen)

Grüpp|chen

¹Grup|pe, die; -, -n

²Grup|pe, Grüp|pe, die; -, -n *(landsch.* für [Wasser]graben, Rinne); grüp|peln (eine ²Gruppe ausheben); ich grüpp[e]le; grup|pen *(svw.* grüppeln)

Grup|pen|abend; Grup|pen|ar|beit; Grup|pen|auf|nah|me

Grup|pen|bild; Grup|pen|bil|dung

Grup|pen|dy|na|mik; grup|pen|dy|na|misch

Grup|pen|ers|te, der *u.* die; -n, -n *(Sport)*

Grup|pen|fo|to

Grup|pen|füh|rer; Grup|pen|füh|re|rin

Grup|pen|lei|ter, der; Grup|pen|lei|te|rin; Grup|pen|mit|glied

Grup|pen|psy|cho|lo|gie; Grup|pen|rei|se; Grup|pen|sex

Grup|pen|sieg *(Sport)*; Grup|pen|sie|ger; Grup|pen|sie|ge|rin

Grup|pen|spiel

Grup|pen|the|ra|pie; Grup|pen|un|ter|richt; Grup|pen|ver|si|che|rung

grup|pen|wei|se

Grup|pen|ziel

Grup|pen|zwei|te, der *u.* die; -n, -n *(Sport)*

grup|pie|ren; Grup|pie|rung

Grüpp|lein

Grus, der; -es, -e ⟨»Grieß«⟩ (verwittertes Gestein; Kohlenstaub); *vgl. aber* Gruß

Gru|sel, der; -s; Gru|sel|ef|fekt; Gru|sel|film; Gru|sel|ge|schich|te

gru|se|lig, grus|lig (schaurig, unheimlich); Gru|sel|ka|bi|nett; Gru|sel|mär|chen

gru|seln; ich grus[e]le mich, mir *od.* mich gruselt es

gru|sig *(zu* Grus)

Gru|si|ni|en *(russ. Name für* Georgien); gru|si|nisch

Grus|koh|le (grobkörniger Kohlenstaub)

grus|lig *vgl.* gruselig

Gruß, der; -es, Grüße; *vgl. aber*

Grußadresse

Grus; Gruß|ad|res|se; Gruß|bot|schaft
grü|ßen; du grüßt; grüß [dich] Gott!; grüß Gott sagen
Gruß|for|mel; Gruß|kar|te
gruß|los
Gruß|wort Plur. ...worte
Grütz|beu|tel (Balggeschwulst)
Grüt|ze, die; -, -n
Gru|y|ère [gryˈjɛːɐ̯], der; -s (franz. Bez. für Greyerzer Käse, ein Schweizer Hartkäse); Gru|y|ères [gryˈjɛːɐ̯] (Stadt im Kanton Freiburg, dt. Greyerz)
Gry|phi|us (dt. Dichter)
Grzi|mek [gʃ...] (dt. Zoologe)
Gr.-2° = Großfolio; **Gr.-4°** = Großquart; **Gr.-8°** = Großoktav
G-Sai|te [ˈgeː...] (Musik)
Gschaftl|hu|ber, der; -s, - (bes. südd., österr. für übertrieben betriebsamer, wichtigtuerischer Mensch); Gschaftl|hu|be|rin
gscha|mig, gschä|mig (bayr., österr. für verschämt)
gschert vgl. geschert; Gscher|te vgl. Gescherte
G-Schlüs|sel [ˈgeː...] (Violinschlüssel)
gschma|ckig (österr. für wohlschmeckend; nett; kitschig)
Gschnas, das; -, -e (österr. für Kostümfest, Ball); Gschnas|fest
GSG 9, die; - = Grenzschutzgruppe 9 (Spezialeinheit der Bundespolizei zur Bekämpfung des Terrorismus)
GSM = global system for mobile communication (internationaler Standard für digitale Funknetze)
gspa|ßig, österr. auch gspas|sig (bayr., österr. ugs. für spaßig, lustig)
Gspu|si, das; -s, -s (ital.) (südd., österr. ugs. für Liebschaft; Liebste[r])
GST, die; - = Gesellschaft für Sport und Technik (in der DDR paramilitärische Organisation)
Gstaad (schweiz. Kurort)
Gstanzl, das; -s, -n (bayr., österr. für gesungener Vierzeiler)
Gstät|ten, die; -, - (ostösterr. für verwahrloster Platz)
Gua|ca|mo|le, die; -, -n u. -s (indian.-span.) (Soße aus Avocados)
Gua|de|loupe [...ˈlup] (Insel der Kleinen Antillen; französisches Überseedepartement)
Gua|jak|harz, das Plur. selten ⟨indian.; dt.⟩; Gua|jak|holz

Gua|ja|kol, das; -s (eine Alkoholart)
Gu|am (größte Insel der Marianen); Gu|a|mer; Gu|a|me|rin; gu|a|misch
Gu|a|na|ko, das, älter der; -s, -s ⟨indian.⟩ (südamerik. Lama)
Gu|a|no, der; -s ⟨indian.⟩ ([Vogel]dünger); Gu|a|no|in|seln Plur. (an der Westküste Südamerikas)
Gu|an|tá|na|mo (kubanische Stadt u. Provinz; kurz für Guantánamo-Bucht; US-Militärstützpunkt auf Kuba)
Gu|a|ra|ni, der; -, - (Angehöriger eines südamerik. Indianerstammes; Währungseinheit in Paraguay)
Gu|ar|dia ci|vil [- siˈ...], die; - - ⟨span.⟩ (span. Gendarmerie)
Gu|ar|di|an [österr. ˈɡu̯ar...], der; -s, -e ⟨mlat.⟩ (Oberer [bei Franziskanern u. Kapuzinern])
Gu|asch [auch ɡu̯aʃ], die; -, -en (selten für Gouache)
Gu|a|te|ma|la (Staat in Mittelamerika); Gu|a|te|ma|la-Stadt
Gu|a|te|mal|te|ke, der; -n, -n (Bewohner von Guatemala); Gu|a|te|mal|te|kin; gu|a|te|mal|te|kisch
Gu|a|ve, die; -, -n ⟨indian.-span.⟩ (tropische Frucht)
Gu|a|ya|na (Landschaft in Südamerika; vgl. Guyana)
gu|cken, ku|cken (ugs.)

> **gucken / kucken**
> Beide Schreibungen sind korrekt; in Süddeutschland ist die Variante mit g gebräuchlicher, in Norddeutschland die mit k.

Gu|cker, Ku|cker (ugs.); Gu|cke|rin, Ku|cke|rin
Gu|cker|sche|cken vgl. Gugerschecken
Guck|fens|ter
Gu|cki, der; -s, -s (ugs. für Gerät zum Betrachten von Dias)
Guck|in|die|luft, der; - ; Hans Guckindieluft
Guck|kas|ten (früher); Guck|kas|ten|büh|ne; Guck|loch
Gü|del|diens|tag, Gü|del|mon|tag, Gü|dis|diens|tag, Gü|dis|mon|tag (schweiz. regional für Dienstag, Montag vor Aschermittwoch)
Gud|run (w. Vorn.)
Gu|el|fe [ˈg(u̯)ɛl...], der; -n, -n

⟨ital.⟩ (mittelalterlicher Anhänger der päpstlichen Politik)
Gue|ri|cke [ˈgeː...] (dt. Physiker); guerickesche Halbkugel ↑D 89 u. 135
¹Gue|ril|la [geˈrɪlja], die; -, -s ⟨span.⟩ (kurz für Guerillakrieg)
²Gue|ril|la, der; -[s], -s meist Plur. (Angehöriger einer Einheit, die einen Guerillakrieg führt)
Gue|ril|la|gärt|nern, das; -s (eigenmächtiges Bepflanzen od. Pflegen von vernachlässigten öffentlichen Grünanlagen o. Ä.)
Gue|ril|la|krieg (von Guerilleros geführter Krieg)
Gue|ril|le|ra [...rɪlˈjeː...], die; -, -s; Gue|ril|le|ro [...rɪlˈjeː...], der; -s, -s (Untergrundkämpfer in Lateinamerika)
Guer|ni|ca [gɛ...] (span. Ort; berühmtes Gemälde Picassos)
Guern|sey [ˈgəːnzi] (eine Kanalinsel)
Guetz|li, Guets|li [ˈgu̯ɛ...], das; -s, - (schweiz. für kleines Gebäckstück)
Gue|va|ra [geː...] (kubanischer Politiker u. Guerillaführer); vgl. Che
Gu|gel|hopf (schweiz. für Gugelhupf); Gu|gel|hupf, der; -[e]s, -e (südd., österr. für Napfkuchen)
Gu|ger|sche|cken, Gu|cker|sche|cken Plur. (österr. landsch. ugs. für Sommersprossen)
Gug|ge, die; -, -n (kurz für Guggenmusik)
Güg|gel, der; -s, - (schweiz. mdal. für Gockel); Güg|ge|li, das; -[s], -[s]; vgl. Götti (schweiz. für Backhähnchen)
Gug|gen|mu|sik, die; -, -en (südd., schweiz. für laute [absichtlich misstönende] Musik bei Fastnachtszügen)
Guide [gaɪ̯d], der; -s, -s ⟨franz.-engl.⟩ (Reiseführer [als Buch])
Gui|do [ˈgiːdo, ˈgu̯iːdo] (m. Vorn.)
Guil|loche [gɪlˈjɔʃ, gɪˈjɔʃ, österr. gu̯iˈjoːʃ], die; -, -n ⟨franz.⟩ (verschlungene Linienzeichnung; Werkzeug zum Anbringen solcher Linien); Guil|lo|cheur [...ˈʃøːɐ̯], der; -s, -e (Liniensteche); Guil|lo|cheu|rin; guil|lo|chie|ren (Guillochen stechen)
Guil|lo|ti|ne [gɪljo..., gijo...], die; -, -n (nach dem franz. Arzt Guillotin) (Fallbeil); guil|lo|ti|nie|ren
¹Gui|nea [gi...] (Staat in Westafrika)
²Gui|nea [ˈgɪni], die; -, -s ⟨engl.⟩; vgl. Guinee

gustieren

Gui|nea-Bis|sau [gi...] (Staat in Westafrika); Gui|nea-Bis|sau|er; Gui|nea-Bis|sau|e|rin; gui|nea-bis|sau|isch

Gui|nee, die; -, ...een ⟨franz.⟩ (ehem. engl. Münze)

Gui|ne|er (Einwohner von ¹Guinea); Gui|ne|e|rin; gui|ne|isch (¹Guinea betreffend)

Guin|ness® ['gɪ...], das; -, - (eine irische Biermarke)

Guin|ness|buch, Guin|ness-Buch ['gɪ...] ⟨zu Guinness®⟩ (Buch, das Rekorde u. Ä. verzeichnet)

Gu|lag, der; -[s], - ⟨russ.⟩ (Straf- u. Arbeitslager in der UdSSR)

Gu|lasch [auch 'gu...], das, auch der; -[e]s, -e u. -s, österr. nur das; -[e]s, -e ⟨ung.⟩; vgl. auch Gulyás

Gu|lasch|ka|no|ne (scherzh. für Feldküche); Gu|lasch|sup|pe

Gul|brans|sen, Trygve (norwegischer Schriftsteller)

Gul|brans|son, Olaf (norwegischer Zeichner u. Karikaturist)

Gül|can [...'dʒan] (w. Vorn.)

Gul|da (österr. Pianist)

Gul|den, der; -s, - (frühere niederl. Währungseinheit)

gül|den (geh. für golden)

gül|disch (Bergmannsspr. goldhaltig); Gül|disch|sil|ber (Bergmannsspr. goldhaltiges Silber)

Gül|le, die; - (Landwirtsch. flüssiger Stalldünger; südwestd. u. schweiz. für Jauche); gül|len (südwestd., schweiz.); Gül|len|fass

Gul|ly [...li], der, auch das; -s, -s ⟨engl.⟩ (Einlaufschacht für Straßenabwässer); Gul|ly|de|ckel

Gült, Gült|e, die; -, ...en (early., für Art des Grundpfandrechts); Gült|brief; Gült|buch

gül|tig; Gül|tig|keit; Gül|tig|keits|dau|er

Gu|lyás [...laʃ, auch 'gʊlaʃ], das od. der; -, - (österr.); vgl. Gulasch

¹Gum|mi, der (österr. nur so) u. das; -s, -[s] (elastisches Kautschukprodukt)

²Gum|mi, das, auch der; -s, -s (kurz für Gummiband)

³Gum|mi, der u. das; -s, -s (kurz für Radiergummi; ugs. für Präservativ)

Gum|mi|ad|ler (ugs. scherzh. für zähes Brathähnchen)

Gum|mi|ara|bi|kum, das; -s ⟨nlat.⟩ (Klebstoff)

gum|mi|ar|tig

Gum|mi|ball; Gum|mi|band, das;

Plur. ...bänder; Gum|mi|bär|chen; Gum|mi|baum; Gum|mi|druck Plur. ...drucke

Gum|mi|elas|ti|kum, das; -s (Kautschuk)

gum|mie|ren (mit Gummi[arabikum] bestreichen)

Gum|mi|gutt, das; -s ⟨ägypt.; malai.⟩ (giftiges Harz, Farbe)

Gum|mi|hand|schuh; Gum|mi|ho|se

Gum|mi|hup|fen, Gum|mi|hüp|fen, das; -s (österr. für Gummitwist)

Gum|mi|knüp|pel; Gum|mi|lö|sung (ein Klebstoff); Gum|mi|man|tel

Gum|mi|pa|ra|graf, Gum|mi|pa|ra|graph (ugs. für Paragraf, der so allgemein formuliert ist, dass er verschieden auslegbar ist)

Gum|mi|pup|pe; Gum|mi|rei|fen; Gum|mi|ring; Gum|mi|schuh; Gum|mi|schür|ze; Gum|mi|soh|le; Gum|mi|stie|fel; Gum|mi|tier

Gum|mi|twist, der od. das (ein Kinderspiel)

Gum|mi|zel|le; Gum|mi|zug

Gum|mo|se, die; -, -n (Bot. krankhafter Harzfluss)

Gum|pe, die; -, -n (südd., österr. für Wasserloch, tiefe Stelle in Wasserläufen u. Seen)

Gun|del|re|be, die; -, -n, Gun|der|mann, der; -[e]s (eine Heilpflanze)

Gun|du|la (w. Vorn.)

Gun|hild [auch 'gu:...] (w. Vorn.)

Gun|nar (m. Vorn.)

Gün|sel, der; -s, - (eine Pflanze)

Gunst, die; -; nach Gunst; in Gunst stehen; zu seinen Gunsten, zu seines Freundes Gunsten, aber ↑D 63: zugunsten od. zu Gunsten; zuungunsten od. zu Ungunsten der Armen

Gunst|be|weis; Gunst|be|zei|gung

Gunst|ge|wer|be (scherzh. für Prostitution); Gunst|ge|werb|le|rin

güns|tig; güns|ti|gen|falls, güns|tigs|ten|falls

Günst|ling; Günst|lings|wirt|schaft, die; -

Gün|ter, Gün|ther (m. Vorn.); Gun|ther (dt. Sagengestalt; m. Vorn.)

Gupf, der; -[e]s, Plur. Güpfe, österr. -e (südd., österr. u. schweiz. ugs. für Gipfel, Spitze; stumpfer Teil des Eies)

Gup|py [...pi], der; -s, -s ⟨nach dem engl.-westind. Naturforscher⟩ (ein Aquarienfisch)

Gur, die; - (Geol. breiige, erdige Flüssigkeit)

Gur|gel, die; -, -n

gur|geln; ich gurg[e]le; Gur|gel|was|ser Plur. ...wässer

Gürk|chen

Gur|ke, die; -, -n (ugs. auch für [große] Nase; Versager)

gur|ken (ugs. für fahren): durch die Gegend gurken

gur|ken|för|mig

Gur|ken|ge|würz; Gur|ken|glas Plur. ...gläser; Gur|ken|ho|bel; Gur|ken|kraut; Gur|ken|sa|lat; Gur|ken|trup|pe (ugs. abwertend für unfähige [Sport]mannschaft)

Gur|kha [...ka], der; -[s], -[s] u. die; -, -[s] ⟨angloind.⟩ (Angehörige[r] eines Volkes in Nepal)

gur|ren; die Taube gurrt

Gurt, der; -[e]s, Plur. -e, landsch. u. fachspr. -en

Gurt|bo|gen (Archit.)

Gur|te, die; -, -n (schweiz. neben Gurt)

Gür|tel, der; -s, -

Gür|tel|li|nie; Gür|tel|rei|fen; Gür|tel|ro|se (eine Krankheit); Gür|tel|ta|sche; Gür|tel|tier

gur|ten (mit einem Gurt anschnallen); gür|ten

Gurt|ge|sims (Archit.)

Gürt|ler (Messingschlosser); Gürt|le|rin

Gurt|muf|fel (ugs. für jmd., der sich im Auto nicht anschnallt)

Gurt|straf|fer (im Kraftfahrzeug)

Gu|ru, der; -s, -s ⟨Hindi⟩ (religiöser Lehrer des Hinduismus)

GUS [auch gə'luːləs], die; - ⟨= Gemeinschaft Unabhängiger Staaten⟩ (Verbindung unabhängiger Staaten der ehemaligen Sowjetunion)

Gu|sche vgl. Gosche

Gü|sel, der; -s (schweiz. mdal. für Abfall)

Guss, der; -es, Güsse

Guss|ei|sen, das; -s; guss|ei|sern

Guss|form; Guss|re|gen

Guss|stahl, Guss-Stahl

GUS-Staat meist Plur.; vgl. GUS

güst (bes. nordd. für unfruchtbar, nicht Milch gebend [von Tieren])

gus|ta|to|risch ⟨lat.⟩ (Med. den Geschmackssinn betreffend)

Gus|tav (m. Vorn.); Gus|tav Adolf (Schwedenkönig); Gus|tav-Adolf-Werk, das; -[e]s ↑D 137

Gus|te (w. Vorn.); Gus|tel (m. u. w. Vorn.)

Güs|ter (ein Karpfenfisch)

Gus|ti (w. Vorn.)

gus|tie|ren ⟨ital.⟩ (svw. goutieren; österr. ugs. für kosten, prüfen);

gustiös

gut

bes|ser *(vgl. d.)*, bes|te *(vgl. d.)*

I. *Kleinschreibung:*
– einen guten Morgen wünschen
– auf gut Glück
– ein gut Teil
– guten Mutes
– die guten Sitten
– gut und gern
– so gut wie; so weit, so gut
– es gut sein lassen

II. *Großschreibung:*
a) ↑D72: jemandem etwas im Guten sagen
– im Guten wie im Bösen (allezeit)
– Gut und Böse unterscheiden können
– jenseits von Gut und Böse sein
– Gutes und Böses
– ein Guter; sie gehören zu den Guten in dieser Welt
– sein Gutes haben
– des Guten zu viel tun
– vom Guten das Beste
– alles zum Guten lenken, wenden
– etwas, nichts, viel, wenig Gutes
– wir wünschen alles Gute
b) ↑D88: der Gute Hirte (Christus)
– das Kap der Guten Hoffnung

III. *Groß- oder Kleinschreibung:*
– [jemandem] Guten *od.* guten Morgen sagen

IV. *Schreibung in Verbindung mit Verben:*
– das hast du gut gemacht!
– es mit jemandem gut meinen
– es bei jemandem gut haben
– sie kann gut schreiben
– es wird alles gut werden
– in diesen Schuhen kann ich gut gehen
Aber:
– im Urlaub lassen wir es uns gut gehen *od.* gutgehen
– es ist alles noch einmal gut gegangen *od.* gutgegangen
– die Bücher werden gut gehen *od.* gutgehen
Vgl. auch gutbringen, guthaben, gutheißen, gutmachen, gutsagen, gutschreiben, gutstehen, guttun

V. *Getrennt- oder Zusammenschreibung bei nicht übertragener Bedeutung in Verbindung mit adjektivisch gebrauchten Partizipien* ↑D58:
– ein gut aussehender *od.* gutaussehender Mann
– eine gut bezahlte *od.* gutbezahlte Fachkraft
– ein gut gemeinter *od.* gutgemeinter Rat
– ein gut geschriebener *od.* gutgeschriebener Text
– gut gehende *od.* gutgehende Geschäfte
– gut unterrichtete *od.* gutunterrichtete Kreise

Vgl. auch Gut, ausreichend

---

gus|ti|ös *(österr. ugs. für* appetitlich*)*
Gus|to, der; -s, -s (Appetit; Neigung); Gus|to|stü|ckerl, das; -s, -[n]; *vgl.* Pickerl *(österr. ugs. für* besonders gutes Stück*)*
gut *s. Kasten*
Gut, das; -[e]s, Güter; sein Hab und Gut; *vgl. aber* zugutehalten usw.
gut|ach|ten; *meist im Infinitiv u. Partizip I;* er gutachtet; um zu gutachten; sie hat gegutachtet;
Gut|ach|ten, das; -s, -; Gut|ach|ter; Gut|ach|te|rin; gut|ach|terlich; gut|acht|lich
gut|ar|tig; Gut|ar|tig|keit, die; -
gut aus|se|hend, gut|aus|se|hend *vgl.* gut
gut be|zahlt, gut|be|zahlt *vgl.* gut
gut|brin|gen *(Kaufmannsspr.* gutschreiben*);* er hat mir diese Summe gutgebracht; *vgl.* gut
gut|bür|ger|lich; gutbürgerliche Küche
¹Güt|chen; *nur in* sich an etwas ein Gütchen tun *(ugs. für* etwas genießen*)*
²Güt|chen (kleines Besitztum)
gut do|tiert, gut|do|tiert *vgl.* gut
Gut|dün|ken, das; -s; nach [seinem] Gutdünken

Gü|te, die; -; sich in Güte einigen
Gut|edel, der; -s (eine Rebsorte)
gut|eid|ge|nös|sisch *(schweiz. für* auf vorbildliche Schweizer Art*)*
Gü|te|klas|se (einer Ware)
Gu|te|nacht|gruß; Gu|te|nacht|kuss; Gu|te|nacht|lied
Gu|ten|berg (Erfinder des Buchdrucks mit beweg]. Lettern)
Gu|ten|mor|gen|gruß
Gü|te|prü|fung
Gü|ter|ab|fer|ti|gung; Gü|ter|aus|tausch; Gü|ter|bahn|hof
Gü|ter|fern|ver|kehr; Gü|ter|ge|mein|schaft; Gü|ter|nah|ver|kehr
Gü|ter|trans|port; Gü|ter|tren|nung; Gü|ter|ver|kehr; Gü|ter|wa|gen; Gü|ter|zug
Gü|te|sie|gel; Gü|te|ver|fah|ren *(Rechtsspr.);* Gü|te|zei|chen
gut Freund! (Antwort auf den Ruf: Halt! Wer da?)
gut ge|hen, gut|ge|hen *vgl.* gut; gut ge|hend, gut|ge|hend *vgl.* gut
gut ge|klei|det, gut|ge|klei|det *vgl.* gut
gut ge|launt, gut|ge|launt; eine gut gelaunte *od.* gutgelaunte Gastgeberin
gut ge|meint, gut|ge|meint *vgl.* gut
gut|ge|sinnt; gutgesinnte Menschen; Gut|ge|sinn|te, der *u.* die; -n, -n
gut|gläu|big; Gut|gläu|big|keit, die; -
gut|ha|ben *(Kaufmannsspr.* zu fordern haben*);* du hast bei mir noch 10 € gut; den Betrag hat er noch gutgehabt; Gut|ha|ben, das; -s, -; Gut|ha|ben|kar|te
gut Heil! (alter Turnergruß)
gut|hei|ßen (billigen); gutgeheißen
Gut|heit, die; -
gut|her|zig; Gut|her|zig|keit, die; -
gut Holz! (Keglergruß)
gü|tig
Gut|leut|haus *(früher für* Heim der Leprakranken*)*
güt|lich; sich gütlich tun
gut|ma|chen (in Ordnung bringen; erwerben, Vorteil erringen); er hat etwas gutgemacht
Gut|mensch, der *(oft abwertend für* jmd., der sich besonders für Political Correctness engagiert*)*
gut|mü|tig; Gut|mü|tig|keit, die; -
gut|nach|bar|lich
Gut|punkt *(Turnen)*
gut|sa|gen (bürgen); ich habe für ihn gutgesagt
Guts|be|sit|zer; Guts|be|sit|ze|rin
Guts|be|trieb *(schweiz. für* größerer landwirtschaftlicher Betrieb*)*

Gut|schein

gut|schrei|ben (anrechnen); sie versprach, den Betrag gutzuschreiben; **Gut|schrift** (eingetragenes Guthaben)

gut|schwei|ze|risch (guteidgenössisch)

gut sein vgl. gut

Gut|sel, das; -s, -[n] (landsch. für Bonbon)

Guts|haus; Guts|herr; Guts|her|ren|art; in der Wendung nach Gutsherrenart ([von Speisen] mit kräftigen Gewürzen, Speck u. a. zubereitet; auch für selbstherrlich); **Guts|her|rin; Guts|herr|schaft; Guts|hof**

gut si|tu|iert, gut|si|tu|iert vgl. gut

gut sit|zend, gut|sit|zend vgl. gut

Guts|Muths (Mitbegründer des deutschen Turnens)

gut|ste|hen (bürgen); sich gutstehen (wohlhabend sein); aber die Chancen würden gut stehen od. gutstehen

Guts|ver|wal|ter; Guts|ver|wal|te|rin

Gut|ta|per|cha, die; - od. das; -[s] ⟨malai.⟩ (kautschukartiger Stoff)

Gut|teil, das u. der; -[e]s (ein großer Teil)

Gut|temp|ler; Gut|temp|le|rin; Gut|temp|ler|or|den, der; -s (den Alkoholgenuss bekämpfender Bund)

Gut|ti|o|le®, die; -, -n ⟨lat.⟩ (Fläschchen, mit dem man Medizin einträufeln kann)

gut|tun; die Kur hat ihm gutgetan; aber er wird gut daran tun, ...

gut|tu|ral ⟨lat.⟩ (die Kehle betreffend; Kehl..., kehlig); **Gut|tu|ral**, der; -s, -e; **Gut|tu|ral|laut** (Sprachwiss. Gaumen-, Kehllaut)

gut un|ter|rich|tet, gut|un|ter|rich|tet vgl. gut

gut ver|die|nend, gut|ver|die|nend vgl. gut; **Gut|ver|die|nen|de**, gut Ver|die|nen|de

gut wer|den vgl. gut

gut|wil|lig; Gut|wil|lig|keit, die; -

Guy [franz. gi:, engl. gaɪ] (m. Vorn.)

Gu|ya|na (Staat in Südamerika); **Gu|ya|ner; Gu|ya|ne|rin; gu|ya|nisch**

Gwirkst, das; -[e]s (österr. ugs. für verzwickte Angelegenheit)

Gy = Gray

Gym|kha|na [...'ka:...], das; -s, -s ⟨angloind.⟩ (ein [sportl.] Geschicklichkeitswettbewerb

Gym|naes|t|ra|da, die; -, -s ⟨griech.; span.⟩ (internationales Turnfest)

gym|na|si|al; der gymnasiale Deutschunterricht

Gym|na|si|al|bil|dung; Gym|na|si|al|emp|feh|lung; Gym|na|si|al|leh|rer; Gym|na|si|al|leh|re|rin; Gym|na|si|al|zeit, die; -

Gym|na|si|ast, der; -en, -en ⟨griech.⟩ (Schüler eines Gymnasiums); **Gym|na|si|as|tin**

Gym|na|si|um, das; -s, ...ien ([im Altertum] Schule, Raum für Leibesübungen; eine Form der höheren Schule in Deutschland, Österreich u. der Schweiz)

Gym|nas|tik, die; -, -en Plur. selten; **Gym|nas|ti|ker; Gym|nas|ti|ke|rin; Gym|nas|tik|un|ter|richt; Gym|nas|tin** (Lehrerin der Krankengymnastik); **gym|nas|tisch**

Gym|no|sper|me, die; -, -n (Bot. nacktsamige Pflanze)

Gy|nä|kei|on, das; -s, ...keien ⟨griech.⟩ (Frauengemach des altgriech. Hauses)

Gy|nä|ko|lo|ge, der; -n, -n; **Gy|nä|ko|lo|gie**, die; - (Frauenheilkunde); **Gy|nä|ko|lo|gin; gy|nä|ko|lo|gisch**

Gy|n|an|d|rie, die; -, ...ien (Biol. Verwachsung der m. u. w. Blütenorgane; Scheinzwittrigkeit)

Gy|nä|ze|um, das; -s, ...een (svw. Gynäkeion; Bot. Gesamtheit der w. Blütenorgane)

Gy|ros, das; -, - ⟨griech.⟩ (griech. Gericht aus am senkrechten Drehspieß gebratenem Fleisch)

Gy|ro|s|kop, das; -s, -e (Messgerät zum Nachweis der Achsendrehung der Erde)

G-8-Gip|fel, G8-Gipfel [geːˈʔaxt...] (Gipfelkonferenz der G-8-Staaten)

G-7-Staat, G7-Staat [geːˈziːbn̩...] Plur. ...staaten, meist Plur. (Staat der Vereinigung der sieben wichtigsten westl. Wirtschaftsnationen)

G-8-Klas|se, Amtsspr. **G8-Klas|se** [geːˈʔaxt...] (Schulklasse, die eine von neun auf acht Jahre verkürzte Gymnasialzeit durchläuft)

G-8-Staat, G8-Staat [geːˈʔaxt...] Plur. ...staaten meist Plur. (vgl. G-7-Staat, mit Russland)

G-20-Staat, G20-Staat meist Plur. (Staat einer Gruppe von zwanzig wirtschaftlich starken Staaten)

H

h = Zeichen für plancksches Wirkungsquantum

h = Hekto...; hora (Stunde); 8 h = 8 Stunden, 8 Uhr; hochgestellt 8^h = 8 Uhr

h (Zeichen für h-Moll)

h, H, das; -, - (Tonbezeichnung)

H (Buchstabe); das H; des H, die H, aber ein H in Bahn; der Buchstabe H, h

H (Zeichen für H-Dur); in H

$H = {}^2Henry$; Hydrogenium (chemisches Zeichen für Wasserstoff)

ha = Hektar, Hektare

ha! [auch haː]; **haha!**

hä? (ugs., meist als unhöflich empfunden, für »Wie bitte?«)

Haag, Den (Residenzstadt u. Regierungssitz der Niederlande); dt. auch Haag, der; im Haag; in Den Haag, auch in Haag; vgl. 's-Gravenhage; **Haa|ger; Haa|ge|rin**

¹**Haar**, der; -, **Haar|strang**, der; -[e]s (Höhenzug in Westfalen)

²**Haar**, das; -[e]s, -e; aber Härchen, Härlein; **Haar|ana|ly|se; Haar|an|satz; Haar|aus|fall**

Haar|band, das; Plur. ...bänder

Haar|breit, Haar breit; Haar nicht [um] ein **Haarbreit** od. Haar breit

Haar|bürs|te

Haardt, die; - (Waldhöhen im Münsterland); vgl. Hardt

Haardt, die; - (östl. Teil des Pfälzer Waldes); vgl. Hardt

haa|ren; der Hund haart [sich]

Haar|er|satz

Haa|res|brei|te; nur in um Haaresbreite, aber um eines Haares Breite

Haar|far|be; Haar|fär|be|mit|tel

Haar|farn

haar|fein

Haar|fes|ti|ger

Haar|garn|tep|pich

haar|ge|nau

haa|rig (ugs. auch für heikel)

Haar|klam|mer; Haar|kleid (geh. für Fell)

haar|klein; jmdm. etw. haarklein (in allen Einzelheiten) erzählen

Haar|kranz

Haar|lem (niederl. Stadt; vgl. aber Harlem); **Haar|le|mer; Haar|le|me|rin**
Haar|ling (eine Lausart)
haar|los
Haar|mo|de
Haar|na|del; Haar|na|del|kur|ve
Haar|netz; Haar|pfle|ge; Haar|pracht; Haar|riss; Haar|röhr|chen
haar|scharf
Haar|schnei|de|ma|schi|ne; Haar|schnei|der; Haar|schnitt; Haar|schopf
Haar|sieb (Sieb aus feinstem Drahtgeflecht)
Haar|spal|ter; Haar|spal|te|rei; Haar|spal|te|rin; haar|spal|te|risch (spitzfindig)
Haar|span|ge; Haar|spit|ze
Haar|spit|zen|ka|tarrh *(scherzh. für* Kopfschmerzen [nach durchzechter Nacht])
Haar|spray; Haar|spü|lung; Haar|sträh|ne
Haar|strang vgl. ¹Haar
haar|sträu|bend
Haar|teil, das; **Haar|trock|ner; Haar|wä|sche; Haar|wasch|mit|tel; Haar|was|ser** *Plur.* ...wässer; **Haar|wi|ckel**
Haar|wild *(Jägerspr.:* Sammelbez. für alle jagdbaren Säugetiere)
Haar|wuchs; Haar|wuchs|mit|tel
Haar|wur|zel
Ha|ba|kuk (bibl. Prophet)
Ha|ba|na, La *(span.* Form von Havanna)
Ha|ba|ne|ra, die; -, -s *(span.)* (ein kubanischer Tanz)
Ha|be vgl. Hab und Gut
Ha|be|as-Cor|pus-Ak|te, die; - *(lat.)* (engl. Staatsgrundgesetz von 1679 zum Schutz der persönlichen Freiheit)
ha|ben; du hast, sie hat; du hattest; du hättest; gehabt; hab[e]!; Gott hab ihn selig! ↑D 13; habt Acht! *(österr.* Kommando für »stillgestanden!«); ich habe auf dem Tisch Blumen stehen *(nicht:* ... zu stehen)
Ha|ben, das; -s, -; [das] Soll und [das] Haben
Ha|be|nichts, der; *Gen. -* u. -es, *Plur.* -e
Ha|ben|sei|te *(für* ²Kredit); ↑D 21; **Ha|ben|zin|sen** *Plur.*
Ha|ber, der; -s *(südd., österr.* u. *schweiz. mdal. neben* Hafer)
Ha|be|rer, der; -s, - *(österr. ugs. für* Verehrer; Kumpan)
Ha|ber|feld|trei|ben, das; -s, - *(frü-*

her für volkstümliches Rügegericht in Bayern u. Tirol)
Ha|ber|geiß *(bayr., österr. für* eine Brauchtumsgestalt)
ha|bern *(österr. ugs. für* essen); ich habere
Hab|gier, die; -; **hab|gie|rig**
hab|haft; des Diebes habhaft werden (ihn festnehmen)
Ha|bicht, der; -s, -e
Ha|bichts|kraut; Ha|bichts|na|se
ha|bil *(lat.) (veraltet für* geschickt)
habil. = habilitatus
Ha|bi|li|tand, der; -en, -en (jmd., der zur Habilitation zugelassen wird); **Ha|bi|li|tan|din**
Ha|bi|li|ta|ti|on, die; -, -en *(lat.)* (Erwerb der Lehrberechtigung an Hochschulen); **Ha|bi|li|ta|ti|ons|schrift; ha|bi|li|tie|ren** (die Lehrberechtigung an Hochschulen erlangen bzw. verleihen)
¹**Ha|bit** *[österr. u. schweiz. meist* 'ha:...], das, *auch* der; -s, -e *(franz.)* ([Amts]kleidung, [Ordens]tracht; Aufzug)
²**Ha|bit** ['hɛbɪt], *das, auch* der; -s, -s *(engl.) (Psychol.* Gewohnheit)
Ha|bi|tat, das; -s, -e *(lat.)* (Wohngebiet [einer Tierart])
ha|bi|tu|a|li|sie|ren *(Psychol.* zur Gewohnheit werden bzw. machen)
Ha|bi|tué [(h)abi'tyɛ], der; -s, -s *(franz.) (schweiz., sonst veraltet für* Stammgast); **Ha|bi|tu|ée,** die; -, -s
ha|bi|tu|ell *(franz.)* (gewohnheitsmäßig; ständig)
Ha|bi|tus, der; - *(lat.)* (Erscheinungsbild; Benehmen)
hab|lich *(schweiz. veraltend für* wohlhabend)
Habs|burg, die; - (Ort u. Burg im Kanton Aargau)
Habs|bur|ger, der; -s, - (Angehöriger eines europ. Fürstengeschlechtes); **Habs|bur|ge|rin, Habs|bur|ger|mo|n|ar|chie,** die; - ↑D 64; **habs|bur|gisch**
Hab|schaft *(veraltet für* Habe);
Hab|se|lig|keit, die; -, -en *meist Plur.* (Besitztum)
Hab|sucht, die; -; **hab|süch|tig**
Habt|acht|stel|lung,
Habt-Acht-Stellung, die; - (stramme [milit.] Haltung)
Hab und Gut, das; - - -[e]s ↑D 13
Há|ček ['ha:tʃɛk], Ha|t|schek, das; -s, -s *(tschech.)* (Aussprachezeichen bes. in slawischen Sprachen, z. B. č [tʃ] *u.* ž [ʒ])
hach!

Ha|chel, die; -, -n *(bayr., österr. für* Gemüsehobel); **ha|cheln;** ich hach[e]le
Hach|se, *südd.* Ha|xe, die; -, -n (unterer Teil des Beines von Kalb od. Schwein); vgl. ²Hesse
Hack, das; -s *(kurz für* Hackfleisch); **Hack|bank** *Plur.* ...bänke; **Hack|bau,** der; -[e]s; **Hack|beil; Hack|block** *Plur.* ...blöcke; **Hack|bra|ten**
Hack|brett (Hackbank für Fleischer; ein Saiteninstrument)

Häkchen

Da *Häkchen* – mit lang gesprochenem ä – die Verkleinerungsform von *Haken* ist, schreibt man dieses Substantiv mit *k* und nicht mit *ck*.

¹**Ha|cke,** die; -, -n, ¹**Ha|cken,** der; -s, - (Ferse)
²**Ha|cke,** die; -, -n (ein Werkzeug; *österr. svw.* Beil)
Ha|cke|beil *(svw.* Hackbeil)
ha|ckeln *(österr. ugs. für* schwer manuell arbeiten); ich hack[e]le
¹**ha|cken** (hauen; mit dem Beil spalten); gehacktes Fleisch
²**ha|cken** *[auch* 'hɛkn̩] (sich als Hacker betätigen)
¹**Ha|cken** vgl. ¹Hacke
²**Ha|cken,** die; -, - *(österr. ugs. für* Arbeit)
Ha|cken|por|sche, der; -s, - u. -s *(scherzh. für* Einkaufsroller)
Ha|cken|trick *(Fußball* Spielen des Balls mit der ¹Hacke [zur Täuschung des Gegners])
Ha|cke|pe|ter, der; -s, - *(landsch. für* angemachtes Hackfleisch)
Ha|cker *[auch* 'hɛkɐ], der; -s, - (jmd., der sich unberechtigt Zugang zu fremden Computersystemen zu verschaffen sucht); **Ha|cke|rin**
Hä|cker|ling, der; -s *(veraltend für* Häcksel)
Hack|fleisch; Hack|frucht; Hack|klotz
Hack|ler *(österr. ugs. für* Schwerarbeiter); **Hack|le|rin**
Hack|ler|re|ge|lung *(österr. für* Pensionsregeln für Menschen mit langer Versicherungszeit)
Hack|mes|ser, das
Hack|ord|nung *(Verhaltensf.)*
Hack|schnit|zel *meist Plur.* (gehackte Holzstücke); **Hackschnit|zel|hei|zung**
Häck|sel, das *od.* der; -s (Schnittstroh); **Häck|se|ler** *(svw.* Häcks-

Hagiograph

ler); **häck|seln;** ich häcks[e]le; **Häcks|ler** (Häckselmaschine) **Hack|steak; Hack|stock** Plur. ...stöcke (österr. für Hackklotz) **Haddsch** vgl. **Hadsch** ¹**Ha|der,** der; -s, Plur. -n u. (für Scheuertücher) - (bayr., österr. für Lumpen; ostmitteld. für Scheuertuch) ²**Ha|der,** der; -s (geh. für Zank, Streit) **Ha|de|rer, Had|rer** (Jägerspr. Eckzahn des Keilers) **Ha|der|lump** (österr. für liederlicher Mensch, Taugenichts) **ha|dern** ⟨zu ²Hader⟩ (geh. für unzufrieden sein; streiten); ich hadere damit **ha|dern|hal|tig** (fachspr. für Stoff-, Lumpenreste in der Herstellungsmasse enthaltend); hadernhaltiges Papier ¹**Ha|des** (griech. Gott der Unterwelt) ²**Ha|des,** der; - (Unterwelt) **Had|rer** vgl. Haderer **Ha|d|ri|an** [auch 'ha:...] (römischer Kaiser; Papstname); vgl. Adrian **Hadsch,** Hadcsh, der; - ⟨arab.⟩ (offizielle Pilgerfahrt nach Mekka) **Ha|d|schi,** Had|dschi, der; -s, Plur. -s u. Hudschadsch ⟨arab.⟩ (Mekkapilger; auch für christlicher Jerusalempilger im Orient) **Ha|du|brand** (germanische Sagengestalt) **Hae|ckel** ['hɛ...] (dt. Naturforscher) **Hae|m|oc|cult-Test®** ⟨griech.; lat.; engl.⟩ (zur Krebsvorsorgeuntersuchung) ¹**Ha|fen,** der; -s, Häfen (südd., schweiz., österr. für Topf) ²**Ha|fen,** der; -s, Häfen (Lande-, Ruheplatz) **Hä|fen,** der, auch das; -s, - (österr. für ¹Hafen; österr. ugs. für Gefängnis) **Ha|fen|amt; Ha|fen|an|la|gen** Plur. **Ha|fen|ar|bei|ter; Ha|fen|ar|bei|te|rin; Ha|fen|be|cken; Ha|fen|ein|fahrt; Ha|fen|ge|bühr; Ha|fen|ge|län|de** **Ha|fen|kä|se,** der; -s (schweiz. abwertend für Unsinn) **Ha|fen|knei|pe** **Ha|fen|kom|man|dant; Ha|fen|kom|man|dan|tin** **Ha|fen|po|li|zei; Ha|fen|rund|fahrt; Ha|fen|schen|ke, Ha|fen|schän|ke; Ha|fen|stadt; Ha|fen|um|schlag; Ha|fen|vier|tel** **Ha|fer,** der; -s, Plur. (Sorten:) -; vgl. auch Haber

Ha|fer|brei; Ha|fer|flo|cken Plur.; **Ha|fer|grüt|ze** **Ha|ferl,** ostösterr. ugs. **Hä|ferl,** das; -s, -[n]; vgl. Pickerl (bayr., österr. für Tasse) **Ha|ferl|schuh** (südd., österr. für ein [Trachten]halbschuh) **Ha|fer|mark,** das; **Ha|fer|mehl; Ha|fer|sack; Ha|fer|schleim** **Haff,** das; -[e]s, Plur. -s od. -e (durch Nehrungen vom Meer abgetrennte Küstenbucht); ↑D 140: das Frische Haff, das Kurische Haff **Haff|fi|scher,** Haff-Fi|scher **Ha|fis** (persischer Dichter) **Haf|lin|ger** (Pferd einer Gebirgsrasse); **Haf|lin|ger|ge|stüt** **Haf|ner** (südd., österr., schweiz. für Töpfer, Ofensetzer); **Häf|ner** (südd. neben Hafner); **Haf|ne|rei; Haf|ne|rin; Häf|ne|rin** **Haf|ni|um** ['ha(:)f...], das; -s ⟨nlat.⟩ (chemisches Element, Metall; Zeichen Hf) ¹**Haft,** die; - (Gewahrsam) ²**Haft,** der; -[e]s, -e[n] (veraltet für Haken; Spange) ...**haft** (z. B. krankhaft) **Haft|an|stalt; Haft|aus|set|zung** **haft|bar;** jmdn. für etwas haftbar machen; **Haft|bar|ma|chung** **Haft|be|din|gun|gen** Plur.; **Haft|be|fehl; Haft|be|schwer|de** (Rechtsspr.) **Haft|creme,** Haft|crème **Haft|dau|er** **Haf|tel,** der od. das, österr. nur so; -s, - (bayr., österr. für Häkchen u. Öse); **häf|teln** (landsch. für durch ein Haftel schließen); ich häft[e]le **haf|ten;** haften bleiben (festhängen); weil der Dreck an den Schuhen haften bleibt; in übertragener Bedeutung ist auch Zusammenschreibung möglich: die Erinnerung daran wird lang in ihrem Gedächtnis **haften bleiben** od. haftenbleiben **haf|ten blei|ben,** haf|ten|blei|ben vgl. haften **haf|ten blei|bend,** haf|ten|blei|bend ↑D 58; **Haft|ent|las|se|ne,** der u. die; -n, -n **Haft|ent|las|sung; Haft|ent|schä|di|gung; Haft|er|leich|te|rung** **haft|fä|hig; Haft|fä|hig|keit** **Haft|grund** **Häft|ling** **Haft|ort,** der, Plur. ...orte **Haft|pflicht; haft|pflich|tig**

haft|pflicht|ver|si|chert; Haft|pflicht|ver|si|che|rung **Haft|prü|fungs|ter|min; Haft|prü|fungs|ver|fah|ren** **Haft|rei|bung,** die; - (Physik); **Haft|rei|fen** **Haft|rich|ter; Haft|rich|te|rin** **Haft|scha|le** **Haft|stra|fe** **haft|un|fä|hig; Haft|un|fä|hig|keit,** die; - **Haf|tung,** die; -; vgl. GmbH; **Haf|tungs|aus|schluss** (Rechtsspr.) **Haft|un|ter|bre|chung** **Haft|ur|laub; Haft|ur|lau|be|rin; Haft|ver|scho|nung** **Haft|ze|her** (Gecko) **Haft|zeit** **Hag,** der; -[e]s, Plur. -e, schweiz. Häge (schweiz. für Hecke, Zaun; veraltet für Hecke, Wald) **Ha|ga|nah,** Ha|ga|na, die; - ⟨hebr.⟩ (Vorläufer der israelischen Nationalarmee) **Ha|gar** (bibl. w. Eigenn.) **Ha|ge|bu|che** (svw. Hainbuche) **Ha|ge|but|te,** die; -, -n; **Ha|ge|dorn** Plur. ...dorne (svw. Weißdorn) **Ha|gel,** der; -s; **ha|gel|dicht** **Ha|gel|korn,** das; Plur. ...körner **ha|geln;** es hagelt; sie sagt, es hag[e]le morgen **Ha|gel|scha|den; Ha|gel|schau|er; Ha|gel|schlag; Ha|gel|schlo|ße; Ha|gel|sturm; Ha|gel|wet|ter** **Ha|gel|zu|cker** ¹**Ha|gen** (m. Vorn.); Hagen von Tronje (Gestalt der Nibelungensage) ²**Ha|gen** (Stadt in Nordrhein-Westfalen) **ha|ger; Ha|ger|keit,** die; - **Ha|ge|stolz,** der; -es, -e (veraltet für [alter] Junggeselle) **Hag|gai** (bibl. Prophet) **Hag|gis** ['hɛgɪs], der; -, - ⟨schott.-engl.⟩ (in Schafsmagen gegarte Innereien des Schafs) **Ha|gia So|phia,** die; - - ⟨griech.⟩ (Kirche in Istanbul [heute ein Museum]) **Ha|gio|graf,** Ha|gio|graph, der; -en, -en (Verfasser von Heiligenleben) **Ha|gio|gra|fen,** Ha|gio|gra|phen Plur. (dritter Teil der Bücher des A. T.) **Ha|gio|gra|fie,** Ha|gio|gra|phie, die; -, ...ien (Erforschung u. Beschreibung von Heiligenleben) **Ha|gio|gra|fin,** Ha|gio|gra|phin **Ha|gio|graph** usw. vgl. **Hagiograf** usw.

Hagiolatrie

halb

I. *Beugung:*
- ein halbes Brot, eine halbe Scheibe Brot
- der Zeitraum eines halben Monats, einer halben Woche
- in einer halben Stunde
- mit halber Kraft
- zum halben Preis
- alle halbe *od.* halben Meter
- alle halbe *od.* halben Jahre
- alle halbe *od.* halben Stunden *od.* (*Singular:*) alle (*besser:* jede) halbe Stunde
- drei und ein halbes Prozent, *aber* drei[und]einhalb Prozent
- vor zwei und einer halben Stunde, *aber* vor zwei[und]einhalb Stunden
- vier mit ein halb multipliziert
- ein halbes Dutzend, *auch* ein halb Dutzend

II. Groß- oder Kleinschreibung:
a) *Kleinschreibung:*
- es ist, es schlägt halb eins
- eine viertel und eine halbe Stunde
- eine halbe und eine Dreiviertelstunde
- der Zeiger steht auf halb
- [um] voll und halb jeder Stunde
- ein halbes Dutzend Mal, ein halbes Hundert Mal

b) *Großschreibung* ↑D 72:
- ein Halbes, einen Halben bestellen
- eine Halbe (*bayr. für* halbe Maß)
- nichts Halbes und nichts Ganzes

III. *Schreibung in Verbindung mit Adjektiven, Partizipien und Verben:*
- ich habe ihn nur halb verstanden
- sie war halb krank vor Angst
- wir haben uns halb totgelacht
- sie hatten ihn halb totgeschlagen
- den Eimer halb voll machen
- er lief halb bekleidet *od.* halbbekleidet herum
- eine halb automatische *od.* halbautomatische Fertigung
- sich halb links *od.* halblinks einordnen
- ein halb leeres *od.* halbleeres Glas
- halb verwelkte *od.* halbverwelkte Blumen

IV. *Getrenntschreibung, wenn »halb« die Bedeutung »teils« hat:*
- sie machte ein halb freundliches, halb ernstes Gesicht
- ein halb seidenes, halb wollenes Gewebe

Vgl. auch halbbitter, halbfest, halbgebildet, halbhoch usw.

Ha|gio|la|t|rie, die; -, ...ien (Verehrung der Heiligen)
ha|ha!, ha|ha|ha!
Hä|her, der; -s, - (ein Rabenvogel)
Hahn, der; Gen. -[e]s, *schweiz. auch* -en, *Plur.* Hähne, *landsch., schweiz. u. fachspr.* (*für* techn. Vorrichtungen:) -en
Hähn|chen

hanebüchen
Das ursprünglich von der *Hainbuche* (deren Holz als minderwertig galt) abgeleitete Adjektiv wird ohne h nach dem lang gesprochenen *a* geschrieben.

Hah|ne|mann (dt. Arzt)
Hah|nen, der; -s, - (*schweiz. neben* Hahn)
Hah|nen|bal|ken (*Bauw.* oberster Querbalken im Sparrendach)
Hah|nen|fe|der
Hah|nen|fuß, der; -es (eine Wiesenblume)
Hah|nen|kamm (*auch* Zierpflanze)
Hah|nen|kampf; Hah|nen|ruf; Hah|nen|schrei
Hah|nen|tritt, der; -[e]s (Keimscheibe im Hühnerei; ein Stoffmuster; *auch für* Zuckfuß)
Hah|nen|was|ser, das; -s (*südd., schweiz. für* Leitungswasser)
Hah|ne|pot [...po:t], der, *auch* das; -s, -en, *selten* die; -, -en (Seemannsspr. Tau mit auseinanderlaufenden Enden)
Hahn|rei, der; -[e]s, -e (*veraltet für* betrogener Ehemann)
Hai, der; -[e]s, -e (*niederl.*) (ein Raubfisch)
Hai|fa (Hafenstadt in Israel)
Hai|fisch
Hai|fisch|flos|sen|sup|pe
Hai|kai, Hai|ku, das; -[s], -[s] (*jap.*) (eine jap. Gedichtform)
Hai|mons|kin|der *Plur.* (Helden des karoling. Sagenkreises)
Hain, der; -[e]s, -e (*geh. für* kleiner [lichter] Wald)
Hain|bu|che (ein Baum)
Hain|bund, der; -[e]s (ein dt. Dichterbund)
Hain|lei|te, die; - (Höhenzug in Thüringen)
Hair|sty|list ['hɛːɐ̯ˌstaɪ̯lɪst], der; -en, -en (*engl.*) (Friseur mit künstlerischem Anspruch); **Hair|sty|lis|tin**
Hai|ti (Staat in Mittelamerika);
Ha|i|ti|a|ner; Ha|i|ti|a|ne|rin; ha|i|ti|a|nisch
Ha|kan (m. Vorn.)
Häk|chen
Hä|kel|ar|beit
Hä|ke|lei (Sport)
Hä|ke|lei
Hä|kel|garn
ha|keln (Sport); ich hak[e]le
hä|keln; ich häk[e]le
Hä|kel|na|del
ha|ken; Ha|ken, der; -s, -
Ha|ken|büch|se (eine alte Handfeuerwaffe); **ha|ken|för|mig**
Ha|ken|kreuz (Symbol des Nationalsozialismus)
Ha|ken|na|se
ha|kig
Ha|kim, der; -s, -s (*arab.*) (Gelehrter, Arzt [im Orient])
Hal|la|cha, die; -, ...chot (*hebr.*) (aus der Bibel abgeleitete verbindliche Auslegung der Thora)
hal|lal (*arab.*) (nach islamischem Glauben erlaubt)
Hal|la|li, das; -s, -[s] (*franz.*) (ein Jagdruf); Halali blasen
halb *s. Kasten*
Halb|af|fe
halb|amt|lich; eine halbamtliche

halbwollen

Nachricht, *aber* etwas geschieht halb amtlich, halb privat
halb au|to|ma|tisch, halb|au|to|matisch *vgl.* halb
halb|bat|zig (*schweiz. für* ungenügend, unzulänglich)
halb be|klei|det, halb|be|klei|det *vgl.* halb
Halb|bil|dung, die; -
halb|bit|ter; halbbittere Schokolade; *vgl.* halb
halb blind, halb|blind; sie ist halb blind *od.* halbblind
Halb|blut
Halb|bril|le
Halb|bru|der
halb|bür|tig (nur einen Elternteil gemeinsam habend)
halb|dun|kel; es war halbdunkel, *aber* die Plätzchen waren halb dunkel, halb hell; Halb|dun|kel
Hal|be, der, die, das; -n, -n; eine Halbe (*bayr., österr. für* ein halber Liter) Bier
Halb|edel|stein (*veraltet für* Schmuckstein)
hal|be-hal|be; halbe-halbe machen (*ugs. für* teilen)
hal|ber; *Präp. mit Gen.*: der Ehre halber; gewisser Umstände halber; des [guten] Beispiels halber; *aber* ehrenhalber, umständehalber, beispielshalber
halb er|fro|ren, halb|er|fro|ren *vgl.* halb
halb er|wach|sen, halb|er|wach|sen *vgl.* halb
Halb|fa|b|ri|kat
halb fer|tig, halb|fer|tig; halb fertige *od.* halbfertige Fabrikate
halb|fest; halbfeste Nahrung
halb|fett; halbfette Buchstaben, der Name ist halbfett gesetzt (*Druckw.*)
Halb|fi|nal (*schweiz. für* Halbfinale); Halb|fi|na|le (*Sport*)
Halb|franz, das; - (*Buchw.*); in Halbfranz [binden]; Halb|franzband, der (Halblederband)
halb gar, halb|gar; halb gares *od.* halbgares Fleisch
halb|ge|bil|det; halbgebildete Banausen; Halb|ge|bil|de|te, der *u.* die
Halb|ge|fro|re|ne, das; -n
halb ge|won|nen *vgl.* halb
Halb|glat|ze; Halb|gott; Halb|göttin
Halb|heit
halb|her|zig; Halb|her|zig|keit
halb|hoch; ein halbhoher Zaun; *vgl.* halb
hal|bie|ren; Hal|bie|rung

Halb|in|sel
Halb|jahr; Halb|jah|res|bi|lanz; Halbjah|res|kurs, Halb|jahrs|kurs
halb|jäh|rig (ein halbes Jahr alt, ein halbes Jahr dauernd); halbjährige Übungszeit
halb|jähr|lich (jedes Halbjahr wiederkehrend, alle halben Jahre); halbjährliche Zusammenkunft
Halb|jahrs|kurs, Halb|jah|res|kurs
Halb|kan|ton (in der Schweiz)
halb krank *vgl.* halb
Halb|kreis; halb|kreis|för|mig
Halb|ku|gel
halb|lang; halblange Haare; *aber* ihr Haar ist halb lang, halb kurz
halb|laut; halblaute Gespräche; *aber* sie sprachen halb laut, halb leise
Halb|le|der (ein Bucheinband)
halb leer, halb|leer *vgl.* halb
halb|lei|nen; ein halbleinenes Tuch; *aber* ein halb leinenes, halb wollenes Tuch; Halb|lei|nen; Halb|lei|nen|band, der
Halb|lei|ter, der (*Elektrot.* Stoff, der bei Zimmertemperatur elektrisch leitet u. bei tieferen Temperaturen isoliert)
Halb|lin|ke, der; -n, -n (*Sport*)
halb links, halb|links; sich halb links *od.* halblinks halten; halb links *od.* halblinks spielen (*Sport*)
Halb|ma|ra|thon (*Leichtathletik* Laufwettbewerb über 21,0975 km)
halb|mast (als Zeichen der Trauer); [eine Flagge] halbmast hissen; auf halbmast setzen, stehen
halb|matt; halbmatte Fotos
Halb|mes|ser, der (*für* Radius)
halb|me|tall (Element mit teils metallischen, teils nicht metallischen Eigenschaften)
halb|me|ter|dick
halb|mi|li|tä|risch
Halb|mond; halb|mond|för|mig
halb nackt, halb|nackt *vgl.* halb
halb of|fen, halb|of|fen *vgl.* halb
halb|part; *meist in* [mit jmdm.] halbpart machen (*ugs. für* teilen)
Halb|pen|si|on, die; - (Unterkunft mit Frühstück u. einer warmen Mahlzeit)
Halb|rech|te, der; -n, -n (*Sport*)
halb rechts, halb|rechts; sich halb rechts *od.* halbrechts halten; halb rechts *od.* halbrechts spielen (*Sport*)
halb reif, halb|reif; halb reife *od.* halbreife Früchte
halb|rund (halbkreisförmig); *aber*

die Formen waren halb rund, halb eckig; Halb|rund
Halb|satz (Teilsatz)
Halb|schat|ten
halb|schläch|tig (*veraltet für* nicht eindeutig, schwankend)
Halb|schlaf; Halb|schuh
Halb|schwer|ge|wicht (Körpergewichtsklasse im Sport)
Halb|schwes|ter
Halb|sei|de; halb|sei|den; ein halbseidenes Tuch, *aber* ein halb seidenes, halb wollenes Tuch
halb|sei|tig
halb|staat|lich; ein halbstaatlicher Betrieb (*DDR*), *aber* der Betrieb ist halb staatlich, halb privat
halb|stark; halbstarke Jugendliche
Halb|star|ke, der *u.* die; -n, -n
Halb|stie|fel
halb|stock (*Seemannsspr. svw.* halbmast)
Halb|stock (*österr. für* Zwischengeschoss)
halb|stün|dig (eine halbe Stunde dauernd)
halb|stünd|lich (jede halbe Stunde [stattfindend])
Halb|stür|mer (*bes. Fußball*); Halbstür|me|rin
Halb|tag (*österr., schweiz. für* halber [Arbeits]tag; Halbtagsstelle)
halb|tä|gig
halb|tags; Halb|tags|ar|beit; Halbtags|schu|le
Halb|tax|abon|ne|ment (*schweiz. für* Abonnement zum Bezug von Fahrkarten zum halben Preis)
Halb|ton *Plur.* ...töne
halb tot, halb|tot *vgl.* halb
Halb|to|ta|le (*Film*)
halb tot|la|chen *vgl.* halb
halb tot|schla|gen *vgl.* halb
halb|tro|cken; halbtrockener Wein
halb ver|daut, halb|ver|daut *vgl.* halb
halb ver|hun|gert, halb|ver|hungert *vgl.* halb
halb ver|welkt, halb|ver|welkt *vgl.* halb
halb voll, halb|voll *vgl.* halb
halb wach, halb|wach *vgl.* halb
Halb|wahr|heit; Halb|wai|se
halb|wegs
Halb|welt; Halb|welt|da|me
Halb|wel|ter|ge|wicht (*Boxen*)
Halb|werts|zeit (*Kernphysik* Zeit, nach der die Hälfte einer Anzahl radioaktiver Atome zerfallen ist)
halb|wild; halbwilde, halbwild lebende Tiere
Halb|wis|sen
halb|wol|len; ein halbwollenes

halbwüchsig

Tuch, *aber* ein halb wollenes, halb baumwollenes Tuch
halb|wüch|sig; **Halb|wüch|si|ge**, der u. die; -n, -n
Halb|zeit; **Halb|zeit|pau|se**; **Halb|zeit|pfiff**; **Halb|zeit|stand**
Halb|zeug (Halbfabrikat)
Hal|de, die; -, -n
Ha|léř [...leːɐ̯ʃ], der; -, ...ře [...ɐ̯ʒe], *Gen. Plur.* ...řů [...ɐ̯ʒuː] (Untereinheit der tschech. Krone)
half vgl. helfen
Hal|fa|gras vgl. Alfagras
Half|pipe ['haːfpaɪp], die; -, -s ⟨engl., »Halbrohr«⟩ (halbkreisförmige Röhre, in der Kunststücke mit Skateboard od. Snowboard ausgeführt werden können)
Hälf|te, die; -, -n; meine bessere Hälfte (*scherzh. für* meine Ehefrau, mein Ehemann); zur Hälfte; **hälf|ten** (svw. halbieren)

Hälfte
Auch wenn nach *Hälfte* ein Plural folgt, steht das Verb gewöhnlich im Singular: *Erst die Hälfte der Arbeiten war erledigt.* Es ist aber auch zulässig, das Verb in den Plural zu setzen: *Erst die Hälfte der Arbeiten waren erledigt.* In diesem Fall wird die Beugungsform nach dem Sinn und nicht nach dem formalen grammatischen Bezug gebildet.

¹**Half|ter**, das *od.* der; -s, -, *schweiz. auch* die; -, -n (Zaum ohne Gebiss)
²**Half|ter**, das; -s, -, *auch* die; -, -n (Pistolentasche)
half|tern (den ¹Halfter anlegen); ich haftere; **Half|ter|rie|men**
hälf|tig; **Hälf|tung**
Half|vol|ley ['haːf...], der; -s, -s ⟨engl.⟩ (*Tennis* Ball, der im Augenblick des Abprallens vom Boden geschlagen wird)
Ha|li|fax ['hælɪfæks] (Stadt in Kanada)
Ha|li|kar|nas|sos (antike Stadt in Kleinasien)
Hal|ky|o|ne [*auch* ...'kyːone] usw. vgl. ¹Alkyone usw.
¹**Hall**, der; -[e]s, -e
²**Hall** (Name mehrerer Orte)
Hal|le, die; -, -n
Hal|le|f|fekt ([elektronisch erzeugter] Hall, Nachhall)
hal|le|lu|ja! ⟨hebr., »lobet den Herrn!«⟩; **Hal|le|lu|ja**, das; -s, -s (liturgischer Freudengesang)
hal|len (schallen)
Hal|len|bad; **Hal|len|fuß|ball**; **Hal|len|hand|ball**; **Hal|len|ho|ckey**
Hal|len|kir|che
Hal|len|ser (Einwohner von Halle [Saale]); **Hal|len|se|rin**
Hal|len|sport; **Hal|len|ten|nis**; **Hal|len|tur|nier**
Hal|ler (Einwohner von ²Hall u. von Halle [Westf.]); **Hal|le|rin**
Hal|ler|t|au, Hol|le|d|au [*auch* 'hɔ...], die; - (bayr. Landschaft)
Hal|le (Saa|le) (Stadt an der mittleren Saale); *vgl.* Hallenser; **hal|lesch** *vgl.* hallisch
Hal|le (Westf.) (Stadt am Teutoburger Wald); *vgl.* Haller
Hal|ley-Ko|met [...le...], **Hal|ley|sche Ko|met**, **Hal|ley'sche Ko|met** ⟨nach dem engl. Astronomen⟩
↑ D 135 u. 150
Hal|lig, die; -, -en (kleinere, bei Sturmflut überflutete Insel im nordfries. Wattenmeer)
Hal|li|gal|li, Hul|ly-Gul|ly, das, *selten:* der; -[s] (ugs. für fröhliches Treiben)
Hal|li|gen *Plur.* (Inselgruppe im Wattenmeer); **Hal|lig|leu|te** *Plur.*
hal|li|hal|lo! (ugs.)
Hal|li|masch, der; -[e]s, -e (ein Pilz)
hal|lisch ⟨zu Halle [Saale]⟩
häl|lisch *vgl.* schwäbisch-hällisch
Hall|jahr (A. T. Feier-, Jubeljahr)
hal|lo! [*auch* ...'loː]; **Hal|lo**, das; -s, -s; mit großem Hallo; hallo rufen; **hal|lö|chen!** (ugs.)
Hal|lo|d|ri, der; -s, -[s] (bayr. u. österr. für leichtlebiger Mann)
Hal|lo|re, der; -n, -n (früher für Salinenarbeiter in Halle [Saale])
Hal|lou|mi [...'luː...], der; -[s], -[s] ⟨griech.⟩ (halbfester zyprischer Käse)
Hal|lo|w|een [hɛloˈviːn], das; -[s], -s ⟨engl.⟩ ([bes. in den USA gefeierter] Tag vor Allerheiligen)
Hall|statt (Ort in Oberösterreich); **Hall|stät|ter See**, der; - -s
Hall|statt|zeit, die; - (ältere Eisenzeit)
Hal|lu|zi|na|ti|on, die; -, -en ⟨lat.⟩ (Sinnestäuschung); **hal|lu|zi|nie|ren**; **hal|lu|zi|no|gen** (Halluzinationen hervorrufend); **Hal|lu|zi|no|gen**, das; -s, -e (halluzinogene Droge)
Halm, der; -[e]s, -e
Hal|ma, das; -s ⟨griech.⟩ (ein Brettspiel)
Halm|flie|ge (ein Getreideschädling); **Halm|frucht** *meist Plur.*
Ha|lo, der; -[s], *Plur.* -s *od.* ...onen ⟨griech.⟩ (*Physik* Hof um eine Lichtquelle; *Med.* Ring um die Augen; Warzenhof)
ha|lo... ⟨griech.⟩ (salz...); **Ha|lo...** (Salz...)
Ha|lo|ef|fekt [*auch* 'hɛɪloʊ...] (*Psychol.* Beeinflussung einer Beurteilung durch vorhandene Vorerfahrungen)
ha|lo|gen ⟨griech.⟩ (*Chemie* Salz bildend); **Ha|lo|gen**, das; -s, -e (Salz bildendes chem. Element)
Ha|lo|ge|nid, Ha|lo|jid, das; -[e]s, -e (Metallsalz eines Halogens); **Ha|lo|ge|nid|salz**, Ha|lo|jid|salz
ha|lo|ge|nie|ren (Salz bilden)
Ha|lo|gen|lam|pe; **Ha|lo|gen|schein|wer|fer**
Ha|lo|jid, das; -[e]s, -e; *vgl.* Halogenid; **Ha|lo|jid|salz** *vgl.* Halogenidsalz
Ha|lo|phyt, der; -en, -en (*Bot.* auf Salzboden wachsende Pflanze)
¹**Hals**, Frans (niederl. Maler)
²**Hals**, der; -es, Hälse; Hals über Kopf; Hals- und Beinbruch
Hals|ab|schnei|der; **Hals|ab|schnei|de|rin**; **hals|ab|schnei|de|risch**
Hals|ab|schnitt; **Hals|band**, das, *Plur.* ...bänder; **Hals|ber|ge**, die; -, -n (Teil der mittelalterlichen Rüstung)
hals|bre|che|risch
Hal|se, die; -, -n (*Seemannsspr.* ein Wendemanöver); **hal|sen** (*Seemannsspr.* eine Halse durchführen); du halst
Hals|ent|zün|dung
hals|fern; ein halsferner Kragen
Hals|ge|richt (im späten MA. Gericht für schwere Verbrechen)
Hals|ket|te; **Hals|krau|se**
hals|nah; ein halsnaher Kragen
Hals-Na|sen-Oh|ren-Arzt (*Abk.* HNO-Arzt); **Hals-Na|sen-Oh|ren-Ärz|tin** (*Abk.* HNO-Ärztin); **Hals|schlag|ader**; **Hals|schmerz** *meist Plur.*
hals|star|rig; **Hals|star|rig|keit**

hältst
Die 2. Person Singular von *halten* lautet im Indikativ Präsens [du] hältst. Das *t* nach dem *l* darf nicht weggelassen werden, da es zum Wortstamm gehört und deshalb in allen Formen des Verbs erhalten bleibt.

Hals|tuch Plur. ...tücher
Hals über Kopf (ugs.)
Hals- und Bein|bruch! (ugs.)
Hal|sung (Jägerspr. Hundehalsband)
Hals|weh, das; -s; **Hals|wei|te; Hals|wi|ckel; Hals|wir|bel; Hals|wir|bel|säu|le; Hals|zäp|fchen** (bes. schweiz.)
¹**halt** (landsch. u. schweiz. für eben, wohl, ja, schon)
²**halt!**; Halt! Wer da?; vgl. Werda
Halt, der; -[e]s, Plur. -e u. -s; [laut] Halt od. halt rufen; Halt finden; haltmachen od. Halt machen; ich mache halt od. Halt; ohne haltzumachen od. Halt zu machen; haltgemacht od. Halt gemacht
halt|bar; Halt|bar|keit, die; -; **Halt|bar|keits|da|tum**
Halt|bar|milch (bes. österr. für H-Milch)
Hal|te|bo|gen (Musik); **Hal|te|bucht**
Hal|te|dau|er, die; -, -n (Wirtsch., Börsenw.); **Hal|te|griff; Hal|te|gurt; Hal|te|li|nie**
hal|ten (landsch., bes. österr. auch für [Kühe] hüten); du hältst, er hält; du hieltst; du hieltest; gehalten; halt[e]!; an sich halten; ich hielt an mich
Hal|te|punkt
Hal|ter (landsch., bes. österr. auch für Viehhirt)
Hal|te|re, die; -, -n meist Plur. (griech.) (Zool. umgebildeter Hinterflügel der Zweiflügler)
Hal|te|rin
hal|tern (festmachen, festklemmen); ich haltere
Hal|te|rung (Haltevorrichtung)
Hal|te|stan|ge; Hal|te|stel|le; Hal|te|tau, das
Hal|te|ver|bot (amtl. Haltverbot); **Hal|te|ver|bots|schild**
Hal|te|wunsch|tas|te (im ÖPNV)
hal|tig (Bergmannsspr. Erz führend)
...hal|tig, ...häl|tig (z. B. mehlhaltig)
halt|los; Halt|lo|sig|keit, die; -
halt|ma|chen vgl. Halt
Halt|ma|chen, das; -s
Hal|tung; Hal|tungs|feh|ler; Hal|tungs|no|te (Sport)
Halt|ver|bot vgl. Halteverbot
Ha|lun|ke, der; -n, -n (tschech.) (abwertend für Schuft; scherzh. Schlingel); **Ha|lun|ken|streich**
Ham (bibl. m. Eigenn.)
Ha|mam, der; -[s], -s ⟨türk.⟩ (türkisches Bad)

Ha|ma|me|lis, die; - ⟨griech.⟩ (Zaubernuss, eine Heilpflanze)
Ha|mas [auch ha'ma:s], die; - ⟨arab.⟩ (radikale islamistische Widerstandsbewegung in Palästina); **Ha|mas|kämp|fer; Ha|mas|kämp|fe|rin**
Hä|ma|tin, das; -s ⟨griech.⟩ (Med. eisenhaltiger Bestandteil des roten Blutfarbstoffs)
Hä|ma|ti|non, das; -s (rote Glasmasse)
Hä|ma|tit, der; -s, -e (Eisenerz)
Hä|ma|to|lo|ge, der; -n, -n; **Hä|ma|to|lo|gie,** die; - (Lehre vom Blut u. seinen Krankheiten); **Hä|ma|to|lo|gin**
Hä|ma|tom, das; -s, -e (Med. Bluterguss)
Hä|ma|to|zo|on, das; -s, ...zoen meist Plur. (Zool. im Blut lebender tierischer Parasit)
Hä|ma|tu|rie, die; -, ...ien (Med. Blutharnen)
Ham|burg (Land u. Hafenstadt an der unteren Elbe); ¹**Ham|bur|ger** (Einwohner von Hamburg)
²**Ham|bur|ger** [auch 'hembœ:ɐɡɐ], der; -s, Plur. -, -s (Brötchen mit gebratenem Rinderhackfleisch)
Ham|bur|ge|rin ⟨zu ¹Hamburger⟩
ham|bur|gern (Hamburger Mundart sprechen); ich hamburgere; **ham|bur|gisch**
Hä|me, die; - (Gehässigkeit)
Ha|meln (Stadt an der Weser); **Ha|mel|ner, Ha|mel|ner|in, Ha|mel|ne|rin; ha|melnsch**
Ha|men, der; -s, - (Fangnetz)
hä|men (hämisch reden)
Ha|mid (m. Vorn.)
Hä|min, das; -s, -e ⟨griech.⟩ (Chemie Salz des Hämatins)
hä|misch; sein hämisches Grinsen
Ha|mit, der; -en, -en, **Ha|mi|te,** der; -n, -n ⟨zu Ham⟩ (Angehöriger einer Völkergruppe in Afrika); **Ha|mi|tin; ha|mi|tisch;** hamitische Sprachen
Ham|let (Dänenprinz der Sage)
Hamm (Stadt an der Lippe)
Ham|mel, der; -s, -
Ham|mel|bein; meist in jmdm. die Hammelbeine lang ziehen od. langziehen (ugs. für jmdn. heftig tadeln; drillen)
Ham|mel|bra|ten; Ham|mel|keu|le
Ham|mel|sprung (ein parlamentarisches Abstimmungsverfahren)
Ham|mer, der; -s, Hämmer
Ham|mer|hai

Ham|mer|kla|vier
¹**Häm|mer|lein**
²**Häm|mer|lein, Häm|mer|ling** (veraltet für böser Geist, Teufel); Meister Hämmerlein, Hämmerling (Teufel; Henker)
ham|mer|mä|ßig (ugs. für großartig)
häm|mern; ich hämmere
Ham|mer|schlag; Ham|mer|schmied; Ham|mer|schmie|din
Ham|mer|wer|fen, das; -s (Sport); **Ham|mer|wer|fer; Ham|mer|wer|fe|rin; Ham|mer|wurf,** der; -[e]s
Ham|mer|ze|he (Med.)
Ham|mond|or|gel ['hɛmənt...] ↑D 136 (nach dem amerik. Erfinder) (elektroakustische Orgel)
Ham|mu|ra|bi (babylonischer König)
Hä|mo|glo|bin, das; -s ⟨griech.; lat.⟩ (Med. roter Blutfarbstoff; Zeichen Hb)
Hä|mo|phi|lie, die; -, ...ien ⟨griech.⟩ (Bluterkrankheit)
Hä|mor|rha|gie, die; -, ...ien (Blutung)
Hä|mor|ri|dal|lei|den, Hä|mor|rho|i|dal|lei|den; Hä|mor|ri|de, Hä|mor|rho|i|de, die; -, -n meist Plur. ⟨griech.⟩ ([leicht blutender] Venenknoten des Mastdarms)
Hä|mo|zyt, der; -en, -en (Blutkörperchen)
ham|pe|lig; Ham|pel|mann Plur. ...männer; **ham|peln** (zappeln); ich hamp[e]le
Hams|ter, der; -s, - (ein Nagetier)
Hams|ter|ba|cke meist Plur. (ugs.)
Hams|te|rer (ugs. für Mensch, der [gesetzwidrig] Vorräte aufhäuft); **Hams|te|rin; Hams|ter|kauf; hams|tern;** ich hamstere
Hams|ter|rad
Ham|sun (norwegischer Dichter)
Ha|na|ni|as vgl. Ananias
Hand s. Kasten Seite 528
Hand|än|de|rung (schweiz. für Besitzerwechsel bei Immobilien u. Wertpapieren)
Hand|ap|pa|rat; Hand|ar|beit
hand|ar|bei|ten; gehandarbeitet; vgl. aber handgearbeitet
Hand|ar|bei|ter; Hand|ar|bei|te|rin; Hand|ar|beits|tech|nik; Hand|ar|beits|un|ter|richt
Hand|auf|he|ben, das; -s; durch Handaufheben abstimmen
Hand|auf|le|gen, das; -s
Hand|ball; Handball spielen ↑D 54, aber das Handballspielen ↑D 82;
Hand|ball|bun|des|li|ga
Hand|bal|len; Hand|ball|er (ugs. für

H
Hand

Handballer

Handballerin

Hand

die; -, Hände

I. *Getrennt- oder Zusammenschreibung:*
- linker Hand, rechter Hand
- etwas aus erster, zweiter Hand kaufen
- letzter Hand
- freie Hand haben
- [an etwas] Hand anlegen
- etwas an, bei, unter der Hand haben, *auch* etwas unter der Hand (heimlich, im Stillen) regeln
- jemandem an die Hand gehen; *aber* anhand des Buches, anhand von Unterlagen
- Hand in Hand arbeiten, die Hand in Hand Arbeitenden, *aber* ↑D 27: das Hand-in-Hand-Arbeiten
- von langer Hand [her] (lange) vorbereitet
- von Hand zu Hand
- das ist nicht von der Hand zu weisen (ist möglich)
- von Hand (mit der Hand) eintragen
- zur Hand sein; zu Händen (*vgl. d.*)

Vgl. auch die folgenden Zusammensetzungen: abhandenkommen, allerhand, handhaben, kurzerhand, überhandnehmen, vorderhand, vorhanden, zuhanden

II. *Bei Maß- u. Mengenangaben:*
- das Regalbrett ist eine Hand breit
- eine Handbreit *od.* Hand breit Tuch ansetzen
- der Rand ist kaum handbreit
- zwei Hände groß, lang
- zwei Handbreit *od.* zwei Hand breit groß, lang
- er hat die eine Hand voll Kirschen
- eine Handvoll *od.* Hand voll Kirschen essen

III. *Beim Skat:*
- einen Grand aus der Hand spielen
- einen Grand Hand spielen

Handballspieler); **Hand|bal|le|rin**; **Hand|ball|frau** *meist Plur.* (*Sportjargon* Handballspielerin); **Hand|ball|spie|ler**; **Hand|ball|spie|le|rin**
Hand|be|sen; Hand|be|trieb; Hand|be|we|gung
Hand|bike ['hɛnt..., *auch* 'hant...] ⟨anglisierend⟩ (mit den Armen angetriebenes dreirädriges Fahrrad *od.* Zusatzgerät für Rollstühle); Hand|brau|se
hand|breit; ein handbreiter Saum, *aber* der Streifen ist eine Hand breit; **Hand|breit**, die; -, -, **Hand breit**, die; -, -, - -; eine, zwei, keine **Handbreit** *od.* Hand breit, *aber* ein zwei Hand breiter Saum
Hand|brem|se; Hand|buch
Händ|chen; ein Händchen haltendes *od.* händchenhaltendes Paar; Händ|chen|hal|ten, das; -s
Händ|chen hal|tend, händ|chen|hal|tend ↑D 58
Hand|creme, Hand|crème
Hän|de|druck *Plur.* ...drücke
Hän|de|hand|tuch
Hän|de|klat|schen, das; -s
¹Han|del, der; -s (Kaufgeschäft); Handel treiben; Handel treibende *od.* handeltreibende Völker
²Han|del, der; -s, Händel *meist Plur.* (*veraltend für* Streit)
Hän|del (dt. Komponist)
han|del|bar ([bes. von Wertpapieren] im Handel erhältlich)
Hand|elf|me|ter (*Fußball*)
Han|del-Maz|zet|ti (österr. Schriftstellerin)
¹han|deln; ich hand[e]le; es handelt sich um ...
²han|deln ['hɛn...], *seltener* hän|deln ⟨engl.⟩ (*ugs. für* handhaben, gebrauchen); ich hand[e]le ['hɛnd[ə]lə]; gehandelt
Han|deln, das; -s
Han|dels|ab|kom|men
Han|dels|aka|de|mie (höhere Handelsschule)
Han|dels|bank *Plur.* ...banken
Han|dels|be|zie|hung *meist Plur.*
Han|dels|bi|lanz; Han|dels|brauch
han|dels|ei|nig, han|dels|eins
Han|dels|em|bar|go; Han|dels|flä|che; Han|dels|flot|te
Han|dels|frau (*veraltet*)
Han|dels|ge|richt; han|dels|ge|richt|lich
Han|dels|ge|schäft; Han|dels|ge|sell|schaft; Han|dels|ge|setz|buch (*Abk.* HGB); Han|dels|ha|fen; Han|dels|haus; Han|dels|kam|mer
Han|dels|ket|te; Han|dels|klas|se
Han|dels|leh|rer; Han|dels|leh|re|rin
Han|dels|mann *Plur.* ...leute, *selten* ...männer (*veraltet*); Han|dels|ma|ri|ne; Han|dels|mar|ke
Han|dels|mi|nis|ter; Han|dels|mi|nis|te|rin; Han|dels|mi|nis|te|ri|um
Han|dels|or|ga|ni|sa|ti|on (*DDR; Abk.* HO)
Han|dels|part|ner; Han|dels|part|ne|rin
Han|dels|platz
Han|dels|po|li|tik; han|dels|po|li|tisch
Han|dels|recht; han|dels|recht|lich
Han|dels|re|gis|ter
Han|dels|rei|sen|de
Han|dels|sank|ti|on; Han|dels|schiff
Han|dels|schu|le; Han|dels|span|ne
Han|dels|stand, der; -[e]s; Han|dels|start, der; -[e]s; Han|dels|stra|ße; Han|dels|tag
han|dels|üb|lich
Han|dels|sucht, die; - (*veraltet*); hän|del|süch|tig
Han|dels|un|ter|neh|men; Han|dels|ver|trag
Han|dels|ver|tre|ter; Han|dels|ver|tre|te|rin; Han|dels|ver|tre|tung
Han|dels|vo|lu|men; Han|dels|wa|re; Han|dels|weg
Han|del trei|bend, han|del|trei|bend ↑D 58
Hän|de|rin|gen, das; -s; hän|de|rin|gend ↑D 59
Hän|de|schüt|teln, das; -s
Hän|de|wa|schen, das; -s
Hand|fe|ger; Hand|fer|tig|keit
hand|fest; Hand|fes|te (*früher für* Urkunde)
Hand|feu|er|lö|scher; Hand|feu|er|waf|fe
Hand|flä|che; hand|ge|ar|bei|tet; handgearbeitete Möbel; *vgl. aber* handarbeiten
Hand|ge|brauch, der; -[e]s; zum, für den Handgebrauch
hand|ge|bun|den; hand|ge|fer|tigt; hand|ge|knüpft
Hand|geld; Hand|ge|lenk
Hand|ge|lüb|de (*schweiz.* dem Eid ähnliches Gelübde)
hand|ge|macht
Hand|ge|men|ge; Hand|ge|päck
hand|ge|schöpft; hand|ge|schrie|ben; hand|ge|strickt; hand|ge|webt
Hand|gra|na|te
hand|greif|lich; Hand|greif|lich|keit
Hand|griff; hand|groß; handgroße Flecken; *vgl.* Hand
hand|hab|bar; Hand|hab|bar|keit, die; -

Hängepartie

Hand|ha|be, die; -, -n; hand|ha|ben; du handhabst; du handhabtest; gehandhabt; das ist schwer zu handhaben; Hand|ha|bung

Hand|har|mo|ni|ka

Hand|held ['hɛnthɛlt], der od. das; -s, -s ⟨engl.⟩ (Taschencomputer)

Han|di|cap, Han|di|kap ['hɛndikɛp], das; -s, -s ⟨engl.⟩ (Nachteil, Behinderung; Sport Ausgleichsvorgabe); han|di|ca|pen, han|di|ka|pen ['hɛndikɛpn̩]; gehandicapt, gehandikapt; han|di|ca|pie|ren, han|di|ka|pie|ren (schweiz. für handicapen)

Han|di|kap ['hɛndikɛp] usw. vgl. Handicap usw.

Hand-in-Hand-Ar|bei|ten, das; -s ↑D 27; Hand-in-Hand-Ge|hen, das; -s ↑D 27

hän|disch (manuell)

Hand|ka|me|ra (Film)

Hand|kan|ten|schlag

Hand|kä|se (landsch.)

Hand|ke (österr. Schriftsteller)

hand|kehr|um (schweiz. für unversehens; andererseits); Handkehr|um; nur in im Handkehrum (schweiz. für im Handumdrehen)

Hand|kof|fer

hand|ko|lo|riert

Hand|kom|mu|ni|on (kath. Kirche)

Hand|korb; Hand|kuss

hand|lang; ein handlanger Schnitt, aber der Schnitt war zwei Hand lang

Hand|lan|ger; Hand|lan|ger|dienst meist Plur. (oft abwertend); Hand|lan|ge|rin; hand|lan|gern; ich handlangere

Hand|lauf (an Treppengeländern)

Händ|ler; Händ|le|rin

Hand|le|se|kunst

Hand|le|se|rin

Hand|le|xi|kon

hand|lich; Hand|lich|keit, die; -

Hand|ling ['hɛ...], das; -[s] ⟨engl.⟩ (Handhabung, Gebrauch)

Hand|lung

Hand|lungs|ab|lauf; Hand|lungs|bedarf; Hand|lungs|be|voll|mäch|tig|te

hand|lungs|fä|hig; Hand|lungs|fä|hig|keit, die; -

Hand|lungs|frei|heit

Hand|lungs|ge|hil|fe; Hand|lungs|ge|hil|fin

Hand|lungs|rei|sen|de

Hand|lungs|spiel|raum

Hand|lungs|strang

hand|lungs|un|fä|hig; Hand|lungs|un|fä|hig|keit

Hand|lungs|ver|lauf; Hand|lungs|wei|se, die

Hand|ma|le|rei

Hand|mehr, das; -s (schweiz. für durch Handaufheben festgestellte Mehrheit)

Hand|mi|xer (Küchengerät)

Hand|or|gel (schweiz. für Handharmonika); hand|or|geln

Hand|out, Hand-out ['hɛntla͜ʊt], das; -s, -s ⟨engl.⟩ (Informationsunterlage)

Hand|over, Hand-over ['hɛntoʊvɐ], das u. der; -[s], - Plur. selten ⟨engl.⟩ (Telekommunikation nahtlose Übergabe einer Mobiltelefonverbindung von einer Funkzelle in eine andere)

Hand|pferd; Hand|pres|se; Handpup|pe

Hand|rei|chung; Hand|rü|cken

Hands [hɛnts], das; -, - ⟨engl.⟩ (österr., schweiz. für Handspiel)

hand|sam (österr., landsch. für handlich)

Hand|schel|le meist Plur.; Handschlag; Hand|schrei|ben

Hand|schrift (in der Bedeutung »altes Schriftstück« Abk. Hs., Plur. Hss.); Hand|schrif|ten|deutung; Hand|schrif|ten|kun|de, die; -; Hand|schrif|ten|kun|di|ge; hand|schrift|lich

Hand|schuh; ein Paar Handschuhe; Hand|schuh|fach

Hands|el|fer ['hɛnts...] ⟨engl.; dt.⟩ (österr. für Handelfmeter)

Hand|set|zer (Druckw.); Hand|set|ze|rin

hand|sig|niert

Hand|spie|gel; Hand|spiel (Fußball); Hand|stand; Hand|staub|sau|ger

Hand|stein (nordd. für Ausguss)

Hand|streich

Hand|ta|sche; Hand|ta|schen|raub; Hand|ta|schen|räu|ber; Hand|ta|schen|räu|be|rin

Hand|tel|ler

Hand|tuch Plur. ...tücher; Handtuch|hal|ter

Hand|um|dre|hen, das; -s; meist in: im Handumdrehen

hand|ver|le|sen (auch für sorgfältig ausgewählt)

Hand|voll, die; -, -, Hand voll, die; --, --; vgl. Hand. Hand|wa|gen

hand|warm

Hand|werk; Hand|wer|ker; Handwer|ke|rin; Hand|wer|ker|stand, der; -[e]s

hand|werk|lich

Hand|werks|be|ruf; Hand|werks|betrieb; Hand|werks|bur|sche; Hand|werks|kam|mer; Hand|werks|kunst; Hand|werks|meister; Hand|werks|rol|le (Verzeichnis der selbstständigen Handwerker); Hand|werks|zeug, das; -[e]s, -e

Hand|wör|ter|buch; Hand|wur|zel

Han|dy ['hɛndi], das; -s, -s ⟨anglisierend⟩ (handliches schnurloses Funktelefon); Han|dy|da|ten Plur.; Han|dy|dis|play; Han|dy|emp|fang, der; -[e]s

Han|dy|fo|to

han|dy|frei; handyfreie Zonen; Han|dy|ka|me|ra; Han|dy|lo|go (individuelles Bild auf dem Handydisplay); Han|dy|num|mer; Han|dy|par|ken, das; -s (bargeldloses Bezahlen der Parkgebühr über das Handy); Han|dy|spar|te (Wirtsch.); Han|dy|ta|rif; Han|dy-TV

hand|zahm (besonders zahm)

Hand|zei|chen; Hand|zeich|nung; Hand|zet|tel

ha|ne|bü|chen (veraltend für unverschämt, unerhört)

Hanf, der; -[e]s (eine Faserpflanze); han|fen, hän|fen (aus Hanf); Hanf|garn

Hänf|ling (eine Finkenart; Mensch von schwächlicher Statur)

Hanf|sa|men; Hanf|seil

Hang, der; -[e]s, Hänge

hang|ab|wärts

Han|gar [auch ...'gaːɐ̯], der; -s, -s ⟨germ.-franz.⟩ (Flugzeughalle)

Hän|ge|arsch (derb); Hän|ge|ba|cken Plur.; Hän|ge|bank Plur. ...bänke (Bergbau)

Hän|ge|bauch; Hän|ge|bauch|schwein

Hän|ge|bo|den; Hän|ge|brü|cke; Hän|ge|bu|sen; Hän|ge|lam|pe

han|geln (Turnen); ich hang[e]le

Hän|ge|mat|te

han|gen (schweiz., landsch., sonst veraltet für ¹hängen); mit Hangen und Bangen

¹hän|gen s. Kasten Seite 530

²hän|gen; du hängst; du hängtest; gehängt; häng[e]!; ich hänge das Bild an die Wand, habe es an die Wand gehängt

hän|gen blei|ben, hän|gen|blei|ben vgl. ¹hängen

Han|gen|de, das; -n (Bergmannsspr. Gesteinsschicht über einer Lagerstätte)

hän|gen las|sen, hän|gen|las|sen vgl. ¹hängen

Hän|ge|par|tie (Schach)

Hänger

¹hän|gen
- du hängst; du hingst; du hingest; gehangen; häng[e]!
- die Kleider hängen an der Wand; das Bild hing an der Wand, hat dort gehangen
- ↑D 82: mit Hängen und Würgen (*ugs. für* mit Müh und Not)
- hängende Gärten (terrassenförmig angelegte Gärten im Altertum), *aber* ↑D 150: die Hängenden Gärten der Semiramis

Schreibung in Verbindung mit »bleiben« und »lassen« ↑D 55:
- das Bild kann hier hängen bleiben
- an einem Nagel hängen bleiben *od.* hängenbleiben (sich festhaken)
- von dem Gelernten ist wenig hängen geblieben *od.* hängengeblieben
- du kannst das Bild da hängen lassen
- die Ohren hängen lassen
- seinen Mantel im Restaurant hängen lassen *od.* hängenlassen (vergessen)
- jemanden hängen lassen *od.* hängenlassen (*ugs. für* im Stich lassen)
- du brauchst dich nicht hängen zu lassen *od.* hängenzulassen (nicht aufgeben)

Hän|ger (eine Mantelform; *auch für* [Fahrzeug]anhänger)

Han|gerl, das; -s, -[n]; *vgl.* Pickerl (*österr. ugs. für* Lätzchen; Wischtuch [der Kellner])

Hän|ge|schloss; **Hän|ge|schrank**

hän|gig (*fachspr. für* abschüssig; *schweiz. für* schwebend, unerledigt); **Hang|la|ge**

Hang|over, **Hang-over** [ˈhɛŋˌɔvɐ, ...ˈloʊ...], der; -s ⟨engl.⟩ (*ugs. für* Katerstimmung)

Hang|tä|ter (*Rechtsspr.*); **Hang|tä|te|rin**

Hän|gung (von Bildern)

Han|na, **Han|nah** (w. Vorn.)

Han|ne, **Han|ne|lo|re** (w. Vorn.)

Han|nes (m. Vorn.)

Han|ni (w. Vorn.)

Han|ni|bal (karthag. Feldherr)

Hann. Mün|den [haˈnoːfɐʃ -] (*kurz für* Hannoversch Münden; *vgl.* Münden)

Han|no (m. Vorn.)

Han|no|ver [...f...] (Hauptstadt von Niedersachsen); **Han|no|ve|ra|ner** [...v...] (*auch* eine Pferderasse); **Han|no|ve|ra|ne|rin**

han|no|ve|risch, **han|nö|ve|risch**, **han|no|versch**, **han|nö|versch** [*alle* ...f...]; *aber* ↑D 72: im Hannöverschen

Ha|noi (Hauptstadt Vietnams)

Hans (m. Vorn.); Hans' Mütze ↑D 16; Hans im Glück; *vgl.* Hansdampf, Hanswurst; der Blanke Hans (*nordd. für* die stürmische Nordsee)

Han|sa, die; - (*selten für* Hanse); **Han|sa|kog|ge** (*selten für* Hansekogge)

Han|sa|plast®, das; -[e]s (ein Verbandpflaster)

Han|sa|stadt (*selten für* Hansestadt)

Häns|chen (*Koseform von* Hans)

Hans|dampf [*auch* ˈha...], der; -[e]s, -e; Hansdampf in allen Gassen

Han|se, die; - (mittelalterl. nordd. Kaufmanns- u. Städtebund)

Han|se|at, der; -en, -en (Mitglied der Hanse; Hansestädter); **Han|se|a|ten|geist**, der; -[e]s

Han|se|a|tin; **han|se|a|tisch**

Han|se|bund, der; -[e]s; **Han|se|kog|ge**

Han|sel, der; -s, -[n] (*landsch. für* unfähiger od. dummer Mensch)

Hän|sel; Hänsel und Gretel (dt. Märchen)

Han|sel|bank *vgl.* Heinzelbank

Hän|se|lei; **hän|seln** (necken); ich häns[e]le

Han|se|stadt; **han|se|städ|tisch**

Han|si (m. u. w. Vorn.)

han|sisch (hansestädtisch)

Hans|wurst [*auch* ˈha...], der; -[e]s, *Plur.* -e, *scherzh. auch* ...würste (derbkomische Figur; dummer Mensch); **Hans|wurs|te|rei**; **Hans|wurs|ti|a|de**, die; -, -n

Han|tel, die; -, -n (ein Sportgerät); **han|teln**; ich hant[e]le

han|tie|ren (niederl.) (handhaben; umgehen mit); **Han|tie|rung**

han|tig (*bayr., österr. für* bitter, scharf; barsch, unwillig)

ha|pe|rig, **hap|rig** (*nordd. für* stockend)

ha|pern; es hapert (geht nicht vonstatten; fehlt [an])

ha|p|lo|id (griech.) (*Biol.* mit einfachem Chromosomensatz)

Häpp|chen

hap|pen (*nordd. für* zubeißen)

Hap|pen, der; -s, -

Hap|pe|ning [ˈhɛ...], das; -s, -s ⟨engl.⟩ ([öffentliche] Veranstaltung von Künstlern mit Einbeziehung des Publikums)

hap|pig (*ugs. für* zu stark, übertrieben); happige Preise

Happs, der; -[es], -[e]; mit einem Happs

hap|py [ˈhɛpi] ⟨engl.⟩ (*ugs. für* glücklich, zufrieden)

Hap|py End, das; -[s], - -s, **Hap|py-end**, das; -[s], -s [ˈhɛpi ˈɛnt, *auch* ˈhɛpilɛnt] ⟨zu engl. happy ending, »glückliches Ende«⟩

Hap|py Hour [ˈhɛpi ˈaʊɐ], die; - -, - -s (festgesetzte Zeit, in der in bestimmten Lokalen Getränke ermäßigt angeboten werden)

hap|rig *vgl.* haperig

Hap|tik, die; - ⟨griech.⟩ (Lehre vom Tastsinn); **hap|tisch**

har! (*Zuruf an Zugtiere* links!)

Ha|ra|ki|ri, das; -[s], -s ⟨jap.⟩ (ritueller Selbstmord durch Bauchaufschneiden [in Japan])

Ha|rald (m. Vorn.)

ha|ram (arab.) (nach islamischem Glauben verboten)

Ha|ra|re (Hauptstadt von Simbabwe)

Ha|rass, der; -es, -e, **Ha|ras|se**, die; -, -n ⟨franz.⟩ (*schweiz. für* Lattenkiste; Getränkekiste)

Här|chen ⟨zu ²Haar⟩

Hard|core [...kɔːɐ̯], der; -s, -s ⟨engl.⟩ »harter Kern« (aggressive Richtung der Rockmusik; *auch kurz für* Hardcorefilm)

Hard|core|film, **Hard|core|por|no** (pornografischer Film mit Großaufnahmen u. genauen physischen Details)

Hard|co|ver [...ka...], das; -s, -s ⟨engl.⟩ (Buch mit festem Einband); **Hard|co|ver|ein|band**, **Hard|co|ver-Ein|band**

Hard|disk, **Hard|disc**, die; -, -s, Hard

Hartz-Reform

Disk, Hard Disc, die; --, --s ⟨engl.⟩ (*EDV* Festplatte)

Har|de, die; -, -n (*früher in Schleswig-Holstein* Verwaltungsbezirk von mehreren Dörfern od. Höfen); **Har|des|vogt** (*früher für* Amtsvorsteher einer Harde)

Har|di, Har|dy [...di] (m. Vorn.)

Hard|li|ner [...laɪ...], der; -s, - ⟨engl.⟩ (Vertreter eines harten [politischen] Kurses)

Hard|rock, der; -[s], **Hard Rock,** der; - -[s] ([laute] Rockmusik mit einfacher Rhythmen)

Hardt, die; - (Teil der Schwäbischen Alb); *vgl.* Haard *u.* Haardt

Hard|top, das *od.* der; -s, -s ⟨engl.⟩ (abnehmbares, nicht faltbares Verdeck von Kraftwagen; auch der Wagen selbst)

Hard|ware [...vɛːɐ̯], die; -, -s ⟨engl.⟩ (*EDV* Gesamtheit der techn.-physikal. Teile einer Datenverarbeitungsanlage; *Ggs.* Software)

Har|dy [...di] *vgl.* Hardi

Ha|rem, der; -s, -s ⟨arab.⟩ (von Frauen bewohnter Teil des islam. Hauses; die Frauen darin)

hä|ren (aus Haar); härenes Gewand

Hä|re|sie, die; -, ...ien ⟨griech.⟩ (Ketzerei); **Hä|re|ti|ker; Hä|re|ti|ke|rin; hä|re|tisch**

Har|fe, die; -, -n; **har|fen**

Har|fe|nist, der; -en, -en (Harfenspieler); **Har|fe|nis|tin**

Har|fen|klang; Har|fen|spiel; Harf|ner (*veraltet für* Harfenspieler)

Ha|ris|sa, das; -[s] *od.* die; - ⟨arab.⟩ (scharfe nordafrik. Würzpaste)

Har|ke, die; -, -n (*nordd. für* Rechen); **har|ken** (rechen)

Här|lein ⟨zu ²Haar⟩

Har|le|kin, der; -s, -e ⟨franz.⟩ (Hanswurst; Narrengestalt)

Har|le|kin|a|de, die; -, -n (Hanswursterei); **har|le|ki|nisch**

Har|lem (Stadtteil von New York); *vgl. aber* Haarlem)

Harm, der; -[e]s (*veraltend für* Kummer, Leid); **här|men,** sich (*geh. für* sich sorgen)

harm|los; Harm|lo|sig|keit

Har|mo|nie, die; -, ...ien ⟨griech.⟩ (Wohlklang; ausgewogenes Verhältnis; Einklang); **har|mo|nie|be|dürf|tig; har|mo|nie|leh|re**

har|mo|nie|ren (gut zusammenklingen, zusammenpassen)

Har|mo|nik, die; - (Lehre von der Harmonie)

Har|mo|ni|ka, die; -, *Plur.* -s *u.* ...ken (ein Musikinstrument); **Har|mo|ni|ka|tür** (*svw.* Falttür)

har|mo|nisch; harmonische Funktion (*Math.*) ↑ D 89

har|mo|ni|sie|ren (in Einklang bringen); **Har|mo|ni|sie|rung**

Har|mo|ni|um, das; -s, *Plur.* ...ien *od.* -s (ein Tasteninstrument)

Harn, der; -[e]s, -e

Harn|bla|se; Harn|drang, der; -[e]s

har|nen (selten)

Har|nisch, der; -[e]s, -e ([Brust]panzer); jmdn. in Harnisch (in Wut) bringen

Harn|lei|ter; Harn|röh|re; Harn|ruhr (*für* Diabetes); **Harn|sau|re; Harn|stoff; Harn|strahl; harn|trei|bend;** harntreibender Tee ↑ D 59

Harn|we|ge *Plur.* (*Med.* Gesamtheit von Nierenbecken, Harnleiter, -blase, -röhre); **Harn|wegs|in|fek|ti|on** (*Med.*)

Har|pu|ne, die; -, -n ⟨niederl.⟩ (Wurfspeer od. pfeilartiges Geschoss für den Fischfang)

Har|pu|nier, der; -s, -e, **Har|pu|nie|rer,** der; -s, - (Harpunenwerfer); **har|pu|nie|ren; Har|pu|nie|re|rin, Har|pu|nie|rin**

Har|py|ie [...jə], die; -, -n (Sturmdämon in Gestalt eines vogelartigen Mädchens in der griechischen Sage; ein Greifvogel)

har|ren (*geh. für* warten)

Har|ri, Har|ry [...ri, *auch* ˈhɛri] (m. Vorn.)

harsch (*geh. für* unfreundlich)

Harsch, der; -[e]s (hart gefrorener Schnee)

har|schen (hart, krustig werden); der Schnee harscht; **har|schig**

Harst, der; -[e]s, -e (*schweiz. für* [Heer]schar, Haufen)

hart

härter, härteste

– hart sein, werden
– harte Währung
– wenn es hart auf hart geht
– ↑ D 56: **hart kochen** *od.* hartkochen
– **hart machen** *od.* hartmachen
– ↑ D 58: ein **hart gebrannter** *od.* hartgebrannter Stein
– **hart gefrorener** *od.* hartgefrorener Boden
– **hart gekochte** *od.* hartgekochte Eier; *vgl. aber* hartgesotten

Hart|brand|zie|gel

Har|te, der; -n, -n (*ugs. für* Schnaps)

Här|te, die; -, -n; **Här|te|aus|gleich; Här|te|fall; Här|te|fonds**

Här|te|grad; Här|te|klau|sel

här|ten

Här|te|pa|ra|graf, Här|te|pa|ra|graph

Här|ter (*Chemie*)

Här|te|rei (*Metallurgie*)

Här|te|test

Hart|fa|ser|plat|te

hart ge|brannt, hart|ge|brannt *vgl.* hart; **hart ge|fro|ren, hart|ge|fro|ren** *vgl.* hart; **hart ge|kocht, hart|ge|kocht** *vgl.* hart

Hart|geld, das; -[e]s

hart|ge|sot|ten; die hartgesottensten Sünder

Hart|gum|mi, der *u.* das; -s, -[s]

Hart|her|zig; Hart|her|zig|keit

Hart|heu (Johanniskraut)

Hart|holz

hart|hö|rig; Hart|hö|rig|keit, die; -

Hart|kä|se

hart ko|chen, hart|ko|chen

hart|köp|fig; Hart|köp|fig|keit, die; -

hart|lei|big; Hart|lei|big|keit, die; -

Härt|ling (*Geol.* Erhebung, die aus abgetragenem Gestein aufragt)

hart|lö|ten (*Technik*); nur im Infinitiv u. Partizip II gebr.; hartgelötet

hart ma|chen, hart|ma|chen

Hart|mann (m. Vorn.)

Hart|mann von Aue (mhd. Dichter)

hart|mäu|lig (von Pferden); **Hart|mäu|lig|keit,** die; -

Hart|me|tall

Hart|mo|nat, Hart|mond (*alte Bez. für* Januar [*auch für* November *od.* Dezember])

Hart|mut (m. Vorn.)

hart|nä|ckig; Hart|nä|ckig|keit, die; -

Hart|platz (*Sport*)

Hart|rie|gel, der; -s, - (ein Strauch)

hart|rin|dig; hart|scha|lig

Hart|schier, der; -s, -e ⟨ital.⟩ (*früher für* Leibwächter [der bayrischen Könige])

Hart|spi|ri|tus, der; - (ein Brennstoff)

hart|tun; sie hat sich damit hartgetan (schwergetan)

Har|tung, der; -s, -e (*alte Bez. für* Januar)

Hart|ung; Hart|wei|zen

Hartz, das; - (ein Arbeitsmarktprogramm); Hartz IV (dessen vierte Stufe); Hartz-IV-Reform ↑ D 26; **hart|zen** (*ugs. für* von Hartz IV leben)

Hartz|kom|mis|si|on, Hartz-Kommis|si|on, die; - ⟨nach dem Leiter⟩ (*Politik*); **Hartz|re|form, Hartz-Re|form**

H
Hart

Hartz-IV-Bezieher

Hartz-IV-Be|zie|her [...ˈfiːɐ̯...] vgl. Hartz; **Hartz-IV-Be|zie|he|rin; Hartz-IV-Emp|fän|ger; Hartz-IV-Emp|fän|ge|rin; Hartz-IV-Fa|mi|lie; Hartz-IV-Leis|tung** meist Plur.

Ha|ru|s|pex, der; -, Plur. -e u. ...spizes ⟨lat.⟩ (jmd., der aus den Eingeweiden von Opfertieren wahrsagt [bei den Etruskern od. Römern])

Har|vard|uni|ver|si|tät, Har|vard-Uni|ver|si|tät [...vɐt...], die; - ⟨nach dem Mitbegründer J. Harvard⟩ (in Cambridge [Mass.])

¹**Harz,** das; -es, -e (zähflüssige, klebrige Absonderung, bes. aus dem Holz von Nadelbäumen)

²**Harz,** der; -es (dt. Gebirge)

har|zen (Harz ausscheiden; schweiz. auch für schwer, schleppend vonstattengehen)

¹**Har|zer** ⟨zu ²Harz⟩; Harzer Käse; Harzer Roller (Kanarienvogel)

²**Har|zer,** der; -s, - (eine Käseart)

har|zig (schweiz. auch für mühsam, schleppend)

Harz|säu|re

Ha|san (m. Vorn.)

Ha|sard, das; -s ⟨franz.⟩ (kurz für Hasardspiel)

Ha|sar|deur [...ˈdøːɐ̯], der; -s, -e (Glücksspieler); **Ha|sar|deu|rin**

ha|sar|die|ren (veraltend für wagen, aufs Spiel setzen)

Ha|sard|spiel (Glücksspiel)

Hasch, das; -s ⟨ugs. für Haschisch⟩

Ha|schee, das; -s, -s ⟨franz.⟩ (ein Hackfleischgericht)

¹**ha|schen** (fangen); du haschst; sich haschen

²**ha|schen** ⟨ugs. für Haschisch rauchen⟩; du haschst

Ha|schen, das; -s; Haschen spielen

Häs|chen

Ha|scher ⟨ugs. für Haschischraucher⟩

Hä|scher (veraltet für Verfolger, Scherge; Gerichtsdiener)

Ha|scherl, das; -s, -[n] vgl. Pickerl (bayr. u. österr. ugs. für bedauernswertes Kind)

ha|schie|ren (zu Haschee machen)

Ha|schisch, das, auch der; -[s] ⟨arab.⟩ (ein Rauschgift); **Ha|schisch|zi|ga|ret|te**

Hasch|mich, der; nur in einen Haschmich haben ⟨ugs. für nicht recht bei Verstand sein⟩

Ha|se, der; -n, -n; falscher od.

Falscher Hase (Hackbraten)
↑ D 89

¹**Ha|sel,** der; -s, - (ein Fisch)

²**Ha|sel,** die; -, -n (ein Strauch)

Ha|sel|busch; Ha|sel|huhn; Ha|sel|maus

Ha|sel|nuss; Ha|sel|nuss|strauch, Ha|sel|nuss-Strauch

Ha|sel|stau|de; Ha|sel|wurz (eine Pflanze)

Ha|sen|bra|ten; Ha|sen|fell

Ha|sen|fuß (scherzh. für überängstlicher Mensch); **ha|sen|fü|ßig** (ugs.); **Ha|sen|herz** (svw. Hasenfuß); **ha|sen|her|zig**

Ha|sen|jun|ge, das; -n (österr. für Hasenklein); **Ha|sen|klein,** das, -s (Gericht aus Innereien, Kopf u. Vorderläufen des Hasen)

Ha|sen|pa|nier, das; nur in das Hasenpanier ergreifen (ugs. für fliehen)

Ha|sen|pfef|fer, der; -s (Hasenklein)

ha|sen|rein; nicht ganz hasenrein (verdächtig, nicht einwandfrei)

Ha|sen|schar|te (ugs. veraltend für Lippenspalte)

Hash|funk|ti|on [ˈhɛʃ...] ⟨engl.⟩ (Math., EDV Streuwertfunktion)

Hash|tag [ˈhɛʃtɛk], das; -s, -s ⟨engl.⟩ (EDV mit vorangestelltem Rautezeichen markiertes Schlagwort)

Hä|sin

Has|pe, die; -, -n (Tür- od. Fensterhaken)

Has|pel, die; -, -n, seltener der; -s, - (Garn-, Seilwinde; Gerbereibottich)

has|peln; ich hasp[e]le

Has|pen, der; -s, - (svw. Haspe)

Hass, der; -es

Has|san (m. Vorn.)

Has|sel, der; -s ⟨engl.⟩ (landsch. für Ärger, Umstand)

has|sen; du hasst; gehasst; hasse! u. hass!

has|sens|wert; Has|ser

has|ser|füllt; Has|se|rin

häs|sig (schweiz. für wütend)

Hass|kri|mi|na|li|tät

häss|lich; Häss|lich|keit

Hass|lie|be; Hass|ob|jekt

Hass|pre|di|ger; Hass|pre|di|ge|rin; Hass|pre|digt

Hass|ti|ra|de meist Plur.

hass|ver|zerrt

Hast, die; -; **has|ten**

has|tig; Has|tig|keit, die; -

Ha|t|schek vgl. **Háček**

Hät|sche|lei; Hät|schel|kind

hät|scheln [auch ˈhɛː...]; ich hätsch[e]le

hat|schen (bayr., österr. ugs. für schlendern; hinken); du hatschst

Hat|schep|sut (ägypt. Königin)

Hat|scher, der; -s, - (bayr., österr. ugs. für langer Marsch; ausgetretener Schuh); **hat|schert** (bayr., österr. ugs. für hinkend, schwerfällig)

hat|schi! [auch ˈhatʃi], **hat|zi!** [auch ˈhatsi]

hat|te vgl. haben

Hat|trick [ˈhɛtrɪk], der; -s, -s ⟨engl.⟩ (Fußball dreimaliger Torerfolg hintereinander in einer Halbzeit durch denselben Spieler)

Hatz, die; -, -en (landsch., bes. bayr. für Eile, Hetze; Jägerspr. Hetzjagd mit Hunden)

hat|zi! [auch ˈhatsi] vgl. hatschi!

Hatz|rü|de (Jägerspr.)

Hau vgl. ²Haue

Hau|bank Plur. ...bänke (landsch. für Werkbank zum Zurichten von Schieferplatten)

Hau|barg, der; -[e]s, -e (Bauernhaus mit hohem Reetdach, unter dem das Heu lagert)

Hau|bar|keits|al|ter (Forstwirtsch.)

Häub|chen

Hau|be, die; -, -n (österr. auch für Mütze)

Hau|ben|koch (österr.); **Hau|ben|kö|chin**

Hau|ben|ler|che

Hau|ben|res|tau|rant (österr. für mit einer od. mehreren Kochmützen ausgezeichnetes Restaurant)

Hau|ben|tau|cher

Hau|bit|ze, die; -, -n ⟨tschech.⟩ (Flach- u. Steilfeuergeschütz)

Hauch, der; -[e]s, -e; **hauch|dünn**

hau|chen

hauch|fein

Hauch|laut (Sprachwiss.)

hauch|zart

Hau|de|gen (alter, erprobter Krieger; Draufgänger)

Hau|drauf, der; -s, -s ⟨ugs. für Schläger⟩

¹**Haue,** die; -, -n (südd., österr. u. schweiz. für ²Hacke)

²**Haue,** die; - ⟨eigtl. Plur. zu Hau⟩ (ugs. für Schläge); Haue kriegen

hau|en; du haust; du hautest (für »mit dem Schwert schlagen« u. geh. du hiebest); gehauen (landsch. gehaut); hau[e]!; sich hauen; sie hat ihm (auch ihn)

Hausenblase

ins Gesicht gehauen; **Hau**|er (Bergmann mit abgeschlossener Ausbildung; *österr. svw.* Weinhauer, Winzer; *Jägerspr.* Eckzahn des Keilers)
Häu|er (*bes. österr. neben* Hauer [Bergmann]); **Hau**|e|rin; **Häu**|e|rin
Häuf|chen; ein Häufchen Elend
Hau|fe, der; -ns, -n (*veraltend für* Haufen)
häu|feln; ich häuf[e]le
Hau|fen, der; -s, -; ↑D 63; zuhauf
häu|fen; sich häufen
Hau|fen|dorf; **hau**|fen|wei|se; **Hau**fen|wol|ke
Hauff (dt. Schriftsteller)
häu|fig; **Häu**|fig|keit
Häuf|lein; **Häu**|fung
Hauf|werk, **Hau**|werk (*Bergmannsspr.* durch Hauen erhaltenes Roherzeugnis)
Hau|he|chel, die; -, -n (eine Heilpflanze)
Hau|ke (m. Vorn.)
Hau|klotz
Haupt, das; -[e]s, Häupter (*geh.*); zu Häupten
Haupt|ab|tei|lung
Haupt|al|tar
haupt|amt|lich
Haupt|an|ge|klag|te; **Haupt**|an|lie|gen; **Haupt**|ar|gu|ment; **Haupt**at|trak|ti|on; **Haupt**|auf|ga|be; **Haupt**|au|gen|merk; **Haupt**|aus|schuss
Haupt|bahn|hof (*Abk.* Hbf.)
Haupt|be|ruf; **haupt**|be|ruf|lich
Haupt|be|schäf|ti|gung; **Haupt**|be|stand|teil; **Haupt**|be|werb (*Sport österr. für* Hauptwettbewerb);
Haupt|buch; **Haupt**|büh|ne
Haupt|dar|stel|ler; **Haupt**|dar|stel|le|rin
Haupt|ein|gang
Haupt|ein|nah|me|quel|le
Häup|tel, das; -s, -[n] (*südd., österr. für* Kopf einer Gemüsepflanze, z. B. von Salat); **Häup**tel|sa|lat (*landsch., ostösterr. für* Kopfsalat)
Haup|tes|län|ge; um Haupteslänge
Haupt|fach; **Haupt**|feld (*Sport*); **Haupt**|feld|we|bel; **Haupt**|figur; **Haupt**|film; **Haupt**|for|derung
Haupt|gang; **Haupt**|ge|bäu|de; **Haupt**|ge richt
Haupt|ge|schäft; **Haupt**|ge|schäftsfüh|rer; **Haupt**|ge|schäfts|füh|rerin; **Haupt**|ge|schäfts|zeit
Haupt|ge|wicht; **Haupt**|ge|winn;

Haupt|ge|win|ner; **Haupt**|ge|winne|rin
Haupt|got|tes|dienst; **Haupt**|grund
Haupt|haar, das; -[e]s (*geh.*);
Haupt|hahn; **Haupt**|haus; **Haupt**last
Häupt|ling; **häupt**|lings (*veraltet*)
Haupt|mahl|zeit
¹**Haupt**|mann *Plur.* ...leute
²**Haupt**|mann, Gerhart (dt. Dichter)
Haupt|mie|te (*österr.*); in Hauptmiete (als Hauptmieter)
Haupt|mie|ter; **Haupt**|mie|te|rin
Haupt|mo|tiv; **Haupt**|men|ner
Haupt|per|son; **Haupt**|por|tal;
Haupt|preis; **Haupt**|pro|be;
Haupt|pro|b|lem; **Haupt**|programm; **Haupt**|punkt
Haupt|quar|tier
Haupt|recht (*Rechtsspr.* selbstständiges, übertragbares Recht)
Haupt|red|ner; **Haupt**|red|ne|rin
Haupt|rei|se|zeit; **Haupt**|rol|le
Haupt|sa|che; **haupt**|säch|lich
Haupt|sai|son; **Haupt**|satz; **Haupt**schlag|ader
Haupt|schul|ab|schluss
Haupt|schuld
Haupt|schu|le; **Haupt**|schü|ler; **Haupt**|schü|le|rin; **Haupt**|schulleh|rer; **Haupt**|schul|leh|re|rin
Haupt|schwie|rig|keit; **Haupt**|segel; **Haupt**|sitz; **Haupt**|sor|ge
Haupt|spei|cher (*EDV*)
Haupt|spei|se
Haupt|spon|sor; **Haupt**|spon|so|rin
Haupt|stadt; **Haupt**|städ|ter; **Haupt**städ|te|rin; **haupt**|städ|tisch
Haupt|stra|ße; **Haupt**|teil, der; **Haupt**|the|ma; **Haupt**|tref|fer
Haupt- und Staats|ak|ti|on ↑D 31
Haupt|ur|sa|che
haupt|ver|ant|wort|lich; **Haupt**|verant|wort|li|che, der u. die; -n, -n;
Haupt|ver|ant|wor|tung
Haupt|ver|band
Haupt|ver|die|ner; **Haupt**|ver|diene|rin
Haupt|ver|fah|ren (*Rechtsspr.*);
Haupt|ver|hand|lung
Haupt|ver|kehrs|stra|ße; **Haupt**ver|kehrs|zeit
Haupt|ver|le|sen (*schweiz. Militär* Appell vor Ausgang od. Urlaub); **Haupt**|ver|samm|lung; **Haupt**|ver|wal|tung
Haupt|werk; **Haupt**|wert; **Haupt**wett|be|werb; **Haupt**|wohn|sitz
Haupt|wort *Plur.* ...wörter (Substantiv); **haupt**|wört|lich
Haupt|zeu|ge; **Haupt**|zeu|gin
Haupt|ziel; **Haupt**|zweck
hau ruck!, ho ruck!

Hau|ruck, das; -s; mit einem kräftigen Hauruck

Haus

das; -es, Häuser
– Haus halten *od.* haushalten; *vgl.* haushalten
– Lieferung frei Haus
– außer [dem] Hause; außer Haus; im Hause, *auch* Haus (*Abk.* i. H.)
– von Hause; von Haus, *auch* Hause aus; von Haus zu Haus
– nach Haus[e] *od.* nachhaus[e]
– zu Haus[e] *od.* zuhaus[e]
– von zu Haus[e] *od.* von zuhaus[e]

Vgl. auch Zuhause

Hau|sa *vgl.* ¹Haussa, ³Haussa
Haus|an|ge|stell|te; **Haus**|an|zug; **Haus**|apo|the|ke; **Haus**|ar|beit; **Haus**|ar|rest
Haus|arzt; **Haus**|ärz|tin; **Haus**|arztpra|xis
Haus|auf|ga|be; **Haus**|auf|ga|benbe|treu|ung; **Haus**|auf|ga|ben|hilfe; **Haus**|auf|satz
Haus|au|tor; **Haus**|au|to|rin
haus|ba|cken
Haus|ball *vgl.* ²Ball; **Haus**|bank *Plur.* ...banken; **Haus**|bar; **Haus**|bau *Plur.* ...bauten
Haus|berg (*ugs. für* als Ausflugsziel beliebter Berg in der Nähe einer Stadt)
Haus|be|set|zer; **Haus**|be|set|ze|rin; **Haus**|be|set|zung
Haus|be|sit|zer; **Haus**|be|sit|ze|rin
Haus|be|sor|ger (*österr. neben* Hausmeister); **Haus**|be|sor|ge|rin
Haus|be|wohn|er; **Haus**|be|woh|ne|rin
Haus|boot
Haus|buch (*DDR* polizeiliches Kontrollbuch über Hausbewohner u. deren Besucher)
Haus|bur|sche
Häus|chen, **Häus**|lein, *landsch. auch* **Häu**|sel, **Häusl**, das; -s, -
Haus|dach; **Haus**|da|me; **Haus**|drachen (*ugs. für* herrschsüchtige Ehefrau); **Haus**|durch|su|chung (Haussuchung)
haus|ei|gen; hauseigenes Schwimmbad; **Haus**|ei|gen|tümer; **Haus**|ei|gen|tü|me|rin
Haus|ein|gang
Häu|sel *vgl.* Häuschen
hau|sen; du haust; sie haus|te
Hau|sen, der; -s, - (ein Fisch); **Hau**sen|bla|se (Fischleim)

Hau|ser (bayr., westösterr. für Haushälter, Wirtschaftsführer)
Häu|ser|block vgl. Block; Häu|ser|front
Hau|se|rin, Häu|se|rin (bayr., westösterr. für Haushälterin)
Häu|ser|kampf (Militär)
Häu|ser|meer; Häu|ser|prei|se Plur.; Häu|ser|rei|he; Häu|ser|wän|de Plur.; Häu|ser|zei|le
Haus|fas|sa|de; Haus|flur, der
Haus|frau, haus|frau|lich
Haus|freund; Haus|freun|din
Haus|frie|dens|bruch
Haus|gang (südd., österr., schweiz. für Hausflur)
Haus|ge|brauch; für den Hausgebrauch genügen
Haus|ge|burt
Haus|ge|hil|fe; Haus|ge|hil|fin
haus|ge|macht
Haus|ge|mein|schaft
Haus|ge|rät meist Plur.
Haus|halt, der; -[e]s, -e
haus|hal|ten; sie haushaltet, haushaltete; ich habe gehaushaltet; um zu haushalten; haus hal|ten; du hältst, hieltest Haus; du hast Haus gehalten; um Haus zu halten
Haus|hal|ter, Haus|häl|ter (veraltet); Haus|häl|te|rin, seltener Haus|hal|te|rin; haus|häl|te|risch
Haus|halt[s]|ab|ga|be (Rundfunkgebühr); Haus|halt[s]|aus|gleich; Haus|halt[s]|aus|schuss
Haus|halt[s]|buch; Haus|halt[s]|de|bat|te; Haus|halt[s]|de|fi|zit; Haus|halt[s]|ent|wurf
Haus|halt[s]|ex|per|te; Haus|halt[s]|ex|per|tin
Haus|halt[s]|fra|ge; Haus|halt[s]|füh|rung; Haus|halt[s]|geld
Haus|halt[s]|ge|rät; Haus|halt[s]|ge|setz; Haus|halt[s]|hil|fe; Haus|halt[s]|jahr; Haus|halt[s]|kas|se
Haus|halt[s]|kri|se; Haus|halt[s]|la|ge; Haus|halt[s]|loch (ugs.); Haushalt[s]|mit|tel
Haus|halt[s]|pa|pier (bes. schweiz. für Küchenrolle)
Haus|halt[s]|plan; Haus|halt[s]|pla|nung
Haus|halt[s]|po|li|tik; haus|halts|po|li|tisch
Haus|halt[s]|pos|ten; Haus|halt[s]|recht
Haus|halt[s]|rei|ni|ger (Reinigungsmittel)
Haus|halt[s]|sper|re; Haus|halt[s]|sum|me; Haus|halt[s]|tag (regional)

haus|halts|üb|lich; in haushaltsüblichen Mengen
Haus|halts|wa|ren, Haus|halt|wa|ren Plur.
Haus|hal|tung; Haus|hal|tungs|schu|le; Haus|hal|tungs|vor|stand; Haus|hal|tungs|we|sen
Haus|herr; Haus|her|rin
haus|hoch; haushohe Wellen
Haus|hof|meis|ter (früher)
hau|sie|ren (veraltend für Waren von Haus zu Haus anbieten); mit etw. hausieren gehen (etw. überall erzählen); Hau|sie|rer; Hau|sie|re|rin
haus|in|tern; hausinterne Regeln
Haus|ju|rist; Haus|ju|ris|tin
Haus|kat|ze
Haus|kauf; Haus|kre|dit
Häusl vgl. Häuschen; Häusl|bau|er (bayr., österr. für vgl. ¹Bauer); Häusl|bau|e|rin
Häus|le|bau|er (ugs. für vgl. ¹Bauer); Häus|le|bau|e|rin
Haus|leh|rer; Haus|leh|re|rin
Häus|lein
Häus|ler (Dorfbewohner, der ein kleines Haus ohne Land besitzt); Häus|le|rin
Haus|leu|te Plur.
häus|lich; Häus|lich|keit, die; -
Haus|ma|cher|art, die; -; nach Hausmacherart; Haus|ma|cher|wurst
Haus|macht, die; -; Haus|mäd|chen; Haus|mann Plur. ...männer
Haus|man|nit, der; -s (ein Mineral)
Haus|manns|kost
Haus|mär|chen; Haus|mar|ke; Hausmei|er (Vorsteher der merowing. Hofhaltung)
Haus|meis|ter; Haus|meis|ter|dienst; Haus|meis|te|rin
Haus|mit|tel; Haus|müll; Haus|mu|sik; Haus|müt|ter|chen
Haus|not|ruf
Haus|num|mer; Haus|ord|nung
Haus|pfle|ge (Pflege eines Kranken in seiner Wohnung; Hilfe im Haushalt bei Bedürftigkeit); Haus|pfle|ger (Berufsbez. in der Schweiz); Haus|pfle|ge|rin
Haus|preis; Haus|putz, der; -es
Haus|rat, der; -[e]s; Haus|rat|ver|si|che|rung
Haus|recht (Rechtsspr.)
¹Haus|sa, Hau|sa, der; -[s], -[s] u. die; -, -[s] (Angehörige[r] eines afrikanischen Volkes)
³Haus|sa, Hau|sa, das; - (Sprache der Haussa)
Haus|samm|lung; Haus|schaf
¹haus|schlach|ten; nur im Infinitiv

u. im Partizip II gebr.; hausgeschlachtet
²haus|schlach|ten (selten); hausschlachtene Wurst
Haus|schlach|tung; Haus|schlüs|sel; Haus|schuh; Haus|schwamm; Haus|schwein
Haus|se ['ho:s(ə), auch o:s], die; -, -n ⟨franz.⟩ ([starkes] Steigen der Börsenkurse; allg. Aufschwung der Wirtschaft)
Haus|se|gen; bei jmdm. hängt der Haussegen schief (ugs. scherzh. für bei jmdm. hat es zu Hause Streit gegeben)
Haus|si|er […'sje:], der; -s, -s (auf Hausse Spekulierender)
haus|sie|ren (im Kurswert steigen)
Haus|stand
Haus|staub; Haus|staub|al|l|er|gie
Haus|stre|cke (Sport)
Haus|su|chung; Haus|tech|nik
Haus|tier; Haus|tür
Haus|ty|rann; Haus|ty|ran|nin
Haus|übung (österr. für Hausaufgabe); Haus|un|ter|richt
Haus|ur|ne (ein vorgeschichtliches Tongefäß)
Haus|ver|bot
Haus|ver|stand (bes. österr. für gesunder Menschenverstand)
Haus|ver|wal|ter; Haus|ver|wal|te|rin; Haus|ver|wal|tung
Haus|wand
Haus|wart (landsch.); Haus|war|tin (schweiz.)
Haus|we|sen, das; -s
Haus|wirt; Haus|wir|tin; Haus|wirt|schaft; haus|wirt|schaft|lich; Haus|wirt|schafts|leh|re
Haus|wirt|schafts|meis|ter; Haus|wirt|schafts|meis|te|rin
Haus|wirt|schafts|pfle|ger (regional); Haus|wirt|schafts|pfle|ge|rin
Haus|wirt|schafts|schu|le
Haus|wurz (eine Pflanze); Haus|zelt; Haus|zins Plur. ...zinse (südd. u. schweiz. für Miete)
Haus[-zu]-Haus-Ver|kehr ↑ D 27:
Haut, die; -, Häute ↑ D 27: zum Aus-der-Haut-Fahren
Haut|arzt; Haut|ärz|tin
Haut|aus|schlag; Haut|bank Plur. ...banken (Med.)
Haut|creme, Haut|crème
Haute Coif|fure [′(h)o:t koa′fy:ɐ̯], die; - - ⟨franz.⟩ (für die Mode tonangebende Friseurkunst [bes. in Paris])
Haute Cou|ture [′(h)o:t ku′ty:ɐ̯], die; - - (für die Mode tonangebende Schneiderkunst [bes. in

Paris]); **Hau|te-Cou|ture-Mo|dell** ↑D 26

Haute Cui|sine [(h)o:tkÿi'zi:n], die; - - ⟨franz.⟩ (gehobene [französische] Kochkunst)

Haute|fi|nance [(h)o:tfi'nã:s], die; - (Hochfinanz)

Haute|lisse [(h)o:t'lɪs], die; -, -n (Webart mit senkrechten Kettfäden); **Haute|lisse|stuhl**

häu|ten; sich häuten

haut|eng

Haute|vo|lee [(h)o:tvo'le:], die; - ⟨franz.⟩ (vornehmste Gesellschaft)

Haut|far|be; Haut|fet|zen

Haut|flüg|ler (Zool.)

haut|freund|lich

Haut|gout [o'gu:], der; -s ⟨franz.⟩ (scharfer Wildgeschmack; auch übertr. für Anrüchigkeit)

häu|tig

häu|tig

Haut|ju|cken, das; -s; **Haut|kli|nik; Haut|krank|heit; Haut|krebs**

haut|nah

Haut|pfle|ge

Haut|re|li|ef ['o:...] ⟨franz.⟩ (Hochrelief)

Haut-Sau|ternes [oso'tern], der; - (ein franz. Weißwein)

haut|scho|nend

Haut|schrift (für Dermografie)

haut|sym|pa|thisch

Haut|trans|plan|ta|ti|on

Häu|tung

Haut|ver|pflan|zung

Hau|werk vgl. Haufwerk

¹**Ha|van|na** (Hauptstadt Kubas); vgl. Habana, La

²**Ha|van|na**, die; -, -s (Zigarre); **Ha|van|na|zi|gar|re** ↑D 143

Ha|va|rie, die; -, ...ien ⟨arab.⟩ (Unfall von Schiffen od. Flugzeugen; schwere Betriebsstörung durch Brand, Explosion u. Ä.; österr. auch für Kraftfahrzeugunfall, -schaden); **ha|va|rie|ren**

Ha|va|rist, der; -en, -en ⟨Seew. havariertes Schiff; dessen Eigentümer⟩; **Ha|va|ris|tin**

Ha|vel [...f...], die; - (rechter Nebenfluss der Elbe)

Ha|vel|land, das; -[e]s ↑D 143; **ha|vel|län|disch**; aber ↑D 140: das Havelländische Luch

Ha|ve|lock, der; -s, -s ⟨nach dem engl. General⟩ (ärmelloser Herrenmantel mit Schulterkragen)

Ha|waii (Hauptinsel der Hawaii-Inseln im Pazif. Ozean; Staat der USA; vgl. Hawaii-Inseln)

Ha|wai|i|a|ner; Ha|wai|i|a|ne|rin
ha|wai|i|a|nisch, ha|wai|isch
Ha|wai|i|gi|tar|re
Ha|waii-In|sel, Ha|waii|in|sel, die; -, -n (eine der Hawaii-Inseln); **Ha|waii-In|seln, Ha|waii|in|seln** Plur. (Inselgruppe im Pazif. Ozean, die den Staat Hawaii bildet)

ha|wai|isch, ha|wa|i|i|a|nisch

Haw|king ['hɔ:...], Stephen ['sti:vn] (brit. Physiker)

Ha|xe, die; -, -n (bes. südd. für Hachse); **Haxl**, das; -s, -n (bayr., österr. für Hachse); **Haxl|bei|ßer** (österr. ugs. für Wadenbeißer)

Haydn, Franz Joseph (österr. Komponist); **haydnsch**; **haydnsche** od. Haydn'sche Sinfonien

Ha|zi|en|da, die; -, Plur. -s, auch ...den ⟨span.⟩ (südamerik. Farm)

Hb = Hämoglobin

HB = Brinellhärte

H. B. = Helvetisches Bekenntnis

Hbf. = Hauptbahnhof

H-Bom|be ['ha:...] ⟨nach dem chemischen Zeichen H = Wasserstoff⟩ (Wasserstoffbombe); ↑D 28

h. c. = honoris causa

HD [ha:'de:], das; -[s] meist ohne Artikel ⟨aus engl. high definition⟩ (Fernseht. hohe Bildauflösung, -qualität); **HD-Auf|lö|sung** ⟨engl.⟩; **HD-Qua|li|tät**, die; -

HDTV [ha:de:te:'faʊ], das; -[s] ⟨aus engl. high definition television⟩ (hochauflösendes Fernsehen); **HDTV-taug|lich**

H-Dur ['ha:du:ɐ̯, auch 'ha:'du:ɐ̯], das; -[s] (Tonart; Zeichen H); **H-Dur-Ton|lei|ter** ↑D 26

he!; heda!

He (chem. Zeichen für Helium)

Head|ban|ging ['hɛtbɛŋɪŋ], das; -s (heftige rhythm. Kopfbewegung)

Head|hun|ter ['hɛt...], der; -s, - ⟨engl.⟩ (jmd., der Führungskräfte abwirbt); **Head|hun|te|rin**

Head|line ['hɛtlaɪn], die; -, -s ⟨engl. Bez. für Schlagzeile⟩; **Head|li|ner**, der; -s, - ⟨engl.⟩ (Person od. Sache, die immer wieder in den Schlagzeilen auftaucht)

Head|quar|ter [...kvɔ:ɐ̯tɐ], das; -, Plur. -s u. - ⟨engl. Bez. für Hauptquartier; Hauptsitz⟩

Head|set ['hɛt...], das; -[s], -s ⟨engl.⟩ (am Kopf getragene Kombination von Mikrofon u. Kopfhörer)

Head-up-Dis|play ['hɛtlap...] ⟨engl.⟩ (bes. Fachspr. Anzeige in einem Fahrzeug, die Informationen in das Sichtfeld der steuernden Person projiziert)

Hea|ring ['hi:...], das; -[s], -s ⟨engl.⟩ (Anhörung)

Hea|vi|side ['hɛvisaɪt] (engl. Physiker); **Hea|vi|side-Schicht, Hea|vi|side|schicht**, die; - (svw. Kennelly-Heaviside-Schicht)

hea|vy ['hɛvi] ⟨engl.⟩ (ugs. für schwer, schwierig)

Hea|vy Me|tal ['hɛvi 'mɛtl], das; --[s] ⟨engl.⟩ (aggressivere Variante des Hardrocks)

Heb|am|me, die; -, -n

He|bel, Christian Friedrich (dt. Dichter)

He|be (griech. Göttin der Jugend)

He|be|baum; He|be|büh|ne; He|be|fi|gur (Sport)

¹**He|bel**, Johann Peter (dt. [Mundart]dichter)

²**He|bel**, der; -s, -

He|bel|arm; He|bel|griff

he|beln; ich heb[e]le

He|bel|pro|dukt ⟨engl. Lehnübersetzung⟩ (risikoreiches Spekulationspapier)

He|bel|wir|kung

he|ben; du hobst, veraltet hub[e]st; du höbest, veraltet hübest; gehoben; heb[e]!

He|ber

He|be|satz (Steuerw.)

He|be|werk

...he|big (z. B. vierhebig)

He|brä|er (bes. im A. T. für Angehöriger des Volkes Israel)

He|brä|er|brief, der (bibl.); **He|brä|e|rin**

He|bra|i|cum, das; -s ⟨lat.⟩ (Prüfung über bestimmte Kenntnisse des Hebräischen)

he|b|rä|isch vgl. deutsch / Deutsch; **He|b|rä|isch**, das; -[s] (Sprache); vgl. Deutsch; **He|b|rä|i|sche**, das; -n; vgl. ²Deutsche

He|b|ra|ist, der; -en, -en; **He|b|ra|is|tik**, die; - (wissenschaftl. Erforschung der hebräischen Sprache u. Literatur); **He|b|ra|is|tin**

He|b|ri|den Plur. (schott. Inselgruppe; Äußere u. Innere Hebriden; die Neuen Hebriden (Inselgruppe im Pazifischen Ozean; jetzt Vanuatu)

He|bung

He|chel, die; -, -n (ein landwirtschaftliches Gerät)

He|che|lei (ugs. für boshaftes Gerede); **he|cheln**; ich hech[e]le

Hecht, der; -[e]s, -e; **hecht|blau**

hech|ten (ugs. für einen Hechtsprung machen); **hecht|grau**

Hechtrolle

Hech|trol|le (eine Bodenturn-übung); **Hecht|sprung**
Hecht|sup|pe; es zieht wie Hechtsuppe (*ugs. für* es zieht sehr)
¹**Heck**, das; -[e]s, *Plur.* -e *od.* -s (hinterster Teil eines Schiffes, Flugzeugs, Autos)
²**Heck**, das; -[e]s, -e (*nordd. für* Gattertür; Weide, Koppel)
Heck|an|trieb
¹**He|cke**, die; -, -n (Umzäunung aus Sträuchern)
²**He|cke**, die; -, -n (*veraltet für* Nistplatz; Paarungs- od. Brutzeit; Brut; Wurf)
He|ckel (dt. Maler)
he|cken (*veraltet für* Junge zur Welt bringen [von Vögeln u. kleineren Säugetieren])
He|cken|ro|se; **He|cken|sche|re**; **He|cken|schüt|ze**; **He|cken|schüt|zin**
Heck|fens|ter; **Heck|flos|se**; **Heck|klap|pe**
heck|las|tig
Heck|la|ter|ne
Heck|meck, der, *auch* das; -s (*ugs. für* Geschwätz; unnötige Umstände)
Heck|mo|tor
Heck|pfen|nig (*zu* hecken) (*veraltet scherzh. für* Münze, die man behalten soll; Glückspfennig)
Heck|schei|be
He|cu|ba *vgl.* Hekuba
he|da! (*veraltend*)
He|de, die; -, -n (*nordd. für* Werg); **he|den** (aus Hede)
He|de|rich, der; -s, -e (ein Wildkraut)
Hedge|fonds, Hedge-Fonds ⟨engl.⟩ ['hɛdʒfõː] (*Wirtsch.* besondere Form des Investmentfonds); **Hedge|fonds-Ma|na|ger**, Hedge|fonds|ma|na|ger, Hedge-Fonds-Ma|na|ger; **Hedge|fonds-Ma|na|ge|rin**, Hedge|fonds|ma|na|ge|rin, Hedge-Fonds-Ma|na|ge|rin
Hedge|fund, Hedge-Fund ['hɛdʒfʌnt], der; -s, -s (*engl. Bez. für* Hedgefonds)
He|din, Sven (schwedischer Asienforscher)
He|do|ni|ker ⟨griech.⟩ (Hedonist); **He|do|ni|ke|rin**
he|do|nisch (*Wirtsch.* Qualitätsänderungen beim Preis berücksichtigend; *Fachspr.* die Gefälligkeit eines Lebensmittels betreffend)
He|do|nis|mus, der; - (philosophische Lehre, nach das

höchste ethische Prinzip das Streben nach Sinnenlust ist)
He|do|nist, der; -en, -en (Anhänger des Hedonismus); **He|do|nis|tin**; **he|do|nis|tisch**
He|d|schas (Landschaft in Arabien); **He|d|schas|bahn**, **He|d-schas-Bahn**
He|dsch|ra, die; - ⟨arab.⟩ (Übersiedlung Mohammeds von Mekka nach Medina; Beginn der islamischen Zeitrechnung)
Hed|wig (w. Vorn.)
Heer, das; -[e]s, -e; **Heer|bann** (*früher*)
Hee|res|be|richt; **Hee|res|be|stand** *meist Plur.*
Hee|res|flie|ger (*Militär* ein Soldat; *Plur.* eine Truppengattung); **Hee|res|flie|ge|rin**
Hee|res|grup|pe; **Hee|res|lei|tung**
Hee|res|zug, Hee|res|zug
Heer|füh|rer; **Heer|füh|re|rin**
Heer|la|ger; **Heer|schar**; **Heerschau**; **Heer|stra|ße**; **Heer|we|sen**
Heer|zug, Hee|res|zug
He|fe, die; -, -n
He|fe|brot; **He|fe|kloß**; **He|fe|kranz**; **He|fe|ku|chen**; **He|fe|stück|chen** (Kleingebäck); **He|fe|teig**; **He|fe|zopf**
he|fig
Hef|ner|ker|ze (nach dem dt. Elektrotechniker) (frühere Lichtstärkeeinheit; *Zeichen* HK)
Heft, das; -[e]s, -e; **Heft|chen**
Hef|tel, das; -s, - (*landsch. für* Häkchen, Spange); **hef|teln** (*landsch.*); ich heft[e]le
hef|ten; geheftet (*Abk. geh.*)
Hef|ter (Mappe zum Abheften; Gerät zum Heften)
Heft|fa|den *Plur.* ...fäden
hef|tig; **Hef|tig|keit**
Heft|klam|mer; **Heft|la|de** (Gerät in der Buchbinderei)
Heft|li, das; -[s], -; *vgl. auch* Götti (*schweiz. für* Zeitschrift)
Heft|pflas|ter; **Heft|strei|fen** (ein Büroartikel); **Heft|zwe|cke**
He|gau, der; -[e]s (Landschaft am Bodensee)
He|ge, die; - (Pflege u. Schutz des Wildes); **He|ge|ge|mein|schaft** (Zusammenschluss von Jägern mit benachbarten Revieren)
He|gel (dt. Philosoph)
He|ge|li|a|ner (Anhänger Hegels); **He|ge|li|a|ne|rin**; **he|ge|li|a|nisch**
he|gelsch; die hegelsche *od.* Hegel'sche Philosophie
He|ge|meis|ter (Forstbeamter); **He|ge|meis|te|rin**

he|ge|mo|ni|al ⟨griech.⟩ (den Herrschaftsbereich [eines Staates] betreffend); **He|ge|mo|ni|al...** (Vorherrschafts...)
He|ge|mo|nie, die; -, ...ien ([staatliche] Vorherrschaft); **he|ge|mo|nisch**
he|gen; hegen und pflegen
He|ger (*Jägerspr.*); **He|ge|rin**
He|ge|ring (kleinster jagdlicher Bezirk); **He|ge|zeit**
Hehl, der *u.* das; *nur in* keinen, *auch* kein Hehl daraus machen (es nicht verheimlichen); **heh|len**
Heh|ler; **Heh|le|rei**; **Heh|le|rin**
hehr (*geh. für* erhaben; heilig)
hei!
heia; *nur in* heia machen (Kinderspr. für schlafen)
Heia, die; -, -[s] (*Kinderspr. für* Bett); **Heia|bett**
heia|po|pei|a! *vgl.* eiapopeia!
¹**Hei|de**, der; -n, -n (*veraltend für* Nichtchrist; *auch für* Ungetaufter, Religionsloser)
²**Hei|de**, die; -, -n (sandiges, unbebautes Land; *nur Sing.:* Heidekraut)
³**Hei|de** (w. Vorn.)
Hei|deg|ger (dt. Philosoph)
Hei|de|korn; **Hei|de|kraut**, das; **Hei|de|land**, das; -[e]s
Hei|del|bee|re; **Hei|del|beer|kraut**, das; -[e]s
Hei|del|berg (Stadt am Neckar); **Hei|del|ber|ger**; **Hei|del|ber|ge|rin**
Hei|del|er|che
Hei|den, der; -s (*ostösterr. für* Buchweizen)
Hei|den... (*ugs. für* groß, sehr viel, z. B. Heidenangst, Heidenarbeit, Heidenlärm, Heidenspaß)
Hei|den|chris|ten|tum
hei|de|nei! (*südwestd.*)
hei|den|mä|ßig (*ugs. für* sehr groß)
Hei|den|rös|chen, Hei|de|rös|chen
Hei|den|tum, das; -s; **Hei|den|volk**
Hei|de|rös|chen *vgl.* Heidenröschen
hei|di! [*auch* 'haɪ...] (*nordd. für* lustig!; schnell!); heidi gehen (*ugs. für* verloren gehen)
Hei|di (w. Vorn.)
Hei|din
Heid|jer (Bewohner der [Lüneburger] Heide); **Heid|je|rin**
heid|nisch
Heid|schnu|cke, die; -, -n (eine Schafrasse)
Hei|duck, der; -en, -en ⟨ung.⟩ (*früher für* ung. [Grenz]soldat)
Hei|er|mann *Plur.* ...männer (*früher ugs. für* Fünfmarkstück)
Hei|ke (w., *seltener* m. Vorn.)

heillig

(*Abk.* hl., *für den Plural* hll.)
I. *Kleinschreibung* ↑ D 89:
– in heiligem Zorn
– mit heiligem Ernst
– heilige Einfalt! (Ausruf der Verwunderung über jemandes Naivität)
– der heilige Paulus, die heilige Theresia
– das heilige Abendmahl, die heilige Messe, die heilige Taufe
– das heilige Pfingstfest usw.
– die erste heilige *od.* Erste Heilige Kommunion

II. *Großschreibung* ↑ D 88 u. 89:
– der Heilige Christ; die Heilige Dreifaltigkeit; der Heilige Geist
– die Heilige Familie; die Heilige Jungfrau
– der Heilige Abend; heute ist Heiliger Abend (24. Dez.)
– die Heiligen Drei Könige; heute ist Heilige Drei Könige (6. Jan.)
– die Heilige Nacht
– das Heilige Grab
– der Heilige Gral
– das Heilige Land
– der Heilige Rock von Trier
– das Heilige Römische Reich Deutscher Nation
– die Heilige Schrift
– die Heilige Stadt (Jerusalem)
– der Heilige Stuhl (Amt des Papstes)
– der Heilige Vater (der Papst)
– der Heilige *od.* heilige Krieg (Dschihad)

III. *Getrennt- und Zusammenschreibung:*
– jemanden für heilig halten
– den Sonntag heilighalten (feiern)
– einen Menschen heiligsprechen (zum oder zur Heiligen erklären)
Vgl. heilighalten, heiligsprechen

Heim

hei|kel (schwierig; *landsch. auch für* wählerisch [beim Essen]); eine heik|le Sache
Hei|ko (m. Vorn.)
heil; eine heile Welt
Heil, das; -[e]s; Berg Heil!; Ski Heil!; *vgl. auch* Heil bringend
Hei|land, der; -[e]s, -e (*geh. für* Retter, Erlöser); unser Herr und Heiland [Jesus Christus]
Heil|an|stalt; Heil|bad
heil|bar; Heil|bar|keit, die; -
Heil brin|gend, heil|brin|gend ↑ D 58: die Heil bringende *od.* heilbringende Botschaft; *aber nur* göttliches Heil bringend; eine [noch] heilbringendere Wirkung
Heil|bronn (Stadt am Neckar)
Heil|butt (ein Fisch)
hei|len; Hei|ler
Heil|er|de; Heil|er|folg; Heil|le|rin
Heil|er|zie|hung (Erziehung u. Förderung traumatisierter *od.* behinderter Menschen); Heil|er|zie|hungs|pfle|ge; Heil|er|zie|hungs|pfle|ger; Heil|er|zie|hungs|pfle|ge|rin
Heil|fas|ten, das; -s
heil|froh
Heil|gym|nast; Heil|gym|nas|tik; Heil|gym|nas|tin
hei|lig *s. Kasten*
Hei|lig|abend
Hei|li|ge, der *u.* die; -n, -n
Hei|li|ge|drei|kö|nigs|tag
hei|li|gen
Hei|li|gen|bild; Hei|li|gen|fi|gur
Hei|li|gen|le|ben; Hei|li|gen|schein; Hei|li|gen|schrein
Hei|lig|geist|kir|che
hei|lig|hal|ten; sie hielten die Gebote heilig
Hei|lig|keit; Seine Heiligkeit ↑ D 89 (der Papst)
hei|lig|spre|chen; der Papst sprach sie heilig, hat sie heiliggesprochen; Hei|lig|spre|chung
Hei|lig|tum
Hei|li|gung
heil|kli|ma|tisch
Heil|kraft; heil|kräf|tig
Heil|kraut, das
Heil|kun|de, die *Plur. selten*; heil|kun|dig
Heil|kun|di|ge, der *u.* die; -n, -n
heil|los
Heil|me|tho|de; Heil|mit|tel, das
Heil|pä|d|a|go|ge; Heil|pä|d|a|go|gik; Heil|pä|d|a|go|gin; heil|pä|d|a|go|gisch
Heil|pflan|ze
Heil|prak|ti|ker; Heil|prak|ti|ke|rin
Heil|quel|le; Heil|ruf
heil|sam; Heil|sam|keit, die; -
Heils|ar|mee, die; -; Heils|bot|schaft
Heils|brin|ger; Heils|brin|ge|rin
Heil|schlaf; Heil|schlamm
Heils|leh|re
Heil|lung; Hei|lungs|be|wäh|rung (Verminderung einer Behinderung durch Heilung); Hei|lungs|pro|zess
Heil|ver|fah|ren; Heil|wir|kung
Heil|zweck; zu Heilzwecken
Heim, das; -[e]s; -e
heim…; *vgl.* heimbegeben, heimbegleiten usw.
Heim|abend; Heim|ar|beit
Hei|mat, die; -, -en
Hei|mat|abend
Hei|mat|aus|weis (*schweiz.*); hei|mat|be|rech|tigt (*bes. schweiz.*)
Hei|mat|dich|ter; Hei|mat|dich|te|rin; Hei|mat|dich|tung
Hei|mat|er|de; Hei|mat|fest; Hei|mat|film
Hei|mat|for|scher; Hei|mat|for|sche|rin
Hei|mat|ge|fühl; Hei|mat|ge|mein|de
hei|mat|ge|nös|sig (*schweiz. neben* heimatberechtigt)
Hei|mat|ha|fen
Hei|mat|kun|de, die; hei|mat|kund|lich
Hei|mat|kunst, die; -
Hei|mat|land *Plur.* …länder
hei|mat|lich
hei|mat|los; Hei|mat|lo|se, der *u.* die; -n, -n; Hei|mat|lo|sig|keit, die; -
Hei|mat|mu|se|um; Hei|mat|ort *Plur.* …orte; Hei|mat|recht
Hei|mat|schein (*schweiz.*)
Hei|mat|staat *Plur.* …staaten; Hei|mat|stadt; hei|mat|ver|bun|den; Hei|mat|ver|ein; hei|mat|ver|trie|ben; Hei|mat|ver|trie|be|ne
heim|be|ge|ben, sich; du hast dich heimbegeben
heim|be|glei|ten; er hat sie heimbegleitet
Heim|be|woh|ner; Heim|be|woh|ne|rin
heim|brin|gen; er hat sie heimgebracht
Heim|chen (eine Grille)
Heim|com|pu|ter
Heim|dal[l] (*germ. Mythol.* Wächter der Götter u. ihres Sitzes)

heimelig

heiß

hei|ßer, hei|ßes|te

Kleinschreibung ↑D 89:
– heiße Spur
– ein heißes Eisen (*ugs. für eine heikle Sache*)
– ihr heißester (sehnlichster) Wunsch
– heißer Draht ([telefonische] Direktverbindung für schnelle Entscheidungen)
– heiße Höschen (*ugs. veraltend für* Hotpants)
– heißer Ofen (*ugs. veraltend für* Sportwagen, schweres Motorrad)

Schreibung in Verbindung mit Verben:
– das Wasser heiß machen *od.* heißmachen
– jemanden heiß begehren, lieben
– der Motor hatte sich heiß gelaufen
– jemandem die Hölle heißmachen (*ugs. für* jemandem heftig zusetzen; jemanden bedrängen)
– was ich nicht weiß, kann mich nicht heißmachen
– sich die Köpfe heißreden (sehr lebhaft diskutieren)

Getrennt- oder Zusammenschreibung bei nicht übertragener Bedeutung in Verbindung mit einem adjektivisch gebrauchten Partizip ↑D 58:
– eine heiß begehrte *od.* heißbegehrte Auszeichnung
– seine heiß ersehnte *od.* heißersehnte Ankunft
– ein heiß umkämpfter *od.* heißumkämpfter Sieg
– das ist ein heiß umstrittenes *od.* heißumstrittenes Thema
– ein heiß gelaufener *od.* heißgelaufener Motor

H / heim

hei|me|lig (anheimelnd)
Heim|**er**|**folg** (Sport)
Heim|**met**, das; -s, - (*schweiz. für* Bauerngut)
heim|**fah**|**ren**; sie ist heimgefahren; **Heim**|**fahrt**
Heim|**fall**, der; -[e]s (*Rechtsspr. das* Zurückfallen [eines Gutes] an den Besitzer)
heim|**füh**|**ren**; er hat sie heimgeführt
Heim|**gang**, der; -[e]s, ...gänge; **heim**|**ge**|**gan**|**gen** (*verhüllend für* gestorben); **Heim**|**ge**|**gan**|**ge**|**ne**, der *u.* die; -n, -n; **heim**|**ge**|**hen**; sie ist heimgegangen
heim|**gei**|**gen** (svw. heimleuchten)
Heim|**hel**|**fer** (*österr. für* Haushaltshilfe für Pflegebedürftige); **Heim**|**hel**|**fe**|**rin**
heim|**ho**|**len**; sie wurde heimgeholt
heim|**isch**
Heim|**kehr**, die; -; **heim**|**keh**|**ren**; **Heim**|**keh**|**rer**; **Heim**|**keh**|**re**|**rin**
Heim|**kind**
Heim|**ki**|**no** (*auch scherzh. für* Fernsehen); **Heim**|**ki**|**no**|**an**|**la**|**ge**
heim|**kom**|**men**; sie ist heimgekommen; **Heim**|**kunft**, die; -
Heim|**lei**|**ter**, der; **Heim**|**lei**|**te**|**rin**; **Heim**|**lei**|**tung**
heim|**leuch**|**ten**; dem haben sie heimgeleuchtet (*ugs. für* ihn derb abgefertigt)
heim|**lich**; er hat es heimlich getan; *vgl. aber* heimlichtun; **heim**|**lich**|**feiß** (*schweiz. mdal. für* einen Besitz, ein Können verheimlichend); **Heim**|**lich**|**keit**; **Heim**|**lich**|**tu**|**er**; **Heim**|**lich**|**tu**|**e**|**rei**; **Heim**|**lich**|**tu**|**e**|**rin**
heim|**lich**|**tun** (geheimnisvoll tun); sie hat damit sehr heimlichgetan; *vgl. aber* heimlich
Heim|**mann**|**schaft** (Sport)

Heim|**markt** (*schweiz. für* Binnenmarkt)
heim|**müs**|**sen**
Heim|**mut**|**ter** *Plur.* ...mütter
Heim|**nie**|**der**|**la**|**ge** (Sport); **Heim**|**pre**|**mie**|**re**; **Heim**|**recht** (Sport)
Heim|**rei**|**se**; **heim**|**rei**|**sen**; sie ist heimgereist
Heim|**sei**|**te** (*für* Homepage)
Heim|**sieg** (Sport); **Heim**|**spiel** (Sport); **heim**|**stark** (Sport)
Heim|**statt**; **Heim**|**stät**|**te**
heim|**su**|**chen**; er wurde schwer heimgesucht; **Heim**|**su**|**chung**
Heim|**tier** (svw. Haustier)
Heim|**trai**|**ner** (Hometrainer; Trainer im heimatlichen Verein); **Heim**|**trai**|**ne**|**rin**
Heim|**tü**|**cke** *Plur. selten* (Hinterlist); **Heim**|**tü**|**cker** (heimtückischer Mensch); **heim**|**tü**|**ckisch**
Heim|**ver**|**ein** (Sport)
Heim|**volks**|**hoch**|**schu**|**le**
Heim|**vor**|**teil** (Sport)
heim|**wärts**; heimwärts gehen
Heim|**weg**
Heim|**weh**, das; -s; **heim**|**weh**|**krank**
Heim|**wer**|**ker** (jmd., der handwerkliche Arbeiten zu Hause selbst macht; Bastler); **Heim**|**wer**|**ke**|**rin**
Heim|**we**|**sen** (*schweiz. für* Anwesen)
heim|**wol**|**len**; sie hat heimgewollt
heim|**zah**|**len**; jmdm. etwas heimzahlen
heim|**zu** (*ugs. für* heimwärts)
Hein (m. Vorn.); Freund Hein (*verhüllend für* der Tod)
Hei|**ne** (dt. Dichter)
Hei|**ne**|**mann**, Gustav (dritter dt. Bundespräsident)
Hei|**ner** (m. Vorn.)
hei|**nesch**; die heineschen *od.*

Heine'schen Reisebilder ↑D 135 u. 89; *vgl.* heinisch
¹**Hei**|**ni** (m. Vorn.)
²**Hei**|**ni**, der; -s, -s (*ugs. für* einfältiger Mensch)
hei|**nisch**; dies ist heinische Ironie; die heinischen Reisebilder ↑D 135 *u.* 89; *vgl.* heinesch
Hei|**no** (m. Vorn.)
Hein|**rich** (m. Vorn.)
¹**Heinz** (m. Vorn.)
²**Heinz**, der; -en, -en, ¹**Hein**|**ze**, der; -n, -n (*südd. für* Heureuter; Stiefelknecht)
²**Hein**|**ze**, die; -, -n (*schweiz. für* Heureuter)
Hein|**zel**|**bank** *Plur.* ...bänke (*österr. für* eine Art von Werkbank)
Hein|**zel**|**männ**|**chen** (*zu* ¹Heinz) (hilfreicher Hausgeist)
Hei|**rat**, die; -, -en; **hei**|**ra**|**ten**
Hei|**rats**|**ab**|**sicht** *meist Plur.*; **Hei**|**rats**|**an**|**non**|**ce**
Hei|**rats**|**an**|**trag**; **Hei**|**rats**|**an**|**zei**|**ge**
hei|**rats**|**fä**|**hig**; **hei**|**rats**|**lus**|**tig**
Hei|**rats**|**markt**
Hei|**rats**|**schwind**|**ler**; **Hei**|**rats**|**schwind**|**le**|**rin**
Hei|**rats**|**ur**|**kun**|**de**
Hei|**rats**|**ver**|**mitt**|**ler**; **Hei**|**rats**|**ver**|**mitt**|**le**|**rin**
hei|**rats**|**wil**|**lig**
hei|**sa**!, hei|**ßa**!
hei|**schen** (*geh. für* fordern, verlangen); du heischst
hei|**ser**; **Hei**|**ser**|**keit**
heiß *s. Kasten*
hei|**ßa**!, hei|sa!; hei|ßas|sa!
heiß be|**gehrt**, heiß|be|gehrt *vgl.* heiß
Heiß|**be**|**hand**|**lung**; **heiß**|**blü**|**tig**
¹**hei**|**ßen** (einen Namen tragen; nennen; befehlen); du heißt; ich hieß, du hießest; geheißen; heiß[e]!; er hat es mich gehei-

ßen, *aber* wer hat dich das tun heißen?; sie hat mich kommen heißen, *seltener* geheißen; er war »angeheitert«, will heißen[,] völlig betrunken; *vgl.* das heißt

²hei|ßen (hissen); du heißt; du heißtest; geheißt; heiß[e]!

heiß er|sehnt, heiß|er|sehnt *vgl.* heiß

heiß ge|liebt, heiß|ge|liebt *vgl.* heiß

Heiß|hun|ger; heiß|hung|rig
Heiß|kle|be|pis|to|le (*Handwerk*)
heiß lau|fen *vgl.* heiß
Heiß|luft|bal|lon; Heiß|luft|hei|zung; Heiß|luft|herd; Heiß|luft|pis|to|le (ein Werkzeug)
heiß ma|chen, heiß|ma|chen *vgl.* heiß
Heiß|man|gel, die
heiß re|den *vgl.* heiß
Heiß|sporn *Plur.* ...sporne (hitziger, draufgängerischer Mensch); heiß|spor|nig
heiß um|kämpft, heiß|um|kämpft *vgl.* heiß
heiß um|strit|ten, heiß|um|strit|ten *vgl.* heiß
Heiß|was|ser|be|rei|ter; Heiß|was|ser|spei|cher
Heis|ter, der; -s, - (junger Laubbaum aus Baumschulen)
...heit (z. B. Keckheit, die; -, -en)
hei|ter; heit[e]rer, heiters|te; Hei|ter|keit, die; -; Hei|ter|keits|er|folg
Heiz|an|la|ge; heiz|bar; Heiz|de|cke
hei|zen; du heizt
Heiz|ener|gie
Hei|zer; Hei|ze|rin
Heiz|gas; Heiz|ge|rät; Heiz|kes|sel; Heiz|kis|sen
Heiz|kör|per; Heiz|kos|ten *Plur.*
Heiz|kraft|werk
Heiz|öl; Heiz|pe|ri|o|de
Heiz|pilz (*ugs. für* Terrassenstrahler)
Heiz|plat|te; Heiz|rohr; Heiz|son|ne; Heiz|strah|ler; Heiz|tech|nik (*svw.* Heizungstechnik)
Hei|zung; Hei|zungs|an|la|ge; Hei|zungs|kel|ler; Hei|zungs|mon|teur; Hei|zungs|mon|teu|rin; Hei|zungs|rohr; Hei|zungs|tank; Hei|zungs|tech|nik
He|ka|te [...*auch* ...'ka:...] (griechische Nacht- u. Unterweltsgöttin)
He|ka|tom|be, die; -, -n ⟨griech.⟩ (einem Unglück zum Opfer gefallene, erschütternd große Zahl von Menschen)
hek|t..., hek|to... ⟨griech.⟩ (100)

Hek|t|ar [*auch* ...'ta:ɐ], das, *auch* der; -s, -e ⟨griech.; lat.⟩ (100 a; Zeichen ha); 3 Hektar gutes Land *od.* guten Landes; Hek|t|a|re, die; -, -n (*schweiz. für* Hektar; Zeichen ha); Hek|t|ar|er|trag *meist Plur.* (*Landwirtsch.*)

Hek|tik, die; - ⟨griech.⟩ (fieberhafte Aufregung, nervöses Getriebe); Hek|ti|ker; Hek|ti|ke|rin; hek|tisch (fieberhaft, aufgeregt)

hek|to... *vgl.* hekt...; Hek|to... (das Hundertfache einer Einheit, z. B. Hektoliter = 100 Liter; Zeichen h)

Hek|to|graf, Hek|to|graph, der; -en, -en (Vervielfältigungsgerät); Hek|to|gra|fie, Hek|to|gra|phie, die; -, ...ien (Vervielfältigung); hek|to|gra|fie|ren, hek|to|gra|phie|ren

Hek|to|li|ter (100 l; Zeichen hl)
Hek|to|pas|cal (100 Pascal; Zeichen hPa)
Hek|tor (Held der griech. Sage)
He|ku|ba (griech. Sagengestalt)
Hel, die; - *meist ohne Artikel* (nordische Todesgöttin; *auch* Welt der Toten; Unterwelt)
Hel|an|ca®, das; - (hochelastisches Kräuselgarn aus Nylon)
he|lau! (Karnevalsruf)
Held, der; -en, -en
Hel|den|brust; Hel|den|dar|stel|ler; Hel|den|dar|stel|le|rin; Hel|den|epos; Hel|den|fried|hof
hel|den|haft
Hel|den|mut; hel|den|mü|tig
Hel|den|tat; Hel|den|te|nor; Hel|den|tod; Hel|den|tum, das; -s
Hel|der, der *od.* das; -s, - (nordd. für uneingedeichtes Marschland)
Hel|din; hel|disch
He|le|na (w. griech. Sagengestalt; w. Vorn.)
He|le|ne (w. Vorn.)
Hel|fe, die; -, -n (Schnur am Webstuhl)
hel|fen; du hilfst; du halfst; du hülfest, *selten* hälfest; geholfen; hilf!; sie hat ihr beim Nähen geholfen, *aber* sie hat ihr nähen helfen *od.* geholfen; sich zu helfen wissen; Hel|fer; Hel|fe|rin
Hel|fers|hel|fer (Mittäter); Hel|fers|hel|fe|rin; Hel|fer|syn|drom (*Psychol.* übertriebenes Bedürfnis zu helfen); Hel|fer|team
Hel|ga (w. Vorn.)
¹Hel|ge (m. u. w. Vorn.)
²Hel|ge, die; -, -n, ¹Hel|gen, der; -s, -

⟨aus Helligen⟩ (Nebenform von Helling)
²Hel|gen, der; -s, - (*schweiz. mdal. für* [Heiligen]bild)
Hel|go|land; Hel|go|län|der; Hel|go|län|de|rin; hel|go|län|disch
He|li|and, der; -s (»Heiland« (altsächs. Evangeliendichtung)
He|li|an|thus, der; -, ...then ⟨griech.⟩ (*Bot.* Sonnenblume)
he|li|cal *vgl.* helikal
He|li|co|bac|ter Py|lo|ri [...ko'bak...-], das *u.* der; -s -⟨nlat.-griech.; lat.-griech.⟩ (*Med.* ein Magenbakterium)
he|li|kal, he|li|cal (*fachspr. für* wie eine Helix geformt, spiralförmig)
¹He|li|kon, das; -s, -s ⟨griech.⟩ (runde Basstuba)
²He|li|kon, der; -[s] (Gebirge in Böotien)
He|li|kop|ter, der; -s, - ⟨engl.⟩ (Hubschrauber); He|li|kop|ter|el|tern *Plur.* (*salopp, oft abwertend für* übertrieben besorgte Eltern)
He|lio... ⟨griech.⟩ (Sonnen...)
He|lio|dor, der; -s, -e (ein Edelstein)
He|lio|graf, He|lio|graph, der; -en, -en (ein Signalgerät für Blinkzeichen mithilfe des Sonnenlichts); He|lio|gra|fie, He|lio|gra|phie, die; -, ...ien (ein Tiefdruckverfahren; Zeichengeben mit dem Heliografen); he|lio|gra|fisch, he|lio|gra|phisch
He|lio|gra|vü|re, die; -, -n (*nur Sing.*: ein Tiefdruckverfahren; Ergebnis dieses Verfahrens)
He|li|os (griech. Sonnengott)
He|lio|s|kop, das; -s, -e (Gerät mit Lichtschwächung zur direkten Sonnenbeobachtung)
He|lio|s|tat, der; *Gen.* -[e]s *u.* -en, *Plur.* -en (Spiegelvorrichtung, die den Sonnenstrahlen eine gleichbleibende Richtung gibt)
He|lio|the|ra|pie, die; -, ...ien (*Med.* Heilbehandlung mit Sonnenlicht)
¹He|lio|trop, das; -s, -e (eine Zierpflanze; *nur Sing.*: eine Farbe)
²He|lio|trop, der; -s, -e (ein Edelstein)
he|lio|tro|pisch (*veraltet für* fototropisch)
he|lio|zen|t|risch (auf die Sonne als Mittelpunkt bezüglich)
He|lio|zo|on, das; -s, ...zoen (*Zool.* Sonnentierchen)
He|li|port, der; -s, -e ⟨engl.⟩ (Landeplatz für Hubschrauber)
He|li-Ski|ing, He|li-Ski|ing [...ski:ɪŋ], das; -[s] ⟨engl.⟩

Helium

(Abfahrt von einem Berggipfel, zu dem der Skiläufer mit dem Helikopter gebracht worden ist)

He|li|um, das; -s (chemisches Element, Edelgas; *Zeichen* He)

He|lix, die; -, ...ices ⟨griech.-lat.⟩ (*Chemie* spiralige Molekülstruktur)

Hel|ke (w. Vorn.)

hell

Getrennt- oder Zusammenschreibung ↑D 56, 58 u. 62:
– hell lachen
– hell scheinen, strahlen
– das Zimmer hell machen *od.* hellmachen
– ein hell leuchtender *od.* hell-leuchtender Stern
– die hell lodernde *od.* hell-lodernde Flamme
– hell strahlende *od.* hellstrahlende Lampen
– hellblau, hellgelb, helllila usw.

Hel|la (w. Vorn.)

Hel|las (Griechenland)

hell|auf; hellauf lachen (laut u. fröhlich lachen); *aber* hell auflachen (plötzlich zu lachen anfangen); hellauf begeistert sein

hell|äu|gig; hell|blau; hellblau färben; hell|blond; hell|braun

hell|dun|kel ↑D 23; Hell|dun|kel

Hell|dun|kel|ma|le|rei

hel|le (*landsch. für* aufgeweckt)

¹Hel|le, die; - (Helligkeit)

²Hel|le, das; -n, -n (*ugs. für* [ein Glas] helles Bier); 3 Helle

Hel|le|bar|de [*schweiz.* ˈhɛ...], die; -, -n (Hieb- u. Stoßwaffe im MA.; Paradewaffe der Schweizergarde im Vatikan); Hel|le|bar|dier, der; -s, -e (mit einer Hellebarde Bewaffneter)

Hel|le|gatt, Hel|le|gat, das; -s, *Plur.* -en u. -s ([Vorrats]raum auf Schiffen)

hel|len, sich (*veraltet für* sich erhellen)

Hel|le|ne, der; -n, -n (Grieche); Hel|le|nen|tum, das; -s; Hel|le|nin; hel|le|nisch

hel|le|ni|sie|ren (nach griechischem Vorbild gestalten)

Hel|le|nis|mus, der; - (nachklassische griechische Kultur)

Hel|le|nist, der; -en, -en (Gelehrter des nachklass. Griechentums; Forscher u. Kenner des Hellenismus); Hel|le|nis|tik, die; - (wissenschaftl. Erforschung der hellenist. Sprache u. Literatur); Hel|le|nis|tin; hel|le|nis|tisch

Hel|ler, der; -s, - (ehem. dt. Münze); auf Heller u. Pfennig; ich gebe keinen [roten] Heller dafür; *vgl.* Halér

Hel|les|pont, der; -[e]s ⟨griech.⟩ (*antike Bez. für* Dardanellen)

Hell|gatt, Hell|gat; *vgl.* Hellegatt

hell|gelb; hell|grau; hell|grün; hell|haa|rig; hell|häu|tig

hell|hö|rig (schalldurchlässig); hellhörig (stutzig) werden; jmdn. hellhörig machen (jmds. Aufmerksamkeit erregen)

Hel|li|gen (*Plur. von* Helling)

Hel|lig|keit, die; -, *Plur.* (*fachspr.*) -en; Hel|lig|keits|reg|ler

Hel|ling, die; -, *Plur.* -en u. Hel|li|gen, *auch* der; -s, -e (Schiffsbauplatz); *vgl.* ²Helge

hell leuch|tend, hell|leuch|tend *vgl.* hell

hell|licht; es ist helllichter Tag

hell|li|la; ein helllila Kleid; *vgl.* lila; in Helllila ↑D 72

hell lo|dernd, hell|lo|dernd *vgl.* hell

hell ma|chen, hell|ma|chen *vgl.* hell

Hell|raum|pro|jek|tor (*bes. schweiz. für* Tageslichtprojektor)

hell|rot

hell|se|hen; *nur im Infinitiv gebräuchlich*; Hell|se|hen, das; -s

Hell|se|her; Hell|se|he|rei; Hell|se|he|rin; hell|se|he|risch

hell|sich|tig (scharfsinnig; vorausschauend); Hell|sich|tig|keit

hell|wach

Hell|weg, der; -[e]s (in Westfalen)

¹Helm, der; -[e]s, -e (Kopfschutz)

²Helm, der; -[e]s, -e (Stiel von Werkzeugen zum Hämmern o. Ä.)

Hel|ma (w. Vorn.)

Helm|busch

Helm|holtz (dt. Physiker)

Hel|min|the, die; -, -n *meist Plur.* ⟨griech.⟩ (*Med.* Eingeweidewurm); Hel|min|thi|a|sis, die; -, ...thiasen (*Med.* Wurmkrankheit)

Helm|ka|me|ra (*zu* ¹Helm)

Helm|stedt (Stadt östlich von Braunschweig)

Hel|mut (m. Vorn.)

He|lo|i|se (w. Eigenn.)

He|lot, der; -en, -en, *seltener* He|lo|te, der; -n, -n ⟨griech.⟩ ([spartan.] Staatssklave); He|lo|ten|tum, das; -s; He|lo|tin

Help|desk, Help-Desk, der, *auch* das; -s, -s ⟨engl.⟩ (telefon. od. über Internet zur Verfügung stehender Informationsdienst)

Hel|sing|fors (*schwed. für* Helsinki)

Hel|sin|ki (Hauptstadt Finnlands)

Hel|ve|tia, die; - (Frauengestalt als Sinnbild der Schweiz)

Hel|ve|ti|en (Land der Helvetier; *geh. od. iron. für* Schweiz)

Hel|ve|ti|er (Angehöriger eines kelt. Volkes); Hel|ve|ti|e|rin; hel|ve|tisch; *aber* ↑D 140: die Helvetische Republik; das Helvetische Bekenntnis (*Abk.* H.B.)

Hel|ve|tis|mus, der; -, ...men ⟨lat.⟩ (schweizerische Spracheigentümlichkeit)

hem!, hm! [hm]

Hemd, das; -[e]s, -en; hemd|är|me|lig *vgl.* hemdsärmelig

Hemd|blu|se; Hemd|blu|sen|kleid

Hem|den|knopf, Hemd|knopf

Hem|den|matz (*ugs.*)

Hemd|ho|se; Hemd|knopf, Hem|den|knopf; Hemd|kra|gen

Hemds|är|mel *meist Plur.*; hemds|är|me|lig, *österr. u. schweiz. auch* hemd|är|me|lig, hemd|ärm|lig

hem, hem!, hm, hm!

he|mi... ⟨griech.⟩ (halb...); He|mi... (Halb...)

He|ming|way [...wɛɪ], Ernest (amerik. Schriftsteller)

He|mi|ple|gie, die; -, ...jen (*Med.* halbseitige Lähmung)

He|mi|sphä|re, die; -, -n ([Erd- od. Himmels]halbkugel; *Med.* rechte bzw. linke Hälfte des Groß- u. Kleinhirns); he|mi|sphä|risch

He|mi|s|ti|chi|on, He|mi|s|ti|chi|um, das; -s, ...ien (Halbvers in der altgriechischen Metrik)

he|mi|zy|k|lisch (halbkreisförmig)

Hem|lock|tan|ne *vgl.* Tsuga

hem|men

Hemm|nis, das; -ses, -se

Hemm|schuh; Hemm|schwel|le (*bes. Psychol.*); Hemm|stoff (*Chemie* Substanz, die chemische Reaktionen hemmt)

Hem|mung; hem|mungs|los; Hem|mungs|lo|sig|keit

Hemm|wir|kung

Hems|ter|huis [...hɔɪs], Frans (niederl. Philosoph)

Hen|de|ka|gon, das; -s, -e ⟨griech.⟩ (Elfeck)

Hen|de|ka|syl|la|bus, der; -, *Plur.* ...syllaben u. ...syllabi (elfsilbiger Vers)

Hen|di|a|dy|oin, das; -[s], -, Hen|di|a|dys, das; -, - *Plur. selten* ⟨griech.⟩ (*Rhet.* Ausdrucksverstärkung durch Verwendung von zwei sinnverwandten Wörtern, z. B. »bitten u. flehen«)

heraushalten

Hendl, das; -s, -[n] (südd., österr. für [junges] Huhn; Brathuhn)
Hengst, der; -[e]s, -e
Hen|kel, der; -s, -
Hen|kel|glas Plur. ...gläser; **Hen|kel|korb; Hen|kel|krug**
Hen|kel|mann Plur. ...männer (ugs. für Gefäß zum Transport von [warmen] Mahlzeiten)
hen|ken (veraltend für durch den Strang hinrichten)
Hen|ker; Hen|ke|rin
Hen|kers|beil; Hen|kers|frist; Hen|kers|knecht; Hen|kers|mahl, Hen|kers|mahl|zeit (letzte Mahlzeit)
Hen|na, die; - od. das; -[s] ⟨arab.⟩ (rotgelber Farbstoff, der u. a. zum Färben von Haaren verwendet wird); **Hen|na|strauch**
Hen|ne, die; -, -n
Hen|ne|gatt, Hen|ne|gat, das; -[e]s, -en u. -s (nordd. für ¹Koker)
Hen|ne|gau, der; -[e]s (belgische Provinz)
Hen|ni (w. Vorn.)
Hen|nig, ¹Hen|ning (m. Vorn.)
²Hen|ning (der Hahn in der Fabel)
Hen|ny [...ni] (w. Vorn.)
He|no|the|is|mus ⟨griech.⟩ (Verehrung einer Gottheit, ohne andere Gottheiten zu leugnen)
Hen|ri [ã...] (m. Vorn.)
Hen|ri|et|te [hɛ...] (w. Vorn.)
Hen|ri|qua|tre [ãriˈkatrə], der; -[s] [...rə], -s [...rə] ⟨franz.⟩ (Spitzbart [wie ihn Heinrich IV. von Frankreich trug])
¹Hen|ry [...ri] (m. Vorn.)
²Hen|ry [...ri], das; -, - ⟨nach dem amerik. Physiker⟩ (Einheit der Induktivität; Zeichen H)
Hen|ze (dt. Komponist)
he|pa|tisch ⟨griech.⟩ (Med. zur Leber gehörend); **He|pa|ti|tis,** die; -, ...titiden (Leberentzündung); **He|pa|to|lo|gie,** die; - (Lehre von den Funktionen u. Krankheiten der Leber)
He|phais|tos, He|phäst, He|phäs|tus (griechischer Gott des Feuers u. der Schmiedekunst)
hepp!
Hep|ta|chord [...k...], der od. das; -[e]s, -e ⟨griech.⟩ (Musik große Septime)
Hep|ta|gon, das; -s, -e (Siebeneck)
Hep|ta|me|ron, das; -s (Novellensammlung, an »sieben Tagen« erzählt, von Margarete von Navarra)
Hep|ta|me|ter, der; -s, - (siebenfüßiger Vers)
Hep|tan, das; -s ⟨Chemie Kohlenwasserstoff mit sieben Kohlenstoffatomen, Bestandteil von Erdöl, Benzin usw.)
Hep|ta|teuch, der; -[s] (die ersten sieben bibl. Bücher)
Hep|t|o|de, die; -, -n (Physik Elektronenröhre mit sieben Elektroden)

her
(beschreibt meist eine Bewegung auf den Sprechenden zu)
– her zu mir!; her damit!
– hin und her
– von früher her
– das kann noch nicht so lange her sein
– obwohl es schon drei Jahre her [gewesen] ist
– hinter jmdm. her sein (ugs. für nach jmdm. fahnden; sich um jmdn. bemühen)
Vgl. auch hin

her... (in Zus. mit Verben, z. B. herbringen, du bringst her, hergebracht, herzubringen)
He|ra, He|re (Gemahlin des Zeus)
her|ab; her|ab... (z. B. herablassen; er hat sich herabgelassen)
her|ab|bli|cken
her|ab|fal|len
her|ab|hän|gen; die Äste hingen herab; vgl. ¹hängen
her|ab|las|sen; sie ließ sich herab; **her|ab|las|send; He|r|ab|las|sung**
her|ab|se|hen; auf jmdn. herabsehen
her|ab|set|zen; He|r|ab|set|zung
her|ab|stu|fen
her|ab|wür|di|gen; He|r|ab|wür|di|gung
He|ra|k|les (Halbgott u. Held der griech.-röm. Sage); vgl. ¹Herkules; **He|ra|k|li|de,** der; -n, -n (Nachkomme des Herakles)
He|ra|k|lit [auch ...ˈklɪt] (altgriechischer Philosoph)
He|ral|dik, die; - ⟨franz.⟩ (Wappenkunde); **He|ral|di|ker** (Wappenforscher); **He|ral|di|ke|rin; he|ral|disch**
he|r|an, ugs. ran ↑D 14; heran sein; sobald er heran ist
he|r|an... (z. B. heranbringen; er hat es mir herangebracht)
he|r|an|ar|bei|ten, sich
he|r|an|bil|den; He|r|an|bil|dung
he|r|an|brin|gen vgl. heran...
he|r|an|dür|fen; he|r|an|fah|ren; er ist zu nahe herangefahren
he|r|an|füh|ren; he|r|an|ge|hen; He|r|an|ge|hens|wei|se
he|r|an|kom|men; he|r|an|kön|nen; he|r|an|las|sen
he|r|an|ma|chen, sich (ugs. für sich [mit einer bestimmten Absicht] nähern; beginnen)
he|r|an|müs|sen; he|r|an|rei|chen; he|r|an|rei|fen
he|r|an|rü|cken; he|r|an|schaf|fen; sie hat alles herangeschafft
he|r|an sein vgl. heran
he|r|an|tas|ten, sich; **he|r|an|tra|gen**
he|r|an|trau|en, sich (ugs.)
he|r|an|tre|ten
he|r|an|wach|sen; He|r|an|wach|sen|de, der u. die; -n, -n
he|r|an|wa|gen, sich; **he|r|an|wol|len; he|r|an|zie|hen; he|r|an|züch|ten**
he|r|auf, ugs. rauf ↑D 14
he|r|auf... (z. B. heraufziehen; er hat den Eimer heraufgezogen)
he|r|auf|be|mü|hen; he|r|auf|be|schwö|ren; he|r|auf|brin|gen; he|r|auf|däm|mern
he|r|auf|ho|len; he|r|auf|las|sen
he|r|auf|set|zen; He|r|auf|set|zung
he|r|auf|zie|hen
he|r|aus, ugs. raus ↑D 14; heraus sein; sobald es heraus war
he|r|aus... (z. B. herausstellen; wir haben die Schuhe herausgestellt)
he|r|aus|ar|bei|ten; He|r|aus|ar|bei|tung
he|r|aus|be|kom|men
he|r|aus|bil|den, sich; **He|r|aus|bil|dung**
he|r|aus|bre|chen; he|r|aus|brin|gen
he|r|aus|fal|len; he|r|aus|fil|tern; ich filtere heraus; **he|r|aus|fin|den; he|r|aus|fi|schen; he|r|aus|flie|gen**
He|r|aus|for|de|rer; He|r|aus|for|de|rin
he|r|aus|for|dern; ich fordere heraus; **he|r|aus|for|dernd; He|r|aus|for|de|rung**
he|r|aus|füh|ren
He|r|aus|ga|be; he|r|aus|ge|ben; ich gebe heraus; **He|r|aus|ge|ber** (Abk. Hg. u. Hrsg.); **He|r|aus|ge|be|rin** (Abk. Hg. u. Hrsg.); **He|r|aus|ge|be|ben** (Abk. hg. u. hrsg.)
he|r|aus|ge|hen; du musst mehr aus dir herausgehen (weniger befangen sein)
He|r|aus|geld (schweiz. für Wechselgeld)
he|r|aus|grei|fen
he|r|aus|ha|ben (ugs. auch für etw. begriffen, gelöst haben)
he|r|aus|hal|ten, sich

heraushängen

¹he|r|aus|hän|gen; die Fahne hing zum Fenster heraus; vgl. ¹hängen
²he|r|aus|hän|gen; sie hängten die Fahne heraus; vgl. ²hängen
he|r|aus|hau|en; sie haute ihn heraus (befreite ihn); he|r|aus|he|ben, sich; he|r|aus|ho|len; he|r|aus|hö|ren
he|r|aus|keh|ren; den Vorgesetzten herauskehren
he|r|aus|kit|zeln (ugs.)
he|r|aus|kom|men; es wird nichts dabei herauskommen (ugs.); he|r|aus|kön|nen; he|r|aus|krie|gen (ugs.)
he|r|aus|kris|tal|li|sie|ren, sich
he|r|aus|las|sen; he|r|aus|le|sen; he|r|aus|lö|sen
he|r|aus|ma|chen; sich herausmachen (ugs. für sich gut entwickeln)
he|r|aus|müs|sen
he|r|aus|nehm|bar; he|r|aus|neh|men; sich etwas herausnehmen (ugs. für sich dreist erlauben)
he|r|aus|pau|ken (ugs. für befreien; retten); he|r|aus|pi|cken
he|r|aus|plat|zen; he|r|aus|put|zen
he|r|aus|ra|gen; eine herausragende Leistung
he|r|aus|re|den, sich (ugs.)
he|r|aus|rei|ßen (ugs. auch für befreien; retten); he|r|aus|rü|cken; mit der Sprache herausrücken (ugs.)
he|r|aus|rut|schen
he|r|aus|schaf|fen vgl. schaffen
he|r|aus|schä|len; sich herausschälen (allmählich deutlich werden)
he|r|aus|schau|en (ugs. auch für als Nutzen, Gewinn erbringen)
he|r|aus|schi|cken; he|r|aus|schie|ßen; he|r|aus|schin|den; he|r|aus|schla|gen; he|r|aus|schmei|ßen (ugs.); he|r|aus|schmug|geln
he|r|aus sein vgl. heraus
he|r|au|ßen (bayr., österr. für hier außen)
he|r|aus|spie|len (Sport)
he|r|aus|sprin|gen (auch für sich als Gewinn, als Vorteil ergeben)
he|r|aus|spru|deln
he|r|aus|stel|len; es hat sich herausgestellt, dass ...
he|r|aus|stre|cken; he|r|aus|strei|chen (auch für hervorheben); he|r|aus|su|chen; he|r|aus|tra|gen; he|r|aus|tre|ten
he|r|aus|wach|sen; sie ist aus dem Kleid herausgewachsen; aber ihre Sicherheit ist aus den Erfahrungen heraus gewachsen

he|r|aus|wa|gen, sich; he|r|aus|wer|fen; he|r|aus|win|den, sich
he|r|aus|wirt|schaf|ten; he|r|aus|wol|len
he|r|aus|zie|hen
herb
Her|ba|ri|um, das; -s, ...rien ⟨lat.⟩ (Sammlung getrockneter Pflanzen)
Her|bart (dt. Philosoph)
Her|be, die; - (geh. für Herbheit)
her|bei
her|bei... (z. B. herbeieilen; er ist herbeigeeilt)
her|bei|brin|gen; her|bei|fah|ren; her|bei|füh|ren; her|bei|las|sen, sich
her|bei|lo|cken; her|bei|re|den; ein Unglück herbeireden; her|bei|ru|fen
her|bei|schaf|fen; er schaffte alles herbei; her|bei|schlep|pen; her|bei|seh|nen
her|bei|strö|men; her|bei|wün|schen; her|bei|zau|bern; her|bei|zie|hen; her|bei|zi|tie|ren
her|be|kom|men; her|be|mü|hen; sie hat sich herbemüht; her|be|or|dern
Her|ber|ge, die; -, -n; her|ber|gen (veraltet für Unterkunft finden); du herbergtest; geherbergt
Her|bergs|el|tern Plur.; Her|bergs|mut|ter; Her|bergs|va|ter
Her|bert (m. Vorn.)
Herb|heit
her|bit|ten; sie hat ihn hergebeten
Her|bi|vo|re, der; -n, -n ⟨lat.⟩ (Zool. pflanzenfressendes Tier)
Her|bi|zid, das; -[e]s, -e (Chemie Pflanzenvernichtungsmittel)
Herb|ling (unreife Frucht aus später Blüte)
her|brin|gen
Herbst, der; -[e]s, -e; Herbst|an|fang; Herbst|blu|me
herbs|teln, österr. nur so, od. herbs|ten; es herbste[l]t
herbs|ten (landsch. auch für Trauben ernten)
Herbst|fe|ri|en Plur.
herbst|lich; herbstlich gelbes Laub; Herbst|ling (ein Pilz)
Herbst|meis|ter; Herbst|meis|ter|schaft (bes. Fußball Tabellenführung nach der Hinrunde)
Herbst|mes|se; Herbst|mo|de; Herbst|mo|nat (alte Bez. für September)
Herbst|ne|bel; Herbst|son|ne; Herbst|sturm; Herbst|tag
Herbst-Tag|und|nacht|glei|che, Herbst-Tag-und-Nacht-Gleiche

Herbst|zeit|lo|se, die; -, -n
herb|süß, herb-süß
Her|cu|la|ne|um, Her|cu|la|num (römische Ruinenstadt am Vesuv); her|cu|la|nisch; Her|cu|la|num vgl. Herculaneum
Herd, der; -[e]s, -e
Herd|buch (Landwirtsch. Zuchtstammbuch)
Her|de, die; -, -n
Her|den|mensch; Her|den|tier; Her|den|trieb, der; -[e]s
her|den|wei|se
Her|der (dt. Philosoph u. Dichter); her|de|risch, her|dersch; eine herderische od. herdersche od. Herder'sche Betrachtungsweise; die herderische od. herdersche od. Herder'sche Philosophie ↑D 135 u. 89
Herd|feu|er; Herd|plat|te
Herd|prä|mie (ugs. abwertend für finanzielle Unterstützung der häuslichen Kinderbetreuung)
her|dür|fen
he|re|di|tär ⟨lat.⟩ (die Erbschaft betreffend; Biol. erblich)
he|r|ein, ugs. rein ↑D 14; »Herein!« rufen
he|r|ein... (z. B. hereinbrechen; der Abend ist hereingebrochen)
he|r|ein|be|kom|men; he|r|ein|be|mü|hen; he|r|ein|bre|chen
he|r|ein|brin|gen; he|r|ein|drän|gen; he|r|ein|dür|fen; he|r|ein|fah|ren
he|r|ein|fal|len; auf etw. hereinfallen (ugs.)
He|r|ein|ga|be (Sport); he|r|ein|ge|ben
He|r|ein|ge|schmeck|te, Rein|ge|schmeck|te, der u. die; -n, -n (schwäb. für Ortsfremde[r], Zugezogene[r])
he|r|ein|ho|len; he|r|ein|kom|men; he|r|ein|kön|nen; he|r|ein|las|sen
he|r|ein|le|gen; jmdn. hereinlegen (ugs. für betrügen)
he|r|ein|müs|sen
He|r|ein|nah|me, die; -, -n; he|r|ein|neh|men
he|r|ein|plat|zen (ugs. für unerwartet erscheinen)
he|r|ein|ras|seln (ugs. für in eine unangenehme Situation geraten)
he|r|ein|reg|nen
he|r|ein|ru|fen; jmdn. hereinrufen; vgl. aber herein; he|r|ein|schaf|fen vgl. schaffen; he|r|ein|schau|en; he|r|ein|schi|cken; he|r|ein|schlei|chen, sich; he|r|ein|schmug|geln; ich schmugg[e]le herein
he|r|ein|schnei|en (ugs. für unvermutet eintreten); he|r|ein|spa|zie|ren (ugs.); hereinspaziert!

Herrenbesuch

he|r|ein|ste|cken
he|r|ein|strö|men; he|r|ein|stür|zen; he|r|ein|wa|gen, sich; he|r|ein|wol|len; he|r|ein|zie|hen
He|re|ro, der; -[s], -[s] u. die; -, -[s] (Angehörige[r] eines Bantustammes)
her|fah|ren; Her|fahrt; vgl. Hin- und Herfahrt ↑D 31
her|fal|len; über jmdn. herfallen
her|fin|den; her|füh|ren
Her|ga|be, die; -
Her|gang, der; -[e]s, ...gänge
her|ge|ben; sich [für od. zu etwas] hergeben
her|ge|brach|ter|ma|ßen
her|ge|hen; hinter jmdm. hergehen; hoch hergehen (ugs. für laut, toll zugehen)
her|ge|hö|ren
her|ge|lau|fen; Her|ge|lau|fe|ne, der u. die; -n, -n
her|ha|ben (ugs.); wo sie das wohl herhat?
her|hal|ten; er musste dafür herhalten (büßen)
her|ho|len; das ist weit hergeholt (ist kein naheliegender Gedanke); aber diesen Wein haben wir von weither geholt
her|hö|ren; alle mal herhören!
He|ri|bert (m. Vorn.)
He|ring, der; -s, -e (ein Fisch; Zeltpflock)
He|rings|es|sen; He|rings|fang; He|rings|fass; He|rings|fi|let
He|rings|milch, die; -; He|rings|ro|gen; He|rings|sa|lat
he|r|in|nen (bayr. u. österr. für [hier] drinnen)
He|ris, der; -, - ⟨nach dem iran. Ort⟩ (ein Perserteppich)
He|ri|sau (Hauptort des Halbkantons Appenzell Außerrhoden)
her|ja|gen
her|kom|men; er ist hinter mir hergekommen; aber er ist von der Tür her gekommen; Her|kom|men, das; -s; her|kömm|lich; her|kömm|li|cher|wei|se
her|kön|nen; her|krie|gen
¹Her|ku|les (lat. Form von Herakles)
²Her|ku|les, der; - (ein Sternbild)
³Her|ku|les, der; -, -se (Mensch von großer Körperkraft); Her|ku|les|ar|beit; her|ku|lisch (gewaltig, bes. stark)
Her|kunft, die; -, ...künfte
Her|kunfts|an|ga|be; Her|kunfts|land Plur. ...länder; Her|kunfts|ort Plur. ...orte
her|lau|fen; hinter ihr herlaufen
her|lei|hen (ugs. für verleihen)

her|lei|ten; sich herleiten
Her|ling (veraltet für unreife, harte Weintraube)
Her|lit|ze [auch ...'lı...], die; -, -n (Kornelkirsche, ein Ziergehölz)
her|ma|chen (ugs.); sich über etwas hermachen
Her|mann (m. Vorn.)
Her|manns|denk|mal, das; -[e]s;
Her|manns|schlacht, die; -
Her|mann|stadt (rumän. Sibiu)
Her|m|a|ph|ro|dis|mus vgl. Hermaphroditismus; Her|m|a|ph|ro|dit, der; -en, -en ⟨griech.⟩ (Biol., Med. Zwitter); her|m|a|ph|ro|di|tisch; Her|m|a|ph|ro|di|tis|mus, der; - (Zwittrigkeit)
Her|me, die; -, -n (Büstenpfeiler, -säule)
¹Her|me|lin, das; -s, -e (großes Wiesel)
²Her|me|lin, der; -s, -e (ein Pelz)
Her|me|lin|kra|gen
Her|me|neu|tik, die; - ⟨griech.⟩ (Auslegekunst, Deutung); her|me|neu|tisch
Her|mes (griechischer Götterbote, Gott des Handels, Totenführer)
Her|mes|bürg|schaft, die; -, -en (Ausfuhrgarantien der dt. Bundesregierung)
her|me|tisch ⟨griech.⟩ ([luft- u. wasser]dicht)
Her|mi|ne (w. Vorn.)
Her|mi|no|nen Plur. (germ. Stammesgruppe); her|mi|no|nisch
Her|mi|ta|ge [εʀmi'taːʒə], der; - ⟨franz.⟩ (ein französischer Wein)
Her|mun|du|re, der; -n, -n (Angehöriger eines germanischen Volksstammes)
her|müs|sen
her|nach (landsch. für nachher)
Her|ne (Stadt in Nordrhein-Westfalen)
her|neh|men
Her|nie [...ni̯ə], die; -, -n ⟨lat.⟩ (Med. [Eingeweide]bruch; Biol. eine Pflanzenkrankheit)
her|nie|der (geh.)
her|nie|der... (z. B. herniedergehen; der Regen ist herniedergegangen)
Her|nio|to|mie, die; -, ...ien ⟨lat.; griech.⟩ (Med. Bruchoperation)
He|ro (w. Eigenn.); vgl. Hero-und-Leander-Sage
He|roa (Plur. von Heroon)
he|ro|ben (bayr., österr. für hier oben)
He|ro|des (jüdischer Königsname)
He|ro|dot [auch ...'doːt, österr. 'he...] (griech. Geschichtsschreiber)

He|roe, der; -n, -n ⟨griech.⟩ (Heros); He|ro|en|kult, He|ro|en|kul|tus (Heldenverehrung); He|ro|ik, die; - (Heldenhaftigkeit)
¹He|ro|in, das; -s (ein Rauschgift)
²He|ro|i|n (Heldin; auch für Heroine); He|ro|i|ne, die; -, -n (Heldendarstellerin)
he|ro|in|süch|tig; He|ro|in|süch|ti|ge, der u. die
he|ro|isch (heldenmütig, heldisch; erhaben); he|ro|i|sie|ren (zur Heldin / zum Helden erheben; verherrlichen); He|ro|is|mus, der; -
He|rold, der; -[e]s, -e (Verkünder, Ausrufer [im MA.])
He|rolds|amt (Wappenamt); He|rolds|stab
He|ron (griech. Mathematiker)
He|ro|on, das; -s, Heroa ⟨griech.⟩ (Heroentempel)
He|ros, der; -, ...oen (Held; Halbgott [im alten Griechenland])
He|ro|st|rat, der; -en, -en ⟨nach dem Griechen Herostratos, der den Artemistempel zu Ephesus anzünden, um berühmt zu werden⟩ (Verbrecher aus Ruhmsucht); He|ro|st|ra|ten|tum, das; -s; he|ro|st|ra|tisch (ruhmsüchtig)
He|ro-und-Le|an|der-Sa|ge, die; - ↑D 26
Her|pes, der; - ⟨griech.⟩ (Med. Bläschenausschlag)
Her|pe|to|lo|gie, die; - (Zweig der Zoologie, der sich mit den Lurchen u. Kriechtieren befasst)

Herr

der; -n, -en

(Abk. Hr., für »Herrn« Hrn.)
– mein Herr!; meine Herren!
– seines Unmutes Herr werden
– der Besuch eines Ihrer Herren
– die Firma Ihres Herrn Vaters
– aus aller Herren Länder, auch Ländern

In der Anschrift mit Akkusativ:
– Herrn Ersten Staatsanwalt Müller
– Herrn Abgeordneten Schmitt
– Herrn Präsident od. Präsidenten Meyer

Herr|chen
Her|rei|se; vgl. Hin- und Herreise ↑D 31
Her|ren|abend; Her|ren|aus|stat|ter; Her|ren|be|glei|tung
Her|ren|be|kannt|schaft; Her|ren|be|klei|dung; Her|ren|be|such

Herrenchiemsee

Her|ren|chiem|see [...'ki:...] (Ort u. Schloss auf der Herreninsel im Chiemsee)
Her|ren|dop|pel, das (Sport); Her|ren|ein|zel (Sport)
Her|ren|fah|rer; Her|ren|fahr|rad
Her|ren|haus
her|ren|los
Her|ren|ma|ga|zin; Her|ren|mann|schaft
Her|ren|mensch (bes. nationalsoz.)
Her|ren|mo|de; Her|ren|par|tie
Her|ren|pilz (landsch., bes. österr. für Steinpilz)
Her|ren|rei|ter; Her|ren|rei|te|rin
Her|ren|sa|lon; Her|ren|schnei|der; Her|ren|sitz; Her|ren|to|i|let|te
Her|ren|tum, das; -s
Her|ren|witz; Her|ren|zim|mer
Herr|gott, der; -s; Herr|gotts|frü|he; nur in in aller Herrgottsfrühe
Herr|gott[s]|schnit|zer (südd., österr. für Holzbildhauer, der bes. Kruzifixe schnitzt); Herr|gott[s]|schnit|ze|rin
Herr|gotts|win|kel (südd., österr., schweiz. für Ecke, die mit dem Kruzifix geschmückt ist)
her|rich|ten; etwas herrichten lassen; Her|rich|tung
Her|rin; her|risch
herr|je! ⟨aus Herr Jesus!⟩
herr|lich; Herr|lich|keit
Herrn|hut (Stadt im Lausitzer Bergland); Herrn|hu|ter; Herrnhuter Brüdergemeine (vgl. d.); Herrn|hu|te|rin; herrn|hu|tisch
Herr|schaft; herr|schaft|lich
Herr|schafts|an|spruch; Herr|schafts|be|reich; Herr|schafts|form; Herr|schafts|ord|nung; Herr|schafts|struk|tur
Herr|schafts|wis|sen (als Machtmittel genutztes [anderen nicht zugängliches] Wissen)
herr|schen; du herrschst; herr|schend
Her|scher; Her|scher|ge|schlecht; Her|scher|haus
Her|sche|rin
Herrsch|sucht, die; -; herrsch|süch|tig
her|rüh|ren
her|sa|gen; etwas auswendig hersagen
her|schau|en (ugs.); da schau her! (bayr., österr. für sieh mal an!)
Her|schel (engl. Astronom dt. Herkunft); herschelsches od. Herschel'sches Teleskop ↑D 135 u. 89
her|schi|cken
her|schie|ben; etwas vor sich herschieben
her|se|hen; alle mal hersehen!

her sein vgl. her
her|stam|men
her|stel|len; Her|stel|ler; Her|stel|ler|fir|ma; Her|stel|le|rin
Her|stel|lung
Her|stel|lungs|kos|ten Plur.; Her|stel|lungs|land Plur. ...länder
Her|ta, Her|tha (w. Vorn.)
her|trei|ben; Kühe vor sich hertreiben
Hertz, das; -, - ⟨nach dem dt. Physiker⟩ (Maßeinheit der Frequenz; Zeichen Hz); 440 Hertz
he|r|ü|ben (bayr., österr. für hier auf dieser Seite; diesseits)
he|r|ü|ber, ugs. rü|ber ↑D 14
he|r|ü|ber... (z. B. herüberkommen; herübergekommen)
he|r|ü|ber|bit|ten; he|r|ü|ber|brin|gen; he|r|ü|ber|ho|len; he|r|ü|ber|kom|men; he|r|ü|ber|rei|chen; he|r|ü|ber|win|ken; he|r|ü|ber|zie|hen
he|r|um, ugs. rum ↑D 14; um den Tisch herum; herum sein; sobald die Zeit herum war
he|r|um... (z. B. herumlaufen; er ist herumgelaufen)
he|r|um|al|bern (ugs.); he|r|um|är|gern, sich (ugs.); he|r|um|bal|gen, sich (ugs.); he|r|um|deu|teln (ugs.)
he|r|um|dok|tern; an etw., jmdm. herumdoktern (etw., jmdm. mit dilettantischen Methoden zu heilen versuchen)
he|r|um|dre|hen; he|r|um|drü|cken, sich (ugs.); he|r|um|druck|sen (ugs.); he|r|um|ei|ern (ugs.); he|r|um|ex|pe|ri|men|tie|ren (ugs.); he|r|um|fah|ren; he|r|um|füh|ren; he|r|um|fuhr|wer|ken (ugs. für planlos hantieren)
he|r|um|ge|ben; he|r|um|ge|hen; he|r|um|geis|tern (ugs.)
he|r|um|gur|ken vgl. gurken; he|r|um|hän|gen (ugs.); sie hingen nur im Park herum
he|r|um|kau|en
he|r|um|kli|cken (z. B. auf Links)
he|r|um|kom|men; nicht darum herumkommen (ugs.); he|r|um|krie|gen (ugs. für umstimmen)
he|r|um|lau|fen; he|r|um|lie|gen; he|r|um|lun|gern (ugs.); ich lungere herum
he|r|um|re|den; he|r|um|rei|chen; he|r|um|rei|ßen; das Steuer herumreißen; he|r|um|ren|nen
he|r|um|schar|wen|zeln (ugs.); ich scharwenz[e]le herum; he|r|um|schla|gen, sich (ugs.); he|r|um|schlen|dern; he|r|um|schlep|pen (ugs.); he|r|um|schnüf|feln (ugs. abwertend)

he|r|um sein vgl. herum
he|r|um|sit|zen (ugs.); he|r|um|spre|chen; etwas spricht sich herum
he|r|um|ste|hen
he|r|um|stie|ren (österr. für herumstöbern); he|r|um|stö|bern (ugs.); he|r|um|sto|chern (ugs.); he|r|um|tan|zen; he|r|um|tol|len
he|r|um|tra|gen (ugs.)
he|r|um|trei|ben, sich (ugs.); He|r|um|trei|ber; He|r|um|trei|be|rin
he|r|um|wer|fen; das Steuer herumwerfen
he|r|um|zap|pen vgl. zappen
he|r|un|ten (bayr., österr. für hier unten)
he|r|un|ter, ugs. run|ter ↑D 14; herunter sein (ugs. für abgearbeitet, elend sein)
he|r|un|ter... (z. B. herunterkommen; er ist sofort heruntergekommen); ↑D 48
he|r|un|ter|be|kom|men; he|r|un|ter|bre|chen; he|r|un|ter|bren|nen; he|r|un|ter|brin|gen; he|r|un|ter|dür|fen; he|r|un|ter|fah|ren; he|r|un|ter|fal|len; he|r|un|ter|ge|ben
he|r|un|ter|ge|kom|men (ugs. für in schlechtem Zustand)
he|r|un|ter|hän|gen; der Vorhang hing herunter; vgl. ¹hängen; he|r|un|ter|ho|len; he|r|un|ter|kom|men
he|r|un|ter|krem|peln; die Ärmel herunterkrempeln
he|r|un|ter|lad|bar; he|r|un|ter|la|den (EDV)
he|r|un|ter|las|sen; he|r|un|ter|ma|chen (ugs. für abwerten; ausschimpfen); he|r|un|ter|müs|sen; he|r|un|ter|rei|ßen; he|r|un|ter|schal|ten; he|r|un|ter|schrau|ben
he|r|un|ter sein vgl. herunter
he|r|un|ter|spie|len (ugs. für nicht so wichtig nehmen); he|r|un|ter|stu|fen; he|r|un|ter|wirt|schaf|ten; he|r|un|ter|wol|len; he|r|un|ter|wür|gen; he|r|un|ter|zie|hen
her|vor
her|vor... (z. B. hervorholen; er hat es hervorgeholt)
her|vor|bre|chen; her|vor|brin|gen; her|vor|ge|hen; her|vor|ho|len; her|vor|keh|ren
her|vor|kra|men
her|vor|ra|gen; her|vor|ra|gend
her|vor|ru|fen; her|vor|ste|chen; her|vor|trau|en, sich; her|vor|tre|ten
her|vor|tun, sich; her|vor|wa|gen, sich; her|vor|zau|bern; her|vor|zie|hen
her|wärts
Her|weg vgl. Hin- und Herweg

Her|wegh (dt. Dichter)
Her|wig (m. Vorn.)
Herz, das; -ens, *Dat.* -en, *Plur.* -en (*Med.* auch starke Beugung des Herzes, am Herz, die Herze); von Herzen kommen; zu Herzen gehen, nehmen; mit Herz und Hand; *vgl.* Herze
herz|al|ler|liebst; Herz|al|ler|liebs|te, der u. die
Herz|an|fall; Herz|ano|ma|lie
Herz|ass, Herz-Ass [*auch* ˈherts...]
Herz|asth|ma; Herz|at|ta|cke
herz|be|klem|mend ↑D 59
Herz|beu|tel; Herz|beu|tel|ent|zün|dung
herz|be|we|gend ↑D 59
Herz|bin|kerl, das; -s, -[n]; *vgl.* Pickerl (*bayr., österr. ugs. für* Lieblingskind)
Herz|blatt; Herz|blätt|chen
Herz|blut, das; -[e]s
Herz|chen (*auch für* naive Person)
Herz|chi|r|urg; Herz|chi|r|ur|gie; Herz|chi|r|ur|gin
Herz|druck|mas|sa|ge (*Med.*)
Her|ze, das; -ns, -n (*veraltet für* Herz)
Her|ze|go|wi|na [*auch* ...oˈviː...], die; - (südl. Teil von Bosnien u. Herzegowina); Her|ze|go|wi|ner; Her|ze|go|wi|ne|rin
herz|zei|gen (*ugs.*)
Herz|ze|leid (*veraltend*)
her|zen; du herzt
Her|zens|an|ge|le|gen|heit; Her|zens|angst; Her|zens|be|dürf|nis
Her|zens|bre|cher; Her|zens|bre|che|rin
Her|zens|bru|der
Her|zens|er|gie|ßung
Her|zens|freund; Her|zens|freun|din
her|zens|gut
Her|zens|gü|te; Her|zens|lust; *nur in* nach Herzenslust; Her|zens|sa|che; Her|zens|schwes|ter; Her|zens|wunsch
herz|er|freu|end ↑D 59; herz|er|fri|schend; herz|er|grei|fend; herz|er|qui|ckend; herz|er|wei|chend
Herz|feh|ler; Herz|flim|mern, das; -s (*Med.*)
herz|för|mig
Herz|fre|quenz; Herz|ge|gend
herz|haft
Herz|haf|tig|keit, die; -
her|zie|hen; ... weil ich den Sack hinter mir herzog; er ist, hat über sie hergezogen (*ugs. für* hat schlecht von ihr gesprochen); *aber* von der Tür her zog es
her|zig
Herz|in|farkt

herz|in|nig (*veraltend*); herz|in|nig|lich (*veraltend*)
Herz|in|suf|fi|zi|enz (*Med.*); Herz|kam|mer
Herz|kas|per (*ugs. für* Herzanfall)
Herz|ka|the|ter; Herz|kir|sche
Herz|klap|pe; Herz|klap|pen|feh|ler
Herz|klop|fen, das; -s
herz|krank; Herz|kran|ke; Herz|krank|heit
Herz|kranz|ge|fäß; Herz-Kreis|lauf-Er|kran|kung ↑D 26
herz|lich; aufs, auf das Herzlichste od. herzlichste ↑D 75; Herz|lich|keit
herz|los; Herz|lo|sig|keit
Herz-Lun|gen-Ma|schi|ne ↑D 26 (*Med.*)
Herz|ma|no|v|s|ky-Or|lan|do [...ki...] Fritz von (österr. Schriftsteller)
Herz|mas|sa|ge; Herz|mit|tel (*ugs.*)
Herz|mus|kel; Herz|mus|kel|schwä|che; herz|nah
¹Her|zog, der; -[e]s, *Plur.* ...zöge, *auch* -e
²Her|zog, Roman (siebter dt. Bundespräsident)
Her|zo|gen|busch (niederl. Stadt)
Her|zo|gin; Her|zo|gin|mut|ter
her|zog|lich; *im Titel* ↑D 89: Herzoglich
Her|zogs|wür|de; Her|zog|tum
Herz|ope|ra|ti|on
Herz|pa|ti|ent; Herz|pa|ti|en|tin
Her|z|ra|sen, das; -s; Herz|rhyth|mus; Herz|rhyth|mus|stö|rung
Herz|schei|be|wand (*Med.*); Herz|schlag; Herz|schmerz; Herz|schritt|ma|cher; Herz|schwä|che
Herz|spen|der; Herz|spen|de|rin
Herz|sport
herz|stär|kend ↑D 59
Herz|stich; Herz|still|stand; Herz|stück
Herz|tä|tig|keit; Herz|tod; Herz|ton *Plur.* ...töne; Herz|trans|plan|ta|ti|on; Herz|trans|plan|tier|te, der u. die; -n, -n; Herz|trop|fen *Plur.*
her|zu; *aber* [komm] her zu mir!
her|zu... (z. B. herzukommen; er ist herzugekommen)
Herz|ver|pflan|zung; Herz|ver|sa|gen
her|zy|nisch (*Geol.* von Nordwesten nach Südosten verlaufend); *aber* ↑D 140: der Herzynische Wald (antiker Name der dt. Mittelgebirge)
herz|zer|rei|ßend ↑D 59
He|se|ki|el [...eːl, *auch* ...el] (bibl. Prophet); *vgl.* Ezechiel
He|si|od [*auch* ...ˈzjɔt] (altgriech. Dichter)
Hes|pe|ri|de, die; -, -n *meist Plur.*

(Tochter des Atlas); Hes|pe|ri|den|äp|fel *Plur.*
Hes|pe|ri|en (*im Altertum Bez. für* Italien [u. Spanien])
Hes|pe|ros, Hes|pe|rus, der; - ⟨meist ohne Artikel⟩ (Abendstern in der griech. Mythol.)
¹Hes|se (dt. Dichter)
²Hes|se, die; -, -n (*landsch. für* unterer Teil des Beines von Rind od. Pferd); *vgl.* Hachse
³Hes|se, der; -n, -n (*zu* Hessen)
Hes|sen; Hes|sen-Darm|stadt
Hes|sen|land, das; -[e]s; Hes|sen-Nas|sau
Hes|sin (*zu* Hessen); hes|sisch; *aber* ↑D 140: das Hessische Bergland
Hes|tia (griech. Göttin des Herdes)
He|tä|re, die; -, -n (griech.) (Freundin, Geliebte bedeutender Männer in der Antike)
He|tä|rie, die; -, ...ien (eine altgriech. polit. Verbindung)
he|te|ro [*auch* ˈheː...] (*ugs.; kurz für* heterosexuell); He|te|ro, der; -s, -s *u.* die, -, -s (*ugs.; kurz für* Heterosexueller)
he|te|ro... ⟨griech.⟩ (anders..., fremd...); He|te|ro... (Anders..., Fremd...)
he|te|ro|dox (*Rel.* von der herrschenden Kirchenlehre abweichend); He|te|ro|do|xie, die; -, ...ien
he|te|ro|gen (ungleichartig); He|te|ro|ge|ni|tät, die; -
he|te|ro|morph (anders-, verschiedengestaltig)
He|te|ro|phyl|lie, die; - (*Bot.* Verschiedengestaltigkeit der Blätter bei einer Pflanze)
He|te|ro|se|xu|a|li|tät, die; - (auf das andere Geschlecht gerichtetes sexuelles Empfinden); he|te|ro|se|xu|ell; He|te|ro|se|xu|el|le, der u. die; -n, -n
He|te|ro|sphä|re, die; - (*Meteorol.* oberer Bereich der Erdatmosphäre)
he|te|ro|troph (*Biol.* sich von organischen Stoffen ernährend); He|te|ro|tro|phie, die; -
he|te|r|ö|zisch (*svw.* diözisch)
he|te|ro|zy|got (*Biol.* ungleicherbig)
He|thi|ter, ökum. He|ti|ter, der; -s, - (Angehöriger eines idg. Kulturvolkes in Kleinasien); He|thi|te|rin, ökum. He|ti|te|rin; he|thi|tisch, ökum. he|ti|tisch
Het|man, der; -s, *Plur.* -e od. -s (Oberhaupt der Kosaken; in

Hetschepetsch

Polen [bis 1792] vom König eingesetzter Oberbefehlshaber)
Het|sche|petsch, die; -, -, **Het|scherl,** das; -s, -[n]; vgl. Pickerl (österr. mdal. für Hagebutte)
Hett|stedt (Stadt östl. des Harzes)
Hetz, die; -, -en Plur. selten (bayr., österr. ugs. für Spaß); aus Hetz
Het|ze, die; -, -n; **het|zen;** du hetzt
Het|zer; Het|ze|rei; Het|ze|rin; het|ze|risch
hetz|hal|ber (österr. ugs. für zum Spaß)
Hetz|jagd; Hetz|kam|pa|gne; Hetz|re|de; Hetz|ti|ra|de meist Plur.
Heu, das; -[e]s
Heu|bo|den; Heu|büh|ne (Heuboden); **Heu|bün|del**
Heu|che|lei; heu|cheln; ich heuch[e]le
Heuch|ler; Heuch|le|rin
heuch|le|risch; Heuch|ler|mie|ne
Heu|die|le (schweiz. für Heuboden); **heu|en** (landsch. u. schweiz. für Heu machen)
heu|er (südd., österr., schweiz. für in diesem Jahr)
¹**Heu|er** (landsch. u. schweiz. für Heumacher)
²**Heu|er,** die; -, -n (Lohn eines Seemanns; Anmusterungsvertrag); **Heu|er|baas; Heu|er|bü|ro**
Heu|e|rin (zu ¹Heuer)
heu|ern ([Schiffsleute] einstellen; [ein Schiff] chartern); ich heu[e]re
Heu|ern|te
Heu|ert vgl. ¹Heuet; ¹**Heu|et,** der; -s, -e (für Heumonat)
²**Heu|et,** der; -s, südd. auch die; - (südd. u. schweiz. für Heuernte)
Heu|feim, Heu|fei|le, Heu|fei|men (landsch. für Heuhaufen)
Heu|fie|ber, das; -s; **Heu|ga|bel; Heu|hüp|fer** (Heuschrecke)
Heul|bo|je (Seew.; ugs. abwertend auch für [schlechter] Sänger)
heu|len; das heulende Elend bekommen; ↑D 82: Heulen und Zähneklappern; das ist [ja] zum Heulen; **Heu|ler**
Heul|krampf; Heul|su|se, die; -, -n (Schimpfwort); **Heul|ton** Plur. ...töne
Heu|mahd; Heu|milch (südd., österr. Milch von Tieren, die mit Heu gefüttert werden); **Heu|mo|nat, Heu|mond** (alte Bez. für Juli)
Heu|pferd (Heuschrecke); **Heu|rei|ter, Heu|reu|ter** (südd., österr. für Gestell zum Heu- u. Kleetrocknen)

heu|re|ka! ⟨griech., »ich habs [gefunden]!«⟩
Heu|reu|ter vgl. Heureiter
heu|rig (südd., österr., schweiz. für diesjährig)
Heu|ri|ge, der; -n, -n (bes. österr. für junger Wein im ersten Jahr; Lokal für den Ausschank jungen Weins, Straußwirtschaft; Plur.: erste Frühkartoffeln)
Heu|ri|gen|abend; Heu|ri|gen|lo|kal
Heu|ris|tik, die; -, -en ⟨griech.⟩ (Lehre von den Methoden wissenschaftl. Erkenntnisfindung); **heu|ris|tisch** ⟨griech.⟩ (Erkenntnisgewinn bezweckend); heuristisches Prinzip
Heu|schnup|fen; Heu|scho|ber
Heu|schreck, der; -s, -e (südd., österr. neben Heuschrecke)
Heu|schre|cke, die; -, -n; **Heu|schre|cken|ka|pi|ta|lis|mus** (ugs. abwertend)
Heuss, Theodor (erster dt. Bundespräsident); heusssche od. Heuss'sche Reden ↑D 16 u. 135
Heu|sta|del (bayr., österr., schweiz. für Heuschober); **Heu|stock** Plur. ...stöcke (österr., schweiz. für Heuvorrat)

heu|te, ugs. auch **heut**
– bis heute; für heute; seit heute, von heute an; von heute auf morgen
– hier und heute
– die Frau von heute

In Verbindung mit »heute« werden die Tageszeitangaben großgeschrieben ↑D 69:
– heute Abend; heute Mittag; heute Morgen; heute Nachmittag; heute Nacht
– heute früh, *bes. österr. auch* heute Früh

Heu|te, das; - (die Gegenwart); das Heute und das Morgen
heu|tig ↑D 72: am heutigen Tag; **heu|ti|gen|tags** ↑D 70
heut|zu|ta|ge ↑D 70
He|xa|chord [...'k...], der od. das; -[e]s, -e ⟨griech.⟩ (Musik Aufeinanderfolge von sechs Tönen der diatonischen Tonleiter)
He|xa|eder, das; -s, - (Sechsflächner, Würfel); **he|xa|ed|risch**
He|xa|eme|ron, das; -s, - (Schöpfungswoche außer dem Sabbat)
He|xa|gon, das; -s, -e (Sechseck); **he|xa|go|nal**
He|xa|gramm, das; -s, -e (Figur aus zwei gekreuzten gleichseitigen Dreiecken; Sechsstern)
He|xa|me|ter, der; -s, - (sechsfüßiger Vers); **he|xa|met|risch**
He|xan, das; -s, -e ⟨griech.⟩ (Chemie sich leicht verflüchtigender Kohlenwasserstoff)
He|xa|teuch, der; -[s] (die ersten sechs biblischen Bücher)
He|xe, die; -, -n; **he|xen;** du hext
He|xen|jagd; He|xen|kes|sel; He|xen|kü|che
He|xen|meis|ter; He|xen|meis|te|rin
He|xen|schuss; He|xen|ver|brennung; He|xen|wahn
He|xer; He|xe|rei
He|x|ode, der; -, -n ⟨griech.⟩ (Elektronenröhre mit sechs Elektroden)
hey! [heɪ] ⟨engl.⟩ (ugs.); hey, wie gehts?
Hey|er|dahl (norw. Forscher)
Heym, Georg (dt. Lyriker)
Hf (chem. Zeichen für Hafnium)
hfl = Hollands florijn (holländ. Gulden.
hg., hrsg. = herausgegeben
Hg., Hrsg. = Herausgeber, Herausgeberin[nen]
Hg = Hydrargyrum (chem. Zeichen für Quecksilber)
HGB, das; - = Handelsgesetzbuch
¹**hi!; hi|hi!**
²**hi!** [haɪ] vgl. hey!
HI = Hawaii
Hi|at, der; -s, -e, **Hi|a|tus,** der; -, - ⟨lat.⟩ (Sprachwiss. Zusammentreffen zweier Vokale im Auslaut des einen u. im Anlaut des folgenden Wortes od. Wortteiles, z. B. »sagte er« od. »Kooperation«; Geol. zeitliche Lücke bei der Ablagerung von Gesteinen; Med. Öffnung, Spalt)
hib|be|lig, hip|pe|lig (nordd. ugs. für zappelig)
Hi|ber|na|kel, das; -s, -[n] ⟨lat.⟩ (Überwinterungsknospe von Wasserpflanzen)
Hi|ber|na|ti|on, die; -, -en (Med. künstl. »Winterschlaf«; EDV Ruhezustand eines Computers)
Hi|ber|nia ⟨lat.⟩ (lat. Name von Irland)
Hi|bis|kus, der; -, ...ken ⟨griech.⟩ (Eibisch)
hick!
hi|ckeln (landsch. für hinken; auf einem Bein hüpfen); ich hick[e]le
Hick|hack, der u. das; -s, -s (ugs. für nutzlose Streiterei)
¹**Hi|cko|ry** [...ri], der; -s, -s, auch

die; -, -s ⟨indian.-engl.⟩ (nordamerik. Walnussbaum)

²**Hi|cko|ry**, das; -s (Holz des ¹Hickorys); **Hi|cko|ry|holz**

hick|sen (landsch. für Schluckauf haben); du hickst; **Hick|ser** (landsch. für Schluckauf)

Hi|dal|go, der; -[s], -[s] ⟨span.⟩ (Angehöriger des niederen spanischen Adels; eine mexikanische Goldmünze)

Hid|den|see (dt. Ostseeinsel); **Hid|den|se|er**; **Hid|den|se|e|rin**

hie; nur in Wendungen wie hie und da; hie Pflicht, hie Neigung

hieb vgl. hauen

Hieb, der; -[e]s, -e

hie|bei [auch 'hi:...] (südd., österr., sonst veraltet neben hierbei)

hieb|fest; meist in hieb- und stichfest ↑ D 31

Hiebs|art (Forstwirtsch. Art des Holzfällens)

hie|durch [auch 'hi:...] (südd., österr., sonst veraltet neben hierdurch)

Hie|fe, die; -, -n (landsch. für Hagebutte); **Hie|fen|mark**, das

Hie|ferl vgl. Hüferl; **Hie|fer|scher|zel** vgl. Hüferscherzel

hie|für, **hie|mit**, **hie|ge|gen**, **hie|her** [alle auch 'hi:...] (südd., österr., sonst veraltet neben hierfür usw.)

hielt vgl. halten

hie|nach, **hie|ne|ben** [beide auch 'hi:...] (südd., österr., sonst veraltet neben hiernach, hierneben)

hie|nie|den [auch 'hi:...] (geh. für auf d[ies]er Erde)

hier

- hier und da; von hier aus; hier oben; hier unten
- hier und jetzt, aber ↑ D 81: im Hier und Jetzt
- hier sein (zugegen sein); ich werde hier sein; wenn ich hier bin; da wir hier sind

Man schreibt »hier« als Verbzusatz mit dem folgenden Verb zusammen:
- hierbehalten, hierbleiben, hierlassen

Man schreibt getrennt, wenn »hier« selbstständiges Adverb ist:
- sie haben sich hier angesiedelt
- er kann doch hier wohnen
- sie werden hier gebraucht
- du sollst genau hier (an genau dieser Stelle) bleiben

hier|amts (österr. Amtsspr.; Abk. h. a.)

hie|r|an [auch 'hi:r...]

Hie|r|ar|chie [hjer..., hi...], die; -, ...ien ⟨griech.⟩ ([pyramidenförmige] Rangordnung); **hie|r|ar|chisch**; **hie|r|ar|chi|sie|ren**

hi|e|ra|tisch (priesterlich); hieratische Schrift (altägyptische Priesterschrift) ↑ D 89

hie|r|auf [auch 'hi:r...]; **hie|r|auf|hin** [auch 'hi:r...]

hie|r|aus [auch 'hi:r...]

hier|be|hal|ten vgl. hier

hier|bei [auch ...'baɪ]

hier|blei|ben vgl. hier

hier|durch [auch ...'dʊrç]; **hie|r|ein**; **hier|für**; **hier|ge|gen**

hier|her [auch 'hi:ɐ̯...]; hierher gehörend od. hierhergehörend; hierher gehörig

hier|her|auf [auch 'hi:ɐ̯...]

hier|her|ge|hö|rend, **hier|her|ge|hö|rend** ↑ D 58; aber nur hierher gehörig

hier|her|kom|men

hier|her|um [auch 'hi:ɐ̯...]

hier|hin [auch 'hi:ɐ̯...]

hier|hin|ter [auch 'hi:ɐ̯...]

hier|in [auch 'hi:...]; **hie|r|in|nen** (veraltet)

hier|las|sen vgl. hier

hier|mit [auch 'hi:ɐ̯...]; **hier|nach**; **hier|ne|ben**

¹**Hi|e|ro|du|le** [hjero..., hiro...], der; -n, -n ⟨griech.⟩ (Tempelsklave des griechischen Altertums)

²**Hi|e|ro|du|le**, die; -, -n (Tempelsklavin)

Hi|e|ro|gly|phe [hjer..., hir...], die; -, -n (Bilderschriftzeichen; nur Plur.: scherzh. für schwer entzifferbare Schriftzeichen); **hi|e|ro|gly|phisch**

Hi|e|ro|kra|tie [hjer..., hir...], die; -, -n (Priesterherrschaft)

Hi|e|ro|mant, der; -en, -en; **Hi|e|ro|man|tie**, die; - (Weissagung aus [Tier]opfern)

Hi|e|ro|ny|mus [hje...] (m. Vorn.; lat. Kirchenvater)

hier|orts [auch 'hi:ɐ̯...]

Hier|ro ['jɛ...], früher **Fer|ro** (kleinste der Kanarischen Inseln)

hier sein vgl. hier

Hier|sein, das; -s

hier|selbst [auch 'hi:ɐ̯...] (veraltet); **hie|r|ü|ber**; **hie|r|um**

hie|r|und [auch 'hi:ɐ̯...]

hie|r|un|ter [auch 'hi:...]; **hier|von**; **hier|vor**; **hier|wi|der** (veraltet)

hier|zu [auch 'hi:ɐ̯...]

hier|zu|lan|de, **hier zu Lan|de**

hier|zwi|schen [auch 'hi:ɐ̯...]

hie|selbst [auch 'hi:...] (südd., österr., sonst veraltet neben hierselbst)

hie|sig; hiesigen Ort[e]s; **Hie|si|ge**, der u. die; -n, -n

hieß vgl. ¹heißen

hie|ven [...f..., auch ...v...] (Seemannsspr. u. ugs. für [eine Last] hochziehen; heben)

hie|von, **hie|vor**, **hie|wi|der**, **hie|zu**, **hie|zwi|schen** [alle auch 'hi:...] (südd., österr., sonst veraltet neben hiervon usw.)

Hi-Fi ['haɪfi, auch 'haɪfaɪ] = High Fidelity; **Hi-Fi-An|la|ge**; **Hi-Fi-Turm**

Hift|horn ['...] ...hörner (Jagdhorn)

Higgs-Bo|son, das; -s, -en, **Higgs-Teil|chen** ⟨nach dem brit. Physiker P. Higgs⟩ (Physik [hypothet.] Elementarteilchen)

high [haɪ] ⟨engl.⟩ (ugs. für in gehobener Stimmung [nach dem Genuss von Rauschgift])

High Church ['haɪ tʃœːɐ̯tʃ], die; - - ⟨engl.⟩ »Hochkirche« (Richtung der britischen Staatskirche)

High-End-..., **High|end...** ['haɪ-ɛnt..., 'haɪ|ɛnt...] ⟨engl.⟩ (im oberen Leistungs- od. Preisbereich; z. B. High-End-Verstärker, Highendverstärker)

High-End-Ge|rät, **High|end|ge|rät**

High Fi|de|li|ty ['haɪ fi'dɛlɪti], die; - - ⟨engl.⟩ (originalgetreue Wiedergabe bei Tonträgern u. elektroakustischen Geräten; Abk. Hi-Fi)

High Heels, **High|heels** ['haɪhi:ls] Plur. ⟨engl.⟩ (Stöckelschuhe)

High|life, das; -[s], **High Life**, das; - -[s] ['haɪlaɪf, - 'laɪf] ⟨engl.⟩; bei uns zu Hause ist Highlife od. High Life (geht es hoch her)

High|light ['haɪlaɪt], das; -[s], -s ⟨engl.⟩ (Höhepunkt, Glanzpunkt); **high|lighten** (EDV auf einem Bildschirm optisch hervorheben); gehighlightet

High|ri|ser ['haɪraɪzɐ], der; -[s], - ⟨engl.⟩ (Fahrrad, Moped mit hohem, geteiltem Lenker u. Sattel mit Rückenlehne)

High|school ['haɪskuː:l], die; -, -s (amerik. Bez. für höhere Schule)

High So|ci|e|ty ['haɪ sə'saɪətɪ], die; - - ⟨engl.⟩ (die vornehme Gesellschaft)

High|tech ['haɪtɛk], das; -[s], auch die; - (Spitzentechnologie); **High|tech|in|dus|t|rie**

High|way ['haɪveɪ], der; -s, -s (amerik. Bez. für Fernstraße)

hihi!

hin

(beschreibt meist eine Bewegung vom Sprechenden weg)
- bis zur Mauer hin; gegen Abend hin
- über die ganze Welt hin verstreut
- vor sich hin brummen, murmeln usw., *seltener auch* hinbrummen, hinmurmeln usw.
- hin und zurück
- hin und wieder (zuweilen)
- nach langem Hin und Her

Schreibung in Verbindung mit Verben:
- hingehen; du gehst hin, hingegangen, hinzugehen
- hin und her laufen (ohne bestimmtes Ziel, ständig die Richtung wechselnd), *aber* ↑D 31: hin- und herlaufen (hin- und wieder zurücklaufen); hin- und hergerissen sein
- hin sein (*ugs. für* völlig kaputt sein; tot sein; hingerissen sein); das Auto wird hin sein; weil alles hin ist; alles ist hin

---

hi|hi!
Hi|ja|cker ['haɪdʒɐ...], der; -s, - ⟨engl.⟩ (Luftpirat, Entführer)
Hil|da, Hil|de (w. Vorn.)
Hil|de|brand (m. Eigenn.); Hil|debrands|lied, das; -[e]s
Hil|de|gard, Hil|de|gund, Hil|de|gun|de (w. Vorn.)
Hil|des|heim (niedersächs. Stadt)
Hil|fe, die; -, -n ↑D 89: die Erste *od.* erste Hilfe (bei Verletzungen usw.); Hilfe leisten, suchen; zu Hilfe kommen, eilen, nehmen; *aber* der Mechaniker, mithilfe dessen (*od.* mit Hilfe dessen *od.* mit dessen Hilfe) sie ihr Auto reparierte; sich Hilfe suchend *od.* hilfesuchend umschauen; eine Hilfe bringende *od.* hilfebringende Maßnahme
hil|fe|be|dürf|tig usw. *vgl.* hilfsbedürftig usw.
Hil|fe|er|su|chen
hil|fe|fle|hend ↑D 59
Hil|fe|leis|tung
Hil|fe|ruf; hil|fe|ru|fend ↑D 59; *aber* [um] Hilfe rufend
Hil|fe|schrei
Hil|fe|stel|lung
Hil|fe su|chend, hil|fe|su|chend ↑D 58; *aber nur* rasche Hilfe suchend; den Hilfesuchenden *od.* Hilfe Suchenden beistehen
hilf|los; Hilf|lo|sig|keit, die; -
hilf|reich
Hilfs|ak|ti|on
Hilfs|ar|bei|ter; Hilfs|ar|bei|te|rin
hilfs|be|dürf|tig, hil|fe|be|dürf|tig; Hilfs|be|dürf|ti|ge, Hil|fe|be|dürf|ti|ge; Hilfs|be|dürf|tig|keit, Hil|fe|be|dürf|tig|keit
hilfs|be|reit; Hilfs|be|reit|schaft, die; -
Hilfs|dienst; Hilfs|gel|der; Hilfs|gut *meist Plur.;* Hilfs|kraft, die
Hilfs|lie|fe|rung; Hilfs|maß|nah|me *meist Plur.;* Hilfs|mit|tel, das;
Hilfs|mo|tor; Hilfs|or|ga|ni|sa|ti|on
Hilfs|po|li|zist; Hilfs|po|li|zis|tin
Hilfs|pro|gramm; Hilfs|quel|le; Hilfs|schiff; Hilfs|schu|le; Hilfs|she|riff

Hilfs|trup|pe *meist Plur.* (Militär)
Hilfs|verb; hilfs|wei|se; Hilfs|werk; hilfs|wil|lig; Hilfs|wis|sen|schaft; Hilfs|zeit|wort
hilft *vgl.* helfen
Hi|li (*Plur. von* Hilus)
Hil|ke (w. Vorn.)
Hill|bil|ly|mu|sic, Hill|bil|ly-Mu|sic [...lɪmju:zɪk], Hill|bil|li|mu|sik, die; - (ländliche Musik der nordamerik. Südstaaten)
Hil|le|bil|le, die; -, -n (ein altes hölzernes Signalgerät)
Hil|mar (m. Vorn.)
Hil|traud, Hil|trud (w. Vorn.)
Hi|lus, der; -, Hili ⟨lat.⟩ (Med. Eintod. Austrittsstelle der Gefäße, Nerven usw. an einem Organ)
Hi|ma|la|ja, Hi|ma|la|ya [*auch* ...'la:...], der; -[s] (Gebirge in Asien)
Him|bee|re; him|beer|far|ben, him|beer|far|big
Him|beer|geist (ein Obstschnaps); Him|beer|saft
Him|mel, der; -s, -; um [des] Himmels willen
him|mel|an (geh.); him|mel|angst; es ist mir himmelangst
Him|mel|bett; him|mel|blau
Him|mel|don|ner|wet|ter!
Him|mel|fahrt (christl. Kirche)
Him|mel|fahrts|kom|man|do ([Kriegs]auftrag, der das Leben kosten kann; die Ausführenden eines solchen Auftrags)
Him|mel|fahrts|na|se (*ugs. für* nach oben gebogene Nase)
Him|mel|fahrts|tag
Him|mel|herr|gott!
him|mel|hoch
Him|mel|hund (*ugs. für* Schuft)
him|meln; ich himm[e]le
Him|mel|reich
Him|mels|ach|se, die; -; Him|melsbahn; Him|mels|bo|gen, der; -s;
Him|mels|braut (Nonne)
Him|mel|schlüs|sel, seltener Himmels|schlüs|sel, der, *auch* das (Schlüsselblume)
him|mel|schrei|end ↑D 59

Him|mels|fes|te (geh.)
Him|mels|kör|per; Him|mels|ku|gel
Him|mels|la|ter|ne (leichte Laterne aus Seidenpapier, die durch eigene Feuerquelle frei schweben kann)
Him|mels|lei|ter, die (A. T.)
Him|mels|rich|tung; Him|mels|strich
Him|mel[s]|stür|mer; Him|mel[s]|stür|me|rin
Him|mels|tür
Him|mels|zelt (geh.)
him|mel|trau|rig (schweiz. für betrüblich, bedauerlich)
him|mel|wärts; him|mel|weit
himm|lisch
hin *s. Kasten*
hin... (in Zus. mit Verben, z. B. hingehen, du gehst hin, hingegangen, hinzugehen); *aber* hin sein
hin|ab; etwas weiter hinab
hin|ab...; z. B. hinabgegangen; er ist hinabgegangen ↑D 48
hi|n|ab|fah|ren; hi|n|ab|fal|len; hi|n|ab|rei|ßen; hi|n|ab|sen|ken; hi|n|ab|sin|ken
hi|n|ab|stei|gen; hi|n|ab|stür|zen; hi|n|ab|tau|chen; hi|n|ab|zie|hen
hi|n|an (geh.); etwas weiter hinan
hi|n|an... (z. B. hinangehen)
hin|ar|bei|ten; auf eine Sache hinarbeiten, *aber* auf seine Mahnungen hin arbeiten
hi|n|auf, *ugs.* 'nauf ↑D 14; den Rhein hinauf
hi|n|auf... (z. B. hinaufsteigen; er ist hinaufgestiegen); ↑D 48
hi|n|auf|bli|cken; hi|n|auf|brin|gen; hi|n|auf|dür|fen; hi|n|auf|füh|ren; hi|n|auf|ge|hen
hi|n|auf|klet|tern; hi|n|auf|kön|nen; hi|n|auf|las|sen; hi|n|auf|müs|sen; hi|n|auf|rei|chen
hi|n|auf|schrau|ben; hi|n|auf|sol|len; hi|n|auf|stei|gen; hi|n|auf|wol|len; hi|n|auf|zie|hen
hi|n|aus, *ugs.* 'naus ↑D 14; auf das Meer hinaus; über ein bestimmtes Alter hinaus sein
hi|n|aus...; z. B. hinausgehen; sie ist hinausgegangen ↑D 48

hi|n|aus|be|för|dern; hi|n|aus|be-
glei|ten; hi|n|aus|beu|gen; hi|n-
aus|bli|cken
hi|n|aus|brin|gen; hi|n|aus|drän|gen;
sich hinausdrängen; hi|n|aus-
dür|fen; hi|n|aus|ekeln
hi|n|aus|fah|ren; hi|n|aus|fin|den; hi-
n|aus|füh|ren
hi|n|aus|ge|hen; alles darüber
Hinausgehende
hi|n|aus|ge|lei|ten
hi|n|aus|grei|fen; darüber hinaus-
greifen
hi|n|aus|ka|ta|pul|tie|ren; hi|n|aus-
kom|men; hi|n|aus|kom|pli|men-
tie|ren; hi|n|aus|kön|nen; hi|n|aus-
las|sen
hi|n|aus|lau|fen; aufs Gleiche
hinauslaufen
hi|n|aus|müs|sen; hi|n|aus|po|sau-
nen (ugs.); hi|n|aus|rei|chen; hi|n-
aus|schaf|fen vgl. schaffen; hi|n-
aus|schau|en; hi|n|aus|schie|ben; hi|n|aus|schie|ßen; hi|n|aus-
schmei|ßen (ugs.)
hi|n|aus sein vgl. hinaus
hi|n|aus|spe|die|ren (schweiz. ugs.
für jmdn. hinauswerfen)
hi|n|aus|sprin|gen
hi|n|aus|stel|len; Hi|n|aus|stel|lung
(Sport)
hi|n|aus|tra|gen; hi|n|aus|trei|ben
hi|n|aus|wach|sen; über sich selbst
hinauswachsen
hi|n|aus|wa|gen, sich; hi|n|aus|wei-
sen; hi|n|aus|wer|fen
hi|n|aus|wol|len; [zu] hoch hinaus-
wollen
Hi|n|aus|wurf
hi|n|aus|zie|hen; hi|n|aus|zö|gern
hin|be|ge|ben, sich
hin|be|kom|men (ugs.)
hin|bie|gen (ugs. für in Ordnung
bringen)
hin|blät|tern (ugs.); Geldscheine
hinblättern
Hin|blick; nur in im Hinblick auf,
seltener in Hinblick auf
hin|brin|gen
Hin|de vgl. Hindin
Hin|de|mith (dt. Komponist)
hin|der|lich
hin|dern; ich hindere
Hin|der|nis, das; -ses, -se
Hin|der|nis|lauf; Hin|der|nis|ren|nen
Hin|de|rung; Hin|de|rungs|grund
hin|deu|ten; alles scheint darauf
hinzudeuten, dass ...
Hin|di, das; - (Amtsspr. in Indien)
Hin|din, die; -, -nen, Hin|de, die; -,
-n (veraltet für Hirschkuh)
hin|dre|hen (ugs. für in Ordnung
bringen)

¹Hin|du, der; -[s], -[s] (Anhänger
des Hinduismus)
²Hin|du, die; -, -[s]; Hin|du|frau
Hin|du|is|mus, der; - (indische
Volksreligion); hin|du|is|tisch
Hin|du|kusch, der; -[s] (zentralasia-
tisches Hochgebirge)
hin|durch; durch alles hindurch
hin|durch... (z. B. hindurchgehen;
sie ist hindurchgegangen); ↑D 48
hin|durch|müs|sen
hin|durch|zwän|gen; sich hindurch-
zwängen
hin|dür|fen (ugs. für hingehen, hin-
kommen [o. Ä.] dürfen)
Hin|du|s|tan (veraltete Bez. für
Indien); Hin|du|s|ta|ni, das; -[s]
(Form des Westhindi); hin|du|s-
ta|nisch
hi|n|ein, ugs. 'nein ↑D 14
hi|n|ein... (z. B. hineingehen; wir
sind hineingegangen); ↑D 48
hi|n|ein|be|ge|ben; hi|n|ein|be|mü-
hen; hi|n|ein|bit|ten; hi|n|ein|brin-
gen; hi|n|ein|dür|fen; hi|n|ein|fah-
ren; hi|n|ein|fal|len; hi|n|ein|fin-
den; hi|n|ein|flüch|ten
hi|n|ein|fres|sen; Ärger in sich
hineinfressen
hi|n|ein|ge|bo|ren
hi|n|ein|ge|heim|nis|sen; du
geheimnisst da etwas hinein
hi|n|ein|ge|hen
hi|n|ein|ge|ra|ten; in etwas hinein-
geraten
hi|n|ein|grät|schen (Fußball)
hi|n|ein|grei|fen
¹hi|n|ein|hän|gen vgl. ¹hängen
²hi|n|ein|hän|gen vgl. ²hängen
hi|n|ein|hor|chen; hi|n|ein|hö|ren
hi|n|ein|in|ter|pre|tie|ren; hi|n|ein-
kom|men; hi|n|ein|kom|pli|men-
tie|ren; hi|n|ein|kön|nen; hi|n|ein-
las|sen; hi|n|ein|müs|sen; hi|n|ein-
pas|sen; hi|n|ein|pfu|schen; hi|n-
ein|plat|zen; hi|n|ein|re|den
hi|n|ein|ren|nen; in sein Unglück
hineinrennen
hi|n|ein|schaf|fen vgl. schaffen; hi-
n|ein|schau|en; hi|n|ein|schau-
feln; hi|n|ein|schlit|tern; hi|n|ein-
schrei|ben; hi|n|ein|schüt|ten; hi-
n|ein|ste|cken; hi|n|ein|stei|gern,
sich; hi|n|ein|stel|len; hi|n|ein-
stop|fen; hi|n|ein|tap|pen; hi|n-
ein|tra|gen; hi|n|ein|trei|ben
hi|n|ein|ver|set|zen; sich hineinver-
setzen
hi|n|ein|wach|sen; hi|n|ein|wa|gen;
hi|n|ein|wol|len; hi|n|ein|zie|hen
hin|fah|ren; Hin|fahrt; Hin- und
Herfahrt, Hin- und Rückfahrt
(vgl. d.)

hin|fal|len
hin|fäl|lig; Hin|fäl|lig|keit, die; -
hin|fin|den; sich hinfinden
hin|flä|zen, sich (ugs.)
hin|fle|geln, sich (ugs.)
hin|flie|gen; Hin|flug; Hin- und
Rückflug (vgl. d.)
hin|fort (geh. veraltend für in
Zukunft)
hin|füh|ren
hing vgl. ¹hängen
Hin|ga|be, die; -; hin|ga|be|fä|hig
Hin|gang (geh. für Tod, Sterben)
hin|ge|ben; sich hingeben; wir
haben unser Geld hingegeben;
aber auf sein Verlangen hin
geben; hin|ge|bend
Hin|ge|bung, die; - Plur. selten; hin-
ge|bungs|voll
hin|ge|gen
hin|ge|gos|sen (ugs.); sie lag wie
hingegossen auf dem Sofa
hin|ge|hen
hin|ge|hö|ren
hin|ge|ris|sen (begeistert); er war
von diesem Spiel hingerissen
hin|ge|zo|gen; sich hingezogen
fühlen
hin|gu|cken (ugs.); Hin|gu|cker (ugs.
für etw. od. jmd., der große Aufmerksamkeit erregt)
hin|hal|ten; er hat das Buch hinge-
halten; mit der Rückgabe des
Buches hat er sie lange hinge-
halten; hinhaltend antworten
Hin|hal|te|tak|tik
hin|hän|gen vgl. ²hängen
hin|hau|en (ugs.); das haute hin
(das gelang, war in Ordnung); er
haut sich hin (legt sich schlafen); sie haut hin (landsch. u.
österr. für beeilt sich)
hin|ho|cken; sich hinhocken
hin|hor|chen; hin|hö|ren
Hin|ke|bein (ugs.); Hin|ke|fuß
Hin|kel, das; -s, - (landsch. für
[junges] Huhn)
Hin|kel|stein (größerer, unbehaue-
ner [kultischer] Stein)
hin|ken; gehinkt
hin|kni|en; sich hinknien
hin|kom|men; hin|kön|nen (ugs.)
hin|krie|gen (ugs. für zustande
bringen); wir werden das schon
hinkriegen; hin|ku|cken (nordd.
für hingucken)
Hin|kunft, die; -; nur in in Hin-
kunft (österr. für in Zukunft);
hin|künf|tig
hin|lan|gen (ugs.); hin|läng|lich
hin|le|gen; sich hinlegen
hin|ma|chen (landsch. für sich
beeilen, sich hinbegeben)

hinmüssen

hin|müs|sen *(ugs.)*
Hin|nah|me, die; -; hin|nehm|bar; hin|neh|men
hin|nei|gen; sich hinneigen; **Hin|nei|gung**
hin|nen *(veraltet)*; noch in von hinnen gehen
hin|rei|chen; hin|rei|chend
Hin|rei|se; Hin- und Herreise *(vgl. d.)*; hin|rei|sen
hin|rei|ßen; sich hinreißen lassen; hingerissen (begeistert) sein; hin- und hergerissen (unentschlossen) sein; hin|rei|ßend
Hin|rich (m. Vorn.)
hin|rich|ten; Hin|rich|tung
Hin|run|de *(Sport; Ggs. Rückrunde)*; Hin|run|den|spiel
hin|sa|gen; das war nur so hingesagt
hin|schau|en
hin|schau|keln *(ugs. für zustande bringen)*
hin|schi|cken; hin|schie|ben
Hin|schied, der; -[e]s *(schweiz. für Ableben, Tod)*
hin|schla|gen; er ist lang hingeschlagen *(ugs.)*
hin|schlep|pen; sich hinschleppen
hin|schmei|ßen *(ugs.)*; sich hinschmeißen; hin|schrei|ben
hin|se|hen
hin sein vgl. hin
hin|set|zen; sich hinsetzen
Hin|sicht, die; -, -en; in Hinsicht auf ...; hin|sicht|lich; *Präp. mit Gen.:* hinsichtlich des Briefes
hin|sie|chen *(geh.)*
hin|sin|ken *(geh.)*
Hin|spiel *(Sport)*
hin|stel|len; sich hinstellen
hin|stre|cken; sich hinstrecken
hin|streu|en; hin|strö|men; hin|stür|zen
hint|an... *(geh., z. B. hintansetzen; sie hat ihre Wünsche hintangesetzt)*; ↑D 48
hint|an|hal|ten *(österr.)*; Hint|an|hal|tung, die; -
hint|an|set|zen; Hint|an|set|zung, die; -
hint|an|ste|hen
hint|an|stel|len; Hint|an|stel|lung, die; -; unter Hintanstellung aller Wünsche
hin|ten
hin|ten|an... *vgl.* hintan...
hin|ten|an|set|zen
hin|ten|dran *(ugs.)*; hin|ten|drauf *(ugs.)*; hin|ten|he|r|um; hin|ten|hin; hin|ten|nach *(landsch., bes. südd., österr.)*; hin|ten|rum *(ugs. für* hintenherum*)*; hin|ten|über

hin|ten|über... *(z. B. hintenüberfallen; er ist hintenübergefallen)*; hin|ten|über|kip|pen; hin|ten|über|stür|zen
hin|ter; *Präp. mit Dat. u. Akk.:* hinter dem Zaun stehen, *aber* hinter den Zaun stellen
hin|ter...; *in Verbindung mit Verben: unfeste Zusammensetzungen, z. B.* hịnterbringen *(vgl. d.)*, hintergebracht; *feste Zusammensetzungen, z. B.* hinterbrịngen *(vgl. d.)*, hinterbracht
Hin|ter|ab|sicht; Hin|ter|ach|se; Hin|ter|an|sicht; Hin|ter|aus|gang; Hin|ter|ba|cke
Hin|ter|bänk|ler *(wenig einflussreicher Parlamentarier [der auf einer der hinteren Bänke sitzt])*; Hin|ter|bänk|le|rin
Hin|ter|bein *(bei Tieren)*
hin|ter|blei|ben; die hinterbliebenen Kinder; Hin|ter|blie|be|ne, der *u.* die; -n, -n; Hin|ter|blie|be|nen|ren|te
hin|ter|brin|gen *(ugs. für nach hinten bringen)*; er hat die Suppe kaum hintergebracht *(ostmitteld. für* essen können*)*
hin|ter|brin|gen *(heimlich melden)*; Hin|ter|brin|gung
hin|ter|drein *(veraltend)*
hin|ter|drein|lau|fen
hin|te|re; *vgl. auch* hinterst; Hịn|te|re, der; ...ter[e]n, ...ter[e]n *(ugs. für Gesäß)*; *vgl. auch* Hintern *u.* Hinterste

hin|ter|ei|n|an|der

Man schreibt »hintereinander« mit dem folgenden Verb in der Regel zusammen, wenn es den gemeinsamen Hauptakzent trägt
↑ **D 48**:
– hintereinandergehen, hintereinanderkommen, hintereinanderliegen, hintereinanderstellen

Aber:
– hintereinander weggehen, hintereinander ankommen, sich hintereinander aufstellen

Hin|ter|ei|n|an|der|schal|tung *(Elektrot.)*
hin|ter|ei|n|an|der|weg *(ugs. für* ohne Pause*)*
Hin|ter|ein|gang
hin|ter|es|sen *(ostmitteld. für* mit Mühe, *auch* unwillig essen*)*; er hat das Gemüse hintergegessen
hin|ter|fot|zig *(derb für hinterlistig)*; Hin|ter|fot|zig|keit

hin|ter|fra|gen; etwas hinterfragen (nach den Hintergründen von etwas fragen); hinterfragt
Hin|ter|frau; Hin|ter|front; Hin|ter|fuß
Hin|ter|gau|men|laut *(für Velar)*
Hin|ter|ge|dan|ke
hin|ter|ge|hen *(täuschen, betrügen)*; hintergangen
hin|ter|ge|hen *(ugs. für nach hinten gehen)*; hintergegangen; Hin|ter|ge|hung
Hin|ter|glas|bild; Hin|ter|glas|ma|le|rei
Hin|ter|grund
Hin|ter|grund|ge|spräch
hin|ter|grün|dig; Hin|ter|grün|dig|keit
Hin|ter|grund|in|for|ma|ti|on; Hin|ter|grund|mu|sik; Hin|ter|grund|wis|sen
hin|ter|ha|ken *(ugs. für einer Sache auf den Grund gehen)*
Hin|ter|halt, der; -[e]s, -e
hin|ter|häl|tig; Hin|ter|häl|tig|keit
Hin|ter|hand, die; -
Hin|ter|haupt *(Med.)*; Hin|ter|haupt[s]|bein
Hin|ter|haus
hin|ter|her *[auch* 'hı...*]*; hinterher (danach) polieren; die Polizei wird ihm hinterher sein *(ugs.)*; *aber* hinterherlaufen (nachlaufen); sie ist hinterhergelaufen
hin|ter|her|hin|ken; hin|ter|her|ja|gen; hin|ter|her|kle|ckern *(ugs. abwertend)*; hin|ter|her|lau|fen; hin|ter|her|ren|nen
hin|ter|her sein *vgl.* hinterher
hin|ter|her|te|le|fo|nie|ren; hin|ter|her|wer|fen
Hin|ter|hof
Hin|ter|in|di|en *(veraltet für südöstliche Halbinsel Asiens)*; ↑ **D 143**
Hin|ter|kopf
Hin|ter|la|der *(eine Feuerwaffe)*
Hin|ter|la|ge *(schweiz. für Hinterlegung, Faustpfand)*
Hin|ter|land, das; -[e]s
hin|ter|las|sen *(zurücklassen; vererben)*; sie hat etwas hinterlassen; Hin|ter|las|se|ne, der *u.* die; -n, -n *(schweiz. für Hinterbliebene)*; Hin|ter|las|sen|schaft; Hin|ter|las|sung, die; - *(Amtsspr.)*; unter Hinterlassung von ...
hin|ter|las|tig
hin|ter|le|gen *(als Pfand usw.)*; Hin|ter|le|ger *(Rechtsspr.)*; Hin|ter|le|ge|rin; Hin|ter|le|gung
Hin|ter|leib
Hin|ter|list, die; -; hin|ter|lis|tig; Hin|ter|lis|tig|keit

Hippie

hin|term ↑D 14 (ugs. für hinter dem)
Hin|ter|mann Plur. ...männer, auch ...leute
Hin|ter|mann|schaft (Sport)
hin|ter|mau|ern (Bauw.)
hin|tern ↑D 14 (ugs. für hinter den)
Hin|tern, der; -s, - (ugs. für Gesäß)
Hin|ter|rad; Hin|ter|rad|an|trieb
Hin|ter|rei|fen
Hin|ter|rhein (Quellfluss des Rheins)
hin|ter|rücks
hin|ters ↑D 14 (ugs. für hinter das)
Hin|ter|sass, Hin|ter|sas|se, der; ...sassen, ...sassen (früher für vom Feudalherrn abhängiger Bauer); Hin|ter|sas|sin
Hin|ter|schin|ken
hin|ter|schlin|gen (landsch. für hinunterschlingen)
hin|ter|schlu|cken (landsch. für hinunterschlucken)
Hin|ter|sinn, der; -[e]s (geheime Nebenbedeutung); hin|ter|sin|nen, sich (südd. u. schweiz. für grübeln); du hast dich hintersonnen; hin|ter|sin|nig
Hin|ter|sitz (Rücksitz)
hin|terst; zuhinterst; der hinters|te Mann, aber ↑D 72; die Hintersten müssen stehen; Hin|ters|te, der; -n, -n (ugs. für Gesäß)
Hin|ter|ste|ven; Hin|ter|stüb|chen; Hin|ter|teil (Gesäß)
Hin|ter|tref|fen; nur in Wendungen wie ins Hintertreffen kommen, geraten
hin|ter|trei|ben (vereiteln); er hat den Plan hintertrieben
Hin|ter|trep|pe; Hin|ter|trep|pen|roman
Hin|ter|tup|fin|gen (ugs. für abgelegener, unbedeutender Ort)
Hin|ter|tür; Hin|ter|tür|chen
Hin|ter|wäld|ler (rückständiger Mensch); Hin|ter|wäld|le|rin; hin|ter|wäld|le|risch
hin|ter|wärts (veraltet für zurück, [nach] hinten)
hin|ter|zie|hen (unterschlagen); er hat Steuern hinterzogen; Hin|ter|zie|hung
Hin|ter|zim|mer
hin|tra|gen; hin|trei|ben
hin|tre|ten; vor jmdn. hintreten
Hin|tritt, der; -[e]s (veraltet für Tod)
hin|tun (ugs.)
hi|n|ü|ber, ugs. 'nü|ber ↑D 14; hinüber sein (ugs.)
hi|n|ü|ber... (z. B. hinüberrgehen; er ist hinübergegangen); ↑D 48

hi|n|ü|ber|brin|gen; hi|n|ü|ber|dürfen; hi|n|ü|ber|fah|ren; hi|n|ü|ber|ge|hen; hi|n|ü|ber|ge|lan|gen
hi|n|ü|ber|kön|nen; hi|n|ü|ber|müssen; hi|n|ü|ber|ret|ten
hi|n|ü|ber|schaf|fen; wir schafften alles hinüber
hi|n|ü|ber|schau|en; hi|n|ü|ber|schi|cken; hi|n|ü|ber|schwim|men
hi|n|ü|ber sein vgl. hinüber
hi|n|ü|ber|spie|len; ein ins Grünliche hinüberspielendes Blau
hi|n|ü|ber|wech|seln; hi|n|ü|ber|werfen; hi|n|ü|ber|win|ken; hi|n|ü|ber|wol|len; hi|n|ü|ber|zie|hen
hin und her vgl. hin; Hin und Her, das; - - -[s]; nach langem Hin und Her; das ewige Hin und Her
Hin-und-her-Fah|ren, das; -s; aber ↑D 31: [das] Hin- und [das] Herfahren
Hin- und Her|fahrt ↑D 31; Hin- und Her|rei|se; Hin- und Her|weg; Hin- und Rück|fahrt; Hin- und Rück|flug
hi|n|un|ter, ugs. 'nun|ter ↑D 14
hi|n|un|ter... (z. B. hinuntergehen; er ist hinuntergegangen); ↑D 48
hi|n|un|ter|be|för|dern; hi|n|un|ter|be|glei|ten; hi|n|un|ter|bli|cken; hi|n|un|ter|brin|gen
hi|n|un|ter|ei|len; sie eilten die Treppe hinunter
hi|n|un|ter|flie|ßen; hi|n|un|ter|gehen; hi|n|un|ter|kip|pen; hi|n|un|ter|lau|fen
hi|n|un|ter|rei|chen; ich reiche euch den Korb hinunter
hi|n|un|ter|rei|ßen; hi|n|un|ter|rol|len; hi|n|un|ter|stür|zen; hi|n|un|ter|tau|chen; hi|n|un|ter|wer|fen; hi|n|un|ter|wür|gen
hin|wal|gen, sich
hin|wärts
hin|weg
Hin|weg; Hin- und Herweg ↑D 31
hin|weg... (z. B. hinweggehen; er ist hinweggegangen); ↑D 48
hin|weg|brin|gen; hin|weg|fe|gen; hin|weg|ge|hen
hin|weg|hel|fen; sie half ihm darüber hinweg
hin|weg|kom|men; hin|weg|kön|nen; hin|weg|raf|fen; hin|weg|se|hen
hin|weg|set|zen; sich darüber hinwegsetzen
hin|weg|stei|gen; hin|weg|täu|schen; hin|weg|trös|ten
Hin|weis, der; -es, -e; hin|wei|sen; hinweisendes Fürwort (für Demonstrativpronomen)

Hin|weis|schild, das
Hin|wei|sung
hin|wen|den; sich hinwenden; Hin|wen|dung
hin|wer|fen; sich hinwerfen
hin|wie|der, hin|wie|de|r|um (veraltend)
hin|wir|ken; darauf hinwirken, dass ...
hin|wol|len (ugs.)
Hinz (m. Vorn.); Hinz und Kunz (ugs. für jedermann)
hin|zie|hen (auch für verzögern); der Wettkampf hat sich lange hingezogen (hat lange gedauert)
hin|zie|len; auf Erfolg hinzielen
hin|zu... (z. B. hinzukommen; er ist hinzugekommen, aber ↑D 47: hinzu kommt, dass ...)
hin|zu|dich|ten
hin|zu|fü|gen; Hin|zu|fü|gung
hin|zu|ge|sel|len; hin|zu|ge|win|nen (geh.); hin|zu|kau|fen; hin|zu|kom|men; hin|zu|ler|nen; hin|zu|rech|nen; hin|zu|ru|fen; hin|zu|sprin|gen; hin|zu|tre|ten
Hin|zu|tun, das; -s
hin|zu|ver|die|nen; hin|zu|zie|hen
Hi|ob, Job, ökum. Ijob (bibl. m. Eigenn.); Hi|obs|bot|schaft; Hi|obs|post, die; -, -en (Unglücksnachricht)
hip ⟨engl.⟩ (modern, zeitgemäß); hippe, hippere Klamotten; das hip[p]ste Lokal der Stadt
Hip-Hop, Hip|hop, der; -s ⟨engl.-amerik.⟩ (auf dem Rap basierende Richtung der Popmusik)
hippo..., hip|po... ⟨griech.⟩ (pferde...); Hippo..., Hip|po... (Pferde...)
Hip|p|arch, der; -en, -en (Befehlshaber der Reiterei bei den alten Griechen)
Hip|pa|ri|on, das; -s, ...ien (fossiles Urpferd)
¹Hip|pe, die; -, -n (sichelförmiges Messer)
²Hip|pe, die; -, -n (südd. für eine Art Fladenkuchen)
³Hip|pe, die; -, -n (landsch. für Ziege)
hip|pe|lig vgl. hibbelig
hipp, hipp, hur|ra!; hipp, hipp, hurra rufen; er rief: »Hipp, hipp, hurra!«
Hipp|hipp|hur|ra, das; -s, -s (Hochruf beim [Ruder]sport); er rief ein kräftiges Hipphipphurra
Hip|p|i|at|rik, die; - ⟨griech.⟩ (Pferdeheilkunde)
Hip|pie [...pi], der; -s, -s ⟨amerik.⟩

Hippiemädchen

(Anhänger[in] einer antibürgerlichen, pazifistischen, naturnahen Lebensform; Blumenkind)
Hip|pie|mäd|chen
hip|po... *vgl.* hipp...
Hip|po... *vgl.* Hipp...
Hip|po|cam|pus, der; -, ...pi (*Med.* Teil des Großhirns)
Hip|po|drom, der *od.* österr. nur, das; -s, -e ⟨griech.⟩ (Reitbahn)
Hip|po|gryph, der; *Gen.* -s *u.* -en, *Plur.* -e[n] (Flügelross der Dichtkunst)
Hip|po|kra|tes (altgriechischer Arzt); **Hip|po|kra|ti|ker** (Anhänger des Hippokrates)
hip|po|kra|tisch; hippokratischer Eid (Hippokrates zugeschriebenes Gelöbnis als Grundlage der ärztlichen Ethik); hippokratisches Gesicht (*Med.* Gesichtsausdruck von Sterbenden); die hippokratischen Schriften ↑D89 *u.* 135
Hip|pol|lo|gie, die; - ⟨griech.⟩ (wissenschaftliche Pferdekunde); **hip|po|lo|gisch** (die Hippologie betreffend)
Hip|po|lyt, Hip|po|ly|tos, Hip|po|ly|tus (m. Eigenn.)
Hip|po|po|ta|mus, der; -, ...mi (Flusspferd)
Hip|po|the|ra|pie (Therapie mithilfe von Pferden)
Hip|pu|rit, der; -en, -en (fossile Muschel)
Hip|pur|säu|re, die; - (*Biol.; Chemie* eine organische Säure)
¹Hips|ter, der; -[s], - ⟨engl.-amerik.⟩ (*Jargon* Jazzmusiker, Jazzfan; zu einer Subkultur gehörender junger Mensch mit individualistischem Lebensstil)
²Hips|ter, der; -s, - ⟨engl.⟩ (auf der Hüfte sitzender Slip; Hüfthose)
Hi|ra|ga|na, das; -[s] *od.* die; - (eine japanische Silbenschrift)
Hirn, das; -[e]s, -e
Hirn|an|hangs|drü|se
Hirn|blu|tung
hir|nen (*schweiz. für* nachdenken)
Hirn|er|schüt|te|rung (*schweiz. für* Gehirnerschütterung)
hirn|ge|schä|digt
Hirn|ge|spinst
Hirn|haut|ent|zün|dung
Hirn|holz (quer zur Faser geschnittenes Holz mit Jahresringen)
Hir|ni, der; -s, -s ⟨*ugs. abwertend für* törichter Mensch⟩
Hirn|in|farkt (*Med.*)
hirn|los
Hirn|rin|de
hirn|ris|sig (*ugs. für* verrückt)
Hirn|schal|le; Hirn|strom|bild; Hirn|tod; Hirn|tu|mor
hirn|ver|brannt (*ugs. für* verrückt); **hirn|ver|letzt**
Hirn|win|dung
Hi|ro|hi|to (japanischer Kaiser)
Hi|ro|shi|ma, Hi|ro|schi|ma [...ʃ..., *auch* ...'ʃi:...] (jap. Stadt, auf die 1945 die erste Atombombe abgeworfen wurde)
Hirsch, der; -[e]s, -e, österr. auch: -en, -en
Hirsch|art; Hirsch|fän|ger; Hirsch|ge|weih; Hirsch|horn, das; -[e]s
Hirsch|kä|fer; Hirsch|kalb; Hirsch|kuh
hirsch|le|dern
Hirsch|pfef|fer, der; -s (*bes. südd., österr., schweiz. für* Hirschragout)
Hir|se, die; -, *Plur.* (*Sorten:*) -n
Hir|se|brei; Hir|se|korn *Plur.* ...körner
Hirt, der; -en, -en, **Hir|te**, der; -n, -n
Hir|ten|amt; Hir|ten|brief (bischöfliches Rundschreiben)
Hir|ten|flö|te; Hir|ten|ge|dicht; Hir|ten|spiel (ein Weihnachtsspiel); **Hir|ten|stab**
Hir|ten|tä|schel, das; -s (eine [Heil]pflanze)
Hir|ten|volk
Hir|tin
his, His, das; -, - (Tonbezeichnung)
¹His|bol|lah, die; - (Gruppe radikaler schiitischer Moslems)
²His|bol|lah, der; -s, -s (Anhänger der ¹Hisbollah)
His|kia, His|ki|as, ökum. **His|ki|ja** (jüdischer König)
His|pa|ni|en (alter Name der Pyrenäenhalbinsel); **his|pa|nisch; his|pa|ni|sie|ren** (spanisch machen)
His|pa|nist, der; -en, -en; **His|pa|nis|tik**, die; - (Wissenschaft von der spanischen Sprache u. Literatur); **His|pa|nis|tin**
his|sen ([Flagge, Segel] hochziehen); du hisst; du hisstest; gehisst; hisse! *od.* hiss!; *vgl. auch* ²heißen
His|t|a|min, das; -s, -e (ein Gewebshormon)
His|to|gramm, das; -s, -e ⟨griech.⟩ (*Statistik* grafische Darstellung von Häufigkeiten in Form von Säulen)
His|to|lo|gie, der; -n, -n; **His|to|lo|gie**, die; - (*Med.* Lehre von den Geweben des Körpers); **His|to|lo|gin; his|to|lo|gisch**
His|tör|chen (Geschichtchen)

His|to|rie [...jə], die; -, -n ⟨griech.⟩ (nur *Sing.: veraltend für* [Welt]geschichte; veraltet für Bericht); **His|to|ri|en|ma|ler; His|to|ri|en|ma|le|rei; His|to|ri|en|ma|le|rin**
His|to|rik, die; - (Geschichtsforschung); **His|to|ri|ker; His|to|ri|ke|rin**
His|to|rio|graf, His|to|rio|graph, der; -en, -en (Geschichtsschreiber); **His|to|rio|gra|fin, His|to|rio|gra|phin**
his|to|risch; ein historischer Augenblick; historisches Präsens (*Sprachwiss.*)
his|to|ri|sie|ren (das Geschichtliche betonen, anstreben)
His|to|ris|mus, der; -, ...men (Überbetonung des Geschichtlichen); **his|to|ris|tisch**
His|t|ri|o|ne, der; -n, -n ⟨lat.⟩ (altrömischer Schauspieler)
Hit, der; -s, -s ⟨engl.⟩ (*ugs. für* [musikalischer] Verkaufsschlager)
Hitch|cock (brit.-amerik. Filmregisseur)
Hit|lis|te; Hit|pa|ra|de
Hit|sche, ²**Hüt|sche, Hüt|sche**, die; -, -n (*landsch. für* Fußbank; kleiner Schlitten)
Hit|ze, die; -, *Plur.* (*fachspr.*) -n
Hit|ze ab|wei|send, hit|ze|ab|wei|send ↑D58 : ein Hitze abweisendes *od.* hitzeabweisendes Material, aber nur ein äußerst hitzeabweisendes Material, dieses Material ist hitzeabweisender als das alte
hit|ze|be|stän|dig; Hit|ze|bläs|chen
Hit|ze|fe|ri|en *Plur.*
hit|ze|frei; Hit|ze|frei, das; -; Hitzefrei *od.* hitzefrei haben, bekommen; *aber nur groß:* Hitzefrei geben; kein Hitzefrei bekommen
Hit|ze|pe|ri|o|de; Hit|ze|schild, der; **Hit|ze|schlacht** (*Sport*); **Hit|ze|wel|le**
Hitz|gi, der; -s (*schweiz. für* Schluckauf)
hit|zig
Hitz|kopf; hitz|köp|fig
Hitz|po|cke *meist Plur.*; **Hitz|schlag**
HIV [ha:|i:'faʊ], das; -[s], -[s] *Plur. selten* = human immunodeficiency virus ⟨engl.⟩ (ein Aidsauslöser)
HIV-In|fek|ti|on; HIV-in|fi|ziert; HIV-ne|ga|tiv; HIV-po|si|tiv ↑D28
Hi|wi, der; -s, -s ⟨*kurz für* Hilfswilliger⟩ (*ugs. für* Hilfskraft)
Hjal|mar [j...] (m. Vorn.)

hoch

höher *(vgl. d.)*, höchst *(vgl. d.)*
- bei Hoch und Niedrig (*veraltet für* bei jedermann)

I. *Schreibung in Verbindung mit Verben:*
a) *Getrenntschreibung:*
- hoch sein
- es wird [sehr] hoch hergehen
- sie kann [sehr] hoch springen, sie kann höher springen als ihr Bruder
- hoch (weit oben) fliegen, hoch (weit hinauf) steigen usw.
- Produkte hoch besteuern
- den Wagen hoch beladen
- jemanden hoch achten *od.* hochachten, hoch schätzen *od.* hochschätzen

b) *Zusammenschreibung, wenn »hoch« Verbzusatz ist (besonders, wenn »hoch« als Richtungsangabe gebraucht wird):*
- Zahlen statistisch hochrechnen
- hochspringen (Hochsprung betreiben)
- hochstapeln (etwas vortäuschen)
- die Haare hochbinden, hochstecken
- [vor Schreck] hochfahren
- sich [zum Direktor] hocharbeiten
- Späne, die dabei hochfliegen (nach oben fliegen)
- die Ärmel hochkrempeln
- das Fenster hochkurbeln
- an der Mauer hochspringen
- die Treppe hochsteigen
- die Preise, seine Erwartungen, den Klavierhocker hochschrauben, *aber* ... zu hoch schrauben

II. *Schreibung in Verbindung mit adjektivisch gebrauchten Partizipien:*
a) ↑ D 58 *u.* 62:
- hochgesteckte Ziele
- eine hochgestellte Zahl
- eine hochgestellte Persönlichkeit
- ein hochgeschlossenes Kleid
- ein hoch kompliziertes *od.* hochkompliziertes Verfahren
- der hoch stehende *od.* hochstehende Wasserstand; *aber* hochstehende Personen
- hoch besteuerte *od.* hochbesteuerte Einkommen
- ein hoch bezahlter *od.* hochbezahlter Job
- hoch dotierte *od.* hochdotierte Architektinnen
- hoch qualifizierte *od.* hochqualifizierte Akademiker
- hoch verzinste *od.* hochverzinste Bausparverträge

b) *Zusammenschreibung, wenn »hoch« rein intensivierend gebraucht wird:*
- hocherfreut (sehr erfreut), hochglänzend usw.
- das gilt auch bei Adjektiven: hochanständig, hochberühmt usw.

c) *Zusammenschreibung, wenn das zugrunde liegende Verb zusammengeschrieben wird:*
- hochgesteckte Haare
- hochgejagte Motoren
- mit hochgekrempelten Ärmeln
- die hochgeladene Datei
- eine hochgerüstete Armee

d) *Zusammenschreibung bei übertragener Bedeutung:*
- hochtrabende, hochfliegende Pläne
- hochgestochen reden

Vgl. auch hohe

HK = Hefnerkerze
hl = Hektoliter
hl. = heilig
hll. = heilige *Plur.*
hm! [hm̩], hm, hm!
H-Milch [ˈhaː...] (*kurz für* haltbare Milch)
h-Moll [ˈhaːmɔl, *auch* ˈhaˈmɔl], das; -[s] (Tonart; *Zeichen* h);
h-Moll-Ton|lei|ter, die; -, -n ↑ D 26
HNO-Arzt [haːɛnˈoː...] = Hals-Nasen-Ohren-Arzt; **HNO-Ärz|tin;**
HNO-ärzt|lich
ho!; ho|ho!; ho ruck!
Ho (*chem. Zeichen für* Holmium)
HO = Handelsorganisation [in der DDR]; HO-Geschäft ↑ D 28
Ho|ang|ho *vgl.* Hwangho
Hoax [hoʊks], der; -, -es [...ksɪs] ([durch E-Mail verbreitete] Falschmeldung)
hob *vgl.* heben

Hobbes [hɔps] (engl. Philosoph)
Hob|bock, der; -s, -s (ein Versandbehälter)
Hob|by [...bi], das; -s, -s (engl.) (Steckenpferd; Liebhaberei)
Hob|by|gärt|ner; Hob|by|gärt|ne|rin
Hob|by|ist, der; -en, -en; **Hob|by|is|tin**
Hob|by|kel|ler
Hob|by|koch; Hob|by|kö|chin
Hob|by|ma|ler; Hob|by|ma|le|rin
Hob|by|mu|si|ker; Hob|by|mu|si|ke|rin
Hob|by|raum
Ho|bel, der; -s, -; **Ho|bel|bank** *Plur.* ...bänke
Ho|bel|kä|se, der; -s (*schweiz. für* würziger, vollfetter, sehr harter Rohmilchkäse)
ho|beln; ich hob[e]le
Ho|bel|span
Hob|ler; Hob|le|rin

hoch *s.* Kasten
Hoch, das; -s, -s (Hochruf; *Meteorol.* Gebiet hohen Luftdrucks)
hoch ach|ten, hoch|ach|ten *vgl.* hoch; **Hoch|ach|tung,** die; -; **hoch|ach|tungs|voll**
Hoch|adel
hoch|ak|tu|ell
hoch|al|ler|gen; hochallergene Pflanzenpollen
hoch|al|pin
Hoch|al|tar
hoch|al|ter|bei|ten;
hoch|alt|rig (*Soziol., Med.*)
Hoch|amt
hoch an|ge|se|hen, hoch|an|ge|se|hen *vgl.* hoch
hoch|an|stän|dig
hoch|ar|bei|ten, sich
hoch auf|ge|schos|sen, hoch|auf|ge|schos|sen *vgl.* hoch
hoch|auf|lö|send (*bes. Fachspr.*); hochauflösende Bildschirme

Hochbahn

Hoch|bahn
Hoch|bau *Plur.* ...bauten
hoch|be|gabt, hoch be|gabt; hoch-begabte *od.* hoch begabte Schülerinnen
Hoch|be|gab|ten|för|de|rung
hoch|be|glückt, hoch be|glückt
hoch|bei|nig
hoch|be|kom|men; um den schweren Koffer hochzubekommen
hoch|be|rühmt; sie ist hochberühmt
hoch be|steu|ert, hoch|be|steu|ert *vgl.* hoch
hoch|be|tagt; er ist hochbetagt
Hoch|be|trieb, der; -[e]s; es herrscht Hochbetrieb
hoch be|zahlt, hoch|be|zahlt *vgl.* hoch
hoch|bin|den; die Haare hochbinden
Hoch|blü|te, die; -
hoch|brin|gen (nach oben bringen); um die Wäsche hochzubringen
hoch|bri|sant
Hoch|burg
hoch|bu|sig
hoch|de|ckend (*bes. Fachspr.*); hochdeckende Farben
hoch|de|ko|riert
hoch|deutsch; auf Hochdeutsch; *vgl.* deutsch; Hoch|deutsch, das; -[s] (Sprache); *vgl.* Deutsch; Hoch|deut|sche, das; -n; im Hochdeutschen; *vgl.* ²Deutsche
hoch|die|nen; sich; er hat sich hochgedient
hoch do|siert, hoch|do|siert *vgl.* hoch
hoch do|tiert, hoch|do|tiert *vgl.* hoch
hoch|dra|ma|tisch
hoch|dre|hen; den Motor hochdrehen (auf hohe Drehzahlen bringen)
Hoch|druck, der; -[e]s, *Plur.* (für Erzeugnis im Hochdruckverfahren:) ...drucke
Hoch|druck|ge|biet (*Meteorol.*)
Hoch|druck|ver|fah|ren (*Druckw.*)
Hoch|ebe|ne
hoch|ef|fi|zi|ent; ein hocheffizientes Verfahren
hoch|emp|find|lich; hochempfindliches Filmmaterial
hoch ent|wi|ckelt, hoch|ent|wi|ckelt *vgl.* hoch; hoch|er|freu|lich
hoch|er|freut
hoch|ex|plo|siv; ein hochexplosives Gemisch
hoch|fah|ren; er ist aus dem Schlaf hochgefahren; hoch|fah|rend; ein hochfahrender Plan

hoch|fein (erstklassig)
hoch|fest
Hoch|fi|nanz, die; -
hoch|flie|gen; ..., dass die Späne hochfliegen (nach oben fliegen); *aber* ..., dass Eisenspäne höher fliegen als Holzspäne; *vgl.* hoch; hoch|flie|gend; eine hochfliegende Idee
Hoch|form, die; - (*Sport*); in Hochform sein
Hoch|for|mat
hoch|fre|quent (*Physik*); Hoch|fre|quenz; Hoch|fre|quenz|strom
Hoch|fri|sur; Hoch|ga|ra|ge
hoch|ge|bil|det
hoch|ge|bir|ge
hoch|ge|bo|ren (*veraltet*); als Titel Hochgeboren; *in der Anrede* Eure, Euer Hochgeboren
hoch|ge|ehrt, hoch ge|ehrt
hoch|ge|fähr|lich; hochgefährliche Sprengstoffe
Hoch|ge|fühl
hoch|ge|hen; um hochzugehen, hochgegangen
hoch ge|le|gen, hoch|ge|le|gen; ein hoch gelegener *od.* hochgelegener Ort; *aber nur* der höchstgelegene *od.* am höchsten gelegene Ort
hoch|ge|lehrt; eine hochgelehrte Abhandlung
hoch|ge|lobt, hoch ge|lobt
hoch|ge|mut (*geh.*); ein hochgemuter Mensch
Hoch|ge|nuss
Hoch|ge|richt (*früher*)
hoch|ge|schätzt, hoch ge|schätzt
hoch|ge|schlos|sen; ein hochgeschlossenes Kleid
hoch|ge|schos|sen; ein hochgeschossener (großer) Junge
Hoch|ge|schwin|dig|keit
Hoch|ge|schwin|dig|keits|netz (*Eisenbahn*); Hoch|ge|schwin|dig|keits|stre|cke; Hoch|ge|schwin|dig|keits|zug
hoch|ge|sinnt
hoch|ge|spannt (*Elektrot.*); hochgespannte Ströme; *aber* hoch gespannte *od.* hochgespannte Erwartungen
hoch|ge|steckt; hochgesteckte Haare; hochgesteckte Ziele
hoch|ge|stellt; hochgestellte Zahlen (Indizes); hochgestellte Persönlichkeiten
hoch|ge|stimmt
hoch|ge|sto|chen (*ugs.*); er redet hochgestochen (eingebildet)
hoch|ge|wach|sen; eine hochgewachsene Frau

hoch|ge|züch|tet
hoch|gif|tig
Hoch|glanz; hoch|glän|zend; hochglänzende Seide; Hoch|glanz|papier; hoch|glanz|po|liert
hoch|gra|dig
hoch|ha|ckig; hochhackige Schuhe
hoch|hal|ten; ein Kind hochhalten (nach oben halten); Traditionen hochhalten; *aber* etwas so hoch halten, dass alle es sehen können; etwas noch höher halten
Hoch|haus
hoch|he|ben; hochgehoben, hochzuheben
hoch|hei|lig; etw. hochheilig versichern
Hoch|hei|mer (ein Wein)
hoch|herr|schaft|lich
hoch|her|zig; Hoch|her|zig|keit, die; -
hoch|ho|len (heraufholen)
Ho Chi Minh [hotʃiˈmɪn] (nordvietnamesischer Politiker); Ho-Chi-Minh-Pfad, der; -[e]s ↑D137; Ho-Chi-Minh-Stadt (Stadt in Vietnam [*früher* Saigon])
hoch in|dus|t|ri|a|li|siert, hoch|in|dus|t|ri|a|li|siert
hoch|in|te|g|riert (*EDV*); hochintegrierte Schaltkreise
hoch|in|tel|li|gent
hoch|in|te|res|sant
Hoch|jagd (*Jägerspr.*)
hoch|ja|gen (aufscheuchen, aufjagen; *ugs. auch für* auf hohe Drehzahlen bringen); er hat den Motor hochgejagt
hoch|jaz|zen (*ugs. für* künstlich aufwerten)
hoch|ju|beln (*ugs. für* durch übertriebenes Lob allgemein bekannt machen)
hoch|kant; hochkant stellen; jmdn. hochkant rauswerfen (*ugs.*);
hoch|kan|tig; jmdn. hochkantig rauswerfen (*ugs.*)
Hoch|ka|rä|ter; hoch|ka|rä|tig
Hoch|kir|che
hoch|klap|pen
hoch|klas|sig (*bes. Sport*)
hoch|klet|tern
hoch|ko|chen; die Emotionen kochten hoch
hoch|kom|men; hochgekommen; um hochzukommen
hoch|kom|plex
hoch kom|pli|ziert, hoch|kom|pli|ziert
Hoch|kon|junk|tur
hoch kon|zen|t|riert, hoch|kon|zen|t|riert; hochkonzentrierte Säure (*fachspr.*)

Hochstift

hoch|krem|peln; um die Ärmel hochzukrempeln
Hoch|kul|tur
hoch|kur|beln; das Fenster hochkurbeln
hoch|la|den
Hoch|land Plur. ...länder, auch ...lande; Hoch|län|der, der (auch für Schotte); Hoch|län|de|rin; hoch|län|disch
Hoch|lau|tung, die; - (Sprachwiss. normierte Aussprache des Deutschen)
hoch|le|ben; wir haben sie hochleben lassen; er lebe hoch!
hoch|le|gen; um die Füße hochzulegen
Hoch|leis|tung; Hoch|leis|tungs|motor; Hoch|leis|tungs|sport, der; -[e]s; Hoch|leis|tungs|trai|ning
hoch|lich
hoch|löb|lich
Hoch|meis|ter (früher)
hoch|mo|dern; hoch|mo|disch
hoch|mö|gend (veraltet)
hoch|mo|le|ku|lar (Chemie aus Makromolekülen bestehend)
Hoch|moor
hoch mo|ti|viert, hoch|mo|ti|viert
Hoch|mut; hoch|mü|tig; Hoch|mü|tig|keit, die; -
hoch|nä|sig (ugs. für hochmütig); Hoch|nä|sig|keit, die; -
Hoch|ne|bel; Hoch|ne|bel|feld
hoch|neh|men; jmdn. hochnehmen (ugs. für übervorteilen; necken, verspotten; verhaften)
hoch|not|pein|lich (sehr streng); hochnotpeinliches Gericht (früher)
Hoch|ofen
hoch|of|fi|zi|ell
Hoch|öf|ner (am Hochofen tätiger Arbeiter); Hoch|öf|ne|rin
hoch|päp|peln (ugs.)
Hoch|par|ter|re; Hoch|pla|teau
hoch|po|li|tisch
hoch|prei|sen; er hat Gott hochgepriesen
hoch|preis|sig; hochpreisige Produkte
hoch|pro|zen|tig
hoch qua|li|fi|ziert, hoch|qua|li|fi|ziert vgl. hoch
hoch|rä|de|rig, hoch|räd|rig; ein hochräd[e]riger Wagen
hoch ra|dio|ak|tiv, hoch|ra|dio|ak|tiv
hoch|ran|gig; ein hochrangiger Politiker
hoch|rap|peln, sich (ugs.)
hoch|rech|nen (Statistik aus repräsentativen Teilergebnissen das Gesamtergebnis vorausberechnen); Hoch|rech|nung
Hoch|re|gal|la|ger
hoch|rein (Fachspr.)
hoch|rei|ßen
Hoch|re|li|ef
Hoch|rip|pe (Rückenstück vom Rind)
Hoch|ri|si|ko|pa|ti|ent (Med.); Hoch|ri|si|ko|pa|ti|en|tin
hoch|rot
Hoch|ruf
hoch|rüs|ten (technisch verbessern)
Hoch|sai|son
hoch schät|zen, hoch|schät|zen; Hoch|schät|zung, die; -
Hoch|schau|bahn (österr. für Achterbahn)
hoch|schau|keln (ugs.); sich hochschaukeln
Hoch|schein; keinen Hochschein haben (schweiz. für keine Ahnung haben)
hoch|scheu|chen; hoch|schie|ben
hoch|schla|gen; um den Kragen hochzuschlagen; aber nur den Ball hoch, [noch] höher schlagen
hoch|schnel|len (aufspringen)
Hoch|schrank
hoch|schrau|ben vgl. hoch
¹hoch|schre|cken; sie schrak od. schreckte hoch; sie war hochgeschreckt; vgl. schrecken
²hoch|schre|cken; seine Stimme schreckte sie hoch; er hatte sie hochgeschreckt; vgl. schrecken
Hoch|schul|ab|schluss
Hoch|schul|ab|sol|vent; Hoch|schul|ab|sol|ven|tin
Hoch|schu|le
Hoch|schü|ler; Hoch|schü|le|rin
Hoch|schü|ler|schaft (österr. für Vertretung der Studierenden)
Hoch|schul|fonds (österr. für Körperschaft zur Aufbringung von Mitteln für die Wissenschaft)
Hoch|schul|ge|setz
Hoch|schul|grup|pe (politische Gruppe an einer Hochschule)
Hoch|schul|leh|rer; Hoch|schul|leh|re|rin
Hoch|schul|pakt (Politik)
Hoch|schul|rat (Selbstverwaltungsgremium an einer Hochschule)
Hoch|schul|re|form; Hoch|schul|rei|fe; Hoch|schul|rek|to|ren|kon|fe|renz; Hoch|schul|stu|di|um
hoch|schul|te|rig, hoch|schult|rig
hoch|schwan|ger
Hoch|see|an|geln, das; -s; Hoch|see|fi|sche|rei
Hoch|see|jacht, Hoch|see|yacht
Hoch|seil
hoch|sen|si|bel
hoch|set|zen (bes. Politik, Wirtsch. erhöhen)
Hoch|si|cher|heits|trakt (besonders ausbruchssicherer Teil in bestimmten Gefängnissen)
hoch|sin|nig
Hoch|sitz (Jägerspr.)
Hoch|som|mer; hoch|som|mer|lich
hoch span|nend, hoch|span|nend
Hoch|span|nung
Hoch|span|nungs|lei|tung; Hoch|span|nungs|mast, der
hoch spe|zi|a|li|siert, hoch|spe|zi|a|li|siert
hoch|spe|zi|fisch
hoch|spie|len; er hat die Angelegenheit hochgespielt
Hoch|spra|che; hoch|sprach|lich
hoch|sprin|gen (aufspringen; in die Höhe springen; Hochsprung betreiben); aber sie kann sehr hoch, viel höher springen
Hoch|sprin|ger; Hoch|sprin|ge|rin; Hoch|sprung (Sport)
höchst; höchs|tens; am höchs|ten; sie war auf das/aufs Höchste od. auf das/aufs höchste erfreut; das höchste der Gefühle; sein Sinn ist auf das/aufs Höchste gerichtet; nach dem Höchsten streben
Hoch|stamm (Gartenbau); hoch|stäm|mig
Hoch|sta|pe|lei; hoch|sta|peln (etwas vortäuschen); Hoch|stap|ler; Hoch|stap|le|rin
Höchst|aus|maß (österr. für Höchstmaß, Obergrenze)
Höchst|be|trag
Höchst|bie|ten|de, der u. die; -n, -n
höchst|der|sel|be (veraltet); höchstdieselben
höchst|do|tiert
hoch|ste|cken; die Haare hochstecken; seine Ziele hochstecken
hoch|ste|hend vgl. hoch
hoch|stei|gen; um die Treppe hochzusteigen
höchst|ei|gen (veraltend); in höchsteigener Person
hoch|stel|len; Stühle hochstellen; Hoch|stell|tas|te (Umschalttaste)
höchs|tens
höchst|ent|wi|ckelt
Höchst|fall; nur im Höchstfall
Höchst|form (bes. Sport)
Höchst|ge|richt (österr. für oberster Gerichtshof)
Höchst|ge|schwin|dig|keit
Höchst|gren|ze
Hoch|stift (früher für reichsunmit-

telbarer Territorialbesitz eines Bischofs)
hoch|sti|li|sie|ren (übertreibend hervorheben)
Hoch|stim|mung, die; -
Höchst|leis|tung; Höchst|mar|ke; Höchst|maß
höchst|mög|lich; die höchstmögliche (*falsch:* höchstmöglichste) Leistung
höchst|per|sön|lich; sie ist höchstpersönlich (selbst, in eigener Person) gekommen, *aber* das ist eine höchst (im höchsten Grade, rein) persönliche Ansicht
Höchst|preis
Höchst|punkt|zahl
Höchst|straße
Höchst|rich|ter (*österr. für* Richter am Höchstgericht); **Höchst|rich|te|rin**
höchst|rich|ter|lich
Höchst|satz
höchst|selbst (*veraltend*)
Höchst|stand; Höchst|stra|fe; Höchst|stu|fe (*für* Superlativ); **Höchst|tem|pe|ra|tur**
höchst|wahr|schein|lich; er hat es höchstwahrscheinlich getan, *aber* es ist höchst (im höchsten Grade) wahrscheinlich, dass ...
Höchst|wert; Höchst|zahl
höchst|zu|läs|sig
Hoch|tal
hoch tech|ni|siert, hoch|tech|ni|siert
Hoch|tech|no|lo|gie (*svw.* Spitzentechnologie)
Hoch|ton *Plur.* ...töne (Sprachwiss.); **hoch|tö|nend; hoch|to|nig** (Sprachwiss. den Hochton tragend)
Hoch|tour; hoch|tou|rig
Hoch|tou|rist; Hoch|tou|ris|tin
hoch|tra|bend
hoch|trei|ben
hoch|ver|dient
hoch|ver|ehrt; *in der Anrede auch* hochverehrtest ↑D57
Hoch|ver|rat; Hoch|ver|rä|ter; Hoch|ver|rä|te|rin; hoch|ver|rä|te|risch
hoch ver|schul|det, hoch|ver|schul|det
hoch|ver|zins|lich (Bankw.)
hoch|ver|zinst; *vgl.* hoch
hoch ver|zinst, hoch|ver|zinst; *vgl.* hoch
hoch|wach|send (Bot.)
Hoch|wald
Hoch|was|ser *Plur.* ...wasser
hoch|wer|fen; um eine Münze hochzuwerfen
hoch|wer|tig; hochwertigere *od.* höherwertige Materialien

Hoch|wild
hoch|will|kom|men; hochwillkommene Gäste; sie sind hochwillkommen
hoch|win|den; sich hochwinden
hoch|wir|beln
hoch|wirk|sam; eine hochwirksame Medizin
hoch|wohl|ge|bo|ren (*veraltet*); *als Titel* Hochwohlgeboren; *in der Anrede* Eure, Euer Hochwohlgeboren
hoch|wohl|löb|lich (*veraltend*)
hoch|wöl|ben; sich hochwölben; hochgewölbter Balken
hoch|wuch|ten (*ugs.*)
hoch|wür|den (Anrede für kath. Geistliche); Eure, Euer (*Abk.* Ew.) Hochwürden; **hoch|wür|dig** (*veraltend*); der hochwürdige Herr Pfarrer; **hoch|wür|digst** (in Anreden für höhere katholische Geistliche)
Hoch|zahl (*für* Exponent)
¹**Hoch|zeit** [*schweiz. auch* ˈhoːx...] *vgl.* golden, silbern
²**Hoch|zeit** (glänzender Höhepunkt, Hochstand)
Hoch|zei|ter (*landsch.*); **Hoch|zei|te|rin; hoch|zeit|lich**
Hoch|zeits|bit|ter, der; -s, - (*veraltet*); **Hoch|zeits|fei|er**
Hoch|zeits|flug (Zool.)
Hoch|zeits|fo|to; Hoch|zeits|geschenk; Hoch|zeits|ge|sell|schaft
Hoch|zeits|kleid; Hoch|zeits|kutsche; Hoch|zeits|nacht; Hoch|zeits|paar; Hoch|zeits|rei|se
Hoch|zeits|schmaus; Hoch|zeits|tag
hoch|zie|hen; um die Strickleiter hochzuziehen
Hoch|ziel
Hoch|zins|po|li|tik, die; - (Wirtsch., Bankw.)
hoch|zi|vi|li|siert
hoch|zu|frie|den
Hock, Höck, der; -s, -s, Höcke (*schweiz. mdal. für* geselliges Beisammensein)
Ho|cke, die; -, -n (auf dem Feld zusammengesetzte Garben; eine Turnübung)
ho|cken; sich hocken
Ho|cken|heim|ring, Ho|ckenheim-Ring, der; -[e]s (Autorennstrecke in Nordbaden)
Ho|cker, der; -s, - (Schemel)
Hö|cker, der; -s, - (Buckel)
Ho|cker|grab (Archäol.)
ho|cke|rig
Hö|cker|schwan
Ho|ckey [...ke, *auch* ...ki], das; -s ⟨engl.⟩ (eine Sportart)

Ho|ckey|feld; Ho|ckey|schlä|ger
Ho|ckey|spie|ler; Ho|ckey|spie|le|rin
Hock|stel|lung
Ho|de, der; -n, -n *od.* die; -, -n (*selten für* Hoden); **Ho|den,** der; -s, - (männliche Keimdrüse)
Ho|den|bruch, der; -[e]s, ...brüche; **Ho|den|sack**
Hodg|kin-Lym|phom, Hodg|kin|lymphom, das; -s, -e [ˈhɔdʒkɪn...] ⟨nach dem engl. Arzt⟩ (*Med.* ein bösartiger Tumor des Lymphsystems)
Hod|ler (schweiz. Maler)
Ho|do|me|ter, das; -s, - ⟨griech.⟩ (Wegemesser, Schrittzähler)
Hödr, Höl|dur (*germ. Mythol.* der blinde Gott)
Ho|d|scha, der; -[s], -s ⟨pers.⟩ (islam. [geistl.] Lehrer)
Höl|dur *vgl.* Hödr
Hoek van Hol|land [ˈhʊk fan -] (niederl. Hafen- u. Badeort)
Hof, der; -[e]s, Höfe; Hof halten; er hält Hof; er hat Hof gehalten; es gefällt ihm, Hof zu halten
Hof|da|me
hof|fä|hig; Hof|fä|hig|keit, die; -
Hof|fart, die; - (*veraltend für* Dünkel, Hochmut); **hof|fär|tig; Hof|fär|tig|keit**
hof|fen
Hof|fens|ter
hof|fent|lich
...höf|fig (reiches Vorkommen versprechend, z. B. erdölhöffig)
höff|lich (Bergmannsspr. reiche Ausbeute verheißend)
Hoff|mann, E. T. A. (dt. Dichter)
Hoff|mann von Fal|lers|le|ben (dt. Dichter)
Hoff|nung
hoff|nungs|froh (*geh.*)
Hoff|nungs|lauf (Sport)
hoff|nungs|los; Hoff|nungs|lo|sig|keit, die; -
Hoff|nungs|run|de (*Sport* Runde, die die letzte Möglichkeit zur Qualifikation, zum Weiterkommen bietet)
Hoff|nungs|schim|mer; Hoff|nungs|strahl
Hoff|nungs|trä|ger; Hoff|nungs|trä|ge|rin
hoff|nungs|voll
Hof|gar|ten
Hof|gas|tein, Bad (österr. Ort)
Hof hal|ten *vgl.* Hof; **Hof|hal|tung**
Hof|hund
ho|fie|ren (den Hof machen); jmdn. hofieren
hö|fisch; höfische Kunst
Hof|kir|che; Hof|knicks

hohlwangig

höf|lich; Höf|lich|keit
Höf|lich|keits|be|such; Höf|lich|keits|flos|kel
höf|lich|keits|hal|ber
Höf|lie|fe|rant; Höf|lie|fe|ran|tin
Höf|ling; Hof|mann Plur. ...leute (veraltet für Höfling); **hof|männisch**
Hof|manns|thal (österr. Dichter)
Hof|mann von Hof|manns|wal|dau (dt. Dichter)
Hof|mar|schall (Inhaber des die gesamte fürstliche Hofhaltung umfassenden Hofamtes)
Hof|meis|ter (veraltet für Hauslehrer, Erzieher)
Hof|narr; Hof|när|rin
Hof|rat Plur. ...räte; Hof|rä|tin
Hof|rei|te, die; -, -n (südd. für bäuerliches Anwesen)
Hof|schran|ze, die; -, -n, selten der; -n, -n meist Plur. (veraltend für Höfling)
Hof|staat, der; -[e]s
Hof|statt, die; -, -en u. ...stätten (schweiz. für [Bauernhaus mit Hof u.] Hauswiese, Obstgarten)
Hof|stel|le (Bauernhof)
Höft, das; -[e]s, -e (nordd. für Haupt; Landspitze; Buhne)
Hof|the|a|ter; Hof|tor, das; Hof|trau|er; Hof|tür
hö|gen (nordd. für freuen); sich högen
HO-Ge|schäft [ha:'|o:...] vgl. HO

ho|he
Kleinschreibung ↑D 89:
– die hohe Jagd
– das hohe C
– auf hoher See

Großschreibung ↑D 72, 89, 140 u. 150:
– Hohe und Niedrige od. Niedere (veraltet für jedermann)
– die Hohe Tatra; die Hohen Tauern
– die Hohe Messe in h-Moll (von J.S. Bach)
– das Hohe Haus (Parlament)
– Hoher Donnerstag (bes. schweiz. für Gründonnerstag)
– die **Hohe** od. hohe Schule (Reiten)

Vgl. auch Hohelied, Hohepriester sowie hoch, höher

Hö|he, die; -, -n
Ho|heit; vgl. euer, Ew., ihr u. ¹sein; ho|heit|lich
Ho|heits|ad|ler; Ho|heits|akt;

Ho|heits|ge|biet; Ho|heits|gewalt
Ho|heits|ge|wäs|ser meist Plur.
Ho|heits|recht
ho|heits|voll
Ho|heits|zei|chen (sinnbildliches Zeichen der Staatsgewalt, z.B. Flagge, Siegel u. a.)
Ho|he|lied, Ho|he Lied, das; des Hohelied[e]s, dem Hohelied, das Hohelied; ein Hohelied der Treue singen; bei Beugung des ersten Bestandteils nur getrennt geschrieben: Hohes Lied, des Hohen Lied[e]s, dem Hohen Lied
hö|hen (Malerei bestimmte Stellen hervortreten lassen); weiß gehöht
Hö|hen|an|ga|be; Hö|hen|angst; Hö|hen|dif|fe|renz; Hö|hen|feu|er|werk; Hö|hen|flug
Ho|hen|fried|ber|ger, Ho|hen|frie|de|ber|ger, der; -s; der Hohenfried[e]berger Marsch
hö|hen|gleich (Verkehrsw.)
Hö|hen|hoch (Meteorol. in großer Höhe liegendes Hochdruckgebiet)
Hö|hen|krank|heit; Hö|hen|kur|ort; Hö|hen|la|ge; Hö|hen|leit|werk (Flugw.); Hö|hen|li|nie (Geogr.)
Ho|hen|lo|he (Teil von Württemberg)
Hö|hen|luft, die; -; Hö|hen|mar|ke
Hö|hen|mes|ser, der; Hö|hen|messung
Hö|hen|me|ter; Hö|hen|pro|fil; Hö|hen|rü|cken; Hö|hen|ru|der (Flugw.)
Hö|hen|son|ne (als ®: Ultraviolettlampe)
Ho|hen|stau|fe, der; -n, -n (Angehöriger eines dt. Fürstengeschlechts)
¹Ho|hen|stau|fen (Ort am gleichnamigen Berg)
²Ho|hen|stau|fen, der; -s (Berg vor der Schwäbischen Alb)
Ho|hen|stau|fin
ho|hen|stau|fisch
Hö|hen|steu|er, das (Flugw.)
Hö|hen|strah|lung (kosmische Strahlung); Hö|hen|tief (Meteorol. in großer Höhe liegendes Tiefdruckgebiet)
Hö|hen|twiel, der; -[s] (Bergkegel bei Singen)
Hö|hen|un|ter|schied
hö|hen|ver|stell|bar
Hö|hen|weg
Ho|hen|zol|ler, der; -n, -n (Angehöriger eines dt. Fürstenge-

schlechts); Ho|hen|zol|le|rin; ho|hen|zol|le|risch
Ho|hen|zol|lern, der; -[s] (Berg vor der Schwäbischen Alb); Ho|hen|zol|lern-Sig|ma|rin|gen
Hö|hen|zug
Ho|he|pries|ter, Ho|he Pries|ter; des Hohepriesters, dem Hohepriester, den Hohepriester; bei Beugung des ersten Bestandteils nur getrennt geschrieben: Hoher Priester, des Hohen Priesters, dem Hohen Priester, den Hohen Priester
Ho|he|pries|ter|amt; Ho|he|pries|te|rin; vgl. Hohepriester; ho|he|pries|ter|lich
Hö|he|punkt
hö|her s. Kasten Seite 558
Hö|her|ent|wick|lung
hö|her|er|seits
hö|her|ge|stellt vgl. höher
hö|her|grup|pie|ren
Hö|her|qua|li|fi|zie|rung
hö|her|ran|gig
hö|her|schla|gen vgl. höher
hö|her|schrau|ben
hö|her|ste|cken vgl. höher
hö|her|stu|fen; Hö|her|stu|fung
Ho|he Schu|le, ho|he Schu|le, die; -n - ↑D 151; vgl. hohe
hohl
hohl|äu|gig
Hohl|block|stein
Höh|le, die; -, -n
Hohl|ei|sen (ein Werkzeug)
höh|len
Höh|len|bär
Höh|len|be|woh|ner; Höh|len|be|woh|ne|rin
Höh|len|brü|ter
Höh|len|for|scher; Höh|len|for|sche|rin
Höh|len|ma|le|rei; Höh|len|mensch
Hohl|heit
Hohl|keh|le (rinnenförmige Vertiefung)
Hohl|kopf (dummer Mensch)
Hohl|kör|per
Hohl|kreuz; ein Hohlkreuz machen (den Rücken durchbiegen)
Hohl|ku|gel; Hohl|maß, das; Hohl|na|del; Hohl|naht
Hohl|raum; Hohl|raum|kon|ser|vie|rung; Hohl|raum|ver|sie|ge|lung (Kfz-Technik)
Hohl|saum
hohl|schlei|fen (Technik); Hohl|schliff
Hohl|spie|gel
Höh|lung
Hohl|ve|ne
hohl|wan|gig

H
hohl

Hohlweg

hö|her

Groß- u. Kleinschreibung ↑D 89:
- höhere Gewalt
- höher[e]n Ort[e]s
- die höhere Laufbahn
- höheres Lehramt
- höhere od. Höhere Mathematik
- höhere od. Höhere Schule (Oberschule, Gymnasium usw.)
- aber ↑D 88: Höhere Handelsschule Stuttgart

Schreibung in Verbindung mit Verben und Partizipien:
- jemanden höhergruppieren
- eine Beamtin höherstufen (höher eingruppieren)
- die Ansprüche, Preise höherschrauben
- etwas lässt die Herzen höherschlagen
- seine Ziele höherstecken
- eine höhergestellte Person

Aber:
- jemanden höher eingruppieren
- die Haare höher aufstecken

Vgl. auch hoch.

H Hohl

Hohl|weg; Hohl|zie|gel
Hohn, der; -[e]s; Hohn lachen, hohnlachen; ich lache Hohn od. hohnlache; Hohn sprechen od. hohnsprechen; ich spreche Hohn; vgl. hohnlachen; hohnsprechen
höh|nen
Hohn|ge|läch|ter
höh|nisch
hohn|lä|cheln ↑D 54; ich hohnläch[e]le; hohnlächelnd; vgl. Hohn
hohn|la|chen ↑D 54; ich hohnlache, hohnlachend; vgl. Hohn
hohn|spre|chen ↑D 54; jmdm. hohnsprechen; eine allem Recht hohnsprechende Entscheidung; vgl. Hohn
ho|ho!
hoi! (Ausruf des Ärgers od. der Überraschung)
Hö|ker (veraltet für Kleinhändler; Blendwerk); Hö|ke|rei; Hö|ke|rin; hö|kern; ich hökere
¹Hok|ka|i|do [hɔˈkaɪ..., auch hoˈka:ido:] (eine jap. Insel)
²Hok|ka|i|do, der; -s, -s (eine Kürbisart)
Ho|kus|po|kus, der; - ⟨engl.⟩ (Zauberformel der Taschenspieler; Gaukelei; Blendwerk)
Hol|ark|tis, die; - ⟨griech.⟩ (Gebiet zwischen Nordpol u. nördlichem Wendekreis); hol|ark|tisch
Hol|bein (dt. Maler); hol|bein|sch; die holbeinsche od. Holbein'sche Madonna ↑D 89 u. 135
hold
Hol|da, Hol|le (Gestalt der deutschen Mythologie; Frau Holle
Hol|der, der; -s (landsch. für Holunder); Hol|der|baum
Höl|der|lin (deutscher Dichter)
Hol|ding [ˈhoʊldɪŋ], die; -, -s (kurz für Holdinggesellschaft); Hol|ding|ge|sell|schaft ⟨engl.; dt.⟩ (Wirtsch. Gesellschaft, die nicht selbst produziert, aber Aktien anderer Gesellschaften besitzt)
hol|d|rio [auch ...'o:] (Freudenruf); ¹Hol|d|rio, das; -s, -s
²Hol|d|rio, der; -[s], -[s] (veraltet für leichtlebiger Mensch)
hold|se|lig (veraltend für liebreizend); Hold|se|lig|keit, die; -
ho|len; etwas holen lassen
Hol|ger (m. Vorn.)
Ho|li, das; -, meist o. Art. ⟨Hindi⟩ (Rel. hinduistisches Frühlingsfest); Ho|li-Fest, Ho|li|fest
Ho|lis|mus, der; - ⟨griech.⟩ (eine philosophische Ganzheitslehre)
Holk vgl. Hulk
hol|la!
Hol|la|brunn (österr. Stadt)
Hol|land
¹Hol|län|der; Holländer Käse; der Fliegende Holländer (Oper)
²Hol|län|der (Kinderfahrzeug; Holländermühle [vgl. d.])
³Hol|län|der, der; -s, - (Käse)
Hol|län|de|rin
Hol|län|der|müh|le (Zerkleinerungsmaschine für Papier)
hol|län|dern (Buchw. [ein Buch] mit Fäden heften, die im Buchrücken verleimt werden); ich holländere
hol|län|disch; Hol|län|disch, das; -[s] (Sprache); vgl. Deutsch; Hol|län|di|sche, das; -n (nur mit best. Art.); vgl. ²Deutsche
¹Hol|le, die; -, -n (Federhaube [bei Vögeln])
²Hol|le, die; -; vgl. Holda
Höl|le, die; -, -n
Hol|le|d|au [auch 'hɔ...] vgl. Hallertau
Höl|len... (ugs. auch für groß, sehr viel, z. B. Höllenlärm); Höl|len|angst (ugs.); Höl|len|brut; Höl|len|fahrt; Höl|len|hund; Höl|len|lärm (ugs.); Höl|len|ma|schi|ne; Höl|len|spek|ta|kel, der; -s (ugs.)
Höl|len|stein, der; -[e]s (ein Ätzmittel)
Höl|len|tem|po (ugs.)
Hol|ler, der; -s, -, Hol|ler|baum (südd., österr. für Holunder)
Hol|ler, Karl (dt. Komponist)
Hol|ler|baum vgl. Holler
hol|le|rith|ie|ren (Datenverarbeitung auf Lochkarten bringen); Hol|le|rith|ma|schi|ne, Hol|le|rith-Ma|schi|ne ⟨nach dem dt.-amerik. Erfinder⟩ (Lochkartenmaschine zum Speichern u. Sortieren von Daten)
Hol|ler|koch (bayr., österr. für Holundermus); vgl. ²Koch; Hol|ler|saft (südd., österr. für Holunderbeersaft)
höl|lisch
Hol|ly|wood [...liʊvt] (US-amerik. Filmstadt); Hol|ly|wood|schau|kel (breite, frei aufgehängte Sitzbank); ↑D 143
¹Holm, der; -[e]s, -e (Griffstange des Barrens, Längsstange der Leiter)
²Holm, der; -[e]s, -e (nordd. für kleine Insel)
Holm|gang der (altnordischer Zweikampf, der auf einem ²Holm ausgetragen wurde)
Hol|mi|um, das; -s (chemisches Element, Metall; Zeichen Ho)
Ho|lo|caust [engl. ˈhɔləkɔːst], der; Gen. -[e]s u. -, Plur. -s ⟨griech.-engl.⟩ (Tötung einer großen Zahl von Menschen, bes. der Juden während des Nationalsozialismus); Ho|lo|caust|mahn|mal

homologieren

Hollo|do|mor, der; -s ⟨ukrain.⟩ (Hungersnot in der Ukraine 1932/33)
Hollo|fer|nes (assyr. Feldherr)
Hollo|gra|fie, Hollo|gra|phie, die; -, ...ien (besondere Technik zur Bildspeicherung u. -wiedergabe in dreidimensionaler Struktur; Laserfotografie)
hollo|gra|fisch, hollo|gra|phisch (Rechtsspr. eigenhändig geschrieben)
Hollo|gramm, das; -s, -e ⟨griech.⟩ (Optik dreidimensionale Aufnahme eines Gegenstandes; Speicherbild)
hollo|kris|tal|lin ⟨griech.⟩ (ganz kristallin [von Gesteinen])
Hollo|zän, das; -s ⟨Geol. jüngste Abteilung des Quartärs⟩
hol|pe|rig; Hol|pe|rig|keit; hol|pern; ich holpere; holp|rig; Holp|rig|keit
Hols|te, der; -n, -n ⟨altertüml. für Holsteiner⟩
Hol|stein (Teil des Bundeslandes Schleswig-Holstein); Hol|stei|ner (auch für eine Pferderasse); Hol|stei|ne|rin; hol|stei|nisch; holsteinische Butter, aber die Holsteinische Schweiz
Hols|ter, das; -s, - ⟨engl.⟩ (Pistolen-, Revolvertasche)
hol|ter|die|pol|ter! (ugs.)
hol|über! (veraltet für Ruf an den Fährmann)
Hol|lun|der, der; -s, - (ein Strauch; nur Sing. auch für Holunderbeeren); Schwarzer Holunder (fachspr.); Hol|lun|der|bee|re
Holz, das; -es, Hölzer; er siegte mit 643 Holz (Kegeln); Holz verarbeitendes od. holzverarbeitendes Gewerbe
Holz|ap|fel; Holz|art; Holz|bank; Holz|bein
Holz|blä|ser; Holz|blä|se|rin; Holz|blas|ins|t|ru|ment
Holz|block [Plur. ...blöcke] vgl. Block; Holz|bock; Holz|bo|den; Holz|brett
Holz|brin|gung (österr. für Holztransport)
Hölz|chen
Holz|ein|schlag (Forstwirtsch.)
hol|zen; du holzt
Hol|zer (landsch. für Waldarbeiter; Sport roher Spieler [im Fußball]); Hol|ze|rei (ugs. für Prügelei; Sport rohes Spiel)
höl|zern (aus Holz)
Holz|es|sig (Fachspr.)
Holz|fäl|ler; Holz|fäl|le|rin

holz|frei; holzfreies Papier
Holz|geist, der; -[e]s (Methylalkohol); Holz|ge|rüst
holz|ge|tä|felt
Holz|ha|cker (bes. österr. für Holzfäller); Holz|ha|cke|rin
Holz|ham|mer; Holz|ham|mer|me|tho|de (plumpe Art u. Weise)
Holz|haus; Holz|hüt|te
hol|zig
Holz|kis|te
Holz|klas|se (ugs. für einfachste u. billigste Klasse im Flugzeug o. Ä.)
Holz|klotz; Holz|koh|le; Holz|kons|t|ruk|ti|on; Holz|kreuz; Holz|pel|let meist Plur.; Holz|pflock; Holz|scheit
Holz|schliff (Fachspr.); holz|schliff|frei
Holz|schnei|der
Holz|schnitt; holz|schnitt|ar|tig
Holz|schnit|zer; Holz|schnit|ze|rin
Holz|schuh
Holz|schutz|mit|tel
Holz|skulp|tur; Holz|span; Holz|sta|pel; Holz|stoß; Holz|stuhl; Holz|tisch; Holz|trep|pe; Holz|tür
Hol|zung
Holz ver|ar|bei|tend, holz|ver|ar|bei|tend ↑D 58
holz|ver|klei|det
Holz|weg; Holz|wol|le; Holz|wurm
Hom|burg, der; -s, -s (ein steifer Herrenhut)
Home|ban|king, Home-Ban|king [ˈhoʊmbɛŋkɪŋ], das; -[s] ⟨engl.⟩ (Abwicklung von Bankgeschäften mittels EDV-Einrichtungen von der Wohnung aus)
Home|base, Home-Base [...beɪs], die; -, -s ⟨engl.⟩ (Baseball Markierung zwischen den beiden Schlägerboxen; Jargon Heimat; Ausgangsbasis)
Home|land [...lent], das; -[s], -s ⟨engl.⟩ (früher für bestimmten Teilen der schwarzen Bevölkerung zugewiesenes Siedlungsgebiet in der Republik Südafrika)
Home|lear|ning, Home-Lear|ning [...lœːɐ̯nɪŋ], das; -[s] ⟨engl.⟩ ([durch Lernsoftware, Internet o. Ä. unterstütztes] Lernen von zu Hause aus)
Home|page [...peɪtʃ], die; -, -s [...dʒɪs] ⟨engl.⟩ (im Internet abrufbare Darstellung von Informationen, Angeboten einer Person, einer Firma o. Ä.)
Ho|mer (altgriechischer Dichter); Ho|me|ri|de, der; -n, -n ⟨griech.⟩ (Nachfolger Homers)

ho|me|risch; homerisches Gelächter; homerische Gedichte ↑D 135 u. D 89
Ho|me|ros vgl. Homer
Home|rule [ˈhoʊmruːl], die; - ⟨engl.⟩ (Selbstregierung als Schlagwort der irischen Unabhängigkeitsbewegung)
Home|schoo|ling, Home-Schoo|ling [...skuːlɪŋ], das; -[s] ⟨engl.⟩ (engl. Bez. für Hausunterricht)
Home|shop|ping, Home-Shop|ping, das; -s ⟨engl.⟩ [...ʃɔpɪŋ] (das Einkaufen über [Internet]bestellungen von zu Hause aus)
Home|spun [ˈhoʊmspan], das od. der; -s, -s (grobes Wollgewebe)
Home|trai|ner, Home-Trai|ner (Sportgerät für häusliches Training)
Ho|mie [ˈhoʊmi], der; -s, -s ⟨amerik.⟩ (Rapperjargon Freund)
Ho|mi|let, der; -en, -en ⟨griech.⟩ (Kenner der Homiletik); Ho|mi|le|tik, die; - (Geschichte u. Theorie der Predigt); Ho|mi|le|tin; Ho|mi|le|tisch; Ho|mi|lie, die; -, ...ien (Predigt über einen Bibeltext)
Ho|mi|ni|de, der; -n, -n ⟨lat.⟩ (Biol. Angehöriger der Familie der Menschenartigen)
Hom|mage [ɔˈmaːʃ], die; -, -n [...ʒn̩] ⟨franz.⟩ (Veranstaltung, Werk als Huldigung für einen Menschen); Hommage à (für) Miró
Ho|mo, der; -s, -s (ugs., meist abwertend für Homosexueller)
ho|mo... ⟨griech.⟩ (gleich...); Ho|mo... (Gleich...)
Ho|mo-Ehe, Ho|mo|ehe, die (ugs. für gesetzlich anerkannte gleichgeschlechtliche Lebensgemeinschaft)
Ho|mo|ero|tik, die; - (gleichgeschlechtliche Erotik); ho|mo|ero|tisch
ho|mo|fon, ho|mo|phon; Ho|mo|fo|nie, Ho|mo|pho|nie, die; - (Musik Kompositionsstil mit nur einer führenden Melodiestimme)
ho|mo|gen (gleichartig, gleichmäßig zusammengesetzt); homogene Gruppen
ho|mo|ge|ni|sie|ren (Chemie [z. B. Fett u. Wasser] gleichmäßig mischen); Ho|mo|ge|ni|sie|rung
Ho|mo|ge|ni|tät, die; - (Gleichartigkeit)
ho|mo|log (übereinstimmend, entsprechend)
ho|mo|lo|gie|ren ([einen Serienwagen] in die internationale Zulas-

Homologierung

sungsliste zur Klasseneinteilung für Rennwettbewerbe aufnehmen); Ho|mo|lo|gie|rung

ho|mo|nym (gleichlautend [aber in der Bedeutung verschieden]); Ho|mo|nym, das; -s, -e (Sprachwiss. Wort, das mit einem anderen gleich lautet, z. B. »homosexuell« = Gebäude u. »Schloss« = Verschluss); Ho|mo|ny|mie, die; -, ...ien (die Beziehung zwischen homonymen Wörtern); ho|m|o|ny|misch (älter für homonym)

ho|mö... ⟨griech.⟩ ⟨ähnlich...⟩; Ho|möo... (Ähnlich...)

Ho|möo|path, der; -en, -en (homöopath. Arzt, Anhänger der Homöopathie); Ho|möo|pa|thie, die; - (ein Heilverfahren); Ho|möo|pa|thin; ho|möo|pa|thisch

ho|mo|phil ⟨griech.⟩ (svw. homosexuell); Ho|mo|phi|lie, die; - (svw. Homosexualität)

ho|mo|phob ⟨griech.⟩ (geh. für die Homophobie betreffend); Ho|mo|pho|bie, die; -, -n (geh. für ausgeprägte Abneigung gegen Homosexualität)

ho|mo|phon usw. vgl. homofon usw.

Ho|mo sa|pi|ens, der; - - ⟨lat.⟩ (wissenschaftliche Bezeichnung für den Menschen)

Ho|mo|se|xu|a|li|tät, die; - ⟨griech.; lat.⟩ (gleichgeschlechtliche Liebe); ho|mo|se|xu|ell; Ho|mo|se|xu|el|le, der u. die; -n, -n

ho|mo|zy|got (Biol. reinerbig)

Ho|mun|cu|lus vgl. Homunkulus

Ho|mun|ku|lus, Ho|mun|cu|lus, der; -, Plur. ...lusse od. ...li ⟨lat.⟩ (künstlich erzeugter Mensch)

Ho|nan (chin. Provinz); Ho|nan|sei|de

Hon|du|ra|ner; Hon|du|ra|ne|rin; hon|du|ra|nisch

Hon|du|ras (mittelamerik. Staat)

Ho|ne|cker (führender DDR-Politiker)

Ho|neg|ger, Arthur (franz.-schweiz. Komponist)

ho|nen ⟨engl.⟩ ([Metallflächen] sehr fein schleifen)

ho|nett ⟨franz.⟩ (veraltend für ehrenhaft; anständig)

Hong|kong (chin. Hafenstadt); Hong|kong|dol|lar, Hongkong-Dol|lar; Hong|kon|ger; Hong|kon|ge|rin

Ho|ni|a|ra (Hauptstadt der Salomonen)

Ho|nig, der; -s, Plur. (für Sorten:) -e; Ho|nig|bie|ne

ho|nig|gelb

Ho|nig|glas Plur. ...gläser

Ho|nig|ku|chen; Ho|nig|ku|chen|pferd; nur in strahlen wie ein Honigkuchenpferd (ugs.)

Ho|nig|le|cken, das; -s; etwas ist kein Honiglecken (ugs.); Ho|nig|mond (veraltend für Flitterwochen); Ho|nig|schle|cken vgl. Honiglecken

ho|nig|süß

Ho|nig|tau, der; Ho|nig|wa|be; Ho|nig|wein

Honk, der; -s, -s ⟨wohl nach einem abwertenden engl.-amerik. Slangwort für »Weißer«⟩ (Jargon abwertend Dummkopf, Idiot)

Hon|neurs [(h)ɔˈnøːɐ̯s] Plur. ⟨franz.⟩ (veraltend für [militärische] Ehrenerweisungen); die Honneurs machen (geh. für die Gäste begrüßen)

Ho|no|lu|lu (Hauptstadt Hawaiis)

ho|no|ra|bel ⟨lat.⟩ (veraltet für ehrbar; ehrenvoll); ...a|b|le Bedingungen

Ho|no|rar, das; -s, -e (Vergütung [für Arbeitsleistung in freien Berufen])

Ho|no|rar|be|ra|ter; Ho|no|rar|be|ra|te|rin

Ho|no|rar|kon|sul; Ho|no|rar|kon|su|lin

Ho|no|rar|pro|fes|sor; Ho|no|rar|pro|fes|so|rin

Ho|no|ra|ti|o|ren Plur. (Standespersonen [in kleineren Orten])

ho|no|rie|ren (belohnen; bezahlen; vergüten); Ho|no|rie|rung

ho|no|rig (veraltend für ehrenhaft; freigebig)

ho|no|ris cau|sa (ehrenhalber; Abk. h. c.)

Ho|no|ri|us (römischer Kaiser)

Hon|shu [hɔnˈʃuː] (Hauptinsel Japans)

Hoo|die [ˈhʊdi], der od. das; -s, -s ⟨engl.⟩ (Sweatshirt, Jacke od. Pullover mit Kapuze)

Hool [huːl], der; -s, -s (kurz für Hooligan); Hoo|li|gan [ˈhuːlɪɡn̩], der; -s, -s ⟨engl.⟩ (Randalierer, bes. bei Massenveranstaltungen)

Hoorn; Kap Hoorn (Südspitze Amerikas [auf der Insel Hoorn])

hop|fen (Bier mit Hopfen versehen)

Hop|fen, der; -s, - (eine Kletterpflanze; Bierzusatz); Hop|fen|stan|ge

Ho|pi, der; -[s], -[s] (Angehöriger eines nordamerik. Indianerstammes)

Ho|p|lit, der; -en, -en ⟨griech.⟩ (Schwerbewaffneter im alten Griechenland)

hopp!; hopp, hopp!; hopp oder dropp (österr. ugs. für ohne langes Zögern)

hop|peln; ich hopp[e]le

Hop|pel|pop|pel, das; -s, - (landsch. für Bauernfrühstück; heißer Punsch)

Hop|per, Edward (amerik. Maler)

hopp|hopp!; hopp|la!

hopp|neh|men (ugs. für festnehmen)

hops (ugs. für verloren) sein

hops!, hop|sa!, hop|sa|la!, hop|sa|sa!; Hops, der; -es, -e

hop|sen; du hopst

Hop|ser; Hop|se|rei

hops|ge|hen (ugs. für verloren gehen; umkommen); hops|neh|men (svw. hoppnehmen)

ho|ra ⟨lat., »Stunde«⟩; nur als Zeichen (h) in Abkürzungen von Maßeinheiten, z. B. kWh (= Kilowattstunde), u. als Zeitangabe, z. B. 6 h od. 6ʰ (= 6 Uhr)

Ho|ra, Ho|re, die; -, Horen meist Plur. (Stundengebet der katholischen Geistlichen)

Hör|ap|pa|rat

Ho|ra|ti|us, Ho|raz (römischer Dichter); ho|ra|zisch; die horazischen Satiren ↑D 135 u. 89

hör|bar; hör|be|hin|dert

Hör|be|reich; Hör|bild; Hör|bril|le

Hör|buch (gesprochener Text auf Kassette od. CD)

horch!; hor|chen

Hor|cher; Hor|che|rin

Horch|ge|rät; Horch|pos|ten

¹Hor|de, die; -, -n (Lattengestell, Rost zum Lagern von Obst u. Gemüse); vgl. Hurde

²Hor|de, die; -, -n ⟨tatar.⟩ (wilde Menge, ungeordnete Schar)

hor|den|wei|se

Ho|re vgl. Hora

¹Ho|ren (Plur. von Hora)

²Ho|ren Plur. ⟨griech. Mythol. Töchter des Zeus u. der Themis [Dike, Eunomia, Eirene], Göttinnen der Jahreszeiten)

hö|ren; er hat von dem Unglück heute gehört; sie hat die Glocken läuten hören od. gehört; von sich hören lassen; uns ist Hören u. Sehen od. hören u. sehen vergangen (ugs.)

Hö|ren|sa|gen, das; -s; meist in etw. nur vom Hörensagen wissen

hö|rens|wert

Hö|rer; Hö|re|rin

Hö|rer|kreis; Hö|rer|schaft

Hospizbewegung

Hör|feh|ler; Hör|film (Film für Sehbehinderte); **Hör|fol|ge**
Hör|funk (Rundfunk im Ggs. zum Fernsehen); **Hör|funk|pro|gramm**
Hör|ge|rät; Hör|ge|rä|te|akus|ti|ker; Hör|ge|rä|te|akus|ti|ke|rin
hör|ge|rich|tet; hörgerichtete Förderung (für hörgeschädigte Kleinkinder)
hör|ge|schä|digt
hör|ge|wohn|heit *meist Plur.*
hö|rig; Hö|rig|keit
Ho|ri|zont, der; -[e]s, -e ‹griech.› (scheinbare Begrenzungslinie zwischen Himmel u. Erde; Gesichtskreis)
ho|ri|zon|tal (waagerecht); **Ho|ri|zon|ta|le,** die; -, -n; drei -[n]; **Ho|ri|zon|tal|pen|del**
Hor|mon, das; -s, -e ‹griech.› (ein körpereigener Wirkstoff)
hor|mo|nal, hor|mo|nell
Hor|mon|be|hand|lung
Hor|mon|drü|se
hor|mo|nell, hor|mo|nal
Hor|mon|for|schung; Hor|mon|haus|halt; Hor|mon|prä|pa|rat; Hor|mon|spie|gel; Hor|mon|sprit|ze; Hor|mon|the|ra|pie
Hör|mu|schel (des Telefons)
Horn, das; -[e]s, *Plur.* Hörner *u.* (*für* Hornarten:) -e
Horn|ber|ger Schie|ßen; nur in ausgehen wie das Hornberger Schießen (ergebnislos enden)
Horn|blen|de (ein Mineral)
Horn|bril|le; Horn|chen
Hörndl|bau|er (*vgl.* ²Bauer; *bayr., österr. für* Bauer, der vorwiegend Hornviehzucht betreibt)
hör|nen (das Gehörn abwerfen; *ugs. scherzh. für* [den Ehemann] betrügen)
hör|nern (aus Horn)
Hör|ner|schall; Hör|ner|schlit|ten
Horn|haut
hor|nig
Hor|nis|grin|de [*auch* ˈhɔ...], die; - (Berg im Schwarzwald)
Hor|nis|se [*auch* ˈhɔr...], die; -, -n (eine Wespenart); **Hor|nis|sen|nest**
Hor|nist, der; -en, -en (Hornbläser); **Hor|nis|tin**
Horn|klee, der; -s
Hörn|li, das; -[s], -[s]; *vgl.* Götti *meist Plur.* (*bes. schweiz. für* leicht gebogenes Gebäckstück)
Horn|ochs, Horn|och|se (*ugs. für* dummer Mensch)
Hor|ni|si|gnal; Horn|tier
Hor|nung, der; -s, -e (*alte dt. Bez. für* Februar)

Hor|nuß [...u:s], der; -es, -e[n] (*schweiz. für* Schlagscheibe); **hor|nu|ßen** (*schweiz. für* eine Art Schlagball spielen)
Horn|vieh (*auch svw.* Hornochse)
Hör|or|gan
Ho|ros (Sohn der Isis)
Ho|ro|s|kop, das; -s, -e ‹griech.› (astrologische Voraussage nach der Stellung der Gestirne)
Ho|ro|witz, Vladimir (amerik. Pianist ukrain. Herkunft)
Hör|pro|be
hor|rend (*lat.*) (erschreckend; übermäßig); horrende Preise
hor|ri|bel (furchtbar); ...i|b|le Zustände
hor|ri|bi|le dic|tu (schrecklich zu sagen)
hor|ri|do! (ein Jagdruf); **Hor|ri|do,** das; -[s], -s
Hör|rohr
Hor|ror, der; -s (*lat.*) (Schauder, Abscheu); **Hor|ror|film**
Hor|ror|sze|na|rio (*ugs. für* Vorstellung, die vom Schlimmsten ausgeht)
Hor|ror|trip (*ugs. für* Drogenrausch mit Angst- u. Panikgefühlen; schreckliches Erlebnis)
Hor|ror Va|cui, der; - - (Scheu vor der Leere)
Hör|saal
Hors d'œu|v|re [ɔrˈdøːvrə, *auch* ...dœ...], das; -[s], -s (appetitanregende Vorspeise)
Hör|sel, die; - (rechter Nebenfluss der Werra); **Hör|sel|ber|ge** *Plur.* (Höhen im nördlichen Vorland des Thüringer Waldes)
Hör|spiel
Hör|spiel|au|tor; Hör|spiel|au|to|rin
hors-sol [ɔrsɔl] (*schweiz. für* [von Pflanzen] in Nährlösung gezogen); Gemüse hors-sol anbauen; **Hors-sol-Ge|mü|se**
¹**Horst** (m. Vorn.)
²**Horst,** der; -[e]s, -e (Greifvogelnest; Strauchwerk)
Hör|sta|ti|on (standortgebundenes Gerät zum Hören von Informationen, bes. im Museum)
hors|ten (nisten [von Greifvögeln])
Hör|sturz (*Med.* plötzlich auftretende Schwerhörigkeit od. Taubheit)
Hort, der; -[e]s, -e (Schatz; Ort, Stätte; *kurz für* Kinderhort)
hört!; hört, hört!
hor|ten ([Geld usw.] aufhäufen)
Hor|ten|sie, die; -, -n (ein Zierstrauch)
hört, hört!; Hört|hört|ruf

Hort|ner (Erzieher in einem Kinderhort); **Hort|ne|rin; Hort|platz**
Hor|tung ‹*zu* horten›
ho ruck!, hau ruck!
Ho|rus *vgl.* Horos
Hor|váth [...vaːt], Ödön von (österr. Schriftsteller)
Hör|ver|lust; Hör|ver|mö|gen, das; -s; **Hör|ver|ste|hen,** das; -s (*Päd.* Verständnis gehörter Äußerungen in einer Fremdsprache)
Hör|wei|te; in Hörweite
ho|san|na! usw. *vgl.* hosianna! usw.
Hös|chen
Ho|se, die; -, -n
Ho|sea (biblischer Prophet)
Ho|sen|an|zug; Ho|sen|auf|schlag
Ho|sen|band, das; *Plur.* ...bänder; **Ho|sen|band|or|den**
Ho|sen|bein; Ho|sen|bo|den; Ho|sen|bund, der; *Plur.* ...bünde; **Ho|sen|knopf**
Ho|sen|la|den (*ugs. auch für* Hosenschlitz)
Ho|sen|latz
Ho|sen|lupf (*schweiz. für* Ringkampf [Schwingen])
Ho|sen|matz; Ho|sen|naht; Ho|sen|rock
Ho|sen|rol|le (von einer Frau gespielte Männerrolle)
Ho|sen|sack (*schweiz. für* Hosentasche)
Ho|sen|schei|ßer (*derb für* sehr ängstlicher Mensch)
Ho|sen|schlitz; Ho|sen|stall (*ugs. scherzh.*)
Ho|sen|stoß (*schweiz. für* Hosenaufschlag)
Ho|sen|ta|sche; Ho|sen|trä|ger
ho|si|an|na!, ho|san|na! ‹hebr.› (Gebets- u. Freudenruf)
Ho|si|an|na, ökum. Ho|san|na, das; -[s], -[s] (*christl. Rel.*)
Hos|pi|tal, das; -s, *Plur.* -e *u.* ...täler ‹lat.› (Krankenhaus)
hos|pi|ta|li|sie|ren (*Amtsspr.* in ein Hospital einweisen)
Hos|pi|ta|lis|mus, der; - (*Med.* durch längere Krankenhaus- od. Heimunterbringung bedingte körperliche u. psychische Störungen, bes. bei Kindern)
Hos|pi|tant, der; -en, -en (Gast[hörer an Hochschulen]; Parlamentarier, der sich als Gast einer Fraktion anschließt); **Hos|pi|tan|tin; hos|pi|tie|ren** (als Gast [in Schulen] zuhören)
Hos|piz, das; -es, -e (Einrichtung zur Pflege u. Betreuung Sterbender; Beherbergungsbetrieb); **Hos|piz|be|we|gung**

561

Hospodar

Hos|po|dar, Gos|po|dar, der; *Gen.* -s *u.* -en, *Plur.* -e[n] (ehem. slawischer Fürstentitel)

Host [hoʊst], der; -[s], -s ⟨engl.⟩ (EDV Zentralrechner mit permanenter Zugriffsmöglichkeit); **hos|ten** (auf einem Host installieren, betreiben)

Hos|tess [*auch* 'ho...], die; -, -en ⟨engl.⟩ ([sprachkundige] Begleiterin, Betreuerin [auf ²Messen, in Hotels o. Ä.]; *verhüllend auch für* Prostituierte)

Hos|tie [...i̯ə], die; -, -n ⟨lat.⟩ (Abendmahlsbrot)

Hos|ting ['hoʊstɪŋ], das; -s, -s (das Hosten [als Dienstleistung]); **Hos|ting|dienst**

Hot, der; -s ⟨amerik.⟩ (*kurz für* Hot Jazz)

Hot|dog, der *od.* das; -s, -s, **Hot Dog**, der *od.* das; - -s, - -s ⟨amerik.⟩ (heißes Würstchen in einem Brötchen)

Ho|tel, das; -s, -s ⟨franz.⟩

Ho|tel|bar

Ho|tel|be|sit|zer; **Ho|tel|be|sit|ze|rin**

Ho|tel|be|trieb; **Ho|tel|bett**

Ho|tel|de|tek|tiv; **Ho|tel|de|tek|ti|vin**

Ho|tel|dieb; **Ho|tel|die|bin**

Ho|tel|di|rek|tor; **Ho|tel|di|rek|to|rin**

ho|tel|ei|gen

Ho|tel|fach, das; -[e]s; **Ho|tel|fach|frau**; **Ho|tel|fach|mann**; **Ho|tel|fach|schu|le**

Ho|tel|füh|rer (Hotelverzeichnis)

Ho|tel gar|ni, das; - -, -s -s [- -] (Hotel, das nur Frühstück anbietet)

Ho|tel|gast; **Ho|tel|ge|wer|be**; **Ho|tel|hal|le**

Ho|te|lier [...'li̯eː], der; -s, -s (Hotelbesitzer); **Ho|te|li|è|re** [...'li̯eːrə], die; -, -n (*bes. schweiz.*); **Ho|te|li|e|rin**

Ho|tel|kauf|frau; **Ho|tel|kauf|mann**; **Ho|tel|ket|te**

Ho|tel|le|rie, die; - (Gast-, Hotelgewerbe)

Ho|tel|nach|weis; **Ho|tel|rech|nung**; **Ho|tel|schiff**; **Ho|tel|ver|zeich|nis**; **Ho|tel|zim|mer**

Hot Jazz [- dʒɛs], der; - - ⟨amerik.⟩ (Musik scharf akzentuierter, oft synkopischer Jazzstil)

Hot|line [...laɪn], die; -, -s ⟨engl.⟩ (Telefonanschluss für rasche Serviceleistungen)

Hot|list®, die; -, -s *Plur.* selten ⟨engl.⟩ (jährlich gewählte Liste der zehn besten deutschsprachigen Bücher kleiner Verlage)

Hot|pants [...pɛnts], **Hot Pants** *Plur.* ⟨engl.; »heiße Hosen«⟩ (kurze u. enge Damenhose)

Hot|spot, der; -s, -s, **Hot Spot**, der; - -s, - -s ⟨engl.⟩ (Geol. Schmelzregion im Erdmantel; EDV Einwahlpunkt [für drahtlosen Internetzugang])

hott! (Zuruf an Zugtiere rechts!); **hott und har!**; **hott und hüst!**; **hott und hü!**

Hot|te, die; -, -n (bes. südwestd. für Bütte, Tragkorb); vgl. Hutte

hott|te|hü!; **Hott|te|hü**, das; -s, -s (Kinderspr. Pferd)

hot|ten ⟨amerik.⟩ (Hot Jazz spielen, [danach] tanzen)

Hot|ten|tot|te, der; -n, -n (*oft abwertende Kolonialbezeichnung für* Angehöriger einer in Südwestafrika lebenden Völkerfamilie); **Hot|ten|tot|tin**; **hot|ten|tot|tisch**

Hot|ter, der; -s, - (ostösterr. für Gemeindegebiet)

hot|to!; **Hot|to**, das; -s, -s (Kinderspr. Pferd)

House [haʊs], der; - (meist ohne Artikel) ⟨engl.⟩ (elektron. Tanzmusik mit schnellen Rhythmen)

Hous|se ['huːsə] vgl. Husse

Ho|va|wart [...f...], der; -s, *Plur.* -s *u.* -e (eine Hunderasse)

Höx|ter (Stadt im Weserbergland)

h. p., **HP** = horsepower ⟨engl.; »Pferdestärke«⟩ (mechanische Leistungseinheit = 745,7 Watt, nicht gleichzusetzen mit PS = 736 Watt); vgl. PS

hPa = Hektopascal

Hptst. = Hauptstadt

HPV-Imp|fung [haːpeːˈfaʊ...] ⟨*Abk. für* humanes Papillomavirus⟩ (Impfung gegen Gebärmutterhalskrebs)

Hr. = Herr

HR, der; - = Hessischer Rundfunk

Hra|ban [r...] (dt. Gelehrter des MA.s); **Hra|ba|nus Mau|rus** (lat. Name für Hraban)

Hrad|schin [ˈ(h)ratʃiːn], der; -[s] (Stadtteil von Prag mit Burg)

Hrd|lič|ka [ˈhɪrdlɪtʃka] (österr. Bildhauer u. Grafiker)

HRK (Währungscode für Kuna)

Hrn. = Herrn (*Dat. u. Akk.*); vgl. Herr

Hro|s|wi|tha [r...] vgl. Roswith

hrsg., hg. = herausgegeben

Hrsg., Hg. = Herausgeber, Herausgeberin[nen]

Hryw|nja vgl. Griwna

Hs. = Handschrift

Hss. = Handschriften

HTL, die; -, -s = höhere technische Lehranstalt

HTML, die *od.* das; - *meist ohne Artikel* ⟨*aus engl.* Hypertext Markup Language⟩ (EDV Beschreibungssprache, die es ermöglicht, Texte ins World Wide Web zu stellen)

hu!; **hu|hu!**

hü! (Zuruf an Zugtiere, meist vorwärts!); vgl. hott

Hub, der; -[e]s, Hübe (Weglänge eines Kolbens usw.)

Hu|bbel, der; -s, - (landsch. für Unebenheit); **hub|be|lig**

Hub|ble|te|le|s|kop, **Hub|ble-Te|le|s|kop** [ˈhʌbl...] ⟨nach dem amerik. Astronomen Hubble⟩ (Weltraumteleskop)

Hub|brü|cke (Brücke, deren Verkehrsbahn angehoben werden kann)

Hu|be, die; -, -n (südd., österr. für Hufe)

hü|ben; hüben und drüben

Hu|ber, Hüb|ner, der; -s, - (südd., österr. für Hufner, Hüfner)

Hu|bert, **Hu|ber|tus** (m. Vorn.)

Hu|ber|tus|burg, die; - (Schloss in Sachsen); der Friede von Hubertusburg

Hu|ber|tus|jagd (festliche Treibjagd [am Hubertustag]); **Hu|ber|tus|tag** (3. November)

Hub|hö|he

Hüb|ner vgl. Huber

Hub|raum; **Hub|raum|steu|er**, die

hübsch; **Hübsch|heit**

Hub|schrau|ber; **Hub|schrau|ber|ein|satz**; **Hub|stap|ler**; **Hub|vo|lu|men** (Hubraum); **Hub|wa|gen**

huch!

Huch, Ricarda (dt. Dichterin)

Hu|chen, der; -s, - (ein Raubfisch)

Hu|cke, die; -, -n (landsch. für Rückentrage, auf dem Rücken getragene Last); jmdm. die Hucke volllügen (ugs.)

Hu|cke|bein (landsch. für Hinkebein); Hans Huckebein (Gestalt bei W. Busch)

hu|cken (landsch. für auf den Rücken laden)

hu|cke|pack; huckepack (ugs. für auf den Rücken) tragen, huckepack nehmen

Hu|cke|pack|ver|kehr (Eisenbahntransport von Straßenfahrzeugen auf Waggons)

Hu|de, die; -, -n (landsch. für Weideplatz)

Hu|del, der; -s, -[n] (*veraltet, noch landsch. für* Lappen, Lumpen; liederlicher Mensch)
Hu|de|lei
Hu|de|ler usw. *vgl.* Hudler usw.
Hu|de|le|rin *vgl.* Hudlerin; **hu|de|lig** *vgl.* hudlig
Hu|del|wet|ter (*schweiz. für* nasskaltes Wetter)
hu|dern (die Jungen unter die Flügel nehmen); sich hudern (im Sand baden [von Vögeln])
Hud|ler, **Hu|de|ler** ⟨*zu* hudeln⟩; **Hud|le|rin**, **Hu|de|le|rin**; **hud|lig**, **hu|de|lig** (*landsch.*)
Hud|son Bay ['hads(ə)n beɪ], die; - - (nordamerik. Binnenmeer)
huf!, **hüf!** (*Zuruf an Zugtiere* zurück!)
Huf, der; -[e]s, -e
HUF (Währungscode für Forint)
Huf|be|schlag
Hu|fe, die; -, -n (Durchschnittsmaß bäuerlichen Grundbesitzes im MA.); *vgl.* Hube
Huf|ei|sen; **huf|ei|sen|för|mig**
Huf|fe|land (dt. Arzt)
Hü|ferl, **Hie|ferl**, das; -s (*österr. für* Rindfleisch von der Hüfte); **Hü|fer|scher|zel**, **Hie|fer|scher|zel**, das; -s, -[n] (*österr. für* Rindfleisch von der Keule)
Huf|lat|tich (Wildkraut u. Heilpflanze); **Huf|na|gel**
Huf|ner, **Hüf|ner** (*früher für* Besitzer einer Hufe); *vgl.* Huber, Hübner; **Huf|ne|rin**, **Hüf|ne|rin**
Huf|schlag; **Huf|schmied**; **Huf|schmie|din**
Huft, die; - (*schweiz. für* Fleisch von der Hüfte [des Rinds])
Hüf|te, die; -, -n
Hüft|ge|lenk
Hüft|gold (*ugs. scherzh. für* Hüftspeck)
Hüft|gür|tel; **Hüft|hal|ter**
hüft|hoch
Hüft|horn *Plur.* ...hörner; *vgl.* Hifthorn
Hüft|ho|se
Hüf|tier
Hüft|kno|chen; **Hüft|lei|den**; **Hüft|pro|the|se**; **Hüft|rock**; **Hüft|schmerz** *meist Plur.*; **Hüft|schwung**
Hüft|speck, der; -s; -[e]s
hüft|steif (*auch für* ungelenk, spröde)
Hüft|weh, das; -[e]s

Hüft|wei|te
Hü|gel, der; -s, -
hü|gel|ab; **hü|gel|an**; **hü|gel|auf**
hü|ge|lig, **hüg|lig**
Hü|gel|ket|te; **Hü|gel|land** *Plur.* ...länder; **Hü|gel|land|schaft**
Hu|ge|not|te, der; -n, -n ⟨franz.⟩ (französischer Calvinist); **Hu|ge|not|tin**; **hu|ge|not|tisch**
Hughes|te|le|graf, Hughes-Telegraf ['hju:s...] (nach dem engl. Physiker Hughes) (erster Drucktelegrafenapparat); ↑D 136
Hu|gin (»der Denker«) (*germ. Mythol.* einer der beiden Raben Odins); *vgl.* Munin
hüg|lig, **hü|ge|lig**
¹**Hu|go** (m. Vorn.)
²**Hu|go** [y'go:], Victor (französischer Schriftsteller)
Huhn, das; -[e]s, Hühner; **Hühn|chen**
Hüh|ner|au|ge; **Hüh|ner|brü|he**; **Hüh|ner|brust**; **Hüh|ner|dreck**
Hüh|ner|ei; **Hüh|ner|farm**; **Hüh|ner|fri|kas|see**
Hüh|ner|gott (regional für Lochstein [als Amulett])
Hüh|ner|ha|bicht; **Hüh|ner|haut**, die; - (*österr., schweiz. für* Gänsehaut); **Hüh|ner|hof**; **Hüh|ner|hund**; **Hüh|ner|lei|ter**, die; **Hüh|ner|stall**
Hüh|ner|stei|ge, **Hüh|ner|stie|ge**
Hüh|ner|volk; **Hüh|ner|zucht**
hu|hu!
hui!; *aber* ↑D 81: im Hui, in einem Hui
Hu|ka, die; -, -s ⟨arab.⟩ (indische Wasserpfeife)
Huk|boot ⟨niederl.⟩, **Hu|ker**, der; -s, - (größeres Fischerfahrzeug)
Hu|la, der; -s, -s ⟨hawaiisch⟩ (Eingeborenentanz auf Hawaii)
Hu|la-Hoop [...'hʊp, ...'hu:p], **Hu|la-Hopp**, der *od.* das; -s ⟨hawaiisch; engl.⟩ (ein Reifenspiel)
Hu|la-Hoop-Rei|fen, *seltener* **Hu|la-Hopp-Rei|fen**
Hu|la|mäd|chen, **Hu|la-Mäd|chen**
↑D 21
Hül|be, die; -, -n (*schwäb. für* flacher Dorfteich, Wasserstelle)
Huld, die; - (*veraltend für* Wohlwollen, Freundlichkeit)
hul|di|gen; **Hul|di|gung**
huld|reich; **huld|voll**
Hulk, **Holk**, die; -, -e[n] *od.* der; -[e]s, -e[n] ⟨engl.⟩ (ausgedientes Schiff)
Hüll|blatt
Hül|le, die; -, -n; **hül|len**; sich in etwas hüllen; **hül|len|los**

Hüll|wort *Plur.* ...wörter (*für* Euphemismus)
Hul|ly-Gul|ly ['hali'gali], der; -[s], -s ⟨engl.⟩ (Modetanz der Sechzigerjahre; *ugs. auch für* fröhliches Treiben)
Hüls|chen
Hül|se, die; -, -n (Kapsel[frucht])
hül|sen (*selten für* enthülsen); du hülst
Hül|sen|frucht; **Hül|sen|frücht|ler** (*Bot.*)
hül|sig
Hult|schin [*auch* 'hʊ...] (Ort in Mähren); **Hult|schi|ner**; Hultschiner Ländchen
hu|man ⟨lat.⟩ (menschlich; menschenfreundlich; nachsichtig)
Hu|man|ge|ne|tik (Teilgebiet der Genetik)
hu|ma|ni|sie|ren (menschlich machen; zivilisieren); **Hu|ma|ni|sie|rung**
Hu|ma|nis|mus, der; - (auf dem Bildungsideal der griechisch-römischen Antike gegründetes Denken u. Handeln; geistige Strömung zur Zeit der Renaissance)
Hu|ma|nist, der; -en, -en (Vertreter des Humanismus; Kenner der alten Sprachen); **Hu|ma|nis|tin**; **hu|ma|nis|tisch**; humanistische Bildung
hu|ma|ni|tär (menschenfreundlich; wohltätig); humanitäre Katastrophe (Katastrophe, die sehr viele Menschen trifft); **Hu|ma|ni|tät**, die; - (Menschlichkeit; humane Gesinnung)
Hu|ma|ni|täts|den|ken; **Hu|ma|ni|täts|du|se|lei** (*abwertend*); **Hu|ma|ni|täts|ide|al**
Hu|man|ka|pi|tal, das; -s (Gesamtheit der wirtschaftlich verwertbaren Kenntnisse von Personen)
Hu|man|me|di|zin, die; -
hu|ma|no|id (menschenähnlich)
hu|man|pa|tho|gen (*Med.* beim Menschen krankheitserregend)
Hu|man Re|sour|ces ['hju:mən ri'sɔːɹsɪs, - ...'zɔːɐ̯...] *Plur.* ⟨engl.⟩ (alle Mitarbeiter eines Unternehmens; *auch für* Personalabteilung)
Hu|man|wis|sen|schaft
Hum|boldt (Familienn.)
hum|boldtisch, **hum|boldtsch**; das **humboldtsche** *od.* Humboldt'sche *od.* humboldtische Bildungsideal; die **humboldtschen** *od.* Humboldt'schen *od.* humboldtischen Schriften
↑D 135 u. 89

Humboldt-Universität

hun|dert

(als römisches Zahlzeichen C)
I. Kleinschreibung:
– hundert Millionen
– [vier] von hundert
– bis hundert zählen
– von null auf hundert beschleunigen
– Tempo hundert (*für* hundert Stundenkilometer)

II. Klein- oder Großschreibung bei unbestimmten (nicht in Ziffern schreibbaren) Mengenangaben:
– ein paar Hundert *od.* hundert
– ein paar Hundert *od.* hundert Bäume, Menschen
– einige, mehrere, viele Hundert *od.* hundert Büroklammern
– einige, mehrere, viele Hunderte *od.* hunderte
– Hunderte *od.* hunderte von Menschen
– sie strömten zu Hunderten *od.* hunderten herein
– Hundert und Aberhundert *od.* hundert und aberhundert Sterne
– Hunderte und Aberhunderte *od.* hunderte und aberhunderte bunter Laternen

III. Zusammenschreibung in Verbindung mit bestimmten Zahlwörtern:
– einhundert, zweihundert [Menschen]
– [ein]hundert[und]siebzig
– [ein]hunderttausend; zweihunderttausend
– [ein]hunderttausendvierhundert[und]zwölf
– eine Million dreihunderttausend
– hunderteins, hundertundeins, einhunderteins, einhundertundeins
– [ein]hundert[und]ein Euro
– der [ein]hundert[und]erste Tag
– [ein]hundert[und]ein Salutschuss, mit [ein]hundert[und]einem Salutschuss *od.* mit hundert[und]ein Salutschüssen

---

Hum|boldt-Uni|ver|si|tät, die; - (in Berlin)
Hum|bug, der; -s ⟨engl.⟩ (*ugs. für* Schwindel; Unsinn)
Hume [hju:m] ⟨engl. Philosoph⟩
Hu|me|ra|le, das; -s, *Plur.* ...lien *u.* ...lia ⟨lat.⟩ (liturgisches Schultertuch des kath. Priesters)
hu|mid, hu|mi|de ⟨lat.⟩ (*Geogr.* feucht, nass); **Hu|mi|di|tät**, die; -
Hu|mi|dor, der; -s, -e (Behälter mit hoher Luftfeuchtigkeit zur Aufbewahrung od. Lagerung von Zigarren)
Hu|mi|fi|ka|ti|on, die; - ⟨lat.⟩ (Vermoderung; Humusbildung); **hu|mi|fi|zie|ren; Hu|mi|fi|zie|rung**, die; - (*svw.* Humifikation)
Hu|min|stoff ⟨lat.; dt.⟩ (*Biol.* bestimmte Überreste tierischer od. pflanzl. Humifikation)
Hum|mel, die; -, -n
Hum|mer, der; -s, -
Hum|mer|ma|yon|nai|se
Hum|mer|sup|pe
¹**Hu|mor**, der; -s, -e *Plur. selten* ⟨engl.⟩ (heitere Gelassenheit, Wesensart; [gute] Laune)
²**Hu|mor**, der; -s, ...*ores* ⟨lat.⟩ (*Med.* Körperflüssigkeit)
hu|mo|ral (*Med.* die Körperflüssigkeiten betreffend)
Hu|mo|ral|pa|tho|lo|gie (antike Lehre von den Körpersäften als Ausgangspunkt der Krankheiten)
Hu|mo|res|ke, die; -, -n ⟨*zu* ¹Humor⟩ (kleine humoristische Erzählung; Musikstück von heiterem Charakter)
hu|mo|rig (launig, mit Humor)
Hu|mo|rist, der; -en, -en; **Hu|mo|ris|tin; hu|mo|ris|tisch**
hu|mor|los; Hu|mor|lo|sig|keit, die; -
hu|mor|voll
hu|mos ⟨lat.⟩ (reich an Humus)
Hüm|pel, der; -s, - ⟨*nordd. für* Haufen⟩
Hum|pe|lei
hum|pe|lig, hump|lig (*landsch. für* uneben, holperig)
hum|peln; ich hump[e]le
Hum|pen, der; -s, -
Hum|per|dinck ⟨dt. Komponist⟩
hump|lig *vgl.* humpelig
Hu|mus, der; - ⟨lat.⟩ (fruchtbarer Bodenbestandteil); **Hu|mus|bo|den; Hu|mus|er|de; hu|mus|reich**
Hund, der; -[e]s, -e (*Bergmannsspr. auch für* Förderwagen); ↑D 150: der Große, Kleine Hund (Sternbilder); **Hünd|chen**
Hun|de|art; Hun|de|be|sit|zer; Hun|de|be|sit|ze|rin
hun|de|elend (*ugs. für* sehr elend)
Hun|de|fän|ger; Hun|de|fän|ge|rin
Hun|de|ge|bell
Hun|de|hal|ter (*Amtsspr.*); **Hun|de|hal|te|rin**
Hun|de|hau|fen; Hun|de|hüt|te
hun|de|kalt (*ugs. für* sehr kalt); **Hun|de|käl|te** (*ugs.*)
Hun|de|kot; Hun|de|ku|chen
Hun|de|le|ben, das; -s (*ugs. für* elendes Leben)
Hun|de|lei|ne
Hun|de|mar|ke (*scherzh. auch für* Erkennungsmarke)
hun|de|mü|de, hunds|mü|de (*ugs. für* sehr müde)
Hun|de|pen|si|on; Hun|de|ras|se; Hun|de|ren|nen
hun|dert *s. Kasten*
¹**Hun|dert**, das; -s, -e; [vier] vom Hundert (Abk. v. H., p. c.; Zeichen %); *vgl.* hundert
²**Hun|dert** *vgl.* ¹Acht
hun|dert|ein[s], hun|dert|und|ein[s] *vgl.* hundert
Hun|der|ter, der; -s, - (*ugs. auch für* Schein mit dem Wert 100); *vgl.* Achter; **hun|der|ter|lei;** auf hunderterlei Weise
Hun|der|ter|pa|ckung
Hun|dert|eu|ro|schein, **Hun|dert-Eu|ro-Schein** (*mit Ziffern* 100-Euro-Schein; ↑D 26)
hun|dert|fach; Hun|dert|fa|che, das; -n; *vgl.* Achtfache
hun|dert|fäl|tig
hun|dert|fünf|zig|pro|zen|tig (*ugs. für* übertrieben, fanatisch)
Hun|dert|jahr|fei|er, **Hun|dert-Jahr-Fei|er** (*mit Ziffern* 100-Jahr-Feier; ↑D 26)
hun|dert|jäh|rig; die hundertjährige Frau; der hundertjährige, *als Werktitel* Der Hundertjährige Kalender; der Hundertjährige Krieg ↑D 89; *vgl.* achtjährig
Hun|dert|ki|lo|me|ter|tem|po, **Hun|dert-Ki|lo|me|ter-Tem|po**, das; -s; im Hundertkilometertempo
hun|dert|mal; einhundertmal; vielhundertmal; *bei besonderer*

Betonung hundert Mal, einhundert Mal, vielhundert Mal; ↑D 79: viele Hunder- *od.* hundert Mal[e]; viel Hundert *od.* hundert Male; ein halbes Hundert Mal; *vgl.* achtmal; **hun|dert|ma|lig**
Hun|dert|mark|schein, Hundert-Mark-Schein (*mit Ziffern* 100-Mark-Schein ↑D 26; *früher*)
Hun|dert|me|ter|lauf, Hun|dert-Me-ter-Lauf (*mit Ziffern* 100-Meter-Lauf, 100-m-Lauf; ↑D 26)
hun|dert|pro (*ugs. für* hundertprozentig); sie kommt hundertpro
hun|dert|pro|zen|tig (*mit Ziffern:* 100-prozentig, 100 %ig)
Hun|dert|satz, Vom/hun|dert|satz (*für* Prozentsatz)
Hun|dert|schaft
hun|derts|te; die hundertste Folge; der Hundertste; vom Hundertsten ins Tausendste kommen; *vgl.* achte
hun|derts|tel *vgl.* achtel; **Hun|derts|tel,** das, *schweiz. meist* der; -s, -; *vgl.* Achtel
Hun|derts|tel|se|kun|de (*mit Ziffern:* 100stel-Sekunde); *auch* hundertstel Sekunde (100stel Sekunde)
hun|derts|tens
hun|dert|tau|send; mehrere Hunderttausend *od.* hunderttausend Euro; Hunderttausende *od.* hunderttausende Besucher *od.* von Besuchern *vgl.* tausend
hun|dert|und|ein[s] *vgl.* hundertein[s]
Hun|dert|was|ser, Friedensreich (österr. Künstler)
Hun|de|sa|lon; Hun|de|schei|ße (*derb*)**; Hun|de|schlit|ten; Hun|de|schnau|ze; Hun|de|schu|le**
Hun|de|sit|ter, der; -s, -; **Hun|de|sit|te|rin**
Hun|de|sper|re
Hun|de|sport|platz; Hun|de|staf|fel (*Militär, Polizeiw.*); **Hun|de|steu-er,** die; **Hun|de|to|i|let|te**
Hun|de|trai|ner; Hun|de|trai|ne|rin; Hun|de|trai|ning
Hun|de|wa|che (*Seemannsspr.* Nachtwache); **Hun|de|wel|pe**
Hun|de|wet|ter (*ugs.*); **Hun|de|zucht**
Hün|din; hün|disch
Hun|d|red|weight [ˈhandrətveɪt], das; -[s], -s (britisches Handelsgewicht; *Abk.* cwt, cwt. [*eigtl. für* centweight])
Hunds|fott, der; -[e]s, *Plur.* -e *u.* ...fötter (*derb für* Schurke); **Hunds|föt|te|rei; hunds|föt|tisch**

hunds|ge|mein (*ugs.*)
hunds|ge|wöhn|lich (*ugs.*)
Hunds|hüt|te (*bes. österr. veraltend*)
Hunds|ka|mil|le (der Kamille ähnliche Pflanze)
hunds|mi|se|ra|bel (*ugs.*)
hunds|mü|de *vgl.* hundemüde
Hunds|pe|ter|si|lie (eine giftige Pflanze)
Hunds|ro|se (wilde Rose); **Hundsstern; Hunds|ta|ge** *Plur.* (vom 23. Juli bis zum 23. August)
Hunds|vei|gerl (*österr. ugs.*)**, Hundsveil|chen** (duftloses Veilchen)
Hü|ne, der; -n, -n
hü|nen|ge|stalt; Hü|nen|grab
hü|nen|haft
Hun|ger, der; -s; vor Hunger sterben; *aber* hungers sterben
Hun|ger|ast, der (*Sport* durch Kohlenhydratmangel verursachter plötzlicher Leistungsabfall des Körpers)
Hun|ger|blüm|chen, Hun|ger|blu|me (eine Pflanze)
Hun|ger|ge|fühl
Hun|ger|ha|ken (*ugs. abwertend für* sehr hagerer Mensch)
Hun|ger|jahr; Hun|ger|kri|se
Hun|ger|künst|ler; Hun|ger|künst|le|rin
Hun|ger|kur
Hun|ger|lei|der (*ugs.*); **Hun|ger|lei|de|rin**
Hun|ger|lohn
hun|gern; ich hungere; mich hungert
Hun|ger|ödem
hun|gers *vgl.* Hunger
Hun|gers|not
Hun|ger|streik; Hun|ger|tod; Hun|ger|tuch *Plur.* ...tücher (Fastentuch); **Hun|ger|turm** (*früher*)
hung|rig
Hun|ne, der; -n, -n (*früher für* Angehöriger eines ostasiatischen Nomadenvolkes)
Hun|nen|kö|nig; Hun|nen|kö|ni|gin
Hun|nen|zug
Hun|ni, der; -s, -s (*ugs. für* Hunderteuroschein)
Hun|nin
hun|nisch
Huns|rück, der; -s (Teil des westlichen Rheinischen Schiefergebirges)
Huns|rü|cker; Huns|rü|cke|rin
Hunt, der; -[e]s, -e (*Nebenform von* Hund [Förderwagen])
Hun|ter [ˈhan...], der; -s, - (*engl.*) (*Reiten* Jagdpferd; ein Jagdhund)
Hu|pe, die; -, -n; **hu|pen; Hu|pe|rei**

Hupf, der; -[e]s, -e (*veraltet, noch landsch. für* Sprung)
Hüpf|burg (aufblasbares Spielgerät [in Form einer Burg])
Hupf|doh|le (*ugs. scherzh. für* [Revue]tänzerin)
hup|fen (*bayr., österr., sonst veraltend für* hüpfen); das ist gehupft wie gesprungen (*ugs. für* das ist völlig gleich)
hüp|fen
Hup|fer (*bayr., österr. für* Hüpfer); **Hüp|fer,** der; -s, - (kleiner Sprung)
Hüp|fer|ling (eine Krebsart)
Hup|kon|zert (*ugs. für* gleichzeitiges Hupen vieler Autofahrer)
Hüp|pe, die; -, -n (*schweiz. regional für* ein gerolltes Gebäck)
Hur|de, die; -, -n (Flechtwerk; *südwestd. u. schweiz. für* ¹Horde)
Hür|de, die; -, -n (Flechtwerk; tragbare Einzäunung [für Schafe]; Hindernis beim Hürdenlauf); *vgl.* ¹Horde
Hür|den|lauf (*Leichtathletik*); **Hür|den|läu|fer; Hür|den|läu|fe|rin**
Hür|den|sprint; Hür|den|sprin|ter; Hür|den|sprin|te|rin
Hu|re, die; -, -n; **hu|ren**
Hu|ren|bock (Schimpfwort)
Hu|ren|kind (*Druckerspr.* [einen Absatz beschließende] Einzelzeile am Anfang einer neuen Seite od. Spalte)
Hu|ren|sohn (Schimpfwort)
Hu|re|rei
Hu|ri, die; -, -s ⟨arab.⟩ (schönes Mädchen im islam. Paradies)
hür|nen (*veraltet für* aus Horn)
Hu|ro|ne, der; -n, -n (Angehöriger eines nordamerik. Indianerstammes); **Hu|ro|nin**
hu|ro|nisch
hur|ra!; Hur|ra [*auch* ˈhʊr...]*, das;* -s, -s; viele Hurras; Hurra *od.* hurra schreien
Hur|ra|pa|t|ri|o|tis|mus; Hur|ra-ruf
Hur|ri|kan [*auch* ˈharikn], der; -s, *Plur.* -e, *bei engl. Ausspr.* -s ⟨indian.⟩ (trop. Wirbelsturm)
hur|tig; Hur|tig|keit, die; -
Hur|tig|ru|te, die; -, *Plur.* Hurtigruten® ⟨norw.⟩ (Postschiffroute entlang der norw. Westküste; *Plur.* eine norw. Reederei)
Hus, Jan (tschech. Reformator)
Hu|sar, der; -en, -en ⟨ung.⟩ (Geschichte Angehöriger einer leichten Reitertruppe in ungarischer Nationaltracht)
Hu|sa|ren|ritt; Hu|sa|ren|streich

Husarenstück

(waghalsiges, tollkühnes Unternehmen); **Hu|sa|ren|stück**
husch!; husch, husch!
Husch, der; -[e]s, -e *Plur. selten* (*ugs.*); auf einen Husch (für kurze Zeit) besuchen; im Husch (rasch)
Hu|sche, die; -, -n (*landsch. für* Regenschauer)
hu|sche|lig, hu|schlig, husch|lig (*landsch. für* oberflächlich, vorschnell); **Hu|sche|lig|keit**, **Husch|lig|keit**
hu|scheln (*landsch. für* ungenau arbeiten); ich husch[e]le; sich huscheln (*landsch. für* sich in einen Mantel usw. wickeln)
hu|schen; du huschst
hu|schig, **husch|lig** *vgl.* huschelig, **Husch|lig|keit** *vgl.* Huscheligkeit
Hus|ky [ˈhaski], der; -s, -s ⟨*engl.*⟩ (Polarhund)
hus|sa!; **hus|sa|sa!**
Hus|se, Hous|se [ˈhʊsə], die; -, -n ⟨*franz.*⟩ (dekorativer textiler Überwurf für Sitzmöbel)
hus|sen (*österr. ugs. für* aufwiegeln, hetzen); du husst
Hus|serl (dt. Philosoph)
Hus|sit, der; -en, -en (Anhänger von Jan Hus); **Hus|si|ten|krieg**
hüst! (*Zuruf an Zugtiere links!*)
hüs|teln; ich hüst[e]le
hus|ten; **Hus|ten**, der; -s, - *Plur. selten*
Hus|ten|an|fall; **Hus|ten|bon|bon**; **Hus|ten|mit|tel**, das; **Hus|ten|reiz**, der; -es; **Hus|ten|saft**
Hu|sum (Stadt an der Nordsee); **Hu|su|mer**; **Hu|su|me|rin**
¹**Hut**, der; -[e]s, Hüte (Kopfbedeckung)
²**Hut**, die; - (*geh. für* Schutz, Aufsicht); auf der Hut sein
Hut|ab|la|ge; **Hut|ab|tei|lung**; **Hut|band**, das; *Plur.* ...bänder
Hüt|chen; **Hüt|chen|spiel**; **Hüt|chen|spie|ler**; **Hüt|chen|spie|le|rin**
Hü|te|hund; **Hü|te|jun|ge**, der
hü|ten; sich hüten
Hü|ter; **Hü|te|rin**
Hut|fe|der; **Hut|form**
Hut|kof|fer; **Hut|krem|pe**
hut|los
Hut|ma|cher; **Hut|ma|che|rin**
Hut|na|del; **Hut|schach|tel**
¹**Hut|sche**, die; -, -n (*bayr., österr. für* Schaukel)
²**Hut|sche**, **Hüt|sche** *vgl.* Hitsche
hut|schen (*südd., österr. für* schaukeln); du hutschst
Hut|schnur; *meist in* jmdm. über die Hutschnur gehen (*ugs. für* jmdm. zu weit gehen)
Hutsch|pferd (*österr. für* Schaukelpferd)
Hütt|chen
Hut|te, die; -, -n (*schweiz. mdal. für* Rückentragkorb); *vgl.* Hotte
Hüt|te, die; -, -n (*auch kurz für* Eisenhütte, Glashütte u. a.)
Hut|ten (dt. Humanist)
Hüt|ten|abend
Hüt|ten|ar|bei|ter; **Hüt|ten|ar|bei|te|rin**
Hüt|ten|be|trieb; **Hüt|ten|dorf**; **Hüt|ten|in|dus|tri|e**; **Hüt|ten|kä|se**; **Hüt|ten|kun|de**, die; -; **Hüt|ten|schuh**
Hüt|ten|wart (*bes. schweiz.*); **Hüt|ten|war|tin**
Hüt|ten|werk; **Hüt|ten|we|sen**, das; -s
Hüt|ten|wirt; **Hüt|ten|wir|tin**
Hu|tu, der; -[s], -[s] *u.* die; -, -[s] (Angehörige[r] eines afrikanischen Volkes)
Hu|tung (*Landwirtsch.* dürftige Weide)
Hü|tung (Bewachung)
Hut|wei|de (*Landwirtsch.* Gemeindeweide, auf die das Vieh täglich getrieben wird)
Hut|ze, die; -, -n (*Kfz-Technik* bes. bei Sportwagen Abdeckung aus Blech für aus der Karosserie herausstehende Teile)
Hut|zel, die; -, -n (*landsch. für* Tannenzapfen; Dörrobstschnitzel; *auch für* alte Frau)
Hut|zel|brot (mit Hutzeln [Dörrobstschnitzeln] gebackenes Brot; *südd.* Festgebäck)
hut|ze|lig, **hutz|lig** (*landsch. für* welk; alt); **Hut|zel|männ|chen** (*auch für* Heinzelmännchen)
hut|zeln (*landsch. für* dörren; schrumpfen); ich hutz[e]le
Hut|zen|abend (*sächs. für* geselliges Beisammensein in der Weihnachtszeit, bes. im Erzgebirge)
hutz|lig *vgl.* hutzelig
Hut|zu|cker
Hux|ley [ˈhaksli], Aldous [ˈoːldəs] (britischer Schriftsteller)
Huy [hyː], der; -s (Höhenzug nördlich des Harzes)
Huy|gens [ˈhɔɪ̯...] (niederl. Physiker u. Mathematiker); **huy|genssch**; das huygenssche Prinzip ↑ D 89
Huy|wald [ˈhyː...], der; -[e]s; *vgl.* Huy
Hu|zu|le, der; -n, -n (Angehöriger eines ukrain. Volksstammes); **Hu|zu|lin**
Hwang|ho [ˈxvaŋho], Ho|ang|ho, der; -[s] ⟨chin., »gelber Fluss«⟩ (Strom in China)
Hy|a|den *Plur.* ⟨griech., »Regensterne«⟩ (Töchter des Atlas)
hy|a|lin ⟨griech.⟩ (*Med.* durchsichtig wie Glas, glasartig)
Hy|a|lit, der; -s, -e ⟨*Geol.* ein heller, glasartiger Opal⟩
Hy|a|lu|ron|säu|re (Bestandteil des Bindegewebes)
Hy|ä|ne, die; -, -n ⟨griech.-lat.⟩ (ein Raubtier)
¹**Hy|a|zinth** (Liebling Apollos)
²**Hy|a|zinth**, der; -[e]s, -e ⟨griech.⟩ (rötlich brauner Zirkon)
³**Hy|a|zinth**, der; -s, -e (schöner Jüngling)
Hy|a|zin|the, die; -, -n (eine Zwiebelpflanze)
¹**hy|b|rid** ⟨griech.⟩ (überheblich)
²**hy|b|rid** ⟨lat.⟩ (von zweierlei Herkunft; zwitterhaft); hybride Bildung (*Sprachwiss.* Zwitterbildung; zusammengesetztes Wort, dessen Teile verschiedenen Sprachen angehören)
Hy|b|rid|an|lei|he (*Bankw.*)
Hy|b|rid|an|trieb (*Technik* Kombination aus verschiedenen Antriebsarten bei Fahrzeugen)
Hy|b|rid|au|to (*svw.* Hybridfahrzeug)
Hy|b|ri|de, die; -, -n, *auch* der; -n, -n (*Biol.* Bastard [Pflanze od. Tier] als Ergebnis von Kreuzungen)
Hy|b|rid|fahr|zeug (mit einem Verbrennungs- u. einem Elektromotor angetriebenes Fahrzeug)
Hy|b|ri|di|sa|ti|on; **hy|b|ri|di|sie|ren**
Hy|b|ri|di|tät, die; -, -en (*bes. Fachspr.* ²hybride Beschaffenheit)
Hy|b|rid|mo|dell (Hybridfahrzeug)
Hy|b|rid|mo|tor (*Technik*)
Hy|b|rid|rech|ner (*EDV* Rechenanlage, die sowohl analog als auch digital arbeiten kann)
Hy|b|rid|schwein; **Hy|b|rid|züch|tung**
Hy|b|ris, die; - ⟨griech.⟩ (frevelhafter Übermut)
Hyde|park [ˈhaɪ̯t...], der; -[e]s (Park in London)
hy|d|r... *vgl.* hydro...; **Hy|d|r...** *vgl.* Hydro...
¹**Hy|d|ra**, die; - ⟨griech.⟩ (sagenhafte Seeschlange; ein Sternbild)
²**Hy|d|ra**, die; -, ...dren (ein Süßwasserpolyp)
Hy|d|r|ä|mie, die; -, ...ien ⟨griech.⟩

(*Med.* erhöhter Wassergehalt des Blutes)
Hy|d|rant, der; -en, -en (Zapfstelle zur Wasserentnahme)
Hy|d|rar|gy|rum, das; -s (Quecksilber, chemisches Element; *Zeichen* Hg)
Hy|d|rat, das; -[e]s, -e (Verbindung chem. Stoffe mit Wasser)
Hy|d|ra|ta|ti|on, Hy|d|ra|ti|on, die; -, -en (Bildung von Hydraten); **hy|d|ra|ti|sie|ren**
Hy|d|rau|lik, die; -, -en (Lehre von der Bewegung der Flüssigkeiten; deren technische Anwendung)
hy|d|rau|lisch (mit Flüssigkeitsdruck arbeitend); hydraulische Bremse, Presse; hydraulischer Mörtel (Wassermörtel)
Hy|d|ra|zin, das; -s (chemische Verbindung von Stickstoff mit Wasserstoff)
Hy|d|rier|ben|zin
hy|d|rie|ren (*Chemie* Wasserstoff anlagern); **Hy|d|rie|rung**
Hy|d|rier|ver|fah|ren; Hy|d|rier|werk
hy|d|ro... ⟨griech.⟩, *vor Vokalen* hy|d|r... ⟨auch ...sser⟩); **Hy|d|ro...,** *vor Vokalen* Hy|d|r... (Wasser...)
Hy|d|ro|bio|lo|gie ⟨griech.⟩ (Lehre von den im Wasser lebenden Organismen)
Hy|d|ro|chi|non [...çi...], das; -s ⟨griech.; indian.⟩ (*Chemie* besonders als fotografische Entwickler verwendete organische Verbindung)
Hy|d|ro|dy|na|mik, die; - ⟨griech.⟩ (Strömungslehre); **hy|d|ro|dy|na|misch**
Hy|d|ro|gen, Hy|d|ro|ge|ni|um, das; -s ⟨griech.⟩ (Wasserstoff; chemisches Element; *Zeichen* H); **Hy|d|ro|gen|kar|bo|nat,** *fachspr.* Hy|d|ro|gen|car|bo|nat
Hy|d|ro|gra|fie, Hy|d|ro|gra|phie, die; - (Gewässerkunde); **hy|d|ro|gra|fisch, hy|d|ro|gra|phisch**
Hy|d|ro|kul|tur ⟨griech.⟩ (Wasserkultur; Pflanzenzucht in Nährlösungen ohne Erde)
Hy|d|ro|lo|gie, die; - ⟨griech.⟩ (Lehre vom Wasser); **hy|d|ro|lo|gisch**
Hy|d|ro|ly|se, die; -, -n (Spaltung chemischer Verbindungen durch Wasser); **hy|d|ro|ly|tisch**
Hy|d|ro|me|cha|nik, die; - ⟨griech.⟩ (Mechanik der Flüssigkeiten)
Hy|d|ro|me|ter, das; -s, - (Gerät zur Messung der Fließgeschwindigkeit von Wasser); **Hy|d|ro|me|t|rie,** die; -; **hy|d|ro|me|t|risch**
Hy|d|ro|path, der; -en, -en ⟨griech.⟩ (hydropathisch Behandelnder); **Hy|d|ro|pa|thie,** die; - (*svw.* Hydrotherapie); **Hy|d|ro|pa|thin; hy|d|ro|pa|thisch**
hy|d|ro|phil (*Biol.* im od. am Wasser lebend); **hy|d|ro|phob** (*Biol.* das Wasser meidend)
Hy|d|ro|ph|thal|mus, der; -, ...mi (*Med.* Augenwassersucht)
Hy|d|ro|phyt, der; -en, -en (Wasserpflanze)
hy|d|ro|pisch (*Med.* wassersüchtig)
hy|d|ro|pneu|ma|tisch (*Technik* durch Wasser u. Luft [betrieben])
Hy|d|rops, der; -, **Hy|d|rop|sie,** die; -, ...ien (*Med.* Wassersucht)
Hy|d|ro|sphä|re, die; - (Wasserhülle der Erde)
Hy|d|ro|sta|tik, die; - (*Physik* Lehre von den Gleichgewichtszuständen bei Flüssigkeiten); **hy|d|ro|sta|tisch;** hydrostatische Waage (zum Bestimmen des Auftriebs)
Hy|d|ro|stö|ßel *meist Plur.* (*Kfz-Technik* das Ventilspiel hydraulisch regelnder Stößel in Diesel- u. Ottomotoren)
Hy|d|ro|tech|nik, die; - ⟨griech.⟩ (Wasserbau[kunst])
hy|d|ro|the|ra|peu|tisch; Hy|d|ro|the|ra|pie, die; -, ...ien (*Med.* Heilbehandlung durch Anwendung von Wasser; *nur Sing.:* Wasserheilkunde)
Hy|d|ro|xid, Hy|d|ro|xyd, das; -[e]s, -e ⟨griech.⟩ (chemische Verbindung); *vgl.* Oxid
Hy|d|ro|xy|grup|pe, *veraltend* **Hy|d|ro|xyl|grup|pe** ⟨griech.; dt.⟩ (*Chemie* Wasserstoff-Sauerstoff-Gruppe)
Hy|d|ro|xy|lie|rung (eine chem. Reaktion)
Hy|d|ro|ze|pha|lus, der; -, ...alen ⟨griech.⟩ (*Med.* abnorm vergrößerter Schädel durch übermäßige Flüssigkeitsansammlung)
Hy|d|ro|zo|on, das; -s, ...zoen *meist Plur.* (*Zool.* Nesseltier)
Hy|e|to|gra|fie, Hy|e|to|gra|phie, die; - ⟨griech.⟩ (*Meteorol.* veraltet Beschreibung der Verteilung von Niederschlägen)
Hy|e|to|me|ter, das; -s, - (Regenmesser)
Hyg|ge, die; - ⟨dän., norw.⟩ (Gemütlichkeit, Heimeligkeit [als Lebensprinzip]); **hyg|ge|lig** (gemütlich, heimelig)

Hy|gi|eia (griech. Göttin der Gesundheit)
Hy|gi|e|ne, die; - ⟨griech.⟩ (Gesundheitslehre, -fürsorge, -pflege); **Hy|gi|e|ni|ker; Hy|gi|e|ni|ke|rin; hy|gi|e|nisch**
Hy|gro|me|ter, das; -s, - ⟨griech.⟩ (Luftfeuchtigkeitsmesser)
Hy|gro|phyt, der; -en, -en (*Bot.* Landpflanze mit hohem Wasserverbrauch)
Hy|gro|s|kop, das; -s, -e (*Meteorol.* Luftfeuchtigkeitsmesser); **hy|gro|s|ko|pisch** (Feuchtigkeit an sich ziehend)
Hyk|sos *Plur.* (ein asiatisches Erobererervolk im alten Ägypten)
Hy|le, die; - ⟨griech.⟩ (*Philos.* [nach Aristoteles] der formbare Urstoff); **hy|lisch** (*Philos.* materiell, stofflich)
[1]**Hy|men, Hy|me|nai|os** [*auch* ...'me:naɪɔs], **Hy|me|nä|us** (griech. Hochzeitsgott)
[2]**Hy|men,** der; -s, - ⟨griech.⟩ (antiker Hochzeitsgesang)
[3]**Hy|men,** das, *auch* der; -s, - (*Med.* Jungfernhäutchen)
Hy|me|nai|os [*auch* ...'me:naɪɔs], **Hy|me|nä|us** *vgl.* [1]Hymen
Hy|me|no|p|te|re, die; -, -n *meist Plur.* (*Zool.* Hautflügler)
Hym|ne, die; -, -n, **Hym|nus,** der; -, ...nen ⟨griech.⟩ (Festgesang; feierliches Gedicht); **Hym|nik,** die; - (Kunstform der Hymne); **hym|nisch**
Hym|no|lo|gie, die; - (Hymnenkunde); **hym|no|lo|gisch**
Hym|nus *vgl.* Hymne
Hy|os|cy|a|min, Hy|os|zy|a|min, das; -s ⟨griech.⟩ (*Chemie* Alkaloid, Heilmittel)
hyp... *vgl.* hypo...
Hyp... *vgl.* Hypo...
Hy|p|al|la|ge [*auch* ...'palage], die; - ⟨griech.⟩ (*Sprachwiss.* Vertauschung eines attributiven Genitivs mit einem attributivischen Adjektiv u. umgekehrt, z. B. jagdliche Ausdrücke *statt* Ausdrücke der Jagd)
Hype [haɪp], der; -s, -s ⟨engl.⟩ (aggressive Werbung; Welle oberflächlicher Begeisterung)
hy|per... ⟨griech.⟩ (über...); **Hy|per...** (Über...)
Hy|per|aci|di|tät, die; - (*Med.* überhöhter Säuregehalt im Magen)
hy|per|ak|tiv (übersteigerten Bewegungsdrang zeigend); hyperaktive Kinder; **Hy|per|ak|ti|vi|tät,** die; -

Hyperalgesie

Hy|per|al|ge|sie, die; -, ...ien ⟨Med. gesteigertes Schmerzempfinden⟩; **hy|per|al|ge|tisch**

Hy|per|äs|the|sie, die; -, ...ien ⟨Med. Überempfindlichkeit⟩; **hy|per|äs|the|tisch**

Hy|per|bel, die; -, -n ⟨griech.⟩ ⟨Stilkunde Übertreibung des Ausdrucks; Math. Kegelschnitt⟩; **hy|per|bo|lisch** (hyperbelartig; im Ausdruck übertreibend); hyperbolische Funktion ⟨Math.⟩)

Hy|per|bo|lo|id, das; -[e]s, -e ⟨Math. Körper, der durch Drehung einer Hyperbel um ihre Achse entsteht⟩

Hy|per|bo|re|er (Angehöriger eines sagenhaften Volkes des hohen Nordens); **Hy|per|bo|re|e|rin**; **hy|per|bo|re|isch**

Hy|per|dak|ty|lie, die; -, ...ien ⟨griech.⟩ ⟨Med. Bildung von mehr als je fünf Fingern od. Zehen⟩

Hy|per|eme|sis, die; - ⟨griech.⟩ ⟨Med. übermäßiges Erbrechen⟩

Hy|per|funk|ti|on, die; -, -en ⟨griech.⟩ ⟨Med. Überfunktion eines Organs⟩

hy|per|gol, hy|per|go|lisch ⟨griech.; lat.⟩ ⟨Chemie⟩; hypergole Treibstoffe (selbstzündende Raketentreibstoffe)

Hy|pe|ri|on [auch ...'ri:ɔn] (Titan, Vater des Helios)

hy|per|ka|ta|lek|tisch ⟨griech.⟩ (Verslehre mit überzähliger Silbe versehen)

hy|per|kor|rekt (überkorrekt)

hy|per|kri|tisch (überstreng)

Hy|per|link ['haipɐ...], der; -[s], -s ⟨engl.⟩ (Stelle auf dem Bildschirm, die durch Anklicken zu weiteren Informationen führt)

Hy|per|me|ter, der; -, - ⟨griech.⟩ (Vers, der um eine Silbe zu lang ist u. mit der Anfangssilbe des folgenden Verses durch Elision verbunden wird); **hy|per|me|trisch**

Hy|per|me|t|ro|pie, die; - ⟨Med. Weitsichtigkeit⟩; **hy|per|me|t|ro|pisch**

hy|per|mo|dern (übermodern, übertrieben neuzeitlich)

hy|per|ner|vös (extrem nervös)

Hy|pe|ron, das; -s, ...onen ⟨griech.⟩ ⟨Kernphysik überschweres Elementarteilchen⟩

Hy|per|pla|sie, die; -, ...ien ⟨griech.⟩ ⟨Med., Biol. abnorme Vermehrung von Zellen⟩

hy|per|sen|si|bel (überaus sensibel, empfindsam)

hy|per|so|nisch ⟨griech.; lat.⟩ ⟨Physik Überschall...⟩

Hy|per|text ['haipɐ...] ⟨EDV Netz aus verbundenen Text-, Bild- u. Dateneinheiten, in dem sich die Nutzer nach Belieben bewegen können⟩

Hy|per|to|nie, die; -, ...ien ⟨griech.⟩ ⟨Med. Bluthochdruck; gesteigerte Muskelspannung; erhöhte Spannung im Augapfel⟩

hy|per|troph (überspannt, überzogen; Med., Biol. durch Zellenwachstum vergrößert); **Hy|per|tro|phie**, die; -, ...ien ⟨griech.⟩ (übermäßige Vergrößerung von Geweben u. Organen)

Hy|per|ven|ti|la|ti|on, die; -, -en ⟨Med. übersteigerte Atmung⟩

Hy|phe, die; -, -n ⟨griech.⟩ ⟨Bot. Pilzfaden⟩

Hy|ph|en, das; -[s], - ⟨griech.⟩ (Bindestrich bei zusammengesetzten Wörtern)

Hyp|no|pä|die, die; - ⟨griech.⟩ (Schlaflernmethode); **hyp|no|pä|disch**

Hyp|nos (griech. Gott des Schlafes)

Hyp|no|se, die; -, -n ⟨[durch Suggestion herbeigeführter] schlafähnlicher Bewusstseinszustand⟩; **Hyp|no|tik**, die; - (Lehre von der Hypnose); **Hyp|no|ti|kum**, das; -s, ...ka (Schlafmittel); **hyp|no|tisch**

Hyp|no|ti|seur [...'zø:ɐ̯], der; -s, -e ⟨franz.⟩ (die Hypnose Bewirkender); **Hyp|no|ti|seu|rin**

hyp|no|ti|sie|ren (in Hypnose versetzen; beeinflussen, widerstandslos machen); **Hyp|no|tis|mus**, der; - ⟨griech.⟩ (Lehre von der Hypnose; Beeinflussung)

hy|po... ⟨griech.⟩, vor Vokalen hyp... (unter...); **Hy|po...**, vor Vokalen Hyp... (Unter...)

hy|po|al|l|er|gen ⟨griech.⟩ ⟨Med. kaum allergen; mit wenig allergenen Stoffen⟩

Hy|po|bank Plur. ...banken (kurz für Hypothekenbank, Hypothekarbank)

Hy|po|chon|der [...x...], der; -s, - ⟨griech.⟩ (Schwermütiger; eingebildeter Kranker); **Hy|po|chon|de|rin**; **Hy|po|chon|d|rie**, die; -, ...ien (Einbildung, krank zu sein; Trübsinn, Schwermut); **hy|po|chon|d|risch**

Hy|po|gas|t|ri|um, das; -s, ...ien ⟨griech.⟩ ⟨Med. Unterleib⟩

Hy|po|gä|um, das; -s, ...gäen ⟨griech.-lat.⟩ (unterirdisches Gewölbe; Grabraum)

hy|po|kaus|tisch ⟨griech.⟩; **Hy|po|kaus|tum**, das; -s, ...sten (Fußbodenheizung der Antike)

Hy|po|ko|tyl, das; -s, -e ⟨Bot. Keimstängel der Samenpflanzen⟩

Hy|po|kri|sie, die; -, ...ien (Heuchelei); **Hy|po|krit**, der; -en, -en (Heuchler); **Hy|po|kri|tin**; **hy|po|kri|tisch**

Hy|po|phy|se, die; -, -n ⟨griech.⟩ ⟨Med. Hirnanhang⟩

hy|po|sen|si|bi|li|sie|ren ⟨lat.⟩ ⟨Med. gegen Allergien unempfindlich machen⟩; **Hy|po|sen|si|bi|li|sie|rung** ⟨Med.⟩

Hy|po|sta|se, die; -, -n ⟨griech.⟩ (Verdinglichung von Begriffen; Personifizierung göttlicher Eigenschaften od. religiöser Vorstellungen); **hy|po|s|ta|sie|ren** (personifizieren; verdinglichen); **hy|po|s|ta|tisch** (verdinglichend)

Hy|po|s|ty|lon, das; -s, ...la, **Hy|po|s|ty|los**, der; -, ...loi ⟨Archit. gedeckter Säulengang; Säulenhalle; Tempel mit Säulengang⟩

hy|po|tak|tisch ⟨griech.⟩ ⟨Sprachwiss. unterordnend⟩; **Hy|po|ta|xe**, die; -, -n, älter **Hy|po|ta|xis**, die; -, ...taxen ⟨Sprachwiss. Unterordnung⟩

Hy|po|te|nu|se, die; -, -n ⟨Math. im rechtwinkligen Dreieck die Seite gegenüber dem rechten Winkel⟩

Hy|po|tha|la|mus, der; -, ...mi ⟨Med. Teil des Zwischenhirns⟩

Hy|po|thek, die; -, -en ⟨griech.⟩ (im Grundbuch eingetragenes Pfandrecht an einer Immobilie; übertr. für ständige Belastung)

Hy|po|the|kar, der; -s, -e (Hypothekengläubiger); **Hy|po|the|kar|bank** Plur. ...banken (schweiz. für Hypothekenbank); **Hy|po|the|ka|rin**; **hy|po|the|ka|risch**; **Hy|po|the|kar|kre|dit** (Hypothekendarlehen); **Hy|po|the|kar|zins** schweiz. für Hypothekenzins

Hy|po|the|ken|an|lei|he (Bankw., Börsenw. durch eine Hypothek gesichertes Wertpapier); **Hy|po|the|ken|bank**; **Hy|po|the|ken|dar|le|hen** (durch eine Hypothek gesichertes Darlehen); **Hy|po|the|ken|fi|nan|zie|rer** (Hypothekenbank); **Hy|po|the|ken|markt**

Hy|po|the|ken|pa|pier (Finanzw.);

Ichthyologie

Hy|po|the|ken|[pfand|]brief; Hy|po|the|ken|zins Plur. ...zinsen
Hy|po|ther|mie, die; -, ...ien ⟨griech.⟩ (Med. abnorm niedrige Körpertemperatur)
Hy|po|the|se, die; -, -n ([unbewiesene] Annahme; Vorentwurf für eine Theorie); hy|po|the|tisch
Hy|po|to|nie, die; -, ...ien (Med. zu niedriger Blutdruck; herabgesetzte Muskelspannung)
Hy|po|tra|che|li|on, das; -s, ...ien (Archit. Säulenhals unter dem Kapitell)
Hy|po|tro|phie, die; -, ...ien (Med. Unterentwicklung)
Hy|po|zen|t|rum (unter der Erdoberfläche liegender Erdbebenherd)
Hy|po|zins (kurz für Hypothekenzins, Hypothekarzins)
Hy|po|zy|k|lo|i|de, die; -, -n ⟨griech.⟩ (Geom. eine geometrische Kurve)
Hyp|si|pho|bie, die; -, ...ien ⟨griech.⟩ (Med. Höhenangst)
Hyp|so|me|ter, das; -s, - (Höhenmesser); Hyp|so|me|t|rie, die; -; hyp|so|me|t|risch
Hyr|ka|ni|en ⟨griech.⟩ (im Altertum Bez. für die südöstliche Küste des Kaspischen Meeres); hyr|ka|nisch
Hys|te|r|al|gie, die; -, ...ien ⟨griech.⟩ (Med. Gebärmutterschmerz); Hys|te|r|ek|to|mie, die; -, ...ien (operative Entfernung der Gebärmutter)
Hys|te|re|se, Hys|te|re|sis, die; -, ...resen ⟨griech.⟩ (Physik das Zurückbleiben einer Wirkung hinter der sie verursachenden physikalischen Größe)
Hys|te|rie, die; -, ...ien (psychogene körperliche Störung; nervöse Aufgeregtheit); Hys|te|ri|ker; Hys|te|ri|ke|rin; hys|te|risch
Hys|te|ron-Pro|te|ron, das; -s, Hystera-Protera ⟨griech.⟩ (Philos. Scheinbeweis)
Hys|te|ro|p|to|se, die; -, -n ⟨griech.⟩ (Med. Gebärmuttersenkung); Hys|te|ro|s|ko|pie, die; -, ...ien ⟨griech.⟩ (Med. Untersuchung der Gebärmutterhöhle); Hys|te|ro|to|mie, die; -, ...ien (Med. Gebärmutterschnitt)

Hz = Hertz
H5N1-Vi|rus (Bezeichnung einer gefährlichen Variante des Vogelgrippevirus [nach der Art der Bestandteile Hämagglutinin u. Neuraminidase benannt])

I

I
Die Schreibung mit dem großen I im Wortinnern als Kurzform bei der Doppelnennung weiblicher und männlicher Formen (z. B. MitarbeiterInnen, KollegInnen, StudentInnen) entspricht nicht den allgemeinen Rechtschreibregeln. Ausweichformen sind z. B.
– Mitarbeiter/-innen
– Mitarbeiter(innen)
– Student(inn)en, Kolleg(inn)en

i (Math.; Zeichen für imaginäre Zahl).
i. = in, im bei Ortsnamen, z. B. Immenstadt i. Allgäu; vgl. i. d.
i!; i bewahr!; i wo!
I (Buchstabe); das I, des I, die I, aber das i in Bild; der Buchstabe I, i; der Punkt auf dem i ↑D97; i-Punkt ↑D29
I (chem. Zeichen für Iod; vgl. Jod)
I = 1 (röm. Zahlzeichen)
I, ι = Iota

i. A.
= im Auftrag
Die Abkürzung wird im ersten Bestandteil kleingeschrieben (i. A.), wenn sie unmittelbar der Grußformel oder der Bezeichnung einer Behörde, Firma u. dgl. folgt, z. B.
– Die Oberbürgermeisterin i. A. Schmidt
Die Abkürzung wird dagegen im ersten Bestandteil großgeschrieben (I. A.), wenn sie nach einem abgeschlossenen Text allein vor einer Unterschrift steht, z. B.
– Ihre Unterlagen erhalten Sie mit gleicher Post zurück.
I. A. Schmidt

Ia (ugs.); das ist Ia od. eins a
IA = Iowa
IAA, die; - = Internationale Automobilausstellung

iah!; ia|hen; der Esel [hat] iaht
i. Allg. = im Allgemeinen
Iam|be usw. vgl. Jambe usw.
Ia|son vgl. Jason
Ia|t|rik, die; - ⟨griech.⟩ (Med. Heilkunst); ia|t|ro|gen (Med. durch ärztl. Einwirkung verursacht)
ib., ibd. = ibidem
IBAN, die; -, -s = international bank account number (internationale Kontonummer)
Ibe|rer (Angehöriger der vorindogermanischen Bevölkerung der Iberischen Halbinsel); Ibe|re|rin; ibe|risch; aber ↑D140: die Iberische Halbinsel
Ibe|ro|ame|ri|ka (Lateinamerika); ibe|ro|ame|ri|ka|nisch ↑D149
ibi|dem [auch ˈiː...] ⟨lat.⟩ (ebenda; Abk. ib., ibd.)
Ibis, der; Ibisses, Ibisse ⟨ägypt.⟩ (ein Schreitvogel)
Ibi|za (eine Baleareninsel; vgl. Eivissa); Ibi|zen|ker (Einwohner von Ibiza); Ibi|zen|ke|rin; ibi|zen|kisch
Ibn ⟨arab., »Sohn«⟩ (Teil von arabischen Personennamen)
Ib|ra|him [auch ...ˈhiːm] (m. Vorn.)
Ib|sen (norw. Schriftsteller)
Iby|kos, Iby|kus (altgriech. Dichter)
IC®, der; -[s], -[s] = Intercity[zug]
ICE®, der; -[s], -[s] = Intercityexpress[zug]; ICE-Stre|cke
ich; Ich, das; -[s], -[s]; das liebe Ich; mein anderes Ich
Ich-AG, die; -, -s (von einer arbeitslosen Person gegründetes Kleinunternehmen, das zunächst mit öffentlichen Mitteln unterstützt wird)
ich|be|zo|gen
Ich|er|zäh|ler, Ich-Er|zäh|ler; Ich|er|zäh|le|rin, Ich-Er|zäh|le|rin
Ich|form, fachspr. auch Ich-Form, die; - ↑D21; Erzählung in der Ichform; Ich|ge|fühl, das; -[e]s ↑D21
Ich|laut, Ich-Laut, der; -[e]s, -e
Ich|neu|mon, der od. das; -s, Plur. -e u. -s ⟨griech.⟩ (eine Schleichkatze)
Ich|no|gramm (Med. Gipsabdruck des Fußes)
Ich|ro|man, Ich-Ro|man, der; -s, -e (Roman in der Ichform)
Ich|sucht, die; - ↑D21; ich|süch|tig
Ich|thyo|dont, der; -en, -en ⟨griech.⟩ (versteinerter Fischzahn); Ich|thyo|lith, der; Gen. -s u. -en, Plur. -e[n] (versteinerter Fisch[rest])
Ich|thyo|lo|ge, der; -n, -n; Ich|thyo-

Ichthyologin

lo|gie, die; - (Wissenschaft von den Fischen); Ich|thyo|lo|gin
Ich|thyo|sau|ri|er, der; -s, -, Ich|thyo|sau|rus, der; -, ...rier (ausgestorbenes fischförmiges Kriechtier)
Ich|thy|o|se, Ich|thy|o|sis, die; -, ...osen (Med. eine Hautkrankheit)
Icing ['aɪs...], das; -s, -s ⟨amerik.⟩ (Eishockey Befreiungsschlag)
ick, betont oft icke (ugs., besonders berlin. für ich); »Ick hab keene Zeit«; »Wat denn, icke? Bin icke jemeint?«
Icon ['aɪkn], das; -s, -s ⟨engl.⟩ (EDV grafisches Sinnbild)
id. = idem
i. d. = in der (bei Ortsnamen, z. B. Neumarkt i. d. Opf. [in der Oberpfalz])
Id, das; -[s] ⟨lat.⟩ (Psychol. das Unbewusste, das Es)
¹ID = Idaho
²ID [aɪ'di:], die; -, -s (Identifikationsnummer)
¹Ida, der; - (Berg auf Kreta; [im Altertum] Gebirge in Kleinasien)
²Ida (w. Vorn.)
Ida|feld, das; -[e]s (germ. Mythol. Wohnort der Asen)
Ida|ho ['aɪdəhoʊ] (Staat in den USA; Abk. ID)
id|ä|isch ⟨zu ¹Ida⟩
Ida|red ['aɪdərɛt], der; -[s], -[s] (mittelgroßer Tafelapfel)
ide. = indoeuropäisch
ide|al ⟨griech.⟩ (nur in der Vorstellung existierend; der Idee entsprechend; vollkommen)
Ide|al, das; -s, -e (dem Geiste vorschwebendes Muster der Vollkommenheit; als ein höchster Wert erkanntes Ziel)
Ide|al|be|din|gung meist Plur.
Ide|al|be|set|zung; Ide|al|bild
ide|al|er|wei|se
Ide|al|fall, der; im Idealfall; Ide|al|fi|gur; Ide|al|ge|stalt; Ide|al|ge|wicht
ide|a|li|sie|ren (der Idee od. dem Ideal annähern; verklären); Ide|a|li|sie|rung
Ide|a|lis|mus, der; - (Überordnung der Gedanken-, Vorstellungswelt über die wirkliche; Streben nach Verwirklichung von Idealen); Ide|a|list, der; -en, -en; Ide|a|lis|tin; ide|a|lis|tisch
Ide|a|li|tät, die; - (ideale Beschaffenheit; Philos. das Sein als Idee od. Vorstellung)
ide|a|li|ter (idealerweise)
Ide|al|kon|kur|renz (Rechtsspr.);

Ide|al|li|nie (bes. Sport); Ide|al|lö|sung; Ide|al|maß; Ide|al|staat Plur. ...staaten
ide|al|ty|pisch; Ide|al|ty|pus
Ide|al|vor|stel|lung; Ide|al|wert (Kunstwert); Ide|al|zu|stand
Idee, die; -, Ide|en ([Ur]begriff, Urbild; [Leit-, Grund]gedanke; Einfall, Plan); eine Idee (ugs. auch für eine Kleinigkeit)
Idée fixe [i'de: 'fɪks], die; - -, -s -s [- -] ⟨franz.⟩ (Zwangsvorstellung; leitmotivisches Kernthema eines musikal. Werkes)
ide|ell (nur gedacht; geistig)
Ide|en|arm; Ide|en|ar|mut
Ide|en|as|so|zi|a|ti|on (Gedankenverbindung)
Ide|en|dra|ma; Ide|en|fül|le
Ide|en|ge|ber (jmd., der zu einem Vorhaben anregt); Ide|en|ge|be|rin
Ide|en|ge|halt, der; Ide|en|ge|schich|te, die; -; Ide|en|gut, das; -[e]s
ide|en|los; Ide|en|lo|sig|keit, die; -
ide|en|reich; Ide|en|reich|tum, der; -s
Ide|en|schmie|de (ugs.)
Ide|en|welt; Ide|en|wett|be|werb
idem ⟨lat.⟩ (der-, dasselbe; Abk. id.)
Iden, Idus ⟨lat.⟩ (13. od. 15. Monatstag des altrömischen Kalenders; die Iden des März (15. März)
ident (bes. österr. für identisch)
Iden|ti|fi|ka|ti|on, Iden|ti|fi|zie|rung, die; -, -en ⟨lat.⟩ (Gleichsetzung; Feststellung der Identität)
Iden|ti|fi|ka|ti|ons|fi|gur; Iden|ti|fi|ka|ti|ons|num|mer
iden|ti|fi|zier|bar; iden|ti|fi|zie|ren (miteinander gleichsetzen; genau wiedererkennen); sich identifizieren; Iden|ti|fi|zie|rung vgl. Identifikation
iden|tisch ([ein u.] derselbe; übereinstimmend; völlig gleich)
Iden|ti|tät, die; - (völlige Gleichheit, Übereinstimmung)
Iden|ti|täts|aus|weis (bes. österr. für Personalausweis); Iden|ti|täts|kar|te (österr. veraltet u. schweiz. für Personalausweis); Iden|ti|täts|kri|se; Iden|ti|täts|nach|weis ⟨Zollw.⟩; Iden|ti|täts|stif|tend; Iden|ti|täts|ver|lust
Ideo|gra|fie, Ideo|gra|phie, die; -, ...ien Plur. selten (aus Ideogrammen gebildete Schrift)
ideo|gra|fisch, ideo|gra|phisch
Ideo|gramm ⟨griech.⟩ (Schriftzeichen, das für einen Begriff, nicht

für eine bestimmte Lautung steht)
Ideo|lo|ge, der; -n, -n (Lehrer od. Anhänger einer Ideologie)
Ideo|lo|gie, die; -, ...ien (System von Weltanschauungen, [politischen] Grundeinstellungen u. Wertungen)
ideo|lo|gie|frei; ideo|lo|gie|ge|bun|den; Ideo|lo|gie|kri|tik
ideo|lo|gisch; ideo|lo|gisch (eine Ideologie betreffend)
ideo|lo|gi|sie|ren (ideologisch durchdringen, interpretieren); Ideo|lo|gi|sie|rung
ideo|mo|to|risch ⟨griech.; lat.⟩ (Psychol. unbewusst ausgeführt)
id est ⟨lat.⟩ (veraltend für das ist, das heißt; Abk. i. e.)
idg. = indogermanisch
idio... ⟨griech.⟩ (eigen..., sonder...); Idio... (Eigen..., Sonder...)
Idio|blast, der; -en, -en (Biol. Pflanzenzelle mit besonderer Funktion, die in andersartiges Gewebe eingelagert ist)
Idio|lat|rie, die; -, ...ien (Selbstvergötterung)
Idio|lekt, der; -[e]s, -e (Sprachwiss. individueller Sprachgebrauch); idio|lek|tal
Idi|om, das; -s, -e ⟨griech.⟩ (feste Redewendung; eigentümliche Sprache od. Sprechweise; Mundart); Idio|ma|tik, die; - (Lehre von den Idiomen; Gesamtbestand der Idiome einer Sprache; Sammlung von Idiomen); idio|ma|tisch; idio|ma|ti|siert; Idio|ma|ti|sie|rung
idio|morph ⟨griech.⟩ (Mineralogie von eigenen echten Kristallflächen begrenzt)
Idio|syn|kra|sie, die; -, ...ien (Med. Überempfindlichkeit gegen bestimmte Stoffe u. Reize); idio|syn|kra|tisch
Idi|ot, der; -en, -en ⟨griech.⟩ (ugs. abwertend für Dummkopf)
idi|o|ten|haft
Idi|o|ten|hü|gel (ugs. scherzh. für Hügel, an dem Anfänger sich im Skifahren üben)
idi|o|ten|si|cher (ugs. für so beschaffen, dass niemand etwas falsch machen kann)
Idi|o|ten|test (ugs. für MPU)
Idi|o|tie, die; -, ...ien (Med. veraltet für angeborener od. im frühen Kindesalter erworbener Intelligenzdefekt schwersten Grades; ugs. abwertend für Dummheit; törichtes Verhalten)

ikonoklastisch

Idi|o|ti|kon, das; -s, Plur. ...ken, auch ...ka ⟨griech.⟩ (Mundartwörterbuch)
Idi|o|tin; **idi|o|tisch**
Idi|o|tis|mus, der; -, ...men (Sprachwiss. veraltet Eigenheit eines Idioms; Med. veraltet Idiotie)
Ido, das; -[s] (eine künstliche Weltsprache)
Ido|kras, der; -, -e ⟨griech.⟩ (ein Mineral)
Idol, das; -s, -e ⟨griech.⟩ (Gegenstand der Verehrung; Publikumsliebling, Schwarm; Götzenbild, Abgott)
Ido|la|t|rie, **Ido|lo|la|t|rie**, die; -, ...ien (Bilderanbetung; Götzendienst)
ido|li|sie|ren (zum Idol machen)
Ido|lo|la|t|rie vgl. Idolatrie
i-Dötz|chen (rh.ein. für Abc-Schütze, Abc-Schützin)
Idu|mäa vgl. Edom
Idun, **Idu|na** (nordische Göttin der ewigen Jugend)
Idus vgl. Iden
Idyll, das; -s, -e ⟨griech.⟩ (Bereich, Zustand eines friedlichen u. einfachen [Land]lebens)
Idyl|le, die; -, -n (Schilderung eines Idylls in Literatur u. bildender Kunst; auch svw. Idyll)
Idyl|lik, die; - (idyllischer Zustand); **idyl|lisch** (das Idyll, die Idylle betreffend; ländlich; friedlich; einfach; beschaulich)
i. e. = id est
i.-e.. = indoeuropäisch
I. E., **IE** = Internationale Einheit
i. f. = ipse fecit
IFOR, **Ifor**, die; - ⟨engl.; Kurzwort für Implementation Force⟩ (ehem. internationale Truppe unter NATO-Führung in Bosnien u. Herzegowina); **IFOR-Frie|dens|trup|pe**, **Ifor-Frie|dens|trup|pe**
I-för|mig (in Form eines lateinischen I); ↑D 29
If|tar, der; -[s], -s ⟨arab.⟩ (islam. Rel. abendliches Essen im Fastenmonat Ramadan)
IG, die; - = Industriegewerkschaft
Igel, der; -s, -
IGeL, die; -, - (individuelle Gesundheitsleistung, die von den [gesetzl.] Krankenkassen nicht übernommen wird)
Igel|fisch; **Igel|fri|sur** (ugs.); **Igel|kak|tus**
IGeL-Leis|tung
Igel|stel|lung (ringförmige Verteidigungsstellung)

IGH, der; -[s] = Internationaler Gerichtshof (in Den Haag)
igitt!, **igit|ti|gitt!**
Ig|lu, der od. das; -s, -s ⟨eskim.⟩ (runde Schneehütte)
Ig|na|ti|us (Name von Heiligen); Ignatius von Loyola (Gründer der Gesellschaft Jesu)
Ig|naz [auch ɪˈɡnaːts] (m. Vorn.)
ig|no|rant ⟨lat.⟩ (von Unwissenheit zeugend); **Ig|no|rant**, der; -en, -en (»Nichtwisser«) (Dummkopf); **Ig|no|ran|ten|tum**, das; -s; **Ig|no|ran|tin**
Ig|no|ranz, die; - (Unwissenheit, Dummheit)
ig|no|rie|ren (nicht wissen [wollen], absichtlich nicht beachten)
Igor (m. Vorn.)
Igor|lied, das; -[e]s ↑D 136 (ein altrussisches Heldenepos)
Igu|a|no|don, das; -s, Plur. -s od. ...odonten ⟨indian.; griech.⟩ (pflanzenfressender Dinosaurier)
i. H. = im Haus[e]
IHK, die; -, -s = Industrie- u. Handelskammer
Ih|le, der; -n, -n (Hering, der abgelaicht hat)
ihm
ihn
ih|nen; er folgte ihnen; Großschreibung entsprechend »Sie«: ich wäre Ihnen dankbar, wenn Sie ...

ihr

I. Possessivpronomen:
– der Bruder ihres Vaters
– sie kam mit ihrem Sohn, ihrer Tochter

II. Großschreibung in Titeln und in der Anrede (entsprechend »Sie«) ↑D 84 u. 85:
– Ihre Majestät (Abk. I. M.) die Königin
– Ihre Exzellenz
– geben Sie mir Ihr Ehrenwort, Ihren Schlüssel, Ihre Adresse
Vgl. auch dein

III. Anredepronomen (entsprechend »du«):
– ihr seid jetzt dran
– kommt ihr uns besuchen?

Das Anredepronomen »ihr« kann in Briefen groß- oder kleingeschrieben werden ↑D 83:
– Lieber Hans, liebe Elke, wann besucht Ihr od. ihr uns einmal?

ih|re, **ih|ri|ge**; vgl. deine, deinige; Großschreibung entsprechend »Sie«: grüßen Sie bitte die Ihren, die Ihrigen
ih|rer|seits; Großschreibung entsprechend »Sie«: seien Sie Ihrerseits gegrüßt
ih|res|glei|chen; Großschreibung entsprechend »Sie«: dort werden Sie Ihresgleichen treffen
ih|res|teils (veraltend); Großschreibung entsprechend »Sie«: deshalb waren Sie Ihresteils zu Recht ungehalten
ih|ret|hal|ben (veraltend); Großschreibung entsprechend »Sie«: wussten Sie, dass wir nur Ihrethalben gekommen sind?
ih|ret|we|gen; Großschreibung entsprechend »Sie«: wussten Sie, dass wir nur Ihretwegen gekommen sind?
ih|ret|wil|len; um ihretwillen; Großschreibung entsprechend »Sie«: wussten Sie, dass wir nur um Ihretwillen gekommen sind?
ih|ri|ge vgl. ihre
Ih|ro (veraltet für Ihre); Ihro Gnaden
ihr|zen (mit »Ihr« anreden); du ihrzt
IHS = IH(ΣOY)Σ = Jesus
I. H. S. = in hoc salus; in hoc signo
i. J. = im Jahr[e]
Ijob vgl. Hiob
Ijs|sel, eigtl. **IJs|sel** [ˈaɪ...], die; - (Flussarm im Rheindelta); **Ijs|sel|meer**, niederl. **IJs|sel|meer**, das; -[e]s (durch Abschlussdeich gebildeter See in Holland)
ika|risch ⟨zu Ikarus⟩; aber das Ikarische Meer
Ika|ros, **Ika|rus** (Gestalt der griech. Sage)
Ike|ba|na, das; -[s] ⟨jap.⟩ (Kunst des Blumensteckens)
Ikon, das; -s, -e ⟨griech.⟩ (seltener für Ikone); **Iko|ne**, die; -, -n (Kultbild der Ostkirche; übertr. für Sinnbild, Idol in einem bestimmten Bereich); eine Ikone der Popmusik; **Iko|nen|ma|le|rei**
Iko|no|du|lie, die; - (Bilderverehrung)
Iko|no|graf, **Iko|no|graph**, der; -en, -en; **Iko|no|gra|fie**, **Iko|no|gra|phie**, die; -, ...ien (wissenschaftl. Bestimmung, Beschreibung, Erklärung von Bildinhalten); **iko|no|gra|fin**, **iko|no|gra|phin**; **iko|no|gra|fisch**, **iko|no|gra|phisch**
Iko|no|klas|mus, der; -, ...men (Bildersturm); **Iko|no|klast**, der; -en, -en (Bilderstürmer); **Iko|no|klas|tin**; **iko|no|klas|tisch**

Ikonolatrie

Iko|no|la|t|rie, die; -, ...jen (svw. Ikonodulie); **Iko|no|lo|gie**, die; - (svw. Ikonografie)
Iko|no|s|kop, das; -s, -e (Fernsehen Bildspeicherröhre)
Iko|no|s|tas, der; -, -e, **Iko|no|s|ta|se**, die; -, -n (dreitürige Bilderwand in orthodoxen Kirchen)
Iko|sa|eder, das; -s, - ⟨griech.⟩ (Math. Zwanzigflächner); **Iko|si|te|t|ra|eder**, das; -s, - (Vierundzwanzigflächner)
IKRK, das; - = Internationales Komitee vom Roten Kreuz (in Genf)
IKS, die; - = Interkantonale Kontrollstelle für Heilmittel (in der Schweiz)
Ik|tus, der; -, - u. Ikten ⟨lat.⟩ (Verslehre Betonung der Hebung im Vers; Med. unerwartet u. plötzlich auftretendes Symptom)
IL = Illinois
Ilang-Ilang-Baum usw. vgl. Ylang-Ylang-Baum usw.; **Ilang-Ilang-Öl** vgl. Ylang-Ylang-Öl
Iler, der; -s, - (Schabeisen der Kammmacher)
Ile|us, der; -, Ileen [...əən] ⟨griech.⟩ (Med. Darmverschluss)
Ilex, die, auch der; -, - ⟨lat.⟩ (Stechpalme)
Ili|as, seltener **Ili|a|de**, die; - ([Homers] Heldengedicht über den Krieg gegen Ilion)
Ili|on (griechischer Name von Troja); **Ili|um** (latinisierte Form von Ilion)
ill. = illustriert
Ill, die; - (rechter bzw. linker Nebenfluss des Rheins)
Ill. = Illustration, Illustrierte[n]
il|le|gal [auch ...'ga:l] ⟨lat.⟩ (gesetzwidrig); **Il|le|ga|li|tät** [auch 'ɪ...], die; -, -en; in der Illegalität leben
il|le|gi|tim [auch ...'ti:m] (unrechtmäßig; unehelich); **Il|le|gi|ti|mi|tät** [auch 'ɪ...], die; -
Iller, die; - (rechter Nebenfluss der Donau)
il|lern (landsch. für [verstohlen] gucken); ich illere
Il|let|t|ris|mus, der; - ⟨lat.-franz.⟩ (bes. schweiz. für Lese- u. Schreibunfähigkeit [trotz Schulbesuch])
il|li|be|ral [auch ...'ra:l] ⟨lat.⟩ (engherzig; nicht liberal); **Il|li|be|ra|li|tät** [auch 'ɪ...], die; -
Il|li|nois [...'nɔɪ(s)] (Staat in den USA; Abk. IL)
il|li|quid [auch ...'kvi:t] ⟨lat.⟩ (zahlungsunfähig); **Il|li|qui|di|tät** [auch 'ɪ...], die; -
Il|li|te|rat [auch ...'ra:t], der; -en, -en ⟨lat.⟩ (selten für Ungelehrter, Ungebildeter); **il|li|te|ra|tin**
Il|lo|ku|ti|on, die; -, -en ⟨lat.⟩ (Sprachwiss. Sprechakt im Hinblick auf die kommunikative Funktion); **il|lo|ku|ti|o|när**; **il|lo|ku|tiv**, illokutiver Akt (Illokution)
il|lo|y|al ['ɪlo̯aja:l, auch ...'ja:l] ⟨franz.⟩ (den Staat, eine Instanz o. Ä. nicht respektierend; unredlich, untreu; Vereinbarungen nicht einhaltend); **Il|lo|y|a|li|tät** [auch 'ɪ...], die; -, -en
Il|lu|mi|nat, der; -en, -en ⟨lat.⟩ (Angehöriger verschiedener früherer Geheimverbindungen, bes. des Illuminatenordens); **Il|lu|mi|na|ten|or|den**, der; -s (aufklärerisch-freimaurerischer Geheimbund des 18. Jh.s)
Il|lu|mi|na|ti|on, die; -, -en (Festbeleuchtung; Ausmalung); **Il|lu|mi|na|tor**, der; -s, ...oren (mittelalterlicher Ausmaler von Büchern); **Il|lu|mi|na|to|rin**; **il|lu|mi|nie|ren** (festlich erleuchten; bunt ausmalen); **Il|lu|mi|nie|rung**
Il|lu|si|on, die; -, -en ⟨lat.⟩ (Wunschvorstellung; Wahn, Sinnestäuschung); **il|lu|si|o|när** (auf Illusion beruhend)
Il|lu|si|o|nis|mus, der; - (Philos. Lehre, nach der die Außenwelt nur Illusion ist)
Il|lu|si|o|nist, der; -en, -en (Träumer; Zauberkünstler); **Il|lu|si|o|nis|tin**; **il|lu|si|o|nis|tisch**
il|lu|si|ons|los
il|lu|so|risch (nur in der Illusion bestehend; trügerisch)
il|lus|ter ⟨lat.⟩ (glänzend, vornehm); illustre Gesellschaft
Il|lus|t|ra|ti|on, die; -, -en (Erläuterung, Bildbeigabe); Abk. Ill.; **il|lus|t|ra|tiv** (erläuternd, anschaulich)
Il|lus|t|ra|tor, der; -s, ...oren (Künstler, der ein Buch mit Bildern schmückt); **Il|lus|t|ra|to|rin**
il|lus|t|rie|ren ([durch Bilder] erläutern; [ein Buch] mit Bildern schmücken; bebildern); **il|lus|t|riert** (Abk. ill.)
Il|lus|t|rier|te, die; -n, -n; zwei Illustrierte, auch Illustrierten; Abk. Ill.; **Il|lus|t|rie|rung** (Vorgang des Illustrierens)
Il|ly|rer, **Il|ly|ri|er** (Angehöriger indogermanischer Stämme in Illyrien); **Il|ly|re|rin**, **Il|ly|ri|e|rin**; **Il|ly|ri|en** (das heutige Dalmatien u. Albanien); **il|ly|risch**
Ilm, der; - (linker Nebenfluss der Saale; rechter Nebenfluss der Donau)
¹Il|me|n|au (Stadt im Thüringer Wald)
²Il|me|n|au, die; - (linker Nebenfluss der unteren Elbe)
Il|me|nit, der; -s, -e (nach dem russ. Ilmengebirge) (ein Mineral)
Ilo|na [auch i'lo:...] (w. Vorn.)
Ilse (w. Vorn.)
Il|tis, der; Iltisses, Iltisse (kleines Raubtier; Pelz aus dessen Fell)
im (in dem; Abk. i. [bei Ortsnamen, z. B. Königshofen i. Grabfeld]); im Auftrag[e] (Abk. i. A. od. I. A. [vgl. d.]); im Grunde [genommen]; im Haus[e] (Abk. i. H.); im Argen liegen; im Allgemeinen (Abk. i. Allg.); im Besonderen; vgl. auch einzeln, ganz, gering, klar usw.
IM, der; -[s], -[s] = inoffizieller Mitarbeiter (des Staatssicherheitsdienstes der DDR)
I. M. = Ihre Majestät; Innere Mission
Image [...ɪtʃ], das; -[s], -s ⟨engl.⟩ (Vorstellung, Bild von jmdm. od. etw. [in der öffentlichen Meinung]); **Image|film**; **Image|kam|pa|g|ne** (bes. Werbespr.); **Image|pfle|ge**; **Image|wer|bung** (bes. Werbespr.)
ima|gi|na|bel ⟨lat.⟩ (vorstellbar, erdenklich); ...a|b|le Vorgänge
ima|gi|när (nur vorgestellt); imaginäre Zahl (Math.; Zeichen i)
Ima|gi|na|ti|on, die; -, -en ([dichter.] Einbildung[skraft]); **ima|gi|nie|ren** ([sich] vorstellen)
Ima|go, die; -, ...gines (Biol. fertig ausgebildetes, geschlechtsreifes Insekt)
im All|ge|mei|nen (Abk. i. Allg.; ↑D 72)
Imam, der; -[s], Plur. -s u. -e ⟨arab.⟩ (Vorbeter in der Moschee; Titel für Gelehrte des Islams; Prophet u. religiöses Oberhaupt der Schiiten)
Iman, das; -s ⟨arab.⟩ (Glaube [im Islam])
im Auf|trag, **im Auf|tra|ge** (Abk. i. A. od. I. A.)
IMAX® ['aɪmɛks], das; - ⟨Kurzw.; engl.⟩ (spezielle Form der Filmprojektion, bei der der Zuschauer sich als Handlungsbeteiligter fühlt)

im Be|griff, im Be|grif|fe; im Begriff[e] sein
im Be|son|de|ren vgl. besondere
im|be|zil, im|be|zill ⟨lat.⟩ (Med. veraltet für an Imbezillität leidend); **Im|be|zil|li|tät,** die; - (Med. veraltet für Intelligenzdefekt mittleren Grades)
Im|bi|bi|ti|on, die; -, -en ⟨lat.⟩ (Bot. Quellung von Pflanzenteilen; Geol. Durchtränken von Gestein mit magmatischen Gasen od. wässrigen Lösungen)
Im|biss, der; Imbisses, Imbisse; **Im|biss|bu|de; Im|biss|hal|le Im|biss|stand, Im|biss-Stand Im|biss|stu|be, Im|biss-Stu|be**

Inbus®
Mit einem *n* und nicht mit einem *m* schreibt sich der Name des gebogenen Sechskantschlüssels: *Inbus* ist die Abkürzung für **I**nnen**s**echs**k**antschlüssel [der Firma] **B**auer **u**nd Schaurte.

im Ein|zel|nen vgl. einzeln
im Fall/Fal|le[,] dass ↑D 127
im Fol|gen|den vgl. folgend
im Grun|de; im Grunde genommen
Imi|tat, das; -[e]s, -e, **Imi|ta|ti|on,** die; -, -en ⟨lat.⟩ ([minderwertige] Nachahmung)
Imi|ta|tor, der; -s, ...oren (Nachahmer); **Imi|ta|to|rin; imi|ta|to|risch**
imi|tie|ren; imi|tiert (unecht)
im Jah|re, im Jahr (Abk. i. J.)
Im|ke (w. Vorn.)
Im|ker, der; -s, - (Bienenzüchter); **Im|ke|rei; Im|ke|rin; im|kern;** ich imkere
im|ma|nent ⟨lat.⟩ (innewohnend, in etwas enthalten); **Im|ma|nenz,** die; - (das Innewohnen)
Im|ma|nu|el [...e:l, auch ...el] (m. Vorn.)
Im|ma|te|ri|a|li|tät [auch 'ı...], die; - ⟨franz.⟩ (unkörperliche Beschaffenheit); **im|ma|te|ri|ell** [auch ...'rjel] (unstofflich; geistig)
Im|ma|tri|ku|la|ti|on, die; -, -en ⟨lat.⟩ (Einschreibung an einer Hochschule; schweiz. auch für amtliche Zulassung eines Kraftfahrzeugs)
im|ma|tri|ku|lie|ren; Im|ma|tri|ku|lie|rung
Im|me, die; -, -n (landsch. für Biene)
im|me|di|at ⟨lat.⟩ (veraltend für unmittelbar [dem Staatsoberhaupt unterstehend]); **Im|me|di|at|ge|such** (unmittelbar an die höchste Behörde gerichtetes Gesuch)
im|mens ⟨lat.⟩ (unermesslich [groß]); **Im|men|si|tät,** die; - (veraltet für Unermesslichkeit)
Im|men|stock Plur. ...stöcke (zu Imme)
im|men|su|ra|bel ⟨lat.⟩ (unmessbar); **Im|men|su|ra|bi|li|tät,** die; -
im|mer; immer[,] wenn ...; immer wieder; immer mehr; für immer; die **immer gleichen** od. immergleichen Argumente; ein **immerwährender** od. immer währender Frühling; der **immerwährende** od. immer währende Kalender ↑D 58 u. 89
im|mer|dar (geh.)
im|mer|feucht (Bot., Meteorol.); immerfeuchter Regenwald
im|mer|fort
im|mer gleich, im|mer|gleich vgl. immer
im|mer|grün; immergrüne Blätter, aber Pflanzen, die immer grün bleiben; **Im|mer|grün,** das; -s, -e (eine Pflanze)
im|mer|hin
Im|mer|si|on, die; -, -en ⟨lat.⟩ (Ein-, Untertauchen, z. B. eines Himmelskörpers in den Schatten eines anderen; auch EDV in ein Spiel); **im|mer|siv** (bes. Päd., EDV)
im|mer|wäh|rend, im|mer wäh|rend vgl. immer
im|mer|zu (fortwährend)
Im|mi|g|rant, der; -en, -en ⟨lat.⟩ (Einwanderer); **Im|mi|g|ran|tin; Im|mi|g|ra|ti|on,** die; -, -en; **im|mi|g|rie|ren**
im|mi|nent ⟨lat.⟩ (bes. Med. bevorstehend, drohend)
Im|mis|si|on, die; -, -en ⟨lat.⟩ (Einwirkung von Verunreinigungen, Lärm o. Ä. auf Lebewesen); **Im|mis|si|ons|schutz,** der; -es; **Im|mis|si|ons|wert**
Im|mo (m. Vorn.)
im|mo|bil [auch ...'bi:l] ⟨lat.⟩ (unbeweglich; Militär nicht für den Krieg bestimmt od. ausgerüstet)
Im|mo|bi|li|ar|kre|dit (durch Grundbesitz gesicherter Kredit); **Im|mo|bi|li|ar|ver|si|che|rung** (Versicherung von Gebäuden gegen Feuerschäden)
Im|mo|bi|lie [...jə], die; -, -n ⟨lat.⟩ (unbeweglicher Besitz, z. B. Grundstücke, Gebäude)
Im|mo|bi|li|en|an|lei|he (Bankw. Börsenw. Hypothekenanleihe; Anleihe eines Immobilienunternehmens)
Im|mo|bi|li|en|bla|se (Spekulationsblase des Immobilienmarktes)
Im|mo|bi|li|en|dar|le|hen (Bankw.)
Im|mo|bi|li|en|er|trag[s]|steu|er (österr. Rechtsspr.)
Im|mo|bi|li|en|fi|nan|zie|rer (Hypothekenbank)
Im|mo|bi|li|en|fonds (Wirtsch.)
Im|mo|bi|li|en|händ|ler; Im|mo|bi|li|en|händ|le|rin
Im|mo|bi|li|en|mak|ler; Im|mo|bi|li|en|mak|le|rin
Im|mo|bi|li|en|markt; Im|mo|bi|li|en|por|tal (im Internet)
Im|mo|bi|li|en|steu|er (Steuerw. Vermögenssteuer auf Immobilienbesitz)
im|mo|bi|li|sie|ren; Im|mo|bi|lis|mus, der; -, **Im|mo|bi|li|tät** [auch 'ım...], die; - (Unbeweglichkeit)
im|mo|ra|lisch; im|mo|ra|lis|mus, der; - ⟨lat.⟩ (Ablehnung moralischer Grundsätze); **Im|mo|ra|li|tät** [auch 'ı...], die; - (Gleichgültigkeit gegenüber moralischen Grundsätzen)
im|mor|ta|li|sie|ren (Gentechnik unsterblich machen [z. B. von Zellen]); **Im|mor|ta|li|tät** [auch 'ım...], die; - (Unsterblichkeit)
Im|mor|tel|le, die; -, -n ⟨franz.⟩ (eine Sommerblume mit strohtrockenen Blüten)
im|mun ⟨lat.⟩ (unempfänglich [für Krankheit]; unter Rechtsschutz stehend; unempfindlich)
Im|mun|ant|wort (Med. Reaktion des Körpers auf ein Antigen)
Im|mun|bio|lo|gie; im|mun|bio|lo|gisch
Im|mun|glo|bu|lin, das; -s, -e (Med. Protein, das die Eigenschaften eines Antikörpers aufweist)
im|mu|ni|sie|ren (unempfänglich machen [für Krankheiten]); **Im|mu|ni|sie|rung**
Im|mu|ni|tät, die; - (Unempfindlichkeit gegenüber Krankheitserregern; Schutz [der Abgeordneten] vor Strafverfolgung); **Im|mu|ni|täts|for|schung**
Im|mun|kör|per (Med. Antikörper); **Im|mu|no|lo|ge,** der; -n, -n; **Im|mu|no|lo|gie,** die; - (Med. Lehre von der Immunität); **Im|mu|no|lo|gin; im|mu|no|lo|gisch**
im|mun|schwach (Med.); **Im|mun|schwä|che**
Im|mun|sup|pres|si|on (Med. Unterdrückung einer immunologi-

Immunsystem

schen Reaktion); **Im|mun|sys-tem; Im|mun|the|ra|pie** *(Med.);* **Im|mun|zel|le** *(Biol.)*
im **N̲a̲ch|hi|n|ein** *vgl.* Nachhinein
imp. = imprimatur
Imp, der; -s, - *(bayr. für* Biene); *vgl.* Imme
Imp. = Imperator
Im|p̲a̲l|la, die; -, -s ⟨afrik.⟩ (eine Antilopenart)
im|pas|tie|ren ⟨ital.⟩ (Farbe [mit dem Spachtel] dick auftragen); **Im|p̲a̲s|to,** das; -s, *Plur.* -s *u.* ...sti (dickes Auftragen von Farben)
Im|pe|d̲a̲nz, die; -, -en ⟨lat.⟩ (elektrischer Scheinwiderstand)
im|pe|ra|t̲i̲v (befehlend, zwingend); imperatives Mandat (Mandat, das Abgeordnete an den Wählerauftrag bindet)
I̲m|pe|ra|tiv [*auch* ...'ti:f], der; -s, -e *(Sprachwiss.* Befehlsform, z. B. »lauf!, lauft!«); *Philos.* unbedingt gültiges sittliches Gebot)
im|pe|ra|ti|visch [*auch* 'ɪ...] (befehlend; Befehls...); **Im|pe|ra|t̲i̲v|satz**
Im|pe|r̲a̲|tor, der; -s, ...oren (*im alten Rom* Oberfeldherr; *später für* Kaiser; *Abk.* Imp.); **im|pe|ra-to|risch; Im|pe|r̲a̲|tor Rex** (Kaiser [*u.*] König; *Abk.* I. R.); **Im|pe|r̲a̲|trix,** die; -, ...trices [...tse:s] (Kaiserin)
Im|per|f̲e̲kt, das; -s, -e ⟨lat.⟩ *(Sprachwiss.* Präteritum); **im|per|fek|tisch** [*auch* ...'fɛ...]
im|pe|ri|a̲l ⟨lat.⟩ (das Imperium betreffend; kaiserlich)
Im|pe|ri|a|l̲i̲s|mus, der; - (das Streben von Großmächten nach wirtschaftlicher, politischer u. militärischer Vorherrschaft)
Im|pe|ri|a|l̲i̲st, der; -en, -en; **Im|pe|ri|a|l̲i̲s|tin; im|pe|ri|a|l̲i̲s|tisch**
Im|p̲e̲|ri|um, das; -s, ...ien ([römisches] Kaiserreich; Weltreich)
im|per|me̲a̲|bel [*auch* 'ɪ...] ⟨lat.⟩ *(fachspr. für* undurchlässig); ...a|b|le Schicht; **Im|per|me|a|bi|li|tät** [*auch* 'ɪ...], die; -
Im|per|so|n̲a̲l|le, das; -s, *Plur.* ...lien *u.* ...lia ⟨lat.⟩ *(Sprachwiss.* unpersönliches Verb, z. B. »es schneit«)
im|per|ti|n̲e̲nt ⟨lat.⟩ (frech, unverschämt); **Im|per|ti|n̲e̲nz,** die; -, -en
Im|pe|t̲i̲|go, die; -, ...gines (eine Hautkrankheit)
im|pe|tu|o̲|so ⟨ital.⟩ *(Musik* stürmisch)
Ị̲m|pe|tus, der; - ⟨lat.⟩ (Ungestüm, Antrieb, Drang)
Ị̲mpf|ak|ti|on

Ị̲mpf|arzt; Ị̲mpf|ärz|tin
Ị̲mpf|do|sis *meist Plur.*
ị̲mpf|en
Ị̲mpf|geg|ner; Ị̲mpf|geg|ne|rin
Ị̲mpf|ka|l|en|der; Ị̲mpf|kom|mis|si|on; die Ständige Impfkommission; **Ị̲mpf|ling; Ị̲mpf|pass; Ị̲mpf|pflicht; Ị̲mpf|pis|tol|le**
Ị̲mpf|schein; Ị̲mpf|schutz, der; -es; **Ị̲mpf|sta|tus; Ị̲mpf|stoff**
Ị̲mpf|ung
Ị̲mpf|zeug|nis; Ị̲mpf|zwang, der; -[e]s
Im|pl̲a̲nt|tat, das; -[e]s, -e ⟨lat.⟩ *(Med.* dem Körper eingepflanztes Material); **Im|plan|ta|ti|on,** die; -, -en (Einpflanzung von Gewebe o. Ä. in den Körper); **im|plan|t̲ie̲|ren**
Im|ple|men|ta|ti|on *(EDV);* **im|ple|men|t̲ie̲|ren** ⟨engl.⟩ (einsetzen, einbauen); Software implementieren *(EDV);* **Im|ple|men|t̲ie̲|rung** (das Implementieren)
Im|pli|ka|ti|on, die; -, -en ⟨lat.⟩ (das Einbeziehen)
im|pli|z̲ie̲|ren (einschließen)
im|pli|z̲i̲t (inbegriffen, mitgemeint; *Ggs.* explizit)
im|pli|z̲i̲|te [...te] (mit einbegriffen, eingeschlossen)
im|plo|d̲ie̲|ren ⟨lat.⟩ (durch äußeren Überdruck eingedrückt w. zertrümmert werden); **Im|plo|si|on,** die; -, -en
im|pon|d̲e̲|ra|bel ⟨lat.⟩ *(veraltet für* unwägbar, unberechenbar); ...a|b|le Faktoren; **Im|pon|de|ra|bi|lie** [...jə], die; -, -n *meist Plur.* (Unwägbarkeit); **Im|pon|de|ra|bi|li|tät,** die; - (Unwägbarkeit)
im|po|n̲ie̲|ren ⟨lat.⟩ (Achtung einflößen, Eindruck machen); **im|po|n̲ie̲|rend**
Im|po|nier|ge|ha|be *(Zool.* bei m. Tieren vor der Paarung)
Ị̲m|port, der; -[e]s, -e ⟨engl.⟩ (Einfuhr); Im- u. Export ↑**D 31**
im|port|ab|hän|gig; Im|port|ab|hän|gig|keit; Im|port|be|schrän|kung
Im|p̲o̲r|te, die; -, -n *meist Plur. (veraltet für* eingeführte Ware, bes. Zigarre)
Im|por|t̲eu̲r [...'tøːɐ̯], der; -s, -e ⟨franz.⟩ ([Groß]händler, der Waren einführt); **Im|por|t̲eu̲|rin**
Im|p̲o̲rt|fir|ma; Im|p̲o̲rt|ge|schäft; Im|p̲o̲rt|han|del *vgl.* ¹Handel
im|por|t̲ie̲|ren
Im|p̲o̲rt|kauf|frau; Im|p̲o̲rt|kauf|mann
im|por|t̲u̲n ⟨lat.⟩ (ungeeignet, ungelegen; *Ggs.* opportun)

Im|p̲o̲rt|ver|bot; Im|p̲o̲rt|wa|re; Im|p̲o̲rt|zoll
im|po|s̲a̲nt ⟨franz.⟩ (eindrucksvoll; großartig)
im|po|t̲e̲nt ⟨lat.⟩ (zum Koitus, zur Zeugung nicht fähig); **Ị̲m|po|tenz,** die; -, -en
impr. = imprimatur
Im|präg|na|ti|on, die; -, -en ⟨lat.⟩ *(Geol.* feine Verteilung von Erdöl od. Erz in Spalten od. Poren eines Gesteins; *Med.* Eindringen des Spermiums in das reife Ei, Befruchtung)
im|präg|n̲ie̲|ren (mit einem Schutzmittel [gegen Feuchtigkeit, Zerfall] durchtränken); **Im|präg|n̲ie̲|rung**
im|pr̲a̲k|ti|ka|bel [*auch* ...'kaː...] ⟨lat.; griech.⟩ (unausführbar, unanwendbar); ...a|b|le Anordnung
Im|pre|s̲a̲|ria, die; -, ...rien ⟨ital.⟩; **Im|pre|s̲a̲|rio,** der; -s, *Plur.* -s *od.* ...ri, *auch* ...rien ([Theater-, Konzert]agent)
Im|pr̲e̲s|sen *(Plur. von* Impressum)
Im|pres|si|on, die; -, -en ⟨lat.⟩ (Eindruck; Empfindung; Sinneswahrnehmung); **im|pres|si|o|n̲a̲|bel** (für Eindrücke empfänglich; erregbar); ...a|b|le Naturen
Im|pres|si|o|n̲i̲s|mus, der; - (Kunstrichtung der 2. Hälfte des 19. Jh.s); **Im|pres|si|o|n̲i̲st,** der; -en, -en; **Im|pres|si|o|n̲i̲s|tin; im|pres|si|o|n̲i̲s|tisch**
Im|pr̲e̲s|sum, das; -s, ...ssen *(Buchw.* Erscheinungsvermerk; Angabe über Verleger, Drucker usw. in Druck-Erzeugnissen)
im|pri|m̲a̲|tur [»es werde gedruckt«] (Vermerk auf dem letzten Korrekturabzug; *Abk.* impr. *u.* imp.); **Im|pri|m̲a̲|tur,** das; -s, **Im|pri|m̲a̲|tur,** die; - ⟨lat.⟩ (Druckerlaubnis); **im|pri|m̲ie̲|ren** (das Imprimatur erteilen)
Im|pr̲o̲mp|tu [ɛ̃prõ'tyː], das; -s, -s ⟨franz.⟩ *(Musik* Fantasiekomposition)
Im|pro|vi|sa|ti|on, die; -, -en ⟨ital.⟩ (unvorbereitetes Handeln; Stegreifdichtung, -rede, -musizieren); **Im|pro|vi|sa|ti|o̲ns|ta|lent**
Im|pro|vi|s̲a̲|tor, der; -s, ...oren (jmd., der improvisiert; Stegreifdichter usw.); **Im|pro|vi|s̲a̲|to|rin; im|pro|vi|sa|t̲o̲|risch**
im|pro|vi|s̲ie̲|ren
Ị̲m|puls, der; -es, -e ⟨lat.⟩ (Antrieb, Anregung; [An]stoß; Anreiz); **Im|p̲u̲ls|ge|ber** *(Technik)*

im|pul|siv (von plötzl. Einfällen abhängig; lebhaft, rasch); **Im|pul|si|vi|tät**, die; -; **Im|puls|re|fe|rat** (kurze, prägnante Darstellung wesentlicher Fakten)
Imst (österr. Stadt)
im|stand, **im Stand** (bes. südd.); **im|stan|de**, **im Stan|de**; imstande od. im Stande sein; vgl. Stand
im Üb|ri|gen vgl. übrig
im Vor|aus [auch ...'raʊs] ↑D 81
im Vor|hin|ein (im Voraus; ↑D 81)
im We|sent|li|chen vgl. wesentlich
IN = Indiana
¹**in** (Abk. i. [bei Ortsnamen, z. B. Weißenburg i. Bay.]); Präp. mit Dat. u. Akk.: ich gehe in dem (im) Garten auf und ab, aber ich gehe in den Garten; im (in dem); ins (in das); vgl. ins
²**in** (engl.) (ugs.); in sein (ugs. für dazugehören; zeitgemäß, modern sein)
in, in. = Inch
In = chemisches Zeichen für Indium
...in (z. B. Lehrerin, die; -, -nen)
Ina (w. Vorn.)
in ab|sen|tia (lat.) (in Abwesenheit [des Angeklagten])
in ab|s|t|rac|to (lat.) (im Allgemeinen betrachtet; rein begrifflich); vgl. abstrakt
in|ad|äquat [auch ...'kvaːt] (lat.) (nicht angemessen); **In|ad|äquat|heit**, die; -, -en
in ae|ter|num (lat.) (auf ewig)
in|ak|ku|rat [auch ...'raːt] (lat.) (ungenau)
in|ak|tiv [auch ...'tiːf] (lat.) (untätig; unwirksam; ruhend)
in|ak|ti|vie|ren (Chemie, Med. unwirksam machen)
In|ak|ti|vi|tät [auch 'ɪ...], die; - (Untätigkeit, Unwirksamkeit)
in|ak|tu|ell [auch ...'tuɛl] (nicht aktuell)
in|ak|zep|ta|bel [auch ...'taː...] (unannehmbar); ...a|b|le Bedingungen
in|an (lat.) (Philos. nichtig, leer)
In|an|griff|nah|me, die; -, -n
In|an|spruch|nah|me, die; -, -n
in|ar|ti|ku|liert [auch ...'liːɐ̯t] (lat.) (ungegliedert; undeutlich [ausgesprochen])
In|au|gen|schein|nah|me, die; -, -n
In|au|gu|ral|dis|ser|ta|ti|on, die; -, -en (lat.) (wissenschaftl. Arbeit zur Erlangung der Doktorwürde)
In|au|gu|ra|ti|on, die; -, -en ([feierliche] Einsetzung in ein hohes Amt); **in|au|gu|rie|ren** (einsetzen; beginnen, einleiten)
in bar; etwas in bar bezahlen
In|be|griff, der; -[e]s, -e Plur. selten (absolute Verkörperung; Musterbeispiel)
in|be|grif|fen vgl. einbegriffen
In|be|sitz|nah|me, die; -, -n
in Be|treff vgl. Betreff
In|be|trieb|nah|me, die; -, -n; **In|be|trieb|set|zung**
in Be|zug vgl. Bezug
In|bild (geh. für Ideal)
In|brunst, die; -; **in|brüns|tig**
In|bus®, der; -ses, -se (Kurzw. für Innensechskantschlüssel [der Firma] Bauer und Schaurte); **In|bus|schlüs|sel**
Inc. = incorporated (engl.-amerik.) (amerik. Bez. für eingetragen [von Vereinen o. Ä.])
In|cen|tive [...'sentɪf], das; -s, -s (engl.) ([wirtschaftlicher] Anreiz; Ansporn; Gratifikation); **In|cen|tive|rei|se**
Inch [ɪntʃ], der; -[es], -es (engl.) (angelsächsisches Längenmaß; Abk. in, in.; Zeichen "); 4 Inch[es]
in|cho|a|tiv [...k...] (lat.); **In|cho|a|tiv** [auch ...'tiːf], das; -s, -e (Sprachwiss. Verb, das den Beginn eines Geschehens ausdrückt, z. B. »erwachen«)
in|ci|pit (lat., »es beginnt«) (Vermerk am Anfang von Handschriften u. Frühdrucken)
incl. vgl. inkl.
in con|cert [- ...sət] (engl.) (in einem öffentlichen Konzert; bei einem öffentlichen Konzert aufgenommen)
in con|cre|to (lat.) (in Wirklichkeit; tatsächlich); vgl. konkret
in con|tu|ma|ci|am (lat.) (Rechtsspr.) in contumaciam urteilen (in Abwesenheit des Beklagten ein Urteil fällen)
in cor|po|re [- ...re] (lat.) (insgesamt; alle gemeinsam)
Ind. = Indikativ
I. N. D. = in nomine Dei; in nomine Domini
In|d|an|th|ren®, das; -s, -e (ein licht- u. waschechter Farbstoff); **in|d|an|th|ren|far|ben**; **In|d|an|th|ren|farb|stoff**
In|de|fi|nit|pro|no|men [auch 'ɪ...] (lat.) (Sprachwiss. unbestimmtes Fürwort, z. B. »jemand«)
in|de|kli|na|bel [auch ...'naː...] (lat.) (Sprachwiss. nicht beugbar); ...a|b|les Wort

in|de|li|kat [auch ...'kaːt] (franz.) (unzart; unfein)
in|dem; er bedankte sich, indem (damit, dass) er Blumen schickte ↑D 121; aber er diktierte einen Brief, in dem (in welchem) ...
In|dem|ni|tät, die; - (lat.) (Straflosigkeit der Abgeordneten für Äußerungen im Parlament)
In-den-Ap|ril-Schi|cken, das; -s ↑D 27; **In-den-Tag-hi|n|ein-Le|ben**, das; -s ↑D 27
In|dent|ge|schäft (engl.; dt.) (eine Art des Exportgeschäftes)
In|de|pen|dence Day [...di'pendṇs deɪ], der; - - (engl.) (Unabhängigkeitstag der USA [4. Juli])
In|de|pen|dent, der; -en, -en meist Plur. (engl.) (Anhänger einer britischen puritanischen Richtung des 17. Jh.s); **In|de|pen|denz**, die; - (lat.) (veraltet für Unabhängigkeit)
In|der, der; -s, - (Bewohner Indiens); **In|de|rin**
in|des, in|des|sen
in|de|ter|mi|na|bel [auch ɪn...] (lat.) (unbestimmbar); ...a|b|ler Begriff; **In|de|ter|mi|na|ti|on** [auch 'ɪn...], die; - (Unbestimmtheit); **in|de|ter|mi|niert** [auch 'ɪn...] (unbestimmt); **In|de|ter|mi|nis|mus** [auch ...'ɪ...], der; - (Philos. Lehre von der Willensfreiheit)
In|dex, der; -[es], Plur. -e u. ...dizes, auch ...dices (lat.) (alphabetisches Namen-, Sachverzeichnis; Liste verbotener Bücher; statistische Messziffer; das Buch steht auf dem Index
In|dex|an|pas|sung (österr. für Anpassung an die Inflationsrate)
in|dex|ge|bun|den (bes. österr.)
in|de|xie|ren (fachspr. für ein Verzeichnis erstellen); **In|de|xie|rung**
In|dex|wäh|rung; In|dex|zahl; In|dex|zif|fer
in|de|zent (lat.) (nicht taktvoll, nicht feinfühlig); **In|de|zenz**, die; -, -en (Mangel an Takt)
In|di|a|ca® [...ka], das; -[s] (eine Art Volleyballspiel, Handtennis)
In|di|an, der; -s, -e (bes. österr. für Truthahn)
In|di|a|na (Staat in den USA; Abk. IND)
In|di|a|na|po|lis|start, **In|di|a|na|po|lis-Start** (fliegender Start beim Autorennen)
In|di|a|ner, der; -s, - (Angehöriger

Indianerbuch

der Urbevölkerung Amerikas [außer den Eskimos]); vgl. auch Indio
In|di|a|ner|buch; In|di|a|ner|ge|schich|te; In|di|a|ner|häupt|ling
In|di|a|ne|rin
In|di|a|ner|krap|fen (österr. für ein mit Schokolade überzogenes Gebäckstück)
In|di|a|ner|re|ser|vat; In|di|a|ner|re|ser|va|ti|on; In|di|a|ner|schmuck; In|di|a|ner|spra|che; In|di|a|ner|stamm
in|di|a|nisch; In|di|a|nist, der; -en, -en (Erforscher der indianischen Sprachen u. Kulturen); In|di|a|nis|tik, die; -; In|di|a|nis|tin
In|di|ces (Plur. von Index); vgl. Indizes
¹In|die, das; -s, -s ⟨engl.⟩ (kleine unabhängige Musik- od. Filmproduktionsfirma)
²In|die, der; -s meist ohne Artikel (ein alternativer Musikstil)
In|di|en (Staat in Südasien); vgl. auch Bharat
In|dienst|nah|me, die; -, -n (Amtsspr.); In|dienst|stel|lung
in|dif|fe|rent [auch ...'rɛ...] ⟨lat.⟩ (unbestimmt, gleichgültig, teilnahmslos; wirkungslos)
In|dif|fe|ren|tis|mus, der; - (indifferente Haltung, Einstellung)
In|dif|fe|renz [auch ...'rɛ...], die; -, -en (Unbestimmtheit, Gleichgültigkeit; Wirkungslosigkeit)
in|di|gen (fachspr. für einheimisch); indigene Sprachen
In|di|ges|ti|on [auch 'ɪ...], die; -, -en ⟨lat.⟩ (Med. Verdauungsstörung)
In|dig|na|ti|on, die; - ⟨lat.⟩ (Unwille, Entrüstung); in|di|g|niert (peinlich berührt, entrüstet)
In|dig|ni|tät, die; - (Rechtsspr. Erbunwürdigkeit)
In|di|go, der od. das; -s, Plur. (für Indigoarten:) -s ⟨span.⟩ (ein blauer Farbstoff)
in|di|go|blau; In|di|go|blau, das
In|di|go|lith, der; Gen. -s u. -en, Plur. -e[n] (ein Mineral)
In|dik, der; -s (Indischer Ozean)
In|di|ka|ti|on, die; -, -en ⟨lat.⟩ (Merkmal; Med. Heilanzeige); In|di|ka|ti|ons|mo|dell (Modell zur Freigabe des Schwangerschaftsabbruchs unter bestimmten Voraussetzungen)
in|di|ka|tiv (Wirtsch. unverbindlich; einen Indikator darstellend); indikative Angebote
In|di|ka|tiv, der; -s, -e (Sprachwiss.

Wirklichkeitsform; Abk. Ind.); in|di|ka|ti|visch [auch ...'ti:...]
In|di|ka|tor, der; -s, ...oren (Merkmal, das etwas anzeigt; Gerät zum Messen physikalischer Vorgänge; Stoff, der durch Farbwechsel das Ende einer chemischen Reaktion anzeigt)
In|di|ka|tor|dia|gramm (Leistungsbild [einer Maschine]); In|di|ka|tor|pflan|ze (Biol.)
In|di|ka|t|rix, die; - (mathematisches Hilfsmittel zur Feststellung einer Flächenkrümmung)
In|dio, der; -s, -s ⟨span.⟩ (süd- od. mittelamerikanischer Indianer)
in|di|rekt [auch ...'rɛ...] ⟨lat.⟩ (mittelbar; auf Umwegen); indirekte Wahl; indirekte Rede (Sprachwiss. abhängige Rede); indirekter Fragesatz (Sprachwiss. abhängiger Fragesatz) ↑D 89; In|di|rekt|heit
in|disch; indische Musik, aber ↑D 140: der Indische Ozean; der Indische Elefant (Zool.); In|disch|rot (eine Anstrichfarbe)
in|dis|kret [auch ...'kre:t] ⟨franz.⟩ (nicht verschwiegen; taktlos; zudringlich); In|dis|kre|ti|on [auch 'ɪ...], die; -, -en (Vertrauensbruch; Taktlosigkeit)
in|dis|ku|ta|bel [auch ...'ta:...] ⟨franz.⟩ (nicht der Erörterung wert); ...a|b|le Forderung
in|dis|po|ni|bel [auch ...'ni:...] ⟨lat.⟩ (nicht verfügbar; festgelegt); eine ...i|b|le Menge
in|dis|po|niert (in schlechter körperlich-seelischer Verfassung); In|dis|po|si|ti|on, die; -, -en (schlechte körperlich-seelische Verfassung)
in|dis|zi|p|li|niert [auch ...'ni:ɐt]
In|di|um, das; -s (chemisches Element, Metall; Zeichen In)
in|di|vi|du|a|li|sie|ren ⟨franz.⟩ (das Besondere, Eigentümliche hervorheben); In|di|vi|du|a|li|sie|rung
In|di|vi|du|a|lis|mus, der; - ⟨lat.⟩ (Anschauung, die dem Individuum den Vorrang vor der Gemeinschaft gibt)
In|di|vi|du|a|list, der; -en, -en (Vertreter des Individualismus; Einzelgänger); In|di|vi|du|a|lis|tin
in|di|vi|du|a|lis|tisch (nur das Individuum berücksichtigend; das Besondere, Eigentümliche betonend)
In|di|vi|du|a|li|tät, die; -, -en ⟨franz.⟩ (nur Sing.: Einzigartig-

keit der Persönlichkeit; Eigenart; Persönlichkeit)
In|di|vi|du|al|psy|cho|lo|gie
In|di|vi|du|al|recht (Persönlichkeitsrecht)
In|di|vi|du|al|sphä|re; In|di|vi|du|al|tou|ris|mus; In|di|vi|du|al|ver|kehr
In|di|vi|du|a|ti|on, die; -, -en (Entwicklung der Einzelpersönlichkeit; Vereinzelung)
in|di|vi|du|ell ⟨franz.⟩ (dem Individuum eigentümlich; vereinzelt; besonders geartet; regional für privat, nicht staatlich)
In|di|vi|du|um, das; -s, ...duen ⟨lat.⟩ (Einzelwesen, einzelne Person; abwertend für Kerl, Lump)
In|diz, das; -es, -ien ⟨lat.⟩ (Anzeichen; verdächtiger Umstand)
In|di|zes, In|di|ces (Plur. von Index)
In|di|zi|en (Plur. von Indiz)
In|di|zi|en|be|weis (auf zwingenden Verdachtsmomenten beruhender Beweis); In|di|zi|en|ket|te; In|di|zi|en|pro|zess
in|di|zie|ren (auf den Index setzen; mit einem Index versehen; anzeigen; Med. als angezeigt erscheinen lassen); in|di|ziert (Med. angezeigt, ratsam); In|di|zie|rung
In|do|chi|na (ehem. franz. Kolonialgebiet in Südostasien; heute Vietnam, Laos u. Kambodscha)
In|do|eu|ro|pä|er (Angehöriger einer westasiatisch-europäischen Sprachfamilie); In|do|eu|ro|pä|e|rin; in|do|eu|ro|pä|isch (Abk. ide. i.-e.)
In|do|eu|ro|pä|isch, das; -[s]; vgl. Deutsch; In|do|eu|ro|pä|i|sche, das; -n; vgl. ²Deutsche
In|do|eu|ro|pä|ist, der; -en, -en; In|do|eu|ro|pä|is|tik, die; - (Wissenschaft, die die indoeuropäischen Sprachen erforscht); In|do|eu|ro|pä|is|tin
In|do|ger|ma|ne (svw. Indoeuropäer); In|do|ger|ma|nin; in|do|ger|ma|nisch (Abk. idg.)
In|do|ger|ma|nisch, das; -[s]; vgl. Deutsch; In|do|ger|ma|ni|sche, das; -n; vgl. ²Deutsche
In|do|ger|ma|nist, der; -en, -en; In|do|ger|ma|nis|tik (svw. Indoeuropäistik); In|do|ger|ma|nis|tin
In|dok|t|ri|na|ti|on, die; -, -en (massive [ideologische] Beeinflussung); in|dok|t|ri|na|tiv; in|dok|t|ri|nie|ren; In|dok|t|ri|nie|rung
In|dol, das; -s (chemische Verbindung)

in|do|lent [auch ...'lɛ...] ⟨lat.⟩ (unempfindlich; gleichgültig); **In|do|lenz** [auch ...'lɛ...], die; -

In|do|lo|ge, der; -n, -n; **In|do|lo|gie**, die; - ⟨griech.⟩ (Erforschung der Sprachen u. Kulturen Indiens); **In|do|lo|gin**

In|do|ne|si|en (Inselstaat in Südostasien); **In|do|ne|si|er**; **In|do|ne|si|e|rin**; **in|do|ne|sisch**

in|door ['ɪndɔːɐ̯], **in|doors** [...dɔːɐ̯s] ⟨engl.⟩ (innen, in der Halle); sie klettern indoor[s]; **In|door|spiel|platz**

in|do|pa|zi|fisch (um den Indischen u. Pazifischen Ozean gelegen); der indopazifische Raum

In|dos|sa|ment, das; -[e]s, -e ⟨ital.⟩ (Bankw. Wechselübertragungsvermerk)

In|dos|sant, der; -en, -en (Wechselüberschreiber); **In|dos|san|tin**

In|dos|sat, der; -en, -en, **In|dos|sa|tar**, der; -s, -e (durch Indossament ausgewiesener Wechselgläubiger); **In|dos|sa|ta|rin**, **In|dos|sa|tin**

in|dos|sie|ren ([einen Wechsel] durch Indossament übertragen); **In|dos|sie|rung**; **In|dos|so**, das; -s, Plur. -s u. ...dossi (Bankw. Indossament)

In|d|ra (indischer Hauptgott der vedischen Zeit)

in du|bio ⟨lat.⟩ (im Zweifelsfalle)

in du|bio pro reo »im Zweifel für den Angeklagten« (ein alter Rechtsgrundsatz); **In-du-bio-pro-reo-Grund|satz** ↑ D 26

In|duk|tanz, die; - ⟨lat.⟩ (Elektrot. rein induktiver Widerstand)

In|duk|ti|on, die; -, -en (Logik Herleitung allgemeiner Regeln aus Einzelfällen; Elektrot. Erregung elektrischer Ströme u. Spannungen durch bewegte Magnetfelder)

In|duk|ti|ons|ap|pa|rat (Induktor); **In|duk|ti|ons|be|weis** (Logik); **In|duk|ti|ons|herd** (Technik); **In|duk|ti|ons|krank|heit** (Med. veraltet); **In|duk|ti|ons|ofen** (Technik); **In|duk|ti|ons|schlei|fe** (Elektrot.); **In|duk|ti|ons|strom** (durch Induktion erzeugter Strom)

in|duk|tiv [auch 'ɪ...] (auf Induktion beruhend); **In|duk|ti|vi|tät**, die; -, -en (Größe, die für die Stärke des Induktionsstromes mit maßgebend ist)

In|duk|tor, der; -s, ...oren (Transformator zur Erzeugung hoher Spannung)

in dul|ci ju|bi|lo ⟨lat., »in süßem Jubel«⟩ (übertr. für herrlich u. in Freuden)

in|dul|gent ⟨lat.⟩ (nachsichtig); **In|dul|genz**, die; -, -en (Nachsicht; Straferlass; Theol. Ablass der zeitlichen Sündenstrafen)

In|dult, der od. das; -[e]s, -e (Frist; vorübergehende Befreiung von einer kirchengesetzlichen Verpflichtung)

In|du|ra|ti|on, die; -, -en ⟨lat.⟩ (Med. Gewebe- od. Organverhärtung)

In|dus, der; - (Strom in Vorderindien)

In|du|si, die; -, -s ⟨Kurzw. aus induktive Zugsicherung⟩ (Eisenbahn früher Zugsicherungseinrichtung)

In|du|si|um, das; -s, ...ien ⟨lat.⟩ (Bot. häutiger Auswuchs der Blattunterseite von Farnen)

In|dus|t|ri|al De|sign [ɪnˈdʌstriəl diˈzaɪn], das; - -s ⟨engl.⟩ (Formgebung der Gebrauchsgegenstände); **In|dus|t|ri|al De|sig|ner**, der; - -s, - - (Formgestalter für Gebrauchsgegenstände); **In|dus|t|ri|al De|sig|ne|rin**, die

in|dus|t|ri|a|li|sie|ren ⟨franz.⟩ (Industrie ansiedeln, einführen); **In|dus|t|ri|a|li|sie|rung**

In|dus|t|ri|a|lis|mus, der; - (Prägung einer Volkswirtschaft durch die Industrie)

In|dus|t|rie, die; -, ...ien

In|dus|t|rie|an|la|ge; **In|dus|t|rie|ar|bei|ter**; **In|dus|t|rie|ar|bei|te|rin**

In|dus|t|rie|ar|chäo|lo|gie (Erhaltung u. Erforschung industrieller Bauwerke, Maschinen o. Ä.)

In|dus|t|rie|aus|stel|lung; **In|dus|t|rie|bau** Plur. ...bauten; **In|dus|t|rie|be|trieb**; **In|dus|t|rie|bra|che**

In|dus|t|rie|de|sign (Gestaltung von Gebrauchsgegenständen)

In|dus|t|rie|er|zeug|nis; **In|dus|t|rie|ge|biet**; **In|dus|t|rie|ge|schich|te**, die; -; **In|dus|t|rie|ge|sell|schaft** (Soziol.); **In|dus|t|rie|ge|werk|schaft** (Abk. IG); **In|dus|t|rie|ha|fen**; **In|dus|t|rie|ka|pi|tän** (ugs.); **In|dus|t|rie|kauf|frau**; **In|dus|t|rie|kauf|mann** Plur. ...leute

In|dus|t|rie|klet|te|rer (jemand, der Arbeiten an nur mit Kletterausrüstung erreichbaren Gebäude- od. Maschinenteilen ausführt); **In|dus|t|rie|klet|te|rin**

In|dus|t|rie|kom|bi|nat (DDR)

In|dus|t|rie|kon|zern; **In|dus|t|rie|la|den** (DDR); **In|dus|t|rie|land**; **In|dus|t|rie|land|schaft**

in|dus|t|ri|ell; die erste, zweite industrielle Revolution ↑ D 89; **In|dus|t|ri|el|le**, der u. die; -n, -n (Eigentümer[in] eines Industriebetriebes); **In|dus|t|ri|el|len|ver|ei|ni|gung** (Interessenvertretung der österr. Industrie)

In|dus|t|rie|mag|nat

In|dus|t|rie|me|cha|ni|ker; **In|dus|t|rie|me|cha|ni|ke|rin**

In|dus|t|rie|meis|ter; **In|dus|t|rie|meis|te|rin**

In|dus|t|rie|mes|se; **In|dus|t|rie|müll**; **In|dus|t|rie|na|ti|on**; **In|dus|t|rie|park**; **In|dus|t|rie|po|li|tik**; **In|dus|t|rie|pro|dukt**; **In|dus|t|rie|pro|duk|ti|on**; **In|dus|t|rie|ro|bo|ter**

In|dus|t|rie|spi|o|na|ge; **In|dus|t|rie|staat**; **In|dus|t|rie|stadt**

In|dus|t|rie- und Han|dels|kam|mer (Abk. IHK)

In|dus|t|rie|un|ter|neh|men; **In|dus|t|rie|ver|band**; **In|dus|t|rie|zeit|al|ter**; **In|dus|t|rie|zo|ne** (österr., schweiz. neben Industriegebiet); **In|dus|t|rie|zweig**

In|dus|t|rie 4.0 [- fiːɐ̯ˈnʊl], die; -

in|du|zie|ren ⟨lat.; zu Induktion⟩

in|ef|fek|tiv [auch ...'tiːf] ⟨lat.⟩ (unwirksam, frucht-, nutzlos)

in ef|fi|gie ⟨lat.⟩ (bildlich)

in|ef|fi|zi|ent [auch ...'tsjɛnt] ⟨lat.⟩ (unwirksam; unwirtschaftlich); **In|ef|fi|zi|enz** [auch ...'tsjɛ...], die; -, -en

in|egal [auch ...ˈgaːl] ⟨franz.⟩ (ungleich[mäßig])

in|ei|n|an|der

Man schreibt »ineinander« mit dem folgenden Verb in der Regel zusammen, wenn es den gemeinsamen Hauptakzent trägt:
– ineinanderfließen, ineinanderfügen, ineinandergreifen, ineinanderschieben

Aber:
– sich ineinander verkeilen, ineinander verschachteln

in eins; in eins setzen (gleichsetzen); **In|eins|set|zung** (geh.)

in|ert ⟨lat.⟩ (veraltet für untätig, träge; unbeteiligt); **In|ert|gas** (Chemie reaktionsträges Gas)

Ines (w. Vorn.)

in|es|sen|zi|ell, **in|es|sen|ti|ell** [auch ...'tsjɛl] ⟨lat.⟩ (Philos. unwesentlich)

in|ex|akt [auch ...'ksakt] ⟨lat.⟩ (ungenau); **In|ex|akt|heit**

in|exis|tent [auch ...'tɛ...] ⟨lat.⟩

Inexistenz

(nicht vorhanden); **In|exis|tenz,** die; - (das Nichtvorhandensein; *Philos.* das Dasein, Enthaltensein in etwas)

in ex|ten|so ⟨lat.⟩ (ausführlich)

in ex|tre|mis ⟨lat.⟩ (*Med.* im Sterben [liegend])

in|fal|li|bel ⟨lat.⟩ (unfehlbar [vom Papst]); eine ...i|b|le Entscheidung; **In|fal|li|bi|li|tät,** die; - ([päpstliche] Unfehlbarkeit)

in|fam ⟨lat.⟩ (niederträchtig); **In|fa|mie,** die; -, ...ien

In|fant, der; -en, -en ⟨span., »Kind«⟩ (Titel spanischer u. portugiesischer Prinzen)

In|fan|te|rie [...ri, *auch* ...'ri:], die; -, ...ien ⟨franz.⟩ (*Militär* Fußtruppe); **In|fan|te|rie|re|gi|ment** (*Abk.* IR.); **In|fan|te|rist** [*auch* ...'rɪ...], der; -en, -en (Fußsoldat); **In|fan|te|ris|tin; in|fan|te|ris|tisch**

in|fan|til ⟨lat.⟩ (kindlich; unentwickelt, unreif); **in|fan|ti|li|sie|ren; In|fan|ti|li|sie|rung; In|fan|ti|lis|mus,** der; -, ...men (Stehenbleiben auf kindlicher Entwicklungsstufe); **In|fan|ti|li|tät,** die; -

In|fan|tin ⟨span.⟩ (Titel span. u. portugiesischer Prinzessinnen)

In|farkt, der; -[e]s, -e ⟨lat.⟩ (*Med.* Absterben eines Gewebeteils infolge Gefäßverschlusses); **In|farkt|ge|fähr|det; In|farkt|ri|si|ko**

In|fekt, der; -[e]s, -e ⟨lat.⟩ (*Med.* Infektionskrankheit; *kurz für* Infektion); grippaler Infekt

In|fek|tio|lo|gie, die; - (Wissenschaft von den Infektionskrankheiten)

In|fek|ti|on, die; -, -en (Ansteckung durch Krankheitserreger)

In|fek|ti|ons|er|re|ger; In|fek|ti|ons|ge|fahr; In|fek|ti|ons|herd; In|fek|ti|ons|krank|heit

in|fek|ti|ös (ansteckend)

In|fel *vgl.* Inful

In|fe|ri|o|ri|tät, die; - ⟨lat.⟩ (untergeordnete Stellung; Minderwertigkeit)

in|fer|nal (seltener für infernalisch); **in|fer|na|lisch** ⟨lat.⟩ (höllisch; teuflisch)

In|fer|no, das; -s, -s ⟨ital., »Hölle«⟩ (entsetzliches Geschehen)

in|fer|til [*auch* 'ɪn...] ⟨lat.⟩ (unfruchtbar); **In|fer|ti|li|tät,** die; -

In|fight, der; -[s], -s, **In|figh|ting,** das; -[s], -s ⟨engl.⟩ (*Boxen* Nahkampf)

In|fil|t|ra|ti|on, die; -, -en ⟨lat.⟩ (Einsickern; Eindringen; [ideologische] Unterwanderung); **In|fil|t|ra|ti|ons|ver|such**

in|fil|t|rie|ren (eindringen); **In|fil|t|rie|rung,** die; -, -en

In|fi|mum, das; -s, ...ma ⟨lat.⟩ (*Math.* untere Grenze einer beschränkten Menge)

in|fi|nit [*auch* ...'ni:t] ⟨lat.⟩ (*Sprachwiss.* unbestimmt); infinite Form (Form des Verbs, die im Ggs. zur finiten Form [*vgl.* finit] nicht nach Person u. Zahl bestimmt ist, z. B. »schwimmen« [*vgl.* Infinitiv], »schwimmend« u. »geschwommen« [*vgl.* Partizip])

in|fi|ni|te|si|mal (*Math.* zum Grenzwert hin unendlich klein werdend); **In|fi|ni|te|si|mal|rech|nung** (*Math.*)

In|fi|ni|tiv [*auch* ...'ti:f], der; -s, -e (*Sprachwiss.* Grundform [des Verbs], z. B. »schwimmen«); **In|fi|ni|tiv|kon|junk|ti|on** (z. B. »zu«, »ohne zu«, »anstatt zu«)

In|fi|ni|tiv|satz (satzwertiger Infinitiv)

In|fix [*auch* 'ɪn...], das; -es, -e ⟨lat.⟩ (in den Wortstamm eingefügtes Wortbildungselement)

in|fi|zie|ren ⟨lat.⟩ (anstecken; mit Krankheitserregern verunreinigen); **In|fi|zie|rung**

in fla|g|ran|ti ⟨lat.⟩ (auf frischer Tat); in flagranti ertappen

in|flam|ma|bel ⟨lat.⟩ (entzündbar); ...a|b|le Stoffe

In|fla|ti|on, die; -, -en (Geldentwertung durch den erhöhten Umlauf von Zahlungsmitteln); **in|fla|ti|o|när, in|fla|ti|o|nis|tisch** (Inflation bewirkend)

In|fla|ti|ons|ab|gel|tung (*österr. für* Inflationsausgleich); **In|fla|ti|ons|aus|gleich; in|fla|ti|ons|be|rei|nigt; In|fla|ti|ons|ge|fahr; in|fla|ti|ons|ge|schützt; In|fla|ti|ons|ra|te; In|fla|ti|ons|schutz,** der; -es *o.* Plur.

in|fla|to|risch (*svw.* inflationär)

in|fle|xi|bel [*auch* ...'ksi...] ⟨lat.⟩ (unbiegsam; unveränderlich; *Sprachwiss.* nicht beugbar); ein ...i|b|les System

In|fle|xi|bi|li|tät [*auch* 'ɪ...], die; - (Unbiegsamkeit; Unbeugbarkeit)

In|flu|enz, die; -, -en ⟨lat.⟩ (Beeinflussung eines elektrisch ungeladenen Körpers durch die Annäherung eines geladenen)

In|flu|en|za, die; - ⟨ital.⟩ (*veraltet für* Grippe)

In|flu|enz|ma|schi|ne (Maschine zur Erzeugung hoher elektrischer Spannung)

¹In|fo, das; -s, -s (*ugs.; kurz für* Informationsblatt)

²In|fo, die; -, -s (*ugs. kurz für* Information)

In|fo|brief (*Postw.*)

In|fo|kas|ten (eingekästelte Informationstexte)

in|fol|ge ↑D 63; mit Gen. oder mit »von«: infolge des schlechten Wetters; infolge übermäßigen Stresses; infolge von Krieg, *aber* sie hat drei Mal in Folge (hintereinander) gewonnen

in|fol|ge|des|sen; die Straßen waren überflutet und infolgedessen (deshalb) unpassierbar, *aber* das Hochwasser, infolge dessen die Straßen unpassierbar waren

In|fo|line [...laɪn], die; -, -s ⟨engl.⟩ (telefonischer Auskunftsdienst)

In|fo|ma|te|ri|al

In|fo|mo|bil, das; -s, -e (Fahrzeug als Informationsstand)

In|fo|post (in größeren Mengen verschickte Postsendungen)

In|fo|punkt (Informationseinrichtung, -stand)

In|for|mand, der; -en, -en ⟨lat.⟩ (eine Person, die informiert wird); **In|for|man|din**

In|for|mant, der; -en, -en (jmd., der [geheime] Informationen liefert); **In|for|man|ten|schutz,** der; -es *(Rechtswiss.);* **In|for|man|tin**

In|for|ma|tik, die; - (Wissenschaft von der [elektronischen] Informationsverarbeitung); **In|for|ma|ti|ker; In|for|ma|ti|ke|rin**

In|for|ma|ti|on, die; -, -en (Auskunft; Nachricht; Belehrung); **in|for|ma|ti|o|nell**

In|for|ma|tion-Re|t|rie|val [ɪnfə-'meɪʃn...], das; -s, -s ⟨engl.⟩ (*EDV vgl.* Retrieval)

In|for|ma|ti|ons|an|lass (*schweiz. für* Informationsveranstaltung)

In|for|ma|ti|ons|aus|tausch; In|for|ma|ti|ons|be|dürf|nis; In|for|ma|ti|ons|blatt; In|for|ma|ti|ons|bü|ro; In|for|ma|ti|ons|dienst; In|for|ma|ti|ons|fluss; In|for|ma|ti|ons|flut; In|for|ma|ti|ons|frei|heit, die; -

In|for|ma|ti|ons|ge|halt, der; **In|for|ma|ti|ons|ge|sell|schaft; In|for|ma|ti|ons|ma|te|ri|al; In|for|ma|ti|ons|pflicht; In|for|ma|ti|ons|platt|form; In|for|ma|ti|ons|por|tal** *(EDV);* **In|for|ma|ti|ons|pro|gramm; In|for|ma|ti|ons|quel|le; In|for|ma|ti|ons|stand; In|for|ma|ti|ons|sys|tem**

In|for|ma|ti|ons|tech|nik; in|for|ma|ti|ons|tech|nisch
In|for|ma|ti|ons tech|no|lo|gie (Abk. IT)
In|for|ma|ti|ons|the|o|rie; In|for|ma|ti|ons|ver|an|stal|tung; In|for|ma|ti|ons|ver|ar|bei|tung; In|for|ma|ti|ons|ver|lust; In|for|ma|ti|ons|zeit|al|ter; In|for|ma|ti|ons|zen|trum
in|for|ma|tisch ⟨zu Informatik⟩
in|for|ma|tiv (belehrend; Auskunft gebend; aufschlussreich)
In|for|ma|tor, der; -s, ...oren (jmd., von dem man Informationen bezieht); In|for|ma|to|rin; in|for|ma|to|risch (der [vorläufigen] Unterrichtung dienend)
In|for|mel [ɛ̃...], das; - ⟨franz.⟩ (informelle Kunst; vgl. ²informell)
¹in|for|mell ⟨lat.⟩ (informierend)
²in|for|mell [auch ...'mɛl] ⟨franz.⟩ (nicht förmlich; auf Formen verzichtend); informelle Kunst (eine Richtung der modernen Malerei)
in|for|mie|ren ⟨lat.⟩ (Auskunft geben; benachrichtigen); sich informieren (Auskünfte, Erkundigungen einziehen); In|for|miert|heit, die; -; In|for|mie|rung
In|fo|screen® [...skri:n], der; -s, -s ⟨lat.; engl.⟩ (digitaler Großbildschirm für Informationen, Unterhaltung u. Werbung in der Öffentlichkeit)
In|fo|stand
In|fo|tain|ment [...'teɪn...], das; -s ⟨engl.-dt.; Kurzw. aus Information u. Entertainment⟩ (unterhaltende Darbietung von Informationen)
In|fo|ver|an|stal|tung
in|fra|ge, in Fra|ge; infrage, in Frage kommen, stehen, stellen; das kommt nicht infrage od. in Frage; ↑D 58; die infrage od. in Frage kommende Person; die infrage od. in Frage gestellten Regeln, aber das Infragestellen
in|f|ra|rot ⟨lat.; dt.⟩ (zum Infrarot gehörend); In|f|ra|rot (unsichtbare Wärmestrahlen, die im Spektrum zwischen dem roten Licht u. den kürzesten Radiowellen liegen)
In|f|ra|rot|film
in|f|ra|rot|ge|steu|ert
In|f|ra|rot|hei|zung; In|f|ra|rot|strah|ler; In|f|ra|rot|strah|lung
In|f|ra|schall, der; -[e]s (Schallwellenbereich unterhalb von 16 Hertz)
In|f|ra|struk|tur (wirtschaftlich-organisatorischer Unterbau einer arbeitsteiligen Wirtschaft); in|f|ra|struk|tu|rell; In|f|ra|struk|tur|mi|nis|te|ri|um (österr. für Bundesministerium für Verkehr, Innovation u. Technologie)
In|f|ra|test® (auch kurz für Meinungs-, Marktforschungsinstitut; Umfrage, Studie)
In|ful, die; -, -n ⟨lat.⟩ (altrömische weiße Stirnbinde; Bez. der Mitra mit herabhängenden Bändern); in|fu|liert (zum Tragen der Inful berechtigt)
in|fun|die|ren ⟨lat.⟩ (Med. durch Infusion einführen)
In|fus, das; -es, -e (Aufguss; Tee)
In|fu|si|on, die; -, -en (Zufuhr von Flüssigkeit in den Körper mittels einer Hohlnadel)
In|fu|si|ons|tier|chen, In|fu|so|ri|um, das; -s, ...ien meist Plur. (Aufgusstierchen [einzelliges Wimpertierchen])
In|fu|sum, das; -s, ...sa (svw. Infus)
Ing. = Ingenieur, Ingenieurin
In|ga (w. Vorn.)
In|gang|hal|tung, die; -; In|gang|set|zung
In|ga|wo|nen usw. vgl. Ingwäonen usw.
In|ge, In|ge|borg (w. Vorn.)
In|ge|brauch|nah|me, die; -, -n
in ge|ne|re [auch - 'ge:...] ⟨lat.⟩ (im Allgemeinen)
In|ge|ni|eur [...ʒe'niø:ɐ̯], der; -s, -e ⟨franz.⟩ (Abk. Ing.)
In|ge|ni|eur|aka|de|mie; In|ge|ni|eur|bau Plur. ...bauten; In|ge|ni|eur|bü|ro
In|ge|ni|eu|rin (Abk. Ing.)
In|ge|ni|eur|kon|su|lent, der (österr. für Ziviltechniker mit beratender Funktion u. Parteienstellung); In|ge|ni|eur|kon|su|len|tin
In|ge|ni|eur|öko|nom (DDR auch auf technischem Gebiet ausgebildeter Wirtschaftswissenschaftler); In|ge|ni|eur|öko|no|min
In|ge|ni|eur|schu|le; In|ge|ni|eur[s]kunst; In|ge|ni|eur|wis|sen|schaft meist Plur.
in|ge|ni|ös [...ge...] ⟨lat.⟩ (sinnreich; erfinderisch; scharfsinnig); In|ge|ni|o|si|tät, die; - (Erfindungsgabe, Scharfsinn)
In|ge|ni|um, das; -s, ...ien (schöpferische Begabung; Genie)
In|ges|ti|on, die; - ⟨lat.⟩ (Med. Nahrungsaufnahme)
in|ge|züch|tet ⟨zu Inzucht⟩
In|gol|stadt (Stadt in Bayern); In|gol|städ|ter; In|gol|städ|te|rin
In|got, der; -s, -s ⟨engl.⟩ (Metallblock, -barren)
In|grain|pa|pier [...'grɛɪn...] ⟨engl.; dt.⟩ (raues Zeichenpapier mit farbigen od. schwarzen Wollfasern)
In|gre|di|ens, das; -, ...enzien meist Plur., In|gre|di|enz, die; -, -en meist Plur. ⟨lat.⟩ (Zutat; Bestandteil)
In|g|res ['ɛ̃:grə] (franz. Maler)
In|gress, der; -es, -e ⟨lat.⟩ (veraltet für Eingang, Zutritt)
In|gres|si|on, die; -, -en (Geol. das Eindringen von Meerwasser in Landsenken)
Ing|rid (w. Vorn.)
In|grimm, der; -[e]s (veraltend für Grimm); in|grim|mig
in gros|so ⟨ital.⟩ (veraltend für en gros)
Ing|wä|o|nen Plur. (Kultgemeinschaft westgermanischer Stämme); ing|wä|o|nisch
Ing|wer, der; -s, - ⟨sanskr.⟩ (eine Gewürzpflanze; ein Likör; nur Sing.: ein Gewürz); Ing|wer|bier; Ing|wer|öl
In|ha|ber; in|ha|ber|ge|führt; In|ha|be|rin
In|ha|ber|pa|pier (Bankw.); In|ha|ber|schuld|ver|schrei|bung (Wirtsch.)
in|haf|tie|ren (in Haft nehmen); In|haf|tier|te, der u. die; -n, -n; In|haf|tie|rung
In|haft|nah|me, die; -, -n (Amtsspr.)
In|ha|la|ti|on, die; -, -en ⟨lat.⟩ (Med. Einatmung meist dampfförmiger od. zerstäubter Heilmittel); In|ha|la|ti|ons|ap|pa|rat
In|ha|la|to|ri|um, das; -s, ...ien (Raum zum Inhalieren); in|ha|lie|ren (auch für [beim Zigarettenrauchen] den Rauch [in die Lunge] einziehen)
In|halt, der; -[e]s, -e
in|halt|leer vgl. inhaltsleer
in|halt|lich
in|halt|los vgl. inhaltslos; in|halt|reich vgl. inhaltsreich
In|halts|an|ga|be
in|halts|arm
in|halt|schwer vgl. inhaltsschwer
in|halts|leer, seltener in|halt|leer; in|halts|los, seltener in|halt|los; in|halts|reich, seltener in|halt|reich; in|halts|schwer, seltener in|halt|schwer
In|halts|stoff, seltener In|halt|stoff

Inhaltsübersicht

In|halts|über|sicht; In|halts|ver|zeich|nis

in|halts|voll, seltener **in|halt|voll**

in|hä|rent ⟨lat.⟩ (anhaftend; innewohnend); **In|hä|renz,** die; - (Philos. die Zugehörigkeit der Eigenschaften zu ihren Trägern)

in|hä|rie|ren (anhaften)

in hoc sa|lus ⟨lat., »in diesem [ist] Heil«⟩ (Abk. I. H. S.)

in hoc si|g|no ⟨lat., »in diesem Zeichen«⟩ (Abk. I. H. S.)

in|ho|mo|gen [auch ...'ge:n] ⟨lat.; griech.⟩ (ungleichartig); **In|ho|mo|ge|ni|tät** [auch 'ɪn...], die; -, -en

in ho|no|rem ⟨lat.⟩ (zu Ehren)

in|house ['ɪnhaʊs] ⟨engl.⟩ (Wirtsch. innerhalb des eigenen Unternehmens); **In|house|se|mi|nar**

in|hu|man [auch ...'ma:n] ⟨lat.⟩ (unmenschlich); **In|hu|ma|ni|tät** [auch 'ɪn...], die; -, -en

in in|fi|ni|tum vgl. ad infinitum

Ini|ti|al vgl. Initiale

Ini|ti|al|buch|sta|be

Ini|ti|a|le, die; -, -n, seltener **Ini|ti|al,** das; -s, -e ⟨lat.⟩ (großer [meist verzierter] Anfangsbuchstabe)

Ini|ti|al|spreng|stoff (Zündstoff für Initialzündungen)

Ini|ti|al|wort Plur. ...wörter (Sprachwiss.)

Ini|ti|al|zel|len Plur. (Bot.)

Ini|ti|al|zün|dung (Zündung eines schwer entzündlichen Sprengstoffs durch einen leicht entzündlichen)

Ini|ti|and, der; -en, -en (Anwärter auf eine Initiation); **Ini|ti|an|din**

Ini|ti|ant, der; -en, -en (jemand, der die Initiative ergreift); **Ini|ti|an|tin**

Ini|ti|a|ti|on, die; -, -en (Soziol. Aufnahme in eine Gemeinschaft; Völkerkunde Reifefeier bei den Naturvölkern); **Ini|ti|a|ti|ons|ri|tus**

ini|ti|a|tiv (Initiative ergreifend, besitzend); initiativ werden

Ini|ti|a|tiv|an|trag (die parlamentarische Diskussion eines Problems einleitender Antrag)

Ini|ti|a|tiv|be|geh|ren (schweiz. für Initiative); **Ini|ti|a|tiv|be|wer|bung** (Bewerbung, die nicht auf eine Stellenausschreibung erfolgt)

Ini|ti|a|ti|ve, die; -, -n ⟨franz.⟩ (erste tätige Anregung zu einer Handlung; Entschlusskraft, Unternehmungsgeist; schweiz. auch für Begehren nach Erlass, Änderung od. Aufhebung eines Gesetzes od. Verfassungsartikels); die Initiative ergreifen

Ini|ti|a|tiv|recht (das Recht, Gesetzentwürfe einzubringen)

Ini|ti|a|tor, der; -s, ...oren ⟨lat.⟩ (Urheber; Anstifter); **Ini|ti|a|to|rin**

Ini|ti|en Plur. (Anfänge; Anfangsgründe)

ini|ti|ie|ren (den Anstoß geben; einleiten; [in ein Amt] einführen; einweihen)

In|jek|ti|on, die; -, -en ⟨lat.⟩ (Med. Einspritzung; Geol. Eindringen von Magma in Gesteinsspalten); **In|jek|ti|ons|lö|sung** (Med.); **In|jek|ti|ons|sprit|ze**

In|jek|tor, der; -s, ...oren (Technik Pressluftzubringer in Saugpumpen; Pumpe, die Wasser in einen Dampfkessel einspritzt)

in|ji|zie|ren (einspritzen)

In|ju|rie, die; -, -n ⟨lat.⟩ (Unrecht, Beleidigung); **in|ju|ri|ie|ren** (veraltet für beleidigen)

In|ka, der; -[s], -[s] (Bewohner des Inkareichs)

In|ka|bein, In|ka|kno|chen (Med. ein Schädelknochen)

in|ka|isch

in|kar|nat ⟨lat.⟩ (Kunstwiss. fleischfarben); **In|kar|nat,** das; -[e]s (Fleischton [auf Gemälden])

In|kar|na|ti|on, die; -, -en ⟨»Fleischwerdung«⟩ (Verkörperung; Rel. Menschwerdung [Christi])

In|kar|nat|rot, das; -[s]

in|kar|nie|ren, sich (verkörpern)

in|kar|niert (Rel. fleischgeworden)

In|kas|sant, der; -en, -en ⟨ital.⟩ (österr. für jmd., der Geld kassiert); **In|kas|san|tin**

In|kas|so, das; -s, Plur. -s od., österr. auch, ...kassi (Bankw. Einziehung von Geldforderungen); **In|kas|so|bü|ro; In|kas|so|voll|macht**

In|kauf|nah|me, die; -

inkl., incl. = inklusive

In|kli|na|ti|on, die; -, -en ⟨lat.⟩ (Vorliebe, Zuneigung; Physik Neigung einer frei aufgehängten Magnetnadel zur Waagerechten; Math. Neigung zweier Ebenen od. einer Linie u. einer Ebene gegeneinander)

in|klu|die|ren ⟨lat.⟩ (fachspr. für mit einschließen)

In|klu|si|on, die; -, -en ⟨lat.⟩ (Fachspr. Einschluss; Einbeziehung [bes. von behinderten Menschen])

in|klu|si|ve

⟨lat.⟩ (einschließlich, inbegriffen; Abk. inkl., incl.)
Präposition mit Genitiv:
– inklusive aller Versandkosten, des Verpackungsmaterials

Ein allein stehendes, stark gebeugtes Substantiv steht im Singular in der Regel ungebeugt:
– inklusive Porto, Verpackungsmaterial

Im Plural wird bei allein stehenden, stark gebeugten Substantiven häufig der Dativ gesetzt:
– inklusive Getränken

In|klu|siv|mie|te (österr. für Miete einschließlich Nebenkosten)

in|ko|g|ni|to ⟨ital.⟩ (unter fremdem Namen); inkognito reisen; **In|ko|g|ni|to,** das; -s, -s

in|ko|hä|rent [auch ...'rɛ...] ⟨lat.⟩ (unzusammenhängend); **In|ko|hä|renz** [auch ...'rɛ...], die; -, -en

In|koh|lung (Geol. Umwandlung von Pflanzen in Kohle)

in|kom|men|su|ra|bel ⟨lat.⟩ (nicht messbar; nicht vergleichbar); ...ra|b|le Größen (Math.); **In|kom|men|su|ra|bi|li|tät,** die; -

in|kom|mo|die|ren ⟨lat.⟩ (veraltend für belästigen; bemühen); sich inkommodieren (sich Mühe machen); **In|kom|mo|di|tät,** die; -, -en (Unbequemlichkeit)

in|kom|pa|ra|bel [auch ...'ra:...] ⟨lat.⟩ (veraltend für unvergleichbar; Sprachwiss. nicht steigerbar); ...a|b|le Verhältnisse

in|kom|pa|ti|bel [auch ...'ti:...] ⟨lat.⟩ (unverträglich; miteinander unvereinbar); ...i|b|le Blutgruppen; **In|kom|pa|ti|bi|li|tät** [auch 'ɪn...], die; -, -en

in|kom|pe|tent [auch ...'tɛ...] ⟨lat.⟩ (nicht sachverständig; nicht befugt); **In|kom|pe|tenz** [auch ...'tɛ...], die; -, -en

in|kom|plett [auch ...'plɛt] ⟨franz.⟩ (unvollständig)

in|kom|pres|si|bel [auch ...'si:...] ⟨lat.⟩ (Physik nicht zusammenpressbar); ...i|b|le Materialien; **In|kom|pres|si|bi|li|tät** [auch 'ɪ...], die; -

in|kon|gru|ent [auch ...'ɛ...] ⟨lat.⟩ (nicht übereinstimmend; Math. nicht deckungsgleich); **In|kon|gru|enz** [auch ...'ɛ...], die; -, -en

innere

in|kon|se|quent [auch ...'kvɛ...] ⟨lat.⟩ (nicht folgerichtig; widersprüchlich); **In|kon|se|quenz** [auch ...'kvɛ...], die; -, -en

in|kon|sis|tent [auch ...'tɛ...] ⟨lat.⟩ (unbeständig; widersprüchlich); **In|kon|sis|tenz** [auch ...'tɛ...], die; -

in|kon|s|tant [auch ...'ta...] ⟨lat.⟩ (veränderlich, unbeständig); **In|kon|s|tanz** [auch ...'ta...], die; -

in|kon|ti|nent [auch ...'nɛ...] ⟨lat.⟩ (Med. nicht in der Lage, Harn od. Stuhl zurückzuhalten); **In|kon|ti|nenz** [auch ...'nɛ...], die; -, -en

in|kon|ver|ti|bel [auch ...'ti:...] ⟨lat.⟩ (Wirtsch. nicht austauschbar [von Währungen]); ...i|b|le Währungen

in|kon|zi|li|ant [auch ...'li̯a...] ⟨lat.⟩ (nicht umgänglich)

in|kor|po|ral ⟨lat.⟩ (Med. im Körper befindlich)

In|kor|po|ra|ti|on, die; -, -en (Einverleibung; Aufnahme); **in|kor|po|rie|ren; In|kor|po|rie|rung**

in|kor|rekt [auch ...'rɛ...] ⟨lat.⟩ ([sprachlich] ungenau, fehlerhaft; unangemessen); **In|kor|rekt|heit**

in Kraft vgl. ¹Kraft; **In|kraft|set|zung** (Amtsspr.)

In|kraft|tre|ten, das; -s (eines Gesetzes ↑D 82; vgl. auch ¹Kraft)

In|kreis, der; -es, -e (Geom. einer Figur einbeschriebener Kreis)

In|kre|ment, das; -[e]s, -e ⟨lat.⟩ (Math. Betrag, um den eine Größe zunimmt)

In|kret, das; -[e]s, -e ⟨lat.⟩ (Med. von Drüsen ins Blut abgegebener Stoff, Hormon); **In|kre|ti|on**, die; - (innere Sekretion); **in|kre|to|risch** (die innere Sekretion betreffend, auf ihr beruhend)

in|kri|mi|nie|ren ⟨lat.⟩ (beschuldigen; unter Anklage stellen); **in|kri|mi|niert** (beschuldigt)

In|krus|ta|ti|on, die; -, -en ⟨lat.⟩ (farbige Verzierung von Flächen durch Einlagen; Geol. Krustenbildung); **in|krus|tie|ren**

In|ku|ba|ti|on, die; -, -en ⟨lat.⟩ (Tempelschlaf in der Antike; Zool. Bebrütung von Vogeleiern; Med. das Sichfestsetzen von Krankheitserregern im Körper; auch kurz für Inkubationszeit [vgl. d.]); **In|ku|ba|ti|ons|zeit** (Med. Zeit von der Infektion bis zum Ausbruch einer Krankheit)

In|ku|ba|tor, der; -s, ...oren (Brutkasten [für Frühgeburten])

In|ku|bus, der; -, Inkuben (Buhlteufel des mittelalterlichen Hexenglaubens); vgl. Sukkubus

in|ku|lant [auch ...'la...] ⟨franz.⟩ ([geschäftlich] ungefällig); **In|ku|lanz** [auch ...'la...], die; -, -en

In|kul|pant, der; -en, -en ⟨lat.⟩ (Rechtsspr. veraltet für Ankläger); **In|kul|pan|tin**

In|kul|pat, der; -en, -en (Rechtsspr. veraltet für Angeschuldigter); **In|kul|pa|tin**

In|ku|na|bel, die; -, -n meist Plur. ⟨lat.⟩ (Wiegen-, Frühdruck, Druck aus der Zeit vor 1500)

in|ku|ra|bel [auch ...'ra:...] ⟨lat.⟩ (Med. unheilbar); ...a|b|le Krankheit

in Kürze vgl. Kürze

In|laid, der; -s, -e ⟨engl.⟩ (durchgemustertes Linoleum)

In|land, das; -[e]s; **In|land|eis**

In|län|der, der; **In|län|de|rin**

In|land|flug, In|lands|flug

In|län|disch

In|lands|brief; **In|lands|ge|spräch; In|lands|markt; In|lands|nach|fra|ge; In|lands|por|to; In|lands|preis; In|lands|rei|se**

In|laut (Sprachwiss.); **in|lau|tend**

In|lay ['ɪnleɪ], das; -s, -s ⟨engl.⟩ (aus Metall od. Porzellan gegossene Zahnfüllung)

In|lett, das; -[e]s, Plur. -e od. -s (Baumwollstoff [für Federbetten u. -kissen])

in|lie|gend vgl. einliegend

In|lie|gen|de, das; -n

In|li|ner [...laɪ...], der; -s, - ⟨engl.⟩ (kurz für Inlineskate); **in|li|nern**; wir inlinerten, sind od. haben geinlinert

In|line|skate ['ɪnlaɪnskeɪt], der; -s, -s meist Plur. ⟨engl.⟩ (Rollschuh mit schmalen, hintereinander aufgereihten Rädchen)

in|line|ska|ten ⟨engl.⟩ (Rollschuh laufen mit Inlineskates); wir inlineskateten, sind od. haben inlineskatet

In|line|ska|ter, der; -s, -; **In|line|ska|te|rin; In|line|ska|ting**, das; -s

in ma|i|o|rem Dei glo|ri|am vgl. ad maiorem Dei gloriam

in me|di|as res ⟨lat.⟩, »mitten in die Dinge hinein« ([unmittelbar] zur Sache)

in me|mo|ri|am ⟨lat.⟩, »zum Gedächtnis« (zum Andenken); in memoriam Maria Theresia

in|mit|ten (geh.); ↑D 63; als Präp. mit Gen.: inmitten des Sees

Inn, der; -[s] (rechter Nebenfluss der Donau)

in na|tu|ra ⟨lat.⟩ (in Wirklichkeit; ugs. für in Form von Naturalien)

in|ne

Getrenntschreibung in Verbindung mit »sein« ↑D 49:
– inne sein (geh. für sich bewusst sein)
– sie ist dieses Erlebnisses inne gewesen
– ehe er dessen inne ist, inne war

Vgl. aber innehaben, innewerden usw.; mitteninne

in|ne|ha|ben; seit er dieses Amt innehat, innegehabt hat

in|ne|hal|ten; um mitten im Satz innezuhalten

in|nen; von, nach innen; innen und außen

In|nen|an|ten|ne; **In|nen|ar|bei|ten** Plur.

In|nen|ar|chi|tekt; **In|nen|ar|chi|tek|tin; In|nen|ar|chi|tek|tur**

In|nen|auf|nah|me

In|nen|aus|schuss (Politik)

In|nen|aus|stat|tung; **In|nen|bahn** (Sport); **In|nen|dienst; In|nen|durch|mes|ser; In|nen|ein|rich|tung; In|nen|flä|che; In|nen|hand; In|nen|hof; In|nen|kan|te; In|nen|kur|ve**

In|nen|le|ben, das; -s

In|nen|mi|nis|ter; **In|nen|mi|nis|te|rin; In|nen|mi|nis|te|ri|um**

In|nen|po|li|tik; **in|nen|po|li|tisch**, in|ner|po|li|tisch

In|nen|raum

In|nen|rist (innere Seite des Fußrückens)

In|nen|sei|te

In|nen|se|nat; **In|nen|se|na|tor; In|nen|se|na|to|rin**

In|nen|spie|gel; **In|nen|stadt**

In|nen|stür|mer; **In|nen|stür|me|rin**

In|nen|ta|sche; **In|nen|tä|ter; In|nen|tem|pe|ra|tur**

In|nen|ver|tei|di|ger; **In|nen|ver|tei|di|ge|rin**

In|nen|welt

In|ner|asi|en

in|ner|be|trieb|lich; **in|ner|deutsch; in|ner|dienst|lich**

in|ne|re; inners|te; zuinnerst; ↑D 89: innere Angelegenheiten eines Staates; innere, fachspr. auch Innere Medizin, aber nur

Innere

↑D 88 u. 150: Zentrum für Innere Medizin der Universität Rostock; innere, *fachspr. auch* Innere Führung (*Bez. für* geistige Rüstung u. zeitgemäße Menschenführung in der deutschen Bundeswehr); innere, *fachspr. auch* Innere Sicherheit [eines Staates]; die äußere und die innere Mission, *aber* ↑D 150: die Innere Mission (Organisation der ev. Kirche; *Abk.* I. M.); ↑D 140: die Innere Mongolei
In|ne|re, das; ...r[e]n; das Ministerium des Innern; im Inner[e]n
In|ne|rei *meist Plur.* (z. B. Leber, Herz, Darm von Schlachttieren)
in|ner|eu|ro|pä|isch
in|ner|fa|mi|li|är
in|ner|halb; *als Präp. mit Gen.*: innerhalb eines Jahres, zweier Jahre; *im Plur. mit Dat., wenn der Gen. nicht erkennbar ist*: innerhalb vier Jahren, vier Tagen
in|ner|kirch|lich
in|ner|lich; In|ner|lich|keit
in|ner|ört|lich; in|ner|orts (*bes. schweiz. für* innerhalb des Ortes)
In|ner|ös|ter|reich (*hist. Bez. für* Steiermark, Kärnten, Krain, Görz; *heute westösterr. für* Ostösterreich)
in|ner|par|tei|lich; in|ner|po|li|tisch, in|nen|po|li|tisch
In|ner|rho|den (*kurz für* Appenzell Innerrhoden)
in|ner|se|k|re|to|risch (*Med.* die innere Sekretion betreffend, auf ihr beruhend)
in|ner|staat|lich
In|ner|stadt (*schweiz. regional für* Innenstadt); in|ner|städ|tisch; der innerstädtische Verkehr
In|ners|te, das; -n; im Innersten; bis ins Innerste
in|nert *Präp. mit Gen. od. Dativ* (*schweiz. u. westösterr. für* innerhalb, binnen); innert eines Jahres *od.* innert einem Jahr; innert drei Tagen
In|ner|va|ti|on, die; -, -en ⟨lat.⟩ (*Med.* Versorgung der Körperteile mit Nerven; Reizübertragung durch Nerven); in|ner|vie|ren (mit Nerven od. Nervenreizen versehen; *übertr. auch für* anregen, Auftrieb geben)
in|ne sein *vgl.* in|ne wer|den (*geh. für* bewusst werden); er ist sich seiner Schuld innegeworden
in|ne|woh|nen (*geh.*); auch diesen alten Methoden hat Gutes innegewohnt
in|nig; In|nig|keit *Plur. selten*; in|nig|lich; in|nigst; aufs Innigste *od.* innigste verbunden ↑D 75
in no|mi|ne [- ...ne] ⟨lat.⟩, »im Namen« (im Auftrage); in nomine Dei (in Gottes Namen; *Abk.* I. N. D.); in nomine Domini (im Namen des Herrn; *Abk.* I. N. D.)
In|no|va|ti|on, die; -, -en ⟨lat.⟩ (Erneuerung; Neuerung [durch Anwendung neuer Verfahren u. Techniken]); In|no|va|ti|ons|kraft; In|no|va|ti|ons|preis; In|no|va|ti|ons|schub
In|no|va|ti|ons|spross ⟨lat.; dt.⟩ (*Bot.* Erneuerungsspross einer mehrjährigen Pflanze)
in|no|va|tiv (Innovationen betreffend, schaffend); in|no|va|to|risch (Innovationen anstrebend)
In|no|zenz (m. Vorn.)
Inns|bruck (Hauptstadt von Tirol)
in nu|ce [- ...tse] ⟨lat.⟩ (im Kern; in Kürze)
In|nung; In|nungs|meis|ter; In|nungs|meis|te|rin
Inn|vier|tel, das; -s ↑D 143 (Landschaft in Österreich)
In|ob|hut|nah|me, die; -, -n (*bes. Rechtsspr.* Unterbringung eines Kindes od. Jugendlichen durch das Jugendamt)
in|of|fen|siv [*auch* ...'zi:f] ⟨lat.⟩ (nicht offensiv)
in|of|fi|zi|ell [*auch* ...'tsjɛl] ⟨franz.⟩ (nicht amtlich; vertraulich; nicht förmlich)
in|of|fi|zi|ös [*auch* ...'tsjø:s] (nicht offiziös)
in|ope|ra|bel [*auch* ...'ra:...] ⟨franz.⟩ (*Med.* nicht operierbar); ...a|b|le Verletzungen
in|op|por|tun [*auch* ...'tu:n] ⟨lat.⟩ (unangebracht); In|op|por|tu|ni|tät [*auch* 'ɪn...], die; -, -en
Ino|sit, der; -s, -e ⟨griech.⟩ (in pflanzlichen u. tierischen Geweben vorkommender Zucker)
Ino|si|tu|rie, Ino|s|u|rie, die; -, ...ien (*Med.* Auftreten von Inosit im Harn)
in per|pe|tu|um ⟨lat.⟩ (auf immer)
in per|so|na ⟨lat.⟩ (persönlich)
in pet|to ⟨ital.⟩; etwas in petto (*ugs. für* bereit) haben
in ple|no ⟨lat.⟩ (in, vor der Vollversammlung; vollzählig)
in pra|xi ⟨lat.; griech.⟩ (im wirklichen Leben; tatsächlich)
in punc|to ⟨lat.⟩ (hinsichtlich); in puncto puncti (»im Punkte des Punktes«; *scherzh. für* hinsichtlich der Keuschheit)
In|put, der; *auch* das; -s, -s ⟨engl.⟩ (*Wirtsch.* von außen bezogene u. im Betrieb eingesetzte Produktionsmittel; *EDV* Eingabe)
In|put-Out|put-Ana|ly|se [...'laʊt...]
in|qui|rie|ren ⟨lat.⟩ (*veraltend für* untersuchen, verhören)
In|qui|si|ten|spi|tal (*österr. für* Gefängniskrankenhaus)
In|qui|si|ti|on, die; -, -en ⟨lat.⟩ (*nur Sing.*: mittelalterliches katholisches Ketzergericht; Untersuchung [durch dieses Gericht]); In|qui|si|ti|ons|ge|richt
In|qui|si|tor, der; -s, ...oren (Richter der Inquisition); In|qui|si|to|rin; in|qui|si|to|risch
INR (Währungscode für indische Rupie)
In|rech|nung|stel|lung
I. N. R. I. = Jesus Nazarenus Rex Judaeorum
ins ↑D 14 (in das); eins in das andre gerechnet
in sal|do ⟨ital.⟩ (*veraltet für* im Rückstand)
In|sas|se, der; -n, -n; In|sas|sen|ver|si|che|rung; In|sas|sin
ins|be|son|de|re, ins|be|sond|re; insbesond[e]re[,] wenn ↑D 105 u. 127
in|schal|lah ⟨arab.⟩ (wenn Allah will [muslim. Redensart])
In|schrift; In|schrif|ten|kun|de, die; -; In|schrif|ten|samm|lung
in|schrift|lich
In|sekt, das; -[e]s, -en ⟨lat.⟩ (Kerbtier); insektenfressende *od.* Insekten fressende Pflanzen, Tiere ↑D 58
In|sek|ta|ri|um, das; -s, ...ien (Anlage für Insektenaufzucht)
In|sek|ten|be|kämp|fung; In|sek|ten|fraß, der; -es
in|sek|ten|fres|send, In|sek|ten fres|send *vgl.* Insekt
In|sek|ten|fres|ser; In|sek|ten|gift; In|sek|ten|haus (Insektarium); In|sek|ten|kun|de, die; -; In|sek|ten|pla|ge; In|sek|ten|pul|ver
In|sek|ten|stich; In|sek|ten|ver|til|gungs|mit|tel, das
¹In|sek|ti|vo|re, der; -n, -n *meist Plur.* (*Zool.* Insektenfresser)
²In|sek|ti|vo|re, die; -[n], -n *meist Plur.* (*Bot.* insektenfressende Pflanze)
In|sek|ti|zid, das; -s, -e (Insekten tötendes Mittel)

Instandstellung

In|sel, die; -, -n ⟨lat.⟩

In|sel|be|gab|te, der u. die; -n, -n (einseitig hochbegabte Person mit ansonsten unterdurchschnittlicher geistiger Leistungsfähigkeit); **In|sel|be|ga|bung**

In|sel|berg; **In|sel|be|woh|ner**; **In|sel|be|woh|ne|rin**; **In|sel|grup|pe**

In|sel|hop|ping, das; -s ⟨dt.; engl.⟩ (touristische Unternehmung, bei der nacheinander mehrere Inseln eines Archipels besucht werden)

In|sel|land Plur. ...länder

In|sel|re|pu|b|lik

In|sels|berg, der; -[e]s (im Thüringer Wald)

In|sel|staat Plur. ...staaten

In|se|mi|na|ti|on, die; -, -en ⟨lat.⟩ (künstliche Besamung, Samenübertragung)

in|sen|si|bel [*auch* ...'zi:...] ⟨lat.⟩ (unempfindlich; gefühllos); **In|sen|si|bi|li|tät** [*auch* ɪ...], die; -

In|se|rat, das; -[e]s, -e ⟨lat.⟩ (Anzeige [in Zeitungen usw.]); **In|se|ra|ten|teil**, **In|se|ra|te|teil**, der

In|se|rent, der; -en, -en (jmd., der ein Inserat aufgibt); **In|se|ren|tin**

in|se|rie|ren (ein Inserat aufgeben)

In|sert, das; -s, -s ⟨engl.⟩ (Inserat mit beigeheftetet Bestellkarte; im Fernsehen eingeblendete Schautafel)

In|ser|ti|on, die; -, -en ⟨lat.⟩ (Aufgeben einer Anzeige; Med. Muskelansatz); **In|ser|ti|ons|preis**; **In|ser|ti|ons|se|quenz** (Genetik kurzer, beweglicher Abschnitt der DNA)

ins|ge|heim [*auch* ɪ...]; **ins|ge|mein** [*auch* ɪ...] (veraltet); **ins|ge|samt** [*auch* ɪ...]

In-sich-Ge|schäft (mit sich selbst als Vertretung zweier Parteien abgeschlossenes Geschäft)

In|side ['ɪnsaɪt], der; -[s], -s ⟨engl.⟩ (schweiz. für Innenstürmer)

In|si|der [...saɪ...], der; -s, - (jmd., der interne Kenntnisse von etwas besitzt; Eingeweihter); **In|si|der|ge|schäft** (Börsenw.) (der illegale Form des Handels mit Aktien); **In|si|de|rin**; **In|si|der|tipp**; **In|si|der|wis|sen**

In|sie|gel (veraltet für Siegelbild; Jägerspr. Fährtenzeichen des Rotwildes)

In|si|g|ne, das; -s, ...nien meist Plur. ⟨lat.⟩ (Abzeichen, Symbol der Macht u. Würde)

In|si|g|ni|en
Da heute in der Regel die Pluralform *Insignien* verwendet wird, ist der Singular *das Insigne* wenig bekannt. Manchmal werden daher Formen wie *die Insignie* oder *das Insignium* gebildet, die nicht als standardsprachlich gelten.

in|si|g|ni|fi|kant [*auch* ...'kant] (unwichtig)

in|si|nu|ie|ren ⟨lat.⟩ (geh. für unterstellen, durchblicken lassen)

in|sis|tent ⟨lat.⟩ (beharrlich); **In|sis|tenz**, die; - (Beharrlichkeit, Hartnäckigkeit); **in|sis|tie|ren** (auf etwas bestehen)

in si|tu ⟨lat.⟩, »in [natürlicher] Lage« (bes. Med., Archäol.)

in|skri|bie|ren ⟨lat.⟩ (in eine Liste aufnehmen; bes. österr. für sich für das laufende Semester an einer Universität anmelden); **In|skrip|ti|on**, die; -, -en

ins|künf|tig (schweiz., sonst veraltet für zukünftig, fortan)

in|so|fern [*auch* ...'fɛrn, österr., schweiz. nur 'ɪn...]; insofern hast du recht; insofern du nichts dagegen hast, werden wir ...; insofern[,] als ↑D 127

In|so|la|ti|on, die; -, -en ⟨lat.⟩ (Meteorol. Sonnenbestrahlung; Med. Sonnenstich)

in|so|lent [*auch* ...'lɛnt] ⟨lat.⟩ (anmaßend, unverschämt); **In|so|lenz** [*auch* ...'lɛ...], die; -, -en

in|sol|vent [*auch* ...'vɛnt] (Wirtsch. zahlungsunfähig); **In|sol|venz**, die; -, -en (Wirtsch. Zahlungsunfähigkeit)

In|sol|venz|ver|fah|ren (Wirtsch.)

In|sol|venz|ver|wal|ter; **In|sol|venz|ver|wal|te|rin**

In Son|der|heit

in|so|weit [*auch* ...'vaɪt, österr. nur 'ɪ...]; insoweit hast du recht; insoweit es möglich ist, ...; insoweit[,] als ↑D 127

in spe [- 'spe:] ⟨lat.⟩, »in der Hoffnung« (zukünftig)

In|s|pek|teur [...'tø:ɐ̯], der; -s, -e ⟨franz.⟩ (Leiter einer Inspektion; Dienststellung der ranghöchsten Offiziere der Bundeswehr); **In|s|pek|teu|rin**

In|s|pek|ti|on, die; -, -en ⟨lat.⟩ (Besichtigung; [regelmäßige] Wartung [eines Kraftfahrzeugs]; Dienststelle)

In|s|pek|ti|ons|fahrt; **In|s|pek|ti|ons|gang**, der; **In|s|pek|ti|ons|rei|se**

In|s|pek|tor, der; -s, ...oren (jmd., der etwas inspiziert; Verwaltungsbeamter); **In|s|pek|to|rat**, das; -[e]s, -e (österr., schweiz. für Kontrollbehörde); **In|s|pek|to|rin**

In|s|pi|ra|ti|on, die; -, -en ⟨lat.⟩ (Eingebung; Erleuchtung)

In|s|pi|ra|tor, der; -s, ...oren (jmd., der andere zu etwas anregt); **In|s|pi|ra|to|rin**

in|s|pi|rie|ren (anregen)

In|s|pi|zi|ent, der; -en, -en ⟨lat.⟩ (Theater, Fernsehen usw. jmd., der für den reibungslosen Ablauf einer Aufführung verantwortlich ist); **In|s|pi|zi|en|tin**

in|s|pi|zie|ren (prüfen); **In|s|pi|zie|rung**

in|sta|bil [*auch* ...'bi:l] ⟨lat.⟩ (nicht konstant bleibend; unbeständig); **In|sta|bi|li|tät** [*auch* ɪ...], die; -, -en Plur. selten (Unbeständigkeit)

In|s|ta|gram® [*meist* ...stəɡrɛm], das; -[s] *meist* ohne Artikel ⟨engl. Kurzw.⟩ (Onlinedienst zum Bearbeiten u. zur gemeinsamen Nutzung von Fotos od. Videos)

In|s|tal|la|teur [...'tø:ɐ̯], der; -s, -e ⟨franz.⟩ (Handwerker für Installationen); **In|s|tal|la|teu|rin**

In|s|tal|la|ti|on, die; -, -en (Einrichtung, Einbau, Anlage, Anschluss von technischen Anlagen; seltener Amtseinführung); **in|s|tal|lie|ren**; **In|s|tal|lie|rung**

in|stand, in Stand; etwas instand od. in Stand halten, setzen (schweiz.: stellen); die instand gesetzten od. in Stand gesetzten od. instandgesetzten Gebäude; ein Haus instand od. in Stand besetzen (ugs. für widerrechtlich besetzen und wieder bewohnbar machen)

in|stand|be|set|zen (ugs. für ein Haus widerrechtlich bewohnen u. renovieren); **In|stand|be|set|zer**; **In|stand|be|set|ze|rin**

in|stand hal|ten vgl. **instand**

In|stand|hal|tung; **In|stand|hal|tungs|kos|ten** Plur.; **In|stand|hal|tungs|maß|nah|me**

in|stän|dig (eindringlich; flehentlich); **In|stän|dig|keit**, die; -

in|stand set|zen vgl. **instand**; **In|stand|set|zung**

in|stand stel|len vgl. **instand**; **In-**

Inst

stand|stel|lung ⟨schweiz. neben Instandsetzung⟩
ịn|s|tant [auch ...tənt] ⟨engl.⟩ (sofort löslich); nur als nachgestellte Beifügung, z. B. Haferflocken instant
Ịn|s|tant... (in Zusammensetzungen, z. B. Instantkaffee)
Ịn|stant Mes|sa|ging [ˈɪnstn̩t ˈmɛsɪdʒɪŋ], das; - -s ⟨engl.⟩ (sofortige Nachrichtenübermittlung im Chat)
In|s|tạnz, die; -, -en ⟨lat.⟩ (zuständige Stelle bei Behörden od. Gerichten; *EDV* Objekt, einzelne Anwendung); **In|s|tạn|zen|weg** (Dienstweg); **in|s|tan|zi|ie|ren** *(EDV)*
in sta|tu nas|cẹn|di [- ˈst... -] ⟨lat.⟩ (im Zustand des Entstehens); **in sta|tu quo** (im gegenwärtigen Zustand); **in sta|tu quo ạn|te** (im früheren Zustand)
Ịns|te, der; -n, -n ⟨nordd. früher für Gutstagelöhner⟩
In|s|til|la|ti|on, die; -, -en ⟨lat.⟩ (*Med.* Einträufelung); **in|s|til|lie|ren**
In|s|tịnkt, der; -[e]s, -e ⟨lat.⟩ (angeborene Verhaltensweise; *auch für* sicheres Gefühl)
in|s|tịnkt|haft; **In|s|tịnkt|hand|lung**
in|s|tịnk|tiv (trieb-, gefühlsmäßig, unwillkürlich)
in|s|tịnkt|los; **In|s|tịnkt|lo|sig|keit**
in|s|tịnkt|mä|ßig; **in|s|tịnkt|si|cher**
in|s|ti|tu|ie|ren ⟨lat.⟩ (einrichten)
In|s|ti|tut, das; -[e]s, -e (Unternehmen; Bildungs-, Forschungsanstalt)
In|s|ti|tu|ti|on, die; -, -en (öffentliche [staatliche, kirchliche o. ä.] Einrichtung)
in|s|ti|tu|ti|o|na|li|sie|ren (in eine feste, auch starre Institution verwandeln); **In|s|ti|tu|ti|o|na|li|sie|rung**; **in|s|ti|tu|ti|o|nẹll** (die Institution betreffend)
In|s|ti|tụts|bi|b|lio|thek
In|s|ti|tụts|di|rek|tor, der; **In|s|ti|tụts|di|rek|to|rin**
In|s|ti|tụts|lei|ter, der; **In|s|ti|tụts|lei|te|rin**
Ịnst|mann, der; -[e]s, ...leute ⟨zu Inste⟩ (nordd. früher für Tagelöhner auf einem Gutshof)
in|s|t|ru|ie|ren ⟨lat.⟩ (unterweisen; anleiten)
In|s|t|ruk|teur [...tøːɐ̯], der; -s, -e ⟨franz.⟩ (jmd., der andere instruiert); **In|s|t|ruk|teu|rin**
In|s|t|ruk|ti|on, die; -, -en ⟨lat.⟩ (Anleitung; [Dienst]anweisung)

in|s|t|ruk|tiv (lehrreich)
In|s|t|ruk|tor, der; -s, ...oren ⟨österr. u. schweiz. für Instrukteur⟩; **In|s|t|ruk|to|rin**
In|s|t|ru|mẹnt, das; -[e]s, -e ⟨lat.⟩
in|s|t|ru|men|tal (Musikinstrumente verwendend)
In|s|t|ru|men|tal, der; -s, -e (*Sprachwiss.* Fall, der das Mittel bezeichnet)
In|s|t|ru|men|tal|be|gleit|ung
In|s|t|ru|men|ta|lis, der; -, ...les (svw. Instrumental)
in|s|t|ru|men|ta|li|sie|ren (als Mittel für die eigenen Zwecke nutzen); **In|s|t|ru|men|ta|li|sie|rung**
In|s|t|ru|men|ta|list, der; -en, -en; **In|s|t|ru|men|ta|lis|tin**
In|s|t|ru|men|tal|mu|sik, die; -
In|s|t|ru|men|tal|satz (*Sprachwiss.* Umstandssatz des Mittels)
In|s|t|ru|men|ta|ri|um, das; -s, ...ien (Gesamtheit der zur Verfügung stehenden Instrumente)
In|s|t|ru|men|ta|ti|on, die; -, -en (Instrumentierung)
in|s|t|ru|men|tẹll
In|s|t|ru|men|ten|bau, der; -[e]s; **In|s|t|ru|men|ten|bau|er** vgl. ¹Bauer; **In|s|t|ru|men|ten|bau|e|rin**
In|s|t|ru|men|ten|brett; **In|s|t|ru|men|ten|flug** (*Flugw.*)
In|s|t|ru|men|ten|ma|cher; **In|s|t|ru|men|ten|ma|che|rin**
in|s|t|ru|men|tie|ren ([ein Musikstück] für Orchesterinstrumente einrichten; mit [technischen] Instrumenten ausstatten); **In|s|t|ru|men|tie|rung**
In|sub|or|di|na|ti|on [auch ˈɪ...], die; -, -en ⟨lat.⟩ (mangelnde Unterordnung; Ungehorsam)
in|suf|fi|zi|ẹnt [auch ...ˈtsjɛ...] ⟨lat.⟩ (unzulänglich); **In|suf|fi|zi|ẹnz** [auch ...ˈtsjɛ...], die; -, -en (Unzulänglichkeit; *Med.* mangelhafte Funktion eines Organs; *Rechtsspr.* Überschuldung)
In|su|la|ner ⟨lat.⟩ (Inselbewohner); **In|su|la|ne|rin**
in|su|lar (eine Insel od. Inseln betreffend, inselartig)
In|su|lịn, das; -s (ein Hormon; ® ein Arzneimittel); **In|su|lịn|man|gel**, der; -s (*Med.*); **In|su|lịn|prä|pa|rat**; **In|su|lịn|schock**
In|sụlt, der; -[e]s, -e ⟨lat.⟩ (Beleidigung; *Med.* Anfall); **in|sul|tie|ren** (beleidigen)
in sụm|ma ⟨lat.⟩ (veraltend für insgesamt)
In|sur|gẹnt, der; -en, -en ⟨lat.⟩ (Aufständischer); **In|sur|gẹn|tin**; **in|sur|gie|ren** (zum Aufstand anstacheln)
In|sur|rek|ti|on, die; -, -en (Aufstand)
in|sze|na|to|risch ⟨lat.; griech.⟩ (die Inszenierung betreffend)
in|sze|nie|ren (eine Bühnenaufführung vorbereiten; geschickt ins Werk setzen); **In|sze|nie|rung**
In|ta|g|lio [...ˈtaljo], das; -s, ...ien [...jən] ⟨ital.⟩ (Gemme mit eingeschnittenen Figuren)
in|tạkt ⟨lat.⟩ (unversehrt, unberührt; funktionsfähig); **In|tạkt|heit**, die; -; **In|tạkt|sein**, das; -s
In|tạr|sia, **In|tạr|sie** [...iə], die; -, ...ien meist Plur. ⟨ital.⟩ (Einlegearbeit); **In|tạr|si|en|ma|le|rei**
in|te|ger ⟨lat.⟩ (unbescholten); ein in|te|g|rer Charakter
in|te|g|rạl (ein Ganzes ausmachend; vollständig; für sich bestehend); **In|te|g|rạl**, das; -s, -e (*Math.; Zeichen* ∫)
In|te|g|rạl|glei|chung (*Math.*)
In|te|g|rạl|helm (Kopf u. Hals bedeckender Schutzhelm bes. für Motorradfahrer)
In|te|g|rạl|rech|nung (*Math.*)
In|te|g|ra|ti|on, die; -, -en (Vervollständigung; Eingliederung)
In|te|g|ra|ti|ons|ar|beit
In|te|g|ra|ti|ons|be|auf|trag|te (mit der Integration von ausländischen Mitbürger[inne]n beauftragte Person)
in|te|g|ra|ti|ons|be|reit; **In|te|g|ra|ti|ons|be|reit|schaft**; **In|te|g|ra|ti|ons|de|bat|te**
In|te|g|ra|ti|ons|fi|gur (jmd., der versöhnt, vereinheitlicht)
In|te|g|ra|ti|ons|gip|fel (Politikjargon)
In|te|g|ra|ti|ons|kraft; **In|te|g|ra|ti|ons|kurs**
In|te|g|ra|ti|ons|leh|rer (österr. für Lehrer für Klassen, in denen behinderte Kinder integriert sind); **In|te|g|ra|ti|ons|leh|re|rin**
In|te|g|ra|ti|ons|mi|nis|ter; **In|te|g|ra|ti|ons|mi|nis|te|rin**; **In|te|g|ra|ti|ons|mi|nis|te|ri|um**
In|te|g|ra|ti|ons|plan; **In|te|g|ra|ti|ons|po|li|tik**
In|te|g|ra|ti|ons|pro|zess
In|te|g|ra|ti|ons|un|wil|lig, **in|te|g|ra|ti|ons|wil|lig**
in|te|g|ra|tiv (eingliedernd)
in|te|g|rier|bar
in|te|g|rie|ren (eingliedern; *Math.* das Integral berechnen)
in|te|g|rie|rend (notwendig [zu

einem Ganzen gehörend]); ein integrierender Bestandteil
in|te|griert ↑D 89: integrierte Gesamtschule; integrierte Schaltung *(Elektronik)*
In|te|grie|rung
In|te|gri|tät, die; - (Unbescholtenheit; Unverletzlichkeit)
In|te|gu|ment, das; -s, -e ⟨lat.⟩ *(Biol.* Hautschichten von Tier u. Mensch; *Bot.* Hülle um die Samenanlage)
In|tel|lekt, der; -[e]s ⟨lat.⟩ (Verstand; Erkenntnis-, Denkvermögen)
In|tel|lek|tu|a|lis|mus, der; -, ...men (philos. Lehre, die dem Intellekt den Vorrang gibt; einseitig verstandesmäßiges Denken)
in|tel|lek|tu|ell ⟨franz.⟩ (den Intellekt betreffend; [einseitig] verstandesmäßig; geistig)
In|tel|lek|tu|el|le, der *u.* die; -n, -n (Person, die wissenschaftlich od. künstlerisch gebildet ist u. geistig arbeitet; Verstandesmensch)
in|tel|li|gent ⟨lat.⟩ (verständig; klug, begabt); intelligente Maschinen (computergesteuerte Automaten)
In|tel|li|genz, die; -, -en (besondere geistige Fähigkeit, Klugheit; *meist Plur.:* Vernunftwesen; *nur Sing.:* Schicht der Intellektuellen)
In|tel|li|genz|bes|tie *(ugs., oft scherzh.* od. abwertend *für* Person, die ihre Intelligenz in auffallender Weise zeigt)
In|tel|li|genz|grad; In|tel|li|genz|leis|tung
In|tel|li|genz|ler, der; -s, - *(oft* abwertend *für* Angehöriger der Intelligenz); **In|tel|li|genz|le|rin**
In|tel|li|genz|quo|ti|ent (Maß für die intellektuelle Leistungsfähigkeit; *Abk.* IQ); **In|tel|li|genz|test**
in|tel|li|gi|bel *(Philos.* nur durch den Intellekt, nicht sinnlich wahrnehmbar); die ...i|b|le Welt (Ideenwelt)
In|ten|dant, der; -en, -en ⟨franz.⟩ (Leiter eines Theaters, eines Rundfunk- od. Fernsehsenders); **In|ten|dan|tin**
In|ten|dan|tur, die; -, -en *(veraltet für* Amt eines Intendanten; Verwaltungsbehörde eines Heeres)
In|ten|danz, die; -, -en (Amt, Büro eines Intendanten)
in|ten|die|ren ⟨lat.⟩ (beabsichtigen, anstreben)
In|ten|si|me|ter, das; -s, - ⟨lat.; griech.⟩ (Messgerät für Röntgenstrahlen)
In|ten|si|on, die; -, -en ⟨lat.⟩ (Anspannung; Eifer; *Philos.* Begriffsinhalt); *vgl. aber* Intention
In|ten|si|tät, die; -, -en *Plur. selten* (Stärke, Kraft; Wirksamkeit)
in|ten|siv (eindringlich; kräftig; gründlich); intensive *(Landwirtsch.* mit großem Einsatz von Arbeitskraft u. Kapital betriebene) Bewirtschaftung
In|ten|siv|an|bau, der; -[e]s; **In|ten|siv|hal|tung** *(Landwirtsch.)*
in|ten|si|vie|ren (verstärken, steigern); **In|ten|si|vie|rung**
In|ten|siv|kurs
In|ten|siv|me|di|zin; In|ten|siv|pfle|ge; In|ten|siv|sta|ti|on
In|ten|siv|tä|ter; In|ten|siv|tä|te|rin
In|ten|siv|the|ra|pie *(Med.)*
In|ten|si|vum, das; -s, ...va *(Sprachwiss.* Verb, das die Intensität eines Geschehens kennzeichnet, z. B. »schnitzen« = kräftig schneiden)
In|ten|ti|on, die; -, -en ⟨lat.⟩ (Absicht; Vorhaben); **in|ten|ti|o|nal** (zweckbestimmt; zielgerichtet)
in|ter|agie|ren ⟨lat.⟩ *(Psychol., Soziol.* Interaktion betreiben)
In|ter|ak|ti|on, die; -, -en (Wechselbeziehung zwischen Personen u. Gruppen); **in|ter|ak|ti|o|nal, in|ter|ak|ti|o|nell**
in|ter|ak|tiv; In|ter|ak|ti|vi|tät, die; -, -en *(bes. EDV* Dialog zwischen Computer u. Benutzer)
in|ter|al|li|iert [*auch* 'ı...] ⟨lat.⟩ (mehrere Alliierte betreffend; aus Verbündeten bestehend)
In|ter|ci|ty® [...'sıti], der; -[s], -s ⟨engl.-amerik.⟩ *(kurz für* Intercityzug); **In|ter|ci|ty|ex|press®, In|ter|ci|ty|ex|press|zug** (Hochgeschwindigkeitszug der Deutschen Bahn; *Abk.* ICE®)
In|ter|ci|ty|zug (schneller, zwischen bestimmten [Groß]städten eingesetzter Eisenbahnzug; *Abk.* IC®)
In|ter|crosse [...krɔs], das; - ⟨engl.⟩ (aus Lacrosse entwickeltes Mannschaftsspiel)
In|ter|den|tal|bürs|te (Bürste zum Reinigen der Zahnzwischenräume)
in|ter|de|pen|dent ⟨lat.⟩ (voneinander abhängend); **In|ter|de|pen|denz,** die; -, -en (gegenseitige Abhängigkeit)

Interferon

In|ter|dikt, das; -[e]s, -e ⟨lat.⟩ (Verbot kirchlicher Amtshandlungen als Strafmaßnahme der katholischen Kirchenbehörde)
in|ter|dis|zi|p|li|när [*auch* 'ı...] ⟨lat.⟩ (zwischen Disziplinen bestehend; mehrere Disziplinen betreffend); **In|ter|dis|zi|p|li|na|ri|tät,** die; -
in|te|r|es|sant ⟨franz.⟩; **in|te|r|es|san|ter|wei|se; In|te|r|es|sant|heit,** die; -
In|te|r|es|se, das; -s, -n ⟨lat.⟩; Interesse an, für etwas haben; **in|te|r|es|se|hal|ber**
In|te|r|es|se|los; In|te|r|es|se|lo|sig|keit, die; -
In|te|r|es|sen|aus|gleich
In|te|r|es|sen|be|kun|dung
In|te|r|es|sen|be|kun|dungs|ver|fah|ren *(Rechtsspr.* Prüfung, ob private Anbieter staatliche u. öffentliche Aufgaben ebenso gut od. besser erbringen können); **In|te|r|es|sen|bin|dung** *(schweiz.)*
In|te|r|es|sen|ge|biet; In|te|r|es|sen|ge|mein|schaft (Zweckverband)
In|te|r|es|sen|grup|pe; In|te|r|es|sen|kon|flikt; In|te|r|es|sen|la|ge; In|te|r|es|sen|sphä|re (Einflussgebiet)
In|te|r|es|sent, der; -en, -en
In|te|r|es|sen|ten|grup|pe; In|te|r|es|sen|ten|kreis
In|te|r|es|sen|ten|weg *(österr. für* öffentlicher Fahrweg, den die Anlieger erhalten)
In|te|r|es|sen|tin
In|te|r|es|sen|ver|band; In|te|r|es|sen|ver|tre|ter; In|te|r|es|sen|ver|tre|te|rin; In|te|r|es|sen|ver|tre|tung
in|te|r|es|sie|ren (Teilnahme erwecken); jmdn. an, für etwas interessieren; sich interessieren (Interesse zeigen) für ...
in|te|r|es|siert (Anteil nehmend); **In|te|r|es|siert|heit,** die; -
In|ter|face [...feɪs], das; -, -s ⟨engl.⟩ *(EDV svw.* Schnittstelle)
In|ter|fe|renz, die; -, -en ⟨lat.⟩ *(Physik* Überlagerung von Wellen; *Sprachwiss.* Abweichung von der Norm durch den Einfluss anderer sprachlicher Elemente); **In|ter|fe|renz|er|schei|nung**
in|ter|fe|rie|ren (überlagern; einwirken)
In|ter|fe|ro|me|ter, das; -s, - ⟨lat.; griech.⟩ (ein physikalisches Messgerät)
In|ter|fe|ron, das; -s, -e *(Biol., Med.*

bei Infektionen wirksame, körpereigene Abwehrsubstanz)
In|ter|flug, die; - ⟨lat.; dt.⟩ (Luftfahrtgesellschaft der DDR)
in|ter|frak|ti|o|nell ⟨lat.⟩ (zwischen Fraktionen bestehend, ihnen gemeinsam)
in|ter|ga|lak|tisch ⟨lat.; griech.⟩ (Astron. zwischen mehreren Galaxien gelegen)
in|ter|ge|ne|ra|ti|o|nell (Soziol. generationenübergreifend); in|ter|ge|ne|ra|tiv (svw. intergenerationell)
in|ter|gla|zi|al ⟨lat.⟩ (Geol. zwischeneiszeitlich); In|ter|gla|zi|al|zeit
In|ter|ho|tel ⟨lat.; franz.⟩ (DDR bes. gut ausgestattetes Hotel [für internationale Gäste])
In|te|ri|eur [ɛ̃teˈri̯øːɐ̯], das; -s, Plur. -s u. -e ⟨franz.⟩ (Ausstattung eines Innenraumes; einen Innenraum darstellendes Bild)
In|te|rim, das; -s, -s ⟨lat.⟩ (Zwischenzeit, -zustand; vorläufige Regelung); in|te|ri|mis|tisch (vorläufig, einstweilig)
In|te|rims|kon|to; In|te|rims|lö|sung; In|te|rims|re|ge|lung; In|te|rims|re|gie|rung; In|te|rims|schein (vorläufiger Anteilschein statt der eigentlichen Aktie)
In|te|rims|trai|ner; In|te|rims|trai|ne|rin
In|ter|jek|ti|on, die; -, -en ⟨lat.⟩ (Sprachwiss. Ausrufe-, Empfindungswort, z. B. »au«, »bäh«)
in|ter|ka|lar ⟨lat.⟩ (eingeschaltet [von Schaltjahren])
in|ter|kan|to|nal ⟨lat.; franz.⟩ (schweiz. für mehrere Kantone betreffend)
In|ter|ko|lum|nie, die; -, -n, In|ter|ko|lum|ni|um, das; -s, ...ien ⟨lat.⟩ (Archit. Säulenabstand bei einem antiken Tempel)
in|ter|kom|mu|nal ⟨lat.⟩ (zwischen Gemeinden bestehend)
in|ter|kon|fes|si|o|nell ⟨lat.⟩ (das Verhältnis verschiedener Konfessionen zueinander betreffend)
in|ter|kon|ti|nen|tal ⟨lat.⟩ (Erdteile verbindend); In|ter|kon|ti|nen|tal|ra|ke|te (Militär Rakete mit sehr großer Reichweite)
in|ter|kos|tal ⟨lat.⟩ (Med. zwischen den Rippen)
in|ter|kul|tu|rell (verschiedene Kulturen betreffend, umfassend)
in|ter|kur|rent ⟨lat.⟩ (Med. hinzukommend)

In|ter|la|ken (schweiz. Kurort)
in|ter|li|ne|ar ⟨lat.⟩ (zwischen die Zeilen des Urtextes geschrieben); In|ter|li|ne|ar|glos|se (zwischen die Zeilen geschriebene Glosse; vgl. Glosse); In|ter|li|ne|ar|über|set|zung; In|ter|li|ne|ar|ver|si|on
In|ter|lu|di|um, das; -s, ...ien ⟨lat.⟩ (Musik Zwischenspiel)
In|ter|ma|xil|lar|kno|chen ⟨lat.; dt.⟩ (Med. Zwischenkiefer)
in|ter|me|di|är ⟨lat.⟩ (fachspr. für dazwischen befindlich; ein Zwischenglied bildend)
In|ter|mez|zo, das; -s, Plur. -s u. ...zzi ⟨ital.⟩ (Zwischenspiel, -fall)
in|ter|mi|nis|te|ri|ell (zwischen Ministerien bestehend, mehrere Ministerien betreffend)
in|ter|mit|tie|rend ⟨lat.⟩ (zeitweilig aussetzend); intermittierendes Fieber
in|tern ⟨lat.⟩ (nur die inneren, eigenen Verhältnisse angehend; vertraulich; Med. innerlich; veraltend für im Internat wohnend [von Schülern])
In|ter|na (Plur. von Internum)
in|ter|na|li|sie|ren (Psychol. sich [unbewusst] zu eigen machen)
In|ter|nat, das; -[e]s, -e (einer Schule angeschlossenes Wohnheim; Internatsschule)

in|ter|na|ti|o|nal

⟨lat.⟩ (zwischenstaatlich, nicht national begrenzt)
Kleinschreibung ↑ D 89:
– internationales Recht
– eine internationale Vereinbarung
– **internationaler** od. Internationaler Haftbefehl
– **Internationale** od. internationale Einheit (Abk. I. E. od. IE [vgl. d.])
– **Internationales** od. internationales Einheitensystem (Abk. SI [vgl. d.])

Großschreibung in Namen und in bestimmten namensähnlichen Fügungen ↑ D 88 u. 89:
– der Internationale Frauentag
– Internationaler Währungsfonds (Abk. IWF)
– Internationales Olympisches Komitee (Abk. IOK)
– Internationales Rotes Kreuz (Abk. IRK)

¹In|ter|na|ti|o|na|le, die; -, -n (internationale Vereinigung von Arbeiterbewegungen; nur Sing.: Kampflied der Arbeiterbewegung)
²In|ter|na|ti|o|na|le, der u. die; -n, -n (Sport Sportler[in] in der Nationalmannschaft)
in|ter|na|ti|o|na|li|sie|ren (international gestalten); In|ter|na|ti|o|na|li|sie|rung
In|ter|na|ti|o|na|lis|mus, der; -, Plur. (für Wörter:) ...men (Streben nach überstaatlicher Gemeinschaft; Sprachwiss. ein international gebräuchliches Wort)
In|ter|na|ti|o|na|li|tät, die; -
In|ter|nats|schu|le (Schule mit angeschlossenem Wohnheim)
In|ter|ne, der u. die; -n, -n ⟨lat.⟩ (Schüler[in] eines Internats)
In|ter|net, das; -s ⟨engl.⟩ ([internationales] Computernetzwerk)
In|ter|net|ad|res|se
In|ter|net|af|fin (das Internet oft u. gern nutzend)
In|ter|net|ak|ti|vist; In|ter|net|ak|ti|vis|tin
In|ter|net|an|bie|ter; In|ter|net|an|bie|te|rin
In|ter|net|an|schluss; In|ter|net|auf|tritt; In|ter|net|auk|ti|on
In|ter|net|ban|king, das; -[s] (Erledigung von Bankgeschäften mithilfe des Internets)
In|ter|net|bla|se (Nachfrage nach überteuerten Aktien von Internetunternehmen)
In|ter|net|blog, das, auch der; -s, -s ⟨engl.⟩ (Weblog)
In|ter|net|ca|fé (Café, in dem Terminals zur Verfügung gestellt werden, mit denen Gäste das Internet benutzen können)
In|ter|net|da|ten Plur. (EDV)
In|ter|net|dienst; in|ter|net|fä|hig; In|ter|net|fern|se|hen; In|ter|net|fo|rum; In|ter|net|ge|mein|de, die; - (Gesamtheit der Internetnutzer); In|ter|net|kon|zern; In|ter|net|kri|mi|na|li|tät
In|ter|net|nut|zer; In|ter|net|nut|ze|rin
In|ter|net|por|tal; In|ter|net|pro|to|koll; In|ter|net|ra|dio; In|ter|net|sei|te; In|ter|net|shop; In|ter|net|shop|ping; In|ter|net|sper|re
In|ter|net|sur|fen [...sœːɐ̯...], das; -s (Informationssuche im Internet); In|ter|net|te|le|fo|nie; In|ter|net|ver|bre|chen; In|ter|net|vi|deo; In|ter|net|zen|sur, die; -; In|ter|net|zu|gang

In|ter|neu|ron ⟨*Biol., Med.* Nervenzelle, die andere Nervenzellen verschaltet⟩

in|ter|nie|ren ⟨lat.⟩ (in staatlichen Gewahrsam, in Haft nehmen; [Kranke] isolieren); **In|ter|nier|te**, der u. die; -n, -n; **In|ter|nie|rung**; **In|ter|nie|rungs|la|ger**

In|ter|nist, der; -en, -en (Facharzt für innere Krankheiten); **In|ter|nis|tin**

In|ter|no|di|um, das; -s, ...ien ⟨lat.⟩ (*Bot.* Sprossabschnitt zwischen zwei Blattknoten)

In|ter|num, das; -s, ...na *meist Plur.* ⟨lat.⟩ (nicht für Außenstehende bestimmte Angelegenheit)

In|ter|nun|ti|us, der; -, ...ien ⟨lat.⟩ (päpstlicher Gesandter in kleineren Staaten)

in|ter|oze|a|nisch ⟨lat.; griech.⟩ (Weltmeere verbindend)

in|ter|par|la|men|ta|risch ⟨lat.; engl.⟩ (die Parlamente der einzelnen Staaten umfassend)

In|ter|pel|lant, der; -en, -en ⟨lat.⟩ (Fragesteller [in einem Parlament]); **In|ter|pel|lan|tin**; **In|ter|pel|la|ti|on**, die; -, -en ([parlamentar.] Anfrage; *früher für* Einspruch); **in|ter|pel|lie|ren**

in|ter|pla|ne|tar, **in|ter|pla|ne|ta|risch** (zwischen den Planeten)

In|ter|pol, die; - (*Kurzw. für* Internationale Kriminalpolizeiliche Organisation; Zentralstelle zur internationalen Koordination der Verbrechensbekämpfung)

In|ter|po|la|ti|on, die; -, -en ⟨lat.⟩ (nachträgliche Einfügung od. Änderung [in Texten]; *Math.* Bestimmung von Zwischenwerten); **in|ter|po|lie|ren**

In|ter|pret, der; -en, -en ⟨lat.⟩ (jmd., der etw. interpretiert; reproduzierender Künstler)

In|ter|pre|ta|ti|on, die; -, -en; **in|ter|pre|ta|to|risch**

in|ter|pre|tie|ren (auslegen, deuten; künstlerisch wiedergeben); **In|ter|pre|tin**

in|ter|pun|gie|ren ⟨lat.⟩ (*seltener für* interpunktieren)

in|ter|punk|tie|ren (Satzzeichen setzen); **In|ter|punk|ti|on**, die; -, -en *Plur. selten* (Zeichensetzung); **In|ter|punk|ti|ons|re|gel**; **In|ter|punk|ti|ons|zei|chen**

In|ter|rail|ti|cket® [...reː l...] ⟨engl.; dt.⟩ (*Eisenbahn* verbilligte Jugendfahrkarte für Fahrten in Europa)

In|ter|re|gio®, der; -[s], -s ⟨lat.⟩, Inter|re|gio|nal|zug (noch in einigen Staaten eingesetzter Fernverkehrszug; *Abk.* IR®)

in|ter|re|gi|o|nal ⟨lat.⟩ (mehrere Regionen umfassend od. miteinander verbindend)

In|ter|re|gio|zug *vgl.* Interregio

In|ter|re|gnum, das; -s, *Plur.* ...gnen u. ...gna ⟨lat.⟩ (Zwischenregierung; kaiserlose Zeit [1254–1273])

in|ter|re|li|gi|ös (verschiedene Religionen verbindend, umfassend)

in|ter|ro|ga|tiv ⟨lat.⟩ (fragend); **Inter|ro|ga|tiv**, das; -s, -e [...və] ⟨*Sprachwiss.* Frage[für]wort, z. B. »wer?«, »welcher?«)

In|ter|ro|ga|tiv|ad|verb (Frageumstandswort); **In|ter|ro|ga|tiv|prono|men** (Fragefürwort); **In|ter|roga|tiv|satz** (Fragesatz)

In|ter|rup|ti|on, die; -, -en ⟨lat.⟩ (Unterbrechung)

In|ter|sex [*auch* ˈɪn...], das; -es, -e ⟨lat.⟩ (*Biol.* Organismus mit Intersexualität; **In|ter|se|xu|a|lität**, die; - (das Auftreten männlicher Geschlechtsmerkmale bei einem weiblichen Organismus u. umgekehrt); **in|ter|se|xu|ell** (zwischengeschlechtlich)

In|ter|shop ⟨lat.; engl.⟩ (*DDR* Geschäft mit konvertierbarer Währung als Zahlungsmittel)

in|ter|stel|lar (zwischen den Sternen befindlich)

in|ter|sti|ti|ell ⟨lat.⟩ (*Med., Biol.* dazwischenliegend)

In|ter|sti|ti|um, das; -s, ...ien (*Biol.* Zwischenraum [zwischen Organen]; *nur Plur.*: kath. Kirche vorgeschriebene Zwischenzeit zwischen dem Empfang zweier geistlicher Weihen)

in|ter|sub|jek|tiv ⟨lat.⟩ (*Psychol.* dem Bewusstsein mehrerer Personen gemeinsam)

in|ter|ter|ri|to|ri|al ⟨lat.⟩ (zwischenstaatlich)

In|ter|tri|go, die; -, ...trigines ⟨lat.⟩ (*Med.* Hautwolf)

In|ter|usu|ri|um, das; -s, ...ien ⟨lat.⟩ (*BGB* Zwischenzinsen)

In|ter|vall, das; -s, -e ⟨lat.⟩ (Zeitabstand, Zeitspanne, Zwischenraum; Frist; Abstand [zwischen zwei Tönen])

In|ter|vall|trai|ning (*Sport*)

In|ter|ve|ni|ent, der; -en, -en ⟨lat.⟩ (jmd., der sich in [Rechts]streitigkeiten [als Mittelsmann] einmischt); **In|ter|ve|ni|en|tin**; **in|terve|nie|ren** (vermitteln; *Politik* Protest anmelden; sich einmischen)

In|ter|ven|ti|on, die; -, -en ⟨lat.⟩ (Vermittlung; staatliche Einmischung in die Angelegenheiten eines fremden Staates; Eintritt in eine Wechselverbindlichkeit)

in|ter|ven|ti|o|nell (*Med.* zu therapeutischen Zwecken in bestimmte Körpergewebe eingreifend); **In|ter|ven|ti|ons|krieg**

In|ter|view [...vjuː, *auch* ...'vjuː], das; -s, -s ⟨engl.⟩ (Unterredung [von Reportern] mit [führenden] Persönlichkeiten über Tagesfragen usw.; Befragung)

in|ter|vie|wen [...ˈvjuː..., *auch* ˈɪ...]; interviewt

In|ter|vie|wer; **In|ter|vie|we|rin**

in|ter|ze|die|ren ⟨lat.⟩ (*veraltend für* vermitteln; sich verbürgen)

in|ter|zel|lu|lar; **in|ter|zel|lu|lär** (*Biol., Med.* zwischen den Zellen gelegen); **In|ter|zel|lu|lar|raum**

In|ter|zes|si|on, die; -, -en ⟨lat.⟩ (*Rechtsspr.* Schuldübernahme)

in|ter|zo|nal ⟨lat.; griech.⟩ (zwischen den Zonen)

In|ter|zo|nen|han|del (*früher*); **Inter|zo|nen|ver|kehr** (*früher*); **Inter|zo|nen|zug** (*früher*)

In|tes|tat|er|be, der (natürlicher, gesetzlicher Erbe); **In|tes|tat|erbin**

in|tes|ti|nal ⟨lat.⟩ (*Med.* zum Darmkanal gehörend)

In|thro|ni|sa|ti|on, die; -, -en ⟨lat.; griech.⟩ (Thronerhebung, feierliche Einsetzung); **in|thro|ni|sieren**; **In|thro|ni|sie|rung**

In|ti, der; -[s], -s ⟨südamerik. Indianerspr.⟩ (frühere Währungseinheit in Peru); 5 Inti

In|ti|fa|da, die; - ⟨arab.⟩ (palästinensischer Widerstand in den von Israel besetzten Gebieten)

in|tim ⟨lat.⟩ (sehr nahe u. vertraut; sexuell; verborgen)

In|ti|ma, die; -, ...mä (*veraltend für* vertraute Freundin; *nur Sing.*: *Med.* innerste Haut der Gefäße)

In|tim|be|reich (*svw.* Intimsphäre)

In|tim|feind (*ugs.*); **In|tim|fein|din**

In|tim|hy|gi|e|ne

In|ti|mi (*Plur. von* Intimus)

in|ti|mis|tisch (auf das Intime bezogen)

In|ti|mi|tät, die; -, -en ⟨*zu* intim⟩

In|tim|pfle|ge; **In|tim|schmuck**; **Intim|sphä|re** (vertraut-persönlicher Bereich); **In|tim|spray**

In|ti|mus, der; -, ...mi (*geh., oft scherzh. für* vertrauter Freund)

intolerabel

in|to|le|ra|bel [auch ...'ra:...]; ...a|b|le Verhältnisse

in|to|le|rant [auch ...'ra:...] (unduldsam); **In|to|le|ranz** [auch ...'ra...], die; -, -en

In|to|na|ti|on, die; -, -en ⟨lat.⟩ (*Musik* das An-, Abstimmen; *Sprachwiss.* die Veränderung des Tones nach Höhe u. Stärke beim Sprechen von Silben od. ganzen Sätzen, Tongebung); **in|to|nie|ren** (anstimmen)

in to|to ⟨lat.⟩ (im Ganzen)

In|to|xi|ka|ti|on, die; -, -en ⟨lat.; griech.⟩ (*Med.* Vergiftung)

In|t|ra|da, In|t|ra|de, die; -, ...den ⟨ital.⟩ (*Musik* instrumentales Einleitungsstück [der Barockzeit])

in|t|ra|kar|di|al ⟨lat.; griech.⟩ (*Med.* innerhalb des Herzens)

in|t|ra|ku|tan ⟨lat.⟩ (*Med.* im Innern, ins Innere der Haut)

in|t|ra|mo|le|ku|lar ⟨lat.⟩ (*Chemie* sich innerhalb der Moleküle vollziehend)

in|t|ra mu|ros ⟨lat., »innerhalb der Mauern«⟩ (nicht öffentlich)

in|t|ra|mus|ku|lär ⟨lat.⟩ (*Med.* im Innern, ins Innere des Muskels)

In|t|ra|net, das; -s, -s ⟨lat.; engl.⟩ (unternehmensinternes Computernetz)

in|tran|si|gent ⟨lat.⟩ (starr, unnachgiebig); **In|tran|si|gent**, der; -en, -en (starrer Parteimann; *nur Plur.:* extreme politische Parteien); **In|tran|si|gen|tin**, **In|tran|si|gen|tin**, **In|tran|si|genz**, die; -

in|tran|si|tiv ⟨lat.⟩ (*Sprachwiss.* nicht zum persönlichen Passiv fähig; nicht zielend); intransitives Verb; **In|tran|si|tiv**, das; -s, -e, **In|tran|si|ti|vum**, das; -s, ...va (nicht zielendes Verb, z. B. »blühen«)

in|trans|pa|rent ⟨lat.⟩ (undurchsichtig); **In|trans|pa|renz**, die; -

in|t|ra|oku|lar ⟨lat.⟩ (*Med.* im Augeninnern liegend)

In|t|ra|pre|neur|ship [intrapreˈnøːɐ̯ʃɪp], die; -, -s *od.* das; -[s], -s ⟨engl.⟩ (von Unternehmergeist geprägtes Handeln in der Mitarbeiterschaft; *vgl.* Entrepreneurship)

in|t|ra|ute|rin ⟨lat.⟩ (*Med.* innerhalb der Gebärmutter liegend); **In|t|ra|ute|rin|pes|sar**

in|t|ra|ve|nös ⟨lat.⟩ (*Med.* im Innern, ins Innere der Vene); intravenöse Injektion

in|t|ra|zel|lu|lar, in|t|ra|zel|lu|lär (*Biol., Med.* innerhalb der Zelle liegend)

in|t|ri|gant ⟨franz.⟩ (auf Intrigen sinnend; hinterhältig); **In|t|ri|gant**, der; -en, -en; **In|t|ri|gan|tin**; **In|t|ri|ganz**, die; - (intrigantes Verhalten)

In|t|ri|ge, die; -, -n (hinterhältige Machenschaften, Ränke[spiel]); **In|t|ri|gen|spiel**; **In|t|ri|gen|wirt|schaft**; **in|t|ri|gie|ren**

In|t|ro, das; -s, -s (*bes. Musik; kurz für* Introduktion)

In|t|ro|duk|ti|on, die; -, -en ⟨lat.⟩ (Einführung, Einleitung; *Musik* Vorspiel, Einleitungssatz); **in|t|ro|du|zie|ren**

In|t|ro|i|tus, der; -, - ⟨lat.⟩ (Eingangsgesang der katholischen Messe; Eingangsworte od. -lied im evangelischen Gottesdienst)

In|t|ros|pek|ti|on, die; -, -en ⟨lat.⟩ (*Psychol.* Selbstbeobachtung); **in|t|ros|pek|tiv**

In|t|ro|ver|si|on, die; -, -en ⟨lat.⟩ (*Psychol.* Konzentration auf die eigene Innenwelt); **in|t|ro|ver|tiert**

In|t|ru|si|on, die; -, -en ⟨lat.⟩ (*Geol.* Eindringen von Magma in die Erdkruste); **In|t|ru|siv|ge|stein** (Tiefengestein)

In|tu|ba|ti|on, die; -, -en ⟨lat.⟩ (*Med.* Einführen eines Beatmungsrohres durch den Kehlkopf); **in|tu|bie|ren**

In|tu|i|ti|on, die; -, -en ⟨lat.⟩ (Eingebung, ahnendes Erfassen; unmittelbare Erkenntnis [ohne Reflexion]); **in|tu|i|tiv**

In|tu|mes|zenz, In|tur|ges|zenz, die; -, -en ⟨lat.⟩ (*Med.* Anschwellung)

in|tus ⟨lat., »innen«⟩; *nur in:* etw. intus haben (*ugs. für* etw. im Magen haben; etw. begriffen haben)

Inu|it (*Plur. von* Inuk)

Inuk, der; -s, Inuit (eskim., »Mensch«⟩ (Selbstbezeichnung der Eskimos, bes. in Kanada, Nordalaska u. Grönland)

Inuk|ti|tut, das; -[s] (Sprache der Inuit)

Inu|lin, das; -s ⟨griech.⟩ (ein Fruchtzucker)

In|un|da|ti|on, die; -, -en ⟨lat.⟩ (*Geogr.* völlige Überflutung durch das Meer od. einen Fluss); **In|un|da|ti|ons|ge|biet**

In|unk|ti|on, die; -, -en ⟨lat.⟩ (*Med.* Einreibung)

in usum Del|phi|ni *vgl.* ad usum Delphini

inv. = invenit

in|va|lid, in|va|li|de ⟨franz.⟩ ([durch Verwundung od. Unfall] dienst-, arbeitsunfähig); **In|va|li|de**, der *u.* die; -n, -n

In|va|li|den|ren|te (*früher, noch schweiz.*); **In|va|li|den|ver|si|che|rung**

in|va|li|die|ren (*veraltet für* ungültig machen; entkräften)

in|va|li|di|sie|ren (zum Invaliden erklären); **In|va|li|di|sie|rung**

In|va|li|di|tät, die; -, -en (Erwerbs-, Dienst-, Arbeitsunfähigkeit); **In|va|li|di|täts|pen|si|on** (*österr. für* Rente bei Berufsunfähigkeit od. Erwerbsminderung)

in|va|ri|a|bel [auch ...'rja:...] ⟨lat.⟩ (unveränderlich); ...a|b|le Größen

In|va|ri|an|te, die; -, -n (*Math.* unveränderliche Größe); **In|va|ri|an|ten|the|o|rie** (*Math.*)

In|va|ri|anz [auch ...'rja...], die; -, -en (Unveränderlichkeit)

In|va|si|on, die; -, -en ⟨franz.⟩ ([feindlicher] Einfall; *Med.* das Eindringen [von Krankheitserregern]); **in|va|siv** (*Med.* eindringend); **In|va|sor**, der; -s, ...oren *meist Plur.* ⟨lat.⟩ (Eroberer; eindringender Feind); **In|va|so|rin**

In|vek|ti|ve, die; -, -n ⟨lat.⟩ (Beleidigung, Schmähung)

in|ve|nit ⟨lat., »hat [es] erfunden«⟩ (Vermerk auf grafischen Blättern vor dem Namen des Künstlers, der die Originalzeichnung schuf; *Abk.* inv.)

In|ven|tar, das; -s, -e ⟨lat.⟩ (Einrichtungsgegenstände [eines Unternehmens]; Vermögensverzeichnis; Nachlassverzeichnis); **In|ven|tar|er|be**, der; **In|ven|tar|er|bin**

In|ven|ta|ri|sa|ti|on, die; -, -en (Bestandsaufnahme); **in|ven|ta|ri|sie|ren**; **In|ven|ta|ri|sie|rung**

In|ven|tar|recht, das; -[e]s; **In|ven|tar|ver|zeich|nis**

In|ven|ti|on, die; -, -en ([musikal.] Erfindung)

In|ven|tur, die; -, -en (*Wirtsch.* Bestandsaufnahme); **In|ven|tur|prü|fung**

In|ver|kehr|brin|gen, das; -s (*Amtsspr., Rechtsspr.*); ↑D82

in|vers ⟨lat.⟩ (umgekehrt); **In|ver|si|on**, die; -, -en (*fachspr. für* Umkehrung, Umstellung); **In-**

Iranistik

ver|si|ons|wet|ter|la|ge *(Meteorol.)*

In|ver|ta|se, die; -, -n *(svw. Saccharase)*

In|ver|te|b|rat *vgl.* Evertebrat

In|ver|ter, der; -s, - ⟨engl.⟩ *(EDV* Gerät zur Verschlüsselung des Sprechfunkverkehrs; *Elektrot.* Gerät zur Umwandlung von Gleichstrom in Wechselstrom)

in|ver|tie|ren ⟨lat.⟩ (umkehren)

In|ver|tin, das; -s ⟨lat.⟩ (ein Enzym)

in Ver|tre|tung *(Abk. i. V. od.* I. V.; *vgl.* i. V.)

In|vert|zu|cker ⟨lat.; dt.⟩ (Gemisch von Trauben- u. Fruchtzucker)

in|ver|wahr|nah|me, die; -, -n *(Amtsspr.)*

in|ves|tie|ren ⟨lat.⟩ ([Kapital] anlegen; in ein [geistliches] Amt einweisen); In|ves|tie|rung

In|ves|ti|ga|ti|on (Nachforschung); in|ves|ti|ga|tiv ⟨engl.⟩ (nachforschend, enthüllend); investigativer Journalismus

In|ves|ti|ti|on, die; -, -en ⟨lat.⟩ (langfristige [Kapital]anlage); In|ves|ti|ti|ons|bank; In|ves|ti|ti|ons|gut *meist Plur.* (Gut, das der Produktion dient)

In|ves|ti|ti|ons|hil|fe; In|ves|ti|ti|ons|kos|ten *Plur.;* In|ves|ti|ti|ons|len|kung; In|ves|ti|ti|ons|lü|cke; In|ves|ti|ti|ons|pro|gramm

In|ves|ti|ti|ons|sum|me; In|ves|ti|ti|ons|vo|lu|men

In|ves|ti|tur, die; -, -en (Einweisung in ein [geistliches] Amt; in Frankreich Bestätigung des Ministerpräsidenten durch die Nationalversammlung); In|ves|ti|tur|streit, der; -[e]s (im 11./12. Jh.)

in|ves|tiv (für Investitionen bestimmt); In|ves|tiv|lohn (als Spareinlage gebundener Teil des Arbeitnehmerlohnes)

In|vest|ment, das; -s, -s ⟨engl.⟩ *(engl. Bez. für* Investition)

In|vest|ment|bank *Plur.* ...banken; In|vest|ment|ban|ker [*auch* ...bɛŋkɐ]; In|vest|ment|ban|ke|rin

In|vest|ment|fonds (Effektenbestand einer Kapitalanlagegesellschaft); In|vest|ment|ge|sell|schaft (Kapitalverwaltungsgesellschaft); In|vest|ment|pa|pier; In|vest|ment|trust *(svw.* Investmentgesellschaft); In|vest|ment|zer|ti|fi|kat

In|ves|tor, der; -s, ...oren ⟨lat.⟩ (Kapitalanleger); In|ves|to|rin

in vi|no ve|ri|tas ⟨lat., »im Wein [ist, liegt] Wahrheit«⟩

In-vi|t|ro-Fer|ti|li|sa|ti|on, die; -, -en ⟨lat.⟩ *(Med.* Befruchtung außerhalb des Körpers; *Abk.* IVF)

in vi|vo ⟨lat., »im Leben«⟩ (am lebenden Objekt); In-vi|vo-Ex|pe|ri|ment

In|vo|ka|ti|on, die; -, -en ⟨lat.⟩ (Anrufung [Gottes]); In|vo|ka|vit (erster Fastensonntag)

in Voll|macht *(Abk.* i. V. *od.* I. V.; zur Klein- u. Großschreibung *vgl.* i. V.)

In|vo|lu|ti|on, die; -, -en ⟨lat.⟩ *(bes. Med.* Rückbildung [von Organen])

in|vol|vie|ren (einschließen; in etwas verwickeln)

in|wärts

in|wen|dig; in- und auswendig

in|wie|fern

in|wie|weit; inwieweit sind die Angaben zuverlässig?

In|woh|ner (veraltet für Bewohner; *österr. auch für* Mieter); In|woh|ne|rin

In|zah|lung|nah|me, die; -, -n

In|zest, der; -[e]s, -e ⟨lat.⟩ (Geschlechtsverkehr zwischen engsten Blutsverwandten); In|zest|fall; In|zest|ta|bu; in|zes|tu|ös

In|zi|si|on, die; -, -en ⟨lat.⟩ *(Med.* Einschnitt)

In|zi|siv, der; -s, -en, In|zi|siv|zahn (Schneidezahn)

In|zucht, die; -, -en *Plur. selten;* In|zucht|scha|den

in|zwi|schen

IOC [iːloːˈtseː], das; -[s] = International Olympic Committee *(svw.* IOK)

Iod *vgl.* Jod; Io|dat *vgl.* Jodat; Io|did *vgl.* Jodid

IOK, das; -[s] = Internationales Olympisches Komitee

Io|kas|te (Mutter u. Gattin des Ödipus)

Io|lan|the (w. Vorn.)

Ion, das; -s, -en ⟨griech.⟩ (elektrisch geladenes Teilchen)

Io|nen|an|trieb; Io|nen|aus|tausch; Io|nen|strahl; Io|nen|wan|de|rung

Io|nes|co (franz. Dramatiker rumänischer Abstammung)

Io|ni|en (Küstenlandschaft Kleinasiens); Io|ni|er; Io|ni|e|rin

Io|ni|sa|ti|on, die; -, -en ⟨griech.⟩ *(Physik, Chemie* Erzeugung von Ionen)

¹io|nisch ⟨zu Ion⟩; ionische Bindung *(Chemie)* ↑D 89

²io|nisch ⟨zu Ionien⟩; ionischer Stil ↑D 89, *aber* ↑D 140: die Ionischen Inseln

io|ni|sie|ren ⟨griech.⟩ (Ionisation bewirken); Io|ni|sie|rung

Io|no|sphä|re, die; -, -n ⟨griech.⟩ (oberste Schicht der Atmosphäre)

Io|ta *usw. vgl.* Jota *usw.*

Io|wa [ˈaɪəvə] (Staat in den USA; *Abk.* IA)

IP [aɪˈpiː] *(Abk. für engl.* Internet Protocol) (Internetprotokoll)

iPad®, I-Pad [ˈaɪpɛd], das; -[s], -s (ein Tablet-PC der Firma Apple)

IP-Ad|res|se (Ziffernfolge, über die ein Rechner in einem Netzwerk (z. B. im Internet) identifiziert wird)

Ipe|ka|ku|an|ha [...ˈku̯anja], die; - ⟨indian.-port.⟩ (Brechwurzel, eine Heilpflanze)

Iphi|ge|nie (Tochter Agamemnons)

iPhone®, I-Phone [ˈaɪfoʊ̯n], das; -[s], -s (ein Smartphone der Firma Apple); iPod®, I-Pod [ˈaɪpɒt], der; -[s], -s (MP3-Player der Firma Apple)

ip|se fe|cit ⟨lat., »er hat [es] selbst gemacht«⟩ (auf Kunstwerken; *Abk.* i. f.); ip|so fac|to (»durch die Tat selbst«) (eigenmächtig); ip|so ju|re (»durch das Recht selbst«) (ohne Weiteres)

IPTV [...tiːviː], das; -[s] (Internetfernsehen)

i-Punkt, der; -[e]s, -e ↑D 30

IQ, der; -[s], -[s] = Intelligenzquotient

i. R. = im Ruhestand

Ir *(chem. Zeichen für* Iridium)

IR®, der; -[s], -[s] = Interregio[zug]

IR. = Infanterieregiment

I. R. = Imperator Rex

Ira (w. Vorn.)

IRA [iːˈɛrˈaː], die; - = Irisch-Republikanische Armee

Ira|de, der *od.* das; -s, -n ⟨arab.⟩ (früher für Erlass des Sultans)

Irak [*auch* ˈi...] -s, *auch mit Artikel* der; -[s] (vorderasiatischer Staat); die Städte des Iraks, *aber* die Städte Iraks; Ira|ker; Ira|ke|rin; Ira|ki, der; -[s], -[s] *u.* die; -, -[s] (Iraker[in]); ira|kisch; Irak|krieg

Iran, -s, *auch mit Artikel* der; -[s]; Islamische Republik Iran (vorderasiatischer Staat); *vgl.* Persien); Ira|ner; Ira|ne|rin; ira|nisch

Ira|nist, der; -en, -en; Ira|nis|tik,

Iranistin

die; - (Wissenschaft von den Sprachen u. Kulturen des Irans); Ira|nis|tin
Ir|bis, der; -ses, -se ⟨mongol.⟩ (Schneeleopard)
ir|den (aus gebranntem Ton); Ir|den|ge|schirr; Ir|den|wa|re
ir|disch; den Weg alles Irdischen gehen ↑D 72
Ire, der; -n, -n (Irländer)
Ire|nä|us (griech. Kirchenvater; m. Vorn.)
Ire|ne (w. Vorn.)
Ire|nik, die; - ⟨griech.⟩ (Friedenslehre; Friedensstreben, Aussöhnung [bei kirchlichen Streitigkeiten]); ire|nisch
ir|gend; wenn du irgend kannst, so ...; wenn irgend möglich; irgend so ein Gerät, irgend so etwas
ir|gend|ein; irgendeine, irgendeiner; aber irgend so ein; ir|gend|ein|mal
ir|gend|et|was; aber irgend so etwas
ir|gend|je|mand
ir|gend|wann; ir|gend|was (ugs.); aber irgend so was; ir|gend|welch; irgendwelche Fragen; irgendwelches dumme[s] Zeug; ir|gend|wer; ir|gend|wie
ir|gend|wo; irgendwo anders, irgendwo sonst; sonst irgendwo; ir|gend|wo|her; ir|gend|wo|hin
Iri|d|ek|to|mie, die; -, ...ien ⟨griech.⟩ (Med. Ausschneiden der Regenbogenhaut)
Iri|di|um, das; -s (chemisches Element, Metall; Zeichen Ir)
Iri|do|lo|gie, die; - (Augendiagnostik)
Irin (Irländerin)
Iri|na (w. Vorn.)
¹Iris (griech. Götterbotin; w. Vorn.)
²Iris, die; -, Plur. -, auch Iriden ⟨griech.⟩ (Regenbogenhaut im Auge)
³Iris, die; -, - (Schwertlilie; Regenbogen)
Iris|blen|de (Optik verstellbare Blende an der Kamera)
irisch; das irische Bad ↑D 89 u. 142, aber ↑D 140: die Irische See
Irisch-Re|pu|b|li|ka|ni|sche Ar|mee (irische Untergrundorganisation; Abk. IRA)
Irish Cof|fee ['aɪrɪʃ 'kɔfi], der; --[s], --s ⟨engl.⟩ (Kaffee mit einem Schuss Whiskey u. Schlagsahne)
Irish Stew [-'stju:], das; --[s], --s

(Weißkraut mit Hammelfleisch u. a.)
iri|sie|ren ⟨griech.⟩ (in Regenbogenfarben schillern)
Iri|tis, die; -, ...tiden (Med. Entzündung der Regenbogenhaut)
IRK, das; - = Internationales Rotes Kreuz
Ir|kutsk [österr. 'ɪ...] (sibir. Stadt)
Ir|land (nordwesteuropäische Insel; Staat auf dieser Insel); Ir|län|der; Ir|län|de|rin; ir|län|disch; aber ↑D 151: Irländisches Moos (svw. Karrag[h]een)
Ir|ma, Irm|gard (w. Vorn.)
Ir|min|säu|le, Ir|min|sul, die; - (ein germanisches Heiligtum)
Iro|ke|se, der; -n, -n (Angehöriger eines nordamerikanischen Indianerstammes); Iro|ke|sin
Iro|nie, die; -, ...ien ⟨griech.⟩ ([versteckter, feiner] Spott); Iro|ni|ker; Iro|ni|ke|rin
iro|nisch; iro|ni|sie|ren
Iron|man® ['aɪənmɛn], der; -s ⟨engl., »Eisenmann«⟩ (bes. harter Triathlonwettkampf)
irr vgl. irre
Ir|ra|di|a|ti|on, die; -, -en ⟨lat.⟩ (Med., Psychol. Ausstrahlung [von Schmerzen, Gefühlen, Affekten]; Fotogr. Überbelichtung fotografischer Platten)
ir|ra|ti|o|nal [auch ...'na:l] ⟨lat.⟩ (verstandesmäßig nicht fassbar; vernunftwidrig); irrationale Zahl (Math.) ↑D 89; Ir|ra|ti|o|na|lis|mus, der; - ([philosophische Lehre vom] Vorrang des Gefühlsmäßigen vor dem logisch-rationalen Denken); Ir|ra|ti|o|na|li|tät, die; - (das Irrationale)
Ir|ra|ti|o|nal|zahl (Math.)
¹Ir|re, irr; irr[e] sein; vgl. aber irreführen, irregehen, irreleiten, irremachen, irrereden, irrewerden
¹Ir|re, die; -; in die Irre gehen
²Ir|re, der u. die; -n, -n (ugs. veraltend)
ir|re|al [auch ...'a:l] ⟨lat.⟩ (unwirklich)
Ir|re|al [auch ...'a:l], der; -s, -e (Sprachwiss. Verbform, mit der man einen unerfüllbaren Wunsch o. Ä. ausdrückt)
Ir|re|a|li|tät [auch 'ɪ...], die; - (Unwirklichkeit)
Ir|re|den|ta, die; -, ...ten ⟨ital.⟩ (polit. Bewegung, die den Anschluss abgetrennter

Gebiete an das Mutterland erstrebt)
Ir|re|den|tis|mus, der; - (svw. Irredenta); Ir|re|den|tist, der; -en, -en; Ir|re|den|tis|tin; ir|re|den|tis|tisch
ir|re|du|zi|bel [auch ...'tsi:...] ⟨lat.⟩ (Philos., Math. nicht ableitbar; ...i|b|le Sätze
ir|re|füh|ren; seine Darstellung hat mich irregeführt; eine irreführende Auskunft; Ir|re|füh|rung
ir|re|ge|hen; er ist irregegangen
ir|re|gu|lär [auch ...'lɛ:ɐ̯] ⟨lat.⟩ (unregelmäßig, ungesetzmäßig); irreguläre Truppen (die nicht zum eigentlichen Heer gehören); Ir|re|gu|lä|re, der; -n, -n (nicht zum eigentlichen Heer Gehörender)
Ir|re|gu|la|ri|tät [auch 'ɪ...], die; -, -en (Regellosigkeit; Abweichung)
ir|re|lei|ten; er hat die Polizei irregeleitet
ir|re|le|vant [auch ...'va...] ⟨lat.⟩ (unerheblich); Ir|re|le|vanz [auch ...'va...], die; -, -en
ir|re|li|gi|ös [auch ...'gjø:s] ⟨lat.⟩ (nicht religiös); Ir|re|li|gi|o|si|tät [auch 'ɪ...], die; -
ir|re|ma|chen; sie hat mich irregemacht
ir|ren; sich irren; ↑D 82: Irren od. irren ist menschlich
Ir|ren|haus (veraltet; ugs.); ir|ren|haus|reif (ugs. veraltend)
ir|re|pa|ra|bel [auch ...'ra:...] ⟨lat.⟩ (unersetzlich, nicht wiederherstellbar); ...a|b|ler Schaden
ir|re|po|ni|bel [auch ...'ni:...] ⟨lat.⟩ (Med. nicht einrenkbar); ...i|b|le Gelenkköpfe
ir|re|re|den; er hat irregeredet; ir|re sein vgl. irre
Ir|re|sein, Irr|sein, das; -s (Med. veraltet); ↑D 82
ir|re|ver|si|bel [auch ...'zi:...] ⟨lat.⟩ (nicht umkehrbar); ...i|b|le Prozesse
ir|re|wer|den, irr|wer|den; wenn man irrewird, irrwird; sie ist irregeworden, irrgeworden; Ir|re|wer|den, Irr|wer|den, das; -s ↑D 82
Irr|fahrt; Irr|gang, der; Irr|gar|ten; Irr|gast (Zool.)
Irr|glau|be[n]; irr|gläu|big
ir|rig; in der irrigen Annahme, dass ...
Ir|ri|ga|ti|on, die; -, -en ⟨lat.⟩ (Med.

Ab- od. Ausspülung); **Ir|ri|ga|tor**, der; -s, ...oren (Spülapparat)
ir|ri|ger|wei|se
ir|ri|ta|bel ⟨lat.⟩ (reizbar); ein ...abler Mensch; **Ir|ri|ta|bi|li|tät**, die; -
Ir|ri|ta|ti|on, die; -, -en (Reiz, Erregung); **ir|ri|tie|ren** ([auf]reizen, verwirren, stören)
Irr|läu|fer (falsch beförderter Gegenstand); **Irr|leh|re**
Irr|licht Plur. ...lichter; **irr|lich|telie|ren** (in Goethes Faust svw. irrlichtern); **irr|lich|tern** (wie ein Irrlicht funkeln, sich hin u. her bewegen); es irrlichtert; geirrlichtert
irr|ma|chen vgl. irremachen
irr|re|den vgl. irrereden
Irr|sal, das; -[e]s, -e (geh. für Zustand menschl. Irrens)
irr sein vgl. irre
Irr|sein vgl. Irresein
Irr|sinn, der; -[e]s; **irr|sin|nig**; **Irrsin|nig|keit**, die; -, -en
Irr|tum, der; -s, ...tümer; **irr|tümlich**; **irr|tüm|li|cher|wei|se**
Ir|rung (veraltet für Irrtum)
Irr|weg
irr|wer|den vgl. irrewerden
Irr|wer|den vgl. Irrewerden
Irr|wisch, der; -[e]s, -e (Irrlicht; sehr lebhafter Mensch)
irr|wit|zig
Ir|tysch [auch ...'tyʃ], der; -[s] (linker Nebenfluss des Ob)
IS [iː'ɛs], der, bes. österr. auch die; - ⟨Kurzw. für Islamischer Staat⟩
Isa ⟨moslem. Name für Jesus⟩
Isa|ak [...aak, auch ...a(ː)k, österr. ...ak] ⟨bibl. m. Vorn.⟩
Isa|bel, **Isa|bel|la**, ¹**Isa|bel|le** (w. Vorn.)
²**Isa|bel|le**, die; -, -n (falbes Pferd); **isa|bell|far|ben**, **isa|bell|far|big** (falb, graugelb)
ISAF, **Isaf**, die; - ⟨engl.; Kurzwort für International Security Assistance Force⟩ (internationale Schutztruppe [in Afghanistan])
Isa|i|as (Schreibung der Vulgata für Jesaja)
Isar, die; - (rechter Nebenfluss der Donau); **Isar-Athen** (scherzh. für München); ↑D 144
Isa|tin, das; -s ⟨griech.⟩ (Chemie eine Indigoverbindung)
Isau|ri|en (antike Landschaft in Kleinasien)
ISBN, die; -, -[s] = Internationale Standardbuchnummer

Is|chä|mie [ɪsç..., auch ɪʃ...], die; -, ...ien ⟨griech.⟩ (Med. örtliche Blutleere)
Is|cha|ri|ot ⟨hebr.⟩; vgl. ¹Judas
Ische, die; -, -n ⟨hebr.-jidd.⟩ (ugs. für Mädchen, Freundin)
Is|chia ['ɪskja] (ital. Insel)
Is|chi|a|di|kus [ɪs'çia..., oft auch ɪ'ʃia...], der; -, ...dizi ⟨griech.⟩ (Hüftnerv); **is|chi|a|disch** (den Ischias betreffend)
Is|chi|al|gie [ɪsçial..., oft auch ɪʃal...], die; -, ...ien (Hüftschmerz)
¹**Is|chi|as** ['ɪʃ..., auch 'ɪsçi...], der, selten das, fachspr. auch die; - (svw. Ischialgie)
²**Is|chi|as**, der; - (kurz für Ischiasnerv); **Is|chi|as|nerv**
Ischl, **Bad** (österr. Kurort)
Ischtar (babylon. Göttin)
Is|chu|rie [ɪsç...], die; -, ...ien ⟨griech.⟩ (Med. Harnverhaltung)
ISDN, das; - meist ohne Artikel ⟨aus engl. integrated services digital network⟩ (Kommunikationsnetz zur schnellen Datenübermittlung); **ISDN-An|schluss**; **ISDN-Kar|te**; **ISDN-Netz**
Ise|grim, der; -[s], Plur. -e u. -s (der Wolf in der Tierfabel; übertr. für mürrischer Mensch)
Iser, die; - (rechter Nebenfluss der Elbe); **Iser|ge|bir|ge**, das; -s
Iser|lohn (Stadt im Sauerland)
Isi|dor (m. Vorn.)
ISIN, die; -, - ⟨aus engl. international securities identification number⟩ (internationale Wertpapierkennnummer)
Isis (altägyptische Göttin)
ISK (Währungscode für isländ. Krone); **IS-Kämp|fer**
Is|ka|ri|ot vgl. ¹Judas
Is|lam, der; -[s] ⟨arab.⟩ (im Koran verkündete Religion)
Is|la|ma|bad (Hauptstadt Pakistans)
is|lam|feind|lich; **Is|lam|feind|lichkeit**, die; -; **Is|lam|feind|schaft**, die; -
Is|la|mi|sa|ti|on, die; -, -en (die Bekehrung zum Islam)
is|la|misch ↑D 142: islamische Religion, aber Islamischer Staat (eine Terrororganisation, Abkürzung IS)
is|la|mi|sie|ren (zum Islam bekehren; unter die Herrschaft des Islams bringen); **Is|la|mi|sie|rung**
Is|la|mis|mus, der; - (islamischer Fundamentalismus); **Is|la|mist**,

der; -en, -en; **Is|la|mis|tin**; **is|lamis|tisch**
Is|la|mit, der; -en, -en (veraltet für Muslim); **Is|la|mi|tin**; **is|la|mitisch**
Is|lam|kri|tik; **Is|lam|kri|ti|ker**; **Islam|kri|ti|ke|rin**; **is|lam|kri|tisch**
Is|la|mo|phob; **Is|la|mo|pho|bie**, die; - (bildungsspr. für Abneigung gegen den Islam u. Muslime)
Is|lam|wis|sen|schaft
Is|lam|wis|sen|schaft|ter (schweiz., österr. auch für Islamwissenschaftler); **Is|lam|wis|sen|schafte|rin**; **Is|lam|wis|sen|schaft|ler**; **Is|lam|wis|sen|schaft|le|rin**
Is|land
Is|län|der; **Is|län|de|rin**
is|län|disch; die isländische Sprache, aber ↑D 151: Isländisch[es] Moos (eine Heilpflanze)
Is|län|disch, das; -[s] ⟨Sprache⟩; vgl. Deutsch; **Is|län|di|sche**, das; -n; vgl. ²Deutsche
Is|ma|el [...eːl, auch ...el] (bibl. m. Eigenn.)
Is|ma|i|lit, der; -en, -en (Angehöriger einer schiit. Sekte); **Is|ma|ili|tin**
Is|me|ne (Tochter des Ödipus)
Is|mus, der; -, ...men ⟨griech.⟩ (abwertend für bloße Theorie)
ISO, die; - = International Organization for Standardization (internationale Normierungsorganisation)
iso... ⟨griech.⟩ (gleich...); **Iso...** (Gleich...)
Iso|ba|re, die; -, -n (Meteorol. Verbindungslinie zwischen Orten gleichen Luftdrucks)
Iso|bu|tan, das; -s (brennbares Gas, das zur Herstellung von Flugbenzin verwendet wird)
iso|chrom [...k...] ⟨griech.⟩ (svw. isochromatisch); **Iso|chro|masie**, die; - (gleiche Farbempfindlichkeit von fotografischem Material); **iso|chro|matisch** (gleichfarbig, farbtonrichtig)
iso|chron [...k...] (Physik gleich lang dauernd); **Iso|chro|ne**, die; -, -n (Linie gleichzeitigen Auftretens [von Erdbeben u. a.])
Iso|drink, der; -s, -s ⟨griech.; engl.⟩ (isotonisches Getränk)
Iso|dy|na|me, die; -, -n ⟨griech.⟩ (Verbindungslinie zwischen Orten mit gleicher magnetischer Stärke)
Iso|dy|ne, die; -, -n (Physik Linie,

die Punkte gleicher Kraft verbindet)
Iso|ga|mie, die; -, ...ien ⟨griech.⟩ (*Biol.* Fortpflanzung durch gleich gestaltete Geschlechtszellen)
Iso|glos|se, die; -, -n (*Sprachwiss.* Linie auf Sprachkarten, die Gebiete gleichen Wortgebrauchs begrenzt)
Iso|gon, das; -s, -e (regelmäßiges Vieleck); **iso|go|nal** (winkeltreu; gleichwinklig)
Iso|go|ne, die; -, -n (*Meteorol.* Verbindungslinie zwischen Orten gleicher magnetischer Abweichung od. gleicher Windrichtung)
Iso|hy|e|te, die; -, -n ⟨griech.⟩ (*Meteorol.* Verbindungslinie zwischen Orten mit gleicher Niederschlagsmenge)
Iso|hyp|se, die; -, -n (*Geogr.* Verbindungslinie zwischen Orten mit gleicher Höhe ü. d. M.)
Iso|kli|ne, die; -, -n ⟨griech.⟩ (*Geogr.* Verbindungslinie zwischen Orten mit gleicher Neigung der Magnetnadel)
Iso|la|ti|on, die; -, -en ⟨franz.⟩, Iso|lie|rung ([politische u. a.] Absonderung; Getrennthaltung; [Ab]dämmung)
Iso|la|ti|o|nis|mus, der; - ⟨engl.⟩ (politische Tendenz, sich vom Ausland abzuschließen); **Iso|la|ti|o|nist**, der; -en, -en *meist Plur.*; **Iso|la|ti|o|nis|tin**; **iso|la|ti|o|nis|tisch**
Iso|la|ti|ons|fol|ter; **Iso|la|ti|ons|haft**
Iso|la|tor, der; -s, ...oren (Stoff, der Elektrizität schlecht od. gar nicht leitet)
Isọl|de (mittelalterliche Sagengestalt; w. Vorn.)
Iso|lier|band, das; *Plur.* ...bänder
iso|lie|ren ⟨franz.⟩ (absondern; getrennt halten; abschließen, [ab]dichten, [ab]dämmen; durch entsprechendes Material schützen); **Iso|lie|rer**
Iso|lier|ma|te|ri|al; **Iso|lier|mat|te**; **Iso|lier|schicht**; **Iso|lier|sta|ti|on**
iso|liert (*auch für* vereinsamt); **Iso|liert|heit**, die; -
Iso|lie|rung *vgl.* Isolation
Iso|li|nie, die; -, -n ⟨griech.; lat.⟩ (Verbindungslinie zwischen Punkten gleicher Wertung od. Erscheinung auf geografischen u. a. Karten)
Iso|mat|te (Isoliermatte)

iso|mer ⟨griech.⟩ (Isomerie aufweisend); **Iso|mer**, das; -s, -e *meist Plur.*, **Iso|me|re**, das; -n, -n *meist Plur.* (eine Isomerie aufweisende chemische Verbindung; ein Isomer *od.* Isomere
Iso|me|rie, die; -, ...ien (*Bot.* Gleichzähligkeit in Bezug auf die Zahl der Glieder in den verschiedenen Blütenkreisen; *Chemie* unterschiedliches Verhalten chemischer Verbindungen trotz der gleichen Anzahl gleichartiger Atome)
Iso|me|t|rie, die; -, ...ien (Längengleichheit, Längentreue, bes. bei Landkarten); **iso|me|t|risch**
iso|morph (gleichförmig, von gleicher Gestalt, bes. bei Kristallen); **Iso|mor|phie**, die; -, ...ien
Iso|mor|phis|mus, der; -, ...men (Eigenschaft bestimmter chemischer Stoffe, gemeinsam die gleichen Kristalle zu bilden)
Isọn|zo, der; -[s] (Zufluss des Golfs von Triest)
iso|pe|ri|me|t|risch ⟨griech.⟩ (*Math.* von gleichem Ausmaß [von Längen, Flächen u. Körpern])
Iso|po|de, der; -n, -n *meist Plur.* (*Zool.* Assel)
Iso|p|ren®, das; -s ⟨Kunstwort⟩ (chem. Stoff, der zur Herstellung von synthetischem Kautschuk verwendet wird)
Iso|seis|te, die; -, -n ⟨griech.⟩ (Verbindungslinie zwischen Orten mit gleicher Erdbebenstärke)
Iso|s|ta|sie, die; - (Gleichgewichtszustand der Krustenschollen der Erde)
Iso|ther|me, die; -, -n ⟨griech.⟩ (*Meteorol.* Verbindungslinie zwischen Orten mit gleicher Temperatur)
Iso|ton, das; -s, -e *meist Plur.* (Atomkern, der die gleiche Anzahl Neutronen wie ein anderer enthält)
iso|to|nisch (*Chemie* von gleichem osmotischen Druck); isotonisches Getränk (Getränk, das die gleiche Konzentration von Mineralstoffen wie das menschliche Blut hat)
Iso|top, das; -s, -e (Atom, das sich von einem andern des gleichen chemischen Elements nur in seiner Masse unterscheidet)
Iso|to|pen|di|a|g|nos|tik, die; -

(*Med.*); **Iso|to|pen|the|ra|pie**; **Iso|to|pen|tren|nung**
Iso|t|ron, das; -s, *Plur.* ...trone, *auch* -s (Gerät zur Isotopentrennung)
iso|trop (*Physik, Chemie* nach allen Richtungen hin gleiche Eigenschaften aufweisend); **Iso|tro|pie**, die; -
Is|ra|el [...e:l, *auch* ...el] (Volk der Juden im A. T.; Staat in Vorderasien); das Volk Israel; die Kinder Israel[s]
Is|ra|e|li, der; -[s], -s *u.* die; -, -s (Angehörige[r] des Staates Israel); **Is|ra|e|lin**; **is|ra|e|lisch** (zum Staat Israel gehörend)
Is|ra|e|lit, der; -en, -en (Angehöriger eines der semitischen Stämme im alten Palästina); **Is|ra|e|li|tin**; **is|ra|e|li|tisch**
ISS, die; - = International Space Station (internationale Raumstation)
isst *vgl.* essen
ist *vgl.* ²sein
Is|tan|bul (türkische Stadt)
Ist-auf|kom|men, Ist-Aufkommen (der tatsächliche [Steuer]ertrag)
Ist-be|stand, Ist-Bestand
isth|misch ⟨griech.⟩; *aber* Isthmische Spiele ↑ D 142
Isth|mus, der; -, ...men (Landenge, bes. die von Korinth)
Ist-lohn, Ist-Lohn (*österr. für* tatsächlich ausbezahlter Lohn); **Ist-lohn|er|hö|hung**, Ist-Lohn-Erhöhung
Is|t|ri|en (Halbinsel im Adriatischen Meer)
Ist-stär|ke, Ist-Stärke
Ist|wä|o|nen *Plur.* (Kultgemeinschaft westgermanischer Stämme); **ist|wä|o|nisch**
Ist-zu|stand, Ist-Zustand
Is|wes|ti|ja, die; - ⟨russ., »Nachrichten«⟩ (eine russische Tageszeitung)
it. = item
IT [aɪ'tiː] = information technology (Informationstechnologie)
Ita|ker, der; -s, - (*ugs. veraltend abwertend für* Italiener); **Ita|ke|rin**
Ita|la, die; - ⟨lat.⟩ (älteste lateinische Bibelübersetzung)
Ita|ler (Einwohner des antiken Italien); **Ita|le|rin**
Ita|lia (*lat. u. ital. Form von* Italien); **ita|li|a|ni|sie|ren**, **ita|li|e|ni|sie|ren** (italienisch machen)
Ita|li|en
Ita|li|e|ner; **Ita|li|e|ne|rin**

ita|lie|nisch; die italienische Schweiz; eine italienische Nacht; **italienischer** *od.* Italienischer Salat ↑D 89, *aber nur* ↑D 140: die Italienische Republik; *vgl.* deutsch; *vgl. aber* italisch

Ita|lie|nisch, das; -[s] (Sprache); *vgl.* Deutsch; **Ita|lie|ni|sche,** das; -n; *vgl.* ²Deutsche

ita|lie|ni|sie|ren *vgl.* italianisieren

Ita|li|enne [...'liɛn], die; - ⟨franz.⟩ (*Druckw.* eine Schriftart)

Ita|li|ker ⟨lat.⟩ (Italer); **Ita|li|ke|rin**

Ita|lique [...'li:k], die; - ⟨franz.⟩ (*Druckw.* eine Schriftart)

ita|lisch ⟨lat.⟩ (das antike Italien betreffend); *vgl. aber* italienisch

Ita|lo|wes|tern (Western in einem von italienischen Regisseuren geprägten Stil)

iTAN, die; -, -s ⟨*Abk. für* indizierte Transaktionsnummer⟩ (*Bankw.* nicht frei wählbare TAN)

Ita|zis|mus, der; - (Aussprache der altgriechischen e-Laute wie langes i)

IT-ba|siert (*vgl.* IT); ↑D 28 *u.* 97

IT-Bran|che; IT-Dienst|leis|ter; IT-Dienst|leis|te|rin

item ⟨lat.⟩ (*veraltet für* ebenso, desgleichen; ferner; *Abk.* it.)

Item, das; -s, -s (*veraltet für* das Fernere, Weitere, ein [Frage]punkt; Einzelangabe)

Ite|ra|ti|on, die; -, -en ⟨lat.⟩ (Wiederholung; *Math.* wiederholte Anwendung desselben Prozesses auf die gewonnenen Zwischenwerte)

ite|ra|tiv [*auch* 'i:...] (wiederholend); **Ite|ra|tiv,** das; -s, -e (*Sprachwiss.* Verb, das eine stete Wiederholung von Vorgängen ausdrückt, z. B. »sticheln« = immer wieder stechen)

IT-Fach|frau; IT-Fach|leu|te *Plur.;* **IT-Fach|mann**

IT-Gip|fel

It-Girl, das; -s, -s ⟨engl.⟩ ([junge] Frau, die durch starke Medienpräsenz, vor allem in Gesellschaft von Prominenten, einer breiteren Öffentlichkeit bekannt ist)

Itha|ka (eine griechische Insel)

Iti|ne|rar, das; -s, -e, **Iti|ne|ra|ri|um,** das; -s, ...ien ⟨lat.⟩ (Straßenverzeichnis der römischen Zeit; Aufzeichnung noch nicht vermessener Wege bei Forschungsreisen)

ITK, die; - = Informations- und Telekommunikationstechnik; **ITK-Bran|che**

i. Tr. = in der Trockenmasse

IT-Si|cher|heit, die; -

IT-Spe|zi|a|list; IT-Spe|zi|a|lis|tin

i-Tüp|fel|chen ↑D 29

i-Tüp|ferl, das; -s, -[n]; *vgl.* Pickerl (*österr. für* i-Tüpfelchen); **i-Tüp|ferl-Rei|ter** (*österr. ugs. für* Pedant); **i-Tüp|ferl-Rei|te|rin**

It|ze|hoe [...'ho:] (Stadt in Schleswig-Holstein); **It|ze|ho|er; It|ze|ho|e|rin**

it|zo, itzt, it|zund (*veraltet für* jetzt)

iur. *vgl.* Dr. iur.

i. v. = intravenös

i. V.

= in Vertretung; in Vollmacht
Die Abkürzung wird mit kleinem i geschrieben, wenn sie unmittelbar der Grußformel oder der Bezeichnung einer Behörde, Firma u. dgl. folgt:
– Der Oberbürgermeister
  i. V. Meyer

Die Abkürzung wird mit großem I geschrieben, wenn sie nach einem abgeschlossenen Text allein vor einer Unterschrift steht:
– Herr Direktor Müller wird Sie nach seiner Rückkehr sofort anrufen.
  I. V. Meyer

IV = Invalidenversicherung (in der Schweiz)

IV-Be|zü|ger; IV-Be|zü|ge|rin

IVF, die; -, - = In-vitro-Fertilisation

Ivo (m. Vorn.)

Ivo|rer, der; -s, - ⟨eingedeutschte Form von franz. Ivoirien⟩ (Einwohner der Republik Elfenbeinküste); **Ivo|re|rin; ivo|risch**

Iwan, der; -[s], -s (m. Vorn.; *scherzh. Bez. für* Russe *od. [nur Sing.:]* die Russen)

Iwein (Ritter der Artussage)

IWF, der; -[s] = Internationaler Währungsfonds

i wo! (*ugs. für* keinesfalls)

Iw|rit, Iw|rith, das; -[s] (Neuhebräisch; Amtssprache in Israel)

Iz|mir ['ɪs..., *auch, österr. nur* 'ɪz...] (türk. Stadt, heutiger Name von Smyrna)

Jackpot

J

J [jɔt, *österr.* je:] (Buchstabe); das J; des J, die J, *aber* das j in Boje; der Buchstabe J, j; *vgl. auch* Jot
J = *chemisches Zeichen für* Jod; Joule

ja

Kleinschreibung:
– jaja, *auch* ja, ja!
– jawohl
– ja freilich; ja doch; aber ja; na ja; nun ja; ach ja

Großschreibung:
– das Ja und [das] Nein
– mit [einem] Ja antworten
– mit Ja oder [mit] Nein stimmen
– die Folgen seines Ja[s]
– die Abstimmung ergab viele Ja[s] (Jastimmen)

Groß- oder Kleinschreibung:
– Ja *od.* ja sagen
– Ja und Amen *od.* ja und amen sagen (*ugs.*)

Jab [dʒɛp], der; -s, -s ⟨engl.⟩ (kurzer Boxhieb)

Ja|bo, der; -s, -s (*kurz für* Jagdbomber)

Ja|bot [ʒa'bo:], das; -s, -s ⟨franz.⟩ (Spitzenrüsche [an Hemden])

Jacht, Yacht [j...], die; -, -en ⟨niederl.⟩ (Schiff für Sport- u. Vergnügungsfahrten, *auch* Segelboot)

Jacht|ha|fen, Yacht|ha|fen; **Jacht|klub,** Jacht|club, Yacht|klub, Yacht|club

Jack [dʒɛk] (m. Vorn.)

Jäck|chen

Ja|cke, die; -, -n ⟨arab.-franz.⟩; **Ja|cken|kleid; Ja|cken|ta|sche**

Ja|cket|kro|ne ['dʒɛkɪt...] ⟨engl.⟩ (Zahnkronenersatz)

Ja|ckett [ʒa...], das; -s, *Plur.* -s, *selten* -e ⟨franz.⟩ (gefütterter Stoffjacke von Herrenanzügen)

Ja|ckett|ta|sche, Ja|ckett-Ta|sche

Jack|pot ['dʒɛkpɔt], der; -s, -s ⟨engl.⟩ (bes. hoher [angesammelter] Gewinn bei einem Glücksspiel)

Jackstag

Jahr

das; -[e]s, -e

- dieses (*besser nicht* diesen) Jahres (*Abk.* d. J.)
- im Jahr[e] (*Abk.* i. J.)
- laufenden Jahres (*Abk.* lfd. *od.* l. J.)
- künftigen Jahres (*Abk.* k. J.)
- nächsten Jahres (*Abk.* n. J.)
- vorigen Jahres (*Abk.* v. J.)
- ohne Jahr (*Abk.* o. J.)
- über Jahr und Tag
- das Jahr eins unserer Zeitrechnung
- das neue *od.* Neue Jahr; zum neuen *od.* Neuen Jahr[e] Glück wünschen
- Jahr für Jahr; von Jahr zu Jahr
- zwei, viele Jahre lang
- sie ist über (mehr als) 14 Jahre alt
- Schüler ab 14 Jahre[n], bis zu 18 Jahren
- freiwillige Helfer nicht unter 14 Jahren

Vgl. auch achtziger

Jack|stag ['dʒɛk...], das; -[e]s, -e[n] ⟨engl.; dt.⟩ (*Seemannsspr.* Eisen zum Festmachen von Segeln; Gleitschiene)

Jac|quard [ʒaˈkaːɐ̯], der; -[s], -s ⟨nach dem franz. Seidenweber⟩ (Gewebe mit großem Muster); **Jac|quard|ge|we|be** ↑D 136; **Jac|quard|ma|schi|ne**

Jacque|line [ʒaˈkliːn] (w. Vorn.)

Jacques [ʒak] (m. Vorn.)

Ja|cuz|zi® [*auch* dʒəˈkuːzi], der; -[s], -s ⟨nach der Herstellerfirma⟩ (Bassin mit sprudelndem Wasser)

¹Ja|de, die; - (Zufluss der Nordsee)

²Ja|de, der; -[s] *u.* die; - ⟨franz.⟩ (blassgrüner Schmuckstein)

Ja|de|bu|sen, der; -s (Nordseebucht bei Wilhelmshaven)

ja|de|grün *vgl.* ²Jade

Ja|fet *vgl.* Japhet

Jaf|fa (Teil der Stadt Tel Aviv-Jaffa in Israel)

Jaf|fa|ap|fel|si|ne, **Jaf|fa-Ap|fel|si|ne**

Ja|ga|tee *vgl.* Jagertee

Jagd, die; -, -en; **Jagd|auf|se|her**; **Jagd|auf|se|he|rin**

Jagd|bann, der; -[e]s, -e (*schweiz. für* Gebiet, in dem Jagen verboten ist)

jagd|bar; **Jagd|bar|keit**, die; -

Jagd|beu|te; **Jagd|bom|ber**; **Jagd|fal|ke**; **Jagd|fie|ber**; **Jagd|flie|ger**

Jagd|flin|te; **Jagd|flug|zeug**; **Jagd|fre|vel**; **Jagd|ge|schwa|der**; **Jagd|ge|wehr**; **Jagd|glück**

Jagd|grün|de *Plur.*; die ewigen Jagdgründe

Jagd|herr; **Jagd|her|rin**

Jagd|horn *Plur.* ...hörner; **Jagd|hund**; **Jagd|hüt|te**

jagd|lich; **Jagd|mes|ser**, das

Jagd|pan|zer

Jagd|ren|nen (*Pferdesport*)

Jagd|re|vier; **Jagd|schein**; **Jagd|schloss**

Jagd|sprin|gen (*Pferdesport*)

Jagd|staf|fel (Verband von Kampfflugzeugen)

Jagd|sze|ne (*Malerei*); **Jagd|tro|phäe**; **Jagd|wurst**; **Jagd|zeit**

Ja|gel|lo|ne, der; -n, -n (Angehöriger eines litauisch-polnischen Königsgeschlechtes); **Ja|gel|lo|nin**

ja|gen; er, sie jagt; gejagt

Ja|gen, das; -s, - (forstliche Wirtschaftsfläche)

Jä|ger

Ja|ge|rei, die; - (fortwährendes Hetzen)

Jä|ge|rei, die; - (Jagdwesen; Jägerschaft)

Jä|ger|hut; **Jä|ge|rin**; **Jä|ger|la|tein**, das; -s; **Jä|ger|meis|ter**; **Jä|ger|meis|te|rin**; **Jä|ger|prü|fung**; **Jä|ger|schaft**, die; -

Jä|ger|schnit|zel (*Gastron.* Schnitzel mit Soße u. Pilzen)

Jä|gers|mann *Plur.* ...leute (*veraltet*); **Jä|ger|spra|che**, die; -

Ja|ger|tee (*österr. für* Tee mit Schnaps)

Ja|gi|el|lo|ne usw. *vgl.* Jagellone usw.

Jagst, die; - (rechter Nebenfluss des Neckars)

Ja|gu|ar, der; -s, -e ⟨indian.⟩ (ein Raubtier)

jäh; **Jä|he**, die; - (*veraltet*); **Jäh|heit**, die; -; **jäh|lings**

Jahn; Turnvater Jahn

Jahnn, Hans Henny (dt. Autor)

Jahr *s.* Kasten

jahr|aus; *nur in* jahraus, jahrein *od.* jahrein, jahraus

Jahr|buch (*Abk.* Jb.); **Jähr|chen**

jah|re|alt; *aber* zwanzig, viele Jahre alt

jahr|ein *vgl.* jahraus

jah|re|lang; *aber* viele Jahre lang

jäh|ren, sich

Jah|res|abon|ne|ment; **Jah|res|ab|schluss**; **Jah|res|an|fang**

Jah|res|aus|gleich (*Steuerw.*)

Jah|res|aus|klang; **Jah|res|aus|stel|lung**; **Jah|res|aus|stoß**

Jah|res|be|ginn; **Jah|res|bei|trag**

Jah|res|be|richt

Jah|res|best|zeit (*Sport*)

Jah|res|bi|lanz (*Wirtsch.*, *Kaufmannsspr.*)

Jah|res|brut|to, das; -s, -s; **Jah|res|brut|to|ein|kom|men**; **Jah|res|durch|schnitt**

Jah|res|ein|kom|men

Jah|res|en|de; **Jah|res|end|ral|lye** [...reli] (*Börsenjargon* Anstieg der Kurse zum Jahresende)

Jah|res|etat

Jah|res|frist; innerhalb Jahresfrist

Jah|res|ge|halt, das

Jah|res|hälf|te; **Jah|res|haupt|ver|samm|lung** (*Wirtsch.*)

Jah|res|kar|te; **Jah|res|mit|te**

Jah|res|net|to, das; -s, -s; **Jah|res|net|to|ein|kom|men**

Jah|res|pro|duk|ti|on (*Wirtsch.*)

Jah|res|ra|te

Jah|res|re|gent (*Astrol.* in einem bestimmten Jahr bes. bedeutsamer Planet; *österr. für* in einem bestimmten Jahr bes. gefeierte Persönlichkeit); **Jah|res|ring** *meist Plur.*

Jah|res|rück|blick; **Jah|res|schluss|an|dacht** (bes. kath. Kirche)

Jah|res|tag; **Jah|res|ta|gung**

Jah|res|über|schuss; **Jah|res|um|satz**; **Jah|res|ur|laub**; **Jah|res|ver|brauch**; **Jah|res|ver|samm|lung**; **Jah|res|ver|trag**

Jah|res|vi|g|net|te (*österr.*)

Jah|res|wa|gen (nach etwa einem Jahr [von einem Mitarbeiter eines Automobilwerks] zum Weiterverkauf angebotener Neuwagen)

Jah|res|wech|sel; **Jah|res|wen|de**

Jah|res|zahl

Jah|res|zeit; **jah|res|zeit|lich**

Jahr|fünft, das; -[e]s, -e

Jahr|gang, der; *Plur.* ...gänge (*Abk.* Jg., *Plur.* Jgg.); **Jahr|gän|ger** (*südwestd.*, *westösterr. u. schweiz.*

Jargon

für Person desselben Geburtsjahres); **Jahr|gän|ge|rin; Jahr|gän|ger|tref|fen**

Jahr|hun|dert, das; -s, -e (*Abk.* Jh.)

jahr|hun|der|te|alt; *aber* zwei, viele Jahrhunderte alt; **jahr|hun|der|te|lang**

Jahr|hun|dert|fei|er; Jahr|hun|dert|flut; Jahr|hun|dert|hoch|was|ser

Jahr|hun|dert|mit|te; Jahr|hun|dert|som|mer; Jahr|hun|dert|wein; Jahr|hun|dert|wen|de

jäh|rig (*veraltet für* ein Jahr her; ein Jahr dauernd; ein Jahr alt)

...jäh|rig (z. B. vierjährig [vier Jahre dauernd, vier Jahre alt], *mit Ziffer* 4-jährig); ein Fünfjähriger (*mit Ziffer* 5-Jähriger); die Vier- bis Fünfjährigen (*mit Ziffern* die 4- bis 5-Jährigen); die Achtzigjährigen (*mit Ziffern* die über 80-Jährigen)

jähr|lich (jedes Jahr wiederkehrend)

...jähr|lich (z. B. alljährlich, vierteljährlich)

Jähr|ling (einjähriges Tier)

Jahr|markt; Jahr|markts|bu|de

Jahr|mil|li|o|nen

Jahr|tau|send, das; -s, -e; **Jahr|tau|send|wen|de**

Jahr|zehnt, das; -[e]s, -e

jahr|zehn|te|alt *vgl.* jahrhundertealt; **jahr|zehn|te|lang**

Jah|ve, *ökum.* **Jah|we** (Name Gottes im A. T.)

Jäh|zorn; jäh|zor|nig

Jai|pur ['dʒai̯...] (Stadt in Indien)

Ja|i|rus (bibl. m. Eigenn.)

jal|ja *vgl.* ja

Jak *vgl.* Yak

Ja|ka|ran|da|holz (indian.; dt.) (*svw.* Palisander)

Ja|kar|ta [dʒa...] (Hauptstadt u. wichtigster Hafen Indonesiens)

Ja|ko, der; -s, -s (franz.) (eine Papageienart)

Ja|kob (m. Vorn.); ↑D 151: der wahre Jakob (*ugs. für* der rechte Mann, das Rechte); der billige Jakob (*ugs. veraltet für* Verkäufer auf Jahrmärkten)

Ja|ko|bi, das; - (Jakobitag)

Ja|ko|bi|ner (Angehöriger der radikalsten Partei in der Franz. Revolution); **Ja|ko|bi|ne|rin; Ja|ko|bi|ner|müt|ze; Ja|ko|bi|ner|tum,** das; -s; **ja|ko|bi|nisch**

Ja|ko|bi|tag, Ja|kobs|tag

Ja|kobs|lei|ter, die; -, -n (Himmelsleiter; *Seemannsspr.* Strickleiter); **Ja|kobs|mu|schel**

Ja|kobs|tag, Ja|ko|bi|tag

Ja|kobs|weg (*Rel.*)

Ja|ko|bus (Apostel); ↑D 134: Jakobus der Ältere, Jakobus der Jüngere

Ja|ku|te, der; -n, -n (Angehöriger eines Turkvolkes); **Ja|ku|tin; ja|ku|tisch**

Ja|lon [ʒa'lõː], der; -s, -s (franz.) (Absteckpfahl; Fluchtstab [für Vermessungen])

Ja|lou|set|te [ʒalu...], die; -, -n (franz.) (Jalousie aus Leichtmetall- od. Kunststofflamellen)

Ja|lou|sie, die; -, -...ien ([hölzerner] Fensterschutz, Rollladen)

Ja|lou|sie|schrank (Rollschrank)

Jal|ta (Hafenstadt auf der Krim)

Jal|ta-Ab|kom|men, Jal|ta|ab|kommen (von 1945)

Jam [dʒɛm], die; -, -s (*kurz für* Jamsession)

Ja|mai|ka (Insel der Großen Antillen; Staat auf dieser Insel)

Ja|mai|ka|ko|a|li|ti|on, Ja|mai|ka-Ko|a|li|ti|on (nach den Farben Schwarz, Gelb und Grün der Nationalflagge Jamaikas) (*Politik* Koalition von CDU/CSU, FDP u. Grünen)

Ja|mai|ka|ner; Ja|mai|ka|ne|rin; ja|mai|ka|nisch; Ja|mai|ka|rum, Ja|mai|ka-Rum, der; -s

Jam|be, die; -, -n (griech.), Jam|bus, der; -, ...ben (ein Versfuß); **jam|bisch**

Jam|bo|ree [dʒɛmbə'riː], das; -s, -s (engl.) ([Pfadfinder]treffen; Zusammenkunft)

Jam|bus *vgl.* Jambe

James [dʒɛims] (m. Vorn.)

James Grieve [- 'griːf], der; - -, - - (nach dem engl. Apfelzüchter) (eine Apfelsorte)

jam|men ['dʒɛmən] (eine Jamsession veranstalten); sie haben gejammt

Jam|mer, der; -s

Jam|mer|bild; Jam|mer|ge|stalt; Jam|mer|lap|pen (*ugs. für* ängstlicher Mensch, Schwächling)

jäm|mer|lich; Jäm|mer|lich|keit

Jäm|mer|ling; Jam|mer|mie|ne

jam|mern; ich jammere; sie jammert mich; es jammert mich

Jam|mer|scha|de; das ist jammerschade

Jam|mer|tal, das; -[e]s

jam|mer|voll

Jam|ses|si|on, Jam-Ses|sion ['dʒɛmsɛʃn̩], die; -, -s (engl.) (zwanglose Zusammenkunft von Musikern zu gemeinsamem Spiel)

Jams|wur|zel (engl.; dt.) (eine tropische Staude)

Jan (m. Vorn.)

Jan. = Januar

Jän. = Jänner

Ja|ná|ček [...naːtʃɛk] (tschechischer Komponist)

Jandl, Ernst (österr. Schriftsteller)

Jane [dʒɛin] (w. Vorn.); *vgl.* Mary Jane

Jan|ga|da [ʒaŋ...], die; -, -s (port.) (indianisches Floßboot)

Jang|tse, Jang|t|se|ki|ang [*auch* ...'kiaŋ], der; -[s] (chin. Strom)

Ja|ni|ku|lus, der; - (Hügel in Rom)

Ja|ni|t|schar, der; -en, -en (türk.) (Angehöriger der ehem. türkischen [Kern]truppe); **Ja|ni|t|scha|ren|mu|sik**

Jan|ker, der; -s, - (*bayr., österr. für* wollene Trachtenjacke)

Jan Maat, der; - -[e]s, *Plur.* - -e *u.* - -en, **Jan|maat** [*auch* 'jan...], der; -[e]s, -e[n] (niederl.) (*scherzh. für* Matrose)

Jän|ner, der; -[s] (lat.) (österr., seltener auch südd., schweiz. für Januar)

Jan|se|nis|mus, der; - (eine katholisch-theologische Richtung); **Jan|se|nist,** der; -en, -en; **Jan|se|nis|tin**

Ja|nu|ar, der; -[s], -e (lat.) (erster Monat im Jahr, Eismond, Hartung, Schneemond, Wintermonat; *Abk.* Jan.); *vgl.* Jänner

Ja|nu|a|ri|us (ital. Heiliger)

Ja|nus (römischer Gott der Türen u. des Anfangs)

Ja|nus|ge|sicht, Ja|nus|kopf (doppelgesichtiger Männerkopf; ↑D 136); **ja|nus|köp|fig; Ja|nus|köp|fig|keit,** die; -

Ja|pan *vgl.* Nippon

Ja|pa|ner; Ja|pa|ne|rin; ja|pa|nisch; *aber* ↑D 140: das Japanische Meer; *vgl.* deutsch

Ja|pa|nisch, das; -[s] (Sprache); *vgl.* Deutsch; **Ja|pa|ni|sche,** das; -n; *vgl.* ²Deutsche

Ja|pa|no|lo|ge, der; -n, -n; **Ja|pa|no|lo|gie,** die; - (jap.; griech.) (Japankunde); **Ja|pa|no|lo|gin**

Ja|pan|pa|pier

Ja|phet, *ökum.* Ja|fet (bibl. m. Eigenn.)

jap|pen (*nordd. für* japsen)

jap|sen (*ugs. für* nach Luft schnappen); du japst; **Jap|ser**

Jar|di|ni|e|re [ʒ...], die; -, -n (franz.) (Blumenschale)

Jar|gon [ʒar'gõː], der; -s, -s (franz.) ([saloppe] Sonderspra-

Jarowisation

¹je

- seit je
- je drei; je zwei und zwei
- je länger, je lieber (vgl. aber Jelängerjelieber)
- je mehr, desto lieber
- je kürzer, umso schneller
- je nachdem (vgl. d.)
- je nach Bedarf
- je ein Exemplar wurde an sie verschickt

Als Präposition steht »je« (in der Funktion von »für, pro«) mit Akkusativ:
- je erwachsenen Teilnehmer
- je beschäftigten Arbeiter

Man kann »je« in der gleichen Bedeutung auch als Adverb auffassen; es folgt dann der Nominativ:
- je erwachsener Teilnehmer
- je beschäftigter Arbeiter

---

che einer Berufsgruppe od. Gesellschaftsschicht)
Ja|ro|wi|sa|ti|on, die; -, -en ⟨russ.⟩ (Verfahren, mit dem das Wachstum von Saatgut beschleunigt wird); **ja|ro|wi|sie|ren**
Ja|sa|ger; Ja|sa|ge|rin
Jas|min, der; -s, -e ⟨pers.-span.⟩ (ein Zierstrauch)
Jas|min|re|vo|lu|ti|on (nach dem Jasmin, der Nationalblume Tunesiens) (gegen das Regime u. die Lebensbedingungen gerichtete Protestbewegung in Tunesien)
Jas|mund (Halbinsel von Rügen); Jasmunder Bodden
Ja|son (griech. Sage Führer der Argonauten)
Jas|pers (dt. Philosoph)
Jas|per|wa|re [ˈdʒɛs...] ⟨engl.⟩ (farbiges, weiß verziertes Steingut)
Jas|pis, der; Gen. - u. -ses, Plur. -se ⟨semit.⟩ (ein Edelstein)
Jass, der; -es ⟨schweiz., auch südd. u. westöster. ein Kartenspiel⟩
jas|sen (Jass spielen); du jasst; sie jasst; du jasstest; gejasst; jass! u. jasse!; **Jas|ser; Jas|se|rin**
Ja|stim|me
jä|ten
Jau|che, die; -, -n; **jau|chen**
Jau|che[n]|fass; Jau|che[n]|gru|be; Jau|che[n]|wa|gen; jau|chig
jauch|zen; du jauchzt; **Jauch|zer**
jau|len (klagend winseln, heulen)
Ja|un|de (Hauptstadt Kameruns)
Jau|se, die; -, -n ⟨slowen.⟩ (österr. für Zwischenmahlzeit); **Jau|sen|brettl**, das; -s, -[n] (Frühstücksbrettchen)
Jau|sen|brot; Jau|sen|sta|ti|on (Gaststätte, in der man einen Imbiss einnehmen kann); **Jau|sen|zeit**
jaus|nen (österr. für eine Zwischenmahlzeit zu sich nehmen)
¹Ja|va (eine der Großen Sundainseln)

²Ja|va® [auch ˈdʒa:və], das; -[s] meist ohne Artikel (EDV eine Programmiersprache)
Ja|va|ner; Ja|va|ne|rin; ja|va|nisch
Ja|w|len|s|ky [...i], Alexei [...ˈksei̯] von (russ. Maler)
ja|wohl
Ja|wort Plur. ...worte
Jazz [dʒɛs, auch jats], der; - ⟨amerik.⟩ (Musikstil, der sich aus der Volksmusik der schwarzen Bevölkerung Amerikas entwickelt hat)
Jazz|band, die; -, -s (Jazzkapelle)
jaz|zen [ˈdʒɛsn̩, auch ˈjatsn̩]; du jazzt; er jazzt; gejazzt; **Jaz|zer**, der; -s, - (Jazzmusiker); **Jaz|ze|rin**
Jazz|fan; Jazz|fes|ti|val
Jazz|gym|nas|tik, die; -
jaz|zig (ugs. für wie Jazz wirkend)
Jazz|ka|pel|le; Jazz|kel|ler; Jazz|kon|zert
Jazz|mu|sik; Jazz|mu|si|ker; Jazz|mu|si|ke|rin
Jazz|preis
Jazz|trom|pe|ter; Jazz|trom|pe|te|rin
Jb. = Jahrbuch
¹je s. Kasten
²je; ach je!; je nun (veraltend für nun ja)
¹Jean [ʒɑ̃:] (m. Vorn.)
²Jean [dʒi:n], der; -s, -s (österr. für Jeans)
Jeanne [ʒan] (w. Vorn.)
Jeanne d'Arc [ʒanˈdark] (Jungfrau von Orleans)
Jean|nette [ʒaˈnɛt] (w. Vorn.)
Jean Paul [ʒɑ̃: -] ⟨eigtl. Johann (Jean) Paul Friedrich Richter⟩ (dt. Schriftsteller)
Jeans [dʒi:ns] Plur. od. die; -, - ⟨amerik.⟩ ([saloppe] Hose im Stil der Bluejeans)
Jeans|an|zug; Jeans|hemd; Jeans|ho|se; Jeans|ja|cke; Jeans|kleid; Jeans|rock
jeck (rhein. für närrisch, verrückt); **Jeck**, der; -en, -en (rhein. für [Fastnachts]narr)

je|de|frau (bes. im feministischen Sprachgebrauch für jedermann); das ist Kleidung für jedefrau
je|den|falls

je|der

jede, jedes

- zu jeder Stunde, zu jeder Zeit
- auf jeden Fall
- zu Anfang jedes Jahres od. jeden Jahres
- die Rinde jedes alten Baumes

Kleinschreibung ↑D 76:
- das weiß ein jeder
- jedem kann geholfen werden
- alles und jedes (alles ohne Ausnahme)
- jeder Beliebige kann daran teilnehmen
- jeder Einzelne wurde gefragt
- jedes Mal versprach sie es

---

je|der|art; je|der|lei
je|der|mann ↑D 76: es ist nicht jedermanns Sache
je|der|zeit (immer); aber zu jeder Zeit; **je|der|zei|tig**
je|des Mal; jedes Mal[,] wenn ...; vgl. ¹Mal; **je|des|ma|lig**
je|doch
jed|we|der (jeder); jedwede, jedwedes; jedweden Inhalts; jedweder neue Versuch; jedweder Angestellte
Jeep® [dʒi:p], der; -s, -s ⟨nach dem Unternehmen Jeep Corp.⟩ ([amerik.] Geländewagen)
jeg|li|cher (↑D 76); ein jeglicher; jegliches; jeglichen Geschlechts; jeglicher Angestellte; frei von jeglichem neidischen Gefühl
je|her [auch ˈjeːˈheːɐ̯]; von, seit jeher
Je|ho|va (durch Vokalveränderung entstandene Form von Jahve)
Je|ho|vas Zeu|gen Plur.; vgl. Zeuge Jehovas, Zeugin Jehovas

je|in (*oft scherzh. für* ja u. nein)
Je|ka|te|rin|burg (russ. Stadt)
Je|län|ger|je|lie|ber, das; -s, - (Geißblatt)
Je|li|nek (österr. Schriftstellerin)
je|mals
je|mand; *Gen.* jemand[e]s, *Dat.* jemanden, *auch* jemand, *Akk.* jemanden, *auch* jemand; sonst jemand; *aber* irgendjemand; jemand anders; mit, von jemand anders, *auch* anderem; jemand Fremdes; *aber* ein gewisser Jemand; *vgl.* irgend
je mehr
Je|men, -s, *auch mit Artikel* der; -[s] (Staat auf der Arabischen Halbinsel); **Je|me|nit**, der; -en, -en; **Je|me|ni|tin**; **je|me|ni|tisch**
je|mi|ne!, herrje|mi|ne!, oje|mine! ⟨*entstellt aus lat.* Jesu domine! = »o Herr Jesus!«⟩ (*veraltend*)
Jen *vgl.* Yen
Je|na (Stadt an der Saale)
je nach|dem; je nachdem[,] ob/wie ↑D 127
Je|na|er, Je|nen|ser; Jenaer Glas ®; **Je|na|e|rin**, Je|nen|se|rin; **je|na|isch**
Je|nen|ser usw. *vgl.* Jenaer usw.
je|ner, jene, jenes; ich erinnere mich jenes Tages; ↑D 76: da kam jener; jene war es, die ...
je|nisch (die Landfahrer betreffend; *rotwelsch für* gewitzt); jenische Sprache (Rotwelsch)
Je|nis|sei, Je|nis|sej [...'sei], der; -[s] (sibir. Strom)
Jen|ni, Jen|ny (w. Vorn.)
Jen|ni|fer ['dʒɛ...] (w. Vorn.)
Jens (m. Vorn.)
jen|sei|tig [*auch* 'jɛn...]; **Jen|sei|tig|keit**, die; -
jen|seits [*auch* 'jɛn...]; *als Präp. mit Gen.*: jenseits des Flusses; jenseits von Gut und Böse
Jen|seits, das; -; **Jen|seits|glau|be**
Je|re|mia *vgl.* ¹Jonas
Je|re|mi|a|de, die; -, -n (Klagelied)
¹Je|re|mi|as, ökum. Je|re|mi|a (biblischer Prophet); die Klagelieder Jeremia (des Jeremia)
²Je|re|mi|as (m. Vorn.)
Je|re|wan [*auch* ...'van] *vgl.* Eriwan
Je|rez ['çeːrɛs], der; - (ein spanischer Wein); *vgl.* Sherry
Je|rez de la Fron|te|ra [xeˈres - - -] (spanische Stadt)
Je|ri|cho (Stadt im Westjordanland); **Je|ri|cho|ro|se**, Je|richo-Ro|se

Je|ri|chow [...ço] (Stadt südöstlich von Tangermünde)
Jé|rôme [ʒeˈroːm] (m. Vorn.)
¹Jer|sey ['dʒœːɐ̯zi] (eine Kanalinsel)
²Jer|sey, der; -[s], -s ⟨engl.⟩ (eine Stoffart)
³Jer|sey, das; -s, -s (Trikot des Sportlers)
je|rum!; ojerum!
Je|ru|sa|lem (die heilige Stadt der Juden, Christen u. Moslems)
Je|sa|ja (biblischer Prophet); *vgl.* Isaias
Je|si|de, Je|zi|de [...z...], der; -n, -n (Angehöriger einer kurdischsprachigen ethnisch-religiösen Minderheit); **Je|si|den|tum**, Jezi|den|tum, das; -s; **Je|si|din**, Je|zi|din; **je|si|disch**, je|zi|disch
Jes|si|ca [*engl. Ausspr.* ˈdʒɛsɪka] (w. Vorn.)
Je|su|it, der; -en, -en (Mitglied des Jesuitenordens); **Je|su|i|ten|or|den**, der; -s (Gesellschaft Jesu; *Abk.* SJ); **Je|su|i|ten|tum**, das; -s; **je|su|i|tisch**
Je|sus (»Gott hilft« [*vgl.* Josua]) (bibl. m. Eigenn.)
Je|sus Chris|tus; *Gen.* Jesu Christi, *Dat.* Jesus Christus u. Jesu Christo, *Akk.* Jesus Christus u. Jesum Christum, *Anredefall* Jesus Christus u. Jesu Christe
Je|sus|kind, das; -[e]s
Je|sus|lat|sche, Je|sus|lat|schen *meist Plur.* (*ugs. für* einfache Sandale)
Je|sus Na|za|re|nus Rex Ju|dae|o|rum ⟨lat., »Jesus von Nazareth, König der Juden«⟩; *Abk.* I. N. R. I.
Je|sus Peo|ple ['dʒiːzəs ˈpiːpl] *Plur.* ⟨engl.⟩ (Anhänger einer religiösen Jugendbewegung)
Je|sus Si|rach (Verfasser einer biblischen Spruchsammlung)
¹Jet [dʒɛt], der; -[s], -s ⟨engl.⟩ (*ugs. für* Düsenflugzeug)
²Jet [dʒ..., *auch* j...] *vgl.* Jett
Jet|lag ['dʒɛtlɛk], der; -s, -s ⟨*zu* ¹Jet⟩ (Beschwerden nach schnellem Überfliegen mehrerer Zeitzonen); **Jet|li|ner** ['dʒɛtlaɪnɐ], der; -s, - (Düsenverkehrsflugzeug)
Je|ton [ʒəˈtõː], der; -s, -s ⟨franz.⟩ (Spielmarke)
Jet|pack ['dʒɛtpɛk], das *od.* der; -s, -s ⟨engl.⟩ (rucksackartiges Fluggerät für eine Person)
Jet|set ['dʒɛtsɛt], der; -[s], -s ⟨engl.⟩ (Gruppe reicher, den Tagesmoden folgender Menschen)
Jet|ski ® ['dʒɛtʃiː], der; -s, *Plur.* -er, *auch* - ⟨engl.⟩ (motorradähnliches Fahrzeug, mit dem man wie auf Skiern über das Wasser gleitet)
Jet|stream ['dʒɛtstriːm], der; -[s], -s (starker Luftstrom in der Tropo- od. Stratosphäre)
Jett, ²Jet [dʒ..., *auch* j...], der *od.* das; -[e]s ⟨franz.-engl.⟩ (Pechkohle, Gagat); **jett|ar|tig**
jet|ten ['dʒɛtn̩] ⟨engl.⟩ (mit dem ¹Jet fliegen); gejettet
jet|zig; die jetzige Mode
jet|zo (*veraltet für* jetzt)
jetzt; bis jetzt; von jetzt an
Jetzt, das; - (Gegenwart, Neuzeit)

jetzig
Das Adjektiv ist keine Ableitung des heutigen *jetzt*, sondern es wurde in früherer Zeit zu dessen mittelhochdeutscher Form *iez* gebildet. Deshalb steht nach dem *z* kein *t*.

Jetzt|mensch, **Jetzt|zeit**, die; -
Jeu [ʒøː], das; -s, -s ⟨franz.⟩ (*veraltet für* [Karten]spiel)
Jeu|nesse do|rée [ʒøˈnɛs doˈreː], die; - - ⟨franz.⟩ (reiche, leichtlebige Jugend der Großstädte)
Je|ver [...f..., *auch* ...v...] (Stadt in Niedersachsen)
Je|ve|ra|ner [...v...]; **Je|ve|ra|ne|rin**
Je|ver|land [...f..., *auch* ...v...], das; -[e]s (Gebiet im nördlichen Oldenburg); **Je|ver|län|der**, Je|ver|län|de|rin; **je|ver|län|disch**; **je|versch**
je|wei|len (*veraltet für* dann u. wann; *schweiz. neben* jeweils)
je|wei|lig; **je|weils**
Je|zi|de [...z...] usw. *vgl.* Jeside usw.
Jg. = Jahrgang
Jgg. = Jahrgänge
Jh. = Jahrhundert
jid|disch, **Jid|disch**, das; -[s] (von den Juden in Osteuropa gesprochenes Deutsch); *vgl.* Deutsch; **Jid|di|sche**, das; -n; *vgl.* ²Deutsche
Jid|dist, der; -en, -en; **Jid|dis|tik**, die; - (jiddische Literatur- u. Sprachwissenschaft); **Jid|dis|tin**
Jie|per usw. *vgl.* Gieper usw.
Ji|had [dʒi...] *vgl.* Dschihad
Jim [dʒɪm], **Jim|my** ['dʒɪmi] (m. Vorn.)
Jin|gle ['dʒɪŋl], der; -[s], -s ⟨engl.⟩

jippie

(kurze, einprägsame Melodie eines Werbespots)
jip|pie [ˈjɪpi, *auch* jiˈpiː] *vgl.* yippie
Jit|ter|bug [ˈdʒɪtɐbak], der; -[s], -[s] ⟨amerik.⟩ (amerik. Jazztanz)
Jiu-Jit|su [ˈdʒiːuˈdʒɪtsu], das; -[s] ⟨jap.⟩ (*älter für* Ju-Jutsu)
Jive [dʒaɪf], der; -[s], -[s] ⟨amerik.⟩ (dem Jitterbug ähnlicher Tanz)
j. L. = jüngere[r] Linie (Genealogie)
J.-Nr. = Journalnummer
Jo|ab (bibl. m. Eigenn.)
Jo|a|chim [*auch* joˈa...] (m. Vorn.)
Jo|a|chims|ta|ler, der; -s, - ⟨nach dem Ort St. Joachimsthal in Böhmen⟩ (eine Münze)
Jo|as, ökum. Jo|asch (bibl. m. Eigenn.)
¹**Job** (Schreibung der Vulgata für Hiob, Ijob)
²**Job** [dʒɔp], der; -s, -s ⟨engl.-amerik.⟩ (*meist ugs. für* [Gelegenheits]arbeit, Stelle, Beruf)
Job|aus|sicht meist Plur.; **job|ben** (*ugs. für* einen ²Job ausüben); gejobbt
Job|ber, der; -s - (Händler an der Londoner Börse, der nur in eigenem Namen Geschäfte abschließen darf; *auch allg. für* Börsenspekulant; *ugs. für* jmd., der jobbt); **Job|be|rin; Job|ber|tum**, das; -s
Job|bör|se
Job|cen|ter, Job-Cen|ter (Zusammenschluss von Arbeitsagenturen u. Sozialämtern)
Job|floa|ter, Job-Floa|ter [...floʊtɐ], der; -s, - ⟨engl.⟩ (Finanzierungshilfe für kleine u. mittlere Unternehmen, die Arbeitslose dauerhaft einstellen)
Job|hop|pe|r, Job-Hop|per; **Job-hop|pe|rin**, Job-Hop|pe|rin; **Job-hop|ping**, Job-Hop|ping, das; -s ⟨engl.⟩ (*ugs. für* häufiger Stellenwechsel)
Job|kil|ler (*ugs. abwertend für* etw., was Arbeitsplätze beseitigt)
Job|ma|schi|ne (*ugs. für* etwas, was Arbeitsplätze schafft)
Job|sha|ring [...ʃɛːrɪŋ], das; -[s] (Aufteilung eines Arbeitsplatzes unter mehrere Personen)
Job|si|la|de, die; - (komisches Heldengedicht von K. A. Kortum)
Jobst (m. Vorn.)
Job|su|che: auf Jobsuche sein

Job|ti|cket [ˈdʒɔp...] (Dauerkarte zur Benutzung öffentlicher Verkehrsmittel für Beschäftigte einer Firma)
Joch, das; -[e]s, -e (*auch* ein älteres Feldmaß); 9 Joch Acker, 3 Joch Ochsen
Joch|bein; Joch|bo|gen
Jo|chem, Jo|chen (m. Vorn.)
jo|chen (*landsch. für* ins Joch spannen)
Jo|cket|te [dʒɔˈkɛtə], die; -, -n (weiblicher Jockey)
Jo|ckey [ˈdʒɔkɛ, ˈdʒɔki], der; -s, -s ⟨engl.⟩ (Berufsrennreiter[in])
Jod, *fachspr. auch* Iod, das; -[e]s ⟨griech.⟩ (chemisches Element, Nichtmetall; *Zeichen* J, *auch* I)
Jo|dat, *fachspr. auch* Io|dat, das; -[e]s, -e (Salz der Jodsauerstoffsäure)
Jo|del, der; -s, Plur. - u. Jödel (*landsch. für* Jodelgesang)
jo|deln: ich jod[e]le
jod|hal|tig
Jo|did, *fachspr. auch* Io|did, das; -[e]s, -e ⟨griech.⟩ (Salz der Jodwasserstoffsäure)
jo|die|ren (mit Jod versehen)
Jo|dit, das; -s, -e (ein Mineral)
Jod|ler; Jod|le|rin
Jod|salz
Jod|tink|tur (*früher* [Wund]desinfektionsmittel)
Jo|el [...eːl, *auch* ...ɛl] (bibl. Prophet)
jog|gen [ˈdʒɔ...] (Jogging betreiben); sie joggt, ist/hat gejoggt
Jog|ger; Jog|ge|rin
Jog|ging, das; -s ⟨amerik.⟩ (Laufen in mäßigem Tempo [als Fitnesstraining]); **Jog|ging|an|zug; Jog|ging|be|klei|dung; Jog|ging|ho|se**
Jo|ghurt [ˈjoːgʊrt], Jo|gurt, der u. das; österr. u. schweiz., das; -[s], -[s], bes. ostösterr. auch die; -, -[s] ⟨türk.⟩ (durch Zusetzen bestimmter Milchsäurebakterien gewonnene säuerliche Dickmilch)
Jo|gurt *vgl.* Joghurt
Jo|hann (m. Vorn.); *vgl.* ¹Johannes
Jo|han|na, Jo|han|ne (w. Vorn.)
jo|han|ne|isch; die johanneischen (von Johannes stammenden Briefe ↑D 89
¹**Jo|han|nes** (m. Vorn.); Johannes der Täufer
²**Jo|han|nes** (Apostel u. Evangelist)
Jo|han|nes|burg (größte Stadt der Republik Südafrika)

Jo|han|nes|evan|ge|li|um; Jo|han|nes|pas|si|on
Jo|hann|ge|or|gen|stadt (Stadt im westlichen Erzgebirge)
Jo|han|ni[s], das; - (Johannistag)
Jo|han|nis|bee|re; Rote, Schwarze Johannisbeere ↑D 89
Jo|han|nis|fer|ger (ein Wein)
Jo|han|nis|brot (Hülsenfrucht des Johannisbrotbaumes)
Jo|han|nis|feu|er; Jo|han|nis|kä|fer; Jo|han|nis|kraut; Jo|han|nis|nacht; Jo|han|nis|tag (am 24. Juni); **Jo|han|nis|trieb; Jo|han|nis|würm|chen**
Jo|han|ni|ter, der; -s, - (Angehöriger des Johanniterordens); **Jo|han|ni|ter|or|den**, der; -s
Jo|han|ni|ter|un|fall|hil|fe, die; - (*eigene Schreibung der Organisation:* Johanniter-Unfall-Hilfe)
joh|len
John [dʒɔn] (m. Vorn.)
John|son (St. Schriftsteller)
Joint [dʒɔ...], der; -s, -s ⟨engl.⟩ (Haschisch od. Marihuana enthaltende Zigarette)
Joint Ven|ture [ˈdʒɔɪnt ˈvɛntʃɐ], das; - -[s], - -s (*Wirtsch.* Zusammenschluss von Unternehmen, Gemeinschaftsunternehmen)
Jo-Jo, Yo-Yo [joˈjoː, *auch* ˈjoːjo], das; -s, -s ⟨amerik.⟩ (ein Geschicklichkeitsspiel aus zwei verbundenen Scheiben u. einer Schnur)
Jo|jo|ba, die; -, -s ⟨mexik.⟩ (ein Buchsbaumgewächs); **Jo|jo|ba|öl**
Jo-Jo-Ef|fekt, Yo-Yo-Ef|fekt (Gewichtsab- *u.* -wiederzunahme bei Diäten)
Jo|ker [ˈdʒɔː...], der; -s, - ⟨engl.⟩ (eine Spielkarte; eine Zusatzchance im Quiz; *österr. auch* ein Zusatzspiel im Lotto)
Jo|ko|ha|ma *vgl.* Yokohama
jo|kos ⟨lat.⟩ (*veraltet für* scherzhaft)
Jo|kus, der; -, -se (*ugs. für* Scherz, Spaß)
Jo|li|ot-Cu|rie [ʒɔljoˈkyːriː], Frédéric [fredeˈrik] u. Irène [iˈrɛn] (franz. Physikerehepaar)
Jol|le, die; -, -n (kleines [einmastiges] Boot); **Jol|len|kreu|zer**
Jom Kip|pur, der; - - (hoher jüdischer Feiertag)
Jo|na *vgl.* ¹Jonas
Jo|na|gold, der; -[s], - (eine Apfelsorte)
¹**Jo|nas**, *ökum.* Jo|na (biblischer Prophet)

²Jo|nas (m. Vorn.)
¹Jo|na|than, der; -s, - (ein Winterapfel)
²Jo|na|than, ökum. Jo|na|tan (bibl. m. Eigenn.)
Jon|g|leur [ʒɔŋ(g)'lø:ɐ̯], der; -s, -e ⟨franz.⟩ (Geschicklichkeitskünstler); Jon|g|leu|rin
jon|g|lie|ren
Jons|dorf, Kur|ort (im Zittauer Gebirge)
Jop|pe, die; -, -n (Jacke)
Jor|dan, der; -[s] (größter Fluss Israels u. Jordaniens); über den Jordan gehen (sterben)
Jor|da|ni|en (Staat in Vorderasien); vgl. auch Transjordanien
Jor|da|ni|er; Jor|da|ni|e|rin
jor|da|nisch
Jörg (m. Vorn.)
Jörn (m. Vorn.)
Jo|sa|phat, ökum. Jo|scha|fat (bibl. m. Eigenn.); das Tal Josaphat, ökum. Joschafat (östl. von Jerusalem)
Jo|schi (bayr., österr. für Josef)
Jo|schi|ja vgl. Josia
Josch|ka (Koseform von Joseph)
Jo|sef usw. vgl. ²Joseph usw.
¹Jo|seph, Jo|sef (m. Vorn.)
²Jo|seph, ökum. Jo|sef (bibl. m. Eigenn.)
Jo|se|pha, auch u. österr. nur Jo|se|fa [auch jo'ze:fa] (w. Vorn.)
Jo|se|phi|ne, auch u. österr. nur Jo|se|fi|ne (w. Vorn.)
jo|se|phi|nisch; Josephinisches Zeitalter (Zeitalter Josephs II.)
Jo|se|phi|nis|mus, der; - (aufgeklärte katholische Staatskirchenpolitik im Österreich des 18. u. 19. Jh.s)
Jo|se|phus (jüdischer Geschichtsschreiber)
Jo|sia, Jo|si|as, ökum. Jo|schi|ja (bibl. m. Eigenn.)
Jost (m. Vorn.)
Jo|sua (»Gott hilft«) (bibl. m. Eigenn.)
Jot, das; -, - ⟨semit.⟩ (Buchstabe)
Jo|ta, Io|ta, das; -[s], -s (griech. Buchstabe: I, ι); kein Jota od. Iota (nicht das Geringste)
Jo|ta|zis|mus, Io|ta|zis|mus (svw. Itazismus)
Joule [dʒu:l], das; -[s], - ⟨nach dem Engländer J. P. Joule⟩ (Physik Maßeinheit für die Energie; Zeichen J)
Jour [ʒu:ɐ̯], der; -s, -s ⟨franz.⟩ (früher für [Dienst-, Amts-, Empfangs]tag); Jour fixe (für

regelmäßige Treffen fest vereinbarter Tag); vgl. du jour u. ¹à jour

Jour fixe

[...'fɪks] der; - -, -s -s [...'fɪks] regelmäßiges Treffen

Anders als das deutsche Adjektiv fix wird das französische Wort für »fest« immer mit einem -e geschrieben, auch wenn es bei einem Maskulinum wie Jour (= Tag) steht: unser Jour fixe jeden Dienstagabend. Beim Sprechen hört man dieses -e nicht.

Jour|nail|le [ʒʊr'naljə, auch ...'naɪ..., österr. ...'naljə], die; - (gewissenlos u. hetzerisch arbeitende Tagespresse)
Jour|nal [ʒʊr...], das; -s, -e (Tagebuch in der Buchhaltung; [Mode]zeitschrift; veraltet für Zeitung)
Jour|nal|be|am|te (österr. für diensthabender Beamter); Jour|nal|be|am|tin; Jour|nal|dienst (österr. für Bereitschafts-, Tagesdienst)
Jour|na|lis|mus, der; - ([bes. Wesen, Eigenart der] Zeitungsschriftstellerei; Pressewesen)
Jour|na|list, der; -en, -en (jmd., der beruflich für die Presse, den Rundfunk, das Fernsehen schreibt, publizistisch tätig ist); eingebetteter Journalist (im Krieg mit der Truppe mitziehender und den Weisungen des Truppenkommandeurs unterstehender Journalist); Jour|na|lis|tik, die; - (Zeitungswesen); Jour|na|lis|tin; jour|na|lis|tisch
Jour|nal|num|mer (Nummer eines kaufmännischen od. behördlichen Tagebuchs; Abk. J.-Nr.)
jo|vi|al [österr. u. schweiz. meist ʒo...] ⟨lat.⟩ (leutselig, gönnerhaft); Jo|vi|a|li|tät, die; -
¹Joyce [dʒɔɪs], James (irischer Schriftsteller)
²Joyce [dʒɔɪs] (w. Vorn.)
Joy|stick ['dʒɔɪstɪk], der; -s, -s ⟨engl.⟩ (Steuerhebel für Computer[spiele])
JPY (Währungscode für Yen)
jr., jun. = junior
¹Ju|an [x...] (m. Vorn.); Don Juan (vgl. d.)
²Ju|an vgl. Yuan
Ju|ba ['dʒu:ba], Dschu|ba (Hauptstadt Südsudans)

Juda

Ju|bel, der; -s
Ju|bel|fei|er; Ju|bel|ge|schrei; Ju|bel|greis (ugs. für lebenslustiger alter Mann); Ju|bel|grei|sin
Ju|bel|jahr (bei den Juden jedes 50., in der kath. Kirche jedes 25. Jahr); alle Jubeljahre (ugs. für ganz selten)
ju|beln; ich jub[e]le
Ju|bel|paar; Ju|bel|ruf; Ju|bel|schrei
Ju|bi|lar, der; -s, -e ⟨lat.⟩; Ju|bi|la|rin
Ju|bi|la|te ⟨»jubelt!«⟩ (dritter Sonntag nach Ostern)
Ju|bi|lä|um, das; -s, ...äen; das Jubiläum des fünfzigjährigen Bestehens, der vierzigjährigen Betriebszugehörigkeit
Ju|bi|lä|ums|aus|ga|be; Ju|bi|lä|ums|aus|stel|lung; Ju|bi|lä|ums|fei|er; Ju|bi|lä|ums|ga|la; Ju|bi|lä|ums|jahr
ju|bi|lie|ren (geh. für jubeln; auch ein Jubiläum feiern)
¹Ju|chart, Ju|chert, der; -s, -e (altes südwestdeutsches Feldmaß); 10 Juchart od. Juchert Ackerland
²Ju|chart, Ju|char|te, die; -, ...ten (schweiz. für ¹Juchart)
ju|chen (landsch. für jauchzen)
Ju|chert vgl. ¹Juchart
juch|he!
Juch|he, das; -s, -s (ugs. für oberste Galerie im Theater)
juch|hei!; juch|hei|ras|sa!; juch|hei|ras|sas|sa!
juch|hei|sa!; juch|hei|ßa!
juch|hu!
juch|ten (aus Juchten); Juch|ten, der od. das; -s ⟨russ.⟩ (feines, wasserdichtes Leder)
Juch|ten|le|der; Juch|ten|stie|fel
juch|zen (Nebenform von jauchzen); du juchzt; Juch|zer

ju|cken

– es juckt mich; es juckt mich am Arm; es juckt (reizt) mich, ihr einen Streich zu spielen
– es juckt mir, auch mich in den Fingern (ugs. für es drängt mich), dir eine Ohrfeige zu geben
– die Hand juckt mir, auch mich; mir, auch mich juckt die Hand; ihm, auch ihn juckt das Fell (ugs. veraltend für er scheint Prügel haben zu wollen)

Ju|cker, der; -s, - (leichtes [ung.] Wagenpferd); Ju|cker|ge|schirr
Juck|pul|ver; Juck|reiz
¹Ju|da (bibl. m. Eigenn.)

²Ju|da (Sitz des Stammes Juda in u. um Jerusalem); vgl. Judäa
Ju|däa (Bez. des alten Südpalästinas, später ganz Palästinas)
Ju|da|i|ka Plur. (Bücher, Sammelobjekte der jüdischen Kultur u. Religion)
Ju|da|is|mus, der; - (jüdische Religion); Ju|da|is|tik, die; - (Wissenschaft von der jüdischen Religion, Kultur, Geschichte)
¹Ju|das (bibl. m. Eigenn.); Judas Ischariot, ökum. Judas Iskariot (Apostel, Verräter Jesu); Judas Thaddäus (ein Apostel)
²Ju|das, der; -, -se (nach Judas Ischariot) (Verräter)
Ju|das|kuss ↑D 136; Ju|das|lohn
Ju|de, der; -n, -n
Ju|den|chris|ten|tum; Ju|den|heit, die; -
Ju|den|kir|sche (eine Zierpflanze)
Ju|den|stern; Ju|den|tum, das; -s; Ju|den|ver|fol|gung
Ju|deo|pho|bie, die; - (krankhafte Angst vor den Juden, übersteigerte Ablehnung alles Jüdischen)
ju|di|hui! (schweiz. Ausruf der Freude)
Ju|di|ka (lat., »richte!«) (Passionssonntag, zweiter Sonntag vor Ostern)
Ju|di|kat, das; -[e]s, -e (bes. österr. Rechtsspr. Urteil)
Ju|di|ka|ti|ve, die; - (Rechtsspr. richterliche Gewalt [im Staat])
ju|di|ka|to|risch (veraltend für richterlich)
Ju|di|ka|tur, die; -, -en (Rechtsprechung)
Jü|din
jü|disch; die jüdische Geschichte
¹Ju|dith (w. Vorn.)
²Ju|dith, Ju|dit (bibl. w. Eigenn.)
ju|di|zie|ren (lat.) (Rechtsspr. urteilen, richten)
Ju|di|zi|um, das; -s, ...ien (aus langjähriger Gerichtspraxis sich entwickelndes Rechtsfindungsvermögen)
¹Ju|do, der; -s, -s u. die; -, -s (Kurzw. für Jungdemokrat[in])
²Ju|do [österr. meist dʒ...], das; -[s] ⟨jap.⟩ (sportliche Ausübung des Ju-Jutsus); Ju|do|griff
Ju|do|ka, der; -[s], -[s] u. die; -, -[s] (Judosportler[in])
Ju|gend, die; -; Ju|gend|al|ter, das; -s
Ju|gend|amt; Ju|gend|ar|beit
Ju|gend|ar|beits|lo|sig|keit; Ju|gend|ar|beits|schutz|ge|setz

Ju|gend|be|geg|nung; Ju|gend|be|we|gung
Ju|gend|bild; Ju|gend|bild|nis
Ju|gend|buch; Ju|gend|chor
Ju|gend|club vgl. Jugendklub
Ju|gend|er|in|ne|rung
ju|gend|frei (Prädikat für Filme); Ju|gend|frei|ga|be
Ju|gend|frei|zeit; Ju|gend|frei|zeit|heim; Ju|gend|frei|zeit|stät|te; Ju|gend|frei|zeit|zen|t|rum
Ju|gend|freund (DDR auch Anrede für ein Mitglied der FDJ); Ju|gend|freun|din
Ju|gend|für|sor|ge
ju|gend|ge|fähr|dend; ein jugendgefährdender Film
Ju|gend|ge|mein|de
Ju|gend|ge|ne|ra|ti|on; Ju|gend|ge|richt; Ju|gend|grup|pe; Ju|gend|haus; Ju|gend|her|ber|ge
Ju|gend|hil|fe (Einrichtung zur Unterstützung Jugendlicher)
Ju|gend|kam|mer (Jugendgericht mit drei Richter[innen] u. zwei Jugendschöff[inn]en)
Ju|gend|kir|che (Kirchengebäude speziell für Jugendliche)
Ju|gend|klub, Ju|gend|club
Ju|gend|kri|mi|na|li|tät
Ju|gend|kul|tur
Ju|gend|lei|ter, der; Ju|gend|lei|te|rin
ju|gend|lich; Ju|gend|li|che, der u. die; -n, -n; Ju|gend|lich|keit, die; -
Ju|gend|lie|be
Ju|gend|li|te|ra|tur Plur. selten
Ju|gend|mann|schaft (Sport); Ju|gend|meis|ter|schaft
Ju|gend|or|ga|ni|sa|ti|on
Ju|gend|par|la|ment
Ju|gend|pfar|rer; Ju|gend|pfar|re|rin
Ju|gend|pfle|ge, die; -, -n
Ju|gend|psy|ch|i|a|t|rie; Ju|gend|psy|cho|lo|gie
Ju|gend|recht
Ju|gend|re|dak|ti|on
Ju|gend|rich|ter; Ju|gend|rich|te|rin
Ju|gend|rie|ge
Ju|gend|schutz, der; -es; Ju|gend|schutz|ge|setz
Ju|gend|se|nat; Ju|gend|se|na|tor; Ju|gend|se|na|to|rin
Ju|gend-Sin|fo|nie|or|ches|ter, Ju|gend-Sym|pho|nie|or|ches|ter ↑D 22
Ju|gend|spra|che
Ju|gend|stil, der; -[e]s (eine Kunstrichtung); Ju|gend|stil|lam|pe; Ju|gend|stil|vil|la
Ju|gend|stra|fe (Rechtswiss.); Ju|gend|straf|recht, das; -[e]s
Ju|gend|streich; Ju|gend|sün|de

Ju|gend-Sym|pho|nie|or|ches|ter vgl. Jugend-Sinfonieorchester
Ju|gend|the|a|ter; Ju|gend|tor|heit
Ju|gend|treff, der
Ju|gend|ver|band; Ju|gend|ver|bot
Ju|gend|ver|trau|ens|rat (bes. österr. für Vermittlungsstelle zwischen Lehrlingen u. Betriebsleitung)
Ju|gend|wahn (abwertend)
Ju|gend|wart; Ju|gend|war|tin
Ju|gend|wei|he (Feier beim Übergang der Jugendlichen in das Leben der Erwachsenen)
Ju|gend|werk
Ju|gend|wohl|fahrt (österr.)
Ju|gend|zeit; Ju|gend|zen|t|rum
Ju|gos|la|we, der; -n, -n; Ju|gos|la|wi|en (früher); Ju|gos|la|win; ju|gos|la|wisch
Ju|gur|tha (König von Numidien); Ju|gur|thi|ni|sche Krieg, der; -n -[e]s
ju|he! (schweiz. für juchhe!)
ju|hu! [auch 'ju:...]
Juice [dʒu:s], der od. das; -, -s ⟨engl.⟩ (Obst- od. Gemüsesaft)
Juist [jy:st] (eine der Ostfriesischen Inseln)
Ju|ju|be, die; -, -n ⟨franz.⟩ (ein Strauch; Beere)
Ju-Jut|su, das; -[s] ⟨jap.⟩ (Technik der Selbstverteidigung ohne Waffen)
Juke|box ['dʒu:k...], die; - Plur. -es u. -en ⟨engl.⟩ (svw. Musikbox)
Jul|bock, der ⟨schwed.⟩ (skandinavische Weihnachtsfigur)
Jul|lei, der; -[s], -s (verdeutlichende Sprechform von Juli)
Jul|fest (Fest der Wintersonnenwende); vgl. Julklapp
Ju|li, der; -[s], -s ⟨lat.⟩ (der siebte Monat im Jahr, Heue[r]t, Heumond, Sommermonat)
Ju|lia, Ju|lie (w. Vorn.)
Ju|li|an, Ju|li|a|nus (röm. Jurist)
Ju|li|a|na, Ju|li|a|ne (w. Vorn.)
ju|li|a|nisch; der julianische Kalender ↑D 89 u. 135
Ju|li|a|nus vgl. Julian
Ju|lie vgl. Julia
¹Ju|li|en|ne [ʒy'lien] ⟨franz.⟩ (w. Vorn.)
²Ju|li|en|ne, die; - (Gastron. feine Gemüsestreifen); Ju|li|en|ne|sup|pe
¹Ju|li|er, der; -s, - ⟨lat.⟩ (Angehöriger eines röm. Geschlechtes)
²Ju|li|er, der; -s, Ju|li|er|pass, der; -es (schweiz. Alpenpass)
Ju|li|e|rin ⟨zu ¹Julier⟩
Ju|li|er|pass vgl. ²Julier

jung

jün|ger, jüngs|te

– sie haben jung geheiratet; *vgl.* jungverheiratet

I. *Kleinschreibung:*
– er ist der jüngere, jüngste meiner Söhne
– die Gedichte des jungen Goethe
– von jung auf
– ein Fest für junge und jung gebliebene *od.* junggebliebene Menschen
– ein Fest für Junge und Junggebliebene *od.* jung Gebliebene
– die Jungen *od.* jungen Wilden (Künstlergruppe) ↑D 89

II. *Großschreibung*
a) *der Substantivierung* ↑D 72:
– Jung und Alt (jedermann)
– Junge und Alte

– meine Jüngste kommt jetzt in die Schule
– sie ist nicht mehr die Jüngste, sie gehört nicht mehr zu den Jüngsten

b) *in Namen und bestimmten namensähnlichen Fügungen:*
– ↑D 134: Jung Siegfried
– der Jüngere (*Abk. [bei Eigennamen]* d. J.)
– ↑D 150: das Junge Deutschland (eine Dichtergruppe des 19. Jh.s)
– die Junge Union (gemeinsame Jugendorganisation von CDU u. CSU)
– ↑D 151: das Jüngste Gericht, der Jüngste Tag

---

ju|lisch; *aber* ↑D 140: die Julischen Alpen

Ju|li|us (römischer Geschlechtername; m. Vorn.)

Ju|li|us|turm, der; -[e]s ↑D 136 ⟨nach einem Turm der früheren Zitadelle in Spandau, in dem der Kriegsschatz des Dt. Reiches lag⟩ (*übertr. für* vom Staat angesparte Gelder)

Jul|klapp, der; -s ⟨schwed.⟩ ([scherzhaft mehrfach verpacktes] kleines Weihnachtsgeschenk, das am Julfest von einem unbekannten Geber in die Stube geworfen wird)

Jul|mond (*veraltet für* Dezember); Jul|nacht

Jum|bo, der; -s, -s ⟨amerik.⟩ (*kurz für* Jumbojet); Jum|bo|jet, Jumbo-Jet [ˈdʒʌmbodʒɛt] (Großraumflugzeug)

Ju|me|lage [ʒymaˈlaːʃ], die; -, -n [...ʒn] ⟨franz.⟩ (Städtepartnerschaft)

jum|pen [ˈdʒa...] ⟨engl.⟩ (springen); gejumpt

Jum|per [ˈdʒa..., *bes. südd., österr.* ˈdʒɛ...], der; -s, - ⟨engl.⟩ (blusen- *od.* pulloverähnliches Kleidungsstück); Jum|per|kleid

Jump|suit [ˈdʒampsjuːt], der; -s, -s ⟨engl.⟩ (einteiliger Hosenanzug)

jun., jr. = junior

jung *s.* Kasten

Jung, Carl Gustav (schweiz. Psychiater *u.* Psychotherapeut)

Jung|brun|nen

Jung|bür|ger (*österr. u. schweiz. für* jmd., der das Wahlalter erreicht hat); Jung|bür|ge|rin

Jung|chen (*landsch. fam.*)

Jung|de|mo|krat (Mitglied der ehemaligen Jugendorganisation der FDP; *Kurzw.* Judo); Jung|de|mo|kra|tin

¹Jun|ge, der; -n, *Plur.* -n, *ugs. auch* Jungs *u.* -ns

²Jun|ge, das; -n, -n

Jün|gel|chen (*ugs. abwertend*)

jun|gen (Junge werfen)

Jun|gen|ge|sicht

jun|gen|haft; Jun|gen|haf|tig|keit, die; -

Jun|gen|schu|le; Jun|gen|streich

Jün|ger, der; -s, -; Jün|ge|rin; Jün|ger|schaft

Jung|fer, die; -, -n (*veraltet*); jung|fer|lich

Jung|fern|bra|ten (*österr. für* Filet, Lendenbraten)

Jung|fern|fahrt (erste Fahrt [eines Schiffes]); Jung|fern|flug

jung|fern|haft

Jung|fern|häut|chen (*für* Hymen)

Jung|fern|in|seln *Plur.* (Inselgruppe der Kleinen Antillen)

Jung|fern|kranz (*veraltet für* Brautkranz)

Jung|fern|re|de (im Parlament)

Jung|fern|zeu|gung (*für* Parthenogenese)

Jung|frau; jung|fräu|lich; Jung|fräu|lich|keit, die; -

Jung|ge|blie|be|ne, der *u.* die; -n, -n, jung Ge|blie|be|ne, der *u.* die; -n, -n

jung ge|freit, jung|ge|freit (*veraltet*)

Jung|ge|sel|le

Jung|ge|sel|len|bu|de (*ugs.*); Jung|ge|sel|len|da|sein; Jung|ge|sel|len|wirt|schaft; Jung|ge|sel|len|woh|nung

Jung|ge|sel|lin

Jung|gram|ma|ti|ker (Angehöriger der Leipziger Schule der indogermanischen u. allgemeinen Sprachwissenschaft um 1900); Jung|gram|ma|ti|ke|rin

Jung|he|ge|li|a|ner (Angehöriger der radikalen Gruppe der Hegelianer); Jung|he|ge|li|a|ne|rin

Jung|holz

Jung|leh|rer; Jung|leh|re|rin

Jüng|ling; Jüng|lings|al|ter, das; -s; jüng|ling[s]|haft

Jung|pflan|ze

jungsch (*berlin. für* jung)

Jung|schar (kirchl. Jugendgruppe)

Jung|so|zi|a|list, der; -en, -en (Angehöriger einer Nachwuchsorganisation der SPD; *Kurzw.* Juso); Jung|so|zi|a|lis|tin

Jung|spund, der; -[e]s, -e (*ugs. für* junger, unerfahrener Mensch)

jüngst (*veraltend*); jüngs|te; *aber* ↑D 151: das Jüngste Gericht, der Jüngste Tag; *vgl.* jung

Jung|stein|zeit, die; - (*für* Neolithikum)

Jüngs|ten|recht, das; -[e]s (*für* Minorat)

jüngs|tens (*veraltet für* jüngst)

jüngst|hin (*veraltet*)

Jung-Stil|ling (dt. Gelehrter u. Schriftsteller)

jüngst|ver|gan|gen (*veraltend*); in jüngstvergangener Zeit

Jung|tier

Jung|tür|ke (*bes. Geschichte* Mitglied einer polit. Bewegung im Osmanischen Reich; *auch scherzh. für* junger Reformpolitiker)

Jungunternehmer

Jung|un|ter|neh|mer; Jung|un|ter|neh|me|rin
jung|ver|hei|ra|tet (vor Kurzem getraut); *aber ein* jung verheiratetes *od.* jungverheiratetes (in jungen Jahren getrautes) Paar; Jung|ver|hei|ra|te|te
jung|ver|mählt *vgl.* jungverheiratet; Jung|ver|mähl|te
Jung|vieh; Jung|vo|gel
Jung|volk (*veraltend für* junge Leute)
Jung|wäh|ler; Jung|wäh|le|rin
Jung|zwie|bel (*österr. für* Lauch-, Frühlingszwiebel)
Ju|ni, der; -[s], -s ⟨lat.⟩ (der sechste Monat des Jahres, Brachet, Brachmonat); Ju|ni|kä|fer
ju|ni|or ⟨lat., »jünger«⟩ (*hinter Namen der, selten auch die Jüngere; Abk.* jr. *u.* jun.); Karl Meyer junior; Lisa Müller junior
Ju|ni|or, der; -s, ...oren (Sohn [im Verhältnis zum Vater]; *Mode* Jugendlicher; *Sport* Sportler zwischen 18 u. 23 Jahren)
Ju|ni|o|rat, das; -[e]s, -e (Minorat)
Ju|ni|or|chef (Sohn des Geschäftsinhabers); Ju|ni|or|che|fin
Ju|ni|o|ren|meis|ter (*Sport*); Ju|ni|o|ren|meis|te|rin; Ju|ni|o|ren|meis|ter|schaft
Ju|ni|o|ren|ren|nen (*Sport*)
Ju|ni|o|rin
Ju|ni|or|part|ner; Ju|ni|or|part|ne|rin
Ju|ni|or|pro|fes|sor; Ju|ni|or|pro|fes|so|rin; Ju|ni|or|pro|fes|sur
Ju|ni|us (römischer m. Eigenn.)
Jun|ker, der; -s, -; jun|ker|haft; jun|ker|lich; Jun|ker|schaft, die; -; Jun|ker|tum, das; -s
Junk|food, Junk-Food ['dʒaŋkfuːt], das; -[s] ⟨engl.⟩ (minderwertige Nahrung)
Jun|kie ['dʒaŋki], der; -s, -s (*Jargon* Drogenabhängige[r])
Junk|tim, das; -s, -s ⟨lat.⟩ (Verbindung mehrerer [parlamentarischer] Anträge zur gleichzeitigen Erledigung); junk|ti|mie|ren (*österr. für* verknüpfen); Junk|tims|vor|la|ge
¹Ju|no, der; -[s], -s (*verdeutlichende Sprechform von* Juni)
²Ju|no (höchste römische Himmelsgöttin)
³Ju|no, die; - (ein Planetoid)
ju|no|nisch (²Juno betreffend; stolz, erhaben)
Jun|ta [x..., *auch* j...], die; -, ...ten ⟨span.⟩ (Regierungsausschuss, bes. in Südamerika; *kurz für* Militärjunta)

Jupe [ʒyːp], die *u.* der, *seltener* das; -s, -s ⟨franz.⟩ (*schweiz. für* Frauenrock)
¹Ju|pi|ter *Gen.* -s, *auch* Jovis (höchster römischer Gott)
²Ju|pi|ter, der; -s (ein Planet)
Ju|pi|ter|lam|pe® (*nach der Berliner Firma* »Jupiterlicht« (starke elektrische Bogenlampe für Film- u. Fernsehaufnahmen)
Ju|pi|ter|mond
Jupp (m. Vorn.)
jur. *vgl.* Dr. iur.
¹Ju|ra (*Plur. von* ¹Jus)
²Ju|ra, der; -s (*Geol.* mittlere Formation des Mesozoikums; ↑D 150: der Weiße Jura, der Braune Jura, der Schwarze Jura
³Ju|ra, der; -[s] (Bez. von Gebirgen); ↑D 140: der Fränkische Jura, der Schwäbische Jura; ↑D 141: der Schweizer Jura
⁴Ju|ra, der; -[s] (schweiz. Kanton)
Ju|ra|for|ma|ti|on, die; -
Ju|ras|si|er (Bewohner des ³Jura, ⁴Jura); Ju|ras|si|e|rin; ju|ras|sisch (zum ²Jura, ⁴Jura gehörend)
Ju|ra|stu|dent; Ju|ra|stu|den|tin; Ju|ra|stu|di|um, das; -s
Jür|gen (m. Vorn.)
ju|ri|disch ⟨lat.⟩ (*österr., sonst veraltend für* juristisch)
ju|rie|ren (in einer Jury mitwirken)
Ju|ris|dik|ti|on, die; -, -en (Rechtsprechung; Gerichtsbarkeit)
Ju|ris|pru|denz, die; - (Rechtswissenschaft)
Ju|rist, der; -en, -en (Rechtskundiger)
Ju|ris|ten|deutsch
Ju|ris|te|rei, die; - (*scherzh. für* Rechtswissenschaft, Rechtsprechung)
Ju|ris|tik, die; - (Rechtswissenschaft)
Ju|ris|tin
ju|ris|tisch; juristische Person (rechtsfähige Körperschaft; *Ggs.* natürliche Person)
Ju|ror, der; -s, ...oren ⟨engl.⟩ (Mitglied einer Jury); Ju|ro|rin
Jur|te, die; -, -n ⟨türk.⟩ (rundes Filzzelt mittelasiatischer Nomaden)
Ju|ry [ʒyˈriː, *auch* ˈʒyː...], die; -, -s (Preis- bzw. Kampfgericht); ju|ry|frei (ohne Jury u. unter von Fachleuten ausgenommen); eine juryfreie Ausstellung
¹Jus [*österr.* jus], das; - (*zu lat.* ius, »Recht«) (*österr., schweiz., sonst veraltend für* Recht,

Rechtswissenschaft); Jus studieren
²Jus [ʒyː], die; -, *südd. auch* das; -, *schweiz. meist* der; - ⟨franz.⟩ (konzentrierter, eingedickter Fleischsaft; Bratensaft; *schweiz. auch für* Fruchtsaft)
Ju|so, der; -s, -s *u.* die; -, -s (*Kurzw. für* Jungsozialist[in])
Jus|stu|dent (*österr. u. schweiz. für* Jurastudent); Jus|stu|den|tin; Jus|stu|di|um
just ⟨lat.⟩ (*veraltend für* eben, gerade; recht); das ist just das Richtige
jus|ta|ment ⟨franz.⟩ (*veraltend, noch scherzh. für* richtig, genau; nun gerade)
jus|tie|ren (genau einstellen, einpassen, ausrichten); Jus|tie|rer; Jus|tie|re|rin; Jus|tie|rung; Jus|tier|waa|ge (Münzkontrollwaage)
Jus|ti|fi|ka|ti|on, die; -, -en (*fachspr. für* Rechtfertigung; *auch svw.* Justifikatur); Jus|ti|fi|ka|tur, die; -, -en (*fachspr. für* Genehmigung von Rechnungen nach Prüfung); jus|ti|fi|zie|ren (rechtfertigen; [eine Rechnung] nach Prüfung genehmigen)
Jus|tin [*auch* ...tiːn] (m. Vorn.)
Jus|ti|ne (w. Vorn.)
Jus|ti|ni|an, Jus|ti|ni|a|nus (Name byzantinischer Kaiser)
just in time [dʒast ɪn ˈtaɪm] ⟨engl.⟩ (zeitlich abgestimmt);
Just-in-time-Pro|duk|ti|on (wirtschaftliches Organisationsprinzip mit aufeinander abgestimmten Terminen)
Jus|ti|nus (m. Vorn.)
Jus|ti|tia (altrömische Göttin der Gerechtigkeit)
jus|ti|ti|a|bel *vgl.* justiziabel
Jus|ti|ti|ar *vgl.* Justiziar
Jus|ti|ti|um *vgl.* Justizium
Jus|tiz, die; - (Gerechtigkeit; Rechtspflege)
Jus|tiz|an|stalt (*österr. auch für* Justizvollzugsanstalt)
Jus|tiz|be|am|te; Jus|tiz|be|am|tin
Jus|tiz|be|hör|de
jus|ti|zi|a|bel, jus|ti|ti|a|bel (richterlicher Entscheidung unterworfen); ...a|b|le Vergehen
Jus|ti|zi|ar, Jus|ti|ti|ar, der; -s, -e (Rechtsbeistand, Syndikus); Jus|ti|zi|a|ri|at, Jus|ti|ti|a|ri|at, das; -[e]s, -e (Amt des Justiziars); Jus|ti|zi|a|rin, Jus|ti|ti|a|rin
Jus|tiz|irr|tum
Jus|ti|zi|um, Jus|ti|ti|um, das; -s,

Kabinettsvorlage

...ien (Stillstand der Rechtspflege)
Jus|tiz|mi|nis|ter; Jus|tiz|mi|nis|te|rin; Jus|tiz|mi|nis|te|ri|um
Jus|tiz|mord (Hinrichtung eines unschuldig Verurteilten)
Jus|tiz|pa|last
Jus|tiz|rat Plur. ...räte (früher); Jus|tiz|rä|tin
Jus|tiz|se|nat; Jus|tiz|se|na|tor; Jus|tiz|se|na|to|rin
Jus|tiz|spre|cher (österr.); Jus|tiz|spre|che|rin
Jus|tiz|ver|wal|tung
Jus|tiz|voll|zugs|an|stalt (Abk. JVA)
Jus|tiz|wa|che (österr.); Jus|tiz|wa|che|be|am|te (österr.); Jus|tiz|wa|che|be|am|tin
Jus|tus (m. Vorn.)
Ju|te, die; - ⟨bengal.-engl.⟩ ⟨Faserpflanze; Bastfaser dieser Pflanze⟩
Jü|te, der; -n, -n (Bewohner Jütlands); Ju|te|beu|tel
Ju|te|garn
Jü|ter|bog (Stadt im Fläming)
Ju|te|sack; Ju|te|spin|ne|rei; Ju|te|ta|sche
jü|tisch; aber ↑D140: die Jütische Halbinsel
Jüt|land (festländischer Teil Dänemarks); Jüt|län|der; Jüt|län|de|rin; jüt|län|disch
Jut|ta, Jut|te (w. Vorn.)
Ju|ve|nal (römischer Satiriker)
ju|ve|na|lisch (satirisch, spöttisch); die juvenalischen Satiren ↑D135
ju|ve|ni|li|sie|ren ⟨lat.⟩ (am Stil, Geschmack der Jugend orientieren); Ju|ve|ni|li|sie|rung
ju|ve|nil (geh. für jugendlich, für junge Menschen charakteristisch)
ju|vi|val|le|ra! [...'va..., auch ...'fa...] (bes. in Volksliedern)
¹Ju|wel, das, auch der; -s, -en meist Plur. ⟨niederl.⟩ ⟨Edelstein; Schmuckstück⟩
²Ju|wel, das; -s, -e (Person od. Sache, die von jmdm. besonders geschätzt wird)
Ju|we|len|dieb|stahl
Ju|we|lier, der; -s, -e (Schmuckhändler; Goldschmied); Ju|we|lier|ge|schäft; Ju|we|lie|rin; Ju|we|lier|la|den
Jux, der; -es, -e Plur. selten ⟨lat.⟩ (ugs. für Scherz, Spaß); aus lauter Jux und Tollerei (aus Übermut); ju|xen (ugs. für scherzen, Spaß machen); du juxt
Jux|ta, die; -, ...ten ⟨lat.⟩ (Kontrollstreifen [an Lotterielosen usw.])
Jux|ta|po|si|ti|on, die; -, -en (Sprachwiss. Nebeneinanderstellung [im Ggs. zur Komposition]; Mineralogie Ausbildung von zwei miteinander verwachsenen Kristallen, die eine Fläche gemeinsam haben)
Jux|ta|po|si|tum, das; -s, ...ta (Sprachwiss. durch Nebeneinanderstellung entstandene Zusammensetzung, z. B. »Dreikäsehoch«)
Jux|te (österr. für Juxta)
JVA, die; -, -s = Justizvollzugsanstalt
jwd [jɔtveːˈdeː] ⟨aus berlinisch janz weit draußen⟩ (ugs. scherzh. für abgelegen); die Baustelle ist jwd

K

k = Kilo...
k. = kaiserlich (vgl. d.); königlich (in ehem. Österreich-Ungarn)
K (Buchstabe); das K; des K, die K, aber das k in Haken; der Buchstabe K, k
K = chemisches Zeichen für Kalium; Kelvin
K, κ = Kappa
Ka|a|ba, die; - ⟨arab.⟩ (Haupttheiligtum des Islams in Mekka)
Ka|ba|le, die; -, -n ⟨hebr.⟩ (veraltet für Intrige, Ränke)
Ka|ba|nos|si, die; -, - (eine Wurstsorte)
Ka|ba|rett [auch 'ka...], das; -s, Plur. -s u. -e, auch [österr. nur so] das; -s, -e, bes. österr. Cabaret [...'reː, auch 'kabare], das; -s, -s ⟨franz.⟩ (Kleinkunst[bühne]; Speiseplatte mit Fächern)
Ka|ba|ret|ti|er [...'tjeː], der; -s, -s (Besitzer einer Kleinkunstbühne); Ka|ba|ret|ti|e|re, die; -, -n
Ka|ba|ret|tist, der; -en, -en (Künstler an einer Kleinkunstbühne); Ka|ba|ret|tis|tin; ka|ba|ret|tis|tisch

Ka|bäus|chen (westmitteld. für kleines Haus od. Zimmer)
Kab|ba|la [auch ...'la], die; - ⟨hebr.⟩ (mittelalterl. jüd. Geheimlehre); kab|ba|lis|tisch
Kab|be|lei (bes. nordd. für Zankerei, Streit)
kab|be|lig (Seemannsspr. unruhig; ungleichmäßig)
kab|beln; sich kabbeln (bes. nordd. für zanken, streiten); ich kabb[e]le mich; die See kabbelt (ist ungleichmäßig bewegt)
Kab|bel|jau (Seemannsspr.)
Ka|bel, das; -s, - ⟨franz.⟩
Ka|bel|an|schluss; Ka|bel|dieb; Ka|bel|die|bin; Ka|bel|fern|se|hen
Ka|bel|gat[t] (Schiffsraum für Tauwerk)
Ka|bel|jau, der; -s, Plur. -e u. -s ⟨niederl.⟩ (ein Fisch)
Ka|bel|län|ge (seemännisches Maß); Ka|bel|le|ger (Kabel verlegendes Schiff); Ka|bel|lei|tung; ka|bel|los; kabellose Telefone
ka|beln (veraltend für [nach Übersee] telegrafieren); ich kab[e]le
Ka|bel|nach|richt (veraltet)
Ka|bel|netz
Ka|bel|schuh (Elektrot.)
Ka|bel|sen|der
Ka|bel|tau, das; Ka|bel|trom|mel
Ka|bel|tu|ner (Fernseht.)
Ka|bel-TV, das; -[s]
Ka|bi|ne, die; -, -n ⟨franz.⟩ (Schlaf-, Wohnraum auf Schiffen; Zelle [in Badeanstalten usw.]; Abteil); Ka|bi|nen|bahn; Ka|bi|nen|pre|digt (Sport)
Ka|bi|nett, das; -s, -e ⟨franz.⟩ (Gesamtheit der Minister; Raum für Sammlungen; Qualitätsstufe für Wein; österr. für kleines, einfenstriges Zimmer; regional für Fachunterrichtsraum; früher für Beraterkreis eines Fürsten, Geheimkanzlei)
Ka|bi|netts|aus|stel|lung
Ka|bi|netts|be|schluss; Ka|bi|netts|bil|dung
Ka|bi|netts|chef; Ka|bi|netts|che|fin
Ka|bi|netts|jus|tiz ([unzulässige] Einwirkung der Regierung auf die Rechtsprechung); Ka|bi|netts|kri|se; Ka|bi|netts|mit|glied
Ka|bi|netts|or|der (Befehl des Herrschers)
Ka|bi|netts|pos|ten; Ka|bi|netts|sit|zung; Ka|bi|netts|sit|zung
Ka|bi|nett|stück (Prachtstück; besonders geschicktes Handeln)
Ka|bi|netts|um|bil|dung; Ka|bi|netts|vor|la|ge

Kabinettwein

Ka|bi|nett|wein
Kal|bis, der; - ⟨lat.⟩ ⟨südd., schweiz. für Kohl⟩; vgl. Kappes
Ka|bo|ta|ge [...ʒə], die; - ⟨franz.⟩ (Rechtsspr. Personen- u. Güterbeförderung innerhalb eines Landes, z. B. in der Küstenschifffahrt); **ka|bo|tie|ren**
Ka|bri|o|lett [auch, österr. nur ...'le:], das; -s, -s ⟨franz.⟩ (veraltet für leichter, zweirädriger Einspänner)
Ka|buff, das; -s, Plur. -e u. -s (landsch. für kleiner, dunkler Nebenraum)
Ka|bul [auch 'ka:...] (Hauptstadt Afghanistans)
Ka|bu|se, Ka|bü|se, die; -, -n (nordd. für kleiner, dunkler Raum; auch für Kombüse)
Ka|by|le, der; -n, -n (Angehöriger eines Berberstammes); **Ka|by|lin**
Ka|chel, die; -, -n
ka|cheln; ich kach[e]le
Ka|chel|ofen
Ka|che|xie, die; -, ...ien ⟨griech.⟩ (Med. Kräfteverfall)
Ka|cka, das; - ⟨Kinderspr. Kot⟩
Ka|cke, die; - (derb für Kot); **ka|cken** (derb); **Ka|cker** (derbes Schimpfwort); **Ka|cke|rin; kack|fi|del** (derb für sehr fidel)
Ka|da|ver, der; -s, - ⟨lat.⟩ (toter [Tier]körper, Aas)
Ka|da|ver|ge|hor|sam (blinder Gehorsam)
Ka|da|ver|mehl
Ka|da|ver|ver|wer|tung
Kad|disch, das; -s ⟨hebr.⟩ (jüdisches Gebet für Verstorbene)
Ka|denz, die; -, -en ⟨ital.⟩ (Schluss eines Verses, eines Musikstückes; unbegleitetes Improvisieren des Solisten im Konzert; Sprachwiss. Schlussfall der Stimme); **ka|den|zie|ren** (Musik eine Kadenz spielen)
Ka|der, der, schweiz. das; -s, - ⟨franz.⟩ (Stamm von besonders ausgebildeten u. geschulten Nachwuchs- bzw. Führungskräften [in Wirtschaft, Staat u. Ä.]; Militär Kerntruppe einer Armee; Sport Stamm von Sportlern, die für einen Wettkampf infrage kommen)
Ka|der|lei|ter, der (DDR); **Ka|der|lei|te|rin**
Ka|der|par|tie (bestimmte Partie im Billard)
Ka|der|schmie|de (ugs. für Ausbildungsstelle für Kader)
Ka|dett, der; -en, -en ⟨franz.⟩ (früher für Zögling einer militärischen Erziehungsanstalt; schweiz. für Mitglied einer uniformierten Jugendorganisation; ugs. scherzh. für Bursche, Kerl)
Ka|det|ten|an|stalt
Ka|det|ten|korps, **Ka|det|ten|corps**
Ka|det|ten|schu|le
Ka|di, der; -s, -s ⟨arab.⟩ (Richter in islamischen Ländern; ugs. für Richter)
Ka|di|ma, die; - ⟨hebr.⟩ (2005 bis 2015 liberale Partei in Israel)
kad|mie|ren, ver|kad|men ⟨griech.⟩ (Metalle mit einer Kadmiumschicht überziehen)
Kad|mi|um, chem. fachspr. Cad|mi|um, das; -s (chemisches Element, Metall; Zeichen Cd); **Kad|mi|um|le|gie|rung**
Kad|mos, Kad|mus (König u. Held der griechischen Sage)
ka|du|zie|ren (Rechtsspr. für verfallen erklären)
Ka|far|na|um vgl. Kapernaum
Kä|fer, der; -s, - (ugs. auch für Volkswagen)
Kä|fer|boh|ne (österr. für Feuerbohne)
Kä|fer|samm|lung
¹Kaff, das; -[e]s (nordd. für Spreu; Wertloses; Geschwätz)
²Kaff, das; -s, Plur. -s, -e u. Käffer (ugs. für Dorf, langweilige Ortschaft)
Käff|chen (bes. ugs. für [Tasse] Kaffee)
Kaf|fee [auch, österr. nur, ...'fe:], der; -s, -s ⟨arab.-franz.⟩ (Kaffeestrauch, Kaffeebohnen; Getränk); 3 [Tassen] Kaffee
Kaf|fee|baum; Kaf|fee|boh|ne
kaf|fee|braun
Kaf|fee-Ern|te, Kaf|fee|ern|te
Kaf|fee-Er|satz, Kaf|fee|er|satz
Kaf|fee-Ex|port, Kaf|fee|ex|port
Kaf|fee-Ex|trakt, Kaf|fee|ex|trakt
Kaf|fee|fahrt; Kaf|fee|fil|ter
Kaf|fee|haus (österr. für Café); **Kaf|fee|haus|li|te|rat; Kaf|fee|haus|li|te|ra|tin**
Kaf|fee|kan|ne; Kaf|fee|kap|sel; Kaf|fee|kas|se; Kaf|fee|klatsch; Kaf|fee|kränz|chen; Kaf|fee|kü|che; Kaf|fee|löf|fel; Kaf|fee|ma|schi|ne; Kaf|fee|müh|le; Kaf|fee|nach|mit|tag
Kaf|fee|obers (österr.)
Kaf|fee|pau|se; Kaf|fee|run|de
Kaf|fee|satz; Kaf|fee|satz|le|ser (abwertend, scherzh.); **Kaf|fee|satz|le|se|rin**
Kaf|fee|scha|le; Kaf|fee|ser|vice, das
Kaf|fee|sie|der (österr. amtl., sonst meist scherzh. od. abwertend für Kaffeehausbesitzer); **Kaf|fee|sie|de|rin**
Kaf|fee|sor|te; Kaf|fee|strauch; Kaf|fee|sud (österr.); **Kaf|fee|ta|fel** (festlich gedeckter Kaffeetisch); **Kaf|fee|tan|te; Kaf|fee|tas|se; Kaf|fee|tisch** (zum Kaffee gedeckter Tisch)
Kaf|fee|trin|ker; Kaf|fee|trin|ke|rin
Kaf|fee|was|ser, das; -s
Kaf|fee|wei|ßer, der; -s, - (Milchpulver für den Kaffee)
¹Kaf|fer, der; -n, -n (frühere Bez. für Angehöriger eines Bantustammes in Südafrika)
²Kaf|fer, der; -s, - ⟨hebr.-jidd.⟩ (ugs. für dummer, blöder Kerl); **Kaf|fe|rin**
Kaf|fern|büf|fel
Kä|fig, der; -s, -e; **kä|fi|gen** (fachspr. für in einem Käfig halten); **Kä|fig|hal|tung**
Kaff|ler, der; -s, - (Gaunerspr. Schinder, Abdecker); **Ka|fill|e|rei** (Gaunerspr. Abdeckerei)
Kaf|fir, der; -s, -s ⟨arab.⟩ (abwertend für jmd., der nicht dem islamischen Glauben angehört)
Kaf|ka (deutschsprachiger Schriftsteller); **kaf|ka|esk** (nach Art der Schilderungen Kafkas)
Kaf|tan, der; -s, -e ⟨pers.⟩ (langes Obergewand der orthodoxen Juden; ugs. für langes, weites Kleidungsstück)
Käf|ter|chen (mitteld. für Kämmerchen; Verschlag)

---

kahl

– kahl sein, werden, bleiben

Wenn »kahl« das Ergebnis der mit einem folgenden einfachen Verb bezeichneten Tätigkeit angibt, kann getrennt oder zusammengeschrieben werden ↑D 56:
– die Raupen haben den Baum **kahl gefressen** od. kahlgefressen
– sie ließen sich die Köpfe **kahl scheren** od. kahlscheren
– einen Wald **kahl schlagen** od. kahlschlagen

Kah|len|berg, der; -[e]s (Berg bei Wien)
Kahl|fraß, der; -es, **kahl fres|sen, kahl|fres|sen** vgl. kahl
Kahl|frost (Frost ohne Schnee)

Kahl|heit, die; -
Kahl|hieb (abgeholztes Waldstück)
Kahl|kopf; **kahl|köp|fig**; **Kahl|köp|fig|keit**, die; -
Kah|lo, Frida (mexikanische Malerin)
kahl sche|ren, **kahl|sche|ren** vgl. kahl
Kahl|schlag (abgeholztes Waldstück); **kahl schla|gen**, **kahl|schla|gen** vgl. kahl
Kahl|schlag|sa|nie|rung (abwertend für rücksichtslose Sanierung)
Kahl|wild ⟨Jägerspr. weibliche Hirsche⟩
Kahm, der; -[e]s ⟨fachspr. für Pilze u. Bakterien, die die Kahmhaut bilden⟩; **kah|men** (Kahm ansetzen); **Kahm|haut** (Schimmel auf Flüssigkeiten); **kah|mig**
Kahn, der; -[e]s, Kähne; Kahn fahren ↑D 54, aber das Kahnfahren; **Käh|nchen**; **Kahn|fahrt**
¹**Kai**, der od. das; -s, -s ⟨niederl., franz.⟩ (befestigtes Hafenufer); vgl. Quai
²**Kai**, Kay (m. od. w. Vorn.)
Kai|man, der; -s, -e ⟨indian.⟩ (südamerikanisches Krokodil)
Kai|man|in|seln Plur. (Inselgruppe in der Karibik)
Kai|mau|er
Kain (bibl. m. Eigenn.)
Kai|nit, der; -s, -e ⟨griech.⟩ (ein Mineral)
Kains|mal Plur. ...male; **Kains|zei|chen**
Kai|phas, ökum. **Ka|ja|fas** (bibl. m. Eigenn.)
Kai|re|ner ⟨zu Kairo⟩ (selten); **Kai|re|ne|rin**
Kai|ro (Hauptstadt Ägyptens); **Kai|ro|er**; **Kai|ro|e|rin**
Kai|rou|an [kaɪ̯ˈruaːn] (Stadt in Tunesien)
Kai|ser, der; -s, -; des Kaisers Hadrian; Kaiser Hadrians Bauten
Kai|ser|ad|ler (ein Greifvogel); **Kai|ser|fleisch** (österr. für geräuchertes Bauchfleisch); **Kai|ser|ge|bir|ge**, das; -s (in Tirol); **Kai|ser|haus**; **Kai|se|rin**; **Kai|se|rin|mut|ter** Plur. ...mütter; **Kai|ser|kro|ne** (auch eine Zierpflanze)
kai|ser|lich; kaiserlich deutsch; kaiserlich österreichische Staatskanzlei; im Titel ↑D 89: Kaiserliche
kai|ser|lich-kö|nig|lich (Abk.: k. k.); im Titel Kaiserlich-Königliche (Abk.: K. K.)
Kai|ser|ling (ein Pilz)

Kai|ser|man|tel (ein Schmetterling)
Kai|ser|pfalz; **Kai|ser|reich**; **Kai|ser|sa|ge**
Kai|ser|schmar|ren ⟨österr., auch südd. für in kleine Stücke gerissener Eierkuchen⟩
Kai|ser|schnitt (Entbindung durch Bauchschnitt)
Kai|ser|scho|te (Zuckererbse)
Kai|ser|sem|mel (österr.)
Kai|sers|lau|te|rer; **Kai|sers|lau|te|rin**; **Kai|sers|lau|tern** (Stadt in Rheinland-Pfalz); **Kai|sers|lau|ter|ner**; die Kaiserslauterner Senke
Kai|ser|stuhl, der; -[e]s (Bergland in Baden-Württemberg); **Kai|ser|stüh|ler**; **Kai|ser|stüh|le|rin**
Kai|ser|tum, das; -s, ...tümer
Kai|ser|wet|ter, das; -s ⟨scherzh. für strahlendes Sonnenwetter⟩
Kai|ser|zeit
Kai|zen [...zən], das; - ⟨jap.⟩ (Unternehmensführungskonzept aus Japan, das auf einer Philosophie der ewigen Veränderung beruht)
Ka|ja|fas vgl. Kaiphas
Ka|jak, das, auch der; -s, -s ⟨eskim.⟩ (einsitziges Boot der Eskimos; Sportpaddelboot); **Ka|jak|ei|ner**; **Ka|jak|zwei|er**
Ka|jal, das; -[s] ⟨sanskr.⟩ (Kosmetikfarbe zum Umranden der Augen); **Ka|jal|stift**
Ka|je, die; -, -n ⟨niederl.⟩ ⟨nordd. für Uferbefestigung; Kai⟩; **Ka|je|deich** ([niedriger] Hilfsdeich)
Ka|je|put|baum ⟨malai.; dt.⟩ (ein Myrtengewächs); **Ka|je|put|öl**, das; -[e]s
Ka|jüt|boot; **Ka|jüt|deck**
Ka|jü|te, die; -, -n (Wohn-, Aufenthaltsraum auf Schiffen)
Kak, der; -[e]s, -e ⟨nordd. veraltet für Pranger⟩
Ka|ka|du [österr. ...'duː], der; -s, -s ⟨malai.-niederl.⟩ (ein Papagei)
Ka|ka|ni|en, das; -s ⟨scherzh. od. ironisch für die k. u. k. Monarchie⟩; **ka|ka|nisch**
Ka|kao [...ˈkaʊ̯, auch ...ˈkaːo], der; -s, Plur. (Sorten:) -s ⟨mexik.-span.⟩ (eine tropische Frucht; ein Getränk)
Ka|kao|baum; **Ka|kao|boh|ne**; **Ka|kao|but|ter**; **Ka|kao|pul|ver**
ka|keln ⟨nordd. ugs. für über Belangloses reden⟩; ich kak[e]le
Kai|ke|mo|no, das; -s, -s ⟨jap.⟩ (japanisches Gemälde im Hochfor-

Kalamit

mat auf einer Rolle aus Seide od. Papier)
Ka|ker|lak, der; Gen. -s u. -en, Plur. -en, **Ka|ker|la|ke**, die; -, -n (Küchenschabe)
ka|ki, **khaki** [kaː...] ↑D 38 (erdfarben); eine **kaki** od. khaki Tasche; in **Kaki** od. Khaki ↑D 72
¹**Ka|ki**, ¹**Kha|ki**, das; -[s] (Erdfarbe)
²**Ka|ki**, ²**Kha|ki**, der; -[s] (gelbbrauner Stoff [für die Tropenuniform])
³**Ka|ki**, die; -, -s ⟨jap.⟩ (Kakipflaume)
ka|ki|far|ben, **kha|ki|far|ben**, **ka|ki|far|big**, **kha|ki|far|big**
Ka|ki|ja|cke, **Kha|ki|ja|cke**
Ka|ki|pflau|me (eine exotische Beerenfrucht)
Ka|ki|uni|form, **Kha|ki|uni|form**
ka|ko... ⟨griech.⟩ (schlecht..., übel..., miss...); **Ka|ko...** (Schlecht..., Übel..., Miss...)
Ka|ko|dyl|ver|bin|dung, die; -, -en meist Plur. (Chemie Arsenverbindung)
ka|ko|fon, **ka|ko|phon**; **Ka|ko|fo|nie**, **Ka|ko|pho|nie**, die; -, ...ien ⟨griech.⟩ (Missklang; Ggs. Eufonie); **ka|ko|fo|nisch**, **ka|ko|pho|nisch**
Kak|tee, die; -, -n (svw. Kaktus)
Kak|tus, der; Gen. -, ugs. auch -ses, Plur. ...teen, ugs. auch -se ⟨griech.⟩ (eine [sub]tropische Pflanze); **Kak|tus|blü|te**
Kak|tus|fei|ge ([Frucht des] Feigenkaktus)
Ka|ku|ro, das; -[s], -[s] ⟨jap.⟩ (einem Kreuzworträtsel ähnliches Zahlenrätsel)
Ka|la-Azar, die; - ⟨Hindi⟩ (eine tropische Infektionskrankheit)
Ka|la|bas|se vgl. Kalebasse
Ka|la|bre|se, der; -n, -n (Kalabrier); **Ka|la|bre|ser** (breitrandiger Filzhut); **Ka|la|bre|sin**
Ka|la|bri|en (Landschaft in Italien); **Ka|la|bri|er** (Bewohner Kalabriens); **Ka|la|bri|e|rin**; **ka|la|brisch**
Ka|la|fa|ti, der; - ⟨ital.⟩ (Figur im Wiener Prater)
Ka|la|ha|ri, die; - (Landschaft im südlichen Afrika); **Ka|la|ha|ri|step|pe**
Ka|la|mai|ka, die; -, ...ken ⟨russ.⟩ (slawisch-ungarischer Nationaltanz)
Ka|la|mit, der; -en, -en meist Plur. ⟨griech.⟩ (ausgestorbener baumhoher Schachtelhalm des Karbons)

Kalamität

Ka|la|mi|tät, die; -, -en ⟨lat.⟩ (schlimme, missliche Lage)

Ka|lan|choe [...çoe], die; -, ...cho|en ⟨griech.⟩ (eine Zimmerpflanze)

Ka|lan|der, der; -s, - ⟨franz.⟩ (*Technik* Glätt-, Prägemaschine; Walzenanlage zur Herstellung von Kunststofffolien)

ka|lan|dern (*fachspr. für* mit dem Kalander bearbeiten); ich kalandere; **ka|lan|d|rie|ren** (Kunststoff zu Folie auswalzen)

Ka|la|sche, die; -, -n ⟨russ.⟩ (*landsch. für* Tracht Prügel); **ka|la|schen** (*landsch. für* prügeln)

Ka|lasch|ni|kow, die; -, -s ⟨nach dem russischen Konstrukteur⟩ (eine Schusswaffe)

Ka|lau|er, der; -s, - ⟨aus franz. calembour *unter Anlehnung an die Stadt* Calau⟩ (nicht sehr geistreicher [Wort]witz); **ka|lau|ern**; ich kalau[e]re

Kalb, das; -[e]s, Kälber ↑D 150: das Goldene Kalb (*bibl.*); **Kälb|chen**

Kal|be, die; -, -n (*svw*. Färse)

Kal|be (Mil|de) (Stadt in der Altmark); *vgl. aber* Calbe (Saale)

kal|ben (ein Kalb werfen)

Käl|ber|ma|gen; **Käl|ber|mast**

kal|bern, ¹**käl|bern** (*ugs. für* umhertollen); ich kalbere, kälbere

²**käl|bern** (*südd., österr. für* aus Kalbfleisch); **Käl|ber|ne**, das; -n (*südd., österr. für* Kalbfleisch)

Käl|ber|zäh|ne *Plur*. (*ugs. für* große Graupen)

Kalb|fell *vgl.* Kalbsfell; **Kalb|fleisch**

Kal|bin (*südd., österr. svw.* Färse)

Kalb|le|der, Kalbs|le|der, das; -s

Kälb|lein

Kalbs|bra|ten; **Kalbs|brat|wurst** (*schweiz.*); **Kalbs|bries**; **Kalbs|bries|chen**, **Kalbs|brös|chen**; **Kalbs|brust**; **Kalbs|fell**, **Kalb|fell** (*früher auch für* Trommel)

Kalbs|fri|kas|see; **Kalbs|gu|lasch**; **Kalbs|hach|se** *vgl.* Hachse; **Kalbs|keu|le**, **Kalbs|le|ber**, **Kalbs|le|ber|wurst**

Kalbs|le|der, Kalbs|le|der, das; -s

Kalbs|me|dail|lon; **Kalbs|milch** (Brieschen); **Kalbs|nie|ren|bra|ten**; **Kalbs|nuss** (kugelförmiges Stück der Kalbskeule); **Kalbs|roll|bra|ten**; **Kalbs|schle|gel** (*landsch. für* Kalbskeule); **Kalbs|schnit|zel** *vgl.* ¹Schnitzel; **Kalbs|steak**; **Kalbs|stel|ze** (*österr. für* Kalbshachse)

Kal|chas (griech. Sagengestalt)

Kalck|reuth (dt. Maler)

Kal|da|ri|um, das; -s, ...ien ⟨lat.⟩ (altrömisches Warmwasserbad)

Kal|dau|ne, die; -, -n *meist Plur.* ⟨lat.⟩ (*nordd., mitteld. für* Kuttel)

Ka|le|bas|se, Kalabasse, die; -, -n ⟨arab.-franz.⟩ (aus einem Flaschenkürbis hergestelltes Gefäß)

Ka|le|do|ni|en (*veraltet für* das nördliche Schottland); **Ka|le|do|ni|er**; **Ka|le|do|ni|e|rin**; **ka|le|do|nisch**; *aber* ↑D 150: der Kaledonische Kanal (in Schottland)

Ka|lei|do|s|kop, das; -s, -e ⟨griech.⟩ (optisches Spielzeug; lebendigbunte [Bilder]folge); **ka|lei|do|s|ko|pisch**

Ka|lei|ka, das; -[s] ⟨poln.⟩ (*landsch. für* Aufheben, Umstände); [k]ein Kaleika machen

ka|len|da|risch ⟨lat.⟩ (nach dem Kalender); **Ka|len|da|ri|um**, das; -s, ...ien (Kalender; Verzeichnis kirchlicher Fest- u. Gedenktage); **Ka|len|den** *Plur*. (erster Tag des altrömischen Monats)

Ka|len|der, der; -s, -; der gregorianische, julianische Kalender; der hundertjährige, *als Werktitel* Der Hundertjährige Kalender ↑D 89

Ka|len|der|blatt; **Ka|len|der|jahr**; **Ka|len|der|ma|cher**; **Ka|len|der|ma|che|rin**; **Ka|len|der|re|form**; **Ka|len|der|spruch**

Ka|len|der|tag; **ka|len|der|täg|lich**

Ka|len|der|ver|lag

Ka|len|der|wo|che

Kalenderwoche

Als *Kalenderwoche* gilt die im Kalender festgelegte, mit Montag beginnende Woche. Als *erste Kalenderwoche* zählt diejenige Woche, in die mindestens vier der ersten sieben Januartage fallen.

Ka|le|sche, die; -, -n ⟨poln.⟩ (leichte, vierrädrige Kutsche)

Ka|le|val|la, Ka|le|wa|la, die *od.* das; - (Titel des finnischen Volksepos)

Kal|fak|ter, der; -s, -, **Kal|fak|tor**, der; -s, ...oren ⟨lat.⟩ (*veraltend, oft abwertend für* jmd., der allerlei Dienste verrichtet); **Kal|fak|te|rin**, **Kal|fak|to|rin**

kal|fa|tern ⟨arab.-niederl.⟩ (*Seemannsspr.* [hölzerne Schiffswände] in den Fugen abdichten); ich kalfatere; **Kal|fa|te|rung**; **Kal|fat|ham|mer**

¹**Ka|li**, das; -s ⟨arab.⟩ (Kalisalze, Kalidünger)

²**Ka|li** (indische Göttin, Gemahlin Schiwas)

Ka|li|an, Kaliun, der *od.* das; -s, -s ⟨pers.⟩ (persische Wasserpfeife)

Ka|li|ban, der; -s, -e ⟨nach Caliban, einer Gestalt in Shakespeares »Sturm«⟩ (*selten für* Unhold, hässliches Ungeheuer)

Ka|li|ber, das; -s, - ⟨griech.⟩ (lichte Weite von Rohren; innerer Durchmesser; *auch für* Messgerät zur Bestimmung des Durchmessers; *ugs. übertr. für* Art, Schlag); **Ka|li|ber|maß**, das

Ka|li|b|rie|ren (*Technik* das Kaliber messen, [Werkstücke] auf genaues Maß bringen; [Messinstrumente] eichen); **Ka|li|b|rie|rung**

Ka|li|da|sa (altindischer Dichter)

Ka|li|dün|ger

Ka|lif, der; -en, -en ⟨arab.⟩ (ehemaliger Titel orientalischer Herrscher); **Ka|li|fat**, das; -[e]s, -e (Reich, Herrschaft eines Kalifen); **Ka|li|fen|tum**, das; -s

Ka|li|for|ni|en (mexikanische Halbinsel; Staat in den USA; *Abk.* CA); **Ka|li|for|ni|er**; **Ka|li|for|ni|e|rin**; **ka|li|for|nisch**; *aber* ↑D 150: der Kalifornische Strom (eine Meeresströmung)

Ka|li|in|dus|t|rie

Ka|li|ko, der; -s, -s ⟨nach der ostind. Stadt Kalikut⟩ (dichter Baumwollstoff)

Ka|li|lau|ge

Ka|li|man|tan (*indones. Name von* Borneo)

Ka|li|nin|grad [*auch* ...'graːt] (russische Stadt am Pregel; *vgl.* Königsberg)

Ka|li|sal|pe|ter; **Ka|li|salz**

Ka|li|um, das; -s ⟨arab.-nlat.⟩ (chemisches Element, Metall; *Zeichen* K)

Ka|li|um|bro|mid; **Ka|li|um|chlo|rat**; **Ka|li|um|hy|d|ro|xid**, **Ka|li|um|hy|d|ro|xyd**; **Ka|li|um|per|man|ga|nat**; **Ka|li|um|ver|bin|dung**

Ka|li|un *vgl.* Kalian

Ka|lixt, Ka|lix|tus (Papstname)

Ka|lix|ti|ner, der; -s, - ⟨lat.⟩ (Anhänger der gemäßigten Hussiten); **Ka|lix|ti|ne|rin**

Ka|lix|tus *vgl.* Kalixt

Kalk, der; -[e]s, *Plur. (Sorten:)* -e; Kalk brennen; **Kalk|ab|la|ge-**

Kältemittel

kalt
käl|ter, käl|tes|te

Kleinschreibung:
- auf kalt und warm reagieren
- ↑D 89: **kalte** od. Kalte Ente (ein Getränk)
- kalte Fährte
- kalte Küche
- kalte Miete (ohne Heizkosten)
- kalte Progression (*Steuerwesen* unverhältnismäßige Zunahme des Steuersatzes bei geringfügig steigendem Einkommen)
- kalter Schlag (nicht zündender Blitz)
- ein kalter (nicht mit Waffen geführter) Krieg

Großschreibung:
- ↑D 89: der Kalte Krieg (als historische Epoche)
- ↑D 72: etwas Kaltes (ein kaltes Getränk) zu sich nehmen

Schreibung in Verbindung mit Verben ↑D 56:
- das Wetter war kalt geblieben
- kalt lächeln
- den Pudding über Nacht **kalt stellen** od. kaltstellen
- den Kühlschrank kälter stellen

Vgl. aber kaltlassen, kaltmachen, kaltstellen, kaltschweißen, kaltwalzen

---

rung; **Kalk|al|pen;** Nördliche, Südliche Kalkalpen
Kal|kant, der; -en, -en ⟨lat.⟩ (Blasebalgtreter an der Orgel); **Kal|kan|tin**
Kal|kar (Stadt in Nordrhein-Westfalen)
Kalk|bo|den
kal|ken
käl|ken (*Jägerspr.* Exkremente ausscheiden [von Greifvögeln]; *landsch. auch für* kalken)
Kalk|ge|stein; Kalk|gru|be
kalk|hal|tig; kal|kig
Kalk|man|gel, der; -s; **Kalk|ofen; Kalk|prä|pa|rat** (ein Arzneimittel); **Kalk|sin|ter** (aus Wasser abgesetzter Kalk[spat]); **Kalk|spat** (ein Mineral)
Kalk|stein; Kalk|tuff
¹**Kal|kül,** das, *auch* der; -s, -e ⟨franz.⟩ (Berechnung, Schätzung)
²**Kal|kül,** der; -s, -e (*Math.* Methode zur systematischen Lösung bestimmter Probleme)
Kal|ku|la|ti|on, die; -, -en ⟨lat.⟩ (Ermittlung der Kosten, [Kosten]voranschlag)
Kal|ku|la|tor, der; -s, ...oren (Angestellter des betrieblichen Rechnungswesens); **Kal|ku|la|to|rin**
kal|ku|la|to|risch (rechnungsmäßig); kalkulatorische Zinsen (*Wirtsch.*); **kal|ku|lier|bar; kal|ku|lie|ren** ([be]rechnen)
Kal|kut|ta *vgl.* Kolkata; **kal|kut|tisch**
Kalk|was|ser, das; -s
kalk|weiß
Kal|la *vgl.* Calla
Kal|le, die; -, -n ⟨hebr.-jidd.⟩ (*Gaunerspr.* Braut, Geliebte; Dirne)
Kal|li|graf, Kal|li|graph, der; -en, -en ↑D 38 ⟨griech.⟩ (Schönschreiber); **Kal|li|gra|fie,** Kal|li|graphie, die; -, ...ien (Schönschreib-

kunst); **Kal|li|gra|fin,** Kal|li|graphin; **kal|li|gra|fisch,** kal|li|graphisch
Kal|li|graph, Kal|li|gra|phie usw. *vgl.* **Kalligraf, Kalligrafie** usw.
Kal|li|ma|chos (altgriech. Gelehrter u. Dichter)
Kal|li|o|pe [...pe] (Muse der erzählenden Dichtkunst)
Kal|li|py|gos [*auch* ...'li:...] ⟨griech., »mit schönem Gesäß«⟩ (Beiname der Aphrodite)
kal|lös ⟨lat.⟩ (*Med.* schwielig)
Kal|lus, der; -, -se ⟨lat.⟩ (*Bot.* an Wundrändern von Pflanzen entstehendes Gewebe; *Med.* Schwiele; nach Knochenbrüchen neu gebildetes Gewebe)
Kál|mán (ung. Komponist)
¹**Kal|mar,** der; -s, ...are ⟨franz.⟩ (eine Tintenfischart)
²**Kal|mar** (schwed. Hafenstadt); **Kal|ma|rer U|ni|on,** die; - -, **Kal|ma|ri|sche U|ni|on,** die; -n - (Geschichte)
Kal|mäu|ser [*auch* ...'mɔʏ...], der; -s, - (*landsch., sonst veraltend für* jmd., der sehr zurückgezogen lebt); **Kal|mäu|se|rin**
Kal|me, die; -, -n ⟨franz.⟩ (*Meteorol.* Windstille); **Kal|men|gür|tel; Kal|men|zo|ne**
kal|mie|ren ⟨franz.⟩ (*geh. für* beruhigen)
Kal|muck, der; -[e]s, -e (ein Gewebe)
Kal|mu|cke, Kal|mü|cke, der; ...cken, ...cken (Angehöriger eines westmongolischen Volkes); **Kal|mü|ckin**
Kal|mus, der; -, -se ⟨griech.⟩ (eine Heilpflanze); **Kal|mus|öl**
Kal|my|ke, der; -, -n (Kalmück)
Ka|lo|ka|ga|thie, die; - ⟨griech.⟩ (körperl. u. geistige Vollkommenheit als Bildungsideal im alten Griechenland)

Ka|lo|rie, die; -, ...ien ⟨lat.⟩ (frühere physikal. Maßeinheit für die Wärmemenge; *auch* Maßeinheit für den Energiewert von Lebensmitteln; *Zeichen* cal)
ka|lo|ri|en|arm; ka|lo|ri|en|be|wusst
Ka|lo|ri|en|bom|be (*ugs. für* Speise od. Getränk mit vielen Kalorien); **ka|lo|ri|en|ge|halt**
ka|lo|ri|en|re|du|ziert; ka|lo|ri|en|reich
Ka|lo|ri|en|ver|brauch
Ka|lo|rik, die; - (Wärmelehre)
Ka|lo|ri|me|ter, das; -s, - ⟨lat.; griech.⟩ (*Physik* Wärmemessgerät); **Ka|lo|ri|me|t|rie,** die; - (*Physik* Lehre von der Messung von Wärmemengen); **ka|lo|ri|me|t|risch**
ka|lo|risch ⟨lat.⟩ (*Physik* die Wärme, die Kalorien betreffend)
ka|lo|ri|sie|ren (*Chemie* eine aluminiumreiche Schicht auf Metallen herstellen)
Ka|lot|te, die; -, -n ⟨franz.⟩ (Käppchen [der kath. Geistlichen]; *Archit.* flache Kuppel; *Med.* Schädeldach)
Kal|pak [*auch* 'kal...], Kol|pak [*auch* 'kɔl...], der; -s, -s ⟨türk.⟩ (asiat. Lammfell-, Filzmütze; Husarenmütze)
kalt *s.* Kasten
Kalt|ak|qui|se (*Wirtsch. svw.* Kaltanruf); **Kalt|an|ruf** (ohne Aufforderung erfolgender Telefonanruf zur Werbung von Kunden)
Kalt|blut (eine Pferderasse); **Kalt|blü|ter** (*Zool.*)
kalt|blü|tig; Kalt|blü|tig|keit, die; -
Käl|te, die; -
Käl|te|ein|bruch; käl|te|emp|find|lich; Käl|te|emp|find|lich|keit
Käl|te|grad; Käl|te|hil|fe (Hilfe für Obdachlose in der kalten Jahreszeit)
Käl|te|ma|schi|ne; Käl|te|mit|tel;

Kälteperiode

Käl|te|pe|ri|o|de; Käl|te|pol (kältester Ort der Erde)
Kal|ter (bayr., österr. für [Fisch]behälter)
Käl|te|sturz; Käl|te|tech|nik; käl|tetech|nisch
Käl|te|tod, der; -[e]s; **Käl|te|to|te; Käl|te|wel|le**
Kalt|front (Meteorol.)
kalt ge|presst, kalt|ge|presst; kalt gepresstes od. kaltgepresstes Öl
kalt ge|schla|gen, kalt|ge|schlagen; kalt geschlagenes od. kaltgeschlagenes Öl
kalt ge|schleu|dert, kalt|ge|schleudert; kalt geschleuderter od. kaltgeschleuderter Honig
Kalt|haus (Gewächshaus mit Innentemperaturen um 12 °C)
kalt|her|zig; Kalt|her|zig|keit, die; -
kalt lä|chelnd, kalt|lä|chelnd (ohne Mitgefühl)
kalt|las|sen (ugs. für nicht berühren); seine Vorwürfe haben mich [völlig] kaltgelassen
Kalt|leim
Kalt|luft (Meteorol.); **Kalt|luft|einbruch** (Meteorol.)
kalt|ma|chen (↑D 47; ugs. für ermorden); er hat ihn kaltgemacht
Kalt|mam|sell (kalte Mamsell; vgl. Mamsell)
Kalt|mie|te (Miete ohne Heizung)
Kalt|na|del|ra|die|rung (ein Kupferdruckverfahren)
Kalt|re|ser|ve (Fachspr. abgeschaltetes, aber nicht stillgelegtes Kraftwerk)
Kalt|schale (kalte süße Suppe)
kalt|schnäu|zig (ugs.); **Kalt|schnäuzig|keit,** die; - (ugs.)
kalt|schwei|ßen (Technik); nur im Infinitiv u. Partizip II gebr.; kaltgeschweißt
Kalt|start
kalt|stel|len (ugs. für [politisch] einflusslos machen); vgl. aber kalt; **Kalt|stel|lung** (ugs.)
Kalt|ver|pfle|gung
kalt|wal|zen (Technik); nur im Infinitiv u. Partizip II gebr.; kaltgewalzt; **Kalt|walz|werk**
Kalt|was|ser [auch 'k...'v...], das; -s; **Kalt|was|ser|heil|an|stalt; Kalt|was|ser|kur**
Kalt|wel|le (mithilfe chem. Mittel hergestellte Dauerwelle)
Kal|um|bin, das; -s ⟨Bantusprachl.⟩ (ein Bitterstoff)
Ka|lu|met, Ca|lu|met [auch ...ly'mɛ], das; -s, -s ⟨lat.-franz.⟩ (Friedenspfeife der nordamerik. Indianer)

Kal|lup|pe, die; -, -n ⟨tschech.⟩ ⟨landsch. für baufälliges Haus⟩
Kal|va|ri|en|berg, der; -[e]s, -e ⟨lat. calvaria »Schädel«; dt.⟩ (Kreuzigungsgruppe; nur Sing.: Kreuzigungsort Christi)
Ka|ly|do|ni|sche Eber, der; -n -s ⟨nach der ätolischen Stadt Kalydon⟩ (Riesentier der griech. Sage)
Ka|lyp|so (griech. Nymphe); vgl. aber Calypso
Ka|lyp|tra, die; -, ...ren ⟨griech.⟩ (Bot. Wurzelhaube der Farn- u. Samenpflanzen)
Kal|ze|o|la|rie, die; -, -n ⟨lat.⟩ (Bot. Pantoffelblume)
Kal|zi|na|ti|on, chem. fachspr. Cal|ci|na|ti|on, die; - ⟨lat.⟩ (Zersetzung einer chem. Verbindung durch Erhitzen; Umwandlung in kalkähnliche Substanz)
kal|zi|nie|ren, chem. fachspr. cal|ci|nie|ren; kalzinierte Soda
Kal|zi|nier|ofen, chem. fachspr. Cal|ci|nier|ofen
Kal|zi|nie|rung, chem. fachspr. Cal|ci|nie|rung (svw. Kalzination)
Kal|zit, chem. fachspr. Cal|cit, der; -s, -e (Kalkspat)
Kal|zi|um, das; -s, chem. fachspr. Cal|ci|um (chemisches Element, Metall; Zeichen Ca)
Kal|zi|um|chlo|rid (chem. fachspr. Cal|ci|um...); **Kal|zi|um|kar|bid; Kal|zi|um|kar|bo|nat**
kam vgl. kommen
Ka|mal|du|len|ser, der; -s, - ⟨nach dem Kloster Camaldoli bei Arezzo⟩ (Angehöriger eines kath. Ordens); **Ka|mal|du|len|se|rin**
Ka|ma|ril|la [...'rɪl(j)a], die; -, ...llen ⟨span.⟩ (einflussreiche, intrigierende Gruppe in der Umgebung eines Herrschers)
Ka|ma|sut|ra, das; -[s] ⟨sanskr.⟩ (ind. Lehrbuch der Erotik)
Kam|bi|um, das; -s, ...ien ⟨nlat.⟩ (Bot. ein zeitlebens teilungsfähig bleibendes Pflanzengewebe)
Kam|bo|d|scha (Staat in Hinterindien); **Kam|bo|d|scha|ner; Kam|bo|d|scha|ne|rin; kam|bo|d|scha|nisch**
Kam|b|rik [auch 'kɛɪm...], der; -s ⟨nach der franz. Stadt Cambrai⟩ (ein Gewebe); **Kam|b|rik|ba|tist**
kam|b|risch (zum Kambrium gehörend); **Kam|b|ri|um,** das; -s ⟨zu Cambria = alter Name von Wales⟩ (Geol. älteste Stufe des Paläozoikums); ↑D 151: das Obere Kambrium usw.
Kam|by|ses (griech.) (Name altpers. Könige); die Anordnungen Kambyses' II.; ↑D 16
Ka|mee, die; -, -n ⟨franz.⟩ (Schmuckstein mit erhaben geschnittenem Bild); **Ka|me|en|schnei|der; Ka|me|en|schnei|de|rin**
Ka|mel, das; -[e]s, -e ⟨semit.⟩
Ka|mel|dorn Plur. ...dorne (ein Steppenbaum)
Kä|mel|garn, Käm|mel|garn (Garn aus den Haaren der Angoraziege [früher = Kamelziege])
Ka|mel|haar; Ka|mel|haar|man|tel
Ka|me|lie, die; -, -n ⟨nach dem mährischen Jesuiten Kamel⟩ (eine Zierpflanze)
Ka|mel|le, die; -, -n ⟨rhein. für Karamellbonbon⟩
Ka|mel|len Plur. ⟨griech.⟩; olle Kamellen (ugs. für Altbekanntes)
Ka|me|lo|pard, der; Gen. -[e]s u. -en ⟨griech.⟩ (Sternbild der Giraffe)
Ka|me|lott, der; -s, -e (ein Gewebe)
Ka|menz (Stadt in Sachsen)
Ka|me|ra, die; -, -s ⟨lat.⟩; vgl. Camera obscura; **Ka|me|ra|as|sis|tent; Ka|me|ra|as|sis|ten|tin**
Ka|me|rad, der; -en, -en ⟨franz.⟩
Ka|me|ra|den|die|be|rei
Ka|me|ra|de|rie, die; - (meist abwertend für Kameradschaft)
Ka|me|ra|din
Ka|me|rad|schaft; ka|me|rad|schaft|lich; Ka|me|rad|schaft|lich|keit, die; -; **Ka|me|rad|schafts|ehe; Ka|me|rad|schafts|geist,** der; -[e]s
Ka|me|ra|ein|stel|lung; Ka|me|ra|fahrt; Ka|me|ra|frau; Ka|me|ra|füh|rung; Ka|me|ra|leu|te Plur.
Ka|me|ra|list, der; -en, -en ⟨griech.⟩ (Fachmann auf dem Gebiet der Kameralistik)
Ka|me|ra|lis|tik, die; - (bei staatswirtschaftlichen Abrechnungen gebrauchtes System des Rechnungswesens)
Ka|me|ra|lis|tin; ka|me|ra|lis|tisch; Ka|me|ral|wis|sen|schaft
Ka|me|ra|mann Plur. ...männer u. ...leute
Ka|me|ra|re|kor|der, Ka|me|ra|re|cor|der (Kamera, mit der Videofilme aufgenommen [u. abgespielt] werden können)
Ka|me|ra|schwenk; Ka|me|ra|team; ka|me|ra|über|wacht; Ka|me|ra-

Kampfscheidung

über|wa|chung; Ka|me|ra|ver|schluss

Ka|me|run *auch* ...'ru:n] (Staat im Westen Zentralafrikas); Ka|me|ru|ner; Ka|me|ru|ne|rin; ka|me|ru|nisch

ka|mie|ren, ka|mi|lnie|ren ⟨ital.⟩ (*Fechten* die gegnerische Klinge mit der eigenen umgehen)

Ka|mi|ka|ze, der; -[s], -[s] ⟨jap.⟩ (jap. Kampfflieger im 2. Weltkrieg, der sich mit seinem Flugzeug auf das feindliche Ziel stürzte)

Ka|mil|la *vgl.* Camilla

Ka|mil|le, die; -, -n ⟨griech.⟩ (eine Heilpflanze); Ka|mil|len|öl; Ka|mil|len|tee

Ka|mil|lia|ner, der; -s, - ⟨nach dem Ordensgründer Camillo de Lellis⟩ (Angehöriger eines Krankenpflegerordens); Ka|mil|lia|ne|rin (Angehörige einer Frauengemeinschaft, die sich der Krankenpflege widmet)

Ka|mil|lo *vgl.* Camillo

Ka|min, der; *die, schweiz. meist* das; -s, -e ⟨griech.⟩ (offene Feuerstelle mit Rauchabzug; *landsch. für* Schornstein; *Alpinistik* steile u. enge Felsenspalte)

Ka|min|fe|ger (*landsch., schweiz.*); Ka|min|fe|ge|rin; Ka|min|feu|er

¹ka|mi|nie|ren (*Alpinistik* im Kamin klettern)

²ka|mi|nie|ren *vgl.* kamieren

Ka|min|keh|rer (*landsch.*); Ka|min|keh|re|rin; Ka|min|kleid (langes Hauskleid); Ka|min|sims

Ka|mi|sol, das; -s, -e ⟨franz.⟩ (*früher für* Unterjacke, Mieder)

Kamm, der; -[e]s, Kämme

kämm|bar; Kämm|bar|keit, die; -

Kämm|chen

Käm|mel|garn *vgl.* Kämelgarn

käm|meln ([Wolle] fein kämmen); ich kämm[e]le

käm|men; sich kämmen

Kam|mer, die; -, -n

Kam|mer|bul|le (*Soldatenspr.* Unteroffizier, der die Kleiderkammer unter sich hat)

Kam|mer|chen

Kam|mer|chor

Kam|mer|die|ner; Kam|mer|die|ne|rin

Käm|me|rei (Finanzverwaltung einer Gemeinde)

Käm|me|rer (Finanzverwalter einer Gemeinde)

Kam|mer|ge|richt

Käm|me|rin

Kam|mer|jä|ger; Kam|mer|jä|ge|rin

Kam|mer|jung|fer (*veraltet*); Kam|mer|jun|ker (*veraltet*)

Kam|mer|kon|zert

Kam|mer|lein

Käm|mer|ling (ein Wurzelfüßer)

Käm|mer|ling (*früher für* Kammerdiener)

Kam|mer|mu|sik; kam|mer|mu|si|ka|lisch; Kam|mer|mu|sik|fest; Kam|mer|mu|sik|fes|ti|val; Kam|mer|mu|sik|saal

Kam|mer|or|ches|ter

Kam|mer|rat *Plur.* ...räte (früherer Titel); Kam|mer|rä|tin; Kam|mer|saal

Kam|mer|sän|ger; Kam|mer|sän|ge|rin; Kam|mer|schau|spie|ler (*bes. österr.*); Kam|mer|schau|spie|le|rin

Kam|mer|sin|fo|nie, Kam|mer|sym|pho|nie

Kam|mer|spiel (in einem kleinen Theater aufgeführtes Stück mit wenigen Rollen); Kam|mer|spie|le *Plur.* (kleines Theater)

Kam|mer|sym|pho|nie *vgl.* Kammersinfonie

Kam|mer|ton, der; -[e]s (Normalton zum Einstimmen der Instrumente)

Kam|mer|zo|fe

Kamm|fett (vom Kamm des Pferdes)

Kamm|garn; Kamm|garn|spin|ne|rei

Kamm|gras

Kamm|griff, der; -[e]s (*Turnen*)

Kamm|grind, der; -[e]s (eine Geflügelkrankheit)

Kamm|la|ge

Kamm|ling (Abfall von Kammgarn)

Kamm|ma|cher, Kamm-Ma|cher; Kamm|ma|che|rin, Kamm-Ma|che|rin

Kamm|ma|schi|ne, Kamm-Ma|schi|ne

Kamm|molch, Kamm-Molch

Kamm|mu|schel, Kamm-Mu|schel

Kamm|weg

Ka|mor|ra *vgl.* Camorra

Kamp, der; -s, Kämpe ⟨lat.⟩ (*norddt. für* abgegrenztes Stück Land)

Kam|pa|gne [...'panjə], die; -, -n ⟨franz.⟩ (polit. Aktion; *Wirtsch.* Hauptbetriebszeit; *veraltet für* milit. Feldzug)

Kam|pa|la (Hauptstadt von Uganda)

Kam|pa|ni|en (ital. Region)

Kam|pa|ni|le, der; -, -[s], -[s] ⟨ital.⟩ (frei stehender Glockenturm [in Italien])

Käm|pe, der; -n, -n (*scherzh., sonst veraltet für* Kämpfer, Krieger)

Kam|pe|lei (*landsch.*); kam|peln, sich (*landsch. für* sich balgen; sich streiten, zanken); ich kamp[e]le mich mit ihm

Kam|pe|sche|holz (nach dem Staat Campeche in Mexiko) (Färbeholz)

Käm|pe|vi|se, die; -, -r *meist Plur.* ⟨dän.⟩ (skand., bes. dänische Ballade des Mittelalters mit Stoffen aus der Heldensage)

Kampf, der; -[e]s, Kämpfe; Kampf ums Dasein

Kampf|ab|stim|mung; Kampf|an|sa|ge; Kampf|an|zug (*Militär*); Kampf|bahn (*für* Stadion); Kampf|be|gier[|de], die; -; kampf|be|reit; Kampf|be|reit|schaft; kampf|be|tont; Kampf|ein|satz

kämp|fen

Kamp|fer, der; -s ⟨sanskr.⟩ (eine in Medizin u. chem. Industrie verwendete harzartige Masse)

¹Kämp|fer (Kämpfender)

²Kämp|fer, der; -s, - (*Archit.* Gewölbeauflage)

Kämp|fe|rin

kämp|fe|risch; Kämp|fer|na|tur

Kamp|fer|öl

kampf|er|probt; kampferprobte Soldaten

Kämp|fer|spi|ri|tus, der; -

Kampf|fes|lärm, Kampf|lärm; Kampf|fes|lust, Kampf|lust, die; -

kampf|fä|hig; Kampf|fä|hig|keit, die; -

Kampf|fisch

Kampf|flie|ger; Kampf|flie|ge|rin; Kampf|flug|zeug

Kampf|ge|biet

Kampf|ge|fähr|te; Kampf|ge|fähr|tin

Kampf|geist, der; -[e]s

Kampf|ge|nos|se; Kampf|ge|nos|sin

Kampf|grup|pe; Kampf|hahn; Kampf|hand|lung; Kampf|hub|schrau|ber; Kampf|hund; Kampf|jet [...dʒɛt]; Kampf|kan|di|da|tur; Kampf|kraft; Kampf|lärm, Kampf|fes|lärm

Kampf|läu|fer (ein Vogel)

kampf|los

Kampf|lust, Kampf|fes|lust, die; -

Kampf|mann|schaft (*österr. für* im Wettkampf eingesetzte Mannschaft)

Kampf|maß|nah|me *meist Plur.*

Kampf|mo|ral; Kampf|pan|zer; Kampf|pau|se; Kampf|platz

Kampf|preis (*Wirtsch.*)

Kampf|rich|ter; Kampf|rich|te|rin

Kampf|schei|dung (*schweiz. für* nicht einvernehmliche Scheidung)

Kampfspiel

Kampf|spiel *(Sport);* **Kampf|sport;
Kampf|sport|art; kampf|stark
Kampf|stoff
Kampf|tag** *(bes. Sport)*
**Kampf|tech|nik
Kampf|trin|ken,** das; -s *(ugs. für das Trinken großer Mengen von Alkohol um die Wette);* **Kampf|trin|ker; Kampf|trin|ke|rin
Kampf|trup|pe; kampf|un|fä|hig;
Kampf|un|fä|hig|keit,** die; -
Kampf|wahl *(schweiz. für in Form einer Kampfabstimmung erfolgende Wahl)*
**Kampf|ziel; Kampf|zo|ne
kam|pie|ren** ⟨franz.⟩ *([im Freien] lagern; ugs. für wohnen, hausen)*
Kam|pu|chea [...'tʃe:a], **Kam|pu|t-schea** *(zeitweiliger Name von Kambodscha)*
Kam|sin, der; -s, -e ⟨arab.⟩ *(heißtrockener Sandwind in der ägyptischen Wüste)*
Kamt|scha|da|le, der; -n, -n *(Bewohner von Kamtschatka);* **Kamt|scha|da|lin
Kamt|schat|ka** *(eine nordostasiatische Halbinsel)*
Ka|muf|fel, das; -s, - *Schimpfwort, svw.* **Dummkopf**
Ka|mut®, der; -s ⟨ägyptisch-amerik.⟩ *(eine alte Getreideart)*
Ka|na *(bibl. Ort);* Hochzeit zu Kana
Ka|na|an *(das vorisraelitische Palästina);* **ka|na|a|nä|isch; Ka|na|a|ni|ter; Ka|na|a|ni|te|rin; ka|na|a|ni|tisch**
Ka|na|da *(Bundesstaat in Nordamerika)*
Ka|na|da|bal|sam, der; -s
Ka|na|di|er *(Bewohner von Kanada; auch offenes Sportboot);* **Ka|na|die|rin; ka|na|disch;** *aber* ↑D 140: *der Kanadische Schild (Festlandskern Nordamerikas)*
Ka|nail|le, Ca|naille [...'nalja, österr. ...'najj(ə)], die; -, -n ⟨franz.⟩ *(Schurke; nur Sing.: veraltet für Gesindel)*
Ka|na|ke, der; -n, -n ⟨polynes.⟩ *(Ureinwohner der Südseeinseln; Ausspr. meist* [...'na...]: *derb abwertend für Migrant);* **Ka|na|kin**
Ka|nal, der; -s, ...näle ⟨ital.⟩ *(Sing. auch für Ärmelkanal)*
Ka|nal|bau *Plur.* ...bauten
Ka|nal|bün|de|lung *(EDV)*
Ka|näl|chen *(kleiner Kanal)*
**Ka|nal|de|ckel; Ka|nal|ge|bühr
Ka|nal|in|seln** *Plur.* (Inselgruppe vor der Küste Nordfrankreichs im Ärmelkanal)
Ka|na|li|sa|ti|on, die; -, -en *(Anlage zur Ableitung der Abwässer);* **ka|na|li|sie|ren** *(eine Kanalisation bauen; schiffbar machen; übertr. für in eine bestimmte Richtung lenken);* **Ka|na|li|sie|rung**
Ka|nal|netz; Ka|nal|schacht; Ka|nal|schleu|se; Ka|nal|sys|tem; Ka|nal|tun|nel *(unter dem Ärmelkanal)*
ka|na|nä|isch, Ka|na|ni|ter, Ka|na|ni|te|rin, ka|na|ni|tisch *usw. vgl.* kanaanäisch *usw.*
Ka|na|pee, Ca|na|pé [österr. ...'pe:], das; -s, -s ⟨franz.⟩ *(veraltend für Sofa; meist Plur.: pikant belegte [geröstete] Weißbrotscheibe)*
Ka|na|ren *Plur. (Kanarische Inseln)*
Ka|na|ri, der; -s, - ⟨südd., österr. ugs. für Kanarienvogel);* **Ka|na|rie,** die; -, -n *(fachspr. für Kanarienvogel);* **ka|na|ri|en|gelb** (hellgelb); **Ka|na|ri|en|vo|gel**
Ka|na|ri|er *(Bewohner der Kanarischen Inseln);* **Ka|na|rie|rin; ka|na|risch; Ka|na|ri|sche In|seln** *Plur.* (Inselgruppe vor der Nordwestküste Afrikas)
Kan|da|har-Ren|nen, Kan|da|harren|nen ⟨nach dem Earl of Kandahar⟩ *(jährl. stattfindendes Skirennen);* ↑D 136
Kan|da|re, die; -, -n ⟨ung.⟩ *(Gebissstange des Pferdes);* jmdn. an die Kandare nehmen (streng behandeln)
Kan|del, der; -s, -n *od.* die; -, -n *(landsch. für [Dach]rinne)*
Kan|de|la|ber, der; -s, - ⟨franz.⟩ *(Ständer für Kerzen od. Lampen)*
kan|deln *(landsch. für auskehlen);* ich kand[e]le
Kan|del|zu|cker *(landsch. für Kandis[zucker])*
Kan|di|dat, der; -en, -en ⟨lat.⟩ *(in der Prüfung Stehender; [Amts]bewerber, Anwärter, Abk.* cand.); Kandidat der Medizin *(Abk.* cand. med.); Kandidat des [lutherischen] Predigtamtes *(Abk.* cand. [rev.] min. *od.* c. r. m.); *vgl.* Doktor
**Kan|di|da|ten|lis|te; Kan|di|da|tin;
Kan|di|da|tur,** die; -, -en (Bewerbung [um ein Amt o. Ä.])
kan|di|die|ren (sich [um ein Amt o. Ä.] bewerben)
Kan|di|do|se *vgl.* Candidose
Kan|di|dus *vgl.* Candidus

kan|die|ren ⟨arab.⟩ ([Früchte] durch Zucker haltbar machen)
Kan|dins|ky [...ki] ⟨russ. Maler⟩
Kan|dis, der; - ⟨arab.⟩, **Kan|dis|zu|cker** (an Fäden auskristallisierter Zucker); **Kan|di|ten** *Plur. (bes. österr. für überzuckerte Früchte; Süßigkeiten)*
Ka|neel, der; -s, -e ⟨sumer.⟩ (beste Zimtsorte); **Ka|neel|blu|me**
Ka|ne|pho|re, die; -, -n ⟨griech.⟩ *(Archit.* weibliche Figur als Gebälkträger)
Ka|ne|vas, der; *Gen. -* u. -ses, *Plur.* - u. -se ⟨franz.⟩ (Gittergewebe; Akt- u. Szeneneinteilung der ital. Stegreifkomödie); **ka|ne|vas|sen** (aus Kanevas)
Kang|chen|dzön|ga [kaŋtʃɛnˈdʒaŋga, *auch* keŋ...], der; - (Berg im Himalaja)
Kän|gu|ru, das; -s, -s ⟨austral.⟩ (ein Beuteltier); **Kän|gu|ru|ta|sche** (auf Sweatshirts o. Ä. vorn aufgesetzte Tasche)
Ka|ni|den *Plur.* ⟨lat.⟩ *(Zool.:* Sammelbez. für Hunde u. hundeartige Tiere)
Ka|nin, das; -s, -e ⟨iber.⟩ (Kaninchenfell)
**Ka|nin|chen; Ka|nin|chen|züch|ter;
Ka|nin|chen|zücht|le|rin**
Ka|nis|ter, der; -s, - ⟨sumer.-ital.⟩ (tragbarer Behälter für Flüssigkeiten)
Kan|ker, der; -s, - ⟨griech.⟩ *(svw.* Weberknecht)
Kan|na *vgl.* Canna
Kan|nä, das; -, - ⟨nach dem Schlachtort des Altertums in Italien: Cannae) *(geh. für vernichtende Niederlage)*
Kan|na|da, das; -[s] (eine Sprache in Indien); *vgl. aber* Kanada
Kann|be|stim|mung, Kann-Be|stim|mung
**Känn|chen
Kan|ne,** die; -, -n
Kan|ne|gie|ßer *(veraltend iron. für* polit. Schwätzer); **Kan|ne|gie|ße|rin; kan|ne|gie|ßern;** ich kannegießere; **ge|kan|ne|gie|ßert**
Kän|nel, der; -s, - *(bes. schweiz. für Dachrinne)*
kan|ne|lie|ren *(Archit.* mit Kannelüren versehen); **Kan|ne|lie|rung**
Kän|nel|koh|le, die; - ⟨engl.; dt.⟩ (eine Steinkohlenart)
Ka|ne|lur, der; -s, -en ⟨sumer.-franz.⟩, **Kan|ne|lü|re,** die; -, -n *(Archit.* senkrechte Rille am Säulenschaft; Hohlkehle)

Kantönligeist

Kan|ne[n]|bä|cker|land, das; -[e]s (Landschaft im Westerwald)
Kan|nen|pflan|ze (eine insektenfressende Pflanze)
kan|nen|wei|se
Kan|ni|ba|le, der; -n, -n ⟨span.⟩ (Menschenfresser); **Kan|ni|ba|lin**; **kan|ni|ba|lisch**; **kan|ni|ba|li|sie|ren** (Jargon einer Sache [ungewollt] sehr schaden, indem eine andere verstärkt betrieben wird); **Kan|ni|ba|lis|mus**, der; - (Menschenfresserei; Zool. das Auffressen von Artgenossen)
Kan|nit|ver|stan, der; -s, Plur. -s u. -e ⟨niederl., »kann nicht verstehen«; nach einer Figur bei J. P. Hebel⟩ (Mensch, der von etw. Bestimmtem nichts versteht)
Kann|kind, **Kann-Kind** (ugs. für Kind, das vorzeitig eingeschult werden kann)
kann|te vgl. kennen
Kann|vor|schrift, **Kann-Vor|schrift**
Ka|noldt (dt. Maler)
¹**Ka|non**, der; -s, -s ⟨semit.-griech.-alban.⟩ (Richtschnur; Regel; Lied, bei dem mehrere Stimmen nacheinander mit der Melodie einsetzen; Liste der kirchl. anerkannten bibl. Schriften; in der kath. Liturgie das Hochgebet der Eucharistie; kirchenamtl. Verzeichnis der Heiligen, kirchenrechtliche Norm [fachspr. Plur. Kanones]; Verzeichnis mustergültiger Schriftsteller)
²**Ka|non**, die; - (alter Schriftgrad)
Ka|no|na|de, die; -, -n ⟨sumer.-franz.⟩ (Geschützfeuer)
Ka|no|ne, die; -, -n ⟨sumer.-ital.⟩ (Geschütz; ugs. für Pistole, Revolver; Könner)
Ka|no|nen|boot; **Ka|no|nen|boot|po|li|tik**, die; - (Demonstration militärischer Macht [durch Entsendung von Kriegsschiffen] zur Durchsetzung politischer Ziele)
Ka|no|nen|don|ner; **Ka|no|nen|feu|er**; **Ka|no|nen|fut|ter** (ugs. abwertend); **Ka|no|nen|ku|gel**; **Ka|no|nen|öf|chen**; **Ka|no|nen|rohr**; **Ka|no|nen|schlag** (ein Feuerwerkskörper); **Ka|no|nen|schuss**
Ka|no|nier, der; -s, -e ⟨sumer.-franz.⟩ (Soldat, der ein Geschütz bedient); **ka|no|nie|ren** (ugs. auch für kraftvoll schießen, werfen); **Ka|no|nie|rin**
Ka|no|nik, die; - ⟨sumer.-lat.⟩ (Name der Logik bei Epikur)
Ka|no|ni|kat, das; -[e]s, -e (Amt, Würde eines Kanonikers); **Ka|no|ni|ker**, der; -s, -, **Ka|no|ni|kus**, der; -, ...ker (Mitglied eines geistl. Kapitels, Chorherr)
Ka|no|ni|sa|ti|on, die; -, -en ⟨kath. Kirche⟩ Heiligsprechung
ka|no|nisch (den ¹Kanon betreffend, ihm gemäß; mustergültig; kanonisches Recht ↑D 89
ka|no|ni|sie|ren (heiligsprechen, in den ¹Kanon aufnehmen)
Ka|no|nis|se, die; -, -n ⟨sumer.-franz.⟩, **Ka|no|nis|sin**, die; -, -nen (Stiftsdame)
Ka|no|nist, der; -en, -en ⟨sumer.-lat.⟩ (Lehrer des kanon. Rechtes); **Ka|no|nis|tin**
Ka|no|pe, die; -, -n ⟨griech.⟩ (altägyptische u. etruskische Urne)
Ka|no|pos vgl. ¹Kanopus
¹**Ka|no|pus** (antiker Name eines Ortes an der Nilmündung)
²**Ka|no|pus**, Ca|no|pus, der; - (ein Stern)
Kä|no|zo|i|kum, das; -s ⟨griech.⟩ (Geol. Erdneuzeit [Tertiär u. Quartär]); **kä|no|zo|isch**
Kan|sas (Staat in den USA; Abk. KS)
Kant (dt. Philosoph); Kant-Gesellschaft ↑D 136
kan|ta|bel ⟨ital.⟩ (Musik sangbar; gesanglich vorgetragen); ...a|bles Spiel; **Kan|ta|bi|li|tät**, die; - ⟨lat.⟩ (Musik gesanglicher Ausdruck; melod. Schönheit)
Kan|ta|b|rer [auch 'ka...], der; -s, - (Angehöriger eines alten iber. Volkes); **Kan|ta|b|re|rin**; **kan|ta|b|risch**; aber ↑D 140: das Kantabrische Gebirge
Kan|tar, der od. das; -s, -e ⟨lat.-arab.⟩ (altes Gewichtsmaß im Mittelmeerraum; 5 Kantar
¹**Kan|ta|te**, die; -, -n ⟨lat.⟩ (mehrteiliges, von Instrumenten begleitetes Gesangsstück für eine Solostimme od. Solo- u. Chorstimmen)
²**Kan|ta|te**, Can|ta|te (»singet!«) (vierter Sonntag nach Ostern)
Kan|te, die; -, -n; etw. auf die hohe Kante legen (sparen); sich die Kante geben (ugs. für sich betrinken)
Kan|tel, die; -, -n (Holzstück mit quadratischem od. rechteckigem Querschnitt)
kan|ten (rechtwinklig behauen; auf die Kante stellen)
Kan|ten, der; -s, - (bes. nordd. für Brotrinde; Anschnitt od. Endstück eines Brotes)
Kan|ten|ball (Tischtennis)
Kan|ten|ge|schie|be (Geol.)
Kan|ten|win|kel (Kristallogr.)
¹**Kan|ter**, der; -s, - (Gestell [für Fässer]; Verschlag)
²**Kan|ter** [auch 'ke...], der; -s, - ⟨engl.⟩ (Reitsport leichter, kurzer Galopp)
kan|tern (kurz galoppieren); ich kantere; **Kan|ter|nie|der|la|ge** (schweiz. für schwere Niederlage); **Kan|ter|sieg** (Sport müheloser hoher Sieg)
Kant|ha|ken (ein kurzer Eisenhaken); jmdn. beim Kanthaken kriegen (ugs. für jmdn. gehörig zurechtweisen)
Kan|tha|ri|de, der; -n, -n meist Plur. ⟨griech.⟩ (Zool. Weichkäfer); **Kan|tha|ri|den|pflas|ter** (Med.); **Kan|tha|ri|din**, fachspr. Can|tha|ri|din, das; -s (Drüsenabsonderung bestimmter Insekten)
Kant|holz
Kan|ti|a|ner (Schüler, Anhänger Kants); **Kan|ti|a|ne|rin**
kan|tig
Kan|ti|le|ne, die; -, -n ⟨ital.⟩ (gesangartige, getragene Melodie)
Kan|til|le [auch ...'tɪljə], die; -, -n ⟨lat.-franz.⟩ (gedrehter, vergoldeter od. versilberter Draht [für Tressen u. Borten])
Kan|ti|ne, die; -, -n ⟨franz.⟩ (Speisesaal in Betrieben, Kasernen o. Ä.); **Kan|ti|nen|es|sen**; **Kan|ti|nen|kost**; **Kan|ti|nen|wirt**; **Kan|ti|nen|wir|tin**; **Kan|ti|neur** [...'nø:ɐ̯], der; -s, -e (österr. für Kantinenwirt); **Kan|ti|neu|rin**
kan|tisch ⟨zu Kant⟩; die kantischen Werke

K
Kant

¹**Kan|ton** (chin. Stadt)
²**Kan|ton**, der; -s, -e ⟨franz.⟩ (Bundesland der Schweiz [Abk. Kt.]; Bezirk, Kreis in Frankreich u. Belgien); **kan|to|nal** (den Kanton betreffend)
Kan|to|nal|bank Plur. ...banken
kan|to|na|li|sie|ren (der Verantwortung des Kantons unterstellen)
Kan|to|ni|e|re, die; -, -n ⟨ital.⟩ (Straßenwärterhaus in den italienischen Alpen)
kan|to|nie|ren ⟨franz.⟩ (veraltet für Truppen in Standorte legen)
Kan|to|nist, der; -en, -en (veraltet für ausgehobener Rekrut); unsicherer Kantonist (ugs. für unzuverlässiger Mensch); **Kan|to|nis|tin**
Kan|tön|li|geist, der; -[e]s ⟨schweiz. abwertend für Kirchturmpolitik, Lokalpatriotismus⟩

Kantonnement

Kan|ton|ne|ment [...'māː, *schweiz. auch* ...'mɛnt], das; -s, -s *u.* (bei deutscher Aussprache:) -[e]s, -e (*schweiz., sonst veraltet für* Truppenunterkunft)
kan|tons|ei|gen; Kan|tons|ge|richt; Kan|tons|haupt|stadt; Kan|tons|par|la|ment; Kan|tons|po|li|zei; Kan|tons|rat *Plur.* ...räte; **Kan|tons|rä|tin; kan|tons|rät|lich; Kan|tons|re|gie|rung; Kan|tons|schu|le** (kantonale höhere Schule); **Kan|tons|spi|tal**
Kan|tor, der; -s, ...oren ⟨lat.⟩ (Vorsänger im gregorian. Choral; Leiter des Kirchenchores, Organist); **Kan|to|rat**, das; -[e]s, -e (Amt eines Kantors); **Kan|to|rei** (ev. Kirchenchor); **Kan|to|ren|amt; Kan|to|rin**
Kant|schu, der; -s, -s ⟨türk.⟩ (Riemenpeitsche)
Kant|stein (*nordd. für* Bordstein)
Kan|tus, der; -, -se ⟨lat.⟩ (*Verbindungsw.* Gesang)
Kant|wurst (*österr. für* eine Dauerwurst)

K
Kant

Ka|nu [*österr.* ...'nuː], das; -s, -s ⟨karib.⟩ (leichtes Boot der Indianer; Einbaum; *zusammenfassende Bez. für* Kajak *u.* Kanadier)
Ka|nü|le, die; -, -n ⟨sumer.-franz.⟩ (Röhrchen; Hohlnadel)
Ka|nu|sla|lom
Ka|nu|te, der; -n, -n ⟨karib.⟩ (*Sport* Kanufahrer); **Ka|nu|tin**
Kan|zel, die; -, -n ⟨lat.⟩; **Kan|zel|red|ner; Kan|zel|red|ne|rin; Kan|zel|ton**, der; -[e]s
kan|ze|ro|gen (*svw.* karzinogen); **kan|ze|rös** (*Med.* krebsartig)
Kanz|lei (Büro eines Anwalts od. einer Behörde)
Kanz|lei|aus|druck *Plur.* ...drücke; **Kanz|lei|be|am|te; Kanz|lei|be|am|tin; kanz|lei|mä|ßig; Kanz|lei|spra|che; Kanz|lei|stil**, der; -[e]s
Kanz|ler
Kanz|ler|amt; Kanz|ler|amts|mi|nis|ter; Kanz|ler|amts|mi|nis|te|rin
Kanz|ler|bo|nus (*Jargon* Vorteil für erneut kandidierende Bundeskanzler bei Wahlen)
Kanz|le|rin; Kanz|le|rin|nen|bo|nus
Kanz|ler|kan|di|da|tin; Kanz|ler|kan|di|da|tur
Kanz|ler|mehr|heit (*Jargon* Mehrheit, die eine Stimme mehr als die Hälfte der Bundestagsmitglieder ausmacht); **Kanz|ler|run|de; Kanz|ler|schaft**, die; -
Kanz|list, der; -en, -en (*veraltet für* Schreiber, Angestellter in einer Kanzlei); **Kanz|lis|tin**

Kan|zo|ne, die; -, -n ⟨ital.⟩ (Gedichtform; Gesangstück; Instrumentalkomposition)
Ka|o|lin, das *od.* der (*fachspr. nur so*); -s, *Plur.* (Sorten:) -e ⟨chin.-franz.⟩ (Porzellanerde); **Ka|o|lin|er|de** (*svw.* Kaolin)
Kap, das; -s, -s ⟨niederl.⟩ (Vorgebirge); Kap der Guten Hoffnung (an der Südspitze Afrikas); Kap Hoorn (Südspitze Südamerikas)
Kap. = Kapitel (Abschnitt)
Ka|paun, der; -s, -e (kastrierter Masthahn); **ka|pau|nen** (*svw.* kapaunisieren); kapaunt; **ka|pau|ni|sie|ren** (Hähne kastrieren)
Ka|pa|zi|tät, die; -, -en ⟨lat.⟩ (Aufnahmefähigkeit, Fassungsvermögen; hervorragender Fachmann, Experte)
Ka|pa|zi|täts|aus|las|tung; Ka|pa|zi|täts|er|wei|te|rung
ka|pa|zi|tiv (*Physik* auf die [elektr.] Kapazität bezüglich)
Ka|pa|zun|der, der; -s, - (*österr. scherzh.* Koryphäe, Kapazität)
Kap Ca|na|ve|ral [- kəˈnɛvərəl] (amerik. Raketenstartplatz)
Ka|pee ⟨franz.⟩; *nur in* schwer von Kapee sein (*ugs. für* begriffsstutzig sein)
Ka|pel|lan, der; -s, -e ⟨franz.⟩ (ein Lachsfisch, Lodde)
Ka|pel|la, Ca|pel|la, die; - ⟨lat.⟩ (ein Stern)
¹Ka|pel|le, die; -, -n ⟨lat.⟩ (kleiner kirchl. Raum; Orchester)
²Ka|pel|le, *älter* Ku|pel|le, die; -, -n ⟨lat.⟩ (*fachspr. für* Tiegel)
Ka|pell|meis|ter; Ka|pell|meis|te|rin
¹Ka|per, die; -, -n *meist Plur.* ⟨griech.⟩ ([eingelegte] Blütenknospe des Kapernstrauches)
²Ka|per, der; -s, - ⟨niederl.⟩ (*früher für* Kaperschiff; Freibeuter)
Ka|per|brief
Ka|pe|rei (*früher für* Aufbringung feindlicher u. Konterbande führender neutraler Handelsschiffe); **Ka|per|fahrt; Ka|per|gut; Ka|per|krieg**
ka|pern; ich kapere
Ka|per|na|um, *ökum.* Ka|far|na|um (bibl. Ort)
Ka|pern|so|ße, **Ka|pern|sau|ce; Ka|pern|strauch**
Ka|per|schiff (*früher*); **Ka|pe|rung**
Ka|pe|tin|ger [*auch* 'ka...], der; -s, - (Angehöriger eines franz. Königsgeschlechtes); **Ka|pe|tin|ge|rin**

ka|pie|ren ⟨lat.⟩ (*ugs. für* fassen, begreifen, verstehen)
ka|pil|lar ⟨lat.⟩ (haarfein, z. B. von Blutgefäßen)
Ka|pil|lar|ana|ly|se (*Chemie*)
Ka|pil|la|re, die; -, -n (Haargefäß, kleinstes Blutgefäß; Haarröhrchen); **Ka|pil|lar|ge|fäß; Ka|pil|la|ri|tät**, die; - (*Physik* Verhalten von Flüssigkeiten in engen Röhren); **Ka|pil|lar|mi|k|ro|s|ko|pie**, die; - (*Med.* mikroskopische Untersuchung der Kapillaren)
ka|pi|tal ⟨lat.⟩ (sehr groß, gewaltig); ein kapitaler Hirsch
Ka|pi|tal, das; -s, *Plur.* -e *u.*, *österr. nur*, -ien (Vermögen; Geldsumme)
Ka|pi|täl, das; -s, -e (*seltener für* Kapitell)
Ka|pi|tal|an|la|ge; Ka|pi|tal|auf|sto|ckung; Ka|pi|tal|aus|fuhr
Ka|pi|tal|band, Kap|tal|band, das; -[e]s, ...bänder (Schutz- u. Zierband am Buchrücken)
Ka|pi|tal|be|darf; Ka|pi|tal|be|tei|li|gung; Ka|pi|tal|be|trag; Ka|pi|tal|bil|dung
Ka|pi|tal|buch|sta|be (Großbuchstabe); **Ka|pi|täl|chen** (lat. Großbuchstabe in der Größe eines kleinen Buchstabens)
Ka|pi|ta|le, die; -, -n ⟨franz.⟩ (*veraltet für* Hauptstadt)
Ka|pi|tal|eig|ner; Ka|pi|tal|eig|ne|rin; Ka|pi|tal|er|hö|hung; Ka|pi|tal|er|trag; Ka|pi|tal|er|trag[s]|steu|er; Ka|pi|tal|ex|port
Ka|pi|tal|feh|ler (besonders schwerer Fehler)
Ka|pi|tal|flucht, die; -; **Ka|pi|tal|ga|ran|tie** (*Wirtsch.*)
Ka|pi|tal|ge|ber; Ka|pi|tal|ge|be|rin
ka|pi|tal|ge|deckt; kapitalgedeckte Rente; **Ka|pi|tal|ge|sell|schaft; Ka|pi|tal|ge|winn**
Ka|pi|tal|hil|fe (*Wirtsch.*)
Ka|pi|tal|hirsch (*Jägerspr.*)
ka|pi|tal|in|ten|siv (viel Kapital erfordernd)
Ka|pi|tal|in|ves|ti|ti|on
Ka|pi|ta|li|sa|ti|on, die; -, -en (Umwandlung eines laufenden Ertrags od. einer Rente in einen einmaligen Betrag); **ka|pi|ta|li|sie|ren; Ka|pi|ta|li|sie|rung**
Ka|pi|ta|lis|mus, der; - (Wirtschafts- u. Gesellschaftsordnung, deren treibende Kraft das Gewinnstreben Einzelner ist)
Ka|pi|ta|list, der; -en, -en (*oft abwertend für* Vertreter des

Kapitalismus); Ka|pi|ta|lis|tin;
ka|pi|ta|lis|tisch
Ka|pi|tal|kraft, die; -; **ka|pi|tal|kräf-**
tig
Ka|pi|tal|le|bens|ver|si|che|rung
Ka|pi|tal|lü|cke
Ka|pi|tal|markt
Ka|pi|tal|quo|te (Wirtsch.); **Ka|pi-**
tal|re|ser|ve; Ka|pi|tal|sum|me
Ka|pi|tal|ver|bre|chen (schweres
Verbrechen)
Ka|pi|tal|ver|kehr; Ka|pi|tal|ver|tre-
ter (Vertreter des Kapitalgeber
im Aufsichtsrat eines Unterneh-
mens); **Ka|pi|tal|ver|tre|te|rin; Ka-**
pi|tal|zins Plur. ...zinsen
Ka|pi|tän, der; -s, -e ⟨ital.-franz.⟩;
Ka|pi|tä|nin
Ka|pi|tän|leut|nant; Ka|pi|täns|ka|jü-
te; Ka|pi|täns|pa|tent
Ka|pi|tel, das; -s, - ⟨lat.⟩
([Haupt]stück, Abschnitt [Abk.
Kap.]; geistl. Körperschaft);
Kapitel XII: **ka|pi|tel|fest** ⟨ugs.
für fest im Wissen⟩
Ka|pi|tell, das; -s, -e ⟨lat.⟩ (Archit.
oberer Säulen-, Pfeilerabschluss)
ka|pi|teln ⟨lat.⟩ (landsch. für aus-
schelten); ich kapit[e]le
Ka|pi|tel|saal (Sitzungssaal im
Kloster); **Ka|pi|tel|über|schrift**
Ka|pi|tol, das; -s (Burg Alt-Roms;
Kongresspalast in Washington);
ka|pi|to|li|nisch ↑D 89: die kapito-
linischen Gänse, aber ↑D 150: der
Kapitolinische Hügel
Ka|pi|tu|lant, der; -en, -en ⟨lat.⟩
(jmd., der kapituliert); **Ka|pi|tu-**
lan|tin
Ka|pi|tu|lar, der; -s, -e (Mitglied
eines Kapitels, z. B. Domherr)
Ka|pi|tu|la|ri|en Plur. (Gesetze u.
Verordnungen der karoling.
Könige)
Ka|pi|tu|la|ti|on, die; -, -en ⟨franz.⟩
(Übergabe [einer Truppe od.
einer Festung], Aufgabe; Über-
gabevertrag); **ka|pi|tu|lie|ren**
(sich ergeben, aufgeben)
Kap|la|ken, das; -s ⟨niederl.⟩
(Seemannsspr. veraltet für dem
Kapitän zustehende Sonderver-
gütung)
Ka|p|lan, der; -s, ...pläne ⟨lat.⟩
(kath. Hilfsgeistlicher)
Kapp|land, das; -[e]s (svw. Kappro-
vinz)
¹**Ka|po,** der; -s, -s (Kurzform von
franz. caporal) (Unteroffizier;
Häftling eines Konzentrations-
lagers, der ein Arbeitskommando
leitete; österr. auch für
Vorarbeiter)

²**Ka|po,** die; - (schweiz.; kurz für
Kantonspolizei)
Ka|po|das|ter, der; -s, - ⟨ital.⟩ (bei
Lauten u. Gitarren über alle Sai-
ten reichender, auf dem Griff-
brett verschiebbarer Bund)
Ka|pok, der; -s ⟨malai.⟩ (Samenfa-
ser des Kapokbaumes, ein Füll-
material); **Ka|pok|baum** (Baum
der tropischen Regenwälder)
ka|po|res ⟨hebr.-jidd.⟩ (ugs. für ent-
zwei); nur in kapores gehen,
sein
Ka|po|si|sar|kom ↑D 136 ⟨nach dem
österr.-ung. Hautarzt Moritz
Kaposi⟩ (Med. ein [bei Aidspati-
enten häufiger auftretender]
Hautkrebs)
Ka|pot|te, die; -, -n ⟨franz.⟩ (um die
Jahrhundertwende getragener
Damenhut); **Ka|pott|hut**
Kap|pa, das; -[s], -s (griech. Buch-
stabe: Κ, κ)
Kap|pa|do|ki|en usw. vgl. Kappado-
zien usw.; **Kap|pa|do|zi|en** (Land-
schaft in der Türkei); **Kap|pa|do-**
zi|er; Kap|pa|do|zi|e|rin; kap|pa-
do|zisch
Kapp|beil (Seemannsspr.)
Käpp|chen
Kap|pe, die; -, -n ⟨lat.⟩
kap|pen (abschneiden; abhauen)
Kap|pen|abend (eine Faschingsver-
anstaltung)
Kap|pes, Kap|pus, der; - ⟨lat.⟩
(westd. für Weißkohl)
Kapp|hahn (Kapaun)
Käpp|pi, das; -s, -s (kleine, längliche
[Uniform]mütze); **Käpp|lein**
Kapp|naht (doppelt genähte Naht)
Kap|pro|vinz, die; - (größte Provinz
der Republik Südafrika)
Kap|pung
Kap|pus vgl. Kappes
Kapp|zaum ⟨ital.⟩ (Reitsport Half-
terzaum ohne Mundstück)
Kapp|zie|gel (luftdurchlässiger
Dachziegel)
Ka|p|ri|ce [...sə] vgl. Caprice
Ka|p|ri|o|le, die; -, -n ⟨ital.⟩ (närri-
scher Einfall, Streich; Luft-
sprung; Reitsport besonderer
Sprung der Hohen Schule); **ka|p-**
ri|o|len (selten für Kapriolen
machen)
Ka|p|ri|ze, die (österr. für Caprice)
ka|p|ri|zie|ren, sich ⟨franz.⟩ (veral-
tend für eigensinnig auf etwas
bestehen)
ka|p|ri|zi|ös (launenhaft, eigenwil-
lig)
Ka|p|riz|pols|ter, der (österr. ugs.
veraltet für ein kleines Kissen)

Ka|p|run (Gemeinde in Österreich)
Kap|sel, die; -, -n; **Käp|sel|chen**
kap|sel|för|mig; kap|se|lig, kaps|lig
kap|seln (EDV Code u. Daten eines
Programmteils zu einer Einheit
zusammenfassen, um die Daten
vor dem Zugriff anderer Pro-
grammteile zu schützen); ich
kaps[e]le
Kap|sel|riss (Med.)
Kap|se|lung (Technik)
Kap|si|kum, das; -s ⟨lat.⟩ (span.
Pfeffer)
kaps|lig, kap|se|lig
Kap|stadt (Hauptstadt der Kap-
provinz; Sitz des Parlaments der
Republik Südafrika)
Kap|tal, das; -s, -e ⟨lat.⟩ (Kapital-
band); **Kap|tal|band** vgl. Kapital-
band
Kap|tein, der; -s, -s, **Käp|ten,** der;
-s, -s, **Käpt'n,** der; -[s], -s (nordd.
ugs. für Kapitän)
Kap|ti|on, die; -, -en ⟨lat.⟩ (veraltet
für Fangfrage; verfänglicher
Trugschluss); **kap|ti|ös** (veraltet
für verfänglich)
Ka|put, der; -s, -e ⟨roman.⟩
(schweiz. für Soldatenmantel)
ka|putt ⟨franz.⟩; kaputt sein
ka|putt drü|cken, ka|putt|drü|cken
ka|putt|ge|hen, kaputtgegangen
ka|putt|heit, die; - (ugs.)
ka|putt|la|chen, sich; wir haben
uns kaputtgelacht
ka|putt ma|chen, ka|putt|ma|chen;
Spielzeug kaputt machen od.
kaputtmachen; aber nur sich
kaputtmachen (sich aufreiben)
ka|putt schla|gen, ka|putt|schla|gen
ka|putt|spa|ren; sich kaputtsparen;
kaputtgespart
ka|putt tre|ten, ka|putt|tre|ten
Ka|pu|ze, die; -, -n ⟨ital.⟩ (an einen
Mantel od. eine Jacke angearbei-
tete Kopfbedeckung)
Ka|pu|zi|ner, der; -s, - ⟨ital.⟩ (Ange-
höriger eines kath. Ordens;
österr. auch für Kaffee mit
wenig Milch)
Ka|pu|zi|ner|af|fe; Ka|pu|zi|ne|rin;
Ka|pu|zi|ner|kres|se
Ka|pu|zi|ner|mönch; Ka|pu|zi|ner|or-
den, der; -s; Abk. O. [F.] M. Cap.
(vgl. d.)
Ka|pu|zi|ner|pre|digt (scharfe Straf-
predigt)
Kap Ver|de (Staat, der die Kapver-
dischen Inseln umfasst); **Kap-**
ver|den Plur. (Kapverdische
Inseln; bes. schweiz. neben Kap
Verde)
Kap|ver|di|er ⟨zu Kapverden⟩,

Kap-Verdier

Kap-Ver|di|er, Kap Ver|di|er ⟨zu Kap Verde⟩; **Kap|ver|di|e|rin,** Kap-Ver|di|rin, Kap Ver|di|e|rin **kap|ver|disch**

Kap|ver|di|sche In|seln Plur. (Inselgruppe vor der Westküste Afrikas); ↑D 140

Kap|wein (Wein aus der Kapprovinz)

Kar, das; -[e]s, -e (Mulde [an vergletscherten Hängen])

Ka|ra|bi|ner, der; -s, - ⟨franz.⟩ (kurzes Gewehr; österr. auch für Karabinerhaken)

Ka|ra|bi|ner|ha|ken (federnder Verschlusshaken)

Ka|ra|bi|ni|e|re [...'nje:], der; -s, -s ([urspr. mit Karabiner ausgerüsteter] Reiter; Jäger zu Fuß)

Ka|ra|bi|ni|e|re vgl. Carabiniere

Ka|ra|cho [...xo], das; -s ⟨span.⟩ (ugs. für große Geschwindigkeit, Tempo); mit Karacho

Ka|rä|er, der; -s, - ⟨hebr.⟩ (Angehöriger einer jüd. Sekte); **Ka|rä|e|rin**

Ka|raf|fe, die; -, -n ⟨arab.-franz.⟩ ([geschliffene] bauchige Glasflasche [mit Glasstöpsel]); **Ka|raf|fi|ne,** die; -, -n (veraltet, noch landsch. für kleine Karaffe)

Ka|ra|gös, der; - ⟨türk.⟩ (Hanswurst im türk. Schattenspiel)

Ka|ra|i|be usw. vgl. Karibe usw.

Ka|ra|jan ['ka(:)...], Herbert von (österr. Dirigent)

Ka|ra|kal, der; -s, Plur. -s u. -e ⟨turkotatar.⟩ (Wüstenluchs)

Ka|ra|kal|pa|ke, der; -n, -n (Angehöriger eines Turkvolkes); **Ka|ra|kal|pa|kin**

Ka|ra|ko|rum [auch ...'rʊm], der; -[s] (Hochgebirge in Mittelasien)

Ka|ra|kul|schaf ⟨nach dem See im Hochland von Pamir⟩ (Fettschwanzschaf, dessen Lämmer den Persianerpelz liefern)

Ka|ra|kum, die; - (Wüstengebiet in Turkmenistan)

Ka|ram|bo|la|ge [...ʒə], die; -, -n ⟨franz.⟩ (ugs. für Zusammenstoß; Billard Treffer [durch Karambolieren])

Ka|ram|bol|le, die; -, -n (eine tropische Frucht, Sternfrucht; Billard roter Ball)

ka|ram|bo|lie|ren (ugs. für zusammenstoßen; Billard mit dem Spielball die beiden anderen Bälle treffen)

Ka|ra|mell, der, schweiz. auch das; -s ⟨franz.⟩ (gebrannter Zucker)

Ka|ra|mell|bier

Ka|ra|mell|bon|bon

Ka|ra|mel|le, die; -, -n meist Plur. (Bonbon mit Zusatz aus Milch[produkten])

ka|ra|mel|li|sie|ren (Zucker[lösungen] trocken erhitzen; Karamell zusetzen); **Ka|ra|mell|pud|ding; Ka|ra|mell|zu|cker**

Ka|ra|o|ke, das; -[s] ⟨jap.⟩ (Veranstaltung, bei der Laien zur Instrumentalmusik eines Schlagers den Text singen)

Ka|ra|see, die; - ⟨nach dem Fluss Kara⟩ (Teil des Nordpolarmeers)

Ka|rat, das; -[e]s, -e ⟨griech.⟩ (Gewichtseinheit von Edelsteinen; Maß der Feinheit einer Goldlegierung); 24 Karat

Ka|ra|te, das; -[s] ⟨jap.⟩ (sportliche Methode der waffenlosen Selbstverteidigung); **Ka|ra|te|ka,** der; -[s], -[s] u. die; -, -[s] (jmd., der Karate betreibt); **Ka|ra|te|kämp|fer; Ka|ra|te|kämp|fe|rin**

...ka|rä|ter (z. B. Zehnkaräter, mit Ziffern 10-Karäter ↑D 29); **...ka|rä|tig,** österr. auch **...ka|ra|tig** (z. B. zehnkarätig; mit Ziffern 10-karätig ↑D 29)

Ka|ra|tschi (pakistanische Hafenstadt)

Ka|rau|sche, die; -, -n ⟨lit.⟩ (ein karpfenartiger Fisch)

Ka|ra|vel|le, die; -, -n ⟨niederl.⟩ (mittelalterl. Segelschiff)

Ka|ra|wa|ne, die; -, -n ⟨pers.⟩ (durch Wüsten u. Ä. ziehende Gruppe von Reisenden)

Ka|ra|wa|nen|füh|rer; Ka|ra|wa|nen|füh|re|rin; Ka|ra|wa|nen|han|del; Ka|ra|wa|nen|stra|ße; Ka|ra|wa|nen|zug

Ka|ra|wan|ken Plur. (Berggruppe im südöstl. Teil der Alpen)

Ka|ra|wan|se|rei ⟨pers.⟩ (Unterkunft für Karawanen)

Kar|bat|sche, die; -, -n ⟨türk.⟩ (Riemenpeitsche)

¹**Kar|bid,** das; -[e]s ⟨lat.⟩ (Kalziumkarbid)

²**Kar|bid,** chem. fachspr. Car|bid, das; -[e]s, -e (Verbindung aus Kohlenstoff u. einem Metall od. Bor od. Silicium)

Kar|bid|lam|pe

kar|bo... (kohlen...); **Kar|bo...** (Kohlen...)

Kar|bol, das; -s (ugs. für Karbolsäure); **Kar|bo|li|ne|um,** das; -s (Imprägnierungs- u. Schädlingsbekämpfungsmittel)

Kar|bol|säu|re, die; - (veraltet für ein Desinfektionsmittel)

Kar|bon, das; -s (Geol. Steinkohlenformation)

Kar|bo|na|de, die; -, -n ⟨franz.⟩ (landsch. für gebratenes Rippenstück)

Kar|bo|na|do, der; -s, -s ⟨span.⟩ (svw. ¹Karbonat)

Kar|bo|na|ri Plur. ⟨ital.⟩ (Angehörige eines im 19. Jh. für die Freiheit u. Einheit Italiens eintretenden Geheimbundes)

¹**Kar|bo|nat,** der; -[e]s, -e ⟨lat.⟩ (eine Diamantenart)

²**Kar|bo|nat,** fachspr. Car|bo|nat, das; -[e]s, -e (Salz der Kohlensäure)

Kar|bon|fa|ser, fachspr. meist Car|bon|fa|ser

Kar|bo|ni|sa|ti|on, die; - (Verkohlung, Umwandlung in ²Karbonat); **kar|bo|nisch** (Geol. das Karbon betreffend); **kar|bo|ni|sie|ren** (verkohlen lassen, in ²Karbonat umwandeln; Zelluloseste in Wolle durch Schwefelsäure od. andere Chemikalien zerstören)

Kar|bon|pa|pier (selten für Kohlepapier)

Kar|bon|säu|re, fachspr. meist Car|bon|säu|re (eine organ. Säure)

Kar|bo|rund, das; -[e]s (Carborundum®; ein Schleifmittel)

Kar|bun|kel, der; -s, - (Häufung dicht beieinanderliegender Furunkel)

kar|bu|rie|ren (Technik die Leuchtkraft von Gasgemischen durch Zusatz von Kohlenstaub o. Ä. steigern)

Kar|da|mom, der od. das; -s, -e[n] Plur. selten ⟨griech.⟩ (ein scharfes Gewürz)

Kar|dan|an|trieb (nach dem Erfinder G. Cardano) (Technik); **Kar|dan|ge|lenk** (Verbindungsstück zweier Wellen, das Kraftübertragung unter wechselnden Winkeln ermöglicht)

kar|da|nisch; kardanische Aufhängung (Vorrichtung, die Schwankungen der aufgehängten Körper ausschließt)

Kar|dan|tun|nel (im Kraftfahrzeug); **Kar|dan|wel|le** (Antriebswelle mit Kardangelenk)

Kar|dät|sche, die; -, -n ⟨ital.⟩ (grobe [Pferde]bürste); vgl. aber Kartätsche; **kar|dät|schen** (striegeln); du kardätschst; vgl. aber kartätschen

Kar|de, die; -, -n ⟨lat.⟩ (eine distelähnliche, krautige Pflanze; Tex-

tiltechnik eine Maschine zum Aufteilen von Faserbüscheln)
Kar|deel, das; -s, -e ⟨niederl.⟩ (*Seemannsspr.* Strang einer Trosse)
kar|den, kar|die|ren ⟨lat.⟩ (rauen, kämmen [von Wolle])
Kar|den|dis|tel; Kar|den|ge|wächs
kar|di... usw. *vgl.* kardi[o]... usw.
Kar|di|a|kum, das; -s, ...ka ⟨griech.-lat.⟩ (*Med.* herzstärkendes Mittel); **kar|di|al** ⟨griech.⟩ (*Med.* das Herz betreffend); **Kar|di|al|gie**, die; -, ...ien (*Med.* Magenkrampf; Herzschmerzen)
kar|die|ren *vgl.* karden
kar|di|nal ⟨lat.⟩ (*veraltet für* grundlegend; hauptsächlich)
Kar|di|nal, der; -s, ...näle (Titel der höchsten katholischen Würdenträger nach dem Papst)
Kar|di|nal... (Haupt...; Grund...)
Kar|di|na|le, das; -[s], ...lia *meist Plur.* (*veraltet für* Grundzahl)
Kar|di|nal|far|be
Kar|di|nal|feh|ler; Kar|di|nal|fra|ge; Kar|di|nal|pro|b|lem; Kar|di|nal|punkt
Kar|di|nals|hut; Kar|di|nals|kol|le|gi|um; Kar|di|nals|kon|gre|ga|ti|on (eine Hauptbehörde der päpstlichen Kurie); **Kar|di|nals|man|tel**
Kar|di|nals|staats|se|kre|tär
Kar|di|nals|wür|de
Kar|di|nal|tu|gend
Kar|di|nal|vi|kar (päpstlicher Generalvikar von Rom)
Kar|di|nal|zahl (Grundzahl, z. B. null, eins, zwei)
kar|di[o]... ⟨griech.⟩ (herz...; magen...); **Kar|di[o]...** (Herz...; Magen...)
Kar|dio|graf, Kar|dio|graph, der; -en, -en (*Med.* Gerät zur Aufzeichnung des Herzrhythmus)
Kar|dio|gramm, das; -s, -e (*Med.* Herzrhythmuskurve)
Kar|di|o|i|de, die; -, -n (*Math.* [herzförmige] Kurve)
Kar|dio|lo|ge, der; -n, -n (*Med.* Facharzt für Kardiologie); **Kar|dio|lo|gie**, die; - (*Med.* Lehre vom Herzen u. den Herzkrankheiten); **Kar|dio|lo|gin**
kar|dio|lo|gisch (*Med.*)
Kar|dio|spas|mus, der; -, ...men (*Med.* Krampf des Mageneinganges); **Kar|di|tis**, die; -, ...itiden (*Med.* entzündliche Erkrankung des Herzens)
Ka|re|li|en (nordosteuropäische Landschaft)
Ka|re|li|er, der; -s, - (Angehöriger eines finnischen Volksstammes); **Ka|re|li|e|rin; ka|re|lisch**
Ka|ren (w. Vorn.)
Ka|renz, die; -, -en ⟨lat.⟩ (Wartezeit, Sperrfrist; Enthaltsamkeit, Verzicht; *österr. auch für* unbezahlter Urlaub, Elternzeit); **Ka|renz|geld** (*svw.* Karenzurlaubsgeld)
ka|ren|zie|ren (*österr. für* unbezahlten Urlaub freistellen)
Ka|renz|ur|laub (*österr. für* unbezahlter Urlaub, Elternzeit); **Ka|renz|ur|laubs|geld** (*österr. veraltet*); **Ka|renz|zeit**
Ka|rer (Bewohner Kariens); **Ka|re|rin**
ka|res|sie|ren ⟨franz.⟩ (*veraltet für* liebkosen; schmeicheln)
Ka|ret|te, die; -, -n ⟨franz.⟩ (Meeresschildkröte); **Ka|rett|schild|krö|te**
Ka|rez|za, die; - ⟨ital.⟩ (Koitus, bei dem der Samenerguss vermieden wird)
Kar|fi|ol, der; -s ⟨ital.⟩ (*österr. für* Blumenkohl)
Kar|frei|tag (Freitag vor Ostern); **Kar|frei|tags|li|tur|gie**
Kar|fun|kel, der; -s, - ⟨lat.⟩ (*volkstüml. für* roter Granat; *ugs. auch für* Karbunkel); **kar|fun|kel|rot; Kar|fun|kel|stein**
karg, karger (*auch* kärger), kargste (*auch* kärgste)
Kar|ga|deur [...'døːɐ̯] ⟨span.-franz.⟩, **Kar|ga|dor** ⟨span.⟩, der; -s, -e (*Seew.* Begleiter einer Schiffsladung, der den Transport bis zur Übergabe an den Empfänger überwacht)
kar|gen (*geh. für* sehr sparsam sein); **Karg|heit**, die; -
kärg|lich; Kärg|lich|keit, die; -
Ka|ri|be, der; -n, -n (Angehöriger einer indian. Sprachfamilie u. Völkergruppe in Mittel- u. Südamerika)
Ka|ri|bik, die; - (Karibisches Meer mit den Antillen)
ka|ri|bin
ka|ri|bisch; *aber* ↑D 140: das Karibische Meer
Ka|ri|bu, das; -s, -s ⟨indian.⟩ (kanadisches Ren)
Ka|ri|en (historische Landschaft in Kleinasien)
ka|rie|ren ⟨franz.⟩ (*selten für* mit Würfelzeichnung mustern, kästeln)
ka|riert (gewürfelt, gekästelt); rot karierter *od.* rotkarierter Stoff
Ka|ri|es, die; - ⟨lat.⟩ (*Med.* Zerstörung der harten Zahnsubstanz bzw. von Knochengewebe)
Ka|ri|ka|tur, die; -, -en ⟨ital.⟩ (Zerr-, Spottbild, kritische od. satirische Darstellung); **Ka|ri|ka|tu|ren|zeich|ner; Ka|ri|ka|tu|ren|zeich|ne|rin; Ka|ri|ka|tu|rist**, der; -en, -en; **Ka|ri|ka|tu|ris|tin; ka|ri|ka|tu|ris|tisch; ka|ri|kie|ren**
Ka|rin (w. Vorn.)
Ka|ri|na, Ca|ri|na (w. Vorn.)
ka|rio|gen ⟨lat.; griech.⟩ (*Med.* Karies hervorrufend); **ka|ri|ös** ⟨lat.⟩ (*Med.* von Karies befallen); kariöse Zähne
ka|risch (aus Karien)
Ka|ri|sche Meer, das; -n -[e]s (ältere Bez. der Karasee)

Charisma

Das Substantiv stammt aus dem Griechischen und wird, obwohl häufig mit [k-] ausgesprochen, wie das Herkunftswort mit *Ch*- geschrieben.

Ka|ri|tas, die; - ⟨lat.⟩ (Nächstenliebe; Wohltätigkeit); *vgl.* Caritas; **ka|ri|ta|tiv** (wohltätig)
kar|ju|ckeln (*landsch. für* gemächlich umherfahren); ich karjuck[e]le
Kar|kas|se, die; -, -n ⟨franz.⟩ (*Technik* fester Unterbau [eines Fahrzeugreifens]; *Gastron.* Gerippe von zerlegtem Geflügel, Wild od. Fisch)
Karl (m. Vorn.)
Kar|la (w. Vorn.)
Karl-Heinz, Karl|heinz, Karl Heinz (m. Vorn.)
kar|lin|gisch (*für* karolingisch)
Kar|list, der; -en, -en (Anhänger der spanischen Thronanwärter mit Namen Don Carlos); **Kar|lis|tin**
Karl|mann (dt. m. Eigenn.)
Karl-Marx-Stadt (Name für Chemnitz [1953–1990])
Kar|lo|vy Va|ry [...vi...ri] (Kurort in Böhmen); *vgl.* Karlsbad
Karls|bad (*tschech.* Karlovy Vary); **Karls|ba|der** ↑D 141: Karlsbader Salz, Karlsbader Oblaten; **Karls|ba|de|rin**
Karls|kro|na [...'kroː...] (schwed. Hafenstadt)
Karls|preis (internationaler Preis der Stadt Aachen für Verdienste um die Einigung Europas)
Karls|ru|he (Stadt in Baden-Württemberg); **Karls|ru|her; Karls|ru|he|rin; Karls|ru|he-Rüp|purr**

K
Karl

Karlssage

Karls|sa|ge; Karls|sa|gen|kreis, der; -es

¹Karl|stadt (Stadt am Main)

²Karl|stadt (dt. Reformator)

Kar|ma[n], das; -s ⟨sanskr.⟩ (in östl. Religionen [z. B. im Hinduismus] das den Menschen bestimmende Schicksal)

¹Kar|mel, der; -[s] (Gebirgszug in Israel)

²Kar|mel, der; -s (Karmeliterkloster, -konvent, auch kurz für Karmeliterorden)

Kar|me|lit, der; -en, -en, Kar|me|li|ter, der; -s, - (Angehöriger eines kath. Ordens)

Kar|me|li|ter|geist, der; -[e]s (ein Heilkräuterdestillat)

Kar|me|li|te|rin, Kar|me|li|tin; Kar|me|li|ter|or|den; Kar|me|li|tin vgl. Karmeliterin

Kar|men, das; -s, ...mina ⟨lat.⟩ (veraltet für Fest-, Gelegenheitsgedicht)

Kar|me|sin ⟨pers.⟩ (svw. Karmin); kar|me|sin|rot (svw. karminrot)

Kar|min, das; -s ⟨franz.⟩ (ein roter Farbstoff); kar|min|rot; Kar|min|säu|re, die;

kar|mo|sie|ren ⟨arab.⟩ ([einen Edelstein] mit weiteren kleinen Steinen umranden)

¹Karn, die; -, -en ⟨nordd. für Butterfass⟩

²Karn, das; -s ⟨nach den Karnischen Alpen⟩ (Geol. eine Stufe der alpinen Trias)

Kar|nal|lit vgl. Carnallit

Kar|na|ti|on, die; - ⟨lat.⟩ (svw. Inkarnat)

Kar|nau|ba|wachs, das; -es ⟨indian.; dt.⟩ (ein Pflanzenwachs)

Kar|ne|ol, der; -s ⟨ital.⟩ (ein rot bis gelblich gefärbter Schmuckstein)

¹Kar|ner, ²Ker|ner, der; -s, - ⟨Archit. [Friedhofskapelle mit] Beinhaus⟩

²Kar|ner, der; -s, - (Angehöriger eines ehem. kelt. Volkes in den Karnischen Alpen); Kar|ne|rin

Kar|ne|val, der; -s, Plur. -e u. -s ⟨ital.⟩ (Fastnacht[szeit], Fasching)

Kar|ne|va|list, der; -en, -en; Kar|ne|va|lis|tin; kar|ne|va|lis|tisch

Kar|ne|vals|club vgl. Karnevalsklub

Kar|ne|vals|ge|sell|schaft, die; Kar|ne|vals|hoch|burg, die; Kar|ne|vals|klub, Kar|ne|vals|club; Kar|ne|vals|prinz; Kar|ne|vals|prin|zes|sin; Kar|ne|vals|schla|ger; Kar|ne|vals|tru|bel; Kar|ne|vals|ver|an|stal|tung; Kar|ne|vals|ver|ein; Kar|ne|vals|zeit; Kar|ne|vals|zug

Kar|ni|ckel, das; -s, - ⟨landsch. für Kaninchen⟩

Kar|nies, das; -es, -e ⟨roman.⟩ (Archit. Leiste od. Gesims mit s-förmigem Querschnitt); Kar|nie|se, selten Kar|ni|sche, die; -, -n ⟨österr. für Gardinenleiste⟩

kar|nisch ⟨zu ²Karn⟩ (Geol.); ↑D 140: die Karnischen Alpen

Kar|ni|sche vgl. Karniese

kar|ni|vor ⟨lat.⟩ (fleischfressend)

¹Kar|ni|vo|re, der; -n, -n (fleischfressendes Tier)

²Kar|ni|vo|re, die; -, -[n], -n (fleischfressende Pflanze)

Kar|nöf|fel, der; -s, Kar|nüf|fel, das; -s (ein altes Kartenspiel)

Kärn|ten (österr. Bundesland); Kärn|te|ner; Kärn|te|ne|rin; kärn|tisch, kärnt|ne|risch; Kärnt|ner; Kärnt|ne|rin

Kar|nüf|fel vgl. Karnöffel

¹Ka|ro (Hundename)

²Ka|ro, das; -s, -s ⟨franz.⟩ (Raute, [auf der Spitze stehendes] Viereck; nur Sing.: eine Spielkartenfarbe); Ka|ro|ass, Ka|ro-Ass [auch 'ka:...], das; -es, -e

Ka|ro|be vgl. Karube

Ka|ro|hemd

Ka|ro|la [auch 'ka:...] (w. Vorn.)

Ka|ro|li|ne (w. Vorn.)

Ka|ro|li|nen Plur. (Inselgruppe im Pazifischen Ozean)

Ka|ro|lin|ger, der; -s, - (Angehöriger eines fränk. Herrschergeschlechtes); Ka|ro|lin|ger|reich; Ka|ro|lin|ger|zeit, die; -; ka|ro|lin|gisch; karolingische Minuskel (alte Schriftart) ↑D 89

ka|ro|li|nisch (auf einen der fränk. Herrscher mit dem Namen Karl bezüglich)

Ka|ros|se, die; -, -n ⟨franz.⟩ (Prunkwagen; kurz für Staatskarosse, ugs. für Karosserie)

Ka|ros|se|rie, die; -, ...ien (Wagenoberbau, -aufbau [von Kraftfahrzeugen]); Ka|ros|se|rie|bau|er vgl. ¹Bauer; Ka|ros|se|rie|bau|e|rin; Ka|ros|se|seur [...sø:ɐ̯] ⟨österr. amtl. für Karosseriebauer⟩; Ka|ros|seu|rin [...'sø:...]

Ka|ros|sier [...'sie:], der; -s, -s (Karosserieentwerfer; veraltet für Kutschpferd); Ka|ros|sie|re|rin (Karosserieentwerferin); ka|ros|sie|ren (mit einer Karosserie versehen)

Ka|ro|tin, fachspr. Ca|ro|tin, das; -s, -e ⟨lat.⟩ (ein gelbroter Farbstoff in Pflanzenzellen)

Ka|ro|tis, die; -, ...iden ⟨griech.⟩ (Med. Kopf-, Halsschlagader)

Ka|rot|te, die; -, -n ⟨niederl.⟩ (eine Mohrrübenart); Ka|rot|ten|beet

Ka|rot|ten|ho|se (lange Hose mit stark betonter Hüftweite u. sehr enger Fußweite)

Kar|pa|ten Plur. (Gebirge in Mitteleuropa); kar|pa|tisch

Kar|pell, das; -s, Plur. ...pelle u. ...pella ⟨nlat.⟩ (Bot. die Samenanlage tragender Teil der Blüte; Fruchtblatt)

Karp|fen, der; -s, - (ein Fisch); Karp|fen|teich; Karp|fen|zucht

Kar|po|lo|gie, die; - (Lehre von den Pflanzenfrüchten)

Kar|ra|geen, Kar|ra|gheen [...'ge:n], das; -[s] ⟨nach dem irischen Ort Carrageen ['kɛrəɡiːn]⟩ (ein Heilmittel aus getrockneten Algen)

kar|ra|risch (svw. carrarisch)

Kärr|chen

¹Kar|re, die; -, -n, auch u. österr. nur Kar|ren, der; -s, -

²Kar|re, die; -, -n meist Plur. (Geol. Rinne, Furche in Kalkgestein)

Kar|ree, das; -s, -s ⟨franz.⟩ (Viereck; bes. österr. für Rippenstück)

kar|ren (mit einer Karre befördern)

Kar|ren vgl. ¹Karre

Kar|ren|feld (Geol.)

Kar|re|te, die; -, -n ⟨ital.⟩ (bes. ostmitteld. für schlechter Wagen)

Kar|ret|te [auch 'ka:...], die; -, -n ⟨schweiz. für Schubkarren⟩

Kar|ri|e|re, die; -, -n ⟨franz.⟩ ([erfolgreiche] Laufbahn; schnellste Gangart des Pferdes); Kar|ri|e|re|be|ra|ter; Kar|ri|e|re|be|ra|te|rin

Kar|ri|e|re|coach; Kar|ri|e|re|coa|chin; Kar|ri|e|re|coa|ching; Kar|ri|e|re|frau (auch abwertend)

kar|ri|e|re|geil (salopp abwertend); Kar|ri|e|re|kil|ler (ugs.); Kar|ri|e|re|knick; Kar|ri|e|re|lei|ter, die; die Karriereleiter erklimmen; Kar|ri|e|re|ma|cher (meist abwertend); Kar|ri|e|re|ma|che|rin; Kar|ri|e|re|mes|se; Kar|ri|e|re|netz|werk; Kar|ri|e|re|plan; Kar|ri|e|re|por|tal (EDV); Kar|ri|e|re|sprung

Kar|ri|e|ris|mus, der; - (abwertend für rücksichtsloses Streben nach beruflichem Erfolg); Kar|ri|e|rist, der; -en, -en (abwertend für rücksichtsloser Karrieremacher); Kar|ri|e|ris|tin; kar|ri|e|ris|tisch

Kar|ri|ol, das; -s, -s, **Kar|ri|o|le,** die; -, -n ⟨franz.⟩ ⟨*veraltet für* leichtes, zweirädriges Fuhrwerk mit Kasten; Briefpostwagen⟩; **kar|ri|o|len** ⟨*veraltet für* mit Karriol[post] fahren⟩; *übertr. für* umherfahren, drauflosfahren⟩

Kärr|ner ⟨*veraltet für* Arbeiter, der harte körperliche Arbeit verrichten muss⟩; **Kärr|ner|ar|beit**

Karosserie
Obwohl *Karosserie* auf das lateinische carrus (= Wagen) zurückgeht, wird es im Deutschen schon seit Langem nur mit einem *r* geschrieben.

Kar|sams|tag (Samstag vor Ostern)
¹**Karst,** der; -[e]s, -e ⟨*landsch. u. schweiz. für* zweizinkige Erdhacke⟩
²**Karst,** der; -[e]s, -e ⟨*nur Sing.*: Teil der Dinarischen Alpen; Geol. durch Wasser ausgelaugte, meist kahle Gebirgslandschaft aus Kalkstein od. Gips⟩
Kars|ten (m. Vorn.)
Karst|höh|le; kars|tig; Karst|land|schaft
kart. = kartoniert
Kart, der; -[s], -s ⟨engl.⟩ ⟨*kurz für* Gokart⟩
Kar|tät|sche, die; -, -n ⟨ital. (-franz.-engl.)⟩ ⟨*früher für* mit Bleikugeln gefülltes Artilleriegeschoss; Bauw. Brett zum Verreiben des Putzes⟩; *vgl. aber* Kardätsche; **kar|tät|schen** ⟨*früher für* mit Kartätschen schießen⟩; du kartätschst; *vgl. aber* kardätschen
Kar|tau|ne, die; -, -n ⟨ital.⟩ ⟨*früher für* großes Geschütz⟩
Kar|tau|se, die; -, -n ⟨Kartäuserkloster⟩; **Kar|täu|ser** (Angehöriger eines kath. Einsiedlerordens; ein Kräuterlikör); **Kar|täu|ser|ka|tze; Kar|täu|ser|kloß; Kar|täu|ser|mönch; Kar|täu|ser|nel|ke**
Kärt|chen
Kar|te, die; -, -n; alles auf eine Karte setzen; ↑D89: die Gelbe od. gelbe Karte, die Rote od. rote Karte (Sport); Karten spielen ↑D54
Kar|tei (Zettelkasten); **Kar|tei|kar|te; Kar|tei|kas|ten; Kar|tei|lei|che** ⟨*scherzh.*⟩; **Kar|tei|re|gis|ter; Kar|tei|schrank; Kar|tei|zet|tel**
Kar|tell, das; -s, -e ⟨franz.⟩ (Interessenvereinigung in der Industrie; Zusammenschluss von stud. Verbindungen mit gleicher Zielsetzung); **Kar|tell|amt; Kar|tell|ant,** der; -en, -en (Mitglied eines Kartells); **Kar|tell|lan|tin** ⟨selten⟩; **Kar|tell|be|hör|de; Kar|tell|bil|dung; Kar|tell|ge|richt** ⟨österr.⟩; **Kar|tell|ge|setz**
kar|tell|lie|ren (in Kartellen zusammenfassen); **Kar|tell|lie|rung**
Kar|tell|recht; kar|tell|recht|lich
Kar|tell|stra|fe; Kar|tell|ver|band; Kar|tell|ver|fah|ren; Kar|tell|wäch|ter ⟨Jargon⟩; **Kar|tell|wäch|te|rin**
kar|ten ⟨ugs. für Karten spielen⟩
Kar|ten|blatt; Kar|ten|block *vgl.* Block; **Kar|ten|brief; Kar|ten|haus**
Kar|ten|le|gen, das; -s; **Kar|ten|le|ger; Kar|ten|le|ge|rin; Kar|ten|schlä|ge|rin** ⟨ugs. für Kartenlegerin⟩
Kar|ten|schlüs|sel (Plastikkarte zum Öffnen elektronischer Türschlösser)
Kar|ten|slot (EDV)
Kar|ten|spiel; Kar|ten|te|le|fon; Kar|ten|trick; Kar|ten|[vor]|ver|kauf; Kar|ten|zeich|ner; Kar|ten|zeich|ne|rin
kar|te|si|a|nisch, kar|te|sisch ⟨nach R. Cartesius (= Descartes) benannt⟩; kartesianisches *od.* kartesisches Blatt (Math.); kartesianisches *od.* kartesisches Teufel *od.* Taucher ↑D89 u. 135
Kar|tha|ger, *veraltet* **Kar|tha|gi|ni|en|ser; Kar|tha|ge|rin,** *veraltet* **Kar|tha|gi|ni|en|se|rin; kar|tha|gisch; Kar|tha|go** (antike Stadt in Nordafrika)
Kar|tha|min, *fachspr.* Car|tha|min, das; -s ⟨arab.⟩ (roter Farbstoff)
kar|tie|ren ⟨franz.⟩ (Geogr. vermessen u. auf einer Karte darstellen; *auch für* in eine Kartei einordnen); **Kar|tie|rung**
Kar|ting, das; -s ⟨engl.⟩ (Ausübung des Gokartsports)
Kar|tof|fel, die; -, -n; Kartoffeln schälen, *aber* das Kartoffelschälen, *aber* das Kartoffelschälen; **Kar|tof|fel|acker; Kar|tof|fel|bo|vist, Kar|tof|fel|bo|fist; Kar|tof|fel|brei; Kar|tof|fel|brot**
Kar|tof|fel|chen
Kar|tof|fel|chip; Kar|tof|fel|ern|te; Kar|tof|fel|feu|er
Kar|tof|fel|hor|de; Kar|tof|fel|kä|fer; Kar|tof|fel|kloß; Kar|tof|fel|knö|del ⟨südd.⟩; **Kar|tof|fel|mehl**
Kar|tof|fel|mus; Kar|tof|fel|puf|fer; Kar|tof|fel|pü|ree; Kar|tof|fel|sack; Kar|tof|fel|sa|lat
Kar|tof|fel|scha|le; Kar|tof|fel|schnaps; Kar|tof|fel|stock, der; -[e]s ⟨schweiz. für Kartoffelbrei⟩; **Kar|tof|fel|sup|pe**
Kar|to|graf, Kar|to|graph, der; -en, -en (Landkartenzeichner; wissenschaftl. Bearbeiter einer Karte); **Kar|to|gra|fie, Kar|to|gra|phie,** die; - (Technik, Lehre, Geschichte der Herstellung von Karten[bildern]); **kar|to|gra|fie|ren,** kar|to|gra|phie|ren (auf Karten aufnehmen); **Kar|to|gra|fin,** Kar|to|gra|phin; **kar|to|gra|fisch,** kar|to|gra|phisch
Kar|to|gramm, das; -s, -e ⟨franz.; griech.⟩ (Darstellung statistischer Daten auf Landkarten)
Kar|to|graph, Kar|to|gra|phie usw. *vgl.* Kartograf, Kartografie
Kar|to|man|tie, die; - (Kartenlegekunst)
Kar|to|me|ter, das; -s, - (Kurvenmesser); **Kar|to|me|t|rie,** die; - (Kartenmessung)
Kar|ton [...'tõː, *auch, bes. südd., österr.* ...'toːn], der; -s, *Plur.* -s, *seltener* -e [...'toːnə] ⟨franz.⟩ ⟨*auch Kunstwiss.* Vorzeichnung zu einem [Wand]gemälde⟩; 5 Karton[s] Seife
Kar|to|na|ge [...ʒə], die; -, -n (Pappverpackung; Einbandart); **Kar|to|na|ge|ar|beit; Kar|to|na|gen|fa|brik; Kar|to|na|gen|ma|cher; Kar|to|na|gen|ma|che|rin**
kar|to|nie|ren (in Pappe [leicht] einbinden, steif heften); **kar|to|niert** (Abk. kart.)
Kar|to|thek, die; -, -en ⟨franz.; griech.⟩ (Kartei)
Kar|tu|sche, die; -, -n ⟨franz.⟩ (Militär Metallhülse [mit der Pulverladung] für Artilleriegeschosse; Kunstwiss. ovale Umrahmung der Königsnamen in altägyptischen Hieroglypheninschriften)
Ka|ru|be, Ka|ro|be, die; -, -n ⟨arab.⟩ (Johannisbrot)
Ka|run|kel, die; -, -n ⟨lat.⟩ (Med. kleine Warze aus gefäßreichem Bindegewebe)
Ka|rus|sell, das; -s, *Plur.* -s u. -e ⟨franz.⟩ (Drehgestell mit kleinen Pferden, Fahrzeugen, an Ketten aufgehängten Sitzen o. Ä.); **Ka|rus|sell|pferd**
kar|weel|ge|baut usw. *vgl.* kraweelgebaut usw.
Kar|wen|del, Kar|wen|del|ge|bir|ge, das; -s (Gebirgsgruppe der Tirolisch-Bayer. Kalkalpen)
Kar|wo|che (Woche vor Ostern)

Karyatide

Ka|ry|a|ti|de, die; -, -n ⟨griech.⟩ (*Archit.* w. Säulenfigur als Gebälkträgerin)

Ka|ry|op|se, die; -, -n ⟨griech.⟩ (*Bot.* Frucht der Gräser)

Kar|zer, der; -s, - ⟨lat.⟩ (*früher für* Schul-, Hochschulgefängnis; *nur Sing.:* verschärfter Arrest)

kar|zi|no|gen ⟨griech.⟩ (*Med.* Krebs[geschwülste] erzeugend); **Kar|zi|no|gen**, das; -s, -e (krebserregende Substanz)

Kar|zi|no|lo|gie, die; - (wissenschaftliche Erforschung der Krebserkrankungen)

Kar|zi|nom, das; -s, -e (Krebs[geschwulst]; *Abk.* Ca. [*für* Carcinoma]; **kar|zi|no|ma|tös** (krebsartig, von Krebs befallen); karzinomatöse Geschwulst

Kar|zi|no|se, die; -, -n (über den Körper verbreitete Krebsbildung)

Ka|sach, Ka|sak, der; -[s], -s (handgeknüpfter kaukasischer Teppich)

Ka|sa|che, der; -n, -n (Einwohner von Kasachstan); **Ka|sa|chin; ka|sa|chisch;** *aber* ↑**D 140**: die Kasachische Schwelle (mittelasiat. Berg- u. Hügellandschaft).

Ka|sach|s|tan (Staat in Mittelasien)
¹**Ka|sack** (dt. Schriftsteller)
²**Ka|sack**, der; -s, -s ⟨franz.⟩ (dreiviertellange Damenbluse)

Ka|sak *vgl.* Kasach

Ka|san (Stadt an der Wolga)

Ka|sa|t|schok, der; -s, -s ⟨russ.⟩ (ein russ. Volkstanz)

Kas|ba[h], die; -, -s *od.* Ksa̱|bi ⟨arab.⟩ (arab. Altstadtviertel in nordafrikanischen Städten)

Kasch, der; -s, **Ka̱|scha**, die; - ⟨russ.⟩ (Brei, Grütze)

ka|scheln (*landsch. für* [auf dem Eisbahn] schlittern); ich kasch[e]le

ka|schem|me, die; -, -n ⟨Romani⟩ (*abwertend für* Lokal mit schlechtem Ruf)

ka|schen (*ugs. für* ergreifen, verhaften); du kaschst

Ka̱|schen

Ka|scher *vgl.* Kescher

ka|schie|ren ⟨franz.⟩ (verdecken, verbergen; *Druckw.* überkleben; *Theater* nachbilden); **Ka|schie|rung**

¹**Kasch|mir** (Landschaft in Vorderindien)
²**Kasch|mir**, der; -s, -e (ein Gewebe); **Kasch|mi|rer; Kasch|mi|re|rin; Kasch|mi|ri**, der; -[s], -[s] *u.* die; -,

-[s] (Kaschmirer[in]); **kasch|mi|risch**

Kasch|mir|schal; Kasch|mir|wol|le

Kasch|nitz, Marie Luise (dt. Schriftstellerin)

Ka|schol|long, der; -s, -s ⟨mongol.⟩ (ein Schmuckstein)

Ka|schu|be, der; -n, -n (Angehöriger eines westslaw. Stammes); **Ka|schu|bin; ka|schu|bisch;** *aber* ↑**D 140**: die Kaschubische Schweiz (östlicher Teil des Pommerschen Höhenrückens [in Polen])

Kä|se, der; -s, -

Kä|se|auf|schnitt; Kä|se|be|rei|tung, die; -

Kä|se|blatt (*ugs. abwertend für* niveaulose [Provinz]zeitung)

Kä|se|ecke; Kä|se|fon|due; Kä|se|ge|bäck; Kä|se|glo|cke

Ka|se|in, das; -s, -e (Eiweißbestandteil der Milch)

Kä|se|krai|ner, die; -, - (*österr. für* eine Grillwurst)

Kä|se|ku|chen (Quarkkuchen)

Ka|sel, die; -, -n ⟨lat.⟩ (liturg. Messgewand)

Kä|se|laib

Ka|se|mat|te, die; -, -n ⟨franz.⟩ (*Militär* beschusssicherer Raum in Festungen; Geschützraum eines Kriegsschiffes); **ka|se|mat|tie|ren** (*Militär veraltet für* mit Kasematten versehen)

Kä|se|mes|ser, das; **Kä|se|mil|be**

kä|sen; du käst; er käs|te; die Milch käst (gerinnt, wird zu Käse)

¹**Ka̱|ser** (*landsch., bes. österr. für* Käser)
²**Ka̱|ser**, die; -, -n (*westösterr. mdal. für* Sennhütte)

Kä|ser (Facharbeiter in der Käseherstellung; *landsch. auch für* Käsehändler, *österr. o. Ä.*)

Kä|se|rei ([Betrieb für] Käseherstellung)

Kä|se|rin; Kä̱|se|rin

Kä|se|rin|de

Kai|ser|ne, die; -, -n ⟨franz.⟩; **Ka|ser|nen|block** *vgl.* Block

Ka|ser|nen|hof; Ka|ser|nen|hof|ton (lauter, herrischer Ton)

ka|ser|nie|ren; Ka|ser|nie|rung

Kä|se|sah|ne|tor|te; Kä|se|spätz|le; Kä|se|stan|ge; Kä|se|stoff (Kasein); **Kä|se|tor|te** (Quarktorte)

kä|se|weiß (*ugs. für* sehr bleich)

kä|sig

Ka|si|mir (m. Vorn.)

Ka|si|no *vgl.* Casino

Kas|ka|de, die; -, -n ⟨franz.⟩ ([künstlicher] stufenförmiger Wasserfall; *Artistik* Sturzsprung); **Kas|ka|den|för|mig**

Kas|ka|den|schal|tung (*Technik* Reihenschaltung gleichartiger Teile)

Kas|ka|deur [...ˈdøːɐ̯], der; -s, -e (Artist, der eine Kaskade ausführt); **Kas|ka|deu|rin**

Kas|ka|rill|rin|de ⟨span.; dt.⟩ (ein westind. Gewürz)

¹**Kas|ko**, der; -s, -s ⟨span.⟩ (*Seemannsspr.* Schiffsrumpf *od.* Fahrzeug [im Ggs. zur Ladung]; Spielart des Lombers)
²**Kas|ko**, die; -, -s (*ugs. für* Kaskoversicherung); **kas|ko|ver|si|chert; Kas|ko|ver|si|che|rung** (Versicherung gegen Schäden an Fahrzeugen)

Kas|no|cken *Plur.* (*west-, südösterr. für* Kasspätzle)

Kas|par (m. Vorn.)

Kas|pa|row, Garri (russ.-aserbaidschan. Schachspieler *u.* Bürgerrechtler)

Kas|per, der; -s, - (*auch ugs. für* alberner Kerl)

Kas|perl, der; -s, -[n]; *vgl.* Pickerl (*österr. nur so*); **Kas|per|le**, das *od.* der; -s, -; eine Geschichte mit ihrem Kasperle; **Kas|per|le|the|a|ter**

Kas|per|li, der; -[s], -[s]; *vgl.* Götti (*schweiz.*); **Kas|per|li|the|a|ter** (*schweiz.*)

kas|perln (*südd., österr. für* kaspern); ich kasperle, du kasperlst, er kasperlt; er hat gekasperlt

Kas|perl|the|a|ter (*österr.*)

kas|pern (*ugs. für* sich wie ein Kasper benehmen); ich kaspere; **Kas|per|the|a|ter**

Kas|pisch (*in geogr. Namen* ↑**D 140**); *z. B.* das Kaspische Meer; **Kas|pi|sche Meer**, das; -n -[e]s, **Kas|pi|see**, der; -s (östlich des Kaukasus)

Kas|sa, die; -, Kassen ⟨ital.⟩ (*österr. für* Kasse); *vgl.* per cassa

Kas|sa|buch (*österr. für* Kassenbuch); **Kas|sa|ge|schäft** (*Wirtsch., Börsenw.* Geschäft, das sofort *od.* kurzfristig erfüllt werden soll)

Kas|san|d|ra (*griech. Mythol.* eine Seherin, Tochter des Priamos); **Kas|san|d|ra|ruf** (*übertr. für* Unheil verheißende Warnung)

¹**Kas|sa|ti|on**, die; -, -en ⟨ital.⟩ (mehrsätziges instrumentales Musikstück im 18. Jh.)

Katabolismus

²**Kas|sa|ti|on**, die; -, -en ⟨lat.⟩, **Kas|sie|rung** (*Rechtsspr.*) Ungültigmachung einer Urkunde; Aufhebung eines gerichtlichen Urteils; *früher für* unehrenvolle Dienstentlassung)
Kas|sa|ti|ons|hof (*Rechtsspr.*) oberster Gerichtshof mancher romanischer Länder)
kas|sa|to|risch (*Rechtsspr.*) die Kassation betreffend)
Kas|sa|zah|lung ⟨ital.; dt.⟩ (Barzahlung)
Kas|se, die; -, -n ⟨ital.⟩ (Geldkasten, -vorrat; Zahlraum, -schalter; Bargeld); *vgl.* Kassa
Kas|sel (Stadt an der Fulda); **Kas|se|ler**, **Kas|sler**, Kas|se|la|ner; Kasseler Leberwurst
Kas|se|ler Braun, das; - -[s]
Kas|se|le|rin, Kas|sle|rin, Kas|se|la|ne|rin
Kas|se|ler Rip|pen|speer, das *od.* der; - -[e]s (gepökeltes Schweinebruststück mit Rippen)
Kas|sen|ab|rech|nung
Kas|sen|arzt; Kas|sen|ärz|tin
kas|sen|ärzt|lich
Kas|sen|bei|trag (*ugs.; kurz für* Krankenkassenbeitrag)
Kas|sen|be|leg; Kas|sen|be|stand;
Kas|sen|block; Kas|sen|bon
Kas|sen|bril|le (von der Krankenkasse bezahlte Brille)
Kas|sen|buch
Kas|sen|fül|ler (*ugs.*)
Kas|sen|la|ge; nach Kassenlage
Kas|sen|mag|net (*ugs. für* Person od. Sache, die ein großes zahlendes Publikum anzieht)
Kas|sen|pa|ti|ent; Kas|sen|pa|ti|en|tin
Kas|sen|prü|fer; Kas|sen|prü|fe|rin
Kas|sen|schal|ter; Kas|sen|schla|ger
Kas|sen|sturz (Feststellung des Kassenbestandes)
Kas|sen|ver|trag
Kas|sen|wart; Kas|sen|war|tin
Kas|sen|zet|tel
Kas|se|rol|le, die; -, -n, *landsch.*
Kas|se|rol, das; -s, -e ⟨franz.⟩ (Schmortopf, -pfanne)
Kas|set|te, die; -, -n ⟨franz.⟩ (verschließbares Kästchen für Wertsachen; *Archit.* vertieftes Feld; Schutzhülle für Bücher u. a.; Behältnis für Fotoplatten od. Filme)
Kas|set|ten|deck, das; -s, -s (Kassettenrekorder ohne Verstärker u. Lautsprecher)
Kas|set|ten|de|cke (*Archit.*)
Kas|set|ten film

Kas|set|ten|re|kor|der, **Kas|set|ten|re|cor|der**
kas|set|tie|ren (*Archit.* mit Kassetten versehen, täfeln)
Kas|sia usw. *vgl.* Kassie usw.
Kas|si|ber, der; -s, -e ⟨hebr.-jidd.⟩ (*Gaunerspr.* heimliches Schreiben zwischen Gefangenen)
Kas|si|de, die; -, -n ⟨arab.⟩ (eine arab. Gedichtgattung)
Kas|sie, Kas|sia, die; -, ...ien ⟨semit.⟩ (eine Heil- u. Gewürzpflanze); **Kas|si|en|baum**, Kas|sia|baum; **Kas|si|en|öl**, Kas|sia|öl, das; -[e]s
Kas|sier, der; -s, -e ⟨ital.⟩ (*österr., schweiz., südd.* häufig für Kassierer); **kas|sie|ren** (Geld einnehmen; [Münzen] für ungültig erklären; *ugs. für* wegnehmen; verhaften)
Kas|sie|rer; Kas|sie|re|rin
Kas|sie|rin (*österr., schweiz., südd.* häufig für Kassiererin)
Kas|sie|rung *vgl.* ²Kassation
¹**Kas|si|o|peia** (Mutter der Andromeda)
²**Kas|si|o|peia**, die; - ⟨griech.⟩ (ein Sternbild)
Kas|si|te, der; -n, -n (Angehöriger eines Gebirgsvolkes im Iran)
Kas|si|te|rit, der; -s, -e ⟨griech.⟩ (Zinnerz)
Kas|si|tin
Kass|ler *vgl.* Kasseler
Käs|spätz|le (*südd., österr. für* Käsespätzle)
Kas|ta|g|net|te [...ta'nje...], die; -, -n *meist Plur.* ⟨span.(-franz.)⟩ (kleines Rhythmusinstrument aus zwei Holzschälchen, die mit einer Hand aneinandergeschlagen werden)
Kas|ta|lia (griech. Nymphe); **Kas|ta|li|sche Quel|le**, die; -n - (am Parnass)
Kas|ta|nie, die; -, -n ⟨griech.⟩ (ein Baum, dessen Frucht); **Kas|ta|ni|en|baum**
kas|ta|ni|en|braun
Kas|ta|ni|en|holz; Kas|ta|ni|en|wald
Käst|chen
Kas|te, die; -, -n ⟨franz.⟩ (Gruppe in der hinduist. Gesellschaftsordnung; sich streng abschließende Gesellschaftsschicht)
kas|tei|en, sich (sich [zur Buße] Entbehrungen auferlegen; sich züchtigen); kasteit; **Kas|tei|ung**
Kas|tell, das; -s, -e ⟨lat.⟩ (fester Platz, Burg, Schloss [bes. in Südeuropa]; *früher* römische Grenzbefestigungsanlage); **Kas|tel|lan**,

der; -s, -e (Aufsichtsbeamter in Schlössern u. öffentl. Gebäuden); **Kas|tel|la|nei** (Schlossverwaltung); **Kas|tel|la|nin**
käs|teln (karieren); ich käst[e]le
Kas|ten, der; -s, *Plur.* Kästen, *selten* - (*südd., österr., schweiz. auch für* Schrank); **Kas|ten|brot**
Kas|ten|geist, der; -[e]s (*abwertend für* Standesdünkel)
Kas|ten|wa|gen
Kas|ten|we|sen, das; -s; **Kas|ten|zei|chen**
Kas|ti|li|a|ner; Kas|ti|li|a|ne|rin; Kas|ti|li|en (ehem. Königreich auf der Iberischen Halbinsel); **Kas|ti|li|er; Kas|ti|li|e|rin; kas|ti|lisch**
Käst|lein
Käst|ner (dt. Schriftsteller)
¹**Kas|tor** (Held der griech. Sage; Kastor und Pollux (Zwillingsbrüder der griech. Sage; *übertr. für* zwei eng befreundete Männer)
²**Kas|tor**, der; -s (ein Stern)
Kas|tor|öl, das; -[e]s (*Handelsbez. für* Rizinusöl)
Kas|t|rat, der; -en, -en ⟨ital.⟩ (kastrierter Mann); **Kas|t|ra|ti|on**, die; -, -en ⟨lat.⟩ (Entfernung od. Ausschaltung der männlichen Keimdrüsen); **Kas|t|ra|ti|ons|angst**
kas|t|rie|ren; Kas|t|rie|rung
Ka|su|a|li|en *Plur.* ⟨lat.⟩ ([geistliche] Amtshandlungen aus besonderem Anlass)
Ka|su|ar [*auch* 'ka:...], der; -s, -e ⟨malai.-niederl.⟩ (straußenähnlicher Laufvogel)
Ka|su|a|ri|ne, die; -, -n (austral.-ostind. Baum)
Ka|su|ist, der; -en, -en ⟨lat.⟩ (Vertreter der Kasuistik; *übertr. für* Wortverdreher, Haarspalter)
Ka|su|is|tik, die; - (Lehre von der Anwendung sittl. u. religiöser Normen auf den Einzelfall; *Rechtsspr.* Rechtsfindung aufgrund von Einzelfällen gleicher od. ähnl. Art; *Med.* Beschreibung von Krankheitsfällen; *übertr. für* Haarspalterei); **Ka|su|is|tin; ka|su|is|tisch**
Ka|sus, der; -, - [...zu:s] (Fall; Vorkommnis); *vgl.* Casus Belli, Casus obliquus *u.* Casus rectus
Ka|sus|en|dung (*Sprachwiss.*)
Kat, der; -s, -s (*kurz für* Katalysator [an Kraftfahrzeugen])
Ka|ta|bo|lis|mus, der; - ⟨griech.⟩ (Abbau von Substanzen im Körper durch den Stoffwechsel)

Katachrese

Ka|ta|chre|se, Ka|ta|chre|sis […ç…], die; -, …chresen ⟨griech.⟩ (*Rhet., Stilkunde* Bildbruch; Vermengung von nicht zusammengehörenden Bildern im Satz, z. B. »das schlägt dem Fass die Krone ins Gesicht«); **ka|ta|chres|tisch**

Ka|ta|falk, der; -s, -e ⟨franz.⟩ (schwarz verhängtes Gerüst für den Sarg bei Trauerfeiern)

Ka|ta|ka|na, das; -[s] *od.* - ⟨jap.⟩ (eine jap. Silbenschrift)

ka|ta|kaus|tisch ⟨griech.⟩ (*Optik* einbrennend); **katakaustische Fläche** (Brennfläche)

Ka|ta|kla|se, die; -, -n ⟨griech.⟩ (*Geol.* Zerbrechen u. Zerreiben eines Gesteins durch tekton. Kräfte)

Ka|ta|klas|struk|tur, die; - ⟨griech.; lat.⟩ (Trümmergefüge eines Gesteins); **ka|ta|klas|tisch**

Ka|ta|klys|mus, der; -, …men ⟨griech.⟩ (erdgeschichtl. Katastrophe)

Ka|ta|kom|be, die; -, -n *meist Plur.* ⟨ital.⟩ (unterird. Begräbnisstätte)

K
Kata

Ka|ta|la|ne, der; -n, -n (Bewohner Kataloniens); **Ka|ta|la|nin**

ka|ta|la|nisch; Ka|ta|la|nisch, das; -[s] (Sprache); *vgl.* Deutsch; **Ka|ta|la|ni|sche**, das; -n; *vgl.* ²Deutsche

Ka|ta|la|se, die; -, -n ⟨griech.⟩ (*Biochemie* ein Enzym)

Ka|ta|lau|ni|sche Fel|der *Plur.* (in der Champagne; Kampfstätte der Hunnenschlacht i. J. 451)

ka|ta|lek|tisch ⟨griech.⟩ (*Verslehre* verkürzt, unvollständig); **katalektischer Vers**

Ka|ta|lep|sie, die; -, …ien ⟨griech.⟩ (*Med.* Muskelverkrampfung)

ka|ta|lep|tisch

Ka|ta|le|xe, Ka|ta|le|xis [auch …lɛ…], die; -, …lexen ⟨griech.⟩ (*Verslehre* Unvollständigkeit des letzten Versfußes)

Ka|ta|log, der; -[e]s, -e ⟨griech.⟩ (Verzeichnis [von Bildern, Büchern, Waren usw.])

ka|ta|lo|gi|sie|ren ([nach bestimmten Regeln] in einen Katalog aufnehmen); **Ka|ta|lo|gi|sie|rung**

Ka|ta|lo|ni|en (autonome Region im Nordosten der Iberischen Halbinsel; hist. span. Provinz)

Ka|tal|pa, Ka|tal|pe, die; -, …pen ⟨indian.⟩ (Trompetenbaum)

Ka|ta|ly|sa|tor, der; -s, …oren ⟨griech.⟩ (*Chemie* Stoff, der eine Reaktion auslöst od. beeinflusst; *Kfz-Technik* Gerät zur Abgasreinigung); geregelter Katalysator; **Ka|ta|ly|sa|tor|au|to; ka|ta|ly|sa|to|risch**

Ka|ta|ly|se, die; -, -n (*Chemie* Herbeiführung, Beschleunigung od. Verlangsamung einer chemischen Reaktion)

ka|ta|ly|sie|ren; ka|ta|ly|tisch

Ka|ta|ma|ran [*auch* …ta:…], der; -s, -e ⟨tamil.-engl.⟩ (offenes Segelboot mit Doppelrumpf)

Ka|ta|m|ne|se, die; -, -n ⟨griech.⟩ (*Med.* abschließender Krankenbericht)

Ka|ta|pho|re|se, die; -, -n ⟨griech.⟩ (*Physik* Wanderung positiv elektr. geladener Teilchen in einer Flüssigkeit)

Ka|ta|pla|sie, die; -, …ien ⟨griech.⟩ (*Med.* Rückbildung)

Ka|ta|plas|ma, das; -s, …men ⟨griech.⟩ (*Med.* heißer Breiumschlag)

ka|ta|plek|tisch ⟨griech.⟩ (*Med.* zur Kataplexie neigend); **Ka|ta|ple|xie**, die; -, …ien (durch Emotionen ausgelöste Lähmung)

Ka|ta|pult, das, *auch* der; -[e]s, -e ⟨griech.⟩ (Wurf-, Schleudermaschine)

Ka|ta|pult|flug (Schleuderflug); **Ka|ta|pult|flug|zeug**

ka|ta|pul|tie|ren

Ka|ta|pult|schuh (Leichtathletik)

Ka|ta|pult|sitz

Ka|tar [*auch* 'ka:…, …'tar] (Scheichtum am Persischen Golf)

¹Ka|ta|rakt, der; -[e]s, -e ⟨griech.⟩ (Wasserfall; Stromschnelle)

²Ka|ta|rakt, die; -, -e, **Ka|ta|rak|ta**, die; -, …ten (*Med.* grauer Star)

Ka|ta|rer (Einwohner von Katar); **Ka|ta|re|rin; ka|ta|risch**

Ka|tarrh, der; -s, -e ⟨griech.⟩ (*Med.* Schleimhautentzündung)

ka|tarrh|a|lisch; ka|tarrh|ar|tig

Ka|ta|s|ter, der (*österr. nur so*) *od.* das; -s, - ⟨ital.⟩ (amtl. Grundstücksverzeichnis)

Ka|ta|s|ter|amt; Ka|ta|s|ter|aus|zug; Ka|ta|s|ter|steu|ern *Plur.*

Ka|ta|s|t|ral|ge|mein|de (*österr. für* Verwaltungseinheit, Steuergemeinde)

ka|ta|s|t|rie|ren (in ein Kataster eintragen)

ka|ta|s|t|ro|phal ⟨griech.⟩ (verhängnisvoll; entsetzlich)

Ka|ta|s|t|ro|phe, die; -, -n (Unglück großen Ausmaßes)

Ka|ta|s|t|ro|phen|alarm

ka|ta|s|t|ro|phen|ar|tig

Ka|ta|s|t|ro|phen|dienst; Ka|ta|s|t|ro|phen|ein|satz; Ka|ta|s|t|ro|phen|fall; Ka|ta|s|t|ro|phen|ge|biet; Ka|ta|s|t|ro|phen|mel|dung; Ka|ta|s|t|ro|phen|schutz, der; -es

Ka|ta|s|t|ro|phen|tou|ris|mus (*abwertend*)

ka|ta|s|t|ro|phisch (unheilvoll)

Ka|ta|to|nie, die; -, …ien ⟨griech.⟩ (*Med.* psych. Krankheitsbild mit starker Störung der Handlungsmotorik); **ka|ta|to|nisch**

Kät|chen, Kä|te *vgl.* Käthchen, Käthe

Ka|te, die; -, -n, Ka|ten, der; -s, - (*nordd. oft abwertend für* kleines, ärmliches Bauernhaus)

Ka|te|che|se, die; -, -n ⟨griech.⟩ (Religionsunterricht)

Ka|te|chet, der; -en, -en (Religionslehrer, insbes. für die kirchl. Christenlehre außerhalb der Schule); **Ka|te|che|tik**, die; - (Lehre von der Katechese); **Ka|te|che|tin; ka|te|che|tisch**

Ka|te|chi|sa|ti|on, die; -, -en (*svw.* Katechese); **ka|te|chi|sie|ren** (Religionsunterricht erteilen)

Ka|te|chis|mus, der; -, …men (in Frage u. Antwort abgefasstes Lehrbuch des christl. Glaubens)

Ka|te|chist, der; -en, -en (einheimischer Laienhelfer in der kath. Mission); **Ka|te|chis|tin**

Ka|te|chu, das; -[s], -s ⟨malai.-port.⟩ (*Biol., Pharm.* ein Gerbstoff)

Ka|te|chu|me|ne [*auch* …çu:…], der; -n, -n ⟨griech.⟩ ([erwachsener] Taufbewerber im Vorbereitungsunterricht; Teilnehmer am Konfirmandenunterricht); **Ka|te|chu|me|nen|un|ter|richt; Ka|te|chu|me|nin**

ka|te|go|ri|al ⟨griech.⟩; **Ka|te|go|rie**, die; -, …ien (Klasse; Gattung; Begriffsform)

ka|te|go|risch (nachdrücklich, entschieden; unbedingt gültig); **kategorischer Imperativ** (unbedingtes ethisches Gesetz) ↑D 89

ka|te|go|ri|sie|ren (nach Kategorien ordnen); **Ka|te|go|ri|sie|rung**

Ka|ten *vgl.* Kate

Ka|te|ne, die; -, -n *meist Plur.* ⟨lat.⟩ (Sammlung von Bibelauslegungen alter Schriftsteller)

Ka|ter, der; -s, - (*ugs. auch für* Folge übermäßigen Alkoholgenusses); **Ka|ter|bum|mel** (*ugs.*); **Ka|ter|früh|stück** (*ugs.*); **Ka|ter|stim|mung** (*ugs.*)

Kaufanreiz

kat|e|xo|chen [...'xe:n] ⟨griech.⟩ (schlechthin; beispielhaft)
Kat|gut [auch 'kɛtgat], das; -s ⟨engl.⟩ (Med. chirurg. Nähmaterial aus Darmsaiten)
kath. = katholisch
Ka|tha|rer [auch 'ka(:)...], der; -s, - ⟨griech.⟩ (Angehöriger einer Sekte im MA.); **Ka|tha|re|rin**
Ka|tha|ri|na, Ka|tha|ri|ne (w. Vorn.)
Ka|thar|sis ['ka(:)..., auch ...'tar...], die; - ⟨griech., »Reinigung«⟩ (Literaturwiss. innere Läuterung als Wirkung des Trauerspiels; Psychol. das Sichbefreien); **kal|thar|tisch**
Käth, Käthe, Käth|chen, **Käte** (w. Vorn.)
Kal|the|der, das od. der (österr. nur so); -s, - ⟨griech.⟩ ([Lehrer]pult, Podium); vgl. aber Katheter; **Kal|the|der|blü|te** (ungewollt komischer Ausdruck eines Lehrers)

> **Katheder / Katheter**
> Zu den am häufigsten verwechselten Wörtern gehören *Katheder* und *Katheter*. Das medizinische Instrument ist *der Katheter: Herzkatheter, Blasenkatheter* usw. Als *das* od. *der Katheder* wird ein Rednerpult bezeichnet, besonders das eines Professors oder eines Professors; vgl. auch die Wendung »ex cathedra«.

Ka|the|der|so|zi|a|lis|mus (Volkswirtschaftslehre, die staatl. Eingreifen zum Abbau von Klassengegensätzen forderte)
Ka|the|d|ra|le, die; -, -n (bischöfl. Hauptkirche)
Ka|the|d|ral|ent|schei|dung (unfehlbare päpstl. Entscheidung)
Ka|the|d|ral glas, das; -es
Ka|the|te, die; -, -n ⟨griech.⟩ (Math. eine der beiden Seiten im rechtwinkligen Dreieck, die die Schenkel des rechten Winkels bilden)
Ka|the|ter, der; -s, - ⟨griech.⟩ (Med. röhrenförmiges Instrument zur Entleerung od. Spülung von Körperhohlorganen); vgl. Katheder; **ka|the|te|ri|sie|ren, ka|the|tern** (den Katheter einführen); ich katheterisiere u. kathetere
Ka|thin|ka, Ka|tin|ka (w. Vorn.)
Kath|man|du [auch ...'du:] (Hauptstadt Nepals)
Ka|tho|de, fachspr. auch Kal|to|de,

die; -, -n ⟨griech.⟩ (Physik negative Elektrode; Minuspol); **Ka|tho|den|strahl**, Ka|to|den|strahl (Physik)
Ka|tho|lik, der; -en, -en ⟨griech.⟩ (Anhänger der kath. Kirche u. Glaubenslehre)
Ka|tho|li|ken|tag (Generalversammlung der Katholiken eines Landes); **Ka|tho|li|kin**
ka|tho|lisch (die kath. Kirche betreffend od. ihr angehörend; Abk. kath.); die katholische Kirche ↑D 89, aber ↑D 150: Katholisches Bibelwerk (ein Verlag)
ka|tho|li|sie|ren (für die kath. Kirche gewinnen)
Ka|tho|li|zis|mus, der; - (Geist u. Lehre des kath. Glaubens)
Ka|tho|li|zi|tät, der; - (Rechtgläubigkeit im Sinne der kath. Kirche)
Ka|th|rin, Kal|t|rin [auch ...'tri:n] (w. Vorn.)
ka|ti|li|na|risch ⟨nach dem röm. Verschwörer Catilina⟩ ↑D 89: eine katilinarische (heruntergekommene, zu verzweifelten Schritten neigende) Existenz, aber ↑D 150: die Erste Katilinarische Verschwörung (66 v. Chr.)
Kal|tin|ka, Ka|thin|ka (w. Vorn.)
Kat|ion ⟨griech.⟩ (Physik positiv geladenes Ion)
Kat|ja (w. Vorn.)
Kät|ner (nordd. für Häusler, Besitzer einer Kate); **Kät|ne|rin**
Ka|to|de usw. vgl. Kathode usw.
ka|to|nisch ⟨nach dem röm. Zensor Cato⟩; katonische Reden; katonische Strenge ↑D 89 u. 135
Ka|to|wi|ce [katɔ'vitsɛ] (Stadt in Polen)
Ka|t|rin [auch ...'tri:n] vgl. Kathrin
kat|schen, **kät|schen** (landsch. für schmatzend kauen); du katschst od. kätschst
Katt|an|ker (Seemannsspr. zweiter Anker)
Kat|te|gat, das; -s ⟨dän., »Katzenloch«⟩ (Meerenge zwischen Schweden u. Jütland)
kat|ten (Seemannsspr. [Anker] hochziehen)
Kat|to|witz (poln. Katowice)
Kat|tun, der; -s, -e ⟨arab.-niederl.⟩ (feinfädiges Gewebe aus Baumwolle od. Chemiefasern)
kat|tu|nen; kattunener Stoff
Ka|tyn (Ort bei Smolensk)
katz|bal|gen, sich (ugs.); ich katzbalge mich; gekatzbalgt; zu katzbalgen; **Katz|bal|ge|rei**

katz|bu|ckeln (ugs. für sich unterwürfig zeigen); er hat gekatzbuckelt
Kätz|chen; **Kat|ze**, die; -, -n ↑D 13: für die Katz (ugs. für umsonst); Katz und Maus mit jmdm. spielen (ugs.)
Kat|zel|ma|cher ⟨ital.⟩ (bes. bayr., österr. diskriminierend für Italiener); **Kat|zel|ma|che|rin**
Kat|zen|au|ge (auch ein Mineral; ugs. Rückstrahler am Fahrrad)
Kat|zen|bu|ckel (höchster Berg des Odenwaldes)
Kat|zen|dreck; **Kat|zen|fell**
kat|zen|freund|lich (ugs. für heuchlerisch freundlich)
Kat|zen|fut|ter vgl. ¹Futter
kat|zen|gleich
Kat|zen|gold (Pyrit); **kat|zen|haft**
Kat|zen|jam|mer (ugs.)
Kat|zen|kis|te (schweiz. für Katzentoilette); **Kat|zen|klo** (ugs.)
Kat|zen|kopf; **Kat|zen|kopf|pflas|ter**
Kat|zen|min|ze
Kat|zen|mu|sik (ugs. abwertend); **Kat|zen|sprung** (ugs.); **Kat|zen|streu**; **Kat|zen|tisch** (ugs.); **Kat|zen|toi|let|te**; **Kat|zen|wä|sche** (ugs.); **Kat|zen|zun|ge** (Schokoladetäfelchen)
Kät|zin
Katz-und-Maus-Spiel ↑D 26
Kaub (Stadt am Mittelrhein)
Kau|be|we|gung
kau|dal ⟨lat.⟩ (Zool. den Schwanz betreffend; Med. fußwärts liegend)
kau|dern (landsch., sonst veraltet für unverständlich sprechen); ich kaudere
Kau|der|welsch, das; -[s]; ein Kauderwelsch sprechen; **kau|der|wel|schen** (svw. kaudern); du kauderwelschst; gekauderwelscht
kau|di|nisch ↑D 89: ein kaudinisches Joch (übertr. für schimpfliche Demütigung), aber ↑D 150: das Kaudinische Joch (Joch, durch das die bei Caudium geschlagenen Römer schreiten mussten); ↑D 140: die Kaudinischen Pässe
Kaue, die; -, -n (Bergmannsspr. Gebäude über dem Schacht; Wasch- u. Umkleideraum)
kau|en
kau|ern (hocken); ich kau[e]re
Kau|er|start (Leichtathletik)
Kauf, der; -[e]s, Käufe; in Kauf nehmen; **Kauf|an|reiz**

kaufen

kau|fen; du kaufst usw., *landsch.* käufst usw.; **kau|fens|wert**
Kauf|ent|scheid, Kauf|ent|schei|dung
Käu|fer; Käu|fe|rin; Käu|fer|ver|hal|ten
Kauf|fah|rer (*veraltet für* Handelsschiff); **Kauf|fahr|tei|schiff** (*veraltet für* Handelsschiff)
Kauf|frau (*Abk.* Kffr., Kfr.); **Kauf|freu|de; kauf|freu|dig**
Kauf|ge|such
Kauf|haus; Kauf|haus|de|tek|tiv; Kauf|haus|de|tek|ti|vin; Kauf|haus|ket|te
Kauf|in|te|res|sent; Kauf|in|te|res|sen|tin
Kauf|kraft; kauf|kräf|tig
Kauf|la|den; Kauf|lau|ne
käuf|lich; Käuf|lich|keit, die; -
Kauf|lust; kauf|lus|tig
Kauf|mann *Plur.* ...leute; *Abk.* Kfm.; **kauf|män|nisch** ↑ D 89; kaufmännisches Rechnen; ==kaufmännischer== *od.* Kaufmännischer Angestellter; ==kaufmännische== *od.* Kaufmännische Leiterin; *Abk.* kfm.

K kauf

Kauf|mann|schaft, die; - (*veraltend*); **Kauf|manns|ge|hil|fe** (*älter für* Handlungsgehilfe); **Kauf|manns|ge|hil|fin; Kauf|manns|gil|de** (*früher*); **Kauf|manns|la|den; Kauf|manns|spra|che**
Kauf|manns|stand (*veraltend*)
Kauf|op|ti|on (*Wirtsch.*)
Kauf|preis; Kauf|rausch
kauf|stark
Kauf|sum|me
Kau|fun|ger Wald, der; - -[e]s (Teil des Hessischen Berglandes)
Kauf|ver|hal|ten
Kauf|ver|trag; Kauf|wert
kauf|wil|lig
Kauf|zu|rück|hal|tung; Kauf|zwang
Kau|gum|mi, der, *auch* das; -s, -s
Kau|kamm (*Bergmannsspr.* Grubenbeil)
Kau|ka|si|en (Gebiet zwischen Schwarzem Meer u. Kaspischem Meer)
Kau|ka|si|er; Kau|ka|si|e|rin
kau|ka|sisch; Kau|ka|sus, der; - (Hochgebirge in Kaukasien)
Kaul|barsch (ein Fisch)
Käul|chen *vgl.* Quarkkäulchen
Kau|le, die; -, -n (*mitteld. für* Grube, Loch; Kugel)
Kau|leis|te (*ugs. für* Zahnreihe)
kau|li|flor (*lat.*) (*Bot.* am Stamm ansetzend [von Blüten])
Kaul|quap|pe (Froschlarve)
kaum; das ist kaum glaublich; er war kaum hinausgegangen, da kam ...; kaum[,] dass ↑ D 127
Kau|ma|zit, der; -s, *Plur.* (*Sorten:*) -e ⟨griech.⟩ (Braunkohlenkoks)
Kau|mus|kel
Kau|pe|lei (*ostmitteld. für* heimlicher Handel); **kau|peln;** ich kaup[e]le
Kau|ri, der; -s, -s *od.* die; -, -s ⟨Hindi⟩ (Porzellanschnecke; sogenanntes Muschelgeld)
Kau|ri|fich|te ⟨maorisch; dt.⟩ (*svw.* Kopalfichte)
Kau|ri|mu|schel; Kau|ri|schne|cke
kau|sal ⟨lat.⟩ (ursächlich zusammenhängend; begründend); kausale Konjunktion (*Sprachwiss.;* z. B. »denn«)
Kau|sal|be|zie|hung
Kau|sal|ge|setz (*bes. Philos.*)
Kau|sa|li|tät, die; -, -en (Ursächlichkeit)
Kau|sal|ket|te; Kau|sal|kon|junk|ti|on (*Sprachwiss.*)
Kau|sal|ne|xus (*fachspr. für* ursächl. Zusammenhang)
Kau|sal|satz (*Sprachwiss.* Umstandssatz des Grundes)
Kau|sal|zu|sam|men|hang
kau|sa|tiv [*auch* ...'ti:f] (*Sprachwiss.* bewirkend; als Kausativ gebraucht); **Kau|sa|tiv,** das; -s, -e (veranlassendes Verb, z. B. »tränken« = »trinken machen«); **Kau|sa|ti|vum,** das; -s, ...va (*älter für* Kausativ)
Kausch, Kau|sche, die; -, ...schen (*Seemannsspr.* Ring mit Hohlrand, zur Verstärkung von Tau- u. Seilschlingen)
Kaus|tik, die; -, -en ⟨griech.⟩ (*Optik* Brennfläche; *svw.* Kauterisation)
Kaus|ti|kum, das; -s, ...ka (*Med.* ein Ätzmittel); **kaus|tisch** (*Chemie* ätzend, scharf; *übertr. für* spöttisch); kaustischer Witz
Kaus|to|bio|lith, der; *Gen.* -s *od.* -en, *Plur.* -e[n] *meist Plur.* (brennbares Produkt fossiler Lebewesen; z. B. Torf)
Kau|ta|bak; Kau|ta|b|let|te
Kau|tel, die; -, -en ⟨lat.⟩ (*Rechtsspr.* Vorsichtsmaßregel; Vorbehalt; Absicherung)
Kau|ter, der; -s, - ⟨griech.⟩ (*Med.* chirurgisches Instrument zum Ausbrennen von Gewebsteilen)
Kau|te|ri|sa|ti|on, die; -, -en (Ätzung zu Heilzwecken)
kau|te|ri|sie|ren; Kau|te|ri|um, das; -s, ...ien (*Chemie* ein Ätzmittel; *Med.* Brenneisen)

Kau|ti|on, die; -, -en ⟨lat.⟩ (Geldsumme als Bürgschaft, Sicherheit); **kau|ti|ons|fä|hig** (bürgfähig); **Kau|ti|ons|sum|me**
Kaut|schuk, der; -s, -e ⟨indian.⟩ (Milchsaft des Kautschukbaumes; Rohstoff zur Gummiherstellung)
Kaut|schuk|milch, die; -
==**Kaut|schuk|pa|ra|graf**==, **Kaut|schuk|pa|ra|graph** (dehnbare Rechtsvorschrift)
Kaut|schuk|plan|ta|ge
kaut|schu|tie|ren (aus Kautschuk herstellen)
Kau|werk|zeu|ge *Plur.*
Kauz, der; -es, Käuze
Käuz|chen; kau|zig
Ka|val, der; -s, -s ⟨ital.⟩ (Spielkarte im Tarockspiel: Ritter)
Ka|va|lier, der; -s, -e ⟨franz.⟩
Ka|va|liers|de|likt
ka|va|lier[s]|mä|ßig
Ka|va|lier|spitz (*österr. für* eine Rindfleischsorte); **Ka|va|lier[s]-start** (schnelles, geräuschvolles Anfahren mit dem Auto)
Ka|val|ka|de, die; -, -n (Reiterzug)
Ka|val|le|rie [...ri:, *auch* ...'ri:], die; -, ...ien (*Militär früher für* Reiterei; Reitertruppe)
Ka|val|le|rist, der; -en, -en
Ka|va|ti|ne, die; -, -n ⟨ital.⟩ (*Musik* [kurze] Opernarie; liedartiger Instrumentalsatz)
Ka|ve|ling, die; -, -en ⟨niederl.⟩ (*Wirtsch.* Mindestmenge, die ein Käufer auf einer Auktion erwerben muss)
Ka|vents|mann *Plur.* ...männer (*landsch. für* beleibter Mann; Prachtexemplar; *Seemannsspr.* bes. hoher Wellenberg)
Ka|ver|ne, die; -, -n ⟨lat.⟩ (Höhle, Hohlraum)
Ka|ver|nom, das; -s, -e (*Med.* Blutgefäßgeschwulst)
ka|ver|nös (Kavernen bildend; voll Höhlungen)
Ka|vi|ar, der; -s, -e ⟨türk.⟩ (Rogen des Störs); **Ka|vi|ar|bröt|chen**
Ka|vi|tät, die; -, -en ⟨lat.⟩ (*Med.* Hohlraum); **Ka|vi|ta|ti|on,** die; -, -en (*Technik* Hohlraumbildung)
Ka|wa, die; - ⟨polynes.⟩ (ein berauschendes Getränk)
Ka|wass, Ka|was|se, der; Kawassen, Kawassen ⟨arab.⟩ (*früher* oriental. Polizeisoldat; Ehrenwache)
Ka|wi, das; -[s], **Ka|wi|spra|che,** die; - ⟨sanskr.⟩ (alte Schriftsprache Javas)

Kay vgl. ²Kai
Ka|zan [kə'za:n], Elia ['i:liə] (griech.-amerik. Regisseur u. Schriftsteller)
Ka|zi|ke, der; -n, -n ⟨indian.⟩ (Häuptling bei den süd- u. mittelamerik. Indianern)
kB, KB = Kilobyte
kbit, Kbit, KBit = Kilobit
kByte, KByte = Kilobyte
Kč = tschech. Krone
kcal = Kilokalorie
Kea, der; -s, -s ⟨maorisch⟩ (Papageienart)
Keats [ki:ts] (engl. Dichter)
Ke|bab [auch 'ke:...], der; -[s], -s ⟨arab.-türk.⟩ (am Spieß gebratene [Hammel]fleischstückchen)
Ke|bap [auch 'ke:...] (türkische Schreibung von Kebab)
keb|beln vgl. kibbeln
Keb|se, die; -, -n ⟨früher für Nebenfrau⟩; **Kebs|ehe; Kebs|weib**
keck
ke|ckern (zornige Laute ausstoßen [von Fuchs, Marder, Iltis])
Keck|heit; keck|lich (veraltet)
Ke|der, der; -s, - (Randverstärkung aus Leder od. Kunststoff)
Keep, die; -, -en ⟨Seemannsspr.⟩ Kerbe, Rille)
Kee|per ['ki:pɐ], der; -s, - ⟨engl.⟩ (Sport Torhüter); **Kee|pe|rin**
Keep|smi|ling ['ki:p'smaɪlɪŋ], das; - »lächle weiter«⟩ ([zur Schau getragener] Optimismus)
Kees, das; -es, -e ⟨österr. landsch. für Gletscher⟩; **Kees|was|ser** Plur. ...wasser (Gletscherbach)
Ke|fe, die; -, -n ⟨schweiz. für Zuckererbse⟩
Ke|fir, der; -s ⟨tatar.⟩ (Getränk aus gegorener Milch)

Ke|gel

der; -s, -

(geometrischer Körper; Druckw. auch Stärke des Typenkörpers)
– mit Kind und Kegel
– Kegel schieben, bayr., österr.: Kegel scheiben
– ich schiebe Kegel; weil ich Kegel schob; ich habe Kegel geschoben; um Kegel zu schieben

Ke|gel|bahn
Ke|gel|bre|cher (eine Zerkleinerungsmaschine)
Ke|gel|club vgl. **Kegelklub**
ke|gel|för|mig; ke|ge|lig, keg|lig
Ke|gel|klub, Ke|gel|club

Ke|gel|ku|gel; Ke|gel|man|tel (Math.)
ke|geln; ich keg[e]le
Ke|gel|schei|ben, das; -s ⟨bayr., österr.⟩; **Ke|gel schei|ben** vgl. Kegel
Ke|gel|schie|ben, das; -s; **Ke|gel schie|ben** vgl. Kegel
Ke|gel|schnitt (Math.)
Ke|gel|sport; Ke|gel|statt, die; -, ...stätten (österr. neben Kegelbahn)
Ke|gel|stumpf (Math.)
Ke|gel|tour (ugs.)
Keg|ler; Keg|le|rin
keg|lig vgl. kegelig
Keh|din|gen vgl. Land Kehdingen
Kehl (Stadt am Oberrhein)
Kehl|chen; Keh|le, die; -, -n
keh|len (rinnenartig aushöhlen; [Fisch] aufschneiden u. ausnehmen)
Kehl|ho|bel
kehl|ig
Kehl|kopf; Kehl|kopf|ka|tarrh; Kehl|kopf|krebs
Kehl|kopf|mi|k|ro|fon, Kehl|kopf|mi|k|ro|phon; Kehl|kopf|schnitt; Kehl|kopf|spie|gel
Kehl|laut; Kehl|leis|te
Keh|lung (svw. Hohlkehle)
Kehr, der; -s, -e ⟨schweiz. für Rundgang⟩; einen Kehr machen
Kehr|aus, der; -; **Kehr|be|sen**
Keh|re, die; -, -n (Wendekurve; eine turnerische Übung)
¹**keh|ren** (umwenden); sich nicht an etwas kehren (ugs. für sich nicht um etwas kümmern)
²**keh|ren** (bes. südd. für fegen); **Keh|richt,** der, auch das; -s
Keh|richt|ei|mer ⟨schweiz.⟩; **Keh|richt|ge|bühr; Keh|richt|hau|fen; Keh|richt|sack; Keh|richt|schau|fel**
Kehr|ma|schi|ne
Kehr|ord|nung ⟨schweiz. für festgelegte Wechselfolge, Turnus⟩
Kehr|platz ⟨schweiz. für Wendeplatz für Fahrzeuge⟩
Kehr|reim
Kehr|schau|fel (südd., westösterr.)
Kehr|schlei|fe (Wendeschleife; Serpentine)
Kehr|sei|te
kehrt! ⟨auch Militär⟩; rechtsum kehrt!; **kehrt|ma|chen;** ich mache kehrt; kehrtgemacht; kehrtzumachen; **kehrt|um** ⟨schweiz.⟩; häufig in der Wendung kehrtum machen; **Kehrt|wen|de; Kehrt|wen|dung**
Kehr|wert (für reziproker Wert)
Kehr|wie|der, der od. das; -s (Name

von Sackgassen, Gasthäusern u. Ä.)
Kehr|wisch, der; -[e]s, -e ⟨südd., westösterr. für Handbesen⟩; **Kehr|wo|che** (südd.)
Keib, der; -s, -e u. -en ⟨schwäb. u. schweiz. mdal. für Lump, gemeiner Kerl⟩
kei|fen; Kei|fe|rei
Keil, der; -[e]s, -e
Keil|bein (Schädelknochen)
Kei|le, die; - ⟨ugs. für Prügel⟩; Keile kriegen (**kei|len** ⟨ugs. für stoßen; für eine Studentenverbindung anwerben⟩; sich keilen ⟨ugs. für sich prügeln⟩)
Kei|ler ⟨Jägerspr. m. Wildschwein; österr. auch für Kundenwerber mit aggressiven Methoden⟩
Kei|le|rei ⟨ugs. für Prügelei⟩
keil|för|mig
Keil|haue (Bergmannsspr.)
Keil|kis|sen
Keil|pols|ter (österr.)
Keil|rah|men (Spannrahmen [für Gemälde auf einer Leinwand])
Keil|rie|men (Technik)
Keil|schrift
Keim, der; -[e]s, -e
Keim|blatt; Keim|drü|se
kei|men; keim|fä|hig; keim|frei
keim|haft
kei|mig (ugs. für schmutzig)
Keim|ling; Keim|plas|ma
keim|tö|tend; keimtötende Mittel
Kei|mung; Keim|zel|le
kein, -e, -, Plur. -e; kein and[e]rer; in keinem Falle, auf keinen Fall; zu keiner Zeit; keine unreifen Früchte; es bedarf keiner großen Erörterungen mehr. Allein stehend ↑**D 76:** keiner, keine, kein[e]s; keiner, keine, kein[e]s von beiden
kei|ner|lei; kei|ner|seits
kei|nes|falls; kei|nes|wegs
kein|mal; bei besonderer Betonung auch kein Mal; aber nur getrennt kein einziges Mal
...keit (z. B. Ähnlichkeit, die; -, -en)
Keks, der od. das; Gen. - u. -es, Plur. - u. -e, österr. das; -[es], -[e] ⟨engl.⟩; **Keks|do|se**
Kelch, der; -[e]s, -e; **Kelch|blatt**
kelch|för|mig
Kelch|glas Plur. ...gläser
Kelch|kom|mu|ni|on (kath. Kirche)
Kel|heim (Stadt in Bayern)
Ke|lim, der; -s, -s ⟨türk.⟩ (ein oriental. Teppich); **Ke|lim|sti|cke|rei**
Kel|le, die; -, -n
¹**Kel|ler** (schweiz. Schriftsteller)

Keller

²**Kel|ler**, der; -s, -; **Kel|ler|as|sel; Kel|ler|büh|ne**
Kel|ler|der|by [...dɛrbi, ...dœːɐ̯bi] (Sportjargon ²Derby zweier vom Abstieg bedrohter Mannschaften)
Kel|le|rei; Kel|le|rei|ge|nos|sen|schaft (österr.)
Kel|ler|fal|te (Schneiderei)
Kel|ler|fens|ter; Kel|ler|ge|schoss, südd., österr. auch **Kel|ler|ge|schoß** [...ʃoːs]; **Kel|ler|ge|wöl|be**
¹**Kel|ler|hals** (svw. Seidelbast)
²**Kel|ler|hals** (ansteigendes Gewölbe über einer Kellertreppe)
Kel|ler|kind; Kel|ler|meis|ter; Kel|ler|meis|te|rin; Kel|ler|raum
Kel|ler|stie|ge (bes. österr.)
Kel|ler|trep|pe; Kel|ler|tür
Kel|ler|woh|nung
Kell|ner, der; -s, -; **Kell|ne|rin; kell|nern** (ugs.); ich kellnere
Kel|logg-Pakt; Kel|logg|pakt vgl. Briand-Kellogg-Pakt
Kel|lo|id, das; -[e]s, -e ⟨griech.-nlat.⟩ (Med. Wucherung im Bindegewebe; Wulstnarbe)
Kelt, der; -[e]s, -e ⟨kelt.-lat.⟩ (veraltet für bronzezeitliches Beil)
Kel|te, der; -n, -n (Angehöriger eines idg. Volkes)
Kel|ter, die; -, -n (Weinpresse)
Kel|te|rei; Kel|te|rer; Kel|te|rin
kel|tern; ich keltere
Kelt|ibe|rer (Angehöriger eines Mischvolkes im alten Spanien); **Kelt|ibe|re|rin; kelt|ibe|risch**
Kel|tin; kel|tisch; Kel|tisch, das; -[s] (Sprache); vgl. Deutsch; **Kel|ti|sche**, das; -n; vgl. ²Deutsche
kel|to|ro|ma|nisch
Kel|vin, das; -[s], - ⟨nach dem engl. Physiker W. T. Kelvin⟩ (Maßeinheit der absoluten Temperaturskala; Zeichen K); 0 K = −273,15 °C
Ke|mal (m. Vorn.)
Ke|mal Ata|türk, Mustafa (türk. Politiker)
Ke|ma|lis|mus, der; - (von Kemal Atatürk begründete polit. Richtung); **Ke|ma|list**, der; -en, -en; **Ke|ma|lis|tin; ke|ma|lis|tisch**
Ke|me|na|te, die; -, -n ([Frauen]gemach einer Burg)
Kemp|ten (All|gäu) (Stadt an der Iller)
Ken, das; -, - ⟨jap.⟩ (jap. Verwaltungsbezirk, Präfektur)
Ken|do, das; -[s] ⟨jap.⟩ (jap. Form des Fechtens mit Bambusstäben)
Ke|nia (Staat in Ostafrika); **Ke|ni|a|ner; Ke|ni|a|ne|rin; ke|ni|a|nisch**

Ken|ne|dy, John F. (Präsident der USA)
Ken|nel, der; -s, - ⟨engl.⟩ (Hundezwinger)
Ken|nel|ly [...n(ə)li] (amerik. Ingenieur u. Physiker); **Ken|nel|ly-Hea|vi|side-Schicht** [ˈkɛ...ˈhɛ...], die; - (Meteorol. elektr. leitende Schicht in der Atmosphäre); vgl. Heaviside
ken|nen; du kanntest; selten du kenntest; gekannt; kenn[e]!; jmdn., etwas kennenlernen od. kennen lernen; wenn wir uns erst näher kennengelernt od. kennen gelernt haben; sie hat die Schrecken des Krieges kennengelernt od. kennen gelernt vgl. kennen; **Ken|nen|lern|preis** (Werbespr.)
Ken|ner; Ken|ner|blick
Ken|ne|rin; ken|ne|risch
Ken|ner|mie|ne; Ken|ner|schaft
Kenn|far|be
Ken|ning, die; -, Plur. -ar, auch -e ⟨altnord.⟩ (Dichtung bildl. Umschreibung eines Begriffes durch eine mehrgliedrige Benennung)
Kenn|kar|te; Kenn|mar|ke; Kenn|me|lo|die (österr. für Erkennungsmelodie [eines Rundfunksenders])
Kenn|num|mer, Kenn-Num|mer
Kenn|si|gnal
kennt|lich; kenntlich machen
Kennt|lich|ma|chung
Kennt|nis, die; -, -se; von etwas Kenntnis nehmen; in Kenntnis setzen; zur Kenntnis nehmen

Kenntnis
Feminine Substantive auf -nis werden im Nominativ Singular mit einem -s geschrieben, obwohl die Pluralformen mit Doppel-s gebildet werden: gute Kenntnisse, mit guten Kenntnissen.

Kennt|nis|nah|me, die; -; **kennt|nis|reich**
Kennt|nis|stand, der; -[e]s
Ken|nung (charakteristisches Merkmal; typ. Kennzeichen)
Kenn|wort Plur. ...wörter; **Kenn|zahl; Kenn|zei|chen;**
kenn|zeich|nen; gekennzeichnet; zu kennzeichnen; **kenn|zeich|nen|der|wei|se; Kenn|zeich|nung**

Kenn|zeich|nungs|pflicht; kenn|zeich|nungs|pflich|tig
Kenn|zif|fer
Ke|no|taph, Ze|no|taph, das; -s, -e ⟨griech.⟩ (Grabmal für einen andernorts bestatteten Toten)
Kent (engl. Grafschaft)
Ken|taur, Zen|taur, der; -en, -en ⟨griech.⟩ (Wesen der griech. Sage mit menschlichem Oberkörper u. Pferdeleib); **Ken|tau|rin, Zen|tau|rin**
ken|tern (umkippen [von Schiffen]); ich kentere; **Ken|te|rung**
Ken|tu|cky [...ˈtaki] (Staat in den USA; Abk. KY)
Ken|tum|spra|che (lat.; dt.) (Sprache aus einer bestimmten Gruppe der idg. Sprachen)
¹**Ke|pheus** (griech. Sagengestalt)
²**Ke|pheus**, der; - (ein Sternbild)
Ke|phi|sos, der; - (griech. Fluss)
Kep|ler (dt. Astronom); **kep|lersch;** das **keplersche** od. Kepler'sche Gesetz ↑D 135
kep|peln (österr. ugs. abwertend für fortwährend schimpfen); ich kepp[e]le; **Kep|pel|weib; Kepp|ler; Kepp|le|rin**
Ke|ra|bau, der; -s, -s ⟨malai.⟩ (ind. Wasserbüffel)
Ke|ra|mik, die; -, Plur. (für Erzeugnisse:) -en ⟨griech.⟩ ([Erzeugnis der] [Kunst]töpferei)
ke|ra|misch
Ke|ra|tin, das; -s, -e ⟨griech.⟩ (Biochemie Hornsubstanz)
Ke|ra|ti|tis, die; -, ...titiden (Med. Hornhautentzündung des Auges)
Ke|ra|tom, das; -s, -e (Hornschwulst der Haut)
Ke|ra|to|s|kop, das; -s, -e (Instrument zur Untersuchung der Hornhautkrümmung)
¹**Kerb**, die; -, -en (hess., pfälz. für Kirchweih); vgl. Kerwe
²**Kerb**, der; -[e]s, -e (Technik neben Kerbe); **Ker|be**, die; -, -n (Einschnitt)
Ker|bel, der; -s (eine Gewürzpflanze); **Ker|bel|kraut**, das; -[e]s
ker|ben (Einschnitte machen)
Ker|be|ros vgl. Zerberus
Kerb|holz (etwas auf dem Kerbholz haben (ugs. für etwas auf dem Gewissen haben)
Kerb|schnitt (Holzverzierung); **Kerb|tier**
Ker|bung
Ke|ren Plur. (griech. Schicksalsgöttinnen)
Kerf, der; -[e]s, -e (Kerbtier)

Ker|gue|len [...ˈgeː...] *Plur.* (Inseln im Indischen Ozean)
Ker|ker, der; -s, - *(früher für sehr festes Gefängnis; österr. früher für schwere Freiheitsstrafe);* **Ker|ker|meis|ter; Ker|ker|meis|te|rin; Ker|ker|stra|fe**
Ker|kops, der; -, ...open *(griech.)* (Kobold der griech. Sage)
Ker|ky|ra *(griech. Name für Korfu)*
Kerl, der; -s, *Plur.* -e, *landsch., bes. nordd.* -s; **Kerl|chen**
Ker|mes|bee|re *(arab.; dt.)* (Pflanze, deren Beeren zum Färben verwendet werden)
Ker|mes|ei|che (Eichenart des Mittelmeergebietes); **Ker|mes|schild|laus** (auf der Kermeseiche lebende Schildlaus, aus der ein roter Farbstoff gewonnen wird)
Kern, der; -[e]s, -e
Kern|ak|ti|o|när (Aktionär, der langfristig in ein größeres Aktienpaket eines Unternehmens investiert); **Kern|ak|ti|o|nä|rin**
Kern|ar|beits|zeit
Kern|auf|ga|be; Kern|aus|sa|ge
Kern|bei|ßer (ein Singvogel)
Kern|be|reich
Ker|nel [ˈkœːɡnl], der; -s, -s *(engl.)* *(EDV* Rechenkern eines Betriebssystems); **Ker|nel|mo|dul** *(EDV* als Erweiterung in den Kernel ladbares Programm); **Ker|nel|ver|si|on**
ker|nen *(seltener für* auskernen)
Kern|energie *(svw.* Atomenergie)
¹**Ker|ner,** der; -s, - (nach dem Dichter J. Kerner) (eine Rebsorte)
²**Ker|ner** *vgl.* ¹Karner
Kern|ex|plo|si|on (Zertrümmerung eines Atomkerns)
Kern|fach *(Schule)*
Kern|fäu|le (Fäule des Kernholzes von lebenden Bäumen)
Kern|for|de|rung
Kern|for|schung (Atomforschung)
Kern|fra|ge; Kern|frucht
Kern|fu|si|on; Kern|ge|biet; Kern|ge|dan|ke
Kern|ge|häu|se
Kern|ge|schäft
kern|ge|sund
Kern|holz; ker|nig
Kern|kom|pe|tenz
Kern|kraft *(svw.* Atomenergie; *Physik nur Plur.* Kräfte, die den Atomkern zusammenhalten); **Kern|kraft|geg|ner; Kern|kraft|geg|ne|rin; Kern|kraft|werk**
Kern|land

Kern|ling (aus einem Kern gezogener Baum od. Strauch)
kern|los; Kern|obst; Kern|öl *(österr. für* steirisches Kürbiskernöl)
Kern|phy|sik (Lehre von den Kernreaktionen); **kern|phy|si|ka|lisch; Kern|phy|si|ker; Kern|phy|si|ke|rin**
Kern|pro|b|lem; Kern|punkt
Kern|re|ak|ti|on; Kern|re|ak|tor
Kern|sei|fe
Kern|schat|ten *(Optik, Astron.)*
Kern|schmel|ze
Kern|sei|fe
Kern|spal|tung
Kern|spin|to|mo|graf, Kern|spin|to|mo|graph, der; -en, -en *(Med.* ein bildgebendes Gerät); **Kern|spin|to|mo|gra|fie, Kern|spin|to|mo|gra|phie** *(Med.* dreidimensionale Darstellung des Körpers mittels elektromagnetischer Wellen)
Kern|spruch; Kern|stadt; Kern|stück; Kern|team
Kern|tech|nik; Kern|tei|lung
Kern|trup|pe
Kern|um|wand|lung; Kern|ver|schmel|zung; Kern|waf|fe *meist Plur.*
Kern|zeit; Kern|zeit|be|treu|ung *(Schule);* **Kern|ziel|grup|pe**
Ke|ro|plas|tik *vgl.* Zeroplastik
Ke|ro|sin, das; -s, -e *(griech.)* (ein Treibstoff)
Ke|rou|ac [...ruɐk] (amerik. Schriftsteller)
Kers|tin (w. Vorn.)
Ke|rub *vgl.* Cherub
Ker|we, die; -, -n *(hess., pfälz. für* Kirchweih)
Ke|ryg|ma, das; - *(griech.)* *(Theol.* Verkündigung [des Evangeliums]); **ke|ryg|ma|tisch** (verkündigend, predigend)
Ker|ze, die; -, -n
Ker|zen|be|leuch|tung
ker|zen|ge|ra|de, ker|zen|gra|de
Ker|zen|hal|ter; Ker|zen|licht *Plur.* ...lichter; **Ker|zen|schein,** der; -[e]s; **Ker|zen|stän|der**
Ke|scher, Käscher, der; -s, - (Fangnetz)
kess *(ugs. für* frech; schneidig; flott); ein kesses Mädchen
Kes|sel, der; -s, -
Kes|sel|bo|den; Kes|sel|fleisch (Wellfleisch)
Kes|sel|fli|cker; Kes|sel|fli|cke|rin; Kes|sel|gu|lasch; Kes|sel|haus
kes|seln (ein Kesseltreiben veranstalten); es kesselt *(ugs. für* es geht hoch her)
Kes|sel|pau|ke

Kes|sel|schmied; Kes|sel|schmie|din; Kes|sel|stein
Kes|sel|trei|ben
Kess|heit
Ket|ch|up [...tʃap], der *od.* das; -[s], -s ⟨malai.-engl.⟩ (pikante [Tomaten]soße)
Ke|ton, das; -s, -e *meist Plur.* (eine chem. Verbindung); **Ke|ton|harz**
Ketsch, die; -, -en ⟨engl.⟩ (eine zweimastige [Sport]segeljacht)
ket|schen *(Nebenform von* kätschen)
Ket|schua *vgl.* ¹Quechua, ²Quechua, ³Quechua
Kett|baum, Ket|ten|baum (Teil des Webstuhls)
Kett|car®, der *od.* das; -s, -s ⟨dt.; engl.⟩ (ein Kinderfahrzeug)
Ket|ten|ket|te, die; -, -n; Kette rauchen *(ugs.)*
Ket|tel, der; -s, - *od.* die; -, -n *(landsch. für* Krampe)
Ket|tel|ma|schi|ne; ket|teln ([kettenähnlich] verbinden); ich kett[e]le
ket|ten
Ket|ten|baum *vgl.* Kettbaum
Ket|ten|blu|me (Löwenzahn)
Ket|ten|brief
Ket|ten|bruch, der *(Math.)*
Ket|ten|brü|cke
Ket|ten|fa|den *vgl.* Kettfaden
Ket|ten|garn *vgl.* Kettgarn
Ket|ten|glied
Ket|ten|haus *(Bauw.)*
Ket|ten|hemd; Ket|ten|hund; Ket|ten|pan|zer; Ket|ten|rad
Ket|ten|rau|chen, das; -s; **ket|ten|rau|chend; Ket|ten|rau|cher; Ket|ten|rau|che|rin**
Ket|ten|re|ak|ti|on; Ket|ten|sä|ge; Ket|ten|schal|tung; Ket|ten|schutz; Ket|ten|stich
Kett|fa|den, Ket|ten|fa|den *(Weberei);* **Kett|garn** *(Weberei)*
Ket|tung
Ket|zer; Ket|ze|rei; Ket|zer|ge|richt; Ket|ze|rin; Ket|ze|risch
Ket|zer|tau|fe; Ket|zer|ver|folgung
keu|chen; Keuch|hus|ten
Keu|le, die; -, -n
keu|len *(Tiermed.* Nutztiere töten, um Seuchen zu verhindern od. einzudämmen)
Keu|len|är|mel; keu|len|för|mig; Keu|len|schlag
Keu|len|schwin|gen, das; -s
Keu|lung
Keu|per, der; -s *(landsch. für* roter, sandiger Ton; *Geol.* oberste Stufe der Trias)
keusch

Keusche

Keu|sche, die; -, -n (*österr. für* Bauernhäuschen, Kate)
Keusch|heit, die; -; **Keusch|heits|ge|lüb|de; Keusch|heits|gür|tel** (*früher*)
Keusch|lamm|strauch
Keusch|ler (*österr. für* Bewohner einer Keusche, Häusler); **Keusch|le|rin**
Ke|ve|laer [ˈkeːvəlaːɐ̯] (Stadt in Nordrhein-Westfalen)
Ke|vin (m. Vorn.)
Key-Ac|coun|ter [ˈkiːləkaʊntɐ], der; -s, - ⟨*engl.*⟩ (*svw.* Key-Account-Manager); **Key-Ac|coun|te|rin; Key-Ac|count-Ma|na|ger** (*Wirtsch.* Vertriebsspezialist, der besonders wichtige Kunden betreut); **Key-Ac|count-Ma|na|ge|rin**
Key|board [ˈkiːbɔːɐ̯t], das; -s, -s ⟨*engl.*⟩ (elektronisches Tasteninstrument); **Key|boar|der; Key|boar|de|rin**
Key|log|ger [ˈkiːlɔgɐ], der; -s, - (*EDV* Tastatureingaben [unbemerkt] aufzeichnende Soft- od. Hardware).
Keynes [keɪnz], John Maynard [ˈmeɪnəd] (brit. Wirtschaftswissenschaftler); **Keyne|si|a|ner** [keːnz..., keɪnz...], der; -s, -; **Keyne|si|a|ne|rin; keyne|si|a|nisch; Keyne|si|a|nis|mus,** der; - (eine Form der Wirtschaftspolitik)
Key|ser|ling (balt. Adelsgeschlecht)
Key|ser|ver [ˈkiːsœːɐ̯vɐ] (*EDV* Server für öffentliche Schlüssel)
Key|vi|su|al [ˈkiːvɪzuəl, *auch* ˈkˈ…vˈ...], das; -s, -s (*Werbespr.* optisches Schlüsselmotiv)
Kffr., *fachspr.* **Kfr.** = Kauffrau
kfm. = kaufmännisch
Kfm. = Kaufmann
KFOR, Kfor [ˈkaːfɔːɐ̯], die; - (UN-Friedenstruppe in Kosovo)
K-Fra|ge [ˈkaː...] (*ugs. kurz für* Frage, wer Kanzlerkandidat od. -kandidatin wird)
Kfz [kaːʔɛftsɛt], das; -, - = Kraftfahrzeug; **Kfz-Kenn|zei|chen; Kfz-Me|cha|ni|ker; Kfz-Me|cha|ni|ke|rin; Kfz-Schlos|ser; Kfz-Schlos|se|rin; Kfz-Steu|er,** die; **Kfz-Ver|si|che|rung; Kfz-Werk|statt; Kfz-Werk|stät|te** (*bayr., österr.*); -[e]s
kg = Kilogramm; 2-kg-Dose
KG, die; -, -s = Kommanditgesellschaft
KGaA = Kommanditgesellschaft auf Aktien
KGB, der; -[s] ⟨*russ.*⟩ (Geheimdienst der Sowjetunion)
kgl. = königlich, *im Titel:* Kgl.
K-Grup|pe [ˈkaː...] (*Bez. für* antisowjetische kommunistische Organisation in der Bundesrepublik Deutschland)
k. g. V., kgV = kleinstes gemeinsames Vielfaches
Khai|ber|pass, Khy|ber|pass, Chai|ber|pass [ˈkaɪbɐ...], der; -es (Gebirgspass zwischen Afghanistan u. Pakistan)
kha|ki [kaː...] *vgl.* **kaki**
Khan [k...], Chan [k..., *auch* x...], der; -s, -e (*mongol.*-türk. Herrschertitel); **Kha|nat,** das; -[e]s, -e (Amt, Land eines Khans)
Khar|tum [ˈkartʊm, *auch* ...ˈtuːm] (Hauptstadt Sudans)
Khe|di|ve [k...], der; *Gen.* -s u. -n, *Plur.* -n (Titel des früheren Vizekönigs von Ägypten)
Khmer [k...], der; -s *u.* die; -, -n (Angehörige[r] eines Volkes in Kambodscha)
Kho|mei|ni [xoˈmeː...] (iran. Schiitenführer)
Khy|ber|pass [ˈkaɪbɐ...] *vgl.* **Khaiberpass**
kHz = Kilohertz
KI, die; - = künstliche Intelligenz
kib|beln, kęb|beln (*landsch.* Nebenform von kabbeln); ich kibb[e]le, kebb[e]le mich
Kib|buz, der; -, *Plur.* ...uzim *od.* -e ⟨*hebr.*⟩ (Gemeinschaftssiedlung in Israel); **Kib|buz|nik,** der; -s, -s (Angehöriger eines Kibbuz)
Kie|be|rer usw. *vgl.* **Kieberer** usw.
Ki|bit|ka, die; -, -s ⟨*russ.*⟩, **Ki|bit|ke,** die; -, -n (Filzzelt asiat. Nomadenstämme; russ. Bretterwagen, russ. Schlitten)
Ki|che|rei
Ki|cher|erb|se
ki|chern; ich kichere
Kick, der; -s, -s ⟨*engl.*⟩ (*ugs. für* Tritt, Stoß [beim Fußball]; *auch für* Nervenkitzel)
Kick-and-rush [...ənt'raʃ], der *u.* das; - ⟨*engl.*⟩ (*Fußball* planloses Nach-vorn-Spielen des Balls [bes. im britischen u. irischen Fußball]); **Kick-and-rush-Fuß|ball,** der; -[e]s
Kick|board [...bɔːɐ̯t], das; -s, -s ⟨*engl.*⟩ (eine Art Tretroller)
kick|bo|xen; ich kickboxe, gekickboxt; **Kick|bo|xen,** das; -s (Sportart)
Kick-down, Kick|down [*auch* ...ˈdaʊn], der *od.* das; -s, -s (*Kfz*-Technik* plötzliches Durchtreten des Gaspedals)
Ki|ckel|hahn, der; -[e]s (ein Berg im Thüringer Wald)
ki|cken ⟨*engl.*⟩ (*ugs. für* Fußball spielen); **Ki|cker,** der; -s, -[s] (*ugs. für* Fußballspieler; Standfußballspiel); **Ki|cke|rin; ki|ckern** (*ugs. für* mit dem Kicker spielen); **Ki|ckers** *Plur.* (Name von Fußballvereinen)
Kick-off, Kick|off [*auch* ...ˈlɔf], der; -[s], -s (*schweiz. für* Anstoß beim Fußballspiel; Startschuss für ein Vorhaben, Projekt)
Kick-off-Mee|ting, Kick|off|meeting [...miː...], **Kick-off-Ver|an|stal|tung, Kick|off|ver|an|stal|tung**
kick|sen *vgl.* **gicksen**
Kick|star|ter (Fußhebel zum Anlassen bei Motorrädern)
Kick|xia [ˈkɪksia], die; -, ...ien (nach dem belg. Botaniker Kickx) (ein Kautschukbaum)
Kid, *meist* -s ⟨*engl.*⟩ ([Handschuh aus] Kalb-, Ziegen-, Schafleder; *Plur.: ugs. für* Jugendliche, Kinder)
Kid|die, Kid|dy, das; -s, -s *meist Plur.* ⟨*engl.*⟩ (*ugs. für* Jugendliche[r], Kind)
kid|nap|pen [...nɛpn] (entführen); gekidnappt; **Kid|nap|per,** der; -s, -; **Kid|nap|pe|rin; Kid|nap|ping,** das; -s, -s
Kid|ney|boh|ne [ˈkɪtni...]
Ki|dron (Bachtal östl. von Jerusalem)
Kids *vgl.* **Kid**
Kie|be|rer, Ki|be|rer ⟨Gaunerspr.⟩ (*österr. ugs. für* Kriminalpolizist); **Kie|be|rin,** Ki|be|rin
kie|big (*landsch. für* vorlaut, frech; gereizt, aufgebracht)
Kie|bitz, der; -es, -e (ein Vogel)
kie|bit|zen ⟨Gaunerspr.⟩ (*ugs. für* beim [Karten-, Schach]spiel zuschauen); du kiebitzt
kie|feln (*österr. ugs. für* nagen; mit etwas Schwierigkeiten haben)
¹**Kie|fer,** die; -, -n (ein Nadelbaum)
²**Kie|fer,** der, *bayr., österr. ugs. auch* das; -s, - (ein Schädelknochen)
Kie|fer|ano|ma|lie (*Med.*); **Kie|fer|bruch**
Kie|fer|chi|r|urg; Kie|fer|chi|r|ur|gie; Kie|fer|chi|r|ur|gin
Kie|fer|höh|le; Kie|fer|höh|len|ent|zün|dung; Kie|fer|kno|chen
kie|fern (aus Kiefernholz)
Kie|fern|eu|le (ein Schmetterling)

Kilopond

Kie|fern|holz; Kie|fern|na|del *meist Plur.*
Kie|fern|schwär|mer (ein Schmetterling); Kie|fern|span|ner (ein Schmetterling); Kie|fern|spin|ner (ein Schmetterling)
Kie|fern|wald; Kie|fern|zap|fen
Kie|fer|or|tho|pä|de; Kie|fer|or|tho|pä|din
Kie|fer|spal|te (*Med.* angeborene Spalte im Oberkiefer)
Kiel|ke, die; -, -n (*nordd.* für Kohlenbecken zum Fußwärmen)
kie|ken (*nordd.* für sehen)
Kie|ker (*Seemannsspr. u. landsch.* für Fernglas); jmdn. auf dem Kieker haben (*ugs. für* jmdn. misstrauisch beobachten)
Kiek|in|die|welt, der; -s, -s (*ugs. scherzh.* für kleines Kind; unerfahrener Mensch)
kiek|sen *vgl.* gicksen
¹Kiel, der; -[e]s, -e (Blütenteil; Federschaft)
²Kiel (Hauptstadt von Schleswig-Holstein)
³Kiel, der; -[e]s, -e (Grundbalken der Wasserfahrzeuge); Kiel|boot
Kie|ler (*zu* ²Kiel); Kieler Bucht; Kieler Förde; Kieler Sprotten; Kieler Woche; Kie|le|rin
Kiel|fe|der
kiel|ho|len ([ein Schiff] umlegen [zum Ausbessern]; frühere seemänn. Strafe: jmdn. unter dem Schiff durchs Wasser ziehen); er wurde gekielholt
Kiel|li|nie (Formation von [Kriegs]schiffen); in Kiellinie fahren
kiel|oben (*Seemannsspr.*); kieloben liegen
Kiel|raum; Kiel|schwein (*Seemannsspr.* auf dem Hauptkiel von Schiffen liegender Verstärkungsbalken od. -träger)
Kiel|schwert (*Schiffbau*)
Kiel|was|ser *Plur.* ...wasser (Wasserspur hinter einem fahrenden Schiff)
Kie|me, die; -, -n *meist Plur.* (Atmungsorgan im Wasser lebender Tiere)
Kie|men|at|mer (*Zool.*); Kie|men|at|mung; Kie|men|spal|te
¹Kien (Herkunft unsicher); nur in auf dem Kien sein (*landsch. für* wachsam sein, gut aufpassen)
²Kien, der; -[e]s (harzreiches [Kiefern]holz)
Kien|ap|fel; Kien|fa|ckel; Kien|holz
kie|nig
Kien|span; Kien|zap|fen

Kie|pe, die; -, -n (*nordd., mitteld.* für auf dem Rücken getragener, hoher Tragekorb); Kie|pen|hut, der (ein Frauenhut, Schute)
Kier|ke|gaard ['kirkəgart] (dän. Philosoph u. Theologe)
Kies, der; -es, *Plur.* (*für* Kiesarten:) -e (*ugs. auch für* Geld)
kies|be|deckt; kies|be|streut
Kie|sel, der; -s, -
Kie|sel|al|ge; Kie|sel|er|de; Kie|sel|gur, die; - (Erdart aus den Panzern von Kieselalgen)
kie|seln (mit Kies beschütten); ich kies[e]le
Kie|sel|säu|re; Kie|sel|stein
¹kie|sen (*svw.* kieseln); du kiest; er kies|te; gekiest; kies[e]!
²kie|sen (*veraltet für* wählen); du kiest; kies[e]!; du kor[e]st, körest; gekoren; *vgl.* küren
Kie|se|rit, der; -s, *Plur.* (Sorten:) -e (ein Mineral)
Kies|gru|be; Kies|hau|fen
kie|sig
Kie|sin|ger, Kurt Georg (dritter dt. Bundeskanzler); Kies|weg
Ki|ew ['ki:ɛf] (ukrain. Kyjiw; Hauptstadt der Ukraine); Ki|e|wer; Ki|e|we|rin
Kiez, der; -es, -e ⟨slaw.⟩ (*bes. berlin. für* Ort, Stadtteil; *bes. hamburg.* Vergnügungsviertel, Rotlichtbezirk)
kif|fen ⟨arab.-amerik.⟩ (*Jargon* Haschisch od. Marihuana rauchen); Kif|fer; Kif|fe|rin
Ki|ga|li (Hauptstadt von Ruanda)
ki|ke|ri|ki!
¹Ki|ke|ri|ki, das; -s, -s (Hahnenschrei)
²Ki|ke|ri|ki, der; -s, -s (*Kinderspr.* Hahn)
Ki|ki, der; -s (*ugs. für* überflüssiges Zeug; Unsinn)
¹Ki|ku|yu, der; -, die; -, *Plur.* -, selten -s (Angehörige[r] einer ethnischen Gruppe in Kenia)
²Ki|ku|yu, das; - (eine Bantusprache)
Kil|bi, die; -, ...benen (*schweiz. mdal., westösterr.* Kirchweih; *vgl.* Chilbi); Kil|bi|tanz
Ki|li|an (m. Vorn.)
Ki|li|ki|en, Zi|li|zi|en (im Altertum Landschaft in Kleinasien); ki|li|kisch, zi|li|zisch
Ki|li|mand|scha|ro, der; -[s] (höchster Berg Afrikas)
kil|le|kil|le; killekille machen (*ugs. für* kitzeln)
¹kil|len ⟨engl.⟩ (*ugs. für* töten); er hat ihn gekillt

²kil|len ⟨niederd.⟩ (*Seemannsspr.* leicht flattern [von Segeln])
Kil|ler (*ugs. für* Totschläger, [berufsmäßiger] Mörder)
Kil|ler|al|ge (*ugs.*)
Kil|ler|ap|pli|ka|ti|on ⟨engl.⟩ (*EDV* Softwareanwendung, die zahlreiche Nutzer od. Käufer findet)
Kil|le|rin; Kil|ler|sa|tel|lit (*ugs. für* Satellit, der Flugkörper im All zerstören soll); Kil|ler|spiel (*ugs.*); Kil|ler|vi|rus (*ugs.*)
Kil|ler|wal (*svw.* Schwertwal)
Kil|ler|zel|le (*Biol., Med.*)
Kiln, der; -[e]s, -e ⟨engl.⟩ (Schachtofen zur Holzverkohlung od. Metallgewinnung)
Ki|lo, das, *österr. ugs. auch* der; -s, -[s] (*kurz für* Kilogramm)
ki|lo... ⟨griech.⟩ (tausend...)
Ki|lo... (Tausend...; das Tausendfache einer Einheit, z. B. Kilometer = 1 000 Meter; Zeichen k)
Ki|lo|bit (*EDV* Einheit von 1 024 Bit; Zeichen Kbit, KBit)
Ki|lo|byte [...baɪt] (*EDV* Einheit von 1 024 Byte; Zeichen kByte, KByte, kB, KB)
Ki|lo|gramm (1 000 Gramm; Maßeinheit für Masse; Zeichen kg); 3 Kilogramm
Ki|lo|hertz (1 000 Hertz; Maßeinheit für die Frequenz; Zeichen kHz)
Ki|lo|joule (1 000 Joule; Zeichen kJ)
Ki|lo|ka|lo|rie (1 000 Kalorien; Zeichen kcal)
Ki|lo|li|ter (1 000 Liter; Zeichen kl)
Ki|lo|me|ter [*auch* 'ki:...], der; -s, - (1 000 m; Zeichen km); 80 Kilometer je Stunde (*Abk.* km/h)
Ki|lo|me|ter|fres|ser (*ugs.*); Ki|lo|me|ter|fres|se|rin
Ki|lo|me|ter|geld; Ki|lo|me|ter|geld|pau|scha|le
ki|lo|me|ter|lang; *aber* 3 Kilometer lang; Ki|lo|me|ter|mar|ke; Ki|lo|me|ter|pau|scha|le; Ki|lo|me|ter|stand; Ki|lo|me|ter|stein; Ki|lo|me|ter|ta|rif
ki|lo|me|ter|weit *vgl.* kilometerlang
Ki|lo|me|ter|zäh|ler
ki|lo|me|t|rie|ren ([Straßen, Flüsse usw.] mit Kilometereinteilung versehen); Ki|lo|me|t|rie|rung; ki|lo|me|t|risch
Ki|lo|new|ton (1 000 Newton; Zeichen kN)
Ki|lo|ohm (1 000 Ohm; Zeichen kΩ)
Ki|lo|pas|cal (1 000 Pascal; Zeichen kPa)
Ki|lo|pond (1 000 Pond; ältere

Kilopondmeter

Maßeinheit für Kraft u. Gewicht; *Zeichen* kp); **Ki|lo|pond|me|ter,** das; -s, - (ältere Einheit der Energie; *Zeichen* kpm)

Ki|lo|volt (1 000 Volt; *Zeichen* kV); **Ki|lo|volt|am|pe|re** [*auch* ...'peːɐ̯] (1 000 Voltampere; *Zeichen* kVA)

Ki|lo|watt (1 000 Watt; *Zeichen* kW); **Ki|lo|watt|stun|de** (*auch* ...'vat...] (1 000 Wattstunden; *Zeichen* kWh)

ki|lo|wei|se

¹Kilt, der; -[e]s (*früher südwestd. u. schweiz. für* das Fensterln)

²Kilt, der; -[e]s, -s ⟨engl.⟩ (zur schott. Männertracht gehörender karierter Faltenrock)

Kilt|gang ⟨*zu* ¹Kilt⟩

Kim|ber usw. *vgl.* Zimber usw.

Kim|chi ['kɪmtʃi], der *od.* das; -[s] ⟨chin.-korean.⟩ (eine korean. Gemüsezubereitung)

Kimm, die; - ⟨Seew. Horizontlinie zwischen Meer u. Himmel; *Schiffbau* Krümmung des Schiffsrumpfes zwischen Bordwand u. Boden)

Kim|me, die; -, -n (Einschnitt; Kerbe; Teil der Visiereinrichtung)

Kimm|ho|bel

Kim|mung (Seemannsspr. Luftspiegelung; Horizont)

Ki|mon (athen. Feldherr)

Ki|mo|no [*auch* 'kiː... *od.* kiˈmoːno], der; -s, -s ⟨jap.⟩ (weitärmeliges Gewand); **Ki|mo|no|är|mel** (weiter, angeschnittener Ärmel); **Ki|mo|no|blu|se**

Ki|nä|de, der; -n, -n ⟨griech.⟩ (m. Hetäre im alten Griechenland; Päderast)

Ki|n|äs|the|sie, die; - ⟨griech.⟩ (*Med.* Fähigkeit der unbewussten Steuerung von Körperbewegungen)

Kind, das; -[e]s, -er; an Kindes statt; von Kind auf; sich bei jmdm. lieb Kind machen (einschmeicheln)

Kind|bett, das; -[e]s (*veraltend*)

Kind|bett|fie|ber, das; -s (*veraltend*)

Kind|chen, Kind|chen|sche|ma (*Verhaltensf.*)

Kin|del|bier (*nordd. für* Bewirtung bei der Kindtaufe)

Kin|der|ab|setz|be|trag (*österr. für* Kinderfreibetrag); **Kin|der|ab|zug** (*schweiz. für* Kinderfreibetrag)

Kin|der|ar|beit; Kin|der|ar|mut

Kin|der|arzt; Kin|der|ärz|tin; Kin|der|au|ge *meist Plur.*; mit Kinderaugen (unvoreingenommen) betrachten

Kin|der|be|cken

Kin|der|be|lus|ti|gung

Kin|der|be|treu|ung

Kin|der|be|treu|ungs|geld (*österr. für* Erziehungsgeld)

Kin|der|bett; Kin|der|buch

Kin|der|chen *Plur.*; **Kin|der|chor**

Kin|der|dar|stel|ler; Kin|der|dar|stel|le|rin

Kin|der|dis|co, Kin|der|dis|ko

Kin|der|dorf; Kin|der|ehe

Kin|de|rei

Kin|der|er|zie|hung

Kin|der|fa|sching (bes. bayr., österr.)

kin|der|feind|lich

Kin|der|fern|se|hen; Kin|der|fest; Kin|der|film

Kin|der|frau; Kin|der|fräu|lein (*veraltend*)

Kin|der|frei|be|trag (Steuerw.)

Kin|der|freund; Kin|der|freun|din; kin|der|freund|lich; Kin|der|freund|lich|keit, die; -

Kin|der|gar|ten; Kin|der|gar|ten|kind; Kin|der|gar|ten|pä|da|go|ge; Kin|der|gar|ten|pä|da|go|gin; Kin|der|gar|ten|platz; Kin|der|gärt|ner; Kin|der|gärt|ne|rin

Kin|der|ge|burts|tag; Kin|der|geld

kin|der|ge|recht (svw. kindgerecht)

Kin|der|ge|schich|te; Kin|der|got|tes|dienst

Kin|der|hand; von Kinderhand gemalt

Kin|der|heim; Kin|der|hort

Kin|der|hü|te|dienst (*schweiz. für* Kinderbetreuung)

Kin|der|ka|rus|sell; Kin|der|ki|no

Kin|der|kir|che (Kindergottesdienst)

Kin|der|kli|nik

Kin|der|kram

Kin|der|kran|ken|haus; Kin|der|kran|ken|pfle|ger; Kin|der|kran|ken|schwes|ter

Kin|der|krank|heit

Kin|der|krie|gen, das; -s (*ugs.*)

Kin|der|krip|pe

Kin|der|la|den (*auch für* nicht autoritär geleiteter Kindergarten); **Kin|der|läh|mung**

kin|der|leicht

Kin|der|lein *Plur.*

kin|der|lieb

Kin|der|lied

Kin|der|li|te|ra|tur *Plur. selten*

kin|der|los; Kin|der|lo|sig|keit, die; -

Kin|der|mäd|chen; Kin|der|mund

Kin|der|nah|rung; Kin|der|narr; Kin|der|när|rin

Kin|der|not|dienst (sozialpädagogische Einrichtung für Kinder in Not; *auch für* kinderärztlicher Bereitschaftsdienst)

Kin|der|pa|ra|dies

Kin|der|par|la|ment

Kin|der|pfle|ger; Kin|der|pfle|ge|rin

Kin|der|por|no (*ugs.*); **Kin|der|por|no|gra|fie, Kin|der|por|no|gra|phie**

Kin|der|post; Kin|der|pro|gramm

Kin|der|pros|ti|tu|ti|on

Kin|der|punsch (ohne Alkohol)

kin|der|reich; Kin|der|reich|tum, der; -s

Kin|der|schän|der; Kin|der|schän|de|rin; Kin|der|schreck, der; -s, -e; **Kin|der|schrift; Kin|der|schuh**

Kin|der|schutz, der; -es; **Kin|der|schutz|ge|setz**

Kin|der|sei|te (einer Zeitung); **Kin|der|sen|dung**

kin|der|si|cher; ein kindersicherer Verschluss; **Kin|der|si|che|rung**

Kin|der|sitz

Kin|der|sol|dat; Kin|der|sol|da|tin

Kin|der|spiel; Kin|der|spiel|platz; Kin|der|spiel|zeug

Kin|der|spi|tal (landsch., bes. österr. u. schweiz.)

Kin|der|spra|che *Plur. selten*; **Kin|der|sprech|stun|de;** Kinder- und Jugendsprechstunde; ↑D 31

Kin|der|sta|ti|on

Kin|der|sterb|lich|keit

Kin|der|stim|me; Kin|der|stu|be

Kin|der|tag

Kin|der|ta|ges|heim; Kin|der|ta|ges|pfle|ge; Kin|der|ta|ges|stät|te

Kin|der|tel|ler; Kin|der|thea|ter; Kin|der|traum; Kin|der|tüm|lich

Kin|der|uhr; Kin|der|uni (*ugs.*); **Kin|der|uni|ver|si|tät** (von einer Hochschule gestaltetes Bildungsangebot für Kinder); **Kin|der|wa|gen; Kin|der|wort** *Plur.* ...wörter; **Kin|der|wunsch; Kin|der|zahl; Kin|der|zeit; Kin|der|zim|mer; Kin|der|zu|la|ge; Kin|der|zu|schlag**

Kin|des|al|ter; Kin|des|aus|set|zung; Kin|des|bei|ne; in von Kindesbeinen an

Kin|des|ent|füh|rung; Kin|des|ent|zie|hung (Rechtsspr.)

Kin|des|kind (Enkelkind)

Kin|des|lie|be

Kin|des|miss|brauch; Kin|des|miss|hand|lung

Kin|des|mord, Kinds|mord; Kin|des|mör|der; Kin|des|mör|de|rin

Kirchhofsstille

Kin|des|un|ter|schie|bung
Kin|des|wohl *(Rechtsspr.);* Kin|des|wohl|ge|fähr|dung
Kind|frau
kind|ge|mäß; kind|ge|recht
kind|haft
Kind|heit, die; -; Kind|heits|er|in|nerung; Kind|heits|er|leb|nis; Kind|heits|trau|ma
kin|disch; Kind|lein
kind|lich; Kind|lich|keit, die; -
Kinds|be|we|gung
Kinds|kopf *(ugs. abwertend);* kindsköp|fig *(ugs. abwertend)*
Kinds|mord usw. vgl. Kindesmord usw.
Kinds|pech (Stuhlgang des neugeborenen Kindes)
Kinds|tau|fe, Kind|tau|fe; Kinds|tod
Ki|ne|ma|thek, die; -, -en ⟨griech.⟩ (Sammlung von Filmen; Filmarchiv)
Ki|ne|ma|tik, die; - *(Physik* Lehre von den Bewegungen); ki|ne|ma|tisch (die Kinematik betreffend)
Ki|ne|ma|to|graf, Ki|ne|ma|to|graph, der; -en, -en (der erste Apparat zur Aufnahme u. Wiedergabe bewegter Bilder; *Kurzform* Kino)
Ki|ne|ma|to|gra|fie, Ki|ne|ma|to|gra|phie, die; - (Filmwissenschaft u. -technik, Aufnahme u. Wiedergabe von Filmen)
ki|ne|ma|to|gra|fisch, ki|ne|ma|to|gra|phisch
Ki|ne|sio|lo|gie, die; - (Lehre von den Bewegungsabläufen); ki|ne|sio|lo|gisch (die Kinesiologie betreffend); Ki|ne|sio|the|ra|pie (Bewegungstherapie)
Ki|ne|tik, die; - *(Physik* Lehre von den Kräften, die nicht im Gleichgewicht sind); ki|ne|tisch; kinetische Energie (Bewegungsenergie)
Ki|ne|to|se, die; -, -n (Bewegungs- od. Reisekrankheit)
King, der; -[s], -s ⟨engl.⟩ *(engl.* für König; *ugs.* für Anführer; jmd., der größtes Ansehen genießt)
King|size [...sa͜is], die, *auch* das; - (Großformat, Überlänge [von Zigaretten])
Kings|ton [...tn̩] (Hauptstadt Jamaikas)
Kings|town [...ta͜un] (Hauptstadt des Staates St. Vincent u. die Grenadinen)
Kink, der; -en, -en, *auch* die; -, -en (Seemannsspr. u. nordd. für Knoten, Fehler im Tau)

Kin|ker|litz|chen *Plur.* (ugs. für Nichtigkeiten)
Kinn, das; -[e]s, -e
Kinn|ba|cke[n]; Kinn|ha|ken; Kinn|la|de; Kinn|län|ge; die Haare auf Kinnlänge schneiden lassen; Kinn|rie|men; Kinn|spit|ze
Ki|no, das; -s, -s (Lichtspieltheater); vgl. Kinematograf
Ki|no|abend
Ki|no|be|sit|zer; Ki|no|be|sit|ze|rin
Ki|no|be|such; Ki|no|be|su|cher; Ki|no|be|su|che|rin
Ki|no|er|folg
Ki|no|film; Ki|no|gän|ger; Ki|no|gän|ge|rin; Ki|no|ge|her *(bes. österr.);* Ki|no|ge|he|rin; Ki|no|hit
Ki|no|kar|te; Ki|no|kas|se
Ki|no|lein|wand; Ki|no|pro|gramm
Ki|no|re|k|la|me; Ki|no|saal; Ki|no|start
Kin|sha|sa [...ˈʃa:...] (Hauptstadt der Demokratischen Republik Kongo)
Kin|topp, der; -s, *Plur.* -s u. ...töppe *(ugs.* für Kino, Film)
Kin|zig, die; - (r. Nebenfluss des unteren Mains; r. Nebenfluss des Oberrheins)
Kin|zi|git, der; -s (eine Gneisart)
Ki|osk [*auch* kiɔsk], der; -[e]s, -e ⟨pers.⟩ (Verkaufshäuschen; oriental. Gartenhaus)
Ki|o|to, Ky|o|to (jap. Stadt)
Ki|pa vgl. Kippa
Kipf, der; -[e]s, -e *(südd.* für länglich geformtes [Weiß]brot)
Kip|fel, Kip|ferl, das; -s, -[n]; vgl. Pickerl *(österr.* für Hörnchen [Gebäck]); Kipf|ler *Plur. (österr.* für eine Kartoffelsorte)
Kip|ling (engl. Schriftsteller)
Kip|pa, Ki|pa, Kip|pah, die; -, ...pot ⟨hebr.⟩ (kleine, flache Kopfbedeckung der jüdischen Männer)
Kip|pe, der; -, -n (Spitze, Kante; eine Turnübung; *ugs.* für Zigarettenstummel)
kip|pe|lig, kipp|lig; kip|peln *(ugs.);* ich kipp[e]le; kipp|en
¹Kip|per *(früher* jmd., der Münzen mit zu geringem Edelmetallgehalt in Umlauf brachte); Kipper und Wipper
²Kip|per (Wagen mit kippbarem Wagenkasten)
Kip|pe|rin
Kipp|fens|ter
kipp|lig vgl. kippelig
Kipp|lo|re
Kipp|pflug, Kipp-Pflug
Kipp|re|gel (ein Vermessungsgerät); Kipp|schal|ter

Kipp|schwin|gun|gen *Plur. (Physik);* Kipp|wa|gen
Kips, das; -es, -e *meist Plur.* ⟨engl.⟩ (getrocknete Haut des Zebus)
Kir, der; -[s], -s ⟨nach dem Dijoner Bürgermeister Félix Kir⟩ (Getränk aus Johannisbeerlikör u. Weißwein)
Kir|be, die; -, -n *(südd. mdal.* für Kirchweih)
Kir|che, die; -, -n
Kir|chen|äl|tes|te, der u. die; Kir|chen|amt; Kir|chen|asyl; Kir|chen|aus|tritt
Kir|chen|bank *Plur.* ...bänke; Kir|chen|bann; Kir|chen|bau *Plur.* ...bauten; Kir|chen|bei|trag *(österr.* für Kirchensteuer); Kir|chen|be|su|cher; Kir|chen|be|su|che|rin
Kir|chen|bu|ße; Kir|chen|chor
Kir|chen|die|ner; Kir|chen|die|ne|rin
Kir|chen|fa|b|rik (Stiftungsvermögen einer kath. Kirche)
Kir|chen|fens|ter
Kir|chen|fest; Kir|chen|frau; Kir|chen|gän|ger *(svw.* Kirchgänger); Kir|chen|gän|ge|rin
Kir|chen|ge|mein|de
Kir|chen|ge|schich|te, die; -
Kir|chen|glo|cke; Kir|chen|jahr
Kir|chen|leh|rer; Kir|chen|leh|re|rin
Kir|chen|lei|tung
Kir|chen|licht *Plur.* -er; er ist kein [großes] Kirchenlicht (ugs. für er ist nicht sehr klug)
Kir|chen|lied; Kir|chen|mann *Plur.* ...männer u. ...leute; Kir|chen|maus; Kir|chen|mit|glied; Kir|chen|mu|sik; Kir|chen|ober|haupt; Kir|chen|or|gel; Kir|chen|pfle|ge, die; -, -n *(schweiz.)*
Kir|chen|po|li|tik; Kir|chen|prä|si|dent *(ev. Kirche);* Kir|chen|prä|si|den|tin; Kir|chen|rat *Plur.* ...räte; Kir|chen|rä|tin
Kir|chen|recht; Kir|chen|schiff
Kir|chen|spren|gel, Kirch|spren|gel
Kir|chen|staat, der; -[e]s; Kir|chen|steu|er, die; Kir|chen|tag; z. B. Deutscher Evangelischer Kirchentag
Kir|chen|tür, Kirch|tür; Kir|chen|uhr
Kir|chen|va|ter *meist Plur.* (besonders anerkannter Kirchenschriftsteller aus der Frühzeit der christlichen Kirche)
Kir|chen|volk, das; -[e]s
Kir|chen|vor|stand
Kirch|gang, der; -[e]s; Kirch|gän|ger; Kirch|gän|ge|rin; Kirch|geld
Kirch|hof; Kirch|hofs|mau|er
Kirch|hofs|stil|le

kirchlich

kirch|lich; Kirch|lich|keit, die; -
Kirch|ner (veraltet für Küster); Kirch|ne|rin
Kirch|spiel (Kirchensprengel)
Kirch|spren|gel, Kir|chen|spren|gel;
Kirch|tag (österr. für Kirchweih)
Kirch|tür vgl. Kirchentür
Kirch|turm; Kirch|turm|po|li|tik, die; - (abwertend für auf engen Gesichtskreis beschränkte Politik)
Kirch|val|ter (landsch. für Kirchenältester); Kirch|weih, die; -, -en
Kir|gi|se, der; -n, -n
Kir|gi|si|en vgl. Kirgisistan; Kir|gi|sin; kir|gi|sisch
Kir|gi|sis|tan (Staat in Mittelasien)
Kir|gis|tan vgl. Kirgisistan
Ki|ri|ba|ti (Inselstaat im Pazifik); Ki|ri|ba|ti|er; Ki|ri|ba|ti|e|rin; ki|ri|ba|tisch
Kir|ke vgl. Circe
Kir|mes, die; -, ...messen (bes. mittel- und nordd. für Kirchweih)
Kir|mes|ku|chen
kir|nen (landsch. für buttern; [Erbsen] aus den Schoten lösen)
kir|re (ugs. für zutraulich, zahm; nervös, unsicher); jmdn. kirre machen od. kirremachen; kir|ren (noch ugs. für kirre machen)
Kir royal [- ʀoaˈjaːl], der; - -[s], -s -s ⟨vgl. Kir u. royal⟩ (Getränk aus Johannisbeerlikör u. Champagner)
Kir|rung (Jägerspr. Lockfutter)
Kirsch, der; -[e]s, -e (ein Branntwein); zwei Kirsch bestellen
Kirsch|baum; Kirsch|blü|te
Kir|sche, die; -, -n
Kir|schen|baum usw. (seltener für Kirschbaum usw.)
Kirsch|geist (ein Branntwein); Kirsch|holz; Kirsch|kern; Kirsch|ku|chen; Kirsch|li|kör
Kirsch|pa|ra|dei|ser (österr. für Kirschtomate)
kirsch|rot; Kirsch|saft
Kirsch|to|ma|te; Kirsch|tor|te; Kirsch|was|ser (ein Branntwein)
Kirs|ten (m. od. w. Vorn.)
Kir|tag (bayr., österr. für Kirchweih)
Ki|san|ga|ni (Stadt in der Demokratischen Republik Kongo)
Kis|met, das; -s ⟨arab., »Zugeteiltes«⟩ (Los; gottergeben hinzunehmendes Schicksal im Islam)
Kis|sen, das; -s, -
Kis|sen|be|zug; Kis|sen|fül|lung
Kis|sen|hül|le; Kis|sen|schlacht
Kis|sen|über|zug
Kis|te, die; -, -n

Kis|ten|de|ckel; Kis|ten|grab
kis|ten|wei|se
Ki|su|a|he|li, Ki|swa|hi|li, Swa|hi|li, das; -[s] (Sprache der Suaheli)
Kit, das od. der; -[s], -s ⟨engl.⟩ (Satz zusammengehöriger Dinge)
Ki|ta, die; -, -s (kurz für Kindertagesstätte)
Kite [kaɪt], der; -s, -s ⟨engl.⟩ ⟨Sport Lenkdrachen⟩
ki|ten [ˈkaɪtn̩] ⟨engl.⟩ (mit Lenkdrachen surfen); sie kitet, gekitet
Kite|sur|fen [ˈkaɪt...], das; -s ⟨engl.⟩ (das Surfen über das Wasser auf einem Surfbrett u. mit einem Lenkdrachen); Kite|sur|fer; Kite|sur|fe|rin; Kite|sur|fing, das; -s
Kit|fuchs, Kitt|fuchs (Fuchs einer nordamerik. Art; Fell dieses Fuchses)
Ki|tha|ra, die; -, -s u. ...tharen ⟨griech.⟩ (altgriech. Saiteninstrument); Ki|tha|rö|de, der; -n, -n (altgriech. Zitherspieler u. Sänger); Ki|tha|rö|din
Ki|thä|ron, der; -s (griech. Gebirge)
Kitsch, der; -[e]s (als geschmacklos empfundenes Produkt der Kunst, der Musik od. der Literatur; geschmacklos gestalteter Gebrauchsgegenstand)
kit|schen (landsch. für zusammenscharren); du kitschst
kit|schig; Kitsch|ro|man
Kitt, der; -[e]s, -e
Kitt|chen, das; -s, - (ugs. für Gefängnis)
Kit|tel, der; -s, -; Kit|tel|schür|ze
kit|ten
Kitt|fuchs vgl. Kitfuchs
Kitz, das; -es, -e u. Kit|ze, die; -, -n (Junges von Reh, Gämse, Ziege)
Kitz|bü|hel (österr. Stadt)
Kitz|bü|he|ler, Kitz|bü|he|le|rin
Kitz|chen; Kit|ze vgl. Kitz
Kit|zel, der; -s, -; kit|ze|lig, kitz|lig; kit|zeln; ich kitz[e]le
Kitz|lein
Kitz|ler (für Klitoris)
kitz|lig vgl. kitzelig
Ki|wa|nis-Club, der; -s, -s ⟨Indianerspr.; engl.⟩ (karitative, besonders um das Wohl von Kindern bemühte Vereinigung)
Ki|wa|nis In|ter|na|tio|nal [...w... ...ˈneʃənl̩], der; - - (internationale Dachorganisation der Kiwanis-Clubs)
¹Ki|wi, der; -s, -s ⟨maorisch⟩ (ein flugunfähiger Laufvogel in Neuseeland)

²Ki|wi, die; -, -s (eine exotische Frucht)
kJ = Kilojoule
k. J. = künftigen Jahres
Kjök|ken|möd|din|ger vgl. Kökkenmöddinger
k. k. = kaiserlich-königlich (in ehem. österr. Reichsteil von Österreich-Ungarn für alle Behörden); vgl. kaiserlich, k. u., k. u. k.
K. K. = Kaiserlich-Königlich; vgl. kaiserlich
KKW, das; -[s], -[s] = Kernkraftwerk
kl = Kiloliter
Kl. = Klasse, österr. auch = Klappe (für Telefonnebenstelle, Apparat)
kla|bas|tern (landsch. für schwerfällig gehen); ich klabastere
Kla|bau|ter|mann Plur. ...männer (ein Schiffskobold)
klack! ; klack, klack!
kla|cken (klack machen)
kla|ckern (landsch. für gluckern u. klecksen); ich klackere
klacks!; Klacks, der; -es, -e (ugs. für kleine Menge; klatschendes Geräusch)
Klad|de, die; -, -n (landsch. für Schmierheft; Geschäftsbuch)
Klad|de|ra|datsch, der; -[e]s, -e (ugs. für Durcheinander nach einem Zusammenbruch; Skandal)
Kla|do|ze|re, die; -, -n meist Plur. (Zool. Wasserfloh)
kläf|fen; kläf|fen; Kläf|fer (ugs. abwertend); Klaff|mu|schel
Klaf|ter, der od. das; -s, -, selten die; -, -n (altes Längen-, Raummaß); 5 Klafter Holz; Klaf|ter|holz; klaf|ter|lang; ein klafterlanger Riss, aber 3 Klafter lang; klaf|tern; ich klaftere Holz (schichte es auf); klaf|ter|tief
klag|bar (Rechtsspr.); klagbar werden; Klag|bar|keit (Rechtsspr.)
Kla|ge, die; -, -n; Kla|ge|er|he|bung, Kläger|he|bung (Rechtsspr.)
Kla|ge|laut; Kla|ge|lied
Kla|ge|ge|schrei, Klag|ge|schrei
Kla|ge|laut; Kla|ge|lied
Kla|ge|mau|er (Überreste des Tempels in Jerusalem)
kla|gen
Kla|gen|furt am Wör|ther|see (Hauptstadt Kärntens)
Kla|ge|ruf; Klä|ger|in; Klä|ge|rin für|te|rin
Kla|ge|punkt; Kläg|ger
Kläger|he|bung vgl. Klageerhebung; Klä|ge|rin
klä|ge|risch; klä|ge|ri|scher|seits

Klarissin

klar

Kleinschreibung:
- klares Wasser
- klare Suppe
- klare Verhältnisse
- klare Sicht
- eine klare Nacht
- klar Schiff machen (*ugs. für* eine Angelegenheit bereinigen; gründlich aufräumen)

Großschreibung der Substantivierung ↑D 72:
- ich bin mir längst darüber im Klaren
- das war das einzig Klare an seinen Ausführungen

Schreibung in Verbindung mit Verben ↑D 56:
- klar sein, klar werden
- das Wetter ist klar geworden
- nicht mehr klar denken können
- wieder klar (deutlich) sehen können
- *aber* mir ist jetzt Verschiedenes klar geworden *od.* klargeworden

Getrennt- od. Zusammenschreibung bei nicht übertragener Bedeutung in Verbindung mit einem adjektivisch gebrauchten Partizip ↑D 58:
- ein klar denkender *od.* klardenkender Mensch

Vgl. auch klargehen, klarkommen, klarlegen, klarmachen, klarsehen, klarstellen

---

(Rechtsspr.); **Klä|ger|schaft** (*bes. schweiz. Rechtsspr.*)
Kla|ge|schrift; Kla|ge|weg
Klag|ge|schrei *vgl.* Klagegeschrei
kläg|lich; Kläg|lich|keit
klag|los; klag|sam (*bes. Psychol.* zum Klagen neigend)
Klai|pe|da (Hafenstadt in Litauen; *vgl.* ²Memel)
Kla|mauk, der; -s (*ugs. für* Lärm; Ulk); **kla|mau|kig** (*ugs.*)
klamm (feucht; steif [vor Kälte]); klamme Finger
Klamm, die; -, -en (Felsenschlucht [mit Wasserlauf])
Klam|mer, die; -, -n
Klam|mer|af|fe (*auch für* @)
Klam|mer|beu|tel
Klam|mer|blues (Tanz in enger Umarmung)
Klam|mer|chen
Kläm|mer|griff
klam|mern; ich klammere; sich an etw. *od.* jmdn. klammern; **Klam|mer|zu|satz**
klamm|heim|lich (*ugs.*)
Kla|mot|te, die; -, -n (*ugs. für* [Gesteins]brocken; minderwertiges [Theater]stück; *meist Plur.*: [alte] Kleidungsstücke); **Kla|mot|ten|kis|te** (*ugs.*)
Klam|pe, die; -, -n (*Seemannsspr.* Holz- od. Metallstück zum Festmachen der Taue)
Klamp|fe, die; -, -n (*volkstüml.* Gitarre; *österr.* Bauklammer)
kla|mü|sern (*nordd. für* nachsinnen); ich klamüsere
Klan, Clan [*engl.* klen], der; -s, *Plur.* -e, *bei engl. Ausspr.* -s ([schott.] Lehns-, Stammesverband; Gruppe von Personen, die jmd. um sich schart)
klan|des|tin (*lat.*) (*geh. für* heimlich); klandestine Ehe (nicht nach kanon. Vorschrift geschlossene Ehe) ↑D 89
¹**klang** *vgl.* klingen
²**klang!; kling, klang!**
Klang, der; -[e]s, Klänge
Klang|bild (*fachspr.*); **Klang|ef|fekt; Klang|far|be; Klang|fol|ge; Klang|fül|le; Klang|in|stal|la|ti|on; Klang|kör|per**
klang|lich; klang|los
Klang|qua|li|tät; Klang|scha|le
klang|schön; eine klangschöne Orgel; **Klang|schön|heit,** die; -
Klang|tep|pich (*Musik*)
klang|voll; Klang|wir|kung
Klapf, der; -[e]s, Kläpfe (*südd., schweiz. mdal. für* Knall, Schlag, Ohrfeige)
Kla|po|tetz, der; -[es], -e ⟨slowen.⟩ (*südostösterr.* ein Windrad)
klapp!; klipp, klapp!
klapp|bar; Klapp|bett; Klapp|dach
Klap|pe, die; -, -n (*österr. auch für* Nebenstelle eines Telefonanschlusses, *svw.* Apparat)
klap|pen
Klap|pen|feh|ler (Herzklappenfehler)
Klap|pen|horn *Plur.* ...hörner (ein älteres Musikinstrument)
Klap|pen|text (Buchw.)
Klap|per, die; -, -n
klap|per|dürr
klap|pe|rig, klapp|rig
Klap|per|kas|ten; Klap|per|kis|te (altes Auto, Gerät o. Ä.)
klap|pern; ich klappere
Klap|per|schlan|ge
Klap|per|storch (Kinderspr.)
Klapp|fahr|rad; Klapp|fens|ter
Klapp|flü|gel (*bes. Flugw., Motorsport*)
Klapp|han|dy
Klapp|horn|vers (Scherzvers in Form eines Vierzeilers, beginnend mit: Zwei Knaben ...)
Klapp|hut, der; **Klapp|lei|ter,** die; **Klapp|lie|ge; Klapp|mes|ser,** das
Klapp|rad
klapp|rig *vgl.* klapperig
Klapp|ses|sel; Klapp|sitz; Klapp|stuhl
Klapp|stul|le (*landsch.*); **Klapp|tisch; Klapp|ver|deck**
Klaps, der; -es, -e; **Kläps|chen**
klap|sen
Klaps|müh|le (*ugs., auch diskriminierend für* psychiatrische Klinik)
klar *s.* Kasten
Klar *vgl.* Eiklar
Kla|ra (w. Vorn.)
Klär|an|la|ge
Klar|ap|fel
Klär|be|cken
Klar|blick
Klär|chen (w. Vorn.)
klar den|kend, klar|den|kend *vgl.* klar
Kla|re, der; -n, -n (Schnaps)
klä|ren
Kla|rett, der; -s, -s ⟨franz.⟩ (gewürzter Rotwein)
klar|ge|hen (*ugs. für* reibungslos ablaufen); es ist alles klargegangen ↑D 47
Klar|heit *Plur.* selten
kla|rie|ren ⟨*lat.*⟩ (beim Ein- u. Auslaufen eines Schiffes die Zollformalitäten erledigen); ein Schiff klarieren
Kla|ri|net|te, die; -, -n ⟨*ital.(-franz.)*⟩ (ein Holzblasinstrument); **Kla|ri|net|tist,** der; -en, -en (Klarinettenbläser); **Kla|ri|net|tis|tin**
Kla|ris|sa (w. Vorn.); **Kla|ris|sen|or|den,** der; -s (*kath. Kirche*); **Kla|ris|sin** (Angehörige des Klarissenordens)

K
Klar

631

klarkommen

klar|kom|men (ugs. für zurechtkommen); ich bin damit, mit ihm klargekommen ↑D 47
klar|le|gen (erklären); er hat ihm den Vorgang klargelegt ↑D 47
klär|lich (veraltet für klar, deutlich)
klar|ma|chen (erklären; [Schiff] fahr-, gefechtsbereit machen); wir haben ihm seinen Irrtum klargemacht; das Schiff hat klargemacht ↑D 47
Klär|mit|tel, das
Klar|na|me (richtiger Name im Gegensatz zum Decknamen)
kla|ro (ugs. für klar); alles klaro?; aber klaro kommt er mit
Klar|schiff, das; -[e]s (Seemannsspr. Gefechtsbereitschaft)
Klär|schlamm
Klar|schrift|le|ser (EDV-Eingabegerät, das Daten in lesbarer Form verarbeitet)
klar|se|hen (verstehen, Bescheid wissen); vgl. aber klar
Klar|sicht|do|se
Klar|sicht|fo|lie
klar|sich|tig
Klar|sicht|pa|ckung
klar|stel|len (Irrtümer beseitigen); er hat das Missverständnis klargestellt ↑D 47; **Klar|stel|lung**
Klar|text, der (entzifferter [dechiffrierter] Text); Klartext reden/sprechen (offen seine Meinung sagen), im Klartext (auch für verständlich)
Klä|rung; Klä|rungs|be|darf
klar wer|den, klar|wer|den vgl. klar
Klas (m. Vorn.)
klass vgl. klasse
Klass... (südd. in Zus. für Klassen... [= Schulklasse], z. B. Klasslehrer)
klas|se, österr. auch klass (ugs. für hervorragend, großartig); ein klasse Auto; sie hat klasse gespielt; die neue Lehrerin ist klasse; das finde ich klasse
Klas|se, die; -, -n ⟨lat.(-franz.)⟩ (Abk. Kl.); jmd. od. etwas hat Klasse; das ist ganz große Klasse (ugs. für großartig, hervorragend)
Klas|se|leis|tung (ugs.)
Klas|se|ment [...'mã:, ...'mɛnt], das; -s, Plur. -s u. (bei deutscher Aussprache:) -e ⟨franz.⟩ (Einreihung; Reihenfolge)
Klas|sen|äl|tes|te, der u. die
Klas|sen|ar|beit
Klas|sen|auf|satz
Klas|sen|bes|te, der u. die
Klas|sen|be|wusst|sein
Klas|sen|bil|dend (Sprachwiss.)
Klas|sen|buch
Klas|sen|chef (schweiz. für Klassensprecher); **Klas|sen|che|fin**
Klas|sen|clown
Klas|sen|er|halt (Sport)
Klas|sen|fahrt
Klas|sen|feind (marx.); **Klas|sen|fein|din**
Klas|sen|ge|sell|schaft; Klas|sen|hass; Klas|sen|in|te|res|se
Klas|sen|jus|tiz
Klas|sen|ka|me|rad; Klas|sen|ka|me|ra|din
Klas|sen|kampf; Klas|sen|kas|se
Klas|sen|kon|flikt
Klas|sen|la|ger (schweiz. für Klassenfahrt)
Klas|sen|leh|rer; Klas|sen|leh|re|rin
Klas|sen|los; die klassenlose Gesellschaft
Klas|sen|lot|te|rie
Klas|sen|pri|ma, die; -, ...mae; **Klas|sen|pri|mus; Klas|sen|raum; Klas|sen|satz; Klas|sen|sie|ger** (Sport); **Klas|sen|sie|ge|rin; Klas|sen|spre|cher; Klas|sen|spre|che|rin**
Klas|sen|staat Plur. ...staaten
Klas|sen|stär|ke
Klas|sen|stu|fe; Klas|sen|tei|ler (Schule); **Klas|sen|tref|fen; Klas|sen|un|ter|schied**
Klas|sen|ver|bleib (Sport)
Klas|sen|vor|stand (österr. für Klassenlehrer)
Klas|sen|wahl|recht
klas|sen|wei|se
Klas|sen|ziel; Klas|sen|zim|mer
Klas|sen|zu|sam|men|kunft (schweiz. für Klassentreffen)
klas|sie|ren (in ein System einordnen; Bergmannsspr. nach der Größe trennen); **Klas|sie|rung**
Klas|si|fi|ka|ti|on vgl. Klassifizierung; **klas|si|fi|zie|ren** (österr. auch für mit Noten beurteilen); **Klas|si|fi|zie|rung** (Einteilung, Einordnung [in Klassen])
...klas|sig (z. B. erst-, zweitklassig)
Klas|sik, die; -; -en Plur. selten (Epoche kultureller Höchstleistungen u. ihre mustergültigen Werke); **Klas|si|ker** (maßgebender Künstler od. Schriftsteller [bes. der antiken u. der dt. Klassik]); **Klas|si|ke|rin**
klas|sisch (mustergültig; die Klassik betreffend; typisch; traditionell); klassische Philologie; klassischer Jazz
Klas|si|zis|mus, der; - (die Klassik nachahmende Stilrichtung, bes. der Stil um 1800); **klas|si|zis|tisch**
Klas|si|zi|tät, die; - (Mustergültigkeit)
...kläss|ler (z. B. Erst-, Zweitklässler)
klas|tisch ⟨griech.⟩ (Geol.); klastisches Gestein (Trümmergestein)
Kla|ter, der; -s, -n (nordd. für Lumpen, zerrissenes Kleid; nur Sing.: Schmutz; **kla|te|rig, klat|rig** (nordd. für schmutzig; schlimm, bedenklich; elend)
klatsch!; klitsch, klatsch!
Klatsch, der; -[e]s, -e (ugs. auch für Rederei, Geschwätz)
Klatsch|ba|se (ugs. abwertend)
Klat|sche, die; -, -n (kurz für Klatschbase, Fliegenklatsche)
klat|schen; du klatschst; Beifall klatschen
klat|sche|nass vgl. klatschnass
Klat|scher; Klat|sche|rei (ugs. abwertend); **Klat|sche|rin**
Klatsch|ge|schich|te
klatsch|haft (ugs. abwertend); **Klatsch|haf|tig|keit,** die; -
Klatsch|ko|lum|nist; Klatsch|ko|lum|nis|tin; Klatsch|maul (ugs. abwertend für geschwätzige Person)
Klatsch|mohn, der; -[e]s
klatsch|nass (ugs. für völlig durchnässt)
Klatsch|nest (ugs. für kleiner Ort, in dem viel geklatscht wird)
Klatsch|re|por|ter; Klatsch|re|por|te|rin; Klatsch|spal|te
Klatsch|sucht, die; -; **klatsch|süch|tig**
Klatsch|tan|te (ugs. abwertend)
Klatsch|weib (ugs. abwertend)
Klau, die; -, -en (nordd. für gabelförmiges Ende der Gaffel)
Klaub|ar|beit (Bergmannsspr. das Sondern des haltigen u. tauben Gesteins aus der Kohle)
klau|ben (sondern; mit Mühe heraussuchen; österr. für pflücken, sammeln)
Klau|ber; Klau|be|rei
Klaue, die; -, -n
klau|en (ugs. für stehlen)
Klau|en|seu|che; Maul- u. Klauenseuche ↑D 31
...klau|ig (z. B. scharfklauig)
Klau|kind (ugs. für Kind, das im Auftrag Erwachsener Diebstähle verübt)
Klaus (m. Vorn.)
Klau|se, die; -, -n ⟨lat.⟩ (Klosterzelle, Einsiedelei; Talenge)
Klau|sel, die; -, -n (Nebenbestimmung; Vorbehalt)
Klau|sen|pass, Klau|sen-Pass, der; -es (ein Alpenpass)

Kleinkind

Klaus|ner ⟨lat.⟩ (Bewohner einer Klause, Einsiedler); Klaus|ne|rin
Klaus|t|ro|pho|bie, die; -, ...ien ⟨lat.; griech.⟩ (*Psychol.* krankhafte Angst vor dem Aufenthalt in geschlossenen Räumen); klaus|t|ro|pho|bisch
Klau|sur, die; -, -en ⟨lat.⟩ (abgeschlossener Gebäudeteil [im Kloster]; *svw.* Klausurarbeit)
Klau|sur|ar|beit (Prüfungsarbeit)
Klau|sur|ta|gung (geschlossene Tagung)
Kla|vi|a|tur, die; -, -en ⟨lat.⟩ (Tasten [eines Klaviers], Tastbrett)
Kla|vi|chord [...'k...], das; -[e]s, -e ⟨lat.; griech.⟩ (altes Tasteninstrument)
Kla|vier, das; -s, -e ⟨franz.⟩; Klavier spielen ↑D 54
Kla|vier|abend; Kla|vier|aus|zug; Kla|vier|bau|er *vgl.* ¹Bauer; Kla|vier|bau|e|rin; Kla|vier|be|glei|tung
kla|vie|ren (*ugs. für* an etwas herumfingern)
kla|vie|ris|tisch (der Technik des Klavierspiels entsprechend)
Kla|vier|kon|zert; Kla|vier|leh|rer; Kla|vier|leh|re|rin; Kla|vier|mu|sik
Kla|vier|quar|tett (*Musik*); Kla|vier|quin|tett; Kla|vier|so|na|te
Kla|vier|spiel; Kla|vier|spie|ler; Kla|vier|spie|le|rin; Kla|vier|stim|mer; Kla|vier|stim|me|rin; Kla|vier|stuhl; Kla|vier|stun|de; Kla|vier|trio
Kla|vier|un|ter|richt
Kla|vi|ku|la, *fachspr.* Cla|vi|cu|la, die; -, ...lae (Schlüsselbein); kla|vi|ku|lar (das Schlüsselbein betreffend)
Kla|vi|zim|bel, das (*svw.* Clavicembalo)
Kle|be, die; - (*ugs. für* Klebstoff)
Kle|be|band, das *Plur.* ...bänder
Kle|be|bin|dung (*Buchw.*); Kle|be|mit|tel, Kleb|mit|tel, das
kle|ben; an der Wand kleben bleiben; *aber* sie ist in der dritten Klasse kleben geblieben *od.* klebengeblieben (*ugs. für* nicht versetzt worden) ↑D 55
Kle|ber (*auch* Bestandteil des Getreideeiweißes)
Kle|be|strei|fen *vgl.* Klebstreifen
Kleb|mit|tel *vgl.* Klebemittel
kleb|rig; Kleb|rig|keit, die; -
Kleb|stoff; Kleb|strei|fen, Kle|be|strei|fen; Kle|bung
¹kle|cken (*landsch. für* ausreichen; vonstattengehen); es kleckt

²kle|cken (*landsch. für* geräuschvoll fallen [von Flüssigkeiten])
Kle|cker|be|trag (*ugs.*); Kle|cker|frit|ze (*ugs. abwertend*)
kle|ckern (*ugs. für* beim Essen od. Trinken Flecke machen, sich beschmutzen; ich kleckere; kle|cker|wei|se (*ugs. für* mehrmals in kleinen Mengen)
Klecks, der; -es, -e
kleck|sen (Kleckse machen)
Kleck|ser; Kleck|se|rei
kleck|sig
Kleck|so|gra|fie, Kleck|so|gra|phie, die; -, ...ien (Tintenklecksbild für psycholog. Tests)
Kle|da|ge [...ʒə], Kle|da|sche, die; -, -n *Plur. selten* (*nordd. für* Kleidung)
¹Klee (*schweiz.* Maler)
²Klee, der; -s; Klee|blatt
Klee-Ein|saat, Klee|ein|saat
Klee-Ern|te, Klee|ern|te
Klee|gras (mit Klee vermischtes Gras); Klee|salz, das; -es (ein Fleckenbeseitigungsmittel)
Klei, der; -[e]s (*landsch. für* fetter, zäher Boden)
klei|ben (*landsch. für* kleben [bleiben])
Klei|ber (ein Vogel; *landsch. für* Klebstoff)
Klei|bo|den (*landsch.*)
Kleid, das; -[e]s, -er; Kleid|chen
klei|den, sich kleiden; es kleidet mich gut usw.
Klei|der|bad; Klei|der|bü|gel
Klei|der|bürs|te
Klei|der|chen *Plur.*
Klei|der|con|tai|ner
Klei|der|grö|ße
Klei|der|ha|ken
Klei|der|kam|mer (*bes. Militär*)
Klei|der|kas|ten (*südd., österr., schweiz. für* Kleiderschrank)
Klei|der|ma|cher (*veraltet, noch österr. amtl. für* Schneider); Klei|der|ma|che|rin; Klei|der|mot|te; Klei|der|ord|nung
Klei|der|samm|lung; Klei|der|schrank; Klei|der|stän|der; Klei|der|stoff
Klei|der|tausch
kleid|sam; Kleid|sam|keit, die; -
Klei|dung *Plur. selten*
Klei|dungs|stück
Kleie, die; -, -n (Abfallprodukt beim Mahlen von Getreide)
klei|lig (von Klei, zäh, fett)
klein s. Kasten Seite 634
Klein, das; -s (*kurz für* Gänseklein o. Ä.)
Klein|ak|ti|o|när; Klein|ak|ti|o|nä|rin

Klein|an|le|ger; Klein|an|le|ge|rin
Klein|an|zei|ge; Klein|ar|beit
klein|asi|a|tisch; Klein|asi|en ↑D 143
Klein|bahn
Klein|bau|er *vgl.* ²Bauer; Klein|bäu|e|rin
klein bei|ge|ben (kleinlaut nachgeben)
Klein|be|kom|men (*svw.* kleinkriegen)
Klein|be|trieb; Klein|bild|ka|me|ra
Klein|buch|sta|be
Klein|bür|ger; Klein|bür|ge|rin; klein|bür|ger|lich; Klein|bür|ger|tum
Klein|bus
Klein|chen (kleines Kind)
klein|den|kend (kleinlich)
Klei|ne, der, die, das; -n, -n
Klei|ne|leu|te|mi|li|eu
Klein|emp|fän|ger (ein Rundfunkgerät)
klein|ne|ren|teils, klei|nern|teils
Klein|fa|mi|lie; Klein|feld (*Handball, Hockey*); Klein|flug|zeug
Klein|for|mat; klein|for|ma|tig
Klein|gar|ten; Klein|gar|ten|an|la|ge
Klein|gar|ten|spar|te (*regional* als Verein organisierte Kleingartenanlage); Klein|gärt|ner; Klein|gärt|ne|rin
klein ge|druckt, klein|ge|druckt *vgl.* klein
Klein|ge|druck|te, das; -n, klein Ge|druck|te, das; - -n; *vgl.* klein
Klein|geist (*abwertend*)
Klein|geld
klein ge|mus|tert, klein|ge|mus|tert *vgl.* klein
klein ge|wach|sen, klein|ge|wach|sen (kleinwüchsig)
klein|gläu|big; Klein|gläu|big|keit
Klein|grup|pe; Klein|grup|pen|hal|tung (*Tierzucht*)
klein ha|cken, klein|ha|cken *vgl.* klein
Klein|han|del
Klein|häus|ler (*österr. für* Kleinbauer); Klein|häus|le|rin
Klein|heit, die; -
klein|her|zig
Klein|hirn; Klein|holz
Klei|nig|keit
Klein|ka|li|ber|schie|ßen, das; -s
Klein|ka|li|b|rig
klein|ka|riert (engherzig, engstirnig); ein kleinkarierter Mensch, er ist der kleinkarierteste Mensch, den ich kenne; *aber* klein kariertes *od.* kleinkariertes Papier ↑D 58; *vgl. auch* klein
Klein|kat|ze (z. B. Luchs, Wildkatze); Klein|kind

Kleinklasse

kl<u>ei</u>n

– kleiner als (*Math.; Zeichen* <)
– kleiner[e]nteils

I. *Kleinschreibung:*
a) ↑D 72 u. 74:
– am kleins|ten
– von klein auf
– ein klein wenig
– die Flamme auf klein drehen, stellen

b) ↑D 89:
– das Schiff macht kleine Fahrt (*Seemannsspr.*)
– das sind kleine Fische (*ugs. für* Kleinigkeiten)
– der kleine Grenzverkehr
– er ist kleiner Leute Kind
– das Auto für den kleinen Mann
– das kleine *od.* Kleine Latinum

II. *Großschreibung*
a) *der Substantivierungen* ↑D 72:
– etwas, nichts, viel, wenig Kleines
– Groß und Klein (*auch für* jedermann); Kleine und Große; die Kleinen und die Großen
– die Kleinen (*für* Kinder); die Kleine (*für* junges Mädchen); meine Kleine (*ugs.*)
– einen Kleinen sitzen haben (*ugs. für* leicht betrunken sein)
– die Gemeinde ist ein Staat im Kleinen
– das ist dasselbe in Klein (*für* im Kleinen)
– vom Kleinen auf das Große schließen
– es ist mir ein Kleines (eine kleine Mühe), dies zu tun
– um ein Kleines (wenig); über ein Kleines (*veraltet für* bald); bis ins Kleins|te (sehr eingehend)

b) *in Namen und bestimmten namensähnlichen Fügungen:*
↑D 134 u. 150:
– Pippin der Kleine
– Klein Dora, Klein Udo
– der Kleine Bär, der Kleine Wagen (Sternbilder)
– die Kleine Strafkammer
– die Kleine *od.* kleine Anfrage (im Parlament)

↑D 140:
– Kleiner Belt
– Kleines Walsertal
– Kleine Sundainseln

III. *Schreibung in Verbindung mit Verben:*
a) *In vielen Fällen wird getrennt geschrieben:*
– klein anfangen (ohne Vermögen beginnen)
– klein beigeben (kleinlaut nachgeben)
– klein schreiben (in kleiner Schrift)
Aber:
– kleinschreiben (mit kleinem Anfangsbuchstaben)
– Rücksichtnahme wird bei diesen Leuten kleingeschrieben (*ugs. für* nicht wichtig genommen)

b) *Wenn »klein« das Ergebnis der mit einem folgenden einfachen Verb bezeichneten Tätigkeit angibt, kann getrennt oder zusammengeschrieben werden:*
– klein schneiden *od.* kleinschneiden
– klein hacken *od.* kleinhacken
– klein mahlen *od.* kleinmahlen

c) *Bei übertragener Bedeutung gilt Zusammenschreibung;* vgl. kleinbekommen, kleinkriegen
IV. *In Verbindung mit einem adjektivisch gebrauchten Partizip kann bei nicht übertragener Bedeutung getrennt oder zusammengeschrieben werden* ↑D 58:
– klein gemusterte *od.* kleingemusterte Stoffe
– ein klein kariertes *od.* kleinkariertes Muster
– ein klein gedruckter *od.* kleingedruckter Text
– ein klein geschnittenes *od.* kleingeschnittenes Papier
– das Kleingedruckte *od.* klein Gedruckte lesen
Vgl. aber kleindenkend, kleinkariert

V. *In Straßennamen gilt Getrennt- u. Großschreibung* ↑D 161 u. 162:
– Kleine Bockenheimer Straße
– Kleine Riedgasse

– Klein-Pa|ris ↑D 144 (*Bez. für* Leipzig); kl<u>ei</u>n|räu|mig

---

K
Klei

Klein|klas|se (*schweiz. Schule*)
Klein|kle|ckers|dorf (*ugs. für* unbedeutender Ort)
Klein-Klein, das; -s (*bes. Sport*)
Klein|kli|ma (*Meteorol.*); Klein|kraft|rad; Klein|kraft|wa|gen; Klein|kram, der; -[e]s; Klein|krä|me|rei, die; -
Klein|kre|dit (*Finanzw.*)
Klein|krieg
kl<u>ei</u>n|krie|gen (*ugs. für* gefügig machen; aufbrauchen; zerstören; ↑D 56); ich kriege den Kerl schon klein; sie hatten den Kuchen schnell kleingekriegt; der Teppich ist nicht kleinzukriegen
Klein|kri|mi|na|li|tät; klein|kri|mi|nell; Klein|kri|mi|nel|le

Klein|kunst, die; -; Klein|kunst|büh|ne
Klein|las|ter, der (*ugs. für* Kleintransporter)
klein|laut
kl<u>ei</u>n|lich; kleinlich denkende *od.* kleinlichdenkende Menschen; Klein|lich|keit
kl<u>ei</u>n|ma|chen; sich kleinmachen (unterwürfig sein); einen Fünfzigeuroschein kleinmachen (wechseln); *vgl. aber* klein
klein mah|len, klein|mah|len *vgl.* klein
klein|maß|stä|big, klein|maß|stäb|lich
Klein|mö|bel
Klein|mut, der; -[e]s
kl<u>ei</u>n|mü|tig; Klein|mü|tig|keit

Klein|od, das; -[e]s, *Plur.* (*für* Kostbarkeit:) -e, (*für* Schmuckstück:) ...odien
Klein|ok|tav, das; -s (*Abk.* Kl.-8°)
kl<u>ei</u>n|rech|nen; die Kosten kleinrechnen
Klein|rech|ner
kl<u>ei</u>n|re|den (als unbedeutend darstellen)
Klein|rent|ner; Klein|rent|ne|rin
klein schnei|den, klein|schnei|den *vgl.* klein
kl<u>ei</u>n|schr<u>ei</u>|ben (mit kleinem Anfangsbuchstaben schreiben); nicht wichtig nehmen); das Wort wird kleingeschrieben; Rücksichtnahme wird hier

Klimabericht

kleingeschrieben; *aber* sie hat immer sehr klein (in kleiner Schrift) geschrieben; *vgl.* klein
Klein|schrei|bung
klein|schrit|tig
Klein|se|rie; ein Modell in Kleinserie fertigen
Klein|sied|lung
Klein|staat *Plur.* ...staaten; **Kleinstaa|te|rei**, die; -
Klein|stadt; Klein|städ|ter; Klein|städ|te|rin; klein|städ|tisch
Kleinst|be|trag; Kleinst|kind
Kleinst|le|be|we|sen
kleinst|mög|lich; *dafür besser:* möglichst klein; *nicht korrekt:* kleinstmöglichst
klein|tei|lig
Klein|tier; Klein|tier|zucht; Klein|tier|züch|ter; Klein|tier|züch|te|rin
Klein|trans|por|ter
Klein|un|ter|neh|men; Klein|un|ter|neh|mer; Klein|un|ter|neh|me|rin
Klein|ver|brau|cher; Klein|ver|brau|che|rin; Klein|ver|die|ner; Klein|ver|die|ne|rin
Klein|vieh; Klein|wa|gen
klein|weis (*bayr., österr. ugs. für* im Kleinen, nach u. nach)
klein|win|zig
Klein|woh|nung
klein|wüch|sig; Klein|wüch|si|ge, der *u.* die
Kleio *vgl.* Klio
Kleist (dt. Dichter)
Kleis|ter, der; -s, -
kleis|te|rig, kleist|rig; kleis|tern; ich kleistere; **Kleis|ter|topf**
kleis|to|gam ⟨griech.⟩ (*Bot.* selbst bestäubend, selbst befruchtend); **Kleis|to|ga|mie,** die; -
kleist|rig *vgl.* kleisterig
Kle|ma|tis [*auch* ...'ma:...], die; -, - ⟨griech.⟩ (Waldrebe, eine Kletterpflanze)
Kle|mens, Kle|men|tia, ¹Kle|men|ti|ne *vgl.* Clemens, Clementia, ¹Clementine
²Kle|men|ti|ne *vgl.* ²Clementine
Klemm|brett
Klem|me, die; -, -n (*ugs. auch für* Notlage, Verlegenheit)
klem|men; Klem|mer (*landsch. für* Kneifer, Zwicker)
klem|mig (*Bergmannsspr.* fest); klemmiges Gestein
Klemm|map|pe, Klemm-Map|pe
Klemm|schrau|be
¹Klem|pe|rer, Otto (dt. Dirigent)
²Klem|pe|rer, Victor (dt. Romanist u. Schriftsteller)
klem|pern (*veraltet für* Blech hämmern; lärmen); ich klempere

Klemp|ner (Blechschmied); **Klemp|ne|rei; Klemp|ne|rin**
Klemp|ner|la|den (*ugs. für* viele Orden u. Ehrenzeichen auf der Brust)
Klemp|ner|meis|ter; Klemp|ner|meis|te|rin
klemp|nern (Klempnerarbeiten ausführen); ich klempnere
Klemp|ner|werk|statt
Kleng|an|stalt (Darre zur Gewinnung von Nadelholzsamen)
klen|gen (Nadelholzsamen gewinnen)
Kle|o|pa|tra (ägypt. Königin)
¹Klep|per (*ugs. für* altes, entkräftetes Pferd)
²Klep|per® (Kleppermantel)
Klep|per|boot ↑ D 136 (Faltboot)
Klep|per|man|tel ↑ D 136 (wasser-, winddichter Mantel)
klep|to|kra|tie, die; -, ...ien ⟨griech.⟩ (persönliche Bereicherung durch Ausnutzen gesellschaftlicher Privilegien)
Klep|to|ma|ne, der; -n, -n; **Klep|to|ma|nie,** die; - ⟨griech.⟩ (krankhafter Trieb zum Stehlen); **Klep|to|ma|nin; klep|to|ma|nisch**
kle|ri|kal ⟨griech.⟩ (die Geistlichkeit betreffend; kirchlich)
Kle|ri|ka|lis|mus, der; - (überstarker Einfluss des Klerus auf Staat u. Gesellschaft)
Kle|ri|ker (kath. Geistlicher)
Kle|ri|sei, die; - (*veraltet für* Klerus)
Kle|rus, der; - (kath. Geistlichkeit, Priesterschaft)
Kles|til (früherer österr. Bundespräsident)
Klet|te, die; -, -n
Klet|ten[|haft]|ver|schluss ⟨zum ® »Kletten« (*svw.* Klettverschluss)
Klet|ten|wur|zel|öl
Klet|te|rei
Klet|te|rer
Klet|ter|farn
Klet|ter|gar|ten (Bergsteigen); **Klet|ter|ge|rüst; Klet|ter|gurt; Klet|ter|ha|ken**
Klet|te|rin
Klet|ter|max, der; -es, -e, **Klet|ter|ma|xe,** der; -n, -n (*ugs. für* Fassadenkletterer)
klet|tern; ich klettere
Klet|ter|park; Klet|ter|par|tie
Klet|ter|pflan|ze; Klet|ter|ro|se
Klet|ter|schuh
Klet|ter|seil; Klet|ter|stan|ge; Klet|ter|steig
Klet|ter|tour; Klet|ter|wald (künst-

liche Anlage zum Klettern); **Klet|ter|wand**
Klett|ver|schluss ⟨*zu* Klette⟩ (Haftverschluss, z. B. an Schuhen)
Kletz|ze, die; -, -n (*österr. für* getrocknete Birne)
klet|zeln (*österr. ugs. für* kratzen, zupfen); ich kletz[e]le; **Klet|zen|brot**
Kle|ve (Stadt im westl. Niederrheinischen Tiefland); **Kle|ver; Kle|ve|rin; kle|visch**
Klev|ner (*schweiz. für* blauer Burgunder [eine Reb- u. Weinsorte])
Kle|wi|an, der; -[e]s, -e, *auch* die; -, -en (*Kurzw. für* kleine Windenergieanlage [zur Erzeugung von Elektrizität])
Klez|mer ['kles...], die; - *od.* der; -s ⟨hebr.-jidd.-amerik.⟩ (traditionelle jüdische Volksmusik)
klick!
Klick, der; -s, -s *meist Plur.* ⟨engl.⟩ (*Sprachwiss.* Schnalzlaut; *EDV kurz für* Mausklick)
kli|cken
Kli|cker, der; -s, - (*landsch. für* Ton-, Steinkügelchen zum Spielen); **kli|ckern;** ich klickere
Klick|zahl *meist Plur.* (EDV)
klie|ben (*veraltet, aber noch landsch. für* [sich] spalten); du klobst *u.* kliebtest; du klöbst *u.* kliebtest; gekloben *u.* gekliebt; klieb[e]!
Kli|ent, der; -en, -en ⟨lat.⟩ (Auftraggeber [eines Anwaltes])
Kli|en|tel, die; -, -en (Auftraggeberkreis [eines Anwaltes])
Kli|en|te|le, die; -, -n (*schweiz., selten für* Klientel)
Kli|en|te|lis|mus, der; - (an Gruppeninteressen orientierte Politik); **kli|en|te|lis|tisch**
Kli|en|tin
klie|ren (*landsch. für* unsauber, schlecht schreiben)
Klie|sche, die; -, -n (*Zool.* eine Schollenart)
Kliff, das; -[e]s, -e (*bes. nordd. für* steiler Abfall einer [felsigen] Küste)
Kli|ma, das; -s, *Plur.* -ta, *selten* -s, *fachspr.* ...mate ⟨griech.⟩ (Gesamtheit der meteorolog. Erscheinungen in einem bestimmten Gebiet)
Kli|ma|ab|ga|be; Kli|ma|ab|kom|men
Kli|ma|än|de|rung
Kli|ma|an|la|ge; Kli|ma|au|to|ma|tik (*Kfz-Technik*)
Kli|ma|be|richt; der jüngste Klima-

Klimabilanz

bericht der Vereinten Nationen; ↑D 150; Kli|ma|bi|lanz; Kli|ma|de|bat|te; Kli|ma|er|wär|mung
Kli|ma|fak|tor meist Plur.
Kli|ma|flücht|ling (Person, die vor ungünstigen klimatischen Bedingungen flieht)
Kli|ma|for|scher; Kli|ma|for|sche|rin; Kli|ma|for|schung
Kli|ma|ge|setz
Kli|ma|gip|fel (Politikjargon)
Kli|ma|kam|mer (Raum, in dem zu Versuchs- u. Heilzwecken ein Klima künstlich erzeugt wird)
Kli|ma|ka|tas|tro|phe; Kli|ma|kil|ler (ugs.); Kli|ma|kon|fe|renz
kli|mak|te|risch (das Klimakterium betreffend); klimakterische Jahre (Wechseljahre) ↑D 89
Kli|mak|te|ri|um, das; -s (Med. Wechseljahre der Frau)
kli|ma|neu|t|ral; klimaneutrale Kraftwerke
Kli|ma|pa|ket (Politikjargon)
Kli|ma|po|li|tik
Kli|ma|schutz, der; -es; Kli|ma|schutz|agen|tur; Kli|ma|schutz|ge|setz; Kli|ma|schutz|ziel
Kli|ma|schwan|kung; Kli|ma|sün|der (ugs.); Kli|ma|sün|de|rin
Kli|ma|tech|nik; kli|ma|tech|nisch
kli|ma|tisch
kli|ma|ti|sie|ren (Temperatur u. Luftfeuchtigkeit in geschlossenen Räumen automatisch regeln); Kli|ma|ti|sie|rung
Kli|ma|to|lo|ge, der; -n, -n; Kli|ma|to|lo|gie, die; - (Lehre vom Klima); Kli|ma|to|lo|gin; Kli|ma|ver|än|de|rung
Kli|ma|wan|del; Kli|ma|wech|sel
Kli|max, die; -, -e Plur. selten (Steigerung; Höhepunkt; auch für Klimakterium)
Kli|ma|zo|ne (Geogr.)
Klim|bim, der; -s (ugs. für überflüssige, unnütze Sachen)
Klim|me, die; -, -n (eine Kletterpflanze)
klim|men (klettern); du klommst (auch klimmtest); du klömmest (auch klimmtest); geklommen (auch geklimmt); klimm[e]!; Klimm|zug (eine Turnübung)
Klim|pe|rei (ugs. abwertend); Klim|per|kas|ten (ugs. scherzh. für Klavier)
klim|per|klein (landsch. für sehr klein)
klim|pern (klingen lassen, z. B. mit Geld klimpern; ugs. für [schlecht] auf dem Klavier o. Ä. spielen); ich klimpere

Klimt (österr. Maler)
kling!; kling, klang!
Klin|ge, die; -, -n
Klin|gel, die; -, -n
Klin|gel|beu|tel; Klin|gel|draht
Klin|ge|lei (ugs.)
Klin|gel|gangs|ter (ugs. für Verbrecher, der an der Wohnungstür klingelt, den Öffnenden überfällt u. in die Wohnung eindringt); Klin|gel|gangs|te|rin
Klin|gel|knopf
klin|geln; ich kling[e]le
Klin|gel|ton Plur. ...töne
Klin|gel|zei|chen; Klin|gel|zug
klin|gen; du klangst; es klang; es klänge; geklungen; kling[e]!; klin|gend; klingende Namen
kling, klang!; Kling|klang, der; -[e]s; kling|ling!
Kling|sor, bei Novalis Kling|sohr (Name eines sagenhaften Zauberers)
Kli|nik, die; -, -en ⟨griech.⟩ ([Spezial]krankenhaus; nur Sing.: praktischer med. Unterricht am Krankenbett); Kli|nik|seel|sor|ge; Kli|ni|kum, das; -s, Plur. ...ka u. ...ken (Komplex von Kliniken; nur Sing.: Hauptteil der ärztlichen Ausbildung)
kli|nisch; klinisch tot sein
Klin|ke, die; -, -n; klin|ken
Klin|ken|put|zer (ugs. für Vertreter; Bettler); Klin|ken|put|ze|rin
Klin|ker, der; -s, - (bes. hart gebrannter Ziegel)
Klin|ker|bau Plur. ...bauten
Klin|ker|boot (mit ziegelartig übereinandergreifenden Planken)
Klin|ker|fas|sa|de
klin|kern; ein rot geklinkertes od. rotgeklinkertes Haus; Klin|ker|stein
Kli|no|chlor, das; -s, Plur. (Sorten:) -e ⟨griech.⟩ (ein Mineral)
Kli|no|me|ter, das; -s, - (Neigungsmesser)
Kli|no|mo|bil, das; -s, -e ⟨griech.; lat.⟩ (Notarztwagen mit klinischer Ausrüstung)
Kli|no|s|tat, der; Gen. -[e]s u. -en, Plur. -e[n] (Apparatur für Pflanzenversuche)
Klin|se, Klin|ze, Klun|se, die; -, -n (landsch. für Ritze, Spalte)
Klio (Muse der Geschichte)
¹klipp; nur in klipp und klar (ugs. für ganz deutlich, unmissverständlich)
²klipp!; klipp, klapp!
Klipp vgl. Clip
Klip|pe, die; -, -n

klip|pen (landsch. für hell tönen)
Klip|pen|rand; klip|pen|reich
Klip|per, der; -s, - ⟨engl.⟩ (früher für schnelles Segelschiff); vgl. aber Clipper
Klipp|fisch (luftgetrockneter Kabeljau od. Schellfisch)
Klipp|schlie|fer (einem Murmeltier ähnliches afrik. Säugetier)
Klipp|schu|le (landsch. u. abwertend für Elementarschule)
Klips, Clips, der; -es, -e ⟨engl.⟩ (svw. Clip [Ohrschmuck])
klirr!; klir|ren; Klirr|fak|tor
Kli|schee, das; -s, -s ⟨franz.⟩ (Druckstock; Abklatsch; eingefahrene Vorstellung)
kli|schee|haft; Kli|schee|vor|stel|lung; Kli|schee|wort Plur. ...wörter; kli|schie|ren (ein Klischee anfertigen)
Kli|scho|graf, Kli|scho|graph, der; -en, -en ⟨franz.; griech.⟩ (eine elektr. Graviermaschine)
Klis|tier, das; -s, -e ⟨griech.⟩ (Einlauf); klis|tie|ren (einen Einlauf geben); Klis|tier|sprit|ze
Kli|to|ris, die; -, Plur. - u. ...orides ⟨griech.⟩ (Med. Teil der w. Geschlechtsorgane)
klitsch!; klitsch, klatsch!; Klitsch, der; -[e]s, -e (mitteld. für Schlag; breiige Masse)
Klit|sche, die; -, -n (ugs. für [ärmlicher] kleiner Betrieb)
klit|schen (landsch.)
klit|sche|nass vgl. klitschnass
klit|schig (landsch. für feucht u. klebrig; unausgebacken)
klitsch|nass, klit|sche|nass (ugs.)
klit|tern (abwertend für zerstückeln; landsch. für zerkleinern, schmieren); ich klittere
Klit|te|rung
klit|ze|klein (ugs. für sehr klein)
Klit|zing-Ef|fekt, Klit|zing|ef|fekt, der; -[e]s ⟨nach dem dt. Physiker Klaus von Klitzing⟩ (ein physikal. Effekt)
Kli|vie […i̯ə] vgl. Clivia
KLM (Königliche Niederländische Luftfahrtgesellschaft)
Klo, das; -s, -s (ugs.; kurz für Klosett)
Klo|a|ke, die; -, -n ⟨lat.⟩ ([unterirdischer] Abwasserkanal; Senkgrube; Zool. gemeinsamer Ausgang für Darm-, Harn- u. Geschlechtswege); Klo|a|ken|tier
Klo|bas|se, Klo|bas|si, die; -, ...sen ⟨slaw.⟩ (österr. für eine Wurstsorte)
Klo|ben, der; -s, - (Eisenhaken;

Kluniazenser

gespaltenes Holzstück; *auch für* ungehobelter Mensch)
Klö|ben, der; -s, - ⟨*nordd. für ein* Hefegebäck⟩
klo|big
Klo|bril|le ⟨*zu* Klo⟩ (*ugs.*); **Klö|chen** (*fam. für* Toilette); **Klo|frau** (*ugs.*); **Klo|mu|schel** (*bes. österr. ugs.*)
Klon, der; -s, -e ⟨*engl.*⟩ (durch Klonen entstandenes Lebewesen)
Klon|dike [...daɪk], der; -[s] (Fluss in Kanada)
klo|nen ⟨*engl.*⟩ (durch ungeschlechtliche Vermehrung genetisch identische Kopien von Lebewesen herstellen)
klö|nen (*nordd. für* gemütlich plaudern)
klo|nie|ren (ein einzelnes Gen aus einer Zelle isoliern u. weiterverarbeiten); **Klo|nie|rung**
klo|nisch ⟨*griech.*⟩ (*Med.* krampfartig)
Klon|schaf (geklontes Schaf); Dolly, das erste Klonschaf
Klön|schnack (*nordd.*)
Klo|nung (das Klonen)
Klo|nus, der; -, ...ni (*Med.* krampfartige Zuckungen)
Kloot, der; -[e]s, -en ⟨*nordd. für* Kloß, Kugel⟩; **Kloot|schie|ßen,** das; -s ⟨fries. Eis- od. Rasenspiel [Boßeln]⟩
Klo|pa|pier (*ugs.*)
Klo|pein (Ort in Kärnten); **Klo|peiner See,** der; -s
Klöp|fel, der; -s, - (*veraltet für* Klöppel)
klopf|en; Klopf|er
klopf|fest; klopffestes Benzin
Klopf|fes|tig|keit, die; -
Klopf|peit|sche; Klopf|zei|chen
Klop|pe, die; - ⟨*nordd., mitteld. für* ²Prügel⟩; Kloppe kriegen
Klöp|pel, der; -s, -; **Klöp|pe|lei; Klöp|pel|kis|sen; Klöp|pel|ma|schi|ne**
klöp|peln; ich klöpp[e]le
Klöp|pel|spit|ze
klop|pen ⟨*nordd., mitteld. für* klopfen, schlagen⟩; sich kloppen; **Klop|pe|rei** ⟨*nordd., mitteld. für* Klopfen; Schlägerei⟩
Klöpp|ler; Klöpp|le|rin
Klops, der; -es, -e, (*auch:*) Klopse (Fleischkloß; *ugs. für* Fehler)
Klop|stock (dt. Dichter)
klop|sto|ckisch, klop|stocksch; klopstocksche *od.* klopstock'sche *od.* klopstockische Verse (nach der Art Klopstocks); eine klopstocksche *od.* Klop-

stock'sche *od.* klopstockische Ode (von Klopstock) ↑D 89 u. 135
Klo|schüs|sel (*ugs.*)
Klo|sett, das; -s, *Plur.* -s, *auch* -e ⟨*engl.*⟩ (*veraltend für* Toilettenraum, -becken); **Klo|sett|bril|le; Klo|sett|bürs|te; Klo|sett|de|ckel; Klo|sett|pa|pier; Klo|sett|schüs|sel**
Kloß, der; -es, Klöße; **Kloß|brü|he**
Klöß|chen, Klöß|lein
Klos|ter, das; -s, Klöster
Klos|ter|bi|b|lio|thek; Klos|ter|bru|der; Klos|ter|frau; Klos|ter|gar|ten; Klos|ter|gut; Klos|ter|hof; Klos|ter|kir|che
klös|ter|lich
Klos|ter|pfor|te; Klos|ter|re|gel
Klos|ters (Kurort in Graubünden)
Klos|ter|schu|le
Klö|ten *Plur.* (*nordd. derb für* Hoden)
Klot|hil|de (w. Vorn.); *vgl.* Chlothilde
Klo|tho ⟨*griech.*⟩ (eine der drei Parzen)
Klotz, der; -es, *Plur.* Klötze, *ugs.* Klötzer (*nur Sing.:* *schweiz. ugs. auch für* Geld); **Klotz|beu|te** (eine Art Bienenstock); **Klötz|chen**
¹**klot|zen** (*Textiltechnik* färben [auf der Klotzmaschine])
²**klot|zen;** klotzen, nicht kleckern (*ugs. für* ordentlich zupacken, statt sich mit Kleinigkeiten abzugeben)
klot|zig (*ugs. auch für* sehr viel)
Klub, Club, der; -s, -s ⟨*engl.*⟩ ([geschlossene] Vereinigung, auch deren Räume; *österr. auch für* Fraktion)
Klub|gar|ni|tur, Club|gar|ni|tur (Gruppe von [gepolsterten] Sitzmöbeln)
Klub|haus, Club|haus
Klub|ja|cke, Club|ja|cke
Klub|klau|sur, Club|klau|sur (*österr. Politik* Klausurtagung einer Fraktion)
Klub|mit|glied, Club|mit|glied
Klub|ob|frau, Club|ob|frau (*österr. für* Fraktionsvorsitzende)
Klub|ob|mann, Club|ob|mann (*österr. für* Fraktionsvorsitzender)
Klub|raum, Club|raum
Klub|ses|sel, Club|ses|sel
Klub|sze|ne, Club|sze|ne
Klub|zwang, Club|zwang (*österr. für* Fraktionszwang)
¹**Kluft,** die; -, -en ⟨hebr.-jidd.⟩ (*ugs. für* [alte] Kleidung; Uniform)

²**Kluft,** die; -, Klüfte (Spalte); **kluf|tig** (*selten*); **klüf|tig** (*Bergbau, sonst veraltet für* zerklüftet)

klug

klüger, klügste

Großschreibung der Substantivierungen ↑D 72:
– der/die Klügere gibt nach
– es ist das Klügste[,] nachzugeben

Kleinschreibung:
– es ist am klügsten[,] nachzugeben

Schreibung in Verbindung mit Verben ↑D 49 u. 56:
– klug sein; klug werden
– sie können sehr klug reden (verständig reden)

Vgl. aber klugreden; klugscheißen

Klü|ge|lei; klü|geln; ich klüg[e]le
klu|ger|wei|se; *aber* in kluger Weise
Klug|heit; Klüg|ler; Klüg|le|rin; klüg|lich (*veraltet*)
klug|re|den (alles besser wissen wollen); weil er dauernd klugredet; **Klug|red|ner**
klug|schei|ßen (*derb für* klugreden); **Klug|schei|ßer** (*ugs. abwertend*); **Klug|schei|ße|rin**
Klug|schna|cker (*nordd. für* Besserwisser); **Klug|schna|cke|rin; Klug|schwät|zer; Klug|schwät|ze|rin**
Klump, der; -s, *Plur.* -e *u.* Klümpe (*nordd. für* Klumpen)
Klum|patsch, der; -[e]s (*ugs. für* [ungeordneter, wertloser] Haufen)
Klümp|chen
klum|pen; der Pudding klumpt
Klum|pen, der; -s, -
Klum|pen|ri|si|ko (*Bankw.* erhöhtes Ausfall-, Verlustrisiko mangels Streuung von Anlagen, Krediten u. Ä.)
klüm|pe|rig, klümp|rig (*landsch.*); klümp[e]riger Pudding
Klump|fuß; klump|fü|ßig
klum|pig; Klümp|lein
klümp|rig *vgl.* klümperig
Klün|gel, der; -s, - (*abwertend für* Gruppe, die Vetternwirtschaft betreibt; Sippschaft, Clique); **Klün|ge|lei** (Vettern-, Parteiwirtschaft); **klün|geln;** ich klüng[e]le
Klu|ni|a|zen|ser, der; -s, - ⟨nach dem ostfranz. Kloster Cluny⟩ (Anhänger einer mittelalterl.

kluniazensisch

kirchl. Reformbewegung); klu|ni|a|zen|sisch

Klun|ker, die; -, -n *od.* der; -s, - ⟨*landsch. für* Quaste, Troddel; Klümpchen; *ugs. für* Schmuckstein, Juwel); **klun|ke|rig**, klunkrig (*landsch. für* mit Klunkern)

Klun|se *vgl.* Klinse

Klunt|je, das; -s, -s ⟨*nordd. für* weißes Kandiszuckerstück⟩

Klup|pe, die; -, -n ⟨zangenartiges Messgerät; *österr. ugs. für* Wäscheklammer; **Klup|perl**, das; -s, -[n]; *vgl.* Pickerl ⟨*bayr. für* Wäscheklammer; *scherzh. für* Finger⟩

Klus, die; -, -en ⟨*lat.*⟩ ⟨*schweiz. für* schluchtartiges Quertal⟩

Klü|se, die; -, -n ⟨*niederl.*⟩ ⟨*Seemannsspr.* Öffnung im Schiffsbug für die Ankerkette⟩

Klu|sil, der; -s, -e ⟨*lat.*⟩ ⟨*Sprachwiss.* Verschlusslaut, z. B. p, t, d⟩

Klü|ten *Plur.* ⟨*nordd. für* Klumpen⟩

Klü|ver [...v...], der; -s, - ⟨*niederl.*⟩ ⟨*Seemannsspr.* dreieckiges Vorsegel⟩; **Klü|ver|baum**

Klys|ma, das; -s, ...men ⟨*griech.*⟩ (*Med.* Klistier)

Klys|t|ron, das; -s, *Plur.* ...one, *auch* -s ⟨*griech.*⟩ (Elektronenröhre zur Erzeugung u. Verstärkung von Mikrowellen)

Kly|tä|m|nęs|t|ra (Gattin Agamemnons)

Kl.-8° = Kleinoktav
k. M. = künftigen Monats
km = Kilometer
km² = Quadratkilometer
km³ = Kubikkilometer
km/h = Kilometer je Stunde
KMK = Kultusministerkonferenz
KMU (*Wirtsch.*) = kleine und mittlere Unternehmen
km-Zahl ↑D 28
kn (*Seew.*) = Knoten
kN = Kilonewton

knab|bern; ich knabbere; *vgl. auch* knappern, knuppern

Knab|ber|zeug (*ugs.*)

Kna|be, der; -n, -n; **Kna|ben|al|ter**, das; -s; **Kna|ben|chor**

kna|ben|haft; **Kna|ben|haf|tig|keit**

Kna|ben|kraut (eine zu den Orchideen gehörende Pflanze)

Knäb|lein

Knack, der; -[e]s, -e (kurzer, harter, heller Ton)

Knack|arsch (*ugs.*)

Knä|cke, das; -s, - (*kurz für* Knäckebrot); **Knä|cke|brot**

kna|cken

Kna|cker (*ugs. abwertend für* Mann; *landsch. für* Knackwurst); alter Knacker

knack|frisch

¹**Kna|cki**, der; -s, -s (*ugs. für* Vorbestrafter; Gefängnisinsasse)

²**Kna|cki**, die; -, -s (*ugs. für* Vorbestrafte; Gefängnisinsassin)

kna|ckig; etwas ist knackig frisch

Knack|laut; **Knack|man|del**

Knack|nuss (*schweiz. für* schwer zu lösendes Problem)

Knack|punkt (entscheidender, problematischer Punkt)

knacks!; knicks, knacks!

Knacks, der; -es, -e (*svw.* Knack; *ugs. auch für* Riss, Schaden)

knack|sen (knacken); du knackst

Knack|wurst

Knag|ge, die; -, -n, **Knag|gen**, der; -s, - (*nordd. für* dreieckige Stütze, Leiste; Winkelstück)

Knäk|en|te (eine Wildente)

Knall, der; -[e]s, -e; Knall und/auf Fall (*ugs. für* plötzlich, sofort)

Knall|bon|bon

knall|bunt

Knall|ef|fekt (*ugs. für* große Überraschung)

knal|len

knall|eng (*ugs. für* sehr eng)

Knal|ler, der; -s, - (*ugs.*)

Knall|erb|se

Knall|le|rei

Knall|frosch; **Knall|gas**

knall|gelb; **knall|grün**

knall|hart (*ugs. für* sehr hart)

knal|lig (*ugs. für* grell; sehr, überaus); die knalligs|ten Farben

Knall|kopp, der; -s, ...köppe (*ugs. abwertend für* verrückter Kerl)

Knall|kör|per

knall|rot

Knall|tü|te (*auch ugs. abwertend für* Blender; unfähiger Mensch)

knapp; knapps|te; ↑D 49 u. 56: knapp sein, werden, schneiden usw.; ↑D 58: ein knapp sitzender *od.* knappsitzender Anzug; eine knapp gehaltene *od.* knappgehaltene Beschreibung; *vgl.* knapphalten

Knap|pe, der; -n, -n (Bergmann; früher noch nicht zum Ritter geschlagener jüngerer Adliger)

knap|pern (*landsch. für* knabbern); ich knappere

knapp|hal|ten (*ugs. für* wenig [Geld] geben); er hat seine Kinder immer knappgehalten; *vgl.* knapp

Knapp|heit, die; -

Knapp|sack (*veraltet für* Reisetasche, Brotsack)

Knapp|schaft (Gesamtheit der Bergarbeiter eines Bergwerks *od.* Reviers); **knapp|schaft|lich**

Knapp|schafts|kas|se; **Knappschafts|ren|te**; **Knapp|schafts|verein**; **Knapp|schafts|ver|si|che|rung**

knaps!; knips, knaps!

knap|sen (*ugs. für* geizen; eingeschränkt leben); du knapst

Knar|re, die; -, -n (*ugs. für* Gewehr); **knar|ren**

knar|zen (*landsch. für* knarren); **knar|zig**

¹**Knast**, der; -[e]s, Knäste (*landsch. für* Knorren; Brotkanten)

²**Knast**, der; -[e]s, Plur. Knäste, *auch* -e ⟨*jidd.*⟩ (*ugs. für* Gefängnis); **Knast|auf|ent|halt** (*ugs.*)

Knast|bru|der (*ugs. für* [ehemaliger] Gefängnisinsasse)

¹**Knas|ter**, der; -s, - ⟨*niederl.*⟩ (*ugs. für* [schlechter] Tabak)

²**Knas|ter**, Knas|t|rer, Knas|te|rer (*landsch. für* verdrießlicher, mürrischer [alter] Mann); **Knaster|bart** (*svw.* ²Knaster); **Knas|terer** *vgl.* ²Knaster

knas|tern (*landsch. für* verdrießlich brummen); ich knastere

Knast|rer *vgl.* ²Knaster

Knast|schwes|ter (*ugs. für* [ehemalige] Gefängnisinsassin)

Knatsch, der; -[e]s (*ugs. für* Ärger, Streit); **knat|schen** (*landsch. für* nörgeln, mit weinerlicher Stimme reden); **knat|schig** (*ugs.*)

knat|tern; ich knattere

Knäu|el, der *od.* das; -s, -

Knäu|el|gras, **Knaul|gras**

knäu|eln *vgl.* knäulen

Knauf, der; -[e]s, Knäufe

Knäuf|chen, **Knäuf|lein**

Knaul, der *od.* das; -s, *Plur.* -e *u.* Knäule (*ugs. für* Knäuel)

Knäul|chen; **knäu|len** (*ugs. für* zusammendrücken)

Knaul|gras *vgl.* Knäuelgras

Knau|pe|lei (*landsch.*); **knau|pe|lig**, **knaup|lig** (*landsch. für* kniffelig)

knau|pel|kno|chen, **knau|peln** (*landsch. für* [ab]nagen; sich abmühen; schwer an etwas tragen); ich knaup[e]le

knaup|lig *vgl.* knaupelig

Knau|ser (*ugs. abwertend*); **Knause|rei**; **Knau|se|rer**, der; -s, - (*bes. österr.*); **knau|se|rig**, **knaus|rig** (*ugs. abwertend*); **Knau|se|rig|keit**, **Knaus|rig|keit**; **Knau|se|rin**

knau|sern (*ugs. für* übertrieben sparsam sein); ich knausere

Knaus-Ogi|no-Me|tho|de, die; - ⟨nach den Gynäkologen

H. Knaus (Österreich) u. K. Ogino (Japan)⟩ (Methode zur Bestimmung der fruchtbaren Tage des weiblichen Zyklus)
knaus|rig usw. *vgl.* knauserig usw.
Knau|tie, die; -, -n ⟨nach dem dt. Botaniker Chr. Knaut⟩ (eine Feld- u. Wiesenblume)
knaut|schen (knittern; *landsch. für* schmatzend essen; verhalten weinen); du knautschst
knaut|schig
Knautsch|lack; Knautsch|le|der
Knautsch|zo|ne (*Kfz-Technik*)
Kne|bel, der; -s, -; **Kne|bel|bart**
kne|beln; ich kneb[e]le
Kne|be|lung, Kneb|lung
Knecht, der; -[e]s, -e
knech|ten; knech|tisch
Knecht Ru|p|recht, der; - -[e]s, - -e
Knecht|schaft, die; -; **Knechts|ge|stalt** (*veraltet*); **Knech|tung**
Kneif, der; -[e]s, -e (*landsch. für* [Schuster]messer); *vgl.* Kneip
knei|fen; du kniffst; du kniffest; gekniffen; kneif[e]!; er kneift ihn (*auch* ihm) in den Arm
Knei|fer (*nordd. für* Klemmer, Zwicker)
Kneif|zan|ge
Kneip, der; -[e]s, -e (*Nebenform von* Kneif)
Knei|pe, die; -, -n (*ugs. für* [einfaches] Lokal mit Alkoholausschank)
¹**knei|pen** (*landsch. für* kneifen); ich kneipte (*auch* knipp); gekneipt (*auch* geknippen)
²**knei|pen** (*ugs. für* sich in Kneipen aufhalten; trinken); ich kneipte, gekneipt
Knei|pen|mei|le (*ugs.*); **Knei|pen|tour** (*ugs.*); **Knei|pen|wirt; Knei|pen|wir|tin, Knei|pe|rei** (*ugs. abwertend*); **Knei|pi|er** [... 'pie:], der; -s, -s (*ugs. für* Kneipenwirt)
Kneipp (dt. kath. Geistlicher u. Heilkundiger; ® ein von ihm entwickeltes Wasserheilverfahren); **kneip|pen** (eine Wasserkur nach Kneipp machen); **Kneipp|kur** ↑D 136
Kneip|zan|ge (*landsch. für* Kneifzange)
Knes|set, Knes|seth, die; - ⟨hebr., »Versammlung«⟩ (israel. Parlament)
knet|bar
Kne|te, die; - (*ugs. für* Knetmasse; *auch für* Geld)
kne|ten
Knet|gum|mi, der *od.* das; -s, -s (Knetmasse); **Knet|ha|ken**

Knet|kur (*ugs. für* Massage)
Knet|ma|schi|ne; Knet|mas|sa|ge; Knet|mas|se; Knet|mes|ser, das
knib|beln (*mitteld. für* sich mit den Fingern an etwas zu schaffen machen); ich knibb[e]le
Knick, der; -[e]s, -e, *(für* Hecke:) -s (scharfer Falz, scharfe Krümmung, Bruch; *nordd. auch für* Hecke als Einfriedung)
Kni|cke|bein, der; -s (Eierlikör [als Füllung in Pralinen u. Ä.])
Knick|ei (angeschlagenes Ei)
kni|cken
¹**Kni|cker** (Jagdmesser; *ugs. für* Geizhals)
²**Kni|cker** (*nordd. für* Murmel)
Kni|cker|bo|cker, *engl.* **Kni|cker|bo|ckers** ['nɪ...] *Plur.* (halblange Pumphose)
Kni|cke|rei (*ugs. abwertend*)
kni|cke|rig, knick|rig (*ugs. abwertend*); **Kni|cke|rig|keit, Knick|rig|keit,** die; - (*ugs.*)
Kni|cke|rin ⟨*zu* ¹Knicker⟩
kni|ckern (*ugs. für* geizig sein); ich knickere
knick|rig usw. *vgl.* knickerig usw.
knicks!; knicks, knacks!
Knicks, der; -es, -e; **knick|sen;** du knickst
Kni|ckung
Knie, das; -s, - ['kniːə, *auch* kniː]: auf den Knien liegen; auf die Knie!; **Knie|beu|ge**
Knie|bis, der; - (Erhebung im nördl. Schwarzwald)
Knie|bre|che, die; - (mitteld. Name steiler Höhenwege)
Knie|bund, der; **Knie|bund|ho|se**
Knie|fall, der; **knie|fäl|lig**
knie|frei
Knie|gei|ge (*für* Gambe)
Knie|ge|lenk; Knie|ge|lenk|ent|zün|dung
knie|hoch; der Schnee liegt kniehoch; **Knie|hö|he,** die; -
Knie|holz (niedrige Bergkiefern); **Knie|ho|se; Knie|keh|le**
knie|lang; Knie|lang|e; knie|lings (*selten für* kniend)
kni|en [kniːn, *auch* 'kniːən]; ich knie ['kniːə, *auch* kniː]; du knie|test; kniend; gekniet; knie! ['kniːə, *auch* kniː]
Knie-OP; *vgl.* ²OP; ↑D 28; **Knie|ope|ra|ti|on**
Kniep|au|gen (*landsch. für* kleine, lebhafte Augen)
Knies, der; -es (*landsch. für* Dreck; Streit)
Knie|schei|be; Knie|scho|ner; Knie|schüt|zer; Knie|strumpf

knie|tief; knietiefes Wasser
kniet|schen, knit|schen (*landsch. für* zerdrücken; weinerlich sein); du kni[e]tschst
Knie|ver|let|zung
kniff *vgl.* kneifen
Kniff, der; -[e]s, -e; **Knif|fe|lei** (knifflige Arbeit); **knif|fe|lig, kniff|lig; Knif|fe|lig|keit, Knif|flig|keit,** die; -; **knif|fen;** geknifft
kniff|lig usw. *vgl.* kniffelig usw.
Knig|ge, der; -[s], -[s] ⟨nach Adolph Freiherr von Knigge⟩ (Buch über Umgangsformen)
Knilch, Knülch, der; -s, -e (*ugs. für* unangenehmer Mensch)
knil|le *vgl.* knülle
knips!; knips, knaps!
Knips, der; -es, -e
knip|sen; du knipst
Knip|ser (*ugs.*); **Knip|se|rin; Knips|zan|ge** (*ugs.*)
Knirps, der; -es, -e (kleiner Junge od. Mann; ® ein zusammenschiebbarer Regenschirm)
knir|schen; du knirschst
knis|tern; ich knistere
knit|schen *vgl.* knietschen
Knit|tel *vgl.* Knüttel
Knit|tel|vers (vierhebiger, unregelmäßiger Reimvers)
Knit|ter, der; -s, -
knit|ter|arm; Knit|ter|fal|te
knit|ter|fest; knit|ter|frei
knit|te|rig, knitt|rig; knit|tern; ich knittere; **knitt|rig** *vgl.* knitterig
Kno|bel, der; -s, - (*landsch. für* [Finger]knöchel; Würfel)
Kno|bel|be|cher (*scherzh. auch für* Militärstiefel)
kno|beln ([aus]losen; würfeln; lange nachdenken); ich knob[e]le
Knob|lauch [*auch* 'knɔp...], der; -[e]s
Knob|lauch|but|ter; Knob|lauch|pil|le; Knob|lauch|salz; Knob|lauch|wurst; Knob|lauch|ze|he; Knob|lauch|zwie|bel
Knö|chel, der; -s, -; **Knö|chel|chen**
knö|chel|lang; knö|chel|tief
Kno|chen, der; -s, -
Kno|chen|ar|beit (*ugs. für* sehr anstrengende körperliche Arbeit)
Kno|chen|bau, der; -[e]s; **Kno|chen|bruch,** der; **Kno|chen|er|wei|chung,** die; **Kno|chen|fraß,** der; -es; **Kno|chen|ge|rüst** (*ugs. auch für* mageren Mensch)
kno|chen|hart (sehr hart)
Kno|chen|hau|er (*nordd. veraltet für* Fleischer); **Kno|chen|hau|e|rin**

Knochenhaut

Kno|chen|haut; Kno|chen|haut|ent|zün|dung

Kno|chen|job, der ⟨ugs. für besonders anstrengende, unangenehme Arbeit⟩

Kno|chen|mann, der; -[e]s ⟨volkstüml. für Tod als Gerippe⟩

Kno|chen|mark; Kno|chen|mark[s]|spen|der; Kno|chen|mark[s]|spen|de|rin; Kno|chen|mark[s]|trans|plan|ta|ti|on ⟨Med.⟩

Kno|chen|mehl; Kno|chen|müh|le ⟨altes, ungefedertes Fahrzeug; Unternehmen, in dem strapaziöse Arbeit geleistet werden muss⟩

Kno|chen|na|ge|lung ⟨Med.⟩; Kno|chen|schwund; Kno|chen|split|ter

kno|chen|tro|cken ⟨ugs. für sehr trocken⟩

knö|che|rig, knöch|rig (aus Knochen; knochenartig); knö|chern (aus Knochen)

kno|chig (mit starken Knochen)

Kno|chig|keit, die; -

knöch|rig vgl. knöcherig

knock-out, knock|out [nɔk'laʊt] ⟨engl.⟩ ⟨Boxen niedergeschlagen, kampfunfähig; Abk. k. o. [ka:'-|o:]⟩; jmdn. k. o. schlagen

Knock-out, Knock|out, der; -[s], -s ⟨Niederschlag; übertr. für völlige Vernichtung; Abk. K. o.⟩

Knock-out-Schlag, Knock|out|schlag ⟨Abk. K.-o.-Schlag⟩

Knö|del, der; -s, - ⟨bes. südd., österr. für Kloß⟩

knö|deln ⟨ugs. für undeutlich singen od. sprechen⟩; ich knöd[e]le

Kno|fel, der; -s ⟨landsch.⟩, Kno|fi, der; -s ⟨ugs. für Knoblauch⟩

Knöll|chen

Knol|le, die; -, -n, landsch. Knol|len, der; -s, -

Knol|len|blät|ter|pilz (ein Giftpilz)

Knol|len|fäu|le (Krankheit der Kartoffel)

knol|len|för|mig

Knol|len|frucht; Knol|len|na|se; knol|len|na|sig; Knol|len|sel|le|rie

knol|lig

Knopf, der; -[e]s, Knöpfe ⟨österr. ugs. auch für Knoten⟩

Knopf|au|ge meist Plur.

Knöpf|chen

Knopf|druck Plur. ...drücke; ein Knopfdruck genügt

knöp|fen; Knöpf|lein

Knöpf|li Plur. ⟨schweiz. für [eine Art] Spätzle⟩

Knopf|loch

Knopf|loch|chi|r|ur|gie ⟨ugs. für minimalinvasive Chirurgie⟩

Knopf|loch|sei|de

Knop|per, die; -, -n (Gallapfel, z. B. an grünen Eichelkelchen)

knö|ren ⟨Jägerspr. leise röhren [vom Hirsch]⟩

knor|ke ⟨bes. berlin. für prima⟩

Knor|pel, der; -s, -; knor|pe|lig, knorp|lig

Knorr-Brem|se® ⟨nach dem dt. Ingenieur G. Knorr⟩ ↑D 136

Knor|ren, der; -s, - ⟨landsch. für krummer Teil eines Astes od. Baumstammes mit vielen Verdickungen; Baumstumpf⟩; knor|rig

Knorz, der; -es, -e ⟨südd., landsch. für Knorren, Baumstumpf; schweiz. auch für mühseliger, beschwerlicher Vorgang⟩

knor|zen ⟨schweiz. für sich plagen; geizig sein⟩; Knor|zer ⟨zu knorzen⟩ (geiziger Mensch); Knor|ze|rin; knor|zig

Knös|p|chen

Knos|pe, die; -, -n; knos|pen; geknospt; knos|pig

Knösp|lein; Knos|pung

Knos|sos (altkret. Stadt)

Knöt|chen

knö|teln (kleine Knoten sticken); ich knöt[e]le

kno|ten; geknotet

Kno|ten, der; -s, - ⟨auch Marke an der Logleine, Seemeile je Stunde [Zeichen kn]⟩

kno|ten|för|mig

Kno|ten|punkt; Kno|ten|stock

Knö|te|rich, der; -s, -e (eine Pflanze)

kno|tig

Knot|ten|erz (Buntsandstein mit eingesprengtem Bleiglanz)

knot|zen ⟨österr. ugs. für [sich] lümmeln⟩

Know-how, Know|how [nɔʊ'haʊ, auch 'nɔʊ...], das; -[s] ⟨engl.⟩ ⟨Wissen, wie man eine Sache praktisch verwirklicht od. anwendet⟩

Know-how-Trans|fer, Know|how|trans|fer ↑D 26

Knub|be, die; -, -n, Knub|ben, der; -s, - ⟨nordd. für Knorren; Knospe; Geschwulst⟩

Knub|bel, der; -s, - ⟨landsch. für knotenähnliche Verdickung⟩

knub|be|lig, knubb|lig ⟨landsch.⟩

knub|beln, sich ⟨ugs. für sich drängen⟩; ich knubb[e]le mich

Knub|ben vgl. Knubbe

knubb|lig vgl. knubbelig

knud|de|lig ⟨landsch.⟩

knud|deln ⟨landsch. für umarmen [u. küssen]; zerknüllen⟩; ich knudd[e]le

Knuff, der; -[e]s, Knüffe ⟨ugs. für Puff, Stoß⟩; knuf|fen ⟨ugs.⟩; knuf|fig ⟨ugs.⟩

Knülch vgl. Knilch

knüll, knül|le ⟨ugs. für betrunken; landsch. für erschöpft⟩

knül|len (zerknittern)

Knül|ler ⟨ugs. für Sensation⟩

Knüpf|ar|beit

knüp|fen

Knüpf|tep|pich; Knüp|fung

Knüpf|werk

Knüp|pel, der; -s, -

Knüp|pel|aus|dem|sack [auch ...'zak], der; -; Knüppelausdemsack spielen ⟨scherzh. für prügeln⟩

Knüp|pel|damm

knüp|pel|dick ⟨ugs. für sehr schlimm⟩

knüp|pel|hart ⟨ugs. für sehr hart⟩

Knüp|pel|ku|chen ⟨landsch. für Stockbrot⟩

knüp|peln (mit einem Knüppel schlagen; ugs. auch für gehäuft auftreten); ich knüpp[e]le

Knüp|pel|schal|tung

knup|pern ⟨landsch. für knabbern⟩; ich knuppere

knur|ren

Knurr|hahn (ein Fisch; ugs. für mürrischer Mensch)

knur|rig; ein knurriger Mensch; Knur|rig|keit, die; -

Knurr|laut

knü|se|lig ⟨landsch. für unsauber⟩

Knus|per|chen (Gebäck)

Knus|per|flo|cken Plur.

Knus|per|häus|chen

knus|pe|rig vgl. knusprig

knus|pern; ich knuspere

knusp|rig, knus|pe|rig; am knusp[e]rigs|ten; Brot knusp[e]rig backen

Knust, der; -[e]s, Plur. -e u. Knüste ⟨nordd. für Endstück des Brotes⟩

Knut (m. Vorn.)

Knu|te, die; -, -n ⟨germ.-russ.⟩ (Lederpeitsche); unter jmds. Knute (von jmdm. unterdrückt); knu|ten (knechten)

knut|schen ⟨ugs. für heftig küssen⟩; du knutschst

Knut|sche|rei ⟨ugs.⟩

Knutsch|fleck ⟨ugs.⟩

Knutt, der; -s, -s (ein Vogel)

Knüt|tel, der; -s, - (Knüppel)

Knüt|tel|vers vgl. Knittelvers

k. o. = knock-out ⟨vgl. d.⟩; k. o. schlagen

K. o. = Knock-out; **K.-o.-Schlag, K.-o.-Niederlage**

kΩ = Kiloohm

Ko|ad|ju|tor, Ko-Ad|ju|tor vgl. Co-Adjutor

Ko|agu|lans, das; -, ...lantia u. ...lanzien meist Plur. ⟨lat.⟩ (Med. die Blutgerinnung förderndes Mittel)

Ko|agu|lat, das; -[e]s, -e ⟨lat.⟩ (Chemie aus kolloidaler Lösung ausgeflockter Stoff)

Ko|agu|la|ti|on, die; -, -en (Ausflockung); **ko|agu|lie|ren**

Ko|agu|lum, das; -s, ...la (Med. Blutgerinnsel)

Ko|a|la, der; -s, -s ⟨austral.⟩ (kleiner austral. Beutelbär); **Ko|a|la|bär**

ko|a|lie|ren, ko|a|li|sie|ren ⟨franz.⟩ (verbinden; sich verbünden)

Ko|a|li|ti|on, die; -, -en (Vereinigung, Bündnis; Zusammenschluss [von Staaten]); ↑D 89: die Kleine od. kleine Koalition, die Große od. große Koalition

ko|a|li|ti|o|när

Ko|a|li|ti|o|när, der; -s, -e meist Plur. (Koalitionspartner); **Ko|a|li|ti|o|nä|rin; Ko|a|li|ti|ons|aus|sa|ge; Ko|a|li|ti|ons|bil|dung; Ko|a|li|ti|ons|frak|ti|on**

Ko|a|li|ti|ons|frei|heit; Ko|a|li|ti|ons|gip|fel; Ko|a|li|ti|ons|krieg; Ko|a|li|ti|ons|pakt (österr. für Koalitionsvereinbarung); **Ko|a|li|ti|ons|par|tei**

Ko|a|li|ti|ons|part|ner; Ko|a|li|ti|ons|part|ne|rin; Ko|a|li|ti|ons|po|li|ti|ker; Ko|a|li|ti|ons|po|li|ti|ke|rin; Ko|a|li|ti|ons|recht; Ko|a|li|ti|ons|re|gie|rung; Ko|a|li|ti|ons|ver|ein|ba|rung

Ko|a|li|ti|ons|ver|hand|lung meist Plur.; **Ko|a|li|ti|ons|ver|trag**

Ko|au|tor, Ko|au|tor, der; -s, -en ⟨lat.⟩; **Ko|au|to|rin, Kon|au|to|rin**

Ko|au|tor, Ko-Au|tor vgl. Co-Autor; **Ko|au|to|rin, Ko-Au|to|rin** vgl. Co-Autorin

ko|axi|al ⟨lat.⟩ (mit gleicher Achse); **Ko|axi|al|ka|bel** (Technik)

Ko|balt, Co|balt, das; -s ⟨nach Kobold gebildet⟩ (chemisches Element, Metall; Zeichen Co); **ko|balt|blau**

Ko|balt|bom|be; Ko|balt|ka|no|ne (Med. ein Bestrahlungsgerät); **Ko|balt|ver|bin|dung**

Ko|bel, der; -s, - (Nest des Eichhörnchens; südd., österr. für Verschlag, Koben)

Ko|ben, der; -s, - (Verschlag; Käfig; Stall)

Kø|ben|havn [kø:bŋ'haʊn] ⟨dän. Form von Kopenhagen⟩

Ko|ber, der; -s, - ⟨landsch. für Korb [für Esswaren]⟩

Ko|b|lenz (Stadt an der Mündung der Mosel); **Ko|b|len|zer; Ko|b|len|ze|rin; ko|b|len|zisch**

Ko|bold, der; -[e]s, -e (neckischer Geist); **ko|bold|haft; ko|bol|din**

Ko|bolz, der; nur noch in Kobolz schießen (Purzelbaum schlagen); **ko|bol|zen; kobolzte**

Ko|b|ra, die; -, -s ⟨port.⟩ (Brillenschlange)

¹**Koch**, der; -[e]s, Köche
²**Koch**, das; -[e]s ⟨bayr., österr. für Brei⟩

Koch|beu|tel; Koch|buch; Koch|butter

koch|echt

kö|cheln (leicht kochen); die Soße köchelt; ich köch[e]le

Kö|chel|ver|zeich|nis, das; -ses ⟨nach dem Musikgelehrten Ludwig von Köchel⟩ (Verzeichnis der Werke Mozarts; Abk. KV); ↑D 136

ko|chen; kochend heißes Wasser; das Wasser ist kochend heiß

¹**Ko|cher**, der; -s, - (Kochgerät)
²**Ko|cher**, der; -s (rechter Nebenfluss des Neckars)

Kö|cher, der; -s, - (Behälter für Pfeile)

Ko|che|rei; Koch|feld

koch|fer|tig; koch|fest

Koch|ge|le|gen|heit; Koch|ge|schirr

Koch|hau|be (bes. österr.)

Kö|chin

Koch|kä|se; Koch|kunst; Koch|kurs

Koch|löf|fel; Koch|mul|de; Koch|müt|ze

Koch|ni|sche; Koch|plat|te

Koch|re|zept

Koch|salz, das; -es; **koch|salz|arm; koch|salz|reich**

Koch|schin|ken

Koch|scho|ko|la|de

Koch|show (bes. Fernsehen); **Koch|stel|le; Koch|topf; Koch|wä|sche**

Koch|zeit

Ko|da vgl. Coda

Ko|dály [...dai], Zoltán ['zɔltan] (ung. Komponist)

kod|de|rig, kodd|rig ⟨landsch. für schlecht; unverschämt, frech; übel⟩; **Kod|der|schnau|ze**

kod|drig vgl. kodderig

Kode [ko:t] vgl. Code

Ko|de|in vgl. Codein

Kode|num|mer vgl. Codenummer

Kö|der, der; -s, - (Lockmittel); **Kö|der|fisch; kö|dern**; ich ködere

Kode|wort Plur. ...wörter; vgl. Codewort

Ko|dex, der; Gen. -es u. -, Plur. -e u. ...dizes, **Co|dex**, der; -, ...dices ⟨lat.⟩ (Handschriftensammlung; Gesetzbuch; ungeschriebene Verhaltensregeln)

ko|die|ren vgl. codieren; **Ko|die|rung** vgl. Codierung

Ko|di|fi|ka|ti|on, die; -, -en (zusammenfassende Regelung eines größeren Rechtsgebietes; Gesetzessammlung); **ko|di|fi|zie|ren; Ko|di|fi|zie|rung** (Kodifikation)

Ko|di|zill, das; -s, -e (Rechtsspr. letztwillige Verfügung; Zusatz zum Testament)

Ko|edu|ka|ti|on [auch ...'tsjo:n], die; - ⟨engl.⟩ (gemeinsamer Schulunterricht für Mädchen u. Jungen)

Ko|ef|fi|zi|ent, der; -en, -en ⟨lat.⟩ (Math. Multiplikator der veränderl. Größe[n] einer Funktion; Physik kennzeichnende Größe)

Ko|er|zi|tiv|feld|stär|ke ⟨lat.; dt.⟩ (Physik)

ko|exis|tent [auch ...'tɛnt]; **Ko|exis|tenz** [auch ...'tɛnts], die; - ⟨lat.⟩ (gleichzeitiges Vorhandensein unterschiedlicher Dinge)

ko|exis|tie|ren [auch ...'ti:...]

Ko|fel, der; -s, - (bayr. u. westösterr. für Bergkuppe)

Ko|fen, der; -s, - (nordd. für Koben)

Ko|fer|men|ta|ti|on, Co|fer|men|ta|ti|on [auch ...'tsjo:n] (gemeinsame Vergärung von Tierexkrementen mit Pflanzen od. organ. Abfällen in Biogasanlagen)

Kof|fe|in, Cof|fe|in, das; -s ⟨arab.⟩ (Wirkstoff von Kaffee u. Tee)

kof|fe|in|frei; kof|fe|in|hal|tig

Kof|fer, der; -s, - ⟨franz.⟩; **Kof|fer|an|hän|ger**

Kof|fer|bom|ber (jmd., der einen Terroranschlag mit in einem Koffer verborgenem Sprengstoff verübt); **Köf|fer|chen**

Kof|fer|de|ckel; Kof|fer|ge|rät; Kof|fer|ku|li (Transportwagen auf Bahnhöfen, Flughäfen usw.)

Kof|fer|ra|dio; Kof|fer|raum; Kof|fer|schloss; Kof|fer|schlüs|sel

Kof|fer|schreib|ma|schi|ne

ko|fi|nan|zie|ren (sich finanziell beteiligen); **Ko|fi|nan|zie|rung**

Köf|te, die; -, - od. das; -[s], - ⟨türk.⟩ (Hackfleischbällchen)

Kog vgl. Koog

Kogel

¹Ko|gel, der; -s, - (österr. für Bergkuppe)
²Ko|gel, die; -, -n (veraltet für Kapuze)
Kog|ge, die; -, -n (dickbauchiges Hanseschiff)
Ko|g|nak [ˈkɔnjak], der; -s, -s (ugs. für Weinbrand); drei Kognak; vgl. aber ²Cognac
Ko|g|nak|boh|ne; Ko|g|nak|glas
Ko|g|nak|kir|sche
Ko|g|nak|schwen|ker
Ko|g|nat, der; -en, -en (lat.) (Blutsverwandter, der nicht Agnat ist)
Ko|g|ni|ti|on, die; -, -en (das Erkennen, Wahrnehmen); ko|g|ni|tiv (die Erkenntnis betreffend)
Ko|g|no|men, das; -s, Plur. - u. ...mina (lat.) (Beiname im antiken Rom)
Ko|ha|bi|ta|ti|on, die; -, -en (lat.) (Med. Geschlechtsverkehr; Politik (in Frankreich) Zusammenarbeit des Staatspräsidenten mit einer Regierung einer anderen polit. Richtung)
ko|ha|bi|tie|ren
ko|hä|rent (lat.) (zusammenhängend); kohärentes Licht (Physik); Ko|hä|renz, die; -
ko|hä|rie|ren (Kohäsion zeigen); Ko|hä|si|on, die; -, -en (Physik Zusammenhalt der Moleküle eines Körpers); ko|hä|siv
¹Kohl, Helmut (sechster dt. Bundeskanzler)
²Kohl, der; -[e]s, Plur. (Sorten:) -e (ein Gemüse)
³Kohl, der; -[e]s ⟨hebr.⟩ (ugs. für Unsinn); Kohl reden
Kohl|dampf, der; -[e]s (ugs. für Hunger); Kohldampf schieben
Koh|le, die; -, -n; Kohle führende od. kohleführende Flöze
Koh|le|berg|bau, Koh|len|berg|bau
Koh|le|fa|den usw. vgl. Kohle[n]faden usw.
Koh|le för|dernd, koh|le|för|dernd ↑D 58
Koh|le füh|rend, koh|le|füh|rend ↑D 58
koh|le|hal|tig
Koh|le|herd, Koh|len|herd
Koh|le|hy|d|rat vgl. Kohlenhydrat
Koh|le|hy|d|rie|rung, die; - (Chemie)
Koh|le|im|port, Koh|len|import
Koh|le|kraft, die; -; Koh|le|kraftwerk
¹koh|len (nicht mit voller Flamme brennen; Seemannsspr. Kohlen übernehmen)

²koh|len ⟨zu ³Kohl⟩ (ugs. für aufschneiden, schwindeln)
Koh|len|be|cken; Koh|len|bergwerk; Koh|len|bun|ker
Koh|len|di|oxid; Koh|len|di|oxyd vgl. Oxid; Koh|len|di|oxid|ver|gif|tung, Koh|len|di|oxyd|ver|gif|tung
Koh|len|ei|mer
Koh|le[n]|fa|den; Koh|le[n]|fa|den|lam|pe
Koh|len|feu|er; Koh|len|flöz; Koh|len|gru|be; Koh|len|grus; Koh|len|hal|de; Koh|len|hei|zung
Koh|len|herd, Koh|le|herd
Koh|len|hy|d|rat, Koh|le|hy|d|rat (zucker- od. stärkeartige chem. Verbindung)
Koh|len|im|port, Koh|le|im|port
Koh|len|mei|ler
Koh|len|mo|n|o|xid, Koh|len|mo|n|o|xyd vgl. Oxid; Koh|len|mo|n|o|xid|ver|gif|tung, Koh|len|mo|n|o|xyd|ver|gif|tung
Koh|len|pott, der; -s (ugs. für Ruhrgebiet)
koh|len|sau|er; kohlensaures Natron; Koh|len|säu|re
Koh|len|schau|fel; Koh|len|staub
Koh|len|stoff (chemisches Element; Zeichen C)
Koh|len|was|ser|stoff
Koh|le|pa|pier; Koh|le|pfen|nig (ugs. für die bis 1995 der Strompreis zugeschlagene Abgabe zugunsten des Kohlenbergbaus)
¹Köh|ler
²Köh|ler, Horst (neunter dt. Bundespräsident)
Köh|le|rei; Köh|ler|glau|be, der; -ns (blinder Glaube); Köh|le|rin
Koh|le|stift, der (ein Zeichenstift)
Koh|le|strom
Koh|le|ver|flüs|si|gung; Koh|le|ver|ga|sung; Koh|le|zeich|nung
Kohl|her|nie (eine Pflanzenkrankheit); Kohl|kopf
Kohl|mei|se (ein Singvogel)
Kohl|ra|be (für Kolkrabe); kohl|ra|ben|schwarz
Kohl|ra|bi, der; -[s], -[s] ⟨ital.⟩ (ein Gemüse)
Kohl|rau|pe
Kohl|rou|la|de; Kohl|rü|be
kohl|schwarz
Kohl|spros|se (österr. für Röschen des Rosenkohls); Kohl|strunk
Kohl|sup|pe
Kohl|weiß|ling (ein Schmetterling)
Ko|hor|te, die; -, -n ⟨lat.⟩ (Geschichte der 10. Teil einer röm. Legion; Soziol., Med., Tiermed. nach bestimmten Kriterien zusammengestellte Gruppe von Menschen od. Tieren); Ko|hor|ten|tö|tung (Tiermed.)
Ko|hout [ˈkɔhɔut], Pavel [ˈpavɛl] (tschech. Schriftsteller)
Koi, der; -s, -s ⟨jap.⟩ (Farbkarpfen)
Koi|ne, die; -, Koinai ⟨griech.⟩ (griech. Gemeinsprache der hellenist. Welt; Sprachwiss. übermundartl. Gemeinsprache)
ko|in|zi|dent ⟨lat.⟩ (fachspr. für zusammenfallend); Ko|in|zi|denz, die; -, -en (Zusammentreffen von Ereignissen); ko|in|zi|die|ren
Koi|teich ⟨zu Koi⟩
ko|i|tie|ren ⟨lat.⟩ (Med. den Koitus vollziehen); Ko|i|tus, Co|i|tus, der; -, Plur. - u. -se (Med. Geschlechtsakt)
Ko|je, die; -, -n ⟨niederl.⟩ (Schlafstelle [auf Schiffen]; Ausstellungsstand)
Ko|jo|te, Co|yo|te, der; -n, -n ⟨mexik.⟩ (nordamerik. Präriewolf; Schimpfwort)
Ko|ka, Co|ca, die; -, - ⟨indian.⟩ (kurz für Kokastrauch); Ko|ka|in, das; -s (ein Betäubungsmittel; eine Droge); Ko|ka|i|nis|mus, der; - (Kokainabhängigkeit); ko|ka|in|süch|tig
Ko|kar|de, die; -, -n ⟨franz.⟩ (Abzeichen an Uniformmützen)
Ko|ka|strauch (ein Strauch mit Kokain enthaltenden Blättern)
ko|keln (landsch. für mit Feuer spielen); ich kok[e]le; vgl. gokeln
ko|ken ⟨engl.⟩ (¹Koks herstellen)
¹Ko|ker, der; -s, - (Seemannsspr. Öffnung im Schiffsheck für den Ruderschaft)
²Ko|ker (Koksarbeiter); Ko|ke|rei (Kokswerk; nur Sing.: Koksgewinnung)
ko|kett ⟨franz.⟩ (eitel, gefallsüchtig); Ko|ket|te|rie, die; -, ...ien
ko|ket|tie|ren
Ko|kil|le, die; -, -n ⟨franz.⟩ (mehrfach verwendbare Gussform)
Ko|kil|len|guss
Kok|ke, die; -, -n, Kok|kus, der; -, Kokken meist Plur. ⟨griech.⟩ (kugelförmige Bakterie)
Kok|kels|kör|ner Plur. ⟨griech.; dt.⟩ (Giftsamen zum Fischfang)
Kök|ken|möd|din|ger Plur. ⟨dän.⟩ (»Küchenabfälle«⟨ (steinzeitl. Abfallhaufen)
Kok|ko|lith, der; Gen. -s u. -en, Plur. -e[n] ⟨griech.⟩ (Geol. Gestein der Tiefsee)
Kok|kus vgl. Kokke

Kollektivvertrag

Ko|ko|lo|res, der; - ⟨ugs. für Unsinn⟩
Ko|kon [...ˈkõː, österr. koˈkoːn], der; -s, -s ⟨franz.⟩ (Hülle der Insektenpuppen); **Ko|kon|fa|ser**
Ko|kos|bus|serl [österr. für ein Gebäck]
Ko|kosch|ka [auch ˈko...] (österr. Maler u. Dichter)
Ko|ko|sette [...ˈzɛt], das; -s ⟨span.⟩ (österr. für Kokosflocken)
Ko|kos|fa|ser; Ko|kos|fett; Ko|kos|flo|cken Plur.
Ko|kos|läu|fer; Ko|kos|mat|te
Ko|kos|milch; Ko|kos|nuss; Ko|kos|öl, Ko|kos|pal|me; Ko|kos|ras|pel, der meist Plur.
Ko|kos|tep|pich
Ko|kot|te, die; -, -n ⟨franz.⟩ (veraltet für Dirne, Halbweltdame)
¹**Koks**, der; -es, -e ⟨engl.⟩ (ein Brennstoff aus Kohle; nur Sing.: ugs. scherzh. für Geld)
²**Koks**, der, auch das; -es ⟨indian.⟩ (ugs. für Kokain)
³**Koks**, der; -[es], -e ⟨jidd.⟩ (ugs. für steifer Hut)
kok|sen ⟨ugs. für Kokain nehmen⟩; du kokst; **Kok|ser** ⟨ugs. für Kokainkonsument⟩; **Kok|se|rin**
Koks|ofen; Koks|staub
Ko|ky|tos, Kozytus, der; - ⟨ein Fluss der Unterwelt in der griech. Sage⟩
Kok|zi|die, die; -, -n meist Plur. ⟨griech.⟩ (krankheitserregende Sporentierchen); **Kok|zi|di|o|se**, die; -, -n (durch Kokzidien verursachte Tierkrankheit)
¹**Ko|la** (Plur. von Kolon)
²**Ko|la** (Halbinsel im Nordwesten Russlands)
Kol|a|ni, Collani, der; -s, -s (warmes, hüftlanges Jackett)
Ko|la|nuss; Ko|la|strauch
Ko|lat|sche, Golatsche, die; -, -n ⟨tschech.⟩ (österr. für kleiner, gefüllter Hefekuchen)
Kol|ben, der; -s, -; **Kol|ben|dampf|ma|schi|ne; Kol|ben|fres|ser** ⟨ugs. für Motorschaden durch festsitzenden Kolben⟩
Kol|ben|hir|se
Kol|ben|hub; Kol|ben|ring; Kol|ben|stan|ge
kol|big (kolbenförmig)
Kol|chis, die; - ⟨antike Landschaft am Schwarzen Meer⟩
Kol|chos, der; -, ...ose, Kol|cho|se, die; -, -n ⟨russ.⟩ (landwirtschaftl. Produktionsgenossenschaft in der ehem. Sowjetunion); **Kol|chos|bau|er** vgl.

²Bauer; **Kol|chos|bäu|e|rin; Kol|cho|se** vgl. Kolchos
kol|dern ⟨südd., schweiz. mdal. für schmollen⟩; ich koldere
Ko|le|o|p|te|ren Plur. ⟨griech.⟩ (Zool. Käfer)
Ko|li|bak|te|rie, Ko|li|bak|te|rium meist Plur. ⟨griech.⟩ ([Dick]darmbakterie)
Ko|li|b|ri, der; -s, -s ⟨karib.⟩ (kleiner Vogel)
ko|lie|ren ⟨lat.⟩ (Pharm. durch ein Tuch] seihen); **Ko|lier|tuch** Plur. ...tücher
Ko|lik [auch ...ˈliːk], die; -, -en ⟨griech.⟩ (Anfall von krampfartigen Leibschmerzen)
Ko|li|tis, die; -, ...itiden (Med. Dickdarmentzündung)
Kolk, der; -[e]s, -e ⟨nordd. für Wasserloch⟩
Kol|ka|ta (früher Kalkutta; Stadt in Indien)
Kol|ko|thar, der; -s, -e ⟨arab.⟩ (rotes Eisenoxid)
Kolk|ra|be
Koll. = Kollege, Kollege[n], Kollegin
Kol|la, die; - ⟨griech.⟩ (Chemie, Med. Leim)
kol|la|bie|ren ⟨lat.⟩ (Med. einen Kollaps erleiden)
Kol|la|bo|ra|teur [...ˈtøːɐ̯], der; -s, -e ⟨franz.⟩ (jmd., der mit dem Feind zusammenarbeitet); **Kol|la|bo|ra|teu|rin; Kol|la|bo|ra|ti|on**, die; -, -en; **kol|la|bo|rie|ren** (»mitarbeiten«⟩ (mit dem Feind zusammenarbeiten)
Kol|la|gen ⟨griech.⟩ (Med., Biol. aus Kollagenen bestehend); **Kol|la|gen**, das; -s, -e (leimartiges Eiweiß des Bindegewebes)
Kol|laps [auch ...ˈlaps], der; -es, -e ⟨lat.⟩ (Zusammenbruch)
Kol|lar, das; -s, -e ⟨lat.⟩ (steifer Halskragen, bes. des kath. Geistlichen)
kol|la|te|ral ⟨lat.⟩ (seitlich gelagert; fachspr. für nebenständig)
Kol|la|te|ral|scha|den (milit. verhüllend für bei einer militärischen Aktion in Kauf genommener schwerer Schaden, bes. Tod von Zivilisten)
Kol|la|ti|on, die; -, -en ⟨lat.⟩ ([Text]vergleich; Übertragung eines kirchl. Amtes)
kol|la|ti|o|nie|ren ([Abschrift mit der Urschrift] vergleichen)
Kol|la|tur, die; -, -en ⟨lat.⟩ (Recht zur Verleihung eines Kirchenamtes)
Kol|lau|da|ti|on, die; -, -en ⟨lat.⟩ (schweiz. neben Kollaudierung)

kol|lau|die|ren; Kol|lau|die|rung (österr. u. schweiz. für amtl. Prüfung eines Bauwerkes, Schlussgenehmigung)
¹**Kol|leg**, das; -s, Plur. -s u. -ien ⟨lat.⟩ (akadem. Vorlesung; Bildungseinrichtung)
²**Kol|leg**, das; -s, -s ⟨österr. für Lehrgang, Kurzstudium nach dem Abitur⟩
Kol|le|ge, der; -n, -n (Abk. Koll.); **Kol|le|gen|kreis; Kol|le|gen|schaft**, die; -
Kol|leg|heft (Vorlesungsheft)
kol|le|gi|al (einem [guten] Verhältnis zwischen Kollegen entsprechend); **Kol|le|gi|a|li|tät**, die; -
Kol|le|gi|at, der; -en, -en (Stiftsgenosse; Teilnehmer an einem [Funk]kolleg)
Kol|le|gin (Abk. Koll.)
Kol|le|g(inn)en (kurz für Kolleginnen u. Kollegen)
Kol|le|gi|um, das; -s, ...ien (Gruppe von Personen mit gleichem Amt od. Beruf; Lehrkörper); **Kol|le|gi|ums|mit|glied**
Kol|leg|map|pe
Kol|lek|ta|ne|en [auch ...ˈtaː...] Plur. ⟨lat.⟩ (veraltet für gesammelte literar. u. wissenschaftl. Auszüge)
Kol|lek|te, die; -, -n (Sammlung von Geldspenden in der Kirche)
Kol|lek|ti|on, die; -, -en ([Muster]sammlung [von Waren], Auswahl)
kol|lek|tiv (gemeinschaftlich, gruppenweise, umfassend)
Kol|lek|tiv, das; -s, Plur. -e, auch -s (Team, Gruppe; Arbeits- u. Produktionsgemeinschaft, bes. in der sozialist. Wirtschaft)
Kol|lek|tiv|ar|beit; Kol|lek|tiv|be|wusst|sein; Kol|lek|tiv|bil|lett (schweiz. für Gruppenfahrschein); **Kol|lek|tiv|ei|gen|tum**
kol|lek|ti|vie|ren (Privateigentum in Gemeineigentum überführen); **Kol|lek|ti|vie|rung**
Kol|lek|ti|vis|mus, der; - (starke Betonung des gesellschaftlichen Ganzen); **Kol|lek|ti|vist**, der; -en, -en; **Kol|lek|ti|vis|tin; kol|lek|ti|vis|tisch; Kol|lek|ti|vi|tät**, die; - (Gemeinschaft[lichkeit])
Kol|lek|tiv|no|te (gemeinsame diplomatische Note); **Kol|lek|tiv|schuld**, die; -; **Kol|lek|tiv|stra|fe**
Kol|lek|tiv|suf|fix (Sprachwiss.)
Kol|lek|ti|vum, das; -s, ...va (Sprachwiss. Sammelbezeichnung, z. B. »Wald«, »Gebirge«)
Kol|lek|tiv|ver|trag (bes. österr.)

Kollektivwirtschaft

Kol|lek|tiv|wirt|schaft
Kol|lek|tor, der; -s, ...oren (Stromabnehmer, -wender; Sammler für Strahlungsenergie)
Kol|lek|tur, die; -, -en (österr. Amtsspr. Sammel-, Annahmestelle)
Kol|len|chym, das; -s, -e ⟨griech.⟩ (Bot. pflanzl. Festigungsgewebe)
¹**Kol|ler**, das; -s, - (Schulterpasse; veraltet, aber noch landsch. für [breiter] Kragen; Wams)
²**Kol|ler**, der; -s, - (eine Pferdekrankheit; ugs. für Wutausbruch)
Kol|ler|gang, der (Mahlwerk)
kol|le|rig, **koll|rig** (ugs. für leicht aufbrausend, erregbar)
¹**kol|lern** (veraltet für den ²Koller haben; knurrig sein); ich kollere
²**kol|lern** (bes. südd., österr., schweiz. für kullern); ich kollere
Kol|li (Plur. von Kollo)
kol|li|die|ren ⟨lat.⟩ (zusammenstoßen; sich überschneiden)
Kol|li|ma|ti|on, die; -, -en ⟨nlat.⟩ (fachspr. für Zusammenfallen zweier Linien, z. B. bei Einstellung des Fernrohrs); **Kol|li|ma|ti|ons|feh|ler**
Kol|li|ma|tor, der; -s, ...oren (astron. Hilfsfernrohr; Spaltrohr beim Spektralapparat)
Kol|li|si|on, die; -, -en ⟨lat.⟩ (Zusammenstoß); **Kol|li|si|ons|kurs**, der; -es; auf Kollisionskurs gehen
Kol|lo, das; -s, Plur. -s u. Kolli ⟨ital.⟩ (Frachtstück, Warenballen)
Kol|lo|di|um, das; -s ⟨griech.⟩ (zähflüssige Zelluloselösung)
kol|lo|id, **kol|lo|i|dal** (Chemie fein zerteilt); **Kol|lo|id**, das; -[e]s, -e (Chemie fein zerteilter Stoff [in Wasser od. Gas]); **kol|lo|i|dal** vgl. kolloid; **Kol|lo|id|che|mie**; **Kol|lo|id|re|ak|ti|on**
kol|lo|qui|al (Sprachwiss. wie im Gespräch üblich)
Kol|lo|qui|um [auch ...ˈloː...], das; -s, ...ien ⟨lat.⟩ (wissenschaftl. Gespräch; Zusammenkunft von Wissenschaftlern; bes. österr. kleinere Universitätsprüfung)

kolossal
Das Wort hat wie das Substantiv *Koloss* seine Wurzeln im lateinischen *colossus* (= riesige Statue) und wird nach dem ersten *o* nur mit einem *l* geschrieben.

koll|rig vgl. kollerig
kol|lu|die|ren ⟨lat.⟩ (Rechtsspr. im geheimen Einverständnis stehen); **Kol|lu|si|on**, die; -, -en (Verschleierung einer Straftat; unerlaubte Verabredung; **kol|lu|siv** ⟨zu Kollision⟩
Koll|witz, Käthe (dt. Malerin u. Grafikerin)
Kolm, der; -[e]s, -e ⟨svw. ¹Kulm⟩
kol|ma|tie|ren ⟨franz.⟩ (fachspr. für [Sumpfboden u. Ä.] aufhöhen); **Kol|ma|ti|on**, die; -, -en
Köln (Stadt am Rhein); **Köl|ner**; Kölner Messe; **Köl|ner Braun**, das; - -[s] (Umbra); **Köl|ne|rin**
köl|nisch; kölnisch[es] Wasser ↑D89; vgl. auch Kölnischwasser
Köl|nisch|braun, das; -[s] (Umbra)
Köl|nisch|was|ser, das; -s
Kolm|bi|ne, **Kol|um|bi|ne**, die; -, -n ⟨ital.; »Täubchen«⟩ (w. Hauptrolle des ital. Stegreiftheaters)
Ko|lon, das; -s, Plur. -s u. Kola ⟨griech.⟩ (veraltet für Doppelpunkt; Med. Grimmdarm)
Ko|lo|nat, das, auch der; -[e]s, -e ⟨lat.⟩ (Rechtsverhältnis der Kolonen im alten Rom; Erbzinsgut); **Ko|lo|ne**, der; -n, -n (persönl. freier, aber an seinen Landbesitz gebundener Pächter in der röm. Kaiserzeit)
Ko|lo|nel, die; - ⟨franz.⟩ (Druckw. ein Schriftgrad)
Ko|lo|nia|kü|bel vgl. Coloniakübel
ko|lo|ni|al ⟨lat.⟩ (die Kolonie[n] betreffend; zu Kolonien gehörend; aus Kolonien stammend)
Ko|lo|ni|al|ge|biet; **Ko|lo|ni|al|herr**; **Ko|lo|ni|al|her|rin**; **Ko|lo|ni|al|herr|schaft**; **ko|lo|ni|a|li|sie|ren**
Ko|lo|ni|a|lis|mus, der; - (auf Erwerb von Kolonien ausgerichtete Politik eines Staates); **Ko|lo|ni|a|list**, der; -en, -en (Anhänger des Kolonialismus); **Ko|lo|ni|a|lis|tin**
Ko|lo|ni|al|krieg; **Ko|lo|ni|al|macht**; **Ko|lo|ni|al|po|li|tik**; **Ko|lo|ni|al|stil**, der; -[e]s; **Ko|lo|ni|al|wa|ren** Plur. (veraltet); **Ko|lo|ni|al|zeit**
Ko|lo|nie, die; -, ...ien (auch für Siedlung)
Ko|lo|ni|sa|ti|on, die; -, -en
Ko|lo|ni|sa|tor, der; -s, ...oren; **Ko|lo|ni|sa|to|risch**
ko|lo|ni|sie|ren; **Ko|lo|ni|sie|rung**
Ko|lo|nist, der; -en, -en (Ansiedler in einer Kolonie); **Ko|lo|nis|tin**
Ko|lon|na|de, die; -, -n ⟨franz.⟩ (Säulengang, -halle)

Ko|lon|ne, die; -, -n; die fünfte Kolonne (Spionagetrupp)
Ko|lon|nen|ap|pa|rat (Destillierapparat); **Ko|lon|nen|fah|ren**, das; -s; **Ko|lon|nen|schrift** (z. B. das Chinesische); **Ko|lon|nen|sprin|ger** (in einer Kolonne ständig überholender Autofahrer); **Ko|lon|nen|sprin|ge|rin**
¹**Ko|lo|phon**, der; -s, -e ⟨griech.⟩ (Schlussformel mittelalterl. Handschriften u. Frühdrucke)
²**Ko|lo|phon** (altgriech. Stadt in Lydien)
Ko|lo|pho|ni|um, das; -s ⟨nach der altgriech. Stadt Kolophon⟩ (ein Harzprodukt)
Ko|lo|quin|te, die; -, -n ⟨lat.⟩ (Frucht einer subtrop. Kürbispflanze)
Ko|lo|ra|do|kä|fer, Co|lo|ra|do|kä|fer ⟨nach dem Staat Colorado⟩ (veraltet für Kartoffelkäfer)
Ko|lo|ra|tur, die; -, -en ⟨ital.⟩ (virtuose gesangliche Verzierung)
ko|lo|ra|tur|rein|si|cher (Musik); **Ko|lo|ra|tur|sän|ge|rin**; **Ko|lo|ra|tur|so|p|ran**
kol|lo|rie|ren (färben; aus-, bemalen); **Ko|lo|rie|rung**
Ko|lo|ri|me|ter, das; -s, - ⟨lat.; griech.⟩ (Gerät zur Bestimmung von Farbtönen); **Ko|lo|ri|met|rie**, die; -; **ko|lo|ri|met|risch**
Ko|lo|rist, der; -en, -en ⟨lat.⟩ (jmd., der koloriert; Maler, der den Schwerpunkt auf das Kolorit legt); **Ko|lo|ris|tin**; **ko|lo|ris|tisch**
Ko|lo|rit, das; -[e]s, Plur. -e, auch -s ⟨ital.⟩ (Farbgebung, -wirkung; Klangfarbe)
Ko|lo|skop, das; -s, -e ⟨griech.⟩ (Med. Gerät zur direkten Untersuchung des Grimmdarms)
Ko|loss [auch ˈkɔ...], der; -es, -e ⟨griech.⟩ (Riesenstandbild; Riese, Ungetüm)
Ko|los|sä (im Altertum Stadt in Phrygien)
ko|los|sal ⟨franz.⟩ (riesig, gewaltig, Riesen...; übergroß)
Ko|los|sal|bau Plur. ...bauten
Ko|los|sal|fi|gur; **Ko|los|sal|film**; **Ko|los|sal|ge|mäl|de**
ko|los|sa|lisch (geh. für kolossal)
Ko|los|sal|sta|tue
Ko|los|ser (Einwohner von Kolossä); **Ko|los|ser|brief**, der; -[e]s (N. T.); **Ko|los|ser|in**
Ko|los|se|um, das; -s (Amphitheater in Rom)
Ko|los|t|ral|milch, die; - ⟨lat.; dt.⟩,

Kommandantur

Kol|los|t|rum, das; -s ⟨lat.⟩ (Med. Sekret der Brustdrüsen)
Kol|lo|to|mie, die; -, ...ien ⟨griech.⟩ (Med. operative Öffnung des Dickdarms)
Kol|pak [auch 'kɔl...] vgl. Kalpak
Kol|ping (kath. Priester); **Kol|ping|haus**; **Kol|ping|ju|gend**; **Kol|pings|fa|mi|lie**; **Kol|ping|werk**, das; -[e]s (internationaler kath. Sozialverband)
Kol|pi|tis, die; -, ...itiden ⟨griech.⟩ (Med. Scheidenentzündung)
Kol|por|ta|ge [...ʒə], die; -, -n ⟨franz.⟩ (Verbreitung von Gerüchten); **kol|por|ta|ge|haft**
Kol|por|ta|ge|ro|man
Kol|por|teur [...'tø:ɐ̯], der; -s, -e (Verbreiter von Gerüchten); **Kol|por|teu|rin**; **kol|por|tie|ren**
Kol|po|s|kop, das; -s, -e ⟨griech.⟩ (Med. Spiegelgerät zur gynäkolog. Untersuchung); **Kol|po|s|ko|pie**, die; -, ...ien
¹**Kölsch**, das; -[s] (»aus Köln, kölnisch«) (ein obergäriges Bier; Kölner Mundart)
²**Kölsch**, der; -[e]s (schweiz. für gewürfelter Baumwollstoff)
¹**Kol|ter**, der; -s, -u. die; -, -n ⟨franz.⟩ (südwestd. für Wolldecke, Steppdecke)
²**Kol|ter**, das; -s, - ⟨franz.⟩ (bes. nordwestd. für Messer vor der Pflugschar)
Ko|lum|ba|ri|um, das; -s, ...ien ⟨lat.⟩ (altröm. Grabkammer; heute für Urnenhalle eines Friedhofs)
Ko|lum|bi|a|ner; **Ko|lum|bi|a|ne|rin**; **ko|lum|bi|a|nisch**; **Ko|lum|bi|en** (Staat in Südamerika)
Ko|lum|bi|ne vgl. Kolombine
Ko|lum|bus (Entdecker Amerikas)
Ko|lum|ne, die; -, -n ⟨lat., »Säule«⟩ ([Druck]spalte; regelmäßig veröffentlichter Meinungsbeitrag); **Ko|lum|nen|maß**, das; **Ko|lum|nen|ti|tel**
Ko|lum|nist, der; -en, -en (Journalist, dem eine bestimmte Spalte einer Zeitung zur Verfügung steht); **Ko|lum|nis|tin**
Köm, der; -s, -s (nordd. für Kümmelschnaps); 3 Köm
Ko|ma, das; -s, Plur. -s u. -ta ⟨griech.⟩ (Med. tiefe Bewusstlosigkeit)
Ko|mant|sche, der; -n, -n (Angehöriger eines nordamerik. Indianerstammes); **Ko|mant|schin**
Ko|ma|pa|ti|ent; **Ko|ma|pa|ti|en|tin**
Ko|ma|sau|fen, das; -s (derb für Komatrinken)

ko|ma|tös (in tiefer Bewusstlosigkeit); komatöser Zustand
Ko|ma|trin|ken, das; -s (ugs. für gemeinsames Trinken von Alkohol bis zur Bewusstlosigkeit); **Ko|ma|trin|ker**; **Ko|ma|trin|ke|rin**
Kom|bat|tant, der; -en, -en ⟨franz.⟩ (Rechtsspr. u. veraltet für [Mit]kämpfer; Kriegsteilnehmer); **Kom|bat|tan|tin**
¹**Kom|bi**, der; -[s], -s (kurz für kombinierter Liefer- u. Personenwagen)
²**Kom|bi**, die; -, -s (vgl. ²Kombination)
Kom|bi... (kombiniert)
Kom|bi|lohn (staatlich bezuschusster Lohn zur Verminderung von Arbeitslosigkeit)
Kom|bi|nat, das; -[e]s, -e ⟨russ.⟩ (Zusammenschluss eng zusammengehörender Betriebe in sozialist. Staaten)
¹**Kom|bi|na|ti|on**, die; -, -en ⟨lat.⟩ (berechnende Verbindung; gedankliche Folgerung; Zusammenstellung; Sport planmäßiges, flüssiges Zusammenspiel)
²**Kom|bi|na|ti|on** [auch ...'neɪʃn], die; -, Plur. -en, bei engl. Ausspr. -s ⟨engl.⟩ (Hemdhose; einteiliger [Schutz]anzug, bes. der Flieger)
Kom|bi|na|ti|ons|ga|be
Kom|bi|na|ti|ons|mög|lich|keit
Kom|bi|na|ti|ons|schloss
Kom|bi|na|ti|ons|spiel (Sport); **Kom|bi|na|ti|ons|ver|mö|gen**, das;
kom|bi|na|to|risch ⟨lat.⟩; kombinatorischer Lautwandel (Sprachwiss.) ↑ D 89
Kom|bine [...'baɪn], die; -, -s, auch [...'bi:nə], die; -, -n ⟨engl.⟩ (Mähdrescher)
kom|bi|nier|bar; **Kom|bi|nier|bar|keit**
kom|bi|nie|ren ⟨lat.⟩ (vereinigen, zusammenstellen; berechnen; vermuten; Sport planmäßig zusammenspielen)
Kom|bi|nie|rer (Skisport Teilnehmer der nordischen Kombination); **Kom|bi|nie|re|rin**
Kom|bi|nier|te, der u. die; -n, -n (vgl. Kombinierer)
Kom|bi|nie|rung
Kom|bi|prä|pa|rat (Pharm.)
Kom|bi|schlüs|sel; **Kom|bi|schrank**
Kom|bi|wa|gen; **Kom|bi|zan|ge**
Kom|bu|cha, der; -s ⟨Herkunft unsicher⟩ (fachspr. auch die; -: aus Meeresalgen gewonnener Teepilz; auch das; -s: mit Kombucha vergorener Tee)

Kom|bü|se, die; -, -n (Seemannsspr. Schiffsküche)
Ko|me|do, der; -s, ...onen ⟨lat.⟩ (veraltet für Fresser, Schlemmer; Med., meist Plur. Mitesser); **Ko|me|do|nen|quet|scher** (Med. Gerät zum Entfernen von Mitessern)
Ko|met, der; -en, -en ⟨griech.⟩ (Schweifstern); **Ko|me|ten|bahn**
ko|me|ten|haft; **Ko|me|ten|schweif**
Kö|me|te|ri|on vgl. Zömeterium
Kom|fort [...'foːɐ̯], der; -s ⟨engl.⟩ (Bequemlichkeiten, Annehmlichkeiten; Ausstattung mit gewissem Luxus)
kom|for|ta|bel; ...a|b|le Sitzmöbel
Kom|fort|woh|nung (bes. österr.)
Kom|fort|zo|ne (oft leicht abwertend von Bequemlichkeit u. Risikofreiheit geprägter [privater, gesellschaftlicher] Bereich)
Ko|mik, die; - ⟨griech.⟩ (erheiternde, Lachen erregende Wirkung); **Ko|mi|ker**; **Ko|mi|ke|rin**

Kommilitone

Das Wort geht auf das lateinische *commilito* (= Mitkämpfer, Waffenbruder) zurück und wird wie dieses mit zwei *m* und nur einem *l* geschrieben.

K Komm

Ko|m|in|form, das; -s (= Kommunistisches Informationsbüro, 1947–1956)
Ko|m|in|tern, die; - (= Kommunistische Internationale, 1919–1943)
ko|misch ⟨griech.⟩ (belustigend; sonderbar, seltsam); am komischs|ten
ko|mi|scher|wei|se
Ko|mi|tat, das, auch der; -[e]s, -e ⟨lat.⟩ (früher für feierliches Geleit; Grafschaft; ehem. Verwaltungsbezirk in Ungarn)
Ko|mi|tee, das; -s, -s ⟨franz.⟩ (leitender Ausschuss)
Ko|mi|ti|en Plur. ⟨lat.⟩ (altröm. Bürgerversammlungen)
Kom|ma, das; -s, Plur. -s, auch -ta ⟨griech.⟩ (Beistrich)
Kom|ma|ba|zil|lus (Med.)
Kom|man|dant, der; -en, -en ⟨franz.⟩ (Befehlshaber einer Festung, eines Schiffes usw.; schweiz. auch svw. Kommandeur); **Kom|man|dan|tin**; **Kom|man|dan|tur**, die; -, -en ⟨lat.⟩ (Dienstgebäude eines Kommandanten; Amt des Befehlshabers

645

Kommandeur

Kom|man|deur [...'døːɐ̯], der; -s, -e ⟨franz.⟩ (Befehlshaber eines größeren Truppenteils); **Kom|man|deu|rin**
kom|man|die|ren ↑D 151: der Kommandierende General
Kom|man|die|rung
Kom|man|di|tär, der; -s, -e ⟨franz.⟩ (*schweiz. für* Kommanditist); **Kom|man|di|tä|rin**
Kom|man|di|te, die; -, -n (Zweiggeschäft, Nebenstelle; *veraltet für* Kommanditgesellschaft)
Kom|man|dit|ge|sell|schaft (eine Form der Handelsgesellschaft; *Abk.* KG); Kommanditgesellschaft auf Aktien (*Abk.* KGaA)
Kom|man|di|tist, der; -en, -en (Gesellschafter einer Kommanditgesellschaft); **Kom|man|di|tis|tin**
Kom|man|do, das; -s, *Plur.* -s, *österr. auch* ...den ⟨ital.⟩ (Befehl; *Militär* Einheit, Dienststelle; *nur Sing.:* Befehlsgewalt)
Kom|man|do|brü|cke
Kom|man|do|ge|walt
Kom|man|do|kap|sel (*Raumfahrt*)
Kom|man|do|sa|che; geheime Kommandosache
Kom|man|do|stand; **Kom|man|do|stim|me**; **Kom|man|do|ton**; **Kom|man|do|zen|t|ra|le**
Kom|mas|sa|ti|on, die; -, -en ⟨lat.⟩ (*fachspr. für* Zusammenlegung [von Grundstücken]); **kom|mas|sie|ren**; **Kom|mas|sie|rung** (*bes. österr. für* Kommassation)
Kom|ma|ta (*Plur. von* Komma)
Kom|me|mo|ra|ti|on, die; -, -en ⟨lat.⟩ (Fürbitte in der kath. Messe; *kirchl.* Gedächtnisfeier)
kom|men; du kamst, er/sie kam; du kämest; gekommen; komm[e]!; einen Arzt kommen lassen; den Gegner ==kommen lassen== *od.* kommenlassen (angreifen lassen); die Kupplung ==kommen lassen== *od.* kommenlassen (einkuppeln)
Kom|men, das; -s; wir warten auf sein Kommen; das Kommen und Gehen; im Kommen sein
kom|mend; kommende Woche
Kom|men|de, die; -, -n ⟨lat.⟩ (*früher* kirchl. Pfründe ohne Amtsverpflichtung; Komturei)
==kom|men las|sen==, **kom|men|las|sen** *vgl.* kommen
Kom|men|sa|lis|mus, der; - ⟨lat.⟩ (*Biol.* Ernährungsgemeinschaft von Tieren od. Pflanzen)
kom|men|su|ra|bel ⟨lat.⟩ (mit gleichem Maß messbar; vergleichbar); ...a|b|le Größen
Kom|men|su|ra|bi|li|tät, die; -
Kom|ment [...'mãː], der; -s, -s ⟨franz., »wie«⟩ (*Verbindungsw.* Brauch, Sitte, Regel)
Kom|men|tar, der; -s, -e ⟨lat.⟩ (Erläuterung, Auslegung; kritische Stellungnahme; *ugs. für* Bemerkung)
Kom|men|tar|funk|ti|on (auf Internetseiten); **kom|men|tar|los**
Kom|men|ta|tor, der; -s, ...oren (Verfasser eines Kommentars); **Kom|men|ta|to|rin**
kom|men|tie|ren
Kom|men|tie|rung
Kom|mers, der; -es, -e ⟨franz.⟩ (*Verbindungsw.* feierlicher Trinkabend); **Kom|mers|buch** (*stud.* Liederbuch)
Kom|merz, der; -es ⟨lat.⟩ (Handel u. Geschäftsverkehr)
Kom|merz|fern|se|hen (*meist abwertend für* Privatfernsehen)
kom|mer|zi|a|li|sie|ren (kommerziellen Interessen unterordnen)
Kom|mer|zi|a|li|sie|rung
Kom|mer|zi|al|rat *Plur.* ...räte (*österr. für* Kommerzienrat; *Abk.* KR *u.* Komm.-Rat); **Kom|mer|zi|al|rä|tin** (*Abk.* KR *u.* Komm.-Rätin)
kom|mer|zi|ell ⟨*zu* Kommerz⟩
Kom|mer|zi|en|rat *Plur.* ...räte (*früher* Titel für Großkaufleute u. Industrielle); **Kom|mer|zi|en|rä|tin**
Kom|mi|li|to|ne, der; -n, -n ⟨lat.⟩ (Studienkollege)
Kom|mi|li|to|nin
Kom|mi|li|to|n(inn)en (kurz für Kommilitoninnen u. Kommilitonen)
Kom|mis [...'miː], der; -, - ⟨franz.⟩ (*veraltet für* Handlungsgehilfe)
Kom|miss, der; -es ⟨lat.⟩ (*ugs. für* Militär[dienst]); beim Kommiss
Kom|mis|sar, der; -s, -e ([vom Staat] Beauftragter; Amtsbez., z. B. Polizeikommissar)
Kom|mis|sär, der; -s, -e ⟨franz.⟩ (*südd., schweiz. neben, österr. für* Kommissar)
Kom|mis|sa|ri|at, das; -[e]s, -e ⟨lat.⟩ (Amt[szimmer] eines Kommissars; *österr. für* Polizeidienststelle)
Kom|mis|sa|rin; **Kom|mis|sä|rin**
kom|mis|sa|risch (auftragsweise, vorübergehend); kommissarischer Leiter; kommissarische Vernehmung (*Rechtsspr.*)
Kom|miss|brot
Kom|mis|si|on, die; -, -en (Ausschuss [von Beauftragten]; *Wirtsch.* Handel für fremde Rechnung); **Kom|mis|si|o|när**, der; -s, -e ⟨franz.⟩ (Händler auf fremde Rechnung; Kommissionsbuchhändler); **Kom|mis|si|o|nä|rin**
kom|mis|si|o|nie|ren ⟨lat.⟩ (Waren zusammenstellen; *österr. für* [einen Neubau] prüfen u. zur Benutzung freigeben); **Kom|mis|si|o|nie|rer** (jmd., der berufsmäßig Waren zusammenstellt); **Kom|mis|si|o|nie|re|rin**
Kom|mis|si|o|nie|rung, die; -, -en (*Fachspr.* Prüfung von Bestellvorgängen)
Kom|mis|si|ons|buch|han|del (Zwischenbuchhandel [zwischen Verlag u. Sortiment]); **Kom|mis|si|ons|ge|schäft** (Geschäft im eigenen Namen für fremde Rechnung); **Kom|mis|si|ons|gut** (Ware, für die der Besteller ein Rückgaberecht hat); **Kom|mis|si|ons|mit|glied**; **Kom|mis|si|ons|sen|dung** (Sendung von Kommissionsgut)
==**Kom|miss|stie|fel**==, **Kom|miss-Stiefel** (*veraltend*); **Kom|miss|zeit** (*veraltend*)

Komitee

Das Wort geht auf das französische *comité* zurück und wird wie dieses nur mit einem *m* und einem *t* geschrieben.

Kom|mit|tent, der; -en, -en (Auftraggeber des Kommissionärs); **Kom|mit|ten|tin**
kom|mit|tie|ren ([einen Kommissionär] beauftragen)
kom|mod ⟨franz.⟩ (*geh. für* bequem)
Kom|mo|de, die; -, -n; **Kom|mo|den|schub|la|de**
Kom|mo|di|tät, die; -, -en (*landsch., sonst veraltet für* Bequemlichkeit)
Kom|mo|do|re, der; -s, -[s], *Plur.* -n *u.* -s ⟨engl.⟩ (Geschwaderführer; erprobter, älterer Kapitän bei großen Schifffahrtslinien)
Komm.-Rat (*österr.*) = Kommerzialrat
Komm.-Rätin (*österr.*) = Kommerzialrätin
kom|mun ⟨lat.⟩ (*veraltend für* gemeinschaftlich; gemein)

kompendiös

kom|mu|nal (die Gemeinde[n] betreffend, Gemeinde..., gemeindeeigen); kommunale Angelegenheiten; **Kom|mu|nal|ab|ga|be** *(bes. österr.);* **Kom|mu|nal|be|am|te; Kom|mu|nal|be|am|tin; Kom|mu|nal|be|hör|de**
kom|mu|na|li|sie|ren (in Gemeindebesitz od. -verwaltung überführen); **Kom|mu|na|li|sie|rung; Kom|mu|nal|kre|dit** (von Gemeinden od. Gemeindeverbänden aufgenommener ¹Kredit)
Kom|mu|nal|par|la|ment
Kom|mu|nal|po|li|tik; Kom|mu|nal|po|li|ti|ker; Kom|mu|nal|po|li|ti|ke|rin; kom|mu|nal|po|li|tisch
Kom|mu|nal|re|fe|rat (eine Abteilung der Stadtverwaltung [in München]); **Kom|mu|nal|ver|wal|tung; Kom|mu|nal|wahl**
Kom|mu|nar|de, der; -n, -n ⟨franz.⟩ (Anhänger der Pariser Kommune; Mitglied einer der frühen Wohngemeinschaften); **Kom|mu|nar|din**
Kom|mu|ne, die; -, -n (politische Gemeinde; Wohn- u. Wirtschaftsgemeinschaft; *veraltend, abwertend für* Kommunismus; *[auch* kɔˈmyːn(ə)] *nur Sing.:* Herrschaft des Pariser Gemeinderates 1789–1795 u. 1871)
Kom|mu|ni|kant, der; -en, -en ⟨lat.⟩ (Teilnehmer am Abendmahl); **Kom|mu|ni|kan|tin**
Kom|mu|ni|ka|ti|on, die; -, -en (Verständigung untereinander; Verbindung, Zusammenhang)
Kom|mu|ni|ka|ti|ons|da|ten *Plur.* **Kom|mu|ni|ka|ti|ons|fä|hig|keit**
Kom|mu|ni|ka|ti|ons|mit|tel, das
Kom|mu|ni|ka|ti|ons|stö|rung
Kom|mu|ni|ka|ti|ons|sys|tem
Kom|mu|ni|ka|ti|ons|tech|nik; kom|mu|ni|ka|ti|ons|tech|nisch
Kom|mu|ni|ka|ti|ons|tech|no|lo|gie; Kom|mu|ni|ka|ti|ons|zen|t|rum
kom|mu|ni|ka|tiv (mitteilsam; die Kommunikation betreffend)
Kom|mu|ni|ka|tor, der; -s, ...oren (jmd., der mit anderen mühelos kommuniziert); **Kom|mu|ni|ka|to|rin**
Kom|mu|ni|on, die; -, -en (kath. Kirche [Teilnahme am Abendmahl]; **Kom|mu|ni|on|bank** *Plur.* ...bänke; **Kom|mu|ni|on|kind** (Erstkommunikant[in])
Kom|mu|ni|qué [...myniˈkeː, ...muˈ...], das; -s, -s ⟨franz.⟩ (Denkschrift; [regierungs]amtliche Mitteilung)

Kom|mu|nis|mus, der; - (nach Karl Marx die auf den Sozialismus folgende, von Klassengegensätzen freie Entwicklungsstufe der Gesellschaft; politische Richtung, die sich gegen den Kapitalismus wendet)
Kom|mu|nist, der; -en, -en; **Kom|mu|nis|tin; kom|mu|nis|tisch** ↑D 89: die kommunistischen Staaten, *aber* ↑D 150: das Kommunistische Manifest
Kom|mu|ni|ta|ris|mus, der; - ⟨engl.⟩ (von den USA ausgehende politische Bewegung, die den Gemeinsinn u. soziale Tugenden in den Vordergrund stellt); **kom|mu|ni|ta|ris|tisch**
Kom|mu|ni|tät, die; -, -en ⟨lat.⟩ (ev. Bruderschaft; *veraltet für* Gemeinschaft; Gemeingut)
kom|mu|ni|zie|ren (zusammenhängen, in Verbindung stehen; miteinander sprechen, sich verständigen; mitteilen; *kath. Kirche* die Kommunion empfangen)
kom|mu|ni|zie|rend; kommunizierende (verbundene) Röhren
kom|mu|ta|bel ⟨lat.⟩ (veränderlich, vertauschbar); ...a|b|le Objekte
Kom|mu|ta|ti|on, die; -, -en (*bes. Math.* Umstellbarkeit, Vertauschbarkeit; bestimmter astronomischer Winkel)
kom|mu|ta|tiv (vertauschbar, umstellbar)
Kom|mu|ta|tor, der; -s, ...oren (*Technik* Stromwender, Kollektor); **kom|mu|tie|ren** (vertauschen; die Richtung des Stroms ändern); **Kom|mu|tie|rung**
Ko|mö|di|ant, der; -en, -en (ital.(-engl.)) (Schauspieler; *auch für* jmd., der sich verstellt); **ko|mö|di|an|ten|haft; Ko|mö|di|an|ten|tum,** das; -s; **Ko|mö|di|an|tin; ko|mö|di|an|tisch**
Ko|mö|die [...jə], die; -, -n (Lustspiel; *auch für* Vortäuschung, Verstellung)
Ko|mö|di|en|dich|ter; Ko|mö|di|en|dich|te|rin; Ko|mö|di|en|schrei|ber; Ko|mö|di|en|schrei|be|rin
Ko|mo|ren *Plur.* (Inselgruppe u. Staat im Indischen Ozean); **Ko|mo|rer; Ko|mo|re|rin; ko|mo|risch**
Komp. = Kompanie
Kom|pa|g|non [...panjõ, *auch* ...nˈjõː], der; -s, -s ⟨franz.⟩ (*Kaufmannsspr.* [Geschäfts]teilhaber, Mitinhaber)
kom|pakt ⟨franz.⟩ (gedrungen; dicht; fest); am kompaktesten

Kom|pakt|bau|wei|se
Kom|pakt|heit, die; -
Kom|pakt|ka|me|ra; Kom|pakt|klas|se (Klasse der Kompaktwagen); **Kom|pakt|schall|plat|te** (CD)
Kom|pakt|se|mi|nar (auf wenige Tage od. Stunden konzentrierte Lehr- od. Informationsveranstaltung)
Kom|pakt|wa|gen (wenig Raum beanspruchendes Auto)
Kom|pa|nie, die; -, ...ien ⟨ital. u. franz.⟩ (militärische Einheit [*Abk.* Komp., *schweiz.* Kp]; *Kaufmannsspr. veraltet für* [Handels]gesellschaft; *Abk.* Co. *od.* Co, *seltener* Cie.)
Kom|pa|nie|chef; Kom|pa|nie|che|fin; Kom|pa|nie|füh|rer; Kom|pa|nie|füh|re|rin; Kom|pa|nie|ge|schäft
kom|pa|ra|bel ⟨lat.⟩ (vergleichbar; *Sprachwiss.* steigerungsfähig; ...a|b|le Größen
Kom|pa|ra|ti|on, die; -, -en (*Sprachwiss.* Steigerung)
Kom|pa|ra|tis|tik, die; - (vergleichende Literatur- od. Sprachwissenschaft)
Kom|pa|ra|tiv, der; -s, -e (*Sprachwiss.* erste Steigerungsstufe, z. B. »schöner«); **Kom|pa|ra|tiv|satz** (*Sprachwiss.* Vergleichssatz)
Kom|pa|ra|tor, der; -s, ...oren (Gerät zum Vergleichen von Längenmaßen)
kom|pa|rie|ren (vergleichen; *Sprachwiss.* steigern)
Kom|par|se, der; -n, -n ⟨franz.⟩ (Statist, stumme Person [bei Bühne u. Film]); **Kom|par|se|rie,** die; -, ...ien (Gesamtheit der Komparsen); **Kom|par|sin**
Kom|par|ti|ment, das; -s, -e (*Biol.* von Membranen umschlossener Reaktionsraum in einer Zelle; *veraltet für* Abteilung, abgetrennter Teil eines Raumes)
Kom|pass, der; -es, -e ⟨ital.⟩ (Gerät zur Bestimmung der Himmelsrichtung); **Kom|pass|na|del; Kom|pass|ro|se**
kom|pa|ti|bel ⟨franz.(-engl.)⟩ (vereinbar, zusammenpassend, kombinierbar); ...i|b|le Geräte
Kom|pa|ti|bi|li|tät, die; -, -en
Kom|pa|t|ri|ot, der; -en, -en ⟨franz.⟩ (*veraltet für* Landsmann); **Kom|pa|t|ri|o|tin**
kom|pen|di|a|risch, kom|pen|di|ös ⟨lat.⟩ (*veraltet für* zusammengefasst; gedrängt)

K komp

Kompendium

Kom|pen|di|um, das; -s, ...ien (Abriss, kurzes Lehrbuch)
Kom|pen|sa|ti|on, die; -, -en ⟨lat.⟩ (Ausgleich, Entschädigung; *BGB* Aufrechnung)
Kom|pen|sa|ti|ons|ge|schäft
Kom|pen|sa|tor, der; -s, ...oren (Ausgleicher; Gerät zur Messung einer Spannung); **kom|pen|sa|to|risch** (ausgleichend)
kom|pen|sie|ren (gegeneinander ausgleichen; *BGB* aufrechnen)
kom|pe|tent ⟨lat.⟩ (sachverständig; zuständig); am kompetentesten; **Kom|pe|tenz**, die; -, -en (Sachverstand, Fähigkeiten; Zuständigkeit; *Sprachwiss.*, *nur Sing.* Beherrschung eines Sprachsystems)
Kom|pe|tenz|be|reich, der
Kom|pe|tenz|fra|ge
Kom|pe|tenz|ge|ran|gel (*ugs. abwertend*)
Kom|pe|tenz|kom|pe|tenz (*Rechtsspr.* Befugnis zur Bestimmung der Zuständigkeit); **Kom|pe|tenz|kon|flikt**; **Kom|pe|tenz|strei|tig|keit** *meist Plur.*
Kom|pe|tenz|team
Kom|pe|tenz|über|schrei|tung
Kom|pe|tenz|ver|lust
Kom|pe|tenz|ver|tei|lung
Kom|pe|tenz|zen|t|rum
Kom|pi|la|ti|on, die; -, -en ⟨lat.⟩ (das Zusammentragen mehrerer [wissenschaftl.] Quellen; durch Zusammentragen entstandene Schrift); **Kom|pi|la|tor**, der; -s, ...oren (Zusammenträger); **Kom|pi|la|to|rin**; **kom|pi|la|to|risch**; **kom|pi|lie|ren**
Kom|ple|ment, das; -[e]s, -e ⟨lat.⟩ (Ergänzung); **kom|ple|men|tär** ⟨franz.⟩ (ergänzend)
Kom|ple|men|tär, der; -s, -e (persönlich haftender Gesellschafter einer Kommanditgesellschaft; in der DDR Eigentümer einer privaten Firma, an der der Staat beteiligt ist)
Kom|ple|men|tär|far|be (*Optik* Ergänzungsfarbe)
Kom|ple|men|tä|rin
kom|ple|men|tie|ren (ergänzen, vervollständigen); **Kom|ple|men|tie|rung**
Kom|ple|ment|win|kel (*Math.* Ergänzungswinkel)
¹**Kom|plet** [...'ple:, *auch* kõ'ple:], das; -[s], -s (Mantel [od. Jacke] u. Kleid aus gleichem Stoff)
²**Kom|plet**, die; -, -e ⟨lat.⟩ (Abendgebet als Schluss der kath. kirchl. Tageszeiten)
kom|plett ⟨franz.⟩ (vollständig, abgeschlossen; *österr. veraltend auch für* voll besetzt); **kom|plet|tie|ren** (vervollständigen; auffüllen); **Kom|plett|lie|rung**
Kom|plett|preis (*bes. Werbespr.*)
Kom|plett|über|nah|me (*Wirtsch.*)
kom|plex ⟨lat.⟩ (umfassend; vielfältig verflochten; *Math.* aus reellen u. imaginären Zahlen zusammengesetzt)
Kom|plex, der; -es, -e (zusammengefasster Bereich; [Sach-, Gebäude]gruppe; *Psychol.* seelisch bedrückende, negative Vorstellung [in Bezug auf sich selbst])
Kom|plex|bri|ga|de (*DDR für* Arbeitsgruppe aus verschiedenen Berufen)
Kom|ple|xi|on, die; -, -en (komplexe Beschaffenheit)
Kom|ple|xi|tät, die; -
Kom|plex|ver|bin|dung (*Chemie*)
Kom|pli|ka|ti|on, die; -, -en ⟨lat.⟩ (Verwicklung; Erschwerung); **kom|pli|ka|ti|ons|los**
Kom|pli|ment, das; -[e]s, -e ⟨franz.⟩ (lobende, schmeichelnde Äußerung; *veraltet für* Gruß); **kom|pli|men|tie|ren** (geh. für mit höflichen Gesten u. Worten [ins Zimmer o. Ä.] geleiten)
Kom|pli|ze, der; -n, -n ⟨franz.⟩ (*abwertend für* Mitschuldiger; Mittäter); **kom|pli|zen|haft**; **Kom|pli|zen|schaft**
kom|pli|zie|ren ⟨lat.⟩ (verwickeln; erschweren); **kom|pli|ziert** (verwickelt, schwierig); **Kom|pli|ziert|heit**; **Kom|pli|zie|rung**
Kom|pli|zin (*abwertend*)
Kom|plott, das, *ugs. auch* der; -[e]s, -e ⟨franz.⟩ (heimlicher Anschlag, Verschwörung); **kom|plot|tie|ren** (*veraltet*)
Kom|po|nen|te, die; -, -n ⟨lat.⟩ (Bestandteil eines Ganzen)
kom|po|nie|ren (*Musik* [eine Komposition] schaffen; *geh. für* [kunstvoll] gestalten); **Kom|po|nist**, der; -en, -en; **Kom|po|nis|tin**
Kom|po|si|te, die; -, -n *meist Plur.* (*Bot.* Korbblütler)
Kom|po|si|ti|on, die; -, -en (Zusammensetzung, Aufbau u. Gestaltung eines Kunstwerkes; *Musik* das Komponieren; Tonschöpfung); **kom|po|si|ti|o|nell**; **kom|po|si|to|risch**; **Kom|po|si|tum**, das; -s, *Plur.* ...ta, *selten* ...siten (*Sprachwiss.* [Wort]zusammensetzung, z. B. »Haustür«)
Kom|post [*auch* 'kɔm...], der; -[e]s, -e ⟨franz.⟩ (natürl. Mischdünger); **Kom|post|er|de**; **Kom|post|hau|fen**
kom|pos|tier|bar; **kom|pos|tie|ren** (zu Kompost verarbeiten); **Kom|pos|tie|rung**; **Kom|pos|tie|rungs|an|la|ge**
Kom|pott, das; -[e]s, -e (gekochtes Obst); **Kom|pott|tel|ler**, **Kom|pott-Tel|ler**
kom|press ⟨lat.⟩ (*veraltet für* eng zusammengedrängt; *Druckw.* ohne Durchschuss)
Kom|pres|se, die; -, -n ⟨franz.⟩ (*Med.* feuchter Umschlag; Mullstück)
kom|pres|si|bel ⟨lat.⟩ (*Physik* zusammenpressbar; verdichtbar); ...i|b|le Flüssigkeiten; **Kom|pres|si|bi|li|tät**, die; - (*Physik* Zusammendrückbarkeit)
Kom|pres|si|on, die; -, -en (*Technik* Zusammendrückung; Verdichtung; *Skisport* flacherer Teil einer Abfahrtsstrecke)
Kom|pres|si|ons|dia|gramm (*Kfz-Technik*)
Kom|pres|si|ons|strumpf (*Med.*)
Kom|pres|si|ons|ver|band (*Med.*)
Kom|pres|sor, der; -s, ...oren (*Technik* Verdichter)
Kom|pri|mat, das; -[e]s, -e (*fachspr. für* Zusammengefasstes, -gepresstes)
kom|pri|mier|bar; **kom|pri|mie|ren** (zusammenpressen; verdichten); **kom|pri|miert**; **Kom|pri|mie|rung**
Kom|pro|miss, der, *selten* das; -es, -e ⟨lat.⟩ (Übereinkunft; Ausgleich, Zugeständnis)
Kom|pro|miss|an|ge|bot
kom|pro|miss|be|reit; **Kom|pro|miss|be|reit|schaft**
kom|pro|miss|fä|hig; **Kom|pro|miss|fä|hig|keit**
Kom|pro|miss|kan|di|dat (*Politik*); **Kom|pro|miss|kan|di|da|tin**
Kom|pro|miss|ler (*abwertend für* jmd., der allzu kompromissbereit ist); **Kom|pro|miss|le|rin**; **kom|pro|miss|le|risch** (*abwertend*)
kom|pro|miss|los; **Kom|pro|miss|lo|sig|keit**; **Kom|pro|miss|lö|sung**; **Kom|pro|miss|pa|pier** (*Jargon*); **Kom|pro|miss|ver|such**; **Kom|pro|miss|vor|schlag**
kom|pro|mit|tie|ren (bloßstellen)
Komp|ta|bi|li|tät, die; - ⟨franz.⟩

Konfettiregen

(Verantwortlichkeit, Rechenschaftspflicht)
Kom|so|mol, der; - ⟨russ.⟩ (kommunist. Jugendorganisation in der UdSSR; **Kom|so|mol|ze**, der; -n, -n (Mitglied des Komsomol); **Kom|so|mol|zin**
Kom|tess, **Kom|tes|se** [beide auch kõˈtɛs], die; -, Komtessen ⟨franz.⟩ (unverheiratete Gräfin)
Kom|tur, der; -s, -e ⟨franz.⟩ (Ordensritter; Leiter einer Komturei; **Kom|tu|rei** (Verwaltungsbezirk eines Ritterordens); **Kom|tur|kreuz** (Halskreuz eines Verdienstordens)
Ko|nak, der; -s, -e ⟨türk.⟩ (Palast, Amtsgebäude in der Türkei)
Kon|au|tor usw. vgl. Koautor usw.
Kon|cha, Con|cha, die; -, Plur. -s u. ...chen ⟨griech.⟩ (svw. Konche.) Med. muschelähnliches Organ)
Kon|che, die; -, -n ⟨franz.⟩ (Archit. Nischenwölbung; vgl. auch Conche)
kon|chie|ren vgl. **conchieren**
Kon|chi|fe|re, die; -, -n meist Plur. ⟨griech.; lat.⟩ (Zool. Weichtier mit einheitlicher Schale)
kon|chi|form (muschelförmig)
Kon|cho|i|de, die; -, -n ⟨griech.⟩ (Math. einer Muschel ähnliche Kurve vierten Grades)
Kon|chy|lie, die; -, -n meist Plur. (Zool. Schale der Weichtiere); **Kon|chy|li|o|lo|ge**, der; -n, -n; **Kon|chy|li|o|lo|gie**, die; - (Lehre von den Konchylien); **Kon|chy|li|o|lo|gin**
Kon|dem|na|ti|on, die; -, -en ⟨lat.⟩ (veraltet für Verurteilung, Verdammung; Seew. Erklärung eines Experten, dass die Reparatur eines beschädigten Schiffes nicht mehr lohnt)
Kon|den|sat, das; -[e]s, -e ⟨lat.⟩ (Niederschlag[swasser])
Kon|den|sa|ti|on, die; -, -en (Verdichtung; Verflüssigung); **Kon|den|sa|ti|ons|punkt** (Physik)
Kon|den|sa|tor, der; -s, ...oren (Gerät zum Speichern von Elektrizität od. zum Verflüssigen von Dämpfen)
kon|den|sie|ren (verdichten; verflüssigen); **Kon|den|sie|rung**
Kon|dens|milch
Kon|den|sor, der; -s, ...oren (Optik Lichtsammler, -verstärker)
Kon|dens|strei|fen
Kon|dens|trock|ner (Wäschetrockner ohne Abluft)
Kon|dens|was|ser, das; -s

Kon|dik|ti|on, die; -, -en ⟨lat.⟩ (Rechtsspr. Klage auf Rückgabe)
kon|di|tern (Konditorwaren herstellen; ugs. für eine Konditorei besuchen); ich konditere
Kon|di|ti|on, die; -, -en ⟨lat.⟩ (Bedingung; nur Sing.: körperlicher Zustand); vgl. à condition
kon|di|ti|o|nal (Sprachwiss. bedingend); **Kon|di|ti|o|nal**, der; -s, -e (Sprachwiss. Bedingungsform);
Kon|di|ti|o|na|lis|mus, der; - (eine philosophische Lehre)
Kon|di|ti|o|na|li|tät, die; -, -en meist Plur. (Wirtsch. Auflage bei Krediten od. Zahlungen in einer Staatsschuldenkrise od. der Entwicklungshilfe)
Kon|di|ti|o|nal|satz (Sprachwiss. Bedingungssatz)
kon|di|ti|o|nell
kon|di|ti|o|nie|ren (fachspr. für Werkstoffe vor der Bearbeitung an die erforderlichen Bedingungen anpassen; Psychol. einen ursprünglich neutralen Reiz mit einem reflexauslösenden koppeln); **kon|di|ti|o|niert** (beschaffen [von Waren]); **Kon|di|ti|o|nie|rung**; klassische Konditionierung (nach Pawlow)
Kon|di|ti|ons|schwä|che
Kon|di|ti|ons|trai|ner; **Kon|di|ti|ons|trai|ne|rin**; **Kon|di|ti|ons|trai|ning**
Kon|di|tor, der; -s, ...oren ⟨lat.⟩; **Kon|di|to|rei**; **Kon|di|to|rin** [auch ...'di:...]; **Kon|di|tor|meis|ter**; **Kon|di|tor|meis|te|rin**
Kon|do|lenz, die; -, -en ⟨lat.⟩ (Beileid[sbezeigung]); **Kon|do|lenz|be|such**; **Kon|do|lenz|brief**; **Kon|do|lenz|buch**
Kon|do|lenz|kar|te; **Kon|do|lenz|lis|te**; **Kon|do|lenz|schrei|ben**
kon|do|lie|ren; jmdm. kondolieren
Kon|dom, das od. der; -s, Plur. -e, selten -s ⟨engl.⟩ (Präservativ)
Kon|do|mi|nat, das od. der; -[e]s, -e ⟨lat.⟩, **Kon|do|mi|ni|um**, das; -s, ...ien (Herrschaft mehrerer Staaten über dasselbe Gebiet; auch dieses Gebiet selbst)
Kon|dor, der; -s, -e ⟨indian.⟩ (sehr großer südamerik. Geier)
Kon|dot|ti|e|re, der; -s, ...ri ⟨ital.⟩ (ital. Söldnerführer im 14. u. 15. Jh.)
Kon|du|i|te [auch kõˈdyiːt], die; - ⟨franz.⟩ (veraltet für Führung)
Kon|dukt, der; -[e]s, -e ⟨lat.⟩ (veraltend für Geleit, Leichenzug)
Kon|duk|teur [...tøːɐ̯ˌkon...], der; -s, -e ⟨franz.⟩ (schweiz., sonst

veraltet für Schaffner); **Kon|duk|teu|rin** [...tøː...]
Kon|duk|tor, der; -s, ...oren ⟨lat.⟩ ([elektr.] Leiter; Med. Überträger einer Erbkrankheit); **Kon|duk|to|rin**
Kon|du|ran|go, der; -s, -s ⟨indian.⟩ (südamerik. Kletterstrauch, dessen Rinde ein Magenmittel liefert); **Kon|du|ran|go|rin|de**
Kon|dy|lom, das; -s, -e ⟨griech.⟩ (Med. Feigwarze)
Ko|nen (Plur. von Konus)
Kon|fekt, das; -[e]s, -e ⟨lat.⟩ (Pralinen; südd., schweiz., österr. auch für Teegebäck)
Kon|fek|ti|on, die; -, -en Plur. selten ⟨franz.⟩ (industrielle Anfertigung von Kleidung; industriell angefertigte Kleidung; Bekleidungsindustrie); **Kon|fek|ti|o|när**, der; -s, -e (Hersteller von Fertigkleidung; Unternehmer, Angestellter in der Konfektion); **Kon|fek|ti|o|nä|rin**
kon|fek|ti|o|nie|ren (fabrikmäßig herstellen); **Kon|fek|ti|o|nie|rung**
Kon|fek|ti|ons|an|zug
Kon|fek|ti|ons|ge|schäft
Kon|fek|ti|ons|grö|ße
Kon|fe|renz, die; -, -en ⟨lat.⟩ (Besprechung; Zusammenkunft von Experten)
Kon|fe|renz|be|schluss
Kon|fe|renz|raum; **Kon|fe|renz|saal**; **Kon|fe|renz|schal|tung** (Fernmeldet.); **Kon|fe|renz|sen|dung** (Rundfunk, Fernsehen)
Kon|fe|renz|teil|neh|mer; **Kon|fe|renz|teil|neh|me|rin**
Kon|fe|renz|te|le|fon (Telefonapparat für mehrere um einen Tisch versammelte Gesprächsteilnehmer [bei Telefonkonferenzen])
Kon|fe|renz|tisch; **Kon|fe|renz|zen|trum**; **Kon|fe|renz|zim|mer**
kon|fe|rie|ren ⟨franz.⟩ (eine Konferenz abhalten; als Conférencier sprechen)
Kon|fes|si|on, die; -, -en ⟨lat.⟩ ([Glaubens]bekenntnis; [christl.] Bekenntnisgruppe)
Kon|fes|si|o|na|lis|mus, der; - ([übermäßige] Betonung der eigenen Konfession)
kon|fes|si|o|nell (zu einer Konfession gehörend)
kon|fes|si|ons|los; **Kon|fes|si|ons|lo|sig|keit**, die; -
Kon|fes|si|ons|schu|le
Kon|fet|ti, das; -[s] ⟨ital.⟩ (bunte Papierblättchen); **Kon|fet|ti|pa|ra|de**; **Kon|fet|ti|re|gen**

K
Konf

649

Konfi

¹Kon|fi, der; -s, -s *u.* die; -, -s *(ugs. für Konfirmand[in])*
²Kon|fi, die; -, -s *(ugs. für Konfirmation)*
Kon|fi|dent, der; -en, -en *(franz.)* *(veraltet für Vertrauter, Busenfreund; österr. für [Polizei]spitzel)*; Kon|fi|den|tin
Kon|fi|gu|ra|ti|on, die; -, -en ⟨lat.⟩ *(Astron., Astrol.* bestimmte Stellung der Planeten; *Med.* Verformung; *Chemie* räumliche Anordnung der Atome eines Moleküls; *Kunst* Gestaltung; *EDV* Zusammenstellung eines Systems); Kon|fi|gu|ra|tor, der; -s, ...oren *(EDV* Website eines Herstellers, auf der der Kunde die Ausstattung eines Produkts, z. B. eines Autos, nach eigenem Wunsch zusammenstellen kann); kon|fi|gu|rier|bar *(EDV)*; kon|fi|gu|rie|ren *(EDV)*
Kon|fir|mand, der; -en, -en ⟨lat.⟩
Kon|fir|man|den|stun|de; Kon|fir|man|den|un|ter|richt
Kon|fir|man|din
Kon|fir|ma|ti|on, die; -, -en *(Aufnahme jugendl. ev. Christen in die Erwachsenengemeinde;* goldene Konfirmation)
Kon|fir|ma|ti|ons|an|zug
Kon|fir|ma|ti|ons|ge|schenk
Kon|fir|ma|ti|ons|spruch
kon|fir|mie|ren
Kon|fi|se|rie [*auch* kõ...] *vgl.* Confiserie; Kon|fi|seur […ˈzøːɐ̯] *vgl.* Confiseur; Kon|fi|seu|rin *vgl.* Confiseurin
Kon|fis|ka|ti|on, die; -, -en ⟨lat.⟩ *([entschädigungslose] Enteignung; Beschlagnahmung)*
kon|fis|zie|ren *(beschlagnahmen)*
kon|fi|tent, der; -en, -en ⟨lat.⟩ *(veraltet für Beichtender)*; Kon|fi|ten|tin
Kon|fi|tü|re, die; -, -n ⟨franz.⟩ *(Marmelade mit Früchten od. Fruchtstücken)*
kon|fli|gie|ren ⟨lat.⟩ *(in Konflikt geraten)*
Kon|flikt, der; -[e]s, -e ⟨lat.⟩ *»Zusammenstoß«) (Zwiespalt, [Wider]streit)*
kon|flikt|be|haf|tet
Kon|flikt|be|ra|ter; Kon|flikt|be|ra|te|rin; Kon|flikt|be|ra|tung
Kon|flikt|be|reit; Kon|flikt|be|reit|schaft; Kon|flikt|be|wäl|ti|gung *(bes. Psychol.)*
kon|flikt|fä|hig; Kon|flikt|fä|hig|keit
Kon|flikt|fall
Kon|flikt|feld *(Spannungsfeld)*

Kon|flikt|fol|ge|zeit *(Fachspr.* Zeit nach einem bewaffneten Konflikt; Nachkriegszeit)
Kon|flikt|for|schung
Kon|flikt|frei
Kon|flikt|herd; Kon|flikt|kom|mis|si|on *(DDR* außergerichtl. Schiedskommission); Kon|flikt|li|nie
kon|flikt|los
Kon|flikt|lö|sung; Kon|flikt|ma|nage|ment, das; -; Kon|flikt|par|tei; Kon|flikt|po|ten|zi|al, Kon|flikt|po|ten|ti|al; Kon|flikt|punkt
kon|flikt|scheu
Kon|flikt|si|tu|a|ti|on
Kon|flikt|stoff
kon|flikt|träch|tig
Kon|flu|enz, die; -, -en ⟨lat.⟩ *(Geol.* Zusammenfluss zweier Gletscher)
Kon|fö|de|ra|ti|on, die; -, -en ⟨lat.⟩ *»Bündnis«) ([Staaten]bund)*;
kon|fö|de|rie|ren, sich *(sich verbünden)*; Kon|fö|de|rier|te, der *u.* die; -n, -n
kon|fo|kal ⟨lat.⟩ *(Optik* mit gleichen Brennpunkten); konfokale Kegelschnitte
kon|form ⟨lat.⟩ *(einig, übereinstimmend)*; konform sein *(übereinstimmen)*
kon|form ge|hen, kon|form|ge|hen *(übereinstimmen)*
Kon|for|mis|mus, der; - *(abwertend für [Geistes]haltung, die [stets] um Anpassung bemüht ist)*
Kon|for|mist, der; -en, -en *(Anhänger der anglikan. Kirche; Vertreter des Konformismus)*; Kon|for|mis|tin; kon|for|mis|tisch
Kon|for|mi|tät, die; - *(Übereinstimmung)*
Kon|fra|ter ⟨lat., »Mitbruder«⟩ *([kath.] Amtsbruder)*; Kon|fra|ter|ni|tät, die; -, -en *(veraltet für* Bruderschaft kath. Geistlicher)
Kon|fron|ta|ti|on, die; -, -en ⟨lat.⟩ *(Gegenüberstellung; Auseinandersetzung)*; Kon|fron|ta|ti|ons|kurs; kon|fron|ta|tiv
kon|fron|tie|ren; mit jmdm., mit etwas konfrontiert werden; Kon|fron|tie|rung
kon|fus ⟨lat.⟩ *(verwirrt, verworren)*; am konfusesten; Kon|fu|si|on, die; -, -en *(Verwirrung, Durcheinander; BGB* Vereinigung von Forderung u. Schuld in einer Person)
Kon|fu|tse, Kon|fu|zi|us *(chin. Philosoph)*
kon|fu|zi|a|nisch; konfuzianische Aussprüche (von Konfuzius)

konfuzianische Philosophie (nach Art des Konfuzius) ↑D 89 u. 135
Kon|fu|zi|a|nis|mus, der; - *(sich auf die Lehre von Konfuzius beruhende Geisteshaltung)*
kon|fu|zi|a|nis|tisch *(den Konfuzianismus betreffend)*
Kon|fu|zi|us *vgl.* Konfutse
Kon|ga *vgl.* Conga
kon|ge|ni|al *[auch* ˈkɔ…] ⟨lat.⟩ *(geistesverwandt; geistig ebenbürtig)*; Kon|ge|ni|a|li|tät *[auch* ˈkɔ…], die; -
kon|ge|ni|tal ⟨lat.⟩ *(Med.* angeboren)
Kon|ges|ti|on, die; -, -en ⟨lat.⟩ *(Med.* Blutandrang); kon|ges|tiv *(Blutandrang erzeugend)*
Kon|glo|me|rat, das; -[e]s, -e ⟨lat.⟩ *(Zusammenballung, Gemisch; Geol.* Sedimentgestein)
¹Kon|go, der; -[s] *(Strom in Mittelafrika)*
²Kon|go, -s, *auch mit Artikel* der; -[s] *(Staat in Mittelafrika)*
³Kon|go; Demokratische Republik Kongo (Staat in Mittelafrika; *früher* Zaire)
Kon|go|be|cken, das; -s
Kon|go|le|se, der; -n, -n; Kon|go|le|sin; kon|go|le|sisch
kon|go|rot, Kon|go|rot, das; -[s] *(ein Farbstoff)*
Kon|gre|ga|ti|on, die; -, -en ⟨lat.⟩ *([kath.] Vereinigung)*
Kon|gre|ga|ti|o|na|list, der; -en, -en *(engl.) (Angehöriger einer engl.-nordamerik. Freikirche)*; Kon|gre|ga|ti|o|na|lis|tin
Kon|gre|ga|ti|o|nist, der; -en, -en ⟨lat.⟩ *(Angehöriger einer Kongregation)*; Kon|gre|ga|ti|o|nis|tin
Kon|gress, der; -es, -e ⟨lat.⟩ *([größere] fachl. od. polit. Versammlung; nur Sing.:* Parlament in den USA); Kon|gress|hal|le
Kon|gress|saal, Kon|gress-Saal
Kon|gress|stadt, Kon|gress-Stadt
Kon|gress|teil|neh|mer; Kon|gress|teil|neh|me|rin
Kon|gress|zen|t|rum
kon|gru|ent ⟨lat.⟩ *(übereinstimmend; Math.* deckungsgleich)
Kon|gru|enz, die; -, -en *Plur. selten (Übereinstimmung; Math.* Deckungsgleichheit)
Kon|gru|enz|satz *(Geom.)*
kon|gru|ie|ren
Ko|ni|die, die; -, -n *meist Plur.* ⟨griech.⟩ *(Bot.* Pilzspore)
K.-o.-Nie|der|la|ge ↑D 26 *(Boxen*

Niederlage durch K. o.); *vgl. auch* Knock-out-Schlag
Ko|ni|fe|re, die; -, -n *meist Plur.* ⟨lat.⟩ (*Bot.* Zapfen tragendes Nadelholzgewächs)
Kö|nig [...nɪç], der; -s, -e

König

In den Singularformen (*der König, des Königs, dem König, den König*) wird das *g* in der Standardsprache wie das *ch* in »ich« ausgesprochen. Das gilt nicht in den anderen Beugungsformen und bei den Wörtern »königlich« und »Königreich«.

Kö|ni|gin; Kö|ni|gin|mut|ter *Plur.* ...mütter; **Kö|ni|gin|pas|te|te; Kö|ni|gin|wit|we**
kö|nig|lich [...nɪklɪç] (*Abk.* kgl.); ↑D 89: das königliche Spiel (Schach); *im Titel* ↑D 151: Königlich (*Abk.* Kgl.); Königliche Hoheit (Anrede eines Fürsten od. Prinzen); *vgl.* kaiserlich
Kö|nig|reich [...nɪk...]
Kö|nigs|ad|ler [...nɪçs...] (*svw.* Steinadler)
Kö|nigs|berg (*russ.* Kaliningrad); **Kö|nigs|ber|ger;** Königsberger Klopse (ein Fleischgericht); **Kö|nigs|ber|ge|rin**
kö|nigs|blau; Kö|nigs|blau, das; -[s]
Kö|nigs|burg; Kö|nigs|dis|zi|p|lin (anspruchsvollste Disziplin); **Kö|nigs|farn**
Kö|nigs|haus; Kö|nigs|hof
Kö|nigs|ker|ze (eine Heil- u. Zierpflanze)
Kö|nigs|kind
Kö|nigs|klas|se (*Sport* höchste Klasse)
Kö|nigs|kro|ne
Kö|nigs|ku|chen
Kö|nigs|ma|cher (*Jargon* jmd., der anderen zur Macht verhelfen kann); **Kö|nigs|ma|che|rin**
Kö|nigs|paar; Kö|nigs|pa|last
Kö|nigs|pal|me
Kö|nigs|schloss
Kö|nigs|see, der; -s (in Bayern)
Kö|nigs|sohn
Kö|nigs|spiel (Schach)
Kö|nigs|stuhl, der; -[e]s (Kreidefelsen auf Rügen)
Kö|nig|stein, der; -s (Tafelberg im Elbsandsteingebirge); die Festung Königstein
Kö|nigs|thron
Kö|nigs|ti|ger
Kö|nigs|toch|ter
kö|nigs|treu
Kö|nigs|stuhl, der; -[e]s (Berg bei Heidelberg)
Kö|nigs|was|ser, das; -s (*Chemie*)
Kö|nigs|weg (bester, idealer Weg)
Kö|nigs Wus|ter|hau|sen (Stadt südöstl. Berlins); **Kö|nigs Wus|ter|hau|se|ner, Kö|nigs-Wus|ter|hau|se|ner** ↑D 145, **Kö|nigs Wus|ter|hau|se|ne|rin**, **Kö|nigs-Wus|ter|hau|se|ne|rin**
Kö|nig|tum
Ko|ni|in, das; -s ⟨griech.⟩ (*Biol., Chemie* ein giftiges Alkaloid)
ko|nisch ⟨griech.⟩ (kegelförmig); konische Spirale
Konj. = Konjunktiv
Kon|jek|tur, die; -, -en ⟨lat.⟩ (*Textkritik* verbessernder Eingriff in einen nicht einwandfrei überlieferten Text); **kon|jek|tu|ral; kon|ji|zie|ren** (Konjekturen machen)
Kon|ju|ga|ti|on, die; -, -en (*Sprachwiss.* Beugung des Verbs); **Kon|ju|ga|ti|ons|en|dung**
kon|ju|gier|bar (beugungsfähig)
kon|ju|gie|ren ([Verben] beugen)
kon|jun|gie|ren (*veraltet für* verbinden)
Kon|junk|ti|on, die; -, -en (*Sprachwiss.* Bindewort, z. B. »und«, »weil«; *Astron.* Stellung zweier Gestirne im gleichen Längengrad); **Kon|junk|ti|o|nal|ad|verb; Kon|junk|ti|o|nal|satz** (*Sprachwiss.* von einer Konjunktion eingeleiteter Nebensatz)
Kon|junk|tiv, der; -s, -e (*Sprachwiss.* Möglichkeitsform; *Abk.* Konj.)
Kon|junk|ti|va, die; -, ...vä (*Med.* Bindehaut [des Auges])
kon|junk|ti|visch (*Sprachwiss.* den Konjunktiv betreffend, auf ihn bezüglich)
Kon|junk|ti|vi|tis, die; -, ...itiden (*Med.* Bindehautentzündung [des Auges])
Kon|junk|tiv|satz (*Sprachwiss.*)
Kon|junk|tur, die; -, -en (wirtschaftl. Gesamtlage von bestimmten Entwicklungstendenz; wirtschaftl. Aufschwung)
kon|junk|tur|ab|hän|gig
Kon|junk|tur|auf|schwung; Kon|junk|tur|aus|sicht *meist Plur.*
Kon|junk|tur|ba|ro|me|ter (*Wirtsch.*)
Kon|junk|tur|be|dingt
Kon|junk|tur|be|le|bung
Kon|junk|tur|be|richt; Kon|junk|tur|da|ten *Plur.*
kon|junk|tu|rell (der Konjunktur gemäß)
Kon|junk|tur|ent|wick|lung; Kon|junk|tur|er|ho|lung
Kon|junk|tur|flau|te; Kon|junk|tur|for|schung; Kon|junk|tur|hil|fe; Kon|junk|tur|kri|se; Kon|junk|tur|la|ge; Kon|junk|tur|maß|nah|me; Kon|junk|tur|pa|ket (*Politik*)
Kon|junk|tur|po|li|tik; kon|junk|tur|po|li|tisch
Kon|junk|tur|pro|g|no|se; Konjunk|tur|pro|gramm; Kon|junk|tur|rit|ter (*abwertend*); **Kon|junk|tur|schwä|che; Kon|junk|tur|schwan|kung; kon|junk|tur|sen|si|bel; Kon|junk|tur|sprit|ze** (*ugs. für* Maßnahme zur Konjunkturbelebung)
Kon|junk|tur|tief; Kon|junk|tur|zu|schlag; Kon|junk|tur|zy|k|lus
kon|kav ⟨lat.⟩ (*Optik* hohl, vertieft, nach innen gewölbt)
Kon|kav|glas *Plur.* ...gläser
Kon|ka|vi|tät, die; - (konkaver Zustand)
Kon|kav|spie|gel
Kon|kla|ve, das; -s, -n ⟨lat.⟩ (Versammlung[sort] der Kardinäle zur Papstwahl)
kon|klu|dent ⟨lat.⟩ (schlüssig); konkludentes Verhalten (*Rechtsspr.*); **kon|klu|die|ren** (*Philos.* folgern); **Kon|klu|si|on**, die; -, -en (Schluss[folgerung]); **kon|klu|siv** (schlussfolgernd)
kon|kor|dant ⟨lat.⟩ (übereinstimmend)
Kon|kor|danz, die; -, -en (*Biol., auch schweiz. für* Übereinstimmung; *Buchw.* alphabet. Verzeichnis der in einem Buch vorkommenden Wörter u. Begriffe [bes. als Bibelkonkordanz]; *Druckw.* typogr. Maßeinheit; *Geol.* gleichlaufende Lagerung mehrerer Gesteinsschichten; *schweiz. auch für* Mehrparteienregierung); 5 Konkordanz (*Druckw.*)
Kon|kor|danz|de|mo|kra|tie (*schweiz.*)
Kon|kor|dat, das; -[e]s, -e (Vertrag zwischen Staat u. kath. Kirche; *schweiz. für* Vertrag zwischen Kantonen)
Kon|kor|dia, die; - (Name von Vereinen usw.)
Kon|kor|di|en|for|mel, die; - (letzte lutherische Bekenntnisschrift von 1577)
Kon|kre|ment, das; -[e]s, -e ⟨lat.⟩ (*Med.* krankhaftes festes

konkret

Gebilde, das in Körperflüssigkeiten u. -hohlräumen entsteht)
kon|kret ⟨lat.⟩ (gegenständlich, anschaubar, greifbar); *vgl.* in concreto; konkrete Malerei; konkrete Musik
Kon|kre|ti|on, die; -, -en ⟨Geol.⟩ mineralischer Körper in Gesteinen)
kon|kre|ti|sie|ren (verdeutlichen; [im Einzelnen] ausführen); **Kon|kre|ti|sie|rung**
Kon|kre|tum, das; -s, ...ta ⟨Sprachwiss.⟩ Substantiv, das etwas Gegenständliches benennt, z. B. »Tisch«)
Kon|ku|bi|nat, das; -[e]s, -e ⟨lat.⟩ (Rechtsspr. eheähnliche Gemeinschaft ohne Eheschließung); **Kon|ku|bi|ne,** die; -, -n (*veraltet für* im Konkubinat lebende Frau; *veraltet abwertend für* Geliebte)
Kon|ku|pis|zenz, die; - ⟨lat.⟩ (*Philos., Theol.* sinnl. Begierde)
Kon|kur|rent, der; -en, -en ⟨lat.⟩ (Mitbewerber, [geschäftl.] Rivale); **Kon|kur|ren|tin**
Kon|kur|renz, die; -, -en (Wettbewerb; Zusammentreffen zweier Tatbestände od. Möglichkeiten; *nur Sing.*: Konkurrent, Gesamtheit der Konkurrenten)
Kon|kur|renz|be|trieb; Kon|kur|renz|druck, der; -[e]s
kon|kur|renz|fä|hig; Kon|kur|renz|fä|hig|keit *Plur. selten*
kon|kur|ren|zie|ren (*österr., schweiz. für* jmdm. Konkurrenz machen); jmdn. konkurrenzieren; **Kon|kur|ren|zie|rung** (*südd., österr., schweiz.*)
Kon|kur|renz|kampf
Kon|kur|renz|klau|sel (*Rechtsspr., Wirtsch.* vertraglich vereinbartes Wettbewerbsverbot)
kon|kur|renz|los
Kon|kur|renz|neid
kon|kur|renz|un|ter|neh|men
kon|kur|rie|ren (wetteifern; miteinander in Wettbewerb stehen; zusammentreffen [von mehreren strafrechtl. Tatbeständen])
Kon|kurs, der; -es, -e (*früher für* Insolvenz, Zahlungsunfähigkeit); in Konkurs gehen
Kon|kurs|er|öff|nung
Kon|kur|sit, der; -en, -en (*schweiz. für* Schuldner in einem Konkurs); **Kon|kur|si|tin**
Kon|kurs|mas|se; Kon|kurs|ver|fah|ren

Kon|kurs|ver|wal|ter; Kon|kurs|ver|wal|te|rin
Kon|nek|ti|vi|tät, die; -, -en *Plur. selten* ⟨lat.-engl.⟩ (*EDV* Fähigkeit von Computern, auf Netzwerke zuzugreifen)

kön|nen
– du kannst; du konntest; du könntest

Partizipbildung
a) *bei* »können« *als Vollverb:*
– er hat seine Aufgaben nicht gekonnt

b) *bei* »können« *als Modalverb:*
– ich habe das nicht glauben können

Kön|nen, das; -s
Kön|ner; Kön|ne|rin; Kön|ner|schaft, die; -
Kon|ne|ta|bel, der; -s, -s ⟨franz.⟩ (franz. Kronfeldherr [bis ins 17. Jh.])
Kon|nex, der; -es, -e ⟨lat.⟩ (Zusammenhang, Verbindung; persönlicher Kontakt)
Kon|ne|xi|on, die; -, -en *meist Plur.* (*selten für* [vorteilhafte] Beziehung)
Kon|ne|xi|täts|prin|zip (*Rechtswiss.* Verpflichtung einer staatlichen Ebene, für finanziellen Ausgleich zu sorgen, wenn sie Aufgaben an eine andere Ebene überträgt)
kon|ni|vent ⟨lat.⟩ (*veraltet für* nachsichtig); **Kon|ni|venz,** die; -, -en (Nachsicht)
Kon|nos|se|ment, das; -[e]s, -e ⟨ital.⟩ (*Seew.* Frachtbrief)
Kon|no|ta|ti|on, die; -, -en ⟨lat.⟩ (*Sprachwiss.* mit einem Wort verbundene zusätzliche Vorstellung, z. B. »Nacht« bei »Mond«)
kon|no|ta|tiv; kon|no|tie|ren (eine Konnotation hervorrufen)
könn|te *vgl.* können
Kon|nu|bi|um, das; -s, ...ien ⟨lat.⟩ (*Rechtsspr. veraltet für* Ehe[gemeinschaft])
Ko|no|id, das; -[e]s, -e ⟨griech.⟩ (*Geom.* kegelähnlicher Körper)
Kon|quis|ta|dor [...k(v)ɪ...], der; -en, -en ⟨span.⟩ (span. Eroberer von Mittel- u. Südamerika im 16. Jh.)
Kon|rad (m. Vorn.)
Kon|rek|tor, der; -s, ...oren ⟨lat.⟩ (Vertreter des Rektors einer Schule); **Kon|rek|to|rin**
Kon|se|k|ra|ti|on, die; -, -en ⟨lat.⟩

(liturg. Weihe einer Person od. Sache; Verwandlung von Brot u. Wein beim Abendmahl)
kon|se|k|rie|ren
kon|se|ku|tiv [*auch* 'kɔn...] ⟨lat.⟩ (die Folge bezeichnend); **Kon|se|ku|tiv|satz** (*Sprachwiss.* Umstandssatz der Folge)
Kon|sens, der; -es, -e ⟨lat.⟩ (Meinungsübereinstimmung; *veraltend für* Genehmigung); **kon|sens|fä|hig; Kon|sen|sus,** der; -, - [...zu:s] (*svw.* Konsens)
kon|sen|tie|ren (*veraltet für* einwilligen, genehmigen)
kon|se|quent ⟨lat.⟩ (folgerichtig; beharrlich, zielbewusst); **kon|se|quen|ter|wei|se; Kon|se|quenz,** die; -, -en (Folgerichtigkeit; Beharrlichkeit; Folge[rung])
Kon|ser|va|tis|mus *vgl.* Konservativismus
kon|ser|va|tiv [*auch* 'kɔ...] (am Hergebrachten festhaltend; polit. dem Konservativismus zugehörend); am konservativsten; eine konservative Partei; *aber* ↑ D 150: die Konservative Partei (in England); **Kon|ser|va|ti|ve,** der *u.* die; -n, -n
Kon|ser|va|ti|vis|mus, der; - (am Überlieferten orientierte Einstellung; auf Erhalt der bestehenden Ordnung gerichtete Haltung)
Kon|ser|va|ti|vi|tät, die; -
Kon|ser|va|tor, der; -s, ...oren (für die Instandhaltung von Kunstdenkmälern verantwortl. Beamter); **Kon|ser|va|to|rin; Kon|ser|va|to|risch** (pfleglich; das Konservatorium betreffend); konservatorisch gebildet (auf einem Konservatorium ausgebildet)
Kon|ser|va|to|rist, der; -en, -en (Schüler eines Konservatoriums); **Kon|ser|va|to|ris|tin**
Kon|ser|va|to|ri|um, das; -s, ...ien ⟨ital.⟩ (Musik[hoch]schule)
Kon|ser|ve, die; -, -n ⟨mlat.⟩ (haltbar gemachtes Lebensmittel; Konservenbüchse, -glas mit Inhalt; *ugs. für* auf Tonband, Film usw. Festgehaltenes; *kurz für* Blutkonserve)
Kon|ser|ven|büch|se; Kon|ser|ven|do|se; Kon|ser|ven|fa|b|rik; Kon|ser|ven|öff|ner
kon|ser|ven|ver|gif|tung (*Med.*)
kon|ser|vie|ren ⟨lat.⟩ (einmachen; haltbar machen; beibehalten)
Kon|ser|vie|rung; Kon|ser|vie|rungs|mit|tel, das

Konsubstantiation

Kon|si|g|nant, der; -en, -en ⟨lat.⟩ (*Wirtsch.* Versender von Konsignationsgut); **Kon|si|g|nan|tin**; **Kon|si|g|na|tar**, **Kon|si|g|na|tär**, der; -s, -e (Empfänger von Konsignationsgut); **Kon|si|g|na|ta|rin**, **Kon|si|g|na|tä|rin**

Kon|si|g|na|ti|on, die; -, -en (Kommissionsgeschäft); **Kon|si|g|na|ti|ons|gut**; **kon|si|g|nie|ren** (Waren zum Verkauf übersenden)

Kon|sil, das; -s, -e (*bes. Med. für* Konsilium)

Kon|si|li|ar|arzt (*Med.* beratend hinzugezogener zweiter Arzt); **Kon|si|li|ar|ärz|tin**

kon|si|li|a|risch (beratend)

Kon|si|li|um, das; -s, ...ien (Beratung; beratende Versammlung); *vgl.* Consilium Abeundi

kon|sis|tent ⟨lat.⟩ (fest, zäh zusammenhaltend; dickflüssig); **Kon|sis|tenz**, die; -

Kon|sis|to|ri|al|rat *Plur.* ...räte (ev. Titel); **Kon|sis|to|ri|al|rä|tin**

Kon|sis|to|ri|um, das; -s, ...ien ⟨lat.⟩ (außerordentl. Versammlung der Kardinäle unter dem Vorsitz des Papstes; oberste Verwaltungsbehörde in ev. Landeskirchen)

kon|skri|bie|ren ⟨lat.⟩ (*früher für* zum Heeres-, Kriegsdienst ausheben); **Kon|skri|bier|te**, der; -n, -n; **Kon|skrip|ti|on**, die; -, -en

Kon|so|le, die; -, -n ⟨franz.⟩ (Wandbrett; *Bauw.* herausragender Mauerteil; *EDV* Gerät für elektronische Spiele mit eigenem Bildschirm od. Anschlussmöglichkeit an ein Fernsehgerät)

Kon|so|li|da|ti|on, die; -, -en ⟨lat.(-franz.)⟩ (Vereinigung mehrerer Staatsanleihen zu einer einheitlichen Anleihe; Umwandlung kurzfristiger Staatsschulden in Anleihen)

kon|so|li|die|ren (in seinem Bestand sichern, festigen); **Kon|so|li|die|rung**; **Kon|so|li|die|rungs|kurs** (*Politik*); **Kon|so|li|die|rungs|pha|se**

Kon|sol|tisch

Kon|som|mee [kõ...] *vgl.* Consommé

kon|so|nant ⟨lat.⟩ (*Musik* harmonisch, zusammenklingend)

Kon|so|nant, der; -en, -en (*Sprachwiss.* Mitlaut, z. B. p, t, k); **Kon|so|nan|ten|häu|fung**; **Kon|so|nan|ten|schwund**; **kon|so|nan|tisch** (Konsonanten betreffend)

Kon|so|nanz, die; -, -en (*Musik* harmonischer Gleichklang; *Sprachwiss.* Anhäufung von Mitlauten, Mitlautfolge)

Kon|sor|te, der; -n, -n ⟨lat., »Genosse«⟩ (*Wirtsch.* Mitglied eines Konsortiums; *nur Plur.:* abwertend für Mittäter); **Kon|sor|ti|al|füh|rung**; **Kon|sor|tin**; **Kon|sor|ti|um**, das; -s, ...ien (Genossenschaft; vorübergehende Vereinigung von Unternehmen, bes. von Banken, für größere Finanzierungsaufgaben)

Kon|s|pekt, der; -[e]s, -e ⟨lat.⟩ (Zusammenfassung, Inhaltsübersicht); **kon|s|pek|tie|ren** (einen Konspekt anfertigen)

Kon|s|pi|ra|ti|on, die; -, -en ⟨lat.⟩ (Verschwörung); **kon|s|pi|ra|tiv** (verschwörerisch); **kon|s|pi|rie|ren** (sich verschwören)

¹Kon|s|ta|b|ler, der; -s, - ⟨lat.⟩ (*früher für* Geschützmeister usw. [auf Kriegsschiffen])

²Kon|s|ta|b|ler, der; -s, - ⟨engl.⟩ (*veraltet für* Polizist)

kon|s|tant ⟨lat.⟩ (unveränderlich; ständig gleichbleibend); **Kon|s|tan|te**, die; -[n], *Plur.* -n, *ohne Artikel fachspr. auch* - (eine mathematische Größe, deren Wert sich nicht ändert; *Ggs.* Veränderliche, Variable); zwei Konstante[n]

Kon|s|tan|tin [*österr. nur so, auch* ...'ti:n] (m. Vorn.); Konstantin der Große (röm. Kaiser); **kon|s|tan|ti|nisch**; *aber* ↑D 89: die Konstantinische Schenkung

Kon|s|tan|ti|no|pel (*früherer Name für* Istanbul); **Kon|s|tan|ti|no|pe|ler**, **Kon|s|tan|ti|no|po|li|ta|ner**; **Kon|s|tan|ti|no|pe|le|rin**, **Kon|s|tan|ti|no|po|li|ta|ne|rin**

¹Kon|s|tanz, die; - ⟨lat.⟩ (Beharrlichkeit; Stetigkeit)

²Kon|s|tanz (Stadt am Bodensee)

Kon|s|tan|ze (w. Vorn.)

kon|s|ta|tie|ren ⟨franz.⟩ (feststellen); **Kon|s|ta|tie|rung**

Kon|s|tel|la|ti|on, die; -, -en ⟨lat.⟩ (Zusammentreffen von Umständen; Lage; *Astron.* Stellung der Gestirne zueinander)

Kon|s|ter|na|ti|on, die; -, -en ⟨lat.⟩ (Bestürzung); **kon|s|ter|nie|ren** (verblüffen, verwirren); jmdn. konsternieren; **kon|s|ter|niert**

Kon|s|ti|pa|ti|on, die; -, -en ⟨lat.⟩ (*Med.* Verstopfung)

Kon|s|ti|tu|an|te *vgl.* Constituante

Kon|s|ti|tu|en|te, die; -, -n ⟨lat.⟩ (*Sprachwiss.* sprachl. Bestandteil eines größeren Ganzen)

kon|s|ti|tu|ie|ren ⟨lat.(-franz.)⟩ (einsetzen, festsetzen, gründen); sich konstituieren (zusammentreten [zur Beschlussfassung]); konstituierende Versammlung; **Kon|s|ti|tu|ie|rung**

Kon|s|ti|tu|ti|on, die; -, -en (allgemeine, bes. körperliche Verfassung; *Med.* Körperbau; *Politik* Verfassung, Satzung)

Kon|s|ti|tu|ti|o|na|lis|mus, der; - (Staatsform auf dem Boden einer Verfassung); **kon|s|ti|tu|ti|o|nell** ⟨franz.⟩ (verfassungsmäßig; *Med.* auf die Körperbeschaffenheit bezüglich; anlagebedingt); konstitutionelle Monarchie

Kon|s|ti|tu|ti|ons|typ

kon|s|ti|tu|tiv ⟨lat.⟩ (das Wesen einer Sache bestimmend)

Kon|s|t|rik|ti|on, die; -, -en ⟨lat.⟩ (*Med.* Zusammenziehung [eines Muskels]; *Biol.* Einschnürung, Verengung); **Kon|s|t|rik|tor**, der; -s, ...oren (*Med.* Schließmuskel); **kon|s|t|rin|gie|ren** (*Med.* zusammenziehen [von Muskeln])

kon|s|t|ru|ie|ren ⟨lat.⟩ (gestalten; zeichnen; bilden; [künstlich] herstellen)

Kon|s|t|rukt, das; -[e]s, *Plur.* -e u. -s (Arbeitshypothese)

Kon|s|t|ruk|teur [...'tø:ɐ], der; -s, -e ⟨franz.⟩ (Erbauer, Erfinder, Gestalter); **Kon|s|t|ruk|teu|rin**

Kon|s|t|ruk|ti|on, die; -, -en ⟨lat.⟩

kon|s|t|ruk|ti|ons|be|dingt

Kon|s|t|ruk|ti|ons|bü|ro; **Kon|s|t|ruk|ti|ons|feh|ler**; **Kon|s|t|ruk|ti|ons|zeich|nung**

kon|s|t|ruk|tiv [*auch* 'kɔ...] (die Konstruktion betreffend; folgerichtig; aufbauend); konstruktive Kritik; konstruktives Misstrauensvotum (*Politik*) ↑D 89

Kon|s|t|ruk|ti|vis|mus, der; - (Richtung der bildenden Kunst u. Architektur, der Philos. u. Wissenschaftstheorie des 20. Jh.s); radikaler Konstruktivismus

Kon|s|t|ruk|ti|vist, der; -en, -en; **Kon|s|t|ruk|ti|vis|tin**

kon|s|t|ruk|ti|vis|tisch

Kon|s|ub|s|tan|ti|a|ti|on, die; -, -en ⟨lat.⟩ (ev. Rel. [nach Luther] Verbindung der realen Gegenwart Christi mit Brot u. Wein beim Abendmahl)

Konsul

Kon|sul, der; -s, -n ⟨lat.⟩ (höchster Beamter der röm. Republik; *Diplomatie* Vertreter eines Staates zur Wahrnehmung seiner [wirtschaftl.] Interessen in einem anderen Staat); **Kon|su|lar|agent** (*Diplomatie* Bevollmächtigter eines Konsuls); **Kon|su|lar|agen|tin**
kon|su|la|risch; *aber* das Konsularische Korps (*Abk.* CC)
Kon|su|lar|recht
Kon|su|lar|ver|trag
Kon|su|lat, das; -[e]s, -e (Amt[sgebäude] eines Konsuls); **Kon|su|lats|ge|bäu|de**
Kon|su|lent, der; -en, -en (*österr. u. schweiz. für* Berater einer Firma od. Behörde); **Kon|su|len|tin**
Kon|su|lin
Kon|sul|tant, der; -en, -en (fachmänn. Berater); **Kon|sul|tan|tin**
Kon|sul|ta|ti|on, die; -, -en (Befragung, bes. eines Arztes; Beratung von Regierungen); **Kon|sul|ta|ti|ons|mög|lich|keit**
kon|sul|ta|tiv (beratend)
kon|sul|tie|ren ([einen Arzt] befragen; zurate ziehen)
¹Kon|sum, der; -s ⟨ital.⟩ (Verbrauch, Verzehr)
²Kon|sum [*schweiz.* ...'zu:m], der; -s, -s (*kurz für* Konsumgenossenschaft)
Kon|sum|ar|ti|kel
Kon|su|ma|ti|on, die; -, -en (franz.) (*österr. u. schweiz. für* Verzehr)
Kon|sum|den|ken (auf ¹Konsum ausgerichtete Lebenshaltung)
Kon|su|ment, der; -en, -en ⟨lat.⟩ (Verbraucher; Käufer)
kon|su|men|ten|freund|lich
Kon|su|men|ten|in|for|ma|ti|on (*österr., schweiz. für* Verbraucherinformation)
Kon|su|men|ten|kre|dit (*Bankw.*)
Kon|su|men|ten|schutz, der; -es (*österr., schweiz. für* Verbraucherschutz); **Kon|su|men|ten|schüt|zer**; **Kon|su|men|ten|schüt|ze|rin**
Kon|su|men|tin
Kon|sum|for|schung
kon|sum|freu|dig; **kon|sum|geil** (*salopp abwertend*)
Kon|sum|ge|nos|sen|schaft (Verbrauchergenossenschaft; *Kurzw.* ²Konsum); **Kon|sum|ge|sell|schaft**
Kon|sum|gut *meist Plur.* (*Wirtsch.*)
Kon|sum|gü|ter|in|dus|t|rie
Kon|sum|gut|schein (vom Staat zur Ankurbelung der Wirtschaft an die Bürger ausgegebener Gutschein für Konsumgüter)
kon|su|mier|bar; **kon|su|mie|ren** (verbrauchen; verzehren); **Kon|su|mie|rung**; **Kon|su|mis|mus**, der; - (*svw.* Konsumdenken)
Kon|sum|kli|ma (*Wirtsch.*)
Kon|sum|kre|dit
Kon|sump|ti|on *vgl.* Konsumtion
kon|sump|tiv *vgl.* konsumtiv
Kon|sum|tem|pel (*abwertend für* Kaufhaus)
Kon|sum|ter|ror (*abwertend für* [durch Werbung ausgeübter] Druck auf die Verbraucher zur Steigerung ihres Konsums)
Kon|sum|ti|on, **Kon|sump|ti|on**, die; -, -en (Verbrauch; *Rechtsw.* Aufgehen eines einfachen Tatbestandes in einem übergeordneten; *Med.* starke Abmagerung); **kon|sum|tiv**, **kon|sump|tiv** (zum Verbrauch bestimmt)
Kon|sum|ver|ein (Verbrauchergenossenschaft); *vgl.* ²Konsum
Kon|sum|ver|hal|ten
Kon|sum|ver|zicht
kon|ta|gi|ös (*Med.* ansteckend); **Kon|ta|gi|o|si|tät**, die; - (*Med.* Ansteckungsfähigkeit)
Kon|takt, der; -[e]s, -e ⟨lat.⟩ (Berührung, Verbindung); **Kon|takt|ad|res|se**; **Kon|takt|an|zei|ge**
Kon|takt|arm; **Kon|takt|ar|mut**
Kon|takt|auf|nah|me; **Kon|takt|be|reichs|be|am|te** (Revierpolizist; *Kurzw.* Kob); **Kon|takt|bör|se** ([virtueller] Ort, an dem Kontakte geknüpft werden können); **Kon|takt|da|ten** *Plur.*
kon|tak|ten (*bes. Wirtsch.* kontaktieren); **Kon|tak|ter** (*Wirtsch.*); **Kon|tak|te|rin**
kon|takt|fä|hig; **Kon|takt|fä|hig|keit**
Kon|takt|for|mu|lar (*EDV* Teil einer Homepage, über den man einen Kontakt zum Anbieter herstellen kann); **Kon|takt|frau**
kon|takt|freu|dig
Kon|takt|gift, das
kon|tak|tie|ren (Kontakt[e] aufnehmen); jmdn. kontaktieren
Kon|takt|in|fek|ti|on
Kon|takt|in|for|ma|ti|on *meist Plur.*
Kon|takt|lin|se
kon|takt|los; **Kon|takt|lo|sig|keit**
Kon|takt|man|gel, der; -s; **Kon|takt|mann** *Plur.* ...männer *u.* ...leute;
Kon|takt|nah|me, die; -, -n; **Kon|takt|per|son**; **Kon|takt|pfle|ge**
Kon|takt|scha|le
kon|takt|scheu; **Kon|takt|scheu**, die; -
Kon|takt|schwä|che; **Kon|takt|sper|re**; **Kon|takt|sport** (Sportart, bei der sich die Sportler gegenseitig berühren); **Kon|takt|stel|le**; **Kon|takt|stoff**; **Kon|takt|stö|rung**; **Kon|takt|stu|di|um**
Kon|ta|mi|na|ti|on, die; -, -en ⟨lat.⟩ (*Sprachwiss.* Verschmelzung, Wortkreuzung, z. B. »Gebäulichkeiten« aus »Gebäude« u. »Baulichkeiten«; *fachspr. für* [radioaktive] Verunreinigung, Verseuchung); **kon|ta|mi|nie|ren**
Kon|tant ⟨ital.⟩ (bar); **Kon|tan|ten** *Plur.* (ausländ. Münzen, die als Ware gehandelt werden)
Kon|tem|p|la|ti|on, die; -, -en ⟨lat.⟩ (religiöse Versenkung, Versunkenheit; Beschaulichkeit, Betrachtung); **kon|tem|p|la|tiv**
kon|tem|po|rär (*geh. für* zeitgenössisch)
Kon|ten (*Plur. von* Konto); **Kon|ten|plan**; **Kon|ten|rah|men**; **Kon|ten|sper|rung**
Kon|ten|ten *Plur.* ⟨lat.⟩ (*Seew.* Ladeverzeichnisse der Seeschiffe)
Kon|ten|tiv|ver|band (med. Stützverband)
Kon|ter, der; -s, - ⟨franz. u. engl.⟩ (*Sport* schneller Gegenangriff)
kon|ter... (gegen...)
Kon|ter... (Gegen...)
Kon|ter|ad|mi|ral (Offiziersdienstgrad bei der Marine)
Kon|ter|an|griff (*Sport*)
Kon|ter|ban|de, die; - (*veraltet für* Schmuggelware)
Kon|ter|fei [*auch* ...'faɪ], das; -s, *Plur.* -s *od.* -e (*scherzh., sonst veraltet für* [Ab]bild, Bildnis); **kon|ter|fei|en** [*auch* ...'faɪ...] (*scherzh., sonst veraltet für* abbilden); konterfeit
Kon|ter|fuß|ball (defensive, auf Konterangriffe ausgerichtete Spielweise)
kon|ter|ka|rie|ren (hintertreiben)
Kon|ter|mi|ne (Gegenmine; *Börse* Gegen-, Baissespekulation)
kon|tern (schlagfertig erwidern; sich zur Wehr setzen; *Druckw.* ein Druckbild umkehren; *Sport* den Gegner im Angriff durch gezielte Gegenschläge abfangen); ich kontere
Kon|ter|part, der; -s, -s ⟨engl.⟩ (passendes Gegenstück; Gegenspieler)
Kon|ter|re|vo|lu|ti|on (Gegenrevolution); **kon|ter|re|vo|lu|ti|o|när**
Kon|ter|schlag (*bes. Boxen*)

Kon|text [auch ...'te...], der; -[e]s, -e ⟨lat.⟩ (umgebender Text; Zusammenhang; Inhalt)

Kon|text|glos|se (*Literaturwiss.* Glosse, die in den Text [einer Handschrift] eingefügt ist)

Kon|text|me|nü (*EDV*)

kon|tex|tu|a|li|sie|ren (*geh.*, auch *fachspr. für* anhand des Kontexts interpretieren); **Kon|tex|tu|a|li|sie|rung**; **Kon|tex|tu|a|li|tät**, die; -, -en *Plur. selten*

kon|tex|tu|ell (den Kontext betreffend)

Kon|ti (*Plur. von* Konto)

kon|tie|ren ⟨ital.⟩ (ein Konto benennen; auf ein Konto verbuchen)

Kon|ti|gu|i|tät, die; - ⟨lat.⟩ (*Psychol.* zeitl. Zusammenfließen verschiedener Erlebnisinhalte)

Kon|ti|nent [auch 'kon...], der; -[e]s, -e ⟨lat.⟩ (Festland; Erdteil)

kon|ti|nen|tal

Kon|ti|nen|tal|eu|ro|pa; **kon|ti|nen|tal|eu|ro|pä|isch**

Kon|ti|nen|tal|kli|ma, das; -s; **Kon|ti|nen|tal|macht**; **Kon|ti|nen|tal|plat|te** (*Geol.*); **Kon|ti|nen|tal|sper|re**, die; - (früher); **Kon|ti|nen|tal|ver|schie|bung** (*Geol.*)

Kon|ti|nenz, die; - ⟨lat.⟩ (*Med.* Fähigkeit, Stuhl u. Urin zurückzuhalten)

kon|tin|gent ⟨lat.⟩ (*Philos.* zufällig; wirklich od. möglich, aber nicht [wesens]notwendig)

Kon|tin|gent, das; -[e]s, -e ⟨lat.⟩ (anteilig zu erbringende Menge, Leistung, Anzahl); **kon|tin|gen|tie|ren** (das Kontingent festsetzen; einteilen); **Kon|tin|gen|tie|rung**; **Kon|tin|gent[s]|zu|wei|sung**

Kon|tin|genz, die; -, -en ⟨lat.⟩ (*Logik* Möglichkeit u. gleichzeitige Nichtnotwendigkeit; *Statistik, Psychol.* die Häufigkeit des gemeinsamen Auftretens zweier Sachverhalte; *Philos.* kontingente Beschaffenheit)

kon|ti|nu|ier|lich (stetig, fortdauernd); kontinuierlicher Bruch (*Math.* Kettenbruch)

Kon|ti|nu|i|tät, die; -, -en (Stetigkeit, Fortdauer); **Kon|ti|nu|um**, das; -s, ...nua (lückenlos Zusammenhängendes, Stetiges)

Kon|to, das; -s, *Plur.* ...ten, *selten* -s u. ...ti ⟨ital.⟩ (fortlaufende Gegenüberstellung u. Verrechnung der Forderungen u. Schulden im privaten od. geschäftlichen Zahlungsverkehr); *vgl.* a conto

Kon|to|aus|zug; **Kon|to|aus|zugs|dru|cker**

Kon|to|be|we|gung

kon|to|füh|rend ↑D 59; **Kon|to|füh|rung**; **Kon|to|füh|rungs|ge|bühr**

Kon|to|in|ha|ber; **Kon|to|in|ha|be|rin**

Kon|to|kor|rent, das; -s, -e (*Wirtsch.* laufende Rechnung)

Kon|to|num|mer

Kon|tor, das; -s, -e ⟨niederl.⟩ (Handelsniederlassung im Ausland; *DDR* Handelszentrale)

Kon|to|rist, der; -en, -en; **Kon|to|ris|tin**

Kon|tor|si|on, die; -, -en ⟨lat.⟩ (*Med.* Verdrehung, Verrenkung eines Gliedes); **Kon|tor|si|o|nist**, der; -en, -en (*Artistik* Schlangenmensch); **Kon|tor|si|o|nis|tin**

Kon|to|sper|re; **Kon|to|sper|rung**

Kon|to|stand

kon|t|ra, con|t|ra ⟨lat.⟩ (gegen, entgegengesetzt); **Kon|t|ra**, das; -s, -s (*Kartenspiele* Gegenansage); jmdm. Kontra geben

Kon|t|ra|alt (tiefer Alt)

Kon|t|ra|bass (Bassgeige); **Kon|t|ra|bas|sist**; **Kon|t|ra|bas|sis|tin**

Kon|t|ra|dik|ti|on, die; -, -en (*Philos.* Widerspruch); **kon|t|ra|dik|to|risch** (*Philos.* widersprechend)

Kon|t|ra|fa|gott (tiefes Fagott)

Kon|t|ra|fak|tur, die; -, -en (*Literaturwiss.* geistl. Nachdichtung eines weltl. Liedes [u. umgekehrt] unter Beibehaltung der Melodie)

Kon|t|ra|ha|ge [...ʒə], die; -, -n ⟨franz.⟩ (*Verbindungsw. früher* Verabredung eines Duells)

Kon|t|ra|hent, der; -en, -en ⟨lat.⟩ (*Rechtsspr.* Vertragspartner; Gegner); **Kon|t|ra|hen|tin**

kon|t|ra|hie|ren (einen Kontrakt abschließen, vereinbaren; *Biol., Med.* sich zusammenziehen; *Verbindungsw. früher* ein Duell verabreden); sich kontrahieren (sich zusammenziehen)

Kon|t|ra|hie|rungs|zwang (*Rechtsspr.* Verpflichtung von Monopolbetrieben zum Vertragsabschluss mit dem Kunden)

Kon|t|ra|in|di|ka|ti|on, die; -, -en ⟨lat., »Gegenanzeige«⟩ (*Med.* Umstand, der die Anwendung einer Arznei o. Ä. verbietet)

Kon|t|rakt, der; -[e]s, -e (Vertrag, Abmachung); **Kon|t|rakt|ab|schluss**; **Kon|t|rakt|bruch**, der; **kon|t|rakt|brü|chig**

kon|t|rak|til (*Med.* zusammenziehbar); **Kon|t|rak|ti|li|tät**, die; - (*Med.* Fähigkeit, sich zusammenzuziehen)

Kon|t|rak|ti|on, die; -, -en ⟨lat.⟩ (*Med.* Zusammenziehung; *Physik* Verringerung des Volumens); **Kon|t|rak|ti|ons|vor|gang**

kon|t|rakt|lich (vertragsgemäß)

Kon|t|rak|tur, die; -, -en (*Med.* Verkürzung [von Muskeln, Sehnen]; Versteifung)

Kon|t|ra|post, der; -[e]s, -e ⟨ital.⟩ (*bild. Kunst* Ausgleich [bes. von Stand- u. Spielbein])

kon|t|ra|pro|duk|tiv (negativ, entgegenwirkend; ein gewünschtes Ergebnis verhindernd)

Kon|t|ra|punkt, der; -[e]s, -e ⟨lat.⟩ (*Musik* Führung mehrerer selbstständiger Stimmen im Tonsatz); **Kon|t|ra|punk|tik**, die; - (Lehre des Kontrapunktes); **kon|t|ra|punk|tisch**

kon|t|rär ⟨franz.⟩ (gegensätzlich; widrig)

Kon|t|rast, der; -[e]s, -e ⟨franz.⟩ ([starker] Gegensatz; auffallender [Farb]unterschied)

Kon|t|rast|brei (*Med.*)

Kon|t|rast|far|be

kon|t|ras|tie|ren ⟨franz.⟩ (sich unterscheiden, einen [starken] Gegensatz bilden); **kon|t|ras|tiv** ⟨engl.⟩ (*Sprachwiss.* vergleichend); kontrastive Grammatik

Kon|t|rast|mit|tel, das (*Med.*)

Kon|t|rast|pro|gramm

kon|t|rast|reich

Kon|t|ra|zep|ti|on, die; - ⟨lat.⟩ (*Med.* Empfängnisverhütung)

Kon|t|ra|zep|tiv (empfängnisverhütend); **Kon|t|ra|zep|tiv**, das; -s, -e, **Kon|t|ra|zep|ti|vum**, das; -s, ...va (Verhütungsmittel)

Kon|t|re|tanz (alter Gesellschaftstanz)

Kon|t|ri|bu|ti|on, die; -, -en ⟨lat.⟩ (Kriegssteuer, -entschädigung)

Kon|t|ri|ti|on, die; -, -en ⟨lat.⟩ (*kath. Kirche* tiefe Reue)

Kon|t|roll|ab|schnitt; **Kon|t|roll|amt**; **Kon|t|roll|ap|pa|rat**; **Kon|t|roll|be|fug|nis**; **Kon|t|roll|be|hör|de**; **Kon|t|roll|da|tum**

Kon|t|rol|le, die; -, -n ⟨franz.⟩ (Überwachung; Überprüfung; Beherrschung)

Kon|t|rol|ler, der; -s, - ⟨engl.⟩ (*Technik* Steuerschalter an Elektromotoren)

K
Kont

Kontrolleur

Kon|t|rol|leur [...'løːɐ̯], der; -s, -e ⟨franz.⟩ (Aufsichtsbeamter, Prüfer); **Kon|t|rol|leu|rin**
Kon|t|roll|fahrt
Kon|t|roll|freak *(ugs.)*
Kon|t|roll|funk|ti|on; Kon|t|roll|gang; Kon|t|roll|gre|mi|um
Kon|t|roll|grup|pe *(bes. Psychol.)*
kon|t|rol|lier|bar; Kon|t|rol|lier|bar|keit, die; -
kon|t|rol|lie|ren; kon|t|rol|liert
Kon|t|roll|ins|tanz; Kon|t|roll|ins|tru|ment
Kon|t|roll|kas|se
Kon|t|roll|kom|mis|si|on
Kon|t|roll|lam|pe, Kon|t|roll-Lam|pe
Kon|t|roll|lis|te, Kon|t|roll-Lis|te
Kon|t|roll|me|cha|nis|mus
Kon|t|roll|or, der; -s, -e ⟨ital.⟩ (österr. für Kontrolleur)
Kon|t|roll|or|gan
Kon|t|roll|o|rin
Kon|t|roll|pflicht; Kon|t|roll|punkt
Kon|t|roll|rat, der; -[e]s (oberstes Besatzungsorgan in Deutschland nach dem 2. Weltkrieg)
Kon|t|roll|raum; Kon|t|roll|sta|ti|on; Kon|t|roll|stel|le; Kon|t|roll|sys|tem; Kon|t|roll|turm; Kon|t|roll|uhr; Kon|t|roll|ver|lust; Kon|t|roll|zen|t|rum
kon|t|ro|vers ⟨lat.⟩ (entgegengesetzt; strittig; umstritten); **Kon|t|ro|ver|se**, die; -, -n (Meinungsverschiedenheit; [wissenschaftl.] Streit[frage]); **kon|t|ro|ver|si|ell** *(österr. für* kontrovers)
Kon|tu|maz, die; - ⟨lat.⟩ *(veraltet für* Nichterscheinen vor Gericht; *österr. veraltet für* Quarantäne); *vgl.* in contumaciam; **Kon|tu|ma|zi|al|ver|fah|ren** *(Rechtsspr.* Gerichtsverfahren in Abwesenheit einer Partei od. des Beschuldigten)
Kon|tur, die; -, -en *meist* Plur. ⟨franz.⟩ (Umriss[linie]; andeutende Linie[nführung]); **Kon|turbuch|sta|be** (nur im Umriss gezeichneter Buchstabe)
kon|tu|ren|los, kon|tu|r|los; kon|tu|ren|reich
Kon|tu|ren|schär|fe *(Fotogr.);* **Kon|tu|ren|stift** (zum Nachziehen der Lippenkonturen)
kon|tu|rie|ren (die äußeren Umrisse ziehen; andeuten)
kon|tur|los, kon|tu|ren|los
Kon|tur|schrift *(Druckw.* Zierschrift mit Konturbuchstaben)
Kon|tu|si|on, die; -, -en ⟨lat.⟩ *(Med.* Quetschung)
Ko|nus, der; -, *Plur.* Konusse, Technik *auch* Konen ⟨griech.⟩ (Kegel[stumpf]; bei Drucktypen die Seitenflächen des schriftbildtragenden Oberteils)

Kon|va|les|zent, der; -en, -en ⟨lat.⟩ *(svw.* Rekonvaleszent); **Kon|va|les|zen|tin; Kon|va|les|zenz**, die; -, -en *Plur. selten (Rechtsspr.* nachträgliches Gültigwerden von Rechtsgeschäften; *Med. svw.* Rekonvaleszenz)
Kon|vek|ti|on, die; -, -en ⟨lat.⟩ (»Mitführung« *(Physik* Transport von Energie und elektr. Ladung durch kleinste Teilchen einer Strömung); **kon|vek|tiv**
Kon|vek|tor, der; -s, ...oren (ein Heizkörper)
kon|ve|na|bel ⟨franz.⟩ *(veraltet für* schicklich; passend, bequem; annehmbar); ...a|b|le Preise
Kon|ve|ni|at, das; -s, -s ⟨lat.⟩ (Zusammenkunft der kath. Geistlichen eines Dekanats)
Kon|ve|ni|enz, die; -, -en *(veraltet für* Schicklichkeit; Bequemlichkeit); **kon|ve|nie|ren** *(veraltet für* passen, annehmbar sein)
Kon|vent, der; -[e]s, -e *(kath. Kirche* Versammlung der Mönche; Gesamtheit der Konventualen; *ev. Kirche* Zusammenkunft der Geistlichen zur Beratung; Versammlung einer Studentenverbindung; *nur Sing.:* Nationalversammlung in Frankreich 1792 bis 1795)
Kon|ven|ti|kel, das; -s, - ([heimliche] Zusammenkunft; private religiöse Versammlung)
Kon|ven|ti|on, die; -, -en ⟨franz.⟩ (Abkommen, [völkerrechtl.] Vertrag; *meist* Plur.: Herkommen, Brauch, Förmlichkeit)
kon|ven|ti|o|nal ⟨lat.⟩ (die Konvention betreffend)
Kon|ven|ti|o|nal|stra|fe *(Rechtsspr.* Vertragsstrafe)
kon|ven|ti|o|nell ⟨franz.⟩ (herkömmlich, üblich; förmlich)
Kon|ven|tu|a|le, der; -n, -n ⟨lat.⟩ (stimmberechtigtes Klostermitglied; Angehöriger eines kath. Ordens)
kon|ver|gent ⟨lat.⟩ (sich zuneigend, zusammenlaufend; übereinstimmend); **Kon|ver|genz**, die; -, -en (Annäherung, Übereinstimmung)
Kon|ver|genz|kri|te|ri|um *(Math.; auch für* Bedingung für die Teilnahme an der Europäischen Wirtschafts- u. Währungs-

union); **Kon|ver|genz|the|o|rie**, die; - *(Politik)*
kon|ver|gie|ren *(geh. für* übereinstimmen)
Kon|ver|sa|ti|on, die; -, -en ⟨franz.⟩ (gesellige Unterhaltung, Plauderei); **Kon|ver|sa|ti|ons|le|xi|kon; Kon|ver|sa|ti|ons|stück**
kon|ver|sie|ren *(veraltet für* sich unterhalten)
Kon|ver|si|on, die; -, -en ⟨lat.⟩ (Umwandlung; *Rel.* Glaubenswechsel; *Sprachwiss.* Übergang in eine andere Wortart ohne eine formale Änderung, z. B. »Dank« – »dank«)
Kon|ver|ter, der; -s, - ⟨engl.⟩ *(Hüttenw.* Gerät zur Stahlherstellung; *Physik* Gerät zum Umformen von Frequenzen)
kon|ver|ti|bel ⟨franz.⟩ *(svw.* konvertierbar); ...|b|le Währungen; **Kon|ver|ti|bi|li|tät**, die; - (Konvertierbarkeit)
kon|ver|tier|bar (austauschbar zum jeweiligen Wechselkurs [von Währungen]; frei konvertierbare Währung); **Kon|ver|tierbar|keit**, die; - *(Wirtsch.)*
kon|ver|tie|ren ⟨lat.(-franz.)⟩ *(Rel.* den Glauben, die Konfession wechseln; *Wirtsch.* Währung zum Wechselkurs tauschen); **Kon|ver|tie|rung**
Kon|ver|tit, der; -en, -en ⟨engl.⟩ *(Rel.* zu anderem Glauben od. anderer Konfession Übergetretener); **Kon|ver|ti|ten|tum**, das; -s *(Rel.);* **Kon|ver|ti|tin**
kon|vex ⟨lat.⟩ *(Optik* erhaben, nach außen gewölbt); **Kon|ve|xi|tät**, die; - (konvexer Zustand)
Kon|vex|lin|se; Kon|vex|spie|gel
Kon|vikt, das; -[e]s, -e ⟨lat.⟩ *(kirchl.* Internat); **Kon|vik|tu|a|le**, der; -n, -n *(veraltet für* Angehöriger eines Konvikts)
Kon|vi|vi|um, das; -s, ...ien *(veraltet für* Gelage)
Kon|voi [*auch* 'kɔn...], der; -s, -s ⟨engl.⟩ *(bes. Militär* Geleitzug [für Schiffe]; Fahrzeugkolonne)
Kon|vo|ka|ti|on, die; -, -en ⟨lat., »Zusammenrufen«⟩ *(veraltet für* Einberufung)
Kon|vo|lut, das; -[e]s, -e ⟨lat.⟩ *(Buchw.* Bündel [von Schriftstücken]; Sammelband)
Kon|vul|si|on, die; -, -en ⟨lat.⟩ *(Med.* Schüttelkrampf)
kon|vul|siv, kon|vul|si|visch (krampfhaft [zuckend])

kon|ze|die|ren ⟨lat.⟩ (zugestehen, einräumen)
Kon|ze|le|b|ra|ti|on, die; -, -en ⟨lat.⟩ (*kath. Kirche* gemeinsame Eucharistiefeier durch mehrere Geistliche); kon|ze|le|b|rie|ren
Kon|zen|t|rat, das; -[e]s, -e ⟨lat.; griech.⟩ (angereicherter Stoff, hochprozentige Lösung; hochprozentiger Auszug)
Kon|zen|t|ra|ti|on, die; -, -en (Zusammenziehung [von Truppen]; [geistige] Sammlung; *Chemie* Gehalt einer Lösung); Kon|zen|t|ra|ti|ons|fä|hig|keit
Kon|zen|t|ra|ti|ons|la|ger, das; -s, ...lager (*Abk.* KZ)
Kon|zen|t|ra|ti|ons|man|gel, der; Kon|zen|t|ra|ti|ons|schwä|che
kon|zen|t|rie|ren ([Truppen] zusammenziehen, vereinigen; *Chemie* anreichern, gehaltreich machen); sich konzentrieren (sich [geistig] sammeln); kon|zen|t|riert (*Chemie* angereichert, gehaltreich; *übertr. für* gesammelt, aufmerksam)
Kon|zen|t|riert|heit, die; -
Kon|zen|t|rie|rung
kon|zen|t|risch (mit gemeinsamem Mittelpunkt); konzentrische Kreise; Kon|zen|t|ri|zi|tät, die; - (Gemeinsamkeit des Mittelpunktes)
Kon|zept, das; -[e]s, -e ⟨lat.⟩ (Entwurf; erste Fassung; grober Plan); Kon|zep|ter, der; -s, - (*bes. EDV* jmd., der Konzepte erarbeitet); Kon|zep|te|rin; Kon|zep|ti|on, die; -, -en (Entwurf eines Werkes; *Med.* Empfängnis); kon|zep|ti|o|nell
kon|zep|ti|o|nie|ren (planen, entwerfen); Kon|zep|ti|o|nie|rung
Kon|zep|ti|o|nist, der; -en, -en (jmd., der [bes. im künstlerischen Bereich] ein Konzept erarbeitet); Kon|zep|ti|o|nis|tin
Kon|zep|ti|ons|los; Kon|zep|ti|ons|lo|sig|keit, die; -
Kon|zept|kunst, die; - (Concept-Art)
kon|zept|los; Kon|zept|lo|sig|keit
Kon|zept|pa|pier
kon|zep|tu|a|li|sie|ren (als Konzept gestalten; ein Konzept entwerfen); kon|zep|tu|ell (auf ein Konzept bezogen)
Kon|zern, der; -[e]s, -e ⟨engl.⟩ (Zusammenschluss wirtschaftl. Unternehmen)
Kon|zern|chef; Kon|zern|che|fin
kon|zer|nie|ren (zu einem Konzern zusammenschließen); Kon|zer|nie|rung
kon|zern|in|tern
Kon|zern|lei|tung
Kon|zern|mut|ter (*Wirtsch.* Muttergesellschaft eines Konzerns)
Kon|zern|re|vi|si|on; Kon|zern|si|cher|heit; Kon|zern|spit|ze; Kon|zern|toch|ter (Tochtergesellschaft eines Konzerns); Kon|zern|um|satz
Kon|zern|vor|stand
Kon|zert, das; -[e]s, -e ⟨ital.⟩; Kon|zert|abend; Kon|zert|abon|ne|ment; Kon|zert|agen|tur
kon|zer|tant (in Konzertform)
Kon|zer|ta|ti|on, die; -, -en ⟨franz.⟩ (Übereinkunft; Wettstreit)
Kon|zert|be|su|cher; Kon|zert|be|su|che|rin
Kon|zert|ca|fé; Kon|zert|flü|gel; Kon|zert|hal|le; Kon|zert|haus
kon|zer|tie|ren (ein Konzert geben); kon|zer|tiert; eine konzertierte Aktion (*Wirtsch.* gemeinsam zwischen Partnern abgestimmtes Handeln)
Kon|zer|ti|na, die; -, -s (eine Handharmonika)
Kon|zert|meis|ter; Kon|zert|meis|te|rin; Kon|zert|mit|schnitt; Kon|zert|pro|gramm
Kon|zert|reif; Kon|zert|rei|fe
Kon|zert|rei|he; Kon|zert|rei|se; Kon|zert|saal; Kon|zert|stück; Kon|zert|tour|nee
Kon|zert|ver|an|stal|ter; Kon|zert|ver|an|stal|te|rin; Kon|zert|ver|an|stal|tung
Kon|zes|si|on, die; -, -en ⟨lat.⟩ (behördl. Genehmigung; *meist Plur.:* Zugeständnis); Kon|zes|si|o|när, der; -s, -e (Inhaber einer Konzession); Kon|zes|si|o|nä|rin
kon|zes|si|o|nie|ren (behördlich genehmigen)
Kon|zes|si|ons|be|reit|schaft
Kon|zes|si|ons|in|ha|ber; Kon|zes|si|ons|in|ha|be|rin
kon|zes|siv (*Sprachwiss.* einräumend; konzessive Konjunktion; Kon|zes|siv|satz (Umstandssatz der Einräumung)
Kon|zil, das; -s, *Plur.* -e u. -ien ⟨lat.⟩ (Versammlung kath. Würdenträger; Universitätsgremium)
kon|zi|li|ant (versöhnlich, umgänglich, verbindlich); Kon|zi|li|anz, die; - (Umgänglichkeit, Entgegenkommen)
Kon|zi|li|a|ris|mus, der; - (kirchenrechtl. Theorie, die das Konzil über den Papst stellt)

Kon|zils|be|schluss
Kon|zils|va|ter (stimmberechtigter Teilnehmer an einem Konzil)
kon|zinn ⟨lat.⟩ (*Rhet.* ebenmäßig gebaut; *veraltet für* gefällig)
Kon|zi|pi|ent, der; -en, -en ⟨lat.⟩ (*veraltet für* Verfasser eines Schriftstückes; *österr. für* Jurist [zur Ausbildung] in einem Anwaltsbüro); Kon|zi|pi|en|tin (*österr.*)
kon|zi|pie|ren (verfassen, entwerfen; *Med.* schwanger werden)
kon|zis ⟨lat.⟩ (*Rhet.* kurz, gedrängt); eine konzise Darstellung
Koof|mich, der; -s, -s *u.* -e (*berlin. ugs. für* Kaufmann)
Koog, Kog, der; -[e]s, Köge (*nordd. für* dem Meer abgewonnenes eingedeichtes Land; Polder)
Koons [ku:nz], Jeff [dʒɛf] (amerik. Künstler)
Ko|ope|ra|ti|on, die; -, -en ⟨lat.⟩ (Zusammenarbeit)
Ko|ope|ra|ti|ons|ab|kom|men
ko|ope|ra|ti|ons|be|reit; Ko|ope|ra|ti|ons|be|reit|schaft
Ko|ope|ra|ti|ons|mög|lich|keit
Ko|ope|ra|ti|ons|part|ner; Ko|ope|ra|ti|ons|part|ne|rin
Ko|ope|ra|ti|ons|ver|trag
ko|ope|ra|tiv; Ko|ope|ra|tiv, das; -s, *Plur.* -e, *auch* -s, Ko|ope|ra|ti|ve, die; -, -n (Arbeitsgemeinschaft, Genossenschaft)
Ko|ope|ra|tor, der; -s, ...oren (*veraltet für* Mitarbeiter; *landsch. u. österr. für* kath. Vikar; Ko|ope|ra|to|rin
ko|ope|rie|ren (zusammenarbeiten)
Ko|op|ta|ti|on, die; -, -en ⟨lat.⟩ (*selten für* Zuwahl); ko|op|tie|ren (*selten für* hinzuwählen)
Ko|or|di|na|te, die; -, -n *meist Plur.* ⟨lat.⟩ (*Math.* Abszisse u. Ordinate; Zahl, die die Lage eines Punktes bestimmt)
Ko|or|di|na|ten|ach|se (*Math.*)
Ko|or|di|na|ten|sys|tem (*Math.*)
Ko|or|di|na|ti|on, die; -, -en; ko|or|di|na|tiv (*fachspr.*)
Ko|or|di|na|tor, der; -s, ...natoren (jmd., der koordiniert); Ko|or|di|na|to|rin
ko|or|di|nie|ren (in ein Gefüge einbauen; aufeinander abstimmen; *Sprachwiss.* nebenordnen; koordinierende Konjunktion (z. B. »und«); Ko|or|di|nie|rung
Kop. = Kopeke

Kopaivabalsam

Ko|pa|i|va|bal|sam, der; -s ⟨indian.; hebr.⟩ (ein Harz)
Ko|pal, der; -s, -e ⟨indian.-span.⟩ (ein Harz); Ko|pal|fich|te; Ko|pal|harz; Ko|pal|lack
Ko|pe|ke, die; -, -n ⟨russ.⟩ (Untereinheit des russ. Rubels u. der Griwna; *Abk.* Kop.)
Ko|pen|ha|gen (Hauptstadt Dänemarks); *vgl.* København; Ko|pen|ha|ge|ner; Ko|pen|ha|ge|ne|rin
Kö|pe|nick (Stadtteil von Berlin); Kö|pe|ni|cker; Kö|pe|ni|cke|rin; Kö|pe|ni|cki|a|de, die; -, -n ⟨nach dem Hauptmann von Köpenick⟩ (toller Streich)
Ko|pe|po|de, der; -n, -n *meist Plur.* ⟨griech.⟩ (*Zool.* Ruderfußkrebs)
Kö|per, der; -s, - ⟨niederl.⟩ (ein Gewebe); Kö|per|bin|dung
ko|per|ni|ka|nisch; das kopernikanische Weltsystem; eine kopernikanische (tief greifende) Wende; die kopernikanischen »Sechs Bücher über die Umläufe der Himmelskörper« (Hauptwerk des Kopernikus); ↑D 89 u. 135
Ko|per|ni|kus (poln. Astronom)
Kopf, der; -[e]s, Köpfe; Kopf hoch!; von Kopf bis Fuß; jmdm. zu Kopfe steigen; die Haare über Kopf föhnen; über Kopf *od.* überkopf arbeiten; einen Ball über Kopf *od.* überkopf schlagen; *aber* nur die Schmerzen strahlten über Kopf und Nacken bis in beide Schultern; auf dem Kopf stehen; das Bild, der Turner steht auf dem Kopf; *vgl. aber* kopfstehen
Kopf|air|bag
Kopf-an-Kopf-Ren|nen ↑D 26
Kopf|ar|beit; Kopf|ar|bei|ter; Kopf|ar|bei|te|rin
Kopf|bahn|hof
Kopf|ball; Kopf|ball|tor, das; Kopf|ball|ver|län|ge|rung (*Fußball*)
Kopf|be|de|ckung; Kopf|be|we|gung
Köpf|chen
Kopf|dün|ger (zur Düngung während des Wachstumszeit); Kopf|dün|gung
köp|feln (*südd., österr., schweiz. für* einen Kopfsprung machen; den Ball mit dem Kopf stoßen); ich köpf[e]le
köp|fen
Kopf|en|de; Kopf|form
Kopf|fü|ßer (*Zool.*)
Kopf|ge|burt (Erdachtes, Ersonnenes)
Kopf|geld; Kopf|geld|jä|ger; Kopf|geld|jä|ge|rin
Kopf|grip|pe; Kopf|haar; Kopf|hal|tung; Kopf|haut; Kopf|hö|rer
...köp|fig (z. B. dreiköpfig; mit Ziffer 3-köpfig; ↑D 29); ...köp|fisch (z. B. rappelköpfisch)
Kopf|jä|ger; Kopf|jä|ge|rin
Kopf|keil
Kopf|ki|no (in der Fantasie ablaufende Vorgänge); Kopf|kis|sen
kopf|las|tig; Kopf|las|tig|keit
Kopf|laus
Kopf|ler (*österr. u. schweiz. für* Kopfsprung; Kopfstoß)
kopf|los; Kopf|lo|sig|keit
Kopf|ni|cken, das; -s
Kopf|nuss
Kopf|pau|scha|le (einkommensunabhängige pauschale Krankenversicherungsprämie)
Kopf|putz, der; -es; Kopf|quo|te
kopf|rech|nen *nur im Infinitiv gebr.;* Kopf|rech|nen, das; -s
Kopf-Rumpf-Län|ge (*Zool.* Körperlänge bei Landwirbeltieren); ↑D 26
Kopf|sa|lat
kopf|scheu
Kopf|schmerz *meist Plur.;* Kopf|schmerz|ta|b|let|te
Kopf|schmuck; Kopf|schup|pe *meist Plur.;* Kopf|schuss
Kopf|schüt|teln, das; -s; kopf|schüt|telnd
Kopf|schutz; Kopf|schüt|zer
Kopf|sprung; Kopf|stand
kopf|ste|hen; ich stehe kopf, habe kopfgestanden, um kopfzustehen; *aber* auf dem Kopf stehen
Kopf|ste|hen, das; -s
kopf|stein|ge|pflas|tert; ein kopfsteingepflasterter Platz; Kopf|stein|pflas|ter
Kopf|steu|er, die; Kopf|stim|me
Kopf|stoß (*Fußball, Boxen*)
Kopf|stüt|ze; Kopf|teil, das *od.* der
Kopf|tuch *Plur.* ...tücher; Kopf|tuch|streit *Plur.* selten (Auseinandersetzung das Kopftuchverbot); Kopf|tuch|ver|bot
kopf|über; kopf|un|ter
Kopf|ver|let|zung
kopf|vo|r|an (*österr., schweiz. für* kopfüber; *auch übertr. für* überstürzt); *aber* (den) Kopf voran, mit dem Kopf voran (mit dem Kopf zuerst)
kopf|wa|ckelnd; ein kopfwackelnder Greis
Kopf|wä|sche; Kopf|weh, das; -s
Kopf|wei|de *vgl.* ¹Weide
Kopf|wun|de; Kopf|zahl
Kopf|zer|bre|chen, das; -s (angestrengtes Nachdenken); das Problem bereitet ihr [viel] Kopfzerbrechen
Koph|ta, der; -[s], -s (geheimnisvoller ägypt. Magier); koph|tisch
Ko|pi|al|buch (*lat.; dt.*) (Buch für Urkundenabschriften usw.)
Ko|pie [*österr. auch* ˈkoːpjə], die; -, ...jen [*österr. auch* ˈkoːpjən] (Abschrift; Abdruck; Nachbildung; *Film* Abzug)
ko|pie|ren (eine Kopie machen)
Ko|pie|rer (*ugs. für* Kopiergerät)
Ko|pier|ge|rät
ko|pier|ge|schützt (*EDV*)
Ko|pier|pa|pier; Ko|pier|schutz, der; -es (*EDV*); Ko|pier|stift, der
Ko|pi|lot, Ko-Pi|lot *vgl.* Co-Pilot; Ko|pi|lo|tin, Ko-Pi|lo|tin *vgl.* Co-Pilotin
ko|pi|ös ⟨franz.⟩ (*Med.* reichlich)
Ko|pist, der; -en, -en ⟨lat.⟩ (jmd., der eine Kopie anfertigt); Ko|pis|tin
Kop|pe, die; -, -n (ein Fisch; *landsch. für* Kuppe)
¹Kop|pel, die; -, -n (eingezäunte Weide; Riemen; durch Riemen verbundene Tiere)
²Kop|pel, das; -s, -, *österr. die;* -, -n (Gürtel)
kop|pel|gän|gig (*Jägerspr.*); koppelgängiger Hund
kop|peln (verbinden); ich kopp[e]le; *vgl.* kuppeln
Kop|pel|schloss
Kop|pe|lung, Kopp|lung; Kop|pe|lungs|ma|nö|ver, Kopp|lungs|ma|nö|ver
Kop|pel|wei|de *vgl.* ²Weide; Kop|pel|wirt|schaft; Kop|pel|wort *Plur.* ...wörter (*Sprachwiss.*)
kop|pen (Luft schlucken [eine Pferdekrankheit])
Köp|per, der; -s, - (*landsch. ugs. für* Kopfsprung)
kopp|heis|ter (*nordd. für* kopfüber); koppheister schießen (einen Purzelbaum schlagen); koppheister gehen (untergehen, zugrunde gehen)
Kopp|lung usw. *vgl.* Koppelung usw.
Ko|p|ra, der; - ⟨tamil.-port.⟩ (zerkleinertes u. getrocknetes Mark der Kokosnuss)
Ko|pro|duk|ti|on, die; -, -en (Gemeinschaftsherstellung)
Ko|pro|du|zent, Ko-Pro|du|zent *vgl.* Co-Produzent; Ko|pro|du|zen|tin, Ko-Pro|du|zen|tin *vgl.* Co-Produzentin; ko|pro|du|zie|ren

Kornelkirsche

Ko|pro|lith, der; *Gen.* -s *od.* -en, *Plur.* -e[n] ⟨griech.⟩ (versteinerter Kot [urweltl. Tiere])
Ko|prom, das; -s, -e (*Med.* Kotgeschwulst)
ko|pro|phag ⟨*Biol.* kotfressend⟩; **Ko|pro|pha|ge**, der; -n, -n ⟨*Biol.* Kotfresser; *Med.*, *Psychol.* Kotesser⟩; **Ko|pro|pha|gie**, die; - ⟨*Med.*, *Psychol.* das Essen von Kot⟩; **Ko|pro|pha|gin**
Kops, der; -es, -e ⟨engl.⟩ (Spule, Spindel mit Garn)
Kop|te, der; -n, -n ⟨griech.⟩ (Angehöriger der christl. Kirche in Ägypten); **Kop|tin; kop|tisch;** koptische Kirche; koptische Schrift
Ko|pu|la, die; -, *Plur.* -s *u.* ...lae ⟨lat., »Band«⟩ (*Sprachwiss.* Satzband)
Ko|pu|la|ti|on, die; -, -en ⟨*Biol.* Begattung; *Gartenbau* bestimmte Veredelung von Pflanzen⟩
ko|pu|la|tiv ⟨*Sprachwiss.* verbindend, anreihend⟩; kopulative Konjunktion (z. B. »und«)
Ko|pu|la|ti|vum, das; -s, ...va ⟨*Sprachwiss.* Zusammensetzung aus zwei gleichwertigen Bestandteilen, z. B. »taubstumm«, »Hemdhose«⟩
ko|pu|lie|ren ⟨zu Kopulation⟩
Ko|rah, Ko|rach (bibl. m. Eigenn.)
Ko|ral|le, die; -, -n ⟨griech.⟩ (ein Nesseltier; aus seinem Skelett gewonnener Schmuckstein); **ko|ral|len** (aus Korallen, korallenrot)
Ko|ral|len|bank *Plur.* ...bänke; **Ko|ral|len|baum; Ko|ral|len|in|sel; Ko|ral|len|ket|te; Ko|ral|len|riff**
ko|ral|len|rot
ko|ram ⟨lat., »vor aller Augen«⟩; jmdn. koram nehmen (*veraltet* für scharf tadeln); *vgl.* coram publico
Ko|ran, der; -[s], -e ⟨arab.⟩ (das heilige Buch des Islams); **Ko|ran|schu|le; Ko|ran|su|re**
Korb, der; -[e]s, Körbe; drei Korb Kabeljau
Korb|ball; Korb|ball|spiel
Korb|blüt|ler
Körb|chen; Körb|chen|grö|ße (genormte Größe für die Schale des Büstenhalters)
Kor|ber, die; *schweiz.* früher für Korbmacher); **Kör|berl|geld** (*österr.* für Zubrot)
Korb|fla|sche; Korb|flech|ter; Korb|flech|te|rin

Kor|bi|ni|an [*auch* ...'bi:...] (ein Heiliger; *auch* m. Vorn.)
Korb|jagd (*Basketball*); **Korb|jä|ger; Korb|jä|ge|rin**
Korb|lein
Korb|ma|cher; Korb|ma|che|rin; Korb|ses|sel; Korb|stuhl; Korb|wa|gen
Korb|wei|de *vgl.* ¹Weide
Korb|wurf
¹**Kord** (m. Vorn.)
²**Kord** usw. *vgl.* Cord usw.
Kord|an|zug *vgl.* Cordanzug
Kor|de, die; -, -n ⟨franz.⟩ (*veraltet* für schnurartiger Besatz)
Kor|del, die; -, -n (gedrehte od. geflochtene Schnur; *landsch.* für Bindfaden; *österr.* svw. Korde); **Kör|del|chen**
Kor|de|lia, Kor|de|lie *vgl.* Cordelia, Cordelie
kor|di|al ⟨lat.⟩ (*veraltet* für herzlich; vertraulich)
kor|die|ren ⟨franz.⟩ (vertiefte Muster in zu glatte Griffe von Werkzeugen einarbeiten); **Kor|dier|ma|schi|ne**
Kor|dil|le|ren [...dɪlˈjeː...] *Plur.* ⟨span.⟩ (amerik. Gebirgszug)
Kor|dit, der; -s ⟨franz.⟩ (ein Schießpulver)
Kor|don [...'dõː, *bes.* südd., österr. ...'doːn], der; -s, *Plur.* -s, *bes.* südd., österr. -e [...'doːn] ⟨franz.⟩ (Postenkette; Ordensband)
Kor|do|nett|sei|de (Zwirn-, Schnurseide); **Kor|do|nett|stich** (ein Zierstich)
Kord|samt *vgl.* Cordsamt
Kor|du|la *vgl.* Cordula
Ko|re, die; -, -n ⟨griech.⟩ ([Gebälk tragende] Frauengestalt)
Ko|rea (eine Halbinsel Ostasiens; Demokratische Volksrepublik Korea (Nordkorea); Republik Korea (Südkorea); **Ko|rea|krieg**, der; -[e]s (1950 bis 1953)
Ko|rea|ner; Ko|rea|ne|rin; ko|rea|nisch
Ko|re|fe|rat, Ko|re|fe|rent, ko|re|fe|rie|ren usw. *vgl.* Korreferat usw.
Ko|re|gis|seur, Ko-Re|gis|seur *vgl.* Co-Regisseur; **Ko|re|gis|seu|rin, Ko-Re|gis|seu|rin** *vgl.* Co-Regisseurin
kö|ren (*fachspr.* für [m. Haustiere] zur Zucht auswählen)
Kor|fi|ot, der; -en, -en (Bewohner der Insel Korfu); **Kor|fi|o|tin; kor|fi|o|tisch**
Kor|fu (ionische Insel u. Stadt); *vgl.* Kerkyra

Kör|ge|setz (*fachspr.*); **Kör|hengst**
Ko|ri|an|der, der; -s, - *Plur. selten* ⟨griech.⟩ (Gewürzpflanze u. deren Samen); **Ko|ri|an|der|öl; Ko|ri|an|der|schnaps**
Ko|ri|an|do|li, das; -[s] ⟨ital.⟩ (*österr. veraltet* für Konfetti)
Ko|rin|na (altgriech. Dichterin); *vgl.* Corinna
Ko|rinth (griech. Stadt)
Ko|rin|the, die; -, -n *meist Plur.* (kleine Rosine); **Ko|rin|then|brot**
Ko|rin|then|ka|cker (*derb* für kleinlicher Mensch); **Ko|rin|then|ka|cke|rin**
Ko|rin|ther; Ko|rin|ther|brief ↑ D 143 (N.T.); **Ko|rin|the|rin**
ko|rin|thisch ↑ D 89 *u.* 142: korinthische Säulenordnung, *aber* ↑ D 150: der Korinthische Krieg
Kork, der; -[e]s, -e (Rinde der Korkeiche; Korken)
Kork|brand; Kork|ei|che
kor|ken (aus Kork); **Kor|ken**, der; -s, - (Stöpsel aus Kork)
Kor|ken|geld (*veraltend* für Entschädigung für den Wirt, wenn der Gast im Wirtshaus seinen eigenen Wein o. Ä. trinkt)
Kor|ken|zie|her
Kork|geld (*svw.* Korkengeld)
kor|kig; der Wein schmeckt korkig
Kork|soh|le; Kork|wes|te; Kork|zie|her (*svw.* Korkenzieher)
Kor|mo|phyt, der; -en, -en *meist Plur.* ⟨griech.⟩ (*Bot.* Sammelbezeichnung für Farn- u. Samenpflanzen)
Kor|mo|ran [*österr.* ˈkɔr...], der; -s, -e ⟨lat.⟩ (ein Schwimmvogel)
Kor|mus, der; - ⟨griech.⟩ (*Bot.* aus Wurzel u. Sprossachse bestehender Pflanzenkörper)
¹**Korn**, der; -[e]s, *Plur.* Körner *u.* (für Getreidearten:) -e
²**Korn**, das; -[e]s, -e *Plur. selten* (Teil der Visiereinrichtung)
³**Korn**, der; -[e]s (*ugs.* für Kornbranntwein); 3 Korn
Korn|äh|re
Korn|blu|me; korn|blu|men|blau
Korn|brannt|wein
Körn|chen
Körn|dl|bau|er (*vgl.* ²Bauer; *bayr.*, *österr.* für Bauer, der hauptsächlich Getreide anbaut); **Körn|dl|bäu|e|rin**
Kor|nea *vgl.* Cornea
Kor|ne|lia, Kor|ne|lie, Kor|ne|li|us *vgl.* Cornelia, Cornelie, Cornelius
Kor|nel|kir|sche, die; -, -n ⟨lat.; dt.⟩ (ein [Zier]strauch mit essbaren Früchten)

körnen

kör|nen (in Körner zerkleinern; körnig machen)
¹Kör|ner (dt. Dichter)
²Kör|ner (Markierstift zum Ankörnen)
Kör|ner|fres|ser; Kör|ner|fres|se|rin
Kör|ner|fut|ter vgl. ¹Futter
¹Kor|nett, der; -[e]s, Plur. -e u. -s ⟨franz.⟩ (früher für Fähnrich [bei der Reiterei])
²Kor|nett, das; -[e]s, Plur. -e u. -s (ein Blechblasinstrument); **Kor|net|tist**, der; -en, -en (Kornettspieler); **Kor|net|tis|tin**
Korn|feld
kör|nig
kor|nisch; Kor|nisch, das; -[s] (früher in Cornwall gesprochene kelt. Sprache); vgl. Deutsch; **Kor|ni|sche**, das; -n; vgl. ²Deutsche
Korn|kam|mer
Körn|li|pi|cker, der; -s, -[s] ⟨schweiz. scherzh. Vegetarier⟩; **Körn|li|pi|cke|rin**
Korn|ra|de (ein Ackerwildkraut)
Korn|spei|cher
Kör|nung (best. Größe kleiner Materialteilchen; das Körnen; Jägerspr. Futter zur Wildfütterung; auch für Futterplatz)
Ko|rol|la, Ko|rol|le, die; -, ...llen ⟨griech.⟩ (Blumenkrone)
Ko|rol|lar, das; -s, -e, **Ko|rol|la|rium**, das; -s, ...ien (Logik Satz, der selbstverständlich aus einem bewiesenen Satz folgt)
Ko|rol|le vgl. Korolla
Ko|ro|man|del|holz
Ko|ro|man|del|küs|te, die; - (vorderind. Küstengebiet)
¹Ko|ro|na, die; -, ...nen ⟨griech.-lat. »Kranz, Krone«⟩ (Kunstwiss. Heiligenschein; Astron. Strahlenkranz [um die Sonne]; ugs. für [fröhliche] Runde, [Zuhörer]kreis; auch für Horde)
²Ko|ro|na vgl. Corona
ko|ro|nar (Med. die Herzkranzgefäße betreffend); **Ko|ro|nar|in|suf|fi|zi|enz; Ko|ro|nar|skle|ro|se**
Kör|per, der; -s, -
Kör|per|bau, der; -[e]s; **Kör|per|be|herr|schung**
kör|per|be|hin|dert; Kör|per|be|hin|der|te, der u. die; -n, -n
kör|per|be|tont; ein körperbetontes Kleid
Kör|per|be|we|gung; Kör|per|be|wusst|sein
kör|per|ei|gen; körpereigene Abwehrstoffe
Kör|per|ein|satz; Kör|per|er|tüch|ti|gung; Kör|per|er|zie|hung
Kör|per|flüs|sig|keit, die; -, -en (z. B. Blut od. Schweiß); **Kör|per|fül|le; Kör|per|ge|ruch; Kör|per|ge|wicht; Kör|per|grö|ße**
Kör|per|haft
Kör|per|hal|tung; Kör|per|kon|takt; Kör|per|kraft
Kör|per|kult; Kör|per|kul|tur
Kör|per|län|ge
kör|per|lich; Kör|per|lich|keit
kör|per|los
Kör|per|lo|ti|on (Körperpflegemilch); **Kör|per|pfle|ge**
Kör|per|scan|ner (Gerät, das den Körper u. am Körper getragene Gegenstände auf einem Bildschirm anzeigt)
Kör|per|schaft; Kör|per|schaft|lich
Kör|per|schafts|steu|er, Kör|per|schaft|steu|er, die
Kör|per|spra|che
Kör|per|teil, der; **Kör|per|tem|pe|ra|tur; Kör|per|ver|let|zung**
Kör|per|wär|me; Kör|per|zel|le
Kor|po|ra (Plur. von ²Korpus)
Kor|po|ral, der; -s, Plur. -e, auch ...äle ⟨franz.⟩ (früher für Führer einer Korporalschaft; Unteroffizier; schweiz. niedrigster Unteroffiziersgrad)
Kor|po|ral|schaft (früher für Untergruppe der Kompanie für den inneren Dienst)
Kor|po|ra|ti|on, die; -, -en ⟨lat.⟩ (Körperschaft; Studentenverbindung)
Kor|po|ra|tis|mus, der; -, ...men (Politik Beteiligung gesellschaftlicher Gruppen an politischen Entscheidungsprozessen); **kor|po|ra|tis|tisch**
kor|po|ra|tiv (körperschaftlich; einheitlich; eine Studentenverbindung betreffend)
kor|po|riert (einer stud. Korporation angehörend)
Korps, Corps [ko:ɐ̯], das; -, - ⟨franz.⟩ (Heeresabteilung; [schlagende] stud. Verbindung)
Korps|bru|der, Corps|bru|der; **Korps|geist**, Corps|geist, der; -[e]s
kor|pu|lent ⟨lat.⟩ (beleibt)
Kor|pu|lenz, die; - (Beleibtheit)
¹Kor|pus, der; -, -se (Christusfigur am Kreuz; fachspr. für massiver Teil von Möbeln; ugs. scherzh. für Körper)
²Kor|pus, Cor|pus ⟨lat.⟩ das; -, ...pora (einer wissenschaftl. Untersuchung zugrunde liegende Textsammlung; Musik [meist der; nur Sing.] Klangkörper eines Instruments)
³Kor|pus, die; - (ein alter Schriftgrad)
Kor|pus|kel, das; -s, -n, fachspr. häufig die; -, -n ⟨lat., »Körperchen«⟩ (kleines Teilchen der Materie)
Kor|pus|ku|lar|strah|len Plur. (Physik Strahlen aus elektr. geladenen Teilchen); **Kor|pus|ku|lar|the|o|rie**, die; - (Theorie, nach der das Licht aus Korpuskeln besteht)
Kor|ral, der; -s, -e ⟨span.⟩ ([Fang]gehege für Wildtiere)
Kor|ra|si|on, die; -, -en ⟨lat.⟩ (Geol. Abschabung, Abschleifung)
Kor|re|fe|rat [auch ...ˈraːt], österr. auch **Ko|re|fe|rat**, das; -[e]s, -e ⟨lat.⟩ (zweiter Bericht; Nebenbericht); **Kor|re|fe|rent** [auch ...ˈrent], auch, bes. österr., **Ko|re|fe|rent**, der; -en, -en (zweiter Referent; Mitgutachter); **Kor|re|fe|ren|tin** [auch ...ˈren...], auch, bes. österr., **Ko|re|fe|ren|tin; kor|re|fe|rie|ren** [auch ...ˈriː...], auch, bes. österr., **ko|re|fe|rie|ren**
kor|rekt ⟨lat.⟩; **kor|rek|ter|wei|se**
Kor|rekt|heit
Kor|rek|ti|on, die; -, -en (schweiz. für Verbreiterung, Begradigung [einer Straße, eines Bachs o. Ä.])
kor|rek|tiv (veraltet für bessernd; zurechtweisend); **Kor|rek|tiv**, das; -s, -e (Besserungs-, Ausgleichsmittel)
Kor|rek|tor, der; -s, ...oren (Berichtiger von Manuskripten od. Druckabzügen); **Kor|rek|to|rat**, das; -[e]s, -e (Abteilung der Korrektoren); **Kor|rek|to|rin**
Kor|rek|tur, die; -, -en (Berichtigung [des Schriftsatzes], Verbesserung); Korrektur lesen
Kor|rek|tur|ab|zug
Kor|rek|tur|be|darf
Kor|rek|tur|bo|gen; Kor|rek|tur|fah|ne; Kor|rek|tur|le|sen, das; -s
Kor|rek|tur|vor|schrif|ten Plur.
Kor|rek|tur|zei|chen
kor|re|lat vgl. korrelativ; **Kor|re|lat**, das; -[e]s, -e (Ergänzung, Entsprechung; Sprachwiss. Wort, das auf ein anderes bezogen ist)
Kor|re|la|ti|on, die; -, -en (Wechselbeziehung); **Kor|re|la|ti|ons|rech|nung** (Math.)
kor|re|la|tiv, seltener **kor|re|lat** ⟨lat.⟩ (sich wechselseitig erfordernd u. bedingend)
kor|re|lie|ren (einander bedingen)
kor|re|pe|tie|ren ⟨lat.⟩ (Musik eine Gesangs-, Instrumental- od.

Kosmos

Tanzpartie mit Klavierbegleitung einüben); **Kor|re|pe|ti|ti|on**, die; -, -en; **Kor|re|pe|ti|tor**; **Kor|repe|ti|to|rin**
kor|re|s|pek|tiv ⟨lat.⟩ (*Rechtsspr.* gemeinschaftlich); korrespektives Testament
Kor|re|s|pon|dent, der; -en, -en ⟨lat.⟩ (auswärtiger Berichterstatter; Bearbeiter des [kaufmänn.] Schriftwechsels); **Kor|re|s|ponden|tin**
Kor|re|s|pon|denz, die; -, -en (Briefverkehr, -wechsel; *regional für* Berichterstattung; *veraltend für* Übereinstimmung)
Kor|re|s|pon|denz|buch; **Kor|re|spon|denz|bü|ro**; **Kor|re|s|pondenz|kar|te** (*österr. veraltet für* Postkarte)
kor|re|s|pon|die|ren (im Briefverkehr stehen; übereinstimmen); korrespondierendes Mitglied (auswärtiges Mitglied)
Kor|ri|dor, der; -s, -e ⟨ital.⟩ ([Wohnungs]flur, Gang; schmaler Gebietsstreifen); **Kor|ri|dor|tür**
Kor|ri|gend, der; -en, -en ⟨lat., »der zu Bessernde«⟩ (*veraltet für* Sträfling)
Kor|ri|gen|da *Plur.* ([Druck]fehler, Fehlerverzeichnis)
Kor|ri|gen|din ⟨*zu* Korrigend⟩
Kor|ri|gens, das; -, *Plur.* ...gentia *u.* ...genzien *meist Plur.* (*Pharm.* geschmackverbessernder Zusatz zu Arzneien)
kor|ri|gie|ren (berichtigen; verbessern)
kor|ro|die|ren ⟨lat.⟩ (*fachspr. für* zersetzen, zerstören; der Korrosion unterliegen)
Kor|ro|si|on, die; -, -en (Zersetzung, Zerstörung)
kor|ro|si|ons|be|stän|dig; **kor|ro|sions|fest**; **Kor|ro|si|ons|schutz**; **kor|ro|si|ons|ver|hü|tend**
kor|ro|siv (zerfressend, zerstörend; durch Korrosion hervorgerufen)
kor|rum|pie|ren ⟨lat.⟩ ([charakterlich] verderben; bestechen)
kor|rum|piert (verderbt [von Stellen in alten Texten])
Kor|rum|pie|rung
kor|rupt ([moralisch] verdorben; bestechlich)
Kor|rup|ti|on, die; -, -en (Bestechlichkeit; Bestechung; [Sitten]verfall, -verderbnis); **Korrup|ti|ons|af|fä|re**; **Kor|rup|ti|onsskan|dal**; **Kor|rup|ti|ons|verdacht**; **Kor|rup|ti|ons|vor|wurf**
Kor|sa|ge [...ʒə], die; -, -n ⟨franz.⟩ (trägerloses, versteiftes Oberteil eines Kleides)
Kor|sar, der; -en, -en ⟨ital.⟩ (*früher für* Seeräuber[schiff]; kleine Zweimannjolle)
Kor|se, der; -n, -n (Bewohner Korsikas)
Kor|se|lett, das; -s, *Plur.* -s, *auch* -e ⟨franz.⟩ (bequemes, leichtes Korsett)
Kor|sett, das; -s, *Plur.* -s, *auch* -e (Mieder; *Med.* Stützvorrichtung für die Wirbelsäule)
Kor|sett|stan|ge
Kor|si|ka (Insel im Mittelmeer)
Kor|sin ⟨*zu* Korse⟩; **kor|sisch**
Kor|so, der; -s, -s ⟨ital.⟩ (Schaufahrt; Umzug; Straße [für das Schaufahren])
Kors|te, die; -, -n (*landsch. für* Endstück des Brotes)
Kor|tex, der; -[es], *Plur.* -e, *auch* ...tizes ⟨lat.⟩ (*Med.* äußere Zellschicht eines Organs, bes. Hirnrinde); **kor|ti|kal** (den Kortex betreffend)
kor|ti|ko|trop, *fachspr. meist* corticotrop ⟨griech.⟩ (*Med.* auf die Nebennierenrinde einwirkend); **Kor|ti|ko|tro|pin**, *fachspr. meist* Corticotropin, das; -s, -e (*Med.* die Funktion der Nebennierenrinde regulierendes Hormon)
Kor|ti|son, *fachspr.* Cortison, das; -s ⟨Kunstwort⟩ (*Pharm.* ein Hormonpräparat)
Ko|rund, der; -[e]s, -e ⟨tamil.⟩ (ein Mineral)
K.-o.-Run|de (*Sport*)
Kö|rung ⟨*zu* kören⟩
Kor|vet|te, die; -, -n ⟨franz.⟩ (leichtes [Segel]kriegsschiff); **Kor|vetten|ka|pi|tän**
Kor|vey *vgl.* Corvey
Ko|ry|bant, der; -en, -en ⟨griech.⟩ (Priester der Kybele); **ko|ry|bantisch** (wild begeistert, ausgelassen)
Ko|ry|phäe, die; -, -n ⟨griech.⟩ (bedeutende Persönlichkeit, hervorragender Gelehrter usw.)
Kos (Insel des Dodekanes)
Ko|sak, der; -en, -en ⟨russ.⟩ (Angehöriger der milit. organisierten Grenzbevölkerung im zarist. Russland; leichter Reiter)
Ko|sa|ken|müt|ze; **Ko|sa|ken|pferd**
Ko|sa|kin
Ko|sche|nil|le [...ˈnɪljə], die; -, -n ⟨span.⟩ (eine Schildlaus; *nur Sing.:* ein roter Farbstoff); **Kosche|nil|le|laus**

ko|scher ⟨hebr.-jidd.⟩ (den jüd. Speisegesetzen gemäß [erlaubt]; *ugs. für* einwandfrei)
K.-o.-Schlag ↑D 26 (*Boxen* Niederschlag); *vgl. auch* Knock-out-Schlag
Koś|ci|usz|ko [kɔʃˈtʃjʊʃko] (poln. Nationalheld)
Ko|se|form
Ko|se|kans, der; -, *Plur.* -, *auch* ...anten ⟨lat.⟩ (*Math.* Kehrwert des Sinus im rechtwinkligen Dreieck; *Zeichen* cosec)
ko|sen; du kost; **Ko|se|na|me**
Ko|se|wort *Plur.* ...wörter, *auch* ...worte
K.-o.-Sie|ger ↑D 26; *vgl. auch* Knock-out-Schlag; **K.-o.-Sie|ge|rin**
Ko|si|ma *vgl.* Cosima
Ko|si|nus, *bes. fachspr.* Co|si|nus, der; -, *Plur. - u. -se* ⟨lat.⟩ (*Math.* eine Winkelfunktion im rechtwinkligen Dreieck; *Zeichen* cos)
Kos|me|tik, die; - ⟨griech.⟩ (Körper- u. Schönheitspflege)
Kos|me|ti|ker; **Kos|me|ti|ke|rin**
Kos|me|tik|her|stel|ler; **Kos|me|tikher|stel|le|rin**; **Kos|me|tik|sa|lon**; **Kos|me|tik|ta|sche**
Kos|me|ti|kum, das; -s, ...ka *meist Plur.* ⟨griech.-lat.⟩ (Mittel zur Schönheitspflege); **kos|me|tisch**
kos|misch ⟨griech.⟩ (im Kosmos; das Weltall betreffend; All...); kosmische Strahlung ↑D 89
Kos|mo|bio|lo|gie [*auch* ˈkɔs...] (Lehre von den außerird. Einflüssen auf die Gesamtheit der Lebenserscheinungen)
Kos|mo|drom, das; -s, -e ⟨griech.-russ.⟩ (Startplatz für Raumschiffe)
Kos|mo|go|nie, die; -, ...ien ⟨griech.⟩ (Weltentstehungslehre); **kos|mo|go|nisch**
Kos|mo|gra|fie, **Kos|mo|gra|phie**, die; -, ...ien (*veraltet für* Weltbeschreibung)
Kos|mo|lo|gie, die; -, ...ien (Lehre von der Entstehung u. Entwicklung des Weltalls)
kos|mo|lo|gisch
Kos|mo|naut, der; -en, -en ⟨griech.-russ.⟩ (Weltraumfahrer); **Kosmo|nau|tik**, die; -; **Kos|mo|nau|tin**
Kos|mo|po|lit, der; -en, -en ⟨griech.⟩ (Weltbürger); **Kos|mopo|li|tin**
kos|mo|po|li|tisch; **Kos|mo|po|li|tismus**, der; - (Weltbürgertum)
Kos|mos, der; - (Weltall, Weltraum)

Kosmotheismus

Kos|mo|the|is|mus, der; - (philos. Anschauung, die Gott u. die Welt als Einheit begreift)

Kos|mo|tron [*auch* ...'tro:n], das; -s, *Plur.* ...trone, *auch* -s (*Kernphysik* Teilchenbeschleuniger)

Ko|so|va|re, der; -n, -n (Bewohner des Kosovos); Ko|so|va|rin; ko|so|va|risch

Ko|so|vo [...sovo] -s, *meist mit Artikel* das, *seltener* der; -[s] (Staat in Südosteuropa); Ko|so|vo-Al|ba|ner; Ko|so|vo-Al|ba|ne|rin; ko|so|vo-al|ba|nisch; Ko|so|vo|krieg *Plur. selten*

Kos|suth ['kɔʃʊt] (ung. Nationalheld)

Kost, die; -

kos|tal (*lat.*) (*Med.* zu den Rippen gehörend)

kost|bar; Kost|bar|keit

¹kos|ten (schmecken)

²kos|ten (wert sein); es kostet mich viel [Geld], nichts, hundert Euro; das kostet ihn *od.* ihm die Stellung; Kos|ten *Plur.*; Kosten senken, sparen; ↑D 58: kostensenkende *od.* Kosten senkende Maßnahmen; eine kostensparende *od.* Kosten sparende Lösung, *aber nur* eine kostensparendere, die kostensparendste Lösung; auf Kosten des ... *od.* von ...

Kos|ten|an|schlag; Kos|ten|aufwand; Kos|ten|be|rech|nung

kos|ten|be|wusst; Kos|ten|bewusst|sein

Kos|ten|dämp|fung

kos|ten|de|ckend, Kos|ten deckend; kostendeckende *od.* Kosten deckende Gebühren ↑D 58; Kos|ten|de|ckung

Kos|ten|druck, der; -[e]s

Kos|ten|ein|spa|rung; Kos|ten|entwick|lung; Kos|ten|er|stat|tung; Kos|ten|ex|plo|si|on; Kos|ten|fak|tor; Kos|ten|fest|set|zung; Kos|ten|fra|ge

kos|ten|frei; kos|ten|ge|recht

Kos|ten|grün|de *Plur.*; aus Kostengründen

kos|ten|güns|tig; kos|ten|in|ten|siv

Kos|ten|la|wi|ne

kos|ten|los

kos|ten|mie|te; kos|ten|neu|tral

Kos|ten-Nut|zen-Ana|ly|se ↑D 26

kos|ten|pflich|tig; Kos|ten|punkt; Kos|ten|rah|men, der; -s

kos|ten|sen|kend, Kos|ten senkend *vgl.* Kosten; Kos|ten|sen|kung

kos|ten|spa|rend, Kos|ten sparend *vgl.* Kosten

Kos|ten|stei|ge|rung; Kos|ten|voran|schlag

Kost|gän|ger; Kost|gän|ge|rin

Kost|ge|ber; Kost|ge|be|rin

Kost|geld

köst|lich; Köst|lich|keit

Kost|pro|be

kost|spie|lig; Kost|spie|lig|keit

Kos|tüm, das; -s, -e (*franz.*) (aus Rock u. Jacke bestehende Damenkleidung; Verkleidung)

Kos|tüm|bild|ner; Kos|tüm|bild|ne|rin

Kos|tüm|fest; Kos|tüm|film; Kos|tüm|fun|dus; Kos|tüm|ge|schich|te

kos|tü|mie|ren; sich kostümieren ([ver]kleiden); Kos|tü|mie|rung

Kos|tüm|par|ty; Kos|tüm|samm|lung; Kos|tüm|ver|leih

Kost|ver|äch|ter (*scherzh.*); Kost|ver|äch|te|rin

Ko|sub|s|t|rat, *fachspr. meist* Co-sub|s|t|rat (bei der Kofermentation zugesetzter Rohstoff; eine Molekülart)

K.-o.-Sys|tem (Austragungsmodus von Wettkämpfen, bei dem der Unterlegene ausscheidet)

Kot, der; -[e]s, -e *Plur. selten*

Ko|tan|gens, *bes. fachspr.* Co|tan|gens, der; -, - *Plur. selten* (*lat.*) (*Math.* eine Winkelfunktion im Dreieck; *Zeichen* cot)

Ko|tau, der; -s, -s (*chin.*) (demütige Ehrerweisung); Kotau machen

¹Ko|te, die; -, -n (*franz.*) (*Geogr.* Geländepunkt [einer Karte], dessen Höhenlage genau vermessen ist)

²Ko|te, die; -, -n, Kot|ten, der; -s, - (*nordd. für* kleines Haus)

³Ko|te, die; -, -n (*finn.*) (Lappenzelt)

Kö|te, die; -, -n (*fachspr. für* hintere Seite der Zehe bei Rindern u. Pferden)

Kö|tel, der; -s, - (*nordd. für* Kotklümpchen)

Ko|te|lett [kɔt'lɛt, *auch* 'kɔt...], das; -s, -s (*franz.*, »Rippchen«) (Rippenstück)

Ko|te|let|ten *Plur.* (Backenbart)

ko|ten (Kot ausscheiden)

Kö|ten|ge|lenk (*Zool.* Fesselgelenk)

Ko|ten|ta|fel (*Geogr.* topografische Karte mit Höhenangaben)

Kö|ter, der; -s, - (*abwertend für* Hund)

Ko|te|rie, die; -, ...ien (*franz.*) (*veraltet für* Kaste; Klüngel)

Kot|flü|gel

Kö|then (Stadt südwestl. von Dessau); Kö|the|ner; Kö|the|ne|rin

Ko|thurn, der; -s, -e (*griech.*) (dicksohliger Bühnenschuh der Schauspieler im antiken Theater)

ko|tie|ren (*franz.*) (*Kaufmannsspr.* ein Wertpapier an der Börse zulassen); Ko|tie|rung

ko|tig

Ko|til|lon [...tljõ, *auch* kotɪl'jõ:], der; -s, -s (*franz.*) (ein alter Gesellschaftstanz)

Köt|ner (*nordd. für svw.* Kätner); Köt|ne|rin

Ko|to, das; -s, -s, *auch* die; -, -s (*jap.*) (ein zitherähnliches jap. Musikinstrument)

Ko|ton [...'tõ:], der; -s, -s (*arab.-franz.*) (*selten für* Baumwolle; *vgl. auch* Cotton; ko|to|ni|sie|ren (*Textilind.* baumwollähnlich machen); Ko|to|ni|sie|rung

Ko|tor, Cat|ta|ro (Stadt in Montenegro)

Ko|to|rin|de (*indian.; dt.*) (ein altes Heilmittel)

Ko|trai|ner, Ko-Trai|ner *vgl.* Co-Trainer; Ko|trai|ne|rin, Ko-Trai|ne|rin *vgl.* Co-Trainerin

K.-o.-Trop|fen (Tropfen, die nach Einnahme zu Bewusstlosigkeit führen)

Kot|sass, Kot|sas|se (*nordd. für* Kätner, Kötner)

Kot|schin|chi|na (»Kleinchina«) (alte Bez. des Südteils von Vietnam); Kot|schin|chi|na|huhn

Kott|er *vgl.* ²Kote; Köt|ter, der; -s, - (*nordd. veraltend für* ²Kote; *österr. für* Arrest); Köt|ter (*nordd. für* Inhaber einer ²Kote); Köt|te|rin

Ko|ty|le|do|ne, die; -, -n *meist Plur.* (*griech.*) (*Zool.* Zotte der tierischen Embryohülle; *Bot.* pflanzl. Keimblatt)

Ko|ty|lo|sau|ri|er (ausgestorbenes eidechsenähnliches Kriechtier)

Kotz|bro|cken (*derb für* widerwärtiger Mensch)

¹Kot|ze, die; -, -n (*landsch. für* wollene Decke, Wollzeug; wollener Umhang); *vgl.* Kotzen

²Kot|ze, die; - (*derb für* Erbrochenes)

Köt|ze, die; -, -n (*mitteld. für* Rückentragkorb)

Kot|ze|bue [...bu] (dt. Dichter)
kot|zen (derb für sich übergeben); du kotzt
Kot|zen, der; -s, - (Nebenform von ¹Kotze)
kot|zen|grob (landsch. für sehr grob)
Köt|zer, der; -s, - (svw. Kops)
kot|ze|rig (derb für zum Erbrechen übel)
kotz|lang|wei|lig (ugs.); **kotz|übel** (derb)
ko|va|lent; kovalente Bindung (Chemie Atombindung)
Ko|va|ri|an|ten|phä|no|men [auch ˈkoː...] ⟨lat.; griech.⟩ (Psychol. Täuschung der Raum-, Tiefenwahrnehmung); **Ko|va|ri|anz**, die; -, -en ⟨lat.⟩ (Math., Physik)
Ko|x|al|gie, die; -, ...ien ⟨lat.; griech.⟩ (Med. Hüftgelenkschmerz)
Ko|xi|tis, die; -, ...itiden ⟨lat.⟩ (Hüftgelenkentzündung)
Ko|zy|tus vgl. Kokytos
kp = Kilopond
kPa = Kilopascal
KPD, die; - = Kommunistische Partei Deutschlands
kpm = Kilopondmeter
kr = Krone
KR = Kommerzialrat, Kommerzialrätin
Kr (chem. Zeichen für Krypton)
Kr., Krs. = Kreis
Kraal (Schreibung in Afrikaans für Kral)
Krab|be, die; -, -n (ein Krebs; ugs. auch für Garnele; Archit. Steinblume an Giebeln; ugs. für Kind)
Krab|bel|al|ter; **Krab|be|lei** (ugs.); **Krab|bel|grup|pe**
krab|be|lig vgl. krabblig
Krab|bel|kind
krab|beln; ich krabb[e]le; es kribbelt u. krabbelt; vgl. aber grabbeln; **Krab|bel|stu|be** (Kindergarten für Kleinkinder)
krab|ben (fachspr. für [Geweben] Glätte u. Glanz verleihen)
Krab|ben|fi|scher; **Krab|ben|fi|sche|rin**; **Krab|ben|kut|ter**
krabb|lig, krab|be|lig (ugs.)
krach!; **Krach**, der; -[e]s, Kräche (nur Sing.: Lärm; ugs. für Streit; Zusammenbruch); mit Ach und Krach (mit Müh und Not); Krach schlagen
kra|chen; sich mit jmdm. krachen (ugs. für streiten); es mal richtig krachen lassen od. kra-
chen lassen (ugs. für ausgelassen feiern)
Kra|chen, der; -s, Plur. Krächen u. Krachen (schweiz. mdal. für Schlucht, kleines Tal, abgelegenes Dorf od. Tal)
Kra|cher (ugs. für Knallkörper)
Kra|cherl, das; -s, -[n]; vgl. Pickerl (bayr., österr. für Brauselimonade)
kra|chig (landsch. für knackig)
Krach|le|der|ne, die; -n, -n (bayr. für kurze Lederhose)
Krach|man|del (landsch.)
kräch|zen; du krächzt; **Kräch|zer**
Kra|cke, die; -, -n (landsch. für altes Pferd)
kra|cken [auch ˈkrɛ...] usw. vgl. cracken usw.
Krä|cker vgl. Cracker
Krad, das; -[e]s, Kräder (kurz für Kraftrad)
Krad|fah|rer; **Krad|fah|re|rin**; **Krad|mel|der** (Militär); **Krad|mel|derin**
kraft ↑D 70; Präp. mit Gen.: kraft meines Amtes
¹**Kraft**, die; -, Kräfte; [viel] Kraft rauben; kraftraubende od. Kraft raubende, kraftsparende od. Kraft sparende Methoden ↑D 58; in Kraft treten, sein; das in Kraft getretene Gesetz; ↑D 27 u. 82: das Inkrafttreten; etwas außer Kraft setzen
²**Kraft** (m. Vorn.)
Kraft|akt; **Kraft|an|stren|gung**; **Kraft|auf|wand**
Kraft|aus|druck Plur. ...drücke
Kraft|brü|he
Kräf|te|mes|sen, das; -s
Kräf|te|paar (Physik); **Kräf|te|paral|le|lo|gramm** (Physik)
kräf|te|rau|bend, Kräf|te rau|bend ↑D 58; vgl. kraftraubend
kraft|er|füllt
kräf|te|scho|nend, Kräf|te schonend ↑D 58
kräf|te|spa|rend, Kräf|te spa|rend ↑D 58; vgl. kraftsparend
Kräf|te|ver|hält|nis
kräf|te|zeh|rend
Kraft|fah|rer; **Kraft|fah|re|rin**
Kraft|fahr|tech|nik, seltener **Kraftfahrt|tech|nik**
Kraft|fahr|zeug (Abk. Kfz); **Kraftfahr|zeug|brief**; **Kraft|fahrzeug-Haft|pflicht|ver|si|che|rung** ↑D 22; **Kraft|fahr|zeug|hal|ter**; **Kraft|fahr|zeug|hal|te|rin**
Kraft|fahr|zeug|in|dus|t|rie; **Kraftfahr|zeug|kenn|zei|chen**; **Kraftfahr|zeug|re|pa|ra|tur|werk|statt**;
Kraft|fahr|zeug|schein
Kraft|fahr|zeug|steu|er, die
Kraft|fahr|zeug|ver|si|che|rung; **Kraft|fahr|zeug|zu|las|sung**
Kraft|feld (Physik)
Kraft|fut|ter vgl. ¹Futter
kräf|tig; **kräf|ti|gen**; **Kräf|ti|gung**; **Kräf|ti|gungs|mit|tel**, das
kraft|los; saft- und kraftlos ↑D 31; **Kraft|los|er|klä|rung** (Rechtswiss.); **Kraft|lo|sig|keit**
Kraft|mei|er (ugs. für jmd., der mit seiner Kraft protzt); **Kraftmei|e|rei**; **kraft|mei|e|risch**
Kraft|pa|ket (ugs. für Kraftmensch; Maschine mit großer Leistungsstärke)
Kraft|post (früher); **Kraft|pro|be**
Kraft|protz; **Kraft|quel|le**
Kraft|rad (Kurzform Krad)
kraft|rau|bend, Kraft rau|bend ↑D 58: eine kraftraubende od. Kraft raubende Arbeit, aber nur eine viel Kraft raubende Arbeit, eine äußerst kraftraubende, noch kraftraubendere Arbeit
Kraft|raum (Sport)
kraft|spa|rend, Kraft spa|rend ↑D 58: eine kraftsparende od. Kraft sparende Technik, aber nur eine viel Kraft sparende Technik, eine äußerst kraftsparende, noch kraftsparendere Technik
Kraft|sport; **Kraft|sport|ler**; **Kraftsport|le|rin**
Kraft|stoff; **Kraft|stoff|pum|pe**; **Kraft|stoff|ver|brauch**
Kraft|strom
kraft|strot|zend
Kraft|trai|ning; **Kraft|über|tragung**; **Kraft|ver|geu|dung**; **Kraftver|kehr**
kraft|voll
Kraft|wa|gen
Kraft-Wär|me-Kopp|lung (↑D 26; ein Energiegewinnungsverfahren; Abk. KWK)
Kraft|werk; **Kraft|werk[s]|be|treiber**; **Kraft|werk[s]|be|trei|be|rin**
Kraft|wort Plur. ...worte u. ...wörter
Kra|ge, die; -, -n (Archit. Konsole)
Krä|gel|chen, **Krä|ge|lein**; **Kra|gen**, der; -s, Plur. -, südd., österr. u. schweiz. auch Krägen
Kra|gen|bär; **Kra|gen|knopf**; **Kragen|num|mer**; **Kra|gen|wei|te**
Krag|stein (Archit. vorspringender, als Träger verwendeter Stein); **Krag|trä|ger** (Archit. Konsole)

Krähe

Kräǀhe, die; -, -n; **kräǀhen**
Kräǀhenǀfüǀße Plur. (ugs. für Fältchen in den Augenwinkeln; unleserlich gekritzelte Schrift; kleine, spitze Eisenstücke, die die Reifen verfolgender Autos beschädigen sollen)
Kräǀhenǀnest (auch für Ausguck am Schiffsmast)
Krähl, der; -[e]s, Plur. -e od.-er (Bergmannsspr. besonderer Rechen); **krählǀen**
Krähǀwinǀkel, das; -s meist ohne Artikel (nach dem Ortsnamen in Kotzebues »Kleinstädtern«) (spießbürgerliche Kleinstadt)
Krähǀwinǀkeǀlei (spießiges Verhalten)
Krähǀwinkǀler; **Krähǀwinkǀleǀrin**
Kraichǀgau, der; -[e]s (Hügelland zwischen Odenwald u. Schwarzwald); **Kraichǀgauǀer**; **Kraichǀgauǀeǀrin**
Krain (Westteil von Slowenien)
Kraǀkaǀtau [auch ...'taṷ] (vulkanische Insel zwischen Sumatra u. Java)
Kraǀkau (poln. Kraków)
¹**Kraǀkauǀer**; Krakauer Kulturgut
²**Kraǀkauǀer**, die; -, - (eine Art Knackwurst)
Kraǀkauǀeǀrin ⟨zu ¹Krakauer⟩
Kraǀke, der; -n, -n, ugs. auch die; -, -n ⟨norw.⟩ (Riesentintenfisch)
Kraǀkeel, der; -s (ugs. für Lärm u. Streit; Unruhe); **kraǀkeeǀlen** (ugs.); er hat krakeelt; **Kraǀkeeǀler** (ugs.); **Kraǀkeeǀleǀrei** (ugs.); **Kraǀkeeǀleǀrin**
Kraǀkel, der; -s, - (ugs. für schwer leserliches Schriftzeichen)
Kraǀkelǀlee vgl. Craquelé
Kraǀkeǀlei (ugs.)
Kraǀkelǀfuß meist Plur. (ugs. für krakeliges Schriftzeichen)
kraǀkeǀlig (ugs.); **kraǀkeln** (ugs.); ich krak[e]le; **Kraǀkelǀschrift** (ugs.); **krakǀlig** (ugs.)
Kraǀków ['krakuf] (Stadt in Polen)
Kraǀkoǀwiǀak, der; -s, -s ⟨poln.⟩ (poln. Nationaltanz)
Kral, der; -s, Plur. -e, auch -s ⟨port.-afrikaans⟩ (Runddorf afrik. Stämme)
Krallǀle, die; -, -n
kralǀlen (mit den Krallen zufassen; ugs. unerlaubt wegnehmen); sich an etwas od. jmdn. krallen
Kralǀlenǀafǀfe; **Kralǀlenǀfrosch**
kralǀlig

Kram, der; -[e]s
Kramǀbamǀbuǀli, der; -[s], -[s] (ein alkohol. Mixgetränk)
kraǀmen (ugs. für herumwühlen u. nach etw. suchen)
Kräǀmer (veraltet, aber noch landsch. für Kleinhändler)
Kraǀmeǀrei
Kräǀmeǀrei (veraltet, aber noch landsch. für kleiner Laden)
Kräǀmerǀgeist, der; -[e]s (abwertend)
krämerǀhaft; **Kräǀmeǀrin**
Kräǀmerǀlaǀtein, das; -s (veraltet, aber noch landsch. für Kauderwelsch, Händlersprache); **Kräǀmerǀseeǀle** (kleinlicher Mensch)
Kramǀlaǀden (abwertend)
Kramǀmetsǀvoǀgel (landsch. für Wacholderdrossel)
Kramǀpe, die; -, -n (u-förmig gebogener Metallhaken); **krampǀpen** (anklammern); **Kramǀpen**, der; -s, - (Nebenform von Krampe; bayr., österr. für Spitzhacke)
Krampf, der; -[e]s, Krämpfe
Krampfǀader; **Krampfǀaderǀbilǀdung**
krampfǀarǀtig
krampfǀen; sich krampfen
krampfǀhaft
Krampfǀhusǀten
krampfǀig; **krampfǀstilǀlend**
¹**Kramǀpus**, der; -, ...pi (Med. Muskelkrampf)
²**Kramǀpus**, der; Gen. - u. -ses, Plur. -se (bes. österr. für Begleiter des Sankt Nikolaus; Knecht Ruprecht)
Kraǀmuǀri, die; -, ...ren (österr. ugs. für Kram, Gerümpel)
Kran, der; -[e]s, Plur. Kräne u. (fachspr.) Krane (Hebevorrichtung; landsch. für Zapfen, Zapfröhre, Wasserhahn)
kranǀbar (Technik sich kranen lassend)
Kränǀchen (landsch. für Zapfen; auch das Gezapfte)
kraǀnen (Technik mit dem Kran transportieren)
Kraǀneǀwit, der; -s, -en (bayr., österr. für Wacholder); **Kraǀneǀwitǀter**, der; -s, - (bayr., österr. für Wacholderschnaps)
Kranǀfühǀrer; **Kranǀfühǀreǀrin**
Kranǀgel, der; -s, -[n] (Bergsteigen verdrehte Stelle im Seil); **kranǀgeln**; ich krang[e]le
kränǀgen, krenǀgen (Seemannsspr. sich seitwärts neigen [vom Schiff]); **Kränǀgung**

kraǀniǀal ⟨griech.⟩ (Med. den Schädel betreffend, Schädel...)
Kraǀnich, der; -s, -e (ein Stelzvogel)
Kraǀnioǀloǀgie, die; - ⟨griech.⟩ (Med. Schädellehre); **Kraǀnioǀmeǀtrie**, die; -, ...ien (Schädelmessung); **Kraǀniǀoǀte**, der; -n, -n meist Plur. (Zool. Wirbeltier mit Schädel; **Kraǀnioǀtoǀmie**, die; -, ...ien (Med. Schädelöffnung)

krank

kränǀker, kränksǀte

Schreibung in Verbindung mit Verben ↑D 56:
– krank sein, werden, liegen
– sich [sehr] krank fühlen, stellen
– weil die Belastungen uns **krank machen** od. krankmachen

Vgl. aber: krankärgern; krankfeiern; kranklachen; krankmachen; krankmelden; krankschießen; krankschreiben

krankǀärǀgern, sich ↑D 47 (ugs. für sich sehr ärgern); ich habe mich krankgeärgert
Kranǀke, der u. die; -n, -n; die chronisch Kranken
kränǀkeln; ich känk[e]le
kranǀken; an etwas kranken (durch etwas beeinträchtigt sein; veraltet für an etwas erkrankt sein)
kränǀken (beleidigen, verletzen)
Kranǀkenǀanǀstalt (Amtsspr.)
Kranǀkenǀbeǀricht; **Kranǀkenǀbeǀsuch**; **Kranǀkenǀbett**; **Kranǀkenǀblatt**
krankǀkend
Kranǀkenǀgeld
Kranǀkenǀgeǀschichǀte
Kranǀkenǀgymǀnast; **Kranǀkenǀgymǀnasǀtik**; **Kranǀkenǀgymǀnasǀtin**
Kranǀkenǀhaus
Kranǀkenǀhausǀarzt; **Kranǀkenǀhausǀärzǀtin**; **Kranǀkenǀhausǀaufǀentǀhalt**; **Kranǀkenǀhausǀhyǀgieǀne**
Kranǀkenǀhausǀkeim meist Plur. ([multiresistenter] Infektionserreger, der im Krankenhaus übertragen wird u. schwerwiegende Infektionen auslösen kann); **Kranǀkenǀhausǀkoǀzern**
Kranǀkenǀhausǀreif; sie haben ihn krankenhausreif geschlagen
Kranǀkenǀhausǀseelǀsorǀge, die; -, -n
Kranǀkenǀkasǀse; **Kranǀkenǀkasǀsenǀbeiǀtrag**
Kranǀkenǀlaǀger

krawallig

Kran|ken|pfle|ge; Kran|ken|pfle|ger; Kran|ken|pfle|ge|rin
Kran|ken|sal|bung (kath. Sakrament); Kran|ken|schein; Kran|ken|schwes|ter; Kran|ken|stand (Anteil der Krankheitstage einer Arbeitnehmerschaft in einem bestimmten Zeitraum)
Kran|ken|trans|port
kran|ken|ver|si|chert; Kran|ken|ver|si|che|rung; kran|ken|ver|si|che|rungs|pflich|tig
Kran|ken|wa|gen; Kran|ken|zim|mer
krank|fei|ern (↑D47; ugs. für der Arbeit fernbleiben, ohne ernstlich krank zu sein; landsch. für arbeitsunfähig sein); er hat gestern krankgefeiert
krank|haft; Krank|haf|tig|keit, die; - Krank|heit; krank|heits|be|dingt
Krank|heits|bild
krank|heits|er|re|gend; Krank|heits|er|re|ger
Krank|heits|fall; im Krankheitsfall
krank|heits|hal|ber
Krank|heits|herd; Krank|heits|ri|si|ko; Krank|heits|tag; Krank|heits|ver|lauf; Krank|heits|wel|le
krank|la|chen, sich (↑D47; ugs. für heftig lachen); ich habe mich krankgelacht
kränk|lich; Kränk|lich|keit, die; -
krank|ma|chen (↑D47; svw. krankfeiern); sie hat krankgemacht; vgl. aber krank
krank|mel|den (↑D47; er hat sich krankgemeldet; Krank|mel|dung
krank|schie|ßen (↑D47; Jägerspr. anschießen); er hat das Reh krankgeschossen
krank|schrei|ben (↑D47; sie wurde [für] eine Woche krankgeschrieben
Krän|kung
Kran|wa|gen; Kran|win|de
Kranz, der; -es, Kränze
Kränz|chen
krän|zen (dafür häufiger bekränzen); du kränzt
Kranz|ge|fäß meist Plur. (Med.)
Kranz|geld (Rechtsspr.)
Kranz|ge|sims (Archit.)
Kranz|jung|fer (landsch. für Brautjungfer)
Kranz|ku|chen
Kranzl|jung|fer (bayr., österr. für Brautjungfer)
Kranz|nie|der|le|gung; Kranz|schlei|fe; Kranz|spen|de
Kräpf|chen; Kräp|fel vgl. Kräppel
Krap|fen, der; -s, - (ein Gebäck)
Krapp, der; -[e]s (niederl.) (eine Färberpflanze)

Kräp|pel, der; -s, - (landsch. für Krapfen)
krap|pen vgl. krabben
krapp|rot (zu Krapp)
krass (extrem; außerordentlich scharf; grell; Jugendspr.: extrem gut, extrem schlecht); Krass|heit
¹Kra|ter, der; -s, -e ⟨griech.⟩ (altgriech. Krug)
²Kra|ter, der; -s, - (Vulkanöffnung; Abgrund); Kra|ter|land|schaft; Kra|ter|rand; Kra|ter|see, der
kra|ti|ku|lie|ren ⟨lat.⟩ (Math. durch ein Gitternetz ausmessen od. übertragen)
Kratt, das; -s, -e (nordd. für Eichengestrüpp)
Krat|ten, der; -s, - (südd. u. schweiz. für [kleinerer, enger u. tiefer] Korb)
Kratz, der; -es, -e (landsch. für Schramme)
Kratz|band, das; -[e]s, ...bänder (Bergmannsspr. ein Fördergerät)
Kratz|bee|re (landsch. meist für Brombeere)
Kratz|bürs|te; kratz|bürs|tig (widerspenstig); Kratz|bürs|tig|keit
Krätz|chen (Soldatenspr. Feldmütze)
Krat|ze, die; -, -n (ein Werkzeug)
¹Krät|ze, die; -, -n (südd. für Korb)
²Krät|ze, die; - (Hautkrankheit; metallhaltiger Abfall)
Kratz|ei|sen
krat|zen; du kratzt; sich kratzen
Krat|zen|kraut, das; -[e]s
Krat|zer (ugs. für Schramme; Biol. ein Eingeweidewurm)
Krät|zer (saurer Wein, gärender Weinmost)
Kratz|fuß (früher für tiefe Verbeugung)
krat|zig
krät|zig; Krätz|mil|be
Kratz|putz (Sgraffito); Kratz|spur
krau|chen (landsch. für kriechen)
Kräu|el, der; -s, - (landsch. für Haken, Kratze)
krau|eln (selten); ich krau[e]le; vgl. ²kraulen
krau|en (mit den Fingerkuppen sanft kratzen)
Kraul, Crawl [kraʏl, krɔːl] der; -[s] ⟨engl.⟩ das; -[s] meist ohne Artikel (ein Schwimmstil)
¹krau|len, craw|len (im Kraulstil schwimmen)
²krau|len (zart kraulen)
Krau|ler; Krau|le|rin; Kraul|schwim|men, das; -s; Kraul|schwim|mer; Kraul|schwim|me|rin

Kraul|sprint; Kraul|staf|fel
kraus
Kraus (österr. Schriftsteller)
Krau|se, die; -, -n
Kräu|sel|band, das; Plur. ...bänder; Kräu|sel|garn; Kräu|sel|krank|heit (eine Pflanzenkrankheit); Kräu|sel|krepp, der
kräu|seln; ich kräus[e]le; das Haar kräuselt sich; Kräu|se|lung
Krau|se|min|ze (eine Heil- u. Gewürzpflanze)
krau|sen; du kraust; sie kraust|te; sich krausen
Kraus|haar; kraus|haa|rig
Kraus|kopf; kraus|köp|fig
Krauss, Clemens (österr. Dirigent)
kraus|zie|hen; die Nase, Stirn krausziehen (rümpfen, in Falten legen)
¹Kraut, das; -[e]s, Kräuter (südd., österr. Sing. auch für Kohl)
²Kraut, der; -s (nordd. für Garnelen, Krabben)
kraut|ar|tig
Kräut|chen
krau|ten (landsch. für Unkraut jäten)
Kräu|ter (scherzh. für Sonderling)
Kräu|ter Plur. (Gewürz- u. Heilpflanzen)
Kräu|ter|buch; Kräu|ter|but|ter; Kräu|ter|gar|ten
Krau|te|rin ⟨zu Krauter⟩
Kräu|ter|kä|se; Kräu|ter|li|kör; Kräu|ter|schnaps; Kräu|ter|tag; Kräu|ter|tee
Kraut|fäu|le (eine Kartoffelkrankheit); Kraut|gar|ten (landsch. für Gemüsegarten)
Kraut|gärt|ner (landsch. für Gemüsegärtner); Kraut|gärt|ne|rin; Kraut|häup|tel (österr. für Kraut-, Kohlkopf)
Kräu|ticht, das; -s, -e (veraltet für Bohnen-, Kartoffelkraut usw. nach der Ernte)
krau|tig (krautartig)
Kraut|kopf (südd., österr. für Kohlkopf)
Kräut|lein Rühr|mich|nicht|an, das; -s -, -
Kraut|rock, der; -[s] ⟨Jargon deutsche Rockmusik⟩
Kraut|sa|lat
Kraut|stiel (schweiz. für Mangold)
Kraut|stie|le Plur. (schweiz. für Mangoldrippen [als Gemüse])
Kraut|wi|ckel, Kraut|wick|lein (südd., österr. für Kohlroulade)
Kra|wall, der; -s, -e (Aufruhr; nur Sing.: ugs. für Lärm); kra|wal|lig;

Kra|wall|ma|cher; Kra|wall|ma|che|rin
Kra|wat|te, die; -, -n ([Hals]binde, Schlips); Kra|wat|ten|hal|ter; Kra|wat|ten|kno|ten; Kra|wat|ten|muf|fel; Kra|wat|ten|na|del; Kra|wat|ten|zwang, der; -[e]s
Kra|weel|be|plan|kung, Kar|weel|be|plan|kung ⟨von Karavelle⟩ (Schiffbau); kra|weel|ge|baut, kar|weel|ge|baut; ein kraweelgebautes Boot (mit aneinanderstoßenden Planken)
Kra|xe, die; -, -n ⟨ostmitteld., bayr., österr. für Rückentrage⟩; Kra|xe|lei (ugs.); kra|xeln (ugs. für mühsam steigen; klettern); ich krax[e]le; Krax|ler; Krax|le|rin
Kra|yon [kreˈjõː], der; -s, -s ⟨franz.⟩ (veraltet für Blei-, Kreidestift); Kra|y|on|ma|nier, die; - (bild. Kunst ein Radierverfahren)
Krä|ze, die; -, -n ⟨schweiz. mdal. für Rückentragkorb⟩; vgl. aber ¹Krätze
Kre|as, das; - ⟨span.⟩ (ungebleichte Leinwand)
Kre|a|tin, das; -s ⟨griech.⟩ (Biol., Med. organ. Verbindung in der Muskulatur)
Kre|a|ti|on, die; -, -en ⟨lat.-(franz.)⟩ (Modeschöpfung; veraltend für Erschaffung)
Kre|a|ti|o|nis|mus, der; - ⟨lat.-engl.⟩ (fundamentalistisches Festhalten an einer wörtlichen Auslegung der Schöpfungsgeschichte); Kre|a|ti|o|nist, der; -en, -en; Kre|a|ti|o|nis|tin
kre|a|tiv (schöpferisch)
Kre|a|tiv|bran|che
Kre|a|ti|ve, der u. die; -n, -n (schöpferisch tätiger Mensch)
Kre|a|ti|vi|tät, die; - (schöpferische Kraft); Kre|a|ti|vi|täts|test; Kre|a|ti|vi|täts|trai|ning
Kre|a|tiv|ur|laub (Urlaub, in dem man schöpferischer Tätigkeit erlernt od. ausübt)
Kre|a|tiv|wirt|schaft, die; - (kulturelle Leistungen u. Produkte umfassender Wirtschaftssektor)
Kre|a|tiv|zen|t|rum
Kre|a|tur, die; -, -en ⟨lat.⟩ (Lebewesen, Geschöpf; bedauerns- od. verachtenswerter Mensch); kre|a|tür|lich; Kre|a|tür|lich|keit, die; -
Krebs, der; -es, -e (Krebstier; bösartige Geschwulst; nur Sing.: Sternbild); Krebs erregen
krebs|ar|tig

Krebs|be|hand|lung
kreb|sen (Krebse fangen; ugs. für sich mühsam bewegen; erfolglos bleiben); du krebst
Krebs|er|kran|kung
krebs|er|re|gend, Krebs er|re|gend ↑D 58: eine krebserregende od. Krebs erregende (karzinogene) Chemikalie, aber nur eine äußerst krebserregende Chemikalie
Krebs|for|scher; Krebs|for|sche|rin; Krebs|for|schung
Krebs|früh|er|ken|nung
Krebs|gang, der; -[e]s
Krebs|ge|schwulst; Krebs|ge|schwür
krebs|ig; krebs|krank
Krebs|lei|den
Krebs|pa|ti|ent; Krebs|pa|ti|en|tin
Krebs|ri|si|ko
krebs|rot
Krebs|scha|den; Krebs|stamm|zel|le
Krebs|sup|pe
Krebs|the|ra|pie; Krebs|ver|dacht; Krebs|vor|sor|ge; Krebs|zel|le
Kre|denz, die; -, -en ⟨ital.⟩ (veraltend für Anrichte); kre|den|zen (geh. für [ein Getränk] feierlich anbieten); du kredenzt
¹Kre|dit, der [auch ...ˈdɪt], der; -[e]s, -e ⟨franz.⟩ (befristet zur Verfügung gestellter Geldbetrag; nur Sing.: Zahlungsaufschub; Vertrauenswürdigkeit in Bezug auf Zahlungsfähigkeit u. Zahlungsbereitschaft; übertr. für Glaubwürdigkeit); Kredit suchende od. kreditsuchende Personen ↑D 58; auf Kredit kaufen
²Kre|dit, das; -s, -s ⟨lat.⟩ (die rechte Seite, Habenseite eines Kontos)
Kre|dit|an|stalt
Kre|dit|an|trag; Kre|dit|auf|nah|me; Kre|dit|bank Plur. ...banken; Kre|dit|bla|se; Kre|dit|brief; Kre|dit|bü|ro
Kre|dit|de|ri|vat (Bankw., Börsenw. Derivat, mit dem sich ein Kreditgeber gegen das Ausfallrisiko absichert)
kre|dit|fä|hig
kre|dit|fi|nan|ziert; Kre|dit|fi|nan|zie|rung
Kre|dit|ge|ber; Kre|dit|ge|be|rin
Kre|dit|ge|nos|sen|schaft
Kre|dit|ge|schäft
Kre|dit|hai (ugs. für skrupelloser, überhöhte Zinsen fordernder Geldverleiher); kre|dit|hil|fe
kre|di|tie|ren ⟨franz.⟩ (Kredit gewähren, vorschießen); Kre|di|tie|rung
Kre|dit|ins|ti|tut; Kre|dit|kar|te

Kre|dit|kauf; Kre|dit|klem|me (ugs.)
Kre|dit|kri|se; Kre|dit|li|nie (Obergrenze für einen Kredit); Kre|dit|markt
Kre|dit|neh|mer; Kre|dit|neh|me|rin
Kre|di|tor [österr. ...ˈdiː...], der; -s, ...oren ⟨lat.⟩ (Kreditgeber, Gläubiger); Kre|di|to|ren|kon|to; Kre|di|to|rin; kre|di|to|risch
Kre|dit|pa|pier; Kre|dit|po|li|tik; Kre|dit|rah|men; Kre|dit|ra|ting; Kre|dit|si|che|rung (Absicherung des Kreditgebers)
Kre|dit su|chend, kre|dit|su|chend vgl. ¹Kredit; Kre|dit|ver|lust; Kre|dit|ver|si|che|rung; Kre|dit|vo|lu|men; Kre|dit|we|sen, das; -s
kre|dit|wür|dig; Kre|dit|wür|dig|keit
Kre|dit|zins
Kre|do vgl. Credo
Kre|feld (Stadt in Nordrhein-Westfalen); Kre|fel|der; Kre|fel|de|rin
kre|gel (bes. nordd. für gesund, munter)
Krehl, der; -s, -e (Gerät zum Jäten); vgl. aber Krähl
Krei|de, die; -, -n
krei|de|bleich
Krei|de|fel|sen; Krei|de|for|ma|ti|on, die; - ⟨Geol.⟩; Krei|de|küs|te
krei|den (selten für mit Kreide bestreichen)
Krei|de|strich
krei|de|weiß
Krei|de|zeich|nung
Krei|de|zeit, die; - ⟨Geol.⟩
krei|dig
krei|ie|ren ⟨lat.(-franz.)⟩ ([er]schaffen); Krei|ie|rung
Kreis, der; -es, -e (auch für Verwaltungsgebiet; Abk. Kr., Krs.)
Kreis|ab|schnitt
Kreis|amt
Kreis|arzt; Kreis|ärz|tin
Kreis|bahn
Kreis|be|we|gung
Kreis|bo|gen
krei|schen; du kreischst; er kreischte; gekreischt
Kreis|durch|mes|ser
Krei|sel, der; -s, -
Krei|sel|kom|pass
krei|seln; ich kreis[e]le
Krei|sel|pum|pe
Krei|sel|ver|dich|ter (Turbokompressor)
krei|sen; du kreist; den Becher kreisen lassen; vgl. aber kreißen
Krei|ser (Jägerspr. jmd., der bei Neuschnee Wild ausmacht); Krei|se|rin
Kreis|flä|che
kreis|för|mig

Kreuzbandriss

kreis|frei; eine kreisfreie Stadt
Kreis|in|halt
Kreis|klas|se (Sport)
Kreis|ky [...ki] (österr. Politiker)
Kreis|lauf
Kreis|lauf|be|schwer|den Plur.
Kreis|läu|fer (Handball); **Kreis|läu|fe|rin**
Kreis|lauf|kol|laps; **Kreis|lauf|mit|tel**, das; **Kreis|lauf|schwä|che**
Kreis|lauf|stö|rung; **Kreis|lauf|ver|sa|gen**, das; -s
Kreis|li|ga (Sport); **Kreis|li|gist**, der; -en, -en
Kreis|re|form (Verwaltung)
kreis|rund
Kreis|sä|ge
Kreis|schrei|ben (schweiz. neben Rundschreiben)
krei|ßen (veraltet für in Geburtswehen liegen); du kreißt; vgl. aber kreisen; **Krei|ßen|de**, die; -n, -n
Kreiß|saal (Entbindungsraum im Krankenhaus)
Kreis|stadt; **Kreis|stra|ße**; **Kreis|tag**; **Kreis|tags|ab|ge|ord|ne|te**
Kreis|um|fang
Kreis|ver|band
Kreis|ver|kehr
Kreis|ver|wal|tung; **Kreis|ver|wal|tungs|re|fe|rat** (eine Abteilung der kommunalen Verwaltung [in München])
Kreis|vor|sit|zen|de
Kreis|wehr|er|satz|amt
Krem (veraltete Schreibung für Creme)
Kre|ma|ti|on, die; -, -en ⟨lat.⟩ (Einäscherung [von Leichen]); **Kre|ma|to|ri|um**, das; -s, ...ien (Anlage für Feuerbestattungen)
kre|mie|ren (schweiz., sonst veraltet für einäschern)
Kreml, der; -[s], - ⟨russ.⟩ (burgartiger Stadtteil in russ. Städten, bes. in Moskau; nur Sing.: übertr. für Regierung Russlands); **Kreml|füh|rung**; **kreml|kri|tisch**
Krem|pe, die; -, -n ⟨zu Krampe⟩ ([Hut]rand)
¹**Krem|pel**, der; -s ⟨ugs. für [Tröde]kram⟩
²**Krem|pel**, die; -, -n ⟨Textilind. Maschine zum Auflockern der Faserbüschel⟩
¹**krem|peln** (Faserbüschel auflockern); ich kremp[e]le
²**krem|peln**, veraltet **krem|pen** ([nach oben] umschlagen); ich kremp[e]le

Kremp|ling (ein Pilz)
Krems an der Do|nau (österr. Stadt)
Krem|ser, der; -s, - ⟨nach dem Berliner Fuhrunternehmer⟩ (offener Wagen mit Verdeck)
Krem|ser Weiß, das; - -[es] (Bleiweiß)
Kren, der; -[e]s ⟨slaw.⟩ (bayr. mdal., österr. für Meerrettich)
Křenek [ˈkrʃɛnɛk] (österr. Komponist)
Kren|fleisch (österr. für gekochtes Schweinefleisch mit Meerrettich)
Kren|gel, der; -s, - (landsch. für Brezel; vgl. Kringel)
kren|geln, sich (landsch. für sich winden; umherschlendern); ich kreng[e]le mich
kren|gen usw. vgl. krängen usw.
Kren|wur|zen, die; -, - (bayr., österr. für Meerrettichwurzel)
Kre|ol, das; -s (Sprachwiss. Mischsprache in ehemaligen überseeischen Kolonien auf der Grundlage der jeweils dominierenden europäischen Sprache)
Kre|o|le, der; -n, -n ⟨franz.⟩ (in Mittel- u. Südamerika urspr. Abkömmling roman. Einwanderer; auch für Abkömmling von schwarzen Sklaven in Brasilien); **Kre|o|lin**
kre|o|lisch; **Kre|o|lisch**, das; -[s] (Sprache); vgl. Deutsch; **Kre|o|li|sche**, das; -n; vgl. ²Deutsche; **Kre|o|lis|tik**, die; - (Wissenschaft von den kreol. Sprachen u. Literaturen)
Kre|o|pha|ge, der; -n, -n ⟨griech.⟩ (svw. ¹Karnivore)
Kre|o|sot, das; -[e]s (Med., Pharm. früher ein Desinfektions- u. Arzneimittel)
kre|pie|ren ⟨ital.⟩ (bersten, platzen, zerspringen [von Sprenggeschossen]; derb für verenden)
Kre|pi|ta|ti|on, die; -, -en ⟨lat.⟩ (Med. Reiben u. Knirschen [bei Knochenbrüchen usw.])
¹**Krepp**, der; -s, Plur. -s u. -e, ¹Crêpe [krɛp], der; -[s], -s (krauses Gewebe)
²**Krepp** vgl. ²Crêpe
krepp|ar|tig
Krepp|band, das Plur. ...bänder
krep|pen (zu ¹Krepp, Krepppapier verarbeiten)
Krepp|flor; **Krepp|gum|mi**
Krepp|pa|pier, Krepp-Pa|pier
Krepp|soh|le

Kre|sol, das; -s (Chemie ein Desinfektionsmittel)
¹**Kres|se**, die; -, -n (Name verschiedener Pflanzen)
²**Kres|se**, die; -, -n (landsch. svw. Kressling); **Kress|ling** (Gründling)
Kres|zen|tia (w. Vorn.)
¹**Kres|zenz**, die; -, -en ⟨lat., »Wachstum«⟩ (Herkunft [edler Weine])
²**Kres|zenz** (w. Vorn.)
Kre|ta (eine griech. Insel)
kre|ta|ze|isch, **kre|ta|zisch** ⟨lat.⟩ (Geol. zur Kreideformation gehörend)
Kre|te, die; -, -n ⟨franz.⟩ (schweiz. für Geländekamm, -grat)
Kre|ter (Bewohner Kretas); **Kre|te|rin**
Kre|thi und Ple|thi Plur., auch Sing., ohne Artikel ⟨nach den »Kretern und Philistern« in Davids Leibwache⟩ (abwertend für alle möglichen Leute; Krethi und Plethi war[en] da
Kre|ti|kus, der; -, ...izi ⟨griech.⟩ (Verslehre ein antiker Versfuß)
Kre|tin [...ˈtɛ̃:], der; -s, -s ⟨franz.⟩ (jmd., der an Kretinismus leidet; ugs. abwertend für Dummkopf); **Kre|ti|nis|mus**, der; - (Med. durch Unterfunktion der Schilddrüse bedingtes Zurückbleiben der geistigen u. körperlichen Entwicklung)
kre|tisch (von Kreta)
Kre|ti|zi (Plur. von Kretikus)
Kre|ton, der; -s, -e (österr. neben Cretonne); **Kre|tonne** [krɛˈtɔn], die; -, -n; vgl. Cretonne
Kret|scham, **Kret|schem**, der; -s, -e ⟨slaw.⟩ (ostmitteld. für Schenke); **Kretsch|mer**, der; -s, - (ostmitteld. für Wirt); **Kretsch|me|rin**
kreuchst (veraltet für kriechst); **kreucht** (veraltet für kriecht); was da kreucht u. fleucht
Kreut|zer|so|na|te, die; - (von Beethoven dem franz. Geiger R. Kreutzer gewidmet); ↑D 136
Kreuz, das; -es, -e ⟨lat.⟩ ↑D 150: das Blaue, Rote, Weiße, Eiserne Kreuz; über Kreuz; in die Kreuz und [in die] Quere [laufen], aber ↑D 70: kreuz und quer
Kreuz|ab|nah|me
Kreuz|al|l|er|gie
Kreuz|ass, Kreuz-Ass [auch ˈkrɔɪts...]
Kreuz|auf|fin|dung, die; - (kath. Fest)
Kreuz|band, das; Plur. ...bänder (Med.); **Kreuz|band|riss**

Kreuzbein

Kreuz|bein (Med.)
Kreuz|blu|me; Kreuz|blüt|ler (eine Pflanzenfamilie)
kreuz|brav (ugs.)
Kreuz|chor, der; -[e]s (Knabenchor des Kreuzgymnasiums in Dresden)
kreuz|ehr|lich (ugs.)
kreu|zen (über Kreuz legen; Biol. paaren; Seemannsspr. im Zickzackkurs fahren); du kreuzt; sich kreuzen (sich überschneiden)
Kreu|zer (ehem. Münze; Kriegsschiff; größere Segeljacht); großer, kleiner Kreuzer
Kreuz|er|hö|hung, die; - (kath. Fest)
Kreu|zes|tod; Kreu|zes|weg (Christi Weg zum Kreuz; vgl. Kreuzweg); **Kreu|zes|zei|chen** vgl. Kreuzzeichen
Kreuz|fah|rer; Kreuz|fahrt; Kreuz|fahrt|schiff
kreuz|falsch (schweiz. salopp für völlig falsch)
Kreuz|feu|er
kreuz|fi|del (ugs.); **kreuz|för|mig**
Kreuz|gang, der
kreuz|ge|fähr|lich (ugs.)
Kreuz|ge|lenk
Kreuz|ge|wöl|be
kreuz|hohl (mit durchgebogenem Rücken)
kreu|zi|gen; Kreu|zi|gung
Kreuz|küm|mel (ein Gewürz)
kreuz|lahm
Kreuz|ot|ter, die
Kreuz|rit|ter
kreuz|sai|tig (beim Klavier)
Kreuz|schlitz|schrau|be
Kreuz|schlüs|sel (für die Radmuttern beim Auto)
Kreuz|schmerz meist Plur.
Kreuz|schna|bel (ein Vogel)
Kreuz|spin|ne
Kreuz|stich (ein Zierstich)
kreuz und quer (planlos); kreuz und quer durch die Stadt laufen
Kreu|zung
kreuz|un|glück|lich (ugs.)
Kreu|zungs|be|reich (Verkehrsw.)
kreu|zungs|frei; Kreu|zungs|punkt
Kreuz|ver|band; Kreuz|ver|hör
Kreuz|weg (auch für Darstellung des Leidens Christi; vgl. Kreuzesweg)
kreuz|wei|se
Kreuz|wort|rät|sel
Kreuz|zei|chen, Kreu|zes|zei|chen
Kreuz|zug
Kre|vet|te, Cre|vet|te, die; -, -n ⟨franz.⟩ (eine Garnelenart)

Krib|be, die; -, -n (nordd. für Buhne)
krib|be|lig, krib|blig (ugs. für ungeduldig, gereizt)
Krib|bel|krank|heit, die; - (Med. Mutterkornvergiftung)
krib|beln (ugs. für prickeln, jucken; wimmeln); ich kribb[e]le; es kribbelt mich; es kribbelt u. krabbelt
kribb|lig vgl. kribbelig
Kri|ckel, das; -s, -[n] meist Plur. (Jägerspr. Horn der Gämse); vgl. Krucke
kri|cke|lig, krick|lig (ostmitteld. für unzufrieden; nörgelnd)
Kri|ckel|kra|kel, das; -s, - (ugs. für unleserliche Schrift)
kri|ckeln (landsch. für streiten, nörgeln; ugs. auch für kritzeln); ich krick[e]le
Kri|ckel|wild (Gamswild)
Krick|en|te, Kriek|en|te (eine Wildente)
Kri|cket, das; -s ⟨engl.⟩ (ein Ballspiel); **Kri|cket|ball; Kri|cket|spie|ler; Kri|cket|spie|le|rin**
krick|lig vgl. krickelig
Kri|da, die; - ⟨mlat.⟩ (österr. für Konkursvergehen); **Kri|dar, Kri|da|tar,** der; -s, -e (österr. für Gemeinschuldner); **Kri|da|rin, Kri|da|ta|rin**
Krie|bel|mü|cke
Krie|che, die; -, -n (landsch. für eine Pflaumensorte)
krie|chen; du krochst; du kröchest; gekrochen; kriech[e]!; vgl. kreuchst usw.; **Krie|cher** (abwertend); **Krie|che|rei, Krie|che|rin; krie|che|risch**
Krie|cherl, das; -s, -[n]; vgl. Pickerl (österr. für Krieche); **Krie|cherl|baum**
Kriech|spur
Kriech|strom (Elektrot.)
Kriech|tier
Krieg, der; -[e]s, -e; die <mark>Krieg füh|ren|den</mark> od. kriegführenden Parteien ↑D 58
¹**krie|gen** (veraltet für Krieg führen)
²**krie|gen** (ugs. für erhalten, bekommen)
Krie|ger; Krie|ger|denk|mal Plur. ...mäler; **Krie|ger|grab**
Krie|ge|rin; krie|ge|risch
Krie|ger|tum, das; -s; **Krie|ger|wit|we**
<mark>**Krieg füh|rend**</mark>, **krieg|füh|rend** vgl. Krieg; **Krieg|füh|rung,** Kriegs|füh|rung
kriegs|ähn|lich; kriegsähnliche Zustände

Kriegs|an|fang; Kriegs|angst; Kriegs|an|lei|he; Kriegs|aus|bruch, der; -[e]s
kriegs|be|dingt; Kriegs|be|geis|tert
Kriegs|be|ginn; Kriegs|beil; Kriegs|be|ma|lung
Kriegs|be|richt; Kriegs|be|richt|er|stat|ter; Kriegs|be|richt|er|stat|te|rin
kriegs|be|schä|digt; Kriegs|be|schä|dig|te, der u. die; -n, -n
Kriegs|be|schä|dig|ten|für|sor|ge
Kriegs|blin|de
Kriegs|dienst; Kriegs|dienst|ver|wei|ge|rer; Kriegs|dienst|ver|wei|ge|rung
Kriegs|ein|wir|kung; Kriegs|en|de; Kriegs|er|klä|rung
Kriegs|fall, der; im Kriegsfall[e]
Kriegs|film; Kriegs|flot|te; Kriegs|flücht|ling; Kriegs|frei|wil|li|ge
Kriegs|füh|rung vgl. Kriegführung
Kriegs|fuß; nur in auf [dem] Kriegsfuß mit jmdm. od. etwas stehen
Kriegs|ge|biet; Kriegs|ge|fahr
kriegs|ge|fan|gen; Kriegs|ge|fan|ge|ne; Kriegs|ge|fan|gen|schaft
Kriegs|geg|ner; Kriegs|geg|ne|rin
Kriegs|ge|richt; Kriegs|ge|schrei
Kriegs|ge|winn|ler (abwertend); **Kriegs|ge|winn|le|rin**
Kriegs|grä|ber|für|sor|ge
Kriegs|ha|fen vgl. ²Hafen; **Kriegs|held; Kriegs|hel|din; Kriegs|herr; Kriegs|her|rin; Kriegs|het|ze**
Kriegs|hin|ter|blie|be|ne; Kriegs|hin|ter|blie|be|nen|für|sor|ge
Kriegs|in|va|li|de; Kriegs|jahr
Kriegs|ka|me|rad; Kriegs|ka|me|ra|din
Kriegs|kas|se; Kriegs|kunst; Kriegs|list; Kriegs|ma|ri|ne; Kriegs|op|fer; Kriegs|par|tei
Kriegs|pfad; Kriegs|rat, der; -[e]s
Kriegs|recht; Kriegs|re|por|ter; Kriegs|re|por|te|rin
Kriegs|ro|man; Kriegs|scha|den; Kriegs|schau|platz; Kriegs|schiff; Kriegs|schuld; Kriegs|spiel
Kriegs|teil|neh|mer; Kriegs|teil|neh|me|rin
Kriegs|to|te; Kriegs|trau|ung
Kriegs|trei|ber (abwertend); **Kriegs|trei|be|rin**
Kriegs|ver|bre|chen; Kriegs|ver|bre|cher; Kriegs|ver|bre|che|rin; Kriegs|ver|bre|cher|pro|zess; Kriegs|ver|bre|cher|tri|bu|nal
Kriegs|ver|let|zung
Kriegs|ver|rä|ter; Kriegs|ver|rä|te|rin; Kriegs|ver|sehr|te

Kritikasterin

kriegs|ver|wen|dungs|fä|hig (*Abk.* kv.)
Kriegs|ve|te|ran; Kriegs|ve|te|ra|nin
Kriegs|wai|se
Kriegs|wir|ren *Plur.;* **Kriegs|zeit**
kriegs|zer|rüt|tet
Kriegs|ziel; Kriegs|zu|stand *Plur.* selten
Kriek|en|te *vgl.* Krickente
Kriem|hild, Kriem|hil|de (w. Vorn.)
Kri|ko|to|mie, die; -, ...ien ⟨griech.⟩ (*Med.* operative Spaltung des Ringknorpels der Luftröhre)
Krill, der; -[e]s ⟨norw.⟩ (tierisches Plankton)
Krim, die; - (Halbinsel im Süden der Ukraine)
Kri|mi [*auch* ˈkriː...], der; -s, -s (*ugs. für* Kriminalroman, -film)
kri|mi|nal (*lat.*) (*veraltet für* strafrechtlich); **Kri|mi|nal,** das; -s, -e (*österr. veraltend für* Strafanstalt, Zuchthaus)
Kri|mi|nal|be|am|te; Kri|mi|nal|be|am|tin
Kri|mi|nal|dau|er|dienst (*Polizeiw.* Bereitschaftsdienst der Kriminalpolizei; *Abk.* KDD)
Kri|mi|nal|di|rek|ti|on
Kri|mi|nal|le, der *u.* die; -n, -n (*ugs. für* Kriminalbeamter, -beamtin)
Kri|mi|nal|ler, der; -s, - (*ugs. für* Kriminalbeamter); **Kri|mi|na|le|rin**
Kri|mi|nal|fall, der; **Kri|mi|nal|film; Kri|mi|nal|ge|schich|te**
kri|mi|na|li|sie|ren (als kriminell hinstellen); **Kri|mi|na|li|sie|rung**
Kri|mi|na|list, der; -en, -en (Kriminalpolizist; Strafrechtslehrer); **Kri|mi|na|lis|tik,** die; - (Lehre vom Verbrechen, von seiner Aufklärung usw.); **Kri|mi|na|lis|tin; kri|mi|na|lis|tisch**
Kri|mi|na|li|tät, die; -; **Kri|mi|na|li|täts|ra|te**
Kri|mi|nal|kom|mis|sar; Kri|mi|nal|kom|mis|sa|rin
Kri|mi|nal|mu|se|um; Kri|mi|nal|po|li|zei (*Kurzw.* Kripo); **kri|mi|nal|po|li|zei|lich**
Kri|mi|nal|psy|cho|lo|gie
Kri|mi|nal|recht (*veraltet für* Strafrecht); **Kri|mi|nal|ro|man**
Kri|mi|nal|sta|tis|tik; Kri|mi|nal|tech|nik; kri|mi|nal|tech|nisch
kri|mi|nell ⟨franz.⟩; **Kri|mi|nel|le,** der *u.* die; -n, -n (straffällig Gewordene[r]); ein Krimineller
Kri|mi|no|lo|ge, der; -n, -n; **Kri|mi|no|lo|gie,** die; - ⟨lat.; griech.⟩ (Wissenschaft vom Verbrechen); **Kri|mi|no|lo|gin; kri|mi|no|lo|gisch**

Krim|krieg, der; -[e]s ↑D 143
krim|meln (*nordd.*); *nur in* es krimmelt u. wimmelt
Krim|mer, der; -s, - ⟨nach der Halbinsel Krim⟩ (*urspr.* ein Lammfell, *heute* ein Wollgewebe)
krim|pen (*nordd. für* einschrumpfen [lassen]; sich von West nach Ost drehen [vom Wind]); gekrimpt u. gekrumpen
Krim|sekt
Krims|krams, der; -[es] (*ugs. für* Plunder, wertloses Zeug)
Krin|gel, der; -s, - ([kleiner, gezeichneter] Kreis; *auch für* [Zucker]gebäck); **krin|ge|lig** (sich ringelnd); sich kringelig lachen (*ugs.*); **krin|geln;** ich kring[e]le; sich [vor Lachen] kringeln
Kri|no|i|de, der; -n, -n *meist Plur.* ⟨griech.⟩ (*Zool.* Haarstern od. Seelilie, ein Stachelhäuter)
Kri|no|li|ne, die; -, -n ⟨franz.⟩ (früher Reifrock)
Kri|po, die; -, -s (*kurz für* Kriminalpolizei); **Kri|po|chef** (*ugs.*); **Kri|po|che|fin**
Krip|pe, die; -, -n
Krip|pen|aus|bau
Krip|pen|bei|ßer (Pferd, das die Zähne am Krippenrand aufsetzt u. gleichzeitig Luft schluckt)
Krip|pen|fi|gur
Krip|pen|platz
Krip|pen|set|zer (*svw.* Krippenbeißer)
Krip|pen|spiel (Weihnachtsspiel)
Kris, Kriss, der; -es, -e ⟨malai.⟩ (Dolch der Malaien)
Krisch|na *vgl.* Krishna
Kri|se, Kri|sis, die; -, Krisen ⟨griech.⟩; **kri|seln;** er sagt, es kris[e]le dort heute
kri|sen|an|fäl|lig
Kri|sen|bank *Plur.* ...banken (*ugs.*); **kri|sen|be|dingt**
Kri|sen|be|kämp|fung, die; -
kri|sen|fest; kri|sen|ge|beu|telt
Kri|sen|ge|biet
Kri|sen|ge|schüt|telt
Kri|sen|ge|win|ner; Kri|sen|ge|win|ne|rin
kri|sen|haft
Kri|sen|herd; Kri|sen|ma|nage|ment; Kri|sen|po|li|tik; Kri|sen|re|gi|on
Kri|sen|re|sis|tent; Kri|sen|re|sis|tenz; kri|sen|si|cher
Kri|sen|si|tu|a|ti|on; Kri|sen|sit|zung; Kri|sen|stab; Kri|sen|zei|chen; Kri|sen|zeit
Krish|na, Krischna (ind. m. Vorn.)
Kri|sis *vgl.* Krise

kris|peln (*Gerberei* narben); ich krisp[e]le
Kriss *vgl.* Kris
kris|se|lig, kriss|lig (körnig; kraus)
¹Kris|tall, der; -s, -e ⟨griech.⟩ (fester, regelmäßig geformter, von ebenen Flächen begrenzter Körper)
²Kris|tall, das; -s (geschliffenes Glas)
kris|tall|ar|tig
Kris|tall|che|mie; Kris|tall|chen
Kris|tall|len (aus, wie Kristall)
Kris|tall|git|ter (*Chemie*); **Kris|tall|glas** *Plur.* ...gläser
kris|tall|lin, kris|tal|li|nisch (aus vielen kleinen Kristallen bestehend)
Kris|tal|li|sa|ti|on, die; -, -en (Kristallbildung); **Kris|tal|li|sa|ti|ons|punkt; Kris|tal|li|sa|ti|ons|vor|gang**
kris|tal|lisch (*seltener für* kristallen); **kris|tal|li|sier|bar**
kris|tal|li|sie|ren (Kristalle bilden); **Kris|tal|li|sie|rung**
Kris|tal|lit, der; -s, -e (kristallähnliches Gebilde)
kris|tall|klar; Kris|tall|ku|gel
Kris|tall|leuch|ter, Kris|tall-Leuch|ter
Kris|tall|lin|se, Kris|tall-Lin|se
Kris|tall|lüs|ter, Kris|tall-Lüs|ter,
Kris|tall|lus|ter, Kris|tall-Lus|ter
Kris|tall|nacht, die; - (*nationalsoz.* Pogromnacht)
Kris|tall|lo|gra|fie, Kris|tall|lo|gra|phie, die; - (Lehre von den Kristallen); **kris|tall|lo|gra|fisch, kris|tall|lo|gra|phisch**
Kris|tall|lo|id, das; -[e]s, -e (kristallähnlicher Körper)
Kris|tall|phy|sik; Kris|tall|va|se; Kris|tall|zu|cker
¹Kris|ti|a|nia (Name Oslos bis 1924); *vgl.* Christiania
²Kris|ti|a|nia, der; -s, -s ⟨*nach* Kristiania = Oslo⟩ (früher üblicher Querschwung beim Skilauf)
Kris|tin (w. Vorn.)
Kri|te|ri|um, das; -s, ...ien ⟨griech.⟩ (unterscheidendes Merkmal; *bes. im Radsport* Zusammenfassung mehrerer Wertungsrennen zu einem Wettkampf)
Kri|tik, die; -, -en (kritische Beurteilung; *nur Sing.* Gesamtheit der Kritiker[innen])
Kri|ti|ka|li|tät, die; -, -en (*Kernphysik* Zustand eines Reaktors, in dem eine sich selbst erhaltende Kettenreaktion abläuft)
Kri|ti|kas|ter, der; -s, - (kleinlicher Kritiker, Nörgler); **Kri|ti|kas|te|rin**

Kritiker

Kri|ti|ker [*auch* 'krɪ...]; **Kri|ti|ke|rin**
kri|tik|fä|hig; **Kri|tik|fä|hig|keit,
die;** -
kri|tik|los; **Kri|tik|lo|sig|keit, die;** -
Kri|tik|punkt
kri|tik|un|fä|hig; **kri|tik|wür|dig**
kri|tisch [*auch* 'krɪ...] (streng beurteilend, prüfend, wissenschaftl. verfahrend; *oft für* anspruchsvoll; eine Wende ankündigend; gefährlich, bedenklich); kritisch denken, prüfen; eine kritische Phase; ↑D 89: die kritische Masse (*bes. fachspr.* Größenordnung, die bei Über- *od.* Unterschreitung entscheidende Bedeutung bekommt)
kri|ti|sier|bar; **kri|ti|sie|ren**
Kri|til|zis|mus, der; - (ein philos. Verfahren)
Krit|te|lei; **Krit|te|ler, Krit|t|ler**; **Krit|te|le|rin, Krit|t|le|rin**
krit|te|lig, krit|t|lig
krit|teln (mäkelnd urteilen); ich kritt[e]le; **Krit|tel|sucht, die;** -
Krit|ze|lei (*ugs.*); **krit|ze|lig,** krit|z|lig (*ugs.*); **krit|zeln** (*ugs.*); ich kritz[e]le; **krit|z|lig** *vgl.* kritzelig
Krk (kroat. Insel)
Kro|a|te, der; -n, -n; Kro|a|ti|en (Staat im Südosten Europas); **Kro|a|tin**
kro|a|tisch; **Kro|a|tisch, das; -[s]** (Sprache); *vgl.* Deutsch; **Kro|a|ti|sche, das; -n;** *vgl.* ²Deutsche
Kro|atz|bee|re *vgl.* Kratzbeere
kroch *vgl.* kriechen
Kro|cha, der; -s, - (*österr. ugs. für* [Wiener] Jugendlicher, der sich auffällig modisch kleidet u. einer bestimmten Musik- u. Tanzszene angehört); **Kro|cha|rin**
Kro|cket [*auch* ...'ket], das; -s ⟨engl.⟩ (ein Ballspiel)
Kro|kant, der; -s ⟨franz.⟩ (knusprige Masse aus zerkleinerten Mandeln od. Nüssen)
Kro|ket|te, die; -, -n *meist Plur.* ⟨franz.⟩ (frittiertes Röllchen aus Kartoffelbrei)
Kro|ki, das; -s, -s, *schweiz. meist* Cro|quis, das; -, - [...'ki:,, *schweiz.* 'kro...] ⟨franz.⟩ (*fachspr. für* Riss, Plan, einfache Geländezeichnung); **kro|kie|ren; Kro|ki|zeich|nung**
Kro|ko, das; -s -s (*kurz für* Krokodilleder)
Kro|ko|dil, das; -s, -e ⟨griech.⟩; **Kro|ko|dil|le|der; Kro|ko|dils|trä|ne** *meist Plur.* (heuchlerische Träne); **Kro|ko|dil|wäch|ter** (ein Vogel)

Kro|kus, der; -, *Plur. - u. -*se ⟨griech.⟩ (eine früh blühende Gartenpflanze)
Kroll|le, die; -, -n ⟨rhein. u. nordd. *für* Locke⟩
Krom|lech [...lek, *auch* ...leç, 'kro:m...], der; -s, *Plur. -*e u. -s ⟨kelt.⟩ (jungsteinzeitliche Kultstätte)
Kro|n|ach (Stadt in Oberfranken)
Krön|chen
¹**Kro|ne, die; -, -n** ⟨griech.⟩ (Kopfschmuck usw.); ↑D 150: die Nördliche Krone, die Südliche Krone (Sternbilder)
²**Kro|ne, die; -, -n** (Währungseinheit in Dänemark [*Währungscode* DKK, *Abk.* dkr], Estland [EEK], Island [ISK], Norwegen [NOK, nkr], Schweden [SEK, skr], Tschechien [CZK] u. früher in der Slowakei [SKK])
krö|nen
Kro|nen|kor|ken, Kron|kor|ken
Kro|nen|mut|ter *Plur.* ...muttern (Technik)
Kro|nen|or|den (ehem. Verdienstorden); **Kro|nen|ta|ler,** Kron|taler (ehem. Münze)
Kron|er|be, der; Kron|er|bin
Kron|fa|vo|rit (*schweiz. für* Spitzenkandidat); **Kron|fa|vo|ri|tin**
Kron|glas, das; -es (ein optisches Glas)
Kro|ni|de, der; -n, *Plur.* (*für* Nachkommen des Kronos:) -n ⟨griech.⟩ (Beiname des Zeus); **Kro|ni|on** (Zeus)
Kron|ju|wel *meist Plur.*; **Kron|ko|lo|nie, Kron|kor|ken** *vgl.* Kronenkorken, **Kron|land** *Plur.* ...länder; **Kron|leuch|ter**
Kro|nos (Vater des Zeus)
Kron|prä|ten|dent (Thronbewerber); **Kron|prä|ten|den|tin; Kron|prinz; Kron|prin|zes|sin**
kron|prin|zess|lich; kron|prinz|lich
Kron|rat, der; -[e]s
Krons|bee|re (*nordd. für* Preiselbeere)
Kron|schatz; Kron|ta|ler *vgl.* Kronentaler
Krö|nung; Krö|nungs|man|tel; Krö|nungs|mes|se; Krö|nungs|or|nat
Kron|zeu|ge (Hauptzeuge); **Kron|zeu|gen|re|ge|lung; Kron|zeu|gin**
Kröpf|del, der; -s, - (*nordd. für* Kröppel)
Kropf, der; -[e]s, Kröpfe; Kröpf|chen
kröp|fen (Technik u. Bauw. krumm biegen; fressen [von Greifvögeln])

Kröp|fer (m. Kropftaube)
kropf|fig
Kropf|stein (*Bauw.*); **Kropf|tau|be**
Kröp|fung (*fachspr.*)
Kropp|zeug, das; -[e]s (*ugs., oft scherzh. für* kleine Kinder; *ugs. abwertend für* Pack, Gesindel, nutzloses Zeug)
Krö|se, die; -, -n (steife Halskrause; *Böttcherei* Einschnitt in den Fassdauben); **Krö|se|ei|sen** (ein Böttcherwerkzeug)
krö|seln ([Glas] wegbrechen); ich krös[e]le; **Krö|sel|zan|ge** (ein Glaserwerkzeug)
kross (*nordd. für* knusprig); das Fleisch kross braten *od.* krossbraten
¹**Krö|sus** ⟨griech.⟩ (König von Lydien)
²**Krö|sus, der; Gen. -,** *auch* -ses, *Plur. -*se (sehr reicher Mann)
Krot, die; -, -en (*österr. mdal. für* Kröte); die Krot schlucken müssen (*österr. für* die Kröte schlucken müssen); **Krö|te, die; -, -n; Krö|ten** *Plur.* (*ugs. für* Geld)
Krö|ten|stein (tierische Versteinerung); **Krö|ten|wan|de|rung**
Kro|ton, der; -s, -e ⟨griech.⟩ (ein ostasiat. Wolfsmilchgewächs; **Kro|ton|öl, das; -[e]s** (ein Abführmittel)
Kröv (Ort an der Mosel); **Krö|ver** [...ve], Kröver Nacktarsch (ein Wein)
Krs., Kr. = Kreis
Kru|cke, die; -, -n *meist Plur.* (*Jägerspr.* Horn der Gämse); *vgl.* Krickel
Krü|cke, die; -, -n; Kru|cken|kreuz, Krü|cken|kreuz; Krück|stock *Plur.* ...stöcke
krud, kru|de ⟨lat.⟩ (grob, roh); **Kru|di|tät, die; -, -en**
Krug, der; -[e]s, Krüge (ein Gefäß; *landsch., bes. nordd. für* Schenke); **Krü|gel, das; -s,** - (*österr. für* Bierglas mit Henkel); zwei Krügel Bier; **Krü|gel|chen**
Krü|ger (*nordd. für* Wirt; Pächter); **Krü|ge|rin**
Kru|ke, die; -, -n (*nordd. für* großer Krug; Tonflasche; ulkiger, eigenartiger Mensch)
Krüll|schnitt (ein Tabakschnitt); **Krüll|ta|bak**
Krüm|chen; Krü|me, die; -, -n
Krü|mel, der; -s, -, *landsch. auch* das; -s, - (kleine Krume); **Krü|mel|chen**
krü|me|lig, krüm|lig
krü|meln; ich krüm[e]le

Kuala Lumpur

Krü|mel|zu|cker; Krüm|lein
krüm|lig vgl. krümelig

krumm
krum|mer, krumms|te, *landsch.* auch krüm|mer, krümms|te
Schreibung in Verbindung mit Verben ↑D 56:
– krumm da**sit**zen
– etwas **krumm biegen** od. krummbiegen
– das Knie **krumm machen** od. krummmachen
– keinen Finger **krumm machen** od. krummmachen (nichts tun, nicht helfen)
– krumm (gekrümmt) gehen; *aber* die Sache darf nicht krummgehen (*ugs. für* misslingen)
Vgl. auch: krummlachen, krummlegen, krummnehmen

krumm|bei|nig
Krym|me, der; -n, -n (*Jägerspr. scherzh. für* Feldhase)
krüm|men; sich krümmen
Krüm|mer (gebogenes [Rohr]stück; Gerät zur Bodenbearbeitung)
krumm|ge|hen (*ugs. für* misslingen); *vgl. auch* krumm
Krumm|holz (von Natur gebogenes Holz); **Krumm|holz|kie|fer** vgl. ²Latsche
Krumm|horn (altes Holzblasinstrument)
krumm|la|chen, sich (*ugs. für* sehr lachen); **krumm|le|gen,** sich (*ugs. für* sich abmühen, sich nichts gönnen)
Krümm|ling (*fachspr. für* gebogener Teil von Treppenwangen u. -geländern)
krumm|li|nig
krumm ma|chen, krumm|ma|chen vgl. krumm
krumm|na|sig
krumm|neh|men (*ugs. für* verübeln); diese Bemerkung hat sie dir [äußerst] krummgenommen
Krumm|sä|bel; Krumm|schwert; Krumm|stab
Krüm|mung; Krüm|mungs|kreis; Krüm|mungs|ra|di|us
krum|pe|lig, krump|lig; **krum|peln** (*landsch. für* knittern); ich krump[e]le
Krüm|per (vor 1813 kurzfristig ausgebildeter preuß. Wehrpflichtiger); **Krüm|per|sys|tem,** das; -s

krumpf|echt (nicht einlaufend [von Geweben])
krumpf|fen (einlaufen lassen)
krumpf|frei (*svw.* krumpfecht)
krump|lig vgl. krumpelig
Krupp, der; -s ⟨engl.⟩ (*Med.* akute Entzündung der Schleimhaut des Kehlkopfes)
Krup|pa|de, die; -, -n ⟨franz.⟩ (*Reitsport* Sprung der Hohen Schule); **Krup|pe,** die; -, -n (Kreuz [des Pferdes])
Krüp|pel, der; -s, -; **krüp|pel|haft**
Krüp|pel|holz
Krüp|pel|ig, krüpp|lig
Krüp|pel|walm|dach (eine Dachform)
krüpp|lig vgl. krüppelig
krup|pös ⟨engl.⟩ (*Med.* kruppartig; kruppöser Husten)
kru|ral ⟨lat.⟩ (*Med.* zum Schenkel gehörend; Schenkel...)
krüsch (*nordd. für* wählerisch im Essen)
Krü|sel|wind (*nordd. für* kreiselnder, sich drehender Wind)
Krus|pel|spitz (*österr. für* eine Rindfleischsorte)
Krus|ta|zee, die; -, ...een *meist Plur.* ⟨lat.⟩ (*Zool.* Krebstier)
Krüst|chen; Krus|te, die; -, -n; **Krus|ten|tier**
krus|tig (mit einer Kruste bedeckt)
Krux, Crux, die; - ⟨lat., »Kreuz«⟩ (Last, Kummer)
Kru|zi|a|ner ⟨lat.⟩ (Mitglied des Dresdner Kreuzchors)
Kru|zi|fe|re, die; -, -n *meist Plur.* ⟨lat.⟩ (*Bot.* Kreuzblütler)
Kru|zi|fix [*auch, österr. nur* ...'fɪks], das; -es, -e (plastische Darstellung des gekreuzigten Christus); **Kru|zi|fi|xus,** der; - ⟨*Kunstwiss.* Christus am Kreuz⟩
Kru|zi|tür|ken! (umgangssprachlicher, oft als diskriminierend empfundener Fluch)
Kryo|bio|lo|gie [*auch* ...'giː] ⟨griech.⟩ (Teilgebiet der Biologie, das sich mit der Einwirkung sehr tiefer Temperaturen auf Organismen befasst); **Kryo|chi|rur|gie** (*Med.* Kältechirurgie)
Kryo|lith, der; *Gen.* -s od. -en, *Plur.* -e[n] (ein Mineral)
Kryo|the|ra|pie [*auch* ...'piː] (Anwendung von Kälte zur Zerstörung von krankem Gewebe)
Kryo|t|ron, das; -s, *Plur.* ...one, *auch* -s (*EDV* ein Schaltelement)
Kryp|ta, die; -, ...ten ⟨griech.⟩ (unterirdischer Kirchenraum)

Kryp|ten *Plur.* (*Med.* Einbuchtungen in den Rachenmandeln; Drüsen im Darmkanal)
kryp|tisch (unklar, schwer zu deuten)
kryp|to... (geheim, verborgen); **Kryp|to...** (Geheim...)
Kryp|to|ga|me, die; -, -n *meist Plur.* (*Bot.* Sporenpflanze)
kryp|to|gen, kryp|to|ge|ne|tisch (*Biol.* von unbekannter Entstehung)
Kryp|to|gra|fie, Kryp|to|gra|phie, die; -, ...ien (*Psychol.* absichtslos entstandene Kritzelzeichnung bei Erwachsenen; Disziplin der Informatik; *veraltet für* Geheimschrift)
Kryp|to|gramm, das; -s, -e ([Vers]text mit verborgener Nebenbedeutung; *veraltet für* Geheimtext)
Kryp|to|han|dy ⟨griech.⟩ (abhörsicheres Handy)
kryp|to|kris|tal|lin, kryp|to|kris|tal|li|nisch (*Geol.* erst bei mikroskop. Untersuchung als kristallinisch erkennbar)
Kryp|ton [*auch* ...'toːn], das; -s (chemisches Element, Edelgas; *Zeichen* Kr)
Kryp|t|or|chis|mus, der; -, ...men (*Med.* Zurückbleiben des Hodens in Bauchhöhle od. Leistenkanal)

Chrysantheme

Das mit [k-] ausgesprochene Substantiv folgt in seiner für das Deutsche ungewöhnlichen Schreibweise dem griechischen Herkunftswort.

KS = Kansas
Ksa|bi (*Plur. von* Kasba[h])
KSZE, die; - = Konferenz über Sicherheit und Zusammenarbeit in Europa (frühere Bez. für OSZE [*vgl. d.*]); **KSZE-Schluss|ak|te** [kaːˈɛstsɛtˈleː...], die; - ↑D 28
Kt. = ²Kanton
Kte|no|id|schup|pe ⟨griech.; dt.⟩ (*Zool.* Kammschuppe vieler Fische)
Kto. = Konto
Kto.-Nr. = Kontonummer
k. u. = königlich ungarisch (im ehem. Reichsteil Ungarn von Österreich-Ungarn für alle Behörden); *vgl.* k. k., k. u. k.
Ku|a|la Lum|pur (Hauptstadt Malaysias)

Kuba

Ku|ba (mittelamerik. Staat; Insel der Großen Antillen); **Ku|ba|ner; Ku|ba|ne|rin; ku|ba|nisch**
Ku|ba|tur, die, -, -en ⟨griech.⟩ (*Math*. Erhebung zur dritten Potenz; Berechnung des Rauminhalts von [Rotations]körpern; *österr. auch für* Rauminhalt eines Gebäudes)
Küb|bung, die; -, -en (*Archit*. Seitenschiff des niedersächs. Bauernhauses)
Ku|be|be, die; -, -n ⟨arab.⟩ (Frucht eines indones. Pfefferstrauchs)
Kü|bel, der; -s, -
kü|beln (*ugs. auch für* viel [Alkohol] trinken); ich küb[e]le
Kü|bel|pflan|ze; Kü|bel|wa|gen
kü|bel|wei|se (in Kübeln; in großen Mengen)
Ku|ben (*Plur. von* Kubus)
ku|bie|ren ⟨griech.⟩ (*Forstwirtsch*. den Rauminhalt eines Baumstammes ermitteln; *Math*. zur dritten Potenz erheben); **Ku|bie|rung**
Ku|bik|de|zi|me|ter (Zeichen dm³);
Ku|bik|fuß, der; -es; 3 Kubikfuß;
Ku|bik|ki|lo|me|ter (Zeichen km³)
Ku|bik|maß, das; **Ku|bik|me|ter** (Zeichen m³); **Ku|bik|mil|li|me|ter** (Zeichen mm³)
Ku|bik|wur|zel (*Math*. dritte Wurzel); **Ku|bik|zahl; Ku|bik|zen|ti|me|ter** (Zeichen cm³)
Ku|bin [*auch* ...'bi:n] (österr. Zeichner u. Schriftsteller)
ku|bisch (würfelförmig; *Math*. in der dritten Potenz vorliegend); kubische Gleichung
Ku|bis|mus, der; - (Kunststil, der in kubischen Formen gestaltet);
Ku|bist, der; -en, -en; **Ku|bis|tin; ku|bis|tisch**
ku|bi|tal ⟨lat.⟩ (*Med*. zum Ellbogen gehörend)
Ku|brick ['kju:brɪk] (amerik. Filmregisseur)
Ku|bus, der; -, Kuben ⟨griech.⟩ (Würfel; *Math*. dritte Potenz)
Kü|che, die; -, -n
¹**Kü|chel|chen** (kleine Küche)
²**Kü|chel|chen** *vgl.* ³Küchlein
kü|cheln (*schweiz. für* Fettgebackenes bereiten); ich küch[e]le
Ku|chen, der; -s, -
Ku|chen|ab|fall *meist Plur.*
Ku|chen|bä|cker; Ku|chen|bä|cke|rin
Ku|chen|ba|sar; Ku|chen|blech
Kü|chen|bo|den; Kü|chen|bü|fett; Kü|chen|buf|fet; Kü|chen|bul|le (*ugs., Soldatenspr. für* Koch einer Großküche, Kantine u. Ä.)

Kü|chen|chef; Kü|chen|che|fin; Kü|chen|fee (*scherzh. für* Köchin)
Kü|chen|fens|ter
Ku|chen|form; Ku|chen|ga|bel
Kü|chen|ge|rät; Kü|chen|hand|tuch; Kü|chen|herd; Kü|chen|hil|fe; Kü|chen|ka|bi|nett (*geh. scherzh. für* [inoffizieller] Beraterstab, bes. eines Politikers)
Ku|chen|kraut *meist Plur.*
Kü|chen|la|tein, das; -s (*scherzh. für* schlechtes Latein)
Kü|chen|meis|ter; Kü|chen|meis|te|rin; Kü|chen|mes|ser, das; **Kü|chen|per|so|nal; Kü|chen|rol|le** (abrollbare Papiertücher)
Kü|chen|scha|be (ein Insekt)
Kü|chen|schel|le, die; -, -n (eine Pflanze)
Kü|chen|schrank; Kü|chen|schür|ze
Kü|chen|teig; Ku|chen|tel|ler
Kü|chen|tisch; Kü|chen|tuch *Plur.* ...tücher; **Kü|chen|uhr**
Kü|chen|waa|ge; Kü|chen|wa|gen (Gerätewagen der Feldküche);
Kü|chen|zei|le; Kü|chen|zet|tel
¹**Küch|lein** *vgl.* ¹Küken
²**Küch|lein** (kleine Küche)
³**Küch|lein** (kleiner Kuchen)
ku|cken (*nordd. für* gucken)

---

kucken / gucken
Beide Schreibungen sind korrekt; in Süddeutschland ist die Variante mit g gebräuchlicher, in Norddeutschland die mit k.

Kü|cken *vgl.* ¹Küken
Ku|cker usw. *vgl.* Gucker usw.
ku|ckuck!; Ku|ckuck, der; -s, -e
Ku|ckucks|blu|me (Pflanzenname)
Ku|ckucks|ei
Ku|ckucks|kind (*ugs. für* Kind, dessen leiblicher Vater nicht der Mann ist, der sich dafür hält)
Ku|ckucks|uhr
Ku'|damm, der; -[e]s (*ugs.; kurz für* Kurfürstendamm)
Kud|del|mud|del, der *od.* das; -s (*ugs. für* Durcheinander)
Ku|del|kraut *vgl.* Kuttelkraut
Ku|der, der; -s, - (*Jägerspr.* m. Wildkatze)
Ku|du, der; -s, -s ⟨afrikaans⟩ (afrik. Antilope)
Kues [ku:s], Nikolaus von (dt. Philosoph u. Theologe)
¹**Ku|fe**, die; -, -n (Gleitschiene [eines Schlittens])
²**Ku|fe**, die; -, -n (*landsch. für* Bottich, Kübel)
Kü|fer (*südwestd. u. schweiz. für*

Böttcher; *auch svw.* Kellermeister); **Kü|fe|rei; Kü|fe|rin**
Kuff, die; -, -e (breit gebautes Küstenfahrzeug)
Kuf|stein [*auch* 'ku:...] (Stadt im Unterinntal, Österreich)
Ku|gel, die; -, -n; Kugel scheiben (*österr. für* Murmeln spielen)
Ku|gel|blitz; Kü|gel|chen; Ku|gel|fang
ku|gel|fest
Ku|gel|fisch; Ku|gel|form
ku|gel|för|mig
Ku|gel|ge|lenk
Kü|gel|gen (dt. Maler)
Ku|gel|ha|gel
ku|ge|lig, kug|lig
Ku|gel|kopf; Ku|gel|kopf|ma|schi|ne (eine Schreibmaschine)
Ku|gel|la|ger
ku|geln; ich kug[e]le; sich kugeln
Ku|gel|re|gen
ku|gel|rund
Ku|gel schei|ben *vgl.* Kugel
Ku|gel|schrei|ber; Ku|gel|schrei|ber|mi|ne
ku|gel|si|cher
ku|gel|sto|ßen nur im Infinitiv gebräuchlich; **Ku|gel|sto|ßen**, das; -s; **Ku|gel|sto|ßer; Ku|gel|sto|ße|rin**, schweiz. **Ku|gel|stö|ße|rin**
kug|lig *vgl.* kugelig
Ku|gu|ar, der; -s, -e ⟨indian.⟩ (Puma)
Kuh, die; -, Kühe; die Kuh vom Eis kriegen (*ugs. für* ein schwieriges Problem lösen)
Kuh|dorf (*abwertend*); **Kuh|dung; Kuh|eu|ter; Kuh|fla|den**
Kuh|fuß (*fachspr. für* Brechstange)
Kuh|glo|cke
Kuh|han|del *vgl.* ¹Handel; **kuh|han|deln** (*ugs.*); ich kuhhand[e]le; gekuhhandelt
Kuh|haut; das geht auf keine Kuhhaut (*ugs. für* das ist unerhört)
kuh|hes|sig (wie bei den ²Hessen der Kuh eng zusammenstehend [Fehler der Hinterbeine von Haustieren])
Kuh|hirt; Kuh|hir|tin
Kuh|kaff (*abwertend*)
kühl ↑ D 72: im Kühlen; ins Kühle setzen; den Pudding über Nacht kühl stellen *od.* kühlstellen
Kühl|ag|gre|gat; Kühl|an|la|ge; Kühl|box
Kuh|le, die; -, -n (*ugs. für* Grube, Loch)
Küh|le, die; -; **küh|len**
Küh|ler; Küh|ler|fi|gur; Küh|ler|grill; Küh|ler|hau|be

Kulturrevolution

Kühl|flüs|sig|keit; Kühl|haus; Kühl|ket|te (Gefrierkette)
Kühl|mit|tel; Kühl|raum; Kühl|re|gal; Kühl|schiff; Kühl|schrank; Kühl|sys|tem; Kühl|ta|sche
Kühl|te, die; -, -n (*Seemannsspr.* mäßiger Wind)
Kühl|tru|he; Kühl|turm
Küh|lung
Küh|lungs|born, Ost|see|bad (westl. von Rostock)
Kühl|wa|gen; Kühl|was|ser *Plur.* ...wässer, *auch* ...wasser
Kuh|milch; Kuh|mist
kühn
Kuh|na|gel, der; -s (*schweiz.* für kältebedingte Schmerzen unter Finger- od. Zehennägeln); **Kühn|heit**
Kuh|po|cken *Plur.*; **Kuh|rei|gen, Kuh|rei|hen; Kuh|schel|le** (*svw.* Küchenschelle); **Kuh|stall**
kuh|warm; kuhwarme Milch
Ku|jon, der; -s, -e ⟨franz.⟩ (*veraltend für* Schuft); **ku|jo|nie|ren** (ugs. abwertend für verächtlich behandeln; schikanieren)
k. u. k. [ˈkaː|ʊntˈkaː] = kaiserlich u. königlich (im ehem. Österreich-Ungarn beide Reichsteile betreffend); *vgl.* k. k., k. u.
¹Kü|ken, österr. Kü|cken, das; -s, - (das Junge des Huhnes)
²Kü|ken, das; -s, - (*Technik* drehbarer Teil, Kegel des [Fass]hahns)
Ku-Klux-Klan [selten ˈkjuːklaksˌklɛn], der; -[s] ⟨engl.-amerik.⟩ (terroristischer Geheimbund in den USA)
K.-u.-k.-Mon|ar|chie (Donaumonarchie); ↑D 26
Ku|kul|le, die; -, -n ⟨mlat. cuculla = Kapuze⟩ (Teil der Mönchskleidung)
Ku|ku|mer, die; -, -n ⟨lat.⟩ (südwestd. für Gurke)
Ku|ku|ruz [auch ˈkuː...], der; -[es] ⟨slaw.⟩ (bes. österr. für Mais)
Ku|lak, der; -en, -en ⟨russ.⟩ (Großbauer im zaristischen Russland); **Ku|la|kin**
Ku|lan, der; -s, -e ⟨kirg.⟩ (asiat. Wildesel)
ku|lant ⟨franz.⟩ (entgegenkommend, großzügig [im Geschäftsverkehr]); **Ku|lanz,** die; -
¹Ku|li, der; -s, -s ⟨Hindi⟩ (Tagelöhner in Südostasien; *abwertend für* rücksichtslos Ausgenutzter)
²Ku|li, der; -s, -s (*ugs.; kurz für* Kugelschreiber)
Ku|lier|wa|re ⟨franz.; dt.⟩ (Wirkware)

Ku|li|na|rik, die; - ⟨lat.⟩ (Kochkunst)
ku|li|na|risch ⟨lat.⟩ (auf die Küche, die Kochkunst bezogen; ausschließlich dem Genuss dienend); kulinarische Genüsse
Ku|lis|se, die; -, -n ⟨franz.⟩ (*Theater* Teil der Bühnendekoration; *übertr. für* Hintergrund); **Ku|lis|sen|schie|ber; Ku|lis|sen|schie|be|rin; Ku|lis|sen|wech|sel**
Kul|ler, der; -, -n (*landsch. für* kleine Kugel); **Kul|ler|au|gen** *Plur.* (ugs. für erstaunte, große, runde Augen)
kul|lern (ugs. für rollen); ich kullere
¹Kulm, der od. das; -[e]s, -e ⟨slaw. u. roman.⟩ (abgerundete [Berg]kuppe)
²Kulm, das; -s ⟨engl.⟩ (*Geol.* schiefrige Ausbildung der Steinkohlenformation)
Kulm|bach (Stadt in Oberfranken); **Kulm|ba|cher; Kulm|ba|che|rin**
Kul|mi|na|ti|on, die; -, -en ⟨lat.⟩ (Erreichung des Höhe-, Scheitel-, Gipfelpunktes; *Astron.* höchster u. tiefster Stand eines Gestirns); **Kul|mi|na|ti|ons|punkt** (Höhepunkt)
kul|mi|nie|ren (den Höhepunkt erreichen)
Kult, der; -[e]s, -e, Kul|tus, der; -, Kulte ⟨lat.⟩ (Verehrung; Form der Religionsausübung; *auch für* übertriebene Verehrung)
Kult|buch *vgl.* Kultfilm; **Kult|fi|gur; Kult|film** (Film, der von einem bestimmten Publikum bes. verehrt wird); **Kult|hand|lung**
kul|tig (ugs. für Kultstatus habend); ein kultiger Film; **kul|tisch** (zum Kult gehörend); kultische Tänze
Kul|ti|va|tor, der; -s, ...oren (*Landwirtsch.* Bodenbearbeitungsgerät)
kul|ti|vie|ren ⟨franz.⟩ ([Land] bearbeiten, urbar machen; [aus]bilden; pflegen)
kul|ti|viert (gesittet; hochgebildet); **Kul|ti|vie|rung** *Plur. selten*
Kult|mar|ke; Kult|ob|jekt; Kult|se|rie *vgl.* Kultfilm
Kult|stät|te; Kult|sta|tus
Kul|tur, die; -, -en
Kul|tur|ab|kom|men; Kul|tur|amt; Kul|tur|an|ge|bot
Kul|tur|ar|beit, die; -
Kul|tur|at|ta|ché; Kul|tur|at|ta|chée
Kul|tur|aus|schuss; Kul|tur|aus|tausch

Kul|tur|ba|nau|se; Kul|tur|ba|nau|sin
Kul|tur|be|trieb (oft abwertend); **Kul|tur|beu|tel** (Beutel für Toilettensachen)
Kul|tur|bud|get
Kul|tur|clash ⟨nach dem Titel »Kampf der Kulturen« von S. P. Huntington⟩ (das Aufeinanderprallen kultureller Besonderheiten, Einstellungen o. Ä.); **Kul|tur|denk|mal**
Kul|tur|de|zer|nat; Kul|tur|de|zer|nent; Kul|tur|de|zer|nen|tin
Kul|tur|ein|rich|tung
kul|tu|rell
Kul|tur|er|be, das
kul|tur|feind|lich
Kul|tur|film
Kul|tur|flüch|ter (*Biol.* Pflanzen- od. Tierart, die von der Kulturlandschaft verdrängt wird)
Kul|tur|fol|ger (*Biol.* Pflanzen- od. Tierart, die den menschlichen Kulturbereich als Lebensraum bevorzugt)
Kul|tur|för|der|ab|ga|be *Plur. selten* (bes. Amtsspr.)
Kul|tur|för|de|rung
Kul|tur|form
Kul|tur|ge|schich|te, die; -; **kul|tur|ge|schicht|lich**
Kul|tur|gut
Kul|tur|haupt|stadt (von der EU benannte Stadt in Europa, die für ein Jahr im Mittelpunkt des kulturellen Interesses steht); **Kul|tur|haupt|stadt|jahr**
Kul|tur|haus
kul|tur|his|to|risch
Kul|tur|ho|heit
Kul|tur|in|dus|t|rie; Kul|tur|ins|ti|tut
Kul|tur|kampf, der; -[e]s (zwischen dem protestant. preuß. Staat u. der kath. Kirche 1871 bis 1887)
Kul|tur|kreis
Kul|tur|kri|tik; Kul|tur|kri|ti|ker; Kul|tur|kri|ti|ke|rin; kul|tur|kri|tisch
Kul|tur|land|schaft; Kul|tur|le|ben, das; -s
kul|tur|los; Kul|tur|lo|sig|keit
Kul|tur|ma|ga|zin
Kul|tur|mi|nis|ter; Kul|tur|mi|nis|te|rin; Kul|tur|na|ti|on; Kul|tur|pa|last
Kul|tur|pflan|ze
Kul|tur|po|li|tik; kul|tur|po|li|tisch
Kul|tur|preis; Kul|tur|pro|gramm
Kul|tur|raum
Kul|tur|re|fe|rat (für Kulturelles zuständige Abteilung einer Behörde); **Kul|tur|re|fe|rent; Kul|tur|re|fe|ren|tin**
Kul|tur|re|vo|lu|ti|on (marx. radi-

K
Kult

Kulturschaffende

kale kulturelle Umgestaltung; politisch-ideologische Kampagne in China 1965–76); **Kul|tur|schaf|fen|de**, der u. die; -n, -n (regional); **Kul|tur|schock**
Kul|tur|se|nat; **Kul|tur|se|na|tor**; **Kul|tur|se|na|to|rin**
Kul|tur|spon|so|ring, das; -s; **Kul|tur|stät|te** (geh.); **Kul|tur|sze|ne**
Kul|tur|tech|nik; **Kul|tur|teil**, der; den Kulturteil einer Zeitung lesen; **Kul|tur|tou|ris|mus**
Kul|tur|trä|ger; **Kul|tur|trä|ge|rin**
kul|tur|über|grei|fend
Kul|tur|ver|an|stal|tung
Kul|tur|wis|sen|schaft meist Plur.
Kul|tur|wis|sen|schaft|ler (schweiz., österr. auch für Kulturwissenschaftler); **Kul|tur|wis|sen|schaft|le|rin**; **Kul|tur|wis|sen|schaft|ler**; **Kul|tur|wis|sen|schaft|le|rin**
Kul|tur|zen|t|rum
Kul|tus vgl. Kult
Kul|tus|frei|heit, die; - (Rechtsspr.); **Kul|tus|ge|mein|de**
Kul|tus|mi|nis|ter; **Kul|tus|mi|nis|te|rin**; **Kul|tus|mi|nis|te|ri|um**; **Kul|tus|mi|nis|ter|kon|fe|renz**
Kul|tus|se|nat; **Kul|tus|se|na|tor**; **Kul|tus|se|na|to|rin**
Ku|ma|ne, der; -n, -n (Angehöriger eines in südosteurop. Völkern aufgegangenen Turkvolkes); **Ku|ma|nin**
Ku|ma|rin, fachspr. auch Cumarin, das; -s (indian.) (pflanzl. Duft- u. Wirkstoff)
Ku|ma|ron, das; -s (Chemie Bestandteil des Steinkohlenteers); **Ku|ma|ron|harz**
Kumm, der; -[e]s, -e (nordd. für tiefe Schüssel, Futtertrog); **Kum|me**, die; -, -n (Seemannsspr. u. nordd. für Schüssel)
Küm|mel, der; -s, - (Gewürzpflanze; ein Branntwein); **Küm|mel|brannt|wein**; **Küm|mel|brot**; **küm|meln** (mit Kümmel zubereiten; ugs. für [Alkohol] trinken); ich kümm[e]le
Küm|mel|tür|ke (veraltetes Schimpfwort; abwertend für Türke, Türkischstämmiger)
Kum|mer, der; -s
Kum|mer|bund, der; -[e]s, -e (Hindi-engl.) (breite Leibbinde aus Seide)
Küm|me|rer (verkümmernde Pflanze; in der Entwicklung zurückgebliebenes Tier; ugs. auch für Person, die sich um jmdn. od. etwas kümmert);

Küm|mer|form (Biol.); **Küm|me|rin** (zu Kümmerer)
Kum|mer|kas|ten (ugs. für Briefkasten für Beschwerden, Anregungen o. Ä.)
küm|mer|lich
Küm|mer|ling (schwaches, zurückgebliebenes Geschöpf)
küm|mern (in der Entwicklung zurückbleiben [von Pflanzen u. Tieren]); sich [um jmdn., etwas] kümmern ([für jmdn., etwas] sorgen); ich kümmere mich um euch; es kümmert mich nicht
¹**Küm|mer|nis**, die; -, -se (geh.)
²**Küm|mer|nis**, Kum|mer|nus (eine legendäre Heilige)
Kum|mer|num|mer (bes. österr. für telefonischer Beratungsdienst)
Kum|mer|nus vgl. ²Kümmernis
Kum|mer|speck, der; -[e]s (ugs. für aus Kummer angegessenes Übergewicht)
kum|mer|voll
Kum|met, das, schweiz. der; -s, -e (gepolsterter Bügel um den Hals von Zugtieren; vgl. Kumt)
Kü|mo, das; -s, -s (kurz für Küstenmotorschiff)
Kump, der; -s, -e (landsch. für kleines, rundes Gefäß, [Milch]schale; Technik Form zum Wölben von Blech)
Kum|pan, der; -s, -e (ugs. für Kamerad, Gefährte; abwertend für Helfershelfer; Mittäter); **Kum|pa|nei** (ugs., oft abwertend); **Kum|pa|nin**
Kum|pel, der; -s, Plur. -, ugs. -s, österr. ugs. -n (Bergmann; ugs. auch für [Arbeits]kollege u.] Freund); **kum|pel|haft**
küm|peln (Technik [Platten] wölben u. formen); ich kümp[e]le
Kum|pen, der; -s, - (nordd. für Gefäß, Schüssel); **Kumpf**, der; -[e]s, Plur. -e u. Kümpfe (südd., österr. für Gefäß, Behälter)
Kum|quat [...kvat], die; -, -s (chin.) (kleine, orangenähnliche Frucht)
Kumst, der; -[e]s (landsch. für [Sauer]kohl)
Kumt, das; -[e]s, -e (svw. Kummet)
Ku|mu|la|ti|on, die; -, -en (lat.) (fachspr. für Anhäufung); **ku|mu|la|tiv** (anhäufend)
ku|mu|lie|ren (anhäufen); sich kumulieren; **Ku|mu|lie|rung**
Ku|mu|lo|nim|bus (Meteorol. Gewitterwolke); **Ku|mu|lus**, der; -, ...li (Meteorol. Haufenwolke)
Ku|mys, **Ku|myss** auch ...'mys],

der; - (russ.) (gegorene Stutenmilch)
Ku|na, die; -, -s (kroatische Währungseinheit; Währungscode HRK); 10 Kuna
kund; kund und zu wissen tun; vgl. kundgeben usw.
künd|bar (die Möglichkeit einer Kündigung enthaltend); **Künd|bar|keit**, die; -
¹**Kun|de**, der; -n, -n (Käufer; Gaunerspr. Landstreicher; abwertend für Kerl)
²**Kun|de**, die; -, -n Plur. selten (Kenntnis, Lehre, Botschaft)
³**Kun|de**, die; -, -n (österr. für Kundschaft)
kün|den (geh. für kundtun; schweiz. veraltend für kündigen)
Kun|den|be|ra|ter; **Kun|den|be|ra|te|rin**; **Kun|den|be|ra|tung**
Kun|den|be|such; **Kun|den|bin|dung**; **Kun|den|cen|ter** (Kundenberatungsstelle); **Kun|den|dienst**, **Kun|den|fang**, der; -[e]s (abwertend); **Kun|den|fo|rum**
kun|den|freund|lich
Kun|den|ge|spräch
kun|den|in|di|vi|du|ell
Kun|den|kar|te; **Kun|den|kreis**; **Kun|den|nä|he**
kun|den|ori|en|tiert
Kun|den|park|platz; **Kun|den|ser|vice**, der, österr. auch das
Kun|den|stamm; **Kun|den|stock** Plur. ...stöcke (österr.); **Kun|den|tel|le|fon**
Kun|den|wer|bung; **Kun|den|wunsch**
kun|den|zen|t|riert (auf den Kunden, die Kundin ausgerichtet)
Kun|den|zu|frie|den|heit
Kün|der; **Kün|de|rin**
Kund|ga|be; **kund|ge|ben**; ich gebe kund; kundgegeben; kundzugeben; ich gebe etwas kund, aber ich gebe Kunde von etwas; **Kund|ge|bung** (auch für [politische] Versammlung)
kun|dig; **Kun|di|ge**, der u. die; -n, -n
kün|di|gen; er kündigt ihm; er kündigt ihm das Darlehen, die Wohnung; es wurde ihm od. ihm wurde gekündigt
Kün|di|gung; betriebsbedingte Kündigungen; vgl. vierteljährig u. vierteljährlich
Kün|di|gungs|frist; **Kün|di|gungs|grund**; **Kün|di|gungs|schrei|ben**; **Kün|di|gungs|schutz**, der; -es; **Kün|di|gungs|ter|min**
Kun|din (Käuferin)

kund|ma|chen (österr. Amtsspr., sonst geh. für bekannt geben); ich mache kund; kundgemacht; kundzumachen; **Kund|ma|chung** (österr. für Bekanntmachung)
Kund|schaft
kund|schaf|ten; gekundschaftet
Kund|schaf|ter; Kund|schaf|te|rin
kund|tun; ich tue kund; kundgetan; kundzutun; **kund|wer|den** (geh.); es wird kund; es ist kundgeworden; kundzuwerden
ku|ne|i|form ⟨lat.⟩ (Med. keilförmig)
Kü|net|te, die; -, -n ⟨franz.⟩ (Abflussgraben)
künf|tig; künftigen Jahres (Abk. k. J.); künftigen Monats (Abk. k. M.); **künf|tig|hin**
Kun|ge|lei; kun|geln (ugs. abwertend für in geheimer Absprache entscheiden); ich kung[e]le
Kung-Fu, das; -[s] ⟨chin.-engl.⟩ (eine sportliche Methode der Selbstverteidigung)
Ku|ni|bert (m. Vorn.)
Ku|ni|gund, Ku|ni|gun|de (w. Vorn.)
Kun|kel, die; -, -n (südd. u. westd. für Spindel, Spinnrocken)
Kün|ne|ke (dt. Operettenkomponist)
Ku|no (m. Vorn.)
Kunst, die; -, Künste
Kunst|aka|de|mie; Kunst|auk|ti|on; Kunst|aus|stel|lung; Kunst|bau Plur. ...bauten (Technik); **Kunst|be|trach|tung**
Kunst|be|trieb (oft abwertend)
Kunst|darm
Kunst|denk|mal
Kunst|dieb; Kunst|die|bin; Kunst|dieb|stahl
Kunst|druck Plur. ...drucke; **Kunst|druck|pa|pier**
Kunst|dün|ger; Kunst|eis|bahn
küns|teln; ich künst[e]le
Kunst|er|zie|her; Kunst|er|zie|he|rin; Kunst|er|zie|hung
Kunst|fäl|schung
Kunst|fa|ser; Kunst|feh|ler
kunst|fer|tig; Kunst|fer|tig|keit
Kunst|fi|gur
Kunst|flug; Kunst|form
Kunst|frei|heit, die; - (vom Grundgesetz garantiertes Recht auf freien künstlerischen Ausdruck)
Kunst|freund; Kunst|freun|din
Kunst|ga|le|rie
Kunst|gat|tung; Kunst|ge|gen|stand
Kunst|ge|lehr|te
kunst|ge|mäß
Kunst|ge|nuss
kunst|ge|recht

Kunst|ge|schich|te, die; -; **kunst|ge|schicht|lich**
Kunst|ge|wer|be; Kunst|ge|wer|be|mu|se|um; Kunst|ge|werb|ler; Kunst|ge|werb|le|rin; kunst|ge|werb|lich
Kunst|griff
Kunst|hal|le
Kunst|han|del vgl. ¹Handel
Kunst|händ|ler; Kunst|händ|le|rin
Kunst|hand|lung; Kunst|hand|werk; Kunst|hand|wer|ker; Kunst|hand|wer|ke|rin; kunst|hand|werk|lich
Kunst|harz; Kunst|herz
Kunst|his|to|ri|ker; Kunst|his|to|ri|ke|rin; kunst|his|to|risch
Kunst|hoch|schu|le
Kunst|ho|nig; Kunst|horn Plur. ...horne (chem. gehärtetes Kasein)
kunst|in|te|r|es|siert
Kunst|kopf (Rundfunk)
Kunst|kri|tik; Kunst|kri|ti|ker; Kunst|kri|ti|ke|rin
Künst|ler; Künst|ler|grup|pe; Künst|le|rin; künst|le|risch; Künst|ler|knei|pe; Künst|ler|ko|lo|nie; Künst|ler|le|ben; Künst|ler|na|me
Künst|ler|pech (ugs.)
Künst|ler|tum, das; -s
künst|lich; künstliche Beatmung, Befruchtung; künstliche Niere; ==künstliche== od. Künstliche Intelligenz (Abk. KI) ↑D 89
Künst|lich|keit
Kunst|licht, das; -[e]s
Kunst|lieb|ha|ber; Kunst|lieb|ha|be|rin
Kunst|lied
kunst|los
Kunst|ma|ler; Kunst|ma|le|rin
Kunst|markt
kunst|mä|ßig
Kunst|mes|se
Kunst|mu|se|um
Kunst|ob|jekt
Kunst|pau|se; Kunst|preis; Kunst|pro|jekt; Kunst|ra|sen; Kunst|raub
kunst|reich
Kunst|rich|tung
Kunst|samm|ler; Kunst|samm|le|rin; Kunst|samm|lung
Kunst|schatz; Kunst|schnee; Kunst|schu|le; Kunst|sei|de
kunst|sin|nig
Kunst|spra|che; Kunst|stein
Kunst|stoff
==**Kunst|stoff|fla|sche**==, Kunststoff-Flasche
==**Kunst|stoff|fo|lie**==, Kunst-stoff-Folie
Kunst|stoff|ra|sen
kunst|stoff|ver|leimt

kunst|stop|fen; nur im Infinitiv u. Partizip II gebr.; kunstgestopft
Kunst|stück
Kunst|stu|dent; Kunst|stu|den|tin
Kunst|sze|ne
Kunst|tisch|ler; Kunst|tisch|le|rin
Kunst|tur|nen; Kunst|ver|ein; Kunst|ver|lag
Kunst|ver|stand; kunst|ver|stän|dig
kunst|voll
Kunst|werk
Kunst|wis|sen|schaft
Kunst|wis|sen|schaft|ler (schweiz., österr. auch für Kunstwissenschaftler); **Kunst|wis|sen|schaft|le|rin; Kunst|wis|sen|schaft|ler; Kunst|wis|sen|schaft|lich**
Kunst|wort Plur. ...wörter
Kunst|zeit|schrift
kun|ter|bunt (durcheinander, gemischt); **Kun|ter|bunt**, das; -s
Kunz (m. Vorn.); vgl. Hinz
Kü|pe, die; -, -n ⟨lat.⟩ (Färbekessel; Lösung eines Küpenfarbstoffes)
Ku|pel|le vgl. ²Kapelle; **ku|pel|lie|ren** ⟨franz.⟩ (unedle Metalle aus Edelmetallen herausschmelzen)
Kü|pen|farb|stoff (ein wasch- u. lichtechter Textilfarbstoff)
Kü|per (nordd. für Küfer, Böttcher; auch für Warenkontrolleur in Häfen); **Kü|pe|rin**
Kup|fer, das; -s (chemisches Element, Metall; Zeichen Cu)
Kup|fer|dieb
Kup|fer|draht
Kup|fer|erz
Kup|fer|druck Plur. ...drucke
kup|fer|far|ben, kup|fer|far|big
Kup|fer|geld, das; -[e]s
Kup|fer|hüt|te
kup|fe|rig, kupf|rig
Kup|fer|kan|ne; Kup|fer|kes|sel; Kup|fer|mün|ze
kup|fern (aus Kupfer); kupferne Hochzeit
kup|fer|rot
Kup|fer|schmied; Kup|fer|schmie|din; Kup|fer|ste|cher; Kup|fer|ste|che|rin; Kup|fer|stich; Kup|fer|stich|ka|bi|nett
Kup|fer|tief|druck; Kup|fer|vi|t|ri|ol, das; -s
kupf|rig vgl. kupferig
ku|pie|ren ⟨franz.⟩ ([Ohren, Schwanz bei Hunden od. Pferden] stutzen; Med. im Entstehen unterdrücken); **ku|piert**; kupiertes ([von Gräben usw.] durchschnittenes) Gelände
Ku|pol|ofen, Kup|pel|ofen ⟨ital.; dt.⟩ (Schmelz-, Schachtofen)
Ku|pon vgl. ==Coupon==

Kup|pe, die; -, -n
Kup|pel, die; -, -n ⟨lat.⟩; **Kup|pel|bau** Plur. ...bauten
Kup|pe|lei (veraltend abwertend für Vermittlung einer Heirat durch unlautere Mittel; Rechtsspr. strafbare Förderung zwischenmenschlicher sexueller Handlungen)
Kup|pel|grab
kup|peln (svw. koppeln; veraltend auch für Kuppelei betreiben); ich kupp[e]le
Kup|pel|ofen vgl. Kupolofen
Kup|pel|pelz; meist in der Wendung sich einen (den) Kuppelpelz verdienen (abwertend für eine Heirat vermitteln)
Kup|pe|lung vgl. Kupplung
kup|pen (stutzen, die Kuppe abhauen); Bäume kuppen
Kupp|ler (abwertend); **Kupp|le|rin**; **kupp|le|risch**
Kupp|lung, Kup|pe|lung; Kupp|lungs|au|to|mat; Kupp|lungs|be|lag; Kupp|lungs|he|bel
Kupp|lungs|pe|dal; Kupp|lungs|scha|den; Kupp|lungs|schei|be
Ku|p|ris|mus, der; - (Med. Kupfervergiftung)
¹Kur, die; -, -en ⟨lat.⟩ (Heilverfahren; [Heil]behandlung, Pflege)
²Kur, die; -, -en (veraltet für Wahl); noch in kurbrandenburgisch, Kurfürst usw.

Kür

die; -, -en

(Wahl; Wahlübung im Sport)
– sie muss noch ihre Kür laufen
– sie ist eine sensationelle Kür gelaufen
– sie muss noch Kür laufen, ist schon Kür gelaufen, um Kür zu laufen, aber sie ist beim Kürlaufen gestürzt

ku|ra|bel ⟨lat.⟩ (Med. heilbar); ...a|b|le Krankheit
Kur|an|stalt (veraltet)
ku|rant ⟨lat.⟩ (veraltet für in Umlauf befindlich; Abk. crt.);
Ku|rant, das; -[e]s, -e (veraltet für Währungsmünze, deren Metallwert dem aufgeprägten Wert entspricht); zwei Mark Kurant
Ku|ra|re, das; -[s] ⟨indian.-span.⟩ (ein [Pfeil]gift, als Narkosehilfsmittel verwendet)
Kur|arzt; Kur|ärz|tin
Kü|rass, der; Kürasses, Kürasse

⟨franz.⟩ (Brustharnisch); **Kü|ras|sier**, der; -s, -e (früher für Panzerreiter; schwerer Reiter)
Ku|rat, der; -en, -en ⟨lat.⟩ (wie ein Pfarrer eingesetzter kath. Seelsorgegeistlicher mit eigenem Seelsorgebezirk)
Ku|ra|tel, die; -, -en (veraltet für Vormundschaft; Pflegschaft); unter Kuratel stehen (ugs. unter Aufsicht, Kontrolle stehen)
Ku|ra|tie, die; -, ...ien (Seelsorgebezirk eines Kuraten)
ku|ra|tie|ren (als Kurator betreuen)
ku|ra|tiv (Med. heilend, Heil-); eine kurative Behandlung
Ku|ra|tor, der; -s, ...oren (Verwalter einer Stiftung; Vertreter des Staates in der Universitätsverwaltung; [wissenschaftlicher] Leiter eines Museums, einer Ausstellung o. Ä.; österr. auch für Treuhänder; früher für Vormund); **Ku|ra|to|rin; ku|ra|to|risch; Ku|ra|to|ri|um**, das; -s, ...ien (Aufsichtsbehörde)
Kur|auf|ent|halt
Kur|bel, die; -, -n; **Kur|bel|lei**
kur|beln; ich kurb[e]le
Kur|bel|stan|ge; Kur|bel|wel|le
Kur|bet|te, die; -, -n ⟨franz.⟩ (Bogensprung [eines Pferdes]);
kur|bet|tie|ren
Kür|bis, der; -ses, -se (eine Kletter- od. Kriechpflanze); **Kür|bis|fla|sche; Kür|bis|kern; Kür|bis|kern|öl; Kür|bis|ku|chen; Kür|bis|sup|pe**
Kur|de, der; -n, -n (Angehöriger eines Volkes in Vorderasien);
Kur|din; kur|disch; Kur|dis|tan (Gebirgs- u. Hochland in Vorderasien)
ku|ren (eine Kur machen)
kü|ren (geh. für wählen); du kürtest, seltener korst, korest; du kürtest, seltener körest; gekürt, seltener gekoren sei kür[e]!; vgl. ²kiesen
Kü|ret|ta|ge [...ʒə], die; -, -n ⟨franz.⟩ (Med. Ausschabung der Gebärmutter mit der Kürette); **Kü|ret|te**, die; -, -n (ein med. Instrument); **kü|ret|tie|ren**
Kur|fürst; der Große Kurfürst ↑ **D 134**
Kur|fürs|ten|damm, der; -[e]s (eine Straße in Berlin; ugs. Kurzform Ku'damm ↑ **D 15**)
Kur|fürs|ten|tum; Kur|fürs|tin; kur|fürst|lich; kurfürstlich sächsische Staatskanzlei; im Titel ↑ **D 151**: Kurfürstlich

Kur|gast Plur. ...gäste; **Kur|haus; Kur|heim**
Kur|hes|se [auch kuːɐ̯'hɛsə]; **Kur|hes|sen** [auch kuːɐ̯'hɛsn̩] (früheres Kurfürstentum Hessen-Kassel); **Kur|hes|sin** [auch kuːɐ̯'hɛsɪn]; **kur|hes|sisch** [auch kuːɐ̯'hɛsɪʃ]
Kur|ho|tel
ku|ri|al ⟨lat.⟩ (zur päpstl. Kurie gehörend); **Ku|ri|at|stim|me** (früher für Gesamtstimme eines Wahlkörpers); **Ku|rie**, die; -, -n ([Sitz der] päpstl. Zentralbehörde; österr. auch für Standesvertretung in Universitätsgremien); **Ku|ri|en|kar|di|nal**
Ku|rier, der; -s, -e ⟨franz.⟩ (Bote); **Ku|rier|dienst**
ku|rie|ren ⟨lat.⟩ (ärztlich behandeln; heilen)
Ku|rier|flug|zeug; Ku|rier|ge|päck
Ku|rie|rin
Ku|ri|len Plur. (Inseln im Pazifischen Ozean)
ku|ri|os ⟨lat.(-franz.)⟩ (seltsam, sonderbar); **ku|ri|o|ser|wei|se; Ku|ri|o|si|tät**, die; -, -en
Ku|ri|o|si|tä|ten|händ|ler; Ku|ri|o|si|tä|ten|ka|bi|nett
Ku|ri|o|sum, das; -s, ...sa
ku|risch; aber ↑ **D 140**: das Kurische Haff, die Kurische Nehrung
Kur|ka|pel|le (Orchester eines Kurortes); **Kur|kar|te; Kur|kli|nik**
Kur|köln [auch 'kuːɐ̯...] (Erzbistum Köln vor 1803); **kur|köl|nisch** [auch 'kuːɐ̯...]
Kur|kon|zert
Kur|ku|ma, die; -, Kur|ku|men, Cur|cu|ma, die; -, Curcumen od. Curcumae ⟨arab.⟩ (Gelbwurzel; ein Gewürz); **Kur|ku|ma|gelb; Kur|ku|ma|pa|pier**
Kur|laub, der; -[e]s, -e (mit einer Kur verbundener Urlaub)
Kür|lauf (Sport); **Kür|lau|fen**, das; -s; **Kür lau|fen** vgl. Kür
Kur|mainz [auch 'kuːɐ̯...] (Erzbistum Mainz vor 1803)
Kur|mark, die; - (Hauptteil der ehem. Mark Brandenburg); **Kur|mär|ker; Kur|mär|ke|rin; kur|mär|kisch**
Kur|mit|tel, das; -s; **Kur|mit|tel|haus**
Kur|or|ches|ter; Kur|ort Plur. ...orte; **Kur|park**
Kur|pfalz [auch 'kuːɐ̯...], die; - (ehem. Kurfürstentum Pfalz); **Kur|pfäl|zer** [auch 'kuːɐ̯...]; **Kur|pfäl|ze|rin** [auch 'kuːɐ̯...]; **kur|pfäl|zisch** [auch 'kuːɐ̯...]

Kurzbiographie

kurz

kür|zer, kür|zes|te

Groß- und Kleinschreibung:
- kurz und gut; kurz und bündig; kurz und klein; kurz und schmerzlos; über kurz oder lang
- am kürzesten
- binnen, seit, vor Kurzem *od.* kurzem
- den Kürzer[e]n ziehen; etwas des Kürzeren darlegen; etwas Kurzes spielen, vortragen
- ↑D 134: Pippin der Kurze

Schreibung in Verbindung mit Verben:
- sie hat hier nur kurz (für kurze Zeit) gearbeitet (vgl. aber kurzarbeiten)
- kannst du das mal kurz halten? (*vgl. aber* kurzhalten)
- zu kurz kommen
- es kurz machen *od.* kurzmachen
- einen Text kurz fassen *od.* kurzfassen
- den Rasen kurz mähen *od.* kurzmähen
- sich die Haare kurz schneiden *od.* kurzschneiden lassen
Vgl. auch kurzarbeiten, kurzfassen, kurzhalten, kurzschließen, kurztreten, kürzertreten

In Verbindung mit einem adjektivisch oder substantivisch gebrauchten Partizip kann getrennt oder zusammengeschrieben werden ↑D 58:
- kurz gebratenes *od.* kurzgebratenes Fleisch
- kurz geschnittene *od.* kurzgeschnittene Haare
- ein kurz gefasster *od.* kurzgefasster Überblick
- Urlaub für Kurzentschlossene *od.* kurz Entschlossene

---

kur|pfu|schen *(abwertend);* ich kurpfusche; gekurpfuscht; zu kurpfuschen; **Kur|pfu|scher; Kur|pfu|sche|rei; Kur|pfu|sche|rin**

Kur|prinz (Erbprinz eines Kurfürstentums); **Kur|prin|zes|sin; kur|prinz|lich**

Kur|pro|me|na|de

Kur|re, die; -, -n *(Seemannsspr.* Grundschleppnetz)

Kur|ren|da|ner *(lat.)* (Mitglied einer Kurrende); **Kur|ren|de, die; -, -n** (ev. Kinderchor; früher Knabenchor, der vor Häusern, bei Begräbnissen o. Ä. gegen Geld geistl. Lieder singt)

kur|rent *(lat.)* österr. für in deutscher Schrift); **Kur|rent|schrift** *(veraltet für* »laufende«, d. h. Schreibschrift; *österr. für* deutsche Schreibschrift)

kur|rig *(landsch. für* mürrisch)

Kur|ri|ku|lum, das; -s, ...la *(lat.); vgl.* Curriculum u. Curriculum Vitae

Kurs, der; -es, -e *(lat.)*

Kurs|ab|schlag *(Bankw.);* **Kurs|abwei|chung; Kurs|än|de|rung; Kurs|an|stieg**

Kur|sant, der; -en, -en *(regional für* Kursteilnehmer); **Kur|san|tin**

Kurs|auf|schlag *(Bankw.)*

Kurs|be|ginn

Kurs|be|we|gung *(Börsenw.)*

Kurs|buch

Kürsch, das; -[e]s *(Heraldik* Pelzwerk)

Kur|schat|ten *(ugs. scherzh. für* Person des anderen Geschlechts, mit der sich jmd. für die Zeit der Kur anfreundet)

Kürsch|ner (Pelzverarbeiter); **Kürsch|ne|rei; Kürsch|ne|rin**

Kur|se (*Plur. von* Kurs *u.* Kursus)

Kurs|ein|bruch *(Börsenw.);* **Kurs|ein|bu|ße; Kurs|ent|wick|lung**

Kurs|ge|bühr

Kurs|ge|winn *(Börsenw.)*

kur|sie|ren *(lat.)* (umlaufen, im Umlauf sein); kursierende Gerüchte

kur|siv (laufend, schräg; **Kur|sivdruck,** der; -[e]s; **Kur|si|ve, die; -, -n** (schräg liegende Druckschrift); **Kur|siv|schrift**

Kursk (russ. Stadt u. Verwaltungsgebiet)

Kurs|kor|rek|tur

kur|so|risch (fortlaufend, rasch durchlaufend); kursorische Lektüre

Kurs|ral|lye, Kurs|ral|ly [...reli] *(Börsenw.);* **Kurs|rück|gang; Kursschwan|kung; Kurs|stei|ge|rung; Kurs|sturz**

Kurs|sys|tem *(Schule)*

Kürs|te, die; -, -n *(landsch. für* [harte] Brotrinde)

Kurs|teil|neh|mer; Kurs|teil|neh|me|rin

Kur|sus, der; -, Kurse *(lat.)* (Lehrgang; *auch für* Gesamtheit der Lehrgangsteilnehmer)

Kurs|ver|fall *(Börsenw.)*

Kurs|ver|lust

Kurs|wa|gen *(Eisenbahn)*

Kurs|wech|sel; Kurs|wert; Kurs|zet|tel

Kurt (m. Vorn.)

Kur|ta|ge [kʊrˈtaːʒə] *vgl.* Courtage

Kur|ta|xe

Kur|ti|sa|ne, die; -, -n *(franz.)* *(früher für* Geliebte am Fürstenhof)

Kur|trier [*auch* ˈkuːɐ̯...] (Erzbistum Trier vor 1803); **kur|trie|risch** [*auch* ˈkuːɐ̯...]

Kür|tur|nen (Turnen mit freier Wahl der Übungen); **Kür|übung**

ku|ru|lisch *(lat.);* kurulischer Stuhl (Amtssessel der höchsten Beamten im alten Rom)

Ku|ruş [...ˈrʊʃ], der; -, - *(türk.)* (Untereinheit der türk. Lira)

Kur|va|tur, die; -, -en *(lat.)* *(Med.* Krümmung eines Organs, bes. des Magens)

Kur|ve [...və, *auch* ...fə], die; -, -n; ballistische Kurve (Flug-, Geschossbahn)

kur|ven; gekurvt

Kur|ven|dis|kus|si|on *(Math.)*

kur|ven|för|mig

Kur|ven|li|ne|al; Kur|ven|mes|ser, der

kur|ven|reich

Kur|ven|schar, die *(Math.);* **Kur|ven|tech|nik; Kur|ven|vor|ga|be** *(Leichtathletik)*

Kur|ver|wal|tung

kur|vig; kurvige Straßen

Kur|vi|me|ter, das; -s, - (Kurvenmesser)

Kur|wür|de, die; -, -n *Plur. selten* (Würde eines Kurfürsten)

kurz *s.* Kasten

Kurz|an|dacht

Kurz|ar|beit, die; -; **kurz|ar|bei|ten** (aus Betriebsgründen eine kürzere Arbeitszeit einhalten); ich arbeite kurz; kurzgearbeitet; kurzzuarbeiten; *vgl. aber* kurz; **Kurz|ar|bei|ter; Kurz|ar|bei|ter|geld; Kurz|ar|bei|te|rin**

kurz|är|me|lig, kurz|ärm|lig; Kurz|arm|ja|cke

kurz|at|mig; Kurz|at|mig|keit

Kurz|be|richt; Kurz|bio|gra|fie, Kurz|bio|gra|phie

Kurze

Kur|ze, der; -n, -n ⟨ugs. für kleines Glas Branntwein; Kurzschluss⟩
Kür|ze, die; -; in Kürze
Kür|zel, das; -s, - (festgelegtes Abkürzungszeichen; vgl. Sigel)
kür|zen; du kürzt
kurz ent|schlos|sen, kurz|entschlos|sen
Kurz|ent|schlos|se|ne, der u. die; -n, -n, **kurz Ent|schlos|se|ne**, der u. die; -n, -n; vgl. kurz
kür|zer|fas|sen, sich (vgl. sich kurzfassen); aber einen Text kürzer fassen
kür|zer|hand (umstandslos)
kür|zer|tre|ten (sich schonen; sich einschränken)
Kür|zer|zäh|lung
kurz|fas|sen, sich (sich zeitsparend äußern); du solltest dich kurzfassen
Kurz|fas|sung; Kurz|film; Kurz|flügler (Zool.); **Kurz|form**
kurz|fris|tig
kurz ge|bra|ten, kurz|ge|bra|ten vgl. kurz; **Kurz|ge|bra|te|ne**, das; -n, **Kurz|ge|bra|te|ne**, das; -n (in der Pfanne gebratenes Fleisch)
kurz ge|fasst, kurz|ge|fasst vgl. kurz
Kurz|ge|schich|te
kurz ge|schnit|ten, kurz|ge|schnit-
ten vgl. kurz
Kurz|haar|fri|sur; kurz|haa|rig
kurz|hal|sig
kurz|hal|ten (wenig Geld geben); sie hat ihre Kinder immer [ziemlich] kurzgehalten; aber kannst du das mal kurz (kurze Zeit) halten? (ugs.)
kurz lau|fend, kurz|lau|fend (Bankw., Börsenw.); aber nur ein kürzer laufender Kredit;
↑**D 58**
kurz|le|big; Kurz|le|big|keit
kürz|lich
Kurz|mel|dung; Kurz|mit|tei|lung; Kurz|mit|tei|lungs|dienst (EDV); **Kurz|nach|richt; Kurz|nach|rich-**
ten|dienst (EDV)
Kurz|par|ker; Kurz|par|ke|rin; Kurz-
park|zo|ne
Kurz|pass (Sport); **Kurz|por|trät**
Kurz|pro|fil; Kurz|pro|gramm (Eiskunstlauf)
kurz|schlie|ßen; einen Stromkreis kurzschließen; sich kurzschließen (unmittelbaren Kontakt aufnehmen); ich schließe kurz; kurzgeschlossen; kurzzuschließen
Kurz|schluss; Kurz|schluss|handlung; Kurz|schluss|re|ak|ti|on

kurz schnei|den, kurz|schnei|den,
kurz geschnittene od. kurzgeschnittene Haare
Kurz|schrift (für Stenografie); **Kurz|schrift|ler** (für Stenograf); **Kurz|schrift|le|rin; kurz|schrift|lich** (für stenografisch)
kurz|sich|tig; Kurz|sich|tig|keit
kurz|sil|big (übertr. auch für wortkarg)
Kurz|ski, Kurz|schi
kurz|stäm|mig
Kurz|stre|cke; Kurz|stre|cken|flug
Kurz|stre|cken|lauf; Kurz|stre|cken-
läu|fer; Kurz|stre|cken|läu|fe|rin
Kurz|stre|cken|ra|ke|te
Kurz|streck|ler (Sport Kurzstreckenläufer); **Kurz|streck|le|rin**
Kurz|stun|de (Schule)
Kurz|tag|pflan|ze (Bot.)
kurz|tre|ten (sich schonen; sich einschränken)
Kurz|trip (ugs.)
kurz|um
Kür|zung
Kurz|ur|laub
Kurz|wahl; Kurz|wahl|num|mer;
Kurz|wahl|tas|te
Kurz|wa|ren Plur.; **Kurz|wa|ren-**
hand|lung
kurz|weg
Kurz|weil, die; -; **kurz|wei|lig**
Kurz|wel|le (Physik, Rundfunk); **Kurz|wel|len|sen|der; Kurz|wel-**
len|the|ra|pie (Med.); **kurz|wel-**
lig; kurzwellige Strahlen
Kurz|wort Plur. ...wörter
Kurz|zeit|ge|dächt|nis, das; -ses (Psychol.); **kurz|zei|tig**
Kurz|zug (bes. Eisenbahn)
kusch! (Befehl an den Hund leg dich still nieder!); vgl. kuschen
Ku|schel, Kus|sel, die; -, -n ⟨nordd. für niedrige Kiefer; Gebüsch⟩
Ku|schel|ecke
ku|sche|lig, kusch|lig (gut zum Kuscheln)
Ku|schel|kurs (Jargon); [einen] Kuschelkurs fahren, auf Kuschelkurs gehen (Kritik zurückhalten, sich einig mit jmdm. zeigen); **ku|scheln**; sich kuscheln (sich anschmiegen); ich kusch[e]le mich; **Ku|schel-**
sex; Ku|schel|tier (weiches Stofftier)
ku|schen (sich lautlos hinlegen [vom Hund]; ugs. auch für stillschweigen); du kuschst; kusch dich! (leg dich still nieder!)
kusch|lig vgl. kuschelig
Ku|sel (Stadt im Saar-Nahe-Bergland); Kuseler Schichten (Geol.)

Ku|sin|chen vgl. Cousinchen
Ku|si|ne vgl. Cousine
¹**Kus|kus**, der; -, - ⟨westindones.⟩ (ein Beuteltier)
²**Kus|kus** [ˈkʊskʊs] vgl. Couscous
Küs|nacht (ZH) (Ort am Zürichsee); vgl. aber Küssnacht
Kuss, der; -es, Küsse; **Küss|chen; kuss|echt**
Kus|sel vgl. Kuschel
küs|sen; du küsst, er/sie küsst; du küsstest; geküsst; küsse u. küss mich!; küss die Hand! (österr. veraltend); sie küsst ihn auf die Stirn
Kuss|hand; Kuss|händ|chen
Küss|nacht am Ri|gi (Ort am Vierwaldstätter See); vgl. aber Küsnacht
Kuss|sze|ne, Kuss-Sze|ne
Küs|te, die; -, -n
Küs|ten|be|feu|e|rung (Kennzeichnung durch Leuchtfeuer u. a.); **Küs|ten|fah|rer** (Schiff); **Küstenfi|sche|rei; Küs|ten|ge|biet; Küsten|ge|bir|ge; Küs|ten|ge|wäs|ser** **Küs|ten|mo|tor|schiff; Küs|ten|nähe; Küs|ten|schiff|fahrt**
Küs|ten|schutz, der; -es; **Küs|tenstadt; Küs|ten|stra|ße; Küs|tenstrei|fen; Küs|ten|strich; Küs|ten-**
wa|che
Küs|ter (Kirchendiener); **Küs|te|rei;**
Küs|te|rin
¹**Kus|to|de**, die; -, -n ⟨lat.⟩ (früher für Kennzeichen der einzelnen Lagen einer Handschrift; Druckw. Nebenform von Kustos)
²**Kus|to|de**, der; -n, -n (Nebenform von Kustos [wissenschaftl. Sachbearbeiter]); **Kus|to|din;**
Kus|tos, der; -, Kustoden ⟨lat., »Wächter«⟩ (wissenschaftlicher Sachbearbeiter an Museen u. Ä.; Druckw. früher für Silbe od. Wort am Fuß einer Seite zur Verbindung mit der folgenden Seite; veraltet für Küster)
Ku|te, die; -, -n ⟨nordd., bes. berlin. für Vertiefung, Grube⟩
Ku|ti|ku|la, die; -, Plur. -s u. ...lä ⟨lat.⟩ (Biol. Häutchen der äußeren Zellschicht bei Pflanzen u. Tieren)
Ku|tis, die; - (Biol. Lederhaut der Wirbeltiere; nachträglich verkorktes Pflanzengewebe)
Kutsch|bock
Kut|sche, die; -, -n ⟨nach dem ung. Ort Kocs [kɔtʃ], d. h. Wagen aus Kocs⟩
kut|schen (veraltet für kutschieren); du kutschst; **Kut|schen|schlag**

Kut|scher; Kut|sche|rin
Kut|scher|knei|pe; Kut|scher|sitz
kut|schie|ren
Kutsch|kas|ten
Kut|te, die; -, -n
Kut|tel, die; -, -n meist Plur. (essbares Stück vom Magen od. Darm des Rindes); Kut|tel|fleck, der; -[e]s, -e meist Plur. (Kuttel)
Kut|tel|hof (veraltet für Schlachthof)
Kut|tel|kraut (österr. ugs. für Thymian)
Kut|ter, der; -s, ⟨engl.⟩ (ein kleines Fischereifahrzeug)
Kü|ve|la|ge [...ʒə], die; -, - ⟨franz.⟩ (Bergbau Ausbau eines wasserdichten Schachtes mit gusseisernen Ringen); kü|ve|lie|ren; Kü|ve|lie|rung (svw. Küvelage)
Ku|vert [...'veːɐ̯, ...'veːɐ̯, das; -s, -s, auch [...'veɐ̯t], -[e]s [...rtəs, ...rts], -e [...rtə] ⟨franz.⟩ ([Brief]umschlag; [Tafel]gedeck für eine Person)
ku|ver|tie|ren (mit einem Umschlag versehen)
Ku|ver|tü|re, die; -, -n (Überzugsmasse für Kuchen, Gebäck u. a.)
Kü|vet|te, die; -, -n ⟨franz.⟩ (veraltet für Innendeckel [der Taschenuhr]; kleines Gefäß)
Ku|wait, Ku|weit [auch 'kuː..., ...ˈveɪt] (Scheichtum am Persischen Golf)
Ku|wai|ter, Ku|wei|ter; Ku|wai|te|rin, Ku|wei|te|rin
ku|wai|tisch, ku|wei|tisch
Kux, der; -es, -e ⟨tschech.-mlat.⟩ (börsenmäßig gehandelter Bergwerksanteil)
kv. = kriegsverwendungsfähig
kV = Kilovolt
¹KV = Köchelverzeichnis
²KV, die; -, Plur. -en, seltener -s = Kassenärztliche Vereinigung
kVA = Kilovoltampere
Kvar|ner, der; -[s], Kvar|ner|bucht, die; - (Teil des Adriatischen Meeres); ↑D 64
kW = Kilowatt
Kwass, der; Gen. - u. Kwasses ⟨russ.⟩ (gegorenes Getränk)
kWh = Kilowattstunde
KWK, die. - = Kraft-Wärme-Kopplung
KY = Kentucky
Ky|a|ni|sa|ti|on, die; - ⟨nach dem engl. Erfinder J. H. Kyan⟩ (ein Imprägnierungsverfahren für Holz); ky|a|ni|sie|ren
Kyat [tʃat, kjat], der; -[s], -[s] ⟨birman.⟩ (Währungseinheit in Myanmar)
Ky|a|thos, der; -, - (antiker einhenkliger Becher)
Ky|be|le [...le, auch ...beː...] (phryg. Göttin)
Ky|ber|ne|tik, die; - ⟨griech.⟩ (wissenschaftl. Erforschung der Steuerungs- u. Regelungsvorgänge; ev. Theol. Lehre von der Kirchen- u. Gemeindeleitung); Ky|ber|ne|ti|ker; Ky|ber|ne|ti|ke|rin ky|ber|ne|tisch
Kyff|häu|ser [ˈkɪf...], der; -[s] (Bergrücken südl. des Harzes)
Ky|jiw, Ky|ïv [ˈkiːjɪu̯] (Hauptstadt der Ukraine)
Ky|k|la|den Plur. (Inselgruppe in der Ägäis)
Ky|k|li|ker vgl. Zykliker
Ky|k|lop vgl. Zyklop
Ky|ma, das; -s, -s, Ky|ma|ti|on, das; -s, Plur. -s u. ...ien ⟨griech.⟩ (Archit. Zierleiste aus stilisierten Blattformen [bes. am Gesims griech. Tempel])
Ky|mo|graf, Ky|mo|graph, der; -en, -en (Gerät zur mechanischen Aufzeichnung von rhythm. Bewegungen, z. B. des Pulsschlages); Ky|mo|gra|fie, Ky|mo|gra|phie, die; - (Röntgenverfahren zur Darstellung von Organbewegungen)
Ky|mo|gramm, das; -s, -e ⟨griech.⟩ (Med. Röntgenbild von sich bewegenden Organen)
Kym|re, der; -n, -n (keltischer Bewohner von Wales); Kym|rin
kym|risch; Kym|risch, das; -[s] (Sprache); vgl. Deutsch; Kym|ri|sche, das; -n; vgl. ²Deutsche
Ky|ni|ker ⟨griech.⟩ (Angehöriger der von Antisthenes gegründeten Philosophenschule); vgl. aber Zyniker; Ky|ni|ke|rin
Ky|no|lo|ge, der; -n, -n; Ky|no|lo|gie, die; - (Lehre von Zucht, Dressur u. Krankheiten der Hunde); Ky|no|lo|gin
Ky|o|to vgl. Kioto; Ky|o|to-Pro|to|koll, Ky|o|to-Pro|to|koll (Politik ein internationales Klimaschutzabkommen)
Ky|pho|se, die; -, -n ⟨griech.⟩ (Med. Wirbelsäulenverkrümmung nach hinten)
Ky|re|nai|ka vgl. Cyrenaika
Ky|rie, die; -, -s ⟨griech.⟩ (kurz für Kyrieeleison)
Ky|rie|elei|son, das; -s, -s (Bittruf) Ky|rie elei|son! [...e eˈlɛɪ..., -eˈlaɪ...], Ky|ri|eleis! (»Herr, erbarme dich!«) (Bittformel im gottesdienstlichen Gesang); vgl. Leis; Ky|ri|eleis! vgl. Kyrie eleison!
ky|ril|lisch, zy|ril|lisch ⟨nach dem Slawenapostel Kyrill⟩; kyrillische, zyrillische Schrift ↑D 135; Ky|ril|lisch, Zy|ril|lisch, das; -[s] (die kyrillische Schrift); in Kyrillisch, Zyrillisch
Ky|ros, Cy|rus (pers. König)
KZ, das; -[s], -[s] (kurz für Konzentrationslager)
KZ-Ge|denk|stät|te; KZ-Häft|ling
K 2, der; - - ⟨nach seiner Vermessung als zweiter Berg im Karakorum⟩ (zweithöchster Berg der Erde); die erste K-2-Besteigung od. K2-Besteigung ↑D 26

L

l = lävogyr; Liter
l. = lies!; links
L (Buchstabe); das L; des L, die L, aber das l in Schale; der Buchstabe L, l
L = 50 (röm. Zahlzeichen)
L = large (Kleidergröße: groß)
L. = Linné; Lira Sing. u. Lire Plur.; Lucius od. Luzius
Λ, λ = Lambda
£, £ Stg = Pfund (Livre) Sterling
La (chem. Zeichen für Lanthan)
la (ital.) (Solmisationssilbe)
l. a. = lege artis
¹LA = Lastenausgleich
²LA = Louisiana
Laa an der Tha|ya [...ja] (österr. Stadt)
Laa|cher See, der; - -s (See in der Eifel)
Laa|ser Mar|mor, der; - -s
Lab, das; -[e]s ⟨Biol. Enzym im Kälbermagen⟩
La Bam|ba, die; - -, - -s, ugs. auch der; - -[s], - -s ⟨brasilian.⟩ (ein Tanz)
La|ban (bibl. m. Eigenn.); langer

labberig

Laban (ugs. für große, hagere männliche Person)
lab|be|rig, labb|rig (nordd. für schwach; fade; breiig)
lab|bern (nordd. für schlürfend essen od. trinken); ich labbere
labb|rig vgl. labberig
Lab|da|num vgl. Ladanum
La|be, die; - (dichter. für etwas Labendes)
La|be|fla|sche (Radsport)
La|bel ['leɪ...], das; -s, -s ⟨engl.⟩ ([Ton- u. Datenträger]etikett; Tonträgerproduzent; Markenname); la|beln (mit einem Label versehen); ich labele; gelabelt
la|ben; sich laben
La|ber|dan, der; -s, -e ⟨niederl.⟩ (eingesalzener Kabeljau)
la|bern (ugs. für schwatzen, unaufhörlich reden); ich labere
La|be|trunk
LAbg. = Landtagsabgeordnete[r] (österr.)
la|bi|al ⟨lat.⟩ (die Lippen betreffend); La|bi|al, der; -s, -e, La|bi|al|laut (Sprachwiss. Lippenlaut, mit den Lippen gebildeter Laut, z. B. p, m)
La|bi|al|pfei|fe (eine Orgelpfeife)
La|bi|a|te, die; -, -n meist Plur. (Bot. Lippenblütler)
la|bil ⟨lat.⟩ (schwankend; veränderlich, unsicher); La|bi|li|tät, die; -, -en Plur. selten
La|bi|o|den|tal ⟨lat.⟩, La|bi|o|den|tal|laut (Sprachwiss. Lippenzahnlaut, mit Unterlippe u. oberen Schneidezähnen gebildeter Laut, z. B. f, w)
La|bi|o|ve|lar, La|bi|o|ve|lar|laut (Sprachwiss. Lippengaumenlaut)
Lab|kraut (eine Pflanzengattung)
Lab|ma|gen (Teil des Magens der Wiederkäuer)
La|boe (Ostseebad); La|boer [...'bøːɐ̯]; La|bo|e|rin
La|bor [österr. auch, schweiz. meist 'la:...], das; -s, Plur. -s, auch -e ⟨lat.⟩ (kurz für Laboratorium)
La|bo|rant, der; -en, -en; La|bo|ran|tin
La|bo|ra|to|ri|um, das; -s, ...ien
La|bor|be|fund
la|bo|rie|ren; an einer Krankheit laborieren (ugs. für längere Zeit an einer Krankheit leiden u. sie zu überwinden suchen); an einer Arbeit laborieren (ugs. für sich abmühen)

La|bor|kit|tel; La|bor|test
La|bor|tier; La|bor|ver|such; La|bor|wert
La Bos|tel|la, die; - -, - -s, ugs. auch der; - -[s], - -s ⟨Herkunft unsicher⟩ (ein Modetanz)
La|bour|par|tei, La|bour-Par|tei ['leɪbə...], die; -; La|bour Par|ty ['leɪbə ...ti], die; - - ⟨engl.⟩ (engl. Arbeiterpartei)
¹La|b|ra|dor (eine nordamerik. Halbinsel)
²La|b|ra|dor, der; -s, -e (svw. Labradorit)
La|b|ra|do|re (Bewohner von ¹Labrador); La|b|ra|do|re|rin
La|b|ra|dor|hund
la|b|ra|do|risch ⟨zu ¹Labrador⟩
La|b|ra|do|rit, der; -s, -e (ein Mineral, ein Schmuckstein)
Lab|sal, das; -[e]s, -e, österr. u. südd. auch die; -, -e
lab|sal|ben ⟨niederl.⟩ (Seemannsspr. teeren); ich labsalbe; gelabsalbt; zu labsalben
Labs|kaus, das; - ⟨engl.⟩ (ein seemänn. Eintopfgericht)
La|bung
La|by|rinth, das; -[e]s, -e ⟨griech.⟩
La|by|rinth|fisch
la|by|rin|thisch
Lach|an|fall
La Chaux-de-Fonds [la ʃot'fɔ̃:] (Stadt im Schweizer Jura)
¹La|che, die; -, -n (Gelächter)
²La|che [auch 'la:...], die; -, -n (Pfütze)
³La|che, fachspr. meist Lach|te, die; -, -n (Forstwirtsch. Einschnitt [in Baumrinde])
lä|cheln; ich läch[e]le; Lä|cheln, das; -s
la|chen; Tränen lachen; sie hat gut lachen; ↑D 72: zum Lachen sein; La|chen, das; -s; ein ängstliches Lachen; La|cher
Lach|er|folg; La|che|rin
lä|cher|lich; etwas Lächerliches; ins Lächerliche ziehen; lä|cher|li|cher|wei|se; Lä|cher|lich|keit
lä|chern (landsch. für zum Lachen reizen); ich lächere
La|che|sis (eine der drei Parzen)
Lach|fält|chen meist Plur.
lach|flash [...fleʃ], der; -s, -s ⟨dt.; engl.⟩ (ugs. für Lachanfall)
Lach|gas
lach|haft; Lach|haf|tig|keit, die; -
Lach|krampf; Lach|lust, die; -;
Lach|mö|we; Lach|mus|kel
Lach|num|mer (ugs. für lächerliche Angelegenheit)
Lachs, der; -es, -e (ein Fisch)

Lach|sal|ve
Lachs|bröt|chen; Lachs|fang
lachs|far|ben, lachs|far|big
lachs|ro|sa; lachs|rot
Lachs|schin|ken; Lachs|schnit|zel Plur.
Lach|tau|be
Lach|te vgl. ³Lache
Lach|ter, die; -, -n od. das; -s, - (altes bergmänn. Längenmaß)
Lach|trä|ne meist Plur.
Lach|zwang, der; -
la|cie|ren [...'siː...] ⟨franz.⟩ (einschnüren; mit Band durchflechten)
Lack, der; -[e]s, -e ⟨sanskr.⟩
Lack|af|fe (ugs.)
Lack|ar|beit
La|cke, die; -, -n (österr. ugs. für ²Lache)
La|ckel, der; -s, - (südd., österr. ugs. für grober, auch unbeholfener, tölpelhafter Mensch)
la|cken (Lack auftragen; ugs. auch für überverteilen); gelackt
lack|glän|zend
Lack|gür|tel
la|ckie|ren (Lack auftragen; ugs. für unehrlich behandeln)
La|ckie|rer; La|ckie|re|rei; La|ckie|re|rin; La|ckie|rung
Lack|ier|werk|statt, La|ckier|werk|stät|te
Lack|le|der; Lack|man|tel
Lack|mus, der od. das; - ⟨niederl.⟩ (Chemie ein Pflanzenfarbstoff, der als Säure-Base-Indikator verwendet wird); Lack|mus|pa|pier; Lack|mus|test (auch übertr. für Prüfstein; Gradmesser)
Lack|scha|den; Lack|schuh; Lack|stie|fel
La|c|ri|ma Chris|ti, La|c|ri|mae Chris|ti, der; - -, - - ⟨lat., »Christusträne[n]«⟩ (Wein von den Hängen des Vesuvs)
la|c|ri|mo|so ⟨ital.⟩ (Musik klagend); La|c|ri|mo|so, das; -[s], ...si
La|c|rosse [...'krɔs], das; - (ein dem Hockey verwandtes amerikanisches Ballspiel)
lact... vgl. lakt...; Lact... vgl. Lakt...
Lac|tam, das; -s, -e ⟨lat.; griech.⟩ (eine chem. Verbindung)
Lac|ta|se vgl. Laktase
Lac|tat, das; -s, -e (Chemie Salz der Milchsäure); Lac|tat|test; Lac|tat|wert meist Plur.
Lac|to|se usw. vgl. Laktose usw.

Laienrichterin

La|dakh [...k] (Hochplateau in Nordindien)
La|da|num, das; -s ⟨griech.⟩ (ein Harz)
Läd|chen (kleine Lade; kleiner Laden)
La|de, die; -, -n (*landsch. für* Truhe, Schublade)
La|de|baum; **La|de|flä|che**; **La|de|ge|rät**; **La|de|ge|wicht**; **La|de|gut**
La|de|hem|mung
La|de|ka|bel
La|de|kon|t|rol|le; **La|de|lu|ke**; **La|de|mast**, der
¹**la|den** (aufladen); du lädst, er/sie lädt; du lud[e]st; du lüdest; geladen; lad[e]!
²**la|den** (einladen); du lädst, er/sie lädt (*veraltet, aber noch landsch.* du ladest, er/sie ladet; du ludst; du lüdest; geladen; lad[e]!
La|den, der; -s, *Plur.* Läden, *selten auch* -
La|den|be|sit|zer; **La|den|be|sit|ze|rin**
La|den|dieb; **La|den|die|bin**; **La|den|dieb|stahl**
La|den|ge|schäft
La|den|hü|ter (schlecht absetzbare Ware); **La|den|kas|se**; **La|den|ket|te**; **La|den|lo|kal**; **La|den|öff|nungs|zeit** *meist Plur.*; **La|den|pas|sa|ge**; **La|den|preis**
La|den|schluss, der; -es; **La|den|schluss|ge|setz**; **La|den|schluss|zeit**
La|den|stra|ße; **La|den|tisch**; **La|den|tür**; **La|den|zen|t|rum**
La|de|platz
La|der (Auflader)
La|de|ram|pe; **La|de|raum**
La|de|sta|ti|on (für Batterien, Akkus o. Ä.)
La|de|stock *Plur.* ...stöcke (Teil der früheren Gewehre; *Bergbau* runder Holzstock zum Einführen der Sprengstoffpatronen in die Bohrlöcher)
lä|die|ren ⟨lat.⟩ (verletzen; beschädigen); lädiert sein; **Lä|die|rung**
La|din, das; -s (ladinische Sprache)
La|di|ner (Angehöriger eines rätoroman. Volksteils in Südtirol); **La|di|ne|rin**
la|di|nisch; **La|di|nisch**, das; -[s] (Sprache); *vgl.* Deutsch; **La|di|ni|sche**, das; -n; *vgl.* ²Deutsche
La|dis|laus (m. Vorn.)
La|do|ga|see, **La|do|ga-See**, der;

-s (nordöstlich von Sankt Petersburg)
La|dung
La|dy [ˈlɛɪdi], die; -, -s (Titel der engl. adligen Frau; *selten für* Dame); **la|dy|like** [...laɪk] (nach Art einer Lady; vornehm)
La|er|tes (Vater des Odysseus)
La Fa|yette, **La|fa|yette** [...ˈjɛt] (franz. Staatsmann)
La|fet|te, die; -, -n ⟨franz.⟩ (Untergestell der Geschütze)
¹**Laf|fe**, der; -n, -n (*ugs. für* Geck)
²**Laf|fe**, die; -, -n (*südwestd. für* Schöpfteil des Löffels; Ausguss; *schweiz. für* Bug, Schulterstück vom Rind, Schwein usw.)
La Fon|taine [la foˈtɛːn] (franz. Dichter); die **la-fontaineschen** *od.* La-Fontaine'schen Fabeln ↑D 89 u. 135
lag *vgl.* liegen
LAG = Lastenausgleichsgesetz
La|ge, die; -, -n; in der Lage sein
La|ge|be|richt; **La|ge|be|spre|chung**
Lä|gel, das; -s, - (*landsch. für* Fässchen [für Fische]; Traggefäß; ein altes Maß, Gewicht)
La|gen|schwim|men, das; -s; **La|gen|staf|fel**
la|gen|wei|se
La|ge|plan
La|ger, das; -s, *Plur.* - u. (*Kaufmannsspr. für* Warenvorräte:) Läger; etwas auf Lager halten
La|ger|ar|bei|ter; **La|ger|ar|bei|te|rin**
La|ger|be|stand
La|ger|bier
la|ger|fä|hig; **la|ger|fest**
La|ger|feu|er; **La|ger|ge|bühr**; **La|ger|haft**; **La|ger|hal|le**; **La|ger|haus**
La|ger|in|sas|se; **La|ger|in|sas|sin**
La|ge|rist, der; -en, -en (Lagerverwalter); **La|ge|ris|tin**
La|ger|kol|ler
La|ger|löf, Selma (schwed. Schriftstellerin)
la|gern; ich lagere; sich lagern
La|ger|obst; **La|ger|platz**; **La|ger|raum**
La|ger|schild, der; -es, -e (*Technik*)
La|ger|statt, die; -, ...stätten (*geh. für* Bett, Lager); **La|ger|stät|te** (*Geol.* Fundort; *seltener für* Lagerstatt)
La|ge|rung
La|ger|ver|wal|ter; **La|ger|ver|wal|te|rin**
La|ger|wahl|kampf (*Politik*)

La|ge|skiz|ze
La|go Mag|gio|re [- ...ˈdʒoː...], der; - - ⟨ital.⟩ (ital.-schweiz. See); *vgl.* Langensee
La|gos (frühere Hauptstadt Nigerias); *vgl.* Abuja
la|g|ri|mo|so *vgl.* lacrimoso
Lag|ting, das; -[s] ⟨norw.⟩ (das norw. Oberhaus)
La|gu|ne, die; -, -n ⟨ital.⟩ (durch einen Landstreifen vom offenen Meer getrennter flacher Meeresteil); **La|gu|nen|stadt**
lahm; ich habe ein lahmes Bein; eine lahme Ausrede; *vgl.* lahmlegen
Lahm|arsch (*derb für* energieloser, langsamer Mensch); **lahm|ar|schig**, *seltener* **lahm|är|schig**
Läh|me, die; - (eine Jungtierkrankheit)
lah|men (lahm gehen)
läh|men (lahm machen); **läh|mend**; lähmende Stille
Lahm|heit, die; -
lahm|le|gen; eine Demonstration hat den Verkehr lahmgelegt; **Lahm|le|gung**
Läh|mung; **Läh|mungs|er|schei|nung** *meist Plur.*
¹**Lahn**, der; - (rechter Nebenfluss des Rheins)
²**Lahn**, der; -[e]s, -e ⟨franz.⟩ (*fachspr. für* ein Metalldraht)
³**Lahn**, die; -, -en (*bayr., österr. veraltet für* Lawine)
Lahn|spu|le ⟨*zu* ²Lahn⟩
Lah|nung (*Wasserbau* ins Meer hineingebauter Damm)
Lahr (Stadt am Westrand des Schwarzwaldes); Lahrer Hinkender Bote (Name eines Kalenders)
Laib, der; -[e]s, -e; ein Laib Brot
Lai|bach (*slowen.* Ljubljana)
Laib|chen (*österr. für* ein kleines, rundes Gebäck)
Lai|bung, **Lei|bung** (innere Fläche bei Maueröffnungen, Bögen u. Gewölben)
Laich, der; -[e]s, -e (Eier von Wassertieren); **lai|chen** (Laich absetzen)
Laich|kraut; **Laich|platz**; **Laich|zeit**
Laie, der; -n, -n ⟨griech.⟩ (Nichtfachmann; Nichtpriester)
Lai|en|apos|to|lat; **Lai|en|bre|vier**; **Lai|en|bru|der**; **Lai|en|büh|ne**; **Lai|en|chor**; **Lai|en|dar|stel|ler**; **Lai|en|dar|stel|le|rin**
lai|en|haft
Lai|en|kunst
Lai|en|pries|ter; **Lai|en|pries|te|rin**
Lai|en|rich|ter; **Lai|en|rich|te|rin**

Laienschwester

Lai|en|schwes|ter; Lai|en|spiel; Lai|en|stand, der; -[e]s
Lai|in ⟨zu Laie⟩
Lai|la (w. Vorn.)
la|i|sie|ren (einen Kleriker regulär od. strafweise in den Laienstand versetzen); **La|i|sie|rung**
Lais|ser-al|ler [lɛsea'le:], das; - ⟨franz.⟩ (das Gewährenlassen; Nichteinmischung)
Lais|ser-faire [lɛse'fɛːɐ̯], das; - (das Gewähren-, Treibenlassen; *veraltet für* Ungezwungenheit)
Lais|sez-pas|ser [lɛsepa'se:], der; -, - (*veraltet für* Passierschein)
La|i|zis|mus, der; - ⟨griech.⟩ (weltanschauliche Richtung, die die radikale Trennung von Kirche u. Staat fordert); **la|i|zis|tisch**
La|kai, der; -en, -en ⟨franz.⟩ (*abwertend für* Kriecher; *früher für* herrschaftl. Diener [in Livree]); **la|kai|en|haft; La|kai|in**
La|ke, die; -, -n (Salzlösung zum Einlegen von Fisch, Fleisch)
La|ke|dä|mon (anderer Name für den altgriech. Stadtstaat Sparta)
La|ke|dä|mo|ni|er (Bewohner von Lakedämon); **La|ke|dä|mo|ni|e|rin; la|ke|dä|mo|nisch**
La|ken, das; -s, - (Betttuch; Tuch)
Lak|ko|lith, der; *Gen.* -s *u.* -en, *Plur.* -e[n] ⟨griech.⟩ (*Geol.* ein Tiefengesteinskörper)
La|ko|da, der; -[s], -s ⟨nach einer Insellandschaft im Beringmeer⟩ (ein Robbenpelz)
La|ko|nie, [La|ko|nik, die; - ⟨griech.⟩ (*geh. für* lakonische Art des Ausdrucks)
La|ko|ni|en (Verwaltungsbezirk im Peloponnes)
La|ko|nik *vgl.* Lakonie; **la|ko|nisch** (kurz u. treffend)
La|ko|nis|mus, der; -, ...men (Kürze des Ausdrucks)
La|k|rit|ze, die; -, -n, *landsch.* La|k|ritz, der; *auch* das; -es, -e ⟨griech.⟩ (eingedickter Süßholzsaft); **La|k|rit|zen|saft;** -[e]s; **La|k|rit|zen|stan|ge, La|k|ritz|stan|ge**
lakt..., *chem. fachspr. auch* lact... ⟨lat.⟩ (milch...); **Lakt...,** *chem. fachspr. auch* Lact... (Milch...)
Lak|tam *vgl.* Lactam
Lak|ta|se, *fachspr. auch* Lac|ta|se, die; -, -n (ein Enzym)
Lak|tat usw. *vgl.* Lactat usw.
Lak|ta|ti|on, die; -, -en (Milchabsonderung; Zeit des Stillens);

lak|tie|ren (Milch absondern; säugen)
Lak|to|me|ter, das; -s, - (Vorrichtung zur Milchprüfung)
Lak|to|se, *fachspr. auch* Lac|to|se, die; - (Milchzucker); **lak|to|se|frei; lak|to|se|in|to|le|rant; Lak|to|se|in|to|le|ranz** *Plur. selten* (*Med.* Milchzuckerunverträglichkeit)
Lak|to|s|kop, das; -s, -e ⟨lat.; griech.⟩ (Vorrichtung zur Milchprüfung)
Lak|to|s|u|rie, die; -, ...ien (*Med.* Ausscheidung von Milchzucker mit dem Harn)
Lak|to|ve|ge|ta|ri|er (Person, die kein Fleisch, keinen Fisch u. keine Eier isst); **Lak|to|ve|ge|ta|ri|e|rin; lak|to|ve|ge|ta|risch**
la|ku|när ⟨lat.⟩ (*Med., Biol.* Gewebelücken bildend, höhlenartig)
La|ku|ne, die; -, -n (*Sprachwiss.* Lücke in einem Text; *Biol., Med.* Hohlraum in Geweben)
la|kus|t|risch (*Geol., Biol.* in Seen sich bildend od. vorkommend)
la|la (*ugs.*); es ging ihr so lala (einigermaßen)
Lal|le (w. Vorn.)
lal|len; Lall|pe|ri|o|de (*Päd.* [frühkindl.] Lebensphase); **Lall|wort** *Plur.* ...wörter (*Sprachwiss.*)
L. A. M. = Liberalium Artium Magister
¹**La|ma,** das; -s, -s ⟨peruan.⟩ (eine südamerik. Kamelart; ein flanellartiges Gewebe)
²**La|ma,** der; -[s], -s ⟨tibet.⟩ (buddhist. Priester od. Mönch in Tibet u. der Mongolei)
La|ma|is|mus, der; - (Form des Buddhismus); **la|ma|is|tisch**
La|mäng ⟨nach franz. la main »die Hand«⟩; aus der [kalten] Lamäng (*scherzh. für* aus dem Stegreif, sofort)
La|man|tin, der; -s, -e ⟨indian.⟩ (amerik. Seekuh)
La|marck (franz. Naturforscher)
La|mar|ckis|mus, der; - (von Lamarck begründete Abstammungslehre)
Lam|ba|da, die; -, -s, *auch* der; -[s], -s ⟨port.⟩ (ein Modetanz)
Lam|ba|re|ne (Ort in Gabun; Wirkungsstätte Albert Schweitzers)
Lamb|da, das; -[s], -s ⟨griech. Buchstabe: Λ, λ⟩
Lamb|da|naht (*Med.*); **Lamb|da|son|de** (beim Abgaskatalysator)

Lamb|da|zis|mus, der; - ⟨griech.⟩ (fehlerhafte Aussprache des R als L)
Lam|bert, Lam|b|recht, Lam|p|recht (m. Vorn.)
Lam|ber|ta (w. Vorn.)
Lam|berts|nuss ⟨zu lombardisch⟩ (Nuss einer Haselnussart)
Lam|b|recht *vgl.* Lambert
Lam|b|rie, Lam|pe|rie, die; -, ...ien ⟨franz.⟩ (*landsch. für* Lambris); **Lam|b|ris** [lã'briː], der; -, -, *österr.* die; -, *Plur. - u.* ...ien (untere Wandverkleidung aus Holz, Marmor od. Stuck)
Lam|b|rus|co, der; -[s], -[s] ⟨ital.⟩ (ein ital. Rotwein)
Lamb|skin ['lɛms...], das; -[s], -s ⟨engl.⟩ (Lammfellimitation)
Lambs|wool ['lɛmsvʊl], die; - (zarte Lamm-, Schafwolle)
la|mé [la'me:], **la|mee** ⟨franz.⟩ (mit Lamé durchwirkt); **La|mé, La|mee,** der; -[s], -s (Gewebe aus Metallfäden, die mit Seide übersponnen sind)
la|mel|lar ⟨lat.⟩ (streifig, schichtig)
La|mel|le, die; -, -n ⟨franz.⟩ (Streifen, dünnes Blättchen; Blatt unter dem Hut von Blätterpilzen); **la|mel|len|för|mig**
La|mel|len|ver|schluss (*Fotogr.*)
la|men|ta|bel ⟨lat.⟩ (*geh. für* jämmerlich, kläglich; beweinenswert); ...a|b|le Lage
La|men|ta|ti|on, die; -, -en (*veraltet für* Jammern, Wehklagen)
la|men|tie|ren (*ugs. für* laut klagen, jammern)
La|men|to, das; -s, *Plur.* -s *od. (für* Klagelieder:) ...ti ⟨ital.⟩ (*ugs. für* Gejammer; *Musik* Klagelied)
La|met|ta, das; -s ⟨ital.⟩ (Metallfäden [als Christbaumschmuck])
La|met|ta|syn|drom, das; -s (eine durch Umweltvergiftung hervorgerufene Baumkrankheit)
la|mi|nar ⟨lat.⟩ (*Physik* ohne Wirbel nebeneinander herlaufend; laminare Strömung
La|mi|na|ria, die; -, ...ien (*Bot.* eine Gattung der Braunalgen)
La|mi|nat, das; -[e]s, -e (ein Schichtpressstoff [für Bodenbeläge]); **La|mi|nat|bo|den**
la|mi|nie|ren ⟨franz.⟩ (*Weberei* [Material] strecken, um die Fasern längs zu richten; *fachspr. für* [Werkstoffe] mit einer [Deck]schicht überziehen; *Buchw.* [ein Buch] mit Glanzfolie überziehen)

Landeskirche

Lamm, das; -[e]s, Lämmer
Lamm|bra|ten
Lämm|chen
lam|men (ein Lamm werfen)
Läm|mer|gei|er (ein Greifvogel)
Läm|mer|ne, das; -n ⟨bes. österr. für Lammfleisch⟩
Läm|mer|wol|ke meist Plur.
Lam|mes|ge|duld (svw. Lammsgeduld)
Lamm|fell
Lamm|fell|müt|ze; Lamm|fleisch
lamm|fromm (ugs.)
Lamm|keu|le; Lamm|ko|te|lett; Lamm|lachs
Lämm|lein
Lamms|ge|duld (ugs. für große Geduld)
Lam|mung
Lam|pas, der; -, - ⟨franz.⟩ (ein Damastgewebe)
Lam|pas|sen Plur. (breite Streifen an [Uniform]hosen)
Lämp|chen (kleine ²Lampe)
¹Lam|pe (kurz für Lampert; der Hase der Tierfabel); Meister Lampe
²Lam|pe, die; -, -n
¹Lam|pe|du|sa (eine der Pelagischen Inseln)
²Lam|pe|du|sa vgl. Tomasi di Lampedusa
Lam|pen|docht; Lam|pen|fie|ber, das; -s; **Lam|pen|licht**, das; -[e]s; **Lam|pen|schein**, der; -[e]s; **Lam|pen|schirm; Lam|pen|stu|be** (Bergmannsspr.)
Lam|pe|rie vgl. Lambrie
Lam|pi|on [...ˈpi̯ōː, österr. ...ˈpi̯oːn], der, seltener das; -s, -s ⟨franz.⟩ ([Papier]laterne)
Lam|pi|on|blu|me; Lam|pi|on|um|zug
Lam|p|recht vgl. Lambert
Lam|p|re|te, die; -, -n ⟨mlat.⟩ (im Meer lebendes Neunauge)
LAN, das; -[s], -s ⟨aus engl. local area network⟩ (EDV lokales Netzwerk)
Lan|ca|de [lãˈsa:...], die; -, -n ⟨franz.⟩ (ein Sprung eines Pferdes in der Hohen Schule)
Lan|cas|ter [ˈlɛŋkəstɐ] (engl. Herzogsfamilie; engl. Stadt)
Lan|ce|lot [franz. lãˈslo:, engl. ˈlaːnsəlɔt], Lan|ze|lot (ein Ritter der Tafelrunde des Königs Artus)
Lan|ci|er [lãˈsi̯e:], der; -s, -s ⟨franz., »Lanzenreiter«⟩ (ein Tanz; früher für Ulan)
lan|cie|ren (fördern; zu Erfolg verhelfen; gezielt in die Öffentlichkeit dringen lassen); **lan|ciert**; lancierte (in bestimmter Art gemusterte) Gewebe; **Lan|cie|rung**

Land
das; -[e]s, Plural Länder u. ⟨geh.⟩ Lande
– an Land; auf dem Land; außer Landes; von Land zu Land; zu Lande und zu Wasser
– bei uns zu Lande
– hierzulande od. hier zu Lande
– aus aller Herren Länder, auch aus aller Herren Ländern
– die Halligen melden »Land unter« (Überflutung)

land|ab vgl. landauf
Land|adel
Land|am|bu|la|to|ri|um (in der DDR)
Land|am|mann (schweiz. für Titel des Präsidenten einiger Kantonsregierungen)
Land|ar|beit; Land|ar|bei|ter; Land|ar|bei|te|rin
Land|arzt; Land|ärz|tin
Land|au|er (viersitziger Wagen)
land|auf; landauf, landab (überall)
Land|auf|ent|halt
Land|au in der Pfalz (Stadt im Vorland der Haardt)
land|aus; landaus, landein (überall)
Land|bau, der; -[e]s; **Land|be|sitz; Land|be|völ|ke|rung**
Land|be|woh|ner; Land|be|woh|ne|rin
Land|brot
Länd|chen
Län|de, die; -, -n (landsch. für Landungsplatz)
Lan|de|an|flug; Lan|de|bahn; Lan|de|er|laub|nis; Lan|de|fäh|re
Land|ei (ugs. abwertend od. scherzh. auch für Landpomeranze)
Land|ei|gen|tü|mer; Land|ei|gen|tü|me|rin
land|ein vgl. landaus; **land|ein|wärts**
Lan|de|kap|sel (Raumfahrt); **Lan|de|klap|pe** (am Flugzeug); **Lan|de|ma|nö|ver**
lan|den
län|den (landsch. u. schweiz. neben landen, ans Ufer bringen)
Land|en|ge
Lan|de|pis|te; Lan|de|platz; Lan|der (Raumfahrt Raumsonde für die Landung auf einem Himmelskörper)
Län|der|ebe|ne; auf Länderebene zu entscheiden
Län|de|rei|en Plur.
Län|der|fi|nanz|aus|gleich (Abk. LFA)
Län|der|kam|mer (vgl. Bundesrat)
Län|der|kampf (Sport)
Län|der|kun|de, die; - (Wissenschaftsfach); **län|der|kun|dig** (die Länder kennend); **län|der|kund|lich** (die Länderkunde betreffend)
Län|der|na|me
Län|der|sa|che Plur. selten; Baurecht und Polizei sind Ländersache
Län|der|spiel (Sport)
län|der|über|grei|fend
Län|der|ver|gleich; im Ländervergleich vorn, ugs. vorne liegen
Landes [lɑ̃d] Plur. (eine franz. Landschaft)
Lan|des|amt
Lan|des|amts|di|rek|ti|on (österr.); **Lan|des|amts|di|rek|tor; Lan|des|amts|di|rek|to|rin**
Lan|des|art; Lan|des|auf|nah|me (svw. Landvermessung)
Lan|des|bank Plur. ...banken
Lan|des|be|am|te; Lan|des|be|am|tin; Lan|des|be|hör|de
Lan|des|bi|schof; Lan|des|bi|schö|fin
Lan|des|brauch; Lan|des|bürg|schaft
Lan|des|chef (ugs.); **Lan|des|che|fin**
Lan|de|schlei|fe (Flugw.)
Lan|des|ebe|ne; auf Landesebene verhandeln; **lan|des|ei|gen; Lan|des|el|tern|rat** Plur. ...räte; **Lan|des|el|tern|rä|tin; Lan|des|far|ben** Plur.
Lan|des|feind; Lan|des|fein|din
lan|des|flüch|tig, land|flüch|tig
Lan|des|funk|haus (Rundfunk, Fernsehen)
Lan|des|fürst; Lan|des|fürs|tin
Lan|des|ge|richt (österr. svw. Landgericht); **Lan|des|ge|schich|te; Lan|des|ge|setz; Lan|des|gren|ze; Lan|des|grup|pe** (Politik)
Lan|des|haupt|frau (österr. für Regierungschefin eines Bundeslandes); **Lan|des|haupt|mann** Plur. ...leute u. ...männer; vgl. Landeshauptfrau
Lan|des|haupt|stadt
Lan|des|herr; Lan|des|her|rin; lan|des|herr|lich
Lan|des|ho|heit; Lan|des|hym|ne (österr. für offizielle Hymne eines Bundeslandes)
Lan|des|in|ne|re; Lan|des|kind; Lan|-

Landeskriminalamt

des|kir|che; Lan|des|kri|mi|nal|amt (Abk. LKA)
Lan|des|kro|ne (Berg bei Görlitz)
Lan|des|kun|de, die; - (Unterrichtsfach); lan|des|kun|dig (das Land kennend); lan|des|kund|lich (die Landeskunde betreffend); Lan|des|li|ga; Lan|des|li|gist
Lan|des|lis|te (Politik)
Lan|des|meis|ter (Sport); Lan|des|meis|te|rin; Lan|des|meis|ter|schaft
Lan|des|mu|se|um
Lan|des|mut|ter Plur. ...mütter
Lan|des|par|la|ment
Lan|des|par|tei; Lan|des|par|tei|tag
Lan|des|po|li|tik; Lan|des|po|li|ti|ker; Lan|des|po|li|ti|ke|rin; lan|des|po|li|tisch
Lan|des|po|li|zei
Lan|des|rat Plur. ...räte (österr. für Mitglied einer Landesregierung); Lan|des|rä|tin
Lan|des|rech|nungs|hof (Abk. LRH); Lan|des|recht (Recht der Länder im Gegensatz zum Bundesrecht); lan|des|re|gie|rung
Lan|des|schü|ler|rat Plur. ...räte; Lan|des|schü|ler|rä|tin
Lan|des|schul|rat (österr. für Schulbehörde eines Bundeslandes); Lan|des|schul|rä|tin
Lan|des|so|zi|al|ge|richt (Abk. LSG)
Lan|des|spra|che
Lan|des|stra|ße (österr.; Zeichen L)
Lan|des|stu|dio (in Österreich Funkhaus, das für ein Bundesland zuständig ist)
Lan|des|teil
Lan|des|the|a|ter; Lan|des|tracht
lan|des|üb|lich
Lan|des|va|ter; Lan|des|ver|band; Lan|des|ver|mes|sung
Lan|des|ver|rat; Lan|des|ver|rä|ter; Lan|des|ver|rä|te|rin
Lan|des|ver|si|che|rungs|an|stalt (bis 2005 Träger der gesetzlichen Rentenversicherung; Abk. LVA)
Lan|des|ver|tei|di|gung
Lan|des|ver|wei|sung; lan|des|ver|wie|sen
Lan|des|vor|sit|zen|de; Lan|des|vor|stand; Lan|des|wäh|rung; Lan|des|wap|pen
lan|des|weit
Lan|des|zen|tral|bank Plur. ...banken (Abk. LZB); Lan|des|zu|wei|sung
Lan|de|ver|bot
Land|fah|rer; Land|fah|re|rin
land|fein (Seemannsspr.); sich landfein machen

Land|flucht, die; - (Abwanderung der ländl. Bevölkerung in die [Groß]städte); land|flüch|tig vgl. landesflüchtig
Land|frau (Landwirtin); Land|frau|en|schu|le
land|fremd
Land|frie|de[n]; Land|frie|dens|bruch, der
Land|gang, der (Seemannsspr.); Land|ge|mein|de
Land|ge|richt (Abk. LG); Land|ge|richts|prä|si|dent; Land|ge|richts|prä|si|den|tin
land|ge|stützt (von Raketen)
Land|ge|win|nung
Land|graf (früher); Land|grä|fin
Land|gut
Land|haus (österr. auch für Sitz des Landtags)
Land|heim
Lan|ding|page, Lan|ding-Page [ˈlɛndɪŋpeɪtʃ], die; -, -s (EDV Webseite, die nach Anklicken einer Werbeanzeige erscheint)
Land|jä|ger (eine Dauerwurst; früher für Landpolizist, Gendarm)
Land|kaf|fee (kaffeeähnliches Getränk)
Land|kar|te
Land Keh|din|gen, das; -es - (Teil der Elbmarschen)
Land|kind; Land|kli|ma; Land|kom|mu|ne; Land|kreis
land|läu|fig
Länd|le, das; -[s] (landsch. Bez. für Baden-Württemberg od. Vorarlberg)
Land|le|ben, das; -s
land|le|bend (Zool.)
Länd|ler, auch Land|ler, der; -s, - (ein österr. Volkstanz)
länd|lich; Länd|lich|keit, die; -
land|lie|bend
Land|luft; Land|macht
Land|mann Plur. ...leute (veraltet für Landwirt)
Land|mark, die (früher für Grenzgebiet)
Land|ma|schi|ne
Land|meis|ter (für Besitzungen des Deutschen Ordens außerhalb des Ordensstaates zuständiger Vertreter des Hochmeisters)
Land|mes|ser, der (veraltend); Land|mes|se|rin
Land|mi|ne (verdeckt im Boden verlegter Sprengkörper)
Land|nah|me, die; -, -n (früher für Inbesitznahme von Land durch ein Volk)
Land|par|tie
Land|pfar|rer; Land|pfar|re|rin

Land|pla|ge
Land|po|me|ran|ze (ugs. für Mädchen vom Lande, Provinzlerin)
Land|pra|xis
Land|rat Plur. ...räte; Land|rä|tin
Land|rats|amt
Land|rat|te (Seemannsspr. Nichtseemann)
Land|recht (im MA.)
Land|re|form; Land|re|gen
Land Ro|ver® [ˈlɛndroʊvɐ], der; -[s], - -, Land|ro|ver, der; -[s], - ⟨engl.⟩ (ein geländegängiges Kraftfahrzeug)
Land|rü|cken
Lands|berg a. Lech [- am -] (Stadt in Oberbayern)
Land|schaft
land|schaft|lich
Land|schafts|ar|chi|tekt; Land|schafts|ar|chi|tek|tin
Land|schafts|auf|nah|me
Land|schafts|bau, der; -[e]s; Land|schafts|bild
Land|schafts|gärt|ner; Land|schafts|gärt|ne|rin
Land|schafts|ma|ler; Land|schafts|ma|le|rei; Land|schafts|ma|le|rin
Land|schafts|pfle|ge; Land|schafts|schutz|ge|biet (Abk. LSG)
Land|schrei|ber (schweiz. für Kanzleivorsteher eines Landkantons, Bezirks); Land|schrei|be|rin
Land|schu|le; Land|schul|heim
Land|see, der
Land|ser (ugs. für Soldat)
Lands|frau (svw. Landsmännin)
Lands|ge|mein|de (schweiz. für Versammlung der Stimmberechtigten eines Kantons, Bezirks)
Lands|hut (Stadt a. d. Isar)
Land|sitz
Lands|knecht
Lands|mål [...moːl], das; -[s] ⟨norw., »Landessprache«⟩ (ältere Bez. für Nynorsk [vgl. d.])
Lands|mann Plur. ...leute (Landes-, Heimatgenosse); Lands|män|nin; lands|män|nisch
Lands|mann|schaft; lands|mann|schaft|lich
Land|stadt
Land|stän|de Plur. (früher)
Lands|ting, das; -[s] ⟨dän.⟩ (bis 1953 der Senat des dän. Reichstages)
Land|stör|zer (veraltet für Fahrender); Land|stör|ze|rin
Land|stra|ße
Land|strei|cher; Land|strei|che|rei; Land|strei|che|rin
Land|streit|kräf|te Plur.

Langläufer

lang

länger, am längsten

I. Groß- und Kleinschreibung ↑D 72:
- über kurz oder lang
- seit Langem *od.* langem; seit, vor Längerem *od.* längerem

II. Großschreibung:
a) *der Substantivierung* ↑D 72:
- in Lang (*ugs. für* im langen Abendkleid) gehen
- ein Langes und Breites (viel) reden
- sich des Langen und Breiten, des Längeren und Breiteren über etwas äußern

b) *in bestimmten namensähnlichen Fügungen* ↑D 151:
- der Lange Marsch (der Marsch der chinesischen Kommunisten quer durch China 1934/35)

III. Getrennt- und Zusammenschreibung:
a) zu lang, allzu lang

b) *Schreibung in Verbindung mit Verben:*
- lang hinschlagen (der Länge nach)
- sich lang ausstrecken
- ein Gummiband lang ziehen *od.* langziehen
- jmdm. die Hammelbeine lang ziehen *od.* langziehen (*ugs. für* jmdn. heftig tadeln)
- jmdm. die Ohren lang ziehen *od.* langziehen (jmdn. [an den Ohren ziehend] strafen)
- der Torwart musste sich langmachen (sich sehr strecken)

Vgl. aber langgehen; langlegen, sich

c) *Getrennt- oder Zusammenschreibung in Verbindung mit adjektivisch gebrauchten Partizipien* ↑D 58:
- ein lang gehegter *od.* langgehegter Wunsch
- ein lang gestrecktes *od.* langgestrecktes Gebäude
- eine lang gezogene *od.* langgezogene Kurve

d) *bei »lang« als zweitem Bestandteil* ↑D 58:
- meterlang (*aber* zehn Meter lang, einen Fuß lang)
- jahrelang (*aber* zwei Jahre lang)
- tagelang (*aber* drei Tage lang) usw.

e) langhin (vgl. d.)

Vgl. auch lange

Land|strich
Land|sturm *vgl.* ¹Sturm; Land|sturm|mann *Plur.* ...männer
Land|tag; der Hessische Landtag ↑D 150; der Landtag von Baden-Württemberg
Land|tags|ab|ge|ord|ne|te; Land|tags|frak|ti|on; Land|tags|mandat; Land|tags|prä|si|dent; Land|tags|prä|si|den|tin; Land|tags|sit|zung; Land|tags|wahl; Land|tags|wahl|kampf
Lan|dung; Lan|dungs|boot; Lan|dungs|brü|cke; Lan|dungs|steg
Land|ur|laub
Land|ver|mes|ser; Land|ver|mes|se|rin; Land|ver|mes|sung
Land|vogt *(früher);* Land|vog|tin; Land|volk, das; -[e]s
land|wärts
Land-Was|ser-Tier ↑D 26
Land|weg
Land|wehr, die *(früher);* Land|wehr|mann *Plur.* ...männer
Land|wein
Land|wind
Land|wirt; Land|wir|tin; Land|wirt|schaft
land|wirt|schaft|lich ↑D 89: landwirtschaftliche Produktionsgenossenschaft (*in der DDR; Abk.* LPG), *aber in Namen* ↑D 150: »Landwirtschaftliche Produktionsgenossenschaft Einheit«
Land|wirt|schafts|aus|stel|lung; Land|wirt|schafts|kam|mer
Land|wirt|schafts|mi|nis|ter; Land|wirt|schafts|mi|nis|te|rin; Land|wirt|schafts|mi|nis|te|ri|um
Land|zun|ge
lang *s. Kasten*
lang|är|me|lig, lang|ärm|lig; lang|ar|mig
lang|at|mig; lang|bär|tig
Lang|baum (Langwied[e])
Lang|bein *(scherzh.);* lang|bei|nig
lan|ge, lang; es ist lange her; lang, lang ists her; das Ende der langen Weile; aus langer Weile; *vgl.* lang, Langeweile
Län|ge, die; -, -n; län|ge|lang (*ugs. für* der Länge nach); längelang hinfallen
lan|gen (*ugs. für* ausreichen; [nach etwas] greifen)
län|gen (länger machen; *veraltet für* länger werden)
Län|gen|grad; Län|gen|kreis *(Geogr.);* Län|gen|maß, das
Lan|gen|see, der; -s (*dt. Name für* Lago Maggiore)
Lan|ge|oog (eine der Ostfries. Inseln)
län|ger|fris|tig
Lan|get|te, die; -, -n ⟨franz.⟩ (Randstickerei als Abschluss; Trennungswand zwischen zwei Schornsteinen); lan|get|tie|ren (mit Randstickereien versehen)
Lan|ge|wei|le [*auch* 'la...], Langweile, die; *Gen. der* Lang[e]weile; *bei Beugung des ersten* Bestandteils getrennt geschrieben; *vgl.* lange
Lan|ge|zeit, die; *zur Beugung vgl.* Langeweile (*schweiz. für* Sehnsucht, Heimweh)
lang|fä|dig (*schweiz. für* weitschweifig, langatmig)
Lang|fin|ger (*ugs. für* Dieb[in])
lang|fin|ge|rig, lang|fing|rig
lang|fris|tig
Lang|gäs|ser (dt. Dichterin)
lang ge|hegt, lang|ge|hegt *vgl.* lang
lang|ge|hen (*ugs. für* entlanggehen); wissen, wo es langgeht
lang ge|streckt, lang|ge|streckt *vgl.* lang
lang ge|zo|gen, lang|ge|zo|gen *vgl.* lang
lang|glie|de|rig, lang|glied|rig
Lang|haar|da|ckel
lang|haa|rig
lang|hal|sig
Lang|haus (*Archit.*)
lang|hin; ein langhin rollendes Echo
Lang|holz
lang|jäh|rig
lang|köp|fig
Lang|lauf (*Sport);* lang|lau|fen (*Ski*sport Langlauf betreiben)
lang lau|fend, lang|lau|fend (*Bankw., Börsenw.* eine lange Laufzeit aufweisend); *aber nur* ein länger laufender Kredit; ↑D 58
Lang|läu|fer (*Sport; auch Wirtsch. für* festverzinsliches Wertpapier

Langläuferin

mit langer Laufzeit); **Lang|läu|fe|rin** *(Sport)*
Lang|lauf|ski, **Lang|lauf|schi**
lang|le|big; **Lang|le|big|keit**, die; -
lang|le|gen, sich *(ugs. für sich zum Ausruhen hinlegen)*
läng|lich; länglich rund
lang|ma|chen, sich (sich strecken)
lang|mäh|nig
Lang|mut, die; - *(geh.)*; **lang|mü|tig**; **Lang|mü|tig|keit**, die; -
lang|na|sig
Lan|go|bar|de, der; -n, -n (Angehöriger eines westgerm. Volkes); **Lan|go|bar|din**; **lan|go|bar|disch**
Lang|ohr, das; -[e]s, -en *(scherzh. für Hase; Esel)*
Lang|pferd *(Turnen)*
Lang|ril|le *(scherzh. für Langspielplatte)*
lang|rip|pig
längs (der Länge nach); etwas längs trennen; *als Präp. mit Gen.:* längs des Weges, *gelegentl. mit Dat.:* längs dem Wege; ein **längs gestreifter** *od.* längsgestreifter Stoff
Längs|ach|se
lang|sam; langsamer Walzer; **Lang|sam|keit**, die; -
lang|schä|de|lig, **lang|schäd|lig**
Lang|schäf|ter *(Stiefel mit langem Schaft)*
Lang|schlä|fer; **Lang|schlä|fe|rin**
lang|schnä|be|lig, **lang|schnäb|lig**
längs|deck[s] *(Seemannsspr. auf dem Deck entlang)*
Lang|sei|te
Längs|fa|den; **Längs|fal|te**
längs ge|streift, **längs|ge|streift**
↑ **D 58**
Längs|li|nie
Lang|spiel|plat|te *(Abk.* LP)
Längs|rich|tung
längs|schiffs *(Seemannsspr.* in Kielrichtung)
Längs|schnitt
längs|seit *(Seemannsspr.* an der langen Seite, an die lange Seite des Schiffes)
Längs|sei|te
längs|seits (parallel zur Längsrichtung); *als Präp. mit Gen.:* längsseits des Schiffes
Längs|strei|fen
längst (schon lange)
lang|stän|ge|lig, **lang|stäng|lig**
längs|tens *(landsch. für längst; spätestens)*
lang|stie|lig *(ugs. auch für langweilig, einförmig)*
Lang|stre|cke; **Lang|stre|cken|bom|ber**; **Lang|stre|cken|flug**

Lang|stre|cken|lauf; **Lang|stre|cken|läu|fer**; **Lang|stre|cken|läu|fe|rin**
Lang|stre|cken|ra|ke|te
Lang|streck|ler *(Sport* Langstreckenläufer); **Lang|streck|le|rin**
Längs|wand
Langue|doc [lãg'dɔk], das *od.* die; - (eine südfranz. Landschaft);
Langue|doc|wein, Languedoc-Wein
Lan|gus|te, die; -, -n ⟨franz.⟩ (ein Krebs)
Lang|wei|le vgl. Langeweile
lang|wei|len; du langweilst; gelangweilt; zu langweilen; sich langweilen
Lang|wei|ler *(ugs. für langweiliger Mensch)*; **Lang|wei|le|rin**
lang|wei|lig; **Lang|wei|lig|keit**
Lang|wel|le *(Physik, Rundfunk)*; **lang|wel|lig**
Lang|wied, **Lang|wie|de**, die; -, ...den *(landsch. für* langes Rundholz, das Vorder- u. Hintergestell eines großen Leiterwagens verbindet)
lang|wie|rig; **Lang|wie|rig|keit**
Lang|zei|le
Lang|zeit|ar|beits|lo|se; **Lang|zeit|ar|beits|lo|sig|keit**
Lang|zeit|ge|dächt|nis *(Psychol.)*
Lang|zeit|kran|ke
Lang|zeit|pro|gramm; **Lang|zeit|scha|den** *meist Plur.*; **Lang|zeit|stu|die**; **Lang|zeit|wir|kung**
lang zie|hen, **lang|zie|hen** vgl. lang
La|no|lin, das; -s ⟨lat.⟩ (Wollfett, Salbengrundstoff)
LAN-Par|ty (Treffen zu gemeinsamen Computerspielen an vernetzten PCs)
Lan|ta|na, die; - ⟨nlat.⟩ (Wandelröschen, ein Zierstrauch)
Lan|than, das; -s ⟨griech.⟩ (chemisches Element, Metall; *Zeichen* La)
Lan|tha|nit, der; -s, -e (ein Mineral)
La|nu|go, die; -, ...gines ⟨lat.⟩ (Wollhaarflaum des Fetus)
Lan|yard ['lɛnjət, *auch* ...jaːɐ̯t], der *od.* das; -[s], -s ⟨franz.-engl.⟩ (Schlüsselband)
Lan|za|ro|te (eine der Kanarischen Inseln)
Lan|ze, die; -, -n
Lan|ze|lot vgl. Lancelot
Lan|zen|farn
Lan|zen|rei|ter; **Lan|zen|spit|ze**; **Lan|zen|stich**; **Lan|zen|stoß**
Lan|zet|te, die; -, -n ⟨franz.⟩ (ein chirurg. Instrument)
Lan|zett|fens|ter; **Lan|zett|fisch**
lan|zett|för|mig

lan|zi|nie|ren ⟨lat.⟩ *(Med.* [von Schmerzen] plötzlich mit Heftigkeit auftreten)
La|o|gai *[auch* lav...], das; -s, -[s] ⟨chin.⟩ (System von Umerziehungslagern in China)
La|o|ko|on (griech. Sagengestalt)
La Ola, die; - -, - -s *meist ohne Artikel* ⟨span., »die Welle«⟩ (besondere Art der Begeisterungsbezeigung in Sportstadien); **La-Ola-Wel|le**
Laon [lã:] (franz. Stadt)
La|os; Demokratische Volksrepublik Laos (Staat in Südostasien); **La|o|te**, der; -n, -n; **La|o|tin**; **la|o|tisch**
La|ot|se *[auch* 'lav...] (chin. Weiser)

> **Lappalie**
> Die Bezeichnung für eine höchst belanglose Angelegenheit stammt aus der Studentensprache. Sie geht auf die scherzhafte Latinisierung des Wortes *Lappen* zurück und wird deshalb mit zwei *p* geschrieben.

La Pal|ma (eine der Kanarischen Inseln)
La|pa|ro|s|kop, das; -s, -e ⟨griech.⟩ *(Med.* Instrument zur Untersuchung der Bauchhöhle; **La|pa|ro|s|ko|pie**, die; -, ...ien *(Med.* Untersuchung mit dem Laparoskop)
La|pa|ro|to|mie, die; -, ...ien *(Med.* Bauchschnitt)
La Paz [- ˈpa(ː)s] (größte Stadt u. Regierungssitz von Bolivien)
la|pi|dar, der; -s, -e (einfach, elementar; kurz u. bündig)
La|pi|där, der; -s, -e (ein Schleif- u. Poliergerät für den Uhrmacher)
La|pi|da|ri|um, das; -s, ...ien *(fachspr. für* Sammlung von Steindenkmälern)
La|pi|dar|schrift (Versalschrift, meist auf Stein); **La|pi|dar|stil**, der; -[e]s
La|pil|li *Plur.* ⟨ital.⟩ (kleine Steinchen, die bei einem Vulkanausbruch ausgeworfen werden)
La|pis|la|zu|li, der; -, - *(svw.* Lasurit)
La|pi|the, der; -n, -n (Angehöriger eines myth. Volkes in Thessalien); **La|pi|thin**
La|place [...ˈplaːs] (franz. Astronom u. Mathematiker); die

lassen

laplacesche *od.* **Laplace'sche Theorie** ↑**D 89** *u.* **135**
¹**La Pla|ta** (Stadt in Argentinien)
²**La Pla|ta,** der; - - (*svw.* Rio de la Plata); **La-Pla|ta-Staa|ten** *Plur.* ↑**D 26** (Argentinien, Paraguay, Uruguay)
Lapp, der; -en, -en (*bayr., österr. mdal. für* einfältiger Mensch)
Lap|pa|lie, die; -, -n (Kleinigkeit; Nichtigkeit)
Läpp|chen (kleiner Lappen)
Lap|pe, der; -n, -n (Angehöriger eines Volksstammes im nördl. Nordeuropa; *vgl.* ¹Same)
Lap|pen, der; -s, -
läp|pen (*fachspr. für* metallische Werkstoffe fein bearbeiten)
Lap|pen|zelt ⟨zu Lappe⟩
Lap|pe|rei (*seltener für* Läpperei); **Läp|pe|rei** (*landsch. für* Kleinigkeit; Wertloses)
läp|pern (*landsch. für* schlürfen; in kleinen Teilen sammeln; zusammenkommen); ich läppere; es läppert sich
lap|pig
Lap|pin ⟨zu Lappe⟩; **lap|pisch**
läp|pisch
Lapp|land (Landschaft in Nordeuropa); **Lapp|län|der** (Bewohner Lapplands); **Lapp|län|de|rin; lapp|län|disch**
Lap|pma|schi|ne (Maschine zum Läppen)
Lap|sus, der; -, - ⟨*lat.*⟩ ([geringfügiger] Fehler, Versehen)
Lap|sus Ca|la|mi, der; - -, - - (Schreibfehler)
Lap|sus Lin|gu|ae, der; - -, - - (das Sichversprechen)
Lap|sus Me|mo|ri|ae, der; - -, - - (Gedächtnisfehler)
Lap|top [ˈlɛ...], der, *auch* das; -s, -s ⟨*engl.*⟩ (kleiner, tragbarer PC)
Lar, der; -s, -en ⟨*malai.*⟩ (ein Langarmaffe, Weißhandgibbon)
La|ra (w. Vorn.)
Lär|che, die; -, -n (ein Nadelbaum); *vgl. aber* Lerche
La|ren *Plur.* ⟨*lat.*⟩ (altröm. Schutzgeister)
¹**large** [laːɐ̯dʒ] ⟨*engl.*⟩ (Kleidergröße = groß; *Abk.* L)
²**large** [laːɐ̯ʃ] ⟨*franz.*⟩ (*bes. schweiz. für* großzügig, weitherzig; **Large|heit**
lar|ghet|to [...ˈgɛ...] ⟨*ital.*⟩ (*Musik* etwas breit, etwas langsam); **Larghet|to,** das; -s, *Plur.* -s *u.* ...tti
lar|go (*Musik* breit, langsam); **Largo,** das; -s, *Plur.* -s, *auch* ...ghi [...gi]

la|ri|fa|ri! (Ausruf der Ablehnung); **La|ri|fa|ri,** das; -s (*ugs. für* Geschwätz, Unsinn)
Lärm, der; *Gen.* -s, *seltener* -es; **lärm|arm**
Lärm|be|kämp|fung; Lärm|be|läs|tigung; Lärm|be|las|tung; Lärmemis|si|on
lärm|emp|find|lich
lär|men; lär|mig (*schweiz., sonst veraltet für* lärmend laut)
Lärm|ma|cher; Lärm|min|de|rung
lar|mo|y|ant [...moaˈjant] ⟨*franz.*⟩ (*geh. für* weinerlich, rührselig); **Lar|mo|y|anz,** die; - (*geh.*)
Lärm|pe|gel; Lärm|quel|le
Lärm|schutz; Lärm|schutz|wall; Lärm|schutz|wand; Lärm|schutzzaun; Lärm|sün|der (*ugs.*); **Lärmsün|de|rin**
Lars (m. Vorn.)
L'art pour l'art [ˈlaːɐ̯ puːɐ̯ ˈlaːɐ̯], das; - - - ⟨*franz.*⟩, »die Kunst für die Kunst« (die Kunst als Selbstzweck)
lar|val ⟨*lat.*⟩ (*Biol.* die Tierlarve betreffend)
Lar|ve [...fə], die; -, -n (Gespenst, Maske; *oft abwertend für* Gesicht; *Zool.* Jugendstadium bestimmter Tiere); **lar|ven|ähnlich**
La|ryn|gal, der; -s, -e ⟨*griech.*⟩, **La|ryn|gal|laut** (*Sprachwiss.* Laut, der in der Stimmritze [im Kehlkopf] gebildet wird, Stimmritzen-, Kehlkopflaut)
La|ryn|gen (*Plur. von* Larynx)
La|ryn|gi|tis, die; -, ...itiden (*Med.* Kehlkopfentzündung)
La|ryn|go|s|kop, das; -s, -e (*Med.* Kehlkopfspiegel); **la|ryn|go|s|kopisch**
La|rynx, der; -, Laryngen (*Med.* Kehlkopf)
las *vgl.* lesen
La|sa|gne [...ˈzanjə], die; -, -n ⟨*ital.*⟩ (ein ital. Nudelgericht)
Las|caux [...ˈkoː] (Steinzeithöhle in Südfrankreich)
lasch (*ugs. für* schlaff, träge; *landsch. für* fade, nicht gewürzt)
La|sche, die; -, -n (ein Verbindungsstück)
la|schen (durch Lasche[n] verbinden); du laschst; **La|schen|kupplung** (Bergbau)
Lasch|heit ⟨zu lasch⟩
La|schung (Verbindung durch Lasche[n])
La|se, die; -, -n (*mitteld. für* [Bier]gefäß)

La|ser [ˈleɪzɐ, ˈleː...], der; -s, - ⟨*engl.*⟩ (*Physik* Gerät zur Verstärkung von Licht od. zur Erzeugung eines scharf gebündelten Lichtstrahles); **La|ser|chi|r|ur|gie**
La|ser|drom, das; -s, -e (Spielstätte, in der die Spieler aus Pistolen Laserstrahlen auf ihre Gegner abfeuern)
La|ser|dru|cker; La|ser|im|puls; La|ser|licht *Plur.* ...lichter
la|sern (mit einem Laserstrahl behandeln); ich lasere; gelasertes Metall
La|ser|poin|ter, der; -s, - ⟨*engl.*⟩ (Lasergerät, mit dem ein farbiger Lichtpunkt zur Hervorhebung bestimmter Stellen auf Projektionen erzeugt werden kann)
La|ser|prin|ter (Laserdrucker); **La|ser|scan|ner**
La|ser|strahl; La|ser|tech|nik; La|ser|waf|fe
la|sie|ren ⟨*pers.*⟩ (mit Lasur versehen); **La|sie|rung**
La|sik, LASIK®, die; - ⟨*aus* laserassistierte In-situ-Keratomileusis⟩ (*Med.* operatives Verfahren zur Behandlung der Kurzsichtigkeit)
Lä|si|on, die; -, -en ⟨*lat.*⟩ (*Med.* Verletzung)
Las|kar, der; -s, ...karen ⟨angloind.⟩ (*früher für* ostind. Matrose, Soldat)
Las|ker-Schü|ler (dt. Dichterin)
Las Pal|mas (Hauptstadt der spanischen Insel Gran Canaria)
lass (*geh. für* matt, müde, schlaff)
Las|sa|fie|ber, Las|sa-Fie|ber, das; -s ⟨nach dem Ort Lassa in Nigeria⟩ (eine Infektionskrankheit)
Las|salle, Ferdinand [...ˈsal] (Mitbegründer der dt. Arbeiterbewegung)
Las|sal|le|a|ner (Anhänger Lassalles); **Las|sal|le|a|ne|rin**

L lass

las|sen

– du lässt, *veraltet* lässest; er/sie/es lässt
– du ließest, er/sie/es ließ, hat gelassen
– lasse! *u.* lass!
– ich lass sie nicht
– ich habe es gelassen (unterlassen), *aber* ich habe dich rufen lassen; ich habe sie dies wissen lassen

Vgl. bleiben, fahren, fallen usw.

Lassheit

Lass|heit, die; - ⟨zu lass⟩
läs|sig; Läs|sig|keit
läss|lich (bes. Rel. verzeihlich); lässliche (kleinere) Sünden; **Läss|lich|keit**
Las|so, das, österr. nur so, seltener der; -s, -s ⟨span.⟩ (Wurfschlinge; Figur in Eis- u. Rollkunstlauf)
Last, die; -, -en (Seemannsspr. auch Vorratsraum unter Deck); zu meinen Lasten; zulasten od. zu Lasten des od. von ...
Last|au|to
last, but not least [- bat nɔt 'liː...] vgl. last, not least
las|ten
Las|ten|auf|zug
Las|ten|aus|gleich (Abk. LA); **Las|ten|aus|gleichs|ge|setz** (Abk. LAG)
las|ten|frei
Las|ten|seg|ler; Las|ten|zug (schweiz. neben Lastzug)
¹**Las|ter,** der; -s, - ⟨ugs. für Lastkraftwagen⟩
²**Las|ter,** das; -s, -
Läs|te|rei; Läs|te|rer
las|ter|haft; Las|ter|haf|tig|keit
Las|ter|höh|le
Läs|ter|le|ben, das; -s
läs|ter|lich; Läs|ter|lich|keit
Läs|ter|maul (ugs. für jmd., der viel lästert)
läs|tern; ich lästere; **Läs|te|rung**
Läs|ter|zun|ge (svw. Lästermaul)
Last|esel
Las|tex®, das; - ⟨Kunstwort⟩ (Gewebe aus mit Fasern umsponnenen Gummifäden)
Last|fuh|re
...las|tig (z. B. zweilastig; Flugw. schwanzlastig)
läs|tig; lästig werden; jmdm. lästig fallen od. lästigfallen
Las|tig|keit, die; - (Fluglage eines Flugzeugs; Schwimmlage eines Schiffs)
Läs|tig|keit
Las|ting, der; -s, -e ⟨engl.⟩ (ein Gewebe)
Last|kahn; Last|kraft|wa|gen (Abk. Lkw od. LKW)
Läst|ling (svw. Schädling)
last mi|nute ['laːst 'mɪnɪt] ⟨engl.⟩ (kurzfristig [u. preisreduziert]); last minute verreisen; **Last-mi-nute-An|ge|bot, Last-Mi|nute-An|ge|bot, Last-mi|nute-Flug, Last-Mi|nute-Flug, Last-mi-nute-Reise, Last-Mi|nute-Rei|se**
last, not least [- nɔt 'liː...] ⟨engl., »als Letzter/Letztes, nicht Geringster/Geringstes«⟩ (zuletzt der Stelle, nicht dem Wert nach)
Last|pferd; Last|schiff
Last|schrift (Buchhaltung); **Last|schrift|ver|fah|ren; Last|schrift|zet|tel**
Last|spit|ze (größte Belastung eines Kraftwerks in einer bestimmten Zeit)
Last|tier
Last|trä|ger; Last|trä|ge|rin
Last|wa|gen (Lastkraftwagen); **Last|wa|gen|fah|rer; Last|wa|gen|fah|re|rin; Last|zug**
La|sur, die; -, -en ⟨pers.⟩ (durchsichtige Farbschicht)
Lä|sur, die; -, -en ⟨lat.⟩ (Beschädigung [bes. eines Buches])
La|sur|far|be
La|su|rit, der; -s, -e, **La|sur|stein** (ein blauer Schmuckstein)
La|sur|lack (durchsichtige Farbe)
La|sur|stein vgl. Lasurit
Las Ve|gas (Stadt in Nevada)
las|ziv ⟨lat.⟩ (schlüpfrig; übertrieben sinnlich); **Las|zi|vi|tät,** die; -
Lä|ta|re ⟨lat., »freue dich!«⟩ (dritter Sonntag vor Ostern)
La|tein, das; -[s]
La|tein|ame|ri|ka (Gesamtheit der spanisch- od. portugiesischsprachigen Staaten von Amerika); **La|tein|ame|ri|ka|ner; La|tein|ame|ri|ka|ne|rin; la|tein|ame|ri|ka|nisch**
La|tei|ner (jmd., der Latein kennt, spricht); **La|tei|ne|rin**
la|tei|nisch; lateinische Schrift; ein lateinisch-deutsches Wörterbuch; vgl. deutsch; **La|tei|nisch,** das; -[s] (Sprache); vgl. Deutsch; **La|tei|ni|sche,** das; -n; vgl. ²Deutsche
La|tein|schrift; La|tein|schu|le; La|tein|se|gel (dreieckiges Segel); **La|tein|un|ter|richt**
La-Tène-Zeit, fachspr. auch **La|tène|zeit** [...'tɛːn...], die; - (nach der Untiefe im Neuenburger See) (Abschnitt der Eisenzeit); **La-Tène-zeit|lich,** fachspr. auch **la|tène|zeit|lich**
Late-Night-Show ['leɪtnaɪt...], die; -, -s ⟨engl.-amerik.⟩ (Veranstaltung, Unterhaltungssendung am späten Abend)
la|tent ⟨lat.⟩ (vorhanden, aber [noch] nicht in Erscheinung tretend); ein latenter Gegensatz; latentes Bild (Fotogr.); eine latente Krankheit; latente (gebundene) Wärme

La|tenz, die; -; **La|tenz|pe|ri|o|de; La|tenz|zeit**
la|te|ral ⟨lat.⟩ (fachspr. für seitlich)
La|te|ran, der; -s (ehem. Palast des Papstes in Rom)
La|te|ran|kon|zil; La|te|ran|pa|last; La|te|ran|ver|trä|ge Plur.
La|te|rit, der; -s, -e ⟨lat.⟩ (ein roter Verwitterungsboden); **La|te|rit|bo|den**
La|ter|na ma|gi|ca, die; - -, ...nae ...cae ⟨lat.⟩ (einfachster Projektionsapparat)
La|ter|ne, die; -, -n ⟨griech.⟩ (Archit. auch turmartiger Aufsatz)
La|ter|nen|fest; La|ter|nen|ga|ra|ge (scherzh.); **La|ter|nen|licht** Plur. ...lichter; **La|ter|nen|pfahl; La|ter|nen|um|zug**
La|tex, der; -, Latizes ⟨griech.⟩ (Kautschukmilch); **la|te|xie|ren**
La|tier|baum (Stange im Pferdestall zur Abgrenzung der Plätze)
La|ti|fun|di|en|wirt|schaft, die; -; **La|ti|fun|di|um,** das; -s, ...ien ⟨lat.⟩ (Landgut im Röm. Reich; Großgrundbesitz)
La|ti|na, die; -, -s ⟨span.-amerik.⟩ (w. Form zu Latino)
La|ti|ner, der; -s, - (Angehöriger eines altitalischen Volkes in Latium); **La|ti|ne|rin; la|ti|nisch**
la|ti|ni|sie|ren ⟨lat.⟩ (in lat. Sprachform bringen); **La|ti|ni|sie|rung**
La|ti|nis|mus, der; -, ...men (lat. Spracheigentümlichkeit in einer anderen Sprache); **La|ti|nist,** der; -en, -en (Kenner u. Erforscher des Lateinischen); **La|ti|nis|tin**
La|ti|ni|tät, die; - ([klassische], mustergültige) lateinische Schreibweise, desgl. Schrifttum)
La|tin Lo|ver ['lɛtɪn 'lavɐ, auch 'lɛtɪnlavɐ], der; - -[s], - -[s], **La|tin|lo|ver,** der; -[s], -[s] ⟨engl.⟩ ([feuriger] südländischer Liebhaber)
La|ti|no, der; -s, -s ⟨span.-amerik.⟩ (in den USA lebender Einwanderer aus den Spanisch sprechenden Ländern Lateinamerikas)
La|ti|num, das; -s (Prüfung im Lateinischen); das kleine, große Latinum
Lä|ti|tia (w. Vorn.)
La|ti|um (hist. Landschaft in Mittelitalien)
La|tri|ne, die; -, -n ⟨lat.⟩ (Abort, Senkgrube)
La|tri|nen|ge|rücht (ugs.); **La|tri|nen|pa|ro|le** (ugs.)

Lats, der; -, - (frühere lettische Währungseinheit)

Latsch, der; -[e]s, -e (ugs. für nachlässig gehender Mensch; Hausschuh)

¹Lat|sche, die; -, -n, Lat|schen, der; -s, - (ugs. für Hausschuh, abgetretener Schuh)

²Lat|sche [auch 'la:...], die; -, -n (Krummholzkiefer, Legföhre)

lat|schen (ugs. für nachlässig, schleppend gehen); du latschst

Lat|schen vgl. ¹Latsche

Lat|schen|ge|büsch; Lat|schen|kie|fer, die

Lat|schen|kie|fer|öl, Lat|schen|kiefern|öl, Lat|schen|öl

lat|schig (ugs. für nachlässig in Gang u. Wesen)

Lat|te, die; -, -n

Lat|te mac|chi|a|to [- ...'kja...], der u. die; - -, - -[s] (ital.) (Kaffeegetränk)

Lat|ten|holz; Lat|ten|kis|te

Lat|ten|kreuz (von Pfosten u. Querlatte gebildete Ecke des Tores)

Lat|ten|rost vgl. ¹Rost

Lat|ten|schuss (Sport Schuss an die Querlatte des Tores)

Lat|ten|zaun

Lat|tich, der; -s, -e ⟨lat.⟩ (ein Korbblütler)

La|tüch|te, die; -, -n (ugs. für Laterne, Licht)

Lat|wer|ge [landsch. la'tvɛrʃ, die; -, -n ⟨griech.⟩ (eine breiförmige Arznei; landsch. für Fruchtmus)

Latz, der; -es, Lätze (Kleidungsteil [z. B. Brustlatz]); Lätz|chen

lat|zen (ugs. für bezahlen)

Latz|ho|se; Latz|schür|ze

lau; ein laues Lüftchen; für lau (ugs. für kostenlos)

Laub, das; -[e]s; laubtragende od. Laub tragende Bäume; Laubbaum; Laub|blä|ser

¹Lau|be, die; -, -n

²Lau|be, der; -n, -n (Ukelei)

Lau|ben|gang, der; Lau|ben|haus

Lau|ben|ko|lo|nie

Lau|ben|pie|per (landsch. für Kleingärtner); Lau|ben|pie|pe|rin

Laub|fall, der; -[e]s; Laub|fär|bung; Laub|frosch; Laub|ge|hölz meist Plur.; Laub|holz

Laub|hüt|ten|fest (jüd. Fest)

lau|big (veraltet für [viel] Laub tragend)

Laub|sä|ge; Laub|sau|ger

laub|tra|gend, Laub tra|gend ↑ D 58; vgl. Laub

Laub|wald; Laub|werk

Lauch, der; -[e]s, -e (eine Zwiebelpflanze); Lauch|grün; Lauch|zwie|bel

Lau|da|num, das; -s ⟨lat.⟩ (in Alkohol gelöstes Opium)

Lau|da|tio, die; -, -...iones ⟨lat., »Lob[rede]«⟩ (feierl. Würdigung); Lau|da|tor, der; -s, ...oren; Lau|da|to|rin

Lau|des Plur. ⟨lat., »Lobgesänge«⟩ (Morgengebet des kath. Breviers)

¹Lau|er, die; -; auf der Lauer sein, liegen (ugs.)

²Lau|er, der; -s, - ⟨lat.⟩ (Tresterwein)

lau|ern; ich lau[e]re

Lauf, der; -[e]s, Läufe; im Lauf[e] der Zeit; 100-m-Lauf ↑ D 26

Lauf|ar|beit, die; - (Sport); Laufbahn; Lauf|band, das; Plur. ...bänder; Lauf|be|klei|dung; Lauf|brett

Lauf|bur|sche (abwertend)

Läu|fel, die; -, - (südwestd. für äußere Schale [der Walnuss])

lau|fen; du läufst, er/sie läuft; du liefst (liefest); du liefest; gelaufen; lauf[e]!; einen Hund nicht auf die Straße laufen lassen; die Dinge einfach laufen lassen od. laufenlassen (nicht eingreifen); ich habe sie laufen lassen od. laufenlassen, seltener laufen gelassen od. laufengelassen (ugs. für freigegeben, entkommen lassen); Gefahr laufen; Ski laufen; vgl. aber eislaufen

lau|fend (Abk. lfd.); laufendes Jahr u. laufenden Jahres (Abk. lfd. J.); laufender Meter u. laufenden Meters (Abk. lfd. M.); laufender Monat u. laufenden Monats (Abk. lfd. M.); laufende Nummer u. laufender Nummer (Abk. lfd. Nr.); am laufenden Band arbeiten; ↑ D 72; auf den Laufenden sein, bleiben, halten

lau|fen las|sen, lau|fen|las|sen vgl. laufen

Läu|fer (auch für längerer, schmaler Teppich)

Lau|fe|rei (ugs.)

Lau|fe|rin; läu|fe|risch

Lauf|feu|er; Lauf|flä|che

lauf|freu|dig (Sport)

Lauf|gang; Lauf|git|ter

läu|fig (brünstig [von der Hündin]); Läu|fig|keit, die; - (Brunst der Hündin)

Lauf|kä|fer; Lauf|kat|ze (Technik); Lauf|kund|schaft, die; -

Lauf|leis|tung (mit einem Fahrzeug[teil] zurückgelegte Strecke; Zeitraum, in dem eine Maschine gelaufen ist)

Lauf|ma|sche

Lauf|me|ter (österr., schweiz.)

Lauf|pass; nur in jmdm. den Laufpass geben (ugs.)

Lauf|pen|sum (Sport); Lauf|rad; Lauf|rich|tung; lauf|ru|hig

Lauf|schie|ne; Lauf|schrift (sich bewegende [Leucht]schrift); Lauf|schritt; Lauf|schuh; Laufställ|chen; Lauf|steg; Lauf|stil (Sport); Lauf|stre|cke; Lauf|text (svw. Laufschrift); Lauf|trai|ning; Lauf|treff vgl. ³Treff

Lauf|vo|gel; Lauf|werk (Technik, EDV); Lauf|wett|be|werb; Laufzeit; Lauf|zet|tel

Lau|ge, die; -, -n (alkal. [wässrige] Lösung; Auszug)

lau|gen (veraltend); lau|gen|ar|tig

Lau|gen|bad; Lau|gen|bre|zel (landsch.); Lau|gen|bröt|chen; Lau|gen|was|ser

Lau|heit, die; -

Lau|mann (ugs. für Mensch ohne eigene Meinung)

Launch [lɔ:ntʃ], der u. das; -[e]s, -[e]s ⟨engl.⟩ (Werbespr. Einführung eines neu entwickelten Produktes auf dem Markt); launchen

Lau|ne, die; -, -n ⟨lat.⟩

lau|nen|haft; Lau|nen|haf|tig|keit

lau|nig (humorvoll)

lau|nisch (launenhaft)

Lau|ra (w. Vorn.)

Lau|re|at, der; -en, -en ⟨lat.⟩ ([öffentl.] ausgezeichneter Wissenschaftler; früher für lorbeergekrönter Dichter); vgl. Poeta laureatus; Lau|re|a|tin

Lau|ren|tia (w. Vorn.)

lau|ren|tisch (nach dem latinisierten Namen des Sankt-Lorenz-Stromes); laurentische Gebirgsbildung (am Ende des Archaikums) ↑ D 89

Lau|ren|ti|us (m. Vorn.)

lau|re|ta|nisch (aus Loreto); aber ↑ D 150: Lauretanische Litanei (in Loreto entstandene Marienlitanei)

Lau|rin (Zwergkönig, mittelalterl. Sagengestalt)

Lau|rus, der; Gen. - u. -ses, Plur. - u. -se ⟨lat.⟩ (Bot. Lorbeerbaum)

Laus, die; -, Läuse

Lau|sanne [loˈzan] (Stadt am Genfer See)

Lau|san|ner; Lau|san|ne|rin

Laus|bub (ugs.); Laus|bu|ben-

Lausbubenstreich

Laus

689

Lausbüberei

streich; Laus|bü|be|rei; laus|bü-
bisch
Lau|scha|er Glas|wa|ren Plur. ⟨nach dem Ort Lauscha im Thüringer Wald⟩
Lausch|ak|ti|on; Lausch|an|griff (heimliches Anbringen von Abhörgeräten [in einer Privatwohnung]); der Große od. große Lauschangriff
Lau|sche, die; - (höchster Berg im Zittauer Gebirge)
lau|schen; du lauschst
Läus|chen
Lau|scher (Lauschender; Jägerspr. Ohr des Haarwildes); Lau|sche|rin
lau|schig (gemütlich)
Läu|se|be|fall
Lau|se|ben|gel, Lau|se|jun|ge, Lau|se|kerl (ugs.)
Läu|se|kraut, das; -[e]s (eine Pflanzengattung)
Lau|se|mäd|chen
lau|sen; du laust
Lau|ser (landsch. für Lausbub)
Lau|se|rei (ugs.)
Lau|se|rin ⟨zu Lauser⟩
lau|sig (ugs. auch für erbärmlich, schlecht); lausig kalt; lausige Zeiten
Lau|sitz, die; -, -en (Landschaft um Bautzen u. Görlitz [Oberlausitz] u. um Cottbus [Niederlausitz]); Lau|sit|zer; das Lausitzer Bergland; Lau|sit|ze|rin; lau|sit|zisch
¹laut; laut reden; etwas laut werden lassen; laut redende od. lautredende Nachbarn; muss ich erst laut werden od. lautwerden (drohend die Stimme erheben)?

²laut

(↑D 70; Abk. lt.)

Präposition mit Dativ, auch mit Genitiv:
– laut unserem Schreiben, *auch* laut unseres Schreibens
– laut ärztlichem Gutachten, *auch* laut ärztlichen Gutachtens
– laut amtlichen Nachweisen, *auch* laut amtlicher Nachweise

Ein allein stehendes, stark gebeugtes Substantiv steht im Singular gewöhnlich ungebeugt; im Plural aber mit Dativ:
– laut Befehl, laut Übereinkommen; *aber*
– laut Befehlen, laut Berichten

Laut, der; -[e]s, -e; Laut geben (Jägerspr. u. ugs.)
Laut|ar|chiv (Tonbandsammlung zur gesprochenen Sprache)
laut|bar (veraltet); lautbar werden
Laut|bil|dung (für Artikulation)
Lau|te, die; -, -n (ein Saiteninstrument)
lau|ten; die Antwort lautet ...
läu|ten; die Glocken läuten; sie läutet die Glocken
Lau|te|nist, der; -en, -en (Lautenspieler); Lau|te|nis|tin
Lau|ten|spiel, das; -[e]s
¹lau|ter (geh. für rein; ungetrübt); lauterer Wein; lautere Gesinnung
²lau|ter (nur, nichts als); lauter (nur) Jungen; lauter (nichts als) Wasser
Lau|ter|keit, die; -
läu|tern (geh. für reinigen; von Fehlern befreien); ich läutere; Läu|te|rung (geh.)
Läu|ter|zu|cker, der; -s (Kochkunst)
Läu|te|werk, Läut|werk
Laut|ge|setz
laut|ge|treu, laut|treu
laut|hals (aus voller Kehle)
lau|tie|ren (Worte, Text nach Lauten zergliedern); Laut|tier|me|tho|de
Laut|leh|re (für Phonetik u. Phonologie)
laut|lich
laut|los; Laut|lo|sig|keit, die; -
laut|ma|lend; Laut|ma|le|rei
laut|nach|ah|mend
Laut|schrift
Laut|spre|cher; Laut|spre|cher|an|la|ge; Laut|spre|cher|box; Laut|spre|cher|wa|gen
laut|stark; Laut|stär|ke; Laut|stär|ke|reg|ler
laut|treu vgl. lautgetreu
Lau|tung
Laut|ver|än|de|rung; Laut|ver|schie|bung (Sprachwiss.); Laut|wan|del; Laut|wech|sel
laut wer|den, laut|wer|den vgl. ¹laut
Läut|werk vgl. Läutewerk
Laut|zei|chen
lau|warm
La|va, die; -, Laven (ital.) (feurigflüssiger Schmelzfluss aus Vulkanen u. das daraus entstandene Gestein)
La|va|bel, der; -s (franz.) (waschbares Kreppgewebe)
La|va|bo [schweiz. 'la:...], das; -[s], -s (lat.) (Handwaschung des Priesters in der Messe u. das dazu verwendete Waschbecken mit Kanne; schweiz. für Waschbecken)
La|va|bom|be (Geol.)
La|va|lam|pe (Lampe mit sich in zäher Flüssigkeit bewegenden Blasen)
La|vant [...f...], die; - (linker Nebenfluss der Drau); La|vant|tal
La|va|strom
La|val|ter ['la:va:..., 'la:fa:...], Johann Caspar (schweiz. Schriftsteller u. Physiognom)
La|ven (Plur. von Lava)
la|ven|del (ital.) (blauviolett); ein lavendel[farbenes] Kleid; vgl. auch beige; La|ven|del, der; -s, - (Heil- u. Gewürzpflanze)
La|ven|del|öl; La|ven|del|was|ser
¹la|vie|ren (niederl.) (sich mit Geschick durch Schwierigkeiten hindurchwinden; veraltet für gegen den Wind kreuzen)
²la|vie|ren (ital.) (aufgetragene Farben auf einem Bild verwischen; auch für mit verlaufenden Farbflächen arbeiten); lavierte Zeichnung
La|vi|nia (röm. w. Eigenn.)
lä|vo|gyr (griech.) (Chemie linksdrehend; Zeichen l)
La|voir [...'vo̯a:ɐ̯], das; -s, -s (franz.) (veraltet für Waschschüssel)
Lä|vu|lo|se, die; - (lat.) (Fruchtzucker)
Law and Or|der ['lɔ: ənt 'ɔ:ɐ̯də] ⟨engl., »Gesetz und Ordnung«⟩ (oft iron. Schlagwort, das die Bekämpfung von Kriminalität u. Gewalt durch drastische Maßnahmen fordert)
La|wi|ne, die; -, -n ⟨lat.⟩; La|wi|nen|ab|gang; la|wi|nen|ar|tig
La|wi|nen|ge|fahr; La|wi|nen|hund (svw. Lawinensuchhund); La|wi|nen|ka|tas|t|ro|phe; La|wi|nen|piep|ser (Gerät, das Verschüttete leichter auffindbar macht); La|wi|nen|schutz, der; -es
la|wi|nen|si|cher
La|wi|nen|such|hund; La|wi|nen|war|nung
Lawn|ten|nis, Lawn-Ten|nis ['lɔ:n...] ⟨engl.⟩ (Rasentennis)
Law|ren|ci|um [lo...], das; -s ⟨nach dem amerik. Physiker Lawrence⟩ (künstliches radioaktives chemisches Element, ein Transuran; Zeichen Lr)
lax ⟨lat.⟩ (schlaff; lau [von Sitten])
La|xans, das; -, ...antia u. ...anzien,

lebenslänglich

La|xa|tiv, das; -s, -e, La|xa|ti|vum, das; -s, ...va ⟨Med. Abführmittel⟩
Lax|heit (Schlaffheit; Lässigkeit)
la|xie|ren ⟨Med. abführen⟩
Lax|ness, Halldór (isländ. Schriftsteller)
Lay|out, Lay-out ['leɪ|aʊt, 'leɪ...], das; -s, -s ⟨engl.⟩ (Druckw. Text- u. Bildgestaltung; auch habe den Text [ge]layoutet; Lay|ou|ter (Gestalter eines Layouts); Lay|ou|te|rin
La|za|rett, das; -[e]s, -e ⟨franz.⟩ (Militärkrankenhaus)
La|za|rett|schiff; La|za|rett|zug
La|za|rist, der; -en, -en (Angehöriger einer kath. Kongregation)
¹La|za|rus (bibl. m. Eigenn.); der arme Lazarus
²La|za|rus, der; -[ses], -se (leidender, bedauernswerter Mensch)
La|ze|dä|mo|ni|er usw. vgl. Lakedämonier usw.
La|ze|ra|ti|on, die; -, -en ⟨lat.⟩ ⟨Med. Einriss⟩; la|ze|rie|ren
La|zer|te, die; -, -n ⟨lat.⟩ (Zool. Eidechse)
La|zu|lith, der; Gen. -s od. -en, Plur. -e[n] ⟨lat.; griech.⟩ (ein Mineral)
Laz|za|ro|ne, der; Gen. -[n] u. -s, Plur. -n u. ...ni ⟨ital.⟩ (Gelegenheitsarbeiter, Bettler in Neapel)
LBS = Location-based Services (standortbezogene Dienste bei Mobiltelefonen)
l. c. = loco citato
LCD-An|zei|ge [eltse:'de:...] ⟨aus engl. liquid crystal display⟩ (Flüssigkristallanzeige); LCD-Bild|schirm; LCD-Fern|se|her
LDPD, die; - = Liberal-Demokratische Partei Deutschlands (DDR)
Lea (bibl. w. Eigenn.; w. Vorn.)
Lead [li:t], das; -[s] ⟨engl.⟩ (die Führungsstimme im Jazz)
Lea|der ['li:dɐ], der; -s, - (kurz für Bandleader; Sport österr. u. schweiz. Tabellenführer); Lea|de|rin; Lea|der|ship [...ʃɪp], die; -, auch das; -[s] (Jargon Führung; Gesamtheit der Führungsqualitäten)
Lead|gi|ta|rist; Lead|gi|ta|ris|tin
Le|an|der (griech. m. Eigenn.; m. Vorn.)
Lean Ma|nage|ment ['li:n 'menɪtʃmənt], das; - -s, - -s ⟨engl.⟩ (zielgerichtete Unternehmensführung, die Kosten einsparen soll)
Lean Pro|duc|tion ['li:n prə'dakʃn], die; - - ⟨engl.⟩ (Industriefertigung unter größtmöglicher Einsparung von Arbeitskräften, Kosten usw.)
Lear [lɪɐ̯] (sagenhafter kelt. König, Titelheld bei Shakespeare)
Lear|jet® ['lɪɐ̯dʒɛt], der; -[s], -s (ein Geschäftsflugzeug)
Lear|ning by Do|ing ['lœːɐ̯nɪŋ baɪ 'duːɪŋ], das; - - - ⟨engl.⟩ (Lernen durch unmittelbares Anwenden); Lear|ning-by-Do|ing-Me|tho|de
lea|sen ['liː...] ⟨engl.⟩ (mieten, pachten); er/sie least/e, hat geleast; ein Auto leasen
Lea|sing, das; -s, -s (Vermietung von [Investitions]gütern [mit Anrechnung der Mietzahlungen bei späterem Kauf]); Lea|sing|fir|ma; Lea|sing|ra|te
Le|be|da|me
Le|be|hoch, das; -s, -s; er rief ein herzliches Lebehoch, aber er rief: »Sie lebe hoch!«
Le|be|mann Plur. ...männer; le|be|män|nisch
le|ben; leben und leben lassen; ↑D 89: lebende Sprachen; ↑D 72: die in Armut Lebenden; ↑D 82: das In-den-Tag-hinein-Leben

Le|ben

das; -s, -
– mein Leben lang; das süße Leben, das ewige Leben
– wie das blühende Leben aussehen (ugs. für sehr gesund aussehen)
– ↑D 58: die Leben spendende od. lebenspendende Kraft der Sonne; eine Leben zerstörende od. lebenzerstörende Strahlung

Vgl. aber lebensbedrohend, lebensbejahend usw.

le|ben|be|ja|hend (svw. lebensbejahend)
le|bend ge|bä|rend, le|bend|ge|bä|rend; lebend gebärende od. lebendgebärende Tiere ↑D 58
Le|bend|ge|wicht
le|ben|dig; lebendig gebärende od. lebendiggebärende Tiere ↑D 58; Le|ben|dig|keit
Le|bend|mas|se; Le|bend|vieh
Le|bens|abend; Le|bens|ab|schnitt
Le|bens|ab|schnitts|ge|fähr|tin
Le|bens|ab|schnitts|part|ner (Lebensgefährte für eine bestimmte Zeit); Le|bens|ab|schnitts|part|ne|rin
Le|bens|ader; Le|bens|al|ter; Le|bens|angst; Le|bens|ar|beit; Le|bens|ar|beits|zeit; Le|bens|art; Le|bens|auf|fas|sung; Le|bens|auf|ga|be; Le|bens|bahn
Le|bens|baum (ein symbolisches Ornament; auch für Thuja)
Le|bens|be|din|gung meist Plur.
le|bens|be|dro|hend; le|bens|be|droh|lich
le|bens|be|ja|hend; Le|bens|be|ja|hung
Le|bens|be|ra|ter; Le|bens|be|ra|te|rin; Le|bens|be|ra|tung
Le|bens|be|reich; Le|bens|be|schrei|bung; Le|bens|bild; Le|bens|bund, der (geh.); Le|bens|chan|ce; Le|bens|dau|er
le|bens|echt
Le|bens|ele|ment; Le|bens|eli|xier; Le|bens|en|de; Le|bens|ener|gie; Le|bens|ent|wurf; Le|bens|er|fah|rung
le|bens|er|hal|tend
Le|bens|er|in|ne|run|gen Plur.; Le|bens|er|war|tung
le|bens|fä|hig; Le|bens|fä|hig|keit
le|bens|feind|lich; le|bens|fern
Le|bens|form; Le|bens|fra|ge
le|bens|fremd
Le|bens|freu|de; le|bens|froh
Le|bens|füh|rung
Le|bens|funk|ti|on meist Plur. (Biol., Med.)
Le|bens|ge|fahr, die; -; le|bens|ge|fähr|lich
Le|bens|ge|fähr|te; Le|bens|ge|fähr|tin
Le|bens|ge|fühl; Le|bens|geis|ter Plur.; Le|bens|ge|mein|schaft; Le|bens|ge|nuss; Le|bens|ge|schich|te; Le|bens|ge|stal|tung; Le|bens|ge|wohn|heit meist Plur.; Le|bens|glück
Le|bens|groß; Le|bens|grö|ße
Le|bens|grund|la|ge
Le|bens|hal|tung; Le|bens|hal|tungs|in|dex; Le|bens|hal|tungs|kos|ten Plur.
Le|bens|hil|fe; Le|bens|hun|ger; Le|bens|in|halt; Le|bens|in|ter|es|se meist Plur.; Le|bens|jahr; Le|bens|kampf
le|bens|klug
Le|bens|kraft, die; Le|bens|kreis
Le|bens|kunst, die; -; Le|bens|künst|ler; Le|bens|künst|le|rin
Le|bens|la|ge
le|bens|lang; auf lebenslang; le|bens|läng|lich; zu »lebenslänglich« verurteilt werden

L
lebe

Lebenslauf

Le|bens|lauf; Le|bens|leis|tung; Le|bens|licht, das; -[e]s; Le|bens|li|nie; Le|bens|lü|ge
Le|bens|lust, die; -; le|bens|lus|tig
Le|bens|mensch, der (*bes. österr. für* Mensch, mit dem man durch eine besondere langjährige Beziehung verbunden ist)
Le|bens|mit|te, die; -
Le|bens|mit|tel, das *meist Plur.*; Le|bens|mit|tel|ab|tei|lung; Le|bens|mit|tel|bran|che; Le|bens|mit|tel|che|mie; Le|bens|mit|tel|dis|coun|ter
Le|bens|mit|tel|echt
Le|bens|mit|tel|ge|schäft; Le|bens|mit|tel|ge|setz; Le|bens|mit|tel|han|del; Le|bens|mit|tel|in|dus|t|rie
Le|bens|mit|tel|kon|t|rol|le; Le|bens|mit|tel|kon|t|rol|leur; Le|bens|mit|tel|kon|t|rol|leu|rin
Le|bens|mit|tel|preis
Le|bens|mit|tel|punkt (*svw.* Hauptwohnsitz)
Le|bens|mit|tel|spen|de; Le|bens|mit|tel|ver|gif|tung
Le|bens|mo|nat; Le|bens|mot|to
le|bens|mü|de
Le|bens|mut
le|bens|nah
Le|bens|nerv; Le|bens|ni|veau
le|bens|not|wen|dig
Le|bens|part|ner; Le|bens|part|ne|rin; Le|bens|part|ner|schaft *vgl.* eingetragen; Le|bens|part|ner|schafts|ge|setz
Le|ben spen|dend, le|ben|spen|dend ↑D 58; *vgl.* Leben
Le|bens|pfad (*geh.*); Le|bens|pha|se; Le|bens|phi|lo|so|phie; Le|bens|pla|nung
le|bens|sprü|hend ↑D 59
Le|bens|qua|li|tät; Le|bens|raum
Le|bens|ret|tend; Le|bens|ret|ter; Le|bens|ret|te|rin; Le|bens|ret|tungs|me|dail|le
Le|bens|schick|sal; Le|bens|span|ne
Le|bens|spur *meist Plur.*; Le|bens|stan|dard; Le|bens|stel|lung; Le|bens|stil; Le|bens|traum
le|bens|tüch|tig; le|bens|über|drüs|sig
Le|bens|um|feld; Le|bens|um|stand *meist Plur.*; Le|bens|un|ter|halt; Le|bens|ver|hält|nis|se *Plur.*
Le|bens|ver|kür|zend; lebensverkürzende Krankheiten; le|bens|ver|län|gernd; lebensverlängernde Maßnahmen
Le|bens|ver|si|che|rung; Le|bens|ver|si|che|rungs|ge|sell|schaft
le|bens|wahr

Le|bens|wan|del; Le|bens|weg; Le|bens|wei|se, die; Le|bens|weis|heit; Le|bens|welt; Le|bens|werk
le|bens|wert; le|bens|wich|tig
Le|bens|wil|le, der; -ns; Le|bens|zei|chen
Le|bens|zeit; auf Lebenszeit
Le|bens|ziel; Le|bens|zu|ver|sicht; Le|bens|zweck; Le|bens|zy|k|lus
Le|ben zer|stö|rend, le|ben|zer|stö|rend ↑D 58; *vgl.* Leben
Le|ber, die; -, -n
Le|ber|ab|s|zess
Le|ber|bal|sam (Name verschiedener Pflanzen)
Le|ber|blüm|chen (eine der Anemone verwandte Waldblume)
Le|ber|di|ät
Le|be|recht, Leb|recht (m. Vorn.)
Le|ber|egel; Le|ber|fleck; Le|ber|ha|ken (Boxen)
Le|ber|kä|se (*bes. südd. u. österr. für* Fleischkäse); Le|ber|knö|del; Le|ber|knö|del|sup|pe
Le|ber|krebs; Le|ber|lei|den
Le|ber|pas|te|te; Le|ber|tran
Le|ber|wert (*Med.*)
Le|ber|wurst
Le|ber|zir|rho|se
le|be|we|sen
Le|be|wohl, das; -[e]s, *Plur.* -e *u.* -s; jmdm. Lebewohl sagen; er rief ein herzliches Lebewohl, *aber* er rief: »Leb[e] wohl!«
leb|haft; Leb|haf|tig|keit
Leb|hag, der; -[e]s, ...häge (*schweiz. für* Hecke)
...le|big (z. B. kurzlebig)
Leb|ku|chen; Leb|ku|chen|haus; Leb|ku|chen|herz
Leb|küch|ler, Leb|küch|ner (*fränk. für* Lebkuchenbäcker)
Leb|küch|le|rei, Leb|küch|ne|rei
Leb|küch|le|rin, Leb|küch|ne|rin
leb|los; Leb|lo|sig|keit, die; -
Leb|recht *vgl.* Leberecht
Leb|tag, der; ich denke mein (*nicht:* meinen) Lebtag daran; meine Lebtag[e], *landsch.* meiner Lebtage
Le|bus [*auch* 'le:...] (Stadt an der Oder); Le|bu|ser; Le|bu|se|rin
Leb|wa|re, die; - (*schweiz. für* Besitz an Nutztieren)
Leb|zei|ten *Plur.*; zu seinen Lebzeiten
Leb|zel|ten, der; -s, - (*bayr., österr. veraltend für* Lebkuchen); Leb|zel|ter (*österr. veraltend für* Lebkuchenbäcker); Leb|zel|te|rin
Lech, der; -[s] (rechter Nebenfluss der Donau); Lech|feld, das; -[e]s (Ebene bei Augsburg)

lech|zen; du lechzt
Le|ci|thin *vgl.* Lezithin
leck (*Seemannsspr.* undicht); das Boot könnte leck sein; ein leckgeschlagener *od.* leck geschlagener Tanker; Leck, das; -[e]s, -e (*Seemannsspr.* undichte Stelle [bei Schiffen, an Gefäßen u. a.])
Le|cka|ge [...ʒə], die; -, -n (Gewichtsverlust bei flüssigen Waren durch Verdunsten od. Aussickern; Leck)
Le|cke, die; -, -n (Stelle, an der Wild od. Vieh Salz leckt)
Leck|eis (*ugs. für* Eis am Stiel od. in einer Eistüte)
¹le|cken (*Seemannsspr.* leck sein); das Boot leckt
²le|cken (mit der Zunge)
le|cker (wohlschmeckend)
Le|cker (*Jägerspr.* Zunge beim Schalenwild)
Le|cker|bis|sen; Le|cke|rei (Leckerbissen); Le|cker|li, das; -[s], -[s]; *vgl.* Götti; Basler Leckerli (in Rechtecke geschnittenes, honigkuchenähnliches Gebäck)
Le|cker|maul (*ugs. für* Person, die gern Süßigkeiten isst); Le|cker|mäul|chen
leck|schla|gen, leck schla|gen (leck werden [vom Schiff]); der Tanker ist leckgeschlagen *od.* leck geschlagen; *vgl.* leck
Le Clé|zio [lə kle'zjo:] (franz. Schriftsteller)
Le Cor|bu|si|er [lə ...by'zje:] (franz.-schweiz. Architekt)
Lec|tin *vgl.* Lektin
led. = ledig
Le|da (sagenhafte Königin von Sparta)
LED-An|zei|ge [ɛlle:'de:...] (*aus engl.* light emitting diode) (als Kontrollanzeige verwendete Leuchtdiode)
Le|der, das; -s, -; die Leder verarbeitende *od.* lederverarbeitende Industrie ↑D 58
le|der|ar|tig
Le|der|ball
¹Le|der|band *Plur.* ...bänder (Band aus Leder)
²Le|der|band *Plur.* ...bände (in Leder gebundenes Buch)
le|der|braun
Le|der|ein|band
Le|der|far|ben, le|der|far|big
Le|der|fett; Le|der|gür|tel; Le|der|hand|schuh
Le|der|haut (Schicht der menschlichen u. tierischen Haut)

Le|der|her|stell|ung ↑D31: Lederherstellung und -vertrieb
Le|der|ho|se
le|de|rig vgl. ledrig
Le|der|ja|cke; Le|der|man|tel; Le|der|map|pe
¹**le|dern** (mit einem Lederlappen putzen, abreiben; *landsch. für* prügeln); ich ledere
²**le|dern** (aus Leder; zäh)
Le|der|pols|ter; Le|der|rie|men; Le|der|schuh; Le|der|schurz; Le|der|ses|sel; Le|der|sitz; Le|der|so|fa; Le|der|soh|le; Le|der|ta|sche
Le|der ver|ar|bei|tend, le|der|ver|ar|bei|tend ↑D58; vgl. Leder
le|dig (Abk. led.); ledig sein, bleiben; jmdn. seiner Sünden ledig sprechen; **Le|di|ge,** der u. die; -n, -n
Le|di|gen|na|me, Le|dig|na|me (schweiz. für Geburtsname)
le|dig|lich
Le|di|schiff (schweiz. für Lastschiff); **LED-Lam|pe; LED-Leuch|te** (bes. fachspr.)
led|rig, le|de|rig (lederartig)
Lee, die; -, auch (Geogr. nur:) das; -s (Seemannsspr., Geogr. die dem Wind abgekehrte Seite; Ggs. Luv); in, nach Lee

leer
Schreibung in Verbindung mit Verben ↑D56:
– leer ausgehen (nichts bekommen)
– den Teller leer essen od. leeressen, das Glas leer trinken od. leertrinken
– ein Gefäß leerlaufen lassen
– den Motor leerlaufen lassen (im Leerlauf)
– leer machen od. leermachen
– leer räumen od. leerräumen
– leer stehen
– aber ↑D58: eine leer stehende od. leerstehende Wohnung

Großschreibung der Substantivierung ↑D72:
– ins Leere fallen, gehen, starren

Lee|re, die; - (Leerheit); vgl. leer
lee|ren (leer machen); sich leeren
leer es|sen, leer|es|sen vgl. leer
leer fe|gen, leer|fe|gen; ein **leer gefegtes** od. leergefegtes Zimmer, **leer gefegte** od. leergefegte (menschenleere) Straßen
Leer|for|mel; Leer|ge|wicht

Leer|gut, das; -[e]s; **Leer|gut|au|to|mat; Leer|gut|rück|nah|me**
Leer|heit, die; -
Leer|lauf; leer|lau|fen vgl. leer
Leer|rohr (Kunststoffrohr, durch das später Kabel verlegt werden können)
Leer|schlag (schweiz. für Leerschritt)
Leer|schritt (durch Anschlag der Leertaste erzeugter Abstand)
Leer|stand (von Wohnungen, Büros usw.)
leer ste|hend, leer|ste|hend vgl. leer
Leer|stel|le (nicht besetzte Stelle)
leer trin|ken, leer|trin|ken vgl. leer
Lee|rung
Leer|ver|kauf (Börsenw.)
Leer|woh|nung; Leer|zim|mer
Lee|sei|te (Seemannsspr. die dem Wind abgekehrte Seite); **lee|wärts**
Le Fort [lə ˈfoːɐ̯], Gertrud von (dt. Schriftstellerin)
Lef|ze, die; -, -n (Lippe bei Tieren)
leg. = legato
le|gal ⟨lat.⟩ (gesetzlich, gesetzmäßig)
Le|ga|li|sa|ti|on, die; -, -en (Beglaubigung von Urkunden)
le|ga|li|sie|ren (gesetzlich machen); **Le|ga|li|sie|rung**
Le|ga|lis|mus (geh. für striktes Befolgen der Gesetze); **le|ga|lis|tisch** (übertrieben legal)
Le|ga|li|tät, die; - (Gesetzlichkeit, Rechtsgültigkeit)
Le|ga|li|täts|prin|zip Plur. -ien (Rechtswiss.)
le|g|as|then ⟨lat.; griech.⟩ (Med. legasthenisch); **Le|g|as|the|nie,** die; -, ...ien (Lese-Rechtschreib-Schwäche; an Legasthenie Leidender); **Le|g|as|the|ni|ker(in); le|g|as|the|nisch**
¹**Le|gat,** der; -en, -en ⟨lat.⟩ (im alten Rom Gesandter, Unterfeldherr; heute [päpstl.] Gesandter)
²**Le|gat,** das; -[e]s, -e (Rechtsspr. Vermächtnis)
Le|ga|tar, der; -s, -e (Vermächtnisnehmer); **Le|ga|ta|rin**
Le|ga|tin ⟨zu ¹Legat⟩
Le|ga|ti|on, die; -, -en ([päpstl.] Gesandtschaft); **Le|ga|ti|ons|rat** Plur. ...räte; **Le|ga|ti|ons|rä|tin**
le|ga|to ⟨ital.⟩ (Musik gebunden; Ggs. staccato; Abk. leg.); **Le|ga|to,** das; -s, Plur. -s u. ...ti
le|ge ar|tis ⟨lat.⟩ (nach den Regeln der Kunst; Abk. l. a.)

Le|ge|bat|te|rie (in mehreren Etagen angeordnete Drahtkäfige zur Haltung von Legehennen)
Le|ge|hen|ne, Leg|hen|ne
Le|gel, der od. das; -s, - (Seemannsspr. Ring zum Befestigen eines Segels)
le|gen; gelegt; vgl. aber ²gelegen
Le|gen|dar, das; -s, -e (Legendenbuch; Sammlung von Heiligenleben)
le|gen|där ⟨lat.⟩ (legendenhaft; unwahrscheinlich); **Le|gen|da|ri|um,** das; -s, ...ien (älter für Legendar)
Le|gen|de, die; -, -n ([Heiligen]erzählung; [fromme] Sage; Umschrift [von Münzen, Siegeln]; Zeichenerklärung [auf Karten])
Le|gen|den|bil|dung
Le|gen|den|er|zäh|ler; Le|gen|den|er|zäh|le|rin
le|gen|den|haft
le|ger [...ˈʒeːɐ̯] ⟨franz.⟩ (ungezwungen, lässig)
Le|ger ⟨zu legen⟩; **Le|ge|rin**
Le|ges (Plur. von Lex)
Le|ge|zeit
Leg|föh|re (svw. ²Latsche)
Leg|gings, Leg|gins Plur. ⟨engl.⟩ (hosenähnliches ledernes Kleidungsstück der nordamerik. Indianer; Strumpfhose ohne Füßlinge)
Leg|hen|ne, Le|ge|hen|ne
Leg|horn, das; -s, Plur. -[s], landsch. auch Leghörner ⟨nach dem engl. Namen der ital. Stadt Livorno⟩ (Huhn der Rasse Leghorn)
Le|gi, die; -, -s ⟨kurz für Legitimationsausweis od. -karte⟩ (schweiz. für Schüler-, Studierendenausweis)
le|gie|ren ⟨ital.⟩ ([Metalle] verschmelzen; [Suppen, Soßen] mit Eigelb anrühren, binden); **Le|gie|rung**
Le|gi|on, die; -, -en ⟨lat.⟩ (röm. Heereseinheit; in der Neuzeit für Freiwilligentruppe, Söldnerschar; große Menge)
Le|gi|o|nar, der; -s, -e (Soldat einer röm. Legion)
Le|gi|o|när, der; -s, -e ⟨franz.⟩ (Soldat einer Legion [z. B. der Fremdenlegion]); **Le|gi|o|nä|rin; Le|gi|o|närs|krank|heit,** die; - (Med. eine Infektionskrankheit)
Le|gi|o|nel|le, die; -, -n meist Plur. (Erreger der Legionärskrankheit)

Legionssoldat

Le|gi|ons|sol|dat
le|gis|la|tiv ⟨lat.⟩ (gesetzgebend); **Le|gis|la|ti|ve,** die; -, -n (gesetzgebende Versammlung, gesetzgebende Gewalt)
le|gis|la|to|risch (gesetzgeberisch)
Le|gis|la|tur, die; -, -en (selten für Gesetzgebung; früher auch für gesetzgebende Körperschaft; kurz für Legislaturperiode); **Le|gis|la|tur|pe|ri|o|de** (Amtsdauer einer Volksvertretung)
Le|gist, der; -en, -en (bes. österr. für Verfasser von Gesetzestexten); **Le|gis|tin; le|gis|tisch**
le|gi|tim (gesetzlich; rechtmäßig; als ehelich anerkannt; begründet)
Le|gi|ti|ma|ti|on, die; -, -en (Beglaubigung; [Rechts]ausweis; BGB Nachweis der Empfangsberechtigung, Befugnis; Ehelichkeitserklärung); **Le|gi|ti|ma|ti|ons|aus|weis** (bes. schweiz.); **Le|gi|ti|ma|ti|ons|kar|te**
le|gi|ti|mie|ren (beglaubigen; [Kinder] als ehelich erklären); sich legitimieren (sich ausweisen); **Le|gi|ti|mie|rung**
Le|gi|ti|mis|mus, der; - (Lehre von der Unabsetzbarkeit des angestammten Herrscherhauses); **Le|gi|ti|mist,** der; -en, -en; **Le|gi|ti|mis|tin; le|gi|ti|mis|tisch**
Le|gi|ti|mi|tät, die; - (Rechtmäßigkeit einer Staatsgewalt; Gesetzmäßigkeit)
Le|gu|an [auch 'le:...], der; -s, -e ⟨karib.⟩ (trop. Baumeidechse)
Le|gu|min, das; -s ⟨lat.⟩ (Eiweiß der Hülsenfrüchte); **Le|gu|mi|no|se,** die; -, -n meist Plur. ⟨Bot. Hülsenfrüchtler⟩
Leg|war|mer [...vɔ:ɐ̯mɐ], der; -s, -[s] meist Plur. ⟨engl.⟩ (langer Wollstrumpf ohne Füßling)
Le|hár [...'ha:ɐ̯, österr. 'lɛha:r] (ung. Operettenkomponist)
Le Hav|re [lə'(h)a:vrə] (franz. Hafenstadt)
Le|hen, das; -s, -
Le|hens|we|sen vgl. Lehnswesen
Lehm, der; -[e]s, -e
Lehm|bat|zen; Lehm|bo|den
lehm|gelb
leh|mig
Leh|ne, die; -, -n; **leh|nen;** sich lehnen
Lehn|gut vgl. Lehnsgut; **Lehns|eid** (früher)
Lehn|ses|sel
Lehns|frau (Geschichte)

Lehns|gut, Lehn|gut
Lehns|herr; Lehns|her|rin; Lehns|mann Plur. ...männer u. ...leute; **Lehns|trä|ger; Lehns|treue**
Lehn|stuhl
Lehns|we|sen, Le|hens|we|sen, das; -s (früher)
Lehn|über|set|zung; Lehn|über|tra|gung; Lehn|wort Plur. ...wörter
Lehr, das; -[e]s, -e (Bauw., Technik svw. ²Lehre)
Lehr|ab|gän|ger (schweiz.); **Lehr|ab|gän|ge|rin**
Lehr|ab|schluss (bes. schweiz., österr. für abgeschlossene Lehre); **Lehr|ab|schluss|zeug|nis**
Lehr|amt; Lehr|amts|an|wär|ter; Lehr|amts|an|wär|te|rin; Lehr|amts|stu|dent; Lehr|amts|stu|den|tin; Lehr|amts|stu|di|um
Lehr|an|ge|bot; Lehr|an|stalt; Lehr|auf|trag
Lehr|aus|bil|der; Lehr|aus|bil|de|rin
lehr|bar; Lehr|bar|keit, die; -
Lehr|be|auf|trag|te; Lehr|be|fä|hi|gung; Lehr|be|helf (Lehrmittel); **Lehr|be|ruf; Lehr|be|trieb**
Lehr|bo|gen (Bauw. Gerüst für Bogen-, Gewölbebau; zu ²Lehre)
Lehr|brief; Lehr|bub (südd., österr.); **Lehr|buch**
Lehr|dorn (Prüfgerät für Bohrungen; zu ²Lehre)
¹**Leh|re,** die; -, -n (Unterricht, Unterweisung; Lehrmeinung)
²**Leh|re,** die; -, -n (Messwerkzeug)

leh|ren

(unterweisen)
Beugung:
– jmdn., seltener auch jmdm. etwas lehren
– er lehrt sie, seltener auch ihr das Lesen; aber nur: er lehrt sie lesen
– er lehrt ihn ein, seltener einen Helfer der Armen zu sein

Nach einem reinen Infinitiv steht meist das zweite Partizip:
– sie hat ihn reiten gelehrt

Das Komma vor dem Infinitiv mit »zu« ist fakultativ ↑ D 116:
– er lehrt ihn[,] ein kritischer Beobachter zu sein

Leh|rer ↑ D 26: Lehrer-Schüler-Verhältnis
Leh|rer|aus|bil|dung; Leh|rer|be|ruf; Leh|rer|bil|dung; Leh|rer|fort|bil|dung
leh|rer|haft

Leh|re|rin
Leh|rer/-innen, Leh|rer(innen) (Kurzformen für Lehrerinnen u. Lehrer)
Leh|re|rin|nen|schaft, die; -
Leh|rer|kol|le|gi|um; Leh|rer|kon|fe|renz; Leh|rer|man|gel, der; -s; **Leh|rer|schaft,** die; -; **Leh|rer|stel|le; Leh|rer|zim|mer**
Lehr|fach; Lehr|film; Lehr|frei|heit, die; -
Lehr|gang, der; **Lehr|gangs|teil|neh|mer; Lehr|gangs|teil|neh|me|rin**
Lehr|ge|dicht
Lehr|geld
Lehr|ge|rüst (beim Stahlbetonbau; zu ²Lehre)
lehr|haft; Lehr|haf|tig|keit, die; -
Lehr|hau|er (angehender Bergmann); **Lehr|hau|e|rin**
Lehr|herr (früher); **Lehr|her|rin**
Lehr|jahr; Lehr|jun|ge, der (veraltend)
Lehr|kan|zel (österr. früher für Lehrstuhl)
Lehr|kör|per; Lehr|kraft
Lehr-Lern-For|schung (Fachspr.); ↑ D 26
Lehr|ling (Auszubildende[r]); **Lehr|lings|aus|bil|dung**
Lehr|mäd|chen (veraltend)
Lehr|ma|te|ri|al
Lehr|mei|nung
Lehr|meis|ter; Lehr|meis|te|rin
Lehr|me|tho|de
Lehr|mit|tel, das; -s, - (Hilfsmittel für Lehrende); **Lehr|mit|tel|frei|heit**
Lehr|pfad
Lehr|plan vgl. ²Plan; **Lehr|pro|be**
lehr|reich
Lehr|ret|tungs|as|sis|tent (Ausbilder im Rettungsdienst); **Lehr|ret|tungs|as|sis|ten|tin**
Lehr|satz; Lehr|stel|le; Lehr|stoff; Lehr|stück
Lehr|stuhl; Lehr|stuhl|in|ha|ber (Amtsspr.); **Lehr|stuhl|in|ha|be|rin**
Lehr|stun|de
Lehr|tä|tig|keit
Lehr|toch|ter (schweiz. für Lehrmädchen)
Lehr|ver|an|stal|tung; Lehr|ver|hält|nis; Lehr|ver|pflich|tung
Lehr|ver|trag (Ausbildungsvertrag); **Lehr|werk|statt; Lehr|zeit**
¹**Lei** (Plur. von ²Leu)
²**Lei,** die; -, -en (rhein. für Fels; Schiefer); Lorelei (vgl. Loreley)
Leib, der; -[e]s, -er (Körper; veraltet auch für Leben); gut bei Leibe (wohlgenährt) sein, aber

Leichtbewaffnete

leicht

leich|ter, am leich|tes|ten

Kleinschreibung:
– leichte Artillerie; leichtes Heizöl; leichte Musik

Großschreibung der Substantivierung ↑D 72:
– er isst gern etwas Leichtes
– es ist mir ein Leichtes (fällt mir sehr leicht)

Getrennt- und Zusammenschreibung in Verbindung mit Verben u. Adjektiven ↑D 56 u. 62:
– leicht atmen; sie hat leicht geatmet
– hier kann man leicht [hin]fallen
– sich leicht entzünden, leicht verletzen
– du musst dich leicht machen *od.* leichtmachen
– die Preise sind leicht gefallen
– es ist mir [sehr] leichtgefallen (hat mich nicht angestrengt), *aber* allzu leicht gefallen
– er hat es sich leicht gemacht *od.* leichtgemacht (hat sich wenig Mühe gemacht)
– sie hat es im Leben nicht leicht gehabt *od.* leichtgehabt
– etwas leichtnehmen (unbekümmert sein, kein großes Verantwortungsgefühl haben)
– ich habe mir *od.* mich leichtgetan dabei (es ohne Schwierigkeiten, Hemmungen bewältigt)
– ein leicht entzündlicher *od.* leichtentzündlicher Stoff
– eine leicht verdauliche *od.* leichtverdauliche Speise
– ein leicht bekömmliches *od.* leichtbekömmliches Essen
– leicht verderbliche *od.* leichtverderbliche Waren
– eine leicht verständliche *od.* leichtverständliche Sprache
– *Aber nur:* eine sehr leichtverdauliche Speise; leichter verderbliche Waren
– ein leicht bewaffneter *od.* leichtbewaffneter Soldat
– die Leichtbewaffneten *od.* leicht Bewaffneten
– eine leicht verletzte *od.* leichtverletzte Sportlerin
– die Leichtverletzten *od.* leicht Verletzten
– ein leicht verwundeter *od.* leichtverwundeter Offizier

---

beileibe nicht; jmdm. zu Leibe rücken; Leib und Leben wagen
Leib|arzt; Leib|ärz|tin
Leib|bin|de
Leib|chen (*auch ein Kleidungsstück, österr. u. schweiz. für* Unterhemd, Trikot; *vgl.* Leiberl)
leib|ei|gen (*früher*); Leib|ei|ge|ne, der u. die; -n, -n; Leib|ei|gen|schaft, die; -
lei|ben; *nur in* wie er leibt u. lebt
Lei|berl, das; -s, -[n]; *vgl.* Pickerl (*österr. für* Leibchen; T-Shirt)
Lei|bes|er|be, der; Lei|bes|er|bin
Lei|bes|er|tüch|ti|gung (*veraltend*); Lei|bes|er|zie|her; Lei|bes|er|zie|he|rin; Lei|bes|er|zie|hung
Lei|bes|frucht; Lei|bes|fül|le
Lei|bes|kräf|te *Plur.; nur in* aus *od.* nach Leibeskräften
Lei|bes|übun|gen *Plur.*; Lei|bes|um|fang; Lei|bes|vi|si|ta|ti|on
leib|feind|lich
Leib|gar|de; Leib|gar|dist; Leib|gar|dis|tin
Leib|ge|richt
leib|haft (*selten für* leibhaftig)
leib|haf|tig [*auch* 'laɪp...]; Leib|haf|ti|ge, der; -n (*verhüllend für* Teufel); Leib|haf|tig|keit, die; -
...lei|big (z. B. dickleibig)
leib|lich; Leib|lich|keit
Leib|nitz (*österr.* Stadt)
Leib|niz (dt. Philosoph); leib|ni|zisch ↑D 89 u. 135; leibnizisches Denken; die leibnizische Philosophie; leib|nizsch; die leibniz-

sche *od.* Leibniz'sche Philosophie; leibnizsches *od.* Leibniz'sches Denken ↑D 89 u. 135
Leib|ren|te (lebenslängliche Rente)
Leib|rie|men (*veraltet für* Gürtel)
Leib|schmerz; Leib|schmer|zen (*landsch. für* Leibschmerzen)
Leib-See|le-Pro|blem, das; -s (*Psychol.*); leib|see|lisch
Leib|spei|se (*svw.* Leibgericht)
leibt *vgl.* leiben
Lei|bung *vgl.* Laibung
Leib|wa|che; Leib|wäch|ter; Leib|wäch|te|rin
Leib|wä|sche, die; -; Leib|weh, das; -[s]; Leib|wi|ckel
Lei|ca®, die; -, -s (*Kurzw. für* Leitz-Camera [der Firma Ernst Leitz])
Leices|ter ['lɛstə] (engl. Stadt)
Leich, der; -[e]s, -e (eine mhd. Liedform)
Leich|dorn, der; -[e]s, *Plur.* -e u. ...dörner (*mitteld. für* Hühnerauge)
Lei|che, die; -, -n
Lei|chen|acker (*landsch.*)
Lei|chen|be|gäng|nis
Lei|chen|be|schau|er; Lei|chen|be|schau|e|rin
Lei|chen|bit|ter (*veraltend für* Person, die zur Beerdigung einlädt); Lei|chen|bit|te|rin; Lei|chen|bit|ter|mie|ne (*ugs. für* düsterer, trauriger Gesichtsausdruck)
lei|chen|blass; lei|chen|fahl
Lei|chen|fled|de|rei ⟨Gaunerspr.⟩

(Ausplünderung toter Menschen); Lei|chen|fled|de|rer; Lei|chen|fled|de|rin
Lei|chen|frau; Lei|chen|fund; Lei|chen|ge|ruch; Lei|chen|gift; Lei|chen|hal|le; Lei|chen|hemd
Lei|chen|mahl (*bes. schweiz.*)
Lei|chen|öff|nung (Obduktion)
Lei|chen|pass; Lei|chen|re|de; Lei|chen|schän|dung; Lei|chen|schau|haus; Lei|chen|schmaus; Lei|chen|star|re; Lei|chen|teil, der
Lei|chen|trä|ger; Lei|chen|trä|ge|rin
Lei|chen|tuch *Plur.* ...tücher; Lei|chen|ver|bren|nung; Lei|chen|wa|gen; Lei|chen|zug
Leich|nam, der; -s, -e
leicht *s. Kasten*
Leicht|ath|let; Leicht|ath|le|tik; Leicht|ath|le|tik|ver|band; Leicht|ath|le|tin; leicht|ath|le|tisch
Leicht|bau, der; -[e]s (*svw.* Leichtbauweise); Leicht|bau|plat|te (*Bauw.* Platte aus leichtem Material); Leicht|bau|wei|se (*Bauw.* Bauweise mit leichtem Material)
leicht be|hin|dert, leicht be|hin|dert *vgl.* leicht
leicht be|kömm|lich, leicht be|kömm|lich *vgl.* leicht
Leicht|ben|zin
leicht be|schwingt, leicht be|schwingt *vgl.* leicht
leicht be|waff|net, leicht be|waff|net *vgl.* leicht
Leicht|be|waff|ne|te, der u. die; -n,

leicht Bewaffnete

leid / Leid

(als Adjektiv schweiz. mdal. auch für hässlich, ungut, unlieb)
Großschreibung:
- das Leid, des Leid[e]s
- geteiltes Leid ist halbes Leid
- jmdm. sein Leid klagen
- [sich] ein Leid, veraltet Leids [an]tun
- ihr soll kein Leid, veraltet Leids geschehen
- [in] Freud und Leid
- schweres Leid [um jmdn.] tragen, erdulden

Groß- und Getrenntschreibung od. Klein- und Zusammenschreibung:
- jmdm. etwas zuleid, zuleide od. zu Leid, zu Leide tun ↑D 63

Schreibung in Verbindung mit »tun«:
- leidtun; es tut mir leid; es wird ihm noch leidtun

Kleinschreibung in Verbindung mit »sein« und »werden« ↑D 70:
- leid sein, leid werden
- ich bin es leid, das immer wieder zu hören
- meine zornige Äußerung ist mir leid (veraltend für tut mir leid)

Schreibung in Verbindung mit »tragend«:
- die leidtragende Zivilbevölkerung
- die Leidtragenden sind die Kinder

-n, leicht Be|waff|ne|te, der u. die; --n, --n; vgl. leicht; ↑D 58
leicht|blü|tig
¹Leich|te, die; - (geh. für Leichtheit)
²Leich|te, die; -, -n (nordd. für Tragriemen beim Schubkarrenfahren)
leicht ent|zünd|lich, leicht|entzünd|lich vgl. leicht
Leich|ter, Lich|ter (Seemannsspr. [kleineres] Wasserfahrzeug zum Leichtern); leich|tern, lich|tern (größere Schiffe entladen); ich leichtere, lichtere
leicht|fal|len (keine Mühe bereiten); vgl. leicht
leicht|fer|tig; Leicht|fer|tig|keit
Leicht|flug|zeug
leicht|flüs|sig (fachspr.); leichtflüssige Legierungen
Leicht|fuß (ugs. scherzh.); leicht|fü|ßig; Leicht|fü|ßig|keit, die; -
leicht|gän|gig; eine leichtgängige Lenkung
leicht ge|schürzt, leicht|ge|schürzt vgl. leicht
Leicht|ge|wicht (Körpergewichtsklasse in der Schwerathletik); leicht|ge|wich|tig; Leicht|ge|wicht|ler; Leicht|ge|wicht|le|rin
leicht|gläu|big; Leicht|gläu|big|keit
leicht ha|ben, leicht|ha|ben vgl. leicht
Leicht|heit, die; -
leicht|her|zig; Leicht|her|zig|keit, die; -
leicht|hin
Leich|tig|keit, die; -
Leicht|in|dus|t|rie
leicht|le|big; Leicht|le|big|keit
leicht|lich (veraltend für mühelos)
Leicht|lohn|grup|pe (unterste Tarifgruppe)
leicht ma|chen, leicht|ma|chen; du

machst es dir leicht (machst dir wenig Mühe); vgl. leicht
Leicht|ma|t|ro|se; Leicht|ma|t|ro|sin
Leicht|me|tall
leicht|neh|men (unbekümmert hinnehmen); vgl. leicht
Leicht|öl
Leicht|schwer|ge|wicht (Körpergewichtsklasse beim Gewichtheben)
Leicht|sinn, der; -[e]s; leicht|sin|nig; Leicht|sin|nig|keit; Leichtsinns|feh|ler
leicht|tun; du hast dich od. dir damit leichtgetan (es ist dir nicht schwergefallen); vgl. leicht
leicht ver|dau|lich, leicht|ver|dau|lich vgl. leicht
leicht ver|derb|lich, leicht|ver|derb|lich vgl. leicht
leicht ver|letzt, leicht|ver|letzt vgl. leicht
Leicht|ver|letz|te, der u. die; -n, -n, leicht Ver|letz|te, der u. die; --n, --n; vgl. leicht; ↑D 58
Leicht|ver|pa|ckung
leicht ver|ständ|lich, leicht|verständ|lich vgl. leicht
leicht ver|wun|det, leicht|ver|wun|det vgl. leicht
Leicht|ver|wun|de|te, der u. die; -n, -n, leicht Ver|wun|de|te, der u. die; --n, --n; vgl. leicht; ↑D 58
leid / Leid s. Kasten
Leid, das; -[e]s; vgl. leid / Leid
Lei|de|form (für Passiv)
lei|den; du littst; du littest; gelitten; leid[e]!; Not leiden
¹Lei|den, das; -s, - (Krankheit)
²Lei|den [niederl. ˈleidə] (niederl. Stadt)
lei|dend
Lei|den|de, der u. die; -n, -n
Lei|de|ner (zu ²Leiden); Leidener Flasche (Physik); Lei|de|ne|rin

Lei|den|schaft; lei|den|schaft|lich; Lei|den|schaft|lich|keit
lei|den|schafts|los
Lei|dens|druck, der; -[e]s
lei|dens|fä|hig; Lei|dens|fä|hig|keit, die; -
Lei|dens|ge|fähr|te; Lei|dens|ge|fähr|tin; Lei|dens|ge|nos|se; Lei|dens|ge|nos|sin
Lei|dens|ge|schich|te; Lei|dens|ge|sicht; Lei|dens|mie|ne; Lei|dens|weg; Lei|dens|zeit
lei|der; leider Gottes ⟨entstanden aus (bei dem) Leiden Gottes⟩
leid|ge|prüft
lei|dig (unangenehm); ein leidiges Thema
Leid|kar|te (schweiz. für Trauerkarte)
leid|lich (gerade noch ausreichend)
Leid|mahl (schweiz. für Trauermahl)
leid sein vgl. leid / Leid
leid|tra|gend vgl. leid / Leid; Leid|tra|gen|de, der u. die; -n, -n; vgl. leid / Leid
leid|tun; sie tut uns leid, hat uns leidgetan; das braucht dir nicht leidzutun; vgl. leid / Leid
leid|voll (geh.)
Leid|we|sen, das; nur in zu meinem, seinem usw. Leidwesen (Bedauern)
Leid|zir|ku|lar (schweiz. für Todesanzeige)
Lei|er, die; -, -n ⟨griech.⟩ (ein Saiteninstrument; auch ein Sternbild); Lei|e|rei (ugs.); Lei|e|rer; Lei|e|rin
Lei|er|kas|ten; Lei|er|kas|ten|frau; Lei|er|kas|ten|mann Plur. ...männer
lei|ern; ich leiere
Lei|er|schwanz (ein austral. Vogel)

Leitgeber

Leif (m. Vorn.)
Leih|amt; Leih|an|stalt (Leihhaus)
Leih|ar|beit; Leih|ar|bei|ter; Leih|ar|bei|te|rin; Leih|au|to
Leih|bi|b|lio|thek; Leih|bü|che|rei
Leih|e, die; -, -n (*BGB* unentgeltliches Verleihen; *ugs. für* Leihhaus)
lei|hen; du leihst; du liehst; du liehest; geliehen; leih[e]!; ich leihe mir einen Frack
Leih|ga|be; Leih|ge|ber; Leih|ge|be|rin; Leih|ge|bühr; Leih|haus
Leih|mut|ter (Frau, die ein Kind für eine andere Frau austrägt)
Leih|schein; Leih|stim|me; Leih|ver|kehr; Leih|ver|trag; Leih|wa|gen
leih|wei|se
Leik (Liek)
Lei|kauf, Leit kauf, der; -[e]s, ...käufe ⟨zu dem veralteten Wort »Leit« = Obstwein⟩ (*landsch. für* Trunk zur Bestätigung eines Vertragsabschlusses)
Lei|la (w. Vorn.)
Leim, der; -[e]s, -e; **lei|men**
Leim|far|be; lei|mig; Leim|ring; Leim|ru|te
Leim|sie|der (*landsch. für* langweiliger Mensch); **Leim|sie|de|rin**
Leim|topf
Lein, der; -[e]s, *Plur.* (Sorten:) -e (Flachs)
...lein (z. B. Brüderlein, das; -s, -)
Lein|acker
¹**Lei|ne,** die; - (l. Nebenfluss der Aller)
²**Lei|ne,** die; -, -n (Strick)
¹**lei|nen** (aus Leinen)
²**lei|nen** (an die Leine nehmen)
Lei|nen, das; -s, -
Lei|nen|band, der (*Abk.* Ln., Lnbd.); **Lei|nen|bin|dung** (*svw.* Leinwandbindung); **Lei|nen|ein|band**
Lei|nen|garn; Lei|nen|kleid
Lei|nen|pflicht, die; - (Leinenzwang)
Lei|nen|tuch *Plur.* ...tücher (Tuch aus Leinen; *vgl. aber* Leintuch)
Lei|nen|we|ber (*svw.* Leinweber); **Lei|nen|we|be|rei; Lei|nen|we|be|rin; Lei|nen|zeug,** das; -[e]s
Lei|nen|zwang, der; -[e]s (für Hunde)
Lei|ne|we|ber (*svw.* Leinweber); **Lei|ne|we|be|rin**
Lein|ku|chen
Lein|öl; Lein|öl|brot
Lein|pfad (Treidelweg)
Lein|saat; Lein|sa|men; Lein|tuch *Plur.* ...tücher (Betttuch; *vgl. aber* Leinentuch)

lein|wand, lei|wand (*österr. ugs. für* großartig); es ist [alles] lei[n]wand!
Lein|wand *für* Maler-, Kinoleinwand u. Ä. *Plur.* ...wände
lein|wand|bin|dig; Lein|wand|bin|dung (einfachste u. festeste Webart)
Lein|wand|grö|ße (*scherzh. für* bekannter Filmstar)
Lein|we|ber (Weber, der Leinwand herstellt); **Lein|we|be|rin; Lein|zeug,** das; -[e]s (Wäsche o. Ä. aus Leinen)
Leip|zig (Stadt in Sachsen); **Leip|zi|ger;** Leipziger Allerlei; Leipziger Messe; **Leip|zi|ge|rin**
leis *vgl.* leise
Leis, der; *Gen.* - *u.* -es, *Plur.* -e[n] ⟨*gekürzt aus* Kyrieleis⟩ (mittelalterl. geistl. Volkslied)
lei|se ↑D 72: nicht im Leises|ten (durchaus nicht) zweifeln
lei|se|tre|ten (sich unauffällig, duckmäuserisch verhalten); **Lei|se|tre|ter; Lei|se|tre|te|rei; Lei|se|tre|te|rin; lei|se|tre|te|risch**
¹**Leist,** der; -[e]s (eine Pferdekrankheit)
²**Leist,** der; -[e]s, -e (*schweiz. regional für* Verein zur Förderung der Interessen einzelner Stadtviertel)
Leis|te, die; -, -n
leis|ten; ich leiste mir ein neues Auto
Leis|ten, der; -s, -; **Leis|ten|beu|ge; Leis|ten|bruch,** der; **Leis|ten|ge|gend; Leis|ten|zer|rung**
Leis|tung; Leis|tungs|ab|fall
leis|tungs|ab|hän|gig; leistungsabhängige Schwerverkehrsabgabe (*Schweiz; Abk.* LSVA)
Leis|tungs|an|stieg; Leis|tungs|auf|trag (*schweiz. für* Auftrag von einer Behörde od. Institution für Dienstleistungen); **Leis|tungs|be|reit|schaft**
leis|tungs|be|zo|gen
Leis|tungs|bi|lanz (*Wirtsch.*); **Leis|tungs|bi|lanz|de|fi|zit; Leis|tungs|bi|lanz|über|schuss**
Leis|tungs|druck, der; -[e]s; **Leis|tungs|ein|bu|ße**
leis|tungs|fä|hig; Leis|tungs|fä|hig|keit
leis|tungs|ge|recht
Leis|tungs|ge|sell|schaft; Leis|tungs|gren|ze; Leis|tungs|ka|ta|log; Leis|tungs|klas|se (*bes. Sport*); **Leis|tungs|knick; Leis|tungs|kon|t|rol|le; Leis|tungs|kraft,** die; **Leis|tungs|kurs**

(Schule); **Leis|tungs|kur|ve** (Arbeitskurve); **Leis|tungs|lohn; Leis|tungs|merk|mal; Leis|tungs|ni|veau**
leis|tungs|ori|en|tiert
Leis|tungs|port|fo|lio (Angebotspalette aller Leistungen)
Leis|tungs|prä|mie; Leis|tungs|prin|zip; Leis|tungs|punkt *meist Plur.;* **Leis|tungs|schau**
Leis|tungs|schutz, der; -es (*Rechtsspr.* Urheberschutz für wissenschaftliche, organisatorische o. ä. Leistungen); **Leis|tungs|schutz|recht**
leis|tungs|schwach
Leis|tungs|sport; Leis|tungs|sport|ler; Leis|tungs|sport|le|rin
Leis|tungs|stand
leis|tungs|stark
Leis|tungs|stei|ge|rung; Leis|tungs|stu|fe; Leis|tungs|test
Leis|tungs|trä|ger; Leis|tungs|trä|ge|rin
Leis|tungs|ver|gleich; Leis|tungs|ver|mö|gen, das; -s; **Leis|tungs|wett|be|werb; Leis|tungs|zen|t|rum** (*Sport*); **Leis|tungs|zu|la|ge; Leis|tungs|zu|schlag**
Leit|an|trag (*bes. Politik;* von einem leitenden Gremium eingebrachter Antrag, dessen Inhalt für alle weiteren gestellten Anträge als Leitlinie gilt)
Leit|ar|ti|kel (Stellungnahme der Zeitung zu aktuellen Fragen); **Leit|ar|tik|ler** (*ugs. für* Verfasser von Leitartikeln); **Leit|ar|tik|le|rin**
leit|bar; Leit|bar|keit, die; -
Leit|bild; Leit|bün|del (*Bot.*)
Lei|te, die; -, -n (*südd., österr. für* Berghang)
Leit|ein|rich|tung (Verkehrsw.)
lei|ten ↑D 89: leitender Angestellter, *aber* Leitende Ministerialrätin (Amtsbezeichnung)
Lei|ten|de, der *u.* die; -n, -n
¹**Lei|ter,** der
²**Lei|ter,** die; -, -n (ein Steiggerät)
lei|ter|ar|tig
Lei|ter|baum
Lei|te|rin
Lei|ter|plat|te (Elektronik)
Lei|ter|spros|se; Lei|ter|wa|gen
Leit|fa|den *Plur.* ...fäden
leit|fä|hig; Leit|fä|hig|keit
Leit|fi|gur; Leit|form
Leit|fos|sil (*Geol. für* bestimmte Gesteinsschichten charakteristisches Fossil)
Leit|geb, der; -en, -en, **Leit|ge|ber**

Leitgeberin

⟨zu dem veralteten Wort »Leit« = Obstwein⟩ (*landsch. veraltet für* Wirt); Leit|ge|be|rin
Leit|ge|dan|ke; Leit|ge|we|be *(Biol.)*
Lei|tha, die; - (rechter Nebenfluss der Donau); Lei|tha|ge|bir|ge, das; -s
Leit|ham|mel; Leit|hund; Leit|idee
Leit|kauf *vgl.* Leikauf
Leit|ke|gel (an Straßenbaustellen)
Leit|kul|tur; Leit|li|nie; Leit|me|di|um
Leit|mo|tiv; leit|mo|ti|visch
Leit|plan|ke; Leit|satz; Leit|schie|ne (*österr. neben* Leitplanke); Leit|schnur, die; -; Leit|spruch; Leit|stel|le; Leit|stern *vgl.* ²Stern; Leit|strahl *(Funkw., Math., Physik)*; Leit|tier (führendes Tier einer Herde); Leit|ton *Plur.* ...töne
Lei|tung; Lei|tungs|draht
Lei|tungs|funk|ti|on
lei|tungs|ge|bun|den; Lei|tungs|mast, der; Lei|tungs|netz; Lei|tungs|rohr; Lei|tungs|strom; Lei|tungs|was|ser, das; -s
Leit|ver|mö|gen, das; -s; Leit|wäh|rung; Leit|werk; Leit|wert
Leit|wolf; Leit|wöl|fin; Leit|wort *Plur.* ...worte *u.* ...wörter; Leit|zins *Plur.* ...zinsen *(Wirtsch.)*
lei|wand *vgl.* leinwand
¹Lek, der; - (Mündungsarm des Rheins)
²Lek, der; -, - ⟨alban.⟩ (alban. Währungseinheit)
Lek|tin, Lec|tin, das; -s, -e *meist Plur.* ⟨lat.⟩ *(Biol., Med.* ein komplexes Protein, das biochemische Reaktionen beeinflusst)
Lek|ti|on, die; -, -en ⟨lat.⟩ (Unterricht[sstunde]; Lernabschnitt, Aufgabe; Zurechtweisung)
Lek|tor, der; -s, ...oren (Sprachlehrer für praktische Übungen an einer Hochschule; Mitarbeiter eines Verlags, der die eingehenden Manuskripte prüft u. bearbeitet; *kath. Kirche* jemand, der liturg. Lesungen hält; *ev. Kirche* jemand, der Lesegottesdienste hält)
Lek|to|rat, das; -[e]s, -e (Lehrauftrag eines Lektors/einer Lektorin; Verlagsabteilung, in der eingehende Manuskripte geprüft u. bearbeitet werden)
lek|to|rie|ren (ein Manuskript prüfen u. bearbeiten); Lek|to|rin
Lek|tü|re, die; -, -n ⟨franz.⟩ (Lesestoff; *nur Sing.:* Lesen); Lek|tü|re|kurs; Lek|tü|re|stun|de
Le|ky|thos, die; -, Lekythen ⟨griech.⟩ (altgriech. Salbengefäß)
Le Mans [lə 'mã:] (franz. Stadt); Le Mans' [lə 'mã:s] Umgebung ↑D 16
Lem|berg (ukrain. Lwiw)
Lem|ma, das; -s, -ta ⟨griech.⟩ *(Sprachwiss.* Stichwort; *Logik* Vordersatz eines Schlusses); lem|ma|ti|sie|ren (mit einem Stichwort versehen, zum Stichwort machen); Lem|ma|ti|sie|rung
Lem|ming, der; -s, -e ⟨dän. *u.* norw.⟩ (skand. Wühlmaus)
Lem|nis|ka|te, die; -, -n ⟨griech.⟩ (eine math. Kurve)
Le|mur, der; -en, -en, Le|mu|re, der; -n, -n *meist Plur.* ⟨lat.⟩ (Geist eines Verstorbenen; Gespenst; Halbaffe); le|mu|ren|haft
Le|mu|ria, die; - (für die Triaszeit vermutete Landmasse zwischen Vorderindien u. Madagaskar); le|mu|risch
¹Le|na, die; - (Strom in Sibirien)
²Le|na, Le|ne, Le|ni (w. Vorn.)
Le|nau (österr. Lyriker)
Len|de, die; -, -n; Len|den|bra|ten
len|den|lahm
Len|den|schmerz; Len|den|schurz *(Völkerkunde)*; Len|den|stück; Len|den|wir|bel
Le|ne *vgl.* ²Lena
Leng, der; -[e]s, -e (ein Fisch)
Le|ni *vgl.* ²Lena
Le|nin (sowjet. Politiker)
Le|nin|grad *vgl.* Sankt Petersburg; Le|nin|gra|der; Leningrader Sinfonie (von Schostakowitsch); Le|nin|gra|de|rin
Le|ni|nis|mus, der; - (Lehre Lenins; Bolschewismus); Le|ni|nist, der; -en, -en; Le|ni|nis|tin; le|ni|nis|tisch
Le|nis, die; -, Lenes ⟨lat.⟩ *(Sprachwiss.* mit geringer Intensität gesprochener Verschluss- od. Reibelaut, z. B. b, w; *Ggs.* Fortis)
Lenk|ach|se
lenk|bar; Lenk|bar|keit, die; -
Lenk|dra|chen, der; -s, - (größerer, mit Leinen lenkbarer Drachen)
len|ken; Len|ker; Len|ke|rin
Len|ker|prü|fung *(österr. neben* Fahrprüfung)
Lenk|rad; Lenk|rad|schal|tung; Lenk|rad|schloss
lenk|sam; Lenk|sam|keit, die; -
Lenk|stan|ge
Len|kung; Len|kungs|aus|schuss *(bes. Politik)*; Len|kungs|kreis (Lenkungsausschuss)
Lenk|waf|fe
Len|ne, die; - (linker Nebenfluss der Ruhr)
Le|no|re (w. Vorn.)
len|tan|do ⟨ital.⟩ *(Musik* nach u. nach langsamer [werdend])
Len|tan|do, das; -s, *Plur.* -s *u.* ...di
len|to (langsam, gedehnt)
Len|to, das; -s, *Plur.* -s *u.* ...ti
lenz *(Seemannsspr.* leer)
Lenz, der; -es, -e (Frühling; *Plur. auch für* Jahre)
¹len|zen (*geh. für* Frühling werden); es lenzt
²len|zen *(Seemannsspr.* vor schwerem Sturm mit gerefften Segeln laufen; leer pumpen); du lenzt
Len|zing, der; -s, -e; Lenz|mo|nat, Lenz|mond (alte Bez. für März)
Lenz|pum|pe *(Seemannsspr.)*
Leo (m. Vorn.)
Le|o|ben (österr. Stadt)
Le|on (m. Vorn.)
Le|o|nar|do da Vin|ci *vgl.* Vinci
Le|on|ber|ger ⟨nach der baden-württembergischen Stadt Leonberg⟩ (eine Hunderasse)
Le|on|hard, Li|en|hard (m. Vorn.)
Le|o|ni|das (spartan. König)
Le|o|ni|den *Plur.* ⟨lat.⟩ (Sternschnuppen im November)
¹le|o|ni|nisch ⟨lat.; nach einem mittelalterl. Dichter od. nach einem Papst Leo⟩; leoninischer Vers (ein Vers, dessen Mitte u. Ende sich reimen) ↑D 89 *u.* 135
²le|o|ni|nisch ⟨nach einer Fabel Äsops⟩; *in der Fügung* leoninischer Vertrag, bei dem der eine Teil allen Nutzen, den »Löwenanteil«, hat) ↑D 89 *u.* 135
le|o|nisch ⟨nach der span. Stadt León⟩; leonische Gespinste, Fäden (Metallfäden) ↑D 89 *u.* 135
Le|o|no|re (w. Vorn.)
Le|o|pard, der; -en, -en ⟨lat.⟩ (asiat. u. afrik. Großkatze); Le|o|par|din
Le|o|pold (m. Vorn.)
Le|o|pol|di|na, die; - ⟨nach dem dt. Kaiser Leopold I.⟩ (*kurz für* Deutsche Akademie der Naturforscher »Leopoldina«)
Le|o|pol|di|ne (w. Vorn.)
Lé|o|pold|ville [le...'vi:l] (*früherer Name von* Kinshasa)
¹Le|po|rel|lo (Diener in Mozarts »Don Giovanni«)
²Le|po|rel|lo, das, *auch* der; -s, -s (harmonikaartig zusammenzufaltender Papierstreifen)
Le|po|rel|lo|al|bum ↑D 136
Le|p|ra, die; - ⟨griech.⟩ (*Med.* Aus-

ler|nen

- ein gelernter Tischler
- Deutsch, Englisch lernen
- lesen (*auch* [das] Lesen) lernen
- Klavier spielen (*auch* [das] Klavierspielen) lernen

Man schreibt »lernen« vom vorangehenden Verb in der Regel getrennt ↑D 55:
- lieben lernen; schätzen lernen
- wir haben ihn schätzen und lieben gelernt
- rechnen, schwimmen, kochen lernen

Vgl. aber kennenlernen, kennen lernen

Substantivierung ↑D 82:
- beim Lernen stören
- eine Hilfe fürs Schwimmenlernen

Kommasetzung:
- sie lernte die Maschine bedienen
- sie lernte[,] die Maschine zu bedienen ↑D 116

---

satz); Le|p|rom, das; -s, -e (Lepraknoten)
le|p|ros, le|p|rös (aussätzig); leprose, lepröse Kranke
Lep|ta (*Plur. von* ¹Lepton)
lep|to... ⟨griech.⟩ (schmal...); Lep|to... (Schmal...)
Lep|to|kar|di|er *Plur.* (*Zool.* Lanzettfischchen)
¹Lep|ton, das; -s, Lepta (altgriech. Gewicht; frühere griech. Münze [100 Lepta = 1 Drachme])
²Lep|ton, das; -s, ...onen (*Physik* »leichtes« Elementarteilchen)
lep|to|som (*Anthropol., Med.* schmal-, schlankwüchsig); leptosomer Typ; Lep|to|so|me, der u. die; -n, -n (Schmalgebaute[r])
LER, das; - *meist ohne Artikel* = Lebensgestaltung – Ethik – Religion (Unterrichtsfach in Brandenburg)
Ler|che, die; -, -n (eine Vogelart); *vgl. aber* Lärche
Ler|chen|sporn *Plur.* ...sporne (eine Wald- u. Zierpflanze)
Ler|nä|i|sche Schlan|ge, die; -n - ⟨nach dem Sumpfsee Lerna⟩ (Ungeheuer der griech. Sage)
lern|bar
Lern|be|gier[|de], die; -; lern|be|gierig
lern|be|hin|dert; Lern|be|hin|der|te, der u. die; -n, -n
Lern|ef|fekt
Lern|ei|fer; lern|ei|f|rig
ler|nen *s. Kasten*
Ler|ner (bes. fachspr.)
Ler|ner|folg; Ler|ne|rin
lern|fä|hig; Lern|fä|hig|keit; Lern|för|der|schu|le
Lern|för|de|rung *Plur.* selten
Lern|fort|schritt
lern|ge|stört
Lern|grup|pe
Lern|hil|fe; Lern|in|halt
Lern|mit|tel, das (Hilfsmittel für Lernende); Lern|mit|tel|frei|heit, die; -

Lern|mo|ti|va|ti|on
Lern|pfle|ger (m. Person, die zum Krankenpfleger ausgebildet wird)
Lern|pro|gramm; Lern|pro|zess; Lern|schritt
Lern|schwes|ter (w. Person, die zur Krankenschwester ausgebildet wird)
Lern|soft|ware (Computerprogramm, das Lerninhalte vermittelt)
Lern|stoff; Lern|stö|rung
lern|un|wil|lig; lern|wil|lig
Lern|zeit; Lern|ziel
Les|art
les|bar; Les|bar|keit, die; -
Les|be, die; -, -n (ugs. u. Selbstbez. für homosexuell veranlagte Frau); Les|ben|ehe (ugs.)
Les|bi|er (Bewohner von Lesbos)
¹Les|bi|e|rin (Bewohnerin von Lesbos)
²Les|bi|e|rin (*seltener für* Lesbe)
les|bisch; lesbische Liebe (Homosexualität bei Frauen)
Les|bos (Insel im Ägäischen Meer)
Le|se, die; -, -n (Weinernte)
Le|se|abend; Le|se|au|to|mat
Le|se|bot|schaf|ter; Le|se|bot|schaf|te|rin; Le|se|bril|le; Le|se|buch; Le|se|ca|fé
Le|se|club *vgl.* Leseklub; Le|se|dra|ma; Le|se|ecke; Le|se|fest; Le|se|för|de|rung, die; -; Le|se|ge|rät; Le|se|hun|ger; Le|se|klub, Le|se|club; Le|se|lam|pe; Le|se|lounge [...laʊntʃ]; Le|se|lu|pe
le|sen; du liest; er liest; du lasest, *seltener* last; du läsest; gelesen; lies! (*Abk.* l.); lesen lernen, *aber* ↑D 82 beim Lesenlernen
le|sens|wert
Le|se|pa|l|te; Le|se|pa|tin
Le|se|pro|be; Le|se|pult
Le|ser
Le|se|rat|te (ugs. für leidenschaftlicher Leser); Le|se|raum
Le|ser|brief

Le|se-Recht|schreib-Schwä|che ↑D 26 (*Med., Psychol.* Lernstörung beim Lesen od. Rechtschreiben von Wörtern; *Abk.* LRS; *vgl. auch* Legasthenie)
Le|se|rei; Le|se|rei|se (Reise eines Autors zu Lesungen in Buchhandlungen u. a.); Le|se|rin
Le|ser/-in|nen, Le|ser(in|nen) (Kurzformen für Leserinnen u. Leser)
Le|ser|kom|men|tar; Le|ser|kreis
le|ser|lich; Le|ser|lich|keit, die; -
Le|ser|rei|se; Le|ser|re|por|ter; Le|ser|re|por|te|rin
Le|ser|schaft
Le|ser|stim|me (in einem Leserbrief dargestellte Meinung); Le|ser|te|le|fon; Le|ser|wunsch; Le|ser|zu|schrift
Le|se|saal; Le|se|stoff; Le|se|wut (ugs.); Le|se|zei|chen; Le|se|zim|mer; Le|se|zir|kel
Le|so|ther; Le|so|the|rin; le|so|thisch; Le|so|tho (Staat in Afrika)
Les|sing (dt. Dichter); les|singsch; lessingsche *od.* Lessing'sche Dramen ↑D 89 *u.* 135
Le|sung
le|tal ⟨lat.⟩ (*Med.* tödlich)
Le|thar|gie, die; - ⟨griech.⟩ (Schlafsucht; Trägheit, Teilnahms-, Interesselosigkeit); le|thar|gisch
Le|the, die; - ⟨nach dem Unterweltfluss der griech. Sage⟩ (*geh. für* Vergessenheit[strank])
Let|kiss, der; -, - ⟨finn.-engl.⟩ (ein Modetanz der 1960er-Jahre)
Let|scho, das, *auch* der; -[s] ⟨ung.⟩ (ung. Gemüsegericht)
Let|te, der; -n, -n (Angehöriger eines balt. Volkes)
Let|ten, der; -s, - (Ton, Lehm; *bayr., österr. ugs. für* Schlamm)
Let|ter, die; -, -n ⟨lat.⟩ (Druckbuchstabe)
Let|tern|gieß|ma|schi|ne; Let|tern|gut, das; -[e]s; Let|tern|me|tall
Let|te-Ver|ein ↑D 136, der; -s (von W. A. Lette 1866 gegründeter

lettig

letz|te

Kleinschreibung ↑ D 89:
– letzte Ehre
– die letzte Ruhestätte
– der letzte Schrei
– das letzte Stündlein
– letzten Endes
– eine Ausgabe letzter Hand *(Buchw.)*
– das letzte Mal; zum letzten Mal *(vgl.* Mal*)*
– der Letzte *od.* letzte Wille (das Testament)
– die Letzten *od.* letzten Dinge (nach kath. Lehre)

Großschreibung der Substantivierung ↑ D 72:
– der Letzte, der kam
– als Letzter fertig werden
– er ist der Letzte, den ich wählen würde
– dies ist das Letzte, was ich tun würde
– den Letzten beißen die Hunde
– die Letzten werden die Ersten sein
– sein Letztes hergeben
– ein Letztes habe ich zu sagen
– am, zum Letzten (zuletzt)

– sich bis aufs Letzte (völlig, total) verausgaben
– im Letzten (zutiefst) getroffen sein
– bis ins Letzte (bis in jedes Detail)
– bis zum Letzten (äußerst) angespannt sein
– bis zum Letzten (Äußersten) gehen
– fürs Letzte (zuletzt)
– der Letzte des Monats
– das ist ja wohl das Letzte *(ugs. für* empörend*)*

Großschreibung in bestimmten namensähnlichen Fügungen ↑ D 151:
– das Letzte Gericht
– die Letzte Ölung *(kath. Kirche früher für* Krankensalbung*)*

Wortstellung:
– die zwei letzten Tage *od.* die letzten zwei Tage des Urlaubs waren besonders ereignisreich
– die letzten zwei Tage *od.* die zwei letzten Tage habe ich fast nichts gegessen

---

Verein zur Förderung der Berufsausbildung von Mädchen)
let|tig ⟨zu Letten⟩ (ton-, lehmhaltig; *bayr., österr. ugs. für* schlammig, morastig)
Let|tin; let|tisch; lettische Sprache; *vgl.* deutsch; **Let|tisch,** das; -[s] (Sprache); *vgl.* Deutsch; **Let|ti|sche,** das; -n; *vgl.* ²Deutsche;
Lett|land
Lett|ner, der; -s, - ⟨lat.⟩ (Schranke zwischen Chor u. Langhaus in mittelalterl. Kirchen)
letz (*südd. u. schweiz. mdal. für* verkehrt, falsch); letzer, letzeste
Lët|ze|buerg [ˈletsabuːɐʃ] (*luxemb.für* Luxemburg); **Lët|ze|buer|gesch,** das; -[s] (*luxemb. für* Luxemburgisch)
let|zen (*veraltet für* laben, erquicken); du letzt; sich letzen
Letzt, die; - (*veraltet für* Abschiedsmahl); zu guter Letzt; auf die Letzt (*bayr., österr. ugs. für* schließlich)
letz|te s. Kasten
letzt|end|lich; letz|tens
letz|te|re; der letztere (zuletzt genannte) Fall; ↑ D 72: Letzterer *od.* der Letztere kommt nicht in Betracht; Letzteres muss noch geprüft werden
letzt|ge|nannt; Letzt|ge|nann|te, der *u.* die; -n, -n
letzt|hän|dig (noch zu Lebzeiten eigenhändig vorgenommen)
letzt|hin; letzt|jäh|rig; letzt|lich
letzt|ma|lig; letzt|mals

letzt|mög|lich; letzt|pla|ziert *(bes. Sport)*
Letzt|ver|brau|cher *(Wirtsch. svw.* Endverbraucher); **Letzt|ver|brau|che|rin**
letzt|wil|lig; letztwillige Verfügung
¹**Leu,** der; -en, -en *(geh. für* Löwe)
²**Leu,** der; -, Lei (rumän., »Löwe«) (rumän. Währungseinheit; *Währungscode* ROL)
Leucht|ba|ke; Leucht|bo|je; Leucht|bom|be; Leucht|di|o|de
Leuch|te, die; -, -n
leuch|ten; leuch|tend; leuchtend blaue Augen; leuchtend rotes Herbstlaub
Leuch|ter; Leucht|er|schei|nung
Leucht|far|be; Leucht|feu|er
Leucht|gas, das; -es; **Leucht|kä|fer; Leucht|kraft; Leucht|ku|gel**
Leucht|mit|tel *(Elektrot.)*
Leucht|pis|to|le; Leucht|ra|ke|te; Leucht|re|kla|me; Leucht|röh|re; Leucht|schirm; Leucht|schrift; Leucht|sig|nal; Leucht|spur
Leucht|stoff|lam|pe; Leucht|stoff|röh|re
Leucht|turm; Leucht|turm|wär|ter; Leucht|turm|wär|te|rin
Leucht|zif|fer; Leucht|zif|fer|blatt
leug|nen; Leug|ner; Leug|ne|rin; Leug|nung
leuk... ⟨griech.⟩ (weiß...); **Leuk...** (Weiß...)
Leu|k|ä|mie, die; -, ...ien *(Med.* »Weißblütigkeit«, Blutkrebs);
leu|k|ä|misch (an Leukämie leidend)

Leu|kipp, Leu|kip|pos (griech. Philosoph)
leu|ko|derm *(Med.* hellhäutig); **Leu|ko|der|ma,** das; -s, ...men (Auftreten weißer Flecken auf der Haut)
Leu|kom, das; -s, -e (weißer Hornhautfleck)
Leu|ko|pa|thie, die; -, ...ien *(vgl.* Leukoderma*)*
¹**Leu|ko|plast,** der; -[e]s, -en *(Biol.* Bestandteil der Pflanzenzelle)
²**Leu|ko|plast**®, das; -[e]s, -e (Heftpflaster)
Leu|kor|rhö, die; -, -en *(Med.* weißer [Aus]fluss bei Gebärmutterkatarrh); **leu|kor|rhö|isch**
Leu|ko|to|mie, die; -, ...ien (chirurg. Eingriff in die weiße Gehirnsubstanz; *svw.* Lobotomie)
Leu|ko|zyt, der; -en, -en *meist Plur. (Med.* weißes Blutkörperchen);
Leu|ko|zy|to|se, die; -, -n (krankhafte Vermehrung der weißen Blutkörperchen)
Leu|mund, der; -[e]s (Ruf); **Leu|munds|zeug|nis**
Leu|na (Stadt an der Saale; ®)
Leut|chen *Plur.* (ugs.)
Leu|te *Plur.;* **leu|te|scheu**
Leu|te|schin|der *(abwertend);* **Leu|te|schin|de|rin**
Leut|nant, der; -s, *Plur.* -s, *seltener* -e ⟨franz.⟩ (unterster Offiziersgrad; *Abk.* Lt., Ltn.); **Leut|nan|tin**
Leut|nants|rang; Leut|nants|uni|form
Leut|pries|ter *(veraltet für* Weltgeistlicher, Laienpriester)

leut|se|lig; Leut|se|lig|keit, die; -
Leu|wa|gen, der; -s, - (nordd. für Schrubber)
Leu|zit, der; -s, -e ⟨griech.⟩ (ein Mineral)
Le|va|de, die; -, -n ⟨franz.⟩ (Reitsport Aufrichten des Pferdes auf der Hinterhand)
Le|van|te, die; - ⟨ital.⟩ (Mittelmeerländer östl. von Italien)
Le|van|ti|ne, die; - (ein Gewebe)
Le|van|ti|ner (Bewohner der Levante); **Le|van|ti|ne|rin; le|van|ti|nisch**
Le|vee [lə...], die; -, -s ⟨franz.⟩ (früher für Aushebung von Rekruten)
Le|vel, das u. der; -s, -[s] ⟨engl.⟩ (Niveau, [Schwierigkeits]stufe)
Le|ver [lə'veː], das; -s, -s ⟨franz.⟩ (früher für Morgenempfang bei Fürsten)
Le|ver|ku|sen [...v..., auch ...'kuː...] (Stadt am Niederrhein); **Le|ver|ku|se|ner; Le|ver|ku|se|ne|rin**
Le|vi (bibl. m. Eigenn.)
Le|vi|a|than, ökum. **Le|vi|a|tan** [auch ...'taːn], der; -s ⟨hebr.⟩ (Ungeheuer der altorientalischen Mythol.)
Le|vin, Le|win (m. Vorn.)
Le|vi|rats|ehe ⟨lat.; dt.⟩ (Ehe eines Mannes mit der Frau seines kinderlos verstorbenen Bruders)
Le|vit, der; -en, -en (Angehöriger des jüdischen Stammes Levi; Tempeldiener im A. T.; Plur.: kath. Kirche früher Helfer des Priesters beim feierlichen Hochamt)
Le|vi|ta|ti|on, die; -, -en ⟨lat.⟩ (Parapsychologie [vermeintliche] Aufhebung der Schwerkraft)
Le|vi|ten ⟨zu Levit⟩; nur in jmdm. die Leviten lesen ⟨nach den Verhaltensvorschriften des Levitikus⟩ (ugs. für [ernste] Vorhaltungen machen)
le|vi|tie|ren ⟨zu Levitation⟩
Le|vi|ti|kus, der; - (3. Buch Mosis); **le|vi|tisch** ⟨zu Levit⟩
Lev|koje (älter für Levkoje); **Lev|ko|je,** die; -, -n ⟨griech.⟩ (eine Zierpflanze)
Lew, der; -[s], Lewa [bulgar., »Löwe«] (bulgar. Währungseinheit; Währungscode BGN; Abk. Lw)
Le|win vgl. Levin
Lex, die; -, Leges ⟨lat.⟩ (Gesetz; Gesetzesantrag); Lex Heinze
Le|xem, das; -s, -e ⟨russ.⟩ (Sprachwiss. Wortschatzeinheit im Wörterbuch)
Le|xik, die; - (Wortschatz einer [Fach]sprache)
le|xi|kal (seltener für lexikalisch)
le|xi|ka|lisch (das Lexikon betreffend, in der Art eines Lexikons)
le|xi|ka|li|siert (Sprachwiss. als Worteinheit festgelegt [z. B. Zaunkönig, hochnäsig])
Le|xi|ko|graf, Le|xi|ko|graph, der; -en, -en (Verfasser eines Wörterbuches); **Le|xi|ko|gra|fie, Le|xi|ko|gra|phie,** die; - ([Lehre von der] Abfassung eines Wörterbuches); **le|xi|ko|gra|fin, Le|xi|ko|gra|phin, le|xi|ko|gra|fisch, le|xi|ko|gra|phisch**
Le|xi|ko|graph, Le|xi|ko|gra|phie usw. vgl. Lexikograf, Lexikografie usw.
Le|xi|ko|lo|ge, der; -n, -n; **Le|xi|ko|lo|gie,** die; - (Lehre von Aufbau u. Struktur des Wortschatzes); **Le|xi|ko|lo|gin; le|xi|ko|lo|gisch**
Le|xi|kon, das; -s, Plur. ...ka, auch ...ken (alphabetisch geordnetes Nachschlagewerk; auch für Wörterbuch)
Le|xi|kon|for|mat, das; -[e]s, -e, **Le|xi|kon|ok|tav,** das; -s (Abk. Lex.-8°)
le|xisch (die Lexik betreffend)
Lex.-8° = Lexikonoktav, Lexikonformat
Ley|la ['lɛɪla] (w. Vorn.)
Le|zi|thin, fachspr. **Le|ci|thin,** das; -s ⟨griech.⟩ (Chemie, Biol. phosphorhaltiger Nährstoff)
LFA, der; -[s] = Länderfinanzausgleich
lfd. = laufend (vgl. d.)
L-för|mig ['ɛl...] (in Form eines lat. L); ↑D 29
lfr vgl. Franc
LG, das; - = Landgericht
Lha|sa ['laː...] (Hauptstadt Tibets)
Lhot|se [loː...], der; - (Berg im Himalaja)
Li (chem. Zeichen für Lithium)
Li|ai|son [liɛˈzõː, auch, bes. südd., österr., ...ˈzoːn], die; -, -s ⟨auch, bes. südd., österr., ...onen⟩ ⟨franz.⟩ (veraltend für Verbindung; Liebesverhältnis)
¹**Li|a|ne,** die; -, -n meist Plur. ⟨franz.⟩ (eine Schlingpflanze)
²**Li|a|ne** (w. Vorn.)
Li|as, der od. die; - ⟨franz.⟩ (Geol. untere Abteilung der Juraformation); **Li|as|for|ma|ti|on; li|as|sisch** (zum Lias gehörend)
Li|ba|ne|se, der; -n, -n; **Li|ba|ne|sin; li|ba|ne|sisch**
¹**Li|ba|non,** -s, auch mit Artikel der; -[s] (Staat im Vorderen Orient)
²**Li|ba|non,** der; -[s] (Gebirge im Vorderen Orient)
Li|ba|ti|on, die; -, -en ⟨lat.⟩ (altröm. Trankopfer)
Li|bell, das; -s, -e ⟨lat., »Büchlein«⟩ (Klageschrift im alten Rom; Schmähschrift)
Li|bel|le, die; -, -n ⟨lat.⟩ (ein Insekt; Teil der Wasserwaage)
Li|bel|len|waa|ge
Li|bel|list, der; -en, -en ⟨lat.⟩ (veraltet für Verfasser einer Schmähschrift); **Li|bel|lis|tin**
Li|be|ra, die; -, -s ⟨zu Libero⟩
li|be|ral ⟨lat.⟩ (vorurteilslos, freiheitlich; den Liberalismus vertretend); eine liberale Partei; aber ↑D 150; Liberal-Demokratische Partei Deutschlands (DDR; Abk. LDPD); das Liberale Forum (österr.); **Li|be|ra|le,** der u. die; -n, -n (Anhänger[in] des Liberalismus)
li|be|ra|li|sie|ren (von Einschränkungen befreien, freiheitlich gestalten); **Li|be|ra|li|sie|rung** (das Liberalisieren; Wirtsch. Aufhebung der staatl. Außenhandelsbeschränkungen).
Li|be|ra|lis|mus, der; - (Denkrichtung, die die freie Entfaltung des Individuums fordert)
Li|be|ra|list, der; -en, -en; **Li|be|ra|lis|tin; li|be|ra|lis|tisch** (freiheitlich im Sinne des Liberalismus; auch extrem liberal)
Li|be|ra|li|tät, die; - (Freiheitlichkeit; Vorurteilslosigkeit)
Li|be|ra|li|um Ar|ti|um Ma|gis|ter ⟨lat.⟩ (Magister der freien Künste; Abk. L. A. M.)
Li|be|ria (Staat in Westafrika); **Li|be|ri|a|ner; Li|be|ri|a|ne|rin; li|be|ri|a|nisch**
Li|be|ro, der; -[s], -s ⟨ital.⟩ (Fußball freier Verteidiger)
Li|ber|tas (röm. Göttin der Freiheit)
Li|ber|tät, die; -, -en ⟨franz.⟩ (früher für ständische Freiheit)
Li|ber|té, Éga|li|té, Fra|ter|ni|té (»Freiheit, Gleichheit, Brüderlichkeit«, die drei Losungsworte der Franz. Revolution)
Li|ber|tin [...ˈtɛ̃:], der; -s, -s ⟨franz.⟩ (veraltet für Wüstling); **Li|ber|ti|na|ge** [...ʒə], die; -, -n (geh. für Zügellosigkeit)

libidinös

li|bi|di|nös; Li|bi|do [auch ...'bi:...], die; - (Geschlechtstrieb)
Li|bor, der; - ⟨engl.; Kurzwort für London Interbank Offered Rate⟩ (Bankw. Zinssatz, zu dem Banken einander Kredite gewähren)
Li|b|ra|ti|on, die; -, -en ⟨lat.⟩ (Astron. scheinbare Mondschwankung)
Li|b|ret|tist, der; -en, -en ⟨ital.⟩ (Verfasser von Librettos); Li|b|ret|tis|tin; Li|b|ret|to, das; -s, Plur. -s u. ...tti (Text[buch] von Opern, Operetten usw.)
Li|b|re|ville [...'vi:l] (Hauptstadt Gabuns)
Li|bus|sa (sagenhafte tschech. Königin)
Li|by|en (Staat in Nordafrika); Li|by|er; Li|by|e|rin; li|bysch; aber ↑D 140: die Libysche Wüste
lic. (schweiz. für Lic.)
Lic. = Licentiatus; vgl. ²Lizenziat
li|cet ⟨lat.⟩ (»es ist erlaubt«)
...lich (z. B. weiblich)
Li|che|no|lo|ge, der; -n, -n; Li|che|no|lo|gie, die; - ⟨lat.⟩ (Bot. Flechtenkunde); Li|che|no|lo|gin
licht; es wird licht; ein lichter Wald; im Lichten (↑D 72; im Hellen; im Inneren gemessen); lichte Weite (Abstand von Wand zu Wand bei einer Röhre u. a.); ↑D 89: lichte Höhe (lotrechter Abstand von Kante zu Kante bei einem Tor u. a.)
Licht, das; -[e]s, Plur. -er, veraltet u. geh. Lichte (auch Jägerspr. für Auge des Schalenwildes [Plur. nur Lichter])
Licht|al|ler|gie; Licht|an|la|ge
licht|arm
Licht|bad (Med.)
Licht|be|hand|lung (Med.)
licht|be|stän|dig; Licht|be|stän|dig|keit
Licht|bild (für Passbild; Fotografie; Diapositiv); Licht|bil|der|vor|trag
licht|blau
Licht|blick; Licht|blitz
licht|blond
Licht|bo|gen (Technik)
licht|braun
licht|bre|chend (für dioptrisch); Licht|bre|chung (Physik)
Licht|chen
Licht|druck Plur. ...drucke
licht|durch|flu|tet; licht|durch|läs|sig
Lich|te, die; - (lichte Weite)
licht|echt; Licht|echt|heit, die; -
Licht|ef|fekt; Licht|ein|fall

licht|elek|t|risch (Physik)
lich|teln (landsch. für Kerzen brennen lassen); ich licht[e]le
licht|emp|find|lich; Licht|emp|find|lich|keit
¹lich|ten (licht machen); das Dunkel lichtet sich
²lich|ten (Seemannsspr. anheben); den Anker lichten
Lich|ten|berg (dt. Physiker u. Schriftsteller)
Lich|ten|er|gie
Lich|ten|stein (Schloss südlich von Reutlingen); vgl. aber Liechtenstein
Lich|ter vgl. Leichter
Lich|ter|baum (Weihnachtsbaum)
Lich|ter|fest (jüd. Fest der Tempeleinweihung)
Lich|ter|glanz; Lich|ter|ket|te
lich|ter|loh
Lich|ter|meer
lich|tern vgl. leichtern
Licht|fil|ter; Licht|ge|schwin|dig|keit Plur. selten; Licht|ge|stalt
licht|grau; licht|grün
Licht|hof; Licht|hu|pe
Licht|in|s|tal|la|ti|on
Licht|jahr (astron. Längeneinheit; Zeichen ly)
Licht|ke|gel; Licht|kreis; Licht|lein; Licht|lei|tung
licht|los
Licht|man|gel; Licht|ma|schi|ne
Licht|mess (kath. Fest)
Licht|mes|sung (Fotometrie); Licht|nel|ke; Licht|or|gel; Licht|pau|se; Licht|punkt; Licht|putz|sche|re; Licht|quel|le; Licht|re|flex
Licht|satz (fotograf. Setzverfahren)
Licht|schacht; Licht|schal|ter; Licht|schein
licht|scheu
Licht|schim|mer; Licht|schran|ke (Elektrot.); Licht|schutz|fak|tor (bei Sonnenschutzmitteln u. Kosmetika); Licht|sig|nal; Licht|sig|nal|an|la|ge (bes. Amtsspr. Ampel)
Licht|spiel (veraltend für Kinofilm)
Licht|spiel|haus; Licht|spiel|the|a|ter (veraltend für Kino
licht|stark; Licht|stär|ke
Licht|strahl
Licht|strom (Physik)
Licht|tech|nik; licht|tech|nisch
Licht|the|ra|pie
Licht|trun|ken (geh.)
Lich|tung
Licht|ver|hält|nis|se Plur.
licht|voll (geh.)
licht|wen|dig (für fototropisch);

Licht|wen|dig|keit, die; - (für Fototropismus)
Licht|zei|chen (svw. Lichtsignal)
Lic. theol. = Licentiatus theologiae; vgl. ²Lizenziat
Lid, das; -[e]s, -er (Augendeckel); vgl. aber Lied
Li|di|ce ['lidjitsɛ] (tschech. Ort)
Lid|krampf (Med. krampfhaftes Schließen der Augenlider)
Li|do, der; -s, Plur. -s, auch Lidi ⟨ital.⟩ (Nehrung, bes. die bei Venedig)
Lid|rand; Lid|sack; Lid|schat|ten; Lid|schlag; Lid|spal|te; Lid|strich
lieb s. Kasten
Lieb, das; -s (Geliebte[r]); mein Lieb
lieb|äu|geln; er hat mit diesem Plan geliebäugelt; zu liebäugeln
==lieb be|hal|ten==, lieb|be|hal|ten vgl. lieb
Lieb|chen
Lieb|den, die; - (veraltete Anrede an Adlige); Euer Liebden
Lie|be, die; -, Plur. (ugs. für Liebschaften:) -n; Lieb und Lust ↑D 13; mir zuliebe; etwas jmdm. zuliebe tun ↑D 63
lie|be|be|dürf|tig
Lie|be|die|ner (abwertend für unterwürfiger Mensch); Lie|be|die|ne|rei; Lie|be|die|ne|rin; lie|be|die|ne|risch; lie|be|die|nern (unterwürfig schmeicheln); er hat liebegedienert; zu liebedienern
lie|be|leer
Lie|be|lei; lie|beln (veraltet für flirten); ich lieb[e]le
lie|ben; sie haben sich lieben gelernt ↑D 55
Lie|ben|de, der u. die; -n, -n
lie|ben ler|nen vgl. lieben
lie|bens|wert
lie|bens|wür|dig; lie|bens|wür|di|ger|wei|se; Lie|bens|wür|dig|keit
lie|ber vgl. gern
Lie|ber|mann (dt. Maler)
Lie|bes|aben|teu|er; Lie|bes|af|fä|re; Lie|bes|akt; Lie|bes|ap|fel
==Lie|bes-Aus==, Lie|bes|aus, das; - (salopp)
Lie|bes|ban|de Plur. (geh.); Lie|bes|be|kun|dung; Lie|bes|be|zei|gung (veraltet); Lie|bes|be|zie|hung; Lie|bes|brief
Lie|bes|die|ner (ugs.); Lie|bes|die|ne|rin (ugs. für Prostituierte); Lie|bes|dienst
Lie|bes|dra|ma
Lie|bes|ent|zug (Psychol.)
Lie|bes|er|klä|rung; Lie|bes|fä|hig-

liegenbleiben

lieb

Kleinschreibung:
- ein liebes Kind; lieber Besuch
- der liebe Gott
- am liebsten; es wäre mir am liebsten

Großschreibung der Substantivierung ↑D 72:
- etwas, viel, nichts Liebes
- mein Lieber; meine Liebe; mein Liebes
- sich vom Liebsten trennen
- es ist mir das Liebste (sehr lieb), wenn …

Großschreibung in Namen ↑D 89:
- [Kirche] Zu Unsrer Lieben Frau[en]

Schreibung in Verbindung mit Verben:
- sich bei jmdm. lieb Kind machen
- sie hat ihn immer lieb behalten *od.* liebbehalten
- er wird sie lieb gewinnen *od.* liebgewinnen
- lieb haben *od.* liebhaben; sie haben sich alle [sehr] lieb gehabt *od.* liebgehabt
- ↑D 58: eine lieb gewordene *od.* liebgewordene Gewohnheit

Vgl. aber liebäugeln, liebkosen

---

keit; Lie|bes|film; Lie|bes|ga|be; Lie|bes|ge|dicht; Lie|bes|ge|schich|te; Lie|bes|ge|ständ|nis; Lie|bes|glück
Lie|bes|gott; Lie|bes|göt|tin
Lie|bes|hei|rat
lie|bes|hung|rig
Lie|bes|kno|chen (*landsch. für* Eclair); Lie|bes|ko|mö|die; lie|bes|krank; Lie|bes|kum|mer; Lie|bes|kunst; Lie|bes|lau|be; Lie|bes|le|ben, das; -s; Lie|bes|lied; Lie|bes|lust; Lie|bes|ly|rik
Lie|bes|müh, Lie|bes|mü|he
Lie|bes|nacht; Lie|bes|nest; Lie|bes|paar; Lie|bes|pär|chen
Lie|bes|per|len *Plur.* (zur Verzierung von Gebäck)
Lie|bes|qual *meist Plur.*
Lie|bes|ro|man
Lie|bes|schloss (an einem Brückengeländer angebrachtes Vorhängeschloss, dessen Schlüssel in den Fluss geworfen wurde [als Symbol dauerhafter Liebe])
Lie|bes|schwur; Lie|bes|spiel; Lie|bes|sze|ne
lie|bes|toll
Lie|bes|tö|ter *Plur.* (*ugs. scherzh. für* lange, warme Unterhose)
Lie|bes|trank; lie|bes|trun|ken
Lie|bes|ver|hält|nis; Lie|bes|zau|ber
lie|be|voll
Lieb|frau|en|kir|che (Kirche Zu Unsrer Lieben Frau[en]); Lieb|frau|en|milch (ein Wein); *als* ®: Liebfraumilch
lieb ge|win|nen, lieb|ge|win|nen *vgl.* lieb
lieb ge|wor|den, lieb|ge|wor|den *vgl.* lieb
lieb ha|ben, lieb|ha|ben *vgl.* lieb
Lieb|ha|ber; Lieb|ha|ber|büh|ne; Lieb|ha|be|rei; Lieb|ha|be|rin; Lieb|ha|ber|preis; Lieb|ha|ber|wert
Lieb|hard (m. Vorn.)
Lie|big, Justus v. (dt. Chemiker; ®)

Lieb|kind (*bes. österr. für* jmd., etw. sehr Beliebtes, Bevorzugtes [wofür man sich immer wieder einsetzt]); *vgl. aber* lieb
Lieb|knecht (Mitbegründer der Sozialist. Arbeiterpartei Deutschlands)
lieb|ko|sen [*auch* 'li:p…]; er hat liebkost (*auch* geliebkost); Lieb|ko|sung
lieb|lich; Lieb|lich|keit
Lieb|ling
Lieb|lings|be|schäf|ti|gung; Lieb|lings|buch
Lieb|lings|dich|ter; Lieb|lings|dich|te|rin
Lieb|lings|far|be; Lieb|lings|ge|richt; Lieb|lings|kind; Lieb|lings|lied; Lieb|lings|platz
Lieb|lings|schü|ler; Lieb|lings|schü|le|rin
Lieb|lings|the|ma
Lieb|lings|wort *Plur.* …wörter
lieb|los; Lieb|lo|sig|keit
lieb|reich
Lieb|reiz; lieb|rei|zend
Lieb|schaft
Liebs|te, der *u.* die; -n, -n
Lieb|stö|ckel, das *od.* der; -s, - (eine Heil- u. Gewürzpflanze)
lieb|wert (*veraltet*)
Liech|ten|stein ['lıç…] (Fürstentum); *vgl. aber* Lichtenstein; Liech|ten|stei|ner; Liech|ten|stei|nisch
Lied, das; -[e]s, -er (Gedicht; Gesang); *vgl. aber* Lid
Lied|chen
Lie|der|abend; Lie|der|buch; Lie|der|hand|schrift
Lie|der|jan, der; -[e]s, -e (*ugs. veraltend für* liederlicher Mensch)
lie|der|lich; Lie|der|lich|keit
Lie|der|ma|cher; Lie|der|ma|che|rin
Lie|der|reich
Lie|der|zy|k|lus; Lied|gut, das; -[e]s
lied|haft
Lied|lein; Lied|text

lief *vgl.* laufen
Lie|fe|rant, der; -en, -en (*zu* liefern, mit lat. Endung) (Lieferer); Lie|fe|ran|ten|ein|gang; Lie|fe|ran|tin
lie|fer|bar
Lie|fer|be|din|gung *meist Plur.*
Lie|fer|be|trieb; Lie|fer|boy|kott
Lie|fer|dienst
Lie|fe|rer
Lie|fer|fir|ma; Lie|fer|frist
Lie|fe|rin
lie|fern; ich liefere
Lie|fer|schein; Lie|fer|stopp; Lie|fer|ter|min; Lie|fer|um|fang
Lie|fe|rung; Lie|fe|rungs|ort, der; -[e]s, -e; Lie|fe|rungs|sper|re
lie|fe|rungs|wei|se
Lie|fer|ver|trag; Lie|fer|ver|zö|ge|rung; Lie|fer|wa|gen; Lie|fer|zeit
Lie|ge, die; -, -n (ein Möbelstück)
Liège [lje:ʒ] (*franz. Form von* Lüttich)
Lie|ge|geld (*Seew.*); Lie|ge|hal|le; Lie|ge|kur

liegen

- du lagst; du lägest; gelegen; lieg[e]!
- ich habe (*südd., österr., schweiz.* bin) gelegen
- ich habe eine Flasche Wein im Keller liegen (*nicht zu* liegen)
- sie ist im Bett liegen geblieben; *aber die Arbeit ist* liegen geblieben *od.* liegengeblieben (wurde nicht erledigt)
- du sollst den Stein liegen lassen; *aber ich habe meine Brieftasche* liegen lassen *od.* liegenlassen (vergessen)
- sie hat ihn links liegen lassen *od., seltener* liegen gelassen *od.* liegengelassen (vergessen, nicht beachtet)

lie|gen blei|ben, lie|gen|blei|ben *vgl.* liegen

liegend

lie|gend; liegendes Gut, liegende Güter ↑D 89; **Lie|gen|de**, das; -n (Bergmannsspr.; Ggs. Hangende)

lie|gen las|sen, **lie|gen|las|sen** vgl. liegen

Lie|gen|schaft (Grundbesitz); **Lie|gen|schafts|be|trieb**

Lie|ge|platz (Seew.); **Lie|ge|pols|ter**

Lie|ger (Seemannsspr. Wächter auf einem außer Dienst befindlichen Schiff; großes Trinkwasserfass [als Notvorrat])

Lie|ge|rad; **Lie|ge|sitz**; **Lie|ge|so|fa**; **Lie|ge|statt**, die; -, ...stätten; **Lie|ge|stuhl**

Lie|ge|stütz, der; -es, -e (Sport)

Lie|ge|wa|gen; **Lie|ge|wie|se**; **Lie|ge|zeit**

lieh vgl. leihen

Liek, das; -[e]s, -en (Seemannsspr. Tauwerk als Einfassung eines Segels; vgl. Leik

Li|en, der; -s, Lienes ⟨lat.⟩ (Med. Milz); **li|e|nal** (die Milz betreffend)

Lien|hard vgl. Leonhard

Li|e|ni|tis, die; -, ...itiden ⟨griech.⟩ (Med. Milzentzündung)

Li|enz (Stadt in Österreich)

lies! (Abk. l.)

Liesch, das; -[e]s (eine Grasgattung)

¹**Lie|schen** Plur. (Vorblätter am Maiskolben)

²**Lies|chen** (w. Vorn.); vgl. fleißig

¹**Lie|se**, die; -, -n (Bergmannsspr. enge ²Kluft)

²**Lie|se**, **Lie|sel**, Liesl, Li|se (w. Vorn.)

Lie|se|lot|te ⟨auch ...'l...⟩ (w. Vorn.); vgl. Liselotte

Lie|sen Plur. (nordd. für Schweinefett)

Liesl vgl. Liesel

ließ vgl. lassen

liest vgl. lesen

Lies|tal (Hauptstadt des Halbkantons Basel-Landschaft)

Lie|zen (Bezirk in der Steiermark; Hauptstadt des Bezirks)

Life|sci|en|ces, **Life-Sci|en|ces** ['laɪfsaɪənsɪs] Plur. ⟨engl.⟩ (Gesamtheit der Wissenschaften, deren Gegenstand die belebte Natur ist, z. B. Biowissenschaften, Medizin)

Life|style ['laɪfstaɪl], der; -[s], -s ⟨engl.⟩ (Lebensstil); **Life|style-ma|ga|zin**

Life|time|sport ['laɪftaɪm...], der; -[e]s (Sportart, die man lebenslang ausüben kann)

¹**Lift**, der; -[e]s, Plur. -e u. -s ⟨engl.⟩ (Fahrstuhl, Aufzug)

²**Lift**, der od. das; -s, -s ⟨engl.⟩ (kosmetische Operation zur Straffung der Haut)

Lift|boy ⟨zu ¹Lift⟩

lif|ten (heben, einen ²Lift durchführen)

Lift|girl ⟨zu ¹Lift⟩

Lif|ting, das; -s, -s (das Liften; vgl. ²Lift)

Li|ga, die; -, ...gen ⟨span.⟩ (Bund, Bündnis; Sport Bez. einer Wettkampfklasse)

Li|ga|de, die; -, -n (Fechten Zur-Seite-Drücken der gegnerischen Klinge)

Li|ga|ment, das; -[e]s, -e ⟨lat.⟩, **Li|ga|men|tum**, das; -s, ...ta (Med. Band)

Li|ga|tur, die; -, -en (Druckw. [Buchstaben]verbindung; Med. Unterbindung [einer Ader usw.]; Musik Verbindung zweier gleicher Töne zu einem)

Li|ge|ti, György [djørdj] (ung. Komponist)

light [laɪt] ⟨engl.⟩ (Werbespr. von unerwünschten, belastenden Inhaltsstoffen weniger enthaltend); Bier light; **Light|pro|dukt**

Light|show ['laɪt...] ⟨engl.⟩ (Show mit besonderen Lichteffekten)

Light|ver|si|on ['laɪt...] ⟨zu light⟩

li|gie|ren ⟨lat.⟩ (Fechten die gegnerische Klinge zur Seite drücken; Med. anbinden, zusammenbinden [von Blutgefäßen])

Li|gist, der; -en, -en (Angehöriger einer Liga); **Li|gis|tin**; **li|gis|tisch**

Li|g|nan, das; -s, -e (ein pflanzl. Hormon)

Li|g|nin, das; -s, -e ⟨lat.⟩ (Holzstoff); **Li|g|nit**, der; -s, -e (Braunkohle mit Holzstruktur)

Li|g|ro|in, das; -s ⟨Kunstwort⟩ (ein Leichtöl)

Li|gu|rer, der; -s, - (Angehöriger eines voridg. Volkes in Südfrankreich u. Oberitalien); **Li|gu|re|rin**; **Li|gu|ri|en** (ital. Region); **li|gu|risch**; aber ↑D 140: das Ligurische Meer

Li|gus|ter, der; -s, - ⟨lat.⟩ (ein Ölbaumgewächs); **Li|gus|ter|he|cke**; **Li|gus|ter|schwär|mer** (Schmetterling)

li|ie|ren ⟨franz.⟩ (eng verbinden); sich -; **Li|ier|te**, der u. die; -n, -n ⟨veraltet für Vertraute[r]⟩; **Li|ie|rung** (enge Verbindung)

Like|li|hood ['laɪklɪhʊt], die; - ⟨engl.⟩ (Statistik Maß, das die Wahrscheinlichkeit verschiedener unbekannter Werte eines Parameters angibt)

li|ken ['laɪ...] ⟨engl.⟩ (im Internet, bes. in einem sozialen Netzwerk, über eine Schaltfläche positiv bewerten); du likst, du hast gelikt

Li|kör, der; -s, -e ⟨franz.⟩ (süßer Branntwein)

Li|kör|es|senz; **Li|kör|fla|sche**

Li|kör|glas Plur. ...gläser

Lik|tor, der; -s, ...oren (Amtsdiener als Begleiter hoher Beamter im alten Rom); **Lik|to|ren|bün|del**

Li|kud, der; - ⟨hebr.⟩ (Politik ein konservativ-rechtes Parteienbündnis in Israel)

Li|kud|block, der; -[e]s ⟨hebr.⟩ (Parteienbündnis in Israel)

li|la ⟨franz.⟩ (fliederblau; ugs. für mittelmäßig); ein lila (ugs. auch gebeugt lilanes) Kleid; sich die Haare lila färben od. lilafärben; vgl. blau; **Li|la**, das; -[s], -[s] (ein fliederblauer Farbton)

li|la|far|ben, **li|la|far|big**

Li|lak, der; -s, -s (span. Flieder)

Li|li vgl. Lilli

Li|lie [...jə], die; -, -n ⟨lat.⟩ (eine [Garten]blume)

Li|li|en|cron (dt. Dichter)

Li|li|en|ge|wächs

Li|li|en|thal (dt. Luftfahrtpionier)

li|li|en|weiß

Li|li|put ⟨nach engl. Lilliput⟩ (Land der Däumlinge in J. Swifts Buch »Gullivers Reisen«); **Li|li|pu|ta|ner** (Bewohner von Liliput; auch diskriminierend für Kleinwüchsiger); **Li|li|pu|ta|ne|rin**

Li|li|put|bahn; **Li|li|put|for|mat**

Lille [liːl] (franz. Stadt)

Lil|li, Li|li (w. Vorn.); **Lil|ly**, Li|lly [...i] (w. Vorn.)

Li|long|we (Hauptstadt von Malawi)

Li|ly [...i] vgl. Lilly

lim = Limes

lim., **Lim.** = limited

Li|ma (Hauptstadt von Peru)

Lim|ba, das; -[s] (ein Furnierholz)

Lim|bi (Plur. von ²Limbus)

lim|bisch ⟨lat.⟩ ↑D 89 : limbisches System (Med. Randgebiet zwischen Großhirn u. Gehirnstamm)

Lim|bo, der; -s, -s ⟨karib.⟩ (akrobatischer Tanz unter einer Querstange hindurch)

Lim|burg (belg. u. niederl. Landschaft; Stadt in Belgien)

Lim|burg a. d. Lahn (Stadt in Hessen)
¹**Lim|bur|ger;** Limburger Käse (urspr. aus der belg. Landschaft)
²**Lim|bur|ger,** der; -s, - (ein Käse); **Lim|bur|ge|rin**
¹**Lim|bus,** der; - ⟨lat.⟩ (Teil der Unterwelt; *christl. Rel.* Vorhölle)
²**Lim|bus,** der; -, ...bi (*Technik* Gradkreis, Teilkreis an Winkelmessinstrumenten)
Li|me|rick, der; -[s], -s ⟨engl.; nach der irischen Stadt Limerick⟩ (fünfzeiliges Gedicht grotesk-komischen Inhalts)
¹**Li|mes,** der; -, *Plur.* (fachsprachlich) Limites ⟨lat.⟩ (von den Römern angelegter Grenzwall)
²**Li|mes,** der; -, *Plur.* -, *fachspr. auch* Limites (*Math.* Grenzwert; Zeichen lim)
Li|mes|kas|tell
Li|met|te, Li|met|ta, die; -, ...tten ⟨pers.-ital.⟩ (westind. Zitrone); **Li|met|ten|saft**
Li|mit, das; -s, *Plur.* -s *u.* -e ⟨engl.⟩ (Grenze, Begrenzung; *Kaufmannsspr.* Preisgrenze)
Li|mi|ta|ti|on, die; -, -en ⟨lat.⟩ (Begrenzung, Beschränkung)
Li|mi|te, die; -, -n ⟨franz.⟩ (*schweiz. svw.* Limit)
li|mi|ted [...tɪt] ⟨engl.⟩ (*in engl. u. amerik.* Firmennamen »mit beschränkter Haftung«; *Abk.* Ltd., lim., Lim., Ld.)
li|mi|tie|ren ⟨lat.⟩ ([den Preis] begrenzen; beschränken); limitierte Auflage; **Li|mi|tie|rung**
Lim|mat, die; - (rechter Nebenfluss der Aare)
Lim|ni|me|ter, das; -s, - ⟨griech.⟩ (Pegel zum Messen des Wasserstandes eines Sees)
lim|nisch (*Biol., Geol.* im Süßwasser lebend, abgelagert)
<mark>**Lim|no|graf, Lim|no|graph,** der; -en, -en</mark> (*vgl.* Limnimeter)
Lim|no|lo|ge, der; -n, -n; **Lim|no|lo|gie,** die; - (Süßwasser-, Seenkunde); **Lim|no|lo|gin; lim|no|lo|gisch** (auf Binnengewässer bezüglich); **Lim|no|plank|ton** (*Biol.*)
Li|mo, die; -, -s (*ugs.*; kurz für Limonade); **Li|mo|na|de,** die; -, -n ⟨pers.⟩
Li|mo|ne, die; -, -n (*svw.* Limette; *auch für* Zitrone)
Li|mo|nit, der; -s, -e ⟨griech.⟩ (ein Mineral)
li|mos, li|mös ⟨lat.⟩ (*Biol.* schlammig, sumpfig)

Li|mou|si|ne [...mu...], die; -, -n ⟨franz.⟩ (Pkw mit festem Verdeck)
Li|na, Li|ne (w. Vorn.)
Linck|e (dt. Komponist)
Lin|coln [...kn̩] (Präsident der USA)
lind; ein linder Regen
Lin|da (w. Vorn.)
Lin|d|au (Bo|den|see) (Stadt in Bayern)
Lind|bergh [...bɛrk, *engl.* ˈlɪndbəːg] (amerik. Flieger)
Lin|de, die; -, -n; **lin|den** (aus Lindenholz)
Lin|den|al|lee; Lin|den|baum; Lin|den|blatt
Lin|den|blü|te; Lin|den|blü|ten|tee
Lin|den|holz; Lin|den|ho|nig
lin|dern; ich lindere
Lin|de|rung; Lin|de|rungs|mit|tel, das
Lind|gren (schwed. Schriftstellerin)
lind|grün (*zu* Linde)
Lind|heit, die; -
Lind|wurm (Drache in der Sage)
Li|ne *vgl.* Lina
Li|ne|al, das; -s, -e ⟨lat.⟩
li|ne|ar (geradlinig; auf gerader Linie verlaufend; linienförmig); ↑ **D 89:** lineare Gleichung (*Math.*); lineare Algebra (*Math.*)
Li|ne|ar|be|schleu|ni|ger (*Kernphysik*); **Li|ne|a|ri|tät,** die; -; **Li|ne|ar|mo|tor** (*Elektrot.*)
Li|ne|ar|zeich|nung (Umrisszeichnung, Riss)
Li|ne|a|tur, die; -, -en (Linierung; Linienführung)
...ling (z. B. Frühling, der; -s, -e)
Lin|ga[m], das *od.* der; -[s], -s ⟨sanskr.⟩ (Phallus als Sinnbild des ind. Gottes der Zeugungskraft)
Lin|ge|rie [lɛ̃ʒ(ə)riː], die; -, ...ien (*schweiz. für* Wäsche[raum]; betriebsinterne Wäscherei; Wäschegeschäft)
...lings (z. B. jählings)
Lin|gua fran|ca, die; - - ⟨ital.⟩ (Verkehrssprache des MA.s; Verkehrssprache eines größeren mehrsprachigen Raums)
lin|gu|al ⟨lat.⟩ (auf die Zunge bezüglich, Zungen...); **Lin|gu|al,** der; -s, -e; **Lin|gu|al|laut** (*Sprachwiss.* Zungenlaut)
Lin|gu|ist, der; -en, -en (Sprachwissenschaftler); **Lin|gu|is|tik,** die; - (Sprachwissenschaft); **Lin|gu|is|tin; lin|gu|is|tisch**
Li|nie [...iə], die; -, -n ⟨lat.⟩; Linie halten (*Druckw.*); absteigende, aufsteigende Linie (*Genealogie*)
Li|ni|en|ball (*Tennis*); *vgl.* ¹Ball; **Li|ni|en|blatt; Li|ni|en|bus; Li|ni|en|dienst**
Li|ni|en|flug; Li|ni|en|flug|zeug
Li|ni|en|füh|rung; Li|ni|en|netz; Li|ni|en|netz|plan; Li|ni|en|pa|pier
Li|ni|en|rich|ter (*Sport*); **Li|ni|en|rich|te|rin**
Li|ni|en|schiff
Li|ni|en|spie|gel (*österr. für* Linienblatt); **Li|ni|en|ste|cher** (*für* Guillocheur); **Li|ni|en|ste|che|rin**
li|ni|en|treu (engstirnig einer politischen Ideologie folgend)
Li|ni|en|ver|kehr
li|nie|ren (*österr. nur so*), **li|ni|ie|ren** (mit Linien versehen; Linien ziehen); **Li|nier|ma|schi|ne; Li|nier|plat|te; Li|nie|rung** (*österr. nur so*), **Li|ni|ie|rung**
...li|nig (z. B. geradlinig)
li|ni|ie|ren usw. *vgl.* linieren usw.
Li|ni|ment, das; -[e]s, -e ⟨lat.⟩ (*Med.* Mittel zum Einreiben)
link; linker Hand (links)
Link, der, *auch* das; -[s], -s ⟨engl.⟩ (*EDV* feste Kabelverbindung, die zwei Vermittlungsstellen miteinander verbindet; *auch* Kurzf. *für* Hyperlink [*vgl. d.*])
¹**Lin|ke,** der *u.* die; -n, -n (Angehörige[r] einer links stehenden Partei od. Gruppe)
²**Lin|ke,** die; -n, -n (linke Hand; linke Seite; *Politik* die links stehenden Parteien, eine links stehende Gruppe); zur Linken; in meiner Linken; er traf ihn mit einer blitzschnellen Linken (*Boxen*); die radikale Linke; die neue Linke (*Philosophie, Politik*)
Lin|ke|hand|re|gel, die; - (*Physik*)
¹**lin|ken** (*ugs. für* täuschen)
²**lin|ken** (*EDV* verlinken)
lin|ker Hand
lin|ker|seits; lin|kisch
Link|lis|te (Sammlung, Liste von Hyperlinks)
links *s. Kasten Seite 706*
Links|ab|bie|ger (*Verkehrsw.*)
Links|aus|la|ge, die; - (*Boxen*); **Links|aus|le|ger; Links|aus|le|ge|rin**
links au|ßen *vgl.* links; **Links|au|ßen,** der; -, - (*Sport*); er spielt Linksaußen
links|bün|dig
Links|bünd|nis
Links|drall
links|dre|hend; ein linksdrehendes

Linksdrehung

links

Abk. l.
- links von mir, links vom Eingang
- *Auch mit Genitiv:* links des Waldes, links der Isar

Nur Kleinschreibung:
- von, gegen, nach links
- von links nach rechts
- von links her, nach links hin
- mit links (mit der linken Hand) schreiben
- etwas mit links (*ugs. für* mit Leichtigkeit) machen
- Terror von links
- an der Kreuzung gilt rechts vor links
- er weiß nicht, was rechts und was links ist

Getrenntschreibung:
- links abbiegen
- links sitzen, stehen
- politisch links stehen
- links außen spielen, stürmen; *aber* der Linksaußen
- links um! (milit. Kommando; *vgl. aber* linksum)
- links sein (*ugs. für* Linkshänder sein)

Getrennt- oder Zusammenschreibung ↑D 58:
- [politisch] links stehende *od.* linksstehende Abgeordnete
- ein links abbiegendes *od.* linksabbiegendes Fahrzeug
- die links sitzenden *od.* linkssitzenden Zuschauer

Gewinde; *aber* nach links drehend; **Links|dre|hung**
Link|ser (*ugs. für* Linkshänder);
Link|se|rin
links|ex|trem; Links|ex|tre|mis|mus, der; -; **Links|ex|tre|mist; Links|ex|tre|mis|tin; links|ex|tre|mis|tisch; Links|frak|ti|on; Links|front**
Links|ga|lopp (Reiten)
links|ge|rich|tet
Links|ge|win|de
Links|hän|der; Links|hän|de|rin; links|hän|dig; Links|hän|dig|keit, die; -
links|her (*veraltet für* von links her); **links|he|r|um;** linksherum drehen, *aber* nach links herumdrehen; **links|hin** (*veraltet für* nach links hin)
Links|hörn|chen (eine Schnecke)
Links|in|tel|lek|tu|el|le; Links|kurs
Links|kur|ve
links|las|tig; links|läu|fig; links|li|be|ral (linksliberale Koalition)
Links|par|tei
Links|po|pu|lis|mus (zur extremen politischen Linken neigender Populismus)
links|ra|di|kal; Links|ra|di|ka|le; Links|ra|di|ka|lis|mus
Links-rechts-Kom|bi|na|ti|on (Boxen)
links|rhei|nisch (auf der linken Rheinseite)
Links|ruck (Politik)
links|rum (*ugs.*); **Links|rutsch** (*bes. schweiz. für* Linksruck); **links|sei|tig**
links ste|hend, links|ste|hend *vgl.* links
Links|ter|ro|ris|mus
links|uf|rig
links|um [*auch* 'lɪ...]; linksum machen; linksum kehrt!; *vgl. aber* links

Links|un|ter|zeich|ne|te, links Unter|zeich|ne|te *vgl.* Unterzeichnete
Links|ver|kehr; Links|wen|dung
Lin|né (schwed. Naturforscher; *Abk. hinter biolog. Namen* L.)
lin|nen (*geh. für* leinen); **Lin|nen**, das; -s, - (*veraltet für* Leinen)
lin|nesch; linnésches *od.* Linnésches System ↑D 89 u. 135
Li|no|le|um [*österr. u. schweiz. meist* ...'le:...], das; -s ⟨lat.⟩ (ein Fußbodenbelag); **Li|no|le|um|be|lag**
Li|nol|schnitt (ein grafisches Verfahren u. dessen Ergebnis)
Li|non [...'nõː, *auch* 'lɪnɔn], der; -[s], -s ⟨franz.⟩ (Baumwollgewebe [mit Leinencharakter])
Li|no|type® ['laɪnotaɪp], die; -, -s ⟨engl.⟩ (Setz- u. Zeilengießmaschine); **Li|no|type-Setz|ma|schi|ne** ['laɪ...] ↑D 22, die; -, -n
Lin|se, die; -, -n
lin|sen (*ugs. für* schauen; scharf blicken)
Lin|sen|feh|ler (Optik)
lin|sen|för|mig
Lin|sen|ge|richt; Lin|sen|sup|pe
Lin|sen|trü|bung (Med.)
...lin|sig (z. B. vierlinsig, *mit Ziffer* 4-linsig)
Linth, die; - (Oberlauf der Limmat)
Li|nus (m. Vorn.)
Li|nux®, das; - ⟨Kunstwort⟩ (EDV ein freies Betriebssystem)
Linz (Hauptstadt von Oberösterreich)
Linz am Rhein (Stadt am Mittelrhein)
Lin|zer; Linzer Torte; **Lin|ze|rin**
Li|o|ba (w. Vorn.)
Li|on ['laɪən], der; -s, -s (Mitglied des Lions Clubs)
Li|ons Club ['laɪəns klap], der; -

-s, - -s, **Li|ons In|ter|na|ti|o|nal** [*engl.* - ...'neʃnl], der; - - (karitativ tätige, um internationale Verständigung bemühte Vereinigung führender Persönlichkeiten des öffentlichen Lebens)
Li|pa, die; -, -s (Untereinheit der Kuna); 50 Lipa
Li|p|ä|mie, die; -, ...ien ⟨griech.⟩ (Med. Vermehrung des Fetthaltes im Blut); **li|p|ä|misch**
Li|pa|ri|sche In|seln, Äo|li|sche Inseln *Plur.* (im Mittelmeer)
Lip|gloss, das *od.* der; -[es], -[e] ⟨engl.⟩ (Kosmetikmittel, das den Lippen Glanz verleiht)
Li|pid, das; -[e]s, -e (Biochemie Fett od. fettähnliche Substanz)
Li|piz|za|ner, der; -s, - (edles Warmblutpferd, meist Schimmel)
li|po|id ⟨griech.⟩ (fettähnlich); **Li|po|id,** das; -s, -e *meist Plur.* (Biol. fettähnlicher, lebenswichtiger Stoff im Körper)
Li|pom, das; -s, -e, **Li|po|ma,** das; -s, -ta (Med. Fettgeschwulst); **Li|po|ma|to|se,** die; -, -n (Med. Fettsucht); **Li|po|suk|ti|on,** die; -, -en (Med. Fettabsaugung)
¹**Lip|pe,** die; -, -n (Rand der Mundöffnung)
²**Lip|pe** (Land des ehem. Deutschen Reiches)
³**Lip|pe,** die; - (rechter Nebenfluss des Niederrheins)
Lip|pen|bär
Lip|pen|be|kennt|nis
Lip|pen|blüt|ler, der; -s, -
Lip|pen-Kie|fer-Gau|men-Spal|te (Med. angeborene Fehlbildung im Bereich von Oberlippe u. Oberkiefer)
Lip|pen|laut (*für* Labial)
Lip|pen|spal|te (Med. angeborene seitliche Spaltung der Lippe)

Lithiasis

Lip|pen|stift, der
Lip|pen|syn|chro|ni|sa|ti|on *(Film)*
Lip|pe-Sei|ten|ka|nal ↑D 143
Lipp|fisch
...lip|pig (z. B. mehrlippig)
lip|pisch ⟨zu ²Lippe⟩; aber ↑D 140: Lippischer Wald
Lip|si, der; -s, -s (Tanz im $^6/_4$-Takt)
Lip|tau (deutscher Name einer slowak. Landschaft); **¹Lip|tau|er; Liptauer Käse; ²Lip|tau|er**, der; -s, - *Plur. selten (österr. für ein Brotaufstrich aus gewürztem Frischkäse, bes. Schafskäse)*
Li|p|u|rie, die; -, ...ien ⟨griech.⟩ *(Med. Ausscheidung von Fett durch den Harn)*
liq., Liq. = Liquor
Li|que|fak|ti|on, die; -, -en ⟨lat.⟩ *(Verflüssigung)*
li|quid, li|qui|de (flüssig; fällig; verfügbar); liquide Gelder, liquide Forderung
Li|qui|da, die; -, *Plur.* ...dä u. ...quiden, Li|qui|d|laut *(Sprachwiss.* Fließlaut, z. B. l, r)
Li|qui|da|ti|on, die; -, -en ([Kosten]abrechnung freier Berufe; Tötung [aus polit. Gründen]; Auflösung [eines Geschäftes]); **Li|qui|da|ti|ons|ver|hand|lung**
Li|qui|da|tor, der; -s, ...oren (jmd., der eine Liquidation durchführt); **Li|qui|da|to|rin**
li|qui|de vgl. liquid
li|qui|die|ren ([eine Forderung] in Rechnung stellen; [einen Verein o. Ä.] auflösen; Sachwerte in Geld umwandeln; beseitigen, tilgen; [aus polit. Gründen] töten); **Li|qui|die|rung** *(bes. für Beseitigung [einer Person]; Beilegung eines Konflikts)*
Li|qui|di|tät, die; - (Verhältnis der Verbindlichkeiten eines Unternehmens zu den liquiden Vermögensbestandteilen)
Li|qui|di|täts|eng|pass; Li|qui|di|täts|sprit|ze *(ugs. für Finanzhilfe zur Sicherung der Zahlungsfähigkeit)*
Li|quid|laut vgl. Liquida
Li|quor, der; -s, ...ores *(Med. Körperflüssigkeit; Pharm. flüssiges Arzneimittel; Abk. liq., Liq.)*
¹Li|ra, die; -, Lire (frühere ital. Währungseinheit)
²Li|ra, die; -, - (türk. Währungseinheit [türk. Pfund]; *Währungscode* TRL; *Abk.* TL)
Li|sa (w. Vorn.)
Lis|beth [*auch* 'lɪ...] (w. Vorn.)
Lis|boa *(port. Name für Lissabon)*

Li|se vgl. ²Liese
Li|se|lot|te [*auch* ...'lɔ...]; Liselotte von der Pfalz; vgl. Lieselotte
Li|se|ne, die; -, -n ⟨franz.⟩ *(Archit.* pfeilerartiger Mauerstreifen)
Lis|mer, der; -s, - *(schweiz. mdal. für Strickweste)*
lis|peln; ich lisp[e]le
Lis|pel|ton *Plur.* ...töne
Lisp|ler; Lisp|le|rin
Lis|sa|bon [*auch* ...'bɔn] (Hauptstadt Portugals); vgl. auch Lisboa; **Lis|sa|bon|ner; Lis|sa|bon|ne|rin; lis|sa|bon|nisch**
Lis|se, die; -, -n *(landsch. für* Stützleiste an Leiterwagen)
¹List, der; -, -en
²List (dt. Volkswirt); vgl. aber Liszt
Lis|te, die; -, -n; die schwarze Liste
lis|ten (in Listenform bringen); gelistet
Lis|ten|füh|rer; Lis|ten|füh|re|rin
Lis|ten|platz *(Politik)*
Lis|ten|preis
lis|ten|reich
Lis|ten|samm|lung
Lis|ten|ver|bin|dung *(Politik);* **Lis|ten|wahl**
Lis|te|ria, die; -, ...ien u. ...iae *(Med.* krankheitserregende Bakterie, z. B. in Fäkalien vorkommend)
lis|tig; lis|ti|ger|wei|se; Lis|tig|keit, die; -, -en
Lis|ting, das; -s, -s *(Börsenw.* Zulassung von Wertpapieren zum Börsenhandel)
Lis|tung
Liszt [lɪst] (ung. Komponist)
Lit = ¹Lira *Sing. u.* Lire *Plur.*
Lit. = Litera; Literatur
Li|ta|nei, die; -, -en ⟨griech.⟩ *(Wechselgebet; eintöniges Gerede; endlose Aufzählung)*
Li|tas, der; -, - (litauische Währungseinheit)
Li|tau|en [*auch* 'lɪ...]; **Li|tau|er; Li|tau|e|rin; li|tau|isch;** litauische Sprache; vgl. deutsch; **Li|tau|isch**, das; -[s] (Sprache); vgl. Deutsch; **Li|tau|i|sche**, das; -n; vgl. ²Deutsche
Li|ter [*auch* 'lɪ...], der, *schweiz. nur so, auch* das; -s, - ⟨griech.⟩ (1 Kubikdezimeter; *Zeichen* l, L); ein halber, *auch* halbes Liter, ein viertel Liter *od.* Viertelliter
Li|te|ra, die; -, *Plur.* -s u. ...rä ⟨lat.⟩ (Buchstabe; *Abk.* Lit.)
Li|te|rar|his|to|ri|ker; Li|te|rar|his|to|ri|ke|rin; li|te|rar|his|to|risch
li|te|ra|risch (schriftstellerisch, die Literatur betreffend)

Li|te|rar|kri|tik (Verfahren zur Erschließung bes. von bibl. Texten; *auch svw.* Literaturkritik)
Li|te|rat, der; -en, -en *(oft abwertend für* Schriftsteller); **Li|te|ra|ten|tum**, das; -s; **Li|te|ra|tin**
Li|te|ra|tur, die; -, -en
Li|te|ra|tur|an|ga|be *meist Plur.;* **Li|te|ra|tur|bei|la|ge; Li|te|ra|tur|be|trieb**, der; -[e]s *(oft abwertend);* **Li|te|ra|tur|ca|fé**
Li|te|ra|tur|denk|mal *Plur.* ...mäler, *geh.* ...male; **Li|te|ra|tur|gat|tung**
Li|te|ra|tur|ge|schich|te; li|te|ra|tur|ge|schicht|lich
Li|te|ra|tur|haus
Li|te|ra|tur|hin|weis
Li|te|ra|tur|kri|tik; Li|te|ra|tur|kri|ti|ker; Li|te|ra|tur|kri|ti|ke|rin
Li|te|ra|tur|no|bel|preis; Li|te|ra|tur|preis; Li|te|ra|tur|spra|che; Li|te|ra|tur|ver|fil|mung; Li|te|ra|tur|ver|zeich|nis
Li|te|ra|tur|wis|sen|schaft; Li|te|ra|tur|wis|sen|schaf|ter *(schweiz., österr. auch für* Literaturwissenschaftler); **Li|te|ra|tur|wis|sen|schaft|ler; Li|te|ra|tur|wis|sen|schaft|le|rin; li|te|ra|tur|wis|sen|schaft|lich**
Li|te|ra|tur|zeit|schrift
Li|ter|fla|sche [*auch* 'lɪ...]
Li|ter|leis|tung [*auch* 'lɪ...] (Leistung, die aus jeweils 1 000 cm³ Hubraum eines Kfz-Motors erzielt werden kann)
li|ter|wei|se [*auch* 'lɪ...]
Li|tew|ka, die; -, ...ken ⟨poln.⟩ *(früher* ein Uniformrock)
Lit|faß|säu|le ⟨nach dem Berliner Buchdrucker E. Litfaß⟩ (Anschlagsäule)

> **Litfaßsäule**
> Die Regel, dass nach einem kurzen Vokal *-ss* zu schreiben ist, gilt für das Substantiv *Litfaßsäule* nicht. Das Wort geht zurück auf den Namen des Erfinders, des Buchdruckers Ernst Litfaß, und Personennamen sind von den allgemeinen Rechtschreibregeln nicht betroffen, sie bleiben in der Regel unverändert.

lith... ⟨griech.⟩ (stein...); **Lith...** (Stein...)
Li|thi|a|sis, die; -, ...iasen *(Med.* Steinbildung)

707

Lithium

Li|thi|um [...ts..., ...t...], das; -s (chemisches Element, Metall; Zeichen Li)

Li|thi|um|bat|te|rie (ugs.)

Li|thi|um-Io|nen-Ak|ku|mu|la|tor (Akku auf der Basis von Lithium); **Li|thi|um-Io|nen-Bat|te|rie**

Li|tho, das; -s, -s ⟨griech.⟩ (kurz für Lithografie)

Li|tho|graf, Li|tho|graph, der; -en, -en (Steinzeichner)

Li|tho|gra|fie, Li|tho|gra|phie, die; -, ...ien (Steinzeichnung; nur Sing.: Herstellung von Platten für den Steindruck; Kunstblatt in Steindruck)

li|tho|gra|fie|ren, li|tho|gra|phie|ren; **li|tho|gra|fisch**, li|tho|gra|phisch

Li|tho|graph usw. vgl. **Lithograf** usw.

Li|tho|klast, der; -en, -en ⟨griech.⟩ (Med. Instrument zum Zertrümmern von Blasensteinen)

Li|tho|lo|ge, der; -n, -n; **Li|tho|lo|gie**, die; - (Gesteinskunde); **Li|tho|lo|gin**

Li|tho|ly|se, die; -, -n (Med. Auflösung von Nieren- u. Harnsteinen durch Arzneien)

li|tho|phag (Zool. sich in Gestein einbohrend)

Li|tho|po|ne, die; -, -n (lichtechte Weißfarbe)

Li|tho|sphä|re, die; - (Geol. Gesteinsmantel der Erde)

Li|tho|tom, der od. das; -s, -e (Med. chirurg. Messer zur Durchführung der Lithotomie); **Li|tho|to|mie**, die; -, ...ien ([Blasen]steinoperation)

Li|tho|trip|sie, die; -, ...ien ([Blasen]steinzertrümmerung); **Li|tho|trip|ter**, der; -s, - (Lithoklast)

Li|th|ur|gik, die; - (Lehre von der Verwendung u. Verarbeitung von Gesteinen u. Mineralien); vgl. Liturgik

li|to|ral ⟨lat.⟩ (Geogr. der Küste angehörend); **Li|to|ral**, das; -s, -e (Uferzone [Lebensraum im Wasser]); **Li|to|ral|le**, das; -s, -s ⟨ital.⟩ (Küstenland)

Li|to|ral|fau|na ⟨lat.⟩; **Li|to|ral|flo|ra**

Li|to|ri|na, Lit|to|ri|na, die; -, ...nen (Zool. Uferschnecke); **Li|to|ri|na|meer**, fachspr. auch Lit|to|ri|na|meer, das; -[e]s (Entwicklungsstufe der Ostsee mit der Litorina als Leitfossil)

Li|to|tes, die; -, - ⟨griech.⟩ (Rhet. Bejahung durch doppelte Verneinung, z. B. »nicht unklug«)

Lit|schi, die; -, -s ⟨chin.⟩ (pflaumengroße, erdbeerähnliche schmeckende Frucht)

litt vgl. leiden

Lit|te|ring, das; -s ⟨engl.⟩ (bes. schweiz. für das Wegwerfen von Müll in die Umgebung)

Lit|to|ri|na usw. vgl. Litorina usw.

Li|turg, der; -en, -en ⟨griech.⟩ (den Gottesdienst haltender Geistlicher)

Li|tur|gie, die; -, ...ien (amtliche od. gewohnheitsrechtliche Form des kirchl. Gottesdienstes, bes. der am Altar gehaltene Teil); **Li|tur|gi|en|samm|lung**

Li|tur|gik, die; - (Theol. Theorie u. Geschichte der Liturgie); vgl. aber Lithurgik

Li|tur|gin

li|tur|gisch; liturgische Gefäße

Lit|ze, die; -, -n ⟨lat.⟩

Li|u|dol|fin|ger (svw. Ludolfinger)

live [laɪf] ⟨engl.⟩ (Rundfunk, Fernsehen direkt, original); live senden

Li|ve, der; -n, -n (Angehöriger eines im Westen Lettlands lebenden Volkes)

Live|act, Live-Act [ˈlaɪflɛkt], der; -s, -s (musikal. Auftritt, bei dem jmd. persönlich singt, spielt, auftritt usw.)

Live|at|mo|sphä|re, Live-At|mo|sphä|re, die; -

Live|auf|zeich|nung, Live-Auf|zeich|nung (Rundfunk, Fernsehen)

Live|kon|zert, Live-Kon|zert

Live|mit|schnitt, Live-Mit|schnitt

Live|mu|sik, Live-Mu|sik

Li|ver|pool [...puːl] (engl. Stadt)

Live|schal|tung, Live-Schal|tung

Live|sen|dung, Live-Sen|dung (Rundfunk, Fernsehen Direktsendung, Originalübertragung)

Live|show, Live-Show

Live|stream [ˈlaɪfstriːm], der; -s, -s ⟨engl.⟩ (mittels Streaming in Echtzeit übertragene Fernsehod. Rundfunksendung)

Live|ti|cker, Live-Ti|cker (Jargon Kurznachrichten, die auf einer Internetseite od. auf dem Fernsehbildschirm ständig aktualisiert werden)

Live|über|tra|gung, Live-Über|tra|gung

Li|via (Gemahlin des Kaisers Augustus)

Li|vin ⟨zu Live⟩; **li|visch** ⟨zu Live⟩

Li|vi|us (röm. Geschichtsschreiber)

Liv|land; **Liv|län|der**; **Liv|län|de|rin**; **liv|län|disch**

Li|v|re, der od. das; -[s], -[s] ⟨franz.⟩ (alte franz. Münze); 6 Livre

Li|v|ree, die; -, ...een ⟨franz.⟩ (uniformartige Dienerkleidung); **li|v|riert** (in Livree [gekleidet])

Li|zen|ti|at vgl. ¹Lizenziat, ²Lizenziat

Li|zenz, die; -, -en ⟨lat.⟩ (Erlaubnis, Genehmigung, bes. zur Nutzung eines Patents od. eines Softwareprogramms od. zur Herausgabe eines Druckwerks)

Li|zenz|aus|ga|be; **Li|zenz|ent|zug**; **Li|zenz|ge|ber**; **Li|zenz|ge|be|rin**; **Li|zenz|ge|bühr**

¹Li|zen|zi|at, Li|zen|ti|at, das; -[e]s, -e (akademischer Grad in der Schweiz u. bei einigen kath.-theol. Fakultäten); er ist Inhaber des Lizenziats, auch Lizentiats der Theologie

²Li|zen|zi|at, Li|zen|ti|at, der; -en, -en (Inhaber des ¹Lizenziats; Abk. Lic. [theolog.], schweiz. lic. phil. usw.); **Li|zen|zi|a|tin**, Li|zen|ti|a|tin

li|zen|zie|ren (Lizenz erteilen); **Li|zen|zie|rung**

Li|zenz|in|ha|ber; **Li|zenz|in|ha|be|rin**; **Li|zenz|neh|mer**; **Li|zenz|neh|me|rin**; **Li|zenz|num|mer**; **Li|zenz|spie|ler** (Fußball); **Li|zenz|spie|le|rin**; **Li|zenz|trä|ger**; **Li|zenz|trä|ge|rin**; **Li|zenz|ver|stoß**; **Li|zenz|ver|trag**

Li|zi|ta|ti|on (bes. österr. für Versteigerung); **li|zi|tie|ren** (veraltend, noch österr., für [bei einer Versteigerung] mitbieten)

Lju|bl|ja|na (Hauptstadt Sloweniens; vgl. Laibach)

LKA, das; -, -[s] (Landeskriminalamt)

LKR (Währungscode für sri-lank. Rupie)

Lkw, LKW, der; -[s], -[s]

Lkw-Fah|rer, LKW-Fah|rer; **Lkw-Fah|re|rin**, LKW-Fah|re|rin

Lkw-Maut, LKW-Maut

Lla|ne|ra ⟨zu Llanero⟩

Lla|ne|ro [lja...], der; -s, -s ⟨span.⟩ (Bewohner der Llanos); **Lla|no** [ˈlja...], der; -s, -s meist Plur. (baumarme Hochgrassteppe in [Süd]amerika)

LL. B. = Bachelor of Laws; vgl. Bachelor

LL. M. = Master of Laws; vgl. Master

Lloyd, der; -[s] ⟨nach dem Londoner Kaffeehausbesitzer E. Lloyd⟩ (Name von Seeversicherungs-, auch von Schifffahrtsgesellschaften; Name von Zeitungen [mit Schiffsnachrichten]); Norddeutscher Lloyd, *jetzt* Hapag-Lloyd AG
lm = Lumen
Ln., Lnbd. = Leinen[ein]band
Load|ba|lan|cing [ˈbʊtbələnsɪŋ], das; -[s] ⟨engl.⟩ (*EDV* Verteilung der Arbeitslast)
Loa|fer [ˈlɔʊfɐ], der; -s, - ⟨engl.⟩ (mokassinartiger Halbschuh)
¹Lob, das; -[e]s, -e *Plur. selten;* Lob spenden
²Lob, der; -[s], -s ⟨engl.⟩ (*Tennis* einen hohen Bogen beschreibender Ball); **lob|ben** (einen ²Lob schlagen)
Lob|by [...bi], die; -, -s ⟨engl.⟩ (Wandelhalle im [engl. od. amerik.] Parlament; *auch für* Gesamtheit der Lobbyisten); **Lob|by|ar|beit** *Plur. selten*
lob|by|ie|ren (*bes. schweiz. für* Lobbyismus betreiben)
Lob|by|ing [ˈlɔbiɪŋ], das; -s, -s (Beeinflussung von Abgeordneten durch Interessengruppen)
Lob|by|is|mus, der; - (Beeinflussung von Abgeordneten durch Interessengruppen)
Lob|by|ist, der; -en, -en (jmd., der Abgeordnete für seine Interessen zu gewinnen sucht); **Lob|by|is|tin**
Lo|be|lie [...i̯ə], die; -, -n ⟨nach dem flandrischen Botaniker M. de l'Obel⟩ (eine Zierpflanze)
lo|ben
lo|bens|wert; lo|bens|wür|dig
lo|be|sam (veraltet)
Lo|bes|er|he|bung *meist Plur.* (geh.); **Lo|bes|hym|ne**
Lob|ge|sang
Lob|gier; lob|gie|rig
Lob|hu|de|lei (abwertend); **lob|hu|deln** [abwertend für übertrieben loben]; ich lobhud[e]le; gelobhudelt; zu lobhudeln; **Lob|hud|ler** (abwertend); **Lob|hud|le|rin**
löb|lich
Lob|lied
Lo|bo|to|mie *vgl.* Leukotomie
Lob|preis; lob|prei|sen; du lobpreist; du lobpreistest *u.* lobpriesest; gelobpreist *u.* lobpriesen; zu lobpreisen; lobpreise!; **Lob|prei|sung** (geh.)
Lob|re|de; Lob|red|ner; Lob|red|ne|rin; lob|red|ne|risch

lob|sin|gen; du lobsingst; du lobsangst (lobsangest); lobgesungen; zu lobsingen; lobsinge!
Lob|spruch *meist Plur. (veraltend)*
Lo|cal|host, der; -[s], -s, **Lo|cal Host,** der; - -[s], - -s [ˈlɔʊk...] ⟨engl.⟩ (*EDV* Bezeichnung, mit der ein Computer in einem Netzwerk sich selbst adressiert)
Lo|car|ner, Lo|car|ne|se, der; -n, -n (Bewohner von Locarno); **Lo|car|ne|rin, Lo|car|ne|sin; Lo|car|no** (Stadt am Lago Maggiore)
Lo|ca|tion [lo'keɪʃn], die; -, -s ⟨engl.⟩ (Örtlichkeit; *Film* Drehort im Freien)
Lo|ca|tion-based Ser|vi|ces [lo'keɪʃnbeɪst 'sœːɐvɪsɪs] *Plur.* ⟨engl.⟩ (*Abk.* LBS [*vgl. d.*])
Loc|cum (Ort südl. von Nienburg [Weser])
Loch, das; -[e]s, Löcher, **Lö|chel|chen, Lö|chen; Lo|cher** (Gerät zum Lochen)
lö|che|rig (svw. löchrig)
lö|chern; ich löchere
Loch|fraß (punktuelle Korrosion)
Lo|chi|en [...xi̯ən] *Plur.* ⟨griech.⟩ (*Med.* Wochenfluss nach der Geburt)
Loch|ka|me|ra
Loch|kar|te; Loch|kar|ten|ma|schi|ne
Loch|leh|re (Gerät zur Prüfung der Durchmesser von Bolzen)
Loch|lein
Loch Ness, der; - - (ein See in Schottland)
löch|rig
Loch|sti|cke|rei; Loch|strei|fen
Lo|chung; Loch|zan|ge
Löck|chen; ¹Lo|cke, die; -, -n
²Locke [lɔk], John (engl. Philosoph)
¹lo|cken (lockig machen)
²lo|cken (anlocken)
lö|cken (sich widersetzen); *noch in* wider den Stachel löcken (geh.)
Lo|cken|fri|sur; Lo|cken|haar
Lo|cken|kopf; lo|cken|köp|fig
Lo|cken|pracht; Lo|cken|stab; Lo|cken|wi|ckel, Lo|cken|wick|ler
lo|cker (auch ugs. für entspannt, zwanglos); locker bleiben, sein, sitzen, werden; die Schrauben locker machen od. lockermachen; die Zügel locker/lockerer lassen; *vgl. aber* lockerlassen, lockermachen ↑D 47; **Lo|cker|heit**
lo|cker|las|sen (↑D 47; *ugs. für* nachgeben); er hat nicht lockergelassen; *aber* die Zügel locker/ lockerer lassen
lo|cker|ma|chen (↑D 47; *ugs. für*

hergeben; von jmdm. erlangen); er hat viel Geld lockergemacht; *aber* einen Knoten locker/lockerer machen; *vgl. aber* locker
lo|ckern; ich lockere; **Lo|cke|rung**
Lo|cke|rungs|mit|tel; Lo|cke|rungs|übung
lo|ckig
Lo|cking, das; -[s] ⟨amerik.⟩ (ein Tanzstil; *EDV* Sperren des Zugriffs auf ein Objekt durch einen Prozess)
Lock|mit|tel, das; **Lock|ruf; Lock|spei|se** (geh. für Köder); **Lock|spit|zel** (abwertend)
Lo|ckung
Lock|vo|gel; Lock|vo|gel|an|ge|bot
Lock|wel|le (Lockenfrisur mit kleineren Wellen)
lo|co (lat.) (*Kaufmannsspr.* am Ort; hier; greifbar; vorrätig); loco Berlin (ab Berlin); *vgl. aber* Lokoverkehr
lo|co ci|ta|to (am angeführten Orte; *Abk.* l. c.)
Lod, die; -, -n (svw. Kapelan)
Lod|del, der; -s, - (ugs. für Zuhälter)
lod|de|rig (landsch. für lotterig)
Lo|de, die; -, -n (Schössling)
Lo|den, der; -s, - (ein Wollgewebe); **Lo|den|man|tel; Lo|den|stoff**
lo|dern; ich lodere
Lodge [lɔtʃ], die; -, -s [...ɪs] ⟨engl.⟩ (Ferienhotel; Anlage mit Ferienwohnungen)
Lodz [lɔtʃ], **Lodsch** (dt. Schreibungen von Łódź)
Łódź [ɪ̯utʃ] (Stadt in Polen)
Löf|fel, der; -s, -
Löf|fel|bag|ger; Löf|fel|bis|kuit
Löf|fel|chen (auch für eine Schlafstellung); **Löf|fel|chen|stel|lung**
Löf|fel|en|te; Löf|fel|kraut
löf|feln; ich löff[e]le
Löf|fel|rei|her *vgl.* Löffler
Löf|fel|stiel
löf|fel|wei|se
Löff|ler (ein Stelzvogel)
Lo|fo|ten *Plur.* (norw. Name der Lofotinseln); **Lo|fot|in|seln** *Plur.* (Gebiet u. Inselgruppe vor der Küste Nordnorwegens)
Loft, das, *auch, bes. schweiz.,* der; -[s], -s *od.* die; -, -s ⟨engl.⟩ (aus der Etage einer Fabrik o. Ä. umgebaute Großraumwohnung)
log = Logarithmus
log *vgl.* lügen
¹Log, das; -s, -e ⟨engl.⟩ (Fahrgeschwindigkeitsmesser eines Schiffes)

²**Log**, das; -s, -s (*EDV kurz für* Logdatei, Logfile)
Lo|ga|rith|men|ta|fel (*Math.*); **lo|ga|rith|mie|ren** ⟨griech.⟩ (mit Logarithmen rechnen; den Logarithmus berechnen); **lo|ga|rith|misch**; **Lo|ga|rith|mus**, der; -, ...men (math. Größe; *Zeichen* log)
Log|buch ⟨engl.; dt.⟩ (Schiffstagebuch); **Log|da|tei**
Lo|ge [...ʒə], die; -, -n ⟨franz.⟩ (Pförtnerraum; Theaterraum; [geheime] Gesellschaft)
Lo|ge|ment [loʒəˈmãː], das; -s, -s (*veraltet für* Wohnung, Bleibe)
Lo|gen|bru|der (Freimaurer); **Lo|gen|platz**; **Lo|gen|schlie|ßer** (Beschließer [im Theater]); **Lo|gen|schlie|ße|rin**
Log|file [...faɪl], das; -s, -s ⟨engl.⟩ (*EDV* Datei zur Erfassung der Zugriffsdaten einer Website)
Log|gast, der; -[e]s, -en (Matrose zur Bedienung des Logs); **Log|ge**, die; -, -n (*seltener für* Log); **log|gen** (*Seemannsspr.* mit dem Log messen)
Log|ger, der; -s, - ⟨niederl.⟩ (*Seemannsspr.* ein Fischereifahrzeug)
Log|gia [...dʒ(i)a], die; -, ...ien [...dʒn, *auch* ...dʒiən] ⟨ital., »Laube«⟩ (*Archit.* halb offene Bogenhalle; nach einer Seite offener, überdeckter Raum am Haus)
Log|glas *Plur.* ...gläser (*Seemannsspr.* Sanduhr zum Loggen)
Lo|gi|cal [...dʒɪk], das; -s, -s ⟨anglisierend⟩ (nach den Gesetzen der Logik aufgebautes Rätsel)
Lo|gier|be|such [...ˈʒiːɐ̯...]
lo|gie|ren ⟨franz.⟩ ([vorübergehend] wohnen; *veraltend für* beherbergen)
Lo|gier|gast *Plur.* ...gäste
Lo|gik, die; -, -en ⟨griech.⟩ (Lehre von den Gesetzen, der Struktur, den Formen des Denkens; folgerichtiges Denken; *Math., EDV* Teildisziplin der Logik)
Lo|gi|ker (Lehrer der Logik: scharfer, klarer Denker); **Lo|gi|ke|rin**
Log-in, **Log|in**, das, *auch* der; -[s], -s (*EDV* das Einloggen)
Lo|gis [loˈʒiː], das; - [...ˈʒiː(s)], - [...ʒiːs] ⟨franz.⟩ (Wohnung, Bleibe; *Seemannsspr. veraltend* Mannschaftsraum auf Schiffen)
lo|gisch ⟨griech.⟩ (folgerichtig;

ugs. für selbstverständlich, klar); **lo|gi|scher|wei|se**
Lo|gis|mus, der; -, ...men (*Philos.* Vernunftschluss)
¹**Lo|gis|tik**, die; -, -en *Plur. selten* (Behandlung der logischen Gesetze mithilfe von math. Symbolen; math. Logik)
²**Lo|gis|tik**, die; -, -en *Plur. selten* ⟨nlat.⟩ (militärisches Nachschubwesen; *Wirtsch.* Gesamtheit der Aktivitäten, die Beschaffung, Lagerung u. Transport von Ressourcen u. Produkten betreffen)
Lo|gis|tik|dienst|leis|ter
Lo|gis|ti|ker ⟨griech.⟩ (Vertreter der ¹Logistik); **Lo|gis|ti|ke|rin**
Lo|gis|tik|im|mo|bi|lie
¹**lo|gis|tisch** (die ¹Logistik betreffend)
²**lo|gis|tisch** ⟨nlat.⟩ (die ²Logistik betreffend); logistische Kette
Log|lei|ne (*Seew.*)
lo|go (*ugs.*; logisch); das ist doch logo
Lo|go, der *od.* das; -s, -s ⟨engl.⟩ (Firmenzeichen, Signet)
Lo|go|griph, der; *Gen.* -s *u.* -en, *Plur.* -e[n] ⟨griech.⟩ (Buchstabenrätsel)
Lo|go|pä|de, der; -n, -n (Sprachheilkundiger); **Lo|go|pä|die**, die; - (Sprachheilkunde); **Lo|go|pä|din**; **lo|go|pä|disch**
Lo|gor|rhö, die; -, -en (*Med.* krankhafte Geschwätzigkeit)
Lo|gos, der; -, ...goi *Plur. selten* (sinnvolle Rede; Vernunft; Wort)
Log-out, **Log|out** [...laʊt], das, *auch* der; -[s], -s (*EDV* das Ausloggen)
...loh (in Ortsnamen Gelände mit strauchartigem Baumbewuchs, z. B. Gütersloh)
Loh|bei|ze (Gerberei)
Loh|blü|te (Schleimpilz)
¹**Lo|he**, die; -, -n (Gerbrinde)
²**Lo|he**, die; -, -n (*geh. für* Glut, Flamme); **lo|hen** (*geh.*)
loh|gar (mit ¹Lohe gegerbt)
Loh|ger|ber; **Loh|ger|be|rin**
Lohn, der; -[e]s, Löhne
lohn|ab|hän|gig; **Lohn|ab|hän|gi|ge**, der u. die; -n, -n
Lohn|ab|schluss; **Lohn|ab|zug**; **Lohn|an|pas|sung**; **Lohn|aus|fall**
Lohn|aus|gleich; **Lohn|aus|weis** (*schweiz. für* Lohnsteuerkarte)
Lohn|aus|zah|lung

Lohn|buch|hal|ter; **Lohn|buch|hal|te|rin**; **Lohn|buch|hal|tung**
Lohn|bü|ro
Lohn|dum|ping (Zahlung von Löhnen, die deutlich unter Tarif liegen)
Lohn|emp|fän|ger; **Lohn|emp|fän|ge|rin**
loh|nen; es lohnt den Einsatz; es lohnt die, der Mühe nicht; der Einsatz lohnt [sich]
löh|nen (Lohn auszahlen); **loh|nend**; eine lohnende Aufgabe
Lohn|ens|wert
Lohn|er|hö|hung; **Lohn|for|de|rung**; **Lohn|fort|zah|lung** (bei Krankheit); **Lohn|grup|pe**
lohn|in|ten|siv
Lohn|kos|ten *Plur.*; **Lohn|kür|zung**; **Lohn|mi|nus**, das; - *o. Plur.*; **Lohn|ne|ben|kos|ten** *Plur.*; **Lohn|ni|veau**; **Lohn|pfän|dung**; **Lohn|plus**, das; -; **Lohn|po|li|tik**
Lohn-Preis-Spi|ra|le (T D 26)
Lohn|quo|te (Anteil der Löhne am Umsatz od. am Bruttosozialprodukt); **lohn|re|le|vant** (*schweiz.*); **Lohn|run|de**
Lohn|sa|ckerl (*österr. für* Lohntüte)
Lohn|ska|la; **Lohn|stei|ge|rung**
Lohn|steu|er, die; **Lohn|steu|er|jah|res|aus|gleich**; **Lohn|steu|er|kar|te**
Lohn|stopp; **Lohn|stück|kos|ten** *Plur.*
Lohn|sum|me (Summe der Lohnkosten in einem Betrieb)
Lohn|sum|men|steu|er, die
Lohn|tü|te
Löh|nung; **Lohn|un|ter|gren|ze**
Lohn|ver|hand|lung
Lohn|ver|rech|ner (*österr. für* Lohnbuchhalter); **Lohn|ver|rech|ne|rin**
Lohn|ver|zicht; **Lohn|zet|tel**
Lohn|rin|de ⟨zu ¹Lohe⟩
Loi|pe, die; -, -n ⟨norw.⟩ (*Skisport* Langlaufbahn, -spur); **Loi|pen|be|trei|ber**; **Loi|pen|be|trei|be|rin**
Loire [loa:ɐ̯], die; - (franz. Fluss)
Lo|ja Dschir|ga, die; - - (die Große Ratsversammlung in Afghanistan)
Lok, die; -, -s (*kurz für* Lokomotive)
lo|kal ⟨lat.⟩ (örtlich; örtlich beschränkt); **Lo|kal**, das; -[e]s, -e (Örtlichkeit; [Gast]wirtschaft)
Lo|kal|an|äs|the|sie (*Med.* örtl. Betäubung); **Lo|kal|au|gen|schein**, der; -[e]s, -e (*österr. für* Lokaltermin); **Lo|kal|bahn**; **Lo-**

Lordship

ka|l|be|richt; Lo|kal|blatt; Lo|kal|der|by [...derbi, ...dœːɐ̯bi] (Sport); Lo|kal|du|ell (Sport)
Lo|ka|le, das; -n (in Zeitungen Nachrichten aus dem Ort)
Lo|kal|ge|spräch (schweiz. für Ortsgespräch)
Lo|ka|li|sa|ti|on, die; -, -en (örtl. Beschränkung, Ortsbestimmung, -zuordnung); lo|ka|li|sie|ren; Lo|ka|li|sie|rung (das Lokalisieren, auch svw. Lokalisation)
Lo|ka|li|tät, die; -, -en (Örtlichkeit; Raum; scherzh. für Lokal)
Lo|kal|ko|lo|rit
Lo|kal|ma|ta|dor (örtliche Berühmtheit); Lo|kal|ma|ta|do|rin
Lo|kal|pa|t|ri|o|tis|mus
Lo|kal|po|li|tik; Lo|kal|po|li|ti|ker; Lo|kal|po|li|ti|ke|rin
Lo|kal|pres|se, die; -; Lo|kal|ra|dio; Lo|kal|re|dak|ti|on; Lo|kal|re|por|ter; Lo|kal|re|por|te|rin
Lo|kal|satz (Sprachwiss. Umstandssatz des Ortes)
Lo|kal|sei|te; Lo|kal|ta|rif (schweiz. für Ortstarif); Lo|kal|teil; Lo|kal|ter|min (Rechtsspr.); Lo|kal|wäh|rung (svw. Regionalgeld); Lo|kal|zei|tung
Lo|ka|ti|on, die; -, -en (Wohngend; [Stand]ort)
Lo|ka|tiv [auch ...'tiːf], der; -s, -e (Sprachwiss. Ortsfall)
Lo|ka|tor, der; -s, ...oren (im MA. [Kolonial]land verteilender Ritter)
Lok|füh|rer (kurz für Lokomotivführer); Lok|füh|rer|ge|werk|schaft; Lok|füh|re|rin
Lo|ki (germ. Gott)
lo|ko vgl. loco
Lo|ko|ge|schäft (Kaufmannsspr. zur sofortigen Erfüllung abgeschlossenes Geschäft)
Lo|ko|mo|ti|on, die; -, -en (Med. Gang[art], Fortbewegung)
Lo|ko|mo|ti|ve, die; -, -n (engl.) (Kurzform Lok)
Lo|ko|mo|tiv|füh|rer (Kurzform Lokführer); Lo|ko|mo|tiv|füh|re|rin; Lo|ko|mo|tiv|schup|pen
lo|ko|mo|to|risch (lat.) (Med. die Fortbewegung, den Gang betreffend)
Lo|ko|ver|kehr; Lo|ko|wa|re (Kaufmannsspr. sofort lieferbare Ware)
Lo|kus, der; Gen. - u. -ses, Plur. u. -se (ugs. für ¹Abort)
lol (engl.; kurz für laughing out loud, »laut herauslachend«)

(EDV drückt [meist in geschriebenem Text] große Heiterkeit aus)
Lo|la (w. Vorn.)
Lolch, der; -[e]s, -e ⟨lat.⟩ (Bot. eine Grasart)
Lö|li, der; -[s], -[s]; vgl. Götti (schweiz. ugs. für Tölpel)
Lo|li|ta, die; -, -s ⟨nach einer Romanfigur⟩ (Kindfrau)
Lol|li, der; -s, -s (bes. nordd. ugs. für Lutscher)
Lol|lo ros|so, auch Lol|lo ros|sa, der; - -s ⟨ital.⟩ (ital. Salatsorte mit rötlich geränderten, krausen Blättern)
Lom|bard [auch ...'ba...], der od. das; -[e]s, -e (Bankw. Kredit gegen Verpfändung beweglicher Sachen)
Lom|bar|de, der; -n, -n (Bewohner der Lombardei); Lom|bar|dei, die; - (ital. Region)
Lom|bard|ge|schäft (Bankw.); lom|bar|die|ren (bewegliche Sachen beleihen)
Lom|bar|din; lom|bar|disch (aus der Lombardei); aber ↑ D 140: die Lombardische Tiefebene
Lom|bard|kre|dit (Bankw.); Lom|bard|satz; Lom|bard|zins|fuß
Lom|ber, das; -s ⟨franz.⟩ (ein Kartenspiel); Lom|ber|spiel, das; -[e]s
Lo|mé ['loːme] (Hauptstadt von Togo)
Lom|matzsch [...atʃ] (Stadt in Sachsen); Lom|matz|scher Pfle|ge, die; - - (Ebene nordwestl. von Meißen)
Lo|mo|no|sow (russ. Gelehrter); Lo|mo|no|sow|uni|ver|si|tät, Lo|mo|no|sow-Uni|ver|si|tät, die; - (in Moskau); ↑ D 136
Lon|don (Hauptstadt Großbritanniens); Lon|do|ner; Lon|do|ne|rin
Long|board [...bɔːɐ̯t], das; -s, -s ⟨engl.⟩ (längeres Skateboard od. Surfbrett)
Long|drink, der; -s, -s, Long Drink, der; - -s, - -s ⟨engl.⟩ (mit Soda, Eiswasser o. Ä. verlängerter Drink); Long|drink|glas, Long-Drink-Glas
Lon|ge ['lõːʒə], die; -, -n ⟨franz.⟩ (Reiten Laufleine für Pferde; Akrobatik Sicherheitsleine); lon|gie|ren [lõˈʒiː...] (ein Pferd an der Longe laufen lassen)
lon|gi|me|t|rie, die; -, -[n] ⟨lat.; griech.⟩ (Physik Längenmessung)
lon|gi|tu|di|nal ⟨lat.⟩ (in der Längsrichtung); Lon|gi|tu|di|nal|schwin|gung (Physik Längsschwingung); Lon|gi|tu|di|nal|wel|le

long|line [...laɪn] ⟨engl.⟩ (Tennis an der Seitenlinie entlang); den Ball longline spielen; Long|line, der; -[s], -s (entlang der Seitenlinie gespielter Ball)
Long|sel|ler, der; -s, - ⟨anglisierend⟩ (lange zu den Bestsellern gehörendes Buch)
Lo|ni (w. Vorn.)
Löns [auch lœns] (dt. Schriftsteller)
Look [lʊk], der; -s, -s ⟨engl.⟩ (bestimmtes Aussehen; Moderichtung)
Look|alike [ˈlʊkəlaɪk], der; -s, -s u. die; -, -s ⟨engl.⟩ (Doppelgänger [einer prominenten Person]); Look|alike-Con|test, Look|alike-con|test (Ähnlichkeitswettbewerb)
Loo|ping [ˈluː...], der, auch das; -s, -s ⟨engl.⟩ (Flugw. senkrechter Schleifenflug, Überschlagrolle)
Loos (österr. Architekt)

Loser
Häufig wird im Englischen der Laut /uː/ durch u (June »Juni«) oder durch zwei o (moon »Mond«) wiedergegeben. Loser gehört zu den relativ seltenen Fällen, in denen ein einfaches o für /uː/ steht.

L Lord

Lo|pe de Ve|ga [- - 'veːga] (span. Dichter)
Lor|bass, der; -es, -e (ostpreuß. für Lümmel, Taugenichts)
Lor|beer, der; -s, -e ⟨lat.⟩ (ein Baum; ein Gewürz); Lor|beer|baum; Lor|beer|blatt; das Silberne Lorbeerblatt (Sport)
lor|beer|grün
Lor|beer|kranz; Lor|beer|zweig
Lor|chel, die; -, -n (ein Pilz)
Lord, der; -s, -s ⟨engl.⟩ (ein hoher englischer Adelstitel)
Lord|kanz|ler (höchster englischer Staatsbeamter)
Lord May|or [- 'mɛːɐ], der; - -[s], - -s (Titel der Oberbürgermeister mehrerer englischer Großstädte)
Lor|do|se, die; -, -n ⟨griech.⟩ (Med. Rückgratverkrümmung nach vorn)
Lord|schaft; Ihre, Eure Lordschaft
Lord|ship [...ʃɪp], die; - ⟨engl.⟩

Lore

(Lordschaft; Würde od. Herrschaft eines Lords)

¹Lo|re, die; -, -n ⟨engl.⟩ (offener Eisenbahngüterwagen, Feldbahnwagen)

²Lo|re (w. Vorn.)

Lo|re|ley [...'laɪ, auch 'loː...], Lo|re|lei, die; - (Rheinnixe der dt. Sage; Felsen am rechten Rheinufer bei St. Goarshausen)

Lo|renz (m. Vorn.)

Lo|renz|strom vgl. Sankt-Lorenz-Strom

Lo|re|to (Wallfahrtsort in Italien)

Lo|ret|to|hö|he, die; - ⟨franz.; dt.⟩ (Anhöhe bei Arras)

Lor|g|net|te [lɔrˈnjɛ...], die; -, -n ⟨franz.⟩ (Stielbrille); lor|g|net|tie|ren (früher durch die Lorgnette betrachten; scharf mustern)

Lor|g|non [...ˈnjõː], das; -s, -s (Stieleinglas, -brille)

¹Lo|ri, der; -s, -s ⟨karib.-span.⟩ (ein Papagei)

²Lo|ri, der; -s, -s ⟨niederl.⟩ (ein schwanzloser Halbaffe)

Lo|ri|ot [loˈrjoː] (dt. Humorist)

Lork, der; -[e]s, Lörke (nordd. für Kröte)

Lor|ke, die; - (landsch. für dünner, schlechter Kaffee)

Lorm|al|pha|bet, Lorm-Al|pha|bet, das; -[e]s (von Hieronymus Lorm entwickeltes Tastalphabet für Taubblinde); lor|men (kommunizieren mithilfe des Lormalphabets)

Lo|ro|kon|to ⟨ital.⟩ (das bei einer Bank geführte Kontokorrentkonto einer anderen Bank)

Lort|zing (dt. Komponist)

los

(vgl. lose)
– los!; los (weg) von Rom

Getrenntschreibung in Verbindung mit »sein«:
– der Knopf ist los (abgetrennt)
– der Hund ist [von der Kette] los
– er wird die Sorgen bald los sein
– er wird die Sorgen bald **los haben** oder loshaben (ugs.)
– auf dem Fest ist nichts los gewesen (war es langweilig)
– dort drüben muss etwas los (passiert) sein

Zusammenschreibung in Verbindung mit anderen Verben:
– vgl. losbinden, losfahren, losgehen, loshaben, loslassen usw.

Los, das; -es, -e; das große Los ↑D 151

...los (z. B. arbeitslos)

Los An|ge|les [lɔs ˈɛndʒə...] (größte Stadt Kaliforniens)

lös|bar; Lös|bar|keit, die; -

los|be|kom|men; ich habe den Deckel nicht losbekommen

los|bin|den; er bindet los; losgebunden; loszubinden

los|brau|sen (ugs.)

los|bre|chen; ein Sturm brach los

Lösch|an|griff (Fachspr. Vorgehensweise der Feuerwehr bei einem Brand); Lösch|ap|pa|rat; Lösch|ar|beit meist Plur.

lösch|bar

Lösch|blatt

Lösch|boot; Lösch|ein|satz

¹lö|schen (einen Brand ersticken); du löschst, er löscht; du löschtest; gelöscht; lösch[e]!

²lö|schen (nur noch geh. für erlöschen); du lischst, er lischt; du loschst; du löschest; geloschen; lisch!

³lö|schen ⟨zu los⟩ (Seemannsspr. ausladen); du löschst; du löschtest; gelöscht; lösch[e]!

Lö|scher; Lö|sche|rin; Lösch|fahr|zeug; Lösch|flug|zeug; Lösch|ge|rät; Lösch|kalk

Lösch|pa|pier; Lösch|tas|te

Lö|schung

Lösch|was|ser, das; -s; Lösch|zug

lo|se; das lose Blatt; lose Ware (nicht in Originalpackung, sondern einzeln); eine lose Zunge haben (leichtfertig reden); die Zügel lose, landsch. auch los (locker) halten; der Knopf ist lose (locker); vgl. aber los

Lo|se, die; -, -n (Seemannsspr. schlaffes Tau[stück])

Lo|se|blatt|aus|ga|be; Lo|se|blatt|samm|lung

Lö|se|geld; Lö|se|geld|for|de|rung

los|ei|sen (ugs. für mit Mühe frei machen, abspenstig machen); er eis|te los; sich loseisen; ich habe mich endlich von ihnen losgeeist

Lö|se|mit|tel, das

¹lo|sen (das Los ziehen); du lost; er/sie los|te; gelost; los[e]!

²lo|sen (südd., österr., schweiz. mdal. für horchen, zuhören)

lö|sen (auch für befreien; Bergmannsspr. entwässern, mit frischer Luft bedecken); du löst; er/sie lös|te; gelöst; lös[e]!

³lo|sen [ˈluːzn̩] ⟨engl.⟩ (ugs. für erfolglos bleiben); gelost

Los|ent|scheid

Lo|ser [ˈluːzɐ], der; -s, - ⟨engl.⟩ (ugs. für Verlierer; Versager); Lo|se|rin

los|fah|ren; er ist losgefahren

los|ge|hen (ugs. auch für anfangen); der Streit ist losgegangen

los|ha|ben; sie hat in ihrem Beruf viel losgehabt (ugs. für viel davon verstanden); er wird seine Probleme bald **los haben** oder loshaben (ugs. für davon befreit sein); er wird das Brett gleich los (entfernt) haben

los|heu|len (ugs. auch für zu weinen beginnen); die Sirene heulte los

...lo|sig|keit (z. B. Regellosigkeit, die; -, -en)

los|kauf; los|kau|fen; die Gefangenen wurden losgekauft

los|kom|men; er ist von diesem Gedanken losgekommen

los|krie|gen (ugs.); den Deckel nicht loskriegen

los|la|chen; sie musste laut loslachen

los|las|sen; sie hat den Hund [von der Kette] losgelassen

los|lau|fen; er ist losgelaufen

los|le|gen (ugs. für ungestüm beginnen); sie hat ordentlich losgelegt (z. B. energisch geredet)

lös|lich; Lös|lich|keit, die; -

los|lö|sen; sich loslösen; er hat die Briefmarke losgelöst; du hast dich von diesen Anschauungen losgelöst; Los|lö|sung

los|ma|chen; er hat das Brett losgemacht; mach los! (ugs. für beeile dich!)

los|mar|schie|ren; er ist sofort losmarschiert

Los|num|mer

los|prus|ten (ugs. für prustend loslachen)

los|rei|ßen; du hast dich losgerissen

Löss, Löß, der; -es, -e (Geol. kalkhaltige Ablagerung des Pleistozäns)

los|sa|gen; sich von etwas lossagen; du hast dich von ihm losgesagt; Los|sa|gung

Löss|bo|den, Löß|bo|den

los|schi|cken; er hat den Trupp losgeschickt

los|schie|ßen (ugs.); sie ist auf mich losgeschossen

los|schla|gen; er hat das Brett losgeschlagen; die Feinde haben

Low-Carb-Diät

losgeschlagen (mit dem Kampf begonnen)
los|schrau|ben; sie hat den Griff losgeschraubt
los|schrei|en
los sein vgl. los
lös|sig, lö|ßig (Geol.)
Löss|kin|del, Löß|kin|del, das; -s, - (Konkretion im Löss)
Löss|land|schaft, Löß|land|schaft
LÖß|nitz, die; - (Landschaft nordwestl. von Dresden)
los|spre|chen (von Schuld); er hat ihn losgesprochen; Los|sprechung (für Absolution)
Löss|schicht, Löss-Schicht, Löß-schicht (Geol.)
los|steu|ern; auf ein Ziel lossteuern
los|stür|zen (ugs.); er ist losgestürzt, als ...
Lost, der; -[e]s (Deckname für einen chem. Kampfstoff)
Los|tag (nach dem Volksglauben für die Wetterprophezeiung bedeutsamer Tag)
los|tre|ten; eine Lawine lostreten
Los|trom|mel
¹Lo|sung (Wahl-, Leitspruch; Erkennungswort)
²Lo|sung (Jägerspr. Kot des Wildes u. des Hundes; Kaufmannsspr. Tageseinnahme)
Lö|sung
Lö|sungs|an|bie|ter; Lö|sungs|an-satz; Lö|sungs|idee; Lö|sungs|kon|zept
Lö|sungs|men|ge (Math.)
Lö|sungs|mit|tel, das
Lö|sungs|mög|lich|keit
Lö|sungs|ver|such; Lö|sungs|vor-schlag; Lö|sungs|weg
Lo|sungs|wort Plur. ...worte u. ...wörter
Lö|sungs|wort Plur. ...wörter
Los|ver|fah|ren
Los-von-Rom-Be|we|gung, die; - ↑D 26 (Geschichte)
los|wer|den; etwas loswerden (von etwas befreit werden; ugs. für etwas verkaufen); sie ist ihn losgeworden; ..., damit du alle Sorgen loswirst; sie muss sehen, wie sie die Ware loswird
los|zie|hen (ugs. für sich zu einer [vergnüglichen] Unternehmung aufmachen); wir sind losgezogen; gegen jmdn. losziehen (ugs. für gehässig von ihm reden)
¹Lot, das; -[e]s, -e (metall. Bindemittel; Vorrichtung zum Messen der Wassertiefe u. zur Bestimmung der Senkrechten;
früher [Münz]gewicht, Hohlmaß); 3 Lot Kaffee
²Lot, das; -[s], -s ⟨engl.⟩ (ein Posten Ware, bes. bei Briefmarken)
³Lot (bibl. m. Eigenn.)
Löt|brü|cke (Technik Verbindung aus lötfähigem Material zwischen Punkten auf einer Leiterplatte)
lo|ten (senkrechte Richtung bestimmen; Wassertiefe messen)
lö|ten (durch Lötmetall verbinden); Löt|fu|ge; Löt|ge|rät
Lo|thar (m. Vorn.)
Loth|rin|gen; Loth|rin|ger; Loth|rin-ge|rin; loth|rin|gisch
...lö|tig (z. B. sechzehnlötig)
Lo|ti|on [auch 'loːʃn, 'loʊʃn], die; -, Plur. -en, bei engl. Aussprache -s ⟨engl.⟩ (flüssiges Reinigungs-, Pflegemittel für die Haut)
Löt|kol|ben; Löt|lam|pe; Löt|me|tall
Lo|to|pha|ge, der; -n, -n ⟨griech., »Lotosesser«⟩ (Angehöriger eines sagenhaften Volkes in Homers Odyssee)
Lo|tos, der; -, - (eine Seerose)
Lo|tos|blu|me; Lo|tos|blü|te
Lo|tos|sitz
lot|recht; Lot|rech|te, die; -n, -n; vier Lotrechte[n]
Lot|rohr; Löt|rohr|ana|ly|se (ein chemisches Prüfverfahren)
Lötsch|berg|bahn; Lötsch|berg|tun-nel; Lötsch|en|pass, Lötschen-Pass, der; ...passes
Lot|se, der; -n, -n ⟨engl.⟩; lot|sen; du lotst; gelotst; Lot|sen|boot; Lot|sen|dienst; Lot|sen|fisch; Lot|sen|sta|ti|on; Lot|sin
Löt|stel|le
Lott|chen, Lot|te, Lot|ti (w. Vorn.)
Lot|ter, der; -s, - (noch landsch. für Herumtreiber, Faulenzer)
Lot|ter|bett (scherzh., sonst veraltet für Sofa)
Lot|te|rie, die; -, ...ien ⟨niederl.⟩ (Glücksspiel, Verlosung)
Lot|te|rie|ein|neh|mer; Lot|te|rie-ein|neh|me|rin
Lot|te|rie|los; Lot|te|rie|spiel
lot|te|rig, lott|rig (ugs. für unordentlich)
Lot|ter|le|ben, das; -s (abwertend)
lot|tern (landsch. für ein Lotterleben führen; schweiz. für aus den Fugen gehen); ich lottere
Lot|ter|wirt|schaft, die; - (abwertend)
Lot|ti vgl. Lotte
Lot|to, das; -s, -s ⟨ital.⟩ (Zahlenlotterie; Gesellschaftsspiel)
Lot|to-An|nah|me|stel|le, Lot|to|an-nah|me|stel|le
Lot|to|fee (scherzh. für Fernsehansagerin bei der Ziehung der Lottozahlen)
Lot|to|ge|sell|schaft; Lot|to|ge-winn; Lot|to|ge|win|ner; Lot|to-ge|win|ne|rin; Lot|to|kol|lek|tur (österr. veraltend für Geschäftsstelle für das Lottospiel)
Lot|to|mil|li|o|när; Lot|to|mil|li|o-nä|rin; Lot|to|schein; Lot|to|spiel; Lot|to|zahl meist Plur.; Lot|to-zet|tel
lott|rig vgl. lotterig
Lo|tung
Lö|tung
Lo|tus, der; -, - ⟨griech.⟩ (Hornklee; auch svw. Lotos)
Lo|tus|ef|fekt® (Physik, Technik Selbstreinigungseffekt bestimmter Oberflächen, z. B. des Lotosblatts)
lot|wei|se
Löt|zinn
¹Lou|is ['luːi] (m. Vorn.)
²Lou|is, der; -, - (ugs. für Zuhälter)
Lou|is|dor [lyi'doːɐ̯], der; -[s], Plur. -e u. -s (eine alte franz. Münze); 6 Louisdor
Lou|i|si|a|na [lui..., auch ...'zi̯ɛna] (Staat der USA; Abk. LA)
Lou|is-qua|torze [lyika'tɔrs], das; - ⟨franz.⟩ (Stil zur Zeit Ludwigs XIV.); Lou|is-quinze [...'kɛ̃ːz], das; - (Stil zur Zeit Ludwigs XV.); Lou|is-seize [...'sɛːz], das; - (Stil zur Zeit Ludwigs XVI.)
Lounge [laʊndʒ], die; -, -s [...dʒɪs] ⟨engl.⟩ ([Hotel]halle; [Cocktail]bar)
Lourdes [lurd] (franz. Wallfahrtsort); Lourdes|grot|te
Lou|v|re ['luːvrə], der; -[s] (ein Museum in Paris)
Love-Pa|rade®, Love|pa|rade ['lafpəreɪt], die; -, -s ⟨engl.⟩ (Umzug der Raver[innen])
Lo|ver ['lavɐ], der; -s, -[s] ⟨engl.⟩ (Liebhaber; Liebespartner); Lo|ve|rin
Love|sto|ry ['lafstɔ(ː)ri] ⟨engl.⟩ (Liebesgeschichte)
Low-Bud|get-Pro|duk|ti|on [lʊ-'badʒɪt...] (Filmproduktion mit geringen finanziellen Mitteln)
Low Carb ['lɔʊ...] ohne Artikel ⟨engl.⟩ (ugs. kurz für Low-Carb-Diät); Low-Carb-Di|ät ['lɔʊ...] (aus kohlenhydratarmen Lebensmitteln bestehende Diät)

Low-Cost-Carrier

Low-Cost-Car|ri|er [ˈloʊ(ˌ)kɔstkɛ-riɐ], der; -s, -s ⟨engl.⟩ (Billigfluglinie)
Lö|we, der; -n, -n ⟨griech.⟩
Lö|wen|an|teil (Hauptanteil)
Lö|wen|bän|di|ger; Lö|wen|bän|di|ge|rin
Lö|wen|herz (m. Eigenn.)
Lö|wen|jagd; Lö|wen|kä|fig; Lö|wen|mäh|ne
Lö|wen|maul (eine Gartenblume); **Lö|wen|mäul|chen** (Löwenmaul)
Lö|wen|mut; lö|wen|stark
Lö|wen|zahn Plur. selten (eine Wiesenblume)
Low-Fat-Di|ät, Low|fat|di|ät [ˈloʊ(ˌ)fɛt...] ⟨engl.; griech.⟩ (Diät, bei der man möglichst wenig Fett zu sich nimmt)
Low Fi|de|li|ty [ˈloʊ -], die; - - ⟨engl.⟩ (niedrige technische Qualität bei der Klangwiedergabe)
Lö|win
Low|tech [ˈloʊtɛk], das; -[s], auch die; - (einfache, wenig entwickelte Technologie)
lo|y|al [loaˈjaːl] ⟨franz.⟩ (redlich, regierungs)treu)
Lo|ya|li|tät, die; -, -en; **Lo|ya|li|täts|er|klä|rung; Lo|ya|li|täts|kon|flikt**
Lo|yo|la [...ˈjoː...]; Ignatius von Loyola
¹LP = Läuten u. Pfeifen (Eisenbahnbezeichnung)
²LP, die; -, -[s] ⟨aus engl. long-playing record⟩ = Langspielplatte
LPG, die; -, -[s] = landwirtschaftliche Produktionsgenossenschaft (DDR)
Lr = Lawrencium
LRH, die; -; -[s] = Landesrechnungshof
LRS, die; - = Lese-Rechtschreib-Schwäche
LSD, das; -[s] ⟨kurz für Lysergsäurediäthylamid⟩ (ein Rauschgift)
LSG, das; -[s], -[s] = Landschaftsschutzgebiet; Landessozialgericht
LSVA, die; - = leistungsabhängige Schwerverkehrsabgabe (Schweiz)
lt. = laut
Lt. = Leutnant
ltd., Ltd. = limited
LTE [ɛltəˈleː] = long term evolution ⟨engl.⟩ (Mobilfunkstandard mit hoher Datenübertragungsrate)
Ltn. = Leutnant
Lu (chem. Zeichen für Lutetium)
Lu|an|da (Hauptstadt Angolas)

Lu|ba, Ba|lu|ba, der; -[s], -[s] u. die; -, -[s] (Angehörige[r] eines Bantustammes in der Demokratischen Republik Kongo)
Lüb|ben (Spree|wald) (Stadt in Brandenburg)
Lü|beck (Hafenstadt an der Ostsee); **Lü|be|cker;** die Lübecker Bucht; **Lü|be|cke|rin; lü|be|ckisch, lü|bisch,** nordd. **lübsch** (von Lübeck)
Lu|be|ron [lyˈbrɔ̃:], **Lu|bé|ron** [lybeˈrɔ̃:] (Gebirgskette in der Provence)
Lu|bitsch (deutsch-amerik. Filmregisseur)
Lüb|ke, Heinrich (zweiter dt. Bundespräsident)
Lu|b|lin (Stadt u. Woiwodschaft in Polen)
Luc|ca (Stadt u. Provinz in Italien)
Luch, die; -, Lüche od. das; -[e]s, -e (landsch. für Sumpf)
Luchs, der; -es, -e (ein Raubtier); **Luch|sau|ge** (auch ugs. übertr.); **luchs|äu|gig**
luch|sen (ugs. für sehr genau aufpassen); du luchst
Luch|sin
Lucht, die; -, -en ⟨niederl.⟩ (nordd. für Dachboden)
Lu|cia vgl. Luzia, Santa Lucia
Lu|ci|an vgl. Lukian
Lu|ci|a|ner (Einwohner von St. Lucia); **Lu|ci|a|ne|rin; lu|ci|a|nisch**
Lu|ci|us (röm. m. Vorn.; Abk. L.)
Lu|ckau (Stadt in Brandenburg)
Lü|cke, die; -, -n
Lü|cken|bü|ßer (ugs. für Ersatzmann); **Lü|cken|bü|ße|rin; Lü|cken|fül|ler; Lü|cken|fül|le|rin**
lü|cken|haft; Lü|cken|haf|tig|keit, die; -
lü|cken|los; Lü|cken|lo|sig|keit, die; -
Lü|cken|schluss (Fachspr.)
Lü|cken|test (Psychol.)
lu|ckig (Bergmannsspr. großporig); luckiges Gestein
Lu|c|re|tia vgl. Lukretia; **Lu|c|re|ti|us, Lu|k|rez** (altröm. Dichter); **Lu|c|re|zia** vgl. Lukretia
Lu|cul|lus (röm. Feldherr); vgl. Lukullus
lud vgl. ¹laden, ²laden
Lu|de, der; -n, -n (ugs. abwertend für Zuhälter)
Lü|den|scheid (Stadt im Sauerland)
Lu|der, das; -s, - (Jägerspr. Köder, Aas; auch Schimpfwort)
Lu|der|jan (svw. Liederjan)
Lu|der|le|ben, das; -s

lu|der|mä|ßig (landsch. für sehr, überaus); **lu|dern** (veraltet für liederlich leben); ich ludere
Lud|ger (m. Vorn.)
Lud|mil|la (w. Vorn.)
Lu|dolf (m. Vorn.)
Lu|dol|fin|ger (Angehöriger eines mittelalterl. dt. Herrschergeschlechtes); **Lu|dol|fin|ge|rin**
lu|dolf|sche Zahl, Lu|dolf'sche Zahl, die; -n - (nach dem Mathematiker Ludolf van Ceulen [ˈkøːlən]) (selten für die Zahl π [Pi]); **Lu|dolf|zahl, Lu|dolf-Zahl** ↑D 136, die; - (svw. ludolfsche Zahl)
Lu|do|wi|ka (w. Vorn.)
Lu|do|win|ger (Angehöriger eines thüring. Landgrafengeschlechtes)
Lud|wig (m. Vorn.)
Lud|wigs|burg (Stadt nördl. von Stuttgart)
Lud|wigs|ha|fen am Rhein (Stadt in Rheinland-Pfalz); **Lud|wigs|ha|fe|ner; Lud|wigs|ha|fe|ne|rin**
Lu|es, die; - ⟨lat.⟩ (Med. Syphilis); **lu|e|tisch, lu|isch** (Med. syphilitisch)
Luf|fa, die; -, -s ⟨arab.⟩ (eine kürbisartige Pflanze); **Luf|fa|schwamm** (schwammartige Frucht der Luffa)
Luft, die; -, Lüfte
Luft|ab|wehr; Luft|alarm; Luft|an|griff; Luft|auf|klä|rung; Luft|auf|nah|me; Luft|auf|sicht
Luft|bad; Luft|bal|lon
luft|be|weg|lich (Militär durch Luftfahrzeuge ausgeführt, unterstützt)
Luft|be|we|gung (Meteorol.)
Luft|bild; Luft|bild|ar|chäo|lo|gie
Luft|bla|se
Luft-Bo|den-Ra|ke|te; Luft|brü|cke; Luft|burg (österr. für Hüpfburg)
Lüft|chen
luft|dicht; luftdicht verschließen; **Luft|dich|te; Luft|druck** Plur. ...drücke, seltener ...drucke
luft|durch|läs|sig
Luft|ein|satz (Einsatz der Luftwaffe)
Luft|elek|t|ri|zi|tät; Lüft|em|bo|lie
lüf|ten; Lüf|ter
Luft|fahrt, die; -, Plur. (für Fahrten durch die Luft:) -en; **Luft|fahrt|be|hör|de; Luft|fahrt|for|schung; Luft|fahrt|ge|sell|schaft; Luft|fahrt|in|dus|t|rie; Luft|fahrt|me|di|zin,** die; -; **Luft|fahrt|tech|nik,** die; -; **Luft|fahr|zeug**

Luft|feuch|te, die; -, -n; **Luft|feuch-tig|keit**
Luft|fil|ter; Luft|flot|te; Luft|fracht luft|ge|kühlt; luftgekühlter Motor; **luft|ge|schützt;** ein luftgeschützter Ort; **luft|ge|trock|net;** lufttrocknete Wurst
Luft|ge|wehr
Luft|gi|tar|re; Luftgitarre spielen (so tun, als ob man Gitarre spielt)
Luft|ha|fen vgl. ²Hafen
Luft|han|sa® (für Deutsche Lufthansa AG)
Luft|hei|zung; Luft|ho|heit, die; -; **Luft|hül|le; Luft|hut|ze** (Kfz-Technik)
luf|tig; Luf|tig|keit
Luf|ti|kus, der; -[ses], -se (scherzh. für oberflächlicher Mensch)
Luft|kampf
Luft|kis|sen; Luft|kis|sen|fahr|zeug Luft|klap|pe (für Ventil); **Luft|kor-ri|dor; Luft|krank|heit; Luft|krieg; Luft|küh|lung; Luft|kur|ort** Plur. ...orte
Luft|lan|de|trup|pe (für die Landung aus der Luft besonders ausgebildete u. ausgerüstete milit. Einheit)
luft|leer; Lüft|lein; Luft|li|nie
Lüftl|ma|le|rei (Fassadenmalerei in Bayern)
Luft|loch; Luft|man|gel, der; -s
Luft|ma|sche
Luft|ma|t|rat|ze; Luft|mi|ne
Luft|num|mer (Akrobatik; auch ugs. für sich als unwahr od. unwichtig erweisende Behauptung)
Luft|pi|rat; Luft|pi|ra|tin
Luft|po|li|zist; Luft|po|li|zis|tin
Luft|pols|ter; Luft|post; Luft|pum-pe; Luft|qua|li|tät; Luft|raum; Luft|ret|tung; Luft|röh|re; Luft-sack (Zool.); **Luft|schacht**
Luft|schau|kel (landsch. für Schiffschaukel)
Luft|schicht
Luft|schiff; Luft|schif|fer
Luft|schiff|fahrt, Luft|schiff-Fahrt, die; -, Plur. (für Fahrten mit dem Luftschiff:) -en
Luft|schlacht; Luft|schlan|ge meist Plur.; **Luft|schloss; Luft|schrau|be** (für Propeller)
Luft|schutz, der; -es; **Luft|schutz-bun|ker; Luft|schutz|kel|ler; Luft-schutz|raum**
Luft|sper|re; Luft|sperr|ge|biet
Luft|spie|ge|lung; Luft|spieg|lung
Luft|sprung; Luft|streit|kräf|te Plur.; **Luft|strom; Luft|ta|xi; Luft-tem|pe|ra|tur; luft|tüch|tig;** ein lufttüchtiges Flugzeug
Lüf|tung; Lüf|tungs|an|la|ge; Lüf-tungs|klap|pe; Lüf|tungs|tech|nik Plur. selten
Luft|ver|än|de|rung
Luft|ver|kehr; Luft|ver|kehrs|ab|ga-be; Luft|ver|kehrs|ge|sell|schaft; Luft|ver|kehr[s]|steu|er
Luft|ver|schmut|zung
Luft|waf|fe; Luft|waf|fen|ein|satz; Luft|waf|fen|stütz|punkt
Luft|wech|sel; Luft|weg; auf dem Luftweg[e]
Luft|wi|der|stand; Luft|wi|der-stands|bei|wert (Technik)
Luft|wir|bel; Luft|wur|zel; Luft|zu-fuhr, die; -; **Luft|zug**
¹**Lug,** der; -[e]s (Lüge); [mit] Lug und Trug
²**Lug,** der; -[e]s, -e (landsch. für Ausguck)
Lu|ga|ner; Lu|ga|ne|rin; Lu|ga|ner See, der; - -s, schweiz. **Lu|ga|ner-see,** der, -s; **Lu|ga|ne|se,** der; -n, -n (Luganer); **Lu|ga|ne|sin; lu|ga-ne|sisch; Lu|ga|no** (Stadt in der Schweiz)
Lug|aus, der; -, - (landsch., auch geh. für Aussichtsturm)
Lü|ge, die; -, -n; jmdm. Lügen strafen (der Unwahrheit überführen)
lu|gen (landsch. für spähen)
lü|gen; du logst; du lögest; gelogen; lüg[e]!
Lü|gen|bold, der; -[e]s, -e (abwertend)
Lü|gen|de|tek|tor (Gerät, mit dem unwillkürliche körperliche Reaktionen eines Befragten gemessen werden können)
Lü|gen|dich|tung; Lü|gen|ge|bäu-de; Lü|gen|ge|schich|te; Lü|gen-ge|spinst; Lü|gen|ge|we|be lü|gen|haft; Lü|gen|haf|tig|keit, die; -
Lü|gen|maul (ugs. für Lügner)
Lü|gen|pres|se, die; - (im 19. Jh. entstandenes abwertendes Schlagwort für Medien, deren Berichterstattung für tendenziös u. manipulativ gehalten wird)
Lü|ge|rei (ugs.)
Lug|ins|land, der; -[e]s, -e od. -, - (veraltend für Wachtturm, Aussichtsturm)
Lüg|ner; Lüg|ne|rin; lüg|ne|risch
lu|isch vgl. luetisch
Lu|is|chen, Lu|i|se (w. Vorn.)
Lu|it|gard (w. Vorn.); **Lu|it|ger** (m. Vorn.); **Lu|it|pold** (m. Vorn.)

Luk, das; -[e]s, -e; vgl. Luke
Lu|kar|ne, die; -, -n (franz.) (landsch. für Dachfenster, -luke)
Lu|kas (Evangelist); Evangelium Lucä (des Lukas)
Lu|ke, die; -, -n (kleines Dach- od. Kellerfenster; Öffnung im Deck od. in der Wand des Schiffes)
Lu|ki|an (griech. Satiriker)
Luk|ma|ni|er, der; -s, auch **Luk|ma-ni|er|pass, Luk|ma|ni|er-Pass,** der; -es (ein schweiz. Alpenpass)
lu|k|ra|tiv (lat.) (gewinnbringend)
Lu|k|re|tia, Lu|c|re|tia, Lu|c|re|zia (w. Vorn.); **Lu|k|rez** (lat.) Lucretius; **Lu|k|re|zia** (w. Vorn.)
lu|k|rie|ren (lat.) (österr. für Gewinn erzielen)
lu|kul|lisch (üppig); lukullisches Mahl; **Lu|kul|lus,** der; -, -se (Schlemmer [nach Art des Lucullus])
Lu|latsch, der; -[e]s, -e (ugs. für langer, schlaksiger Mann)
Lul|le, die; -, -n (ugs. für Zigarette)
lul|len (volkstüml. für leise singen); das Kind in den Schlaf lullen
Lul|ler (österr. landsch. für Schnuller)
Lul|ly [ly'li:], Jean-Bap|tiste [...ba'ti:st] (ital.-franz. Komponist)
Lu|lu [auch ...'lu:] (w. Vorn.)
Lum|ba|go, die; -, ⟨lat.⟩ (Med. Schmerzen in der Lendengegend; Hexenschuss)
lum|bal (die Lenden[gegend] betreffend); **Lum|bal|an|äs|the-sie; Lum|bal|punk|ti|on**
lum|be|cken (nach dem dt. Erfinder E. Lumbeck) (Bücher durch Aneinanderkleben der einzelnen Blätter binden); gelumbeckt
Lum|ber|jack ['la...], der; -s, -s ⟨engl.⟩ (eine Art Jacke)
Lu|men, das; -s, Plur. - u. ...mina ⟨lat.⟩, »Licht« (Physik Einheit des Lichtstromes [Zeichen lm]; Biol., Med. innerer Durchmesser [lichte Weite] od. Hohlraum von Zellen od. Organen)
Lu|mi|nanz, die; - (Fachspr. Helligkeitsinformation des Videosignals)
Lu|mi|nes|zenz, die; -, -en (Physik Lichterscheinung, die nicht durch erhöhte Temperatur bewirkt ist); **lu|mi|nes|zie|ren**

Luminophor

Lu|mi|no|phor, der; -s, -e ⟨lat.; griech.⟩ (*Physik* Leuchtstoff)
Lụmm|me, die; -, -n ⟨nord.⟩ (ein arktischer Seevogel)
Lụmm|mel, der; -s, - (*südd. für* Lendenfleisch, -braten)
Lüm|mel, der; -s, -; **Lüm|me|lei**; **lüm|mel|haft**; **lüm|meln**, sich (*ugs.*); ich lümm[e]le mich
Lump, der; -en, -en (schlechter Mensch); **Lum|pa|zi|us**, der; -, -e (*scherzh. veraltend für* Lump); **Lum|pa|zi|va|ga|bun|dus**, der; -, *Plur.* -se *u.* ...di (Landstreicher)
lum|pen (*ugs. für* liederlich leben); sich nicht lumpen lassen (*ugs.* freigebig sein; Geld ausgeben)
Lụm|pen, der; -s, - (Lappen)
Lụm|pen|ge|sin|del
Lụm|pen|händ|ler (*veraltet für* Altwarenhändler); **Lụm|pen|händ|le|rin**
Lụm|pen|pack; **Lụm|pen|pro|le|ta|ri|at** (*marx. Theorie*); **Lụm|pen|sack**
Lụm|pen|samm|ler (*auch übertr. scherzh. für* letzte [Straßen]bahn, letzter Omnibus in der Nacht); **Lụm|pen|samm|le|rin**
Lụm|pe|rei
lụm|pig
Lụna (*lat.*) (römische Mondgöttin; *geh. für* Mond; Name sowjetischer unbemannter Mondsonden); **lu|nar** (den Mond betreffend, Mond...); **lu|na|risch** (*älter für* lunar); **Lu|na|ri|um**, das; -s, ...ien (Gerät zur Veranschaulichung der Mondbewegung)
Lu|na|tis|mus, der; - (*Med.* Mondsüchtigkeit)
Lunch [lant∫], der; *Gen.* -[e]s *od.* -, *Plur.* -[e]s *od.* -e ⟨engl.⟩ (leichte Mittagsmahlzeit [in angelsächsischen Ländern]); **Lụnch|bü|fett**, **Lụnch|buf|fet**
lụn|chen; du lunchst

lynchen
Das aus dem amerikanischen Englisch entlehnte Verb wird wie in der Herkunftssprache mit *y* geschrieben.

Lụnch|pa|ket; **Lụnch|zeit**
¹**Lund** (Stadt in Schweden)
²**Lụnd**, der; -[e]s, -e (Papageitaucher, ein Vogel)
Lü|ne|burg (Stadt am Nordrand der Lüneburger Heide); **Lü|ne|bur|ger Hei|de**, die; - - (Teil des Norddeutschen Tieflandes)
Lü|nẹt|te, die; -, -n ⟨franz.⟩ (*Tech*-

nik Stütze für lange Werkstücke auf der Drehbank; *Archit.* Bogenfeld, Stichkappe; *früher* eine Grundrissform im Festungsbau)
Lụn|ge, die; -, -n
Lụn|gen|bläs|chen; **Lụn|gen|bra|ten** (*österr. für* Lendenbraten)
Lụn|gen|em|bo|lie (*Med.*); **Lụn|gen|ent|zün|dung**
Lụn|gen|fisch (*Zool.*); **Lụn|gen|flü|gel**; **Lụn|gen|funk|ti|on**; **Lụn|gen|ha|schee**
lụn|gen|krank; **Lụn|gen|krank|heit**; **Lụn|gen|krebs**
Lụn|gen|lei|den; **lụn|gen|lei|dend**
Lụn|gen|ödem
Lụn|gen|spit|zen|ka|tarrh
Lụn|gen|stru|del (*österr. für* eine Suppeneinlage)
Lụn|gen-Tbc ↑D 28; **Lụn|gen|tu|ber|ku|lo|se**
Lụn|gen|tu|mor; **Lụn|gen|zug**
lụn|gern (*ugs.*); ich lungere
Lü|ning, der; -s, -e (*nordd. für* Sperling)
Lụn|ker, der; -s, - (fehlerhafter Hohlraum in Gussstücken)
Lün|se, die; -, -n (Achsnagel)
Lünt, die; - (*landsch. für* Schweinenierenfett)
Lụn|te, die; -, -n (ein Zündmittel; *Jägerspr.* Schwanz des Fuchses); Lunte riechen (*ugs. für* Gefahr wittern); **Lụn|ten|schnur** *Plur.* ...schnüre
Lụ|pe, die; -, -n ⟨franz.⟩ (Vergrößerungsglas)
lu|pen|rein (sehr rein, ganz ohne Mängel [von Edelsteinen]; *übertr. für* einwandfrei)
Lu|per|ka|li|en *Plur.* (ein altrömisches Fest)
Lü|pertz, Markus (dt. Maler u. Bildhauer)
Lụpf, der; -[e]s, -e (*südd. u. schweiz. für* das Hochheben; Last, die man eben noch heben kann; *auch für* Hosenlupf); **lụp|fen** (*südd., schweiz., österr. für* lüpfen); **lüp|fen** (leicht anheben, kurz hochheben, lüften)
lüp|fig (*schweiz. für* beschwingt)
Lu|pi|ne, die; -, -n ⟨lat.⟩ (eine Futter- od. Zierpflanze); **Lu|pi|nen|feld**
Lu|pi|nen|krank|heit, die; - (Lupinose); **Lu|pi|no|se**, die; -, -n (Leberentzündung bei Wiederkäuern)
Lụp|pe, die; -, -n (*Technik* Eisenklumpen); **lụp|pen** (gerinnen lassen)

Lu|pu|lin, das; -s ⟨lat.⟩ (Bitterstoff der Hopfenpflanze)
Lụ|pus, der; -, *Plur.* - *u.* -se ⟨lat.⟩ (*Med.* tuberkulöse Hautflechte)
Lụ|pus in Fạ|bu|la, der; - - - (»der Wolf in der Fabel«) (jemand, der kommt, wenn man gerade von ihm spricht)
¹**Lụrch**, der; -[e]s, -e (Amphibie)
²**Lụrch**, der; -[e]s (*österr. für* zusammengeballter, mit Fasern durchsetzter Staub)
Lụ|re, die; -, -n ⟨nord.⟩ (ein altes nord. Blasinstrument)
Lụ|rex®, das; - ⟨Kunstwort⟩ (Garn mit metallisierten Fasern)
Lu|sạ|ka (Hauptstadt Sambias)
Lụ|sche, die; -, -n (*ugs. für* Spielkarte [von geringem Wert])
lụ|schig (*landsch. für* liederlich, flüchtig)
lụ|sen (*südd., österr. mdal. für* ²losen)
Lu|si|tạ|ner, **Lu|si|tạ|ni|er**, der; -s, - (Angehöriger eines iber. Volksstammes)
Lu|si|tạ|ne|rin, **Lu|si|tạ|ni|e|rin**
Lu|si|tạ|ni|en (röm. Provinz, das heutige Portugal); **Lu|si|tạ|ni|er** *vgl.* Lusitaner; **lu|si|tạ|nisch**
Lụst, die; -, Lüste; Lust haben
Lụst|bar|keit (*veraltend*); **Lụst|bar|keits|ab|ga|be** (*österr. Amtsspr. für* Vergnügungsteuer)
lụst|be|tont
Lụs|ter, der; -s, - ⟨franz.⟩ (*österr. für* Kronleuchter); **Lüs|ter**, der; -s, - (Kronleuchter; Glanzüberzug auf Glas-, Ton-, Porzellanwaren; glänzendes Gewebe)
Lüs|ter|far|be; **Lüs|ter|glas** *Plur.* ...gläser; **Lüs|ter|klem|me**
lüs|tern; er hat lüsterne Augen; der Mann ist lüstern; **Lüs|tern|heit**, die; -
lụst|feind|lich; **Lụst|feind|lich|keit**
Lụst|gar|ten (*früher für* parkartiger Garten); **Lụst|ge|fühl**; **Lụst|ge|winn**; **Lụst|greis** (*ugs. abwertend*)
lụs|tig; Schluss mit lustig; *vgl. aber* Bruder Lustig; **Lụs|tig|keit**
Lụst|kna|be; **Lüst|ling** (*abwertend*)
lụst|los; **Lụst|lo|sig|keit**
Lụst|molch (*ugs., oft scherzh.*)
Lụst|mord; **Lụst|mör|der**; **Lụst|mör|de|rin**
Lụst|ob|jekt; **Lụst|prin|zip** *Plur.* -ien (*Psychol.*)
Lụs|t|ra (*Plur. von* Lustrum)
Lus|t|ra|ti|on, die; -, -en ⟨lat.⟩ (*Rel.*

Lymphozyt

feierliche Reinigung [durch Sühneopfer])
Lust|rei|se (Vergnügungsreise)
Lust|ren (*Plur.* von Lustrum)
lus|t|rie|ren (*Rel.* feierlich reinigen)
lüs|t|rie|ren ⟨franz.⟩ (*Textilind.* [Baumwoll- u. Leinengarne] fest u. glänzend machen)
Lus|t|rum, das; -s, *Plur.* ...ren *u.* ...ra ⟨lat.⟩ (altröm. Sühneopfer; Zeitraum von fünf Jahren)
Lust|schloss; Lust|spiel; Lust|spiel|dich|ter; Lust|spiel|dich|te|rin
lust|voll
lust|wan|deln (veraltend); ich lustwand[e]le; er ist gelustwandelt; zu lustwandeln
Lust|wie|se (*ugs. scherzh. für* großes Bett)
Lu|te|in, das; -s ⟨lat.⟩ (gelber Farbstoff in Pflanzenblättern u. im Eidotter)
Lu|te|tia (w. Vorname; *lat.* Name von Paris)
Lu|te|ti|um, das; -s (chemisches Element; *Zeichen* Lu)
Lu|ther (dt. Reformator); **Lu|the|ra|ner; Lu|the|ra|ne|rin**
lu|ther|feind|lich, Lu|ther-feind|lich; lu|the|risch [*auch* ...te:...]; eine lutherische Kirche; die lutherische Bibelübersetzung ↑D 89 u. 135
Lu|ther|ro|se (ein ev. Sinnbild)
lu|thersch; die <mark>luthersche</mark> od. Luther'sche Bibelübersetzung; ein Text mit <mark>lutherscher</mark> od. Luther'scher Schärfe ↑D 89 u. 135
Lu|ther|stadt Wit|ten|berg vgl. Wittenberg, Lutherstadt
Lu|ther|tum, das; -s
Lu|to|sław|s|ki [...'suaf...], Witold (poln. Komponist)
Lutsch|beu|tel (*früher*)
lut|schen; du lutschst; **Lut|scher; Lutsch|ta|b|let|te**
lütt (*nordd. ugs. für* klein)
Lut|te, die; -, -n ⟨Bergmannsspr. Röhre zur Lenkung des Wetterstromes)
Lut|ter, der; -s, - (noch unreines Spiritusdestillat)
Lut|ter am Ba|ren|ber|ge (Ort nordwestl. von Goslar)
Lüt|tich (Stadt in Belgien)
¹**Lutz** (m. Vorn.)
²**Lutz**, der; -, - ⟨nach dem österr. Eiskunstläufer A. Lutz⟩ (Drehsprung beim Eiskunstlauf)
Lüt|zel|burg (ehem. dt. Name von Luxemburg)

Lüt|zow [...tso] (Familienn.); die Lützowschen Jäger (ein Freikorps)
Luv [lu:f], die; -, *auch* (Geogr. nur:) das; -s (Seemannsspr., Geogr. die dem Wind zugekehrte Seite [bes. eines Schiffes, eines Gebirges]; *Ggs.* Lee); *meist ohne Artikel* in, von Luv
lu|ven [...f...] (Seemannsspr. das Schiff mehr an den Wind bringen); **Luv|sei|te; luv|wärts** (dem Winde zugekehrt)
Lux, der; -, - ⟨lat.⟩ (Einheit der Beleuchtungsstärke; *Zeichen* lx)
Lu|xa|ti|on, die; -, -en ⟨lat.⟩ (*Med.* Verrenkung)
¹**Lu|xem|burg** (belg. Provinz)
²**Lu|xem|burg** (Großherzogtum)
³**Lu|xem|burg** (Hauptstadt von ²Luxemburg)
Lu|xem|bur|ger; Lu|xem|bur|ge|rin; lu|xem|bur|gisch
Lu|xe|se, die; - (Lebensstil, der Luxus u. Einfachheit [Askese] vereint)
lu|xie|ren ⟨lat.⟩ (*Med.* verrenken)
Lux|me|ter, das; -s, - ⟨lat.; griech.⟩ (Gerät zum Messen der Beleuchtungsstärke)
Lu|xor (ägypt. Stadt)
lu|xu|rie|ren ⟨lat.⟩ (*Bot.* üppig wachsen [bes. von Pflanzenbastarden]; veraltet für schwelgen)
lu|xu|ri|ös
Lu|xus, der; - (Verschwendung, Prunksucht)
Lu|xus|ar|ti|kel; Lu|xus|aus|ga|be; Lu|xus|au|to; Lu|xus|damp|fer; Lu|xus|ge|schöpf (oft abwertend für verwöhnte Person); **Lu|xus|gut; Lu|xus|ho|tel**
<mark>**Lu|xus|jacht**</mark>, **Lu|xus**yacht
Lu|xus|klas|se; Lu|xus|li|mou|si|ne; Lu|xus|li|ner [...lainɐ], der; -s, -; **Lu|xus|pro|b|lem; Lu|xus|steu|er**, die; **Lu|xus|vil|la; Lu|xus|wa|gen; Lu|xus|woh|nung**
Lu|xus|yacht vgl. <mark>Luxusjacht</mark>
Lu|zern (Kanton u. Stadt in der Schweiz); **Lu|zern|biet**, das; -s (schweiz. für Kanton Luzern)
Lu|zer|ne, die; -, -n ⟨franz.⟩ (eine Futterpflanze); **Lu|zer|nen|heu**
Lu|zer|ner; Lu|zer|ne|rin; lu|zer|nisch
Lu|zia, Lu|zie [...tsi, *auch* ...tsjə] (w. Vorn.)
Lu|zi|an vgl. Lukian
lu|zid ⟨lat.⟩ (klar, einleuchtend)

Lu|zi|di|tät, die; - (luzide Beschaffenheit)
Lu|zie [...tsi, *auch* ...tsjə] vgl. Luzia
¹**Lu|zi|fer**, der; -s ⟨lat., »Lichtbringer«⟩ (*röm. Mythol.* Morgenstern)
²**Lu|zi|fer** (Satan)
Lu|zi|fe|rin, das; -s (*Biol., Chemie* Leuchtstoff vieler Tiere u. Pflanzen)
lu|zi|fe|risch (teuflisch)
Lu|zi|us vgl. Lucius
LVA, die; -, -[s] = Landesversicherungsanstalt
<mark>**Lwiw**</mark>, **L'viv** (Stadt in der Ukraine)
lx = Lux
ly = Lichtjahr

<mark>**Libyen**
Im Namen des nordafrikanischen Staates schreibt man ein *i* in der ersten und ein *y* in der zweiten Silbe.</mark>

Ly|chee ['lɪtʃi] ⟨chin.⟩ (engl. Schreibung für Litschi)
Ly|der, der; -s (Einwohner Lydiens); **Ly|de|rin, Ly|di|e|rin**
Ly|dia (w. Vorn.)
Ly|di|en (historische Landschaft in Kleinasien); **Ly|di|er** vgl. Lyder; **Ly|di|e|rin** vgl. Lyderin; **ly|disch**
Ly|ki|en (historische Landschaft in Kleinasien); **Ly|ki|er; Ly|ki|e|rin; ly|kisch**
Ly|ko|po|di|um, das; -s, ...ien ⟨griech.⟩ (*Bot.* Bärlapp)
Ly|kurg (Gesetzgeber Spartas; ein athen. Redner); **ly|kur|gisch;** die lykurgischen Reden ↑D 89 u. 135
lym|pha|tisch ⟨griech.⟩ (*Med.* die Lymphe, die Lymphknoten, -gefäße betreffend)
Lymph|bahn
<mark>**Lymph|drai|na|ge**</mark>, **Lymph**|drä|na|ge
Lymph|drü|se (veraltet für Lymphknoten)
Lym|phe, die; -, -n (weißliche Körperflüssigkeit, ein Impfstoff)
Lymph|ge|fäß; Lymph|kno|ten
Lymph|ödem
lym|pho|gen (lymphatischen Ursprungs); **lym|pho|id** (lymphartig)
Lym|phom, das; -s, -e (*Med.* Vergrößerung von Lymphknoten)
Lym|pho|zyt, der; -en, -en *meist Plur.* (bes. Form der weißen

Blutkörperchen); **Lym|pho|zy|to|se**, die; -, -n (krankhafte Vermehrung der Lymphozyten)

lyn|chen [*auch* ˈlɪ...] ⟨wahrscheinlich nach dem amerik. Friedensrichter Charles Lynch⟩ (ungesetzl. Volksjustiz ausüben); du lynchst; er wurde gelyncht

Lynch|jus|tiz; Lynch|mord

Lyn|keus ⟨griech., »Luchs«⟩ (scharfsichtiger Steuermann der Argonauten)

Ly|on [liˈõː] (Stadt in Frankreich)

¹**Ly|o|ner** (Bewohner von Lyon)

²**Ly|o|ner**, die; -, - (*kurz für* Lyoner Wurst)

Ly|o|ne|rin ⟨*zu* ¹Lyoner⟩

Ly|o|ner Wurst

Ly|o|ne|ser *vgl.* ¹Lyoner; **Ly|o|ne|se|rin; ly|o|ne|sisch**

lyo|phil ⟨griech.⟩ (*Chemie* leicht löslich); **lyo|phob** (*Chemie* schwer löslich)

Ly|ra, die; -, ...ren ⟨griech.⟩ (ein altgriech. Saiteninstrument; Leier; *nur Sing.:* ein Sternbild); **Ly|ra|gi|tar|re** (einer Kithara ähnliche Gitarre)

Ly|rik, die; - ([liedmäßige] Dichtung); **Ly|rik|band**, der; **Ly|ri|ker; Ly|ri|ke|rin**

ly|risch (der persönlichen Stimmung u. dem Erleben unmittelbaren Ausdruck gebend; gefühl-, stimmungsvoll; liedartig); lyrisches Drama; lyrische Dichtung ↑D89

Ly|san|der (spartan. Feldherr u. Staatsmann)

Ly|se, die; -, -n ⟨griech.⟩ (Vorgang der Auflösung einer Substanz durch Spaltung ihrer Moleküle)

Ly|sin, das; -s, -e *meist Plur.* ⟨griech.⟩ (*Med.* ein Bakterien auflösender Antikörper)

Ly|sis, die; -, Lysen (*Med.* langsamer Fieberabfall; *Psychol.* Persönlichkeitszerfall)

Ly|sis|t|ra|ta (Titelheldin einer Komödie von Aristophanes)

Ly|sol®, das; -s (ein Desinfektionsmittel)

Lys|sa, die; - ⟨griech.⟩ (*Med., Tiermed.* Tollwut, Raserei)

Ly|ze|um, das; -s, ...een ⟨griech.⟩ (*veraltet für* höhere Schule für Mädchen; *schweiz. regional für* Oberstufe des Gymnasiums)

Ly|zi|en usw. *vgl.* Lykien usw.

Lz. = Lizenz

LZ = Ladezone

LZB, die; -, -[s] = Landeszentralbank

M

m = Meter; Milli...

m² [*früher auch* qm] = Quadratmeter

m³ [*früher auch* cbm] = Kubikmeter

M (Buchstabe); das M; des M, die M, *aber* das m in Wimpel; der Buchstabe M, m

M = Mark; Mega...; Mille

M = medium (Kleidergröße: mittel)

M = 1 000 (röm. Zahlzeichen)

M. = Markus; Monsieur

M', Mc = Mac

μ = Mikro...; Mikron

M, μ *vgl.* ¹My

ma. = mittelalterlich

mA = Milliampere

Ma = Machzahl

MA = Massachusetts

MA. = Mittelalter

M. A. = Magister/Magistra Artium; Master of Arts; *vgl.* Magister, Master

¹**Mä|an|der**, der; -, -[s] (alter Name eines Flusses in Kleinasien)

²**Mä|an|der**, der; -s, - (geschlängelter Flusslauf; ein bandförmiges Ornament); **Mä|an|der|li|nie**

mä|an|dern, mä|an|d|rie|ren (*Geogr.* in Mäandern verlaufen; *Kunstwiss.* mit Mäandern verzieren); **mä|an|d|risch**

Maar, das; -[e]s, -e (*Geogr.* kraterförmige Senke)

Maas, die; - (ein Fluss)

Maa|sai (*svw.* Massai)

Maas|t|richt [*auch* ˈmaː...] (niederl. Stadt an der Maas)

Maat, der; -[e]s, *Plur.* -e u. -en (*Seemannsspr.* Schiffsmann, Unteroffizier auf Schiffen); **Maa|tin** (selten)

Mac [mɛk, *vor dem Namen, wenn unbetont* mək] ⟨kelt., »Sohn«⟩ (Bestandteil von schottischen [od. irischen] Namen [z. B. MacLeod]; *Abk.* M', Mc)

Ma|ca|da|mia|nuss [mak...] ⟨nach dem austral. Naturforscher J. Macadam⟩ (haselnussähnlicher Kern einer austral. Frucht)

Ma|ca|ron [...ˈrõː] ⟨franz.⟩ (ein Mandelgebäck)

Ma|cau, *älter* **Ma|cao** [...ˈkaʊ] (bis 1999 portugiesisch verwaltetes Territorium an der südchinesischen Küste)

Mac|beth [məkˈbɛθ] (König von Schottland; Titelheld eines Dramas von Shakespeare)

Mac|chie [...kjə], *auch* **Mac|chia** [...kja], die; -, Macchien ⟨ital.⟩ (immergrüner Buschwald des Mittelmeergebietes)

Mach, das; -[s], - (*kurz für* Machzahl)

Ma|chan|del, der; -s, - (*nordd. für* Wacholder); **Ma|chan|del|baum**

Mach|art

mach|bar; Mach|bar|keit; Mach|bar|keits|stu|die

Ma|che, die; - (ugs. für Schein, Vortäuschung)

Ma|che|ein|heit, Ma|che-Ein|heit ⟨nach dem österr. Physiker H. Mache⟩ (frühere Maßeinheit für die Radonkonzentration; *Zeichen* ME)

ma|chen; er/sie hat es gemacht; du hast mich lachen gemacht; nun mach schon!

Ma|chen|schaft *meist Plur.*

Ma|cher, der; -s, - (Person, die etwas zustande bringt; durchsetzungsfähiger Mensch)

...**ma|cher** (z. B. Schuhmacher)

Ma|che|rin

Ma|cher|lohn

Ma|che|te [*auch* ...ˈtʃeː...], die; -, -n ⟨span.⟩ (Buschmesser)

Ma|chi|a|vel|li [...kja...] (ital. Politiker, Schriftsteller u. Geschichtsschreiber)

Ma|chi|a|vel|lis|mus, der; - (polit. Lehre Machiavellis; *auch für* bedenkenlose Machtpolitik); **ma|chi|a|vel|lis|tisch**

Ma|chi|na|ti|on, die; -, -en ⟨lat.⟩ (*nur Plur.:* Machenschaften; *veraltet für* Kniff, Trick)

Ma|chis|mo [...ˈtʃi...], der; -[s] ⟨span.⟩ (übersteigertes Männlichkeitsgefühl)

Ma|cho [ˈmatʃo], der; -s, -s (sich betont männlich gebender Mann); **ma|cho|haft**

Ma|chor|ka, der; -[s], -[s] ⟨russ.⟩ (ein russ. Tabak)

Macht, die; -, Mächte; alles in unserer Macht Stehende

Macht|an|spruch; Macht|an|tritt; Macht|ap|pa|rat; Macht|aus|übung; Macht|be|fug|nis; Macht|be|reich, der

Magdalenenstift

macht|be|ses|sen; macht|be|wusst
Macht|block vgl. Block
Macht|de|mons|t|ra|ti|on
Mäch|te|grup|pe; Mäch|te|grup|pie|rung
Macht|ent|fal|tung; Macht|er|grei|fung; Macht|er|halt; Macht|fak|tor; Macht|fra|ge; Macht|fül|le
Macht|ha|ber; Macht|ha|be|rin
Macht|hun|ger; macht|hung|rig
mäch|tig; Mäch|tig|keit
Mäch|tig|keits|sprin|gen (Pferdesport)
Macht|kampf
macht|los; Macht|lo|sig|keit
Macht|mensch, der (meist abwertend); Macht|miss|brauch; Macht|mit|tel, das
Macht|op|ti|on
Macht|po|li|tik (meist abwertend); Macht|po|li|ti|ker; Macht|po|li|ti|ke|rin; macht|po|li|tisch
Macht|po|si|ti|on; Macht|pro|be; Macht|spiel; Macht|spruch; Macht|stel|lung; Macht|stre|ben; Macht|struk|tur; Macht|über|nah|me; Macht|ver|hält|nis; Macht|ver|lust; Macht|ver|schie|bung; Macht|ver|tei|lung
macht|voll
Macht|voll|kom|men|heit
Macht|wech|sel; Macht|wil|le
Macht|wort Plur. ...worte
Macht|zen|t|rum
ma|chul|le ⟨hebr.-jidd.⟩ (ugs. für bankrott; landsch. für ermüdet)
Ma|chu Pic|chu [...tʃu ˈpɪktʃu] (Ruinenstadt der Inka in Peru)
Mach|werk (abwertend für minderwertiges [geistiges] Produkt)
Mach|zahl, Mach-Zahl ⟨nach dem österr. Physiker u. Philosophen E. Mach⟩ (Verhältnis der Geschwindigkeit einer Strömung od. eines Körpers zur Schallgeschwindigkeit; Kurzform Mach; Abk. Ma; 1 Mach = Schallgeschwindigkeit)
¹Ma|cke, die; -, -n ⟨hebr.-jidd.⟩ (ugs. für Tick; Fehler)
²Ma|cke (dt. Maler)
Ma|cker (ugs. für Freund [bes. eines Mädchens]; Kerl)
mack|lich (nordd. für ruhig, behaglich; Seemannsspr. ruhig im Wasser liegend)
Mâ|con [maˈkõː] (franz. Stadt)
Ma|cu|la usw. vgl. Makula usw.
MAD, der; -[s] = Militärischer Abschirmdienst
Ma|da|gas|kar (Insel u. Staat östl. von Afrika); Ma|da|gas|se, der; -n, -n (Bewohner von Madagaskar); Ma|da|gas|sin; ma|da|gas|sisch
Ma|dam, die; -, Plur. -s u. -en ⟨franz.⟩ (veraltet, aber noch ugs. für gnädige Frau; scherzh. für [dickliche, behäbige] Frau)
Ma|dame [...ˈdam] ⟨franz.⟩ (franz. Anrede für eine Frau, etwa dem deutschen »gnädige Frau« entsprechend; als Anrede ohne Artikel; Abk. [nur in Verbindung mit dem Namen] Mme); Plur. Mesdames [meˈdam] (Abk. Mmes)
Mäd|chen; Mädchen für alles
Mäd|chen|au|ge (auch eine Blume)
mäd|chen|haft; Mäd|chen|haf|tig|keit, die; -
Mäd|chen|han|del, der; ¹Handel; Mäd|chen|händ|ler; Mäd|chen|händ|le|rin
Mäd|chen|klas|se; Mäd|chen|na|me; Mäd|chen|pen|si|o|nat; Mäd|chen|schu|le; Mäd|chen|schwarm
Ma|de, die; -, -n (Insektenlarve)
made in Ger|ma|ny [ˈmeɪd ɪn ˈdʒə:məni] ⟨engl., »hergestellt in Deutschland«⟩ (ein Warenstempel)
¹Ma|dei|ra [...ˈdeː...] (Insel im Atlantischen Ozean)
²Ma|dei|ra, Ma|de|ra, der; -[s], -[s] (Süßwein aus Madeira); Ma|dei|ra|wein, Ma|de|ra|wein
Ma|dei|rer (zu ¹Madeira); Ma|dei|re|rin; ma|dei|risch
Mä|del, das; -s, Plur. -[s] u. bayr., österr. -n (ugs., häufig iron.)
Made|lei|ne [...ˈdlɛ(ː)n] (w. Vorn.)
Ma|de|moi|selle [...d(ə)mɔaˈzɛl] ⟨franz.⟩ (franz. Bez. für unverheiratete Frau; als Anrede ohne Artikel; Abk. [nur in Verbindung mit dem Namen] Mlle); Plur. Mesdemoiselles [mɛd(ə)mɔaˈzɛl] (Abk. Mlles)
Ma|den|wurm
Ma|de|ra usw. vgl. ²Madeira usw.
Mä|de|süß, das; -, - (ein Rosengewächs)
ma|dig; ma|dig|ma|chen; jmdn. madigmachen (ugs. für in schlechten Ruf bringen); jmdm. etwas madigmachen (ugs. für verleiden)
Ma|d|jar usw. vgl. Magyar usw.
Ma|don|na, die; -, ...nnen (ital., »meine Herrin«) (nur Sing.: Maria, Mutter Gottes; bild. Kunst Mariendarstellung)
Ma|don|nen|bild; Ma|don|nen|ge|sicht
ma|don|nen|haft
Ma|don|nen|li|lie
kar); Ma|da|gas|sin; ma|da|gas|sisch
Ma|don|nen|sta|tue
Ma|d|ras (früherer Name für Chennai); Ma|d|ras|ge|we|be
Ma|d|re|po|re, die; -, -n meist Plur. ⟨franz.⟩ (Zool. Steinkoralle); Ma|d|re|po|ren|kalk (Geol. Korallenkalk der Juraformation)
Ma|d|rid (Hauptstadt Spaniens); Ma|d|ri|der; Madrider Paläste; Ma|d|ri|do|le|nin
Ma|d|ri|gal, das; -s, -e ⟨ital.⟩ ([Hirten]lied; mehrstimmiges Gesangstück); Ma|d|ri|gal|chor; Ma|d|ri|gal|stil
Ma|d|ri|le|ne, der; -n, -n (Einwohner Madrids); Ma|d|ri|le|nin
ma|es|to|so ⟨ital.⟩ (Musik feierlich, würdevoll); Ma|es|to|so, das; -s, Plur. -s u. ...si
Ma|es|t|ra, die; -, Plur. ...stre od. -s
Ma|es|t|ro, der; -s, Plur. ...stri od. -s ⟨ital., »Meister«⟩ (großer Musiker, Komponist [bes. als Anrede])
Ma|es|t|ro-Kar|te® (Bankw.)
Mä|eu|tik, die; - ⟨griech.⟩ (Fragemethode des Sokrates); mä|eu|tisch
Ma|fia, die; -, -s ⟨ital.⟩ (erpresserische Geheimorganisation [in Sizilien])
Ma|fia|boss; Ma|fia|me|tho|den Plur.; ma|fi|os, ma|fi|ös (nach Art der Mafia); Ma|fi|o|so, der; -[s], ...si (Mitglied der Mafia)
Mag. (in Österr.) = Magister/Magistra; vgl. Magister
Ma|gal|hães [...galˈjɛːʃ] (port. Seefahrer)
Ma|gal|hães|stra|ße, Ma|gal|hães-Stra|ße, die; - (Meeresstraße zwischen dem südamerik. Festland u. Feuerland); vgl. auch Magellanstraße
Mag. arch. (in Österr.) = magister/magistra architecturae; vgl. Magister
Mag. art. (in Österr.) = magister/magistra artium; vgl. Magister
Ma|ga|zin, das; -s, -e ⟨arab.-ital.⟩
Ma|ga|zi|ner (schweiz. für Magazinarbeiter); Ma|ga|zi|ne|rin
Ma|ga|zi|neur [...ˈnøːɐ̯], der; -s, -e ⟨franz.⟩ (österr. für Magazinverwalter); Ma|ga|zi|neu|rin; ma|ga|zi|nie|ren (einspeichern; lagern)
Magd, die; -, Mägde
Mag|da (w. Vorn.)
Mag|da|la (Dorf am See Genezareth)
Mag|da|le|na, Mag|da|le|ne (w. Vorn.)
Mag|da|le|nen|stift, das

Magdalenenstrom

Ma|gis|ter

der; -s, - ⟨lat., »Meister«⟩

(akadem. Grad; *veraltet für* Lehrer; *Abk. [bei Titeln]* Mag.)
- Magister/Magistra Artium (akadem. Grad; *Abk.* M. A., z. B. Claudia Meier M. A.; *österr.* Mag. art.)
- Magister/Magistra der Architektur (*österr., Abk.* Mag. arch.)
- Magister/Magistra des Industrial Design (*österr., Abk.* Mag. des. ind.)
- Magister/Magistra der Künste (*österr., Abk.* Mag. art.)
- Magister/Magistra der Naturwissenschaften (*österr., Abk.* Mag. rer. nat.)
- Magister/Magistra der Pharmazie (*österr., Abk.* Mag. pharm.)
- Magister/Magistra der Philosophie (*österr., Abk.* Mag. phil.)
- Magister/Magistra der Philosophie der Theologischen Fakultät (*österr., Abk.* Mag. phil. fac. theol.)
- Magister/Magistra des Rechts der Wirtschaft (*österr., Abk.* Mag. iur. rer. oec.)
- Magister/Magistra der Rechtswissenschaften (*österr., Abk.* Mag. iur.)
- Magister/Magistra der Sozial- und Wirtschaftswissenschaften (*österr., Abk.* Mag. rer. soc. oec.)
- Magister/Magistra der Theologie (*österr., Abk.* Mag. theol.)
- Magister/Magistra der Tierheilkunde (*österr., Abk.* Mag. med. vet.)

Mag|da|le|nen|strom, der; -[e]s ⟨in Kolumbien⟩

Mag|da|lé|ni|en [...le'niɛ̃ː], das; -[s] ⟨franz.⟩ (Kultur der Älteren Steinzeit)

Mag|de|burg (Stadt an der mittleren Elbe); **Mag|de|bur|ger**; **Mag|de|bur|ger Bör|de** (Gebiet westl. der Elbe); **Mag|de|bur|ge|rin**; **mag|de|bur|gisch**

Mäg|de|lein (*veraltet*)

Mag. des. ind. (*in Österr.*) = magister/magistra designationis industrialis; *vgl.* Magister

Mäg|de|stu|be (*früher*)

Mägd|lein *vgl.* Mägdelein

Ma|gel|lan|stra|ße, **Ma|gel|lan-Stra|ße** [*auch* ...gel'ja:n..., 'magelja:n...], die; - ⟨eindeutschende Schreibung für Magalhãesstraße⟩

Ma|ge|lo|ne (neapolitan. Königstochter; Gestalt des franz. u. dt. Volksbuches)

Ma|gen, der; -s, *Plur.* Mägen *od.* -

Ma|gen|aus|gang; **Ma|gen|aus|he|be|rung** *vgl.* aushebern; **Ma|gen|be|schwer|den** *Plur.*; **Ma|gen|bit|ter**, der; -s, - (bitterer Kräuterlikör)

Ma|gen-Darm-Ka|tarrh (*Med.*); ↑D 26; **Ma|gen-Darm-Trakt**

Ma|gen|drü|cken; **Ma|gen|ein|gang**; **Ma|gen|er|wei|te|rung** (*Med.*)

Ma|gen|fahr|plan (*ugs. für* feststehender Küchenzettel für eine bestimmte Zeit)

Ma|gen|fis|tel (*Med.*)

ma|gen|freund|lich

Ma|gen|ge|gend; **Ma|gen|ge|schwür**; **Ma|gen|gru|be**

Ma|gen|ka|tarrh, der (*Med.*)

Ma|gen|knur|ren, das; -s; **Ma|gen|krampf**

ma|gen|krank; **Ma|gen|krebs**

Ma|gen|lei|den; **ma|gen|lei|dend**

Ma|gen|ope|ra|ti|on

Ma|gen|saft; **Ma|gen|säu|re**

Ma|gen|schleim|haut; **Ma|gen|schleim|haut|ent|zün|dung**

Ma|gen|schmerz *meist Plur.*; **Ma|gen|son|de** (*Med.*); **Ma|gen|spie|ge|lung**; **Ma|gen|spü|lung**

ma|gen|ta (magentafarben); eine magenta Lackierung; **Ma|gen|ta**, das; -s ⟨nach einem ital. Ort⟩ (Anilinrot); **ma|gen|ta|far|ben**

Ma|gen|ver|stim|mung

Ma|gen|wand

ma|ger; **Ma|ger|keit**, die; -

Ma|ger|koh|le; **Ma|ger|milch**; **Ma|ger|quark**

Ma|ger|sucht, die; -; **ma|ger|süch|tig**

Ma|ger|wie|se (*Landwirtsch.* wenig Heu bringende Wiese)

Mag|gi® [ʃweiz. ...dʒi], das; -[s] ⟨nach der Schweizer Familie Maggi und der gleichnamigen Firma⟩ (eine Speisewürze)

Mag|gie ['megi] (w. Vorn.)

Magh|reb, der; -[s] ⟨arab., »Westen«⟩ (der Westteil der arab.-moslem. Welt: Tunesien, Nordalgerien, Marokko); **magh|re|bi|nisch**

Ma|gie, die; - ⟨pers.⟩ (Zauber-, Geheimkunst); **Ma|gi|er** (Zauberer); **Ma|gi|e|rin**; **ma|gisch**; magisches Quadrat

Ma|gis|ter *s. Kasten*

Ma|gis|ter|ar|beit; **Ma|gis|ter|prü|fung**; **Ma|gis|ter|stu|di|en|gang**

Ma|gis|t|ra, die; -, ...ae (*w. Form zu* Magister [*vgl.* d.])

ma|gis|t|ral (*bes. schweiz. für* beeindruckend, meisterhaft)

Ma|gis|t|ra|le, die; -, -n ⟨regional u. fachspr. für Hauptverkehrsstraße, -linie⟩

¹**Ma|gis|t|rat**, der; -[e]s, -e (Stadtverwaltung, -behörde)

²**Ma|gis|t|rat**, der; -en, -en (*schweiz. für* Inhaber eines hohen öffentlichen Amtes)

Ma|gis|t|ra|tin (*schweiz.*)

Ma|gis|t|rats|be|schluss

Mag. iur. (*in Österr.*) = magister/magistra iuris; *vgl.* Magister

Mag. iur. rer. oec. (*in Österr.*) = magister/magistra iuris rerum oeconomicarum; *vgl.* Magister

Mag|ma, das; -s, ...men ⟨griech.⟩ (*Geol.* Gesteinsschmelzfluss des Erdinnern); **mag|ma|tisch**

Mag. med. vet. (*in Österr.*) = magister/magistra medicinae veterinariae; *vgl.* Magister

Ma|gna Char|ta, die; - - ⟨lat.⟩ (englisches [Grund]gesetz von 1215; *geh. für* Grundgesetz, Verfassung)

ma|gna cum lau|de ⟨lat., »mit großem Lob«⟩ (zweitbeste Note der Doktorprüfung)

Ma|g|nat, der; -en, -en ⟨lat.⟩ (Grundbesitzer, Großindustrieller); **Ma|g|na|tin**

¹**Ma|g|ne|sia** (Landschaft Thessaliens; *heute* Magnisia)

²**Ma|g|ne|sia**, die; - (Magnesiumoxid)

Ma|g|ne|sit, der; -s, -e (Mineral)

Ma|g|ne|si|um, das; -s (chemisches Element, Metall; *Zeichen* Mg); **Ma|g|ne|si|um|le|gie|rung**

Ma|g|net, der; *Gen.* -en *u.* -[e]s, *Plur.* -en *u.* -e ⟨griech.⟩

Ma|g|net|bahn (*svw.* Magnetschwebebahn)

Ma|g|net|band, das; *Plur.* ...bänder;

Maienbaum

Ma|gnet|berg; Ma|gnet|ei|sen|stein; Ma|gnet|feld *(Physik)*
ma|gne|tisch; magnetische Feldstärke; magnetischer Pol
ma|gne|ti|sie|ren (magnetisch machen); Ma|gne|ti|sie|rung
Ma|gne|tis|mus, der; - (Gesamtheit der magnetischen Erscheinungen; ein Heilverfahren)
Ma|gne|tit, der; -s, -e (Magneteisenstein)
Ma|gnet|kar|te; Ma|gnet|na|del
Ma|gne|to|fon, Ma|gne|to|phon®, das; -s, -e (ein Tonbandgerät)
Ma|gne|to|me|ter, das; -s - *(Physik)*; Ma|gne|ton [*auch* ...'to:n], das; -s, -[s] *(Physik* Einheit des magnetischen Moments); 2 Magneton
Ma|gne|to|sphä|re, die; - *(Meteorol.* höchster Teil der Atmosphäre)
Ma|gnet|re|so|nanz|to|mo|graf, Ma|gnet|re|so|nanz|to|mo|graph, der; -en, -en *(Med.)*; Ma|gnet|re|so|nanz|to|mo|gra|fie, Ma|gnet|re|so|nanz|to|mo|gra|phie *(Abk.* MRT; Kernspintomografie)
Ma|gne|t|ron [*auch* ...'tro:n], das; -s, *Plur.* ...one, *auch* -s *(Physik* Elektronenröhre, die magnetische Energie verwendet)
Ma|gnet|schwe|be|bahn
Ma|gnet|ton|ver|fah|ren
ma|gni|fik [manji...] ⟨franz.⟩ *(veraltet für* herrlich, großartig)
Ma|gni|fi|kat [mag...], das; -[s], -s ⟨lat.⟩ (Lobgesang Marias)
Ma|gni|fi|kus, der; -, ...fizi *(veraltet für* Rektor einer Hochschule); *vgl.* Rector magnificus
Ma|gni|fi|zenz, die; -, -en (Titel für Hochschulrektor[inn]en u. a.; *als Anrede* Euer, Eure *(Abk. Ew.)* Magnifizenz
Ma|gni|sia *vgl.* ¹Magnesia
Ma|gni|tu|de, die; -, -n
Ma|gno|lie [...iə], die; -, -n ⟨nach dem franz. Mediziner u. Botaniker Magnol⟩ (ein Zierbaum)
Ma|g|num, die; -, ...gna ⟨lat.⟩ (Wein- od. Sektflasche mit 1,5 l Fassungsvermögen; *Waffentechnik* spezielle Patrone mit verstärkter Ladung)
Ma|gnus (m. Vorn.)
Ma|gog (Reich des Gog); *vgl.* Gog
Mag. pharm. *(in Österr.)* = magister/magistra pharmaciae; *vgl.* Magister
Mag. phil. *(in Österr.)* = magister/ magistra philosophiae; *vgl.* Magister

Mag. phil. fac. theol. *(in Österr.)* = magister/magistra philosophiae facultatis theologicae; *vgl.* Magister
Mag. rer. nat. *(in Österr.)* = magister/magistra rerum naturalium; *vgl.* Magister
Mag. rer. soc. oec. *(in Österr.)* = magister/magistra rerum socialium oeconomicarumque; *vgl.* Magister
Ma|g|ritte [...'grɪt] (belg. Maler)
Mag. theol. *(in Österr.)* = magister/magistra theologiae; *vgl.* Magister
Ma|g|yar [ma'dja:ɐ̯], Ma|d|jar, der; -en, -en (Ungar); Ma|g|ya|ren|reich, Ma|d|ja|ren|reich, das; -[e]s; Ma|g|ya|rin, Ma|d|ja|rin; ma|g|ya|risch, ma|d|ja|risch; Ma|g|ya|ri|sie|rung, Ma|d|ja|ri|sie|rung
mäh!; mäh, mäh!; mäh schreien
Ma|ha|bha|ra|ta [...'ba:...], das; - (aind. Nationalepos)
Ma|ha|go|ni, das; -s ⟨indian.⟩ (ein Edelholz); Ma|ha|go|ni|holz; Ma|ha|go|ni|mö|bel
Ma|ha|rad|scha [*auch* ...'radʒa], der; -[s], -s ⟨sanskr.⟩ (ind. Großfürst); Ma|ha|ra|ni, die; -, -s (Frau eines Maharadschas, ind. Fürstin)
Ma|ha|ri|schi, der; -[s], -s ⟨Hindi⟩ (ein ind. religiöser Ehrentitel)
Ma|hat|ma, der; -s, -s ⟨sanskr.⟩ (ind. Ehrentitel für geistig hochstehende Männer); Mahatma Gandhi
Mäh|bin|der
Mahd, die; -, -en *(landsch. für das* Mähen; das Abgemähte [meist Gras]); Mäh|der *(landsch. für* Mäher); Mäh|de|rin
Mah|di [*'max...*, *auch* 'ma:...], der; -[s], -s (von den Moslems erwarteter Welterneuerer)
Mäh|dre|scher; Mäh|drusch
¹mä|hen ([Gras] schneiden)
²mä|hen; mähende Schafe
Mä|her; Mä|he|rin
Mahl, das; -[e]s, *Plur.* Mähler *u.* -e (Gastmahl)
mah|len (Korn u. a.); gemahlen; wer zuerst kommt, mahlt zuerst
Mah|ler (österr. Komponist)
Mahl|gang, der *(Technik)*
Mahl|geld; Mahl|gut
mäh|lich *(geh. für* allmählich)
Mahl|sand *(Seemannsspr.)*
Mahl|schatz *(Rechtsspr. veraltet für* Brautgabe)
Mahl|statt, Mahl|stät|te (Gerichts-

u. Versammlungsstätte der alten Germanen)
Mahl|stein; Mahl|steu|er, die *(früher);* Mahl|strom (Strudel); Mahl|werk *(Technik);* Mahl|zahn *(für* Molar)
Mahl|zeit; gesegnete Mahlzeit!
Mäh|ma|schi|ne
Mah|moud, Mah|mut [max'mu:t] (m. Vorn.)
Mahn|be|scheid *(Rechtswiss.)*; Mahn|brief
Mäh|ne, die; -, -n
mah|nen
mäh|nen|ar|tig
Mah|ner; Mah|ne|rin
Mahn|ge|bühr
mäh|nig ⟨zu Mähne⟩
Mahn|mal *Plur.* ...male, *selten* ...mäler; Mahn|ruf *(geh.)*
Mahn|schrei|ben
Mah|nung
Mahn|ver|fah|ren *(Rechtswiss.)*
Mahn|wa|che; Mahn|wort *Plur.* ...worte *(geh.)*
Mahn|zei|chen
Ma|ho|nie, die; -, -n ⟨nach dem amerik. Gärtner B. MacMahon⟩ (ein Zierstrauch)
Mahr, der; -[e]s, -e (quälendes Nachtgespenst, ¹Alb)
¹Mäh|re, die; -, -n ⟨[altes, abgemagertes] Pferd⟩
²Mäh|re, der; -n, -n; Mäh|ren (Gebiet in der Tschechischen Republik); Mäh|rer *(svw.* ²Mähre); Mäh|re|rin, Mäh|rin; mäh|risch; *aber* ↑D 140: die Mährische Pforte
Mai, der; *Gen.* -[e]s *u.* - *(geh. gelegentl. noch* -en), *Plur.* -e ⟨lat.⟩ (der fünfte Monat des Jahres, Wonnemond, Weidemonat);
↑D 151: der Erste Mai (Feiertag)
Ma|ia *vgl.* ²Maja
Mai|an|dacht *(kath. Kirche)*
Mai|baum; Mai|blu|me; Mai|blu|men|strauß; Mai|bow|le
Maid, die; -, -en *(scherzh., sonst veraltet für* Mädchen)
Mai|dan, der; -s ⟨zu ukrainisch Maidan [Nesaleschnosti] = Platz der Unabhängigkeit [in Kiew]⟩ (ukrainische Protestbewegung)
Mai|de|mons|t|ra|ti|on
Maie, die; -, -n *(veraltend für* Maibaum)
mai|en; es grünt und mait
Mai|en, Mei|len, der; -s, - *(schweiz. mdal. für* Maiensäß; Blumenstrauß)
Mai|en|baum *(geh. für* Maibaum);

Maienblume

Mai|en|blu|me (geh. für Maiblume); **mai|en|haft**
Mai|en|kö|ni|gin (geh. für Maikönigin); **Mai|en|luft** (geh. für Mailuft); **Mai|en|nacht** (geh. für Mainacht)
Mai|en|säß, Mei|en|säß, das; -es, -e (schweiz. für vorübergehend im Frühjahr bewirtschaftete Bergweide, Almhütte); vgl. Maisäß
Mai|fei|er; Mai|feu|er; Mai|glöckchen; Mai|kä|fer; Mai|kätz|chen
Mai|ke, Mei|ke (w. Vorn.)
Mai|kö|ni|gin
Mai|krin|gel (Kuchenspezialität aus Kiel); **Mai|kund|ge|bung**
Mail [meɪl], die; -, -s, auch (bes. südd., österr., schweiz.) das; -s, -s (kurz für E-Mail)
Mail|ac|count
Mai|land (ital. Stadt); vgl. Milano; **Mai|län|der; Mai|län|de|rin; mai|län|disch**
Mail|box [ˈmeɪl...], die; -, -en ⟨engl.⟩ (Speicher für das Hinterlassen von Nachrichten in Computersystemen od. beim Mobilfunk)
mai|len [ˈmeɪlən] ⟨engl.⟩ (als E-Mail senden); gemailt; **Mai|ler**, der; -s, - (EDV Programm zum Senden u. Empfangen von E-Mails)
Mai|ling [ˈmeɪl...], das; -s, -s (Versenden von Werbematerial per Post od. E-Mail); **Mai|ling|lis|te** (EDV E-Mail-Adressenliste im Internet für das Versenden u. Empfangen von Beiträgen)
Mail|lol [maˈjɔl] (franz. Bildhauer u. Grafiker)
Mai|luft
Mail|ver|kehr, der; -s (EDV)
Main, der; -[e]s (rechter Nebenfluss des Rheins)
Mai|nacht
Mai|n|au, die; - (Insel im Bodensee)
Main|board [ˈmeɪnbɔːɐ̯t], das; -s, -s ⟨engl.⟩ (EDV Motherboard)
Main-Do|nau-Ka|nal, der; -s ↑D 146
Maine [meɪn] (Staat in den USA; Abk. ME)
Main|fran|ke; Main|fran|ken; Main|frän|kin; main|frän|kisch
Main|li|nie, die; -
Main|me|t|ro|po|le, die; - (svw. Frankfurt am Main)
Main|stream [ˈmeɪnstriːm], der; -s ⟨engl.⟩ (oft abwertend für vorherrschende Richtung); **mainstrea|mig** (ugs.)

Mainz (Stadt am Rhein); **Main|zer; Main|ze|rin; main|zisch**
Maire [meːɐ̯], der; -[s], -s (franz.) (Bürgermeister in Frankreich); **Mai|rie**, die; -, ...ien (franz. Bez. für Rathaus)
Mais, der; -es, Plur. (Sorten:) -e ⟨indian.⟩ (eine Getreidepflanze)
Mai|säß, das; -es, -e (westösterr. für vorübergehend im Frühjahr bewirtschaftete Bergweide, Almhütte)
Mais|bir|ne (Trainingsgerät für Boxer)
Mais|brei; Mais|brot
Maisch, der; -[e]s, -e (selten für Maische); **Maisch|bot|tich; Mai|sche**, die; -, -n (Gemisch zur Wein-, Bier- od. Spiritusherstellung); **mai|schen**; du maischst
Mais|flo|cken Plur.; **mais|gelb; Mais|kol|ben; Mais|korn**, das; Plur. ...körner; **Mais|la|by|rinth** (ugs.); **Mais|mehl**
Mai|so|nette, Mai|son|nette [mɛzɔˈnɛt], die; -, Plur. -s ⟨franz.⟩ (zweistöckige Wohnung)
Maiß, der; -es, -e od. die; -, -en (bayr., österr. für Holzschlag; Jungwald)
Mais|stär|ke; Mais|stroh
Maî|t|re de Plai|sir [ˈmɛːtrə də pleˈziːɐ̯], der; - - -, -s [ˈmɛːtrə] - - ⟨franz.⟩ (scherzh., sonst veraltet für jmd., der ein Unterhaltungsprogramm leitet)
¹Ma|ja, die; - ⟨sanskr.⟩ (ind. Philos. [als verschleierte Schönheit dargestellte] Erscheinungswelt, Blendwerk)
²Ma|ja (röm. Göttin des Erdwachstums; griech. Mythol. Mutter des Hermes)
Ma|ja|kow|s|ki (russ. Dichter)
Majdanek [maɪˈda(ː)...] (im 2. Weltkrieg nationalsozialistisches Konzentrationslager in Polen)
Ma|jes|tät, die; -, Plur. (als Titel u. Anrede von Kaisern u. Königen:) -en ⟨lat.⟩ (Herrlichkeit, Erhabenheit; Seine Majestät [Abk. S[e].M.], Ihre Majestät [Abk. I.M.], Euer Majestät od. Eure Majestät [Abk. Ew.M.]); **ma|jes|tä|tisch** (herrlich, erhaben); **Ma|jes|täts|be|lei|di|gung**
Ma|jo|li|ka, die; -, Plur. ...ken u. -s ⟨nach der Insel Mallorca⟩ (Töpferware mit Zinnglasur)
¹Ma|jor, der; -s, -e ⟨lat.-span.⟩ (unterster Stabsoffizier)

²Ma|jor [ˈmeɪdʒɐ], die; -, -s meist Plur. ⟨engl.⟩ (große, den Markt dominierende Firma, bes. der Filmindustrie)
Ma|jo|ran [auch ...ˈraːn], seltener Mei|ran, der; -s, -e Plur. selten ⟨mlat.⟩ (eine Gewürzpflanze; deren getrocknete Blätter)
Ma|jo|rat, das; -[e]s, -e ⟨lat.⟩ (Rechtsspr. Vorrecht des Ältesten auf das Erbgut; nach dem Ältestenrecht zu vererbendes Gut); **Ma|jo|rats|gut**
Ma|jor|do|mus, der; -, - ⟨lat.⟩ (Hausmeier; Stellvertreter der fränk. Könige)
ma|jo|renn (Rechtsspr. veraltet für volljährig, mündig); **Ma|jo|ren|ni|tät**, die; - (veraltet für Volljährigkeit, Mündigkeit)
Ma|jo|rette [...ˈrɛt], die; -, Plur. -s u. -n ⟨engl.⟩ (junge Frau in Uniform, die bei festlichen Umzügen paradiert); **Ma|jo|ret|ten|grup|pe**
Ma|jo|rin
ma|jo|ri|sie|ren ⟨lat.⟩ (überstimmen, durch Stimmenmehrheit zwingen)
Ma|jo|ri|tät, die; -, -en ([Stimmen]mehrheit); **Ma|jo|ri|täts|be|schluss; Ma|jo|ri|täts|prin|zip**, das; -s; **Ma|jo|ri|täts|wahl** (Mehrheitswahl)
Ma|jors|rang, der; -[e]s, ...ränge
Ma|jorz, der; -es ⟨lat.⟩ (schweiz. für Mehrheitswahlsystem)
Ma|jus|kel, die; -, -n ⟨lat.⟩ (Großbuchstabe)
ma|ka|ber ⟨franz.⟩ (unheimlich; schaudererregend; frivol); makab[e]rer, makabers|te; maka|b|res Aussehen
Ma|ka|dam, der od. das; -s, -e ⟨nach dem schott. Ingenieur McAdam⟩ (Straßenbelag); **ma|ka|da|mi|sie|ren** (mit Makadam versehen, belegen)
Ma|kak, der; Gen. -s u. ...kaken, Plur. ...kaken ⟨afrik.-port.⟩ (meerkatzenartiger Affe)
Ma|ka|lu [engl. ˈmɛkəluː], der; - (Berg im Himalaja)
Ma|ka|me, die; -, -n ⟨arab.⟩ (Literaturwiss. kunstvolle alte arab. Stegreifdichtung)
¹Ma|kao [auch ...ˈkaʊ], der; -s, -s ⟨Hindi-port.⟩ (ein Papagei)
²Ma|kao [auch ...ˈkaʊ], das; -s ⟨nach Macau⟩ (ein Glücksspiel)
Ma|kart (österr. Maler)
Ma|ke|do|ni|en (Balkanlandschaft); vgl. ¹Mazedonien

Malaxt

Ma|ke|do|ni|er; Ma|ke|do|ni|e|rin; ma|ke|do|nisch

Ma|kel, der; -s, - (geh. für Schande; Fleck; Fehler)

Mä|ke|lei (svw. Nörgelei); **mä|ke|lig, mäk|lig** (gern mäkelnd)

ma|kel|los; Ma|kel|lo|sig|keit

ma|keln (Vermittlergeschäfte machen); ich mak[e]le

mä|keln (svw. nörgeln); ich mäk[e]le; **Mä|kel|sucht,** die; -; **mä|kel|süch|tig**

Ma|ket|te, die; -, -n (eindeutschend für Maquette)

Make-up ['meɪkap], das; -s, -s ⟨engl.⟩ (kosmet. Verschönerung; kosmet. Präparat)

Ma|ki, der; -s, -s ⟨madagass.-franz.⟩ (ein Halbaffe)

Ma|ki|mo|no, das; -[s], -s ⟨jap.⟩ (ostasiat. Rollbild im Querformat auf Seide od. Papier)

Ma|king-of [meɪkɪŋˈɔf], das; -[s], -s ⟨engl.⟩ ([filmischer] Bericht über die Entstehung u. Produktion eines Films)

Mak|ka|bä|er, der; -s, - (Angehöriger eines jüd. Geschlechtes); **Mak|ka|bä|e|rin; Mak|ka|bä|er|mün|ze; mak|ka|bä|isch**

Mak|ka|bi, der; -[s], -s ⟨hebr.⟩ (Name jüd. Sportvereinigungen); **Mak|ka|bi|a|de,** die; -, -n (jüd. Sporttreffen nach Art der Olympiade)

Mak|ka|ro|ni Plur. ⟨ital.⟩ (röhrenförmige Nudeln)

mak|ka|ro|nisch (aus lateinischen [u. lat. deklinierten] Wörtern lebender Sprachen gemischt); makkaronische Dichtung

Mak|ler (Geschäftsvermittler); **¹Mäk|ler** (selten für Makler)

²Mäk|ler (svw. Nörgler)

Mak|ler|fir|ma; Mak|ler|ge|bühr; Mak|le|rin

¹Mäk|le|rin (selten für Maklerin)

²Mäk|le|rin (svw. Nörglerin)

Mak|ler|pro|vi|si|on; Mak|ler|ver|trag

mäk|lig vgl. mäkelig

Ma|ko, die; -, -s od. der od. das; -[s], -s ⟨nach dem Ägypter Mako Bey⟩ (ägypt. Baumwolle); **Ma|ko|baum|wol|le**

Ma|ko|ré, das; -s ⟨franz.⟩ (afrik. Hartholz)

Mak|ra|mee, das; -[s], -s ⟨arab.-ital.⟩ (Knüpfarbeit [mit Fransen])

Mak|re|le, die; -, -n ⟨niederl.⟩ (ein Fisch)

Ma|kro, der od. das; -s, -s (EDV; kurz für Makrobefehl)

ma|kro... ⟨griech.⟩ (lang..., groß...); **Ma|kro...** (Lang..., Groß...)

Ma|kro|be|fehl (EDV zu einer Einheit zusammengefasste Folge von Befehlen)

Ma|kro|bi|o|tik, die; - (eine bestimmte Lebens- u. Ernährungsweise); **ma|kro|bi|o|tisch**

Ma|kro|kli|ma (Großklima)

ma|kro|kos|misch [auch 'ma:...]; **Ma|kro|kos|mos, Ma|kro|kos|mus,** der; - (die große Welt, Weltall; Ggs. Mikrokosmos)

Ma|kro|mo|le|kül [auch 'ma:...] (Chemie aus 1 000 u. mehr Atomen aufgebautes Molekül); **ma|kro|mo|le|ku|lar**

Ma|kro|ne, die; -, -n ⟨ital.⟩ (ein Gebäck)

Ma|kro|öko|no|mie [auch 'ma:...] (Wirtsch. Teilgebiet der Wirtschaftstheorie); **ma|kro|öko|no|misch**

ma|kro|pru|den|zi|ell, ma|kro|pruden|ti|ell [auch 'ma:...] ⟨lat.⟩ (Finanzw. auf die Stabilität des gesamten Finanzsystems gerichtet)

ma|kro|seis|misch [auch 'ma:...] ⟨griech.⟩ (Geol. ohne Instrumente wahrnehmbar [von starken Erdbeben])

ma|kro|s|ko|pisch (mit freiem Auge sichtbar)

Ma|kro|spo|re [auch 'ma:...] (Bot. große w. Spore einiger Farnpflanzen)

Ma|k|ro|struk|tur (fachspr. für ohne optische Hilfsmittel erkennbare Struktur)

Ma|k|ro|the|o|rie (Teilbereich der wirtschaftswissenschaftlichen Theorie)

ma|k|ro|ze|phal (Med. großköpfig); **Ma|k|ro|ze|pha|lie,** die; -, ...ien

Ma|k|ru|lie, die; -, ...ien (Med. Wucherung des Zahnfleisches)

Ma|ku|la, die; -, ...lä, Ma|cu|la, die; -, ...lae ⟨lat.⟩ (Med. der gelbe Fleck in der Augennetzhaut); **Ma|ku|la|de|ge|ne|ra|ti|on,** Ma|cu|la|de|ge|ne|ra|ti|on

Ma|ku|la|tur, die; -, -en ⟨lat.⟩ (Druckw. schadhaft gewordene od. fehlerhafte Bogen; Fehldruck; Altpapier); **ma|ku|lie|ren** (zu Makulatur machen)

mal; acht mal zwei ⟨mit Ziffern [u. Zeichen]⟩: 8 mal 2, 8 × 2 od. 8 · 2); acht mal zwei ist, macht, gibt (nicht: sind, machen, geben) sechzehn; eine Fläche von drei mal fünf Metern ⟨mit Ziffern [u. Zeichen]⟩: 3 m × 5 m); vgl. aber achtmal u. ¹Mal; mal (ugs. für einmal [vgl. ¹Mal], z. B. komm mal her!; wenn das mal gut geht!; das ist nun mal so; öfter mal was Neues!; sag das noch mal od. nochmal!)

¹Mal s. Kasten Seite 724

²Mal, das; -[e]s, Plur. -e u. Mäler (Fleck; Merkmal; geh. für Denkmal; Sport Ablaufstelle)

Ma|la|bar|küs|te, die; - (südl. Teil der Westküste Vorderindiens)

Ma|la|bo (Hauptstadt Äquatorialguineas)

Ma|la|chi|as, ökum. Ma|le|a|chi (bibl. Prophet)

Ma|la|chit, der; -s, -e ⟨griech.⟩ (ein Mineral); **ma|la|chit|grün; Ma|la|chit|va|se**

ma|lad (seltener für malade); **ma|la|de** ⟨franz.⟩ (ugs. für krank)

ma|la fi|de ⟨lat.⟩ (in böser Absicht; wider besseres Wissen)

Ma|la|ga, der; -s, -s (ein Süßwein)

Má|la|ga (span. Provinz u. Hafenstadt)

Ma|la|gas|si, das; - (Sprache der Madagassen)

Ma|la|ga|wein

Ma|la|gue|ña [...ˈgenja], die; -, -s ⟨span.⟩ (ein südspan., dem Fandango ähnl. Tanz)

Ma|la|ie, der; -n, -n (Angehöriger mongol. Völker Südostasiens); **Ma|la|in; ma|la|isch;** aber ↑ D 140: der Malaiische Archipel; Malaiischer Bund

Ma|lai|se [...ˈlɛː...], die; -, -n, schweiz. das; -s, -s ⟨franz.⟩ (Misere; Missstimmung)

Ma|la|ja|lam vgl. Malayalam

Ma|lak|ka (südostasiat. Halbinsel)

Ma|la|ko|lo|ge, der; -n, -n; **Ma|la|ko|lo|gie,** die; - ⟨griech.⟩ (Lehre von den Weichtieren); **Ma|la|ko|lo|gin**

Ma|la|ria, die; - ⟨ital.⟩ (eine trop. Infektionskrankheit); **Ma|la|ri|a|an|fall**

Ma|la|ri|a|er|re|ger

ma|la|ri|a|krank

Ma|la|ri|a|lo|gie, die; - (Erforschung der Malaria)

Ma|la|ri|a|mü|cke (Anopheles)

Ma|la|wi (Staat in Afrika); **Ma|la|wi|er; Ma|la|wi|e|rin; ma|la|wisch**

Mal|axt (Axt zum Bezeichnen der zu fällenden Bäume)

Malayalam

¹Mal

das; -[e]s, -e

I. *Groß- und Getrenntschreibung als Substantiv:*
– das erste, zweite usw. Mal; das and[e]re, einzige, letzte, nächste, vorige usw. Mal; das eine Mal
– ein erstes usw. Mal; ein and[e]res, einziges, letztes Mal; ein Mal über das and[e]re, ein ums and[e]re Mal
– von Mal zu Mal; Mal für Mal
– jedes Mal; dieses, manches, nächstes, voriges Mal; manches liebe, manch liebes Mal
– mit einem Mal[e]; beim, zum ersten Mal[e]; beim, zum zweiten, letzten, ander[e]n, soundsovielten, x-ten Mal[e]
– die letzten, nächsten Male
– einige, etliche, mehrere, unendliche, unzählige, viele, wie viele Mal[e]
– ein oder mehrere Male; ein für alle Mal[e]; diese paar Mal[e]
– ein Dutzend Mal, ein paar Dutzend *od.* dutzend Mal; viele Tausend *od.* tausend Mal[e]; eine Million Mal[e], drei Millionen Mal[e], Millionen Mal
– zu fünf Dutzend Malen; zu verschiedenen, wiederholten Malen

II. *Zusammenschreibung als Adverb:*
– noch einmal, noch einmal so viel, auf einmal (*vgl.* mal)
– keinmal, vielmal, manchmal, x-mal, allemal, diesmal, ein andermal
– zweimal (*mit Ziffer* 2-mal); drei- bis viermal (*mit Ziffern* 3- bis 4-mal *od.* 3–4-mal)

III. *Getrennt- oder Zusammenschreibung:*
– einmal (*aber* ein Mal; *hier sind beide Wörter betont*); fünfundsiebzigmal (*aber* fünfundsiebzig Mal; *beide Wörter betont*); hunderttausendmal (*aber* hundert Mal); tausendmal (*aber* tausend Mal)
– *Genauso:* ein paarmal (*auch, bei besonderer Betonung,* ein paar Mal), sovielmal (*auch* so viel Mal), wievielmal (*auch* wie viel Mal), vieltausendmal (*auch* vieltausend Mal)

Ma|la|ya|lam, Ma|la|ja|lam, das; -[s] (eine drawidische Sprache in Südindien)
Ma|lay|sia (Staat in Südostasien); **Ma|lay|si|er; Ma|lay|si|e|rin; ma|lay|sisch**
Mal|bec [...'bɛk], der; -[s] ⟨franz.⟩ (eine Reb- u. Weinsorte)
Mal|buch
Mal|chen *vgl.* Melibokus
Mal|chus (bibl. m. Eigenn.)
Ma|le [...le] (Hauptstadt der Malediven)
Ma|le|a|chi *vgl.* Malachias
Ma|le|di|ven *Plur.* (Inselstaat im Ind. Ozean); **Ma|le|di|ver; Ma|le|di|ve|rin; ma|le|di|visch**
ma|len (Bilder usw.); gemalt

malen / mahlen

Das bekannte Sprichwort »Wer zuerst kommt, mahlt zuerst« bezieht sich ursprünglich auf die Reihenfolge, in der man sein Getreide in der Mühle mahlen durfte. Deshalb wird *mahlen* hier mit *h* geschrieben.

Ma|le|par|tus, der; - (Wohnung des Fuchses in der Tierfabel)
Ma|ler; Ma|ler|ar|beit
Ma|le|rei
Ma|ler|email (Schmelzmalerei)
Ma|ler|far|be; Ma|ler|ge|sel|le;
Ma|ler|ge|sel|lin; Ma|ler|hand|werk, das; -[e]s; **Ma|le|rin**
ma|le|risch
Ma|ler|meis|ter; Ma|ler|meis|te|rin; ma|lern (*ugs. für* Malerarbeiten ausführen); ich malere
Ma|ler|pin|sel
Ma|le|sche, die; -, -n ⟨franz., »Malaise«⟩ (*nordd. für* Ungelegenheit, Unannehmlichkeit)
Mal|feld (Rugby)
Mal|grund (Kunstwiss.)
Mal|heur [ma'løːɐ̯], das; -s, *Plur.* -e u. -s ⟨franz.⟩ (*ugs. für* [kleines] Missgeschick; Unglück)
Ma|li (Staat in Afrika)
Ma|li|ce [...sə], die; -, -n ⟨franz.⟩ (*veraltet für* Bosheit)
Ma|li|er ⟨zu Mali⟩; **Ma|li|e|rin**
...ma|lig (z. B. dreimalig, *mit Ziffer* 3-malig)
ma|li|g|ne ⟨lat.⟩ ⟨Med. bösartig⟩;
↑ D 89: malignes Melanom (schwarzer Hautkrebs); **Ma|li|g|ni|tät**, die; - (Bösartigkeit [einer Krankheit, bes. einer Geschwulst])
Ma|li|nois [...'noa], der; -, - ⟨franz.⟩ (belgische Schäferhundrasse)
ma|lisch ⟨zu Mali⟩
ma|li|zi|ös (boshaft, hämisch)
Mal|kas|ten
mal|kon|tent ⟨franz.⟩ (*veraltet, noch landsch. für* [mit polit. Zuständen] unzufrieden)
mall, **mal|le** ⟨niederl.⟩ (*Seew.* umspringend, verkehrt, verdreht; *nordd. übertr. für* von Sinnen)
¹Mall, das; -[e]s, -e (*Seemannsspr.* Modell für Schiffsteile)
²Mall [mɔːl], die; -, -s ⟨engl.⟩ ([bes. in den USA] Einkaufszentrum)
Mal|lar|mé (franz. Dichter)
mal|le *vgl.* mall
Mal|le (*ugs. kurz für* Mallorca)
mal|len (*Seemannsspr.* nach dem ¹Mall bearbeiten; umspringen [vom Wind])
Mal|lor|ca [ma'jɔr..., *auch* ma'lɔr...] (Hauptinsel der Balearen)
Mal|lor|qui|ner [...'kiː...] (Einwohner Mallorcas); **Mal|lor|qui|ne|rin; mal|lor|qui|nisch**
Mal|lung (*Seemannsspr.* Umspringen des Windes)
Malm, der; -[e]s ⟨engl.⟩ (*Geol.* obere Abteilung der Juraformation; Weißer Jura)
mal|men (*selten für* zermalmen)
Mal|mö (schwed. Hafenstadt)
mal|neh|men (vervielfachen); ich nehme mal; malgenommen; malzunehmen
Ma|lo|che [*auch* ...'lɔ...], die; - ⟨hebr.-jidd.⟩ (*ugs. für* schwere Arbeit); **ma|lo|chen** (*ugs. für* schwer arbeiten, schuften); **Ma|lo|cher** (*ugs. für* Arbeiter); **Ma|lo|che|rin**
¹Ma|lo|ja (Ort in Graubünden)
²Ma|lo|ja, der; -[s] *u.* die; -

(schweiz. Alpenpass); **Mal|lo|ja|pass**, Mal|lo|ja-Pass, der; -es
Mal|los|sol, der; -s ⟨russ.⟩ (schwach gesalzener Kaviar)
mal|pro|per ⟨franz.⟩ (veraltet, noch landsch. für unsauber)
...mals (z. B. mehrmals)
Mal|säu|le (veraltet für Grenzstein; Gedenksäule)
Mal|ta (Insel u. Staat im Mittelmeer); **Mal|ta|fie|ber** ↑ D 143
Mal|te (m. Vorn.)
Mal|tech|nik
Mal|ter, der od. das; -s, - (altes Getreide-, Kartoffelmaß; österr. veraltet auch für Mörtel)
Mal|te|se, der; -n, -n (Bewohner von Malta)
Mal|te|ser (Bewohner von Malta; Angehöriger des Malteserordens; ein Schoßhund mit langem Fell)
Mal|te|ser-Hilfs|dienst (eigene Schreibung der Organisation: Malteser Hilfsdienst)
Mal|te|se|rin
Mal|te|ser|kreuz; Mal|te|ser|or|den, der; -s; Mal|te|ser|rit|ter
Mal|te|sin; mal|te|sisch; aber ↑ D 140; Maltesische Inseln
Mal|thus (engl. Sozialphilosoph); Mal|thu|si|a|ner (Vertreter des Malthusianismus); Mal|thu|si|a|ne|rin; Mal|thu|si|a|nis|mus, der; -; mal|thu|sisch; malthusisches Bevölkerungsgesetz ↑ D 89 u. 135
Mal|to|se, die; - (Chemie Malzzucker)
mal|trä|tie|ren (franz.) (misshandeln, quälen); Mal|trä|tie|rung
Ma|lus, der; Gen. - u. -ses, Plur. - u. -se ⟨lat.⟩ (Kfz-Versicherung Prämienzuschlag bei Häufung von Schadensfällen)
Mal|uten|si|li|en Plur.
Mal|va|sier, der; -s, - (ein Süßwein); Mal|va|sier|wein
Mal|ve, die; -, -n ⟨ital.⟩ (eine Zier-, Heilpflanze); mal|ven|far|ben, mal|ven|far|big
Mal|ver|sa|ti|on, die; -, -en ⟨franz.⟩ (österr. für Misswirtschaft, Unregelmäßigkeit)
Mal|vi|nen vgl. **Malwinen**
Mal|ware [...vɛːɐ̯], die; -, -s Plur. selten ⟨aus engl. malicious software⟩ (EDV schädliche Programme wie z. B. Viren)
Mal|wi|ne (w. Vorn.)
Mal|wi|nen, Mal|vi|nen Plur. ⟨svw. Falklandinseln⟩
Malz, das; -es, -e; Malz|bier; Malz|bon|bon

Mal|zei|chen (Multiplikationszeichen; Zeichen · od. ×)
Mäl|zel (dt. Instrumentenmacher); Mälzels Metronom, auch Metronom Mälzel (Abk. M. M.)
mäl|zen (Malz bereiten); du mälzt; Mäl|zer; Mäl|ze|rei; Mäl|ze|rin
Malz|ex|trakt; Malz|kaf|fee
Ma|ma [auch ...'ma:], die; -, -s; Ma|ma|chen
Mam|ba, die; -, -s ⟨Zulu⟩ (eine afrikanische Giftschlange)
Mam|bo, der; -[s], -s, auch die; -, -s ⟨kreol.⟩ (südamerik. Tanz)
Ma|me|luck, der; -en, -en ⟨arab.-ital.⟩ (Söldner islam. Herrscher)
Ma|mer|tus (ein Heiliger)
Ma|mi (Kinderspr.)
Mam|ma|lia Plur. ⟨lat.⟩ (Zool. Sammelbez. für alle Säugetiere)
Mam|mo|gra|fie, Mam|mo|gra|phie, die; -, ...ien (Med. Röntgenuntersuchung der weiblichen Brust)
Mam|mon, der; -s ⟨aram.⟩ (abwertend für Reichtum; Geld); Mam|mo|nis|mus, der; - (Geldgier)
Mam|mut, das; -s, Plur. -e u. -s ⟨russ.-franz.⟩ (Elefant einer ausgestorbenen Art)
Mam|mut... (auch für Riesen...)
Mam|mut|baum
Mam|mut|kno|chen
Mam|mut|pro|gramm; Mam|mut|pro|jekt; Mam|mut|pro|zess
Mam|mut|ske|lett
Mam|mut|un|ter|neh|men
Mam|mut|ver|an|stal|tung
mamp|fen (ugs. für [mit vollen Backen] essen)
Mam|sell, die; -, Plur. -en u. -s ⟨franz.⟩ (scherzh., sonst veraltet für unverheiratete Frau, Hausgehilfin); ↑ D 151: kalte Mamsell, auch Kaltmamsell (Angestellte für die Zubereitung der kalten Speisen)
¹man, Dat. einem, Akk. einen; man kann nicht wissen, was einem zustoßen wird; du siehst einen an, als ob man ...
²man (nordd. ugs. für nur, mal); das lass man bleiben
m. A. n. = meiner Ansicht nach
¹Man [men] (Insel in der Irischen See)
²Man, der od. das; -s, -s ⟨pers.⟩ (früheres pers. Gewicht); 3 Man
Mä|na|de, die; -, -n ⟨griech.⟩ (rasendes Weib [im Kult des griech. Weingottes Dionysos])
ma|nage|bar ['menɪtʃbaːɐ̯]
Ma|nage|ment ['menɪtʃmənt], das;

-s, -s ⟨engl.-amerik.⟩ (Leitung eines Unternehmens)
Ma|nage|ment-Buy-out, Ma|nage|ment-Buy|out (Übernahme einer Firma durch die eigene Geschäftsleitung)
Ma|nage|ment|feh|ler
Ma|nage|ment|ge|bühr (Wirtsch.); Ma|nage|ment|ver|trag (Wirtsch.)
ma|na|gen (ˈmɪdʒn̩] (ugs. für leiten, unternehmen; zustande bringen); du managst; sie managt; er managte; ihr habt das gut gemanagt
Ma|na|ger, der; -s, - (leitende Persönlichkeit in einem Unternehmen, in einer Institution o. Ä.); Ma|na|ge|rin; Ma|na|ger|krank|heit
Ma|na|gua (Hauptstadt Nicaraguas)
Ma|na|ma (Hauptstadt Bahrains)
Ma|nas|se (bibl. m. Eigenn.)
manch s. Kasten Seite 726
Man|cha [...tʃa], die; - (span. Landschaft)
man|chen|orts
man|cher vgl. manch
man|cher|lei; mancherlei, was
man|cher|or|ten, häufiger man|cher|orts
manch|ens vgl. manch
¹Man|ches|ter [ˈmɛntʃɛstɐ] (engl. Stadt)
²Man|ches|ter [manˈʃɛstɐ], der; -s (ein Gewebe); Man|ches|ter|ho|se
Man|ches|ter|tum [ˈmɛntʃɛstɐ...], das; -s (liberalistische volkswirtschaftliche Anschauung)
manch|mal vgl. manch
Man|da|la, das; -[s], -s ⟨sanskr.⟩ (Bild als Meditationshilfe)
Man|dant, der; -en, -en ⟨lat.⟩ (Rechtsspr. Auftraggeber; Vollmachtgeber); Man|dan|tin; Man|dant|schaft
Man|da|rin, der; -s, -e ⟨sanskr.-port.⟩ (früher europ. Bezeichnung eines hohen chin. Beamten)
Man|da|ri|ne, die; -, -n (kleine apfelsinenähnliche Frucht); Man|da|ri|nen|öl, das; -[e]s
Man|da|ri|nen|te (eine asiatische Ente)
Man|dat, das; -[e]s, -e ⟨lat.⟩ (Auftrag, Vollmacht; Sitz im Parlament; in Treuhand von einem Staat verwaltetes Gebiet)
Man|da|tar, der; -s, -e (jmd., der im Auftrag eines anderen handelt; Rechtsanwalt; österr. für

Mandatarin

manch

Man schreibt »manch« immer klein ↑D 76:
- mancher weiß das nicht
- manche sagen etwas anderes
- bei manchen kannst du Glück haben
- manches ist wahr
- in manchem habe ich mich geirrt
- mancher, der ...; manches, was ...

Beugung:
- manch einer; mancher Tag; Waren mancher Art; manche Stunde; manches *od.* manch Buch
- manch guter Vorsatz; mancher gute Vorsatz; mit manch gutem Vorsatz, mit manchem guten Vorsatz

- manch böses Wort, manches böse Wort
- manchmal; manches Mal; manch liebes Mal, manches liebe Mal
- manch Schönes *od.* manches Schöne; mit manch Schönem *od.* mit manchem Schönen
- das Votum mancher stimmfähiger (*auch noch* stimmfähigen) Mitglieder
- für manche ältere (*auch noch* älteren) Leute
- manche Stimmberechtigte (*auch* Stimmberechtigten)

Abgeordneter); **Man|da|ta|rin**; **Man|da|tar|staat** *Plur.* ...staaten; **man|da|tie|ren** (*veraltet für* zum Mandatar machen)
Man|dats|ge|biet; **Man|dats|trä|ger**; **Man|dats|trä|ge|rin**; **Man|datsver|lust**
¹**Man|del**, die; -, -n ⟨griech.⟩ (Kern einer Steinfrucht; *meist Plur.:* Gaumenmandeln)
²**Man|del**, die; -, -[n] ⟨mlat.⟩ (altes Zählmaß; Gruppe von etwa 15 Garben; kleine Mandel = 15 Stück, große Mandel = 16 Stück); 3 Mandel[n] Eier
Man|de|la, Nelson (südafrik. Politiker)
Man|del|au|ge; **man|del|äu|gig**
Man|del|baum; **Man|del|blü|te**
Man|del|ent|zün|dung
man|del|för|mig
Man|del|ge|bäck; **Man|del|hörnchen**; **Man|del|kern**; **Man|del|kleie**; **Man|del|milch**; **Man|del|öl**
Man|del|ope|ra|ti|on
Man|derl *vgl.* Mandl
Man|di|beln *Plur.* ⟨lat.⟩ (*Biol.* Oberkiefer der Gliederfüßer)
man|di|bu|lar, **man|di|bu|lär** (zum Unterkiefer gehörend)
Mandl, **Man|derl**, das; -s, -[n]; *vgl.* Pickerl (*bayr. u. österr. ugs. für* Männlein; Vogelscheuche; Wegzeichen aus Steinen); *vgl.* Steinmandl
Man|do|la, die; -, ...len ⟨ital.⟩ (eine Oktave tiefer als die Mandoline klingendes Zupfinstrument)
Man|do|li|ne, die; -, -n ⟨franz.⟩ (ein Saiteninstrument)
Man|dor|la, die; -, ...dorlen ⟨ital.⟩ (mandelförmiger Heiligenschein)
Man|d|ra|go|ra, **Man|d|ra|go|re**, die; -, ...oren ⟨griech.⟩ (ein Nachtschattengewächs)

Man|d|rill, der; -s, -e ⟨engl.⟩ (ein in Westafrika heimischer Affe)
¹**Man|d|schu**, der; -[s], - (Angehöriger eines mongol. Volkes)
²**Man|d|schu**, die; -, -
³**Man|d|schu**, das; -[s] (Sprache)
Man|d|schu|kuo (Name der Mandschurei als Kaiserreich 1934 bis 1945)
Man|d|schu|rei, die; - (nordostchin. Tiefland)
man|d|schu|risch; mandschurisches Fleckfieber
Man|dy ['mɛndi] (w. Vorn.)
Ma|ne|ge [...ʒə], die; -, -n ⟨franz.⟩ (runde Vorführfläche *od.* Reitbahn im Zirkus)
Ma|nen *Plur.* ⟨lat.⟩ (die guten Geister der Toten im altröm. Glauben)
ma|nes|sisch; *aber* ↑D 150: die Manessische Handschrift (eine Minnesängerhandschrift)
Ma|net [...'neː, *auch* ...'neː], Edouard [e'du̯aːɐ̯] (franz. Maler)
Man|fred (m. Vorn.)
mang (*nordd. ugs. für* unter, dazwischen); mittenmang
Man|ga, das *od.* der; -s, -[s] ⟨jap.⟩ (Comic aus Japan)
Man|ga|be, die; -, -n ⟨afrik.⟩ (ein afrik. Affe)
Man|ga|lit|za, das; -s, -s ⟨ung.⟩ (Wollschwein)
Man|gan, das; -s ⟨griech.⟩ (chemisches Element, Metall; *Zeichen* Mn); **Man|ga|nat**, das; -s, -e (Salz der Mangansäure)
Man|gan|ei|sen; **Man|ga|nit**, der; -s, -e (ein Mineral)
Man|ge, die; -, -n (*südd., schweiz. für* ¹Mangel); ¹**Man|gel**, die; -, -n ([Wäsche]rolle)
²**Man|gel**, der; -s, Mängel (Fehler, Unvollkommenheit; *nur Sing.:* das Fehlen)

Man|gel|be|ruf
Man|gel|er|näh|rung (*Med.*); **Man|gel|er|schei|nung**
man|gel|frei, **män|gel|frei**
man|gel|haft *vgl.* ausreichend
Man|gel|haf|tig|keit
Män|gel|haf|tung (*Rechtsspr.*)
Man|gel|holz
Man|gel|krank|heit
Män|gel|lis|te
¹**man|geln** ([Wäsche] rollen); ich mang[e]le
²**man|geln** (nicht [ausreichend] vorhanden sein); sie sagt, es mang[e]le an allem
Män|gel|rü|ge (Klage über mangelhafte Ware od. Arbeit)
man|gels ↑D 70; *Präp. mit Genitiv:* mangels des nötigen Geldes, mangels eindeutiger Beweise; *im Plur. mit Dativ, wenn der Genitiv nicht erkennbar ist:* mangels Beweisen
Man|gel|wa|re
Man|gel|wä|sche, die; -; **man|gen** (*landsch. für* ¹mangeln)
Mang|fut|ter (*landsch. für* Mischfutter; *vgl.* ¹Futter)
Mang|le|rin (*zu* ¹mangeln)
Man|go, die; -, -s, *selten* ...onen ⟨tamil.-port.⟩ (eine tropische Frucht); **Man|go|baum**; **Man|go|frucht**
Man|gold, der; -[e]s, -e *Plur. selten* (ein Blatt- u. Stängelgemüse)
Man|g|ro|ve, die; -, -n ⟨engl.⟩ (immergrüner Laubwald in flachen Küstengewässern tropischer Gebiete)
Man|g|ro|ve[n]|baum; **Man|g|ro|ve[n]|küs|te**
Man|gus|te, die; -, -n ⟨Marathi⟩ (in Südeurasien u. Afrika heimische Schleichkatze)
Man|hat|tan [menˈhɛtn̩] (Stadtteil von New York)

Ma|ni (babylonischer Religionsstifter); **Ma|ni|chä|er** (Anhänger des Manichäismus); **Ma|ni|chä|e|rin**; **Ma|ni|chä|is|mus,** der; - (von Mani gestiftete Religionsform)

Ma|nie, die; -, ...ien ⟨griech.⟩ (Sucht; Besessenheit)

Ma|nier, die; - ⟨franz.⟩ (Art u. Weise, Eigenart; Künstelei)

Ma|nie|ren *Plur.* (Umgangsformen, [gutes] Benehmen)

ma|nie|riert (gekünstelt; unnatürlich); **Ma|nie|riert|heit**

Ma|nie|ris|mus, der; - ⟨lat.⟩ (Stilbegriff für die Kunst der Zeit zwischen Renaissance u. Barock; gekünstelte Anwendung eines Stils; **Ma|nie|rist,** der; -en, -en (Vertreter des Manierismus); **Ma|nie|ris|tin; ma|nie|ris|tisch**

ma|nier|lich (gesittet; fein)

ma|ni|fest ⟨lat.⟩ (handgreiflich, offenbar, deutlich); **Ma|ni|fest,** das; -[e]s, -e (öffentl. Erklärung, Kundgebung; *Seew.* Verzeichnis der Güter auf einem Schiff); das Kommunistische Manifest

Ma|ni|fes|tant, der; -en, -en (*veraltet für* den Offenbarungseid Leistender; *schweiz., sonst veraltet für* Teilnehmer an einer politischen Kundgebung); **Ma|ni|fes|tan|tin**

Ma|ni|fes|ta|ti|on, die; -, -en (Offenbarwerden; *Rechtsspr.* Offenlegung; Bekundung; *Med.* Erkennbarwerden [von Krankheiten]; *regional u. schweiz. für* politische Kundgebung); **ma|ni|fes|tie|ren** (offenbaren; bekunden; *veraltet für* den Offenbarungseid leisten; *regional u. schweiz. für* demonstrieren); sich manifestieren (deutlich werden, sich zu erkennen geben)

Ma|ni|kü|re, die; -, -n ⟨franz.⟩ (Handpflege, bes. Nagelpflege; Etui mit Geräten für die Nagelpflege; Hand-, Nagelpflegerin); **ma|ni|kü|ren**; manikürt

Ma|nil|la (Hauptstadt der Philippinen); **Ma|ni|la|hanf, Ma|ni|la-Hanf** (Spinnfaser der philippin. Faserbanane)

Ma|nil|le [...'nɪljə], die; -, -n ⟨franz.⟩ (Trumpfkarte im Lomberspiel)

Ma|ni|ok, der; -s, -s ⟨indian.-franz.⟩ (eine tropische Nutzpflanze)

Ma|ni|ok|mehl, das; -[e]s; **Ma|ni|ok|wur|zel**

¹**Ma|ni|pel,** der; -s, - ⟨lat.⟩ (Teil der röm. Kohorte)

²**Ma|ni|pel,** der; -s, -, *auch* die; -, -n (Teil der kath. Priestergewandung)

Ma|ni|pu|lant, der; -en, -en; **Ma|ni|pu|lan|tin**

Ma|ni|pu|la|ti|on, die; -, -en (Handgriff, Kunstgriff; Verfahren; *meist Plur.:* Machenschaft); **Ma|ni|pu|la|ti|ons|ge|bühr** (*österr. für* Bearbeitungsgebühr); **ma|ni|pu|la|tiv**

Ma|ni|pu|la|tor, der; -s, ...oren (jmd., der manipuliert; *Technik* Vorrichtung zur Handhabung gefährlicher Substanzen; *veraltet für* fingerfertiger Zauberkünstler); **Ma|ni|pu|la|to|rin**

ma|ni|pu|lier|bar; Ma|ni|pu|lier|bar|keit, die; -

ma|ni|pu|lie|ren; manipulierte (gesteuerte) Währung; der manipulierte Mensch; **Ma|ni|pu|lie|rung**

ma|nisch ⟨griech.⟩ (*Psychol., Med.* an einer Manie erkrankt; abnorm heiter erregt)

ma|nisch-de|pres|siv ↑D 23 (*Psychol.* abwechselnd manisch u. depressiv)

Ma|nis|mus, der; - ⟨lat.⟩ (*Völkerkunde* Ahnenkult, Totenverehrung)

Ma|ni|to|ba [*auch* mɛni'toːbə] (kanad. Provinz)

Ma|ni|tu, der; -[s] ⟨indian.⟩ (zauberhafte Macht des indian. Glaubens, oft ohne Artikel personifiziert als »Großer Geist«)

Man|ko, das; -s, -s ⟨ital.⟩ (Fehlbetrag; Ausfall; Mangel); **Man|ko|geld** (pauschaler Ausgleich für Fehlbeträge)

¹**Mann,** Heinrich u. Thomas (dt. Schriftsteller)

²**Mann,** der; -[e]s, *Plur.* Männer *u.* (*früher für* Lehnsleute, ritterl. Dienstmannen *od. scherzh.:*) Mannen; alle Mann an Bord, an Deck!; tausend Mann; er ist Manns genug; seinen Mann stehen; Mann, ist das schön! (*ugs.*)

Man|na, das; -[s], *österr. nur so, od.* die; - ⟨hebr.⟩ (legendäres [vom Himmel gefallenes] Brot der Israeliten; Pflanzensaft)

mann|bar; Mann|bar|keit, die; -

Männ|chen

Mann|de|ckung (*Sport*)

Män|ne (Koseform *zu* Mann)

man|nen (*Seemannsspr.* von Mann zu Mann reichen)

Man|ne|quin [...kɛ̃, *auch* ...'kɛ̃:], das, *selten* der; -s, -s ⟨franz.⟩ (Frau, die Modellkleider u. Ä. vorführt; *veraltet für* Gliederpuppe)

Män|ner|be|kannt|schaft; Män|ner|be|ruf; Män|ner|bund, der

Män|ner|chen *Plur.* (*ugs.*)

Män|ner|chor, der; **Män|ner|do|mä|ne; Män|ner|ehe; Män|ner|fang;** *meist nur in* auf Männerfang ausgehen

män|ner|feind|lich

Män|ner|freund|schaft

Män|ner|fuß|ball, der; -

Män|ner|ge|sang|ver|ein, Män|ner|ge|sangs|ver|ein

Män|ner|heil|kun|de, die

Män|ner|herz

män|ner|mor|dend (*ugs. scherzh.*)

Män|ner|sa|che; Män|ner|stim|me; Män|ner|strip; Män|ner|tag (*landsch. für* Himmelfahrtstag)

Män|ner|treu, die; -, -, *schweiz.* das; -s, - (Name verschiedener Pflanzen)

Män|ner|welt

Man|nes|al|ter; Man|nes|eh|re; Man|nes|kraft, die; **Man|nes|stamm** (m. Linie einer Familie); **Man|nes|stär|ke; Man|nes|wort** *Plur.* ...worte

mann|haft; Mann|haf|tig|keit, die; -

Mann|heim (Stadt am Rhein); **Mann|hei|mer**; Mannheimer Schule (*Musik*); **Mann|hei|me|rin**

Mann|heit, die; - (*veraltet*)

man|nig|fach

man|nig|fal|tig ['maniçfaltıç]; **Man|nig|fal|tig|keit,** die; -

män|nig|lich ['mɛnıkliç] (*veraltet für* jeder)

Män|nin, die; -, -nen (*nur bibl.*)

...män|nisch (z. B. bergmännisch)

Man|nit, der; -s, -e ⟨hebr.⟩ (sechswertiger Alkohol im Manna)

Männ|lein; Männlein und Weiblein (*Plur.*)

männ|lich; männliches Geschlecht

Männ|lich|keit, die; -; **Männ|lich|keits|wahn,** der; -[e]s (*svw.* Machismo)

Mann|loch (Öffnung zum Einsteigen in große Behälter wie Kessel, Tanks o. Ä.)

Man|no|mann! (*ugs.*)

Manns|bild (*ugs.*)

Mann|schaft; mann|schaft|lich

Mann|schafts|auf|stel|lung; Mann|schafts|er|geb|nis (*Sport*); **Mann|schafts|geist,** der; -[e]s

Mann|schafts|ka|me|rad (*Sport*); **Mann|schafts|ka|me|ra|din**

M
Mann

Mannschaftskapitän

Mann|schafts|ka|pi|tän; Mann|schafts|ka|pi|tä|nin
Mann|schafts|meis|ter|schaft
Mann|schafts|raum
Mann|schafts|sie|ger; Mann|schafts|sie|ge|rin
Mann|schafts|sport; Mann|schafts|sport|art; Mann|schafts|stär|ke; Mann|schafts|wa|gen; Mann|schafts|wer|tung; Mann|schafts|wett|be|werb
manns|dick
manns|hoch; Manns|hö|he; in Mannshöhe
Manns|leu|te *Plur.* (*ugs.*); Manns|per|son
manns|toll
Manns|volk
Man|nus (Gestalt der germ. Mythol.)
Mann|weib (*abwertend für* männlich wirkende Frau)
Ma|no|me|ter, das; -s, - ⟨griech.⟩ (*Physik* ein Druckmessgerät); ma|no|me|trisch
Ma|nö|ver, das; -s, - ⟨franz.⟩ (größere Truppen-, Flottenübung; Bewegung, die mit einem Schiff, Flugzeug usw. ausgeführt wird; Winkelzug)
Ma|nö|ver|kri|tik (*auch* Besprechung mit kritischem Rückblick); Ma|nö|ver|scha|den
ma|nö|v|rie|ren (Manöver vornehmen; geschickt handeln)
ma|nö|v|rier|fä|hig; Ma|nö|v|rier|fä|hig|keit, die; -
Ma|nö|v|rier|mas|se
Man|po|w|er ['mɛn...], die; - ⟨engl.⟩ (Personal; Arbeitskräfte)
Man|sard|dach, Man|sard-Dach ⟨nach dem franz. Baumeister Mansart⟩ (Dach mit gebrochenen Flächen)
Man|sar|de, die; -, -n (Dachgeschoss, -zimmer); Man|sar|den|woh|nung; Man|sar|den|zim|mer
Mansch, der; -[e]s (*ugs. für* Schneewasser; breiige Masse)
man|schen, mant|schen (*ugs. für* mischen; im Wasser planschen); du manschst *od.* mantschst; Man|sche|rei, Mant|sche|rei (*ugs.*)
Man|schet|te, die; -, -n ⟨franz.⟩ (Ärmelaufschlag; Papierkrause für Blumentöpfe; unerlaubter Würgegriff beim Ringkampf); Manschetten haben (*ugs. für* Angst haben)
Man|schet|ten|knopf
Mans, Le *vgl.* Le Mans

Man|ta, der; -s, -s ⟨indian.-span.⟩ (ein Rochen)
Man|tel, der; -s, Mäntel; Män|tel|chen
Man|tel|fut|ter *vgl.* ²Futter
Man|tel|ge|setz (Rahmengesetz)
Man|tel|kra|gen
Man|tel|rohr (*Technik*)
Man|tel|sack (*veraltet für* Reisetasche)
Man|tel|ta|rif (*Wirtsch.*); Man|tel|ta|rif|ver|trag
Man|tel|ta|sche
Man|tel-und-De|gen-Film ↑D 26 (Abenteuerfilm, der in der Zeit degentragender Kavaliere spielt)
Man|tik, die; - ⟨griech.⟩ (Seher-, Wahrsagekunst)
Man|til|le [...'tɪl(j)ə], die; -, -n ⟨span.⟩ (Schleiertuch)
Man|tis|se, die; -, -n ⟨lat.⟩ (*Math.* hinter dem Komma stehende Ziffern der Logarithmen)
Man|t|ra, das; -[s], -s ⟨sanskr.⟩ ([im Hinduismus u. a. verwendete] magische Formel)
mant|schen usw. *vgl.* manschen usw.
Man|tua (ital. Stadt); Man|tu|a|ner; Man|tu|a|ne|rin; man|tu|a|nisch
¹Ma|nu|al, das; -s, -e ⟨lat.⟩ (Handklaviatur der Orgel; *veraltet für* Handbuch, Tagebuch)
²Ma|nu|al ['mɛnjuəl], das; -s, -s ⟨engl.⟩ (*bes. EDV* Handbuch)
Ma|nu|el [...e:l, *auch* ...ɛl] (m. Vorn.); Ma|nu|e|la (w. Vorn.)
ma|nu|ell ⟨lat.⟩ (mit der Hand; Hand...); manuelle Fertigkeit
Ma|nu|fakt, das; -[e]s, -e (*veraltet für* handgearbeitetes Erzeugnis)
Ma|nu|fak|tur, die; -, -en ([vorindustrieller] gewerbl. Großbetrieb mit Handarbeit; *veraltet für* in Handarbeit hergestelltes Erzeugnis); Ma|nu|fak|tur|be|trieb
ma|nu|fak|tu|rie|ren (*veraltet für* anfertigen; verarbeiten)
Ma|nu|fak|tu|rist, der; -en, -en (*früher für* Leiter einer Manufaktur; Händler in Manufakturwaren); Ma|nu|fak|tu|ris|tin
Ma|nu|fak|tur|wa|ren *Plur.* (Textilwaren)
Ma|nu|l|druck *Plur.* ...drucke (besonderes Druckverfahren; danach hergestelltes Druckwerk)
ma|nu pro|p|ria ⟨lat.⟩ (mit eigener Hand; eigenhändig; *Abk.* m. p.)
Ma|nus, das; -, - (*bes. österr. u. schweiz.*; *kurz für* Manuskript)

Ma|nu|skript, das; -[e]s, -e ⟨lat.⟩ (hand- od. maschinenschriftl. Ausarbeitung; Urschrift; Satzvorlage; *Abk.* Ms. [*Plur.* Mss.] *od.* Mskr.); Ma|nu|skript|blatt; Ma|nu|skript|sei|te
Ma|nu|ti|us (ital. Buchdrucker)
Man|za|nil|la [...tsa'nɪlja, ...sa...], der; -s, -s ⟨span.⟩ (ein span. Weißwein)
Mao|is|mus, der; - (kommunist. Ideologie in der chin. Ausprägung von Mao Tse-tung)
Mao|ist, der; -en, -en (Anhänger des Maoismus); Mao|is|tin; mao|is|tisch
¹Ma|o|ri [*auch* 'maʊ...], der; -[s], -[s] (Polynesier auf Neuseeland)
²Ma|o|ri, die; -, -[s]
³Ma|o|ri, das; - (Sprache der Maoris)
ma|o|risch
Mao Tse-tung, Mao Ze|dong (chin. Staatsmann)
Ma|pai, die; - ⟨hebr.⟩ (gemäßigte sozialist. Partei Israels [bis 1968])
Ma|pam, die; - (Arbeiterpartei Israels)
Mäp|pchen; Map|pe, die; -, -n
Ma|pu|to (Hauptstadt Mosambiks)
Ma|quet|te [...'kɛt(ə)], die; -, -n ⟨franz.⟩ (Entwurf für ein Kunstwerk)
Ma|quis [...'ki:], der; - ⟨franz., »Gestrüpp, Unterholz«⟩ (franz. Widerstandsorganisation im 2. Weltkrieg)
Ma|qui|sard [...'zaːɐ̯], der; -, *Plur.* -s *u.* -en [...'zardn̩] (Angehöriger des Maquis)
Mär, Mä|re, die; -, Mären (*veraltet, heute noch scherzh. für* Kunde, Nachricht; Sage)
Ma|ra|bu, der; -s, -s ⟨arab.⟩ (ein Storchvogel)
Ma|ra|but, der; *Gen. -* od. *-[e]s, Plur. -* od. *-s* (moslem. Einsiedler, Heiliger)
Ma|ra|cu|ja, die; -, -s ⟨indian.⟩ (essbare Frucht der Passionsblume)
ma|ra|na|tha!, ōkum. ma|ra|na|ta! ⟨aram., »unser Herr, komm!«⟩ (Gebetsruf der altchristl. Abendmahlsfeier); Ma|ra|na|tha, ōkum. Ma|ra|na|ta, das; -s, -s
Ma|rä|ne, die; -, -n ⟨slaw.⟩ (ein Fisch)
Ma|ran|te, *auch* Ma|ran|ta, die; -, ...ten (nach dem venez. Arzt Maranta) (Pfeilwurz)
ma|ran|tisch (*svw.* marastisch)

marin

Ma|ras|chi|no [...'ki:...], der; -s, -s ⟨ital.⟩ (ein Kirschlikör)

Ma|ras|mus, der; - ⟨griech.⟩ (Med. Entkräftung, [Alters]schwäche); ma|ras|tisch (an Marasmus leidend, entkräftet, erschöpft)

Ma|rat [...'ra] (franz. Revolutionär)

Ma|ra|thi, das; -[s] (westindische Sprache)

¹Ma|ra|thon ['ma(:)...] (Ort nördl. von Athen)

²Ma|ra|thon, der; -s, -s ⟨kurz für Marathonlauf⟩

³Ma|ra|thon, der, seltener das; -s, -s (etwas durch übermäßig lange Dauer Anstrengendes)

Ma|ra|tho|ni, der; -[s], -s u. die; -, -s ⟨ugs. für Marathonläufer[in]⟩

Ma|ra|thon|lauf ↑D 143 (leichtathletischer Wettlauf über 42,195 km); Ma|ra|thon lau|fen, ma|ra|thon|lau|fen; aber nur ich laufe Marathon; einen Marathon laufen; Ma|ra|thon|läu|fer; Ma|ra|thon|läu|fe|rin

Ma|ra|thon|re|de; Ma|ra|thon|sit|zung; Ma|ra|thon|stre|cke; Ma|ra|thon|ver|an|stal|tung

Mar|bel, Mär|bel, Mar|mel, Mur|mel, die; -, -n ⟨landsch. für kleine Kugel zum Spielen⟩

Mar|bel|la [span. ...'velja] (span. Stadt)

Mar|bod (markomann. König)

Mar|burg ⟨auch 'mar...⟩ (Stadt in Hessen); Mar|bur|ger; Mar|bur|ge|rin

¹Marc (dt. Maler u. Grafiker)

²Marc (m. Vorn.)

mar|ca|to ⟨ital.⟩ (Musik markiert, betont)

Mar|ceau [mar'so:], Marcel (franz. Pantomime)

Mar|cel [... sel] (m. Vorn.)

¹March, die; - (linker Nebenfluss der Donau)

²March, die; - (Gebiet am Ostende des Zürichsees)

³March, die; -, -en ⟨schweiz. für Flurgrenze, Grenzzeichen⟩

Mär|chen

Mär|chen|buch; Mär|chen|dich|tung; Mär|chen|er|zäh|ler; Mär|chen|er|zäh|le|rin; Mär|chen|film; Mär|chen|for|schung

mär|chen|haft

Mär|chen land, das; -[e]s

Mär|chen|on|kel ⟨ugs. auch für jmd., der [häufig] Märchen erzählt⟩; Mär|chen|pracht

Mär|chen|prinz; Mär|chen|prin|zes|sin

Mär|chen|stun|de; Mär|chen|tan|te; Mär|chen|wald; Mär|chen|welt

Mar|che|sa [...'ke:...], die; -, Plur. -s u. ...sen ⟨ital.⟩ (w. Form zu Marchese); Mar|che|se [...'ke:...], der; -, -n (hoher ital. Adelstitel)

March|feld, das; -[e]s (Ebene in Niederösterreich)

March|stein ⟨schweiz. für Meilenstein⟩

March|zins Plur. ...zinsen ⟨schweiz. Bankw. Stückzins⟩

Mar|co|ni (ital. Physiker)

Mar|co Po|lo (ital. Reisender)

Mar|der, der; -s, -; Mar|der|fell; Mar|der|scha|den

Mä|re vgl. Mär

Ma|rées [...'re:] (dt. Maler)

Ma|rel|le vgl. Morelle

Ma|rem|men Plur. ⟨ital.⟩ (sumpfige Küstengegend in Mittelitalien); Ma|rem|men|land|schaft

Ma|ren (w. Vorn.)

mä|ren ⟨landsch. für etwas herumwühlen; langsam sein; umständlich reden⟩

Ma|ren|de, die; -, -n ⟨ital. ⟨tirol. für Zwischenmahlzeit, Vesper⟩

Ma|ren|go, der; -s ⟨nach dem oberital. Ort⟩ (grau melierter Kammgarnstoff)

Mä|re|rei ⟨zu mären⟩

Mar|ga|re|ta, Mar|ga|re|te (w. Vorn.)

Mar|ga|re|ten|blu|me

Mar|ga|ri|ne, die; -, Plur. (Sorten:) -n ⟨franz.⟩; Mar|ga|ri|ne|fa|b|rik

Mar|ge [...ʒə], die; -, -n ⟨franz.⟩ (Abstand, Spielraum; Wirtsch. Spanne zwischen zwei Preisen, Handelsspanne); mar|gen|schwach (Wirtsch.)

Mar|ge|ri|te, die; -, -n ⟨franz.⟩ (eine Wiesenblume, Wucherblume); Mar|ge|ri|ten|strauß; Mar|ge|ri|ten|wie|se

Mar|ghe|ri|ta [...ge...] (w. Vorn.)

mar|gi|nal ⟨lat.⟩ (am Rand liegend; bes. Bot. randständig; geh. für nicht unmittelbar wichtig)

Mar|gi|nal|be|mer|kung; Mar|gi|nal|glos|se (an den Rand der Seite geschriebene od. gedruckte Glosse [vgl. d.])

Mar|gi|na|lie, die; -, -n meist Plur. (Randbemerkung auf der Seite einer Handschrift, eines Buches)

mar|gi|na|li|sie|ren (auch für [politisch] ins Abseits schieben); Mar|gi|na|li|sie|rung

Mar|git, Mar|git|ta, Mar|got, Mar|g|rit, Mar|gue|rite [...gə'ri:t] (w. Vorn.)

Ma|ria (w. Vorn.; gelegentl. zusätzlicher m. Vorn.); Mariä (der Maria) Himmelfahrt (kath. Fest); die Himmelfahrt Mariens; vgl. Marie

Ma|ri|a|ge [...ʒə], die; -, -n (König-Dame-Paar in Kartenspielen)

Ma|riä-Him|mel|fahrts-Fest, das; -[e]s ↑D 26

Ma|ria Laach (Benediktinerabtei in der Eifel)

Ma|ri|a|nen Plur. (Inselgruppe im Pazifischen Ozean)

Ma|ri|a|nen|gra|ben, der; -s (im Pazifik)

ma|ri|a|nisch ⟨zu Maria⟩; marianische Frömmigkeit, aber ↑D 150: Marianische Kongregation

Ma|ri|an|ne (w. Vorn.; symbol. Verkörperung der Französischen Republik)

ma|ria-the|re|si|a|nisch

Ma|ria|the|re|si|en|ta|ler (frühere Münze)

Ma|ria|zell (Wallfahrtsort in der Steiermark)

Ma|ri|bor [...bɔr] (slowen. Stadt)

Ma|rie, Ma|rie-Lu|i|se, auch Ma|rie-lu|i|se (w. Vorn.)

Ma|ri|en|an|dacht; Ma|ri|en|bild; Ma|ri|en|dich|tung; Ma|ri|en|fest

Ma|ri|en|kä|fer

Ma|ri|en|kir|che; aber St.-Marien-Kirche ↑D 136 u. 137

Ma|ri|en|kult; Ma|ri|en|le|ben; Ma|ri|en|le|gen|de; Ma|ri|en|tag; Ma|ri|en|ver|eh|rung

Ma|ri|en|wer|der (Stadt am Ostrand des Weichseltales); Ma|ri|en|wer|der|stra|ße ↑D 162

Ma|ri|et|ta (w. Vorn.)

Ma|ri|hu|a|na, das; -s ⟨mexik.; aus den Vornamen María u. Juana ['xua:na = Johanna]⟩ (ein Rauschgift)

Ma|ri|ka (w. Vorn.)

Ma|ril|le, die; -, -n ⟨ital.⟩ (bes. österr. für Aprikose)

Ma|ril|len|brand; Ma|ril|len|knö|del; Ma|ril|len|li|kör; Ma|ril|len|mar|me|la|de; Ma|ril|len|schnaps; Ma|ril|len|stru|del

Ma|ri|lyn ['mɛɑrɪlɪn] (w. Vorname)

Ma|rim|ba, die; -, -s ⟨afrik.-span.⟩ (dem Xylofon ähnliches Musikinstrument); Ma|rim|ba|fon, Ma|rim|ba|phon, das; -s, -e (Marimba mit Resonanzkörpern aus Metall)

ma|rin ⟨lat.⟩ (zum Meer gehörend, Meer[es]...)

Marina

¹Ma|ri|na (w. Vorn.)
²Ma|ri|na, die; -, -s ⟨lat.-engl.⟩ (Jacht-, Motorboothafen)
Ma|ri|na|de, die; -, -n ⟨franz.⟩ (Flüssigkeit mit Essig, Kräutern, Gewürzen zum Einlegen von Fleisch, Gurken usw.; Salatsoße; eingelegter Fisch)
Ma|ri|ne, die; -, -n ⟨franz.⟩ (Seewesen eines Staates; Flottenwesen; [Kriegs]flotte)
Ma|ri|ne|ar|til|le|rie
Ma|ri|ne|at|ta|ché
ma|ri|ne|blau (dunkelblau)
Ma|ri|ne|ein|satz; Ma|ri|ne|flie|ger; Ma|ri|ne|flie|ge|rin
Ma|ri|ne|in|fan|te|rie
Ma|ri|ne|ma|ler; Ma|ri|ne|ma|le|rin
Ma|ri|ne|of|fi|zier; Ma|ri|ne|of|fi|zie|rin
¹Ma|ri|ner, der; -s, - ⟨Jargon Matrose, Marinesoldat⟩
²Ma|ri|ner ['me...], die; -, - ⟨amerik.⟩ (unbemannte amerik. Raumsonde zur Planetenerkundung)
Ma|ri|ne|rin ⟨Jargon⟩
Ma|ri|ne|sol|dat; Ma|ri|ne|sol|da|tin
Ma|ri|ne|stück (svw. Seestück)
Ma|ri|ne|stütz|punkt; Ma|ri|ne|uni|form
ma|ri|nie|ren ⟨franz.⟩ (in Marinade einlegen)
Ma|rio (m. Vorn.)
Ma|rio|la|t|rie, die; - ⟨griech.⟩ (Marienverehrung)
Ma|rio|lo|ge, der; -n, -n (Vertreter der Mariologie); Ma|rio|lo|gie, die; - (kath.-theol. Lehre von der Gottesmutter); Ma|rio|lo|gin; ma|rio|lo|gisch
Ma|ri|on (w. Vorn.)
Ma|ri|o|net|te, die; -, -n ⟨franz.⟩ (Gliederpuppe; willenloser Mensch als Werkzeug anderer); Ma|ri|o|net|ten|büh|ne
ma|ri|o|net|ten|haft
Ma|ri|o|net|ten|re|gie|rung
Ma|ri|o|net|ten|spiel; Ma|ri|o|net|ten|the|a|ter
Ma|ri|otte [...'riɔt] (franz. Physiker); mariottesches od. Mariotte'sches Gesetz
Ma|rist, der; -en, -en ⟨zu Maria⟩ (Angehöriger einer kath. Missionskongregation)
Ma|ri|ta (w. Vorn.)
ma|ri|tim ⟨lat.⟩ (das Meer, das Seewesen betreffend; Meer[es]..., See...); maritimes Klima
Ma|ri|us (röm. Feldherr u. Staatsmann)
Mar|jell, die; -, -en, Mar|jell|chen ⟨lit.⟩ (ostpreuß. für Mädchen)

¹Mark, die; -, Plur. -, ugs. scherzh. Märker (frühere dt. Währungseinheit; Abk. [DDR] M); Deutsche Mark (Abk. DM)
²Mark, die; -, -en (früher für Grenzland); die Mark Brandenburg
³Mark, das; -[e]s (Med., Bot.; auch übertr. für das Innerste, Beste)
⁴Mark (m. Vorn.)
mar|kant ⟨franz.⟩ (stark ausgeprägt)
Mar|ka|sit, der; -s, -e ⟨arab.⟩ (ein Mineral)
Mark Au|rel (röm. Kaiser)
mark|durch|drin|gend; markdurchdringende Schreie
Mar|ke, die; -, -n (Zeichen; Handels-, Waren-, Wertzeichen)
Mär|ke, die; -, -n (österr. veraltet für [Namens]zeichen)
mar|ken (Seemannsspr. mit Markierungen versehen; Fachspr. mit einem Firmenabzeichen versehen)
mär|ken (österr. veraltet für mit einer Märke versehen)
Mar|ken|ar|ti|kel
mar|ken|be|wusst; Mar|ken|be|wusst|sein
Mar|ken|bot|schaf|ter; Mar|ken|bot|schaf|te|rin
Mar|ken|but|ter; Mar|ken|er|zeug|nis; Mar|ken|fa|b|ri|kat; Mar|ken|kern (Werbespr., Wirtsch.); Mar|ken|na|me; Mar|ken|pi|ra|te|rie; Mar|ken|pro|dukt
Mar|ken|samm|ler; Mar|ken|samm|le|rin
Mar|ken|schutz, der; -es; Mar|ken|stra|te|gie; Mar|ken|wa|re; Mar|ken|zei|chen
Mar|ker, der; -s, -[s] ⟨engl.⟩ (Stift zum Markieren; fachspr. für Merkmal)
Mär|ker (Bewohner der ²Mark); Mär|ke|rin
mark|er|schüt|ternd; markerschütternde Schreie
Mar|ke|ten|der, die; -, - ⟨ital.⟩ (früher für Händler bei der Feldtruppe); Mar|ke|ten|de|rei; Mar|ke|ten|de|rin; Mar|ke|ten|der|wa|gen; Mar|ke|ten|der|wa|re
Mar|ke|ter, der; -s, - ⟨engl.⟩ (Fachmann für Marketing)
Mar|ke|te|rie, die; -, -n ⟨franz.⟩ (Kunstwiss. Einlegearbeit [von farbigem Holz usw.])
Mar|ke|te|rin ⟨zu Marketer⟩
Mar|ke|ting, das; -[s] ⟨engl.⟩ (Wirtsch. Ausrichtung eines Unternehmens auf die Förderung des Absatzes); Mar|ke|ting|ab|tei|lung; Mar|ke|ting|stra|te|gie

Mark|graf (Verwalter einer ²Mark); Mark|grä|fin
Mark|gräf|ler, der; -s, - (ein südbad. Wein); Mark|gräf|ler|land, das; -[e]s; Mark|gräf|ler Land, das; - -[e]s (Landschaft am Oberrhein)
mark|gräf|lich; Mark|graf|schaft (früher)
mar|kie|ren ⟨franz.⟩ (be-, kennzeichnen; eine Rolle o. Ä. [bei der Probe] nur andeuten; österr. für [eine Fahrkarte] entwerten, stempeln; ugs. für vortäuschen; Sport [einen Treffer] erzielen, [einen Gegenspieler] decken); Mar|kier|ham|mer (Forstwirtsch.); Mar|kie|rung; Mar|kie|rungs|ar|bei|ten Plur. (Straßenbau); Mar|kie|rungs|fähn|chen; Mar|kie|rungs|li|nie; Mar|kie|rungs|punkt
mar|kig; Mar|kig|keit, die; -
mär|kisch (aus der ²Mark stammend, sie betreffend); märkische Heimat, aber ↑D 150: das Märkische Museum
Mar|ki|se, die; -, -n ⟨franz.⟩ (aufrollbares Sonnendach); vgl. aber Marquise; Mar|ki|sen|stoff
Mar|ki|set|te vgl. Marquisette
Mark|ka, die; -, -[a]; 10 Markkaa [...ka] ⟨germ.-finn.⟩ (svw. ¹Finnmark; Abk. mk)
Mark|klöß|chen (eine Suppeneinlage); Mark|kno|chen
mark|los
Mar|ko (m. Vorn.)
¹Mar|kolf (m. Vorn.)
²Mar|kolf, der; -[e]s, -e (landsch. für Häher)
Mar|ko|man|ne, der; -n, -n (Angehöriger eines germ. Volksstammes); Mar|ko|man|nin
Mar|kör, der; -s, -e ⟨franz.⟩ (Aufseher, Punktezähler beim Billardspiel; Landwirtsch. Gerät zum Anzeichnen von Pflanzreihen); Mar|kö|rin
Mark|ran|städt (Stadt südwestl. von Leipzig)
Mark|schei|de (Grenze [eines Grubenfeldes]); Mark|schei|de|kun|de, die; -; Mark|schei|de|kunst, die; - (Bergmannsspr. Vermessung, Darstellung der Lagerungs- u. Abbauverhältnisse)
Mark|schei|der (Vermesser im Bergbau); Mark|schei|de|rin; mark|schei|de|risch
Mark|stamm|kohl (eine Futterpflanze)

Mark|stein
Mark|stück *(früher)*; **mark|stück-groß** vgl. fünfmarkstückgroß
Markt, der; -[e]s, Märkte *(bayr., österr. auch für* Titel einer Gemeinde, urspr. mit altem Marktrecht); zu Markte tragen
Markt|ab|spra|che
Markt|amt *(österr. für* Lebensmittel-Kontrollbehörde)
Markt|ana|ly|se; Markt|an|teil; Markt|auf|tritt
markt|be|herr|schend; eine marktbeherrschende Stellung
Markt|be|ob|ach|ter; Markt|be|obach|te|rin
Markt|be|richt; Markt|brun|nen; Markt|bu|de; Markt|chan|ce; Markt|durch|drin|gung; Markt|ein|füh|rung
mark|ten (abhandeln, feilschen)
Markt|er|ho|lung, die; -, -en *(Wirtsch.)*
markt|fä|hig *(Wirtsch.* für den [Massen]absatz geeignet)
Markt|fah|rer *(österr., schweiz. für* Wanderhändler); **Markt|fah|re|rin; Markt|fle|cken; Markt|forschung; Markt|for|schungs|ins|ti|tut; Markt|frau**
Markt|füh|rend; Markt|füh|rer; Markt|füh|re|rin; Markt|füh|rer|schaft
markt|gän|gig
Markt|ge|mein|de *(bayr., österr. für* Markt[flecken]); **markt|gerecht**
Markt|hal|le; Markt|händ|ler; Markt|händ|le|rin; Markt|la|ge
Markt|lea|der *(schweiz. neben* Marktführer); **Markt|lea|de|rin**
Markt|lü|cke; Markt|macht; marktnah; Markt|nä|he; Markt|ni|sche
Markt|ober|dorf (Stadt im Allgäu)
Markt|ord|nung
markt|ori|en|tiert
Markt|ort
Markt|pha|se *(Wirtsch.)*; **Markt|platz; Markt|po|si|ti|on; Markt|po|ten|zi|al, Markt|po|ten|ti|al; Markt|prä|senz; Markt|preis; Markt|recht**
Markt|red|witz (Stadt in Oberfranken)
markt|reif; Markt|rei|fe
Markt|schrei|er; Markt|schrei|e|rin; markt|schrei|e|risch
Markt|seg|ment; Markt|si|tu|a|ti|on; Markt|stand; Markt|tag; Marktteil|neh|mer; Markt|teil|neh|me|rin
markt|üb|lich
Markt|weib; Markt|wert

Markt|wirt|schaft (Wirtschaftssystem mit freiem Wettbewerb); freie Marktwirtschaft; soziale Marktwirtschaft; **markt|wirt|schaft|lich**
Mar|kung *(veraltet für* Grenze)
Mar|kus (Evangelist; röm. m. Vorn. [Abk. M.]); Evangelium Marci (des Markus)
Mar|kus|kir|che ↑D 136
Mark|ward (m. Vorn.)
Marl|bo|rough ['mɔːlbərə, *engl.* ...rə] *(engl.* Feldherr)
Mär|lein *(veraltet für* Märchen)
Mar|le|ne (w. Vorn.)
Mar|ley [...li] (jamaikan. Reggaemusiker)
Mar|lies, Mar|lis (w. Vorn.)
Mar|lowe [...lo] *(engl.* Dramatiker)
Mar|ma|ra|meer, das; -[e]s (zwischen Bosporus u. Dardanellen)
¹**Mar|mel** vgl. Marbel
²**Mar|mel**, der; -s, - ⟨lat.⟩ *(veraltet für* Marmor)
Mar|me|la|de, die; -, -n; **Mar|me|la|de[n]|brot; Mar|me|la|de[n]|ei|mer; Mar|me|la|de[n]|glas** *Plur.* ...gläser; **Mar|me|la|de[n]|re|zept**
mar|meln ⟨lat.⟩ *(landsch. für* mit ¹Marmeln spielen); ich marm[e]le
Mar|mel|stein *(veraltet für* Marmor)
Mar|mor, der; -s, -e (Gesteinsart)
mar|mor|ar|tig
Mar|mor|block *Plur.* ...blöcke
Mar|mor|büs|te
mar|mo|rie|ren (marmorartig bemalen, ädern)
Mar|mor|ku|chen
mar|morn (aus Marmor)
Mar|mor|plat|te; Mar|mor|säu|le; Mar|mor|sta|tue; Mar|mor|trep|pe
Mar|ne [*auch* marn], die; - (franz. Fluss)
Ma|ro|cain [...'kɛ̃:], der *od.* das; -s, -s ⟨franz.⟩ (fein gerippter Kleiderstoff)
ma|rod *(österr. ugs. für* leicht krank)
ma|ro|de ⟨franz.⟩ (heruntergekommen, abgewirtschaftet; *veraltend für* erschöpft)
Ma|ro|deur [...'døːɐ̯], der; -s, -e (Soldatenspr. plündernder Nachzügler); **Ma|ro|deu|rin; ma|ro|die|ren**
Ma|rok|ka|ner; Ma|rok|ka|ne|rin; ma|rok|ka|nisch; Ma|rok|ko (Staat in Nordwestafrika)
¹**Ma|ro|ne**, die; -, *Plur.* -n, *landsch. auch* ...ni ⟨franz.⟩ ([geröstete] essbare Kastanie)

²**Ma|ro|ne**, die; -, -n (ein Pilz); **Ma|ro|nen|pilz**
Ma|ro|ni, die; -, - *(südd., österr. für* Marone; vgl. Marroni); **Ma|ro|ni|bra|ter; Ma|ro|ni|bra|te|rin**
Ma|ro|nit, der; -en, -en ⟨nach dem hl. Maro⟩ (Angehöriger der mit Rom unierten syrischen Kirche im Libanon)
Ma|ro|ni|tin; ma|ro|ni|tisch; Ma|ro|ni|tisch; maronitische Liturgie
Ma|ro|quin [...'kɛ̃:], der, *auch* das; -s ⟨franz., »aus Marokko«⟩ (Ziegenleder)
Ma|rot|te, die; -, -n ⟨franz.⟩ (Schrulle, wunderliche Neigung)
Mar|que|sas|in|seln [...k...] *Plur.* (Inselgruppe im Pazifik)
Mar|quis [...'kiː], der; -, - ⟨franz., »Markgraf«⟩ (franz. Titel)
Mar|qui|sat, das; -[e]s, -e (Würde, Gebiet eines Marquis)
Mar|qui|se, die; -, -n ⟨»Markgräfin«⟩ (franz. Titel); vgl. aber Markise
Mar|qui|set|te, Mar|ki|set|te, die; -, *auch* der; -s (ein Gardinengewebe)
Mar|ra|kesch (Stadt u. Provinz in Marokko)
Mar|ro|ni *(schweiz. neben* Maroni)
¹**Mars** (röm. Kriegsgott)
²**Mars**, der; - (ein Planet)
³**Mars**, der; -, -e, *auch* die; -, -en ⟨niederd.⟩ *(Seemannsspr.* Plattform zur Führung u. Befestigung der Marsstenge)
¹**Mar|sa|la** (ital. Stadt)
²**Mar|sa|la**, der; -[s], -s (ein Süßwein); **Mar|sa|la|wein**, Mar|sa|la-Wein
marsch!; marsch, marsch!; vorwärts marsch!
¹**Marsch**, der; -[e]s, Märsche
²**Marsch**, die; -, -en (vor Küsten angeschwemmter fruchtbarer Boden)
Mar|schall, der; -s, ...schälle (»Pferdeknecht« (hoher milit. Dienstgrad; Haushofmeister); **Mar|schal|lin**
Mar|schall[s]|stab
Mar|schall[s]|wür|de
Marsch|be|fehl; marsch|be|reit; Marsch|be|reit|schaft, die; -; **Marsch|block** *Plur.* ...blöcke *od.* ...blocks
Marsch|bo|den
Mar|schen|dorf
marsch|fer|tig
Marsch|flug|kör|per *(Militär)*
Marsch|ge|päck

M
Mars

marschieren

mar|schie|ren; Mar|schie|rer; Mar|schie|re|rin
Marsch|ko|lon|ne; Marsch|kom|pass
Marsch|land *Plur.* ...länder ⟨svw. ²Marsch⟩
Marsch|lied
marsch|mä|ßig
Marsch|mu|sik; Marsch|ord|nung; Marsch|rich|tung; Marsch|rou|te; Marsch|tem|po; Marsch|tritt; Marsch|ver|pfle|gung; Marsch|ziel
Mar|seil|lai|se [...se'jɛ:zə], die; - ⟨franz. Revolutionslied, dann Nationalhymne⟩
Mar|seille [...'sɛ:j] (franz. Stadt)
Mar|seil|ler [...'sɛ:jɐ]; Mar|seil|le|rin
Mars|feld, das; -[e]s ⟨Versammlungs- u. Übungsplatz im alten Rom; großer Platz in Paris⟩
Mar|shal|ler (Einwohner der Marshallinseln); Mar|shal|le|rin
Mar|shall|in|seln, Mar|shall-In|seln [...ʃ..., *auch* 'maːɐ̯ʃ...] *Plur.* ⟨Inselgruppe u. Staat im Pazifischen Ozean⟩; mar|shal|lisch
Mar|shall|plan, Mar|shall-Plan [...ʃ..., *auch* 'maːɐ̯ʃ...], der; -[e]s ⟨nach dem amerik. Außenminister G. C. Marshall⟩ (amerik. Hilfsprogramm für Westeuropa nach dem 2. Weltkrieg)
Marsh|mal|low ['maːɐ̯ʃmɛlo], das; -s, -s ⟨weiche Süßigkeit aus Zucker, Eiweiß u. Gelatine⟩
Mars|männ|chen; Mars|mensch, der; Mars|son|de
Mars|sten|ge (*Seemannsspr.* erste Verlängerung des Mastes)
Mar|stall, der; -[e]s, ...ställe (»Pferdestall«) (Pferdehaltung eines Fürsten u. a.)
Mar|sy|as (meisterhaft Flöte spielender Satyr der altgriech. Mythologie)
Mar|ta *vgl.* ²Martha
Mär|te, die; -, -n (*mitteld. für* Mischmasch; Kaltschale)
Mar|ten|sit, der; -s, -e ⟨nach dem dt. Ingenieur Martens⟩ (beim Härten von Stahl entstehendes Gefüge von Eisen u. Kohlenstoff)
Mar|ter, die; -, -n; Mar|ter|in|s|t|rument
Mar|terl, das; -s, -[n]; *vgl.* Pickerl (*bayr. u. österr. für* Tafel mit Bild u. Inschrift zur Erinnerung an Verunglückte; Pfeiler mit Nische für Kruzifix od. Heiligenbild)
mar|tern; ich martere
Mar|ter|pfahl; Mar|ter|qual; Mar|ter|tod; Mar|te|rung

mar|ter|voll
Mar|ter|werk|zeug
¹Mar|tha (w. Vorn.)
²Mar|tha, ökum. Mar|ta (bibl. w. Eigenn.)
mar|ti|a|lisch ⟨lat.⟩ (kriegerisch; grimmig; verwegen)
¹Mar|tin (m. Vorn.)
²Mar|tin [...'tɛ̃ː] (schweiz. Komponist)
Mar|ti|na (w. Vorn.)
Mar|tin|gal, das; -s, *Plur.* -e u. -s ⟨franz.⟩ (Reiten zwischen den Vorderbeinen des Pferdes durchlaufender Sprungzügel)
Mar|tin-Horn® *vgl.* Martinshorn
Mar|ti|ni, des; - (Martinstag)
Mar|ti|ni|ka|ner (Bewohner von Martinique); Mar|ti|ni|ka|ne|rin
Mar|ti|nique [...'niːk] (Insel der Kleinen Antillen; franz. Überseedepartement)
Mar|tins|gans
Mar|tins|horn (als ®: Martin-Horn; *Plur.* ...hörner)
Mar|tins|tag (11. Nov.); Mar|tins|um|zug
Mär|ty|rer, *kath. Kirche auch* Mar|ty|rer, der; -s, - ⟨griech.⟩ (jmd., der wegen seines Glaubens od. seiner Überzeugung Verfolgung od. den Tod erleidet); Mär|ty|re|rin, Mär|ty|rin, *kath. Kirche auch* Mar|ty|re|rin, Mar|ty|rin
Mär|ty|rer|kro|ne, *kath. Kirche auch* Mar|ty|rer|kro|ne
Mär|ty|rer|tod, *kath. Kirche auch* Mar|ty|rer|tod
Mär|ty|rer|tum, *kath. Kirche auch* Mar|ty|rer|tum, das; -s
Mär|ty|rin, Mar|ty|rin *vgl.* Märtyrerin
Mär|ty|ri|um, das; -s, ...ien (schweres Leiden [um des Glaubens od. der Überzeugung willen])
Mar|ty|ro|lo|gi|um, das; -s, ...ien (Verzeichnis der Märtyrer u. Heiligen u. ihrer Feste)
Ma|run|ke, die; -, -n (*ostmitteld.* eine Pflaume)
Marx, Karl (dt. Philosoph, Begründer der nach ihm benannten Lehre)
Mar|xis|mus, der; - (die von Marx u. Engels begründete Theorie des Kommunismus)
Mar|xis|mus-Le|ni|nis|mus (Bez. für die kommunist. Ideologie nach Marx, Engels u. Lenin)
Mar|xist, der; -en, -en; Mar|xis|tin
Mar|xis|tin-Le|ni|nis|tin, die; -, *Plur.* Marxistinnen-Leninistinnen
mar|xis|tisch

Mar|xist-Le|ni|nist, der; des Marxisten-Leninisten, *Plur.* Marxisten-Leninisten
marxsch; die marxsche *od.* Marx'sche Philosophie
Ma|ry ['mɛri] (w. Vorn.)
Ma|ry Jane, die; - - ⟨engl.⟩ (*Jargon* Marihuana)
Ma|ry|land ['mɛrɪlənt] (Staat der USA; *Abk.* MD)
März, der; *Gen.* -[es], *geh. auch noch* -en, *Plur.* -e ⟨lat.; nach dem röm. Kriegsgott Mars⟩ (dritter Monat im Jahr, Lenzing, Lenzmond, Frühlingsmonat)
März|be|cher, Mär|zen|be|cher (eine Frühlingsblume)
März|bier, Mär|zen|bier
Mär|zen|fle|cken, der; -s, - (*schweiz. für* Sommersprosse)
März|feld, das; -[e]s (merowing. Wehrmännerversammlung)
März|ge|fal|le|ne, der; -n, -n (der Revolution von 1848)
März|glöck|chen (eine Frühlingsblume)
Mar|zi|pan [*auch*, *österr. nur*, 'maː...], das; -s, -e ⟨arab.⟩ (süße Masse aus Mandeln u. Zucker)
Mar|zi|pan|brot; Mar|zi|pan|kar|tof|fel; Mar|zi|pan|roh|mas|se; Mar|zi|pan|schwein|chen
mär|zlich
März|nacht; März|re|vo|lu|ti|on (1848); März|son|ne, die; -; Märzveil|chen
MAS [ɛmɛɪ'ɛs] = Master of Advanced Studies; *vgl.* Master
Ma|sa|ryk [...rɪk] (tschechoslowak. Soziologe u. Staatsmann)
Mas|ca|g|ni [...'kanji] (ital. Komponist)
Mas|ca|ra, die; -, -s u. der; -[s], -s ⟨span.-engl.⟩ (pastenförmige Wimperntusche)
Mas|car|po|ne, der; -[s] ⟨ital.⟩ (ein ital. Frischkäse)
Ma|schan|s|ker, des; -s, - ⟨tschech.⟩ (*österr. für eine Apfelsorte*)
Ma|sche, die; -, -n (Schlinge; *österr. u. schweiz. auch für* Schleife; *ugs. für* Lösung; Trick); die neu[e]ste Masche
Ma|schek|sei|te *vgl.* Maschikseite
Ma|schen|draht (Drahtgeflecht); Ma|schen|draht|zaun
Ma|schen|mo|de; Ma|schen|netz; Ma|schen|pan|zer; Ma|schen|wa|re
Ma|scherl, das; -s, -[n]; *vgl.* Pickerl (*österr. für* Schleife, Fliege; Etikett)

ma|schig
Ma|schik|sei|te, Ma|schek|sei|te ⟨ung.⟩ (ostösterr. für entgegengesetzte Seite, Rückseite)

Ma|schi|ne

die; -, -n ⟨franz.⟩

Getrenntschreibung:
– ich schreibe Maschine
– weil sie Maschine schreibt
– ich habe Maschine geschrieben
– um Maschine zu schreiben

Zusammenschreibung:
– ein maschinegeschriebener (mit der Maschine geschriebener) Brief

Vgl. maschinengeschrieben

ma|schi|ne|ge|schrie|ben *vgl.* maschinengeschrieben
ma|schi|nell (maschinenmäßig [hergestellt])
Ma|schi|nen|bau, der; -[e]s; *vgl.* ¹Bauer; Ma|schi|nen|bau|er/Ma|schi|nen|bau|e|rin
Ma|schi|nen|fa|b|rik; Ma|schi|nen|füh|rer; Ma|schi|nen|füh|re|rin
ma|schi|nen|ge|schrie|ben, ma|schi|ne|ge|schrie|ben, österr. ma|schin|ge|schrie|ben; ein maschinengeschriebener, maschinegeschriebener, österr. maschingeschriebener Brief; ma|schi|nen|ge|stickt; ma|schi|nen|ge|strickt
Ma|schi|nen|ge|wehr (*Abk.* MG)
Ma|schi|nen|haus
Ma|schi|nen|lauf|zeit
ma|schi|nen|les|bar (*EDV*)
Ma|schi|nen|meis|ter; Ma|schi|nen|meis|te|rin; Ma|schi|nen|nä|he|rin; Ma|schi|nen|öl
Ma|schi|nen|pis|to|le (*Abk.* MP, MPi)
Ma|schi|nen|raum
Ma|schi|nen|re|vi|si|on (*Druckw.* Überprüfung der Druckbogen vor Druckbeginn)
Ma|schi|nen|satz (zwei miteinander starr gekoppelte Maschinen; *Druckw., nur Sing.:* mit der Setzmaschine hergestellter Schriftsatz)
Ma|schi|nen|scha|den
Ma|schi|nen|schlos|ser; Ma|schi|nen|schlos|se|rin
Ma|schi|ne[n]|schrei|ben, das; -s (*Abk.* Masch.-Schr.); Ma|schi|ne[n]|schrei|ber; Ma|schi|ne[n]|schrei|be|rin

Ma|schi|nen|schrift; ma|schi|nen|schrift|lich
Ma|schi|nen|set|zer (*Druckw.*); Ma|schi|nen|set|ze|rin
Ma|schi|nen|spra|che
Ma|schi|nen|te|le|graf, Ma|schi|nen|te|le|graph
Ma|schi|nen|wär|ter; Ma|schi|nen|wär|te|rin
Ma|schi|nen|zeit|al|ter
Ma|schi|ne|rie, die; -, ...ien (maschinelle Einrichtung; Getriebe)
Ma|schi|nen|schrei|ben usw. *vgl.* Maschine[n]schreiben usw.
Ma|schi|ne schrei|ben *vgl.* Maschine
Ma|schi|nist, der; -en, -en (Maschinenmeister); Ma|schi|nis|tin
ma|schin|schrei|ben (*österr. für* Maschine schreiben); Ma|schin|schrei|ben, das; -s (*österr.*); Ma|schin|schrei|ber (*österr.*); Ma|schin|schrei|be|rin; ma|schin|schrift|lich (*österr.*)
Masch.-Schr. ↑D 28 = Maschine[n]schreiben
Ma|sel, das; -s, Ma|sen, die; - (*österr. für* ¹Massel)
¹Ma|ser ['meɪ..., *auch* 'maː...], der; -s, - ⟨engl.⟩ (*Physik* Gerät zur Verstärkung od. Erzeugung von Mikrowellen)
²Ma|ser, die; -, -n (Zeichnung [im Holz]; Narbe)
Ma|se|reel, Frans (belgischer Grafiker u. Maler)
Ma|ser|holz
ma|se|rig
ma|sern; ich masere; gemasertes Holz
Ma|sern *Plur.* (eine Kinderkrankheit)
Ma|se|ru (Hauptstadt Lesothos)
Ma|se|rung (Zeichnung des Holzes)
Mas|ka|rill, der; -[s], -e ⟨span.⟩ (span. Lustspielgestalt)
Mas|ka|ron, der; -s, -e ⟨franz.⟩ (*Archit.* Menschen- od. Fratzengesicht)
Mas|kat (Hauptstadt von Oman)
Mas|kat und Oman (*frühere Bez. für* Oman)
Mas|ke, die; -, -n ⟨franz.⟩ (künstl. Hohlgesichtsform; Verkleidung; kostümierte Person)
Mas|ken|ball *vgl.* ²Ball; Mas|ken|bild|ner; Mas|ken|bild|ne|rin
mas|ken|haft
Mas|ken|kos|tüm
Mas|ken|spiel; Mas|ken|trei|ben; Mas|ken|ver|leih; Mas|ken|zug

Mas|ke|ra|de, die; -, -n ⟨span.⟩ (Verkleidung; Maskenfest; Mummenschanz)
mas|kie|ren ⟨franz.⟩ ([mit einer Maske] unkenntlich machen; verkleiden; verbergen); sich maskieren; **Mas|kie|rung**
Mas|kott|chen ⟨franz.⟩ (Glück bringender Talisman, Anhänger; Puppe u. a. [als Amulett])
Mas|kot|te, die; -, -n (*svw.* Maskottchen)
mas|ku|lin [*auch* ...'liːn] ⟨lat.⟩ (männlich); mas|ku|li|nisch (*älter für* maskulin)
Mas|ku|li|num, das; -s, ...na (*Sprachwiss.* m. Substantiv, z. B. »der Wagen«; *nur Sing.:* m. Geschlecht)
Ma|so|chis|mus, der; - (nach dem österr. Schriftsteller L. v. Sacher-Masoch) (geschlechtl. Erregung durch Erdulden von Misshandlungen)
Ma|so|chist, der; -en, -en; Ma|so|chis|tin; ma|so|chis|tisch
Ma|so|wi|en (Region u. Woiwodschaft in Polen)
maß *vgl.* messen

¹Maß

das; -es, -e ⟨*zu* messen⟩

Getrennt- oder Zusammenschreibung:
– **maßhalten** *od.* Maß halten
– er hält **maß** *od.* Maß
– dass sie **maßhält** *od.* Maß hält
– sie haben **maßgehalten** *od.* Maß gehalten
– um **maßzuhalten** *od.* Maß zu halten
– eine **maßhaltende** *od.* Maß haltende Forderung ↑D 58

Getrenntschreibung:
– Maß nehmen; er nimmt Maß; dass sie Maß nimmt; sie haben Maß genommen; um Maß zu nehmen
– *aber* ↑D 82: das Maßhalten, das Maßnehmen

²Maß, die; -, -[e], Mass, die; -, -[en] (*bayr. u. österr.* ein Flüssigkeitsmaß); 2 Maß *od.* Mass Bier
Mas|sa|chu|setts [mɛsəˈtʃuːsɛts] (Staat in den USA; *Abk.* MA)
Mas|sa|ge [...ʒə], die; -, -n ⟨franz.⟩ (Heilbehandlung durch Streichen, Kneten usw. des Körpergewebes)

Massageinstitut

Mas|sa|ge|ins|ti|tut; Mas|sa|ge|sa|lon; Mas|sa|ge|stab

Mas|sai [auch 'ma...], der u. die; -, - (Angehörige[r] eines Nomadenvolkes in Ostafrika)

Mas|sa|ker, das; -s, - ⟨franz.⟩ (Gemetzel)

mas|sa|k|rie|ren (niedermetzeln); Mas|sa|k|rie|rung

Maß|ana|ly|se (Chemie); maß|analytisch

Maß|an|ga|be; Maß|an|zug; Maß|arbeit

Maß|band, das; Plur. ...bänder

Maß|be|zeich|nung

Mäß|chen (altes Hohlmaß)

Mas|se, die; -, -n

Ma|ße, die; -, -n (veraltet für Mäßigkeit; Art u. Weise); noch in in, mit, ohne Maßen; über die/alle Maßen

Mas|se|gläu|bi|ger (Wirtsch.); Mas|se|gläu|bi|ge|rin

Maß|ein|heit; Maß|ein|tei|lung

¹Mas|sel, der, österr. das; -s ⟨hebr.-jidd.⟩ (ugs. für Glück); vgl. Masel

²Mas|sel, die; -, -n (Form für Roheisen; Roheisenbarren)

mas|se|los; masselose Elementarteilchen

ma|ßen (veraltet für weil)

Ma|ßen (Plur. von Maße)

...ma|ßen (z. B. einigermaßen)

Mas|sen|ab|fer|ti|gung; Mas|sen|absatz; Mas|sen|an|drang

Mas|sen|an|teil (Physik, Chemie Anteil der Masse eines Stoffes an der Gesamtmasse eines Stoffgemischs); Mas|sen|ar|beits|lo|sig|keit; Mas|sen|ar|ti|kel; Mas|sen|auf|ge|bot

Mas|sen|be|darf; Mas|sen|be|darfs|ar|ti|kel; Mas|sen|be|we|gung

Mas|sen|blatt (abwertend für [Boulevard]zeitung mit hoher Auflage)

Mas|sen|de|mons|t|ra|ti|on; Mas|sen|ent|las|sung; Mas|sen|fa|b|ri|ka|ti|on

Mas|sen|fach (sehr beliebtes, oft überlaufenes Studienfach)

Mas|sen|ge|schmack; Mas|sen|ge|sell|schaft (Soziol.); Mas|sen|grab

mas|sen|haft

Mas|sen|hin|rich|tung; Mas|sen|hys|te|rie; Mas|sen|ka|ram|bo|la|ge; Mas|sen|kund|ge|bung

mas|sen|me|di|al; Mas|sen|me|di|um meist Plur.

Mas|sen|mord; Mas|sen|mör|der; Mas|sen|mör|de|rin

Mas|sen|or|ga|ni|sa|ti|on; Mas|sen|pro|duk|ti|on; Mas|sen|psy|cho|se; Mas|sen|quar|tier; Mas|sen|schlä|ge|rei

Mas|sen|spei|cher (EDV)

Mas|sen|sport

Mas|sen|start (Sport)

Mas|sen|ster|ben; Mas|sen|tier|hal|tung; Mas|sen|tou|ris|mus; Mas|sen|ver|an|stal|tung; Mas|sen|ver|kehrs|mit|tel

Mas|sen|ver|nich|tungs|waf|fe meist Plur.

Mas|sen|wa|re (oft abwertend)

mas|sen|wei|se

Mas|se|schul|den Plur. (Wirtsch.)

Mas|set|te, die; -, -n (österr. für Eintrittskartenblock)

Mas|seur [...'sø:ɐ], der; -s, -e ⟨franz.⟩ (die Massage Ausübender); Mas|seu|rin (Berufsbez.); Mas|seu|se [...'sø:...], die; -, -n

Mas|se|ver|wal|ter (österr. Rechtsspr. für Konkursverwalter); Mas|se|ver|wal|te|rin

Maß|ga|be (Amtsspr. Bestimmung); mit der Maßgabe; nach Maßgabe (entsprechend)

maß|ge|bend

maß|geb|lich

maß|ge|fer|tigt; ein maßgefertigter Anzug, aber ein nach Maß gefertigter Anzug

maß|ge|recht; maß|ge|schnei|dert

maß|hal|ten, Maß hal|ten vgl. ¹Maß

maß|hal|tend, Maß hal|tend vgl. ¹Maß

maß|hal|tig (Technik das Maß einhaltend); Maß|hal|tig|keit, die; -

Maß|hol|der, der; -s, - (Feldahorn)

¹mas|sie|ren ⟨franz.⟩ (durch Massage behandeln, kneten)

²mas|sie|ren ⟨franz.⟩ (Truppen zusammenziehen; verstärken, intensivieren); Mas|sie|rung

mas|sig

mä|ßig

...mä|ßig (z. B. behelfsmäßig)

mä|ßi|gen; sich mäßigen

Mas|sig|keit, die; -

Mä|ßig|keit, die; -; -Mä|ßi|gung

mas|siv ⟨franz.⟩ (schwer; voll [nicht hohl]; fest, roh, grob); ich musste erst **massiv werden** od. massivwerden (deutlich drohen, ausfallend werden)

Mas|siv, das; -s, -e (Gebirgsstock)

Mas|siv|bau Plur. ...bauten; Mas|siv|bau|wei|se

Mas|si|vi|tät, die; -

Maß|kon|fek|ti|on; Maß|krug

maß|lei|dig (südd. für verdrossen)

Maß|lieb, das; -[e]s, -e ⟨niederl.⟩ (eine Blume); Maß|lieb|chen

maß|los; Maß|lo|sig|keit

Maß|nah|me, die; -, -n; Maß|nah|men|ka|ta|log; Maß|nah|men|pa|ket

Maß|neh|men, das; -s (vgl. ¹Maß)

Mas|so|ra, die; - ⟨hebr.⟩ ([jüd.] Textkritik des A. T.)

Mas|so|ret, der; -en, -en (mit der Massora beschäftigter jüd. Schriftgelehrter u. Textkritiker); mas|so|re|tisch

Maß|re|gel

maß|re|geln; ich maßreg[e]le; gemaßregelt; zu maßregeln

Maß|re|ge|lung, Maß|reg|lung

Maß|re|gel|voll|zug (Amtsspr. eine Form des Strafvollzuges)

Maß|sa|chen Plur. (ugs.)

Maß|schnei|der; Maß|schnei|de|rin

Maß|stab; maß|stäb|lich

maß|stab[s]|ge|recht

maß|stab[s]|ge|treu

maß|voll

Maß|werk, das; -[e]s (Ornament an gotischen Bauwerken)

¹Mast, der; -[e]s, Plur. -en, auch -e (Mastbaum)

²Mast, die; -, -en (Mästung)

Mas|ta|ba, die; -, Plur. -s u. ...taben ⟨arab.⟩ (altägypt. Grabbau)

Mast|an|la|ge (Anlage zur Mästung von Haustieren)

Mast|baum

Mast|darm; Mast|darm|fis|tel

mäs|ten

...mas|ter (z. B. Dreimaster)

Mas|ter s. Kasten Seite 735

Mäs|ter

Mas|ter|ab|schluss

Mas|ter|ab|sol|vent; Mas|ter|ab|sol|ven|tin

Mas|te|rand, der; -en, -en (Student, der sich auf den Masterabschluss vorbereitet); Mas|te|ran|din; Mas|ter|ar|beit

Mäs|te|rei

Mas|ter|grad, der

Mas|te|rin

Mäs|te|rin

Mas|te|ring, das; -[s], -s Plur. selten ⟨engl.⟩ ([künstlerische] Endbearbeitung einer Tonaufnahme; auch für Herstellung einer Vorlage zur Vervielfältigung eines Tonträgers)

Mas|ter|plan ⟨engl.⟩ (umfassender, übergeordneter Plan)

Mas|ter|pro|gramm (Masterstudiengang; Angebot an Masterstudiengängen)

Mas|ter|stu|dent; Mas|ter|stu|den|tin

Materialmangel

Mas|ter

der; -s, -〈engl., »Meister«〉
(formelle engl. Anrede für einen Jungen, der noch nicht alt genug ist, um mit »Mister« angesprochen zu werden; akadem. Grad; Leiter bei Parforcejagden)
Im deutschsprachigen Raum vergebene Mastergrade und die zugehörigen Abkürzungen in Auswahl:
– Master of Advanced Studies [- - ət'vɑ:ntst 'stɑdi:s] (Abschluss eines in unterschiedlichen Fachgebieten angebotenen Aufbaustudiengangs; *Abk.* MAS, z. B. Sophie Berger MAS)
– Master of Arts [- - 'ɑ:ɐ̯ts] (Abschluss in den Geistes-, Sozial- od. Wirtschaftswissenschaften; *Abk.* M. A.)
– Master of Business Administration [- - 'bɪznɪs ɛtmɪnɪs'treɪʃn̩] (Abschluss eines Aufbaustudiengangs für Manager; *Abk.* MBA)
– Master of Business and Engineering [- - 'bɪznɪs ɛnt ɛndʒi'nɪ:rɪŋ] (Abschluss eines Aufbaustudiengangs zur Verbindung wirtschaftlicher u. technischer Kenntnisse; *Abk.* MBE)
– Master of Business Law [- - 'bɪznɪs 'lɔ:] (Abschluss eines Aufbaustudiengangs in Wirtschaftsrecht; *Abk.* M. B. L.)
– Master of Education [- - ɛdju'keɪʃn̩] (Abschluss für das Grund-, Haupt- u. Realschullehramt; *Abk.* M. Ed.)
– Master of Engineering [- - ɛndʒi'nɪ:rɪŋ] (Abschluss in den Ingenieurwissenschaften; *Abk.* M. Eng.)
– Master in/of European Studies [- - juro'pi:ən 'stɑdi:s] (Abschluss eines interdisziplinären Aufbaustudiengangs mit besonderem Bezug zur EU; *Abk.* M. E. S.)
– Master of International Business [- - ɪntɐ'neʃən 'bɪznɪs] (Abschluss eines Aufbaustudiengangs für internationales Management; *Abk.* MIB)
– Master of Laws [- - 'lɔ:s] (Abschluss eines rechtswissenschaftlichen Aufbaustudiengangs; *Abk.* LL. M.)
– Master in Psychoanalytic Observational Studies [- - saɪkoɛnə'lɪtɪk ɔpzɐ'veɪʃən]'stɑdi:s] (Abschluss eines Aufbaustudiengangs in psychoanalytischer Pädagogik; *Abk.* MPOS)
– Master of Public Health [- - 'pʌblɪk 'hɛlθ] (Abschluss eines Aufbaustudiengangs in den Gesundheitswissenschaften; *Abk.* MPH)
– Master of Science [- - 'saɪəns] (Abschluss in den Natur-, Ingenieur- od. Wirtschaftswissenschaften; *Abk.* M. Sc.)

Mas|ter|stu|die (*Fachspr.* Auswertung mehrerer [fremder] Untersuchungen zu einem bestimmten Thema)
Mas|ter|stu|di|en|gang (auf dem Bachelorabschluss aufbauender Studiengang, der mit dem Mastergrad abschließt); **Mas|ter|stu|di|um**
Mast|fut|ter *vgl.* ¹Futter
Mast|gans; Mast|huhn
Mas|tiff, der; -s, -s 〈engl.〉 (eine Hunderasse)
mas|tig (*landsch.* für fett, feist; *auch für* feucht [von Wiesen])
Mas|ti|ka|tor, der; -s, ...oren 〈lat.〉 (Knetmaschine)
Mas|tix, der; -[es] (ein Harz)
Mast|korb
Mast|kur; Mast|och|se
Mas|to|don, das; -s, ...donten 〈griech.〉 (ausgestorbene Elefantenart)
Mast|schwein
Mast|spit|ze
Mäs|tung
Mas|tur|ba|ti|on, die; -, -en 〈lat.〉 (geschlechtliche Selbstbefriedigung); **mas|tur|ba|to|risch**
mas|tur|bie|ren
Mast|vieh
Ma|su|re, der; -n, -n (Bewohner Masurens)

Ma|su|ren (Landschaft im ehem. Ostpreußen)
Ma|su|rin; ma|su|risch; *aber* ↑D 140: die Masurischen Seen
Ma|sut, das; -[e]s 〈russ.〉 (Erdölrückstand, der zum Heizen von Kesseln verwendet wird)
Ma|ta|dor, der; *Gen.* -s, *auch* -en, *Plur.* -e, *auch* -en 〈span.〉 (Hauptkämpfer im Stierkampf, Hauptperson); **Ma|ta|do|rin**
Match [mɛtʃ, *schweiz.* auch matʃ], das, *schweiz.* der; -[e]s, *Plur.* -[e]s, *auch* -e 〈engl.〉 (Wettkampf, -spiel)
Ma|tcha [...tʃa], der; -[s], -s 〈jap.〉 (gemahlener grüner Tee)
Match|ball (*Sport* spielentscheidender Ball [Aufschlag])
Match|beu|tel (über die Schulter getragener, größerer Beutel)
Match|plan (*bes. Fußball*)
Match|sack (Matchbeutel)
Match|stra|fe (*Eishockey* Feldverweis für die gesamte Spieldauer)
Match|win|ner, der; -s, - (*Sport* Gewinner eines Matchs); **Match|win|ne|rin**
¹**Ma|te**, der; -〈indian.〉 (ein Tee)
²**Ma|te**, die; -, -n (südamerik. Stechpalmengewächs, Teepflanze)
Ma|te|baum; Ma|te|blatt
Ma|ter, die; -, -n 〈lat.〉 (*Druckw.*

Papptafel mit negativer Prägung eines Schriftsatzes; Matrize; *Med.* die das Hirn einhüllende Haut)
Ma|ter do|lo|ro|sa, die; - - (»schmerzensreiche Mutter«) (*christl. Rel.* Beiname Marias, der Mutter Jesu)
ma|te|ri|al 〈lat.〉 (stofflich, inhaltlich, sachlich); materiale Ethik
Ma|te|ri|al, das; -s, -ien
Ma|te|ri|al|aus|ga|be; Ma|te|ri|al|bedarf; Ma|te|ri|al|be|schaf|fung; Ma|te|ri|al|ein|spa|rung
Ma|te|ri|al|er|mü|dung (*Technik*); **Ma|te|ri|al|feh|ler**
Ma|te|ri|a|li|sa|ti|on, die; -, -en (Verkörperung, Verstofflichung; *Physik* Umwandlung von Energie in materielle Teilchen; *Parapsychologie* Entwicklung körperhafter Gebilde in Abhängigkeit von einem Medium); **ma|te|ri|a|li|sie|ren**
Ma|te|ri|a|lis|mus, der; - (*philos.* Anschauung, die alles Wirkliche auf Kräfte od. Bedingungen der Materie zurückführt; auf Besitz u. Gewinn ausgerichtete Haltung)
Ma|te|ri|a|list, der; -en, -en; **Ma|te|ri|a|lis|tin; ma|te|ri|a|lis|tisch**
Ma|te|ri|al|kos|ten *Plur.*; **Ma|te|ri|al-**

M Mate

Materialprüfung

man|gel, der; Ma|te|ri|al|prü|fung; Ma|te|ri|al|samm|lung
Ma|te|ri|al|schlacht
Ma|te|rie [...i̯ə], die; -, -n (Stoff; Inhalt; Gegenstand [einer Untersuchung]; Philos., nur Sing.: Urstoff; die außerhalb unseres Bewusstseins vorhandene Wirklichkeit)
ma|te|ri|ell (franz.) (stofflich; wirtschaftlich, finanziell; auf den eigenen Nutzen bedacht)
¹ma|tern (lat.) (Druckw. von einem Satz Matern herstellen); ich matere
²ma|tern (Med. mütterlich)
Ma|ter|ni|tät, die; - (Med. Mutterschaft)
Ma|te|tee
Math. = Mathematik
Ma|the, die; - meist ohne Artikel (Schülerspr. Mathematik)
Ma|the|ma|tik [österr. ...'ma...], die; - ⟨griech.⟩ (Wissenschaft von den Raum- u. Zahlengrößen; Abk. Math.); Ma|the|ma|ti|ker; Ma|the|ma|ti|ke|rin
ma|the|ma|tisch [österr. ...'ma...]; mathematischer Zweig; ma|the|ma|tisch-tech|nisch ↑D 23; mathematisch-technische od. Mathematisch-Technische Softwareentwicklerin, mathematisch-technischer od. Mathematisch-Technischer Softwareentwickler ↑D 89; ma|the|ma|ti|sie|ren
Mat|hil|de (w. Vorn.)
Ma|ti|nee [auch 'ma...], die; -, ...een ⟨franz.⟩ (am Vormittag stattfindende künstlerische Veranstaltung)
Ma|tisse [...'tɪs] (franz. Maler); Matisse' Werke
Mat|jes, der; -, -, Mat|jes|he|ring ⟨niederl.; dt.⟩ (junger Hering)
Ma|to Gros|so ['ma(:)tu 'gro(:)su] (Bundesstaat in Brasilien)
Ma|t|rat|ze, die; -, -n (Bettpolster); Ma|t|rat|zen|la|ger
Mä|t|res|se, die; -, -n ⟨franz.⟩ (früher für Geliebte [eines Fürsten]); Mä|t|res|sen|wirt|schaft, die; -
ma|t|ri|ar|cha|lisch ⟨lat.; griech.⟩ (das Matriarchat betreffend); Ma|t|ri|ar|chat, das; -[e]s, -e Plur. selten (Mutterherrschaft); Ma|t|ri|ar|chin
Ma|t|rik, die; -, -en ⟨lat.⟩ (österr. neben Matrikel)
Ma|t|ri|kel [auch, österr. nur ma'trɪkl], die; -, -n ⟨lat.⟩ (Ver-

zeichnis; österr. für Personenstandsregister)
Ma|t|ri|osch|ka vgl. Matroschka
Ma|t|rix, die; -, Plur. Matrizes, Matrices u. Matrizen (Math. rechteckiges Schema von Zahlen, für das bestimmte Rechenregeln gelten; EDV System zur Darstellung zusammengehörender Einzelfaktoren; Med. Keimschicht)
Ma|t|ri|ze, die; -, -n ⟨franz.⟩ (Druckw. Hohlform bei der Setzmaschine [zur Aufnahme der Patrize]; die von einem Druckstock zur Anfertigung eines Galvanos hergestellte [Wachs]form); Ma|t|ri|zen|rand
Ma|tr|josch|ka vgl. Matroschka
Ma|t|ro|ne, die; -, -n ⟨lat.⟩ (ältere, ehrwürdige Frau, Greisin; abwertend für [ältere] korpulente Frau); ma|t|ro|nen|haft
Ma|t|ro|sch|ka, seltener auch Ma|t|ri|osch|ka, Ma|tr|josch|ka, die; -, -s ⟨russ.⟩ (Holzpuppe mit ineinandergesetzten kleineren Puppen)
Ma|t|ro|se, der; -n, -n ⟨niederl.⟩
Ma|t|ro|sen|an|zug; Ma|t|ro|sen|kra|gen; Ma|t|ro|sen|müt|ze; Ma|t|ro|sen|uni|form; Ma|t|ro|sin
matsch ⟨ital.⟩ (ugs. für schlapp, erschöpft); matsch sein
¹Matsch, der; -[e]s, -e (gänzlicher Verlust beim Kartenspiel)
²Matsch, der; -[e]s (ugs. für breiiger Schmutz, nasse Erde)
mat|schen (ugs.); du matschst; mat|schig (ugs.)
matsch|kern (österr. ugs. für schimpfen, kritisieren; [Tabak] kauen)
Matsch-und-Schnee-Rei|fen ↑D 28 (Abk. M-und-S-Reifen)
Matsch|wet|ter
matt ⟨arab.⟩ (schwach; glanzlos); jmdn. matt setzen od. mattsetzen (im Schach; vgl. aber matt setzen); Schach und matt!; mattblau u. a.; ein Auto in Blaumatt od. in Blau matt, in Mattblau od. in matt Blau
Matt, das; -s, -s
Ma|tä|us vgl. Matthäus
¹Mat|te, die; -, -n (Decke, Unterlage; Bodenbelag)
²Mat|te, die; -, -n (geh. für Weide [in den Hochalpen]; schweiz. für Wiese)
³Mat|te, die; - (mitteld. für Quark)
Mat|ter|horn, das; -[e]s (Berg in den Walliser Alpen)

Matt|glas Plur. ...gläser
Matt|gold; matt|gol|den
Mat|thä|us, ökum. Mat|tä|us (Apostel u. Evangelist); Evangelium Matthäi (des Matthäus); bei jmdm. ist Matthäi am Letzten (die letzte Kapitel des Matthäusevangeliums) (ugs. für jmd. ist finanziell am Ende)
Mat|thä|us|pas|si|on (Vertonung der Leidensgeschichte Christi nach Matthäus)
Matt|heit, die; -
matt|her|zig
¹Mat|thi|as (m. Vorn.)
²Mat|thi|as, ökum. Mat|ti|as (bibl. m. Eigenn.)
mat|tie|ren ⟨franz.⟩ (matt, glanzlos machen); Mat|tie|rung
Mat|tig|keit, die; -
Matt|schei|be; [eine] Mattscheibe haben (übertr. ugs. für begriffsstutzig, benommen sein)
matt|set|zen (als Gegner ausschalten); vgl. aber matt
Ma|tur, die; - ⟨lat.⟩ (schweiz. für Reifeprüfung); Ma|tu|ra, die; - (österr. u. schweiz. für Reifeprüfung)
Ma|tu|rand, der; -en, -en (schweiz. für Abiturient); Ma|tu|ran|din
Ma|tu|rant, der; -en, -en (österr. für Abiturient); Ma|tu|ran|tin
Ma|tu|ra|zeug|nis (österr.)
ma|tu|rie|ren (österr. für die Reifeprüfung ablegen)
Ma|tu|ri|tas prae|cox, die; - - (Med., Psychol. [sexuelle] Frühreife)
Ma|tu|ri|tät, die; - (schweiz. für Hochschulreife); Ma|tu|ri|täts|prü|fung; Ma|tu|ri|täts|zeug|nis
Ma|tu|tin, die; -, -e[n] ⟨lat.⟩ (nächtliches Stundengebet)
Matz, der; -es, Plur. -e u. Mätze (scherzh.); meist in Zusammensetzungen, z. B. Hosenmatz
Mätz|chen; Mätzchen machen (ugs. für Ausflüchte machen, sich sträuben)
Mat|ze, die; -, -n ⟨hebr.⟩ (ungesäuertes Passahbrot der Juden); Mat|zen, der; -s, - ⟨hebr.⟩
mau (ugs. für schlecht; dürftig); das ist mau; mir ist mau; die Geschäfte gehen mau; ein maues Gefühl
Maud [mɔːd] (w. Vorn.)
Mau|er, die; -, -n; Mau|er|ar|beit; Mau|rer|ar|beit
Mau|er|as|sel

maustot

Mau|er|bau, der; -[e]s (der Bau der Berliner Mauer [1961])
Mau|er|blüm|chen (ugs. für Person od. Sache, der wenig Beachtung zuteilwird)
Mäu|er|chen
Mau|e|rei, Mau|re|rei, die; - (das Mauern)
Mau|er|fall, der; -[e]s (Öffnung u. Abbau der Berliner Mauer)
Mau|er|ha|ken
Mau|er|kel|le, Mau|rer|kel|le
Mau|er|kro|ne; Mau|er|loch
Mau|er|meis|ter, Mau|rer|meister; Mau|er|meis|te|rin, Maurer|meis|te|rin
mau|ern; ich mau[e]re
Mau|er|po|lier, Mau|rer|po|lier (Vorarbeiter)
Mau|er|rest; Mau|er|rit|ze
Mau|er|schau (für Teichoskopie)
Mau|er|seg|ler (ein Vogel)
Mau|er|specht (ugs. für jmd., der Stücke aus der Berliner Mauer [als Souvenirs] herausbricht)
Mau|e|rung
Mau|er|vor|sprung; Mau|er|werk
Maugham [mɔ:m] (engl. Schriftsteller)
Mau|ke, die; -, -n (eine Hauterkrankung bei Tieren; landsch. ugs. für Fuß)
Maul, das; -[e]s, Mäuler
Maul|af|fen Plur.; meist in Maulaffen feilhalten (ugs. für gaffend, untätig herumstehen)
Maul|beer|baum; Maul|bee|re; Maul|beer|sei|den|spin|ner
Maul|bronn (Stadt in Baden-Württemberg)
Mäul|chen (kleiner Mund)
mau|len (ugs. für murren, widersprechen)
Maul|esel (Kreuzung aus Pferdehengst u. Eselstute)
maul|faul (ugs.)
Maul|held (ugs.); Maul|hel|din (ugs.)
Maul|korb; Maul|korb|er|lass (ugs.)
Maul|schel|le (landsch.)
Maul|schlüs|sel (nach einer Seite offener Schraubenschlüssel für eckige Schrauben u. Muttern)
Maul|sper|re (ugs.)
Maul|ta|sche meist Plur. (schwäb. Pastetchen aus Nudelteig)
Maul|tier (Kreuzung aus Eselhengst u. Pferdestute)
Maul|trom|mel (ein Musikinstrument)
Maul- und Klau|en|seu|che Plur. selten (Abk. MKS)

Maul|werk (ugs.)
Maul|wurf, der; -[e]s, ...würfe (auch für Spion)
maul|wurfs|grau
Maul|wurfs|gril|le; Maul|wurfs|hau|fen; Maul|wurfs|hü|gel
¹Mau-Mau Plur. ⟨afrik.⟩ (Geheimbund in Kenia)
²Mau-Mau, das; -[s] (ein Kartenspiel)
maun|zen (ugs. für weinerlich sein, klägliche Laute von sich geben); du maunzt
Mau|pas|sant [mopa'sã:] (franz. Schriftsteller)
Mau|re, der; -n, -n (Angehöriger eines nordafrik. Mischvolkes)
Mau|rer; Mau|rer|ar|beit, Mau|rer|ar|beit
Mau|re|rei, Mau|e|rei, die; -
Mau|rer|ge|sel|le; Mau|rer|hand|werk, das; -[e]s
Mau|re|rin
mau|re|risch (freimaurerisch); aber ↑D 150: Maurerische Trauermusik (Orchesterstück von W. A. Mozart)
Mau|rer|kel|le, Mau|er|kel|le
Mau|rer|meis|ter, Mau|er|meister; Mau|rer|meis|te|rin, Mau|er|meis|te|rin
Mau|rer|po|lier, Mau|er|po|lier; Mau|rer|po|lie|rin
Mau|rer|zunft
Mau|res|ke vgl. Moreske
Mau|re|ta|ni|en (im Altertum Name Marokkos; heute selbstständiger Staat in Afrika)
Mau|re|ta|ni|er; Mau|re|ta|ni|e|rin; mau|re|ta|nisch
Mau|rice [mo'ri:s] (m. Vorn.)
Mau|rin (zu Maure)
Mau|ri|ner, der; -s, - (nach dem hl. Patron Maurus) (Angehöriger einer Kongregation der Benediktiner im 17./18. Jh.)
mau|risch (die Mauren betreffend); maurischer Bau, Stil
Mau|ri|ti|er (Bewohner von ¹Mauritius); Mau|ri|ti|e|rin
mau|ri|tisch, mau|ri|zisch
¹Mau|ri|ti|us (Insel[staat] im Ind. Ozean); die blaue Mauritius (eine Briefmarke der Insel Mauritius aus dem Jahre 1847)
²Mau|ri|ti|us ⟨lat.⟩ (ein Heiliger)
mau|ri|zisch vgl. mauritisch
Maus, die; -, Mäuse
Mau|schel|be|te, die; -, -n ⟨jidd.; franz.⟩ (Kartenspiel doppelter Strafsatz beim Mauscheln)
Mau|sche|lei ⟨hebr.-jidd.⟩ ([heim-

liches] Aushandeln von Vorteilen, Geschäften)
mau|scheln (jiddisch sprechen; [heimlich] Vorteile aushandeln, Geschäfte machen; übertr. für unverständlich sprechen; Mauscheln spielen); ich mausch[e]le
Mau|scheln, das; -s (ein Kartenglücksspiel)
Mäus|chen; mäus|chen|still
Mäu|se|bus|sard
Mau|se|fal|le, seltener Mäu|se|fal|le
Mäu|se|fraß; Mäu|se|gift, das
mäu|seln (Jägerspr. das Pfeifen der Mäuse nachahmen); ich mäus[e]le
Mau|se|loch, seltener Mäu|se|loch
mau|sen (ugs. scherzh. für stehlen; landsch. für Mäuse fangen); du maust; er maus|te
Mäu|se|nest; Mäu|se|pla|ge
¹Mau|ser, die; - ⟨lat.⟩ (jährlicher Wechsel der Federn bei Vögeln)
²Mau|ser® (kurz für Mauserpistole)
Mau|se|rei (ugs. scherzh. für Stehlerei)
Mäu|se|rich, der; -s, -e (m. Maus)
mau|sern; ich mausere mich
Mau|ser|pis|to|le ↑D 136 (nach den dt. Konstrukteuren Paul u. Wilhelm v. Mauser) (Selbstladepistole)
Mau|se|rung
Mäu|se|speck (Süßigkeit aus Schaumzucker)
mau|se|tot, österr. auch maus|tot (ugs.); mausetot, österr. auch maustot schlagen
Mäu|se|turm, der; -[e]s (Turm auf einer Rheininsel bei Bingen)
maus|far|ben, maus|far|big; maus|grau
Mau|si (fam. Kosewort)
mau|sig; mau|sig|ma|chen, sich (ugs. für frech, vorlaut sein)
Maus|klick (EDV Betätigen der Maustaste)
Mau|so|le|um, das; -s, ...en (griech.; nach dem König Mausolos) (monumentales Grabmal)
Maus|pad [...pɛd] ⟨dt.; engl.⟩, Mouse|pad ['maʊspɛd], das; -s, -s ⟨engl.⟩ (EDV Unterlage, auf der die Computermaus bewegt wird); Maus|tas|te (EDV Taste der Computermaus)
maus|tot (österr. ugs. neben mausetot)

Mauszeiger

Maus|zei|ger (EDV mit der Computermaus zu bewegender Pfeil auf dem Monitor)
Maut, die; -, -en (Gebühr für Straßen- u. Brückenbenutzung; *veraltet für* Zoll)
Maut|box (Bordgerät zur elektronischen Erfassung der Autobahnmaut)
Maut|brü|cke (brückenähnliche Konstruktion über Autobahnen, mit deren Hilfe die Bezahlung der Maut kontrolliert wird)
Maut|ge|bühr
Maut|hau|sen (Ort in Oberösterreich; ehem. Konzentrationslager)
Maut|in|kas|so (österr.)
Maut|ner, der; -s, - (österr. *früher für* Zöllner, *heute für* Mautkassierer); **Maut|ne|rin**
maut|pflich|tig
Maut|prel|ler (jmd., der eine vorgeschriebene Maut nicht bezahlt); **Maut|prel|le|rin**
Maut|sta|ti|on; Maut|stel|le; Maut|stra|ße (bes. österr. für Straße, die nur gegen Gebühr befahren werden darf); **Maut|sys|tem; Maut|ter|mi|nal** (zur bargeldlosen Bezahlung der Maut)
mauve [moːv, *auch* moːf] ⟨franz.⟩ (malvenfarbig); ein mauve Kleid; *vgl. auch* beige; in Mauve ↑D 72; **mauve|far|ben, mauve|far|big**
Mau|ve|in [moveˈiːn], das; -s (ein Anilinfarbstoff)
mau|zen (*svw.* maunzen); du mauzt
m. a. W. = mit ander[e]n Worten
Max (m. Vorn.); **Mäx|chen**
Ma|xen|ti|us (röm. Kaiser)
ma|xi (Mode knöchellang); der Rock ist maxi
¹Ma|xi, das; -s, -s (*ugs. für* Maxikleid; *meist ohne Artikel, nur Sing.*: knöchellange Kleidung); Maxi tragen
²Ma|xi, der; -s, -s (*ugs. für* Maxirock, -mantel usw.)
Ma|xi... (bis zu den Knöcheln reichend, z. B. Maxirock)
Ma|xi-CD, die (CD mit nur einem od. nur wenigen Titeln bes. der Popmusik)
Ma|xil|la, die; -, ...llae ⟨lat.⟩ (*Med.* Oberkiefer); **ma|xil|lar**
Ma|xi|ma (*Plur. von* Maximum)
ma|xi|mal (lat.) (sehr groß, größt..., höchst...)
Ma|xi|mal|be|las|tung; Ma|xi|mal|be|trag; Ma|xi|mal|for|de|rung; Ma|xi|mal|ge|schwin|dig|keit; Ma|xi|mal|hö|he
Ma|xi|mal|leis|tung; Ma|xi|mal|pro|fit; Ma|xi|mal|stra|fe; Ma|xi|mal|wert
Ma|xi|me, die; -, -n (allgemeiner Grundsatz, Hauptgrundsatz)
ma|xi|mie|ren (maximal machen); **Ma|xi|mie|rung**
Ma|xi|mi|li|an (m. Vorn.)
Ma|xi|mum, das; -s, ...ma (Höchstwert, -maß); barometrisches Maximum (*Meteorol.* Hoch)
Ma|xi|sin|gle, die (²Single von der Größe einer LP für längere Stücke der Popmusik; *auch für* Maxi-CD)
Max-Planck-Ge|sell|schaft, die; - (*kurz für* Max-Planck-Gesellschaft zur Förderung der Wissenschaften)
Max-Planck-In|s|ti|tut, das; -[e]s, -e
Max-Planck-Me|dail|le, die; -, -n (seit 1929 für besondere Verdienste um die theoretische Physik verliehen)
Max|well [ˈmɛksvəl] (engl. Physiker)
May (dt. Schriftsteller)
¹Ma|ya, der; -[s], -[s] (Angehöriger eines indian. Kulturvolkes in Mittelamerika)
²Ma|ya, die; -, -[s] (w. Form zu ¹Maya); **Ma|ya|kul|tur,** die; -
May|day [ˈmeɪdeɪ] ⟨engl.⟩ (internationaler Notruf im Funksprechverkehr)
Ma|yo, die; -, -s (*ugs.; kurz für* Mayonnaise)
Ma|yon|nai|se [majoˈnɛːzə, majo..., *österr.* majoˈnɛːs], die; -, -n (franz.; nach der Stadt Mahón auf Menorca) (kalte, dicke Soße aus Eigelb u. Öl)
Ma|y|or [mɛːɐ̯], der; -s, -s ⟨engl.⟩ (Bürgermeister in England u. in den USA); *vgl.* Lord Mayor
May|rö|cker (österr. Schriftstellerin)
MAZ, die; - = magnetische Bildaufzeichnung
Maz|daz|nan [masdas...], das, *auch* das; -s (von O. Hanish begründete, auf der Lehre Zarathustras fußende religiöse Heilsbewegung)
¹Ma|ze|do|ni|en (Balkanlandschaft)
²Ma|ze|do|ni|en (Bez. für die ehemalige jugoslawische Republik
Ma|ze|do|ni|er; Ma|ze|do|ni|e|rin; ma|ze|do|nisch
Mä|zen, der; -s, -e ⟨lat.; nach dem Römer Maecenas⟩ (Kunstfreund; freigebiger Gönner)
Mä|ze|na|ten|tum, das; -s; **mä|ze|na|tisch**
Mä|ze|nin
Ma|ze|rat, das; -[e]s, -e ⟨lat.⟩ (Auszug aus Kräutern od. Gewürzen)
Ma|ze|ra|ti|on, die; -, -en ⟨lat.⟩ (*Med.* Aufweichung von Gewebe durch Flüssigkeit)
ma|ze|rie|ren
Ma|zis, der; - ⟨franz.⟩, **Ma|zis|blü|te,** die; -, -n (getrocknete Samenhülle des Muskatnussbaumes [als Gewürz u. Heilmittel verwendet])
Ma|zur|ka [maˈzʊrka], die; -, *Plur.* ...ken u. -s ⟨poln.⟩ (poln. Nationaltanz)
Maz|zi|ni (ital. Politiker u. Freiheitskämpfer)
mb = Millibar
MB = Megabyte
MBA [ɛmbiːˈleɪ] = Master of Business Administration; *vgl.* Master
Mba|ba|ne (Hauptstadt von Swasiland)
mbH = mit beschränkter Haftung
Mbit, MBit = Megabit
M. B. L. = Master of Business Law; *vgl.* Master
Mbyte, MByte = Megabyte
m. c. = mensis currentis, *dafür besser* laufenden Monats (lfd. M.)
Mc, Mˈ = Mac
MC, die; -, -[s] ⟨engl.⟩ = musicassette (Musikkassette)
Mc|Car|thy|is|mus [məkaˈrθiː...], der; - ⟨nach dem amerik. Politiker McCarthy⟩ (zu Beginn der 50er-Jahre in den USA betriebene Verfolgung von Kommunisten u. Linksintellektuellen)
Mc-Job [mɛkˈdʒɔp], der; -s, -s ⟨engl.⟩ (*ugs. für* schlecht bezahlter, ungesicherter Arbeitsplatz)
Mc|Kin|ley *vgl.* Mount McKinley
M-Com|merce [ˈɛmkɔmœːɐ̯s], der; - ⟨engl.⟩ (Vertrieb von Waren od. Dienstleistungen mithilfe mobiler, internetfähiger Geräte)
Md (*chem. Zeichen für* Mendelevium)
Md., Mia., Mrd. = Milliarde[n]

Medienspektakel

¹**MD** = Maryland
²**MD,** der; -[s], -[s] u. die; -, -[s] = Musikdirektor[in]
mdal. = mundartlich
MdB, M. d. B. = Mitglied des Bundestages

> **MdB, M. d. B.**
> Die Abkürzung für *Mitglied des Bundestages* wird dem Familiennamen nachgestellt: *Vera Müller[,] MdB* oder *Vera Müller (MdB)*. Die Abkürzung kann auch mit Punkten *(M. d. B.)* geschrieben werden.

MdL, M. d. L. = Mitglied des Landtages
MDR, der; - = Mitteldeutscher Rundfunk
m. E. = meines Erachtens
ME = Macheeinheit; Maine
MEADS = Medium Extended Air Defense System ⟨engl.⟩ *(Militär* ein bodengestütztes Luftabwehrsystem)
Me|cha|nik, die; -, -en ⟨griech.⟩ *(nur Sing.:* Lehre von den Kräften u. Bewegungen; *auch für* Getriebe, Trieb-, Räderwerk)
Me|cha|ni|ker; Me|cha|ni|ke|rin
me|cha|nisch (den Gesetzen der Mechanik entsprechend; automatisch; unwillkürlich, gewohnheitsmäßig, gedankenlos)
me|cha|ni|sie|ren ⟨franz.⟩ (auf mechanischen Ablauf umstellen); **Me|cha|ni|sie|rung; Me|cha|ni|sie|rungs|pro|zess**
Me|cha|nis|mus, der; -, ...men (sich bewegende techn. Einrichtung; [selbsttätiger] Ablauf)
me|cha|nis|tisch (nur mechan. Ursachen anerkennend)
Me|cha|tro|nik (interdisziplinäres Fachgebiet, das sich mit der Verknüpfung mechanischer u. elektronischer Komponenten befasst); **Me|cha|tro|ni|ker; Me|cha|tro|ni|ke|rin**
Mèche [mɛʃ], Me|sche, die; -, -n ⟨franz.⟩ *(österr. für* blondierte, getönte od. gefärbte Haarsträhne)
Me|cheln, *amtlich* Me|che|len (Stadt in Belgien)
mè|chen [ˈmɛʃn], me|schen *(österr. für* Farbstreifen ins Haar färben)
Mecht|hild, Mecht|hil|de (w. Vorn.)
meck!; meck, meck!
Me|cke|rei; Me|cke|rer *(ugs. abwertend);* **Me|cker|frit|ze** *(ugs. abwertend);* **Me|cke|rin; Me|cker|lie|se** *(ugs. abwertend)*
me|ckern; ich meckere *(ugs. abwertend)*
Me|cker|stim|me; Me|cker|zie|ge *(ugs. abwertend)*
Meck|len|burg [*auch* ˈmɛk...];
Meck|len|bur|ger; Meck|len|bur|ge|rin
meck|len|bur|gisch; *aber* ↑D 140: die Mecklenburgische Seenplatte; die Mecklenburgische Schweiz
Meck|len|burg-Schwe|rin
Meck|len|burg-Stre|litz
Meck|len|burg-Vor|pom|mer; Meck|len|burg-Vor|pom|me|rin; meck|len|burg-vor|pom|me|risch *vgl.* pommersch; **Meck|len|burg-Vor|pom|mern** ↑D 144
Me|daille [...ˈdaljə, *österr.* ...ˈdaljə], die; -, -n (Plakette zur Erinnerung od. als Auszeichnung); **Me|daill|en|ge|win|ner; Me|daill|en|ge|win|ne|rin; Me|daill|en|spie|gel** (Tabelle über die Verteilung von Medaillen bei Sportwettkämpfen)
Me|dail|leur [...daˈjøːɐ̯], der; -s, -e (Stempelschneider); **Me|dail|leu|rin**
Me|dail|lon [...daˈjõː], das; -s, -s (Bildkapsel; Rundbild[chen]; *Kunstwiss.* rundes od. ovales Relief; kleine, runde Fleischschnitte)
Me|dard, Me|dar|dus (Heiliger)
Me|dea (griech. Sagengestalt, kolchische Königstochter)
Me|del|lín [meðeˈʎin] (Stadt in Kolumbien)
Me|der, der; -s, - (Bewohner von ³Medien); **Me|de|rin**
Me|dia, die; -, *Plur.* ...diä u. ...dien ⟨lat.⟩ *(Sprachwiss.* stimmhafter Laut, der durch die Aufhebung eines Verschlusses entsteht, z. B. b; *Med.* mittlere Schicht der Gefäßwand)
me|di|al (von den ¹Medien ausgehend, zu ihnen gehörend; *Med.* nach der Körpermitte hin gelegen; *Parapsychologie* das spiritistische Medium betreffend); **me|di|a|li|sie|ren** (durch ¹Medien vermitteln od. prägen; *Med.* zur Körpermitte hin verlagern); **Me|di|a|li|sie|rung** *Plur. selten*
me|di|an *(Med.* in der Mittellinie des Körpers gelegen); **Me|di|an|ebe|ne** *(Med.* Symmetrieebene des menschl. Körpers)
Me|di|an|te, die; -, -n ⟨ital.⟩ *(Musik* Mittelton der Tonleiter; *auch für* Dreiklang über der 3. Stufe)
Me|dia|thek, die; -, -en ⟨lat.; griech.⟩ (meist als Abteilung in öffentlichen Büchereien bereitgestellte Sammlung audiovisueller Medien)
Me|di|a|ti|on, die; -, -en ⟨lat.⟩ (Vermittlung eines Staates in einem Konflikt zwischen anderen Staaten; Vermittlung zwischen Streitenden)
me|di|a|ti|sie|ren ⟨franz.⟩ *(früher für* [reichsunmittelbare Besitzungen] der Landeshoheit unterwerfen); **Me|di|a|ti|sie|rung**
Me|di|a|tor, der; -s, ...oren (Vermittler); **Me|di|a|to|rin**
me|di|ä|val ⟨lat.⟩ (mittelalterlich)
Me|di|ä|val *[Druckw. meist* ...ˈdjɛv], die; - (eine Schriftgattung)
Me|di|ä|vist, der; -en, -en (Erforscher u. Kenner des MA.s); **Me|di|ä|vis|tik,** die; - (Erforschung des MA.s); **Me|di|ä|vis|tin**
Me|di|ceer [...ˈtseː..., *auch, österr. nur* ...ˈtʃeː...], der; -s, - (Medici); **Me|di|ce|isch;** die Mediceische Venus ↑D 150
Me|di|ci [...tʃi], der u. die; -, - (Angehörige[r] eines florentin. Geschlechts)
¹**Me|di|en** *Plur.* (Trägersysteme zur Informationsvermittlung [z. B. Presse, Hörfunk, Fernsehen])
²**Me|di|en** (*Plur. von* Media u. Medium)
³**Me|di|en** *(früher für* Land im Iran)
Me|di|en|agen|tur; Me|di|en|be|auf|trag|te; Me|di|en|be|reich; Me|di|en|be|richt; Me|di|en|echo; Me|di|en|er|eig|nis
me|di|en|ge|recht
Me|di|en|ge|setz; Me|di|en|haus; Me|di|en|hype [...haɪ̯p] (medial inszenierte Begeisterungswelle); **Me|di|en|in|dus|t|rie** *Plur. selten*
Me|di|en|in|ha|ber; Me|di|en|in|ha|be|rin
Me|di|en|kon|fe|renz *(schweiz. für* Pressekonferenz); **Me|di|en|kon|zern; Me|di|en|land|schaft; Me|di|en|po|li|tik**
me|di|en|prä|sent; aber in den Medien präsent [sein]; **Me|di|en|prä|senz; Me|di|en|re|so|nanz**
Me|di|en|rum|mel *(ugs.);* **Me|di|en|schaf|fen|de,** der u. die; -n, -n *Plur. selten (bes. schweiz.);* **Me|di|en|schlacht** *(ugs.);* **Me|di|en|spek|ta|kel,** das *(ugs.)*

M
Medi

Mediensprecher

Me|di|en|spre|cher (*bes. österr., schweiz. für* Pressesprecher); **Me|di|en|spre|che|rin**
me|di|en|über|grei|fend
Me|di|en|un|ter|neh|men; Me|di|en|un|ter|neh|mer; Me|di|en|un|ter|neh|me|rin
Me|di|en|ver|bund (Verbindung verschiedener ¹Medien)
me|di|en|wirk|sam
Me|di|en|zen|t|rum
Me|di|ka|ment, das; -[e]s, -e ⟨lat.⟩ (Arzneimittel)
Me|di|ka|men|ten|test; me|di|ka|men|tie|ren (Medikamente verabreichen, verordnen); **Me|di|ka|men|tie|rung; me|di|ka|men|tös; medikamentöse Behandlung
Me|di|ka|ti|on, die; -, -en (Arzneimittelverabreichung, -verordnung)
Me|di|kus, der; -, *Plur.* Medizi, *ugs.* -se ⟨*scherzh. für* Arzt⟩
¹Me|di|na (saudi-arab. Stadt)
²Me|di|na, die; -, -s ⟨arab. »Stadt«⟩ (Gesamtheit des alten islam. Stadtteile im Ggs. zu den Europäervierteln)
me|dio ⟨ital.⟩ »in der Mitte«⟩ (*veraltet); medio* (Mitte) Mai; **Me|dio,** der; -[s], -s ⟨*veraltet für* Monatsmitte); zum Medio abschließen
me|di|o|ker ⟨franz.⟩ ⟨*geh. für* mittelmäßig); ...o|k|re Leistung; **Me|di|o|k|ri|tät,** die; -, -en
Me|dio|wech|sel (*Kaufmannsspr.* in der Mitte eines Monats fälliger Wechsel)
me|disch (die Meder od. deren Reich betreffend, von ihnen stammend)
Me|di|ta|ti|on, die; -, -en ⟨lat.⟩ (Nachdenken; sinnende Betrachtung; religiöse Versenkung); **me|di|ta|tiv**
me|di|ter|ran ⟨lat., »mittelländisch«⟩ (dem Mittelmeerraum angehörend, eigen)
Me|di|ter|ran|flo|ra, die; - (Pflanzenwelt der Mittelmeerländer)
me|di|tie|ren ⟨lat.⟩ (nachdenken; Meditation üben)
me|di|um [*auch, als Kleidergröße nur,* 'mi:dɪəm] ⟨engl.⟩ (*Gastron.* halb durchgebraten; Kleidergröße: mittel; *Abk.* M)
Me|di|um, das; -s, ...ien ⟨lat.⟩ (Mittel[glied]; Mittler[in], Mittelsperson [bes. beim Spiritismus]; Kommunikationsmittel)
Me|di|zi (*Plur. von* Medikus)

Me|di|zin, die; -, -en ⟨lat.⟩ (Arznei; *nur Sing.*: Heilkunde)
Me|di|zi|nal|rat *Plur.* ...räte; **Me|di|zi|nal|rä|tin; Me|di|zi|nal|sta|tis|tik; Me|di|zi|nal|we|sen,** das; -s
Me|di|zin|ball (großer, schwerer, nicht elastischer Lederball)
Me|di|zi|ner (Arzt); **Me|di|zi|ne|rin**
Me|di|zin|ethik, die; -; **me|di|zin|ethisch**
Me|di|zin|frau
me|di|zi|nisch
me|di|zi|nisch-tech|nisch ↑D 23; medizinisch-technische *od.* Medizinisch-Technische Assistentin, medizinisch-technischer *od.* Medizinisch-Technischer Assistent ↑D 89 (*Abk.* MTA)
Me|di|zin|mann *Plur.* ...männer; **Me|di|zin|pro|dukt; Me|di|zin|recht,** das; -[e]s; **Me|di|zin|schränk|chen**
Me|di|zin|stu|dent; Me|di|zin|stu|den|tin; Me|di|zin|stu|di|um
Me|di|zin|tech|nik; Me|di|zin|tou|ris|mus (*ugs. für* Inanspruchnahme ärztlicher Behandlung im Ausland); **Me|di|zin|uni|ver|si|tät** (österr.)
Med|ley [...li], das; -s, -s ⟨engl.⟩ (Melodienstrauß, Potpourri)
Me|doc [...'dɔk], der; -s, -s ⟨nach der franz. Landschaft Médoc⟩ (franz. Rotwein)
Me|d|re|se, Me|d|res|se, die; -, -n ⟨arab.⟩ (islam. jur. u. theol. Hochschule; Koranschule einer Moschee)
Me|du|sa, ¹Me|du|se, die; - (eine der Gorgonen)
²Me|du|se, die; -, -n ⟨*Zool.* Qualle⟩
Me|du|sen|blick; Me|du|sen|haupt, das; -[e]s; **me|du|sisch** (*geh. für* medusenähnlich, schrecklich)
Med|we|dew [...'vjedef], Dmitri Anatoljewitsch (russ. Politiker)
Meer, das; -[e]s, -e
Mee|ra|ne (Stadt bei Zwickau)
Meer|bu|sen; Meer|en|ge
Mee|res|al|ge; Mee|res|arm
Mee|res|be|woh|ner; Mee|res|be|woh|ne|rin
Mee|res|bio|lo|ge; Mee|res|bio|lo|gie; Mee|res|bio|lo|gin
Mee|res|bo|den; Mee|res|bucht
Mee|res|for|schung; Mee|res|frei|heit, die; - (*Völkerrecht)*
Mee|res|früch|te *Plur.*; **Mee|res|grund,** der; -[e]s
Mee|res|hö|he, die; -; in 3 000 m Meereshöhe (3 000 m über dem Meeresspiegel)

Mee|res|kun|de, die; - (*für* Ozeanografie); **Mee|res|leuch|ten,** das; -s; **Mee|res|ober|flä|che**
Mee|res|säu|ger (*Zool.* im Meer lebendes Säugetier)
Mee|res|spie|gel, der; -s; über dem Meeresspiegel (*Abk.* ü. d. M. ü. M.); unter dem Meeresspiegel (*Abk.* u. d. M. *od.* u. M.)
Mee|res|strand; Mee|res|stra|ße; Mee|res|strö|mung; Mee|res|tie|fe; Mee|res|tier
Meer|frau; Meer|gott
meer|grün
Meer|jung|frau
Meer|kat|ze (ein Affe)
Meer|ret|tich (Heil- u. Gewürzpflanze); **Meer|ret|tich|so|ße, Meer|ret|tich|sau|ce**
Meer|salz, das; -es
Meers|burg (Stadt am Bodensee)
¹Meers|bur|ger
²Meers|bur|ger, der; -s (ein [Rot]wein)
Meer|schaum, der; -[e]s
Meer|schaum|pfei|fe; Meer|schaum|spit|ze
Meer|schwein|chen
meer|um|schlun|gen (geh.); **meerwärts**
Meer|was|ser, das; -s; **Meer|was|ser|wel|len|bad**
Meer|weib (Meerjungfrau); **Meer|zwie|bel** (ein Liliengewächs)
Mee|ting ['mi:...], das; -s, -s ⟨engl.⟩ (Zusammenkunft; Treffen; Sportveranstaltung)
meets [mi:ts] ⟨engl.⟩; Jazz meets (trifft) Klassik
me|ga... ⟨griech.⟩ (groß...); **Me|ga...** (Groß...; das Millionenfache einer Einheit; z. B. Megawatt = 10^6 Watt; *Zeichen* M)
Me|ga|bit [*auch* 'mɛ...] (*EDV* Einheit von 1 048 576 Bit; *Zeichen* Mbit, MBit)
Me|ga|byte [...baɪt, *auch* 'mɛ...], das; -[s], -[s] (2^{20} Byte; *Zeichen* MB, MByte)
me|ga|cool (*bes. Jugendspr.)*
Me|ga|elek|t|ro|nen|volt [*auch* 'mɛ..., ...'tro:...] (1 Million Elektron[en]volt; *Zeichen* MeV)
Me|ga|fon, Me|ga|phon, das; -s, -e ⟨griech.⟩ (Sprachrohr)
Me|ga|hertz [*auch* 'mɛ...] (1 Million Hertz; *Zeichen* MHz)
Me|ga|hit (*ugs.)*
me|ga-in; mega-in sein (*ugs. für* äußerst gefragt sein) ↑D 24
Me|ga|joule [*auch* 'mɛ...] (1 Million Joule; *Zeichen* MJ)
Me|ga|lith, der; *Gen.* -s *u.* -en, *Plur.*

mehrseitig

-e[n] ⟨griech.⟩ (großer Steinblock bei vorgeschichtlichen Grabanlagen); Me|ga|lith|grab (vorgeschichtl., aus großen Steinen angelegtes Grab)

Me|ga|li|thi|ker, der; -s, - (Träger der Megalithkultur [Großsteingräberleute]); Me|ga|li|thi|ke|rin; me|ga|li|thisch; Me|ga|lith|kul|tur

me|ga|lo|man ⟨griech.⟩ (Psychol. größenwahnsinnig); Me|ga|lo|ma|nie, die; -, ...ien; me|ga|lo|ma|nisch

Me|ga|lo|po|lis, die; -, ...polen ⟨griech.⟩ (Riesenstadt)

Me|ga|ohm [auch 'mɛ...] (1 Million Ohm; Zeichen MΩ)

me|ga-out [...'laʊ̯t]; mega-out sein (ugs. für ganz aus der Mode, überholt sein) ↑D 24

Me|ga|pas|cal [auch 'mɛ...] (1 Million Pascal; Zeichen MPa)

Me|ga|phon vgl. Megafon

Me|ga|pi|xel [auch 'mɛ...] (1 Million Pixel)

¹Me|gä|re ⟨griech. Mythol. eine der drei Erinnyen⟩

²Me|gä|re, die; -, -n (geh. für böse Frau)

Me|ga|sel|ler [...sɛ...] ⟨griech.; engl.⟩ (ugs. für überaus erfolgreicher Bestseller); Me|ga|star (ugs.; vgl. ²Star)

Me|ga|the|ri|um, das; -s, ...ien ⟨griech.⟩ (ein ausgestorbenes Riesenfaultier)

Me|ga|ton|ne [auch 'mɛ...] (das Millionenfache einer Tonne; Abk. Mt; 1 Mt = 1 000 000 t); Me|ga|ton|nen|bom|be

Me|ga|volt [auch 'mɛ...] (1 Million Volt; Zeichen MV)

Me|ga|watt [auch 'mɛ...] (1 Million Watt; Zeichen MW)

Meg|ohm [auch 'mɛk..., ...'loːm] vgl. Megaohm

Mehl, das; -[e]s, Plur. (Sorten:) -e

mehl|ar|tig

Mehl|bee|re; Mehl|brei

meh|lig; meh|lig|ko|chend; mehligkochende Kartoffeln

Mehl|kleis|ter; Mehl|papp (landsch.)

Mehl|sack; Mehl|schwit|ze (in Fett gebräuntes Mehl)

Mehl|sor|te; Mehl|spei|se (mit Mehl zubereitetes Gericht; österr. für Süßspeise, Kuchen)

Mehl|tau, der (durch bestimmte Pilze hervorgerufene Pflanzenkrankheit); vgl. aber Meltau

Mehl|wurm

Meh|met [meh...] (m. Vorn.)

Mehn|di, das; -[s], -s ⟨Hindi⟩ ([aus Indien stammende] mit Hennafarbe aufgetragene Hautmalerei)

mehr; mehr Freunde als Feinde; mehr Geld; mit mehr Hoffnung; mehr oder weniger (minder); umso mehr; vieles mehr; mehr denn je; wir können nicht mehr als arbeiten

Mehr, das; -[s] (auch für Mehrheit); ein Mehr an Kosten; das Mehr oder Weniger

Mehr|ar|beit; Mehr|auf|wand; Mehr|aus|ga|be

mehr|bän|dig; mehrbändige Lexika

Mehr|be|darf; Mehr|be|las|tung

Mehr|deu|tig; Mehr|deu|tig|keit

Mehr|dienst|leis|tung (österr. amtl. für Überstunden)

mehr|di|men|si|o|nal; Mehr|di|men|si|o|na|li|tät, die; -, -en Plur. selten

Mehr|ein|nah|me

meh|ren (geh.)

meh|ren|teils (geh. für meist; zum größeren Teil)

Meh|rer (geh.)

meh|re|re

Kleinschreibung ↑D 77:
– mehrere behaupteten dies
– bei, mit mehreren; von mehreren habe ich das gehört

Beugung:
– mehrere Bücher, Euro, Teilnehmer
– mehrere ältere Teilnehmer; die Forderung mehrerer älterer, seltener älteren Teilnehmer; mit mehreren älteren Teilnehmern
– mehrere Abgeordnete; die Forderung mehrerer Abgeordneter, seltener Abgeordneten; von mehreren Abgeordneten

meh|re|res; ich habe noch mehreres zu tun

meh|rer|lei (ugs.)

Mehr|er|lös; Mehr|er|trag

mehr|fach; vgl. auch Mehrfache

mehr|fach|be|hin|dert (Amtsspr.); Mehr|fach|be|hin|der|te, der u. die; -n, -n (Amtsspr.)

Mehr|fa|che, das; -n; um ein Mehrfaches, um das Mehrfache vergrößern; vgl. Achtfache

Mehr|fach|impf|stoff; Mehr|fach-

nut|zung; Mehr|fach|spreng|kopf

Mehr|fa|mi|li|en|haus

Mehr|far|ben|druck Plur. ...drucke

mehr|far|big, österr. mehr|fär|big; Mehr|far|big|keit, die; -

Mehr|ge|ne|ra|ti|o|nen|haus

mehr|glie|de|rig, mehr|glied|rig

Mehr|heit; einfache, qualifizierte, absolute Mehrheit; die schweigende Mehrheit

Mehrheit

Auch wenn nach Mehrheit ein Plural folgt, steht das Verb gewöhnlich im Singular: Die Mehrheit der Abgeordneten lehnte den Antrag ab. Es ist aber auch zulässig, das Verb in den Plural zu setzen: Die Mehrheit der Abgeordneten lehnten den Antrag ab. In diesem Fall wird die Beugungsform nach dem Sinn und nicht nach dem formalen grammatischen Bezug gebildet.

mehr|heit|lich

Mehr|heits|ak|ti|o|när; Mehr|heits|ak|ti|o|nä|rin

Mehr|heits|be|schaf|fer (Gruppe, Partei, mit deren Hilfe eine Mehrheit zustande kommt); Mehr|heits|be|schaf|fe|rin

Mehr|heits|be|schluss

Mehr|heits|be|tei|li|gung (Wirtsch.)

Mehr|heits|eig|ner (svw. Mehrheitsaktionär); Mehr|heits|eig|ne|rin

Mehr|heits|ent|schei|dung

mehr|heits|fä|hig; eine mehrheitsfähige Partei, Gesetzesvorlage

Mehr|heits|frak|ti|on; Mehr|heits|mei|nung

Mehr|heits|wahl|recht

mehr|jäh|rig

Mehr|kampf (Sport); Mehr|kämp|fer (Sport); Mehr|kämp|fe|rin (Sport)

Mehr|kos|ten Plur.

Mehr|la|der (eine Feuerwaffe)

Mehr|leis|tung

Mehr|ling (Zwilling, Drilling usw.); Mehr|lings|ge|burt

mehr|ma|lig; mehr|mals

mehr|mo|na|tig

Mehr|par|tei|en|sys|tem

Mehr|pha|sen|strom (mehrfach verketteter Wechselstrom)

mehr|sei|tig; ein mehrseitiges Schreiben

M
mehr

mehrsilbig

mehr|sil|big
mehr|spra|chig; Mehr|spra|chig|keit, die; -
mehr|spu|rig; mehrspurige Autobahn
mehr|stim|mig; mehr|stö|ckig
Mehr|stu|fe (für Komparativ); Mehr|stu|fen|ra|ke|te; mehr|stu|fig
mehr|stün|dig; mehr|tä|gig
Mehr|tei|ler (mehrteiliges Fernsehspiel u. Ä.); mehr|tei|lig
Meh|rung (geh.)
Mehr|ver|brauch
Mehr|völ|ker|staat Plur. ...staaten (Nationalitätenstaat)
Mehr|weg|fla|sche (svw. Pfandflasche); Mehr|weg|sys|tem; Mehr|weg|ver|pa|ckung
Mehr|wert, der; -[e]s (Wirtsch.); Mehr|wert|steu|er, die (Abk. MwSt. od. Mw.-St.); Mehr|wert|steu|er|er|hö|hung; Mehr|wert|steu|er|sen|kung
mehr|wö|chig
Mehr|zahl, die; - (auch für Plural)
mehr|zei|lig; mehr|zel|lig
Mehr|zweck|ge|rät; Mehr|zweck|hal|le; Mehr|zweck|ma|schi|ne
Mehr|zweck|mö|bel; Mehr|zweck|raum; Mehr|zweck|tisch
mei|den; du miedst; du miedest; gemieden; meid[e]!
Mei|en vgl. Maien
Mei|en|säß vgl. Maiensäß
Mei|er (veraltet für Gutspächter, -verwalter); Mei|e|rei (veraltet für Pachtgut; landsch. für Molkerei); Mei|er|hof; Mei|e|rin
Mei|ke (w. Vorn.)
Mei|le, die; -, -n (ein Längenmaß) mei|len|lang [auch ˈmaɪlənˈlaŋ]; aber drei Meilen lang
Mei|len|stein; Mei|len|stie|fel (seltener für Siebenmeilenstiefel)
mei|len|weit [auch ˈmaɪlənˈvaɪt]; aber zwei Meilen weit
Mei|ler, der; -s, - (kurz für Kohlenmeiler, Atommeiler); Mei|ler|ofen
mein; mein Sohn, meine Tochter, mein Kind; mein Ein u. [mein] Alles; vgl. ¹dein u. deine
mei|ne, mei|ni|ge vgl. deine, deinige
Mein|eid (Falscheid)
mein|ei|dig; Mein|ei|dig|keit, die; -
mei|nen; er meint es gut mit ihm
mei|ner (Gen. von »ich«); gedenke meiner
mei|ner An|sicht nach (Abk. m. A. n.)
mei|ner|seits

mei|nes Er|ach|tens (Abk. m. E.); falsch meines Erachtens nach
mei|nes|glei|chen; mei|nes|teils
mei|nes Wis|sens (Abk. m. W.); falsch meines Wissens nach
mei|net|hal|ben (veraltend); mei|net|we|gen
mei|net|wil|len; um meinetwillen
Mein|hard (m. Vorn.)
Mein|hild, Mein|hil|de (w. Vorn.)
mei|ni|ge vgl. meine
Mei|nin|gen (Stadt an der oberen Werra)
Mei|nin|ger
Mei|nin|ge|rin; mei|nin|gisch
Mei|nolf (m. Vorn.)
Mein|rad (m. Vorn.)
Mei|nulf (m. Vorn.)
Mei|nung; Mei|nungs|äu|ße|rung; Mei|nungs|aus|tausch
Mei|nungs|bild; mei|nungs|bil|dend; Mei|nungs|bil|dung
Mei|nungs|for|scher; Mei|nungs|for|sche|rin; Mei|nungs|for|schung; Mei|nungs|for|schungs|in|s|ti|tut
Mei|nungs|frei|heit, die; -
Mei|nungs|füh|rer; Mei|nungs|füh|re|rin
Mei|nungs|ma|cher; Mei|nungs|ma|che|rin
Mei|nungs|streit; Mei|nungs|test; Mei|nungs|um|fra|ge; Mei|nungs|un|ter|schied meist Plur.
Mei|nungs|ver|schie|den|heit; Mei|nungs|viel|falt
Mei|o|se, die; -, -n ⟨griech.⟩ (Biol. Reifeteilung der Keimzellen)
Mei|ran vgl. Majoran
Mei|se, die; -, -n (ein Singvogel); Mei|sen|nest
Meis|je, das; -s, -s ⟨niederl.⟩ (holländ. Mädchen)
Mei|ßel, der; -s, -
mei|ßeln; ich meiß[e]le; Mei|ße|lung
Mei|ßen (Stadt an der Elbe)
Mei|ße|ner, ¹Meiß|ner; Meiß[e]ner Porzellan®, auch Meissener Porzellan; Mei|ße|ne|rin, Meiß|ne|rin
mei|ße|nisch, meiß|nisch
¹Meiß|ner usw. vgl. Meißener usw.
²Meiß|ner, der; -s (Teil des Hessischen Berglandes); der Hohe Meißner
meist; meist kommt er viel zu spät; vgl. meiste
meist|be|güns|tigt; Meist|be|güns|ti|gung (Wirtsch. eine Bestimmung in internationalen Handelsverträgen); Meist|be|güns|ti|gungs|klau|sel (Wirtsch.)
meist|be|tei|ligt

meist|bie|tend; meistbietend verkaufen, versteigern, aber Meistbietender bleiben; Meist|bie|ten|de, der u. die; -n, -n

meis|te

Im Allgemeinen wird »meiste« kleingeschrieben:
– der meiste Kummer, die meiste Zeit, das meiste Geld; die meisten Menschen
– am meisten

Bei Substantivierung ist auch Großschreibung möglich ↑D 77:
– die meisten od. Meisten glauben, ...
– das meiste od. Meiste ist bekannt
– mit den meisten od. Meisten habe ich Kontakt

meis|ten|orts
meis|tens
meis|ten|teils
Meis|ter
Meis|ter|be|trieb; Meis|ter|brief
Meis|ter|de|tek|tiv; Meis|ter|de|tek|ti|vin
Meis|ter|dieb; Meis|ter|die|bin
Meis|ter|ge|sang vgl. Meistersang
meis|ter|haft; Meis|ter|haf|tig|keit, die; -
Meis|ter|hand; von Meisterhand [gefertigt]
Meis|te|rin
Meis|ter|klas|se
Meis|ter|koch; Meis|ter|kö|chin; Meis|ter|kurs (bes. Musik); Meis|ter|leis|tung
meis|ter|lich
Meis|ter|li|ga, die; - (Champions League)
Meis|ter|ma|cher (ugs. für sehr erfolgreicher Trainer); Meis|ter|ma|che|rin
meis|tern; ich meistere
Meis|ter|prü|fung
Meis|ter|sang, der; -[e]s (Kunstdichtung des 15. u. 16. Jh.s); Meis|ter|sän|ger vgl. Meistersinger
Meis|ter|schaft; Meis|ter|schafts|kampf; Meis|ter|schafts|spiel; Meis|ter|schafts|ti|tel
Meis|ter|schü|ler; Meis|ter|schü|le|rin
Meis|ter|schuss
Meis|ter|sin|ger (Dichter des Meistersangs)
Meis|ter|stück; Meis|ter|ti|tel (Handwerk, Sport)

Memnonssäulen

Meis|te|rung, die; -
Meis|ter|werk; Meis|ter|wür|de; Meis|ter|wurz (ein Doldengewächs)
Meist|ge|bot
meist|ge|bräuch|lich; meist|ge|fragt; meist|ge|kauft
meist|ge|le|sen; meist|ge|nannt
Meist|stu|fe (*für* Superlativ)
meist|ver|brei|tet; meist|ver|kauft
Meit|ner, Lise (österr.-schwed. Physikerin)
¹**Mek|ka** (saudi-arab. Stadt)
²**Mek|ka,** das; -s, -s (Zentrum, das viele Besucher anlockt); ein Mekka der Touristen
Me|kong [*auch* ...'kɔŋ], der; -[s] (Fluss in Südostasien); **Me|kong-del|ta, Me|kong-Del|ta,** das; -s
Me|la|min|harz ⟨Kunstwort⟩ (ein Kunstharz)
Me|lan|cho|lie [...laŋko...], die; -, ...ien ⟨griech.⟩ (Schwermut)
Me|lan|cho|li|ker; Me|lan|cho|li|ke|rin; me|lan|cho|lisch
Me|lan|ch|thon [*österr.* 'me:...] ⟨griech.⟩ (eigtl. Name Schwarzerdt; dt. Humanist u. Reformator)
Me|la|ne|si|en ⟨griech.⟩ (westpazif. Inselgebiet)
Me|la|ne|si|er; Me|la|ne|si|e|rin; me|la|ne|sisch
Me|lan|ge [...'lã:ʒə, *österr.* ...'lã:ʃ], die; -, -n (Mischung, Gemisch; *österr. für* Milchkaffee)
Me|la|nie [*auch* 'mɛ..., *seltener* mɛ'la:niə] (w. Vorn.)
Me|la|nin, das; -s, -e ⟨griech.⟩ (*Biol.* brauner od. schwarzer Farbstoff)
Me|la|nis|mus, der; -, ...men (*Biol.* durch Melanine bewirkte Verdunklung der Grundkörperfärbung)
Me|la|nit, der; -s, -e (ein Mineral)
Me|la|nom, das; -s, -e (*Med.* bösartige Geschwulst an der Haut od. den Schleimhäuten)
Me|la|no|se, die; -, -n (*Med.* krankhafte Dunkelfärbung der Haut)
Me|la|no|zyt, der; -en, -en *meist Plur.* (*Med.* Zelle, in der Melanin gebildet wird); **me|la|no|zy|tär** (*Med.* einen Melanozyten betreffend)
Me|lan|za|ni, die; -, - ⟨ital.⟩ (*österr. für* Aubergine)
Me|la|phyr, der; -s, -e (ein Gestein)
Me|las|ma, das; -s, *Plur.* ...men *u.* ...lasmata (*Med.* schwärzliche Hautflecken)
Me|las|se, die; -, -n ⟨franz.⟩ (Rückstand bei der Zuckergewinnung)
Me|la|to|nin, das; -s ⟨griech.⟩ (ein Gewebshormon)
Mel|ber, der; -s, - (*bayr. für* Mehlhändler); **Mel|be|rin**
Mel|bourne [...bən] (austral. Stadt)
Mel|chi|or (m. Vorn.)
Mel|chi|se|dek [*auch* ...'çi...] (bibl. m. Eigenn.)
Melch|ter, die; -, -n (*schweiz. früher für* Melkeimer)
Mel|de, die; -, -n (eine Pflanzengattung)
Mel|de|amt; Mel|de|be|hör|de; Mel|de|bü|ro; Mel|de|fah|rer; Mel|de|frist; Mel|de|hund
mel|den
Mel|de|pflicht; polizeiliche Meldepflicht; **mel|de|pflich|tig;** meldepflichtige Krankheit
Mel|der; Mel|de|rei|ter; Mel|de|rin
Mel|de|schluss; Mel|de|stel|le; Mel|de|ter|min; Mel|de|zet|tel (bes. österr. für Formular, Bestätigung für polizeiliche Anmeldung)
Mel|dung
Me|li|bo|kus, Me|li|bo|cus, der; -, Mal|chen, der; -[s] (Berg im Odenwald)
me|lie|ren ⟨franz.⟩ (mischen)
me|liert (aus verschiedenen Farben gemischt; leicht ergraut [vom Haar]); **grau meliert** *od.* graumeliert
Me|lio|ra|ti|on, die; -, -en ⟨lat.⟩ (*Landwirtsch.* [Boden]verbesserung); **me|lio|rie|ren** (*Landwirtsch.* [Ackerboden] verbessern)
Me|lis, der; - ⟨griech.⟩ (weißer Zucker verschiedener Zuckersorten)
me|lisch ⟨zu Melos; griech.⟩ (*Musik, Literaturwiss.* liedhaft)
Me|lis|ma, das; -s, ...men (*Musik* melod. Verzierung, Koloratur)
Me|lis|ma|tik, die; - (Kunst der melod. Verzierung); **me|lis|ma|tisch**
Me|lis|sa (w. Vorn.)
Me|lis|se, die; -, -n ⟨griech.⟩ (eine Heil- u. Gewürzpflanze); **Me|lis|sen|geist,** der; -[e]s (ein Heilkräuterdestillat)
Me|lit|ta (w. Vorn.)
melk (*veraltet für* Milch gebend, melkbar); eine melke Kuh
Melk (österr. Stadt)
Melk|ei|mer
mel|ken; du melkst *od.* milkst; du melktest *od.* molkst; du melkst *od.* mölkest; gemolken, *auch* gemelkt; melk[e]! *od.* milk!; frisch gemolkene Milch; eine melkende Kuh (*ugs. veraltend für* gute Einnahmequelle)
Mel|ker; Mel|ke|rei (das Melken; Milchwirtschaft); **Mel|ke|rin**
Melk|fett *Plur. selten* (fetthaltige Hautcreme)
Melk|kü|bel; Melk|ma|schi|ne; Melk|sche|mel
Me|lo|die, die; -, ...ien ⟨griech.⟩ (sangbare, in sich geschlossene Folge von Tönen); **Me|lo|di|en|fol|ge; Me|lo|di|en|rei|gen**
Me|lo|dik, die; - (Lehre von der Melodie)
me|lo|di|ös; me|lo|disch (wohlklingend)
Me|lo|dram, Me|lo|dra|ma, das; -s, ...men (Musikschauspiel; Schauspiel, Film in pathetischer Inszenierung); **Me|lo|dra|ma|tik; me|lo|dra|ma|tisch**
Me|lo|ne, die; -, -n ⟨griech.⟩ (großes Kürbisgewächs; *ugs. scherzh. für* runder, steifer Hut)
Me|los, das; - ⟨griech.⟩ (*Musik* Melodie, melodische Eigenschaft)
Mel|po|me|ne [...ne] (Muse des Trauerspiels)
Mel|tau, der; -[e]s (Honigtau); *vgl. aber* Mehltau
Me|lu|si|ne (altfranz. Sagengestalt, Meerfee)
Mel|ville [...vɪl], Herman (amerik. Schriftsteller)
Mem|b|ran, die; -, -en ⟨lat.⟩, *seltener* **Mem|b|ra|ne,** die; -, -n (gespanntes Häutchen; Schwingblatt)
¹**Me|mel,** die; - (ein Fluss)
²**Me|mel** (*lit.* Klaipeda)
Me|mel|ler ⟨zu ²Memel⟩; **Me|me|le|rin**
Me|men|to, das; -s, -s ⟨lat.⟩ (Erinnerung, Mahnruf)
me|men|to mo|ri ⟨lat., »gedenke des Todes!«⟩ (häufige Grabsteininschrift); **Me|men|to mo|ri,** das; - -, - - (etwas, was an den Tod gemahnt)
Mem|me, die; -, -n (*ugs. abwertend für* Feigling)
mem|meln (*bayr. für* mummeln); ich memm[e]le
mem|men|haft (*ugs. abwertend*); **Mem|men|haf|tig|keit,** die; -
Mem|non (sagenhafter äthiop. König); **Mem|nons|säu|len** *Plur.* (bei Luxor in Ägypten); ↑**D 136**

Me|mo, das; -s, -s ⟨*kurz für* Memorandum; Merkzettel⟩
Me|moire [...'moa:ɐ̯], das; -s, -s ⟨franz.⟩ (Memorandum)
Me|moi|ren [...'moa:rən] *Plur.* (Lebenserinnerungen)
Me|mo|ra|bi|li|en *Plur.* ⟨lat.⟩ (*geh. für* Denkwürdigkeiten)
Me|mo|ran|dum, das; -s, *Plur.* ...den *u.* ...da (Denkschrift)
¹**Me|mo|ri|al**, das; -s, *Plur.* -e *u.* -ien ⟨lat.⟩ (*veraltet für* Tagebuch; [Vor]merkbuch)
²**Me|mo|ri|al** [mə'mɔ(:)riəl], das; -s, -s ⟨engl.⟩ (Gedenkveranstaltung; Denkmal)
me|mo|rie|ren [me...] (*veraltend für* auswendig lernen)
Me|mo|ry® ['mɛməri], das; -s, -s ⟨engl.⟩ (ein Gesellschaftsspiel)
Me|mo|ry|stick® [...stɪk], der; -s, -s ⟨engl.⟩ (*EDV* ein kleinformatiger Datenspeicher)
¹**Mem|phis** (Stadt in Tennessee, USA)
²**Mem|phis** (altägypt. Stadt)
Me|na|ge [...ʒə], die; -, -n ⟨franz.⟩ (Gewürzständer; *österr. für* [Truppen]verpflegung)
Me|na|ge|rie, die; -, ...ien (Tierschau, Tiergehege)
me|na|gie|ren (*veraltet, aber noch landsch. für* sich selbst verköstigen; *österr. für* Essen fassen [beim Militär])
Me|n|ar|che, die; -, -n ⟨griech.⟩ (*Med.* erster Eintritt der Regelblutung)
Me|nas|se (österr. Schriftsteller)
Men|del (österr. Biologe)
Men|de|le|vi|um, das; -s ⟨nach dem russischen Chemiker Mendelejew⟩ (chemisches Element, ein Transuran; *Zeichen* Md)
Men|de|lis|mus, der; - (mendelsche Vererbungslehre)
men|deln (*Biol.* nach den Vererbungsregeln Mendels in Erscheinung treten); **mendelsch**; mendelsche *od.* Mendel'sche Regeln ↑D89 *u.* 135
Men|dels|sohn Bar|thol|dy [...di] (dt. Komponist; *als Familienname mit Bindestrich*)
Men|di|kant, der; -en, -en ⟨lat.⟩ (Bettelmönch); **Men|di|kan|ten|or|den**
Me|ne|la|os, **Me|ne|la|us** ⟨griech. Sagengestalt, König von Sparta⟩
Me|ne|te|kel, das; -s, - ⟨aram.⟩ (unheildrohendes Zeichen)
M. Eng. = Master of Engineering; *vgl.* Master

Men|ge, die; -, -n
men|gen (mischen)
Men|gen|an|ga|be; **Men|gen|be|griff**; **Men|gen|be|zeich|nung**; **Men|gen|kon|junk|tur** (*Wirtsch.*); **Men|gen|leh|re** *Plur. selten* (*Math., Logik*)
men|gen|mä|ßig (*für* quantitativ)
Men|gen|preis; **Men|gen|ra|batt**
Meng|sel, das; -s, - (*landsch. für* Gemisch)
Men|hir, der; -s, -e ⟨breton.-franz.⟩ (unbehauene vorgeschichtliche Steinsäule)
Me|nin|gi|tis, die; -, ...tiden ⟨griech.⟩ (*Med.* Hirnhautentzündung)
me|nip|pisch; menippische Satire; die menippische Philosophie ↑D89 *u.* 135; **Me|nip|pos** (altgriech. Philosoph)
Me|nis|kus, der; -, ...ken ⟨griech.⟩ (*Med.* Zwischenknorpel im Kniegelenk; *Physik* gewölbte Flüssigkeitsoberfläche)
Me|nis|kus|ope|ra|ti|on; **Me|nis|kus|riss** (eine Sportverletzung)
Men|jou|bärt|chen [...ʒu...] ⟨nach dem amerik. Filmschauspieler A. Menjou⟩ (schmaler, gestutzter Schnurrbart); ↑D136
Men|ken|ke, die; - (*landsch. ugs. für* Durcheinander; Umstände)
Men|ni|ge, die; - ⟨iber.⟩ (Bleiverbindung; rote Malerfarbe); **men|nig|rot**
men|no! (ugs. Ausruf der Verärgerung, Verzweiflung)
Men|no|nit, der; -en, -en ⟨nach dem Gründer Menno Simons⟩ (Angehöriger einer evangelischen Freikirche); **Men|no|ni|ten|ge|mein|de**; **Men|no|ni|tin**
Me|no|pau|se, die; -, -n ⟨griech.⟩ (*Med.* Aufhören der Regelblutungen im Klimakterium)
Me|no|ra, die; -, - ⟨hebr.⟩ (siebenarmiger Leuchter der jüd. Liturgie)
Me|nor|ca (eine Baleareninsel)
Me|nor|qui|ner [...ki:...] (Einwohner Menorcas); **Me|nor|qui|ne|rin**; **me|nor|qui|nisch**
Me|nor|rha|gie, die; -, -n ⟨griech.⟩ (*Med.* verlängerte Menstruation)
Me|no|sta|se, die; -, -n (*Med.* Ausbleiben der Monatsblutung)
Me|not|ti (amerik. Komponist ital. Herkunft)
Men|sa, die; -, *Plur.* -s *u.* ...sen ⟨lat.⟩ (restaurantähnliche Einrichtung an Universitäten [für die Studierenden]; *Kunstwiss.* Altarplatte); **Men|sa|es|sen**

¹**Mensch**, der; -en, -en; eine <mark>menschenverachtende</mark> *od.* Menschen verachtende Ideologie; *aber nur* eine äußerst menschenverachtende, noch menschenverachtendere Ideologie
²**Mensch**, das; -[e]s, -er (*abwertend für* weibliche Person)
men|scheln (*ugs. für* menschliche Schwächen deutlich werden lassen); er sagt, es mensch[e]le dort gewaltig
Men|schen|af|fe
men|schen|ähn|lich
Men|schen|al|ter; **Men|schen|an|samm|lung**
men|schen|arm
Men|schen|auf|lauf
Men|schen|bild
Men|schen|feind; **Men|schen|fein|din**; **men|schen|feind|lich**
Men|schen|fleisch; **Men|schen|fres|ser**; **Men|schen|fres|se|rin**
Men|schen|freund; **Men|schen|freun|din**; **men|schen|freund|lich**
Men|schen|füh|rung, die; -; **Men|schen|ge|den|ken**; seit Menschengedenken; **Men|schen|geist**, der; -[e]s
men|schen|ge|macht; der menschengemachte Klimawandel
Men|schen|ge|schlecht, das; -[e]s; **Men|schen|ge|stalt**; in Menschengestalt; **Men|schen|ge|wühl**
Men|schen|hand; von Menschenhand; **Men|schen|han|del** *vgl.* ¹Handel; **Men|schen|händ|ler**; **Men|schen|händ|le|rin**
Men|schen|herz (*geh.*); **Men|schen|ken|ner**; **Men|schen|ken|ne|rin**; **Men|schen|kennt|nis**, die; -
Men|schen|ket|te
Men|schen|kind
Men|schen|kun|de, die; - (*für* Anthropologie)
Men|schen|le|ben
men|schen|leer
Men|schen|lie|be; **Men|schen|mas|se** *meist Plur.*; **Men|schen|men|ge**
men|schen|mög|lich; was menschenmöglich war, wurde getan; *aber* sie hat das Menschenmögliche getan
Men|schen|op|fer; **Men|schen|pflicht**; **Men|schen|raub**
Men|schen|recht *meist Plur.*; **Men|schen|recht|ler**; **Men|schen|recht|le|rin**
Men|schen|rechts|be|auf|trag|te; **Men|schen|rechts|be|we|gung**; **Men|schen|rechts|er|klä|rung**;

Men|schen|rechts|kom|mis|si|on; Men|schen|rechts|or|ga|ni|sa|ti|on; Men|schen|rechts|rat (UN-Gremium); Men|schen|rechts|ver|let|zung
men|schen|scheu; Men|schen|scheu, die; -
Men|schen|schlag, der; -[e]s; Men|schen|see|le; keine Menschenseele war zu sehen
Men|schens|kind!, Men|schens|kin|der! (ugs. Ausruf)
Men|schen|sohn, der; -[e]s (Selbstbezeichnung Jesu Christi)
Men|schen|trau|be
Men|schen|tum, das; -s
men|schen|un|wür|dig
men|schen|ver|ach|tend, Menschen verachtend; aber nur alle Menschen verachtend; eine äußerst menschenverachtende Ideologie; noch menschenverachtender ↑D 58; vgl. ¹Mensch
Men|schen|ver|ach|tung
Men|schen|ver|stand; der gesunde Menschenverstand
Men|schen|werk (geh.)
Men|schen|wür|de, die; -; menschen|wür|dig
Men|sche|wik, der; -en, Plur. -en u. -i ⟨russ.⟩ (Anhänger des Menschewismus); Men|sche|wi|kin; Men|sche|wis|mus, der; - (ehem. gemäßigter russ. Sozialismus)
Men|sche|wist, der; -en, -en (svw. Menschewik); Men|sche|wis|tin; men|sche|wis|tisch
Mensch|heit, die; -; mensch|heit|lich
Mensch|heits|ent|wick|lung, die; -; Mensch|heits|ge|schich|te, die; -; Mensch|heits|traum
mensch|lich; ihr ist nichts Menschliches fremd ↑D 72
Mensch|lich|keit
Mensch|sein, das; -s
Mensch|wer|dung, die; -
Men|ses, die; - ... ⟨lat.⟩ (Med. Monatsblutung)
men|sis cur|ren|tis ⟨lat.⟩ (veraltet für [des] laufenden Monats; Abk. m. c.)
mens|tru|al (Med. zur Menstruation gehörend); Mens|tru|al|blu|tung
Mens|tru|a|ti|on, die; -, -en (Monatsblutung, Regel); mens|tru|ie|ren
Men|sur, die; -, -en ⟨lat.⟩ (Abstand der beiden Fechter; stud. Zweikampf; Zeitmaß der Noten; Maßverhältnis bei Musikinstrumenten; Chemie Messglas)
men|su|ra|bel (geh. für messbar);

...a|b|le Größe; Men|su|ra|bi|li|tät, die; - (geh.)
Men|su|ral|mu|sik, die; - (in Mensuralnotation aufgezeichnete Musik des 13. bis 16. Jh.s)
Men|su|ral|no|ta|ti|on, die; - (im 13. Jh. ausgebildete, die Tondauer angebende Notenschrift)
men|tal ⟨lat.⟩ (geistig; gedanklich); Men|ta|li|tät, die; -, -en (Denk-, Anschauungsweise; Sinnes-, Geistesart)
Men|tal|re|ser|va|ti|on (Rechtsspr. stiller Vorbehalt)
¹Men|tee [mɛnˈtiː], der; -[s], -s ⟨engl.⟩ (Betreuter in einem Mentoring); ²Men|tee, die; -, -s (Betreute in einem Mentoring)
Men|thol, das; -s ⟨lat.⟩ (Bestandteil des Pfefferminzöls)
¹Men|tor (griech.) (Erzieher des Telemach)
²Men|tor, der; -s, ...oren (Erzieher; Ratgeber); Men|to|ren|pro|gramm; Men|to|rin
Men|to|ring, das; -s, -s ⟨engl.⟩ (Beratung u. Unterstützung durch erfahrene Fach- od. Führungskräfte)
Me|nü, das; -s, -s ⟨franz.⟩ (Speisenfolge; EDV auf dem Bildschirm angebotene Programmauswahl)
Me|nu|ett, das; -[e]s, -e, Plur. auch -s (ein Tanz)
Me|nü|füh|rung (EDV)
Me|nu|hin [auch ...hiːn], Yehudi (amerik. Geigenvirtuose)
Me|nü|leis|te (EDV); Me|nü|punkt
Men|zel (dt. Maler u. Grafiker)
Me|phis|to, Me|phis|to|phe|les (Teufel in Goethes »Faust«); me|phis|to|phe|lisch
Me|ran (Stadt in Südtirol)
Mer|ca|tor (flandrischer Geograf); Mer|ca|tor|pro|jek|ti|on, Mer|ca|tor-Pro|jek|ti|on (Geogr. Netzentwurf von Landkarten)
Mer|ce|des-Benz®, der; -, - (dt. Kraftfahrzeug)
Mer|ce|rie [...səˈ...], die; -, ...ien ⟨franz.⟩ (schweiz. für Kurzwaren[handlung])
Mer|ce|ri|sa|ti|on usw. vgl. Merzerisation usw.
Mer|chan|di|sing [ˈmœːɐ̯tʃndaɪ̯...], das; -[s] ⟨engl.⟩ (Wirtsch. verkaufsfördernde Maßnahmen; Vermarktung aller mit einem Film, einem Sportereignis o. Ä. in Zusammenhang stehenden Produkte)
mer|ci! [...ˈsiː] ⟨franz.⟩ (danke!)

Me|re|dith [...dɪθ] (engl. Schriftsteller); ↑D 16
Me|ren|gue [meˈrɛŋɡe], der; -[s], -s od. die; -, -s ⟨span.⟩ (lateinamerik. Musikrichtung; ein Tanz)
Mer|gel, der; -s, - (aus Ton u. Kalk bestehendes Sedimentgestein); Mer|gel|bo|den
mer|ge|lig, merg|lig
Mer|ger [ˈmœːɐ̯dʒɐ], der; -s, -[s] ⟨engl.⟩ (Wirtsch. Zusammenschluss von Firmen; Fusion)
merg|lig vgl. mergelig
Me|ri|an, Maria Sibylla (dt. Künstlerin u. Naturforscherin)
Me|ri|an d. Ä., Matthäus (schweiz. Kupferstecher u. Buchhändler)
Me|ri|di|an, der; -s, -e ⟨lat.⟩ (Geogr., Astron. Mittags-, Längenkreis); Me|ri|di|an|kreis (astron. Messinstrument)
me|ri|di|o|nal (Geogr. den Längenkreis betreffend)
Mé|ri|mée [meriˈmeː], Prosper [...ˈpɛːɐ̯] (franz. Schriftsteller)
Me|rin|ge, die; -, -n, Me|rin|gel, das; -s, -, schweiz. Me|ringue [ˈmɛrɛŋ, məˈrɛ̃ːɡ], die; -, -s ⟨franz.⟩ (ein Schaumgebäck)
Me|ri|no, der; -s, -s ⟨span.⟩ (Schaf einer span. Rasse)
Me|ri|no|schaf; Me|ri|no|wol|le
Me|ris|tem, das; -s, -e ⟨griech.⟩ (Bot. pflanzl. Bildungsgewebe); me|ris|te|ma|tisch (Bot. teilungsfähig [von pflanzl. Geweben])
Me|ri|ten (Plur. von Meritum); Me|ri|tum, das; -s, ...iten meist Plur. (das Verdienst)
Merk, der; -s (ein Doldengewächs)
mer|kan|til, veraltet mer|kan|ti|lisch ⟨lat.⟩ (kaufmännisch; Handels...); Mer|kan|ti|lis|mus, der; - (Wirtschaftspolitik in der Zeit des Absolutismus)
Mer|kan|ti|list, der; -en, -en; Mer|kan|ti|lis|tin; mer|kan|ti|lis|tisch
Mer|kan|til|sys|tem, das; -s
merk|bar
Merk|blatt; Merk|buch
Mer|kel, Angela (dt. Bundeskanzlerin, achte Person im Amt)
mer|ken; ich merke mir etwas
Mer|ker (ugs. iron. für jmd., der alles bemerkt); Mer|ke|rin
Merk|heft; Merk|hil|fe
merk|lich; merkliche Besserung; aber um ein Merkliches
Merk|mal Plur. ...male; Merk|satz; Merk|spruch
¹Mer|kur (röm. Gott des Handels; Götterbote)

Merkur

²Mer|kur, der; -s (ein Planet)
³Mer|kur, der od. das; -s ⟨[alchemist.] Bez. für Quecksilber⟩
Mer|ku|ri|a|lis|mus, der; - (Quecksilbervergiftung)
Mer|kur|stab
Merk|vers; Merk|wort vgl. Wort
merk|wür|dig; merk|wür|di|ger|wei|se; Merk|wür|dig|keit, die; -, -en
Merk|zei|chen; Merk|zet|tel
Mer|lan, der; -s, -e ⟨franz.⟩ (svw. Wittling)
Mer|le, die; -, -n ⟨lat.⟩ (landsch. für Amsel)
¹Mer|lin [auch 'mɛ...] (kelt. Sagengestalt, Zauberer)
²Mer|lin [auch 'mɛ...], der; -s, -e ⟨engl.⟩ (ein Greifvogel)
¹Mer|lot [mɛr'lo:], die; - ⟨franz.⟩ (eine Rebsorte)
²Mer|lot, der; -[s], -s (ein Rotwein)
Me|ro|win|ger, der; -s, - (Angehöriger eines fränk. Königsgeschlechtes; Me|ro|win|ge|rin; Me|ro|win|ger|reich, das; -[e]s; me|ro|win|gisch
Mer|se|burg (Stadt an der Saale); Mer|se|bur|ger; Merseburger Zaubersprüche; mer|se|bur|gisch
Mer|ten (m. Vorn.)
Mer|ze|ri|sa|ti|on, die; -, -en ⟨nach dem engl. Erfinder Mercer⟩ (Veredlungsverfahren [bes. bei Baumwolle]); mer|ze|ri|sie|ren; Mer|ze|ri|sie|rung
Merz|schaf; Merz|vieh (zur Zucht nicht geeignetes Vieh)
M. E. S. = Master in/of European Studies; vgl. Master
Me|s|al|li|ance [...'liˑɑ̃:s], die; -, -n ⟨franz.⟩ (bes. früher für nicht standesgemäße Ehe; übertr. für unglückliche Verbindung)
me|schant ⟨franz.⟩ (landsch. für boshaft, ungezogen)
Me|sche, me|schen vgl. Mèche, mèchen
me|schug|ge ⟨hebr.-jidd.⟩ (ugs. für verrückt)
Mes|dames [mɛ'dam] (Plur. von Madame); Mes|de|moi|selles [medəmoaˈzɛl, österr. nur medmoˈa...] (Plur. von Mademoiselle)
Me|s|en|chym, das; -s, -e ⟨griech.⟩ (Biol., Med. embryonales Bindegewebe)
Me|se|ta, die; -, Plur. ...ten, auch ...tas (span. Bez. für Hochebene)
Mesh [...ʃ], das; -[s] ⟨engl.⟩ (netz-

artiges Material, bes. für Textilien)
Mes|ka|lin, das; -s ⟨indian.-span.⟩ (Alkaloid einer mexik. Kaktee, ein Rauschmittel)
Mes|mer, Mess|mer, der; -s, - ⟨schweiz. für Kirchendiener⟩
Mes|me|rin, Mess|me|rin
Mes|me|ris|mus, der; - ⟨nach dem dt. Arzt Mesmer⟩ (Lehre von der heilenden Wirkung magnetischer Kräfte)
Mes|ner, Mess|ner ⟨mlat.⟩ (landsch. für Kirchendiener); Mes|ne|rei, Mess|ne|rei (landsch. für Amt u. Wohnung des Mesners); Mes|ne|rin, Mess|ne|rin
me|so... ⟨griech.⟩ (mittel..., mitten...)
Me|so... (Mittel..., Mitten...)
Me|so|derm, das; -s, -e ⟨Biol., Med. mittleres Keimblatt in der Embryonalentwicklung⟩
Me|so|karp, das; -s, -e ⟨Bot. Mittelschicht von Pflanzenfrüchten⟩
Me|so|li|thi|kum, das; -s ⟨Mittelsteinzeit⟩; me|so|li|thisch
Me|son, älter Me|so|t|ron, das; -s, ...onen meist Plur. ⟨griech.⟩ (Physik instabiles Elementarteilchen mittlerer Masse)
Me|so|phyt, der; -en, -en ⟨griech.⟩ (Bot. Pflanze, die Böden mittleren Feuchtigkeitsgrades bevorzugt)
Me|so|po|ta|mi|en (hist. Landschaft im Irak [zwischen Euphrat u. Tigris]); Me|so|po|ta|mi|er; Me|so|po|ta|mi|e|rin
me|so|po|ta|misch
Me|so|sphä|re, die; - ⟨griech.⟩ (Meteorol. in etwa 50 bis 80 km Höhe liegende Schicht der Erdatmosphäre)
Me|so|t|ron vgl. Meson
Me|so|zo|i|kum, das; -s ⟨Geol. Mittelalter der Erde⟩; me|so|zo|isch
Mes|sage [...sɪtʃ], die; -, -s ⟨engl.⟩ (Nachricht; Information; auch für Gehalt, Aussage eines Kunstwerks u. Ä.); Mes|sa|ging [...sɪdʒɪŋ], das; -s, -s Plur. selten (Kurzform von Instant Messaging)
Mes|sa|li|na (Gemahlin des Kaisers Claudius)
Mess|band, das; Plur. ...bänder
mess|bar; Mess|bar|keit, die; -
Mess|be|cher; Mess|be|reich;
Mess|brief (Seew. amtl. Bescheinigung über die Vermessung eines Schiffes)

Mess|buch (für Missale)
Mess|da|ten Plur.
Mess|die|ner; Mess|die|ne|rin
¹Mes|se, die; -, -n ⟨lat.⟩ (kath. Gottesdienst mit Eucharistiefeier; Chorwerk); die, eine Messe lesen, aber ↑D 72): das Messelesen
²Mes|se, die; -, -n (Großmarkt, Ausstellung)
³Mes|se, die; -, -n ⟨engl.⟩ (Speiseu. Aufenthaltsraum, Tischgesellschaft der Schiffsbesatzung)
Mes|se|aus|weis; Mes|se|be|su|cher; Mes|se|be|su|che|rin; Mes|se|ge|län|de; Mes|se|ge|schäft; Mes|se|hal|le; Mes|se|ka|ta|log
Mes|se|le|sen, das; -s
mes|sen; du misst, er misst; ich maß, du mäßest; gemessen; miss!; sich [mit jmdm.] messen
Mes|se|ni|en (altgriech. Landschaft des Peloponnes); mes|se|nisch
¹Mes|ser, der ⟨zu messen⟩ (Messender, Messgerät; fast nur als 2. Bestandteil in Zusammensetzungen, z. B. Zeitmesser)
²Mes|ser, das; -s, - (ein Schneidwerkzeug); Mes|ser|bänk|chen
Mes|ser|[form]|schnitt (ein [kurzer] Haarschnitt)
Mes|ser|geb|nis
Mes|ser|held (abwertend); Mes|ser|hel|din
mes|ser|scharf
Mes|ser|schmied; Mes|ser|schmie|din
Mes|ser|spit|ze
Mes|ser|ste|cher; Mes|ser|ste|che|rei; Mes|ser|ste|che|rin; Mes|ser|stich
Mes|ser|wer|fer; Mes|ser|wer|fe|rin
Mes|se|schla|ger; Mes|se|stadt; Mes|se|stand
Mess|feh|ler; Mess|füh|ler (Technik); Mess|ge|rät
Mess|ge|wand
Mess|glas Plur. ...gläser
Mess|grö|ße
Mes|si|a|de, die; -, -n (Dichtung vom Messias)
Mes|si|a|en [mɛs'jã] (franz. Komponist)
mes|si|a|nisch (auf den Messias bezüglich); Mes|si|a|nis|mus, der; - (religiös, sozial od. politisch motivierte Erneuerungsbewegung mit der Erwartung eines dem Messias vergleichbaren Heilbringers)

Mes|si|as, der; -, -se ⟨hebr., »Gesalbter«⟩ (*nur Sing.:* Beiname Jesu Christi; *A. T.* der verheißene Erlöser; *auch für* Befreier)

Mes|si|dor, der; -[s], -s »Erntemonat«⟩ (10. Monat des Kalenders der Franz. Revolution: 19. Juni bis 18. Juli)

Mes|sie, der; -s, -s ⟨engl.⟩ (*ugs. für* Mensch, dessen Wohnung eine chaotische Unordnung aufweist)

Mes|sieurs [mɛˈsjøː] (*Plur. von* Monsieur; *Abk.* MM.)

Mes|si|na (Stadt auf Sizilien); **Mes|si|na|ap|fel|si|ne**, **Mes|si|na-Ap|fel|si|ne** ↑D 143

Mes|sing, das; -s, *Plur. (Sorten:)* -e (Kupfer-Zink-Legierung)

Mes|sing|bett

Mes|sing|draht

mes|sin|gen (aus Messing); eine messing[e]ne Platte

Mes|sing|griff; **Mes|sing|leuch|ter**; **Mes|sing|schild**, das; **Mes|sing|stan|ge**

Mess|in|s|t|ru|ment; **Mess|lat|te**

Mess|mer *usw. vgl.* Mesmer *usw.*; **Mess|ner** *usw. vgl.* Mesner *usw.*

Mess|op|fer (in der kath. Feier der Eucharistie)

¹**Mess|platz** (*landsch. für* Platz, auf dem Jahrmärkte stattfinden)

²**Mess|platz** (*Elektrot.* ortsfeste Messeinrichtung)

Mess|satz, **Mess-Satz** (mehrere zusammengefasste Messgeräte)

Mess|schie|ber, **Mess-Schie|ber** (ein Messgerät)

Mess|schnur, **Mess-Schnur**

Mess|schrau|be, **Mess-Schrau|be** (ein Feinmessgerät)

Mess|stab, **Mess-Stab**

Mess|tech|nik

Mess|tisch; **Mess|tisch|blatt** (*veraltend für* topografische Karte im Maßstab 1:25000)

Mes|sung

Mess|ver|fah|ren; **Mess|wert**; **Mess|zy|l|in|der**

Mes|te, die; -, -n (altes mitteld. Maß; ein [Holz]gefäß)

Mes|ti|ze, der; -n, -n ⟨lat.-span.⟩ (Nachkomme eines weißen u. eines indian. Elternteils *[häufig als diskriminierend empfundene Bez.]*); **Mes|ti|zin**

MESZ = mitteleuropäische Sommerzeit

Met, der; -[e]s (gegorener Honigsaft)

Me|ta (w. Vorn.)

me|ta... ⟨griech.⟩ (zwischen..., mit..., um..., nach...)

Me|ta... (Zwischen..., Mit..., Um..., Nach...)

Me|ta|ana|ly|se (*Fachspr.* zusammenfassende Analyse von Untersuchungen)

Me|ta|ball [...bɔːl], der; -s, -s ⟨griech.; engl.⟩ (*EDV* dreidimensionales grafisches Objekt in Ballform)

me|ta|bol, **me|ta|bo|lisch** (*Biol.* veränderlich; *Biol., Med.* den Stoffwechsel betreffend); **Me|ta|bo|lis|mus**, der; - (*Biol., Med.* Stoffwechsel)

Me|ta|ebe|ne (*Fachspr.* übergeordnete Ebene)

Me|ta|ge|ne|se, die; -, -n ⟨griech.⟩ (*Biol.* besondere Form des Generationswechsels bei vielzelligen Tieren); **me|ta|ge|ne|tisch**

Me|ta|ge|schäft ⟨ital.; dt.⟩ (*Kaufmannsspr.* gemeinschaftlich durchgeführtes Waren- od. Bankgeschäft zweier Firmen mit gleichmäßiger Verteilung von Gewinn u. Verlust)

Me|ta|in|for|ma|ti|on (*bildungsspr., Fachspr.* übergeordnete Information)

Me|ta|kri|tik [*auch* 'mɛ...], die; -, -en ⟨griech.⟩ (auf die Kritik folgende Kritik; Kritik der Kritik)

Me|tal ['mɛtl], das; -[s] (*kurz für* Heavy Metal)

Me|ta|lep|se, **Me|ta|lep|sis**, die; -, ...epsen (*Rhet.* Verwechslung)

Me|tall, das; -[e]s, -e ⟨griech.⟩; die Metall verarbeitende *od.* metallverarbeitende Industrie

Me|tall|ar|bei|ter; **Me|tall|ar|bei|te|rin**; **Me|tall|be|ar|bei|tung**

me|tall|be|schla|gen

Me|tall|block *Plur.* ...blöcke

Me|tall|de|tek|tor (*Technik*)

Me|tall|dieb; **Me|tall|die|bin**; **Me|tall|dieb|stahl**

me|tal|len (aus Metall)

Me|tal|ler (*ugs. für* Metallarbeiter; Angehöriger der IG Metall); **Me|tal|le|rin**; **Me|tall|guss**

me|tall|hal|tig; **Me|tall|hal|tig|keit**, die; -

me|tal|lic [...lɪk] (metallisch schimmernd [lackiert]); ein Auto in Blaumetallic *od.* in Blau metallic, in Metallicblau *od.* in metallic Blau

Me|tall|lic|la|ckie|rung

Me|tall|in|dus|t|rie

Me|tall|li|sa|ti|on, die; -, -en (*Technik* Vererzung beim Versteinerungsvorgang)

me|tal|lisch (metallartig)

mé|tal|li|sé ⟨franz.⟩ (metallic)

me|tal|li|sie|ren (*Technik* mit Metall überziehen); **Me|tal|li|sie|rung**

Me|tall|kun|de, die; -; **Me|tall|kund|ler**; **Me|tall|kund|le|rin**

Me|tall|le|gie|rung, **Me|tall-Le|gie|rung**

Me|tall|lo|chro|mie, die; - (*Technik* galvanische Metallfärbung)

Me|tall|lo|gie, die; - (Metallkunde)

Me|tall|lo|gra|fie, **Me|tall|lo|gra|phie**, die; - (Zweig der Metallkunde)

Me|tall|lo|id, das; -[e]s, -e (*veraltet für* nicht metall. Grundstoff)

Me|tall|plat|te; **Me|tall|ski**, **Me|tall|schi**; **Me|tall|teil**; **Me|tall|über|zug**

Me|tall|ur|g, **Me|tall|ur|ge**, der; ...gen, ...gen; **Me|tall|ur|gie**, die; - (Hüttenkunde); **Me|tall|ur|gin**; **me|tall|ur|gisch**

Me|tall ver|ar|bei|tend, **me|tall|ver|ar|bei|tend** ↑D 58; **Me|tall|ver|ar|bei|tung**

Me|ta|ma|te|ri|al (*bes. Physik, Technik* künstlich hergestelltes Material mit nicht natürlichen Eigenschaften)

Me|ta|mo|dell (*bes. Fachspr.* übergeordnetes Modell)

me|ta|morph, **me|ta|mor|phisch** ⟨griech.⟩ (die Gestalt wandelnd)

Me|ta|mor|phis|mus, der; -, ...men (*svw.* Metamorphose); **Me|ta|mor|pho|se**, die; -, -n (Umgestaltung, Verwandlung); **me|ta|mor|pho|sie|ren**

Me|ta|pha|se, die; -, -n (*Biol.* zweite Phase der indirekten Zellkernteilung)

Me|ta|pher, die; -, -n (*Sprachwiss.* Wort mit übertragener Bedeutung, bildliche Wendung, z. B. »Haupt der Familie«)

Me|ta|pho|rik, die; - (Verbildlichung, Übertragung in eine Metapher); **me|ta|pho|risch** (bildlich, im übertragenen Sinne)

Me|ta|phra|se, die; -, -n (Umschreibung); **me|ta|phras|tisch** (umschreibend)

Metaphysik

Me|ta|phy|sik, die; -, -en *Plur. selten* (philos. Lehre von den letzten, nicht erfahrbaren Gründen u. Zusammenhängen des Seins); **Me|ta|phy|si|ker; Me|ta|phy|si|ke|rin; me|ta|phy|sisch**
Me|ta|plas|mus, der; -, ...men (*Sprachwiss*. Umbildung von Wortformen)
Me|ta|psy|chik, die; - (*svw*. Parapsychologie); **me|ta|psy|chisch; Me|ta|psy|cho|lo|gie**, die; -, ...jen (*svw*. Parapsychologie)
Me|ta|se|quo|ia, die; -, ...oien (Vertreter einer Gattung der Sumpfzypressengewächse)
Me|ta|spra|che [*auch* 'mɛ...] (*EDV, Sprachwiss., Math*. zur Beschreibung einer anderen Sprache benutzte Sprache); **me|ta|sprach|lich**
Me|ta|s|ta|se, die; -, -n (*Med*. Tochtergeschwulst); **me|ta|s|ta|sie|ren** (Tochtergeschwülste bilden); **me|ta|s|ta|tisch**
Me|ta|tag [...tɛk], das; -s, -s (*EDV* ²Tag im Kopf eines Dokuments, das nicht sichtbar, übergeordnete Informationen enthält)
Me|ta|the|se, Me|ta|the|sis, die; -, ...esen (*Sprachwiss*. Lautumstellung, z. B. »Born« – »Bronn«)
Me|ta|tro|pis|mus, der; - (*Psychol*. Umkehrung des geschlechtl. Empfindens)
Me|ta|xa®, der; -[s], -[s] (ein milder griech. Branntwein)
me|ta|zen|t|risch (das Metazentrum betreffend); **Me|ta|zen|t|rum** (*Schiffbau* Schwankpunkt)
Me|ta|zo|on, das; -s, ...zoen *meist Plur*. (vielzelliges Tier)
Me|t|em|psy|cho|se, die; -, -n ⟨griech.⟩ (Seelenwanderung)
Me|te|or, der, *selten* das; -s, -e ⟨griech.⟩ (Leuchterscheinung beim Eintritt eines Meteoroiden in die Erdatmosphäre)
Me|te|or|ei|sen
me|te|o|risch (auf Lufterscheinungen, -verhältnisse bezogen)
Me|te|o|rit, der; *Gen*. -en u. -s, *Plur*. -en u. -e (auf der Erde aufschlagender kosmischer Körper); **me|te|o|ri|tisch** (von einem Meteor stammend, meteorartig)
Me|te|o|ro|id, der; *Gen*. -s *od*. -en, *Plur*. -e *od*. -en (kleinerer interplanetarer Körper)
Me|te|o|ro|lo|ge, der; -n, -n; **Me|te|o|ro|lo|gie**, die; - (Lehre von Wetter u. Klima); **Me|te|o|ro|lo|gin; me|te|o|ro|lo|gisch**
me|te|o|ro|trop (wetter-, klimabedingt); **Me|te|o|ro|tro|pis|mus**, der; -, ...men (wetterbedingter Krankheitszustand)
Me|te|or|stein

Me|ter

der, *fachspr. früher auch* das; -s, - ⟨griech.⟩ (Längenmaß; *Zeichen* m)
– eine Länge von zehn Metern, *auch* von zehn Meter
– eine Mauer von drei Meter, *auch* von drei Metern Höhe
– von 10 Meter, *auch* von 10 Metern an
– ein[en] Meter lang, acht Meter lang
– laufender Meter (*Abk*. lfd. M.)

...**me|ter** (z. B. Zentimeter)
me|ter|dick; meterdicke Mauern; *aber* die Mauern sind zwei Meter dick; **me|ter|hoch**; der Schnee liegt meterhoch; *aber* drei Meter hoch; **me|ter|lang**; *aber* ein[en] Meter lang
Me|ter|maß, das; **Me|ter|stab; Me|ter|wa|re**, die; -
me|ter|wei|se; me|ter|weit; *aber* drei Meter weit
Me|tha|don, das; -s ⟨engl.⟩ (*Chemie, Med*. synthet. Derivat des Morphins [als Ersatzdroge für Heroinabhängige])
Me|tha|don|the|ra|pie, Me|tha|don-The|ra|pie
Me|than, das; -s ⟨griech.⟩ (Gruben-, Sumpfgas); **Me|than|gas**
Me|tha|nol, das; -s (Methylalkohol)
Me|thod-Ac|ting [ˈmɛθədˌlɛktɪŋ], das; -s ⟨amerik.⟩ (*fachspr*. für Art der Schauspielerei, bei der die Schauspieler auf eigene Erfahrungen zurückgreifen)
Me|tho|de, die; -, -n ⟨griech.⟩ (planmäßiges u. folgerichtiges Verfahren; Vorgehensweise); **Me|tho|den|leh|re**
Me|tho|dik, die; -, -en (Verfahrenslehre, -weise; Vortrags-, Unterrichtslehre; *nur Sing*.: methodisches Vorgehen)
Me|tho|di|ker (planmäßig Verfahrender; Begründer einer Methode); **Me|tho|di|ke|rin; me|tho|disch** (planmäßig; überlegt, durchdacht); **me|tho|di|sie|ren**

Me|tho|dist, der; -en, -en (Angehöriger der Methodistenkirche); **Me|tho|dis|ten|kir|che** (eine ev. Freikirche); **Me|tho|dis|tin; me|tho|dis|tisch**
Me|tho|do|lo|gie, die; -, ...jen (Lehre von den wissenschaftl. Methoden); **me|tho|do|lo|gisch**
Me|tho|ma|nie, die; - ⟨griech.⟩ (*Med*. Bewusstseinsveränderung durch Missbrauch von Alkohol od. Medikamenten)
¹**Me|thu|sa|lem**, ökum. **Me|tu|sche|lach** (bibl. Eigenname)
²**Me|thu|sa|lem**, der; -[s], -s (*ugs. für* sehr alter Mann)
Me|thyl, das; -s ⟨griech.⟩ (einwertiger Methanrest in zahlreichen organ.-chem. Verbindungen)
Me|thyl|al|ko|hol, der; -s (Holzgeist, Methanol); **Me|thyl|a|min**, das; -s, -e (einfachste organ. Base); **Me|thy|len|blau** (ein synthet. Farbstoff)
Me|ti|er [...ˈtie̯ː], das; -s, -s ⟨franz.⟩ (Beruf; Aufgabe)
Me|tist, der; -en, -en ⟨ital.⟩ (Teilnehmer an einem Metagegeschäft); **Me|tis|tin**
Me|t|ö|ke, der; -n, -n ⟨griech.⟩ (rechtloser ortsansässiger Fremder [in altgriech. Städten])
Me|ton (altgriech. Mathematiker); **me|to|ni|scher Zyk|lus** ↑ D 89 *u*. 135, der; -n (alter Kalenderzyklus [Zeitraum von 19 Jahren], der der Berechnung des christl. Osterdatums zugrunde liegt)
Me|to|no|ma|sie, die; -, ...jen ⟨griech.⟩ (Namensveränderung durch Übersetzung in eine fremde Sprache)
Me|to|ny|mie, die; -, ...jen (*Stilkunde* Ersetzung eines Wortes durch einen verwandten Begriff, z. B. »Dolch« durch »Stahl«); **me|to|ny|misch**
Me-too-Pro|dukt [ˈmiːtuː...] ⟨engl.; lat.⟩ (*Wirtsch*. Nachahmung eines Markenprodukts)
Me|t|o|pe, die; -, -n ⟨griech.⟩ (*Archit*. Zwischenfeld in einem antiken Tempelfries)
Me|t|ra, Me|t|ren (*Plur*. von Metrum)
Me|t|rik, die; -, -en ⟨griech.⟩ (Verslehre, -kunst; *Musik* Lehre vom Takt); **Me|t|ri|ker; Me|t|ri|ke|rin; me|t|risch** (die Verslehre, das Versmaß, den Takt betreffend; in Versen abgefasst; nach dem Meter messbar); metrischer Raum; metrisches System ↑ D 89

mickrig

Me|tro [auch 'mɛ...], die; -, -s ⟨griech.-franz.⟩ (Untergrundbahn, bes. in Paris u. Moskau)
Me|tro|lo|gie, die; - ⟨griech.⟩ (Maß- u. Gewichtskunde); me|tro|lo|gisch
Me|tro|nom, das; -s, -e ⟨griech.⟩ (Musik Taktmesser); vgl. Mälzel
Me|tro|po|le, die; -, -n ⟨griech.⟩ (Hauptstadt, Weltstadt); Me|tro|po|lis, die; -, ...polen (veraltet für Metropole)
Me|tro|po|lit, der; -en, -en (Erzbischof); Me|tro|po|li|tan|kir|che
Me|tro|pol|re|gi|on (Ballungsgebiet)
Me|tro|ra|pid, der; -[s] (eine [für den Einsatz im Ruhrgebiet geplante, aber nicht realisierte] Magnetschwebebahn)
Me|tro|se|xu|a|li|tät
me|tro|se|xu|ell ⟨engl.⟩ (als heterosexueller Mann bestimmte, sonst eher als feminin angesehene Interessen kultivierend)
Me|trum, das; -s, Plur. ...tren, älter ...tra ⟨griech.⟩ (Versmaß; Musik Takt)
Mett, das; -[e]s (nordd. für gehacktes Schweinefleisch)
Met|ta|ge [...ʒǝ], die; -, -n ⟨franz.⟩ (Druckw. Umbruch)
Met|te, die; -, -n ⟨lat.⟩ (nächtl. Gottesdienst; nächtl. Gebet)
Met|ter|nich (österr. Staatskanzler)
Met|teur [...'tø:ɐ̯], der; -s, -e ⟨franz.⟩ (Druckw. Umbrecher, Hersteller der Seiten); Met|teu|rin
Mett|wurst
Me|tu|sche|lach vgl. ¹Methusalem
Metz (franz. Stadt)
¹Met|ze, die; -, -n, südd. u. österr. Met|zen, der; -s, - (altes Getreidemaß)
²Met|ze, die; -, -n (veraltet für Prostituierte)
Met|ze|lei (ugs.); met|zeln (landsch. für schlachten; seltener für niedermetzeln); ich metz[e]le; Met|zel|sup|pe (südd. für Wurstsuppe)
Met|zen vgl. ¹Metze
Metzg, die; -, -en (schweiz. neben Metzgerei); Metz|ge, die; -, -n (südd. für Metzgerei, Schlachtbank); metz|gen (landsch. u. schweiz. für schlachten)
Metz|ger (westmitteld., südd., schweiz. für Fleischer); Metz|ge|rei
Metz|ger|gang, Metz|gers|gang

(landsch. für erfolglose Bemühung); Metz|ge|rin; Metz|ger|meis|ter; Metz|ger|meis|te|rin
Metz|ge|te, die; -, -n (schweiz. für Schlachtfest; Schlachtplatte)
Met|zig, die; -, -en (svw. Metzge)
Metz|ler (rhein. für Fleischer); Metz|le|rin
Meu|b|le|ment [møblǝ'mã:], das; -s, -s ⟨franz.⟩ (veraltet für Zimmer-, Wohnungseinrichtung)
Meu|chel|mord; Meu|chel|mör|der; Meu|chel|mör|de|rin
meu|cheln (veraltend für heimtückisch ermorden); ich meuch[e]le; Meuch|ler; Meuch|le|rin; meuch|le|risch; meuch|lings (veraltend für heimtückisch)
Meu|ni|er [mø'nje:] (belg. Bildhauer u. Maler)
Meu|te, die; -, -n (Jägerspr. Gruppe von Hunden; übertr. abwertend für größere Zahl von Menschen)
Meu|te|rei; Meu|te|rer; Meu|te|rin; meu|tern; ich meutere
MeV = Megaelektronvolt
Me|xi|ka|ner; Me|xi|ka|ne|rin; me|xi|ka|nisch
Me|xi|ko (Staat in Nord- bzw. Mittelamerika u. dessen Hauptstadt); Me|xi|ko-Stadt (Hauptstadt von Mexiko)
Mey|er, Conrad Ferdinand (schweiz. Schriftsteller)
Mey|er|beer (dt. Komponist)
MEZ = mitteleuropäische Zeit
Mez|za|nin, das, auch der; -s, -e ⟨ital.⟩ (niedriges Halb-, Zwischengeschoss, bes. in der Baukunst der Renaissance u. des Barocks); Mez|za|ni|ne, das; -s meist ohne Artikel (Bankw. Finanzierungsform aus Eigen- u. Fremdkapital); Mez|za|nin|woh|nung
mez|za vo|ce [- ...tʃǝ] ⟨ital.⟩ (Musik mit halber Stimme; Abk. m. v.)
Mez|zie [mɛ'tsi:ǝ], die; -, -n (jidd.) (ostösterr. für Schnäppchen)
mez|zo|for|te (Musik halbstark; Abk. mf)
Mez|zo|gior|no [...'dʒɔ...], der; - (der Teil Italiens südl. von Rom, einschließlich Siziliens)
mez|zo|pia|no (Musik halbleise; Abk. mp)
Mez|zo|so|p|ran [auch ...'pra:n] (mittlere Frauenstimme zwischen Sopran u. Alt; Sängerin der mittleren Stimmlage); Mez|zo|so|p|ra|nis|tin

Mez|zo|tin|to, das; -[s], Plur. -s od. ...ti (nur Sing.: Schabkunst, bes. Technik des Kupferstichs; auch für Erzeugnis dieser Technik)
mf = mezzoforte
µF = Mikrofarad
MfG = Mit freundlichen Grüßen
MFK = Motorfahrzeugkontrolle (in der Schweiz)
mg = Milligramm
Mg (chem. Zeichen für Magnesium)
MG, das; -[s], -[s] = Maschinengewehr
µg = Mikrogramm
¹Mgr. = Monseigneur
²Mgr., Msgr. = Monsignore
MG-Schüt|ze, der ↑ D 28
mhd. = mittelhochdeutsch
MHz = Megahertz
mi [ɛm|aɪ̯'bi:] (ital.) (Solmisationssilbe)
Mi. = Mittwoch
MI = Michigan
Mia (w. Vorn.)
Mia., Md., Mrd. = Milliarde[n]
Mi|a|mi [maɪ̯'ɛ...] (Stadt an der Küste Floridas)
Mi|as|ma, das; -s, ...men ⟨griech.⟩ (früher angenommene giftige Ausdünstung des Bodens); mi|as|ma|tisch (giftig)
mi|au!; mi|au|en; die Katze hat miaut
MIB [ɛm|aɪ̯'bi:] = Master of International Business; vgl. Master
mich (Akk. von »ich«)
Mi|cha (bibl. Prophet)
Mi|cha|el [...e:l, auch ...ɛl] (einer der Erzengel; m. Vorn.)
Mi|cha|e|la (w. Vorn.)
Mi|cha|e|li[s], das; - (Michaelstag)
Mi|cha|els|tag (29. Sept.)
¹Mi|chel (m. Vorn.)
²Mi|chel (Spottname für den Deutschen); deutscher Michel
Mi|chel|an|ge|lo Bu|o|nar|ro|ti [mike'landʒelo buonar'rɔ:ti] (ital. Künstler)
Mi|chelle [...'ʃɛl] (w. Vorn.)
Mi|chels|tag (landsch. für Michaelstag)
Mi|chi|gan [...ʃɪɡn̩] (Staat in den USA; Abk. MI); Mi|chi|gan|see, Mi|chi|gan-See, der; -s
mi|cke|rig, mick|rig (ugs. für schwach, zurückgeblieben); Mi|cke|rig|keit, Mick|rig|keit, die; -;
mi|ckern (landsch. für sich schlecht entwickeln); ich mickere; die Pflanze mickert
Mic|ki|e|wicz [mɪts'kjɛvɪtʃ] (poln. Dichter)
mick|rig usw. vgl. mickerig usw.

Mickymaus

Mi|cky|maus, die; -, ...mäuse ⟨nach Walt Disneys Micky Maus®⟩ (Trickfilm- u. Comicfigur)

Mi|c|ro|pay|ment [ˈmaɪkrəpeɪmənt, *auch* ˈmiː...mɛnt], das; -s, -s ⟨engl.⟩ ([System für die] Zahlung kleiner Beträge im Internet)

Mi|das (phryg. König); **Mi|das|oh|ren** *Plur.* ↑D 135 (Eselsohren)

Mid|der, das; -s *(landsch. für* Kalbsmilch)

Mid|gard, der; - ⟨nord. Mythol. die Welt der Menschen, die Erde⟩; **Mid|gard|schlan|ge**, die; - (Sinnbild des die Erde umschlingenden Meeres)

Mi|di... (*Mode* bis zu den Waden reichend, z. B. Midikleid)

Mi|di|a|ni|ter, der; -s, - (Angehöriger eines nordarab. Volkes im A. T.); **Mi|di|a|ni|te|rin**

Mi|di|nette [...ˈnɛt], die; -, -n ⟨franz.⟩ (Pariser Modistin)

Mid|life-Cri|sis, Mid|life|cri|sis [ˈmɪdlaɪfkraɪsɪs], die; - ⟨engl.-amerik.⟩ (Krise in der Mitte des Lebens)

Mid|ship|man [ˈmɪtʃɪpmən], der; -s, ...men [...mən] (unterster brit. Marineoffiziersrang; nordamerik. Seeoffiziersanwärter)

mied *vgl.* meiden

Mie|der, das; -s, -; **Mie|der|ho|se; Mie|der|wa|ren** *Plur.*

Mief, der; -[e]s *(ugs. für* schlechte Luft); **mie|fen** *(ugs.)*; es mieft; **mie|fig**

Mie|ke (w. Vorn.)

Mie|ne, die; -, -n (Gesichtsausdruck); **Mie|nen|spiel**

Miene

Nicht zu verwechseln sind *Miene* und *Mine*. Das einen Gesichtsausdruck bezeichnende Substantiv *Miene* wird mit *-ie-* geschrieben. Mit einfachem *-i-* schreibt sich *Mine*, das für einen unterirdischen Gang, einen Sprengkörper oder eine Kugelschreibereinlage steht.

Mie|re, die; -, -n (Name einiger Pflanzen)

mies ⟨hebr.-jidd.⟩ *(ugs. für* schlecht; gemein; unwohl); miese Laune; *vgl.* miesmachen

¹Mies, die; -, -en (*Nebenform von* Miez, Mieze)

²Mies, das; -es, -e *(südd. für* Sumpf, Moor)

Mies|chen *vgl.* Miezchen

Mie|se *Plur. (ugs. für* Minusbetrag); in den Miesen sein

Mie|se|kat|ze *vgl.* Miezekatze

Mie|se|pe|ter, der; -s, - *(ugs. für* stets unzufriedener Mensch); **mie|se|pe|te|rig, mie|se|pet|rig** *(ugs.)*; **Mie|se|pe|te|rin**

Mie|sig|keit, die; - *(ugs. abwertend)*

Mies|ling *(ugs. abwertend für* unsympathischer Mensch)

mies|ma|chen *(ugs. für* herabsetzen, schlechtmachen)

Mies|ma|cher *(ugs. abwertend für* Schwarzseher); **Mies|ma|che|rei** *(ugs. abwertend);* **Mies|ma|che|rin** *(ugs. abwertend)*

Mies|mu|schel (Pfahlmuschel)

Mies van der Ro|he [- fan - -] (dt.-amerik. Architekt)

Miet|aus|fall; Miet|au|to; Miet|be|trag

¹Mie|te, die; -, -n (Preis, der für das Benutzen von Wohnungen u. a. zu zahlen ist)

²Mie|te, die; -, -n ⟨lat.⟩ (gegen Frost gesicherte Grube u. a. zur Lagerung von Feldfrüchten)

Miet|ein|nah|me

¹mie|ten; eine Wohnung mieten

²mie|ten *(landsch. für* Feldfrüchte in ²Mieten einlagern)

Mie|ten|re|ge|lung, Miet|re|ge|lung

Mie|ter; Mie|ter|bund; Miet|er|hö|hung; Mie|te|rin

Mie|ter/-innen, Mie|ter(innen) (Kurzformen für Mieterinnen u. Mieter)

Mie|ter|schutz, der; -es; **Mie|ter|schutz|ge|setz**

Mie|ter|trag; Mie|ter|ver|band *(schweiz.);* **Mie|ter|wech|sel; Miet|fi|nan|zie|rung** (besondere Form des Leasings)

miet|frei; mietfrei wohnen

Miet|ge|setz; Miet|kauf

Miet|no|ma|de, der *(ugs. für* Mieter, der bewusst seine Miete prellt u. erst im Zuge einer Räumungsklage auszieht); **Miet|no|ma|din**

Miet|par|tei; Miet|preis; Miet|preis|brem|se *Plur. selten (Politik* Maßnahme zur Regulierung der Mietpreise); **Miet|preis|po|li|tik**, die; -; **Miet|recht**

Miet|re|ge|lung, Mie|ten|re|ge|lung

Miet|schuld *meist Plur.*

Miets|haus; Miets|ka|ser|ne *(abwertend für* großes Mietshaus)

Miet|spie|gel (Tabelle ortsüblicher Mieten)

Miets|stei|ge|rung, Miet|stei|ge|rung

Miets|strei|tig|kei|ten, Miet|strei|tig|kei|ten *Plur.*

Mie|tung

Miet|ver|hält|nis *(Amtsspr.);* **Miet|ver|lust; Miet|ver|trag; Miet|wa|gen; Miet|woh|nung; Miet|wu|cher**

Miet|zah|lung; Miet|zins *Plur.* ...zinse *(südd., österr., schweiz. für* ¹Miete)

Miez *vgl.* Mieze; **Miez|chen** (Kätzchen); **Mie|ze**, die; -, -n *(fam. für* Katze; *ugs. für* Freundin, Mädchen); **Mie|ze|kätz|chen** (Kinderspr.); **Mie|ze|kat|ze**

Mi|fe|gy|ne®, die; - (Medikament zur Auslösung einer Fehlgeburt)

MiG, die; -, -[s] ⟨nach den Konstrukteuren Mikojan und Gurewitsch⟩ *(Bez. für* Flugzeugtypen der Sowjetunion)

Mi|g|non [ˈmɪnjõː, mɪnˈjõː] (w. Vorn.; Gestalt aus Goethes »Wilhelm Meister«)

Mi|g|no|net|te [mɪnjoˈnɛt], die; -, -s (schmale Zwirnspitze)

Mi|g|non|fas|sung (für kleine Glühlampen)

Mi|g|non|zel|le (dünne, kleine, längliche Batterie)

Mi|g|rä|ne, die; -, -n ⟨griech.⟩ ([halb-, einseitiger] heftiger Kopfschmerz); **Mi|g|rä|ne|an|fall**

Mi|g|rant, der; -en, -en ⟨lat.⟩ *(Soziol.* Aus- od. Einwanderer); **Mi|g|ran|ten|kind; Mi|g|ran|ten|li|te|ra|tur** *Plur. selten;* **Mi|g|ran|tin; mi|gran|tisch**

Mi|g|ra|ti|on, die; -, -en ⟨lat.⟩ *(Biol., Soziol.* Wanderung); **Mi|g|ra|ti|ons|bei|rat** *(Politik);* **Mi|g|ra|ti|ons|hin|ter|grund; Mi|g|ra|ti|ons|po|li|tik; mi|g|rie|ren** *(Fachspr.)*

Mi|g|ros [ˈmigro], die; - ⟨franz.⟩ (eine schweiz. Verkaufsgenossenschaft)

Mi|guel [...ˈgɛl] (m. Vorn.)

Mijn|heer [məˈneːɐ̯], der; -s, -s ⟨niederl., »mein Herr«⟩ *(ohne Artikel:* niederl. Anrede; *auch scherzh. Bez. für* den Holländer)

¹Mi|ka|do, der; -[s], -s ⟨jap.⟩ *(frühere Bez. für* den jap. Kaiser); *vgl.* Tenno

²Mi|ka|do, das; -s, -s (ein Geschicklichkeitsspiel mit Holzstäbchen)

³Mi|ka|do, der; -s, -s (Hauptstäbchen im ²Mikado)

Mike [maɪk] (m. Vorn.)

Mi|ko, der; -s, -s *(ugs.; kurz für* Minderwertigkeitskomplex)

Mi|kro, das; -s, -s (*Kurzw. für* Mikrofon)
mi|kro... ⟨griech.⟩ (klein...)
Mi|kro... (Klein...; ein Millionstel einer Einheit, z. B. Mikrometer = 10^{-6} Meter; *Zeichen* μ)
Mi|kro|be, die; -, -n (*svw.* Mikroorganismus); **mi|kro|bi|ell** (*Biol.* die Mikroben betreffend, durch Mikroben)
Mi|kro|bio|lo|ge; **Mi|kro|bio|lo|gie** (Wissenschaft von den Mikroorganismen); **mi|kro|bio|lo|gin**; **mi|kro|bio|lo|gisch**
Mi|kro|che|mie (Zweig der Chemie, der kleinste Mengen von Substanzen analysiert)
Mi|kro|chip; **Mi|kro|com|pu|ter**
Mi|kro|elek|tro|nik; **mi|kro|elek|tro|nisch**
Mi|kro|fa|rad [*auch* 'mi:...] (ein millionstel Farad; *Zeichen* μF)
Mi|kro|fa|ser
Mi|kro|fau|na (*Biol.* Kleintierwelt)
Mi|kro|fiche (*svw.* ³Fiche); **Mi|kro|film**
Mi|kro|fon, **Mi|kro|phon**, das; -s, -e (Gerät, durch das Töne, Geräusche u. Ä. auf Tonträger, über Lautsprecher u. Ä. übertragen werden können); **mi|kro|fo|nisch**, **mi|kro|pho|nisch**
Mi|kro|gramm [*auch* 'mi:...] (ein millionstel Gramm; *Zeichen* μg)
Mi|kro|kli|ma (*Meteorol.* Kleinklima, Klima der bodennahen Luftschicht)
Mi|kro|kok|kus, der; -, ...kokken (*Biol.* Kugelbakterie)
Mi|kro|ko|pie (fotograf. Kleinaufnahme, meist von Buchseiten)
mi|kro|kos|misch [*auch* 'mi:...]; **Mi|kro|kos|mos** [*auch* 'mi:...]; **Mi|kro|kos|mus**, der; - (Welt des Menschen als verkleinertes Abbild des Universums; *Ggs.* Makrokosmos; *Biol.* Welt der Kleinlebewesen)
Mi|kro|kre|dit (*Wirtsch.*)
¹**Mi|kro|me|ter**, das; -s, - (ein Feinmessgerät)
²**Mi|kro|me|ter** [*auch* 'mi:...], der; -s, - (ein millionstel Meter; *Zeichen* μm)
Mi|kron, das; -s, - (*veraltet für* ²Mikrometer; *Kurzform* My; *Zeichen* μ)
Mi|kro|ne|si|en (»Kleininselland« (Inselgruppe u. Staat im Pazifischen Ozean); Föderierte Staaten von Mikronesien; **Mi|kro|ne|si|er**; **Mi|kro|ne|si|e|rin**; **mi|kro|ne|sisch**

Mi|kro|öko|no|mie [*auch* 'mi:kro...] (*Wirtsch.* Teilgebiet der Wirtschaftstheorie)
Mi|kro|or|ga|nis|mus ⟨griech.⟩ (*Biol.* kleinstes Lebewesen)
Mi|kro|phon *vgl.* Mikrofon; **mi|kro|pho|nisch** *vgl.* mikrofonisch
Mi|kro|phy|sik (Physik der Moleküle u. Atome)
Mi|kro|phyt, der; -en, -en (*Biol.* pflanzl. Mikroorganismus)
Mi|kro|port, das; -s, -s ⟨engl.⟩ (schnurloses, am Körper getragenes Mikrofon)
Mi|kro|pro|zes|sor (*EDV*)
mi|kro|pru|den|zi|ell, **mi|kro|pru|den|ti|ell** ⟨lat.⟩ (*Finanzw.* auf die Stabilität einzelner Finanzinstitute gerichtet)
Mi|kro|ra|dio|me|ter, das; -s, - (Messgerät für kleinste Strahlungsmengen)
mi|kro|seis|misch [*auch* 'mi:...] (nur mit Instrumenten wahrnehmbar [von Erdbeben])
Mi|kro|s|kop, das; -s, -e (opt. Vergrößerungsgerät); **mi|kro|s|ko|pie|ren** (mit dem Mikroskop arbeiten); **mi|kro|s|ko|pisch** (verschwindend klein; mithilfe des Mikroskops durchgeführt)
Mi|kro|spo|re [*auch* 'mi:...] (kleine m. Spore einiger Farnpflanzen)
Mi|kro|the|ra|pie (*Med.* minimalinvasive Behandlungsform)
Mi|kro|tom, der *od.* das; -s, -e (Gerät zur Herstellung feinster Schnitte für mikroskop. Untersuchungen)
Mi|kro|wel|le (elektromagnet. Welle; *auch kurz für* Mikrowellenherd); **mi|kro|wel|len|ge|eig|net**; **Mi|kro|wel|len|ge|rät**; **Mi|kro|wel|len|herd**
Mi|kro|zen|sus ⟨griech.; lat.⟩ (jährlich durchgeführte statistische Erhebung der Bevölkerung u. des Erwerbslebens)
mi|kro|ze|phal (*Med.* kleinköpfig); **Mi|kro|ze|pha|lie**, die; - (*Med.* Kleinköpfigkeit)
Mik|we, der; -, Mikwaot *u.* -n ⟨hebr.⟩ (jüdisches Ritualbad)
Mi|lak (*österr., schweiz.; kurz für* Militärakademie)
Mi|lan [*auch* ...'laːn], der; -s, -e ⟨franz.⟩ (ein Greifvogel)
²**Mi|lan** (m. Vorn.)
Mi|la|no (*ital. Form von* Mailand)
Mil|be, die; -, -n (ein Spinnentier); **mil|big**
Milch, die; -, *Plur.* (*fachspr.*) -e[n];

eine Milch gebende *od.* milchgebende Kuh
Milch|auf|schäu|mer, der; -s, -
Milch|aus|tau|scher, der; -s, - (*Fachspr.* ein Futtermittel)
Milch|bar
Milch|bart (*svw.* Milchgesicht); **milch|bär|tig**
Milch|bau|er *vgl.* ²Bauer; **Milch|bäu|e|rin**
Milch|brei; **Milch|bröt|chen**
Milch|büch|lein|rech|nung (*schweiz. für* Milchmädchenrechnung)
Milch|drü|se; **Milch|eis**; **Milch|ei|weiß**
¹**mil|chen** (aus Milch)
²**mil|chen** (*landsch. für* Milch geben)
¹**Mil|cher** *vgl.* Milchner
²**Mil|cher** (*landsch. für* Melker); **Mil|che|rin** (*landsch.*)
Milch|er|trag; **Milch|fla|sche**; **Milch|frau** (*ugs.*)
Milch ge|bend, **milch|ge|bend** *vgl.* Milch
Milch|ge|biss
Milch|ge|sicht (unreifer junger Mann)
Milch|glas *Plur.* ...gläser
mil|chig
Milch|kaf|fee; **Milch|änn|chen**; **Milch|kan|ne**; **Milch|kuh**; **Milch|kur**
Milch|ling (ein Pilz)
Milch|mäd|chen; **Milch|mäd|chen|rech|nung** (*ugs. für* auf Trugschlüssen beruhende Rechnung)
Milch|mann *Plur.* ...männer (*ugs.*)
Milch|mix|ge|tränk; **Milch|napf**
Milch|ner, ¹**Mil|cher** (m. Fisch)
Milch|pro|dukt; **Milch|pul|ver**; **Milch|pum|pe**
Milch|rahm|stru|del (*österr. für* eine Mehlspeise); **Milch|reis**; **Milch|saft** (*Bot.*)
Milch|säu|re; **Milch|säu|re|bak|te|ri|en** *Plur.*
Milch|schäu|mer
Milch|scho|ko|la|de
Milch|shake [...ʃeɪk], der (Milchmixgetränk)
Milch|stra|ße, die; - (*Astron.*)
Milch|tü|te; **Milch|vieh|an|la|ge**
milch|weiß
Milch|wirt|schaft; **Milch|zahn**; **Milch|zu|cker**
mild, **mil|de**; **Mil|de**, die; -
mil|dern; ich mildere; mildernde Umstände (*Rechtsspr.*)
Mil|de|rung; **Mil|de|rungs|grund**
mild|her|zig; **Mild|her|zig|keit**, die; -
mild|tä|tig; **Mild|tä|tig|keit**, die; -

Mildtätigkeit

M
Mild

Milena

Mil|le|na [*auch* 'mi:...] (w. Vorn.)
Mil|le|si|er (Bewohner von Milet); **Mil|let** (altgriech. Stadt)
Mill|haud [mi'jo:] Darius (franz. Komponist)
Mi|li|ar|tu|ber|ku|lo|se ⟨lat.⟩ (*Med.* meist rasch tödlich verlaufende Allgemeininfektion des Körpers mit Tuberkelbazillen)
Mi|li|eu [mi'liø:, *schweiz. auch* 'mi...], das; -s, -s ⟨franz.⟩ (Umwelt; *bes. schweiz. auch für* Dirnenwelt); **mi|li|eu|be|dingt**; milieubedingte Kriminalität; **Mi|li|eu|for|schung**
mi|li|eu|ge|schä|digt; **Mi|li|eu|ge|schä|dig|te**, der *u.* die; -n, -n
Mi|li|eu|scha|den (*Psychol.*)
Mi|li|eu|stu|die
Mi|li|eu|the|o|rie (*Psychol.*)
mi|li|tant ⟨lat.⟩ (kämpferisch); **Mi|li|tanz**, die; -
¹**Mi|li|tär**, der; -s, -s ⟨franz.⟩ (höherer Offizier)
²**Mi|li|tär**, das; -s (Soldatenstand; Streitkräfte)
Mi|li|tär|ad|mi|nis|tra|ti|on; **Mi|li|tär|aka|de|mie**; **Mi|li|tär|ak|ti|on**; **Mi|li|tär|arzt**; **Mi|li|tär|ärz|tin**; **Mi|li|tär|at|ta|ché**; **Mi|li|tär|ba|sis**
Mi|li|tär|block *Plur.* ...blöcke, *selten* ...blocks; *vgl.* Block; **Mi|li|tär|bud|get**; **Mi|li|tär|bünd|nis**; **Mi|li|tär|dienst**; **Mi|li|tär|dik|ta|tur**
Mi|li|tär|ein|satz; **Mi|li|tär|etat**; **Mi|li|tär|flug|ha|fen** *vgl.* ²Hafen; **Mi|li|tär|ge|fäng|nis**; **Mi|li|tär|ge|richt**; **Mi|li|tär|ge|richts|bar|keit**; **Mi|li|tär|hil|fe**
Mi|li|ta|ria *Plur.* ⟨lat.⟩ (Bücher über das Militärwesen; milit. Sammlerstücke)
mi|li|tä|risch ⟨franz.⟩
mi|li|ta|ri|sie|ren (milit. Anlagen errichten, Truppen aufstellen); **Mi|li|ta|ri|sie|rung**
Mi|li|ta|ris|mus, der; -, ...men ⟨lat.⟩ (Vorherrschen milit. Denkens); **Mi|li|ta|rist**, der; -en, -en; **Mi|li|ta|ris|tin**; **mi|li|ta|ris|tisch**
Mi|li|tär|jun|ta (von Offizieren [nach einem Putsch] gebildete Regierung)
Mi|li|tär|kom|man|do (*österr. auch für* milit. Dienststelle eines Bundeslandes)
Mi|li|tär|macht; **Mi|li|tär|marsch**, der; **Mi|li|tär|mis|si|on**; **Mi|li|tär|mu|sik**; **Mi|li|tär|pfar|rer**; **Mi|li|tär|pfar|re|rin**
Mi|li|tär|pflicht, die; -; **mi|li|tär|pflich|tig**; **Mi|li|tär|pflich|ti|ge**, der *u.* die; -n, -n

Mi|li|tär|po|li|zei; **Mi|li|tär|prä|senz**; **Mi|li|tär|putsch**; **Mi|li|tär|re|gie|rung**; **Mi|li|tär|re|gime**; **Mi|li|tär|schlag**; **Mi|li|tär|schu|le**; **Mi|li|tär|seel|sor|ge**, die; -, -n; **Mi|li|tär|strei|fe**; **Mi|li|tär|stütz|punkt**; **Mi|li|tär|tri|bu|nal**
Mi|li|tä|ry [...tari], die; -, -s ⟨engl.⟩ (Vielseitigkeitsprüfung [im Reitsport])
Mi|li|tär|zeit
Mi|liz, die; -, -en ⟨lat.⟩ (kurz ausgebildete Truppen, Bürgerwehr; *in einigen [ehemals] sozialistischen Staaten auch für* Polizei); **Mi|liz|heer**; **Mi|li|zi|o|när**, der; -s, -e (Angehöriger der Miliz); **Mi|li|zi|o|nä|rin**; **Mi|liz|sol|dat**; **Mi|liz|sol|da|tin**; **Mi|liz|sys|tem** (die nebenberufliche Ausübung öffentlicher Ämter u. des Dienstes in der Armee [im politischen System der Schweiz])
Mil|ke, die; -, -[e]n (*schweiz. für* Kalbsbries)
Mill., Mio. = Million[en]
Mil|le, die; -, - ⟨lat.⟩ (Tausend; *Zeichen* M; *ugs. für* tausend Euro o. Ä.); 5 Mille; *vgl.* per mille, pro mille
Mil|le|fi|o|ri|glas *Plur.* ...gläser ⟨ital.; dt.⟩ (vielfarbiges Mosaikglas)
¹**Mille|fleurs** [mil'flø:ɐ̯], das; - ⟨franz.⟩ (Streublumenmuster)
²**Mille|fleurs**, der; -, - (Stoff mit Streublumenmuster)
Mil|le Mig|lia [- 'milja] *Plur.* ⟨ital.⟩ (Langstreckenrennen für Sportwagen in Italien)
Mil|len|ni|um, das; -s, ...ien ⟨lat.⟩ (Jahrtausend); **Mil|len|ni|um[s]|feier** (Tausendjahrfeier)
Mil|li (w. Vorn.)
Mil|li... ⟨lat.⟩ (ein Tausendstel einer Einheit, z. B. Millimeter = 10^{-3} Meter; *Zeichen* m)
Mil|li|am|pere (Maßeinheit kleiner elektr. Stromstärken; *Zeichen* mA); **Mil|li|am|pere|me|ter** [*auch* ...'me:...], das; -s, - (Gerät zur Messung geringer Stromstärken)
Mil|li|ar|där, der; -s, -e ⟨franz.⟩ (Besitzer eines Vermögens von mindestens einer Milliarde; sehr reicher Mann); **Mil|li|ar|dä|rin**
Mil|li|ar|de, die; -, -n (1 000 Millionen; *Abk.* Md., Mrd. *u.* Mia.)
Mil|li|ar|den|ab|schrei|bung; **Mil|li|ar|den|an|lei|he**; **Mil|li|ar|den|be|trag**; **Mil|li|ar|den|ge|schäft**; **Mil|li|ar|den|grab** (*Jargon* große Geldsummen verschlingendes [erfolgloses] Geschäft, Unternehmen); **Mil|li|ar|den|hö|he**; Verluste in Milliardenhöhe; **Mil|li|ar|den|kre|dit**; **Mil|li|ar|den|loch** (*ugs.*); **mil|li|ar|den|schwer**; **Mil|li|ar|den|ver|lust**
mil|li|ards|te *vgl.* achte; **mil|li|ards|tel** *vgl.* achtel; **Mil|li|ards|tel** *vgl.* Achtel
Mil|li|bar, das ($^1/_{1000}$ Bar; alte Maßeinheit für den Luftdruck; *Abk.* mbar, *in der Meteorol. nur* mb)
Mil|li|gramm ($^1/_{1000}$ g; *Zeichen* mg); 10 Milligramm
Mil|li|li|ter [*auch* ...'li:...] ($^1/_{1000}$ l; *Zeichen* ml)
Mil|li|me|ter [*auch* ...'me:...], der; -s, - ($^1/_{1000}$ m; *Zeichen* mm)
Mil|li|me|ter|ar|beit, die; - (*ugs.*); **mil|li|me|ter|dünn**; **mil|li|me|ter|ge|nau**; **mil|li|me|ter|groß**
Mil|li|me|ter|pa|pier
Mil|li|mol [*auch* ...'mo:l] ($^1/_{1000}$ mol; *Zeichen* mmol)
Mil|li|on, die; -, -en ⟨ital.⟩ (1 000 mal 1 000; *Abk.* Mill. *u.* Mio.); eine Million; ein[und]dreiviertel Millionen; zwei Millionen fünfhundertfünfzigtausend; mit 0,8 Millionen
Mil|li|o|när, der; -s, -e ⟨franz.⟩ (Besitzer eines Vermögens von mindestens einer Million; sehr reicher Mann); **Mil|li|o|nä|rin**
Mil|li|o|nen|auf|la|ge; **Mil|li|o|nen|auf|trag**; **Mil|li|o|nen|be|trag**
mil|li|o|nen|fach
Mil|li|o|nen|ge|schäft; **Mil|li|o|nen|ge|winn**; **Mil|li|o|nen|heer**; **Mil|li|o|nen|hö|he** *Plur. selten*; Verluste in Millionenhöhe
Mil|li|o|nen Mal *vgl.* ¹Mal
Mil|li|o|nen|pu|b|li|kum; **Mil|li|o|nen|scha|den**; **mil|li|o|nen|schwer**; **Mil|li|o|nen|stadt**
mil|li|ons|te *vgl.* achtmillionste; **mil|li|ons|tel**, **mil|li|on|tel** *vgl.* achtel; **Mil|li|ons|tel**, **Mil|li|on|tel**, das, *schweiz. meist* der; -s, -; *vgl.* Achtel
Mil|li|se|kun|de [*auch* ...'ze:kʊndə] ($^1/_{1000}$ Sekunde; *Zeichen* ms)
Mil|li|sie|vert (*Physik, Med.* $^1/_{1000}$ Sv; *Zeichen* mSv)
Mil|lö|cker (österr. Komponist)
Mill|statt (österr. Ort); **Mill|stät|ter**; Millstätter See
Mil|ly [...li] (w. Vorn.)
Mil|reis, das; -, - ⟨port.⟩ (1 000 Reis; ehem. Währungseinheit in Portugal u. Brasilien)
Mil|ti|a|des (athen. Feldherr)

Mil|ton [...tn] (engl. Dichter)
Mil|wau|kee [mɪl'wɔ:ki] (Stadt in den USA)
Milz, die; -, -en (Organ)
Milz|brand, der; - (eine gefährliche Infektionskrankheit); **Milz|quet|schung; Milz|riss**
¹**Mi|me** (eingedeutschte Form von Mimir)
²**Mi|me,** der; -n, -n ⟨griech.⟩ (veraltend für Schauspieler)
mi|men (veraltend für als Mime wirken; ugs. für so tun, als ob)
Mi|men (Plur. von ²Mime u. Mimus)
Mi|me|se, die; -, -n (Zool. Nachahmung des Aussehens von Gegenständen od. Lebewesen bei Tieren [zum Schutz]); **Mi|me|sis,** die; -, ...esen (Nachahmung); **mi|me|tisch** (die Mimese betreffend; nachahmend)
Mi|mik, die; - (Gebärden- u. Mienenspiel [des Schauspielers])
Mi|mi|ker vgl. Mimus
Mi|mi|k|ry [...ri], die; - ⟨engl.⟩ (Zool. Nachahmung wehrhafter Tiere durch nicht wehrhafte in Körpergestalt u. Färbung; übertr. für Anpassung)
Mi|min (weibliche Form zu Mime)
Mi|mir (Gestalt der nord. Mythologie u. der germ. Heldensage)
mi|misch ⟨griech.⟩ (schauspielerisch; mit Gebärden)
Mi|mo|se, die; -, -n ⟨griech.⟩ (Pflanzengattung; Blüte der Silberakazie; übertr. für überempfindlicher Mensch); **mi|mo|sen|haft** (zart; [über]empfindlich)
mim|sen (ugs. für eine Nachricht über MMS verschicken); du mimst, hast gemimst
Mi|mus, der; -, ...men ⟨griech.⟩ (Possenreißer der Antike; auch die Posse selbst)
min, Min. = Minute
Mi|na, Mi|ne (w. Vorn.)
Mi|na|rett, das; -s, Plur. -e u. -s ⟨arab.-franz.⟩ (Moscheeturm)
Min|chen (w. Vorn.)
Min|da|nao (eine Philippineninsel)
Min|den (Stadt a. d. Weser); **Min|de|ner; Min|de|ne|rin**
min|der; minder gut, minder wichtig; von mind[e]rer Qualität
min|der|be|gabt; Min|der|be|gab|te, der u. die; -n, -n
min|der|be|mit|telt; Min|der|be|mit|tel|te, der u. die; -n, -n
Min|der|bru|der (Franziskaner)
Min|der|ein|nah|me
Min|der|heit; Min|der|hei|ten|fra|ge; Min|der|hei|ten|recht meist Plur.; **Min|der|hei|ten|schutz,** der; -es; **Min|der|heits|be|tei|li|gung** (Wirtsch.); **Min|der|heits|recht** (Politik, österr.)
Min|der|heits|re|gie|rung
min|der|jäh|rig; Min|der|jäh|ri|ge, der u. die; -n, -n; **Min|der|jäh|rig|keit,** die; -
Min|der|leis|tung
min|dern; ich mindere
Min|der|qua|li|fi|ziert; Min|der|qua|li|fi|zier|te, der u. die; -n, -n
Min|de|rung
Min|der|wert; min|der|wer|tig
Min|der|wer|tig|keit; Min|der|wer|tig|keits|ge|fühl; Min|der|wer|tig|keits|kom|plex (ugs. Kurzwort Miko)
Min|der|zahl, die; -
Min|dest|ab|stand; Min|dest|al|ter; Min|dest|an|for|de|rung
Min|dest|bei|trag; Min|dest|be|steu|e|rung; Min|dest|be|tei|lig|te, der u. die; -n, -n

min|des|te
– ich habe nicht den mindesten Zweifel

Groß- oder Kleinschreibung bei vorangehendem [mit einer Präposition verschmolzenem] Artikel:
– nicht das Mindeste od. mindeste (gar nichts)
– nicht im Mindesten od. mindesten (überhaupt nicht)
– zum Mindesten od. mindesten (wenigstens)

Min|dest|ein|kom|men
min|des|tens
Min|dest|for|dern|de, der u. die; -n, -n; **Min|dest|for|de|rung; Min|dest|ge|bot; Min|dest|ge|schwin|dig|keit; Min|dest|grö|ße**
Min|dest|lohn; Min|dest|lohn|ge|setz; Min|dest|maß, das; **Min|dest|pen|si|on; Min|dest|preis; Min|dest|ren|te; Min|dest|re|ser|ve** meist Plur. (Bankw.)
Min|dest|satz; Min|dest|stra|fe
Min|dest|stu|di|en|dau|er (bes. österr.); **Min|dest|zahl; Min|dest|zeit**
min|disch (aus Minden)
Mind|map, Mind-Map ['maɪntmɛp], die; - -s od. das; -s, -s ⟨engl.⟩ (grafische Darstellung gedanklicher Zusammenhänge)
¹**Mi|ne,** die; -, -n ⟨franz.⟩ (unterird. Gang; Bergwerk; Sprengkörper; Kugelschreiber; Bleistifteinlage); vgl. aber Miene
²**Mi|ne,** die; -, -n ⟨griech.⟩ (altgriech. Münze, Gewicht)
³**Mi|ne** vgl. Mina
Mi|nen|ar|bei|ter; Mi|nen|ar|bei|te|rin; Mi|nen|feld; Mi|nen|le|ger; Mi|nen|räum|boot
Mi|nen|stol|len; Mi|nen|such|boot; Mi|nen|such|ge|rät; Mi|nen|wer|fer
Mi|ne|ral, das; -s, Plur. -e u. -ien ⟨franz.⟩ (anorganischer, chem. einheitlicher u. natürlich gebildeter Bestandteil der Erdkruste; österr. u. schweiz. auch kurz für Mineralwasser)
Mi|ne|ral|bad; Mi|ne|ral|dün|ger
Mi|ne|ra|li|en|samm|lung
mi|ne|ra|lisch; Mi|ne|ra|lo|ge, der; -n, -n ⟨franz.; griech.⟩; **Mi|ne|ra|lo|gie,** die; - (Wissenschaft von den Mineralen); **Mi|ne|ra|lo|gin; mi|ne|ra|lo|gisch**
Mi|ne|ral|öl; Mi|ne|ral|öl|ge|sell|schaft; Mi|ne|ral|öl|in|dus|t|rie; Mi|ne|ral|öl|steu|er
Mi|ne|ral|quel|le; Mi|ne|ral|stoff; Mi|ne|ral|was|ser Plur. ...wässer
Mi|n|er|gie® (schweizerischer Energiestandard für Niedrigenergiehäuser)
Mi|ner|va (röm. Göttin des Handwerks, der Weisheit u. der Künste)
Mi|nes|t|ro|ne, die; -, -n ⟨ital.⟩ (ital. Gemüsesuppe)
Mi|net|te, die; -, -n ⟨franz.⟩ (Eisenerz); **Mi|neur** [...'nø:ɐ̯], der; -s, -e (Tunnelbauer; Berufsbez.); **Mi|neu|rin**
mi|ni (Mode sehr kurz); der Rock ist mini
¹**Mi|ni,** das; -s, -s (ugs. für Minikleid; meist ohne Artikel, nur Sing.: sehr kurze Kleidung); Mini tragen
²**Mi|ni,** der; -s, -s (ugs. für Minirock)
Mi|ni... (sehr klein; Mode äußerst kurz, z. B. Minirock)
Mi|ni|a|tur, die; -, -en (kleines Bild; [kleine] Illustration); **Mi|ni|a|tur|aus|ga|be** (kleine[re] Ausgabe); **Mi|ni|a|tur|bild**
mi|ni|a|tu|ri|sie|ren (Elektrot. verkleinern); **Mi|ni|a|tu|ri|sie|rung**
Mi|ni|a|tur|ma|le|rei; Mi|ni|a|tur|park
Mi|ni|bar, die (kleiner Kühlschrank im Hotelzimmer; Wagen mit Esswaren u. Getränken in Fernzügen)

Minibikini

Mi|ni|bi|ki|ni (sehr knapper Bikini)
Mi|ni|break *(Tennis)*
Mi|ni|car ⟨engl.⟩ (Kleintaxi); **Mi|ni|com|pu|ter**
mi|nie|ren ⟨franz.⟩ (unterirdische Gänge, Stollen anlegen); *vgl.* ¹Mine
Mi|ni|golf, das; -s (Miniaturgolfanlage; Kleingolfspiel)
Mi|ni|job (geringfügiges Beschäftigungsverhältnis); **Mi|ni|job|ber** *(ugs.);* **Mi|ni|job|be|rin**
Mi|ni|ka|me|ra
Mi|ni|ki|ni, der; -s, -s (Damenbadebekleidung ohne Oberteil); **Mi|ni|kleid**
mi|nim ⟨lat.⟩ *(schweiz., sonst veraltet für* geringfügig, minimal);
Mi|ni|ma [*auch* 'mi:...] *(Plur. von* Minimum); **mi|ni|mal** (sehr klein, niedrigst, winzig)
Mi|ni|mal Art ['mɪnɪml 'aːɐ̯t], die; - - (Kunstrichtung, die mit einfachsten Grundformen arbeitet)
Mi|ni|mal|be|trag; Mi|ni|mal|for|de|rung
mi|ni|mal|in|va|siv *(Med.* mit kleinstmöglichem Aufwand eingreifend)
Mi|ni|ma|lis|mus (Minimal Art; Stilrichtung, Haltung, die sich auf das Wesentliche beschränkt); **Mi|ni|ma|list**, der; -en, -en; **Mi|ni|ma|lis|tin; mi|ni|ma|lis|tisch; Mi|ni|mal|kon|sens**
Mi|ni|mal Mu|sic ['mɪnɪml 'mjuːzɪk], die; - - (Musikrichtung, die mit einfachsten Grundformen arbeitet)
Mi|ni|mal|pro|gramm; Mi|ni|mal|wert; Mi|ni|mal|ziel
mi|ni|mie|ren (minimal machen); **Mi|ni|mie|rung**
Mi|ni|mum [*auch* 'miːni...], das; -s, ...ma (»das Geringste, Kleinste« (Mindestpreis, -maß, -wert)
Mi|ni|rock; Mi|ni|slip; Mi|ni|spi|on (Kleinstabhörgerät)
Mi|nis|ter, der; -s, - ⟨lat.⟩ (einen bestimmten Geschäftsbereich leitendes Regierungsmitglied);
Mi|nis|ter|amt; Mi|nis|ter|ebe|ne; auf Ministerebene
Mi|nis|te|ri|al|be|am|te; Mi|nis|te|ri|al|be|am|tin; Mi|nis|te|ri|al|di|rek|tor; Mi|nis|te|ri|al|di|rek|to|rin; Mi|nis|te|ri|al|di|ri|gent; Mi|nis|te|ri|al|di|ri|gen|tin
Mi|nis|te|ri|al|le, der *u.* die; -n, -n (Angehörige[r] des mittelalterl. Dienstadels od. eines Ministeriums); **Mi|nis|te|ri|a|lin; Mi|nis|te|ri|al|rat** *Plur.* ...räte; **Mi|nis|te|ri|al|rä|tin**
mi|nis|te|ri|ell ⟨franz.⟩ (von einem Minister od. Ministerium ausgehend); **Mi|nis|te|rin**
Mi|nis|te|ri|um, das; -s, ...ien ⟨lat.⟩ (höchste [Verwaltungs]behörde des Staates mit bestimmtem Aufgabenbereich)
Mi|nis|ter|prä|si|dent; Mi|nis|ter|prä|si|den|tin; Mi|nis|ter|rat *Plur.* ...räte
mi|nis|t|ra|bel (fähig, Minister zu werden)
Mi|nis|t|rant, der; -en, -en (kath. Messdiener); **Mi|nis|t|ran|tin; mi|nis|t|rie|ren** (als Messdiener tätig sein)
Mi|ni|um, das; -s ⟨lat.⟩ (Mennige)
Mi|ni|van [...ven] (kleiner Van)
Mink, der; -s, -e ⟨engl.⟩ (amerik. Nerz)
Min|ka (w. Vorn.)
Mink|fell
Min|na (w. Vorn.); *vgl.* grün
Min|ne, die; - *(mhd. Bez. für* Liebe; *heute noch scherzh.);* **Min|ne|dienst; Min|ne|lied; min|nen** *(noch scherzh.)*
Min|ne|sang, der; -[e]s; **Min|ne|sän|ger, Min|ne|sin|ger**
Min|ne|so|ta [...'soː...] (Staat in den USA; *Abk.* MN)
min|nig|lich *(veraltet für* liebevoll)
mi|no|isch ⟨nach dem sagenhaften altgriech. König Minos auf Kreta⟩; minoische Kultur ↑ D 89
Mi|no|rat, das; -[e]s, -e ⟨lat.⟩ (Vorrecht des Jüngsten auf das Erbgut; nach dem Jüngstenrecht zu vererbendes Gut; *Ggs.* Majorat);
mi|no|renn *(veraltet für* minderjährig)
Mi|no|rist, der; -en, -en (kath. Kleriker mit niederer Weihe)
Mi|no|rit, der; -en, -en (Minderbruder)
Mi|no|ri|tät, die; -, -en (Minderzahl, Minderheit)
Mi|no|ri|ten|kir|che
Mi|nos (Gestalt der griech. Sage)
Mi|no|taur, der; -s, **Mi|no|tau|rus**, der; - ⟨griech.⟩ (Ungeheuer der griech. Sage, halb Mensch, halb Stier)
Minsk (Hauptstadt Weißrusslands)
Mins|t|rel, der; -s, -s ⟨engl.⟩ (Spielmann, Minnesänger in England)
mint ⟨engl.⟩ (pfefferminzgrün); das Cover ist mint
MINT-Fach (Fach der vier Unterrichtsbereiche Mathematik, Informatik, Naturwissenschaften u. Technik)
Mi|nu|end, der; -en, -en ⟨lat.⟩ (Zahl, von der etwas abgezogen werden soll)
mi|nus (weniger; *Zeichen* − [negativ]; *Ggs.* plus); fünf minus eins ist, macht, gibt *(nicht* sind, machen, geben) zwei; minus 15 Grad *od.* 15 Grad minus; **Mi|nus**, das; -, - (Minder-, Fehlbetrag, Verlust); **Mi|nus|be|trag**
Mi|nus|grad
Mi|nus|kel, die; -, -n (Kleinbuchstabe)
Mi|nus|pol; Mi|nus|punkt; Mi|nus|re|kord; Mi|nus|zei|chen (Subtraktionszeichen)
Mi|nu|te, die; -, -n ($^1/_{60}$ Stunde; *Zeichen* min, *Abk.* Min.; *Geom.* $^1/_{60}$ Grad; *Zeichen* '); **mi|nu|ten|lang**; minutenlanger Beifall; *aber* mehrere Minuten lang; **Mi|nu|ten|preis** (fürs Telefonieren o. Ä.); **Mi|nu|ten|takt;** im Minutentakt; **Mi|nu|ten|zei|ger**
...**mi|nü|tig**, ...**mi|nu|tig** (z. B. fünfminütig [fünf Minuten dauernd], *mit Ziffer* 5-minütig)
mi|nu|ti|ös, mi|nu|zi|ös ⟨franz.⟩ (peinlich genau)
mi|nüt|lich (jede Minute); ...**mi|nüt|lich,** ...**mi|nut|lich** (z. B. fünfminütlich [alle fünf Minuten wiederkehrend], *mit Ziffer* 5-minütlich)
Mi|nu|zi|en *Plur.* ⟨lat.⟩ *(veraltet für* Kleinigkeiten); **Mi|nu|zi|en|stift**, der (Aufstecknadel für Insektensammlungen)
mi|nu|zi|ös *vgl.* minutiös
Min|ze, die; -, -n (Name verschiedener Pflanzenarten)
Mio., Mill. = Million[en]
mio|zän ⟨griech.⟩ *(Geol.* zum Miozän gehörend); **Mio|zän**, das; -s *(Geol.* zweitjüngste Abteilung des Tertiärs)
mir *(Dat. des Pronomens* »ich«); mir nichts, dir nichts; mir alten, *selten* alter Frau; mir jungem, *auch* jungen Menschen; mir Geliebten (w.; *selten* Geliebter); mir Geliebtem (m.; *auch* Geliebten)
¹**Mir**, der; -s ⟨russ.⟩ (Dorfgemeinschaft mit Gemeinschaftsbesitz im zarist. Russland)
²**Mir** ⟨russ. für Frieden⟩ (Name der 1986–2001 betriebenen sowjet.-russ. Raumstation)
Mi|ra, die; - ⟨lat.⟩ (ein Stern)

Missheirat

Mi|ra|beau [...'bo:] (franz. Publizist u. Politiker)

Mi|ra|bel|le, die; -, -n (franz.) (eine kleine, gelbe Pflaume); Mi|ra|bel|len|kom|pott; Mi|ra|bel|len|schnaps

Mi|rage [...'ra:ʃ], die; -, -s [...ʃ] (franz.) (ein franz. Jagdbomber)

Mi|ra|kel, das; -s, - ⟨lat.⟩ (veraltend für Wunder[werk]); Mi|ra|kel|spiel (mittelalterl. Drama); mi|ra|ku|lös (veraltet für wunderbar)

Mi|ra|ma|re ⟨ital.⟩ (Schloss unweit von Triest)

Mi|ri|am, Mir|jam (w. Vorn.)

Mi|ró, Joan [ʒuan] (span. Maler)

Mir|za, der; -[s], -s ⟨pers., »Fürstensohn«⟩ (vor dem Namen Herr; hinter dem Namen Prinz)

Mis|an|d|rie, die; - ⟨griech.⟩ (Männerhass, -scheu)

Mis|an|th|rop, der; -en, -en ⟨griech.⟩ (Menschenhasser, -feind); Mis|an|th|ro|pie, die; -, ...ien; Mis|an|th|ro|pin; mis|an|th|ro|pisch

Misch|bat|te|rie; Misch|be|cher; Misch|blut; Misch|brot

Misch|ehe (Ehe zwischen Angehörigen verschiedener Konfessionen od. Kulturkreise)

mi|schen; du mischst; sich mischen

Mi|scher; Mi|sche|rei; Mi|sche|rin; Misch|far|be; misch|far|ben, misch|far|big

Misch|form; Misch|fut|ter vgl. ¹Futter; Misch|gas (Leuchtgas); Misch|ge|mü|se; Misch|ge|tränk; Misch|ge|we|be; Misch|haut

Misch|kal|ku|la|ti|on; Misch|kon|zern; Misch|krug; Misch|kul|tur

Misch|ling

Misch|masch, der; -[e]s, -e (ugs. für Durcheinander)

Misch|na, die; - ⟨hebr.⟩ (grundlegender Teil des Talmuds)

Misch|po|che, Misch|po|ke, die; - ⟨hebr.-jidd.⟩ (ugs. für Verwandtschaft; üble Gesellschaft)

Misch|pult (Rundfunk, Film); Misch|spra|che; Misch|tech|nik (Malerei); Misch|trom|mel (zum Mischen des Baustoffs)

Mi|schung; Mi|schungs|ver|hält|nis

Misch|wald

Mi|se, die; -, -n ⟨franz.⟩ (Spieleinsatz)

Mi|sel, das; -s, -s ⟨elsäss., »Mäuschen«⟩ ([bei Goethe:] junges Mädchen, Liebchen)

mi|se|ra|bel ⟨franz.⟩ (ugs. für erbärmlich [schlecht]; nichtswürdig); ...a|b|ler Kerl

Mi|se|re, die; -, -n (Jammer, Not[lage], Elend, Armseligkeit)

Mi|se|re|or, das; -[s] ⟨lat., »ich erbarme mich«⟩ (kath. Fastenopferspende für die Entwicklungsländer)

Mi|se|re|re, das; -[s] ⟨»erbarme dich!«⟩ (Anfang u. Bez. des 51. Psalms [Bußpsalm] in der Vulgata; Med. Kotbrechen)

Mi|se|ri|cor|di|as Do|mi|ni ⟨»die Barmherzigkeit des Herrn« [Psalm 89,2]⟩ (zweiter Sonntag nach Ostern)

Mi|se|ri|kor|die, die; -, -n (Vorsprung an den Klappsitzen des Chorgestühls als Stütze während des Stehens)

Mi|so|gam, der; Gen. -s u. -en, Plur. -e[n] ⟨griech.⟩ (Med., Psychol. jmd., der eine krankhafte Abscheu vor der Ehe hat); Mi|so|ga|mie, die; - (Psychol. Ehescheu)

mi|so|gyn (Psychol. frauenfeindlich); Mi|so|gyn, der; Gen. -s u. -en, Plur. -e[n] (Psychol. Frauenfeind); Mi|so|gy|nie, die; - (Psychol. Frauenhass, -scheu)

Mi|sox, das; - (Tal im Südwesten von Graubünden; ital. Val Mesolcina)

Mis|pel, die; -, -n ⟨griech.⟩ (Obstgehölz, Frucht)

Mis|ra|chi, die; - ⟨hebr.⟩ (Weltorganisation orthodoxer Zionisten)

Miss, die; -, Misses ⟨engl.⟩ ([engl. u. nordamerik.] für unverheiratete Frau; ohne Artikel als Anrede vor dem Eignnm. Fräulein; in Verbindung mit einem Länder- od. Ortsnamen für Schönheitsköngin, z. B. Miss Australien)

miss... (Vorsilbe von Verben; zum Verhältnis von Betonung u. Partizip II vgl. missachten)

Mis|sa, die; -, Missae ⟨lat.⟩ (kirchenlat. Bez. der Messe); Mis|sa sol|lem|nis (feierliches Hochamt; auch Titel eines Werkes von Beethoven)

miss|ach|ten; ich missachte; ich habe missachtet; zu missachten; seltener missachten, gemissachtet, zu missachten; Miss|ach|tung

¹Mis|sal, das; -s, -e, Mis|sa|le, das; -s, Plur. -n u. ...alien ⟨lat.⟩ (kath. Messbuch)

²Mis|sal, die; - (Druckw. ein Schriftgrad)

Mis|sa|le vgl. ¹Missal

miss|be|ha|gen; es missbehagt mir; es hat mir missbehagt; misszubehagen; Miss|be|ha|gen; miss|be|hag|lich

miss|be|schaf|fen; Miss|be|schaf|fen|heit, die; -

Miss|bil|dung

miss|bil|li|gen; ich missbillige; ich habe missbilligt; zu missbilligen; Miss|bil|li|gung; Miss|bil|li|gungs|an|trag (Politik)

Miss|brauch; miss|brau|chen; ich missbrauche; ich habe missbraucht; zu missbrauchen; miss|bräuch|lich; miss|bräuch|li|cher|wei|se; Miss|brauchs|be|auf|trag|te; Miss|brauchs|skan|dal (ugs.)

miss|deut|bar; miss|deu|ten; ich missdeute; ich habe missdeutet; zu missdeuten; Miss|deu|tung

Miss|emp|fin|dung

mis|sen; du misst; gemisst; misse! od. miss!

Miss|er|folg; Miss|ern|te

Mis|ses (Plur. von Miss)

Mis|se|tat (veraltend); Mis|se|tä|ter; Mis|se|tä|te|rin

miss|fal|len; ich missfalle, missfiel; ich habe missfallen; zu missfallen; es missfällt mir; Miss|fal|len, das; -s; Miss|fal|lens|äu|ße|rung; Miss|fal|lens|kund|ge|bung; miss|fäl|lig (mit Missfallen)

Miss|far|be; miss|far|ben, miss|far|big

miss|ge|bil|det; Miss|ge|burt (abwertend für mit schweren Fehlbildungen geborenes Lebewesen)

miss|ge|launt; Miss|ge|launt|heit, die; -

Miss|ge|schick

miss|ge|stalt (selten für missgestaltet); Miss|ge|stalt; miss|ge|stal|ten; er missgestaltet; er hat missgestaltet; misszugestalten; miss|ge|stal|tet (hässlich)

miss|ge|stimmt

miss|ge|wach|sen, miss|wach|sen; eine miss[ge]wachsene Pflanze

miss|glü|cken; es missglückt; es ist missglückt; zu missglücken

miss|gön|nen; ich missgönne; ich habe missgönnt; zu missgönnen

Miss|griff

Miss|gunst; miss|güns|tig

miss|han|deln; ich misshand[e]le; ich habe misshandelt; zu misshandeln; Miss|hand|lung

Miss|hei|rat

misshellig

mit

Präposition mit Dativ:
– mit Kartoffeln
– mit aufrichtigem Bedauern
– mit anderen Worten (*Abk.* m. a. W.)

Als (getrennt geschriebenes) Adverb drückt »mit« die vorübergehende Beteiligung oder den Gedanken des Anschlusses aus (svw. »auch«), z. B.:
– mit nach oben gehen
– wir wollen alle mit hinübergehen
– das muss mit eingeschlossen werden

Mit dem Verb zusammengeschrieben wird »mit«, wenn es eine dauernde Vereinigung oder Teilnahme ausdrückt:
– *vgl.* mitarbeiten, mitbringen, mitfahren, mitreißen, mitteilen usw.

Im Zweifelsfall sind beide Schreibweisen zulässig:
– mitberücksichtigen *od.* mit berücksichtigen
– mitunterzeichnen *od.* mit unterzeichnen

---

miss|hel|lig (*veraltet für* nicht übereinstimmend, unharmonisch); **Miss|hel|lig|keit**, die; -, -en *meist Plur.*

Mis|sile [...saɪl], das; -s, -s (*kurz für* Cruise-Missile)

Mis|sing Link, das, *auch* der; - -s, - -s ⟨engl.⟩ (*Biol.* [noch] nicht nachgewiesene Übergangsform in tierischen u. pflanzlichen Stammbäumen)

mis|singsch; **Mis|singsch**, das; -[s] (der Schriftsprache angenäherte [niederdeutsche] Sprachform)

Miss|in|ter|pre|ta|ti|on; miss|in|ter|pre|tie|ren

Mis|sio ca|no|ni|ca, die; - - ⟨lat.⟩ (Ermächtigung zur Ausübung der kirchl. Lehrgewalt)

Mis|si|on, die; -, -en (Sendung, Auftrag, Botschaft; diplomatische Vertretung im Ausland; *nur Sing.:* Glaubensverkündung [unter Andersgläubigen]; die Innere Mission (Organisation der ev. Kirche; *Abk.* I. M.)

Mis|si|o|nar, *auch, bes. österr.*, **Mis|si|o|när**, der; -s, -e (Sendbote; in der Mission tätiger Geistlicher); **Mis|si|o|na|rin**, *auch, bes. österr.*, **Mis|si|o|nä|rin**; mis|si|o|na|risch

mis|si|o|nie|ren (eine Glaubenslehre verbreiten); **Mis|si|o|nie|rung**

Mis|si|ons|chef; **Mis|si|ons|che|fin**; **Mis|si|ons|sta|ti|on**; **Mis|si|ons|wis|sen|schaft**; **Mis|si|ons|zelt**

¹**Mis|sis|sip|pi**, der; -[s] (nordamerik. Strom)

²**Mis|sis|sip|pi** (Staat in den USA; *Abk.* MS)

Miss|klang

Miss|kre|dit, der; -[e]s (schlechter Ruf); jmdn. in Misskredit bringen

miss|lang *vgl.* misslingen

miss|lau|nig

Miss|laut (*svw.* Misston)

miss|lei|ten; ich missleite; ich habe missleitet, *auch* missgeleitet; zu missleiten; **Miss|lei|tung**

miss|lich (unangenehm); die Verhältnisse sind misslich; **Miss|lich|keit**

miss|lie|big (unbeliebt); **Miss|lie|big|keit**

miss|lin|gen; es misslingt; es misslang; es misslänge; es ist misslungen; zu misslingen; **Miss|lin|gen**, das; -s

miss|lun|gen *vgl.* misslingen

Miss|ma|nage|ment, das; -s (schlechtes Management)

Miss|mut; miss|mu|tig

¹**Mis|sou|ri** [...'suː...], der; -[s] (r. Nebenstrom des Mississippi)

²**Mis|sou|ri** (Staat in den USA; *Abk.* MO)

Miss|pi|ckel, der; -s (Arsenkies, ein Mineral)

miss|ra|ten (schlecht geraten); es missrät; der Kuchen ist missraten; zu missraten

Miss|stand, Miss-Stand
Miss|stim|mung, Miss-Stimmung

misst *vgl.* messen

Miss|ton *Plur.* ...töne; miss|tö|nend; miss|tö|nig

miss|trau|en; ich misstraue; ich habe misstraut; zu misstrauen; **Miss|trau|en**, das; -s; Misstrauen gegen jmdn. hegen; **Miss|trau|ens|an|trag**; **Miss|trau|ens|vo|tum**; miss|trau|isch

Miss|tritt (*schweiz. neben* Fehltritt [falscher, ungeschickter Tritt])

Miss|ver|gnü|gen, das; -s; miss|ver|gnügt; **Miss|ver|hält|nis**

miss|ver|ständ|lich; **Miss|ver|ständ|nis**

miss|ver|ste|hen; ich missverstehe; ich habe missverstanden; misszuverstehen; sich missverstehen

Miss|wachs, der; -es (*Landwirtsch.* dürftiges Wachstum); miss|wach|sen *vgl.* missgewachsen

Miss|wahl ⟨*zu* Miss⟩

Miss|wei|sung (*für* Deklination [Abweichung der Magnetnadel])

Miss|wirt|schaft

Miss|wuchs, der; -es (*von Pflanzen* fehlerhafter Wuchs)

Mist, der; -[e]s (*österr. auch für* Kehricht, Müll); **Mist|beet**

Mist|bub (*österr., bayr. ugs.* Lausbub)

Mis|tel, die; -, -n (eine immergrüne Schmarotzerpflanze); **Mis|tel|ge|wächs**; **Mis|tel|zweig**

mis|ten

Mis|ter *vgl.* Mr

Mist|fink, der; *Gen.* -en, *auch* -s, *Plur.* -en (*svw.* Mistkerl)

Mist|for|ke (*nordd.*); **Mist|ga|bel**; **Mist|hau|fen**

Mist|hund (Schimpfwort)

mis|tig (*landsch. für* schmutzig)

Mist|jau|che; **Mist|kä|fer**

Mist|kerl (Schimpfwort)

Mist|krat|zer|li, das; -[s], -; *vgl.* Götti (*schweiz. für* Brathähnchen)

Mist|kü|bel (*österr. für* Abfalleimer)

Mis|t|ral, der; -s, -e ⟨franz.⟩ (kalter, stürmischer Nord[west]wind in Südfrankreich)

Mis|tress *vgl.* Mrs

Mist|schau|fel (*österr. für* Kehrichtschaufel); **Mist|stock** *Plur.* ...stöcke (*schweiz. für* Misthaufen)

Mist|stück (Schimpfwort); **Mist|vieh** (Schimpfwort)

Mist|wet|ter (*ugs. für* sehr schlechtes Wetter)

Mis|zel|la|ne|en [*auch* ...'laːnean], **Mis|zel|len** *Plur.* ⟨lat.⟩ (kleine Aufsätze verschiedenen Inhalts)

mit *s.* Kasten

mit|an|ge|klagt; **Mit|an|ge|klag|te**, der u. die; -n, -n

Mit|ar|beit, die; -; mit|ar|bei|ten; sie hat an diesem Werk mitgearbeitet; **Mit|ar|bei|ter**; **Mit|ar|bei|ter|füh|rung**; **Mit|ar|bei|te|rin**

Mitschnitt

Mit|ar|bei|ter/-innen, Mit|ar|bei|ter(innen) (*Kurzformen für Mitarbeiterinnen u. Mitarbeiter*)
Mit|ar|bei|ter|mo|ti|va|ti|on; Mit|ar|bei|ter|stab; Mit|ar|bei|ter|zahl
Mit|au|tor; Mit|au|to|rin; Mit|be|grün|der; Mit|be|grün|de|rin
mit|be|kom|men
mit|be|nut|zen, *südd., österr. u. schweiz. meist* mit|be|nüt|zen; Mit|be|nut|zung, *südd., österr. u. schweiz. meist* Mit|be|nüt|zung
mit|be|rück|sich|ti|gen, mit be|rück|sich|ti|gen
Mit|be|sit|zer; Mit|be|sit|ze|rin
Mit|be|stim|men; Mit|be|stim|mung; Mit|be|stim|mungs|ge|setz; Mit|be|stim|mungs|recht
Mit|be|wer|ber; Mit|be|wer|be|rin
Mit|be|woh|ner; Mit|be|woh|ne|rin
mit|bie|ten
mit|brin|gen; Mit|bring|sel, das; -s, -
Mit|bür|ger; Mit|bür|ge|rin; Mit|bür|ger|schaft, die; -
mit|den|ken
mit|dür|fen; die Kinder haben nicht mitgedurft
Mit|ei|gen|tum; Mit|ei|gen|tü|mer; Mit|ei|gen|tü|me|rin
mit|ei|n|an|der; miteinander (einer mit dem andern) auskommen, gehen, leben usw.; *vgl.* aneinander; Mit|ei|n|an|der [*auch* ˈmɪ...], das; -[s]
Mit|emp|fin|den
Mit|er|be, der; Mit|er|bin
mit|er|le|ben
mit|es|sen; Mit|es|ser
mit|fah|ren; Mit|fah|rer; Mit|fah|re|rin; Mit|fahr|ge|le|gen|heit; Mit|fahrt; Mit|fahr|zen|t|ra|le
mit|fi|nan|zie|ren
mit|füh|len; mit|füh|lend
mit|füh|ren
mit|ge|ben
mit|ge|fan|gen; mitgefangen, mitgehangen; Mit|ge|fan|ge|ne
Mit|ge|fühl, das; -[e]s
mit|ge|hen
mit|ge|nom|men; er sah sehr mitgenommen (ermattet) aus
Mit|ge|sell|schaf|ter; Mit|ge|sell|schaf|te|rin
mit|ge|stal|ten
Mit|gift, die; -, -en (*veraltend für* Mitgabe; Aussteuer); Mit|gift|jä|ger (*abwertend*)
Mit|glied; Mitglied des Bundestages (*Abk.* M. d. B. *od.* MdB); Mitglied des Landtages (*Abk.* M. d. L. *od.* MdL)

Mit|glie|der|kar|tei; Mit|glie|der|lis|te; Mit|glie|der|schwund; mit|glie|der|stark; Mit|glie|der|ver|samm|lung; Mit|glie|der|ver|zeich|nis; Mit|glie|der|zahl
Mit|glied|land *Plur.* ...länder (*schweiz.*)
Mit|glieds|aus|weis; Mit|glieds|bei|trag
Mit|glied|schaft, die; -, -en
Mit|glieds|kar|te; Mit|glieds|land *Plur.* ...länder; Mit|glieds|staat; Mit|glied|staat *Plur.* ...staaten
Mit|grün|der; Mit|grün|de|rin
mit|ha|ben; alle Sachen mithaben
Mit|häft|ling
mit|hal|ten; mit jmdm. mithalten
mit|hel|fen; Mit|hel|fer; Mit|hel|fe|rin
Mit|he|r|aus|ge|ber; Mit|he|r|aus|ge|be|rin
mit|hil|fe, mit Hil|fe, mithilfe *od.* mit Hilfe einiger Zeugen; *vgl. auch* Hilfe
Mit|hil|fe, die; -
mit|hin (somit)
mit|hö|ren; am Telefon mithören
Mi|th|ra[s] (altiran. Lichtgott)
Mi|th|ri|da|tes (König von Pontus)
Mi|ti|li|ni *vgl.* Mytilene
Mit|in|ha|ber; Mit|in|ha|be|rin
Mit|käm|pfer; Mit|käm|pfe|rin
Mit|klä|ger; Mit|klä|ge|rin
mit|klin|gen
mit|ko|chen; die Kartoffeln mitkochen
mit|kom|men
mit|kön|nen; mit jmdm. nicht mitkönnen (*ugs. für* nicht konkurrieren können)
mit|krie|gen (*ugs. für* mitbekommen)
mit|lau|fen; Mit|läu|fer; Mit|läu|fe|rin
Mit|laut (*für* Konsonant)
Mit|leid, das; -[e]s ↑D 58; sie waren in einem mitleiderregenden *od.* Mitleid erregenden Zustand
Mit|lei|den, das; -s (*geh.*); Mit|lei|den|schaft; *nur in* etwas *od.* jmdn. in Mitleidenschaft ziehen
mit|leid|er|re|gend, Mit|leid er|re|gend ↑D 58; ein mitleiderregender *od.* Mitleid erregender Fall; *aber nur* ein großes Mitleid erregender Fall, ein äußerst mitleiderregender, noch mitleiderregenderer Fall
mit|lei|dig; mit|leid[s]|los; mit|leid[s]|voll
mit|le|sen
mit|lie|fern; Mit|mach|ak|ti|on; Mit|mach|an|ge|bot; mit|ma|chen

(*ugs.*); Mit|mach|pro|gramm; Mit|mach|the|a|ter *Plur. selten*
Mit|mensch, der; mit|mensch|lich; Mit|mensch|lich|keit, die; -
mit|mi|schen (*ugs. für* sich aktiv an etwas beteiligen)
mit|mö|gen (*ugs. für* mitgehen, mitkommen mögen)
mit|müs|sen; auf die Wache mitmüssen
Mit|nah|me, die; -, -n (das Mitnehmen); Mit|nah|me|ef|fekt (*Wirtsch.* Nebenwirkung, die darin besteht, dass Personen von finanziellen Mitteln profitieren, die für andere bestimmt waren); Mit|nah|me|preis
mit|neh|men ↑D 82: Eis zum Mitnehmen; *vgl.* mitgenommen
Mit|neh|mer (*Technik*)
mit|nich|ten (*veraltend*)
Mi|to|chon|d|rium [...x...], das; -s, ...rien *meist Plur.* (Gebilde in Zellen von Lebewesen, das der Atmung u. dem Stoffwechsel der Zelle dient)
Mi|to|se, die; -, -n (*griech.*) (*Biol.* eine Art der Zellkernteilung)
Mit|pas|sa|gier; Mit|pas|sa|gie|rin
Mit|pa|ti|ent; Mit|pa|ti|en|tin
Mit|ra, die; -, ...tren (*griech.*) (Bischofsmütze; *Med.* haubenartiger Kopfverband)
Mit|rail|leur [mitraˈjøːɐ̯], der; -s, -e (*franz.*) (*schweiz. Militär für* Maschinengewehrschütze); Mit|rail|leu|se [...traˈ(l)ˈjøː...], die; -, -n (ein Vorläufer des Maschinengewehrs)
mit|rau|chen ↑D 82: passives Mitrauchen
mit|rech|nen
mit|re|den; bei etwas mitreden können
mit|re|gie|ren
mit|rei|sen; Mit|rei|sen|de
mit|rei|ßen; von der Menge mitgerissen werden; der Redner riss alle Zuhörer mit; mit|rei|ßend; eine mitreißende Musik
Mi|t|ro|pa, die; - (Mitteleuropäische Schlaf- u. Speisewagen-Aktiengesellschaft)
mit|sam|men (*landsch. für* zusammen, gemeinsam); mit|samt *Präp. mit Dat.* (gemeinsam mit); mitsamt seinem Eigentum
mit|schlei|fen
mit|schlep|pen
mit|schnei|den (vom Rundfunk *od.* Fernsehen Gesendetes auf Tonband, Kassette aufnehmen); Mit|schnitt

mitschreiben

> **¹Mit|tag**
>
> der; -s, -e
>
> (Das Wort wird nicht mit drei, sondern nur mit zwei t geschrieben, weil die Zusammensetzung aus Mitt- und Tag kaum noch als solche erkannt wird.)
> Großschreibung:
> – über Mittag wegbleiben
> – [zu] Mittag essen
> – Mittag (ugs. für Mittagspause) machen
>
> – des Mittags, eines Mittags
> – gestern, heute, morgen Mittag
> – bis, von gestern, heute, morgen Mittag ↑D 69
>
> Kleinschreibung:
> – mittags [um] 12 Uhr, [um] 12 Uhr mittags
> – von morgens bis mittags
>
> Zu Dienstagmittag usw. vgl. Dienstagabend

mit|schrei|ben
Mit|schuld, die; -; mit|schul|dig; Mit|schul|di|ge
Mit|schü|ler; Mit|schü|le|rin
mit|schun|keln
mit|schwin|gen
mit|sin|gen; Mit|sing|kon|zert
mit|sol|len; weil der Hund mitsoll
mit|spie|len; lasst die Kleine mitspielen; Mit|spie|ler; Mit|spie|le|rin
Mit|spra|che, die; -; Mit|spra|che|recht; mit|spre|chen
mit|ste|no|gra|fie|ren, mit|ste|no|gra|phie|ren
Mit|strei|ter; Mit|strei|te|rin
Mitt|acht|zi|ger vgl. Mittdreißiger; Mitt|acht|zi|ge|rin
¹Mit|tag s. Kasten
²Mit|tag, das; -s (ugs. für Mittagessen); ein karges Mittag
Mit|tag|brot (landsch.)
mit|tag|es|sen (österr. für [zu] Mittag essen); wir gehen mittagessen; wir haben schon mittaggegessen; vgl. abendessen u. ¹Mittag; Mit|tag|es|sen, das
mit|täg|lich vgl. ...tägig; mit|täg|lich vgl. ...täglich
mit|tags ↑D 70; 12 Uhr mittags; aber des Mittags; dienstagmittags; vgl. Abend, Dienstagabend, ¹Mittag
Mit|tags|brot (landsch.); Mit|tags|hit|ze; Mit|tags|kreis (für Meridian); Mit|tags|li|nie (für Meridianlinie)
Mit|tag[s]|mahl (geh.)
Mit|tags|pau|se; Mit|tags|ru|he
Mit|tag[s]|schicht; Mit|tag[s]|schlaf; Mit|tag[s]|son|ne
Mit|tags|sper|re (österr. für Schließung wegen Mittagspause); Mit|tag[s]|stun|de
Mit|tags|tisch; Mit|tags|zeit
Mit|tä|ter; Mit|tä|te|rin; Mit|tä|ter|schaft
Mitt|drei|ßi|ger (Mann in der Mitte der Dreißigerjahre); Mitt|drei|ßi|ge|rin
Mit|te, die; -, -n; in der Mitte;

Mitte Januar; Mitte dreißig, Mitte der Dreißiger; Seite 3 [in der] Mitte, Obergeschoss Mitte
mit|tei|len (melden); er hat ihm das Geheimnis mitgeteilt; mit|tei|lens|wert; mit|teil|sam; Mit|teil|sam|keit, die; -
Mit|tei|lung; Mit|tei|lungs|be|dürf|nis, das; -ses; Mit|tei|lungs|drang
mit|tel (nur adverbial; ugs. für mittelmäßig)
¹Mit|tel, das; -s, -; sich ins Mittel legen
²Mit|tel, die; - (Druckw. ein Schriftgrad)
mit|tel|alt; mittelalter Gouda
Mit|tel|al|ter, das; -s (Abk. MA.)
mit|tel|al|te|rig, mit|tel|alt|rig (selten für in mittlerem Alter stehend)
mit|tel|al|ter|lich (dem Mittelalter angehörend; Abk. ma.)
mit|tel|al|te|rig, mit|tel|alt|rig vgl. mittelalterig
mit|tel|ame|ri|ka|nisch
mit|tel|bar
Mit|tel|bau, der; -[e]s, -ten (Bauw. mittlerer Flügel eines Gebäudes; nur Sing.: Gruppe der Assistenten u. akademischen Räte einer Hochschule)
Mit|tel|be|trieb
Mit|tel|chen
mit|tel|deutsch vgl. deutsch/Deutsch; Mit|tel|deutsch, das; -[s] (Sprache); vgl. Deutsch; Mit|tel|deut|sche, das; -n; vgl. ²Deutsche; Mit|tel|deutsch|land
Mit|tel|ding
mit|tel|eng|lisch
Mit|tel|eu|ro|pa; Mit|tel|eu|ro|pä|er; Mit|tel|eu|ro|pä|e|rin; mit|tel|eu|ro|pä|isch; mitteleuropäische Zeit (Abk. MEZ)
mit|tel|fein (Kaufmannsspr.)
Mit|tel|feld (bes. Sport); Mit|tel|feld|spie|ler; Mit|tel|feld|spie|le|rin
Mit|tel|fin|ger
Mit|tel|fran|ken

mit|tel|fran|zö|sisch
mit|tel|fris|tig
Mit|tel|fuß; Mit|tel|fuß|kno|chen
Mit|tel|ge|bir|ge; Mit|tel|ge|birgs|land|schaft
Mit|tel|ge|wicht (Körpergewichtsklasse in der Schwerathletik); Mit|tel|ge|wicht|ler; Mit|tel|ge|wicht|le|rin; Mit|tel|glied
mit|tel|groß; mit|tel|gut
Mit|tel|hand, die; - (Kartenspiel); in der Mittelhand sitzen
mit|tel|hoch|deutsch (Abk. mhd.); vgl. deutsch; Mit|tel|hoch|deutsch, das; -[s] (Sprache); Mit|tel|hoch|deut|sche, das; -n; vgl. ²Deutsche
Mit|te-links-Bünd|nis ([Regierungs]bündnis von Parteien der politischen Mitte u. der politischen Linken)
Mit|tel|in|stanz
Mit|tel|klas|se; Mit|tel|klas|se|wa|gen
Mit|tel|kreis (Fußball, Eishockey u. a.)
mit|tel|län|disch ↑D 89; mittelländisches Klima, aber ↑D 140: das Mittelländische Meer
Mit|tel|land|ka|nal, der; -s
Mit|tel|la|tein; mit|tel|la|tei|nisch (Abk. mlat.)
Mit|tel|läu|fer (Sport); Mit|tel|läu|fe|rin
Mit|tel|leit|plan|ke (Straßenverkehr)
Mit|tel|li|nie
mit|tel|los; Mit|tel|lo|sig|keit, die; -
Mit|tel|maß, das; -es; mit|tel|mä|ßig; Mit|tel|mä|ßig|keit
Mit|tel|meer, das; -[e]s; Mit|tel|meer|kli|ma; Mit|tel|meer|raum
mit|teln (auf den Mittelwert bringen); ich mitt[e]le
Mit|tel|na|me
mit|tel|nie|der|deutsch (Abk. mnd.)
Mit|tel|ohr, das; -[e]s; Mit|tel|ohr|ent|zün|dung; Mit|tel|ohr|ver|ei|te|rung
mit|tel|präch|tig (ugs. scherzh.)

mit|tels

⟨erstarrter Genitiv zu das Mittel⟩, auch noch mit|telst ↑D 70

Präposition mit Genitiv:
– mittels eines Löffels (als stilistisch meist besser gilt: mit einem Löffel)
– mittels Wasserkraft (als stilistisch meist besser gilt: durch Wasserkraft)
– mittels zweier Lineale (als stilistisch meist besser gilt: mithilfe von zwei Linealen)

Ein allein stehendes, stark gebeugtes Substantiv steht im Singular meist ungebeugt:
– mittels Draht, auch mittels Drahtes

Im Plural wird bei allein stehenden, stark gebeugten Substantiven der Dativ gesetzt:
– mittels Drähten (aber mittels langer Drähte)
– mittels Kindern (aber mittels kleiner Kinder)

---

mit|tel|prei|sig; mittelpreisige Produkte
Mit|tel|punkt; Mit|tel|punkt|schu|le
Mit|tel|punkts|glei|chung (Astron.)
mit|tels s. Kasten
Mit|tel|schei|tel; Mit|tel|schicht (Soziol.); Mit|tel|schiff
Mit|tel|schu|le (Realschule; schweiz. für höhere Schule)
Mit|tel|schul|leh|rer; Mit|tel|schul|leh|re|rin
Mit|tel|schutz|plan|ke (Straßenverkehr)
mit|tel|schwer; mittelschwere Verletzungen
Mit|tels|frau; Mit|tels|mann Plur. ...männer u. ...leute (Vermittler); Mit|tels|per|son
mit|telst vgl. mittels
Mit|tel|stand, der; -[e]s
mit|tel|stän|dig (Bot., Genetik für intermediär)
mit|tel|stän|disch (den Mittelstand betreffend); Mit|tel|ständ|ler; Mit|tel|ständ|le|rin; Mit|tel|stands|an|lei|he (eine Unternehmensanleihe)
mit|tels|te; die mittelste Säule; vgl. mittlere
Mit|tel|stein|zeit (svw. Mesolithikum)
Mit|tel|stel|lung
Mit|tel|stim|me (Musik)
Mit|tel|stre|cke
Mit|tel|stre|cken|flug|zeug
Mit|tel|stre|cken|lauf; Mit|tel|stre|cken|läu|fer; Mit|tel|stre|cken|läu|fe|rin
Mit|tel|stre|cken|ra|ke|te
Mit|tel|streck|ler (Sport Mittelstreckenläufer); Mit|tel|streck|le|rin
Mit|tel|strei|fen; Mit|tel|stück; Mit|tel|stu|fe; Mit|tel|stür|mer (Fußball); Mit|tel|stür|me|rin
Mit|tel|teil, der
Mit|te|lung (Bestimmung des Mittelwertes)
Mit|tel|wald (Wald, bei dem dichtes Unterholz mit höheren Stämmen gemischt ist)

Mit|tel|was|ser Plur. ...wasser (Wasserstand zwischen Hoch- u. Niedrigwasser; durchschnittlicher Wasserstand)
Mit|tel|weg
Mit|tel|wel|le (Rundfunk)
Mit|tel|wert
Mit|tel|wort Plur. ...wörter (für Partizip)
mit|ten ↑D 70; inmitten (vgl. d.); Getrennt- oder Zusammenschreibung: mitten darein, mitten darin, mitten darunter; vgl. aber mittendrein, mittendrin, mittendrunter; mitten entzweibrechen; mitten hindurchgehen; er will mitten durch den Wald gehen; vgl. aber mittendurch; mitten in dem Becken liegen; vgl. aber mitteninne
mit|ten|drein (mitten hinein); er hat den Stein mittendrein geworfen; vgl. aber mitten
mit|ten|drin (mitten darin); sie befand sich mittendrin; vgl. aber mitten
mit|ten|drun|ter (mitten darunter); er geriet mittendrunter; vgl. aber mitten
mit|ten|durch (mitten hindurch); sie lief mittendurch; der Stab brach mittendurch; vgl. aber mitten
mit|ten|in|ne (veraltend); mitteninne sitzen; vgl. aber mitten
mit|ten|mang (nordd. für mitten dazwischen); er befand sich mittenmang
Mit|ten|wald (Ort an der Isar)
Mit|te-rechts-Bünd|nis vgl. Mitte-links-Bündnis
Mit|ter|nacht, die; -; um Mitternacht; vgl. Abend; mit|ter|näch|tig (seltener für mitternächtlich); mit|ter|näch|t|lich; mit|ter|nachts ↑D 70, aber des Mitternachts; mit|ter|nachts|blau
Mit|ter|nachts|got|tes|dienst; Mit|ter|nachts|mes|se; Mit|ter|nachts|son|ne Plur. selten; Mit|ter|nachts|stun|de; Mit|ter|nachts|zeit
Mit|ter|rand [...'rã:] (franz. Staatsmann)
Mit|te|strich (Binde-, Gedankenstrich der Schreibmaschine)
Mitt|fas|ten Plur. (Mittwoch vor Lätare od. Lätare selbst)
Mitt|fünf|zi|ger vgl. Mittdreißiger; Mitt|fünf|zi|ge|rin
mit|tig (Technik zentrisch)
Mitt|ler (geh. für Vermittler; Sing. auch für Christus)
mitt|le|re ↑D 89: die Mittlere od. mittlere Reife (Abschluss der Realschule od. der Mittelstufe weiterführender Schulen), aber ↑D 140: der Mittlere Osten; vgl. mittelste
Mitt|le|rin; Mitt|ler|rol|le; Mitt|ler|tum, das; -s
mitt|ler|wei|le
Mitt|neun|zi|ger vgl. Mittdreißiger; Mitt|neun|zi|ge|rin
mit|tra|gen; eine Entscheidung mittragen
mitt|schiffs (Seemannsspr. in der Mitte des Schiffes)
Mitt|sech|zi|ger vgl. Mittdreißiger; Mitt|sech|zi|ge|rin
Mitt|sieb|zi|ger vgl. Mittdreißiger; Mitt|sieb|zi|ge|rin
Mitt|som|mer; Mitt|som|mer|nacht; Mitt|som|mer|nachts|traum vgl. Sommernachtstraum; mitt|sommers ↑D 70
mit|tun (ugs.); er hat mitgetan
Mitt|vier|zi|ger vgl. Mittdreißiger; Mitt|vier|zi|ge|rin
Mitt|win|ter; Mitt|win|ter|käl|te; mitt|win|ters ↑D 70
Mitt|woch, der; -[e]s, -e; Abk. Mi.; vgl. Dienstag; Mitt|woch|abend usw. vgl. Dienstagabend usw.; mitt|wochs ↑D 70
Mitt|wochs|lot|to, das; -s (Lotto, bei dem mittwochs die Gewinnzahlen gezogen werden)
Mitt|zwan|zi|ger vgl. Mittdreißiger; Mitt|zwan|zi|ge|rin

mit|un|ter (zuweilen)
mit|un|ter|zeich|nen, mit un|ter|zeich|nen
mit|ver|ant|wort|lich; Mit|ver|ant|wort|lich|keit; Mit|ver|ant|wor|tung
mit|ver|die|nen; mitverdienen müssen
Mit|ver|fas|ser; Mit|ver|fas|se|rin
mit|ver|fol|gen
Mit|ver|gan|gen|heit (österr. für Imperfekt)
Mit|ver|schul|den
Mit|ver|schwo|re|ne, Mit|ver|schwor|ne; Mit|ver|schwö|rer; Mit|ver|schwö|re|rin
mit|ver|si|chert; Mit|ver|si|che|rung
mit|wach|sen

mit was / womit
Mit was kommt in der gesprochenen Sprache recht häufig vor: Mit was willst du das bezahlen? Im geschriebenen Standarddeutsch wird in der Regel womit verwendet: Womit willst du das bezahlen?

Mit|welt, die; -
mit|wir|ken; Mit|wir|ken|de, der u. die; -n, -n; Mit|wir|kung; Mit|wir|kungs|recht
Mit|wis|ser; Mit|wis|se|rin; Mit|wis|ser|schaft, die; -
mit|wol|len; er hat mitgewollt
mit|zäh|len
Mit|zi (w. Vorn.)
mit|zie|hen
Mix, der; -[es], -e (Gemisch, spezielle Mischung); Mix|be|cher
Mixed [mɪkst], das; -[s], -[s] ⟨engl.⟩ (*Sport* gemischtes Doppel)
Mixed Grill, der; - -[s], - -s, Mixed-grill, der; -[s], -s [ˈmɪkstˌɡrɪl, *auch* ˈmɪkstɡrɪl] (*Gastron.* Gericht aus verschiedenen gegrillten Fleischstücken [u. Würstchen])
Mixed-Me|dia-Show [ˈmɪkstˈmiːdi̯ə...] (*svw.* Multimediashow)
Mixed Pi|ck|les, Mixed|pi|ck|les [-...kl̩s, *auch* ˈmɪkstpɪkl̩s], Mix-pi|ck|les [...pɪkl̩s] *Plur.* (in Essig eingemachtes Mischgemüse)
mi|xen ([Getränke] mischen; *Film, Funk, Fernsehen* verschiedene Tonaufnahmen zu einem Klangbild vereinigen); du mixt; ein bunt gemixtes Programm
Mi|xer, der; -s, - (Barmixer; Gerät zum Mixen; *Film, Funk, Fernsehen* Tonmischer); Mi|xe|rin
Mix|ge|tränk
Mix|pi|ck|les [...pɪkl̩s] *vgl.* Mixed Pickles
Mix|tum com|po|si|tum, das; - -, ...ta ...ta ⟨lat.⟩ (buntes Gemisch)
Mix|tur, die; -, -en (flüssige Arzneimischung; gemischte Stimme der Orgel)
MJ = Megajoule
Mjöll|nir, der; -s ⟨»Zermalmer«⟩ (Thors Hammer [Waffe])
MKS, die; - *auch ohne Artikel* = Maul- und Klauenseuche
ml = Milliliter
mlat. = mittellateinisch
Mlle = Mademoiselle
Mlles = Mesdemoiselles
mm = Millimeter
mm² = Quadratmillimeter
mm³ = Kubikmillimeter
m. m. = mutatis mutandis
MM. = Messieurs (*vgl.* Monsieur)
M. M. = Mälzels Metronom, Metronom Mälzel
μm = ²Mikrometer
Mme = Madame
Mmes = Mesdames
mmh! [mˀm̩]; mmh, ist das lecker!
mmol = Millimol
MMS®, der; - *meist ohne Artikel* ⟨aus engl. Multimedia Messaging Service⟩ (Mobilfunkdienst zur Übermittlung von Multimediadaten); MMS-Han|dy
Mn (*chem. Zeichen für* Mangan)
MN = Minnesota
mnd. = mittelniederdeutsch
Mne|me, die; - ⟨griech.⟩ (Erinnerung, Gedächtnis); Mne|mis|mus, der; - (Lehre von der Mneme)
Mne|mo|nik, die; -, Mne|mo|tech|nik [*auch* ...tɛç...], die; -, -en (die Kunst, das Gedächtnis durch Hilfsmittel zu unterstützen); Mne|mo|ni|ker, Mne|mo|tech|ni|ker; Mne|mo|ni|ke|rin, Mne|mo|tech|ni|ke|rin; mne|mo|nisch, mne|mo|tech|nisch
Mne|mo|sy|ne (griech. Göttin des Gedächtnisses, Mutter der Musen)
Mne|mo|tech|nik [*auch* ...tɛç...] usw. *vgl.* Mnemonik usw.
Mo (*chem. Zeichen für* Molybdän)
Mo. = Montag
MO = ²Missouri
MΩ = Megaohm
Moa, der; -[s], -s ⟨Maori⟩ (ausgestorbener straußenähnlicher Vogel)
Mo|ab (Landschaft östl. des Jordans)
Mo|a|bit (Stadtteil von Berlin); Mo|a|bi|ter (Bewohner von Moab; Bewohner von Berlin-Moabit); Mo|a|bi|te|rin
Mo|ai, der; -[s], -[s] ⟨polynes.⟩ (Steinfigur auf der Osterinsel)
Mo|ar, der; -s, -e ⟨bayr., »Meier«⟩ (Kapitän einer Moarschaft); Mo|a|rin; Mo|ar|schaft, die; -, -en (Vierermannschaft beim Eisschießen)
Mob, der; -s, -s ⟨engl.⟩ (Pöbel, randalierender Haufen)
mob|ben (Arbeitskolleg[inn]en ständig schikanieren [mit der Absicht, sie von ihrem Arbeitsplatz zu vertreiben]); Mob|bing, das; -s; Mob|bing|be|ra|tung; Mob|bing|te|le|fon (*ugs.*)
Mö|bel, das; -s, - *meist Plur.* ⟨franz.⟩
Mö|bel|dis|coun|ter; Mö|bel|fa|brik; Mö|bel|fir|ma; Mö|bel|ge|schäft; Mö|bel|händ|ler; Mö|bel|händ|le|rin; Mö|bel|in|dus|t|rie; Mö|bel|la|ger; Mö|bel|mes|se; Mö|bel|pa|cker; Mö|bel|pa|cke|rin; Mö|bel|po|li|tur; Mö|bel|spe|di|teur; Mö|bel|spe|di|teu|rin; Mö|bel|stoff; Mö|bel|stück; Mö|bel|tisch|ler; Mö|bel|tisch|le|rin; Mö|bel|wa|gen
mo|bil ⟨lat.⟩ (beweglich, munter; *ugs. für* wohlauf; *EDV* auf transportable Endgeräte bezogen)
Mo|bil|com|pu|ter
Mo|bi|le, das; -s, -s ⟨engl.⟩ (hängend zu befestigendes, durch Luftzug bewegtes Gebilde)
Mo|bile Ban|king, das; - -[s], Mo|bile|ban|king, das; -[s] [ˈmoʊbaɪl(ˈ)bɛŋkɪŋ] ⟨engl.⟩ (Onlinebanking mithilfe des Smartphones)
Mo|bil|funk (Funk zwischen mobilen od. zwischen mobilen u. festen Stationen); Mo|bil|funk|fre|quenz; Mo|bil|funk|netz; Mo|bil|funk|spar|te (*Wirtsch.*); Mo|bil|funk|stan|dard; Mo|bil|funk|ta|rif
Mo|bi|li|ar, das; -s, -e ⟨lat.⟩ (bewegliche Habe; Hausrat, Möbel); Mo|bi|li|ar|ver|si|che|rung
Mo|bi|li|en *Plur.* (*veraltet für* Hausrat, Möbel)
Mo|bi|li|sa|ti|on, die; -, -en

mo|bi|li|sie|ren *(Militär* auf Kriegsstand bringen; [Kapital] flüssigmachen; aktivieren, in Gang bringen; wieder beweglich machen); **Mo|bi|li|sie|rung**

Mo|bi|li|tät, die; - ([geistige] Beweglichkeit; Häufigkeit des Wohnsitzwechsels)

mo|bi|li|täts|ein|ge|schränkt

Mo|bi|li|täts|ga|ran|tie (Garantie, die im Falle einer Fahrzeugpanne das weitere Fortkommen des Berechtigten gewährleistet)

Mo|bi|li|täts|prä|mie *(Politik* Prämie, die Arbeitslose erhalten können, wenn sie einen Ausbildungs- od. Arbeitsplatz annehmen, der weit vom Wohnort entfernt liegt)

mo|bil|ma|chen *(Militär* auf Kriegsstand bringen); **Mo|bil|ma|chung**

Mo|bil|tel|le|fon (drahtloses Telefon für unterwegs)

mö|b|lie|ren ⟨franz.⟩ ([mit Hausrat] einrichten); **mö|b|liert;** ein möbliertes Zimmer; **Mö|b|lie|rung**

Mobs|ter, der; -s, - ⟨amerik.⟩ (seltener für Gangster)

Mo|çam|bique [...sam'bi:k] vgl. Mosambik

Moc|ca (österr. auch für ²Mokka)

Mo|cha [auch ...ka], der; -s ⟨nach der jemenit. Hafenstadt, heute Mokka⟩ (ein Mineral)

moch|te vgl. mögen

Möch|te|gern, der; -[s], Plur. -e od. -s ⟨ugs.⟩

Möch|te|gern|ca|sa|no|va; Möch|te|gern|künst|ler; Möch|te|gern|künst|le|rin; Möch|te|gern|renn|fah|rer; Möch|te|gern|renn|fah|re|rin

Mo|cke, die; -, -n *(fränk. für* Zuchtschwein)

Mo|cken, der; -s, - ⟨südd. u. schweiz. mdal. für Brocken, dickes Stück⟩

Mock|tur|tle|sup|pe [...tœ:ɐ̯tl...] ⟨engl.⟩ (unechte Schildkrötensuppe)

Mo|cku|men|ta|ry [mɔkjuˈmɛntəri], die, der od. das; -[s], -s ⟨engl.⟩ (fingierter Dokumentarfilm)

mod. = moderato

mo|dal ⟨lat.⟩ (die Art u. Weise bezeichnend)

Mo|dal|be|stim|mung *(Sprachwiss.)*

Mo|da|li|tät, die; -, -en (Art u. Weise, Ausführungsart); **Mo|da|li|tä|ten|lo|gik, Mo|dal|lo|gik,** die; - (Zweig der math. Logik)

Mo|dal|satz *(Sprachwiss.* Umstandssatz der Art u. Weise); **Mo|dal|verb** (Verb, das vorwiegend ein anderes Sein od. Geschehen modifiziert, z. B. »wollen« in: »wir wollen warten«)

Mod|der, der; -s ⟨nordd. für Morast, Schlamm⟩; **mod|de|rig, modd|rig**

Mo|de, die; -, -n ⟨franz.⟩ (als zeitgemäß geltende Art, sich zu kleiden; etwas, was dem gerade herrschenden Geschmack entspricht); in Mode sein, kommen

Mo|de|ar|ti|kel; Mo|de|aus|druck Plur. ...drücke

mo|de|be|wusst

Mo|de|bran|che; Mo|de|cen|ter; Mo|de|de|sig|ner; Mo|de|de|sig|ne|rin; Mo|de|dro|ge; Mo|de|far|be; Mo|de|fim|mel *(ugs.)*

Mo|de|ge|schäft; Mo|de|haus; Mo|de|heft; Mo|de|jour|nal; Mo|de|krank|heit

¹Mo|dell, der; -s, - ⟨lat.⟩ (Backform; Hohlform für Gusserzeugnisse; erhabene Druckform für Zeugdruck; auch svw. ¹Modul)

²Mo|dell, das; -s, -s ⟨engl.⟩ (Fotomodell; Mannequin)

Mo|dell, das; -s, -e ⟨ital.⟩ (Muster, Vorbild, Typ; Entwurf; Person od. Sache als Vorbild für ein Kunstwerk); Modell stehen

Mo|dell|bahn; Mo|dell|bah|ner; Mo|dell|bah|ne|rin

Mo|dell|bau, der; -[e]s; **Mo|dell|bau|er** vgl. ¹Bauer; **Mo|dell|bau|e|rin**

Mo|dell|cha|rak|ter

Mo|dell|ei|sen|bahn

Mo|dell|leur [...'løːɐ̯], der; -s, -e ⟨franz.⟩ (svw. Modellierer); **Mo|dell|leu|rin**

Mo|dell|fall, der; **Mo|dell|flug|zeug**

mo|dell|haft

Mo|dell|lier|bo|gen

mo|del|lie|ren (künstlerisch formen; ein Modell herstellen); **Mo|del|lie|rer; Mo|del|lie|re|rin; Mo|del|lier|holz; Mo|del|lier|mas|se**

Mo|del|lie|rung

mo|del|lig (in der Art eines Modells)

Mo|dell|kleid; Mo|dell|pro|jekt; Mo|dell|pup|pe, Mo|dell|rech|nung; Mo|dell|schutz, der; -es

Mo|dell|the|a|ter; Mo|dell|ver|such; Mo|dell|zeich|nung

¹mo|deln ⟨lat.⟩ (selten für gestalten); ich mod[e]le

²mo|deln ⟨engl.⟩ (als ²Model arbeiten); ich mod[e]le

Mo|del|tuch Plur. ...tücher (älter für Stickmustertuch)

Mo|de|lung

Mo|dem, der, auch das; -s, -s ⟨engl.⟩ (Gerät zur Datenübertragung über Fernsprechleitungen)

Mo|de|ma|cher; Mo|de|ma|che|rin

Mo|de|na (ital. Stadt); **Mo|de|na|er; Mo|de|na|e|rin; mo|de|na|isch**

Mo|den|haus (svw. Modehaus); **Mo|den|heft** (svw. Modeheft); **Mo|den|schau**

Mo|de|püpp|chen; Mo|de|pup|pe

Mo|der, der; -s (Faulendes, Fäulnisstoff)

Mo|de|ra|men, das; -s, Plur. - u. ...mina ⟨lat.⟩ (Vorstandskollegium einer ev. reformierten Synode)

mo|de|rat (gemäßigt)

Mo|de|ra|ti|on, die; -, -en *(Rundfunk, Fernsehen* Tätigkeit des Moderators; veraltet für Mäßigung)

mo|de|ra|to ⟨ital.⟩ *(Musik* mäßig [bewegt]; Abk. mod.); **Mo|de|ra|to,** das; -s, Plur. -s u. ...ti

Mo|de|ra|tor, der; -s, ...oren ⟨lat.⟩ *(Rundfunk, Fernsehen* jmd., der eine Sendung moderiert; *Kernphysik* bremsende Substanz in Kernreaktoren); **Mo|de|ra|to|rin**

Mo|der|ge|ruch

mo|de|rie|ren ⟨lat.⟩ *(Rundfunk, Fernsehen* durch eine Sendung führen; veraltet, aber noch landsch. für mäßigen)

mo|de|rig, mod|rig

¹mo|dern (faulen); sie sagt, es modere hier stark

²mo|dern ⟨franz.⟩ (modisch, der Mode entsprechend; neu[zeitlich]; zeitgemäß); moderner Fünfkampf *(Sport)*

Mo|der|ne, die; - (jüngere Epoche, Richtung in Literatur, Kunst, Musik o. Ä.; moderner Zeitgeist)

mo|der|ni|sie|ren (modisch machen; auf einen neueren [technischen] Stand bringen); **Mo|der|ni|sie|rer; Mo|der|ni|sie|re|rin; Mo|der|ni|sie|rung**

Mo|der|nis|mus, der; -, ...men ⟨lat.⟩ (moderner Geschmack, Bejahung des Modernen; Bewegung innerhalb der kath. Kirche); **Mo|der|nist,** der; -en,

Modernistin

möglich

- so viel wie, *älter als möglich;* so gut wie, *älter* als möglich
- wir sollten uns, wo möglich (*kurz für* wenn es möglich ist), selbst darum kümmern; *vgl. aber* womöglich
- Unmögliches möglich machen

Großschreibung der Substantivierung ↑ D 72:
- im Rahmen des Möglichen
- Mögliches und Unmögliches verlangen
- Mögliches und Unmögliches zu unterscheiden wissen

- das Mögliche tun
- etwas, nichts Mögliches
- man sollte alles Mögliche (alle Möglichkeiten) bedenken
- wir haben das Mögliche (alles) getan
- sie wird alles Mögliche (viel, allerlei) versuchen
- er wird sein Möglichstes tun

-en; Mo|der|nis|tin; mo|der|nis|tisch

Mo|der|ni|tät, die; -, -en (neuzeitl. Gepräge; Neues; Neuheit)

Mo|dern Jazz [ˈmɔdən ˈdʒɛs], der; - - ⟨engl.⟩ (nach 1945 entstandener Jazzstil)

Mo|der|sohn (dt. Maler u. Grafiker); Mo|der|sohn-Be̱|cker (dt. Malerin)

Mo|de|sa|che; Mo|de|sa|lon; Mo|de|schaf|fen; Mo|de|schau (*svw.* Modenschau)

Mo|de|schmuck; Mo|de|schöp|fer; Mo|de|schöp|fe|rin

mo|dest ⟨lat.⟩ (*veraltet für* bescheiden, sittsam)

Mo|de|tanz; Mo|de|tor|heit; Mo|de|trend; Mo|de|wa|re; Mo|de|welt, die; -; Mo|de|wort *Plur.* ...wörter; Mo|de|zeich|ner; Mo|de|zeich|ne|rin; Mo|de|zeit|schrift

Mo̱|di (*Plur. von* Modus)

Mo|di|fi|ka|ti|on, Mo|di|fi|zie|rung, die; -, -en ⟨lat.⟩; mo|di|fi|zie|ren (abwandeln, [ab]ändern)

Mo|di|g|li|a̱|ni [...dɪlˈjaː...] (ital. Maler)

mo|disch ⟨zu ¹Mode⟩ (in od. nach der Mode); Mo|dist, der; -en, -en; Mo|dis|tin (Hutmacherin)

mod|rig *vgl.* moderig

¹Mo̱|dul, der; -s, -n ⟨lat.⟩ (¹Model; Verhältniszahl math. od. techn. Größen; Materialkonstante)

²Mo|dul, das; -s, -e ⟨lat.-engl.⟩ (*bes.* Elektrot. Bau- od. Schaltungseinheit)

mo|du|lar (in der Art eines ²Moduls)

Mo|du|la|ti|on, die; -, -en (*Musik* das Steigen u. Fallen der Stimme, des Tones; Übergang in eine andere Tonart; *Technik* Änderung einer Schwingung)

Mo|du|la|ti|ons|fä|hig|keit (Anpassungsvermögen, Biegsamkeit [der Stimme])

mo|du|lie|ren (abwandeln; in eine andere Tonart übergehen)

Mo̱|dus [*auch* ˈmɔː...], der; -, Modi ⟨lat.⟩ (Art u. Weise; *Sprachwiss.* Aussageweise; *mittelalterl. Musik* Melodie, Kirchentonart)

Mo̱|dus Ope|ran|di, der; - -, Modi - (Art u. Weise des Handelns, des Tätigwerdens)

Mo̱|dus Pro|ce|den|di, der; - -, Modi - (Art u. Weise des Verfahrens); Mo̱|dus Vi|ven|di, der; - -, Modi - (erträgliche Übereinkunft; Verständigung)

Moers (Stadt westl. von Duisburg)

Mo|fa, das; -s, -s (*kurz für* Motorfahrrad); Mo|fa|fah|rer; Mo|fa|fah|re|rin; Mo|fa|fah|ren|ker (*schweiz. für* Mofafahrer); Mo|fal|len|ke|rin

Mo|fet|te, die; -, -n ⟨franz.⟩ (*Geol.* Kohlensäureausströmung in vulkan. Gebiet)

Moff|e, der; -n, -n ⟨niederl.⟩ (abwertende Bez. der Niederländer für den Deutschen)

Mo|ga|di|schu (Hauptstadt von Somalia)

Mo|ge|lei; mo|geln (*ugs. für* betrügen [beim Spiel], nicht ehrlich sein); ich mog[e]le; Mo|gel|pa|ckung (*ugs.*)

mö̱|gen; ich mag, du magst, er mag; du mochtest; du möchtest; du hast es nicht gemocht, *aber* das hätte ich hören mögen

Mog|ler ⟨*zu* mogeln⟩ (*ugs.*); Mog|le|rin

mög|lich *s. Kasten*

mög|li|chen|falls *vgl.* ¹Fall

mög|li|cher|wei|se

Mög|lich|keit; nach Möglichkeit

Mög|lich|keits|form (*für* Konjunktiv)

mög|lichst; möglichst schnell; möglichst viel Geld verdienen

Mo|gul, der; -s, -n ⟨pers.⟩ (*früher* für Beherrscher eines oriental. Reiches)

Mo|hair [...ˈhɛːɐ̯], der; -s, -e ⟨arab.-ital.-engl.⟩ (Wolle der Angoraziege)

Mo|ham|med (Stifter des Islams); Mo|ham|me|da|ner (*ugs. veraltet für* Moslem); Mo|ham|me|da|ne|rin

Mohammedaner

Die vom islamischen Religionsstifter Mohammed abgeleitete Bezeichnung ist veraltend und sollte im öffentlichen Sprachgebrauch vermieden werden. Korrekte Bezeichnungen sind *Moslem* oder *Muslim*.

Mo|hi|ka|ner, der; -s, - (Angehöriger eines nordamerik. Indianerstammes); der Letzte *od.* letzte der Mohikaner; *aber nur* der letzte Mohikaner; Mo|hi|ka|ne|rin

Mohn, der; -[e]s, *Plur.* (Sorten:) -e

Mohn|beu|gel (*österr.*); Mohn|blu|me; Mohn|bröt|chen; Mohn|kip|ferl (*österr.*); Mohn|ku|chen; Mohn|nu|deln *Plur.* (*österr.*)

Mohn|öl; Mohn|saft; Mohn|sa|men; Mohn|stru|del (*österr.*); Mohn|zopf

Mohr, der; -en, -en (*veraltet für* dunkelhäutiger Afrikaner)

Möhr|chen; Möh|re, die; -, -n (eine Gemüsepflanze)

Moh|ren|hir|se; Moh|ren|kopf (*oft als diskriminierend empfunden* ein Gebäck)

moh|ren|schwarz (*veraltet*)

Moh|ren|wä|sche (*oft als diskriminierend empfunden* Versuch, einen offensichtlich Schuldigen durch Scheinbeweise reinzuwaschen)

Moh|rin (*veraltet*)

Mohr|rü|be (*svw.* Möhre)
Mohs|här|te ↑D 136, die; - ⟨nach dem dt. Mineralogen F. Mohs⟩ (Skala zur Bestimmung der Härtegrade von Mineralien)
moin, moin!, Moin, Moin! (nordd. Grußformel, *oft auch nur* moin! *od.* Moin!)
Moi|ra, die; -, ...ren *meist Plur.* ⟨griech.⟩ (griech. Schicksalsgöttin [Klotho, Lachesis, Atropos])
Moi|ré [mŏa...], der *od.* das; -s, -s ⟨franz.⟩ (Gewebe mit geflammtem Muster; *Druckw.* fehlerhaftes Fleckenmuster in der Bildreproduktion); **moi|rie|ren** (flammen); **moi|riert** (geflammt)
Mo|ji|to [moˈxiːto], der; -s, -s ⟨span.⟩ (ein Mixgetränk)
mo|kant ⟨franz.⟩ (spöttisch)
Mo|kas|sin [*auch* ...ˈsiːn], der; -s, *Plur.* -s *u.* -e ⟨indian.⟩ (lederner Halbschuh [nach der Art] der nordamerik. Indianer)
Mo|kett, Mo|quette [...ˈkɛt], der; -s ⟨franz.⟩ (Möbel-, Deckenplüsch)
Mo|kick, das; -s, -s ⟨*Kurzw. aus* Motor *u.* Kickstarter⟩ (kleines Motorrad)
mo|kie|ren, sich ⟨franz.⟩ (sich abfällig od. spöttisch äußern); ich mokierte mich über dich
Mok|ka (Stadt im Jemen)
¹**Mok|ka**, der; -s, -s (eine Kaffeesorte; sehr starker Kaffee); *vgl.* Mocca; **Mok|ka|kaf|fee; Mok|ka|löf|fel; Mok|ka|tas|se; Mok|ka|tor|te**
Mol, das; -s, -e ⟨lat.⟩ (*früher svw.* Grammmolekül; Einheit der Stoffmenge; *Zeichen* mol); **mo|lar** ⟨lat.⟩ (auf das Mol bezüglich; je 1 Mol)
Mo|lar, der; -s, -en ⟨lat.⟩ (*Med.* [hinterer] Backenzahn, Mahlzahn); **Mo|lar|zahn**
Mo|las|se, die; - ⟨franz.⟩ (*Geol.* Tertiärschicht)
Molch, der; -[e]s, -e (im Wasser lebender Lurch)
¹**Mol|dau**, die; - (l. Nebenfluss der Elbe)
²**Mol|dau**, -s, *auch mit Artikel* die; - (Republik Moldau; Staat in Osteuropa); **Mol|dau|er; Mol|dau|e|rin; mol|dau|isch**
Mol|da|wi|en *vgl.* ²Moldau; **Mol|do|va** *vgl.* ²Moldau
¹**Mo|le**, die; -, -n ⟨ital.⟩ (Hafendamm); *vgl.* Molo
²**Mo|le**, die; -, -n ⟨griech.⟩ (*Med.*

abgestorbene, fehlentwickelte Leibesfrucht)
Mo|le|kel, die; -, -n, *österr. auch* das; -s, - ⟨lat.⟩ (*älter für* Molekül)
Mo|le|kül, das; -s, -e ⟨franz.⟩ (kleinste Einheit einer chem. Verbindung); **mo|le|ku|lar**
Mo|le|ku|lar|bio|lo|ge; Mo|le|ku|lar|bio|lo|gie; Mo|le|ku|lar|bio|lo|gin
Mo|le|ku|lar|gas|t|ro|no|mie (Kochkunst, die Erkenntnisse über biochemische u. physikalischchemische Prozesse berücksichtigt)
Mo|le|ku|lar|ge|ne|tik; Mo|le|ku|lar|ge|wicht
Mo|le|ku|lar|kü|che (*svw.* Molekulargastronomie)
Mol|len|kopf (Ende der ¹Mole)
Mole|skin [ˈmoːlskɪn], der *od.* das; -[s], -s ⟨engl.⟩ (Englischleder, aufgerautes Baumwollgewebe)
Mo|les|ten *Plur.* ⟨lat.⟩ (*veraltet für* Beschwerden; Belästigungen)
mo|les|tie|ren (*veraltet für* belästigen)
Mo|let|te, die; -, -n ⟨franz.⟩ (Prägwalze; Mörserstößel)
Mo|li *vgl.* Molo
Mo|li|ère [...ˈli̯ɛːɐ̯] (franz. Lustspieldichter); **mo|li|e|risch**; die molierischen Charaktere, Komödien ↑D 89 *u.* 135
Mol|ke, die; - (bei der Käseherstellung übrig bleibende Milchflüssigkeit); **Mol|ken**, der; -s (*landsch. für* Molke); **Mol|ken|kur**
Mol|ke|rei; Mol|ke|rei|but|ter; Mol|ke|rei|ge|nos|sen|schaft; Mol|ke|rei|pro|dukt *meist Plur.*; **mol|kig**
¹**Moll**, das; -[s] ⟨lat.⟩ (*Musik* Tongeschlecht mit kleiner Terz); a-Moll; a-Moll-Tonleiter ↑D 26; *vgl.* Dur
²**Moll**, der; -[e]s, *Plur.* -e *u.* -s (*svw.* Molton)
Moll|ak|kord (*Musik*); **Moll|drei|klang**
Mol|le, die; -, -n (nordd. für Mulde, Backtrog; berlin. für Bierglas, ein Glas Bier); **Mol|len|fried|hof** (berlin. scherzh. für Bierbauch)
Möl|ler, der; -s, - (*Hüttenw.* Gemenge von Erz u. Zuschlag); **möl|lern** (mengen); ich möllere
mol|lert (bayr., österr. für mollig)
Möl|le|rung (*Hüttenw.*)
mol|lig (*ugs. für* dicklich; behag-

lich); mollig warm; **Mol|lig|keit**, die; -
Moll|ton|art; Moll|ton|lei|ter
Mol|lus|ke, die; -, -n *meist Plur.* ⟨lat.⟩ (*Biol.* Weichtier); **mol|lus|ken|ar|tig**
Mol|ly [...li] (w. Vorn.)
Mo|lo, der; -s, Moli (*österr. für* ¹Mole)
¹**Mo|loch** [*auch* ˈmɔ...] (ein semit. Gott)
²**Mo|loch**, der; -s, -e (Macht, die alles verschlingt)
Mo|lo|tow|cock|tail, Mo|lo|tow-Cock|tail ⟨nach dem sowjet. Außenminister W. M. Molotow⟩ (mit Benzin [u. Phosphor] gefüllte Flasche, die wie eine Handgranate verwendet wird)
Molt|ke (Familienn.); **molt|kesch** ↑D 135: die **molt|ke|schen** *od.* Molt|ke'schen Briefe
mol|to ⟨ital.⟩ (*Musik* sehr); molto allegro (sehr schnell); molto vivace (sehr lebhaft)
Mol|ton, der; -s, -s ⟨franz.⟩ (ein Gewebe)
Mol|to|pren®, das; -s, -e (ein leichter, druckfester, schaumartiger Kunststoff)
Mo|luk|ken *Plur.* (eine indones. Inselgruppe)
Mo|ly, das; -s (sagenumwobene Zauberpflanze)
Mo|lyb|dän, das; -s ⟨griech.⟩ (chemisches Element, Metall; *Zeichen* Mo)
Mom|ba|sa (Hafenstadt in Kenia)
¹**Mo|ment**, der; -[e]s, -e ⟨lat.⟩ (Augenblick; Zeit[punkt]; kurze Zeitspanne)
²**Mo|ment**, das; -[e]s, -e ([ausschlaggebender] Umstand; Gesichtspunkt; Produkt aus zwei physikal. Größen)
mo|men|tan (augenblicklich)
Mo|ment|auf|nah|me; Mo|ment|bild
Mo|men|terl (*österr. ugs. für* Moment!; Augenblick!)
Mo|men|tum, das; -s ⟨lat.⟩ (*geh. für* [richtiger, geeigneter] Augenblick, Zeitpunkt)
mo|ment|wei|se
Mom|msen (dt. Historiker)
Mo|na (w. Vorn.)
¹**Mo|na|co** [*auch* ˈmoː...] (Staat in Südeuropa); ²**Mo|na|co** [*auch* ˈmo...] (Stadtbezirk von ¹Monaco); **Mo|ne|gas|se**
Mo|na|de, die; -, -n ⟨griech.⟩ (*Philos.* das Einfache, Unteilbare; [bei Leibniz:] die letzte, in sich geschlossene, vollendete Urein-

Monadenlehre

heit); Mo|na|den|leh|re, die; -; mo|na|disch; Mo|na|do|lo|gie, die; - (Lehre von den Monaden)
Mo|na|ko [auch 'mo:...] vgl. ¹Monaco, ²Monaco
Mo|na Li|sa, die; - - (Gemälde von Leonardo da Vinci)
Mon|arch, der; -en, -en ⟨griech.⟩ (gekröntes Staatsoberhaupt); Mon|ar|chie, die; -, ...ien; Mon|ar|chin; mon|ar|chisch
Mon|ar|chis|mus, der; -; Mon|ar|chist, der; -en, -en (Anhänger der Monarchie); Mon|ar|chis|tin; mon|ar|chis|tisch
Mo|nas|te|ri|um, das; -s, ...ien ⟨griech.⟩ (Kloster[kirche], Münster)
Mo|nat, der, österr. auch das; -[e]s, -e; alle zwei Monate; dieses Monats (Abk. d. M.); laufenden Monats (Abk. lfd. M.); künftigen Monats (Abk. k. M.); nächsten Monats (Abk. n. M.); vorigen Monats (Abk. v. M.)
mo|na|te|lang; aber viele Monate lang
...mo|na|tig (z. B. dreimonatig [drei Monate dauernd], mit Ziffer 3-monatig)
mo|nat|lich; ...mo|nat|lich (z. B. dreimonatlich [alle drei Monate wiederkehrend], mit Ziffer 3-monatlich)
Mo|nats|an|fang; Mo|nats|be|ginn
Mo|nats|be|trag
Mo|nats|bin|de; Mo|nats|blu|tung
Mo|nats|brut|to, das; -s, -s; Mo|nats|brut|to|ein|kom|men (Wirtsch., Steuerw.)
Mo|nats|ein|kom|men; Mo|nats|en|de; Mo|nats|ers|te; Mo|nats|frist; innerhalb Monatsfrist
Mo|nats|ge|halt, das; Mo|nats|hälf|te; Mo|nats|heft; Mo|nats|kar|te; Mo|nats|letz|te; Mo|nats|lohn; Mo|nats|mie|te
Mo|nats|na|me
Mo|nats|net|to, das; -s, -s; Mo|nats|net|to|ein|kom|men (Wirtsch., Steuerw.); Mo|nats|ra|te; Mo|nats|schrift; Mo|nats|wech|sel
mo|nat[s]|wei|se
mo|n|au|ral ⟨griech.; lat.⟩ (Tontechnik einkanalig)
Mo|na|zit, der; -s, -e ⟨griech.⟩ (ein Mineral)
Mönch, der; -[e]s, -e ⟨griech.⟩ (Angehöriger eines geistl. Ordens)
Mön|chen|glad|bach (Stadt in Nordrhein-Westfalen)
mön|chisch

Mönchs|klos|ter; Mönchs|kut|te; Mönchs|la|tein, das; -s (mittelalterl. [schlechtes] Latein); Mönchs|or|den; Mönchs|rob|be
Mönch[s]|tum, das; -s
Mönchs|we|sen; Mönchs|zel|le
Mönch|zie|gel (ein Dachziegel)
Mond, der; -[e]s, -e (ein Himmelskörper; veraltet für Monat)
mon|dän ⟨franz.⟩ (betont elegant); Mon|dä|ni|tät, die; -, -en
Mond|auf|gang; Mond|bahn
mond|be|schie|nen ↑ D 59
Mond|blind|heit (Augenentzündung, bes. bei Pferden)
Mon|den|kraft meist Plur. (Anthroposophie eine kosmische Kraft)
Mon|den|schein, der; -[e]s (geh.)
Mon|des|fins|ter|nis (österr. neben Mondfinsternis; Mon|des|glanz (dichter.); Mond|fäh|re; Mond|fins|ter|nis; Mond|flug
mond|för|mig; mond|hell
Mond|jahr
Mond|kalb (fehlgebildetes tierisches Lebewesen; ugs. für Dummkopf)
Mond|kra|ter
Mond|lan|de|fäh|re; Mond|landschaft; Mond|lan|dung
Mond|licht, das; -[e]s
mond|los
Mond|mo|bil, das; -s, -e; Mond|nacht; Mond|ober|flä|che; Mond|or|bit; Mond|pha|se
Mond|preis (ugs. für willkürlich festgesetzter [überhöhter] Preis)
Mond|ra|ke|te
Mon|dri|an (niederl. Maler)
Mond|schein, der; -[e]s
Mond|schein|ta|rif (verbilligter Telefontarif in den Abend- u. Nachtstunden [bis 1980])
Mond|see (österr. Ort u. See); Mond|se|er ↑ D 143; Mondseer Rauchhaus; vgl. Monseer; Mond|se|e|rin
Mond|si|chel; Mond|son|de (unbemanntes Raumflugzeug zur Erkundung des Monds)
Mond|stein (svw. Adular)
Mond|sucht, die; -; mond|süch|tig; Mond|süch|tig|keit
Mond|um|lauf|bahn; Mond|un|ter|gang; Mond|wech|sel
Mo|ne|gas|se, der; -n, -n (Bewohner Monacos); Mo|ne|gas|sin; mo|ne|gas|sisch
Mo|net [...'ne], Claude [klo:d] (franz. Maler)
mo|ne|tär ⟨lat.⟩ (das Geld betref-

fend, geldlich); Mo|ne|ten Plur. (ugs. für Geld)
Mon|go|le, der; -n, -n (Angehöriger einer Völkergruppe in Asien; Einwohner der Mongolei)
Mon|go|lei, die; - (Hochland u. Staat in Zentralasien); ↑ D 140: die Innere, Äußere Mongolei
Mon|go|len|fal|te (früher); Mon|go|len|fleck
mon|go|lid (Anthropol. zu der vorwiegend in Asien, Grönland u. im arkt. Nordamerika verbreiteten Menschengruppe gehörend); Mon|go|li|de, der u. die; -n, -n
Mon|go|lin
mon|go|lisch; aber ↑ D 140: die Mongolische Volksrepublik
Mon|go|lis|mus, der; - (wird häufig als abwertend empfunden Downsyndrom)
mon|go|lo|id (abwertend für die Merkmale des Downsyndroms aufweisend; Anthropol. den Mongolen ähnlich); Mon|go|lo|i|de, der u. die; -n, -n
Mo|nier|bau|wei|se [auch ...'nje:...], die; - ↑ D 136 ⟨nach dem franz. Gärtner J. Monier⟩ (Stahlbetonbauweise); Mo|nier|ei|sen (veraltet für in [Stahl]beton eingebettetes [Rund]eisen)
mo|nie|ren ⟨lat.⟩ (beanstanden)
Mo|nier|zan|ge [auch ...'nje:...] ↑ D 136 ⟨nach dem franz. Gärtner J. Monier⟩ (Zange für Eisendrahtarbeiten)
Mo|ni|ka (w. Vorn.)
Mo|ni|lia, die; - ⟨lat.⟩ (Pilz, der eine Erkrankung an Obstbäumen hervorruft)
Mo|nis|mus, der; - ⟨griech.⟩ (philos. Lehre, die jede Erscheinung auf ein einheitliches Prinzip zurückführt); Mo|nist, der; -en, -en (Anhänger des Monismus); Mo|nis|tin; mo|nis|tisch
Mo|ni|ta (Plur. von Monitum)
Mo|ni|tor, der; -s, Plur. -e, auch ...oren ⟨engl.⟩ (Bildschirm; Kontrollgerät, bes. beim Fernsehen; Strahlennachweis- u. -messgerät; Bergbau Wasserwerfer zum Losspülen von Gestein)
Mo|ni|to|ring ['mɔnɪtərɪŋ], das; -s, -s ⟨engl.⟩ ([Dauer]beobachtung [eines best. Systems])
Mo|ni|tum, das; -s, ...ta (Rüge, Beanstandung)
mo|no [auch 'mo:...] ⟨griech.⟩ (kurz für monofon); die Schallplatte wurde mono aufgenom-

Monozyt

men; **Mo|no**, das; -s (*kurz für* Monofonie)
mo|no... (allein...); **Mo|no...** (Allein...)
Mo|no|chord [...k...], das; -[e]s, -e ⟨griech.⟩ (ein Instrument zur Ton- u. Intervallmessung)
mo|no|chrom [...k...] ⟨griech.⟩ (einfarbig)
mo|no|co|lor ⟨griech.; lat.⟩; eine monocolore Regierung (*österr. ugs. für* Einparteienregierung)
Mo|n|o|die, die; -, ...ien ⟨griech.⟩ (*Musik* einstimmiger Gesang; Sologesang); **mo|n|o|disch**
mo|no|fil ⟨griech.; lat.⟩ (aus einer einzigen Faser bestehend)
Mo|no|flos|se (Schwimmflosse für beide Füße)
mo|no|fon, mo|no|phon ⟨griech.⟩ (*Tontechnik* einkanalig)
Mo|no|fo|nie, Mo|no|pho|nie, die; -
mo|no|gam; **Mo|no|ga|mie**, die; - ⟨griech.⟩ (Zusammenleben mit nur einem Geschlechtspartner; Einehe; *Ggs.* Polygamie); **mo|no|ga|misch**
mo|no|gen ⟨griech.⟩ (*Genetik* durch nur ein Gen bedingt); **Mo|no|ge|ne|se**, Mo|no|go|nie, die; - (*Biol.* ungeschlechtl. Fortpflanzung)
Mo|no|gra|fie, Mo|no|gra|phie, die; -, ...ien (wissenschaftl. Untersuchung über einen einzelnen Gegenstand)
mo|no|gra|fisch, mo|no|gra|phisch
Mo|no|gramm, das; -s, -e ⟨griech.⟩ (Namenszug [aus den Anfangsbuchstaben eines Namens])
Mo|no|gra|phie usw. *vgl.* **Monografie** usw.
mo|no|kau|sal ⟨griech.; lat.⟩ (auf nur einer Ursache beruhend)
Mo|n|o|kel, das; -s, - ⟨franz.⟩ (Augenglas für nur ein Auge)
mo|no|klin ⟨griech.⟩ (*Geol.* mit einer geneigten Achse; *Bot.* gemischtgeschlechtig [Staub- u. Fruchtblätter in einer Blüte tragend])
mo|no|klo|nal ⟨griech.⟩ (*Med.* aus einem Zellklon gebildet)
Mo|no|ko|ty|le|do|ne, die; -, -n ⟨griech.⟩ (*Bot.* einkeimblättrige Pflanze)
mo|n|o|ku|lar ⟨griech.; lat.⟩ (mit einem Auge, für ein Auge)
Mo|no|kul|tur [*auch* 'mɔ...] ⟨griech.; lat.⟩ (einseitiger Anbau einer bestimmten Kulturpflanze od. Kulturpflanze)

Mo|no|la|t|rie, die; - ⟨griech.⟩ (Verehrung nur eines Gottes)
Mo|no|lith, der; *Gen.* -s *od.* -en, *Plur.* -e[n] ⟨griech.⟩ (Säule, Denkmal aus einem einzigen Steinblock); **mo|no|li|thisch**
Mo|no|log, der; -[e]s, -e ⟨griech.⟩ (Selbstgespräch [bes. im Drama]); **mo|no|lo|gisch**; **mo|no|lo|gi|sie|ren**
Mo|nom, Mo|no|nom, das; -s, -e ⟨griech.⟩ (*Math.* eingliedrige Zahlengröße)
mo|no|man, mo|no|ma|nisch ⟨griech.⟩ (*Psychol.* veraltet an Monomanie leidend); **Mo|no|ma|ne**, der; -n, -n; **Mo|no|ma|nie**, die; -, ...ien (auf eine einzige spezifische Verhaltensweise bezogene Manie); **Mo|no|ma|nin**; **mo|no|ma|nisch**
mo|no|mer ⟨griech.⟩ (*Chemie* aus getrennten, selbstständigen Molekülen bestehend); **Mo|no|mer**, der; -s, -e, **Mo|no|me|re**, das; -n, -n (Stoff, dessen Moleküle monomer sind)
mo|no|misch, mo|no|no|misch ⟨griech.⟩ (*Math.* eingliedrig); **Mo|no|nom** *vgl.* Monom; **mo|no|no|misch** *vgl.* monomisch
mo|no|phon usw. *vgl.* **monofon** usw.
Mo|no|ph|thong, der; -[e]s, -e ⟨griech.⟩ (*Sprachwiss.* einfacher Vokal, z. B. a, i; *Ggs.* Diphthong); **mo|no|ph|thon|gie|ren** ([einen Diphthong] zum Monophthong umbilden); **Mo|no|ph|thon|gie|rung**
mo|no|phy|le|tisch ⟨griech.⟩ (*Biol.* auf eine Urform zurückgehend)
Mo|no|ple|gie, die; -, ...ien ⟨griech.⟩ (*Med.* Lähmung eines einzelnen Gliedes)
Mo|no|pol, das; -s, -e ⟨griech.⟩ (das Recht auf Alleinhandel u. -verkauf; Vorrecht, alleiniger Anspruch); **Mo|no|pol|bren|ne|rei**; **Mo|no|pol|in|ha|ber**; **Mo|no|pol|in|ha|be|rin**
mo|no|po|li|sie|ren (ein Monopol aufbauen, die Entwicklung von Monopolen vorantreiben); **Mo|no|po|li|sie|rung**
Mo|no|po|list, der; -en, -en (Besitzer eines Monopols); **Mo|no|po|lis|tin**; **mo|no|po|lis|tisch**
Mo|no|pol|ka|pi|tal; **Mo|no|pol|ka|pi|ta|lis|mus**; **Mo|no|pol|ka|pi|ta|list**; **Mo|no|pol|ka|pi|ta|lis|tin**; **mo|no|pol|ka|pi|ta|lis|tisch**

Mo|no|pol|stel|lung
Mo|no|po|ly® [...li], das; - ⟨engl.⟩ (ein Gesellschaftsspiel)
Mo|no|pos|to, der; -s, -s ⟨ital.⟩ (*Automobilrennsport* Einsitzer mit unverkleideten Rädern)
Mo|no|p|te|ros, der; -, ...eren ⟨griech.⟩ (von einem Säulenring umgebener antiker Tempel)
mo|no|sem ⟨griech.⟩ (*Sprachwiss.* nur eine Bedeutung habend); **Mo|no|se|mie**, die; -
mo|no|s|ti|chisch ⟨griech.⟩ (*Verslehre* in Einzelversen [abgefasst usw.]); **Mo|no|s|ti|chon**, das; -s, ...cha (Einzelvers)
Mo|no|struk|tur [*auch* 'mɔ...] ⟨griech.; lat.⟩ (Dominanz eines bestimmten Industrie- od. Dienstleistungszweiges in der Wirtschaft [eines Landes]); **mo|no|struk|tu|riert**
mo|no|syl|la|bisch ⟨griech.⟩ (*Sprachwiss.* einsilbig)
mo|no|syn|de|tisch ⟨griech.⟩ (*Sprachwiss.* nur im letzten Glied einer Reihung durch eine Konjunktion verbunden, z. B. »Ehre, Macht u. Ansehen«)
Mo|no|the|is|mus, der; - ⟨griech.⟩ (Glaube an einen einzigen Gott); **Mo|no|the|ist**, der; -en, -en; **Mo|no|the|is|tin**; **mo|no|the|is|tisch**
mo|no|the|ma|tisch (ein einzelnes Thema behandelnd)
mo|no|ton ⟨griech.⟩ (eintönig; gleichförmig; ermüdend); **Mo|no|to|nie**, die; -, ...ien
Mo|no|t|re|men *Plur.* ⟨griech.⟩ (*Zool.* Kloakentiere)
mo|no|trop ⟨griech.⟩ (*Biol.* beschränkt anpassungsfähig)
Mo|no|type® [...taɪp], die; -, -s ⟨griech.-engl.⟩ (*Druckw.* Gieß- u. Setzmaschine für Einzelbuchstaben); **Mo|no|ty|pie** [...ty...], die; -, ...ien (ein grafisches Verfahren)
mo|no|va|lent (*fachspr. für* einwertig)
Mo|n|o|xid [*auch* ...'ksi:t], **Mo|n|o|xyd** [*auch* ...'ksy:t] ⟨griech.⟩ (Oxid, das ein Sauerstoffatom enthält); *vgl.* Oxid
Mo|no|zel|le [*auch* mo:...] ⟨griech.; dt.⟩ (kleines elektrochem. Element als Stromquelle)
Mo|n|ö|zie, die; - ⟨griech.⟩ (*Bot.* Einhäusigkeit, Vorkommen m. u. w. Blüten auf einer Pflanze); **mo|n|ö|zisch** (einhäusig)
Mo|no|zyt, der; -en, -en *meist Plur.*

Monozytose

⟨griech.⟩ (*Med.* größtes [weißes] Blutkörperchen); **Mo|no|zy|to|se**, die; -, -n (krankhafte Vermehrung der Monozyten)

Mon|roe|dok|t|rin […ro…] ↑**D 136**, die; - (von dem nordamerik. Präsidenten Monroe 1823 verkündeter Grundsatz der gegenseitigen Nichteinmischung)

Mon|ro|via (Hauptstadt Liberias)

Mon|se|er; Monseer Fragmente (altd. Schriftdenkmal); **Mon|see-Wie|ner Frag|men|te** (Monseer Fragmente)

Mon|sei|g|neur [mõsɛnˈjøːɐ̯], der; -s, *Plur.* -e u. -s u. Messeigneurs ⟨franz.⟩ (Titel u. Anrede hoher franz. Geistlicher, Adliger u. hochgestellter Personen; *Abk.* Mgr.)

Mon|ser|rat vgl. Montserrat

Mon|si|eur [məˈsjøː], der; -[s], Messieurs [mɛˈsjøː] ⟨franz., »mein Herr«⟩ (*franz. Bez. für Herr*; *als Anrede ohne Artikel*; *Abk.* M., *Plur.* MM.)

Mon|si|g|no|re […ɪnˈjoː…], der; -[s], …ri ⟨ital.⟩ (Titel hoher Würdenträger der kath. Kirche; *Abk.* Mgr., Msgr.)

Mons|ter, das; -s, - ⟨engl.⟩ (Ungeheuer); **Mons|ter…** (*ugs. für* riesig, Riesen…)

Mons|te|ra, die; -, …rae ⟨nlat.⟩ (eine Zimmerpflanze)

Mons|ter|bau *Plur.* …bauten; **Mons|ter|film**; **Mons|ter|kon|zert**; **Mons|ter|pro|gramm**; **Mons|ter|schau**

Mons|ter|truck […trak] ⟨engl.⟩ (für spezielle Shows umgebautes Fahrzeug mit übergroßen Reifen); **Mons|ter|wel|le**

Mons|t|ra (*Plur. von* Monstrum)

Mons|t|ranz, die; -, -en ⟨lat.⟩ (Gefäß zum Tragen u. Zeigen der geweihten Hostie)

mons|t|rös ⟨lat.(-franz.)⟩ (furchterregend scheußlich; ungeheuer aufwendig); **Mons|t|ro|si|tät**, die; -, -en; **Mons|t|rum**, das; -s, *Plur.* …ren *u.* …ra (Ungeheuer)

Mon|sun, der; -s, -e ⟨arab.⟩ (jahreszeitlich wechselnder Wind, bes. im Indischen Ozean); **mon|su|nisch**; **Mon|sun|re|gen**

Mon|ta|baur [*auch* …ˈbaʊ̯ɐ] (Stadt im Westerwald)

Mon|ta|fon, das; -s (Alpental in Vorarlberg); **mon|ta|fo|ne|risch**

Mon|tag, der; -[e]s, -e; *Abk.* Mo.; *vgl.* Dienstag; **Mon|tag|abend** *usw.* *vgl.* Dienstagabend usw.

Mon|ta|ge [mɔnˈtaːʒə, *auch* mõ…],

---

die; -, -n ⟨franz.⟩ (Aufstellung [einer Maschine], Auf-, Zusammenbau)

Mon|ta|ge|ar|beit; **Mon|ta|ge|band**, das; **Mon|ta|ge|bau** *Plur.* …bauten; **Mon|ta|ge|bau|wei|se**; **Mon|ta|ge|hal|le**; **Mon|ta|ge|zeit**

mon|tä|gig *vgl.* …tägig; **mon|täg|lich** *vgl.* …täglich

Mon|ta|g|nard [mõtanˈjaːɐ̯], der; -s, -s (Mitglied der »Bergpartei« der Franz. Revolution)

mon|tags ↑**D 70**; *vgl.* Dienstag; **Mon|tags|au|to** (*scherzh. für* Auto mit Produktionsfehlern)

Mon|tags|de|mons|t|ra|ti|on (bes. in Leipzig [1989])

Mon|tags|wa|gen (*svw.* Montagsauto)

Mon|tai|g|ne [mõˈtɛnjə] (franz. Schriftsteller u. Philosoph)

mon|tan, mon|ta|nis|tisch ⟨lat.⟩ (Bergbau u. Hüttenwesen betreffend)

Mon|ta|na (Staat in den USA; *Abk.* MT)

Mon|tan|ge|sell|schaft; **Mon|tan|in|dus|t|rie**

Mon|ta|nis|mus, der; - (nach dem Begründer Montanus) (schwärmer. altkirchl. Bewegung in Kleinasien); **Mon|ta|nist**, der; -en, -en (Sachverständiger im Bergbau- u. Hüttenwesen; Anhänger des Montanus); **Mon|ta|nis|tin**

mon|ta|nis|tisch *vgl.* montan

Mon|tan|mit|be|stim|mung

Mon|tan|uni|on, die; - (Europäische Gemeinschaft für Kohle u. Stahl)

Mon|ta|nus (Gründer einer altchristl. Sekte)

Mont|blanc, *franz.* Mont-Blanc [mõˈblɑ̃ː], der; -[s] ⟨franz.⟩ (höchster Gipfel der Alpen u. Europas)

Mont|bre|tie [mõˈbreːtsi̯ə], die; -, -n (nach dem franz. Naturforscher de Montbret) (ein Irisgewächs)

Mont Ce|nis [mõ seˈniː], der; - - (ein Alpenpass); **Mont-Ce|nis-Stra|ße**, die; - ↑**D 146**

Mon|te Car|lo (Stadtbezirk von ¹Monaco)

Mon|te-Car|lo-Si|mu|la|ti|on, die; - (eine statistische Methode)

Mon|te Cas|si|no, der; - -, *ital.* Schreibung **Mon|te|cas|si|no**, der; - (Berg u. Kloster bei Cassino)

Mon|te|cris|to, *franz.* **Mon|te-Cris|to**

(bei Dumas in dt. Übersetzung) Monte Christo; Insel im Ligurischen Meer)

Mon|te|ne|g|ri|ner; **Mon|te|ne|g|ri|ne|rin**; **mon|te|ne|g|ri|nisch**; **Mon|te|ne|g|ro** (Staat in Südosteuropa)

Mon|te Ro|sa, der; - - (Gebirgsmassiv in den Westalpen)

Mon|tes|qui|eu [mõtɛsˈkjø:] (franz. Staatsphilosoph u. Schriftsteller)

Mon|tes|so|ri, Maria (ital. Ärztin u. Pädagogin); **mon|tes|so|ri|päd|a|go|gisch** ↑**D 136**

Mon|tes|so|ri|schu|le

Mon|teur […ˈtøːɐ̯, *auch* mõ…], der; -s, -e (Montagefacharbeiter); **Mon|teur|an|zug**; **Mon|teu|rin**

Mon|te|ver|di (ital. Komponist)

Mon|te|vi|de|a|ner; **Mon|te|vi|de|a|ne|rin**; **Mon|te|vi|deo** (Hauptstadt von Uruguay)

Mon|te|zu|ma (aztek. Herrscher); Montezumas Rache (*ugs. scherzh. für* Durchfall, bes. auf Reisen in südl. Länder)

Mont|gol|fi|e|re [mõ…], die; -, -n (nach den Brüdern Montgolfier) (ein Heißluftballon)

mon|tie|ren [*auch* mõ…] ⟨franz.⟩ ([eine Maschine, ein Gerüst u. a.] [auf]bauen, aufstellen, zusammenbauen); **Mon|tie|rer**; **Mon|tie|re|rin**; **Mon|tie|rung**

Mont|mar|t|re [mõˈmartrə] (Stadtteil von Paris)

Mont|par|nasse [mõparˈnas] (ein Stadtviertel in Paris)

Mon|t|re|al [*auch* …riˈɔːl, mõreˈal] (Stadt in Kanada)

Mon|t|reux [mõˈtrø:] (Stadt am Genfer See)

Mont-Saint-Mi|chel [mõsɛmiˈʃɛl] (Felsen u. Ort an der franz. Kanalküste)

Mont|sal|watsch, der; -[es] ⟨altfranz.⟩ (Name der Gralsburg in der Gralsdichtung)

Mont|ser|rat, **Mon|ser|rat** (Berg u. Kloster bei Barcelona)

Mon|tur, die; -, -en ⟨franz.⟩ (*ugs. für* [Arbeits]kleidung; *österr. auch für* Dienstkleidung, Uniform)

Mo|nu|ment, das; -[e]s, -e ⟨lat.⟩ (Denkmal); **mo|nu|men|tal** (gewaltig; großartig)

Mo|nu|men|tal|bau *Plur.* …bauten; **Mo|nu|men|tal|film**; **Mo|nu|men|tal|ge|mäl|de**

Mo|nu|men|ta|li|tät, die; -

Moon|boot® [ˈmuːnbuːt], der; -s, -s ⟨engl.⟩ (dick gefütterter Winterstiefel [aus Kunststoff])

Moor, das; -[e]s, -e; **Moor|bad;** **moor|ba|den** *nur im Infinitiv gebräuchlich;* **Moor|bo|den**
Moore [mu:ɐ̯], Henry (engl. Bildhauer)
Moor|huhn (*svw.* Moorschneehuhn); **Moor|huhn|jagd** (*auch ein* Computerspiel)
moo|rig
Moor|ko|lo|nie; Moor|kul|tur; Moor|lei|che; Moor|pa|ckung; Moor|schnee|huhn (nordeurop. Schneehuhn); **Moor|sied|lung**
¹**Moos,** das; -es, *Plur.* -e u. ⟨*für* Sumpf usw.:⟩ Möser (eine Pflanze; *bayr., österr., schweiz. auch für* Sumpf, ²Bruch)
²**Moos,** das; -es ⟨hebr.-jidd.⟩ (*ugs. für* Geld)
Moos|art; moos|ar|tig
moos|be|deckt ↑D 59
Moos|bee|re, Moos|farn; Moos|flech|te
moos|grün; moo|sig; Moos|krepp; Moos|pols|ter; Moos|ro|se
Mop *alte Schreibung für* Mopp
Mo|ped, das; -s, -s (leichtes Motorrad); **Mo|ped|fah|rer; Mo|ped|fah|re|rin; Mo|ped|len|ker** (*österr. für* Mopedfahrer); **Mo|ped|len|ke|rin**
Mopp, der; -s, -s ⟨engl.⟩ (Staubbesen mit langen Fransen)
Mop|pel, der; -s, - (*ugs. für* kleiner, dicklicher Mensch)
mop|pen (mit dem Mopp reinigen)
mop|pern (*westmitteld. für* meckern. murren); ich moppere
Mops, der; -es, Möpse (ein Hund); **Möps|chen**
Möp|se *Plur.* (*derb für* Busen)
möp|seln (*landsch. für* muffig riechen); ich möps[e]le
mop|sen (*ugs. für* stehlen); du mopst; sich mopsen (*ugs. für* sich langweilen; sich ärgern)
mops|fi|del (*ugs. für* sehr fidel)
Mops|ge|sicht
mop|sig (*ugs. für* langweilig; dick)
Mo|quette [...ˈkɛt] *vgl.* Mokett
¹**Mo|ra,** die; -, -⟨ital.⟩ (ein Fingerspiel)
²**Mo|ra,** die; -, -ren ⟨lat.⟩ (kleinste Zeiteinheit im Verstakt)
Mo|ral, die; -, -en *Plur. selten* ⟨lat.⟩ (Sittlichkeit; Sittenlehre); **Mo|ral|be|griff**
Mo|ral|co|dex, Mo|ral|ko|dex
Mo|ra|lin, das; -s (spießige Entrüstung in moral. Dingen); **mo|ra|lin|sau|er;** ...saures Gehabe
mo|ra|lisch ⟨lat.⟩ (der Moral gemäß; sittlich); moralische Maßstäbe; **mo|ra|li|sie|ren** ⟨franz.⟩ (moral. Betrachtungen anstellen; den Sittenprediger spielen)
Mo|ra|lis|mus, der; - ⟨lat.⟩ (Anerkennung der Sittlichkeit als Zweck u. Sinn des menschl. Lebens; [übertrieben strenge] Beurteilung aller Dinge unter moral. Gesichtspunkten); **Mo|ra|list,** der; -en, -en; **Mo|ra|lis|tin; mo|ra|lis|tisch**
Mo|ra|li|tät, die; -, -en ⟨franz.⟩ (Sittenlehre, Sittlichkeit; mittelalterl. geistl. Schauspiel)
Mo|ral|ko|dex, Mo|ral|co|dex
Mo|ral|pau|ke; Mo|ral|phi|lo|so|phie; Mo|ral|pre|di|ger; Mo|ral|pre|di|ge|rin; Mo|ral|pre|digt; Mo|ral|theo|lo|gie; Mo|ral|vor|stel|lung *meist Plur.*
Mo|rä|ne, die; -, -n ⟨franz.⟩ (Geol. Gletschergeröll); **Mo|rä|nen|land|schaft**
Mo|rast, der; -[e]s, *Plur.* -e u. Moräste (sumpfige schwarze Erde, Sumpf[land]); **mo|ras|tig**
Mo|ra|to|ri|um, das; -s, ...ien ⟨lat.⟩ (befristete Stundung [von Schulden]; Aufschub)
mor|bid ⟨lat.⟩ (kränklich; im [moral.] Verfall begriffen)
Mor|bi|dez|za, die; - ⟨ital.⟩ (*bes.* Malerei Zartheit [der Farben])
Mor|bi|di|tät, die; - ⟨lat.⟩ (Med. Krankheitsstand; Erkrankungsziffer)
mor|bi|phor (ansteckend)
Mor|bo|si|tät, die; - ⟨lat.⟩ (Kränklichkeit, Siechtum); **Mor|bus,** der; -, ...bi (Krankheit)
Mor|chel, die; -, -n (ein Pilz)
Mord, der; -[e]s, -e
Mord|an|kla|ge; Mord|an|schlag
mord|be|gie|rig *vgl.* mordgierig
Mord|bren|ner (jmd., der einen Brand legt u. dadurch Menschen tötet); **Mord|bren|ne|rin; Mord|bu|be** (*veraltet für* Mörder); **Mord|dro|hung**
mor|den
Mor|dent, der; -s, -e ⟨ital.⟩ (Musik Wechsel zwischen Hauptnote u. nächsttieferer Note, Triller)
Mör|der; Mör|der|ban|de
Mör|der|gru|be; aus seinem Herzen keine Mördergrube machen (*ugs. für* mit seiner Meinung nicht zurückhalten)
Mör|der|hand; *nur in* durch, von Mörderhand (durch einen Mörder); **Mör|de|rin**
mör|de|risch (*veraltend für* mordend; *ugs. für* schrecklich, sehr stark); mörderische Kälte; er schimpfte mörderisch; **mör|der|lich** (*ugs. für* mörderisch)
Mord|er|mitt|lung
Mord|fall, der; -[e]s; **Mord|gier; mord|gie|rig,** mord|be|gie|rig; **Mord|ins|t|ru|ment**
mor|dio! (*veraltet für* Mord!; zu Hilfe!); *vgl.* zetermordio
Mord|kom|mis|si|on; Mord|lust; Mord|nacht; Mord|pro|zess
mords..., Mords... (*ugs. für* sehr groß, gewaltig)
Mords|ar|beit; Mords|ding; Mords|durst; Mords|du|sel; Mords|gau|di; Mords|ge|schrei; Mords|hit|ze; Mords|hun|ger; Mords|kerl; Mords|krach
mords|mä|ßig (*ugs. für* gewaltig); ein mordsmäßiger Lärm
Mords|schreck, Mords|schre|cken; Mords|spaß, *österr. auch* **Mords|spass** (*ugs. für* großer Spaß); **Mords|spek|ta|kel**
mords|we|nig (*ugs. für* sehr wenig)
Mords|wut
Mord|tat; Mord|ver|dacht; Mord|ver|such; Mord|waf|fe
Mo|rel|le, Ma|rel|le, die; -, -n ⟨ital.⟩ (eine Sauerkirschenart)
Mo|ren (*Plur. von* ²Mora)
mo|ren|do ⟨ital.⟩ (Musik immer leiser werdend); **Mo|ren|do,** das; -s, *Plur.* -s u. ...di
Mo|res *Plur.* ⟨lat., »[gute] Sitten«⟩; *nur in* jmdn. Mores lehren (*ugs. für* jmdn. zurechtweisen)
Mo|res|ke, Mau|res|ke, die; -, -n ⟨franz.⟩ (*svw.* Arabeske)
Mo|ret|ti, Tobias (österr. Schauspieler)
mor|ga|na|tisch ⟨althochd.-mlat.⟩ (zur linken Hand [getraut]); morganatische Ehe (standesungleiche Ehe) ↑D 89
Mor|gar|ten, der; -s (schweiz. Berg)

mor|gen

- jmdn. auf morgen vertrösten; bis morgen; Hausaufgaben für morgen
- die Technik von morgen (der nächsten Zukunft), Entscheidung für morgen (die Zukunft)
- morgen Abend; morgen früh, *bes. österr. auch* morgen Früh; morgen Mittag; morgen Nachmittag ↑D 69

Vgl. auch Abend, Dienstag, ¹Morgen

Morgen

¹**Mor|gen,** der; -s, - (Tageszeit); guten Morgen! (Gruß); jmdm. Guten *od.* guten Morgen sagen; ↑D 69: heute, gestern Morgen; ↑D 70: morgens; morgens früh; *vgl.* Abend *u.* früh

²**Mor|gen,** der; -s, - ⟨*urspr.* Land, das ein Gespann an einem Morgen pflügen kann⟩ (ein altes Feldmaß); fünf Morgen Land

³**Mor|gen,** das; - (die Zukunft); das Heute und das Morgen

Mor|gen|an|dacht
Mor|gen|aus|ga|be
mor|gend (*veraltet für* morgig); der morgende Tag
Mor|gen|däm|me|rung
mor|gend|lich (am Morgen geschehend)

morgendlich
Die in alten Texten auch vorkommenden Schreibvarianten *morgenlich* oder *morgentlich* gelten heute nicht mehr als korrekt, die Schreibung mit *d* hat sich (wohl in Anlehnung an *abendlich*) durchgesetzt.

Mor|gen|duft (eine Apfelsorte);
Mor|gen|es|sen (*schweiz. für* Frühstück)
mor|gen|frisch
Mor|gen|frü|he; Mor|gen|ga|be (*früher*); **Mor|gen|grau|en,** das; -; **Mor|gen|gym|nas|tik**
Mor|gen|land, das; -[e]s (*veraltet für* Orient; Land, in dem die Sonne aufgeht); **Mor|gen|län|der; Mor|gen|län|de|rin; mor|gen|län|disch**
Mor|gen|licht, das; -[e]s; **Mor|gen|luft; Mor|gen|ma|ga|zin; Mor|gen|man|tel; Mor|gen|muf|fel** (*ugs. für* jmd., der morgens nach dem Aufstehen mürrisch ist)
Mor|gen|ne|bel
Mor|gen|rock *vgl.* ¹Rock
Mor|gen|rot, das; -s, **Mor|gen|rö|te,** die; -
mor|gens ↑D 70, *aber des Morgens; vgl.* ¹Morgen, Abend, Dienstag
Mor|gen|son|ne; Mor|gen|spa|zier|gang; Mor|gen|spit|ze (*bes. österr., schweiz. für* Stoßverkehr am Morgen)
Mor|gen|stern (als Stern vor Sonnenaufgang erscheinender Planet Venus; mittelalterl. Schlagwaffe)
Mor|gen|streich, der; -s (*schweiz.*

für Eröffnung der Basler Straßenfastnacht)
Mor|gen|stun|de
Mor|gen|thau|plan ↑D 136, der; -[e]s (nach dem US-Finanzminister Henry Morgenthau) (Vorschlag, Deutschland nach dem Zweiten Weltkrieg in einen Agrarstaat umzuwandeln)
Mor|gen|tour; Mor|gen|zei|tung
mor|gig; der morgige Tag
Mo|ria, die; - ⟨griech.⟩ (*Med.* krankhafte Geschwätzigkeit u. Albernheit)
mo|ri|bund ⟨lat.⟩ (*Med.* im Sterben liegend)
Mö|ri|ke (dt. Dichter)
Mo|rio-Mus|kat, der; -[s], *Plur.* -s u. -e ⟨nach dem dt. Züchter P. Morio⟩ (eine Reb- u. Weinsorte)
Mo|ris|ke, der; -n, -n ⟨span.⟩ (in Spanien sesshaft gewordener Maure)
Mo|ri|tat [*auch* 'mo:...], die; -, -en ⟨[zu einer Bildertafel] vorgetragenes Lied über ein schreckliches od. rührendes Ereignis⟩; **Mo|ri|ta|ten|sän|ger; Mo|ri|ta|ten|sän|ge|rin**
Mo|ritz, *österr. auch* **Mo|riz** (m. Vorn.); der kleine Moritz (*ugs. für* naiver Mensch)
Mor|mo|ne, der; -n, -n (Angehöriger einer nordamerik. Glaubensgemeinschaft); **Mor|mo|nen|tum,** das; -s; **Mor|mo|nin**
Mo|ro|ni (Hauptstadt der Komoren)
mo|ros ⟨lat.⟩ (*veraltet für* verdrießlich); **Mo|ro|si|tät,** die; -
Mor|phe, die; - ⟨griech.⟩ (Gestalt, Form)
Mor|phem, das; -s, -e (*Sprachwiss.* kleinste bedeutungstragende Einheit in der Sprache)
mor|phen (durch computergestütztes Verfahren die Abbildung von etw. übergangslos in eine andere wechseln lassen)
Mor|pheus (griech. Gott des Traumes); in Morpheus' Armen
Mor|phin, das; -s, -e ⟨nach Morpheus⟩ (Hauptalkaloid des Opiums; Schmerzmittel)
Mor|phing, das; -s (das Morphen)
Mor|phi|nis|mus, der; - ⟨griech.⟩ (Morphiumsucht); **Mor|phi|nist,** der; -en, -en; **Mor|phi|nis|tin**
Mor|phi|um, das; -s (*allgemeinsprachlich für* Morphin)
Mor|phi|um|sprit|ze; Mor|phi|um|sucht, die; -; **mor|phi|um|süch|tig**

Mor|pho|ge|ne|se, Mor|pho|ge|ne|sis [*auch* ...'ge:...], die; -, ...nesen (*Biol.* Ursprung u. Entwicklung von Organen od. Geweben eines pflanzl. od. tierischen Organismus); **mor|pho|ge|ne|tisch** (gestaltbildend); **Mor|pho|ge|nie,** die; -, ...ien (*svw.* Morphogenese)
Mor|pho|lo|ge, der; -n, -n; **Mor|pho|lo|gie,** die; -, - (*Biol.* Gestaltlehre; *Sprachwiss.* Formenlehre); **Mor|pho|lo|gin; mor|pho|lo|gisch** (die äußere Gestalt betreffend)
morsch; Morsch|heit, die; -
Mor|se|al|pha|bet, Mor|se-Al|pha|bet ⟨nach dem nordamerik. Erfinder Morse⟩ (Alphabet für die Telegrafie)
Mor|se|ap|pa|rat, Mor|se-Ap|pa|rat (Telegrafengerät); **mor|sen** (den Morseapparat bedienen); du morst
Mör|ser, der; -s, - (schweres Geschütz; schalenförmiges Gefäß zum Zerkleinern); **mör|sern;** ich mörsere
Mör|ser|stö|ßel
Mor|se|zei|chen
Mor|ta|del|la, die; -, -s ⟨ital.⟩ (eine Wurstsorte)
Mor|ta|li|tät, die; -, -en ⟨lat.⟩ (*Med.* Sterblichkeit[sziffer])
Mör|tel, der; -s, *Plur. (Sorten:)* - **Mör|tel|kas|ten; Mör|tel|kel|le; mör|teln;** ich mört[e]le
Mör|tel|pfan|ne
Mo|ru|la, die; - ⟨lat.⟩ (*Biol.* Entwicklungsstufe des Embryos)
Mo|sa|ik, das; -s, *Plur.* -en, *auch* -e ⟨griech.-franz.⟩; **Mo|sa|ik|ar|beit**
mo|sa|ik|ar|tig; Mo|sa|ik|bild; Mo|sa|ik|fuß|bo|den; Mo|sa|ik|stein
mo|sa|isch (nach Moses benannt; jüdisch); mosaisches Bekenntnis; die mosaischen Bücher
↑D 135 *u.* 89; **Mo|sa|is|mus,** der; - (*veraltet für* Judentum)
Mo|sam|bik (Staat in Ostafrika); **Mo|sam|bi|ka|ner; Mo|sam|bi|ka|ne|rin; mo|sam|bi|ka|nisch**
Mosch, der; -[e]s (*landsch. für* allerhand Abfälle, Überbleibsel)
Mo|schee, die; -, ...sche|en ⟨arab.-franz.⟩ (islam. Bethaus)
Mo|schus, der; - ⟨sanskr.⟩ (ein Riechstoff); **mo|schus|ar|tig**
Mo|schus|ge|ruch; Mo|schus|och|se
Mo|se *vgl.* ¹Moses
Mö|se, die; -, -n (*derb für* w. Scham)

motzig

¹Mo|sel, die; - (l. Nebenfluss des Rheines)
²Mo|sel, der; -s, - (kurz für Moselwein)
Mo|sel|la|ner, Mo|sel|la|ner (Bewohner des Mosellandes); Mo|se|la|ne|rin, Mo|sel|la|ne|rin
Mo|sel|wein
Mö|ser (Plur. von ¹Moos)
mo|sern ⟨hebr.-jidd.⟩ ⟨ugs. für nörgeln⟩; ich mosere
¹Mo|ses, Mo|se (jüd. Gesetzgeber im A. T.); fünf Bücher Mosis (des Moses) od. Mose
²Mo|ses, der; -, - ⟨Seemannsspr. Beiboot einer Jacht; auch für jüngstes Besatzungsmitglied an Bord, Schiffsjunge⟩
Mos|kau (Hauptstadt Russlands); Mos|kau|er; Moskauer Zeit; Mos|kau|e|rin; mos|kau|isch
Mos|ki|to, der; -s, -s meist Plur. ⟨span.⟩ (eine trop. Stechmücke); Mos|ki|to|netz
Mos|ko|wi|ter ⟨veraltend für Bewohner von Moskau⟩; Mos|ko|wi|te|rin; mos|ko|wi|tisch
¹Mosk|wa, die; - (russ. Fluss)
²Mosk|wa (russ. Form von Moskau)
Mos|lem, der; -s, -s ⟨arab.⟩ (Anhänger des Islams); vgl. Muslim
Mos|lem|bru|der; Mos|lem|bru|der|schaft (ägypt. polit. Vereinigung)
Mos|le|min, die; -, -nen (w. Form zu Moslem)
mos|le|mi|nisch (veraltet); mos|le|misch vgl. muslimisch
Mos|li|me, die; -, -n (selten für w. Form zu Moslem); vgl. Muslima
mos|so ⟨ital.⟩ (Musik bewegt, lebhaft)
Mos|sul ['mɔsuːl, 'moː-...] vgl. Mosul
Most, der; -[e]s, -e (unvergorener Frucht-, bes. Traubensaft; südd., österr. u. schweiz. für Obstwein, -saft; schweiz. ugs. für Benzin); Most|bir|ne
Most|bröck|li, das; -[s], -[s]; vgl. Götti (schweiz. für Bündner Fleisch)
mos|ten
Mos|tert, der; -s (nordwestd. für Senf); Most|rich, der; -[e]s (nordostd. für Senf)
Most|schen|ke, Most|schän|ke (österr.)
Most|vier|tel (Landschaft im Westen Niederösterreichs)
Mo|sul, Mos|sul ['mɔsuːl, 'moː-...] (Stadt im Irak)

Mo|tel [auch ...'tɛl], das; -s, -s ⟨amerik.; aus motorists' hotel⟩ (Hotel an der Autobahn)
Mo|tet|te, die; -, -n ⟨ital.⟩ (geistl. Chorwerk); Mo|tet|ten|stil, der; -[e]s
Mo|ther|board ['maðəbɔːɐ̯t], das; -s, -s ⟨engl.⟩ (Hauptplatine im Computer)
Mo|ti|li|tät, die; - ⟨lat.⟩ (Med. unwillkürlich gesteuerte Muskelbewegungen)
Mo|ti|on, die; -, -en ⟨franz.⟩ (Sprachwiss. Bildung weiblicher Personenbezeichnungen aus den männlichen mit einem Suffix, z. B. »Freundin« zu »Freund«; schweiz. für gewichtigste Form des Antrags in einem Parlament); Mo|ti|o|när, der; -s, -e (schweiz. für jmd., der eine Motion einreicht); Mo|ti|o|nä|rin
Mo|tiv, das; -s, -e ⟨lat.(-franz.)⟩ ([Beweg]grund, Antrieb; Leitgedanke; Gegenstand, Thema einer [künstler.] Darstellung; kleinstes musikal. Gebilde)
Mo|ti|va|ti|on, die; -, -en ⟨lat.⟩ (die Beweggründe, das Handeln eines Menschen bestimmen); Mo|ti|va|ti|ons|schub
Mo|ti|va|tor, der; -s, ...oren (Person od. Sache, die motiviert); Mo|ti|va|to|rin
Mo|tiv|for|schung (Zweig der Marktforschung)
mo|ti|vie|ren ⟨franz.⟩ (begründen; anregen, anspornen); mo|ti|viert; Mo|ti|viert|heit; Mo|ti|vie|rung
Mo|ti|vik, die; - ⟨lat.⟩ (Kunst der Motivverarbeitung [in einem Tonwerk]); mo|ti|visch
mo|ti|visch-the|ma|tisch; Brahms' motivisch-thematische Arbeit
Mo|tiv|samm|ler (Philat.); Mo|tiv|samm|le|rin
Mo|to, das; -s, -s ⟨franz.⟩ (schweiz.; kurz für Motorrad)
Mo|to|cross, Mo|to-Cross, das; -, -e ⟨engl.⟩ (Geschwindigkeitsprüfung im Gelände für Motorradsportler)
Mo|to|drom, das; -s, -e ⟨franz.⟩ ([ovale] Rennstrecke)
Mo|tor [auch moˈtoːɐ̯], der; -s, Plur. ...toren, auch ...tore ⟨lat.⟩ (Antriebskraft erzeugende Maschine; übertr. für vorwärtstreibende Kraft)
Mo|tor|block Plur. ...blöcke; Mo|tor|boot

Mo|to|ren|bau, der; -[e]s; Mo|to|ren|ge|räusch; Mo|to|ren|lärm; Mo|to|ren|öl
Mo|tor|fahr|zeug; Mo|tor|fahr|zeug|kon|t|rol|le (schweiz. Amtsspr. für Behörde, die für die Zulassung von Fahrzeugen zum Straßenverkehr zuständig ist; Abk. MFK); Mo|tor|fahr|zeug|steu|er (schweiz. Amtsspr.)
Mo|tor|hau|be
...mo|to|rig (z. B. zweimotorig, mit Ziffer 2-motorig)
Mo|to|rik, die; - (Gesamtheit der Bewegungsabläufe des menschl. Körpers; Bewegungslehre); Mo|to|ri|ker (Psychol. jmd., dessen Erinnerungen, Assoziationen o. Ä. vorwiegend von Bewegungsvorstellungen geleitet werden); Mo|to|ri|ke|rin; mo|to|risch; motorisches Gehirnzentrum (Sitz der Bewegungsantriebe)
mo|to|ri|sie|ren (mit Kraftmaschinen, -fahrzeugen ausstatten); Mo|to|ri|sie|rung
Mo|tor|jacht, Mo|tor|yacht; Mo|tor|leis|tung; Mo|tor|öl vgl. Motorenöl
Mo|tor|rad
Mo|tor|rad|bril|le; Mo|tor|rad|fah|rer; Mo|tor|rad|fah|re|rin; Mo|tor|rad|freak; Mo|tor|rad|ren|nen
Mo|tor|raum (Kfz-Wesen)
Mo|tor|rol|ler; Mo|tor|sä|ge; Mo|tor|scha|den; Mo|tor|schiff; Mo|tor|schlep|per
Mo|tor|schlit|ten; Mo|tor|seg|ler; Mo|tor|sport; Mo|tor|sprit|ze; Mo|tor|yacht, Mo|tor|jacht
Mot|sche|kieb|chen, das; -s, - (landsch. für Marienkäfer)
Mött|brand (schweiz. für Schwelbrand)
Mott|te, die; -, -n
mot|ten (südd. u. schweiz. für schwelen, glimmen)
mot|ten|echt; mot|ten|fest
Mot|ten|fif|fi, der; -s, -s (ugs. scherzh. für Pelzmantel)
Mot|ten|fraß; Mot|ten|kis|te; Mot|ten|ku|gel; Mot|ten|pul|ver; mot|ten|si|cher; mot|ten|zer|fres|sen
Mot|to, das; -s, -s ⟨ital.⟩ (Denk-, Wahl-, Leitspruch; Devise)
Mo|tu|pro|p|rio, das; -s ⟨lat.⟩ (ein nicht auf Eingaben beruhender päpstl. Erlass)
mot|zen (ugs. für nörgelnd schimpfen; landsch. auch für schmollen); du motzt; Mot|ze|rei (ugs.); mot|zig (ugs.)

Mouche [muʃ], die; -, -s ⟨franz.⟩ (Schönheitspflästerchen; Treffer in die Mitte einer Zielscheibe)

mouil|lie|ren [muˈji:...] ⟨franz.⟩ (Sprachwiss. erweichen; ein »j« nachklingen lassen, z. B. nach l in »brillant« = [brɪlˈjant]); **Mouil|lie|rung**

Mou|la|ge [muˈlaːʒə], der; -, -s, *auch* die; -, -n ⟨franz.⟩ (*Med.* Abdruck, Abguss, bes. farbiges anatom. Wachsmodell)

Mou|li|né [mu...], der; -s, -s (Garn, Gewebe); **mou|li|nie|ren** (Seide zwirnen)

Moun|tain|bike [ˈmaʊntɪnbaɪk], das; -s, -s ⟨engl.⟩ (Fahrrad für Gelände- bzw. Gebirgsfahrten); **moun|tain|bi|ken** *nur im Infinitiv üblich*; **Moun|tain|bi|ker**, der; -s, -[s] (jmd., der Mountainbike fährt); **Moun|tain|bi|ke|rin**; **Moun|tain|bi|king**, das; -[s]

moun|ten [ˈmaʊntn̩] ⟨engl.⟩ (*EDV* Dateisysteme) in einem Betriebssystem verfügbar machen)

Mount Eve|rest [ˈmaʊnt ˈɛvərɪst], der; -- ⟨engl.⟩ (höchster Berg der Erde)

Mount Mc|Kin|ley [- məˈkɪnli], der; --[s] (höchster Berg Nordamerikas, *vgl.* Denali)

Mouse|pad [ˈmaʊspɛd] *vgl.* Mauspad

Mousse [mus, muːs], die; -, -s ⟨franz.⟩ (schaumige Süßspeise; Vorspeise aus püriertem Fleisch); **Mousse au Cho|co|lat** [muːs o ʃokoˈla], die; ---, -s -- [muːs--] ⟨franz.⟩ (mit Schokolade hergestellte Mousse)

Mous|se|line [mʊs(ə)ˈliːn], die; -, -s *u.* -n [...nən] ⟨franz.⟩ (*schweiz. für* Musselin)

mous|sie|ren [mʊ...] ⟨franz.⟩ (schäumen)

Mous|té|ri|en [mʊsteˈri̯ɛ̃ː], das; -[s] ⟨nach dem franz. Fundort Le Moustier⟩ (Kulturstufe der Älteren Altsteinzeit)

Move [muːf], der; -s, -s *meist Plur.* ⟨engl.⟩ (Bewegungsablauf beim Tanzen; Schritt zur Steuerung spezieller Features bei Computerspielen)

Mo|vie [ˈmuːvi], das, *auch* der; -[s], -s ⟨engl.-amerik.⟩ ([Kino]film)

mo|vie|ren (*Sprachwiss.* die weibliche Form zu einer männlichen Personenbezeichnung bilden; z. B. Lehrerin); **Mo|vie|rung**

Mö|we, die; -, -n (ein Vogel)

Mö|wen|ei; **Mö|wen|ko|lo|nie**; **Mö|wen|schrei**

Mo|xa, die; -, ...xen ⟨jap.-engl.⟩ (als Brennkraut verwendete Beifußwolle; Moxibustion); **mo|xen** (eine Moxibustion vornehmen); du moxt; **Mo|xi|bus|ti|on**, die; -, -en (ostasiatische Heilbehandlung durch gezielte Wärmeeinwirkung mithilfe von Moxazigarren)

Moz|ara|ber [*auch* ...ˈtsa...] *meist Plur.* (Angehöriger der »arabisierten« span. Christen der Maurenzeit); **moz|ara|bisch**

Mo|zart (österr. Komponist)

Mo|zar|te|um, das; -s (Musikinstitut in Salzburg)

mo|zar|tisch; mozartische Kompositionen (von Mozart) ↑D 89 *u.* 135

Mo|zart-Kon|zert|abend, **Mo|zart|kon|zert|abend** ↑D 136

Mo|zart|ku|gel ↑D 136

Mo|zart|zopf (am Hinterkopf mit einer Schleife zusammengebundener Zopf); ↑D 136

Moz|za|rel|la, der; -s, -s ⟨ital.⟩ (ein ital. Käse aus Büffel- od. Kuhmilch)

MP, MPi, die; -, -s = Maschinenpistole

mp = mezzopiano

m. p. = manu propria

MPH [empiˈleɪtʃ] = Master of Public Health; *vgl.* Master

MPOS [empiːloˈlɛs] = Master of Psychoanalytic Observational Studies; *vgl.* Master

MPU, die; -, -[s] = medizinisch-psychologische Untersuchung (z. B. nach einem Führerscheinentzug); **MPU-Sprech|stun|de** (*Fachspr.*)

MP3 (ein Standard der Datenkompression für Musikdateien); **MP3-For|mat** (*EDV*); **MP3-Play|er**

Mr = Mister ⟨engl.⟩ (engl. Anrede [*nur mit Eigenn.*])

Mrd., Md., Mia. = Milliarde[n]

Mrs [ˈmɪsɪs] = Mistress ⟨engl.⟩ (engl. Anrede für verheiratete Frauen [*nur mit Eigenn.*])

m/s = Meter je Sekunde

Ms (schriftl. engl. Anrede für verheiratete od. unverheiratete Frauen [*nur mit Eigenn.*])

Ms., Mskr. = Manuskript

¹**MS** = Motorschiff

²**MS**, die; - *meist ohne Artikel* = multiple Sklerose

³**MS** = Mississippi

M. Sc. = Master of Science; *vgl.* Master

Msgr., ²Mgr. = Monsignore

Mskr., Ms. = Manuskript

Mss. = Manuskripte

mSv = Millisievert

Mt = Megatonne

MT = Montana

MTA, der; -[s], -[s] *u.* die; -, -[s] = medizinisch-technische Assistentin, medizinisch-technischer Assistent

mTAN [ˈɛmtan], die; -, -s ⟨*Abk. für* mobile Transaktionsnummer⟩ (per SMS übermittelte TAN)

Mu|ba = Schweizerische Mustermesse Basel

Much|tar, der; -s, -s ⟨arab.⟩ (Dorfschulze)

Mu|ci|us (altröm. m. Eigenn.); Mucius Scaevola (röm. Sagengestalt)

Muck *vgl.* Mucks

¹**Mu|cke**, die; -, -n (*ugs. für* Grille, Laune; *südd. für* Mücke)

²**Mu|cke**, die; -, -n (*ugs. für* Musik; Nebengeschäft [*vgl. auch* Mugge])

Mü|cke, die; -, -n

Mu|cke|fuck, der; -s ⟨*ugs. für* Ersatzkaffee; sehr dünner Kaffee⟩

Mü|cken|dreck (*ugs. für* Kleinigkeit, lächerliche Angelegenheit); **Mü|cken|pla|ge**; **Mü|cken|schiss** (*derb für* Mückendreck); **Mü|cken|stich**

Mu|cker (heuchlerischer Frömmler; Duckmäuser); **Mu|cke|rin**; **mu|cke|risch**; **Mu|cker|tum**, das; -s

Mu|cki|bu|de (*ugs. scherzhaft für* Fitnessstudio); **Mu|ckis** *Plur.* (*ugs. scherzh. für* Muskeln)

mu|ckisch (*landsch. für* launisch)

Mucks, der; -es, -e, **Muck**, der; -s, -e, **Muck|ser**, der; -s, - (*ugs. für* leiser, halb unterdrückter Laut; keinen Mucks *od.* Muck *od.* Muckser tun

mucksch (*svw.* muckisch); **muckschen** (*landsch. für* muckisch sein)

muck|sen (*ugs. für* einen Laut geben; eine Bewegung machen); er hat sich nicht gemuckst

Muck|ser *vgl.* Mucks; **mucks|mäus|chen|still** (*ugs. für* ganz still)

Mud, der; -s (*nordd. für* Schlamm

Multi

[an Flussmündungen]; Morast);
mud|dig *(nordd. für* schlammig)
mü|de; sich müde toben; einer Sache müde (überdrüssig) sein; ich bin es müde
Mü|dig|keit, die; -
Mu|dir, der; -s, -e ⟨arab.(-türk.)⟩ (Leiter eines Verwaltungsbezirkes [in Ägypten])
Mud|ja|hed [...dʒ...] *vgl.* Mudschahed
M. U. Dr. *(in Österr.)* = medicinae universae doctor
Mud|scha|hed, Mud|ja|hed, Mu|ja|hed [...dʒ...], der; -, ...din *meist Plur.* ⟨arab., »Kämpfer«⟩ (Freischärler [im islam. Raum])
Mües|li [ˈmyəsli] *(schweiz. Form von* Müsli)
Mu|ez|zin [*auch, österr. nur,* ˈmuːɛ...], der; -s, -s ⟨arab.⟩ (Gebetsrufer im Islam)
¹**Muff,** der; -[e]s *(nordd. für* ¹Schimmel, Kellerfeuchtigkeit)
²**Muff,** der; -[e]s, -e ⟨niederl.⟩ (Handwärmer)
Muf|fe, die; -, -n (Rohr-, Ansatzstück); Muffe haben *(ugs. für* Angst haben)
¹**Muf|fel,** der; -s, - *(Jägerspr.* kurze Schnauze; *Zool.* unbehaarter Teil der Nase bei manchen Säugetieren; *ugs. für* mürrischer Mensch)
²**Muf|fel,** die; -, -n (Schmelztiegel)
³**Muf|fel** *vgl.* Mufflon
muf|fe|lig, muff|lig *(nordd. für* mürrisch)
¹**muf|feln** *(ugs. für* ständig [mit sehr vollem Mund] kauen; mürrisch sein); ich muff[e]le
²**muf|feln, müf|feln** *(landsch. ugs. für* muffig riechen); ich muff[e]le
Muf|fel|ofen ⟨*zu* ²Muffel⟩
Muf|fel|wild (Mufflon)
muf|fen *(landsch. für* dumpf riechen)
Muf|fen|sau|sen, das; -s *(ugs. für* Angst)
¹**muf|fig** *(landsch. für* mürrisch)
²**muf|fig** (dumpf, nach Muff [¹Schimmel] riechend)
Muf|fig|keit, die; - ⟨*zu* ¹muffig, ²muffig⟩
Muf|f|lon, der; -s, -s, Muff|fel; das; -s, - ⟨franz.⟩ (ein Wildschaf)
Muf|ti, der; -[s], -s ⟨arab.⟩ (islam. Gesetzeskundiger)
Mu|gel, der; -s, -[n] *(österr. ugs. für* Hügel); **mu|ge|lig, mug|lig** *(österr. ugs. für* hügelig; *fachspr. für* mit gewölbter Fläche); **Mu-gel|pis|te** *(österr. ugs. für* wellige, unebene Piste)
Mug|ge, die; -, -n *(landsch. für* Nebengeschäft [bes. für Musiker]; *vgl. auch* ²Mucke)
Mug|gel, der; -s, -s ⟨nach den Harry-Potter-Romanen von J. K. Rowling⟩ (Person, die nicht zaubern kann)
Müg|gel|see, der; -s (im Südosten Berlins)
mug|lig *vgl.* mugelig
muh!; Muh *od.* muh machen; **Muh** *od.* muh schreien
Mü|he, die; -, -n; mit Müh und Not ↑D 13; es kostet mich keine Mühe; ich gebe mir Mühe
mü|he|los; Mü|he|lo|sig|keit, die; -
mü|hen, sich; ich mühe mich
mü|he|voll; Mü|he|wal|tung
Muh|kuh *(Kinderspr. für* Kuh)
Mühl|bach
Müh|le, die; -, -n; **Müh|len|rad** usw. *vgl.* Mühlrad usw.
Müh|le|spiel
Mühl|gra|ben
Mühl|hau|sen/Thü|rin|gen; Mühlhäu|ser; Mühl|häu|se|rin
Mühl|heim a. Main [- am -] (Stadt bei Offenbach)
Mühl|heim an der Do|nau (Stadt in Baden-Württemberg)
Mühl|rad; Mühl|stein; Mühl|wehr, das; **Mühl|werk**
Muh|me, die; -, -n *(veraltet für* Tante)
Müh|sal, die; -, -e
müh|sam; Müh|sam|keit, die; -
müh|se|lig; Müh|se|lig|keit
Mu|ja|hed [...dʒ...] *vgl.* Mudschahed
Muk|den *(früher für* Schenjang)
mu|kös ⟨lat.⟩ *(Med.* schleimig)
Mu|ko|sa, die; -, ...sen (Schleimhaut)
Mu|ko|vis|zi|do|se, die; -, -n ⟨lat.⟩ (Erbkrankheit mit Störungen der Sekrete produzierenden Drüsen)
mu|la|tie|ren *(österr. für* an einem Mulatschag teilnehmen); **Mu|la-tschag,** der; -s, -s ⟨ung.⟩ *(österr. für* ausgelassenes Fest)
Mu|lat|te, der; -n, -n ⟨span.⟩ *(wird häufig als diskriminierend empfunden* Nachkomme eines weißen u. eines schwarzen Elternteils); **Mu|lat|tin**
Mulch, der; -[e]s, -e (Schicht aus zerkleinerten Pflanzen, Torf o. Ä. auf dem Acker- od. Gartenboden)
Mulch|blech (Laubzerkleinerer an Rasenmähern)
mul|chen (mit Mulch bedecken)
Mul|de, die; -, -n; **mul|den|för|mig**
Mu|le|ta, die; -, -s ⟨span.⟩ (rotes Tuch der Stierkämpfer)
Mül|hau|sen, *franz.* Mulhouse [myˈluːz] (Stadt im Elsass)
Mül|heim (Ort bei Koblenz)
Mül|heim a. d. Ruhr [- an deːɐ̯ -] (Stadt im Ruhrgebiet)
Mu|li, das; -s, -[s] ⟨lat.⟩ (Maultier)
¹**Mull,** der; -[e]s, -e ⟨Hindi-engl.⟩ (ein Baumwollgewebe)
²**Mull,** der; -[e]s, -e *(nordd. für* weicher, lockerer Humusboden)
³**Mull, Gold|mull,** der; -[e]s, -e (maulwurfähnliches Tier)
Müll, der; -[e]s (Abfälle [der Haushalte, der Industrie])
Müll|ab|fuhr; Müll|ab|la|de|platz
Mul|lah, der; -s, -s ⟨arab.⟩ (Titel von islam. Geistlichen u. Gelehrten)
Müll|auf|be|rei|tung; Müll|au|to; Müll|berg; Müll|beu|tel
Müll|bin|de
Müll|con|tai|ner; Müll|de|po|nie; Müll|ei|mer; Müll|ent|sor|gung
Mül|ler; Mül|ler|bursch, Mül|ler|bursche; Mül|le|rei; Mül|le|rin
Mül|le|rin|art; *in den Wendungen* auf *od.* nach Müllerinart (in Mehl gewendet, gebraten u. mit Butter übergossen)
Mül|ler-Thur|gau, der; - ⟨nach dem schweiz. Pflanzenphysiologen H. Müller aus dem Thurgau⟩ (eine Reb- u. Weinsorte)
Müll|frau *(ugs.)*
Müll|gar|di|ne
Müll|gru|be; Müll|hal|de; Müll|hau|fen
Müll|heim (Stadt in Baden-Württemberg)
Müll|kip|pe
Müll|läpp|chen, Mull-Läpp|chen
Müll|mann *Plur.* ...männer *(ugs.);* **Müll|sack; Müll|schlu|cker; Müll|ton|ne; Müll|tren|nung**
Müll|ver|bren|nung; Müll|ver|brennungs|an|la|ge
Müll|ver|mei|dung; Müll|wa|gen
Müll|wer|ker (Berufsbez.); **Müllwer|ke|rin**
Müll|win|del
Mulm, der; -[e]s (lockere Erde; faules Holz); **mul|men** (zu Mulm machen; in Mulm zerfallen)
mul|mig *(ugs. auch für* bedenklich; unwohl); mir ist mulmig *(ugs.)*
Mul|ti, der; -s, -s ⟨lat.⟩ *(ugs. Kurz-*

wort für multinationaler Konzern)

Mul|ti|co|p|ter *vgl.* Multikopter

mul|ti|funk|ti|o|nal (vielen Funktionen gerecht werdend); **Mul|ti|funk|ti|ons|dru|cker** (*EDV*)

Mul|ti|ko|p|ter, Mul|ti|co|p|ter, der; -s, - (engl.) (ferngesteuertes Fluggerät mit vier od. mehr waagerechten Rotoren)

mul|ti|kul|ti (*ugs. für* multikulturell); **mul|ti|kul|tu|rell** (viele Kulturen, Angehörige mehrerer Kulturen umfassend)

mul|ti|la|te|ral (mehrseitig); multilaterale Verträge; **Mul|ti|la|te|ra|lis|mus**

Mul|ti|me|dia, das; -[s] (*EDV* Zusammenwirken von verschiedenen Medientypen wie Texten, Bildern, Grafiken, Ton, Animationen, Videoclips)

mul|ti|me|di|al (viele Medien betreffend, berücksichtigend; für viele Medien bestimmt)

Mul|ti|me|dia-PC, der; -[s], -[s]; **Mul|ti|me|dia|show** (multimediale Darstellung verschiedener Kunstarten); **Mul|ti|me|dia|sys|tem** (System, das mehrere Medien [z. B. Fernsehen u. Bücher] verwendet); **Mul|ti|me|dia|ver|an|stal|tung**

Mul|ti|mil|li|o|när; **Mul|ti|mil|li|o|nä|rin**

mul|ti|na|ti|o|nal (aus vielen Nationen bestehend; in vielen Staaten vertreten)

mul|ti|pel (vielfältig); ↑D 89; Multip|le *od.* multip|le Sklerose (eine Nervenkrankheit; *Abk.* MS); **Mul|ti|ple-Choice-Ver|fah|ren** [ˈmaltɪpl ˈtʃɔɪs...] ⟨engl.; dt.⟩ (Prüfungsverfahren, bei dem von mehreren vorgegebenen Antworten eine od. mehrere als richtig zu kennzeichnen sind)

mul|ti|plex (*veraltet für* vielfältig); *vgl.* Dr. [h. c.] mult.

Mul|ti|plex, das; -[es], -e (großes Kinozentrum)

Mul|ti|ple|xing, das; -[s] ⟨engl.⟩ (*Funkt., Elektronik*); **Mul|ti|plex|ver|fah|ren** (gebündelte, simultane Signalübertragung)

Mul|ti|pli|kand, der; -en, -en (*Math.* Zahl, die mit einer anderen multipliziert werden soll)

Mul|ti|pli|ka|ti|on, die; -, -en (Vervielfachung)

mul|ti|pli|ka|tiv

Mul|ti|pli|ka|ti|vum, das; -s, ...va (*Sprachwiss.* Vervielfältigungszahlwort)

Mul|ti|pli|ka|tor, der; -s, ...oren (Zahl, mit der eine vorgegebene Zahl multipliziert werden soll; jmd., der Wissen, Informationen weitergibt u. verbreitet); **Mul|ti|pli|ka|to|rin**

mul|ti|pli|zie|ren (malnehmen, vervielfachen); zwei multipliziert mit zwei ist, macht, gibt (*nicht:* sind, machen, geben) vier

mul|ti|re|sis|tent (*Med.* gegenüber einer Vielzahl von Stoffen widerstandsfähig)

Mul|ti|ta|lent (vielseitig begabter Mensch)

Mul|ti|tas|king [...taːs..., *auch* ˈmal...], das; -[s] (gleichzeitiges Ausführen mehrerer Aufgaben, Tätigkeiten [in einem Computer]); **mul|ti|tas|king|fä|hig** (*bes. EDV*)

mul|ti|va|lent (*Psychol.* mehr-, vielwertig [von Tests, die mehrere Lösungen zulassen]); **Mul|ti|va|lenz**, die; -, -en (*bes. Psychol.* Mehrwertigkeit [von psychischen Eigenschaften, Schriftmerkmalen, Tests])

Mul|ti|vi|b|ra|tor, der; -s, ...oren (Bauelement in EDV-Anlagen u. Fernsehgeräten)

Mul|ti|vi|si|on, die; - (*bes. Fachspr.* gleichzeitige Projektion von Dias auf eine Leinwand); **Mul|ti|vi|si|ons|show**; **Mul|ti|vi|si|ons|wand**

mul|tum, non mul|ta ⟨lat., »viel, nicht vielerlei«⟩ (Gründlichkeit, nicht Oberflächlichkeit)

Mum [mam], die; -, -s ⟨*engl. ugs. Bezeichnung für* Mutter⟩

Mum|bai (*früher:* Bombay; Stadt in Indien)

Mu|mie, die; -, -n ⟨pers.-ital.⟩ ([durch Einbalsamieren usw.] vor Verwesung geschützter Leichnam)

mu|mi|en|haft; **Mu|mi|en|sarg**

Mu|mi|fi|ka|ti|on, die; -, -en ⟨pers.-ital.; lat.⟩ (*seltener für* Mumifizierung; *Med.* Gewebeeintrocknung); **mu|mi|fi|zie|ren**; **Mu|mi|fi|zie|rung** (Einbalsamierung)

Mumm, der; -s (*ugs. für* Mut, Schneid); keinen Mumm haben

¹**Mum|me**, die; - (*landsch. für* Malzbier); Braunschweiger Mumme

²**Mum|me**, die; -, -n (*veraltet für* Larve; Vermummter)

Mum|mel, die; -, -n (Teichrose)

Mum|mel|greis (*ugs. für* alter [zahnloser] Mann); **Mum|mel|grei|sin**

Mum|mel|mann *Plur.* ...männer (*scherzh. für* Hase)

mum|meln (*landsch. für* murmeln; behaglich kauen, wie ein Zahnloser kauen; *auch für* vermummen); ich mumm[e]le

müm|meln (fressen [vom Hasen, Kaninchen]); ich mümm[e]le

Mum|mel|see, der; -s

mum|men (*veraltet für* einhüllen); **Mum|men|schanz**, der; -es (*veraltend für* Maskenfest)

Mum|pitz, der; -es (*ugs. für* Unsinn; Schwindel)

Mumps, der, *landsch. auch* die; - ⟨engl.⟩ (eine Infektionskrankheit)

Munch [mʊŋk], Edvard (norw. Maler)

Mün|chen (Stadt a. d. Isar); München-Schwabing ↑D 144; **Mün|che|ner**, Münch[e]ner; Münch[e]ner Kindl; Münch[e]ner Straße ↑D 162; **Mün|che|ne|rin**, Münch[e]nerin

¹**Münch|hau|sen**, Karl Friedrich Hieronymus von, *genannt* »Lügenbaron« (Verfasser unglaubhafter Abenteuergeschichten)

²**Münch|hau|sen**, der; -, - (Aufschneider)

Münch|hau|se|ni|a|de, Münch|hau|si|a|de (Erzählung in Münchhausens Art)

münch|hau|sisch; die münchhausischen Schriften ↑D 135 *u.* 89

Münch|ner *vgl.* Münchener

Münch|ne|rin *vgl.* Münchenerin

¹**Mund**, der; -[e]s, *Plur.* Münder, *selten auch* Munde *u.* Münde; einen, zwei, ein paar Mundvoll *od.* Mund voll nehmen; einige Mundvoll *od.* Mund voll Brot; den Mund [zu] voll nehmen (großsprecherisch sein)

²**Mund**, Munt, die; - (Schutzverhältnis im germ. Recht); *vgl.* Mundium

Mund|art (Dialekt); **Mund|art|dich|ter**; **Mund|art|dich|te|rin**; **Mund|art|dich|tung**

Mund|ar|ten|for|schung, **Mund|art|for|schung**; **Mund|art|ko|mö|die**

mund|art|lich (*Abk.* mdal.)

Mund|art|spre|cher; **Mund|art|spre|che|rin**; **Mund|art|wör|ter|buch**

Münd|chen

Mund|du|sche

Mün|del, das, (*BGB für beide*

Geschlechter:) der; -s, -, für eine weibliche Person selten auch die; -, -n ⟨zu ²Mund, Munt⟩ (Rechtsspr. unter Vormundschaft stehende Person)
Mün|del|geld
mün|del|si|cher (Bankw.); Mün|del|si|cher|heit, die; -
mun|den (geh. für schmecken)
mün|den
Mün|den (Stadt am Zusammenfluss der Fulda u. der Werra zur Weser; vgl. Hann. Münden); Mün|de|ner; Mün|de|ne|rin
mund|faul (ugs. für wortkarg)
Mund|fäu|le (eitrige Entzündung der Mundschleimhaut u. des Zahnfleisches)
Mund|faul|heit
mund|fer|tig
Mund|flo|ra (Med. die Bakterien u. Pilze in der Mundhöhle)
mund|ge|bla|sen; mundgeblasene Gläser
mund|ge|recht
Mund|ge|ruch; Mund|ge|sund|heit
Mund|har|mo|ni|ka
Mund|höh|le; Mund|hy|gi|e|ne
mün|dig; mündig sein, werden; vgl. mündig sprechen
Mün|dig|keit, die; -; Mün|dig|keits|er|klä|rung
mün|dig spre|chen, mün|dig|spre|chen (für mündig erklären); Mün|dig|spre|chung
Mun|di|um, das; -s, Plur. ...ien u. ...ia (germ.-mlat.) (Schutzverpflichtung, -gewalt im frühen dt. Recht); vgl. ²Mund
Mund|kom|mu|ni|on (kath. Kirche)
münd|lich; Münd|lich|keit, die; -
Mund|ma|ler; Mund|ma|le|rin
Mund|öff|nung (Zool.)
Mund|par|tie; Mund|pfle|ge
Mund|pro|pa|gan|da
Mund|rand, der; -[e]s
Mund|rohr (veraltet für Mundstück)
Mund|schaft (früher für Verhältnis zwischen Schützer u. Beschütztem; Schutzverhältnis)
Mund|schenk, der; -en, -en, auch: -[e]s, -e (früher für an Fürstenhöfen für die Getränke verantwortlicher Hofbeamter)
Mund|schleim|haut; Mund|schutz, der; -es, -e Plur. selten (Med., Sport); Mund|spray
M-und-S-Rei|fen ['ɛm|ʊnt|'ɛs...] = Matsch-und-Schnee-Reifen
Mund|stück
mund|tot; jmdn. mundtot machen (zum Schweigen bringen)

Mund|tuch Plur. ...tücher (veraltet für Serviette)
Mün|dung; Mün|dungs|feu|er
Mün|dungs|scho|ner
Mund|voll, Mund voll vgl. ¹Mund
Mund|vor|rat; Mund|was|ser Plur. ...wässer
Mund|werk, das; -s, -e; ein großes Mundwerk haben (ugs. für großsprecherisch sein)
Mund|werk|zeug meist Plur.; Mund|win|kel
Mund-zu-Mund-Be|at|mung ↑D 26
Mund-zu-Na|se-Be|at|mung ↑D 26
Mun|ge|nast ['mʊŋə...] (österr. Barockbaumeisterfamilie)
¹Mun|go, der; -s, -s ⟨angloind.⟩ (eine Schleichkatze)
²Mun|go, der; -[s], -s ⟨engl.⟩ (Garn, Gewebe aus Reißwolle)
Mu|ni, der; -[s], -[s]; vgl. Götti (schweiz. für Zuchtstier)
Mu|nin (»der Erinnerer«) ⟨germ. Mythol.⟩ einer der beiden Raben Odins; vgl. Hugin
Mu|ni|ti|on, die; -, -en (franz.); mu|ni|ti|o|nie|ren (mit Munition versehen); Mu|ni|ti|o|nie|rung
Mu|ni|ti|ons|de|pot; Mu|ni|ti|ons|fa|brik; Mu|ni|ti|ons|la|ger
Mu|ni|ti|ons|zug
mu|ni|zi|pal (lat.) (veraltet für städtisch; Verwaltungs...)
Mu|ni|zi|pi|um, das; -s, ...ien (altröm. Landstadt mit Selbstverwaltung)
Mun|kel|ei (ugs.); mun|keln (ugs. für im Geheimen reden); ich munk[e]le
Müns|ter, das, selten der; -s, - (Stiftskirche, Dom)
Müns|te|ra|ner (Einwohner von Münster [Westf.]); Müns|te|ra|ne|rin
Müns|ter|bau Plur. ...bauten
Müns|ter|kä|se, der; -s, - ⟨nach der franz. Stadt Munster im Elsass⟩ (ein Weichkäse)
Müns|ter|land, das; -[s] (Teil der Westfälischen Bucht)
Müns|ter|turm
Müns|ter (Westf.) (Stadt im Münsterland)
Munt vgl. ²Mund
mun|ter; jmdn. munter machen od. muntermachen
Mun|ter|keit
Mun|ter|ma|cher (ugs. für Anregungsmittel)
Münt|zer, Thomas (dt. ev. Theologe)
Münz, das; -es (schweiz. ugs. für Kleingeld)

Münz|amt; Münz|an|stalt; Münz|ap|pa|rat; Münz|au|to|mat
Mün|ze, die; -, -n (Geldstück; Geldprägestätte)
mün|zen; du münzt; das ist auf mich gemünzt (ugs. für das zielt auf mich ab)
Mün|zen|samm|lung, Münz|samm|lung
Mün|zer (veraltet für Münzenpräger)
Münz|fern|spre|cher
Münz|fuß (Verhältnis zwischen Gewicht u. Feingehalt bei Münzen)
Münz|ge|wicht; Münz|ho|heit; Münz|ka|bi|nett; Münz|kun|de, die; - (für Numismatik)
Münz|recht; Münz|samm|lung vgl. Münzensammlung
Münz|sor|tier|ma|schi|ne
Münz|stät|te; Münz|tank; Münz|tech|nik; Münz|ver|bre|chen
Münz|wechs|ler
Münz|we|sen, das; -s
Mur, die; - (l. Nebenfluss der Drau)
Mu|rä|ne, die; -, -n ⟨griech.⟩ (ein Fisch)
Mu|rat (m. Vorn.)
mürb, häufiger mür|be; mürbes Gebäck; Natron kann den Teig mürbe machen od. mürbemachen; vgl. mürbemachen
Mür|be, die; -; Mür|be|bra|ten (nordd. für Lendenbraten)
mür|be|ma|chen (ugs. für jmds. Widerstand brechen)
Mür|be|teig
Mürb|heit, die; -; Mür|big|keit, die; - (veraltet)
Mur|bruch, der; -[e]s, ...brüche, Mu|re, die; -, -n (Geol. Schutt- od. Schlammstrom im Hochgebirge)
Mürb|teig (bes. österr. für Mürbeteig)
Mu|re vgl. Murbruch
mu|ren ⟨engl.⟩ (Seew. mit einer Muring verankern)
mu|ri|a|tisch ⟨lat.⟩ (kochsalzhaltig)
mu|rig ⟨zu Mure⟩ (muriges Gelände)
Mu|ril|lo [...'rɪljo] (span. Maler)
Mu|ring, die; -, -e ⟨engl.⟩ (Seew. Vorrichtung zum Verankern mit zwei Ankern)
Mu|rings|bo|je; Mu|rings|schä|kel
Mü|ritz, die; - (See in Mecklenburg)
Mur|kel, der; -s, - (landsch. für kleines Kind); mur|ke|lig, murk|lig (landsch. für klein)

Murks

Murks, der; -es (ugs. für unordentliche Arbeit; fehlerhaftes Produkt); **murk|sen;** du murkst; **Murk|ser; Murk|se|rin**
Mur|mansk (russ. Hafenstadt)
Mur|mel, die; -, -n (landsch. für Spielkügelchen; vgl. auch Marbel)
¹**mur|meln** (leise u. undeutlich sprechen); ich murm[e]le; vor sich hin murmeln
²**mur|meln** (landsch. für mit Murmeln spielen); ich murm[e]le
Mur|mel|tier (ein Nagetier); schlafen wie ein Murmeltier
Mur|ner, der; -s (Kater in der Tierfabel)
Mur|phys Ge|setz ['mœːɐ̯fiːs -] ⟨nach engl. »Murphy's Law«⟩ (angenommene Gesetzmäßigkeit, nach der alles misslingt, was misslingen kann)
Murr, die; - (r. Nebenfluss des Neckars)
mur|ren
mür|risch; Mür|risch|keit, die; -
Murr|kopf (veraltet für mürrischer Mensch); **murr|köp|fig, murr|köp|fisch**
Mur|ten (Stadt im Kanton Freiburg); **Mur|ten|see,** der; -s
Mürz, die; - (l. Nebenfluss der Mur)
Mus, das, landsch. der; -es, -e
Mu|sa, die; - ⟨arab.⟩ (Bananenart)
Mu|sa|fa|ser (Manilahanf)
¹**Mu|sa|get,** der; -en ⟨griech., »Musen[an]führer«⟩ (Beiname Apollos)
²**Mu|sa|get,** der; -en, -en (veraltet für Freund u. Förderer der Künste u. Wissenschaften)
Mus|ca|det [myska'deː], der; -[s], -s (trockener franz. Weißwein)
Mu|sche, die; -, -n ⟨franz.⟩; vgl. Mouche
Mu|schel, die; -, -n (österr. auch für Becken, z. B. Waschmuschel); **Mu|schel|bank** Plur. ...bänke
Mü|schel|chen
mu|sche|lig, muschlig
Mu|schel|kalk (Geol. mittlere Abteilung der Triasformation)
Mu|schel|samm|lung; Mu|schel|scha|le; Mu|schel|tau|cher; Mu|schel|tau|che|rin; Mu|schel|werk, das; -[e]s (Kunstwiss.)
Mu|schi, die; -, -s (Kinderspr. Katze; ugs. für Vulva)
Mu|schik [auch ...'ʃik], der; -s, -s ⟨russ.⟩ (Bauer im zaristischen Russland)
Mu|schir, der; -s, -e ⟨arab.⟩ (früher für türkischer Feldmarschall)
Musch|ko|te, der; -n, -n ⟨zu Musketier⟩ (veraltend für Soldat [ohne Rang]; einfacher Mensch)
musch|lig, mu|schel|lig
Mu|se, die; -, -n ⟨griech.⟩ (eine der [neun] griech. Göttinnen der Künste); die zehnte Muse (scherzh. für Kleinkunst, Kabarett); vgl. aber Muße
mu|se|al (zum, ins Museum gehörend; Museums...)
Mu|se|en (Plur. von Museum)
Mu|sel|man [...maːn], der; -en, -en (veraltet für Anhänger des Islams); vgl. Moslem u. Muslim; **Mu|sel|ma|nin; mu|sel|ma|nisch**
Mu|sel|mann Plur. ...männer (scherzh., veraltet)
mu|sen (zu Mus zu machen); du must **Mu|sen|al|ma|nach**
Mu|sen|sohn (scherzh. für Dichter); **Mu|sen|tem|pel** (scherzh. für Theater); **Mu|sen|toch|ter** (scherzh.)
Mu|seo|lo|gie, die; - (Museumskunde); **mu|seo|lo|gisch**
Mu|sette [myˈzɛt], die; -, Plur. -s od. -n ⟨franz.⟩ (franz. Tanz im ³/₄- od. ⁶/₈-Takt)
Mu|se|um, das; -s, ...een ⟨griech.⟩ ([der Öffentlichkeit zugängliche] Sammlung von Altertümern, Kunstwerken o. Ä.)
Mu|se|ums|auf|se|her; Mu|se|ums|auf|se|he|rin; Mu|se|ums|bau Plur. ...bauten; **Mu|se|ums|die|ner; Mu|se|ums|die|ne|rin**
mu|se|ums|ei|gen; museumseigene Werkstätten
Mu|se|ums|füh|rer; Mu|se|ums|füh|re|rin; Mu|se|ums|ka|ta|log
mu|se|ums|reif
Mu|se|ums|shop; Mu|se|ums|stück; Mu|se|ums|werk|statt
Mu|si, die; - (bayr., österr. für Musikkapelle)
Mu|si|cal ['mjuːzɪkl], das; -s, -s ⟨amerik.⟩ (populäres Musiktheater[stück])
Mu|sic|box ['mjuːzɪk...], die; -, -es ⟨amerik.⟩ (svw. Musikbox)
mu|siert ⟨griech.⟩ (svw. musivisch)
Mu|sik, die; -, -en ⟨griech.⟩ (nur Sing.: Tonkunst; Komposition, Musikstück); [die] Musik lieben
Mu|sik|aka|de|mie
Mu|si|ka|li|en Plur. (gedruckte Musikwerke); **Mu|si|ka|li|en|hand|lung**
mu|si|ka|lisch (tonkünstlerisch; musikbegabt, Musik liebend); **Mu|si|ka|li|tät,** die; - (musikal. Wirkung; musikal. Empfinden od. Nacherleben)
Mu|si|kant, der; -en, -en (Musiker, der zum Tanz u. dgl. aufspielt)
Mu|si|kan|ten|kno|chen (ugs. für schmerzempfindlicher Ellenbogenknochen)
Mu|si|kan|tin; mu|si|kan|tisch (musizierfreudig)
Mu|sik|au|to|mat; Mu|sik|bi|b|lio|thek; Mu|sik|box, die; -, -en (Schallplattenautomat); **Mu|sik|büh|ne**
Mu|sik|di|rek|tor (MD); **Mu|sik|di|rek|to|rin; Mu|sik|dra|ma**
Mu|si|ker; Mu|si|ke|rin
Mu|sik|er|zie|hung; Mu|sik|fest; Mu|sik|film
Mu|sik|freund; Mu|sik|freun|din
Mu|sik|ge|hör; [kein] Musikgehör für etw. haben (schweiz. für [nicht] empfänglich, zugänglich für etw. sein); **Mu|sik|ge|schäft; Mu|sik|ge|schich|te; Mu|sik|hoch|schu|le; Mu|sik|in|dus|t|rie**
Mu|sik|in|s|t|ru|ment; Mu|sik|in|s|t|ru|men|ten|in|dus|t|rie
Mu|sik|jour|na|list; Mu|sik|jour|na|lis|tin
Mu|sik|ka|pel|le; Mu|sik|kas|set|te; Mu|sik|kneipe (ugs.); **Mu|sik|kon|ser|ve; Mu|sik|korps** (Musikkapelle beim Militär)
Mu|sik|kri|ti|ker; Mu|sik|kri|ti|ke|rin
Mu|sik|le|ben, das; -s
Mu|sik|leh|rer; Mu|sik|leh|re|rin
Mu|sik|le|xi|kon
Mu|sik lie|bend, mu|sik|lie|bend ↑D58: ein Musik liebender od. musikliebender Mensch; **Mu|sik|lieb|ha|ber; Mu|sik|lieb|ha|be|rin**
Mu|si|ko|lo|ge, der; -n, -n (Musikwissenschaftler); **Mu|si|ko|lo|gie,** die; - (Musikwissenschaft); **Mu|si|ko|lo|gin**
Mu|sik|pä|d|a|go|ge; Mu|sik|pä|d|a|go|gik; Mu|sik|pä|d|a|go|gin; mu|sik|pä|d|a|go|gisch
Mu|sik|player ⟨engl.⟩ (EDV-Jargon Gerät zum Abspielen von Tonaufnahmen); **Mu|sik|preis**
Mu|sik|pro|du|zent; Mu|sik|pro|du|zen|tin
Mu|sik|schu|le; Mu|sik|sen|der; Mu|sik|stil; Mu|sik|stück
Mu|sik|sze|ne
Mu|sik|tausch|bör|se (im Internet)
Mu|sik|the|a|ter; Mu|sik|ti|tel
Mu|sik|tru|he; Mu|sik|über|tra|gung; Mu|sik|un|ter|richt

Mu|si|kus, der; -, *Plur.* ...sizi u. ...kusse (*scherzh. für* Musiker)
Mu|sik|ver|ein; Mu|sik|ver|lag
mu|sik|ver|stän|dig
Mu|sik|vi|deo (*ugs.*)
Mu|sik|werk; Mu|sik|werk|statt
Mu|sik|wis|sen|schaft
Mu|sik|wis|sen|schaf|ter (*schweiz., österr. auch für* Musikwissenschaftler); **Mu|sik|wis|sen|schafte|rin; Mu|sik|wis|sen|schaft|ler; Mu|sik|wis|sen|schaft|le|rin**
Mu|sik|zeit|schrift; Mu|sik|zen|trum
Mu|sil (österr. Schriftsteller)
mu|sisch ⟨griech.⟩ (künstlerisch [aufgeschlossen, hochbegabt]; die schönen Künste betreffend); musisches Gymnasium
Mu|siv|ar|beit (Einlegearbeit, Mosaik); **Mu|siv|gold** (unechtes Gold); **mu|si|visch** ⟨griech.⟩ (eingelegt); musivische Arbeit
Mu|siv|sil|ber (Legierung aus Zinn, Wismut u. Quecksilber zum Bronzieren)
mu|si|zie|ren; Mu|si|zier|stil
Mus|kat [österr. u. schweiz. 'mʊs...], der; -[e]s, -e ⟨sanskr.-franz.⟩ (ein Gewürz); **Mus|katblü|te**
Mus|ka|te, die; -, -n (*veraltet für* Muskatnuss)
Mus|ka|tel|ler, der; -s, - ⟨ital.⟩ (eine Reb- u. Weinsorte); **Mus|ka|tel|ler|wein**
Mus|kat|nuss; Mus|kat|nuss|baum
Mus|kel, der; -s, -n ⟨lat.⟩
Mus|kel|atro|phie (*Med.* Muskelschwund); **mus|kel|be|packt**
Mus|kel|fa|ser; Mus|kel|fa|ser|riss
Mus|kel|frau (*ugs.*)
Mus|kel|ka|ter (*ugs. für* Muskelschmerzen); **Mus|kel|kraft; Mus|kel|krampf**
Mus|kel|mann *Plur.* ...männer (*ugs. für* muskulöser [starker] Mann)
Mus|kel|pa|ket (*ugs. für* Muskelmann od. Muskelfrau)
Mus|kel|protz (*ugs. für* jmd., der mit seinen Muskeln prahlt)
Mus|kel|riss; Mus|kel|schwund
Mus|kel|shirt (ärmelloses, die Oberarmmuskeln betonendes Shirt); **Mus|kel|span|nung; Mus|kel|zer|rung**
Mus|ke|te, die; -, -n ⟨franz.⟩ (*früher für* schwere Handfeuerwaffe)
Mus|ke|tier, der; -s, -e (*früher für* Fußsoldat)
Mus|ko|vit, **Mus|ko|wit**, der; -s, -e (heller Glimmer)

mus|ku|lär ⟨lat.⟩ (auf die Muskeln bezüglich, sie betreffend)
Mus|ku|la|tur, die; -, -en (Muskelgefüge, starke Muskeln)
mus|ku|lös ⟨franz.⟩ (mit starken Muskeln versehen; äußerst kräftig)
¹Müs|li, das; -[s], -[s], *schweiz.* Müesli ['myəsli], das; -[s], -; *vgl.* Götti ⟨schweiz.⟩ (ein Rohkostgericht, bes. aus Getreideflocken)
²Müs|li, der; -s, -s (*ugs. scherzh. für* jmd., der sich vorwiegend von Rohkost ernährt)
Mus|lim, der; -[s], *Plur.* -e u. -s (Anhänger des Islams)
Mus|li|ma, die; -, *Plur.* -s u. (*selten*) ...men, **Mus|li|me**, die; -, -n, **Mus|li|min**, die; -, -nen (w. Formen zu Muslim)
mus|li|misch, mos|le|misch (die Muslime betreffend)
Mus|pel|heim (*germ. Mythol.* Welt des Feuers, Reich der Feuerriesen)
Mus|pil|li, das; -s (»Weltbrand«) (altd. Gedicht vom Weltuntergang)
Muss, das; - (Zwang); es ist ein Muss (notwendig)
<mark>**Muss|be|stim|mung**</mark>, Muss-Be|stim|mung
Mu|ße, die; - (freie Zeit, [innere] Ruhe); *vgl. aber* Muse
Muss|ehe (*ugs. veraltend*)
Mus|se|lin, der; -s, -e (nach der Stadt Mosul) (ein Gewebe); **musse|li|nen** (aus Musselin)
müs|sen; ich muss; du musst; du musst|test; du müss|test; gemusst; müsse!; ich habe gemusst; *aber* was habe ich hören müssen!
Mu|ße|stun|de
Muss|hei|rat (*ugs. veraltend*)
mü|ßig; müßig sein; müßig hin und her gehen; *vgl. aber* müßiggehen
mü|ßi|gen; *noch in* sich gemüßigt (veranlasst, genötigt) sehen
Mü|ßig|gang, der; -[e]s; **Mü|ßiggän|ger; Mü|ßig|gän|ge|rin**
mü|ßig|gän|ge|risch
mü|ßig|ge|hen (nichts tun, faulenzen); **Mü|ßig|keit**, die; - (*geh.*)
Mus|sorg|s|ki (russ. Komponist)
muss|te *vgl.* müssen
<mark>**Muss|vor|schrift**</mark>, Muss-Vor|schrift
Mus|ta|fa (m. Vorn.)
Mus|tang, der; -s, -s ⟨engl.⟩ (wild lebendes Präriepferd)
Mus|ter, das; -s, -; nach Muster

Mus|ter|bei|spiel; Mus|ter|be|trieb; Mus|ter|bild; Mus|ter|brief
Mus|ter|buch
Mus|ter|ehe; Mus|ter|ex|em|p|lar; Mus|ter|gat|te; Mus|ter|gat|tin
mus|ter|gül|tig
Mus|ter|gül|tig|keit, die; -
mus|ter|haft
Mus|ter|haf|tig|keit, die; -
Mus|ter|kar|te; Mus|ter|kna|be
Mus|ter|kof|fer; Mus|ter|land
Mus|ter|mes|se *vgl.* ²Messe
mus|tern; ich mustere
Mus|ter|pro|zess
Mus|ter|schü|ler; Mus|ter|schü|le|rin
Mus|ter|schutz, der; -es; **Mus|terstück**
Mus|te|rung; Mus|te|rungs|bescheid
Mus|ter|zeich|ner; Mus|ter|zeich|nerin; Mus|ter|zeich|nung
Must-have ['masthev, mast'hev], das; -[s], -s ⟨engl.⟩ (etw., was man haben muss od. was sein muss)
Mus|topf; aus dem Mustopf kommen (*ugs. für* ahnungslos sein)
Mut, der; -[e]s; jmdm. Mut machen; guten Mut[e]s sein; mir ist traurig <mark>zumute</mark> *od.* zu Mute
Mu|ta, die; -, ...tä ⟨lat.⟩ (*Sprachwiss.* Explosivlaut); Muta cum Liquida (Verbindung von Verschluss- u. Fließlaut, z. B. pl, pr)
mu|ta|bel ⟨lat.⟩ (veränderlich); ...a|b|le Merkmale; **Mu|ta|bi|li|tät**, die; - (Veränderlichkeit)
Mu|tant, der; -en, -en (svw. Mutante; *bes. österr. auch für* Jugendlicher im Stimmwechsel)
Mu|tan|te, die; -, -n (*Biol.* durch Mutation entstandenes Lebewesen); **Mu|tan|tin**
Mu|ta|ti|on, die; -, -en (*Biol.* spontane od. künstlich erzeugte Veränderung im Erbgefüge; *Med.* Stimmwechsel; *schweiz. auch für* Änderung im Personal- od. Mitgliederbestand)
mu|ta|tis mu|tan|dis (mit den nötigen Abänderungen; *Abk.* m. m.)
Müt|chen, das; -s; an jmdm. sein Mütchen kühlen (an jmdm. seinen Zorn auslassen)
mu|ten (*Bergmannsspr.* Genehmigung zum Abbau beantragen; *Handwerk* um die Erlaubnis nachsuchen, das Meisterstück zu machen); [wohl] gemutet (*veraltet für* gestimmt, gesinnt) sein, *aber* wohlgemut sein

Muter

Mu|ter (*Bergmannsspr.* jmd., der Mutung einlegt)
mu|ter|füllt
mu|tie|ren ⟨lat.⟩ (*Biol.* sich spontan im Erbgefüge ändern; *Med.* die Stimme wechseln)
mu|tig
…mü|tig (z. B. wehmütig)
Müt|lein *vgl.* Mütchen
mut|los; Mut|lo|sig|keit, die; -
mut|ma|ßen (vermuten); du mutmaßt; gemutmaßt; zu mutmaßen; **mut|maß|lich**; der mutmaßliche Täter; **Mut|ma|ßung**
Mut|pro|be
Mut|schein (*Bergmannsspr.* Urkunde über die Genehmigung zum Abbau)
Mutt|chen (*landsch. Koseform von* ²Mutter)
¹Mut|ter, die; -, -n (Schraubenteil)
²Mut|ter, die; -, Mütter; Mutter Erde, Mutter Natur
Müt|ter|be|ra|tungs|stel|le
Mut|ter|bo|den, der; -s (humusreiche oberste Bodenschicht)
Müt|ter|chen
Mut|ter|er|de, die; - (*svw.* Mutterboden)
Mut|ter|freu|den *Plur.; in* Mutterfreuden entgegensehen (*geh. für* schwanger sein)
Müt|ter|ge|ne|sungs|heim; Müt|ter-Ge|ne|sungs|werk; Deutsches Mütter-Genesungswerk
Mut|ter|ge|sell|schaft (*Wirtsch.*)
Mut|ter|ge|stein
Mut|ter|got|tes, die; -, **Mut|ter Got|tes**, die; - -; **Mut|ter|got|tes|bild**
Mut|ter|haus
Mut|ter|herz
Mut|ter|in|s|tinkt
Mut|ter-Kind-Pass (*österr. für* Mutterpass); **Mut|ter-Kind-Pass-Un|ter|su|chung;**
Mut|ter|kir|che
Mut|ter|kon|zern (*Wirtsch.*)
Mut|ter|korn *Plur.* …korne
Mut|ter|ku|chen (Plazenta)
Mut|ter|land *Plur.* …länder
Mut|ter|leib, der; -[e]s
Müt|ter|lein
müt|ter|lich; müt|ter|li|cher|seits; Müt|ter|lich|keit, die; -
Mut|ter|lie|be; mut|ter|los
Mut|ter|mal *Plur.* …male
Mut|ter|milch
Mut|ter|mund, der; -[e]s (*Med.*)
Mut|tern|fa|b|rik; Mut|tern|schlüssel
Mut|ter|pass
Mut|ter|pflan|ze
Mut|ter|recht
Müt|ter|ren|te (*Politik* auf Erziehungszeiten gründender Rentenanspruch)
Mut|ter|schaf
Mut|ter|schaft; Mut|ter|schafts|ur|laub (*veraltend*)
Mut|ter|schiff
Mut|ter|schutz, der; -es; **Mut|ter|schutz|ge|setz**
Mut|ter|schwein
mut|ter|see|len|al|lein (ganz allein)
Mut|ter|söhn|chen (*abwertend*)
Mut|ter|spra|che; Mut|ter|sprach|ler; Mut|ter|sprach|le|rin; mut|ter|sprach|lich; muttersprachlicher Unterricht
Mut|ter|stel|le; an jmdm. Mutterstelle vertreten; **Mut|ter|stolz**
Mut|ter|tag; Mut|ter|tier
Mut|ter|witz, der; -es
Mut|ti, die; -, -s (*Koseform von* ²Mutter)
mu|tu|al, mu|tu|ell ⟨lat.⟩ (wechselseitig); **Mu|tu|a|lis|mus**, der; - (*Biol.* Beziehung zwischen Lebewesen verschiedener Art zu beiderseitigem Nutzen); **mu|tu|ell** *vgl.* mutual
Mu|tung (*Bergmannsspr.* Antrag auf Erteilung des Abbaurechts; Mutung einlegen (Antrag stellen)
Mut|wil|le, der; -ns
mut|wil|lig; Mut|wil|lig|keit
Mutz, der; -es, -e (*landsch. für* Tier mit gestutztem Schwanz)
Müt|z|chen
Müt|ze [*auch* 'mu:...] (*landsch., bes. rhein. für* ein süßes Fettgebäck); **Müt|ze**, die; -, -n; **Müt|zen|schirm**
Mu|zak ['mju:zɛk], die; - ⟨engl.⟩ (*Jargon* [anspruchslose] Hintergrundmusik für Büros, Einkaufszentren o. Ä.)
m. v. = mezza voce
MV = Megavolt
m. W. = meines Wissens
MW = Megawatt
MwSt., Mw.-St. = Mehrwertsteuer
¹My, das; -[s], -s ⟨griech. Buchstabe: M, μ⟩
²My (*kurz für* Mikron)
My|al|gie, die; -, …jen ⟨griech.⟩ (*Med.* Muskelschmerz)
My|an|mar ['mja...] (Staat in Hinterindien); *vgl.* Birma *u.* Burma
My|an|ma|re, der; -n, -n; **My|an|ma|rin; my|an|ma|risch**
My|as|the|nie, die; -, …jen (*Med.* krankhafte Muskelschwäche)
My|ato|nie, die; -, …jen (*Med.* [angeborene] Muskelerschlaffung)
My|e|li|tis, die; -, …itiden ⟨griech.⟩ (*Med.* Entzündung des Rücken- od. Knochenmarks)
My|ke|ne, My|ke|nä ⟨griech. Ort u. antike Ruinenstätte⟩; **my|ke|nisch**
My|ko|lo|ge, der; -n, -n; **My|ko|lo|gie**, die; - ⟨griech.⟩ (Pilzkunde); **My|ko|lo|gin; my|ko|lo|gisch**
My|kor|rhi|za, die; -, …zen (*Bot.* Lebensgemeinschaft zwischen den Wurzeln von höheren Pflanzen u. Pilzen)
My|ko|se, die; -, -n (*Med.* Pilzerkrankung)
My|la|dy [mi'le:di] ⟨engl.⟩ (frühere engl. Anrede an eine Dame = gnädige Frau)
My|lo|nit, der; -s, -e ⟨griech.⟩ (*Geol.* Gestein)
My|lord [mi...] ⟨engl.⟩ (frühere engl. Anrede an einen Herrn = gnädiger Herr)
Myn|heer [məˈneːɐ̯] ⟨niederl.⟩; *vgl.* Mijnheer
Myo|kard, das; -[e]s, -e, **Myo|kar|di|um**, das; -s, …dia ⟨griech.⟩ (*Med.* Herzmuskel)
Myo|kar|die, die; -, …jen, **Myo|kar|do|se**, die; -, -n (nicht entzündete Herzmuskelerkrankung)
Myo|kard|in|farkt (Herzinfarkt)
Myo|kar|di|tis, die; -, …itiden (Herzmuskelentzündung)
Myo|kar|do|se *vgl.* Myokardie
Myo|kard|scha|den
Myo|lo|gie, die; - (*Med.* Muskellehre)
My|om, das; -s, -e (gutartige Muskelgewebsgeschwulst)
myo|morph (muskelfaserig)
My|on, das; -s, …onen *meist Plur.* ⟨griech.⟩ (*Kernphysik* instabiles Elementarteilchen)
my|op ⟨griech.⟩ (*Med.* kurzsichtig); **My|o|pe**, der *od.* die; -n, -n (Kurzsichtige[r]); **My|o|pie**, die; -, …jen (Kurzsichtigkeit); **my|o|pisch** *vgl.* myop
My|o|sin, das; -s (Muskeleiweiß)
My|o|si|tis, die; -, …itiden ⟨griech.⟩ (*Med.* Muskelentzündung)
Myo|to|mie, die; -, …jen (operative Muskeldurchtrennung)
Myo|to|nie, die; -, …jen (Muskelkrampf)
My|ri|a… ⟨griech.⟩ (10 000 Einheiten enthaltend)
My|ri|a|de, die; -, -n (Anzahl von

10 000; *meist Plur.: übertr. für unzählig große Menge*)
My|ria|po|de, My|rio|po|de, der; -n, -n *meist Plur.* (*Zool.* Tausendfüßer)
Myr|me|ko|lo|gie, die; - ⟨griech.⟩ (*Zool.* Ameisenkunde)
Myr|mi|do|ne, der; -n, -n (Angehöriger eines antiken Volksstammes)
My|ro|ba|la|ne, die; -, -n ⟨griech.⟩ (Gerbstoff enthaltende Frucht vorderind. Holzgewächse)
Myr|rhe, die; -, -n ⟨semit.⟩ (ein aromat. Harz)
Myr|rhen|öl, das; -[e]s; **Myr|rhen|tink|tur**
Myr|te, die; -, -n (immergrüner Baum od. Strauch des Mittelmeergebietes u. Südamerikas)
Myr|ten|kranz; Myr|ten|zweig
Mys|te|ri|en|spiel ⟨griech.; dt.⟩ (mittelalterliches geistliches Drama)
mys|te|ri|ös ⟨franz.⟩ (geheimnisvoll)
Mys|te|ri|um, das; -s, ...ien ⟨griech.⟩ (unergründliches Geheimnis [religiöser Art])
Mys|te|ry [ˈmɪstəri], die; -, -s od. das; -s, -s *meist ohne Artikel* ⟨engl.⟩ (Film, Roman o. Ä., in dem es um schaurige, übernatürliche Ereignisse geht); **Mys|te|ry|se|rie** (*bes. Fernsehen*)
Mys|ti|fi|ka|ti|on, die; -, -en ⟨griech.; lat.⟩ (Täuschung; Vorspiegelung)
mys|ti|fi|zie|ren (mystisch betrachten); **Mys|ti|fi|zie|rung**
Mys|tik, die; - ⟨griech.⟩ (*urspr.* Geheimlehre; rel. Richtung, die den Menschen durch Hingabe u. Versenkung zu persönl. Vereinigung mit Gott zu bringen sucht); **Mys|ti|ker; Mys|ti|ke|rin; mys|tisch** (geheimnisvoll)
Mys|ti|zis|mus, der; -, ...men (Wunderglaube, [Glaubens]schwärmerei); **mys|ti|zis|tisch**
My|the, die; -, -n (*älter für* Mythos)
My|then [ˈmiː...], der; -s, - (Gebirgsstock bei Schwyz); der Große, der Kleine Mythen
My|then|bil|dung; My|then|for|schung
my|then|haft; my|thisch ⟨griech.⟩ (sagenhaft, erdichtet)
My|tho|lo|gie, die; -, ...ien (überlieferte Götter-, Helden-, Dämonensagen eines Volkes; wissenschaftl. Behandlung der Mythen); **my|tho|lo|gisch; my|tho|lo|gi|sie|ren** (in mythischer Form darstellen)
My|thos, My|thus, der; -, ...then (Sage u. Dichtung von Göttern, Helden u. Geistern; legendäre, glorifizierte Person od. Sache)
My|ti|le|ne, *ngriech.* Mi|ti|li|ni (Hauptstadt von Lesbos)
Myx|ödem ⟨griech.⟩ (*Med.* körperl. u. geistige Erkrankung mit heftigen Hautanschwellungen)
My|xo|ma|to|se, die; -, -n (tödlich verlaufende Viruskrankheit bei Hasen- u. [Wild]kaninchen)
My|xo|my|zet, der; -en, -en (*Bot.* ein Schleimpilz)
My|zel, das; -s, -ien ⟨griech.⟩, **My|ze|li|um,** das; -s, ...lien ⟨griech.; lat.⟩ (*Bot.* [unter der Erde wachsendes] Fadengeflecht der Pilze)
My|zet, der; -en, -en (*selten für* Pilz); **My|ze|tis|mus,** der; -, ...men (*Med.* Pilzvergiftung)

N

n = Nano...; Neutron
'n ↑D 14 (*ugs. für* ein, einen)
N (Buchstabe); das N; des N, die N, *aber* das n in Wand; der Buchstabe N, n
N = Newton; *chem. Zeichen für* Nitrogenium (Stickstoff); Nord[en]
N, ν = Ny
na! (bayr., österr. ugs. für nein!)
na!; na, na!; na ja!; na und?; na gut!; na, so was!
Na (*chem. Zeichen für* Natrium)
Naab, die; - (linker Nebenfluss der Donau); **Naab|eck** (Ortsn.); **Nab|burg** (Stadt an der Naab)
Na|be, die; -, -n (Mittelhülse des Rades)
Na|bel, der; -s, *Plur.* -, selten auch Näbel; **Na|bel|bruch**
na|bel|frei; Na|bel|pier|cing
Na|bel|schau (*ugs.*)
Na|bel|schnur *Plur.* ...schnüre
Na|ben|boh|rer; Na|ben|dy|na|mo (beim Fahrrad); **Na|ben|schal|tung** (beim Fahrrad)
Na|bob, der; -s, -s ⟨Hindi-engl.⟩ (Provinzgouverneur in Indien; reicher Mann)
Na|bo|kov [...kɔf] (amerik. Schriftsteller)
NABU = Naturschutz, Artenschutz, Biotopschutz, Umweltschutz (dt. Naturschutzbund)
Na|buc|co (verkürzte Form des ital. Nabucodonosor = Nebukadnezar; Oper von Verdi)
nach; nach und nach; nach wie vor; *Präp. mit Dat.:* nach ihm; nach außen; nach Haus[e] *od.* nachhaus[e]; nach langem, schwerem Leiden
nach... (*in Zus. mit Verben,* z. B. nachmachen, du machst nach, nachgemacht, nachzumachen)
nach|äf|fen (*ugs. für* nachahmen); **Nach|äf|fe|rei; Nach|äf|fung**
nach|ah|men; er hat sie nachgeahmt; **nach|ah|mens|wert**
Nach|ah|mer; Nach|ah|me|rin
Nach|ah|mer|me|di|ka|ment
Nach|ah|mung; Nach|ah|mungs|tä|ter; Nach|ah|mungs|tä|te|rin
nach|ah|mungs|trieb
nach|ah|mungs|wür|dig
nach|ar|bei|ten
Nach|bar, der; *Gen.* -n, seltener -s, *Plur.* -n
Nach|bar|dorf; Nach|bar|gar|ten; Nach|bar|haus
Nach|ba|rin
Nach|bar|kom|mu|ne; Nach|bar|land *Plur.* ...länder
nach|bar|lich
Nach|bar|ort *vgl.* ¹Ort
Nach|bar|recht
Nach|bar|schaft; nach|bar|schaft|lich; Nach|bar|schafts|hil|fe
Nach|bars|fa|mi|lie; Nach|bars|frau; Nach|bars|jun|ge; Nach|bars|kind; Nach|bars|leu|te *Plur.*; **Nach|bars|mäd|chen; Nach|bars|mann**
Nach|bar|staat *Plur.* ...staaten
Nach|bar|stadt; Nach|bar|tisch
Nach|bar|wis|sen|schaft
Nach|bau, der; -[e]s, *Plur.* (*für* etwas Nachgebautes) -ten; **nach|bau|en**
nach|be|ar|bei|ten
Nach|be|ben (nach einem Erdbeben)
nach|be|han|deln; Nach|be|hand|lung
nach|be|kom|men (*ugs.*)
nach|be|rei|ten (*Päd.* [den bereits behandelten Unterrichtsstoff] vertiefen o. Ä.); **Nach|be|rei|tung**

Nachbereitung

N
Nach

nachbesetzen

nach|be|set|zen (neu besetzen, einen Nachfolger bestimmen); Nach|be|set|zung
nach|bes|sern; ich bessere *od.* bessre nach; Nach|bes|se|rung, Nach|bess|rung
nach|be|stel|len; Nach|be|stel|lung
nach|be|ten; Nach|be|ter; Nach|be|te|rin
Nach|be|treu|ung
nach|be|zeich|net (*bes. Kaufmannsspr.*); nachbezeichnete Waren
nach|bil|den; Nach|bil|dung
nach|blei|ben (*landsch. für* zurückbleiben; nachsitzen)
nach|bli|cken
nach|blu|ten; Nach|blu|tung
nach|boh|ren (*auch für* hartnäckig nachfragen)
nach|börs|lich (nach der Börsenzeit)
nach Chris|ti Ge|burt (*Abk.* n. Chr. G.)
nach|christ|lich
nach Chris|to, nach Chris|tus (*Abk.* n. Chr.)
nach|da|tie|ren (mit einem früheren, *auch* späteren Datum versehen); sie hat das Schreiben nachdatiert; *vgl.* zurückdatieren *u.* vorausdatieren; Nach|da|tie|rung
nach|dem; je nachdem; je nachdem[,] ob ... *od.* wie ... ↑D127
nach|den|ken; nach|denk|lich; Nach|denk|lich|keit, die; -
nach|dich|ten; Nach|dich|tung
nach|die|seln *vgl.* dieseln
nach|dop|peln (*schweiz. für* nachbessern; zum zweiten Mal in Angriff nehmen)
nach|drän|gen
nach|dre|hen; eine Szene nachdrehen
Nach|druck, der; -[e]s, *Plur.* (*Druckw.:*) ...drucke
nach|dru|cken; Nach|druck|er|laub|nis
nach|drück|lich; Nach|drück|lich|keit, die; -; nach|drucks|voll
Nach|druck|ver|fah|ren
nach|dun|keln; der Anstrich ist *od.* hat nachgedunkelt; er sagt, das Holz dunk[e]le nach
Nach|durst (nach Alkoholgenuss)
nach|ei|fern; nach|ei|ferns|wert; Nach|ei|fe|rung
nach|ei|len
nach|ei|n|an|der; nacheinander starten; die Schüler wurden nacheinander aufgerufen usw.; *vgl.* aneinander

nach|eis|zeit|lich
nach|emp|fin|den; Nach|emp|fin|dung
Na|chen, der; -s, - (*landsch. u. geh. für* Kahn)
nach|ent|rich|ten; Versicherungsbeiträge nachentrichten; Nach|ent|rich|tung
Nach|er|be, der; Nach|er|bin; Nach|erb|schaft
nach|er|le|ben
Nach|ern|te
nach|er|zäh|len; Nach|er|zäh|lung
Nachf. = Nachfolger[in]
Nach|fahr, der; *Gen.* -en, *selten* -s, *Plur.* -en (*geh. für* Nachfahre); Nach|fah|re, der; -n, -n
nach|fah|ren
Nach|fah|ren|ta|fel; Nach|fah|rin
Nach|fall, der (*Bergmannsspr.* Gestein, das bei der Kohlegewinnung nachfällt u. die Kohle verunreinigt)
nach|fär|ben
nach|fas|sen (*auch für* hartnäckig weitere Fragen stellen)
Nach|fei|er; nach|fei|ern
nach|fi|nan|zie|ren; Nach|fi|nan|zie|rung
Nach|fol|ge; Nach|fol|ge|ab|kom|men (*Politik*); Nach|fol|ge|kan|di|dat; Nach|fol|ge|kan|di|da|tin
nach|fol|gen
nach|fol|gend; die nachfolgenden Bestimmungen; ↑D72: das Nachfolgende; Nachfolgendes gilt nur mit Einschränkungen; im Nachfolgenden (weiter unten) ist zu lesen ...
Nach|fol|gen|de, der *u.* die; -n, -n
Nach|fol|ge|or|ga|ni|sa|ti|on
Nach|fol|ger (*Abk.* N[a]chf.); Nach|fol|ge|rin (*Abk.* N[a]chf.); Nach|fol|ger|schaft
Nach|fol|ge|staat *Plur.* ...staaten
nach|for|dern; Nach|for|de|rung
nach|for|men; eine Plastik nachformen
nach|for|schen; Nach|for|schung
Nach|fra|ge; nach|fra|gen
nach|fra|ge|ori|en|tiert
Nach|fra|ger (*Wirtsch.*); Nach|fra|ge|rin; Nach|fra|ge|rück|gang; Nach|fra|ge|schwan|kung
Nach|frist (*Rechtsspr.*)
nach|füh|len; nach|füh|lend
nach|füh|ren (*schweiz. für* auf den neuesten Stand bringen)
nach|fül|len; Nach|füll|pack, das, *auch:* der; -s, -s; Nach|füll|pa|ckung; Nach|fül|lung
Nach|gang; *nur in* im Nachgang (*Amtsspr.* als Nachtrag)

nach|gä|ren; Nach|gä|rung
nach|ge|ben
nach|ge|bo|ren; nachgebor[e]ner Sohn; Nach|ge|bo|re|ne, der *u.* die; -n, -n
Nach|ge|bühr (z. B. Strafporto)
Nach|ge|burt
Nach|ge|fühl
nach|ge|hen
nach|ge|la|gert; nachgelagerte Besteuerung
nach|ge|las|sen (*veraltend für* hinterlassen); ein nachgelassenes Werk
nach|ge|ord|net
nach|ge|ra|de
nach|ge|ra|ten; jmdm. nachgeraten
Nach|ge|schmack, der; -[e]s
nach|ge|wie|se|ner|ma|ßen
nach|gie|big; Nach|gie|big|keit
nach|gie|ßen
nach|grü|beln
nach|gu|cken (*ugs.*)
nach|ha|ken (*ugs. auch für* eine [weitere] Frage stellen)
Nach|hall; nach|hal|len; Nach|hall|zeit (*Physik*)
nach|hal|tig (sich für länger stark auswirkend; *Ökologie* nur in dem Maße, wie die Natur es verträgt; *Jargon* nur so groß, viel, dass zukünftige Entwicklungen nicht gefährdet sind); Nach|hal|tig|keit, die; -; Nach|hal|tig|keits|fak|tor
nach|hän|gen; ich hing nach, du hingst nach; nachgehangen; einer Sache nachhängen; *vgl.* ¹hängen
nach Haus[e], nach|hau|s[e]
Nach|hau|se|weg
nach|hel|fen
nach|her [*auch, österr. nur* 'naːx...]
nach|he|rig
Nach|hil|fe; Nach|hil|fe|leh|rer; Nach|hil|fe|leh|re|rin; Nach|hil|fe|schü|ler; Nach|hil|fe|schü|le|rin
Nach|hil|fe|stun|de; Nach|hil|fe|un|ter|richt
Nach|hi|n|ein ↑D81; *nur in:* im Nachhinein (hinterher, nachträglich)
nach|hin|ken
Nach|hol|be|darf; nach|ho|len
Nach|hol|spiel (*Sport*)
Nach|hut, die; -, -en (*Militär*)
nach|ja|gen; dem Glück nachjagen
nach|jus|tie|ren
nach|kar|ten (*ugs. für* eine nachträgliche Bemerkung machen)
Nach|kauf; nach|kau|fen; man

nachsingen

kann alle Teile des Geschirrs nachkaufen
Nach|klang
Nach|klapp, der; -s, -s (bes. ugs. für Auswertung; Nachgang)
nach|klin|gen
nach|ko|chen
Nach|kom|ma|stel|le; das Ergebnis auf die zweite Nachkommastelle aufrunden
Nach|kom|me, der; -n, -n; nach|kom|men; Nach|kom|men|schaft; Nach|kom|min
Nach|kömm|ling
Nach|kon|t|rol|le; nach|kon|t|rol|lie|ren
Nach|kriegs|er|schei|nung; Nach|kriegs|ge|ne|ra|ti|on; Nach|kriegs|jahr; Nach|kriegs|zeit
nach|ku|cken (nordd. für nachgucken)
Nach|kur
nach|la|den
Nach|lass, der; -es, Plur. -e u. ...lässe
nach|las|sen
Nach|las|ser (selten für Erblasser); Nach|las|se|rin
Nach|lass|ge|richt
nach|läs|sig; nach|läs|si|ger|wei|se; Nach|läs|sig|keit
Nach|lass|pfle|ger; Nach|lass|pfle|ge|rin
Nach|lass|sa|che, Nach|lass-Sa|che
Nach|lass|ver|wal|ter; Nach|lass|ver|wal|te|rin; Nach|lass|ver|zeich|nis
nach|lau|fen; Nach|läu|fer; Nach|läu|fe|rin
nach|le|ben; einem Vorbild nachleben
Nach|le|ben, das; -s (Leben eines Verstorbenen in der Erinnerung der Hinterbliebenen)
nach|le|gen
nach|ler|nen (bes. südd., österr.)
Nach|le|se; nach|le|sen
nach|lie|fern; Nach|lie|fe|rung
nach|lö|sen
nachm. = nachmittags
nach|ma|chen (ugs.)
Nach|mahd (landsch. für Grummet)
nach|ma|len
nach|ma|lig (später)
nach|mals (veraltet für später)
nach|mes|sen; Nach|mes|sung
Nach|mie|ter; Nach|mie|te|rin
Nach|mit|tag, der; -[e]s, -e ↑D 70: nachmittags; (Abk. nachm., bei Raummangel nm.); aber des Nachmittags; ↑D 69: gestern, heute, morgen Nachmittag; Dienstagnachmittag; vgl. ¹Mittag
nach|mit|tä|gig vgl. ...tägig
nach|mit|täg|lich vgl. ...täglich
nach|mit|tags vgl. Nachmittag
Nach|mit|tags|be|treu|ung
Nach|mit|tags|schlaf
Nach|mit|tags|stun|de
Nach|mit|tags|un|ter|richt
Nach|mit|tags|vor|stel|lung
Nach|mor|phem (schweiz. für Nachsilbe, Suffix)
Nach|nah|me, die; -, -n
Nach|nah|me|ge|bühr; Nach|nah|me|sen|dung
Nach|na|me (Familienname)
nach|no|mi|nie|ren
Nach|nut|zung (Verwaltungsspr.)
Na|cho ['natʃo], der; -[s], -s meist Plur. ⟨span.⟩ (als Dreieck geschnittenes, frittiertes u. mit Käse überzogenes Maismehlplätzchen)
nach|plap|pern (ugs.)
nach|po|lie|ren
Nach|por|to
nach|prä|gen; Nach|prä|gung
nach|prüf|bar; Nach|prüf|bar|keit
nach|prü|fen; Nach|prü|fung
Nach|rang (österr. für Gegensatz zu Vorrang, Vorfahrt im Straßenverkehr); nach|ran|gig (svw. zweitrangig); Nach|ran|gig|keit; Nach|rang|stra|ße (österr. für Straße ohne Vorfahrtsrecht)
Nach|raum, der; -[e]s (Forstwirtsch. Ausschuss)
nach|rech|nen; Nach|rech|nung
Nach|re|de; üble Nachrede
nach|re|den
nach|rei|chen; Unterlagen nachreichen
Nach|rei|fe; nach|rei|fen
nach|rei|sen
Nach|ren|nen
Nach|richt, die; -, -en
Nach|rich|ten|agen|tur; Nach|rich|ten|bü|ro
Nach|rich|ten|dienst; nach|rich|ten|dienst|lich
Nach|rich|ten|fluss
Nach|rich|ten|ka|nal
Nach|rich|ten|ma|ga|zin; Nach|rich|ten|por|tal (EDV); Nach|rich|ten|sa|tel|lit; Nach|rich|ten|sei|te; Nach|rich|ten|sen|der; Nach|rich|ten|sen|dung
Nach|rich|ten|sper|re
Nach|rich|ten|spre|cher; Nach|rich|ten|spre|che|rin
Nach|rich|ten|tech|nik; Nach|rich|ten|über|mitt|lung; Nach|rich|ten|we|sen
nach|richt|lich
nach|rü|cken; Nach|rü|cker; Nach|rü|cke|rin
Nach|ruf, der; -[e]s, -e; nach|ru|fen
Nach|ruhm; nach|rüh|men
nach|rüs|ten (nachträglich mit einem Zusatzgerät versehen; die militärische Bewaffnung ergänzen, ausbauen); Nach|rüs|tung
nach|sa|gen; jmdm. etw. nachsagen
Nach|sai|son
nach|sal|zen
Nach|satz
¹nach|schaf|fen (ein Vorbild nachgestalten); vgl. schaffen
²nach|schaf|fen (nacharbeiten); vgl. schaffen
nach|schär|fen (bes. österr. auch für nachträglich schärfer, genauer formulieren)
nach|schau|en (bes. südd., österr., schweiz.)
nach|schen|ken; Wein nachschenken
nach|schi|cken
nach|schie|ben
Nach|schlag, der; -[e]s, Nachschläge (Musik; ugs. für zusätzliche Essensportion)
nach|schla|gen; er ist seinem Vater nachgeschlagen; sie hat in einem Buch nachgeschlagen
Nach|schla|ge|werk, südd., österr. u. schweiz. Nach|schlag|werk
nach|schlei|chen
Nach|schlüs|sel; Nach|schlüs|sel|dieb|stahl (Diebstahl mithilfe von Nachschlüsseln)
Nach|schöp|fung
nach|schrei|ben
Nach|schrift (Abk. NS)
Nach|schub, der; -[e]s, Nachschübe Plur. selten; Nach|schub|ko|lon|ne; Nach|schub|trup|pe
Nach|schuss (Wirtsch. zusätzliche Einzahlung über die Stammeinlage hinaus; Sport erneuter Schuss auf das Tor)
Nach|schuss|pflicht
nach|schwat|zen
nach|schwin|gen
nach|se|hen; jmdm. etwas nachsehen; Nach|se|hen, das; -s
Nach|sen|de|auf|trag
nach|sen|den; Nach|sen|dung
nach|set|zen; jmdm. nachsetzen
Nach|sicht, die; -; nach|sich|tig; Nach|sich|tig|keit, die; -
nach|sichts|voll
Nach|sil|be
nach|sin|gen

nachsinnen

¹nächst

- nächsten Jahres (*Abk.* n. J.), nächsten Monats (*Abk.* n. M.)
- nächstes Mal, das nächste Mal (*vgl.* ¹Mal)
- bei nächstbester Gelegenheit
- die nächsthöhere Nummer
- aber das kommt der Wahrheit am nächsten
- der nächste Beste; *aber* das Nächstbeste, was sich uns bietet

Vgl. ²nächst *u.* Nächste

Großschreibung der Substantivierung ↑**D 72**:
- der Nächste, die Nächste[,] bitte!
- das ist das Nächste, was zu tun ist
- das müssen wir als Nächstes in Angriff nehmen

N
nach

nach|sin|nen (*geh. für* nachdenken)
nach|sit|zen (zur Strafe nach dem Unterricht noch in der Schule bleiben müssen); er hat nachgesessen
Nach|som|mer
Nach|sor|ge, die; - (*Med.*)
Nach|spann, der; -[e]s, -e *u.* Nachspänne (*Film, Fernsehen* einem Film o. Ä. folgende Angaben über Mitwirkende u. Ä.)
Nach|spei|se
Nach|spiel
nach|spie|len; Nach|spiel|zeit
nach|spi|o|nie|ren (*ugs.*)
nach|spre|chen; Nach|spre|cher; Nach|spre|che|rin
nach|spü|len
nach|spü|ren
¹nächst *s. Kasten*
²nächst (hinter, gleich nach); *Präp. mit Dat.*: nächst dem Hause, nächst ihm
nächst|bes|ser; die nächstbessere Platzierung
nächst|bes|te *vgl.* ¹nächst; Nächstbes|te, der *u.* die *u.* das; -n, -n
nächst|dem (*veraltend*)
Nächs|te, der; -n, -n (Mitmensch); liebe deinen Nächsten; *vgl.* ¹nächst
nach|ste|hen; jmdm. in nichts nachstehen; nach|ste|hend; die nachstehende Erläuterung; *aber* ↑D 72: ich möchte Ihnen Nachstehendes zur Kenntnis bringen; Einzelheiten werden im Nachstehenden behandelt; das Nachstehende muss geprüft werden
nach|stei|gen (*ugs. für* folgen)
nach|stel|len; Nach|stel|lung
Nächs|ten|lie|be
nächs|tens
nächs|tes Mal; das nächste Mal; *vgl.* ¹Mal
nächst|fol|gend; Nächst|fol|gen|de, der *u.* die *u.* das; -n, -n
nächst|ge|le|gen

nächst|hö|her; Nächst|hö|he|re, der *u.* die *u.* das; -n, -n
nächst|jäh|rig
nächst|lie|gend *vgl.* naheliegen
Nächst|lie|gen|de, das; -n
nächst|mög|lich; zum nächstmöglichen Termin; *nicht korrekt:* nächstmöglichst
nach|sto|ßen
nach|stür|zen
nach|su|chen; Nach|su|chung
Nacht, die; -, Nächte; bei; über Nacht; die Nacht über; Tag und Nacht; es wird Nacht; des Nachts, eines Nachts; ↑D 69: [bis, von] gestern, heute, morgen Nacht; Dienstagnacht; *vgl.* nachts
Nacht|ab|sen|kung (bei der Zentralheizung)
nacht|ak|tiv; nachtaktive Tiere
Nacht|an|griff
nach|tan|ken
Nacht|ar|beit; Nacht|aus|ga|be; Nacht|bar
nacht|blau
nacht|blind; Nacht|blind|heit
Nacht|club, Nacht|klub
Nacht|creme, Nacht|crème
Nacht|dienst
nacht|dun|kel
Nacht|teil, der; nach|tei|lig
nach|te|lang; *aber* drei Nächte lang
nach|ten (*schweiz. u. geh. für* Nacht werden)
nach|tens (nachts)
Nacht|es|sen (*bes. südd., schweiz. für* Abendessen)
Nacht|eu|le (*ugs. auch für* jmd., der bis spät in die Nacht hinein aufbleibt)
Nacht|fahrt; Nacht|fal|ter
nacht|far|ben; nachtfarbener Stoff
Nacht|flug; Nacht|flug|ver|bot
Nacht|frost; Nacht|ge|bet; Nacht|ge|schirr; Nacht|ge|spenst
Nacht|ge|wand (*geh.*)
Nacht|glei|che, die; - (*selten* -n), -n (*svw.* Tagundnachtgleiche)

Nacht|hemd; Nacht|him|mel
Nach|ti|gall, die; -, -en (ein Singvogel); Nach|ti|gal|len|schlag, der; -[e]s
näch|ti|gen (übernachten); sie hat bei uns genächtigt; Näch|ti|gung
Nacht|tisch, der; -[e]s, -e
Nacht|ka|ba|rett
Nacht|käst|chen (*bes. österr. für* Nachttisch)
Nacht|ker|ze (eine Heil- u. Zierpflanze)
Nacht|klub, Nacht|club
Nacht|küh|le; Nacht|la|ger *Plur.* ...lager; Nacht|le|ben
nächt|lich; nächt|li|cher|wei|le
Nacht|licht *Plur.* ...lichter; Nacht|lo|kal; Nacht|luft
Nacht|mahl (*bes. österr.*); nacht|mah|len (*österr. für* zu Abend essen); ich nachtmahle; genachtmahlt; zu nachtmahlen
Nacht|mahr (Spukgestalt im Traum); Nacht|marsch; Nacht|mensch; Nacht|mu|sik
Nacht|por|ti|er; Nacht|por|ti|e|rin
Nacht|pro|gramm; Nacht|quar|tier
Nach|trag, der; -[e]s, ...träge; nach|tra|gen; nach|tra|gend
nach|trä|ge|risch (*geh. für* nachtragend, nicht vergebend)
nach|träg|lich (später, danach)
Nacht|rags|bud|get (*bes. österr., schweiz.*); Nacht|trags|haus|halt
Nacht|rags|prü|fung (*österr. für* Nachprüfung)
nach|trau|ern
nach|tre|ten; er hat nachgetreten
Nacht|ru|he
Nacht|trupp
nachts; *aber* des Nachts, eines Nachts; nachtsüber, *aber* die Nacht über ↑D 70; *vgl.* Abend
Nacht|schat|ten; Nacht|schat|ten|ge|wächs *meist Plur.* (eine Pflanzenfamilie)
Nacht|schicht
Nacht|schlaf; nacht|schla|fend; zu, bei nachtschlafender Zeit
Nacht|schränk|chen

Nacht|schwär|mer *(scherzh. für* jmd., der sich die Nacht über vergnügt); Nacht|schwär|me|rin
nacht|schwarz
Nacht|schwes|ter
Nacht|sei|te
Nacht|shop|ping ⟨dt.; engl.⟩ (Einkaufsbummel am späten Abend od. nachts)
Nacht|spei|cher|ofen; Nacht|strom
Nacht|stun|de
nachts|über *vgl.* nachts
Nacht|ta|rif; Nacht|tem|pe|ra|tur; Nacht|tier; Nacht|tisch; Nacht|topf; Nacht|tre|sor
nach|tun; es jmdm. nachtun
Nacht-und-Ne|bel-Ak|ti|on
Nacht|vi|o|le (eine Zierpflanze)
Nacht|vo|gel; Nacht|vor|stel|lung
Nacht|wa|che; Nacht|wäch|ter; Nacht|wäch|ter|füh|rung; Nacht|wäch|te|rin; Nacht|wäch|ter|lied
nacht|wan|deln; ich nachtwand[e]le; ich bin *od.* habe genachtwandelt; zu nachtwandeln
Nacht|wan|de|rung
Nacht|wand|ler; Nacht|wand|le|rin; nacht|wand|le|risch; mit nachtwandlerischer Sicherheit
Nacht|wä|sche
Nacht|zeit; zur Nachtzeit
Nacht|zug; Nacht|zu|schlag
nach|un|ter|su|chen; Nach|un|ter|su|chung
Nach|ver|an|la|gung *(Finanzw.)*
Nach|ver|dich|tung *(Bauw.)*
nach|ver|si|chern; Nach|ver|si|che|rung
nach|voll|zieh|bar; nach|voll|zie|hen
nach|wach|sen
Nach|wahl; Nach|wahl|be|fra|gung

nach was / wonach
Nach was kommt in der gesprochenen Sprache recht häufig vor: *Nach was hat sie gesucht?* Im geschriebenen Standarddeutsch wird in der Regel *wonach* verwendet: *Wonach hat sie gesucht?*

Nach|we|he *meist Plur.*
nach|wei|nen
Nach|weis, der; -es, -e
nach|weis|bar; nach|wei|sen (beweisen); er hat den Tatbestand nachgewiesen; nach|weis|lich
nach|wei|ßen (nochmals weißen)
Nach|welt, die; -
Nach|wen|de|zeit
nach|wer|fen

nach|wie|gen
nach|win|ken
Nach|win|ter; nach|win|ter|lich
nach|wir|ken; Nach|wir|kung
nach|wol|len *(ugs. für* folgen wollen); er hat ihm nachgewollt
Nach|wort *Plur.* ...worte
Nach|wuchs, der; -es
Nach|wuchs|au|tor; Nach|wuchs|au|to|rin; Nach|wuchs|fah|rer; Nach|wuchs|fah|re|rin
Nach|wuchs|för|de|rung
Nach|wuchs|ka|der *(DDR)*
Nach|wuchs|kraft, die; Nach|wuchs|li|ga; Nach|wuchs|man|gel, der; -s; Nach|wuchs|po|li|ti|ker; Nach|wuchs|po|li|ti|ke|rin; Nach|wuchs|pro|b|lem
Nach|wuchs|spie|ler; Nach|wuchs|spie|le|rin; Nach|wuchs|star; Nach|wuchs|ta|lent; Nach|wuchs|tur|nier
Nach|wuchs|wis|sen|schaft|ler *(schweiz., österr. auch für* Nachwuchswissenschaftler); Nach|wuchs|wis|sen|schaft|le|rin; Nach|wuchs|wis|sen|schaft|ler; Nach|wuchs|wis|sen|schaft|le|rin
nach|wür|zen
nach|zah|len
nach|zäh|len
Nach|zah|lung
nach|zeich|nen; Nach|zeich|nung
Nach|zei|tig|keit, die; - *(Sprachwiss.)*
nach|zie|hen
Nach|zoll
nach|zot|teln *(ugs.)*
Nach|zucht; nach|züch|ten
Nach|zug; Nach|züg|ler; Nach|züg|le|rin; nach|züg|le|risch
Nach|zugs|ver|bot
Na|cke|dei, der; -s, -s *(scherzh. für* nacktes Kind); Nackte[r])
Na|cken, der; -s, -
na|ckend *(landsch. für* nackt)
Na|cken|haar
Na|cken|schlag; Na|cken|schutz
Na|cken|stüt|ze; Na|cken|wir|bel
na|ckert *(landsch. für* nackt)
Nack|frosch *vgl.* Nacktfrosch
na|ckig *(ugs. für* nackt)
...na|ckig (z. B. kurznackig)
nackt; nackt|ar|mig
Nackt|auf|nah|me *(svw.* Nacktfoto)
Nackt|ba|den, das; -s; *aber* sie gehen gern nackt baden
Nackt|ba|de|strand; Nackt|fo|to
Nackt|frosch; Nackt|fröschchen *(scherzh. für* nacktes Kind)
Nackt|heit, die; -
Nackt|kul|tur, die; -; Nackt|mo|dell

Nackt|mull, der; -[e]s, -e *(Zool.* Nagetier in Ostafrika)
Nackt|sa|mer, der; -s, - *meist Plur.* *(Bot.* Pflanze, deren Samenanlage offen an den Fruchtblättern sitzt); nackt|sa|mig *(Bot.)*
Nackt|scan|ner *(ugs. für* Körperscanner)
Nackt|schne|cke; Nackt|sze|ne
Nackt|tän|zer; Nackt|tän|ze|rin
Na|del, die; -, -n; Na|del|ar|beit
Na|del|baum; Na|del|büch|se
Nä|del|chen
na|del|fein; na|del|fer|tig (zum Nähen vorbereitet [von Stoffen]); na|del|för|mig
Na|del|ge|hölz *meist Plur. (Bot.)*
Na|del|geld *(früher eine Art* Taschengeld für Frau od. Tochter)
Na|del|holz
na|de|lig, nad|lig *(fachspr.);* nadelige, nadlige Baumarten
Na|del|kis|sen; Na|del|ma|le|rei (gesticktes buntes Bild)
na|deln (Nadeln verlieren [von Tannen u. a.]); er sagt, der Baum nad[e]le nicht
Na|del|öhr; Na|del|spit|ze; Na|del|stich
Na|del|streif, der; -[s], -e *od.* -ens, -en *(österr.);* Na|del|strei|fen (sehr feiner Streifen in Stoffen); Na|del|strei|fen|an|zug
Na|del|wald
Na|de|rer *(österr. ugs. für* Spitzel); Na|de|rin
Na|di|ne [*auch* na'di:n] (w. Vorn.)
Na|dir, der; -s ⟨arab.⟩ *(Astron.* Fußpunkt, Gegenpunkt des Zenits an der Himmelskugel)
Nad|ja (w. Vorn.)
nad|lig *vgl.* nadelig
NAFTA, die; - ⟨engl.⟩ = North American Free Trade Agreement *od.* Area (nordamerik. Freihandelszone)
Naf|ta|li *vgl.* Naphthali
Na|ga|na, die; - ⟨Zulu⟩ (eine afrik. Viehseuche)
Na|ga|sa|ki (jap. Stadt; am 9. 8. 1945 durch eine Atombombe fast völlig zerstört)
Na|gel, der; -s, Nägel
Na|gel|bett *Plur.* ...betten, *seltener* ...bette; Na|gel|bett|ent|zün|dung; Na|gel|brett (für Fakire); Na|gel|bürs|te
Nä|gel|chen (kleiner Nagel)
Na|gel|falz; Na|gel|fei|le
na|gel|fest; *nur in* niet- u. nagelfest ↑D 31
Na|gel|fluh *(Geol.* ein Gestein)

Nagelhaut

¹na|he

(seltener nah); näher *(vgl. d.);* ¹nächst *(vgl. d.)*

I. *Kleinschreibung:*
– die nahe Stadt
– in der näheren Umgebung
– das nächste Kino
– ↑D 72: aus nah und fern, von nah und fern

II. *Großschreibung:*
– ↑D 72: von Nahem *od.* nahem
– ↑D 140: der Nahe Osten

III. *Zusammenschreibung:*
– nahebei parken *(aber* sie parkt nahe bei der Kirche)
– nahezu die Hälfte
– *aber* ich bin nah[e] daran

IV. *Schreibung in Verbindung mit Verben, Adjektiven und Partizipien:*
– nahe bekannt sein
– nahe herangehen, [heran]kommen
– Sie dürfen ruhig näher kommen, näher treten, näher rücken
– ein nahe liegendes *od.* naheliegendes Gehöft
– eine nahe gelegene *od.* nahegelegene Ortschaft
– ein nahe stehendes *od.* nahestehendes Haus
– nah verwandte *od.* nahverwandte Personen

Bei übertragener Bedeutung gilt in der Regel Zusammenschreibung; vgl. nahebringen, näherbringen, nahegehen, nahekommen, nahelegen, naheliegen, nahestehen, nahetreten

---

Na|gel|haut; Na|gel|haut|ent|fer|ner
Nä|gel|kau|en, das; -s
Na|gel|knip|ser
Na|gel|kopf
Na|gel|lack; Na|gel|lack|ent|fer|ner
na|geln; ich nag[e]le
na|gel|neu *(ugs.)*
Na|gel|pfle|ge; Na|gel|plat|te; Na|gel|pro|be *(Prüfstein für etwas);* Na|gel|rei|ni|ger
Na|gel|ring, der; -[e]s (Schwert der germ. Heldensage)
Na|gel|sche|re; Na|gel|schuh; Na|gel|stie|fel; Na|gel|wur|zel; Na|gel|zwi|cker *(bes. österr. für* Nagelknipser)
na|gen; Na|ger; Na|ge|tier
Näg|lein *(veraltet für* Nelke; *vgl. auch* Nägelchen)
NAGRA, der; -s *(Kurzwort für* Fachnormenausschuss Graphisches Gewerbe)
Na|gy [nɔdj], Imre (ung. Staatsmann)
nah *vgl.* ¹nahe, ²nahe
Näh|ar|beit
Nah|auf|nah|me; Nah|be|reich, der
Näh|bril|le (z. B. für Weitsichtige)
Nah|dis|tanz *Plur. selten (Sport* sehr geringer Abstand)
¹na|he *s. Kasten*
²na|he, *seltener* nah; *Präp. mit Dat.:* nahe dem Ufer
Na|he, die; - (linker Nebenfluss des Rheins)
Nä|he, die; -; in der Nähe
na|he|bei; er wohnt nahebei, *aber* er wohnt nahe bei der Post
na|he|brin|gen (Interesse für etwas wecken); den Schülerinnen die Klassiker nahebringen
na|he|ge|hen (stark treffen, bewegen); sein schwerer Unfall ist uns allen sehr nahegegangen
na|he ge|le|gen, na|he|ge|le|gen *vgl.* ¹nahe
Nah|ein|stel|lung *(Fotogr.)*
na|he|kom|men (sich annähern, fast gleichkommen); sie sind einander sehr nahegekommen; der Lösung nahekommen
na|he|le|gen (hinlenken, empfehlen); man hat uns einen Vergleich nahegelegt
na|he|lie|gen (sich anbieten); es liegt nahe, auf den Vorschlag einzugehen; ein naheliegender Vorschlag; die Lösung hat nahegelegen; ein näherliegender *od.* naheliegenderer Gedanke; die am nächsten liegende *od.* naheliegendste *od.* nächstliegende Lösung; *aber* ↑D 72: wir sollten das Naheliegende tun; *vgl. auch* näherliegen
na|he lie|gend, na|he|lie|gend, eine nahe liegende *od.* naheliegende Ortschaft; *vgl. aber* naheliegen
na|hen; sich [jmdm.] nahen
nä|hen
nä|her; nähere Erläuterungen; *aber* ↑D 72: Näheres folgt; das Nähere findet sich bei …; ich kann mich des Näher[e]n (der besonderen Umstände) nicht entsinnen; jmdm. etw. des Näher[e]n (genauer) erläutern; alles Nähere können Sie der Gebrauchsanweisung entnehmen; näher kommen (in größere Nähe kommen); dem Abgrund immer näher kommen; weil der Termin näher gekommen, näher gerückt ist; Sie dürfen ruhig näher [heran]treten; *vgl.* ¹nahe *u.* näherkommen, näherliegen usw.
nä|her|brin|gen (verständlicher machen, mit etw. vertraut machen); sie hatten ihren Schülern politische Lyrik nähergebracht
Nä|he|rei
nä|her|hin *(bes. Fachspr.)*
Nah|er|ho|lungs|ge|biet
Nä|he|rin
nä|her|kom|men (in engerer Beziehung treten); sie sind sich wieder nähergekommen; *aber* sie sind einander wieder viel näher gekommen; *vgl.* näher
nä|her|lie|gen (sich eher anbieten); es hatte nähergelegen, den Bus zu nehmen; *aber* die näher gelegenen *od.* nähergelegenen Ortschaften
nä|hern, sich nähern; ich nähere mich
nä|her|ste|hen (in engerer Beziehung stehen); sie hatten sich damals nähergestanden; *aber* die näher stehenden *od.* näherstehenden Bäume
nä|her|tre|ten (sein Interesse zuwenden); bevor ich Ihrem Vorschlag nähertrete, …; *vgl.* näher
Nä|he|rung *(Math.* Annäherung); Nä|he|rungs|wert *(Math.)*
na|he|ste|hen (vertraut, befreundet sein); eine ihm [besonders] nahestehende Verwandte; sie hat dem Verstorbenen sehr nahegestanden
na|he|tre|ten (befreundet, vertraut werden); er ist mir in letzter Zeit sehr nahegetreten; *aber* jmdm. zu nahe treten *(jmdn. verletzen, beleidigen)*
Näh|ver|hält|nis *(österr. Rechtsspr. für* Näheverhältnis)
Nä|he|ver|hält|nis *(Rechtsspr.* enge, direkte Beziehung)

Nanofarad

Na|he|wein
na|he|zu
Näh|fa|den; Näh|garn
Nah|kampf; Nah|kampf|mit|tel
Näh|käst|chen; aus dem Nähkästchen plaudern (*ugs. für* Geheimnisse ausplaudern); **Näh|kas|ten**
Näh|kis|sen; Näh|korb
nahm *vgl.* nehmen
Näh|ma|schi|ne; Näh|ma|schi|nen|öl
Näh|na|del
Nah|ost (der Nahe Osten); für, in, nach, über Nahost
Nah|ost|kon|fe|renz; Nah|ost|konflikt, der; -[e]s
nah|öst|lich
Nah|ost|quar|tett, das; -[e]s (internationales Gremium zur Koordination der politischen Aktivitäten im Nahostkonflikt); ↑D 143
Nah|raum
Nähr|bo|den
Nähr|creme, Nähr|crème
näh|ren; sich nähren; nahr|haft
Näh|re|he|fe
Nähr|lö|sung; Nähr|mit|tel, das *meist Plur.*; Nähr|prä|pa|rat;
Nähr|salz
Nähr|stoff *meist Plur.*
nähr|stoff|arm
nähr|stoff|reich
Nah|rung, die; -, *Plur. (fachspr.:)* -en
Nah|rungs|auf|nah|me, die; -, -n *Plur. selten*
Nah|rungs|er|gän|zungs|mit|tel, das (Vitamine o. Ä. in Form von Tabletten, Pulver o. Ä.)
Nah|rungs|ket|te (*Biol.*)
Nah|rungs|man|gel, der
Nah|rungs|mit|tel *meist Plur.*
Nah|rungs|mit|tel|al|l|er|gie; Nah|rungs|mit|tel|che|mie; Nah|rungs|mit|tel|in|dus|t|rie; Nah|rungs|mit|tel|pro|duk|ti|on
Nah|rungs|mit|tel|un|ver|träg|lich|keit, die; -, -en
Nah|rungs|mit|tel|ver|gif|tung
Nah|rungs|quel|le
Nah|rungs|su|che; Nah|rungs|ver|wei|ge|rung
Nähr|wert; Nähr|wert|ta|bel|le
Näh|sei|de
Näh|sicht
Naht, die; -, Nähte
Näh|tisch
naht|los
Naht|tod|er|fah|rung
Naht|stel|le
Na|hum (bibl. Prophet)
Nah|ver|kehr; Nah|ver|kehrs|zug
Nah|ver|sor|ger (*österr. für* [Lebensmittel]geschäft in der Umgebung); Nah|ver|sor|gung; Nah|ver|sor|gungs|zen|t|rum
nah ver|wandt, nah|ver|wandt *vgl.* ¹nahe
Näh|zeug
Nah|ziel; Nah|zo|ne
Na|im, ökum. Na|in (bibl. Ort in Galiläa)
Nai|ro|bi (Hauptstadt Kenias)
na|iv (lat.-franz.) (natürlich; unbefangen; kindlich; einfältig); naive Malerei; naive u. sentimentalische Dichtung (bei Schiller) ↑D 89; Na|i|ve, die; -n, -n (Darstellerin, die das Rollenfach der jugendlichen Liebhaberin vertritt); **Na|i|vi|tät**, die; -
Na|iv|ling (gutgläubiger, törichter Mensch)
na ja!
Na|ja|de, die; -, -n *meist Plur.* ⟨griech.⟩ (*griech. Mythol.* Quellnymphe; *Zool.* Flussmuschel)
Na|ma, der; -[s], -[s] (Angehöriger eines afrik. Stammes); Na|ma|land, das; -[e]s
Na|mas|te, das; -, -s ⟨*meist o. Art.*⟩ *Plur. selten* ⟨Sanskrit⟩ (bes. in Indien verbreitete Grußgeste und -formel); Namaste!; sich mit Namaste begrüßen
Na|maz [na'ma:s], Na|mas, das; - ⟨sanskr.-pers.-türk.⟩ (rituelles Stundengebet der Muslime)
Na|me, der; -ns, -n; im Namen; mit Namen; Na|men, der; -s, - (*seltener für* Name)
Na|men|ak|tie *vgl.* Namensaktie
Na|men|buch, Na|mens|buch
Na|men|for|schung *vgl.* Namensforschung; Na|men|ge|bung *vgl.* Namensgebung; Na|men|ge|dächt|nis *vgl.* Namensgedächtnis
Na|men-Je|su-Fest ↑D 137
Na|men|kun|de *vgl.* Namenskunde
na|men|kund|lich
Na|men|lis|te *vgl.* Namensliste
na|men|los; Na|men|lo|se, der u. die; -n, -n; Na|men|lo|sig|keit
na|men|nen|nung *vgl.* Namensnennung; Na|men|pa|pier *vgl.* Namenspapier; Na|men|re|gis|ter *vgl.* Namensregister
na|mens ↑D 70 (im Namen, im Auftrag [von]; mit Namen); *als Präp. mit Gen. (Amtsspr.):* namens der Regierung
Na|mens|ak|tie, Na|men|ak|tie (Aktie, die auf den Namen des Aktionärs ausgestellt ist)
Na|mens|än|de|rung
Na|mens|buch *vgl.* Namenbuch

Na|mens|fest (*svw.* Namenstag)
Na|mens|form
Na|mens|for|schung, Na|men|forschung; Na|mens|ge|bung, Na|men|ge|bung; Na|mens|ge|dächt|nis, seltener Na|men|ge|dächt|nis; Na|mens|kun|de, *fachspr.* Na|men|kun|de, die; -; Na|mens|lis|te, *seltener* Na|men|lis|te
Na|mens|nen|nung, *seltener* Na|men|nen|nung
Na|mens|pa|pier, Na|men|pa|pier (*für* Rektapapier)
Na|mens|pa|tron; Na|mens|pa|tro|nin; Na|mens|recht; Na|mens|re|gis|ter, Na|men|re|gis|ter; Na|mens|schild *Plur.* ...schilder; Na|mens|tag; Na|mens|vet|ter; Na|mens|zei|chen; Na|mens|zug
na|ment|lich; namentlich[,] wenn ↑D 107 u. 127
Na|men|ver|wechs|lung; Na|men|ver|zeich|nis; Na|men|wort *Plur.* ...wörter (*svw.* Nomen)
nam|haft; jmdn. namhaft machen; Nam|haft|ma|chung (*Amtsspr.*)
Na|mi|bia (Republik in Südwestafrika); Na|mi|bi|er, Na|mi|bi|e|rin; na|mi|bisch
...na|mig (z. B. vielnamig)
näm|lich ↑D 107 u. 127: nämlich[,] dass/wenn; ↑D 72: er ist noch der Nämliche (*veraltend für* derselbe); er sagt immer das Nämliche (*veraltend für* dasselbe)
Näm|lich|keit, die; - (*Amtsspr. selten für* Identität); Näm|lich|keits|be|schei|ni|gung (*Zollw. svw.* Identitätsnachweis)
Na|mur [...'my:ɐ̯] (belg. Stadt)
na, na!
¹Nan|cy ['nã:si, *auch* nã'si:] (Stadt in Frankreich)
²Nan|cy ['nɛnsi] (w. Vorn.)
Nan|du, der; -s, -s ⟨indian.-span.⟩ (ein südamerik. Laufvogel)
Nan|ga Par|bat, der; - - (Berg im Himalaja)
Nä|nie, die; -, -n ⟨lat.⟩ ([altröm.] Totenklage, Klagegesang)
Na|nis|mus, der; - ⟨griech.⟩ (*Med., Biol.* Kleinwüchsigkeit)
¹Nan|king (chin. Stadt)
²Nan|king, der; -s, *Plur.* -e u. -s (ein Baumwollgewebe)
Nan|ni, ¹Nan|ny [...ni] (w. Vorn.)
nan|nte *vgl.* nennen
²Nan|ny ['nɛni], die; -, -s (engl. Bez. für Kindermädchen)
Na|no... ⟨griech.⟩ (ein Milliardstel einer Einheit, z. B. Nanometer = 10^{-9} Meter; *Zeichen* n); Na|no-

N

Nano

Nanometer

fa|rad (Zeichen nF); **Na|no|me|ter** (Zeichen nm); **Na|no|se|kun|de** (Zeichen ns)
na|no|ska|lig (Fachspr.)
Na|no|tech|nik; Na|no|tech|no|lo|gie, die; -; ...ien ⟨Forschung u. Fertigung im Nanometerbereich⟩
Nan|sen (norw. Polarforscher)
Nan|sen|pass (↑D 136; Ausweis für Staatenlose)
Nantes [nã:t] (franz. Stadt); das Edikt von Nantes
na|nu!
Na|palm®, das; -s ⟨Kurzwort aus Naphthensäure u. Palmitinsäure⟩ (Füllstoff für Benzinbrandbomben); **Na|palm|bom|be**
Napf, der; -[e]s, Näpfe; **Näpf|chen**
Napf|ku|chen
Naph|tha, das; -s od. die; - ⟨pers.⟩ (Roherdöl)
Naph|tha|li, ökum. Naftali (bibl. m. Eigenn.)
Naph|tha|lin, das; -s ⟨pers.⟩ (Chemie aus Steinkohlenteer gewonnener Kohlenwasserstoff)
Naph|the|ne Plur. (gesättigte Kohlenwasserstoffe)
Naph|tho|le Plur. (aromat. Alkohole zur Herstellung künstlicher Farbstoffe)
Na|po|le|on (franz. Kaiser)
Na|po|le|on|dor, der; -s, -e ⟨franz.⟩ (unter Napoleon I. u. III. geprägte Goldmünze); fünf Napoleondor
na|po|le|on|freund|lich, Na|po|le|on-freund|lich
Na|po|le|o|ni|de, der; -n, -n (Abkömmling der Familie Napoleons)
na|po|le|o|nisch; napoleonischer Eroberungsdrang; die napoleonischen Kriege (die Kriege von Napoleon), aber die Napoleonischen Kriege (Epochenbez.)
Na|po|le|on|kra|gen ↑D 136
Na|po|li (ital. Form von Neapel)
Na|po|li|tain [...'tẽ:], das; -s, -s ⟨franz.⟩ (Schokoladentäfelchen)
Na|po|li|taine [...'tɛ:n], die; - (ein Gewebe)
Nap|pa, das; -[s], -s ⟨nach der kaliforn. Stadt Napa⟩ (kurz für Nappaleder); **Nap|pa|le|der**
Nar|be, die; -, -n
nar|ben (Gerberei [Leder] mit Narben versehen); **Nar|ben,** der; -s, - (Gerberei Narbe)
Nar|ben|bil|dung; Nar|ben|ge|we|be; Nar|ben|le|der
nar|big

Nar|bonne [...'bɔn] (franz. Stadt)
Nar|cis|sus (lat. Form von Narziss)
Nar|de, die; -, -n ⟨semit.⟩ (Bez. für verschiedene duftende Pflanzen); **Nar|den|öl**
Nar|gi|leh [auch ...'gi:le], die; -, -[s] od. das; -s, -s ⟨pers.⟩ (oriental. Wasserpfeife)
Nar|ko|lep|sie, die; -, ...ien ⟨griech.⟩ (Med. anfallartiger Schlafdrang)
Nar|ko|se, die; -, -n (Med. Betäubung); **Nar|ko|se|ap|pa|rat**
Nar|ko|se|arzt (für Anästhesist); **Nar|ko|se|ärz|tin**
Nar|ko|se|ge|wehr (Tiermed.)
Nar|ko|se|mit|tel, das
Nar|ko|se|schwes|ter; Nar|ko|ti|kum, das; -s, ...ka (Rausch-, Betäubungsmittel); **nar|ko|tisch; nar|ko|ti|sie|ren** (betäuben)
Narr, der; -en, -en
nar|ra|tiv ⟨lat.⟩ (erzählend); **Nar|ra|to|lo|gie,** die; -, -n (Erzählforschung, Erzähltheorie)
nar|ren (geh. für täuschen)
Nar|ren|bein (schweiz. für Musikantenknochen)
Nar|ren|frei|heit
Nar|ren|gil|de (bes. südd., österr. für Karnevalsverein)
nar|ren|haft
Nar|ren|kap|pe
nar|ren|si|cher (ugs.)
Nar|ren[s]|pos|se; Narren[s]possen treiben; **Nar|ren|streich; Nar|ren|tum,** das; -s; **Nar|ren|zep|ter**
Nar|re|tei (veraltend für Scherz; Unsinn)
Narr|hal|la|marsch, der; -[e]s (auf Karnevalssitzungen gespielter Marsch); **Narr|hal|le|se,** der; -n, -n (Narr beim Karneval); **Narr|hal|le|sin,** die; -, -nen
När|rin
Nar|ri, Nar|ro! (schwäbisch-alemannischer Karnevalsruf)
när|risch
Nar|vik (norw. Hafenstadt)
Nar|wal ⟨nord.⟩ (Wal einer bestimmten Art)
¹Nar|ziss ⟨griech.⟩ (in sein Bild verliebter schöner Jüngling der griech. Sage)
²Nar|ziss, der; Gen. - u. Narzisses, Plur. Narzisse (jmd., der sich selbst bewundert u. liebt)
Nar|zis|se, die; -, -n (eine Frühjahrsblume); **Nar|zis|sen|blü|te**
Nar|ziss|mus, der; - (übersteigerte Selbstliebe); **Nar|zisst,** der; -en, -en; **Nar|zis|tin; nar|zis|tisch**
NASA, die; - = National Aeronautics and Space Administration

(nationale Luft- u. Raumfahrtbehörde der USA)
na|sal ⟨lat.⟩ (durch die Nase gesprochen; zur Nase gehörend)
Na|sal, der; -s, -e, **Na|sal|laut** (Sprachwiss. mit Beteiligung des Nasenraumes od. durch die Nase gesprochener Laut, z. B. ng); **na|sa|lie|ren** ([einen Laut] durch die Nase aussprechen, näseln); **Na|sa|lie|rung**
Na|sal|laut vgl. Nasal
Na|sal|vo|kal (Vokal mit nasaler Färbung, z. B. o in Bon [bõ:])
Nas|ca [naska] vgl. Nazca
na|schen; du naschst
Näs|chen
Na|scher, älter **Nä|scher**
Na|sche|rei (wiederholtes Naschen [nur Sing.]; auch für Näscherei); **Nä|sche|rei** meist Plur. (veraltend für Süßigkeit); **Na|sche|rin, Nä|sche|rin**
nasch|haft; Nasch|haf|tig|keit
Nasch|kat|ze (ugs. für jmd., der gerne nascht); **Nasch|maul** (derb svw. Naschkatze)
Nasch|sucht, die; -; **nasch|süch|tig**
Nasch|werk, das; -[e]s (geh. für Süßigkeiten)
¹NASDAQ® ['nɛsdɛk], die; - ⟨engl.; kurz für National Association of Securities Dealers Automated Quotations System⟩ (in den USA betriebene elektronische Börse)
²NASDAQ® ['nɛsdɛk], der; -[s] (Aktienindex der an der ¹NASDAQ gehandelten Aktien)
Na|se, die; -, -n
na|se|lang vgl. nasenlang
nä|seln; ich näs[e]le
Na|sen|bär
Na|sen|bein; Na|sen|bein|bruch
Na|sen|blu|ten, das; -s; **Na|sen|flü|gel; Na|sen|höh|le; Na|sen|klam|mer**
na|sen|lang, nas[e]|lang; nur in alle nasenlang, alle naselang, alle naslang (sich in kurzen Abständen wiederholend); vgl. all
Na|sen|län|ge; Na|sen|laut (für Nasal); **Na|sen|loch; Na|sen|ne|ben|höh|le; Na|sen|pflas|ter**
Na|sen-Ra|chen-Raum ↑D 26
Na|sen|ring
Na|sen|rü|cken; Na|sen|schei|de|wand; Na|sen|schleim|haut
Na|sen|schmuck (Völkerkunde)
Na|sen|spie|gel (Med.)
Na|sen|spit|ze; Na|sen|spray; Na|sen|stü|ber; Na|sen|trop|fen; Na|sen|wur|zel

Native Speaker

Na|se|rümp|fen, das; -s; na|se|rümp|fend; *aber* ↑D 59: die Nase rümpfend

na|se|weis; Na|se|weis, der; -es, -e (*ugs. für* neugieriger Mensch); Herr, Jungfer Naseweis (*scherzh.*)

nas|füh|ren; ich nasführe; genasführt; zu nasführen

Na|shi [ˈnaʃi], die; -, -s ⟨jap.⟩ (eine ostasiat. Frucht)

Nas|horn *Plur.* ...hörner; Nas|hornkä|fer; Nas|horn|vo|gel

...na|sig (z. B. langnasig)

...näsig (z. B. hochnäsig)

Na|si|go|reng, das; -[s], -s ⟨malai.⟩ (indones. Reisgericht)

nas|lang *vgl.* nasenlang

nass; nasser *od.* nässer, nasseste *od.* nässeste; den Boden nass wischen; *vgl.* nass machen, nass schwitzen, nass spritzen

Nass, das; -es (Wasser); gut Nass! (Gruß der Schwimmer)

¹Nas|sau (Stadt a. d. Lahn; ehem. Herzogtum)

²Nas|sau [*engl.* ˈnɛsɔː] (Hauptstadt der Bahamas)

¹Nas|sau|er

²Nas|sau|er (*ugs. für* jmd., der nassauert)

Nas|sau|e|rin

nas|sau|ern (*ugs. für* auf Kosten anderer leben); ich nassau[e]re

nas|sau|isch

Näs|se, die; -

näs|seln (*veraltet, noch landsch. für* ein wenig nass sein, werden); es nässelt

nass|fest; nassfestes Papier

nass|forsch (*ugs. für* übertrieben forsch)

nass ge|schwitzt, nass|ge|schwitzt; *vgl.* nass schwitzen

Nass-in-Nass-Druck *Plur.* ...drucke (*Druckw.*); ↑D 26

nass|kalt

nass|kle|bend (*Fachspr.*)

näss|lich (ein wenig feucht)

nass ma|chen, nass|ma|chen

Nas|s|ra|sie|rer; Nass|ra|sur

Nass|schnee, Nass-Schnee

nass schwit|zen, nass|schwit|zen; sie hat ihr Trikot nass geschwitzt *od.* nassgeschwitzt

nass sprit|zen, nass|sprit|zen

Nass|wä|sche; Nass|zel|le (*Bauw.* Raum mit Wasserleitungen)

Nas|tie, die; - ⟨griech.⟩ (*Bot.* durch Reiz ausgelöste Bewegung von Teilen einer Pflanze)

Nas|tuch *Plur.* ...tücher (*südd., schweiz. neben* Taschentuch)

nas|zie|rend ⟨lat.⟩ (entstehend, im Werden begriffen)

Na|tal (Provinz der Republik Südafrika)

Na|ta|lie *vgl.* Nathalie

Na|ta|li|tät, die; - ⟨lat.⟩ (*Statistik* Geburtenhäufigkeit)

Na|tan *vgl.* Nathan

Na|ta|na|el [...eːl, *auch* ...el] *vgl.* ¹Nathanael

Na|ta|scha (w. Vorn.)

Na|tel, das; -s, -s (*schweiz. neben* Handy)

Na|tha|lie [...li, *auch* ...ˈtaːli̯ə, ...ˈliː], Na|ta|lie (w. Vorn.)

Na|than, *ökum.* Na|tan (bibl. Prophet)

¹Na|tha|na|el, *ökum.* Na|ta|na|el [...eːl, *auch* ...el] (Jünger Jesu)

²Na|tha|na|el (m. Vorn.)

Na|ti [ˈnatsi], die; - (*schweiz.; kurz für* Nationalmannschaft)

Na|ti|on, die; -, -en ⟨lat.⟩ (Staatsvolk)

na|ti|o|nal; nationales Interesse; nationale Unabhängigkeit, Kultur; ↑D 150: Nationales Olympisches Komitee (*Abk.* NOK)

Na|ti|o|nal|bank *Plur.* ...banken ↑D 142: Schweizerische Nationalbank

na|ti|o|nal|be|wusst; Na|ti|o|nal|bewusst|sein; Na|ti|o|nal|bi|b|lio|thek ↑D 142: Österreichische Nationalbibliothek

Na|ti|o|nal|cha|rak|ter

na|ti|o|nal|de|mo|kra|tisch

Na|ti|o|nal|denk|mal; Na|ti|o|nal|dress (*svw.* Nationaltrikot)

Na|ti|o|nal|le, das; -s, - (*österr. für* Personalangaben, Personenbeschreibung)

Na|ti|o|nal|ein|kom|men

Na|ti|o|nal|elf *vgl.* ²Elf

Na|ti|o|nal|epos

Na|ti|o|nal|far|be *meist Plur.*

Na|ti|o|nal|fei|er|tag; Na|ti|o|nal|flag|ge; Na|ti|o|nal|fonds

Na|ti|o|nal|ga|le|rie

Na|ti|o|nal|ge|fühl, das; -[e]s

Na|ti|o|nal|ge|richt; Na|ti|o|nal|ge|tränk; Na|ti|o|nal|hei|lig|tum

Na|ti|o|nal|held; Na|ti|o|nal|hel|din

Na|ti|o|nal|hym|ne

na|ti|o|na|li|sie|ren (einbürgern; verstaatlichen); Na|ti|o|na|li|sie|rung

Na|ti|o|na|lis|mus, der; -, ...men (übertriebenes Nationalbewusstsein)

Na|ti|o|na|list, der; -en, -en; Na|ti|o|na|lis|tin; na|ti|o|na|lis|tisch

Na|ti|o|na|li|tät, die; -, -en (Staatsangehörigkeit; nationale Minderheit)

Na|ti|o|na|li|tä|ten|fra|ge, die; -

Na|ti|o|na|li|tä|ten|po|li|tik

Na|ti|o|na|li|tä|ten|staat *Plur.* ...staaten (Mehrvölkerstaat)

Na|ti|o|na|li|täts|prin|zip, das; -s

Na|ti|o|nal|kir|che

na|ti|o|nal|kon|ser|va|tiv

Na|ti|o|nal|kon|vent

na|ti|o|nal|li|be|ral

Na|ti|o|nal|li|ga (*schweiz. für* höchste Spielklasse im Sport)

Na|ti|o|nal|li|te|ra|tur

Na|ti|o|nal|mann|schaft

Na|ti|o|nal|mu|se|um

Na|ti|o|nal|öko|nom (Volkswirtschaftler); Na|ti|o|nal|öko|no|mie (Volkswirtschaftslehre); Na|ti|o|nal|öko|no|min

Na|ti|o|nal|park

Na|ti|o|nal|preis (*früher* höchste Auszeichnung der DDR); Na|ti|o|nal|preis|trä|ger (*Abk.* NPT); Na|ti|o|nal|preis|trä|ge|rin

Na|ti|o|nal|rat (Bez. von Volksvertretungen in der Schweiz u. in Österreich; *auch für* deren Mitglied); Na|ti|o|nal|rä|tin; Na|ti|o|nal|rats|ab|ge|ord|ne|te (*österr.*)

Na|ti|o|nal|rats|prä|si|dent (*österr.; schweiz.*); Na|ti|o|nal|rats|prä|si|den|tin; Na|ti|o|nal|rats|wahl|kampf (*österr., schweiz.*)

Na|ti|o|nal|so|zi|a|lis|mus, der; - (*Abk.* NS); Na|ti|o|nal|so|zi|a|list; Na|ti|o|nal|so|zi|a|lis|tin; na|ti|o|nal|so|zi|a|lis|tisch

Na|ti|o|nal|spie|ler (*Sport*); Na|ti|o|nal|spie|le|rin; Na|ti|o|nal|sport

Na|ti|o|nal|spra|che

Na|ti|o|nal|staat *Plur.* ...staaten; na|ti|o|nal|staat|lich

Na|ti|o|nal|stif|tung

Na|ti|o|nal|stolz; Na|ti|o|nal|stra|ße (*schweiz. für* Autobahn, Autostraße); Na|ti|o|nal|tanz

Na|ti|o|nal|team; Na|ti|o|nal|the|a|ter; Na|ti|o|nal|tracht

Na|ti|o|nal|trai|ner (*Sport*); Na|ti|o|nal|trai|ne|rin; Na|ti|o|nal|tri|kot

Na|ti|o|nal|ver|samm|lung

Na|ti|o|nen|cup (*Sport* Pokalwettbewerb in verschiedenen Disziplinen)

na|tiv ⟨lat.⟩ (natürlich, unverändert); natives Olivenöl

Na|tive Spea|ker [ˈneɪtɪv ˈspiːkɐ],

Nativismus

der; --s, -- ⟨engl.⟩ (Muttersprachler[in])

Na|ti|vis|mus, der; - ⟨lat.⟩ (*Psychol.* Lehre, nach der es angeborene Vorstellungen, Begriffe, Grundeinsichten usw. gibt)

Na|ti|vist, der; -en, -en; **Na|ti|vis|tin**; na|ti|vis|tisch

Na|ti|vi|tät, die; -, -en (*Astrologie* Stand der Gestirne bei der Geburt eines Menschen)

NATO, **Na|to**, die; - ⟨engl.; *Kurzwort für* North Atlantic Treaty Organization⟩ (Organisation der Signatarmächte des Nordatlantikpakts, Verteidigungsbündnis); **NATO-Ein|greif|trup|pe**, Na-to-Ein|greif|trup|pe; na|to|grün (graugrün); **NATO-Ost|er|wei|te|rung**, Na-to-Ost|er|wei|te|rung, die; -

Na|tri|um, das; -s ⟨ägypt.⟩ (chemisches Element, Metall; *Zeichen* Na); **Na|tri|um|chlo|rid**, das; -[e]s (Kochsalz)

Na|tron, das; -s (ugs. für doppeltkohlensaures Natrium); **Na|tron|lau|ge**

Nat|schal|nik, der; -s, -s ⟨russ.⟩ (russ. Bez. für Vorgesetzter)

Nat|té [na'te:], der; -[s], -s ⟨franz.⟩ (*Textilind.* feines, glänzendes Gewebe [mit Würfelmusterung])

Nat|ter, die; -, -n; **Nat|tern|brut**; **Nat|tern|ge|zücht** (*abwertend*)

Na|tur, die; -, -en ⟨lat.⟩; in Eiche *Natur* od. *natur*; *vgl. auch* in natura

Na|tu|ral|ab|ga|ben Plur.; **Na|tu|ral|be|zü|ge** Plur.

Na|tu|ra|lein|kom|men

Na|tu|ra|li|en Plur. (Natur-, Landwirtschaftserzeugnisse)

Na|tu|ra|li|en|ka|bi|nett (naturwissenschaftliche Sammlung); **Na|tu|ra|li|en|samm|lung**

Na|tu|ra|li|sa|ti|on, die; -, -en (*svw.* Naturalisierung); **na|tu|ra|li|sie|ren**; **Na|tu|ra|li|sie|rung** (Einbürgerung, Aufnahme in den Staatsverband; allmähl. Anpassung von Pflanzen u. Tieren)

Na|tu|ra|lis|mus, der; -, ...men (Naturglaube; *nur Sing.:* Wirklichkeitstreue; nach naturgetreuer Darstellung strebende Kunstrichtung); **Na|tu|ra|list**, der; -en, -en; **Na|tu|ra|lis|tin**; na|tu|ra|lis|tisch

Na|tu|ral|lohn; **Na|tu|ral|wirt|schaft**

Na|tur|apos|tel; **Na|tur|arzt**; **Na|tur|ärz|tin**

Na|tu|r|ath|lon, der; -s, -s ⟨griech.⟩ (Sportveranstaltung in der Natur)

Na|tur|bau|stoff

Na|tur|be|ga|bung

na|tur|be|las|sen

Na|tur|be|ob|ach|tung; **Na|tur|be|schrei|bung**; na|tur|blond

Na|tur|büh|ne; **Na|tur|bur|sche**

Na|tur|darm

Na|tur|denk|mal; **Na|tur|dich|tung**

Na|tur|dün|ger

na|ture [...'ty:ɐ̯] ⟨franz.⟩; Schnitzel *nature* (ohne Panade)

Na|tu|rell, das; -s, -e (Veranlagung; Wesensart)

Na|tur|er|eig|nis; **Na|tur|er|leb|nis**; **Na|tur|er|schei|nung**

na|tur|far|ben; naturfarbenes Holz; **Na|tur|farb|druck** (Farbendruck nach fotografischen Farbaufnahmen)

Na|tur|fa|ser; **Na|tur|film**; **Na|tur|flä|che**

Na|tur|for|scher; **Na|tur|for|sche|rin**

Na|tur|freund; **Na|tur|freun|din**

Na|tur|gas (svw. Erdgas); **Na|tur|ge|fühl**, das; -[e]s

na|tur|ge|ge|ben; **na|tur|ge|mäß**

Na|tur|ge|schich|te; na|tur|ge|schicht|lich

na|tur|ge|schützt (unter Naturschutz stehend)

Na|tur|ge|setz; na|tur|ge|setz|lich

na|tur|ge|treu

Na|tur|ge|walt

na|tur|haft

Na|tur|haus|halt

Na|tur|heil|kun|de, die

Na|tur|heil|mit|tel

Na|tur|heil|ver|fah|ren

na|tur|his|to|risch

na|tur|iden|tisch; natürliche und naturidentische Aromastoffe

Na|tu|ris|mus, der; - (Freikörperkultur); **Na|tu|rist**, der; -en, -en; **Na|tu|ris|tin**

Na|tur|ka|tas|tro|phe; **Na|tur|kind**; **Na|tur|kost**; **Na|tur|kraft**, die

Na|tur|kun|de, die; -; na|tur|kund|lich

Na|tur|leh|re (veraltet für physikalisch-chemischer Teil des naturwissenschaftl. Unterrichts in den Schulen); **Na|tur|lehr|pfad**

na|tür|lich ↑ D89: natürliche Geometrie, Gleichung, Zahl (*Math.*); natürliche Person (*Ggs.* juristische Person); **na|tür|li|cher|wei|se**; **Na|tür|lich|keit**

Na|tur|me|di|zin, die; -

Na|tur|mensch, der

na|tur|nah; **Na|tur|nä|he**

Na|tur|not|wen|dig|keit

Na|tur|päd|a|go|gik, die; -

Na|tur|park; **Na|tur|phä|no|men**

Na|tur|phi|lo|so|phie

Na|tur|pro|dukt; **Na|tur|ra|sen**

Na|tur|recht

na|tur|rein

Na|tur|re|li|gi|on; **Na|tur|re|ser|vat**; **Na|tur|schau|spiel**; **Na|tur|schön|heit**

Na|tur|schutz, der; -es; **Na|tur|schutz|bund**, der; **Na|tur|schüt|zer**; **Na|tur|schüt|ze|rin**; **Na|tur|schutz|ge|biet** (*Abk.* NSG); **Na|tur|schutz|ge|setz**; **Na|tur|schutz|park**

Na|tur|sei|de; **Na|tur|stein**

Na|tur|ta|lent

Na|tur|the|a|ter (Freilichtbühne)

Na|tur|treue; **Na|tur|trieb**

na|tur|trüb

na|tur|ver|bun|den; na|tur|ver|träg|lich; na|tur|wid|rig

Na|tur|wis|sen|schaft *meist Plur.*; **Na|tur|wis|sen|schaf|ter** (*schweiz., österr. auch für* Naturwissenschaftler); **Na|tur|wis|sen|schaf|te|rin**; **Na|tur|wis|sen|schaft|ler**; **Na|tur|wis|sen|schaft|le|rin**

na|tur|wis|sen|schaft|lich; der naturwissenschaftliche Zweig

na|tur|wüch|sig; **Na|tur|wüch|sig|keit**, die; -

Na|tur|wun|der

Na|tur|zer|stö|rung

Na|tur|zu|stand, der; -[e]s

Nau|arch, der; -en, -en ⟨griech.⟩ (Schiffsbefehlshaber im alten Griechenland)

Naue, die; -, -n, *u., schweiz. nur,* **Nau|en**, der; -s, - (*südd. neben* Nachen, Kahn; *schweiz. für* großer [Last]kahn auf Seen)

'nauf (*landsch. für* hinauf)

Naum|burg (Stadt an der Saale)

Naum|bur|ger; Naumburger Dom; **Naum|bur|ge|rin**

Nau|pli|us, der; -, ...ien ⟨griech.⟩ (*Zool.* Krebstierlarve)

Na|u|ru (Inselrepublik im Pazifischen Ozean); **Na|u|ru|er**; **Na|u|ru|e|rin**; na|u|ru|isch

'naus (*landsch. für* hinaus)

Nau|sea, die; - ⟨griech.⟩ (*Med.* Übelkeit; Seekrankheit)

Nau|si|kaa [...kaa] (Königstochter in der griech. Sage)

Nau|tik, die; - ⟨griech.⟩ (Schifffahrtskunde); **Nau|ti|ker**; **Nau|ti|ke|rin**

Nau|ti|lus, der; -, *Plur.* - *u.* -se (Tintenfisch)

nau|tisch; nautisches Dreieck (*svw.* sphärisches Dreieck)

nebeneinanderher

Na|va|ho, Na|va|jo ['nɛvəho, *auch* na'vaxo], der; -[s], -[s] (Angehöriger eines nordamerik. Indianerstammes)

Na|var|ra (nordspan. Provinz; *auch für* hist. Provinz in den Westpyrenäen)

Na|var|re|se, der; -n, -n; **Na|var|re|sin; na|var|re|sisch**

Na|vel [*auch* 'neɪ...], die; -, -s ⟨engl.⟩ (*kurz für* Navelorange); **Na|vel|oran|ge** (kernlose Orange, die eine zweite kleine Frucht einschließt)

Na|vi, das; -s, -s (*ugs.; kurz für* Navigationssystem)

Na|vi|ga|ti|on, die; - ⟨lat.⟩ (Orts- u. Kursbestimmung von Schiffen u. Flugzeugen)

Na|vi|ga|ti|ons|feh|ler; Na|vi|ga|ti|ons|ge|rät (*svw.* Navigationssystem); **Na|vi|ga|ti|ons|in|s|tru|ment; Na|vi|ga|ti|ons|kar|te**

Na|vi|ga|ti|ons|of|fi|zier (für die Navigation verantwortlicher Offizier); **Na|vi|ga|ti|ons|of|fi|zie|rin**

Na|vi|ga|ti|ons|sys|tem (zur Positionsbestimmung u. Zielführung von Fahrzeugen)

Na|vi|ga|tor, der; -s, ...oren (*Flugw., Seew.* für die Navigation verantwortliches Besatzungsmitglied); **na|vi|ga|to|risch**

na|vi|gie|ren (ein Schiff od. Flugzeug führen)

na|xisch (von Naxos); **Na|xos** (griech. Insel)

Nay|pyi|daw [nɛpjiˈdɔ] (Hauptstadt von Myanmar)

¹**Na|za|rä|er**, ökum. **Na|zo|rä|er**, der; -s ⟨hebr.⟩ (Beiname Jesu)

²**Na|za|rä|er**, ökum. **Na|zo|rä|er**, der; -s, - (Mitglied der frühen Christengemeinden)

¹**Na|za|re|ner**, der; -s (Beiname Jesu)

²**Na|za|re|ner**, der; -s, - (Angehöriger einer Künstlergruppe der Romantik); **Na|za|re|ne|rin**

Na|za|reth, ökum. **Na|za|ret** (Stadt in Israel)

Naz|ca, Nas|ca [naska] (Stadt in Peru)

Na|zi, der; -s, -s (*kurz für* Nationalsozialist)

Na|zi|bar|ba|rei; Na|zi|dik|ta|tur

Na|zi|gold, das; -[e]s (von den Nationalsozialisten geraubtes [Gold]vermögen aus vorwiegend jüd. Besitz); **Na|zi|herr|schaft**, die; -; **Na|zi|par|tei; Na|zi|re|gime**, das; -[e]s

Na|zis|mus, der; - (*svw.* Nationalsozialismus); **na|zis|tisch** (*svw.* nationalsozialistisch)

Na|zi|ver|bre|cher; Na|zi|ver|bre|che|rin; Na|zi|zeit

Na|zo|rä|er, der; -s, -; *vgl.* ¹Nazaräer, ²Nazaräer

Nb (*chem. Zeichen für* Niob)

NB = notabene!

n. Br. = nördl. Br. = nördliche Breite; 50° n. Br.

NC = North Carolina; *vgl.* Nordkarolina

Nchf., Nachf. = Nachfolger[in]

n. Chr. = nach Christus, nach Christus; *vgl.* Christus

n. Chr. G. = nach Christi Geburt; *vgl.* Christus

nd. = niederdeutsch

Nd (*chem. Zeichen für* Neodym)

ND = North Dakota; *vgl.* Norddakota

N'Dja|me|na [ndʒa...] (Hauptstadt von Tschad)

NDR, der; - = Norddeutscher Rundfunk

Ne (*chem. Zeichen für* Neon)

NE = Nebraska

ne!, nee! (*ugs. für* nein!)

'ne [nə] ↑D 14 (*ugs. für* eine)

Ne|an|der|ta|ler ⟨nach dem Fundort Neandertal bei Düsseldorf⟩ (vorgeschichtlicher Mensch); **Ne|an|der|ta|le|rin**

Ne|a|pel (ital. Stadt); *vgl.* Napoli

Ne|a|pe|ler, Ne|ap|ler, ¹**Ne|a|po|li|ta|ner**

Ne|a|pe|le|rin, Ne|a|po|li|ta|ne|rin

²**Ne|a|po|li|ta|ner, Ne|a|po|li|ta|ner|schnit|te** (*österr. für* gefüllte Waffel); **ne|a|po|li|ta|nisch**

Ne|ark|tis, die; - ⟨griech.⟩ (tiergeografisches Gebiet, das Nordamerika u. Mexiko umfasst); **ne|ark|tisch; nearktische Region**

NEAT, Ne|at, die; - = Neue Eisenbahn-Alpentransversale (in der Schweiz)

neb|bich (jidd.) (*ugs. für* wenn schon!; was macht das!); **Neb|bich**, der; -s, -s (*ugs. für* Nichtsnutz; unbedeutender Mensch)

Ne|bel, der; -s, -

Ne|bel|bank *Plur.* ...bänke; **Ne|bel|bil|dung; Ne|bel|bo|je** (*Seew.*)

Ne|bel|de|cke; Ne|bel|feld

ne|bel|grau; ne|bel|haft

Ne|bel|horn *Plur.* ...hörner (*Seew.*)

ne|be|lig *vgl.* neblig

Ne|bel|kam|mer (Kernphysik)

Ne|bel|kap|pe (Tarnkappe)

Ne|bel|ker|ze (*Militär*)

Ne|bel|krä|he; Ne|bel|lam|pe

Ne|bel|mo|nat, Ne|bel|mond (*alte Bez. für* November)

ne|beln; es nebelt; ich neb[e]le

Ne|bel|näs|sen, das; -s (Niederschlag in feinen Tropfen bei dichtem Nebel); **Ne|bel|rei|ßen**, das; -s (*österr. für* Nebelschwaden); **Ne|bel|schein|wer|fer; Ne|bel|schlei|er; Ne|bel|schlussleuch|te; Ne|bel|schwa|de, Ne|bel|schwa|den; Ne|bel|strei|fen**

Ne|bel|lung, Neb|lung, der; -s, -e (*alte Bez. für* November; *vgl.* Nebelmond)

ne|bel|ver|han|gen

Ne|bel|wand

Ne|bel|wer|fer ⟨nach dem Erfinder R. Nebel⟩ (*Militär* ein Raketenwerfer)

ne|ben; *Präp. mit Dat. u. Akk.*: neben dem Hause stehen, *aber* neben das Haus stellen; *als Adverb in Zusammensetzungen wie* nebenan, nebenbei u. a.

Ne|ben|ab|re|de (*Rechtsspr.*)

Ne|ben|ab|sicht

Ne|ben|amt; ne|ben|amt|lich

ne|ben|an; Ne|ben|la|ge

Ne|ben|an|schluss; Ne|ben|ar|beit; Ne|ben|aus|ga|be; Ne|ben|ausgang; Ne|ben|bahn; Ne|ben|bedeu|tung

ne|ben|bei; nebenbei bemerkt

Ne|ben|be|ruf; ne|ben|be|ruf|lich

Ne|ben|be|schäf|ti|gung

Ne|ben|buh|ler; Ne|ben|buh|le|rin; Ne|ben|buh|ler|schaft

Ne|ben|ef|fekt

ne|ben|ei|n|an|der

Man schreibt »nebeneinander« mit dem folgenden Verb in der Regel zusammen, wenn es den gemeinsamen Hauptakzent trägt ↑D 48:

– nebeneinanderlegen, nebeneinanderliegen, nebeneinandersetzen, nebeneinandersitzen, nebeneinanderstehen, nebeneinanderstellen

Aber:

– sich nebeneinander aufstellen
– wir sind nebeneinander hergegangen; *vgl.* nebeneinanderher
– nebeneinander herunterrutschen

Ne|ben|ei|n|an|der [*auch* 'ne:...], das; -s

ne|ben|ei|n|an|der|her; sie haben nebeneinanderher gelebt; sie

sind nebeneinanderher über die Wiese gegangen
ne|ben|ei|n|an|der|schal|ten; Ne|ben|ei|n|an|der|schal|tung
ne|ben|ei|n|an|der|sit|zen, ne|ben|ei|n|an|der|ste|hen, ne|ben|ei|n|an|der|stel|len vgl. nebeneinander
Ne|ben|ein|gang
Ne|ben|ein|kunft meist Plur.; Ne|ben|ein|nah|men Plur.
Ne|ben|er|schei|nung
Ne|ben|er|werb; Ne|ben|er|werbs|bau|er (bes. österr.); Ne|ben|er|werbs|bäu|e|rin; Ne|ben|er|werbs|land|wirt; Ne|ben|er|werbs|land|wir|tin; Ne|ben|er|werbs|land|wirt|schaft
Ne|ben|er|zeug|nis; Ne|ben|fach; Ne|ben|fi|gur; Ne|ben|fluss
Ne|ben|form; Ne|ben|frau; Ne|ben|ge|bäu|de; Ne|ben|ge|dan|ke
Ne|ben|ge|lass
Ne|ben|ge|räusch
Ne|ben|ge|stein (Bergmannsspr. Gestein unmittelbar über u. unter dem Flöz)
Ne|ben|gleis
Ne|ben|hal|le; Ne|ben|hand|lung; Ne|ben|haus
ne|ben|her; etwas nebenher erledigen; sich etwas nebenher verdienen
ne|ben|her|fah|ren ↑D 48
ne|ben|her|ge|hen ↑D 48
ne|ben|her|lau|fen ↑D 48
ne|ben|hin; etwas nebenhin sagen
Ne|ben|höh|le (an die Nasenhöhle angrenzender Hohlraum)
Ne|ben|job
Ne|ben|kla|ge; Ne|ben|klä|ger; Ne|ben|klä|ge|rin
Ne|ben|kos|ten Plur.; Ne|ben|kra|ter; Ne|ben|kriegs|schau|platz; Ne|ben|li|nie; Ne|ben|mann Plur. ...männer u. ...leute; Ne|ben|me|tall; Ne|ben|nie|re; Ne|ben|nut|zung
ne|ben|ord|nen (Sprachwiss.); nebenordnende Konjunktionen; Ne|ben|ord|nung (Sprachwiss.)
Ne|ben|pro|dukt
Ne|ben|raum
Ne|ben|recht (Rechtsspr. abhängiges, untergeordnetes Recht)
Ne|ben|rol|le
Ne|ben|sa|che; ne|ben|säch|lich; Ne|ben|säch|lich|keit
Ne|ben|sai|son
Ne|ben|satz (Sprachwiss.)
ne|ben|schal|ten (für parallel schalten); Ne|ben|schal|tung (für Parallelschaltung)

Ne|ben|spie|ler; Ne|ben|spie|le|rin
ne|ben|ste|hend ↑D 72: Nebenstehendes, das Nebenstehende bitte vergleichen; im Nebenstehenden (Amtsspr. hierneben).
Ne|ben|stel|le; Ne|ben|stra|ße; Ne|ben|stre|cke; Ne|ben|tä|tig|keit
Ne|ben|tisch
Ne|ben|ton Plur. ...töne; ne|ben|to|nig
Ne|ben|ver|dienst, der; Ne|ben|weg; Ne|ben|wir|kung
Ne|ben|woh|nung; Ne|ben|zim|mer
Ne|ben|zweck
neb|lig, ne|be|lig
Neb|lung vgl. Nebelung
Ne|b|ras|ka (Staat in den USA; Abk. NE)
nebst; Präp. mit Dat. (veraltend): nebst seinem Hunde
nebst|bei (österr. neben nebenbei)
Ne|bu|kad|ne|zar, ökum. Ne|bu|kad|nez|zar vgl. Nabucco
ne|bu|los, ne|bu|lös (lat.) (unklar, verschwommen)
Ne|ces|saire [...sɛˈsɛːɐ̯], das; -s, -s ⟨franz.⟩ ([Reise]behältnis für Toiletten-, Nähutensilien u. a.)
n-Eck [ˈɛn...] ↑D 29 (Math.)
Neck, Nöck, der; -en, -en (ein Wassergeist)
Ne|ckar, der; -s (rechter Nebenfluss des Rheins)
Ne|ckar|sulm (Stadt an der Mündung der Sulm in den Neckar)
ne|cken; Ne|cke|rei
Ne|cking, das; -[s], -s ⟨amerik.⟩ (Austausch von Zärtlichkeiten)
ne|ckisch
Ned|bal (tschech. Komponist)
Ne|der|lan|dis|tik (bes. österr.)
nee! vgl. ne!
Neer, die; -, -en (nordd. für Wasserstrudel mit starker Gegenströmung); Neer|strom
Nef|fe, der; -n, -n
Ne|ga|ti|on, die; -, -en ⟨lat.⟩ (Verneinung, Ablehnung; Verneinungswort, z. B. »nicht«)
ne|ga|tiv [auch ...ˈtiːf] (verneinend; ergebnislos; Math. kleiner als null; Elektrot.: Ggs. zu positiv); negative Zahl ↑D 89; Ne|ga|tiv, das; -s, -e (Fotogr. Gegen-, Kehrbild)
Ne|ga|tiv|bei|spiel
Ne|ga|tiv|bi|lanz
Ne|ga|tiv|bild vgl. Negativ
Ne|ga|ti|ve, die; -, -n (veraltet für Verneinung)
Ne|ga|tiv|image
Ne|ga|ti|vi|tät, die; -
Ne|ga|tiv|lis|te (Verzeichnis von

nicht zu verwendenden Wörtern, Sachen o. Ä.)
Ne|ga|tiv|steu|er (Wirtsch. finanzielle Unterstützung einkommensschwacher Bürger[innen] durch den Staat)
Ne|geb [auch ˈnɛgɛp] vgl. Negev
Ne|ger, der; -s, - ⟨lat.⟩; Ne|ge|rin

Neger
Viele Menschen empfinden die Bezeichnungen *Neger, Negerin* heute als diskriminierend; sie sollten im öffentlichen Sprachgebrauch nicht mehr verwendet werden. Alternative Bezeichnungen sind *Schwarzafrikaner, Schwarzafrikanerin, Afroamerikaner, Afroamerikanerin, Afrodeutscher, Afrodeutsche*; in bestimmten Kontexten auch *Schwarzer, Schwarze*. Vermieden werden sollten auch Zusammensetzungen mit *Neger* wie *Negerkuss*, stattdessen verwendet man besser *Schoko-* od. *Schaumkuss*.

Ne|ger|kuss (svw. Schokokuss); vgl. Neger
Ne|ger|skla|ve (schwarzer Sklave); vgl. Neger; Ne|ger|skla|vin
Ne|gev [auch ˈnɛgɛf], der; -, auch die; - (Wüstenlandschaft im Süden Israels)
ne|gie|ren ⟨lat.⟩ (verneinen; bestreiten); Ne|gie|rung
Ne|g|li|gé, in der Schweiz auch Né|g|li|gé [...ʒeː], das; -s, -s ⟨franz.⟩ (Hauskleid; leichter Morgenmantel)
ne|g|li|gen|te [...ˈdʒɛntɐ] ⟨ital.⟩ (Musik darüber hinhauchend)
ne|g|li|gie|ren [...ʒiː...] (veraltend für vernachlässigen)
ne|g|rid ⟨lat.⟩ (negrider Menschentyp (Anthropol. veraltend)
Ne|g|ri|to, der; -[s], -[s] (kleinwüchsiger u. dunkelhäutiger Mensch [auf den Philippinen])
Né|g|ri|tude [negriˈtyːt], die; - ⟨franz.⟩ (Forderung nach kultureller Eigenständigkeit der Französisch sprechenden Länder Afrikas)
Ne|g|ro|spi|ri|tu|al [ˈniːɡrəʊspɪrɪtjuəl], das, auch der; -s, -s ⟨lat.-engl.-amerik.⟩ (veraltet für Spiritual)
Ne|gus, der; -, Plur. - u. -se (früher für Kaiser von Äthiopien)

Ne|he|mia, Ne|he|mi|as (Gestalt des A. T.)
neh|men; du nimmst, er nimmt; ich nahm, du nahmst; du nähmest; genommen; nimm!; ich nehme es an mich; ↑**D 82**: Geben (od. geben) ist seliger denn Nehmen (od. nehmen); sich etwas nicht nehmen lassen
Neh|mer (auch für Käufer); **Neh|me|rin**
Neh|mer|qua|li|tä|ten Plur. (Boxen)
Neh|ru (indischer Staatsmann)
Neh|rung, die; -, -en (schmale Landzunge)
Neid, der; -[e]s; **nei|den**
Nei|der; neid|er|füllt ↑**D 59**; **Nei|de|rin**
Neid|ham|mel (ugs. für neidischer Mensch)
Neid|hard, Neid|hart (m. Vorn.)
nei|disch
neid|los; Neid|lo|sig|keit, die; -
Neid|na|gel vgl. Niednagel
neid|voll
Nei|ge, die; -, -n; zur Neige gehen
nei|gen; sich neigen
Nei|ge|tech|nik (Eisenbahn)
Nei|gung; Nei|gungs|ehe; Nei|gungs|kurs (Schule)
nei|gungs|ver|stell|bar
Nei|gungs|win|kel

nein
– nein, nein; nein[,] danke
– oh nein od. o nein
– Nein sagen od. nein sagen
– das Ja und das Nein; mit [einem] Nein antworten; mit Nein stimmen; das ist die Folge seines Neins ↑**D 81**

'**nein** (landsch. für hinein)
Nein|sa|gen, das; -s; **Nein|sa|ger; Nein|sa|ge|rin**
Nein|stim|me
Nei|ße, die; - (ein Flussname); die Oder-Neiße-Grenze ↑**D 146**
Ne|k|ro|bi|o|se, die; -, -n ⟨griech.⟩ (Biol. langsames Absterben einzelner Zellen)
Ne|k|ro|log, der; -[e]s, -e (Nachruf); **Ne|k|ro|lo|gi|um,** das; -s, ...ien (Totenverzeichnis in Klöstern u. Stiften)
Ne|k|ro|mant, der; -en, -en (Toten-, Geisterbeschwörer); **Ne|k|ro|man|tie,** die; - (Toten-, Geisterbeschwörung); **Ne|k|ro|man|tin**
Ne|k|ro|phi|lie, die; - (Psychol. auf Leichen gerichteter Sexualtrieb)
Ne|k|ro|po|le, die; -, ...polen (Totenstadt, Gräberfeld alter Zeit)
Ne|k|rop|sie, die; -, ...ien (Leichenbesichtigung, -öffnung)
Ne|k|ro|se, die; -, -n (Med. das Absterben von Geweben, Organen od. Organteilen)
Ne|k|ro|sper|mie, die; -, ...ien (Med. Abgestorbensein od. Funktionsunfähigkeit m. Samenzellen; Zeugungsunfähigkeit)
ne|k|ro|tisch (Med. abgestorben)
Nek|tar, der; -s, -e ⟨griech.⟩ (zuckerhaltige Blütenabsonderung; griech. Mythol. ewige Jugend spendender Göttertrank)
Nek|ta|ri|ne, die; -, -n (Pfirsichart mit glatthäutigen Früchten)
Nek|ta|ri|um, das; -s, ...ien (Nektardrüse bei Blütenpflanzen)
Nek|ton, das; -s ⟨griech.⟩ (Biol. Gesamtheit der im Wasser sich aktiv bewegenden Tiere); **nek|to|nisch**
Nel|ke, die; -, -n (eine Blume; ein Gewürz); **Nel|ken|öl**
Nel|ken|strauß Plur. ...sträuße
Nel|ken|wurz (eine Pflanze)
Nell, das; -s, -en Plur. selten (schweiz. für Trumpfneun beim Jass)
Nel|li, Nel|ly (w. Vorn.)
¹**Nel|son** [...zn, auch ...sn] (engl. Admiral)
²**Nel|son,** der; -[s], -s ⟨engl.⟩ (Ringergriff)
Ne|ma|to|de, der; -n, -n meist Plur. ⟨griech.⟩ (Zool. Fadenwurm)
ne|me|isch (aus Nemea [Tal in Argolis]); aber ↑**D 150**: der Nemeische Löwe (griech. Mythol.)
¹**Ne|me|sis** (griech. Rachegöttin)
²**Ne|me|sis,** die; - ⟨griech.⟩ (ausgleichende Gerechtigkeit)
NE-Me|tall [εn'le:...] (↑**D 28**; kurz für Nichteisenmetall)
'**nen** ↑**D 14** (ugs. für einen)
Ne|na (w. Vorn.)
Nenn|be|trag
nen|nen; du nanntest; selten du nenntest; genannt; nenn[e]!; sie nannte ihn einen Dummkopf
nen|nens|wert
Nen|ner (Math.)
Nenn|form (für Infinitiv); **Nenn|form|satz** (für Infinitivsatz)
Nenn|leis|tung (Technik)
Nenn|on|kel; Nenn|tan|te
Nen|nung
Nenn|wert; Nenn|wort Plur. ...wörter (für Nomen)

neotropisch

Nen|ze, der; -n, -n (Angehöriger eines Volkes im Nordwesten Sibiriens); vgl. Samojede
neo... ⟨griech.⟩ (neu...); **Neo...** (Neu...)
Neo|dym, das; -s (chemisches Element, Metall; Zeichen Nd)
Neo|fa|schis|mus (faschistische Bestrebungen nach dem 2. Weltkrieg); **Neo|fa|schist; Neo|fa|schis|tin; neo|fa|schis|tisch**
Neo|gen, das; -s (Geol. Jungtertiär)
Neo|go|tik (Bau- u. Kunststil des 19. Jh.s); **neo|go|tisch**
Neo|klas|sik (Wirtsch. Gruppe liberaler Theorien des 19. Jh.s; Mus. von klassischer Musik inspirierter Dark Wave); **neo|klas|sisch**
Neo|klas|si|zis|mus; neo|klas|si|zis|tisch
Neo|ko|lo|ni|a|lis|mus
Neo|kom|mu|nis|mus (an ältere kommunistische Theorien anknüpfende politische Bewegung des 21. Jh.s); **Neo|kom|mu|nist; Neo|kom|mu|nis|tin; neo|kom|mu|nis|tisch**
neo|kon|ser|va|tiv
neo|li|be|ral; Neo|li|be|ra|lis|mus (Wirtsch.)
Neo|li|thi|kum, das; -s (Jungsteinzeit); **neo|li|thisch** (jungsteinzeitlich)
Neo|lo|gis|mus, der; -, ...men (sprachl. Neubildung)
Neo|mar|xis|mus, der; -
Ne|on, das; -s (chemisches Element, Edelgas; Zeichen Ne)
Neo|na|zi; Neo|na|zis|mus
Neo|na|zist; Neo|na|zis|tin; neo|na|zis|tisch
ne|on|far|ben (grell)
Ne|on|fisch; Ne|on|lam|pe; Ne|on|licht Plur. ...lichter; **Ne|on|re|kla|me; Ne|on|röh|re; Ne|on|salm|ler** (ein Zierfisch)
Neo|phyt, der; -en, -en (erwachsener Neugetaufter im Urchristentum)
Neo|plas|ma (Med. [bösartige] Geschwulst)
Neo|po|si|ti|vis|mus
Neo|pren, das; -s, -e ⟨Kunstwort⟩ (synthetischer Kautschuk); **Neo|pren|an|zug** (vor Kälte schützender Anzug für Taucher u. a.)
Neo|te|nie, die; - (Med. unvollkommener Entwicklungszustand eines Organs; Biol. Eintritt der Geschlechtsreife im Larvenstadium)
neo|tro|pisch (den Tropen der

Neuen Welt angehörend); neotropische Region (tiergeografisches Gebiet, das Mittel- u. Südamerika umfasst)

Neo|vi|ta|lis|mus (Lehre von den Eigengesetzlichkeiten des Lebendigen)

Neo|zo|i|kum, das; -s ⟨svw. Känozoikum⟩; **neo|zo|isch** ⟨svw. känozoisch⟩

Ne|pal [auch ...'paːl] (Himalajastaat); **Ne|pa|le|se**, der; -n, -n; **Ne|pa|le|sin**; **ne|pa|le|sisch**

Ne|per, das; -s, - ⟨nach dem schott. Mathematiker J. Napier⟩ (eine physikalische Maßeinheit; Abk. Np)

Ne|phe|lin, der; -s, -e ⟨griech.⟩ (ein Mineral)

Ne|phe|lo|me|t|rie, die; - (Chemie Messung der Trübung von Flüssigkeiten od. Gasen)

Ne|pho|graf, **Ne|pho|graph**, der; -en, -en (Meteorol. Gerät zur fotografischen Aufzeichnung [der Dichte] von Wolken)

Ne|pho|s|kop, das; -s, -e (Gerät zur Bestimmung der Zugrichtung u. -geschwindigkeit von Wolken)

Ne|ph|ral|gie, die; -, ...ien ⟨griech.⟩ (Med. Nierenschmerzen)

Ne|ph|rit, der; -s, -e (ein Mineral)

Ne|ph|ri|tis, die; -, ...itiden (Med. Nierenentzündung); **Ne|ph|ro|se**, die; -, -n (Nierenerkrankung mit Gewebeschädigung)

Ne|po|muk (m. Vorn.)

Ne|po|tis|mus, der; - ⟨lat.⟩ (Vetternwirtschaft)

Nepp, der; -s; **nep|pen** (durch überhöhte Preisforderungen übervorteilen); **Nep|per**; **Nep|pe|rei**; **Nep|pe|rin**; **Nep|p|lo|kal**

¹**Nep|tun** (röm. Gott des Meeres)

²**Nep|tun**, der; -s (ein Planet)

nep|tu|nisch (durch Einwirkung des Wassers entstanden); neptunische Gesteine (veraltet für Sedimentgesteine) ↑ D 89

Nep|tu|ni|um, das; -s (chemisches Element, ein Transuran; Zeichen Np)

Nerd [nœːɐ̯t], der; -s, -s ⟨engl., »Schwachkopf«⟩ (Jargon abwertend sehr intelligenter, aber sozial isolierter Computerfan)

Ne|re|i|de, die; -, -n meist Plur. (meerbewohnende Tochter des Nereus); **Ne|reus** (griech. Meergott)

Nerf|ling (ein Fisch)

Nernst|lam|pe ↑ D 136 ⟨nach dem dt. Physiker u. Chemiker⟩

Ne|ro (röm. Kaiser)

Ne|ro|li|öl, das; -[e]s ⟨ital.; dt.⟩ (Pomeranzenblütenöl)

ne|ro|nisch ⟨zu Nero⟩; neronische Christenverfolgung ↑ D 135

Ner|thus (germ. Göttin)

Ne|ru|da, Pablo (chilen. Lyriker)

Nerv, der; Gen. -s, fachspr. auch -en, Plur. -en ⟨lat.⟩

Ner|va (röm. Kaiser)

Ner|va|tur, die; -, -en ⟨lat.⟩ (Aderung des Blattes, der Insektenflügel)

ner|ven [...f...] (ugs. für nervlich strapazieren; belästigen)

Ner|ven|an|span|nung

Ner|ven|arzt; **Ner|ven|ärz|tin**

ner|ven|auf|peit|schend; **ner|ven|auf|rei|bend**

Ner|ven|bahn; **Ner|ven|be|las|tung**; **Ner|ven|be|ru|hi|gungs|mit|tel**

Ner|ven|bün|del; **Ner|ven|chi|r|ur|gie**, die; -; **Ner|ven|ent|zün|dung**

Ner|ven|gas; **Ner|ven|gift**, das

Ner|ven|kit|zel; **Ner|ven|kli|nik**

Ner|ven|kos|tüm, das; -s (ugs. scherzh.); **Ner|ven|kraft**, die

ner|ven|krank; **Ner|ven|krank|heit**

Ner|ven|krieg; **Ner|ven|kri|se**

Ner|ven|lei|den; **ner|ven|lei|dend**

Ner|ven|nah|rung; **Ner|ven|pro|be**

Ner|ven|sa|che (ugs.); meist in das ist Nervensache

Ner|ven|sä|ge (ugs.)

Ner|ven|schmerz meist Plur.

ner|ven|schwach; **Ner|ven|schwä|che**

ner|ven|stark; **Ner|ven|stär|ke**

Ner|ven|sys|tem; vegetatives Nervensystem ↑ D 89; **Ner|ven|zel|le**

ner|ven|zer|fet|zend (ugs.); **ner|ven|zer|rei|ßend**

Ner|ven|zu|sam|men|bruch

ner|vig [...f..., auch ...v...] (sehnig, kräftig; ugs. für die Nerven strapazierend, lästig)

nerv|lich (das Nervensystem betreffend)

ner|vös [...v...] (nervenschwach; unruhig, gereizt; Med. svw. nervlich); jmdn. nervös machen; sich nicht nervös machen lassen; **Ner|vo|si|tät**, die; -

nerv|tö|tend

Ner|vus Re|rum, der; - - (Hauptsache; scherzh. für Geld)

Nerz, der; -es, -e ⟨slaw.⟩ (Pelz[tier]); **Nerz|farm**; **Nerz|fell**

Nerz|kra|gen; **Nerz|man|tel**

Nerz|öl; **Nerz|sto|la**

Nes|ca|fé®, der; -s, -s ⟨nach der schweiz. Firma Nestlé⟩ (löslicher Kaffeeextrakt)

Nes|chi [...ki, auch ...çi], das od. die; - ⟨arab.⟩ (arab. Schreibschrift)

Nes|rin (w. Vorn.)

¹**Nes|sel**, die; -, -n

²**Nes|sel**, der; -s, - (ein Gewebe)

Nes|sel|aus|schlag; **Nes|sel|fa|den** (Zool.); **Nes|sel|fie|ber**; **Nes|sel|pflan|ze**; **Nes|sel|qual|le**; **Nes|sel|stoff**; **Nes|sel|sucht**; **Nes|sel|tier**

Nes|sus|ge|wand ↑ D 136 ⟨nach dem vergifteten Gewand des Herakles in der griech. Sage⟩ (Verderben bringende Gabe)

Nest, das; -[e]s, -er; **Nest|bau** Plur. ...bauten

Nest|be|schmut|zer (abwertend für jmd., der schlecht über die eigene Familie, Gruppe o. Ä. spricht); **Nest|be|schmut|ze|rin**

Nest|chen

Nes|tel, die; -, -n (landsch. für Schnur); **nes|teln**; ich nest[e]le

Nes|ter|chen Plur.

Nest|flüch|ter; **Nest|flüch|te|rin**

Nest|häk|chen (das jüngste Kind in der Familie)

Nest|ho|cker; **Nest|ho|cke|rin**; **Nest|jun|ge** vgl. ²Junge

Nest|ling (noch nicht flügger Vogel)

¹**Nes|tor** (greiser König der griech. Sage)

²**Nes|tor**, der; -s, ...oren (ältester [anerkannter] Vertreter einer bestimmten Wissenschaft o. Ä.)

Nes|to|ri|a|ner, der; -s, - (Anhänger des Nestorius); **Nes|to|ri|a|nis|mus**, der; - (Lehre des Nestorius)

Nes|to|rin ⟨zu ²Nestor⟩

Nes|to|ri|us (Patriarch von Konstantinopel)

Nes|t|roy (österr. Dramatiker)

Nest|treue

nest|warm; nestwarme Eier; **Nest|wär|me**

Net, das; -s (ugs.; kurz für Internet)

Net|book [...bʊk], das; -s, -s ⟨engl.⟩ (kleinformatiges Notebook)

Net|flix®, -' ohne Artikel ⟨engl. Kurzw.⟩ (ein Streamingdienst für Filme, insbes. für Serien)

Ne|ti|quet|te [...'kɛtə], die; - (EDV Gesamtheit der Kommunikationsregeln im Internet)

Ne|ti|zen ['nɛtɪzn̩] ⟨engl.⟩ (sehr aktiver u. verantwortungsvoller Internetnutzer)

nett; **net|ter|wei|se** (ugs.)

Net|tig|keit ⟨zu nett⟩

Neuanschaffung

neu

neu|er, neu|es|te *od.* neus|te; neu|es|tens *od.* neustens

I. *Kleinschreibung:*
– etwas auf neu herrichten
↑D 89:
– die neue Armut
– die neuen Bundesländer
– neue Sprachen; neuer Wein
– die neue Mathematik (auf der formalen Logik u. der Mengenlehre basierende Mathematik)
– die neue *od.* Neue Mitte *(Politik)*
– die neue *od.* Neue Linke (eine philos. u. politische Richtung)
– das neue *od.* Neue Jahr; ein gutes neues *od.* Neues Jahr!
– die Neuen *od.* neuen (elektronischen) Medien

II. *Großschreibung*
a) *der Substantivierung* ↑D 72:
– etwas, nichts Neues
– das Alte und das Neue
– er ist aufs Neue (auf Neuerungen) erpicht
– sie hat es aufs Neue (wieder) versucht
– auf ein Neues
– aus Alt wird Neu, *auch* aus alt wird neu
– seit Neuestem *od.* neuestem
– von Neuem *od.* neuem

b) *in Namen u. bestimmten namenähnlichen Bezeichnungen* ↑D 88 u. 89:
– der Neue Bund *(christl. Rel.)*
– das Neue Forum (1989 in der DDR gegründete Bürgerbewegung; *Abk.* NF)
– die Neue Maas (Flussarm im Mündungsgebiet des Rheins)
– der Neue Markt (*Börsenw.* ehem. Aktienmarkt für junge Unternehmen aus zukunftsorientierten Branchen)
– die Neue Rundschau (Zeitschrift)
– das Neue Testament (*Abk.* N. T.)
– die Neue Welt (Amerika)

III. *Getrenntschreibung in Verbindung mit Verben* ↑D 56:
– neu bauen, neu einrichten, neu bearbeiten, neu entwickeln, neu hinzukommen, neu ordnen
– die Wand soll neu gestrichen werden
– das Geschäft wird neu eröffnet
– der Text wurde neu gesetzt

IV. *In Verbindung mit einem adjektivisch gebrauchten Partizip kann getrennt oder zusammengeschrieben werden* ↑D 58:
– das neu eröffnete *od.* neueröffnete Zweiggeschäft; das Geschäft ist neu eröffnet
– das neu bearbeitete *od.* neubearbeitete Werk
– die neu geschaffenen *od.* neugeschaffenen Anlagen

Vgl. aber neugeboren

N
Neua

net|to ⟨ital.⟩ (rein, nach Abzug der Verpackung, der Unkosten, der Steuern u. Ä.); mehr Netto vom Brutto ↑D 72
Net|to|ein|kom|men; Net|to|er|trag; Net|to|ge|halt, das; Net|to|ge|wicht; Net|to|ge|winn; Net|to|lohn; Net|to|mas|se; Net|to|preis
Net|to|raum|zahl (*Abk.* NRZ); Net|to|re|gis|ter|ton|ne (*früher für* Nettoraumzahl; *Abk.* NRT)
Net|to|ver|dienst, der
Net|to|zah|ler (Staat, der in die gemeinsame Kasse eines Bundesstaates mehr einzahlt, als er in Form von Subventionen aus ihr bezieht)
Net|work ['nɛtvœːɐ̯k], das; -[s], -s ⟨engl.⟩ (System miteinander verbundener Rundfunksender *od.* Computer); Net|wor|king, das; -s ⟨engl.⟩ (Bildung von Netzwerken)
Netz, das; -es, -e
Netz|agen|tur (Behörde, die den Wettbewerb zwischen Netzbetreibern regelt u. fördert)
Netz|ak|ti|vist; Netz|ak|ti|vis|tin
Netz|an|schluss; Netz|an|schluss|ge|rät (*Rundfunk*)
netz|ar|tig
Netz|aus|rüs|ter
Netz|ball (*Sport*)
Netz|be|trei|ber; Netz|be|trei|be|rin
net|zen (*geh. für* nass machen, befeuchten); du netzt
Netz|flüg|ler, der; -s, - (*für* Neuropteren)
netz|för|mig
Netz|ge|rät (*kurz für* Netzanschlussgerät); Netz|gleich|rich|ter (*Rundfunk*)
Netz|haut; Netz|haut|ab|lö|sung; Netz|haut|ent|zün|dung
Netz|hemd
Netz|kar|te (*Verkehrsw.*)
Netz|mit|tel, das (Stoff, der die Oberflächenspannung von Flüssigkeiten verringert)
Netz|neu|tra|li|tät, die; - (*EDV* Gleichbehandlung aller Internetangebote durch den Internetanbieter)
Netz|plan (*Wirtsch.*); Netz|plan|tech|nik (*Wirtsch.*)
Netz|po|li|tik (das Internet betreffende Politik); netz|po|li|tisch
Netz|rol|ler (*bes. Tennis*)
Netz|span|nung; Netz|sper|re
Netz|spie|ler (*Sport*); Netz|spie|le|rin (*Sport*); Netz|sta|bi|li|tät (*Elektrot.*)
Netz|ste|cker; Netz|teil, das
Netz|werk; soziale Netzwerke; netz|werk|ba|siert (*EDV*); netzwerkbasierte Datenbanken; netz|wer|ken (*ugs.*); *meist im Inf. u. Part. II gebr.*; genetzwerkt; Netz|wer|ker; Netz|wer|ke|rin; Netz|wer|kar|te; Netz|werk|pro|to|koll; Netz|werk|spei|cher; Netz|werk|ver|bin|dung
neu *s.* Kasten
Neu|an|fang; Neu|an|fer|ti|gung
Neu|an|kömm|ling
Neu|an|la|ge; Neu|an|schaf|fung

neuapostolisch

neu|apo|s|to|lisch; *aber* ↑D 88: die Neuapostolische Kirche (eine christl. Religionsgemeinschaft)
neu|ar|tig; Neu|ar|tig|keit, die; -
Neu|auf|bau; Neu|auf|la|ge; Neu|auf|nah|me; Neu|aus|ga|be
Neu|bau *Plur.* ...bauten; Neu|bau|ge|biet; Neu|bau|stre|cke; Neu|bau|vier|tel; Neu|bau|woh|nung
neu be|ar|bei|tet, neu|be|ar|bei|tet *vgl.* neu; Neu|be|ar|bei|tung
Neu|be|ginn
Neu|be|set|zung; Neu|bil|dung
Neu|bran|den|burg (Stadt in Mecklenburg-Vorpommern)
Neu|braun|schweig (kanad. Provinz)
Neu|bür|ger; Neu|bür|ge|rin
Neu|châ|lhi [nøʃaˈtɛl] (*franz. Form von Neuenburg*)
Neu-De|lhi (südl. Stadtteil von Delhi, Regierungssitz der Republik Indien)
neu|deutsch (*meist abwertend*); die schicke Bar, neudeutsch »Lounge«; Neu|deutsch (*meist abwertend*)
Neu|druck *Plur.* ...drucke
Neue, die; - (*Jägerspr.* frisch gefallener Schnee)
Neu|ein|stel|lung
Neu|ein|stu|die|rung
Neue Ker|ze (bis 1948 dt. Lichtstärkeeinheit [*heute* Candela])
Neu|en|ahr, Bad (Stadt an der Ahr)
Neu|en|burg (Kanton u. Stadt in der Schweiz; *franz.* Neuchâtel); Neu|en|bur|ger; Neu|en|bur|ge|rin; Neu|en|bur|ger See, der; - -s
Neu|eng|land (die nordöstl. Staaten der USA)
neu|eng|lisch *vgl.* deutsch / Deutsch
Neu|ent|de|ckung
neu ent|wi|ckeln *vgl.* neu; Neu|ent|wick|lung
neu|er|dings (kürzlich; *südd., österr., schweiz. auch für* erneut)
Neu|e|rer; Neu|e|rer|be|we|gung (*DDR*); Neu|e|rin
neu|er|lich (erneut)
neu|ern (*veraltend für* erneuern); ich neuere
neu er|öff|net, neu|er|öff|net *vgl.* neu; Neu|er|öff|nung; Neu|er|schei|nung
Neu|e|rung; Neu|e|rungs|sucht; Neu|er|werb; Neu|er|wer|bung
neu|es|tens, neus|tens
Neu|fas|sung; Neu|fest|set|zung
neu|fran|zö|sisch *vgl.* deutsch / Deutsch

Neu|fund|land (kanad. Provinz)
Neu|fund|län|der (Bewohner Neufundlands; *auch* eine Hunderasse); Neu|fund|län|de|rin; neu|fund|län|disch
neu|ge|bo|ren; die neugeborenen Kinder; sich wie neugeboren fühlen; Neu|ge|bo|re|ne, das; -n, -n (Säugling)
Neu|ge|burt
neu ge|schaf|fen, neu|ge|schaf|fen *vgl.* neu
Neu|ge|schäft
Neu|ge|stal|tung
Neu|ge|würz, das; -es (*österr. für* Piment)
Neu|gier, Neu|gier|de, die; -; neu|gie|rig
Neu|glie|de|rung
Neu|go|tik; neu|go|tisch
Neu|grad *vgl.* Gon
neu|grie|chisch *vgl.* deutsch / Deutsch; Neu|grie|chisch, das; -[s] (Sprache); *vgl.* Deutsch; Neu|grie|chi|sche, das; -n; *vgl.* ²Deutsche
Neu|grün|dung
Neu|gui|nea [...gi...] ↑D 143 (Insel nördl. von Australien); Neu|gui|ne|er; Neu|gui|ne|e|rin; neu|gui|ne|isch
neu|he|b|rä|isch *vgl.* deutsch / Deutsch; Neu|he|b|rä|isch, das; -[s] (Sprache); *vgl.* Deutsch; Neu|he|b|rä|i|sche, das; -n; *vgl.* ²Deutsche; Iwrit
Neu|he|ge|li|a|ner; Neu|he|ge|li|a|ne|rin; neu|he|ge|li|a|nisch; Neu|he|ge|li|a|nis|mus, der; -
Neu|heit
neu|hoch|deutsch (*Abk.* nhd.); *vgl.* deutsch; Neu|hoch|deutsch, das; -[s] (Sprache); *vgl.* Deutsch; Neu|hoch|deut|sche, das; -n; *vgl.* ²Deutsche
Neu|hu|ma|nis|mus
Neu|ig|keit
Neu|in|sze|nie|rung
Neu|jahr
Neu|jahrs|an|spra|che; Neu|jahrs|bot|schaft; Neu|jahrs|emp|fang; Neu|jahrs|fest; Neu|jahrs|glück|wunsch; Neu|jahrs|gruß; Neu|jahrs|kar|te; Neu|jahrs|kon|zert; Neu|jahrs|tag; Neu|jahrs|wunsch
Neu|ka|le|do|ni|en (Inselgruppe östlich von Australien); Neu|ka|le|do|ni|er; Neu|ka|le|do|ni|e|rin; neu|ka|le|do|nisch
Neu|kan|ti|a|ner; Neu|kan|ti|a|ne|rin; Neu|kan|ti|a|nis|mus (philos. Schule)
Neu|kauf (*Kaufmannsspr.*)

Neu|klas|si|zis|mus
Neu|kölln (Stadtteil von Berlin)
Neu|kon|s|t|ruk|ti|on
Neu|kun|de; Neu|kun|din
Neu|land, das; -[e]s
Neu|la|tein; neu|la|tei|nisch (*Abk.* nlat.); *vgl.* deutsch
Neu|len|ker, der; -s, - (*schweiz. für* Fahranfänger); Neu|len|ke|rin
neu|lich
Neu|ling
Neu|mark, die; - (hist. Landschaft in der Mark Brandenburg)
Neu|me, die; -, -n *meist Plur.* ⟨griech.⟩ (mittelalterl. Notenzeichen)
neu|mo|disch
Neu|mond
neun, *ugs.* neu|ne; alle neun[e]!; wir sind zu neunen *od.* zu neunt; *vgl. auch;* Neun, die; -, -en (Ziffer, Zahl); *vgl.* ¹Acht
Neun|au|ge (ein fischähnliches Wirbeltier)
neun|bän|dig
Neun|eck; neun|eckig
neun|ein|halb, neun|und|ein|halb
Neu|ner; einen Neuner schieben (beim Kegeln); *vgl.* Achter
neu|ner|lei
neun|fach; Neun|fa|che *vgl.* Achtfache
neun|hun|dert
neun|jäh|rig *vgl.* achtjährig
neun|mal *vgl.* achtmal
neun|mal|ge|scheit (spött. für neunmalklug)
neun|ma|lig
neun|mal|klug (*ugs. für* überklug)
neun|mo|na|tig (neun Monate dauernd)
neun|schwän|zig; die neunschwänzige Katze (*Seemannsspr.* Peitsche mit neun Riemen) ↑D 89
neun|sei|tig
neun|stel|lig; neun|stö|ckig; neun|stün|dig
neunt *vgl.* neun
neun|tä|gig
neun|tau|send
neun|te *vgl.* achte
neun|tei|lig
neun|tel *vgl.* achtel
Neun|tel, das, *schweiz. meist* der; -s, -; *vgl.* Achtel
neun|tens
Neun|tö|ter (ein Vogel)
neun|und|ein|halb, neun|und|ein|halb; neun|und|zwan|zig *vgl.* acht
neun|zehn *vgl.* acht
neun|zehn|jäh|rig usw. *vgl.* achtjährig usw.
neun|zig *vgl.* achtzig

Neun|zig, die; -, -en (Zahl); **neun|zi|ger** vgl. achtziger; **Neun|zi|ger** vgl. Achtziger; **Neun|zi|ge|rin** vgl. Achtzigerin

Neun|zig|er|jah|re Plur.; **neun|zig|jäh|rig** vgl. achtzigjährig

Neu|ord|nung; Neu|or|ga|ni|sa|ti|on; Neu|ori|en|tie|rung

Neu|phi|lo|lo|ge; Neu|phi|lo|lo|gie; Neu|phi|lo|lo|gin; neu|phi|lo|lo|gisch

Neu|pla|to|ni|ker; Neu|pla|to|ni|ke|rin; Neu|pla|to|nis|mus, der; -

Neu|prä|gung; Neu|preis; Neu|pro|duk|ti|on (Rundfunk, Fernsehen)

neu|r... vgl. neuro...

Neu|r... vgl. Neuro...

neu|ral ⟨griech.⟩ (Med. einen Nerv, die Nerven betreffend)

Neu|r|al|gie, die; -, ...ien ⟨griech.⟩ (Med. in Anfällen auftretender Nervenschmerz); **Neu|r|al|gi|ker** (an Neuralgie Leidender); **Neu|r|al|gi|ke|rin; neu|r|al|gisch**

Neu|r|as|the|nie, die; -, ...ien (Med. veraltend für erhöhte Reizbarkeit; Nervenschwäche); **Neu|r|as|the|ni|ker** (an Neurasthenie Leidender); **Neu|r|as|the|ni|ke|rin; neu|r|as|the|nisch**

Neu|re|ge|lung, Neu|reg|lung

neu|reich; Neu|rei|che, der u. die; -n, -n

Neu|ries (Papiermaß; 1000 Bogen)

Neu|rin, das; -s ⟨griech.⟩ (starkes Fäulnisgift)

Neu|ri|tis, die; -, ...itiden (Med. Nervenentzündung)

neu|ro..., vor Vokalen **neu|r...** (nerven...); **Neu|ro...,** vor Vokalen **Neu|r...** (Nerven...)

Neu|ro|bio|lo|ge; Neu|ro|bio|lo|gie, die; - (Wissenschaft, die Aufbau u. Funktion des Nervensystems erforscht); **Neu|ro|bio|lo|gin**

Neu|ro|chi|r|urg; Neu|ro|chi|r|ur|gie, die; - (Chirurgie des Nervensystems); **Neu|ro|chi|r|ur|gin**

neu|ro|de|ge|ne|ra|tiv (die Zerstörung von Nervengewebe betreffend); neurodegenerative Erkrankungen

Neu|ro|der|mi|ti|ker (an Neurodermitis Leidender); **Neu|ro|der|mi|ti|ke|rin; Neu|ro|der|mi|tis,** die; -, ...itiden (Med. entzündliche Hauterkrankung)

Neu|ro|ethik (Philos.)

neu|ro|gen (Med. von den Nerven ausgehend); **Neu|ro|ge|ne|se,** die; -, -n (Bildung von Nervenzellen)

Neu|ro|lo|ge, der; -n, -n; **Neu|ro|lo|gie,** die; - (Lehre vom Nervensystem u. seinen Erkrankungen); **Neu|ro|lo|gin; neu|ro|lo|gisch**

Neu|rom, das; -s, -e (Med. Nervenfasergeschwulst)

Neu|ro|man|tik; Neu|ro|man|ti|ker; Neu|ro|man|ti|ke|rin; neu|ro|man|tisch

Neu|ro|mar|ke|ting (Anwendung neurowissenschaftlicher Erkenntnisse in der Werbung)

Neu|ron, das; -s, Plur. ...one, auch ...onen ⟨griech.⟩ (Med. Nervenzelle); **neu|ro|nal**

Neu|ro|pa|thie, die; -, ...ien (Med. Nervenkrankheit); **neu|ro|pa|thisch; Neu|ro|pa|tho|lo|gie,** die; -, ...ien (Lehre von den Krankheiten des Nervensystems)

Neu|r|op|te|ren Plur. (Zool. Netzflügler)

Neu|ro|se, die; -, -n (Med., Psychol. psychische Störung); **Neu|ro|ti|ker** (an Neurose Leidender); **Neu|ro|ti|ke|rin; neu|ro|tisch**

Neu|ro|to|mie, die; -, ...ien (Med. Nervendurchtrennung)

Neu|ro|wis|sen|schaft (Wissenschaft vom Nervensystem); **neu|ro|wis|sen|schaft|lich**

Neu|rup|pin (Stadt in Brandenburg); **Neu|rup|pi|ner; Neu|rup|pi|ne|rin; neu|rup|pi|nisch**

Neu|satz (Druckw.)

Neu|schnee

Neu|scho|las|tik (Erneuerung der Scholastik [vgl. d.])

Neu|schöp|fung

Neu|schott|land (kanad. Prov.)

Neu|schwan|stein (Schloss König Ludwigs II. von Bayern)

Neu|see|land ↑D 143 (Inselgruppe u. Staat im Pazifischen Ozean); **Neu|see|län|der; Neu|see|län|de|rin; neu|see|län|disch**

Neu|se|en|land, das; -es (künstliche Seenlandschaft um Leipzig)

Neu|siedl am See (österr. Stadt)

Neu|sied|ler See, der; - -s (in Österreich u. Ungarn)

Neu|sil|ber (eine Legierung); **neu|sil|bern;** neusilberne Uhr

Neu|sprach|ler (Lehrer, Kenner der neueren Sprachen); **Neu|sprach|le|rin; neu|sprach|lich;** neusprachlicher Unterricht

Neu|sprech, der od. das; -[s] (nach engl. »Newspeak«) (svw. Neudeutsch)

Neuss (Stadt am Niederrhein; Schreibung bis 1970: Neuß); **Neus|ser; Neus|se|rin**

Neu|stadt (im Unterschied zur Altstadt)

Neu|start

neus|tens vgl. neuestens

Neu|stre|litz (Stadt in Mecklenburg)

Neu|st|ri|en (alter Name für das westliche Frankenreich)

Neu|struk|tu|rie|rung

Neu|süd|wales ↑D 143 (Gliedstaat des Australischen Bundes)

Neu|tes|ta|ment|ler; Neu|tes|ta|ment|le|rin; neu|tes|ta|ment|lich

Neu|tö|ner (Vertreter neuer Musik); **Neu|tö|ne|rin; neu|tö|ne|risch** (auch für ganz modern)

Neu|t|ra [österr. 'neːu...] (Plur. von Neutrum)

neu|t|ral ⟨lat.⟩ (keiner der Krieg führenden Parteien angehörend; unparteiisch; keine besonderen Merkmale aufweisend); ein neutrales Land; die neutrale Ecke (Boxen) ↑D 89

Neu|t|ra|li|sa|ti|on, die; -, -en

neu|t|ra|li|sie|ren; Neu|t|ra|li|sie|rung

Neu|t|ra|lis|mus, der; - (Grundsatz der Nichteinmischung in fremde Angelegenheiten); **Neu|t|ra|list,** der; -en, -en; **Neu|t|ra|lis|tin; neu|t|ra|lis|tisch**

Neu|t|ra|li|tät, die; -; **Neu|t|ra|li|täts|ab|kom|men; Neu|t|ra|li|täts|bruch,** der; **Neu|t|ra|li|täts|er|klä|rung; Neu|t|ra|li|täts|po|li|tik; Neu|t|ra|li|täts|ver|let|zung**

Neu|t|ren (Plur. von Neutrum)

Neu|t|ri|no, das; -s, -s ⟨ital.⟩ (Kernphysik masseloses Elementarteilchen ohne elektr. Ladung)

Neu|t|ron, das; -s, ...onen ⟨lat.⟩ (Kernphysik Elementarteilchen ohne elektr. Ladung als Baustein des Atomkerns; Zeichen n)

Neu|t|ro|nen|be|schuss; Neu|t|ro|nen|bom|be; Neu|t|ro|nen|strahl; Neu|t|ro|nen|waf|fe

Neu|t|rum [österr. 'neːu...], das; -s, Plur. ...tra, auch ...tren (Sprachwiss. sächliches Substantiv, z. B. »das Buch«; nur Sing.: sächl. Geschlecht)

Neu|ver|fil|mung

neu|ver|mählt (gerade, eben erst vermählt); das neuvermählte (gerade, eben erst vermählte) Ehepaar; aber sie haben sich neu vermählt (wieder, erneut vermählt)

Neu|ver|mähl|te, der u. die; -n, -n, **neu Ver|mähl|te**, der u. die; -n, - -n ↑D 58
Neu|ver|pflich|tung; **Neu|ver|schul|dung**; **Neu|ver|tei|lung**; **Neu|wa|gen**; **Neu|wahl**
neu|wa|schen (landsch. für frisch gewaschen)
Neu|wert; **neu|wer|tig**; **Neu|wert|ver|si|che|rung**
Neu|wied (Stadt in Rheinland-Pfalz)
Neu-Wien ↑D 143; **Neu-Wie|ner**; **neu-wie|ne|risch**
Neu|wort Plur. ...wörter
Neu|zeit, die; -; **neu|zeit|feind|lich**; **neu|zeit|lich**
Neu|züch|tung; **Neu|zu|gang**; **Neu|zu|las|sung**; **Neu|zu|stand**
Neu|zu|zü|ger, der; -s, - (schweiz. für jmd., der neu zugezogen ist); **Neu|zu|zü|ge|rin**
Ne|va|da (Staat in den USA; Abk. NV)
Ne|wa, die; - (Abfluss des Ladogasees)
New Age ['nju: 'ɛɪtʃ], das; - - ⟨engl.⟩ (neues Zeitalter als Inbegriff eines neuen Weltbildes)
New|cas|tle ['nju:kɑːs(ə)l] (Stadt in Australien, England u. in den USA)
New|co|mer ['nju:kʌ...], der; -s, - (Neuling); **New|co|me|rin**
New Deal ['nju: 'diːl], der; - - ⟨amerik.⟩ (Reformprogramm des amerik. Präsidenten F. D. Roosevelt)
New Del|hi [nju: -] vgl. Neu-Delhi
New Eco|no|my ['nju: ɪˈkɔnəmɪ], die; - - (Wirtschaftsbereich mit Unternehmen aus Zukunftsbranchen)
New Hamp|shire [nju: ˈhɛmpʃɐ] (Staat in den USA; Abk. NH)
New Jer|sey [nju: ˈdʒɔːɐ̯ʐɪ] (Staat in den USA; Abk. NJ)
New Look ['nju: 'lʊk], der od. das; - -[s] ⟨amerik.⟩ (Moderichtung nach dem 2. Weltkrieg)
New Me|xi|co [nju: -] (Staat in den USA; Abk. NM)
New Or|leans [nju: ˈɔːɐ̯ˈliːns, auch - ˈɔːliəns] (Stadt in Louisiana)
New-Or|leans-Jazz [...dʒɛs], der; - (frühester, improvisierender Jazzstil der nordamerik. Schwarzen)
News [nju:s] Plur. ⟨engl.⟩ (Nachrichten)
News|desk ['nju:sdɛsk], der od.

das; -[s], -s ⟨engl.⟩ (Zentrale einer Medienredaktion)
News|feed ['nju:sfiːd] vgl. Feed
News|flow ['nju:sfloʊ], der; -s, -s ⟨engl.⟩ (Börsenw. Nachrichtenfluss bezüglich börsennotierter Unternehmen)
News|group ['nju:sgruːp], die; -, -s ⟨engl.⟩ (EDV öffentliche Diskussionsrunde im Internet zu einem bestimmten Thema)
News|let|ter, der; -s, Plur. -s u. - (regelmäßig erscheinender Internetbeitrag; regelmäßig zu beziehende elektron. Post)
News|room ['nju:sruːm], der; -s, -s ⟨engl.⟩ (Raum in einer Redaktion, in dem die eingehenden Nachrichten zentral bearbeitet werden)
News|ti|cker, der ⟨engl.⟩ (bes. Zeitungsw. Nachrichtenticker; Spalte einer Homepage od. Lauftext auf dem Fernsehbildschirm mit ständig aktualisierten Kurznachrichten)
¹**New|ton** ['nju:tn̩] (engl. Physiker)
²**New|ton**, das; -s, - (Einheit der Kraft; Zeichen N)
New|ton|me|ter, der (Einheit der Energie; Zeichen Nm)
New Wave ['nju: ˈweɪv], der; - - ⟨engl.⟩ (eine Musikrichtung der 1970er- u. 1980er-Jahre)
New York [n(j)uː(ː) ˈjɔːɐ̯k, - ˈjɔːk] (Staat [Abk. NY] u. Stadt in den USA); **New Yor|ker**, **New-Yor|ker** ↑D 145; **New Yor|ke|rin**, **New-Yor|ke|rin** ↑D 145
Ne|xus, der; -, - [ˈnɛksuːs] ⟨lat.⟩ (Zusammenhang, Verbindung)
nF = Nanofarad
NF, das; - = Neues Forum
N. F. = Neue Folge
n-fach [ˈɛn...] ↑D 30
NFC, das; - ⟨engl.⟩ = near field communication (EDV Funkstandard für berührungslose Bezahlsysteme); **NFC-Chip** ⟨zu engl. near field communication, »Nahfeld-Kommunikation«⟩ (EDV Chip für eine bargeldlose Bezahlfunktion des Handys)
NGO [ɛndʒiːˈoʊ], die; -, -s = non-governmental organization (Nichtregierungsorganisation, nicht staatliche Organisation)
Ngo|ro|ngo|ro|kra|ter (Kraterhochland in Tansania)

NH = New Hampshire
NH, N. H. = Normalhöhenpunkt
nhd. = neuhochdeutsch
Ni (chem. Zeichen für Nickel)
Ni|a|ga|ra (Stadt u. Fluss an der Grenze zwischen den USA u. Kanada); **Ni|a|ga|ra|fäl|le** [österr. auch ...'a...] Plur.
Nia|mey [njaˈmɛ] (Hauptstadt von Niger)
Ni|am-Ni|am Plur. (Volksstamm im Sudan)
nib|beln ⟨engl.⟩ ([Bleche o. Ä.] schneiden od. abtrennen); ich nibb[e]le; **Nibb|ler** (Gerät zum Schneiden von Blechen)
ni|beln (südd. für nebeln, fein regnen); es nibelt
Ni|be|lun|gen (germ. Sagengeschlecht; die Burgunden)
Ni|be|lun|gen|hort, der; -[e]s; **Ni|be|lun|gen|lied**, das; -[e]s; **Ni|be|lun|gen|sa|ge**; **Ni|be|lun|gen|treue**
Ni|cäa usw. vgl. Nizäa usw.
Ni|ca|ra|gua, **Ni|ka|ra|gua** (Staat in Mittelamerika); **Ni|ca|ra|gua|ner**, **Ni|ka|ra|gua|ner**; **Ni|ca|ra|gua|ne|rin**, **Ni|ka|ra|gua|ne|rin**; **ni|ca|ra|gua|nisch**, **ni|ka|ra|gua|nisch**
nicht s. Kasten Seite 795
Nicht|ach|tung
nicht aka|de|misch, **nicht|aka|de|misch** vgl. nicht
nicht amt|lich, **nicht|amt|lich** vgl. nicht
Nicht|an|er|ken|nung
Nicht|an|griffs|pakt [auch ...'-|an...]
Nicht|an|tritt, der; -[e]s
Nicht|bau|zo|ne (schweiz. Amtsspr.)
Nicht|be|ach|tung, die; -
Nicht|be|fol|gung
Nicht|be|hin|der|te, der u. die; -n, -n (bes. Amtsspr.)
nicht be|rufs|tä|tig, **nicht|be|rufs|tä|tig** vgl. nicht
Nicht|be|rufs|tä|ti|ge, der u. die; -n, -n, **nicht Be|rufs|tä|ti|ge**, der u. die; - -n, - -n ↑D 60
Nicht|christ, der; **Nicht|chris|tin**
nicht christ|lich, **nicht|christ|lich** vgl. nicht
Nich|te, die; -, -n
nicht ehe|lich, **nicht|ehe|lich** vgl. nicht
Nicht|ein|brin|gungs|fall, der (österr. Amtsspr. für Zahlungsunfähigkeit); im Nichteinbringungsfall
Nicht|ein|hal|tung

Nickel

nicht
- nicht wahr?
- gar nicht
- nicht einmal, nicht mal
- mitnichten
- zunichtemachen, zunichtewerden

Getrennt- od. Zusammenschreibung in Verbindung mit Adjektiven und Partizipien ↑D 60:
- nicht berufstätige *od.* nichtberufstätige Frauen
- nicht flektierbare *od.* nichtflektierbare Wörter
- die Darstellung ist nicht amtlich *od.* nichtamtlich
- dieses Kind ist nicht ehelich *od., Rechtsspr. meist,* nichtehelich
- die Sitzung war nicht öffentlich *od.* nichtöffentlich
- die nicht Krieg führenden *od.* nichtkriegführenden Parteien
- nicht leitende *od.* nichtleitende Stoffe
- die nicht organisierten *od.* nichtorganisierten Arbeiter

- nicht rostende *od.* nichtrostende Stähle
- eine nicht zutreffende *od.* nichtzutreffende Behauptung
- Nichtzutreffendes *od.* nicht Zutreffendes streichen ↑D 72

Nur getrennt schreibt man, wenn sich »nicht« auf größere Textteile, z. B. einen ganzen Satz, bezieht:
- die Sitzung kann nicht öffentlich stattfinden
- Frauen, die nicht berufstätig sein konnten ...

Schreibung substantivierter Infinitive ↑D 27 u. 82:
- das Nichtkönnen; das Nichtwissen; das Nichtwollen

Aber: das Nicht-bekannt-Sein; das Nicht-loslassen-Können; das Nicht-wissen-Wollen

---

Nicht|ein|mi|schung
Nicht|ei|sen|me|tall
Nicht|er|fül|lung
Nicht|er|schei|nen, das; -s
nicht euk|li|disch, nicht|euk|li|disch *(Math.);* die nicht euklidische *od.* nichteuklidische Geometrie ↑D 135 u. 89; *vgl. auch* nicht
Nicht-EU-Staat *Plur.* ...staaten
Nicht|fach|frau; Nicht|fach|mann
nicht flek|tier|bar; nicht|flek|tier|bar *(Sprachwiss.); vgl.* nicht
Nicht|ge|fal|len, das; -s *(Kaufmannsspr.);* bei Nichtgefallen
Nicht|ge|schäfts|fä|hi|ge, der *u.* die; -n, -n, nicht Ge|schäfts|fä|hi|ge, der *u.* die; - -n, - -n ↑D 60
Nicht|ge|wünsch|te, das; -n, nicht Ge|wünsch|te, das; - -n ↑D 60
Nicht-hel|fen-Kön|nen, das
Nicht-Ich, das; -[s], -[s] *(Philos.* ↑D 21)
nich|tig; null u. nichtig; Nich|tig|keit; Nich|tig|keits|kla|ge
Nicht|in|an|spruch|nah|me *(Amtsspr.)*
nicht kom|mu|nis|tisch, nicht|kom|mu|nis|tisch *vgl.* nicht
nicht lei|tend, nicht|lei|tend *vgl.* nicht; Nicht|lei|ter, der *(für* Isolator*)*
Nicht|me|tall
Nicht|mit|glied
nicht öf|fent|lich, nicht|öf|fent|lich *vgl.* nicht
nicht or|ga|ni|siert, nicht|or|ga|ni|siert *vgl.* nicht
Nicht|rau|cher; Nicht|rau|cher|ab|teil; Nicht|rau|cher|be|reich; Nicht|rau|che|rin; Nicht|rau|cher|schutz; Nicht|rau|cherschutz|ge|setz; Nicht|rau|cher|ta|xi; Nicht|rau|cher|zo|ne
Nicht|re|gie|rungs|or|ga|ni|sa|ti|on
nicht ros|tend, nicht|ros|tend *vgl.* nicht

nichts
- gar nichts; für nichts; zu nichts
- um nichts und [um] wieder nichts
- mir nichts, dir nichts (ohne Weiteres)
- sich in nichts auflösen; sich in nichts unterscheiden; sie wird ihm in nichts nachstehen
- nach nichts aussehen; viel Lärm um nichts
- ↑D 72: nichts Genaues, nichts Näheres, nichts Neues u. a., *aber* nichts and[e]res; nichts weniger als
- ↑D 58: ein nichtssagendes *od.* sagendes Gesicht; ein nichts ahnender *od.* nichtsahnender Besucher

---

Nichts, das; -, -e; etwas aus dem Nichts erschaffen; aus dem Nichts auftauchen; wir stehen vor dem Nichts
nichts ah|nend, nichts|ah|nend *vgl.* nichts
Nicht|schwim|mer; Nicht|schwim|mer|be|cken; Nicht|schwim|me|rin
nichts|des|to|min|der; nichts|des|to|trotz *(ugs.);* nichts|des|to|we|ni|ger
Nicht|sein, das; -; das Sein und das Nichtsein
nicht selbst|stän|dig, nicht selbstän|dig, nicht|selbst|stän|dig, nicht|selb|stän|dig; *vgl. auch* nicht *u.* selbstständig
Nicht|sess|haf|te, der *u.* die; -n, -n, nicht Sess|haf|te, der *u.* die; - -n, - -n ↑D 60
Nichts|kön|ner; Nichts|kön|ne|rin
Nichts|nutz, der; -es, -e; nichts|nut|zig; Nichts|nut|zin *(selten)*
nichts sa|gend, nichts sa|gend *vgl.* nichts
nicht staat|lich, nicht|staat|lich *vgl.* nicht
Nichts|tu|er *(ugs.);* Nichts|tu|e|rin; nichts|tu|e|risch
Nichts|tun, das; -s
nichts|wür|dig; Nichts|wür|dig|keit
Nicht|tän|zer; Nicht|tän|ze|rin
Nicht|ver|fol|ger|land *Plur.* ...länder (Land, Staat, in dem keine [polit.] Verfolgung stattfindet)
Nicht|vor|la|ge, die; - *(Amtsspr.)*
Nicht|wäh|ler; Nicht|wäh|le|rin
Nicht|wei|ter|ga|be, die; -
nicht zie|lend, nicht|zie|lend *(für* intransitiv*);* nicht zielendes *od.* nichtzielendes Verb
Nicht|zu|las|sung
Nicht-zu-stan|de-Kom|men, Nicht-zu-Stan|de-Kom|men
Nicht|zu|tref|fen|de, das; -n, nicht Zu|tref|fen|de, das; - -n ↑D 58; Nichtzutreffendes *od.* nicht Zutreffendes streichen; *vgl.* nicht
Nick, der; -s, -s *(kurz für* Nickname*)*
¹Ni|ckel, der; -s, - *(landsch. für* boshaftes Kind*)*

Nickel

²Ni|ckel, das; -s (chemisches Element, Metall; Zeichen Ni)
³Ni|ckel, der; -s, - (früheres Zehnpfennigstück)
Ni|ckel|al|l|er|gie, die; -; Ni|ckel|bril|le; Ni|ckel|hoch|zeit (nach zwölfeinhalbjähriger Ehe)
ni|ckel|lig, nick|lig ⟨vgl. ¹Nickel⟩ (landsch. für frech, mutwillig); Ni|cke|lig|keit, Nick|lig|keit
Ni|ckel|mün|ze
ni|cken; Ni|cker (ugs. für Kopfnicken)
Ni|cker|chen (ugs. für kurzer Schlaf)
Nick|fän|ger (Jägerspr. Genickfänger)
Nick|haut (drittes Augenlid vieler Wirbeltiere)
Ni|cki, der; -s, -s (Pullover aus samtartigem Baumwollstoff); Ni|cki|pul|lo|ver
Ni|cki|tuch Plur. ...tücher (kleines Halstuch)
nick|lig usw. vgl. nickelig usw.
Nick|na|me [auch ˈnɪknɛːm], der; -ns, -n u. bei engl. Aussprache -[s], -s ⟨engl.⟩ (EDV Benutzername im Internet)
Ni|col, das; -s, -s (nach dem engl. Erfinder) (Optik Prisma zur Polarisation des Lichts)
Ni|cole [...ˈkɔl] (w. Vorn.)
Ni|ko|sia [auch ...ˈkoː...] vgl. Nikosia
Ni|co|tin vgl. Nikotin
nid (südd. u. schweiz. mdal. für unterhalb)
Ni|da|ti|on, die; -, -en ⟨lat.⟩ (Med. Einnistung der befruchteten Eizelle in die Gebärmutterschleimhaut)
¹Nid|da, die; - (rechter Nebenfluss des Mains)
²Nid|da (Stadt an der ¹Nidda)
Ni|del, der; -s od. die; -, Nid|le, die; - (schweiz. mdal. für Sahne)
Nid|wal|den vgl. Unterwalden nid dem Wald; Nid|wald|ner; Nid|wald|ne|rin; nid|wald|ne|risch
nie; nie mehr; nie und nimmer
nie|der; nieder mit ihm!; auf und nieder
nie|der... (in Zus. mit Verben, z. B. niederlegen, du legst nieder, niedergelegt, niederzulegen)
nie|der|bay|e|risch, nie|der|bay|risch; Nie|der|bay|ern ↑D 113
nie|der|beu|gen; sich niederbeugen
nie|der|bren|nen
nie|der|brin|gen; einen Schacht niederbringen (Bergmannsspr. herstellen)
nie|der|brül|len
nie|der|deutsch (Abk. nd.); vgl. deutsch; Nie|der|deutsch, das; -[s] (Sprache); vgl. Deutsch; Nie|der|deut|sche, das; -n; vgl. ²Deutsche
Nie|der|deutsch|land ↑D 143
Nie|der|druck, der; -[e]s, Plur. ...drücke u. ...drucke
nie|der|drü|cken; nie|der|drü|ckend
Nie|der|druck|ge|biet (österr. für Gebiet mit niedrigem Luftdruck)
Nie|der|druck|hei|zung
Nie|der|druck|wet|ter (österr. für Wetter, bei dem niedriger Luftdruck herrscht)
nie|de|re; niederer, niederste; ↑D 151: die niedere Jagd; aus niederem Stande; der niedere Adel; ↑D 72: Hoch und Nieder (jedermann); Hohe und Niedere trafen sich zum Fest; ↑D 140: die Niedere Tatra (Teil der Westkarpaten); die Niederen Tauern Plur. (Teil der Zentralalpen)
nie|der|ener|ge|tisch (wenig Energie freisetzend, verbrauchend)
nie|der|fah|ren (bayr., österr. für überfahren)
nie|der|fal|len
Nie|der|flur|wa|gen (Technik)
nie|der|fran|ken
nie|der|fre|quent (Physik); Nie|der|fre|quenz
Nie|der|gang, der
nie|der|ge|drückt
nie|der|ge|hen
nie|der|ge|las|sen; ein niedergelassener Arzt
nie|der|ge|las|se|ne, der u. die; -n, -n (schweiz. für Einwohner mit dauerndem Wohnsitz)
nie|der|ge|schla|gen (bedrückt, traurig); Nie|der|ge|schla|gen|heit
nie|der|hal|ten; niedergehalten; Nie|der|hal|tung
nie|der|hau|en; er hieb den Flüchtenden nieder
nie|der|ho|len; die Flagge wurde niedergeholt
Nie|der|holz (Unterholz)
Nie|der|jagd (Jägerspr. Jagd auf Kleinwild)
nie|der|kämp|fen
nie|der|kau|ern, sich
nie|der|knal|len
nie|der|kni|en; niedergekniet
nie|der|knüp|feln
nie|der|kom|men; sie ist [mit Zwillingen] niedergekommen (veraltend; Nie|der|kunft, die; -, ...künfte (veraltend für Entbindung)
Nie|der|la|ge
Nie|der|lan|de Plur.; Nie|der|län|der; Nie|der|län|de|rin
nie|der|län|disch; aber ↑D 150: Niederländisches Dankgebet (ein Lied aus dem niederländischen Freiheitskampf gegen Spanien); Nie|der|län|disch, das; -[s] (Sprache); vgl. Deutsch; Nie|der|län|di|sche, das; -n; vgl. ²Deutsche
nie|der|las|sen; sich auf dem od. auf den Stuhl niederlassen; der Vorhang wurde niedergelassen
Nie|der|las|sung
Nie|der|las|sungs|aus|weis (österr., schweiz. für Nachweis des aktuellen Wohnsitzes); Nie|der|las|sungs|be|wil|li|gung (österr., schweiz. für Aufenthaltsberechtigung); Nie|der|las|sungs|frei|heit; Nie|der|las|sungs|ge|setz (bes. österr.)
nie|der|läu|fig; eine niederläufige Hunderasse
Nie|der|lau|sitz [auch ...ˈlaʊ...] (↑D 143; Landschaft um Cottbus; Abk. N. L.)
nie|der|le|gen; sie hat den Kranz auf der od. auf die Platte niedergelegt; sich niederlegen; Nie|der|le|gung
nie|der|ma|chen (ugs.); nie|der|mä|hen; nie|der|met|zeln
Nie|der|ös|ter|reich (↑D 143; österr. Bundesland); Nie|der|ös|ter|rei|cher; Nie|der|ös|ter|rei|che|rin; nie|der|ös|ter|rei|chisch
nie|der|pras|seln; nie|der|reg|nen; nie|der|rei|ßen; das Haus wurde niedergerissen
Nie|der|rhein; nie|der|rhei|nisch; aber ↑D 140: die Niederrheinische Bucht (Tiefland in Nordrhein-Westfalen)
nie|der|rin|gen; der Feind wurde niedergerungen
Nie|der|sach|se; Nie|der|sach|sen ↑D 143; Nie|der|säch|sin; nie|der|säch|sisch
nie|der|schie|ßen; jmdn. niederschießen; der Adler ist auf die Beute niedergeschossen
Nie|der|schlag, der; -[e]s, ...schläge
nie|der|schla|gen; sich niederschlagen; der Prozess wurde dann niedergeschlagen
nie|der|schlags|arm; nie|der|schlags|frei

Nietung

nied|rig
- ein niedriges Haus
- niedrige Absätze
- niedrige Beweggründe
- niedrige Temperaturen
- von niedrigem Niveau
- niedriger Wasserstand

Großschreibung ↑D 72:
- Hoch und Niedrig (*veraltet für* jedermann)
- Hohe und Niedrige

Schreibung in Verbindung mit Verben und Partizipien ↑D 56 u. 58:
- die Ausgaben niedrig halten; das Brett niedrig[er] halten; ein Bild niedrig[er] hängen
- etwas niedrighängen, niedrigerhängen (weniger wichtig nehmen); *aber* etwas zu niedrig hängen
- die niedrig gesinnten *od.* niedriggesinnten Gegner
- die niedrig stehende *od.* niedrigstehende Sonne

Nie|der|schlags|men|ge
nie|der|schlags|reich; Nie|der|schlags|was|ser, das; -s (*bes. Fachspr.*)
Nie|der|schla|gung
Nie|der|schle|si|en ↑D 143
nie|der|schmet|tern; jmdn., etwas niederschmettern; dieser Brief hat ihn niedergeschmettert
nie|der|schrei|ben
nie|der|schrei|en; die Menge hat ihn niedergeschrien
Nie|der|schrift
nie|der|schwel|lig (*svw.* niedrigschwellig)
nie|der|set|zen; ich habe mich niedergesetzt
nie|der|sin|ken
nie|der|sit|zen (*landsch. für* sich [nieder]setzen)
Nie|der|span|nung (*Elektrot.*)
nie|ders|te *vgl.* niedere
nie|der|ste|chen
nie|der|stei|gen; sie ist niedergestiegen
nie|der|stim|men; einen Antrag niederstimmen
nie|der|sto|ßen; er hat sie niedergestoßen
nie|der|stre|cken; sie hat ihn niedergestreckt
Nie|der|sturz; nie|der|stür|zen; die Lawine ist niedergestürzt
nie|der|tou|rig (*Technik*)
Nie|der|tracht, die; -
nie|der|träch|tig; Nie|der|träch|tig|keit
nie|der|tram|peln
nie|der|tre|ten
Nie|de|rung
Nie|de|rungs|moor
¹Nie|der|wald, der; -[e]s (Teil des Rheingaugebirges)
²Nie|der|wald (durch Austriebe erneuerter Laubwald)
Nie|der|wald|denk|mal, Nie|der|wald-Denk|mal, das; -[e]s
nie|der|wal|zen
nie|der|wärts
Nie|der|was|ser *Plur.* ...wasser

(österr., schweiz. für Niederwasser)
nie|der|wer|fen; niedergeworfen; Nie|der|wer|fung
Nie|der|wild
nie|der|zie|hen
nie|der|zwin|gen
nied|lich; Nied|lich|keit
Nied|na|gel (am Fingernagel losgelöstes Hautstückchen)
nied|rig *s. Kasten*
Nied|rig|ener|gie|bau|wei|se
Nied|rig|ener|gie|haus
nied|ri|ger|hän|gen *vgl.* niedrig
nied|rig ge|sinnt, niedrig|ge|sinnt (*veraltend*); *vgl.* niedrig
Nied|rig|hal|tung, die; -
Nied|rig|keit
Nied|rig|lohn; Nied|rig|löh|ner; Nied|rig|löh|ne|rin; Nied|rig|lohn|land *Plur.* ...länder; Nied|rig|lohn|sek|tor
Nied|rig|preis; nied|rig|preis|sig; niedrigpreisige Produkte
nied|rig|pro|zen|tig
nied|rig|schwel|lig (leicht erreichbar, nicht bürokratisch erschwert)
nied|rig ste|hend, nied|rig|ste|hend *vgl.* niedrig
Nied|rig|was|ser *Plur.* ...wasser
Nied|rig|zins (*Wirtsch., Bankw.*); Nied|rig|zins|po|li|tik, die; -
Ni|el|lo, das; -[s], *Plur.* -s u. ...llen, *auch* ...lli ⟨ital.⟩ (eine Verzierungstechnik der Goldschmiedekunst [*nur Sing.*]; mit dieser Technik verziertes Kunstwerk)
Ni|el|lo|ar|beit
Niels (m. Vorn.)
nie|mals
nie|mand ↑D 76; *Gen.* niemand[e]s; *Dat.* niemandem *od.* niemand; *Akk.* niemanden *od.* niemand; ↑D 72: niemand Fremdes usw., *aber* ↑D 76: niemand anders; niemand kann es besser wissen als sie; Nie|mand, der; -[e]s; er, sie ist ein Niemand; der böse Niemand (*auch für* Teufel)

Nie|mands|land *Plur.* ...länder (Kampfgebiet zwischen feindlichen Linien; unerforschtes, herrenloses Land)
Nie|re, die; -, -n; eine künstliche Niere (med. Gerät)
Nie|ren|be|cken; Nie|ren|be|cken|ent|zün|dung
Nie|ren|bra|ten
Nie|ren|ent|zün|dung
nie|ren|för|mig
Nie|ren|ko|lik
nie|ren|krank; Nie|ren|krank|heit
Nie|ren|sen|kung (*Med.*); Nie|ren|stein; Nie|ren|tisch; Nie|ren|trans|plan|ta|ti|on; Nie|ren|tu|ber|ku|lo|se
nie|rig (nierenförmig [von Mineralien])
Nierndl, das; -s, -[n] (*österr. für* Niere [als Gericht])
Nier|stei|ner (ein Rheinwein)
Nies|an|fall
nie|seln (*ugs. für* leise regnen); es nieselt; Nie|sel|re|gen
nie|sen; du niest; sie nies|te; geniest
Nies|pul|ver; Nies|reiz
Nieß|brauch, der; -[e]s ⟨zu nießen = genießen⟩ (*Rechtsspr.* Nutzungsrecht)
Nieß|nutz, der; -es; Nieß|nut|zer; Nieß|nut|ze|rin
Nies|wurz, die; -, -en ⟨zu niesen⟩ (eine Pflanzengattung)
Niet, der, *auch* das; -[e]s, -e (*fachspr. für* ¹Niete)
¹Nie|te, die; -, -n (Metallbolzen zum Verbinden)
²Nie|te, die; -, -n ⟨niederl.⟩ (Los, das nichts gewonnen hat; Reinfall, Versager)
nie|ten
Nie|ten|ho|se
Nie|ter (Berufsbez.); Nie|te|rin
Niet|ham|mer
Niet|ho|se (*selten für* Nietenhose)
Niet|na|gel; Niet|pres|se
niet- und na|gel|fest ↑D 31
Nie|tung

Nietzsche

Nietz|sche (dt. Philosoph); **Nietzsche-Ar|chiv** ↑D 136
Ni|fe [*auch* ...fe], das; - ⟨*Kurzw. aus* Ni[ckel] *u.* Fe [Eisen]⟩ (*Bez. für den nach älterer Theorie aus Nickel u. Eisen bestehenden Erdkern*); **Ni|fe|kern**
Nifl|heim [*auch* 'nɪ...], das; -[e]s ⟨»Nebelheim«⟩ (*germ. Mythol.* Reich der Kälte; *auch für* Totenreich)
Ni|gel, der; -s, - (*österr. ugs. für* kleiner Kerl)
ni|gel|na|gel|neu (*südd., schweiz. für* funkelnagelneu)
¹**Ni|ger**, der; -[s] (afrik. Strom)
²**Ni|ger**, -s, *auch mit Artikel* der; -s (Staat in Westafrika)
Ni|ge|ria (Staat in Westafrika); **Ni|ge|ri|a|ner; Ni|ge|ri|a|ne|rin; ni|ge|ri|a|nisch**
Nig|ger, der; -s, - ⟨amerik.⟩ (*diskriminierend für* Schwarzer)
Night|club ['naɪt...], der; -s, -s ⟨engl.⟩ (Nachtlokal)
Night|ska|ting [...skeɪ...], das; -s ⟨engl.⟩ (gemeinsame nächtliche Skatingtouren in [größeren] Städten)
Ni|g|rer ⟨*zu* ²Niger⟩; **Ni|g|re|rin; ni|g|risch**
Ni|g|ro|sin, das; -s, -e ⟨lat.⟩ (ein Farbstoff)
Ni|hi|lis|mus, der; - ⟨lat.⟩ (Philosophie, die alles Bestehende für nichtig hält; völlige Verneinung aller Normen u. Werte)
Ni|hi|list, der; -en, -en; **Ni|hi|lis|tin; ni|hi|lis|tisch**
Nij|me|gen ['nɛɪmeːxə] (niederl. Stadt); *vgl.* Nimwegen
Ni|käa *usw. vgl.* Nizäa *usw.*
Ni|kab [*auch* 'niːkap], der; -[s], -[s], *auch* die; -, -[s] ⟨arab.⟩ (Schleier, der das ganze Gesicht, nicht aber die Augen bedeckt)
Ni|ka|ra|gua *usw. vgl.* Nicaragua *usw.*
Ni|ke (griech. Siegesgöttin)
Ni|ki|ta (m. Vorn.)
Nik|kei-In|dex ['nɪke...], der; - ⟨*Wirtsch.* jap. Aktienindex)
Ni|k|las (m. Vorn.)
Ni|k|laus (*schweiz. für* hl. Nikolaus; *auch* m. Vorn.)
Ni|ko|ba|ren *Plur.* (Inselgruppe im Ind. Ozean)
Ni|ko|de|mus (Jesus anhängender jüdischer Schriftgelehrter)
Ni|kol *vgl.* Nicol
¹**Ni|ko|laus**, der; -[es], *Plur.* ...läuse, *selten auch* -e ⟨griech.⟩ (als hl. Nikolaus verkleidete Person; den hl. Nikolaus darstellende Figur aus Schokolade)
²**Ni|ko|laus** (m. Vorn.)
Ni|ko|laus|abend; Ni|ko|laus|tag (6. Dez.)
Ni|ko|lo [*auch* ...'loː], der; -s, -s ⟨ital.⟩ (österr. für hl. Nikolaus); **Ni|ko|lo|abend; Ni|ko|lo|tag**
Ni|ko|sia, Ni|co|sia [*auch* ...'koː...] (Hauptstadt von Zypern); **Ni|ko|si|a|ner; Ni|ko|si|a|ne|rin**
Ni|ko|tin, *fachspr.* Ni|co|tin, das; -s ⟨nach dem franz. Gelehrten Nicot⟩ (Alkaloid im Tabak)
ni|ko|tin|arm; ni|ko|tin|frei
Ni|ko|tin|ge|halt, der
ni|ko|tin|gelb
ni|ko|tin|hal|tig; Ni|ko|tin|hal|tig|keit, die; -
Ni|ko|tin|pflas|ter
Ni|ko|tin|sucht; ni|ko|tin|süch|tig
Ni|ko|tin|ver|gif|tung
Nil, der; -[s] (afrik. Fluss)
Nil|del|ta, das; -s ↑D 143; **Nil|gans**
Nil|gau, der; -[e]s, -e ⟨Hindi⟩ (antilopenartiger ind. Waldbock)
nil|grün
Ni|lo|te, der; -n, -n (Angehöriger am oberen Nil lebender Völker); **Ni|lo|tin; ni|lo|tisch**
Nil|pferd
Nils (m. Vorn.)
Nim|bus, der; -, -se ⟨lat.⟩ (besonderes Ansehen, Ruf; *bild. Kunst* Heiligenschein, Strahlenkranz)
nim|mer (*landsch. für* niemals; nicht mehr); nie und nimmer
Nim|mer|leins|tag (*ugs.*); am, bis zum Nimmerleinstag
nim|mer|mehr (*landsch. für* niemals); nie und nimmermehr, nun und nimmermehr; **Nim|mer|mehrs|tag** *vgl.* Nimmerleinstag
nim|mer|mü|de
Nim|mer|satt, der; *Gen.* - *u.* -[e]s, *Plur.* -e (jmd., der nicht genug bekommen kann)
Nim|mer|wie|der|se|hen, das; -s; auf Nimmerwiedersehen (*ugs.*)
nimmt *vgl.* nehmen
¹**Nim|rod** ⟨hebr.⟩ (A. T. Herrscher von Babylon, Gründer Ninives)
²**Nim|rod**, der; -s, -e ([leidenschaftlicher] Jäger)
Nim|we|gen (*dt. Form von* Nijmegen)
Ni|na (w. Vorn.)
nine to five [naɪn tʊ faɪf] ⟨engl.⟩ (*Jargon, oft abwertend für* auf eine [Arbeits]zeit von 9 bis 17 Uhr beschränkt); nine to five arbeiten
Nine-to-five- ⟨engl.⟩ (von 9 bis 17 Uhr stattfindend); **Nine-to-fi-ve-Job**, der
nin|geln (*mitteld. für* wimmern); ich ning[e]le
Ni|ni|ve [...ve] (Hauptstadt des antiken Assyrerreiches); **Ni|ni|vit**, der; -en, -en (Bewohner von Ninive); **Ni|ni|vi|tin; ni|ni|vi|tisch**
Nin|ja, der; -[s], -[s] ⟨jap.⟩ (*früher in Japan* in Geheimbünden organisierter Krieger)
Ni|ob, *fachspr.* Ni|o|bi|um, das; -s ⟨nach Niobe⟩ (chemisches Element, Metall; Zeichen Nb)
Ni|o|be [...be] ⟨griech. w. Sagengestalt⟩
Ni|o|bi|de, der; -n, -n *u.* die; -, -n (Kind der Niobe)
Ni|o|bi|um *vgl.* Niob
Nipf, der; -[e]s (österr. ugs. für Mut); jmdm. den Nipf nehmen
Nip|pel, der; -s, - (kurzes Rohrstück mit Gewinde; ab- od. vorstehendes [Anschluss]stück)
nip|pen
Nip|pes [*auch* nɪps, nɪp], der; - ⟨franz.⟩ (kleine Ziergegenstände [aus Porzellan])
Nipp|flut (*nordd. für* geringe Flut)
Nip|pon (*jap. Name von* Japan)
Nipp|sa|chen *Plur.* (*svw.* Nippes)
Nipp|ti|de (*svw.* Nippflut)
nir|gend (*veraltend für* nirgends)
nir|gend|her; nir|gend|hin
nir|gends
nir|gends|her *usw. vgl.* nirgendher *usw.*
nir|gend|wo; nir|gend|wo|her; nir|gend|wo|hin
Ni|ros|ta®, der; -s (*Kurzw. aus* nicht rostender Stahl)
Nir|wa|na, das; -[s] ⟨sanskr.⟩ (völlige, selige Ruhe als Endzustand des gläubigen Buddhisten)
Ni|sche, die; -, -n ⟨franz.⟩
Ni|schel, der; -s, - (*bes. mitteld. für* Kopf)
Ni|schen|al|tar
Ni|schen|markt; Ni|schen|pro|dukt
Nisch|ni Now|go|rod (Stadt a. d. Wolga [früherer Name Gorki])
Nis|se, die; -, -n, *älter* Niss, die; -, Nisse (Ei der Laus)
Nis|sen|hüt|te ⟨nach dem engl. Offizier P. N. Nissen⟩ (↑D 136; halbrunde Wellblechbaracke)
nis|sig (voller Nissen, filzig)
nis|ten
Nist|hil|fe; Nist|höh|le; Nist|kas|ten; Nist|platz; Nist|stät|te; Nist|zeit

Ni|t|hard (fränk. Geschichtsschreiber)
Ni|t|rat, das; -[e]s, -e ⟨ägypt.⟩ (Chemie Salz der Salpetersäure)
Ni|t|rid, das; -[e]s, -e (Verbindung von Stickstoff mit Metall)
ni|t|rie|ren (mit Salpetersäure behandeln)
Ni|t|ri|fi|ka|ti|on, die; -, -en (Salpeterbildung durch Bodenbakterien); ni|t|ri|fi|zie|ren ([durch Bodenbakterien] Salpeter bilden); nitrifizierende Bakterien; Ni|t|ri|fi|zie|rung
Ni|t|ril, das; -s, -e (Zyanverbindung)
Ni|t|rit, das; -s, -e (Salz der salpetrigen Säure)
Ni|t|ro|cel|lu|lo|se, die; -
Ni|t|ro|fen, das; -s (ein Unkrautvernichtungsmittel)
Ni|t|ro|ge|la|ti|ne [...ʒe...], die; - (ein Sprengstoff)
Ni|t|ro|ge|ni|um [...ˈge...], das; -s (Stickstoff; Zeichen N)
Ni|t|ro|gly|ze|rin, fachspr. auch Ni|t|ro|gly|ce|rin (ein Heilmittel; ein Sprengstoff)
Ni|t|ro|lack, der; -[e]s, -e (gelöste Nitrozellulose enthaltender Lack)
Ni|t|ro|phos|phat (Düngemittel)
Ni|t|ro|s|a|min, das; -s, -e (eine Stickstoffverbindung)
Ni|t|ro|zel|lu|lo|se, die; - (Zellulosenitrat)
Ni|t|rum, das; -s (veraltet für Salpeter)
nit|scheln (Textilind.); ich nitsch[e]le; Nit|schel|werk (Maschine, mit der Fasern zum Spinnen vorbereitet werden)
nit|sche|wo! ⟨russ.⟩ (scherzh. für macht nichts!, hat nichts zu bedeuten!)
Ni|ue [niːˈueɪ] (Inselstaat im Pazifik); Ni|u|e|a|ner; Ni|u|e|a|ne|rin; ni|u|e|a|nisch
Ni|veau [...ˈvoː], das; -s, -s ⟨franz.⟩ (waagerechte Fläche auf einer gewissen Höhenstufe; Höhenlage; [Bildungs]stand, Rang)
Ni|veau|dif|fe|renz
ni|veau|frei (Verkehrsw. sich nicht in gleicher Höhe kreuzend)
Ni|veau|ge|fäl|le
ni|veau|gleich (Verkehrsw.)
Ni|veau|li|nie (Höhenlinie)
ni|veau|los; Ni|veau|lo|sig|keit
Ni|veau|über|gang (Verkehrsw. Kreuzung von Straßen, Gleisen auf gleicher Ebene)
Ni|veau|un|ter|schied

ni|veau|voll
Ni|vel|le|ment [...ˈmãː], das; -s, -s (Ebnung, Gleichmachung; Höhenmessung); ni|vel|lie|ren (gleichmachen; ebnen; Höhenunterschiede [im Gelände] bestimmen); Ni|vel|lier|in|s|t|rument; Ni|vel|lie|rung
Ni|vose [...ˈvoːs], der; -, -s ⟨franz., »Schneemonat«⟩ (4. Monat des Kalenders der Franz. Revolution: 21. Dez. bis 19. Jan.)
nix (ugs. für nichts)
Nix, der; -es, -e (germ. Wassergeist)
Nix|chen
Ni|xe, die; -, -n (Meerjungfrau; [badendes] Mädchen); ni|xenhaft
Ni|zäa (Stadt [jetziger Name Iznik] im alten Bithynien); ni|zä|isch; aber ↑D 150: Nizäisches Glaubensbekenntnis
ni|zä|nisch vgl. nizäisch
Ni|zä|num, Ni|zä|um, das; -s (Nizäisches Glaubensbekenntnis)
Niz|za (franz. Stadt); Niz|za|er; Niz|za|e|rin; niz|za|isch
n. J. = nächsten Jahres
NJ = New Jersey
Njas|sa, der; -[s] (afrik. See)
Njas|sa|land, das; -[e]s (früherer Name von Malawi)
Nje|men, der; -[s] (russ. Name der Memel)
nkr = norwegische Krone
NKWD, der; - ⟨Abk. aus russ. Narodny Komissariat Wnutrennich Del = Volkskommissariat des Innern⟩ (sowjet. polit. Geheimpolizei [1934–46])
N. L. = Niederlausitz
nlat. = neulateinisch
Nm = Newtonmeter
NM = New Mexico
nm = Nanometer
nm., nachm. = nachmittags
n. M. = nächsten Monats
N. N. = nomen nescio [- ˈnɛstsio] ⟨lat., »den Namen weiß ich nicht«⟩ od. nomen nominandum (»der zu nennende Name«) (z. B. Herr/Frau N. N.)
N. N., NN = Normalnull
NNO = Nordnordost[en]
NNW = Nordnordwest[en]
No = Nobelium
No., Nº = Numero
NO = Nordost[en]
nö (ugs. für nein)
NÖ = Niederösterreich
No|ah, ökum. No|ach (bibl. m. Eigenn.); des -, aber (ohne Arti-

kel) Noah[s] u. Noä; die Arche Noah
no|bel ⟨franz.⟩ (edel; ugs. für freigebig); ein no|b|ler Mensch
¹No|bel, der; -s (Löwe in der Tierfabel)
²No|bel (schwed. Chemiker)
No|bel|ball (bes. österr.)
No|bel|bou|tique
No|bel|her|ber|ge (luxuriöses Hotel)
No|bel|heu|ri|ge (österr. für gehobenes Lokal (bes. in Wien), in dem neuer Wein aus eigenen Weinbergen ausgeschenkt wird)
No|bel|ho|tel
No|be|li|um, das; -s ⟨zu ²Nobel⟩ (chemisches Element, Transuran; Zeichen No)
No|bel|ka|ros|se (ugs. für luxuriöses Auto); No|bel|mar|ke
No|bel|preis; No|bel|preis|trä|ger; No|bel|preis|trä|ge|rin
No|bel|stif|tung, die; -
No|bi|li|tät, die; -, -en ⟨lat.⟩ (Adel); no|bi|li|tie|ren (früher für adeln)
No|b|les|se, die; -, -n ⟨franz.⟩ (veraltet für Adel; nur Sing.: veraltend für vornehmes Benehmen); no|b|lesse ob|lige [...ˈblɛs ɔˈbliːʃ] (Adel verpflichtet)
No|bo|dy [ˈnoʊbədi], der; -[s], -s ⟨engl.⟩ (jmd., der unbedeutend, ein Niemand ist)
noch; noch nicht; noch immer; noch mehr; noch und noch; noch einmal; noch einmal so viel; noch mal od. nochmal
Noch|ge|schäft (Börse)
noch mal, noch|mal (ugs.)
noch|ma|lig; noch|mals
¹Nock, das; -[e]s, -e, auch die; -, -en ⟨niederl.⟩ (Seemannsspr. Ende eines Rundholzes)
²Nock, der; -s, -e (österr. in Bergnamen für Felskopf, Hügel)
Nöck vgl. Neck
No|cken, der; -s, - (Technik Vorsprung an einer Welle od. Scheibe); No|cken|wel|le
No|ckerl, das; -s, -[n]; vgl. Pickerl (österr. für Klößchen; naives Mädchen); No|ckerl|sup|pe (österr.)
Noc|turne [nɔkˈtyrn], das; -s, -s od. die; -, -s ⟨franz., »Nachtstück«⟩ (Musik lyrisches, stimmungsvolles Klavierstück)
No|ël [nɔˈɛl], der; - (franz. Weihnachtslied)
No|e|sis, die; - ⟨griech.⟩ (Philos. geistiges Wahrnehmen, Denken)

Noetik

No|e|tik, die; - (Lehre vom Denken, vom Erkennen geistiger Gegenstände); **no|e|tisch**

No|f|re|te|te (altägypt. Königin)

no fu|ture [ˈnoʊ ˈfjuːtʃɐ] ⟨engl., »keine Zukunft«⟩ (Schlagwort meist arbeitsloser Jugendlicher)

No-Fu|ture-Ge|ne|ra|ti|on, die; - (junge Generation ohne Zukunftsaussichten)

No-Go [ˈnoʊ(ˈ)goʊ], das; -[s], -s ⟨engl.⟩ (ugs. auch für Verbot; Tabu); diese Tasche ist ein absolutes No-Go

No-go-Area [...ɛːriə], die; -, -s ⟨engl.⟩ (bes. Politik, Militär Gebiet, in dem die öffentliche Sicherheit nicht gewährleistet ist)

noir [noaːɐ̯] ⟨franz.⟩ (schwarz); Pinot noir (eine Rotweinrebsorte)

no iron [ˈnoʊ ˈaɪən] ⟨engl.⟩ (nicht bügeln, bügelfrei [Hinweis an Kleidungsstücken])

Noi|sette [noaˈzɛt], die; -, Plur. (Sorten:) -s ⟨franz.⟩, **Noi|sette-scho|ko|la|de** (Milchschokolade mit Haselnusscreme)

¹NOK, das; -[s], -s = Nationales Olympisches Komitee

²NOK (Währungscode für norw. Krone)

Nol|de (dt. Maler u. Grafiker)

nö|len (norddt. ugs. abwertend für jammern)

nol|lens vo|lens ⟨lat., »nicht wollend wollend«⟩ (wohl od. übel)

Nö|ler; **Nö|le|rin**

nö|lig

No|li|me|tan|ge|re [...ge...], das; -, - ⟨»rühr mich nicht an«⟩ (Springkraut)

Nöl|lie|se, die; -, -n; **Nöl|pe|ter**, der; -s, - (norddt. ugs. abwertend für herumjammernde Person)

Nom. = Nominativ

No|ma|de, der; -n, -n ⟨griech.⟩ (Angehöriger eines Hirten-, Wandervolkes)

No|ma|den|da|sein

No|ma|den|haft

No|ma|den|le|ben; **No|ma|den|volk**

No|ma|din

no|ma|disch (umherziehend)

no|ma|di|sie|ren (umherziehen)

No|men, das; -s, Plur. ...mina od. - ⟨lat., »Name«⟩ (Sprachwiss. Nennwort, Substantiv, z. B. »Haus«; häufig auch für Adjektiv u. andere deklinierbare Wortarten)

No|men Ac|ti, das; - -, ...mina -

(Sprachwiss. Substantiv, das den Abschluss od. das Ergebnis eines Geschehens bezeichnet, z. B. »Lähmung, Guss«)

No|men Ac|ti|o|nis, das; - -, ...mina - (Sprachwiss. Substantiv, das ein Geschehen bezeichnet, z. B. »Schlaf«)

No|men Agen|tis, das; - -, ...mina - (Sprachwiss. Substantiv, das den Träger eines Geschehens bezeichnet, z. B. »Schläfer«)

no|men est omen (der Name deutet schon darauf hin)

No|men In|s|t|ru|men|ti, das; - -, ...mina - (Sprachwiss. Substantiv, das ein Werkzeug od. Gerät bezeichnet, z. B. »Bohrer«)

No|men|kla|tor, der; -s, ...oren (Verzeichnis für die in einem Wissenschaftszweig vorkommenden gültigen Namen); **no|men|kla|to|risch**

No|men|kla|tur, die; -, -en (Zusammenstellung, System von [wissenschaftlichen] Fachausdrücken)

No|men|kla|tu|ra, die; - ⟨russ.⟩ (in der Sowjetunion Verzeichnis der wichtigsten Führungspositionen; übertr. für Oberschicht); **No|men|kla|tur|ka|der** (DDR)

No|men pro|p|ri|um, das; - -, ...mina ...pria ⟨lat.⟩ (Eigenname)

No|mi|na (Plur. von Nomen)

no|mi|nal (zum Namen gehörend; Wirtsch. zum Nennwert); **No|mi|nal|be|trag** (Nennbetrag); **No|mi|na|le**, das; -[s], ...ia (österr. für Nominalwert)

no|mi|na|li|sie|ren (svw. substantivieren); **No|mi|na|li|sie|rung** (svw. Substantivierung)

No|mi|na|lis|mus, der; - (eine philos. Lehre); **No|mi|na|list**, der; -en, -en; **No|mi|na|lis|tin**

No|mi|nal|lohn

No|mi|nal|stil, der; -[e]s (Stil, der das Substantiv, das Nomen, bevorzugt; Ggs. Verbalstil)

No|mi|nal|wert

No|mi|na|ti|on, die; -, -en (früher für [Recht der] Benennung von Anwärtern auf höhere Kirchenämter durch die Landesregierung; seltener für Nominierung)

No|mi|na|tiv, der; -s, -e (Sprachwiss. Werfall, 1. Fall; Abk. Nom.)

no|mi|nell ([nur] dem Namen nach [bestehend], vorgeblich; zum Nennwert); vgl. nominal

no|mi|nie|ren (benennen, bezeichnen; ernennen); **No|mi|nie|rung**

No|mo|gramm, das; -s, -e ⟨griech.⟩ (Math. Schaubild od. Zeichnung zum graf. Rechnen)

Non, **No|ne**, die; -, Nonen ⟨lat.⟩ (Teil des kath. Stundengebets)

No|na|gon, das; -s, -e ⟨lat.; griech.⟩ (Neuneck)

No-Name-Pro|dukt, **No|name|pro|dukt** [ˈnoʊˈneɪm..., ˈnoʊneɪm...] ⟨engl.; lat.⟩ (neutral verpackte Ware ohne Marken- od. Firmenzeichen)

Non-Book-Ab|tei|lung [ˈnɔnˈbʊk..., ˈnɔnbʊk...], **Non|book|ab|tei|lung** ⟨engl.; dt.⟩ (Abteilung in Buchläden, in der Schallplatten, Poster o. Ä. verkauft werden)

Non|cha|lance [nõʃaˈlãːs], die; - ⟨franz.⟩ (Lässigkeit, formlose Ungezwungenheit)

non|cha|lant [...ˈlãː, attributiv ...ˈlant] (formlos, ungezwungen, [nach]lässig); nonchalanteste [...ˈlantəstə]

No|ne, die; -, -n ⟨lat.⟩ (Musik neunter Ton [vom Grundton an]; ein Intervall); vgl. Non

No|nen Plur. (im altröm. Kalender neunter Tag vor den Iden)

No|nen|ak|kord (Musik)

No|nett, das; -[e]s, -e (Musikstück für neun Instrumente; auch die neun Ausführenden)

Non-Fic|tion, **Non|fic|tion** [(ˈ)nɔnˈfɪkʃn], die; -, auch das; -[s] ⟨engl.-amerik.⟩ (Sach- od. Fachbuch)

Non-Food-Ab|tei|lung, **Non|food-ab|tei|lung** [ˈnɔnˈfuːt..., ˈnɔnfuːt...] ⟨engl.; dt.⟩ (Abteilung in Einkaufszentren, in der keine Lebensmittel, sondern andere Gebrauchsgüter verkauft werden)

No|ni|us, der; -, Plur. ...ien u. -se ⟨nach dem Portugiesen Nunes⟩ (verschiebbarer Messstabzusatz)

non|kon|form (nicht angepasst)

Non|kon|for|mis|mus [auch ˈnɔn...] ⟨lat.-engl.⟩ (von der herrschenden Meinung unabhängige Einstellung); **Non|kon|for|mist**, der; -en, -en; **non|kon|for|mis|tin**

Non|kon|for|mi|tät, die; -

Non|ne, die; -, -n; **non|nen|haft**

Non|nen|klos|ter; **Non|nen|or|den**; **Non|nen|schu|le**

Non|nen|zie|gel (ein Dachziegel)

Non|pa|reille [nõpaˈrɛːj], die; - ⟨franz.⟩ (Druckw. ein Schriftgrad)

800

nordöstlich

Non|plus|ul|t|ra, das; - ⟨lat.⟩ (Unübertreffbares, Unvergleichliches)
Non-Pro|fit-Un|ter|neh|men, Non|pro|fit|un|ter|neh|men [(ˈ)nɔnˈprɔfɪt...] ⟨engl.; dt.⟩ (ohne Gewinnerzielungsabsicht tätiges Unternehmen)
Non|pro|li|fe|ra|ti|on [nɔnprolɪfəˈreɪʃn̩], die; - ⟨engl.-amerik.⟩ (Nichtweitergabe [von Atomwaffen])
non scho|lae, sed vi|tae dis|ci|mus [- ˈsç..., auch ˈsk... - - -] ⟨lat.⟩, »nicht für die Schule, sondern für das Leben lernen wir«)
Non|sens, der; Gen. - u. -es ⟨lat.-engl.⟩ (Unsinn; törichtes Gerede)
non|stop [ˈnɔnˈstɔp, ˈnɔnstɔp, auch ...ʃt...] ⟨engl.⟩ (ohne Halt, ohne Pause); nonstop fliegen, spielen
Non|stop-Flug, **Non|stop|flug** (Flug ohne Zwischenlandung)
Non|stop-Ki|no, **Non|stop|ki|no** (Kino mit fortlaufenden Vorführungen u. durchgehendem Einlass)
non trop|po ⟨ital.⟩ (Musik nicht zu viel)
Non|va|leur [nõvaˈløːɐ̯], der; -s, -s ⟨franz.⟩ (entwertetes Wertpapier; Investition, die keinen Ertrag abwirft)
non|ver|bal [auch ˈnɔ...] (nicht mithilfe der Sprache)
Noor, das; -[e]s, -e ⟨dän.⟩ (nordd. für Haff)
Nop|pe, die; -, -n (Knoten in Geweben)
Nopp|ei|sen (Werkzeug zum Noppen)
nop|pen (Knoten aus dem Gewebe entfernen)
Nop|pen|garn; **Nop|pen|ge|we|be**
Nop|pen|glas Plur. ...gläser
Nop|pen|stoff
nop|pig
Nopp|zan|ge (svw. Noppeisen)
No|ra (w. Vorn.)
Nor|bert (m. Vorn.)
Nör|chen ⟨zu nören⟩ (nordwestd. für Schläfchen)
¹**Nord** (Himmelsrichtung; Abk. N); Nord und Süd; fachspr. der Wind kommt aus Nord; Autobahnausfahrt Frankfurt-Nord od. Frankfurt Nord ↑D 148; vgl. Norden
²**Nord**, der; -[e]s, -e Plur. selten (geh. für Nordwind)
Nord|af|ri|ka; **Nord|af|ri|ka|ner**;

Nord|af|ri|ka|ne|rin; **nord|af|ri|ka|nisch**
Nord|ame|ri|ka; **Nord|ame|ri|ka|ner**; **Nord|ame|ri|ka|ne|rin**; **nord|ame|ri|ka|nisch**
Nord|at|lan|tik|pakt, der; -[e]s; vgl. NATO
Nord|aus|tra|li|en
Nord|ba|den vgl. Baden
Nord|bra|bant (niederl. Prov.)
Nord|da|ko|ta (Staat in den USA; Abk. ND)
nord|deutsch; aber ↑D 140: das Norddeutsche Tiefland, auch die Norddeutsche Tiefebene; ↑D 150: der Norddeutsche Bund; vgl. deutsch; **Nord|deut|sche**, der u. die; **Nord|deutsch|land**
Nor|den, der; -s (Abk. N); das Gewitter kommt aus Norden; sie zogen gen Norden; vgl. ¹Nord
Nord|en|land
Nor|den|skiöld [ˈnuːɐ̯dn̩ʃœlt] (schwed. Polarforscher)
Nor|der|dith|mar|schen (Teil von Dithmarschen)
Nor|der|ney (eine der Ostfriesischen Inseln)
Nord|eu|ro|pa; **Nord|eu|ro|pä|er**; **Nord|eu|ro|pä|e|rin**; **nord|eu|ro|pä|isch**
Nord|flü|gel
Nord|frank|reich
nord|frie|sisch; aber ↑D 140: die Nordfriesischen Inseln; **Nord|fries|land**
Nord|ger|ma|ne; **Nord|ger|ma|nin**; **nord|ger|ma|nisch**
Nord|halb|ku|gel (Geogr.)
Nord|hang
Nord|häu|ser ⟨nach der Stadt Nordhausen⟩ ([Korn]branntwein)
Nor|dic Wal|king [- ˈwɔːkɪŋ], das; - -[s] ⟨engl.⟩ (als Sport betriebenes Gehen mit Stöcken)
Nord|ire; **Nord|irin**; **nord|irisch**; **Nord|ir|land**
nor|disch (den Norden betreffend); nordische Kälte; die nordischen Sprachen; nordische Kombination (Skisport Sprunglauf u. 15-km-Langlauf), aber ↑D 150: der Nordische Krieg (1700–21)
Nor|dist, der; -en, -en; **Nor|dis|tik**, die; - (Erforschung der nordischen Sprachen u. Kulturen); **Nor|dis|tin**
Nord|ita|li|en
Nord|kap, das; -s (auf einer norw. Insel)
Nord|ka|ro|li|na (Staat in den USA; Abk. NC)

Nord|ko|rea (nicht amtliche Bez. für Demokratische Volksrepublik Korea); ↑D 143; **Nord|ko|re|a|ner**; **Nord|ko|re|a|ne|rin**; **nord|ko|re|a|nisch**
Nord|küs|te
Nord|län|der, der; **Nord|län|de|rin**
Nord|land|fahrt; **nord|län|disch**
Nord|land|rei|se
n[örd]. Br. = nördlicher Breite

nörd|lich
– die nördliche Halbkugel; nördlicher Breite (Abk. n[ördl]. Br.)
– ↑D 89: der nördliche Stern[en]himmel, aber ↑D 140: das Nördliche Eismeer (älter für Nordpolarmeer)

An »nördlich« kann ein Substantiv im Genitiv oder mit »von« angeschlossen werden. Der Anschluss mit »von« wird bei artikellosen [geografischen] Namen bevorzugt:
– nördlich dieser Linie; nördlich des Mains
– nördlich von Berlin, seltener nördlich Berlins

Nörd|li|che Dwi|na, die; -n - (russischer Strom; vgl. Dwina)
Nörd|licht Plur. ...lichter (auch scherzh. für Norddeutscher)
Nörd|lin|gen (Stadt im Ries in Bayern); **Nörd|lin|ger**
Nord|mann|tan|ne, **Nord|manns|tan|ne**, **Nord|mann-Tan|ne** ⟨nach dem finn. Naturwissenschaftler A. v. Nordmann⟩ (mitteleuropäischer Nadelbaum)
¹**Nord|nord|ost** (Himmelsrichtung; Abk. NNO); vgl. Nordnordosten
²**Nord|nord|ost**, der; -[e]s, -e Plur. selten (Nordnordostwind; Abk. NNO)
Nord|nord|os|ten, der; -s (Abk. NNO); vgl. ¹Nordnordost
¹**Nord|nord|west** (Himmelsrichtung; Abk. NNW); vgl. Nordnordwesten
²**Nord|nord|west**, der; -[e]s, -e Plur. selten (Nordnordwestwind; Abk. NNW)
Nord|nord|wes|ten, der; -s (Abk. NNW); vgl. ¹Nordnordwest
¹**Nord|ost** (Himmelsrichtung; Abk. NO); vgl. Nordosten
²**Nord|ost**, der; -[e]s, -e Plur. selten (Nordostwind)
Nord|os|ten, der; -s (Abk. NO); vgl. ¹Nordost; **nord|öst|lich**; aber

Nord-Ostsee-Kanal

↑D 140: die Nordöstliche Durchfahrt
Nord|ost|see-Ka|nal, der; -s
Nord|ost|wind
Nord|pol
Nord|po|lar|ge|biet; Nord|po|lar|meer
Nord|pol|ex|pe|di|ti|on
Nord|pol|fah|rer; Nord|pol|fah|re|rin
Nord|punkt, der; -[e]s
Nord|rand
Nord|rhein-West|fa|len ↑D 144
nord|rhein-west|fä|lisch ↑D 145
Nord|rho|de|si|en (*früherer Name von* Sambia)
Nord|see, die; - (Meer); **Nord|see|bad; Nord|see|heil|bad;** Nordseeheilbad Cuxhaven; **Nord|see|in|sel; Nord|see|ka|nal**, der; -s; **Nord|see|küs|te**
Nord|sei|te; Nord|spit|ze (*bes. Geogr.*)
Nord|staat *meist Plur.* (bes. in den USA)
Nord-Süd-Ge|fäl|le (wirtschaftl. Gefälle zwischen Industrie- u. Entwicklungsländern)
nord|süd|lich; in nordsüdlicher Richtung
Nord|teil, der
Nord|ter|ri|to|ri|um (in Australien)
Nord|ti|rol
Nord|vi|et|nam
Nord|wand
nord|wärts
¹**Nord|west** (Himmelsrichtung; *Abk.* NW); *vgl.* Nordwesten
²**Nord|west**, der; -[e]s, -e *Plur. selten* (Nordwestwind)
Nord|wes|ten, der; -s (*Abk.* NW); *vgl.* ¹Nordwest; nordwestlich, *aber* ↑D 140: die Nordwestliche Durchfahrt
Nord|west|ter|ri|to|ri|en *Plur.* (in Kanada)
Nord|west|wind; Nord|wind
nö|ren (*nordwestd. für* schlummern); *vgl.* Nörchen
Nör|ge|lei; Nör|gel|frit|ze, der; -n, -n (*ugs. abwertend*)
nör|ge|lig, nörg|lig
nör|geln; ich nörg[e]le
Nörg|ler; Nörg|le|rin; nörg|le|risch
Nörg|ler|tum, das; -s
nörg|lig *vgl.* nörgelig
no|risch (ostalpin); *aber* ↑D 140: die Norischen Alpen
Norm, die; -, -en (griech.-lat.) (Richtschnur, Regel; sittliches Gebot od. Verbot als Grundlage der Rechtsordnung; Größenanweisung in der Technik; *Druckerspr.* Bogensignatur)

nor|mal (der Norm entsprechend, vorschriftsmäßig; gewöhnlich, üblich, durchschnittlich)
Nor|mal, das; -s, -e (besonders genauer Maßstab; *meist ohne Artikel, nur Sing.:* kurz für Normalbenzin)
Nor|mal|aus|füh|rung; Nor|mal|ben|zin
Nor|mal|bür|ger; Nor|mal|bür|ge|rin
Nor|mal|druck *Plur.* ...drücke *u.* ...drucke
Nor|ma|le, die; -[n], -[n]; zwei Normale[n] (*Math.* Senkrechte)
nor|ma|ler|wei|se
Nor|mal|fall, der; **Nor|mal|film**
Nor|mal|form (*Sport*)
Nor|mal|ge|wicht; Nor|mal|grö|ße
Nor|mal|hö|he; Nor|mal|hö|hen|punkt, der; -[e]s (*Zeichen* NH, N.H.)
Nor|mal|ho|ri|zont (Ausgangsfläche für Höhenmessungen)
Nor|ma|lie [...jə], die; -, -n (*Technik* nach einem bestimmten System vereinheitlichtes Bauelement; *meist Plur.:* Grundform)
nor|ma|li|sie|ren (wieder normal gestalten); sich normalisieren (wieder normal werden); **Nor|ma|li|sie|rung**
Nor|ma|li|tät, die; - (normaler Zustand)
Nor|mal|maß, das
Nor|mal|null, das; -s (*Abk.* N. N., NN)
Nor|ma|lo, der; -s, -s (*ugs. für* Durchschnittsmensch)
Nor|mal|pro|fil (Walzeisenquerschnitt)
Nor|mal|spur (*Eisenbahn* Vollspur); **nor|mal|spu|rig** (vollspurig)
Nor|mal|sterb|li|che, der *u.* die; -n, -n
Nor|mal|tem|pe|ra|tur; Nor|mal|ton *Plur.* ...töne; **Nor|mal|uhr**
Nor|mal|ver|brau|cher; Nor|mal|ver|brau|che|rin
Nor|mal|ver|die|ner; Nor|mal|ver|die|ne|rin
Nor|mal|ver|tei|lung (*Math.*); **Nor|mal|ver|tei|lungs|kur|ve**
Nor|mal|zeit (Einheitszeit)
Nor|mal|zu|stand
Nor|man (m. Vorn.)
Nor|man|die [*auch* ...mã...], die; - (Landschaft in Nordwestfrankreich)
Nor|man|ne, der; -n, -n (Angehöriger eines nordgerm. Volkes); **Nor|man|nin; nor|man|nisch;** normannischer Eroberungszug,

aber ↑D 140: die Normannischen Inseln
nor|ma|tiv (griech.) (maßgebend, als Richtschnur dienend); **Nor|ma|tiv**, das; -s, -e (*regional für* Richtschnur, Anweisung)
Norm|blatt
nor|men (einheitlich festsetzen, gestalten; [Größen] regeln)
Nor|men|aus|schuss
Nor|men|kon|t|rol|le (*Rechtsspr.*); **Nor|men|kon|t|roll|kla|ge**
Nor|men|kon|t|roll|rat (*Politik* Institution, die den Bürokratieabbau fördern soll)
norm|ge|recht
nor|mie|ren (normgerecht gestalten); **Nor|mie|rung**
Nor|mung (das Normen)
Norm|ver|brauchs|ab|ga|be (*österr. für* treibstoffbezogene Kraftfahrzeugsteuer; *Abk.* NOVA)
Nor|ne, die; -, -n *meist Plur.* (altnord.) (nord. Schicksalsgöttin [Urd, Werdandi, Skuld])
No|ro|vi|rus ⟨nach der amerik. Stadt Norwalk⟩ (Erreger einer Infektionskrankheit)
North Ca|ro|li|na [ˈnɔːθ kɛrəˈlaɪnə] (Nordkarolina; *Abk.* NC)
North Da|ko|ta [ˈnɔːθ dəˈkoʊtə] (Norddakota; *Abk.* ND)
Nor|th|um|ber|land [nɔːɐ̯ˈθʌmbəˌlənt] (engl. Grafschaft)
Nor|we|gen
Nor|we|ger; Nor|we|ge|rin
Nor|we|ger|mus|ter (ein Strickmuster); **Nor|we|ger|pul|li**
nor|we|gisch; Nor|we|gisch, das; -[s] (Sprache); *vgl.* Deutsch; **Nor|we|gi|sche**, das; -n; *vgl.* ²Deutsche
No|se|ma|seu|che ⟨griech.; dt.⟩ (eine Bienenkrankheit)
No|so|gra|fie, No|so|gra|phie, die; -, ...ien ⟨griech.⟩ (*Med.* Krankheitsbeschreibung)
No|so|lo|gie, die; -, ...ien (Lehre von den Krankheiten, systematische Beschreibung der Krankheiten); **no|so|lo|gisch**
No-Spiel ⟨jap.-dt.⟩ (eine Form des klassischen jap. Theaters); ↑D 21
Nos|sack (dt. Schriftsteller)
Nö|ßel, der *od.* das; -s, - (altes Flüssigkeitsmaß)
Nos|tal|gie, die; -, ...ien ⟨griech.⟩ ([sehnsuchtsvolle] Rückwendung zu früheren Zeiten u. Erscheinungen, z. B. in Kunst od. Mode); **Nos|tal|gi|wel|le**
Nos|tal|gi|ker; Nos|tal|gi|ke|rin; nos|tal|gisch

Nos|t|ra|da|mus (französischer Astrologe des 16. Jh.s)
Nos|t|ri|fi|ka|ti|on, die; -, -en ⟨lat.⟩ (Einbürgerung; Anerkennung eines ausländischen Diploms; **nos|t|ri|fi|zie|ren; Nos|t|ri|fi|zie|rung** (svw. Nostrifikation)
Nos|t|ro|gut|ha|ben, Nos|t|ro|kon|to ⟨ital.⟩ (Eigenguthaben im Verkehr zwischen Banken)

Not

die; -, Nöte

– ohne Not; zur Not; mit Müh und Not
– wenn Not am Mann ist; seine [liebe] Not haben
– *Aber:* nottun; Seefahrt tut not
– Not sein, Not werden (*veraltend für* nötig sein, werden)
– in Not, in Nöten sein
– *Aber:* vonnöten sein
– Not leiden; *vgl.* Not leidend, notleidend

No|ta, die; -, -s ⟨lat.⟩ (Wirtsch. [kleine] Rechnung, Vormerkung); *vgl.* ad notam
No|ta|beln *Plur.* ⟨franz.⟩ (durch Bildung, Rang u. Vermögen ausgezeichnete Mitglieder des [franz.] Bürgertums)
no|ta|be|ne ⟨lat., »merke wohl!«⟩ (übrigens; *Abk.* NB); **No|ta|be|ne,** das; -[s], -[s] (Merkzeichen, Vermerk, Denkzettel)
No|ta|bi|li|tät, die; -, -en (*nur Sing.:* Vornehmheit; *meist Plur.:* hervorragende Persönlichkeit)
Not|an|ker
No|tar, der; -s, -e ⟨lat.⟩ (Amtsperson zur Beurkundung von Rechtsgeschäften)
No|ta|ri|at, das; -[e]s, -e (Amt eines Notars); **No|ta|ri|ats|ge|hil|fe; No|ta|ri|ats|ge|hil|fin; No|ta|ri|ats|kam|mer** (*österr.*)
no|ta|ri|ell (von einem Notar [ausgefertigt]; notariell beglaubigt)
No|ta|rin; no|ta|risch (*seltener für* notariell); **No|tar|kam|mer** (Berufsorganisation)
No|tar|ver|trag (notarieller Vertrag)
Not|arzt; Not|arzt|dienst; Not|arzt|hub|schrau|ber (*österr.*); **Not|ärz|tin; not|ärzt|lich; Not|arzt|wa|gen**
No|tat, das; -[e]s, -e (niedergeschriebene Bemerkung, Notiz)
No|ta|ti|on, die; -, -en (Aufzeichnung [in Notenschrift]; System von Zeichen od. Symbolen)
Not|auf|nah|me; Not|auf|nah|me|la|ger *Plur.* ...lager
Not|aus|gang; Not|aus|rüs|tung; Not|aus|stieg; Not|be|helf; Not|be|leuch|tung; Not|bett
Not|brems|as|sis|tent (*Kfz-Technik* Vorrichtung zur Unterstützung einer Notbremsung); **Not|brem|se; Not|brem|sung**
Not|brü|cke
Not|burg, Not|bur|ga (w. Vorn.)
Not|dienst; ärztlicher Notdienst; **Not|dienst|zen|t|ra|le**
Not|durft, die; - (*veraltend für* Drang, den Darm, die Blase zu entleeren; Stuhlgang)
not|dürf|tig
No|te, die; -, -n ⟨lat.⟩; eine ganze, eine halbe Note; die Note »Drei«; *vgl.* ausreichend u. drei
Note|book ['nɔʊtbʊk], das; -s, -s ⟨engl.⟩ (PC im Buchformat)
No|ten *Plur.* ⟨lat.⟩ (ugs. für Musikalien)
No|ten|aus|tausch; No|ten|bank *Plur.* ...banken; **No|ten|blatt**
No|ten|durch|schnitt
No|ten|heft
No|ten|kon|fe|renz (*Schule*)
No|ten|li|nie *meist Plur.*
No|ten|pres|se
No|ten|pult; No|ten|satz; No|ten|schlüs|sel; No|ten|schrift; No|ten|stän|der
No|ten|ste|cher (Berufsbez.); **No|ten|ste|che|rin**
No|ten|sys|tem; No|ten|um|lauf; No|ten|wech|sel
Note|pad ['nɔʊtped], das; -s, -s ⟨engl.⟩ (PC im Notizblockformat)
Not|er|be, der (Erbe, der nicht übergangen werden darf); **Not|er|bin**
Not|fall, der
Not|fall|arzt (*bes. schweiz.*); **Not|fall|ärz|tin; Not|fall|dienst; Not|fall|me|di|zin,** die; -
not|falls ↑D 70
Not|fall|sa|ni|tä|ter; Not|fall|sa|ni|tä|te|rin
Not|fall|seel|sor|ge; Not|fall|seel|sor|ger; Not|fall|seel|sor|ge|rin; Not|fall|sta|ti|on
Not|feu|er; Not|ge|biet
not|ge|drun|gen
Not|geld
Not|ge|mein|schaft
Not|gro|schen
Not|ha|fen *vgl.* ²Hafen
Not|haus|halt (*Politik*)
Not|hel|fer (die vierzehn Nothelfer [Heilige] ↑D 89); **Not|hel|fe|rin**
Not|hil|fe; Not|hil|fe|kurs
no|tie|ren ⟨lat.⟩ (aufzeichnen; vormerken; *Kaufmannsspr.* den Kurs eines Papiers, den Preis einer Ware festsetzen; einen bestimmten Kurswert, Preis haben); **No|tie|rung**
No|ti|fi|ka|ti|on, die; -, -en (*veraltet für* Anzeige; Benachrichtigung); **no|ti|fi|zie|ren** (*veraltet*)
nö|tig; für nötig halten; etwas nötig haben, machen; das ist am nötigsten; das Nötigste; es fehlt ihnen am Nötigsten ↑D 72
nö|ti|gen
nö|ti|gen|falls
Nö|ti|gung
No|tiz, die; -, -en ⟨lat.⟩; von etwas Notiz nehmen; **No|tiz|block** *vgl.* Block; **No|tiz|buch**
No|tiz|samm|lung, No|ti|zen|samm|lung; No|tiz|zet|tel
Not|ker (m. Vorn.)
No|t|kre|dit (bes. Wirtsch.)
Not|la|ge
not|lan|den; ich notlande; notgelandet; notzulanden; **Not|lan|dung**
Not lei|dend, not|lei|dend ↑D58 die Not leidende *od.* notleidende Bevölkerung; *aber nur:* äußerste Not leidend; äußerst notleidend; notleidende Kredite (*Bankw.*)
Not|lei|den|de, der u. die; -n, -n, **Not Lei|den|de,** der u. die; - -n, - -n
Not|lei|ter, die
Not|licht *Plur.* ...lichter
Not|lö|sung; Not|lü|ge; Not|maß|nah|me
Not|na|gel (*ugs. für* jmd., mit dem man in einer Notlage vorliebnimmt)
Not|ope|ra|ti|on; Not|op|fer
no|to|risch ⟨lat.⟩ (offenkundig, allbekannt; berüchtigt)
Not|pfen|nig; Not|pro|gramm; Not|quar|tier
No|t|re-Dame [nɔtrə'dam], die; - (*franz. Bez. der Jungfrau Maria;* Name vieler franz. Kirchen)
not|reif; Not|rei|fe
Not|re|pa|ra|tur; Not|ruf; Not|ruf|an|la|ge; Not|ruf|num|mer; Not|ruf|säu|le; Not|ruf|zen|t|ra|le
not|schlach|ten; ich notschlachte; notgeschlachtet; notzuschlachten; **Not|schlach|tung**
Not|schrei; Not|si|che|rung; Not|si|g|nal; Not|si|tu|a|ti|on; Not|sitz

Notstand

**Not|stand; Not|stands|ge|biet;
Not|stands|ge|setz|ge|bung;
Not|stands|hil|fe** ⟨österr.⟩
**Not|strom|ag|gre|gat; Not|strom-
grup|pe** ⟨schweiz. für Not-
stromaggregat⟩
Not|tau|fe; not|tau|fen; ich not-
taufe; notgetauft; notzutaufen
not|tun; eine Verordnung, die
nottut; die Verordnung tat not,
hat notgetan; vgl. auch Not
**Not|tür
Not|tur|no,** das; -s, Plur. -s u. ...ni
⟨ital.⟩ ⟨svw. Nocturne⟩
**Not|un|ter|kunft; Not|ver|band;
Not|ver|kauf; Not|ver|ord|nung;
not|ver|staat|licht** (bes. österr.);
Not|ver|staat|li|chung (bes.
österr.)
**not|voll
not|was|sern;** ich notwassere;
notgewassert; notzuwassern;
**Not|was|se|rung
Not|wehr,** die; -
not|wen|dig [auch ...ˈvɛn...] ↑D72:
[sich] auf das, aufs Notwen-
digste beschränken; es fehlt
am Notwendigsten; alles Not-
wendige tun
**not|wen|di|gen|falls; not|wen|di-
ger|wei|se; Not|wen|dig|keit
Not|zei|chen
Not|zeit** meist Plur.
Not|zucht, die; - (Rechtsspr. frü-
her); **not|züch|ti|gen** (Rechtsspr.
früher); genotzüchtigt; zu not-
züchtigen
Nou|ak|chott [nu̯akˈʃɔt] (Haupt-
stadt Mauretaniens)
Nou|gat [ˈnuː...] usw. vgl. Nugat
usw.
Nou|veau|té [nuvo...], die; -, -s
⟨franz.⟩ (Neuheit, Neuigkeit)
Nou|velle Cui|sine [nuˈvɛl kỹi-
ˈziːn], die; - - ⟨franz.⟩ (eine
Richtung der Kochkunst)
Nov. = November
¹**No|va,** die; -, ...vä u. ...ven ⟨lat.⟩
(neuer Stern)
²**No|va** (Plur. von Novum; Neuer-
scheinungen im Buchhandel)
NOVA = Normverbrauchsabgabe
No|val|lis (dt. Dichter)
No|va|ti|on, die; -, -en ⟨lat.⟩
(Rechtsspr. Schuldumwand-
lung)
No|ve|cen|to [...ˈtʃɛ...], das; -s
⟨ital.⟩ ([Kunst]zeitalter des
20. Jh.s in Italien)
No|vel Food, das; - -[s], - -s, **No-
vel|food,** das; -[s], -s [ˈnɔvl̩ ˈfuːt,
ˈnɔvl̩...] ⟨engl.⟩ (neue[s], zum

Teil mit gentechnischen Hilfs-
mitteln entwickelte[s] u. noch
nicht allgemein verbreitete[s]
Lebensmittel)
No|vel|le, die; -, -n ⟨lat.⟩ (Prosaer-
zählung; Nachtragsgesetz)
**no|vel|len|ar|tig
No|vel|len|band,** der
**No|vel|len|dich|ter; No|vel|len-
dich|te|rin
No|vel|len|form; No|vel|len|samm-
lung
No|vel|len|schrei|ber; No|vel|len-
schrei|be|rin
No|vel|let|te,** die; -, -n (kleine
Novelle)
no|vel|lie|ren (durch ein Nach-
tragsgesetz ändern, ergänzen);
**No|vel|lie|rung
No|vel|list,** der; -en, -en (Novel-
lenschreiber); **No|vel|lis|tin;** no-
vel|lis|tisch (novellenartig;
unterhaltend)
No|vem|ber, der; -[s], - ⟨lat.⟩ (elf-
ter Monat im Jahr; Nebelmond,
Neb[e]lung, Windmonat, Win-
termonat; Abk. Nov.)
**no|vem|ber|haft; no|vem|ber|lich
No|vem|ber|ne|bel; No|vem|ber-
po|g|rom
No|vem|ber|re|vo|lu|ti|on,** die; -
No|ve|ne, die; -, -n ⟨lat.⟩ (neuntä-
gige kath. Andacht)
No|vi|lon®, das u. der; -s
⟨schweiz. für verschiedene
Kunststoffbeläge⟩
No|vi|lu|ni|um, das; -s, ...ien ⟨lat.⟩
(Astron. erstes Sichtbarwerden
der Mondsichel nach Neu-
mond)
No|vi Sad (Provinzhauptstadt in
Serbien)
No|vi|tät, die; -, -en ⟨lat.⟩ (Neuer-
scheinung; Neuheit [der Mode
u. a.]; veraltet für Neuigkeit)
No|vi|ze, der; -n, -n u. die; -, -n
(Mönch od. Nonne während
der Probezeit; Neuling); **No|vi-
zen|meis|ter; No|vi|zen|meis|te-
rin
No|vi|zi|at,** das; -[e]s, -e (dem
Ordensgelübde vorausgehende
Probezeit); **No|vi|zi|ats|jahr
No|vi|zin
No|vum,** das; -s, ...va (absolute
Neuheit, noch nie Dageweses-
nes); vgl. ²Nova
No|wa|ja Sem|l|ja ⟨russ.⟩ (russ.
Inselgruppe im Nordpolar-
meer)
No|wo|si|birsk (Stadt in Sibirien)
No|xe, die; -, -n ⟨Med.
krankheitserregende Ursache)

No|xin, das; -s, -e ⟨Med. aus abge-
storbenem Körpereiweiß stam-
mender Giftstoff⟩
Np ⟨chem. Zeichen für Neptu-
nium; Neper⟩
NPD, die; - = Nationaldemokrati-
sche Partei Deutschlands
Nr. = Nummer
Nrn. = Nummern
NRT = Nettoregistertonne
NRW = Nordrhein-Westfalen
NRZ = Nettoraumzahl
ns = Nanosekunde
¹**NS** = Nachschrift; auf Wechseln
nach Sicht
²**NS** = Nationalsozialismus
NSG = Naturschutzgebiet
NS-Op|fer [ɛnˈɛs...] (↑D72; jmd.,
der unter dem Nationalsozialismus zu leiden hatte)
NS-Re|gime [ɛnˈɛs...] (↑D72;
nationalsozialistisches
Regime)
n. St. = neuen Stils (Zeitrechnung nach dem gregoriani-
schen Kalender)
NS-Ver|bre|chen [ɛnˈɛs...] (↑D72;
Verbrechen der Nationalsozia-
listen); **NS-Ver|bre|cher** (Nazi-
verbrecher); **NS-Ver|bre|che|rin;
NS-Zeit**
N. T. = Neues Testament
n-te [ˈɛn...] ↑D30; vgl. x-te
nu (ugs. für nun)
Nu, der od. das; -s (sehr kurze
Zeitspanne); meist in im Nu, in
einem Nu
Nu|an|ce [ˈnỹãːsə, österr. nyˈãːs],
die; -, -n ⟨franz.⟩ (feiner Unterschied; Feinheit; Kleinigkeit);
**nu|an|cen|reich
nu|an|cie|ren; Nu|an|cie|rung
Nu|ba,** der; -[s], -[s] (Ange-
höriger eines Volkes im
Sudan)
ˈ**nü|ber** (landsch. für hinüber)
Nu|bi|en (Landschaft in Nord-
afrika); **Nu|bi|er; Nu|bi|e|rin
nu|bisch;** aber ↑D140: die Nubi-
sche Wüste
Nu|buk, das; -[s] ⟨engl.⟩ (wildle-
derartiges Kalbsleder); **Nu|buk-
le|der**
nüch|tern; Nüch|tern|heit, die; -
Nu|cke, Nü|cke, die; -, -n
(landsch. für Laune, Schrulle)
Nu|ckel, der; -s, - (ugs. für Schnul-
ler); **nu|ckeln** (ugs. für saugen);
ich nuck[e]le
Nu|ckel|pin|ne (ugs. für altes,
klappriges Auto)
nü|ckisch ⟨zu Nucke⟩
Nud|del, der; -s, - (landsch. für

Numerik

null

Kleinschreibung des Zahlworts:
– null Fehler haben
– null Grad
– null Uhr, null Sekunden
– der Wert der Funktion geht gegen null
– die Variable gleich null setzen
– null Komma eins (0,1)
– sie verloren drei zu null (3:0)
– das Thermometer, der Zeiger der Waage steht auf null
– die Stunde null
– er fängt wieder bei null an
– die Temperatur, die Stimmung sinkt unter null
– von null auf hundert [beschleunigen]
– in null Komma nichts (*ugs. für sehr schnell*)
– null und nichtig (*emotional verstärkend für* [rechtlich] ungültig)
– null (*ugs. für keine*) Ahnung haben
– null Bock (*ugs. für keine Lust*) auf etwas haben
Zur Großschreibung vgl. ¹Null

Schnuller); **nud|deln** (*landsch. für nuckeln*); ich nudd[e]le
Nu|del, die; -, -n (*in der Schweiz nur für Bandnudeln*)
Nu|del|brett
nu|del|dick (*ugs. für sehr dick*)
Nu|del|ge|richt; Nu|del|holz
nu|deln; ich nud[e]le
Nu|del|sa|lat; Nu|del|sup|pe; Nu|del|teig; Nu|del|wal|ker (*österr. für Nudelholz*)
Nu|dis|mus, der; - ⟨lat.⟩ (Freikörperkultur); **Nu|dist,** der; -en, -en; **Nu|dis|tin**
Nu|di|tät (*selten für Nacktheit*)
Nu|gat, Nou|gat ['nu:...], der *od.* das; -s, -s ⟨franz.⟩ (süße Masse aus Zucker u. Nüssen)
Nu|gat|fül|lung, Nou|gat|fül|lung; **Nu|gat|scho|ko|la|de,** Nou|gat|scho|ko|la|de
Nug|get ['nagɪt], das; -[s], -s ⟨engl.⟩ (natürl. Goldklumpen)
Nug|gi ['nuki], der; -s, - (*südd., schweiz. mdal. für Schnuller*)
nu|k|le|ar ⟨lat.⟩ (den Atomkern, Kernwaffen betreffend); nukleare Waffen
Nu|k|le|ar|kri|mi|na|li|tät; Nu|k|le|ar|macht
Nu|k|le|ar|me|di|zin, die; - (Teilgebiet der Strahlenmedizin); **Nu|k|le|ar|me|di|zi|ner; Nu|k|le|ar|me|di|zi|ne|rin**
Nu|k|le|ar|spreng|kopf; Nu|k|le|ar|waf|fe meist Plur.
Nu|k|le|a|se, die; -, -n (*Chemie* Nukleinsäuren spaltendes Enzym)
Nu|k|le|in, das; -s, -e (*svw. Nukleoprotein*); **Nu|k|le|in|säu|re**
Nu|k|le|on, das; -s, ...onen (Atomkernbaustein); **Nu|k|le|o|nik,** die; - (Atomlehre)
Nu|k|le|o|pro|te|id, das; -[e]s, -e (*Biochemie* Eiweißverbindung des Zellkerns)
Nu|k|le|us, der; -, ...ei (*Biol.* [Zell]kern)

Nu|ku|a|lo|fa (Hauptstadt von Tonga)
null s. Kasten
¹**Null,** die; -, -en (Ziffer; *ugs. für* gänzlich unfähiger Mensch); die Zahl Null; eine Zahl mit fünf Nullen; die Ziffern Null bis Neun; er ist eine reine Null
²**Null,** der, *auch* das; -[s], -s (Skat Nullspiel)
null|acht|fünf|zehn (*ugs. für* wie üblich, Allerwelts...; *in Ziffern* 08/15); **Null|acht|fünf|zehn-So|ße** (*ugs.*)
nul|la poe|na si|ne le|ge ⟨lat., »keine Strafe ohne Gesetz«⟩
Null-Bock-Ge|ne|ra|ti|on, die; - (*ugs.*)
Null|de|fi|zit (*Politik, bes. österr.*)
Null|di|ät (*Med.* [fast] kalorienfreie Diät)
nul|len (mit dem Nullleiter verbinden; *ugs. für* ein neues Jahrzehnt beginnen)
Null|ent|scheid (*schweiz. für* Entscheidung, die alles beim Alten lässt); einen Nullentscheid treffen
Null|er|jah|re, null|er Jah|re *Plur.* (erstes Jahrzehnt eines Jahrhunderts)
Null-Feh|ler-Ritt, Null-Feh|ler|ritt (Reitsport)
Nul|li|fi|ka|ti|on, die; -, -en; **nul|li|fi|zie|ren** (zunichtemachen, für nichtig erklären)
Nul|li|tät, die; -, -en (*selten für* Nichtigkeit; Ungültigkeit)
Null|kom|ma|nichts, Null|kom|ma|nix; im Nullkommanichts (*landsch. ugs.*)
Null|la|ge, Null-La|ge, die; - (Nullstellung bei Messgeräten)
Null|lei|ter, Null-Lei|ter, der (*Elektrot.*)
Null|li|nie, Null-Li|nie
Null|lohn|run|de, Null-Lohn|run|de (*österr. für* Nullrunde)
Null|lö|sung, Null-Lö|sung

Null|men|ge (Mengenlehre)
Null|me|ri|di|an, der; -s
Null|num|mer (*Druckw.* Gratisexemplar einer neu erscheinenden Zeitung od. Zeitschrift; *Sportjargon* torloses Unentschieden)
Null ou|vert [- uˈvɛːɐ̯], der, *auch* das; - -[s], - -s ⟨lat.; franz.⟩ (offenes Nullspiel [beim Skat])
Null|po|si|ti|on (*svw.* Nullstellung)
Null|punkt; die Stimmung sank auf den Nullpunkt (*ugs.*)
Null|run|de (*ugs. für* Lohnrunde ohne [reale] Lohnerhöhung)
Null|se|rie (erste Versuchsserie einer Fertigung)
Null|spiel (Skat)
Null|stel|lung (Stand eines Messzeigers auf dem Nullpunkt)
Null|sum|men|spiel, Null-Summen-Spiel (Spiel, bei dem die Summe der Einsätze, Verluste u. Gewinne gleich null ist)
Null|ta|rif (kostenlose Gewährung üblicherweise nicht unentgeltlicher Leistungen)
null|te (*Math.* Ordnungszahl zu null)
Null|ver|schul|dung (*Politikjargon*)
Null|wachs|tum, das; -s (*Wirtsch.*)
Null|zins|po|li|tik, die; - (*Wirtsch., Bankw.*)
Nul|pe, die; -, -n (*ugs. für* dummer, langweiliger Mensch)
Nu|me|ra|le, das; -s, *Plur.* ...lien *u.* ...lia (*Sprachwiss.* Zahlwort, z. B. »eins«)
Nu|me|ri [*auch* 'nʊ...] (*Plur. von* Numerus; Name des 4. Buches Mosis)
nu|me|rie|ren, Nu|me|rie|rung *alte Schreibungen für* nummerieren, Nummerierung
Nu|me|rik, die; - (*EDV* numerische Steuerung)

numerisch

nu|me|risch (zahlenmäßig, der Zahl nach; mit Ziffern [verschlüsselt])

numerisch / nummerisch
Beide Wörter sind korrekt geschrieben. Das auf der zweiten Silbe mit langem *e* betonte *numerisch* ist abgeleitet vom lateinischen *numericus*, das seltener gebrauchte *nummerisch* wurde zu *Nummer* gebildet.

Nu|me|ro [*auch* 'nʊ...], das; -s, -s ⟨ital.⟩ (*veraltet für* Zahl; *Abk.* No., Nº); *vgl.* Nummer

Nu|me|rus [*auch* 'nʊ...], der; -, ...ri ⟨lat., »Zahl«⟩ (*Sprachwiss.* Zahlform des Substantivs [Singular, Plural]; *Math.* die zu logarithmierende Zahl)

Nu|me|rus clau|sus, der; - - (zahlenmäßig beschränkte Zulassung [bes. zum Studium])

Nu|mi|der [*auch* 'nu:...], **Nu|mi|di|er**; **Nu|mi|de|rin**, **Nu|mi|di|e|rin**

Nu|mi|di|en (antikes nordafrik. Reich); **Nu|mi|di|er** *vgl.* Numider; **Nu|mi|di|e|rin** *vgl.* Numiderin; **nu|mi|disch**

nu|mi|nos ⟨lat.⟩ (*Theol.* [auf das Göttliche bezogen] schauervoll u. anziehend zugleich)

Nu|mis|ma|tik, die; - ⟨griech.⟩ (Münzkunde)

Nu|mis|ma|ti|ker; **Nu|mis|ma|ti|ke|rin**; **nu|mis|ma|tisch**

Num|mer, die; -, -n ⟨lat.⟩ (Zahl; *Abk.* Nr., *Plur.* Nrn.); Nummer fünf; etwas ist Gesprächsthema Nummer eins (*ugs.*); Nummer null; auf Nummer sicher gehen (*ugs. für* nichts tun, ohne sich abzusichern); laufende Nummer (*Abk.* lfd. Nr.); *vgl.* Numero

num|me|rie|ren (beziffern, [be]nummern); nummerierte Ausgabe (*Druckw.*); **Num|me|rie|rung**

num|me|risch (*seltener für* numerisch)

num|mern (*selten für* nummerieren); ich nummere

Num|mern|girl (im Varieté)

Num|mern|kon|to; **Num|mern|schei|be**; **Num|mern|schild**, das; **Num|mern|schloss**; **Num|mern|stem|pel**; **Num|mern|ta|fel**

Num|me|rung (*seltener für* Nummerierung)

Num|mu|lit, der; *Gen.* -s *u.* -en, *Plur.* -e[n] ⟨lat.⟩ (versteinerter Wurzelfüßer im Eozän)

nun; nun mal; nun wohlan!; nun und nimmer; von nun an

Nun|cha|ku [...'tʃaku], das; -s, -s ⟨jap.⟩, **Nun|cha|ku|holz** (asiat. Verteidigungswaffe aus zwei verbundenen Holzstäben)

nun|mehr (*geh.*); **nun|meh|rig**

'nun|ter (*landsch. für* hinunter)

Nun|ti|a|tur, die; -, -en ⟨lat.⟩ (Amt u. Sitz eines Nuntius)

Nun|ti|us, der; -, ...ien (ständiger Botschafter des Papstes bei weltlichen Regierungen)

nup|ti|al ⟨lat.⟩ (*veraltet für* ehelich, hochzeitlich)

nur; nur Gutes empfangen; nur mehr (*landsch. für* nur noch); warum nur?; nur zu!

Nür|burg|ring, der; -[e]s (↑D 143; Autorennstrecke in der Eifel)

Nu|re|jew (russ. Tänzer u. Choreograf)

Nur|han (w. Vorname)

Nur|haus|frau; **Nur|haus|mann**

Nürn|berg (Stadt in Mittelfranken)

Nürn|ber|ger; Nürnberger Lebkuchen; Nürnberger Trichter; **Nürn|ber|ge|rin**

Nurse [nœːɐ̯s], die; -, *Plur.* -s *u.* -n [...sn] ⟨engl.⟩ (engl. Bez. für Kinderpflegerin)

nu|sche|lig, **nusch|lig**

nu|scheln (*ugs. für* undeutlich sprechen); ich nusch[e]le

Nuss, die; -, Nüsse; **Nuss|baum**; **Nuss|baum|holz**

Nuss|beu|gel (österr.)

nuss|braun; **Nüss|chen**

Nuss|ecke; **Nuss|fül|lung**; **Nuss|gip|fel** (schweiz.)

nus|sig; ein nussiger Geschmack

Nuss|kip|ferl (österr.); **Nuss|kna|cker**; **Nuss|koh|le**; **Nuss|ku|chen**

Nüss|li|sa|lat (schweiz. für Feldsalat)

Nuss|nu|deln *Plur.*; **Nuss|öl**

Nuss|scha|le, Nuss-Scha|le (*auch für* kleines Boot)

Nuss|schin|ken, Nuss-Schin|ken

Nuss|scho|ko|la|de, Nuss-Scho|ko|la|de

Nuss|stru|del, Nuss-Stru|del (österr.)

Nuss|tor|te

Nüs|ter [*auch* 'ny:...], die; -, -n *meist Plur.*

Nut, die; -, -en (in der Technik nur so), **Nu|te**, die; -, -n (Furche, Fuge)

Nu|ta|ti|on, die; -, -en ⟨lat.⟩ (*Astron.* Schwankung der Erdachse gegen den Himmelspol; *Bot.* Wachstumsbewegung der Pflanze)

Nu|te *vgl.* Nut

Nut|ei|sen

nu|ten

Nu|ten|frä|ser

Nu|the, die; - (linker Nebenfluss der Havel)

Nut|ho|bel

¹Nu|t|ria, die; -, -s ⟨span.⟩ (Biberratte)

²Nu|t|ria, der; -s, -s (Pelz aus dem Fell der ¹Nutria)

Nu|t|ri|ment, das; -[e]s, -e ⟨lat.⟩ (*Med.* Nahrungsmittel)

Nu|t|ri|ti|on, die; -, -en (Ernährung); **nu|t|ri|tiv** (nährend, nahrungsmäßig)

Nut|sche, die; -, -n (*Chemie* Filtriereinrichtung, Trichter)

nut|schen (*ugs. u. landsch. für* lutschen; *Chemie* durch einen Filter absaugen); du nutschst

Nut|te, die; -, -n (*derb für* Prostituierte); **nut|ten|haft**, **nut|tig** (*derb für* wie eine Nutte)

nutz; zu nichts nutz sein (*südd., österr. für* zu nichts nütze sein); *vgl.* Nichtsnutz

Nutz, der (*veraltet für* Nutzen); zu Nutz und Frommen; sich etwas zunutze *od.* zu Nutze machen

Nutz|an|wen|dung

nutz|bar; nutzbar machen; **Nutz|bar|keit**, die; -; **Nutz|bar|ma|chung**

Nutz|bau *Plur.* ...bauten

nutz|brin|gend

nüt|ze; [zu] nichts nütze

Nutz|ef|fekt (Nutzleistung, Wirkungsgrad)

nut|zen; du nutzt; *vgl.* nützen

Nut|zen, der; -s, -; es ist von [großem, geringem] Nutzen

nüt|zen; du nützt; es nützt mir nichts

nutzen / nützen
Beide Wörter unterscheiden sich in der Bedeutung nicht. Die Form mit *ü* wird in Süddeutschland, Österreich und der Schweiz häufiger verwendet.

Nut|zen|be|wer|tung (gesetzlich geforderte Beurteilung des zusätzlichen Nutzens neuer Medikamente)

Nut|zen-Kos|ten-Ana|ly|se (*Wirtsch.*)

Nut|zer; **Nut|ze|rin**

Nut|zer|kon|to *(EDV)*; Nut|zer|na-me *(bes. EDV)*
Nutz|fahr|zeug; Nutz|fahr|zeug-spar|te; Nutz|flä|che; Nutz|gar-ten; Nutz|holz
Nutz|kos|ten *Plur. (Wirtsch.)*
Nutz|last
Nutz|leis|tung *(Technik)*
nütz|lich; sich nützlich machen; Nütz|lich|keit
Nütz|lich|keits|den|ken; Nütz|lich-keits|prin|zip, das; -s
Nütz|ling *(Ggs.* Schädling)
nutz|los; Nutz|lo|sig|keit, die; -
nutz|nie|ßen *(geh. für* von etwas Nutzen haben); du nutznießt; genutznißt
Nutz|nie|ßer; Nutz|nie|ße|rin
nutz|nie|ße|risch; Nutz|nie|ßung *(auch Rechtsspr.* Nießbrauch)
Nutz|pflan|ze; Nutz|tier; Nutz|tier-hal|tung, die; -
Nut|zung
Nut|zungs|dau|er; Nut|zungs|ge-bühr; Nut|zungs|recht *(Rechtsspr.)*; Nut|zungs|ver|hal-ten
Nutz|wert
Nuuk (Hauptstadt Grönlands); *vgl.* Godthåb
n. V. = nach Vereinbarung; nach Verlängerung *(Sport)*
NV = Nevada
NVA, die; - = Nationale Volksar-mee
NW = Nordwest[en]
Ny, das; -[s], -s (griech. Buchstabe; N, v)
NY = New York
Nyk|t|a|l|o|pie, die; - ⟨griech.⟩ *(Med.* Nachtblindheit)
Nyk|to|pho|bie, die; -, ...ien *(Med., Psychol.* [krankhafte] Furcht vor Dunkelheit) -
Ny|lon ['naj...], das; -[s] ⟨engl.⟩ (haltbare synthet. Textilfaser)
Ny|lons *Plur. (ugs. veraltend für* Nylonstrümpfe); Ny|lon|strumpf
Nym|phäa, Nym|phäe, die; -, ...äen ⟨griech.⟩ *(Bot.* Seerose)
Nym|phä|um, das; -s, ...äen (Brun-nentempel [in der Antike])
Nym|phe, die; -, -n (griech. Natur-gottheit; *Zool.* Entwicklungs-stufe [der Libelle])
Nym|phen|burg (Schlossanlage in München)
nym|phen|haft
Nym|phen|sit|tich (ein Papagei)
nym|pho|man (an Nymphomanie leidend); Nym|pho|ma|nie, die; - (übermäßig gesteigerter Geschlechtstrieb bei der Frau);

Nym|pho|ma|nin (nymphomane Frau); nym|pho|ma|nisch
Ny|norsk, das; - ⟨norw.⟩ (norw. Schriftsprache, die auf den Dia-lekten beruht; *vgl.* Landsmål)
Nys|tag|mus, der; - ⟨griech.⟩ *(Med.* Zittern des Augapfels)
Nyx (griech. Göttin der Nacht)
NZD (Währungscode für neusee-länd. Dollar)

O

o *vgl.* oh!
O (Buchstabe); das O; des O, die O, *aber* das o in Tor; der Buchstabe O, o
O = Ost[en]
O = Oxygenium *(chem. Zeichen für* Sauerstoff)
O' ⟨»Nachkomme«⟩ (Bestandteil irischer Eigennamen, z. B. O'Neill [o'niːl])
Ö (Buchstabe; Umlaut); das Ö; des Ö, die Ö, *aber* das ö in König; der Buchstabe Ö, ö
O, o = Omikron
Ω, ω = Omega
Ω = Ohm
o. a. = oben angeführt
o. ä. = oder ähnlich
o. Ä. = oder Ähnliche[s] *(vgl.* ähn-lich)
ÖAMTC, der; -[s] = Österr. Auto-mobil-, Motorrad- und Touring-Club
OAPEC [o'la:pɛk], die; - = Organi-zation of the Arab Petroleum Exporting Countries (Organisa-tion der arabischen Erdöl expor-tierenden Länder)
Oa|se, die; -, -n ⟨ägypt.⟩ (Wasser-stelle in der Wüste)
OAU, die; - = Organization of Afri-can Unity [bis 2002; *vgl.* ²AU]; OAU-Staa|ten
o. B. = ohne Befund
¹ob ↑D 81: das Ob und Wann
²ob *Präp. mit Dativ (veraltet, noch landsch. für* oberhalb, über; z. B. ob dem Walde,

Rothenburg ob der Tauber); *Präp. mit Gen., seltener mit Dat. (geh. veraltend für* wegen; z. B. ob des Glückes, ob gutem Fang erfreut sein)
Ob, der; -[s] (Strom in Sibirien)
¹OB, der; -[s], -s, *selten* - (Oberbür-germeister)
²OB, die; -, -s, *selten* - (Oberbür-germeisterin)
Ob|acht, die; -; Obacht geben
Obad|ja (bibl. Prophet)
Oba|ma, Barack [bə'ra:k] (Präsi-dent der USA)
ÖBB = Österreichische Bundes-bahnen
obd. = oberdeutsch
Ob|dach, das; -[e]s *(veraltend für* Unterkunft, Wohnung)
ob|dach|los; Ob|dach|lo|se, der u. die; -n, -n
Ob|dach|lo|sen|asyl; Ob|dach|lo-sen|heim; Ob|dach|lo|sen|zei|tung
Ob|dach|lo|sig|keit, die; -
Ob|duk|ti|on, die; -, -en ⟨lat.⟩ *(Med.* Leichenöffnung); Ob|duk|ti|ons-be|fund
ob|du|zie|ren
Ob|e|di|enz, die; - ⟨lat.⟩ (kath. Kir-che kanonischer Gehorsam der Kleriker gegenüber den geistl. Oberen). ↑D 29
O-Bei|ne *Plur.* ↑D 29
o-bei|nig, O-bei|nig
Obe|lisk, der; -en, -en ⟨griech.⟩ (vierkantiger, nach oben spitz zulaufender Pfeiler)
oben *s. Kasten Seite* 808
oben|an; obenan stehen, sitzen
oben|auf; obenauf liegen; oben-auf *(ugs. für* gesund, guter Laune) sein; obenauf *od.* oben-aus schwingen *(schweiz. für* die Oberhand gewinnen, an der Spitze liegen)
oben|aus *vgl.* obenauf
oben|drauf; obendrauf liegen, stel-len
oben|drein
oben|drü|ber; obendrüber legen
oben|durch
oben er|wähnt, oben|er|wähnt *vgl.* oben
Oben|er|wähn|te, der, die, das; -n, -n, oben Er|wähn|te, der, die, das; - -n, - -n
oben ge|nannt, oben|ge|nannt *vgl.* oben
Oben|ge|nann|te, der, die, das; -n, -n, oben Ge|nann|te, der, die, das; - -n, - -n
oben|her; du musst obenher gehen; *aber* von oben her

oben

- nach, von, bis oben; nach oben hin; nach oben zu
- von oben her; von oben herab
- man wusste kaum noch, was oben und was unten war
- wie oben erwähnt wurde, ist ...
- oben liegen, stehen, sitzen
- alles Gute kommt von oben
- oben ohne (ugs. für busenfrei)

Getrenntschreibung in Verbindung mit Verben:
- oben sein; oben bleiben; oben liegen; oben stehen usw.

In Verbindung mit einem adjektivisch gebrauchten Partizip kann getrennt oder zusammengeschrieben werden ↑D 58 u. 72:
- die oben angeführte od. obenangeführte Erklärung
- das oben erwähnte od. obenerwähnte Faktum
- die oben genannte od. obengenannte Tatsache (Abk.: o. g.)
- die oben stehenden od. obenstehenden, oben zitierten od. obenzitierten Bemerkungen
- das Obenerwähnte od. das oben Erwähnte
- die Obengenannten od. die oben Genannten

oben|he|r|um (ugs. für im oberen Teil; am Körper)
oben|hin (flüchtig); aber nach oben hin
Oben-oh|ne-Ba|de|an|zug (↑D 26);
Oben-oh|ne-Ba|den, das;
Oben-oh|ne-Be|die|nung;
Oben-oh|ne-Lo|kal
oben|rum (svw. obenherum)
oben ste|hend, oben|ste|hend vgl. oben
Oben|ste|hen|de, das; -n, **oben Ste|hen|de**, das; - -n
oben zi|tiert, oben|zi|tiert vgl. oben
ober (österr. für über); Präp. mit Dat., z. B. das Schild hängt ober der Tür; vgl. aber oben
Ober, der; -s, - ([Ober]kellner; eine Spielkarte)
Ober|alp, der; -s (schweiz. Alpenpass)
Ober|am|mer|gau (Ort am Oberlauf der Ammer); ↑D 143
Ober|arm
Ober|arzt; Ober|ärz|tin
Ober|auf|sicht; Ober|bau Plur. ...bauten; **Ober|bauch**
ober|bay|e|risch, ober|bay|risch; Ober|bay|ern ↑D 143
Ober|be|fehl, der; -[e]s; **Ober|be|fehls|ha|ber, Ober|be|fehls|ha|be|rin**
Ober|be|griff; Ober|be|klei|dung
Ober|berg|amt
Ober|bett
Ober|bür|ger|meis|ter [auch ˈoː...] (Abk. OB, OBM); **Ober|bür|ger|meis|te|rin** (Abk. OB, OBM)
ober|cool (Jugendspr.)
Ober|deck
ober|deutsch (Abk. obd.); vgl. deutsch; **Ober|deutsch**, das; -[s] (Sprache); vgl. Deutsch; **Ober|deut|sche**, das; -n; vgl. ²Deutsche
obe|re; der obere Stock; die

ober[e]n Klassen; aber ↑D 140: das Obere Eichsfeld
¹**Obe|re**, das; -n (Höheres)
²**Obe|re**, der u. die; -n, -n (Vorgesetzter, Vorgesetzte)
ober|faul (ugs. für sehr verdächtig)
Ober|flä|che
ober|flä|chen|ak|tiv (Physik, Chemie)
Ober|flä|chen|be|hand|lung
ober|flä|chen|nah
Ober|flä|chen|span|nung
Ober|flä|chen|struk|tur
Ober|flä|chen|ver|bren|nung
Ober|flä|chen|ver|edelt
Ober|flä|chen|was|ser Plur. ...wasser u. ...wässer
ober|fläch|lich; Ober|fläch|lich|keit
Ober|förs|ter; Ober|förs|te|rin
Ober|fran|ken ↑D 143
ober|gä|rig; obergäriges Bier; **Ober|gä|rung**, die; -
Ober|ge|frei|te
Ober|ge|richt (Kantonsgericht)
ober|ge|scheit (bayr., österr. ugs. abwertend besserwisserisch)
Ober|ge|schoss, südd., österr. auch **Ober|ge|schoß** (Abk. OG)
Ober|gren|ze
ober|halb; als Präp. mit Gen.: der Neckar oberhalb Heidelbergs (von Heidelberg aus flussaufwärts)
Ober|hand, die; -
Ober|haupt
Ober|haus (im Zweikammerparlament)
Ober|hau|sen (Stadt im Ruhrgebiet)
Ober|hemd
Ober|herr|schaft
Ober|hes|sen ↑D 143
Ober|hit|ze; bei Oberhitze backen
Ober|hof|meis|ter [auch ˈoː...]; **Ober|hof|meis|te|rin**
Ober|ho|heit, die; -

Obe|rin (Oberschwester; Leiterin eines Nonnenklosters)
Ober|in|ge|ni|eur (Ob.-Ing.); **Ober|in|ge|ni|eu|rin**
Ober|in|s|pek|tor (Ob.-Insp.); **Ober|in|s|pek|to|rin**
ober|ir|disch
Ober|ita|li|en ↑D 143
ober|kant (schweiz.); Präp. mit Gen.: oberkant des Fensters od. oberkant Fenster; **Ober|kan|te**
Ober|kell|ner; Ober|kell|ne|rin
Ober|kie|fer, der
Ober|kir|chen|rat [auch ˈoː...]; **Ober|kir|chen|rä|tin**
Ober|klas|se
Ober|kom|man|die|ren|de, der u. die; -n, -n; **Ober|kom|man|do**
Ober|kopf; Ober|kopf|glat|ze
Ober|kör|per
Ober|kreis|di|rek|tor; Ober|kreis|di|rek|to|rin
Ober|land, das; -[e]s; **Ober|län|der**, der; -s, - (Bewohner des Oberlandes); **Ober|län|de|rin**
Ober|lan|des|ge|richt [auch ˈoː...] (Abk. OLG)
Ober|län|ge
ober|las|tig (Seemannsspr. zu hoch beladen); oberlastige Schiffe
Ober|lauf, der; -[e]s, ...läufe
Ober|lau|sitz [auch ...laʊ...] (↑D 143; Landschaft zwischen Bautzen u. Görlitz; Abk. O. L.)
Ober|le|der
Ober|leh|rer; ober|leh|rer|haft; Ober|leh|re|rin
Ober|lei|tung; Ober|lei|tungs|om|ni|bus (Kurzform Obus)
Ober|leut|nant (Oblt.; Oberleutnant z. [zur] See); **Ober|leut|nan|tin**
Ober|licht, das; -[e]s, -er u. -e
Ober|lich|te, die; -, -n (bayr., österr. für hoch gelegenes Fenster, oberster Fensterflügel)

obligatorisch

Ober|li|ga; Ober|li|gist
Ober|lip|pe; Ober|lip|pen|bart
Ober|maat; Ober|maa|tin
Ober|ma|te|ri|al
Obe|ron (König der Elfen)
Ober|ös|ter|reich (↑D 143; österr. Bundesland); Ober|ös|ter|rei|cher; Ober|ös|ter|rei|che|rin; ober|ös|ter|rei|chisch
Ober|pfalz, die; - (↑D 143; Regierungsbezirk des Landes Bayern)
Ober|post|di|rek|ti|on [auch ...'o:...]
Ober|pri|ma [auch ...'pri:...]
Ober|rat (Akademischer Oberrat); Ober|rä|tin
Ober|re|gie|rungs|rat [auch 'o:...]; Ober|re|gie|rungs|rä|tin
Ober|rhein; ober|rhei|nisch; aber ↑D 140: das Oberrheinische Tiefland
Obers, das; - (ostösterr. für Sahne)
Ober|schen|kel; ober|schen|kel|am|pu|tiert; Ober|schen|kel|hals; Ober|schen|kel|hals|bruch
Ober|schicht
ober|schläch|tig (durch Wasser von oben angetrieben); oberschlächtiges Mühlrad
ober|schlau (ugs. für sich für besonders schlau haltend)
Ober|schle|si|en ↑D 143
Ober|schul|amt [auch 'o:...]
Ober|schu|le; Ober|schü|ler; Oberschü|le|rin
Ober|schul|rat [auch 'o:...]; Oberschul|rä|tin
Ober|schwa|be; Ober|schwa|ben; Ober|schwä|bin; ober|schwä|bisch
Ober|schwes|ter
Obers|creme, Obers|crème (österr. für eine Tortenfüllung)
Ober|sei|te; ober|seits (an der Oberseite); oberseits dunkelbraun gefärbt
Ober|se|kun|da [auch ...'kʊn...]
Obers|kren (österr. für Meerrettichsoße)
Oberst, der; Gen. -en u. -s, Plur. -en, seltener -e
oberst... vgl. oberste
Ober|staats|an|walt [auch 'o:...]; Ober|staats|an|wäl|tin
Ober|stabs|arzt [auch 'o:...]; Oberstabs|ärz|tin
Ober|stadt|di|rek|tor [auch 'o:...]; Ober|stadt|di|rek|to|rin
ober|stän|dig (Bot.)
Oberst|dorf (Ort im Allgäu)
obers|te; oberstes Stockwerk; dort das Buch, dachte, hätte ich gern; die obersten Gerichtshöfe; aber ↑D 150: der Oberste Gerichtshof; ↑D 72: das Oberste zuunterst, das Unterste zuoberst kehren (ugs. für: alles durchwühlen)
Obers|te, der u. die; -n, -n (Vorgesetzter, Vorgesetzte)
Ober|stei|ger (Bergbau)
Ober|stim|me
Obers|tin
Oberst|leut|nant [auch ...'lɔɪ̯t...]; Oberst|leut|nan|tin [auch ...'lɔɪ̯t...]
Ober|stock, der; -[e]s, ...stöcke (Stockwerk)
Ober|stüb|chen; meist in im Oberstübchen nicht ganz richtig sein (ugs.)
Ober|stu|di|en|di|rek|tor [auch 'o:...]; Ober|stu|di|en|di|rek|to|rin
Ober|stu|di|en|rat [auch 'o:...]; Ober|stu|di|en|rä|tin
Ober|stu|fe
Ober|teil, das, auch der
Ober|ter|tia [auch ...'tɛr...]
Ober|ton Plur. ...töne
Ober|ver|wal|tungs|ge|richt [auch 'o:...]
Ober|vol|ta (früher für Burkina Faso); Ober|vol|ta|er; Ober|vol|ta|e|rin; ober|vol|ta|isch
ober|wärts (veraltet für oberhalb)
Ober|was|ser, das; -s; Oberwasser haben (ugs. für im Vorteil sein)
Ober|wei|te
Ober|welt (irdische Welt [als Gegensatz zur Unterwelt])
Ober|wie|sen|thal, Kur|ort (im Erzgebirge)
Ob|frau
ob|ge|nannt (österr., schweiz. Amtsspr., sonst veraltet für oben genannt)
ob|gleich
Ob|hut, die; - (geh.)
Obi, der od. das; -[s], -s ⟨jap.⟩ (Kimonogürtel; Judo Gürtel der Kampfbekleidung)
obi|ge; die obigen Paragrafen; der Obige (der oben Genannte; Abk. d. O.); Obiges gilt auch weiterhin; im Obigen (Amtsspr. weiter oben); vgl. folgend
Ob.-Ing. = Oberingenieur[in]
Ob.-Insp. = Oberinspektor[in]
Ob|jekt [Sprachwiss. auch 'ɔp...], das; -[e]s, -e ⟨lat.⟩ (Gegenstand; DDR auch für die Allgemeinheit geschaffene Einrichtung; österr. Amtsspr. auch für Gebäude; Sprachwiss. Ergänzung)
Ob|jek|te|ma|cher (Kunstwiss.); Ob|jek|te|ma|che|rin

ob|jek|tiv [auch 'ɔp...] (gegenständlich; tatsächlich; sachlich)
Ob|jek|tiv, das; -s, -e (bei optischen Instrumenten die dem Gegenstand zugewandte Linse)
ob|jek|ti|va|ti|on, die; -, -en (Vergegenständlichung)
ob|jek|ti|vier|bar; ob|jek|ti|vie|ren (vergegenständlichen; von subjektiven Einflüssen befreien); Ob|jek|ti|vie|rung
Ob|jek|ti|vis|mus, der; - (philos. Denkrichtung, die vom Subjekt unabhängige objektive Wahrheiten u. Werte annimmt); ob|jek|ti|vis|tisch (in der Art des Objektivismus)
Ob|jek|ti|vi|tät, die; - (Sachlichkeit; Vorurteilslosigkeit)
Ob|jekt|kunst, die; - (Kunstrichtung der Moderne, die statt der Darstellung eines Gegenstandes diesen selbst präsentiert)
Ob|jekt|satz (Sprachwiss. Nebensatz in der Funktion eines Objektes)
Ob|jekt|schutz, der; -es ([polizeil.] Schutz für Gebäude, Sachwerte)
Ob|jekts|ge|ni|tiv (Sprachwiss.)
Ob|jekt|spra|che (Sprachwiss.)
Ob|jekt|tisch (am Mikroskop); Ob|jekt|trä|ger (Glasplättchen [mit Objekt])
¹Ob|la|te [österr. 'ɔp...], die; -, -n ⟨lat.⟩ (ungeweihte Hostie; dünnes, rundes Gebäck; Unterlage für Konfekt, Lebkuchen)
²Ob|la|te, der; -n, -n (Laienbruder; Angehöriger einer kath. Genossenschaft); Ob|la|tin
Ob|la|ti|on, die; -, -en (kath. Kirche Darbringungsgebet der Messe; feierliche Einsetzung von ²Oblaten u. Oblatinnen)
Ob|leu|te (Plur. von Obmann; Bez. für Obfrauen u. Obmänner)
ob|lie|gen [auch 'ɔp...]; es obliegt, oblag mir, es ist mir obgelegen; zu obliegen, veraltend auch es liegt, lag mir ob; es hat mir obgelegen; obzuliegen; Ob|lie|gen|heit
ob|li|gat ⟨lat.⟩ (unerlässlich, unvermeidlich, unentbehrlich); mit obligater Flöte (Musik)
Ob|li|ga|ti|on, die; -, -en (Rechtsspr. persönl. Haftung für eine Verbindlichkeit; Wirtsch. festverzinsl. Wertpapier)
Ob|li|ga|ti|o|nen|recht, das; -[e]s (schweiz. für Schuldrecht; Abk. OR)
ob|li|ga|to|risch (verbindlich;

O
obli

Obligatorium

auch svw. obligat); obligatorische Stunden (Pflichtstunden)

Ob|li|ga|to|ri|um, das; -s, ...ien (*schweiz. für* Verpflichtung; Pflichtfach, -leistung)

Ob|li|go [*auch* 'ɔb...], das; -s, -s ⟨ital.⟩ (*Wirtsch.* Haftung; Verpflichtung); ohne Obligo (unverbindlich; ohne Gewähr; *Abk.* o. O.), *österr.* außer Obligo

ob|lique [oˈbliːk] ⟨lat.⟩; obliquer [...kvɐ] Kasus (*Sprachwiss.* abhängiger Fall); *vgl.* Casus obliquus; **Ob|li|qui|tät,** die; -

Ob|li|te|ra|ti|on, die; -, -en ⟨lat.⟩ (*Wirtsch.* Tilgung; *Med.* Verstopfung von Hohlräumen, Kanälen, Gefäßen des Körpers)

ob|long ⟨lat.⟩ (*veraltet für* länglich, rechteckig)

Oblt. = Oberleutnant

OBM, der *u.* die; -, - = Oberbürgermeister[in]

Ob|mann *Plur.* ...männer *u.* ...leute; **Ob|män|nin,** die; -, -nen (*veraltend für* Obfrau)

Oboe [*österr. auch* 'oː...], die; -, -n ⟨ital.⟩ (ein Holzblasinstrument); **Obo|ist,** der; -en, -en (Oboebläser); **Obo|is|tin**

Obo|lus, der; -, *Plur.* - *u.* -se ⟨griech.⟩ (kleine Münze im alten Griechenland; *übertr. für* kleine Geldspende)

Obo|t|rit, der; -en, -en (Angehöriger eines westslaw. Volksstammes); **Obo|t|ri|tin**

Ob|rig|keit (Träger der Macht, der Regierungsgewalt); **ob|rig|keit|lich; Ob|rig|keits|den|ken; ob|rig|keits|hö|rig; Ob|rig|keits|staat** *Plur.* ...staaten

Ob|rist, der; -en, -en (*veraltet für* Oberst; *auch für* Mitglied einer Militärjunta); **Ob|ris|tin**

ob|schon

Ob|ser|vant, der; -en, -en ⟨lat.⟩ (Mönch der strengeren Ordensregel)

Ob|ser|vanz, die; -, -en (*Rechtsspr.* örtl. begrenztes Gewohnheitsrecht; Befolgung der strengeren Regel eines Mönchsordens)

Ob|ser|va|ti|on, die; -, -en ([wissenschaftl.] Beobachtung; Überwachung)

Ob|ser|va|tor, der; -s, ...oren (wissenschaftl. Beobachter an einem Observatorium); **Ob|ser|va|to|rin**

Ob|ser|va|to|ri|um, das; -s, ...ien ([astron., meteorolog., geophysikal.] Beobachtungsstation

ob|ser|vie|ren (*auch für* polizeilich überwachen)

Ob|ses|si|on, die; -, -en ⟨lat.⟩ (*Psychol.* Zwangsvorstellung)

ob|ses|siv

Ob|si|di|an, der; -s, -e ⟨lat.⟩ (ein Gestein)

ob|sie|gen [*auch* ˈɔp...] (*veraltend für* siegen, siegreich sein); ich obsieg[t]e, habe obsiegt, zu obsiegen (*österr. nur so*); *auch* ich sieg[t]e ob, habe obgesiegt, obzusiegen

ob|s|kur ⟨lat.⟩ (dunkel; verdächtig; fragwürdig); **Ob|s|ku|ran|tis|mus,** der; - (Aufklärungs- u. Wissenschaftsfeindlichkeit); **Ob|s|ku|ri|tät,** die; -, -en (Dunkelheit, Unklarheit)

ob|so|let ⟨lat.⟩ (nicht mehr üblich; veraltet)

Ob|sor|ge, die; - (*österr. Amtsspr., sonst veraltet für* sorgende Aufsicht)

Obst, das; -[e]s, -e; **Obst|an|bau,** der; -[e]s

Obst|bau, der; -[e]s; **obst|bau|lich**

Obst|baum; Obst|blü|te

Obst|brand (aus Obst gebrannter Schnaps)

Obst|ern|te; Obst|es|sig

Ob|s|te|t|rik, die; - ⟨lat.⟩ (*Med.* Lehre von der Geburtshilfe)

Obst|gar|ten

Obst|händ|ler; Obst|händ|le|rin

Obst|hor|de

ob|s|ti|nat ⟨lat.⟩ (starrsinnig, widerspenstig)

Ob|s|ti|pa|ti|on, die; -, -en ⟨lat.⟩ (*Med.* Stuhlverstopfung); **ob|s|ti|piert** (verstopft)

Obst|kern; Obst|ku|chen

Obst|ler, Öbst|ler (*landsch. für* Obsthändler; aus Obst gebrannter Schnaps)

Obst|le|rin, Öbst|le|rin (*landsch. für* Obstverkäuferin)

Obst|mes|ser, das; **Obst|plan|ta|ge**

obst|reich

ob|s|t|ru|ie|ren ⟨lat.⟩ ([Parlamentsbeschlüsse]) zu verhindern suchen; hemmen)

Ob|s|t|ruk|ti|on, die; -, -en (Verschleppung [der Arbeiten], Verhinderung [der Beschlussfassung]; *Med.* Verstopfung); **Ob|s|t|ruk|ti|ons|po|li|tik,** die; -; **Ob|s|t|ruk|ti|ons|tak|tik**

ob|s|t|ruk|tiv (hemmend; *Med.* verstopfend)

Obst|saft; Obst|sa|lat; Obst|schaum|wein; Obst|schnit|te

(*bes. österr. für* ein Stück Obstkuchen); **Obst|stei|ge** (*bes. südd., österr. für* Obstkiste); **Obst|tag; Obst|tel|ler; Obst|tor|te; Obst|was|ser** *Plur.* ...wässer; **Obst|wein**

ob|s|zön ⟨lat.⟩ (unanständig, schamlos, schlüpfrig); **Ob|s|zö|ni|tät,** die; -, -en

Obolus

Das aus dem Griechischen stammende Wort wird in der zweiten Silbe mit *o* (nicht mit *u*) geschrieben.

Obus, der; -ses, -se (*kurz für* Oberleitungsomnibus)

Ob|wal|den *vgl.* Unterwalden ob dem Wald; **Ob|wald|ner; Ob|wald|ne|rin; ob|wald|ne|risch**

ob|wal|ten [*auch* 'ɔp...] (*veraltend*); es obwaltet[e], *auch* es waltet[e] ob; es hat obwaltet *od.* obgewaltet; obzuwalten, *auch* zu obwalten; **ob|wal|tend;** unter den obwaltenden Umständen

ob|wohl; ob|zwar (*veraltend*)

Oc|ca|si|on, die; -, -en ⟨franz.⟩ (*schweiz. für* Okkasion [Gelegenheitskauf, Gebrauchtware])

Oc|chi|ar|beit [ˈɔki...], **Ok|ki|ar|beit** ⟨ital.; dt.⟩ (mit Schiffchen ausgeführte Handarbeit)

och!

Och|lo|kra|tie, die; -, ...ien ⟨griech.⟩ (Pöbelherrschaft [im alten Griechenland]); **och|lo|kra|tisch**

ochots|kisch (die russ. Hafenstadt Ochotsk betreffend); *aber* ↑D 140: das Ochotskische Meer

Ochs, der; -en, -en (*landsch. u. österr. für* Ochse); **Öchs|chen**

Och|se, der; -n, -n

och|sen (*ugs. für* angestrengt arbeiten); du ochst

Och|sen|au|ge (eine Pflanzengattung; ein Schmetterling; *Archit.* ovales od. rundes Dachfenster; *landsch. für* Spiegelei)

Och|sen|brust

Och|sen|fie|sel, der; -s, - (*landsch. für* Ochsenziemer)

Och|sen|fleisch; Och|sen|frosch; Och|sen|kar|ren

Och|sen|maul; Och|sen|maul|sa|lat

Och|sen|schlepp, der; -[e]s, -e (*österr. für* Ochsenschwanz [als Gericht]); **Och|sen|schlepp|sup|pe** (*österr.*)

Offenheit

Och|sen|schwanz; Och|sen|schwanz|sup|pe
Och|sen|tour ⟨ugs. für anstrengende Arbeit, mühevolle [Beamten]laufbahn⟩
Och|sen|zie|mer
Och|se|rei ⟨ugs.⟩
och|sig ⟨ugs. für dumm; plump⟩
Öchs|le, das; -[s], - ⟨nach dem Mechaniker⟩ (Maßeinheit für das spezif. Gewicht des Mostes); 90° Öchsle; Eisweine mit vielen Öchsle; Öchs|le|grad ↑D 136; Öchs|le|waa|ge
ocker ⟨griech.⟩ (gelbbraun); eine ocker Wand
Ocker, der od., österr. nur, das; -s, - ⟨zur Farbenherstellung verwendete Tonerde; gelbbraune Malerfarbe⟩; in Ocker; ↑D 72
ocker|braun
Ocker|far|be; ocker|far|ben, ocker|far|big
ocker|gelb; ocker|hal|tig
Ock|ham ['ɔkəm] (engl. mittelalterl. Theologe); Ock|ha|mis|mus, der; - (Lehre des Ockham)
Oc|ta|via ⟨fachspr. meist für Oktavia⟩; Oc|ta|vi|an, Oc|ta|vi|a|nus ⟨fachspr. meist für Oktavian, Oktavianus⟩
od. = oder
Od, das; -[e]s (angebl. Ausstrahlung des menschl. Körpers)
öd vgl. öde
Oda (w. Vorn.)
Odal, das; -s, -e ⟨germ. Recht Sippeneigentum an Grund u. Boden⟩
Oda|lis|ke, die; -, -n ⟨türk.⟩ ⟨früher für weiße türk. Haremssklavin⟩
Odd|fel|low, der; -s, -s, **Odd Fellow**, der; - -s, - -s [...boʊ, auch ...'fe...] ⟨engl.⟩ (Angehöriger einer urspr. engl. humanitären Bruderschaft)
Odds Plur. ⟨engl.⟩ ⟨Sport Vorgaben [bes. bei Pferderennen]⟩
Ode, die; -, -n ⟨griech.⟩ (feierliches Gedicht)
öde, öd; die ödeste Gegend
Öde, die; -, -n
Odel vgl. ²Adel
Odem, der; -s ⟨geh. für Atem⟩
Ödem, das; -s, -e ⟨griech.⟩ ⟨Med. Gewebewassersucht⟩; öde|ma|tös (ödemartig)
öden ⟨ugs. für langweilen; landsch. für roden⟩
Ödenburg ⟨ung. Sopron⟩
Oden|wald, der; -[e]s (Berglandöstl. des Oberrheinischen Tieflandes); Oden|wäl|der; Oden|wäl|de|rin
Ode|on, das; -s, -s ⟨franz.⟩ ⟨svw. Odeum; auch Name von Gebäuden für Tanzveranstaltungen u. Ä.⟩
oder ⟨Abk. od.⟩; vgl. ähnlich u. entweder
Oder, die; - (ein Fluss); Oder|bruch, das od. der; -[e]s ↑D 143; Oder|haff vgl. Stettiner Haff
Oder-Kon|to ⟨von mehreren uneingeschränkt Verfügungsberechtigten geführtes Konto⟩
Oder|men|nig, Acker|men|nig, der; -[e]s, -e (eine Heilpflanze)
Oder-Nei|ße-Gren|ze, die; - ↑D 146; Oder-Spree-Ka|nal, der; -s ↑D 146
Odes|sa (ukrain. Hafenstadt)
Ode|um, das; -s, Odeen ⟨griech.-lat.⟩ (im Altertum rundes, theaterähnliches Gebäude für Musik- u. Theateraufführungen)
Odeur [oˈdøːɐ̯], das; -s, Plur. -s u. -e ⟨franz.⟩ (wohlriechender Duft)
OdF = Opfer des Faschismus
Öd|heit; Ödig|keit
Odin ⟨nord. Form für Wodan⟩
odi|os, odi|ös ⟨lat.⟩ (widerwärtig, verhasst)
ödi|pal ⟨Psychoanalyse⟩; die ödipale Phase (Entwicklungsphase des Kindes)
Ödi|pus (in der griech. Sage König von Theben)
Ödi|pus|kom|plex (starke Bindung eines Kindes an den gegengeschlechtl. Elternteil, meist eines Jungen an seine Mutter)
Odi|um, das; -s ⟨lat.⟩ (übler Beigeschmack, Makel)
Öd|land, das; -[e]s
Öd|nis, die; - ⟨geh.⟩
Odo (m. Vorn.)
Odo|a|ker (germ. Heerführer)
Odon|to|lo|ge, der; -n, -n; Odon|to|lo|gie, die; - ⟨griech.⟩ (Zahnheilkunde); Odon|to|lo|gin
Odys|see, die; -, ...sseen ⟨nur Sing.: griech. Heldengedicht; übertr. für Irrfahrt⟩; odys|se|isch (die Odyssee betreffend)
Odys|seus (in der griech. Sage König von Ithaka); vgl. Ulixes, Ulysses
Oe|bis|fel|de (Stadt in der Altmark)
OECD, die; - ⟨aus engl. Organization for Economic Cooperation and Development⟩ (Organisation für wirtschaftliche Zusammenarbeit u. Entwicklung); OECD-Land; OECD-Standard
Oels|nitz ['œ...] (Stadt im Vogtland)
Oels|nitz (Erz|ge|bir|ge) (Stadt am Rande des Erzgebirges)
OeNB, die; - = Oesterreichische Nationalbank
Oe|so|pha|gus vgl. Ösophagus
Œu|v|re [ˈøːvrə], das; -[s], -s ⟨franz.⟩ ([Gesamt]werk eines Künstlers); Œu|v|re|ka|ta|log; Œu|v|re|ver|zeich|nis
Oeyn|hau|sen, Bad [ˈøːn...] (Badeort im Ravensberger Land)
OEZ = osteuropäische Zeit
ÖFB, der; - = Österreichischer Fußball-Bund
Öf|chen
Ofen, der; -s, Öfen
Ofen|bank Plur. ...bänke
Ofen|bau|er vgl. ¹Bauer; Ofen|bau|e|rin
ofen|fer|tig; ofenfertige Pizza
ofen|frisch
Ofen|hei|zung; Ofen|ka|chel
Ofen|rohr; Ofen|röh|re
Ofen|set|zer; Ofen|set|ze|rin
Ofen|tür
off ⟨engl.⟩ ⟨bes. Film, Fernsehen nicht sichtbar [von einer/einem Sprechenden]⟩; Ggs. on
Off, das; -[s] (das Unsichtbarbleiben der/des Sprechenden; Ggs. On); im, aus dem Off sprechen
Off|beat, der; -[s], -s ⟨rhythm. Eigentümlichkeit der Jazzmusik⟩
of|fen s. Kasten Seite 812
Of|fen|aus|schank, der; -[e]s ⟨schweiz. für Ausgabe von Getränken aus Flaschen od. Fässern⟩; im Offenausschank
Of|fen|bach, Jacques (dt.-franz. Komponist)
Of|fen|bach am Main; Of|fen|ba|cher; Of|fen|ba|che|rin
of|fen|bar [auch ...ˈbaːɐ̯]
öf|fen|bar; offenbare Fenster
of|fen|ba|ren [österr. u. schweiz. ˈɔf...]; du offenbarst, hast offenbart od. geoffenbart; zu offenbaren; sich offenbaren; Of|fen|ba|rung; Of|fen|ba|rungs|eid
of|fen|blei|ben; es ist keine Frage offengeblieben; vgl. aber offen
of|fen|hal|ten; wir werden uns mehrere Möglichkeiten offenhalten; vgl. aber offen
Of|fen|heit, die; -

offenherzig

of|fen

↑D89:
- ein offener Brief
- das offene Meer
- ein offener Wein (im Ausschank)
- offene Rücklage *(Wirtsch.)*
- auf offener Straße, Strecke
- Beifall auf offener Bühne, Szene
- Tag der offenen Tür
- offene Handelsgesellschaft *(Abk.* OHG)
- mit offenen Karten spielen (ohne Hintergedanken handeln)

Schreibung in Verbindung mit Verben ↑D56:
- die Tür wird offen sein ↑D49
- das Fenster muss offen bleiben, das Fenster offen lassen
- die Augen offen halten
- das Geschäft [länger] offen halten
- offen (im Ausschank) verkaufter Wein
- jmdm. etwas offen sagen
- die Tür offen stehen lassen

Aber:
- sie mussten ihre Vermögensverhältnisse offenlegen
- *Vgl. auch* offenbleiben, offenhalten, offenlassen, offenstehen

In Verbindung mit einem adjektivisch gebrauchten Partizip kann bei nicht übertragener Bedeutung getrennt oder zusammengeschrieben werden:
- ein offen gebliebenes *od.* offengebliebenes Fenster
- eine offen stehende *od.* offenstehende Tür

Aber nur: eine noch offenstehende Frage

Getrennt schreibt man üblicherweise die adverbialen Fügungen offen gesagt *und* offen gestanden.

---

of|fen|her|zig; Of|fen|her|zig|keit
of|fen|kun|dig [*auch* ...'kʊn...]; Of|fen|kun|dig|keit
of|fen|las|sen; sie hat sich alle Möglichkeiten offengelassen; wen ich damit meine, möchte ich vorerst noch offenlassen; *vgl. aber* offen
of|fen|le|gen; seine Vermögensverhältnisse offenlegen
Of|fen|le|gung
Of|fen|markt|po|li|tik *(Bankw.)*
of|fen|sicht|lich [*auch* ...'zɪçt...]; Of|fen|sicht|lich|keit
of|fen|siv ⟨lat.⟩ (angreifend)
Of|fen|siv|bünd|nis
Of|fen|si|ve, die; -, -n ([milit.] Angriff)
Of|fen|siv|krieg
Of|fen|siv|spiel *(Sport)*; Of|fen|siv|spie|ler; Of|fen|siv|spie|le|rin
Of|fen|siv|ver|tei|di|ger *(bes. Fußball)*; Of|fen|siv|ver|tei|di|ge|rin
Of|fen|siv|waf|fe
Of|fen|stall (nach einer Seite hin offener Stall)
of|fen|ste|hen; Ihnen stehen alle Möglichkeiten offen; noch offenstehende Fragen klären wir später; *vgl. aber* offen
öf|fent|lich ↑D89: die öffentliche Meinung; die öffentliche Hand; im öffentlichen *od.* Öffentlichen Dienst; ↑D31: öffentliche und Privatmittel, *aber* Privat- und öffentliche Mittel
Öf|fent|lich|keit; Öf|fent|lich|keits|ar|beit, die; -; Öf|fent|lich|keits-

be|tei|li|gung *Plur. selten*; Öf|fent|lich|keits|fahn|dung
öf|fent|lich|keits|scheu; Öf|fent|lich|keits|scheu, die; -
öf|fent|lich|keits|wirk|sam
Öf|fent|lich|keits|wir|kung, die; -
öf|fent|lich-recht|lich ↑D23; die öffentlich-rechtlichen Rundfunkanstalten
Of|fe|rent, der; -en, -en *(Kaufmannsspr.* jmd., der eine Offerte macht); Of|fe|ren|tin
of|fe|rie|ren ⟨lat.⟩ (anbieten, darbieten)
Of|fert, das; -[e]s, -e *(österr.)*, Of|fer|te, die; -, -n ⟨franz.⟩ (Angebot, Anerbieten); Of|fer|ten|ab|ga|be
Of|fer|to|ri|um, das; -s, ...ien ⟨lat.⟩ (Teil der kath. Messe)
Öf|fi, das; -s, -s *(bes. österr. ugs. für* öffentliches Verkehrsmittel)
¹Of|fice [...fɪs], das; -[s], -s ⟨engl.⟩ *(engl. Bez. für* Büro)
²Of|fice [...fɪs], das; -, -s ⟨franz.⟩ *(schweiz. für* Anrichteraum im Gasthaus)
Of|fi|zi|al, der; -s, -e ⟨lat.⟩ (Beamter, bes. Vertreter des Bischofs bei Ausübung der Gerichtsbarkeit; österr. Beamtentitel, z. B. Postoffizial)
Of|fi|zi|al|de|likt *(Rechtsspr.)*
Of|fi|zi|a|lin
Of|fi|zi|al|ver|tei|di|ger (amtlich bestellter Verteidiger); Of|fi|zi|al|ver|tei|di|ge|rin
Of|fi|zi|ant, der; -en, -en (einen Gottesdienst haltender kath. Priester; *veraltet für* Unterbeamter, Bediensteter)
of|fi|zi|ell ⟨franz.⟩ (amtlich; verbürgt; förmlich)
Of|fi|zier [*österr. auch* ...'siːɐ̯], der; -s, -e ⟨franz.⟩; Of|fi|zie|rin

Offizier
Zusammensetzungen mit *Offizier-* werden beim Militär meist in der Form ohne Fugen-s verwendet, z. B. *Offizieranwärter, Offizierkorps, Offiziermesse.*

Of|fi|ziers|an|wär|ter; Of|fi|ziers|an|wär|te|rin
Of|fi|ziers|ca|si|no, Of|fi|ziers|ka|si|no
Of|fi|ziers|korps
Of|fi|ziers|lauf|bahn
Of|fi|ziers|mes|se *vgl.* ³Messe
Of|fi|ziers|rang
Of|fi|zin, die; -, -en ⟨lat.⟩ *(veraltet für* [größere] Buchdruckerei; Apotheke); of|fi|zi|nal, of|fi|zi|nell (arzneilich; als Heilmittel anerkannt)
of|fi|zi|ös ⟨lat.⟩ (halbamtlich; nicht verbürgt)
Of|fi|zi|um, das; -s, ...ien *(kath. Kirche* ¹Messe [an hohen Feiertagen]; Stunden-, Chorgebet; *veraltet für* [Dienst]pflicht)
off li|mits! ⟨engl.⟩ (Eintritt verboten!, Sperrzone!)
off|line [...laɪn] *(EDV* getrennt von der Datenverarbeitungsanlage

Okapi

arbeitend); Off|line|be|trieb, der; -[e]s
öff|nen; sich öffnen
Öff|ner; Öff|nung; Öff|nungs|win|kel; Öff|nungs|zeit
off|road [...rɔʊt] ⟨engl.⟩ (abseits der Straße); offroad fahren
Off|roa|der [...rɔʊdɐ], der; -s, - ⟨engl.⟩ (Geländefahrzeug); Off|road|fahr|zeug [...rɔʊt...]
Off|set|druck Plur. ...drucke ⟨engl.; dt.⟩ (Flachdruck[verfahren]); Off|set|druck|ma|schi|ne
off|shore [...ʃɔːɐ̯] ⟨engl.⟩ (vor der Küste); Off|shore|boh|rung, Off-Shore-Boh|rung (Bohrung [nach Erdöl] von einer Bohrinsel aus); Off|shore|wind|ener|gie, Off-Shore-Wind|ener|gie; Off|shore|wind|park, Off-Shore-Wind|park (Windenergieanlage auf See)
off|side [ˈɔfsaɪd] ⟨engl.⟩ (Sport schweiz. für abseits); Off|side, das; -[s], -s (Sport schweiz. für Abseits)
Off|spre|cher, Off-Spre|cher ⟨engl.; dt.⟩ (Fernsehen, Film, Theater); Off|spre|che|rin, Off-Spre|che|rin; Off|stim|me, Off-Stim|me
Off|the|a|ter, Off-The|a|ter (Theater am Rande des etablierten Theaterbetriebes, in dem Stücke meist jüngerer, unbekannterer Autoren gespielt werden)
O. F. M. = Ordo Fratrum Minorum ⟨lat.⟩ (Orden der Minderbrüder, Franziskanerorden)
O. [F.] M. Cap. = Ordo [Fratrum] Minorum Capucinorum ⟨lat.⟩ (Orden der Minderen Kapuziner[brüder], Kapuzinerorden)
o-för|mig, O-för|mig ↑D 29
oft; öfter ⟨vgl. d.⟩, öftest ⟨vgl. d.⟩; wie oft; so oft, vgl. aber sooft
öf|ter; öfter als ...; öfter mal was Neues; ↑D 72; des Öfter[e]n
öf|ters ⟨landsch. für öfter⟩
öf|tes|ten; nur in am öftesten ⟨selten für am häufigsten⟩
oft|ma|lig; oft|mals
o. g. = oben genannt
OG = Obergeschoss
ÖGB, der; - = Österreichischer Gewerkschaftsbund
Oger, der; -s, - ⟨franz.⟩ (Menschenfresser in franz. Märchen)
OGH, der; -[s] = Oberster Gerichtshof
ogi|val [auch oʒi...] ⟨franz.⟩ ⟨Kunstwiss. spitzbogig⟩; Ogi|val|stil, der; -[e]s (Baustil der [franz.] Gotik)

oh!; oh, das ist schade; ein überraschtes Oh; (in Verbindung mit anderen Wörtern oft ohne h geschrieben:) oh ja! od. o ja!; oh weh! od. o weh!
OH = Ohio
oha!
Oheim, der; -s, -e ⟨veraltet für Onkel⟩; vgl. auch ⁴Ohm
OHG, die; -, -s = offene Handelsgesellschaft
¹Ohio [oˈhaɪ̯o], der; -[s] (Nebenfluss des Mississippis)
²Ohio (Staat in den USA; Abk. OH)
o[h], là, là! [olaˈla] ⟨franz.⟩ (Ausruf der Verwunderung)
¹Ohm, das; -[e]s, -e ⟨griech.⟩ (früheres Flüssigkeitsmaß); 3 Ohm
²Ohm (dt. Physiker)
Öhm, der; -[e]s, -e ⟨westd. für Oheim⟩
³Ohm, das; -[s], - (Einheit für den elektr. Widerstand; Zeichen Ω); vgl. ohmsch
⁴Ohm, der; -[e]s, -e ⟨veraltet für Onkel⟩; vgl. Oheim
Öhmd, das; -[e]s ⟨südwestd. für das zweite Mähen⟩; öh|men ⟨südwestd. für nachmähen⟩
Ohm|me|ter, das; -s, - ⟨zu ³Ohm⟩ (Gerät zur Messung des elektr. Widerstandes)
O. H. M. S. = On His (Her) Majesty's Service ⟨engl.⟩ (Im Dienste Seiner [Ihrer] Majestät)
ohmsch ⟨zu ²Ohm⟩; der ohmsche od. Ohm'sche Widerstand; das ohmsche od. Ohm'sche Gesetz ↑D 135 u. 89
oh|ne; Präp. mit Akk.: ohne ihren Willen; ohne dass ↑D 126; ohne Weiteres od. weiteres; oben ohne ⟨ugs. für busenfrei⟩; zweifelsohne
oh|ne Be|fund (Abk. o. B.)
oh|ne|dem ⟨veraltet für ohnedies⟩
oh|ne|dies
oh|ne|ein|an|der; ohneeinander auskommen; aber: ohne einander zu sehen
oh|ne|glei|chen
oh|ne|hin
oh|ne Jahr (bei Buchtitelangaben; Abk. o. J.)
Oh|ne-mich-Stand|punkt ↑D 26
oh|ne Ob|li|go [auch -ˈɔb...] (ohne Verbindlichkeit; Abk. o. O.)
oh|ne Ort (bei Buchtitelangaben; Abk. o. O.); oh|ne Ort und Jahr (bei Buchtitelangaben; Abk. o. O. u. J.)
oh|ne Wei|te|res, oh|ne wei|te|res

oh|ne|wei|ters (österr. für ohne Weiteres)
Ohn|macht, die; -, -en; ohn|mäch|tig; Ohn|machts|an|fall
oho!
Ohr, das; -[e]s, -en; zu Ohren kommen
Öhr, das; -[e]s, -e (Nadelloch)
Öhr|chen (kleines Ohr od. Öhr)
Ohr|clip, Ohr|klipp (Ohrschmuck)
Ohr|druf (Stadt in Thüringen)
Oh|ren|arzt; Oh|ren|ärz|tin
Oh|ren|beich|te
oh|ren|be|täu|bend
Oh|ren|clip, Oh|ren|klipp (seltener für Ohrclip)
Oh|ren|ent|zün|dung
oh|ren|fäl|lig
Oh|ren|heil|kun|de, die; Oh|ren|klap|pe
Oh|ren|klipp vgl. Ohrenclip
oh|ren|krank
Oh|ren|krie|cher (Ohrwurm)
Oh|ren|sau|sen, das; -s; Oh|ren|schmalz, das; -es
Oh|ren|schmaus, der; -es (Genuss für die Ohren)
Oh|ren|schmerz meist Plur.; Oh|ren|schüt|zer; Oh|ren|ses|sel; Oh|ren|stöp|sel
Oh|ren|wei|de, die; -; vgl. Ohrenschmaus
Oh|ren|zeu|ge; Oh|ren|zeu|gin
Ohr|fei|ge; ohr|fei|gen; er hat mich geohrfeigt
Ohr|ge|hän|ge; Ohr|ge|räusch meist Plur.; Ohr|hö|rer
...oh|rig (z. B. langohrig)
Ohr|klipp vgl. Ohrclip
Ohr|läpp|chen; Ohr|mar|ke (bei Zuchttieren); Ohr|mu|schel
Oh|ro|pax®, das; -, - (Gehörschutzstöpsel)
Ohr|ring; Ohr|schmuck
Ohr|spei|chel|drü|se; Ohr|spü|lung
Ohr|ste|cker; Ohr|trom|pe|te
Ohr|wa|schel, das; -s, -n (bayr., österr. ugs. für Ohrläppchen, Ohrmuschel)
Ohr|wurm (ugs. auch für leicht eingängige Melodie)
Oie, die; -, -n (Insel); Greifswalder Oie
Ois|t|rach (russ. Geiger)
o. J. = ohne Jahr
oje!; oje|mi|ne! vgl. jemine!; oje|rum
o. k., O. K. = okay
OK = Oklahoma
Oka, die; - (r. Nebenfluss der Wolga)
Oka|pi, das; -s, -s ⟨afrik.⟩ (kurzhalsige Giraffenart)

Oka|ri|na, die; -, Plur. -s u. ...nen ⟨ital.⟩ (tönernes Blasinstrument)
okay [o'ke:] ⟨amerik.⟩ (ugs. für richtig, in Ordnung; Abk. o. k. od. O. K.); **Okay**, das; -[s], -s; sein Okay geben

okay

Das Adjektiv »okay« wird gewöhnlich nicht flektiert:
– es ist alles okay
– das Mädchen ist wirklich okay
– gestern ging es mir schlecht, aber heute bin ich wieder okay

In der Alltagssprache wird es jedoch gelegentlich auch attributiv verwendet:
– ein okayer Typ
– eine okaye Arbeit

Oke|a|ni|de, Oze|a|ni|de, die; -, -n ⟨griech. Mythol. Meernymphe⟩; **Oke|a|nos** (Weltstrom; Gott des Weltstromes)
Oker, die; - (linker Nebenfluss der Aller); **Oker|tal|sper|re**, **Oker-Talsper|re**, die; -
Ok|ka|si|on, die; -, -en ⟨lat.⟩ (veraltet für Gelegenheit; Kaufmannsspr. Gelegenheitskauf)
Ok|ka|sio|na|lis|mus, der; - (eine philos. Lehre); **Ok|ka|sio|na|list**, der; -en, -en; **Ok|ka|sio|na|lis|tin**
ok|ka|sio|nell ⟨franz.⟩ (gelegentlich, Gelegenheits...)
Ok|ki|ar|beit vgl. Occhiarbeit
ok|klu|die|ren ⟨lat.⟩ (Fachspr. einschließen, verschließen); **Ok|klusi|on**, die; -, -en (Med. normale Schlussbissstellung der Zähne; Meteorol. Zusammentreffen von Kalt- u. Warmfront)
ok|klu|siv; **Ok|klu|siv**, der; -s, -e (Sprachwiss. Verschlusslaut, z. B. p, t, k)
ok|kult ⟨lat.⟩ (verborgen; heimlich, geheim); **Ok|kul|tis|mus**, der; - (Lehre vom Übersinnlichen); **Ok|kul|tist**, der; -en, -en; **Ok|kultis|tin**; **ok|kul|tis|tisch**
Ok|ku|pant, der; -en, -en ⟨lat.⟩ (abwertend für jmd., der fremdes Gebiet okkupiert); **Ok|kupan|tin**
Ok|ku|pa|ti|on, die; -, -en (Besetzung [fremden Gebietes] mit od. ohne Gewalt; Rechtsspr. Aneignung herrenloses Gutes); **Ok|ku|pa|ti|ons|heer**; **Ok|ku|pa|tions|macht**

ok|ku|pie|ren
Ok|la|ho|ma (Staat in den USA; Abk. OK)
Ok|no|phil|ie, die; - ⟨griech.⟩ (Psychoanalyse Impuls, sich bei Angst an jmdn. zu klammern)
öko (ugs.; kurz für ökologisch)
Öko, der; -s, -s (ugs. scherzhaft für Anhänger der Ökologiebewegung)
Öko|ar|chi|tek|tur (Architektur, die sich ökologisches Bauen zur Aufgabe gemacht hat)
Öko|au|dit [auch ...|ɔ:dɪt], das; -s, -s (Betriebsprüfung nach ökologischen Gesichtspunkten)
Öko|bank Plur. ...banken (Kreditinstitut zur Förderung von Umwelt- u. Friedensprojekten)
Öko|bi|lanz (Bilanz der Auswirkungen eines Produkts auf die Umwelt); die Ökobilanz von Mehrwegflaschen
Öko|ener|gie (ugs. für umweltfreundlicher Energieträger)
Öko|la|bel, das; -s, -s (Aufkleber od. Aufdruck auf einer Ware, der anzeigt, dass sie umweltverträglich erzeugt wurde)
Öko|la|den (Laden, in dem nur umweltfreundliche Waren verkauft werden)
Öko|lo|ge, der; -n, -n; **Öko|lo|gie**, die; - ⟨griech.⟩ (Lehre von den Beziehungen der Lebewesen zur Umwelt); **Öko|lo|gin**; **öko|logisch**; ökologische Nische; ökologisches Bauen; ökologisches Gleichgewicht
Öko|nom, der; -en, -en ⟨griech.⟩ (Wirtschaftswissenschaftler; veraltend für [Land]wirt); **Ökono|mie**, die; -, ...|ien (Wirtschaftlichkeit, sparsame Lebensführung [nur Sing.]; Lehre von der Wirtschaft; veraltet für Landwirtschaft[sbetrieb])
Öko|no|mie|rat (österr. Titel); **Ökono|mie|rä|tin**
Öko|no|mik, die; -, -en (Wirtschaftswissenschaft, -theorie; wirtschaftliche Verhältnisse [eines Landes, Gebietes]; nach marx. Lehre Produktionsweise einer Gesellschaftsordnung)
Öko|no|min; **öko|no|misch**
öko|no|mi|sie|ren (ökonomisch gestalten); **Öko|no|mi|sie|rung**
Öko|par|tei (ugs. für der Ökologie verschriebene politische Partei)
Öko|punkt (österr. für nach einem Punktesystem berechnete Straßenbenutzungsgebühr für den Schwerlastverkehr)
öko|so|zi|al (Umwelt- u. Sozialpolitik verbindend)
Öko|steu|er (ugs. für an ökologischen Gesichtspunkten orientierte Steuer, z. B. auf Energie)
Öko|strom, der; -[e]s (Strom, der nur aus umweltfreundlichen Energiequellen stammt); **Ökostrom|ge|setz**
Öko|sys|tem (zwischen Lebewesen u. ihrem Lebensraum bestehende Wechselbeziehung)
Öko|tou|ris|mus (umweltbewusstes Reisen)
Öko|tro|pho|lo|ge, der; -n, -n; **Ökotro|pho|lo|gie**, die; - (Haushalts- u. Ernährungswissenschaft); **Öko|tro|pho|lo|gin**
Öko|wein (Wein aus ökologischem Anbau)
Ok|ra, die; -, -s ⟨afrik.⟩ (eine Frucht); **Ok|ra|scho|te**
Okt. = Oktober
Ok|ta|eder, das; -s, - ⟨griech.⟩ (Achtflächner); **ok|ta|ed|risch**
Ok|ta|gon vgl. Oktogon
Ok|tan, das; -s, -e ⟨lat.⟩ (gesättigter Kohlenwasserstoff mit acht Kohlenstoffatomen)
Ok|tant, der; -en, -en ⟨lat.⟩ (achter Teil des Kreises od. der Kugel; nautisches Winkelmessgerät)
Ok|tan|zahl (Maßzahl für die Klopffestigkeit von Treibstoffen)
¹**Ok|tav**, das; -s (Buchw. Achtelbogengröße [Buchformat]; Zeichen 8°, z. B. Lex.-8°); in Oktav; Großoktav (vgl. d.)
²**Ok|tav**, der; - (kath. Feier; österr. auch svw. Oktave)
Ok|ta|va, die; -, ...ven (österr. veraltet für 8. Klasse des Gymnasiums)
Ok|tav|band, der (Buchw.); **Ok|tavbo|gen**
Ok|ta|ve, die; -, ...ven, österr. auch ²Ok|tav, die; -, -en (Musik achter Ton [vom Grundton an]; ein Intervall; svw. Ottaverime)
Ok|tav|for|mat (Buchw. Achtelgröße); **Ok|tav|heft** (Heft im Oktavformat)
Ok|ta|via, **Ok|ta|vie** (röm. w. Eigenn.); vgl. auch Octavia; **Okta|vi|an**, **Ok|ta|vi|a|nus** (röm. Kaiser); vgl. auch Octavian, Octavianus
ok|ta|vie|ren ⟨lat.⟩ (in die Oktave überschlagen [von Blasinstrumenten])

Ok|tett, das; -[e]s, -e ⟨ital.⟩ (Komposition für acht Soloinstrumente od. -stimmen; Gruppe von acht Instrumentalsolisten; Achtergruppe von Elektronen)

Ok|to|ber, der; -[s], - ⟨lat.⟩ (zehnter Monat im Jahr; Gilbhard, Weinmonat, Weinmond; *Abk.* Okt.)

Ok|to|ber|fest (in München)

Ok|to|ber|re|vo|lu|ti|on (1917 in Russland)

Ok|to|de, die; -, -n ⟨griech.⟩ (Elektronenröhre mit acht Elektroden)

Ok|to|gon, das; -s, -e (Achteck; Bau mit achteckigem Grundriss); **ok|to|go|nal** (achteckig)

Ok|to|po|de, der; -n, -n (*Zool.* Achtfüßer)

Ok|to|pus, der; -, *Plur.* -se u. ...poden (Gattung achtarmiger Kraken)

Ok|t|roi [ɔkˈtroa], der od. das; -s, -s ⟨lat.-mlat.-franz.⟩ (geh. für Zwang); **ok|t|ro|y|ie|ren** [...troaˈjiː...] ⟨franz.⟩ (aufdrängen, aufzwingen)

oku|lar ⟨lat.⟩ (mit dem Auge, fürs Auge); **Oku|lar**, das; -s, -e (die dem Auge zugewandte Linse eines optischen Gerätes)

Oku|la|ti|on, die; -, -en (Pflanzenveredelungsart)

Oku|li (»Augen« (vierter Sonntag vor Ostern)

oku|lie|ren (durch Okulation veredeln, äugeln); **Oku|lier|mes|ser**, das; **Oku|lie|rung**

Öku|me|ne, die; -, -n ⟨griech.⟩ (bewohnte Erde; Gesamtheit der Christen; ökumenische Bewegung)

öku|me|nisch (allgemein; die ganze bewohnte Erde betreffend, Welt...); ↑D 89: ökumenische Bewegung (zwischen- u. überkirchl. Bestrebungen christlicher Kirchen u. Konfessionen); ökumenisches Konzil (allgemeine kath. Kirchenversammlung), *aber* ↑D 150: der Ökumenische Rat der Kirchen

Öku|me|nis|mus, der; - (*kath. Kirche* Streben nach Einigung aller christl. Konfessionen)

Ok|zi|dent [*auch* ...ˈdɛnt], der; -s ⟨lat.⟩ (Abendland; Westen; *vgl.* Orient); **ok|zi|den|tal**, **ok|zi|den|ta|lisch**

Ok|zi|ta|ni|en (südfranzösische Landschaft); **ok|zi|ta|nisch**

O. L. = Oberlausitz

ö. L. = östlicher Länge

Öl, das; -[e]s, -e

Olaf (m. Vorn.)

Öl|alarm; Öl|ba|ron; Öl|ba|ro|nin

Öl|baum; Öl|be|häl|ter

Öl|berg, der; -[e]s (bei Jerusalem)

Öl|bild; Öl|boh|rung; Öl|bren|ner

Old Eco|no|my [ˈɔylt iˈkɔnəmi], die; - - ⟨engl.⟩ (traditionelle Wirtschaft im Ggs. zur New Economy)

Ol|den|burg (Landkreis in Niedersachsen)

¹**Ol|den|bur|ger**

²**Ol|den|bur|ger**, der; -s, - (eine Pferderasse)

Ol|den|bur|ger Geest, die; - - (Gebiet in Niedersachsen)

Ol|den|bur|ge|rin

Ol|den|burg (Hol|stein) (Stadt in Schleswig-Holstein)

ol|den|bur|gisch; *aber* ↑D 150: das Oldenburgische Staatstheater

Ol|den|burg (Ol|den|burg) (Stadt in Niedersachsen)

Ol|des|loe, Bad [...ˈloː] (Stadt in Schleswig-Holstein); **Ol|des|lo|er; Ol|des|lo|e|rin**

Ol|die [...di], der; -s, -s ⟨engl.-amerik.⟩ (alter, beliebt gebliebener Schlager; *auch scherzh.* für Angehöriger der älteren Generation); **Ol|die|nacht**

Öl|druck *Plur.* ...drucke u. (*Technik:*) ...drücke; **Öl|druck|brem|se**

old|school [...skuːl] ⟨engl.⟩ (klassisch, nostalgisch; veraltet) eine oldschool Tradition; er bindet seine Krawatte noch oldschool; das ist ja völlig oldschool!; **Old School**, die; - -, **Old|school**, die; -; die Old School *od.* Oldschool des Tangos

Old|ti|mer [ˈɔylttaɪmɐ], der; -s, - ⟨engl.⟩ (altes Modell eines Fahrzeugs [bes. Auto]; *auch scherzh.* für langjähriges Mitglied, älterer Mann)

olé! ⟨span.⟩ (los!, auf!, hurra!)

Olea (*Plur.* von Oleum)

Ole|an|der, der; -s, - ⟨ital.⟩ (ein immergrüner Strauch od. Baum); **Ole|an|der|schwär|mer** (ein Schmetterling)

Ole|at, das; -[e]s, -e ⟨griech.⟩ (*Chemie* Salz der Ölsäure)

OLED, Oled, die; -, -[s] ⟨engl.; Kurzwort für organic light-emitting diode⟩ (organische Leuchtdiode)

Ole|fin, das; -s, -e (ein ungesättigter Kohlenwasserstoff); **ole|fin|reich**

Ole|in, das; -s, -e (ungereinigte Ölsäure)

Öl|em|bar|go

ölen; Öler, der; -s, - (Gefäß zum Ölen)

Ole|um, das; -s, Olea (Öl; rauchende Schwefelsäure)

Öl|ex|port

Öl ex|por|tie|rend, öl|ex|por|tie|rend, Öl exportierende *od.* ölexportierende Länder ↑D 58

ol|fak|to|risch ⟨lat.⟩ (*Med.* den Geruchssinn betreffend)

Öl|far|be; Öl|far|ben|druck *Plur.* ...drucke

Öl|feld; Öl|feu|e|rung; Öl|film (dünne Ölschicht); **Öl|fil|ter; Öl|fleck; Öl|för|de|rer; Öl|för|der|land** *Plur.* ...länder; **Öl|för|de|rung; Öl|frucht**

OLG, das; - = Oberlandesgericht

Ol|ga (w. Vorn.)

Öl|ge|mäl|de; Öl|ge|sell|schaft

Öl|göt|ze; *nur in* dastehen, dasitzen wie ein Ölgötze, wie die Ölgötzen (*ugs. für* stumm, unbeteiligt, verständnislos dastehen, dasitzen)

Öl|haut; Öl|hei|zung

öl|höf|fig (erdölhöffig)

Oli|fant [*auch* ...ˈfa...], der; -[e]s, -e ([Rolands] elfenbeinernes Hifthorn)

ölig

Oli|g|ä|mie, die; -, ...ien ⟨griech.⟩ (*Med.* Blutarmut)

Oli|g|arch, der; -en, -en (Anhänger der Oligarchie); **Oli|g|ar|chie**, die; -, ...ien (Herrschaft einer kleinen Gruppe); **Oli|g|ar|chin; oli|g|ar|chisch**

Oli|go|phre|nie, die; -, ...ien (*Med.* auf erblicher Grundlage beruhender od. sehr früh erworbener Intelligenzdefekt)

Oli|go|pol, das; -s, -e (*Wirtsch.* Marktbeherrschung durch wenige Großunternehmen)

oli|go|troph (nährstoffarm [von Ackerböden])

oli|go|zän (das Oligozän betreffend); **Oli|go|zän**, das; -s ⟨Geol. mittlerer Teil des Tertiärs⟩

Olim ⟨lat., »ehemals«⟩; *nur in* seit, zu Olims Zeiten (*scherzh.* für vor langer Zeit)

Öl|in|dus|t|rie

Oli|tät, die; -, -en *meist Plur.* ⟨lat.⟩ (veraltend für Naturheilmittel)

oliv ⟨griech.⟩ (olivenfarben); ein oliv[farbenes], olives Kleid; *vgl. auch* beige; **Oliv**, das; -[s], -[s]; ein Kleid in Oliv ↑D 72

Oli|ve [...və, *österr.* ...fə], die; -, -n ⟨griech.⟩ (Frucht des Ölbau-

Olivenbaum

mes); Oli|ven|baum; Oli|ven|ern|te
oli|ven|far|ben, oli|ven|far|big
Oli|ven|hain; Oli|ven|öl
Oliver (m. Vorn.)
oliv|grau; oliv|grün
Oli|vin, der; -s, -e ⟨griech.⟩ (ein Mineral)
Öl|kan|ne; Öl|kon|zern; Öl|kri|se; Öl|ku|chen
oll (landsch. für alt); olle Kamellen (vgl. d.)
Öl|lam|pe
Ol|le, der u. die; -n, -n (landsch. für Alte); Öl|leck
Öl|lei|tung; Öl|luft|pum|pe
Olm, der; -[e]s, -e (ein Lurch)
Ol|ma = Ostschweizerische land- und milchwirtschaftliche Ausstellung (heute Schweizerische Messe für Land- und Milchwirtschaft, St. Gallen)
Öl|mal|le|rei; Öl|mess|stab; Öl|müh|le
Öl|mul|ti (ugs.); vgl. Multi
Öl|ofen; Öl|pal|me; Öl|pa|pier
Ol|pe (Stadt im Sauerland)
Öl|pest, die; - (Verschmutzung von Meeresküsten durch [auf dem Wasser treibendes] Rohöl)
Öl|pflan|ze; Öl|platt|form; Öl|preis
Öl pro|du|zie|rend, öl|pro|du|zie|rend; Öl produzierende od. ölproduzierende Staaten ↑D 58
Öl|quel|le; Öl|raf|fi|ne|rie; Öl|sar|di|ne; Öl|säu|re, die; -; Öl|scheich (ugs.); Öl|schicht; Öl|stand; Öl|tank; Öl|tan|ker
Ol|ten (schweiz. Stadt); Ol|te|ner, Olt|ner; Ol|te|ne|rin, Olt|ne|rin
Öl|tep|pich
Olt|ner vgl. Oltener
Ölung; die Letzte Ölung (kath. Kirche früher für Krankensalbung)
öl|ver|schmiert
Öl|vor|kom|men; Öl|vor|rat; Öl|wan|ne (Technik); Öl|wech|sel
Olymp, der; -s (Gebirgsstock in Griechenland; Wohnsitz der Götter; scherzh. für Galerieplätze im Theater)
¹Olym|pia (altgriech. Nationalheiligtum)
²Olym|pia, das; -[s] (geh. für Olympische Spiele)
Olym|pi|a|de, die; -, -n (Olympische Spiele; selten für Zeitraum von vier Jahren zwischen zwei Olympischen Spielen; auch regional für Wettbewerb)

Olym|pia|dorf; Olym|pia|hal|le; Olym|pia|jahr; Olym|pia|mann|schaft; Olym|pia|me|dail|le; Olym|pia|norm; Olym|pia|park; Olym|pia|qua|li|fi|ka|ti|on
olym|pia|reif
Olym|pia|sieg; Olym|pia|sie|ger; Olym|pia|sie|ge|rin
Olym|pia|sta|di|on; Olym|pia|stadt
Olym|pia|teil|neh|mer; Olym|pia|teil|neh|me|rin
olym|pia|ver|däch|tig (ugs. für sportlich hervorragend)
Olym|pia|zwei|te, der u. die; -n, -n
Olym|pi|er (Beiname der griech. Götter, bes. des Zeus; gelegentlicher Beiname Goethes)
Olym|pi|o|ni|ke, der; -n, -n (Sieger od. Teilnehmer an den Olympischen Spielen); Olym|pi|o|ni|kin

olym|pisch

(göttlich, himmlisch; die Olympischen Spiele betreffend)
Kleinschreibung ↑D 89:
– olympische Ruhe
– olympisches Dorf
– der olympische Eid
– das olympische Feuer
– der olympische Gedanke

Großschreibung in Namen ↑D 88:
– die Olympischen Spiele
– die Olympischen Sommerspiele/Winterspiele
– Internationales Olympisches Komitee (Abk. IOK)
– Nationales Olympisches Komitee (Abk. NOK)

Olynth (altgriech. Stadt); olyn|thisch; die olynthischen Reden des Demosthenes ↑D 89
Öl|zeug, das; -[e]s; Öl|zweig
Oma, die; -, -s (fam. für Großmutter)
Omai|ja|de, der; -n, -n (Angehöriger eines arab. Herrschergeschlechtes)
Oma|ma, die; -, -s (svw. Oma)
Oman, -s, auch mit Artikel der; -[s] (Staat auf der Arabischen Halbinsel); Oma|ner; Oma|ne|rin; oma|nisch
Omar [auch 'ɔ...] (arab. Eigenn.)
Om|b|ro|graf, der; -en, -en ⟨griech.⟩ (Meteorol. Gerät zur Aufzeichnung des Niederschlags)
Om|buds|frau ⟨engl.; dt.⟩ (Frau, die die Rechte der Bürger[innen] gegenüber den Behörden

wahrnimmt); Om|buds|leu|te (Plur. von Ombudsmann; Gesamtheit der Ombudsfrauen u. Ombudsmänner); Om|buds|mann Plur. ...männer, selten ...leute; vgl. Ombudsfrau
O. M. Cap. vgl. O. [F.] M. Cap.
Ome|ga, das; -[s], -s ⟨griech. Buchstabe [langes O]; Ω, ω⟩; vgl. Alpha
Ome|ga-3-Fett|säu|re (Fachspr. in Pflanzenölen u. Fischen vorkommende ungesättigte Fettsäure)
Ome|lett [ɔm(ə)'lɛt], das; -[e]s, Plur. -e u. -s, auch (österr., schweiz. nur) Ome|lette [ɔm(ə)'lɛt(ə)], die; -, -n ⟨franz.⟩ (Eierkuchen); Omelette aux Fines Herbes [- ofin'zɛrb] (mit Kräutern)
Omen, das; -s, Plur. - u. Omina ⟨lat.⟩ (Vorzeichen; Vorbedeutung)
Omi, die; -, -s (Koseform von Oma)
Omi|k|ron, das; -[s], -s ⟨griech. Buchstabe [kurzes O]: O, o⟩
Omi|na (Plur. von Omen)
omi|nös ⟨lat.⟩ (unheilvoll; anrüchig)
Omis|siv|de|likt ⟨lat.⟩ (Rechtsspr. Unterlassungsdelikt)
om ma|ni pad|me hum (myst. Formel des Lamaist. Buddhismus)
om|nia ad ma|io|rem Dei glo|ri|am ⟨lat., »[alles] zur größeren Ehre Gottes«⟩; vgl. ad maiorem ...
Om|ni|bus, der; -ses, -se ⟨lat.⟩ (Kurzw. Bus)
Om|ni|bus|bahn|hof; Om|ni|bus|fahrt; Om|ni|bus|li|nie
om|ni|po|tent (allmächtig); Om|ni|po|tenz, die; - (Allmacht)
om|ni|prä|sent (allgegenwärtig); Om|ni|prä|senz (Allgegenwart)
Om|ni|um, das; -s, ...ien (Radsport aus mehreren Bahnwettbewerben bestehender Wettkampf)
Om|ni|vo|re, der; -n, -n meist Plur. (Zool. Allesfresser)
Om|phal|le [...le] (lyd. Königin)
Om|pha|li|tis, die; -, ...itiden ⟨griech.⟩ (Med. Nabelentzündung)
Omsk (Stadt in Sibirien)
O. M. U. = Originalfassung mit Untertiteln (Film, Fernsehen)
on ⟨engl.⟩ (bes. Fernsehen sichtbar [von einer/einem Sprechenden]); On, das; -[s] (das Sichtbarsein des Sprechenden); im On

Ona|ger, der; -s, - ⟨lat.⟩ (Halbesel in Südwestasien)
on air [...ˈɛːɐ̯] ⟨Rundfunk auf Sendung⟩
Onan (bibl. m. Eigenn.)
Ona|nie, die; - ⟨nach Onan⟩ (geschlechtl. Selbstbefriedigung); **ona|nie|ren**
ÖNB, die; - = Österreichische Nationalbibliothek
on de|mand [...diˈmaːnt] ⟨engl.⟩ (auf Verlangen, auf Bestellung); Bücher, DVDs on demand; wir liefern on demand
On|dit [õˈdiː], das; -, -s ⟨franz.⟩ (Gerücht); einem Ondit zufolge
On|du|la|ti|on, die; -, -en ⟨franz.⟩ (das Wellen der Haare mit der Brennschere); **on|du|lie|ren; On|du|lie|rung**
One|ga|see, One|ga-See, der; -s (See in Russland)
Onei|da|see, Onei|da-See, der; -s (See im Staat New York)
O'Neill [oˈniːl], Eugene [ˈjuːdʒiːn] (amerik. Dramatiker)
One-Man-Show [ˈwʌnmɛnʃoʊ̯] ⟨engl.⟩ (Show, die ein Unterhaltungskünstler allein bestreitet)
One-Night-Stand [ˈwʌnnaɪ̯tstɛnt], der; -s, -s ⟨engl.⟩ (flüchtiges sexuelles Abenteuer)
One|sie [ˈwʌnziː], der; -s, -s ⟨engl.⟩ (einteiliger Anzug)
One|stepp [ˈwʌnstɛp], der; -s, -s ⟨engl., »Einschritt«⟩ (ein Tanz)
One-Way-Flug [ˈwʌnweɪ̯...] ⟨engl.⟩ (Flug zu einem bestimmten Ziel ohne Rückflug); **One-Way-Ti|cket** (Flugschein für einen One-Way-Flug)
On|kel, der; -s, Plur. -, ugs. auch -s; **on|kel|haft**
On|ko|lo|ge, der; -n, -n ⟨griech.⟩; **On|ko|lo|gie,** die; - ⟨Med. Lehre von den Geschwülsten⟩; **On|ko|lo|gin; on|ko|lo|gisch**
On|lei|he®, die; - ⟨Kurzw. aus online und Ausleihe⟩ (Onlineplattform für die Ausleihe digitaler Bibliotheksmedien)
on|line [...laɪ̯n] ⟨engl.⟩ (EDV ans Datennetz, Internet angeschlossen; im Datennetz, Internet zur Verfügung stehend)

Online-
In Zusammensetzungen wegen der besseren Lesbarkeit häufig mit Bindestrich geschrieben, z. B. Online-Auktion, Online-Banking.

On|line|auk|ti|on; On|line|ban|king [...bɛŋkɪŋ], das; -[s] (computergestützte Abwicklung von Bankgeschäften); **On|line|be|fra|gung; On|line|be|trieb,** der; -[e]s
On|line|be|zahl|dienst (Internetdienst zur Abwicklung von Zahlungen)
On|line|da|ting [...deɪ̯tɪŋ], das; -s, -s (Partnersuche über das Internet); **On|line|dienst; On|line|durch|su|chung; On|line|fo|rum**
On|line|me|di|um; On|line|netz|werk
On|line|part|ner|ver|mitt|lung; On|line|pe|ti|ti|on (Politik); **On|line|platt|form; On|line|por|tal**
On|li|ner (jmd., der längere Zeit, häufiger online ist); **On|line|re|cher|che; On|line|re|dak|teur; On|line|re|dak|ti|on; On|line|re|dak|ti|on; On|line|re|dak|teu|rin; On|line|re|dak|tion; On|line|rin**
On|line|shop|ping; On|line|spiel; On|line|vi|deo; On|line|zei|tung
ONO = Ostnordost[en]
Öno|lo|ge, der; -n, -n ⟨griech.⟩; **Öno|lo|gie,** die; - (Wein[bau]kunde); **Öno|lo|gin; öno|lo|gisch**
Ono|ma|sio|lo|gie, die; -, ...ien ⟨griech.⟩ (Sprachwiss. Bezeichnungslehre); **ono|ma|sio|lo|gisch**
Ono|mas|tik, die; - (Namenkunde); **Ono|mas|ti|kon,** das; -s, Plur. ...ken u. ...ka (Wörterverzeichnis in Antike u. Mittelalter)
ono|ma|to|po|e|tisch (laut-, klang-, schallnachahmend)
Ono|ma|to|pö|ie, die; -, ...ien (Bildung eines Wortes durch Lautnachahmung, Lautmalerei, z. B. »Kuckuck«)
Öno|me|ter, das; -s, - ⟨griech.⟩ (Weinmesser [zur Bestimmung des Alkoholgehaltes])
ÖNORM, die; -, -en - ⟨österr. Norm⟩
On|spre|cher, On-Spre|cher ⟨engl.; dt.⟩ (Fernsehen, Film, Theater); **On|spre|che|rin, On-Spre|che|rin**
On|ta|rio [auch ...ˈtɛː...] (kanad. Provinz); **On|ta|rio|see, On|ta|rio-See,** der; -s
on the rocks [- ðə -] ⟨engl.⟩ (mit Eiswürfeln [bei Getränken])
On|to|ge|ne|se, die; -, -n, **On|to|ge|nie,** die; -, ...ien ⟨griech.⟩ (Biol. Entwicklung des Einzelwesens); **on|to|ge|ne|tisch**
On|to|lo|gie, die; -, ...ien (Philos. Wissenschaft vom Seienden); **on|to|lo|gisch**
on top ⟨engl.⟩ (noch zusätzlich; an der Spitze, obenauf); eine on top gezahlte Prämie; sie ist modisch wieder on top
Onyx, der; -[es], -e ⟨griech.⟩ (ein Halbedelstein)
o. O. = ohne Obligo; ohne Ort
o. ö. = ordentliche[r] öffentliche[r] (z. B. Professor[in] [Abk. o. ö. Prof.])
OÖ = Oberösterreich
Oo|ge|ne|se, die; -, -n ⟨griech.⟩ (Med. Entwicklung der Eizelle); **oo|ge|ne|tisch**
Oo|lith, der; Gen. -s u. -en, Plur. -e[n] (ein Gestein)
Oo|lo|gie, die; - (Wissenschaft vom Vogelei)
o. ö. Prof. = ordentliche[r] öffentliche[r] Professor[in]
o. O. u. J. = ohne Ort und Jahr
op. = opus; vgl. Opus
o. P. = ordentliche[r] Professor[in]; vgl. Professor
¹OP [oːˈpeː], der; -[s], -[s] (Operationssaal)
²OP [oːˈpeː], die; -, -s (Operation)
O. P., O. Pr. = Ordo [Fratrum] Praedicatorum ⟨lat.⟩ (Orden der Prediger; Dominikanerorden)
Opa, der; -s, -s (fam. für Großvater)
opak ⟨lat.⟩ (fachspr. für undurchsichtig, lichtundurchlässig)
Opal, der; -s, -e ⟨sanskr.⟩ (ein Schmuckstein; ein Gewebe); **opa|len** (aus Opal, durchscheinend wie Opal)
Opa|les|zenz, die; - (opalartiges Schillern); **opa|les|zie|ren, opa|li|sie|ren**
Opal|glas Plur. ...gläser
Opan|ke, die; -, -n ⟨serb.⟩ (sandalenartiger Schuh [mit am Unterschenkel kreuzweise gebundenen Lederriemen])
Opa|pa, der; -s, -s (svw. Opa)
Op-Art [ˈɔplaːɐ̯t], die; - ⟨amerik.⟩ (eine Kunstrichtung der Moderne)
Opa|zi|tät, die; - ⟨zu opak⟩ (fachspr. für Undurchsichtigkeit)
OPEC [ˈoːpɛk], die; - = Organization of the Petroleum Exporting Countries (Organisation der Erdöl exportierenden Länder)
Opel®, der; -[s], - (nach dem Maschinenbauer u. Unternehmer Adam Opel) (deutsche Kraftfahrzeugmarke)
Open Air [ˈoʊ̯pn̩ ˈɛːɐ̯], das; -, -s, - -s

Open-Air-Festival

(kurz für Open-Air-Konzert, Open-Air-Festival)
Open-Air-Fes|ti|val ⟨engl.⟩ (Musikveranstaltung im Freien); **Open-Air-Kon|zert**
open end ⟨engl.⟩ (ohne ein vorher auf einen bestimmten Zeitpunkt festgesetztes Ende)
Open End, das; - -s, - -s (kurz für Open-End-Veranstaltung)
Open-End-Dis|kus|si|on; Open-End-Ver|an|stal|tung (Veranstaltung ohne zeitlich festgelegtes Ende)
Ope|ner ['oʊpənɐ], der; -s, - ⟨engl.⟩ (Jargon erstes Musikstück eines Albums od. Konzerts)
Open Source [- 'sɔːɐ̯s], die; - -, - -s […sɪs] (kurz für Open-Source-Software)
Open-Source-Soft|ware ⟨engl.⟩ (EDV frei zugängliche u. verwendbare Software)
Oper, die; -, -n ⟨ital.⟩
Ope|ra (Plur. von Opus)
ope|ra|bel ⟨lat.⟩ (so, dass man damit arbeiten kann; Med. operierbar)
Ope|ra buf|fa, die; - -, ...re ...ffe ⟨ital.⟩ (komische Oper)
Ope|rand, der; -en, -en ⟨lat.⟩ (Math., EDV Gegenstand einer Operation)
Ope|ra se|ria, die; - -, ...re ...rie (ernste Oper)
Ope|ra|teur [...'tøːɐ̯], der; -s, -e ⟨franz.⟩ (eine Operation vornehmender Arzt; Kameramann; Filmvorführer; auch für Operator); **Ope|ra|teu|rin**
Ope|ra|ti|on, die; -, -en ⟨lat.⟩ (chirurg. Eingriff, Abk. OP; [militärische] Unternehmung; Rechenvorgang; Verfahren)
ope|ra|ti|o|nal (sich durch bestimmte Verfahren vollziehend); **ope|ra|ti|o|na|li|sie|ren** (durch Angabe der Verfahren präzisieren)
Ope|ra|ti|ons|ba|sis
Ope|ra|ti|ons|saal (Abk. OP); **Ope|ra|ti|ons|schwes|ter; Ope|ra|ti|ons|tisch**
ope|ra|tiv (Med. auf chirurgischem Wege, durch Operation; Militär strategisch); operativer Eingriff
Ope|ra|tor [auch 'ɔpəreɪtɐ], der; -s, Plur. ...oren, auch -s ['ɔpəreɪtɐs] (jmd., der eine EDV-Anlage überwacht u. bedient); **Ope|ra|to|rin**

Ope|ret|te, die; -, -n ⟨ital.⟩ (heiteres musikal. Bühnenwerk)
Ope|ret|ten|fes|ti|val
ope|ret|ten|haft
Ope|ret|ten|kom|po|nist; Ope|ret|ten|kom|po|nis|tin; Ope|ret|ten|me|lo|die; Ope|ret|ten|mu|sik
Ope|ret|ten|staat Plur. ...staaten (scherzh.)
ope|rier|bar
ope|rie|ren ⟨lat.⟩ (eine Operation durchführen; in best. Weise vorgehen; mit etwas arbeiten)
Opern|arie; Opern|ball vgl. ²Ball; **Opern|büh|ne; Opern|füh|rer; Opern|glas** Plur. ...gläser; **Opern|gu|cker** (ugs. für Opernglas)
opern|haft
Opern|haus; Opern|me|lo|die; Opern|mu|sik; Opern|re|gis|seur; Opern|re|gis|seu|rin
Opern|sän|ger; Opern|sän|ge|rin
Op|fer, das; -s, -; Opfer des Faschismus (Abk. OdF)
Op|fer|be|ra|tung; op|fer|be|reit; Op|fer|be|reit|schaft, die; -
Op|fer|fa|mi|lie
Op|fer|fest (höchstes Fest des Islams)
Op|fer|freu|dig|keit; Op|fer|ga|be; Op|fer|gang, der; -[e]s; **Op|fer|geld; Op|fer|lamm**
op|fern; ich opfere; sich opfern
Op|fer|pfen|nig; Op|fer|scha|le
Op|fer|sinn, der; -[e]s
Op|fer|stock Plur. ...stöcke (in Kirchen aufgestellter Sammelkasten)
Op|fer|tier; Op|fer|tod
Op|fe|rung
Op|fer|wil|le, der; -; **op|fer|wil|lig; Op|fer|wil|lig|keit,** die; -
Op|fer|zeu|ge, der (Rechtsspr.); **Op|fer|zeu|gin**
Ophe|lia (Frauengestalt bei Shakespeare)
Ophio|la|t|rie, die; - ⟨griech.⟩ (religiöse Schlangenverehrung)
Ophir, ökum. Ofir ⟨hebr.⟩ (Goldland im A. T.)
Ophit, der; -en, -en ⟨griech.⟩ (Schlangenanbeter, Angehöriger einer Sekte); **Ophiu|chus,** der; - (»Schlangenträger« (ein Sternbild)
Oph|thal|m|i|a|t|rie, die; - ⟨griech.⟩ (Med. Augenheilkunde); **Oph|thal|mie,** die; -, ...ien (Augenentzündung)
Oph|thal|mo|lo|ge, der; -n, -n (Augenarzt); **Oph|thal|mo|lo|gie,** die; - (Lehre von den Augenkrankheiten); **Oph|thal|mo|lo|gin; oph|thal|mo|lo|gisch**
Ophüls […fyls] (franz. Filmregisseur)
Opi, der; -s, -s (Koseform von Opa)
Opi|at, das; -[e]s, -e ⟨griech.⟩ (opiumhaltiges Arzneimittel)
Opi|o|id, das; -s, -e (ein Schmerzmittel)
Opitz (dt. Dichter)
Opi|um, das; -s (ein Betäubungsmittel u. Rauschgift)
Opi|um|ge|setz
opi|um|hal|tig
Opi|um|han|del vgl. ¹Handel; **Opi|um|krieg** (1840–42)
Opi|um|pfei|fe
Opi|um|rau|cher; Opi|um|rau|che|rin
Opi|um|schmug|gel; Opi|um|ver|gif|tung
Op|la|den (Stadt in Nordrhein-Westfalen)
ÖPNV, der; - = öffentlicher Personennahverkehr
Opo|le (poln. Stadt an der Oder; vgl. Oppeln)
Opos|sum, das; -s, -s ⟨indian.⟩ (amerik. Beutelratte; auch für Pelz dieses Tieres)
Op|peln (poln. Opole); **Op|pel|ner**
Op|pen|hei|mer (amerik. Physiker)
Op|pi|dum, das; -s, -da ⟨lat.⟩ (Geschichte antike od. mittelalterliche stadtähnliche Siedlung)
Op|po|nent, der; -en, -en (Gegner [im Redestreit]); **Op|po|nen|tin; op|po|nie|ren** (widersprechen; sich widersetzen)
op|por|tun ⟨lat.⟩ (passend, nützlich, angebracht; zweckmäßig)
Op|por|tu|nis|mus, der; - (prinzipienloses Anpassen an die jeweilige Lage; Handeln nach Zweckmäßigkeit)
Op|por|tu|nist, der; -en, -en; **Op|por|tu|nis|tin; op|por|tu|nis|tisch**
Op|por|tu|ni|tät, die; -, -en (Vorteil, Zweckmäßigkeit)
Op|por|tu|ni|täts|prin|zip (strafrechtlicher Grundsatz, nach dem die Erhebung einer Anklage in das Ermessen der Anklagebehörde gestellt ist)
Op|po|si|ti|on, die; -, -en ⟨lat.⟩
op|po|si|ti|o|nell ⟨franz.⟩ (gegensätzlich; gegnerisch; zum Widerspruch neigend)
Op|po|si|ti|ons|füh|rer; Op|po|si|ti|ons|füh|re|rin
Op|po|si|ti|ons|geist, der; -[e]s
Op|po|si|ti|ons|par|tei

Orchesterleiterin

Op|po|si|ti|ons|po|li|ti|ker; Op|po|si|ti|ons|po|li|ti|ke|rin
Op|po|si|ti|ons|wort *Plur.* ...wörter (*für* Antonym)
Op|pres|si|on, die; -, -en ⟨lat.⟩ (*veraltet für* Unterdrückung; *Med.* Beklemmung)
O. Pr. *vgl.* O. P.
OP-Schwes|ter [o:ˈpeː...] (*Med.*)
Op|tant, der; -en, -en ⟨lat.⟩ (jmd., der optiert); **Op|tan|tin**
Op|ta|tiv, der; -s, -e (*Sprachwiss.* Wunsch-, *auch* Möglichkeitsform des Verbs)
op|tie|ren (sich für etwas entscheiden; die Voranwartschaft auf etwas geltend machen)
Op|tik, die; -, -en *Plur. selten* ⟨griech.⟩ (Lehre vom Licht; Linsensystem eines opt. Gerätes; optischer Eindruck, optische Wirkung); **Op|ti|ker** (Hersteller od. Verkäufer von Brillen u. optischen Geräten); **Op|ti|ke|rin**
Op|ti|ma (*Plur. von* Optimum)
op|ti|ma fi|de ⟨lat., »in bestem Glauben«⟩
op|ti|mal (bestmöglich)
Op|ti|mat, der; -en, -en (Angehöriger der herrschenden Geschlechter im alten Rom)
op|ti|mier|bar; op|ti|mie|ren (optimal gestalten); **Op|ti|mie|rung**
Op|ti|mis|mus, der; - (*Ggs.* Pessimismus); **Op|ti|mist,** der; -en, -en; **Op|ti|mis|tin; op|ti|mis|tisch**
Op|ti|mum, das; -s, ...tima (höchster erreichbarer Wert)
Op|ti|on, die; -, -en ⟨lat.⟩ ([Wahl]möglichkeit; Wahl einer bestimmten Staatsangehörigkeit; *Rechtsspr., Wirtsch.* Voranwartschaft auf Erwerb od. zukünftige Lieferung einer Sache)
op|ti|o|nal (nicht zwingend; nach eigener Wahl)
op|ti|o|nie|ren (*Wirtsch.* eine Option auf etw. erwerben)
Op|ti|ons|an|lei|he (*Wirtsch.* Schuldverschreibung, die den Inhaber innerhalb einer bestimmten Frist dazu berechtigt, Aktien zu einem festgelegten Kurs zu erwerben); **Op|ti|ons|ge|schäft** (*Börsenw.* Form des Termingeschäfts, bei dem Optionen auf Aktien ge- od. verkauft werden); **Op|ti|ons|schein** (*Wirtsch.* Urkunde, die die Option garantiert u. an der Börse gehandelt wird)
op|tisch ⟨griech.⟩ (die Optik, das Sehen betreffend); optische Täuschung
Op|to|elek|t|ro|nik (Teilgebiet der Elektronik, das sich mit den auf der Wechselwirkung von Optik u. Elektronik beruhenden physikalischen Effekten befasst); **op|to|elek|t|ro|nisch**
Op|to|me|ter, das; -s, - (*Med.* Sehweitenmesser); **Op|to|me|t|rie,** die; - (Sehkraftbestimmung)
opu|lent ⟨lat.⟩ (reich[lich], üppig); **Opu|lenz,** die; -
Opun|tie [...tsjə], die; -, -n ⟨griech.⟩ (Feigenkaktus)
Opus [*auch* ˈɔ...], das; -, Opera ⟨lat.⟩ ([musikal.] Werk; *Abk. in der Musik* op.)
OR = Oregon
Ora|dour-sur-Glane [...dursyrˈglan] (franz. Ort)
ora et la|bo|ra! ⟨lat., »bete und arbeite!«⟩ (Mönchsregel des Benediktinerordens)
Ora|kel, das; -s, - ⟨lat.⟩ (rätselhafte Weissagung; *auch* Ort, an dem Seherinnen od. Priester Weissagungen verkünden)
ora|kel|haft; ora|keln (in dunklen Andeutungen sprechen); ich orak[e]le; **Ora|kel|spruch**
oral ⟨lat.⟩ (*Med.* den Mund betreffend, durch den Mund; mit dem Mund)
Oral|chi|r|ur|gie (Teilgebiet der Zahnmedizin)
Oral|sex (*ugs. für* Oralverkehr); **Oral|ver|kehr,** der; -[e]s (oraler Geschlechtsverkehr)
oran|ge [oˈrãːʒə, *auch, bes. österr.* oˈrãːʃ] ⟨pers.-franz.⟩ (goldgelb; orangenfarbig); ein orange[farbenes], oranges (*ugs. auch* orangenes) Kleid; *vgl.* beige
¹**Oran|ge,** die; -, -n (*bes. südd., österr. u. schweiz. für* Apfelsine)
²**Oran|ge,** das; -, *Plur.* -, *ugs.* -s (orange Farbe); in Orange ↑**D 72**
Oran|gea|de [...ʒaː...], die; -, -n (unter Verwendung von Orangensaft bereitetes Getränk)
Oran|geat [...ʒaːt], das; -s, *Plur.* (*Sorten:*) -e (eingezuckerte Apfelsinenschalen)
oran|gen (*ugs. für* orange); der Himmel färbt sich orangen
Oran|gen|baum; Oran|gen|blü|te
oran|ge[n]|far|ben, oran|ge[n]|far|big
Oran|gen|haut, die; - (*Med.* Cellulite); **Oran|gen|juice** (*bes. österr.*); **Oran|gen|mar|me|la|de; Oran|gen|saft; Oran|gen|scha|le**
Oran|ge|rie [orãʒəˈriː], die; -, ...ien (Gewächshaus zum Überwintern von empfindlichen Pflanzen)
oran|ge|rot
Orang-Utan, der; -s, -s ⟨malai.⟩ (ein Menschenaffe)
Ora|ni|en (niederl. Fürstengeschlecht)
Ora|ni|en|burg (Stadt in Brandenburg)
Ora|ni|er, der; -s, - (zu Oranien Gehörender); **Ora|ni|e|rin**
Oran|je, der; -[s] (Fluss in Südafrika); **Oran|je|frei|staat, Oran|je-Frei|staat,** der; -[e]s (Provinz der Republik Südafrika)
ora pro no|bis! ⟨lat., »bitte für uns!«⟩ (formelhafte Bitte in Litaneien)
Ora|tio ob|li|qua, die; - - ⟨lat.⟩ (*Sprachwiss.* indirekte Rede)
Ora|tio rec|ta, die; - - (*Sprachwiss.* direkte Rede)
Ora|to|ri|a|ner, der; -s, - (Angehöriger einer kath. Weltpriestervereinigung)
ora|to|risch (rednerisch; *Musik* in der Art eines Oratoriums)
Ora|to|ri|um, das; -s, ...ien (episch-dramat. Komposition für Solostimmen, Chor u. Orchester; *kath. Kirche* Andachtsraum)
ORB, der; - = Ostdeutscher Rundfunk Brandenburg
Or|bis pic|tus, der; - - ⟨lat., »gemalte Welt«⟩ (Unterrichtsbuch des Comenius)
Or|bit, der; -s, -s ⟨engl.⟩ (Raumfahrt Umlaufbahn)
Or|bi|ta, die; -, ...tae ⟨lat.⟩ (*Med.* Augenhöhle)
or|bi|tal (Raumfahrt den Orbit betreffend; *Med.* zur Augenhöhle gehörend)
Or|bi|tal|bahn; Or|bi|tal|ra|ke|te
Or|bi|ter, der; -s, - (Raumfahrt Flugkörper, der in einen Orbit gebracht wird)
Or|ca, der; -s, -s, **Or|ca|wal** ⟨lat.⟩ (Schwertwal)
Or|ches|ter [...kɛs..., *österr. auch* ...ˈçɛs...], das; -s, - ⟨griech.⟩ (Vereinigung einer größeren Zahl von Instrumentalmusiker[inne]n; vertiefter Raum für die Musizierenden vor der Bühne)
Or|ches|ter|be|glei|tung; Or|ches|ter|gra|ben; Or|ches|ter|klang; Or|ches|ter|kon|zert
Or|ches|ter|lei|ter, der; **Or|ches|ter|lei|te|rin**

Orchestermusik

Or|ches|ter|mu|sik; Or|ches|ter|musi|ker; Or|ches|ter|mu|si|ke|rin
Or|ches|t|ra [ɔrˈçɛs...], die; -, ...stren (Tanzraum des Chors im altgriech. Theater)
or|ches|t|ral [...kes..., österr. auch ...çɛs...] (zum Orchester gehörend); or|ches|t|rie|ren (für Orchester bearbeiten, instrumentieren); Or|ches|t|rie|rung
Or|ches|t|ri|on [...ˈçɛs...], das; -s, ...ien (ein mechan. Musikinstrument)
Or|chi|dee, die; -, -n ⟨griech.⟩ (eine Zierpflanze); Or|chi|de|en|art; Or|chi|de|en|fach (ausgefallenes Studienfach)
Or|chis, die; -, - (Knabenkraut)
Or|chi|tis, die; -, ...itiden (Med. Hodenentzündung)
Or|dal, das; -s, ...ien ⟨angelsächs.⟩ (mittelalterl. Gottesurteil)
Or|den, der; -s, - ⟨lat.⟩ ([klösterliche] Gemeinschaft mit best. Regeln; Ehrenzeichen)
or|den|ge|schmückt ↑D 59
Or|dens|band, das; Plur. ...bänder
Or|dens|bru|der; Or|dens|frau; Or|dens|mann Plur. ...männer u. ...leute; Or|dens|re|gel; Or|dens|rit|ter; Or|dens|schwes|ter
Or|dens|span|ge; Or|dens|stern
Or|dens|tracht
Or|dens|ver|lei|hung
or|dent|lich ↑D 89: ordentliche Kündigung; ordentliches (zuständiges) Gericht; ordentliche Professorin, ordentlicher Professor (Abk. o. P.); ordentliche öffentliche Professorin, ordentlicher öffentlicher Professor (Abk. o. ö. Prof.); or|dent|li|cher|wei|se; Or|dent|lich|keit, die; -
Or|der, die; -, Plur. -n od. (Kaufmannsspr. nur:) -s ⟨franz.⟩ (Befehl; Kaufmannsspr. Bestellung, Auftrag)
Or|der|buch; Or|der|ein|gang
or|dern (Kaufmannsspr. bestellen); ich ordere
Or|der|pa|pier (Wertpapier, das die im Papier bezeichnete Person durch Indossament übertragen kann)
Or|di|na|le, das; -[s], ...lia meist Plur. ⟨lat.⟩ (Ordinalzahl)
Or|di|nal|zahl (Ordnungszahl, z. B. »zweite«)
or|di|när ⟨franz.⟩ (gewöhnlich, alltäglich; unfein, unanständig)
Or|di|na|ria, die; -, ...ien od. ...iae ⟨lat.⟩ (Inhaberin eines Lehrstuhls an einer Hochschule)
Or|di|na|ri|at, das; -[e]s, -e (ordentliche Hochschulprofessur; eine kirchl. Behörde)
Or|di|na|ri|um, das; -s, ...ien (ordentlicher Staatshaushalt)
Or|di|na|ri|us, der; -, ...ien (Inhaber eines Lehrstuhls an einer Hochschule)
Or|di|när|preis (vom Verleger festgesetzter Buchverkaufspreis; Marktpreis im Warenhandel)
Or|di|na|te, die; -, -n (Math. auf der Ordinatenachse abgetragene zweite Koordinate eines Punktes); Or|di|na|ten|ach|se (senkrechte Achse des rechtwinkligen Koordinatensystems)
Or|di|na|ti|on, die; -, -en (Weihe, Einsetzung [eines Geistlichen] ins Amt; ärztliche Verordnung, Sprechstunde; österr. auch für Arztpraxis)
Or|di|na|ti|ons|hil|fe (österr.); Or|di|na|ti|ons|zim|mer (österr.)
or|di|nie|ren (Verb zu Ordination)
ord|nen; Ord|ner; Ord|ne|rin
Ord|nung; Ordnung halten
Ord|nungs|amt
Ord|nungs|an|trag (schweiz. für Antrag zur Tagesordnung im Parlament)
Ord|nungs|dienst
ord|nungs|ge|mäß; ord|nungs|hal|ber; aber der Ordnung halber
Ord|nungs|hü|ter (scherzh. für Polizist); Ord|nungs|hü|te|rin
Ord|nungs|kraft meist Plur. (jmd., der für die Wahrung u. Wiederherstellung der öffentlichen Ordnung u. Sicherheit zuständig ist)
Ord|nungs|lie|be; ord|nungs|lie|bend
Ord|nungs|macht (staatliche Institution, die für die Aufrechterhaltung der bestehenden Ordnung zuständig ist)
Ord|nungs|po|li|zei; Ord|nungs|prin|zip; Ord|nungs|ruf
Ord|nungs|sinn; der; -[e]s
Ord|nungs|stra|fe; ord|nungs|wid|rig; Ord|nungs|wid|rig|keit
Ord|nungs|zahl (für Ordinalzahl)
or|do|li|be|ral (einen durch straffe Ordnung gezügelten Liberalismus vertretend)
Or|don|nanz, Or|do|nanz, die; -, -en ⟨franz.⟩ (Militär zu dienstlichen Zwecken abkommandierter Soldat; veraltet für Anordnung, Befehl); Or|don|nanz|of|fi|zier, Or|do|nanz|of|fi|zier
Or|d|re, die; -, -s; vgl. Order
Öre, das; -s, -, auch die; -, - (Untereinheit der dän., norw. u. schwed. Krone); 5 Öre
Ore|a|de, die; -, -n meist Plur. ⟨griech.⟩ (griech. Mythol. Bergnymphe)
Ore|ga|no, Ori|ga|no, der; - ⟨ital.⟩ (eine Gewürzpflanze)
Ore|gon [auch ˈɔrɪɡn] (Staat in den USA; Abk. OR)
Orest, Ores|tes (Sohn Agamemnons)
Ores|tie, die; - (Trilogie des Äschylus)
Öre|sund (Meerenge zwischen Dänemark u. Schweden)
ORF, der; -[s] = Österreichischer Rundfunk
Or|fe, die; -, -n ⟨griech.⟩ (ein Fisch)
Orff, Carl (dt. Komponist)
Or|gan, das; -s, -e ⟨griech.⟩ (Körperteil; Stimme; Beauftragter; Fachblatt, Vereinsblatt)
Or|gan|band, das; Plur. ...banken (Med.)
Or|gan|dy [...di], der; -[s] ⟨engl.⟩ (ein Baumwollgewebe)
Or|ga|nell, das; -s, -en ⟨griech.⟩, Or|ga|nel|le, die; -, -n (Biol. organartige Bildung des Zellplasmas von Einzellern)
Or|gan|emp|fän|ger; Or|gan|emp|fän|ge|rin
Or|gan|ent|nah|me; Or|gan|han|del
Or|ga|ni|gramm, das; -s, -e (schematische Darstellung des Aufbaus einer Organisation)
Or|ga|nik, die; - (Wissenschaft von den Organismen)
Or|ga|ni|sa|ti|on, die; -, -en ⟨franz.⟩ (Aufbau, planmäßige Gestaltung, Einrichtung, Gliederung [nur Sing.]; Gruppe, Verband mit best. Zielen)
Or|ga|ni|sa|ti|ons|bü|ro; Or|ga|ni|sa|ti|ons|feh|ler; Or|ga|ni|sa|ti|ons|form; Or|ga|ni|sa|ti|ons|ga|be; Or|ga|ni|sa|ti|ons|ko|mi|tee; Or|ga|ni|sa|ti|ons|plan vgl. ²Plan; Or|ga|ni|sa|ti|ons|struk|tur; Or|ga|ni|sa|ti|ons|ta|lent
Or|ga|ni|sa|tor, der; -s, ...oren; Or|ga|ni|sa|to|rin; or|ga|ni|sa|to|risch
or|ga|nisch ⟨griech.⟩ (belebt, lebendig; auf ein Organ od. auf den Organismus bezüglich); organische Verbindung (Chemie)
or|ga|ni|sie|ren ⟨franz.⟩ (auch ugs. für auf unredliche Weise beschaffen); sich organisieren; or|ga|ni|siert; die Arbeiter sind

Ornis

gewerkschaftlich organisiert; ↑D 89; das organisierte Verbrechen, *aber* die Organisierte *od.* organisierte Kriminalität (*Abk.* OK); Or|ga|ni|sie|rung

or|ga|nis|misch (zu einem Organismus gehörend)

Or|ga|nis|mus, der; -, ...men (Gefüge; gegliedertes [lebendiges] Ganzes; Lebewesen)

Or|ga|nist, der; -en, -en ⟨griech.⟩ (Orgelspieler); Or|ga|nis|tin

Or|ga|ni|zer [ˈɔːɡənaɪzɐ], der; -s, - ⟨engl.⟩ (als Terminkalender u. Ä. nutzbarer Mikrocomputer)

Or|gan|kon|ser|ve (*Med.*); Or|gan|kon|ser|vie|rung

Or|gan|man|dat (*österr. Amtsspr. für vom Polizisten direkt verfügtes Strafmandat*)

or|ga|no|gen (Organe bildend; organischen Ursprungs)

Or|ga|no|gra|fie, Or|ga|no|gra|phie, die; -, ...ien (*Med.* Beschreibung der Organe u. ihrer Entstehung; *auch svw.* Organigramm); or|ga|no|gra|fisch, or|ga|no|gra|phisch

Or|ga|no|lo|gie, die; - (*Musik* Orgelkunde); or|ga|no|lo|gisch

Or|gan|sin, der *od.* das; -s ⟨franz.⟩ (Kettenseide)

Or|gan|spen|de; Or|gan|spen|der; Or|gan|spen|de[r]|aus|weis; Or|gan|span|de|rin

Or|gan|straf|man|dat (*svw.* Organmandat); Or|gan|straf|ver|fü|gung (*svw.* Organmandat)

Or|gan|trans|plan|ta|ti|on, der; Or|gan|ver|pflan|zung

Or|gan|za, der; -s ⟨ital.⟩ (ein Seidengewebe)

Or|gas|mus, der; -, ...men ⟨griech.⟩ (Höhepunkt der geschlechtl. Erregung); or|gas|tisch

Or|gel, die; -, -n ⟨griech.⟩

Or|gel|bau|er vgl. ¹Bauer; Or|gel|bau|e|rin

Or|gel|kon|zert; Or|gel|mu|sik

or|geln (*veraltet für* auf der Orgel spielen; *derb für* koitieren); ich org[e]le

Or|gel|pfei|fe; wie die Orgelpfeifen (*scherzh. für* [in einer Reihe] der Größe nach)

Or|gel|punkt (*Musik*); Or|gel|re|gis|ter; Or|gel|spiel; Or|gel|ves|per (Orgelkonzert am frühen Abend); Or|gel|werk

Or|gi|as|mus, der; -, ...men ⟨griech.⟩ (ausschweifende kult. Feier in antiken Mysterien)

or|gi|as|tisch (wild, zügellos)

Or|gie [...i̯ə], die; -, -n (ausschweifendes Gelage; Ausschweifung)

original, Original
Nicht immer wird das erste *i* in *original* (von lateinisch *originalis* »ursprünglich«) deutlich gesprochen, wodurch sich die häufig zu findende falsche Schreibung mit nur einem *i* erklärt.

Ori|ent [*auch* oˈri̯ɛnt], der; -s ⟨lat.⟩ (die vorder- u. mittelasiat. Länder; *veraltet für* Osten; *vgl.* Okzident); ↑D 140: der Vordere Orient

Ori|en|ta|le, der; -n, -n (Bewohner der Länder des Orients); Ori|en|ta|lin; ori|en|ta|lisch (den Orient betreffend, östlich); orientalische Sprachen, *aber* ↑D 150: das Orientalische Institut (in Rom)

Ori|en|ta|list, der; -en, -en; Ori|en|ta|lis|tik, die; - (Wissenschaft von den oriental. Sprachen u. Kulturen); Ori|en|ta|lis|tin; ori|en|ta|lis|tisch

Ori|ent|ex|press, Ori|ent-Ex|press

ori|en|tie|ren; sich orientieren; auf etw. orientieren (*regional*)

...ori|en|tiert (z. B. ergebnisorientiert, nachfrageorientiert)

Ori|en|tie|rung

Ori|en|tie|rungs|hil|fe

Ori|en|tie|rungs|lauf (*Sport*)

ori|en|tie|rungs|los; Ori|en|tie|rungs|lo|sig|keit, die; -

Ori|en|tie|rungs|marsch; Ori|en|tie|rungs|punkt; Ori|en|tie|rungs|sinn, der; -[e]s; Ori|en|tie|rungs|stu|fe; Ori|en|tie|rungs|ver|mö|gen, das; -s

Ori|ent|kun|de, die; -

Ori|ent|tep|pich

Ori|ga|no vgl. Oregano

ori|gi|nal ⟨lat.⟩ (ursprünglich, echt; urschriftlich); original Lübecker Marzipan; original französischer Sekt; original Jugendstilvitrine

Ori|gi|nal, das; -s, -e (Urschrift; Urtext; eigentümlicher Mensch)

Ori|gi|nal|auf|nah|me; Ori|gi|nal|aus|ga|be; Ori|gi|nal|do|ku|ment; Ori|gi|nal|druck *Plur.* ...drucke; Ori|gi|nal|fas|sung

ori|gi|nal|ge|treu

Ori|gi|nal|grö|ße

Ori|gi|na|li|tät, die; -, -en *Plur.* selten ⟨franz.⟩ (Echtheit; Besonderheit, wesenhafte Eigentümlichkeit)

Ori|gi|nal|pro|gramm (*Eiskunstlauf*); Ori|gi|nal|re|zept; Ori|gi|nal|spra|che; Ori|gi|nal|text, der; Ori|gi|nal|ti|tel; Ori|gi|nal|ton; Ori|gi|nal|treue

ori|gi|nal|ver|packt (*bes. Kaufmannsspr.*)

Ori|gi|nal|ver|si|on; Ori|gi|nal|zeich|nung; Ori|gi|nal|zu|stand

ori|gi|när ⟨lat.⟩ (grundlegend neu; eigenständig)

ori|gi|nell ⟨franz.⟩ (in seiner Art neu, schöpferisch; *ugs. auch für* komisch)

Ori|no|ko, *span. Schreibung* Ori|no|co, der; -[s] (Strom in Venezuela)

¹Ori|on (Held der griech. Sage)

²Ori|on, der; -[s] (ein Sternbild)

Ori|on|ne|bel, der; -s

Ork, der; -[s], -s ⟨Kunstw.⟩ (Furcht einflößende Fantasiegestalt)

Or|kan, der; -[e]s, -e ⟨karib.⟩ (stärkster Sturm); or|kan|ar|tig; Or|kan|bö, Or|kan|böe (Wind, der für wenige Minuten Orkanstärke erreicht); Or|kan|stär|ke

Ork|ney|in|seln, Ork|ney-In|seln [...ni...] *Plur.* (Inselgruppe nördl. von Schottland)

¹Or|kus (in der röm. Sage Beherrscher der Unterwelt)

²Or|kus, der; - (Unterwelt)

Or|le|a|ner (Einwohner von Orleans); Or|le|a|ne|rin

Or|le|a|nist, der; -en, -en (Anhänger des Hauses Orleans); Or|le|a|nis|tin

¹Or|le|ans [...leã], *franz.* ¹Or|lé|ans [ɔrleˈɑ̃ː] (franz. Stadt)

²Or|le|ans, ²Or|lé|ans [...leˈɑ̃ː], der; -, - (Angehöriger eines Zweiges des ehem. franz. Königshauses)

³Or|le|ans [...leã], der; - (ein Gewebe)

Or|log|schiff (*früher für* Kriegsschiff)

Or|muzd (spätpers. Name für den altiran. Gott Ahura Masdah)

Or|na|ment, das; -[e]s, -e ⟨lat.⟩ (Verzierung; Verzierungsmotiv)

or|na|men|tal (schmückend, zierend); or|na|men|tar|tig

Or|na|men|ten|stil, der; -[e]s; Or|na|ment|form

or|na|men|tie|ren (mit Verzierungen versehen); Or|na|men|tik, die; - (Verzierungskunst)

Or|na|ment|stich

Or|nat, der, *auch* das; -[e]s, -e ⟨lat.⟩ (feierl. Amtstracht)

Or|nis, die; - ⟨griech.⟩ (*Zool.* Vogelwelt [einer Landschaft])

Ornithologe

Or|ni|tho|lo|ge, der; -n, -n; Or|ni|tho|lo|gie, die; - (Vogelkunde); Or|ni|tho|lo|gin; or|ni|tho|lo|gisch (vogelkundlich)
Or|ni|tho|phi|lie, die; - (Biol. Blütenbefruchtung durch Vögel)
oro... (griech.) (berg..., gebirgs...); Oro... (Berg..., Gebirgs...)
Oro|ge|ne|se, die; -, -n (Geol. Gebirgsbildung)
Oro|gra|fie, Oro|gra|phie, die; -, ...ien (Geogr. Beschreibung der Reliefformen eines Landes); oro|gra|fisch, oro|gra|phisch
Oro|hy|d|ro|gra|fie, Oro|hy|d|ro|gra|phie, die; -, ...ien (Geogr. Gebirgs- u. Wasserlaufbeschreibung); oro|hy|d|ro|gra|fisch, oro|hy|d|ro|gra|phisch
Or|phe|um, das; -s, ...een (griech.-nlat.) (Konzertsaal)
Or|pheus (sagenhafter griech. Sänger)
Or|phi|ker, der; -s, - (Anhänger einer altgriech. Geheimlehre); Or|phi|ke|rin; or|phisch (geheimnisvoll)
Or|p|lid [auch 'ɔr...] (von Mörike erfundener Name einer Wunsch- u. Märcheninsel)
¹Ort, der; -[e]s, Plur. -e, bes. Seemannsspr. u. Math. Örter (Ortschaft; Stelle); geometrische Örter; am angeführten od. angegebenen Ort (Abk. a. a. O.); an Ort und Stelle; höher[e]n Ort[e]s; allerorten, allerorts
²Ort, das; -[e]s, Örter (Bergmannsspr. Ende einer Strecke, Arbeitsort); vor Ort
³Ort, der od. das; -[e]s, -e (schweiz. früher für Bundesglied, Kanton); die 13 Alten Orte
⁴Ort, der od. das; -[e]s, -e ([Schuster]ahle, Pfriem; in erdkundlichen Namen für Spitze, z. B. Darßer Ort [Nordspitze der Halbinsel Darß])
Ort|band, das; Plur. ...bänder (Beschlag an der Spitze der Säbelscheide)
Ort|brett (landsch. für Eckbrett)
Ört|chen
Or|te|ga y Gas|set [- i -] (span. Philosoph u. Soziologe)
or|ten (die Position, Lage ermitteln, bestimmen)
Or|te|n|au (Landschaft in Baden-Württemberg)
Or|ter (mit dem Orten Beauftragter)
Ör|ter|bau, der; -[e]s (Bergmannsspr. Abbauverfahren, bei dem ein Teil der Lagerstätte stehen bleibt)
Or|te|rin ⟨zu Orter⟩
ör|tern (Strecken anlegen); ich örtere
or|tho... (griech.) (gerade..., aufrecht...; richtig..., recht...); Or|tho... (Gerade..., Aufrecht...; Richtig..., Recht...)
Or|tho|chro|ma|sie [...kro...], die; - (Fähigkeit einer fotografischen Schicht, für alle Farben außer Rot empfindlich zu sein); or|tho|chro|ma|tisch
or|tho|dox (recht-, strenggläubig); die orthodoxe Kirche; Or|tho|do|xie, die; -, ...ien
Or|tho|epie, die; - (Sprachwiss. Lehre von der richtigen Aussprache der Wörter); Or|tho|epik, die; - (seltener für Orthoepie); or|tho|episch
Or|tho|ge|ne|se, die; -, -n (Biol. Hypothese, nach der die stammesgeschichtl. Entwicklung der Lebewesen zielgerichtet ist)
Or|tho|gna|thie, die; - (Med. gerade Kieferstellung)
Or|tho|gon, das; -s, -e (Geom. Rechteck); or|tho|go|nal (rechtwinklig)
Or|tho|gra|fie, Or|tho|gra|phie, die; -, ...ien (Rechtschreibung); or|tho|gra|fisch, or|tho|gra|phisch (rechtschreiblich)
Or|tho|klas, der; -es, -e (Mineral. ein Feldspat)
Or|tho|pä|de, der; -n, -n; Or|tho|pä|die, die; - (Lehre u. Behandlung von Fehlbildungen u. Erkrankungen der Bewegungsorgane)
Or|tho|pä|die|me|cha|ni|ker; Or|tho|pä|die|me|cha|ni|ke|rin
Or|tho|pä|die|schuh|ma|cher; Or|tho|pä|die|schuh|ma|che|rin
Or|tho|pä|din
or|tho|pä|disch; Or|tho|pä|dist, der; -en, -en (Hersteller orthopädischer Geräte); Or|tho|pä|dis|tin
Or|tho|p|te|re, die; -, -n meist Plur., Or|tho|p|te|ron, das; -s, ...pteren meist Plur. (Zool. Geradflügler)
Or|th|op|tist, der; -en, -en (Fachkraft in der Augenheilkunde, die bes. Störungen der Augenbewegung behandelt); Or|th|op|tis|tin
Or|tho|rek|ti|ker (griech.); Or|tho|rek|ti|ke|rin; Or|tho|re|xie, die; -, -n Plur. selten (Psychol. Zwang, sich gesund zu ernähren)
Or|tho|s|ko|pie, die; - (Optik unverzerrte Abbildung durch Linsen); or|tho|s|ko|pisch

Ort|ler, der; -s (höchster Gipfel der Ortlergruppe); Ort|ler|grup|pe, die; - (Gebirgsgruppe der Zentralalpen)
ört|lich; Ört|lich|keit
Ort|lieb (m. Vorn.)
Or|to|lan, der; -s, -e (ital.) (ein Vogel)
Or|trud (w. Vorn.)
Ort|run (w. Vorn.)
orts|ab|hän|gig
Orts|an|ga|be
orts|an|säs|sig; Orts|an|säs|si|ge, der u. die; -n, -n
Orts|au|gen|schein (südtirol. Ortstermin, Lokaltermin)
Orts|aus|fahrt; Orts|aus|gang; Orts|aus|gangs|schild; Orts|bei|rat; Orts|be|sich|ti|gung; Orts|be|stim|mung
orts|be|weg|lich
Ort|schaft
Orts|chef (österr. ugs. für Bürgermeister); Orts|che|fin
Ort|scheit Plur. ...scheite (Querholz zur Befestigung der Geschirrstränge am Fuhrwerk)
Orts|durch|fahrt; Orts|ein|fahrt; Orts|ein|gang; Orts|ein|gangs|schild
Orts|et|ter vgl. Etter
orts|fest; orts|fremd; orts|ge|bun|den
Orts|ge|spräch; Orts|grup|pe
Orts|kai|ser (österr. ugs. für einflussreicher Bürgermeister); Orts|kai|se|rin
Orts|kennt|nis; Orts|kern; Orts|klas|se
Orts|kran|ken|kas|se; Allgemeine Ortskrankenkasse ↑D 150 (Abk. AOK)
Orts|kun|de, die; -; orts|kun|dig
Orts|la|ge (Bereich geschlossener Bebauung in einem Ort)
Orts|na|me; Orts|na|men|for|schung
Orts|netz (Telefonwesen); Orts|netz|kenn|zahl (Telefonwesen)
Orts|schild
Orts|sinn, der; -[e]s
Orts|ta|fel; Orts|ta|rif (Telefonie); Orts|teil, der
Ort|stein (durch Witterungseinflüsse verfestigte Bodenschicht)
Orts|ter|min (Amtsspr., Rechtsspr.)
orts|üb|lich
Orts|um|fah|rung (bes. österr.); Orts|um|ge|hung
orts|un|ab|hän|gig; orts|un|kun|dig
Orts|ver|band; Orts|ver|ein; Orts|ver|kehr
Orts|vor|ste|her; Orts|vor|ste|he|rin

822

Orts|wech|sel; Orts|zeit; Orts|zu|schlag
Or|tung ⟨zu orten⟩; Or|tungs|kar|te
Ort|win (m. Vorn.)
Ort|zie|gel (ein Dachziegel)
¹Or|vi|e|to (ital. Stadt)
²Or|vi|e|to, der; -[s], -s (Weißwein [von ¹Orvieto])
Or|well [...vəl] (engl. Schriftsteller)
Os, der, auch das; -[es], -er meist Plur. ⟨schwed.⟩ (Geol. durch Schmelzwasser der Eiszeit entstandener Höhenrücken)
Os (chem. Zeichen für Osmium)
öS = österr. Schilling
O-Saft (ugs.) = Orangensaft
Osa|ka [auch 'o:...] (jap. Stadt)
OSB, O. S. B. = Ordinis Sancti Benedicti ⟨lat., »vom Orden des hl. Benedikt«⟩ (Benediktinerorden)
Os|car, der; -[s], -s ⟨amerik.⟩ (volkstüml. Name der Statuette, die als Academy Award [amerik. Filmpreis] verliehen wird)
os|car|no|mi|niert; oscarnominierte Filme; os|car|prä|miert; oscarprämierte Darsteller
Os|car|preis|trä|ger; Os|car|preis|trä|ge|rin; Os|car|ver|lei|hung
Oschi, der; -s, -s ⟨ugs. für großes Ding, große Sache⟩
Öse, die; -, -n
Ösel (estnische Insel)
Oser (Plur. von Os)
¹Ösi, der; -s, -s ⟨ugs. scherzh. für Österreicher⟩; ²Ösi, die; -, -s ⟨ugs. scherzh. für Österreicherin⟩
Osi|ris (ägypt. Gott des Nils u. des Totenreiches)
Os|kar (m. Vorn.)
Os|ker, der; -s, - (Angehöriger eines idg. Volksstammes in Mittelitalien); Os|ke|rin; os|kisch
Os|ku|la|ti|on, die; -, -en ⟨lat.⟩ (Math. Berührung zweier Kurven); os|ku|lie|ren
Os|lo (Hauptstadt Norwegens); Os|lo|er; Os|lo|e|rin
OSM, O. S. M. = Ordinis Servorum od. Servarum Mariae ⟨lat., »vom Orden der Diener[innen] Marias«⟩; vgl. Servit, Servitin
Os|man (m. Vorname; Begründer der nach ihm benannten Dynastie)
Os|ma|ne, der; -n, -n (Bewohner des Osmanischen Reiches; [nur Plur.:] Name einer von 1300 bis 1922 herrschenden turkmen. Dynastie); Os|ma|nen|tum, das; -s; Os|ma|nin
os|ma|nisch; osmanische Literatur, aber ↑D 150: das Osmanische Reich (das türk. Reich bis 1922)
Os|mi|um, das; -s ⟨griech.⟩ (chemisches Element, Metall; Zeichen Os)
Os|mo|lo|gie, die; - (Lehre von den Riechstoffen u. vom Geruchssinn)
Os|mo|se, die; -, -n (Chemie, Biol. Übergang des Lösungsmittels einer Lösung in eine stärker konzentrierte Lösung durch eine feinporige Scheidewand); os|mo|tisch
Os|na|brück (Stadt in Niedersachsen)
Os|ning, der; -s (mittlerer Teil des Teutoburger Waldes)
OSO = Ostsüdost[en]
Öso|pha|gus, fachspr. Oe|so|pha|gus, der; -, ...gi ⟨griech.⟩ (Med. Speiseröhre)
Os|sa|ri|um, Os|su|a|ri|um, das; -s, ...ien ⟨lat.⟩ (Beinhaus auf Friedhöfen; antike Gebeinurne)
Os|ser|va|to|re Ro|ma|no, der; - - ⟨»Röm. Beobachter«⟩ (päpstl. Zeitung)
Os|se|te, der; -n, -n (Angehöriger eines Bergvolkes im Kaukasus); Os|se|tin; os|se|tisch
¹Os|si, der; -s, -s ⟨ugs. für Ostdeutscher⟩; ²Os|si, die; -, -s ⟨ugs. für Ostdeutsche⟩
Os|si|an [auch ɔˈsiːan] (sagenhafter kelt. Barde)
Os|si|etz|ky [...ki], Carl von (dt. Publizist)
Os|si|fi|ka|ti|on, die; -, -en ⟨lat.⟩ (Med. Knochenbildung, Verknöcherung); os|si|fi|zie|ren
Os|su|a|ri|um vgl. Ossarium
¹Ost (Himmelsrichtung; Abk. O); Ost und West; fachspr. der Wind kommt aus Ost; Autobahnausfahrt Saarbrücken-Ost od. Saarbrücken Ost ↑D 148; vgl. Osten
²Ost, der; -[e]s, -e Plur. selten (geh. für Ostwind)
Ost|af|ri|ka; ost|af|ri|ka|nisch
Ost|al|gie, die; - (Sehnsucht nach der DDR); os|tal|gisch
ost|asi|a|tisch; Ost|asi|en
ost|bal|tisch
Ost|ber|lin ↑D 143; Ost|ber|li|ner; Ost|ber|li|ne|rin
Ost|block, der; -[e]s (früher für Gesamtheit der Staaten des Warschauer Pakts); Ost|block|land Plur. ...länder; Ost|block|staat Plur. ...staaten

Ost|chi|na
ost|deutsch; Ost|deut|sche, der u. die; Ost|deutsch|land
Os|te|al|gie, die; -, ...ien ⟨griech.⟩ (Med. Knochenschmerzen)
Ost|el|bi|en; Ost|el|bi|er (früher für Großgrundbesitzer u. Junker); Ost|el|bi|e|rin; ost|el|bisch
os|ten (Bauw. nach Osten [aus]richten)
Os|ten, der; -s (Himmelsrichtung; Abk. O); ↑D 140: der Ferne Osten; der Nahe Osten; der Mittlere Osten; vgl. ¹Ost
Ost|en|de (Seebad in Belgien)
os|ten|si|bel ⟨lat.⟩ (geh. veraltend für auffällig); ...i|b|le Gegenstände
os|ten|siv (veraltend für augenscheinlich, offensichtlich)
Os|ten|ta|ti|on, die; -, -en (veraltend für Prahlerei)
os|ten|ta|tiv (herausfordernd)
Os|te|o|lo|gie, die; - ⟨griech.⟩ (Med. Knochenlehre)
Os|teo|ma|la|zie, die; -, ...ien (Med. Knochenerweichung)
Os|teo|mye|li|tis, die; -, ...tiden (Med. Knochenmarkentzündung)
Os|teo|path, der; -en, -en (Med. jmd., der die Osteopathie anwendet)
Os|teo|pa|thie, die; -, ...ien ⟨griech.⟩ (Med. eine Knochenerkrankung; nur Sing. therapeutisches Verfahren, das die Funktionsfähigkeit von Knochengerüst, Gewebe u. Organen erhalten od. wiederhergestellt wird); Os|teo|pa|thin
Os|teo|plas|tik, die (Med. operatives Schließen von Knochenlücken); os|teo|plas|tisch
Os|teo|po|ro|se, die; -, -n (Med. Knochenschwund)
Os|ter|brauch; Os|ter|ei; Os|ter|fe|ri|en Plur.; Os|ter|fest; Os|ter|feu|er; Os|ter|glo|cke; Os|ter|ha|se
Os|te|ria, die; -, Plur. -s u. ...ien (Gasthaus [in Italien])
Os|ter|in|sel, die; - (im Pazif. Ozean)
Os|ter|ker|ze (kath. Kirche); Os|ter|lamm
ös|ter|lich
Os|ter|lu|zei [auch ...ˈtsaɪ̯], die; -, -en (ein Schlinggewächs)
Os|ter|marsch; Os|ter|mar|schie|rer; Os|ter|mar|schie|re|rin
Os|ter|mes|se

Ostermonat

Os|ter|mo|nat, Os|ter|mond (*alte Bez. für* April) Os|ter|mon|tag

Os|tern
das; -, -
(Osterfest)
– zu Ostern (*bes. nordd. u. österr.*)
– an Ostern (*bes. südd.*)
– Ostern ist bald vorbei

Gelegentlich im landschaftlichen Sprachgebrauch und zumeist in Österreich und in der Schweiz wird »Ostern« im Plural verwendet:
– es waren schöne Ostern

In Wunschformeln ist allgemein der Plural üblich:
– fröhliche Ostern!; frohe Ostern!

Os|ter|nacht; Os|ter|pin|ze, die; -, -n (*österr. für* ein Hefegebäck)
Ös|ter|reich; Ös|ter|rei|cher; Ös|ter|rei|che|rin
ös|ter|rei|chisch; *aber* ↑D 150: die Österreichischen Bundesbahnen (*Abk.* ÖBB)
ös|ter|rei|chisch-un|ga|risch; die österreichisch-ungarische Monarchie; Ös|ter|reich-Un|garn (ehem. Doppelmonarchie)
ös|ter|reich|weit
Os|ter|sams|tag; Os|ter|sonn|tag
Os|ter|spiel; Os|ter|was|ser, das; -s
Os|ter|wei|te|rung
Os|ter|wo|che (Woche nach Ostern; *auch für* Karwoche)
Ost|eu|ro|pa; Ost|eu|ro|pä|er; Ost|eu|ro|pä|e|rin; ost|eu|ro|pä|isch; osteuropäische Zeit (*Abk.* OEZ)
Ost|fa|le, der; -n, -n (Angehöriger eines altsächsischen Volksstammes); Ost|fa|len; Ost|fa|lin; ost|fä|lisch
Ost|flan|dern (belg. Prov.)
Ost|flü|gel
Ost|fran|ken (hist. Landschaft); ost|frän|kisch
Ost|frie|se; Ost|frie|sen|witz; Ost|frie|sin
ost|frie|sisch; *aber* ↑D 140: die Ostfriesischen Inseln; Ost|fries|land
Ost|front (bes. in den beiden Weltkriegen); Ost|ge|biet *meist Plur.*
Ost|geld *vgl.* ²Ostmark
Ost|ger|ma|ne; Ost|ger|ma|nin; ost|ger|ma|nisch
Os|tia (Hafen des alten Roms)
os|ti|nat, os|ti|na|to (*ital.*) (*Musik* stetig wiederkehrend, ständig wiederholt [vom Bassthema]); Os|ti|na|to, der *od.* das; -s, -s *u.* ...ti (Basso ostinato)
Ost|in|di|en; ost|in|disch; ostindische Waren, *aber* ↑D 150: die Ostindische Kompanie (*früher*)
Os|ti|tis, die; -, ...titiden ⟨griech.⟩ (*Med.* Knochenentzündung)
Ost|ja|ke, der; -n, -n (Angehöriger eines finn.-ugr. Volkes in Westsibirien)
Ost|kir|che; Ost|küs|te
Ost|ler, der; -s, - (*abwertend für* Bewohner Ostdeutschlands); Ost|le|rin

öst|lich
– östlicher Länge (*Abk.* ö. L.)
– ↑D 89: das östliche Mittelmeer, *aber* ↑D 140: der Östliche Sajan (Teil des Sajangebirges in Sibirien)

An »östlich« kann ein Substantiv im Genitiv oder mit »von« angeschlossen werden. Der Anschluss mit »von« wird bei artikellosen [geografischen] Namen bevorzugt:
– östlich des Rheins; östlich der Oder
– östlich von Berlin, *seltener* östlich Berlins

¹Ost|mark (hist. Landschaft)
²Ost|mark, die; -, - (*früher ugs. für* Währung der DDR)
¹Ost|nord|ost (Himmelsrichtung; *Abk.* ONO); *vgl.* Ostnordosten
²Ost|nord|ost, der; -[e]s, -e *Plur. selten* (Ostnordostwind; *Abk.* ONO)
Ost|nord|os|ten, der; -s (*Abk.* ONO); *vgl.* ¹Ostnordost
Ost|ös|ter|reich; Ost|ös|ter|rei|cher; Ost|ös|ter|rei|che|rin; ost|ös|ter|rei|chisch
Ost|po|li|tik
Ost|preu|ßen; ost|preu|ßisch
Ost|ra|zis|mus, der; - ⟨griech.⟩ (Scherbengericht, altathen. Volksgericht)
Ös|tro|gen, *fachspr. auch* Es|t|ro|gen, das; -s, -e ⟨griech.⟩ (*Med.* w. Geschlechtshormon)
Ost|rom; ost|rö|misch; *aber* ↑D 150: das Oströmische Reich
Ös|t|ron, Es|t|ron, das; -s ⟨griech.⟩ (*Med.* Follikelhormon)
Ost|row|s|ki (russ. Dramatiker)
Ost|schweiz; Ost|schwei|zer; Ost|schwei|ze|rin; ost|schwei|ze|risch

Ost|see, die; -
Ost|see|bad; Ostseebad Prerow [...ro]; Ost|see|heil|bad; Ostseeheilbad Zingst; Ost|see|in|sel; Ost|see|küs|te; Ost|see|pipe|line, die; - (Erdgasleitung von Russland durch die Ostsee nach Deutschland)
Ost|sei|te
¹Ost|süd|ost (Himmelsrichtung; *Abk.* OSO); *vgl.* Ostsüdosten
²Ost|süd|ost, der; -[e]s, -e *Plur. selten* (Ostsüdostwind; *Abk.* OSO)
Ost|süd|os|ten, der; -s (*Abk.* OSO); *vgl.* ¹Ostsüdost
Ost|teil, der
Ost|ti|mor (*früher für* Timor-Leste)
Ost|ti|rol
Os|tung, die; - ⟨*zu* osten⟩
Ost|wald (dt. Chemiker); ostwaldsche *od.* Ostwald'sche Farbenlehre ↑D 89
ost|wärts
Ost-West-Ge|spräch, das; -[e]s, -e
ost|west|lich; in ostwestlicher Richtung
Ost|wind
Ost|zo|ne (veraltet für sowjetische Besatzungszone)
Os|wald (m. Vorn.)
Os|win (m. Vorn.)
OSZE, die; - = Organisation für Sicherheit und Zusammenarbeit in Europa
Os|zil|la|ti|on, die; -, -en ⟨lat.⟩ (*Physik* Schwingung); Os|zil|la|tor, der; -s, ...toren (Gerät zur Erzeugung elektr. Schwingungen); os|zil|lie|ren (schwingen)
Os|zil|lo|graf, Os|zil|lo|graph, der; -en, -en (Schwingungsschreiber)
Os|zil|lo|gramm, das; -es, -e ⟨lat.; griech.⟩ (Schwingungsbild)
Ota, der; -[s] (griech. Gebirge)
Ot|al|gie, die; -, ...ien ⟨griech.⟩ (*Med.* Ohrenschmerz)
Ot|fried (m. Vorn.)
Othel|lo (Figur bei Shakespeare)
Oth|mar *vgl.* Otmar
Otho (röm. Kaiser)
Oti|a|t|rie, die; - ⟨griech.⟩ (*Med.* veraltend für Ohrenheilkunde)
Oti|tis, die; -, ...itiden (*Med.* Ohrenentzündung)
Ot|mar, Oth|mar (m. Vorn.)
Oto|lith, der; *Gen.* -s *od.* -en, *Plur.* -e[n] ⟨griech., »Gehörsteinchen«⟩ (*Med.* Teil des Gleichgewichtsorgans)
Oto|lo|gie, die; - (*svw.* Otiatrie)
O-Ton = Originalton

Oto|s|kop, das; -s, -e ⟨griech.⟩ (Med. Ohrenspiegel)
Ot|scher, der; -s (Berg in Niederösterreich)
Ot|ta|ve|ri|me Plur. ⟨ital.⟩ (Verslehre Stanze)
¹**Ot|ta|wa**, der; -[s] (Fluss in Kanada)
²**Ot|ta|wa** (Hauptstadt Kanadas)
³**Ot|ta|wa**, der; -[s], -[s] (Angehöriger eines nordamerik. Indianerstammes)
¹**Ot|ter**, der; -s, - (eine Marderart)
²**Ot|ter**, die; -, -n (eine Schlange)
Ot|tern|brut; Ot|tern|ge|zücht (bibl.)
Ot|ter|zun|ge (versteinerter Fischzahn)
Ott|hein|rich (m. Vorn.)
Ot|ti|lia, Ot|ti|lie (w. Vorn.)
Ot|to (m. Vorn.); Otto Normalverbraucher (ugs. für Durchschnittsmensch)
Ot|to|kar (m. Vorn.)
Ot|to|man, der; -s, -e ⟨türk.⟩ (ein Ripsgewebe)
¹**Ot|to|ma|ne**, die; -, -n (veraltet für niedriges Sofa)
²**Ot|to|ma|ne**, der; -n, -n (svw. Osmane); **Ot|to|ma|nin**
Ot|to|mo|tor® ↑D 136 ⟨nach dem Erfinder⟩ (Vergasermotor)
Ot|to|ne, der; -n, -n (Bez. für einen der sächsischen Kaiser Otto I., II. u. III.); **ot|to|nisch**
Öt|zi, der; -[s] ⟨nach dem Fundort in den Ötztaler Alpen⟩ (ugs. scherzh. für die mumifizierte Leiche eines Vorzeitmenschen)
Ötz|tal; Ötz|ta|ler; Ötztaler Alpen; **Ötz|ta|le|rin**
Oua|ga|dou|gou [u̯aga'du:gu] (Hauptstadt von Burkina Faso)
Oud [u:t] vgl. Ud
out [aʊt] ⟨engl.⟩ (österr., schweiz., sonst veraltet für aus, außerhalb des Spielfeldes [bei Ballspielen]; ugs. für unzeitgemäß, unmodern); **Out**, das; -[s], -[s]
Out|back ['aʊtbɛk], das, auch der; -[s] ⟨engl.⟩ (das Landesinnere Australiens)
Out|cast ['aʊtka:st], der; -s, -s ⟨engl.⟩ (von der Gesellschaft Ausgestoßener)
out|door ['aʊtdɔːɐ̯] ⟨engl.⟩ (draußen, im Freien); die Party findet outdoor statt
Out|door, das; -[s] (Freizeitaktivitäten im Freien); **Out|door|be|klei|dung; Out|door|ja|cke**
Out|ein|wurf (Sport österr.)
ou|ten ['aʊtn̩] ⟨engl.⟩; jmdn. outen (jmds. Homosexualität o. Ä. [ohne dessen Zustimmung] öffentlich bekannt machen); sich outen; er, sie hat sich geoutet; sie outete sich als Raucherin
Out|fit ['aʊt...], das; -s, -s ⟨engl.⟩ (Kleidung; Ausrüstung)
Ou|ting ['aʊtɪŋ], das; -s, -s ⟨engl.⟩ (das [Sich]outen)
Out|law ['aʊtlɔː], der; -[s], -s ⟨engl.⟩ (Geächteter, Verbrecher)
Out|li|nie (Sport österr.)
Out-of-area-Ein|satz [aʊtl̩ɔf-ˈɛːriə...] ⟨engl.; dt.⟩ (Militär, Politik [bes. von milit. Unternehmungen] Einsatz außerhalb des Bereichs der eigenen Zuständigkeit)
Out-of-the-box-Lö|sung [aʊtɔfðəˈbɔks...] ⟨engl.; dt.⟩ (EDV Lösung [eines Problems] als Fertigprodukt)
Out|per|for|mer ['aʊt...], der, auch das; -s, - ⟨engl.⟩ (Börsenw. Aktie mit überdurchschnittlicher Kursentwicklung)
Out|put ['aʊt...], der, auch das; -s, -s ⟨engl.⟩ (Wirtsch. Produktion[smenge]; EDV Arbeitsergebnisse einer Rechenanlage)
ou|t|rie|ren [uˈtriːrən] ⟨franz.⟩ (geh. für übertreiben); ein outriert modern eingerichtetes Zimmer
Out|si|der ['aʊtsaɪ...], der; -s, - ⟨engl.⟩ (Außenseiter); **Out|si|de|rin**
out|sour|cen ['aʊtsɔːɐ̯sn̩] ⟨Wirtsch. ausgliedern, nach außen verlegen, fremdvergeben); ich source out; du, er, ihr sourct out; der Vertrieb wird outgesourct; outzusourcen
Out|sour|cing [...sɪŋ], das; -s, -s ⟨engl.⟩ (Wirtsch. Übergabe von bestimmten Firmenbereichen an spezialisierte Dienstleistungsunternehmen)
Out|take ['aʊtteɪk], der u. das; -s, -s ⟨engl.⟩ (herausgeschnittene Filmszene)
Out|wach|ler (österr. ugs. für Linienrichter); **Out|wach|le|rin**
Ou|ver|tü|re [uv...] ⟨franz., »Öffnung«⟩ (instrumentales Eröffnungsstück)
Ou|zo ['u:zo], der; -[s], -s ⟨griech.⟩ (griech. Anisbranntwein)
oval ⟨lat.⟩ (eirund, länglich rund); **Oval**, das; -s, -e
Oval Of|fice ['ɔʊvl̩ -], das; - -[s] ⟨engl.⟩ (Amtszimmer des amerik. Präsidenten im Weißen Haus)
Ovar, das; -s, -e, **Ova|ri|um**, das; -s, ...ien (Biol., Med. Eierstock)
Ova|ti|on, die; -, -en ⟨lat.⟩ (begeisterter Beifall)
Ove|r|all ['oːvərɔːl, auch ...ral], der; -s, -s ⟨engl.⟩ (einteiliger [Schutz]anzug)
over|dressed ['oʊvɐdrɛst] (zu gut, fein angezogen)
Over|drive ['oʊvɐdraɪf], der; -[s], -s ⟨engl.⟩ (Kfz-Technik Schnellgang)
Over|flow ['oʊvɐfloʊ], der; -s ⟨EDV Überschreitung der Speicherkapazität von Computern)
Over|head|pro|jek|tor ['oʊvɐhɛt...] (Projektor für die transparente Vorlagen auf eine Fläche projiziert)
Over|kill ['oʊvɐ...], der; -[s] ⟨engl.⟩ (Militär das Vorhandensein von mehr Waffen, als nötig sind, um den Gegner zu vernichten)
Over|knees ['oʊvɐniːs] Plur. ⟨engl.⟩ (über die Knie hinausreichende Kniestrümpfe u. Stiefel)
over|sized ['oʊvɐsaɪst] ([von Kleidungsstücken] größer als tatsächlich nötig)
Ovid (röm. Dichter); **ovi|disch**; die ovidischen Liebeselegien ↑D 89 u. 135
Ovi|e|do [span. ...ðo] (nordspan. Provinz)
ovi|par ⟨lat.⟩ (Biol. Eier legend, sich durch Eier fortpflanzend)
ovo|id, ovo|i|disch ⟨lat.; griech.⟩ (eiförmig)
Ovo|ve|ge|ta|ri|er (Vegetarier, der auch Eier[produkte] isst); **Ovo|ve|ge|ta|ri|e|rin; ovo|ve|ge|ta|risch**
ovo|vi|vi|par ⟨lat.⟩ (Eier mit schon weit entwickelten Embryonen legend)
ÖVP, die; - = Österreichische Volkspartei
Ovu|la|ti|on, die; -, -en ⟨lat.⟩ (Biol. Ausstoßung des reifen Eies aus dem Eierstock)
Ovu|la|ti|ons|hem|mer (Med.); **Ovu|la|ti|ons|zy|k|lus**
...ow [...o, österr. ugs. ...ɔf] (in deutschen geografischen Namen u. Personennamen, z. B. Teltow, Wussow ↑D 165)
Ow|en [ˈaʊən] (Stadt in Baden-Württemberg)
Owens ['oʊɪnz], Jesse ['dʒɛsi] (amerik. Leichtathlet)
Oxa|lit, der; -s, -e ⟨griech.⟩ (ein Mineral)

Oxalsäure

Ox|al|säu|re, die; - ⟨griech.; dt.⟩ (Kleesäure)
Oxer, der; -s, - ⟨engl.⟩ (Zaun zwischen Viehweiden; *Pferdesport* Hindernis bei Springprüfungen)
Ox|ford (engl. Stadt)
Ox|hoft, das; -[e]s, -e (altes Flüssigkeitsmaß); 10 Oxhoft
Oxid, Oxyd, das; -[e]s, -e ⟨griech.⟩ (Sauerstoffverbindung); **Oxi|da|ti|on**, Oxy|da|ti|on, die; -, -en
oxi|die|ren, oxy|die|ren (*Chemie* sich mit Sauerstoff verbinden, Sauerstoff aufnehmen; bewirken, dass sich eine Substanz mit Sauerstoff verbindet); **Oxi|die|rung**, Oxy|die|rung
oxi|disch, oxy|disch (*Chemie* ein Oxid enthaltend)
oxy... (scharf...; sauerstoff...); **Oxy...** (Scharf...; Sauerstoff...)
Oxyd usw. *vgl.* Oxid usw.
oxy|gen (*Biol.* Sauerstoff freisetzend); **Oxy|gen**, **Oxy|ge|ni|um**, das; -s ⟨griech.-lat. Bez. für Sauerstoff; chem. Element; Zeichen O⟩
Oxy|hä|mo|glo|bin ⟨griech.; lat.⟩ (sauerstoffhaltiger Blutfarbstoff)
Oxy|mo|ron, das; -s, ...ra ⟨griech.⟩ (*Rhet.* Zusammenstellung zweier sich widersprechender Begriffe als rhetor. Figur, z. B. »Eile mit Weile«)
Oxy|to|non, das; -s, ...na (*Sprachwiss.* auf der letzten, kurzen Silbe betontes Wort)
Oy|bin (Kurort u. Berg im Zittauer Gebirge)
Oza|lid® (Markenbez. für Papiere, Gewebe, Filme mit lichtempfindlichen Emulsionen); **Oza|lid|pa|pier**; **Oza|lid|ver|fah|ren**
Ozean, der; -s, -e ⟨griech.⟩ (Weltmeer); der große (endlos scheinende) Ozean, *aber* ↑D 140: der Große (Pazifische) Ozean
Oze|a|na|ri|um, das; -s, ...ien (Anlage mit Meerwasseraquarien)
Oze|a|naut, der; -en, -en (*svw.* Aquanaut); **Oze|a|nau|tin**
Oze|an|damp|fer; **Oze|an|frach|ter**
Oze|a|ni|de *vgl.* Okeanide
Oze|a|ni|en (Gesamtheit der Pazifikinseln zwischen Amerika, den Philippinen u. Australien); **oze|a|nisch** (Meeres...; zu Ozeanen gehörend)
Oze|a|no|gra|fie, Oze|a|no|gra|phie, die; - (Meereskunde); **oze|a|no|gra|fisch**, oze|a|no|gra|phisch
Ozel|le, die; -, -n ⟨lat.⟩ (*Zool.* Lichtsinnesorgan bei Insekten u. Spinnentieren)
Oze|lot [auch 'ɔ...], der; -s, *Plur.* -e u. -s ⟨aztek.⟩ (ein katzenartiges Raubtier Nord- u. Südamerikas; *auch für* Pelz dieses Tieres)
Ozo|ke|rit, der; -s ⟨griech.⟩ (Erdwachs)
Ozon, der od. (*fachspr. nur:*) das; -s ⟨griech.⟩ (besondere Form des Sauerstoffs)
Ozon|alarm; **Ozon|be|las|tung**; **Ozon|ge|halt**, der
ozon|hal|tig, *österr.* **ozon|häl|tig**
ozo|ni|sie|ren (mit Ozon behandeln)
Ozon|kil|ler (*ugs. für* Ozon zerstörende Substanz); **Ozon|loch** (bes. durch Treibgase verursachte Zerstörung der Ozonschicht in der Stratosphäre)
ozon|reich
Ozon|schicht, die; - (*Meteorol.*)
Ozon|the|ra|pie (*Med.*)
Ozon|wert (messbarer Ozongehalt in der [Atem]luft od. in der Stratosphäre)

P

p = Penni; Penny; piano; Pico..., Piko...; Pond; typografischer Punkt
p. = pinxit
p., pag. = Pagina
P (Buchstabe); das P; des P, die P, *aber* das p in hupen; der Buchstabe P, p
P = Peta...
P (*chem. Zeichen für* Phosphor)
P (*auf dt. Kurszetteln*) = Papier (*svw.* Brief; *vgl.* B)
P. = Pastor; Pater; Papa
π = ^{2}Pi
Π, π = ^{1}Pi
p. a. = pro anno
p. A. = per Adresse
Pa (*chem. Zeichen für* Protactinium; Pascal)
PA = Pennsylvania
Pä|an, der; -s, -e ⟨griech.⟩ (altgriech. Hymne)

¹**paar**

⟨lat.⟩
- es hatten sich viele angemeldet, aber es kamen nur ein paar (nur wenige)
- ein paar (einige) Leute; die paar (wenigen) Groschen; für ein paar Euro; in den paar Tagen; mit ein paar Worten
- ein paar Hundert *od.* hundert Bücher; ein paar Dutzend *od.* dutzend Mal[e]
- diese paar Mal[e]; ein paar Male; ein paarmal *od. (bei besonderer Betonung)* ein paar Mal

²**paar** (*Biol. selten für* paarig); paare Blätter

Paar

das; -[e]s, -e
(zwei zusammengehörende Personen oder Dinge)
- ein glückliches Paar
- die Kür der Paare
- sich in, zu Paaren aufstellen
- ein Paar Schuhe, ein Paar Strümpfe
- von diesen Socken habe ich noch zwei Paar

Beugung:
- ein Paar neue, *selten* neuer Schuhe
- für zwei Paar neue, *selten* neuer Schuhe
- der Preis eines Paar[e]s neuer Schuhe
- mit einem Paar Schuhe[n]

Paar|be|zie|hung; **Paar|bil|dung**
paa|ren; sich paaren
Paar|hu|fer (*Zool.*)
paa|rig (paarweise vorhanden); **Paa|rig|keit**, die; -
Paar|lauf (*Sport*); **paar|lau|fen** nur im Infinitiv u. im Partizip II gebr.; **Paar|läu|fer** (*Sport*); **Paar|läu|fe|rin**
paar|mal; ein paarmal *od. (bei besonderer Betonung)* paar Mal; *vgl.* ¹paar *u.* ¹Mal

Paa|rung; paa|rungs|be|reit; paa|rungs|wil|lig
paar|wei|se
Paar|ze|her (svw. Paarhufer)

Papst
Das Wort geht auf das lateinische *papa* (= Vater) zurück und wird deshalb auch in der Mitte mit *p* (nicht mit *b*) geschrieben.

Pace [peɪs], die; - ⟨engl.⟩ (Gangart des Pferdes; Renntempo); **Pace|ma|cher** (Pferd, das das Renntempo bestimmt)
Pace|ma|ker [...meɪkɐ], der; -s, - (Pacemacher; *Med.* Herzschrittmacher)
Pacht, die; -, -en
pach|ten
Päch|ter; Päch|te|rin
Pacht|geld; Pacht|gut; Pacht|land, das; -[e]s; **Pacht|sum|me**
Pach|tung; Pacht|ver|trag
pacht|wei|se
Pacht|zins *Plur.* ...zinsen
Pa|chul|ke, der; -n, -n ⟨slaw.⟩ (landsch. für ungehobelter Bursche, Tölpel)
¹**Pack**, der; -[e]s, *Plur.* -e u. -s (Gepacktes; Bündel)
²**Pack**, das; -[e]s ⟨*abwertend für* Gesindel, Pöbel⟩
Pa|ckage ['pekɪtʃ], das; -s ⟨engl.⟩ (Paket); **Pa|ckage|tour**, die; -, -en, seltener -s ⟨engl.⟩ (durch ein Reisebüro vorbereitete Reise im eigenen Auto mit vorher bezahlten Unterkünften u. sonstigen Leistungen)
Päck|chen
Pack|eis ([übereinandergeschobenes] Schollenejs)
Pa|cke|lei (österr. ugs. für heimliches Paktieren); **pa|ckeln** (paktieren)
pa|cken; sich packen (ugs. für sich fortscheren)
Pa|cken, der; -s, -
pa|ckend; ein packender Film
Pa|cker; Pa|cke|rei; Pa|cke|rin
Pa|ckerl, das; -s, -[n]; *vgl.* Pickerl (österr. für Päckchen; Packung); **Pa|ckerl|sup|pe** (bayr., österr. ugs. für Instantsuppe)
Pack|esel (ugs. für jmd., dem viele Lasten aufgepackt werden)
Pack|fong, das; -s ⟨chin.⟩ (im 18. Jh. aus China eingeführte Kupfer-Nickel-Zink-Legierung)

Pack|kis|te; Pack|lein|wand; Pack|pa|pier; Pack|raum
Pack|set, das; -s, -s (Karton mit Kordel u. Aufkleber für Pakete u. Päckchen)
Pack|sta|ti|on®; Pack|tisch
Pa|ckung (ugs. auch für hohe Niederlage im Sport)
Pa|ckungs|bei|la|ge (Beipackzettel)
Pack|wa|gen; Pack|werk (Wasserbau); **Pack|zet|tel** (Wirtsch.)
Pad [pɛd], das; -s, -s ⟨engl.⟩ (kurz für Mousepad, Espressopad, Wattepad, Mauspad)
Pä|d|a|go|ge, der; -n, -n ⟨griech.⟩ (Erzieher; Lehrer; Erziehungswissenschaftler)
Pä|d|a|go|gik, die; -, -en (Erziehungslehre, -wissenschaft); **Pä|d|a|go|gi|kum**, das; -s, ...ka (Prüfung in Erziehungswissenschaft für Lehramtskandidat[inn]en)
Pä|d|a|go|gin
pä|d|a|go|gisch (erzieherisch); pädagogische Fähigkeit; ↑D 89: [eine] pädagogische Hochschule, *aber* ↑D 150: die Pädagogische Hochschule (*Abk.* PH) Heidelberg
pä|d|a|go|gi|sie|ren; Pä|d|a|go|gi|sie|rung; Pä|d|a|go|gi|um, das; -s, ...ien (früher für Vorbereitungsschule für das Studium an einer pädagogischen Akademie)
Pä|d|ak, die; -, -s (österr.; kurz für Pädagogische Akademie)
PADAM = partial androgen deficiency in the aging male (*Med.* partielles Androgendefizit des alternden Mannes)
Pad|del, das; -s, - ⟨engl.⟩; **Pad|del|boot; Pad|del|boot|fahrt**
pad|deln; ich padd[e]le
Pad|dler; Pad|dle|rin
Pad|dock ['pɛ...], der; -s ⟨engl.⟩ (umzäunter Auslauf)
¹**Pad|dy** ['pɛdi], der; -s ⟨malai.-engl.⟩ (ungeschälter Reis)
²**Pad|dy** ['pɛdi], der; -s, -s ⟨engl.; Koseform des m. Vornamens Patrick⟩ (Spitzname des Iren)
Pä|de|rast, der; -en, -en ⟨griech.⟩ (Homosexueller mit bes. auf m. Jugendliche gerichtetem Sexualempfinden); **Pä|de|ras|tie**, die; - (Kinderheilkunde); **pä|d|i|a|t|risch**
Pa|di|schah, der; -s, -s ⟨pers.⟩ (früherer Titel islam. Fürsten)

Pä|do|ge|ne|se, Pä|do|ge|ne|sis [*auch* ...'ge:...], die; - ⟨griech.⟩ (*Biol.* Fortpflanzung im Larvenstadium)
pä|do|phil; Pä|do|phi|le, der u. die; -n, -n; **Pä|do|phi|lie**, die; - ⟨griech.⟩ (auf Kinder gerichteter Sexualtrieb Erwachsener)
Pa|douk [...'daʊk], das; -s ⟨birman.⟩ (ein Edelholz)
Pa|d|re, der; -, ...dri u. -s ⟨ital.⟩ (ital. od. span. Ordenspriester)
Pa|dua (ital. Stadt); **Pa|du|a|ner; Pa|du|a|ne|rin; pa|du|a|nisch**
Pa|el|la [...'elja, *auch* ...'eja], die; -s ⟨katal.-span.⟩ (span. Reisgericht mit Fleisch, Fisch, Gemüse u. a.)
Pa|fe|se, Po|fe|se, die; -, *meist Plur.* ⟨ital.⟩ (bayr. u. österr. für gebackene Weißbrotschnitte)
paff *vgl.* baff
paff!; piff, paff!
paf|fen (ugs. für rauchen)
pag., p. = Pagina
Pa|ga|ni|ni (ital. Geigenvirtuose u. Komponist)
Pa|ga|nis|mus, der; -, ...men ⟨lat.⟩ (*nur Sing.:* Heidentum; *auch für* heidnische Elemente im christl. Glauben u. Brauchtum)
Pa|gat, der; -s, -e ⟨ital.⟩ (Karte im Tarockspiel)
pa|ga|to|risch ⟨lat.-ital.⟩ (*Wirtsch.* auf Zahlungsvorgänge bezogen); pagatorische Buchhaltung
Pa|ge [...ʒə], der; -n, -n ⟨franz.⟩ (livrierter junger [Hotel]diener; früher Edelknabe)
Page|im|pres|sion ['peɪtʃɪmprɛʃn], die; -, -s ⟨engl.⟩ (Aufruf einer Internetseite)
Pa|gen|dienst; Pa|gen|fri|sur; Pa|gen|kopf
Pa|ger ['peɪdʒɐ], der; -s, - ⟨engl.⟩ (Funkempfangsgerät, das einen eintreffenden Ruf akustisch od. optisch signalisiert)
Page|view ['peɪtʃvju:], der; -s, -s ⟨engl.⟩ (svw. Pageimpression)
Pa|gin [...ʒ...] (w. Form zu Page)
Pa|gi|na, die; -, -s ⟨lat.⟩ (veraltet für [Buch-, Blatt]seite; *Abk.* p. *od.* pag.); **pa|gi|nie|ren** (mit Seitenzahl[en] versehen); **Pa|gi|nier|ma|schi|ne; Pa|gi|nie|rung**
¹**Pa|go|de**, die; -, -n ⟨drawid.-port.⟩ (Tempel in Ostasien)
²**Pa|go|de**, die; -, -n, *auch* der; -n, -n (veraltet für ostasiat. Götterbild; kleine sitzende Porzellanfigur mit beweglichem Kopf)
Pa|go|den|dach
Pa|go|den|kra|gen (aus mehreren

in Stufen übereinandergelegten Teilen bestehender Kragen)

pah!, bah!

Pail|let|te [pa'jɛ...], die; -, -n ⟨franz.⟩ (glitzerndes Metallblättchen zum Aufnähen); **pail|let|ten|be|setzt; Pail|let|ten|kleid**

Paint|ball ['peɪntbɔːl], der; -[s] ⟨engl.⟩ (einen milit. Kampf simulierendes Spiel)

Pair [pɛːɐ̯], das; -s, -s ⟨franz.⟩ (früher für Mitglied des höchsten franz. Adels); vgl. ²Peer; **Pai|rie**, die; -, ...ien (Würde eines Pairs); **Pairs|wür|de**

Pak, die; -, -[s] (Kurzw. für Panzerabwehrkanone)

Pa|ket, das; -[e]s, -e

Pa|ket|ad|res|se; Pa|ket|an|nah|me; Pa|ket|aus|ga|be; Pa|ket|boot; Pa|ket|bo|te; Pa|ket|bo|tin; Pa|ket|dienst

pa|ke|tie|ren (zu einem Paket machen); **Pa|ke|tier|ma|schi|ne**

Pa|ket|kar|te; Pa|ket|lö|sung (bes. Politik, Wirtsch.)

Pa|ket|post; Pa|ket|shop; Pa|ket|zen|t|rum; Pa|ket|zu|stel|lung

Pa|kis|tan (Staat in Asien); **Pa|kis|ta|ner; Pa|kis|ta|ne|rin; Pa|kis|ta|ni**, der; -[s], -[s] u. die; -, -[s] (Pakistaner[in]); **pa|kis|ta|nisch**

Pa|ko, der; -s, -s ⟨indian.-span.⟩ (svw. ¹Alpaka)

Pakt, der; -[e]s, -e ⟨lat.⟩ (Vertrag; Bündnis)

pak|tie|ren (einen Vertrag schließen; gemeinsame Sache machen); **Pak|tie|rer; Pak|tie|re|rin**

pa|lä|ark|tisch (griech.); paläarktische Region (Tiergeogr. Europa, Nordafrika, Asien außer Indien)

Pa|la|din [auch 'pa(ː)...], der; -s, -e ⟨lat.⟩ (Angehöriger des Heldenkreises am Hofe Karls d. Gr.; treuer, ergebener Anhänger)

Pa|lais [...'lɛː], das; - [pa'lɛː(s)], - [pa'lɛːs] ⟨franz.⟩ (Palast, Schloss)

Pa|lan|kin, der; -s, Plur. -e u. -s ⟨Hindi⟩ (ind. Tragsessel; Sänfte)

pa|läo... ⟨griech.⟩ (alt..., ur...); **Pa|läo...** (Alt..., Ur...)

Pa|läo|an|th|ro|po|lo|ge [auch ...'loːgə]; **Pa|läo|an|th|ro|po|lo|gie** (Wissenschaft von den fossilen Menschen); **Pa|läo|an|th|ro|po|lo|gin; pa|läo|an|th|ro|po|lo|gisch**

Pa|läo|bio|lo|gie [auch ...'giː] (Biologie ausgestorbener Lebewesen)

Pa|läo|bo|ta|nik [auch ...'taː...] (Botanik ausgestorbener Pflanzen)

Pa|läo|di|ät [auch ...di'[l]ɛːt] (Steinzeiternährung)

Pa|läo|geo|gra|fie, Pa|läo|geo|gra|phie [auch ...'fiː] (Geografie der Erdgeschichte)

Pa|läo|graf, Pa|läo|graph, der; -en, -en (Wissenschaftler auf dem Gebiet der Paläografie); **Pa|läo|gra|fie, Pa|läo|gra|phie**, die; -, -n (Lehre von den Schriftarten des Altertums u. des MA.s); **Pa|läo|gra|fin, Pa|läo|gra|phin; pa|läo|gra|fisch, pa|läo|gra|phisch**

Pa|läo|his|to|lo|gie [auch ...'giː], die; - (Lehre von den Geweben der fossilen Lebewesen)

Pa|läo|kli|ma|to|lo|gie [auch ...'giː], die; - (Lehre von den Klimaten der Erdgeschichte)

Pa|läo|lith, der; Gen. -s od. -en, Plur. -e[n] (Steinwerkzeug des Paläolithikums)

Pa|läo|li|thi|kum, das; -s (Altsteinzeit); **pa|läo|li|thisch**

Pa|lä|on|to|lo|ge, der; -n, -n; **Pa|lä|on|to|lo|gie**, die; - (Lehre von den Lebewesen vergangener Erdperioden); **Pa|lä|on|to|lo|gin; pa|lä|on|to|lo|gisch**

Pa|läo|phy|ti|kum, das; -s (Frühzeit der Pflanzenentwicklung im Verlauf der Erdgeschichte)

Pa|läo|zän, Pa|leo|zän, das; -s (Geol. älteste Abteilung des Tertiärs)

Pa|läo|zo|i|kum, das; -s (erdgeschichtl. Altertum); **pa|läo|zo|isch**

Pa|läo|zoo|lo|gie [auch ...'giː], die; - (Zoologie der fossilen Tiere)

Pa|las, der; -, -se ⟨lat.⟩ (Hauptgebäude der mittelalterl. Burg)

Pa|last, der; -[e]s, Paläste (Schloss; Prachtbau)

Pa|läs|ti|na (Gebiet zwischen Mittelmeer u. Jordan); **Pa|läs|ti|na|pil|ger**

Pa|läs|ti|nen|ser; Pa|läs|ti|nen|ser|füh|rer; Pa|läs|ti|nen|ser|ge|biet; Pa|läs|ti|nen|se|rin; Pa|läs|ti|nen|ser|prä|si|dent; Pa|läs|ti|nen|ser|staat

pa|läs|ti|nen|sisch; pa|läs|ti|nisch

Pa|läs|t|ra, die; -, ...ren ⟨griech.⟩ (altgriechische Ring-, Fechtschule)

Pa|last|re|vol|te; Pa|last|re|vo|lu|ti|on; Pa|last|wa|che

pa|la|tal ⟨lat.⟩ (den Gaumen betreffend, Gaumen...); **Pa|la|tal**, der; -s, -e, **Pa|la|tal|laut**, der; -[e]s, -e (Sprachwiss. am vorderen Gaumen gebildeter Laut, z. B. j)

¹Pa|la|tin, der; -s ⟨lat.⟩ (ein Hügel in Rom)

²Pa|la|tin, der; -s, -e (früher für Pfalzgraf); **Pa|la|ti|na**, die; - (Heidelberger Bibliothek); **Pa|la|ti|nat**, das; -[e]s, -e (früher für Würde eines Pfalzgrafen); **pa|la|ti|nisch** (pfälzisch); aber ↑D 140: der Palatinische Hügel (in Rom)

Pa|lat|schin|ke, der; -s, -n meist Plur. -s ⟨ung.⟩ (österr. für gefüllter Eierkuchen)

Pa|lau (Staat im westlichen Pazifik); **Pa|lau|er; Pa|lau|e|rin; pa|lau|isch**

Pa|la|ver, das; -s, - ⟨lat.-port.-engl.⟩ (Ratsversammlung afrik. Stämme; ugs. für endloses Gerede u. Verhandeln)

pa|la|vern (ugs.); ich palavere; sie haben palavert

Pa|laz|zo, der; -[s], ...zzi ⟨ital.⟩ (ital. Bez. für Palast); **Pa|laz|zo|ho|se** (weit geschnittene lange Damenhose)

Pal|le, der; -, -n (nordd. für Schote, Hülse)

Pale Ale ['peɪl 'ɛɪl], das; - -[s], - -[s] ⟨engl.⟩ (helles engl. Bier)

pal|len (nordd. für [Erbsen] aus den Hülsen [Palen] lösen)

Pa|leo|zän vgl. Paläozän

Pal|ler|mer; Pal|ler|me|rin; pal|ler|misch

Pa|ler|mo (Stadt auf Sizilien)

Pa|les|t|ri|na (ital. Komponist)

Pa|le|tot [...to, auch, österr. nur, pal(ə)'toː], der; -s, -s (taillierter doppelreihiger Herrenmantel; dreiviertellanger Mantel)

Pa|lett, das; -[e]s, -e ⟨schweiz. für Palette⟩; **Pa|let|te**, die; -, -n ⟨franz.⟩ (Farbenmischbrett; genormtes Lademittel für Stückgüter; übertr. für bunte Mischung); **pa|let|ten|wei|se**

pa|let|ti; alles paletti (ugs. für in Ordnung)

pa|let|tie|ren (franz.) (Versandgut auf einer Palette stapeln)

Pa|li, das; -[s] (Schriftsprache der Buddhisten in Sri Lanka u. Hinterindien)

pa|lim..., pa|lin... ⟨griech.⟩ (wieder...); **Pa|lim..., Pa|lin...** (Wieder...)

Pa|lim|p|sest, der od. das; -[e]s, -e (von Neuem beschriebenes Pergament)

Pa|lin|drom, das; -s, -e ⟨Wort[folge] od. Satz, die vorwärts- wie rückwärtsgelesen [den gleichen] Sinn ergeben, z. B. Reliefpfeiler⟩

Pa|lin|ge|ne|se, die; -, -n ⟨Rel. Wiedergeburt; Biol. Auftreten von Merkmalen stammesgeschichtl. Vorfahren während der Keimesentwicklung⟩

Pa|li|n|o|die, die; -, ...ien ⟨Literaturwiss. [dichterischer] Widerruf⟩

Pa|li|sa|de, die; -, -n ⟨franz.⟩ ⟨aus Pfählen bestehendes Hindernis⟩; **Pa|li|sa|den|pfahl**; **Pa|li|sa|den|wand**

Pa|li|san|der, der; -s, ⟨indian.-franz.⟩ ⟨brasilian. Edelholz⟩; **Pa|li|san|der|holz**; **pa|li|san|dern** ⟨aus Palisander⟩

¹**Pal|la|di|um**, das; -s, ...ien ⟨griech.⟩ ⟨Bild der Pallas; schützendes Heiligtum⟩

²**Pal|la|di|um**, das; -s ⟨chemisches Element, Metall; Zeichen Pd⟩

Pal|las ⟨griech.⟩ ⟨Beiname der Athene⟩

Pal|lasch, der; -[e]s, -e ⟨ung.⟩ ⟨schwerer Säbel⟩

Pal|la|watsch, **Bal|la|watsch**, der; -[s], -e ⟨österr. ugs. für Durcheinander, Blödsinn⟩

pal|li|a|tiv ⟨Med. schmerzlindernd⟩; **Pal|li|a|tiv**, das; -s, -e, **Pal|li|a|ti|vum**, das; -s, ...va ⟨lat.⟩ ⟨Med. Linderungsmittel⟩; **Pal|li|a|tiv|me|di|zin** ⟨Med.⟩; **Pal|li|a|tiv|ver|sor|gung**

Pal|li|um, das; -s, ...ien ⟨Schulterbinde des erzbischöfl. Ornats⟩

Pal|lot|ti|ner, der; -s, - ⟨nach dem ital. Priester Pallotti⟩ ⟨Angehöriger einer kath. Vereinigung⟩; **Pal|lot|ti|ne|rin**; **Pal|lot|ti|ner|or|den**, der; -s

¹**Palm**, der; -s, -e ⟨lat., »flache Hand«⟩ ⟨altes Maß zum Messen von Rundhölzern⟩; 10 Palm

²**Palm**® [pa:m], der; -s, -s ⟨engl.⟩ ⟨kurz für Palmtop⟩

Pal|ma de Mal|lor|ca ⟨Hauptstadt von Mallorca⟩

Palm|art vgl. Palmenart

Pal|ma|rum ⟨Palmsonntag⟩

Palm|baum ⟨veraltet für Palme⟩

Palm|blatt, **Pal|men|blatt**

Pal|me, die; -, -n; **Pal|men|art**; **pal|men|ar|tig**

Pal|men|blatt, **Palm|blatt**

Pal|men|hain; **Pal|men|haus**

Pal|men|her|zen Plur. (svw. Palmherzen)

Pal|men|rol|ler ⟨eine südasiatische Schleichkatze⟩

Pal|men|we|del, **Palm|we|del**; **Pal|men|zweig**, **Palm|zweig**

Pal|met|te, die; -, -n ⟨franz.⟩ ⟨Kunstwiss. Verzierung; Gartenbau Spalierobstbaum⟩

Palm|her|zen Plur. ⟨als Gemüse od. Salat zubereitetes Mark bestimmter Palmen⟩

pal|mie|ren ⟨lat.⟩ ⟨[bei einem Zaubertrick] in der Handfläche verbergen⟩

Pal|mi|tin, das; -s ⟨Hauptbestandteil der meisten Fette⟩

Palm|kätz|chen

Palm|öl

Palm|sonn|tag ⟨auch 'palm...⟩

Palm|top® ['pa:m...], der; -[s], -s ⟨engl.⟩ ⟨Taschencomputer⟩

Palm|we|del, **Pal|men|we|del**

Palm|wei|de

Palm|wei|he ⟨kath. Kirche Weihe der Palm- od. Buchsbaumzweige am Palmsonntag⟩

Palm|wein

Pal|my|ra ⟨[Ruinen]stadt in der Syrischen Wüste⟩; **Pal|my|ra|pal|me**; **Pal|my|rer**; **Pal|my|re|rin**; **pal|my|risch**

Palm|zweig, **Pal|men|zweig**

Pa|lo Al|to ['pɛloʊ 'ɛltoʊ] ⟨Stadt in den USA⟩

Pa|lo|lo|wurm ⟨polynes.; dt.⟩ ⟨ein trop. Borstenwurm⟩

pal|pa|bel ⟨lat.⟩ ⟨Med. tast-, fühl-, greifbar⟩; ...a|b|le Organe; **Pal|pa|ti|on**, die; -, -en ⟨Med. Untersuchung durch Abtasten⟩

Pal|pe, die; -, -n ⟨Zool. Taster [bei Gliederfüßern]⟩

pal|pie|ren ⟨Med. betastend untersuchen⟩

Pal|pi|ta|ti|on, die; -, -en ⟨Pulsschlag, Herzklopfen⟩; **pal|pi|tie|ren** ⟨schlagen, pulsieren⟩

Pal|stek [...ste:k], der; -s, -s ⟨Seemannsspr. leicht lösbarer Knoten [bes. zum Festmachen eines Bootes]⟩

Pa|me|la [auch 'pɛmələ], **Pa|me|le** (w. Vorn.)

Pa|mir [auch 'pa:...], der, auch das; -[s] ⟨Hochland in Asien⟩

Pamp, der; -[e]s ⟨nordd. für Pamps⟩

Pam|pa, die; -, -s meist Plur. ⟨indian.⟩ ⟨baumlose Grassteppe in Südamerika⟩; **Pam|pa[s]|gras**

Pam|pe, die; -, -n ⟨nordd., mitteld. für dicke, breiige Masse aus Sand o. Ä. u. Wasser⟩

Pam|pel|mu|se [auch 'pam...], die; -, -n ⟨niederl.⟩ ⟨eine Zitrusfrucht⟩

Pam|per|letsch vgl. Bamperletsch

Pampf, der; -[e]s ⟨südd. für Pamps⟩

Pam|ph|let, das; -[e]s, -e ⟨franz.⟩ ⟨Streit-, Schmähschrift⟩; **Pam|ph|le|tist**, der; -en, -en ⟨Verfasser von Pamphleten⟩; **Pam|ph|le|tis|tin**

pam|pig ⟨nordd., mitteld. für breiig; ugs. für frech, patzig⟩

Pamps, der; -[es] ⟨landsch. für dicker Brei [zum Essen]⟩

Pam|pu|sche [auch ...'pu:...] vgl. Babusche

¹**Pan** ⟨griech. Hirten-, Waldgott⟩

²**Pan**, der; -s, -s ⟨poln.⟩ ⟨früher in Polen Besitzer eines kleineren Landgutes; poln. [in Verbindung mit dem Namen]: Herr⟩; vgl. Panje

pan... ⟨griech.⟩ ⟨gesamt..., all...⟩; **Pan...** ⟨Gesamt..., All...⟩

Pa|na|ché [...'ʃe:] vgl. Panaschee

Pa|na|de, die; -, -n ⟨franz.⟩ ⟨Weißbrotbrei zur Bereitung von Füllungen; Mischung aus Ei u. Semmelmehl zum Panieren⟩

Pa|na|del|sup|pe ⟨südd. u. österr. für Suppe mit Weißbroteinlage⟩

pan|af|ri|ka|nisch ↑D 89: panafrikanische Musik, aber ↑D 150: die Panafrikanischen Spiele; **Pan|af|ri|ka|nis|mus**, der; -; vgl. Panamerikanismus

Pa|na|ma ⟨Staat in Mittelamerika u. dessen Hauptstadt⟩; **Pa|na|ma|er**; **Pa|na|ma|e|rin**

Pa|na|ma|hut, **Pa|na|ma-Hut**, der ↑D 143; **pa|na|ma|isch**

Pa|na|ma|ka|nal, **Pa|na|ma-Ka|nal**, der; -s ↑D 143

pan|ame|ri|ka|nisch; panamerikanische Bewegung; **Pan|ame|ri|ka|nis|mus**, der; - ⟨Bestreben, die wirtschaftl. u. polit. Zusammenarbeit der amerik. Staaten zu verstärken⟩

pan|ara|bisch; panarabische Bewegung ↑D 89; **Pan|ara|bis|mus**, der; -; vgl. Panislamismus

Pa|na|ri|ti|um, das; -s, ...ien ⟨griech.⟩ ⟨Med. eitrige Entzündung am Finger⟩

Pa|nasch, der; -[e]s, -e ⟨franz.⟩ ⟨Feder-, Helmbusch⟩

Pa|na|schee, **Pa|na|ché** [...'ʃe:], das; -s, -s ⟨veraltet für mehrfarbiges Eis; Kompott, Gelee aus verschiedenen Obstsorten; bes. schweiz. für gemischtes Getränk, bes. Bier u. Limonade⟩

pa|na|schie|ren (Kandidaten verschiedener Listen wählen); **Pa|na|schier|sys|tem**, das; -s (ein Wahlsystem)

Pa|na|schie|rung, die; -, -en, **Pa|na|schü|re**, die; -, -n (*Bot.* weiße Musterung auf Pflanzenblättern)

pan|asi|a|tisch

Pan|athe|nä|en *Plur.* ⟨griech.⟩ (Fest zu Ehren der Athene im alten Athen)

Pa|na|zee [*auch* ...'tse:], die; -, -n [...'tse:ən] ⟨griech.⟩ (Allheil-, Wundermittel)

Pan|cake ['pɛnkeɪk], der; -s, -s ⟨engl.⟩ (bes. in Nordamerika zum Frühstück verzehrte Art des Pfannkuchens)

Pan|cet|ta [...'tʃɛ...], die; -, *auch* der; - ⟨ital.⟩ (eine Art Speck)

pan|chro|ma|tisch ⟨griech.⟩ (*Fotogr.* empfindlich für alle Farben u. Spektralbereiche)

Pan|cra|ti|us [*österr.* 'pa...] *vgl.* Pankratius

Pan|da, der; -s, -s (asiat. Bärenart)

Pan|dai|mo|ni|on, Pan|dä|mo|ni|um, das; -s, ...ien ⟨griech.⟩ (Aufenthalt od. Gesamtheit der [bösen] Geister)

Pan|da|ne, die; -, -n ⟨malai.⟩ (eine Zierpflanze)

Pan|dek|ten *Plur.* ⟨griech.⟩ (Sammlung altröm. Rechtssprüche)

Pan|de|mie, die; -, ...ien ⟨griech.⟩ (*Med.* Epidemie größeren Ausmaßes)

pan|de|misch (sehr weit verbreitet); eine pandemische Seuche

Pan|dit, der; -s, -e *u.* -s ⟨sanskr.-Hindi⟩ ([Titel] brahmanischer Gelehrter)

Pan|do|ra (Gestalt der griech. Mythologie); die Büchse der Pandora

Pand|sch|ab [...'dʒa:p, *auch* 'pa...], das; -[s] ⟨sanskr., »Fünfstromland«⟩ (Landschaft in Vorderindien); **Pand|sch|a|bi**, das; -[s] (eine neuind. Sprache)

Pa|neel, das; -s, -e ⟨niederl.⟩ (Täfelung der Innenwände); **pa|nee|lie|ren**

Pa|ne|gy|ri|ker ⟨griech.⟩ (Verfasser eines Panegyrikus); **Pa|ne|gy|ri|ke|rin**

Pa|ne|gy|ri|kon, das; -[s], ...ka (liturg. Buch der orthodoxen Kirche)

Pa|ne|gy|ri|kos, Pa|ne|gy|ri|kus, der; -, *Plur.* ...ken *u.* ...zi (Fest-, Lobrede; Fest-, Lobgedicht); **pa|ne|gy|risch**

Pa|nel ['pɛnl], das; -s, -s ⟨engl.⟩ (repräsentative Personengruppe für die Meinungsforschung)

Pa|nel|tech|nik (Methode der Meinungsforschung, die gleiche Personengruppe innerhalb eines bestimmten Zeitraums mehrfach zu befragen)

pa|nem et cir|cen|ses ⟨lat., »Brot u. Zirkusspiele«⟩ (Lebensunterhalt u. Vergnügungen zur Zufriedenstellung des Volkes)

Pan|en|the|is|mus, der; - ⟨griech.⟩ (Lehre, nach der das All in Gott eingeschlossen ist); **pan|en|the|is|tisch**

Pa|net|to|ne, der; -[s], ...ni ⟨ital.⟩ (ein ital. Kuchen)

Pan|eu|ro|pa (erstrebte Gemeinschaft der europäischen Staaten); **pan|eu|ro|pä|isch**

Pan|flö|te, Pans|flö|te ([antike] Hirtenflöte aus aneinandergereihten Pfeifen)

Pan|ga|si|us, der; -, ...ien ⟨nlat.⟩ (ein Speisefisch)

Pan|has, der; - (niederrhein.-westfäl. Gericht aus Wurstbrühe u. Buchweizenmehl)

Pan|hel|le|nis|mus, der; - (Bewegung zur polit. Einigung der griech. Staaten [in der Antike]); **pan|hel|le|nis|tisch**

¹**Pa|nier**, das; -s, -e ⟨germ.-franz.⟩ (*veraltet für* Banner; *geh. für* Wahlspruch)

²**Pa|nier**, die; - ⟨franz.⟩ (*österr. für* Hülle aus Ei u. Semmelbröseln)

pa|nie|ren (in Ei u. Semmelbröseln wenden); **Pa|nier|mehl; Pa|nie|rung**

Pa|nik, die; -, -en ⟨*nach* ¹Pan⟩ (durch plötzlichen Schrecken entstandene, unkontrollierte [Massen]angst); **Pa|nik|an|fall; pa|nik|ar|tig; Pa|nik|at|ta|cke**

Pa|nik|ma|che; Pa|nik|re|ak|ti|on; Pa|nik|stim|mung

Pa|nik|ver|kauf (*Börsenw.*)

pa|nisch (lähmend); panischer Schrecken

Pan|is|la|mis|mus, der; - (Streben, alle islam. Völker zu vereinigen)

Pan|je, der; -s, -s ⟨slaw.⟩ (*veraltet für* poln. od. russ. Bauer); *vgl.* ²Pan; **Pan|je|pferd** (poln. od. russ. Landpferd); **Pan|je|wa|gen**

Pan|kar|di|tis, die; -, ...itiden ⟨griech.⟩ (*Med.* Entzündung aller Schichten der Herzwand)

Pan|kow [...ko] (Stadtteil Berlins)

Pan|kra|ti|on, das; -s, -s ⟨griech.⟩ (altgriechischer Ring- u. Faustkampf)

Pan|kra|ti|us, Pan|c|ra|ti|us, Pan|k|raz [*österr.* 'pa...] (m. Vorn.)

Pan|k|re|as, das; - ⟨griech.⟩ (*Med.* Bauchspeicheldrüse); **Pan|k|re|a|ti|tis**, die; -, ...itiden (Entzündung der Bauchspeicheldrüse)

Pan|lo|gis|mus, der; - ⟨griech.⟩ (*philos.* Lehre, nach der das ganze Weltall als Verwirklichung der Vernunft aufzufassen ist)

Pan|mi|xie, die; -, ...ien ⟨griech.⟩ (*Biol.* Kreuzung mit jedem beliebigen Partner der gleichen Tierart)

Pan|na|cot|ta, die; -, Pannacotte, **Pan|na cot|ta**, die; -, Panne cotte ⟨ital.⟩ (eine ital. Süßspeise)

Pan|ne, die; -, -n ⟨franz.⟩ (Schaden, techn. Störung; Missgeschick)

Pan|nen|dienst; pan|nen|frei

Pan|nen|hel|fer; Pan|nen|hel|fe|rin

Pan|nen|hil|fe; Pan|nen|kof|fer

Pan|nen|kurs (Lehrgang über das Beheben von Autopannen)

Pan|nen|se|rie; Pan|nen|strei|fen (*bes. österr., schweiz. für* Standspur, -streifen)

Pan|no|ni|en (frühere röm. Donauprovinz); **pan|no|nisch** (*österr. auch für* burgenländisch); pannonisches Klima, *aber* ↑D 151: das Pannonische Becken

Pa|n|op|ti|kum, das; -s, ...ken ⟨griech.⟩ (Kuriositäten-, Wachsfigurenkabinett)

Pa|n|o|ra|ma, das; -s, ...men ⟨griech.⟩ (Rundblick; Rundgemälde; [fotograf.] Rundbild)

Pa|no|ra|ma|bild

Pa|no|ra|ma|blick; Pa|no|ra|ma|bus; Pa|no|ra|ma|fens|ter; Pa|no|ra|ma|spie|gel; Pa|no|ra|ma|stra|ße; Pa|no|ra|ma|weg

Pan|ple|gie, die; - ⟨griech.⟩ (*Med.* allgemeine, vollständige Muskellähmung)

Pan|psy|chis|mus, der; - ⟨griech.⟩ (*Philos.* Lehre, nach der auch die unbelebte Natur beseelt ist)

pan|schen, pant|schen (*ugs. für* mischend verfälschen, verdünnen; mit den Händen od. Füßen im Wasser patschen, planschen); du pan[t]schst

Pan|scher, Pant|scher (*ugs.*); **Pan|sche|rei**, Pant|sche|rei (*ugs.*); **Pan|sche|rin**, Pant|sche|rin (*ugs.*)

papieren

Pan|sen, der; -s, - (Magenteil der Wiederkäuer); vgl. Panzen
Pan|se|xu|a|lis|mus, der; - ⟨griech.; lat.⟩ (psychoanalyt. Richtung, die in der Sexualität den Auslöser für alle psychischen Vorgänge sieht)
Pans|flö|te vgl. Panflöte
Pan|sla|wis|mus, der; - (Streben im 19. Jh., alle slaw. Völker zu vereinigen); pan|sla|wis|tisch
Pan|so|phie, die; - ⟨griech., »Gesamtwissenschaft«⟩ (vom 16. bis zum 18. Jh. Bewegung mit dem Ziel einer Gesamtdarstellung aller Wissenschaften)
Pan|sper|mie, die; - ⟨griech.⟩ (Theorie von der Entstehung des Lebens auf der Erde durch Keime von anderen Planeten)
Pan|ta|le|on (ein Heiliger)
Pan|ta|lo|ne, der; -[s], Plur. -s u. ...ni ⟨ital.⟩ (Figur der ital. Volkslustspieles)
Pan|ta|lons [pãta'lõ:s, 'pantalõ:s] Plur. ⟨franz.⟩ (lange Männerhose mit röhrenförmigen Beinen)
pan|ta rhei ⟨griech., »alles fließt«⟩ (Heraklit zugeschriebener Grundsatz, nach dem das Sein als ewiges Werden gedacht wird)
Pan|ter usw. vgl. Panther usw.
Pan|the|is|mus, der; - ⟨griech.⟩ (Weltanschauung, nach der Gott u. Welt eins sind)
Pan|the|ist, der; -en, -en; Pan|the|is|tin; pan|the|is|tisch
Pan|the|on, das; -s, -s (antiker Tempel für alle Götter)
Pan|ther, Pan|ter, der; -s, - ⟨griech.⟩ (svw. Leopard); Pan|ther|fell, Pan|ter|fell
Pan|ti|ne, die; -, -n meist Plur. ⟨niederl.⟩ (nordd. für Holzschuh, -pantoffel)
pan|to... ⟨griech.⟩ (all...); Pan|to... (All...)
Pan|tof|fel, der; -s, -n ⟨franz.⟩ (Hausschuh)
Pan|tof|fel|blu|me
Pan|tof|fel|chen
Pan|tof|fel|held (ugs. für Mann, der von seiner Ehefrau beherrscht wird); Pan|tof|fel|ki|no (ugs. scherzh. für Fernsehen)
Pan|tof|fel|tier|chen (Biol.)
Pan|to|graf, Pan|to|graph, der; -en, -en ⟨griech.⟩ (Storchschnabel, Instrument zum Übertragen von Zeichnungen im gleichen, größeren od. kleineren Maßstab); Pan|to|gra|fie, Pan|to|gra|phie, die; -, ...ien (mit dem Pantografen hergestelltes Bild)
Pan|to|let|te, die; -, -n meist Plur. ⟨Kunstwort⟩ (leichter Sommerschuh ohne Fersenteil)
¹Pan|to|mi|me, die; -, -n ⟨griech. (-franz.)⟩ (Darstellung einer Szene nur mit Gebärden u. Mienenspiel)
²Pan|to|mi|me, der; -n, -n (Darsteller einer Pantomime)
Pan|to|mi|mik, die; - (Gebärdenspiel; Kunst der Pantomime); Pan|to|mi|min; pan|to|mi|misch
Pan|t|ry ['pɛntri], die; -, -s ⟨engl.⟩ (Speise-, Anrichtekammer)
pant|schen usw. vgl. panschen usw.
Pant|schen-La|ma, der; -[s], -s ⟨tibet.⟩ (zweites, kirchliches Oberhaupt des tibetanischen Priesterstaates)
Pan|ty ['pɛnti], die; -, -s ⟨engl.⟩ (Miederhose)
Pä|n|ul|ti|ma, die; -, Plur. ...mä u. ...men ⟨lat.⟩ (Sprachwiss. vorletzte Silbe eines Wortes)
Pan|zen, der; -s, - (landsch. für dicker Bauch)
Pan|zer (Kampffahrzeug; feste Hülle; früher Rüstung)
Pan|zer|ab|wehr; Pan|zer|ab|wehr|ka|no|ne (Kurzw. Pak); Pan|zer|ab|wehr|ra|ke|te
pan|zer|bre|chend; panzerbrechende Munition
Pan|zer|di|vi|si|on; Pan|zer|ech|se; Pan|zer|faust; Pan|zer|glas, das; -es; Pan|zer|gra|ben; Pan|zer|gra|na|te; Pan|zer|gre|na|dier; Pan|zer|gre|na|die|rin (selten)
Pan|zer|hemd (früher)
Pan|zer|jä|ger; Pan|zer|jä|ge|rin (selten); Pan|zer|kampf|wa|gen; Pan|zer|kreu|zer
pan|zern; ich panzere
Pan|zer|plat|te; Pan|zer|schiff; Pan|zer|schrank; Pan|zer|späh|wa|gen; Pan|zer|sper|re
Pan|ze|rung
Pan|zer|wa|gen
Pä|o|nie, die; -, -n ⟨griech.⟩ (Pfingstrose)
¹Pa|pa [veraltend, geh. ...'pa:], der; -s, -s ⟨franz.⟩ (Vater)
²Pa|pa, der; -s ⟨griech., »Vater«⟩ (kirchl. Bez. des Papstes; Abk. P.); Pa|pa|bi|li Plur. ⟨lat.⟩ (ital. Bez. der als Papstkandidaten infrage kommenden Kardinäle)
Pa|pa|chen
Pa|pa|gal|lo, der; -[s], Plur. -s u. ...lli ⟨ital.⟩ (ital. [junger] Mann, der erotische Abenteuer mit Touristinnen sucht)
Pa|pa|gei [österr. u. schweiz. auch 'pa...], der; Gen. -en u. -s, Plur. -en, seltener -e ⟨franz.⟩
Pa|pa|gei|en|grün, das; -[s]
pa|pa|gei|en|haft
Pa|pa|gei|en|krank|heit, die; - ([bes. von Papageien übertragene] bakterielle Infektionskrankheit)
Pa|pa|gei|fisch; Pa|pa|gei|tau|cher (ein Vogel)
Pa|pa|ge|no (Vogelhändler in Mozarts »Zauberflöte«)
pa|pal ⟨lat.⟩ (päpstlich); Pa|pal|sys|tem, das; -s; Pa|pa|mo|bil, das; -s, -e (Fahrzeug des Papstes)
Pa|pa|mo|nat (österr. ugs. für einmonatige berufliche Freistellung der Väter nach der Geburt eines Kindes)
Pa|pa|raz|za, die; -, -s ⟨ital.⟩ ([aufdringliche] Pressefotografin, Skandalreporterin); Pa|pa|raz|zo, der; -s, ...zzi
Pa|pat, der, auch das; -[e]s (Amt u. Würde des Papstes)
Pa|pa|ve|ra|ze|en Plur. ⟨lat.⟩ (Bot. Familie der Mohngewächse)
Pa|pa|ve|rin, das; -s (Opiumalkaloid)
Pa|pa|ya, die; -, -s ⟨span.⟩ (der Melone ähnliche Frucht)
Päp|chen (Koseform für ¹Papa)
Pa|per ['peɪpɐ], das; -s, -s ⟨engl.⟩ (Schriftstück; schriftl. Unterlage)
Pa|per|back [...bɛk], das; -s, -s (kartoniertes [Taschen]buch)
Pa|pe|te|rie, die; -, ...ien ⟨franz.⟩ (schweiz. für Papier-, Schreibwaren[geschäft])
pa|phisch (aus Paphos)
Pa|phla|go|ni|en (antike Landschaft in Kleinasien)
Pa|phos (im Altertum Stadt auf Zypern)
Pa|pi, der; -s, -s (Koseform von ¹Papa)
Pa|pier, das; -s, -e; die Papier verarbeitende od. papierverarbeitende Industrie
Pa|pier|bahn; Pa|pier|block vgl. Block; Pa|pier|bo|gen
Pa|pier|deutsch (umständliches, geschraubtes Deutsch)
pa|pie|ren (aus Papier); papier[e]nes Tischtuch; papier[e]ner Stil

Papierfabrik

Pa|pier|fa|b|rik; Pa|pier|fet|zen; Pa|pier|flie|ger (ugs.)
Pa|pier|form, die; - (Sport theoretische Spiel-, Kampfstärke)
Pa|pier|for|mat; Pa|pier|geld, das; -[e]s; Pa|pier|in|dus|t|rie; Pa|pier|korb
Pa|pier|kram (ugs. abwertend für als lästig empfundene Briefe o. Ä.); Pa|pier|krieg (ugs. für lange dauernder Schriftverkehr)
pa|pier|los; papierloses Büro
Pa|pier|ma|schee, Pa|pier|ma|ché [pa'piːɐ̯maʃeː, papjemaˈʃeː], das; -s, -s ↑D 38 (franz.) (formbare Papiermasse)
Pa|pier|mes|ser, das; Pa|pier|müh|le; Pa|pier|rol|le; Pa|pier|sack; Pa|pier|sche|re; Pa|pier|schlan|ge
Pa|pier|schnip|sel (ugs.); Pa|pier|schnit|zel vgl. ²Schnitzel
Pa|pier|ser|vi|et|te; Pa|pier|stau; Pa|pier|ta|schen|tuch
Pa|pier|ti|ger (übertr. für nur dem Schein nach starke Person)
Pa|pier|ton|ne; Pa|pier|tü|te
Pa|pier ver|ar|bei|tend, pa|pier|ver|ar|bei|tend ↑D 58; Pa|pier|ver|ar|bei|tung
Pa|pier|wa|ren Plur.; Pa|pier|wa|ren|hand|lung
Pa|pier|win|del; Pa|pier|wol|le (Verpackungsmaterial)
pa|pil|lar (lat.) (Med. warzenartig)
Pa|pil|lar|ge|schwulst; Pa|pil|lar|kör|per; Pa|pil|lar|li|ni|en Plur.
Pa|pil|le, die; -, -n (Warze); Pa|pil|lom, das; -s, -e (warzenartige Geschwulst der Schleimhaut)
Pa|pil|lon [...piˈjõː], der; -s, -s ⟨franz.⟩ „Schmetterling«) (weicher Kleiderstoff; Zwergspaniel)
Pa|pil|lo|te [...piˈjoː...], die; -, -n (Haarwickel; Gastron. Hülle aus Pergamentpapier für das Braten od. Grillen)
Pa|pin|topf, Pa|pin-Topf ↑D 136 [...ˈpɛ̃...] (nach dem franz. Physiker Papin) (fest schließendes Gefäß zum Erhitzen von Flüssigkeiten über deren Siedepunkt hinaus)
Pa|pi|ros|sa, die; -, ...ossy [...si] (russ. Zigarette mit langem Pappmundstück)
Pa|pis|mus, der; - ⟨griech.⟩ (abwertend für Papsttum); Pa|pist, der; -en, -en (Anhänger des Papsttums); Pa|pis|tin; pa|pis|tisch
papp; nicht mehr papp sagen können (ugs. für sehr satt sein)

Papp, der; -[e]s, -e Plur. selten (landsch. für Brei; Kleister)
Papp|band, der (in Pappe gebundenes Buch; Abk. Pp[bd].)
Papp|be|cher
Papp|de|ckel, Pap|pen|de|ckel
Pap|pe, die; -, -n (steifes, papierähnliches Material)
Pap|pel, die; -, -n ⟨lat.⟩ (ein Laubbaum); Pap|pel|al|lee; Pap|pel|holz
pap|peln (aus Pappelholz)
päp|peln (landsch. für [ein Kind] füttern); ich päpp[e]lle
pap|pen (ugs. für kleistern, kleben); der Schnee pappt
Pap|pen|de|ckel, Papp|de|ckel
Pap|pen|hei|mer, der; -, - (Angehöriger des Reiterregiments des dt. Reitergenerals Graf zu Pappenheim); ich kenne meine Pappenheimer (ugs. für ich weiß, mit wem ich es zu tun habe)
Pap|pen|stiel (ugs. für Wertloses); kein Pappenstiel sein
pap|per|la|papp!
pap|pig (ugs.)
Papp|ka|me|rad (ugs. für Figur aus Pappe für Schießübungen)
Papp|kar|ton
Papp|ma|schee, Papp|ma|ché [...ʃeː] ↑D 38; vgl. Papiermaschee
Papp|na|se
Papp|pla|kat, Papp-Pla|kat
papp|satt (ugs. für sehr satt)
Papp|schach|tel; Papp|schild
Papp|schnee, der; -s
Papp|tel|ler
Pap|pus, der; -, Plur. - u. -se ⟨griech.⟩ (Bot. Haarkrone der Frucht von Korbblütlern)
¹Pa|p|ri|ka, der; -s, -[s] ⟨serb.-ung.⟩ (ein Gewürz; ein Gemüse)
²Pa|p|ri|ka, der od. die; -, -[s] (kurz für Paprikaschote)
Pa|p|ri|ka|ge|mü|se, das; -s; Pa|p|ri|ka|schnit|zel; Pa|p|ri|ka|scho|te vgl. ⁴Schote; pa|p|ri|zie|ren (bes. österr. für mit Paprika würzen)
Paps, der; -, -e ⟨Kinderspr. für ¹Papa; meist als Anrede⟩
Papst, der; -[e]s, Päpste ⟨griech.⟩ (Oberhaupt der kath. Kirche; auch übertr. für anerkannte Autorität)
Papst|fa|mi|lie (Umgebung des Papstes); Päps|tin; Papst|ka|ta|log (Verzeichnis der Päpste)
päpst|lich; aber ↑D 150: das Päpstliche Bibelinstitut
Papst|na|me; Papst|tum, das; -s; Papst|wahl

Pa|pua [auch ...ˈpuːa], der; -[s], -[s] u. die; -, -[s] (Ureinwohner[in] Neuguineas)
Pa|pua-Neu|gui|nea (Staat auf Neuguinea); Pa|pua-Neu|gui|ne|er; Pa|pua-Neu|gui|ne|e|rin; pa|pua-neu|gui|ne|isch
pa|pu|a|nisch; Pa|pua|spra|che
Pa|py|rin, das; -s ⟨griech.⟩ (Pergamentpapier)
Pa|py|ro|lo|gie, die; - (Wissenschaft vom Papyrus)
Pa|py|rus, der; -, ...ri (Papierstaude; Papyrusrolle); Pa|py|rus|rol|le; Pa|py|rus|stau|de
Par, das; -[s], -s ⟨engl.⟩ (Golf festgesetzte Anzahl von Schlägen für ein Loch)
par..., pa|ra... ⟨griech.⟩ (bei..., neben..., falsch...); Par..., Pa|ra... (Bei..., Neben..., Falsch...)
Pa|ra, der; -s, -s ⟨franz.⟩ (kurz für parachutiste = franz. Fallschirmjäger)
Pa|ra|ba|se, die; -, -n ⟨griech.⟩ (Teil der attischen Komödie)
Pa|ra|bel, die; -, -n ⟨griech.⟩ (Gleichnis[rede]; Math. Kegelschnittkurve)
Pa|ra|bel|lum®, die; -, -s ⟨lat.⟩ (Pistole mit Selbstladevorrichtung); Pa|ra|bel|lum|pis|to|le
Pa|ra|bol|an|ten|ne, die; -, -n (Antenne in der Form eines Parabolspiegels)
pa|ra|bo|lisch ⟨griech.⟩ (gleichnisweise; Math. parabelförmig gekrümmt); Pa|ra|bo|lo|id, das; -[e]s, -e (Math. gekrümmte Fläche)
Pa|ra|bol|spie|gel (Hohlspiegel)
pa|ra|cel|sisch; paracelsischer Forschergeist; paracelsische Schriften ↑D 89 u. 135
Pa|ra|cel|sus (Naturforscher, Arzt u. Philosoph des 16. Jh.s); Pa|ra|cel|sus-Me|dail|le
Pa|ra|de, die; -, -n ⟨franz.⟩ (prunkvoller Aufmarsch; Reitsport annehmende Zügelhilfe des Reiters, z. B. beim Gangwechsel; Sport Abwehrbewegung)
Pa|ra|de|bei|spiel; Pa|ra|de|dis|zi|p|lin (Sport)
Pa|ra|dei|ser, der; -s, - (österr. für Tomate); Pa|ra|deis|sa|lat, Pa|ra|dei|ser|sa|lat (österr.); Pa|ra|deis|sup|pe (österr.)
Pa|ra|de|kis|sen (veraltend)
Pa|ra|de|marsch, der
Pa|ra|den|to|se vgl. Parodontose
Pa|ra|de|pferd (ugs. für Person, Sache, mit der sich renommie-

Parallelslalom

ren lässt); Pa|ra|de|rol|le; Pa|ra|de|schritt; Pa|ra|de|stück; Pa|ra|de|uni|form

pa|ra|die|ren ⟨franz.⟩ (*bes. Militär* in einer Parade vorüberziehen)

Pa|ra|dies, das; -es, -e ⟨pers.⟩ (*nur Sing.:* der Garten Eden, Himmel; *übertr. für* Ort der Seligkeit; *Archit.* Portalvorbau an mittelalterl. Kirchen)

Pa|ra|dies|ap|fel (*landsch. für* Tomate; *auch* Zierapfel)

pa|ra|die|sisch (himmlisch)

Pa|ra|dies|vo|gel (*ugs. auch für* Person, die durch ihr Äußeres od. Gebaren auffällt)

Pa|ra|dig|ma, das; -s, *Plur.* ...men, *auch* -ta ⟨griech.⟩ (Beispiel, Muster; *Sprachwiss.* Beugungsmuster); pa|ra|dig|ma|tisch (beispielhaft; als Muster dienend)

Pa|ra|dig|men|wech|sel (Wechsel von einer [wissenschaftlichen] Grundauffassung zur anderen)

pa|ra|dox ⟨griech.⟩ ([scheinbar] widersinnig; *ugs. für* sonderbar)

Pa|ra|dox, das; -es, -e (etwas, was einen Widerspruch in sich enthält; *auch svw.* Paradoxon)

pa|ra|do|xer|wei|se

Pa|ra|do|xie, die; -, ...ien (Widersinnigkeit); Pa|ra|do|xon, das; -s, ...xa (scheinbar falsche Aussage, die aber auf eine höhere Wahrheit hinweist; *auch svw.* Paradox)

Pa|r|af|fin, das; -s, -e ⟨lat.⟩ (wachsähnlicher Stoff; *meist Plur.:* Chemie gesättigter, aliphatischer Kohlenwasserstoff)

pa|r|af|fi|nie|ren (mit Paraffin behandeln); pa|r|af|fi|nisch

Pa|r|af|fin|ker|ze; Pa|r|af|fin|öl

Pa|ra|glei|ten, das; -s, Pa|ra|gli|den [...glaɪ...] (Gleitschirmfliegen); Pa|ra|glei|ter, Pa|ra|gli|der, der; -s, - (Gleitschirm; Gleitschirmflieger); Pa|ra|glei|te|rin, Pa|ra|gli|de|rin (Gleitschirmfliegerin)

Pa|ra|gli|den [...glaɪ...] usw. *vgl.* Paragleiten usw.

Pa|ra|gli|ding [...glaɪ...], das; -s ⟨engl.⟩ (*svw.* Paragleiten)

Pa|ra|graf, Pa|ra|graph, der; -en, -en ([in Gesetzestexten u. wissenschaftlichen Werken] fortlaufend nummerierter Absatz, Abschnitt; *Zeichen* §, *Plur.* §§); §5-Schein (*Amtsspr.* Wohnberechtigungsschein)

Pa|ra|gra|fen|di|ckicht, Pa|ra|gra|phen|di|ckicht; Pa|ra|gra|fen|dschun|gel, Pa|ra|gra|phen|dschun|gel

Pa|ra|gra|fen|rei|ter, Pa|ra|gra|phen|rei|ter (*abwertend für* sich übergenau an Vorschriften haltender Mensch); Pa|ra|gra|fen|rei|te|rin, Pa|ra|gra|phen|rei|te|rin

Pa|ra|gra|fen|wei|se, Pa|ra|gra|phen|wei|se

Pa|ra|gra|fen|werk, Pa|ra|gra|phen|werk (*oft leicht abwertend für* Gesetz)

Pa|ra|gra|fen|zei|chen, Pa|ra|gra|phen|zei|chen *vgl.* Paragrafzeichen

Pa|ra|gra|fie, Pa|ra|gra|phie, die; -, ...ien (*Med.* Störung des Schreibvermögens)

pa|ra|gra|fie|ren, pa|ra|gra|phie|ren (in Paragrafen einteilen); Pa|ra|gra|fie|rung, Pa|ra|gra|phie|rung

Pa|ra|graf|zei|chen, Pa|ra|graph|zei|chen, Pa|ra|gra|fen|zei|chen, Pa|ra|gra|phen|zei|chen (das Zeichen §)

Pa|ra|gramm, das; -s, -e ⟨griech.⟩ (Buchstabenänderung in einem Wort od. Namen, wodurch ein scherzhaft-komischer Sinn entstehen kann)

Pa|ra|graph usw. *vgl.* Paragraf usw.

¹Pa|ra|gu|ay, der; -[s] (rechter Nebenfluss des Paraná)

²Pa|ra|gu|ay (südamerik. Staat); Pa|ra|gu|a|yer, Pa|ra|gu|a|ye|rin; pa|ra|gu|a|yisch

Pa|ra|ki|ne|se, die; -, -n ⟨griech.⟩ (*Med.* Koordinationsstörungen im Bewegungsablauf)

Pa|ra|kla|se, die; -, -n ⟨griech.⟩ (*Geol.* Verwerfung)

Pa|ra|klet, der; *Gen.* -[e]s u. Plur. -e[n] ⟨griech.⟩ (*nur Sing.:* Heiliger Geist; Helfer, Fürsprecher vor Gott)

Pa|ral|la|lie, die; - ⟨griech.⟩ (*Med., Psychol.* Wort- u. Lautverwechslung)

Pa|ral|le|xie, die; - ⟨griech.⟩ (*Med., Psychol.* Lesestörung mit Verwechslung der gelesenen Wörter)

Pa|ral|li|po|me|non, das; -s, ...mena *meist Plur.* ⟨griech.⟩ (*Literaturwiss.* Ergänzung; Randbemerkung)

pa|r|al|l|ak|tisch ⟨griech.⟩; Pa|r|al|la|xe, die; -, -n (*Physik* Winkel, den zwei Gerade bilden, die von verschiedenen Standorten zu einem Punkt gerichtet sind; *Astron.* Entfernungsbestimmung u. -angabe von Sternen; *Fotogr.* Unterschied zwischen dem Bildausschnitt im Sucher u. auf dem Film)

pa|r|al|lel ⟨griech.⟩; [mit etwas] parallel laufen; parallel verlaufen; parallel laufende *od.* parallellaufende Geraden; zwei Systeme parallel schalten; zwei parallel geschaltete *od.* parallelgeschaltete Systeme

Pa|r|al|le|le, die; -, -n (Gerade, die zu einer anderen Geraden in stets gleichem Abstand verläuft; vergleichbarer Fall); vier Parallele[n]

Pa|r|al|lel|epi|ped [...pe:t], das; -[e]s, -e, Pa|r|al|lel|epi|pe|don, das; -s, *Plur.* ...da u. ...peden (*Math.* Parallelflach)

Pa|r|al|lel|er|schei|nung; Pa|r|al|lel|fall, der

Pa|r|al|lel|flach, das; -[e]s, -e (*Math.* von drei Paaren paralleler Ebenen begrenzter Raumteil)

pa|r|al|lel ge|schal|tet, pa|r|al|lel|ge|schal|tet ↑D 58

Pa|r|al|lel|ge|sell|schaft (größere, nicht integrierte Gruppe innerhalb einer Gesellschaft); pa|r|al|lel|ge|sell|schaft|lich

Pa|r|al|lel|im|port (*Wirtsch. bes. schweiz.* verbilligter, nicht vom Hersteller autorisierter Import)

pa|r|al|le|li|sie|ren ([vergleichend] nebeneinanderstellen, zusammenstellen); Pa|r|al|le|li|sie|rung

Pa|r|al|le|lis|mus, der; -, ...men (Übereinstimmung verschiedener Dinge od. Vorgänge; *Sprachwiss.* inhaltlich u. grammatisch gleichmäßiger Bau von Satzgliedern od. Sätzen)

Pa|r|al|le|li|tät, die; - (Eigenschaft zweier paralleler Geraden)

Pa|r|al|lel|klas|se

Pa|r|al|lel|kreis (*Geogr.* Breitenkreis)

pa|r|al|lel lau|fend, pa|r|al|lel|lau|fend ↑D58

Pa|r|al|lel|li|nie

Pa|r|al|le|lo|gramm, das; -s, -e ⟨griech.⟩ (*Math.* Viereck mit paarweise parallelen Seiten)

Pa|r|al|lel|pro|jek|ti|on (*Math.*)

pa|r|al|lel schal|ten *vgl.* parallel; Pa|r|al|lel|schal|tung (*Elektrot.* Nebenschaltung)

Pa|r|al|lel|schwung (*Skisport*); Pa|r|al|lel|sla|lom (*Skisport*)

Parallelstelle

Pa|ral|lel|stel|le; Pa|ral|lel|stra|ße; Pa|ral|lel|ton|art *(Musik);* Par|al|lel|uni|ver|sum; Pa|ral|lel|wäh|rung; Pa|ral|lel|welt

Pa|ra|lo|gie, die; -, ...|en ⟨griech.⟩ (Vernunftwidrigkeit); pa|ra|lo|gisch; Pa|ra|lo|gis|mus, der; -, ...men *(Logik* auf Denkfehlern beruhender Fehlschluss)

Pa|ra|lym|pics *[auch* pɛrəˈlɪmpɪks] *Plur.* ⟨engl.⟩ *(internationale Bez. für* die Weltspiele der Menschen mit Behinderung); pa|ra|lym|pisch ↑D 89: die paralympischen Athleten; *aber* ↑D 88: die Paralympischen Spiele

Pa|ra|ly|se, die; -, -n *(Med.* Lähmung; Gehirnerweichung); pa|ra|ly|sie|ren; Pa|ra|ly|ti|ker (an Paralyse Erkrankter); Pa|ra|ly|ti|ke|rin; pa|ra|ly|tisch

pa|ra|mag|ne|tisch ⟨griech.⟩ *(Physik);* Pa|ra|mag|ne|tis|mus, der; - (Verstärkung des Magnetismus)

Pa|ra|ma|ri|bo (Hauptstadt von Suriname)

Pa|ra|me|di|zin, die; - *(meist abwertend für* Alternativmedizin); Pa|ra|me|di|zi|ner; Pa|ra|me|di|zi|ne|rin; pa|ra|me|di|zi|nisch

Pa|ra|ment, das; -[e]s, -e *meist Plur.* ⟨lat.⟩ (Altar- u. Kanzeldecke; liturg. Kleidung); Pa|ra|men|ten|ma|cher; Pa|ra|men|ten|ma|che|rin

Pa|ra|me|ter, der; -s, - ⟨griech.⟩ *(Math.* konstante od. unbestimmt gelassene Hilfsvariable; *Technik* die Leistungsfähigkeit einer Maschine charakterisierende Kennziffer); pa|ra|me|t|rie|ren, pa|ra|me|t|ri|sie|ren (mit einem Parameter versehen)

pa|ra|mi|li|tä|risch (halbmilitärisch, militärähnlich)

Pa|ra|my|xo|vi|rus, das; -, ...ren *meist Plur.* ⟨griech.⟩ *(Med.* Gruppe von Viren, zu denen u. a. die Erreger von Masern u. Mumps gehören)

Pa|ra|ná, der; -[s] (südamerik. Strom)

Pa|ra|noia, die; - ⟨griech.⟩ *(Med.* geistig-seelische Funktionsstörung mit Wahnvorstellungen); pa|ra|no|id (an Paranoia leidend)

Pa|ra|no|i|ker; Pa|ra|no|i|ke|rin; pa|ra|no|isch

pa|ra|nor|mal ⟨griech.⟩ *(Parapsychologie* übersinnlich)

Pa|ra|nuss ⟨nach dem brasilian. Ausfuhrhafen Pará⟩ (↑D 143 dreikantige Nuss des Paranussbaumes); Pa|ra|nuss|baum

Pa|ra|phe, die; -, -n ⟨griech.⟩ (Namenszeichen; [Stempel mit] Namenszug); pa|ra|phie|ren (mit der Paraphe versehen, zeichnen); Pa|ra|phie|rung

Pa|ra|phra|se, die; -, -n ⟨griech.⟩ *(Sprachwiss.* verdeutlichende Umschreibung; *Musik* ausschmückende Bearbeitung); pa|ra|phra|sie|ren

Pa|ra|ple|gie, die; -, ...|en ⟨griech.⟩ *(Med.* doppelseitige Lähmung); Pa|ra|ple|gi|ker; Pa|ra|ple|gi|ke|rin

Pa|ra|p|luie [...ˈplyː], der *od.* das; -s, -s ⟨franz.⟩ *(veraltet für* Regenschirm)

Pa|ra|psy|cho|lo|gie, die; -, ...|en ⟨griech.⟩ (Psychologie der okkulten seelischen Erscheinungen); pa|ra|psy|cho|lo|gisch

Pa|ra|schi vgl. Paraski

Pa|ra|sit, der; -en, -en ⟨griech.⟩ (Schmarotzer[pflanze, -tier])

pa|ra|si|tär ⟨franz.⟩ (schmarotzerhaft; durch Schmarotzer hervorgebracht)

Pa|ra|si|ten|tum, das; -s ⟨griech.⟩; pa|ra|si|tisch; Pa|ra|si|tis|mus, der; - (Schmarotzertum)

Pa|ra|si|to|lo|gie, die; - (Lehre von den Schmarotzern)

Pa|ra|ski, Pa|ra|schi, der; - *(Sport* Kombination aus Fallschirmspringen u. Riesenslalom)

¹Pa|ra|sol, der *od.* das; -s, -s ⟨franz.⟩ *(veraltet für* Sonnenschirm)

²Pa|ra|sol, der; -s, *Plur.* -e *u.* -s (Schirmpilz); Pa|ra|sol|pilz

Pa|r|äs|the|sie, die; -, ...|en ⟨griech.⟩ *(Med.* anormale Körperempfindung, z. B. Einschlafen der Glieder)

Pa|ra|sym|pa|thi|kus, der; - ⟨griech.⟩ *(Med.* Teil des Nervensystems)

pa|rat ⟨lat.⟩ (bereit; fertig); etwas parat haben

pa|ra|tak|tisch ⟨griech.⟩ *(Sprachwiss.* nebenordnend, -geordnet); Pa|ra|ta|xe, *älter* Pa|ra|ta|xis, die; -, ...ta|xen (Nebenordnung)

Pa|ra|text (Text, der nicht eigentlich zu einem literarischen Werk gehört, wie z. B. Titel, Vorwort)

Pa|ra|ty|phus, der; - ⟨griech.⟩ *(Med.* dem Typhus ähnliche Erkrankung)

Pa|ra|vent [...ˈvã:], der *od.* das; -s, -s ⟨franz.⟩ *(veraltet für* Wind-, Ofenschirm, spanische Wand)

par avi|on [- aˈvjõː] ⟨franz., »durch Luftpost«⟩

pa|ra|zen|t|risch ⟨griech.⟩ *(Math.* um den Mittelpunkt liegend od. beweglich)

par|boiled [...bɔɪlt] ⟨engl.⟩ (vitaminschonend vorbehandelt [vom Reis])

Pär|chen *(zu* Paar)

Par|cours [...ˈkuːɐ̯], der; -, - ⟨franz.⟩ *(Reitsport* Hindernisbahn für Springturniere; *Sport schweiz.* Renn-, Laufstrecke)

par|dauz!

Par|del, Par|der, der; -s, - *(veraltend für* Leopard)

par dis|tance [- ...ˈtãːs] ⟨franz.⟩ (aus der Ferne)

Par|don [...ˈdõː], *österr. auch* ...ˈdoːn], der, *auch* das; -s ⟨franz.⟩ *(veraltet für* Verzeihung; Nachsicht); Pardon geben; um Pardon bitten; Pardon! *(landsch. für* Verzeihung!)

Par|dun, das; -[e]s, -s ⟨niederl.⟩, Par|du|ne, die; -, -n *(Seemannsspr.* Tau, das die Masten od. Stengen nach hinten hält)

Pa|ren|chym, das; -s, -e ⟨griech.⟩ *(Biol.* pflanzliches u. tierisches Grundgewebe; *Bot.* Schwammschicht des Blattes)

Pa|ren|tel, die; -, -en ⟨lat.⟩ *(Rechtswiss.* Gesamtheit der Abkömmlinge eines Stammvaters); Pa|ren|tel|sys|tem, das; -s *(Rechtswiss.* für die 1. bis 3. Ordnung gültige Erbfolge)

Pa|ren|the|se, die; -, -n ⟨griech.⟩ *(Sprachwiss.* Redeteil, der außerhalb des eigentlichen Satzverbandes steht; Klammer[zeichen]); in Parenthese setzen; pa|ren|the|tisch (eingeschaltet; nebenbei [gesagt])

Pa|reo, der; -s, -s ⟨polynes.-span.⟩ (Wickeltuch)

Pa|re|re, das; -[s], -[s] ⟨ital.⟩ *(österr. für* med. Gutachten)

par ex|cel|lence [- ɛksɛˈlãːs] ⟨franz.⟩ (schlechthin)

Par|fait [...ˈfɛː], das; -s, -s ⟨franz.⟩ (gefrorene Speiseeismasse; aus fein gehacktem Fleisch od. Fisch zubereitete Speise)

par force [-ˈfɔrs] ⟨franz.⟩ *(geh. für* mit Gewalt; unbedingt)

Par|force|horn *Plur.* ...hörner; Par|force|jagd (Hetzjagd)

Parlamentsferien

Par|force|leis|tung (*bildungsspr. für mit großer Anstrengung bewältigte Leistung*)
Par|force|rei|ter; Par|force|rei|te|rin; Par|force|ritt
Par|fum [...'fœ̃ː], *das;* -s, -s, **Par|füm**, *das;* -s, *Plur.* -e u. -s ⟨franz.⟩ (wohlriechender Duft)
Par|fü|me|rie, *die;* -, ...ien (Geschäft für Parfüms u. Kosmetikartikel; Betrieb zur Herstellung von Parfümen)
Par|fü|meur [...'møːɐ̯], *der;* -s, -e (Fachkraft der Parfümherstellung); **Par|fü|meu|rin** [...'møːrɪn]
Par|fum|fla|sche, Par|füm|fla|sche
par|fü|mie|ren; sich parfümieren
Par|fum|zer|stäu|ber, Par|füm|zer|stäu|ber
pa|ri ⟨ital.⟩ (*Bankw.* zum Nennwert; gleich); über, unter pari; die Chancen stehen pari; *vgl.* al pari
Pa|ria, *der;* -s, -s ⟨tamil.-anglo-ind.⟩ (kastenloser Inder; *übertr. für* von der menschlichen Gesellschaft Ausgestoßener);
Pa|ri|a|tum, *das;* -s
¹**pa|rie|ren** ⟨franz.⟩ ([einen Hieb] abwehren; *Reiten* [ein Pferd] in eine andere Gangart od. zum Stehen bringen; *Kochkunst* [Fleisch] von Sehnen, Haut, Fett befreien)
²**pa|rie|ren** ⟨lat.⟩ (gehorchen)
Pa|rie|tal|au|ge (*Biol.* lichtempfindl. Sinnesorgan niederer Wirbeltiere)
Pa|ri|kurs (*Wirtsch.* Nennwert eines Wertpapiers)
¹**Pa|ris** (griech. Sagengestalt)
²**Pa|ris** (Hauptstadt Frankreichs)
pa|risch (von der Insel Paros)
¹**Pa|ri|ser**; Pariser Verträge (von 1954)
²**Pa|ri|ser**, *der;* -s, - (Einw. von ²Paris; *ugs. für* Präservativ)
Pa|ri|ser Blau, *das;* - -[s]; **Pa|ri|se|rin**
pa|ri|se|risch (nach Art der in Paris Lebenden)
Pa|ri|si|enne [...'zi̯ɛn], *die;* - ⟨Seidengewebe; franz. Freiheitslied⟩
pa|ri|sisch (von [der Stadt] Paris)
pa|ri|syl|la|bisch ⟨lat.; griech.⟩ (*Sprachwiss.* gleichsilbig in allen Beugungsfällen); **Pa|ri|syl|la|bum**, *das;* -s, ...ba (in Sing. u. Plur. parisyllabisches Wort)
Pa|ri|tät, *die;* -, -en ⟨lat.⟩ (Gleichstellung, -berechtigung; *Wirtsch.* Austauschverhältnis zwischen zwei od. mehreren Währungen)
pa|ri|tä|tisch (gleichgestellt, -berechtigt); paritätisch getragene Kosten; *aber* ↑D 150: Deutscher Paritätischer Wohlfahrtsverband
Pa|ri|wert (*Bankw.*)
Park, *der;* -[e]s, *Plur.* -s, *seltener* -e, *schweiz.* Pärke ⟨franz.(-engl.)⟩ (großer Landschaftsgarten; Depot [meist in Zusammensetzungen, z. B. Wagenpark])
Par|ka, *der;* -s, -s *od. die;* -, -s ⟨eskim.⟩ (knielanger, warmer Anorak mit Kapuze)
Park-and-ride-Sys|tem [...ənt'raɪ̯t...] ⟨engl.-amerik.⟩ (Verkehrssystem, bei dem die Autofahrer am Stadtrand parken u. mit öffentlichen Verkehrsmitteln in die Innenstadt fahren)
Park|an|la|ge; park|ar|tig
Park|aus|weis
Park|bahn (*Raumfahrt* Umlaufbahn, von der aus eine Raumsonde gestartet wird)
Park|bank *Plur.* ...bänke
Park|bucht; Park|dau|er; Park|deck
par|ken (ein Kraftfahrzeug abstellen); **Par|ker; Par|ke|rin**
Par|kett, *das;* -[e]s, *Plur.* -e u. -s ⟨franz.⟩ (im Theater meist vorderer Raum zu ebener Erde; getäfelter Fußboden); **Par|kett|bo|den**
Par|ket|te, *die;* -, -n (*österr. für* Einzelbrett des Parkettfußbodens)
Par|kett|han|del (*Börsenw.*)
par|ket|tie|ren (mit Parkettfußboden versehen)
Par|kett|le|ger; Par|kett|le|ge|rin
Park|ett|sitz (im Theater)
Park|fest
Park|ga|ra|ge (*bes. österr. für* Parkhaus, Tiefgarage); **Park|ge|bühr**
Park|haus
par|kie|ren (*schweiz. für* parken)
Par|king, *das;* -s, -s ⟨engl.⟩ (*schweiz. neben* Parkhaus); **Par|king|me|ter**, *der;* -s, - (*schweiz. neben* Parkuhr)
¹**Par|kin|son** (engl. Chirurg)
²**Par|kin|son** (*kurz für* Parkinsonkrankheit)
Par|kin|son|krank|heit, Par|kinson-Krank|heit, *die;* - (*Med.*)
par|kin|son|sche Krank|heit, Par|kin|son'sche Krank|heit, *die;* -n - ↑D 89 u. 135
Park|kral|le (Vorrichtung zum Blockieren der Räder eines Autos)
Park|leit|sys|tem; Park|leuch|te; Park|licht *Plur.* ...lichter; **Park|lü|cke; Park|mög|lich|keit**
Park|o|me|ter, *das, auch der;* -s, - (*bes. österr. für* Parkuhr)
Par|kour [...'kuːɐ̯], *der, auch das;* -[s] ⟨Kunstwort⟩ (sportlicher Hindernislauf innerhalb einer Stadt; *vgl. aber* Parcours)
Park|pi|ckerl (*österr. für* Parkberechtigung für Anwohner in Form eines Klebeetiketts); *vgl.* Pickerl
Park|platz; Park|raum; Park|raum|be|wirt|schaf|tung
Park|schei|be; Park|schein; Park|schein|au|to|mat
Park|stu|di|um (*ugs. für* vorläufiges Studium bis zum Erhalt des eigentlich erstrebten Studienplatzes)
Park|sün|der; Park|sün|de|rin
Park|uhr; Park|ver|bot
Park|wäch|ter; Park|wäch|te|rin
Park|weg
Park|zeit
Par|la|ment, *das;* -[e]s, -e ⟨engl.⟩ (gewählte Volksvertretung)
Par|la|men|tär, *der;* -s, -e ⟨franz.⟩ (Unterhändler); **Par|la|men|tär|flag|ge**
Par|la|men|ta|ri|er, *der;* -s, - ⟨engl.⟩ (Abgeordneter, Mitglied des Parlamentes); **Par|la|men|ta|ri|e|rin**
Par|la|men|tä|rin
par|la|men|ta|risch (das Parlament betreffend); ↑D 89: eine parlamentarische Anfrage; parlamentarischer Staatssekretär; *aber* ↑D 150: der Parlamentarische Rat (Versammlung von Ländervertretern, die das Grundgesetz ausarbeiteten)
par|la|men|ta|risch-de|mo|kra|tisch
Par|la|men|ta|ris|mus, *der;* - (Regierungsform, in der die Regierung dem Parlament verantwortlich ist); **par|la|men|tie|ren** ⟨franz.⟩ (*veraltet für* unterverhandeln; *landsch. für* hin u. her reden)
Par|la|ments|ab|ge|ord|ne|te; Par|la|ments|aus|schuss; Par|la|ments|be|schluss
Par|la|ments|club *vgl.* **Parlamentsklub**
Par|la|ments|de|bat|te; Par|la-

Parlamentsfraktion

ments|fe|ri|en *Plur.*; Par|la|ments|frak|ti|on; Par|la|ments|ge|bäu|de
Par|la|ments|klub, Par|la|ments|club (*österr. für* Parlamentsfraktion)
Par|la|ments|mehr|heit; Par|la|ments|mit|glied
Par|la|ments|prä|si|dent; Par|la|ments|prä|si|den|tin
Par|la|ments|sitz; Par|la|ments|sit|zung; Par|la|ments|vor|be|halt (*Politik, Rechtsspr.*); Par|la|ments|wahl *meist Plur.*
par|lan|do ⟨ital.⟩ (*Musik* mehr gesprochen als gesungen); Par|lan|do, *das; -s, Plur. -s u.* ...di
Pär|lein ⟨*zu* Paar⟩
par|lie|ren ⟨franz.⟩ (*veraltend für* Konversation machen; in einer fremden Sprache reden)
Par|ma (ital. Stadt); Par|ma|er; Par|ma|e|rin; par|ma|isch
Par|mä|ne, *die; -, -n* (eine Apfelsorte)
Par|me|san, *der; -[s]* (*kurz für* Parmesankäse)
Par|me|sa|ner (*svw.* Parmaer); Par|me|sa|ne|rin; par|me|sa|nisch
Par|me|san|kä|se (ein Reibkäse)
Par|nass, *der; Gen.* Parnass *u.* Parnasses (mittelgriech. Gebirgszug; Musenberg, Dichtersitz); par|nas|sisch
Par|nas|sos, Par|nas|sus, *der; -*; *vgl.* Parnass
pa|ro|chi|al ⟨griech.⟩ (zur Pfarrei gehörend); Pa|ro|chi|al|kir|che (Pfarrkirche); Pa|ro|chie, *die; -, ...ien* (Pfarrei; Amtsbezirk eines Geistlichen)
Pa|ro|die, *die; -, ...ien* ⟨griech.⟩ (komische Umbildung ernster Dichtung; scherzh. Nachahmung; *Musik* Vertauschung geistl. u. weltl. Texte u. Kompositionen [zur Zeit Bachs])
Pa|ro|die|mes|se (Messenkomposition unter Verwendung eines schon vorhandenen Musikstücks); *vgl.* ¹Messe
pa|ro|die|ren (auf scherzhafte Weise nachahmen); Pa|ro|dist, *der; -en, -en* (jmd., der parodiert); Pa|ro|dis|tik, *die; -*; Pa|ro|dis|tin; pa|ro|dis|tisch
Pa|ro|don|ti|tis, *die; -, ...itiden* ⟨griech.⟩ (*Med.* Zahnbettentzündung); Pa|ro|don|to|se, Pa|ra|den|to|se, *die; -, -n* (Zahnbetterkrankung mit Lockerung der Zähne)
Pa|ro|le, *die; -, -n* ⟨franz.⟩ (Kennwort; Losung; *auch für* Leit-, Wahlspruch); Pa|ro|le|aus|ga|be
Pa|role d'Hon|neur [...'rɔl dɔ'nœːʁ], *das; - -* ⟨franz.⟩ (*veraltet für* Ehrenwort)
Pa|ro|li ⟨franz.⟩; *nur in* Paroli bieten (Widerstand entgegensetzen)
Pa|rö|mie, *die; -, ...ien* ⟨griech.⟩ ([altgriech.] Sprichwort, Denkspruch); Pa|rö|mio|lo|gie, *die; -* (Sprichwortkunde)
Pa|ro|no|ma|sie, *die; -, ...ien* (*Rhet.* Zusammenstellung lautlich gleicher od. ähnlich klingender Wörter von gleicher Herkunft)
Pa|ro|ny|ma, Pa|ro|ny|me (*Plur. von* Paronymon); Pa|ro|ny|mik, *die; -* (Lehre von der Ableitung der Wörter); pa|ro|ny|misch (stammverwandt); Pa|ro|ny|mon, *das; -s, Plur.* ...ma *u.* ...onyme (*veraltet für* mit anderen Wörtern vom gleichen Stamm abgeleitetes Wort)
Pa|ros (griech. Insel)
Pa|ro|tis, *die; -, ...iden* ⟨griech.⟩ (*Med.* Ohrspeicheldrüse); Pa|ro|ti|tis, *die; -, ...itiden* (Mumps)
Pa|ro|xys|mus, *der; -, ...men* (*Med.* anfallartige Steigerung von Krankheitserscheinungen; *Geol.* aufs Höchste gesteigerte Tätigkeit eines Vulkans)
Pa|ro|xy|to|non, *das; -s, ...tona* (*Sprachwiss.* auf der vorletzten Silbe betontes Wort)
Par|se, *der; -n, -n* ⟨pers.⟩ (Anhänger des Zarathustra)
Par|sec, *das; -, -* ⟨*Kurzw. aus* Parallaxe *u.* Sekunde⟩ (astron. Längenmaß; *Abk.* pc)
par|sen [*auch* 'paːɐ̯sn] ⟨engl.⟩ (*EDV* maschinenlesbare Daten analysieren); Par|ser, *der; -s, -* (Programm zum Parsen)
Par|si|fal (*von Richard Wagner gebrauchte Schreibung für* Parzival)
par|sisch (die Parsen betreffend); Par|sis|mus, *der; -* (Religion der Parsen)
Pars pro To|to, *das; - - -* ⟨lat.⟩ (*Sprachwiss.* Redefigur, die einen Teil für das Ganze setzt)
part. = parterre
Part, *der; -s, Plur. -s, selten -e* ⟨franz.⟩ (Anteil; Stimme eines Instrumental- od. Gesangstückes)
Part. = Parterre
¹Par|te, *die; -, -n* ⟨ital.⟩ (*österr. für* Todesanzeige)

²Par|te, *die; -, -n* (*landsch. für* Mietpartei)
Par|tei, *die; -, -en* ⟨franz.⟩
Par|tei|ab|zei|chen; Par|tei|amt; par|tei|amt|lich
Par|tei|an|hän|ger; Par|tei|an|hän|ge|rin
Par|tei|ap|pa|rat; Par|tei|ar|beit
Par|tei|aus|schluss; Par|tei|aus|schluss|ver|fah|ren
Par|tei|aus|weis; Par|tei|ba|sis; Par|tei|bon|ze (*abwertend*); Par|tei|buch; Par|tei|bü|ro
Par|tei|chef; Par|tei|che|fin
Par|tei|chi|ne|sisch, *das; -[s]* (*iron. für* dem Außenstehenden unverständliche Parteisprache)
Par|tei|dis|zi|p|lin, *die; -*
Par|tei|en|fi|nan|zie|rung; Par|tei|en|ge|setz; Par|tei|en|land|schaft; Par|tei|en|staat *Plur.* ...staaten
Par|tei|en|stel|lung *vgl.* Parteistellung
Par|tei|en|ver|dros|sen|heit (durch Skandale o. Ä. hervorgerufene Unzufriedenheit der Bürger mit den politischen Parteien)
Par|tei|en|ver|kehr, *der; -s* (*österr. für* Amtsstunden)
Par|tei|freund; Par|tei|freun|din
Par|tei|füh|rer; Par|tei|füh|re|rin; Par|tei|füh|rung; Par|tei|funk|ti|o|när; Par|tei|funk|ti|o|nä|rin
Par|tei|gän|ger; Par|tei|gän|ge|rin
Par|tei|ge|nos|se; Par|tei|ge|nos|sin
Par|tei|ideo|lo|ge; Par|tei|ideo|lo|gin
Par|tei|in|s|tanz; par|tei|in|tern
par|tei|isch (nicht neutral, nicht objektiv; der einen od. der anderen Seite zugeneigt)
Par|tei|ka|der; Par|tei|kon|gress
Par|tei|lehr|jahr (*DDR für* obligator. Schulung der SED-Mitglieder); Par|tei|lei|tung
par|tei|lich (im Sinne einer polit. Partei, eine Partei betreffend); Par|tei|lich|keit
Par|tei|li|nie
Par|tei|lin|ke (Angehörige[r] des politisch links stehenden Flügels einer [Volks]partei)
par|tei|los; Par|tei|lo|se, *der u. die; -n, -n*; Par|tei|lo|sig|keit, *die; -*
par|tei|mä|ßig
Par|tei|mit|glied
Par|tei|nah|me, *die; -, -n*
Par|tei|ob|frau (*österr. für* Parteivorsitzende); Par|tei|ob|mann (*österr.*)
Par|tei|or|gan; Par|tei|or|ga|ni|sa|ti|on

Par|tei|po|li|tik; par|tei|po|li|tisch; parteipolitisch neutral sein
Par|tei|prä|si|dent (schweiz. für Parteivorsitzender); **Par|tei|prä|si|den|tin**
Par|tei|prä|si|di|um; Par|tei|pro|gramm; Par|tei|pro|pa|gan|da
Par|tei|rech|te (Angehörige[r] des politisch rechts stehenden Flügels einer [Volks]partei)
par|tei|schä|di|gend
Par|tei|se|kre|tär; Par|tei|se|kre|tä|rin; Par|tei|spen|de; Par|tei|spen|den|af|fä|re; Par|tei|spit|ze
Par|tei|stel|lung, Par|tei|en|stel|lung (österr. Rechtsspr. für Beteiligung an einem Verfahren); er hat Parteistellung
Par|tei|stra|te|ge; Par|tei|stra|te|gin
Par|tei|tag; Par|tei|tags|be|schluss
par|tei|über|grei|fend; par|tei|un|ab|hän|gig
Par|tei|ung (selten für Zerfall in Parteien; [polit.] Gruppierung)
Par|tei|ver|samm|lung
Par|tei|vor|sitz; Par|tei|vor|sit|zen|de; Par|tei|vor|stand
Par|tei|zei|tung; Par|tei|zen|t|ra|le
par|terre [...ˈtɛr] ⟨franz.⟩ (zu ebener Erde; Abk. part.); parterre wohnen
Par|ter|re [...ˈtɛr(ə)], das; -s, -s (Erdgeschoss [Abk. Part.]; Saalplatz im Theater; Plätze hinter dem Parkett)
Par|ter|re|ak|ro|ba|tik (artistisches Bodenturnen)
Par|ter|re|woh|nung
Par|tel|zet|tel (österr. svw. ¹Parte)
Par|the|no|ge|ne|se, älter **Par|the|no|ge|ne|sis** [auch ...ˈge:...], die; -, ...nesen ⟨griech.⟩ (Biol. Jungfernzeugung, Entwicklung aus unbefruchteten Eizellen); **par|the|no|ge|ne|tisch**
Par|the|non, der; -[s] (Tempel der Athene)
Par|ther, der; -s, - (Angehöriger eines nordiran. Volksstammes im Altertum); **Par|the|rin**
Par|thi|en (Land der Parther); **par|thisch**
par|ti|al ⟨lat.⟩ (veraltet für partiell); **Par|ti|al...** (Teil...)
Par|ti|al|bruch, der; -[e]s, ...brüche (Math. Teilbruch eines Bruches mit zusammengesetztem Nenner); **Par|ti|al|ob|li|ga|ti|on** (Bankw. Teilschuldverschreibung); **Par|ti|al|ton** meist Plur. (Musik Oberton, Teilton eines Klanges)

Par|tie, die; -, ...ien ⟨franz.⟩ (Teil, Abschnitt; bestimmte Bühnenrolle; Kaufmannsspr. Posten, größere Menge einer Ware; österr. auch für für eine bestimmte Aufgabe zusammengestellte Gruppe von Arbeitern; Sport Durchgang, Spiel; veraltend für Ausflug); eine gute Partie machen (reich heiraten)
Par|tie|be|zug, der; -[e]s (Kaufmannsspr.)
Par|tie|füh|rer (österr. auch für Vorarbeiter); **Par|tie|füh|re|rin**
par|ti|ell (teilweise [vorhanden]); partielle Sonnenfinsternis
par|ti|en|wei|se
Par|tie|preis; Par|tie|wa|re (Kaufmannsspr. fehlerhafte Ware)
par|tie|wei|se
¹Par|ti|kel [auch ...ˈtɪ...], die; -, -n ⟨lat.⟩ (kath. Kirche Teilchen der Hostie, Kreuzreliquie; Sprachwiss. unflektierbares Wort, z. B. Präposition)
²Par|ti|kel, das; -s, -, auch die; -, -n (Physik Elementarteilchen)
Par|ti|kel|fil|ter (Kfz-Technik)
par|ti|ku|lar, par|ti|ku|lär (einen Teil betreffend, einzeln)
Par|ti|ku|la|ris|mus, der; - (Sonderbestrebungen staatl. Teilgebiete, Kleinstaaterei)
Par|ti|ku|la|rist, der; -en, -en; **Par|ti|ku|la|ris|tin; par|ti|ku|la|ris|tisch**
Par|ti|ku|lar|recht (veraltet für Einzel-, Sonderrecht)
Par|ti|ku|lier, Par|ti|ku|li|er, der; -s, -e, **Par|ti|ku|lie|rer,** der; -s, - ⟨franz.⟩ (selbstständiger Schiffseigentümer; Selbstfahrer in der Binnenschifffahrt); **Par|ti|ku|lie|rin, Par|ti|ku|lie|re|rin**
Par|ti|men|to, das u. der; -[s], ...ti ⟨ital.⟩ (Musik Generalbassstimme)
Par|ti|san, der; Gen. -s u. -en, Plur. -en ⟨franz.⟩ (bewaffneter Widerstandskämpfer im feindlich besetzten Hinterland)
Par|ti|sa|ne, die; -, -n (spießartige Stoßwaffe des 15. bis 18. Jh.s)
Par|ti|sa|nen|ge|biet; Par|ti|sa|nen|kampf; Par|ti|sa|nen|krieg
Par|ti|sa|nin
Par|ti|ta, die; -, ...iten ⟨ital.⟩ (Musik svw. Suite)
Par|ti|te, die; -, -n (Kaufmannsspr. einzelner Posten einer Rechnung)
Par|ti|ti|on, die; -, -en ⟨lat.⟩ (geh. für Teilung, Einteilung; Logik Zerlegung des Begriffsinhaltes in seine Teile od. Merkmale); **par|ti|ti|o|nie|ren** (EDV); **Par|ti|ti|o|nie|rer,** der; -s, - (ein Computerprogramm)
par|ti|tiv (Sprachwiss. die Teilung bezeichnend)
Par|ti|tur, die; -, -en ⟨ital.⟩ (Zusammenstellung aller zu einem Musikstück gehörenden Stimmen)
Par|ti|zip, das; -s, -ien ⟨lat.⟩ (Sprachwiss. Mittelwort); Partizip I (Partizip Präsens, Mittelwort der Gegenwart, z. B. »sehend«); Partizip II (Partizip Perfekt, Mittelwort der Vergangenheit, z. B. »gesehen«)
Par|ti|zi|pa|ti|on, die; -, -en (das Teilhaben); **Par|ti|zi|pa|ti|ons|ge|schäft** (Wirtsch.); **Par|ti|zi|pa|ti|ons|ka|pi|tal,** das; -s, -ien (österr. durch einen Partizipationsschein verbrieftes Kapital); **Par|ti|zi|pa|ti|ons|kon|to** (Wirtsch.); **Par|ti|zi|pa|ti|ons|schein** (österr., schweiz. für Wertpapier ohne Stimmberechtigung)
par|ti|zi|pa|tiv (lat.) ([die Betroffenen] beteiligend)
par|ti|zi|pi|al (Sprachwiss. mittelwörtlich, Mittelwort...); **Par|ti|zi|pi|al|bil|dung; Par|ti|zi|pi|al|grup|pe; Par|ti|zi|pi|al|kon|s|t|ruk|ti|on; Par|ti|zi|pi|al|satz**
par|ti|zi|pie|ren (Anteil haben, teilnehmen)
Par|ti|zi|pi|um, das; -s, ...pia (älter für Partizip)
Part|ner, der; -s, - ⟨engl.⟩ (Gefährte; Teilhaber; Teilnehmer; Mitspieler)
Part|ner|bör|se (im Internet)
Part|ne|rin
Part|ner|land
Part|ner|look, der; -s (Mode)
Part|ner|schaft; öffentlich-private Partnerschaft (Zusammenarbeit zwischen öffentlicher Hand u. Privatwirtschaft in einer Zweckgesellschaft); **part|ner|schaft|lich**
Part|ner|schafts|ab|kom|men; Part|ner|schafts|ver|ein; Part|ner|schafts|ver|trag
Part|ner|staat Plur. ...staaten; **Part|ner|stadt**
Part|ner|su|che; Part|ner|tausch; Part|ner|ver|ein; Part|ner|ver|mitt|lung; Part|ner|wahl; Part|ner|wech|sel

par|tout [...'tu:] ⟨franz.⟩ *(ugs. für durchaus;* um jeden Preis)
Par|ty [...ti], die; -, -s ⟨engl.-amerik.⟩ (zwangloses Fest)
Par|ty|band [...bɛnt, ...bænd], die *(Musik);* **Par|ty|dro|ge; Par|ty|girl; Par|ty|kel|ler; Par|ty|lö|we** (jmd., der auf Partys umschwärmt wird)
Par|ty|lu|der *(ugs. für* junge Frau, die häufig auf Prominentenpartys zu sehen ist)
Par|ty|ser|vice [...sœ:ɐvɪs], der, *österr. auch* das (Unternehmen, das Speisen u. Getränke für Festlichkeiten ins Haus liefert)
Pa|ru|sie, die; - ⟨griech.⟩ *(christl. Rel.* Wiederkunft Christi beim Jüngsten Gericht)
Par|ve|nü, *nur* **Par|ve|nu** [...'ny:], der; -s, -s ⟨franz.⟩ (Emporkömmling; Neureicher)
Par|ze, die; -, -n *meist Plur.* ⟨lat.⟩ (röm. Schicksalsgöttin [Atropos, Klotho, Lachesis]); *vgl.* Moira
Par|zel|lar|ver|mes|sung
Par|zel|le, die; -, -n ⟨lat.⟩ (vermessenes Stück Land, Baustelle); **Par|zel|len|wirt|schaft; par|zel|lie|ren** (in Parzellen zerlegen)
Par|zi|val [...f...] (Held der Artussage); *vgl.* Parsifal
Pas [pa], der; -, - ⟨franz.⟩ ([Tanz]schritt)
¹Pas|cal (franz. Mathematiker u. Philosoph)
²Pas|cal, das; -s, - (Einheit des Drucks; Zeichen Pa)
PASCAL, das; -s (Kunstwort, an ¹Pascal angelehnt) (eine Programmiersprache)
Pasch, der; -[e]s, *Plur.* -e u. Päsche ⟨franz.⟩ (Wurf mit gleicher Augenzahl auf mehreren Würfeln; *Domino* Stein mit Doppelzahl)
¹Pa|scha ['pascha] *usw. vgl.* Passah *usw.*
²Pa|scha, der; -s, -s ⟨türk.⟩ (früherer oriental. Titel; *ugs. für* rücksichtsloser Mann, der sich [von Frauen] bedienen lässt); **Pa|scha|al|lü|ren** *Plur.*
Pa|schal|lis *[auch* pas'ça:...] ⟨hebr.⟩ (Papstname)
¹pa|schen ⟨franz.⟩ (würfeln; *bayr. u. österr. mdal. für* klatschen); du paschst
²pa|schen ⟨hebr.⟩ *(veraltet für* schmuggeln); du paschst
Pa|scher; Pa|sche|rei

Pasch|mi|na, der; -s, -s ⟨pers.⟩ (dem Kaschmir ähnliches, sehr leichtes u. weiches Gewebe); **Pasch|mi|na|schal**
pa|scholl! ⟨russ.⟩ *(ugs. veraltend für* pack dich!; vorwärts!)
Pasch|tu, das; -s (Amtssprache in Afghanistan)
Pasch|tu|ne, der; -n, -n (Angehöriger eines Volkes in Afghanistan u. Pakistan); **Pasch|tu|nin; pasch|tu|nisch**
Pas de Ca|lais ['pa də ...'lɛ:], der; - - - ⟨franz.⟩ (franz. Name der Straße von Dover)
Pas de deux ['pa də 'dø:], der *oder* das; - - -, - - - ⟨franz.⟩ (Tanz für zwei Solotänzer)
Pas|lack, der; -s, -s ⟨slaw.⟩ *(nordostd. für* jmd., der für andere schwer arbeiten muss)
Pa|so do|b|le, der; --, -- ⟨span.⟩ (aus einem spanischen Volkstanz entstandener lateinamerik. Gesellschaftstanz im lebhaften ²/₄- od. ³/₄-Takt)
Pa|so|li|ni (ital. Schriftsteller u. Filmregisseur)
Pas|pel, die; -, -n, *selten* der; -s, -, *bes. österr. u. schweiz.* Passepoil [pas'pŏal], der; -s ⟨franz.⟩ (schmaler Nahtbesatz bei Kleidungsstücken)
pas|pe|lie|ren, *bes. österr. u. schweiz.* passepoi|lie|ren (mit Paspeln versehen); **Pas|pe|lie|rung,** *bes. österr. u. schweiz.* Passe|poi|lie|rung
pas|peln; ich pasp[e]le
Pas|quill, das; -s, -e ⟨ital.⟩ *(veraltend für* [anonyme] Schmäh-, Spottschrift)
Pas|quil|lant, der; -en, -en (Verfasser od. Verbreiter eines Pasquills); **Pas|quil|lan|tin**
Pass, der; -es, Pässe ⟨lat.⟩ (Bergübergang; Ausweis [für Reisende]; gezielte Ballabgabe beim Fußball); *vgl. aber* zupasskommen, zupasskommen
Pas|sa *usw. vgl.* Passah *usw.*
pas|sa|bel ⟨lat.⟩ (annehmbar; leidlich); ...a|b|le Gesundheit
Pas|sa|ca|g|lia [...'kalja], die; -, ...ien [...jən] ⟨ital.⟩ *(Musik* Instrumentalstück aus Variationen über einem ostinaten Bass)
Pas|sa|ge [...ʒə], die; -, -n ⟨franz.⟩ (Durchfahrt, -gang; Überfahrt mit Schiff od. Flugzeug; *Musik* schnelle Tonfolge; fortlaufender Teil einer Rede od. eines Textes;

Reitsport Gangart in der Hohen Schule)
pas|sa|ger [...ʒeːɐ] ⟨franz.⟩ *(Med.* nur vorübergehend auftretend)
Pas|sa|gier, der; -s, -e ⟨ital.(-franz.)⟩ (Schiffsreisender, Fahrgast, Fluggast)
Pas|sa|gier|damp|fer; Pas|sa|gier|flug|zeug; Pas|sa|gier|gut
Pas|sa|gie|rin
Pas|sa|gier|lis|te; Pas|sa|gier|ma|schi|ne; Pas|sa|gier|schiff
Pas|sah, *ökum.* ¹Pas|cha ['pascha], das; -[s] ⟨hebr.⟩ (jüd. Fest zum Gedenken an den Auszug aus Ägypten; das beim Passahmahl gegessene Lamm); *vgl. auch* Pessach
Pas|sah|fest, *auch* Pes|sach|fest, *ökum.* Pas|cha|fest
Pas|sah|lamm, *auch* Pes|sach|lamm, *ökum.* Pas|cha|lamm
Pas|sah|mahl, *auch* Pes|sach|mahl, *ökum.* Pas|cha|mahl *Plur.* ...mahle
Pass|amt
Pas|sant, der; -en, -en ⟨franz.⟩ (Fußgänger; Vorübergehender); **Pas|san|tin**
Pas|sat, der; -[e]s, -e ⟨niederl.⟩ (gleichmäßig wehender Tropenwind); **Pas|sat|wind**
Pas|sau (Stadt in Bayern); **Pas|sau|er; Pas|sau|e|rin**
Pass|bild
Pas|se, die; -, -n ⟨franz.⟩ (glattes Hals- u. Schulterteil an Kleidungsstücken)
pas|sé ⟨franz.⟩ *(ugs. für* vorbei, abgetan); das ist passé
Pas|sei|er, das; -s, **Pas|sei|er|tal, Pas|sei|er-Tal,** das; -[e]s (Alpental in Südtirol)
pas|sen ⟨franz.⟩ *(auch* Kartenspiel auf ein Spiel verzichten; *bes. Fußball* den Ball genau zuspielen); du passt; gepasst; pass! *u.* passt!; das passt sich nicht *(ugs.)*
pas|send; etwas Passendes
Passe|par|tout [paspar'tu:], das, *schweiz.* -s, -s ⟨franz.⟩ (Umrahmung aus leichter Pappe für Grafiken o. Ä.; *schweiz. auch für* Dauerkarte; Hauptschlüssel)
Passe|poil [pas'pŏal] *usw. vgl.* Paspel *usw.*
Pas|ser, der; -s, - *(Druckw.* das genaue Übereinanderliegen der einzelnen Formteile u. Druckelemente, bes. beim Mehrfarbendruck)
Pas|se|rel|le, die; -, -n ⟨franz.⟩ *(schweiz. für* Fußgängerbrücke)

Passe|vite [pasˈviːt], das; -[s], -s ⟨franz.⟩ (*schweiz. für* ein Küchengerät)
Pass|form; Pass|fo|to
Pass|gang, der; -[e]s (Gangart, bei der beide Beine einer Seite gleichzeitig vorgesetzt werden [bes. bei Reittieren]); **Pass|gän|ger; Pass|gän|ge|rin**
pass|ge|nau; pass|ge|recht
Pass|hö|he
Pas|sier|ball (Tennis); vgl. ¹Ball
pas|sier|bar (überschreitbar)
pas|sie|ren ⟨franz.⟩ (vorübergehen, -fahren; durchqueren, überqueren; geschehen; *Gastron.* durch ein Sieb drücken; *Tennis* den Ball am Gegner vorbeischlagen)
Pas|sier|ge|wicht (*Münzw.* Mindestgewicht)
Pas|sier|ma|schi|ne
Pas|sier|schein; Pas|sier|schein|ab|kom|men; Pas|sier|schein|stel|le
Pas|sier|schlag (Tennis)
Pas|sier|sieb
pas|sim ⟨lat.⟩ ([im angegebenen Werk] an verschiedenen Stellen)
Pas|si|on, die; -, -en ⟨lat.⟩ (*nur Sing.:* Leidensgeschichte Christi; Leidenschaft, leidenschaftliche Hingabe)
pas|sio|na|to ⟨ital.⟩ (*Musik* mit Leidenschaft); **Pas|si|o|na|to**, das; -s, *Plur.* -s u. ...ti
pas|si|o|niert ⟨franz.⟩ (leidenschaftlich, begeistert)
Pas|si|ons|blu|me; Pas|si|ons|frucht
Pas|si|ons|sonn|tag (*auch für* zweiter Sonntag vor Ostern, vgl. Judika)
Pas|si|ons|spiel (Darstellung der Leidensgeschichte Christi); **Pas|si|ons|spiel|haus; Pas|si|ons|weg; Pas|si|ons|wo|che; Pas|si|ons|zeit**
pas|siv [*auch* ...ˈsiːf] ⟨lat.⟩ (untätig; teilnahmslos; duldend); *passive* [Handels]bilanz; *passives* Wahlrecht (Recht, gewählt zu werden)
Pas|siv, das; -s, -e *Plur. selten* (*Sprachwiss.* Leideform)
Pas|si|va, Pas|si|ven (*Plur. von* Passivum)
Pas|siv|be|waff|nung (das Tragen von Schutzhelm, kugelsicherer Weste o. Ä. zum Schutz gegen Gewalteinwirkung von außen)
Pas|siv|bil|dung (*Sprachwiss.*)
Pas|siv|ge|schäft (*Bankw.*); **Pas|siv|han|del** (*Kaufmannsspr.*); *vgl.* ¹Handel
Pas|siv|haus (Haus mit sehr geringem Energieverbrauch)

pas|si|vie|ren ([Verbindlichkeiten] in der Bilanz erfassen u. ausweisen; *Chemie* Metalle auf [elektro]chem. Wege korrosionsbeständig machen)
pas|si|visch [*auch* ˈpas...] (*Sprachwiss.* das Passiv betreffend)
Pas|si|vi|tät, die; -
Pas|siv|le|gi|ti|ma|ti|on (*Rechtswiss.*); **Pas|siv|mas|se** (Schuldenmasse [im Konkurs]); **Pas|siv|pos|ten** (*Kaufmannsspr.*)
Pas|siv|rau|chen, das; -s
Pas|siv|sal|do (Verlustvortrag)
Pas|siv|sei|te (*Kaufmannsspr.*)
Pas|si|vum, das; -s, ...va u., bes. österr., ...ven *meist Plur.* (*Kaufmannsspr.* Verbindlichkeit)
Pas|siv|zin|sen *Plur.*
Pass|kon|t|rol|le
Pass|stel|le, Pass-Stel|le
Pass|stra|ße, Pass-Stra|ße
Pas|sung (*Technik* Beziehung zwischen zusammengefügten Maschinenteilen)
Pas|sus, der; -, - ⟨lat.⟩ (Schriftstelle, Absatz)
pass|wärts
Pass|wort *Plur.* ...wörter (*EDV* Kennwort); **pass|wort|ge|schützt**
Pass|zwang, der; -[e]s
¹**Pas|ta** *vgl.* Paste
²**Pas|ta**, die; - ⟨ital. Bez. für Teigwaren⟩
Pas|ta asciut|ta [- aˈʃʊ...], die; - -, ...te ...te, **Pas|ta|sciut|ta** [...ˈʃʊ...], die; -, ...tte (ital. Spaghettigericht)
Pas|te, selten ¹**Pas|ta**, die; -, ...sten (streichbare Masse; Teigmasse als Grundlage für Arzneien u. kosmetische Mittel)
Pas|tell, das; -[e]s, -e ⟨ital.(-franz.)⟩ (mit Pastellfarben gemaltes Bild); **pas|tell|en**
Pas|tell|far|be; pas|tell|far|ben
pas|tell|ig
Pas|tell|ma|le|rei; Pas|tell|stift *vgl.* ¹Stift; **Pas|tell|ton** *Plur.* ...töne
Pas|ter|nak (russischer Schriftsteller)
Pas|ter|ze, die; - (größter österreichischer Gletscher)
Pas|tet|chen; Pas|te|te, die; -, -n ⟨roman.⟩ (Fleisch-, Fischspeise u. a. [in Teighülle])
Pas|teur [...ˈtøːɐ̯] (franz. Bakteriologe)
Pas|teu|ri|sa|ti|on [...tø...], die; -, -en (Entkeimung); **pas|teu|ri|sie|ren;** pasteurisierte Milch; **Pas|teu|ri|sie|rung**

Pas|til|le, die; -, -n ⟨lat.⟩ (Kügelchen, Plätzchen, Pille)
Pas|ti|nak, der; -s, -e, **Pas|ti|na|ke**, die; -, -n ⟨lat.⟩ (krautige Pflanze, deren Wurzeln als Gemüse u. Viehfutter dienen)
Past|milch (*schweiz.; kurz für* pasteurisierte Milch)
Pas|tor [*auch* ...ˈtoːɐ̯], der; -s, *Plur.* ...oren, *auch* ...ore, *landsch. auch* ...ö̱re ⟨lat.⟩ (ev. od. kath. Geistlicher; *Abk.* P.)
pas|to|ral (seelsorgerisch; feierlich); **Pas|to|ral|brief** (*christl. Rel.*)
¹**Pas|to|ra|le**, das; -s, -s *od.* die; -, -n ⟨ital.⟩ (ländlich-friedvolles Tonstück; Schäferspiel)
²**Pas|to|ra|le**, der; -s, -s (Hirtenstab des katholischen Bischofs)
Pas|to|ral|the|o|lo|gie, die; - (praktische Theologie)
Pas|to|rat, das; -[e]s, -e (*bes.* nordd. für Pfarramt, -wohnung)
Pas|to|rel|le, die; -, -n ⟨ital.⟩ (mittelalterl. Hirtenliedchen)
Pas|to|rin
Pas|tor pri|ma|ri|us, der; - -, ...ores ...rii (Hauptpastor; Oberpfarrer; *Abk. P. prim.*)
pas|tos ⟨ital.⟩ (*bild. Kunst* dick aufgetragen)
pas|tös ⟨franz.⟩ (breiig, dickflüssig; *Med.* gedunsen)
Pas|t|ra|mi, das, auch die; -[s] ⟨engl.⟩ (stark gewürztes, gepökeltes u. geräuchertes Rindfleisch)
Pa|ta|go|ni|en (südlichster Teil Amerikas); **Pa|ta|go|ni|er; Pa|ta|go|ni|e|rin; pa|ta|go|nisch**
Patch [pɛtʃ], der; -[es], -es, *selten* das; -[s], -s ⟨engl.⟩ (*EDV* Software zur Behebung von Programmfehlern); **pat|chen**
Pat|chen (*fam. für* Patenkind)
Patch|ka|bel [ˈpɛtʃ...] (*EDV* kurzes Verbindungskabel)
Patch|work [ˈpɛtʃvœːɐ̯k], das; -s, -s ⟨amerik.⟩ (aus bunten Flicken zusammengesetzter Stoff, auch Leder in entsprechender Verarbeitung)
Patch|work|bio|gra|fie, Patch|work|bio|gra|phie (Lebenslauf mit vielen verschiedenartigen Ausbildungs- u. Berufsstationen)
Patch|work|fa|mi|lie (*ugs. für* Familie, in der außer den gemeinsamen Kindern auch Kinder aus früheren Beziehungen der Eltern leben)

Pate

¹**Pa|te**, der; -n, -n (Taufzeuge, *auch für* Patenkind)
²**Pa|te**, die; -, -n (*svw.* Patin)
Pa|tel|la, die; -, ...llen ⟨lat.⟩ (*Med.* Kniescheibe); **Pa|tel|lar|re|flex**
Pa|ten|be|trieb (*DDR*); **Pa|ten|bri|ga|de** (*DDR*)
Pa|te|ne, die; -, -n ⟨griech.⟩ (*christl. Kirche* Hostienteller)
Pa|ten|ge|schenk; Pa|ten|kind; Pa|ten|on|kel
Pa|ten|schaft; Pa|ten|schafts|ver|trag (*DDR* Vertrag zwischen einem Betrieb u. einer Bildungseinrichtung zum Zwecke gegenseitiger Hilfe sowie kultureller u. polit. Zusammenarbeit)
Pa|ten|sohn
pa|tent ⟨lat.⟩ (*ugs. für* praktisch, tüchtig, brauchbar)
Pa|tent, das; -[e]s, -e (Urkunde über die Berechtigung, eine Erfindung allein zu verwerten; Bestallungsurkunde eines [Schiffs]offiziers; *schweiz. auch für* amtliche Bewilligung zum Ausüben einer Tätigkeit, eines Berufes); **Pa|tent|ab|lauf**, der; - (Ablauf des Patentschutzes); **Pa|tent|amt**
Pa|ten|tan|te
Pa|tent|an|walt; Pa|tent|an|wäl|tin
pa|tent|fä|hig; pa|tent|frei; pa|tent|ge|schützt; pa|tent|tier|bar; pa|ten|tie|ren (durch ein Patent schützen); **Pa|ten|tie|rung**
Pa|tent|in|ha|ber; Pa|tent|in|ha|be|rin
Pa|tent|knopf; Pa|tent|lö|sung (*ugs.*)
Pa|ten|toch|ter
Pa|tent|recht; pa|tent|recht|lich; Pa|tent|re|zept (*ugs.*); **Pa|tent|rol|le; Pa|tent|schrift; Pa|tent|schutz**, der; -es; **Pa|tent|ur|kun|de; Pa|tent|ver|schluss**
Pa|ter, der; -s, *Plur.* - u. **Pa|t|res** ⟨lat.⟩ (kath. Ordensgeistlicher; *Abk.* P., *Plur.* PP.)
Pa|ter|fa|mi|li|as (veraltet scherzh. für Familienoberhaupt, Hausherr)
Pa|ter|ni|tät, die; - (veraltet für Vaterschaft)
¹**Pa|ter|nos|ter**, das; -s, - (Vaterunser)
²**Pa|ter|nos|ter**, der; -s, - (ständig umlaufender Aufzug); **Pa|ter|nos|ter|auf|zug**
pa|ter, pec|ca|vi ⟨lat.; »Vater, ich habe gesündigt«⟩; »pater, peccavi« sagen (flehentlich um Verzeihung bitten); **Pa|ter|pec|ca|vi**, das; -, - (reuiges Geständnis)
Pa|the|tik, die; - ⟨griech.⟩ (übertriebene, gespreizte Feierlichkeit); **Pa|thé|tique** [...te'ti:k], die; - ⟨franz.⟩ (Titel einer Klaviersonate Beethovens u. einer Sinfonie Tschaikowskys); **pa|the|tisch** ⟨griech.⟩ (voller Pathos; [übertrieben] feierlich)
pa|tho|gen (*Med.* krankheitserregend); pathogene Bakterien; **Pa|tho|ge|ne|se**, die; -, -n (Entstehung u. Entwicklung einer Krankheit); **Pa|tho|ge|ni|tät**, die; - (Fähigkeit, Krankheiten hervorzurufen)
pa|thog|no|mo|nisch, pa|thog|nos|tisch (für eine Krankheit kennzeichnend)
Pa|tho|lo|ge, der; -n, -n; **Pa|tho|lo|gie**, die; -, ...ien (*nur Sing.:* allgemeine Lehre von den Krankheiten; pathologisches Institut); **Pa|tho|lo|gin; pa|tho|lo|gisch** (die Pathologie betreffend; krankhaft); pathologische Anatomie; **pa|tho|lo|gi|sie|ren** (*Med., Psychol.* als krankhaft bewerten); **Pa|tho|lo|gi|sie|rung**
Pa|tho|pho|bie, die; -, ...ien (*Psychol.* Furcht vor Krankheiten)
Pa|tho|phy|sio|lo|gie (Lehre von den Krankheitsvorgängen u. Funktionsstörungen [in einem Organ])
Pa|tho|psy|cho|lo|gie, die; - (*svw.* Psychopathologie)
Pa|thos, das; - ([übertriebene] Gefühlserregung; feierliche Ergriffenheit)
Pa|ti|ence [...'sjã:s], die; -, -n ⟨franz.⟩ (Geduldsspiel mit Karten); **Pa|ti|ence|spiel**
Pa|ti|ent, der; -en, -en ⟨lat.⟩ (vom Arzt behandelte od. betreute Person); **Pa|ti|en|ten|fo|rum; Pa|ti|en|ten|rech|te|ge|setz**
Pa|ti|en|ten|si|cher|heit (Sicherstellung einer fehler- und schadensfreien medizinischen Behandlung); **Pa|ti|en|ten|sprech|stun|de; Pa|ti|en|ten|ver|fü|gung; Pa|ti|en|tin**
Pa|tin (*zu* ¹Pate)
Pa|ti|na, die; - ⟨ital.⟩ (ein grünlicher Überzug auf Kupfer; Edelrost); **pa|ti|nie|ren** (mit einer künstlichen Patina versehen)
Pa|tio, der; -[s], -s ⟨span.⟩ (Innenhof eines [span.] Hauses)
Pa|tis|se|rie, die; -, ...ien ⟨franz.⟩ (*bes. schweiz. für* feines Gebäck; Konditorei); **Pa|tis|si|er** [...'sje:], der; -s, -s (Konditor); **Pa|tis|si|è|re** [...'sje:rə], die; -, -n
Pat|mos (griech. Insel)
Pat|na|reis ⟨nach der ind. Stadt⟩ ([langkörniger] Reis); ↑D 143
Pa|tois [...'toa], das; -, - ⟨franz.⟩ (*franz. Bez. für* Sprechweise der Landbevölkerung)
Pa|t|ras (griech. Stadt)
Pa|t|res (*Plur. von* Pater)
Pa|t|ri|arch, der; -en, -en ⟨griech.⟩ (Stammvater im A. T.; Ehrenamtstitel einiger Bischöfe; Titel hoher orthodoxer Geistlicher)
pa|t|ri|ar|chal (das Patriarchat betreffend)
pa|t|ri|ar|cha|lisch (altväterlich; ehrwürdig; väterlich-bestimmend; männlich-autoritativ)
Pa|t|ri|ar|chal|kir|che (Hauptkirche)
Pa|t|ri|ar|chat, das, *in der Theol. auch* der; -[e]s, -e (Würde, Sitz u. Amtsbereich eines Patriarchen; Vaterherrschaft, -recht)
Pa|t|ri|ar|chin
pa|t|ri|ar|chisch (einem Patriarchen entsprechend)
Pa|t|ri|cia ⟨lat.⟩ (w. Vorn.)
Pa|t|rick (m. Vorn.)
pa|t|ri|mo|ni|al ⟨lat.⟩ (erbherrlich); **Pa|t|ri|mo|ni|al|ge|richts|bar|keit** (früher für Rechtsprechung durch den Grundherrn)
Pa|t|ri|mo|ni|um, das; -s, ...ien (*röm. Recht* väterl. Erbgut)
¹**Pa|t|ri|ot**, der; -en, -en ⟨griech.⟩ (jmd., der für sein Vaterland eintritt)
²**Pa|t|ri|ot** ['petriət], die; -, -s ⟨engl.⟩ (eine amerik. Flugabwehrrakete)
Pa|t|ri|o|tin; pa|t|ri|o|tisch ⟨griech.⟩; **Pa|t|ri|o|tis|mus**, der; -
Pa|t|ris|tik, die; - (Wissenschaft von den Schriften u. Lehren der Kirchenväter); **Pa|t|ris|ti|ker** (Kenner, Erforscher der Patristik); **Pa|t|ris|ti|ke|rin; pa|t|ris|tisch**
Pa|t|ri|ze, die; -, -n ⟨lat.⟩ (*Druckw.* Stempel, Prägestock; Gegenform zur Matrize)
Pa|t|ri|zia ⟨lat.⟩ (w. Vorn.)
Pa|t|ri|zi|at, das; -[e]s, -e ⟨lat.⟩ (Gesamtheit der altröm. Adelsgeschlechter; ratsfähige Bürgerfamilien der dt. Städte im MA.)
Pa|t|ri|zi|er (Angehöriger des Patriziats); **Pa|t|ri|zi|er|ge-**

Pauschalversicherung

schlecht; Pa|t|ri|zi|er|haus; Pa|t|ri|zi|e|rin; pa|t|ri|zisch
Pa|t|rok|los, Pa|t|rok|lus [auch 'pa:...] (Freund Achills)
Pa|t|ro|lo|gie, die; - ⟨griech.⟩ (svw. Patristik)
¹Pa|t|ron, der; -s, -e ⟨lat.⟩ (Schutzherr, -heiliger; Stifter einer Kirche; ugs. für übler Kerl)
²Pa|t|ron [pa'trõː], der; -s, -s ⟨franz.⟩ (schweiz. für Betriebsinhaber)
Pa|t|ro|na, die; -, ...nä ⟨lat.⟩ ([heilige] Beschützerin)
Pa|t|ro|na|ge [...ʒə], die; -, -n ⟨franz.⟩ (Günstlingswirtschaft)
Pa|t|ro|nanz, die; -, -en ⟨lat.⟩ (österr. meist für Schirmherrschaft)
Pa|t|ro|nat, das; -[e]s, -e (Würde, Amt eines Schutzherrn [im alten Rom]; Rechtsstellung des Stifters einer christlichen Kirche od. seines Nachfolgers; Schirmherrschaft); Pa|t|ro|nats|fest
Pa|t|ro|nats|herr; Pa|t|ro|nats|her|rin
Pa|t|ro|ne, die; -, -n ⟨franz.⟩ (Geschoss u. Treibladung enthaltende [Metall]hülse; Behälter [z. B. für Tinte]); Pa|t|ro|nen|füll|hal|ter
Pa|t|ro|nen|gurt; Pa|t|ro|nen|hül|se; Pa|t|ro|nen|kam|mer; Pa|t|ro|nen|ta|sche; Pa|t|ro|nen|trom|mel
Pa|t|ro|nin ⟨lat.⟩ (Schutzherrin, Schutzheilige)
Pa|t|ro|nym, das; -s, -e, Pa|t|ro|ny|mi|kon, das; -s, ...ka, Pa|t|ro|ny|mi|kum, das; -s, ...ka ⟨griech.⟩ (nach dem Namen des Vaters gebildeter Name, z. B. Petersen = Peters Sohn); pa|t|ro|ny|misch
Pa|t|rouil|le [...'truljə, österr. ...'truːjə], die; -, -n ⟨franz.⟩ (Spähtrupp; Kontrollgang)
Pa|t|rouil|len|boot; Pa|t|rouil|len|fahrt; Pa|t|rouil|len|flug
Pa|t|rouil|len|füh|rer; Pa|t|rouil|len|füh|re|rin
Pa|t|rouil|len|gang, der
pa|t|rouil|lie|ren [...'truːji...], auch, österr. nur, [...'truːji...] (auf Patrouille gehen; [als Posten] auf u. ab gehen)
Pa|t|ro|zi|ni|um, das; -s, ...ien ⟨lat.⟩ (im alten Rom die Vertretung durch einen Patron vor Gericht; Schutzherrschaft eines Heiligen über eine kath. Kirche; Patronatsfest); Pa|t|ro|zi|ni|ums|fest
patsch!; pitsch, patsch!

¹Patsch, der; -[e]s, -e (klatschendes Geräusch)
²Patsch, der; -en, -en (österr. ugs. für Tollpatsch)
Pat|sche, die; -, -n (ugs. für Hand; Gegenstand zum Schlagen [z. B. Feuerpatsche]; nur Sing.: Schlamm, Matsch); in der Patsche sitzen (ugs. für in einer unangenehmen Lage sein)
pät|scheln (landsch. für [spielerisch] rudern); ich pätsch[e]le
pat|schen (ugs.); du patschst
Pat|schen, der; -s, - (österr. für Hausschuh; Reifendefekt)
pat|sche|nass vgl. patschnass
Pat|scherl, das; -s, -[n]; vgl. Pickerl (österr. ugs. für ungeschicktes Kind); pat|schert (bayr., österr. ugs. für unbeholfen)
Patsch|hand, Patsch|händ|chen (Kinderspr.)
patsch|nass, pat|sche|nass (ugs. für klatschnass)
Pat|schu|li [auch pa'tʃuːli]; das; -[s], -s ⟨tamil.⟩ (Duftstoff aus der Patschulipflanze); Pat|schu|li|öl; Pat|schu|li|pflan|ze (eine asiat. Pflanze)
patt ⟨franz.⟩ (Schach nicht mehr in der Lage, einen Zug zu machen, ohne seinen König ins Schach zu bringen); patt sein; den Gegner patt setzen od. pattsetzen
Patt, das; -s, -s (auch für Situation, in der keine Partei einen Vorteil erringen kann)
Pat|te, die; -, -n ⟨franz.⟩ (Taschenklappe, Taschenbesatz)
Pat|tern ['pɛ...], das; -s, -s ⟨engl.⟩ (Psychol. [Verhaltens]muster, [Denk]schema; Sprachwiss. Sprachmuster)
Pat|ti|su|la|ti|on vgl. Patt
pat|zen (ugs. für kleinere Fehler machen; bayr., österr. für klecksen); du patzt
Pat|zen, der; -s, - (bayr. u. österr. für Klecks, Klumpen)
Pat|zer (ugs. für jmd., der patzt; Fehler); Pat|ze|rei (ugs.)
pat|zig (ugs. für frech, grob; südd. auch für klebrig, breiig); Pat|zig|keit (ugs.)
Pau|kant, der; -en, -en (Verbindungsw. Fechter bei einer Mensur)
Pauk|arzt (Verbindungsw.); Pauk|bo|den; Pauk|bril|le
Pau|ke, die; -, -n; auf die Pauke hauen (ugs. für ausgelassen sein)

pau|ken (die Pauke schlagen; Verbindungsw. eine Mensur fechten; ugs. für angestrengt lernen)
Pau|ken|fell; Pau|ken|höh|le (Med. Teil des Mittelohrs); Pau|ken|schall
Pau|ken|schlag; Pau|ken|schlä|gel
Pau|ken|schlä|ger (selten); Pau|ken|schlä|ge|rin; Pau|ken|wir|bel
Pau|ker (Schülerspr. auch für Lehrer); Pau|ke|rei; Pau|ke|rin
Pau|kist, der; -en, -en (Paukenspieler); Pau|kis|tin
Pauk|tag (Verbindungsw.)
Paul (m. Vorn.)
Pau|la, Pau|li|ne (w. Vorn.)
pau|li|nisch ⟨zu Paulus⟩; eine paulinische Erleuchtung haben; paulinische Briefe, Schriften ↑D 89 u. 135; Pau|li|nis|mus, der; - (christl. Theol. Lehre des Apostels Paulus)
Pau|low|nia, die; -, ...ien ⟨nach der russ. Großfürstin Anna Pawlowna⟩ (ein Zierbaum)
Pauls|kir|che, die; -
Pau|lus (Apostel), Pauli (des Paulus) Bekehrung (kath. Fest)
Paun|zen, der; -s- u. die; -, - meist Plur. (eine österr. Mehlspeise); Erdäpfelpaunzen
Pau|pe|ris|mus, der; - ⟨lat.⟩ (veraltend für Massenarmut)
Pau|sa|ni|as (spartan. Feldherr u. Staatsmann; griech. Reiseschriftsteller)
Paus|back, der; -[e]s, -e (landsch. für pausbäckiger Mensch)
Paus|ba|cken Plur. (landsch. für dicke Wangen); paus|ba|ckig, häufiger paus|bä|ckig
pau|schal (alles zusammen; rund)
Pau|schal|ab|fin|dung; Pau|schal|ab|schrei|bung; Pau|schal|an|ge|bot; Pau|schal|be|steu|e|rung; Pau|schal|be|trag; Pau|schal|be|wer|tung
Pau|scha|le, die; -, -n ⟨latinisierende Bildung zu dt. Pauschsumme⟩ (geschätzte Summe; Gesamtbetrag); pau|scha|lie|ren (abrunden); Pau|scha|lie|rung
pau|scha|li|sie|ren (stark verallgemeinern); Pau|scha|li|tät, die; -, -en (Undifferenziertheit)
Pau|schal|preis; Pau|schal|rei|se; Pau|schal|sum|me; Pau|schal|ta|rif
Pau|schal|tou|ris|mus; Pau|schal|tou|rist; Pau|schal|tou|ris|tin
Pau|schal|ur|teil; Pau|schal|ver|si|che|rung

Pausch|be|trag
Pausch|be|trag
Pau|sche, die; -, -n (Wulst am Sattel; Handgriff am Seitpferd)
Päu|schel vgl. Bäuschel
Pau|schen|pferd (bes. österr. u. schweiz. für Seitpferd)
Pausch|quan|tum; Pausch|sum|me
¹**Pau|se**, die; -, -n ⟨griech.⟩ (Ruhezeit; Unterbrechung); die große Pause (in der Schule, im Theater)
²**Pau|se**, die; -, -n ⟨franz.⟩ (Kopie mittels Durchzeichnung)
pau|sen (durchzeichnen); du paust; er paus|te
Pau|sen|brot (bes. für Schüler); **Pau|sen|fül|ler** (ugs.); **Pau|sen|gong**, der (bes. in Schulen); **Pau|sen|gym|nas|tik; Pau|sen|hal|le; Pau|sen|hof; pau|sen|los**
Pau|sen|pfiff (Sport); **Pau|sen|platz** (schweiz. für Schulhof); **Pau|sen|raum; Pau|sen|stand** (Sport); **Pau|sen|tee** (bes. Sport); **Pau|sen|zei|chen**
pau|sie|ren ⟨griech.⟩ (innehalten, ruhen, zeitweilig aufhören)
Paus|pa|pier; Paus|zeich|nung
Pa|va|ne, die; -, -n ⟨franz.⟩ (langsamer Schreittanz; später Einleitungssatz der Suite)
Pa|via (ital. Stadt)
Pa|vi|an, der; -s, -e ⟨niederl.⟩ (ein Affe)
Pa|vil|lon [ˈpavɪljõː, österr. paviˈjõː], der; -s, -s ⟨franz.⟩ (kleiner, frei stehender, meist runder Bau; Ausstellungsgebäude; Festzelt; Architek. vorspringender Gebäudeteil); **Pa|vil|lon|sys|tem** (Archit.)
Paw|lat|sche, die; -, -n ⟨tschech.⟩ (österr. für Bretterbühne; baufälliges Haus); **Paw|lat|schen|haus** (österr. für Laubenganghaus); **Paw|lat|schen|the|a|ter** (österr.)
Paw|low (russ. Physiologe); **paw|lowsch**; der pawlowsche od. Pawlow'sche Hund ↑ D 89 u. 135
Pax, die; - ⟨lat.⟩ »Frieden« ⟨kath. Kirche Friedensgruß, -kuss⟩
Pax vo|bis|cum! ⟨lat.⟩ »Friede [sei] mit euch!«
Pay|card [ˈpeɪkaːɐ̯t], die; -, -s ⟨engl.⟩ (aufladbare Chipkarte zum bargeldlosen Bezahlen)
Pay|ing Guest [ˈpeɪɪŋ ˈɡest], der; - -s, - -s ⟨engl.⟩ (jmd., der bei einer Familie als Gast wohnt, aber für Unterkunft u. Verpflegung bezahlt)
Pay|Pal®, **Pay|pal** [ˈpeɪpæl, auch ...pal] -s o. Art. ⟨engl.⟩ (ein elektronisches Bezahlsystem); mit, über Paypal bezahlen
Pay-per-View [ˈpeɪpəˈvjuː], das; -[s] ⟨engl.⟩ (Verfahren für den Empfang einzeln abrechenbarer Programme des Privatfernsehens)
Pay|roll [ˈpeɪrɔʊl], die; -, -s ⟨engl.⟩ (ugs. für Lohnliste)
Pay-TV [ˈpeɪtiːviː], das; -[s] ⟨engl.⟩ (nur gegen Gebühr zu empfangendes Privatfernsehen)
Pay|wall [ˈpeɪwɔːl], die; -, -s ⟨engl.⟩ (EDV vgl. Bezahlschranke)
Pa|zi|fik [auch ˈpa...], der; -[s] ⟨lat.-engl.⟩ (Großer od. Pazifischer Ozean); **Pa|zi|fik|bahn**, die; -; **pa|zi|fisch**; pazifische Inseln, aber ↑ D 140: der Pazifische Ozean
Pa|zi|fis|mus, der; - ⟨lat.⟩ (Ablehnung des Krieges aus religiösen od. ethischen Gründen); **Pa|zi|fist**, der; -en, -en; **Pa|zi|fis|tin; pa|zi|fis|tisch; pa|zi|fi|zie|ren** (veraltend für beruhigen; befrieden); **Pa|zi|fi|zie|rung**
Pb = Plumbum
P. b. b. = Postgebühr bar bezahlt (Österreich)
pc = Parsec
p. c., v. H., % = pro centum; vgl. Prozent
¹**PC**, der; -[s], -s, selten - (Personal Computer)
²**PC** [auch piːˈsiː], die; - (Political Correctness)
PCB, das; -[s], -[s] = polychloriertes Biphenyl (bestimmte giftige, krebserregende chem. Verbindung)
p. Chr. [n.] = post Christum [natum]
PC-Nut|zer; PC-Nut|ze|rin
Pd (chem. Zeichen für ²Palladium)
PD = Privatdozent[in]
PdA, die; - = Partei der Arbeit (kommunistische Partei in der Schweiz)
PDA [auch piːdiːˈleɪ], der; -[s], -s = Personal Digital Assistant (svw. Organizer)
PDF = Portable Document Format (EDV ein Dateiformat; in diesem Format erstellte Datei); **PDF-Da|tei; PDF-For|mat**
PDS, die; - = Partei des Demokratischen Sozialismus
Pea|nuts [ˈpiːnats] Plur. ⟨engl., »Erdnüsse«⟩ (ugs. für Kleinigkeiten; unbedeutende Geldsumme)
Pearl Har|bor [ˈpœːɐ̯l ...bə] (amerik. Flottenstützpunkt im Pazifik)
Pe|can|nuss vgl. Pekannuss
Pech, das; Gen. -s, seltener -es, Plur. (Arten:) -e (südd. u. österr. auch für Harz)
Pech|blen|de (ein Mineral); **Pech|draht; Pech|fa|ckel**
pech|fins|ter (ugs.); **pe|chig**
Pech|koh|le; Pech|nel|ke
pech|ra|ben|schwarz (ugs.); **pech|schwarz** (ugs.)
Pech|sträh|ne (ugs.); **Pech|vo|gel** (ugs. für Mensch, der [häufig] Unglück hat)
pe|cken (bayr., österr. für picken)
Pe|co|ri|no, der; -[s], -s ⟨ital.⟩ (ein ital. Hartkäse aus Schafsmilch)
Pe|dal, das; -s, -e ⟨lat.⟩ (Fußhebel; Teil an der Fahrradtretkurbel); **Pe|da|le**, die; -, -n (landsch. für Pedal [am Fahrrad]); **pe|da|lie|ren** (scherzh. für in die Pedale treten; radeln)
Pe|da|lo, das; -s, -s ⟨franz.⟩ (schweiz. für Tretboot)
Pe|dal|weg (Kfz-Technik)
pe|dant (österr. neben pedantisch)
Pe|dant, der; -en, -en ⟨griech.⟩ (ein in übertriebener Weise genauer, kleinlicher Mensch); **Pe|dan|te|rie**, die; -, ...ien; **Pe|dan|tin; pe|dan|tisch**
Ped|dig|rohr, das; -[e]s (Markrohr der Rotangpalme zum Flechten von Korbwaren)
Pe|dell, der; -s, -e, österr. meist der; -en, -en (veraltet für Hausmeister einer Schule)
Pe|di|g|ree [...riː], der; -s, -s ⟨engl.⟩ (Stammbaum bei Tieren u. Pflanzen)
Pe|di|kü|re, die; -, -n ⟨franz.⟩ (nur Sing.: Fußpflege; Fußpflegerin); **pe|di|kü|ren**; sie hat pediküert
Pe|di|ment, das; -s, -e ⟨lat.⟩ (Geogr. terrassenartige Fläche am Fuß eines Gebirges)
Pe|do|graf, Pe|do|graph, der; -en, -en ⟨lat.⟩ (Wegmesser); **Pe|do|me|ter**, das; -s, - (Schrittzähler)
Pe|d|ro (m. Vorn.)
Pee|ling [ˈpiː...], das; -s, -s ⟨engl.⟩ (kosmetische Schälung der [Gesichts]haut; kosmetisches Produkt zur Beseitigung von Hautunreinheiten u. abgestorbenen Hautschüppchen)
Pee|ne, die; - (Fluss in Mecklenburg-Vorpommern)

Pee|ne|mün|de (Gemeinde auf Usedom)
Peep|show ['pi:p...], die; -, -s ⟨engl.⟩ (Möglichkeit, gegen Geldeinwurf durch ein Guckfenster eine unbekleidete Frau zu betrachten)
¹Peer, Per (m. Vorn.)
²Peer [pi:ɐ̯], der; -s, -s ⟨engl.⟩ (Mitglied des höchsten engl. Adels; Mitglied des engl. Oberhauses); vgl. Pair; **Pee|rage** ['pi:rɪtʃ], die; - (Würde eines Peers; Gesamtheit der Peers); **Pee|ress** ['pi:rɛs], die; -, -es (Gattin eines Peers; weibliches Mitglied des englischen Hochadels, des Oberhauses)
Peer|group ['pɪɐ̯gru:p], die; -, -s ⟨engl.⟩ (Päd. Gruppe von gleichaltrigen Kindern od. Jugendlichen)
Peer Gynt (norw. Sagengestalt)
Peers|wür|de
Pe|ga|sos ⟨griech.⟩, **¹Pe|ga|sus**, der; - (geflügeltes Ross der griech. Sage; Dichterross)
²Pe|ga|sus, der; - (ein Sternbild)
Pe|gel, der; -s, - (Wasserstandsmesser); **Pe|gel|hö|he**; **Pe|gel|stand**
Pe|gi|da, -s ⟨o. Art.⟩ (Kurzwort für Patriotische Europäer gegen [die] Islamisierung des Abendlandes⟩ (rechtspopulistische polit. Bewegung)
Peg|ma|tit, der; -s, -e ⟨griech.⟩ (ein grobkörniges Gestein)
¹Peg|nitz, die; - (Fluss in Bayern)
²Peg|nitz (Stadt an der Pegnitz)
Peg|nitz|or|den, der; -s ↑D 143
Peh|le|wi ['pɛç...], das; - (Mittelpersisch)
Pei|es Plur. ⟨hebr.⟩ (Schläfenlocken [der orthodoxen Ostjuden])
pei|len (die Richtung, Entfernung, Wassertiefe bestimmen)
Pei|ler; **Peil|fre|quenz**; **Peil|ge|rät**; **Peil|li|nie**; **Peil|rah|men** (Funkw.)
Pei|lung
Pein, die; - (Schmerz, Qual)
pei|ni|gen; **Pei|ni|ger**; **Pei|ni|ge|rin**; **Pei|ni|gung**
pein|lich; (Rechtsspr. veraltet): peinliches Recht (Strafrecht), peinliche Gerichtsordnung (Strafprozessordnung); **pein|li|cher|wei|se**; **Pein|lich|keit**
pein|sam; **pein|voll**
Pei|sis|t|ra|tos (athen. Tyrann)
Peit|sche, die; -, -n
peit|schen; du peitschst

Peit|schen|hieb; **Peit|schen|knall**
Peit|schen|leuch|te (Straßenlaterne mit gebogenem Mast)
Peit|schen|schlag; **Peit|schen|stiel**
Peit|schen|wurm (ein Fadenwurm)
pe|jo|ra|tiv (Sprachwiss. verschlechternd, abwertend); **Pe|jo|ra|ti|vum**, das; -s, ...va (Wort mit abwertendem Sinn)
Pe|kan|nuss, Pe|can|nuss ⟨indian.; dt.⟩ (nussartiger Samen eines nordamerik. Baums)
Pe|ka|ri, das; -s, -s ⟨karib.-franz.⟩ (amerik. Wildschwein)
Pe|ke|sche, die; -, -n ⟨poln.⟩ (Schnürrock; stud. Festjacke)
Pe|ki|ne|se, fachspr. Pe|kin|ge|se, der; -n, -n ⟨nach der chin. Hauptstadt Peking⟩ (eine Hunderasse)
Pe|king, Beijing ['beɪdʒɪŋ, auch ...'dʒɪŋ] (Hauptstadt Chinas); **Pe|kin|ger**; **Pe|kin|ge|rin**
Pe|king|mensch (Anthropol.)
Pe|king|oper
PEKiP® = Prager Eltern-Kind-Programm (ein Konzept zur Begleitung der frühkindlichen Entwicklung)
Pęk|ten|mu|schel ⟨lat.; dt.⟩ (Zool. Kammmuschel)
Pek|tin, das; -s, -e meist Plur. ⟨griech.⟩ (gelierender Pflanzenstoff)
pek|to|ral ⟨lat.⟩ (Med. die Brust betreffend; Brust...)
Pek|to|ra|le, das; -[s], Plur. -s u. ...lien (Brustkreuz kath. geistl. Würdenträger; ein mittelalterl. Brustschmuck)
pe|ku|ni|är ⟨lat.-franz.⟩ (geldlich; in Geld bestehend; Geld...)
pek|zie|ren ⟨lat.⟩ (landsch. für etwas anstellen); vgl. pexieren
Pe|la|gi|al, das; -s ⟨griech.⟩ (Ökologie das freie Wasser der Meere u. Binnengewässer)
Pe|la|gi|a|ner (Anhänger der Lehre des Pelagius); **Pe|la|gi|a|ne|rin**; **Pe|la|gi|a|nis|mus**, der; -
pe|la|gisch ⟨griech.⟩ (Biol. im freien Wasser lebend); aber ↑D 140: Pelagische Inseln (Inselgruppe südl. von Sizilien)
Pe|la|gi|us (engl. Mönch)
Pe|lar|go|nie, die; -, -n ⟨griech.⟩ (eine Zierpflanze)
Pe|las|ger (Angehöriger einer Urbevölkerung Griechenlands); **Pe|las|ge|rin**; **pe|las|gisch**
Pe|la|ti Plur. ⟨ital.⟩ (österr., schweiz. für Dosentomaten)

Pele|mele [pɛl'mɛl], das; - (Mischmasch; eine Süßspeise)
Pel|le|ri|ne, die; -, -n ⟨franz.⟩ ([ärmelloser] Umhang; schweiz., sonst veraltend für Regenmantel)
Pe|leus (Vater des Achill); **Pe|li|de**, der; -n (Beiname des Achill)
Pe|li|kan [auch ...'ka:n], der; -s, -e ⟨griech.⟩ (ein Vogel)
Pe|li|on, der; -[s] (Gebirge in Thessalien)
Pel|la|g|ra, das; -[s] ⟨griech.⟩ (Med. Krankheit durch Vitamin-B$_2$-Mangel)
Pel|le, die; -, -n ⟨lat.⟩ (landsch. für Haut, Schale); jmdm. auf die Pelle rücken (ugs. für energisch zusetzen); jmdm. auf der Pelle sitzen (ugs. für lästig sein)
pel|len (landsch. für schälen)
Pel|let, das; -s, -s meist Plur. ⟨engl.⟩ (fachspr. für durch Pelletieren entstandenes Kügelchen); **pel|le|tie|ren** (feinkörnige Stoffe zu kugelförmigen Stückchen zusammenfügen)
Pell|kar|tof|fel
Pe|lo|pon|nęs, der; -[es], fachspr. auch die; - (südgriechische Halbinsel)
pe|lo|pon|ne|sisch (↑D 142): die peloponnesischen Küsten; aber: der Peloponnesische Krieg
Pe|lops (Sohn des Tantalus)
Pe|lo|ta, die; - ⟨span.⟩ (ein baskisches Ballspiel)
Pe|lo|ton [...'tõ:], das; -s, -s ⟨franz.⟩ (früher für kleine milit. Einheit; Radsport geschlossenes Fahrerfeld bei Straßenrennen)
Pe|lot|te, die; -, -n (Med. ballenförmiges Druckpolster)
Pel|sei|de, die; - ⟨ital.; dt.⟩ (geringwertiges Rohseidengarn)
Pel|tast, der; -en, -en ⟨griech.⟩ (altgriech. leicht bewaffneter Fußsoldat)
Pe|lusch|ke, die; -, -n ⟨slaw.⟩ (landsch. für Ackererbse)
Pelz, der; -es, -e; jmdm. auf den Pelz rücken (ugs. für jmdn. drängen)
Pelz|be|satz; **pelz|be|setzt**
¹pel|zen (fachspr. für den Pelz abziehen; ugs. für faulenzen); du pelzt
²pel|zen (bayr., österr. für pfropfen); du pelzt
Pelz|fut|ter; **pelz|ge|füt|tert**
pel|zig

Pelzkappe

Pelz|kap|pe; Pelz|kra|gen; Pelz|man|tel
Pelz|mär|te, Pelz|mär|tel, der; -[s], - ⟨nach dem hl. Martin⟩ (südd. für Knecht Ruprecht)
Pelz|müt|ze
Pelz|ni|ckel vgl. Belznickel
Pelz|sto|la
Pelz|tier; Pelz|tier|farm; Pelz|tier|zucht
pelz|ver|brämt; Pelz|ver|brä|mung
Pelz|wa|re; Pelz|werk, das; -[e]s
Pem|ba (Insel vor Ostafrika); Pem|ba|er; Pem|ba|e|rin; pem|ba|isch
Pem|mi|kan, der; -s ⟨indian.⟩ (haltbarer Dauerproviant nordamerik. Indianer aus getrocknetem Fleisch u. Fett)
Pem|phi|gus, der; - ⟨griech.⟩ (Med. eine Hautkrankheit)
P.E.N., PEN [pɛn], der; -[s] ⟨engl.; Kurzw. aus poets, essayists, novelists⟩ (internationale Schriftstellervereinigung)
Pe|nal|ty ['pɛnlti], der; -[s], -s ⟨engl.⟩ (Sport, bes. Eishockey Strafstoß; schweiz. Fußball Elfmeter); Pe|nal|ty|schie|ßen
Pe|na|ten Plur. ⟨lat.⟩ (röm. Hausgötter; übertr. für häuslicher Herd, Wohnung, Heim)
Pence [pɛns] (Plur. von Penny)
P.E.N.-Club, PEN-Club
Pen|dant [pã'dãː], das; -s, -s ⟨franz.⟩ (Gegenstück)
Pen|del, das; -s, - ⟨lat.⟩ (um eine Achse od. einen Punkt frei schwingender Körper)
Pen|del|ach|se (Kfz-Technik); Pen|del|lam|pe
pen|deln; ich pend[e]le
Pen|del|sä|ge; Pen|del|schwin|gung; Pen|del|tür; Pen|del|uhr; Pen|del|ver|kehr, der; -s
pen|dent ⟨ital.⟩ (schweiz. für schwebend, unerledigt)
Pen|den|tif [pãdã...], das; -s, -s ⟨Archit. Zwickel⟩
Pen|denz, die; -, -en ⟨ital.⟩ (schweiz. für schwebendes Geschäft, unerledigte Aufgabe)
Pen|de|rec|ki [...'rɛtski], Krzysztof ['kʃɨʃtɔf] (poln. Komponist)
Pend|ler; Pend|le|rin
Pend|ler|park|platz; Pend|ler|pau|scha|le (steuerliche Vergünstigung für Berufspendler); Pend|ler|stre|cke; Pend|ler|ver|kehr, der; -s; Pend|le|rin
Pen|do|li|no®, der; -[s], -s (Hochgeschwindigkeitszug mit besonderer Neigetechnik)

Pen|du|le [pã'dyː...], Pen|dü|le, die; -, -n ⟨franz.⟩ (Pendeluhr)
Pe|ne|lo|pe [...pe] (Frau des Odysseus)
Pe|nes (Plur. von Penis)
pe|ne|t|rant ⟨franz.⟩ (durchdringend; aufdringlich)
Pe|ne|t|ranz, die; -, -en (Aufdringlichkeit; Genetik Häufigkeit, mit der ein Erbfaktor wirksam wird)
Pe|ne|t|ra|ti|on, die; -, -en ⟨lat.⟩ (Durchdringung; das Eindringen); pe|ne|t|rie|ren
peng!; peng, peng!
Pen|hol|der|griff [...hoː...] ⟨engl.; dt.⟩ (Tischtennis Schlägerhaltung, bei der der Griff zwischen Daumen u. Zeigefinger nach oben zeigt)
pe|ni|bel ⟨franz.⟩ (sehr genau, fast kleinlich; landsch. für peinlich); ...i|b|le Lage; Pe|ni|bi|li|tät, die; - (Genauigkeit)
Pe|ni|cil|lin vgl. Penizillin
Pen|in|su|la, die; -, ...suln ⟨lat.⟩ (veraltet für Halbinsel)
Pe|nis, der; -, Plur. -se u. Penes ⟨lat.⟩ (m. Glied)
Pe|nis|bruch (Med.)
Pe|nis|neid (Psychoanalyse)
Pe|ni|zil|lin, fachspr. u. österr. Pe|ni|cil|lin, das; -s, -e ⟨lat.⟩ (ein Antibiotikum); Pe|ni|zil|lin|am|pul|le; Pe|ni|zil|lin|sprit|ze
Pen|nal, das; -s, -e ⟨lat.⟩ (österr. für Federbüchse)
Pen|nä|ler, der; -s, - (ugs. für Schüler einer höheren Lehranstalt); pen|nä|ler|haft; Pen|nä|le|rin
Penn|bru|der (svw. Penner)
¹Pen|ne, die; -, -n ⟨jidd.⟩ (ugs. für behelfsmäßiges Nachtquartier)
²Pen|ne, die; -, -n ⟨lat.⟩ (Schülerspr. veraltend Schule)
³Pen|ne Plur. ⟨ital.⟩ (kurze, röhrenförmige Nudeln)
pen|nen (ugs. für schlafen)
Pen|ner (ugs. für Stadt-, Landstreicher; auch: Schimpfwort); Pen|ne|rin
Pen|ni, der; -[s], -[s] (Untereinheit der Markka; Abk. p)
Penn|syl|va|nia [...sɪl'veɪnɪə], eingedeutscht Penn|syl|va|ni|en [...zɪl...] (Staat in den USA; Abk. PA); penn|syl|va|nisch
Pen|ny [...ni], der; -s, Plur. (für einige Stücke:) Pennys u. (bei Wertangabe:) Pence [pɛns] ⟨engl.⟩ (engl. Münze; Untereinheit des brit. Pfunds; Abk. p, früher d [= denarius])

Pen|ny|loa|fer (Loafer mit einem quer über den Spann verlaufenden Lederstreifen)
Pen|sa (Plur. von Pensum)
pen|see [pã...] ⟨franz.⟩ (dunkellila); ein pensee Kleid; vgl. blau u. beige; Pen|see, das; -s, -s ⟨franz. Bez. für Gartenstiefmütterchen⟩; pen|see|far|big; Pen|see|kleid
Pen|sen (Plur. von Pensum)
Pen|si|on [pã..., bes. südd., österr., schweiz. pen...], die; -, -en ⟨franz.⟩ (Ruhestand [nur Sing.]; Ruhegehalt für Beamte u. Beamtinnen; kleineres Hotel)
Pen|si|o|när, der; -s, -e (Ruheständler; bes. schweiz. für Kostgänger, [Dauer]gast einer Pension); Pen|si|o|nä|rin
Pen|si|o|nat, das; -[e]s, -e (Internat, bes. für Mädchen)
pen|si|o|nie|ren (in den Ruhestand versetzen); Pen|si|o|nier|te, der u. die; -n, -n (schweiz. für Ruheständler, Ruheständlerin); Pen|si|o|nie|rung; Pen|si|o|nist [pɛn...], der; -en, -en (österr. für Ruheständler); Pen|si|o|nis|tin
Pen|si|ons|al|ter [pã..., südd., österr., schweiz. pen...]; Pen|si|ons|an|spruch; Pen|si|ons|an|tritt
pen|si|ons|be|rech|tigt; Pen|si|ons|be|rech|ti|gung
Pen|si|ons|er|hö|hung
Pen|si|ons|fonds (Finanzw. Einrichtung zur betrieblichen Altersversorgung)
Pen|si|ons|gast Plur. ...gäste
Pen|si|ons|ge|schäft (Bankw. Verkauf von Wechseln od. Effekten mit einer Rückkaufverpflichtung)
Pen|si|ons|kas|se (Versicherungsw. Einrichtung zur betrieblichen Altersversorgung)
Pen|si|ons|preis
Pen|si|ons|re|form (österr.)
pen|si|ons|reif (ugs.)
Pen|si|ons|rück|stel|lun|gen Plur. (Wirtsch.)
Pen|si|ons|ver|si|che|rung (österr. für Rentenversicherung)
Pen|si|ons|ver|si|che|rungs|an|stalt
Pen|si|ons|vor|sor|ge (österr.); Pen|si|ons|zah|ler (österr. für Erwerbstätige, die mit ihren Einkommensteuern die Pensionen der Ruheständler finanzieren); Pen|si|ons|zah|le|rin
Pen|sum, das; -s, Plur. ...sen u. ...sa ⟨lat.⟩ (zugeteilte Arbeit; Lehrstoff)

Perfekt

per

⟨lat.⟩

(durch, mit, gegen, für)
Präposition mit Akkusativ oder Dativ:
- per Gesetz
- per Akklamation gewählt
- per Bahn, per Schiff reisen
- es ging per Flugzeug nach Dubai
- per Internet einkaufen
- etwas per Post, per Boten schicken
- per internationalen *od.* internationalem Haftbefehl
- [mit jemandem] per Du *od.* per du sein (jemanden duzen)

Häufig in der Amts- und Kaufmannssprache:
- per Adresse ([*Abk.* p. A.], *besser:* bei)
- per Monat (*besser:* jeden Monat, im Monat, monatlich)
- per (*besser:* das, je *od.* pro) Stück
- per ersten *od.* erstem Januar
- per eingeschriebenen *od.* eingeschriebenem Brief

---

pent…, pen|ta… ⟨griech.⟩ (fünf…); **Pent…, Pen|ta…** (Fünf…)
Pen|ta|de, die; -, -n (Zeitraum von fünf Tagen); **Pen|ta|eder**, das; -s, - (Fünfflächner)
¹**Pen|ta|gon**, das; -s, -e (Fünfeck)
²**Pen|ta|gon**, das; -s (das auf einem fünfeckigen Grundriss errichtete amerik. Verteidigungsministerium)
Pen|ta|gon|do|de|ka|eder (von zwölf Fünfecken begrenzter Körper)
Pen|ta|gramm, das; -s, -e, **Pent|al|pha**, das; -[s], -s (fünfeckiger Stern; Drudenfuß)
Pen|ta|me|ter, der; -s, - (ein [nach dt. Messung] sechsfüßiger Vers)
Pen|tan, das; -s, -e (ein Kohlenwasserstoff)
Pen|t|ar|chie, die; -, …ien (Herrschaft von fünf Mächten)
Pen|ta|teuch, der; -[s] (die fünf Bücher Mose im A. T.)
Pen|t|ath|lon [*auch* …ˈa:tlɔn], der *u.* das; -s, -s (antiker Fünfkampf)
Pen|ta|to|nik, die; - (Fünftonmusik)
Pen|te|kos|te, die; - ⟨griech.⟩ (50. Tag nach Ostern; Pfingsten)
Pen|te|li|kon, der; -[s] (Gebirge in Attika); **pen|te|lisch**; pentelischer Marmor ↑ D 89
Pen|te|re, die; -, -n ⟨griech., »Fünfruderer«⟩ (antikes Kriegsschiff)
Pent|haus vgl. Penthouse
Pen|the|si|lea, Pen|the|si|leia ⟨griech.⟩ (eine Amazonenkönigin in der griech. Sage)
Pent|house […haʊs], das; -, -s ⟨amerik.⟩, *Pent|haus*, das; -es, …häuser (exklusive Dachterrassenwohnung über einem Etagenhaus)

Pen|ti|um®, der; -[s], -s (früher besonders schneller Mikroprozessor)
Pen|t|o|de, die; -, -n ⟨griech.⟩ (Elektronenröhre mit 5 Elektroden)
Pe|nun|ze, die; -, -n *meist Plur.* ⟨poln.⟩ (*ugs. für* Geld)
Pep, der; -[s] ⟨amerik.; *von* pepper = Pfeffer⟩ (*ugs. für* Elan, Schwung; *auch Kurzf. von* Josep)
Pe|pe|ro|ne, der; -, …ni, *häufiger* **Pe|pe|ro|ni**, die; -, *meist Plur.* ⟨ital.⟩ (scharfe, kleine [in Essig eingemachte] Paprikaschote)
Pe|pi|ta, der *od.* das; -s, -s ⟨span.⟩ (kariertes Gewebe); **Pe|pi|ta|kleid; Pe|pi|ta|kos|tüm; Pe|pi|ta|mus|ter**
Pe|p|lon, das; -s, *Plur.* …len *u.* -s, **Pe|p|los**, der; -, *Plur.* …len *u.* - ⟨griech.⟩ (altgriech. Umschlagtuch der Frauen)
Pep|mit|tel (*ugs. für* Aufputschmittel)
pep|pig (mit Pep)
Pep|pil|le vgl. Pepmittel
Pep|ping (dt. Komponist u. Musikschriftsteller)
Pep|po (m. Vorn.)
Pep|sin, das; -s, -e ⟨griech.⟩ (Enzym des Magensaftes; ein Arzneimittel); **Pep|sin|wein**
Pep|ti|sa|ti|on, die; - (Chemie)
pep|tisch (verdauungsfördernd)
pep|ti|sie|ren (in kolloide Lösung überführen)
Pep|ton, das; -s, -e (Abbaustoff des Eiweißes); **Pep|ton|u|rie**, die; - (Med. Ausscheidung von Peptonen im Harn)
per s. Kasten
¹**Per**, *Peer* (m. Vorn.)
²**Per**, das; -s (*kurz für* bes. bei der chem. Reinigung verwendetes Perchloräthylen)

per an|num ⟨lat.⟩ (*veraltet für* jährlich; *Abk.* p. a.)
per as|pe|ra ad as|t|ra ⟨lat., »auf rauen Wegen zu den Sternen«⟩
Per|bo|rat, das; -[e]s, -e *meist Plur.* ⟨lat.; pers.⟩ (chem. Verbindung aus Wasserstoffperoxid u. Boraten); **Per|bor|säu|re**, die; -
per cas|sa ⟨ital.⟩ ([gegen] bar, bei Barzahlung); *vgl.* Kassa
Perche|akt, Perche-Akt [ˈpɛrʃ…], der; -[e]s, -e ⟨franz.⟩ (artist. Darbietung an einer langen, elastischen Stange)
Per|chlor|äthy|len, *fachspr.* **Per|chlor|ethy|len** (Chemie ein Lösungsmittel bes. für Fette u. Öle); *vgl.* ²Per
Percht, die; -, -en (myth. Gestalt); **Perch|ten|lauf** (Umzug u. Tänze in Perchtenmasken [zur Fastnachtszeit]); **Perch|ten|mas|ke**
per con|to ⟨ital.⟩ (Kaufmannsspr. auf Rechnung)
Per|cus|sion [pəˈkaʃn], die; -, -s ⟨engl.⟩ (Musik Gruppe von Schlaginstrumenten); *vgl. auch* Perkussion
per de|fi|ni|ti|o|nem ⟨lat.⟩ (erklärtermaßen)
per|du […ˈdyː] ⟨franz.⟩ (*ugs. für* verloren, weg, auf u. davon)
pe|r|em[p]|to|risch (Rechtsspr. aufhebend; endgültig)
pe|r|en|nie|rend ⟨lat.⟩ (Bot. ausdauernd; mehrjährig [von Stauden- u. Holzgewächsen])
Pe|res|t|roi|ka, die; - ⟨russ., »Umbau«⟩ (Umbildung, Neugestaltung [urspr. des polit. u. wirtschaftl. Systems der Sowjetunion])
per|fekt ⟨lat.⟩ (vollkommen; abgemacht); einen Vertrag, eine Vereinbarung perfekt machen
Per|fekt, das; -s, -e *Plur. selten*

perfektibel

(*Sprachwiss.* vollendete Gegenwart, Vorgegenwart)
per|fek|ti|bel (vervollkommnungsfähig); ...i|b|le Dinge
Per|fek|ti|bi|lis|mus, der; - (*Philos.* Lehre von der Vervollkommnung); Per|fek|ti|bi|list, der; -en, -en; Per|fek|ti|bi|lis|tin; Per|fek|ti|bi|li|tät, die; - (Vervollkommnungsfähigkeit)
Per|fek|ti|on, die; - (Vollendung, Vollkommenheit); per|fek|ti|o|nie|ren; Per|fek|ti|o|nie|rung
Per|fek|ti|o|nis|mus, der; - (übertriebenes Streben nach Vervollkommnung); Per|fek|ti|o|nist, der; -en, -en; Per|fek|ti|o|nis|tin; per|fek|ti|o|nis|tisch
per|fek|tisch (das Perfekt betreffend); per|fek|tiv; *in der Fügung* perfektive Aktionsart (*Sprachwiss.* Aktionsart eines Verbs, die eine zeitl. Begrenzung des Geschehens ausdrückt, z. B. »verblühen«); per|fek|ti|visch (perfektisch; *veraltet für* perfektiv)
per|fid *österr. nur so, od.* per|fi|de (lat.-franz.) (niederträchtig, gemein); Per|fi|die, die; -, ...ien (Niedertracht); Per|fi|di|tät, die; -, -en (*selten für* Perfidie)
Per|fo|ra|ti|on, die; -, -en (lat.) (Lochung; Reiß-, Trennlinie, Zähnung [bei Briefmarken]); Per|fo|ra|tor, der; -s, ...oren (Gerät zum Perforieren)
per|fo|rie|ren; Per|fo|rier|ma|schi|ne
Per|for|mance [pɒɛˈɡfɔːgməns], die; -, -s [...sɪs] (engl., »Vorführung«) (einem Happening ähnliche künstlerische Aktion; *Finanzw.* Wertentwicklung einer Kapitalanlage; *EDV* Leistungsstärke eines Rechners)
per|for|mant (engl.) (*EDV* leistungsfähig)
Per|for|manz, die; - (lat.) (*Sprachwiss.* Sprachverwendung in einer bestimmten Situation)
per|for|ma|tiv, per|for|ma|to|risch (*Sprachwiss.* eine mit einer Äußerung beschriebene Handlung zugleich vollziehend, z. B. »ich gratuliere dir«)
per|for|men [pɒɛˈɡfɔːgɐ...] (engl.) (darbieten, vorführen; *Finanzw.* sich wertmäßig entwickeln)
Per|for|mer [pɒɛˈɡfɔːgɐ] (engl.) (Künstler, der Performances zeigt); Per|for|me|rin
per|ga|me|nisch (aus Pergamon)

Per|ga|ment, das; -[e]s, -e (griech.) (bearbeitete Tierhaut; alte Handschrift); Per|ga|ment|band, der; *Plur.* ...bände; per|ga|men|ten (aus Pergament); Per|ga|ment|pa|pier; Per|ga|ment|rol|le
Per|ga|min, das; -s (durchscheinendes, pergamentartiges Papier)
Per|ga|mon (antike Stadt in Nordwestkleinasien); Per|ga|mon|al|tar, Per|ga|mon-Al|tar, Per|ga|mon|mu|se|um, Per|ga|mon-Mu|se|um, das; -s
Per|gel, das; -s, - ⟨ital.⟩ (*südd. für* Weinlaube); Per|go|la, die; -, ...len (Weinlaube; berankter Laubengang)
per|hor|res|zie|ren ⟨lat.⟩ (verabscheuen, zurückschrecken)
Pe|ri, der; -s, -s *od.* die; -, -s *meist Plur.* ⟨pers.⟩ (feenhaftes Wesen der altpers. Sage)
pe|ri... ⟨griech.⟩ (um..., herum...); Pe|ri... (Um..., Herum...)
Pe|ri|ar|th|ri|tis, die; -, ...itiden ⟨griech.⟩ (*Med.* Entzündung in der Umgebung von Gelenken)
Pe|ri|car|di|um *vgl.* Perikard
Pe|ri|chon|d|ri|tis [...çɔn...], die; -, ...itiden ⟨griech.⟩ (*Med.* Knorpelhautentzündung); Pe|ri|chon|d|ri|um, das; -s, ...ien (*Med.* Knorpelhaut)
pe|ri|cu|lum in mo|ra ⟨lat.⟩ (Gefahr besteht, wenn man zögert)
Pe|ri|derm, das; -s, -e ⟨griech.⟩ (*Bot.* ein Pflanzengewebe)
Pe|ri|dot, der; -s ⟨franz.⟩ (ein Mineral); Pe|ri|do|tit, der; -s, -e (ein Tiefengestein)
Pe|ri|gas|t|ri|tis, die; -, ...itiden ⟨griech.⟩ (*Med.* Entzündung des Bauchfellüberzuges des Magens)
Pe|ri|gä|um, das; -s, ...äen ⟨griech.⟩ (*Astron.* der Punkt der größten Erdnähe des Mondes od. eines Satelliten; *Ggs.* Apogäum)
Pe|ri|gon, das; -s, -e, Pe|ri|go|ni|um, das; -s, ...ien (*Bot.* Blütenhülle aus gleichartigen Blättern)
Pe|ri|hel, das; -s, -e (*Astron.* der Punkt einer Planeten- od. Kometenbahn, der der Sonne am nächsten liegt; *Ggs.* Aphel)
Pe|ri|he|pa|ti|tis, die; -, ...itiden (*Med.* Entzündung des Bauchfellüberzuges der Leber)
Pe|ri|kard, das; -[e]s, -e, Pe|ri|kar|di|um, *med.-fachspr.* Pe|ri|car|di|um, das; -s, ...ien (*Med.* Herzbeutel); Pe|ri|kar|di|tis, die; -, ...itiden (*Med.* Herzbeutelentzündung); Pe|ri|kar|di|um *vgl.* Perikard
Pe|ri|karp, das; -s, -e (*Bot.* [äußere] Hülle der Früchte von Samenpflanzen)
Pe|ri|klas, der; *Gen.* - *u.* -es, *Plur.* -e (ein Mineral)
pe|ri|k|le|isch; perikleischer Geist; perikleische Verwaltung ↑D 89 u. 135
Pe|ri|k|les (athen. Staatsmann)
Pe|ri|ko|pe, die; -, -n ⟨griech.⟩ (zu gottesdienstl. Verlesung vorgeschriebener Bibelabschnitt; *Verslehre* Strophengruppe)
Pe|ri|me|ter [*schweiz.* 'peːri...], das, *schweiz.* der; -s, - (*Med.* Vorrichtung zur Messung des Gesichtsfeldes; *schweiz. für* Umfang eines Gebietes); pe|ri|me|t|rie|ren; pe|ri|me|t|risch
pe|ri|na|tal (*Med.* die Zeit während, kurz vor u. nach der Geburt betreffend)
Pe|ri|od-Dra|ma, Pe|ri|od|dra|ma ['piːriət...] ⟨engl.⟩ (in einer vergangenen Epoche angesiedeltes Theaterstück od. Filmkunstwerk)
Pe|ri|o|de, die; -, -n ⟨griech.⟩ (Zeit[abschnitt]; Menstruation; Satzgefüge; Schwingungsdauer; unendlicher Dezimalbruch; Pe|ri|o|den|er|folg (*Wirtsch.*); Pe|ri|o|den|rech|nung (*Wirtsch.*); Pe|ri|o|den|sys|tem (*Chemie*); Pe|ri|o|den|über|schuss (*Wirtsch.*); Pe|ri|o|den|zahl (*Elektrot.*)
...pe|ri|o|dig (z. B. zweiperiodig)
Pe|ri|o|dik, die; - (svw. Periodizität)
Pe|ri|o|di|kum, das; -s, ...ka *meist Plur.* (periodisch erscheinende [Zeit]schrift)
pe|ri|o|disch (regelmäßig auftretend, wiederkehrend); periodischer Dezimalbruch; periodisches System (*Chemie*) ↑D 89
pe|ri|o|di|sie|ren (in Zeitabschnitte einteilen); Pe|ri|o|di|sie|rung
Pe|ri|o|di|zi|tät, die; -, -en (regelmäßige Wiederkehr)
Pe|ri|o|don|ti|tis, die; -, ...itiden ⟨griech.⟩ (*Med.* Entzündung der Zahnwurzelhaut)
Pe|ri|ö|ke, der; -n, -n ⟨»Umwohner«⟩ (freier, aber polit. rechtloser Bewohner im alten Sparta)
pe|ri|o|ral (*Med.* um den Mund herum)

Permissivität

Pe|ri|ost, das; -[e]s, -e ⟨Med. Knochenhaut⟩; **Pe|ri|os|ti|tis**, die; -, ...itiden ⟨Med. Knochenhautentzündung⟩

Pe|ri|pa|te|ti|ker ⟨griech.⟩ ⟨Philosoph aus der Schule des Aristoteles⟩; **pe|ri|pa|te|tisch**; **Pe|ri|pa|tos**, der; - ⟨Wandelgang; Teil der Schule in Athen, wo Aristoteles lehrte⟩

Pe|ri|pe|tie, die; -, ...ien ⟨entscheidender Wendepunkt, Umschwung [in einem Drama]⟩

pe|ri|pher (am Rande befindlich, Rand...)

Pe|ri|phe|rie, die; -, ...ien ⟨[Kreis]umfang; Umkreis; Stadtrand, Randgebiet⟩; **Pe|ri|phe|rie|ge|rät** ⟨EDV an einen Computer anschließbares Gerät⟩; **Pe|ri|phe|rie|land** Plur. ...länder (wirtschaftlich schwächerer Staat der Eurozone)

Pe|ri|phra|se, die; -, -n ⟨Rhet. Umschreibung⟩; **pe|ri|phra|sie|ren**; **pe|ri|phras|tisch** (umschreibend)

Pe|rip|te|ros, der; -, Plur. - od. ...teren (griech. Tempel mit umlaufendem Säulengang)

Pe|ris|kop, das; -s, -e ⟨griech.⟩ (Fernrohr mit geknicktem Strahlengang); **pe|ris|ko|pisch**

Pe|ri|spo|me|non, das; -s, ...na ⟨Sprachwiss. Wort mit einem Zirkumflex auf der letzten Silbe⟩

Pe|ris|tal|tik, die; - ⟨Med. wellenförmig fortschreitendes Zusammenziehen, z. B. der Speiseröhre⟩; **pe|ris|tal|tisch**

Pe|ris|ta|se, die; - ⟨Biol., Med. die auf die Entwicklung des Organismus einwirkende Umwelt⟩; **pe|ris|ta|tisch** (umweltbedingt)

Pe|ris|te|ri|um, das; -s, ...ien (mittelalterl. Hostiengefäß in Gestalt einer Taube)

Pe|ris|tyl, das; -s, -e, **Pe|ris|ty|li|um**, das; -s, ...ien (von Säulen umgebener Innenhof des antiken Hauses)

Pe|ri|to|ne|um, das; -s, ...neen ⟨Med. Bauchfell⟩

Pe|ri|to|ni|tis, die; -, ...itiden ⟨Med. Bauchfellentzündung⟩

Per|kal, der; -s, -e ⟨pers.⟩ (ein Baumwollgewebe)

Per|ka|lin, das; -s, -e (stark appretiertes Gewebe [für Bucheinbände])

Per|ko|lat, das; -[e]s, -e ⟨lat.⟩ ⟨Pharm. durch Perkolation gewonnener Pflanzenextrakt⟩

Per|ko|la|ti|on, die; -, -en (Herstellung konzentrierter Pflanzenextrakte)

Per|ko|la|tor, der; -s, ...oren (Gerät zur Perkolation); **per|ko|lie|ren**

Per|kus|si|on, die; -, -en ⟨lat.⟩ (Zündung durch Stoß od. Schlag [beim Perkussionsgewehr des 19. Jh.s]; ärztl. Organuntersuchung durch Beklopfen der Körperoberfläche; Anschlagvorrichtung beim Harmonium); vgl. auch Percussion

Per|kus|si|o|nist, der; -en, -en (jmd., der ein Perkussionsinstrument spielt); **Per|kus|si|o|nis|tin**

Per|kus|si|ons|ge|wehr

Per|kus|si|ons|ham|mer (Med.)

Per|kus|si|ons|in|s|t|ru|ment (Schlaginstrument)

Per|kus|si|ons|schloss; **Per|kus|si|ons|waf|fe**; **Per|kus|si|ons|zün|dung**

per|kus|siv (Musik überwiegend vom Rhythmus geprägt, durch rhythmische Geräusche erzeugt)

per|kus|so|risch (Med. durch Perkussion nachweisbar)

per|ku|tan ⟨lat.⟩ (Med. durch die Haut hindurch)

per|ku|tie|ren ⟨lat.⟩ (Med. abklopfen); **per|ku|to|risch** (svw. perkussorisch)

¹**Perl**, die; - ⟨Druckw. ein Schriftgrad⟩

²**Perl** [pœːɐ̯l], das; -[s] meist ohne Artikel ⟨Kurzwort aus engl. Practical Extraction and Report Language⟩ ⟨EDV eine Programmiersprache⟩

Per|le, die; -, -n

¹**per|len** (tropfen; Bläschen bilden)

²**per|len** (aus Perlen [hergestellt])

per|len|be|setzt; **per|len|be|stickt**

Per|len|col|lier

Per|len|fi|scher; **Per|len|fi|sche|rin**

Per|len|hoch|zeit

Per|len|ket|te; **Per|len|schnur** Plur. ...schnüre; **Per|len|sti|cke|rei**

Per|len|tau|cher; **Per|len|tau|che|rin**

Per|len|züch|ter; **Per|len|züch|te|rin**

Perl|garn

perl|grau

Perl|huhn

per|lig

Perl|lit, der; -s, -e ⟨lat.⟩ (ein Gestein; Gefügebestandteil des Eisens); **Perl|lit|guss** (Spezialgusseisen für hohe Beanspruchungen)

Perl|mu|schel

Perl|mutt [auch ...'mʊt], das; -s ⟨verkürzt aus »Perlmutter«⟩

Perl|mut|ter [auch ...'mʊt...], die; - od. das; -s (glänzende Innenschicht von Perlmuschel- u. Seeschneckenschalen); **Perl|mut|ter|fal|ter** (ein Schmetterling)

Perl|mut|ter|far|be; **perl|mut|ter|far|ben** (svw. perlmuttfarben)

Perl|mut|ter|knopf (svw. Perlmuttknopf); **perl|mut|tern** (aus Perlmutter); **perl|mutt|far|ben**; **Perl|mutt|knopf**

Per|lon®, das; -s (eine synthet. Textilfaser); **Per|lon|strumpf**

per|lon|ver|stärkt

Perl|schrift, die; -; **Perl|stich**

Per|lus|t|ra|ti|on, die; -, -en ⟨lat.⟩, **Per|lus|t|rie|rung** (österr., sonst veraltet für Untersuchung); **per|lus|t|rie|ren**; **Per|lus|t|rie|rung** vgl. Perlustration

Perl|wein

perl|weiß

Perl|zwie|bel

¹**Perm** (Stadt in Russland)

²**Perm**, das; -s ⟨Geol. jüngster Teil des Paläozoikums⟩

Per|ma|frost, der; -[e]s (Dauerfrostboden)

Per|ma|link, der; -s, -s ⟨engl.⟩ (EDV dauerhaft funktionierender Link)

per|ma|nent ⟨lat.⟩ (dauernd, ununterbrochen, ständig)

Per|ma|nent|gelb, das; -[s] (lichtechtes Gelb); **Per|ma|nent|weiß**, das; -[s]

Per|ma|nenz, die; - (Dauer[haftigkeit]); in Permanenz (dauernd, ständig); **Per|ma|nenz|the|o|rie**, die; - (Geol.)

Per|man|ga|nat, das; -s, -e ⟨lat.; griech.⟩ (chem. Verbindung, die als Oxidations- u. Desinfektionsmittel verwendet wird)

per|me|a|bel ⟨lat.⟩ (durchdringbar, durchlässig); ...a|b|le Körper; **Per|me|a|bi|li|tät**, die; -, -en

per mille (svw. pro mille)

per|misch ⟨zu ²Perm⟩

Per|mis|si|on, die; -, -en ⟨lat.⟩ (veraltend für Erlaubnis)

per|mis|siv (Soziol., Psychol. nachgiebig, frei gewähren lassend); **Per|mis|si|vi|tät**, die; -

per|mit|tie|ren (veraltend für erlauben; zulassen)
per|mu|ta|bel (lat.) (umstellbar, vertauschbar); ...a|b|le Größen
Per|mu|ta|ti|on, die; -, -en (Fachspr. Austausch, Umstellung, Vertauschung); **per|mu|tie|ren**
Per|nam|bu|co (brasilian. Bundesstaat); **Per|nam|buk|holz**, Fernambukholz (Brasilienholz)
Per|nio, der; -, *Plur.* ...iones u. ...ionen ⟨lat.⟩ (*Med.* Frostbeule); **Per|ni|o|sis**, die; -, ...sen (Frostschaden der Haut)
per|ni|zi|ös ⟨franz.⟩ (bösartig); perniziöse Anämie *(Med.)*
Per|nod® [...'no:], der; -[s], -s ⟨franz.⟩ (ein alkohol. Getränk)
Pe|ro|nis|mus, der; - ⟨nach dem ehem. argentin. Staatspräsidenten Perón⟩ (eine polit.-soziale Bewegung in Argentinien)
Pe|ro|nist, der; -en, -en (Anhänger des Peronismus); **Pe|ro|nis|tin**; **pe|ro|nis|tisch**
Pe|ro|ni|spo|ra, die; - ⟨griech.⟩ (Gattung Pflanzen schädigender Algenpilze)
per|oral ⟨lat.⟩ (*Med.* durch den Mund)
Per|oxid, **Per|oxyd**, das; -[e]s, -e ⟨lat.; griech.⟩ (sauerstoffreiche chem. Verbindung)
per pe|des [apo|s|to|lo|rum] ⟨lat., »zu Fuß [wie die Apostel]«⟩
Per|pen|di|kel, der *od.* das; -s, - ⟨lat.⟩ (Uhrpendel; Senkrechte)
per|pen|di|ku|lar, **per|pen|di|ku|lär** (senk-, lotrecht)
Per|pe|tua (eine Heilige)
per|pe|tu|ie|ren ⟨lat.⟩ (ständig weitermachen; fortdauern)
Per|pe|tu|um mo|bi|le, das; - - [s], *Plur.* - -[s] *u.* ...tua ...bilia (utopische Maschine, die ohne Energieverbrauch dauernd Arbeit leistet; *Musik* in kurzwertigen Noten verlaufendes virtuoses Instrumentalstück)
Per|pi|g|nan [...'njã:] ⟨franz. Stadt⟩
per|plex ⟨lat.⟩ (*ugs. für* verwirrt, verblüfft; bestürzt); **Per|ple|xi|tät**, die; - (Bestürzung, Verwirrung)
per pro|cu|ra ⟨lat.⟩ (*Kaufmannsspr.* in Vollmacht; *Abk.* pp., ppa.); *vgl.* Prokura
Per|ron [...'rõ:, *österr. für* pe'ro:n, *schweiz.* 'perõ], der; -s, -s ⟨franz.⟩ (*schweiz., sonst veraltet für* Bahnsteig)

per sal|do ⟨ital.⟩ (*Kaufmannsspr.* als Rest zum Ausgleich)
per se ⟨lat.⟩ (von selbst); das versteht sich per se
Per|sen|ning, die; -, *Plur.* -e[n] *od.* -s ⟨niederl.⟩ (*nur Sing.:* Gewebe für Segel, Zelte u. a.; *Seemannsspr.* Schutzbezug aus Persenning)
Per|se|pho|ne [...ne] ⟨griech. Göttin der Unterwelt⟩
Per|se|po|lis (Hauptstadt Altpersiens)
Per|ser (Bewohner von Persien; Angehöriger einer Persisch sprechenden Ethnie in Vorder- u. Zentralasien; Perserteppich); **Per|se|rin**
Per|ser|kat|ze; **Per|ser|krieg** *meist Plur.*; **Per|ser|tep|pich**
¹**Per|seus** (Held der griech. Sage)
²**Per|seus**, der; - (Sternbild)
Per|se|ve|ranz, die; - ⟨lat.⟩ (veraltend für Beharrlichkeit, Ausdauer)
Per|se|ve|ra|ti|on, die; -, -en (*Psychol.* [krankhaftes] Verweilen bei einem bestimmten Gedanken); **per|se|ve|rie|ren**
Per|shing ['pœɐ̯ʃɪŋ], die; -, -s ⟨nach dem amerik. General⟩ (eine milit. Mittelstreckenrakete)
Per|si|a|ner (Karakulschafpelz [früher über Persien gehandelt]); **Per|si|a|ner|man|tel**
Per|si|en (ältere Bez. für Iran)
Per|si|fla|ge [...ʒə], die; -, -n ⟨franz.⟩ (Verspottung); **per|si|f|lie|ren**
Per|si|ko, der; -s, -s ⟨franz.⟩ (aus Pfirsich- od. Bittermandelkernen bereiteter Likör)
Per|sil|schein (nach dem Waschmittel Persil®) (*ugs. für* entlastende Bescheinigung)
Per|si|mo|ne, die; -, -n ⟨indian.⟩ (essbare Frucht einer nordamerik. Dattelpflaumenart)
Per|si|pan [*auch* 'per...], das; -s, -e ⟨nach lat. persicus (Pfirsich) *u.* Marzipan gebildet⟩ (Ersatz für Marzipan aus Pfirsich- od. Aprikosenkernen)
per|sisch; persischer Teppich, *aber* ↑D 140: der Persische Golf; **Per|sisch**, das; -[s] (Sprache); *vgl.* Deutsch; **Per|si|sche**, das; -n; *vgl.* ²Deutsche
per|sis|tent (anhaltend, beharrlich); **Per|sis|tenz**, die; -, -en
Per|so, der; -s, -s ⟨*ugs.; kurz für* Personalausweis⟩

Per|son, die; -, -en ⟨etrusk.-lat.⟩ (Mensch; Wesen); *vgl.* in persona
Per|so|na, die; -, -nae ⟨lat.⟩ (künstliche Identität im Internet; virtuelle Figur; inszeniertes Bild der eigenen Persönlichkeit)
Per|so|na gra|ta, die; - - (gern gesehener Mensch; Diplomat, gegen den das Gastland keine Einwände erhebt)
Per|so|na in|gra|ta, die; - -, **Per|so|na non gra|ta**, die; - - - (unerwünschte Person; Diplomat, dessen Aufenthalt vom Gastland nicht gewünscht wird)
per|so|nal (persönlich; Persönlichkeits...); im personalen Bereich
Per|so|nal, das; -s (Belegschaft, alle Angestellten [eines Betriebes])
Per|so|nal|ab|bau, der; -[e]s; **Per|so|nal|ab|tei|lung**; **Per|so|nal|ak|te** *meist Plur.*; **Per|so|nal|auf|wand**; **Per|so|nal|aus|weis**
Per|so|nal|be|ra|ter; **Per|so|nal|be|ra|te|rin**; **Per|so|nal|be|ra|tung**
Per|so|nal|bü|ro
Per|so|nal|chef; **Per|so|nal|che|fin**
Per|so|nal Com|pu|ter ['pœɐ̯sənəl kɔmˈpjuːtɐ], der; - -s, - - ⟨engl.⟩ (*Abk.* PC)
Per|so|nal|da|ten *Plur.* (Angaben zur Person)
Per|so|nal|de|bat|te (*bes. Politik*)
Per|so|nal|de|cke (Gesamtheit des zur Verfügung stehenden Personals in einem Betrieb o. Ä.)
Per|so|na|le, die; -, -n (*österr. für* Ausstellung der Werke eines einzelnen Künstlers)
Per|so|nal|ein|satz; **Per|so|nal|ein|spa|rung**
Per|so|nal|ler, der; -s, - ([leitender] Mitarbeiter der Personalabteilung eines Unternehmens); **Per|so|nal|le|rin**
Per|so|nal|fach|frau (*bes. schweiz.*); **Per|so|nal|fach|mann**, der; -s, *Plur.* ...leute
Per|so|nal|form (*Sprachwiss.* nach Person u. Zahl bestimmte Verbform)
Per|so|nal|fra|ge *meist Plur.*
Per|so|na|lia *Plur.* (svw. Personalien)
Per|so|na|lie, die; -, -n ([allgemeine] Information, Einzelheit zu einer Person; *nur Plur.:* Ausweispapiere; [bes. behördliche] Angaben über Lebenslauf u. Verhältnisse eines Menschen;

Mitteilungen zu Einzelpersonen einer Firma)
per|so|nal|in|ten|siv; personalintensive Betriebe
per|so|nal|i|sie|ren (auf eine Person beziehen od. ausrichten)
Per|so|na|list, der; -en, -en (österr. für Personalleiter); Per|so|na|lis|tin
Per|so|na|li|tät, die; -, -en (Persönlichkeit); Per|so|na|li|täts|prin|zip, das; -s (Rechtswiss.)
per|so|na|li|ter (veraltet für persönlich)
Per|so|na|li|ty|show, Per|so|na|li|ty-Show [pœːɐ̯sənɑˈneliti...], die; -, -s ⟨amerik.⟩ (Show, die von der Persönlichkeit eines Künstlers getragen wird)
Per|so|nal|ka|rus|sell (ugs. für Neubesetzung mehrerer Positionen mit bereits vorhandenem Personal); Per|so|nal|kos|ten Plur.
Per|so|nal|lea|sing; Per|so|nal|lea|sing|fir|ma
Per|so|nal|lei|ter, der; Per|so|nal|lei|te|rin
Per|so|nal|man|gel; Per|so|nal|pla|nung; Per|so|nal|po|li|tik
Per|so|nal|pro|no|men (Sprachwiss. persönliches Fürwort, z. B. »er, wir«)
Per|so|nal|rat Plur. ...räte
Per|so|nal|re|fe|rent; Per|so|nal|re|fe|ren|tin
Per|so|nal|schlüs|sel (Schema zur Personalaufteilung)
Per|so|nal-Ser|vice-Agen|tur, Per|so|nal|ser|vice|agen|tur (Einrichtung, in der Arbeitslose befristet als Leiharbeitnehmer eingestellt u. weitervermittelt od. -qualifiziert werden; Abk. PSA)
Per|so|nal Trai|ner ['pœːɐ̯sənəl -], der; - -s, - - ⟨engl.⟩ (Fitnesstrainer für die individuelle Betreuung einzelner Personen); Per|so|nal Trai|ne|rin, die; - -, - -nen
Per|so|nal|u|ni|on (Vereinigung mehrerer Ämter in einer Person)
Per|so|nal|ver|rech|ner (österr. für Lohnbuchhalter); Per|so|nal|ver|rech|ne|rin; Per|so|nal|ver|rech|nung
Per|so|nal|ver|tre|tung (Verwaltungsspr.)
Per|so|nal|ver|wal|tung; Per|so|nal|wech|sel; Per|so|nal|we|sen
Per|so|na non gra|ta vgl. Persona ingrata

Per|sön|chen
per|so|nell ⟨franz.⟩ (das Personal betreffend)
Per|so|nen|auf|zug
Per|so|nen|be|för|de|rung; Per|so|nen|be|för|de|rungs|ge|setz
Per|so|nen|be|schrei|bung
per|so|nen|be|zo|gen; personenbezogene Daten
Per|so|nen|fir|ma (Firma, deren Name aus einem od. mehreren Personennamen besteht; Ggs. Sachfirma)
Per|so|nen|frei|zü|gig|keit, die; - (schweiz., auch österr. von einem Staat gewährtes Recht der freien Ein- u. Ausreise [einschließlich Aufenthalts- u. Arbeitserlaubnis])
per|so|nen|ge|bun|den
Per|so|nen|ge|sell|schaft (Wirtsch.)
Per|so|nen|grup|pe; Per|so|nen|kon|t|rol|le
Per|so|nen|kraft|wa|gen (Abk. Pkw od. PKW)
Per|so|nen|kreis; Per|so|nen|kult
Per|so|nen|nah|ver|kehr; öffentlicher Personennahverkehr (Abk. ÖPNV)
Per|so|nen|na|me
Per|so|nen|scha|den (Ggs. Sachschaden)
Per|so|nen|schiff|fahrt
Per|so|nen|schutz, der; -es
Per|so|nen|stand, der; -[e]s (Familienstand); Per|so|nen|stands|re|gis|ter
Per|so|nen|ver|kehr; Per|so|nen|si|che|rung; Per|so|nen|waa|ge; Per|so|nen|wa|gen; Per|so|nen|zahl; Per|so|nen|zug
Per|so|ni|fi|ka|ti|on, die; -, -en; per|so|ni|fi|zie|ren; Per|so|ni|fi|zie|rung (Verkörperung)
per|sön|lich (in [eigener] Person; eigen[artig]; selbst); persönliches Fürwort (für Personalpronomen)
Per|sön|lich|keit; per|sön|lich|keits|be|wusst
Per|sön|lich|keits|bil|dung; Per|sön|lich|keits|ent|fal|tung; Per|sön|lich|keits|ent|wick|lung
per|sön|lich|keits|fremd (einer Person wesensfremd)
Per|sön|lich|keits|kult (selten für Personenkult); Per|sön|lich|keits|recht; Per|sön|lich|keits|stö|rung; Per|sön|lich|keits|wahl
Per|sön|lich|keits|wahl|recht, das; -[e]s ([bes. in Österreich]

Recht, Kandidaten direkt zu wählen); Per|sön|lich|keits|wert
Per|sons|be|schrei|bung (österr. für Personenbeschreibung)
Per|s|pek|tiv, das; -s, -e ⟨lat.⟩ (kleines Fernrohr)
Per|s|pek|ti|ve, die; -, -n (Darstellung von Raumverhältnissen in der ebenen Fläche; Sicht, Blickwinkel; Aussicht [für die Zukunft])
Per|s|pek|ti|ven|grup|pe (österr. für Arbeitsgruppe, Kommission)
Per|s|pek|ti|ven|wech|sel
per|s|pek|ti|visch (die Perspektive betreffend); perspektivische Verkürzung
per|s|pek|tiv|los; Per|s|pek|tiv|lo|sig|keit
Per|s|pek|tiv|pla|nung (Wirtsch. langfristige Globalplanung)
Per|s|pi|ra|ti|on, die; - ⟨lat.⟩ (Med. Hautatmung); per|s|pi|ra|to|risch
Per|su|a|si|on, die; -, -en ⟨lat.⟩ (Überredung[skunst]); per|su|a|siv (der Überredung dienend)
¹Perth [pəːθ] (schott. Grafschaft u. deren Hauptstadt)
²Perth [pəːθ] (Hauptstadt Westaustraliens)
Pe|ru (südamerik. Staat)
Pe|ru|a|ner; Pe|ru|a|ne|rin; pe|ru|a|nisch
Pe|ru|bal|sam
Pe|rü|cke, die; -, -n ⟨franz.⟩; Pe|rü|cken|ma|cher
Pe|ru|gia [...dʒa] (ital. Stadt)
per|vers ⟨lat.(-franz.)⟩ (abartig, widernatürlich; verderbt)
Per|ver|si|on, die; -, -en
Per|ver|si|tät, die; -, -en
per|ver|tie|ren (verfälschen, [sich] ins Negative verkehren); Per|ver|tiert|heit; Per|ver|tie|rung
Per|zent, das; -[e]s, -e ⟨lat.⟩ (österr. veraltet für Prozent); Per|zen|til, das; -s, -e, Per|zen|ti|le, die; -, -n (Med. Größe, die die Position eines Wertes innerhalb aller betrachteten Werte beschreibt; Statistik Wert bei Häufigkeitsverteilungen)
per|zep|ti|bel ⟨lat.⟩ (wahrnehmbar; fassbar); ...i|b|le Geräusche; Per|zep|ti|bi|li|tät, die; - (Wahrnehmbarkeit; Fasslichkeit)
Per|zep|ti|on, die; -, -en (sinnliche Wahrnehmung)
per|zep|tiv, per|zep|to|risch (wahr-

nehmend); **per|zi|pie|ren** (erfassen; wahrnehmen)
Pe|sa|de, die; -, -n ⟨franz.⟩ *(Reiten* Figur der Hohen Schule*)*
pe|san|te ⟨ital.⟩ *(Musik* schleppend, wuchtig*)*; **Pe|san|te**, das; -[s], -s *(Musik* pesante gespieltes Musikstück*)*
Pesch|mer|ga, der; -[s], - (Selbstbezeichnung der kurdischen Freiheitskämpfer im Irak)
Pe|sel, der; -s, - *(nordd. für* bäuerl. Wohnraum*)*
pe|sen *(ugs. für* eilen, rennen*)*; du pest; er/sie pes|te
Pe|se|ta, Pe|se|te, die; -, ...ten ⟨span.⟩ (frühere span. Währungseinheit; *Abk.* Pta)
Pe|so, der; -[s], -[s] (Währungseinheit in Mittel- u. Südamerika u. auf den Philippinen)
Pes|sach, das; -s ⟨hebr.⟩ *(svw.* Passah*)*
Pes|sar, das; -s, -e ⟨griech.⟩ *(Med.* [Kunststoff]ring o. Ä., der den Gebärmuttermund zur Empfängnisverhütung verschließt*)*
Pes|si|mis|mus, der; - ⟨lat.⟩ (seelische Gedrücktheit; Schwarzseherei; *Ggs.* Optimismus)
Pes|si|mist, der; -en, -en; **Pes|si|mis|tin**; **pes|si|mis|tisch**
Pes|si|mum, das; -s, ...ma *(Biol.* schlechteste Umweltbedingungen*)*
¹**Pest**, die; - ⟨lat.⟩ (eine Seuche)
²**Pest** (Stadtteil von Budapest)
Pes|ta|loz|zi (schweiz. Pädagoge u. Sozialreformer)
pest|ar|tig; pestartiger Gestank
Pest|beu|le; Pest|hauch
Pes|ti|lenz, die; -, -en ⟨lat.⟩ *(veraltet für* ¹Pest*)*; **pes|ti|len|zi|a|lisch**
Pes|ti|zid, das; -s, -e (Schädlingsbekämpfungsmittel)
pest|krank; Pest|kran|ke
Pes|to, das *od.* der; -s, -s ⟨ital.⟩ (Würzpaste aus Olivenöl, Knoblauch, Basilikum, Pinienkernen u. a.)
Pest|säu|le (Gedenksäule zur Erinnerung an eine überstandene Pest)
PET = Polyethylenterephthalat (ein Kunststoff)
Pe|ta... [*auch* ˈpeːta...] ⟨griech.⟩ (das Billiardenfache einer Einheit, z. B. Petajoule = 10^{15} Joule)
Pe|ta|byte [...baɪt, ˈpeːta...] ⟨griech.; engl.⟩ *(EDV)*
Pé|tanque [peˈtãk], das; -[s] *od.*

die; - ⟨franz.⟩ (aus Südfrankreich stammendes Kugelspiel)
Pe|tar|de, die; -, -n ⟨franz.⟩ *(früher für* Sprengmörser, -ladung*)*
Pe|tent, der; -en, -en ⟨lat.⟩ *(Amtsspr.* Antrag-, Bittsteller*)*; **Pe|ten|tin**
Pe|ter (m. Vorn.)
Pe|ter|le, das; -[s] *(landsch. für* Petersilie*)*; **Pe|ter|li**, der; -[s] *(schweiz. mdal. für* Petersilie*)*
Pe|ter|männ|chen (ein Fisch)
Pe|ter-Paul-Kir|che ↑D 137
Pe|ters|burg *(kurz für* Sankt Petersburg*)*
Pe|ters|dom, der; -[e]s (Kirche St. Peter im Vatikan, Hauptkirche der kath. Christenheit)
Pe|ters|fisch (ein Speisefisch)
Pe|ter|sil, der; -s ⟨griech.⟩ *(bayr., österr. neben* Petersilie*)*; **Pe|ter|si|lie** [...i̯ə], die; -, -n (ein Küchenkraut); **Pe|ter|si|li|en|kar|tof|feln** *Plur.*; **Pe|ter|si|li|en|wur|zel**
Pe|ters|kir|che; Pe|ters|pfen|nig
Pe|ter-und-Paul-Kir|che ↑D 137
Pe|ter-und-Pauls-Tag ↑D 137 (kath. Fest)
Pe|ter|wa|gen *(ugs. für* Funkstreifenwagen*)*
PET-Fla|sche *(vgl.* PET*)*
Pe|tit [pəˈtiː], die; - ⟨franz.⟩ *(Druckw.* ein Schriftgrad*)*
Pe|tit|es|se, die; -, -n (Geringfügigkeit)
Pe|tit Four [pətiˈfuːɐ̯], das; - -s, -s -s [pətiˈfuːɐ̯] ⟨franz.⟩ (feines Kleingebäck)
Pe|ti|ti|on, die; -, -en ⟨lat.⟩ (Gesuch); **pe|ti|ti|o|nie|ren**
Pe|ti|ti|ons|aus|schuss; Pe|ti|ti|ons|recht (Bittrecht, Beschwerderecht)
Pe|tit|satz, der; -es; **Pe|tit|schrift** *(Druckw.)*
Pe|tő|fi [...tøː...] (ung. Lyriker)
Pe|t|ra (w. Vorn.)
Pe|t|rar|ca (ital. Dichter u. Gelehrter)
Pe|t|ras|si (ital. Komponist)
Pe|t|re|fakt, das; -[e]s, -e[n] ⟨griech.; lat.⟩ *(veraltet für* Versteinerung*)*
Pe|t|ri *vgl.* Petrus
Pe|t|ri|fi|ka|ti|on, die; -, -en ⟨griech.⟩ *(lat.)* (Versteinerungsprozess); **pe|t|ri|fi|zie|ren** (versteinern)
Pe|t|ri Heil! *vgl.* Petrus; **Pe|t|ri|jün|ger** *(scherzh. für* Angler*)*
Pe|t|ri|kir|che

pe|t|ri|nisch; petrinischer Lehrbegriff, petrinische Briefe ↑D 89
Pe|t|ri|schale ⟨nach dem dt. Bakteriologen Petri⟩ (Glasschale, in der Bakterienkulturen angelegt werden)
Pe|t|ro|che|mie ⟨griech.⟩ *(svw.* Petrolchemie; *veraltend für* Wissenschaft von der chem. Zusammensetzung der Gesteine*)*; **pe|t|ro|che|misch**
Pe|t|ro|dol|lar, der; -[s], -s (von Erdöl fördernden Staaten eingenommenes Geld in amerik. Währung)
Pe|t|ro|ge|ne|se, die; -, -n ⟨griech.⟩ (Gesteinsbildung); **pe|t|ro|ge|ne|tisch**
Pe|t|ro|graf, Pe|t|ro|graph, der; -en, -en (Kenner u. Forscher auf dem Gebiet der Petrografie)
Pe|t|ro|gra|fie, Pe|t|ro|gra|phie, die; -, ...ien (Gesteinskunde, -beschreibung); **Pe|t|ro|gra|fin, Pe|t|ro|gra|phin; pe|t|ro|gra|fisch, pe|t|ro|graphisch**
pe|t|rol ⟨griech.; lat.⟩ (von kräftigem Türkis); ein petrol T-Shirt; *vgl.* beige
Pe|t|rol, das; -s *(schweiz. neben* Petroleum*)*
Pe|t|rol|che|mie (auf Erdöl u. Erdgas beruhende techn. Rohstoffgewinnung in der chem. Industrie); **pe|t|rol|che|misch**
Pe|t|ro|le|um, das; -s *(auch veraltet für* Erdöl*)*
Pe|t|ro|le|um|ko|cher; Pe|t|ro|le|um|lam|pe; Pe|t|ro|le|um|ofen
pe|t|rol|far|ben, pe|t|rol|far|big
Pe|t|ro|lo|ge, der; -n, -n; **Pe|t|ro|lo|gie**, die; - (Wissenschaft von der Bildung u. Umwandlung der Gesteine); **Pe|t|ro|lo|gin**
Pe|t|rus (Apostel); Petri Heil! (Anglergruß); Petri (des Petrus) Stuhlfeier (kath. Fest), Petri Kettenfeier (kath. Fest), *aber* Petrikirche usw.
Pet|schaft, das; -s, -e ⟨tschech.⟩ (Stempel zum Siegeln)
pet|schie|ren (mit einem Petschaft schließen); **pet|schiert** *(österr. ugs. für* in einer peinlichen Situation, ruiniert); petschiert sein
Pet|ti|coat [ˈpɛtikɔʊ̯t], der; -s, -s ⟨engl.⟩ (steifer Taillenunterrock)
Pet|ting, das; -[s], -s ⟨amerik.⟩ (sexuelles Liebesspiel ohne eigentlichen Geschlechtsverkehr)

Pfeiffer-Drüsenfieber

pet|to vgl. in petto
Pe|tu|nie [...i̯ə], die; -, -n ⟨indian.⟩ (eine Zierpflanze)
Petz, der; -es, -e (scherzh. für Bär); Meister Petz
¹Pet|ze, die; -, -n (landsch. für Hündin)
²Pet|ze, die; -, -n (Schülerspr. abwertend)
¹pet|zen (Schülerspr. abwertend für mitteilen, dass jmd. etwas Unerlaubtes getan hat); du petzt
²pet|zen (landsch. für zwicken, kneifen); du petzt
Pet|zer ⟨zu ¹petzen⟩; **Pet|ze|rin**
peu à peu [ˈpøː aˈpøː] ⟨franz.⟩ (ugs. für nach u. nach)
pe|xie|ren (svw. pekzieren)
pF = Picofarad
Pf. = Pfennig
Pfad, der; -[e]s, -e; **Pfäd|chen**
pfa|den (schweiz. für [einen verschneiten Weg] begeh-, befahrbar machen)
Pfa|der (schweiz.; kurz für Pfadfinder)
Pfad|fin|der; Pfad|fin|de|rin
¹Pfa|di, der; -s, -s (bes. schweiz. für Pfadfinder)
²Pfa|di, die; -, -s (bes. schweiz. für Pfadfinderin)
pfad|los
Pfaf|fe, der; -n, -n (abwertend für Geistlicher)
Pfaf|fen|hüt|chen (ein giftiger Zierstrauch)
Pfaf|fen|knecht (abwertend)
Pfaf|fen|tum, das; -s (abwertend)
pfäf|fisch (abwertend)
Pfahl, der; -[e]s, Pfähle
Pfahl|bau Plur. ...bauten; **Pfahl|bau|er** vgl. ¹Bauer; **Pfahl|bau|e|rin, Pfahl|bäu|e|rin**
Pfahl|bür|ger (veraltend für Kleinbürger); **Pfahl|bür|ge|rin**
pfäh|len
Pfahl|gra|ben; Pfahl|grün|dung (Bauw.); **Pfahl|mu|schel**
Pfäh|lung
Pfahl|werk; Pfahl|wur|zel
¹Pfalz, die; -, -en ⟨lat.⟩ ([kaiserl.] Palast; Hofburg für kaiserl. Hofgericht; Gebiet, auch Burg des Pfalzgrafen)
²Pfalz, die; - (südl. Teil des Bundeslandes Rheinland-Pfalz)
Pfäl|zer; Pfälzer Wein; Pfäl|ze|rin; Pfälzer Wald, **Pfäl|zer|wald**
Pfalz|graf (im MA.); **Pfalz|grä|fin; pfalz|gräf|lich**
pfäl|zisch
Pfand, das; -[e]s, Pfänder

pfänd|bar; Pfänd|bar|keit, die; -
Pfand|bon
Pfand|brief (Bankw.)
Pfand|bruch, der; -[e]s, ...brüche (Beseitigung gepfändeter Sachen)
Pfand|ef|fek|ten Plur. (Bankw.)
pfän|den
¹Pfän|der (südd. für Gerichtsvollzieher)
²Pfän|der, der; -s (Berg bei Bregenz)
Pfän|de|rin
Pfän|der|spiel
Pfand|fla|sche; Pfand|geld; Pfand|haus
Pfand|kehr, die; - (Rechtsspr.)
Pfandl, das; -s, -n (österr. ugs. für Pfandleihanstalt); **Pfand|leih|an|stalt** (österr.); **Pfand|lei|he; Pfand|lei|her; Pfand|lei|he|rin**
Pfand|mar|ke; Pfand|pflicht; Pfand|recht; Pfand|schein; Pfand|sie|gel
Pfän|dung; Pfän|dungs|auf|trag; Pfän|dungs|schutz, der; -es (Schutz vor zu weit gehenden Pfändungen); **Pfän|dungs|ver|fü|gung**
pfand|wei|se; Pfand|zet|tel
Pfän|ni|chen
Pfan|ne, die; -, -n; jmdn. in die Pfanne hauen (ugs. für jmdn. zurechtweisen, erledigen, ausschalten)
pfan|nen|fer|tig (bereit zur Zubereitung; schweiz. auch für ausgereift)
Pfan|nen|ge|richt; Pfan|nen|stiel
Pfän|ner (früher für Besitzer einer Saline); **Pfän|ne|rin; Pfän|ner|schaft** (früher für Genossenschaft zur Nutzung der Solquellen)
Pfann|ku|chen
Pfarr|ad|mi|nis|t|ra|tor; Pfarr|ad|mi|nis|t|ra|to|rin
Pfarr|amt; Pfarr|bü|che|rei
Pfar|re, die; -, -n (landsch.); **Pfar|rei; pfar|rei|lich**
Pfar|rer; Pfar|re|rin
Pfar|rers|frau (svw. Pfarrfrau); **Pfar|rers|kö|chin; Pfar|rers|sohn; Pfar|rers|toch|ter**
Pfarr|frau
Pfarr|ge|mein|de (kath. Kirche); **Pfarr|ge|mein|de|rat**
Pfarr|haus; Pfarr|heim
Pfarr|hel|fer; Pfarr|hel|fe|rin
Pfarr|herr (veraltet); **Pfarr|hof**
Pfarr|kin|der|gar|ten; Pfarr|kir|che
pfarr|lich
Pfarr|saal; Pfarr|stel|le

Pfarr|vi|kar; Pfarr|vi|ka|rin
Pfarr|zen|t|rum
Pfau, der; -[e]s, -e[n], österr. auch der; -en, -en (ein Vogel)
pfau|chen (österr. für fauchen)
Pfau|en|au|ge; Pfau|en|fe|der; Pfau|en|rad
Pfau|en|thron, der; -[e]s (Thron früherer Herrscher des Iran)
Pfau|hahn; Pfau|hen|ne
Pfd. = Pfund
Pfef|fer, der; -s, Plur. (Sorten:) - (eine Pflanze; Gewürz); weißer, schwarzer Pfeffer ↑D 151
Pfef|fer|fres|ser (für Tukan)
Pfef|fer|ku|chen; Pfef|fer|ku|chen|häus|chen
Pfef|fer|ling (selten für Pfifferling [Pilz])
¹Pfef|fer|minz [auch ...ˈmɪn...], der; -es, -e (ein Likör); 3 Pfefferminz
²Pfef|fer|minz [auch ...ˈmɪn...], das; -es, -e (Bonbon, Plätzchen mit Pfefferminzgeschmack); **Pfef|fer|minz|bon|bon**
Pfef|fer|min|ze [auch ...ˈmɪn...] (eine Heil- u. Gewürzpflanze); **Pfef|fer|minz|li|kör; Pfef|fer|minz|pas|til|le; Pfef|fer|minz|tee**
Pfef|fer|müh|le; Pfef|fer|mu|schel
pfef|fern; ich pfeffere
Pfef|fer|nuss
Pfef|fe|ro|ne, der; -, Plur. ...oni, selten -n (svw. Pfefferoni); **Pfef|fe|ro|ni**, der; -, - ⟨sanskr.; ital.⟩ (österr. für Peperoni)
Pfef|fer|sack (veraltend für Großkaufmann)
Pfef|fer|spray; Pfef|fer|steak; Pfef|fer|strauch; Pfef|fer|streu|er
Pfef|fer-und-Salz-Mus|ter ↑D 26
pfeff|rig, pfeffrig
Pfei|fe, die; -, -n (ugs. auch für ängstlicher Mensch; Versager)
pfei|fen; du pfiffst; gepfiffen; pfeif[e]!; auf etwas pfeifen (ugs. für an etwas nicht interessiert sein)
Pfei|fen|be|steck; Pfei|fen|de|ckel; Pfei|fen|kopf; Pfei|fen|kraut
Pfei|fen|mann Plur. ...männer (ugs. für Schiedsrichter)
Pfei|fen|rau|cher; Pfei|fen|rau|che|rin; Pfei|fen|rei|ni|ger; Pfei|fen|stän|der; Pfei|fen|stop|fer; Pfei|fen|ta|bak
Pfei|fer; Pfei|fe|rei
Pfeif|fer-Drü|sen|fie|ber, das; -s ⟨nach dem dt. Arzt E. Pfeiffer⟩ (Med. eine Infektionskrankheit)

Pfeifkessel

Pfeif|kes|sel; Pfeif|kon|zert; Pfeif|ton Plur. ...töne
Pfeil, der; -[e]s, -e
Pfeil|ler, der; -s, -
Pfeil|ler|ba|si|li|ka; Pfeil|ler|bau, der; -[e]s (Bergmannsspr. ein Abbauverfahren)
pfeil|ge|ra|de; pfeil|ge|schwind
Pfeil|gift, das; Pfeil|hecht; Pfeil|kraut; Pfeil|rich|tung
pfeil|schnell
Pfeil|schwanz|krebs (Zool.)
Pfeil|wurz (eine trop. Staude)
pfel|zen (österr. landsch. für pfropfen)
Pfen|nig, der; -s, -e (Untereinheit der Mark; Abk. Pf.; 100 Pf. = 1 [Deutsche] Mark); 6 Pfennig
Pfen|nig|ab|satz (hoher, dünner Absatz bei Damenschuhen); Pfen|nig|be|trag (sehr geringer Betrag)
Pfen|nig|fuch|ser (ugs. für Geizhals); Pfen|nig|fuch|se|rei; Pfen|nig|fuch|se|rin
pfen|nig|groß
Pfen|nig|stück (früher:); pfen|nig|stück|groß
Pfen|nig|wa|re (Kleinigkeit)
pfen|nig|wei|se
Pferch, der; -[e]s, -e (Einhegung, eingezäunte Fläche); pfer|chen (hineinzwängen)
Pferd, das; -[e]s, -e; zu Pferde
Pfer|de|ap|fel
Pfer|de|bahn (von Pferden gezogene Straßenbahn)
Pfer|de|de|cke
Pfer|de|dok|tor (ugs.); Pfer|de|dok|to|rin
Pfer|de|drosch|ke; Pfer|de|fleisch; Pfer|de|fuß (ugs.); Pfer|de|ge|biss (ugs.); Pfer|de|ge|sicht (ugs.); Pfer|de|ge|kar|re[n]; Pfer|de|kop|pel, die
Pfer|de|kur (Rosskur; vgl. ¹Kur)
Pfer|de|län|ge (Reitsport); Pfer|de|lun|ge
Pfer|de|metz|ger (landsch.); Pfer|de|metz|ge|rin
Pfer|de|na|tur (ugs.)
Pfer|de|ren|nen
Pfer|de|schwanz (auch für eine Frisur)
Pfer|de|sport; Pfer|de|stall
Pfer|de|stär|ke (frühere techn. Maßeinheit; Abk. PS; vgl. HP)
Pfer|de|strie|gel; Pfer|de|wa|gen
Pfer|de|wirt; Pfer|de|wir|tin
Pfer|de|zucht
...pfer|dig (z. B. sechspferdig)
Pferd|pau|schen, der; -, - (schweiz.

für Seitpferd); Pferd|sprung (Turnen)
Pfet|te, die; -, -n (waagerechter, tragender Balken im Dachstuhl); Pfet|ten|dach
pfet|zen (landsch. für kneifen)
pfiat [pfi:ɐt] (bayr., österr. für »lebe [lebt] wohl!«); pfiat di/euch [Gott] (»behüt dich/euch Gott!«)
pfiff vgl. pfeifen
Pfiff, der; -[e]s, -e
Pfif|fer|ling (ein Pilz); keinen Pfifferling wert sein (ugs.)
pfif|fig; Pfif|fig|keit, die; -
Pfif|fi|kus, der; -[ses], -se (ugs. für schlauer Mensch)

Pfingsten

das; -, - (griech.) (christlicher Feiertag am 50. Tag nach Ostern)
– zu Pfingsten (bes. nordd. u. österr.)
– an Pfingsten (bes. südd.)
– Pfingsten fällt früh; Pfingsten ist bald vorbei

Gelegentlich im landschaftlichen Sprachgebrauch und zumeist in Österreich und in der Schweiz wird »Pfingsten« im Plural verwendet:
– die[se] Pfingsten fallen früh; nach den Pfingsten

In Wunschformeln ist allgemein der Plural üblich:
– fröhliche Pfingsten!; frohe Pfingsten!

Pfingst|fe|ri|en Plur.; Pfingst|fest
Pfingst|ler (Anhänger einer religiösen Bewegung); Pfingst|le|rin
pfingst|lich
Pfingst|mon|tag; Pfingst|och|se; Pfingst|ro|se (Päonie); Pfingst|sonn|tag; Pfingst|ver|kehr; Pfingst|wo|che
Pfir|sich, der; -s, -e; Pfirsich Melba (Pfirsich mit Vanilleeis und Himbeermark)
Pfir|sich|baum; Pfir|sich|blü|te; Pfir|sich|bow|le
pfir|sich|far|ben
Pfir|sich|haut (übertr. auch für samtige, rosige Gesichtshaut)
Pfis|ter (veraltet für [Hof-, Kloster]bäcker); Pfis|te|rei
Pfit|scher Joch, das; - -s (Alpenpass in Südtirol)

Pfitz|ner (dt. Komponist)
Pflanz, der; - (österr. ugs. für Hohn, Schwindel)
Pflänz|chen; Pflan|ze, die; -, -n; pflanzenfressende od. Pflanzen fressende Tiere
pflan|zen (österr. ugs. auch für zum Narren halten); du pflanzt
pflan|zen|ar|tig
Pflan|zen|bau, der; -[e]s; Pflan|zen|de|cke; Pflan|zen|ex|trakt; Pflan|zen|fa|ser; Pflan|zen|fett
pflan|zen|fres|send, Pflan|zen fres|send ↑D58; Pflan|zen|fres|ser
Pflan|zen|gift, das; Pflan|zen|grün, das; -s; Pflan|zen|kost; Pflan|zen|krank|heit; Pflan|zen|kun|de, die; -; Pflan|zen|milch; Pflan|zen|öl; Pflan|zen|pro|duk|ti|on, die; - (regional für Pflanzenzucht); Pflan|zen|reich
Pflan|zen|schutz, der; -es; Pflan|zen|schutz|mit|tel, das
Pflan|zen|welt; Pflan|zen|zucht, die; -
Pflan|zer; Pflan|ze|rin
Pflanz|gar|ten; Pflanz|kar|tof|feln Plur.
pflanz|lich; pflanzliche Kost
Pflänz|ling
Pflanz|stock Plur. ...stöcke
Pflan|zung (auch für Plantage)
Pflas|ter, das; -s, - (Heil- od. Schutzverband; Straßenbelag; ein teures Pflaster (ugs. für Stadt mit teuren Lebensverhältnissen); Pfläs|ter|chen
Pflas|te|rer, landsch. u. schweiz. Pfläs|te|rer; Pflas|te|rin, landsch. u. schweiz. Pfläs|te|rin
Pflas|ter|ma|ler (jmd., der auf Bürgersteige o. Ä. [Kreide]bilder malt); Pflas|ter|ma|le|rin
pflas|ter|mü|de
pflas|tern, landsch. u. schweiz. pfläs|tern; ich pflastere, landsch. u. schweiz. pflästere
Pflas|ter|stein
Pflas|ter|tre|ter (veraltend für müßig Herumschlendernder); Pflas|ter|tre|te|rin
Pflas|te|rung, landsch. u. schweiz. Pfläs|te|rung
Pflatsch, der; -[e]s, -e, Pflat|schen, der; -s, - (landsch. für Fleck durch verschüttete Flüssigkeit; jäher Regenguss)
pflat|schen (landsch. für klatschend aufschlagen); du pflatschst
Pfläum|chen
Pflau|me, die; -, -n

pflau|men (*ugs. für* scherzhafte Bemerkungen machen)
Pflau|men|au|gust (*abwertend für* nichtssagender, charakterloser Mann; *vgl.* ²August)
Pflau|men|baum; Pflau|men|brannt|wein (Slibowitz); **Pflau|men|ku|chen; Pflau|men|mus; Pflau|men|schnaps**
pflau|men|weich
Pfle|ge, die; -
Pfle|ge|am|nes|tie (*österr. für* Arbeitserlaubnis für ausländische Pflegekräfte)
Pfle|ge|amt
pfle|ge|arm
pfle|ge|be|dürf|tig; Pfle|ge|be|dürf|ti|ge; Pfle|ge|be|dürf|tig|keit
Pfle|ge|be|foh|le|ne, der u. die; -n, -n
Pfle|ge|be|ra|tung; Pfle|ge|bett; Pfle|ge|bran|che; Pfle|ge|dienst; Pfle|ge|dienst|leis|ter; Pfle|ge|dienst|leis|te|rin; Pfle|ge|dienst|lei|ter (Leiter des Pflegepersonals in einem Krankenhaus; *Abk.* PDL); **Pfle|ge|dienst|lei|te|rin; Pfle|ge|dienst|lei|tung; Pfle|ge|ein|rich|tung**
Pfle|ge|el|tern *Plur.*
Pfle|ge|fach|frau (diplomierte Krankenschwester); **Pfle|ge|fach|leu|te; Pfle|ge|fach|mann**
Pfle|ge|fall, der; **Pfle|ge|fa|mi|lie; Pfle|ge|geld**
pfle|ge|ge|recht; pflegegerechte Wohnungen
Pfle|ge|grad (*früher:* Pflegestufe); **Pfle|ge|heim; Pfle|ge|hel|fer; Pfle|ge|hel|fe|rin; Pfle|ge|kas|se; Pfle|ge|kind; Pfle|ge|kraft**
pfle|ge|leicht
Pfle|ge|mo|dell (*Politik*)
Pfle|ge|mut|ter
pfle|gen; du pflegtest; gepflegt; pfleg[e]!; *in der Wendung* »der Ruhe pflegen« *auch* du pflogst; du pflögest; gepflogen
Pfle|ge|not|stand; Pfle|ge|per|so|nal
Pfle|ger (*auch für* Vormund); **Pfle|ge|rin; pfle|ge|risch**
Pfle|ge|satz; allgemeiner Pflegesatz
Pfle|ge|sohn
Pfle|ge|sta|ti|on; Pfle|ge|stät|te; Pfle|ge|stel|le; Pfle|ge|stu|fe; Pfle|ge|stütz|punkt; Pfle|ge|sys|tem
Pfle|ge|toch|ter; Pfle|ge|va|ter
Pfle|ge|ver|si|che|rung; Pfle|ge|zeit (befristete berufliche Freistellung zur Pflege von Angehörigen); **Pfle|ge|zu|satz|ver|si|che|rung**
Pfle|ge|zu|stand *Plur. selten*
pfleg|lich; Pfleg|ling
pfleg|sam (*selten für* sorgsam)
Pfleg|schaft (*Rechtsspr.*); **Pfleg|schafts|ge|richt** (*österr. für* Vormundschaftsgericht)
Pflicht, die; -, -en ⟨zu pflegen⟩
Pflicht|ar|beit; Pflicht|bei|trag; Pflicht|be|such
pflicht|be|wusst; Pflicht|be|wusst|sein
Pflicht|ei|fer; pflicht|eif|rig
Pflicht|ein|stel|lung
Pflicht|ten|heft; Pflicht|ten|kreis
Pflicht|er|fül|lung; Pflicht|ex|em|plar; Pflicht|fach; Pflicht|ge|fühl
Pflicht|ge|gen|stand (*österr. für* Pflichtfach in der Schule)
pflicht|ge|mäß
...pflich|tig (z. B. schulpflichtig)
Pflicht|jahr; Pflicht|kür
Pflicht|lauf (*Sport*); **Pflicht|lau|fen,** das; -s (*Sport*)
Pflicht|leis|tung; Pflicht|lek|tü|re
Pflicht|mit|glied
Pflicht|mit|glied|schaft
Pflicht|pfand (Pfandgeld, das auf bestimmte Getränkeverpackungen erhoben wird)
Pflicht|platz (Arbeitsplatz, der mit einem Schwerbeschädigten besetzt werden muss)
Pflicht|prak|ti|kum; Pflicht|pro|gramm
Pflicht|re|ser|ve *meist Plur.* (*Wirtsch.*)
pflicht|schul|dig, pflicht|schul|digst
Pflicht|schu|le (*bes. österr. für* Volks- u. Hauptschule)
Pflicht|stun|de
Pflicht|teil, der, *österr. nur so, od.* das
pflicht|treu; Pflicht|treue
Pflicht|übung
Pflicht|um|tausch, der; -[e]s (vorgeschriebener Geldumtausch bei Reisen in bestimmte Länder)
pflicht|ver|ges|sen; der pflichtvergessene Mensch; **Pflicht|ver|ges|sen|heit**
Pflicht|ver|let|zung
pflicht|ver|si|chert; Pflicht|ver|si|che|rung
Pflicht|ver|tei|di|ger; Pflicht|ver|tei|di|ge|rin; Pflicht|ver|tei|di|gung
pflicht|wid|rig; pflichtwidriges Verhalten

Pflock, der; -[e]s, Pflöcke; **Pflöck|chen**
pflo|cken, pflö|cken
Pflotsch, der; -[e]s (*schweiz. mdal. für* Schneematsch)
Pflü|cke, die; -, -n (Pflücken)
pflü|cken; Pflü|cker; Pflü|cke|rin
Pflück|rei|fe; Pflück|sa|lat
Pflug, der; -[e]s, Pflüge
pflü|gen; Pflü|ger; Pflü|ge|rin
Pflug|mes|ser, das; **Pflug|schar,** die; -, -en, *landwirtschaftl. auch* das; -[e]s, -e; **Pflug|sterz,** der; -es, -e; *vgl.* ²Sterz
Pflüm|li, das *u.* der; -[s], -[s]; *vgl.* Götti (*schweiz. mdal. für* Pflaumenschnaps)
Pfort|ader (*Med.*); **Pfört|chen**
Pfor|te, die; -, -n; die Burgundische Pforte ↑ **D 140**
Pfor|ten|ring (*früher für* Klopfring an einer Pforte)
Pfört|ner; Pfört|ner|haus; Pfört|ne|rin; Pfört|ner|lo|ge
Pforz|heim (Stadt am Nordrand des Schwarzwaldes)
Pföst|chen
Pfos|ten, der; -s, -; **Pfos|ten|schuss** (*Sport*)
Pföt|chen; Pfo|te, die; -, -n
Pfriem, der; -[e]s, -e (ein [Schuster]werkzeug); *vgl.* Ahle
pfrie|meln (*landsch. für* mit den Fingerspitzen hin u. her drehen; *ugs. für* mit den Fingern nestelnd, pulend zu schaffen machen); ich pfriem[e]le
Pfrie|men|gras
Pfril|le, die; -, -n (*svw.* Elritze)
Pfropf, der; -[e]s, -e *u.* -ens, -en (zusammengepresste Masse, die etwas verstopft, verschließt); **Pfröpf|chen**
¹pfrop|fen (durch Einsetzen eines wertvolleren Sprosses veredeln)
²pfrop|fen ([eine Flasche] verschließen); **Pfrop|fen,** der; -s, - (Kork, Stöpsel; *auch für* Pfropf)
Pfröpf|ling
Pfropf|mes|ser, das; **Pfropf|reis,** das
Pfrün|de, die; -, -n (Einkommen durch ein Kirchenamt; *auch scherzh. für* [fast] müheloses Einkommen)
Pfrün|der (*schweiz. für* Pfründner); **Pfrün|de|rin**
Pfrund|haus (*schweiz.*), **Pfründ|haus** (*landsch. für* Altenheim)
Pfründ|ner (*landsch. für* Insasse

Pfründnerin

eines Pfründhauses); **Pfründ|ne|rin**
Pfuhl, der; -[e]s, -e (große Pfütze; Sumpf; *landsch. für* Jauche)
Pfühl, der, *auch* das; -[e]s, -e (*veraltet für* Kissen)
pfui!; pfui, pfui!; pfui Teufel!; pfui, schäm dich!; pfui gack (*österr. Kinderspr.*)
Pfui, das; -s, -s; **Pfui** *od.* pfui rufen; ein verächtliches Pfui ertönte; **Pfui|ruf**
Pful|men, der *u.* das; -s, - (*schweiz. für* breites Kopfkissen)
Pfund, das; -[e]s, -e ⟨lat.⟩ (Gewichtseinheit; *Abk.* Pfd.; *Zeichen:* ℔; Währungseinheit in Großbritannien [*Währungscode* GBP] u. anderen Staaten; in Deutschland u. in der Schweiz als amtl. Gewichtsbezeichnung abgeschafft); 4 Pfund Butter
Pfünd|chen
...pfün|der (z. B. Zehnpfünder, mit Ziffern 10-Pfünder; ↑D 29)
pfun|dig (*ugs. für* großartig, toll)
...pfün|dig (z. B. zehnpfündig, mit Ziffern 10-pfündig; ↑D 29)
Pfund|no|te
Pfunds|kerl (*ugs.*); **Pfunds|spaß**, *österr. auch* **Pfunds|spass** (*ugs.*)
Pfund Ster|ling [- 'st..., - 'stɶ:ɐ̯...], das; -, - - (brit. Währungseinheit; *Zeichen* £, *Währungscode* GBP)
pfund|wei|se
Pfusch, der; -[e]s (Pfuscherei; *österr. auch für* Schwarzarbeit); **Pfusch|ar|beit**
pfu|schen (*ugs. für* liederlich arbeiten; *österr. u. landsch. für* schwarzarbeiten); du pfuschst
Pfu|scher; **Pfu|sche|rei**; **pfu|scher|haft**; **Pfu|sche|rin**
pfutsch (*österr. für* futsch)
Pfütz|chen; **Pfüt|ze**, die; -, -n
Pfütz|ei|mer (*Bergmannsspr.* Schöpfeimer)
Pfüt|zen|was|ser, das; -s
PGH (*regional*) = Produktionsgenossenschaft des Handwerks
ph = Phot
PH, die; -, -s = pädagogische Hochschule; *vgl.* pädagogisch
Phä|a|ke, der; -n, -n (Angehöriger eines [genussliebenden] Seefahrervolkes der griech. Sage; *übertr. für* sorgloser Genießer); **Phä|a|ken|le|ben**, das; -s; **Phä|a|kin**
Pha|b|let ['fɛblət], das; -s, -s ⟨engl.⟩ (Smartphone mit großem Display)
Phä|don (altgriech. Philosoph)
Phä|d|ra (Gattin des Theseus)
Phä|d|rus (röm. Fabeldichter)
Pha|e|thon (griech. Sagengestalt; Sohn des Helios)
Pha|ge, der; -n, -n (*svw.* Bakteriophage)
Pha|go|zyt, der; -en, -en *meist Plur.* ⟨griech.⟩ (*Med.* weißes Blutkörperchen, das bes. Bakterien unschädlich macht)
Pha|lanx, die; -, ...langen ⟨griech.⟩ (geschlossene Schlachtreihe [*bes. übertr.*]; *Med.* Finger-, Zehenglied)
Pha|le|ron (Vorstadt des antiken Athen)
phal|lisch ⟨griech.⟩ (den Phallus betreffend)
Phal|lo|krat, der; -en, -en (*abwertend für* phallokratischer Mann); **Phal|lo|kra|tie**, die; -, ...ien (*abwertend für* gesellschaftliche Vorherrschaft des Mannes); **phal|lo|kra|tisch**
Phal|los, der; -, *Plur.* ...lloi *u.* ...llen; *vgl.* Phallus; **Phal|lus**, der; -, *Plur.* ...lli *u.* ...llen, *auch* -se ([erigiertes] m. Glied)
Phal|lus|kult (*Völkerkunde* rel. Verehrung des Phallus als Sinnbild der Naturkraft); **Phal|lus|sym|bol** (*bes. Psychol.*)
Pha|ne|ro|ga|me, die; -, -n ⟨griech.⟩ (*Bot.* Samenpflanze)
Phä|no|lo|gie, die; - ⟨griech.⟩ (Lehre von den Erscheinungen des jahreszeitl. Ablaufs in der Pflanzen- u. Tierwelt, z. B. der Laubverfärbung der Bäume)
Phä|no|men, das; -s, -e ([Natur]erscheinung; seltenes Ereignis; Wunder[ding]; *übertr. für* Genie)
phä|no|me|nal (außerordentlich, außergewöhnlich, erstaunlich)
Phä|no|me|na|lis|mus, der; - (philos. Lehre, nach der nur die Erscheinungen der Dinge, nicht diese selbst erkennbar sind)
Phä|no|me|no|lo|gie, die; - (Lehre von den Wesenserscheinungen der Dinge); **phä|no|me|no|lo|gisch**
Phä|no|me|non, das; -s, ...na (*svw.* Phänomen)
Phä|no|typ, der; -s, -en (Erscheinungsbild, -form eines Organismus); **phä|no|ty|pisch**; **Phä|no|ty|pus** *vgl.* Phänotyp

Phan|ta|sie *vgl.* ²Fantasie
phan|ta|sie|be|gabt *vgl.* fantasiebegabt
Phan|ta|sie|ge|bil|de *vgl.* Fantasiegebilde
Phan|ta|sie|ge|stalt *vgl.* Fantasiegestalt
phan|ta|sie|los *vgl.* fantasielos; **Phan|ta|sie|lo|sig|keit** *vgl.* Fantasielosigkeit
phan|ta|sie|reich *vgl.* fantasiereich
Phan|ta|sie|reich *vgl.* Fantasiereich
phan|ta|sie|ren *vgl.* ¹fantasieren
phan|ta|sie|voll *vgl.* fantasievoll
Phan|ta|sie|vor|stel|lung *vgl.* Fantasievorstellung
Phan|ta|sie|welt *vgl.* Fantasiewelt
Phan|tas|ma, das; -s, ...men (Trugbild)
Phan|tas|ma|go|rie, die; -, ...ien (Zauber, Truggebilde; künstl. Darstellung von Trugbildern, Gespenstern u. a.); **phan|tas|ma|go|risch**
Phan|ta|sos *vgl.* Phantasus
Phan|tast *vgl.* Fantast; **Phan|tas|te|rei** *vgl.* Fantasterei; **Phan|tas|tik**, *vgl.* Fantastik; **Phan|tas|tin** *vgl.* Fantastin
phan|tas|tisch *vgl.* fantastisch
Phan|ta|sus (griech. Traumgott)
Phan|tom, das; -s, -e (Trugbild; *Med.* Nachbildung eines Körperteils od. Organs für Versuche od. für den Unterricht)
Phan|tom|bild (*Kriminalistik* nach Zeugenaussagen gezeichnetes Porträt); **Phan|tom|er|leb|nis** (*Med.*); **Phan|tom|schmerz** (*Med.* Schmerzgefühl an einem amputierten Glied)
¹Pha|rao, der; -[s], ...onen ⟨ägypt.⟩ (altägypt. König)
²Pha|rao, das; -s ⟨franz.⟩ (altes franz. Kartenglücksspiel)
Pha|rao|amei|se
Pha|ra|o|nen|grab; **Pha|ra|o|nen|rat|te** (Ichneumon); **Pha|ra|o|nen|reich**; **pha|ra|o|nisch**
Pha|ri|sä|er ⟨hebr.⟩ (Angehöriger einer altjüd., der religiösen Gesetze streng einhaltenden Partei; *übertr. für* hochmütiger, selbstgerechter Heuchler; heißer Kaffee mit Rum u. Schlagsahne)
pha|ri|sä|er|haft; **Pha|ri|sä|e|rin**; **Pha|ri|sä|er|tum**, das; -s (*geh.*); **pha|ri|sä|isch**
Pha|ri|sä|is|mus, der; - (Lehre der

Philobatismus

Pharisäer; *übertr. für* Selbstgerechtigkeit, Heuchelei)
Phar|ma|be|ra|ter (Arzneimittelvertreter); Phar|ma|be|ra|te|rin
Phar|ma|bran|che
Phar|ma|her|stel|ler; Phar|ma|her|stel|le|rin
Phar|ma|in|dus|t|rie (Arzneimittelindustrie)
Phar|ma|kant, der; -en, -en ⟨griech.⟩ (Facharbeiter in der Pharmaindustrie); Phar|ma|kan|tin
Phar|ma|ko|lo|ge, der; -n, -n (Wissenschaftler auf dem Gebiet der Pharmakologie); Phar|ma|ko|lo|gie, die; - (Arzneimittelkunde); Phar|ma|ko|lo|gin
phar|ma|ko|lo|gisch
Phar|ma|kon, das; -s, ...ka (Arzneimittel; Gift)
Phar|ma|kon|zern
Phar|ma|ko|pöe [...'pø:, ...'pø:ə], die; -, -n [...'pø:ən] (amtl. Arzneibuch)
Phar|ma|re|fe|rent (Arzneimittelvertreter); Phar|ma|re|fe|ren|tin
Phar|ma|un|ter|neh|men
Phar|ma|zeut, der; -en, -en (Arzneikundiger); Phar|ma|zeu|tik, die; - (Arzneimittelkunde); Phar|ma|zeu|ti|kum, das; -s, ...ka (Arzneimittel); Phar|ma|zeu|tin
phar|ma|zeu|tisch; phar|ma|zeu|tisch-tech|nisch ↑D23; pharmazeutisch-technischer *od.* Pharmazeutisch-Technischer Assistent, pharmazeutisch-technische *od.* Pharmazeutisch-Technische Assistentin ↑D89 (*Abk.* PTA)
Phar|ma|zie, die; - (Lehre von der Arzneimittelzubereitung, Arzneimittelkunde)
Pha|ro, das; -s (*verkürzte Bildung zu* ²Pharao)
Pha|ryn|gis|mus, der; -, ...men ⟨griech.⟩ (*Med.* Schlundkrampf)
Pha|ryn|gi|tis, die; -, ...itiden (Rachenentzündung)
Pha|ryn|go|s|kop, das; -s, -e (Endoskop zur Untersuchung des Rachens); Pha|ryn|go|s|ko|pie, die; -, ...ien (Ausspiegelung des Rachens)
Pha|rynx, der; -, ...ryngen (Rachen)
Pha|se, die; -, -n ⟨griech.⟩ (Abschnitt einer [stetigen] Entwicklung; [Zu]stand; *Physik* Schwingungszustand beim Wechselstrom)

Pha|sen|bild (*Film*); Pha|sen|messer, der; Pha|sen|ver|schie|bung
pha|sen|wei|se
...pha|sig (z. B. einphasig)
phatt, *seltener* phat [fet] ⟨engl.⟩ (*Jugendspr.* hervorragend); der Film war richtig phatt *od.* phat; *aber nur* phatte Beats
Phei|di|as *vgl.* Phidias
Phe|n|a|ce|t|in, das; -s ⟨griech.-nlat.⟩ (schmerzstillender Wirkstoff)
Phe|nol, das; -s ⟨griech.⟩ (Karbolsäure); phe|no|lisch (*Chemie* die Struktur des Phenols enthaltend, aufweisend; *Önologie* [negative] Geruchs- u. Geschmacksbeschreibung bes. bei Weißweinen)
Phe|nol|ph|tha|le|in, das; -s (chem. Indikator)
Phe|no|plast, der; -[e]s, -e *meist Plur.* (ein Kunstharz)
Phe|nyl|grup|pe (*Chemie* einwertige Atomgruppe in vielen aromat. Kohlenwasserstoffen)
Phe|ro|mon, das; -s, -e ⟨griech.-nlat.⟩ (*Biol.* Wirkstoff, der auf andere Individuen der gleichen Art Einfluss hat, sie z. B. anlockt)
Phi, das; -[s], -s (griech. Buchstabe: Φ, φ)
Phi|a|le, die; -, -n ⟨griech.⟩ (altgriech. flache [Opfer]schale)
Phi|di|as (altgriech. Bildhauer); phi|di|as|sisch; phidiassische Elemente; die phidiassische Athenastatue ↑D89 *u.* 135
phil..., phillo... ⟨griech.⟩ (...liebend); Phil..., Phillo... (...freund)
Phil|a|del|phia (Stadt in Pennsylvanien)
Phil|a|del|phi|er; Phil|a|del|phi|e|rin; phil|a|del|phisch
Phil|an|th|rop, der; -en, -en ⟨griech.⟩ (Menschenfreund); Phil|an|th|ro|pie, die; - (Menschenliebe); Phil|an|th|ro|pin
Phil|an|th|ro|pi|nis|mus (*svw.* Philanthropismus)
phil|an|th|ro|pisch (menschenfreundlich)
Phil|an|th|ro|pis|mus, der; - ([von Basedow u. a. begründete] Erziehungsbewegung)
Phi|l|a|te|lie, die; - ⟨griech.⟩ (Briefkundenkunde)
Phi|l|a|te|list, der; -en, -en (Briefmarkensammler); Phi|l|a|te|lis|tin; phi|l|a|te|lis|tisch

Phi|le|mon (phryg. Sagengestalt; Gatte der Baucis)
Phi|le|mon und Bau|cis (antikes Vorbild ehelicher Liebe u. Treue sowie selbstloser Gastfreundschaft)
Phil|har|mo|nie, die; -, ...ien ⟨griech.⟩ (Name von musikalischen Gesellschaften, von Orchestern u. ihren Konzertsälen)
Phil|har|mo|ni|ker (*österr. auch* 'fɪl...] (Künstler, der in einem philharmonischen Orchester spielt); Phil|har|mo|ni|ke|rin
phil|har|mo|nisch
Phil|hel|le|ne, der; -n, -n ⟨griech.⟩ (Freund der Griechen [der den Befreiungskampf gegen die Türken unterstützte]); Phil|hel|le|nin; Phil|hel|le|nis|mus, der; -
Phil|ipp (m. Vorn.)
Phi|l|ip|per|brief, der; -[e]s ↑D64 (Brief des Paulus an die Gemeinde von Philippi)
Phi|l|ip|pi (im Altertum Stadt in Makedonien)
Phi|l|ip|pi|ka, die; -, ...ken (Kampfrede [des Demosthenes gegen König Philipp von Makedonien]; Strafrede)
Phi|l|ip|pi|ne (w. Vorn.)
Phi|l|ip|pi|nen *Plur.* (Inselgruppe u. Staat in Südostasien)
Phi|l|ip|pi|ner (Bewohner der Philippinen; *vgl.* Filipino; Phi|l|ip|pi|ne|rin *vgl.* Filipina
phi|l|ip|pi|nisch
phi|l|ip|pisch; in philippischer Manier; philippische Reden ↑D89
Phi|l|ip|pus (Apostel)
Phi|lis|ter, der; -s, - (Angehöriger des Nachbarvolkes der Israeliten im A. T.; *übertr. für* Spießbürger; *Verbindungsw.* im Berufsleben stehender Alter Herr)
Phi|lis|te|rei; phi|lis|ter|haft; Phi|lis|te|rin
Phi|lis|te|ri|um, das; -s (*Verbindungsw.* das spätere Berufsleben eines Studenten)
Phi|lis|ter|tum, das; -s
phi|lis|t|rös (beschränkt; spießig)
Phil|lu|me|nie, die; - ⟨griech.; lat.⟩ (das Sammeln von Streichholzschachteln *od.* deren Etiketten)
Phil|lu|me|nist, der; -en, -en; Phil|lu|me|nis|tin
phi|lo... *usw. vgl.* phil... *usw.*
Phi|lo|ba|tis|mus, der; - ⟨griech.

Philodendron

(*Psychoanalyse* Wunsch nach Autonomie u. Distanz)
Phi|lo|den|d|ron, der, *auch* das; -s, ...ren ⟨griech.⟩ (eine Blattpflanze)
Phi|lok|tet (Gestalt der griech. Sage)
Phi|lo|lo|ge, der; -n, -n ⟨griech.⟩ (Sprach- u. Literaturforscher)
Phi|lo|lo|gie, die; -, ...ien (Sprach- u. Literaturwissenschaft)
Phi|lo|lo|gin; phi|lo|lo|gisch
¹**Phi|lo|me|la**, ¹**Phi|lo|me|le**, die; -, ...len ⟨griech.⟩ (*veraltet für* Nachtigall)
²**Phi|lo|me|la**, ²**Phi|lo|me|le** (w. Vorn.)
Phi|lo|me|na (w. Vorn.)
Phi|lo|se|mit, der; -en, -en ⟨griech.⟩; **Phi|lo|se|mi|tin; phi|lo|se|mi|tisch**
Phi|lo|se|mi|tis|mus, der; - (judenfreundl. Bewegung im 18. Jh.; abwertend für unkrit. Haltung gegenüber der Politik Israels)
Phi|lo|soph, der; -en, -en ⟨griech.⟩ (jmd., der sich mit Philosophie beschäftigt)
Phi|lo|so|phas|ter, der; -s, - (Scheinphilosoph)
Phi|lo|so|phem, das; -s, -e (Ergebnis philos. Lehre, Ausspruch des Philosophen)
Phi|lo|so|phie, die; -, ...ien (Streben nach Erkenntnis des Zusammenhanges der Dinge in der Welt; Denk-, Grundwissenschaft); **phi|lo|so|phie|ren**
Phi|lo|so|phi|kum, das; -s, ...ka (*früher für* philosophisch-pädagogische Prüfung beim Staatsexamen für das Gymnasiallehramt)
Phi|lo|so|phin; phi|lo|so|phisch
Phi|mo|se, die; -, -n ⟨griech.⟩ (*Med.* Verengung der Vorhaut)
Phi|o|le, die; -, -n ⟨griech.⟩ (bauchiges Glasgefäß mit langem Hals)
Phi|shing [ˈfɪʃɪŋ], das; -[s] ⟨engl.⟩ (*EDV* das Erschleichen von persönlichen Daten mit gefälschten E-Mails o. Ä.); **Phi|shing|mail, Phi|shing-Mail** [ˈfɪʃɪŋmeːl], die; -, -s, *auch, bes. südd., österr., schweiz.:* das; -s, -s
Phle|bi|tis, die; -, ...itiden ⟨griech.⟩ (*Med.* Venenentzündung)
Phleg|ma, das; -s ⟨griech.⟩ (Ruhe, [Geistes]trägheit, Gleichgültigkeit, Schwerfälligkeit)

Phleg|ma|ti|ker (körperlich träger, geistig wenig regsamer Mensch); **Phleg|ma|ti|ke|rin**
Phleg|ma|ti|kus, der; -, -se (*ugs. scherzh. für* träger, schwerfälliger Mensch); **phleg|ma|tisch**
Phlox, der; -es, -e, *auch* die; -, -e ⟨griech.⟩ (eine Zierpflanze)
Phlo|xin, das; -s (ein roter Farbstoff)
pH-neu|t|ral [peːˈhaː...] (einen weder sauren noch alkalischen pH-Wert aufweisend); **pH-neutrale Seife**
Phnom Penh [pnɔm ˈpen] (Hauptstadt von Kambodscha)
Phö|be (griech. Mondgöttin; Beiname der Artemis)
Pho|bie, die; -, ...ien ⟨griech.⟩ (*Med.* krankhafte Angst); **Pho|bi|ker; Pho|bi|ke|rin**
Phö|bos *vgl.* Phöbus; **Phö|bus** (Beiname Apollos)

phon..., Phon..., pho|no..., Pho|no...

(laut..., Laut...)
Das ph in den aus dem Griechischen stammenden Wörtern mit »phon« kann generell durch f ersetzt werden:
– fon..., Fon..., fo|no..., Fo|no...

Phon, ¹Fon, das; -s, -s ⟨griech.⟩ (Maßeinheit für die Lautstärke); 50 **Phon** *od.* Fon
Pho|nem, Fo|nem, das; -s, -e (*Sprachwiss.* Laut, kleinste bedeutungsdifferenzierende sprachl. Einheit)
Pho|ne|ma|tik, Fo|ne|ma|tik, die; - (*svw.* Phonologie); **pho|ne|ma|tisch**, fo|ne|ma|tisch (das Phonem betreffend)
pho|ne|misch, fo|ne|misch
Pho|ne|tik, Fo|ne|tik, die; - (Lehre von der Lautbildung); **Pho|ne|ti|ker**, Fo|ne|ti|ker; **Pho|ne|ti|ke|rin**, Fo|ne|ti|ke|rin; **pho|ne|tisch**, fo|ne|tisch
Pho|ni|a|ter, Fo|ni|a|ter; **Pho|ni|a|te|rin**, Fo|ni|a|te|rin; **Pho|ni|a|t|rie**, Fo|ni|a|t|rie, die; - (*Med.* Lehre von den Erkrankungen des Stimmapparates)
Phö|ni|ker *vgl.* Phönizier
pho|nisch, fo|nisch (die Stimme, den Laut betreffend)
Phö|nix, der; -[es], -e ⟨griech.⟩ (Vogel der altägypt. Sage, der sich im Feuer verjüngt)
Phö|ni|zi|en (im Altertum Küstenland an der Ostküste des Mittelmeeres); **Phö|ni|zi|er; Phö|ni|zi|e|rin; phö|ni|zisch**
Pho|no|dik|tat, Fo|no|dik|tat ⟨griech.; lat.⟩ (auf Tonband o. Ä. gesprochenes Diktat)
Pho|no|gramm, Fo|no|gramm, das; -s, -e (Aufzeichnung von Schallwellen auf Tonband usw.)
Pho|no|graph, Fo|no|graf, der; -en, -en (von Edison 1877 erfundenes Tonaufnahmegerät); **Pho|no|gra|phie**, Fo|no|gra|fie, die; -, ...ien (*veraltet für* lautgetreue Schreibung); **pho|no|gra|phisch**, fo|no|gra|fisch (lautgetreu; die Phonographie betreffend)
Pho|no|lith, Fo|no|lith, der; *Gen.* -s *u.* -en, *Plur.* -e[n] (ein Ergussgestein)
Pho|no|lo|gie, Fo|no|lo|gie, die; - (Wissenschaft, die die Funktion der Laute in einem Sprachsystem untersucht); **pho|no|lo|gisch**, fo|no|lo|gisch
Pho|no|me|ter, Fo|no|me|ter, das; -s, - (Lautstärkemesser); **Pho|no|me|t|rie**, Fo|no|me|t|rie, die; - (Messung akust. Reize u. Empfindungen)
pho|no..., **Pho|no...**, fo|no..., Fo|no..., **Pho|no...** *vgl.* phon..., Phon...
Pho|no|tech|nik, Fo|no|tech|nik
Pho|no|thek, Fo|no|thek, die; -, -en (*svw.* Diskothek)
Pho|no|ty|pis|tin, Fo|no|ty|pis|tin (w. Schreibkraft, die vorwiegend nach einem Diktiergerät schreibt)
phon|stark, fon|stark; *vgl.* Phon
Phon|zahl, Fon|zahl; *vgl.* Phon
Phos|gen, das; -s ⟨griech.⟩ (ein giftiges Gas)
Phos|phat, das; -[e]s, -e (Salz der Phosphorsäure); **phos|phat|hal|tig**
Phos|phin, das; -s, -e (Phosphorwasserstoff)
Phos|phit, das; -s, -e (Salz der phosphorigen Säure)
Phos|phor, der; -s (chem. Element; *Zeichen* P); **Phos|phor|bom|be**
Phos|pho|res|zenz, die; - (Nachleuchten vorher bestrahlter Stoffe); **phos|pho|res|zie|ren**
phos|phor|hal|tig; phos|pho|rig
Phos|pho|ris|mus, der; -, ...men (Phosphorvergiftung)
Phos|pho|rit, der; -s, -e (ein Sedimentgestein)

Phos|phor|säu|re; Phos|phor|ver|gif|tung
Phot, das; -s, - ⟨griech.⟩ (alte Leuchtstärkeeinheit; Zeichen ph)

pho|to..., Pho|to...
(licht..., Licht...)
Das ph in den aus dem Griechischen stammenden Wörtern mit »photo« kann generell durch f ersetzt werden:
– foto..., Foto...

Pho|to alte Schreibung für Foto
Pho|to|al|bum usw. alte Schreibung für Fotoalbum usw.
Pho|to|che|mie [auch 'fo:...] vgl. Fotochemie; Pho|to|che|mi|gra|phie [auch 'fo:...] vgl. Fotochemigrafie; pho|to|che|mi|gra|phisch [auch 'fo:...] vgl. fotochemigrafisch; pho|to|che|misch [auch 'fo:...] vgl. fotochemisch
Pho|to|ef|fekt vgl. Fotoeffekt
Pho|to|elek|tri|zi|tät [auch 'fo:...] vgl. Fotoelektrizität
Pho|to|elek|tron vgl. Fotoelektron
Pho|to|ele|ment vgl. Fotoelement
pho|to|gen vgl. fotogen; Pho|to|ge|ni|tät vgl. Fotogenität
Pho|to|gramm usw. vgl. Fotogramm usw.
Pho|to|gram|me|t|rie vgl. Fotogrammetrie; pho|to|gram|me|t|risch vgl. fotogrammetrisch
Pho|to|graph usw. vgl. Fotograf usw.
pho|to|gra|phie|ren alte Schreibung für fotografieren
Pho|to|gra|vü|re vgl. Fotogravüre
Pho|to|in|dus|t|rie alte Schreibung für Fotoindustrie
Pho|to|ko|pie usw. vgl. Fotokopie usw.
Pho|to|li|tho|gra|phie vgl. Fotolithografie
pho|to|me|cha|nisch [auch 'fo:...] vgl. fotomechanisch
Pho|to|me|ter usw. vgl. Fotometer usw.
Pho|ton, Fo|ton [auch fo'to:n], das; -s, ...onen (Physik kleinstes Energieteilchen der elektromagnetischen Strahlung); pho|to|nisch, fo|to|nisch
Pho|to|phy|sio|lo|gie [auch 'fo:...] vgl. Fotophysiologie
Pho|to|satz vgl. Fotosatz
Pho|to|sphä|re [auch 'fo:...] vgl. Fotosphäre

Pho|to|syn|the|se [auch 'fo:...] vgl. Fotosynthese
pho|to|tak|tisch vgl. fototaktisch
Pho|to|the|ra|pie [auch 'fo:...] vgl. Fototherapie
pho|to|trop vgl. fototrop
Pho|to|vol|ta|ik vgl. Fotovoltaik; pho|to|vol|ta|isch vgl. fotovoltaisch
Pho|to|zel|le vgl. Fotozelle
Phra|se, die; -, -n ⟨griech.⟩ (leere Redensart, nichtssagende Äußerung; Redewendung; Musik selbstständige Tonfolge)
Phra|sen|dre|scher (abwertend); Phra|sen|dre|sche|rei (nichtssagendes Gerede); Phra|sen|dre|sche|rin (abwertend)
phra|sen|haft; phra|sen|reich
Phra|sen|schwein (Sparschwein, in das eine Münze werfen muss, wer eine abgedroschene Redensart verwendet)
Phra|seo|lo|gie, die; -, ...ien (Sprachwiss. Lehre od. Sammlung von den eigentümlichen Redewendungen einer Sprache); phra|seo|lo|gisch; Phra|seo|lo|gis|mus, der; -, ...men (svw. Idiom)
phra|sie|ren (Musik der Gliederung der Motive [u. a.] entsprechend interpretieren); Phra|sie|rung (melodisch-rhythmische Einteilung eines Tonstücks)
Phre|ne|sie, die; -, ...ien ⟨griech.⟩ (Med. veraltet für Geisteskrankheit); phre|ne|tisch (geisteskrank); auch frenetisch
Phre|ni|tis, die; -, ...itiden (Med. Zwerchfellentzündung)
Phry|gi|en (antikes Reich in Nordwestkleinasien)
Phry|gi|er; Phry|gi|e|rin
phry|gisch; phrygische Mütze (Sinnbild der Freiheit bei den Jakobinern)
Phry|ne (griech. Hetäre)
Phthi|sis, die; -, ...sen ⟨griech.⟩ (Med. Schrumpfung, Schwund)
Phu|ket [pu...] (thailänd. Insel)
pH-Wert (↑ D 29; Maßzahl für die Konzentration der Wasserstoffionen in einer Lösung)
Phy|ko|lo|gie, die; - ⟨griech.⟩ (Algenkunde)
Phy|le, die; -, -n ⟨griech.⟩ (Geschlechterverband im antiken Griechenland)
phy|le|tisch (Biol. die Abstammung betreffend)
Phyl|lis (w. Eigenn.)

Physiokratismus

Phyl|lit, der; -s, -e ⟨griech.⟩ (ein Gestein)
Phyl|lo|kak|tus (ein Blattkaktus)
Phyl|lo|kla|di|um, das; -s, ...ien (Bot. blattähnlicher Pflanzenspross)
Phyl|lo|pha|ge, der; -n, -n (Zool. Pflanzen-, Blattfresser)
Phyl|lo|po|de, der; -n, -n meist Plur. (Zool. Blattfüßer [Krebs])
Phyl|lo|ta|xis, die; -, ...xen (Bot. Blattstellung)
Phyl|lo|xe|ra, die; -, ...ren (Zool. Reblaus)
Phy|lo|ge|ne|se, die; -, -n ⟨griech.⟩ (svw. Phylogenie); phy|lo|ge|ne|tisch
Phy|lo|ge|nie, die; -, ...ien (Stammesgeschichte der Lebewesen)
Phy|lum, das; -s, ...la (Biol. Tier- od. Pflanzenstamm)
Phy|sa|lis, die; -, Plur. - u. ...alen ⟨griech.⟩ (Bot. Blasen-, Judenkirsche; Kapstachelbeere)
Phy|si|a|ter, der; -s, - ⟨griech.⟩ (Naturarzt); Phy|si|a|te|rin; Phy|si|a|t|rie, die; - (Naturheilkunde)
Phy|sik, die; - (Wissenschaft von der Struktur u. der Bewegung der unbelebten Materie)
phy|si|ka|lisch; physikalische Chemie, physikalische Maßeinheit, aber ↑ D 151: das Physikalische Institut der Universität Bonn
Phy|si|ker; Phy|si|ke|rin
Phy|sik|leh|rer; Phy|sik|leh|re|rin
Phy|si|ko|che|mie (physikalische Chemie); phy|si|ko|che|misch
Phy|si|kum, das; -s, -ka (Vorprüfung im Medizinstudium)
Phy|sik|un|ter|richt
Phy|sio|g|nom, der; -en, -en ⟨griech.⟩ (Deuter der äußeren Erscheinungen eines Menschen)
Phy|sio|g|no|mie, die; -, ...ien (äußere Erscheinung eines Lebewesens, bes. Gesichtsausdruck)
Phy|sio|g|no|mik, die; - (Ausdrucksdeutung [Kunst, von der Physiognomie her auf seelische Eigenschaften zu schließen])
Phy|sio|g|no|mi|ker (svw. Physiognom); Phy|sio|g|no|mi|ke|rin; Phy|sio|g|no|min; phy|sio|g|no|misch
Phy|sio|krat, der; -en, -en ⟨griech.⟩ (Vertreter des Physiokratismus); Phy|sio|kra|tin; phy|sio|kra|tisch
Phy|sio|kra|tis|mus, der; - (volkswirtschaftl. Theorie des 18. Jh.s,

Phys

die die Landwirtschaft als die Quelle des Nationalreichtums ansah)

Phy|sio|lo|ge, der; -n, -n ⟨griech.⟩ (Erforscher der Lebensvorgänge); **Phy|sio|lo|gie**, die; -, -n (Lehre von den Lebensvorgängen); **Phy|sio|lo|gin**; **phy|sio|lo|gisch** (die Physiologie betreffend)

Phy|sio|the|ra|peut (jmd., der die Physiotherapie anwendet; Berufsbez.); **Phy|sio|the|ra|peu|tin**; **phy|sio|the|ra|peu|tisch**; **Phy|sio|the|ra|pie** (Heilbehandlung mit Wärme, Wasser, Strom usw. sowie Krankengymnastik u. Massage)

Phy|sis, die; - (Körper; körperliche Beschaffenheit, Natur)

phy|sisch (natürlich; körperlich)

phy|to|gen ⟨griech.⟩ (aus Pflanzen entstanden)

Phy|to|geo|gra|fie, **Phy|to|geo|gra|phie** (Pflanzengeografie)

Phy|to|me|di|zin; **Phy|to|pa|tho|lo|gie**, die; - (Wissenschaft von den Pflanzenkrankheiten); **phy|to|pa|tho|lo|gisch**

phy|to|phag (Zool. pflanzenfressend); **Phy|to|pha|ge**, der; -n, -n meist Plur. (Pflanzenfresser)

Phy|to|phar|ma|zie; **Phy|to|plank|ton** (Gesamtheit der im Wasser lebenden pflanzl. Organismen); **Phy|to|the|ra|pie** [auch ...'pi:] (Pflanzenheilkunde)

¹**Pi**, das; -[s], -s (griech. Buchstabe: Π, π)

²**Pi**, das; -[s], -s (Math. Zahl, die das Verhältnis von Kreisumfang zu Kreisdurchmesser angibt; π = 3,1415...); der π-fache Durchmesser, aber das π-Fache

Pia (w. Vorn.)

Pi|af|fe, die; -, -n ⟨franz.⟩ (Reiten Trab auf der Stelle); **pi|af|fie|ren** (die Piaffe ausführen)

Pi|a|ni|no, das; -s, -s ⟨ital.⟩ (kleines ²Piano)

pi|a|nis|si|mo (Musik sehr leise; Abk. pp); **Pi|a|nis|si|mo**, das; -s, Plur. -s u. ...mi

Pi|a|nist, der; -en, -en (Klavierspieler, -künstler); **Pi|a|nis|tik**, die; - (Klavierspielkunst); **Pi|a|nis|tin**; **pi|a|nis|tisch** (die Technik, Kunst des Klavierspielens betreffend)

pi|a|no (Musik leise; Abk. p)

¹**Pi|a|no**, das; -s, Plur. -s u. ...ni (leises Spielen, Singen)

²**Pi|a|no**, das; -s, -s ⟨kurz für Pianoforte⟩; **Pi|a|no|bar**; **Pi|a|no|for|te**, das; -s, -s ⟨veraltet für Klavier⟩; vgl. Fortepiano

Pi|a|no|la, das; -s, -s (selbsttätig spielendes Klavier)

Pi|a|rist, der; -en, -en ⟨lat.⟩ (Angehöriger eines kath. Lehrordens)

Pi|as|sa|va, die; -, -...ven ⟨indian.-port.⟩ (Palmenblattfaser); **Pi|as|sa|va|be|sen**

Pi|ast, der; -en, -en (Angehöriger eines poln. Geschlechtes)

Pi|as|ter, der; -s, - ⟨griech.⟩ (Währungseinheit in Ägypten, Libanon, Sudan, Syrien)

Pi|as|tin ⟨zu Piast⟩

Pi|a|ve, die, auch der; - (ital. Fluss)

Pi|az|za, die; -, ...zze ⟨ital.⟩ ([Markt]platz); **Pi|az|zet|ta**, die; -, ...tte[n] (kleine Piazza)

Pi|ca, die; - ⟨lat.⟩ (genormter Schriftgrad für Schreibmaschine u. Computer)

Pi|car|de, der; -n, -n; **Pi|car|die**, die; - (hist. Provinz in Nordfrankreich); **pi|car|disch**

Pi|cas|so, Pablo (span. Maler u. Grafiker)

Pic|ca|dil|ly [...kə'dıli] (eine Hauptstraße in London)

Pic|card [...'ka:ɐ̯], Auguste [o'gyst] (schweiz. Physiker)

¹**Pic|co|lo**, ¹**Pık|ko|lo**, der; -s, -s ⟨ital.⟩ (Kellnerlehrling)

²**Pic|co|lo**, ²**Pık|ko|lo**, das; -s, Plur. ...li u. -s ⟨kurz für Piccoloflöte⟩

Pic|co|lo|fla|sche, **Pık|ko|lo|fla|sche** (kleine Sektflasche)

Pic|co|lo|flö|te, **Pık|ko|lo|flö|te** (kleine Querflöte)

Pic|co|lo|mi|ni, der; -[s], - (Angehöriger eines ital. Geschlechtes)

Pi|che|lei (ugs.); **Pi|che|ler** usw. vgl. Pichler usw.

pi|cheln (ugs. für trinken); ich pich[e]le

Pi|chel|stei|ner Fleisch, das; - -[e]s, **Pi|chel|stei|ner Topf**, der; - -[e]s (ein Eintopfgericht)

¹**pi|chen** (landsch. für mit Pech überziehen)

²**pi|chen** (kleben, heften)

Pich|ler, **Pi|che|ler** (ugs. für Trinker); **Pich|le|rin**, **Pi|che|le|rin**

Pick, der; -[e]s (österr. ugs. für Klebstoff)

Pi|cke, die; -, -n (Spitzhacke; Fußball Fußspitze)

¹**Pi|ckel**, der; -s, - (Spitzhacke)

²**Pi|ckel**, der; -s, - (Hautpustel, Mitesser)

pi|ckel|hart (österr., schweiz. für hart; unnachgiebig)

Pi|ckel|hau|be (preuß. Infanteriehelm)

Pi|ckel|he|ring (gepökelter Hering; übertr. für Spaßmacher im älteren Lustspiel)

pi|cke|lig, **pick|lig** ⟨zu ²Pickel⟩

pi|ckeln (landsch. für mit der Spitzhacke arbeiten); ich pick[e]le

pi|cken (österr. ugs. auch für kleben, haften)

Pi|ckerl

das; -s, -[n] (österr. für Klebeetikett; Autobahnvignette)

Substantive aus Österreich (und teilweise auch solche aus Bayern) mit der Endung -erl bilden dort meist alle Pluralformen mit der Endung -n: mehrere Pickerln, mehreren Pickerln; Schwammerln klauben (österr. für Pilze sammeln). Außerhalb Österreichs und Bayerns können sie im Nominativ, Akkusativ u. Genitiv Plural auch ohne Endung gebraucht werden: mehrere Pickerl[n] kaufen.

pi|ckerl|pflich|tig (österr.); pickerlpflichtige Autobahnen

Pi|ckerl|sün|der (österr. ugs. für Verkehrsteilnehmer, dessen Fahrzeug nicht mit der erforderlichen Vignette versehen ist); **Pi|ckerl|sün|de|rin**

pi|ckern (landsch. für essen); ich pickere

pi|ckert, **pi|ckig** (österr. ugs. für klebrig)

Pick|ham|mer (Bergmannsspr. Abbauhammer)

pi|ckig vgl. pickert

Pick|les ['pıks] Plur.; vgl. Mixed Pickles

pick|lig vgl. pickelig

Pick|nick, das; -s, Plur. -e u. -s ⟨franz.⟩ (Essen im Freien); **pick|ni|cken**; gepicknickt; **Pick|nick|korb**

pick|süß (ital.; dt.) (österr. für sehr süß); das picksüße Hölzl (die Piccoloklarinette) ↑**D 89**

Pick-up [pık'lap, auch 'pıkap], der; -s, -s ⟨engl.⟩ (elektr. Tonabnehmer für Schallplatten; kleinerer Lieferwagen mit Pritsche)

Pick-up-Shop [...ʃɔp], der; -s, -s (Laden, bei dem der Käufer für Waren, die normalerweise

angeliefert werden, den Transport selbst übernimmt)
Pi|co..., Pi|ko... ⟨ital.⟩ (ein Billionstel einer Einheit; Zeichen p; vgl. Picofarad)
pi|co|bel|lo ⟨niederd.; ital.⟩ ⟨ugs. für tadellos⟩
Pi|co|fa|rad, Pi|ko|fa|rad (ein billionstel Farad; Abk. pF)
Pi|cot [...'ko:], der; -s, -s ⟨franz.⟩ (Spitzenmasche)
Pic|pus|mis|si|o|nar, Pic|pus-Mis|si|o|nar ['pɪkpʏs...] ⟨nach dem ersten Haus in der Picpusstraße in Paris⟩ (Angehöriger der kath. Genossenschaft der hl. Herzen Jesu u. Mariä)
PID = Präimplantationsdiagnostik
Pi|de, das; -[s], -[s] ⟨türk.⟩ (Fladenbrot)
Pid|gin|eng|lisch, Pid|gin-Eng|lisch [...dʒ...], das; -[s] (vereinfachte Mischsprache aus Englisch u. einer anderen Sprache)
Pi|e|ce ['pjɛ:s(ə)], die; -, -n ⟨franz.⟩ ([musikal.] Zwischenspiel; Theaterstück)
Pieck (erster Präsident der DDR)
Pi|e|des|tal, das; -s, -e ⟨franz.⟩ (Sockel; Untersatz)
pie|fig (ugs. für spießig)
Pief|ke, der; -s, -[s] (landsch. für Wichtigtuer, Angeber; österr. abwertend für Deutscher)
Piek, die; -, -en (Seemannsspr. unterster Teil des Schiffsraumes)

piken, piksen
Die beiden Wörter finden sich häufig mit ie geschrieben. Da sie aber ihrer Herkunft nach Nebenformen zu picken sind, ist es bis heute bei der Schreibung mit einfachem i geblieben.

piek|fein (ugs. für besonders fein); piek|sau|ber (ugs. für besonders sauber)
Pi|e|mont, -s, auch mit Artikel das; -[s] (Landschaft in Nordwestitalien)
Pi|e|mon|te|se, der; -n, -n; Pi|e|mon|te|sin; pi|e|mon|te|sisch, pi|e|mon|tisch
pien|sen, pien|zen (landsch. für jammern; quälend bitten)
piep!; piep, piep!
Piep, der; nur in ugs. Wendungen wie einen Piep haben (ugs. für nicht recht bei Verstand sein);

sie tut, sagt, macht keinen Piep mehr (ugs. für sie ist tot)
pie|pe, piep|egal (ugs. für gleichgültig); das ist mir piepe od. piepegal
Pie|pel, der; -s, -[s] (landsch. für kleiner Junge; Penis)
pie|pen; es ist zum Piepen (ugs. für es ist zum Lachen)
Pie|pen Plur. (ugs. für Geld)
Piep|hahn (landsch. für Penis)
Piep|matz (ugs. für Vogel)
pieps! (ugs.); vgl. Pieps
Pieps, der; -es, -e (ugs.); keinen Pieps [mehr] von sich geben; er kann nicht mehr Pieps od. pieps sagen
piep|sen; du piepst; Piep|ser
piep|sig (ugs. für hoch u. dünn [von der Stimme]; winzig); Piep|sig|keit, die; - (ugs.)
Piep|ton Plur. ...töne
Piep|vo|gel (Kinderspr.)
¹Pier, der; -s, Plur. -e od. -s, Seemannsspr. die; -, -s ⟨engl.⟩ (Hafendamm; Landungsbrücke)
²Pier, der; -[e]s, -e (nordd. für Sandwurm als Fischköder)
pier|cen ⟨engl.⟩ (die Haut zur Anbringung von Körperschmuck durchbohren od. durchstechen); du piercst; gepierct; Pier|cing, das; -s, -s
Pi|erre [pjɛ:r] (m. Vorn.)
Pi|er|ret|te, die; -, -n ⟨franz.⟩ (w. Lustspielfigur)
Pi|er|rot [...'ro:], der; -s, -s (m. Lustspielfigur)
pie|sa|cken (ugs. für quälen); gepiesackt; Pie|sa|cke|rei
pie|schern (nordd. für urinieren)
pie|seln (ugs. für regnen; urinieren); ich pies[e]le
Pie|se|pam|pel, der; -s, - (landsch. abwertend für dummer, engstirniger Mensch)
Pies|por|ter (ein Moselwein)
Pi|e|ta, Pi|e|tà [...'ta], die; -, -s ⟨ital.⟩ (Darstellung der Maria mit dem Leichnam Christi auf dem Schoß; Vesperbild)
Pi|e|tät, die; - ⟨lat.⟩ (Respekt, taktvolle Rücksichtnahme)
pi|e|tät|los; Pi|e|tät|lo|sig|keit
pi|e|tät|voll
Pi|e|tis|mus, der; - (ev. Erweckungsbewegung; auch für schwärmerische Frömmigkeit)
Pi|e|tist, der; -en, -en; Pi|e|tis|tin; pi|e|tis|tisch
piet|schen (landsch. für ausgiebig Alkohol trinken); du pietschst

pi|e|zo|elek|t|risch ['pje...] ⟨griech.⟩; Pi|e|zo|elek|t|ri|zi|tät, die; - (Physik durch Druck entstehende Elektrizität an der Oberfläche bestimmter Kristalle)
Pi|e|zo|kris|tall ['pje...]; Pi|e|zo|me|ter, das; -s, - (Druckmesser); Pi|e|zo|quarz (Physik, Technik)
piff, paff!
Pig|ment, das; -[e]s, -e ⟨lat.⟩ (Farbstoff, -körper); Pig|men|ta|ti|on, die; -, -en (Färbung)
Pig|ment|druck Plur. ...drucke (Kohledruck, fotograf. Kopierverfahren u. dessen Erzeugnis); Pig|ment|far|be; Pig|ment|fleck
pig|men|tie|ren (Pigment bilden; sich durch Pigmente einfärben); Pig|men|tie|rung; pig|ment|los; Pig|ment|mal Plur. ...male (Muttermal)
Pi|g|no|le [pɪn'jo:...], die; -, -n ⟨ital.⟩ (Pinienuss); Pi|g|no|li, Pi|g|no|lie, die; -, ...ien (österr. für Pignole)
Pi|ja|cke, die; -, -n ⟨engl.⟩ (nordd. für blaue Seemannsüberjacke)
¹Pik, der; -s, Plur. -e u. -s ⟨franz.⟩ (Bergspitze); vgl. Piz
²Pik, der; -s, -e (ugs. für heiml. Groll); einen Pik auf jmdn. haben
³Pik, das; -[s], -, österr. auch die; -, - (Spielkartenfarbe)
pi|kant (scharf [gewürzt]; reizvoll, schlüpfrig); pikantes Abenteuer; Pi|kan|te|rie, die; -, ...ien; pi|kan|ter|wei|se
Pi|kar|de usw. (eindeutschend für Picarde usw.)
pi|ka|resk, pi|ka|risch ⟨span.⟩; pikaresker, pikarischer Roman (Literaturwiss. Schelmenroman)
Pik|ass, Pik-Ass [auch 'pi:k...], das; -es, -e
Pi|ke, die; -, -n ⟨franz.⟩ (Spieß [des Landsknechts]); von der Pike auf dienen (ugs. für im Beruf bei der untersten Stellung anfangen)
¹Pi|kee, der, österr. auch das; -s, -s ⟨[Baumwoll]gewebe⟩
²Pi|kee vgl. Piqué
pi|kee|ar|tig
Pi|kee|kra|gen; Pi|kee|wes|te
pi|ken, pik|sen (ugs. für stechen); du pikst
Pi|ke|nier, der; -s, -e (mit der Pike bewaffneter Landsknecht)
Pi|kett, das; -[e]s, -e (ein Kartenspiel; schweiz. für einsatzbe-

Pikettstellung

reite Mannschaft [bei Militär u. Feuerwehr]); **Pi|kett|stel|lung** (*schweiz. für* Bereitschaftsstellung)
pi|kie|ren ([zu dicht stehende Jungpflanzen] in größeren Abständen neu einpflanzen)
pi|kiert (ein wenig beleidigt, gekränkt, verstimmt)
¹**Pik|ko|lo** *vgl.* ¹Piccolo
²**Pik|ko|lo** *vgl.* ²Piccolo
Pik|ko|lo|fla|sche *vgl.* Piccoloflasche
Pik|ko|lo|flö|te *vgl.* Piccoloflöte
Pik|ko|lo|mi|ni (*dt. Schreibung für* Piccolomini)
Pi|ko... *vgl.* Pico...
Pi|kör, der; -s, -e ⟨franz.⟩ (Vorreiter bei der Parforcejagd)
Pik|rat, das; -[e]s, -e ⟨griech.⟩ (*Chemie* Pikrinsäuresalz)
Pik|rin|säu|re, die; - (organ. Verbindung, die früher als Färbemittel u. Sprengstoff verwendet wurde)
pik|sen *vgl.* piken
Pik|ser, der; -s, - (*ugs.*)
Pik|sie|ben, Pik-Sie|ben [*auch* 'pi:k...]; dastehen wie Piksieben *od.* Pik-Sieben (*ugs. für* verwirrt, hilflos sein)
Pik|te, der; -n, -n (Angehöriger der ältesten Bevölkerung Schottlands)
Pik|to|gramm, das; -s, -e ⟨lat.; griech.⟩ (grafisches Symbol [mit international festgelegter Bed.], z. B. Totenkopf für »Gift«)
Pi|kul, der *od.* das; -s, - ⟨malai.⟩ (Gewicht in Ostasien)

P
Pike

Pi|lar, der; -en, -en ⟨span.⟩ (*Reiten* Pflock zum Anbinden der Halteleine bei der Pferdedressur)
Pi|las|ter, der; -s, - ⟨lat.⟩ ([flacher] Wandpfeiler)
Pi|la|tes, das; - (nach dem Erfinder) (ein Fitnessprogramm)
¹**Pi|la|tus** (röm. Landpfleger in Palästina); *vgl.* Pontius Pilatus
²**Pi|la|tus**, der; - (Berg bei Luzern)
Pi|lau, Pi|law, der; -s ⟨pers. u. türk.⟩ (oriental. Reiseintopf)
Pil|ger (Wallfahrer; *auch* Wanderer); **Pil|ger|fahrt**; **Pil|ge|rin**
pil|gern; ich pilgere
Pil|ger|rei|se; **Pil|ger|schaft**; **Pil|gers|mann** *Plur.* ...männer *u.* ...leute (*älter für* Pilger); **Pil|ger|stab**; **Pil|ger|stät|te**
Pil|grim, der; -s, -e (*veraltet für* Pilger)
pi|lie|ren ⟨franz.⟩ (zerstoßen, schnitzeln [bes. Rohseife])

Pil|ke, die; -, -n (*veraltend*), **Pil|ker**, der; -s, - (fischförmiger, mit vier Haken versehener Köder beim Hochseeangeln); **pil|ken** (mit der Pilke angeln)
Pil|le, die; -, -n ⟨lat.⟩ ([kugelförmiges] Arzneimittel; *nur Sing., meist mit bestimmtem Artikel: kurz für* Antibabypille)
Pil|len|dre|her (ein Käfer; *ugs. scherzh. für* Apotheker); **Pil|len|dre|he|rin**
Pil|len|knick (*ugs. für* Geburtenrückgang durch Verbreitung der Antibabypille); **Pil|len|schach|tel**
Pill|e|pal|le, das; -s (*ugs. für* Kleinkram, Gleichgültiges)
Pil|ler, **Pil|ler|mann** *Plur.* ...männer (*ugs. für* Penis)
pil|lie|ren (*Landwirtsch.* Saatgut zu Kügelchen rollen); **Pil|lie|rung**
Pil|ling, das; -s ⟨engl.⟩ (Knötchenbildung in Textilien); **pil|ling|frei**
Pi|lot, der; -en, -en ⟨franz.⟩ (Flugzeugführer; Rennfahrer; Lotsenfisch; *veraltet für* Lotse, Steuermann)
Pi|lot|an|la|ge (*Technik* Versuchsanlage); **Pi|lot|bal|lon** (unbemannter Ballon zur Feststellung des Höhenwindes)
Pi|lo|te, die; -, -n ⟨franz.⟩ (*Bauw.* Rammpfahl)
Pi|lo|ten|schein
Pi|lot|film (Testfilm für eine geplante Fernsehserie); **Pi|lot|fol|ge** (*Fernsehen*)
¹**pi|lo|tie|ren** (steuern)
²**pi|lo|tie|ren** ⟨*zu* Pilote⟩ ([Piloten] einrammen); **Pi|lo|tie|rung**
Pi|lo|tin
Pi|lot|pha|se; **Pi|lot|pro|jekt**
Pi|lot|sen|dung *vgl.* Pilotfilm
Pi|lot|stu|die (vorläufige, wegweisende Untersuchung); **Pi|lot|ton** (zur synchronen Steuerung von Bild u. Ton; *vgl.* ¹Ton)
Pi|lot|ver|such *vgl.* Pilotstudie
Pils, das; -, - (*kurz für* Pils[e]ner Bier); 3 Pils
Pil|sen (*tschech.* Plzeň); ¹**Pil|se|ner**, **Pils|ner**
²**Pil|se|ner**, **Pils|ner**, das; -s, - (Bier)
Pil|se|ne|rin, **Pils|ne|rin**
Pilz, der; -es, -e; **pilz|ar|tig**
Pilz|be|fall; **Pilz|er|kran|kung**; **Pilz|fa|den**; **pilz|för|mig**; **pil|zig**
Pilz|in|fek|ti|on
Pilz|kopf (*ugs. veraltend für* Beatle)

Pilz|krank|heit; **Pilz|kun|de**, die; -
pilz|re|sis|tent (widerstandsfähig gegen Pilzbefall)
Pilz|samm|ler; **Pilz|samm|le|rin**
Pilz|ver|gif|tung; **Pilz|wan|de|rung**
Pi|ment, der *od.* das; -[e]s, -e ⟨lat.⟩ (Nelkenpfeffer, Küchengewürz)
Pim|mel, der; -s, - (*ugs. für* Penis)
pim|pe (*nordd. für* gleichgültig)
Pim|pe|lei (*ugs.*); **pim|pe|lig**, pimplig (*ugs. für* zimperlich, wehleidig); **pim|peln** (*ugs. für* zimperlich, wehleidig sein); ich pimp[e]le
pim|pen ⟨engl.-amerik.⟩ (*ugs. für* effektvoller gestalten); ich pimpe
¹**pim|pern** (*bayr. für* klimpern; klingeln); ich pimpere
²**pim|pern** (*derb für* koitieren)
Pim|per|nell, der; -s, -e *u.* Pim|pi|nel|le, die; -, -n ⟨sanskr.⟩ (eine Küchen- u. Heilpflanze)
Pim|per|nuss ⟨*zu* ¹pimpern⟩ (ein Zierstrauch)
Pimpf, der; -[e]s, -e (kleiner Junge; jüngster Angehöriger einer Jugendbewegung); **Pimp|fin**
Pim|pi|nel|le *vgl.* Pimpernell
pimp|lig *vgl.* pimpelig
Pin, der; -s, -s ⟨engl.⟩ (*fachspr. für* [Verbindungs]stift; [getroffener] Kegel beim Bowling)
PIN, die; -, -s = personal identification number (persönl. Geheimzahl)
Pi|na|ko|id, das; -[e]s, -e ⟨griech.⟩ (eine Kristallform)
Pi|na|ko|thek, die; -, -en (Bilder-, Gemäldesammlung)
Pi|nas|se, die; -, -n ⟨niederl.⟩ (Beiboot [von Kriegsschiffen])
Pin|ball [...bo:l], der; -s (*meist ohne Artikel*) ⟨engl.⟩ (reales *od.* virtuelles Spiel am Flipper)
Pin|ce|nez [pɛ̃s(ə)'ne:], das; -, - [...'ne:s] ⟨franz.⟩ (*veraltet für* Klemmer, Kneifer)
PIN-Code, PIN-Kode *vgl.* PIN
Pin|dar (altgriech. Lyriker); **pin|da|risch**; pindarische Verse ↑D 89 *u.* 135; **Pin|da|ros** *vgl.* Pindar
Pin|ge, *vgl.* Binge
pin|ge|lig (*ugs. für* kleinlich; empfindlich); **Pin|ge|lig|keit**
Ping|pong [*österr.* ...'pɔŋ], das; -s ⟨engl.⟩ (*veraltet für* Tischtennis); **Ping|pong|schlä|ger**
Pin|gu|in, der; -s, -e (ein Vogel der Antarktis)
Pi|nie, die; -, -n ⟨lat.⟩ (Kiefer einer bestimmten Art); **Pi|ni|en|kern**; **Pi|ni|en|wald**; **Pi|ni|en|zap|fen**

Pistazie

pink ⟨engl.⟩ (rosa); ein pink Kleid; vgl. auch beige; ¹**Pink**, das; -s, -s (kräftiges Rosa); in Pink ↑D 72
²**Pink**, die; -, -en, ¹**Pin|ke**, die; -, -n (nordd. für Segelschiff; Fischerboot)
²**Pin|ke**, Pin|ke|pin|ke, die; - ⟨ugs. für Geld⟩
¹**Pin|kel**, der; -s, - ⟨ugs.⟩; meist in feiner Pinkel (vornehm tuender Mensch)
²**Pin|kel**, die; -, -n ⟨nordd. für eine fette, gewürzte Wurst⟩
pin|keln ⟨ugs. für urinieren⟩; ich pink[e]le
Pin|kel|pau|se ⟨ugs.⟩
Pin|kel|wurst
pin|ken (landsch. für hämmern)
Pin|ke|pin|ke vgl. ²Pinke
pink|far|ben ⟨zu pink⟩
PIN-Kode, **PIN-Code** vgl. PIN
pink|rot
Pin|ne, die; -, -n ([Kompass]stift; Teil des Hammers; bes. nordd. für Reißzwecke; Seemannsspr. Hebelarm am Steuerruder)
pin|nen (bes. nordd. für mit Pinnen versehen, befestigen)
Pinn|na|del, Pinn-Na|del (Stecknadel, mit der Notizzettel u. Ä. an einer Pinnwand befestigt werden)
PIN-Num|mer vgl. PIN
Pinn|wand (Tafel zum Anheften von Merkzetteln u. Ä.)
Pi|noc|chio [...'nɔkjo], der; -[s] ⟨ital.⟩ (Titelgestalt eines Kinderbuchs)
Pi|no|le, die; -, -n ⟨ital.⟩ (Technik Teil der Spitzendrehmaschine)
Pi|not [pi'no:], der; -[s], -s ⟨franz.⟩ (eine Rebsorte); Pinot blanc, noir
Pin|scher, der; -s, - (eine Hunderasse)
¹**Pin|sel**, der; -s, - ⟨ugs. für törichter Mensch, Dummkopf⟩
²**Pin|sel**, der; -s, - ⟨lat.⟩
pin|se|lei ⟨ugs. abwertend⟩; **Pin|se|ler**, Pins|ler; **Pin|se|le|rin**, Pins|le|rin; **pin|seln**; ich pins[e]le
Pin|sel|stiel; **Pin|sel|strich**
Pins|ler usw. vgl. Pinseler usw.
¹**Pint**, der; -s, -e ⟨ugs. für Penis⟩
²**Pint** [paɪnt], das; -s, -s ⟨engl.⟩ (engl. u. amerik. Hohlmaß; Abk. pt)
Pin|te, die; -, -n ⟨landsch. für Wirtshaus, Schenke⟩
Pin-up [...'ʌp], das; -s, -s ⟨engl.⟩ (kurz für Pin-up-Girl); **Pin-up-Boy**, der; -s, -s (leicht bekleide-

ter Mann auf [Illustrierten]bildern, die an die Wand geheftet werden können); **Pin-up-Girl**
pinx. = pinxit; **pin|xit** ⟨lat., »hat es gemalt«⟩ (neben dem Namen des Künstlers auf Gemälden; Abk. p. od. pinx.)
Pin|yin ['pɪnjɪn], das; - ⟨chin.⟩ (System der Transkription chin. Begriffszeichen mit lat. Buchstaben)
Pin|zet|te, die; -, -n ⟨franz.⟩ (kleine Greif-, Federzange)
Pinz|gau, der; -[e]s (österr. Landschaft)
Pi|om|bi Plur. ⟨ital.⟩ (hist. Bez. für die Staatsgefängnisse im Dogenpalast von Venedig)
Pi|o|nier, der; -s, -e ⟨franz.⟩ (Soldat der techn. Truppe; übertr. für Wegbereiter; DDR Angehöriger einer Kinderorganisation; **Pi|o|nier|ab|tei|lung**; **Pi|o|nier|ar|beit**; **Pi|o|nier|geist**, der; -[e]s; **Pi|o|nie|rin**
Pi|o|nier|la|ger Plur. ...lager (DDR)
Pi|o|nier|leis|tung
Pi|o|nier|lei|ter, der (DDR); **Pi|o|nier|lei|te|rin**
Pi|o|nier|pflan|ze (Bot.)
Pi|o|nier|tat
Pi|o|nier|trup|pe (Militär); **Pi|o|nier|zeit**
Pi|pa|po, das; -s ⟨ugs. für was dazugehört⟩; mit allem Pipapo
¹**Pi|pe**, Pip|pe, die; -, -n ⟨österr. für Fass-, Wasserhahn⟩
²**Pipe** [paɪp], das od. die; -, -s ⟨engl.⟩ (engl. u. amerik. Hohlmaß für Wein u. Branntwein)
Pipe|line ['paɪplaɪn], die; -, -s (Rohrleitung [für Gas, Erdöl])
Pi|pet|te, die; -, -n ⟨franz.⟩ (Saugröhrchen, Stechheber); **pi|pet|tie|ren**
Pi|pi, das; -s ⟨Kinderspr.⟩; Pipi machen; **Pi|pi|fax**, der; - ⟨ugs. für überflüssiges Zeug; Unsinn⟩
Pip|pau, der; -[e]s (eine Pflanzengattung)
Pip|pe vgl. ¹Pipe
Pip|pin [auch 'pɪ...] (Name fränk. Fürsten)
Pips, der; -es (eine Geflügelkrankheit); den Pips haben ⟨ugs. für erkältet sein⟩; **pip|sig**
Pi|qué [...'ke:], das; -s, -s ⟨franz.⟩ (Reinheitsgrad für Diamanten)
Pi|ran|del|lo (ital. Schriftsteller)
Pi|ran|ha [...'ranja] ⟨indian.-port.⟩, Pi|ra|ya [...ja] ⟨indian.⟩ der; -[s], -s (ein Raubfisch)

Pi|rat, der; -en, -en ⟨griech.⟩ (Seeräuber)
Pi|ra|ten|par|tei
Pi|ra|ten|schiff; **Pi|ra|ten|sen|der**
Pi|ra|ten|tum, das; -s; **Pi|ra|te|rie**, die; -, ...ien ⟨franz.⟩; **Pi|ra|tin**
Pi|rä|us, der; - (Hafen von Athen)
Pi|ra|ya [...ja] vgl. Piranha
Pir|ma|sens (Stadt in Rheinland-Pfalz)
Pi|ro|ge, die; -, -n ⟨karib.-franz.⟩ (indian. Einbaum)
Pi|rog|ge, die; -, Plur. -n, auch ...gi ⟨russ.⟩ (mit Fleisch, Kraut u. a. gefüllte Teigtasche; ein osteuropäisches Gericht)
Pi|rol, der; -s, -e (ein Singvogel)
Pi|rou|et|te [...'rʏ...], die; -, -n ⟨franz.⟩ (Tanz, Eiskunstlauf schnelle Drehung um die eigene Achse; Reiten Drehung in der Hohen Schule); **pi|rou|et|tie|ren**
Pirsch, die; - (Schleichjagd); auf der Pirsch sein; **pir|schen**; du pirschst; **Pirsch|gang**
¹**Pi|sa** (ital. Stadt); der Schiefe Turm von Pisa ↑D 150
PISA, ²**Pi|sa** = Programme for International Student Assessment (swv. PISA-Studie)
PISA-E, **Pi|sa-E** (die PISA-Studie ergänzender, auf die dt. Bundesländer bezogener Schulleistungsvergleich)
Pi|sa|ner ⟨zu ¹Pisa⟩; **Pi|sa|ne|rin**
Pi|sang, der; -s, -s u. -e ⟨malai.-niederl.⟩ (eine Bananenart)
pi|sa|nisch ⟨zu ¹Pisa⟩
PISA-Schock, **Pi|sa-Schock**, der (allgemeine Bestürzung nach dem schlechten Abschneiden deutscher Schülerinnen u. Schüler bei der PISA-Studie)
PISA-Stu|die, **Pi|sa-Stu|die** (internationale Studie, in der Schülerleistungen verglichen werden)
Pi|see|bau, der; -[e]s ⟨franz.; dt.⟩ (Bauweise, bei der die Mauern aus festgestampftem Lehm o. Ä. bestehen)
pis|pern ⟨landsch. für wispern⟩; ich pispere
Piss, der; -es (swv. Pisse)
Pis|sar|ro (franz. Maler)
Pis|se, die; - (derb für Harn); **pis|sen** (derb); du pisst; **Pis|ser** (derbes Schimpfwort)
Pis|soir [...'sŏaːʀ], das; -s, Plur. -e u. -s ⟨franz.⟩ (öffentl. Toilette für Männer)
Pis|ta|zie, die; -, -n ⟨pers.⟩ (ein Baum mit essbaren Samen; der

Samenkern dieses Baumes); **Pis|ta|zi|en|nuss**

Pis|te, die; -, -n ⟨franz.⟩ (Ski-, Radod. Autorennstrecke; Rollbahn auf Flugplätzen; unbefestigter Verkehrsweg; Rand der Manege)

Pis|ten|Bul|ly®, Pis|ten|bul|ly [...li] (Pistenraupe)

Pis|ten|rau|pe

Pis|ten|row|dy (abwertend für rücksichtsloser Skifahrer); **Pis|ten|sau** Plur. ...säue (derb für rücksichtsloser Skifahrer); **Pis|ten|schwein** (svw. Pistensau)

Pis|till, das; -s, -e ⟨lat.⟩ (Pharm. Stampfer; Bot. Blütenstempel)

Pis|to|ia [...ja] (ital. Stadt); **Pis|to|ia|er; Pis|to|ia|e|rin; pis|to|ia|isch**

¹Pis|to|le, die; -, -n ⟨tschech.-roman.⟩ (alte Goldmünze)

²Pis|to|le, die; -, -n ⟨tschech.⟩; jmdm. die Pistole auf die Brust setzen (ugs. für jmdn. zu einer Entscheidung zwingen); wie aus der Pistole geschossen (ugs. für spontan, sofort)

Pis|to|len|lauf; Pis|to|len|schuss; Pis|to|len|ta|sche

Pis|ton [...'tõː], das; -s, -s ⟨franz.⟩ (Pumpenkolben; Zündstift bei Perkussionswaffen; Pumpenventil der Blechinstrumente; franz. Bez. für ²Kornett); **Pis|ton|blä|ser**

Pi|ta, Pi|ta, das; -s, -s od. die; -, -s ⟨neugriech.⟩ ([gefülltes] Fladenbrot); **Pi|ta|brot**, Pit|ta|brot

Pi|ta|ha|ya, Pi|ta|ya, die; -, -s ⟨indian.-span.⟩ (eine trop. Frucht)

Pi|ta|val, der; -[s], -s ⟨nach dem franz. Rechtsgelehrten⟩ (Sammlung berühmter Rechtsfälle); Neuer Pitaval

Pi|ta|ya vgl. Pitahaya

Pit|bull, der; -s, -s ⟨engl.⟩ (eine Hunderasse)

Pitch|pine ['pɪtʃpaɪn], die; -, -s ⟨engl.⟩ (nordamerik. Pechkiefer); **Pitch|pine|holz**

Pi|the|k|an|th|ro|pus, der; -, ...pi ⟨griech.⟩ (javan. u. chin. Frühmensch des Diluviums)

pi|the|ko|id (affenähnlich)

pit|sche|nass, pit|sche|pat|sche|nass, pit|schnass (ugs.); **pitsch, patsch** (Kinderspr.); **pitsch|patsch|nass** (ugs.)

Pit|ta usw. vgl. Pita

pit|to|resk ⟨franz.⟩ (malerisch)

Pi|ty|usen Plur. (Teil der Balearen)

Pi|us (m. Vorn.)

Pi|vot [...'voː], der od. das; -s, -s

⟨franz.⟩ (Technik Schwenkzapfen an Drehkränen u. a.)

Pi|xel, das; -s, - ⟨Kunstwort aus engl. **pic**ture **el**ement⟩ (EDV kleinstes Element bei der gerasterten, digitalisierten Darstellung eines Bildes; Bildpunkt; mit 20 000 Pixeln; **pi|xe|lig** (ugs. [von Digitalfotos] sichtbar gerastert u. daher schwer od. nicht erkennbar)

Piz, der; -es, -e ⟨ladin.⟩ (Bergspitze); **Piz Ber|ni|na** (Gipfel in der Berninagruppe); **Piz Bu|in** (Gipfel in der Silvrettagruppe); **Piz Pa|lü** (Gipfel in der Berninagruppe)

Piz|za, die; -, Plur. -s, auch Pizzen od. Pizze ⟨ital.⟩ (mit Tomaten, Käse u. a. belegtes Hefegebäck)

Piz|za|bä|cker; Piz|za|bä|cke|rin

Piz|za|bring|dienst; Piz|za|ser|vice [...sœːɐ̯vɪs], der, österr. auch das

Piz|ze|ria, die; -, Plur. ...rien, auch -s (Lokal, in dem Pizzas angeboten werden)

piz|zi|ca|to ⟨ital.⟩ (Musik mit den Fingern gezupft)

Piz|zi|ka|to, das; -s, Plur. -s u. ...ti

Pjöng|jang (Hauptstadt von Nordkorea)

PKR (Währungscode für pakistanische Rupie)

Pkt. = Punkt

Pkw, PKW, der; -[s], -[s] = Personenkraftwagen

Pkw-Fah|rer, PKW-Fah|rer; Pkw-Fah|re|rin, PKW-Fah|re|rin

pl., Pl., Plur. = Plural

Pla|ce|bo, das; -s, -s ⟨lat.⟩ (Med. Scheinmedikament ohne Wirkstoffe); **Pla|ce|bo|ef|fekt** (durch ein Placebo hervorgerufene Wirkung)

Pla|ce|ment [plasə'mãː], das; -s, -s ⟨franz.⟩ (Wirtsch. Anlage von Kapitalien; Absatz von Waren)

Pla|cet vgl. Plazet

pla|chan|dern (ostd. für plaudern; [einfältig] reden)

Pla|che vgl. Blahe

Pla|ci|da (altröm. w. Vorn.); **Pla|ci|dus** (altröm. m. Vorn.)

pla|cie|ren [...'siː...] ⟨älter für platzieren⟩

pla|cken, sich (ugs. für sich abmühen)

Pla|cken, der; -s, - (landsch. für großer Fleck)

Pla|cke|rei (ugs.)

pla|dauz! (nordwestd. für pardauz!)

plad|dern (nordd. für heftig regnen); es pladdert

plä|die|ren; auf schuldig plädieren

Plä|do|yer [...doa'jeː], das; -s, -s ⟨zusammenfassende Rede des Strafverteidigers od. Staatsanwaltes vor Gericht⟩

Pla|fond [...'fõː], der; -s, -s ⟨franz.⟩ (oberer Grenzbetrag; landsch. für [Zimmer]decke)

pla|fo|nie|ren (nach oben hin begrenzen); **Pla|fo|nie|rung**

Pla|ge, die; -, -n; **Pla|ge|geist** Plur. ...geister

pla|gen; sich plagen; **Pla|ge|rei**

Plag|ge, die; -, -n (nordd. für ausgestochenes Rasenstück)

Pla|gi|at, das; -[e]s, -e ⟨lat.⟩ (Diebstahl geistigen Eigentums); **Pla|gi|a|tor**, der; -s, ...oren; **Pla|gi|a|to|rin; pla|gi|a|to|risch**

pla|gi|ie|ren (ein Plagiat begehen)

Pla|gi|o|klas, der; -es, -e ⟨griech.⟩ (ein Mineral)

Plaid [pleɪt], das, älter der; -s, -s ⟨engl.⟩ ([Reise]decke; auch großes Umhangtuch aus Wolle)

Pla|kat, das; -[e]s, -e ⟨niederl.⟩ (großformatiger öffentlicher Aushang od. Anschlag); **Pla|kat|ak|ti|on; Pla|kat|far|be**

pla|ka|tie|ren (Plakate ankleben; durch Plakate bekannt machen); **Pla|ka|tie|rung**

pla|ka|tiv (bewusst herausgestellt, sehr auffällig)

Pla|kat|kunst, die; -; **Pla|kat|ma|le|rei; Pla|kat|säu|le; Pla|kat|schrift; Pla|kat|wand; Pla|kat|wer|bung**

Pla|ket|te, die; -, -n ⟨franz.⟩ (kleine Platte mit einer Reliefdarstellung; Abzeichen; auch für Aufkleber [als Prüfzeichen])

Pla|ko|der|men Plur. ⟨griech.⟩ (ausgestorbene Panzerfische)

Pla|ko|dont, der; -en, -en (»Breitzahner«) (ausgestorbene Echsenart)

Pla|ko|id|schup|pe (Schuppe der Haie)

plan ⟨lat.⟩ (flach, eben); etwas plan schleifen od. planschleifen; eine plan geschliffene od. plangeschliffene Fläche

¹Plan, der; -[e]s, Pläne ⟨veraltet für Ebene; Kampfplatz⟩; noch in auf den Plan rufen (zum Erscheinen veranlassen)

²Plan, der; -[e]s, Pläne (Grundriss, Entwurf, Karte; Absicht)

Plan|ab|fahrt (österr. für fahrplan-

Plastikbombe

mäßige Abfahrt); Pla̱n|an|kunft (österr.)
Pla̱|na̱|rie, die; -, -n (ein Strudelwurm)
pla̱n|bar ⟨zu ²Plan⟩
Planche [plãːʃ], die; -, -n ⟨franz.⟩ (Fechtbahn)
Plan|chet|te [plãˈʃɛt(ə)], die; -, -n ⟨franz.⟩ (Miederstäbchen; Parapsychologie Gerät zum automatischen Schreiben)
Planck (dt. Physiker); plancksch; plancksches od. Planck'sches Strahlungsgesetz ↑D 89 u. 135
Pla̱|ne, die; -, -n ([Wagen]decke)
Plä̱|ne, die; -, -n ⟨franz.⟩ (veraltet für Ebene)
pla̱|nen
Pla̱n|ent|wurf (bes. Bauw.)
Pla̱|ner
Plä̱|ner, der; -s (Geol. heller Mergel)
Pla̱n|er|fül|lung (in der DDR)
Pla̱|ne|rin; pla̱|ne|risch
Plä̱|ne|schmied; Plä̱|ne|schmie|den, das; -s; Plä̱|ne|schmie|din
Pla|ne̱t, der; -en, -en ⟨griech.⟩ (sich um eine Sonne bewegender Himmelskörper)
pla|ne|ta̱r vgl. planetarisch; pla|ne|ta̱|risch; planetarischer Nebel
Pla|ne|ta̱|ri|um, das; -s, ...ien ([Gebäude mit einem] Instrument zur Darstellung der Bewegung der Gestirne)
Pla|ne̱|ten|bahn; Pla|ne̱|ten|ge|trie|be (Technik); Pla|ne̱|ten|jahr; Pla|ne̱|ten|kon|s|tel|la|ti|on; Pla|ne̱|ten|sys|tem
Pla|ne|to|i̱d, der; -en, -en (kleiner Planet)
Pla̱n|fest|stel|lung; Pla̱n|fest|stel|lungs|ver|fah|ren (Amtsspr.)
Pla̱n|film (flach gelagerter Film im Gegensatz zum Rollfilm)
pla̱n|ge|mäß
Pla̱n|heit, die; - (Ebenheit)
Pla|ni̱er|bank Plur. ...bänke (Technik); pla|ni̱e|ren ⟨lat.⟩ ([ein]ebnen); Pla|ni̱er|rau|pe; Pla|ni̱er|schild, der; -[e]s
Pla|ni|fi|ka|ti|o̱n, die; -, -en ⟨lat.⟩ (wirtschaftl. Rahmenplanung des Staates als Orientierungshilfe für Privatunternehmen)
Pla|ni|glo̱b, das; -s, -en, Pla|ni|glo̱|bi|um, das; -s, ...ien ⟨lat.⟩ (kreisförmige Karte einer Erdhalbkugel)
Pla|ni|me̱|ter, das; -s, - ⟨lat.; griech.⟩ (Gerät zum Messen des Flächeninhaltes)

Pla|ni|me̱|trie, die; - (Geometrie der Ebene); pla|ni|me̱|trisch
Plan|kal|ku|la|ti|on (Kalkulation mithilfe der Plankostenrechnung)
Pla̱n|ke, die; -, -n (starkes Brett, Bohle; Bretterzaun)
Plä̱n|ke|lei; plä̱n|keln (sich streiten; ein Gefecht austragen); ich plänk[e]le
Pla̱n|ken|zaun
Pla̱n|kos|ten Plur.; Pla̱n|kos|ten|rech|nung (Wirtsch.)
Pla̱nk|ton, das; -s ⟨griech.⟩ (Biol. Gesamtheit der im Wasser schwebenden niederen Lebewesen); plank|to̱|nisch
Pla̱nk|ton|netz
Plank|to̱nt, der; -en, -en (im Wasser schwebendes Lebewesen)
pla̱n|los; Pla̱n|lo̱|sig|keit
pla̱n|mä̱ßig; Pla̱n|mä̱ßig|keit
Pla̱n|num|mer
pla̱|no ⟨lat.⟩ (fachspr. für glatt, ungefalzt [bes. von Druckbogen u. Karten])
Pla̱n|pos|ten (österr. für Planstelle)
Pla̱n|qua̱d|rat
Pla̱n|rück|stand (DDR)
Planschbe|cken, Plantsch|be|cken; pla̱n|schen, plant|schen; du planschst od. plantschst
pla̱n schlei|fen, pla̱n|schlei|fen vgl. plan
Pla̱n|schul|den Plur. (DDR)
Pla̱n|soll (DDR); vgl. ²Soll
Pla̱n|spiel; Pla̱n|spra̱|che (svw. Kunstsprache); Pla̱n|stel|le
Plan|ta̱|ge [...ʒə], die; -, -n ⟨franz.⟩ ([An]pflanzung, landwirtschaftl. Großbetrieb [in trop. Gegenden]); Plan|ta̱|gen|be|sit|zer; Plan|ta̱|gen|be|sit|ze|rin; Plan|ta̱|gen|wirt|schaft
plan|ta̱r ⟨lat.⟩ (Med. die Fußsohle betreffend)
Plantsch|be|cken, Plansch|be|cken; plant|schen vgl. planschen
Pla̱|num, das; -s ⟨lat.⟩ (eingeebnete Untergrundfläche beim Straßen- u. Gleisbau)
Pla̱|nung; Pla̱|nungs|ab|tei|lung; Pla̱|nungs|bü|ro; Pla̱|nungs|kom|mis|si|on; Pla̱|nungs|pha|se; Pla̱|nungs|rech|nung (Math.); Pla̱|nungs|re|fe|rat (Abteilung einer Behörde); Pla̱|nungs|si|cher|heit; Pla̱|nungs|sta̱|di|um
pla̱n|voll
Pla̱n|wa|gen
Pla̱n|wirt|schaft (zentral geleitete Wirtschaft); Pla̱n|zahl (Wirtsch.)
plan|zeich|nen (fachspr. für Grundrisse, Karten o. Ä. zeichnen [nur im Infinitiv gebräuchlich])
Pla̱n|zeich|ner; Pla̱n|zeich|ne|rin
Pla̱n|zeich|nung
Pla̱n|ziel
Plap|pe|rei (ugs.); Pla̱p|pe|rer (ugs.)
plap|per|haft (ugs.); Pla̱p|per|haf|tig|keit, die; - (ugs.)
Pla̱p|pe|rin (ugs.)
Pla̱p|per|maul (ugs. für jmd., der plappert); Pla̱p|per|mäul|chen
pla̱p|pern (ugs. für viel u. gerne reden); ich plappere
Plaque [plak], die; -, -s ⟨franz.⟩ (Med. Zahnbelag; Ablagerung in den Blutgefäßen; Hautfleck)
plä̱r|ren (ugs.); Plä̱r|rer; Plä̱r|re|rin
Plä|san|te|rie, die; -, ...ien ⟨franz.⟩ (veraltet für Scherz)
Plä̱|sier, das; -s, -e (landsch., sonst veraltend für Vergnügen, Spaß); plä̱|sier|lich (veraltet für vergnüglich, heiter)
Plas|ma, das; -s, ...men ⟨griech.⟩ (Protoplasma; flüssiger Bestandteil des Blutes; leuchtendes, elektr. leitendes Gasgemisch)
Plas|ma|bild|schirm; Plas|ma|che|mie; Plas|ma|fern|se|her
Plas|ma|phy|sik; Plas|ma|wol|ke (Astron.)
Plas|mo|di|um, das; -s, ...ien (vielkernige Protoplasmamasse)
Plast, der; -[e]s, -e meist Plur. ⟨griech.⟩ (regional für Kunststoff)
Pla̱s|te, die; -, -n (regional für ²Plastik)
plä̱s|tern (rhein. u. westfäl. in dicken Tropfen regnen); es plästert
Plas|te|tü|te (regional)
Plas|tics ['plɛstɪks] Plur. ⟨engl.⟩ (engl. Bez. für Kunststoffe)
Plas|ti̱|de, die; -, -n meist Plur. ⟨griech.⟩ (Bot. Bestandteil der Pflanzenzelle)
¹Plas|tik, die; -, -en (nur Sing.: Bildhauerkunst; Bildwerk; übertr. für Körperlichkeit; Med. operativer Ersatz von zerstörten Gewebs- u. Organteilen)
²Plas|tik, das; -s (Kunststoff)
Plas|tik|ab|fall; Plas|tik|be|cher; Plas|tik|beu|tel; Plas|tik|blu|me; Plas|tik|bom|be

Plastiker

Plas|ti|ker (Bildhauer); **Plas|ti|ke|rin**

Plas|tik|fo|lie; **Plas|tik|geld**, das; -[e]s *(ugs. für Kreditkarte)*; **Plas|tik|helm**; **Plas|tik|müll**; **Plas|tik|pla|ne**; **Plas|tik|sack**; **Plas|tik|sa|ckerl** *(bayr., österr. für Plastiktüte, -tragetasche)*; **Plas|tik|spreng|stoff**; **Plas|tik|tra|ge|ta|sche**; **Plas|tik|tü|te**

Plas|ti|lin, das; -s, *österr. nur so,* **Plas|ti|li|na**, die; - (Knetmasse)

Plas|ti|na|ti|on, die; - (ein Konservierungsverfahren, das vor allem bei der anatomischen Präparierung angewendet wird)

plas|tisch (knetbar; deutlich hervortretend; anschaulich; einprägsam); **Plas|ti|zi|tät**, die; - (Formbarkeit, Körperlichkeit; Bildhaftigkeit, Anschaulichkeit)

Plas|t|ron [...'trõː, *österr.* ...'troːn], der *od.* das; -s, -s ⟨franz.⟩ (breite [weiße] Krawatte; gestickter Brustlatz an Frauentrachten; eiserner Brust- od. Armschutz im MA.; Stoßkissen beim Fechttraining)

Pla|täa (im Altertum Stadt in Böotien); **Pla|tä|er**; **Pla|tä|e|rin**

Pla|ta|ne, die; -, -n ⟨griech.⟩ (ein Laubbaum); **Pla|ta|nen|blatt**

Pla|teau [...'toː], das; -s, -s ⟨franz.⟩ (Hochebene, Hochfläche; Tafelland); **pla|teau|för|mig**

Pla|teau|schuh (Schuh mit einer sehr dicken Sohle); **Pla|teau|sohle** (sehr dicke Schuhsohle)

Pla|te|resk, das; -[e]s ⟨span.⟩ (Baustil der span. Spätgotik u. der ital. Frührenaissance)

Pla|tin [*österr.* ...'tiːn], das; -s ⟨span.⟩ (chemisches Element, Edelmetall; *Zeichen* Pt); **pla|tin|blond** (weißblond); **Pla|tin|draht**

Pla|ti|ne, die; -, -n ⟨griech.⟩ (Montageplatte für elektrische Bauteile; Teil der Web- od. Wirkmaschine; *Hüttenw.* Formteil)

Pla|tin|hoch|zeit

pla|ti|nie|ren (mit Platin überziehen); **Pla|ti|no|id**, das; -[e]s, -e ⟨span.; griech.⟩ (eine Legierung)

Pla|tin|schmuck

Pla|ti|tu|de [...'tyːd(ə)], die; ⟨franz.⟩ *vgl.* Plattitüde

Pla|to *vgl.* Platon; **Pla|ton** (altgriechischer Philosoph); **Pla|to|ni|ker** (Anhänger der Lehre Platos); **Pla|to|ni|ke|rin**

pla|to|nisch; platonische (geistige) Liebe; platonisches Jahr; die platonischen Schriften ↑D 89 u. 135

Pla|to|nis|mus, der; - (Weiterentwicklung u. Abwandlung der Philosophie Platos)

platsch!; **plat|schen** *(ugs.)*; du platschst

plät|schern; ich plätschere

platsch|nass *(ugs.)*

platt (flach); das platte Land; da bist du platt! *(ugs. für da bist du sprachlos, sehr erstaunt!)*; die Nase platt drücken *od.* plattdrücken

Platt, das; -[s] (das Niederdeutsche; Dialekt)

Plätt|brett

Plätt|chen

platt|deutsch *vgl.* deutsch / Deutsch; **Plattdeutsch**, das; -[s] (Sprache); *vgl.* Deutsch; **Platt|deut|sche**, das; -n; *vgl.* ²Deutsche

platt drü|cken, **platt|drü|cken** *vgl.* platt

¹**Plat|te**, die; -, -n *(österr. ugs. auch für* [Gangster]bande)

²**Plat|te**, der; -n, -n *(ugs. für* Autoreifen ohne Luft)

Plät|te, die; -, -n *(landsch. für* Bügeleisen; *bayr. u. österr. für* flaches Schiff)

Plätt|ei|sen *(landsch.)*

plat|teln *(bayr., österr. für* [Schuh]plattler tanzen)

plät|teln (mit Platten, Fliesen auslegen od. verkleiden); ich plätt[e]le; **plat|ten** *(landsch. für* platt machen; Platten legen)

Plat|ten, der; -s, - *(ugs. für* ²Platte)

plät|ten *(landsch. für* bügeln)

Plat|ten|al|bum; **Plat|ten|ar|chiv**

Plat|ten|bau *Plur.* ...bauten; **Plat|ten|bau|ge|biet**; **Plat|ten|bau|sied|lung**; **Plat|ten|bau|wei|se**; **Plat|ten|be|lag**

Plat|ten|boss; **Plat|ten|co|ver**; **Plat|ten|fir|ma**; **Plat|ten|in|dus|t|rie**; **Plat|ten|la|bel**; **Plat|ten|la|den**

Plat|ten|le|ger; **Plat|ten|le|ge|rin**

Plat|ten|samm|lung; **Plat|ten|schrank**

Plat|ten|see, der; -s (ungarischer See); *vgl.* Balaton

¹**Plat|ten|se|er**

²**Plat|ten|se|er**, der; -s (ein Wein)

Plat|ten|spie|ler

Plat|ten|ste|cher (ein Lehrberuf)

Plat|ten|tel|ler; **Plat|ten|wechs|ler**

Plat|ten|weg

Platt|erb|se

plat|ter|dings *(ugs. für* schlechterdings)

Plät|te|rei *(landsch.)*; **Plät|te|rin**

Platt|fisch

Platt|form; **platt|form|über|grei|fend**; **platt|form|un|ab|hän|gig**

Platt|frost (Frost ohne Schnee)

Platt|fuß; **platt|fü|ßig**; **Platt|fuß|in|di|a|ner** *(ugs.)*; **Platt|fuß|in|di|a|ne|rin**

Platt|heit

Platt|hirsch *(Jägerspr.* geweihloser Rothirsch)

plat|tie|ren ⟨franz.⟩ ([mit Metall] überziehen; umspinnen); **Plat|tie|rung**; **Plat|tier|ver|fah|ren**

plat|tig (glatt [von Felsen])

Plat|ti|tü|de, **Pla|ti|tude** [...'tyːd(ə)], die; -, -n ⟨franz.⟩ *(geh. für* Plattheit, Seichtheit)

Platt|ler (ein Älplertanz)

platt|ma|chen *(ugs. für* zerstören, dem Erdboden gleichmachen)

Plätt|ma|schi|ne *(landsch.)*

platt|na|sig

Platt|stich; Platt- und Stielstich; **Platt[stich]|sti|cke|rei**

Platt|wan|ze; **Platt|wurm**

Platz, der; -es, Plätze *(landsch. auch für* Kuchen, Plätzchen); *Schreibung in Straßennamen:* ↑D 162 u. 163; Platz finden, greifen, haben; Platz machen, nehmen; am Platz[e] sein; Platz sparen; *vgl.* platzsparend

Platz|angst, die; -

Platz|an|wei|ser; **Platz|an|wei|se|rin**

Platz|be|darf

Plätz|chen

Platz|deck|chen

Plat|ze; in die Platze kriegen *(landsch. für* wütend werden)

plat|zen; du platzt; einen Ballon platzen lassen; *aber* eine Veranstaltung platzen lassen *od.* platzenlassen

plat|zen *(landsch. für* mit lautem Knall schießen; Bäume durch Abschlagen eines Rindenstückes zeichnen; den Boden mit den Vorderläufen aufscharren [vom Schalenwild]); du plätzt

plat|zen las|sen, **plat|zen|las|sen** *vgl.* platzen

...plät|zer *(schweiz. für* ...sitzer)

Platz|hal|ter *(bes. Sprachwiss.)*

Platz|hirsch (stärkster Hirsch eines Brunftplatzes)

plat|zie|ren ⟨franz.⟩ (aufstellen, an einen bestimmten Platz stellen, bringen; *Kaufmannsspr.* [Kapitalien] unterbringen, anlegen); sich plat-

Plenarversammlung

zieren (*Sport* einen vorderen Platz erreichen)
plat|ziert (*Sport* genau gezielt); ein platzierter Schuss, Schlag
Plat|zie|rung; Plat|zie|rungs|vor|schrift (für Werbeanzeigen o. Ä.)
...plät|zig (*schweiz. für* ...sitzig)
Platz|kar|te; Platz|kon|zert
Platz|kos|ten|rech|nung (*Wirtsch.* Berechnung der Kosten für einzelne Abteilungen eines Betriebes)
Plätz|li, das; -[s], -[s]; *vgl.* Götti (*schweiz. mdal. für* flaches Stück, *bes. für* Plätzchen, Schnitzel)
Platz|man|gel, der; -s
Platz|mie|te; Platz|ord|ner; Platz|ord|ne|rin
Platz|pat|ro|ne
Platz|re|gen
Platz|run|de (*bes. Sport*)
platz|spa|rend, Platz spa|rend
↑D 58: eine **platzsparende** od. Platz sparende Lösung; *aber nur* eine viel Platz sparende Lösung; eine besonders platzsparende, noch platzsparendere Lösung
Platz|sper|re (*Sport*)
Platz|tel|ler
Platz|ver|ga|be
Platz|ver|hält|nis|se *Plur.*
Platz|ver|tre|tung (*Kaufmannsspr.*)
Platz|ver|weis (*Sport*)
Platz|wart; Platz|war|tin
Platz|wech|sel
Platz|wet|te
Platz|wun|de
Platz|zif|fer (*Sport*)
Plau|de|rei; Plau|de|rer, Plaud|rer; Plau|de|rin, Plaud|re|rin
plau|dern; ich plaudere
Plau|der|stünd|chen; Plau|der|ta|sche (*ugs. scherzh. für* jmd., der gern plaudert, geschwätzig ist);
Plau|der|ton, der; -[e]s
Plaud|rer *vgl.* Plauderer
Plaud|re|rin *vgl.* Plauderin
Plau|en (Stadt im Vogtland); **Plau|e|ner;** Plauener Spitzen; **Plau|e|ne|rin; plau|en|sch, plau|isch;** plauensche, *auch* plauische Ware
Plau|en|sche Grund, der; -n -[e]s (bei Dresden)
Plau|er Ka|nal, der; - - ⟨*nach* Plaue (Ortsteil von Brandenburg)⟩
Plau|er See, der; - -s ⟨*nach* Plau (Stadt in Mecklenburg)⟩

Plau|e|sche Grund, der; -n -[e]s (bei Erfurt)
plau|isch *vgl.* plauensch
Plausch, der; -[e]s, *Plur.* -e u. Pläusche (*bes. südd., österr. für* gemütliche Plauderei; *schweiz. mdal. für* Vergnügen, Spaß); **plau|schen** (*bes. südd., österr. für* gemütlich plaudern); du plauschst
plau|si|bel ⟨*lat.*⟩ (einleuchtend, begreiflich); plausi|b|le Gründe; **Plau|si|bi|li|tät,** die; -, -en
plaus|tern (*landsch. für* plustern)
Plau|tus (römischer Komödiendichter)
plauz!; Plauz, der; -es, -e (*ugs. für* Fall; Schall); einen Plauz tun
Plau|ze, die; -, -n ⟨*slaw.*⟩ (*landsch. für* Lunge; Bauch); es auf der Plauze haben (stark erkältet sein)
plau|zen ⟨*zu* Plauz⟩; du plauzt
Play-back, Play|back ['pleɪbɛk, ...'bɛk], das; -[s], -s ⟨*engl.*⟩ (*Film u. Fernsehen* Verfahren der synchronen Bildaufnahme zu einer bereits vorliegenden Tonaufzeichnung; Bandaufzeichnung); **Play-back-Ver|fah|ren,** Play|back|ver|fah|ren, Play|back-Ver|fah|ren
Play|boy ['pleɪ...], der; -s, -s ⟨*engl.-amerik.*⟩ ([reicher jüngerer] Mann, der vor allem seinem Vergnügen lebt)
Play|er ['pleɪɐ], der; -s, -s ⟨*engl.*⟩ (*Jargon* Gerät zur Wiedergabe von Datenträgern; Programm zum Abspielen von Audio- od. Videodateien)
Play|girl ['pleɪ...], das; -s, -s (leichtlebige, attraktive jüngere Frau)
Play|list ['pleɪ...], die; -, -s ⟨*engl.*⟩ (*bes. EDV* Verzeichnis, das die Reihenfolge des Abspielens von Musik- od. Videodateien festlegt)
Play-off, Play|off [pleɪˈɔf, *auch* 'pleɪˌɔf], das; -[s], -s (*Sport* System von Ausscheidungsspielen); **Play-off-Run|de,** Play|off-run|de, Play|off-Run|de
Play|sta|tion® ['pleɪsteɪʃn], die; -, -s (Spielkonsole mit CD-ROM- bzw. DVD-Laufwerk)
Pla|zen|ta, die; -, *Plur.* -s u. ...ten ⟨*griech.-lat.*⟩ (*Med., Biol.* Mutterkuchen, Nachgeburt); **pla|zen|tal, pla|zen|tar**
Pla|zet, das; -s, -s ⟨*lat.*⟩ (Bestätigung, Erlaubnis)

pla|zie|ren usw. *alte Schreibung für* platzieren usw.

---

platzieren
Die frühere Schreibung mit einfachem z wurde in Anlehnung an das Wort *Platz* durch die tz-Schreibung ersetzt.

Ple|be|jer, der; -s, - ⟨*lat.*⟩ (Angehöriger der niederen Schichten [im alten Rom]; ungehobelter Mensch); **Ple|be|je|rin; ple|be|jisch** (ungebildet, ungehobelt, pöbelhaft)
Ple|bis|zit, das; -[e]s, -e (Entscheidung durch Volksabstimmung); **¹ple|bis|zi|tär**
¹Plebs [*auch* pleːps], der; -es, *österr.* die; - (Volk; Pöbel)
²Plebs [*auch* pleːps], die; - (das [arme] Volk im alten Rom)
Plein|air [plɛˈnɛːɐ̯], das; -s, -s ⟨*franz.*⟩ (Freilichtmalerei); **Plein|air|ma|le|rei**
Plei|ße, die; - (rechter Nebenfluss der Weißen Elster)
pleis|to|zän ⟨*griech.*⟩; **Pleis|to|zän,** das; -s (*Geol.* Eiszeitalter)
plei|te ⟨*hebr.-jidd.*⟩ (*ugs. für* zahlungsunfähig); pleite sein, werden; ich bin pleite
Plei|te, die; -, -n; das ist, wird ja eine Pleite (ein Reinfall); Pleite machen, wir machten Pleite; vor der Pleite stehen; **Plei|te|bank** (*ugs. für* Bank, die Pleite macht)
plei|te|ge|hen (*ugs. für* Bankrott machen); die Firma ging pleite
Plei|te|gei|er (*ugs.*); **Plei|te|wel|le**
Plei|ti|er [...'tieː], der; -s, -s (*ugs. für* jmd., der pleite ist)
Ple|ja|de, die; - (griech. Regengöttin); **Ple|ja|den** *Plur.* (Siebengestirn [ein Sterngruppe])
Plek|t|ron, das; -s, *Plur.* ...tren u. ...tra ⟨*griech.*⟩ (Stäbchen od. Plättchen, mit dem die Saiten mancher Zupfinstrumente angerissen werden)
Plek|t|rum *vgl.* Plektron
Plem|pe, die; -, -n (*ugs. für* dünnes, fades Getränk); **plem|pern** (*landsch. für* spritzen, [ver]schütten; seine Zeit mit nichtigen Dingen vertun); ich plempere
plem|plem (*ugs. für* verrückt)
Ple|nar|saal ⟨*lat.; dt.*⟩; **Ple|nar|sit|zung** (Vollsitzung); **Ple|nar|ver|samm|lung** (Vollversammlung)

ple|ni|po|tent ⟨veraltet für ohne Einschränkung bevollmächtigt, allmächtig⟩; **Ple|ni|po|tenz**

ple|no or|ga|no ⟨lat.⟩ (mit vollen Registern [bei der Orgel])

ple|no ti|tu|lo ⟨lat.⟩ ⟨österr., sonst veraltet für mit vollem Titel; Abk. P. T., p. t.⟩

Plen|te, die; -, -n ⟨südd.⟩, **Plen|ten,** der; -s, - ⟨österr.⟩ ⟨ital.⟩ (Brei aus Mais- od. Buchweizenmehl)

Plen|ter|be|trieb ⟨svw. Femelbetrieb⟩

plen|tern ⟨Forstwirtsch. einzelne Bäume schlagen⟩; ich plentere

Ple|num, das; -s, ...nen ⟨lat.⟩ (Gesamtheit [des Parlaments, Gerichts u. a.], Vollversammlung)

Pleo|chro|is|mus [...k...], der; - ⟨griech.⟩ (Eigenschaft gewisser Kristalle, Licht nach mehreren Richtungen in verschiedene Farben zu zerlegen)

pleo|morph usw. vgl. polymorph usw.

Ple|o|nas|mus, der; -, ...men ⟨Rhet. überflüssige Häufung sinngleicher od. sinnähnlicher Ausdrücke; z. B. weißer Schimmel⟩; **ple|o|nas|tisch** (überflüssig gesetzt; überladen)

Ple|o|ne|xie, die; - ⟨Habsucht; Geltungssucht⟩

Ple|sio|sau|ri|er, Ple|sio|sau|rus, der; -, ...rier ⟨griech.⟩ (ein ausgestorbenes Reptil)

Ple|thi vgl. Krethi und Plethi

Ple|tho|ra, die; -, Plur. ...ren, fachspr. ...rae ⟨griech.⟩ (Med. veraltet vermehrter Blutandrang)

Ple|thys|mo|graf, Ple|thys|mo|graph, der; -en, -en ⟨griech.⟩ (Med. Apparat zur Messung von Umfangveränderungen eines Gliedes od. Organs)

Pleu|el, der; -s, - ⟨Technik Schubstange⟩; **Pleu|el|stan|ge**

Pleu|ra, die; -, ...ren ⟨griech.⟩ (Med. Brust-, Rippenfell)

Pleu|reu|se [plø rø:...], die; -, -n ⟨franz.⟩ (früher für Trauerbesatz an Kleidern; lange Straußenfeder auf Frauenhüten)

Pleu|ri|tis, die; -, ...itiden ⟨griech.⟩ (Med. Brust-, Rippenfellentzündung)

Pleu|ro|dy|nie, die; -, ...ien (Seitenschmerz, Seitenstechen)

Pleu|ro|pneu|mo|nie, die; -, ...ien (Rippenfell- u. Lungenentzündung)

ple|xi|form ⟨lat.⟩ (Med. geflechtartig)

Ple|xi|glas® ⟨lat.; dt.⟩ (ein glasartiger Kunststoff)

Ple|xus, der; -, - ⟨lat.⟩ (Med. Gefäß- od. Nervengeflecht)

Pli, der; -s ⟨franz.⟩ (landsch. für Gewandtheit [im Benehmen])

Plicht, die; -, -en (offener Sitzraum hinten in Motor- u. Segelbooten)

plie|ren (nordd. für blinzelnd schauen; weinen); **plie|rig** (nordd. für blinzelnd; verweint)

plietsch (nordd. für pfiffig)

Plie|vi|er [...ˈvjeː] (dt. Schriftsteller)

Pli|ni|us (röm. Schriftsteller)

plin|kern (nordd. für blinzeln); ich plinkere

Plin|se, die; -, -n ⟨slaw.⟩ (landsch. für Eier- od. Kartoffelspeise)

plin|sen (nordd. für weinen); du plinst

Plin|sen|teig (landsch.)

Plin|the, die; -, -n ⟨griech.⟩ ([Säulen]platte; Sockel[mauer])

Plin|ze, die; -, -n; vgl. Plinse

plio|zän ⟨griech.⟩; **Plio|zän,** das; -s (Geol. jüngste Stufe des Tertiärs)

Plis|see, das; -s, -s ⟨franz.⟩ (in Fältchen gelegtes Gewebe); **Plis|see|rock; plis|sie|ren**

PLN (Währungscode für Zloty)

PLO, die; - ⟨aus engl. Palestine Liberation Organization⟩ (Dachorganisation der palästinensischen Befreiungsorganisationen)

Plock|wurst (eine Dauerwurst)

Plom|be, die; -, -n ⟨franz.⟩ (Bleisiegel, -verschluss; [Zahn]füllung); **plom|bie|ren; Plom|bie|rung**

plop|pen (ugs. für ein leicht knallendes Geräusch erzeugen)

Plör|re, die; -, -n (nordd. für wässriges, fades Getränk)

Plot, der, auch das; -s, -s ⟨engl.⟩ (Literaturwiss. Handlung[sablauf]; EDV grafische Darstellung); **Plot|ter** (EDV)

Plöt|ze, die; -, -n ⟨slaw.⟩ (ein Fisch)

plötz|lich; Plötz|lich|keit, die; -

Plu|der|ho|se; plu|de|rig, plu|drig

plu|dern (sich bauschen); ich pludere

plu|drig vgl. pluderig

Plug-and-play, Plug-and-Play [ˈplak ənt ˈpleɪ], das; - ⟨engl.⟩ (EDV Computerfunktion, die die Inbetriebnahme des Gerätes vereinfacht);

<mark>Plug-and-play-Funk|ti|on, Plug-and-Play-Funk|ti|on</mark> (EDV)

<mark>Plug-in</mark>, **Plug|in** [plakˈ[l]ɪn], das; selten: der; -[s], -s ⟨engl.⟩ (EDV kleines Softwareprogramm, das in eine größere Anwendung integriert werden kann)

Plum|bum, das; -s ⟨lat. Bez. für Blei; Zeichen Pb⟩

Plu|meau [ply'moː], das; -s, -s ⟨franz.⟩ (Federdeckbett)

plump; eine plumpe Falle

Plum|pe, die; -, -n (ostmitteld. für Pumpe); **plum|pen** (ostmitteld. für pumpen)

Plump|heit

plumps!; plötzlich hat es plumps gemacht; **Plumps,** der; -es, -e (ugs.)

Plump|sack (im Kinderspiel)

plump|sen (ugs. für dumpf fallen); du plumpst; **Plumps|klo** (ugs. für Toilette ohne Spülung)

Plum|pud|ding [ˈplam...] ⟨engl.⟩ (englische Süßspeise)

<mark>plump|ver|trau|lich</mark>, plump-vertraulich ↑D 23

Plun|der, der; -s, -n (nur Sing.: ugs. für altes Zeug; Backwerk aus Blätterteig)

Plün|de|rei; Plün|de|rer, Plünd|rer

Plun|der|ge|bäck

Plün|de|rin, Plünd|re|rin

plün|dern; ich plündere

Plun|der|teig

Plün|de|rung; Plünd|rer, Plün|de|rer; **Plünd|re|rin,** Plün|de|rin

Plün|nen Plur. (nordd. für [alte] Kleider)

Plun|ze, die; -, -n (ostmitteld. für Blutwurst); **Plun|zen,** die; -, - (bayr. für Blutwurst; scherzh. für dicke, schwerfällige Person)

plu|ral (bildungsspr. für pluralistisch)

Plu|ral, der; -s, -e ⟨lat.⟩ (Sprachwiss. Mehrzahl; Abk. pl., Pl., Plur.); **Plu|ral|en|dung**

Plu|ra|le|tan|tum, das; -s, Plur. -s u. Pluraliatantum (Sprachwiss. nur im Plural vorkommendes Wort, z. B. »die Leute«)

plu|ra|lisch (im Plural [gebraucht, vorkommend]); **Plu|ra|li|sie|rung**

Plu|ra|lis Ma|jes|ta|tis, der; - -, ...les - - (auf die eigene Person angewandte Pluralform)

Plu|ra|lis|mus, der; - (philosophische Meinung, dass die Wirklichkeit aus vielen selbstständigen Weltprinzipien besteht; Vielgestaltigkeit gesellschaftli-

cher, politischer u. anderer Phänomene); plu|ra|lis|tisch
Plu|ra|li|tät, die; -, -en (Mehrheit; Vielfältigkeit)
Plu|ral|wahl|recht (Wahlrecht, bei dem best. Wählergruppen zusätzliche Stimmen haben)
plu|ri|form (vielgestaltig)
Plu|ri|pa|ra, die; -, ...paren ⟨lat.⟩ (Med. Frau, die mehrmals geboren hat)
plu|ri|po|tent ⟨lat.⟩ (Biol., Med. mehrere Entwicklungsmöglichkeiten in sich tragend)
plus (und; Zeichen + [positiv]; Ggs. minus); drei plus drei ist, macht, gibt (nicht: sind, machen, geben) sechs; plus 15 Grad od. 15 Grad plus; mit einer Genauigkeit von plus/minus 5 Prozent; eine Drei plus in Mathe schreiben; der Konzern erzielte ein Geschäftsergebnis von 10 Prozent plus (gegenüber dem Vorjahr); die Generation 70 plus (der über 70-Jährigen); die Firma hat im letzten Jahr [ein] Plus gemacht; Plus|be|trag
Plus, das; -, - (Mehr, Überschuss, Gewinn; Vorteil); die Firma hat im letzten Jahr [ein] Plus gemacht; Plus|be|trag
Plüsch (plyʃ, auch ply:ʃ], der; -[e]s, -e ⟨franz.⟩ (Florgewebe)
Plüsch|au|gen Plur. (ugs. für sanft blickende [große] Augen)
plü|schen (aus Plüsch); plü|schig (wie Plüsch); Plüsch|ses|sel; Plüsch|so|fa; Plüsch|tier
Plus|grad (Grad über dem Gefrierpunkt)
Plus|mi|nus|zei|chen (Math.)
Plus|pol; Plus|punkt
Plus|quam|per|fekt, das; -s, -e ⟨lat.⟩ (Sprachwiss. Vorvergangenheit)
plus|tern; die Federn plustern (sträuben, aufrichten); ich plustere mich
Plus|zei|chen (Zusammenzähl-, Additionszeichen; Zeichen +)
Plu|tarch, Plut|ar|chos (griechischer philosophischer Schriftsteller)
¹Plu|to (Beiname des Gottes Hades; griech. Gott des Reichtums u. des Überflusses)
²Plu|to, der; - (ein Zwergplanet)
Plu|to|krat, der; -en, -en ⟨griech.⟩ (jmd., der durch seinen Reichtum politische Macht ausübt); Plu|to|kra|tie, die; -, ...ien (Geldherrschaft; Geldmacht); Plu|to|kra|tin
Plu|ton vgl. ¹Pluto; plu|to|nisch

(der Unterwelt zugehörig); plutonische Gesteine (Tiefengesteine); Plu|to|nis|mus, der; - (Tiefenvulkanismus; veraltete geol. Lehre, nach der die Gesteine ursprünglich in glutflüssigem Zustand waren)
Plu|to|ni|um, das; -s (chem. Element, Transuran; Zeichen Pu)
Plutz|er (österr. mdal. für Kürbis; Steingutflasche; grober Fehler)
plu|vi|al ⟨lat.⟩ (Geol. als Regen fallend)
Plu|vi|a|le, das; -s, -[s] (Vespermantel des katholischen Priesters; Krönungsmantel)
Plu|vi|al|zeit (Geol. in den subtropischen Gebieten eine den Eiszeiten entsprechende Periode mit kühlerem Klima u. stärkeren Niederschlägen)
Plu|vi|o|graf, Plu|vi|o|graph, der; -en, -en ⟨lat.; griech.⟩ (Meteorol. Regenmesser); Plu|vi|o|me|ter, das; -s, - (Meteorol. Regenmesser); Plu|vi|o|ni|vo|me|ter, das; -s, - (Meteorol. Gerät zur Aufzeichnung des Niederschlags)
Plu|vi|ose [ply'vi̯o:s], der; -, -s [...o:s] ⟨franz.⟩ »Regenmonat« (5. Monat des Kalenders der Franz. Revolution: 20. Jan. bis 18. Febr.)
Plu|vi|us ⟨lat.⟩ (Beiname Jupiters)
Ply|mouth ['plɪməθ] (engl. Stadt)
Ply|mouth Rocks Plur. (eine Hühnerrasse)
PLZ = Postleitzahl
Plzeň ['pɪlzɛn] (Hauptstadt des Westböhmischen Kreises; vgl. Pilsen)
Pm (chem. Zeichen für Promethium)
p. m. = post meridiem; post mortem; pro memoria
p. m., v. T., ‰ = per od. pro mille
PMS, das; - auch ohne Artikel (Med.) = prämenstruelles Syndrom
Pneu, der; -s, -s ⟨griech.⟩ (kurz für ²Pneumatik, Pneumothorax)
Pneu|ma, das; -s ⟨griech.; »Hauch«⟩ (Theol. Heiliger Geist)
¹Pneu|ma|tik, die; - (Lehre von den Luftbewegungen u. vom Verhalten der Gase; deren Anwendung in der Technik)
²Pneu|ma|tik [österr. ...'ma...], der; -s, -s, österr. die; -, -en (Luftreifen; Kurzform Pneu)
pneu|ma|tisch (die Luft, das Atmen betreffend; durch

Luft[druck] bewegt, bewirkt); pneumatische Bremse (Luftdruckbremse)
Pneu|mo|graf, Pneu|mo|graph, der; -en, -en (Vorrichtung zur Aufzeichnung der Atembewegungen)
Pneu|mo|kok|kus, der; -, ...kken (Erreger der Lungenentzündung); Pneu|mo|ko|ni|o|se, die; -, -n (Staublunge)
Pneu|mo|nie, die; -, ...ien (Lungenentzündung); Pneu|mo|pe|ri|kard, das; -[e]s (Luftansammlung im Herzbeutel)
Pneu|mo|pleu|ri|tis, die; -, ...itiden (Rippenfellentzündung bei leichter Lungenentzündung)
Pneu|mo|tho|rax, der; -[es], -e (krankhafte od. künstliche Luft-, Gasansammlung im Brustfellraum; Kurzform Pneu)
Po (chem. Zeichen für Polonium)
¹Po, der; -[s] (italienischer Fluss)
²Po, der; -s, -s (kurz für Popo)
P. O. = Professor ordinarius (ordentlicher Professor, ordentliche Professorin)
Po|ba|cke (ugs.)
Pö|bel, der; -s ⟨franz.⟩ (Gesindel)
Pö|be|lei
pö|bel|haft; Pö|bel|haf|tig|keit
Pö|bel|herr|schaft
pö|beln (ugs. für durch beleidigende Äußerungen provozieren); ich pöb[e]le
Poch, das, auch der; -[e]s (ein Kartenglücksspiel); Poch|brett
po|chen
Po|chet|te [pɔ'ʃɛta], die; -, -n ⟨franz.⟩ (Einstecktuch; kleine, flache Damenhandtasche)
po|chie|ren [...'ʃi:...] ⟨franz.⟩ (Gastron. Speisen, bes. aufgeschlagene Eier, in kochendem Wasser gar werden lassen)
Poch|stem|pel (Balken zum Zerkleinern von Erzen); Poch|werk (Bergbau)
Po|cke, die; -, -n (Eiterbläschen)
Po|cken Plur. (eine Infektionskrankheit); Po|cken|epi|de|mie; Po|cken|imp|fung
Po|cken|nar|be; po|cken|nar|big
Po|cken|schutz|imp|fung; Po|cken|vi|rus
Po|cket|ka|me|ra ⟨engl.; lat.⟩ (Taschenkamera)
Pock|holz (Guajakholz)
po|ckig
po|co ⟨ital.⟩ (Musik [ein] wenig); poco a poco (nach und nach); poco largo (ein wenig langsam)

Podagra

Po|d|a|gra, das; -[s] ⟨griech.⟩ (Med. Fußgicht); **po|d|a|g|risch**

Po|d|al|gie, die; -, ...ien (Med. Fußschmerzen)

Pod|cast ['pɔtka:st]; der; -s, -s ⟨engl.⟩ (Reportage, [Radio]beitrag o. Ä. zum Herunterladen als Audiodatei aus dem Internet); **pod|cas|ten** (einen Podcast bereitstellen, herunterladen od. abspielen); ich podcaste; gepodcastet; **Pod|cas|ting**, das; -[s] (das Produzieren u. Bereitstellen eines Podcasts)

Po|dest, das, österr. nur so, auch der; -[e]s, -e ⟨griech.⟩ ([Treppen]absatz; kleines Podium)

Po|des|tà, ital. Schreibung **Po|destà**, der; -[s], -s (ital. Bez. für Bürgermeister)

Po|dex, der; -[es], -e ⟨lat.⟩ (scherzh. für Gesäß)

Pod|go|ri|ca [...tsa] (Hauptstadt Montenegros)

Po|di|um, das; -s, ...ien ⟨griech.⟩ (trittartige Erhöhung [für Redner usw.]); **Po|di|ums|dis|kus|si|on**; **Po|di|ums|ge|spräch**

Po|do|lo|ge, der; -n, -n (Fachkraft für med. Fußpflege); **Po|do|lo|gie** (Fußheilkunde); **Po|do|lo|gin**

Po|do|me|ter, das; -s, - ⟨griech.⟩ (Schrittzähler)

Pod|sol, der; -s ⟨russ.⟩ (graue bis weiße Bleicherde)

Poe [poʊ], Edgar Allan ['ɛdɡə 'ɛlən] (amerik. Schriftsteller)

Po-Ebe|ne, **Po|ebe|ne**, die; - ↑D143 (Ebene des Flusses Po)

Po|em, das; -s, -e ⟨griech.⟩ (scherzh., sonst veraltend für größere lyrisch-epische Dichtung)

Po|e|sie, die; -, ...ien (Dichtung; Dichtkunst; dichterischer Stimmungsgehalt, Zauber); **Po|e|sie|al|bum**; **po|e|sie|los**; **Po|e|sie|lo|sig|keit**

Po|et, der; -en, -en (oft scherzh. für [lyrischer] Dichter)

Po|e|ta lau|re|a|tus, der; - -, ...tae ...ti ⟨lat.⟩ ([lorbeer]gekrönter, mit einem Ehrentitel ausgezeichneter Dichter)

Po|e|tas|ter, der; -s, -e ⟨griech.⟩ (abwertend für schlechter Dichter); **Po|e|tas|te|rin**

Po|e|tik, die; -, -en ([Lehre von der] Dichtkunst)

Po|e|tin (zu Poet); **po|e|tisch**

po|e|ti|sie|ren (dichterisch ausschmücken; dichtend erfassen)

Po|e|to|lo|gie, die; - (Wissenschaft von der Dichtkunst); **po|e|to|lo|gisch**

Po|e|t|ry-Slam, **Po|e|t|ry|slam** ['pɔʊətrıslɛm], der; -s, -s ⟨engl.⟩ (auf einer Bühne vor Publikum ausgetragener Wettbewerb, bei dem die Teilnehmer selbst verfasste Texte vortragen)

Po|fel, der; -s ⟨südd. u. österr. svw. Bafel; Wertloses⟩

po|fen (ugs. für schlafen)

Po|fe|se vgl. Pafese

Po|gat|sche, die; -, -n ⟨ung.⟩ (ostösterr. für eine Art Weißbrot)

Po|go, der; -[s], -s ⟨engl.⟩ (Tanz zu Punk- u. Heavy-Metal-Musik)

Po|g|rom, der od. das; -s, -e ⟨russ.⟩ (Ausschreitungen gegen nationale, religiöse, ethnische Minderheiten); **Po|g|rom|het|ze**

Po|g|rom|nacht, die; - (Nacht vom 9. zum 10. Nov. 1938 mit nationalsozialistischen Pogromen gegen die deutschen Juden); **Po|g|rom|op|fer**

poi|ki|lo|therm ⟨griech.⟩ (wechselwarm [von Tieren])

Poi|lu [pɔa'ly], der; -[s], -s ⟨franz.⟩ (Spitzname des franz. Soldaten im Ersten Weltkrieg)

Point [pɔɛ̃], der; -s, -s ⟨franz.⟩ (Würfelspiel Auge; Kartenspiel Stich; Kaufmannsspr. Notierungseinheit von Warenpreisen an Produktenbörsen)

Point d'Hon|neur [pɔɛ̃ dɔ'nø:ɐ̯], der; - - (veraltet für Punkt, an dem sich jmd. in seiner Ehre getroffen fühlt)

Poin|te ['pɔɛ̃:...], die; -, -n (überraschender Schlusseffekt [bes. eines Witzes])

Poin|ter, der; -s, - ⟨engl.⟩ (Vorstehhund)

poin|tie|ren [pɔɛ̃...] ⟨franz.⟩ (unterstreichen, betonen); **poin|tiert** (betont; zugespitzt)

Poin|til|lis|mus [pɔɛ̃ti'jı..., auch ...'lıs...], der; - (Richtung der impressionistischen Malerei); **Poin|til|list**, der; -en, -en; **Poin|til|lis|tin**; **poin|til|lis|tisch**

Pol|jatz, der; -e (landsch. für Bajazzo, Hanswurst)

Po|kal, der; -s, -e ⟨ital.⟩ (Trinkgefäß mit Fuß; Sportpreis; kurz für Pokalwettbewerb); **Po|kal|end|spiel**; **Po|kal|fi|na|le**; **Po|kal|fi|na|list**; **Po|kal|sie|ger|spiel**; **Po|kal|sys|tem**; **Po|kal|ver|tei|di|ger**; **Po|kal|wett|be|werb**

Pö|kel, der; -s, - ([Salz]lake); **Pö|kel|fass**; **Pö|kel|fleisch**; **Pö|kel|he|ring**; **Pö|kel|la|ke**; **pö|keln**; ich pök[e]le

Po|ké|mon®, das; -[s], -[s] (Figur einer jap. Zeichentrickserie für Kinder)

Po|ker, das; -s ⟨amerik.⟩ (ein Kartenglücksspiel)

Pö|ker|face [...fɛɪs], das; -, -s [...fɛɪsɪs] ⟨amerik.⟩; **Po|ker|ge|sicht**; **Po|ker|mie|ne**

po|kern ⟨amerik.⟩; ich pokere

Po|ker|spiel

po|ku|lie|ren ⟨lat.⟩ (veraltet für bechern, zechen)

¹**Pol**, der; -s, -e ⟨griech.⟩ (Drehpunkt; Endpunkt der Erdachse; Math. Bezugspunkt; Elektrot. Aus- u. Eintrittspunkt des Stromes)

²**Pol**, der; -s, -e ⟨franz.⟩ (Oberseite von Samt u. Plüsch)

Pol|lack, der; -en, -en ⟨poln.⟩ (diskriminierende Bez. für Pole)

pol|lar ⟨griech.⟩ (am Pol befindlich, die Pole betreffend; entgegengesetzt wirkend); polare Strömungen, Luftmassen

Po|la|re, die; -, -n (Math. Verbindungslinie der Berührungspunkte zweier Tangenten an einem Kegelschnitt); zwei Polare[n]

Po|lar|eis; **Po|lar|ex|pe|di|ti|on**; **Po|lar|fau|na**

Po|lar|for|scher; **Po|lar|for|sche|rin**

Po|lar|front (Meteorol. Front zwischen polarer Kaltluft u. tropischer Warmluft)

Po|lar|fuchs; **Po|lar|ge|biet**; **Po|lar|ge|gend**; **Po|lar|hund**

Po|la|ri|sa|ti|on, die; -, -en (deutliches Hervortreten von Gegensätzen; Physik das Herstellen einer festen Schwingungsrichtung aus sonst unregelmäßigen Schwingungen des natürlichen Lichtes)

Po|la|ri|sa|ti|ons|ebe|ne; **Po|la|ri|sa|ti|ons|fil|ter**; **Po|la|ri|sa|ti|ons|mi|k|ro|s|kop**; **Po|la|ri|sa|ti|ons|strom**

Po|la|ri|sa|tor, der; -s, ...oren (Vorrichtung, die polarisierte Strahlung aus natürlicher erzeugt)

po|la|ri|sie|ren (der Polarisation unterwerfen; sich polarisieren (in seiner Gegensätzlichkeit immer stärker hervortreten); **Po|la|ri|sie|rung**

Po|la|ri|tät, die; -, -en (Vorhanden-

Polizeischutz

sein zweier ¹Pole, Gegensätzlichkeit)
Po|lar|kreis; Po|lar|land Plur. ...länder; Po|lar|licht Plur. ...lichter; Po|lar|luft, die; -; Po|lar|meer; Po|lar|nacht
Po|la|ro|id|ka|me|ra® [...'rɔɪt..., auch ...ro'it...] (Fotoapparat, der kurz nach der Aufnahme das fertige Bild liefert)
Po|lar|sta|ti|on; Po|lar|stern, der; -[e]s; Po|lar|zo|ne
Pol|der, der; -s, - ⟨niederl.⟩ (eingedeichtes Land); Pol|der|deich
Po|le, der; -n, -n
Po|lei, der; -[e]s, -e ⟨lat.⟩ (Bez. verschiedener Heil- u. Gewürzpflanzen); Po|lei|min|ze
Po|le|mik, die; -, -en ⟨griech.⟩ (wissenschaftliche, literarische Fehde, Auseinandersetzung; [unsachlicher] Angriff)
Po|le|mi|ker; Po|le|mi|ke|rin
po|le|misch; po|le|mi|sie|ren
po|len ⟨griech.⟩ (an einen elektrischen Pol anschließen)
Po|len
Po|len|ta, die; -, Plur. -s u. ...ten ⟨ital.⟩ (ein Maisgericht)
Po|len|te, die; - ⟨jidd.⟩ (ugs. für Polizei)
Pole|po|si|tion, Pole-Po|si|tion ['poːlpəzɪʃn], die; -, -s ⟨engl.⟩ (beste Startposition beim Autorennen; Jargon für Marktführerschaft)
Po|les|je, Po|less|je, die; - (osteurop. Wald- u. Sumpflandschaft)
Pol|gar (österr. Schriftsteller)
Pol|hö|he (Geogr.)
Po|li|ce [...sə], die; -, -n ⟨franz.⟩ (Versicherungsschein); po|li|cie|ren (Versicherungsw. eine Police ausstellen); Po|li|cie|rung
Po|li|ci|nel|lo [...tʃiː...], der; -s, ...lli ⟨ital.⟩ (veraltete Nebenform von Pulcinella)
Po|lier, der; -s, -e ⟨franz.⟩ (Vorarbeiter der Maurer u. Zimmerleute; Bauführer)
Po|lier|bürs|te
po|lie|ren ⟨franz.⟩
Po|lie|rer; Po|lie|re|rin
Po|lie|rin
Po|lier|mit|tel; Po|lier|stahl (Druckw.); Po|lier|wachs; Po|lier|wat|te
Po|li|kli|nik (medizinische Einrichtung zur ambulanten Behandlung); po|li|kli|nisch
Po|lin
Po|lio, die; - (kurz für Poliomyelitis); Po|lio|in|fek|ti|on; Po|lio|my|e|li|tis, die; -, ...itiden ⟨griech.⟩ (Med. Kinderlähmung)
Po|lis, die; -, Poleis ⟨griech.⟩ (altgriechischer Stadtstaat)
Po|lit|be|trieb, der; -[e]s (ugs. für Politikbetrieb)
Po|lit|bü|ro ⟨Kurzw. für Politisches Büro⟩ (Führungsorgan von kommunistischen Parteien)
Po|lit|dra|ma
¹Po|li|tes|se, die; - ⟨franz.⟩ (veraltet für Höflichkeit, Artigkeit)
²Po|li|tes|se, die; -, -n ⟨aus Polizei u. Hostess⟩ (Angestellte einer Gemeinde, die bes. die Einhaltung des Parkverbots kontrolliert)
Po|li|ti|cal Cor|rect|ness [...kl kɔ'rek...] ↑D40; die; - - ⟨engl.⟩ (Einstellung, die alle diskriminierenden Ausdrucksweisen u. Handlungen ablehnt)
po|li|tie|ren ⟨lat.-franz.⟩ (ostösterr. für polieren)
Po|li|tik, die; -, Politiken Plur. selten ⟨griech.⟩ ([Lehre von der] Staatsführung; zielgerichtetes Verhalten)
Po|li|tik|as|ter, der; -s, - (abwertend für jmd., der viel von Politik spricht, ohne etwas davon zu verstehen); Po|li|ti|kas|te|rin
Po|li|tik|be|trieb, der; -[e]s (politisches Leben)
Po|li|ti|ker; Po|li|ti|ke|rin
po|li|tik|fä|hig; Po|li|tik|fä|hig|keit
Po|li|ti|kum, das; -s, ...ka (Tatsache, Vorgang von politischer Bedeutung)
Po|li|ti|kus, der; -, -se (ugs. scherzh. für jmd., der sich gern mit Politik beschäftigt)
Po|li|tik|ver|dros|sen|heit; Po|li|tik|ver|ständ|nis
Po|li|tik|wis|sen|schaft
Po|li|tik|wis|sen|schaf|ter (schweiz., österr. auch für Politikwissenschaftler); Po|li|tik|wis|sen|schaf|te|rin; Po|li|tik|wis|sen|schaft|ler; Po|li|tik|wis|sen|schaft|le|rin; po|li|tik|wis|sen|schaft|lich
po|li|tisch (die Politik betreffend); ↑D89: politische Karte (Staatenkarte); politische Wissenschaft; politische Geografie; politische Geschichte; politische Ökonomie; sich politisch korrekt äußern, verhalten; politisch-gesellschaftlich ↑D23
po|li|ti|sie|ren (von Politik reden; politisch behandeln); Po|li|ti|sie|rung
Po|lit|land|schaft
Po|lit|of|fi|zier (DDR)
Po|li|to|lo|ge, der; -n, -n; Po|li|to|lo|gie, die; - (Wissenschaft von der Politik); Po|li|to|lo|gin
Po|lit|pro|fi
Po|lit|re|vue
Po|lit|ruk, der; -s, -s ⟨russ.⟩ (früher für politischer Führer in einer sowjetischen Truppe)
Po|lit|sprech, der od. das; -[s] (analog zu »Neusprech«) (ugs. abwertend für in der Politik häufig anzutreffender Sprachstil)
Po|lit|sze|ne; Po|lit|talk [...tɔːk], der; -s, -s (politische Talkshow)
Po|lit|thril|ler (Thriller mit politischem Inhalt)
Po|li|tur, die; -, -en ⟨lat.⟩ (Glätte, Glanz; Poliermittel; nur Sing.: äußerer Anstrich, Lebensart)
Po|li|zei, die; -, -en ⟨griech.⟩
Po|li|zei|ak|ti|on; Po|li|zei|an|ga|ben Plur.; Po|li|zei|ap|pa|rat; Po|li|zei|auf|ge|bot; Po|li|zei|au|to
Po|li|zei|be|am|te; Po|li|zei|be|am|tin
Po|li|zei|be|hör|de; po|li|zei|be|kannt; Po|li|zei|be|richt
Po|li|zei|chef; Po|li|zei|che|fin; Po|li|zei|dienst; Po|li|zei|dienst|stel|le
Po|li|zei|di|rek|ti|on; Po|li|zei|ein|heit; Po|li|zei|ein|satz; Po|li|zei|es|kor|te; Po|li|zei|funk; Po|li|zei|ge|setz; Po|li|zei|ge|wahr|sam; Po|li|zei|ge|walt; Po|li|zei|ge|werk|schaft
Po|li|zei|griff; Po|li|zei|hund; Po|li|zei|hun|de|füh|rer; Po|li|zei|hun|de|füh|re|rin; Po|li|zei|ins|pek|ti|on; Po|li|zei|kom|mis|sar; Po|li|zei|kom|mis|sa|rin
Po|li|zei|kon|tin|gent; Po|li|zei|kon|t|rol|le; Po|li|zei|kräf|te Plur.
po|li|zei|lich ↑D89: polizeiliches Führungszeugnis; polizeiliche Meldepflicht; ↑D72: der polizeilich Gesuchte
Po|li|zei|meis|ter; Po|li|zei|meis|te|rin; Po|li|zei|mel|dung; Po|li|zei|not|ruf
Po|li|zei|ober|meis|ter; Po|li|zei|ober|meis|te|rin
Po|li|zei|or|ches|ter; Po|li|zei|or|gan; Po|li|zei|pos|ten; Po|li|zei|prä|senz
Po|li|zei|prä|si|dent; Po|li|zei|prä|si|den|tin; Po|li|zei|prä|si|di|um
Po|li|zei|re|vier; Po|li|zei|schutz,

P
Poli

der; -es; Po|li|zei|si|re|ne; Po|li|zei|spit|zel
Po|li|zei|spre|cher; Po|li|zei|spre|che|rin
Po|li|zei|staat *Plur.* ...staaten; Po|li|zei|strei|fe; Po|li|zei|stun|de, die *Plur. selten;* Po|li|zei|uni|form; Po|li|zei|wa|che; Po|li|zei|we|sen, das; -s; po|li|zei|wid|rig
Po|li|zist, der; -en, -en; Po|li|zis|tin
Po|liz|ze, die; -, -n ⟨*österr.* für Police⟩
Polk, das *od.* der; -[e]s, -e ⟨*nordd.* für halb erwachsenes, männliches kastriertes Schwein⟩
Pol|ka, die; -, -s ⟨poln.-tschech.⟩ (ein Tanz)
pol|ken ⟨*nordd.* für bohren, mit den Fingern entfernen⟩
Pol|lack, der; -s, -s (eine Schellfischart)
Pol|len, der; -s, - ⟨lat.⟩ (Blütenstaub); Pol|len|al|ler|gie; Pol|len|ana|ly|se; Pol|len|flug; pol|len|frei
Pol|len|korn, das; *Plur.* ...körner; Pol|len|schlauch
Pol|ler, der; -s, - (Seemannsspr. Holz- od. Metallpfosten zum Befestigen der Taue; Markierungsklotz im Straßenverkehr)
Pol|lu|ti|on, die; -, -en ⟨lat.⟩ (*Med.* unwillkürlicher [nächtlicher] Samenerguss)
¹Pol|lux (Held der griechischen Sage); Kastor und Pollux (Zwillingsbrüder)
²Pol|lux, der; - (Zwillingsstern im Sternbild Gemini)
pol|nisch; polnische Wurst, *aber* ↑D 150: der Polnische Erbfolgekrieg; Pol|nisch, das; -[s] (Sprache); *vgl.* Deutsch; Pol|ni|sche, das; -n; *vgl.* ²Deutsche
Po|lo, das; -s ⟨engl.⟩ (Ballspiel vom Pferd aus)
Po|loch (*fam.*)
Po|lo|hemd (kurzärmeliges Trikothemd)
Po|lo|nai|se [...'nɛ:...], Po|lo|nä|se, die; -, -n ⟨franz.⟩ (ein Reihentanz)
Po|lo|nia (lateinischer Name von Polen); po|lo|ni|sie|ren (polnisch machen)
Po|lo|nist, der; -en, -en; Po|lo|nis|tik, die; - (Wissenschaft von der polnischen Sprache u. Kultur); Po|lo|nis|tin; po|lo|nis|tisch
Po|lo|ni|um, das (chemisches Element, Halbmetall; *Zeichen* Po)
Po|lo|shirt (*svw.* Polohemd)
Po|lo|spiel (*svw.* Polo)

Pols|ter, das, *österr.* der; -s, *Plur.* -, *österr.* Pölster (*österr. auch für* Kissen); Pöls|ter|chen
Pols|te|rer; Pols|ter|gar|ni|tur; Pols|te|rin; Pols|ter|mö|bel
pols|tern; ich polstere
Pols|ter|ses|sel, Pols|ter|stoff; Pols|ter|stuhl; Pols|ter|tür
Pols|te|rung
Pol|ter, der *od.* das; -s, - (südwestd. für Holzstoß)
Pol|ter|abend
Pol|te|rer; Pol|ter|geist *Plur.* ...geister; pol|te|rig, pol|trig
Pol|te|rin ⟨zu Polterer⟩
pol|tern; ich poltere; pol|trig, pol|te|rig
Pol|wechs|ler, Pol|wen|der (*Elektrot.*)
po|ly... ⟨griech.⟩ (viel...); Po|ly... (Viel...)
Po|ly|ac|ryl, das; -s ⟨griech.⟩ (ein Kunststoff)
Po|ly|amid, das; -[e]s, -e ⟨griech.⟩ (ein elastischer Kunststoff)
Po|ly|and|rie, die; - ⟨griech.⟩ (*Völkerkunde* Vielmännerei)
Po|ly|ar|th|ri|tis, die; -, ...itiden ⟨griech.⟩ (*Med.* Entzündung mehrerer Gelenke)
Po|ly|äs|the|sie, die; -, ...ien ⟨griech.⟩ (*Med.* das Mehrfachempfinden eines Berührungsreizes)
Po|ly|äthy|len, *chem. fachspr.* Po|ly|ethy|len, das; -s, -e ⟨griech.⟩ (ein Kunststoff)
Po|ly|bi|os, Po|ly|bi|us (griechischer Geschichtsschreiber)
po|ly|chrom [...k...] ⟨griech.⟩ (vielfarbig, bunt); Po|ly|chro|mie, die; -, ...ien (Vielfarbigkeit); po|ly|chro|mie|ren (vielfarbig, bunt ausstatten)
Po|ly|dak|ty|lie, die; -, ...ien ⟨griech.⟩ (*Med.* Bildung von überzähligen Fingern od. Zehen)
Po|ly|deu|kes (griechischer Name von ¹Pollux)
Po|ly|eder, das; -s, - ⟨griech.⟩ (*Math.* Vielflächner)
Po|ly|eder|krank|heit (*Biol.* eine Raupenkrankheit)
po|ly|ed|risch (*Math.* vielflächig)
Po|ly|es|ter, der; -s, - ⟨griech.⟩ (ein Kunststoff)
Po|ly|ethy|len *vgl.* Polyäthylen
po|ly|fon, po|ly|phon ⟨griech.⟩ (*Musik* mehrstimmig, vielstimmig); polyfoner *od.* polyphoner Satz; Po|ly|fo|nie, Po|ly|pho|nie, die; -, ...ien (Mehrstimmigkeit,

Vielstimmigkeit; ein Kompositionsstil); po|ly|fo|nisch, po|ly|pho|nisch (*veraltend für* polyfon)
po|ly|funk|ti|o|nal (verschiedene, mehrere Funktionen habend)
po|ly|gam ⟨griech.⟩ (mehrehig, vielehig); Po|ly|ga|mie, die; - (Mehr-, Vielehe); Po|ly|ga|mist, der; -en, -en; Po|ly|ga|mis|tin
po|ly|gen ⟨griech.⟩ (vielfachen Ursprungs; *Biol.* durch mehrere Erbfaktoren bedingt)
po|ly|glott ⟨griech.⟩ (vielsprachig; viele Sprachen sprechend)
¹Po|ly|glot|te, der *u.* die; -n, -n (jmd., der viele Sprachen spricht)
²Po|ly|glot|te, die; -, -n (*Buchw.* mehrsprachige Ausgabe von Texten); Po|ly|glot|ten|bi|bel
Po|ly|gon, das; -s, -e ⟨griech.⟩ (*Math.* Vieleck); po|ly|go|nal (vieleckig)
Po|ly|gon|aus|bau, der; -[e]s (*Bergmannsspr.*)
Po|ly|gon|bo|den (*Geol.*)
Po|ly|graf, Po|ly|graph, der; -en, -en ⟨griech.⟩ (Gerät zur gleichzeitigen Registrierung mehrerer [med. od. psycholog.] Vorgänge)
Po|ly|gra|fie, Po|ly|gra|phie, die; -, ...ien (*Med.* Röntgenuntersuchung zur Darstellung von Organbewegungen; *nur Sing.:* regional für Gesamtheit des grafischen Gewerbes)
Po|ly|gy|nie, die; - ⟨griech.⟩ (*Völkerkunde* Vielweiberei)
Po|ly|his|tor, der; -s, ...oren ⟨griech.⟩ (*veraltet für* in vielen Fächern bewanderter Gelehrter)
Po|ly|hym|nia, Po|lym|nia (Muse des ernsten Gesanges)
po|ly|karp, po|ly|kar|pisch ⟨griech.⟩ (*Bot.* in einem bestimmten Zeitraum mehrmals Blüten u. Früchte ausbildend)
Po|ly|karp (ein Heiliger)
Po|ly|kla|die, die; - ⟨griech.⟩ (*Bot.* Bildung von Seitensprossen nach Verletzung einer Pflanze)
Po|ly|k|let (altgriech. Bildhauer)
Po|ly|kon|den|sa|ti|on, die; - ⟨griech.; lat.⟩ (*Chemie* Zusammenfügen einfachster Moleküle zu größeren zur Gewinnung von Kunststoffen)
Po|ly|kra|tes (ein Tyrann von Samos)
po|ly|mer ⟨griech.⟩ (*Chemie* aus

größeren Molekülen bestehend); **Pol|ly|mer,** das; -s, -e, **Pol|ly|me|re,** das; -n, -n *meist Plur.* (*Chemie* eine Verbindung aus Riesenmolekülen)
Pol|ly|me|rie, die; -, ...ien (*Biol.* das Zusammenwirken mehrerer gleichartiger Erbfaktoren bei der Ausbildung eines Merkmals; *Chemie* Bez. für die besonderen Eigenschaften polymerer Verbindungen)
Pol|ly|me|ri|sat, das; -[e]s, -e (*Chemie* durch Polymerisation entstandener neuer Stoff); **Pol|ly|me|ri|sa|ti|on,** die; -, -en (auf Polymerie beruhendes chemisches Verfahren zur Herstellung von Kunststoffen)
pol|ly|me|ri|sier|bar; pol|ly|me|ri|sie|ren; Pol|ly|me|ri|sie|rung
Pol|ly|me|ter, das; -s, -e ⟨griech.⟩ (meteorologisches Messgerät)
Pol|ly|met|rie, die; -, ...ien ⟨griech.⟩ (*Verslehre, Musik* Vielfalt in Metrik u. Takt)
Pol|lym|nia vgl. Polyhymnia
pol|ly|morph ⟨griech.⟩ (viel-, verschiedengestaltig); **Pol|ly|mor|phie,** die; -, ...ien, **Pol|ly|mor|phis|mus,** der; -, ...men (Vielgestaltigkeit, Verschiedengestaltigkeit)
Pol|ly|ne|si|en ⟨griech.⟩ (Inselwelt im mittleren Pazifik); **Pol|ly|ne|si|er; Pol|ly|ne|si|e|rin; pol|ly|ne|sisch**
Pol|ly|neu|ro|pa|thie, die; -, ...ien (*Med.* eine Nervenkrankheit)
Pol|ly|nom, das; -s, -e (*Math.* vielgliedrige Größe); **pol|ly|no|misch**
pol|ly|nu|kle|är ⟨griech.; lat.⟩ (*Med.* vielkernig)
Pol|lyp, der; -en, -en ⟨griech.⟩ (ein Nesseltier mit Fangarmen; *veraltet für* Tintenfisch; *Med.* gestielte Geschwulst, Nasenwucherung; *ugs. für* Polizeibeamter); **pol|ly|pen|ar|tig**
Pol|ly|pha|ge, der; -n, -n *meist Plur.* ⟨griech.⟩ (*Zool.* sich von verschiedenartigen Pflanzen od. Beutetieren ernährendes Tier); **Pol|ly|pha|gie,** die; -
Pol|ly|phem, Pol|ly|phe|mos (griechische Sagengestalt; Zyklop)
pol|ly|phon usw. vgl. polyfon usw.
Pol|ly|pi|o|nie, die; - ⟨griech.⟩ (*Med.* Fettsucht)
pol|ly|plo|id ⟨griech.⟩ (*Biol.* mit mehrfachem Chromosomensatz [von Zellen])

Pol|ly|re|ak|ti|on ⟨griech.; lat.⟩ (*Chemie* Bildung hochmolekularer Verbindungen)
Pol|ly|rhyth|mik ⟨griech.⟩ (*Musik* verschiedenartige, aber gleichzeitig ablaufende Rhythmen in einer Komposition); **pol|ly|rhyth|misch**
Pol|ly|sac|cha|rid, Pol|ly|sa|cha|rid [...zaxa...], das; -[e]s, -e ⟨griech.⟩ (Vielfachzucker, z. B. Stärke, Zellulose)
pol|ly|sem, pol|ly|se|man|tisch ⟨griech.⟩ (*Sprachwiss.* mehr-, vieldeutig); **Pol|ly|se|mie,** die; -, ...ien (Mehrdeutigkeit [von Wörtern])
pol|ly|spor|tiv (*bes. schweiz. für* mehrere Sportarten betreffend, ausübend)
Pol|ly|sty|rol, das; -s, -e ⟨griech.; lat.⟩ (*Chemie* ein Kunststoff)
pol|ly|syn|de|tisch ⟨griech.⟩ (*Sprachwiss.* durch Konjunktionen verbunden); **Pol|ly|syn|de|ton,** das; -s, ...ta (durch Konjunktionen verbundene Wort- od. Satzreihe)
pol|ly|syn|the|tisch ⟨griech.⟩ (*Sprachwiss.* vielfach zusammengesetzt); polysynthetische Sprachen; **Pol|ly|syn|the|tis|mus,** der; - (Verschmelzung von Bestandteilen des Satzes in ein großes Satzwort)
Pol|ly|tech|ni|ker ⟨griech.⟩ (an einem Polytechnikum Ausgebildeter); **Pol|ly|tech|ni|ke|rin; Pol|ly|tech|ni|kum** (*früher für* höhere technische Lehranstalt)
pol|ly|tech|nisch (viele Zweige der Technik umfassend); ↑**D 89**: polytechnische Oberschule (*in der DDR* zehnklassige Schule; *Abk.* POS); polytechnischer Lehrgang (9. Jahr der allgemeinen Schulpflicht in Österreich)
Pol|ly|the|is|mus, der; - ⟨griech.⟩ (Glaube an viele Götter); **Pol|ly|the|ist,** der; -en, -en; **Pol|ly|the|is|tin; pol|ly|the|is|tisch**
Pol|ly|to|na|li|tät, die; -, -en ⟨griech.⟩ (*Musik* gleichzeitiges Auftreten mehrerer Tonarten in den verschiedenen Stimmen eines Tonstücks)
pol|ly|trop ⟨griech.⟩ (*Biol.* vielfach anpassungsfähig)
pol|ly|va|lenz, die; -, -en ⟨griech.; lat.⟩ (breit gefächerte Einsatzmöglichkeit)
Pol|ly|vi|nyl|chlo|rid, das; -[e]s

⟨griech.⟩ (*Chemie* ein säurefester Kunststoff; *Abk.* PVC)
pöl|zen (*bayr., österr. für* [durch Stützen, Verschalung] abstützen); du pölzt
Po|ma|de, die; -, -n ⟨franz.⟩ ([Haar]fett); **po|ma|dig** (mit Pomade eingerieben; *ugs. für* träge; blasiert); **po|ma|di|sie|ren** (mit Pomade einreiben)
Po|me|lo, die; -, -s ⟨engl.⟩ (eine Zitrusfrucht)
Po|me|ran|ze, die; -, -n ⟨ital.⟩ (apfelsinenähnliche Zitrusfrucht); **Po|me|ran|zen|öl**
Pom|mer, der; -n, -n; **Pom|me|rin pom|me|risch; pom|mersch; aber** ↑**D 140**: die Pommersche Bucht
Pom|mer|land, das; -[e]s; **Pom|mern**
pom|mersch vgl. pommerisch
Pom|mes *Plur.* (*ugs. für* Pommes frites); **Pommes Cro|quettes** ['pɔm krɔ'kɛt] *Plur.* ⟨franz.⟩ (Kroketten aus Kartoffelbrei); **Pommes Dau|phine** ['pɔm do'fi:n] *Plur.* (eine Art Kartoffelkroketten); **Pommes frites** [pɔm 'frɪt] *Plur.* (in Fett gebackene Kartoffelstäbchen)
Po|mo|lo|gie, die; - ⟨lat.; griech.⟩ (Obst[bau]kunde)
Po|mo|na (römische Göttin der Baumfrüchte)
Pomp, der; -[e]s ⟨franz.⟩ (prachtvolle Ausstattung; [übertriebener] Prunk)
¹**Pom|pa|dour** ['pɔ̃pa'du:ɐ̯] (Mätresse Ludwigs XV.)
²**Pom|pa|dour** [...du:ɐ̯], der; -s, *Plur.* -e u. -s (*früher für* beutelartige Handtasche)
Pom|pe|ji vgl. Pompeji; **Pom|pe|ja|ner** (*seltener für* Pompejer); **pom|pe|ja|nisch** (*seltener für* pompejisch); **Pom|pe|jer**
Pom|pe|ji, Pom|pei (Stadt u. Ruinenstätte am Vesuv); **pom|pe|jisch**
Pom|pe|jus (römischer Feldherr u. Staatsmann)
pomp|haft; Pomp|haf|tig|keit
Pom|pon [pɔ̃'põ:, *auch* pɔm'põ:], der; -s, -s ⟨franz.⟩ (knäuelartige Quaste aus Wolle od. Seide)
pom|pös ⟨franz.⟩ ([übertrieben] prächtig; prunkhaft)
Po|mu|chel, der; -s, - ⟨slaw.⟩ (*nordostd. für* Dorsch); **Po|mu|chels|kopp,** der; -s, ...köppe (*nordostd. für* dummer, plumper Mensch)
pö|nal ⟨griech.⟩ (*veraltet für* die

Pönale

Strafe, das Strafrecht betreffend); **Pö|na|le**, das; -s, ...ien, *auch die*; -, -n ⟨österr., sonst veraltet für Strafe, Buße⟩; **Pö|nal|ge|setz** *(kath. Moraltheologie)*

Po|na|pe (eine Karolineninsel)

pon|ceau [põ'so:] ⟨franz.⟩ (leuchtend orangerot); ein ponceau Kleid; *vgl. auch* beige; **Pon|ceau**, das; -s, -s (leuchtendes Orangerot); in Ponceau ↑D 72

Pon|cho [...tʃo], der; -s, -s ⟨indian.⟩ (capeartiger [Indio]mantel)

pon|cie|ren [põ'si:...] ⟨franz.⟩ (mit Bimsstein abreiben; mit Kohlenstaubbeutel durchpausen)

Pond, das; -[s], - ⟨lat.⟩ (alte physikal. Krafteinheit; *Zeichen* p)

pon|de|ra|bel (veraltet für wägbar); ponde|ra|b|le Angelegenheiten; **Pon|de|ra|bi|li|en** *Plur*. (*veraltet für* kalkulierbare Dinge)

Pon|gau, der; -[e]s (salzburgische Alpenlandschaft)

Pö|ni|tent, der; -en, -en ⟨lat.⟩ *(kath. Kirche veraltend für* Büßender, Beichtender); **Pö|ni|ten|tin; Pö|ni|tenz**, die; -, -en *(veraltend für* Buße, Bußübung); **Pö|ni|ten|zi|ar, Pö|ni|ten|ti|ar**, der; -s, -e *(veraltend für* Beichtvater)

Pon|te, die; -, -n ⟨lat.⟩ *(landsch. für* breite Fähre)

Pon|ti|cel|lo [...'tʃe...], der; -s, *Plur*. -s u. ...lli ⟨ital.⟩ *(Musik* Steg der Streichinstrumente)

Pon|ti|fex, der; -, **Pontifizes**, *auch* Pontifices (Oberpriester im alten Rom); **Pon|ti|fex ma|xi|mus**, der; - -, ...tifices ...mi (oberster Priester im alten Rom; Titel des römischen Kaisers u. danach des Papstes)

Pon|ti|fi|ces (*Plur. von* Pontifex)

pon|ti|fi|kal *(kath. Kirche* bischöflich); **Pon|ti|fi|kal|amt** (von einem Bischof od. Prälaten gehaltene feierliche Messe)

Pon|ti|fi|kal|le, das; -s, ...lien (liturgisches Buch für die bischöflichen Amtshandlungen); **Pon|ti|fi|kal|li|en** *Plur*. (die den katholischen Bischof auszeichnenden liturgischen Gewänder u. Abzeichen)

Pon|ti|fi|kat, das *od*. der; -[e]s, -e (Amtsdauer u. Würde des Papstes *od*. eines Bischofs)

Pon|ti|fi|zes (*Plur. von* Pontifex)

Pon|ti|ni|sche Sümp|fe *Plur*. (ehemaliges Sumpfgebiet bei Rom)

pon|tisch ⟨griech.⟩ (steppenhaft, aus der Steppe stammend)

Pon|ti|us Pi|la|tus (römischer Statthalter in Palästina); von Pontius zu Pilatus laufen (*ugs. für* mit einem Anliegen [vergeblich] von einer Stelle zur anderen gehen)

Pon|ton [põ'tõ:, *österr.* pon'to:n], der; -s, -s ⟨franz.⟩ (Brückenschiff)

Pon|ton|brü|cke; Pon|ton|form

Pon|to|nier, der; -s, -e *(schweiz. Militär* Soldat einer Spezialtruppe für das Übersetzen über Flüsse u. Seen u. den Bau von Kriegsbrücken)

Pon|t|re|si|na (schweiz. Kurort)

Pon|tus (im Altertum Reich in Kleinasien); **Pon|tus Eu|xi|nus**, der; - - ⟨lat.⟩ (im Altertum das Schwarze Meer)

¹**Po|ny** [...ni, 'po:...], das; -s, -s ⟨engl.⟩ (Kleinpferd)

²**Po|ny**, der; -s, -s (fransenartig in die Stirn gekämmtes Haar)

Po|ny|fran|sen *Plur*.; **Po|ny|fri|sur**

Po|ny|hof; Po|ny|rei|ten, das; -s

¹**Pool** [pu:l], der; -s, -s ⟨engl.⟩ (*kurz für* Swimmingpool)

²**Pool** [pu:l], der; -s, -s *(Wirtsch.* Gewinnverteilungskartell)

Pool|bar, die (an einem Swimmingpool gelegene Bar)

Pool|bil|lard (Billard, bei dem die Kugeln in Löcher am Rand des Spieltisches gespielt werden müssen)

Pool|nu|del (*svw.* Schwimmnudel)

Poleposition
Der erste Bestandteil *pole* (eigtl. = Stab) dieses englischen Wortes bezog sich ursprünglich auf die Markierung der günstigsten Startposition [auf der Innenbahn] beim Pferderennen. Er hat nichts mit dem englische *pool* zu tun.

Pop, der; -[s] ⟨engl.⟩ *(kurz für* Popmusik, Pop-Art u. a.)

Po|panz, der; -es, -e ⟨slaw.⟩ ([vermummte] Schreckgestalt; *ugs. für* willenloser Mensch)

Pop-Art [...|a:ɐ̯t], die; - ⟨amerik.⟩ (eine Kunstrichtung der Moderne); **Pop-Art-Künst|ler; Pop-Art-Künst|le|rin**

Pop|corn, das; -s ⟨engl.⟩ (Puffmais)

Po|pe, der; -n, -n ⟨griech.-russ.⟩ (niederer Geistlicher der russisch-orthodoxen Kirche; *auch abwertend für* Geistlicher)

Po|pel, der; -s, - *(ugs. für* verhärteter Nasenschleim; *landsch. für* schmutziger kleiner Junge)

po|pe|lig, pop|lig *(ugs. für* armselig, schäbig; knauserig)

Po|pe|lin [*österr.* pop'li:n], der; -s, -e, **Po|pe|li|ne** [...'li:n(ə)], *österr.* pop'li:n], der; -s, - [...nə] ⟨franz.⟩ *(Sammelbez. für* feinere ripsartige Stoffe in Leinenbindung)

po|peln *(ugs. für* in der Nase bohren); ich pop|e|le

Pop|far|be; pop|far|ben; der popfarbene Wagen

Pop|fes|ti|val; Pop|grup|pe

Pop|idol, Pop-Idol; Pop|iko|ne, Pop-Ikone (Kultfigur des Pop)

Pop|kon|zert; Pop|kul|tur; Pop|kunst

pop|lig *vgl.* popelig

Pop|li|te|ra|tur; Pop|mo|de

Pop|mu|sik; pop|mu|si|ka|lisch; Pop|mu|si|ker; Pop|mu|si|ke|rin

Po|po, ²**Po**, der; -s, -s *(fam. für* Gesäß)

Po|po|ca|te|petl, der; -[s] (Vulkan in Mexiko)

pop|pen *(ugs. für* koitieren); wir poppten

Pop|per, der; -s, - ⟨*zu* Pop⟩ (Jugendlicher [bes. in den 80er-Jahren], der sich durch modische Kleidung u. gepflegtes Äußeres bewusst abheben will)

pop|pig (mit Stilelementen der Pop-Art; auffallend); ein poppiges Plakat; poppige Farben

Pop|sän|ger; Pop|sän|ge|rin; Popstar *vgl.* ²Star; **Pop|sze|ne**

po|pu|lär ⟨lat.⟩ (volkstümlich; beliebt; gemeinverständlich)

po|pu|la|ri|sie|ren (gemeinverständlich darstellen; in die Öffentlichkeit bringen); **Po|pu|la|ri|sie|rung**

Po|pu|la|ri|tät, die; - (Volkstümlichkeit, Beliebtheit)

Po|pu|lär|mu|sik *(svw.* Popmusik)

po|pu|lär|wis|sen|schaft|lich; eine populärwissenschaftliche Buchreihe

Po|pu|la|ti|on, die; -, -en *(Biol.* Gesamtheit der Individuen einer Art in einem eng begrenzten Bereich; *veraltet für* Bevöl-

kerung); **Po|pu|la|ti|ons|dich|te** (Biol.)
Po|pu|lis|mus, der; - (opportunistische Politik, die die Gunst der Massen zu gewinnen sucht); **Po|pu|list,** der; -en, -en; **Po|pu|lis|tin;** **po|pu|lis|tisch**
Pop-up, das; -s, -s ⟨kurz für Popup-Fenster⟩; **Pop-up-Blo|cker,** der; -s, - ⟨EDV⟩
Pop-up-Buch [...lap...] ⟨engl.; dt.⟩ (Bilderbuch, in dem sich beim Aufschlagen Bildteile aufstellen)
Pop-up-Fens|ter ⟨EDV⟩ (kleines) rechteckiges Feld mit Informationen, das sich durch Mausklick auf eine bestimmte Fläche öffnet); **Pop-up-Me|nü**
Por|cia (altrömischer w. Eigenn.)
Po|re, die; -, -n ⟨griech.⟩ (feine [Haut]öffnung); **po|ren|tief** *(Werbespr.);* porentief sauber
po|rig (Poren aufweisend, löchrig)
Pör|kel[t], Pör|költ, das; -s ⟨ung.⟩ (dem Gulasch ähnliches Fleischgericht mit Paprika)
Por|ling (ein Baumpilz)
Por|no, der; -s, -s ⟨ugs.; kurz für pornografischer Film, Roman u. Ä.⟩; **Por|no|film** ⟨ugs.⟩
Por|no|graf, Por|no|graph, der; -en, -en ⟨griech.⟩ (Verfasser pornografischer Werke)
Por|no|gra|fie, Por|no|gra|phie, die; -, ...ien (einseitig das Sexuelle darstellende Schriften od. Bilder); **Por|no|gra|fin,** Por|no|gra|phin; **por|no|gra|fisch,** pornografisch
Por|no|graph usw. vgl. Pornograf usw.
Por|no|heft ⟨ugs.⟩; **por|no|phil** (Pornografie liebend); **Por|no|vi|deo** ⟨ugs.⟩
po|rös ⟨griech.⟩ (durchlässig, löchrig); **Po|ro|si|tät,** die; -
Por|phyr [auch ...'fy:ɐ̯], der; -s, -e ⟨griech.⟩ (ein Ergussgestein); **Por|phy|rit,** der; -s, -e (ein Ergussgestein)
Por|ree, der; -s, -s ⟨franz.⟩ (eine Gemüsepflanze)
Por|ridge [...rɪtʃ], der, auch das; -s ⟨engl.⟩ (Haferbrei)
Por|sche®, der; -[s], -s ⟨nach dem österr. Automobilkonstrukteur Ferdinand Porsche⟩ (Kraftfahrzeugmarke)
Porst, der; -[e]s, -e (ein Heidekrautgewächs)
Port, der; -[e]s, -e ⟨lat.⟩ (veraltet für Hafen, Zufluchtsort)

Por|ta, die; - ⟨kurz für ¹Porta Westfalica⟩
por|ta|bel; porta|b|le DVD-Player
Por|ta|ble [...təbl], der, auch das; -s, -s ⟨engl.⟩ (tragbares Rundfunk- od. Fernsehgerät)
Por|ta Hun|ga|ri|ca, die; - - ⟨lat., »Ungarische Pforte«⟩ (Donautal zwischen Wiener Becken u. Oberungarischem Tiefland)
Por|tal, das; -s, -e ([Haupt]eingang, [prunkvolles] Tor; auch EDV Website, die als Einstieg ins Internet dient); **Por|tal|sei|te**
Por|ta|men|to, das; -s, Plur. -s od. ...ti ⟨ital.⟩ (Musik Hinüberschleifen von einem Ton zum anderen)
Por|ta Ni|gra, die; - - ⟨lat., »schwarzes Tor«⟩ (monumentales römisches Stadttor in Trier)
Por|ta|tiv, das; -s, -e ⟨lat.⟩ (kleine tragbare Zimmerorgel)
por|ta|to ⟨ital.⟩ (Musik getragen, abgehoben, ohne Bindung)
Port-au-Prince [pɔrtoˈprɛ̃:s] (Hauptstadt Haitis)
¹**Por|ta West|fa|li|ca,** die; - - ⟨lat.⟩, Westfälische Pforte, die; -n - (Weserdurchbruch zwischen Weser- u. Wiehengebirge)
²**Por|ta West|fa|li|ca** (Stadt an der ¹Porta Westfalica)
Porte|feuille [...ˈfœj], das; -s, -s (veraltet für Brieftasche; Mappe; Politik Geschäftsbereich eines Ministers; Wirtsch. Bestand an Wertpapieren)
Porte|mon|naie [pɔrtmɔˈneː, auch ˈpɔrt...], Port|mo|nee ↑D 38; das; -s, -s ⟨franz.⟩ (Geldtäschchen, -börse)
Por|t|e|pee [pɔrtə...], das; -s, -s (früher für Degen-, Säbelquaste); **Por|t|e|pee|trä|ger** (früher für Offizier od. höherer Unteroffizier)
Por|ter, der, auch das; -s, - ⟨engl.⟩ (starkes [englisches] Bier)
Por|ter|house|steak [ˈpɔːɐ̯təhaʊs...] (dicke Scheibe aus dem Rippenstück des Rinds mit [Knochen u.] Filet)
Port|fo|lio, das; -s, -s ⟨ital.⟩ (Mappe mit Grafiken; Wirtsch. Wertpapierbestand)
Por|ti (Plur. von Porto)
Por|ti|ci [...tʃi] (italienische Stadt)
Por|ti|er [...ˈtjeː, österr. ...ˈtiːɐ̯], der; -s, Plur. -s, österr. -e ⟨franz.⟩ (Pförtner; Hauswart)

Por|ti|e|re, die; -, -n (Türvorhang)
por|tie|ren ⟨franz.⟩ (schweiz. für zur Wahl vorschlagen)
Por|ti|e|rin ⟨zu Portier⟩
Por|ti|ers|frau
Por|ti|kus, der, fachspr. auch die; -, Plur. - od. ...ken ⟨lat.⟩ (Säulenhalle)
Por|ti|on, die; -, -en ⟨lat.⟩ ([An]teil, abgemessene Menge); er ist nur eine halbe Portion (ugs. für er ist sehr klein, er zählt nicht); **Por|ti|ön|chen**
por|ti|o|nen|wei|se, por|ti|ons|wei|se
por|ti|o|nie|ren (in Portionen einteilen); **Por|ti|o|nie|rung**
Por|ti|un|ku|la, die; - (Marienkapelle bei Assisi); **Por|ti|un|ku|la|ab|lass,** der; -es (vollkommener Ablass)
Port|juch|he, das; -s, -s ⟨ugs. scherzh. für Portemonnaie⟩
Port|land|ze|ment, der; -[e]s
Port Lou|is [ˈpɔːɐ̯t ˈluːɪs] (Hauptstadt von Mauritius)
Port|mo|nee vgl. Portemonnaie
Port Mores|by [ˈpɔːɐ̯t ˈmɔːɐ̯sbi] (Hauptstadt von Papua-Neuguinea)
Por|to, das; -s, Plur. -s u. ...ti ⟨ital.⟩ (Beförderungsentgelt für Postsendungen); **Por|to|buch**
por|to|frei
Port of Spain [ˈpɔːɐ̯t əv ˈspeɪn] (Hauptstadt von Trinidad u. Tobago)
Por|to|kas|se
Por|to No|vo (Hauptstadt Benins)
por|to|pflich|tig
Por|to Ri|co (alter Name für Puerto Rico)
Por|t|rait frühere Schreibung für Porträt
Por|t|rät [...ˈtrɛː], das; -s, -s ⟨franz.⟩ (Bildnis eines Menschen); **Por|t|rät|auf|nah|me; Por|t|rät|fo|to|gra|fie,** Por|t|rät|pho|to|gra|phie
por|t|rä|tie|ren (porträtieren); **Por|t|rä|tist,** der; -en, -en (Porträtmaler); **Por|t|rä|tis|tin; Por|t|rät|ma|ler; Por|t|rät|ma|le|rin; Por|t|rät|sta|tue; Por|t|rät|stu|die; Por|t|rät|zeich|nung**
Port Said (ägyptische Stadt)
Ports|mouth [ˈpɔːɐ̯tsməθ] (englischer u. amerikanischer Ortsname)
Port Su|dan (Stadt am Roten Meer)
Por|tu|gal
Por|tu|ga|le|ser, der; -s, - (alte Goldmünze)

Portugiese

Por|tu|gie|se, der; -n, -n (Bewohner von Portugal)
Por|tu|gie|ser (eine Reb- u. Weinsorte)
Por|tu|gie|sin
por|tu|gie|sisch; Por|tu|gie|sisch, das; -[s] (Sprache); vgl. Deutsch; Por|tu|gie|si|sche, das; -n; vgl. ²Deutsche
Por|tu|gie|sisch-Gui|nea ↑D 140 (früherer Name von Guinea-Bissau)
Por|tu|lak, der; -s, Plur. -e u. -s ⟨lat.⟩ (eine Gemüse- u. Zierpflanze)
Port|wein ⟨nach der port. Stadt Porto⟩
Por|zel|lan, das; -s, -e ⟨ital.⟩; echt Meißner Porzellan; chinesisches Porzellan; por|zel|la|nen (aus Porzellan)
Por|zel|lan|er|de; Por|zel|lan|fi|gur; Por|zel|lan|la|den; Por|zel|lan|ma|le|rei; Por|zel|lan|ma|nu|fak|tur; Por|zel|lan|schne|cke; Por|zel|lan|tel|ler
Por|zia (w. Vorn.)
Pos. = Position
POS, die; -, - = polytechnische Oberschule; vgl. polytechnisch
Po|sa|da, die; -, ...den ⟨span.⟩ (Wirtshaus)
Po|sa|ment, das; -[e]s, -en meist Plur. ⟨lat.⟩ (Besatz zum Verzieren von Kleidung, Polstermöbeln u. Ä., z. B. Borte, Schnur)
Po|sa|men|ter, der; -s, - u. Po|sa|men|tier, der; -s, -e, österr. nur Po|sa|men|tie|rer (Posamentenhersteller u. -händler)
Po|sa|men|te|rie, die; -, ...ien ([Geschäft für] Posamenten)
Po|sa|men|te|ren ⟨zu Posamentier⟩
Po|sa|men|tier vgl. Posamenter
Po|sa|men|tier|ar|beit
po|sa|men|tie|ren; Po|sa|men|tie|rer vgl. Posamenter; Po|sa|men|tie|re|rin, Po|sa|men|tie|rin
Po|sau|ne, die; -, -n ⟨lat.⟩ (ein Blechblasinstrument)
po|sau|nen; ich habe posaunt
Po|sau|nen|blä|ser; Po|sau|nen|chor; Po|sau|nen|en|gel
Po|sau|nist, der; -en, -en; Po|sau|nis|tin
¹Po|se, die; -, -n ⟨nordd. für Feder[kiel], Bett; Angeln an der Schnur befestigter Schwimmer)
²Po|se, die; -, -n ⟨franz.⟩ ([gekünstelte] Stellung, Körperhaltung)
Po|sei|don (griechischer Gott des Meeres)
Po|se|mu|ckel, Po|se|mu|kel [auch 'po:...] ⟨ugs. für kleiner, unbedeutender Ort⟩
po|sen (svw. posieren); er pos|te
Po|ser, der; -s, - ⟨engl.⟩ (Jargon abwertend jmd., der sich gekünstelt benimmt); Po|se|rin
po|sie|ren (eine ²Pose einnehmen, schauspielern)
Po|sil|li|po, der; -[s] (Bergrücken am Golf von Neapel)
Po|sing ['pɔʊzɪŋ], das; -[s], -s ⟨engl.⟩ (das Posieren)
Po|si|ti|on, die; -, -en ⟨franz.⟩ ([An]stellung, Stelle, Lage; Einzelposten [Abk. Pos.]; Standort eines Schiffes od. Flugzeuges; Standpunkt, grundsätzliche Auffassung; po|si|ti|o|nell (die Position betreffend)
po|si|ti|o|nie|ren (in eine bestimmte Position bringen; ein Produkt auf dem Markt einordnen); Po|si|ti|o|nie|rung
Po|si|ti|ons|be|stim|mung; Po|si|ti|ons|lam|pe; Po|si|ti|ons|la|ter|ne; Po|si|ti|ons|licht Plur. ...lichter; Po|si|ti|ons|mel|dung (Seew., Flugw.); Po|si|ti|ons|pa|pier (bes. Politik); Po|si|ti|ons|win|kel (Astron.)
po|si|tiv [auch ...'ti:f] ⟨lat.⟩ (zustimmend; günstig; bestimmt, gewiss; auch kurz für HIV-positiv); ↑D 89: positive Theologie; (Math.:) positive Zahlen; (Physik:) positiver Pol; ↑D 72: im Positiven wie im Negativen
¹Po|si|tiv [auch ...'ti:f], das; -s, -e (kleine Standorgel ohne Pedal; Fotogr. vom Negativ gewonnenes, seitenrichtiges Bild)
²Po|si|tiv [auch ...'ti:f], der; -s, -e (Sprachwiss. Grundstufe, nicht gesteigerte Form, z. B. »schön«)
Po|si|ti|vis|mus, der; - (philosophische Position, die allein das Tatsächliche als Gegenstand der Erkenntnis zulässt); Po|si|ti|vist, der; -en, -en; Po|si|ti|vis|tin; po|si|ti|vis|tisch; Po|si|tiv|lis|te (Liste zugelassener Stoffe)
Po|si|ti|vum, das; -s, ...va ⟨lat.⟩ (das Positive)
Po|si|tron, das; -s, ...onen ⟨lat.; griech.⟩ (Kernphysik positiv geladenes Elementarteilchen)
Po|si|tur, die; -, -en ⟨lat.⟩ ([herausfordernde] Haltung; landsch. für Gestalt, Statur); sich in Positur setzen, stellen
Pos|se, die; -, -n (derb-komisches Bühnenstück)
Pos|se|kel, der; -s, - ⟨nordostd. für großer Schmiedehammer⟩
Pos|sen, der; -s, - (derber, lustiger Streich); Possen reißen
pos|sen|haft; Pos|sen|haf|tig|keit
Pos|sen|rei|ßer; Pos|sen|rei|ße|rin
Pos|ses|si|on, die; -, -en ⟨lat.⟩ (Rechtsspr. Besitz)
pos|ses|siv [auch ...'si:f] (Sprachwiss. besitzanzeigend); Pos|ses|siv [auch ...'si:f], das; -s, -e (bes. fachspr. svw. Possessivpronomen)
Pos|ses|siv|pro|no|men (Sprachwiss. besitzanzeigendes Fürwort, z. B. »mein«); Pos|ses|si|vum, das; -s, ...va (älter für Possessivpronomen)
pos|ses|so|risch (Rechtsspr. den Besitz betreffend)
pos|sier|lich (spaßhaft, drollig); Pos|sier|lich|keit
Pöß|neck (Stadt in Thüringen)
¹Post, die; -, -en Plur. selten ⟨ital.⟩ ↑D 150: er wohnt im Gasthaus »Zur Alten Post«
²Post [pɔʊst], der; -s, -s ⟨engl.⟩ (Beitrag in einem Internetforum o. Ä.)
Post|ab|ho|ler; Post|ab|ho|le|rin
Post|agen|tur
pos|ta|lisch (die Post betreffend, durch die Post, Post...)
Pos|ta|ment, das; -[e]s, -e ⟨ital.⟩ (Unterbau)
Post|amt (früher); post|amt|lich
Post|an|ge|stell|te, der u. die
Post|an|schrift
Post|an|wei|sung (früher)
Post|ar|beit (österr. veraltend für dringende Arbeit)
Post|aus|gang
Post|au|to; Post|au|to|bus (bes. österr. für Linienbus der Post)
Post|bank Plur. ...banken; Post|bar|scheck
Post|be|am|te; Post|be|am|tin
Post|be|diens|te|te, der u. die
Post|be|zirk
Post|bo|te (ugs.); Post|bo|tin
Post|brief|kas|ten
Post|bus
Pöst|chen (kleiner Posten)
post Chris|tum [na|tum] ⟨lat.⟩ (veraltet für nach Christi Geburt; Abk. p. Chr. [n.])
Post|de|mo|kra|tie (Politik, Soziol. politisches System mit formalen demokratischen Merkmalen, aber eingeschränkten Einflussmöglichkeiten der Bevölkerung)
Post|dienst; Post|dienst|leis|ter

Postur

(Unternehmen, das Briefe, Pakete u. a. befördert)
Post|di|rek|ti|on *(früher)*
Post|doc, der; -s, -s *u.* die; -, -s ⟨engl.⟩ (nach der Promotion auf dem jeweiligen Spezialgebiet noch weiter forschender Wissenschaftler bzw. Wissenschaftlerin); **Post|doc|stel|le**, **Post|doc-Stel|le**
Post|ein|gang
post|em|b|ry|o|nal ⟨lat.; griech.⟩ *(Med.* nach dem embryonalen Stadium)
¹**pos|ten** ⟨ital.⟩ *(schweiz. regional mdal. für* einkaufen)
²**pos|ten** ['pɔʊstn̩] ⟨engl.⟩ *(EDV* sich mit Fragen, Antworten, Kommentaren an Newsgroups beteiligen)
Pos|ten, der; -s, - (bestimmte Menge einer Ware; Rechnungsbetrag; Amt, Stellung; Wache; Schrotsorte); ein Posten Kleider; [auf] Posten stehen ↑D 54
Pos|ten|kom|man|dant *(österr. für* Leiter einer Polizeidienststelle); **Pos|ten|kom|man|dan|tin**
Pos|ter, das, *seltener* der; -s, *Plur.* -, *bei engl. Ausspr.* -s ⟨engl.⟩ (plakatartiges, großformatig gedrucktes Bild)
poste re|s|tante ['pɔst ... 'tã:t] ⟨franz.⟩ *(franz. Bez. für* postlagernd)
Pos|te|ri|o|ri|tät, die; - *(veraltet für* niedrigerer Rang)
Pos|te|ri|tät, die; -, -en *(veraltet für* Nachkommenschaft, Nachwelt)
Post|fach
post|fak|tisch ⟨lat.⟩ (durch geringe od. abnehmende Bedeutung von Tatsachen gekennzeichnet)
post fes|tum ⟨lat.; »nach dem Fest«⟩ (hinterher, zu spät)
Post|fi|li|a|le
post|frisch *(Philat.)*
Post|ge|bühr *(früher)*
Post|ge|heim|nis, das; -ses
Post|gi|ro|amt; **Post|gi|ro|dienst**; **Post|gi|ro|kon|to**; **Post|gi|ro|ver|kehr**
post|gla|zi|al ⟨lat.⟩ *(Geol.* nacheiszeitlich)
post|gra|du|al, **post|gra|du|ell** (nach Abschluss eines Studiums [mit Erwerb eines akademischen Grades] erfolgend); postgradualer *od.* postgradueller Lehrgang
Post|hal|te|rei *(früher)*
Post|horn *Plur.* ...hörner
post|hum, **pos|tum** ⟨lat.⟩ (nach jmds. Tod; nachgelassen)
pos|tie|ren ⟨franz.⟩ (aufstellen); sich postieren; **Pos|tie|rung**
Pos|til|le, die; -, -n ⟨lat.⟩ (Erbauungs-, Predigtbuch)
Pos|til|li|on [österr. nur so, auch ...'ljoːn], der; -s, -e ⟨ital.(-franz.)⟩ *(früher für* Postkutscher); **Pos|til|lon d'Amour** [...tiˈjõː daˈmuːɐ̯], der; - -, -s - [...jõː -] ⟨franz.⟩ (Liebesbote, Überbringer eines Liebesbriefes)
post|in|dus|t|ri|ell *(Soziol.* nach der Industrialisierung [folgend])
Pos|ting ['pɔʊstɪŋ], das; -[s], -s ⟨engl.⟩ *(EDV)*
post|kar|bo|nisch ⟨lat.⟩ *(Geol.* nach dem Karbon [liegend])
Post|kar|te; **Post|kar|ten|grö|ße**; **Post|kar|ten|gruß**; **Post|kar|ten|idyll**
Post|kas|ten *(landsch.)*
post|ko|lo|ni|al (nach der Kolonialzeit)
Post|kom|mu|ni|on ⟨lat.⟩ (ein Schlussgebet der kath. Messe)
post|kom|mu|nis|tisch (nach dem Zusammenbruch eines kommunistischen Regierungssystems)
Post|kon|fe|renz (Zusammenkunft zur Postbearbeitung u. -verteilung)
post|kul|misch ⟨lat.; engl.⟩ *(Geol.* nach dem Kulm [liegend])
Post|kun|de, der; **Post|kun|din**
Post|kut|sche
post|la|gernd; postlagernde Sendungen
Post|leit|zahl *(Abk.* PLZ)
Post|ler *(ugs. für* bei der Post Beschäftigter); **Pöst|ler** *(schweiz. svw.* Postler); **Post|le|rin** *(ugs.)*; **Pöst|le|rin** *(schweiz.)*
Post|meis|ter *(früher)*; **Post|meis|te|rin**
post me|ri|di|em ⟨lat.⟩ (nachmittags; *Abk.* p. m.)
post|mi|g|ran|tisch (von früherer Migration geprägt od. betroffen)
Post|mi|nis|ter *(früher)*; **Post|mi|nis|te|rin**, **Post|mi|nis|te|ri|um**
post|mo|dern ⟨engl.⟩; postmoderne Architektur; **Post|mo|der|ne**, die; - ([umstrittene] Bez. für verschiedene Strömungen der gegenwärtigen Architektur, Kunst u. Kultur)
post|mor|tal ⟨lat.⟩ *(Med.* nach dem Tode eintretend); **post mor|tem** (nach dem Tode; *Abk.* p. m.)
post|na|tal ⟨lat.⟩ *(Med.* nach der Geburt auftretend)
post|nu|me|ran|do ⟨lat.⟩ *(Wirtsch.* nachträglich [zahlbar]); **Post|nu|me|ra|ti|on**, die; -, -en (Nachzahlung)
Pos|to ⟨ital.⟩; nur in Posto fassen *(veraltet für* sich aufstellen)
Pos|to|mat®, der; -en, -en (Geldautomat der Schweizer Post[bank])
post|ope|ra|tiv ⟨lat.⟩ *(Med.* nach der Operation)
Post|pa|ket
Post|pro|ces|sing ['pɔʊstprɔʊsesɪŋ], das; -[s], -s ⟨engl.⟩ *(EDV* Nachbereitung von Simulationen)
post|pu|ber|tär *(Med.* nach der Pubertät auftretend)
Post|rat *Plur.* ...räte
Post|re|gal, das; -s, ...lien *(früher für* Recht des Staates, das Postwesen in eigener Regie zu führen)
Post|sack; **Post|schal|ter**
Post|scheck; **Post|scheck|amt** *(früher für* Postgiroamt; *Abk.* PSchA); **Post|scheck|kon|to** *(früher für* Postgirokonto)
Post|schiff
Post|schließ|fach *(Abk.* PSF)
Post|sen|dung
Post|skript, das; -[e]s, -e, österr. nur **Post|skrip|tum**, das; -s, *Plur.* ...ta, österr. auch ...te ⟨lat.⟩ (Nachschrift; *Abk.* PS)
post|so|zi|a|lis|tisch *(svw.* postkommunistisch)
Post|spar|buch; **Post|spa|ren**, das; -s; **Post|spar|kas|se** *(früher)*; **Post|spar|kas|sen|dienst**
Post|stem|pel
Post|sze|ni|um, das; -s, ...ien ⟨lat.; griech.⟩ (Raum hinter der Bühne; *Ggs.* Proszenium)
post|ter|ti|är ⟨lat.⟩ *(Geol.* nach dem Tertiär [liegend])
post|trau|ma|tisch ⟨lat.; griech.⟩ *(Med.* infolge einer Verletzung, eines Traumas auftretend); posttraumatische Belastungsstörung *(Abk.* PTBS) ↑D 89
Pos|tu|lant, der; -en, -en ⟨lat.⟩ *(veraltet für* Bewerber); **Pos|tu|lan|tin**
Pos|tu|lat, das; -[e]s, -e (Forderung); **pos|tu|lie|ren**; **Pos|tu|lie|rung**
pos|tum *vgl.* posthum
Pos|tur, die; -, -en *(schweiz. mdal. für* Statur; *vgl.* Positur)

post urbem conditam

post ur|bem con|di|tam ⟨lat.⟩ (nach Gründung der Stadt [Rom]; Abk. p. u. c.)

Post|ver|bin|dung; Post|ver|kehr; Post|ver|sand; Post|voll|macht

Post|weg; auf dem Postweg (mit der Post verschickt)

post|wen|dend

Post|wert|zei|chen; Post|we|sen, das; -s; Post|wurf|sen|dung; Post|zu|stel|lung

¹Pot, das; -s ⟨engl.⟩ (ugs. für Marihuana)

²Pot, der; -s ⟨engl.⟩ (ugs. für Summe aller Gewinneinsätze)

po|tem|kinsch [auch pa'tjɔmkɪnʃ] ⟨nach dem russ. Fürsten⟩ ↑D 89 u. 135: Potemkinsche od. Potemkin'sche od. potemkinsche Dörfer (Vorspiegelungen)

po|tent ⟨lat.⟩ (mächtig, einflussreich; zahlungskräftig, vermögend; Med. zum Geschlechtsverkehr fähig, zeugungsfähig)

Po|ten|tat, der; -en, -en (Machthaber; Herrscher); po|ten|ti|al usw. vgl. potenzial usw.; po|ten|ti|ell vgl. potenziell

Po|ten|til|la, die; -, ...llen ⟨lat.⟩ (Fingerkraut)

Po|ten|tio|me|ter usw. vgl. Potenziometer usw.

Po|tenz, die; -, -en ⟨lat., »Macht«⟩ (nur Sing.: Fähigkeit des Mannes, den Geschlechtsverkehr auszuüben, Zeugungsfähigkeit; innewohnende Kraft, Leistungsfähigkeit; Med. Verdünnungsgrad eines homöopath. Mittels; Math. Produkt aus gleichen Faktoren); Po|tenz|ex|po|nent (Math. Hochzahl einer Potenz)

po|ten|zi|al, po|ten|ti|al ⟨lat.⟩ (möglich; die [bloße] Möglichkeit bezeichnend); Po|ten|zi|al, Po|ten|ti|al, das; -s, -e (Leistungsfähigkeit; Physik Maß für die Stärke eines Kraftfeldes); Po|ten|zi|al|aus|gleich, Po|ten|ti|al|aus|gleich, der; -[e]s, -e (Technik elektrische Verbindung zur Verringerung der Spannung zwischen leitfähigen Körpern); Po|ten|zi|al|dif|fe|renz, Po|ten|ti|al|dif|fe|renz (Physik Unterschied elektrischer Kräfte bei aufgeladenen Körpern); Po|ten|zi|a|lis, Po|ten|ti|a|lis, der;

-, ...les ⟨lat.⟩ (Sprachwiss. Modus der Möglichkeit)

Po|ten|zi|a|li|tät, Po|ten|ti|a|li|tät, die; -, -en (bes. Philos. Möglichkeit)

po|ten|zi|ell, po|ten|ti|ell ⟨franz.⟩ (möglich [im Gegensatz zu wirklich]; der Anlage nach); potenzielle od. potentielle Energie (Physik) ↑D 89

po|ten|zie|ren (verstärken, erhöhen, steigern; Math. zur Potenz erheben, mit sich selbst vervielfältigen); Po|ten|zie|rung

Po|ten|zio|me|ter, Po|ten|tio|me|ter, das; -s, - ⟨lat.; griech.⟩ (Elektrot. regelbarer Widerstand als Spannungsteiler); po|ten|zio|me|t|risch, po|ten|tio|me|t|risch

Po|tenz|pil|le (ugs.); Po|tenz|schwä|che; Po|tenz|schwie|rig|kei|ten Plur.; po|tenz|stei|gernd; Po|tenz|stö|rung

Po|ti|phar, ökum. Po|ti|far (bibl. m. Eigenn.)

Po|tit|ze, die; -, -n ⟨slowen.⟩ (österr. für eine mit Nüssen, Mohn o. Ä. gefüllte Mehlspeise)

Pot|pour|ri [...pʊri, österr. ...'ri:], das; -s, -s ⟨franz.⟩ (Allerlei; aus populären Melodien zusammengesetztes Musikstück)

Pots|dam (Hauptstadt Brandenburgs); Pots|da|mer; das Potsdamer Abkommen; Pots|da|me|rin

Pott, der; -[e]s, Pötte (bes. nordd. ugs. für Topf; [altes] Schiff); zu Potte kommen (ugs. für zurechtkommen; etwas [mit einem Ergebnis] abschließen)

Pott|asche, die; - (Kaliumkarbonat)

Pott|bä|cker (landsch. für Töpfer); Pott|bä|cke|rin

Pott|harst vgl. Potthast

pott|häss|lich (ugs. für sehr hässlich)

Pott|hast, Pott|harst, der; -[e]s, -e (westfälisches Schmorgericht aus Gemüse u. Rindfleisch)

Pott|sau Plur. ...säue (derbes Schimpfwort)

Pott|wal (ein Zahnwal)

potz Blitz!; potz|tau|send!

Po-Ufer, Po|ufer ⟨zu ¹Po⟩

Pou|lar|de [pu...], die; -, -n ⟨franz.⟩ (noch nicht geschlechtsreifes Masthuhn)

Poule [puːl], die; -, -n ([Spiel]einsatz [beim Billard o. Ä.])

Pou|let [...'leː], das; -s, -s (junges Masthuhn)

Pour le Mé|rite ['puːɐ̯ lə me'riːt],

der; - - - (hoher preußischer Verdienstorden)

pous|sie|ren (ugs. veraltend für flirten)

Pou|voir [pu'vo̯aːr], das; -s, -s ⟨franz.⟩ (österr. für Handlungsvollmacht)

po|wer ⟨franz.⟩ (landsch. für armselig); pow[e]re Leute

Po|wer ['paʊ̯...], die; - ⟨engl.⟩ (ugs. für Stärke, Leistung, Wucht); Po|wer|frau

po|wern (große Leistung entfalten; mit großem Einsatz unterstützen); ich powere

Po|wer|play, das; -[s] (bes. Eishockey anhaltender gemeinsamer Ansturm auf das gegnerische Tor)

Po|wer|shop|ping [...ʃɔpɪŋ], das; -s ⟨engl.⟩ (gemeinschaftlicher u. dadurch preisgünstigerer Einkauf im Internet)

Po|wer|slide [...slaɪ̯t], das; -[s], -s (eine Kurvenfahrtechnik bei Autorennen)

Po|widl [...], das; -s, - ⟨tschech.⟩ (österr. für Pflaumenmus); Po|widl|kno|del

Poz|z[u]|o|lan|er|de vgl. Puzzolanerde

pp = pianissimo

pp. = perge, perge ⟨lat. »fahre fort«⟩ (und so weiter)

pp., ppa. = per procura

Pp., Ppbd. = Pappband

PP. = Patres

P. P. = praemissis praemittendis

ppa., pp. = per procura

Ppbd., Pp. = Pappband

P. prim. = Pastor primarius

Pr (chem. Zeichen für Praseodym)

PR [peː'ɛr] = Public Relations (Öffentlichkeitsarbeit)

Prä, das; -s ⟨lat., »vor«⟩; das Prä haben (ugs. für den Vorrang haben)

prä... (vor...); Prä... (Vor...)

Prä|am|bel, die; -, -n (feierliche Einleitung; Vorrede)

prä|bi|o|tisch vgl. prebiotisch

PR-Ab|tei|lung ⟨zu PR = Public Relations⟩

Pra|cher, der; -s, - ⟨slaw.⟩ (bes. nordd. für zudringlicher Bettler); Pra|che|rin; pra|chern (bes. nordd. für betteln); ich prachere

Pracht, die; -; Pracht|aus|ga|be; Pracht|band, der; Pracht|bau Plur. ...bauten; Pracht|ex|em|p|lar

präch|tig; Präch|tig|keit, die; - **Pracht|jun|ge,** der; **Pracht|kerl** (*ugs.*); **Pracht|mä|del**; **Pracht|stra|ße; Pracht|stück; Pracht|trep|pe; pracht|voll**; **Pracht|weib** (*ugs.*); **Pracht|werk**
pra|cken (*österr. ugs. für* schlagen); **Pra|cker** (*österr. ugs. für* Teppichklopfer, Fliegenklatsche)
Prä|des|ti|na|ti|on, die; - ⟨lat.⟩ (Vorherbestimmung); **Prä|des|ti|na|ti|ons|leh|re** (*Theol.*)
prä|des|ti|nie|ren; prä|des|ti|niert (vorherbestimmt; wie geschaffen [für etwas]); **Prä|des|ti|nie|rung,** die; -
Prä|di|kant, der; -en, -en ⟨lat.⟩ ([Hilfs]prediger); **Prä|di|kan|ten|or|den,** der; -s (*selten für* Dominikanerorden); **Prä|di|kan|tin**
Prä|di|kat, das; -[e]s, -e ⟨lat.⟩ ([gute] Zensur, Beurteilung; *kurz für* Adelsprädikat; *Sprachwiss.* Satzaussage)
prä|di|ka|ti|sie|ren ([einen Film o. Ä.] mit einem Prädikat versehen)
prä|di|ka|tiv (aussagend; das Prädikat betreffend); **Prä|di|ka|tiv,** das; -s, -e *(Sprachwiss.* auf das Subjekt od. Objekt bezogenes Satzglied)
Prä|di|ka|tiv|satz (*Sprachwiss.*); **Prä|di|ka|ti|vum,** das; -s, ...va (*älter für* Prädikativ)
Prä|di|kats|exa|men (mit einer sehr guten Note bestandenes Examen)
Prä|di|kats|no|men (*älter für* Prädikativ)
Prä|di|kats|wein
prä|dis|po|nie|ren ⟨lat.⟩ (im Vorhinein festlegen; empfänglich machen, bes. für Krankheiten); **Prä|dis|po|si|ti|on,** die; -, -en (*Med.* Anlage, Empfänglichkeit [für eine Krankheit])
Pra|do, der; -[s] (spanisches Nationalmuseum in Madrid)
prä|do|mi|nie|ren ⟨lat.⟩ (vorherrschen, überwiegen)
prae|mis|sis prae|mit|ten|dis ⟨lat.⟩ (*veraltet für* der gebührende Titel sei vorausgeschickt; *Abk.* P. P.)
prä|emp|tiv ⟨engl.⟩ (vorbeugend, einer sich bereits abzeichnenden Entwicklung zuvorkommend)
Prä|exis|tenz, die; -, -en ⟨lat.⟩ (*Philos., Theol.* das Existieren in einem früheren Leben)

prä|fa|b|ri|zie|ren (im Voraus festlegen)
Prä|fa|ti|on, die; -, -en ⟨lat.⟩ (Dankgebet als Teil der katholischen Eucharistiefeier u. des evangelischen Abendmahlsgottesdienstes)
Prä|fekt, der; -en, -en ⟨lat.⟩ (hoher Beamter im alten Rom; oberster Verwaltungsbeamter eines Departements in Frankreich, einer Provinz in Italien; Leiter des Chors als Vertreter des Kantors); **Prä|fek|tin; Prä|fek|tur,** die; -, -en (Amt, Bezirk, Amtsräume eines Präfekten)
prä|fe|ren|ti|ell *vgl.* präferenziell
Prä|fe|renz, die; -, -en ⟨lat.⟩ (Vorzug, Vorrang; Bevorzugung)
prä|fe|ren|zi|ell, präfe|ren|ti|ell ⟨lat.⟩ (vorrangig)
Prä|fe|renz|lis|te; Prä|fe|renz|span|ne (*Wirtsch.*); **Prä|fe|renz|stel|lung** (*bes. Wirtsch.*); **Prä|fe|renz|zoll** (Zoll, der einen Handelspartner bes. begünstigt)
prä|fe|rie|ren (den Vorzug geben)
Prä|fix [*auch* ... 'fɪks], das; -es, -e ⟨lat.⟩ (*Sprachwiss.* vorn an den Wortstamm angefügtes Wortbildungselement, z. B. »be-« in »beladen«)
Prä|for|ma|ti|on, die; -, -en ⟨lat.⟩ (*Biol.* angenommene Vorherbildung des fertigen Organismus im Keim); **prä|for|mie|ren; Prä|for|mie|rung**
Prag (Hauptstadt der Tschechischen Republik); *vgl.* Praha
präg|bar; Präg|bar|keit, die; -
Prä|ge|bild (*Münzw.*); **Prä|ge|druck** *Plur.* ...drucke (*Druckw.*); **Prä|ge|ei|sen** (Prägestempel); **Prä|ge|form** (*Münzw.*); **Prä|ge|ma|schi|ne** (Prägestock)
prä|gen
PR-Agen|tur
Prä|ge|pha|se (frühe, ein Lebewesen prägende Phase)
Prä|ge|pres|se (*Druckw.*)
Pra|ger ⟨*zu* Prag⟩; der Prager Fenstersturz
Prä|ger ⟨*zu* prägen⟩
Prä|ge|rei
Prä|ge|rin
Prä|ge|stät|te; Prä|ge|stem|pel; Prä|ge|stock, der; -[e]s, ...stöcke
prä|gla|zi|al ⟨lat.⟩ (*Geol.* voreiszeitlich)
Prag|ma|tik, die; -, -en ⟨griech.⟩ (*nur Sing.:* Orientierung auf das Nützliche, Sachbezogenheit; *Sprachwiss.* Lehre vom sprachlichen Handeln; *österr. auch für* Dienstpragmatik); **Prag|ma|ti|ker; Prag|ma|ti|ke|rin**
prag|ma|tisch (auf praktisches Handeln gerichtet; sachbezogen); ↑D 89: pragmatische Angaben (Gebrauchsangaben im Wörterbuch); (den ursächlichen Zusammenhang darlegende) Geschichtsschreibung; *aber* ↑D 150: Pragmatische Sanktion (Grundgesetz des Hauses Habsburg von 1713)
prag|ma|ti|sie|ren (österr. für in ein Beamtendienstverhältnis übernehmen); **Prag|ma|ti|sie|rung**
Prag|ma|tis|mus, der; - (philosophische Richtung, die alles Denken u. Handeln vom Standpunkt der prakt. Nutzens aus beurteilt); **Prag|ma|tist,** der; -en, -en; **Prag|ma|tis|tin**
prä|g|nant ⟨lat.⟩ (knapp u. treffend); **Prä|g|nanz,** die; -
Prä|gung
Pra|ha (*tschech.* Form von Prag)
Prä|his|to|rie [*auch, österr. nur,* 'prɛː...], die; - ⟨lat.⟩ (Vorgeschichte); **Prä|his|to|ri|ker; Prä|his|to|ri|ke|rin; prä|his|to|risch** (vorgeschichtlich)
prah|len; Prah|ler; Prah|le|rei; Prah|le|rin; prah|le|risch
Prahl|hans, der; -es, ...hänse (*ugs. für* jmd., der gern prahlt)
Prahl|sucht, die; -; **prahl|süch|tig**
Prahm, der; -[e]s, *Plur.* -e *od.* Prähme (*tschech.*) (großer Lastkahn)
Praia (Hauptstadt von Kap Verde)
Prä|im|plan|ta|ti|ons|di|ag|nos|tik (*Med.* vor der Einpflanzung in den Uterus durchgeführte Untersuchung eines im Reagenzglas gezeugten Embryos)
Prai|ri|al [prɛ...], der; -[s] -s ⟨franz.⟩, »Wiesenmonat«) (9. Monat des Kalenders der Franz. Revolution: 20. Mai bis 18. Juni)
Prä|ju|diz, das; -es, *Plur.* -e *od.* -ien ⟨lat.⟩ (Vorentscheidung; hochrichterliche Entscheidung, die bei Beurteilung künftiger Rechtsfälle herangezogen wird)
prä|ju|di|zi|al ⟨franz.⟩ (bedeutsam für die Beurteilung eines späteren Sachverhalts)
prä|ju|di|zie|ren ⟨lat.⟩ (der [richterlichen] Entscheidung vorgreifen); präjudizierter Wechsel (*Bankw.* nicht eingelöster

Wechsel, dessen Protest versäumt wurde)
prä|kam|b|risch ⟨*Geol.* vor dem Kambrium [liegend]⟩; **Prä|kamb|ri|um**, das; -s (vor dem Kambrium liegender erdgeschichtlicher Zeitraum)
prä|kar|bo|nisch ⟨*lat.*⟩ ⟨*Geol.* vor dem Karbon [liegend]⟩
prä|kar|di|al, präl|kor|di|al ⟨*Med.* vor dem Herzen [liegend]⟩; **Prä|kar|di|al|gie**, die; -, ...ien ⟨*lat.*; griech.*⟩ (Schmerzen in der Herzgegend)
prä|klu|die|ren ⟨*lat.*⟩ ⟨*Rechtsspr.* jmdm. die Geltendmachung eines Rechtes gerichtlich verweigern⟩; **Prä|klu|si|on**, die; -, -en (Ausschließung; Rechtsverwirkung); **prä|klu|siv**, **prä|klu|si|visch**; **prä|klu|siv|frist**
prä|ko|lum|bi|a|nisch, *fachspr.* meist **prä|ko|lum|bisch** (die Zeit vor der Entdeckung Amerikas durch Kolumbus betreffend)
prä|kor|di|al vgl. präkardial; **Prä|kor|di|al|angst** (*Med. veraltet*)
Pra|k|rit, das; -s (die mittelindischen Volkssprachen)
prakt. Arzt, prakt. Ärz|tin vgl. praktisch
prak|ti|fi|zie|ren ⟨*griech.*; *lat.*⟩ (in die Praxis umsetzen, verwirklichen); **Prak|ti|fi|zie|rung**
Prak|tik, die; -, -en ⟨*griech.*⟩ (Art der Ausübung von etwas; Handhabung; Verfahrensweise; meist *Plur.*: nicht einwandfreies [unerlaubtes] Vorgehen)
Prak|ti|ka (*Plur.* von Praktikum)
prak|ti|ka|bel (brauchbar; benutzbar; zweckmäßig); eine praktika|b|le Einrichtung
Prak|ti|ka|bel, das; -s, - (*Theater* fest gebauter, begehbarer Teil der Bühnendekoration)
Prak|ti|ka|bi|li|tät, die; -
Prak|ti|kant, der; -en, -en (jmd., der ein Praktikum absolviert); **Prak|ti|kan|tin**
Prak|ti|ker (Mensch mit Erfahrung u. Geschick; *Ggs.* Theoretiker); **Prak|ti|ke|rin**
Prak|ti|kum, das; -s, ...ka (praktische Übung an der Hochschule; im Rahmen einer Ausbildung außerhalb der [Hoch]schule abzuleistende praktische Tätigkeit); **Prak|ti|kums|be|richt**; **Prak|ti|kums|platz**; **Prak|ti|kums|stel|le**; **Prak|ti|kums|ver|trag**
Prak|ti|kus, der; -, -se (*scherzh. für* jmd., der immer u. überall Rat weiß)
PR-Ak|ti|on ⟨*zu* PR = Public Relations⟩
prak|tisch (auf die Praxis bezüglich; zweckmäßig; geschickt; tatsächlich; ↑D 89: praktische Ärztin/praktischer Arzt (Ärztin/Arzt für Allgemeinmedizin; *Abk.* prakt. Ärztin/prakt. Arzt); praktisches Jahr (einjähriges Praktikum); praktisches (tätiges) Christentum; ↑D 72: etwas Praktisches schenken; sie hat praktisch (*ugs. für* so gut wie) kein Geld
prak|ti|zie|ren (in der Praxis anwenden; als Arzt, Anwalt usw. tätig sein; ein Praktikum machen)
prä|kul|misch ⟨*lat.*; *engl.*⟩ ⟨*Geol.* vor dem ²Kulm [liegend]⟩
Prä|lat, der; -en, -en ⟨*lat.*⟩ (kath. geistlicher Würdenträger; leitender ev. Geistlicher); **Prä|la|tin**; **Prä|la|tur**, die; -, -en (Amt, Sitz eines Prälaten)
Prä|li|mi|nar|frie|den ⟨*lat.*; dt.⟩ (vorläufiger Frieden)
Prä|li|mi|na|ri|en *Plur.* ⟨*lat.*⟩ ([diplomatische] Vorverhandlungen; Einleitung)
Pra|li|ne, die; -, -n (nach dem franz. Marschall du Plessis-Praslin) (mit Schokolade überzogene Süßigkeit); **Pra|li|né**, **Pra|li|nee**, das; -s, -s (*bes. österr., schweiz. für* Praline)
prall (voll; stramm); einen Sack prall füllen *od.* prallfüllen
Prall, der; -[e]s, -e (heftiges Auftreffen); **prall|len**
Prall|ler, **Prall|tril|ler** (*Musik* Wechsel zwischen Hauptnote u. nächsthöherer Note)
Prall|kis|sen (seltener für Airbag)
Prall|tril|ler vgl. Praller
prall|voll (*ugs.*)
prä|lu|die|ren ⟨*lat.*⟩ (*Musik* einleitend spielen); **Prä|lu|di|um**, das; -s, ...ien (Vorspiel)
Prä|ma|tu|ri|tät, die; - ⟨*lat.*⟩ (*Med.* Frühreife)
prä|mens|t|ru|ell ⟨*lat.*⟩ (*Med.* der Menstruation vorausgehend); prämenstruelles Syndrom (*Abk.* PMS) ↑D 89
Prä|mie, die; -, -n ⟨*lat.*⟩ (Belohnung, Preis; [Zusatz]gewinn; zusätzliche Vergütung; Versicherungsbeitrag)
Prä|mi|en|an|lei|he (*Wirtsch.*); **Prä|mi|en|aus|lo|sung**

prä|mi|en|be|güns|tigt; prämienbegünstigtes Sparen
Prä|mi|en|de|pot (Versicherungsw.*)
prä|mi|en|frei
Prä|mi|en|ge|schäft (*Kaufmannsspr.*)
Prä|mi|en|lohn (*Wirtsch.*); **Prä|mi|en|lohn|sys|tem**
Prä|mi|en|los; **Prä|mi|en|rück|ge|währ** (Gewähr für Beitragsrückzahlung); **Prä|mi|en|schein**
prä|mi|en|spa|ren meist nur im *Infinitiv* gebr.; **Prä|mi|en|spa|ren**, das; -s; **Prä|mi|en|spa|rer**; **Prä|mi|en|spa|re|rin**; **Prä|mi|en|spar|ver|trag**; **Prä|mi|en|zah|lung**; **Prä|mi|en|zie|hung**; **Prä|mi|en|zu|schlag**
prä|mie|ren, **prä|mi|ie|ren**; **Prä|mie|rung**, **Prä|mi|ie|rung**
prä|mis|se, die; -, -n ⟨*lat.*⟩ (Voraussetzung; Vordersatz eines logischen Schlusses)
prä|mo|dern; **Prä|mo|der|ne**, die; - (vor der Moderne liegende europ. Kulturphase)
Prä|mons|t|ra|ten|ser, der; -s, - ⟨nach dem franz. Kloster Prémontré⟩ (Angehöriger eines katholischen Ordens)
prä|na|tal ⟨*lat.*⟩ (*Med.* der Geburt vorausgehend)
Prand|tau|er (österreichischer Barockbaumeister)
Prandtl-Rohr, Prandtl|rohr ⟨nach dem dt. Physiker⟩ (*Physik* Gerät zum Messen des Drucks in einer Strömung)
pran|gen; **Pran|ger**, der; -s, - (*MA.* für Schandpfahl)
Pran|ke, die; -, -n (Klaue, Tatze; *ugs. für* große, derbe Hand); **Pran|ken|hieb**
Prä|no|men, das; -s, *Plur.* - u. ...mina ⟨*lat.*⟩ (Vorname [der alten Römer])
prä|nu|me|ran|do ⟨*lat.*⟩ (*Wirtsch.* im Voraus [zu zahlen])
Prä|nu|me|ra|ti|on, die; -, -en (Vorauszahlung); **prä|nu|me|rie|ren**
Pranz, der; -es (*landsch. für* Prahlerei); **pran|zen**; **Pran|zer**; **Pran|ze|rin**
Prä|pa|rand, der; -en, -en ⟨*lat.*⟩ (*früher für* jmd., der sich auf das Lehrerseminar vorbereitet); **Prä|pa|ran|din**
Prä|pa|rat, das; -[e]s, -e ⟨*lat.*⟩ (zubereitete Substanz, z. B. Arzneimittel; *Biol.* zu Lehrzwecken konservierter Pflanzen- od. Tierkörper; *Med.* zum Mikro-

Präterition

skopieren vorbereiteter Gewebeteil); **Prä|pa|ra|ten|samm|lung**
Prä|pa|ra|ti̱|on, die; -, -en ⟨lat.⟩ (*bes. Biol., Med.* Herstellung eines Präparates); **Prä|pa|ra̱|tor,** der; -s, ...**o̱ren; Prä|pa|ra|to̱|rin**
prä|pa|rie̱|ren ⟨lat.⟩; sich präparieren (vorbereiten); Körper- od. Pflanzenteile präparieren (dauerhaft, haltbar machen); **Prä|pa|rie̱|rung**
prä|peln (*landsch. für* [etwas Gutes] essen); ich präp[e]le
Prä|pon|de|ranz, die; - ⟨lat.⟩ (*veraltet für* Übergewicht)
Prä|po|si|ti̱|on, die; -, -en ⟨lat.⟩ (*Sprachwiss.* Verhältniswort, z. B. auf, bei, in, vor, zwischen); **prä|po|si|ti|o|na̱l; Prä|po|si|ti|o|na̱l|at|tri|but; Prä|po|si|ti|o|na̱l|ge|fü|ge; Prä|po|si|ti|o|na̱l|objekt**
Prä|po|si|tur, die; -, -en (Stelle eines Präpositus); **Prä|po̱|si|tus,** der; -, ...ti (Vorgesetzter; Propst)
prä|po|tent ⟨lat.⟩ (*veraltet für* übermächtig, *österr. für* überheblich, aufdringlich); **Prä|po|tenz,** die; -
Prä|pro|zes|sor (*EDV* ein Computerprogramm)
Prä|pu|ti|um, das; -s, ...ien ⟨lat.⟩ (*Med.* Vorhaut)
Prä|raf|fa|e|lit, der; -en, -en ⟨lat.-ital.⟩ (*Kunstwiss.* Nachahmer des vorraffaelischen Malstils)
PR-Ar|beit ⟨zu PR = Public Relations⟩
Prä̱|rie, die; -, ...ien ⟨franz.⟩ (Grasebene in Nordamerika); **Prä̱|rie|aus|ter** (ein Mixgetränk); **Prä̱|rie|gras; Prä̱|rie|hund** (ein Nagetier); **Prä̱|rie|in|di|a|ne|rin; Prä̱|rie|wolf**
Prä|ro|ga|tiv, das; -s, -e ⟨lat.⟩, **Prä|ro|ga|ti̱|ve,** die; -, -n (Vorrecht; *früher* nur dem Herrscher vorbehaltenes Recht)
Prä|sens, das; -, *Plur.* ...sentia od. ...senzien ⟨lat.⟩ (*Sprachwiss.* Gegenwart); **Prä|sens|par|ti|zip** *vgl.* Partizip
prä|sent (anwesend; gegenwärtig)
Prä|sent, das; -[e]s, -e ⟨franz.⟩ ([kleineres] Geschenk)
prä|sen|ta|bel (*veraltend für* ansehnlich; vorzeigbar); präsenta|b|le Ergebnisse
Prä|sen|tant, der; -en, -en ⟨lat.⟩ (*Wirtsch.* jmd., der einen fälligen Wechsel vorlegt)
Prä|sen|ta|ti̱|on, die; -, -en (das Vorstellen, das Präsentieren; *Wirtsch.* Vorlegung eines fälligen Wechsels)
Prä|sen|ta|ti̱|ons|gra|fik (*EDV*)
Prä|sen|ta|ti̱|ons|recht (*kath. Kirche* Vorschlagsrecht)
Prä|sen|tia (*Plur. von* Präsens)
prä|sen|tie̱|ren ⟨franz.⟩ (vorstellen; vorlegen [bes. einen Wechsel]; *milit.* Ehrenbezeigung [mit dem Gewehr] machen); sich präsentieren (sich zeigen)
Prä|sen|tier|griff (*Militär*)
Prä|sen|tier|tel|ler; auf dem Präsentierteller sitzen (*ugs. für* allen Blicken ausgesetzt sein)
Prä|sen|tie̱|rung
prä|sen|tisch ⟨lat.⟩ (*Sprachwiss.* das Präsens betreffend)
Prä|sent|korb
Prä|senz, die; -, -en (Gegenwart, Anwesenheit; Ausstrahlung)
Prä|senz|bi|b|li|o|thek (Bibliothek, aus deren Bücher nicht nach Hause mitgenommen werden dürfen)
Prä|senz|die̱|ner (*österr. für* Soldat im Grundwehrdienst des österreichischen Bundesheeres); **Prä|senz|dienst** (*österr. für* Grundwehrdienst)
Prä|sen|zi|en (*Plur. von* Präsens)
Prä|senz|lis|te (Anwesenheitsliste); **Prä|senz|pflicht; Prä|senz|stär|ke** (augenblickliche Personalstärke [bei der Truppe])
Pra|seo|dym, das; -s ⟨griech.⟩ (chemisches Element, Seltenerdmetall; *Zeichen* Pr)
Prä|ser (*ugs.; kurz für* Präservativ)
prä|ser|va|tiv ⟨lat.⟩ (vorbeugend, verhütend); **Prä|ser|va|tiv,** das; -s, -e ⟨lat.⟩ (Gummischutz für das männliche Glied zur Empfängnisverhütung u. zum Schutz vor Infektionen)
Prä|ser|ve, die; -, -n *meist Plur.* (Halbkonserve)
Prä|ses, der *u.* die; -, *Plur.* ...sides *u.* ...siden ⟨lat.⟩ (*kath. u. ev. Kirche* Vorsitzende[r], Vorstand)
Prä|si|de, der; -n, -n (*Verbindungsw.* Leiter einer Kneipe, eines Kommerses)
Prä|si|dent, der; -en, -en (Vorsitzender; Staatsoberhaupt in einer Republik); **Prä|si|den|ten|amt; Prä|si|den|ten|wahl; prä|si|den|ti|ell** (von einem Präsidenten geleitet, von ihm ausgehend); **Prä|si|den|tin**
Prä|si|dent|schaft; Prä|si|dent|schafts|kan|di|dat; Prä|si|dent|schafts|kan|di|da|tin; Prä|si|dent-
schafts|wahl; Prä|si|dent|schafts|wahl|kampf
Prä|si|des (*Plur. von* Präses)
prä|si|di|al (den Präsidenten, das Präsidium betreffend)
Prä|si|di|al|de|mo|kra|tie
Prä|si|di|a̱|le, die; - (*österr. für* [Konferenz der] Präsidium[s] des Nationalrats)
Prä|si|di|al|ge|walt; Prä|si|di|al|ka|bi|nett; Prä|si|di|al|re|gie|rung
Prä|si|di|al|sys|tem (Regierungsform, bei der das Staatsoberhaupt gleichzeitig Regierungschef ist)
prä|si|die̱|ren (den Vorsitz führen, leiten); einem (*schweiz.* einen) Ausschuss präsidieren
Prä|si|di|um, das; -s, ...ien (leitendes Gremium; Vorsitz; Amtsgebäude eines [Polizei]präsidenten); **Prä̱|si|di|ums|mit|glied; Prä|si|di|ums|sit|zung**
prä|si|lu̱|risch ⟨nlat.⟩ (*Geol.* vor dem Silur [liegend])
prä|skri|bie̱|ren ⟨lat.⟩ (vorschreiben; verordnen); **Prä|skrip|ti̱|on,** die; -, -en; **prä|skrip|tiv** (vorschreibend; regelnd)
Prass, der; -es (*veraltet für* Plunder)
pras|seln; sie sagt, der Regen prass[e]le jetzt weniger
pras|sen (schlemmen); du prasst, er/sie prasst; du prasstest; er/sie hat geprasst; prasse! *u.* prass!; **Prass|er; Pras|se|rei; Pras|se|rin**
prä|sta|bi|lie̱|ren ⟨lat.⟩ (*veraltet für* vorher festsetzen); prästabilierte Harmonie (Leibniz)
Prä|s|tant, der; -en, -en (große, zinnerne Orgelpfeife)
prä|su|mie̱|ren ⟨lat.⟩ (*Rechtsspr., Philos.* annehmen; voraussetzen); **Prä|sum|ti̱|on,** die; -, -en (Annahme; Vermutung; Voraussetzung); **prä|sum|tiv** (mutmaßlich)
Prä|ten|dent, der; -en, -en ⟨lat.⟩ (jmd., der Anspruch auf eine Stellung, ein Amt, bes. auf einen Thron, erhebt); **Prä|ten|den|tin; prä|ten|die̱|ren**
Prä|ten|ti̱|on, die; -, -en (Anspruch; Anmaßung); **prä|ten|ti|ös** (anspruchsvoll; anmaßend)
Pra̱|ter, der; -s (Park mit Vergnügungsplatz in Wien)
Prä|te|r|i̱|tio, die; -, ...onen ⟨lat.⟩, **Prä|te|ri|ti̱|on,** die; -, -en (*Rhet.* scheinbare Übergehung)

Präteritopräsens

Prä|te|r|i|to|prä|sens, das; -, *Plur.* ...sentia *od.* ...senzien (*Sprachwiss.* Verb, dessen Präsens [Gegenwart] ein früheres starkes Präteritum [Vergangenheit] ist u. dessen neue Vergangenheitsformen schwach gebeugt werden, z. B. »können, wissen«)
Prä|te|r|i|tum, das; -s, ...ta (*Sprachwiss.* Vergangenheit)
prä|ter|prop|ter ⟨lat.⟩ (etwa, ungefähr)
Prä|tor, der; -s, ...oren ⟨lat.⟩ (höchster [Justiz]beamter im alten Rom); **Prä|to|ri|a|ner** (Angehöriger der Leibwache der röm. Feldherren od. Kaiser)
Prätt|ti|gau, das; -[e]s (Talschaft in Graubünden)
Prä|tur, die; -, -en ⟨lat.⟩ (Amt eines Prätors)
Prat|ze, die; -, -n (*svw.* Pranke)
Prau, die; -, -e ⟨malai.⟩ (Boot der Malaien)
Prä|ven|ti|on, die; -, -en ⟨lat.⟩ (Vorbeugung, Verhütung); **Prä|ven|ti|ons|an|ge|bot** (*bes. Med.*); **Prä|ven|ti|ons|ge|setz; Prä|ven|ti|ons|kam|pag|ne; Prä|ven|ti|ons|maß|nah|me**
prä|ven|tiv
Prä|ven|tiv|an|griff; Prä|ven|tiv|be|hand|lung (*Med.*); **Prä|ven|tiv|krieg; Prä|ven|tiv|maß|nah|me; Prä|ven|tiv|me|di|zin,** die; -; **Prä|ven|tiv|schlag** (*Militär*)
prä|ver|bal (vor dem Spracherwerb [liegend])
Praw|da, die; - ⟨russ., »Wahrheit«⟩ (Moskauer Tageszeitung)
Pra|xe|dis [*auch* 'pra...] (eine Heilige)
Pra|xis, die; -, ...xen ⟨griech.⟩ (*nur Sing.:* Tätigkeit, Ausübung, Erfahrung, *Ggs.* Theorie; Räumlichkeiten für die Berufsausübung bestimmter Berufsgruppen); *vgl.* in praxi
pra|xis|be|zo|gen; Pra|xis|be|zug
Pra|xis|fern; pra|xis|fremd
Pra|xis|ge|bühr, die; - (*früher* Gebühr beim Arztbesuch)
pra|xis|ge|recht; pra|xis|nah; pra|xis|ori|en|tiert
Pra|xis|part|ner; Pra|xis|part|ne|rin
Pra|xis|schlie|ßung
pra|xis|taug|lich
Pra|xis|taug|lich|keit, die; -
pra|xis|ver|bun|den
Pra|xi|te|les (altgriechischer Bildhauer)
Prä|ze|dens, das; -, ...denzien ⟨lat.⟩ (früherer Fall, früheres Beispiel; Beispielsfall)
Prä|ze|denz|fall, der (Präzedens)
Prä|ze|denz|strei|tig|keit (Rangstreitigkeit)
Prä|zep|tor, der; -s, ...oren (*veraltet für* Lehrer; Erzieher)
Prä|zes|si|on, die; -, -en (*Astron.* durch Kreiselbewegung der Erdachse verursachte Rücklaufbewegung des Schnittpunktes zwischen Himmelsäquator u. Ekliptik)
Prä|zi|pi|tat, das; -[e]s, -e (*Chemie* Bodensatz, Niederschlag); **Prä|zi|pi|ta|ti|on,** die; -, -en (Ausfällung); **prä|zi|pi|tie|ren** (ausfällen)
Prä|zi|pi|tin, das; -s, -e (*Med.* immunisierender Stoff im Blut)
prä|zis *österr., schweiz. meist so, auch* **prä|zi|se** ⟨lat.⟩ (genau; pünktlich; eindeutig); **prä|zi|sie|ren** (genau[er] angeben); **Prä|zi|sie|rung**
Prä|zi|si|on, die; - (Genauigkeit)
Prä|zi|si|ons|ar|beit; Prä|zi|si|ons|ge|rät; Prä|zi|si|ons|in|s|tru|ment; Prä|zi|si|ons|ka|me|ra; Prä|zi|si|ons|mess|ge|rät; Prä|zi|si|ons|mes|sung; Prä|zi|si|ons|mo|tor; Prä|zi|si|ons|uhr; Prä|zi|si|ons|waa|ge
pre|bio|tisch (das Wachstum der Darmflora unterstützend)
Pré|cis [pre'si:], der; -, - ⟨franz.⟩ (kurze Inhaltsangabe)
Pre|del|la, die; -, *Plur.* -s u. ...llen ⟨ital.⟩ (Sockel eines Altaraufsatzes)
pre|di|gen
Pre|di|ger; Pre|di|ge|rin; Pre|di|ger|or|den; Pre|di|ger|se|mi|nar
Pre|digt, die; -, -en
Pre|digt|amt; Pre|digt|stuhl (*veraltend für* Kanzel); **Pre|digt|text**
Pre|fe|rence [...'rã:s], die; -, - ⟨franz.⟩ (ein franz. Kartenspiel)
Pre|gel, der; -s (ein Fluss)
prei|en ⟨niederl.⟩ (*Seemannsspr.*); ein Schiff preien (anrufen)
Preis, der; -es, -e (Geldbetrag; Belohnung; *geh. für* Lob); um jeden, keinen Preis; Preis freibleibend (*Kaufmannsspr.*)
Preis|ab|bau, der; -[e]s; **Preis|ab|schlag; Preis|ab|spra|che**
Preis|agen|tur (Unternehmen, das Waren gegen Entgelt zu einem möglichst günstigen Preis vermittelt); **Preis|an|ga|be; Preis|an|ord|nung** (*in der DDR; Abk.* PAO); **Preis|an|stieg**
Preis|auf|ga|be
Preis|auf|trieb (*Wirtsch.*)
Preis|aus|schrei|ben, das; -s, -
preis|be|rei|nigt (*Wirtsch.*); **preis|be|wusst**
Preis|bil|dung (*Wirtsch.*); **Preis|bin|dung**
Preis|bla|se (überhöhtes Preisniveau)
Preis|bo|xer (*früher*); **Preis|bo|xe|rin**
Preis|bre|cher; Preis|bre|che|rin
Preis|brem|se; Preis|druck, der; -[e]s (*Wirtsch.*)
Preis|el|bee|re
Preis|emp|feh|lung; unverbindliche Preisempfehlung
prei|sen; du preist, er preist; du priesest, sie pries; gepriesen; preis[e]!
Preis|ent|wick|lung; Preis|er|hö|hung; Preis|er|mä|ßi|gung; Preis|ex|plo|si|on
Preis|fra|ge
Preis|ga|be; preis|ge|ben; du gibst preis; preisgegeben; preiszugeben
preis|ge|bun|den
Preis|ge|fäl|le; Preis|ge|fü|ge
preis|ge|krönt
Preis|geld; Preis|ge|richt
preis|ge|senkt (*Kaufmannsspr.*)
Preis|ge|stal|tung; Preis|gren|ze
preis|güns|tig
Preis|in|dex *Plur.* ...indizes, *auch* ...indices (*Wirtsch.*); **Preis|kal|ku|la|ti|on**
Preis|kampf; Preis|kar|tell (*Wirtsch.*)
preis|ke|geln *nur im Infinitiv und Partizip II gebräuchlich;* wir wollen preiskegeln; **Preis|ke|geln,** das; -s
Preis|klas|se
Preis|kom|mis|si|on (*österr. für* Kommission zur Preisüberwachung)
Preis|kon|junk|tur (*Wirtsch.*); **Preis|kon|t|rol|le; Preis|kon|ven|ti|on** (*Wirtsch.*); **Preis|kor|rek|tur**
Preis|la|ge; in jeder Preislage
Preis-Leis|tungs-Ver|gleich
Preis-Leis|tungs-Ver|hält|nis
preis|lich; preisliche Unterschiede
Preis|lied
Preis|lis|te
Preis-Lohn-Spi|ra|le, die; -; ↑D 26 (*Wirtsch.*)
Preis|nach|lass; Preis|ni|veau; Preis|po|li|tik
Preis|rät|sel
preis|re|du|ziert
Preis|rich|ter; Preis|rich|te|rin

Preis|rück|gang
Preis|schie|ßen
Preis|schild, das; Preis|schla|ger (ugs.); Preis|schrau|be (Wirtschaftsjargon); Preis|schub; Preis|schwan|kung; Preis|senkung
Preis|skat
Preis|span|ne; Preis|sprung
preis|sta|bil; Preis|sta|bi|li|tät
Preis|stei|ge|rung; Preis|stei|ge|rungs|ra|te (Wirtsch.)
Preis|stopp (Verbot der Preiserhöhung); Preis|stopp|ver|ord|nung
Preis|sturz; Preis|sys|tem; Preis|ta|fel
Preis|trä|ger; Preis|trä|ge|rin
preis|trei|bend
Preis|trei|ber; Preis|trei|be|rei; Preis|trei|be|rin
Preis|über|wa|chung; Preis|un|ter|gren|ze; Preis|un|ter|schied; Preis|ver|fall; Preis|ver|gleich
Preis|ver|lei|hung; Preis|ver|tei|lung
Preis|ver|zeich|nis; Preis|vor|be|halt; Preis|vor|schrift; Preis|vor|teil
preis|wert
Preis|wu|cher
preis|wür|dig; Preis|wür|dig|keit
Preis|zer|fall (bes. schweiz. für Preisverfall)
pre|kär ⟨franz.⟩ (misslich, schwierig, bedenklich)
Pre|ka|ri|at, das; -s ⟨lat.⟩ (Politik, Soziol. in Armut lebender Bevölkerungsteil); Pre|ka|ri|sie|rung, die; - (Entwicklung zum Prekariat hin); Pre|ka|ri|tät, die; - (Gesamtheit der prekären Arbeitsverhältnisse)
Prell|ball, der; -[e]s (dem Faustball ähnliches Spiel)
Prell|bock (Eisenbahn)
prel|len; Prel|ler; Prel|le|rei; Prel|le|rin
Prell|schuss; Prell|stein; Prel|lung
Pré|lude [pre'ly:t], das; -s, -s ⟨franz.⟩ (der Fantasie ähnliches Klavier- od. Instrumentalstück; auch svw. Präludium)
Pre|mi|er [prə'mie:, pre...], der; -s, -s ⟨franz.⟩ (Premierminister)
Pre|mi|e|re [österr. ...'mie:ɐ], die; -, -n (Erst-, Uraufführung)
Pre|mi|e|ren|abend; Pre|mi|e|ren|be|su|cher; Pre|mi|e|ren|be|su|che|rin; Pre|mi|e|ren|pu|b|li|kum; Pre|mi|e|ren|ti|er
Pre|mi|er|mi|nis|ter; Pre|mi|er|mi|nis|te|rin
pre|mi|um ⟨lat.-engl.⟩ (von besonderer, bester Qualität); Pre|mi|um|mar|ke; Pre|mi|um|pro|dukt
Pre|paid|han|dy ['pri:pɛɪt...] ⟨engl.⟩ (Handy, das mit einer Prepaidkarte funktioniert); Pre|paid|kar|te (wiederaufladbare Guthabenkarte [für Handys])
Pre|quel ['pri:kwəl], das; -s, -s ⟨engl.⟩ (Fortsetzungsfilm, dessen Handlung nicht nach, sondern vor den Ereignissen des älteren Films liegt; Ggs. Sequel)
Pres|by|ter, der; -s, - ⟨griech.⟩ ([urchristlicher] Gemeindeältester; Priester; Mitglied des Presbyteriums)
Pres|by|te|ri|al|ver|fas|sung (ev.-reformierte Kirche)
Pres|by|te|ri|a|ner, der; -s, - (Angehöriger protestantischer Kirchen mit Presbyterialverfassung in England u. Amerika); Pres|by|te|ri|a|ne|rin; pres|by|te|ri|a|nisch
Pres|by|te|rin; Pres|by|te|ri|um, das; -s, ...ien (Versammlung[sraum] der Presbyter; Kirchenvorstand; Chorraum)
pre|schen (ugs. für rennen, eilen); du preschst
Pre|sen|ter [pri...], der; -s, - ⟨engl.⟩ (EDV Fernbedienung für den Computer)
Pre|shave ['pri:ʃɛɪf], das; -[s], -s ⟨engl.⟩ (kurz für Preshave-Lotion)
Pre|shave-Lo|ti|on, Pre|shave|lo|ti|on [...lɔʊ̯ʃn, ...loːʃn] (Gesichtswasser zum Gebrauch vor der Rasur)
Pres|ley [...li], Elvis (amerik. Sänger)
press (Sport eng, nah); jmdn. press decken
pres|sant ⟨franz.⟩ (noch landsch. für dringlich, eilig)
Preß|ball (Fußball)
Press|burg (slowak. Bratislava; Hauptstadt der Slowakei)
Pres|se, die; -, -n (kurz für Druck-, Obst-, Ölpresse usw.; nur Sing.: Gesamtheit der periodischen Druckschriften; nur Sing.: Zeitungs-, Zeitschriftenwesen; die freie Presse)
Pres|se|agen|tur; Pres|se|amt; Pres|se|an|fra|ge; Pres|se|aus|sen|dung (österr. für Pressemitteilung); Pres|se|aus|weis
Pres|se|be|richt; Pres|se|be|richt|er|stat|ter; Pres|se|be|richt|er|stat|te|rin; Pres|se|bild
Pres|se|bü|ro (Agentur)
Pres|se|chef; Pres|se|che|fin
Pres|se|dienst; Pres|se|emp|fang; Pres|se|er|klä|rung; Pres|se|er|zeug|nis; Pres|se|fest
Pres|se|fo|to; Pres|se|fo|to|graf, Pres|se|pho|to|graph; Pres|se|fo|to|gra|fin, Pres|se|pho|to|gra|phin
Pres|se|frei|heit, die; -; Pres|se|ge|setz; Pres|se|ge|spräch; Pres|se|in|for|ma|ti|on; Pres|se|kam|pa|gne; Pres|se|kom|men|tar; Pres|se|kon|fe|renz; Pres|se|kon|takt; Pres|se|land|schaft; Pres|se|lounge; Pres|se|mel|dung; Pres|se|mit|tei|lung
pres|sen; du presst, er/sie presst; du presstest; gepresst; presse! u. press!
Pres|se|no|tiz; Pres|se|or|gan; Pres|se|por|tal (EDV); Pres|se|rat Plur. selten; Pres|se|recht
Pres|se|re|fe|rent; Pres|se|re|fe|ren|tin; Pres|se|schau; Pres|se|spre|cher; Pres|se|spre|che|rin
Pres|se|stel|le; Pres|se|stim|me; Pres|se|text, der; Pres|se|tri|bü|ne
Pres|se|ver|tre|ter; Pres|se|ver|tre|te|rin
Pres|se|we|sen, das; -s; Pres|se|zen|sur, die; -; Pres|se|zen|t|rum
Press|form
press|frisch; pressfrische CDs
Press|glas Plur. ...gläser; Press|he|fe; Press|holz
pres|sie|ren (bes. südd., österr. u. schweiz. für drängen, eilig sein; sich beeilen); es pressiert
Pres|sing, das; -s ⟨engl.⟩ (Fußball eine Spieltaktik)
Pres|si|on, die; -, -en ⟨lat.⟩ (Druck, Nötigung, Zwang)
Press|koh|le; Press|kopf (eine Wurstart)
Press|ling (für Brikett)
Press|luft, die; -; Press|luft|boh|rer; Press|luft|fla|sche; Press|luft|ham|mer
Press|sack, Press-Sack, der; -[e]s (svw. Presskopf)
Press|schlag, Press-Schlag (Fußball)
Press|span, Press-Span; Press|span|plat|te, Press-Span|plat|te
Press|stoff, Press-Stoff
Press|stroh, Press-Stroh
Pres|sung
Pres|sure-Group, Pres|sure|group ['prɛʃəgruːp, engl.] amerik.⟩ (Interessenverband, der [oft mit Druckmitteln] Einfluss zu gewinnen sucht)

Presswehe

Press|we|he *meist Plur.* (Med.)
Press|wurst (*svw.* Presskopf)
Pres|ti (*Plur. von* Presto)
Pres|ti|ge [...'ti:ʒə, ...'ti:ʃ], das; -s ⟨franz.⟩ (Ansehen, Geltung)
Pres|ti|ge|den|ken; Pres|ti|ge|ge|winn; Pres|ti|ge|grund *meist Plur.*; **Pres|ti|ge|ob|jekt; Pres|ti|ge|sa|che; pres|ti|ge|träch|tig; Pres|ti|ge|ver|lust**
pres|tis|si|mo ⟨ital.⟩ (*Musik* sehr schnell); **Pres|tis|si|mo**, das; -s, *Plur.* -s *u.* ...mi
pres|to (*Musik* schnell); **Pres|to**, das; -s, *Plur.* -s *u.* ...ti
Prêt-à-por|ter [prɛtapɔrˈteː], das; -s, -s ⟨franz.⟩ (von einem Modeschöpfer entworfenes Konfektionskleid)
pre|ti|ös *vgl.* preziös
Pre|ti|o|se *vgl.* Preziose
Pre|to|ria (Hauptstadt der Republik Südafrika)
Preu|ße, der; -n, -n; **Preu|ßen; Preu|ßin; preu|ßisch** ↑D 89: preußische Reformen, *aber* ↑D 140: der Preußische Höhenrücken
Preu|ßisch|blau
Pre|view [ˈpriːvjuː], die; -, -s, *auch* der *u.* das; -s, -s ⟨engl.⟩ (Voraufführung [eines Films]; *EDV* Vorschau)
pre|zi|ös, pre|ti|ös ⟨franz.⟩ (kostbar; gekünstelt)
Pre|zi|o|se, Pre|ti|o|se, die; -, -n *meist Plur.* ⟨lat.⟩ (Kostbarkeit; Schmuckstück)
PR-Frau ⟨*zu* PR = Public Relations⟩ (*ugs. für* für die Öffentlichkeitsarbeit zuständige Mitarbeiterin)
Pri|a|mel, die; -, -n, *auch* das; -s, - ⟨lat.⟩ (Spruchgedicht, bes. des deutschen Spätmittelalters)
Pri|a|mos, Pri|a|mus (griechische Sagengestalt)
pri|a|pe|isch ⟨griech.⟩ (den Priapus betreffend; *veraltet für* unzüchtig); priapeische Gedichte
Pri|a|pos, Pri|a|pus (griech.-röm. Gott der Fruchtbarkeit)
Pri|cke, die; -, -n (Markierung in flachen Küstengewässern)
Pri|ckel, der; -s, - (Reiz, Erregung); **pri|cke|lig**, prick|lig (prickelnd); **pri|ckeln**; sie sagt, es prick[e]lt; ↑D 82: ein Prickeln *auf der* Haut empfinden; **pri|ckelnd** ↑D 72: etwas Prickelndes für den Gaumen
pri|cken (mit Pricken versehen; *landsch., bes. nordd. für* [aus]stechen; abstecken)

prick|lig *vgl.* prickelig
¹**Priel**, der; -s (Bergname); ↑D 140: der Große, Kleine Priel
²**Priel**, der; -[e]s, -e (schmaler Wasserlauf im Wattenmeer)
Priem, der; -[e]s, -e ⟨niederl.⟩ (Stück Kautabak); **prie|men** (Tabak kauen); **Priem|tabak**
Prieß|nitz (Begründer einer Naturheilmethode)
Prieß|nitz|kur ↑D 136 (eine Kaltwasserkur); **Prieß|nitz|um|schlag**
Pries|ter, der; -s, -; **Pries|ter|amt**, das; -[e]s
pries|ter|haft
Pries|te|rin
Pries|ter|kon|gre|ga|ti|on
Pries|ter|kö|nig; Pries|ter|kö|ni|gin
pries|ter|lich
Pries|ter|schaft; Pries|ter|se|mi|nar; Pries|ter|tum, das; -s; **Pries|ter|wei|he**
Priest|ley [...li] (englischer Schriftsteller)
Prig|nitz, die; - (Landschaft in Nordostdeutschland)
Prim, die; -, -en ⟨lat.⟩ (Fechthieb; Morgengebet im katholischen Brevier; *svw.* Prime [*Musik*])
Prim. = Primar, Primararzt, Primarius; Primaria
pri|ma ⟨ital.⟩ (*Kaufmannsspr.* veraltend für vom Besten, erstklassig; *Abk.* Ia; *ugs. für* ausgezeichnet, großartig); prima Essen
Pri|ma, die; -, ...men ⟨lat.⟩ (*veraltende Bez. für* die beiden oberen Klassen eines Gymnasiums)
Pri|ma|bal|le|ri|na, die; -, ...nen ⟨ital.⟩ (erste Tänzerin); **Pri|ma|don|na**, die; -, ...nnen (erste Sängerin)
Pri|ma|ge [...ʒə], die; -, -n ⟨franz.⟩ (Primgeld)
Pri|ma|ner ⟨lat.⟩ (Schüler der Prima); **pri|ma|ner|haft** (unerfahren, unreif); **Pri|ma|ne|rin**
Pri|mar, der; -s, -e (*österr. für* Chefarzt einer Krankenhausabteilung; *Abk.* Prim.)
pri|mär ⟨franz.⟩ (die Grundlage bildend; ursprünglich, erst...)
Pri|mar|arzt (*österr.*); *vgl.* Primar; **Pri|mar|ärz|tin** (*österr.*)
Pri|mär|ener|gie (Energiegehalt der natürlichen Energieträger, z. B. Wasserkraft)
Pri|mär|grup|pe (*Soziol.*)
Pri|ma|ria, die; -, ...iae ⟨lat.⟩ (*österr. für* Chefärztin einer Krankenhausabteilung; *Abk.* Prim.)

Pri|ma|ri|us, der; -, ...ien ⟨lat.⟩ (erster Geiger in einem Streichquartett; *österr. svw.* Primar)
Pri|mar|leh|rer (*schweiz.*); **Pri|mar|leh|re|rin** (*schweiz.*)
Pri|mär|li|te|ra|tur *Plur. selten* (der eigentliche literarische Text); *vgl.* Sekundärliteratur
Pri|mär|markt (*Wirtsch.*)
Pri|mar|schu|le (*schweiz. für* Volksschule, Grundschule)
Pri|mär|span|nung (*Physik*); **Pri|mär|strom** (*Elektrot.*)
Pri|mar|stu|fe (1. bis 4. Schuljahr)
Pri|mär|tu|mor (*schweiz.*)
Pri|mär|wick|lung (*Elektrot.*)
Pri|ma|ry [ˈpraɪməri], die; -, ...ries [...riz] ⟨engl.-amerik.⟩: Vorwahl (im Wahlsystem der USA)
¹**Pri|mas**, der; -, *Plur.* -se, *auch* ...aten (»der Erste, Vornehmste«) (Ehrentitel bestimmter Erzbischöfe)
²**Pri|mas**, der; -, -se (Solist u. Vorgeiger einer Zigeunerkapelle)
¹**Pri|mat**, der *od.* das; -[e]s, -e (Vorrang, bevorzugte Stellung; [Vor]herrschaft; oberste Kirchengewalt des Papstes)
²**Pri|mat**, der; -en, -en *meist Plur.* (*Biol.* Angehöriger einer Menschen, Affen u. Halbaffen umfassenden Ordnung der Säugetiere); **Pri|ma|tin**
Pri|ma|wech|sel (*Bankw.*)
Pri|me, die; -, -n (*Musik* erster Ton der diatonischen Tonleiter; Intervall im Einklang)
Pri|mel, die; -, -n (eine Frühjahrsblume)
Pri|men (*Plur. von* Prim, Prima *u.* Prime)
Prime|time, die; -, -s, **Prime Time**, die; - -, - -s [ˈpraɪmtaɪm] ⟨engl.⟩ (abendliche Hauptsendezeit [beim Fernsehen])
Prim|gei|ger (erster Geiger im Streichquartett); **Prim|gei|ge|rin**
Prim|geld ⟨lat.⟩ (Sondervergütung für den Schiffskapitän)
Pri|mi (*Plur. von* Primus)
pri|mis|si|ma ⟨ital.⟩ (*ugs. für* ganz prima, ausgezeichnet)
pri|mi|tiv ⟨lat.⟩ (einfach, dürftig; *abwertend für* von geringem geistig-kulturellem Niveau)
Pri|mi|ti|ve, der *u.* die; -n, -n *meist Plur.* (*veraltet für* Angehörige[r] eines naturverbundenen, auf einer niedrigen Zivilisationsstufe stehenden Volkes)
pri|mi|ti|vi|sie|ren; Pri|mi|ti|vi|sie|rung

Pri|mi|ti|vis|mus, der; - (künstlerische Tendenz zu naiver, vereinfachender Darstellung)
Pri|mi|ti|vi|tät, die; -
Pri|mi|tiv|ling (ugs.)
Pri|mi|ti|vum, das; -s, ...va (Sprachwiss. Stamm-, Wurzelwort)
Pri|miz, die; -, -en (kath. Kirche erste [feierliche] Messe des Primizianten); **Pri|miz|fei|er**; **Pri|mi|zi|ant**, der; -en, -en (neu geweihter katholischer Priester)
Pri|mi|zi|en Plur. (den römischen Göttern dargebrachte »Erstlinge« von Früchten u. Ä.)
Pri|mo|ge|ni|tur, die; -, -en (früher für Erbfolgerecht des Erstgeborenen u. seiner Nachkommen)
Pri|mus, der; -, Plur. ...mi u. -se (Klassenbester); **Pri|mus in|ter Pa|res**, der; - - -, ...mi - - (der Erste unter Gleichen, ohne Vorrang)
Prim|zahl (nur durch 1 u. sich selbst teilbare Zahl)
Prince of Wales [ˈprɪns əv ˈweɪlz], der; - - - (Titel des britischen Thronfolgers); **Prin|cess of Wales** [prɪnˈsɛs - -, ˈprɪnsəs - -]
Print, der; -[s], -s (engl.) (Buchw., Fotogr. Druck; nur Sing. u. meist einzelner Artikel Printmedien); im Print sein; die Sparten Funk, Fernsehen und Print; **Print|aus|ga|be** (Verlagsw.)
Prin|te, die; -, -n (niederl.) (ein Gebäck); Aachener Printen
prin|ted in ... [ˈprɪntɪd ɪn] (engl.) (in ... gedruckt [Vermerk in Büchern])
Prin|ter, der; -s, - (automatisches Kopiergerät; Drucker)
Prin|ting-on-De|mand, **Printing-on-de|mand** [...diˈmaːnt], das; - (engl.) (schnelle Herstellung von Druck-Erzeugnissen [in kleinerer Zahl] auf Bestellung)
Print|me|di|um meist Plur. (z. B. Zeitung, Zeitschrift, Buch)
Print|ser|ver (EDV)
Prinz, der; -en, -en ⟨lat.⟩
Prin|zen|gar|de (Garde eines Karnevalsprinzen)
Prin|zen|in|seln Plur. (im Marmarameer)
Prin|zen|paar, das; -[e]s, -e (Prinz u. Prinzessin [im Karneval])
Prin|zess, die; -, -en (veraltet für Prinzessin)
Prin|zess|boh|ne meist Plur.

Prin|zes|sin; **Prin|zess|kleid**
Prinz|ge|mahl (Ehemann einer regierenden Herrscherin)
Prinz-Hein|rich-Müt|ze ⟨nach dem preuß. Prinzen⟩ (Schiffermütze)
Prin|zip, das; -s, Plur. -ien, selten -e ⟨lat.⟩ (Grundlage; Grundsatz)
¹**Prin|zi|pal**, der; -s, -e (veraltet für Lehrherr; Geschäftsführer)
²**Prin|zi|pal**, das; -s, -e (Hauptregister der Orgel)
Prin|zi|pal|gläu|bi|ger (Hauptgläubiger)
Prin|zi|pa|lin (veraltet für Geschäftsführerin; Theaterleiterin)
Prin|zi|pat, das, auch der; -[e]s, -e (veraltet für Vorrang; römische Verfassungsform der ersten Kaiserzeit)
prin|zi|pi|ell (grundsätzlich)
Prin|zi|pi|en|fest
Prin|zi|pi|en|fra|ge
prin|zi|pi|en|los; **Prin|zi|pi|en|lo|sig|keit**
Prin|zi|pi|en|rei|ter (jmd., der kleinlich auf seinen Prinzipien beharrt); **Prin|zi|pi|en|rei|te|rei**; **Prin|zi|pi|en|rei|te|rin**; **Prin|zi|pi|en|streit**
prin|zi|pi|en|treu; **Prin|zi|pi|en|treue**
prinz|lich; **Prinz|re|gent**
Pri|on, das; -s, ...onen ⟨Kunstwort⟩ (Med. Eiweißpartikel, das Erreger einer Gehirnerkrankung sein könnte)
Pri|or, der; -s, Prioren ⟨lat.⟩ ([Kloster]oberer, -vorsteher; auch für Stellvertreter eines Abtes); **Pri|o|rat**, das; -[e]s, -e (Amt, Würde eines Priors; von einer Abtei abhängiges Kloster); **Pri|o|rin** [auch ˈpriː...]
pri|o|ri|sie|ren (den Vorrang einräumen, bevorzugen); **Pri|o|ri|sie|rung**; **pri|o|ri|tär** (oberste Priorität habend; dringlich)
Pri|o|ri|tät, die; -, -en ⟨franz.⟩ (Vor[zugs]recht, Erstrecht, Vorrang; nur Sing.: zeitliches Vorhergehen); Prioritäten setzen (festlegen, was vorrangig ist)
Pri|o|ri|tä|ten Plur. (Wertpapiere mit Vorzugsrechten)
Pri|o|ri|tä|ten|lis|te
Pri|o|ri|täts|ak|tie (Vorzugsaktie)
Pris|chen (kleine Prise)
Pri|se, die; -, -n ⟨franz.⟩ (Seew. [im Krieg] erbeutetes [Handels]schiff od. -gut; kleine Menge [Tabak, Salz u. a.], die zwischen Daumen u. Zeigefinger zu greifen ist); **Pri|sen|ge|richt** (Seew.); **Pri|sen|kom|man|do**; **Pri|sen|recht**
Pris|ma, das; -s, ...men ⟨griech.⟩ (Math. Polyeder; Optik lichtbrechender Körper); **pris|ma|tisch** (prismenförmig); **Pris|ma|to|id**, das; -[e]s, -e (prismenähnlicher Körper)
Pris|men|fern|rohr; **Pris|men|glas** Plur. ...gläser; **Pris|men|su|cher** (bei Spiegelreflexkameras)
Prit|sche, die; -, -n (flaches Schlagholz [beim Karneval]; hölzerne Liegestatt; Ladefläche eines Lkw)
prit|schen (Sport den Volleyball mit den Fingern weiterspielen); du pritschst
Prit|schen|wa|gen

pri|vat
⟨lat.⟩
(persönlich; nicht öffentlich; vertraulich; vertraut)
– eine private Meinung, Angelegenheit
– die private Wirtschaft; eine private Krankenversicherung
– private Altersvorsorge
– Verkauf an privat; Kauf von privat
– sich privat versichern; ein **privat versicherter** od. privatversicherter Patient
– eine **privat angestellte** od. privatangestellte Tagesmutter

Vgl. auch Private

Priv

Pri|vat|ad|res|se; **Pri|vat|an|ge|le|gen|heit**
pri|vat an|ge|stellt, **pri|vat|an|ge|stellt** ↑D 58; vgl. privat
Pri|vat|an|le|ger (Finanzw.); **Pri|vat|an|le|ge|rin**
Pri|vat|an|wen|der; **Pri|vat|an|wen|de|rin**; **Pri|vat|ar|mee**
pri|vat|ärzt|lich; privatärztliche Behandlung
Pri|vat|au|di|enz; **Pri|vat|bahn**; **Pri|vat|bank** Plur. ...banken; **Pri|vat|be|sitz**, der; -es; **Pri|vat|brief**
Pri|vat|de|tek|tiv; **Pri|vat|de|tek|ti|vin**; **Pri|vat|do|zent** (Hochschullehrer ohne Beamtenstelle); **Pri|vat|do|zen|tin**
Pri|vat|druck Plur. ...drucke
Pri|va|te, der u. die; -n, -n (Privatperson; Plur. auch für die privaten Fernsehsender)

Private Banking

Pri|vate Ban|king ['praɪvət 'beŋkɪŋ], das; - -[s] ⟨engl.⟩ (Bankw. Privatkundengeschäft)
Pri|vate Equi|ty ['praɪvət 'ɛkwəti, -'ɛkvɪti], das; -[s], -s ⟨engl.⟩ (Wirtsch. nicht börslich gehandelte Kapitalbeteiligung)
Pri|vat|ei|gen|tum; Pri|vat|fern|se|hen; Pri|vat|flug|zeug; Pri|vat|frau; Pri|vat|ge|brauch, der; -[e]s; Pri|vat|ge|lehr|te; Pri|vat|ge|spräch
Pri|vat|hand; nur in aus, von, in Privathand
Pri|vat|haus; Pri|vat|haus|halt
Pri|vat|heit, die; -, -en Plur. selten
Pri|va|ti|er [...'tieː], der; -s, -s (veraltend für Privatmann, Rentner)
pri|va|tim (veraltend für [ganz] persönlich, vertraulich)
Pri|vat|in|i|ti|a|ti|ve; Pri|vat|in|te|res|se; Pri|vat|in|ves|tor; Pri|vat|in|ves|to|rin
Pri|va|ti|on, die; -, -en (veraltet für Beraubung; Entziehung)
pri|va|ti|sie|ren (staatliches Vermögen in Privatvermögen umwandeln; als Rentner[in] od. als Privatperson vom eigenen Vermögen leben); Pri|va|ti|sie|rung
pri|va|tis|si|me [...me] (im engsten Kreise; streng vertraulich); Pri|va|tis|si|mum, das; -s, ...ma (Vorlesung für einen ausgewählten Kreis; übertr. für Ermahnung)
Pri|va|tist, der; -en, -en (österr. für Schüler, der sich einem Schulbesuch auf die Prüfung an einer Schule vorbereitet); Pri|va|tis|tin
Pri|vat|kla|ge; Pri|vat|kli|nik; Pri|vat|kon|kurs; Pri|vat|kon|sum, der; -s; Pri|vat|kon|to; Pri|vat|kon|tor
Pri|vat|kun|de, der; Pri|vat|kun|den|ge|schäft (Wirtsch.); Pri|vat|kun|din; Pri|vat|kund|schaft
Pri|vat|le|ben
Pri|vat|leh|rer; Pri|vat|leh|re|rin
Pri|vat|leu|te Plur.; Pri|vat|mann Plur. ...leute, selten ...männer
Pri|vat|mit|tel Plur. ↑D 31: Privat- u. öffentliche Mittel, aber öffentliche und Privatmittel
pri|vat|nüt|zig; privatnützigen Zwecken dienend
Pri|vat|pa|ti|ent; Pri|vat|pa|ti|en|tin
Pri|vat|per|son; Pri|vat|quar|tier
Pri|vat|ra|dio (österr.)
Pri|vat|raum; Pri|vat|recht; pri|vat|recht|lich; Pri|vat|sa|che; Pri|vat|samm|lung; Pri|vat|schu|le
Pri|vat|se|kre|tär; Pri|vat|se|kre|tä|rin
Pri|vat|sen|der; Pri|vat|sphä|re; Pri|vat|sta|ti|on; Pri|vat|stun|de; Pri|vat|uni|ver|si|tät; Pri|vat|un|ter|richt; Pri|vat|ver|gnü|gen; Pri|vat|ver|mö|gen
pri|vat ver|si|chert, pri|vat|ver|si|chert ↑D 58; vgl. privat; Pri|vat|ver|si|cher|te; Pri|vat|ver|si|che|rung
Pri|vat|weg
Pri|vat|wirt|schaft; pri|vat|wirt|schaft|lich
Pri|vat|woh|nung; Pri|vat|zim|mer
Priv.-Doz. = Privatdozent/in
Pri|vi|leg, das; -[e]s, Plur. -ien, auch -e ⟨lat.⟩ (Vor-, Sonderrecht); pri|vi|le|gie|ren; pri|vi|le|giert; Pri|vi|le|gi|um, das; -s, ...ien (älter für Privileg)
Prix [pri:], der; -, - ⟨franz.⟩ (franz. Bez. für Preis); Prix Goncourt ['pri: gõ'kuːɐ̯] (französischer Literaturpreis)
PR-Kam|pa|g|ne; PR-Mann Plur. PR-Leute ⟨zu PR = Public Relations⟩ (ugs.); vgl. PR-Frau

pro
⟨lat.⟩
(für, je)
Präposition mit Akkusativ oder Dativ
– pro Stück
– pro Band
– pro gefahrenen od. gefahrenem Kilometer
– pro verkauftes od. verkauftem Exemplar
– pro Angestellten od. Angestelltem
– pro Kranken od. Krankem

Pro, das; -s (Für); das Pro und Kontra (das Für und Wider)
pro... (z. B. proamerikanisch, prowestlich)
pro an|no ⟨lat.⟩ (veraltet für jährlich; Abk. p. a.)
pro|ba|bel ⟨lat.⟩ (veraltet für wahrscheinlich); proba|b|le Gründe
Pro|ba|bi|lis|mus, der; - ⟨Philos.⟩ Wahrscheinlichkeitslehre; kath. Moraltheologie Lehre, nach der in Zweifelsfällen eine Handlung erlaubt ist, wenn gute Gründe dafürsprechen)
Pro|ba|bi|li|tät, die; -, -en (Wahrscheinlichkeit)
Pro|band, der; -en, -en (Testperson; Genealogie jmd., für den eine Ahnentafel aufgestellt werden soll); Pro|ban|din
pro|bat (erprobt; bewährt)
Pröb|chen
Pro|be s. Kasten Seite 885
Pro|be|ab|zug; Pro|be|alarm; Pro|be|ar|beit; Pro|be|auf|nah|me; Pro|be|be|trieb; Pro|be|boh|rung; Pro|be|druck Plur. ...drucke; Pro|be|ex|em|p|lar
Pro|be fah|ren vgl. Probe|fahrt
pro|be|füh|rer|schein (österr.)
pro|be|hal|ber
Pro|be|jahr; Pro|be|lauf
Pro|be lau|fen vgl. Probe
pröb|eln (schweiz. für allerlei Versuche anstellen); ich pröb[e]le
pro|ben; Pro|ben|ar|beit
Pro|ben|ent|nah|me, fachspr. Pro|be[n]nah|me, die; -, -n
Pro|be|num|mer
Pro|be schrei|ben vgl. Probe
Pro|be|sei|te (Druckw.); Pro|be|sen|dung
Pro|be sin|gen vgl. Probe
Pro|be|stück
Pro|be tur|nen vgl. Probe
pro|be|wei|se; Pro|be|zeit
pro|bie|ren (versuchen, kosten, prüfen); ↑D 82: Probieren od. probieren geht über Studieren od. studieren
Pro|bie|rer (Prüfer); Pro|bie|re|rin
Pro|bier|glas Plur. ...gläser; Pro|bier|preis; Pro|bier|stu|be
pro|bio|tisch ⟨engl.⟩ (mit bestimmten Bakterien o. Ä. versehen, die die Darmflora verbessern sollen)
Pro|b|lem, das; -s, -e ⟨griech.⟩ (zu lösende Aufgabe; Frage[stellung]; Schwierigkeit)
Pro|b|le|ma|tik, die; -, -en (Gesamtheit von Problemen; Schwierigkeit [etwas zu klären]); pro|b|le|ma|tisch; pro|b|le|ma|ti|sie|ren (die Problematik von etwas aufzeigen)
Pro|b|lem|be|reich; Pro|b|lem|be|wusst|sein; Pro|b|lem|fall, der; Pro|b|lem|fa|mi|lie; Pro|b|lem|film
pro|b|lem|frei
Pro|b|lem|grup|pe; Pro|b|lem|haar; Pro|b|lem|haut; Pro|b|lem|kind; Pro|b|lem|kreis
pro|b|lem|los
Pro|b|lem|lö|ser; Pro|b|lem|lö|se|rin; Pro|b|lem|lö|sung

Pro|be

die; -, -n
- zur Probe, auf Probe
- die Probe aufs Exempel machen; jmdn. auf die Probe stellen
- [einen Wagen] Probe fahren; wir sind Probe gefahren; wir haben das Auto Probe gefahren; ohne Probe zu fahren
- lass die Maschine Probe laufen; die Maschine ist Probe gelaufen
- wir mussten [eine Seite] Probe schreiben
- wann wollen Sie Probe singen?; hat sie schon Probe gesungen?
- sie haben vormittags Probe geturnt
- Aber ↑D 72: zum Probesingen, Probeturnen usw. bitte pünktlich kommen!

Pro|b|lem|müll
pro|b|lem|ori|en|tiert
Pro|b|lem|schach; Pro|b|lem|schwan|ger|schaft; Pro|b|lem|stel|le; Pro|b|lem|stel|lung; Pro|b|lem|stück; Pro|b|lem|zo|ne
Probst|zel|la (Ort im nordwestlichen Frankenwald)
Pro|ce|de|re vgl. Prozedere
pro cen|tum ⟨lat.⟩ (für das Hundert; *Abk.* p. c.; *Zeichen* %); vgl. Prozent
Pro|de|kan, der; -s, -e ⟨lat.⟩ (Vertreter des Dekans an einer Hochschule); Pro|de|ka|nin
pro|deutsch [*auch* ˈproː...]
Pro|di (ital. Politiker)
pro do|mo ⟨lat.⟩ (in eigener Sache; für sich selbst); pro domo reden
Pro|drom, das; -s, -e ⟨griech.⟩, Pro|dro|mal|sym|p|tom (*Med.* Vorbote einer Krankheit)
Pro|du|cer [...ˈdjuːsɐ], der; -s, - ⟨engl.⟩ (*engl. Bez. für* Hersteller, [Film]produzent, Fabrikant); Pro|du|ce|rin
Pro|duct-Place|ment, Pro|duct-place|ment [ˈprɔdaktpleɪsmənt], das; -s, -s ⟨engl.⟩ (Werbemaßnahme im Film, bei der ein Produkt als Requisit in die Spielhandlung einbezogen wird)
Pro|dukt, das; -[e]s, -e ⟨lat.⟩ (Erzeugnis; Ertrag; Folge, Ergebnis [*Math.* der Multiplikation])
pro|dukt|be|glei|tend; pro|dukt|be|zo|gen
Pro|duk|ten|bör|se (*Wirtsch.* Warenbörse); Pro|duk|ten|han|del; Pro|duk|ten|markt
Pro|dukt|haf|tung (*Wirtsch.*)
Pro|dukt|in|fo, die (*ugs. kurz für* Produktinformation); Pro|dukt|in|for|ma|ti|on
Pro|duk|ti|on, die; -, -en (Herstellung, Erzeugung)
Pro|duk|ti|ons|an|la|ge; Pro|duk|ti|ons|aus|fall; Pro|duk|ti|ons|ba|sis
pro|duk|ti|ons|be|zo|gen
Pro|duk|ti|ons|bri|ga|de (*DDR*); Pro|duk|ti|ons|fak|tor; Pro|duk|ti|ons|fir|ma; Pro|duk|ti|ons|form; Pro|duk|ti|ons|gang, der; Pro|duk|ti|ons|gü|ter *Plur.*; Pro|duk|ti|ons|ka|pa|zi|tät
Pro|duk|ti|ons-Know-how, Pro|duk|ti|ons|know|how, Pro|duk|ti|ons-Know|how
Pro|duk|ti|ons|kol|lek|tiv (*in der DDR*); Pro|duk|ti|ons|kos|ten *Plur.*
Pro|duk|ti|ons|lei|ter, der; Pro|duk|ti|ons|lei|te|rin
Pro|duk|ti|ons|mit|tel; Pro|duk|ti|ons|plan; Pro|duk|ti|ons|pro|zess; Pro|duk|ti|ons|stät|te; Pro|duk|ti|ons|stei|ge|rung; Pro|duk|ti|ons|team; Pro|duk|ti|ons|tech|nik
pro|duk|ti|ons|tech|nisch
Pro|duk|ti|ons|ver|hält|nis|se *Plur.*; Pro|duk|ti|ons|ver|la|ge|rung; Pro|duk|ti|ons|vo|lu|men; Pro|duk|ti|ons|zif|fer; Pro|duk|ti|ons|zweig
pro|duk|tiv (ergiebig; fruchtbar, schöpferisch)
Pro|duk|ti|vi|tät, die; -, -en
Pro|duk|ti|vi|täts|ren|te (Rente, der wirtschaftlichen Produktivität angepasst wird); Pro|duk|ti|vi|täts|stei|ge|rung; Pro|duk|ti|vi|täts|stu|fe
Pro|duk|tiv|kraft, die; -, ...kräfte
Pro|duk|tiv|kre|dit (Kredit für die Errichtung von Anlagen od. die Bestreitung der laufenden Betriebsausgaben)
Pro|dukt|li|nie (*Wirtsch.*)
Pro|dukt|ma|nage|ment (*Wirtsch.*); Pro|dukt|ma|na|ger; Pro|dukt|ma|na|ge|rin
Pro|dukt|pa|let|te (*Werbespr.*)
Pro|dukt|pi|rat; Pro|dukt|pi|ra|te|rie (rechtswidriges Nachahmen u. Vertreiben von Markenprodukten); Pro|dukt|pi|ra|tin
Pro|du|zent, der; -en, -en (Hersteller, Erzeuger); Pro|du|zen|tin
pro|du|zie|ren ⟨[Güter] hervorbringen, [er]zeugen, schaffen⟩; sich produzieren (die Aufmerksamkeit auf sich lenken)
Pro|en|zym, das; -s, -e ⟨lat.; griech.⟩ (Vorstufe eines Enzyms)
Prof, der; -s, -s *u.* die; -, -s (*ugs. Kurzwort für* Professor[in])
Prof. = Professor[in]
pro|fan ⟨lat.⟩ (unheilig, weltlich; alltäglich)
Pro|fa|na|ti|on, Pro|fa|nie|rung, die; -, -en (Entweihung)
Pro|fan|bau *Plur.* ...bauten (*Kunstwiss.* nicht kirchliches Bauwerk; *Ggs.* Sakralbau)
Pro|fa|ne, der *u.* die; -n, -n (Unheilige[r], Ungeweihte[r])
pro|fa|nie|ren (entweihen; säkularisieren); Pro|fa|nie|rung *vgl.* Profanation; Pro|fa|ni|tät, die; -, -en (Unheiligkeit, Weltlichkeit; Alltäglichkeit)
pro|fa|schis|tisch (dem Faschismus zuneigend)
¹Pro|fess, der; -en, -en ⟨lat.⟩ (Mitglied eines geistl. Ordens nach Ablegung der Gelübde)
²Pro|fess, die; -, -e (Ablegung der [Ordens]gelübde)
Pro|fes|si|on, die; -, -en ⟨franz.⟩ (*veraltet für* Beruf; Gewerbe)
Pro|fes|si|o|nal [prəˈfɛʃ(ə)nəl], der; -s, -s ⟨engl.⟩ (Berufssportler; *Kurzw.* Profi)
pro|fes|si|o|na|li|sie|ren (zum Beruf machen); Pro|fes|si|o|na|li|sie|rung
Pro|fes|si|o|na|lis|mus, der; - ⟨lat.⟩ (Professionalität); Pro|fes|si|o|na|li|tät, die; - (das Professionellsein); pro|fes|si|o|nell ⟨franz.⟩ (berufsmäßig; fachmännisch)
Pro|fes|si|o|nist, der; -en, -en (*österr. für* Handwerker, Facharbeiter); Pro|fes|si|o|nis|tin
pro|fes|si|ons|mä|ßig
Pro|fes|sor, der; -s, ...oren ⟨lat.⟩ (Hochschullehrer; Titel für ver-

professoral

diente Lehrkräfte, Forscher u. Künstler; *österr. auch für* definitiv angestellter Lehrer an höheren Schulen; *Abk.* Prof.); ordentlicher Professor (*Abk.* o. P.); außerordentlicher Professor (*Abk.* ao., a. o. Prof.); emeritierter Professor
pro|fes|so|ral (professorenhaft, würdevoll)
Pro|fes|so|ren|frau; Pro|fes|so|ren|kol|le|gi|um; Pro|fes|so|ren|schaft; Pro|fes|so|ren|ti|tel, Pro|fes|sor|ti|tel
Pro|fes|so|rin [*auch* ...'fɛ...] (*im Titel u. in der Anrede auch* Frau Professor); Pro|fes|so|r(inn)en (*kurz für* Professorinnen u. Professoren)
Pro|fes|sor|ti|tel, Pro|fes|so|ren|ti|tel
Pro|fes|sur, die; -, -en (Lehrstuhl, -amt)
Pro|fi, der; -s, -s ⟨*Kurzw. für* Professional⟩ (Berufssportler[in]; jmd., der etwas fachmännisch betreibt); Pro|fi|bo|xer; Pro|fi|bo|xe|rin; Pro|fi|fuß|ball; Pro|fi|ge|schäft
pro|fi|haft
Pro|fi|kil|ler; Pro|fi|kil|le|rin
Pro|fil, das; -s, -e ⟨ital.(-franz.)⟩ (Seitenansicht; Längs- od. Querschnitt; Riffelung bei Gummireifen; charakteristisches Erscheinungsbild)
Pro|fi|la|ger, das; -s ⟨Sport⟩; ins Profilager wechseln
Pro|fil|bild; Pro|fil|ei|sen
Pro|fi|ler [pro'faɪ̯lɐ, 'proʊ̯...], der; -s, - ⟨engl.⟩ (Fachmann für die Erstellung eines psychologischen Profils eines gesuchten Täters); Pro|fi|le|rin
pro|fi|lie|ren ⟨franz.⟩ (im Querschnitt darstellen); sich profilieren (sich ausprägen, hervortreten); pro|fi|liert (*auch für* gerillt, geformt; scharf umrissen; von ausgeprägter Art); Pro|fi|lie|rung
Pro|fi|li|ga (Sport)
Pro|fil|li|nie
pro|fil|los
Pro|fil|neu|ro|se (*Psychol.* übertriebene Sorge um die Profilierung der eigenen Persönlichkeit); Pro|fil|neu|ro|ti|ker; Pro|fil|neu|ro|ti|ke|rin
Pro|fil|sohl|le; Pro|fil|stahl (*Technik*); Pro|fil|tie|fe (*Kfz-Technik*)
Pro|fi|sport, der; -[e]s
Pro|fit [*auch* ...'fɪt], der; -[e]s, -e ⟨franz.⟩ (Nutzen; Gewinn; Vorteil); ↑D 58: ein Profit bringendes *od.* profitbringendes Geschäft; *aber nur* ein äußerst profitbringendes Geschäft; ein großen Profit bringendes Geschäft
pro|fi|ta|bel (gewinnbringend); ein pro|fi|ta|b|les Geschäft; Pro|fi|ta|bi|li|tät, die; -, -en
Pro|fit brin|gend, pro|fit|brin|gend *vgl.* Profit
Pro|fit|cen|ter, Pro|fit-Cen|ter (Unternehmensbereich mit eigener Verantwortung für geschäftlichen Erfolg)
Pro|fit|chen (*meist für* nicht ganz ehrlicher Gewinn)
Pro|fi|te|rol, der *u.* das; -s, -[s] ⟨ital.⟩, Pro|fi|te|rol|le [*franz.* ...'rol], die; -, -n *u.* (bei franz. Aussprache) -s [...'rol] ⟨franz.⟩ (Windbeutel aus [ungesüßtem] Brandteig)
Pro|fi|teur [...'tø:ɐ̯], der; -s, -e ⟨franz.⟩; Pro|fi|teu|rin
pro|fit|geil (*ugs. abwertend für* profitgierig)
Pro|fit|gier; pro|fit|gie|rig
pro|fi|tie|ren (Nutzen ziehen)
Pro|fit|jä|ger (jmd., der profitgierig ist); Pro|fit|jä|ge|rin
pro|fit|lich (*landsch. für* gewinnsüchtig; gewinnbringend)
Pro|fit|ma|xi|mie|rung (*Wirtsch.*)
pro|fit|ori|en|tiert (*Wirtsch.*)
Pro|fit|stre|ben, das; -s
pro for|ma ⟨lat.⟩ (der Form wegen, zum Schein); Pro-for|ma-An|kla|ge ↑D 26
Pro|fos, der; *Gen.* -es *u.* -en, *Plur.* -e[n] ⟨niederl.⟩ (*früher für* Verwalter der Militärgerichtsbarkeit)
pro|fund ⟨lat.⟩ (tief, gründlich; *Med.* tief liegend)
pro|fus (*Med.* reichlich, übermäßig; stark)
Pro|ge|ni|tur, die; -, -en ⟨lat.⟩ (*Med.* Nachkommen[schaft])
Pro|ges|te|ron, das; -s (Gelbkörperhormon)
Prog|no|se, die; -, -n ⟨griech.⟩ (Vorhersage); Prog|no|se|ver|fah|ren; Prog|nos|tik, die; - (Lehre von der Prognose); Prog|nos|ti|kon, Prog|nos|ti|kum, das; -s, *Plur.* ...ken u. ...ka (Vorzeichen); prog|nos|tisch
prog|nos|ti|zie|ren; Prog|nos|ti|zie|rung
Pro|gramm, das; -[e]s, -e ⟨griech.⟩ (Plan; Darlegung von Grundsätzen; Ankündigung; Spiel-, Sende-, Fest-, Arbeits-, Vortragsfolge; *EDV* Folge von Anweisungen für einen Computer)
Pro|gramm|ab|lauf; Pro|gramm|än|de|rung; Pro|gramm|an|zei|ger
Pro|gramm|ma|tik, die; -, -en (Zielsetzung, -vorstellung); Pro|gramm|ma|ti|ker; Pro|gramm|ma|ti|ke|rin; pro|gramm|ma|tisch
Pro|gramm|di|rek|tor (*bes. Fernsehen*); Pro|gramm|di|rek|to|rin
Pro|gramm|fol|ge
pro|gramm|fül|lend
Pro|gramm|fül|ler (*Fernsehen* Sendung, die eingesetzt werden kann, um Lücken im Programm zu füllen)
pro|gramm|ge|mäß
Pro|gramm|ge|stal|tung
Pro|gramm|ge|steu|ert (*EDV*)
Pro|gramm|heft; Pro|gramm|hin|weis
pro|gram|mier|bar
pro|gram|mie|ren ([im Ablauf] festlegen; ein Programm [für einen Computer] erstellen); Pro|gram|mie|rer (*EDV*); Pro|gram|mie|re|rin; Pro|gram|mier|spra|che; Pro|gram|mie|rung
Pro|gramm|ki|no
pro|gramm|lich
Pro|gramm|ma|cher, Pro|gramm-Ma|cher (*Jargon*); ↑D 25; Pro|gramm|ma|che|rin, Pro|gramm-Ma|che|rin
pro|gramm|mä|ßig
Pro|gramm|mu|sik, Pro|gramm-Mu|sik ↑D 25
Pro|gramm|pla|nung; Pro|gramm|punkt; Pro|gramm|steue|rung (automatische Steuerung); Pro|gramm|vor|schau; Pro|gramm|zeit|schrift
Pro|gress, der; -es, -e ⟨lat.⟩ (Fortschritt; Fortgang); Pro|gres|si|on, die; -, -en (das Fortschreiten; [Stufen]folge, Steigerung; *Steuerwesen* unverhältnismäßige Zunahme des Steuersatzes bei geringfügig steigendem Einkommen; *Math.* veraltet Aufeinanderfolge von Zahlen usw.); kalte Progression; arithmetische, geometrische Progression
Pro|gres|sis|mus, der; - ([übertriebene] Fortschrittlichkeit); Pro|gres|sist, der; -en, -en; Pro|gres|sis|tin; pro|gres|sis|tisch
pro|gres|siv ⟨franz.⟩ (stufenweise fortschreitend, sich entwickelnd; fortschrittlich)

Prolongationswechsel

Pro|gres|sive Jazz [proˈgrɛsɪv '-], der; - - ⟨engl.⟩ (Stilrichtung des Jazz in der Mitte des 20. Jh.s)
Pro|gres|si|vist, der; -en, -en
Pro|gres|siv|steu|er, die *(Wirtsch.)*

> **Pogrom**
> Das Substantiv stammt aus dem Russischen und ist nicht mit der lateinischen Vorsilbe *Pro-* (wie etwa in *Programm, Produkt, Profit*) gebildet worden.

Pro|gym|na|si|um, das; -s, ...ien (Gymnasium ohne Oberstufe)
pro|hi|bie|ren ⟨lat.⟩ *(veraltet für* verhindern; verbieten)
Pro|hi|bi|ti|on, die; -, -en (Verbot, bes. von Alkoholherstellung u. -abgabe); **Pro|hi|bi|ti|o|nist**, der; -en, -en (Befürworter der Prohibition); **Pro|hi|bi|ti|o|nis|tin**
pro|hi|bi|tiv (verhindernd, abhaltend, vorbeugend); **Pro|hi|bi|tiv|maß|re|gel; Pro|hi|bi|tiv|zoll** (Sperr-, Schutzzoll)
Pro|jekt, das; -[e]s, -e ⟨lat.⟩ (Plan[ung], Entwurf, Vorhaben); **Pro|jek|tant**, der; -en, -en (Planer); **Pro|jek|tan|tin; Pro|jekt|ar|beit**
pro|jekt|be|zo|gen; projektbezogene Fördermittel
Pro|jek|te[n]|ma|cher; Pro|jek|te[n]|ma|che|rin
Pro|jekt|ent|wick|lung
pro|jekt|ge|bun|den
Pro|jekt|grup|pe (Arbeitsgruppe für ein bestimmtes Projekt)
pro|jek|tie|ren; Pro|jek|tie|rung
Pro|jek|til, das; -s, -e ⟨franz.⟩ (Geschoss)
Pro|jek|ti|on, die; -, -en ⟨lat.⟩ (Darstellung auf einer Fläche; Vorführung mit dem Bildwerfer)
Pro|jek|ti|ons|ap|pa|rat (Bildwerfer); **Pro|jek|ti|ons|ebe|ne** *(Math.);* **Pro|jek|ti|ons|flä|che** (bes. Psychol.); **Pro|jek|ti|ons|lam|pe; Pro|jek|ti|ons|schirm; Pro|jek|ti|ons|wand**
Pro|jekt|lei|ter; Pro|jekt|lei|te|rin; Pro|jekt|lei|tung
Pro|jekt|ma|nage|ment
Pro|jek|tor, der; -s, ...oren (Bildwerfer)
Pro|jekt|part|ner; Pro|jekt|part|ne|rin
Pro|jekt|wo|che (Unterrichtswoche mit fächerübergreifendem Themenschwerpunkt; *österr. auch für* Klassenfahrt)

pro|ji|zie|ren (auf einer Fläche darstellen; mit dem Projektor vorführen); **Pro|ji|zie|rung**
Pro|ka|ry|ont, Pro|ka|ry|ot, der; -en, -en ⟨griech.⟩ (*Biol.* Einzeller ohne vollständigen Zellkern); **pro|ka|ry|on|tisch, pro|ka|ry|o|tisch**
Pro|kla|ma|ti|on, die; -, -en ⟨lat.⟩ (amtliche Bekanntmachung, Verkündigung; Aufruf); **pro|kla|mie|ren; Pro|kla|mie|rung**
Pro|kli|se, Pro|kli|sis, die; -, ...kli̱sen ⟨griech.⟩ (*Sprachwiss.* Anlehnung eines unbetonten Wortes an das folgende betonte; *Ggs.* Enklise); **Pro|kli|ti|kon**, das; -s, ...ka (unbetontes Wort, das sich an das folgende betonte anlehnt, z. B. »und 's Mädchen [= u. das Mädchen] sprach«); **pro|kli|tisch**
Pro|kof|jew [...jɛf], Sergej [...'gɛi] (russischer Komponist)
pro|kom|mu|nis|tisch (dem Kommunismus zuneigend)
Pro|kon|sul, der; -s, -n ⟨lat.⟩ (ehem. Konsul; Statthalter einer römischen Provinz); **Pro|kon|su|lat**, das; -[e]s, -e
Pro|kop, Pro|ko|pi|us (byzantinischer Geschichtsschreiber)
pro Kopf, Pro-Kopf-Ver|brauch ↑D 26; **Pro|kras|ti|na|ti|on**, die; -, -en
pro|kras|ti|nie|ren ⟨lat.⟩ *(geh. für* aufschieben, vertagen)
Pro|k|rus|tes (Gestalt der griechischen Sage); **Pro|k|rus|tes|bett** ↑D 136 (Schema, in das jmd. od. etwas hineingezwängt wird)
Prok|t|al|gie, die; -, ...ien ⟨griech.⟩ (*Med.* neuralgische Schmerzen in After u. Mastdarm)
Prok|ti|tis, die; -, ...iti̱den ⟨griech.⟩ (Mastdarmentzündung)
Prok|to|lo|ge, der; -n, -n (Facharzt für Erkrankungen im Bereich des Mastdarms); **Prok|to|lo|gie**, die; -; **Prok|to|lo|gin; prok|to|lo|gisch**
Prok|to|spas|mus, der; -, ...men (Krampf des Afterschließmuskels)
Prok|to|s|ta|se, die; -, -n (Kotzurückhaltung im Mastdarm)
Pro|ku|ra, die; -, ...ren ⟨lat.-ital.⟩ (Handlungsvollmacht; Recht, den Geschäftsinhaber zu vertreten); in Prokura; *vgl.* per procura; **Pro|ku|ra|ti|on**, die; -, -en (Stellvertretung durch einen Bevollmächtigten; Vollmacht)

Pro|ku|ra|tor, der; -s, ...oren (Statthalter einer römischen Provinz; hoher Staatsbeamter der Republik Venedig; Vermögensverwalter eines Klosters)
Pro|ku|ra|tur, die; -, -en ⟨lat.⟩ (*österr. für* Finanzprokuratur)
Pro|ku|rist, der; -en, -en (Inhaber einer Prokura); **Pro|ku|ris|tin**
Pro|ky|on, der; -[s] ⟨griech.⟩ (ein Stern)
Pro|laps, der; -es, -e ⟨lat.⟩, **Pro|lap|sus**, der; -, - (*Med.* Vorfall, Heraustreten von inneren Organen)
Pro|le|go|me|na *Plur.* ⟨griech.⟩ (einleitende Vorbemerkungen)
Pro|lep|se, Pro|lep|sis [*auch* 'pro:...], die; -, ...lepsen ⟨griech.⟩ (*Rhet.* Vorwegnahme eines Satzgliedes); **pro|lep|tisch**
Pro|let, der; -en, -en ⟨lat.⟩ (*abwertend für* ungebildeter, ungehobelter Mensch)
Pro|le|ta|ri|at, das; -[e]s, -e (Gesamtheit der Proletarier)
Pro|le|ta|ri|er, der; -s, - (Angehöriger der wirtschaftlich unselbstständigen, besitzlosen Klasse); **Pro|le|ta|ri|e|rin**
Pro|le|ta|ri|er|vier|tel
pro|le|ta|risch; pro|le|ta|ri|sie|ren (zu Proletariern machen); **Pro|le|ta|ri|sie|rung**
pro|le|ten|haft (ungebildet u. ungehobelt); **Pro|le|tin**
Pro|let|kult, der; -[e]s, -e (von der russischen Oktoberrevolution ausgehende kulturrevolutionäre Bewegung der 1920er-Jahre)
¹**Pro|li|fe|ra|ti|on**, die; -, -en ⟨lat.⟩ (*Med.* Sprossung, Wucherung)
²**Pro|li|fe|ra|tion** [...fəˈreɪʃn], die; - ⟨engl.-amerik.⟩ (Weitergabe von Atomwaffen od. Mitteln zu ihrer Herstellung)
pro|li|fe|rie|ren ⟨lat.⟩ (*Med.* sprossen, wuchern)
Proll, der; -s, -s (*ugs. für* Prolet); **prol|len** (*ugs. für* sich wie ein Prolet aufführen); **prol|lig** (*ugs. für* proletenhaft)
Pro|lo, der; -s, -s (*ugs. für* Prolet)
Pro|log, der; -[e]s, -e ⟨griech.⟩ (Einleitung; Vorwort, -spiel, -rede; *Radsport* Rennen zum Auftakt einer Etappenfahrt)
Pro|lon|ga|ti|on, die; -, -en ⟨lat.⟩ (*Wirtsch.* Verlängerung [einer Frist, bes. einer Kreditfrist], Aufschub, Stundung); **Pro|lon|ga|ti|ons|ge|schäft; Pro|lon|ga|ti|ons|wech|sel**

prolongieren

pro|lon|gie|ren (verlängern; stunden); Pro|lon|gie|rung
pro me|mo|ria ⟨lat.⟩ (zum Gedächtnis; *Abk.* p. m.)
Pro|me|na|de, die; -, -n ⟨franz.⟩ (Spazierweg; Spaziergang; Schreibung in Straßennamen: ↑D 162 *u.* 163
Pro|me|na|den|deck (auf Schiffen); Pro|me|na|den|kon|zert
Pro|me|na|den|mi|schung (*ugs. scherzh. für* nicht reinrassiger Hund)
Pro|me|na|den|weg
pro|me|nie|ren (spazieren gehen)
Pro|mes|se, die; -, -n ⟨franz.⟩ (*österr. Bankw.*, sonst veraltet Schuldverschreibung; Urkunde, in der eine Leistung versprochen wird)
pro|me|the|isch ⟨griech.⟩ (↑D 135; *auch für* himmelstürmend; prometheisches Ringen; Pro|me|theus ⟨griech. Sagengestalt⟩
Pro|me|thi|um, das; -s (chemisches Element, Metall; *Zeichen* Pm)
Pro|mi, der; -s, -s *u.* die; -, -s ⟨*ugs. kurz für* Prominente[r]⟩
pro mil|le ⟨lat.⟩ (für tausend, für das Tausend, vom Tausend; *Abk.* p. m., v. T.; *Zeichen* ‰)
Pro|mil|le, das; -[s], - (Tausendstel); 2 Promille
Pro|mil|le|gren|ze; Pro|mil|le|satz (Vomtausendsatz)
pro|mi|nent ⟨lat.⟩ (hervorragend, bedeutend, maßgebend)
Pro|mi|nen|te, der *u.* die; -n, -n (bekannte Persönlichkeit)
Pro|mi|nenz, die; -, -en (Gesamtheit der Prominenten; *veraltet für* [hervorragende] Bedeutung); Pro|mi|nen|zen *Plur.* (hervorragende Persönlichkeiten)
pro|misk (*Fachspr.* promiskuitiv)
Pro|mis|ku|i|tät, die; - ⟨lat., »Vermischung«⟩ (Geschlechtsverkehr mit häufig wechselnden Partnern); pro|mis|ku|i|tiv
pro|mo|ten [...'mo͜ʊt...] ⟨engl.⟩ (für etwas Werbung machen); er/sie promotet, hat promotet
Pro|mo|ter [pro'mo͜ʊtɐ], der; -s, - ⟨engl.⟩ (Veranstalter von Berufssportwettkämpfen; Salespromoter); Pro|mo|te|rin
¹Pro|mo|ti|on, die; -, -en ⟨lat.⟩ (Erlangung, Verleihung der Doktorwürde); Promotion sub auspiciis [praesidentis] (*österr. für* Ehrenpromotion unter der Schirmherrschaft des Bundespräsidenten)

²Pro|mo|tion [...'mo͜ʊʃn], die; -, -s ⟨amerik.⟩ (Förderung durch gezielte Werbemaßnahmen)
Pro|mo|tion|tour [...'mo͜ʊʃn...]
Pro|mo|tor, der; -s, ...oren ⟨lat.⟩ (Förderer, Manager)
Pro|mo|vend, der; -en, -en (jmd., der die Doktorwürde anstrebt); Pro|mo|ven|din
pro|mo|vie|ren (die Doktorwürde erlangen, verleihen); ich habe promoviert; ich bin [von der ... Fakultät zum Doktor ...] promoviert worden; Pro|mo|vie|ren|de, der *u.* die; -n, -n
prompt ⟨lat.⟩ (sofort; rasch); prompte (schnelle) Bedienung
Promp|ter, der; -s, - (*kurz für* Teleprompter®)
Prompt|heit, die; -
Pro|no|men, das; -s, *Plur.* -, älter ...mina ⟨lat.⟩ (Sprachwiss. Fürwort, z. B. »ich, mein«); pro|no|mi|nal (fürwörtlich)
Pro|no|mi|nal|ad|jek|tiv (Sprachwiss. unbestimmtes Für- od. Zahlwort, nach dem das folgende [substantivisch gebrauchte] Adjektiv wie nach einem Pronomen od. wie nach einem Adjektiv gebeugt wird, z. B. »manche«: manche geeignete, *auch noch:* geeigneten Einrichtungen)
Pro|no|mi|nal|ad|verb (Sprachwiss. Adverb, das für eine Fügung aus Präposition u. Pronomen steht, z. B. »darüber« = »über das« od. »über es«)
pro|non|cie|ren [...nõ'si:...] ⟨franz.⟩ (*veraltet für* deutlich aussprechen; scharf betonen); pro|non|ciert
¹Proof [pru:f], das; -, - ⟨engl.⟩ (Maß für den Alkoholgehalt von Getränken)
²Proof, der, *auch* das; -s, -s (*Druckw.* Probeabzug); Proo|fing ['pru:fɪŋ], das; -s (*Druckw.* am Bildschirm stattfindendes Überprüfen von Daten für elektronische Publikationen)
Pro|ömi|um, das; -s, ...ien ⟨griech.⟩ (Vorrede; Einleitung)
Pro|pä|deu|tik, die; -, -en ⟨griech.⟩ (Einführung in die Vorkenntnisse, die zu einem Studium gehören); Pro|pä|deu|ti|kum, das; -s, ...ka (*schweiz. für* med. Vorprüfung); pro|pä|deu|tisch
Pro|pa|gan|da, die; - ⟨lat.⟩ (Werbung für politische Grundsätze, kulturelle Belange od. wirtschaftliche Zwecke; Pro|pa|gan|da|ap|pa|rat; Pro|pa|gan|da|chef; Pro|pa|gan|da|che|fin
Pro|pa|gan|da|feld|zug; Pro|pa|gan|da|film; Pro|pa|gan|da|kam|pa|gne; Pro|pa|gan|da|lü|ge; Pro|pa|gan|da|ma|te|ri|al; Pro|pa|gan|da|schrift; Pro|pa|gan|da|sen|dung
pro|pa|gan|da|wirk|sam
Pro|pa|gan|dist, der; -en, -en (jmd., der Propaganda treibt; Werber); Pro|pa|gan|dis|tin; pro|pa|gan|dis|tisch
Pro|pa|ga|tor, der; -s, ...oren (jmd., der etwas propagiert); Pro|pa|ga|to|rin
pro|pa|gie|ren ⟨lat.⟩ (verbreiten, werben für etwas); Pro|pa|gie|rung
Pro|pan, das; -s ⟨griech.⟩ (ein Brenn-, Treibgas); Pro|pan|gas, das; -es
Pro|par|oxy|to|non, das; -s, ...tona ⟨griech.⟩ (*Sprachwiss.* auf der drittletzten, kurzen Silbe betontes Wort)
Pro|pel|ler, der; -s, - ⟨engl.⟩; Pro|pel|ler|an|trieb; Pro|pel|ler|flug|zeug; Pro|pel|ler|ma|schi|ne; Pro|pel|ler|tur|bi|ne
Pro|pen *vgl.* Propylen
pro|per, pro|pre ⟨franz.⟩ (sauber, ordentlich); Pro|per|ge|schäft (*Wirtsch.* Geschäft für eigene Rechnung)
Pro|pe|ris|po|me|non, das; -s, ...mena ⟨griech.⟩ (*Sprachwiss.* auf der vorletzten, langen Silbe betontes Wort)
Pro|pha|se, die; -, -n ⟨griech.⟩ (*Biol.* erste Phase der indirekten Zellkernteilung)
Pro|phet, der; -en, -en ⟨griech.⟩ (Weissager, Seher; Mahner); ↑D 150: die Großen Propheten (z. B. Jesaja), die Kleinen Propheten (z. B. Hosea); Pro|phe|ten|ga|be, die; -
Pro|phe|tie, die; -, ...ien (Weissagung)
Pro|phe|tin; pro|phe|tisch (seherisch, vorausschauend)
pro|phe|zei|en (voraussagen); er hat prophezeit; Pro|phe|zei|ung
Pro|phy|lak|ti|kum, das; -s, ...ka ⟨griech.⟩ (*Med.* vorbeugendes Mittel)
pro|phy|lak|tisch (vorbeugend, verhütend); Pro|phy|la|xe, die; -, -n (Maßnahme[n] zur Vorbeugung, [Krankheits]verhütung)
Pro|pi|on|säu|re (ein Konservierungsmittel)
Pro|po|lis, die; - ⟨griech.⟩ (Bienenharz)

Protagonistin

Pro|po|nent, der; -en, -en ⟨lat.⟩ (*veraltet für* Antragsteller); **Pro|po|nen|tin; pro|po|nie|ren**

Pro|pon|tis, die; - ⟨griech.⟩ (Marmarameer)

Pro|por|ti|on, die; -, -en ⟨lat.⟩ ([Größen]verhältnis; *Math.* Verhältnisgleichung)

pro|por|ti|o|nal (verhältnismäßig; in gleichem Verhältnis stehend; entsprechend)

Pro|por|ti|o|na|le, die; -n, -n (*Math.* Glied einer Verhältnisgleichung); drei Proportionale[n]; mittlere Proportionale

Pro|por|ti|o|na|li|tät, die; -, -en (Verhältnismäßigkeit, proportionales Verhältnis)

Pro|por|ti|o|nal|wahl (*bes. österr. u. schweiz. für* Verhältniswahl)

pro|por|ti|o|nell (*österr. für* dem Proporz entsprechend)

pro|por|ti|o|niert (bestimmte Proportionen aufweisend); gut, schlecht proportioniert; **Pro|por|ti|o|niert|heit**, die; -

Pro|por|ti|ons|glei|chung (*Math.* Verhältnisgleichung)

Pro|porz, der; -es, -e (Verteilung von Sitzen u. Ämtern nach dem Stimmenverhältnis bzw. dem Verhältnis der Partei- od. Konfessionszugehörigkeit; *bes. österr. u. schweiz. für* Verhältniswahlsystem); **Pro|porz|den|ken; Pro|porz|wahl** (*bes. österr., schweiz. für* Verhältniswahl)

Pro|po|si|ti|on, die; -, -en ⟨lat.⟩ (Ausschreibung bei Pferderennen; *veraltet für* Vorschlag, Antrag; *Sprachwiss.* Satzinhalt)

Propp|en, der; -s, - (*nordd. für* Pfropfen); **propp|en|voll** (*ugs. für* ganz voll; übervoll)

Pro|prä|tor, der; -s, ...oren (römischer Provinzstatthalter, der vorher Prätor war)

prop|re *vgl.* proper

Pro|pre|tät, die; - ⟨franz.⟩ (*veraltet, aber noch landsch. für* Reinlichkeit, Sauberkeit)

pro|pri|e|tär (*EDV* nur für ein spezielles herstellereigenes Computermodell verwendbar)

Pro|pri|e|tär, der; -s, -e (*veraltet für* Eigentümer); **Pro|pri|e|tä|rin**

Pro|pri|e|tät, die; -, -en (*veraltet für* Eigentum, Eigentumsrecht); **Pro|pri|e|täts|recht**

Pro|pri|um, das; -s ⟨lat.⟩ (*Psychol.* Identität, Selbstgefühl; *kath. Kirche* die wechselnden Texte u. Gesänge der Messe)

Propst, der; -[e]s, Pröpste ⟨lat.⟩ (Kloster-, Stiftsvorsteher; Superintendent); **Props|tei**, die; -, -en (Amt[ssitz], Sprengel, Wohnung einer Pröpstin/eines Propstes); **Pröps|tin**

Pro|pusk [*auch* ...'pʊsk], der; -[e]s, -e ⟨russ.⟩ (*russ. Bez. für* Passierschein, Ausweis)

Pro|py|lä|en *Plur.* ⟨griech.⟩ (Vorhalle griechischer Tempel)

Pro|py|len, Pro|pen, das; -s ⟨griech.⟩ (ein gasförmiger ungesättigter Kohlenwasserstoff)

Pro|rek|tor, der; -s, ...oren ⟨lat.⟩ (Stellvertreter des Rektors); **Pro|rek|to|rat**, das; -[e]s, -e; **Pro|rek|to|rin**

Pro|sa, die; - ⟨lat.⟩ (Rede [Schrift] in ungebundener Form; *übertr. für* Nüchternheit); **Pro|sa|dich|tung**

Pro|sa|i|ker (nüchterner Mensch; *älter für* Prosaist); **Pro|sa|i|ke|rin**

pro|sa|isch (in Prosa; *übertr. für* nüchtern)

Pro|sa|ist, der; -en, -en (Prosa schreibender Schriftsteller); **Pro|sa|is|tin**

Pro|sa|schrift|stel|ler; Pro|sa|schrift|stel|le|rin

Pro|sa|text; Pro|sa|über|set|zung; Pro|sa|werk

Pro|sec|co, der; -[s], -s ⟨ital.⟩ (ein italienischer Schaum-, Perl- od. Weißwein)

Pro|sek|tor [*auch* ...'zɛk...], der; -s, ...oren ⟨lat.⟩ (Arzt, der Sektionen durchführt; Leiter der Prosektur); **Pro|sek|tur**, die; -, -en (Abteilung eines Krankenhauses, in der Sektionen durchgeführt werden)

Pro|se|lyt, der; -en, -en ⟨griech.⟩ (zum Judentum übergetretener Heide im Altertum; Neubekehrter); **Pro|se|ly|ten|ma|cher; Pro|se|ly|ten|ma|che|rei** (*abwertend*); **Pro|se|ly|tin**

Pro|se|mi|nar, das; -s, -e ⟨lat.⟩ (Seminar für Studienanfänger)

Pro|ser|pi|na (*lat. Form von* Persephone)

pro|sit!, prost! ⟨lat.⟩ (wohl bekomms!); pros[i]t Neujahr!; pros[i]t allerseits!; prost Mahlzeit! (*ugs.*); **Pro|sit**, das; -s, -s, **Prost**, das; -[e]s, -e (Zutrunk); ein Prosit der Gemütlichkeit!

pro|skri|bie|ren ⟨lat.⟩ (ächten); **Pro|skrip|ti|on**, die; -, -en (Ächtung)

Pro|so|die, die; -, ...ien ⟨griech.⟩ (Silbenmessung[slehre]; Lehre von der metrisch-rhythmischen Behandlung der Sprache); **Pro|s|o|dik**, die; -, -en (*seltener für* Prosodie); **pro|s|o|disch**

Pro|s|pekt, der, *österr. auch* das; -[e]s, -e ⟨lat.⟩ (Werbeschrift; Ansicht [von Gebäuden, Straßen u. a.]; Bühnenhintergrund; Pfeifengehäuse der Orgel; *Wirtsch.* allgemeine Darlegung der Lage eines Unternehmens)

pro|s|pek|tie|ren; Pro|s|pek|tie|rung, Pro|s|pek|ti|on, die; -, -en (Erkundung nutzbarer Bodenschätze; *Wirtsch.* Drucksachenwerbung)

pro|s|pek|tiv (der Aussicht, Möglichkeit nach)

Pro|s|pek|tor, der; -s, ...oren (jmd., der Bodenschätze erkundet); **Pro|s|pek|to|rin**

Pro|s|pekt|wer|bung

pro|s|pe|rie|ren ⟨lat.⟩ (gedeihen, vorankommen); **Pro|s|pe|ri|tät**, die; - (Wohlstand, wirtschaftlicher Aufschwung)

prost! *vgl.* prosit!; **Prost** *vgl.* Prosit

Pro|s|ta|g|lan|din, das; -s, -e *meist Plur.* ⟨griech.; lat.⟩ (*Med.* im menschlichen Körper vorhandene hormonähnliche Substanz)

Pro|s|ta|ta, die; -, ...tae ⟨griech.-lat.⟩ (Vorsteherdrüse); **Pro|s|ta|ta|krebs; Pro|s|ta|ti|ker** (*Med.* jmd., der an einer übermäßigen Vergrößerung der Prostata leidet); **Pro|s|ta|ti|tis**, die; -, ...itiden (Entzündung der Prostata)

pros|ten; prös|ter|chen! (*ugs.*); **Prös|ter|chen** (*zu* Prost)

pro|s|ti|tu|ie|ren ⟨lat.⟩; sich prostituieren; **Pro|s|ti|tu|ier|te**, die; -n, -n (Frau, die Prostitution betreibt); **Pro|s|ti|tu|ti|on**, die; - ⟨franz.⟩ (gewerbsmäßige Ausübung sexueller Handlungen)

Pro|s|t|ra|ti|on, die; -, -en ⟨lat.⟩ (*kath. Kirche* Fußfall; *Med.* hochgradige Erschöpfung)

Pro|s|ze|ni|um, das; -s, ...ien ⟨griech.⟩ (vorderster Teil der Bühne, Vorbühne); **Pro|s|ze|ni|ums|lo|ge** (Bühnenloge)

prot. = protestantisch

Pro|t|ac|ti|ni|um, das; -s ⟨griech.⟩ (radioaktives chemisches Element, Metall; *Zeichen* Pa)

Pro|t|a|go|nist, der; -en, -en ⟨griech.⟩ (*altgriech. Theater* erster Schauspieler; zentrale Gestalt; Vorkämpfer); **Pro|t|a|go|nis|tin** (zentrale Gestalt; Vorkämpferin)

889

Pro|te|gé [...'ʒeː], der; -s, -s ⟨franz.⟩ (Günstling; Schützling); **pro|te|gie|ren** [...'ʒiː...]
Pro|te|id, das; -[e]s, -e ⟨griech.⟩ (mit anderen chemischen Verbindungen zusammengesetzter Eiweißkörper); **Pro|te|in**, das; -s, -e (vorwiegend aus Aminosäuren aufgebauter Eiweißkörper)
pro|te|isch (in der Art des ¹Proteus, wandelbar, unzuverlässig)
Pro|tek|ti|on, die; -, -en ⟨lat.⟩ (Förderung; Schutz)
Pro|tek|ti|o|nis|mus, der; - (Politik, die z. B. durch Schutzzölle die inländische Wirtschaft begünstigt); **Pro|tek|ti|o|nist**, der; -en, -en; **Pro|tek|ti|o|nis|tin**; **pro|tek|ti|o|nis|tisch**
pro|tek|tiv ([vor schädlichen Einwirkungen] schützend)
Pro|tek|tor, der; -s, ...oren (Beschützer; Förderer; Schutz-, Schirmherr); **Pro|tek|to|rat**, das; -[e]s, -e (Schirmherrschaft; Schutzherrschaft; das unter Schutzherrschaft stehende Gebiet); **Pro|tek|to|rin**
Pro|te|ro|zo|i|kum, das; -s ⟨griech.⟩ (Geol. Abschnitt der erdgeschichtl. Frühzeit)
Pro|test, der; -[e]s, -e ⟨lat.-ital.⟩ (Einspruch; Missfallensbekundung; *Wirtsch.* [beurkundete] Verweigerung der Annahme od. der Zahlung eines Wechsels od. Schecks); zu Protest gehen (von Wechseln); **Pro|test|ak|ti|on**
Pro|tes|tant, der; -en, -en ⟨lat.⟩ (Angehöriger des Protestantismus); **Pro|tes|tan|tin**; **pro|tes|tan|tisch** (*Abk.* prot.); **Pro|tes|tan|tis|mus**, der; - (Gesamtheit der auf die Reformation zurückgehenden evangelischen Kirchengemeinschaften)
Pro|tes|ta|ti|on, die; -, -en (*veraltet für* Protest)
Pro|test|be|we|gung; **Pro|test|brief**
Pro|test|camp; **Pro|test|de|mons|tra|ti|on**; **Pro|test|ge|schrei**; **Pro|test|hal|tung**; **Pro|test|hoch|burg**
pro|tes|tie|ren (Einspruch erheben, Verwahrung einlegen); einen Wechsel protestieren (*Wirtsch.* zu Protest gehen lassen)
Pro|test|ko|mi|tee; **Pro|test|kund|ge|bung**
Pro|test|ler (*ugs.*); **Pro|test|le|rin**
Pro|test|marsch; **Pro|test|no|te**; **Pro|test|par|tei**; **Pro|test|re|so|lu|ti|on**; **Pro|test|ruf**

Pro|test|sän|ger; **Pro|test|sän|ge|rin**
Pro|test|schrei|ben; **Pro|test|song**; **Pro|test|streik**; **Pro|test|sturm**
Pro|test|tag; **Pro|test|ver|an|stal|tung**; **Pro|test|ver|samm|lung**
Pro|test|wäh|ler; **Pro|test|wäh|le|rin**
Pro|test|wel|le; **Pro|test|zug**
¹**Pro|teus** (verwandlungsfähiger griechischer Meergott)
²**Pro|teus**, der; -, - (Mensch, der leicht seine Gesinnung ändert)
pro|teus|haft
Prot|evan|ge|li|um *vgl.* Protoevangelium
Pro|the|se, die; -, -n ⟨griech.⟩ (künstlicher Ersatz eines fehlenden Körperteils; Zahnersatz; *Sprachwiss.* Bildung eines neuen Lautes am Wortanfang)
Pro|the|sen|trä|ger; **Pro|the|sen|trä|ge|rin**
Pro|the|tik, die; - (Wissenschaftsbereich, der sich mit der Entwicklung u. Herstellung von Prothesen befasst); **pro|the|tisch**
Pro|tist, der; -en, -en ⟨griech.⟩ (*Biol.* Einzeller)
Pro|to|evan|ge|li|um, das; -s ⟨griech.⟩ (*kath. Kirche* erste Verkündigung des Erlösers [1. Mose 3, 15])
pro|to|gen ⟨griech.⟩ (*Geol.* am Fundort entstanden [von Erzlagern])
Pro|to|koll, das; -s, -e ⟨griech.⟩ (förmliche Niederschrift, Tagungsbericht; Beurkundung einer Aussage, Verhandlung u. a.; *nur Sing.:* Gesamtheit der im diplomatischen Verkehr gebräuchlichen Formen); zu Protokoll geben
Pro|to|koll|ab|tei|lung
Pro|to|kol|lant, der; -en, -en ([Sitzungs]schriftführer); **Pro|to|kol|lan|tin**; **pro|to|kol|la|risch**
Pro|to|koll|chef; **Pro|to|koll|che|fin**
Pro|to|koll|füh|rer; **Pro|to|koll|füh|re|rin**
pro|to|kol|lie|ren (ein Protokoll aufnehmen; beurkunden); **Pro|to|kol|lie|rung**
Pro|to|koll|stre|cke (bei Staatsbesuchen o. Ä. abgefahrene Strecke)
Pro|ton, das; -s, ...onen ⟨griech.⟩ (*Kernphysik* ein Elementarteilchen); **Pro|to|nen|be|schleu|ni|ger**
Pro|to|no|tar, der; -s, -e ⟨griech.; lat.⟩ (Notar der päpstlichen Kanzlei; *auch* Ehrentitel)
Pro|to|phy|te, die; -, -n *meist Plur.* ⟨griech.⟩, **Pro|to|phy|ton**, das; -s,

...yten *meist Plur.* (*Bot.* einzellige Pflanze)
Pro|to|plas|ma, das; -s (*Biol.* Lebenssubstanz aller pflanzl., tier. u. menschl. Zellen)
Pro|to|typ [*selten* ...'tyːp], der; -s, -en ⟨griech.; lat.⟩ (Muster; Urbild; Inbegriff); **pro|to|ty|pisch**
Pro|to|zo|on, das; -s, ...zoen *meist Plur.* (*Biol.* Urtierchen)
pro|tra|hie|ren ⟨lat.⟩ (*Med.* verzögern)
Pro|tu|be|ranz, die; -, -en *meist Plur.* ⟨lat.⟩ (aus dem Sonneninnern ausströmende glühende Gasmasse; *Med.* stumpfer Vorsprung an Organen, bes. an Knochen)
Protz, der; *Gen.* -es, *älter* -en, *Plur.* -e, *älter* -en (*ugs. für* Angeber; *landsch. für* Kröte)
Prot|ze, die; -, -n ⟨ital.⟩ (*früher für* Vorderwagen von Geschützen u. a.)
prot|zen (*ugs.*); du protzt; **prot|zen|haft** (*ugs.*); **Prot|zen|tum**, das; -s; **Prot|ze|rei**; **Prot|zer|tum** (*svw.* Protzentum)
prot|zig; **Prot|zig|keit**
Protz|wa|gen (*Militär früher*)
Proust [pruːst] (französischer Schriftsteller)
Prov. = Provinz
Pro|vence [...'vãːs], die; - (französische Landschaft)
Pro|ve|ni|enz, die; -, -en ⟨lat.⟩ (Herkunft, Ursprung)
Pro|ven|za|le, der; -n, -n (Bewohner der Provence); **Pro|ven|za|lin**; **pro|ven|za|lisch**
Pro|verb, **Pro|ver|bi|um**, das; -s, ...ien ⟨lat.⟩ (*veraltet für* Sprichwort); **pro|ver|bi|al**, **pro|ver|bi|a|lisch**, **pro|ver|bi|ell** (*veraltet für* sprichwörtlich)
Pro|ver|bi|um *vgl.* Proverb
Pro|vi|ant, der; -s, -e *Plur. selten* ⟨ital. u. franz.⟩ ([Mund]vorrat; Wegzehrung; Verpflegung); **pro|vi|an|tie|ren** (*veraltet für* verproviantieren); **Pro|vi|ant|wa|gen**
Pro|vi|der [proˈvaɪdɐ], der; -s, - (*EDV* Anbieter eines Zugangs zum Internet o. Ä.)
Pro|vinz, die; -, -en ⟨lat.⟩ (Land[esteil]; größeres staatliches od. kirchliches Verwaltungsgebiet; das Land im Gegensatz zur Hauptstadt; *abwertend für* [kulturell] rückständige Gegend; *Abk.* Prov.); **Pro|vinz|blatt**; **Pro|vinz|büh|ne**; **Pro|vinz|haupt|stadt**
Pro|vin|zi|al, der; -s, -e (*kath. Kir*-

che Vorsteher einer Ordensprovinz)
pro|vin|zi|a|li|sie|ren
Pro|vin|zi|a|lis|mus, der; -, ...men (*Sprachwiss.* vom standardsprachlichen Wortschatz abweichender Ausdruck; *abwertend für* provinzielles Denken, Verhalten)
pro|vin|zi|ell ⟨franz.⟩ (die Provinz betreffend; landschaftlich; mundartlich; *abwertend für* hinterwäldlerisch); **Pro|vinz|ler** (*abwertend für* Provinzbewohner; [kulturell] rückständiger Mensch); **Pro|vinz|le|rin; pro|vinz|le|risch**
Pro|vinz|nest (*abwertend*); **Pro|vinz|pos|se** (*abwertend*); **Pro|vinz|stadt; Pro|vinz|the|a|ter**
Pro|vi|si|on, die; -, -en ⟨ital.⟩ (Vergütung, [Vermittlungs]gebühr)
Pro|vi|si|ons|ba|sis; auf Provisionsbasis [arbeiten]; **pro|vi|si|ons|frei; Pro|vi|si|ons|rei|sen|de; Pro|vi|si|ons|zah|lung**
Pro|vi|sor, der; -s, ...**oren** ⟨lat.⟩ (*früher für* erster Gehilfe des Apothekers; *österr. für* als Vertreter amtierender Geistlicher); **Pro|vi|so|rin**
pro|vi|so|risch ⟨franz.⟩ (vorläufig); **Pro|vi|so|ri|um,** das; -s, ...ien (vorläufige Einrichtung; Übergangslösung)
Pro|vit|a|min, das; -s, -e (Vorstufe eines Vitamins)
Pro|vo, der; -s, -s ⟨lat.-niederl.⟩ (Vertreter einer [1965 in Amsterdam entstandenen] antibürgerlichen Protestbewegung)
pro|vo|kant ⟨lat.⟩ (provozierend)
Pro|vo|ka|teur [...'tø:ɐ̯], der; -s, -e ⟨franz.⟩ (jmd., der provoziert); **Pro|vo|ka|teu|rin**
Pro|vo|ka|ti|on, die; -, -en (Herausforderung; Aufreizung)
pro|vo|ka|tiv, pro|vo|ka|to|risch (herausfordernd)
pro|vo|zie|ren (herausfordern, reizen; auslösen); **Pro|vo|zie|rung**
pro|xi|mal ⟨lat.⟩ (*Med.* der [Körper]mitte zu gelegen)
Pro|xy|ser|ver [...sœ:ɐ̯vɐ], der; -s, - ⟨engl.⟩ (*EDV* Server, der als Vermittler zwischen einem internen Servernetzwerk u. dem Internet dient)
Pro|ze|de|re, Pro|ce|de|re, das; -[s], - ⟨lat.⟩ (Verfahrensordnung, -weise; Prozedur)
pro|ze|die|ren ⟨lat.⟩ (*veraltet für* zu Werke gehen, verfahren)

Pro|ze|dur, die; -, -en ⟨lat.⟩ (Verfahren, [schwierige, unangenehme] Behandlungsweise)
Pro|zent, das; -[e]s, -e ⟨ital.⟩ ([Zinsen, Gewinn] vom Hundert, Hundertstel; *Abk.* p. c., v. H.; *Zeichen* %); 5 Prozent *od.* 5 %; *vgl.* Fünfprozentklausel
Pro|zent|be|reich
...**pro|zen|tig** (z. B. fünfprozentig, *mit Ziffer* 5-prozentig; eine fünfprozentige *od.* 5-prozentige *od.* 5%ige Anleihe)
pro|zen|tisch (*veraltet für* prozentual)
Pro|zent|kurs (*Börsenw.*)
Pro|zent|punkt (Prozent [als Differenz zweier Prozentzahlen])
Pro|zent|rech|nung; Pro|zent|satz; Pro|zent|span|ne (*Kaufmannsspr.*)
pro|zen|tu|al, österr. **pro|zen|tu|ell** (im Verhältnis zum Hundert, in Prozenten ausgedrückt); **pro|zen|tu|a|li|ter** (*veraltet für* prozentual)
pro|zen|tu|ell *vgl.* prozentual; **pro|zen|tu|ie|ren** (in Prozenten ausdrücken)
Pro|zent|wert; Pro|zent|zahl; Pro|zent|zei|chen (das Zeichen %)
Pro|zess, der; -es, -e ⟨lat.⟩ (Vorgang, Ablauf; Verfahren, Entwicklung; gerichtliche Durchführung von Rechtsstreitigkeiten); **Pro|zess|ak|te; Pro|zess|auf|takt; Pro|zess|be|ginn**
Pro|zess|be|ob|ach|ter; Pro|zess|be|ob|ach|te|rin
Pro|zess|be|richt; Pro|zess|be|tei|lig|te, der u. die; -n, -n
pro|zess|be|voll|mäch|tigt; Pro|zess|be|voll|mäch|tig|te, der u. die; -n, -n
pro|zess|fä|hig; Pro|zess|fä|hig|keit, die; -
Pro|zess|fi|nan|zie|rung
pro|zess|füh|rend; die prozessführenden Parteien; **Pro|zess|füh|rungs|klau|sel** (*Versicherungsw.*)
Pro|zess|ge|bühr
Pro|zess|geg|ner; Pro|zess|geg|ne|rin
Pro|zess|han|sel, der; -s, -[n] (*ugs. für* jmd., der bei jeder Gelegenheit prozessiert)
pro|zes|sie|ren (einen Prozess führen)
Pro|zes|si|on, die; -, -en ([feierlicher kirchlicher] Umzug, Bittod. Dankgang); **Pro|zes|si|ons|kreuz** (*kath. Kirche*)

Pro|zes|si|ons|spin|ner (ein Schmetterling)
Pro|zess|kos|ten *Plur.;* **Pro|zess|kos|ten|hil|fe** (*Rechtsspr.*)
Pro|zes|sor, der; -s, ...**oren** (zentraler Teil einer Datenverarbeitungsanlage)
Pro|zess|ord|nung
pro|zess|ori|en|tiert
Pro|zess|par|tei
Pro|zess|rech|ner (besonderer Computer für industrielle Fertigungsabläufe)
Pro|zess|recht
pro|zes|su|al (auf einen Rechtsstreit bezüglich)
Pro|zess|voll|macht
pro|zy|k|lisch (*Wirtsch.* einem bestehenden Konjunkturzustand gemäß)
prü|de ⟨franz.⟩ (zimperlich, spröde [in sittlich-erotischer Beziehung])
Pru|de|lei (*landsch. für* Pfuscherei); **pru|de|lig, prud|lig** (*landsch. für* unordentlich); **pru|deln** (*landsch. für* pfuschen); ich prud[e]le
Pru|den|tia (w. Vorn.)
Pru|den|ti|us (christlich-lateinischer Dichter)
Prü|de|rie, die; - ⟨franz.⟩ (Zimperlichkeit, Ziererei)
prud|lig *vgl.* prudelig
Prüf|au|to|mat
prüf|bar
Prüf|be|richt
prü|fen
Prü|fer; Prü|fer|bi|lanz, Prü|fungsbi|lanz (*Wirtsch.*); **Prü|fe|rin**
Prüf|feld; Prüf|ge|rät; Prüf|in|ge|ni|eur (Fachmann, der Kraftfahrzeuge technisch überprüft); **Prüf|in|ge|ni|eu|rin; Prüf|ling**
Prüf|me|tho|de; Prüf|norm; Prüf|pi|ckerl (*österr. für* TÜV-Plakette); **Prüf|stand; Prüf|stein**
Prü|fung; mündliche, schriftliche Prüfung
Prü|fungs|angst; Prü|fungs|ar|beit; Prü|fungs|auf|ga|be; Prü|fungs|aus|schuss; Prü|fungs|be|din|gun|gen *Plur.;* **Prü|fungs|bi|lanz** *vgl.* Prüferbilanz; **Prü|fungs|fach; Prü|fungs|fahrt; Prü|fungs|fra|ge; Prü|fungs|ge|bühr; Prü|fungs|kom|mis|si|on; Prü|fungs|ord|nung; prü|fungs|re|le|vant; Prü|fungs|ter|min; Prü|fungs|un|ter|la|ge; Prü|fungs|ver|fah|ren; Prü|fungs|ver|merk**
Prüf|ver|fah|ren; Prüf|vor|schrift
¹**Prü|gel,** der; -s, - (Stock)

Prügel

²**Prü|gel** *Plur. (ugs. für* Schläge)
Prü|ge|lei
Prü|gel|kna|be (jmd., der anstelle des Schuldigen bestraft wird)
prü|geln; ich prüg[e]le; sich prügeln
Prü|gel|stra|fe; Prü|gel|sze|ne
Prü|gel|tor|te (westösterr. für Baumkuchen)
Prü|nel|le, die; -, -n ⟨franz.⟩ (entsteinte, getrocknete Pflaume)
Prunk, der; -[e]s; **Prunk|bau** *Plur.* ...bauten; **Prunk|bett**
prun|ken
Prunk|ge|mach; Prunk|ge|wand
prunk|haft
prunk|los; Prunk|lo|sig|keit, die; -
Prunk|raum; Prunk|saal; Prunkschwert *(Kunstwiss.);* **Prunk|sessel; Prunk|sit|zung** (im Karneval); **Prunk|stück**
Prunk|sucht, die; - (abwertend); **prunk|süch|tig**
prunk|voll; Prunk|wa|gen
Prun|trut (Stadt im Kanton Jura; franz. Porrentruy)
Pru|ri|go, die; -, Prurigines *od.* der; -s, -s ⟨lat.⟩ (Med. Juckflechte); **Pru|ri|tus,** der; - (Hautjucken)
Pru|ße, der; -n, -n *meist Plur. (alte Bez. für* Preuße [Angehöriger eines zu den baltischen Völkern gehörenden Stammes])
prus|ten (stark schnauben)
Pruth, der; -[s] (linker Nebenfluss der Donau)
Pry|ta|ne, der; -n, -n ⟨griech.⟩ (Mitglied der in altgriechischen Staaten regierenden Behörde); **Pry|ta|nei|on,** das; -s, ...eien, **Pry|ta|ne|um,** das; -s, ...een (Versammlungshaus der Prytanen)
PS = Pferdestärke; Postskript[um]
PSA = Personal-Service-Agentur
Psa|li|gra|fie, Psa|li|gra|phie, die; - ⟨griech.⟩ (Kunst des Scherenschnittes)
Psalm, der; -[e]s, -en ⟨griech.⟩ (geistliches Lied)
Psal|men|dich|ter; Psal|men|dichterin; Psal|men|sän|ger; Psal|mensän|ge|rin
Psal|mist, der; -en, -en (Psalmendichter, -sänger); **Psal|mis|tin**
Psal|mo|die, die; -, -n ⟨grch.⟩ (Psalmengesang); **psal|mo|die|ren** (Psalmen vortragen; eintönig singen); **psal|mo|disch**
Psal|ter, der; -s, - (Buch der Psalmen im A. T.; ein Saiteninstrument; *Zool.* Blättermagen der Wiederkäuer)

PSchA = Postscheckamt
pscht!, pst!
pseud..., pseu|do... ⟨griech.⟩ (falsch...)
Pseud..., Pseu|do... (Falsch...)
Pseu|d|e|pi|gra|fen, Pseu|d|e|pigra|phen *Plur.* (Schriften aus der Antike, die einem Autor fälschlich zugeschrieben wurden)
pseu|do... usw. vgl. pseud... usw.
Pseu|do|krupp (Med. Anfall von Atemnot u. Husten bei Kehlkopfentzündung)
Pseu|do|lo|gie, die; -, ...ien (Med. krankhaftes Lügen)
pseu|do|morph (Mineralogie Pseudomorphose zeigend); **Pseu|domor|pho|se,** die; -, -n (Mineralogie [Auftreten eines] Mineral[s] in der Kristallform eines anderen Minerals)
pseu|d|o|nym (unter einem Decknamen [verfasst]); **Pseu|d|o|nym,** das; -s, -e (Deck-, Künstlername); **Pseu|do|ny|mi|sie|rung** (EDV Verschlüsselung von Nutzerdaten)
Pseu|do|po|di|um, das; -s, ...ien (Biol. Scheinfüßchen mancher Einzeller)
Pseu|do|wis|sen|schaft; pseu|dowis|sen|schaft|lich
PSF = Postschließfach
¹**Psi,** das; -[s], -s (griechischer Buchstabe: Ψ, ψ)
²**Psi,** das; -[s] *meist ohne Artikel* (bestimmendes Element parapsychologischer Vorgänge)
Psi|lo|me|lan, der; -s, -e ⟨griech.⟩ (ein Manganerz)
Psi|phä|no|men ⟨griech.⟩ (parapsychologische Erscheinung)
Psit|ta|ko|se, die; -, -n ⟨griech.⟩ (Med. Papageienkrankheit)
Pso|ri|a|sis, die; -, ...iasen ⟨griech.⟩ (Med. Schuppenflechte); **Pso|ria|ti|ker; Pso|ri|a|ti|ke|rin**
PS-stark [pe:'ɛs...] ↑D 28
pst!, pscht!
Psy|ch|a|go|ge, der; -n, -n ⟨griech.⟩; **Psy|ch|a|go|gik,** die; - (pädagogisch-therapeutische Betreuung zum Abbau von Verhaltensstörungen o. Ä.); **Psy|ch|a|go|gin**
¹**Psy|che** (griech. Mythol. Gattin des Eros)
²**Psy|che,** die; -, -n (Seele; österr. veraltend auch für mit Spiegel versehene Frisiertoilette)
psy|che|de|lisch (in einem [durch Rauschmittel hervorgerufenen] euphorischen, tranceartigen Gemütszustand befind-

lich; Glücksgefühle hervorrufend)
Psy|ch|i|a|ter, der; -s, - (Facharzt für Psychiatrie); **Psy|ch|i|a|te|rin**
Psy|ch|i|a|t|rie, die; -, ...ien (nur Sing.: Lehre von den seelischen Störungen, von den Geisteskrankheiten; ugs. für psychiatrische Klinik)
psy|ch|i|a|t|rie|ren (bes. österr. für psychiatrisch untersuchen); **psych|i|a|t|risch**
psy|chisch (seelisch); psychische Krankheiten
Psy|cho, der; -s, -s (Jargon psychisch kranke Person)
Psy|cho|a|na|ly|se, die; - (Verfahren zur Untersuchung unbewusster seelischer Vorgänge); **psy|choa|na|ly|sie|ren**
Psy|cho|a|na|ly|ti|ker (die Psychoanalyse vertretender od. anwendender Psychologe, Arzt); **Psycho|a|na|ly|ti|ke|rin; psy|cho|analy|tisch**
Psy|cho|di|a|g|nos|tik, die; - (Lehre von den Methoden zur Erkenntnis u. Erforschung psychischer Besonderheiten)
Psy|cho|dra|ma, das; -s, ...men
psy|cho|gen (seelisch bedingt)
Psy|cho|ge|ne|se, Psy|cho|ge|ne|sis [auch ...'ge:...], die; -, ...nesen (Entstehung u. Entwicklung der Seele, des Seelenlebens)
Psy|cho|gramm, das; -s, -e (grafische Darstellung von Fähigkeiten u. Eigenschaften einer Persönlichkeit; psychologische Persönlichkeitsstudie)
Psy|cho|ki|ne|se, die; - (parapsychologische Einflussnahme auf Bewegungsvorgänge ohne physikalische Ursache)
Psy|cho|kri|mi (ugs. für kurz für psychologischer Kriminalfilm, -roman)
Psy|cho|lin|gu|is|tik, die; - (Wissenschaft von den psychischen Vorgängen bei Gebrauch u. Erlernen der Sprache)
Psy|cho|lo|ge, der; -n, -n; **Psy|cholo|gie,** die; -, -n (Wissenschaft von den psychischen Vorgängen); **Psy|cho|lo|gin; psy|cho|logisch**
psy|cho|lo|gi|sie|ren (nach psychologischen Gesichtspunkten untersuchen od. darstellen); **Psy|cho|lo|gi|sie|rung**
Psy|cho|lo|gis|mus, der; -, ...men (Überbewertung der Psychologie)

Psy|cho|me|t|rie, die; -, ...jen (Messung psychischer Vorgänge; Hellsehen durch Betasten von Gegenständen)

Psy|cho|neu|ro|se, die; -, -n (psychisch bedingte Neurose)

Psy|cho|path, der; -en, -en; **Psy|cho|pa|thie**, die; -, ...ien (veraltet für Persönlichkeitsstörung); **Psy|cho|pa|thin**; **psy|cho|pa|thisch**

Psy|cho|pa|tho|lo|gie, die; -, ...ien (Wissenschaft von den Störungen des seelischen Erlebens)

Psy|cho|phar|ma|kon, das; -s, ...ka (auf die Psyche einwirkendes Arzneimittel)

Psy|cho|phy|sik, die; - (Lehre von den Wechselbeziehungen des Physischen u. des Psychischen); **psy|cho|phy|sisch**

Psy|cho|se, die; -, -n (krankhafte geistig-seelische Störung)

Psy|cho|so|ma|tik, die; - (Wissenschaft von der Bedeutung seelischer Vorgänge für Entstehung u. Verlauf körperlicher Krankheiten); **psy|cho|so|ma|tisch**

psy|cho|so|zi|al (durch psychische u. soziale Gegebenheiten bestimmt); psychosoziale Entwicklung

Psy|cho|ter|ror, der; -s (Einschüchterung mit psychischen Mitteln)

Psy|cho|the|ra|peut [auch 'psy:ço...], der; -en, -en (die Psychotherapie anwendender Arzt od. Psychologe); **Psy|cho|the|ra|peu|tik**, die; - (Seelenheilkunde); **Psy|cho|the|ra|peu|tin**; **psy|cho|the|ra|peu|tisch**

Psy|cho|the|ra|pie, die; -, ...ien (Heilbehandlung für psychische Störungen)

Psy|cho|thril|ler (mit psychologischen Effekten spannend gemachter Kriminalfilm od. -roman)

psy|cho|tisch ⟨zu Psychose⟩

Psy|chro|me|ter [...ç...], das; -s, - ⟨griech.⟩ (Meteorol. Luftfeuchtigkeitsmesser)

pt = Pint

Pt (chem. Zeichen für Platin)

P. T. = pleno titulo

Pta = Peseta

PTA, der; -[s], -[s] u. die; -, -[s] = pharmazeutisch-technischer Assistent, pharmazeutisch-technische Assistentin

Ptah (ägyptischer Gott)

PTBS (Med., Psychol.) = posttraumatische Belastungsstörung

Pte|r|a|no|don, das; -s, ...donten ⟨griech.⟩ (Flugsaurier der Kreidezeit); **Pte|ro|dak|ty|lus**, der; -, ...ylen (Flugsaurier des Juras)

Pte|ro|po|de, der; -n, -n meist Plur. (Zool. Ruderschnecke)

Pte|ro|sau|ri|er meist Plur. (urzeitliche Flugechse)

Pte|ry|gi|um, das; -s, ...ia (Zool. Flug-, Schwimmhaut)

Pto|le|mä|er, der; -s, - (Angehöriger eines makedonischen Herrschergeschlechtes im hellenistischen Ägypten); **Pto|le|mä|e|rin**; **pto|le|mä|isch**; das ptolemäische Weltsystem

Pto|le|mä|us (griechischer Geograf, Astronom u. Mathematiker in Alexandria)

Pto|ma|in, das; -s, -e ⟨griech.⟩ (Med. Leichengift)

PTT (schweiz. früher Abk. für Post, Telefon, Telegraf)

Pty|a|lin, das; -s ⟨griech.⟩ (ein Speichelenzym)

Pu (chem. Zeichen für Plutonium)

Pub [pap], das, auch der; -s, -s ⟨engl.⟩ (Wirtshaus im englischen Stil, Bar)

pu|ber|tär ⟨lat.⟩ (mit der Geschlechtsreife zusammenhängend)

Pu|ber|tät, die; - ([Zeit der eintretenden] Geschlechtsreife; Reifezeit); **Pu|ber|täts|zeit**

pu|ber|tie|ren (in die Pubertät eintreten, sich in ihr befinden)

Pu|bes|zenz, die; - (Med. Geschlechtsreifung)

pu|b|li|ce [...tse] ⟨lat.⟩ (öffentlich [von bestimmten Universitätsvorlesungen])

Pu|b|li|ci|ty [pa'blısıti], die; - ⟨engl.⟩ (Öffentlichkeit; Reklame, [Bemühung um] öffentliches Aufsehen); **pu|b|li|ci|ty|scheu**; **pu|b|li|ci|ty|träch|tig**

Pu|b|lic-pri|vate-Part|ner|ship ['pablık'praıvət'pa:ɐ̯tnɐʃɪp], die; -, -s ⟨engl.⟩ (Wirtsch. projektbezogene Zusammenarbeit zwischen Staat u. Privatwirtschaft, Abk. PPP)

Pu|b|lic Re|la|tions ['pablık rı'leɪʃns] Plur. ⟨amerik.⟩ (Öffentlichkeitsarbeit; Kontaktpflege; Abk. PR); **Pu|b|lic-Re|la|tions-Ab|tei|lung**

Pu|b|lic View|ing ['pablık 'vju:ɪŋ], das; - -[s], - -s ⟨engl.⟩ (öffentliche Liveübertragung eines [Sport]ereignisses auf Großleinwänden im Freien)

pu|b|lik ⟨franz.⟩ (öffentlich; offenkundig; allgemein bekannt); publik werden; einen Skandal publik machen od. publikmachen

Pu|b|li|ka|ti|on, die; -, -en (Veröffentlichung)

Pu|b|li|ka|ti|ons|mit|tel, das; **Pu|b|li|ka|ti|ons|or|gan**

pu|b|li|ka|ti|ons|reif

Pu|b|li|ka|ti|ons|ver|bot

pu|b|lik ma|chen, pu|b|lik|ma|chen vgl. publik

Pu|b|li|kum, das; -s, Plur. ...ka ⟨lat.⟩; **Pu|b|li|kums|er|folg**; **Pu|b|li|kums|ge|schmack**; **Pu|b|li|kums|in|te|r|es|se**

Pu|b|li|kums|jo|ker (Hilfestellung des Studiopublikums beim Fernsehquiz »Wer wird Millionär?«)

Pu|b|li|kums|lieb|ling; **Pu|b|li|kums|ma|g|net**

pu|b|li|kums|nah

Pu|b|li|kums|rat (österr. für Gremium im öffentlich-rechtlichen Rundfunk, das Hörer- u. Zuschauerinteressen vertritt)

Pu|b|li|kums|ren|ner (Jargon)

Pu|b|li|kums|tag

Pu|b|li|kums|ver|kehr, der; -[e]s

pu|b|li|kums|wirk|sam

Pu|b|li|kums|zeit|schrift

pu|b|li|zie|ren (veröffentlichen, herausgeben); **pu|b|li|zier|freu|dig**

Pu|b|li|zist, der; -en, -en (polit. Schriftsteller; Tagesschriftsteller; Journalist); **Pu|b|li|zis|tik**, die; -; **Pu|b|li|zis|tin**; **pu|b|li|zis|tisch**

Pu|b|li|zi|tät, die; - (Öffentlichkeit, Bekanntheit)

p. u. c. = post urbem conditam

Puc|ci|ni [...'tʃi:...], Giacomo ['ʒa:komo] (ital. Komponist)

Puck, der; -s, -s ⟨engl.⟩ (Kobold; Hartgummischeibe beim Eishockey)

pu|cken (einen Säugling eng in ein Tuch wickeln)

pu|ckern (ugs. für klopfen); sie sagt, die Wunde puckere

Pud, das; -[s], - ⟨russ.⟩ (altes russisches Gewicht); 5 Pud

Pud|del|ei|sen ⟨engl.; dt.⟩ (Hüttenw.)

¹**pud|deln** (bes. westmitteld. für jauchen; im Wasser planschen); ich pudd[e]le

²**pud|deln** ⟨engl.⟩ (Hüttenw. aus Roheisen Schweißstahl gewinnen); ich pudd[e]le; **Pud|del|ofen**

Pud|ding, der; -s, Plur. -e u. -s

Puddingform

⟨engl.⟩ (eine Süß-, Mehlspeise); **Pud|ding|form; Pud|ding|pul|ver**
Pu|del, der; -s, - (eine Hunderasse; *ugs. für* Fehlwurf [beim Kegeln])
Pu|del|müt|ze
pu|deln (*ugs. für* vorbeiwerfen [beim Kegeln]); ich pud[e]le
pu|del|nackt (*ugs.*); **pu|del|nass** (*ugs.*); **pu|del|wohl** (*ugs.*); sich pudelwohl fühlen
Pu|der, der, *ugs. auch das*; -s, - ⟨franz.⟩; **Pu|der|do|se**
pu|de|rig, pud|rig
pu|dern; ich pudere; sich pudern
Pu|der|quas|te
Pu|de|rung
Pu|der|zu|cker, der; -s
pud|rig, pu|de|rig
Pu|eb|lo, der; -s, -s ⟨span.⟩ (Dorf der Puebloindianer); **Pu|eb|lo|in|di|a|ner** (Angehöriger eines Indianerstammes im Südwesten Nordamerikas); **Pu|eb|lo|in|di|a|ne|rin**
Pu-Erh-Tee ⟨nach dem Ort Puʼer in China⟩ (chin. Teesorte)
pu|e|ril ⟨lat.⟩ (knabenhaft; kindlich); **Pu|e|ri|li|tät**, die; - (kindliches, kindisches Wesen)
Pu|er|pe|ral|fie|ber, das; -s (*Med.* Kindbettfieber); **Pu|er|pe|ri|um**, das; -s, ...ien (*Med.* Wochenbett)
Pu|er|to Ri|ca|ner, Pu|er|to-Ri|ca|ner (Bewohner von Puerto Rico)
Pu|er|to Ri|ca|ne|rin, Pu|er|to-Ri|ca|ne|rin
pu|er|to-ri|ca|nisch
Pu|er|to Ri|co (Insel der Großen Antillen)
puff! (Schallwort)
¹Puff, der; -[e]s, -e (*veraltet, aber noch landsch. für* Bausch; *landsch. für* gepolsterter Wäschebehälter)
²Puff, das; -[e]s (ein Brett- u. Würfelspiel)
³Puff, der, *auch das*; -s, -s (*ugs. für* Bordell)
⁴Puff, der; -[e]s, *Plur.* Püffe, *seltener* Puffe (*ugs. für* Stoß)
Puff|är|mel; Puff|boh|ne
Püff|chen (kleiner ¹Puff; leichter ⁴Puff)
Puf|fe, die; -, -n (Bausch); **puf|fen** (bauschen; *ugs. für* stoßen); er pufft ihn, *auch* ihm in die Seite
Puf|fer (federnde, Druck u. Aufprall abfangende Vorrichtung [an Eisenbahnwagen u. a.]; *kurz für* Kartoffelpuffer); **Püf|fer|chen; puf|fern**; ich puffere

Puf|fer|staat; Puf|fer|zo|ne
puf|fig (bauschig)
Puff|mais
Puff|mut|ter *Plur.* ...mütter ⟨zu ³Puff⟩ (*ugs.*)
Puff|ot|ter, die (eine Schlange)
Puff|reis, der; -es
Puff|spiel ⟨zu ²Puff⟩
puh!
Pul, der; -[s], -s ⟨pers.⟩ (Untereinheit des Afghani)
Pül|cher, der; -s, - ⟨österr. ugs. für⟩ Strolch)
Pul|ci|nell [...tʃi...], der; -s, -e (*eindeutschend für* Pulcinella); **Pul|ci|nel|la** *vgl.* Policinello
pu|len (*nordd. für* bohren, herausklauben)
Pu|lit|zer (amerikanischer Journalist u. Verleger); **Pu|lit|zer|preis, Pu|lit|zer-Preis**
Pulk, der; -[e]s, *Plur.* -s, *selten auch* -e ⟨slaw.⟩ (Verband von Kampfflugzeugen od. milit. Kraftfahrzeugen; Anhäufung)
Pull-down-Me|nü [...ˈdaʊ̯n...] ⟨engl.⟩ (*EDV* Menü, das bei Aktivierung [nach unten] aufklappt)
Pul|le, die; -, -n ⟨lat.⟩ (*ugs. für* Flasche)
¹pul|len (*nordd. für* rudern; *Reiten* in unregelmäßiger Gangart vorwärtsdrängen [vom Pferd])
²pul|len, pu|llern (*landsch. ugs. für* urinieren); ich pulle, pullere
Pul|ler, Pul|ler|mann *Plur.* ...männer (*landsch. für* Penis)
pul|lern *vgl.* ²pullen
Pul|li, der; -s, -s (*ugs. für* leichter Pullover)
Pull|man|kap|pe (*österr. für* Baskenmütze)
Pull|man|wa|gen, Pull|man-Wa|gen ⟨nach dem amerik. Konstrukteur⟩ (sehr komfortabler [Schnellzug]wagen)
Pull|lo|ver, der; -s, - ⟨engl.⟩
Pull|l|un|der, der; -s, - (kurzer, ärmelloser Pullover)
pul|mo|nal ⟨lat.⟩ (*Med.* die Lunge betreffend, Lungen...)
Pulp, der; -s, -en ⟨engl.⟩, **Pül|pe** ⟨lat.⟩, **Pül|pe**, die; -, -n ⟨franz.⟩ (breiige Masse mit Fruchtstücken zur Herstellung von Obstsaft od. Konfitüre)
Pul|pa, die; -, ...pae ⟨lat.⟩ (*Med.* weiche, gefäßreiche Gewebemasse im Zahn u. in der Milz)
Pul|pe, Pül|pe *vgl.* Pulp
Pul|pi|tis (*Med.* Zahnmarkentzündung)

pul|pös (*Med.* fleischig; markig; aus weicher Masse bestehend)
Pul|que [...kə], der; -[s] ⟨indian.-span.⟩ (gegorener Agavensaft)
Puls, der; -es, -e ⟨lat., »Stoß, Schlag«⟩ (Aderschlag; Pulsader am Handgelenk); **Puls|ader**
Pul|sar, der; -s, -e (*Astron.* kosmische Radioquelle mit periodischen Strahlungspulsen)
Pul|sa|ti|on, die; -, -en (*Med.* Pulsschlag; *Astron.* Veränderung eines Sterndurchmessers)
Pul|sa|tor, der; -s, ...oren (Gerät zur Erzeugung pulsierender Bewegungen, z. B. bei der Melkmaschine)
pul|sen (*seltener für* pulsieren); du pulst
Puls|fre|quenz (*Med.*)
pul|sie|ren ⟨lat.⟩ (rhythmisch schlagen, klopfen; an- u. abschwellen)
Pul|si|on, die; -, -en (*fachspr. für* Stoß, Schlag)
Puls|mes|sung
Pul|so|me|ter, das; -s, - ⟨lat.; griech.⟩ (eine kolbenlose Dampfpumpe)
Puls|schlag; Puls|wär|mer; Puls|zahl
Pult, das; -[e]s, -e ⟨lat.⟩; **Pult|dach**
Pul|ver [...f..., *auch* ...v...], das; -s, - ⟨lat.⟩; **Pül|ver|chen**
Pul|ver|dampf; Pul|ver|fass
pul|ver|fein; pulverfeiner Kaffee
Pul|ver|form; Milch in Pulverform
pul|ve|rig, pulv|rig
Pul|ve|ri|sa|tor [...v...], der; -s, ...oren (Maschine zur Herstellung von Pulver durch Stampfen od. Mahlen)
pul|ve|ri|sie|ren ⟨franz.⟩ (zu Pulver zerreiben); **Pul|ve|ri|sie|rung**
Pul|ver|kaf|fee
Pul|ver|ma|ga|zin; Pul|ver|müh|le (*früher für* Fabrik für die Herstellung von Schießpulver)
pul|vern; ich pulvere
Pul|ver|schnee
pul|ver|tro|cken
Pul|ver|turm (*früher*)
pulv|rig, pul|ve|rig
Pu|ma, der; -s, -s ⟨peruan.⟩ (ein Raubtier)
Pum|mel, der; -s, - (*ugs. für* rundliches Kind); **Pum|mel|chen**
pum|me|lig, pumm|lig (*ugs. für* dicklich)
Pump, der; -s, -e; auf Pump leben (*ugs. für* von Geborgtem leben)
Pum|pe, die; -, -n
Püm|pel, der; -s, - (*nordd. für*

Saugglocke zur Abflussreinigung)
pum|pen (*ugs. auch für* borgen)
Pum|pen|an|la|ge; **Pum|pen|haus**; **Pum|pen|schwen|gel**
pum|perl|ge|sund (*bayr. u. österr. ugs. für* kerngesund)
pum|pern (*landsch., bes. bayr., österr. ugs. für* laut u. heftig klopfen, rumoren); ich pumpere
Pum|per|ni|ckel, der, *auch* das; -s, - (ein Schwarzbrot)
Pump|gun ['pampgan], die; -, -s ⟨engl.⟩ (mehrschüssiges Gewehr, bei dem das Repetieren durch Zurückziehen des Vorderschaftes erfolgt)
Pump|ho|se (weite Hose [mit Kniebund])
Pumps [pœmps], der; -, - ⟨engl.⟩ (ausgeschnittener Damenschuh mit höherem Absatz)
Pump|spei|cher|werk; **Pump|werk**
Pu|muckl (Kobold aus einem bekannten Kinderbuch)
Pu|na, die; - ⟨indian.⟩ (Hochfläche der südamerikanischen Anden mit Steppennatur)
Punch [pantʃ], der; -s, -s ⟨engl.⟩ (Boxhieb; große Schlagkraft);
Pun|cher, der; -s, - (Boxer, der besonders kraftvoll schlagen kann); **Pun|che|rin**, **Pun|ching|ball** (Übungsgerät für Boxer)
Punc|tum sa|li|ens, das; - - ⟨lat., »springender Punkt«⟩ (Kernpunkt; Entscheidendes)
Pu|ni|er (Karthager); **Pu|ni|le|rin**; **pu|nisch** ↑D 150: die Punischen Kriege; der Erste, Zweite, Dritte Punische Krieg
Punk [paŋk], der; -[s], -s ⟨engl.⟩ (nur *Sing.*: bewusst primitiv-exaltierte Rockmusik; Punker)
Pun|ker (Jugendlicher, der durch Verhalten u. spezielle Aufmachung seine antibürgerliche Einstellung ausdrückt); **Pun|ke|rin**; **pun|kig**
==**Punk|rock**==, **Punk-Rock**, der; -[s]; *vgl.* ²Rock; ==**Punk|ro|cker**==, **Punk-Ro|cker**, ==**Punk|ro|cke|rin**==, **Punk-Ro|cke|rin**
Punkt, der; -[e]s, -e ⟨lat.⟩ (*Abk.* Pkt.); Punkt 8 Uhr; typografischer Punkt (*Druckw.* Maßeinheit für Schriftgröße u. Zeilenabstand; *Abk.* p); 2 Punkt Durchschuss; der Punkt auf dem i
Punkt|ab|zug, **Punk|te|ab|zug**
Punk|tal|glas® *Plur.* ...gläser (*Optik*)

Punk|ta|ti|on, die; -, -en (*Rechtsspr.* Vorvertrag, Vertragsentwurf)
Punkt|ball (Übungsgerät für Boxer)
Pünkt|chen
Punk|te|ab|zug *vgl.* Punktabzug
Punk|te|kampf (*Sport*)
punk|ten; **Punk|ter|folg**; **Punk|te|stand**, **Punkt|stand**
Punk|te|sys|tem, **Punkt|sys|tem**
punkt|för|mig; **punkt|ge|nau**
Punkt|ge|winn (*Sport*)
punkt|gleich (*Sport*); **Punkt|gleich|heit**, die; -
punk|tie|ren (mit Punkten versehen, tüpfeln; *Med.* eine Punktion ausführen); punktierte Note (*Musik*); **Punkt|tier|na|del** (*Med.*); **Punk|tie|rung**; **Punk|ti|on**, *Plur.* ...tur, die; -, -en (*Med.* Einstich in eine Körperhöhle zur Entnahme von Flüssigkeiten)
Punkt|lan|dung (*bes. Raumfahrt* Landung genau am vorausberechneten Punkt)
pünkt|lich; **Pünkt|lich|keit**, die; -
punkt|los (*Sport*); **Punkt|nie|der|la|ge** (*Sport*)
punk|to (*bes. österr. u. schweiz. für* betreffs; *Präposition mit Genitiv*: punkto gottloser Reden; allein stehende, stark zu beugende Substantive im Singular bleiben ungebeugt: punkto Geld; *vgl.* in puncto)
Punkt|rich|ter (*Sport*); **Punkt|rich|te|rin**
Punkt|rol|ler (ein Massagegerät)
Punkt|schrift (Blindenschrift)
punkt|schwei|ßen; *nur im Infinitiv u. im Partizip II gebräuchlich*; punktgeschweißt; **Punkt|schwei|ßung**
Punkt|sieg (*Sport*); **Punkt|spiel**
Punkt|stand *vgl.* Punktestand;
Punkt|sys|tem *vgl.* Punktesystem
punk|tu|ell (punktweise; einzelne Punkte betreffend)
Punkt|tum; *nur in* [und damit] Punktum! (und damit Schluss!)
Punk|tur *vgl.* Punktion
Punkt|ver|lust
Punkt|vor|teil (*bes. Schule, Sport*)
Punkt|wer|tung; **Punkt|zahl**
Punsch, der; -[e]s, *Plur.* -e, *auch* Pünsche ⟨engl.⟩ (ein alkohol. Getränk); **Pun|sches|senz**; **Punsch|glas** *Plur.* ...gläser; **Pun|sch|schüs|sel**
Pun|zar|beit
Pun|ze, die; -, -n (Stahlstäbchen für Treibarbeit; eingestanztes

Zeichen zur Angabe des Edelmetallgehalts)
pun|zen, **pun|zie|ren** (Metall treiben; ziselieren; den Feingehalt von Gold- u. Silberwaren kennzeichnen); du punzt; **Punz|ham|mer**; **pun|zie|ren** *vgl.* punzen
Pun|zie|rung (*österr. auch für* Vorurteil)
Pup, der; -[e]s, -e, **Pups**, der; -es, -e, **Pup|ser** (*ugs. für* abgehende Blähung)
Pu|pe, der *od.* die; -n, -n (*derb für* Homosexueller; *berlin. auch für* verdorbenes Weißbier)
pu|pen, **pup|sen** (*ugs. für* eine Blähung abgehen lassen); du pupst
pu|pil|lar ⟨lat.⟩ (zur Pupille gehörend)
Pu|pil|le, die; -, -n ⟨lat.⟩ (Sehöffnung im Auge); **Pu|pil|len|er|wei|te|rung**; **Pu|pil|len|ver|en|gung**
pu|pi|ni|sie|ren ⟨nach dem amerik. Elektrotechniker Pupin⟩ (Pupinspulen einbauen)
==**Pu|pin|spu|le**==, **Pu|pin-Spu|le** (eine Induktionsspule)
pu|pi|par ⟨lat.⟩ (*Zool.*); pupipare Insekten (Insekten, deren Larven sich gleich nach der Geburt verpuppen)
Püpp|chen
Pup|pe, die; -, -n
pup|pen (*landsch. für* mit Puppen spielen); du puppst
Pup|pen|dok|tor; **Pup|pen|dok|to|rin**
Pup|pen|film; **Pup|pen|ge|sicht**
pup|pen|haft
Pup|pen|haus; **Pup|pen|kli|nik**; **Pup|pen|kü|che**; **Pup|pen|mut|ter**
Pup|pen|spiel; **Pup|pen|spie|ler**; **Pup|pen|spie|le|rin**
Pup|pen|stu|be; **Pup|pen|the|a|ter**; **Pup|pen|wa|gen**; **Pup|pen|woh|nung**
pup|pig (*ugs. für* klein u. niedlich)
Pups *vgl.* Pup; **pup|sen** *vgl.* pupen; **Pup|ser** *vgl.* Pup
pur ⟨lat.⟩ (rein, unverfälscht, lauter); pures Gold; Whisky pur
Pü|ree, das; -s, -s ⟨franz.⟩ (Brei, breiförmige Speise)
Pur|gans, das; -, *Plur.* ...anzien *u.* ...antia, **Pur|ga|tiv**, das; -s, -e ⟨lat.⟩ (*Med.* Abführmittel)
Pur|ga|to|ri|um, das; -s (Fegefeuer)
pur|gie|ren (*Med.* abführen); **Pur|gier|mit|tel**, das
pü|rie|ren (zu Püree machen)
Pü|rier|stab (elektrisches Gerät zum Pürieren)
Pu|ri|fi|ka|ti|on, die; -, -en (liturgi-

purifizieren

sche Reinigung); pu|ri|fi|zie|ren (*veraltet für* reinigen, läutern)

Pu|rim [*auch* 'pu:...], das; -s ⟨hebr.⟩ (ein jüdisches Fest)

Pu|rin, das; -s, -e *meist Plur.* ⟨lat.⟩ (*Chemie* eine organische Verbindung)

Pu|ris|mus, der; - ⟨lat.⟩ (Reinigungseifer; [übertriebenes] Streben nach Sprachreinheit); **Pu|rist**, der; -en, -en; **Pu|ris|tin**; pu|ris|tisch

Pu|ri|ta|ner (Anhänger des Puritanismus); **Pu|ri|ta|ne|rin**

pu|ri|ta|nisch (sittenstreng)

Pu|ri|ta|nis|mus, der; - ⟨streng calvinistische Richtung im England des 16./17. Jh.s⟩

Pur|pur, der; -s ⟨griech.⟩ (hochroter Farbstoff; prächtiges, purpurfarbiges Gewand); **pur|pur|far|ben**, **pur|pur|far|big**

Pur|pur|man|tel

pur|pur|n; pur|pur|rot; Pur|pur|rö|te, die; -

Pur|pur|schne|cke

pur|ren (*landsch. für* stochern; necken, stören; *Seemannsspr.* [zur Wache] wecken)

Pur|ser ['pœːɐ̯sɐ], der; -s, - ⟨engl.⟩ (Zahlmeister auf einem Schiff; Chefsteward im Flugzeug)

Pur|se|ret|te [...'rɛt], die; -, -s (*w. Form zu* Purser); **Pur|se|rin**

pu|ru|lent ⟨lat.⟩ (*Med.* eitrig)

Pur|zel, der; -s, - (*fam. für* kleiner Kerl)

Pür|zel, der; -s, - (*Jägerspr.* Schwanz des Wildschweins)

Pur|zel|baum

pur|zeln; ich purz[e]le

Pu|schel, **Pü|schel**, der; -s, - *u.* die; -, -n (*landsch. für* Quaste; fixe Idee, Steckenpferd)

pu|schen; du puschst; *vgl.* pushen

Pu|schen [*auch* 'pu:...], der; -s, - (*nordd. svw.* Babusche)

Pusch|kin (russischer Dichter)

Pusch|lav, das; -s (Tal im Süden von Graubünden; *ital.* Val [di] Poschiavo)

Push|but|ton, Push-But|ton ['pʊʃbatn̩], der; -[s], -s ⟨engl.⟩ (Druckschalter; *EDV* Schaltfläche einer Benutzeroberfläche)

pu|shen, pu|schen [...ʃ...] ⟨engl.-amerik.⟩ (mit Rauschgift handeln; *auch für* in Schwung bringen, propagieren); du pushst

Pu|sher, der; -s, - (Rauschgifthändler); **Pu|she|rin**; **Push|mail**, Push-Mail, die; -, -s, *auch, bes. südd., österr., schweiz.:* das; -s, -s

Push|nach|richt, Push-Nach|richt ⟨engl.⟩ (an ein Smartphone o. Ä. gesendete elektronische Nachricht, die sich automatisch öffnet)

Push-up ['pʊʃlap], der; -s, -s (*kurz für* Push-up-BH); **Push-up-BH** ['pʊʃlapbeha:] (ein üppiges Dekolleté formender BH)

Pus|sel|ar|beit (*ugs. für* mühsame Arbeit)

Pus|sel|chen (*fam. für* kleines Kind od. Tier)

pus|se|lig, puss|lig (*ugs. für* Geschicklichkeit erfordernd, umständlich); **Pus|sel|kram** (*ugs.*)

pus|seln (*ugs. für* sich mit Kleinigkeiten beschäftigen; herumbasteln); ich puss[e]le

puss|lig *vgl.* pusselig

Pus|te, die; - (*ugs.*); aus der Puste (außer Atem) sein; [ja,] Puste *od.* Pustekuchen! (*ugs. für* aber nein, gerade das Gegenteil)

Pus|te|blu|me (abgeblühter Löwenzahn)

Pus|te|ku|chen (*ugs.*); nur in [ja,] Pustekuchen!; *vgl.* Puste

Pus|tel, die; -, -n ⟨lat.⟩ (Hitze-, Eiterbläschen; ²Pickel)

pus|ten (*landsch. für* blasen; heftig atmen)

Pus|ter|tal, das; -[e]s (ein Alpental)

pus|tu|lös ⟨lat.⟩ (voll Pusteln); pustulöse Haut

Pusz|ta ['pʊs...], die; -, ...ten ⟨ung.⟩ (Grassteppe, Weideland in Ungarn)

pu|ta|tiv ⟨lat.⟩ (*Rechtsspr.* vermeintlich, irrigerweise für gültig gehalten); **Pu|ta|tiv|ehe**; **Pu|ta|tiv|not|wehr**

Put|bus (Ort auf Rügen); **Put|bu|ser**, **Put|bus|ser**; **Put|bu|se|rin**, **Put|bus|se|rin**

Pu|te, die; -, -n (Truthenne); **Pu|ten|schnit|zel** *vgl.* ¹Schnitzel

Pu|ter (Truthahn); pu|ter|rot; puterrot werden

Pu|tin (russ. Politiker)

put, put (Lockruf für Hühner)

Put|put, das; -s, -s (Lockruf; *Kinderspr.* Huhn)

Pu|t|re|fak|ti|on, Pu|t|res|zenz, die; -, -en ⟨lat.⟩ (*Med.* Verwesung, Fäulnis); pu|t|res|zie|ren

Putsch, der; -[e]s, -e (politischer Handstreich); put|schen; du putschst

püt|sche|rig (*nordd. für* kleinlich, umständlich); **püt|schern** (*nordd.*

für umständlich arbeiten, ohne etwas zustande zu bringen); ich pütschere

Put|schist, der; -en, -en; **Put|schis|tin**; **Putsch|ver|such**

Putt [*auch* pat], der; -[s], -s ⟨engl.⟩ (*Golf* Schlag mit dem Putter)

Pütt, der; -s, *Plur.* -e, *auch* -s (*rhein. u. westfäl. für* Bergwerk)

Put|te, die; -, -n ⟨ital.⟩, **Put|to**, der; -s, *Plur.* ...tti *u.* ...tten (*bild. Kunst* nackte Kinderfigur, kleine Engelsfigur)

put|ten [*auch* 'pa...] ⟨engl.⟩ (*Golf* den Ball mit dem Putter schlagen); **Put|ter**, der; -s, - (Spezialgolfschläger [für das Einlochen])

Püt|to *vgl.* Putte

Putz, der; -es, -e

Pütz, **Püt|ze**, die; -, ...tzen (*Seemannsspr.* Eimer)

Put|ze, die; -, -n (*ugs. für* Putzfrau)

Putz|ei|mer

put|zen; du putzt; sich putzen; ein Kleid putzen lassen (*österr. für* chemisch reinigen lassen)

Put|zer; **Put|ze|rei** (*österr. auch für* chem. Reinigung); **Put|ze|rin** (*westösterr. für* Putzfrau)

Put|ze|te, die; -, -n (*südd., schweiz. für* Hausputz, Großreinemachen)

Putz|fim|mel (*ugs.*)

Putz|frau

put|zig (*ugs. für* drollig)

Putz|kas|ten; **Putz|ko|lon|ne**; **Putz|lap|pen**; **Putz|lum|pen** (*landsch. für* Putzlappen)

Putz|ma|cher (*veraltet für* Modist); **Putz|ma|che|rin**

Putz|mit|tel

putz|mun|ter (*ugs. für* sehr munter)

Putz|sucht, die; -; putz|süch|tig

Putz|tag; **Putz|teu|fel** (*ugs. für* jmd., der übertrieben oft u. gründlich sauber macht); **Putz|tuch** *Plur.* ...tücher; **Putz|wol|le**; **Putz|zeug**

puz|zeln ['pasl̩n, *auch* 'pʊ...] ⟨engl.⟩ (ein Puzzle zusammensetzen); ich puzz[e]le; **Puz|zle** [...sl̩], das; -s, -s (ein Geduldsspiel); **Puzz|ler**; **Puzz|le|rin**; **Puz|zle|spiel**

Puz|zo|l|an|er|de, die; - (nach Pozzuoli bei Neapel) (ein Sedimentgestein, Aschentuff)

PVC, das; -[s] (aus: Polyvinylchlorid) (ein Kunststoff)

PW, der; -[s], *Plur.* -s, *selten* - (*schweiz.*) = Personenwagen

Pya [pja], der; -[s], - ⟨birman.⟩ (Untereinheit des Kyat)

Py|ämie, die; -, ...ien ⟨griech.⟩ (Med. Infektion durch Eitererreger in der Blutbahn)

Py|e|li|tis, die; -, ...itiden ⟨griech.⟩ (Med. Entzündung des Nierenbeckens); **Py|e|lo|gra|fie**, **Py|e|lo|gra|phie**, die; -, ...ien (Röntgenaufnahme des Nierenbeckens); **Py|e|lo|gramm**, das; -s, -e (Röntgenbild von Nierenbecken u. Harnwegen); **Py|e|lo|ne|ph|ri|tis**, die; -, ...itiden (Entzündung von Nierenbecken u. Nieren); **Py|e|lo|zys|ti|tis**, die; -, ...itiden (Entzündung von Nierenbecken u. Blase)

Pyg|mäe, der; -n, -n ⟨griech.⟩ (Angehöriger einer kleinwüchsigen Bevölkerungsgruppe in Afrika); **pyg|mä|en|haft**; **Pyg|mä|in**; **pyg|mä|isch** (kleinwüchsig)

Pyg|ma|li|on ⟨griech. Sagengestalt⟩

Pyhrn|au|to|bahn, die; - (Autobahn in Österreich); **Pyhrn|pass**, der; -es (österr. Alpenpass)

Py|ja|ma [pydʒ..., österr. pidʒ...], der, österr. u. schweiz. auch das; -s, -s ⟨Hindi-engl.⟩ (Schlafanzug); **Py|ja|ma|ho|se**; **Py|ja|ma|ja|cke**

Pyk|ni|ker ⟨griech.⟩ (Anthropol. kräftiger, gedrungen gebauter Mensch); **Pyk|ni|ke|rin**; **pyk|nisch**

Pyk|no|me|ter, das; -s, - (Physik Dichtemesser); **pyk|no|tisch** (Med. dicht zusammengedrängt)

Pyl|a|des (Freund des Orest in der griechischen Sage)

Py|lon, der; Gen. -en, auch -s, Plur. -en, auch -e, **Py|lo|ne**, die; -, -n ⟨griech.⟩ (großes, von Ecktürmen flankiertes Eingangstor altägyptischer Tempel u. Paläste; tragender Pfeiler einer Hängebrücke; kegelförmige Absperrmarkierung auf Straßen)

Py|lo|rus, der; -, ...ren ⟨griech.⟩ (Med. Pförtner; Schließmuskel am Magenausgang)

pyo|gen ⟨griech.⟩ (Med. Eiterungen verursachend)

Py|or|rhö, die; -, -en (Med. eitriger Ausfluss); **py|or|rho|isch**

py|ra|mi|dal ⟨ägypt.⟩ (pyramidenförmig; ugs. für gewaltig, riesenhaft); **Py|ra|mi|de**, die; -, -n (ägyptischer Grabbau; geometrischer Körper); **py|ra|mi|den|för|mig**; **Py|ra|mi|den|stadt**; **Py|ra|mi|den|stumpf** (Math.)

Py|ra|no|me|ter, das; -s, - ⟨griech.⟩ (Meteorol. Gerät zur Messung der Sonnen- u. Himmelsstrahlung)

Py|re|nä|en Plur. (Gebirge zwischen Spanien u. Frankreich); **Py|re|nä|en|halb|in|sel**, die; -; **py|re|nä|isch**

Py|re|th|rum, das; -, ...ra ⟨griech.⟩ (aus einer Chrysantheme gewonnenes Insektizid)

Py|re|ti|kum, das; -s, ...ka ⟨griech.⟩ (Med. Fieber erzeugendes Arzneimittel); **py|re|tisch** (Fieber erzeugend); **Py|re|xie**, die; -, ...ien (Fieber[anfall])

Py|rit, der; -s, -e ⟨griech.⟩ (Eisen-, Schwefelkies)

Pyr|mont, Bad (Stadt im Weserbergland)

py|ro|gen ⟨griech.⟩ (Geol. magmatisch entstanden; Med. auch svw. pyretisch)

Py|ro|ly|se, die; -, -n (Chemie Zersetzung von Stoffen durch Hitze); **py|ro|ly|sie|ren**; **py|ro|ly|tisch**

py|ro|man (an Pyromanie leidend)

Py|ro|ma|ne, der; -n, -n (an Pyromanie Leidender); **Py|ro|ma|nie**, die; - (krankhafter Trieb, Brände zu legen); **Py|ro|ma|nin**; **Py|ro|me|ter**, das; -s, - (Messgerät für hohe Temperaturen)

py|ro|phor (selbstentzündlich, in feinster Verteilung an der Luft aufglühend); **Py|ro|phor**, der; -s, -e (Stoff mit pyrophoren Eigenschaften)

Py|ro|tech|nik [auch 'py:...], die; - (Herstellung u. Gebrauch von Feuerwerkskörpern); **Py|ro|tech|ni|ker**; **Py|ro|tech|ni|ke|rin**; **py|ro|tech|nisch**

Py|ro|xen, der; -s, -e meist Plur. (gesteinsbildendes Mineral)

Pyr|rhus (König von Epirus); **Pyr|rhus|sieg** (↑D 136; Scheinsieg, zu teuer erkaufter Sieg)

Pyr|rol, das; -s ⟨griech.⟩ (eine chem. Verbindung)

Py|tha|go|rä|er usw. vgl. Pythagoreer usw.

¹**Py|tha|go|ras** (altgriechischer Philosoph)

²**Py|tha|go|ras**, der; - (kurz für pythagoreischer Lehrsatz)

Py|tha|go|re|er, österr. **Py|tha|go|rä|er** (Anhänger der Lehre des Pythagoras); **py|tha|go|re|isch**, **py|tha|go|rä|isch** ↑D 89 u. 135: die pythagoreische Philosophie; pythagoreischer Lehrsatz (grundlegender Satz der Geometrie)

¹**Py|thia** (Priesterin in Delphi)

²**Py|thia**, die; -, ...ien (Frau, die orakelhafte Anspielungen macht)

py|thisch (dunkel, orakelhaft); pythische Worte, aber Pythische (zu Pytho [Delphi] gefeierte) Spiele ↑D 142

Py|thon, der; -s, -s (eine Riesenschlange)

Py|xis, die; -, Plur. ...iden, auch ...ides ⟨griech.⟩ (Hostienbehälter)

PZB [peːtsɛtˈbeː], die; - (Eisenbahn) = punktförmige Zugbeeinflussung

Q

q = Quintal
q = schweiz. Zentner (100 kg)
Q [kuː, österr., außer Math., kveː] (Buchstabe); das Q; des Q, die Q, aber das q in verquer; der Buchstabe Q, q
Q. = Quintus
qcm vgl. cm²; **qdm** vgl. dm²
q. e. d. = quod erat demonstrandum
Qi, ²**Chi** [tʃiː], das; -[s] ⟨chin.⟩ (die Lebensenergie in der chin. Philosophie)
Qi|gong [tʃiˈgʊŋ], das; -; meist ohne Artikel ⟨chin.⟩ (eine chinesische Heilmethode)
Qin|dar ['kin...], der; -s, -ka [...'darka] (Untereinheit des ²Lek)
qkm vgl. km²; **qm** vgl. m²; **qmm** vgl. mm²
QR-Code® ⟨zu engl. quick response »schnelle Antwort«⟩ (zweidimensionaler, aus Punkten zu einem Quadrat zusammengesetzter, elektronisch lesbarer Code)

qua ⟨lat.⟩ ([in der Eigenschaft] als; gemäß); qua Beamter; qua amtliche, *auch* amtlicher Befugnis

Quab|be, die; -, -n ⟨nordd. für Fettwulst⟩; **quab|be|lig, quabb|lig** (*für* schwabbelig, fett); **quab|beln;** ich quabb[e]le; **quab|big; quabb|lig** vgl. quabbelig

Quack|e|lei ⟨landsch. für ständiges, törichtes Reden⟩; **Quack|ler, Quack|ler** ⟨landsch. für Schwätzer⟩; **quack|eln** ⟨landsch. für viel u. töricht reden⟩; ich quack[e]le

Quack|sal|ber ⟨svw. Kurpfuscher⟩; **Quack|sal|be|rei; Quack|sal|be|rin; quack|sal|be|risch; quack|sal|bern;** ich quacksalbere; gequacksalbert; zu quacksalbern

Quad [kvɔt], das; -[s], -s ⟨engl.⟩ (vierrädriges Motorrad)

Quad|del, die; -, -n (juckende Anschwellung der Haut)

Qua|de, der; -n, -n (Angehöriger eines westgermanischen Volkes)

Qua|der, der; -s, - *od.* die; -, -n ⟨lat.⟩ (*Math.* ein von sechs Rechtecken begrenzter Körper; behauener [viereckiger] Bruchsteinblock); **Qua|der|bau** *Plur.* ...bauten; **qua|der|för|mig; Qua|der|stein**

Qua|d|ra|ge|si|ma, die; - ⟨lat.⟩ (vierzigtägige christliche Fastenzeit vor Ostern)

Qua|d|ran|gel, das; -s, - ⟨lat.⟩ ⟨svw. Viereck⟩

Qua|d|rant, der; -en, -en ⟨lat.⟩ (*Math.* Viertelkreis)

¹**Qua|d|rat,** das; -[e]s, -e ⟨lat.⟩ (Viereck mit vier rechten Winkeln u. vier gleichen Seiten; zweite Potenz einer Zahl)

²**Qua|d|rat,** das; -[e]s, -e[n] ⟨*Druckw.* Geviert, Bleistück zum Ausfüllen nicht druckender Stellen)

Qua|d|rat|de|zi|me|ter (*Zeichen* dm²)

qua|d|rä|teln (mit Geviertstücken würfeln [Würfelspiel der Buchdrucker u. Setzer]); ich quadrät[e]le

Qua|d|ra|ten|kas|ten (*Druckw.*)

Qua|d|rat|fuß, der; -es; 10 Quadratfuß

qua|d|ra|tisch; quadratische Gleichung (Gleichung zweiten Grades)

Qua|d|rat|ki|lo|me|ter (*Zeichen* km²)

Qua|d|rat|lat|schen *Plur.* (ugs. scherzh. für große, unförmige Schuhe)

Qua|d|rat|mei|le; Qua|d|rat|me|ter (*Zeichen* m²); **Qua|d|rat|me|ter|preis; Qua|d|rat|mil|li|me|ter** (*Zeichen* mm²)

Qua|d|rat|schä|del (ugs. für breiter, eckiger Kopf; *übertr.* für starrsinniger, begriffsstutziger Mensch)

Qua|d|ra|tur, die; -, -en (Verfahren zur Flächenberechnung); **Qua|d|ra|tur|ma|le|rei** (*Kunstwiss.*)

Qua|d|rat|wur|zel; Qua|d|rat|zahl; Qua|d|rat|zen|ti|me|ter (*Zeichen* cm²)

Qua|d|ri|en|na|le, die; -, -n ⟨ital.⟩ (alle vier Jahre stattfindende Veranstaltung); **Qua|d|ri|en|ni|um,** das; -s, ...ien ⟨lat.⟩ (veraltet für Zeitraum von vier Jahren)

qua|d|rie|ren ⟨lat.⟩ (*Math.* [eine Zahl] in die zweite Potenz erheben)

Qua|d|ri|ga, die; -, ...gen ⟨lat.⟩ (Viergespann in der Antike)

Qua|d|ril|le [k(v)aˈdrɪljə, österr. kaˈdrɪl], die; -, -n ⟨span.-franz.⟩ (ein Tanz)

Qua|d|ril|li|on, die; -, -en ⟨franz.⟩ (vierte Potenz einer Million)

Qua|d|ri|nom, das; -s, -e ⟨lat.; griech.⟩ (*Math.* die Summe aus vier Gliedern)

Qua|d|ri|re|me, die; -, -n ⟨lat.⟩ (antikes Kriegsschiff mit vier übereinanderliegenden Ruderbänken)

Qua|d|ri|vi|um, das; -s (im mittelalterlichen Universitätsunterricht die vier höheren Fächer Arithmetik, Geometrie, Astronomie, Musik)

Qua|d|ro, das; -s ⟨lat.⟩ (*Kurzw.* für Quadrofonie)

Qua|d|ro|cop|ter vgl. Quadrokopter

qua|d|ro|fon, qua|d|ro|phon ⟨lat.; griech.⟩ (svw. quadrofonisch); **Qua|d|ro|fo|nie, Qua|d|ro|pho|nie,** die; - (Vierkanalstereofonie); **qua|d|ro|fo|nisch, qua|d|ro|pho|nisch**

Qua|d|ro|kop|ter, der; -s, -, Qua|d|ro|cop|ter ⟨lat.; engl.⟩ (Fluggerät mit vier waagerechten Rotoren)

Qua|d|ro|sound, der; -s ⟨engl.-amerik.⟩ (quadrofonische Klangwirkung)

Qua|d|ru|pe|de, der; -n, -n *meist Plur.* ⟨lat.⟩ (*Zool.* veraltet für Vierfüßer)

¹**Qua|d|ru|pel,** das; -s, - ⟨franz.⟩ (vier zusammengehörende mathematische Größen)

²**Qua|d|ru|pel,** der; -s, - (frühere span. Goldmünze)

Qua|d|ru|pel|al|li|anz (Allianz zwischen vier Staaten)

Quag|ga, das; -s, -s ⟨hottentott.⟩ (ein ausgerottetes Zebra)

Quai [ke:, kɛ(:)], der *od.* das; -s, -s ⟨franz.⟩ (*schweiz.* für Uferstraße); *vgl.* ¹Kai; **Quai d'Or|say** [ˈke dɔrˈsɛ:], der; - - ⟨franz.⟩ (Straße in Paris; *übertr.* für das franz. Außenministerium)

quak!

Quä|ke, die; -, -n (Instrument zum Nachahmen des Angstschreis der Hasen)

Quä|kel|chen (*fam.* für kleines Kind)

qua|keln ⟨landsch. für undeutlich reden⟩; ich quak[e]le

qua|ken; der Frosch quakt; **quä|ken;** eine quäkende Stimme

Quä|ker, der; -s, - ⟨engl.⟩ (Angehöriger einer christl. Glaubensgemeinschaft); **Quä|ke|rin; quä|ke|risch**

Quak|frosch (*Kinderspr.* für Frosch)

Qual, die; -, -en

quä|len; sich quälen

Quä|ler; Quä|le|rei; Quä|le|rin; quä|le|risch; Quäl|geist *Plur.* ...geister (ugs.)

¹**Qua|li,** die; -, -s (ugs. kurz für Qualifikation)

²**Qua|li,** der; -s, -s (ugs. kurz für qualifizierter [Schul]abschluss)

Qua|li|fi|ka|ti|on, die; -, -en ⟨lat.⟩ (Befähigung[snachweis]; Teilnahmeberechtigung für sportliche Wettbewerbe); **Qua|li|fi|ka|ti|ons|ren|nen; Qua|li|fi|ka|ti|ons|run|de; Qua|li|fi|ka|ti|ons|spiel**

qua|li|fi|ka|to|risch (die [berufliche] Qualifikation betreffend)

qua|li|fi|zie|ren (als etw. bezeichnen, klassifizieren; befähigen); sich qualifizieren (sich eignen; sich als geeignet erweisen; eine Qualifikation erwerben)

qua|li|fi|ziert ↑D89: qualifizierte Mehrheit; qualifiziertes Verge-

hen (*Rechtsspr.* Vergehen unter erschwerenden Umständen)
Qua|li|fi|zie|rung (*auch für* fachl. Aus- u. Weiterbildung); **Qua|li|fi|zie|rungs|maß|nah|me**
Qua|li|fy|ing [ˈkvɔlɪfaɪɪŋ], das; -s, -s ⟨engl.⟩ (*Rennsport* Qualifikation u. Festlegung der Startreihenfolge für ein [Auto]rennen)
Qua|li|tät, die; -, -en (Beschaffenheit, Güte, Wert); erste, zweite, mittlere Qualität
qua|li|ta|tiv [*auch* ˈkva...] (dem Wert, der Beschaffenheit nach)
Qua|li|täts|an|for|de|rung
Qua|li|täts|an|spruch
Qua|li|täts|ar|beit (Wertarbeit)
qua|li|täts|be|wusst; **Qua|li|täts|be|wusst|sein**
Qua|li|täts|be|zeich|nung; **Qua|li|täts|ein|bu|ße**; **Qua|li|täts|er|zeug|nis**; **Qua|li|täts|ga|ran|tie**; **Qua|li|täts|kon|t|rol|le**
Qua|li|täts|ma|nage|ment (*Wirtsch.* Gesamtheit der Maßnahmen zur Absicherung einer Mindestqualität von Produkten u. Dienstleistungen)
Qua|li|täts|man|gel; **Qua|li|täts|me|di|um** (Zeitung, Sender o. Ä. von hoher journalistischer Qualität); **Qua|li|täts|merk|mal**; **Qua|li|täts|min|de|rung**; **Qua|li|täts|ni|veau**; **Qua|li|täts|norm**
qua|li|täts|ori|en|tiert
Qua|li|täts|si|che|rung; **Qua|li|täts|sie|gel**; **Qua|li|täts|stan|dard**; **Qua|li|täts|stei|ge|rung**; **Qua|li|täts|stu|fe**; **Qua|li|täts|ver|bes|se|rung**
qua|li|tät[s]|voll
Qua|li|täts|wa|re; **Qua|li|täts|wein**; Qualitätswein mit Prädikat
Quall, der; -[e]s, -e (*landsch. für* emporquellendes Wasser)
Qual|le, die; -, -n (ein Nesseltier); **qual|lig**
Qualm, der; -[e]s
qual|men; **qualm|ig**
Quals|ter, der; -s, - (*nordd. für* Schleim, Auswurf); **quals|te|rig**, **quals|trig**; **quals|tern**; ich qualstere
Qual|tin|ger (österr. Schriftsteller u. Schauspieler)
qual|voll
Qual|zucht (*Fachspr.* Zucht von Tieren, bei der Abnormitäten u. gesundheitliche Schäden aus wirtschaftlichen Gründen in Kauf genommen werden)
Quant, das; -s, -en ⟨lat.⟩ (*Physik* kleinste Energiemenge)

Quänt|chen (eine kleine Menge); ein Quäntchen Glück ↑D 133
quan|teln (eine Energiemenge in Quanten aufteilen); ich quant[e]le
Quan|ten (*Plur. von* Quant *u.* Quantum)
Quan|ten|bio|lo|gie; **Quan|ten|me|cha|nik**, die; -
Quan|ten|phy|sik; **Quan|ten|phy|si|ker**; **Quan|ten|phy|si|ke|rin**
Quan|ten|sprung (*übertr. auch für* [durch eine Entdeckung, Erfindung o. Ä. ermöglichter] entscheidender Fortschritt)
Quan|ten|theo|rie (Theorie der mikrophysikalischen Erscheinungen u. Objekte)
quan|ti|fi|zier|bar; **quan|ti|fi|zie|ren** ([Eigenschaften] in Zahlen u. messbare Größen umsetzen); **Quan|ti|fi|zie|rung**
Quan|ti|tät, die; -, -en (Menge, Größe; *Sprachwiss.* Dauer, Länge eines Lautes od. einer Silbe); **quan|ti|ta|tiv** [*auch* ˈkvan...] (der Quantität nach, mengenmäßig)
Quan|ti|täts|glei|chung (*Wirtsch.*)
Quan|ti|täts|theo|rie (*Wirtsch.* Theorie, nach der ein Kausalzusammenhang zwischen Geldmenge u. Preisniveau besteht)
Quan|ti|té né|g|li|gea|b|le [kã... ... ʒaːbl], die; - - ⟨franz.⟩ (wegen ihrer Kleinheit außer Acht zu lassende Größe; Belanglosigkeit)
quan|ti|tie|ren ⟨lat.⟩ (*Sprachwiss.* die Silben [nach der Länge od. Kürze] messen)
Quan|tum, das; -s, ...ten (Menge, Anzahl, Maß, Summe, Betrag)
Quap|pe, die; -, -n (ein Fisch; eine Lurchlarve, Kaulquappe)
Qua|ran|tä|ne [ka...], die; -, -n ⟨franz.⟩ (vorübergehende Isolierung von Personen od. Tieren, die eine ansteckende Krankheit haben [könnten]); **Qua|ran|tä|ne|sta|ti|on**
Quar|gel, der; -s, - (*österr. für* kleiner, runder Käse)
¹**Quark**, der; -[e]s (aus saurer Milch hergestelltes Nahrungsmittel; *ugs. auch für* Wertloses); red nicht solchen Quark (Unsinn)
²**Quark** [kvɔːɐ̯k], das; -s, -s ⟨engl.⟩ (*Physik* Elementarteilchen)
Quark|brot
quar|kig

Quark|kä|se; **Quark|käul|chen** (gebackenes ³Küchlein aus Kartoffeln u. Quark); **Quark|ku|chen** (*landsch.*); **Quark|schnit|te**; **Quark|spei|se**
Quar|re, die; -, -n (*nordd. für* weinerliches Kind; zänkische Frau); **quar|ren**; **quar|rig**; das Kind ist quarrig
¹**Quart**, die; -, -en ⟨lat.⟩ (Fechthieb)
²**Quart**, das; -s, -e ⟨lat.⟩ (altes Flüssigkeitsmaß; *nur Sing.*: Viertelbogengröße [Buchformat]; *Abk.* 4°); 3 Quart; in Quart; Großquart (*Abk.* Gr.-4°)
³**Quart**, die; -, -en, **Quar|te**, die; -, -n ⟨lat.⟩ (*Musik* vierter Ton der diatonischen Tonleiter; Intervall im Abstand von 4 Stufen)
Quar|ta, die; -, ...ten ⟨lat.⟩ (*veraltende Bez. für* die dritte Klasse eines Gymnasiums)
Quar|tal, das; -s, -e ⟨lat.⟩ (Vierteljahr)
Quar|tal[s]|ab|schluss; **Quar|tals|be|richt**
Quar|tal[s]|säu|fer (*ugs.*); **Quar|tal[s]|säu|fe|rin**
quar|tal[s]|wei|se (vierteljahrsweise)
Quar|tals|zahl *meist Plur.* (*Wirtsch.*)
Quar|ta|na, die; - ⟨lat.⟩ (*Med.* Viertagefieber, Art der Malaria)
Quar|ta|ner ⟨lat.⟩ (Schüler der Quarta); **Quar|ta|ne|rin**
Quar|tan|fie|ber, das; -s *svw.* Quartana
quar|tär ⟨lat.⟩ (zum Quartär gehörend); **Quar|tär**, das; -s (*Geol.* obere Formation des Neozoikums); **Quar|tär|for|ma|ti|on**, die; -
Quart|band, der (*Buchw.*); **Quart|blatt**
Quar|te *vgl.* ³Quart
Quar|tel, das; -s, - (*bayr. für* kleines Biermaß)
Quar|ten (*Plur. von* Quart, Quarte *u.* Quarta)
Quar|ter [ˈkvɔːɐ̯...], der; -s, - ⟨engl.⟩ (altes engl. u. amerik. Hohlmaß u. Gewicht)
Quar|ter|back [ˈkvɔːɐ̯tɐbɛk], der; -[s], -s ⟨engl.-amerik.⟩ (Spielmacher im amerik. Football)
Quar|ter|deck [ˈkvar...] (Hinterdeck)
Quar|ter|pipe [ˈkvɔːɐ̯tɐpaɪ̯p], die; -, -s ⟨engl.; »Viertelröhre«⟩ (halbe Halfpipe [*vgl. d.*])

Quartett

Quar|tett, das; -[e]s, -e ⟨ital.⟩ (Musikstück für vier Stimmen od. vier Instrumente; auch für die vier Ausführenden; ein Kartenspiel)
Quart|for|mat (Buchw.)
Quar|tier, das; -s, -e ⟨franz.⟩ (Unterkunft, bes. von Truppen; schweiz. auch für Stadtviertel)
quar|tie|ren (selten für einquartieren)
Quar|tier|ma|cher; Quar|tier|ma|che|rin
Quar|tier|ma|nage|ment vgl. Quartiersmanagement; **Quar|tier|ma|na|ger; Quar|tier|ma|na|ge|rin**
Quar|tiers|frau
Quar|tiers|ma|nage|ment, Quar|tier|ma|nage|ment (Politik, Soziol. [behördliche] Bemühungen, einen Stadtteil attraktiver zu machen)
Quar|tiers|ma|na|ger; Quar|tiers|ma|na|ge|rin
Quar|tiers|wirt; Quar|tiers|wir|tin
Quar|til, das; -s, -e ⟨lat.⟩ (bes. Statistik Viertel [in einer bestimmten Rangliste])
Quart|sext|ak|kord (Musik)
Quarz, der; -es, -e (ein Mineral)
quar|zen (ugs. für rauchen)
Quarz|fels, der; -[ens] u. -en; **Quarz|fil|ter; Quarz|gang**, der
quarz|ge|steu|ert
Quarz|glas Plur. ...gläser
quarz|hal|tig; quarz|häl|tig (österr.); **quar|zig**
Quar|zit, der; -s, -e (ein Gestein)
Quarz|kris|tall; Quarz|lam|pe; Quarz|steue|le|rung (Elektrot.); **Quarz|uhr** (in Werbetexten oft mit der englischen tz-Schreibung)
Quas, der; -es, -e ⟨slaw.⟩ (landsch. für Gelage, Schmaus; bes. Pfingstbier mit festlichem Tanz); vgl. aber Kwass
Qua|sar, der; -s, -e ⟨lat.⟩ (sternenähnliches Objekt im Kosmos mit extrem starker Radiofrequenzstrahlung)
qua|sen (landsch. für prassen); du quast [mit etw.]
qua|si ⟨lat.⟩ (gewissermaßen, gleichsam, sozusagen)
Qua|si|mo|do|ge|ni|ti ⟨lat., »wie die neugeborenen [Kinder]«⟩ (erster Sonntag nach Ostern)
qua|si|of|fi|zi|ell (gewissermaßen offiziell); **qua|si|op|tisch** (Physik ähnlich den Lichtwellen sich ausbreitend)

Qua|si|sou|ve|rä|ni|tät, die; -, -en (scheinbare Souveränität)
Quas|se|lei (ugs. für [dauerndes] Quasseln); **quas|seln** (ugs. für unaufhörlich u. schnell reden, schwatzen); ich quass[e]le
Quas|sel|strip|pe, die; -, -n (ugs. für Telefon; auch für jmd., der viel redet)
Quas|sie, die; -, -n ⟨nach dem angeblichen Entdecker⟩ (südamerik. Baum, dessen Holz Bitterstoff enthält)
Quast, der; -[e]s, -e (nordd. für [Borsten]büschel, breiter Pinsel); **Quäst|chen**
Quas|te, die; -, -n (Troddel, Schleife); **Quas|ten|be|hang**
Quas|ten|flos|ser (Zool.)
quas|ten|för|mig
Quäs|ti|on, die; -, -en ⟨lat.⟩ (wissenschaftliche Streitfrage)
Quäs|tor, der; -s, ...oren ⟨lat.⟩ (altröm. Beamter; Schatzmeister an Hochschulen; schweiz. geh. für Kassenwart eines Vereins); **Quäs|to|rin**; **Quäs|tur**, die; -, -en (Amt eines Quästors; Kasse an einer Hochschule)
Qua|tem|ber, der; -s, - ⟨lat.⟩ (vierteljährlicher kath. Fasttag); **Qua|tem|ber|fas|ten**, das; -s
qua|ter|när ⟨lat.⟩ (Chemie aus vier Teilen bestehend)
Qua|ter|ne, die; -, -n (Reihe von vier gesetzten od. gewonnenen Nummern in der alten Zahlenlotterie)
quatsch! (Schallwort)
¹**Quatsch**, der; -[e]s (landsch. für Matsch)
²**Quatsch**, der; -[e]s (ugs. für dummes Gerede, Unsinn; auch für Alberei); Quatsch reden; das ist ja Quatsch!; ach Quatsch!
¹**quat|schen** [auch kva:...] (landsch.); der Boden quatscht unter den Füßen
²**quat|schen** (ugs.); du quatschst
Quat|sche|rei (ugs.); **Quatsch|kopf** (ugs.)
quatsch|nass (ugs. für sehr nass)
Quat|tro|cen|tist [...tʃen...], der; -en, -en (Dichter, Künstler des Quattrocentos); **Quat|tro|cen|to** [...ˈtʃento], das; -[s] (in Italien als Kunstwiss. das 15. Jh. in Italien [als Stilbegriff, Frührenaissance]
Que|bec [kwiˈbɛk], **Qué|bec** [keˈbɛk] (Provinz u. Stadt in Kanada); **Que|be|cer**, **Qué|be|cer** [...ˈbɛkɐ], **Que|be|ce|rin**, **Qué|be|ce|rin**

Que|b|ra|cho [keˈbratʃo], das; -s ⟨span.⟩ (gerbstoffreiches Holz eines südamerikanischen Baumes); **Que|b|ra|cho|rin|de** (ein Arzneimittel)
¹**Que|chua** [ˈkɛtʃua], der; -[s], -[s] (Angehöriger eines indianischen Volkes in Peru)
²**Que|chua**, die; -, - (Angehörige eines indianischen Volkes in Peru)
³**Que|chua**, das; -[s] (eine indianische Sprache)
queck (für quick)
Que|cke, die; -, -n (eine Graspflanze); **que|ckig** (voller Quecken)
Queck|sil|ber (chemisches Element, Metall; Zeichen Hg)
Queck|sil|ber|dampf; Queck|sil|ber|dampf|lam|pe
queck|sil|ber|hal|tig; queck|sil|be|rig vgl. quecksilbrig; **queck|sil|bern** (aus Quecksilber)
Queck|sil|ber|prä|pa|rat; Queck|sil|ber|sal|be; Queck|sil|ber|säu|le; Queck|sil|ber|ver|gif|tung
queck|silb|rig, **queck|sil|be|rig** ([unruhig] wie Quecksilber)
Qued|lin|burg (Stadt im nördlichen Harzvorland)
Queen [kviːn], die; -, -s (nur Sing.: jeweils regierende englische Königin)
Quee|ne, die; -, -n (nordd. für Färse)
Queens|land [ˈkviːnslənt] (Staat des Australischen Bundes)
queer [kviːɐ̯] ⟨engl.⟩ (einen anderen als der heterosexuellen Geschlechtsidentität zugehörig)
Queich, die; - (linker Nebenfluss des Oberrheins)
Queis, der; - (linker Nebenfluss des ²Bobers)
Quell, der; -[e]s, -e Plur. selten (geh. für Quelle)
Quell|be|wöl|kung
Quell|chen
Quell|code (EDV ursprünglicher Programmcode eines Computerprogramms); **Quell|da|tei**
Quel|le, die; -, -n; Nachrichten aus amtlicher, erster Quelle
¹**quel|len** (schwellen, größer werden; hervordringen, sprudeln); du quillst, du quollst; du quöllest; gequollen, quill!; Wasser quillt
²**quel|len** (im Wasser weichen lassen); du quellst; du quelltest;

Quetschkartoffeln

quer
- kreuz und quer; quer [über die Straße] gehen

Getrenntschreibung vom folgenden Verb, wenn »quer« konkret die Lage angibt:
- sich quer [ins Bett] legen
- das Fahrrad quer [vor die Einfahrt] stellen

Zusammenschreibung mit dem folgenden Verb bei übertragener Gesamtbedeutung ↑D 56:
- sich nicht länger querlegen, querstellen (ugs. für sich widersetzen)
- einer muss doch immer querschießen! (ugs. für Schwierigkeiten machen)

- wir brauchen jemanden, der auch einmal querdenkt (unkonventionell, originell denkt)
- einen Wechsel querschreiben (bes. Bankw. akzeptieren)

Getrennt- oder Zusammenschreibung bei nicht übertragener Bedeutung in Verbindung mit einem adjektivisch gebrauchten Partizip ↑D 58:
- ein quer gestreifter oder quergestreifter Pullover

---

gequellt; quell[e]!; ich quelle Bohnen
Quel|len|an|ga|be; Quel|len|for|schung; Quel|len|kri|tik; Quel|len|kun|de, die; -
quel|len|mä|ßig
Quel|len|ma|te|ri|al
quel|len|reich
Quel|len|samm|lung
Quel|len|schutz (Rechtsspr.)
Quel|len|steu|er, die (Steuer, die in dem Staat erhoben wird, wo der Gewinn, die Einnahme erwirtschaftet wurde)
Quel|len|stu|di|um
Quel|ler (eine Strandpflanze)
quell|fä|hig
Quell|fas|sung; Quell|fluss
quell|frisch
Quell|ge|biet; Quell|nym|phe
quell|of|fen (EDV)
Quell|text (svw. Quellcode)
Quel|lung
Quell|was|ser Plur. ...wasser; Quell|wol|ke
Quem|pas, der; - ⟨lat.⟩ (ein weihnachtlicher Wechselgesang); Quem|pas|lied
Quen|del, der; -s, - (Name verschiedener Pflanzen)
Quen|ge|lei; quen|ge|lig, quenglig
quen|geln (ugs. für weinerlich nörgelnd immer wieder um etwas bitten, keine Ruhe geben [meist von Kindern]; ich queng[e]le
Queng|ler; Queng|le|rin; quenglig, queng|lig
Quent, das; -[e]s, -e ⟨lat.⟩ (altes dt. Gewicht); 5 Quent; Quent|chen alte Schreibung für Quäntchen
quer s. Kasten
quer|ab (Seemannsspr. rechtwinklig zur Längsrichtung [des Schiffs])
Quer|bahn|steig; Quer|bal|ken;

Quer|bau Plur. ...bauten; Quer|baum (älteres Turngerät)
quer|beet (ugs. für ohne festgelegte Richtung; nicht vorgegeben)
quer|den|ken vgl. quer; Quer|den|ker (jmd., der unkonventionell u. originell denkt); Quer|den|ke|rin
quer|durch; er ist einfach querdurch gelaufen, aber sie läuft quer durch dessen Felder
Que|re, die; - (ugs.); meist in in die Quere kommen; in die Kreuz und [in die] Quer[e]
Quer|ein|stei|ger; Quer|ein|stei|ge|rin; Quer|ein|stieg
Quer|le, die; -, -n meist Plur. ⟨lat.⟩ (Streiterei)
que|ren (überschreiten, überschneiden); quer|feld|ein
Quer|feld|ein|lauf; Quer|feld|ein|ren|nen; Quer|feld|ein|ritt
Quer|flö|te; Quer|for|mat; quer|for|ma|tig
Quer|gang, der (auch für Klettertour auf einer waagerecht verlaufenden Route)
quer|ge|hen (ugs. für nicht recht sein); vgl. auch quer; quer gestreift, quer|ge|streift vgl. quer
Quer|haus; Quer|holz
Quer|kopf (ugs. für jmd., der sich immer widersetzt); quer|köp|fig; Quer|köp|fig|keit (ugs.)
Quer|la|ge (Med.); Quer|lat|te
quer|le|gen vgl. quer
quer|le|sen (ugs. für überfliegen); vgl. quer
Quer|li|nie; Quer|pass (Sport); Quer|pfei|fe; Quer|rin|ne
quer|schie|ßen vgl. quer
Quer|schiff (Teil einer Kirche)
Quer|schiffs (Seemannsspr.)
Quer|schlag (Bergmannsspr. Gesteinsstrecke, die [annähernd] senkrecht zu den Schichten verläuft)

Quer|schlä|ger (abprallendes od. quer aufschlagendes Geschoss)
Quer|schnitt
quer|schnitt[s]|ge|lähmt; Quer|schnitt[s]|ge|lähm|te; Quer|schnitt[s]|läh|mung
quer|schrei|ben vgl. quer
Quer|schuss
quer|stel|len vgl. quer
Quer|stra|ße; Quer|strich; Quer|sum|me
Quer|trei|ber (jmd., der etwas zu durchkreuzen trachtet); Quer|trei|be|rei; Quer|trei|be|rin
quer|über (veraltend); querüber liegt ein Haus, aber sie geht quer über den Hof
Que|ru|lant, der; -en, -en ⟨lat.⟩ (Nörgler, Quengler); Que|ru|lan|tin; que|ru|lie|ren
Que|rung; Que|rungs|hil|fe (zum Überqueren einer Straße)
Quer|ver|bin|dung; Quer|ver|weis; Quer|wand
Que|ry ['kvi:ri], die; -, -s, selten das od. der; -s, -s ⟨lat.-engl.⟩ (EDV Datenabfrage)
Que|se, die; -, -n (nordd. für durch Quetschung entstandene Blase; Schwiele; Finne des Quesenbandwurms); que|sen (nordd. für quengeln); du quest
Que|sen|band|wurm
que|sig (nordd. auch für quengelig)
Quetsch, der; -[e]s, -e (westmitteld., südd. für Zwetschenschnaps)
¹Quet|sche, die; -, -n (landsch. für Zwetsche)
²Quet|sche, die; -, -n (landsch. für Presse; ugs. für kleines Geschäft, kleiner Betrieb)
quet|schen; du quetschst
Quetsch|fal|te; Quetsch|kar|tof|feln Plur. (landsch. für Kartof-

felpüree); **Quetsch|kom|mo|de** (*scherzh. für* Ziehharmonika)
Quet|schung; Quetsch|wun|de
¹**Quet|zal** [kɛ...], der; -[s], -s ⟨indian.-span.⟩ (bunter Urwaldvogel; Wappenvogel von Guatemala)
²**Quet|zal** [kɛ...], der; -[s], -[s] (Währungseinheit in Guatemala); 5 Quetzal
¹**Queue** [køː], das, *auch* der; -s, -s ⟨franz.⟩ (Billardstock)
²**Queue**, die; -, -s (*veraltend für* Menschenschlange, Ende einer [Marsch]kolonne)
Quiche [kɪʃ], die; -, -s ⟨franz.⟩ (Speckkuchen aus Mürbe- od. Blätterteig)
Qui|chotte *vgl.* Don Quichotte
quick (*landsch., bes. nordd. für* rege, schnell)
Quick|born, der; -[e]s, -e (*veraltet für* Jungbrunnen)
Qui|ckie, der; -s, -s ⟨engl.⟩ (*ugs. für* etwas sehr schnell Abgehandeltes, Erledigtes; schneller Liebesakt)
quick|le|ben|dig
Quick|stepp [...stɛp], der; -s, -s ⟨engl.⟩ (ein Tanz)
Quick|test ↑D 136 ⟨nach dem amerik. Arzt A. J. Quick⟩ (*Med.* Verfahren zur Bestimmung der Gerinnungszeit des Blutes);
Quick|wert
Qui|dam, der; - ⟨lat.⟩; ein gewisser Quidam (*veraltet für* ein gewisser Jemand)
Quid|pro|quo, das; -[s], -s ⟨lat.⟩ (Austausch, Ersatz)
Quie, die; -, Quien (*svw.* Queene)
quiek!; quiek, quiek!; **quie|ken**, **quiek|sen**; du quiekst; **Quiek|ser** (*ugs.*)
Qui|e|tis|mus, der; - ⟨lat.⟩ (inaktive Haltung; religiöse Bewegung); **Qui|e|tist**, der; -en, -en (Anhänger des Quietismus); **Qui|e|tis|tin**; **qui|e|tis|tisch**
Qui|e|tiv, das; -s, -e (*Pharm.* Beruhigungsmittel)
quietsch|bunt (*ugs. für* sehr bunt)
Quiet|sche|en|chen, Quiet|sche|en|te (ein Kinderspielzeug)
quiet|schen; du quietschst; **Quietscher** (*ugs.*)
quietsch|fi|del (*ugs.*)
quietsch|gelb, quietsch|grün, quietsch|ro|sa usw. *vgl.* quietschbunt
quietsch|ver|gnügt (*ugs. für* sehr vergnügt)
Qui|jo|te *vgl.* Don Quijote

Quil|la|ja, die; -, -s ⟨indian.⟩ (ein chilenischer Seifenbaum); **Quil|la|ja|rin|de**
quil|len (*veraltet, noch landsch. für* ¹quellen)
quillt *vgl.* ¹quellen
Quilt, der; -s, -s ⟨engl.⟩ (eine Art Steppdecke); **Quilt|de|cke; quil|ten** (Quilts herstellen)
Qui|nar, der; -s, -e ⟨lat.⟩ (eine altrömische Münze)
quin|ke|lie|ren, quin|qui|lie|ren ⟨lat.⟩ (*bes. nordd. für* hell u. leise singen)
Qui|noa [kiˈnoːa], die; -, -s ⟨Quechua⟩ (*Bot.* eine südamerik. Nutzpflanze)
Quin|qua|ge|si|ma, die; *Gen.* -, *bei Gebrauch ohne Artikel auch* ...mä ⟨lat., »fünfzigster« [Tag]⟩ (siebter Sonntag vor Ostern); **Quin|quen|ni|um**, das; -s, ...ien (*veraltet für* Jahrfünft)
quin|qui|lie|ren *vgl.* quinkelieren
Quin|quil|li|on, die; -, -en ⟨lat.⟩ (5. Potenz der Million)
¹**Quint**, die; -, -en ⟨lat.⟩ (Fechthieb)
²**Quint**, die; -, -en, Quin|te, die; -, -n ⟨lat.⟩ (*Musik* fünfter Ton der diaton. Tonleiter; Intervall im Abstand von 5 Stufen)
Quin|ta, die; -, ...ten ⟨lat.⟩ (*veraltend für* zweite Klasse eines Gymnasiums)
Quin|tal [*auch* kɛ..., kɪn...], der; -s, -[e] ⟨roman.⟩ (Gewichtsmaß [Zentner] in Frankreich, Spanien u. in mittel- u. südamerik. Staaten; *Zeichen* q); 2 Quintal
Quin|ta|na, die; - ⟨lat.⟩ (*Med.* Fünftage[wechsel]fieber)
Quin|ta|ner (Schüler der Quinta); **Quin|ta|ne|rin**
Quin|tan|fie|ber, das; -s (*svw.* Quintana)
Quin|te *vgl.* ²Quint; **Quin|ten** (*Plur. von* Quinta *u.* Quint)
Quin|ten|zir|kel, der; -s (*Musik*)
Quin|ter|ne, die; -, -n ⟨lat.⟩ (Reihe von fünf Nummern in der alten Zahlenlotterie)
Quint|es|senz, die; -, -en ⟨lat.⟩ ([als Ergebnis] das Wesentliche einer Sache)
Quin|tett, das; -[e]s, -e ⟨ital.⟩ (Musikstück für fünf Stimmen od. fünf Instrumente; *auch für* die fünf Ausführenden)
Quin|ti|li|an, Quin|ti|li|a|nus (röm. Redner, Verfasser eines lat. Lehrbuches der Rhetorik)
Quin|ti|li|us (altröm. m. Eigenn.)

Quin|til|li|on, die; -, -en (*svw.* Quinquillion)
Quin|to|le, die; -, -n ⟨lat.⟩ (Gruppe von fünf Tönen, die einen Zeitraum von drei, vier od. sechs Tönen gleichen Taktwertes in Anspruch nehmen); **Quint|sext|ak|kord** (*Musik*)
Quin|tus (altröm. m. Vorn.; *Abk.* Q.)
Qui|pro|quo, das; -[s], -s ⟨lat.⟩ (Verwechslung einer Person mit einer anderen)
Qui|pu [ˈkiː...], das; -[s], -s ⟨indian.⟩ (Knotenschrift der Inkas)
Qui|rin, Qui|ri|nus (römischer Gott; römischer Tribun; ein Heiliger)
Qui|ri|nal, der; -s (Hügel in Rom; Sitz des italienischen Staatspräsidenten)
Qui|ri|te, der; -n, -n (altrömischer Vollbürger)
Quirl, der; -[e]s, -e; **quir|len**
quir|lig (*ugs. für* lebhaft)
Qui|si|sa|na, das; - ⟨ital.⟩ (Name von Kur- u. Gasthäusern)
Quis|ling, der; -s, -e ⟨nach dem norw. Faschistenführer⟩ (*abwertend für* Kollaborateur)
Quis|qui|li|en *Plur.* ⟨lat.⟩ (Kleinigkeiten)
Qui|to [ˈkiː...] (Hauptstadt Ecuadors)
quitt ⟨franz.⟩ (ausgeglichen, fertig, befreit); wir sind quitt (*ugs.*); mit jmdm. quitt sein
Quit|te, die; -, -n (ein Obstbaum; dessen Frucht)
quit|te|gelb, quit|ten|gelb
Quit|ten|baum; Quit|ten|brot (in Stücke geschnittene, feste Quittenmarmelade); **Quit|ten|ge|lee; Quit|ten|kä|se**, der; -s (*österr. für* Quittenbrot); **Quit|ten|mar|me|la|de; Quit|ten|mus**
quit|tie|ren ⟨franz.⟩ ([den Empfang] bescheinigen; *veraltend für* [ein Amt] niederlegen); etwas mit einem Achselzucken quittieren (hinnehmen)
Quit|tung (Empfangsbescheinigung); **Quit|tungs|block** *vgl.* Block; **Quit|tungs|for|mu|lar**
Qui|vive [kiˈviːf] ⟨franz.⟩ (Werdaruf); *nur in* auf dem Quivive sein (*ugs. für* auf der Hut sein)
Quiz [kvɪs], das; -, *Plur.* -, *ugs. auch* -ze ⟨engl.⟩ (Frage-und-Antwort-Spiel)
Quiz|fra|ge; Quiz|mas|ter (Fragesteller u. Moderator bei einer

Quizveranstaltung); **Quiz|mas-te|rin; Quiz|run|de; Quiz|sen-dung; Quiz|show; quiz|zen** (ugs.); du quizzt
Qum|ran [k...], Kumran (Ruinenstätte am Nordwestufer des Toten Meeres)
quod erat de|mons|t|ran|dum ⟨lat., »was zu beweisen war«⟩ (Abk. q. e. d.)
Quod|li|bet, das; -s, -s ⟨lat.⟩ (Durcheinander, Mischmasch; ein Kartenspiel; *Musik* scherzhafte Zusammenstellung verschiedener Melodien u. Texte)
quoll vgl. ¹quellen
quor|ren (*Jägerspr.* balzen [von der Schnepfe])
Quo|rum, das; -s, ...ren ⟨lat.⟩ (*bes. südd., schweiz.* für die zur Beschlussfassung in einer Körperschaft erforderliche Zahl anwesender Mitglieder)
Quo|ta|ti|on, die; -, -en ⟨lat.⟩ (Kursnotierung an der Börse)
Quo|te, die; -, -n ⟨lat.⟩ (Anteil [von Personen], der bei Aufteilung eines Ganzen auf den Einzelnen od. eine Einheit entfällt; *auch kurz für* Einschaltquote)
quo|teln (nach Quoten aufteilen); ich quot[e]le; **Quo|te|lung**
Quo|ten|brin|ger (*Fernsehen* Schauspieler o. Ä. od. Sendung mit einer hohen Einschaltquote); **Quo|ten|brin|ge|rin**
Quo|ten|druck (Anforderung, eine gute Einschaltquote zu erzielen)
Quo|ten|frau (*ugs. für* Frau, die aufgrund einer Quotenregelung in eine bestimmte Position berufen wurde)
Quo|ten|kar|tell (*Wirtsch.*)
Quo|ten|kö|nig, Quo|ten|kö|ni|gin
Quo|ten|mo|dell (*bes. Energiewirtschaft*)
Quo|ten|re|ge|lung (Festlegung eines angemessenen Anteils von Frauen in [politischen] Gremien)
Quo|ti|ent, der; -en, -en ⟨lat.⟩ (*Math.* Ergebnis einer Division)
quo|tie|ren (den Preis angeben od. mitteilen); **Quo|tie|rung** (svw. Quotation); **quo|ti|sie|ren** (in Quoten aufteilen); **Quo|ti|sie|rung**
quo va|dis? ⟨lat., »wohin gehst du?«⟩ (wohin wird das führen, was wird daraus?)

---

r, R = Radius
r. = rechts
R (Buchstabe); das R; des R, die R, aber das r in fahren; der Buchstabe R, r
R. = ²Rand; Reaumur
R., Reg[t]., Rgt. = Regiment
P, ρ = Rho
® ⟨engl., »eingetragenes Warenzeichen«⟩ = registered [trademark]
Ra vgl. ¹Re
Ra (*chem. Zeichen für* Radium)
¹**Raab** (Stadt in Ungarn)
²**Raab,** die; - (rechter Nebenfluss der Donau)
Raa|be (dt. Schriftsteller)
Rab (eine dalmatinische Insel)
Ra|ba|nus Mau|rus vgl. Hrabanus Maurus
Ra|bat [ra'ba(:)t] (Hauptstadt von Marokko)
Ra|batt, der; -[e]s, -e ⟨ital.⟩ (Preisnachlass); **Ra|batt|ak|ti|on** (*Wirtsch.*)
Ra|bat|te, die; -, -n ⟨niederl.⟩ ([Rand]beet)
Ra|batt|ge|setz
ra|bat|tie|ren ⟨ital.⟩ (Rabatt gewähren); **Ra|bat|tie|rung**
Ra|batt|mar|ke; Ra|batt|schlacht (*ugs.*)
Ra|batz, der; -es (*ugs. für* Krawall, Unruhe); Rabatz machen
Ra|bau, der; *Gen.* -s u. -en, *Plur.* -e[n] ⟨niederrhein. für kleine graue Renette; Rabauke)
Ra|bau|ke, der; -n, -n (*ugs. für* Rüpel, gewalttätiger Mensch)
Ra|bau|kin (selten)
Rab|bi, der; -[s], *Plur.* -s u. ...inen ⟨hebr.⟩ (*nur Sing.:* Ehrentitel jüdischer Gesetzeslehrer u. a.; Träger dieses Titels); **Rab|bi|nat,** das; -[e]s, -e (Amt, Würde eines Rabbi[ners]); **Rab|bi|ner,** der; -s, - (jüdischer Gesetzes-, Religionslehrer, Geistlicher, Prediger); **Rab|bi|ne|rin; rab|bi|nisch**
Räb|chen (*landsch. auch für* frecher Bengel)
Ra|be, der; -n, -n

Rä|be, die; -, -n (*schweiz. für* Weiße Rübe)
Ra|bea (w. Vorn.)
Ra|be|lais [...bə'lɛ:] (französischer Satiriker)
Ra|ben|aas (Schimpfwort); **Ra|ben|el|tern** *Plur.* (lieblose Eltern)
Ra|ben|krä|he
Ra|ben|mut|ter *Plur.* ...mütter (lieblose Mutter)
Ra|ben|schlacht, die; - (Schlacht bei Raben [Ravenna])
ra|ben|schwarz (*ugs.*)
Ra|ben|stein ([Richtstätte unter dem] Galgen)
Ra|ben|va|ter (liebloser Vater)
Ra|ben|vo|gel
ra|bi|at ⟨lat.⟩ (wütend; grob, gewalttätig)
Ra|bin (israel. Politiker)
Ra|bitz|wand ↑D 136 ⟨nach dem Erfinder⟩ (Gipswand mit Drahtnetzeinlage)
Ra|bu|list, der; -en, -en ⟨lat.⟩ (Wortverdreher, Haarspalter); **Ra|bu|lis|te|rei; Ra|bu|lis|tik,** die; -; **Ra|bu|lis|tin; ra|bu|lis|tisch** (spitzfindig, wortklauberisch)
Ra|che, die; -; [an jmdm.] Rache nehmen; **Ra|che|durst; ra|che|dürs|tend** ↑D 59; **ra|che|durs|tig**
Ra|che|en|gel; Ra|che|feld|zug; Ra|che|ge|dan|ke; Ra|che|ge|lüs|te *Plur.*; **Ra|che|göt|tin**
Ra|chel (w. Vorn.)
Ra|chen, der; -s, -
rä|chen; gerächt; sich rächen
Ra|chen|blüt|ler (*Bot.*)
Ra|chen|ka|tarrh; Ra|chen|krebs
Ra|chen|man|del vgl. ¹Mandel; **Ra|chen|put|zer** (*ugs. scherzh. für* scharfes alkohol. Getränk)
Ra|che|plan vgl. ²Plan; **Rä|cher; Rä|che|rin; Ra|che|schwur**
Rach|gier; rach|gie|rig
Ra|chi|tis, die; -, ...itiden ⟨griech.⟩ (*Med.* durch Mangel an Vitamin D hervorgerufene Krankheit); **ra|chi|tisch**
Rach|ma|ni|now (russ.-amerik. Komponist)
Rach|sucht, die; -; **rach|süch|tig**
Ra|cine [...'si:n] (franz. Dramendichter)
Rack [rεk], das; -s, -s ⟨engl.⟩ (Regal für eine Stereoanlage)
Ra|cke, Ra|ke, die; -, -n (ein Vogel)
Ra|ckel|hahn (*Jägerspr.* Kreuzung aus Birkhahn u. Auerhenne); **Ra|ckel|wild**
Ra|cker, der; -s, - (*fam. für* Schlingel)

R
Rack

Rackerei

Ra|cke|rei, die; -; **ra|ckern** (ugs. für sich abarbeiten); ich rackere

Ra|cket ['rɛ...], das; -s, -s ⟨engl.⟩ ([Tennis]schläger)

Ra|c|lette [...klɛt, auch ...'klɛt], die; -, -s, auch das; -s, -s ⟨franz.⟩ (ein Walliser Käsegericht); **Ra|c-lette|kä|se**

rad = Radiant

Rad
das; -[e]s, Räder
– Rad fahren; ich fahre Rad; weil ich gern Rad fahre; sie ist Rad gefahren; um Rad zu fahren, *aber* sie ist beim Radfahren verunglückt
– die Rad fahrenden *od.* radfahrenden Kinder
– er kann Rad schlagen; ich schlage [ein] Rad; er hat [ein] Rad geschlagen, aber er kann Rad schlagen; um Rad zu schlagen, *aber* er hat sich beim Radschlagen verletzt
– wir kamen zu Rad [und nicht zu Fuß]
– unter die Räder kommen (ugs. für völlig heruntergekommen; eine schwere Niederlage hinnehmen müssen)

Ra|dar [auch, österr. nur 'ra:...], das, nicht fachspr. auch der; -s, -e ⟨aus engl. radio detection and ranging⟩ (Verfahren zur Ortung von Gegenständen mithilfe gebündelter elektromagnetischer Wellen; Radargerät)

Ra|dar|an|la|ge

Ra|dar|as|t|ro|no|mie

Ra|dar|fal|le (ugs.); **Ra|dar|ge|rät**; **Ra|dar|kon|t|rol|le**

Ra|dar|me|te|o|ro|lo|gie

Ra|dar|pei|lung; **Ra|dar|pis|to|le** (kleines handliches Radargerät); **Ra|dar|schirm**; **Ra|dar|sen|sor**; **Ra|dar|sta|ti|on**

Ra|dar|tech|ni|ker; **Ra|dar|tech|ni|ke|rin**

Ra|dar|wa|gen

Ra|dau, der; -s (ugs. für Lärm, Krach); Radau machen; **Ra|dau|bru|der** (jmd., der Krach macht, randaliert); **Ra|dau|ma|cher**; **Ra|dau|ma|che|rin**

Rad|ball; **Rad|bal|ler**; **Rad|bal|le|rin**; **Rad|ball|spiel**

Rad|brem|se; **Rad|bruch**, der

Räd|chen

Rad|damp|fer; **Rad|durch|mes|ser**

Ra|de, die; -, -n (kurz für Kornrade)

ra|de|bre|chen; du radebrechst; du radebrechtest; geradebrecht; zu radebrechen

Ra|de|gund, **Ra|de|gun|de** (w. Vorn.)

Ra|de|ha|cke (ostmitteld. für Rodehacke)

ra|deln (Rad fahren); ich rad[e]le

ra|deln (ausradeln); ich räd[e]le

Rä|dels|füh|rer; **Rä|dels|füh|re|rin**

Ra|den|thein (österr. Ort)

Rä|der|chen Plur.

Rä|der|ge|trie|be

...rä|de|rig, **...räd|rig** (z. B. dreiräderig)

rä|dern (früher für durch das Rad hinrichten); ich rädere

Rä|der|tier meist Plur. (Schlauchwurm)

Rä|der|werk

Ra|detz|ky [...ki] (österr. Feldherr); <mark>Ra|detz|ky|marsch</mark>, **Ra|detz-ky-Marsch**, der; -[e]s

Rad|fah|ren, das; -s

Rad fah|ren vgl. Rad; <mark>Rad fahrend</mark>, **rad|fah|rend** vgl. Rad

Rad|fah|rer; **Rad|fah|rer|ho|se**; **Rad|fah|re|rin**; **Rad|fahr|strei|fen**; **Rad|fahr|weg**; **Rad|fel|ge**; **Rad|fern|weg**; **Rad|ga|bel**

Ra|di, der; -s, - (bayr. u. österr. für Rettich); einen Radi kriegen (bayr. u. österr. ugs. für gerügt werden)

ra|di|al ⟨lat.⟩ (auf den Radius bezogen, strahlenförmig; von einem Mittelpunkt ausgehend)

Ra|di|al|ge|schwin|dig|keit (Physik)

Ra|di|al|li|nie (österr. für Straße, Straßenbahnlinie u. dgl., die von der Stadtmitte zum Stadtrand führt)

Ra|di|al|rei|fen

Ra|di|al|sym|me|t|rie (Zool.); **ra|di|al|sym|me|t|risch**

Ra|di|ant, der; -en, -en (Astron. scheinbarer Ausgangspunkt der Sternschnuppen; Math. Einheit des ebenen Winkels; Zeichen rad)

ra|di|är ⟨franz.⟩ (strahlig)

Ra|di|a|ti|on, die; -, -en (Strahlung); **Ra|di|a|tor**, der; -s, ...oren (ein Heizkörper)

Ra|dic|chio [...kio], der; -[s] ⟨ital.⟩ (eine ital. Zichorienart)

Ra|di|en (Plur. von Radius)

ra|die|ren ⟨lat.⟩; **Ra|die|rer** (Künstler, der Radierungen anfertigt; ugs. für Radiergummi); **Ra|die|re|rin**

Ra|dier|gum|mi, der, ugs. auch das

Ra|dier|kunst, die; - (Ätzkunst)

Ra|dier|mes|ser, das

Ra|dier|na|del

Ra|die|rung (mit einer geätzten Platte gedruckte Grafik)

Ra|dies|chen ⟨lat.⟩ (eine Pflanze)

ra|di|kal (politisch, ideologisch extrem; gründlich; rücksichtslos); radikale Linke ↑D 89

Ra|di|kal, das; -s, -e (Chemie Atom, Molekül od. Ion mit einem ungepaarten Elektron); freie Radikale

Ra|di|ka|li|tät

Ra|di|ka|le, der u. die; -n, -n

Ra|di|ka|len|er|lass (Verbot, Mitglieder extremistischer Organisationen im öffentlichen Dienst zu beschäftigen)

Ra|di|ka|lins|ki, der; -s, -s (ugs. für Radikaler)

ra|di|ka|li|sie|ren (radikal machen); **Ra|di|ka|li|sie|rung** (Entwicklung zum Radikalen)

ra|di|ka|lis|la|misch

Ra|di|ka|lis|mus, der; -, ...men (rücksichtslos bis zum Äußersten gehende [politische, religiöse usw.] Richtung); **Ra|di|ka|list**, der; -en, -en; **Ra|di|ka|lis|tin**

Ra|di|ka|li|tät, die; -, -en

Ra|di|kal|kur; **Ra|di|kal|ope|ra|ti|on**

Ra|di|kand, der; -en, -en (Math. Zahl, deren Wurzel gezogen werden soll)

Ra|dio, das (südd., österr. ugs., schweiz. für das Gerät auch der); -s, -s (Rundfunk[gerät])

ra|dio... ⟨lat.⟩, **Ra|dio...** (Strahlen..., [Rund]funk...)

ra|dio|ak|tiv; radioaktiver Niederschlag; radioaktive Stoffe; **Ra|dio|ak|ti|vi|tät**, die; -

Ra|dio|ama|teur; **Ra|dio|ama|teu|rin**

Ra|dio|ap|pa|rat

Ra|dio|as|t|ro|no|mie

Ra|dio|bio|lo|gie

Ra|dio|car|bon|me|tho|de vgl. Radiokarbonmethode

Ra|dio|che|mie

Ra|dio|ele|ment (radioaktives chemisches Element)

Ra|dio|ge|rät

<mark>Ra|dio|gra|fie</mark>, **Ra|dio|gra|phie**, die; -, ...ien (Untersuchung mit Röntgenstrahlen); <mark>ra|dio|gra|fisch</mark>, **ra|dio|gra|phisch**

Ra|dio|gramm, das; -s, -e ⟨lat.; griech.⟩ (Röntgenbild)

Ra|dio|in|ter|view

Ra|dio|kar|bon|me|tho|de, fachspr.

Ra|dio|car|bon|me|tho|de, die; - (Chemie, Geol. Verfahren zur Altersbestimmung ehemals organischer Stoffe)
Ra|dio|la|rie, die; -, -n meist Plur. ⟨lat.⟩ (Zool. Strahlentierchen)
Ra|dio|lo|ge, der; -n, -n ⟨lat.; griech.⟩ (Med. Facharzt für Röntgenologie u. Strahlenheilkunde); Ra|dio|lo|gie, die; - (Strahlenkunde); Ra|dio|lo|gin; ra|dio|lo|gisch
Ra|dio|me|te|o|ro|lo|gie; Ra|dio|me|ter, das; -s, - (Physik Strahlungsmessgerät); Ra|dio|me|trie, die; -
Ra|dio|mo|de|ra|tor; Ra|dio|mo|de|ra|to|rin; Ra|dio|pro|gramm
Ra|dio|quel|le (Physik, Astron.)
Ra|dio|re|kor|der, Ra|dio|re|cor|der
Ra|dio|röh|re; Ra|dio|sen|der; Ra|dio|sen|dung
Ra|dio-Sin|fo|nie|or|ches|ter, Ra|dio-Sym|pho|nie|or|ches|ter
↑D 22
Ra|dio|son|de (Meteorol., Physik)
Ra|dio|spot; Ra|dio|sta|ti|on
Ra|dio|stern (Astron.)
Ra|dio|strah|lung (Physik, Astron.)
Ra|dio|te|le|gra|fie, Ra|dio|te|le|gra|phie
Ra|dio|te|le|s|kop (Astron.)
Ra|dio|text (im Display eines entsprechend ausgerüsteten Radios)
Ra|dio|the|ra|pie [auch 'ra:...] (Med. Heilbehandlung durch Bestrahlung)
Ra|dio|we|cker
Ra|di|um, das; -s ⟨lat.⟩ (radioaktives chemisches Element, Metall; Zeichen Ra)
Ra|di|um|bad (Radonbad); Ra|di|um|be|strah|lung; Ra|di|um|ema|na|ti|on, die; - (ältere Bez. für Radon); ra|di|um|hal|tig
Ra|di|us, der; -, ...ien (Halbmesser des Kreises; Abk. r, R); die Berechnung des Radius
Ra|dix, die; -, ...izes ⟨lat.⟩ (fachspr. für Wurzel); ra|di|zie|ren (Math. die Wurzel aus einer Zahl ziehen)
Rad|kap|pe; Rad|kas|ten; Rad|kranz
Radl, das; -s, -n (bayr., österr. ugs. für Fahrrad)
Rad|la|der (bei Bau- u. Erdarbeiten eingesetztes Räumfahrzeug)
¹Rad|ler (Radfahrer)
²Rad|ler, das, auch der; -s, - (landsch., bes. südd., für Getränk aus Bier u. Limonade)
Rad|ler|ho|se; Rad|le|rin; Rad|ler|maß, die (svw. ²Radler)
Rad|ma|cher (landsch. für Stellmacher); Rad|ma|che|rin
Rad|man|tel
Ra|dolf, Ra|dulf (m. Vorn.)
Ra|dom, das; -s, -s ⟨engl.⟩ (Radarschutzkuppel, Traglufthalle)
Ra|don [auch ...'do:n], das; -s ⟨lat.⟩ (radioaktives chemisches Element, Edelgas; Zeichen Rn);
Ra|don|bad (Kurort mit radonhaltigem Quellwasser)
Rad|pro|fi (Profi im Radsport)
Rad|rei|fen; Rad|renn|bahn; Rad|ren|nen
...räd|rig vgl. ...räderig
Rad|rü|pel (salopp abwertend)
Rad|satz
Ra|d|scha [auch 'ra:...], der; -s, -s ⟨sanskr.⟩ (ind. Fürstentitel)
Rad|schla|gen, das; -s
Rad schla|gen vgl. Rad
Rad|schuh (Bremsklotz aus Holz od. Eisen)
Rad|sport, der; -[e]s; Rad|sport|ler; Rad|sport|le|rin
Rad|stadt (Stadt im österr. Bundesland Salzburg); Rad|städ|ter Tau|ern Plur.
Rad|stand; Rad|strei|fe (Polizeiw.); Rad|sturz; Rad|tour
Ra|dulf, Ra|dolf (m. Vorn.)
rad|wan|dern (selten); wir radwandern, sind radgewandert; Rad|wan|de|rung; Rad|wan|der|weg; Rad|wech|sel; Rad|weg; Rad|we|ge|netz, Rad|weg|netz
Raes|feld ['ra:s...] (Ort in Nordrhein-Westfalen)
R. A. F. = Royal Air Force
Räf, das; -[e]s, -e ⟨schweiz. für ¹Reff, ²Reff⟩
RAF, die; - = Rote-Armee-Fraktion
Ra|fa|el [...e:l, auch ...el] ⟨ökum. u. österr. für Raphael⟩; vgl. aber Raffael
Raf|fa|el [...e:l, auch ...el] (italienischer Maler); vgl. aber Raphael; raf|fa|e|lisch; raffaelische Farbgebung; die raffaelische Madonna ↑D 89 u. 135
Raf|fel, die; -, -n (landsch. für großer, hässlicher Mund; loses Mundwerk; geschwätzige [alte] Frau; Gerät zum Abstreifen von Beeren; Reibeisen; Klapper);
raf|feln (landsch. für raspeln; rasseln; schwatzen); ich raff[e]le

Ragout fin

raf|fen; Raff|gier; raff|gie|rig; raf|fig (landsch. für raffgierig)
Raf|fi|na|de, die; -, -n ⟨franz.⟩ (gereinigter Zucker); Raf|fi|nat, das; -[e]s, -e (Produkt der Raffination); Raf|fi|na|ti|on, die; -, -en (Verfeinerung, Veredelung)
Raf|fi|ne|ment [...'mã:], das; -s, -s (Überfeinerung; Raffinesse)
Raf|fi|ne|rie, die; -, ...ien (Anlage zum Reinigen von Zucker od. zur Verarbeitung von Rohöl)
Raf|fi|nes|se, die; -, -n (Durchtriebenheit, Schlauheit)
Raf|fi|neur [...'nø:ɐ̯], der; -s, -e (Betreiber od. Angestellter einer Raffinerie; Maschine zum Feinmahlen von Holzsplittern)
raf|fi|nie|ren (Zucker reinigen; Rohöl zu Brenn- od. Treibstoff verarbeiten)
Raf|fi|nier|ofen; Raf|fi|nier|stahl
raf|fi|niert (gereinigt; durchtrieben, schlau); raffinierter Zucker; ein raffinierter Betrüger; Raf|fi|niert|heit
Raf|fi|no|se, die; - (zuckerartige chem. Verbindung)
Raff|ke, der; -s, -s (ugs. für raffgieriger Mensch)
Raff|sucht, die; -
Raf|fung
Raff|zahn (landsch. für stark überstehender Zahn; ugs. für raffgieriger Mensch)
Raft, das; -s, -s ⟨engl.⟩ (schwimmende Insel aus Treibholz; Schlauchboot); raf|ten (Rafting betreiben); Raf|ter; Raf|te|rin; Raf|ting, das; -s (das Wildwasserfahren einer Gruppe im Schlauchboot); Raf|ting|tour
Rag [rɛk], der; -[s] (kurz für Ragtime)
Ra|gaz, Bad (schweiz. Badeort)
Ra|ge [...ʒə], die; - ⟨franz.⟩ (ugs. für Wut, Raserei); in der Rage; in Rage bringen
ra|gen
Ra|gio|nen|buch [ra'dʒo:...] ⟨ital.; dt.⟩ (schweiz. für Verzeichnis der ins Handelsregister eingetragenen Firmen)
Ra|g|lan [auch 'rɛglən], der; -s, -s ⟨engl.⟩ ([Sport]mantel mit angeschnittenem Ärmel); Ra|g|lan|är|mel; Ra|g|lan|schnitt
Rag|na|rök, die; - ⟨altnord.⟩ (germ. Mythol. Weltuntergang)
Ra|gout [...'gu:], das; -s, -s ⟨franz.⟩ (Gericht aus Fleisch-, Geflügel- od. Fischstückchen in pikanter Soße); Ra|gout fin [ragu'fɛ̃:],

Ragoût fin

fachspr. **Ra|goût fin** […gu'fɛ:], das; -, -, -s -s [- -] (feines Ragout)

Rag|time ['rɛktaɪm], der; -[s] ⟨amerik.⟩ (afroamerikanischer Stil populärer Klaviermusik)

Ra|gu|sa (ital. Name von Dubrovnik)

Rag|wurz (eine Orchideengattung)

Rah, Ra|he, die; -, Rahen (Seemannsspr. Querstange am Mast für das Rahsegel)

Ra|hel (w. Vorn.)

Rahm, der; -[e]s ⟨landsch. für Sahne⟩

Rähm, der; -[e]s, -e ⟨Bauw. waagerechter Teil des Dachstuhls⟩

Rahm|but|ter

Rähm|chen

rah|men; Rah|men, der; -s, -

Rah|men|ab|kom|men

Rah|men|an|ten|ne

Rah|men|be|din|gung meist Plur.

Rah|men|bruch, der; -[e]s, …brüche

Rah|men|er|zäh|lung

rah|men|ge|näht; rahmengenähte Schuhe

Rah|men|ge|setz

Rah|men|hand|lung

Rah|men|kre|dit

Rah|men|naht

Rah|men|plan vgl. ²Plan; **Rah|men|pro|gramm; Rah|men|richt|li|nie** meist Plur.; **Rah|men|ta|rif; Rah|men|ver|ein|ba|rung; Rah|men|ver|trag**

rah|mig ⟨landsch. für sahnig⟩

Rahm|kä|se; Rahm|schnit|zel vgl. ¹Schnitzel; **Rahm|so|ße, Rahm|sau|ce; Rahm|sup|pe**

Rah|mung

Rah|ne, die; -, -n ⟨bayr., österr. für Rote Rübe⟩; vgl. Rande

Rah|se|gel (Seemannsspr.)

Rai, der; -[s] ⟨arab.⟩ (populärer arab. Musikstil)

Raid [re:t], der; -s, -s ⟨engl.⟩ ⟨Militär Überraschungsangriff⟩

Raiff|ei|sen (Familienname); **Raiff|ei|sen|bank** Plur. …banken

Rai|gras vgl. Raygras

¹**Rai|mund, Rei|mund** (m. Vorn.)

²**Rai|mund** (österr. Dramatiker)

Rain, der; -[e]s, -e (Ackergrenze; schweiz. u. südd. für Abhang)

Rai|nald, Rei|nald (m. Vorn.); Rainald von Dassel (Kanzler Friedrichs I. Barbarossa)

rai|nen ⟨veraltet für abgrenzen⟩

Rai|ner, Rei|ner (m. Vorn.)

Rain|farn (eine Pflanze); **Rai|nung**

⟨veraltet für Festsetzung der Ackergrenze⟩; **Rain|wei|de** (Liguster)

ra|jo|len ⟨svw. rigolen⟩

Ra|ke vgl. Racke

Ra|kel, die; -, -n ⟨Druckw. Vorrichtung zum Abstreichen überschüssiger Farbe von der eingefärbten Druckform⟩

rä|keln vgl. rekeln

Ra|ke|te, die; -, -n ⟨ital.⟩ ⟨ein Feuerwerkskörper; ein Flugkörper⟩

Ra|ke|ten|ab|schuss|ram|pe

Ra|ke|ten|ab|wehr; Ra|ke|ten|ab|wehr|sys|tem

Ra|ke|ten|an|griff; Ra|ke|ten|an|trieb; Ra|ke|ten|ap|pa|rat (Seew.)

ra|ke|ten|ar|tig ⟨übertr. auch für sehr schnell⟩

Ra|ke|ten|au|to; Ra|ke|ten|ba|sis; Ra|ke|ten|be|schuss

ra|ke|ten|be|stückt

Ra|ke|ten|flug|zeug; Ra|ke|ten|ruck|sack (Jetpack); **Ra|ke|ten|schlit|ten; Ra|ke|ten|spreng|kopf; Ra|ke|ten|start; Ra|ke|ten|start|ram|pe; Ra|ke|ten|stu|fe; Ra|ke|ten|stütz|punkt; Ra|ke|ten|treib|stoff; Ra|ke|ten|trieb|werk; Ra|ke|ten|waf|fe; Ra|ke|ten|wer|fer; Ra|ke|ten|zeit|al|ter,** das; -s

Ra|ki, der; -[s], -s ⟨türk.⟩ ⟨ein Branntwein aus Rosinen u. Anis⟩

Ralf (m. Vorn.)

Ral|le, die; -, -n (ein Vogel)

¹**Ral|lye** […li, auch 'rɛli], die; -, -s, schweiz. auch das; -s, -s ⟨engl.-franz.⟩ (Autorennen [in einer od. mehreren Etappen] mit Sonderprüfungen)

²**Ral|lye, Ral|ly** ['rɛli], die; -, -s, schweiz. auch das; -s, -s ⟨engl.⟩ (Börsenw. kurzer, starker Anstieg der Börsenkurse)

Ral|lye-Cross, Ral|lye|cross, das; -, -e (Autorennen auf Rennstrecken mit wechselndem Streckenbelag)

Ral|lye|fah|rer; Ral|lye|fah|re|rin

Ralph (m. Vorn.)

RAM, das od. der; -[s], -[s] ⟨aus engl. **r**andom **a**ccess **m**emory⟩ ⟨EDV Informationsspeicher mit wahlfreiem Zugriff⟩

Ra|ma|dan, der; -[s], -e ⟨arab.⟩ (Fastenmonat der Moslems)

Ra|ma|ja|na, das; -s ⟨sanskr.⟩ (indisches religiöses Nationalepos)

Ra|mal|lah (Stadt im Westjordanland)

Ra|ma|su|ri, die; - ⟨rumän.⟩ ⟨bayr. u. österr. ugs. für großes Durcheinander; Trubel⟩

Ram|ba|zam|ba, der od. das; -s, -s ⟨ugs. für Aufruhr, Aufregung⟩

Ram|bo, der; -s, -s ⟨nach dem amerik. Filmhelden⟩ ⟨ugs. für brutaler Kraftprotz⟩

Ram|bouil|let [rãbu'je:] (franz. Stadt); **Ram|bouil|let|schaf, Ram|bouil|let-Schaf** (ein feinwolliges Schaf)

Ram|bur, der; -s, -e ⟨franz.⟩ (Apfel einer säuerlichen Sorte)

Ra|meau [ra'mo:], Jean-Philippe [ʒãfi'lip] (franz. Komponist)

Ra|mes|si|de, der; -n, -n (Herrscher aus dem Geschlecht des Ramses)

Ra|mie, die; -, …jen ⟨malai.-engl.⟩ (Bastfaser, Chinagras)

Ramm|bär, der; -[e]s, -e (Rammsporn [früher an Kriegsschiffen])

Ramm|bär, der; -s, Plur. -en, fachspr. auch -e; **Ramm|bock; Ramm|bug**

ramm|dö|sig ⟨ugs. für benommen⟩

Ram|me, die; -, -n (Fallklotz)

Ram|mel, der; -s, - ⟨landsch. für ungehobelter Kerl, Tölpel⟩

Ram|me|lei ⟨ugs. für Balgerei; derb für häufiges Koitieren⟩

ram|meln ⟨ugs. für sich balgen, sich stoßen; Jägerspr. belegen, decken [bes. von Hasen u. Kaninchen]; derb für koitieren⟩; ich ramm[e]le

ram|mel|voll ⟨ugs. für sehr voll⟩

ram|men

Ramm|ham|mer; Ramm|klotz

Ramm|ler (Männchen von Hasen u. Kaninchen)

Ramm|ma|schi|ne, Ramm-Ma|schi|ne

Ramms|kopf vgl. Ramskopf

Ramm|sporn, der; -[e]s, -e

Ram|pe, die; -, -n ⟨franz.⟩ (schiefe Ebene zur Überwindung von Höhenunterschieden; Auffahrt; Verladebühne; Theater Vorbühne); **Ram|pen|licht**

Ram|pen|sau Plur. …säue ⟨derb für leidenschaftlicher Bühnenkünstler⟩

ram|po|nie|ren ⟨ital.⟩ ⟨ugs. für stark beschädigen⟩

Rams|au [auch 'ram…] (Name verschiedener Orte in Südbayern u. Österreich)

¹**Ramsch,** der; -[e]s, -e Plur. selten ⟨ugs. für wertloses Zeug; minderwertige Ware⟩

²**Ramsch,** der; -[e]s, -e ⟨franz.⟩ (Spielart beim Skat, mit dem Ziel, möglichst wenig Punkte zu bekommen)

¹**ram|schen** ⟨zu ¹Ramsch⟩ ⟨ugs. für

Ramschware billig aufkaufen); du ramschst
²ram|schen (einen ²Ramsch spielen); du ramschst
Ram|scher (zu ¹Ramsch) (ugs. für Aufkäufer zu Schleuderpreisen); Ram|sche|rin
Ramsch|la|den; Ramsch|ni|veau (ugs. für geringe finanzielle Vertrauenswürdigkeit [eines Wertpapiers, eines Staates o. Ä.]); Ramsch|wa|re
Ram|ses (Name ägypt. Könige)
Rams|kopf, Ramms|kopf (Pferdekopf mit stark gekrümmtem Nasenrücken)
ran (ugs. für heran); ↑D 13
Ran (germ. Mythol. Gattin des Meerriesen Ägir)
Ranch [rɛntʃ], die; -, -[e]s (amerik.) (größerer landwirtschaftlicher Betrieb mit Viehzucht in Nordamerika); Ran|cher, der; -s, -[s]; Ran|che|rin
¹Rand, der; -[e]s, Ränder; außer Rand und Band sein (ugs.); zurande od. zu Rande kommen
²Rand [rɛnt], der; -s, -[s] ⟨engl.⟩ (Währungseinheit der Republik Südafrika; Abk. R; Währungscode ZAR); 5 Rand
Ran|da|le, die; -, -n; meist in der Wendung Randale machen (ugs. für randalieren); ran|da|lieren; Ran|da|lie|rer; Ran|da|lie|rerin
Rand|aus|gleich
Rand|be|din|gung meist Plur.
Rand|beet (Rabatte)
Rand|be|mer|kung; Rand|be|reich
Rand|be|zirk
Rän|den, die; -, -n (schweiz. für Rote Rübe); vgl. Rahne
Rän|del|mut|ter Plur. ...muttern
rän|deln (mit einer Randverzierung versehen; riffeln); ich ränd[e]le; Rän|del|rad; Rän|delschrau|be; Rän|de|lung
Rän|der (Plur. von ¹Rand)
...rän|de|rig vgl. ...randig
rän|dern; ich rändere
Rand|er|schei|nung; Rand|existenz; Rand|fi|gur; Rand|ge|biet; Rand|ge|bir|ge; Rand|glos|se
Rand|grup|pe (bes. Soziol.)
Ran|dig, der; -s, - (westösterr. für Rote Rübe)
...ran|dig, ...rän|de|rig, ...ränd|rig (z. B. breitrandig od. breitränd[e]rig)
Rand|la|ge; Rand|leis|te
rand|los; randlose Brille

Rand|no|tiz; Rand|num|mer
Ran|dolf, Ran|dulf (m. Vorn.)
Rand|per|sön|lich|keit (Soziol.);
Rand|pro|b|lem
...ränd|rig vgl. ...randig
Rand|sied|lung
Rand|sport|art
Rand|staat Plur. ...staaten
rand|stän|dig (bes. Soziol., Bot.)
Rand|stein; Rand|stel|lung; Rand|strei|fen
Ran|dulf, Ran|dolf (m. Vorn.)
Rand|ver|zie|rung
rand|voll; ein randvolles Glas
Rand|zeich|nung; Rand|zif|fer;
Rand|zo|ne
Ranft, der; -[e]s, Ränfte (landsch. für Brotkanten, -kruste); Ränft|chen, Ränft|lein
rang vgl. ringen
Rang, der; -[e]s, Ränge ⟨franz.⟩; jmdm. den Rang ablaufen (jmdn. überflügeln, übertreffen); der erste, zweite Rang; eine Schauspielerin ersten Ranges; ein Sänger von Rang
Rang|ab|zei|chen; Rang|äl|tes|te
Ran|ge, die; -, -n, selten der; -n, -n (landsch. für unartiges Kind)
ran|ge|hen (ugs. für herangehen; etwas energisch anpacken); ↑D 13
Ran|ge|lei; ran|geln (für sich balgen, raufen); ich rang[e]le
Ran|ger ['reɪndʒɐ], der; -s, -[s] ⟨amerik.⟩ (Soldat mit Spezialausbildung; Aufseher in Nationalparks; früher Angehöriger einer Polizeitruppe in Nordamerika [z. B. Texas Ranger])
Ran|ger|hö|hung
Ran|ge|rin ['reɪndʒ...]
Ran|g|fol|ge
rang|gleich (Sport bayr., österr. eine Form des Ringens)
rang|hoch; ranghohe, ranghöhere, ranghöchste Militärs; Rang|höchs|te, der u. die; -n, -n; rang|hö|her vgl. ranghoch
Ran|gier|bahn|hof [rãˈʒiːɐ̯..., österr. ranˈʒiː...]
ran|gie|ren ⟨franz.⟩ (einen Rang innehaben [vor, hinter jmdm.]; Eisenbahn verschieben)
Ran|gie|rer; Ran|gie|re|rin
Ran|gier|gleis; Ran|gier|lok; Ran|gier|lo|ko|mo|ti|ve; Ran|gier|meis|ter; Ran|gier|meis|te|rin
Ran|gie|rung
...ran|gig (z. B. zweitrangig)
Rang|lis|te
Rang|lo|ge (im Theater)

rang|mä|ßig
rang|nie|der
Rang|ord|nung; Rang|rei|he (bes. Statistik, Wirtsch. Rangliste);
Rang|stu|fe
Ran|gun (frühere Hauptstadt von Myanmar [Birma]); Ran|gun-reis, Ran|gun-Reis, der; -es
Rang|un|ter|schied
Rang|zei|chen (Rangabzeichen)
ran|hal|ten, sich (ugs. für sich beeilen); ↑D 13
rank (geh. für schlank; geschmeidig); rank und schlank
Rank, der; -[e]s, Ränke (schweiz. für Wegbiegung; Kniff, Trick); vgl. Ränke
Ran|ke, die; -, -n (Pflanzenteil)
Rän|ke Plur. (veraltend für Intrigen, Machenschaften); Ränke schmieden; vgl. Rank
¹ran|ken, sich ranken
²ranken ['rɛŋkn] ⟨zu Ranking⟩ (in einem Ranking einen bestimmten Platz belegen)
Ran|ken, der; -s, - (landsch. für dickes Stück Brot)
ran|ken|ar|tig
Ran|ken|ge|wächs; Ran|ken|or|nament; Ran|ken|werk, das; -[e]s (ein Ornament)
Rän|ke|schmied (veraltend); Rän|ke|schmie|din; Rän|ke|spiel; Rän|ke|sucht, die; -
rän|ke|süch|tig; rän|ke|voll
ran|kig
Ran|king ['rɛŋkɪŋ], das; -s, -s ⟨engl.⟩ (bes. Wirtsch. Rangliste, Bewertung)
ran|klot|zen (ugs. für viel arbeiten); ↑D 13
ran|kom|men (ugs. für herankommen, drankommen); ↑D 13
ran|krie|gen (ugs. für zur Verantwortung ziehen; hart arbeiten lassen); ↑D 13
Ran|kü|ne, die; -, -n ⟨franz.⟩ (veraltend für Groll, heimliche Feindschaft; Rachsucht)
ran|las|sen (ugs. für jmdm. die Gelegenheit geben, seine Fähigkeiten zu beweisen; sich zum Geschlechtsverkehr bereitfinden); ↑D 13
ran|ma|chen, sich (ugs. für sich heranmachen); ↑D 13
ran|müs|sen (ugs. für [mit]arbeiten müssen); ↑D 13
rann|te vgl. rennen
ran|schaf|fen (ugs. für heranschaffen); ↑D 13
ran|schmei|ßen, sich (ugs. für sich anbiedern); ↑D 13

Rans|mayr (österr. Schriftsteller)
Ra|nun|kel, die; -, -n ⟨lat.⟩ (ein Hahnenfußgewächs)
ran|wan|zen, sich ⟨ugs. für sich anbiedern⟩; ↑**D 13**
Ränz|chen; Rän|zel, das, nordd. auch der; -s, - (kleiner Ranzen)
ran|zen (Jägerspr. begatten [von Füchsen u. anderen Raubtieren])
Ran|zen, der; -s, - (Schultasche; ugs. für dicker Bauch)
Ran|zer (landsch. für grober Tadel)
ran|zig ⟨niederl.⟩; ranziges Öl
Ränz|lein
Ranz|zeit ⟨zu ranzen⟩
Ra|oul [...'uːl] (m. Vorn.)
Rap [rep], der; -[s], -s ⟨engl.-amerik.⟩ (auf rhythmischem Sprechgesang basierender Musikstil)
Ra|pal|lo (Seebad bei Genua); **Ra|pal|lo|ver|trag**, der; -[e]s
Rap|fen, der; -s, - (ein Karpfenfisch)
Ra|pha|el, Ra|fa|el [...eːl, auch ...el] (einer der Erzengel); vgl. aber Raffael
Ra|phia, die; -, ...ien ⟨madagass.⟩ (afrikanische Bastpalme, Nadelpalme); **Ra|phia|bast**
Ra|phi|den Plur. ⟨griech.⟩ (Bot. nadelförmige Kristalle in Pflanzenzellen)
ra|pid, österr. nur so, od. **ra|pi|de** ⟨lat.⟩ (überaus schnell); **Ra|pi|di|tät**, die; -
Ra|pier, das; -s, -e ⟨franz.⟩ (Fechtwaffe, Degen)
Rap|mu|sik ['rep...], die; - ⟨zu Rap⟩ (Popmusik in der Form des Raps)
Rapp, der; -s, -e (landsch. für Traubenkamm, entbeerte Traube)
Rap|pe, der; -n, -n (schwarzes Pferd)
Rap|pel, der; -s, - ⟨ugs. für plötzlicher Zorn; Verrücktheit⟩; **rap|pe|lig, rapp|lig** (ugs.)
Rap|pel|kopf (ugs. für aufbrausender Mensch); **rap|pel|köp|fisch**
rap|peln (ugs. für klappern; österr. für verrückt sein); ich rapp[e]le
rap|pel|tro|cken (landsch. für völlig trocken); **rap|pel|voll** (ugs. für sehr voll)
rap|pen ['rep...] ⟨zu Rap⟩ (einen Rap singen, spielen); ich rappe; gerappt
Rap|pen, der; -s, - (schweiz. Münze, Untereinheit des Schweizer Frankens; Abk. Rp.; 100 Rappen = 1 Schweizer Franken); **Rap|pen|spal|ter** (schweiz. für Pfennigfuchser); **Rap|pen|spal|te|rin**
Rap|per ['rep...], der; -s, - ⟨zu Rap⟩ (Rapsänger); **Rap|pe|rin; Rapping**, das; -[s] (svw. Rap)
rapp|lig vgl. rappelig
Rap|port, der; -[e]s, -e ⟨franz.⟩ (Bericht, dienstl. Meldung; Textiltechnik Musterwiederholung bei Geweben); **rap|por|tie|ren**
Rapp|schim|mel (Pferd)
raps!; rips, raps!
Raps, der; -es, Plur. ⟨Sorten:⟩ -e (eine Ölpflanze)
Raps|acker; Raps|blü|te
rap|schen, rap|sen (landsch. für hastig wegnehmen); du rapschst/rapst
Raps|erd|floh; Raps|feld; Raps|glanz|kä|fer; Raps|ku|chen (Landwirtsch.); **Raps|öl**
Rap|tus, der; -, Plur. - u. - (für Rappel:) -se ⟨lat.⟩ (Med. Anfall von Raserei; scherzh. für Rappel)
Ra|pünz|chen (Feldsalat); **Ra|pünz|chen|sa|lat**
Ra|pun|ze, Ra|pun|zel, die; -, -n (landsch. für Feldsalat)
Ra|pu|se, die; - ⟨tschech.⟩; in den Wendungen in die Rapuse kommen od. gehen (landsch. für verloren gehen); in die Rapuse geben (landsch. für preisgeben)
rar ⟨lat.⟩ (selten)
Ra|ri|tät, die; -, -en (seltenes Stück, seltene Erscheinung)
Ra|ri|tä|ten|ka|bi|nett; Ra|ri|tä|ten|samm|lung
rar|ma|chen, sich (ugs. für selten sehen lassen)
Ras, der; -, - ⟨arab.⟩ (Vorgebirge; Berggipfel; früher äthiopischer Fürstentitel)
ra|sant ⟨lat.⟩ ⟨ugs. für sehr schnell; schnittig; schwungvoll⟩; **Ra|sanz**, die; -
ra|sau|nen (landsch. für lärmen, poltern); er hat rasaunt
rasch
ra|scheln; ich rasch[e]le
ra|sches|tens; ra|schest|mög|lich (österr., schweiz.)
Rasch|heit, die; -
rasch|le|big; rasch|wüch|sig
ra|sen (wüten; sehr schnell fahren, rennen); du rast; er rast/er raste
Ra|sen, der; -s, -; ich muss noch Rasen mähen; **Ra|sen|bank** Plur. ...bänke
ra|sen|be|deckt; ra|sen|be|wach|sen
Ra|sen|blei|che
ra|send (wütend; schnell); sie hat mich rasend gemacht; rasend werden, aber ↑**D 82**: es ist zum Rasendwerden
Ra|sen|de|cke; Ra|sen|flä|che
Ra|sen|hei|zung (in Sportstadien)
Ra|sen|mä|her; Ra|sen|mä|her|prin|zip, das; -s (ugs. für Grundsatz, allen gleich viel wegzunehmen); **Ra|sen|platz; Ra|sen|schach** (Fußballjargon)
Ra|sen|spiel; Ra|sen|spie|ler; Ra|sen|spie|le|rin
Ra|sen|sport; Ra|sen|spren|ger; Ra|sen|strei|fen; Ra|sen|ten|nis; Ra|sen|tep|pich; Ra|sen|trak|tor
Ra|ser (ugs. für unverantwortlich schnell Fahrender); **Ra|se|rei; Ra|se|rin**
Ra|sier|ap|pa|rat
Ra|sier|creme, Ra|sier|crème
ra|sie|ren ⟨franz.⟩; sich rasieren
Ra|sie|rer (ugs.; kurz für Rasierapparat); **Ra|sier|klin|ge**
Ra|sier|mes|ser, das; **Ra|sier|pin|sel; Ra|sier|schaum; Ra|sier|sei|fe**
Ra|sier|sitz (ugs. scherzh. für Sitz in der ersten Reihe im Kino)
Ra|sier|spie|gel; Ra|sier|was|ser Plur. ...wasser u. ...wässer; **Ra|sier|zeug**, das; -[e]s
ra|sig (mit Rasen bewachsen)
Rä|son [re'zõː], die; - ⟨franz.⟩ (veraltend für Vernunft, Einsicht); jmdn. zur Räson bringen; **Rä|so|neur** [...'nøːɐ̯], der; -s, -e (veraltet für jmd., der ständig räsoniert); **Rä|so|neu|rin**
rä|so|nie|ren (sich wortreich äußern; ugs. für ständig schimpfen)
Rä|son|ne|ment [...'mãː], das; -s, -s (veraltend für vernünftige Überlegung)
Ras|pa, der; -s, -s, ugs. auch der; -s, -s ⟨span.⟩ (ein lateinamerikanischer Gesellschaftstanz)
¹**Ras|pel**, die; -, -n (ein Werkzeug)
²**Ras|pel**, der; -s, - meist Plur. (geraspeltes Stückchen [von Schokolade, Kokosnuss u. a.])
ras|peln; ich rasp[e]le
Ras|pu|tin [auch ...'puː...] ⟨russ. Eigenn.⟩
raß (südd.), **räß** (südd., schweiz. mdal. für scharf gewürzt, beißend [von Speisen]; resolut, streng, unfreundlich [von Personen])
Ras|se, die; -, -n ⟨franz.⟩; **Ras|se|hund**

Ras|sel, die; -, -n (Knarre, Klapper)
Ras|sel|ban|de, die; -, -n (ugs. scherzh. für übermütige, zu Streichen aufgelegte Kinderschar)
Ras|se|lei, Ras|se|ler, Rass|ler; Ras|se|le|rin, Rass|le|rin; ras|seln; ich rass[e]le
Ras|sen|dis|kri|mi|nie|rung; Ras|sen|ge|setz; Ras|sen|hass; Ras|sen|het|ze; Ras|sen|ideo|lo|gie; Ras|sen|kon|flikt
Ras|sen|merk|mal (Biol.)
Ras|sen|pro|blem; Ras|sen|trennung; Ras|sen|un|ru|hen Plur.; Ras|sen|wahn (abwertend)
Ras|se|pferd
ras|se|rein (reinrassig); Ras|se|rein|heit, die; - (Biol.)
ras|se|ver|edelnd (Biol.)
ras|sig (von ausgeprägter Art)
ras|sisch (der Rasse entsprechend, auf die Rasse bezogen)
Ras|sis|mus, der; - (Rassendenken u. die daraus folgende Diskriminierung von Personen aufgrund bestimmter biologischer Merkmale); Ras|sis|mus|vor|wurf
Ras|sist, der; -en, -en (Vertreter des Rassismus); Ras|sis|tin; ras|sis|tisch
Räß|kä|se (westösterr. für einen würzigen Käse)
Rass|ler, Ras|seller
Rass|le|rin, Ras|se|le|rin
Rast, die; -, -en; ohne Rast und Ruh
Ras|ta, der; -s, -s ⟨kurz für Rastafari⟩; Ras|ta|fa|ri, der; -s, -s ⟨engl.⟩ (Anhänger einer religiösen Bewegung in Jamaika); Ras|ta|lo|cke meist Plur. (aus Haarsträhnen gezwirbeltes od. geflochtenes Zöpfchen)
Ra|statt (Stadt im Oberrhein. Tiefland); Ra|stat|ter; Ra|stat|te|rin
Ras|te, die; -, -n (Stützkerbe)
Ras|tel, das; -s, - ⟨ital.⟩ (österr. veraltet für Schutzgitter, Drahtgeflecht)
ras|ten
¹Ras|ter, der; -s, - ⟨lat.⟩ (Glasplatte od. Folie mit engem Liniennetz zur Zerlegung eines Bildes in Rasterpunkte)
²Ras|ter, das; -s, - (Fläche des Fernsehbildschirmes, die sich aus Lichtpunkten zusammensetzt)
ras|ter|ar|tig
Ras|ter|ät|zung (für Autotypie)
Ras|ter|fahn|dung (Überprüfung eines großen Personenkreises mithilfe von Computern)
Ras|ter|mi|k|ro|s|kop
ras|tern (ein Bild durch Rasterpunkte zerlegen); ich rastere
Ras|ter|plat|te; Ras|ter|punkt; Ras|te|rung
Rast|haus; Rast|hof
rast|los; Rast|lo|sig|keit, die; -
Rast|platz
Ras|t|ral, das; -s, -e ⟨lat.⟩ (Gerät zum Ziehen von Notenlinien); ras|t|rie|ren
Rast|sta|ti|on (bes. österr.); Raststät|te; Rast|tag
Ra|sul|bad ⟨arab.; dt.⟩ (ein Dampfbad, bei dem Kräuter u. Schlämme eingesetzt werden)
Ra|sur, die; -, -en ⟨lat.⟩ (das Rasieren; Schrifttilgung)

Rat

der; -[e]s, Plur. (für Personen und Institutionen) Räte

– sich Rat holen
– jemanden um Rat fragen
– bei jemandem Rat suchen
– sich Rat suchend od. ratsuchend an jemanden wenden; aber nur zuverlässigen Rat suchend
– einen Ratsuchenden od. Rat Suchenden nicht abweisen
– zurate od. zu Rate gehen, ziehen

↑D 150: der Große Rat (schweiz. Bez. für Kantonsparlament)
– der Hohe Rat (in Jerusalem zur Zeit Jesu)

Rät, Rhät, das; -s ⟨nach den Rätischen Alpen⟩ (Geol. jüngste Stufe des Keupers)
Ra|tan|hia|wur|zel [...'tanja...] ⟨indian.; dt.⟩ (Wurzel einer südamerikanischen Pflanze)
Ra|ta|touille [...'tuj], die; -, -s u. das; -s, -s ⟨franz.⟩ (Gastron. Gemüse aus Tomaten, Auberginen, Paprika usw.)
Ra|te, die; -, -n ⟨ital.⟩ (Teilzahlung; Teilbetrag)
Rä|te|de|mo|kra|tie
Ra|te|fuchs (ugs. für jmd., der erfolgreich an Ratespielen, Quizsendungen o. Ä. teilnimmt); Ra|te|füch|sin
¹ra|ten (du rätst, er rät; du rietst; du rietest, er riet; geraten; rat[e]!
²raten ['reɪtn̩] ⟨zu Rating⟩ (Wirtsch. hinsichtlich der Bonität einstufen)
Ra|ten|be|trag; Ra|ten|ge|schäft; Ra|ten|kauf; Ra|ten|kre|dit (kurz für Ratenzahlungskredit); Ra|ten|spar|ver|trag (Bankw.); Ra|ten|wech|sel
ra|ten|wei|se
Ra|ten|zah|lung; Ra|ten|zah|lungs|kre|dit
¹Ra|ter (jmd., der etw. rät)
²Ra|ter ['reɪtɐ], der; -s, - ⟨zu engl. to rate, »einschätzen«⟩ (jmd., der ein Rating vornimmt)
Rä|ter, Rhä|ter (Bewohner des alten Rätien)
Rä|te|re|gie|rung; Rä|te|re|pu|b|lik
¹Ra|te|rin ⟨zu ¹Rater⟩
²Ra|te|rin ['reɪtərɪn] ⟨zu ²Rater⟩
Rä|te|rin, Rhä|te|rin
Rä|te|russ|land (Geschichte)
Ra|te|show; Ra|te|spiel
Rä|te|staat; Rä|te|sys|tem
Ra|te|team
Rat|ge|ber; Rat|ge|be|rin
Rat|haus; Rat|haus|saal
Ra|the|nau (dt. Staatsmann)
Ra|the|now [...no] (Stadt an der Havel)
Rä|ti|en, Rhä|ti|en (altröm. Prov.; auch für Graubünden)
Ra|ti|fi|ka|ti|on, die; -, -en ⟨lat.⟩ (Anerkennung eines völkerrechtlichen Vertrages); Ra|ti|fi|ka|ti|ons|ur|kun|de
ra|ti|fi|zie|ren; Ra|ti|fi|zie|rung
Rä|ti|kon, Rhä|ti|kon, das; -[s] u. auch der; -[s] (Teil der Ostalpen an der österreichisch-schweizerischen Grenze)
Rä|tin (Titel)
Ra|ti|nê, der; -s, -s ⟨franz.⟩ (ratiniertes Gewebe)
Ra|ting ['reɪtɪŋ], das; -s, -s ⟨engl.⟩ (Psychol., Soziol. Verfahren zur Einschätzung; auch Bankw. Einstufung der Zahlungsfähigkeit eines internationalen Schuldners); Ra|ting|agen|tur (Agentur, die die Bonität von Wertpapieren, Unternehmen u. Ä. einschätzt); Ra|ting|sys|tem (Wirtsch. Prinzip, nach dem ein Rating erfolgt)
ra|ti|nie|ren (Textiltechnik Knötchen od. Wellen [auf Gewebe] erzeugen)
Ra|tio, die; - ⟨lat.⟩ (Vernunft; logischer Verstand); vgl. Ultima Ratio
Ra|ti|on, die; -, -en ⟨franz.⟩ (zugeteiltes Maß, [An]teil; täglicher Verpflegungssatz); die eiserne Ration

rational

ra|ti|o|nal ⟨lat.⟩ (vernünftig; begrifflich fassbar); rationale Zahlen *(Math.)* ↑D 89
Ra|ti|o|na|li|sa|tor, der; -s, ...oren (jmd., der rationalisiert)
ra|ti|o|na|li|sie|ren ⟨franz.⟩ (zweckmäßiger u. wirtschaftlicher gestalten); Ra|ti|o|na|li|sie|rung; Ra|ti|o|na|li|sie|rungs|maß|nah|me
Ra|ti|o|na|lis|mus, der; - ⟨lat.⟩ (Geisteshaltung, die das rationale Denken als einzige Erkenntnisquelle ansieht); Ra|ti|o|na|list, der; -en, -en; Ra|ti|o|na|lis|tin; ra|ti|o|na|lis|tisch
Ra|ti|o|na|li|tät, die; -, -en (rationales Wesen; Vernünftigkeit)
ra|ti|o|nell ⟨franz.⟩ (zweckmäßig, wirtschaftlich)
ra|ti|o|nen|wei|se, ra|ti|ons|wei|se
ra|ti|o|nie|ren (einteilen; in relativ kleinen Mengen zuteilen); Ra|ti|o|nie|rung
rä|tisch, rhä|tisch ⟨zu R[h]äter, R[h]ätien⟩; *aber* ↑D 140: die R[h]ätischen Alpen
rät|lich (veraltend für ratsam)
rat|los; Rat|lo|sig|keit, die; -
Rä|to|ro|ma|ne [auch *rɛː*...], der; -n, -n (Angehöriger eines Alpenvolkes mit eigener romanischer Sprache); Rä|to|ro|ma|nin; rä|to|ro|ma|nisch ↑D 149; Rä|to|ro|ma|nisch, das; -[s] (Sprache); *vgl.* Deutsch; Rä|to|ro|ma|ni|sche, das; -n; *vgl.* ²Deutsche
rat|sam
Rats|be|schluss
ratsch!; ritsch, ratsch!
Rat|sche, Rät|sche [*schweiz.* ˈrɛtʃ...], die; -, -n (*südd., schweiz. für* Rassel, Klapper; *ugs. auch für* schwatzhafte Person)
rat|schen, rät|schen [*schweiz.* ˈrɛ...] (*südd., österr., schweiz. ugs. auch für* schwatzen, etwas ausplaudern); du ratschst
Rat|schlag, der; -[e]s, ...schläge;
rat|schla|gen (veraltend); du ratschlagst; du ratschlagtest; geratschlagt; zu ratschlagen
Rat|schluss
Rats|die|ner; Rats|die|ne|rin
Rät|sel, das; -s, -; Rätsel raten, *aber* ↑D 82: das Rätselraten
Rät|sel|ecke; Rät|sel|fra|ge; Rät|sel|freund; Rät|sel|freun|din
rät|sel|haft; Rät|sel|haf|tig|keit
Rät|sel|lö|ser; Rät|sel|lö|se|rin; Rät|sel|lö|sung
rät|seln; ich räts[e]le

Rät|sel|ra|ten, das; -s
rät|sel|voll
Rät|sel|zeit|schrift; Rät|sel|zei|tung
Rats|frau; Rats|herr; Rats|her|rin
Rats|kel|ler; Rats|mit|glied
Rats|prä|si|dent; Rats|prä|si|den|tin
Rats|sit|zung
Rat su|chend, rat|su|chend ↑D 58; *vgl.* Rat; Rat|su|chen|de, der u. die; -n, -n, Rat Su|chen|de, der u. die; - -n, - -n; *vgl.* Rat
Rats|ver|samm|lung; Rats|vor|sit|zen|de
Rat|tan, das; -s, -e ⟨malai.⟩ (*svw.* Peddigrohr)
Rat|te, die; -, -n; Rat|ten|be|kämp|fung; Rat|ten|fal|le
Rat|ten|fän|ger; Rat|ten|fän|ge|rin
Rat|ten|gift, das
Rat|ten|kö|nig (mit den Schwänzen ineinander verschlungene Ratten; *ugs. übertr. für* unlösbare Schwierigkeiten)
Rat|ten|loch
rat|ten|scharf (*ugs. für* großartig; erotisch-attraktiv)
Rat|ten|schwanz (*ugs. übertr. für* endlose Folge)
Rat|ten|schwänz|chen (*scherzh. für* kurzer, dünner Haarzopf)
Rät|ter, der; -s, -, *auch* die; -, -n (*Technik* Sieb)
rat|tern; ich rattere
rät|tern (mit dem Rätter sieben); ich rättere; Rät|ter|wä|sche (ein Siebverfahren)
Ratt|ler, der; -s, - (*veraltet für* den Rattenfang geeigneter Hund)
Ratz, der; -es, -e (*landsch. für* Ratte, Hamster; *Jägerspr.* Iltis)
Rat|ze, die; -, -n (*ugs. für* Ratte)
rat|ze|fum|mel, der; -s, - (*Schülerspr.* Radiergummi)
rat|ze|kahl ⟨umgebildet *aus* radikal⟩ (*ugs. für* völlig leer, kahl)
Rät|zel, die; -, -n (*landsch. für* zusammengewachsene Augenbrauen; Mensch mit solchen Brauen)
¹rat|zen (*ugs. für* schlafen); du ratzt
²rat|zen (*landsch. für* ritzen); du ratzt
rat|ze|putz (*ugs. für* restlos)
ratz|fatz (*ugs. für* schnell, im Nu)
rau; ein raues Wesen; ein rauer Ton; eine raue Luft; ein noch raueres Klima; die rau[e]sten Sitten
Rau, Johannes (achter dt. Bundespräsident)
Raub, der; -[e]s, -e

Rau|bank *Plur.* ...bänke (langer Hobel)
Rau|bauz, der; -es, -e (*ugs. für* grober Mensch); rau|bau|zig (*ugs.*)
Raub|bau, der; -[e]s; Raubbau treiben
Raub|druck, der; -[e]s, -e
Rau|bein, das; -[e]s, -e (äußerlich grober, aber im Grunde gutmütiger Mensch); rau|bei|nig
rau|ben
Räu|ber; Räu|ber|ban|de; Räu|be|rei
Räu|ber|ge|schich|te; Räu|ber|haupt|mann; Räu|ber|höh|le
Räu|be|rin
räu|be|risch; räu|bern; ich räubere
Räu|ber|pis|to|le (Räubergeschichte); Räu|ber|zi|vil (*ugs. für* sehr legere Kleidung)
Raub|fisch
Raub|gier; raub|gie|rig
Raub|gold, das; -[e]s (Nazigold)
Raub|gut
Raub|kat|ze
Raub|ko|pie; Raub|ko|pie|rer; Raub|ko|pie|re|rin
Raub|kunst
Raub|mord; Raub|mör|der; Raub|mör|de|rin
raub|mors|tig
Raub|pres|sung (von Schallplatten u. CDs)
Raub|rit|ter; Raub|rit|ter|tum, das; -s
raub|süch|tig
Raub|tier; Raub|tier|ka|pi|ta|lis|mus
Raub|über|fall
Raub|vo|gel (ältere Bez. für Greifvogel); Raub|wild (*Jägerspr.* alle jagdbaren Raubtiere); Raub|zeug, das; -[e]s (*Jägerspr.* alle nicht jagdbaren Raubtiere)
Raub|zug
Rauch, der; -[e]s
Rauch|ab|zug; Rauch|bier; Rauch|bom|be
rau|chen; rauchende Schwefelsäure
Rauch|ent|wick|lung
Rau|cher
Räu|cher|aal
Rau|cher|ab|teil; Rau|cher|bein; Rau|cher|ecke
Rau|che|rei
Räu|che|rei
Rau|cher|ent|wöh|nung
Räu|cher|fisch
Rau|cher|hus|ten, der; -s
räu|che|rig
Rau|che|rin
Räu|cher|kam|mer; Räu|cher|ker|ze
Rau|cher|knei|pe

Räu|cher|lachs; Räu|cher|männ|chen (Holzfigur, die eine Räucherkerze enthält)
räu|chern; ich räuchere
Rau|cher|pau|se
Räu|cher|pfan|ne
Rau|cher|raum
Räu|cher|scha|le; Räu|cher|schin|ken; Räu|cher|speck, der; -[e]s;
Räu|cher|stäb|chen
Räu|che|rung; Räu|cher|wa|re
Rau|cher|wa|ren Plur. (schweiz. neben Rauchwaren [Tabakwaren])
Rau|cher|zim|mer; Räu|cher|zo|ne
Rauch|fah|ne
Rauch|fang (österr. für Schornstein); Rauch|fang|keh|rer (österr. für Schornsteinfeger); Rauch|fang|keh|re|rin
rauch|far|ben, selten rauch|far|big
Rauch|fass (ein kultisches Gerät)
Rauch|fleisch
rauch|frei
Rauch|gas meist Plur.
rauch|ge|schwän|gert; rauch|geschwärzt
Rauch|glas, das; -es
rauch|grau; rau|chig
Rauch|lachs (schweiz. für Räucherlachs)
rauch|los
Rauch|mas|ke; Rauch|mel|der; Rauch|mel|de|pflicht, die; -
Rauch|näch|te vgl. Raunächte
Rauch|op|fer
Rauch|quarz (dunkler Bergkristall)
Rauch|sa|lon
Rauch|säu|le; Rauch|schwa|de, Rauch|schwa|den
Rauch|schwal|be
Rauch|si|g|nal
Rauch|ta|bak; Rauch|tisch
Rauch|to|pas (svw. Rauchquarz)
Rauch|ver|bot; Rauch|ver|gif|tung; Rauch|ver|zeh|rer
Rauch|wa|re meist Plur. (Pelzware)
Rauch|wa|ren Plur. (ugs. für Tabakwaren)
Rauch|wa|ren|han|del vgl. ¹Handel; Rauch|wa|ren|mes|se
Rauch|werk, das; -[e]s (Pelzwerk)
Rauch|wol|ke; Rauch|zei|chen
Räu|de, die; - (Krätze, Grind); räu|dig; Räu|dig|keit, die; -
Raue, die; -, -n (landsch. für Leichenschmaus)
rau|en (rau machen); Rau|e|rei
rauf (ugs. für herauf); ↑D 13
Rauf|fa|ser; Rauf|fa|ser|ta|pe|te
Rauf|bold, der; -[e]s, -e (jmd., der gern mit anderen rauft); Rauf|bol|din (selten)

Rau|fe, die; -, -n (Futterkrippe)
räu|feln vgl. aufräufeln
rau|fen (auch für mit jmdm. [prügelnd u. ringend] kämpfen); Rau|fer; Rau|fe|rei; Rau|fe|rin
rauf|fah|ren (ugs. für herauffahren); ↑D 13
Rauf|lust, die; -; rauf|lus|tig
Rau|frost; Rau|fut|ter, das; -s (Landwirtsch.)
Rau|graf (früherer oberrheinischer Grafentitel); Rau|grä|fin
rauh usw. alte Schreibung für rau usw.
Rau|haar|da|ckel
rau|haa|rig
Rau|heit
Rau|ig|keit
Rau|ke, die; -, -n (eine Pflanze)
raum; raumer Wind (Seemannsspr. Wind, der schräg von hinten weht); raumer Wald (Forstwirtsch. offener, lichter Wald)
Raum, der; -[e]s, Räume; vgl. Raum sparend u. raumgreifend
Raum|akus|tik; Raum|an|ga|be (adverbiale Bestimmung des Raumes, des Ortes)
Raum|an|zug
Raum|auf|tei|lung
Raum|aus|stat|ter (Berufsbez.); Raum|aus|stat|te|rin; Raum|aus|stat|tung
Raum|bild; Raum|bild|ver|fah|ren (Herstellung von Bildern, die einen räumlichen Eindruck hervorrufen)
Räum|boot (zum Beseitigen von Minen)
Räum|chen
Raum|de|ckung (Sport)
Raum|ein|heit (bes. Geogr.)
Raum|emp|fin|den, das; -s
räu|men; Räu|mer; Räu|me|rin
Raum|er|spar|nis
Raum|fäh|re; Raum|fah|rer; Raum|fah|re|rin; Raum|fahrt
Raum|fahrt|be|hör|de; Raum|fahrt|me|di|zin, die; -; Raum|fahrt|pro|gramm; Raum|fahrt|tech|ni|ker; Raum|fahrt|tech|ni|ke|rin
Raum|fahr|zeug
Räum|fahr|zeug (zum Schneeräumen u. a.)
Raum|flug; Raum|for|schung
Raum|ge|fühl, das; -[e]s; Raum|ge|stal|tung
Raum|glei|ter
raum|grei|fend; raumgreifende Schritte
raum|hoch
Raum|in|halt

Raum|in|s|tal|la|ti|on (Kunstwiss.)
Raum|kap|sel; Raum|kli|ma
Raum|kom|man|do
Raum|kunst, die; -; Raum|leh|re (für Geometrie)
räum|lich; Räum|lich|keit
Raum|man|gel vgl. ²Mangel
Räum|ma|schi|ne
Raum|maß, das; Raum|me|ter (alte Maßeinheit für 1 m³ geschichtetes Holz mit Zwischenräumen; vgl. Festmeter; Abk. Rm, rm)
Raum|ord|nung; Raum|ord|nungs|plan
Raum|pend|ler
Raum|pfle|ger; Raum|pfle|ge|rin
Räum|pflicht
raum|pla|ne|risch; Raum|pla|nung; Raum|pla|nungs|ge|setz Plur. selten; Raum|pro|gramm
Raum|schiff; Raum|schiff|fahrt, die; -, Plur. (für Raumflüge:) -en, Raum|schiff-Fahrt, die; -, Plur. (für Raumfahrten:) -en
Raum|sinn, der; -[e]s
Raum|son|de (unbemanntes Raumfahrzeug)
raum|spa|rend, Raum spa|rend ↑D 58: eine raumsparende od. Raum sparende Lösung, aber nur eine noch raumsparendere Lösung
Raum|sta|ti|on
Räum|te, die; -, -n (Seemannsspr. verfügbarer [Schiffs]laderaum)
Raum|tei|ler (frei stehendes Regal); Raum|tem|pe|ra|tur
Raum|trans|por|ter
Räu|mung; Räu|mungs|ar|bei|ten Plur.; Räu|mungs|frist; Räu|mungs|kla|ge; Räu|mungs|ver|kauf
Raum|wahr|neh|mung
Raum|wirt|schafts|the|o|rie
Raum|zahl (Maßzahl für den Rauminhalt von Schiffen)
Raum-Zeit-Kon|ti|nu|um (Physik)
Rau|näch|te, Rauch|näch|te Plur. (im Volksglauben die zwölf Nächte« zwischen dem 25. Dez. u. dem 6. Jan.)
rau|nen (dumpf, leise sprechen; flüstern); Rau|nen, das; -s
raun|zen (landsch. für widersprechen, nörgeln; ugs. für sich grob u. laut äußern); du raunzt
Raun|zer; Raun|ze|rei; Raun|ze|rin; raun|zig
Räup|lein
Rau|pe, die; -, -n; rau|pen (landsch. für von Raupen befreien); rau|pen|ar|tig

Rau|pen|bag|ger; Rau|pen|fahr-zeug
Rau|pen|fraß, der; -es
Rau|pen|ket|te; Rau|pen|schlep|per
Rau|putz
Rau|ra|ker, Rau|ri|ker, der; -s, - (Angehöriger eines keltischen Volksstammes)
Rau|reif, der; -[e]s
raus (ugs. für heraus); ↑D 13
Rausch, der; -[e]s, Räusche
rausch|arm (Technik)
Rausch|bee|re (im Hochmoor u. im Gebirge wachsende Beerenart)
Rausch|brand, der; -[e]s (eine Tierkrankheit)
Rau|sche|bart (veraltend scherzh. für [Mann mit] Vollbart)
rau|schen (auch Jägerspr. brünstig sein [vom Schwarzwild]); du rauschst; rau|schend; ein rauschendes Fest
Rau|scher, der; -s (rhein. für schäumender Most)
Rausch|gelb, das; -[s] (ein Mineral [Auripigment])
Rausch|gift, das
Rausch|gift|be|kämp|fung, die; -;
Rausch|gift|han|del; Rausch|gift|händ|ler; Rausch|gift|händ|le|rin; Rausch|gift|kri|mi|na|li|tät
Rausch|gift|sucht, die; -; rausch|gift|süch|tig; Rausch|gift|süch|ti|ge, der u. die
Rausch|gold (dünnes Messingblech); Rausch|gold|en|gel
rausch|haft
Rausch|mit|tel, das
Rausch|nar|ko|se (Med. kurze, leichte Narkose)
Rausch|sil|ber (dünnes Neusilberblech)
Rausch|tat (Rechtsspr.)
Rausch|trin|ken
Rausch|zeit (Brunstzeit des Schwarzwildes)
Rausch|zu|stand
raus|ekeln (ugs.); ↑D 13; raus|feu|ern; raus|flie|gen; raus|hal|ten; raus|ho|len; raus|kom|men; raus|krie|gen; raus|las|sen; raus|lau|fen; raus|müs|sen; raus|neh|men
Räus|pe|rer; räus|pern, sich; ich räuspere mich
raus|re|den, sich (ugs.); ↑D 13
raus|rü|cken (ugs.); ↑D 13; raus|schi|cken
raus|schmei|ßen (ugs.); ↑D 13;
Raus|schmei|ßer (ugs. für jmd., der randalierende Gäste aus dem Lokal entfernt; letzter Tanz); Raus|schmei|ße|rin; Raus|schmiss (ugs.)

raus|schwim|men (ugs.); ↑D 13;
raus|sprin|gen; raus|su|chen
raus|wer|fen (ugs. für heraus-, hinauswerfen); ↑D 13; Raus|wurf
¹Rau|te, die; -, -n ⟨lat.⟩ (eine Pflanze)
²Rau|te, die; -, -n (Rhombus)
Rau|ten|de|lein (elfisches Wesen; Figur bei Gerhart Hauptmann)
rau|ten|för|mig
Rau|ten|kranz (Heraldik); Rau|ten|kro|ne; Rau|ten|mus|ter
Rau|te|zei|chen, Rau|ten|zei|chen (EDV das Zeichen #)
Rau|wa|cke (eine Kalksteinart)
Rau|wa|re (aufgerautes Gewebe; landsch. für Rauchware)
Rave [reɪf], der, od. das; -[s], -s ⟨engl.⟩ (größere Tanzveranstaltung zu Technomusik)
Ra|vel (französischer Komponist)
ra|ven [ˈreɪvn̩] ⟨zu Rave⟩; in der Disco wurde geravt
Ra|ven|na (italienische Stadt)
Ra|vens|berg [...v...] (ehemalige westfälische Grafschaft); Ra|vens|ber|ger; Ravensberger Land; Ra|vens|ber|ge|rin; ra|vens|ber|gisch
Ra|vens|brück (Frauenkonzentrationslager der Nationalsozialisten)
Ra|vens|burg (oberschwäb. Stadt)
Ra|ver ⟨zu Rave⟩; Ra|ve|rin
Ra|vi|o|li Plur. ⟨ital.⟩ (gefüllte kleine Nudelteigtaschen)
rav|vi|van|do ⟨ital.⟩ ⟨Musik wieder belebend, schneller werdend⟩
Ra|wal|pin|di (Stadt in Pakistan)
Rax, die; - (österr. Gebirge)
Ra|yé [rɛˈjeː], der; -[s], -s ⟨franz.⟩ (ein gestreiftes Gewebe)
Ray|gras, Rai|gras ⟨engl.⟩ dt.⟩ (hoch wachsendes [Futter]gras)
Ra|y|on [rɛˈjõː, österr. meist raˈjoːn], der; -s, Plur. -s, auch -e [...ˈjoːnə] ⟨franz.⟩ (österr. u. schweiz. für Bezirk, [Dienst]bereich; auch für [Warenhaus]abteilung); Ra|y|on|chef (österr. u. schweiz. für Abteilungsleiter [im Warenhaus]); Ra|y|on|che|fin; ra|y|o|nie|ren [rɛjo...] (österr. für einem [Dienst]bezirk zuteilen)
Ra|y|on|ne [rɛjɔn], die; - ⟨franz.⟩ (schweiz. für Reyon)
Ra|y|ons|in|s|pek|tor [...ˈjoːns..., auch rɛˈjõː...] ⟨österr.⟩; Ra|y|ons|in|s|pek|to|rin
ra|ze|mös ⟨lat.⟩ (Bot. traubenförmig); razemöse Blüte
Ražnji|ći [ˈraʒn(j)itʃi] Plur. ⟨serbokroat.⟩ (ein Fleischgericht)

Raz|zia, die; -, Plur. ...ien, seltener -s ⟨arab.-franz.⟩ (überraschende Fahndung der Polizei in einem Gebäude od. Gebiet)
Rb (chem. Zeichen für Rubidium)
RB, das; - = Radio Bremen
RB = Regionalbahn
RBB, der; - = Rundfunk Berlin-Brandenburg
Rbl = Rubel
rd. = rund
re ⟨ital.⟩ (Solmisationssilbe)
Re (chem. Zeichen für Rhenium)
¹Re (ägyptischer Sonnengott)
²Re, das; -s, -s ⟨lat.⟩ ⟨Kartenspiele Erwiderung auf ein Kontra⟩
RE® = Regionalexpress
Rea|der [ˈriː...], der; -s, - ⟨engl.⟩ (Buch mit Auszügen aus der ⟨wissenschaftlichen⟩ Literatur u. verbindendem Text; kurz für E-Book-Reader)
Rea|der's Di|gest® [ˈriːdəz ˈdaɪdʒest], der od. das; - - (Monatszeitschrift, die u. a. Auszüge aus neu erschienenen Büchern bringt)
Rea|dy|made, Rea|dy-made [ˈrɛdimeɪt], das; -[s], -s ⟨engl.⟩ (Kunstwiss. beliebiger, serienmäßig hergestellter Gegenstand, der vom Künstler zum Kunstwerk od. einem Teil davon erhoben wird)
Re|a|gens, das; -, ...genzien, Re|a|genz, das; -es, -ien ⟨lat.⟩ (Chemie Stoff, der mit einem anderen eine bestimmte chemische Reaktion herbeiführt u. diesen so identifiziert)
Re|a|genz|glas Plur. ...gläser (Prüfglas für [chemische] Versuche); Re|a|genz|pa|pier
re|agie|ren (eine Wirkung zeigen; Chemie eine chem. Reaktion eingehen; auf etwas reagieren
Re|ais [riˈaɪs] vgl. ¹Real
Re|ak|tanz, die; -, -en (Elektrot. Blindwiderstand)
Re|ak|ti|on, die; -, -en (Rück-, Gegenwirkung; chemische Umwandlung; nur Sing.: Gesamtheit der fortschrittsfeindlichen politischen Kräfte)
re|ak|ti|o|när ⟨franz.⟩ (Gegenwirkung erstrebend od. ausführend; abwertend für nicht fortschrittlich)
Re|ak|ti|o|när, der; -s, -e (abwertend für jmd., der sich jeder fortschrittlichen Entwicklung entgegenstellt); Re|ak|ti|o|nä|rin

re|ak|ti|ons|fä|hig; Re|ak|ti|ons|fä|hig|keit
Re|ak|ti|ons|ge|schwin|dig|keit; Re|ak|ti|ons|psy|cho|se
re|ak|ti|ons|schnell; re|ak|ti|ons|trä|ge
Re|ak|ti|ons|ver|mö|gen, das; -s; Re|ak|ti|ons|zeit
re|ak|tiv ⟨lat.⟩ (rückwirkend; auf Reize reagierend)
re|ak|ti|vie|ren (wieder in Tätigkeit setzen; wieder anstellen; chem. wieder umsetzungsfähig machen); Re|ak|ti|vie|rung
Re|ak|ti|vi|tät, die; -, -en ⟨zu reaktiv⟩
Re|ak|tor, der; -s, ...oren (Vorrichtung, in der eine chemische od. eine Kernreaktion abläuft)
Re|ak|tor|block Plur. ...blöcke
Re|ak|tor|geg|ner; Re|ak|tor|geg|ne|rin
Re|ak|tor|kern; Re|ak|tor|phy|sik; Re|ak|tor|si|cher|heit, die; -; Re|ak|tor|tech|nik, die; -; Re|ak|tor|un|fall
re|al ⟨lat.⟩ (wirklich, tatsächlich; dinglich, sachlich)
¹Re|al, der; -[s], Reais [ri'aɪs] ⟨port.⟩ (Währungseinheit in Brasilien); 50 Reais od. 50 Real
²Re|al, der; -s, -es ⟨span.⟩ (alte spanische Münze)
³Re|al, der; -s, Reis ⟨port.⟩ (alte portugiesische Münze)
Re|a|la, die; -, -s ⟨weibliche Form zu Realo⟩
Re|al|akt (Rechtsspr.); Re|al|bü|ro (österr.; kurz für Realitätenbüro)
Re|al|ein|kom|men; Re|al|en|zy|k|lo|pä|die (Sachwörterbuch)
Re|al|er|satz (schweiz. für Entschädigung durch Gleichwertiges)
Re|al|gar, der; -s, -e ⟨arab.⟩ (ein Mineral)
Re|al|ge|mein|de (land- od. forstwirtschaftl. Genossenschaft)
Re|al|gym|na|si|um (früher, noch österr., schweiz.)
Re|a|li|en Plur. ⟨lat.⟩ (wirkliche Dinge, Tatsachen; Sachkenntnisse); Re|a|li|en|buch
Re|al|in|ju|rie (Rechtsspr. tätliche Beleidigung)
Re|a|li|sa|ti|on, die; -, -en (Verwirklichung; Wirtsch. Umwandlung in Geld)
Re|a|li|sa|tor, der; -s, ...oren (jmd., der einen Film, eine Fernsehsendung verwirklicht); Re|a|li|sa|to|rin

re|a|li|sier|bar; Re|a|li|sier|bar|keit, die; -
re|a|li|sie|ren (verwirklichen; erkennen, begreifen; Wirtsch. in Geld umwandeln); Re|a|li|sie|rung
Re|a|lis|mus, der; - ([nackte] Wirklichkeit; Kunstdarstellung des Wirklichen; Wirklichkeitssinn; Bedachtsein auf die Wirklichkeit, den Nutzen)
Re|a|list, der; -en, -en; Re|a|lis|tik, die; - ([ungeschminkte] Wirklichkeitsdarstellung); Re|a|lis|tin; re|a|lis|tisch
Re|a|li|tät, die; -, -en (Wirklichkeit, Gegebenheit)
Re|a|li|tä|ten Plur. (Gegebenheiten; bes. österr. auch für Immobilien); Re|a|li|tä|ten|bü|ro (österr. für Immobilienbüro)
Re|a|li|tä|ten|händ|ler (österr. für Immobilienmakler); Re|a|li|tä|ten|händ|le|rin
re|a|li|täts|be|zo|gen; re|a|li|täts|fern; Re|a|li|täts|fer|ne; re|a|li|täts|fremd
re|a|li|täts|nah; Re|a|li|täts|nä|he
Re|a|li|täts|sinn, der; -[e]s; Re|a|li|täts|ver|lust; Re|a|li|täts|ver|wei|ge|rung (bes. Politikjargon)
re|a|li|ter (in Wirklichkeit)
Re|a|li|ty|show, Re|a|li|ty-Show [ri'ɛlɪtiʃoʊ], die; -, -s ⟨engl.⟩ (Fernsehsendung, in der tatsächlich Geschehendes [bes. Unglücksfälle] live gezeigt od. später nachgestellt wird)
Re|a|li|ty-TV [ri'ɛlɪti...], das; -[s] ⟨engl.⟩ (Sparte des Fernsehens, in der Realityshows o. Ä. produziert werden)
Re|al|kanz|lei (österr. für Immobilienbüro)
Re|al|ka|pi|tal (Wirtsch.)
Re|al|ka|ta|log (Bibliothekswesen veraltend)
Re|al|kon|kor|danz (Theol.)
Re|al|kon|kur|renz, die; -, -en (Rechtsspr.); Re|al|kon|trakt (Rechtsspr.)
Re|al|kre|dit (Bankw.); Re|al|last meist Plur. (Bankw.)
Re|al|le|xi|kon (Sachwörterbuch)
Re|al|lohn
Re|a|lo, der; -s, -s ⟨ugs. für Realpolitiker [bes. bei den Grünen]⟩
Re|al|po|li|tik (Politik auf realen Grundlagen); re|al|po|li|tisch
Re|al|pro|dukt (Wirtsch.)
Re|al|schul|ab|schluss
Re|al|schu|le (Schule, die mit der mittleren Reife abschließt)

Re|al|schü|ler; Re|al|schü|le|rin
Re|al|schul|leh|rer; Re|al|schul|leh|re|rin
Re|al|steu|er, die meist Plur.
Real|time, die; -, **Real Time**, die; - - ['riːaltaɪm, - 'taɪm] ⟨engl.⟩ (EDV Echtzeit)
Re|al|wert; Re|al|wirt|schaft (Teil der Gesamtwirtschaft, der nicht zur Finanzwirtschaft gehört); Re|al|wör|ter|buch (Sachwörterbuch)
re|ama|teu|ri|sie|ren [...tø...] (Sport)
Re|ani|ma|ti|on, die; -, -en ⟨lat.⟩ (Med. Wiederbelebung); Re|ani|ma|ti|ons|zen|t|rum
re|ani|mie|ren (wiederbeleben); Re|ani|mie|rung
Re|au|mur [...omyːɐ̯] ⟨nach dem franz. Physiker⟩ (Gradeinheit beim 80-teiligen Thermometer; Zeichen R; fachspr. °R); 3° R, fachspr. 3 °R
Reb|bach vgl. Reibach
Reb|bau, der; -[e]s; Reb|berg
Re|be, der; -, -n
Re|bec|ca (w. Vorn.)
Re|bek|ka (w. Vorn.)
Re|bell, der; -en, -en ⟨franz.⟩ (Aufrührer, Aufständischer); Re|bel|len|be|we|gung; Re|bel|len|füh|rer; Re|bel|len|füh|re|rin; Re|bel|len|hoch|burg
re|bel|lie|ren; Re|bel|lin
Re|bel|li|on, die; -, -en
re|bel|lisch
re|beln ([Trauben u. a.] abbeeren); ich reb[e]le; vgl. Gerebelte
Re|ben|blü|te; Re|ben|hü|gel; Re|ben|saft
Reb|gut, das (schweiz. für Weingut)
Reb|hendl, das; -s, -[n] (österr. neben Rebhuhn); Reb|huhn [österr. nur so, sonst auch 'rep...]
Reb|laus (ein Insekt)
Reb|ling (Rebenschössling)
Re|bound ['riːbaʊnt, ri'baʊnt], der; -s, -s ⟨engl.⟩ (Basketball vom Brett od. Korbring abprallender Ball)
Re|bound|ef|fekt ['riːbaʊnt...] (Wirtsch. durch verändertes Verbraucherverhalten abgeschwächte Effizienzsteigerung)
Re|boun|der [ri'baʊndɐ], der; -s, - (Basketball Spieler, der um den Rebound kämpft; Trampolin); Re|boun|de|rin
Reb|pfahl
Re|break ['riːbreɪk], der od. das;

Rebschnitt

recht / Recht

Kleinschreibung:
- ein rechter Winkel
- der rechte Ort; der rechte Zeitpunkt
- zur rechten Hand, rechter Hand (rechts)
- jmds. rechte Hand (jmds. engster Mitarbeiter) sein
- jetzt erst recht
- so ist es recht; das ist [mir] durchaus, ganz, völlig recht; es soll mir recht sein
- das ist nicht recht von dir
- das geschieht ihm recht
- es ist [nur] recht und billig; alles, was recht ist
- man kann ihm nichts recht machen
- gehe ich recht in der Annahme, dass ...

Großschreibung:
- das Recht, des Recht[e]s, die Rechte
- bürgerliches Recht, öffentliches Recht
- im Recht sein
- von Rechts wegen
- mit Recht, ohne Recht
- etwas für Recht erkennen
- nach Recht und Gewissen

- Recht finden, Recht sprechen; sein Recht suchen, bekommen
- das Recht anwenden, vertreten, verletzen, beugen
- sein Recht fordern; auf sein Recht pochen; zu seinem Recht kommen
- zu Recht; zu Recht bestehen, erkennen; sie ist zu Recht auf den zweiten Platz gekommen, *aber* sie ist allein gut zurechtgekommen, kommt allein gut zurecht

Vgl. auch rechtens *u.* zurechtbiegen, zurechtfinden usw.

Groß- oder Kleinschreibung:
- du hast recht *od.* Recht daran getan
- recht *od.* Recht haben; *aber nur:* wie recht sie hat!; du hast ja so recht!; damit hat er völlig recht
- recht *od.* Recht behalten
- recht *od.* Recht bekommen
- jmdm. recht *od.* Recht geben

-s, -s ⟨engl.⟩ (*Sport* Break, das man nach einem gegnerischen Break erzielt)
Reb|schnitt
Reb|schnur, die; -, ...schnüre (*österr. für* Reepschnur)
Reb|schu|le; Reb|sor|te; Reb|stock *Plur.* ...stöcke
Re|bus, der *od.* das; -, -se ⟨lat.⟩ (Bilderrätsel)
Rec., Rp. = recipe
Re|call [ˈriːkɔːl], der; -s, -s ⟨engl.⟩ (Einladung zur nächsten Runde bei einem Casting)
Re|cei|ver [rɪˈsiːvɐ], der; -s, - ⟨engl.⟩ (Hochfrequenzteil für Satellitenempfang; Empfänger u. Verstärker für Hi-Fi-Wiedergabe)
Re|chaud [...ˈʃoː], der *od.* das; -s, -s ⟨franz.⟩ (Wärmeplatte; *österr. u. schweiz. für* [Gas]kocher)
re|chen (*südd., österr., schweiz. für* harken); gerecht; **Re|chen,** der; -s (*südd., österr., schweiz. für* Harke)
Re|chen|an|la|ge; Re|chen|auf|ga|be; Re|chen|au|to|mat; Re|chen|brett; Re|chen|buch; Re|chen|ex|em|pel; Re|chen|feh|ler; Re|chen|heft; Re|chen|kern (*EDV* Funktionseinheit im Mikroprozessor)
Re|chen|künst|ler; Re|chen|künst|le|rin
Re|chen|leis|tung (*EDV*); **Re|chen|ma|schi|ne; Re|chen|ope|ra|ti|on**
Re|chen|schaft, die; -; **Re|chen-**
schafts|be|richt; Re|chen|schafts|le|gung; Re|chen|schafts|pflicht; re|chen|schafts|pflich|tig
Re|chen|schei|be; Re|chen|schie|ber; Re|chen|schwä|che (Lernstörung beim Rechnen); **Re|chen|stab**
Re|chen|stiel (Stiel des Rechens)
Re|chen|stun|de; Re|chen|ta|fel; Re|chen|un|ter|richt; Re|chen|zei|chen; Re|chen|zeit (*EDV*); **Re|chen|zen|t|rum**
Re|cher|che [...ˈʃɛrʃə], die; -, -n *meist Plur.* ⟨franz.⟩ (Nachforschung); **Re|cher|che|auf|trag**
Re|cher|cheur [...ˈʃøːɐ̯], der; -s, -e; **Re|cher|cheu|rin**
re|cher|chie|ren
rech|nen; gerechnet
Rech|nen, das; -s; **Rech|ner; Rech|ne|rei**
rech|ner|ge|steu|ert; rech|ner|ge|stützt
Rech|ne|rin
rech|ne|risch
Rech|nung; einer Sache Rechnung tragen
Rech|nungs|ab|gren|zung (in der Buchführung); **Rech|nungs|ab|gren|zungs|pos|ten**
Rech|nungs|ab|la|ge; Rech|nungs|ab|schluss (*Bankw.*); **Rech|nungs|amt; Rech|nungs|art; Rech|nungs|be|trag; Rech|nungs|block** *vgl.* Block; **Rech|nungs|buch; Rech|nungs|ein|heit** (*Finanzw.*)
Rech|nungs|füh|rer (Buchhalter);
Rech|nungs|füh|re|rin; Rech|nungs|füh|rung
Rech|nungs|hof; Rech|nungs|jahr; Rech|nungs|le|gung; Rech|nungs|num|mer; Rech|nungs|pos|ten
Rech|nungs|prü|fer; Rech|nungs|prü|fe|rin; Rech|nungs|prü|fung
Rech|nung[s]|stel|lung
Rech|nungs|we|sen, das; -s
recht / Recht *s. Kasten*
Recht, das; -[e]s, -e
recht|dre|hend; rechtdrehender (sich in Uhrzeigerrichtung drehender) Wind
¹Rech|te, der, die, das; -n; du bist mir der/die Rechte; an den/die Rechten kommen; an das Rechte treffen, tun; etwas, nichts Rechtes können, wissen; nach dem Rechten sehen
²Rech|te, die; -n, -n (rechte Hand; rechte Seite; *Politik* die rechts stehenden Parteien, eine rechts stehende Gruppe); zur Rechten; in meiner Rechten; er traf ihn mit einer blitzschnellen Rechten (*Boxen*); die gemäßigte, äußerste Rechte; er gehört der Rechten an (*Politik*)
Recht|eck; recht|eckig
Rech|te|hand|re|gel, die; - (*Physik*)
recht|ens
recht|ens (rechtmäßig, zu Recht); er wurde rechtens verurteilt; die Kündigung war rechtens, wurde für nicht rechtens gehalten
rech|ter Hand (rechts); **rech|ter|seits**

rechtspopulistisch

recht|fer|ti|gen; gerechtfertigt; Recht|fer|ti|gung
Recht|fer|ti|gungs|schrift; Recht|fer|ti|gungs|ver|such
recht|gläu|big; Recht|gläu|big|keit
Recht|ha|ber; Recht|ha|be|rei; Recht|ha|be|rin; recht|ha|be|risch
Recht|kant, das od. der; -[e]s, -e (veraltet für Quader)
recht|läu|fig (Astron. entgegen dem Uhrzeigersinn laufend)
recht|lich; rechtliches Gehör (Rechtsspr. verfassungsrechtlich garantierter Anspruch des Staatsbürgers, seinen Standpunkt vor Gericht vorzubringen); Recht|lich|keit, die; -
recht|los; Recht|lo|sig|keit, die; -
recht|mä|ßig; Recht|mä|ßig|keit, die; -, -en Plur. selten

rechts
(Abk. r.)
– rechts von mir, rechts vom Eingang
– auch mit Genitiv: rechts des Waldes, rechts der Isar
Nur Kleinschreibung:
– von, gegen, nach rechts
– von rechts nach links
– mit rechts (mit der rechten Hand) schreiben
– Terror von rechts, Protest gegen rechts
– an der Kreuzung gilt rechts vor links
– er weiß nicht, was rechts und was links ist
Getrenntschreibung:
– rechts außen spielen; aber der Rechtsaußen
– rechts um! (milit. Kommando; aber rechtsum)
– rechts sein (ugs. für Rechtshänder sein)
Getrennt- oder Zusammenschreibung ↑D58:
– politisch rechts stehende od. rechtsstehende Parteien
– ein rechts abbiegendes od. rechtsabbiegendes Fahrzeug

Rechts|ab|bie|ger (Verkehrsw.); Rechts|ab|bie|ge|rin
Rechts|ab|tei|lung; Rechts|akt; Rechts|an|ge|le|gen|heit; Rechts|an|schau|ung; Rechts|an|spruch
Rechts|an|walt; Rechts|an|wäl|tin
Rechts|an|walt[s]|bü|ro; Rechts|an|walt[s]|kam|mer; Rechts|an|walt[s]|kanz|lei; Rechts|an|walt[s]|pra|xis
Rechts|an|wen|dung; Rechts|auf|fas|sung; Rechts|aus|kunft
Rechts|aus|la|ge (Boxen); Rechts|aus|le|ger (Boxen); Rechts|aus|le|ge|rin
Rechts|aus|schuss (Politik)
rechts au|ßen vgl. rechts
Rechts|au|ßen, der; -, -; er spielt den klassischen Rechtsaußen
Rechts|be|griff
Rechts|be|helf (Rechtsspr.)
Rechts|bei|stand; Rechts|be|leh|rung
Rechts|be|ra|ter; Rechts|be|ra|te|rin; Rechts|be|ra|tung
Rechts|be|schwer|de; Rechts|beu|gung; Rechts|be|wusst|sein
Rechts|bre|cher; Rechts|bre|che|rin; Rechts|bruch, der
rechts|bün|dig
recht|schaf|fen (veraltend); Recht|schaf|fen|heit, die; -
Recht|schreib|buch, Recht|schrei|be|buch
recht|schrei|ben nur im Inf. gebräuchlich; er kann nicht rechtschreiben, aber er kann nicht recht schreiben (er schreibt unbeholfen); Recht|schrei|ben, das; -s; Recht|schreib|feh|ler; Recht|schreib|fra|ge
recht|schreib|lich
Recht|schreib|re|form
Recht|schrei|bung; Recht|schreib|wör|ter|buch
Rechts|drall, der; -[e]s, -e
rechts|dre|hend; ein rechtsdrehendes Gewinde; aber nach rechts drehend; vgl. rechtdrehend
Rechts|dre|hung
rechts|el|bisch
Rechts|emp|fin|den
Recht|ser (ugs. für Rechtshänder)
rechts|er|fah|ren
Recht|set|zung, Rechts|set|zung
Rechts|ex|per|te; Rechts|ex|per|tin
Rechts|ex|t|rem; Rechts|ex|t|re|mis|mus, der; -; Rechts|ex|t|re|mist; Rechts|ex|t|re|mis|tin; rechts|ex|t|re|mis|tisch
rechts|fä|hig; Rechts|fä|hig|keit, die; -
Rechts|fall, der
Rechts|feh|ler|haft (Rechtsspr.); Rechts|form; Rechts|fra|ge
rechts|frei; ein rechtsfreier Raum
rechts|freund|lich (österr. Rechtsspr. anwaltlich); Rechts|frie|de[n]
Rechts|ga|lopp (Reiten)

Rechts|gang, der (für gerichtliches Verfahren)
Rechts|ge|lehr|sam|keit (veraltet)
rechts|ge|lehrt; Rechts|ge|lehr|te
rechts|ge|rich|tet
Rechts|ge|schäft; rechts|ge|schäft|lich
Rechts|ge|schich|te, die; -
Rechts|ge|win|de
Rechts|grund; Rechts|grund|la|ge; Rechts|grund|satz
rechts|gül|tig; Rechts|gül|tig|keit
Rechts|gut; Rechts|gut|ach|ten
Rechts|han|del Plur. ...händel
Rechts|hän|der; Rechts|hän|de|rin
rechts|hän|dig; Rechts|hän|dig|keit, die; -
rechts|hän|gig (gerichtlich noch nicht abgeschlossen)
rechts|her (veraltet für von rechts her); rechts|he|r|um; rechtsherum drehen, aber nach rechts herumdrehen
Rechts|hil|fe; Rechts|hil|fe|ab|kom|men; Rechts|hil|fe|er|su|chen (Rechtsspr.); Rechts|hil|fe|ord|nung
rechts|hin (veraltet für nach rechts hin)
Rechts|his|to|ri|ker; Rechts|his|to|ri|ke|rin
Rechts|kom|mis|si|on
Rechts|kon|su|lent, der; -en, -en (svw. Rechtsbeistand); Rechts|kon|su|len|tin
Rechts|kraft, die; -; formelle (äußere) Rechtskraft; materielle (sachliche) Rechtskraft; rechts|kräf|tig
rechts|kun|dig
Rechts|kurs; Rechts|kur|ve
Rechts|la|ge (Rechtswiss.)
rechts|las|tig; rechts|läu|fig
Rechts|leh|re
rechts|li|be|ral
Rechts|me|di|zin, die; -; Rechts|me|di|zi|ner; Rechts|me|di|zi|ne|rin; rechts|me|di|zi|nisch
Rechts|mit|tel, das; Rechts|mit|tel|be|leh|rung
Rechts|nach|fol|ge; Rechts|nach|fol|ger; Rechts|nach|fol|ge|rin
Rechts|norm; Rechts|ord|nung
Rechts|par|tei
Rechts|pfle|ge, die; -; Rechts|pfle|ger; Rechts|pfle|ge|rin
Rechts|phi|lo|so|phie, die; -
Rechts|po|li|tik; rechts|po|li|tisch
Rechts|po|pu|lis|mus (zur extremen politischen Rechten neigender Populismus); Rechts|po|pu|list; Rechts|po|pu|lis|tin; rechts|po|pu|lis|tisch

R
rech

Rechtsprechung

Recht|spre|chung
rechts|ra|di|kal; Rechts|ra|di|ka|le; Rechts|ra|di|ka|lis|mus
rechts|rhei|nisch
Rechts|ruck *(Politik)*
rechts|rum *(ugs.)*
Rechts|rutsch *(bes. schweiz. für* Rechtsruck)
Rechts|sa|che; Rechts|satz; Rechts|schrift
Rechts|schutz, der; -es; rechts|schutz|ver|si|chert; Rechts|schutz|ver|si|che|rung
rechts|sei|tig; rechtsseitig gelähmt
Rechts|set|zung, Recht|set|zung
Rechts|si|cher|heit; Rechts|spra|che *Plur. selten;* Rechts|spruch
Rechts|staat *Plur. ...staaten;* rechts|staat|lich; Rechts|staat|lich|keit, die; -
Rechts|stand|punkt
rechts ste|hend, rechts|ste|hend *vgl.* rechts
Rechts|stel|lung; Rechts|streit; Rechts|strei|tig|keit; Rechts|sys|tem
Rechts|ter|ro|ris|mus
Rechts|ti|tel; Rechts|trä|ger *(Rechtswiss.);* Rechts|trä|ge|rin
recht|su|chend; der rechtsuchende Bürger, *aber* der sein Recht suchende Bürger
rechts|uf|rig
rechts|um [*auch* 'rɛ...]; rechtsum machen; *vgl.* rechts
rechts|um|kehrt *(schweiz.);* rechtsumkehrt machen *(auch übertr. für* den entgegengesetzten Weg einschlagen)
Rechts|un|si|cher|heit
Rechts|un|ter|zeich|ne|te, rechts Un|ter|zeich|ne|te *vgl.* Unterzeichnete
rechts|ver|bind|lich; Rechts|ver|bind|lich|keit
Rechts|ver|dre|her *(abwertend);* Rechts|ver|dre|he|rin
Rechts|ver|fah|ren
Rechts|ver|kehr
Rechts|ver|let|zung; Rechts|ver|ord|nung
Rechts|ver|tre|ter; Rechts|ver|tre|te|rin
Rechts|ver|wei|ge|rung
Rechts|vor|rang *(Straßenverkehr, österr.)*
Rechts|vor|schlag *(schweiz. für* Einspruch gegen Zwangsvollstreckung)
Rechts|vor|schrift; Rechts|vor|stel|lung

Rechts|vor|tritt *(Straßenverkehr, schweiz.)*
Rechts|weg
Rechts|wen|dung
rechts|we|sen, das; -s
rechts|wid|rig; rechts|wirk|sam
Rechts|wis|sen|schaft; Rechts|wis|sen|schaf|ter *(schweiz., österr. auch für* Rechtswissenschaftler); Rechts|wis|sen|schaf|te|rin; Rechts|wis|sen|schaft|ler; Rechts|wis|sen|schaft|le|rin; rechts|wis|sen|schaft|lich
recht|wink|lig
recht|zei|tig
Re|ci|fe [re'si:fi] (brasilian. Stadt)
re|ci|pe! [...pe] ⟨lat., »nimm!«⟩ (auf ärztl. Rezepten; *Abk.* Rec. u. Rp.)
Re|ci|tal [ri'saɪtl], das; -s, -s, Re|zi|tal, das; -s, -e u. -s ⟨engl.⟩ (Solistenkonzert)
re|ci|tan|do [...tʃ...] ⟨ital.⟩ *(Musik* rezitierend)
Reck, das; -[e]s, *Plur.* -e, *auch* -s (ein Turngerät)
Re|cke, der; -n, -n ([Sagen]held)
re|cken; sich recken und strecken
re|cken|haft ⟨*zu* Recke⟩
Reck|ling|hau|sen (Stadt im Ruhrgebiet); Reck|ling|hau|ser; Reck|ling|häu|se|rin
Reck|stan|ge; Reck|tur|nen; Reck|tur|ner; Reck|tur|ne|rin; Reck|übung
Re|cor|der *vgl.* Rekorder
rec|te ⟨lat.⟩ *(veraltet für* richtig)
Rec|to, Rɛk|to, das; -s, -s *(fachspr. für* [Blatt]vorderseite)
Rec|tor ma|g|ni|fi|cus, der; - -, ...ores ...fici ⟨lat.⟩ (Titel des Hochschulrektors)
re|cy|cel|bar, re|cy|c|le|bar [ri'saɪkl...] ⟨engl.⟩; re|cy|celn, re|cyc|len (einem Recycling zuführen); das Altglas wird recycelt *od.* recyclet; ich recyc[e]le
Re|cy|c|ling, das; -s (Wiederverwendung bereits benutzter Rohstoffe); Re|cy|c|ling|an|la|ge
re|cy|c|ling|fä|hig
Re|cy|c|ling|hof; Re|cy|c|ling|pa|pier; Re|cy|c|ling|ver|fah|ren
Re|dak|teur [...tøːɐ̯], der; -s, -e ⟨franz.⟩ (jmd., der im Verlagswesen, Rundfunk od. Fernsehen Manuskripte be- u. ausarbeitet); Re|dak|teu|rin [...'tøː...]
Re|dak|ti|on, die; -, -en (Tätigkeit des Redakteurs; Gesamtheit der Redakteure u. deren Arbeitsraum); re|dak|ti|o|nell

Re|dak|ti|ons|as|sis|tent; Re|dak|ti|ons|as|sis|ten|tin
Re|dak|ti|ons|ge|heim|nis; Re|dak|ti|ons|mit|glied; Re|dak|ti|ons|schluss; Re|dak|ti|ons|sta|tut
Re|dak|tor, der; -s, ...oren ⟨lat.⟩ (Herausgeber; *schweiz. auch svw.* Redakteur); Re|dak|to|rin
Red|der, der; -s, - *(nordd., nur noch in Straßennamen* enger Weg [zwischen Hecken])
Re|de, die; -, -n; Rede und Antwort stehen; zur Rede stellen
Re|de|be|darf
Re|de|blü|te; Re|de|du|ell; Re|de|fi|gur; Re|de|fluss *Plur. selten;* Re|de|frei|heit, die; -; Re|de|ga|be, die; -
re|de|ge|wal|tig; re|de|ge|wandt; Re|de|ge|wandt|heit
Re|de|kunst
Red|emp|to|rist, der; -en, -en ⟨lat.⟩ (Angehöriger einer kath. Kongregation); Red|emp|to|ris|tin
re|den; gut reden haben; von sich reden machen; ↑D82: jmdn. zum Reden bringen; nicht viel Redens von einer Sache machen; Reden ist Silber, Schweigen ist Gold
Re|dens|art; re|dens|art|lich
Re|de|pult
Re|de|rei
Re|de|schwall; Re|de|strom; Re|de|ver|bot; Re|de|wei|se, die; Re|de|wen|dung; Re|de|zeit
re|di|gie|ren ⟨franz.⟩ (druckfertig machen; abfassen; bearbeiten)
Re|din|go|te [rədɛ̃'gɔt, *auch* rə...], die; -, -n, *auch der;* -[s], -s ⟨franz.⟩ (taillierter Damenmantel mit Reverskragen)
Re|dis|fe|der *(österr. für* Schreibfeder für Tusche u. Ä.)
re|dis|kon|tie|ren ⟨ital.⟩ ([einen diskontierten Wechsel] an- od. weiterverkaufen); Re|dis|kon|tie|rung
re|di|vi|vus ⟨lat.⟩ (wiedererstanden)
red|lich; Red|lich|keit, die; -
Red|neck, der; -s, -s ⟨engl.⟩ (der Arbeiterklasse angehörender weißer Landbewohner aus den Südstaaten)
Red|ner
Red|ner|büh|ne; Red|ner|ga|be
Red|ne|rin; red|ne|risch
Red|ner|lis|te; Red|ner|pult; Red|ner|tri|bü|ne
Re|dou|te [...'du:..., *österr.* ...'dut], die; -, -n ⟨franz.⟩ *(österr. für* Maskenball)

Reformationstag

Re|dox|paar ⟨Kurzw. aus Reduktions-Oxidations-Paar⟩ (*Chemie* zwei an einer Redoxreaktion beteiligte Verbindungen); **Redox|re|ak|ti|on** (auf Elektronenübergang beruhende Reaktion)
re|dres|sie|ren ⟨franz.⟩ (*Med.* wieder einrennen)
red|se|lig; Red|se|lig|keit, die; -
Re|du|it [reˈdy̑i:], das; -s, -s ⟨franz.⟩ (*früher für* Verteidigungsanlage im Kern einer Festung)
Re|duk|ti|on, die; -, -en ⟨lat.; *zu* reduzieren⟩; **Re|duk|ti|o|nis|mus; re|duk|ti|o|nis|tisch**
Re|duk|ti|ons|di|ät; Re|duk|ti|onsmit|tel (*Chemie*); **Re|duk|ti|onsofen** (*Technik*); **Re|duk|ti|onsteilung** (*Biol.*)
re|dun|dant ⟨lat.⟩ (übereichlich, üppig; weitschweifig)
Re|dun|danz, die; -, -en (Überladung, Überfluss; *EDV* nicht notwendiger Teil einer Information); **re|dun|danz|frei**
Re|du|p|li|ka|ti|on, die; -, -en ⟨lat.⟩ (*Sprachwiss.* Verdoppelung eines Wortes od. Wortteils, z. B. »Bonbon«); **re|du|p|li|zie|ren**
re|du|zi|bel ⟨lat.⟩ (*Math.*); **re|duzie|ren** (zurückführen; herabsetzen, einschränken; vermindern; *Chemie* Sauerstoff entziehen); **Re|du|zie|rung**
Re|du|zier|ven|til (*Technik*)
ree !, seltener **rhe!** (Segelkommando)
Ree|de, die; -, -n (Ankerplatz vor dem Hafen)
Ree|der (Schiffseigner); **Ree|de|rei** (Schifffahrtsunternehmen); **Ree|de|rei|flag|ge; Ree|de|rin**
re|ell ⟨franz.⟩ (anständig, ehrlich; ordentlich; wirklich [vorhanden], echt); **reelle Zahlen** (*Math.*); **Re|el|li|tät,** die; -
Re|en|gi|nee|ring [riː...], das; -[s] ⟨engl.⟩ (grundlegende Umgestaltung eines Unternehmens zur Kostenreduzierung u. Flexibilisierung)
Reep, das; -[e]s, -e (*nordd. für* Seil, Tau); **Ree|per|bahn** (*nordd. für* Seilerbahn; Straße in Hamburgs Vergnügungsviertel)
Reep|schlä|ger (*nordd. für* Seiler); **Reep|schläge|rin; Reep|schnur** (*fachspr. für* starke Schnur od. dünneres, sehr festes Seil)
Reet, das; -s (*nordd. für* Ried); **Reet|dach** (*nordd.*); **reet|ge|deckt**
ref., reform. = reformiert

RE|FA, die; - = Reichsausschuss für Arbeitszeitermittlung (*seit 1995* REFA-Verband für Arbeitsgestaltung, Betriebsorganisation u. Unternehmensentwicklung e. V.); **RE|FA-Fachfrau** ↑D 28; **RE|FA-Fach|mann** ↑D 28
Re|fak|tie, die; -, -n ⟨niederl.⟩ (*Kaufmannsspr.* Gewichts- od. Preisabzug wegen beschädigter od. fehlerhafter Ware); **re|faktie|ren** (einen Nachlass gewähren)
Re|fek|to|ri|um, das; -s, ...ien ⟨lat.⟩ (Speisesaal [in Klöstern])
Re|fe|rat, das; -[e]s, -e ⟨lat.⟩ (Abhandlung, Bericht, Vortrag; Sachgebiet eines Referenten)
Re|fe|rats|lei|ter, der; **Re|fe|rats|leite|rin**
Re|fe|ree [refəˈriː, *auch* ˈrefəri], der; -s, -s ⟨engl.⟩ (*Sport* Schieds-, Ringrichter)
Re|fe|ren|dar, der; -s, -e ⟨lat.⟩ (Anwärter auf die höhere Beamtenlaufbahn nach der ersten Staatsprüfung); **Re|fe|renda|ri|at,** das; -[e]s, -e (Vorbereitungsdienst für Referendare); **Re|fe|ren|da|rin**
Re|fe|ren|dum, das; -s, *Plur.* ...den *u.* ...da (Volksabstimmung, -entscheid [bes. in der Schweiz])
Re|fe|rent, der; -en, -en (Berichterstatter; Sachbearbeiter); *vgl.* aber **Re|fe|ren|tin**
Re|fe|renz, die; -, -en (Beziehung, Empfehlung; *auch für* jmd., der eine Referenz erteilt); *vgl. aber* Reverenz
Re|fe|renz|grö|ße (Vergleichsgröße); **Re|fe|renz|kurs** (*Börsenw.*); **Re|fe|ren|zen|lis|te; Re|feren|z|wert** (Vergleichswert)
re|fe|rie|ren ⟨franz.⟩ (berichten, vortragen)
¹**Reff,** das; -[e]s, -e (*ugs. abwertend für* hagere [alte] Frau)
²**Reff,** das; -[e]s, -e (*landsch. für* Rückentrage)
³**Reff,** das; -[e]s, -e (*Seemannsspr.* Vorrichtung zum Verkürzen eines Segels); **reff|en**
re|fi|nan|zie|ren (*Finanzw.* fremde Mittel aufnehmen, um damit selbst Kredit zu geben); **Re|finan|zie|rung**
Re|fla|ti|on, die; -, -en ⟨lat.⟩ (*Finanzw.* Erhöhung der im Umlauf befindlichen Geldmenge); **re|fla|ti|o|när**

Re|flek|tant, der; -en, -en ⟨lat.⟩ (*veraltend für* Bewerber, Interessent); **Re|flek|tan|tin**
re|flek|tie|ren ⟨lat.⟩ ([zu]rückstrahlen, spiegeln; nachdenken, erwägen; *ugs. für* Absichten haben auf etwas)

> **Reflexion**
> Das Wort leitet sich vom lateinischen *reflexio* (= das Zurückbeugen) her und wird deshalb mit *x* geschrieben.

re|flek|tiv (*Technik* [von Bildschirmen] Umgebungslicht als Lichtquelle nutzend)
Re|flek|tor, der; -s, ...oren ([Hohl]spiegel; Teil einer Richtantenne; Fernrohr mit Parabolspiegel); **re|flek|to|risch** (durch einen Reflex bedingt, Reflex...)
Re|flex, der; -es, -e ⟨franz.⟩ (Widerschein, Rückstrahlung zerstreuten Lichts; unwillkürliches Ansprechen auf einen Reiz); **re|flex|ar|tig**
Re|flex|be|we|gung
re|flex|haft; Re|flex|hand|lung
Re|fle|xi|on, die; -, -en ⟨lat.⟩ (Rückstrahlung von Licht, Schall, Wärme u. a.; Vertiefung in eine Gedankengang, Betrachtung); **Re|fle|xi|ons|win|kel** (*Physik*)
re|fle|xiv ⟨lat.⟩ (durch [Nach]denken u. Erwägen; *Sprachwiss.* rückbezüglich); **reflexives Verb** (rückbezügliches Verb, z. B. »sich schämen«); **Re|fle|xiv,** das; -s, -e (*svw.* Reflexivpronomen); **Re|fle|xiv|pro|no|men** (*Sprachwiss.* rückbezügliches Fürwort, z. B. »sich« in »er wäscht sich«); **Re|fle|xi|vum,** das; -s, ...va (*älter für* Reflexivpronomen)
Re|flex|schal|tung (*Elektrot.* Wendeschaltung)
Re|flex|zo|nen|mas|sa|ge (*Med.* Massage bestimmter Zonen der Körperoberfläche zur Beeinflussung innerer Organe)
reform., ref. = reformiert
Re|form, die; -, -en ⟨lat.⟩ (Umgestaltung; Verbesserung des Bestehenden; Neuordnung)
Re|form|agen|da
Re|for|ma|ti|on, die; -, -en (Umgestaltung; *nur Sing.* Glaubensbewegung des 16. Jh.s, die zur Bildung der ev. Kirchen führte)
Re|for|ma|ti|ons|fest; Re|for|ma|ti

Reformationszeit

ons|tag (31. Okt.); Re|for|ma|ti|ons|zeit; Re|for|ma|ti|ons|zeit|al|ter, das; -s
Re|for|ma|tor, der; -s, ...oren; Re|for|ma|to|rin; re|for|ma|to|risch
re|form|be|dürf|tig; Re|form|be|dürf|tig|keit
Re|form|be|stre|bung *meist Plur.*; Re|form|be|we|gung
Re|for|mer ⟨engl.⟩ (Verbesserer, Erneuerer); Re|for|me|rin; re|for|me|risch
re|form|fä|hig; re|form|freu|dig
Re|form|haus®
re|for|mie|ren ⟨lat.⟩; re|for|miert (*Abk.* ref., reform.); reformierte Kirche ↑D151; Re|for|mier|te, der *u.* die; -n, -n (Anhänger[in] der reformierten Kirche); Re|for|mie|rung
Re|for|mis|mus, der; - (Bewegung zur Verbesserung des [sozialen] Zustandes od. [politischen] Programms)
Re|for|mist, der; -en, -en; Re|for|mis|tin; re|for|mis|tisch
Re|form|klei|dung; Re|form|kom|mu|nis|mus; Re|form|kon|zil; Re|form|kost; Re|form|kurs; Re|form|pä|d|a|go|gik; Re|form|plan; Re|form|po|li|tik; Re|form|pro|gramm; Re|form|stau; Re|form|ver|trag; Re|form|vor|ha|ben; Re|form|vor|schlag; Re|form|wa|re *meist Plur.*; Re|form|werk
Re|f|rain [...ˈfrɛː], der; -s, -s ⟨franz.⟩ (Kehrreim)
re|frak|tär ⟨lat.⟩ (*Med.* unempfindlich; unempfänglich für neue Reize)
Re|frak|ti|on, die; -, -en ⟨lat.⟩ (*Physik* [Strahlen]brechung an Grenzflächen zweier Medien); Re|frak|to|me|ter, das; -s, - (*Optik* Gerät zur Messung des Brechungsvermögens)
Re|frak|tor, der; -s, ...oren (aus Linsen bestehendes Fernrohr)
Re|frak|tu|rie|rung (*Med.* erneutes Brechen eines schlecht geheilten Knochens)
Re|f|ri|ge|ra|tor, der; -s, ...oren ⟨lat.⟩ (Kühler; Gefrieranlage)
Re|fu|gié [...fyˈʒieː], der; -s, -s ⟨franz.⟩ (Flüchtling, bes. aus Frankreich geflüchteter Protestant [17. Jh.])
Re|fu|gi|um [...gium], das; -s, ...ien ⟨lat.⟩ (Zufluchtsort)
re|fun|die|ren ⟨lat.⟩ (*österr. für* ersetzen, zurückerstatten)
Re|fus, Re|füs [rəˈfyː, *auch* re...], der; -, - ⟨franz.⟩ (*veraltet für* Ablehnung; Weigerung); re|fü|sie|ren (*veraltet*)
reg. = registered
Reg, die; -, -[s] ⟨ham.⟩ (Geröllwüste [in der algerischen Sahara])
Reg., Regt., Rgt. = Regiment
¹Re|gal, das; -s, -e ([Bücher-, Waren]gestell mit Fächern)
²Re|gal, das; -s, -e ⟨franz.⟩ (kleine, nur aus Zungenstimmen bestehende Orgel; Zungenregister der Orgel)
³Re|gal, das; -s, ...lien *meist Plur.* ⟨lat.⟩ (*früher für* [wirtschaftlich nutzbares] Hoheitsrecht, z. B. Zoll-, Münz-, Postrecht)
Re|gal|brett; Re|gal|fach
re|ga|lie|ren ⟨franz.⟩ (*landsch. für* reichlich bewirten); sich regalieren (sich an etwas satt essen)
Re|gal|wand
Re|gat|ta, die; -, ...tten ⟨ital.⟩ (Bootswettfahrt); Re|gat|ta|stre|cke
Reg.-Bez. ↑D 28 = Regierungsbezirk
re|ge; reger, regs|te; rege sein, werden; er ist körperlich und geistig rege
Re|gel, die; -, -n ⟨lat.⟩
Re|gel|an|fra|ge (*Amtsspr.*)
re|gel|bar; Re|gel|bar|keit, die; -
Re|gel|blu|tung
Re|gel|fall, der; -[e]s
re|gel|ge|lei|tet (an Regeln orientiert)
re|gel|haft; Re|gel|haf|tig|keit
Re|gel|kreis (*Kybernetik, Biol.*)
re|gel|los; Re|gel|lo|sig|keit
re|gel|mä|ßig; regelmäßige Verben (*Sprachwiss.*); Re|gel|mä|ßig|keit
re|geln; ich reg[e]le; sich regeln; re|gel|recht
Re|gel|satz (Richtsatz für die Bemessung von Sozialhilfeleistungen)
Re|gel|schu|le; Re|gel|schü|ler; Re|gel|schü|le|rin; Re|gel|stu|di|en|zeit
Re|gel|tech|nik; Re|gel|tech|ni|ker; Re|gel|tech|ni|ke|rin
Re|gel|über|wa|chung (regelmäßige Überwachung)
Re|ge|lung, Reg|lung
Re|ge|lungs|tech|nik
Re|gel|ver|stoß (*Sport*); Re|gel|werk
re|gel|wid|rig; Re|gel|wid|rig|keit
re|gen; sich regen bringt Segen
¹Re|gen, der; -s, -; saurer Regen ↑D 89 (Niederschlag, der schweflige Säure enthält)
²Re|gen (linker Nebenfluss der Donau)
re|gen|arm; regenärmer, regenärmste
Re|gen|bo|gen
Re|gen|bo|gen|fa|mi|lie (Familie mit gleichgeschlechtlichem Elternpaar)
re|gen|bo|gen|far|ben, re|gen|bo|gen|far|big; Re|gen|bo|gen|far|ben *Plur.*
Re|gen|bo|gen|haut (*für* ²Iris); Re|gen|bo|gen|haut|ent|zün|dung
Re|gen|bo|gen|pres|se, die; - (vorwiegend triviale Unterhaltung, Gesellschaftsklatsch u. a. druckende Wochenzeitschriften)
Re|gen|bo|gen|tri|kot, das (Trikot des Radweltmeisters)
Re|gen|cape; Re|gen|dach
Re|gen|de|cke
Re|ge|ne|rat, das; -[e]s, -e ⟨lat.⟩ (durch chemische Aufbereitung gewonnenes Material)
Re|ge|ne|ra|ti|on, die; -, -en (Neubildung [von zerstörtem od. verletztem Gewebe]; Neubelebung; Wiederherstellung)
re|ge|ne|ra|ti|ons|fä|hig; Re|ge|ne|ra|ti|ons|fä|hig|keit, die; -
Re|ge|ne|ra|ti|ons|zeit
re|ge|ne|ra|tiv; Re|ge|ne|ra|tiv|ver|fah|ren (*Technik* Verfahren zur Rückgewinnung von Wärme)
Re|ge|ne|ra|tor, der; -s, ...oren (Wärmespeicher)
re|ge|ne|rier|bar
re|ge|ne|rie|ren (erneuern, neu beleben); sich regenerieren
Re|gen|fall, der *meist Plur.*; Re|gen|fass; Re|gen|front; re|gen|glatt; regenglatte Fahrbahn; Re|gen|guss
Re|gen|haut® (wasserdichter Regenmantel)
Re|gen|kar|te; Re|gen|man|tel; Re|gen|men|ge
re|gen|nass
Re|gen|pfei|fer (ein Vogel)
re|gen|reich; Re|gen|rin|ne
Re|gens, der; -, *Plur.* Regentes *u.* ...enten ⟨lat.⟩ (Vorsteher, Leiter [bes. kath. Priesterseminare])
Re|gens|burg (Stadt an der Donau)
¹Re|gens|bur|ger; Regensburger Domspatzen
²Re|gens|bur|ger, die; -, - (eine Wurstsorte)
Re|gens|bur|ge|rin
Re|gen|schat|ten (die regenarme Seite eines Gebirges)
Re|gen|schau|er; Re|gen|schirm

Regionalverbund

Re|gens Cho|ri, der; - -, Regentes - ⟨lat.⟩ (Chorleiter in der katholischen Kirche)
Re|gen|schutz
re|gen|schwer; regenschwere Wolken
Re|gent, der; -en, -en ⟨lat.⟩ (Staatsoberhaupt; Herrscher)
Re|gen|tag
Re|gen|tes (Plur. von Regens)
Re|gen|tin
Re|gen|ton|ne; Re|gen|trop|fen
Re|gent|schaft, die; -, -en; Re|gent|schafts|rat Plur. ...räte
Re|gen|wald; der tropische Regenwald
Re|gen|was|ser, das; -s; Re|gen|wet|ter, das; -s; Re|gen|wol|ke; Re|gen|wurm; Re|gen|zeit
Re|ger (dt. Komponist)
Re|gest, das; -[e]s, -en meist Plur. ⟨lat.⟩ (zusammenfassende Inhaltsangabe einer Urkunde)
Reg|gae [...ge], der; -[s] ⟨engl.⟩ (Stilrichtung der Popmusik)
Re|gie [...'ʒiː], die; - ⟨franz.⟩ (Spielleitung [bei Theater, Film, Fernsehen usw.]; verantwortliche Führung, Verwaltung)
Re|gie|an|wei|sung; Re|gie|as|sis|tent; Re|gie|as|sis|ten|tin
Re|gie|be|trieb (Betrieb der öffentlichen Hand); Re|gie|ein|fall; Re|gie|feh|ler
Re|gie|kos|ten Plur.
re|gie|lich (selten)
Re|gi|en [...'ʒiː...] Plur. (österr. für Regie-, Verwaltungskosten)
re|gier|bar
re|gie|ren ⟨lat.⟩ (lenken; [be]herrschen; Sprachwiss. einen bestimmten Fall fordern); ↑D 89: Regierender Bürgermeister (als Amtsbezeichnung, sonst: regierender Bürgermeister)
Re|gie|rung; Re|gie|rungs|ab|kom|men; Re|gie|rungs|amt; re|gie|rungs|amt|lich
Re|gie|rungs|an|tritt; Re|gie|rungs|ar|beit, die; -; Re|gie|rungs|auf|trag; Re|gie|rungs|bank Plur. ...bänke
Re|gie|rungs|be|am|te; Re|gie|rungs|be|am|tin
Re|gie|rungs|be|schluss; Re|gie|rungs|be|tei|li|gung; Re|gie|rungs|be|zirk (Abk. Reg.-Bez.); Re|gie|rungs|bil|dung; Re|gie|rungs|bünd|nis
Re|gie|rungs|chef; Re|gie|rungs|che|fin
Re|gie|rungs|de|le|ga|ti|on

Re|gie|rungs|di|rek|tor; Re|gie|rungs|di|rek|to|rin
Re|gie|rungs|er|klä|rung
re|gie|rungs|fä|hig
Re|gie|rungs|form
re|gie|rungs|freund|lich
Re|gie|rungs|ge|bäu|de; Re|gie|rungs|ge|walt; Re|gie|rungs|ko|a|li|ti|on
Re|gie|rungs|kom|mis|sär (österr. für Regierungsbeauftragter); Re|gie|rungs|kom|mis|sä|rin
Re|gie|rungs|kom|mis|si|on
Re|gie|rungs|kreis meist Plur.; wie aus Regierungskreisen verlautet ...
Re|gie|rungs|kri|se; Re|gie|rungs|la|ger Plur. ...lager; Re|gie|rungs|mann|schaft (ugs.); Re|gie|rungs|mit|glied
re|gie|rungs|nah; regierungsnahe Medien
Re|gie|rungs|par|tei; Re|gie|rungs|po|li|tik
Re|gie|rungs|prä|si|dent; Re|gie|rungs|prä|si|den|tin; Re|gie|rungs|prä|si|di|um
Re|gie|rungs|pro|gramm
Re|gie|rungs|rat Plur. ...räte ([höherer] Verwaltungsbeamter [Abk. Reg.-Rat]; schweiz. für Kantonsregierung u. deren Mitglieder); Re|gie|rungs|rä|tin
Re|gie|rungs|sei|te; re|gie|rungs|sei|tig (Amtsspr. vonseiten der Regierung)
Re|gie|rungs|sitz; Re|gie|rungs|spit|ze
Re|gie|rungs|spre|cher; Re|gie|rungs|spre|che|rin
Re|gie|rungs|stel|le; Re|gie|rungs|sys|tem
re|gie|rungs|treu
Re|gie|rungs|trup|pe meist Plur.
Re|gie|rungs|über|ein|kom|men; Re|gie|rungs|um|bil|dung; Re|gie|rungs|ver|ant|wor|tung
Re|gie|rungs|ver|tre|ter; Re|gie|rungs|ver|tre|te|rin
Re|gie|rungs|vier|tel; Re|gie|rungs|vor|la|ge; Re|gie|rungs|wech|sel; Re|gie|rungs|zeit
Re|gie|werk (Gesamtheit von Pfeifen, Manualen, Pedalen, Traktur u. Registratur einer Orgel)
Re|gie|the|a|ter
Re|gime [...'ʒiːm], das; -s, Plur. - [...'ʒiːmə], auch -s [...'ʒiːms] ⟨franz.⟩ (abwertend für [diktatorische] Regierungsform; Herrschaft)

Re|gime|geg|ner; Re|gime|geg|ne|rin
Re|gime|kri|ti|ker; Re|gime|kri|ti|ke|rin; re|gime|kri|tisch
Re|gi|ment, das; -[e]s, Plur. -e u. (für Truppeneinheiten:) -er ⟨lat.⟩ (Regierung; Herrschaft; größere Truppeneinheit; Abk. R., Reg[t]., Rgt.)
re|gi|men|ter|wei|se
Re|gi|ments|arzt (Militär); Re|gi|ments|ärz|tin
Re|gi|ments|kom|man|deur; Re|gi|ments|kom|man|deu|rin
Re|gi|ments|stab
Re|gi|me|wech|sel
Re|gi|na (w. Vorn.); Re|gi|nald (m. Vorn.); Re|gi|ne (w. Vorn.)
Re|gio|bus (kurz für Regionalbus)
Re|gi|o|lekt, der; -[e]s, -e ⟨lat.; griech.⟩ (Dialekt in rein geografischer Hinsicht)
Re|gi|on, die; -, -en ⟨lat.⟩ (Gegend; Bereich); re|gi|o|nal (gebietsweise; eine Region betreffend)
Re|gi|o|nal|aus|ga|be (Zeitungsw.)
Re|gi|o|nal|bahn (Zug des Personennahverkehrs; Abk. RB)
Re|gi|o|nal|bi|schof (ev. Kirche); Re|gi|o|nal|bi|schö|fin
Re|gi|o|nal|bus (Linienbus im Personennahverkehr)
Re|gi|o|nal|code (EDV Kennung einer DVD od. Blu-ray-Disc)
Re|gi|o|nal|ex|press® (schneller Zug des Personennahverkehrs; Abk. RE)
Re|gi|o|nal|geld (nur in einer bestimmten Region verwendetes Tauschmittel)
re|gi|o|na|li|sie|ren (auf ein bestimmtes Gebiet begrenzen); Re|gi|o|na|li|sie|rung
Re|gi|o|na|lis|mus, der; -, ...men (Ausprägung landschaftlicher Sonderbestrebungen; Sprachwiss. regionale Spracheigentümlichkeit); Re|gi|o|na|list, der; -en, -en; Re|gi|o|na|lis|tin
Re|gi|o|na|li|tät, die; - (Bezug zur Region)
Re|gi|o|nal|kri|mi; Re|gi|o|nal|kü|che
Re|gi|o|nal|li|ga (Sport); Re|gi|o|nal|li|gist
Re|gi|o|nal|pla|nung (Planung der räumlichen Ordnung u. Entwicklung einer Region)
Re|gi|o|nal|pro|gramm (Rundfunk, Fernsehen)
Re|gi|o|nal|ver|band; Re|gi|o|nal|ver|bund (bes. Wirtsch.)

R
Regi

Regionalverkehr

Re|gi|o|nal|ver|kehr Plur. selten
Re|gi|o|nal|wäh|rung (svw. Regionalgeld)
Re|gi|o|nal|zug
Re|gis|seur [...ʒɪ'søːɐ̯], der; -s, -e ⟨franz.⟩; **Re|gis|seu|rin**
Re|gis|ter, das; -s, - ⟨lat.⟩ ([alphabetisches] Verzeichnis von Namen, Begriffen o. Ä.; Stimmenzug bei Orgel u. Harmonium)
re|gis|tered [...dʒɪstət] ⟨engl.⟩ (in ein Register eingetragen; patentiert; gesetzlich geschützt; Abk. reg.)
Re|gis|ter|hal|ten, das; -s ⟨Druckw. genaues Aufeinanderpassen von Farben beim Mehrfarbendruck od. von Vorder- u. Rückseite)
Re|gis|ter|ton|ne (Seew. früher Einheit für die Schiffsvermessung)
Re|gis|t|ra|tor, der; -s, ...oren (jmd., der im Register führt, etwas registriert); **Re|gis|t|ra|to|rin**
Re|gis|t|ra|tur, die; -, -en (Aufbewahrungsort für Akten; Aktengestell, -schrank; die die Register auslösende Schaltvorrichtung bei Orgel u. Harmonium)
Re|gis|t|rier|bal|lon (Meteorol. mit Messinstrumenten bestückter Treibballon zur Erforschung der höheren Luftschichten)
re|gis|t|rie|ren ⟨lat.⟩ ([in ein Register] eintragen; selbsttätig aufzeichnen; einordnen; bewusst wahrnehmen; bei Orgel u. Harmonium Register ziehen); **Re|gis|t|rier|kas|se; Re|gis|t|rie|rung**
Re|g|le|ment [...'mãː, ...'mɛnt], das; -s, Plur. -s u. (bei deutscher Aussprache) -e ⟨franz.⟩ (Bestimmungen; [Dienst]vorschrift)
re|g|le|men|ta|risch (den Bestimmungen genau entsprechend)
re|g|le|men|tie|ren (durch Vorschriften regeln); **Re|g|le|men|tie|rung**
re|g|le|ment|mä|ßig; re|g|le|ment|wid|rig
Reg|ler (Technik)
Re|g|let|te, die; -, -n ⟨franz.⟩ (Druckw. Bleistreifen für den Zeilendurchschuss)
reg|los
Reg|lung, Re|ge|lung
reg|nen; Reg|ner (ein Bewässerungsgerät); **reg|ne|risch**
Reg.-Rat ↑D 28 = Regierungsrat

re|gre|die|ren (Rechtsspr. Regress nehmen)
Re|gress, der; -es, -e ⟨lat.⟩ (Rechtsspr. Ersatzanspruch, Rückgriff auf den Hauptschuldner); **Re|gress|an|spruch; Regress|for|de|rung; re|gres|sie|ren** (österr. für Ersatzanspruch erheben)
Re|gres|si|on, die; -, -en ⟨lat.⟩ (Rückgang); **re|gres|siv** (rückläufig; rückschrittlich)
Re|gress|pflicht; re|gress|pflich|tig
reg|sam; Reg|sam|keit, die; -
Regt., R., Rgt. = Regiment
Re|gu|la (w. Vorn.)
Re|gu|lar, der; -s, -e ⟨lat.⟩ (Mitglied eines katholischen Ordens)
re|gu|lär ⟨lat.⟩ (der Regel gemäß, vorschriftsmäßig, üblich); ↑D 89: reguläre Truppen (gemäß dem Wehrgesetz eines Staates aufgestellte Truppen)
Re|gu|lar|geist|li|che
Re|gu|la|ri|en Plur. (auf der Tagesordnung stehende, regelmäßig abzuwickelnde [Vereins]angelegenheiten)
Re|gu|la|ri|tät, die; -, -en (Regelmäßigkeit; Richtigkeit)
Re|gu|la|ri|um, das; -s, ...rien ⟨lat.⟩ (Regelwerk)
Re|gu|la|ti|on, die; -, -en (Biol., Med. die Regelung der Organsysteme eines lebendigen Körpers; Anpassung eines Lebewesens an Störungen); **Re|gu|la|ti|ons|stö|rung; Re|gu|la|ti|ons|sys|tem**
re|gu|la|tiv (ein Regulativ darstellend, regulierend); **Re|gu|la|tiv,** das; -s, -e (regelnde Vorschrift; steuerndes Element)
Re|gu|la|tor, der; -s, ...oren (regulierende Kraft, Vorrichtung); **Re|gu|la|to|rik,** die; -, -en ⟨lat.⟩ (Bankw., Börsenw. Gesamtheit lenkender Eingriffe im Banken- und Wertpapiersektor); **re|gu|la|to|risch**
re|gu|lier|bar
re|gu|lie|ren ⟨lat.⟩ (regeln, ordnen; [ein]stellen); **Re|gu|lie|rung; Re|gu|lie|rungs|be|hör|de; Re|gu|lie|rungs|wut** (ugs.)
¹Re|gu|lus (altrömischer Feldherr)
²Re|gu|lus, der; -, -se ⟨nur Sing.: ein Stern; veraltet für gediegenes Metall⟩
Re|gung; re|gungs|los; Re|gungs|lo|sig|keit, die; -
Reh, das; -[e]s, -e

Re|ha, die; -, -s (kurz für Rehabilitation, Rehabilitationsklinik)
Re|ha|bi|li|tand, der; -en, -en (behinderte Person, der die Wiedereingliederung in das berufliche u. gesellschaftliche Leben ermöglicht werden soll); **Re|ha|bi|li|tan|din**
Re|ha|bi|li|ta|ti|on, die; -, -en (Wiedereingliederung einer behinderten Person in das berufliche u. gesellschaftliche Leben; auch für Rehabilitierung)
Re|ha|bi|li|ta|ti|ons|kli|nik
Re|ha|bi|li|ta|ti|ons|zen|t|rum
re|ha|bi|li|tie|ren ⟨lat.⟩; sich rehabilitieren (sein Ansehen wiederherstellen); **Re|ha|bi|li|tie|rung** (Wiedereinsetzung [in die ehemaligen Rechte]; Ehrenrettung)
Re|ha|kli|nik (kurz für Rehabilitationsklinik); **Re|ha|zen|t|rum** (kurz für Rehabilitationszentrum)
Reh|bein (Tiermed. Überbein beim Pferd)
Reh|bock; Reh|bra|ten
reh|braun
Reh|brunft
Re|he, die; - (Tiermed. eine Hufkrankheit)
reh|far|ben, reh|far|big
Reh|geiß
Reh|jun|ge, das; -n (österr. für Rehklein)
Reh|kalb; Reh|keu|le; Reh|kitz
Reh|klein (ein Gericht)
reh|le|dern
Reh|ling (landsch. für Pfifferling)
Reh|pos|ten (grober Schrot); **Reh|rü|cken**
Reh|zie|mer (Rehrücken)
Rei|bach, der; -s ⟨hebr.-jidd.⟩ (ugs. für Verdienst, Gewinn)
Reib|ah|le
Rei|be, die; -, -n
Rei|be|brett (zum Glätten des Putzes); **Rei|b|ei|sen**
Rei|be|ku|chen (landsch., bes. rhein. für Kartoffelpuffer)
Rei|be|laut (Frikativ)
rei|ben; du riebst; du riebest; gerieben; reib[e]!; ↑D 82: durch kräftiges Reiben säubern
Rei|ber (auch landsch. für Reibe)
Rei|ber|dat|schi, der; -s, - (landsch., bes. bayr. für Kartoffelpuffer)
Rei|be|rei meist Plur. (kleine Streitigkeit)
Reib|flä|che; Reib|gers|tel, das; -s (österr. für eine Suppeneinlage)

Reib|kä|se; Reib|tuch Plur. ...tücher (österr. für Scheuertuch)
Rei|bung; Rei|bungs|elek|t|ri|zi|tät; Rei|bungs|flä|che
rei|bungs|frei; rei|bungs|los; Rei|bungs|lo|sig|keit, die; -
Rei|bungs|punkt; Rei|bungs|ver|lust; Rei|bungs|wär|me; Rei|bungs|wi|der|stand
Reib|zun|ge (Zool. Zunge von Weichtieren)

reich

Großschreibung der Substantivierung ↑D72:
– Arm und Reich (veraltet für jedermann)
– Arme und Reiche

Schreibung in Verbindung mit Verben und adjektivisch gebrauchten Partizipien:
– jmdn. reich machen od. reichmachen
– wir haben den Altar reich geschmückt; aber ein [mit Blumen] reich geschmückter od. reichgeschmückter Altar
– die Fassaden wurden reich verziert; aber reich verzierte od. reichverzierte Fassaden

Reich, das; -[e]s, -e; von Reichs wegen; ↑D151: das Deutsche Reich; das Römische Reich; das Heilige Römische Reich Deutscher Nation
Rei|che, der u. die; -n, -n
rei|chen (geben; sich erstrecken; auskommen; genügen)
Rei|che|n|au, die; - (Insel im Bodensee)
Rei|chen|steu|er (ugs. für Vermögenssteuer)
reich ge|schmückt, reich|ge|schmückt vgl. reich
reich|hal|tig; Reich|hal|tig|keit, die; -
reich|lich
Reichs|abt (Geschichte); Reichs|äb|tis|sin
Reichs|acht (Geschichte); Acht
Reichs|ad|ler; Reichs|ap|fel, der; -s (Teil der Reichsinsignien)
Reichs|ar|chiv, das; -s (Sammelstelle der Reichsakten [1871 bis 1945]); Reichs|bahn (Geschichte); Reichs|bann (Geschichte)
Reichs|bür|ger (Anhänger der Reichsbürgerbewegung);

Reichs|bür|ger|be|we|gung, die; - (Politik [rechtsgerichtete] politische Bewegung, deren Mitglieder die Bundesrepublik Deutschland nicht anerkennen); Reichs|bür|ge|rin; Reichs|frei|herr (Geschichte)
Reichs|ge|richt, das; -[e]s (höchstes dt. Gericht [1879 bis 1945])
Reichs|gren|ze; Reichs|grün|dung
Reichs|hälf|te (bes. österr. ugs. für Einfluss- u. Machtbereich einer der beiden großen Parteien in Österreich); die linke, schwarze Reichshälfte
Reichs|in|si|g|ni|en Plur. (Geschichte)
Reichs|kam|mer|ge|richt, das; -[e]s (höchstes dt. Gericht [1495 bis 1806])
Reichs|kanz|ler (leitender dt. Reichsminister [1871 bis 1945]); Reichs|kanz|le|rin; Reichs|klein|odi|en Plur.
Reichs|kris|tall|nacht, die; - (nationalsoz. Pogromnacht)
Reichs|mark (dt. Währungseinheit [1924 bis 1948]; Abk. RM)
reichs|mit|tel|bar (Geschichte)
Reichs|pfen|nig (dt. Münzeinheit [1924 bis 1948])
Reichs|pog|rom|nacht, die; - (Pogromnacht)
Reichs|prä|si|dent (dt. Staatsoberhaupt [1919 bis 1934])
Reichs|rat, der; -[e]s (Vertretung der dt. Länder beim Reich [1919 bis 1934])
Reichs|stadt (Bez. für die früheren reichsunmittelbaren Städte)
Reichs|stän|de Plur. (Geschichte die reichsunmittelbaren Fürsten, Städte u. a. des Dt. Reiches)
Reichs|tag (Geschichte Versammlung der Reichsstände [bis 1806]; nur Sing.: dt. Volksvertretung [1871 bis 1945]; Parlament bestimmter Staaten)
Reichs|tags|brand, der; -[e]s (Brand des Berliner Reichstagsgebäudes am 27.2.1933)
Reichs|tags|ge|bäu|de
reichs|un|mit|tel|bar (Geschichte Kaiser u. Reich unmittelbar unterstehend)
Reichs|ver|si|che|rungs|ord|nung, die; - (Gesetz zur Regelung der öffentl.-rechtl. Invaliden-, Kranken- u. Unfallversicherung; Abk. RVO)
Reichs|wehr, die; - (Bez. für das dt. 100 000-Mann-Heer [1921 bis 1935])

Reich|tum, der; -s, ...tümer
reich ver|ziert, reich|ver|ziert vgl. reich
Reich|wei|te
Rei|der|land, das; -[e]s (Teil Nordhollands); vgl. Rheiderland
reif (voll entwickelt; geeignet)
¹Reif, der; -[e]s (gefrorener Tau)
²Reif, der; -[e]s, -e (geh. für Reifen, Diadem, Fingerring)
Rei|fe, die; - (z. B. von Früchten); Mittlere od. mittlere Reife (Abschluss der Realschule od. der 10. Klasse); Rei|fe|grad
¹rei|fen (reif werden); gereift sein; eine gereifte Persönlichkeit
²rei|fen (¹Reif ansetzen); es hat gereift
Rei|fen, der; -s, -; Rei|fen|druck Plur. ...drücke; Rei|fen|pan|ne; Rei|fen|pro|fil; Rei|fen|scha|den; Rei|fen|spur; Rei|fen|wech|sel
Rei|fe|prü|fung
Rei|fe|rei (fachspr. für Raum, in dem geerntete Früchte nachreifen)
Rei|fe|tei|lung (Biol.)
Rei|fe|zeit; Rei|fe|zeug|nis
Reif|glät|te
reif|lich
Reif|rock (früher)
Rei|fung, die; - (das Reifwerden)
Rei|fungs|pro|zess
Rei|gen, veraltet Rei|hen, der; -s, - (ein Tanz)
Rei|gen|füh|rer; Rei|gen|füh|re|rin; Rei|gen|tanz
Rei|he, die; -, -n; in, außer der Reihe; der Reihe nach; an der Reihe sein; in die Reihe kommen; in Reih und Glied ↑D13; arithmetische Reihe, geometrische Reihe (Math.)
¹rei|hen (in Reihen ordnen); sie reihte, hat gereiht
²rei|hen (lose, vorläufig nähen); sie reihte, hat gereiht, landsch. u. fachspr. auch rieh, hat geriehen
³rei|hen (Jägerspr. während der Paarungszeit zu mehreren einer Ente folgen [von Erpeln])
¹Rei|hen, der; -s, - (südd. für Fußrücken)
²Rei|hen vgl. Reigen
Rei|hen|bau (Bauw.); Rei|hen|bau|wei|se
Rei|hen|bil|dung; Rei|hen|dorf
Rei|hen|fol|ge
Rei|hen|grab; Rei|hen|haus; Rei|hen|schal|tung (für Serienschaltung); Rei|hen|sied|lung; Rei|hen|un|ter|su|chung
rei|hen|wei|se

Reiher

¹rein

Kleinschreibung:
- reine Luft
- die reine Wahrheit
- reinen Sinnes
- rein Schiff! (seemänn. Kommando)
- jmdm. reinen Wein einschenken (jmdm. die volle Wahrheit sagen)

Großschreibung der Substantivierung ↑D 72:
- etwas Reines anziehen
- ins Reine bringen, kommen, schreiben
- mit etwas, mit jmdm. im Reinen sein

Schreibung in Verbindung mit Verben:
- das Zimmer rein halten
- die Gewässer rein erhalten
- das Zimmer rein machen *od.* reinmachen (*vgl. aber* reinemachen)
- die Wäsche rein waschen *od.* reinwaschen; *aber* sich reinwaschen (seine Unschuld beweisen)
- den Text noch einmal reinschreiben (ins Reine schreiben)

Schreibung in Verbindung mit Farb- und Stoffadjektiven:
- ein reingoldener Ring
- eine reinsilberne Kette
- das Material ist reinleinen
- ein reinseidener Schal
- ein reinwollener Stoff

Vgl. auch ²rein *u.* ³rein

Rei|her, der; -s, - (ein Vogel)
Rei|her|bei|ze (*Jägerspr.* Reiherjagd); **Rei|her|fe|der; Rei|her|horst**
rei|hern (*ugs. für* erbrechen); ich reihere
Rei|her|schna|bel (eine Pflanze)
Reih|fa|den; Reih|garn
...**rei|hig** (z. B. einreihig)
reih|um; es geht reihum
Rei|hung
Reih|zeit (*Jägerspr.* Paarungszeit der Enten)
Rei|ki [ˈreːki], das; -s ⟨jap.⟩ (Händeauflegen als Heilkunst)
Reim, der; -[e]s, -e; ein stumpfer (männlicher) Reim, ein klingender (weiblicher) Reim
Reim|art; Reim|chro|nik (im MA.)
rei|men; sich reimen; **Rei|me|rei**
Reim|le|xi|kon; reim|los
Re|im|plan|ta|ti|on, die; -, -en ⟨lat.⟩ (*Med.* Wiedereinpflanzung); **re|im|plan|tie|ren**
Re|im|port, der; -[e]s, -e ⟨lat.⟩ (Wiedereinfuhr bereits ausgeführter Güter); **re|im|por|tie|ren**
Reims [rɛ̃ːs] (franz. Stadt)
Reim|schmied (*scherzh. für* Versemacher); **Reim|schmie|din**
Reim|ser ⟨zu Reims⟩; **Reim|se|rin**
Rei|mund *vgl.* ¹Raimund
Reim|wort *Plur.* ...wörter
¹**rein** *s. Kasten*
²**rein** (*ugs. für* herein, hinein); ↑D 14
³**rein** (*ugs. für* durchaus, ganz, gänzlich); er ist rein toll; sie war rein weg (ganz hingerissen); *vgl.* rein[e]weg
Rein, die; -, -en (*bayr. u. österr. ugs. für* flacher Kochtopf, Kuchenform)
Rei|nald, Rai|nald (m. Vorn.)

Rein|an|ke, die; -, -n (*österr. für* Rheinanke)
rein|brin|gen (*ugs.*)
rein|but|tern (*ugs. für* [Geld] hineinstecken); ↑D 14
Reindl, das; -s, -[n] ⟨*südd. u. österr.* Verkleinerungsform von Rein⟩
Reind|ling (*südostösterr.* ein Hefekuchen)
re|in|dus|t|ri|a|li|sie|ren ⟨franz.⟩ (erneut industrialisieren); **Re|in|dus|t|ri|a|li|sie|rung**
Rei|ne, die; - (*geh. für* Reinheit)
Rei|ne|clau|de [rɛ(ː)nəˈkloːdə] *vgl.* Reneklode
Rein|ein|nah|me (*Wirtsch.*)
Rei|ne|ke Fuchs (Name des Fuchses in der Tierfabel)
Rei|ne|ma|che|frau, Rein|ma|che|frau; rei|ne|ma|chen (*landsch. für* putzen); hast du schon reinegemacht? *vgl.* ¹rein; **Rei|ne|ma|chen, Rein|ma|chen**, das; -s (*landsch.*)
Rei|ner, Rai|ner (m. Vorn.)
rein|er|big (*für* homozygot)
Rein|er|hal|tung, die; -
Rein|er|lös; Rein|er|trag
Rei|net|te [rɛ...] *vgl.* Renette
rei|ne|weg, rein|weg (*ugs. für* ganz u. gar); das ist rein[e]weg zum Lachen
Rein|fall, der; ↑D 14 (*ugs.*); **rein|fal|len** (*ugs.*)
Re|in|farkt, der; -[e]s, -e ⟨lat.⟩ (*Med.* wiederholter Infarkt)
rein|fei|ern (*ugs. für* bis in den kommenden Tag feiern)
Re|in|fek|ti|on, die; -, -en ⟨lat.⟩ (*Med.* erneute Infektion); **re|in|fi|zie|ren**, sich reinfizieren
rein|ge|hen (*ugs.*)

Rein|ge|schmeck|te *vgl.* Hereingeschmeckte
Rein|ge|wicht; Rein|ge|winn
rein|gol|den
Rein|hal|tung
rein|hän|gen, sich; ↑D 14 (*ugs. für* sich bei etw. engagieren)
Rein|hard (m. Vorn.)
Rein|hardt (österr. Schauspieler u. Theaterleiter)
rein|hau|en (*ugs. für* viel essen); jmdm. eine reinhauen (*ugs. für* jmdn. verprügeln)
Rein|heit, die; -
Rein|heits|ge|bot (Rechtsvorschrift für das Brauen von Bier, das für den deutschen Markt bestimmt ist)
Rein|hild, Rein|hil|de (w. Vorn.)
Rein|hold (m. Vorn.)
rein|hö|ren (*ugs.*)
rei|ni|gen; Rei|ni|ger; Rei|ni|ge|rin
Rei|ni|gung
Rei|ni|gungs|creme, Rei|ni|gungs|crème
Rei|ni|gungs|ins|ti|tut; Rei|ni|gungs|kraft
Rei|ni|gungs|milch; Rei|ni|gungs|mit|tel, das; **Rei|ni|gungs|tuch** *Plur.* ...tücher
Rei|ning [ˈreɪ...], die; -, -s *od.* das; -s, -s ⟨engl.⟩ (Wettbewerb beim Westernreiten)
Re|in|kar|na|ti|on, die; -, -en ⟨lat.⟩ (Wiederverkörperung von Gestorbenen)
rein|kli|cken (*EDV ugs.*)
rein|knien, sich (*ugs.*); ↑D 14; **rein|kom|men; rein|kön|nen; rein|krie|gen**
Rein|kul|tur
rein|las|sen (*ugs.*); ↑D 14; **rein|le|gen**

rein|lei|nen
rein|lich; Rein|lich|keit, die; -; rein|lich|keits|lie|bend
Rein|ma|che|frau vgl. Reinemachefrau
¹rein|ma|chen ⟨zu ²rein⟩; den Ball reinmachen (ugs. für ins Tor schießen)
rein ma chen, ²rein|ma|chen vgl. ¹rein
Rein|ma|chen vgl. Reinemachen
Rein|mar (m. Eigenn.)
Rein|ni|ckel, das
Rei|nold (m. Vorn.)
rein|pas|sen (ugs.); ↑D 14; rein|rasseln
rein|ras|sig; Rein|ras|sig|keit, die; - (Biol.)
Rein|raum (Technik)
rein|re|den (ugs.); ↑D 14; rein|reißen
rein|rei|ten (ugs. für in eine unangenehme Lage bringen)
rein|schau|en (ugs.)
Rein|schiff, das; -s (gründliche Schiffsreinigung)
rein|schnup|pern (ugs.)
rein|schrei|ben vgl. ¹rein
Rein|schrift; rein|schrift|lich
rein|sei|len
rein|set|zen (ugs.); rein|sil|bern
rein|ste|cken (ugs.)
rein|stel|len (ugs.)
re|in|sze|nie|ren vgl. inszenieren; Re|in|sze|nie|rung
Re|in|te|gra|ti|on
rein|ver|mö|gen (Wirtsch.)
rein|wa|schen; sich von jeder Schuld reinwaschen wollen; vgl. ¹rein
rein|weg vgl. reineweg
rein|weiß
rein|wol|len; reinwollene Decken
Rein|zeich|nung
rein|zie|hen (ugs.); sich eine Flasche Bier reinziehen (ugs. für konsumieren)
Rein|zucht
¹Reis, der; -es, Plur. (für Reisarten:) -e ⟨griech.⟩ (ein Getreide)
²Reis, das; -es, -er (kleiner, dünner Zweig; Pfropfreis)
³Reis, Johann Philipp (Erfinder des Telefons)
⁴Reis (Plur. von ³Real)
Reis|an|bau, Reis|bau, der; -[e]s; Reis|bau|er vgl. ²Bauer; Reis|bäu|e|rin
Rei|sbe|sen (svw. Reisigbesen)
Reis|brannt|wein; Reis|brei
Rei|se, die; -, -n
Rei|se|an|den|ken
Rei|se|apo|the|ke
Rei|se|be|glei|ter; Rei|se|be|glei|te|rin; Rei|se|bei|la|ge (Zeitungsw.); Rei|se|be|kannt|schaft
Rei|se|be|richt; Rei|se|be|schrei|bung; Rei|se|be|steck
Rei|se|buch; Rei|se|buch|han|del
Rei|se|bü|ro; Rei|se|bus; Rei|se|de|cke; Rei|se|di|plo|ma|tie; Rei|se|er|leb|nis
rei|se|fer|tig; Rei|se|fie|ber
Rei|se|frei|heit, die; - (früher)
Rei|se|füh|rer; Rei|se|füh|re|rin
Rei|se|geld
Rei|se|ge|päck; Rei|se|ge|päck|ver|si|che|rung
Rei|se|ge|schwin|dig|keit; Rei|se|ge|sell|schaft; Rei|se|grup|pe
Rei|se|ka|der (DDR jmd., der zu Reisen ins [westl.] Ausland zugelassen war)
Rei|se|kas|se; Rei|se|kos|ten Plur.; Rei|se|krank|heit, die; -; Rei|se|kre|dit|brief
Rei|se|land Plur. ...länder
Rei|se|lei|ter, der; Rei|se|lei|te|rin
Rei|se|lei|tung
Rei|se|lek|tü|re
Rei|se|lust, die; -; rei|se|lus|tig
Rei|se|mo|bil
rei|sen; du reist; du reis|test; gereist; reis[e]!; Rei|sen|de, der u. die; -n, -n
Rei|se|ne|ces|saire
Rei|se|pass; Rei|se|plan; Rei|se|por|tal; Rei|se|pro|spekt; Rei|se|pro|vi|ant
Rei|ser|be|sen (svw. Reisigbesen)
Rei|se|rei (dauerndes Reisen)
rei|sern (Jägerspr. Witterung von Zweigen u. Ästen] nehmen)
Rei|sern|te
Rei|se|rou|te; Rei|se|rück|tritt[s]|ver|si|che|rung; Rei|se|ruf; Rei|se|sai|son; Rei|se|scheck; Rei|se|spe|sen Plur.; Rei|se|ta|sche
Rei|se|ver|an|stal|ter; Rei|se|ver|an|stal|te|rin
Rei|se|ver|bot
Rei|se|ver|kehr, der; -s; Rei|se|ver|kehrs|kauf|frau; Rei|se|ver|kehrs|kauf|mann
Rei|se|ver|pfle|gung
Rei|se|vor|be|rei|tung meist Plur.
Rei|se|we|cker
Rei|se|wet|ter, das; -s; Rei|se|wet|ter|be|richt
Rei|se|zeit; Rei|se|ziel; Rei|se|zug (Eisenbahn)
Reis|feld; Reis|fleisch (bes. südd., österr.)
Reis|holz, das; -es (veraltet für Reisig)
rei|sig (veraltet für beritten)

Rei|sig, das; -s
Rei|sig|be|sen; Rei|sig|bün|del
Rei|si|ge, der; -n, -n (im Mittelalter berittener Söldner)
Rei|sig|holz, das; -es
Reis|korn Plur. ...körner; Reis|ku|chen
Reis|lauf, der; -[e]s (früher bes. in der Schweiz Eintritt in fremden Dienst als Söldner); Reis|läu|fer
Reis|lein ⟨zu ²Reis⟩
Reis|mehl; Reis|pa|pier; Reis|pud|ding; Reis|rand (Gastron.)
Reiß|ah|le
Reiß|aus; nur in Reißaus nehmen (ugs. für davonlaufen)
Reiß|bahn (abreißbarer Teil der Ballonhülle)
Reiß|blei, das (Graphit); Reiß|brett (Zeichenbrett)
Reis|schleim; Reis|schnaps
rei|ßen; du reißt, er/sie reißt; du rissest, er/sie riss; gerissen; reiß[e]!; reißende (wilde) Tiere
Rei|ßen, das; -s (ugs. auch für Rheumatismus)
rei|ßend; reißender Strom; reißende Schmerzen; reißender Absatz
Rei|ßer (ugs. für besonders spannender, effektvoller Film, Roman u. a.); rei|ße|risch; reißerische Schlagzeilen
Reiß|fe|der
reiß|fest; Reiß|fes|tig|keit, die; -
Reiß|lei|ne (am Fallschirm u. an der Reißbahn); Reiß|li|nie (Perforation); Reiß|na|gel (svw. Reißzwecke); Reiß|schie|ne
Reis|stroh|tep|pich; Reis|sup|pe
Reiß|ver|schluss
Reiß|ver|schluss|sys|tem, Reiß|verschluss-Sys|tem (Straßenverkehr); sich nach dem Reißverschlusssystem od. Reißverschluss-System einfädeln
Reiß|wolf, der; Reiß|wol|le; Reiß|zahn; Reiß|zeug; Reiß|zir|kel; Reiß|zwe|cke
Reis|te, die; -, -n (schweiz. für Holzrutsche, ²Riese); reis|ten (schweiz. für gefälltes Holz [in einer Rinne] zu Tal gleiten lassen)
Reis|wein (Sake)
Reit|bahn
Rei|tel, der; -s, - (mitteld. für Drehstange, Knebel); Rei|tel|holz (mitteld.)
rei|ten; du reitest; du rittst (rittest), er/sie ritt; du rittest; geritten; reit[e]!; rei|tend; reitende Artillerie; reitende Post
¹Rei|ter, der; -s, -

²Rei|ter, die; -, -n (landsch., bes. österr. für [Getreide]sieb)
Rei|ter|an|griff
Rei|te|rei; Rei|ter|hof
Rei|te|rin; rei|ter|lich; rei|ter|los
Rei|ter|re|gi|ment
Rei|ters|frau (scherzh.); Rei|ters|mann Plur. ...männer u. ...leute (veraltend)
Rei|ter|stand|bild; Rei|ter|ver|ein
Reit|ger|te; Reit|hal|le, die; Reit|ho|se
Reit im Winkl (Ort in Bayern)
Reit|leh|rer; Reit|leh|re|rin
Reit|peit|sche; Reit|pferd
Reit|schu|le (südwestd. u. schweiz. regional auch für Karussell)
Reit|sport, der; -[e]s; Reit|stall; Reit|stie|fel; Reit|stun|de; Reit|tier
Reit|tur|nier
Reit- und Fahr|tur|nier ↑D31
Reit- und Spring|tur|nier ↑D31
Reit|un|ter|richt; Reit|weg
Reiz, der; -es, -e; ↑D72: der Reiz des Neuen
reiz|bar; Reiz|bar|keit, die; -
Reiz|bla|se (Med.); Reiz|darm (Med.)
rei|zen; du reizt
rei|zend; am reizendsten
Reiz|fi|gur (Emotionen auslösende Person)
Reiz|gas; Reiz|hus|ten
Reiz|ker, der; -s, - (slaw.) (ein Pilz)
Reiz|kli|ma
reiz|los; Reiz|lo|sig|keit, die; -
Reiz|ma|gen (Med.); Reiz|mit|tel, das
Reiz|schwel|le (Psychol., Physiol.)
Reiz|stoff; Reiz|strom (Med.); Reiz|the|ma vgl. Reizwort; Reiz|über|flu|tung
Rei|zung
reiz|voll
Reiz|wä|sche, die; - (ugs.)
Reiz|wort Plur. ...worte u. ...wörter (Emotionen auslösendes Wort)
re|ka|pi|ta|li|sie|ren (Finanzw. mit fehlendem Kapital versorgen); Re|ka|pi|ta|li|sie|rung
Re|ka|pi|tu|la|ti|on, die; -, -en (lat.) (Wiederholung, Zusammenfassung); re|ka|pi|tu|lie|ren
Re|kel, der; -s, - (nordd. für grober, ungeschliffener Mensch)
Re|ke|lei
re|keln, rä|keln, sich (sich behaglich recken u. dehnen); ich rek[e]le od. räk[e]le mich
Re|kla|mant, der; -en, -en (lat.) (Rechtsspr. Beschwerdeführer); Re|kla|man|tin; Re|kla|ma|ti|on,

die; -, -en (Beanstandung); Re|kla|ma|ti|ons|recht
Re|kla|me, die; -, -n (Werbung; Anpreisung von Waren)
Re|kla|me|feld|zug; Re|kla|me|flä|che; re|kla|me|haft
Re|kla|me|pla|kat; Re|kla|me|rum|mel (ugs.); Re|kla|me|trick
re|kla|mie|ren ([zurück]fordern; beanstanden)
re|ko|g|nos|zie|ren (lat.) (veraltet für [die Echtheit] anerkennen; auskundschaften; früher, heute noch schweiz. für erkunden, aufklären [beim Militär]); Re|ko|g|nos|zie|rung
Re|kom|man|da|ti|on, die; -, -en (franz.) (veraltet für Empfehlung); Re|kom|man|da|ti|ons|schrei|ben (veraltet)
re|kom|man|die|ren (veraltet, aber noch landsch. für empfehlen; österr. veraltet für [einen Brief] einschreiben lassen)
re|kom|mu|na|li|sie|ren (in Gemeindebesitz u. -verwaltung zurückführen); Re|kom|mu|na|li|sie|rung
Re|kom|pens, die; -, -en (lat.) (Wirtsch. Entschädigung)
Re|kom|pen|sa|ti|on; re|kom|pen|sie|ren
Re|kon|fi|gu|ra|ti|on (Technik, EDV); re|kon|fi|gu|rier|bar; re|kon|fi|gu|rie|ren (etw. neu anordnen; Technik eine Maschine an neue Anforderungen anpassen; EDV neu konfigurieren); Re|kon|fi|gu|rie|rung
re|kon|s|t|ru|ier|bar
re|kon|s|t|ru|ie|ren (lat.) ([den ursprünglichen Zustand] wiederherstellen od. nachbilden; den Ablauf eines früheren Ereignisses wiedergeben; regional auch für renovieren, sanieren)
Re|kon|s|t|ru|ie|rung; Re|kon|s|t|ruk|ti|on, die; -, -en; re|kon|s|t|ruk|tiv (Med. wiederherstellend)
re|kon|va|les|zent (lat.) (Med. genesend); Re|kon|va|les|zent, der; -en, -en; Re|kon|va|les|zen|tin; Re|kon|va|les|zenz, die; -; re|kon|va|les|zie|ren
Re|kord, der; -[e]s, -e (engl.)
Re|kord|be|schäf|ti|gung, die; -; Re|kord|be|such; Re|kord|be|tei|li|gung
Re|kor|der, Re|cor|der (Gerät zur elektromagnetischen Speicherung u. Wiedergabe von Bild- u. Tonsignalen)
Re|kord|er|geb|nis; Re|kord|ern|te;

Re|kord|flug; Re|kord|hal|ter; Re|kord|hal|te|rin; Re|kord|hö|he
Re|kord|in|ter|na|ti|o|na|le, der u. die; -n, -n (Sport)
Re|kord|jahr; Re|kord|leis|tung; Re|kord|mar|ke
Re|kord|meis|ter; Re|kord|meis|te|rin
Re|kord|stand; Re|kord|tief; Re|kord|um|satz; re|kord|ver|däch|tig; Re|kord|ver|such; Re|kord|wei|te
Re|kord|zahl; Re|kord|zeit
Re|kre|a|ti|on, die; -, -en (lat.) (veraltet für Erholung; Erfrischung); re|kre|ie|ren (veraltet)
Re|k|rut, der; -en, -en (franz.) (Soldat in der ersten Zeit der Ausbildung)
Re|k|ru|ten|aus|bil|der; Re|k|ru|ten|aus|bil|de|rin; Re|k|ru|ten|aus|bil|dung
Re|k|ru|ten|schu|le (schweiz. für milit. Grundausbildung); Re|k|ru|ten|zeit
re|k|ru|tie|ren (Militär veraltet für Rekruten mustern); sich rekrutieren (sich zusammensetzen, sich bilden); Re|k|ru|tie|rung; Re|k|ru|tin
Rek|ta (Plur. von Rektum)
rek|tal (lat.) (Med. auf den Mastdarm bezüglich)
Rek|tal|er|näh|rung; Rek|tal|nar|ko|se; Rek|tal|tem|pe|ra|tur
rek|t|an|gu|lär (lat.) (veraltet für rechtwinklig)
Rek|ta|pa|pier (Bankw. Wertpapier, auf dem der Besitzer namentlich genannt ist)
Rek|ta|s|zen|si|on, die; -, -en (lat.) (Astron. gerades Aufsteigen eines Sternes)
Rek|ta|wech|sel (Bankw. auf den Namen des Inhabers ausgestellter Wechsel)
Rek|ti|fi|ka|ti|on, die; -, -en (lat.) (veraltet für Berichtigung; Chemie Reinigung durch wiederholte Destillation; Math. Bestimmung einer Kurvenlänge)
Rek|ti|fi|zier|an|la|ge (Reinigungsanlage)
rek|ti|fi|zie|ren (zu Rektifikation)
Rek|ti|on, die; -, -en (lat.) (Sprachwiss. Fähigkeit eines Wortes [z. B. einer Präposition], den Kasus des von ihm abhängenden Wortes zu bestimmen)
Rek|to vgl. Recto
Rek|tor, der; -s, ...oren (lat.) (Leiter einer [Hoch]schule)
Rek|to|rat, das; -[e]s, -e

(Amt[szimmer], Amtszeit eines Rektors); **Rek|to|rats|re|de** (Rede eines Hochschulrektors bei der Amtsübernahme)
Rek|to|ren|kon|fe|renz
Rek|to|rin; Rek|tor|re|de
Rek|tos|kop, das; -s, -e ⟨lat.; griech.⟩ (*Med.* Spiegel zur Mastdarmuntersuchung); **Rek|tos|ko|pie**, die; -, ...ien
Rek|tum, das; -s, ...ta ⟨lat.⟩ (Mastdarm)
re|kul|ti|vie|ren ⟨franz.⟩ (unfruchtbar gewordenen Boden wieder nutzbar machen); **Re|kul|ti|vie|rung**
Re|ku|pe|ra|tor, der; -s, ...oren ⟨lat.⟩ (Wärmeaustauscher zur Rückgewinnung der Wärme heißer Abgase)
Re|kur|rent, der; -en, -en (*schweiz. für* Beschwerdeführer); **Re|kur|ren|tin**
re|kur|rie|ren ⟨lat.⟩ (auf etwas zurückkommen; *schweiz. für* Beschwerde einlegen, führen)
Re|kurs, der; -es, -e ⟨lat.⟩ (das Zurückgehen, Zuflucht; *Rechtsspr.* Beschwerde, Einspruch); **Re|kurs|an|trag**
re|kur|siv (*Math.* zurückgehend bis zu bekannten Werten)
Re|lais [rəˈlɛː], das; -, - ⟨franz.⟩ (*Elektrot.* Schalteinrichtung; *Postw. früher* Auswechslung[sstelle] der Pferde); **Re|lais|sta|ti|on**
Re|la|ti|on, die; -, -en ⟨lat.⟩ (Beziehung, Verhältnis); **Re|la|ti|ons|be|griff** (*Logik*)
re|la|tiv ⟨lat.⟩ (verhältnismäßig; vergleichsweise; bedingt); relative (einfache) Mehrheit
Re|la|tiv, das; -s, -e (*Sprachwiss.* Relativpronomen; Relativadverb)
Re|la|tiv|ad|verb (*Sprachwiss.* bezügliches Umstandswort, z. B. »wo« in »dort, wo der Fluss tief ist«)
re|la|ti|vie|ren (zu etw. anderem in Beziehung setzen; einschränken); **Re|la|ti|vie|rung**
Re|la|ti|vis|mus, der; - (philosophische Lehre, für die alle Erkenntnis nur relativ, nicht allgemein gültig ist); **re|la|ti|vis|tisch**
Re|la|ti|vi|tät, die; -, -en (Bezüglichkeit, Bedingtheit; *nur Sing.*: das Relativsein)
Re|la|ti|vi|täts|the|o|rie, die; - (von Einstein begründete physikalische Theorie)

Re|la|tiv|pro|no|men (*Sprachwiss.* bezügliches Fürwort, z. B. »das« in: »ein Buch, das ich kenne«); **Re|la|tiv|satz**
Re|launch [riːˈlɔːntʃ, riˈlɔːntʃ], der *u.* das; -[e]s, -[e]s ⟨engl.⟩ (Neugestaltung eines [alten] Produkts od. der Werbung dafür); **re|laun|chen**; relauncht
re|laxed, **re|laxt** [riˈlɛkst] ⟨engl.⟩ (*ugs. für* entspannt); **relaxed** *od.* relaxt sein; *aber nur* ein relaxter Typ; sie war die Relaxteste von allen; **re|la|xen** (*ugs. für* sich entspannen); wir haben relaxt, waren ganz relaxt; **Re|la|xing**, das; -s (das Relaxen)

---

relaxt / relaxed

Das Adjektiv *relaxed* (englisches Partizip zu *to relax*) ist im Deutschen früher gebräuchlich geworden als das Verb *relaxen*. Dessen Partizip *relaxt* wird heute ebenso häufig verwendet wie die Form mit -ed. In attributiver Verwendung (eine *relaxte* Stimmung) gilt nur die t-Schreibung.

---

¹**Re|lease** [riˈliːs], das *od.* der; -[s], -s [...sɪs], (*selten:*) die; -, -s (*bes. EDV* [Neu]veröffentlichung)
²**Re|lease**, das; -, -s [...sɪs] ⟨engl.⟩ (*kurz für* Releasecenter)
Re|lease|cen|ter, **Re|lease-Cen|ter** (*veraltet für* Einrichtung zur Heilung Drogenabhängiger)
Re|lea|ser (*veraltet für* Psychotherapeut od. Sozialarbeiter, der bei der Behandlung Drogenabhängiger mitwirkt); **Re|lea|se|rin**
Re|lease|zen|t|rum, **Re|lease-Zen|t|rum** (*veraltet*); vgl. ²Release
Re|le|ga|ti|on, die; -, -en ⟨lat.⟩ (Verweisung von der [Hoch]schule; *Sport* Relegationsspiele); **Re|le|ga|ti|ons|rang** (*Sport*); **Re|le|ga|ti|ons|spiel** (*Sport* über Ab- od. Aufstieg entscheidendes Spiel; Qualifikationsspiel)
re|le|gie|ren (von der [Hoch]schule verweisen)
re|le|vant [...vant]; (*selten:*) die; -, -en (erheblich, wichtig); **Re|le|vanz**, die; -, -en
Re|li, die; - *meist ohne Artikel* (*Schülerspr.* Religionsunterricht)
Re|li|ef, das; -s, *Plur.* -s *u.* -e ⟨franz.⟩ (über eine Fläche erhaben hervortretendes Bildwerk;

Geogr. Form der Erdoberfläche, plastische Nachbildung der Oberfläche eines Geländes)
re|li|ef|ar|tig; **Re|li|ef|bild**
Re|li|ef|druck *Plur.* ...drucke (Hoch-, Prägedruck); **Re|li|ef|kar|te** (*Kartografie*)
Re|li|ef|pfei|ler; **Re|li|ef|sti|cke|rei**
Re|li|gi|on, die; -, -en ⟨lat.⟩
Re|li|gi|ons|aus|übung, die; -; **Re|li|gi|ons|be|kennt|nis**; **Re|li|gi|ons|buch**; **Re|li|gi|ons|er|satz**; **Re|li|gi|ons|frei|heit**, die; -; **Re|li|gi|ons|frie|de**; **Re|li|gi|ons|ge|mein|schaft**
Re|li|gi|ons|ge|schich|te, die; -
Re|li|gi|ons|krieg
Re|li|gi|ons|leh|re; **Re|li|gi|ons|leh|rer**; **Re|li|gi|ons|leh|re|rin**
re|li|gi|ons|los; **Re|li|gi|ons|lo|sig|keit**, die; -
Re|li|gi|ons|phi|lo|so|phie; **Re|li|gi|ons|po|li|zei** (Polizei in islamischen Ländern, die die Einhaltung islamischer Vorschriften überwacht); **Re|li|gi|ons|stif|ter**; **Re|li|gi|ons|stif|te|rin**; **Re|li|gi|ons|strei|tig|kei|ten** *Plur.*; **Re|li|gi|ons|stun|de**; **Re|li|gi|ons|un|ter|richt**
Re|li|gi|ons|wis|sen|schaft
Re|li|gi|ons|wis|sen|schaf|ter (*schweiz., österr. auch für* Religionswissenschaftler); **Re|li|gi|ons|wis|sen|schaft|le|rin**; **Re|li|gi|ons|wis|sen|schaft|ler**; **Re|li|gi|ons|wis|sen|schaft|le|rin**; **re|li|gi|ons|wis|sen|schaft|lich**
Re|li|gi|ons|zu|ge|hö|rig|keit
re|li|gi|ös ⟨franz.⟩
Re|li|gi|o|se, der *u.* die; -n, -n *meist Plur.* ⟨lat.⟩ (Mitglied einer Ordensgemeinschaft)
Re|li|gi|o|si|tät, die; -
re|likt ⟨lat.⟩ (*Biol.* in Resten vorkommend)
Re|likt, das; -[e]s, -e (Rest; Überbleibsel); **Re|lik|ten|fau|na**, die; - (*Zool.* Überbleibsel einer früheren Tierwelt); **Re|lik|ten|flo|ra**, die; - (*Bot.*)
Re|ling, die; -, *Plur.* -s, *seltener* -e ([Schiffs]geländer, Brüstung)
Re|li|qui|ar, das; -s, -e ⟨lat.⟩ (Reliquienbehälter)
Re|li|quie [...kvi̯ə], die; -, -n (Überrest der Gebeine, Kleider o. Ä. eines Heiligen als Gegenstand religiöser Verehrung)
Re|li|qui|en|schrein
Re|lish [...lɪʃ], das; -s, -es [...ʃɪs] ⟨engl.⟩ (würzige Soße aus Gemüsestückchen)

Remagen

Re|ma|gen (Stadt am Mittelrhein)
Re|mai|ler [ˈriːmeɪlɐ], der; -s, - ⟨engl.⟩ (Dienst zum anonymisierten Weiterleiten von E-Mails)
Re|make [ˈriːmeɪk], das; -s, -s ⟨engl.⟩ (Neuverfilmung; Neufassung einer künstlerischen Produktion)
Re|ma|nenz, die; - ⟨lat.⟩ (Physik Restmagnetismus)
Re|marque [rəˈmark] (dt. Schriftsteller)
Re|ma|su|ri vgl. Ramasuri
Rem|bours [rãˈbuːɐ̯], der; -, - (Überseehandel Finanzierung u. Geschäftsabwicklung über eine Bank); **Rem|bours|ge|schäft; Rem|bours|kre|dit**
Rem|brandt (niederl. Maler); Rembrandt van Rijn [fan od. van ˈrɛɪn]
Re|me|di|um, das; -s, Plur. ...ien u. ...ia ⟨lat.⟩ (Med. Arzneimittel; Münzw. zulässiger Mindergehalt [der Münzen an edlem Metall])
Re|me|dur, die; -, -en ⟨veraltend für Abhilfe⟩; Remedur schaffen
Re|mi|gi|us (ein Heiliger)
Re|mi|grant, der; -en, -en ⟨lat.⟩ (Rückwanderer, zurückgekehrter Emigrant); **Re|mi|gran|tin**
re|mi|li|ta|ri|sie|ren ⟨franz.⟩ (das aufgelöste Heerwesen eines Landes von Neuem organisieren); **Re|mi|li|ta|ri|sie|rung**
Re|min|der [ˈriːmaɪndɐ], der; -s, - ⟨engl.⟩ (EDV Onlinedienst, der Abonnenten [z. B. per SMS] an etw. erinnert); **Re|min|ding**, das; -s (Werbespr. häufige Wiederholung von Angeboten)
Re|mi|nis|zenz, die; -, -en ⟨lat.⟩ (Erinnerung; Anklang)
Re|mi|nis|ze|re (»gedenke!«) (fünfter Sonntag vor Ostern)
re|mis [rəˈmiː] ⟨franz.⟩ (unentschieden); **Re|mis**, das; -, Plur. - u. -en (unentschiedenes Spiel)
Re|mi|se, die; -, -n ⟨veraltend für Geräte-, Wagenschuppen; Jägerspr. Schutzgehölz für Wild⟩
re|mi|sie|ren (bes. Schach ein Remis erzielen)
Re|mis|si|on, die; -, -en ⟨lat.⟩ (Buchw. Rücksendung von Remittenden; Med. vorübergehendes Nachlassen von Krankheitserscheinungen; Physik das Zurückwerfen von Licht an undurchsichtigen Flächen)

Re|mit|ten|de, die; -, -n (Buchw. beschädigtes od. fehlerhaftes Druckerzeugnis, das an den Verlag zurückgeschickt wird)
Re|mit|tent, der; -en, -en (Wirtsch. Wechselnehmer); **Re|mit|ten|tin**
re|mit|tie|ren (Buchw. zurücksenden; Med. nachlassen)
Re|mix [ˈriː...], der; -[es], -e ⟨engl.⟩ (neu gestaltete Tonaufnahme)
Rem|mi|dem|mi, das; -s ⟨ugs. für lärmendes Treiben, Trubel⟩
re|mons|t|rie|ren ⟨mlat.⟩ (Rechtsspr. Einwände erheben)
re|mon|tant [auch ...mõ...] ⟨franz.⟩ (Bot. zum zweiten Mal blühend); **Re|mon|tant|ro|se**
Re|mon|te [auch ...ˈmõː...], die; -, -n (junges Pferd)
re|mon|tie|ren [auch ...mõ...] (Bot. zum zweiten Mal blühen od. fruchten; früher den milit. Bestand durch Jungpferde ergänzen); **Re|mon|tie|rung**
Re|mon|toir|uhr [...mõˈtoaːɐ̯...] ⟨veraltet für ohne Schlüssel aufzieh- u. stellbare Taschenuhr⟩
Re|mou|la|de [...mu...], die; -, -n ⟨franz.⟩ (eine Kräutermayonnaise); **Re|mou|la|den|so|ße, Re|mou|la|den|sau|ce**
Rem|pe|lei (ugs.); **rem|peln** (ugs. für absichtlich stoßen); ich remp[e]le
REM-Pha|se ⟨engl.; rapid eye movements⟩ (Med., Psychol. während des Schlafs auftretende Traumphase, die an den schnellen Augenbewegungen des Schläfers zu erkennen ist)
Remp|ler (ugs. für Stoß)
Remp|ter vgl. Remter
Rems, die; - (rechter Nebenfluss des Neckars)
Rem|scheid (Stadt in Nordrhein-Westfalen)
Rem|ter, der; -s, - ⟨lat.⟩ (Speise-, Versammlungssaal [in Burgen u. Klöstern])
Re|mu|ne|ra|ti|on, die; -, -en ⟨lat.⟩ (veraltet, noch österr. für Entschädigung, Vergütung); vgl. aber Renumeration; **re|mu|ne|rie|ren** (veraltet, noch österr.)
Re|mus (Zwillingsbruder des Romulus)
¹**Ren** [reːn, rɛn], das; -s, Plur. -s [rɛns] ⟨nord.⟩ (ein nordländ. Hirsch)
²**Ren**, der; -s, -es ⟨lat.⟩ (Med. Niere)
Re|nais|sance [rənɛˈsãːs], die; -, -n ⟨franz.⟩ (nur Sing.: auf der Antike aufbauende kulturelle Bewegung vom 14. bis 16. Jh.; erneutes Aufleben)
Re|nais|sance|dich|ter; Re|nais|sance|dich|te|rin
Re|nais|sance|ma|ler; Re|nais|sance|ma|le|rin
Re|nais|sance|stil, der; -[e]s
Re|nais|sance|zeit, die; -
Re|na|ta, Re|na|te (w. Vorn.)
re|na|tu|rie|ren ⟨lat.⟩ (in einen naturnahen Zustand zurückführen); **Re|na|tu|rie|rung**
Re|na|tus (m. Vorn.)
Re|nault® [rəˈnoː], der; -[s], - ⟨nach dem Ingenieur u. Unternehmer Louis Renault⟩ (franz. Kraftfahrzeug)
Ren|con|t|re [rãˈkõːtrə] vgl. Renkontre
Ren|dant, der; -en, -en ⟨franz.⟩ (Rechnungsführer); **Ren|dan|tin**
Ren|dan|tur, die; -, -en ⟨lat.⟩ (veraltet für Gelder einnehmende u. auszahlende Behörde)
Ren|de|ment [rãdəˈmãː], das; -s, -s ⟨franz.⟩ (Gehalt an reinen Bestandteilen, bes. Gehalt an reiner Wolle; schweiz. für Leistung [eines Sportlers])
Ren|dez|vous, schweiz. auch Rendez-vous [rãdeˈvuː], das; -, - (Verabredung [von Verliebten]; Begegnung von Raumfahrzeugen im Weltall); **Ren|dez|vous|ma|nö|ver; Ren|dez|vous|tech|nik**
Ren|di|te, die; -, -n ⟨ital.⟩ (Wirtsch. Verzinsung, Ertrag); **Ren|di|te|ab|stand** (Differenz zwischen zwei Renditen); **Ren|di|te|auf|schlag** (zusätzliche Rendite als Risikozuschlag); **Ren|di|te|ob|jekt; ren|di|te|ori|en|tiert; ren|di|te|schwach; ren|di|te|stark; ren|di|te|träch|tig; Ren|di|te|vor|sprung** (über einem Vergleichswert liegende Rendite; Renditeabstand)
Rends|burg (Stadt in Schleswig-Holstein)
Re|né [rəˈneː] (m. Vorn.)
Re|née [rəˈneː] (w. Vorn.)
Re|ne|gat, der; -en, -en ⟨lat.⟩ (Abweichler, Abtrünniger); **Re|ne|ga|ten|tum**, das; -s; **Re|ne|ga|tin**
Re|ne|k|lo|de, Rei|ne|clau|de [rɛ(ː)nəˈkloːdə], die; -, -n ⟨franz.⟩ (eine Edelpflaume); vgl. Ringlotte
Re|net|te, Rei|net|te [rɛ...], die; -, -n ⟨franz.⟩ (ein Apfel)
Ren|for|cé [rãfɔrˈseː], der od. das;

-s, -s ⟨franz.⟩ (ein Baumwollgewebe)
re|ni|tent ⟨lat.⟩ (widerspenstig, widersetzlich); Re|ni|ten|te, der u. die; -n, -n; Re|ni|tenz, die; -
Ren|ke, die; -, -n, Ren|ken, der; -s, - (ein Fisch in den Voralpenseen)
ren|ken (veraltet für drehend hin u. her bewegen)
Ren|kon|t|re, Ren|con|t|re [rã'kõ:trə], das; -s, -s ⟨franz.⟩ (veraltend für feindl. Begegnung; Zusammenstoß)
Renk|ver|schluss (für Bajonettverschluss)
Ren|min|bi [ren...], der; -s, -s ⟨chin.⟩ (Währung der Volksrepublik China); vgl. Yuan
Renn|au|to; Renn|bahn; Renn|boot
ren|nen; du ranntest, selten: du renntest; gerannt; renn[e]!
Ren|nen, das; -s, -
Ren|ner (ugs. auch für etwas, was erfolgreich, beliebt ist)
Ren|ne|rei
Renn|fah|rer; Renn|fah|re|rin
Renn|fie|ber, das; -s; Renn|lei|ter, der; Renn|lei|te|rin; Renn|maschi|ne (Motorrad für Rennen); Renn|pferd; Renn|pis|te
Renn|platz; Renn|rad; Renn|rei|ter; Renn|rei|te|rin; Renn|ro|del; Renn|ro|deln, das; -s
Renn|sport, der; -[e]s; Renn|stall
Renn|steig, Renn|stieg, Renn|weg, der; -[e]s (Kammweg auf der Höhe des Thüringer Waldes u. Frankenwaldes)
Renn|stre|cke; Renn|tag; Renn|wagen
Renn|weg vgl. Rennsteig
Re|noir [rə'noa:r] (französischer Maler u. Grafiker)
Re|nom|mee, das; -s, -s ⟨franz.⟩ ([guter] Ruf, Leumund)
re|nom|mie|ren (prahlen); Re|nom|mier|stück; re|nom|miert (berühmt, angesehen, namhaft)
Re|nom|mist, der; -en, -en (Prahlhans); Re|nom|mis|te|rei; Re|nom|mis|tin
Re|non|ce [...'nõ:s(ə)], die; -, -n ⟨franz.⟩ (Kartenspiel Fehlfarbe)
Re|no|va|ti|on, die; -, -en ⟨lat.⟩ (schweiz., sonst veraltet für Renovierung)
re|no|vie|ren (erneuern, instand setzen); Re|no|vie|rung; re|no|vie|rungs|be|dürf|tig
Ren|sei|g|ne|ment [rãsɛnjə'mã:], das; -s, -s ⟨franz.⟩ (veraltet für Auskunft, Nachweis)

ren|ta|bel (zinstragend; einträglich); ein ...a|b|les Geschäft
Ren|ta|bi|li|tät, die; -; Wirtsch. Einträglichkeit)
Ren|ta|bi|li|täts|ge|sichts|punkt
Ren|ta|bi|li|täts|prü|fung
Ren|ta|bi|li|täts|rech|nung
Rent|amt (früher für Rechnungsamt)
Ren|te, die; -, -n ⟨franz.⟩ (regelmäßiges Einkommen [aus Vermögen od. rechtl. Ansprüchen])
Ren|tei (svw. Rentamt)
Ren|ten|al|ter
Ren|ten|an|lei|he (Anleihe des Staates, für die kein Tilgungszwang besteht)
Ren|ten|an|pas|sung; Ren|ten|anspruch; Ren|ten|bank Plur. ...banken; Ren|ten|ba|sis; Ren|ten|bei|trag; Ren|ten|be|messungs|grund|la|ge
Ren|ten|be|ra|ter; Ren|ten|be|ra|te|rin; Ren|ten|be|ra|tung
Ren|ten|be|steu|e|rung; Ren|ten|ein|tritts|al|ter
Ren|ten|emp|fän|ger; Ren|ten|emp|fän|ge|rin
Ren|ten|er|hö|hung
Ren|ten|fonds (Wirtsch. Investmentfonds für festverzinsliche Wertpapiere)
Ren|ten|for|mel (Rentenvers.); Ren|ten|ga|ran|tie (Politik)
Ren|ten|kas|se; Ren|ten|lü|cke
Ren|ten|mark (dt. Währungseinheit [1923])
Ren|ten|markt (Handel mit festverzinslichen Wertpapieren)
Ren|ten|pa|ket (Politik)
Ren|ten|pa|pier (Rentenwert)
ren|ten|pflich|tig
Ren|ten|rech|nung (Math.); Ren|ten|re|form; Ren|ten|schein; Ren|ten|sys|tem
Ren|ten|ver|schrei|bung (ein Wertpapier, das die Zahlung einer Rente verbrieft)
Ren|ten|ver|si|che|rung
Ren|ten|wert (ein Wertpapier mit fester Verzinsung)
Ren|ten|zah|lung
¹Ren|tier [auch 'ren...] (svw. ¹Ren)
²Ren|ti|er [...'tje:], der; -s, -s ⟨franz.⟩ (veraltend für Rentner; jmd., der von den Erträgen seines Vermögens lebt)
ren|tie|ren (Gewinn bringen); sich rentieren (sich lohnen)
Ren|tier|flech|te [auch 'ren...] ([Futter für das ¹Ren liefernde] Flechte nördlicher Länder)
ren|tier|lich (svw. rentabel)

Rent|ner; Rent|ne|rin; Rent|ner|pa|ra|dies (ugs.)
Re|nu|me|ra|ti|on, die; -, -en ⟨lat.⟩ (Wirtsch. Rückzahlung); vgl. aber Remuneration; re|nu|me|rie|ren (zurückzahlen)
Re|nun|zi|a|ti|on, Re|nun|ti|a|ti|on, die; -, -en ⟨lat.⟩ (Abdankung [eines Monarchen]); re|nun|zie|ren
Re|ok|ku|pa|ti|on, die; -, -en ⟨lat.⟩ (Wiederbesetzung); re|ok|ku|pie|ren
Re|or|ga|ni|sa|ti|on, die; -, -en Plur. selten ⟨lat.; franz.⟩ (Neugestaltung); Re|or|ga|ni|sa|tor, der; -s, ...oren; Re|or|ga|ni|sa|to|rin; re|or|ga|ni|sie|ren
Rep, der; -s, Plur. -s u. (ugs.) Repse (kurz für Republikaner [Mitglied einer rechtsgerichteten Partei])
re|pa|ra|bel ⟨lat.⟩ (sich reparieren lassend); ...a|b|le Schäden
Re|pa|ra|teur [...'tø:ɐ̯], der; -s, -e (jmd., der etwas berufsmäßig repariert); Re|pa|ra|teu|rin
Re|pa|ra|ti|on, die; -, -en (Wiederherstellung; nur Plur.: Kriegsentschädigung); Re|pa|ra|ti|ons|leis|tung; Re|pa|ra|ti|ons|zah|lung
Re|pa|ra|tur, die; -, -en ⟨lat.⟩
re|pa|ra|tur|an|fäl|lig
Re|pa|ra|tur|an|nah|me; Re|pa|ra|tur|ar|beit meist Plur.
re|pa|ra|tur|be|dürf|tig
Re|pa|ra|tur|kos|ten Plur.
Re|pa|ra|tur|werk|statt
re|pa|rie|ren ⟨lat.⟩
re|par|tie|ren ⟨franz.⟩ (Börse Wertpapiere aufteilen, zuteilen); Re|par|ti|ti|on, die; -, -en
re|pa|t|ri|ie|ren ⟨lat.⟩ (die frühere Staatsangehörigkeit wieder verleihen; Kriegs-, Zivilgefangene in die Heimat entlassen); Re|pa|t|ri|ie|rung
Re|per|kus|si|on, die; -, -en ⟨lat.⟩ (Musik Sprechton beim Psalmenvortrag; Durchführung des Themas durch alle Stimmen der Fuge)
Re|per|toire [...'toa:ɐ̯], das; -s, -s ⟨franz.⟩ (Vorrat einstudierter Stücke usw., Spielplan); Re|per|toire|stück (populäres, immer wieder gespieltes Stück)
Re|pe|tent, der; -en, -en ⟨lat.⟩ (bes. österr. u. schweiz. für Schüler, der eine Klasse wiederholt; veraltet für Hilfslehrer); Re|pe|ten|tin

re|pe|tie|ren (wiederholen)
Re|pe|tier|ge|wehr; Re|pe|tier|uhr (Taschenuhr mit Schlagwerk)
Re|pe|ti|ti|on, die; -, -en (Wiederholung)
Re|pe|ti|tor, der; -s, ...oren (jmd., der mit Studierenden den Lehrstoff wiederholt; *auch für* Korrepetitor); Re|pe|ti|to|rin
Re|pe|ti|to|ri|um, das; -s, ...ien (Wiederholungsunterricht, -buch)
Re|plik, die; -, -en ⟨franz.⟩ (Gegenrede, Erwiderung; vom Künstler selbst angefertigte Nachbildung eines Originals); Re|pli|ka, Re|pli|ca, die; -, -s [minderwertige] Nachbildung); Re|pli|kat, das; -[e]s, -e (*Kunstwiss.* Nachbildung eines Originals); re|pli|zie|ren ⟨lat.⟩
re|po|li|ti|sie|ren (erneut politisieren); Re|po|li|ti|sie|rung
re|po|ni|bel ⟨lat.⟩ (*Med.* sich reponieren lassend); ...i|b|ler Bruch; re|po|nie|ren ([Knochen, Organe] wieder in die normale Lage zurückbringen)
Re|port, der; -[e]s, -e u. -s ⟨franz.⟩ (Bericht, Mitteilung; *Börse* Kursaufschlag bei der Verlängerung von Termingeschäften)
Re|por|ta|ge [...ʒə], die; -, -n ⟨franz.⟩ (Bericht[erstattung] über ein aktuelles Ereignis); Re|por|ta|ge|ma|ga|zin
Re|por|ter, der; -s, - ⟨engl.⟩ (Zeitungs-, Fernseh-, Rundfunkberichterstatter); Re|por|te|rin
Re|por|ting [*auch* rɪˈpɔːʁ.ɐ...], das; -s, -s ⟨engl.⟩ ([informierendes] Berichten)
Re|po|si|ti|on, die; -, -en ⟨lat.⟩ (*Med.* das Reponieren)
Re|po|we|ring [rɪˈpaʊəɹɪŋ], das; -s ⟨engl.⟩ (Ersatz von Maschinen durch neue, leistungsfähigere)
re|prä|sen|ta|bel ⟨franz.⟩ (würdig, stattlich; wirkungsvoll); ...a|b|le Erscheinung
Re|prä|sen|tant, der; -en, -en ⟨franz.⟩ (Vertreter, Abgeordneter); Re|prä|sen|tan|ten|haus
Re|prä|sen|tan|tin
Re|prä|sen|tanz, die; -, -en ([geschäftl.] Vertretung)
Re|prä|sen|ta|ti|on, die; -, -en ([Stell]vertretung; *nur Sing.:* standesgemäßes Auftreten, gesellschaftlicher Aufwand)
Re|prä|sen|ta|ti|ons|auf|wen|dung
Re|prä|sen|ta|ti|ons|gel|der *Plur.*
Re|prä|sen|ta|ti|ons|schluss (*Statistik* bei Schätzungen angewandtes Schlussverfahren)
re|prä|sen|ta|tiv ⟨franz.⟩ (vertretend; typisch; wirkungsvoll); repräsentative Demokratie
Re|prä|sen|ta|tiv|bau *Plur.* ...bauten; Re|prä|sen|ta|tiv|be|fra|gung (*Statistik*); Re|prä|sen|ta|tiv|er|he|bung; Re|prä|sen|ta|tiv|ge|walt, die; - (*Politik*)
Re|prä|sen|ta|ti|vi|tät, die; -
Re|prä|sen|ta|tiv|sys|tem (*Politik*); Re|prä|sen|ta|tiv|um|fra|ge
re|prä|sen|tie|ren ⟨franz.⟩ (vertreten; etwas darstellen; standesgemäß auftreten)
Re|pres|sa|lie [...i̯ə], die; -, -n *meist Plur.* ⟨lat.⟩ (Vergeltungsmaßnahme, Druckmittel)
Re|pres|si|on, die; -, -en ⟨franz.⟩ (Unterdrückung [von Kritik, polit. Bewegungen u. Ä.]); re|pres|si|ons|frei; Re|pres|si|ons|in|s|t|ru|ment
re|pres|siv (unterdrückend)
Re|pres|siv|zoll (Schutzzoll)
Re|print, der; -s, -s ⟨engl.⟩ (*Buchw.* unveränderter Nachdruck, Neudruck)
Re|pri|se, die; -, -n ⟨franz.⟩ (*Börse* Kurserholung; *Musik* Wiederholung; *Theater, Film* Wiederaufnahme [eines Stückes] in den Spielplan)
re|pri|va|ti|sie|ren ⟨franz.⟩ (staatliches od. gesellschaftliches Eigentum in Privatbesitz zurückführen); Re|pri|va|ti|sie|rung
Re|pro, die; -, -s *u.* das; -s, -s ⟨*Kurzform von* Reproduktion⟩ (*Druckw.* fotografische Reproduktion einer Bildvorlage)
Re|pro|duk|ti|on, die; -, -en ⟨lat.⟩ (Nachbildung; Wiedergabe eines Originals [bes. durch Druck]; Vervielfältigung)
Re|pro|duk|ti|ons|bio|lo|gie (Gebiet der Biologie u. Medizin, das sich mit In-vitro-Fertilisation beschäftigt)
Re|pro|duk|ti|ons|fak|tor (*Kernphysik*); Re|pro|duk|ti|ons|for|schung
Re|pro|duk|ti|ons|fo|to|gra|fie, Re|pro|duk|ti|ons|pho|to|gra|phie (*Druckw.*); Re|pro|duk|ti|ons|gra|fik, Re|pro|duk|ti|ons|gra|phik (*bild. Kunst*)
Re|pro|duk|ti|ons|me|di|zin, die; -; Re|pro|duk|ti|ons|me|di|zi|ner; Re|pro|duk|ti|ons|me|di|zi|ne|rin; Re|pro|duk|ti|ons|tech|nik
Re|pro|duk|ti|ons|ver|fah|ren
re|pro|duk|tiv
re|pro|du|zier|bar; re|pro|du|zie|ren ⟨*zu* Reproduktion⟩
Re|pro|gra|fie, Re|pro|gra|phie, die; -, ...ien (Sammelbezeichnung für verschiedene Kopierverfahren)
re|pro|gram|mie|ren (*Genetik* in Stammzellen [zurück]verwandeln); Re|pro|gram|mie|rung
Re|pro|gra|phie *vgl.* Reprografie
Reps, der; -es, *Plur.* (Sorten:) -e (*südd. für* Raps)
Rep|til, das; -s, *Plur.* -ien, *selten* -e ⟨franz.⟩ (Kriechtier); Rep|ti|li|en|fonds (*iron. für* Geldfonds, über dessen Verwendung Regierungsstellen keine Rechenschaft abzulegen brauchen); Rep|ti|li|en|zoo
Re|pu|b|lik, die; -, -en ⟨franz.⟩; die Berliner Republik; die Erste Republik (in Österreich)
Re|pu|b|li|ka|ner; Re|pu|b|li|ka|ne|rin; re|pu|b|li|ka|nisch
Re|pu|b|li|ka|nis|mus, der; - (*veraltend für* Streben nach einer republikanischen Verfassung)
Re|pu|b|lik|flucht (*DDR* Flucht aus der DDR); re|pu|b|lik|flüch|tig
re|pu|b|lik|weit
Re|pu|di|a|ti|on, die; -, -en ⟨lat.⟩ (*Wirtsch.* Verweigerung eines gesetzl. Zahlungsmittels [durch die Bevölkerung]; Zahlungsverweigerung eines Staates)
Re|pul|si|on, die; -, -en ⟨franz.⟩ (*Technik* Ab-, Zurückstoßung); Re|pul|si|ons|mo|tor
re|pul|siv (zurück-, abstoßend)
Re|pun|ze, die; -, -n ⟨lat.; ital.⟩ (Stempel [für Feingehalt bei Waren aus Edelmetall]); re|pun|zie|ren (mit einem Feingehaltsstempel versehen)
Re|pu|ta|ti|on, die; -, - ⟨lat.-franz.⟩ ([guter] Ruf, Ansehen)
re|pu|tier|lich (*veraltet für* ansehnlich; achtbar; ordentlich)
Re|qui|em, das; -s, *Plur.* -s, *österr.* ...quien ⟨lat.⟩ (*kath. Kirche* Totenmesse; *Musik* ¹Messe)
re|qui|es|cat in pa|ce (»er/sie ruhe in Frieden!«) (*Abk.* R. I. P.)
re|qui|rie|ren ⟨lat.⟩ (beschlagnahmen [für mil. Zwecke])
Re|qui|sit, das; -s, -en (Zubehör; Gegenstand, der für eine Theateraufführung od. eine Filmszene verwendet wird)
Re|qui|si|te, die; -, -n (Requisitenkammer; für die Requisiten

respiratorisch

zuständige Stelle beim Theater); **Re|qui|si|ten|kam|mer**
Re|qui|si|teur [...'tø:ɐ̯], der; -s, -e ⟨franz.⟩ (*Theater, Film* Verwalter der Requisiten); **Re|qui|si|teu|rin**
Re|qui|si|ti|on, die; -, -en ⟨*zu* requirieren⟩
resch (*bayr. u. österr. für* knusprig; barsch; spritzig, säuerlich [vom Wein])
Re|schen|pass, der; -es, **Re|schen|scheid|eck**, das; -s (österreichisch-italienischer Alpenpass)
Re|search [rɪ'sœ:ɐ̯tʃ], das; -[s], -s, *auch* die; -, -s ⟨engl.⟩ (Markt-, Meinungsforschung)
Re|se|da, die; -, *Plur.* ...den, *selten* -s ⟨lat.⟩ (eine Pflanze); **re|se|da|far|ben**; **Re|se|de**, die; -, -n (Reseda)
Re|sek|ti|on, die; -, -en ⟨lat.⟩ (*Med.* operative Entfernung kranker Organteile)
Re|ser|val|ge [...ʒə], die; - ⟨franz.⟩ (*Textilind.* Schutzbeize, die das Aufnehmen von Farbe verhindert)
Re|ser|vat, das; -[e]s, -e ⟨lat.⟩ (Vorbehalt; Sonderrecht; Freigehege für gefährdete Tierarten; *auch für* Reservation)
Re|ser|va|ti|on, die; -, -en (Vorbehalt; den Indianern vorbehaltenes Gebiet in Nordamerika; *schweiz. für* Reservierung)
Re|ser|vat|recht (Sonderrecht)
Re|ser|ve, die; -, -n ⟨franz.⟩ (Ersatz; Vorrat; *Militär* nicht aktive Wehrpflichtige; *Wirtsch.* Rücklage; *nur Sing.:* Zurückhaltung, Verschlossenheit); in Reserve (vorrätig); [Leutnant usw.] der Reserve (*Abk.* d. R.)
Re|ser|ve|ar|mee
Re|ser|ve|bank *Plur.* ...bänke (*Sport*)
Re|ser|ve|fonds (*Wirtsch.* Rücklage)
Re|ser|ve|ka|nis|ter
Re|ser|ve|of|fi|zier; **Re|ser|ve|of|fi|zie|rin**
Re|ser|ve|rad; **Re|ser|ve|rei|fen**
Re|ser|ve|spie|ler; **Re|ser|ve|spie|le|rin**
Re|ser|ve|stoff (*Biol.*)
Re|ser|ve|tank
Re|ser|ve|übung
re|ser|vie|ren ⟨lat.⟩ (vormerken, vorbestellen, freihalten)
re|ser|viert (*auch für* zurückhaltend, kühl); **Re|ser|viert|heit**
Re|ser|vie|rung

Re|ser|vist, der; -en, -en (Soldat der Reserve); **Re|ser|vis|ten|übung** (*Militär);* **Re|ser|vis|tin**
Re|ser|voir [...'voa:ɐ̯], das; -s, *Plur.* -e u. -s ⟨franz.⟩ (Sammelbecken, Behälter)
re|se|zie|ren ⟨lat., *zu* Resektion⟩
Re|si|dent, der; -en, -en ⟨franz.⟩ (jmd., der seinen [zweiten] Wohnsitz im [südlichen] Ausland hat; *veraltend für* Regierungsvertreter, Statthalter); **Re|si|den|tin**
Re|si|denz, die; -, -en ⟨lat.⟩ (Wohnsitz des Staatsoberhauptes, eines Fürsten, eines hohen Geistlichen; Hauptstadt)
Re|si|denz|pflicht; **Re|si|denz|stadt**; **Re|si|denz|the|a|ter**
re|si|die|ren ⟨lat.⟩ (seinen Wohnsitz haben [bes. von regierenden Fürsten])
re|si|du|al (*Med.* zurückbleibend, restlich); **Re|si|du|um**, das; -s, ...duen (Rest [als Folge einer Krankheit])
Re|si|g|na|ti|on, die; -, -en *Plur. selten* ⟨lat.⟩ (Ergebung in das Schicksal); **re|si|g|na|tiv** (durch Resignation gekennzeichnet)
re|si|g|nie|ren; **re|si|g|niert** (mutlos, niedergeschlagen)
re|si|li|ent ⟨lat.⟩ (*bes. Päd., Psychol.* widerstandsfähig [gegenüber psychischen Belastungen]); **Re|si|li|enz**, die; -, -en
Re|si|nat, das; -[e]s, -e ⟨lat.⟩ (*Chemie* Salz der Harzsäure)
Ré|sis|tance [rezɪs'tã:s], die; - ⟨franz.⟩ (franz. Widerstandsbewegung gegen die deutsche Besatzung im 2. Weltkrieg)
re|sis|tent ⟨lat.⟩ (widerstandsfähig); **Re|sis|tenz**, die; -, -en (Widerstand[sfähigkeit]); **re|sis|tie|ren** (widerstehen; ausdauern); **re|sis|tiv** (widerstehend)
Re|skript, das; -[e]s, -e (feierliche Rechtsentscheidung des Papstes od. eines Bischofs)
re|so|lut ⟨lat.⟩ (entschlossen, beherzt, tatkräftig); **Re|so|lut|heit**
Re|so|lu|ti|on, die; -, -en ⟨lat.⟩ (Beschluss, Entschließung); **Re|so|lu|ti|ons|ent|wurf**
Re|so|nanz, die; -, -en ⟨lat.⟩ (*Musik, Physik* Mittönen, -schwingen; Widerhall, Zustimmung)
Re|so|nanz|bo|den (*Musik);* **Re|so|nanz|fre|quenz** (*Physik);* **Re|so|nanz|kas|ten** (*Musik);* **Re|so|nanz|kör|per**; **Re|so|nanz|raum**

Re|so|na|tor, der; -s, ...oren (mitschwingender Körper)
Re|so|pal®, das; -s (ein Kunststoff)
re|sor|bie|ren ⟨lat.⟩ (ein-, aufsaugen); **Re|sorp|ti|on**, die; -, -en (Aufnahme [gelöster Stoffe in die Blut- bzw. Lymphbahn]); **Re|sorp|ti|ons|fä|hig|keit**
Re|sort [*auch* rɪ'zɔ:ɐ̯t], das; -s, -s ⟨engl.⟩ (*kurz für* Urlaubsresort)

Ressource
Wie im Französischen, aus dem das Wort entlehnt ist, schreibt man *Ressource* mit zwei *s*.

Re|so|zi|a|li|sa|ti|on, die; -, -en ⟨lat.⟩ (*svw.* Resozialisierung)
re|so|zi|a|li|sier|bar; **re|so|zi|a|li|sie|ren**; **Re|so|zi|a|li|sie|rung** (schrittweise Wiedereingliederung von Straffälligen in die Gesellschaft)
resp. = respektive
Re|s|pekt, der; -[e]s ⟨franz.⟩ (Achtung; Ehrerbietung; *Buchw., Kunstwiss.* leerer Rand [bei Drucksachen, Kupferstichen]); *vgl.* Respekt einflößend
re|s|pek|ta|bel (ansehnlich; angesehen); ...a|b|le Größe; **Re|s|pek|ta|bi|li|tät**, die; - (Ansehen)
Re|s|pekt|blatt (*Buchw.* leeres Blatt am Anfang eines Buches)
Re|s|pekt ein|flö|ßend, **re|s|pekt|ein|flö|ßend** ↑D 58: eine Respekt einflößende *od.* respekteinflößende Persönlichkeit, *aber nur* eine große Respekt einflößende Persönlichkeit, eine äußerst respekteinflößende Persönlichkeit
re|s|pek|tie|ren ⟨franz.⟩ (achten, in Ehren halten; *Wirtsch.* einen Wechsel bezahlen)
re|s|pek|tier|lich (*veraltend für* ansehnlich, achtbar)
Re|s|pek|tie|rung
re|s|pek|tiv ⟨lat.⟩ (*veraltet für* jeweilig)
re|s|pek|ti|ve (beziehungsweise; oder; und; *Abk.* resp.)
Re|s|pekt|los; **Re|s|pekt|lo|sig|keit**
Re|s|pekts|per|son
re|s|pekt|voll
Res|pi|ghi [...gi] (italienischer Komponist)
Re|s|pi|ra|ti|on, die; - ⟨lat.⟩ (*Med.* Atmung); **Re|s|pi|ra|ti|ons|ap|parat**; **Re|s|pi|ra|tor**, der; -s, ...oren (Beatmungsgerät); **re|s|pi|ra|torisch** (die Atmung betreffend, auf ihr beruhend)

R
resp

re|s|pi|rie|ren (atmen)
re|s|pon|die|ren ⟨lat.⟩ (veraltet für antworten)
Re|s|pons, der; -es, -e (auf eine Initiative o. Ä. hin erfolgende Reaktion)
re|s|pon|siv ⟨lat.-engl.⟩ (reagierend, antwortend)
Re|s|pon|so|ri|um, das; -s, ...ien (liturgischer Wechselgesang)
Res|sen|ti|ment [...sãti'mã:], das; -s, -s ⟨franz.⟩ (gefühlsmäßige Abneigung); res|sen|ti|ment|ge|la|den
Res|sort [...'soːɐ̯], das; -s, -s ⟨franz.⟩ (Geschäfts-, Amtsbereich)
Res|sort|chef; Res|sort|che|fin
res|sor|tie|ren (veraltend für zugehören, unterstehen)
Res|sort|lei|ter; Res|sort|lei|te|rin; Res|sort|mi|nis|ter; Res|sort|mi|nis|te|rin
res|sort|zu|stän|dig (österr.); der ressortzuständige Stadtrat
Res|sour|ce [...'sʊrsə], die; -, -n meist Plur. ⟨franz.⟩ (Rohstoff-, Erwerbsquelle; Geldmittel); Res|sour|cen|ef|fi|zi|enz, die; -; res|sour|cen|scho|nend; Res|sour|cen|scho|nung, die; -
re|s|sour|cen|schwach (bes. schweiz.)
res|sour|cen|stark (bes. schweiz.); Res|sour|cen|ver|brauch, der; -[e]s
Rest, der; -[e]s, Plur. -e u. (Kaufmannsspr., bes. von Schnittwaren:) -er, schweiz. -en ⟨lat.⟩
Rest|ab|schnitt; Rest|al|ko|hol
Re|s|tant, der; -en, -en ⟨Bankw. rückständiger Schuldner; nicht abgeholtes Wertpapier; Wirtsch. Ladenhüter⟩; Re|s|tan|ten|lis|te; Re|s|tan|tin
Rest|auf|la|ge
Re|s|tau|rant [...toˈrãː], das; -s, -s ⟨franz.⟩ (Gaststätte); Re|s|tau|rant|be|sit|zer; Re|s|tau|rant|be|sit|ze|rin; Re|s|tau|rant|be|such; Re|s|tau|rant|füh|rer; Re|s|tau|rant|ket|te
Re|s|tau|rant|schiff (zu einem Restaurant umgebautes, als Restaurant genutztes Schiff)
Re|s|tau|ra|teur [...oraˈtøːɐ̯], der; -s, -e ⟨schweiz., sonst veraltet für Gastwirt⟩; Re|s|tau|ra|teu|rin
Re|s|tau|ra|ti|on, die; -, -en ⟨lat.⟩ (seltener für Restaurierung; Wiederherstellung der alten Ordnung nach einem Umsturz; geh. für Gastwirtschaft)
Re|s|tau|ra|ti|ons|ar|beit meist Plur.; Re|s|tau|ra|ti|ons|be|trieb

Re|s|tau|ra|ti|ons|po|li|tik, die; -;
Re|s|tau|ra|ti|ons|zeit
re|s|tau|ra|tiv (geh. für auf die Wiederherstellung früherer Verhältnisse abzielend, gerichtet)
Re|s|tau|ra|tor, der; -s, ...oren (Wiederhersteller [von Kunstwerken]); Re|s|tau|ra|to|rin
re|s|tau|rie|ren ⟨franz.⟩ (wieder in den ursprünglichen Zustand bringen, ausbessern [bes. von Kunstwerken]); Re|s|tau|rie|rung
Rest|be|stand; Rest|be|trag
Res|te|ver|kauf; Res|te|ver|wer|tung
Rest|for|de|rung; Rest|grup|pe
Rest|harn
re|s|ti|tu|ie|ren ⟨lat.⟩ (wieder einsetzen; zurückerstatten, ersetzen); Re|s|ti|tu|ti|on, die; -, -en ⟨franz.⟩; Re|s|ti|tu|ti|ons|edikt, das; -[e]s (von 1629); Re|s|ti|tu|ti|ons|kla|ge (Klage auf Wiederaufnahme eines Verfahrens)
Rest|kar|te
Rest|kos|ten|rech|nung (betriebswirtschaftl. Kalkulationsverfahren)
Rest|lauf|zeit
rest|lich; das restliche Geld, aber alles Restliche regeln wir morgen ↑D 72
Rest|loch (Bergbau)
rest|los
Rest|müll
Rest|nut|zungs|dau|er (Wirtsch.)
Rest|pos|ten
Re|s|t|rik|ti|on, die; -, -en ⟨lat.⟩ (Einschränkung, Vorbehalt)
Re|s|t|rik|ti|ons|maß|nah|me (Politik); re|s|t|rik|tiv (ein-, beschränkend, einengend); restriktive Konjunktion (Sprachwiss., z. B. »insofern«)
re|s|t|rin|gie|ren (selten für einschränken)
Rest|ri|si|ko
re|struk|tu|rie|ren ⟨lat.⟩ (neu strukturieren); Re|struk|tu|rie|rung (Neuordnung)
Rest|stim|men|man|dat (österr. für Überhangmandat)
Rest|stra|fe; Rest|sum|me
Rest|sü|ße, die; - (Weinbau)
Rest|ur|laub; Rest|wär|me; Rest|wert; Rest|zu|cker (Fachspr.)
Re|sul|tan|te, die; -, -n ⟨franz.⟩ (Physik Ergebnisvektor von verschieden gerichteten Bewegungs- od. Kraftvektoren)
Re|sul|tat, das; -[e]s, -e ⟨franz.⟩ (Ergebnis)
re|sul|ta|tiv (ein Resultat bewir-

kend); resultative Verben (Sprachwiss. Verben, die das Ergebnis eines Vorgangs mit einschließen, z. B. »aufessen«)
re|sul|tat|los; re|sul|tie|ren (sich [als Schlussfolgerung] ergeben; folgen); Re|sul|tie|ren|de, die; -n, -n (svw. Resultante)
Ré|su|mé, das; -s, -s ⟨schweiz. häufig für Resümee⟩
Re|sü|mee, das; -s, -s ⟨franz.⟩ (Zusammenfassung); re|sü|mie|ren
Re|ta|bel, das; -s, - ⟨franz.⟩ (Kunstwiss. Altaraufsatz)
re|tard ⟨lat.-franz.⟩ (verzögert wirkend [Zusatzbezeichnung bei Arzneimitteln])
Re|tard [rəˈtaːɐ̯], der; -s ⟨franz.⟩ (Verzögerung [bei Uhren])
Re|tar|da|ti|on, die; -, -en ⟨lat.⟩ ([Entwicklungs]verzögerung, Verlangsamung)
re|tar|die|ren (verzögern, zurückbleiben); retardierendes Moment (bes. im Drama) ↑D 89
Re|ten|ti|on, die; -, -en ⟨lat.⟩ (Med. Zurückhaltung von auszuscheidenden Stoffen im Körper)

Rhetorik

In dem aus dem Griechischen stammenden Wort gehört das *h* zum *R* und nicht zum *t*.

Re|ti|kül, der od. das; -s, Plur. -e u. -s ⟨franz.⟩ (svw. Ridikül)
re|ti|ku|lar, re|ti|ku|lär ⟨lat.⟩ (Med. netzartig, netzförmig); re|ti|ku|liert (mit netzartigem Muster); retikulierte Gläser
Re|ti|na, die; -, ...nae (Med. Netzhaut des Auges); Re|ti|ni|tis, die; -, ...itiden (Netzhautentzündung)
Re|ti|nol, das; -s (Vitamin A₁)
Re|ti|ra|de, die; -, -n ⟨franz.⟩ (veraltet für Ankleidezimmer)
re|ti|rie|ren (scherzh., sonst veraltet für sich zurückziehen)
Re|tor|si|on, die; -, -en ⟨lat.⟩ (Rechtsspr. Vergeltung)
Re|tor|te, die; -, -n ⟨franz.⟩ (Destillationsgefäß)
Re|tor|ten|ba|by (durch künstliche Befruchtung außerhalb des Mutterleibes entstandenes Kind)
Re|tor|ten|gra|fit, Re|tor|ten|gra|phit, der; -s (Chemie grafitähnlich aussehender Stoff aus fast reinem Kohlenstoff)

Revanchefoul

Re|tor|ten|kind

Re|tor|ten|koh|le (svw. Retortengrafit)

re|tour [re'tuːɐ̯] (franz.) (landsch., österr., schweiz., sonst veraltet für zurück)

Re|tour|bil|lett (schweiz., sonst veraltet für Rückfahrkarte)

Re|tou|re, die; -, -n meist Plur. (Wirtsch. Rücksendung an den Verkäufer)

Re|tour|[fahr]|kar|te (österr. für Rückfahrkarte); Re|tour|gang (österr., schweiz. für Rückwärtsgang)

Re|tour|geld (österr., schweiz. für Wechselgeld)

Re|tour|kut|sche (ugs. für Zurückgeben eines Vorwurfs, einer Beleidigung)

re|tour|nie|ren [...tʊ...] (Wirtsch. zurücksenden [an den Verkäufer]; Tennis den gegnerischen Ball zurückschlagen)

Re|tour|sen|dung; Re|tour|spiel (österr. für Rückspiel)

Re|trai|te [ra'trɛːtə], die; -, -n ⟨franz.⟩ (Militär veraltet für Rückzug; Zapfenstreich der Kavallerie)

Re|trak|ti|on, die; -, -en ⟨lat.⟩ (Med. Schrumpfung)

Re|trie|val [rɪˈtriːvl̩], das; -s, -s ⟨engl.⟩ (EDV das Suchen u. Auffinden gespeicherter Daten)

Re|trie|ver (britischer Jagdhund)

re|tro (Jargon frühere Stilrichtungen aufgreifend); ihre Musik klingt retro

re|tro|da|tie|ren (lat.) (veraltet für zurückdatieren)

Re|tro|fle|xi|on, die (Med. Rückwärtsknickung von Organen)

re|tro|grad ⟨lat.⟩ (rückläufig; rückgebildet)

Re|t|ro|look, der; -s, -s ⟨engl.⟩ (Moderichtung, die an einen früheren Modestil anknüpft)

Re|t|ro|s|pek|ti|on, die; -, -en ⟨lat.⟩ (Rückschau, Rückblick); re|t|ro|s|pek|tiv (rückschauend); Re|t|ro|s|pek|ti|ve, die; -, -n (svw. Retrospektion; auch für Präsentation des [Früh]werks eines Künstlers o. Ä.)

Re|t|ro|ver|si|on, die; -, -en ⟨lat.⟩ (Med. Rückwärtsneigung, bes. der Gebärmutter); re|t|ro|ver|tie|ren (zurückwenden, zurückneigen)

Re|t|ro|vi|rus, das; -, ...ren (Med. tumorerzeugendes Virus)

re|t|ro|ze|die|ren (lat.) (veraltet für zurückweichen; [etwas] wieder abtreten; Wirtsch. rückversichern); Re|t|ro|zes|si|on, die; -, -en (veraltet für Wiederabtretung; Wirtsch. bes. Form der Rückversicherung)

Ret|si|na, der; -[s], Plur. (Sorten:) -s ⟨neugriech.⟩ (geharzter griech. Weißwein)

ret|ten; Ret|ter; Ret|te|rin

Ret|tich, der; -s, -e ⟨lat.⟩

rett|los (Seemannsspr. unrettbar); rettloses Schiff

Ret|tung (nur Sing.: österr. auch kurz für Rettungsdienst)

Ret|tungs|ak|ti|on; Ret|tungs|an|ker; Ret|tungs|ar|beit meist Plur.; Ret|tungs|arzt; Ret|tungs|ärz|tin

Ret|tungs|as|sis|tent; Ret|tungs|as|sis|ten|tin

Ret|tungs|ba|ke

Ret|tungs|bom|be (Bergbau)

Ret|tungs|boot; Ret|tungs|dienst; Ret|tungs|flug|zeug

Ret|tungs|fonds (bes. Politik); Ret|tungs|gas|se (Straßenverkehr); Ret|tungs|gür|tel; Ret|tungs|hub|schrau|ber; Ret|tungs|hund; Ret|tungs|hun|de|staf|fel; Ret|tungs|in|sel; Ret|tungs|leit|stel|le

ret|tungs|los

Ret|tungs|mann|schaft

Ret|tungs|pa|ket (Politikjargon); Ret|tungs|ring

Ret|tungs|sa|ni|tä|ter; Ret|tungs|sa|ni|tä|te|rin

Ret|tungs|schirm (bes. Politik)

Ret|tungs|schlauch (der Feuerwehr); Ret|tungs|schlit|ten (der Bergwacht)

Ret|tungs|schuss; in der Fügung finaler Rettungsschuss (Amtsspr. Todesschuss, der in einer Notsituation zur Rettung einer Person auf den Täter abgegeben werden kann)

Ret|tungs|schwim|men, das; -s; Ret|tungs|schwim|mer; Ret|tungs|schwim|me|rin

Ret|tungs|sta|ti|on; Ret|tungs|ver|such

Ret|tungs|wa|che; Ret|tungs|wa|gen; Ret|tungs|wes|te (Seew.)

¹Re|turn [rɪˈtœːɐ̯n], der; -s, -s ⟨engl.⟩ (Tennis, Tischtennis nach dem Aufschlag des Gegners zurückgeschlagener Ball)

²Re|turn ohne Artikel gebr. (kurz für Returntaste); Re|turn|tas|te (Taste auf der Computertastatur zum Bestätigen od. Beenden eines Vorgangs)

Re|tu|sche, die; -, -n ⟨franz.⟩ (Nachbesserung [bes. von Fotografien]); Re|tu|scheur [...ˈʃøːɐ̯], der; -s, -e; Re|tu|scheu|rin; re|tu|schie|ren (nachbessern [bes. Fotografien])

Reuch|lin (dt. Humanist)

Reue, die; -; reu|en; es reut mich

reue|voll; Reu|geld (Rechtsspr. Abstandssumme); reu|ig

Reu|kauf (Wirtsch. Kauf mit Rücktrittsrecht gegen Zahlung eines Reugeldes)

reu|mü|tig

re|u|nie|ren [rely...] ⟨franz.⟩ (veraltet für [wieder] vereinigen, versöhnen; sich versammeln)

¹Re|u|ni|on, die; -, -en (veraltet für [Wieder]vereinigung)

²Re|u|ni|on [rely'njõː], die; -, -s (veraltet für gesellige Veranstaltung)

Ré|u|ni|on [rey'njõː] (Insel im Indischen Ozean; französisches Überseedepartement)

Re|u|ni|ons|kam|mern Plur. (durch Ludwig XIV. eingesetzte französische Gerichte zur Durchsetzung von Annexionen)

Reu|se, die; -, -n (Korb zum Fischfang)

¹Reuß, die; - (rechter Nebenfluss der Aare)

²Reuß (Name zweier früherer Thüringer Fürstentümer)

Reu|ße, der; -n, -n (früher für Russe)

re|üs|sie|ren ⟨franz.⟩ (gelingen; Erfolg, Glück haben)

reu|Bisch ⟨zu ²Reuß⟩

reu|ten (südd., österr., schweiz. veraltet für roden)

Reu|ter (niederd. Mundartdichter)

Reut|lin|gen (Stadt in Baden-Württemberg)

Reut|te (Ort in Tirol)

Reut|ter (dt. Komponist)

Rev. = Reverend

Re|vak|zi|na|ti|on, die; -, -en ⟨lat.⟩ (Med. Wiederimpfung); re|vak|zi|nie|ren

Re|val (dt. Name von Tallinn)

re|va|lie|ren ⟨lat.⟩ (veraltend für sich für eine Auslage schadlos halten; Kaufmannsspr. [eine Schuld] decken); Re|va|lie|rung (Kaufmannsspr. Deckung)

Re|val|va|ti|on, die; -, -en (Wirtsch. Aufwertung einer Währung); re|val|vie|ren

Re|van|che [reˈvãːʃ(ə)], die; -, -n ⟨franz.⟩ (Vergeltung; Rache)

Re|van|che|foul (Sport)

R
Reva

Revanchekrieg

Re|van|che|krieg
re|van|che|lus|tig
Re|van|che|po|li|tik, die; -
Re|van|che|spiel
re|van|chie|ren, sich (sich rächen; einen Gegendienst erweisen)
Re|van|chis|mus, der; - (nationalist. Vergeltungspolitik); Re|van|chist, der; -en, -en; Re|van|chis|tin; re|van|chis|tisch
Re|ve|nue [rəvəˈnyː], die; -, -n [...ˈnyːən] meist Plur. ⟨franz.⟩ ⟨veraltend für Einkommen⟩
Re|ve|rend, der; -s, -s ⟨lat.⟩ ⟨nur Sing.: Titel der Geistlichen in England u. Amerika; Abk. Rev.; Träger dieses Titels⟩
Re|ve|renz, die; -, -en ⟨Ehrerbietung; Verbeugung⟩; vgl. Referenz
Re|ve|rie, die; -, ...ien ⟨franz., »Träumerei«⟩ ⟨Musik Fantasiestück⟩
¹Re|vers [rəˈvɛːɐ̯], das, österr. der; -, - ⟨franz.⟩ ⟨Umschlag od. Aufschlag an Kleidungsstücken⟩
²Re|vers, auch [rəˈvɛːɐ̯], der; Gen. -es [reˈvɛrzəs], auch - [rəˈvɛːɐ̯(s)], Plur. -e [reˈvɛrzə], auch - [rəˈvɛːɐ̯s] ⟨Rückseite [einer Münze]⟩
³Re|vers [ˈreːvɛrs], der; -es, -e ⟨schriftliche Erklärung rechtlichen Inhalts⟩
re|ver|si|bel ⟨lat.⟩ ⟨umkehrbar; Med. heilbar⟩; ...i|b|le Prozesse; Re|ver|si|bi|li|tät, die; -
¹Re|ver|si|ble [...bl̩], der; -s, -s ⟨beidseitig verwendbares Gewebe mit einer glänzenden u. einer matten Seite⟩
²Re|ver|si|ble [...bl̩], das; -s, -s ⟨Kleidungsstück, das beidseitig getragen werden kann⟩
re|ver|sie|ren ⟨österr. für ein Fahrzeug wenden⟩
Re|ver|si|on, die; -, -en ⟨fachspr. für Umkehrung⟩
Re|vers|sys|tem ⟨Wirtsch.⟩
Re|vi|dent, der; -en, -en ⟨lat.⟩ ⟨Rechtsspr. jmd., der Revision beantragt; früherer österr. Beamtentitel⟩
re|vi|die|ren (durchsehen, überprüfen); sein Urteil revidieren
Re|vier [reˈviːɐ̯], das; -s, -e ⟨niederl.⟩ ⟨Bezirk, Gebiet, Bereich; kurz für Forst-, Jagd-, Polizeirevier; Bergbau großes Gebiet, in dem Bergbau betrieben wird; Militär Krankenstube⟩
re|vie|ren ⟨Jägerspr. in einem Revier nach Beute suchen⟩

Re|vier|förs|ter; Re|vier|förs|te|rin
re|vier|krank ⟨Soldatenspr.⟩; Re|vier|kran|ke, der
Re|vier|wa|che
¹Re|view [riˈvjuː], die; -, -s ⟨engl.⟩ ⟨Titel[bestandteil] englischer u. amerikanischer Zeitschriften⟩
²Re|view, das od. der; -s, -s, auch die; -, -s ⟨kritische Besprechung eines Buchs, Films u. a.⟩
Re|vi|re|ment [revirəˈmãː, österr. revirˈmãː], das; -s, -s ⟨franz.⟩ ⟨Umbesetzung von [staatlichen] Ämtern⟩
Re|vi|si|on, die; -, -en ⟨lat.⟩ ⟨[nochmalige] Durchsicht; Prüfung; Änderung [einer Ansicht]; Rechtsspr. Überprüfung eines Urteils⟩
Re|vi|si|o|nis|mus, der; - ⟨Streben nach Änderung eines bestehenden Zustandes od. eines Programms; eine Strömung in der Arbeiterbewegung⟩; Re|vi|si|o|nist, der; -en, -en ⟨Verfechter des Revisionismus⟩; Re|vi|si|o|nis|tin; re|vi|si|o|nis|tisch
Re|vi|si|ons|an|trag ⟨Rechtsspr.⟩
re|vi|si|ons|be|dürf|tig
Re|vi|si|ons|frist ⟨Rechtswiss.⟩
Re|vi|si|ons|ge|richt
Re|vi|si|ons|ver|fah|ren
Re|vi|si|ons|ver|hand|lung
Re|vi|sor, der; -s, ...oren ⟨Wirtschaftsprüfer; Druckw. Korrektor der Umbruchfahnen⟩; Re|vi|so|rin
re|vi|ta|li|sie|ren ⟨lat.⟩ ⟨Med. wieder kräftigen, funktionsfähig machen; österr. auch für generalsanieren⟩; Re|vi|ta|li|sie|rung
Re|vi|val [riˈvaɪ̯vl̩], das; -s, -s ⟨engl.⟩ ⟨Wiederbelebung⟩
Re|vo|ka|ti|on, die; -, -en ⟨lat.⟩ ⟨Widerruf⟩
Re|vol|te, die; -, -n ⟨franz.⟩ ⟨Empörung, Auflehnung, Aufruhr⟩; re|vol|tie|ren
Re|vo|lu|ti|on, die; -, -en ⟨lat.⟩; re|vo|lu|ti|o|när ⟨franz.⟩ ⟨[staats]umwälzend⟩
Re|vo|lu|ti|o|när, der; -s, -e; Re|vo|lu|ti|o|nä|rin
re|vo|lu|ti|o|nie|ren; Re|vo|lu|ti|o|nie|rung
Re|vo|lu|ti|ons|füh|rer; Re|vo|lu|ti|ons|füh|re|rin
Re|vo|lu|ti|ons|gar|de; Re|vo|lu|ti|ons|ge|richt; Re|vo|lu|ti|ons|held; Re|vo|lu|ti|ons|hel|din; Re|vo|lu|ti|ons|rat
Re|vo|lu|ti|ons|re|gie|rung; Re|vo|lu|ti|ons|tri|bu|nal; Re|vo|lu|ti|ons|wir|ren Plur.
Re|vo|luz|zer, der; -s, - ⟨ital.⟩ ⟨abwertend für Revolutionär⟩; Re|vo|luz|ze|rin
Re|vol|ver, der; -s, - ⟨engl.⟩ ⟨kurze Handfeuerwaffe; drehbarer Ansatz an Werkzeugmaschinen⟩
Re|vol|ver|blatt ⟨abwertend für reißerisch aufgemachte Zeitung⟩
Re|vol|ver|held; Re|vol|ver|hel|din; Re|vol|ver|knauf; Re|vol|ver|lauf
Re|vol|ver|pres|se, der; -, - ⟨abwertend⟩; vgl. Revolverblatt
Re|vol|ver|schnau|ze ⟨ugs. für schnelles, vorlautes Sprechen; schnell u. vorlaut sprechender Mensch⟩
re|vol|vie|ren ⟨lat.⟩ ⟨Technik zurückdrehen⟩
Re|vol|ving|ge|schäft ⟨Wirtsch. mithilfe von Revolvingkrediten finanziertes Geschäft⟩; Re|vol|ving|kre|dit ⟨Kredit in Form von immer wieder prolongierten kurzfristigen Krediten⟩
re|vo|zie|ren ⟨lat.⟩ ⟨zurücknehmen, widerrufen⟩
Re|vue [rəˈvyː], die; -, -n [...ˈvyːən] ⟨franz.⟩ ⟨Zeitschrift mit allgemeinen Überblicken; musikalisches Ausstattungsstück⟩; Revue passieren lassen ⟨sich intensiv erinnern⟩
Re|vue|büh|ne; Re|vue|film; Re|vue|girl; Re|vue|star vgl. ²Star; Re|vue|the|a|ter
Rex|ap|pa|rat® ⟨österr. für Einkochapparat⟩; Rex|glas® ⟨österr. für Einmachglas⟩
Reyk|ja|vik [ˈrɛɪ̯kjaviːk, auch ˈraɪ̯kjaviːk, ...vɪk] ⟨Hauptstadt Islands⟩
Re|ly|on [reˈjõː], der od. das; - ⟨franz.⟩ ⟨Kunstseide aus Viskose⟩
Re|zen|sent, der; -en, -en ⟨lat.⟩ ⟨Verfasser einer Rezension⟩; Re|zen|sen|tin; re|zen|sie|ren
Re|zen|si|on, die; -, -en ⟨lat.⟩ ⟨kritische Besprechung von Büchern, Theateraufführungen u. a.⟩; Re|zen|si|ons|ex|em|p|lar; Re|zen|si|ons|stück ⟨Besprechungsstück⟩
re|zent ⟨lat.⟩ ⟨Biol. gegenwärtig lebend, auftretend; landsch. für säuerlich, pikant⟩; ↑D89: rezente Kulturen ⟨Völkerkunde noch bestehende altertümliche Kulturen⟩
Re|zept, das; -[e]s, -e ⟨lat.⟩ ⟨[Arz-

Rhetorik

nei-, Koch]vorschrift, Verordnung); **Re|zept|block** vgl. Block; **Re|zept|buch; re|zept|frei; re|zeptie|ren** (Rezepte ausschreiben)
Re|zep|ti|on, die; -, -en ⟨lat.⟩ (Auf-, An-, Übernahme; verstehende Aufnahme eines Textes, eines Kunstwerks; Empfangsbüro im Hotel); **Re|zep|ti|ons|ge|schich|te**
re|zep|tiv (aufnehmend, empfangend; empfänglich); **Re|zep|ti|vität,** die; - (Aufnahmefähigkeit, Empfänglichkeit)
Re|zep|tor, der; -s, ...oren (Biol., Physiol. reizaufnehmende Zelle als Bestandteil z. B. der Haut od. eines Sinnesorgans)
Re|zept|pflicht, die; -; **re|zeptpflich|tig**
Re|zep|tur, die; -, -en (Anfertigung von Rezepten; Arbeitsraum in der Apotheke)
Re|zess, der; -es, -e ⟨lat.⟩ (Rechtsspr. Auseinandersetzung, Vergleich, Vertrag)
Re|zes|si|on, die; -, -en ⟨lat.-engl.⟩ (Wirtsch. Rückgang der Konjunktur); **Re|zes|si|ons|pha|se**
re|zes|siv (Biol. zurücktretend; nicht in Erscheinung tretend [von Erbfaktoren])
re|zi|div ⟨lat.⟩ (Med. wiederkehrend [von Krankheiten]); **Re|zidiv,** das; -s, -e (Rückfall); **re|zidi|vie|ren** (in Abständen wiederkehren)
Re|zi|pi|ent, der; -en, -en ⟨lat.⟩ (jmd., der einen Text, ein Musikstück o. Ä. rezipiert; Physik Glasglocke, die zu Versuchszwecken luftleer gepumpt werden kann); **Re|zi|pi|en|tin**
re|zi|pie|ren (etwas als Hörer[in], Leser[in], Betrachter[in] aufnehmen, übernehmen)
re|zi|prok ⟨lat.⟩ (wechselseitig, gegenseitig, aufeinander bezüglich); reziproker Wert (Math. Kehrwert [durch Vertauschung von Zähler u. Nenner]); reziprokes Pronomen (Sprachwiss. wechselbezügliches Fürwort, z. B. »einander«); **Re|zi|p|ro|zität,** die; - (Wechselseitigkeit)
Re|zi|tal vgl. Recital
re|zi|tan|do vgl. recitando
Re|zi|ta|ti|on, die; -, -en ⟨lat.⟩ (künstlerischer Vortrag einer Dichtung); **Re|zi|ta|ti|ons|abend**
Re|zi|ta|tiv, das; -s, -e ⟨ital.⟩ ([dramatischer] Sprechgesang); **re|zita|ti|visch** (in der Art des Rezitativs)

Re|zi|ta|tor, der; -s, ...oren ⟨lat.⟩ (jmd., der rezitiert); **Re|zi|ta|torin; re|zi|tie|ren**
Re|zy|k|lat, das; -[e]s, -e ⟨lat.-griech.⟩ (Produkt eines Recyclingverfahrens)
re|zy|k|lie|ren ⟨zu Zyklus⟩; vgl. recyceln
rf., rfz. = rinforzando
R-Ge|spräch [ˈɛr...] ↑D 29 (Ferngespräch, das der od. die Angerufene bezahlt)
Rgt., R., Reg[t]. = Regiment
RGW, der; - = Rat für gegenseitige Wirtschaftshilfe (1949–1991)
rh, Rh vgl. Rhesusfaktor
Rh (chem. Zeichen für Rhodium)
Rha|ba|nus Mau|rus vgl. Hrabanus Maurus
Rha|bar|ber, der; -s, -e ⟨griech.⟩; **Rha|bar|ber|kom|pott; Rha|barber|ku|chen**
Rhab|dom, das; -s, -e ⟨griech.⟩ (Med. Sehstäbchen in der Netzhaut des Auges)
Rha|da|man|thys (Totenrichter in der griech. Sage)
Rha|ga|de, die; -, -n ⟨griech.⟩ (Med. Einriss in der Haut)
Rhap|so|de, der; -n, -n ⟨griech.⟩ (fahrender Sänger im alten Griechenland)
Rhap|so|die, die; -, ...ien (erzählendes Gedicht, Heldenlied; [aus Volksweisen zusammengesetztes] Musikstück) ↑D 150: die Ungarische Rhapsodie (Musikstück von Liszt); **rhapso|disch** (zur Rhapsodie gehörend; unzusammenhängend, bruchstückartig)
Rhät usw. vgl. Rät usw.
rhe! vgl. ree!
Rhe|da-Wie|den|brück (Stadt im Nordosten Nordrhein-Westfalens)
Rhe|de (Ort östl. von Bocholt)
Rhei|der|land, das; -[e]s (Teil Ostfrieslands); vgl. Reiderland
Rheidt (Ort nördl. von Bonn)
Rhein, der; -[e]s (ein Strom) **rhein|ab, rhein|ab|wärts**
Rhein|an|ke, die; -, -n (ein Fisch)
rhein|auf, rhein|auf|wärts
Rhein|bund, der; -[e]s ↑D 143 (deutscher Fürstenbund unter französischer Führung)
Rhein|fall, der
Rhein|gau, der, landsch. das; -[e]s (Landschaft in Hessen)
Rhein-Her|ne-Ka|nal, der; -s ↑D 144
Rhein|hes|sen

rhei|nisch; rheinische Fröhlichkeit, aber ↑D 140: das Rheinische Schiefergebirge; ↑D 150: Rheinischer Merkur (Zeitung)
Rhei|nisch-Ber|gi|sche Kreis, der; -n -es (Landkreis im Reg.-Bez. Köln)
rhei|nisch-west|fä|lisch; aber ↑D 150: die Rheinisch-Westfälische Technische Hochschule [in Aachen]
Rhein|land, das; -[e]s (Abk. Rhld.)
Rhein|lan|de Plur. (Siedlungsgebiete der Franken beiderseits des Rheins)
Rhein|län|der (auch ein Tanz); **Rhein|län|de|rin; rhein|län|disch**
Rhein|land-Pfalz; Rhein|land-Pfälzer; Rhein|land-Pfäl|ze|rin; rheinland-pfäl|zisch ↑D 145
Rhein-Main-Do|nau-Groß|schifffahrts|weg, der; -[e]s ↑D 146
Rhein-Main-Flug|ha|fen, der; -s ↑D 146
Rhein-Mar|ne-Ka|nal, der; -s ↑D 146
Rhein|pfalz
Rhein|pro|vinz, die; - (ehemalige preußische Provinz beiderseits des Mittel- u. Niederrheins)
Rhein-Rho|ne-Ka|nal, der; -s ↑D 146
Rhein-Schie-Ka|nal [...'sxi:...], der; -s ↑D 146
Rhein|schiff|fahrt
Rhein|sei|ten|ka|nal, der; -s ↑D 143
Rhein|tal; Rhein|ufer
Rhein|wald, der; -[e]s (oberste Talstufe des Hinterrheins)
Rhein|wein
rhe|na|nisch ⟨lat.⟩ (veraltet für rheinisch)
Rhe|ni|um, das; -s (chemisches Element, Metall; Zeichen Re)
Rheo|lo|gie, die; - ⟨griech.⟩ (Teilgebiet der Physik, das Fließerscheinungen von Stoffen unter Einwirkung äußerer Kräfte untersucht)
Rhe|o|s|tat, der; Gen. -[e]s u. -en, Plur. -e[n] (stufenweise veränderlicher elektr. Widerstand)
Rhe|sus, der; -, - ⟨nlat.⟩ (svw. Rhesusaffe); **Rhe|sus|af|fe** (in Süd- u. Ostasien vorkommender, meerkatzenartiger Affe)
Rhe|sus|fak|tor (Med. erbl. Merkmal der roten Blutkörperchen; kurz Rh-Faktor; Zeichen Rh = Rhesusfaktor positiv, rh = Rhesusfaktor negativ)
Rhe|tor, der; -s, ...oren ⟨griech.⟩ (Redner der Antike)
Rhe|to|rik, die; - (Redekunst; Lehre von der wirkungsvollen

Gestaltung der Rede); **Rhe|to|ri|ker**; **Rhe|to|ri|ke|rin**; **Rhe|to|rin**
rhe|to|risch; rhetorische Frage (Frage, auf die keine Antwort erwartet wird)
Rheu|ma, das; -s ⟨griech.⟩ (*kurz für* Rheumatismus); **Rheu|ma|de|cke**
Rheu|ma|ti|ker (an Rheumatismus Leidender); **Rheu|ma|ti|ke|rin**
rheu|ma|tisch; **Rheu|ma|tis|mus**, der; -, ...men (schmerzhafte Erkrankung der Gelenke, Muskeln, Nerven, Sehnen)
Rheu|ma|to|lo|ge, der; -n, -n; **Rheu|ma|to|lo|gie**, die; - (Lehre vom Rheumatismus); **Rheu|ma|to|lo|gin**; **rheu|ma|to|lo|gisch**
Rheu|ma|wä|sche, die; -
Rheydt (Stadtteil von Mönchengladbach)
Rh-Fak|tor [ɛrˈha:...] (*Med.* svw. Rhesusfaktor)
Rhi|ni|tis, die; -, ...itiden ⟨griech.⟩ (*Med.* Nasenschleimhautentzündung, Schnupfen)
Rhi|no|lo|ge, der; -n, -n; **Rhi|no|lo|gie**, die; - (Nasenheilkunde); **Rhi|no|lo|gin**
Rhi|no|plas|tik, die (chirurgische Korrektur der Nase)
Rhi|no|s|kop, das; -s, -e (Nasenspiegel); **Rhi|no|s|ko|pie**, die; -, ...ien (Untersuchung mit dem Rhinoskop)
Rhi|no|ze|ros, das; *Gen.* - *u.* -ses, *Plur.* -se (Nashorn)
Rhi|zom, das; -s, -e ⟨griech.⟩ (*Bot.* bewurzelter unterirdischer Spross)
Rhi|zo|po|de, der; -n, -n *meist Plur.* (*Zool.* Wurzelfüßer)
Rhld. = Rheinland
Rh-ne|ga|tiv [ɛrˈha:...] (den Rhesusfaktor nicht aufweisend)
Rho, das; -[s], -s ⟨griech.⟩ (griechischer Buchstabe: P, ρ)
Rho|da|mi|ne *Plur.* ⟨griech.; lat.⟩ (*Chemie* Gruppe lichtechter Farbstoffe)
Rho|dan, das; -s ⟨griech.⟩ (eine einwertige Gruppe in chemischen Verbindungen)
Rhode Is|land [rɔɪˈdaɪlənd] (Staat in den USA; *Abk.* RI)
Rho|de|län|der [ˈroːdə...], das; -s, - (ein Haushuhn)
Rho|de|si|en ⟨nach Cecil Rhodes⟩ (früherer Name von Simbabwe); **Rho|de|si|er**; **Rho|de|si|e|rin**; **rho|de|sisch**
rho|di|nie|ren ⟨griech.⟩ (mit Rhodium überziehen)

rho|disch ⟨zu Rhodos⟩
Rho|di|um, das; -s ⟨griech.⟩ (chemisches Element, Metall; *Zeichen* Rh)
Rho|do|den|d|ron, der, *auch* das; -s, ...ren ⟨griech.⟩ (eine Zierpflanze); **Rho|do|den|d|ron|strauch**
Rho|do|pen *Plur.* (Gebirge in Bulgarien u. Griechenland)
Rho|dos (griechische Mittelmeerinsel)
rhom|bisch ⟨griech.⟩ (rautenförmig)
Rhom|bo|eder, das; -s, - (von sechs Rhomben begrenzte Kristallform)
Rhom|bo|id, das; -[e]s, -e (*Math.* schiefwinkliges Parallelogramm mit paarweise ungleichen Seiten)
Rhom|bus, der; -, ...ben (²Raute; *Math.* gleichseitiges Parallelogramm)
Rhön, die; - (Mittelgebirge zw. Hessen, Bayern u. Thüringen)
Rho|ne, *franz.* **Rhône** [roːn], die; - (schweizerisch-französischer Fluss)
Rhön|rad (ein Turngerät)
Rho|ta|zis|mus, der; -, ...men ⟨griech.⟩ (*Sprachwiss.* Übergang eines zwischen Vokalen stehenden stimmhaften s zu r, z. B. griech. »genēseos« gegenüber lat. »generis«)
Rh-po|si|tiv [ɛrˈha:...] (den Rhesusfaktor aufweisend)
Rhus, der *u.* die; - ⟨griech.⟩ (Essigbaum)
Rhyth|men (*Plur. von* Rhythmus)
Rhyth|mik, die; - ⟨griech.⟩ (Art des Rhythmus; *auch* Lehre vom Rhythmus)
Rhyth|mi|ker; **Rhyth|mi|ke|rin**
rhyth|misch (den Rhythmus betreffend, taktmäßig); rhythmische Sportgymnastik ↑D 89
rhyth|mi|sie|ren (in einen bestimmten Rhythmus bringen)
Rhyth|mus, der; -, ...men ⟨griech.⟩ (regelmäßige Wiederkehr; geregelter Wechsel; Zeit-, Gleichmaß; taktmäßige Gliederung)
Rhyth|mus|ge|fühl; **Rhyth|mus|gi|tar|re**; **Rhyth|mus|grup|pe**; **Rhyth|mus|in|s|t|ru|ment**
RI = Rhode Island
Ria (w. Vorn.)
Ri|ad (Hauptstadt von Saudi-Arabien)
Ri|al, der; -[s], -s ⟨pers. *u.* arab.⟩

(Währungseinheit in Iran, Jemen u. Oman); 100 Rial; *vgl.* Riyal
RIAS, der; - ⟨Rundfunksender im amerik. Sektor⟩ (Rundfunkanstalt in Berlin [bis 1992])
Ri|bat|tu|ta, die; -, ...ten ⟨ital.⟩ (*Musik* langsam beginnender, allmählich schneller werdender Triller)
rib|bel|fest
rib|beln (*landsch. für* zwischen Daumen u. Zeigefinger rasch [zer]reiben); ich ribb[e]le
Ri|bi|sel, die; -, -n ⟨arab.-ital.⟩ (*österr. für* Johannisbeere); **Ri|bi|sel|saft** (*österr.*)
Ri|bo|fla|vin, das; -s ⟨Kunstwort⟩ (Vitamin B$_2$)
Ri|bo|nu|k|le|in|säu|re (wichtiger Bestandteil des Kerneiweißes der Zelle; *Abk.* RNS)
Ri|bo|som, das; -s, -en *meist Plur.* ⟨Kunstwort⟩ (*Biol.* vor allem aus Ribonukleinsäure u. Protein bestehendes, für den Eiweißaufbau wichtiges submikroskopisch kleines Körnchen)
Ri|car|da (w. Vorn.)
Ri|chard (m. Vorn.)
Ri|chard-Wag|ner-Fest|spie|le *Plur.* ↑ D 137
Ri|che|li|eu [riʃəˈljøː] (franz. Staatsmann)
Ri|che|li|eu|sti|cke|rei ↑ D 136 (Weißstickerei mit ausgeschnittenen Mustern)
Richt|an|ten|ne; **Richt|ba|ke**; **Richt|baum**
Richt|beil (ein Stellmacherwerkzeug; Henkerbeil)
Richt|blei, das (*Bauw.*)
Richt|block *Plur.* ...blöcke
Rich|te, die; - (*landsch. für* gerade Richtung); in die Richte bringen usw.
rich|ten; sich richten; richt euch! (militärisches Kommando)
Rich|ter; **Rich|ter|amt**; **Rich|te|rin**; **rich|ter|lich**; **Rich|ter|ro|be**
rich|ter|schaft, die; -
<u>**Rich|ter|ska|la**</u>, **Rich|ter-Ska|la**, die; - (nach dem amerikanischen Seismologen) (Skala zur Messung der Erdbebenstärke)
Rich|ter|spruch; **Rich|ter|stuhl**; **Rich|ter|tisch**
Richt|fest; **Richt|feu|er**; **Richt|funk**; **Richt|ge|schwin|dig|keit**
rich|tig s. *Kasten Seite 935*
rich|ti|ger|wei|se
rich|tig|ge|hend; das war eine richtiggehende (durchaus so zu nennende) Blamage; *vgl.* richtig

riesen

rich|tig

rich|ti|ger, rich|tigs|te

Großschreibung der Substantivierung ↑D 72:
- das Richtige tun
- das Richtige sein
- er wartet noch auf die Richtige
- es wäre das Richtigste, wenn …; *aber* es wäre am richtigsten, wenn …

Schreibung in Verbindung mit Verben und Partizipien:
- eine Uhr, die richtig geht
- das Besteck hat richtig gelegen
- wenn ich das richtig sehe, gibt es keine größeren Probleme
- die Uhrzeiger richtig stellen *od.* richtigstellen; *aber* eine Behauptung richtigstellen
- wenn er doch einmal etwas richtig machen würde!; *aber* die Rechnung endlich richtigmachen (*ugs. für* begleichen)
- mit einer Annahme richtigliegen (*ugs.*)
- eine richtig gehende *od.* richtiggehende Uhr; *aber* nur es war eine richtiggehende Verschwörung

---

Rich|tig|keit, die; -
rich|tig|lie|gen (*ugs. für* sich nicht irren); *vgl.* richtig
rich|tig|ma|chen (*ugs. für* begleichen); *vgl.* richtig
rich|tig|stel|len (berichtigen); *vgl.* richtig
Rich|tig|stel|lung (Berichtigung)
Richt|ka|no|nier
Richt|kranz
Richt|li|nie *meist Plur.;* **Richt|li|ni|en|kom|pe|tenz**
Richt|mi|k|ro|fon, **Richt|mi|k|ro|phon**
Richt|platz
Richt|preis; Richt|satz
Richt|schnur *Plur.* …schnüre, *seltener* …schnuren
Richt|schüt|ze (*svw.* Richtkanonier)
Richt|schwert; Richt|stät|te
Richt|strah|ler (eine Antenne für Kurzwellensender)
Richt|stre|cke (*Bergmannsspr.* waagerechte Strecke, die möglichst geradlinig angelegt wird)
Rich|tung; sie flohen [in] Richtung Heimat
rich|tung|ge|bend ↑D 59
Rich|tungs|än|de|rung; Rich|tungs|an|zei|ger (Blinkleuchte); **Rich|tungs|fahr|bahn** (*Verkehrsw.*)
rich|tungs|los; Rich|tungs|lo|sig|keit, die; -
Rich|tungs|pfeil
rich|tungs|sta|bil (*Kfz-Technik*); **Rich|tungs|sta|bi|li|tät**
Rich|tungs|ver|kehr, der; -s
Rich|tungs|wahl (Wahl, von der eine Wende in der politischen Richtung erwartet wird)
Rich|tungs|wech|sel; rich|tungs|wei|send, rich|tung|wei|send
Richt|waa|ge
Richt|wert; Richt|zahl

Rick, das; -[e]s, *Plur.* -e, *auch* -s (*landsch. für* Stange; Gestell)
Ri|cke, der; -, -n (weibliches Reh)
Ri|cot|ta, der; -s ⟨ital.⟩ (ital. Frischkäse)
ri|di|kül ⟨franz.⟩ (*veraltet für* lächerlich)
Ri|di|kül, der *od.* das; -s, *Plur.* -e u. -s (*früher für* Arbeitsbeutel; Strickbeutel)
rieb *vgl.* reiben
Rie|bel, der; -s, -[n] (*westösterr. für* Gericht aus Weizen *od.* Maisgrieß)
riech|bar; rie|chen; du rochst; du röchest; gerochen; riech[e]!
Rie|cher (*ugs. für* Nase [*bes. im übertr. Sinne*]); einen guten Riecher für etwas haben (etwas gleich merken)
Riech|fläsch|chen
Riech|kol|ben (*ugs. scherzh. für* Nase); **Riech|or|gan**
Riech|salz; Riech|stoff; Riech|was|ser *Plur.* …wässer
¹**Ried,** das; -[e]s, -e (Schilf, Röhricht)
²**Ried,** die; -, -en, **Rie|de,** die; -, -n (*österr. für* Nutzfläche in den Weinbergen)
Ried|gras
Ried|hü|fel, das; -s (*österr. für* eine Rindfleischsorte)
rief *vgl.* rufen
Rie|fe, die; -, -n (Längsrinne; Streifen, Rippe)
rie|feln (mit Rillen versehen); ich rief[e]le; **Rie|fe|lung**
rie|fen (*svw.* riefeln); **Rie|fen|samt** (*landsch. für* Cordsamt)
rie|fig
Rie|ge, die; -, -n (Turnerabteilung)
Rie|gel, der; -s, -; **Rie|gel|chen**
Rie|gel|hau|be (*früher für* bayrische Frauenhaube)

Rie|gel|haus (*schweiz. für* Fachwerkhaus)
rie|geln (*veraltet, noch landsch. für* verriegeln); ich rieg[e]le
Rie|gel|stel|lung (*Militär*); **Rie|gel|werk** (*landsch. für* Fachwerk)
Rie|gen|füh|rer; Rie|gen|füh|re|rin; rie|gen|wei|se
Riem|chen (*Bauw. auch* schmales Bauelement, z. B. Fliese); **Riem|chen|san|da|le**
¹**Rie|men,** der; -s, - (Lederstreifen)
²**Rie|men,** der; -s, - ⟨lat.⟩ (längeres, mit beiden Händen bewegtes Ruder); sich in die Riemen legen
Rie|men|an|trieb; Rie|men|schei|be (Radscheibe am Riemenwerk)
Rie|men|schnei|der, Tilman (dt. Bildhauer u. Holzschnitzer)
Rie|mer (*landsch. für* Riemenmacher); **Rie|me|rin**
ri|en ne va plus [ˈrjɛ̃ nə va ˈply] ⟨franz., »nichts geht mehr«⟩ (beim Roulettespiel die Ansage des Croupiers, dass nicht mehr gesetzt werden kann)
Ri|en|zi (römischer Volkstribun)
¹**Ries,** das; -es (Becken zwischen Schwäbischer u. Fränkischer Alb); Nördlinger Ries
²**Ries,** das; -es, -e ⟨arab.⟩ (Papiermaß); 4 Ries Papier
¹**Rie|se,** der; -n, -n (außergewöhnlich großer Mensch; *auch für* sagenhaftes, mythisches Wesen, Märchengestalt)
²**Rie|se,** die; -, -n (*südd., österr. für* [Holz]rutsche im Gebirge)
³**Rie|se,** Adam ⟨*eigtl.* Ries⟩ (dt. Rechenmeister); 12 mal 12 ist nach Adam Riese (richtig gerechnet) 144
Rie|sel|feld; rie|seln; ich ries[e]le
rie|sen (*südd. für* mit Holzrutschen herablassen)

R
ries

Riesenanstrengung

Rie|sen|an|stren|gung (ugs.); Rie|sen|ar|beit, die; -; Rie|sen|aus|wahl, die; -; Rie|sen|dumm|heit; Rie|sen|er|folg
Rie|sen|fel|ge (Turnen)
Rie|sen|ge|bir|ge, das; -s
Rie|sen|ge|schäft (ugs.); Rie|sen|ge|winn (ugs.); Rie|sen|glück (ugs.)
rie|sen|groß; rie|sen|haft
Rie|sen|hun|ger (ugs.)
Rie|sen|kal|mar (Gattung großer Tintenfische)
Rie|sen|rad
Rie|sen|ross (Schimpfwort)
Rie|sen|schild|krö|te
Rie|sen|schlan|ge
Rie|sen|schritt
Rie|sen|sla|lom (Skisport)
Rie|sen|spaß, österr. auch Rie|sen|spass (ugs.); rie|sen|stark
Rie|sen|stück (ugs.)
Rie|sen|tor|lauf (Skisport)
rie|sig (gewaltig groß; hervorragend, toll); riesig große Wellen; die Wellen waren riesig groß
Rie|sin; rie|sisch (selten für zu den Riesen gehörend)
Ries|ling, der; -s, -e (eine Reb- u. Weinsorte); Ries|ling|sekt
Ries|ter, der; -s, - (veraltend für Lederflicken auf dem Schuh)
ries|tern (ugs. für eine Riester-Rente ansparen)
Ries|ter-Ren|te, Ries|ter|ren|te ⟨nach dem ehem. Bundesarbeitsminister W. Riester⟩ (staatl. geförderte private Zusatzrente)
ries|wei|se ⟨zu ²Ries⟩
riet vgl. ¹raten
Riet, das; -[e]s, -e (Weberkamm); Riet|blatt
Rif, das; -[s] ⟨arab.⟩, Rif|at|las, der; - (Gebirge in Marokko)
¹Riff, das; -[e]s, Plur. -e u. -s (Felsenklippe; Sandbank)
²Riff, der; -s, -s ⟨engl.⟩ (bes. Jazz, Popmusik ständig wiederholte, rhythmische Tonfolge)
Rif|fel, die; -, -n (Flachskamm; rippenähnlicher Streifen; bayr. u. österr. für gezackter Berggrat [bes. in Bergnamen, z. B. die Hohe Riffel])
Rif|fel|glas Plur. ...gläser; Rif|fel|kamm; Rif|fel|ma|schi|ne
rif|feln ([Flachs] kämmen; aufrauen; mit Riefen versehen); ich riff[e]le; Rif|fe|lung
Ri|fi|fi, das; -s ⟨franz.⟩ (raffiniertes Verbrechen)
Rif|ka|by|le, der; -n, -n (Bewohner des Rifatlas)

Ri|ga (Hauptstadt Lettlands)
Ri|ga|er; Rigaer Bucht; Ri|ga|e|rin; ri|ga|isch; aber ↑D 140: der Rigaische Meerbusen (svw. Rigaer Bucht)
Ri|ga|to|ni Plur. ⟨ital.⟩ (kurze, röhrenförmige Nudeln)
Ri|gel, der; -[s] ⟨arab.⟩ (ein Stern)
Rigg, das; -s, -s, Rig|gung, die; -, -en ⟨engl.⟩ (Seemannsspr. Takelung; Segel[werk])
rig|gen ([auf]takeln)
Ri|gi, der; -[s], auch die; - (Gebirgsmassiv in der Schweiz)
ri|gid, ri|gi|de ⟨lat.⟩ (streng; steif, starr); Ri|gi|di|tät, die; -, -en (starres Festhalten, Strenge; Med. Versteifung, [Muskel]starre)
Ri|gips|plat|te® (Gipskartonplatte zur Verkleidung von Innenwänden)
Ri|go|le, die; -, -n ⟨franz.⟩ (Landwirtsch. tiefe Rinne, Abzugsgraben); ri|go|len (tief pflügen od. umgraben); ich habe rigolt
Ri|go|let|to (Titelheld in der gleichnamigen Oper von Verdi)
Ri|gol|pflug
Ri|go|ris|mus, der; - ⟨lat.⟩ (übertriebene Strenge; strenges Festhalten an Grundsätzen); Ri|go|rist, der; -en, -en; Ri|go|ris|tin; ri|go|ris|tisch (überaus streng)
ri|go|ros ⟨lat.⟩ ([sehr] streng); Ri|go|ro|si|tät, die; -
Ri|go|ro|sum, das; -s, Plur. ...sa, österr. ...sen (mündl. Examen)
Rig|ve|da, Rig|we|da, der; -[s] ⟨sanskr.⟩ (Sammlung der ältesten indischen Opferhymnen)
Ri|je|ka (Hafenstadt in Kroatien); vgl. Fiume
Rijs|wijk ['rɛisvaik] (niederländische Stadt)
Ri|kam|bio, der; -s, ...ien ⟨ital.⟩ (Bankw. Rückwechsel)
Rik|scha, die; -, -s ⟨jap.⟩ (zweirädriger Wagen, der von einem Menschen gezogen wird u. zur Beförderung von Personen dient)
Riks|mål [...moːl], das; -[s] ⟨norw.⟩ (ältere Bez. für Bokmål)
Ril|ke, Rainer Maria (österr. Dichter)
Ril|le, die; -, -n; ril|len
ril|len|för|mig; Ril|len|pro|fil
ril|lig (selten für gerillt)
Rim|baud [rɛ̃'boː] (franz. Dichter)
Ri|mes|se, die; -, -n ⟨ital.⟩ (Wirtsch. in Zahlung gegebener Wechsel); Ri|mes|sen|wech|sel

Ri|mi|ni (italienische Hafenstadt)
Rims|ki-Kor|sa|kow (russischer Komponist)
Rind, das; -[e]s, -er
Rin|de, die; -, -n
Rin|den|boot; Rin|den|hüt|te; rin|den|los; Rin|den|mulch (Gartenbau); Rin|den|tee
Rin|der|bra|ten, südd., österr. u. schweiz. Rinds|bra|ten
Rin|der|brem|se
Rin|der|brust; Rin|der|fi|let; Rin|der|gu|lasch; Rin|der|hack|fleisch
Rin|der|her|de; rin|de|rig (brünstig [von der Kuh])
Rin|der|le|ber; Rin|der|len|de
rin|dern (brünstig sein [von der Kuh])
Rin|der|pest, die; Rin|der|ras|se; Rin|der|seu|che; Rin|der|talg
Rin|der|wahn, Rin|der|wahn|sinn (eine Rinderkrankheit)
Rin|der|zucht
Rin|der|zun|ge; Rind|fleisch
rin|dig (mit Rinde versehen)
Rind|le|der vgl. Rindsleder; rind|le|dern vgl. rindsledern
Rinds|bra|ten usw. südd., österr., schweiz. für Rinderbraten usw.
Rinds|le|der; rinds|le|dern (aus Rindsleder); Rinds|sup|pe (bayr., österr. selten für Fleischbrühe)
Rind|stück (Beefsteak); Rind|sup|pe (österr.); Rinds|vö|gerl, das; -s, -[n]; vgl. Pickerl (österr. für Rinderroulade)
Rind|viech (auch Schimpfwort)
Rind|vieh (auch Schimpfwort)
rin|for|zan|do ⟨ital.⟩ (Musik stärker werdend; Abk. rf., rfz.)
Rin|for|zan|do, das; -s, Plur. -s u. ...di (Musik)
ring (südd., schweiz. mdal. für leicht, mühelos)
Ring, der; -[e]s, -e; ring|ar|tig
Ring|arzt (Boxen)
Ring|bahn; Ring|buch
Rin|gel, der; -s, - (kleineres ringförmiges od. spiraliges Gebilde); Rin|gel|blu|me
Rin|gel|chen vgl. Ringlein
rin|ge|lig, ring|lig
Rin|gel|lo|cke
rin|geln; ich ring[e]le [mich]
Rin|gel|nat|ter
Rin|gel|natz (dt. Dichter); Ringelnatz' Gedichte ↑D 16
Rin|gel|piez, der; -[es], -e (ugs. scherzh. für anspruchsloses Tanzvergnügen); Ringelpiez mit Anfassen
Rin|gel|pul|li; Rin|gel|rei|gen,

österr. nur Rin|gel|rei|hen; Rin|gel|rob|be; Rin|gel|schwanz; Rin|gel|söck|chen
Rin|gel|spiel (österr. für Karussell); Rin|gel|ste|chen, das; -s, - (früheres ritterliches Spiel)
Rin|gel|tau|be; Rin|gel|wurm
rin|gen; du rangst; du rängest; gerungen; ring[e]!
Rin|gen, das; -s
Rin|ger; Rin|ger|griff; Rin|ge|rin
rin|ge|risch; seine ringerischen Qualitäten
Ring|fahn|dung (Großfahndung der Polizei nach Straftätern)
Ring|fin|ger
Ring|form; ring|för|mig
Ring|ge|schäft; Ring|gra|ben
ring|hö|rig (schweiz. neben schalldurchlässig, hellhörig)
Ring|kampf; Ring|kämp|fer; Ring|kämp|fe|rin
Ring|knor|pel (Kehlkopfknorpel)
Ring|lein (kleiner Ring)
ring|lig vgl. ringelig
Rin|g|lot|te, die; -, -n (landsch. u. österr. für Reneklode)
Ring|mau|er
Ring|rich|ter (Boxen); Ring|rich|te|rin
rings vgl. ringsum
Ring|schloss; Ring|schlüs|sel; rings|he|r|um; Ring|stra|ße
rings|um; ringsum (rundherum) läuft ein Geländer; ringsum (überall) stehen Sträucher, aber die Kinder standen rings um ihren Lehrer; rings um den See standen Bäume; rings|um|her
Ring|tausch; Ring|ten|nis; Ring|vor|le|sung; Ring|wall
Rink, der; -en, -en, Rin|ke, die; -, -n (landsch. für Schnalle)
Rin|ken, der; -s, - (svw. Rink)
Rin|ne, die; -, -n
rin|nen; es rann; es ränne, selten rönne; geronnen; rinn[e]!
Rinn|sal, das; -[e]s, -e (geh. für kleines fließendes Gewässer)
Rinn|stein
Rio de Ja|nei|ro [- - ʒaˈneːɾu...] (Stadt in Brasilien)
Rio de la Pla|ta, der; - - - - (gemeinsame Mündung der Flüsse Paraná u. Uruguay)
Rio-de-la-Pla|ta-Bucht, die; - ↑D 146
Rio Gran|de do Sul (Bundesstaat in Brasilien)
Ri|o|ja [riˈoxa], der; -[s] (ein span. Rotwein)
R. I. P. = requiescat in pace
Ri|pos|te, die; -, -n (ital.) (Fechten unmittelbarer Gegenangriff); ri|pos|tie|ren
Ripp|chen; Rip|pe, die; -, -n
rip|peln, sich (landsch. für sich regen); ich ripp[e]le mich
rip|pen (mit Rippen versehen; ugs. für stehlen; EDV Einlesen der Daten einer CD o. Ä. in ein Anwendungsprogramm); gerippt
Rip|pen|bo|gen; Rip|pen|bruch, der
Rip|pen|fell; Rip|pen|fell|ent|zün|dung
Rip|pen|heiz|kör|per
Rip|pen|speer, der od. das; -[e]s (gepökeltes Schweinebruststück mit Rippen); Kasseler Rippe[n]speer
Rip|pen|stoß; Rip|pen|stück
Rip|perl, das; -s, -[n]; vgl. Pickerl (österr. für Schweinerippchen)
Ripp|li, das; -[s], -[s]; vgl. Götti (schweiz. für Schweinerippchen)
rips!; rips, raps!
Rips, der; -es, -e (engl.) (geripptes Gewebe); Rips|band, das
ri|pu|a|risch (lat.) (am [Rhein]ufer wohnend); ripuarische Franken (um Köln) ↑D 89
ri|ra|rutsch!
Ri|sa|lit, der; -s, -e (ital.) (Bauw. Vorbau, Vorsprung)
ri|scheln (landsch. für rascheln, knistern); sie sagt, es risch[e]le
Ri|si-Bi|si, auch, bes. österr., Ri|si|bi|si vgl. Risi-Pisi
Ri|si|ko, das; -s, ...ken, selten -s (ital.); Ri|si|ko|ana|ly|se
ri|si|ko|be|haf|tet; ri|si|ko|be|reit; Ri|si|ko|be|reit|schaft, die; -; Ri|si|ko|fak|tor; Ri|si|ko|fonds
ri|si|ko|frei; ri|si|ko|freu|dig
Ri|si|ko|ge|burt
ri|si|ko|ge|wich|tet (Wirtsch., Bankw. hinsichtlich des [geschäftlichen] Risikos bewertet); Ri|si|ko|ge|wich|tung; Ri|si|ko|grup|pe (Med., Soziol.); Ri|si|ko|ka|pi|tal (Wirtsch.); Ri|si|ko|le|bens|ver|si|che|rung ↑D 22; Ri|si|ko|leh|re (Lehre von den Ursachen u. der Eindämmung der möglichen Folgen eines Risikos)
ri|si|ko|los
Ri|si|ko|ma|nage|ment (Wirtsch. Unternehmensstrategie zur Erkennung, Bewältigung u. Ausschaltung von Risiken); Ri|si|ko|ma|na|ger; Ri|si|ko|ma|na|ge|rin
Ri|si|ko|nei|gung
Ri|si|ko|pa|pier (Börsenw.)
Ri|si|ko|pa|ti|ent (besonders gefährdeter Patient); Ri|si|ko|pa|ti|en|tin
Ri|si|ko|prä|mie (Wirtsch.); Ri|si|ko|puf|fer (Wirtsch., Bankw.)
ri|si|ko|reich; ri|si|ko|scheu
Ri|si|ko|schwan|ger|schaft; Ri|si|ko|sport; Ri|si|ko|vor|sor|ge (bes. Wirtsch., Versicherungsw.); Ri|si|ko|zu|schlag
Ri|si-Pi|si, auch, bes. österr., Ri|si|pi|si, das; -[s], - ⟨ital.⟩ (ein Gericht aus Reis u. Erbsen)
ris|kant (franz.) (gewagt); ris|kie|ren (wagen, aufs Spiel setzen)
Risk|ma|nage|ment ⟨engl.⟩ (svw. Risikomanagement)
Ri|skon|t|ro vgl. Skontro
Ri|sor|gi|men|to [...dʒi...], das; -[s] ⟨ital.⟩ (italienische Einigungsbewegung im 19. Jh.)
Ri|sot|to, der; -[s], -s, auch, österr. nur das; -s, -[s] ⟨ital.⟩ (Reisspeise)
Ris|pe, die; -, -n (Blütenstand); ris|pen|för|mig; Ris|pen|gras; ris|pig
riss vgl. reißen
Riss, der; -es, -e; riss|fest
ris|sig
Ris|so|le, die; -, -n (Gastron. halbmondförmiges Pastetchen)
Rist, der; -[e]s, -e (Fuß-, Handrücken; kurz für Widerrist)
Ris|te, die; -, -n (landsch. für Flachsbündel)
Rist|griff (Turnen)
Ris|to|ran|te, das; -, ...ti ⟨ital.⟩ (ital. Bez. für Restaurant)
ri|stor|nie|ren ⟨ital.⟩ (Wirtsch. rückbuchen); Ri|stor|no, der od. das; -s, -s (Wirtsch. Rückbuchung, Rücknahme)
ri|s|ve|g|li|an|do [...velˈja...] ⟨ital.⟩ (Musik munter, lebhaft werdend); ri|s|ve|g|li|a|to (Musik [wieder] munter, lebhaft)
rit. = ritardando, ritenuto
Ri|ta (w. Vorn.)
Ri|ta|lin®, das ⟨Kunstwort⟩ (Medikament zur Behandlung von ADHS)
ri|tar|dan|do ⟨ital.⟩ (Musik langsamer werdend; Abk. rit.); ri|tar|dan|do, das; -s, Plur. -s u. ...di
ri|te ⟨lat.⟩ (genügend [geringstes Prädikat beim Rigorosum])
ri|ten., rit. = ritenuto
Ri|ten Plur. von Ritus
Ri|ten|kon|gre|ga|ti|on, die; - (eine päpstliche Behörde)
ri|te|nu|to ⟨ital.⟩ (Musik zurückgehalten, plötzlich langsamer;

Abk. rit., riten.); **Ri|te|nu|to,** das; -s, *Plur.* -s u. ...ti

Ri|tor|nell, das; -s, -e ⟨ital.⟩ (*Verslehre* dreizeilige Strophe; *Musik* sich [mehrfach] wiederholender Teil eines Musikstücks)

Ri|trat|te, die; -, -n ⟨ital.⟩ (*svw.* Rikambio)

ritsch!; rịtsch, rạtsch!

Rịt|scher, der; -s, **Rịt|schert,** das; -s ⟨*österr. für* Speise aus Graupen u. Hülsenfrüchten⟩

ritt *vgl.* reiten

Rịtt, der; -[e]s, -e

Rịtt|ber|ger, der; -s, - ⟨nach dem dt. Eiskunstläufer⟩ (Drehsprung im Eiskunstlauf)

Rịt|ter; die Ritter des Pour le Mérite; der Ritter von der traurigen Gestalt (Don Quichotte); **arme** *od.* Arme Ritter (eine Süßspeise)

Rịt|ter|burg; Rịt|ter|dich|tung
Rịt|ter|gut; Rịt|ter|guts|be|sit|zer
Rịt|te|rin
rịt|ter|lich; Rịt|ter|lich|keit
Rịt|ter|ling (ein Pilz)
rịt|tern (*österr. ugs. für* in einer letzten Entscheidung um etwas kämpfen); ich rittere
Rịt|ter|or|den; Rịt|ter|ro|man; Rịt|ter|rüs|tung; Rịt|ter|saal
Rịt|ter|schaft, die; -; **rịt|ter|schaft|lich**
Rịt|ter|schlag
Rịt|ters|mann *Plur.* ...leute
Rịt|ter|sporn *Plur.* ...sporne (eine Gartenstaude)
Rịt|ter|tum, das; -s
Rịt|ter-und-Räu|ber-Ro|man ↑D 26
Rịt|ter|we|sen; Rịt|ter|zeit

rịt|tig (zum Reiten geschult, reitgerecht [von Pferden]); **Rịt|tig|keit,** die; -; **Rịt|tig|keits|ar|beit,** die; - (*Pferdesport*)

rịtt|lings
Rịtt|meis|ter (*Militär früher*)
Ri|tu|al, das; -s, *Plur.* -e u. -ien ⟨lat.⟩ (religiöser Brauch; Zeremoniell)
Ri|tu|al|buch; Ri|tu|al|hand|lung
ri|tu|a|li|sie|ren (zum Ritual werden lassen)
Ri|tu|a|lis|mus, der; - (Richtung der anglikanischen Kirche); **Ri|tu|a|list,** der; -en, -en
Ri|tu|al|mord
ri|tu|ẹll ⟨franz.⟩ (zum Ritus gehörend; durch den Ritus geboten)
Ri|tus, der; -, ...ten ⟨lat.⟩ (gottesdienstlicher [Fest]brauch; Zeremoniell)

Rịtz, der; -es, -e (Kerbe, Schramme; *auch für* Ritze)

Rịt|ze, die; -, -n (sehr schmale Spalte od. Vertiefung)

Rịt|zel, das; -s, - (*Technik* kleines Zahnrad)

rịt|zen; du ritzt; **Rịt|zer** (*ugs. für* kleine Schramme; jmd., der sich absichtlich ritzt); **Rịt|ze|rin; Rịt|zung**

Ri|u|kiu|in|seln *Plur.* (Inselkette im Pazifik)

Ri|va|le, der; -n, -n ⟨franz.⟩ (Mitbewerber); **Ri|va|lin**

ri|va|li|sie|ren (um den Vorrang kämpfen); **Ri|va|li|tät,** die; -, -en

Ri|ver|boat|shuf|fle, Ri|ver-boat-Shuf|fle [...bo͜ʊtʃafl], die; -, -s ⟨amerik.⟩ (Vergnügungsfahrt auf einem [Fluss]schiff, bei der eine [Jazz]band spielt)

ri|ver|so ⟨ital.⟩ (*Musik* umgekehrt, vor- u. rückwärts zu spielen)

Ri|vi|e|ra, die; -, ...ren *Plur. selten* (Küstengebiet am Mittelmeer)

Ri|yal, der; -[s], -s ⟨arab.⟩ (Währungseinheit in Saudi-Arabien); 100 Riyal; *vgl.* Rial

Ri|zi|nus [*österr.* ...ˈtsi:...], der; -, *Plur.* - u. -se ⟨lat.⟩ (ein Wolfsmilchgewächs, Heilpflanze); **Ri|zi|nus|öl**

r.-k., röm.-kath. = römisch-katholisch

RKW, das; -[s], -s = Rationalisierungs- und Innovationszentrum der Deutschen Wirtschaft, *früherer Name* Rationalisierungskuratorium der Deutschen Wirtschaft

Rm, *früher* rm = Raummeter

RM = Reichsmark

Rn (*chem. Zeichen für* Radon)

RNA, die; - ⟨aus engl. ribonucleic acid⟩ (Ribonukleinsäure)

RNS, die; - = Ribonukleinsäure

Roa|die [ˈrɔʊdi], der; -s, -s ⟨amerik.⟩ (jmd., der gegen Bezahlung beim Transport, Auf- u. Abbau der Ausrüstung einer Rockgruppe o. Ä. hilft); **Road|ma|na|ger** [ˈrɔʊt...] (für die Bühnentechnik verantwortlicher Begleiter einer Rockgruppe)

Road|map [ˈrɔʊtmɛp], die; -, -s ⟨engl.⟩ (*EDV* Plan für die zukünftige Entwicklung von Technologien u. Produkten; *nur Sing. auch für* amerik. Friedensplan für den Nahen Osten)

Road|mo|vie [ˈrɔʊtmuːvi], das (Spielfilm, dessen Handlung sich unterwegs, bei einer Autofahrt abspielt)

Road|pri|cing, Road-Pri|cing [ˈrɔʊtpraɪsɪŋ], das; -s ⟨engl.⟩ (*Verkehrsw.* Gebühr für die Benutzung einer Straße mit einem Kraftfahrzeug)

Road|show [ˈrɔʊt...] ⟨engl.⟩ (Werbeveranstaltung, die mobil an verschiedenen Orten erfolgt)

Roads|ter [ˈrɔʊtstɐ], der; -s, - ⟨engl.⟩ (offener, zweisitziger Sportwagen)

Road|trip [ˈrɔʊt...] ⟨engl.⟩ (weite Reise mit dem Auto, oft ohne feste Streckenplanung)

Roa|ming [ˈrɔʊmɪŋ], das; -s ⟨engl.⟩ (*EDV, Telefonie* Verbindungsübergabe zwischen verschiedenen [Mobilfunk]netzen); **Roa|ming|ge|bühr**

Roa|ring Twen|ties [ˈrɔː...ˈti:s] *Plur.* ⟨engl., »die stürmischen Zwanziger(jahre)«⟩ (die 20er-Jahre des 20. Jh.s in den USA u. in Westeuropa)

Roast|beef [ˈroːstbiːf, ˈrɔ...], das; -s, -s ⟨engl.⟩ (Rostbraten)

Rob|be, die; -, -n (Seesäugetier)

Robbe-Gril|let [rɔbgriˈjeː] (französischer Schriftsteller)

rob|ben (robbenartig kriechen); sie robbt

Rob|ben|fang; Rob|ben|fän|ger; Rob|ben|fän|ge|rin; Rob|ben|fell
Rob|ben|jagd; Rob|ben|jä|ger; Rob|ben|jä|ge|rin; Rob|ben|schlag (Erlegung der Robbe mit einem Knüppel); **Rob|ben|ster|ben**

Rob|ber, der; -s, - ⟨engl.⟩ (*svw.* ¹Rubber)

Ro|be, die; -, -n ⟨franz.⟩ (kostbares, langes [Abend]kleid; Amtstracht, bes. für Richter, Anwälte, Geistliche)

Ro|bert (m. Vorn.)
Ro|ber|ta, Ro|ber|ti|ne (w. Vorn.)
Ro|bes|pi|erre [...bɛsˈpi̯ɛːɐ] (Führer in der Franz. Revolution)
Ro|bin Hood [ˈrɔbɪn ˈhʊd] (engl. Sagengestalt)
Ro|bi|nie [...i̯ə], die; -, -n ⟨nach dem franz. Botaniker Robin⟩ (ein Zierbaum od. -strauch)
Ro|bin|so|na|de, die; -, -n (Robinsongeschichte)
Ro|bin|son Cru|soe [-...zo] (Held in einem Roman von Daniel Defoe)
Ro|bin|son|lis|te (Liste von Personen, die keine Werbesendungen erhalten möchten)
Ro|bot, die; -, -en ⟨tschech.⟩ (ver-

Rohrrücklauf

altet für Frondienst); ro|bo|ten (ugs. für schwer arbeiten); er hat gerobotet
Ro|bo|ter [landsch. auch ro'bo:...] (elektronisch gesteuerter Automat); ro|bo|ter|haft; ro|bo|tisch (aus einem Roboter bestehend, in der Art eines Roboters)
Ro|bu|rit, der; -s ⟨lat.⟩ (ein Sprengstoff)
ro|bust ⟨lat.⟩ (stark, widerstandsfähig); Ro|bust|heit, die; -
Ro|caille [...'kaj], das od. die; -, -s ⟨franz.⟩ (Kunst Muschelwerk)
roch vgl. riechen
Ro|cha|de [...x..., auch ...ʃ...], die; -, -n ⟨arab.-span.-franz.⟩ (Schach Doppelzug von König u. Turm; schweiz. auch für [Ämter]tausch)
Roche|fort [rɔʃ'fo:ɐ̯] (französische Stadt)
rö|cheln; ich röch[e]le
Ro|chen, der; -s, - (ein Seefisch)
Ro|chett [...ʃ...], das; -s, -s ⟨franz.⟩ (Chorhemd kath. Geistlicher)
ro|chie|ren [...x..., auch ...ʃ...] ⟨arab.-span.-franz.⟩ (die Rochade ausführen; die Positionen wechseln)
¹Ro|chus (Heiliger)
²Ro|chus ⟨hebr.-jidd.⟩; einen Rochus auf jmdn. haben (ugs. für zornig auf jmdn. sein)
¹Rock, der; -[e]s, Röcke
²Rock, der; -[s] ⟨amerik.⟩ (Stilrichtung der Popmusik)
Rock and Roll ['rɔk ənt 'rɔʏl, - - 'ro:l], Rock 'n' Roll ['rɔkn̩ 'rɔʏl, ...'ro:l], der; - -[s], - - -s (stark synkopierter amerikanischer Musikstil u. Tanz)
Rock-and-Roll-Meis|ter|schaft, Rock-'n'-Roll-Meis|ter|schaft
Rock|band [...bɛnt, ...bænd], die (svw. Rockgruppe)
Rock|chen
ro|cken (²Rock spielen)
Ro|cken, der; -s, - (Spinngerät)
Ro|cken|bol|le, die; -, -n (nordd. für Perlzwiebel)
Ro|cken|stu|be (Spinnstube)
Ro|cker, der; -s, - ⟨engl.⟩ (Angehöriger einer Gruppe von Jugendlichen [mit Lederkleidung u. Motorrad als Statussymbolen]; Rockmusiker); Ro|cker|ban|de; Ro|cker|braut (ugs. für Freundin eines Rockers); Ro|cke|rin; Ro|cker|mi|li|eu
Rock|fes|ti|val; Rock|grup|pe; ro|ckig; Rock|klas|si|ker; Rock|kon-zert; Rock|mu|si|cal; Rock|mu|sik; Rock|mu|si|ker; Rock|mu|si|ke|rin
Rock 'n' Roll ['rɔkn̩ 'rɔʏl, ...'ro:l] usw. vgl. Rock and Roll usw.
Rock|oper
Rock|röh|re (ugs. für Rocksängerin)
Rock|sän|ger; Rock|sän|ge|rin
Rock|saum; Rock|schoß
Rock|star vgl. ²Star
Rock|ta|sche
Ro|cky Moun|tains [...ki 'maʊntns] Plur. (nordamerikanisches Gebirge)
Rock|zip|fel
Ro|de|ha|cke
¹Ro|del, der; -s, Rödel (südwestd., schweiz. früher Verzeichnis)
²Ro|del, der; -s, - (bayr. für Schlitten)
³Ro|del, die; -, -n (österr. für kleiner Schlitten; landsch. für Kinderrassel)
Ro|del|bahn; ro|deln; ich rod[e]le
rö|deln (ugs. für angestrengt arbeiten); ich röd[e]le
Ro|del|schlit|ten
ro|den
Ro|deo, der od. das; -s, -s ⟨engl.⟩ (Reiterschau der Cowboys in den USA)
Ro|der (Gerät zum Roden von Kartoffeln, Rüben])
Ro|de|rich (m. Vorn.)
Ro|din [ro'dɛ̃:] (franz. Bildhauer)
Rod|ler; Rod|le|rin
ro|do|mon|tie|ren (veraltet für aufschneiden)
Ro|don|ku|chen [...'dõ:...], der; -s, - ⟨franz.; dt.⟩ (landsch. ein Napfkuchen)
Ro|d|ri|go (m. Vorn.)
Ro|dung
Ro|ga|te ⟨lat., »bittet!«⟩ (fünfter Sonntag nach Ostern)
Ro|ga|ti|on, die; -, -en (veraltet für Fürbitte; kath. Bittumgang)
Ro|gen, der; -s, - (Fischeier)
Ro|ge|ner, Rog|ner (w. Fisch)
Ro|gen|stein (rogenartige Versteinerung)
ro|ger! ['rɔdʒɐ] ⟨engl.⟩ (Funkw. [Nachricht] verstanden!; ugs. auch für in Ordnung!)
Ro|ger [auch rɔ'ʒe:, 'rɔdʒɐ] (dt., franz., engl. m. Vorn.)
Rög|gel|chen (rhein. für Roggenbrötchen)
Rog|gen, der; -s, Plur. (Sorten:) - (ein Getreide); Rog|gen|brot; Rog|gen|bröt|chen; Rog|gen|ern|te; Rog|gen|feld; Rog|gen|mehl
Rog|ner vgl. Rogener

roh; rohe Gewalt; roh behauener od. rohbehauener Stein; roh bearbeiteter od. rohbearbeiteter Stein; im Rohen fertig
Roh|ar|beit; Roh|bau Plur. ...bauten; Roh|bi|lanz (Wirtsch.)
Roh|da|ten Plur. (EDV)
Roh|di|a|mant; Roh|ei|sen, das; -s; Roh|ei|sen|ge|win|nung
Roh|heit alte Schreibung für Rohheit
Roh|ent|wurf; Roh|er|trag; Roh|er|trags|mar|ge (Wirtsch. prozentuales Verhältnis des Rohgewinns zum Umsatz)
ro|her|wei|se; Roh|ge|wicht
Roh|heit
Roh|kost; Roh|köst|ler; Roh|köst|le|rin
Roh|ling
Roh|ma|te|ri|al
Roh|milch; Roh|milch|kä|se
Roh|öl
Roh|pro|dukt; Roh|pro|duk|ten|händ|ler; Roh|pro|duk|ten|händ|le|rin
Rohr, das; -[e]s, -e (österr. auch für Backofen)
Rohr|am|mer (ein Vogel)
Rohr|blatt|in|s|t|ru|ment (Musik)
Rohr|bruch, der; Röhr|chen (kleines Rohr; kleine Röhre)
Rohr|dom|mel, die; -, -n (ein Vogel)
Röh|re, die; -, -n
röh|ren (brüllen [vom Hirsch zur Brunftzeit])
Röh|ren|be|wäs|se|rung
Röh|ren|blüt|ler, der; -s, - (Bot.)
Röh|ren|brun|nen (Brunnen, aus dem das Wasser ständig rinnt)
Röh|ren|ho|se; Röh|ren|jeans
Röh|ren|kno|chen; Röh|ren|pilz
rohr|far|ben (für beige)
Rohr|flech|ter; Rohr|flech|te|rin; Rohr|flö|te
rohr|för|mig
Rohr|ge|flecht
Röh|richt, das; -s, -e (Rohrdickicht)
Rohr|kol|ben
Rohr|kre|pie|rer (Soldatenspr. Geschoss, das im Geschützrohr u. Ä. explodiert; ugs. Misserfolg)
Röhr|le|ger; Röhr|le|ge|rin; Rohr|lei|tung
Röhr|ling (ein Pilz)
Rohr|rohr|zu|cker, der; -s (hellbrauner Rohrzucker)
Rohr|post
Rohr|rück|lauf, der; -[e]s (beim Geschütz)

Rohr|sän|ger (ein Singvogel)
Rohr|spatz; *in* schimpfen wie ein Rohrspatz (ugs.)
Rohr|stock *Plur.* ...stöcke; Rohr|stuhl
Rohr|wei|he (ein Greifvogel)
Rohr|zan|ge
Rohr|zu|cker
Roh|schrift (*für* Konzept)
Roh|sei|de, roh|sei|den; ein rohseidenes Kleid
Roh|stahl *vgl.* Stahl
Roh|stoff; roh|stoff|arm
Roh|stoff|boom
Roh|stoff|ex|per|te; Roh|stoff|ex|per|tin
Roh|stoff|fra|ge, Roh|stoff-Fra|ge; Roh|stoff|han|del
Roh|stoff|händ|ler; Roh|stoff|händ|le|rin
Roh|stoff|lie|fe|rant; Roh|stoff|man|gel, der; -s; Roh|stoff|markt; Roh|stoff|preis; Roh|stoff|quel|le
roh|stoff|reich
roh|stoff|ver|ar|bei|tend; die rohstoffverarbeitende Industrie; Roh|stoff|ver|ar|bei|tung
Roh|stoff|ver|brauch; Roh|stoff|wert (Wertpapier)
Roh|ta|bak; Roh|zu|cker; Roh|zu|stand
Roi|busch|tee, Rooi|bos|tee [ˈrɔɪ...] ⟨afrikaans⟩; *vgl.* Rotbuschtee
roi|en, ro|jen (Seemannsspr. rudern); er roit, rojet; er hat geroit, gerojet
Ro|kit|no|sümp|fe *Plur.* (in der Polesje)
Ro|ko|ko [*auch* ...ˈko..., *österr.* ...ˈkoː], das; *Gen.* -s, *fachspr. auch* - ⟨franz.⟩ ([Kunst]stil des 18. Jh.s); Ro|ko|ko|kom|mo|de; Ro|ko|ko|stil, der; -[e]s; Ro|ko|ko|zeit, die; -
Ro|land (m. Vorn.)
Ro|lands|lied, das; -[e]s
Ro|land[s]|säu|le
Rolf (m. Vorn.)
Rolla|den *alte Schreibung für* Rollladen
Rol|la|tor, der; -s, -en (Gehhilfe mit Rädern)
Roll|back, Roll-back [ˈroʊlbɛk], das; -[s], -s ⟨engl.⟩ (Rückzug, erzwungenes Zurückweichen; Rückgang)
Roll|bahn; Roll|bal|ken (*österr. für* Rollladen), Roll|ball, der; -[e]s (Mannschaftsballspiel)
Roll|bra|ten
Roll|brett (svw. Rollerbrett)
Röll|chen; Rol|le, die; -, -n

rol|len ↑D 82: der Wagen kommt ins Rollen
Rol|len|be|set|zung (Theater); Rol|len|bild; Rol|len|fach (Theater)
rol|len|för|mig; rol|len|spe|zi|fisch
Rol|len|spiel (Soziol.); Rol|len|tausch; Rol|len|ver|hal|ten; Rol|len|ver|tei|lung
Rol|ler (Motorroller; Kinderfahrzeug; m. [Kanarien]vogel mit rollendem Schlag; *österr. für* Rollbraten); [mit dem] Roller fahren, *aber* ↑D 82: das Rollerfahren
Rol|ler|blade® [ˈroʊlbleɪt], der; -s, -s *meist Plur.* ⟨engl.⟩ (ein Inlineskate)
Rol|ler|brett (*für* Skateboard)
rol|lern; ich rollere
Rol|ler|skate [ˈroʊləskeɪt], der; -s, -s ⟨engl.⟩ (svw. Discoroller)
Roll|fäh|re (*österr. für* Seilfähre)
Roll|feld; Roll|film; Roll|geld; Roll|gut; Roll|ho|ckey
Rol|li, der; -s, -s (ugs. für leichter Rollkragenpullover)
rol|lie|ren ⟨lat.⟩ (umlaufen; *Schneiderei* den Rand einrollen)
Rol|li|fah|rer (ugs. für Rollstuhlfahrer); Rol|li|fah|re|rin
rol|lig ([von Katzen] brünstig)
Roll|kof|fer
Roll|kom|man|do
Roll|kra|gen; Roll|kra|gen|pull|o|ver
Roll|kunst|lauf, der; -[e]s
Roll|kur (Med.)
Roll|la|den, Roll-La|den, der; -s, *Plur.* ...läden, *seltener* ...laden
Roll|la|den|kas|ten
Roll|la|den|schrank
Roll|lei|ne, Roll-Lei|ne
Roll|loch, Roll-Loch (*Bergmannsspr.* steil abfallender Grubenbau)
Roll|me|ter (*österr., schweiz. für* Bandmaß)
Roll|mops (gerollter eingelegter Hering)
Rol|lo [*auch, österr. nur,* ...ˈloː], das; -s, -s (aufrollbarer Vorhang)
Roll|out, Roll-out [roʊlˈaʊt], der, *auch* das; -s, -s ⟨engl.⟩ (öffentliche Vorstellung eines neuen Fahrzeugtyps; *EDV* Einführung neuer Programme u. ihre Integration in ein bestehendes System)
Roll|schie|ne; Roll|schin|ken
Roll|schnell|lauf, Roll-Schnell-Lauf

Roll|schrank
Roll|schuh; Rollschuh laufen, *aber* ↑D 82: das Rollschuhlaufen; Roll|schuh|bahn; Roll|schuh|sport, der; -[e]s
Roll|sitz; Roll|ski; Roll|splitt; Roll|sport, der; -[e]s (svw. Rollschuhsport)
Rolls-Royce® [rɔlsˈrɔɪs], der; -, -[s] ⟨nach den Firmengründern Charles Stewart Rolls u. Henry Royce⟩ (britische Kraftfahrzeugmarke)
Roll|stuhl; Roll|stuhl|fah|rer; Roll|stuhl|fah|re|rin; roll|stuhl|gän|gig (*bes. schweiz. für* rollstuhlgerecht); roll|stuhl|ge|recht; rollstuhlgerechte Wohnungen; Roll|stuhl|sport; Roll|stuhl|tanz
Roll|trep|pe
¹Rom (Hauptstadt Italiens)
²Rom, der; -, -a ⟨sanskr.⟩ (das als diskriminierend empfundene Wort »Zigeuner« ersetzende Bezeichnung [bes. für einen aus Südosteuropa stammenden Angehörigen der Gruppe]; *vgl.* Sinto)
ROM, das; -[s], -[s] ⟨aus engl. read-only memory⟩ (*EDV* Informationsspeicher, dessen Inhalt nur gelesen, aber nicht verändert werden kann)
Röm (größte dän. Nordseeinsel)
Ro|ma (*Plur. von* ²Rom)
Ro|ma|dur [*österr.* ...ˈduːɐ̯], der; -[s], -s ⟨franz.⟩ (ein Weichkäse)
Ro|ma|g|na [...ˈmanja], die; - (eine italienische Landschaft)
Ro|man, der; -s, -e ⟨franz.⟩; historische Romane; ro|man|ar|tig
Ro|man|au|tor; Ro|man|au|to|rin
Ro|män|chen
Ro|man|ci|er [...mãˈsi̯eː], der; -s, -s (Romanschriftsteller)
Ro|mand [roˈmãː], der; -[s], -s ⟨franz.⟩ (Schweizer mit französischer Muttersprache); Ro|man|de [roˈmãː(də)], die; -, -s ⟨zu Romand⟩
Ro|man|die [romãˈdiː], die; - (die französischsprachige Schweiz)
Ro|ma|ne, der; -n, -n ⟨lat.⟩ (Angehöriger eines Volkes mit romanischer Sprache); Ro|ma|nen|tum, das; -s
Ro|ma|nes [*auch* ˈrɔmanɛs], das; - ⟨(Romani)⟩
Ro|ma|nes|co, der; -s ⟨ital.⟩ (grüner Blumenkohl)
Ro|man|fi|gur; Ro|man|ge|stalt
ro|man|haft
Ro|man|held; Ro|man|hel|din

Ro|ma|ni [auch 'rɔ...], das; - ⟨zu ²Rom⟩ (Sprache der Sinti u. Roma)

Ro|ma|nik, die; - ⟨lat.⟩ (Kunststil vom 11. bis 13. Jh.; Zeit des romanischen Stils)

Ro|ma|nin ⟨zu Romane⟩

ro|ma|nisch (zu den Romanen gehörend; im Stil der Romanik, die Romanik betreffend; *schweiz. auch für* rätoromanisch [*vgl.* romantsch]); romanische Sprachen; **ro|ma|ni|sie|ren** (römisch, romanisch machen)

Ro|ma|nist, der; -en, -en; Ro|ma|nis|tik, die; - (Wissenschaft von den romanischen Sprachen u. Literaturen; Wissenschaft vom römischen Recht; **Ro|ma|nis|tin; ro|ma|nis|tisch**

Ro|man|li|te|ra|tur *Plur. selten*

Ro|ma|now [auch 'rɔ...] (ehemaliges russisches Herrschergeschlecht)

Ro|man|schrei|ber; Ro|man|schrei|be|rin; Ro|man|schrift|stel|ler; Ro|man|schrift|stel|le|rin

Ro|man|tik, die; - ⟨lat.⟩ (Kunst- u. Literaturrichtung von etwa 1800 bis 1830; gefühlsbetonte Stimmung); Ro|man|ti|ker (Anhänger, Dichter usw. der Romantik; *abwertend für* Fantast, Schwärmer); Ro|man|ti|ke|rin

ro|man|tisch (zur Romantik gehörend; gefühlsbetont, schwärmerisch); ro|man|ti|sie|ren (romantisch darstellen, gestalten)

Ro|man|ti|tel

ro|mantsch (rätoromanisch); Ro|mantsch, das; -[s] (rätoromanische Sprache [in Graubünden])

Ro|ma|nus (m. Vorn.)

Ro|man|vor|la|ge

Ro|man|ze, die; -, -n ⟨franz.⟩ (romantisches Liebeserlebnis; erzählendes volkstüml. Gedicht; liedartiges Musikstück mit besonderem Stimmungsgehalt); Ro|man|zen|dich|ter; Ro|man|zen|dich|te|rin; Ro|man|zen|samm|lung

Ro|man|ze|ro, der; -s, -s ⟨span.⟩ (span. Romanzensammlung)

Ro|meo (Gestalt bei Shakespeare)

¹Rö|mer (Einwohner Roms; Angehöriger des Römischen Reiches; *auch für* eine Dachziegelart)

²Rö|mer, der; -s (das alte Rathaus in Frankfurt am Main)

³Rö|mer (bauchiges Kelchglas für Wein)

Rö|mer|brief, der; -[e]s *(N. T.)*

Rö|me|rin

Rö|mer|stra|ße ↑D 162

Rö|mer|topf®

Rö|mer|tum, das; -s

Rom|fah|rer; Rom|fahrt

rö|misch (auf Rom, auf die alten Römer bezogen); ↑D 89: römische Zeitrechnung, römische Ziffern, römisches Bad, römisches Recht, die römischen Kaiser, *aber* ↑D 150: das Römische Reich, das Heilige Römische Reich Deutscher Nation

rö|misch-irisch ↑D 23: römisch-irisches Bad (ein Heißluftbad)

rö|misch-ka|tho|lisch ↑D 23 (*Abk.* r.-k., röm.-kath.); die römisch-katholische Kirche

röm.-kath. = römisch-katholisch

Rom|mé, Rom|mee ['rɔme, *auch* ...'me:], das; -s, -s ⟨franz.⟩ (ein Kartenspiel; *vgl.* Rummy)

Rom|ni, die; -, Romnija (w. Form zu ²Rom)

Rø|mø ['rœmy:] (*dän. Form von* Röm)

Ro|mu|ald (m. Vorn.)

Ro|mu|lus (in der römischen Sage Gründer Roms); Romulus und Remus; ↑D 16: Romulus' Bruder Remus; Romulus Augustulus (letzter weström. Kaiser)

RON (Währungscode für Leu)

Ro|nald (m. Vorn.)

Ron|ces|val|les ['rɔ:səval, *auch* rɔnses'valjes] (span. Ort)

Ron|de [*auch* 'rɔ̃:...], die; -, -n ⟨franz.⟩ (*früher für* Runde, Rundgang; Wachen u. Posten kontrollierender Offizier)

Ron|deau [rɔn'do:], das; -s, -s (Gedichtform; *österr. für* rundes Beet, runder Platz)

Ron|dell, das; -s, -e, *selten* Rundell (Rundteil [an der Bastei]; Rundbeet)

Ron|do, das; -s, -s ⟨ital.⟩ (mittelalterliches Tanzlied; Instrumentalsatz mit mehrfach wiederkehrendem Thema)

Ron|kal|li|sche Fel|der *Plur.* (Ebene in Oberitalien)

rönt|gen (mit Röntgenstrahlen durchleuchten); du röntgst; sie wurde geröntgt

Rönt|gen (dt. Physiker)

Rönt|gen|ap|pa|rat ↑D 136

Rönt|gen|arzt; Rönt|gen|ärz|tin

Rönt|gen|auf|nah|me; Rönt|gen|be|hand|lung; Rönt|gen|be|strah|lung; Rönt|gen|bild

Rönt|gen|blick, der; -[e]s (*scherzh. für* alles durchdringender Blick)

Rönt|gen|di|a|g|nos|tik; Rönt|gen|ge|rät

rönt|ge|ni|sie|ren (*österr. für* röntgen)

Rönt|gen|ki|ne|ma|to|gra|fie, Rönt|gen|ki|ne|ma|to|gra|phie, die; -; ...jen (Filmen des durch Röntgenstrahlen entstehenden Bildes)

Rönt|ge|no|gra|fie, Rönt|ge|no|gra|phie, die; -, ...jen (fotografische Aufnahme mit Röntgenstrahlen); rönt|ge|no|gra|fisch, rönt|ge|no|gra|phisch; Rönt|ge|no|gramm, das; -s, -e (Röntgenbild)

Rönt|ge|no|lo|ge, der; -n, -n; Rönt|ge|no|lo|gie, die; - (Lehre von den Röntgenstrahlen); Rönt|ge|no|lo|gin; rönt|ge|no|lo|gisch

Rönt|ge|no|s|ko|pie, die; -, ...ien (Durchleuchtung mit Röntgenstrahlen)

Rönt|gen|pass; Rönt|gen|rei|hen|un|ter|su|chung; Rönt|gen|schirm; Rönt|gen|schwes|ter; Rönt|gen|spek|t|rum; Rönt|gen|strah|len *Plur.*

Rönt|gen|struk|tur|ana|ly|se (röntgenologische Untersuchung der Struktur von Kristallen)

Rönt|gen|tie|fen|the|ra|pie

Rönt|gen|un|ter|su|chung

Rooi|bos|tee ['rɔɪ...] ⟨afrikaans⟩; *vgl.* Rotbuschtee

Roo|ming-in, Roo|ming|in ['ru:mɪŋ'ɪn], das; -[s], -s ⟨engl.⟩ (gemeinsame Unterbringung von Mutter u. Kind in einem Krankenhauszimmer)

Roo|se|velt ['ro:zəvɛlt, *engl.* 'rəʊ...] (Name zweier Präsidenten der USA)

Root|kit ['ru:t...], das; -s, -s ⟨engl.⟩ (*EDV* Schadsoftware zur Tarnung künftiger [Hacker]angriffe)

Rope-Skip|ping, Rope|skip|ping ['rəʊp...], das; -s ⟨engl.⟩ (als Sport betriebenes Seilspringen)

Roque|fort ['rɔkfoːɐ̯], der; -[s], -s ⟨nach dem franz. Ort⟩ (ein Käse); Roque|fort|kä|se ↑D 143

Ror|schach (schweiz. Stadt)

Ror|schach|test, Ror|schach-Test ⟨nach dem Schweizer Psychiater⟩ (ein psychologisches Testverfahren)

ro|sa ⟨lat.⟩ (rosenfarbig, blassrot);

ein rosa (ugs. auch rosa[n]es) Kleid; vgl. blau

¹**Ro|sa**, das; -[s], -[s] (rosa Farbe); vgl. Blau

²**Ro|sa** (w. Vorn.)

ro|sa|far|ben, ro|sa|far|big

Ro|sa|lia, Ro|sa|lie (w. Vorn.)

Ro|sa|li|en|ge|bir|ge, das; -s (nördl. Ausläufer der Zentralalpen)

Ro|sa|lin|de (w. Vorn.)

Ro|sa|mund, Ro|sa|mun|de (w. Vorn.)

Ros|ani|lin, das; -s (ein Farbstoff)

Ro|sa|ri|um, das; -s, ...ien (Rosenpflanzung; kath. Rosenkranzgebet)

ro|sa|rot ↑D 23

Ro|sa|zee, die; -, -n (Bot. Rosengewächs)

rösch [auch røːʃ] (Bergmannsspr. grob; bes. südd., auch schweiz. mdal. für knusprig)

Rö|sche, die; -, -n (Bergmannsspr. Graben od. stollenartiger Gang, der Wasser zu- od. abführt)

Rös|chen (kleine Rose; kurz für Blumenkohlröschen)

¹**Ro|se**, die; -, -n

¹**Ro|sé**, das; -[s], -[s] (rosé Farbe)

²**Ro|sé**, der; -[s], -s (Roséwein)

²**Ro|se** (w. Vorn.)

ro|sé ⟨franz.⟩ (rosig, zartrosa); rosé Spitze; vgl. auch beige; in Rosé ↑D 72

Ro|seau [engl. rɔɥˈzɔɥ] (Hauptstadt von Dominica)

Ro|see|wein vgl. Roséwein

ro|sé|far|ben, ro|sé|far|big

Ro|seg|ger [auch roːzɛ..., ˈrɔ...] (österr. Schriftsteller)

Ro|se|ma|rie (w. Vorn.)

Ro|sen|blatt; Ro|sen|busch; Ro|sen|duft

ro|sen|far|ben, ro|sen|far|big

Ro|sen|gar|ten

Ro|sen|hoch|zeit (ugs. für 10. Jahrestag der Eheschließung)

Ro|sen|holz; Ro|sen|kohl, der; -[e]s; **Ro|sen|kranz**

Ro|sen|krieg (übertr. für Ehekrieg)

Ro|sen|mon|tag ⟨zu rasen = tollen⟩ (Fastnachtsmontag); **Ro|sen|mon|tags|zug**

Ro|se|no|bel [auch ...ˈnoː...], der; -s, ⟨engl.⟩ (alte Goldmünze)

Ro|sen|öl

Ro|sen|pap|ri|ka

Ro|sen|quarz (ein Schmuckstein)

ro|sen|rot

Ro|sen|schau; Ro|sen|stock Plur. ...stöcke; **Ro|sen|strauch; Ro|sen|strauß** Plur. ...sträuße

Ro|sen|was|ser Plur. ...wässer

Ro|sen|züch|ter; Ro|sen|züch|te|rin

Ro|se|o|le, die; -, -n ⟨lat.⟩ (Med. ein Hautausschlag)

¹**Ro|sette** [...ˈzɛt] (Stadt in Unterägypten)

²**Ro|set|te**, die; -, -n ⟨franz.⟩ (Verzierung in Rosenform; Bandschleife; Edelsteinschliff)

Ro|sé|wein, fachspr. auch **Ro|see|wein** (blassroter Wein)

Ro|si (w. Vorn.)

ro|sig; eine rosig weiße Blüte

Ro|si|nan|te, die; -, -n ⟨span.⟩ (Don Quichottes Pferd; selten für Klepper)

Ro|si|ne, die; -, -n ⟨franz.⟩

Ro|si|nen|brot; Ro|si|nen|bröt|chen; Ro|si|nen|ku|chen

Ro|si|nen|pi|cke|rei (ugs. für gezielte Auswahl der besten Teile aus einem Ganzen)

ro|sin|far|ben

Rös|lein vgl. Röschen

Ros|ma|rin [auch ...ˈriːn], der; -s ⟨lat.⟩ (eine Gewürzpflanze); **Ros|ma|rin|öl**

Ro|so|lio, der; -s, -s ⟨ital.⟩ (ein Likör)

Ross, das; -es, Plur. Rosse u. Rösser (südd., österr., schweiz., sonst geh. für Pferd)

Roß, das; -es, -e, **Roß|be**, die; -, -n (mitteld. für Wabe)

Ross|ap|fel (landsch. scherzh. für Pferdekot)

Ross|arzt (veraltet für Tierarzt im Heer)

Ross|brei|ten Plur. (windschwache Zone im subtropischen Hochdruckgürtel)

Röss|chen, Röss|sel, das; -s, -[n], Rössl, das; -s, -[n], **Röss|lein** (kleines Ross)

Ro|ße vgl. Roß

Rös|sel vgl. Rösschen

Rös|se|len|ker (geh.)

Rös|sel|sprung (Rätselart)

ros|sen (brünstig sein [von der Stute]); die Stute rosst

Ross|haar; Ross|haar|ma|t|rat|ze

ros|sig ⟨zu rossen⟩

Ros|si|ni (ital. Komponist)

Ross|kamm (Pferdestriegel; spött. für Pferdehändler)

Ross|kas|ta|nie

Ross|kur (ugs. für mit drastischen Mitteln durchgeführte Kur)

Rössl, Röss|lein vgl. Rösschen

Ross|schlach|ter, Ross-Schlach|ter, Ross|schläch|ter, Ross-Schläch|ter (landsch. für Pferdeschlächter)

Ross|schwanz, Ross-Schwanz (bes. österr., schweiz.)

Ross|täu|scher (veraltet für Pferdehändler); **Ross|täu|sche|rei; Ross|täu|sche|rin; Ross|täu|scher|trick**

Ross|trap|pe, die; - (ein Felsen im Harz)

¹**Rost** [schweiz., landsch. roːst], der; -[e]s, -e ([Heiz]gitter; landsch. für Stahlmatratze)

²**Rost**, der; -[e]s (Zersetzungsschicht auf Eisen; Pflanzenkrankheit)

Rost|an|satz; rost|be|stän|dig; Rost|bil|dung

Rost|bra|ten; Rost|brat|wurst

rost|braun

Rost|brot [auch ˈrœ...]

Rös|te, die; -, -n (Röstvorrichtung; Erhitzung von Erzen; Rotten [von Flachs])

ros|ten (Rost ansetzen)

rös|ten (braten; bräunen [Kaffee, Brot u. a.]; [Erze u. Hüttenprodukte] erhitzen; [Flachs] rotten)

Rös|ter, der; -s, - (österr. für Kompott od. Mus aus Holunderbeeren od. Zwetschen)

Röst|erd|äp|fel Plur. (österr. für Bratkartoffeln)

Rös|te|rei

rost|far|ben, rost|far|big

Rost|fleck; Rost|fraß

rost|frei; rostfreier Stahl

röst|frisch; röstfrischer Kaffee

Rost|ge|fahr, die; -

Rös|ti, die; - (schweiz. für [grob geraspelte] Bratkartoffeln)

ros|tig

rös|tig (den Geschmack von etw. Geröstetem aufweisend, z. B. bei Wein od. Bier)

Röst|kar|tof|fel meist Plur. (landsch. für Bratkartoffel)

Rost|lau|be (ugs. für Auto mit vielen Roststellen)

Ros|tock (Hafenstadt an der Ostsee); **Ros|to|cker; Ros|to|cke|rin**

Ros|tow [...ˈtɔf] (Name zweier Städte in Russland); Rostow am Don

Rost|pilz (Erreger von Pflanzenkrankheiten)

Rost|ra, die; -, ...ren ⟨lat.⟩ (Rednerbühne im alten Rom)

Ros|t|ro|po|witsch, Mstislaw (russ. Cellist u. Dirigent)

rost|rot; rostrot färben

Röst|schnit|te

Rost|schutz; Rost|schutz|mit|tel; Rost|stel|le

Rös|tung

rot

röter, rötes|te, *seltener* roter, rotes|te

I. *Kleinschreibung* ↑D 89:
- rote Farbe
- die roten Blutkörperchen
- der rote Faden
- der rote Teppich
- der rote Hahn (Feuer)
- das rote Ass (Kartenspiel)
- die rote *od.* Rote Grütze
- die Rote *od.* rote Karte (*bes. Fußball*)
- er wirkt auf sie wie ein rotes Tuch
- sie hat keinen roten Heller (kein Geld) mehr
- jetzt ist [es] rot (an der Ampel)

II. *Großschreibung*
a) *der Substantivierung* ↑D 72:
- die Roten (*ugs. für die Sozialisten, Kommunisten u. a.*)
- Alarmstufe Rot

b) *in Namen und bestimmten namenähnlichen Fügungen* ↑D 88 u. 89:
- der Rote *od.* rote Planet (Mars)
- das Rote Meer
- die Rote Erde (Bezeichnung für Westfalen)
- der Rote Fluss (in Vietnam)
- der Rote Main (ein Quellfluss des Mains)
- die Rote Wand (Berg in Österreich)
- die Rote Liste (der vom Aussterben bedrohten Tier- und Pflanzenarten)
- die Rote Liste® (Arzneimittelverzeichnis)
- das Rote Kreuz
- der Rote Halbmond
- die Rote Armee (Sowjetarmee)
- Rote Be[e]te
- Rote Johannisbeeren
- Roter Milan (ein Greifvogel)

III. *Schreibung in Verbindung mit Verben und adjektivisch gebrauchten Partizipien:*
- vor Verlegenheit rot werden
- sich die Augen rot weinen *od.* rotweinen
- sich die Haut rot scheuern *od.* rotscheuern
- *aber* rotsehen (*ugs. für vor Wut die Kontrolle verlieren*); als der Junge frech wurde, hat sie plötzlich rotgesehen
- die rot glühende *od.* rotglühende Sonne
- rot glühendes *od.* rotglühendes Eisen
- ein rot gestreifter *od.* rotgestreifter Pullover
- rot geweinte *od.* rotgeweinte Augen

Vgl. aber rotbraun, rotgrün *u.* rotsehen

Rost|wurst (landsch.)
Ros|with, Ros|wi|tha (w. Vorn.)
rot s. Kasten
Rot, das; -[s], -[s] (rote Farbe); bei Rot ist das Überqueren der Straße verboten; die Ampel steht auf, zeigt Rot; er spielte Rot aus (Kartenspiel)
Röt, das; -[e]s (Geol. Stufe der unteren Triasformation)
Ro|ta, die; - ⟨ital.⟩, **Ro|ta Ro|ma|na,** die; - - ⟨lat.⟩ (höchster Gerichtshof der kath. Kirche)
Rot|al|ge (rötlich gefärbte Alge)
Ro|tang, der; -s, *Plur.* -s und -e ⟨malai.⟩ (eine Palmenart); **Ro|tang|pal|me**
Ro|ta|print® ⟨lat.; engl.⟩ (Offsetdruck- u. Vervielfältigungsmaschinen)
Ro|ta|ri|er (Mitglied des Rotary Clubs); **Ro|ta|ri|e|rin; ro|ta|risch**
Rot|ar|mist, der; -en, -en (*früher*); **Rot|ar|mis|tin**
Ro|ta Ro|ma|na vgl. Rota
Ro|ta|ry Club [...ri -, *auch* ˈroʊtari klap], der; - -s, - -s ⟨engl.⟩ (Vereinigung führender Persönlichkeiten unter dem Gedanken des Dienstes am Nächsten)
Ro|ta|ry In|ter|na|tio|nal [- ...ˈneʃənl], der; - - (internationale Dachorganisation der Rotary Clubs)

Ro|ta|ti|on, die; -, -en ⟨lat.⟩ (Drehung, Umlauf); **Ro|ta|ti|ons|ach|se; Ro|ta|ti|ons|be|we|gung; Ro|ta|ti|ons|druck** *Plur.* ...drucke
Ro|ta|ti|ons|el|lip|so|id (Math.)
Ro|ta|ti|ons|kol|ben|mo|tor (Technik)
Ro|ta|ti|ons|kör|per; Ro|ta|ti|ons|ma|schi|ne; Ro|ta|ti|ons|pa|ra|bo|lo|id (*Math.*); **Ro|ta|ti|ons|pres|se; Ro|ta|ti|ons|prin|zip** (Politik)
Ro|ta|to|ri|en *Plur.* (Zool. Rädertierchen)
Rot|au|ge (ein Fisch)
rot|ba|ckig, rot|bä|ckig
Rot|barsch
Rot|bart; rot|bär|tig
rot|blau; rot|blond; rot|braun ↑D 23
Rot|bu|che
Rot|busch (ein südafrik. Strauch)
Rot|busch|tee (südafrik. Teesorte)
Rot|chi|na, das; -s (*für* Volksrepublik China)
Rot|dorn *Plur.* ...dorne
Rö|te, die; -, -n
Ro|te-Ar|mee-Frak|ti|on, die; **Rote[n]-Armee-Fraktion** ↑D 26 (eine terroristische Vereinigung; *Abk.* RAF); sie gehörte zur Rote[n]-Armee-Fraktion
Ro|te-Au|gen-Ef|fekt, der; **Rote[n]-Augen-Effekt[e]s, Rote[n]-Augen-Effekte** ↑D 26 (Fotogr.)

Ro|te-Be|te-Sa|lat, der; **Rote[n]-Bete-Salat[e]s, Rote[n]-Bete-Salate** ↑D 26; *vgl. auch* Bete
Ro|te-Kreuz-Los, das; **Rote[n]-Kreuz-Loses, Rote[n]-Kreuz-Lose** ↑D 26
Ro|te-Kreuz-Lot|te|rie, die; **Rote[n]-Kreuz-Lotterie, Rote[n]-Kreuz-Lotterien** ↑D 26
Ro|te-Kreuz-Schwes|ter, die; **Rote[n]-Kreuz-Schwester, Rote[n]-Kreuz-Schwestern** ↑D 26; *vgl.* Rotkreuzschwester
Rö|tel, der; -s, - (roter Mineralfarbstoff; Zeichenstift)
Rö|teln *Plur.* (eine Infektionskrankheit)
Rö|tel|stift *vgl.* ¹Stift; **Rö|tel|zeich|nung**
rö|ten; sich röten
Ro|ten|burg a. d. Ful|da (Stadt in Hessen)
Ro|ten|burg (Wüm|me) (Stadt in Niedersachsen); *vgl. aber* Rothenburg
Ro|te|turm|pass, der; -es (in den Karpaten)
Rot|fel|der (ein Fisch)
Rot|fil|ter (Fotogr.)
Rot|fo|rel|le
Rot|fuchs (rothaariger Mensch)
Rot|gar|dist (*früher*); **Rot|gar|dis|tin**

rot ge|ädert, rot|ge|ädert
rot|ge|sich|tig
rot ge|streift, rot|ge|streift vgl. rot
rot ge|weint, rot|ge|weint vgl. rot
rot glü|hend, rot|glü|hend vgl. rot
Rot|glut, die; -
rot-grün, rot|grün ↑D 23; ein rot-grünes od. rotgrünes Bündnis (zwischen Sozialdemokraten u. Grünen); die Forderungen von Rot-Grün od. Rotgrün
Rot|grün|blind|heit, die; - (Farbenfehlsichtigkeit, bei der Rot u. Grün verwechselt werden)
Rot|gül|dig|erz, fachspr. auch Rotgül|tig|erz (ein Silbererz)
Rot|guss (Gussbronze)
¹Roth, Eugen (dt. Schriftsteller)
²Roth, Gerhard (österr. Schriftsteller)
³Roth, Joseph (österr. Schriftsteller)
Rot|haar|ge|bir|ge, das; -s (Teil des Rheinischen Schiefergebirges)
rot|haa|rig
Rot|haut (abwertend, scherzh. für Indianer)
Ro|then|burg ob der Tau|ber (Stadt in Bayern)
Ro|then|burg (Ober|lau|sitz) [auch ...'lau...] (Stadt an der Lausitzer Neiße); vgl. aber Rotenburg
Rot|hirsch
Roth|schild (Name einer Bankiersfamilie)
ro|tie|ren (lat.) (umlaufen, sich um die eigene Achse drehen; die Position wechseln; ugs. für sich erregen u. in hektische Aktivität verfallen)
Ro|tis|se|rie, die; -, ...ien (franz.) (Grillrestaurant)
Rot|ka|bis (schweiz. für Rotkohl)
Rot|käpp|chen (eine Märchengestalt)
rot ka|riert, rot|ka|riert
Rot|kehl|chen (ein Singvogel)
Rot|kohl, der; -[e]s
Rot|kraut, das; -[e]s
Rot|kreuz|schwes|ter, Rote-Kreuz-Schwes|ter, Rote[n]-Kreuz-Schwester, Rote[n]-Kreuz-Schwestern ↑D 26 (vgl. d.)
Rot|lauf, der; -[e]s ([Tier]krankheit)
röt|lich; rötlich braun usw.
Rot|licht, das; -[e]s; Rot|licht|be|zirk (Rotlichtviertel); Rot|licht|mi|li|eu (Dirnenmilieu); Rot|licht|vier|tel (Amüsierviertel)
Rot|lie|gen|de, das; -n (Geol. untere Abteilung der Permformation)

Rot|ling, der; -s, -e (eine Weinsorte)
Röt|ling (ein Pilz)
rot|na|sig
Ro|tor, der; -s, ...oren ⟨lat.⟩ (sich drehender Teil von [elektrischen] Maschinen); Ro|tor|an|ten|ne; Ro|tor|blatt; Ro|tor|schiff
Ro|traud (w. Vorn.)
rot-rot, rot|rot ↑D 23; die rot-rote od. rotrote Koalition (zwischen SPD u. Linkspartei); die Stimmen von Rot-Rot od. Rotrot
Rot|rü|be (landsch. für Rote Rübe)
Rot|schopf (ugs.)
Rot|schwanz, Rot|schwänz|chen (ein Singvogel)
rot|se|hen ↑D 47 (ugs. für vor Wut die Beherrschung verlieren); sie sieht rot; rotgesehen; rotzusehen
Rot|spon, der; -[e]s, -e (ugs. für Rotwein)
Rot|stift vgl. ¹Stift
Rot|sün|der (Sportler, der die Rote Karte bekommen hat); Rot|sün|de|rin
Rot|tan|ne
Rot|te, die; -, -n (ungeordnete Schar, Gruppe von Menschen)
¹rot|ten (veraltet für eine Rotte bilden)
²rot|ten, röt|ten (Landwirtsch. [Flachs] der Zersetzung aussetzen, um die Fasern herauszulösen)
Rot|ten, der; -s (dt. Name des Oberlaufes der Rhone)
Rot|ten|burg a. d. Laa|ber (Ort in Niederbayern)
Rot|ten|burg am Ne|ckar (Stadt in Baden-Württemberg)
rot|ten|wei|se
Rot|ter|dam [auch 'rɔ...] (niederländische Stadt); Rot|ter|da|mer; der Rotterdamer Hafen; Rot|ter|da|me|rin
Rot|tier (Jägerspr. Hirschkuh)
Rott|wei|ler, der; -s, - (eine Hunderasse)
Ro|tun|de, die; -, -n ⟨lat.⟩ (Archit. Rundbau; runder Saal)
Rö|tung; rot|wan|gig
Rot|wein; Rot|wein|glas Plur. ...gläser
rot-weiß, rot|weiß ↑D 23; ein rot-weißes od. rotweißes Band; eine rot-weiß od. rotweiß karierte Bluse; sie spielen in Rot-Weiß od. Rotweiß
rot|welsch; Rot|welsch, das; -[es] (Gaunersprache); vgl. Deutsch

Rot|wel|sche, das; -n; vgl. ²Deutsche
Rot|wild; Rot|wurst (Blutwurst)
Rotz, der; -es ([Tier]krankheit; derb für Nasenschleim)
Rotz|ben|gel (derb für ungepflegter, unerzogener Junge)
Rot|ze, die; - (landsch. derb für Nasenschleim; Schnupfen)
rot|zen (derb für sich die Nase putzen; ausspucken); du rotzt
Rotz|fah|ne (derb für Taschentuch)
rotz|frech (ugs. für sehr frech); rot|zig (derb)
Rotz|jun|ge, der (svw. Rotzbengel)
Rotz|krank|heit (Tiermed.)
Rotz|löf|fel (svw. Rotzbengel)
Rotz|na|se (derb; auch übertr. für naseweises, freches Kind); rotz|nä|sig (derb)
Rotz|pip|pen, die; -, - (österr. ugs. für Rotzbengel)
Rot|zun|ge (ein Fisch)
Roué [rue:], der; -[s], -s ⟨franz.⟩ (veraltet für Lebemann)
Rou|en [ruɑ̃:] (französische Stadt an der unteren Seine)
Rouge [ruːʃ], das; -s, -s ⟨franz.⟩ (rote Schminke)
Rouge et noir ['ruːʃ e 'nɔaːʁ], das; - - - ⟨franz.⟩, »rot und schwarz« (ein Glücksspiel)
Rou|la|de [ru...], die; -, -n ⟨franz.⟩ (gerollte u. gebratene Fleischscheibe; Musik virtuose Gesangspassage)
Rou|leau [ru'loː], das; -s, -s ⟨älter für Rollo⟩
Rou|lette [ru'lɛt], das; -s, -s ⟨franz.⟩ (ein Glücksspiel); Rou|lette|tisch
rou|lie|ren (svw. rollieren)
Round Ta|ble ['raʊnt 'tɛɪbl], der; - - ⟨engl.⟩ (kurz für Round-Table-Gespräch); Round-Ta|b|le-Ge|spräch ↑D 26 ⟨engl.⟩ (Gespräch am runden Tisch zwischen Gleichberechtigten); Round-Ta|b|le-Kon|fe|renz
¹Rous|seau [ru'soː], Jean-Jacques (schweiz.-franz. Schriftsteller)
²Rous|seau [ru'soː], Henri (französischer Maler)
Rous|sil|lon [rusijɔ̃ː], das; -[s] (eine südfranz. Landschaft)
Rou|te ['ruːtə], die; -, -n ⟨franz.⟩ (festgelegte Wegstrecke); rou|ten (Daten zw. Netzwerken weiterleiten); Rou|ten|pla|ner; Rou|ten|ver|zeich|nis
Rou|ter ['ruː...], der; -s, - ⟨engl.⟩ (EDV Vorrichtung zur Daten-

vermittlung zw. getrennten Netzwerken)
Rou|ti|ne [ru...], die; -, -n (durch längere Erfahrung erworbene Gewandtheit; gewohnheitsmäßige Ausführung)
Rou|ti|ne|ak|ti|on; Rou|ti|ne|an|ge|le|gen|heit; Rou|ti|ne|ar|beit; Rou|ti|ne|kon|t|rol|le
rou|ti|ne|mä|ßig
Rou|ti|ne|sa|che; Rou|ti|ne|über|prü|fung; Rou|ti|ne|un|ter|su|chung
Rou|ting ['ruːtɪŋ], das; -s, -s ⟨engl.⟩ (*EDV* das Ermitteln eines geeigneten [besonders günstigen] Wegs für die Übertragung von Daten in einem Netzwerk)
Rou|ting|soft|ware
Rou|ti|ni|er [...'nie:], der; -s, -s (jmd., der Routine hat); **Rou|ti|ni|e|rin**
rou|ti|niert (erfahren, gewandt)
Row|dy ['raʊdi], der; -s, -s ⟨engl.⟩ ([jüngerer] gewalttätiger Mensch); **row|dy|haft; Row|dy|tum,** das; -s
ro|yal [rɔa'jaːl] ⟨franz.⟩ (königlich; königstreu)
Ro|y|al ['rɔɪəl], der; -s, -s *meist* Plur. ⟨engl.⟩ (*Jargon* Mitglied der [engl.] Königsfamilie)
Ro|y|al Air Force ['rɔɪəl 'ɛːɐ̯ foːɐ̯s], die; - - - ⟨engl.⟩, »Königliche Luftwaffe«⟩ (Bez. der britischen Luftwaffe; *Abk.* R. A. F.)
Ro|y|a|lis|mus [rɔaja...], der; - ⟨franz.⟩ (Königstreue)
Ro|y|a|list, der; -en, -en; **Ro|y|a|lis|tin; ro|y|a|lis|tisch** (königstreu)
Rp. = Rappen
Rp., Rec. = recipe
RP (früher; bei Telegrammen) = Réponse payée ⟨franz.⟩, »Antwort bezahlt«⟩
RSFSR = Russische Sozialistische Föderative Sowjetrepublik (1918 bis 1991)
RSS [ɛrɛsˈɛs] = Really Simple Syndication (*EDV* Datenformat, mit dem Inhalte von Webseiten bes. übersichtlich bereitgestellt werden können); **RSS-Feed** [ɛrˌɛsˈɛsfiːd] ⟨engl.⟩ (*EDV* Darbietung von Inhalten im Format RSS)
RT = Registertonne
RTA = radiologisch-technischer Assistent, radiologisch-technische Assistentin
Ru (*chem. Zeichen für* Ruthenium)
Ru|an|da (Staat in Zentralafrika)

Ru|an|der; Ru|an|de|rin; ru|an|disch
RUB (Währungscode für russ. Rubel)
ru|ba|to ⟨ital.⟩ (*Musik* nicht im strengen Zeitmaß); **Ru|ba|to,** das; -s, *Plur.* -s u. ...ti
rub|be|lig (*landsch. für* rau; uneben)
Rub|bel|los (Lotterielos, bei dem die Gewinnzahl o. Ä. von einer abreibbaren Schutzschicht verdeckt ist)
rub|beln (kräftig reiben); ich rubb[e]le
¹**Rub|ber** ['ra...], der; -s, - ⟨engl.⟩ (Doppelpartie im Whist od. Bridge)
²**Rub|ber** ['ra...], der; -s ⟨engl. Bez. für* Gummi)
Rüb|chen; Rü|be, die; -, -n
Ru|bel, der; -s, - ⟨russ.⟩ (Währungseinheit in Belarus [*Währungscode* BYR] u. in der Russischen Föderation [RUB]; *Abk.* Rbl)
Ru|ben (bibl. m. Eigenn.)
Rü|ben|acker
rü|ben|ar|tig
Rü|ben|feld; Rü|ben|kraut, das; -[e]s (*landsch. für* Sirup)
Ru|bens (flämischer Maler)
Rü|ben|si|rup
ru|benssch; rubenssche od. Rubens'sche Farbgebung; **rubenssche** od. Rubens'sche Gemälde ↑D 89 u. 135
Rü|ben|zu|cker, der; -s
rü|ber (*ugs. für* herüber, hinüber); **rü|ber|brin|gen; rü|ber|ge|hen** (*ugs.*); **rü|ber|kommen**
rü|ber|ma|chen (*ugs.; früher auch für* aus der DDR in die Bundesrepublik überwechseln)
rü|ber|schie|ben (*ugs.*); **rü|ber|wach|sen;** etw. rüberwachsen lassen (*ugs. für* etw. herüberreichen)
Rü|be|zahl (Berggeist des Riesengebirges)
Ru|bi|di|um, das; -s ⟨lat.⟩ (chem. Element, Metall; *Zeichen* Rb)
Ru|bi|kon, der; -[s] (italienischer Fluss); den Rubikon überschreiten (*übertr. für* eine wichtige Entscheidung treffen)
Ru|bin, der; -s, -e ⟨lat.⟩ (ein Edelstein)
Ru|bi|net|te®, die; -, -n (eine Apfelsorte)
ru|bin|far|ben, ru|bin|far|big
Ru|bin|glas *Plur.* ...gläser
ru|bin|rot

Rüb|kohl, der; -[e]s (*schweiz. neben* Kohlrabi); **Rüb|öl**
Ru|b|ra, Ru|b|ren Plur. von Rubrum
Ru|b|rik, die; -, -en ⟨lat.⟩ (Spalte, Kategorie)
ru|b|ri|zie|ren (einordnen, einstufen; *früher für* Überschriften u. Initialen malen); **Ru|b|ri|zie|rung**
Ru|b|rum, das; -s, *Plur.* ...ra u. ...ren ([Akten]aufschrift; kurze Inhaltsangabe)
Rüb|sa|me[n], der; -...mens, **Rüb|sen,** der; -s (eine Ölpflanze)
Ruch [*auch* rʊx], der; -[e]s, Rüche (*selten für* Geruch; zweifelhafter Ruf)
ruch|bar [*auch* 'rʊx...] (bekannt, offenkundig); ruchbar werden
Ruch|brot (*schweiz. für* aus dunklem Mehl gebackenes Brot)
Ruch|gras (eine Grasgattung)
ruch|los [*auch* 'rʊx...] (*geh. für* niedrig, gemein, böse, verrucht); **Ruch|lo|sig|keit**
ruck!; hau ruck!, ho ruck!
Ruck, der; -[e]s, -e; mit einem Ruck
Rücke (*svw.* Rick)
rück|ab|wi|ckeln (rückgängig machen); das Geschäft wurde rückabgewickelt; um den Vertrag rückabzuwickeln; **Rück|ab|wick|lung**
Rück|an|sicht; Rück|ant|wort
ruck|ar|tig; Ruck|ar|tig|keit
Rück|äu|ße|rung
Rück|bank
Rück|bau, der; -[e]s; **rück|bau|en** (durch Baumaßnahmen in einen früheren [naturnäheren] Zustand bringen); die Straße wurde rückgebaut; um die Straße rückzubauen
Rück|be|för|de|rung; Rück|be|sin|nung
rück|be|stä|ti|gen; ich rückbestätige die Buchung, habe die Buchung rückbestätigt; **Rück|be|stä|ti|gung**
rück|be|züg|lich; rückbezügliches Fürwort (Reflexivpronomen)
Rück|bil|dung; Rück|bil|dungs|gym|nas|tik
Rück|blen|de (*Film*); **rück|blen|den**
Rück|blick; rück|bli|ckend
rück|bu|chen; der Betrag wurde rückgebucht; **Rück|bu|chung**
rück|da|tie|ren; sie hat den Brief rückdatiert; um den Brief rückzudatieren
Rück|de|ckungs|ver|si|che|rung (*Wirtsch.* eine Risikoversicherung)

rückdrehend

rück|dre|hend *(Meteorol.)*; rückdrehender Wind (sich gegen den Uhrzeigersinn drehender Wind, z. B. von Nord auf Nordwest; *Ggs.* rechtdrehend)
ru|ckel|frei ([bei der Filmwiedergabe] ohne Wackeln des Bildes)
ru|cke|lig (ruckelnd)
ru|ckeln *(ugs. für* leicht, ein wenig ²rucken); sie sagt, der Wagen ruck[e]le
¹ru|cken, ruck|sen (gurren [von Tauben])
²ru|cken ([sich] ruckartig bewegen)
rü|cken; jmdm. zu Leibe rücken
Rü|cken, der; -s, -; offener Rücken (Krankheitsbild, *vgl.* Spina bifida)
Rü|cken|aus|schnitt; Rü|cken|deckung; Rü|cken|flos|se
rü|cken|frei; ein ruckenfreies Kleid
Rü|cken|la|ge; Rü|cken|leh|ne
Rü|cken|mark, das
Rü|cken|mark|ent|zün|dung, Rücken|mark|sent|zün|dung; Rü|cken|mark|sub|stanz
Rü|cken|mus|kel; Rü|cken|mus|ku|la|tur
Rü|cken|num|mer *(Sport)*
Rü|cken|schmerz *meist Plur.*
Rü|cken|schu|le
rü|cken|schwim|men, Rü|cken schwim|men; *aber nur:* sie schwimmt Rücken; beim Rückenschwimmen; Rü|cken|schwim|men, das; -s
Rü|cken|stär|kung
Rü|cken|tra|ge
Rü|ck|ent|wick|lung
Rü|cken|wind; Rü|cken|wir|bel
Rück|er|bit|tung *(Amtsspr.)*; unter Rückerbittung *(Abk.* u. R.)
Rück|er|in|ne|rung; Rück|er|obe|rung
rück|er|stat|ten; die Reisekosten werden ihr rückerstattet; um die Auslagen rückzuerstatten; Rück|er|stat|tung
Rück|fahr|ka|me|ra
Rück|fahr|kar|te
Rück|fahr|schein|wer|fer
Rück|fahrt
Rück|fall, der; rück|fäl|lig; Rück|fäl|lig|keit; Rück|fall|kri|mi|na|li|tät; Rück|fall|ri|si|ko; Rück|fall|tä|ter; Rück|fall|tä|te|rin
rück|fet|tend; rückfettende Hautcreme
Rück|flug; Rück|fluss
Rück|for|de|rung *(Wirtsch.)*
Rück|fra|ge; rück|fra|gen; sie hat noch einmal rückgefragt; ohne rückzufragen

Rück|front
Rück|füh|ren; die Gewinne wurden rückgeführt; Rück|füh|rung
Rück|ga|be
Rück|ga|be|recht; Rück|ga|be|ter|min
Rück|gang, der; rück|gän|gig; rückgängige Geschäfte; etw. rückgängig machen; Rück|gän|gig|ma|chung
Rück|ge|bäu|de
rück|ge|bil|det
Rück|ge|win|nung
Rück|grat, das; -[e]s, -e; rück|grat|los; Rück|grat|ver|krüm|mung
Rück|griff *(auch für* Regress)
Rück|halt; Rück|hal|te|be|cken *(Wasserwirtsch.)*; rück|halt|los
Rück|hand, die; - *(bes. Tennis, Tischtennis)*; Rück|kampf
Rück|kauf; Rück|kaufs|recht; Rück|kaufs|wert
Rück|kehr, die; -; rück|keh|ren *(seltener für* zurückkehren)
Rück|keh|rer; Rück|keh|re|rin
Rück|kehr|hil|fe (finanzielle Zuwendung für ausländische Arbeitnehmer, die freiwillig in ihre Heimat zurückkehren)
Rück|kehr|prä|mie *(svw.* Rückkehrhilfe)
rück|kehr|wil|lig; Rück|kehr|wil|li|ge, der u. die; -n, -n
rück|kop|peln; ich rückkopp[e]le; Rück|kop|pe|lung, Rück|kopp|lung *(Fachspr.)*
rück|kreu|zen; Rück|kreu|zung
Rück|kunft, die; - *(geh. für* Rückkehr)
Rück|la|ge (zurückgelegter Betrag)
Rück|lauf; rück|läu|fig; rückläufige Bewegung; rückläufige Entwicklung; Rück|läu|fig|keit
Rück|lauf|quo|te
Rück|leuch|te; Rück|licht *Plur.* ...lichter
rück|lings
Rück|marsch, der
Rück|mel|dung
Rück|nah|me, die; -, -n; Rück|nah|me|au|to|mat; Rück|nah|me|pflicht *(Verwaltungsspr.)*
Rück|pass *(Sport)*; Rück|por|to; Rück|rei|se; Rück|rich|tung *(auch Math., nur Sing.:* Teil bestimmter Beweise); Rück|ruf; Rück|ruf|ak|ti|on
Rück|run|de *(Sport; Ggs.* Hinrunde); Rück|run|den|spiel
Ruck|sack
Ruck|sack|bom|ber (jmd., der einen Terroranschlag mit im Rucksack verborgenem Sprengstoff verübt); Ruck|sack|bom|be|rin
Ruck|sack|tou|rist; Ruck|sack|tou|ris|tin; Ruck|sack|ur|lau|ber; Ruck|sack|ur|lau|be|rin
Rück|schau; rück|schau|end
Rück|schein *(Postw.* Empfangsbestätigung für den Absender)
Rück|schlag; Rück|schlag|ven|til (Ventil, das ein Gas od. eine Flüssigkeit nur in einer Richtung durchströmen lässt)
rück|schließen; Rück|schluss
Rück|schritt; rück|schritt|lich; Rück|schritt|lich|keit; -
Rück|sei|te; rück|sei|tig
ruck|sen *vgl.* ¹rucken
Rück|sen|dung
Rück|set|zer *(Börsenjargon* [vorübergehender] Kursrückgang)
Rück|sicht, die; -, -en; ohne, in, mit Rücksicht auf; Rücksicht nehmen
rück|sicht|lich *(Amtsspr.* mit Rücksicht auf); *mit Gen.:* rücksichtlich seiner Fähigkeiten
Rück|sicht|nah|me, die; -, -n
rück|sichts|los; Rück|sichts|lo|sig|keit
rück|sichts|voll; sie ist ihm gegenüber *od.* gegen ihn immer sehr rücksichtsvoll
Rück|sied|lung
Rück|sitz; Rück|spie|gel
Rück|spiel *(Sport; Ggs.* Hinspiel)
Rück|spra|che; mit jmdm. Rücksprache halten, nehmen
Rück|stand; im Rückstand bleiben, in Rückstand kommen; die Rückstände aufarbeiten
rück|stand|frei *vgl.* rückstandsfrei
Rück|stän|dig; Rück|stän|dig|keit
rück|stands|frei, *seltener* rückstand|frei
Rück|stau
Rück|stel|lung *(Wirtsch.* Passivposten in der Bilanz zur Berücksichtigung ungewisser Verbindlichkeiten)
Rück|stoß; Rück|stoß|an|trieb *(für* Raketenantrieb)
Rück|strah|ler (Schlusslicht)
Rück|tas|te; Rück|trans|port
Rück|tritt; Rück|tritt|brem|se
Rück|tritts|dro|hung; Rück|tritts|for|de|rung; Rück|tritts|ge|such; Rück|tritts|recht
rück|über|set|zen; der Text ist rückübersetzt; Rück|über|set|zung; Rück|um|schlag
rück|ver|fol|gen *(bes. Fachspr.)*
rück|ver|gü|ten *(Wirtsch.)*; ich werde ihm den Betrag rück-

Ruhensbetrag

vergüten; der Betrag wurde ihr rückvergütet; um Beträge rückzuvergüten; **Rück|ver|gü|tung**

Rück|ver|si|che|rer (Versicherungsw.)

rück|ver|si|chern, sich; ich rückversichere mich; rückversichert; rückzuversichern; **Rück|ver|si|che|rung**

Rück|wand

Rück|wan|de|rung

Rück|wa|re (Wirtsch. in das Zollgebiet zurückkehrende Ware)

rück|wär|tig; rückwärtige Verbindungen

rück|wärts; rückwärts einparken, aber beim Rückwärtseinparken; vgl. abwärts, vorwärts

rück|wärts|fah|ren

Rück|wärts|gang, der

rück|wärts|ge|hen; manche Kinder können heute nicht einmal mehr rückwärtsgehen; mit dem Umsatz ist es immer mehr rückwärtsgegangen (er hat sich verschlechtert)

rück|wärts|ge|wandt; eine rückwärtsgewandte Politik

rück|wärts|lau|fen; rückwärtsgelaufen

rück|wärts|le|sen; den Satz rückwärtslesen, aber rückwärts vorlesen

Rück|wech|sel (für Rikambio)

Rück|weg

ruck|wei|se

Rück|wen|dung

rück|wir|kend; **Rück|wir|kung**

rück|zahl|bar; **Rück|zah|lung**

Rück|zie|her; einen Rückzieher machen (ugs. für zurückweichen; Fußball den Ball über den Kopf nach hinten spielen)

rück|zo|nen (schweiz. Amtsspr. svw. auszonen)

ruck, zuck!, **ruck, zuck!** (ugs.)

Rück|zug; **Rück|zugs|ge|biet**; **Rück|zugs|ge|fecht**

Ru|col|la, **Ru|ko|la**, der; - ⟨ital.⟩ (Raukensalat)

rü|de, **rüd** ⟨franz.⟩ (roh, grob, ungesittet)

Rü|de, der; -n, -n (m. Hund)

Ru|del, das; -s, -

Ru|del|gu|cken, **Ru|del|ku|cken**, das; -s (ugs. für gemeinsames Anschauen von auf Großbildschirmen übertragenen Veranstaltungen [bes. im Sport, meist auf öffentlichen Plätzen]); **ru|del|wei|se**

Ru|der, das; -s, -; ans Ruder (ugs. für in eine leitende Stellung) kommen

Ru|de|ral|pflan|ze ⟨lat.; dt.⟩ (Pflanze, die auf stickstoffreichen Schuttplätzen gedeiht)

Ru|der|bank Plur. ...bänke; **Ru|der|blatt**; **Ru|der|boot**

Ru|der|club, **Ru|der|klub**

Ru|de|rer, **Rud|rer**

Ru|der|fü|ßer (Zool.)

Ru|der|gän|ger (Segeln jmd., der das Ruder bedient); **Ru|der|gän|ge|rin**; **Ru|der|haus**

...ru|de|rig, **...rud|rig** (z. B. achtrud[e]rig)

Ru|de|rin, **Rud|re|rin**

Ru|der|klub, **Ru|der|club**; **Ru|der|ma|schi|ne**

ru|dern; ich rudere

Ru|der|re|gat|ta; **Ru|der|sport**, der; -[e]s; **Ru|der|ver|band**; Deutscher Ruderverband; **Ru|der|ver|ein**

Rü|des|heim am Rhein (Stadt in Hessen); **Rü|des|hei|mer**; **Rü|des|hei|me|rin**

Rüd|heit (selten)

Ru|di (m. Vorn.)

Rü|di|ger (m. Vorn.)

Ru|di|ment, das; -[e]s, -e ⟨lat.⟩ (Überbleibsel; verkümmertes Organ); **ru|di|men|tär** (nicht ausgebildet; verkümmert)

Ru|dolf, **Ru|dolph** (m. Vorn.)

Ru|dol|fi|ni|sche Ta|feln Plur. (von Kepler für Kaiser Rudolf II. zusammengestellte Tafeln über Sternenbahnen)

Ru|dolph vgl. Rudolf

Ru|dol|stadt (Stadt a. d. Saale); **Ru|dol|städ|ter**

Rud|rer vgl. Ruderer

Rud|re|rin vgl. Ruderin

...rud|rig vgl. ...ruderig

Rüeb|li, das; -[s], - ⟨vgl. Götti⟩ (schweiz. für Karotte)

Ruf, der; -[e]s, -e; **Ruf|be|reit|schaft** (Bereitschaftsdienst)

Ru|fe, die; -, -n (schweiz., westösterr. für Mure)

ru|fen; du rufst; du riefst; du riefest; gerufen; ruf[e]!; er ruft mich, den Arzt rufen

Ru|fer; **Ru|fe|rin**

Rüf|fel, der; -s, - (ugs. für Verweis, Tadel); **rüf|feln**; ich rüff[e]le; **Rüff|ler**; **Rüff|le|rin**

Ruf|mord (schwere Verleumdung)

Ruf|nä|he; **Ruf|na|me**

Ruf|num|mer

Ruf|preis (österr. für bei einer Auktion ausgerufener Preis)

Ruf|säu|le

ruf|schä|di|gend; **Ruf|schä|di|gung**

Ruf|ta|xi

Ruf|ton (Telefonie); **Ruf|um|lei|tung**

Ruf|wei|te, die; -; **Ruf|zei|chen**

Rug|by ['rakbi], das; -[s] ⟨engl.⟩ (ein Ballspiel)

Rü|ge, die; -, -n

Ru|gel, der; -s, - (schweiz. für Rundholz)

rü|gen

Rü|gen (Insel vor der vorpommerschen Ostseeküste); **Rü|ge|ner**; **Rü|ge|ne|rin**; **rü|gensch**, **rü|gisch**

rü|gens|wert

Rü|ger; **Rü|ge|rin**

Ru|gi|er (Angehöriger eines ostgermanischen Volksstammes)

rü|gisch vgl. rügensch

Ru|he, die; -; jmdn. zur [letzten] Ruhe betten (geh. für beerdigen); sich zur Ruhe setzen; in Ruhe (österr. für im Ruhestand)

Ru|he|bank Plur. ...bänke

Ru|he|be|dürf|nis; **ru|he|be|dürf|tig**; **Ru|he|be|reich**; **Ru|he|bett** (veraltet für Liegesofa)

Ru|he|ge|halt, das (svw. Pension); **ru|he|ge|halt[s]|fä|hig** (Amtsspr.)

Ru|he|geld (Altersrente)

Ru|he|ge|nuss (österr. Amtsspr. für Pension); **ru|he|ge|nuss|fä|hig** (ruhegehaltsfähig)

Ru|he|kis|sen; **Ru|he|la|ge**

ru|he|los; **Ru|he|lo|sig|keit**, die; -

Ru|he|mas|se (Physik)

ru|hen

– ruht! (österr. für rührt euch!)

Schreibung in Verbindung mit Verben:

– man soll die Toten ruhen lassen
– ein Verfahren ruhen lassen od. ruhenlassen
– die Angelegenheit wird ihn nicht ruhen lassen od. ruhenlassen
– wir wollen sie ein wenig ruhen lassen
– sie hat dort nicht ruhen können, nicht ruhen wollen

ru|hend; er ist der ruhende Pol; der ruhende Verkehr

ru|hen las|sen, **ru|hen|las|sen** vgl. ruhen

Ru|hens|be|stim|mun|gen Plur. (österr. für Bestimmungen über Zuverdienstgrenzen für Pensionisten)

Ru|hens|be|trag (Berechnungs-

R
Ruhe

größe bei vorgezogener Pensionierung)
Ru|he|pau|se; Ru|he|pha|se; Ru|he|platz; Ru|he|pol; Ru|he|po|si|ti|on
Ru|he|puls; Ru|he|raum; Ru|he|sitz
Ru|he|stand, der; -[e]s; im Ruhestand (Abk. i. R.); Ru|he|ständ|ler; Ru|he|ständ|le|rin
Ru|he|statt, Ru|he|stät|te (geh.)
Ru|he|stel|lung (bes. Militär)
ru|he|stö|rend; ruhestörender Lärm ↑D 59; Ru|he|stö|rer; Ru|he|stö|re|rin; Ru|he|stö|rung
Ru|he|tag; Ru|he|zeit; Ru|he|zo|ne; Ru|he|zu|stand
ru|hig; ruhig Blut bewahren; ruhig sein, werden, bleiben; ein Gelenk ruhig stellen od. ruhigstellen; ru|hig|stel|len (durch Medikamente beruhigen); einen Patienten ruhigstellen; vgl. ruhig; Ru|hig|stel|lung (Med.)
Ruh|la (Stadt in Thüringen)
Ruhm, der; -[e]s
Ruh|mas|se (svw. Ruhemasse)
ruhm|be|deckt ↑D 59
Ruhm|be|gier[|de], die; -; ruhm|be|gie|rig ↑D 59
rüh|men; sich seines Wissens rühmen; ↑D 82; nicht viel Rühmens machen; rüh|mens|wert
Ruh|mes|blatt; meist in kein Ruhmesblatt sein
Ruh|mes|hal|le; Ruh|mes|tat
rühm|lich; ruhm|los; ruhm|re|dig (geh. für prahlerisch); ruhm|reich
Ruhm|sucht, die; -; ruhm|süch|tig
ruhm|voll
Ruh|pol|ding (Gemeinde in Bayern)
¹Ruhr, die; -, -en Plur. selten (Infektionskrankheit des Darmes)
²Ruhr, die; - (rechter Nebenfluss des Rheins); vgl. aber Rur
Ruhr|ei
rüh|ren; sich rühren; etwas schaumig rühren; den Teig glatt rühren od. glattrühren
rüh|rend; eine rührende Szene; am rührends|ten
Ruhr|ge|biet, das; -[e]s
rüh|rig; Rüh|rig|keit, die; -
ruhr|krank
Ruhr|ku|chen
Rühr|löf|fel; Rühr|ma|schi|ne
Rühr|mich|nicht|an, das; -, - (Springkraut); das Kräutlein Rührmichnichtan
Ruhr|ort (Stadtteil von Duisburg)
Ruhr|pott, der; -[e]s (ugs. für Ruhrgebiet)

rühr|sam (veraltet für rührselig; rührig)
Rühr|schüs|sel
rühr|se|lig; Rühr|se|lig|keit
Rühr|stück
Rühr|teig
Rüh|rung, die; -
Rühr|werk
Ru|in, der; -s ⟨lat.-franz.⟩ ([finanzieller] Zusammenbruch)
Ru|i|ne, die; -, -n ⟨lat.-franz.⟩ (zerfallen[d]es Bauwerk); ru|i|nen|ar|tig; Ru|i|nen|grund|stück; ru|i|nen|haft; Ru|i|nen|stadt
ru|i|nie|ren ⟨lat.⟩ (zerstören, verwüsten); sich ruinieren
ru|i|nös (zum Ruin führend)
Ruis|dael [ˈrɔysdaːl] (niederländischer Maler)
Ru|ko|la vgl. Rucola
Ru|län|der, der; -s, - (eine Reb- u. Weinsorte)
Rülps, der; -es, -e (ugs. für hörbares Aufstoßen); rülp|sen (ugs.); du rülpst; Rülp|ser; Rülp|se|rin
rum (ugs. für herum); ↑D 13
Rum [südd. u. österr. auch, schweiz. meist ruːm], der; -s, Plur. -s, österr. -e ⟨engl.⟩ (Branntwein [aus Zuckerrohr])
rum|al|bern (ugs.)
Ru|mä|ne, der; -n, -n; Ru|mä|ni|en; Ru|mä|nin; ru|mä|nisch
Ru|mä|nisch, das; -[s] (Sprache); vgl. Deutsch; Ru|mä|ni|sche, das; -n; vgl. ²Deutsche
Rum|ba, der; -, -s, auch, österr. u. schweiz. nur, der; -s, -s ⟨kuban.⟩ (ein Tanz)
rum|ei|ern (ugs. für unklar sprechen bzw. handeln)
Rum|fla|sche
rum|fum|meln (ugs.); rum|ge|ben (ugs.); rum|ge|hen (ugs.); rum|ham|peln (ugs.); rum|hän|gen (ugs. für sich irgendwo zum Zeitvertreib aufhalten); rum|ho|cken (ugs.); rum|kom|man|die|ren (ugs.); rum|kom|men (ugs.); es kommt etw. dabei rum (etw. ist lukrativ); rum|krie|gen (ugs. für zu etwas bewegen; hinter sich bringen)
Rum|ku|gel (eine Süßigkeit)
rum|lau|fen (ugs.)
rum|lie|gen (ugs.)
rum|ma|chen (ugs.)
Rum|mel, der; -s (ugs.)
rum|meln (landsch. für lärmen); ich rumm[e]le; Rum|mel|platz (ugs.)
Rum|my [ˈrœmi, auch ˈrami], das;

-s, -s ⟨engl.⟩ (österr. für Rommee)
Ru|mor, der; -s ⟨lat.⟩ (veraltet für Lärm, Unruhe); ru|mo|ren; er hat rumort
¹Rum|pel, der; -s ⟨südd. u. mitteld. für Gerümpel); Gerümpel)
²Rum|pel, der; -, -n (mitteld. veraltend für Waschbrett)
Rum|pel|füß|ler (ugs. abwertend für schlechter Fußballspieler)
rum|pe|lig, rump|lig (landsch. für holprig)
Rum|pel|kam|mer (ugs.)
Rum|peln (ugs.); ich rump[e]le
Rum|pel|stilz|chen, das; -s (eine Märchengestalt)
Rumpf, der; -[e]s, Rümpfe
rümp|fen; die Nase rümpfen
Rumpf|krei|sen, das; -s (eine gymnastische Übung)
rump|lig vgl. rumpelig
Rump|steak, das; -s, -s ⟨engl.⟩ ([gebratene] Rindfleischscheibe)
rum|ren|nen (ugs.)
rums!; rum|sen (landsch. für krachen); es rumst
rum|sit|zen (ugs.)
rum|ste|hen (ugs.)
Rum|topf; Rum|ver|schnitt
Run [ran], der; -s, -s ⟨engl.⟩ (Ansturm [auf etwas Begehrtes])
rund ([im Sinne von etwa] Abk. rd.); ↑D 89: der runde od. Runde Tisch (Verhandlungstisch, Gruppe gleichberechtigter Verhandlungsteilnehmer), ein Gespräch am runden Tisch; Runden Tisch; rund um die Uhr (ugs. für im 24-Stunden-Betrieb); rund um die Welt, aber rundum; einen Stein rund machen od. rundmachen; vgl. rundmachen; Rund, das; -[e]s, -e
Run|da, das; -s, -s (Rundgesang; Volkslied im Vogtland)
Rund|ab|la|ge (scherzh. auch für Papierkorb)
Rund|bank Plur. ...bänke
Rund|bau Plur. ...bauten
rund|bäu|chig
Rund|beet (für Rondell)
Rund|blick
Rund|bo|gen; Rund|bo|gen|fens|ter
Rund|bürs|te
Run|de, die; -, -n; die Runde machen; die erste Runde
Rün|de, die; - (veraltet für Rundsein)

russisch

Run|dell, das; -s, -e (veraltet für Rondell)
run|den; sich runden
Run|den|re|kord (Motorsport)
Run|den|zeit (Sport)
Rund|er|lass
rund|er|neu|ern; runderneuerte Reifen; Rund|er|neu|e|rung
Rund|fahrt; Rund|flug
Rund|fra|ge; rund|fra|gen; rundgefragt
Rund|funk, der; -s
Rund|funk|an|stalt; Rund|funk|bei|trag; Rund|funk|emp|fän|ger; Rund|funk|ge|bühr; Rund|funk|ge|rät
Rund|funk|hö|rer; Rund|funk|hö|re|rin; Rund|funk|kom|men|ta|tor; Rund|funk|kom|men|ta|to|rin
Rund|funk|or|ches|ter; Rund|funk|pro|gramm
Rund|funk|rat (Kontrollorgan des öffentlich-rechtlichen Rundfunks); Rund|funk|sen|der
Rund|funk|spre|cher; Rund|funk|spre|che|rin
Rund|funk|sta|ti|on; Rund|funk|tech|nik
Rund|funk|teil|neh|mer; Rund|funk|teil|neh|me|rin
Rund|funk|über|tra|gung; Rund|funk|wer|bung
Rund|gang, der
rund|ge|hen ↑D 47; es geht rund (ugs. für es ist viel Betrieb); es ist rundgegangen
Rund|ge|sang
Rund|heit, die; -
rund|her|aus; etwas rundheraus sagen; rund|her|um
Rund|holz; Rund|ho|ri|zont (Theater); Rund|kir|che; Rund|kurs
Rund|lauf; rund|lau|fen (ugs. auch für störungsfrei ablaufen); seit der Umstrukturierung läuft nicht mehr alles rund
rund|lich; Rund|lich|keit, die; -
Rund|ling (Dorfanlage)
rund|ma|chen (ugs. für tadeln, maßregeln; seltener für abschließend überarbeiten); vgl. rund
Rund|mail (E-Mail in der Art eines Rundschreibens)
Rund|rei|se
Rund|rü|cken (Med.)
Rund|ruf; Rund|schau; Rund|schild; Rund|schlag
Rund|schrei|ben; Rund|schrift; Rund|sicht; Rund|stre|cke
rund|stri|cken; Rund|strick|na|del
Rund|stück (nordd. für Brötchen)
Rund|tanz

rund|um
Rund|um|be|treu|ung
Rund-um-die-Uhr-Be|wa|chung
rund|um|her
Rund|um|schlag
Rund|um-sorg|los-Pa|ket (bes. Werbespr.); Rund|um|ver|gla|sung
Run|dung
Rund|wan|der|weg
rund|weg; etwas rundweg ablehnen
Rund|weg
Ru|ne, die; -, -n ⟨altnord.⟩ (germanisches Schriftzeichen); Ru|nen|al|pha|bet; Ru|nen|for|schung; Ru|nen|schrift; Ru|nen|stein
Run|ge, die; -, -n ([senkrechte] Stütze an der Wagenseite); Run|gen|wa|gen
ru|nisch ⟨zu Rune⟩
Run|kel, die; -, -n (bes. österr. u. schweiz. für Runkelrübe); Run|kel|rü|be
Run|ken, der; -s, - (mitteld. für unförmiges Stück Brot)
Runks, der; -es, -e (ugs. für ungeschliffener Mensch)
Run|ner's High ['ranəs haɪ], das; - -[s], - -s ⟨engl.⟩ (Hochgefühl nach starker Anstrengung beim Ausdauersport)
Run|ning Gag ['ra... '-], der; - -s, - -s ⟨engl.⟩ (Gag, der sich immer wiederholt)
Ru|no|lo|ge, der; -n, -n ⟨altnord.; griech.⟩; Ru|no|lo|gie, die; - (Runenkunde); Ru|no|lo|gin
Runs, der; -es, -e, häufiger Run|se, die; -, -n (südd., österr., schweiz. für Rinne an Berghängen mit Wildbach)
run|ter (↑D 13 ugs. für herunter, hinunter)
run|ter|fah|ren (ugs.)
run|ter|fal|len (ugs.); run|ter|flie|gen (ugs.); run|ter|hau|en (ugs.); jmdm. eine runterhauen (ugs.); run|ter|ho|len (ugs.); run|ter|kom|men (ugs.); run|ter|la|den (ugs.); run|ter|las|sen (ugs.); run|ter|ma|chen (ugs.); run|ter|put|zen (ugs.); run|ter|rut|schen (ugs.); run|ter|schal|ten (ugs.); einen Gang runterschalten; run|ter|schlu|cken (ugs.); run|ter|set|zen (ugs.); run|ter|spie|len (ugs.); run|ter|wer|fen (ugs.); run|ter|wür|gen (ugs.); run|ter|zie|hen (ugs.)
Run|zel, die; -, -n; run|ze|lig, run|zeln; ich runz[e]le; run|z|lig (svw. runzelig)

Ru|od|lieb (Gestalt des ältesten [lateinisch geschriebenen] Romans der dt. Literatur)
Rü|pel, der; -s, -; Rü|pe|lei
rü|pel|haft; Rü|pel|haf|tig|keit; rü|pe|lig; Rü|pel|rad|ler (salopp abwertend); Rü|pel|rad|le|rin
Ru|pert, Ru|p|recht (m. Vorn.); Knecht Ruprecht
¹rup|fen; Gras, Geflügel rupfen
²rup|fen (aus Rupfen); Rup|fen, der; -s, - (Jutegewebe); Rup|fen|lein|wand
Ru|pi|ah, die; -, - ⟨Hindi⟩ (indones. Währungseinheit)
Ru|pie, die; -, -n (Währungseinheit in Indien [Währungscode INR], Pakistan [PKR], Sri Lanka [LKR] u. anderen Staaten)
rup|pig; Rup|pig|keit; Rupp|sack (ugs. für ruppiger Mensch)
Ru|p|recht; vgl. Rupert u. Knecht Ruprecht
Rup|tur, die; -, -en ⟨lat.⟩ (Med. Zerreißung)
Rur, die; - (rechter Nebenfluss der Maas); vgl. aber ²Ruhr
ru|ral ⟨lat.⟩ (bildungsspr. für ländlich)
Rus ⟨russ.⟩ (alte Bez. der ostslawischen Stämme im 9./10. Jh.); Kiewer Rus
Rusch, der; -[e]s, -e ⟨lat.⟩ (nordd. für Binse)
Rü|sche, die; -, -n (gefältelter [Stoff]besatz)
Ru|schel, die; -, -n, auch der; -s, - (landsch. für ruschelige Person); ru|sche|lig, rusch|lig (landsch. für unordentlich, schlampig); ru|scheln (landsch.); ich rusch[e]le
Rü|schen|blu|se; Rü|schen|hemd
rusch|lig vgl. ruschelig
Rush|hour ['raʃlaʊ̯ɐ], die; -, -s ⟨engl.⟩ (Hauptverkehrszeit)
Ruß, der; -es, Plur. (fachspr.) -e; ruß|be|schmutzt ↑D 59
Rus|se, der; -n, -n (Einwohner Russlands; Angehöriger eines ostslawischen Volkes)
Rüs|sel, der; -s, -; rüs|sel|ar|tig; rüs|sel|för|mig; Rüs|sel|kä|fer; Rüs|sel|tier
ru|ßen (schweiz. auch für entrußen); du rußt; es rußt
Rus|sen|blu|se; Rus|sen|kit|tel
Rus|sen|ma|fia
ruß|far|ben, ruß|far|big; Ruß|fil|ter; ruß|ge|schwärzt; ruß|ge|sich|tig; ru|ßig; Ru|ßig|keit, die; -
Rus|sin
rus|sisch ↑D 89; russisches Rou-

R
russ

Russisch

lette; russische *od.* Russische Eier; *aber* ↑D 150: die Russische Föderation, der Russisch-Türkische Krieg (1877/78); *vgl.* deutsch; **Rus̲|sisch**, das; -[s] (Sprache); *vgl.* Deutsch
Rus̲|sisch|brot, das; -[e]s (ein Gebäck)
Rus̲|si|sche, das; -n; *vgl.* ²Deutsche
rus̲|sisch|grün; ein russischgrüner Stoff, der Stoff ist russischgrün; *aber* ein Stoff in Russischgrün; ein dunkles Russischgrün
rus̲|sisch-or|tho|dox; russisch-orthodoxe Kirche
rus̲|sisch-rö̲|misch; russisch-römisches Bad ↑D 23
rus̲|sisch|spra|chig
Rus̲s|ki, der (*ugs., auch diskriminierend für* Russe, russischer Soldat)
Rus̲s|land
rus̲s|land|deutsch; **Rus̲s|land|deutsche**, der *u.* die; -n, -n
Ruß|par|ti|kel; **Ruß|par|ti|kel|fil|ter**
ruß|schwarz
Ruß|tau, der (eine Pflanzenkrankheit)
ruß|ver|schmiert
Rüs̲t|an|ker (*Seemannsspr.* Ersatzanker)
¹**Rüs̲|te**, die; - (*landsch. für* Rast, Ruhe)
²**Rüs̲|te**, die; -, -n (*Seemannsspr.* starke Planke an der Schiffsaußenseite zum Befestigen von Ketten od. Stangen)
rüs̲|ten; sich rüsten (*geh.*); Gemüse rüsten (*schweiz. für* putzen, vorbereiten)
Rüs̲|ter [*auch* ˈry:...], die; -, -n (Ulme); **rüs̲|tern** (aus Rüsterholz); **Rüs̲|ter[n]|holz**
Rus̲|ti|co, der *u.* das; -s, Rustici [...tʃi] ⟨ital.⟩ (*schweiz. für* tessinisches Bauernhaus; Ferienhaus in diesem Stil)
rüs̲|tig; **Rüs̲|tig|keit**, die; -
Rus̲|ti|ka, die; - ⟨lat.⟩ (*Archit.* Mauerwerk aus Quadern mit roh bearbeiteten Außenflächen)
rus̲|ti|kal ⟨lat.⟩ (ländlich, bäuerlich); **Rus̲|ti|ka|li|tät**, die; -
Rüs̲t|kam|mer
Rüs̲t|mes|ser, das (*schweiz. für* Küchenmesser)
Rüs̲t|tag (*jüd. Rel.*)
Rüs̲|tung
Rüs̲|tungs|ab|bau; **Rüs̲|tungs|auf|trag**; **Rüs̲|tungs|aus|ga|be** *meist Plur.;* **Rüs̲|tungs|be|gren|zung**; **Rüs̲|tungs|ex|port**; **Rüs̲|tungs|fa-**

b|rik; **Rüs̲|tungs|geg|ner**; **Rüs̲|tungs|geg|ne|rin**
Rüs̲|tungs|in|dus|t|rie; **Rüs̲|tungs|kon|t|rol|le**; **Rüs̲|tungs|kon|zern**; **Rüs̲|tungs|spi|ra|le**; **Rüs̲|tungs|wett|lauf**
Rüst|zeit; **Rüst|zeug**
Rut *vgl.* ²Ruth
Ru̲|te, die; -, -n (Gerte; altes Längenmaß; männliches Glied bei Tieren; *Jägerspr.* Schwanz)
Ru̲|ten|bün|del; **Ru̲|ten|gän|ger** (Wünschelrutengänger); **Ru̲|ten|gän|ge|rin**
¹**Ruth** (w. Vorn.)
²**Ruth**, *ökum.* **Rut** (biblischer w. Eigenn.); das Buch Ruth
Rut|hard (m. Vorn.)
Ru̲|the|ne, der; -n, -n (*früher Bez. für* im ehemaligen Österreich-Ungarn lebender Ukrainer); **Ru̲|the|nin**; **ru̲|the|nisch**
Ru̲|the|ni|um, das; -s (chemisches Element, Metall; *Zeichen* Ru)
Ru̲|ther|ford [ˈraðɚfəd] (engl. Physiker); **Ru̲|ther|for|di|um**, das; -s ⟨nach dem engl. Physiker⟩ (ein chem. Element)
Ru̲|til, der; -s, -e ⟨lat.⟩ (ein Mineral)
Ru|ti̲|lis|mus, der; - (*Med.* Rothaarigkeit)
Ru|ti̲n, das; -s ⟨lat.⟩ (*Pharmazie* ein pflanzlicher Wirkstoff)
Rüt|li, das; -s (Bergmatte am Vierwaldstätter See); **Rüt|li|schwur**, der; -[e]s ↑D 143 (sagenumwobener Treueschwur bei der Gründung der Schweizerischen Eidgenossenschaft)
rutsch!
Rutsch, der; -[e]s, -e; guten Rutsch [ins neue Jahr]!
Rutsch|bahn; **Rut|sche**, die; -, -n
rut|schen; du rutschst
Rut|sche|rei; **rutsch|fest**; **Rutsch|gefahr**, die; -; **rut|schig**; **Rutsch|par|tie** (*ugs.*); **rutsch|si|cher**
Rut|te, die; -, -n (ein Fisch)
Rüt|tel|be|ton
Rüt|tel|lei
Rüt|tel|fal|ke
rüt|teln; ich rütt[e]le; **Rüt|tel|plat|te** (Maschine zum Verdichten des Bodens); **Rüt|tel|sieb**; **Rüt|tel|tisch** (*Bauw., Technik*)
Rütt|ler, der; -s, - (Rüttelplatte; Rütteltisch)
¹**Ru̲|wer**, die; - (rechter Nebenfluss der Mosel)
²**Ru̲|wer**, der; -s, - (eine Weinsorte)
Ruys|dael [ˈrɔɪsdaːl] *vgl.* Ruisdael

RVO = Reichsversicherungsordnung
Rwan|da (*engl. Schreibung für* Ruanda); **rwan|disch**
Rye [raɪ], der; -, -s, **Rye|whis|key** ⟨amerik.⟩ (Roggenwhiskey)

Rhythmus
Das Substantiv ist über das Lateinische aus dem Griechischen ins Deutsche entlehnt worden. Wie das Herkunftswort wird es am Wortanfang mit *Rhy-* geschrieben.

S

s = Sekunde
s, **sh** = Shilling
s. = sieh[e]!
's = ¹es (*vgl. d.*)
S (Buchstabe); das S; des S, die S, *aber* das s in Hase; der Buchstabe S, s
S = Schilling; Sen; ¹Siemens; Süd[en]; Sulfur (*chem. Zeichen für* Schwefel)
S = small (Kleidergröße: klein)
S. = San, Sant', Santa, Santo, São; Seite
S., **Se.** = Seine [Exzellenz usw.]
Σ, ς σ = Sigma
$ = Dollar
s. A. = seligen Angedenkens
s. a. = sine anno
Sa. = Summa; Sachsen; Samstag, Sonnabend
Saal, der; -[e]s, Säle; *aber* Sälchen (*vgl. d.*); **Saal|bau** *Plur.* ...bauten
Saal|burg, die; - (römische Grenzbefestigung im Taunus)
Saa|le, die; - (linker Nebenfluss der Elbe)
Saal|feld (**Saa|le**) (Stadt in Thüringen)
Saal|ord|ner; **Saal|ord|ne|rin**
Saal|schlacht; **Saal|toch|ter** (*schweiz. für* Kellnerin im Speisesaal); **Saal|tür**
Saal|wet|te (bei der Fernsehshow »Wetten, dass …?« die Wette

Sachverhaltsdarstellung

des Moderators gegen das Publikum)
Saa|ne, die; - (linker Nebenfluss der Aare)
Saa|nen (schweizerischer Ort); **Saa|nen|kä|se**
Saar, die; - (rechter Nebenfluss der Mosel)
Saar|brü|cken (Hauptstadt des Bundeslandes Saarland); **Saar|brü|cker**; **Saar|brü|cke|rin**
Saar|ge|biet, das; -[e]s
Saar|land, das; -[e]s; **Saar|län|der**; **Saar|län|de|rin**; **saar|län|disch**; *aber* ↑D 150: Saarländischer Rundfunk
Saar|louis [...'lu̯i] (Stadt im Saarland); **Saar|louis|er** [...'lu̯i̯ɐ]; **Saar|louis|e|rin**
Saar-Na|he-Berg|land ↑D 146
Saat, die; -, -en; **Saa|ten|pfle|ge**, die; -; **Saa|ten|stand**, der; -[e]s
Saat|ge|trei|de; **Saat|gut**, das; -[e]s; **Saat|kar|tof|fel**; **Saat|korn** *Plur.* ...körner; **Saat|krä|he**
Sa|ba (historisches Land in Südarabien); **Sa|bä|er**, der; -s, - (Angehöriger eines alten Volkes in Südarabien); **Sa|bä|e|rin**
Sab|bat, der; -s, -e ⟨hebr., »Ruhetag«⟩ (Samstag, jüdischer Feiertag)
Sab|ba|ta|ri|er (*svw.* Sabbatist); **Sab|ba|ta|ri|e|rin**
Sab|ba|ti|cal [səˈbɛtɪkl̩], das; -s, -s ⟨engl.⟩ (längere berufl. Freistellung)
Sab|ba|tist, der; -en, -en (Angehöriger einer christlichen Gemeinschaft, die den Sabbat einhält); **Sab|ba|tis|tin**
Sab|bat|jahr (*jüd. Rel.; auch für* einjährige berufl. Freistellung); **Sab|bat|stil|le**
Sab|bel, der; -s, - (*nordd. für* Mund; *nur Sing.: svw.* Sabber); **Sab|bel|lätz|chen** (*nordd. für* Sabberlätzchen); **sab|beln** (*nordd. für* sabbern); ich sabb[e]le
Sab|ber, der; -s (*ugs. für* ausfließender Speichel); **Sab|ber|lätz|chen** (*fam.*); **sab|bern** (*ugs. für* Speichel ausfließen lassen; schwatzen); ich sabbere
Sä|bel, der; -s, - ⟨ung.-poln.⟩
Sä|bel|bei|ne *Plur.* (*ugs. für* O-Beine); **sä|bel|bei|nig**
Sä|bel|fech|ten, das; -s
sä|bel|för|mig
Sä|bel|ge|ras|sel (*abwertend*)
Sä|bel|hieb

sä|beln (*ugs. für* ungeschickt schneiden); ich säb[e]le
Sä|bel|ras|seln, das; -s (*abwertend*); **sä|bel|ras|selnd**; **Sä|bel|rass|ler**; **Sä|bel|rass|le|rin**
Sa|bi|na, **Sa|bi|ne** (w. Vorn.)
Sa|bi|ner (Angehöriger eines historischen Volksstammes in Mittelitalien); **Sa|bi|ner Ber|ge** *Plur.*; **Sa|bi|ne|rin**; **sa|bi|nisch**
Sa|bot [...'bo:], der; -[s], -s ⟨franz.⟩ (Holzschuh; hinten offener Damenschuh)
Sa|bo|ta|ge [...ʒə], die; -, -n ⟨franz.⟩ (vorsätzliche Schädigung od. Zerstörung von wirtschaftl. u. milit. Einrichtungen); **Sa|bo|ta|ge|akt**
Sa|bo|teur [...'tø:ɐ̯], der; -s, -e; **Sa|bo|teu|rin**; **sa|bo|tie|ren**
Sa|b|ra, die; -, -s (w. Form zu Sabre); **Sa|b|re**, der; -[s], -s ⟨hebr.⟩ (in Israel geborener Nachkomme jüdischer Einwanderer)
Sa|b|ri|na (w. Vorn.)
SAC = Schweizer Alpen-Club
Sac|cha|ra|se, **Sa|cha|ra|se** [...xa...], die; -, -n ⟨sanskr.⟩ (ein Enzym)
Sac|cha|ri|me|t|rie, **Sa|cha|ri|me|t|rie**, die; - ⟨sanskr.; griech.⟩ (Bestimmung des Zuckergehaltes)
Sac|cha|rin *vgl.* Sacharin
Sac|cha|ro|se, **Sa|cha|ro|se** [...xa...], die; - (*Chemie* Zucker)
Sa|cha|lin (ostasiatische Insel)
Sach|an|la|ge *meist Plur.*; **Sach|an|la|ge|ver|mö|gen** (*Wirtsch.*)
Sa|cha|ra|se [...xa...] *vgl.* Saccharase; **Sa|cha|ri|me|t|rie** *vgl.* Saccharimetrie
Sa|cha|rin, *fachspr.* Sac|cha|rin, das; -s (ein Süßstoff)
Sa|char|ja (jüdischer Prophet)
Sa|cha|ro|se [...xa...] *vgl.* Saccharose
Sach|be|ar|bei|ter; **Sach|be|ar|bei|te|rin**
Sach|be|griff; **Sach|be|reich**, der; **Sach|be|schä|di|gung**; **sach|be|zo|gen**; **Sach|be|zü|ge** *Plur.*; **Sach|buch**; **sach|dien|lich**; **Sach|dis|kus|si|on**
Sa|che, die; -, -n; in Sachen Meyer [gegen Müller]; in Sachen (zum Thema) neuer Trainer; zur Sache kommen
Sach|ein|la|ge (*Wirtsch.* Sachwerte, die bei der Gründung einer AG eingebracht werden)
Sä|chel|chen

Sa|chen|recht (*Rechtsspr.*); **Sach|er|klä|rung**
Sa|cher|tor|te ⟨nach dem Wiener Hotelier Sacher⟩ (eine Schokoladentorte); ↑D 136
Sach|fir|ma (Firma, deren Name den Gegenstand des Unternehmens angibt; *Ggs.* Personenfirma)
Sach|fra|ge; **sach|fremd**; **Sach|ge|biet**; **sach|ge|mäß**; **sach|ge|recht**
Sach|grün|dung (*Wirtsch.* Gründungsform einer AG)
Sach|in|dex; **Sach|in|ves|ti|ti|on** (*Wirtsch.*); **Sach|ka|ta|log**
Sach|kennt|nis; **Sach|kom|pe|tenz**; **Sach|kos|ten** *Plur.* (*Wirtsch.*)
Sach|kun|de, die; -; **Sach|kun|de|un|ter|richt**; **sach|kun|dig**
Sach|la|ge
Sach|le|gi|ti|ma|ti|on (*Rechtsspr.*)
Sach|leis|tung
sach|lich (zur Sache gehörend; *auch für* objektiv); sachliche Kritik; sachliche Angaben
säch|lich; sächliches Geschlecht (*Sprachwiss.*)
Sach|lich|keit; die Neue Sachlichkeit (*Kunstwiss.*)
Sach|män|gel|haf|tung, die; -
Sach|mit|tel *Plur.*; **Sach|prä|mie**; **Sach|preis**; **Sach|re|gis|ter**
¹**Sachs** (dt. Meistersinger); Hans Sachs' Gedichte ↑D 16
²**Sachs**, ¹Sax, der; -es, -e (germanisches Eisenmesser, kurzes Schwert)
Sach|scha|den
Sach|se, der; -n, -n; **säch|seln** (sächsisch sprechen); ich sächs[e]le; **Sach|sen** (*Abk.* Sa.)
Sach|sen-An|halt ↑D 144; **Sach|sen-An|hal|ter**, **Sach|sen-An|hal|ti|ner**; **Sach|sen-An|hal|te|rin**, **Sach|sen-An|hal|ti|ne|rin**; **sach|sen-an|hal|tisch**, **sach|sen-an|hal|ti|nisch**
Sach|sen|hau|sen (Konzentrationslager der Nationalsozialisten)
Sach|sen|spie|gel, der; -s (eine Rechtssammlung des dt. MA.s)
Sach|sen|wald, der; -[e]s (Waldgebiet östlich von Hamburg)
Säch|sin; **säch|sisch**; *aber* ↑D 140: die Sächsische Schweiz (Teil des Elbsandsteingebirges)
Sach|spen|de
sacht; **sacht|chen** (obersächs. *für* ganz sacht); **sach|te** (*ugs.*)
Sach|ver|halt; **Sach|ver|halts|dar|stel|lung** (bes. österr. *Rechtsspr.*)

Sachversicherung

Sach|ver|si|che|rung
Sach|ver|stand
sach|ver|stän|dig; Sach|ver|stän|di|ge, der u. die; -n, -n
Sach|ver|stän|di|gen|gut|ach|ten; Sach|ver|stän|di|gen|rat
Sach|ver|zeich|nis
Sach|wal|ter; Sach|wal|te|rin; sach|wal|te|risch
Sach|wei|ser (seltener für Sachregister); Sach|wert; Sach|wis|sen; Sach|wör|ter|buch; Sach|zu|sam|men|hang; Sach|zwang meist Plur.
Sack, der; -[e]s, Säcke; 5 Sack Mehl; mit Sack und Pack
Sack|bahn|hof
Säck|chen
Sä|ckel, der; -s, - (landsch. für Hosentasche; Geldbeutel); Sä|ckel|meis|ter (bes. schweiz. für Kassenwart, Schatzmeister); Sä|ckel|meis|te|rin
sä|ckeln (landsch. für in Säcke füllen); ich säck[e]le
Sä|ckel|wart (bes. österr. für Kassenwart); Sä|ckel|war|tin
¹sa|cken (landsch. für in Säcke füllen)
²sa|cken (sich senken; sinken)
sä|cken (früher für in einem Sack ertränken)
Sa|ckerl, das; -s, -[n]; vgl. Pickerl (bayr., österr. für Tüte, Beutel, Tragetasche)
sa|cker|lot! vgl. sapperlot!; sa|cker|ment! vgl. sapperment!
sä|cke|wei|se (in Säcken)
sack|för|mig
Sack|gas|se
Sack|geld (schweiz. für Taschengeld)
sack|grob (ugs. für sehr grob)
sack|hüp|fen nur im Infinitiv u. Part. I gebr.; Sack|hüp|fen, das; -s
Sä|ckin|gen (badische Stadt am Hochrhein); Sä|ckin|ger; Sä|ckin|ge|rin
Sack|kar|re; Sack|kar|ren; Sack|kleid; Sack|lau|fen, das; -s
sack|lei|nen; ein sackleinenes Hemd; Sack|lei|nen; ein Hemd aus Sackleinen; Sack|lein|wand
Säck|ler (landsch. für Lederarbeiter); Säck|le|rin
Sack|pfei|fe (Dudelsack)
Sack|ro|del, die (österr. für Sackkarre)
Sack|tuch (grobes Tuch; südd., österr. ugs. neben Taschentuch)
sack|wei|se
Sad|du|zä|er, der; -s, - ⟨hebr.⟩

(Angehöriger einer altjüd. Partei)
Sa|de|baum ⟨lat.; dt.⟩ (ein wacholderartiger Nadelbaum)
Sa|dhu [...du], der; -[s], -s ⟨sanskr.⟩ (als Eremit u. bettelnder Asket lebender Hindu)
Sa|dis|mus, der; -, Plur. (für Handlungen:) ...men (nach dem franz. Schriftsteller de Sade⟩ (Lust am Quälen, an Grausamkeiten); Sa|dist, der; -en, -en; Sa|dis|tin; sa|dis|tisch
Sa|do|ma|so, der; - (ugs.); Sa|do|ma|so|chis|mus, der; -, ...men (Verbindung von Sadismus u. Masochismus); sa|do|ma|so|chis|tisch
Sa|do|wa (Dorf bei Königgrätz)
sä|en; du säst, er/sie sät; du sätest; gesät; säe!; Sä|er; Sä|e|rin
Sa|fa|ri, die; -, -s ⟨arab.⟩ (Gesellschaftsreise zum Jagen, Fotografieren [in Afrika]); Sa|fa|ri|jeep; Sa|fa|ri|park (Tierpark, den Besucher mit dem Auto durchqueren)
Safe [seɪf], der, auch das; -s, -s ⟨engl.⟩ (Geldschrank, Stahlkammer, Sicherheitsfach)
Sa|fer Sex ['seɪfɐ 'sɛks], der; - -[es] (die Gefahr einer Aidsinfektion minderndes Sexualverhalten)
Saf|fi|an, der; -s ⟨pers.⟩ (feines Ziegenleder); Saf|fi|an|le|der
Saf|flor, der; -s, -e ⟨arab.-ital.⟩ (Färberdistel); saf|fi|or|gelb
Saf|ran, der; -s, -e ⟨pers.⟩ (Krokus; Farbstoff; nur Sing.: ein Gewürz); sa|fran|gelb
Saft, der; -[e]s, Säfte (österr. auch für Bratensoße); Saft|bra|ten
saf|ten
Saft|fut|ter vgl. ¹Futter
saft|grün
saf|tig (ugs. auch für derb); Saf|tig|keit
Saft|kur (mit Obst- od. Gemüsesäften durchgeführte ¹Kur)
Saft|la|den (ugs. abwertend für schlecht funktionierender Betrieb)
saft|los; saft- u. kraftlos ↑D 31
Saft|pres|se; Saft|sack (Schimpfwort); Saft|schub|se, die; -, -n (ugs. abwertend für Flugbegleiterin); Saft|tag
Sal|ga ['za(ː)ɡa], die; -, -s ⟨altnord.⟩ (altisländische Prosaerzählung)
sag|bar
Sa|ge, die; -, -n
Sä|ge, die; -, -n; Sä|ge|blatt; Sä|ge-

bock; Sä|ge|fisch; Sä|ge|mehl, das; -[e]s; Sä|ge|müh|le
sa|gen; es kostet sage und schreibe (tatsächlich) zwanzig Euro; ich habe mir sagen lassen, dass ...; von ihm wollen wir uns nichts sagen (befehlen) lassen; sie hat hier das Sagen ↑D 82
sä|gen
Sa|gen|buch; Sa|gen|dich|tung; Sa|gen|for|scher; Sa|gen|for|sche|rin; Sa|gen|ge|stalt
sa|gen|haft (ugs. auch für unvorstellbar); Sa|gen|kreis; sa|gen|um|wo|ben ↑D 59
Sa|ger (österr. ugs. für Ausspruch)
Sä|ger; Sä|ge|rei; Sä|ge|rin
Sä|ge|spä|ne Plur.; Sä|ge|werk; Sä|ge|wer|ker; Sä|ge|wer|ke|rin; Sä|ge|werks|be|sit|zer; Sä|ge|werks|be|sit|ze|rin
Sä|ge|zahn
sa|git|tal ⟨lat.⟩ (Biol., Med. parallel zur Mittelachse liegend); Sa|git|tal|ebe|ne (der Mittelebene des Körpers parallele Ebene)
Sa|go, der, österr. meist das; -s ⟨indones.⟩ (gekörntes Stärkemehl); Sa|go|pal|me; Sa|go|sup|pe
sah vgl. sehen
Sa|ha|ra [auch 'zaː...], die; - ⟨arab.⟩ (Wüste in Nordafrika)
Sa|hel [auch 'zaːhɛl], der; -[s] ⟨arab.⟩ (Gebiet südlich der Sahara); Sa|hel|zo|ne, die
Sa|hib, der; -[s], -s ⟨arab.-Hindi⟩ (in Indien u. Pakistan titelähnliche Bez. od. höfliche Anrede)
Sah|ne, die; -; süße, saure Sahne; Sah|ne|bon|bon; Sah|ne|eis; Sah|ne|häub|chen; Sah|ne|känn|chen; Sah|ne|kä|se; Sah|ne|meer|ret|tich, der; -s
sah|nen; Sah|ne|quark
Sah|ne|sau|ce vgl. Sahnesoße
Sah|ne|schnit|te
Sah|ne|so|ße, Sah|ne|sau|ce
Sah|ne|stück; Sah|ne|tor|te
sah|nig
Saib|ling (ein Fisch); vgl. Salbling
Sai|gon [auch 'zaɪ...] (früherer Name von Ho-Chi-Minh-Stadt)
¹Saint [sn̩t] ⟨engl., »heilig«⟩; [Abk. St od. St.; »Saint« erscheint als Bestandteil von engl. u. amerik. Heiligennamen u. darauf zurückgehenden Ortsnamen. Es steht sowohl in m. als auch in w. Namen und wird ohne Bindestrich verwendet: Saint Louis [sn̩t 'luːɪs]; Saint Anne [sn̩t 'ɛn]; vgl. San, Sankt, São)

²**Saint** [sɛ̃] ⟨franz., »heilig«⟩; (*Abk.* St; »*Saint*« *erscheint als Bestandteil von m. franz. Heiligennamen u. darauf zurückgehenden Ortsnamen. Es steht mit einem Bindestrich*: Saint-Cyr [sɛ̃'siːɐ̯]; *vgl.* San, Sankt, São)

Sainte [sɛ̃t]; »*Sainte*« *erscheint als Bestandteil von w. franz. Heiligennamen u. darauf zurückgehenden Ortsnamen. Es steht mit einem Bindestrich*: Sainte-Marie [sɛ̃tmaˈriː]; *vgl.* ²Saint, San, Sankt

Saint-Exu|pé|ry [sɛ̃tɛksypeˈriː] (franz. Schriftsteller)

Saint Geor|ge's [sn̩t ˈdʒɔːdʒɪs] (Hauptstadt Grenadas)

Saint John's [sn̩t ˈdʒɔns] (Hauptstadt von Antigua u. Barbuda)

Saint Lou|is [sn̩t ˈluːɪs] (Stadt in Missouri)

Saint-Saëns [sɛ̃ˈsãːs] (franz. Komponist)

Saint-Si|mo|nis|mus [sɛ̃si...], der; - (nach dem franz. Sozialreformer Saint-Simon⟩ (sozialistische Lehre); **Saint-Si|mo|nist**, der; -en, -en; **Saint-Si|mo|nis|tin**

Sa|is (altägyptische Stadt)

Sai|son [zɛˈzõː, *auch, bes. südd., österr.,* zɛˈzoːn], die; -, *Plur.* -s, *auch, bes. südd., österr.,* ...onen ⟨franz.⟩ (Hauptbetriebs-, Hauptreise-, Hauptgeschäftszeit, Theaterspielzeit)

sai|son|ab|hän|gig; **sai|so|nal**

Sai|son|ar|beit; **Sai|son|ar|bei|ter**; **Sai|son|ar|bei|te|rin**

Sai|son|auf|takt; **Sai|son|aus|klang** *(geh.)*; **Sai|son|aus|ver|kauf**; **sai|son|be|dingt**; **Sai|son|be|ginn**, der; -[e]s; **sai|son|be|rei|nigt** *(Amtsspr.)*

Sai|son|be|trieb; **Sai|son|en|de**; **Sai|son|er|geb|nis** *(Sport)*; **Sai|son|er|öff|nung**; **Sai|son|ge|schäft**

Sai|so|ni|er [zɛzɔˈnieː, ˈsɛ...], ...zo...] *usw. vgl.* Saisonnier usw.

Sai|son|in|dex *(Wirtsch.)*; **Sai|son|kenn|zei|chen**; **Sai|son|kre|dit** *(Bankw.)*

Sai|son|lauf (einzelner Durchgang beim [Auto]rennen)

Sai|son|ni|er, Sai|so|ni|er [zɛzɔ-ˈnieː, ˈsɛ..., ...zoː...], der; -s, -s ⟨*österr., schweiz. für* Saisonarbeiter⟩; **Sai|son|ni|e|re**, Sai|so|ni|e|re [...ˈnieːrə, ...ˈnieːɐ̯], die; -, -n

Sai|son|schluss; **Sai|son|start**

sai|son|un|ab|hän|gig

Sai|son|wan|de|rung (saisonbedingte Wanderung von Arbeitskräften)

sai|son|wei|se

Sai|son|ziel *(Sport)*

Sai|te, die; -, -n (gedrehter Tierdarm, Metall od. Kunststoff [zur Bespannung von Musikinstrumenten]); andere Saiten aufziehen; *vgl. aber* Seite

Sai|ten|hal|ter (Teil eines Saiteninstrumentes); **Sai|ten|in|s|t|ru|ment**; **Sai|ten|spiel**, das; -[e]s

...**sai|tig** (z. B. fünfsaitig)

Sait|ling (Schafdarm)

Sa|ke, der; - ⟨jap.⟩ (aus Reis hergestellter japanischer Wein)

Sak|ko [*österr.* ...ˈkoː], das, *österr. nur so, auch* der; -s, -s (Herrenjackett); **Sak|ko|an|zug**

sa|k|ra! ⟨lat.⟩ (*südd. ugs. für* verdammt!)

sa|k|ral ⟨lat.⟩ (den Gottesdienst betreffend; *Med.* zum Kreuzbein gehörend); **Sa|k|ral|bau** *Plur.* ...bauten (Kunstwiss. kirchl. Bauwerk; *Ggs.* Profanbau)

Sa|k|ra|ment, das; -[e]s, -e ⟨lat.⟩ (eine gottesdienstliche Handlung); **sa|k|ra|men|tal**; **Sa|k|ra|men|ta|li|en** *Plur.* (*kath. Kirche* sakramentähnliche Zeichen u. Handlungen, z. B. Wasserweihe; *auch Bez. für* geweihte Dinge, z. B. Weihwasser)

Sa|k|ra|men|ter, der; -s, - *(landsch. für* jmd., über den man sich ärgert; Schimpfwort)

sa|k|ra|ment|lich; **Sa|k|ra|ments|häus|chen**

Sa|k|ri|fi|zi|um, das; -s, ...ien (*svw.* Messopfer)

Sa|k|ri|leg, das; -s, -e, **Sa|k|ri|le|gi|um**, das; -s, ...ien ⟨lat.⟩ (Vergehen gegen Heiliges); **sa|k|ri|le|gisch**; **Sa|k|ri|le|gi|um** *vgl.* Sakrileg

sa|k|risch *(südd. für* verdammt)

Sa|k|ris|tan, der; -s, -e ⟨lat.⟩ (*kath.* Küster, Mesner); **Sa|k|ris|ta|nin**

Sa|k|ris|tei, die; -, -en ⟨lat.⟩ (Kirchenraum für den Geistlichen u. die gottesdienstlichen Geräte)

sa|k|ro|sankt (unverletzlich)

sä|ku|lar ⟨lat.⟩ (alle hundert Jahre wiederkehrend; weltlich); **Sä|ku|lar|fei|er** (Hundertjahrfeier)

Sä|ku|la|ri|sa|ti|on, die; -, -en ⟨lat.⟩ (Einziehung geistlicher Besitzungen; Verweltlichung); **sä|ku|la|ri|sie|ren** (kirchlichen Besitz verstaatlichen); **Sä|ku|la|ri|sie|rung** (Verweltlichung; Lösung der Bindungen an die Kirche); **Sä|ku|la|ris|mus**, der; -, ...men (Trennung von Kirche u. Staat); **sä|ku|la|ris|tisch**

Sä|ku|lum, das; -s, ...la ⟨lat.⟩ (Jahrhundert)

Sa|la|din ⟨arab.⟩ (ein Sultan)

Sa|la|fis|mus, der; - ⟨arab.⟩ (ultrakonservative Strömung des Islams); **Sa|la|fist**, der; -en, -en; **Sa|la|fis|tin**; **sa|la|fis|tisch**

Sa|lam ⟨arab.⟩ (arabisches Grußwort); Salam aleikum! (Heil, Friede mit euch!)

Sa|la|man|ca (spanische Stadt u. Provinz)

Sa|la|man|der, der; -s, - ⟨griech.⟩ (ein Schwanzlurch)

Sa|la|mi, die; -, -[s], *schweiz. auch* der; -, - ⟨ital.⟩ (eine Dauerwurst); **Sa|la|mi|bröt|chen**

Sa|la|mi|ni|er; **Sa|la|mi|ni|e|rin**; **Sa|la|mis** (griechische Insel; Stadt auf der Insel Salamis)

Sa|la|mi|tak|tik (*ugs. für* Taktik, bei der man durch mehrere kleinere Übergriffe od. Forderungen ein größeres Ziel zu verwirklichen sucht)

Sa|la|mi|wurst

Sa|lär, das; -s, -e ⟨franz.⟩ (*schweiz. für* Gehalt, Lohn); **sa|la|rie|ren** (*schweiz. für* besolden); **Sa|la|rie|rung**

Sa|lat, der; -[e]s, -e; gemischter Salat; **Sa|lat|bar**, die; **Sa|lat|be|steck**; **Sa|lat|blatt**; **Sa|lat|bü|fett**, **Sa|lat|buf|fet**; **Sa|lat|gur|ke**

Sa|lat|häup|tel, das *(österr. für* Salatkopf)

Sa|la|ti|e|re, die; -, -n *(veraltet für* Salatschüssel)

Sa|lat|kar|tof|fel *meist Plur.*; **Sa|lat|kopf**; **Sa|lat|öl**; **Sa|lat|pflan|ze**; **Sa|lat|plat|te**

Sa|lat|sau|ce *vgl.* Salatsoße; **Sa|lat|schleu|der**; **Sa|lat|schüs|sel**; **Sa|lat|so|ße**, **Sa|lat|sau|ce**; **Sa|lat|tel|ler**

Sal|ba|der *(abwertend für* langweiliger [frömmelnder] Schwätzer); **Sal|ba|de|rei**; **Sal|ba|de|rin**; **sal|ba|dern**; ich salbadere; er/sie hat salbadert

Sal|band, das; *Plur.* ...bänder (Gewebekante, -leiste; *Geol.* Berührungsfläche eines Ganges mit dem Nebengestein)

Sal|be, die; -, -n

Sal|bei [*österr. nur so, sonst auch* ...ˈbai], der; -s, *österr. nur so,*

S

Salb

Salbeitee

sonst auch die; - ⟨lat.⟩ (eine Heil- u. Gewürzpflanze); **Sal|bei|tee**
sal|ben; Sal|ben|do|se
Salb|ling (*svw.* Saibling)
Salb|öl *(kath. Kirche)*
Sal|bung; sal|bungs|voll (übertrieben würdevoll)
Säl|chen (kleiner Saal)
Sal|chow [...ço], der; -[s], -s ⟨nach dem schwed. Eiskunstläufer U. Salchow⟩ (ein Drehsprung beim Eiskunstlauf); einfacher, doppelter, dreifacher Salchow
Sal|den|bi|lanz *(Wirtsch.);* **Sal|den|lis|te** *(Wirtsch.);* **Sal|den|punkt** *meist Plur. (Wirtsch.)*
sal|die|ren ⟨ital.⟩ ([eine Rechnung] ausgleichen, abschließen; *österr. für* die Bezahlung einer Rechnung bestätigen); **Sal|die|rung**
Sal|do, der; -s, *Plur.* ...den, -s *u.* ...di ⟨ital.⟩ (Unterschied der beiden Seiten eines Kontos)
Sal|do|an|er|kennt|nis, das *(Wirtsch.* Schuldanerkenntnis dem Gläubiger gegenüber); **Sal|do|kon|to** (Kontokorrentbuch); **Sal|do|über|trag; Sal|do|vor|trag**
Sä|le *(Plur. von Saal)*
Sa|lem *vgl.* Salam
Sa|lep, der; -s, -s ⟨arab.⟩ (getrocknete Orchideenknolle, die für Heilzwecke verwendet wird)
Sa|le|si|a|ner (Mitglied der Gesellschaft des hl. Franz von Sales; Angehöriger einer kath. Priestergenossenschaft)
Sales|ma|na|ger [ˈsɛɪls...] ⟨engl.⟩ *(Wirtsch.* Verkaufsleiter, [Groß]verkäufer); **Sales|ma|na|ge|rin**
Sales|pro|mo|ter (Vertriebskaufmann mit besonderen Kenntnissen auf dem Gebiet der Marktbeeinflussung); **Sales|pro|mo|te|rin; Sales|pro|mo|tion** [...mɔʊʃn̩] (Verkaufsförderung)
Sa|lettl, das; -s, -[n] ⟨ital.⟩ *(bayr. u. österr. für* Pavillon, Laube, Gartenhäuschen)
Sä|li, das; -[s], -[s]; *vgl.* Götti *(schweiz. für* besonderer Raum in Gastwirtschaften)
Sa|li|cyl|säu|re *vgl.* Salizylsäure
Sa|li|enz, die; - ⟨lat.-engl.⟩ *(Psychol.* Auffälligkeit eines Reizes)
¹**Sa|li|er**, *Plur.* ⟨lat.⟩ (Vereinigung altrömischer Priester)
²**Sa|li|er**, der; -s, - (Angehöriger der salischen Franken; Angehöriger eines dt. Kaisergeschlechts)

Sa|li|ne, die; -, -n ⟨lat.⟩ (Anlage zur Salzgewinnung); **Sa|li|nen|salz**
Sa|ling, die; -, *Plur.* -e[n] *u.* -s *(Seemannsspr.* Stange am Mast zur Abstützung der Wanten)
Sa|lin|ger [ˈsɛlɪndʒə] (amerik. Schriftsteller)
sa|li|nisch *(selten für* salzartig, -haltig)
Salis|bu|ry [ˈsɔːlzbəri] (engl. Stadt)
sa|lisch ↑D89: salische Franken; salische Gesetze, *aber* ↑D150: das Salische Gesetz (über die Thronfolge)
Sa|li|zyl|säu|re, *fachspr.* Sa|li|cylsäu|re, die; - ⟨lat.; griech.; dt.⟩ (eine organische Säure)
Sal|kan|te (Gewebeleiste)
Salk|vak|zi|ne, **Salk-Vak|zi|ne** [*auch* ˈsɔː(l)k...] ⟨nach dem amerik. Bakteriologen J. E. Salk (1914–1995)⟩ (Impfstoff gegen Kinderlähmung)
Sal|leis|te (Gewebeleiste)
Sal|lust, Sal|lus|ti|us (röm. Geschichtsschreiber)
Sal|ly [...li] (m. *od.* w. Vorn.)
¹**Salm**, der; -[e]s, -e ⟨lat.⟩ (ein Fisch)
²**Salm**, der; -s, -e ⟨*zu* Psalm⟩ *(ugs. für* umständliches Gerede)
Sal|ma|nas|sar (Name assyrischer Könige)
Sal|mi|ak [*auch, österr. nur,* ˈzal...], der, *auch* das; -s ⟨lat.⟩ (eine Ammoniakverbindung)
Sal|mi|ak|geist, der; -[e]s (Ammoniaklösung)
Sal|mi|ak|lö|sung; Sal|mi|ak|pas|til|le
Salm|ler (ein Fisch)
Sal|mo|nel|len *Plur.* ⟨nach dem amerik. Pathologen u. Bakteriologen Salmon⟩ (Darmkrankheiten hervorrufende Bakterien); **Sal|mo|nel|lo|se**, die; -, -n *(Med.* durch Salmonellen verursachte Erkrankung)
Sal|mo|ni|den *Plur.* ⟨lat.; griech.⟩ *(Zool.* Familie der Lachsfische)
Sa|lo|me [...me] (Stieftochter des Herodes)
Sa|lo|mon, *ökum.* **Sa|lo|mo** (bibl. König, Sohn Davids); *Gen.* Salomo[n]s *u.* Salomonis
Sa|lo|mo|nen *Plur.* (Inselstaat östlich von Neuguinea); **Sa|lo|mo|ner; Sa|lo|mo|ne|rin; Sa|lo|mon-In|seln** *(schweiz. neben* Salomonen)
sa|lo|mo|nisch ⟨*zu* Salomon⟩; salomonische Schriften; salomoni-

sches (weises) Urteil; salomonische Weisheit ↑D89 *u.* 135
Sa|lo|mon[s]|sie|gel (Weißwurz, ein Liliengewächs)
Sa|lon [zaˈlõː, *südd., österr.* zaˈloːn], der; -s, -s ⟨franz.⟩ (Gesellschafts-, Empfangszimmer; Friseur-, Mode-, Kosmetikgeschäft; [Kunst]ausstellung)
Sa|lon|da|me *(Theater)*
sa|lon|fä|hig
Sa|lo|ni|ker, Sa|lo|ni|ki|er; Sa|lo|ni|ke|rin, Sa|lo|ni|ki|e|rin
Sa|lo|ni|ki (nordgriechische Stadt); *vgl.* Thessaloniki
Sa|lon|kom|mu|nist *(iron.);* **Sa|lon|kom|mu|nis|tin**
Sa|lon|lö|we *(abwertend)*
Sa|lon|mu|sik; Sa|lon|or|ches|ter *(Eisenbahn)*
Sa|loon [səˈluːn], der; -s, -s ⟨amerik.⟩ (Lokal, dessen Einrichtung dem Stil der Westernfilme nachempfunden ist)
sa|lopp ⟨franz.⟩ (ungezwungen; nachlässig); **Sa|lopp|heit**
Sal|pe, die; -, -n ⟨griech.⟩ (ein walzenförmiges Meerestier)
Sal|pe|ter, der; -s ⟨lat.⟩ *(Bez. für* einige Salze der Salpetersäure)
Sal|pe|ter|dün|ger; Sal|pe|ter|er|de; sal|pe|ter|hal|tig; sal|pe|te|rig *vgl.* salpetrig; **Sal|pe|ter|säu|re**, die; -; **sal|pet|rig**; salpetrige Säure ↑D89
Sal|pinx, die; -, ...ingen ⟨griech.⟩ *(Med.* [Ohr]trompete; Eileiter)
Sal|sa, die; -, -s ⟨span.⟩ (Art der lateinamerikanischen Popmusik; ein Tanz)
Sal|se, die; -, -n ⟨ital.⟩ *(Geol.* Schlammsprudel, -vulkan; *österr. auch für* Fruchtgelee)
Sal|siz, das; -es, -e (Graubündener Wurstsorte)
SALT, Salt [*auch* soːlt] = Strategic Arms Limitation Talks (Gespräche über die Begrenzung der strategischen Rüstung)
Sal|ta, das; -s ⟨lat., »spring!«⟩ (ein Brettspiel)
Sal|ta|rel|lo, der; -s, ...lli ⟨ital.⟩ (ital. u. span. Springtanz)
Sal|ta|to, das; -s, *Plur.* -s *u.* ...ti *(Musik* Spiel mit hüpfendem Bogen)
Salt|im|boc|ca, die; -, -s ⟨ital.⟩ (mit Schinken u. Salbei gefülltes [Kalbs]schnitzel)
SALT-Kon|fe|renz, Salt-Kon|fe|renz

Salt Lake City ['sɔ:lt leɪk 'sɪtɪ] (Hauptstadt des amerik. Bundesstaates Utah)

Sal|to, der; -s, *Plur.* -s *u.* ...ti ⟨ital.⟩ (freier Überschlag; Luftrolle);
Sal|to mor|ta|le, der; - -, *Plur.* - - *u.* ...ti ...li (meist dreifacher Salto in großer Höhe)

sa|lü! ['saly, sa'ly] (bes. in der Schweiz übliche Grußformel)

Sa|lut, der; -[e]s, -e ⟨franz.⟩ ([milit.] Ehrengruß)

Sa|lu|ta|ti|on, die; -, -en ⟨lat.⟩ (veraltet für feierliche Begrüßung);
sa|lu|tie|ren ⟨lat.⟩ (militärisch grüßen)

Sa|lu|to|ge|ne|se, die; - ⟨lat.; griech.⟩ (*Med.* Gesamtheit gesundheitsfördernder *u.* -erhaltender Faktoren)

Sa|lut|schuss

Sal|va|dor, El usw. vgl. El Salvador usw.; **Sal|va|do|ri|a|ner; Sal|va|do|ri|a|ne|rin; sal|va|do|ri|a|nisch**

Sal|va|ti|on, die; -, -en ⟨lat.⟩ (veraltet für Rettung; Verteidigung)

¹**Sal|va|tor,** der; -s (Jesus als Retter, Erlöser)

²**Sal|va|tor®,** das *od.* der; -s (ein bayrisches Starkbier); **Sal|va|tor|bier** (als ®: Salvator-Bier);
Sal|va|tor|bräu (als ®: Salvator-Bräu)

Sal|va|to|ri|a|ner (Angehöriger einer kath. Priesterkongregation; *Abk.* SDS [vgl. d.])

sal|va|to|risch (*Rechtsspr.* nur ergänzend geltend); salvatorische Klausel ↑ D 89

sal|va ve|nia ⟨lat.⟩ (veraltet für mit Erlaubnis, mit Verlaub [zu sagen]; *Abk.* s. v.)

sal|ve! [...ve] ⟨lat., »sei gegrüßt!«⟩ (lateinischer Gruß)

Sal|ve [...və], die; -, -n ⟨franz.⟩ (gleichzeitiges Schießen von mehreren Feuerwaffen)

sal|vie|ren ⟨lat.⟩ (veraltet für retten); *noch in* sich salvieren (sich von einem Verdacht reinigen), salviert sein

sal|vo ti|tu|lo (veraltet für mit Vorbehalt des richtigen Titels; *Abk.* S. T.)

Sal|wei|de (eine Weidenart)

Salz, das; -es, -e

Sal|z|ach, die; - (rechter Nebenfluss des Inns)

Salz|ader

Salz|amt (*österr. scherzh. für* vergeblich angerufene Behörde)

salz|arm; salz|ar|tig

Salz|bad; Salz|be|las|tung (*Ökol.*);

Salz|berg|bau; Salz|berg|werk; Salz|bo|den; Salz|bre|zel; Salz|bröt|chen

Salz|burg (österr. Bundesland u. dessen Hauptstadt); **Salz|bur|ger;** Salzburger Festspiele, Salzburger Nockerln (eine Mehlspeise); **Salz|bur|ge|rin; salz|bur|ge|risch, salz|bur|gisch**

Salz|det|furth, Bad (Stadt südlich von Hildesheim)

sal|zen; du salzt; gesalzen (*in übertr. Bedeutung nur so,* z. B. die Preise sind gesalzen, ein gesalzener Witz); *auch* gesalzt

Säl|zer (veraltet für Salzsieder, -händler; jmd., der [Fleisch, Fische] einsalzt)

Salz|fass; Salz|fleisch; Salz|gar|ten (Anlage zur Salzgewinnung); **Salz|ge|halt,** der; **Salz|ge|win|nung**

Salz|git|ter (Stadt in Niedersachsen); **Salz|grot|te** (natürliche od. künstliche Salzhöhle, in der salzhaltige Dämpfe inhaliert werden); **Salz|gru|be** (Salzbergwerk); **Salz|gur|ke**

salz|hal|tig; Salz|he|ring; sal|zig

Salz|kam|mer|gut, das; -[e]s (österreichische Alpenlandschaft)

Salz|kar|tof|fel *meist Plur.;* **Salz|korn** *Plur.* ...körner; **Salz|ko|te** (*früher für* Salzsiedehaus); *vgl.* ²Kote; **Salz|krus|te; Salz|la|ger|stät|te; Salz|la|ke; Salz|lam|pe; Salz|le|cke** *vgl.* Lecke

salz|los

Salz|lö|sung; Salz|man|del; Salz|pfan|ne; Salz|pflan|ze

salz|sau|er (Salzsäure enthaltend)

Salz|säu|le; Salz|sä|cke; Salz|see

Salz|sie|der; Salz|sie|de|rin

Salz|so|le; Salz|stan|ge; Salz|stan|gerl, das; -s, -[n]; *vgl.* Pickerl (*bayr., österr.*); **Salz|steu|er,** die; **Salz|stock** (Salzlagerstätte)

Salz|stra|ße (antiker Verkehrsweg für den Transport von Salz)

Salz|streu|er; Salz|teig

Salz|uf|len, Bad (Stadt am Teutoburger Wald)

Salz|was|ser; Salz|wüs|te; Salz|zoll

Sam [sem] (m. Vorn.); Onkel Sam (*scherzh. Bez. für* USA; *vgl.* Uncle Sam); **Sa|ma|el** [...e:l, *auch* ...el] *vgl.* Samiel

Sä|mann *Plur.* ...männer

Sa|ma|ria [*auch* ...'ri:a] (antike Stadt u. historische Landschaft in Palästina); **Sa|ma|ri|ta|ner** (Angehöriger eines Volkes in Palästina); *vgl.* Samariter; **Sa|ma|ri|ta|ne|rin; sa|ma|ri|ta|nisch;** der samaritanische Pentateuch (*Rel.*) ↑ D 89

Sa|ma|ri|ter (Bewohner von Samaria; Krankenpfleger); barmherziger Samariter; **Sa|ma|ri|ter|dienst; Sa|ma|ri|te|rin; Sa|ma|ri|ter|tum,** das; -s

Sa|ma|ri|um, das; -s (chemisches Element, Metall; *Zeichen* Sm)

¹**Sa|mar|kand** (Stadt in Usbekistan)

²**Sa|mar|kand,** der; -[s], -s (ein Teppich)

Sä|ma|schi|ne

Sam|ba, die; -, -s, *auch u. österr. nur* der; -s, -s ⟨afrik.-port.⟩ (ein Tanz)

Sam|be|si, der; -[s] (Strom in Afrika)

Sam|bia (Staat in Afrika); **Sam|bi|er; Sam|bi|e|rin; sam|bisch**

Sam|bu|ca, der; -s, -s ⟨ital.⟩ (italienischer Anislikör)

¹**Sa|me,** der; -n, -n (Lappe)

²**Sa|me,** der; -ns, -n (*seltener für* Samen); der; -s, -

Sa|men|bank *Plur.* ...banken (*Med.*); **Sa|men|er|guss**

Sa|men|fa|den; Sa|men|flüs|sig|keit; Sa|men|hand|lung; Sa|men|kap|sel (*Bot.*); **Sa|men|kern; Sa|men|korn** *Plur.* ...körner

Sa|men|lei|ter, der (*Med.*)

Sa|men|pflan|ze

Sa|men|raub; Sa|men|spen|der (bei künstl. Befruchtung); **Sa|men|strang** (*Med.*); **Sa|men|zel|le**

Sa|men|zucht, die; -

Sä|me|rei

Sa|mi|ch|laus [...xlaʊs], der; -[es], ...läuse (*schweiz. für* St. Nikolaus)

Sa|mi|el, Sa|ma|el [...e:l, *auch* ...el], der; -[s] ⟨hebr.⟩ (böser Geist, Teufel)

sä|mig (seimig; dickflüssig); **Sä|mig|keit,** die; -

sa|misch (von Samos)

sä|misch ⟨slaw.⟩ (fettgegerbt)

Sä|misch|ger|ber; Sä|misch|ger|be|rin; Sä|misch|le|der

Sa|mis|dat, der; - ⟨russ.⟩ (im Selbstverlag erschienene [verbotene] Literatur in der Sowjetunion)

Sam|land, das; -[e]s (Halbinsel zwischen dem Frischen u. dem Kurischen Haff); **Sam|län|der,** der; **Sam|län|de|rin; sam|län|disch**

Säm|ling (aus Samen gezogene Pflanze)

Sammelaktion

Sam|mel|ak|ti|on; Sam|mel|al|bum; Sam|mel|an|schluss; Sam|mel|auf|trag *(Postw.)*; Sam|mel|band, der

Sam|mel|be|cken; Sam|mel|be|griff; Sam|mel|be|häl|ter; Sam|mel|be|stel|lung; Sam|mel|be|zeich|nung; Sam|mel|büch|se

Sam|mel|de|pot *(Bankw.* eine Form der Wertpapierverwahrung*)*

Sam|me|lei

Sam|mel|ei|fer; Sam|mel|fahr|schein; Sam|mel|frucht *(Bot.)*; Sam|mel|ge|biet; Sam|mel|grab

Sam|mel|gut; Sam|mel|gut|ver|kehr, der; -s; Sam|mel|kla|ge

Sam|mel|kon|to; Sam|mel|la|ger

Sam|mel|lei|den|schaft; Sam|mel|lin|se *(Optik)*; Sam|mel|map|pe

sam|meln; ich samm[e]le

Sam|mel|na|me *(Sprachwiss.)*; Sam|mel|platz; Sam|mel|schie|ne *(Elektrot.)*; Sam|mel|stel|le

Sam|mel|su|ri|um, das; -s, ...ien *(ugs. für* angesammelte Menge verschiedenartiger Dinge*)*

Sam|mel|tas|se; Sam|mel|ta|xi; Sam|mel|trans|port; Sam|mel|trieb, der; -[e]s; Sam|mel|werk; Sam|mel|wert|be|rich|ti|gung *(Bankw.)*; Sam|mel|wut

Sam|met, der; -s, -e *(veraltet für* Samt*)*

Samm|ler; Samm|ler|fleiß; Samm|ler|freu|de; Samm|le|rin; Samm|ler|stück

Samm|lung

Sam|my ['zɛmi] (m. Vorn.)

Sam|ni|te, der; -n, -n, Sam|ni|ter, der; -s, - (Angehöriger eines italischen Volkes); Sam|ni|te|rin

Sa|moa (Inselgruppe im Pazifischen Ozean); *vgl.* Westsamoa

Sa|moa|in|seln *Plur.* ↑D 143; Sa|moa|ner; Sa|moa|ne|rin; sa|moa|nisch

Sa|mol|je|de, der; -n, -n *(früher für* Nenze*)*

¹Sa|mos (griechische Insel)

²Sa|mos, der; -, - (Wein von ¹Samos)

Sa|mo|thra|ke (griechische Insel)

Sa|mo|war *[auch* 'za...], der; -s, -e ⟨russ.⟩ (russ. Teemaschine)

Sam|pan, der; -s, -s ⟨chin.⟩ (chinesisches Wohnboot)

sam|peln, sam|plen ['sɛmpl̩n, 'zampl̩n] ⟨engl.⟩ (einen Sampler zusammenstellen; ein Sampling durchführen); ich samp[e]le; gesampelt *od.* gesamplet; Sam|ple ['sɛmpl̩], das; -[s], -s (Stich-

probe; Muster; Ergebnis von Samplings); Sam|p|ler ['sɛmplɐ, 'zamplɐ] (CD o. Ä. mit einer Auswahl von [bereits früher veröffentlichten] Titeln; Gerät zum Durchführen von Samplings); Sam|p|ling, das; -s, -s (Bearbeitung von Tönen, Klängen u. Neuzusammenstellung am Computer)

Sam|son *vgl.* Simson

Sams|tag, der; -[e]s, -e ⟨hebr., »Sabbattag«⟩ *(Abk.* Sa.); langer, kurzer Samstag; *vgl.* Dienstag; Sams|tag|abend *vgl.* Dienstagabend

sams|täg|lich *vgl.* ...täglich; samstags ↑D 70; *vgl.* Dienstag; Samstags|lot|to, das; - (Lotto, bei dem die Gewinnzahlen samstags gezogen werden)

samt; samt und sonders; *Präp. mit Dat.:* samt dem Geld

Samt, der; -[e]s, -e (ein Gewebe); Samt|an|zug; samt|ar|tig; Samt|band, das; *Plur.* ...bänder; sam|ten (aus Samt)

Samt|ge|mein|de (Gemeindeverband [in Niedersachsen])

Samt|hand|schuh; jmdn. mit Samthandschuhen anfassen (jmdn. vorsichtig behandeln)

Samt|ho|se

sam|tig (samtartig; eine samtige Haut

Samt|ja|cke; Samt|kleid

sämt|lich

– sie waren sämtlich (allesamt, vollzählig) erschienen

Das auf »sämtlich« folgende Adjektiv wird schwach gebeugt:

– sämtlicher aufgehäufte Sand, mit sämtlichem gesammelten Material, sämtliches vorhandene Eigentum

Im Plural wird es seltener auch stark gebeugt:

– sämtliche vortrefflichen, *auch* vortreffliche Einrichtungen
– sämtlicher vortrefflicher, *auch* vortrefflichen Einrichtungen
– sämtliche Stimmberechtigten, *auch* Stimmberechtigte

Samt|pföt|chen; Samt|pfo|te; Samt|tep|pich

samt|weich

Sa|mu|el [...e:l, *auch* ...ɛl] (bibl. Eigenn.)

Sa|mum *[auch* ...'mu:m], der; -s,

Plur. -s *u.* -e ⟨arab.⟩ *(Geogr.* ein heißer Wüstenwind)

Sa|mu|rai, der; -[s], -[s] ⟨jap.⟩ (Angehöriger des jap. Adels)

San [san] *s. Kasten Seite 957*

Sa|naa (Hauptstadt Jemens)

Sa|na|to|ri|um, das; -s, ...ien ⟨lat.⟩ (Heilanstalt; Genesungsheim)

San Ber|nar|di|no, der; - - (italienischer Name des Sankt-Bernhardin-Passes)

San|cho Pan|sa [...tʃo -] (Knappe Don Quichottes)

Sanc|ta Se|des, die; - - ⟨lat.⟩ *(lat. Bez. für* Heiliger [Apostolischer] Stuhl)

sanc|ta sim|p|li|ci|tas! ⟨»heilige Einfalt!«⟩

Sanc|ti|tas, die; - (»Heiligkeit«) (Titel des Papstes)

Sanc|tus, das; -, - (Lobgesang der kath. Messe)

Sand, der; -[e]s, -e

Sand|aal (ein Fisch)

San|da|le, die; -, -n ⟨griech.⟩ (leichte Fußbekleidung); San|da|len|film *(scherzh. für* in der Antike spielender Film); San|da|let|te, die; -, -n (sandalenartiger Sommerschuh)

San|da|rak, der; -s ⟨griech.⟩ (ein tropisches Harz)

sand|ar|tig

Sand|bad

Sand|bahn; Sand|bahn|ren|nen *(Sport)*

Sand|bank *Plur.* ...bänke; Sand|blatt (beim Tabak); Sand|bo|den; Sand|burg; Sand|dorn *Plur.* ...dorne (eine Pflanzengattung)

San|del|holz ⟨sanskr.; dt.⟩ (duftendes Holz verschiedener Sandelbaumgewächse); San|del|holz|öl

¹san|deln *(österr. ugs. für* langsam arbeiten, faulenzen); ich sand[e]le

²san|deln *(südd.)*, sän|deln *(schweiz. für* im Sand spielen); ich sand[e]le, sänd[e]le

San|del|öl *(svw.* Sandelholzöl)

san|den *(mdal. u. schweiz. für* mit Sand bestreuen; *auch für* Sand streuen)

sand|far|ben, sand|far|big *(für* beige)

Sand|förm|chen (ein Kinderspielzeug); Sand|gru|be

Sand|ha|se (Fehlwurf beim Kegeln; *Soldatenspr. veraltend für* Infanterist)

Sand|hau|fen; Sand|ho|se (Sand führender Wirbelsturm)

San Di|e|go [*engl.* sæn di'eɪgəʊ] (Stadt in Kalifornien)

Sanitäreinrichtungen

San [san]

⟨lat., »heilig«⟩

»San« erscheint als Bestandteil von Heiligennamen u. von darauf zurückgehenden Ortsnamen.
I. Im Italienischen:
a) »San« steht vor Konsonanten, außer vor Sp... u. St..., in männlichen Namen (Abk. S.):
– San Giuseppe [- dʒu...], S. Giuseppe
– San Jacopo, S. Jacopo

b) »Sant'« steht vor Vokalen in männlichen u. weiblichen Namen (Abk. S.):
– Sant'Angelo [- ...dʒe...], S. Angelo
– Sant'Agata, S. Agata

c) »Santa« steht vor Konsonanten in weiblichen Namen (Abk. S.):
– Santa Lucia [- ...'tʃiːa], S. Lucia

d) Der Plural »Sante« steht in weiblichen Namen (Abk. SS.):
– Sante Maria e Maddalena, SS. Maria e Maddalena

e) Der Plural »Santi« steht in männlichen Namen (Abk. SS.):
– Santi Pietro e Paolo, SS. Pietro e Paolo

f) »Santo« steht vor Sp... und St... in männlichen Namen (Abk. S.):
– Santo Spirito, S. Spirito
– Santo Stefano, S. Stefano

II. Im Spanischen:
a) »San« steht in männlichen Namen, außer vor Do... u. To... (Abk. S.):
– San Bernardo, S. Bernardo

b) »Santa« steht in weiblichen Namen (Abk. Sta.):
– Santa Maria, Sta. Maria

c) »Santo« steht vor Do... und To... in männlichen Namen (Abk. Sto.):
– Santo Domingo, Sto. Domingo
– Santo Tomás, Sto. Tomás

III. Im Portugiesischen:
a) »Santa« steht in weiblichen Namen (Abk. Sta.):
– Santa Clara, Sta. Clara

b) »Santo« steht in männlichen Namen (Abk. Sto.):
– Santo André, Sto. André

Vgl. Saint, Sankt u. São

---

san|dig
San|di|nis|mus, der; - ⟨nach C. A. Sandino, der 1927 einen Kleinkrieg gegen die amerik. Truppen in Nicaragua führte⟩ (am Marxismus-Leninismus orientierte Bewegung in Nicaragua); San|di|nist, der; -en, -en; San|di|nis|tin
Sand|kas|ten; sand|kas|ten|lie|be (Liebe aus der Kinderzeit); Sand|kas|ten|spiel; Sand|kis|te (bes. österr.)
Sand|korn Plur. ...körner
Sand|ku|chen
Sand|ler (österr. für Obdachloser); Sand|le|rin
Sand|mann, häufiger Sand|männ|chen (eine Märchengestalt)
Sand|pa|pier; Sand|platz
San|d|ra (w. Vorn.)
sand|reich
Sand|sack; Sand|schie|fer
Sand|stein; Sand|stein|fels, Sand|stein|fel|sen; Sand|stein|ge|bir|ge
sand|strah|len nur im Infinitiv u. im Partizip II gebr.; sandgestrahlt, auch gesandstrahlt; Sand|strahl|ge|blä|se
Sand|strand; Sand|sturm
sand|te vgl. senden
Sand|tor|te; Sand|uhr
Sand|wich ['sɛntvɪtʃ], das od. der; Gen. -[e]s od. -, Plur. -[e]s, auch -e ⟨engl.⟩ (belegte [Weiß]brot-

schnitte); Sand|wich|bau|wei|se (Technik); Sand|wich|kind (mittleres Kind zwischen zwei Geschwistern); Sand|wich|we|cken (österr. für langes Weißbrot)
Sand|wüs|te
san|fo|ri|sie|ren ⟨nach dem amerik. Erfinder Sanford Cluett⟩ ([Gewebe] krumpfecht machen)
San Fran|cis|co (Stadt in Kalifornien)
sanft; sanfter Tourismus
Sänf|te, die; -, -n (Tragstuhl); Sänf|ten|trä|ger; Sänf|ten|trä|ge|rin
Sanft|heit, die; -; sänf|ti|gen (veraltet); Sanft|mut, die; -; sanft|mü|tig; Sanft|mü|tig|keit, die; -
sang vgl. singen
Sang, der; -[e]s, Sänge (veraltet); mit Sang und Klang; sang|bar
Sän|ger; fahrender Sänger; Sän|ger|bund, der; Sän|ger|chor; Sän|ger|fest; Sän|ge|rin; Sän|ger|kna|be; Sän|ger|schaft
San|ges|bru|der; san|ges|freu|dig; San|ges|freund
san|ges|froh; san|ges|kun|dig
San|ges|lust, die; -; san|ges|lus|tig
sang|los; nur in sang- u. klanglos (ugs. für ohne viel Aufhebens, unbemerkt); ↑D 31
San|g|ria, die; -, -s ⟨span.⟩ (Rotweinbowle)

San|g|ri|ta®, die; -, -s (gewürzter Saft mit Fruchtfleisch)
San|gu|i|ni|ker ⟨lat.⟩ (heiterer, lebhafter Mensch); San|gu|i|ni|ke|rin; san|gu|i|nisch
San|he|d|rin, der; -s ⟨hebr. Form von Synedrion⟩
San|he|rib (ein assyrischer König)
Sa|ni, der; -s, -s ⟨ugs., bes. Soldatensprache; kurz für Sanitäter⟩
sa|nie|ren ⟨lat.⟩ (gesund machen; gesunde Lebensverhältnisse schaffen; durch Renovierung u. Modernisierung den neuen Lebensverhältnissen anpassen; wieder rentabel machen); sich sanieren (ugs. für wirtschaftlich gesunden)
Sa|nie|rer; Sa|nie|re|rin; Sa|nie|rung; Sa|nie|rungs|ar|bei|ten Plur.
sa|nie|rungs|be|dürf|tig
Sa|nie|rungs|bi|lanz; Sa|nie|rungs|fall, der; Sa|nie|rungs|ge|biet; Sa|nie|rungs|kon|zept; Sa|nie|rungs|kos|ten Plur.; Sa|nie|rungs|maß|nah|me; Sa|nie|rungs|ob|jekt; Sa|nie|rungs|plan; Sa|nie|rungs|pro|gramm
sa|nie|rungs|reif; Sa|nie|rungs|ver|fah|ren; Sa|nie|rungs|vor|ha|ben
sa|ni|tär ⟨franz.⟩ (gesundheitlich); sanitäre Anlagen; Sa|ni|tär|an|la|ge meist Plur.; Sa|ni|tär|be|darf; Sa|ni|tär|ein|rich|tun|gen Plur.

S
Sani

sanitarisch

Sankt

⟨lat., »heilig«⟩

(Abk. St.)
In Heiligennamen und in auf solche zurückgehenden Ortsnamen steht kein Bindestrich:
– Sankt Peter, Sankt Elisabeth, Sankt Gallen
– St. Paulus, St. Elisabeth, St. Pölten

In Ableitungen wird ein Bindestrich gesetzt; bei Formen auf -er kann man darauf verzichten ↑D 147:
– die sankt-gallischen Klosterschätze
– die Sankt Gallener od. Sankt-Gallener Handschrift
– die Sankt Galler od. Sankt-Galler Einwohner
– die St. Andreasberger od. St.-Andreasberger Bergwerke

Wird »Sankt« od. »St.« Teil einer Aneinanderreihung, müssen Bindestriche stehen ↑D 146:
– die Sankt-Gotthard-Gruppe
– das St.-Elms-Feuer
– die St.-Marien-Kirche
– der Sankt-Lorenz-Strom
– der Sankt-Wolfgang-See

Vgl. Saint, San u. São

---

sa|ni|ta|risch ⟨lat.⟩ (schweiz. für gesundheitlich, gesundheitspolizeilich)
Sa|ni|tär|tech|nik, die; -; Sa|ni|tär|trakt
Sa|ni|tät, die; - ⟨lat.⟩ (schweiz. u. österr. für [militärisches] Sanitätswesen)
Sa|ni|tä|ter (in Erster Hilfe, Krankenpflege Ausgebildeter); Sa|ni|tä|te|rin; Sa|ni|täts|ar|ti|kel
Sa|ni|täts|au|to; Sa|ni|täts|be|hör|de (Gesundheitsbehörde); Sa|ni|täts|dienst; Sa|ni|täts|ein|heit
Sa|ni|täts|ge|frei|te
Sa|ni|täts|ge|schäft; Sa|ni|täts|haus
Sa|ni|täts|ko|lon|ne; Sa|ni|täts|kom|pa|nie
Sa|ni|täts|korps; Sa|ni|täts|kraft|wa|gen (Kurzw. Sank[r]a)
Sa|ni|täts|of|fi|zier; Sa|ni|täts|of|fi|zie|rin; Sa|ni|täts|rat Plur. ...räte (Abk. San.-Rat); Sa|ni|täts|rä|tin; Sa|ni|täts|sol|dat; Sa|ni|täts|sol|da|tin
Sa|ni|täts|trup|pe; Sa|ni|täts|wa|che; Sa|ni|täts|wa|gen; Sa|ni|täts|zelt
San Jo|sé [- xo...] (Hauptstadt von Costa Rica)
San-Jo|sé-Schild|laus ↑D 146
sank vgl. sinken
San|ka, San|k|ra, der; -[s], -[s] (bes. Soldatenspr. Sanitätskraftwagen)
Sankt s. Kasten
Sankt An|d|re|as|berg (Stadt im Harz)
Sankt Bern|hard, der; - -[s] (Name zweier Pässe in den Alpen); der Große, der Kleine Sankt Bernhard; Sankt-Bern|har|din-Pass, der; -es
Sankt Bla|si|en (Stadt im südlichen Schwarzwald); Sankt-Bla|si|en-Stra|ße ↑D 162

Sankt Flo|ri|an (österr. Stift)
Sankt-Flo|ri|ans-Prin|zip, das; -s ↑D 146 (Grundsatz, Unannehmes von sich wegzuschieben, auch wenn andere dadurch geschädigt werden)
Sankt Gal|len (Kanton u. Stadt in der Schweiz)
Sankt Gal|le|ner, Sankt-Gal|le|ner, in der Schweiz nur Sankt Gal|ler, Sankt-Gal|ler vgl. Sankt
Sankt Gal|le|ne|rin, Sankt-Gal|le|ne|rin, in der Schweiz nur Sankt Gal|le|rin, Sankt-Gal|le|rin vgl. Sankt; sankt-gal|lisch ↑D 147
Sankt Gott|hard, der; - -[s] (schweizerischer Alpenpass)
Sankt He|le|na (Insel im südlichen Atlantischen Ozean)
Sank|ti|on, die; -, -en ⟨lat.-franz.⟩ (geh. für Billigung; Rechtsspr. Erteilung der Gesetzeskraft; meist Plur.: Zwangsmaßnahme)
sank|ti|o|nie|ren (bestätigen; Sanktionen verhängen); Sank|ti|o|nie|rung
Sank|tis|si|mum, das; -s ⟨kath. Rel. Allerheiligstes, geweihte Hostie)
Sankt-Lo|renz-Strom, der; -[e]s ↑D 146 (in Nordamerika)
Sankt Mär|gen (Ort im südlichen Schwarzwald)
Sankt-Mi|cha|e|lis-Tag, der; -[e]s, -e ↑D 137 (29. Sept.)
Sankt Mo|ritz [auch - mo'rɪts] (Ort im Oberengadin)
Sankt-Nim|mer|leins-Tag, der; -[e]s ↑D 137 (ugs. scherzh.); bis zum Sankt-Nimmerleins-Tag
Sankt Pau|li (Stadtteil von Hamburg)
Sankt Pe|ters|burg (russische Stadt an der Newa)
Sankt Pöl|ten (Hauptstadt von Niederösterreich)

Sank|tu|a|ri|um, das; -s, ...ien ⟨lat.⟩ (Altarraum in der kath. Kirche; [Aufbewahrungsort eines] Reliquienschrein[s])
Sankt-Wolf|gang-See, der; -s ↑D 146, Wolf|gang|see, der; -s ↑D 143, Aber|see, der; -s ↑D 143 (im Salzkammergut)
San-Ma|ri|ne|se, der; -n, -n (Einwohner von San Marino); San-Ma|ri|ne|sin; san-ma|ri|ne|sisch; San Ma|ri|no (Staat u. seine Hauptstadt auf der Apenninen-Halbinsel)
San.-Rat = Sanitätsrat
San Sal|va|dor (Hauptstadt von El Salvador)
Sans|cu|lot|te [sãsky...], der; -n, -n ⟨franz., »Ohne[knie]hose«⟩ (Bez. für einen Revolutionär der Französischen Revolution)
San Se|bas|ti|án [span. san sevas'tjan] (span. Stadt)
San|se|vi|e|ria, San|se|vi|e|rie, die; -, ...ien (nach dem ital. Gelehrten Raimondo di Sangro, Fürst von San Severo) (ein trop. Liliengewächs, Zimmerpflanze)
sans gêne [sã 'ʒɛn] ⟨franz.⟩ (veraltet für zwanglos; nach Belieben)
San|si|bar (Insel an der Ostküste Afrikas); San|si|ba|rer; San|si|ba|re|rin; san|si|ba|risch
Sans|k|rit [auch, österr. u. schweiz. nur, ...'krɪt], das; -[s] (Literatur- u. Gelehrtensprache des Altindischen)
Sans|k|rit|for|scher; Sans|k|rit|for|sche|rin; sans|k|ri|tisch
Sans|k|ri|tist, der; -en, -en; Sans|k|ri|tis|tik, die; - (Wissenschaft vom Sanskrit); Sans|k|ri|tis|tin
Sans|sou|ci ['sã:susi] ⟨franz., »sorgenfrei«⟩ (Schloss in Potsdam)
Sant' vgl. San; San|ta vgl. San
San|ta Claus ['sæntə klɔ:z], der; -

Sassanide

-, - - ⟨amerik.⟩ (amerik. Bez. für Weihnachtsmann)

San|ta Lu|cia [- ...'tʃiːa], die; - - (neapolitanisches Schifferlied)

San|t|an|der (spanische Stadt u. Provinz)

San|te vgl. San; **San|ti** vgl. San

San|ti|a|go, San|ti|a|go de Chi|le [- - 'tʃiːle] (Hauptstadt Chiles)

San|ti|a|go de Com|pos|te|la (span. Stadt)

Sän|tis, der; - (schweiz. Alpengipfel)

San|to vgl. San

San|to Do|min|go (Hauptstadt der Dominikanischen Republik)

San|to|me|er (Staatsbürger von São Tomé u. Príncipe); **San|to|me|e|rin; san|to|me|isch**

San|to|rin (griechische Insel)

San|tos (brasilianische Stadt)

São ['zaːo] ⟨port., »heilig«⟩ (vor Konsonanten in port. m. Heiligennamen u. auf solche zurückgehenden Ortsnamen; Abk. S.); São Paulo, S. Paulo

Saône [soːn], die; - (franz. Fluss)

São Pau|lo [auch s... 'paʊlu] (Stadt u. Bundesstaat in Brasilien)

São To|mé [- ...'meː] (Hauptstadt von São Tomé u. Príncipe); **São To|mé|er**, São-To|mé|er; São To|mé|e|rin, São-To|mé|e|rin; são-to|mé|isch; São To|mé und Prin|ci|pe [- - - 'prɪnsipə] (westafrikanischer Inselstaat)

Sa|phir [auch, österr. nur, ...'fiːɐ̯], der; -s, -e ⟨semit.-griech.⟩ (ein Edelstein); **Sa|phir|na|del**

sa|pi|en|ti sat! ⟨lat., »genug für den Verständigen!«⟩ (es bedarf keiner weiteren Erklärung für den Eingeweihten)

Sa|pin, der; -s, -e, **Sa|pi|ne**, die; -, -n, **Sap|pel**, der; -s, - ⟨ital.⟩ (Forstwirtsch. Werkzeug zum Wegziehen gefällter Bäume)

Sa|po|nin, das; -s, -e ⟨lat.⟩ (ein pflanzlicher Wirkstoff)

Sap|pe, die; -, -n ⟨franz.⟩ (Militär früher für Lauf-, Annäherungsgraben)

Sap|pel vgl. Sapin

sap|per|lot!, sa|cker|lot! ⟨franz.⟩ (veraltet, aber noch landsch. ein Ausruf des Unwillens od. des Erstaunens); **sap|per|ment!**, sa|cker|ment! (svw. sapperlot)

Sap|peur [...'pøːɐ̯], der; -s, -e ⟨franz.⟩ (Pionier, Soldat für den Sappenbau; schweiz. Soldat der techn. Truppe, Pionier

sap|phisch [...fɪʃ, auch ...pfɪʃ] ↑D 89 u. 135: sapphische Strophe, sapphisches Versmaß; **Sap|pho** (griechische Dichterin)

Sap|po|ro [auch 'sa...] (japanische Stadt)

sa|pris|ti! ⟨franz.⟩ (veraltet Ausruf des Erstaunens, Unwillens)

Sa|pro|bie, die; -, -n meist Plur. ⟨griech.⟩ (Biol. von faulenden Stoffen lebender Organismus); **Sa|pro|bi|ont**, der; -en, -en (svw. Saprobie).

sa|pro|gen (Fäulnis erregend)

Sa|pro|pel, das; -s, -e (Faulschlamm, der unter Sauerstoffabschluss in Seen u. Meeren entsteht)

Sa|pro|pha|gen Plur. (Pflanzen od. Tiere, die sich von faulenden Stoffen ernähren); **sa|pro|phil** (auf, in od. von faulenden Stoffen lebend); **Sa|pro|phyt**, der; -en, -en (pflanzlicher Organismus, der von faulenden Stoffen lebt)

Sa|ra, Sa|rah (w. Vorn.)

Sa|ra|ban|de, die; -, -n ⟨pers.-arab.-span.-franz.⟩ (ein alter Tanz)

Sa|ra|gos|sa (Stadt u. Provinz in Spanien)

Sa|ra|je|vo (Hauptstadt von Bosnien-Herzegowina)

Sa|ra|sa|te (spanischer Geiger u. Komponist)

Sa|ra|ze|ne, der; -n, -n ⟨arab.⟩ (veraltet für Araber, Muslim); **Sa|ra|ze|nin; sa|ra|ze|nisch**

Sar|da|na|pal (assyrischer König)

Sar|de, der; -n, -n, veraltend Sar|di|ni|er (Bewohner Sardiniens)

Sar|del|le, die; -, -n ⟨ital.⟩ (ein Fisch); **Sar|del|len|but|ter; Sar|del|len|fi|let; Sar|del|len|pas|te**

Sar|des (Hauptstadt des alten Lydiens)

Sar|din, Sar|di|ni|e|rin

Sar|di|ne, die; -, -n ⟨ital.⟩ (ein Fisch); **Sar|di|nen|büch|se**

Sar|di|ni|en (italienische Insel im Mittelmeer); **Sar|di|ni|er** vgl. Sarde; **Sar|di|ni|e|rin** vgl. Sardin; **sar|di|nisch, sar|disch**

sar|do|nisch ⟨lat.⟩ (boshaft, hämisch); sardonisches (Med. krampfhaftes) Lachen

Sar|d|o|nyx, der; -[es], -e ⟨griech.⟩ (ein Schmuckstein)

Sarg, der; -[e]s, Särge

Sar|gas|so|see, die; - ⟨port.; dt.⟩ (Teil des Nordatlantiks)

Sarg|de|ckel; Sarg|fa|b|rik; Sarg|na|gel; Sarg|trä|ger; Sarg|trä|ge|rin; Sarg|tuch Plur. ...tücher

Sa|ri, der; -[s], -s ⟨sanskr.-Hindi⟩ (gewickeltes Gewand indischer Frauen)

Sa|ri|na (w. Vorn.)

Sar|kas|mus, der; -, ...men ⟨griech.⟩ (nur Sing.: beißender Spott; sarkastische Äußerung); **sar|kas|tisch** (spöttisch)

Sar|kom, das; -s, -e, auch **Sar|ko|ma**, das; -s, -ta ⟨griech.⟩ (Med. bösartige Geschwulst); **sar|ko|ma|tös; Sar|ko|ma|to|se**, die; -, -n (Med. ausgebreitete Sarkombildung)

Sar|ko|phag, der; -[e]s, -e (Steinsarg, [Prunk]sarg)

Sar|ma|te, der; -n, -n (Angehöriger eines historischen asiatischen Nomadenvolkes); **Sar|ma|ti|en** (alter Name des Landes zwischen Weichsel u. Wolga); **Sar|ma|tin; sar|ma|tisch**

Sar|nen (Hauptort des Halbkantons Obwalden)

Sa|rong, der; -[s], -s ⟨malai.⟩ (um die Hüfte geschlungenes, buntes Tuch der Malaien)

Sar|rass, der; -es, -e ⟨poln.⟩ (Säbel mit schwerer Klinge)

Sar|raute [...'roːt], Nathalie (franz. Schriftstellerin)

SARS, Sars ⟨engl.⟩ = severe acute respiratory syndrome; schweres akutes respiratorisches Syndrom (eine Infektionskrankheit)

Sar|t|re [...rə], Jean-Paul [ʒãˈpɔl] (franz. Philosoph u. Schriftsteller)

SAS, die; - = Scandinavian Airlines System (Skandinavische Luftlinien)

Sa|sa|ni|de vgl. Sassanide

Sa|scha (m. Vorn.)

Sa|shi|mi [...ʃ...], das; -[s], -[s] ⟨jap.⟩ (in kleine Portionen geschnittener roher Fisch)

Sas|kat|che|wan [səsˈketʃɪvn̩] ⟨engl.⟩ (kanadische Provinz)

Sa-Sprin|gen [ɛsˈaː...] ⟨Kurzw. für schweres Springen der Kategorie a⟩ (Pferdesport schwierige Springprüfung)

saß vgl. sitzen

Sass, der; -en, -en, ¹**Säs|se**, der; -n, -n (früher für Grundbesitzer; Ansässiger)

Sas|sa|f|ras, der; -, - ⟨franz.⟩ (nordamerik. Laubbaum); **Sas|saf|ras|öl**, das; -[e]s (ätherisches Öl aus dem Holz des Sassafras)

Sas|sa|ni|de, der; -n, -n. fachspr.

sassanidisch

auch Sa|sa|ni|de (Angehöriger eines alten pers. Herrschergeschlechtes); **sas|sa|ni|disch**, *fachspr. auch* sa|sa|ni|disch

¹**Sass** *vgl.* Sass

²**Sas|se**, die; -, -n ⟨*Jägerspr.* Hasenlager⟩

Sass|nitz (Hafenstadt a. d. Ostküste von Rügen; *Schreibung bis 1991*: Saßnitz)

Sa|tan, der; -s, -e ⟨hebr.⟩, **Sa|ta|nas**, der; -, -se (*nur Sing.*: Teufel; boshafter Mensch)

sa|ta|nisch (teuflisch)

Sa|ta|nis|mus, der; - (Teufelsverehrung); **Sa|ta|nist**, der; -en, -en; **Sa|ta|nis|tin**; **sa|ta|nis|tisch**

Sa|tans|bra|ten (*ugs. scherzh. für* pfiffiger, durchtriebener Kerl; Schlingel); **Sa|tans|kerl**

Sa|tans|pilz

Sa|tans|weib

Sa|tel|lit, der; -en, -en ⟨lat.⟩ (*Astron.* Mond der Planeten; *Raumfahrt* künstlicher Mond, Raumsonde; *kurz für* Satellitenstaat)

Sa|tel|li|ten|bahn; **Sa|tel|li|ten|bild**; **Sa|tel|li|ten|da|ten** *Plur.*; **Sa|tel|li|ten|emp|fang** (*bes. Fernsehen*); **Sa|tel|li|ten|fern|se|hen**; **Sa|tel|li|ten|flug**; **Sa|tel|li|ten|fo|to**

Sa|tel|li|ten|funk; **sa|tel|li|ten|ge|steu|ert**; **sa|tel|li|ten|ge|stützt**; **Sa|tel|li|ten|na|vi|ga|ti|on**; **Sa|tel|li|ten|pro|gramm**; **Sa|tel|li|ten|schüs|sel** (*ugs.*)

Sa|tel|li|ten|staat *Plur.* ...staaten (von einer Großmacht abhängiger, formal selbstständiger Staat); **Sa|tel|li|ten|stadt** (Trabantenstadt)

Sa|tel|li|ten|te|le|fon; **Sa|tel|li|ten|über|tra|gung** (Übertragung über einen Fernsehsatelliten)

Sa|tem|spra|che (Sprache aus einer bestimmten Gruppe der indogermanischen Sprachen)

Sa|ter|land, das; -[e]s (oldenburgische Landschaft)

Sa|ter|tag, der; -[e]s, -e ⟨lat.⟩ (*westfäl., ostfries. für* Sonnabend)

Sa|tin [...ˈtɛ̃], der; -s, -s ⟨arab.-franz.⟩ (*Sammelbez. für* Gewebe in Atlasbindung mit glänzender Oberfläche)

Sa|ti|na|ge [...ʒə], die; -, -n (Glättung [von Papier u. a.])

Sa|tin|blu|se; **Sa|tin|holz** (eine glänzende Holzart)

sa|ti|nie|ren ([Papier] glätten)

Sa|ti|nier|ma|schi|ne

Sa|ti|re, die; -, -n ⟨lat.⟩ (ironisch-witzige literarische od. künstlerische Darstellung u. Kritik menschlicher Schwächen u. Laster); **Sa|ti|ri|ker** (Verfasser von Satiren); **Sa|ti|ri|ke|rin**; **sa|ti|risch**

Sa|tis|fak|ti|on, die; -, -en ⟨lat.⟩ (Genugtuung); **sa|tis|fak|ti|ons|fä|hig**

Sa|t|rap, der; -en ⟨pers.⟩ (altpersischer Statthalter); **Sa|t|ra|pen|wirt|schaft**, die; - (*abwertend für* Behördenwillkür); **Sa|t|ra|pie**, die; -, ...ien (persische Statthalterschaft); **Sa|t|ra|pin**

Sat|su|ma, die; -, -s ⟨nach der früheren japanischen Provinz Satsuma⟩ (Mandarinenart)

satt; ein sattes Blau; sich satt essen, trinken; satt sein (*ugs. auch für* völlig betrunken sein); weil ich deine Launen satt bin (*ugs.*); *vgl. aber* satthaben; die hungrigen Kinder satt bekommen; *vgl. aber* sattbekommen; Bier kann richtig satt machen *od.* sattmachen

satt|be|kom|men (*ugs. für* nicht mehr mögen); ich habe den Stress jetzt endgültig sattbekommen; *vgl.* satt

satt|blau

Sat|te, die; -, -n (*nordd. für* größere, flache Schüssel)

Sat|tel, der; -s, Sättel; **Sät|tel|chen**

Sat|tel|dach

Sat|tel|de|cke

sat|tel|fest (*auch für* kenntnisreicher, -reich)

Sat|tel|gurt; **Sat|tel|kis|sen**; **Sat|tel|knopf**

sat|teln; ich satt[e]le

Sat|tel|pferd (das im Gespann links gehende Pferd)

Sat|tel|schlep|per

Sat|tel|ta|sche

Sat|te|lung, Satt|lung

Sat|tel|zeug

Sat|tel|zug

satt es|sen, sich; *vgl.* satt

satt|gelb; **satt|grün**

satt|ha|ben (*ugs. für* nicht mehr mögen); weil ich deine Launen satthabe; *vgl.* satt

Satt|heit, die; -

satt|hö|ren, sich

sät|ti|gen; eine gesättigte Lösung (*Chemie*)

Sät|ti|gung; **Sät|ti|gungs|bei|la|ge** (*meist scherzh. für* sättigende Beilage); **Sät|ti|gungs|ge|fühl**; **Sät|ti|gungs|grad**

Satt|ler; **Satt|ler|ar|beit**; **Satt|ler|hand|werk**, das; -[e]s; **Satt|le|rin**; **Satt|lung** *vgl.* Sattelung

satt ma|chen, **satt|ma|chen** *vgl.* satt

satt|rot

satt|sam (hinlänglich)

satt|se|hen, sich

Sa|tu|ra|ti|on, die; -, -en ⟨lat., »Sättigung«⟩ (ein besonderes Verfahren bei der Zuckergewinnung); **sa|tu|rie|ren** (sättigen; [Ansprüche] befriedigen); **sa|tu|riert** (zufriedengestellt); **Sa|tu|riert|heit**

¹**Sa|turn** [*bes. schweiz. auch* ˈza:...], der; -[s] ⟨lat.⟩ (ein Planet)

²**Sa|turn** *vgl.* Saturnus

³**Sa|turn**, die; -, -s (*kurz für* Saturnrakete)

Sa|tur|na|li|en *Plur.* (altröm. Fest zu Ehren des Gottes Saturn)

sa|tur|nisch ↑D 89; saturnischer Vers, *aber* ↑D 135: Saturnisches Zeitalter (das Goldene Zeitalter in der antiken Sage)

Sa|turn|ra|ke|te, **Sa|turn-Ra|ke|te** (amerik. Trägerrakete)

Sa|tur|nus (röm. Gott der Aussaat)

Sa|tyr, der; *Gen.* -s *u.* -n, *Plur.* -n ⟨griech.⟩ (Waldgeist u. Begleiter des Dionysos in der griech. Sage mit menschl. Körper, tierischen Ohren, Schwanz, Hörnern u. Hufen); **sa|tyr|ar|tig**

Sa|ty|ri|a|sis, die; - (*Med.* krankhafte Steigerung des männlichen Geschlechtstriebes)

Sa|tyr|spiel

Satz, der; -es, Sätze; ein verkürzter, elliptischer Satz

Satz|aus|sa|ge (*svw.* Prädikat)

Satz|ball (*Sport*); *vgl.* ¹Ball

Satz|band, das; *Plur.* ...bänder

Satz|bau, der; -[e]s; **Satz|bau|plan**; **Satz|bruch**, der (*für* Anakoluth)

Sätz|chen; **Satz|er|gän|zung**

satz|fer|tig; ein Manuskript satzfertig machen, *aber* das Satzfertigmachen ↑D 82

Satz|ge|fü|ge; **Satz|ge|gen|stand**

Satz|ge|winn (*Sport*)

Satz|glied

...**sät|zig** (*Musik* z. B. viersätzig)

Satz|kon|s|t|ruk|ti|on; **Satz|leh|re** (*für* Syntax); **Satz|rei|he**

Satz|spie|gel (*Druckw.*); **Satz|tech|nik**

Satz|teil, der

Sat|zung; **Sat|zungs|än|de|rung**; **sat|zungs|ge|mäß**

Säulenabschluss

Satz|ver|bin|dung
Satz|ver|lust *(Sport)*
satz|wei|se
satz|wer|tig; satzwertiger Infinitiv; satzwertiges Partizip
Satz|zei|chen; Satz|zu|sam|men|hang
¹Sau, die; -, *Plur.* Säue *u.* (*bes. von* Wildschweinen:) -en
²Sau (*frühere dt. Bez. für* ²Save)
Sau|ban|ner|zug (*schweiz.* eine Zürcher Traditionsveranstaltung; *auch für* Ausschreitung)

sau|ber

sau|be|rer, saub|rer, sau|bers|te
Schreibung in Verbindung mit Verben:
– sauber halten; ich halte sauber; sauber gehalten; sauber zu halten
– das hast du sauber (*ugs., oft ironisch für* sehr gut) gemacht!
– sauber machen *od.* saubermachen (reinigen); wir haben das Zimmer sauber gemacht *od.* saubergemacht
– beim Saubermachen sein ↑D 82

Sau|ber|frau *vgl.* Saubermann
Sau|ber|keit, die; -; Sau|ber|keits|wahn *(abwertend);* säu|ber|lich
sau|ber ma|chen, sau|ber|ma|chen *vgl.* sauber
Sau|ber|mann *Plur.* ...männer (*scherzh.; auch für* jmd., der auf die Wahrung der Moral achtet)
säu|bern; ich säubere; Säu|be|rung; Säu|be|rungs|ak|ti|on; Säu|be|rungs|wel|le
sau|blöd, sau|blö|de (*derb für sehr* blöd[e])
Sau|boh|ne
Sau|ce [ˈzoːsə, österr. zoːs] *vgl.* Soße; Sauce bé|ar|naise [- bearˈneːs], die; - - ⟨franz.⟩ (eine weiße Kräutersoße); Sauce bo|lo|g|ne|se [- bolɔnˈjeːz], die; - - (zu Nudeln servierte Soße mit Hackfleisch); Sauce hol|lan|daise [- ɔlãˈdɛːs], die; - - (eine weiße Soße)
Sau|ci|e|re [zoˈsjeːrə, österr. zoˈsjeːr], die; -, -n ⟨franz.⟩ (Soßenschüssel)
sau|cie|ren ([Tabak] mit einer Soße behandeln)
Sau|cis|chen [zos..., *auch* so...] (kleine [Brat]wurst)
Sau|di, der; -s, -s, Sau|di-A|ra|ber (Bewohner von Saudi-Arabien); Sau|di-A|ra|be|rin; Sau|di-A|ra|bi|en (arabischer Staat); sau|di-a|ra|bisch, sau|disch
sau|dumm (*derb für* sehr dumm)
sau|en (*vom Schwein* Junge bekommen)
sau|er; saure Gurken, Heringe; saurer Regen ↑D 89; er ist gleich sauer (*ugs. für* verärgert) geworden; ↑D 72; gib ihm Saures! (*ugs. für* prügle ihn!)
Sau|er, das; -s (*Druckerspr.* bezahlte, aber noch nicht geleistete Arbeit; *fachspr.* kurz *für* Sauerteig)
Sau|er|amp|fer; Sau|er|amp|fer|sup|pe; Sau|er|bra|ten; Sau|er|brun|nen; Sau|er|dorn *Plur.* ...dorne
Sau|e|rei *(derb)*
Sau|er|kir|sche; Sau|er|klee, der; -s; Sau|er|kohl, der; -[e]s (*landsch.*); Sau|er|kraut, das; -[e]s
Sau|er|land, das; -[e]s (westfäl. Landschaft); Sau|er|län|der; Sau|er|län|de|rin; sau|er|län|disch
säu|er|lich; Säu|er|lich|keit, die; -
Säu|er|ling (kohlensaures Mineralwasser; Sauerampfer)
Sau|er|milch, die; -
säu|ern (sauer machen; *auch für* sauer werden); ich säu[e]re; das Brot wird gesäuert
Säu|er|nis, die; -
Sau|er|rahm
Sau|er|stoff, der; -[e]s (chemisches Element, Gas; *Zeichen* O)
Sau|er|stoff|ap|pa|rat
sau|er|stoff|arm
Sau|er|stoff|bad; Sau|er|stoff|be|hand|lung *(Med.);* Sau|er|stoff|du|sche
Sau|er|stoff|fla|sche, Sau|er|stoff-Fla|sche
Sau|er|stoff|ge|halt, der; -[e]s; Sau|er|stoff|ge|rät
sau|er|stoff|hal|tig
Sau|er|stoff|man|gel, der; -s; Sau|er|stoff|mas|ke
sau|er|stoff|reich
Sau|er|stoff|tank; Sau|er|stoff|ver|sor|gung; Sau|er|stoff|zelt; Sau|er|stoff|zu|fuhr
sau|er|süß ↑D 23
Sau|er|teig
sau|er|töp|fisch (griesgrämig)
Säu|e|rung
Säu|e|rungs|mit|tel, das
Sau|er|was|ser *Plur.* ...wässer, *auch* ...wasser
Sauf|aus, der; -, - (*veraltend für* Trinker); Sauf|bold, der; -[e]s, -e (*svw.* Saufaus)
Sau|fe|der (*Jägerspr.* Spieß zum Abfangen des Wildschweines)
sau|fen (*derb in Bezug auf Menschen, bes. für Alkohol trinken*); du säufst; du soffst; du söffest; gesoffen; sauf[e]!; Säu|fer *(derb);* Sau|fe|rei *(derb);* Säu|fe|rin
Säu|fer|le|ber *(ugs.);* Säu|fer|na|se *(ugs.)*
Säu|fer|wahn; Säu|fer|wahn|sinn
Sauf|ge|la|ge *(derb);* Sauf|kum|pan *(derb);* Sauf|kum|pa|nin
Sau|fraß (*derb für* schlechtes Essen)
Sauf|tour *(derb)*
Säug|am|me; Saug|bag|ger
sau|gen; du saugst; du sogst, *auch* saugtest; du sögest; gesogen, *auch* gesaugt (*Technik nur* saugte, gesaugt); saug[e]!
säu|gen
Sau|ger (saugendes Junges; Schnuller)
Säu|ger (Säugetier); Säu|ge|tier
saug|fä|hig; Saug|fä|hig|keit, die; -
Saug|fla|sche; Saug|glo|cke *(Med.);* Saug|he|ber *(Chemie);* Saug|kap|pe; Saug|kraft
Sau|glat|tis|mus, der; -, ...men (*schweiz. abwertend für* Oberflächlichkeit; Spaßkultur); Saug|lei|tung
Säug|ling (Kind im 1. Lebensjahr)
Säug|lings|al|ter, das; -s; Säug|lings|gym|nas|tik, die; -; Säug|lings|heim; Säug|lings|pfle|ge; Säug|lings|schwes|ter; Säug|lings|sterb|lich|keit; Säug|lings|waa|ge
Saug|mas|sa|ge; Saug|napf (Haftorgan bei bestimmten Tieren); Saug|pum|pe
sau|grob (*derb für* sehr grob)
Saug|rohr; Saug|wir|kung
Sau|hatz *(Jägerspr.)*
Sau|hau|fen *(derb);* Sau|hund *(derb)*
säu|isch (*derb für* sehr unanständig)
Sau|jagd *(Jägerspr.)*
sau|kalt (*ugs. für* sehr kalt)
Sau|kerl *(derb)*
Sau|klaue (*derb für* unleserliche Handschrift)
sau|ko|misch (*ugs. für* sehr komisch)
Saul (bibl. König)
Säul|chen
Säu|le, die; -, -n
Säu|len|ab|schluss (*für* Kapitell)

säulenartig

Säu|len|ar|tig; Säu|len|för|mig
Säu|len|fuß; Säu|len|gang; Säu|len|hal|le
Säu|len|hei|li|ge (svw. Stylit)
Säu|len|kak|tus
Säu|len|schaft vgl. ¹Schaft; Säu|len|tem|pel
...säu|lig (z. B. mehrsäulig)
Saul|lus (bibl. m. Eigenn.)
¹Saum, der; -[e]s, Säume (veraltet für Last)
²Saum, der; -[e]s, Säume (Rand; Besatz)
Sau|ma|gen (Gastron. gefüllter Schweinemagen)
sau|mä|ßig (derb)
Säum|chen (kleiner Saum)
¹säu|men (mit einem Rand, Besatz versehen)
²säu|men (veraltet für mit Saumtieren Lasten befördern)
³säu|men (geh. veraltend für zögern)
¹Säu|mer (Zusatzteil der Nähmaschine)
²Säu|mer (veraltet für Saumtier, Lasttier; Saumtiertreiber)
³Säu|mer (geh. für Säumender, Zögernder); Säu|me|rin
säu|mig; Säu|mig|keit
Saum|naht
Säum|nis, die; -, -se od. das; -ses, -se (Rechtsswiss., sonst veraltend); Säum|nis|zu|schlag
Saum|pfad (zu ¹Saum) (Gebirgsweg für Saumtiere)
Saum|sal, das; -, -e od. das; -[e]s, -e (veraltet für Säumigkeit, Nachlässigkeit)
saum|se|lig; Saum|se|lig|keit
Saum|tier (zu ¹Saum) (Tragtier)
Sau|na, die; -, Plur. -s od. ...nen (finn.) (Heißluftbad); Sau|na|bad; Sau|na|gang, der
sau|nen, sau|nie|ren (ein Saunabad nehmen); Sau|nist; Sau|nis|tin
Sau|rach, der; -[e]s, -e (ein Strauch)
S
säul
Säu|re, die; -, -n
Säu|re|an|schlag (Angriff mit Säure)
säu|re|arm; säu|re|be|stän|dig; säu|re|fest; säu|re|frei
Säu|re|ge|halt, der
Sau-re-Gur|ken-Zeit, Sau|re|gur|ken|zeit (scherzh. für politisch od. geschäftlich ruhige Zeit); aber nur in der Sauren-Gurken-Zeit (ugs.)
säu|re|hal|tig
Säu|re|man|gel, der; -s; Säu|re|man|tel (Med.); Säu|re|mes|ser, der; Säu|re|rest (Chemie); Säu-

re|schutz|an|zug; Säu|re|über|schuss; Säu|re|ver|gif|tung
Sau|ri|er, der; -s, - (urweltliche [Riesen]echse)
Saus; nur in in Saus und Braus (sorglos prassend); in Saus und Braus leben
sau|schwer (derb für sehr schwer)
Sau|se, die; -, -n (ugs. für ausgelassene Feier); eine Sause machen
säu|seln; ich säus[e]le
sau|sen; du saust; er/sie saus|te; sausen lassen od. sausenlassen (ugs. für aufgeben)
Sau|ser (landsch. für neuer Wein u. dadurch hervorgerufener Rausch)
Sau|se|schritt; nur in im Sauseschritt (sehr schnell); Sau|se|wind (auch für unsteter, lebhafter junger Mensch)
Saus|sure [soˈsyːɐ̯], Ferdinand de (schweiz. Sprachwissenschaftler)
Sau|stall (meist derb für schmutzige Verhältnisse, Unordnung)
Sau|ternes [soˈtɛrn], der; -, - 〈nach der gleichnamigen Ortschaft〉 (ein franz. Wein)
sau|teu|er (derb für sehr teuer)
sau|tie|ren [so...] 〈lat.-franz.〉 (kurz in der Pfanne braten; in heißem Fett schwenken)
Sau|vi|gnon [sovɪnˈjõː], der; -s, -e 〈franz.〉 (eine Rebsorte); Sauvignon blanc
Sau|wet|ter, das; -s (derb für sehr schlechtes Wetter); sau|wohl (ugs. für sehr wohl); Sau|wut (derb für heftige Wut)
Sa|van|ne, die; -, -n 〈indian.〉 (Steppe mit einzeln od. gruppenweise stehenden Bäumen)
¹Save [saːf] (linker Nebenfluss der Garonne)
²Save [...və] (rechter Nebenfluss der Donau)
Sa|vi|gny [...vɪnji], Friedrich Carl von (dt. Jurist)
Sa|voir-vi|vre [...vɔaˈviːvrə], das; - 〈franz.〉 ([feine] Lebensart; Manieren)
Sa|vo|na|ro|la (italienischer Bußprediger u. Reformator)
Sa|vo|y|ar|de [...jar...], der; -n, -n 〈franz.〉 (Savoyer); Sa|vo|y|ar|din
Sa|vo|y|en [zaˈvɔjən] (historische Provinz in Ostfrankreich); Sa|vo|y|er; sa|vo|y|isch
¹Sax vgl. ²Sachs
²Sax, das; -, -e (Kurzw. für Saxofon)

Sa|xi|fra|ga, die; -, ...agen 〈lat.〉 (Bot. Steinbrech)
Sa|xo|fon, Sa|xo|phon, das; -s, -e 〈nach dem belg. Erfinder A. Sax〉 (ein Blasinstrument); Sa|xo|fo|nist, Sa|xo|pho|nist, der; -en, -en (Saxofonbläser); Sa|xo|fo|nis|tin, Sa|xo|pho|nis|tin
Sa|xo|ne, der; -n, -n (Angehöriger einer altgerm. Stammesgruppe; [Alt]sachse)
Sa|xo|phon usw. vgl. Saxofon usw.
Sa|zer|do|ti|um, das; -s 〈lat.〉 (Priestertum, -amt; im MA. die geistliche Gewalt des Papstes)
Sb = Stibium (chem. Zeichen für Antimon)
SB = Selbstbedienung (z. B. SB-Markt, SB-Tankstelle)
S-Bahn® [ˈɛs...], die; -, -en (Schnellbahn); S-Bahn|hof; S-Bahn-Sta|ti|on
S-Bahn-Sur|fen, das; -s (ugs. für waghalsiges Mitfahren an der Außenseite eines S-Bahn-Wagens); S-Bahn-Wa|gen, der; -s, - ↑D 26
SBB Plur., auch die; - = Schweizerische Bundesbahnen
Sbir|re, der; -n, -n 〈ital.〉 (früher für italienischer Polizeidiener)
s. Br., südl. Br. = südlicher Breite; 50° s. Br.
Sbrinz, der; -[es] (ein [Schweizer] Hartkäse)
sc., sculps. = sculpsit
Sc (chem. Zeichen für Scandium)
SC = South Carolina
sc., scil. = scilicet
Sca|la, die; - 〈ital.〉, »Treppe«); Mailänder Scala (Mailänder Opernhaus); vgl. Skala
Scam|pi, der; -[s], - (ugs. auch -s) meist Plur., bes. fachspr. Scam|po, der; -[s], Scampi meist Plur. 〈ital.〉 (eine Art kleiner Krebse)
Scan [skɛn], der od. das; -s, -s 〈engl.〉 (das Scannen)
Scan|di|um, das; -s (chemisches Element, Metall; Zeichen Sc)
scan|nen [ˈskɛn...] 〈engl.〉 (mit einem Scanner abtasten)
Scan|ner, der; -s, - (ein elektronisches Eingabegerät); Scan|ner|kas|se; Scan|ning, des; -[s], -s (das Scannen)
Sca|pa Flow [- ˈfloʏ] (Bucht zwischen den Orkneyinseln)
Scar|lat|ti (Name verschiedener italienischer Komponisten)
Scart, der; -s, -s 〈franz.〉 (Steckerbindung zum Anschluss von

Videogeräten); **Scart|buch|se;
Scart|ka|bel**
Scat [skɛt], der; -, -s ⟨engl.⟩ (Gesangsstil, bei dem zusammenhanglose Silben gesungen werden); **scat|ten** [ˈskɛtn̩]; er hat gescattet
Scene [siːn], die; -, -s Plur. selten ⟨engl.⟩ (ugs. für durch bestimmte Moden, Lebensformen u. a. geprägtes Milieu)
¹**Scha|be**, ²**Schwa|be**, die; -, -n (ein Insekt)
²**Scha|be**, die; -, -n (ein Werkzeug)
Schä|be, die; -, -n (Holzteilchen vom Flachs)
Scha|be|fleisch; Schab|ei|sen; Scha-be|mes|ser (svw. Schabmesser)
scha|ben; Scha|ber; Scha|be|rei
Scha|ber|nack, der; -[e]s, -e (übermütiger Streich, Possen)
schä|big (abwertend); **Schä|big-keit**
Schab|kunst, die; - (eine grafische Technik); **Schab|kunst|blatt**
Scha|b|lo|ne, die; -, -n (ausgeschnittene Vorlage; Muster; Schema, Klischee)
Scha|b|lo|nen|ar|beit; Scha|b|lo-nen|druck Plur. ...drucke
scha|b|lo|nen|haft; scha|b|lo|nen-mä|ßig
scha|b|lo|nie|ren, scha|b|lo|ni|sie-ren (nach der Schablone [be]arbeiten, behandeln)
Schab|mes|ser, das
Scha|bot|te, die; -, -n ⟨franz.⟩ (schweres Fundament für Maschinenhämmer)
Scha|b|ra|cke, die; -, -n ⟨türk.⟩ (verzierte Satteldecke; ugs. für abgenutzte, alte Sache; abwertend für alte Frau); **Scha|b|ra-cken|ta|pir**
Schab|sel, das; -s, -
Schab|zie|ger, schweiz. **Schab|zi-ger** (harter [Schweizer] Kräuterkäse)
Schach, das; -s, -s ⟨pers.⟩; Schach spielen, bieten; in Schach halten (nicht gefährlich werden lassen); Schach und matt!; **Schach|auf|ga|be**
Schach|brett; schach|brett|ar|tig; Schach|brett|mus|ter
Schach|com|pu|ter
Scha|cher, der; -s, - (südd., österr. u. schweiz. für Waldstück, -rest; schweiz. auch für Niederung, Uferland)
Schạ|cher, der; -s ⟨hebr.⟩ (übles, feilschendes Geschäftemachen)
Schä|cher (bibl. Räuber, Mörder)

Scha|che|rei ⟨hebr.⟩; **Schạ|che|rer; Schạ|che|rin; schạ|chern** (abwertend für feilschend handeln); ich schachere
Schach|fi|gur; Schach|freund; Schach|freun|din
schach|matt (ugs. auch für sehr matt); jmdn. schachmatt setzen
Schach|meis|ter; Schach|meis|te-rin; Schach|meis|ter|schaft; Schach|olym|pi|a|de
Schach|par|tie; Schach|pro|b|lem
Schach|spiel; Schach|spie|ler; Schach|spie|le|rin
Schacht, der; -[e]s, Schächte; Schacht kriegen (nordd. für Prügel bekommen)
Schach|tel, die; -, -n
Schach|tel|be|tei|li|gung (Wirtsch.); **Schäch|tel|chen; Schach|tel|di|vi|den|de** (Wirtsch.)
Schäch|te|lein
Schach|tel|ge|sell|schaft (Wirtsch.)
Schach|tel|halm
Schäch|tel|satz (Sprachwiss.)
schach|ten (eine Grube, einen Schacht graben)
schäch|ten ⟨hebr.⟩ (nach religiöser Vorschrift schlachten); **Schäch-ter; Schäch|te|rin**
Schach|tisch
Schacht|meis|ter (Vorarbeiter im Tiefbau); **Schacht|meis|te|rin; Schacht|ofen**
Schäch|tung ⟨zu schächten⟩
Schach|tur|nier; Schach|uhr
Schach|welt|meis|ter; Schach|welt-meis|te|rin; Schach|welt|meis-ter|schaft
Schach|zug
Schad|bild; Schadbilder an Nadelbäumen
scha|de ↑D 70; es ist schade um jmdn. od. um etwas; schade, dass ...; ich bin mir dafür zu schade; o wie schade!; es ist jammerschade!
Schạ|de, der (veraltet für Schaden); nur noch in es soll, wird dein Schade nicht sein
Schä|del, der; -s, -
Schä|del|ba|sis (Med.); **Schä|del-ba|sis|bruch**, der; vgl. ¹Bruch
Schä|del|bruch, der; vgl. ¹Bruch; **Schä|del|dach; Schä|del|de|cke; Schä|del|form**
Schä|del-Hirn-Trau|ma, med.-fachspr. auch **Schä|del|hirn|trau|ma**
...**schä|de|lig**, ...**schäd|lig** (z. B. langschäd[e]lig)
Schä|del|stät|te (auch Golgatha)

schạ|den; jmdm. schaden
Scha|den, der; -s, Schäden; zu Schaden kommen (Amtsspr.)
Scha|den|be|gren|zung, Scha|dens-be|gren|zung; Scha|den|be|rech-nung, Scha|dens|be|rech|nung
Scha|den|be|richt, Scha|dens|be-richt
Scha|den|er|satz, fachspr. meist **Scha|dens|er|satz; Scha|den|er-satz|an|spruch; Scha|den|er|satz-for|de|rung; Scha|den|er|satz|kla-ge; Scha|den|er|satz|leis|tung Scha|den|er|satz|pflicht; scha|den-er|satz|pflich|tig**
Scha|den|fest|stel|lung, Scha|dens-fest|stel|lung
Scha|den|feu|er
Scha|den|freiheits|ra|batt
Scha|den|freu|de, die; -; **scha|den-freu|dig** (südwestd., schweiz.); **scha|den|froh**
Scha|den|nach|weis, Scha|dens-nach|weis; Scha|dens|be|gren-zung, Scha|den|be|gren|zung
Scha|dens|be|rech|nung, Scha|den-be|rech|nung; Scha|dens|be-richt, Scha|den|be|richt
Scha|dens|er|satz (im BGB für Schadenersatz)
Scha|dens|fall
Scha|dens|fest|stel|lung, Scha|den-fest|stel|lung; Scha|dens|nach-weis, Scha|den|nach|weis
Scha|dens|ver|hü|tung; Scha|den-ver|si|che|rung
Schad|fraß, der; -es
schad|haft; Schad|haf|tig|keit
schä|di|gen; Schä|di|ger; Schä|di-ge|rin; Schä|di|gung
Schad|in|sekt
schäd|lich; Schäd|lich|keit
...**schäd|lig** vgl. ...schädelig
Schäd|ling; Schäd|lings|be|fall
Schäd|lings|be|kämp|fung; Schäd-lings|be|kämp|fungs|mit|tel, das
schad|los; sich schadlos halten
Schad|los|bür|ge (Wirtsch. Bürge bei der Ausfallbürgschaft); **Schad|los|bür|gin**
Schad|los|hal|tung, die; -
Scha|dor vgl. Tschador
Scha|dow [...do] (dt. Bildhauer)
Schad|pro|gramm (EDV); **Schad-soft|ware** (EDV)
Schad|stel|le
Schad|stoff; schad|stoff|arm
Schad|stoff|aus|stoß; Schad|stoff-be|las|tung; Schad|stoff|cock-tail; Schad|stoff|emis|si|on
schad|stoff|frei ↑D 25
Schad|stoff|ge|halt, der; **schad-stoff|hal|tig**

Schadstoffplakette

schaf|fen

I. (vollbringen; *landsch. für* arbeiten; in [reger] Tätigkeit sein; *Seemannsspr.* essen) *Formen:* du schafftest; geschafft; schaff[e]!
- sie hat den ganzen Tag geschafft *(landsch.)*
- sie haben es geschafft; er hat die Kiste ins Haus geschafft
- diese Sorgen sind aus der Welt geschafft (sind beseitigt)
- ich möchte mit dieser Sache nichts mehr zu schaffen haben
- ich habe mir daran zu schaffen gemacht

II. (schöpferisch, gestaltend hervorbringen) *Formen:* du schufst; du schüfest; geschaffen; schaff[e]!
- Schiller hat »Wilhelm Tell« geschaffen
- er ist zum Lehrer wie geschaffen
- er stand da, wie ihn Gott geschaffen hat
- sie schuf, *auch* schaffte [endlich] Abhilfe, Ordnung, Platz, Raum
- es muss [endlich] Abhilfe, Ordnung, Platz, Raum geschaffen, *selten* geschafft werden

---

Schad|stoff|pla|ket|te
schad|stoff|re|du|ziert; Schad|stoff|re|du|zie|rung
schad|stoff|reich
Schaf, das; -[e]s, -e; **Schaf|bock**
Schäf|chen; seine Schäfchen ins Trockene bringen (*ugs. auch für* sich großen Gewinn verschaffen), im Trockenen haben (*ugs. auch für* sich seinen Vorteil gesichert haben)
Schäf|chen|wol|ke *meist Plur.*
Schä|fer
Schä|fer|dich|tung
Schä|fe|rei
Schä|fer|hund
Schä|fe|rin
Schä|fer|kar|ren; Schä|fer|ro|man; Schä|fer|spiel
Schä|fer|stünd|chen (heimliches Beisammensein von Verliebten)
Schaff, das; -[e]s, -e (*südd., österr. für* [offenes] Gefäß; *landsch. für* Schrank); *vgl.* ²Schaft *u.* Schapp; **Schäff|chen** (*zu* Schaff)
Schaf|fel, das; -s, -n (*bayr., österr. ugs. für* [kleines] Schaff)
Schaf|fell
schaf|fen *s.* Kasten
Schaf|fen, das; -s; **Schaf|fens|drang**, der; -[e]s
Schaf|fens|freu|de; schaf|fens|freu|dig
Schaf|fens|kraft *Plur. selten;* **schaf|fens|kräf|tig**
Schaf|fens|kri|se
Schaf|fens|lust, die; -; **schaf|fens|lus|tig**
Schaf|fens|pro|zess
Schaf|fer (*landsch. für* tüchtiger Arbeiter; *Seemannsspr.* Mann, der die Schiffsmahlzeit besorgt u. anrichtet; *österr. veraltet für* Aufseher auf einem Gutshof)
Schaf|fe|rei (*Seemannsspr.* Schiffsvorratskammer; *landsch. für* [mühseliges] Arbeiten); **Schaf|fe|rin** *(landsch.)*

Schaff|hau|sen (Kanton u. Stadt in der Schweiz); **Schaff|hau|ser; Schaff|hau|se|rin; schaff|hau|se|risch**
schaf|fig *(landsch. u. schweiz. mdal. für* fleißig, eifrig)
Schaf|fleisch
Schäff|ler (*bayr. für* Böttcher); **Schäff|le|rin; Schäff|ler|tanz** (Zunfttanz der Schäffler)
Schaff|ner (jmd., der in öffentlichen Verkehrsmitteln Fahrscheine kontrolliert; *veraltet für* Verwalter); **Schaff|ne|rei** (*veraltet für* Schaffneramt, -wohnung); **Schaff|ne|rin**
schaff|ner|los; schaffnerlose Züge
Schaf|fung, die; -
Schaf|gar|be (eine Heilpflanze)
Schaf|her|de; Schaf|hirt; Schaf|hir|tin
Scha|fi|it, der; -en, -en (Angehöriger einer islam. Rechtsschule)
Schaf|käl|te, Schafs|käl|te (Mitte Juni auftretender Kaltlufteinbruch)
Schaf|kä|se *vgl.* Schafskäse
Schaf|kopf, Schafs|kopf, der; -[e]s (ein Kartenspiel)
Schaf|le|der; Schäf|lein; Schaf|milch, Schafs|milch, die; -
Schaf|ott, das; -[e]s, -e ‹*niederl.*› (Gerüst für Hinrichtungen)
Schaf|pelz *vgl.* Schafspelz; **Schaf|que|se** (Drehwurm); **Schaf|schur**
Schafs|käl|te *vgl.* Schafkälte
Schafs|kä|se, *österr. nur* Schaf|kä|se
Schafs|kleid; *nur in* der Wolf im Schafskleid
Schafs|kopf (Schimpfwort; *vgl.* Schafkopf)
Schafs|milch *vgl.* Schafmilch
Schafs|na|se (*auch* eine Apfel-, Birnensorte; *auch für* dummer Mensch)
Schafs|pelz, Schaf|pelz
Schaf|stall
¹**Schaft**, der; -[e]s, Schäfte (z. B. Lanzenschaft)

²**Schaft**, der; -[e]s, Schäfte (*südd. u. schweiz. für* Gestell[brett], Schrank); *vgl. auch* Schaff *u.* Schapp
...schaft (z. B. Landschaft)
Schäft|chen; schäf|ten (mit einem Schaft versehen; [Pflanzen] veredeln; *landsch. für* prügeln)
Schaft|le|der; Schaft|stie|fel
Schaf|wei|de; Schaf|wol|le; Schaf|zucht
Schah, der; -s, -s ‹pers., »König«› (persischer Herrschertitel; *meist kurz für* Schah-in-Schah
Schah-in-Schah, der; -[s], -s ‹»König der Könige«› (früherer Titel des Herrschers des Iran)
Scha|kal, der; -s, -e ‹sanskr.› (ein hundeartiges Raubtier)
Scha|ke, die; -, -n (*Technik* Ring, Kettenglied)
Schä|kel, der; -s, - (*Technik* u-förmiges Verbindungsglied aus Metall); **schä|keln** (mit einem Schäkel verbinden); ich schäk[e]le
Schä|ker ‹hebr.-jidd.›; **Schä|ke|rei; Schä|ke|rin; schä|kern** (scherzen); ich schäkere
schal; schales (abgestandenes) Bier; schale (fade) Witze
Schal, der; -s, *Plur.* -s, *auch* -e ‹pers.-engl.›
Scha|lan|der, der; -s, - (*landsch. für* Pausenraum in Brauereien)
Schal|brett (für Verschalungen verwendetes rohes Brett)
¹**Schäl|chen** (kleiner Schal)
²**Schäl|chen** (kleine Schale)
¹**Scha|le**, die; -, -n (flaches Gefäß; *österr. auch für* Tasse)
²**Scha|le**, die; -, -n (Hülle; *Jägerspr.* Huf beim Schalenwild)
Schäl|ei|sen (ein Werkzeug)
schä|len
Scha|len|bau|wei|se
scha|len|för|mig
Scha|len|guss (ein Hartguss)

Schandeckel

Schal|len|kreuz (Teil des Windgeschwindigkeitsmessers)
Scha|len|los (ohne ²Schale)
Scha|len|obst (Obst mit harter, holziger ²Schale, z. B. Nüsse)
Schal|len|ses|sel ⟨zu ¹Schale⟩; Scha|len|sitz
Scha|len|tier *meist Plur.* (z. B. Muschel, Schnecke)
Scha|len|wild (*Jägerspr.* Rot-, Schwarz-, Steinwild)
Schä|ler, der; -s, - (Küchengerät)
Schal|heit ⟨zu schal⟩
Schäl|hengst (Zuchthengst)
Schal|holz
...scha|lig (z. B. dünnschalig)
Schalk, der; -[e]s, *Plur.* -e u. Schälke (Spaßvogel, Schelm)
Schal|ke, die; -, -n (*Seemannsspr.* wasserdichter Abschluss einer Luke); schal|ken (wasserdicht schließen)
schalk|haft; Schalk|haf|tig|keit, die; -; Schalk|heit
Schal|kra|gen; Schal|kra|wat|te
Schäl|kur (*Kosmetik*)
Schall, der; -[e]s, *Plur.* -e od. Schälle
Schall|be|cher (bei Blasinstrumenten)
schall|däm|mend ↑D 59; Schall|däm|mung
Schall|dämp|fer; Schall|de|ckel
schall|dicht
Schall|do|se
schal|len; es schallt; es schallte, *seltener* scholl; es schallte, *seltener* schölle; geschallt; schall[e]!; schallendes Gelächter
schal|lern (*ugs. für* laut knallen); jmdm. eine schallern (jmdm. eine Ohrfeige geben); ich schallere
schall|ge|dämpft
Schall|ge|schwin|dig|keit
Schall|iso|la|ti|on; schall|iso|liert
Schall|leh|re, Schall-Leh|re, die; -
Schall|lei|ter, Schall-Lei|ter, der
Schall|loch, Schall-Loch
Schall|mau|er (extrem hoher Luftwiderstand bei einem die Schallgeschwindigkeit erreichenden Flugobjekt); die Schallmauer durchbrechen
schall|los *vgl.* schalllos
Schall|plat|te
Schall|plat|ten|al|bum; Schall|plat|ten|ar|chiv; Schall|plat|ten|auf|nah|me; Schall|plat|ten|in|dus|trie; Schall|plat|ten|mu|sik
schall|schlu|ckend ↑D 59
Schall|schutz

schall|si|cher; schall|tot; schalltoter Raum
Schall|trich|ter (trichterförmiges Gerät zur Schallverstärkung); schall|ver|stär|kend; Schall|wel|le *meist Plur.*
Schall|wort *Plur.* ...wörter (durch Lautnachahmung entstandenes Wort)
Schall|zei|chen (*Amtsspr. für* das Betätigen der Hupe)
Schalm, der; -[e]s, -e (*Forstwirtsch.* in die Rinde eines Baumes geschlagenes Zeichen)
Schal|mei, die; -, -en (ein Holzblasinstrument; *auch für* Register der Klarinette u. der Orgel); Schal|mei|blä|ser; Schal|mei|blä|se|rin; Schal|mei|en|klang
schal|men (*Forstwirtsch.* einen Baum mit einem Schalm versehen)
Schal|obst *vgl.* Schalenobst
Scha|lom !, Schalom! ⟨hebr., »Friede«⟩ (hebräische Begrüßungsformel)
Scha|lot|te, die; -, -n ⟨franz.⟩ (eine kleine Zwiebel)
schalt *vgl.* schelten
Schalt|an|la|ge; Schalt|bild; Schalt|brett
Schal|te, die; -, -n (*Funk- u. Fernsehjargon* Schaltung)
Schalt|ele|ment
schal|ten; er hat geschaltet (beim Autofahren den Gang gewechselt; *ugs. für* begriffen, verstanden, reagiert); sie hat damit nach Belieben geschaltet
Schal|ter; Schal|ter|be|am|te; Schal|ter|be|am|tin; Schal|ter|dienst; Schal|ter|hal|le; Schal|ter|raum; Schal|ter|schluss, der; -es; Schal|ter|stun|den *Plur.*
Schalt|flä|che (*EDV*)
Schalt|ge|trie|be; Schalt|he|bel
Schalt|jahr
Schalt|kas|ten; Schalt|knüp|pel; Schalt|kreis; Schalt|pau|se (*Rundfunk.*); Schalt|plan *vgl.* ²Plan; Schalt|pult
Schalt|satz (*Sprachwiss.*)
Schalt|sche|ma (Schaltplan); Schalt|skiz|ze; Schalt|stel|le; Schalt|ta|fel
Schalt|tag
Schalt|tisch; Schalt|uhr
Schal|tung; Schal|tungs|über|sicht
Schalt|werk; Schalt|zei|chen (*Elektrot.*); Schalt|zen|t|ra|le
Scha|lung (Bretterverkleidung)

Schä|lung (Entfernung der Schale, der Haut u. a.)
Scha|lup|pe, die; -, -n ⟨franz.⟩ (Küstenfahrzeug; *auch für* größeres [Bei]boot)
Schal|wild *vgl.* Schalenwild
Scham, die; -
Scha|ma|de, Cha|ma|de [ʃa...], die; -, -n ⟨franz.⟩ (*früher für* [mit der Trommel od. Trompete gegebenes] Zeichen der Kapitulation); Schamade schlagen, blasen (*übertr. für* klein beigeben, aufgeben)
Scha|ma|ne, der; -n, -n ⟨sanskr.-tungus.⟩ (Zauberpriester bei [asiat.] Naturvölkern); Scha|ma|nin; scha|ma|nisch; Scha|ma|nis|mus, der; - (eine Religionsform)
Scham|bein (*Med.*); Scham|berg; Scham|drei|eck
schä|men, sich; sie schämte sich ihres Verhaltens, *heute meist* wegen ihres Verhaltens
scham|fi|len (*Seemannsspr.* scheuern); er hat schamfilt
Scham|frist (*Politikjargon*)
Scham|ge|fühl
Scham|ge|gend; Scham|gren|ze; Scham|haar *meist Plur.*
scham|haft; Scham|haf|tig|keit
schä|mig (*landsch. für* verschämt); Schä|mig|keit, die; -
Scham|lip|pe *meist Plur.* (äußeres weibliches Geschlechtsorgan)
scham|los; Scham|lo|sig|keit
Scham|mes, der; -, - ⟨hebr.-jidd.⟩ (Diener in einer Synagoge u. Assistent des jüdischen Gemeindevorstehers)
Scha|mott, der; -s ⟨jidd.⟩ (*ugs. für* Kram, Zeug, wertlose Sachen)
Scha|mot|te, die; - ⟨ital.⟩ (feuerfester Ton); Scha|mot|te|stein; Scha|mot|te|zie|gel
scha|mot|tie|ren (*österr. für* mit Schamottesteinen auskleiden)
scham|po|nie|ren, scham|pu|nie|ren ⟨Hindi-engl.⟩ (mit Shampoo einschäumen, waschen)
Scham|pus, der; - (*ugs. für* Champagner, Sekt)
Scham|rot; Scham|rö|te, die; -
Scham|schwel|le
Scham|teil|e *Plur. (selten)*
scham|ver|let|zend; scham|voll
schand|bar; Schand|bar|keit
Schan|de, die; -, -n (*Plur. selten*); jmdm. Schande machen; *aber* zuschanden *od.* zu Schanden gehen, machen, werden
Schan|deck, Schan|de|ckel (*See-*

schänden

mannsspr. oberste Schiffsplanke)
schän|den; Schän|der; Schän|de|rin
Schand|fleck
schänd|lich; Schänd|lich|keit
Schand|mal Plur. ...male u. ...mäler; **Schand|maul** (ugs. abwertend); **Schand|pfahl** (früher); **Schand|tat**
Schän|dung
Schand|ur|teil
Schan|figg, das; -[s] (Tal zwischen Arosa u. Chur)
Schang|hai, amtlich Shang|hai [ʃ..., auch ʃ...] (Stadt in China); **schang|hai|en** (Seemannsspr. Matrosen gewaltsam heuern); sie wurden schanghait
Schal|ni, der; -s, -[s] (ostösterr. ugs. für Diener; Kellner); **Scha|ni|garten** (ostösterr. für kleiner Garten vor dem Lokal für die Bewirtung im Freien)
¹**Schank,** der; -[e]s, Schänke (veraltet für Ausschank)
²**Schank,** die; -, -en (österr. für Raum für den Ausschank, Theke)
Schank|be|trieb
Schän|ke vgl. Schenke
Schan|ker, der; -s, - ⟨lat.-franz.⟩ (Med. Geschwür bei Geschlechtskrankheiten); harter, weicher Schanker
Schank|er|laub|nis; Schank|er|laub|nis|steu|er, die; **Schank|ge|rech|tig|keit** (veraltet für Schankkonzession); **Schank|kell|ner; Schank|kell|ne|rin; Schank|kon|zes|si|on** (behördliche Genehmigung, alkoholische Getränke auszuschenken)
Schank|stu|be, Schänk|stu|be, Schenk|stu|be; Schank|tisch, Schänk|tisch, Schenk|tisch
Schank|wirt, Schänk|wirt, Schenk|wirt; Schank|wir|tin, Schänk|wir|tin, Schenk|wir|tin; Schank|wirt|schaft, Schänk|wirt|schaft, Schenk|wirt|schaft
Schan|tung [ʃ...], der; -s, -s ⟨nach der chin. Provinz⟩ (ein Seidengewebe); **Schan|tung|sei|de**
Schan|zar|beit meist Plur. (Militär); **Schanz|bau,** der; -[e]s
¹**Schan|ze,** die ⟨altfranz.⟩ (veraltet für Glückswurf, -umstand); nur noch in in die Schanze schlagen (aufs Spiel setzen)
²**Schan|ze,** die; -, -n (Militär früher für geschlossene Verteidigungsanlage; Seemannsspr. Oberdeck des Achterschiffes; kurz für Sprungschanze)

schan|zen (früher für an einer ²Schanze arbeiten); du schanzt
Schan|zen|bau (svw. Schanzbau)
Schan|zen|re|kord (Sport); **Schanzen|tisch** (Absprungfläche einer Sprungschanze)
Schan|zer (Militär früher)
Schanz|kleid (Seemannsspr. Schiffsschutzwand)
Schanz|werk (früher für Festungsanlage); **Schanz|zeug** (Militär früher)
Schapf, der; -[e]s, -e, **Schap|fe,** die; -, -n (landsch. für Schöpfgefäß mit langem Stiel)
Schap|ka, die; -, -s ⟨slaw.⟩ (Kappe, Mütze [aus Pelz]); vgl. aber Tschapka
Schapp, der od. das; -s, -s (Seemannsspr. Schrank, Fach)
¹**Schap|pe,** die; -, -n ⟨franz.⟩ (ein Gewebe aus Seidenabfall)
²**Schap|pe,** die; -, -n (Bergmannsspr. Tiefenbohrer)
Schap|pel, das; -s, - ⟨franz.⟩ (landsch. für Kopfschmuck)
Schap|pe|sei|de (svw. ¹Schappe)
¹**Schar,** die; -, -en (größere Anzahl, Menge, Gruppe)
²**Schar,** die; -, -en, fachspr. das; -[e]s, -e (Pflugschar)
Scha|ra|de, die; -, -n ⟨franz.⟩ (Worträtsel, bei dem das zu erratende Wort pantomimisch dargestellt wird)
Schär|baum (Weberei Garn- od. Kettbaum)
Schar|be, die; -, -n (Kormoran)
Schar|bock, der; -[e]s ⟨niederl.⟩ (veraltet für Skorbut); **Scharbocks|kraut,** das; -[e]s
Schä|re, die; -, -n meist Plur. ⟨schwed.⟩ (kleine, der Küste vorgelagerte Felseninsel)
scha|ren; sich scharen
schä|ren (Weberei Kettfäden aufziehen)
Schä|ren|kreu|zer (ein Segelboot); **Schä|ren|küs|te**
scha|ren|wei|se
scharf, schärfer, am schärfsten; ein scharfes Getränk; scharfes s (für Eszett); ↑D 72; er ist ein Scharfer (ugs. für ein strenger Polizist, Beamter u. Ä.); ↑D 75; etwas aufs, auf das Schärfste od. schärfste verurteilen; scharf durchgreifen, sehen, schießen usw.; ↑D 56; das Objektiv scharf stellen od. scharfstellen, aber nur das Objektiv scharf einstellen; das Messer, eine Bombe scharf

machen od. scharfmachen; vgl. aber scharfmachen
scharf|äu|gig
Scharf|blick, der; -[e]s
Schär|fe, die; -, -n
Scharf|ein|stel|lung
schär|fen
Scharf|fen|tie|fe (Fotogr.)
scharf|kan|tig
scharf|ma|chen (ugs. für aufhetzen, sexuell erregen); um den Hund scharfzumachen; ein scharfgemachter Hund; vgl. scharf; **Scharf|ma|cher; Scharf|ma|che|rei; Scharf|ma|che|rin**
Scharf|rich|ter (für Henker); **Scharf|rich|te|rin**
Scharf|schie|ßen, das; -s; **Scharf|schüt|ze; Scharf|schüt|zin**
scharf|sich|tig; Scharf|sich|tig|keit
Scharf|sinn, der; -[e]s
scharf|sin|nig; Scharf|sin|nig|keit
scharf stel|len, scharf|stel|len vgl. scharf
Schär|fung
scharf|za|ckig; scharf|zah|nig
scharf|zün|gig; Scharf|zün|gig|keit
Schär|has|pel ⟨zu schären⟩
Scha|ria, Sche|ria, die; - ⟨arab.⟩ (religiöses Gesetz des Islams)
¹**Schar|lach,** der, österr. das; -s ⟨mlat.⟩ (lebhaftes Rot)
²**Schar|lach,** der; -s (eine Infektionskrankheit); **Schar|lach|ausschlag**
schar|la|chen (hochrot)
Schar|lach|far|be, die; -; **schar|lach|far|ben, schar|lach|far|big**
Schar|lach|fie|ber, das; -s
schar|lach|rot
Schar|la|tan, der; -s, -e ⟨franz.⟩ (Schwindler, der bestimmte Fähigkeiten vortäuscht); **Schar|la|ta|ne|rie,** die; -, ...ien; **Schar|la|ta|nin**
Schär|ma|schi|ne (Weberei); vgl. schären
Schar|müt|zel, das; -s, - (kurzes, kleines Gefecht, Plänkelei)
Scharn, der; -[e]s, -e, **Schar|ren,** der; -s, - (landsch. für Verkaufsstand für Fleisch od. Brot)
Scharn|horst (preuß. General)
Schar|nier, das; -s, -e ⟨franz.⟩ (Drehgelenk [für Türen])
Schar|nier|band, das; Plur. ...bänder; **Schar|nier|ge|lenk**
Schar|pe, die; -, -n (um Schulter od. Hüften getragenes breites Band)
Schar|pie, die; - ⟨franz.⟩ (früher für zerzupfte Leinwand als Verbandmaterial)

Schär|rah|men ⟨zu schären⟩
Schär|re, die; -, -n (ein Werkzeug zum Scharren); **Scharr|ei|sen**
schar|ren
Schar|ren vgl. Scharn
Schar|rier|ei|sen (ein Steinmetzwerkzeug); **schar|rie|ren** ⟨franz.⟩ (mit dem Scharriereisen bearbeiten)
Schar|schmied (Schmied, der Pflugscharen herstellt)
Schar|te, die; -, -n (Einschnitt; [Mauer]lücke; schadhafte Stelle); eine Scharte auswetzen (ugs. für einen Fehler wiedergutmachen; eine Niederlage o. Ä. wettmachen)
Schar|te|ke, die; -, -n (veraltend für wertloses Buch, Schmöker; ugs. abwertend für unsympathische alte Frau)
schar|tig
Schär|trom|mel ⟨zu schären⟩
Schar|tung (Geogr. spitzwinkliges Zusammenlaufen zweier Gebirgszüge)
Schar|wen|zel, Scher|wen|zel, der; -s, - ⟨tschech.⟩ (landsch. für Unter, Bube [in Kartenspielen]; veraltend für übertrieben dienstbeflissener Mensch);
schar|wen|zeln (ugs. für sich dienernd hin u. her bewegen; herumscharwenzeln); ich scharwenz[e]le, er hat scharwenzelt
Schar|werk (veraltet für harte Arbeit); **schar|wer|ken** (landsch. für Gelegenheitsarbeiten ausführen); gescharwerkt; **Schar|wer|ker** (landsch.); **Schar|wer|ke|rin**
Schasch|lik, der od. das; -s, -s ⟨russ.⟩ (am Spieß gebratene od. gegrillte Fleischstückchen mit Zwiebelringen, Paprika u. Speckscheiben)
schas|sen ⟨franz.⟩ (ugs. für [von der Schule, der Lehrstätte, aus dem Amt] jagen); du schasst, er/sie schasst; du schasstest; geschasst; schasse! u. schass!
schas|sie|ren (mit kurzen, gleitenden Schritten geradlinig tanzen)
schat|ten (geh. für Schatten geben); geschattet
Schat|ten, der; -s, -; Schatten spenden; ein Schatten spendender od. schattenspendender Baum ↑D 58
Schat|ten|bild; **Schat|ten|bo|xen**, das; -s; **Schat|ten|da|sein**

schat|ten|haft
schat|ten|halb (schweiz. für auf der Schattenseite eines Bergtals)
Schat|ten|haus|halt (Wirtsch.); **Schat|ten|ka|bi|nett**; **Schat|ten|kö|nig**; **Schat|ten|kö|ni|gin**
schat|ten|los
Schat|ten|mann Plur. ...männer
Schat|ten|mo|rel|le (eine Sauerkirschsorte)
Schat|ten|pflan|ze (Bot.); **Schat|ten|platz**
Schat|ten|re|gie|rung
schat|ten|reich
Schat|ten|reich (Mythol.)
Schat|ten|riss
Schat|ten|sei|te; **schat|ten|sei|tig**
Schat|ten spen|dend, **schat|ten|spen|dend** vgl. Schatten
Schat|ten|spiel; **Schat|ten|the|a|ter**
Schat|ten|wirt|schaft (Gesamtheit der wirtschaftlichen Betätigungen, die nicht amtlich erfasst werden können [z. B. Schwarzarbeit])
schat|tie|ren ([ab]schatten); **Schat|tie|rung**
schat|tig
Schatt|sei|te (österr. u. schweiz. neben Schattenseite); **schatt|sei|tig** (österr. u. schweiz. neben schattenseitig)
Scha|tul|le, die; -, -n ⟨mlat.⟩ (Geld-, Schmuckkästchen; früher für Privatkasse eines Fürsten)
Schatz, der; -es, Schätze
Schatz|amt; **Schatz|an|wei|sung**
schätz|bar; **Schätz|bar|keit**, die; -
Schatz|brief meist Plur.
Schätz|chen
schät|zen (du schätzt); schätzen lernen; sie haben sich [zu] schätzen gelernt; **schät|zens|wert**; **Schät|zer**; **Schät|ze|rin**
Schatz|grä|ber; **Schatz|grä|be|rin**; **Schatz|in|sel**; **Schatz|kam|mer**; **Schatz|kanz|ler** (in Großbritannien); **Schatz|kanz|le|rin**
Schatz|käst|chen, **Schatz|käst|lein**
Schatz|meis|ter; **Schatz|meis|te|rin**
Schatz|preis
Schatz|su|che; **Schatz|su|cher**; **Schatz|su|che|rin**
Schät|zung (veraltet für Belegung mit Abgaben; schweiz. für [amtliche] Schätzung des [Gebäude]werts)
schät|zungs|wei|se
Schatz|wech|sel (Bankw. Wechsel mit kurzer Laufzeit)
Schätz|wert

schau (ugs. veraltend für ausgezeichnet, wunderbar)
Schau, die; -, -en (Ausstellung, Überblick; Vorführung); zur Schau stehen, stellen, tragen; jmdm. die Schau stehlen (ugs. für ihn um die Beachtung u. Anerkennung der anderen bringen)
Schaub, der; -[e]s, Schäube (südd., österr. für Garbe, Strohbund); 3 Schaub
Schau|be, die; -, -n ⟨arab.⟩ (weiter, vorn offener Mantelrock des MA.s)
Schau|be|gier; **schau|be|gie|rig** (geh. für schaulustig)
Schau|bild
Schau|brot meist Plur. (jüd. Rel.)
Schau|bu|de; **Schau|büh|ne**
Schau|der, der; -s, -; Schauder erregen; **schau|der|bar** (ugs. scherzh. für schauderhaft)
schau|der|er|re|gend, **Schau|der er|re|gend** ↑D 58: ein schaudererregender od. Schauder erregender Vorfall, aber nur ein heftiger Schauder erregender Vorfall, ein äußerst schaudererregender Vorfall, ein noch schaudererregenderer Vorfall
Schau|der|ge|schich|te
schau|der|haft
schau|dern; ich schaudere; mir od. mich schaudert
schau|der|voll (geh.)
schau|en

---

schauen / sehen

Das Verb *schauen* wird besonders in Süddeutschland, in Österreich und in der Schweiz anstelle von *sehen* gebraucht, wenn ein Hinsehen gemeint ist: *Ich schaute auf die Uhr. Schau dir das an!* Im Sinne von »mit den Augen wahrnehmen« ist dagegen auch überregional nur das Wort *sehen* gebräuchlich: *Ich habe dich gestern im Kino gesehen.*

---

¹**Schau|er**, der; -s, - (Schreck; Regenschauer)
²**Schau|er** (selten für Schauender)
³**Schau|er**, der; -s, - (Seemannsspr. Hafen-, Schiffsarbeiter)
⁴**Schau|er**, der; -s, - (landsch. für Schutzdach; auch für offener Schuppen)
schau|er|ar|tig; schauerartige Regenfälle

Schau|er|bild
Schau|er|er|re|gend, Schau|er er|re|gend (svw. schaudererregend)
Schau|er|frau vgl. Schauermann
Schau|er|ge|schich|te
Schau|e|rin vgl. ²Schauer, ³Schauer
schau|er|lich; Schau|er|lich|keit
Schau|er|mann, der; -[e]s, ...leute (Seemannsspr. Hafen-, Schiffsarbeiter)
Schau|er|mär|chen
schau|ern; ich schau[e]re; mir od. mich schauert
Schau|er|ro|man
schau|er|voll
Schau|fel, die; -, -n; Schau|fel|bag|ger; Schau|fel|blatt
Schäu|fel|chen
Schäu|fe|le, das; -s, - (Gastron. geräuchertes od. gepökeltes Schulterstück vom Schwein); die Knochen von drei Schäufele
schau|fel|för|mig
schau|fe|lig, schauf|lig
schau|fel|la|der
schau|feln; ich schauf[e]le
Schau|fel|rad; Schau|fel|rad|bag|ger; Schau|fel|rad|damp|fer
Schau|fens|ter; Schau|fens|ter|aus|la|ge; Schau|fens|ter|bum|mel; Schau|fens|ter|de|ko|ra|ti|on
Schau|fens|ter|krank|heit, die; - (Durchblutungsstörung in den Beinen, die zu häufigem Stehenbleiben zwingt)
Schau|fens|ter|pup|pe; Schau|fens|ter|wa|re; Schau|fens|ter|wett|be|werb
Schäu|ferl, das; -s, -[n]; vgl. Pickerl; ein Schäuferl nachlegen (österr. für etw. eskalieren lassen; seine Anstrengungen verstärken)
Schauf|ler (Damhirsch)
schauf|lig vgl. schaufelig
Schau|ge|schäft
Schau|ins|land (Berg im südlichen Schwarzwald)
Schau|kampf
Schau|kas|ten
Schau|kel, die; -, -n; Schau|kel|be|we|gung; Schau|ke|lei; schau|ke|lig, schauk|lig
schau|keln; ich schauk[e]le
Schau|kel|pferd; Schau|kel|po|li|tik, die; -; Schau|kel|reck; Schau|kel|stuhl
Schauk|ler; Schauk|le|rin; schauk|lig vgl. schaukelig
schau|lau|fen nur im Infinitiv u. Partizip gebr.; Schau|lau|fen, das; -s (Eiskunstlauf)

Schau|lust, die; -; schau|lus|tig; eine schaulustige Menge; Schau|lus|ti|ge, der u. die; -n, -n
Schaum, der; -[e]s, Schäume; schaum|ar|tig; Schaum|bad
schäum|bar; schäumbare Stoffe
schaum|be|deckt ↑D59
Schaum|bla|se; Schaum|blu|me (beim Bier)
Schaum|burg-Lip|pe (ehem. Landkreis in Niedersachsen); schaum|burg-lip|pisch
schäu|men
Schaum|fes|ti|ger
Schaum|ge|bäck
Schaum|ge|bo|re|ne, die; -n (Beiname der aus dem Meer aufgetauchten Aphrodite [vgl. Anadyomene])
schaum|ge|bremst (wenig schäumend; landsch. auch für zurückhaltend); schaumgebremste Waschmittel
Schaum|glas (Technik)
Schaum|gold (unechtes Gold)
Schaum|gum|mi, der, auch das; -s, -[s]; Schaum|gum|mi|pols|ter
schau|mig; Eiweiß schaumig schlagen
Schaum|kel|le; Schaum|kraut; Schaum|kro|ne; Schaum|kuss (Schokokuss); Schaum|löf|fel
Schaum|lösch|ge|rät; Schaum|par|ty; Schaum|rei|ni|ger
Schaum|rol|le (österr. für mit Schlagsahne gefülltes Gebäck)
Schaum|schlä|ger (ein Küchengerät; auch für Angeber, Blender); Schaum|schlä|ge|rei (abwertend); Schaum|schlä|ge|rin (abwertend)
Schaum|spei|se
Schaum|stoff; Schaum|stoff|kis|sen
Schaum|tep|pich (Flugw.)
Schaum|mün|ze
Schaum|wein; Schaum|wein|steu|er, die
Schau|ob|jekt; Schau|or|ches|ter; Schau|pa|ckung; Schau|platz; Schau|pro|gramm
Schau|raum
schau|rig; schaurig-schön; Schau|rig|keit
Schau|sei|te
Schau|spiel
Schau|spiel|di|rek|tor; Schau|spiel|di|rek|to|rin
schau|spie|len; ich schauspiele; geschauspielt; zu schauspielen
Schau|spie|ler; Schau|spie|ler|be|ruf; Schau|spie|le|rei; Schau|spie|le|rin

schau|spie|le|risch
schau|spie|lern; ich schauspielere; geschauspielert; zu schauspielern
Schau|spiel|haus; Schau|spiel|kunst
Schau|spiel|schu|le; Schau|spiel|schü|ler; Schau|spiel|schü|le|rin
Schau|spiel|un|ter|richt
Schau|stel|ler; Schau|stel|le|rin; Schau|stel|lung
Schau|stück
Schau|ta|fel; Schau|tag (Tag, an dem ein Geschäft geöffnet hat, aber kein Verkauf stattfindet); Schau|tanz
Schau|te vgl. ¹Schote
Schau|tur|nen, das; -s; Schau|tur|nier
Schau|werk|statt
¹Scheck, schweiz. auch Check, Cheque [ʃɛk], der; -s, -s ⟨engl.⟩ (Zahlungsanweisung [an eine Bank]); ein ungedeckter Scheck
²Scheck, der; -en, -en; vgl. ¹Schecke
Scheck|ab|tei|lung; Scheck|be|trug; Scheck|be|trü|ger; Scheck|be|trü|ge|rin
Scheck|buch; Scheck|buch|jour|na|lis|mus (abwertend)
Scheck|dis|kon|tie|rung
¹Sche|cke, der; -n, -n ⟨franz.⟩ (scheckiges Pferd od. Rind)
²Sche|cke, die; -, -n (scheckige Stute od. Kuh)
Scheck|fä|hig|keit, die; -; Scheck|fäl|schung
Scheck|heft; scheck|heft|ge|pflegt; ein scheckheftgepflegtes Auto
sche|ckig; das Pferd ist scheckig braun
sche|ckig|la|chen, sich (ugs.)
Scheck|in|kas|so; Scheck|kar|te; Scheck|recht; Scheck|ver|kehr
Scheck|vieh (scheckiges Vieh)
Sched|bau, Shed|bau [ʃ...] Plur. ...bauten ⟨engl./dt.⟩ (eingeschossiger Bau mit Scheddach); Sched|dach, Shed|dach (sägezahnförmiges Dach)
scheel (ugs. für missgünstig, geringschätzig); scheel blicken; ein scheel blickender od. scheelblickender Mensch
Scheel, Walter (vierter dt. Bundespräsident)
scheel|äu|gig (svw. scheel blickend); scheel bli|ckend, scheel|bli|ckend vgl. scheel
Scheel|sucht, die; - (veraltend für Neid, Missgunst); scheel|süch|tig (veraltend)
Sche|fe, die; -, -n (südd. für ⁴Schote)

Schellackplatte

Schef|fel, der; -s, - (ein altes Hohlmaß); **schef|feln** (ugs. für [geizig] zusammenraffen); ich scheff[e]le; es scheffelt (es kommt viel ein); **schef|fel|wei|se**
Sche|he|ra|za|de, Sche|he|re|za|de [...'za:...] ⟨pers.⟩ (Märchenerzählerin aus Tausendundeiner Nacht)
Scheib|chen; scheib|chen|wei|se
Schei|be, die; -, -n; **schei|ben** (bayr., österr. für rollen, [Kegel] schieben)
Schei|ben|brem|se
schei|ben|för|mig
Schei|ben|gar|di|ne; Schei|ben|hantel; Schei|ben|ho|nig; Schei|ben|kleis|ter, der; -s (verhüllend für Scheiße); **Schei|ben|kupp|lung**
Schei|ben|schie|ßen, das; -s
Schei|ben|wasch|an|la|ge; Schei|ben|wa|scher; Schei|ben|wi|scher
schei|big
Scheib|tru|he (österr. für Schubkarren)
Scheich, der; -s, Plur. -e u. -s ⟨arab.⟩ ([Stammes]oberhaupt in arabischen Ländern; ugs. abwertend für Freund, Liebhaber); **Scheich|tum**
Schei|de, die; -, -n
Schei|d|egg, die; - (Name zweier Pässe in der Schweiz); die Große Scheidegg, die Kleine Scheidegg
Schei|de|kunst, die; - (alte Bez. für Chemie);
schei|den; du schiedst; du schiedest; geschieden (vgl. d.); scheid[e]!
Schei|den|ent|zün|dung (Med.)
Schei|de|wand; Schei|de|was|ser Plur. ...wässer, auch ...wasser (Chemie); **Schei|de|weg**
Schei|ding, der; -s, -e (alte Bez. für September)
Schei|dung
Schei|dungs|an|walt; Schei|dungs|an|wäl|tin
Schei|dungs|grund; Schei|dungs|kind; Schei|dungs|kla|ge; Schei|dungs|pro|zess; Schei|dungs|ra|te
Schei|dungs|rich|ter; Schei|dungs|rich|te|rin
Schei|dungs|ur|teil
Scheik vgl. Scheich
Schein, der; -[e]s, -e
Schein|an|griff; Schein|ar|chi|tek|tur (die nur gemalten Architekturteile auf Wand u. Decke); **Schein|ar|gu|ment**
Schein|asy|lant (häufig diskriminierend); **Schein|asy|lan|tin**

schein|bar (nur dem Scheine nach)

scheinbar / anscheinend

Das Adjektiv »scheinbar« besagt, dass etwas nur dem Schein nach, nicht aber in Wirklichkeit so ist, wie es sich darstellt. Dieses Wort steht im Gegensatz zu »wirklich«, »wahr«, »tatsächlich«:
– Die meisten Abstürze passieren in scheinbar harmlosem Gelände.

Mit »anscheinend« wird die Vermutung zum Ausdruck gebracht, dass etwas so ist, wie es erscheint.
– Herr Maier ist anscheinend krank. (= Es sieht so aus/hat den Anschein, als ob Herr Maier krank sei; vermutlich ist er es tatsächlich.)

Schein|be|schäf|ti|gung; Schein|blü|te; Schein|da|sein; Schein|ehe
schei|nen; du schienst; du schienest; geschienen; schein[e]!; die Sonne schien, hat geschienen; sie kommt scheints (ugs. für anscheinend) erst morgen
Schein|exis|tenz; Schein|fir|ma; Schein|frucht (Biol.); **Schein|füß|chen** (bei Amöben); **Schein|ge|fecht; Schein|ge|schäft; Schein|ge|sell|schaft; Schein|ge|winn; Schein|grund; Schein|grün|dung** (Wirtsch.)
schein|hei|lig; Schein|hei|li|ge, der u. die; -n, -n; **Schein|hei|lig|keit**
Schein|hei|rat
Schein|in|va|li|de, der u. die; -n, -n (schweiz. für jmd., der Invalidität vortäuscht, um Versicherungsleistungen zu erschleichen)
Schein|kauf; Schein|kauf|mann (Rechtsspr.); **Schein|pro|b|lem**
Schein|riese (nach einer Kinderbuchfigur) (häufig abwertend für überbewertete Person od. Sache)
schein|selbst|stän|dig, schein|selb|stän|dig; Schein|selbst|stän|dig|keit, Schein|selb|stän|dig|keit
Schein|tod; Schein|tot; Schein|to|te, der u. die; -n, -n
Schein|va|ter (gesetzlicher, aber nicht leiblicher Vater)
Schein|ver|trag; Schein|welt
Schein|wer|fer; Schein|wer|fer|ke|gel; Schein|wer|fer|licht

Schein|wi|der|stand (Elektrot.)
Scheiß, der; - (derb für unangenehme Sache; Unsinn); **Scheiß|angst** (derb); **Scheiß|dreck** (derb)
schei|ße (derb); das sieht scheiße aus; **Schei|ße,** die; - (derb); **scheiß|egal** (derb)
schei|ßen (derb); ich schiss; du schissest; geschissen; scheiß[e]!
Schei|ßer (derb); **Schei|ße|rei** Plur. selten (derb); **Schei|ße|rin**
scheiß|freund|lich (derb für übertrieben freundlich)
Scheiß|haus (derb); **Scheiß|kerl** (derb); **Scheiß|la|den** (derb)
scheiß|vor|nehm (derb)
Scheiß|wet|ter (derb)
Scheit, das; -[e]s, Plur. -e, bes. österr. u. schweiz. -er (Holzscheit; landsch. für Spaten)
Schei|tel, der; -s, -; **Schei|tel|bein** (ein Schädelknochen); **Schei|tel|li|nie**
schei|teln; ich scheit[e]le
Schei|tel|punkt; schei|tel|recht (veraltet für senkrecht)
Schei|tel|wert; Schei|tel|win|kel
schei|ten (schweiz. für Holz spalten)
Schei|ter|bei|ge ⟨zu ²Beige⟩ (schweiz. für Holzstoß); **Schei|ter|hau|fen**
schei|tern; ich scheitere
Scheit|holz
scheit|recht (veraltet für waagerecht u. geradlinig)
Scheit|stock, der; -[e]s, ...stöcke (schweiz. für Holzklotz zum Holzspalten)
Sche|kel, der; -s, - ⟨hebr.⟩ (israel. Währungseinheit; Währungscode ILS); vgl. Sekel
Schelch, der od. das; -[e]s, -e (rhein., ostfränk. für größerer Kahn)
Schel|de, die; - (Zufluss der Nordsee)
Schelf, der od. das; -s, -e ⟨engl.⟩ (Geogr. Festlandsockel; Flachmeer entlang der Küste)
Schel|fe, Schil|fe, die; -, -n (landsch. für [Frucht]hülse, ²Schale); **schel|fen, schil|fen** (seltener für schelfern, schilfern); **schel|fe|rig, schilf|rig, sche|fe|rig, schilf|rig** (landsch.); **schel|fern, schil|fern** (landsch. für in kleinen Teilen od. Schuppen abschälen); ich schelfere
Schelf|meer
schelf|rig vgl. schelferig
Schel|lack, der; -[e]s, -e ⟨niederl.⟩ (ein Harz); **Schel|lack|plat|te**

S
Sche

Schelle

¹Schel|le, die; -, -n (ringförmiger Klammer [an Rohren u. a.])
²Schel|le, die; -, -n (Glöckchen; landsch. für Ohrfeige); schel|len
Schel|len Plur., als Sing. gebraucht (eine Spielkartenfarbe; Karo); Schellen sticht
Schel|len|ass, Schel|len-Ass
Schel|len|baum (Instrument der Militärkapelle)
Schel|len|ge|läut, Schel|len|ge|läute
Schel|len|kap|pe; Schel|len|kö|nig
Schell|fisch
Schell|ham|mer (ein Werkzeug)
Schell|hengst vgl. Schälhengst
Schel|ling (dt. Philosoph)
Schell|kraut, das; -[e]s (älter für Schöllkraut); Schell|wurz, die; -
Schelm, der; -[e]s, -e (Spaßvogel)
Schel|men|ro|man; Schel|men|streich; Schel|men|stück
Schel|me|rei; Schel|min; schel|misch
Schel|s|ky [...ki] (dt. Soziologe)
Schel|te, die; -, -n (scharfer Tadel; ernster Vorwurf); schel|ten (schimpfen, tadeln); du schiltst, er schilt; du schaltest, er schalt; du schöltest; gescholten; schilt!
Schel|to|pu|sik, der; -s, -e ⟨russ.⟩ (eine Schleiche)
Schelt|re|de (geh.); Schelt|wort Plur. ...wörter u. ...worte (geh.)
Sche|ma, das; -s, Plur. -s u. -ta, auch Schemen ⟨griech.⟩ (Muster, Aufriss; Konzept); nach Schema F (gedankenlos u. routinemäßig); Sche|ma|brief
sche|ma|tisch; eine schematische Zeichnung
sche|ma|ti|sie|ren (nach einem Schema behandeln; vereinfachen); Sche|ma|ti|sie|rung
Sche|ma|tis|mus, der; -, ...men (gedankenlose Nachahmung eines Schemas; statistisches Handbuch einer kath. Diözese od. eines geistl. Ordens, österr. früher auch der öffentlichen Bediensteten)
Schem|bart (Maske mit Bart)
Schem|bart|lau|fen, das; -s; Schem|bart|spiel
Sche|mel, der; -s, -
¹Sche|men, der; -s, - (Schatten[bild]; landsch. für Maske)
²Sche|men (Plur. von Schema)
sche|men|haft ⟨zu ¹Schemen⟩
Schen|jang, engl. Shen|yang [ʃ...] (Stadt in China)
Schenk, der; -en, -en (veraltet für Diener [zum Einschenken]; Wirt)
Schen|ke, Schän|ke, die; -, -n
Schen|kel, der; -s, -
Schen|kel|bruch; Schen|kel|druck, der; -[e]s (beim Reiten)
Schen|kel|hals; Schen|kel|hals|bruch
schen|kel|klop|fend
Schen|kel|kno|chen; Schen|kel|stück
schen|ken (als Geschenk geben; älter für einschenken)
Schen|ken|dorf (dt. Dichter)
Schen|ker (veraltet für Bierwirt, Biereinschenker; Rechtsspr. jmd., der eine Schenkung macht); Schen|ke|rin; Schen|kin (veraltet)
Schenk|stu|be, Schank|stu|be, Schänk|stu|be; Schenk|tisch, Schank|tisch, Schänk|tisch
Schen|kung; Schen|kungs|brief
Schen|kung[s]|steu|er, die; Schen|kungs|ur|kun|de
Schenk|wirt, Schank|wirt, Schänk|wirt
Schenk|wir|tin, Schank|wir|tin, Schänk|wir|tin; Schenk|wirt|schaft, Schank|wirt|schaft, Schänk|wirt|schaft
schepp (landsch. für schief)
schep|pern (ugs. für klappern, klirren); ich scheppere
Scher|baum (Stange der Gabeldeichsel)
Scher|be, die; -, -n (Bruchstück aus Glas, Ton o. Ä.); Scher|bel, der; -s, - (landsch. für Scherbe)
scher|beln (landsch. für tanzen; schweiz. für spröde klingen, klirren, rascheln); ich scherb[e]le
Scher|ben, der; -s, - (südd., österr. für Scherbe; Keramik gebrannter, noch nicht glasierter Ton)
Scher|ben|ge|richt (für Ostrazismus); ein Scherbengericht veranstalten (streng mit jmdm. ins Gericht gehen); Scher|ben|hau|fen
Sche|re, die; -, -n
¹sche|ren (abschneiden); du scherst, er schert die Schafe; du schorst, selten schertest; du schörest, selten schertest; geschoren, selten geschert; scher[e]!; vgl. scherren
²sche|ren, sich (ugs. für sich fortmachen; sich um etwas kümmern); scher dich zum Teufel!; er hat sich nicht im Geringsten darum geschert
Sche|ren|arm (Technik); sche|ren|ar|tig; Sche|ren|fern|rohr; Sche|ren|git|ter; Sche|ren|schlag (Fußball)
Sche|ren|schlei|fer; Sche|ren|schnitt
Sche|ren|sprung (Turnen)
Sche|ren|zaun
Sche|rer
Sche|re|rei meist Plur. (ugs. für Unannehmlichkeit)
Sche|re|rin
Scher|fes|tig|keit (Technik)
Scherf|lein (veraltet für kleiner Geldbetrag, Spende); sein Scherflein beitragen
Scher|fo|lie (am elektrischen Rasierapparat)
Scher|ge, der; -n, -n (Handlanger, Vollstrecker der Befehle eines Machthabers); Scher|gen|dienst (abwertend); Scher|gin
Sche|ria vgl. Scharia
Sche|rif, der; Gen. -s u. -en, Plur. -s u. -e[n] ⟨arab.⟩ (ein arab. Titel)
Scher|kopf (am elektrischen Rasierapparat); Scher|kraft; Scher|ma|schi|ne; Scher|maus (Wühlmaus, Wasserratte); Scher|mes|ser;
scher|ren (österr. ugs. für schaben, kratzen)
Scher|sprung (Turnen)
Sche|rung (Math., Physik)
Scher|wen|zel vgl. Scharwenzel
Scher|wind (Flugw.)
Scher|wol|le
¹Scherz, der; -es, -e (bayr., österr. ugs. für Brotanschnitt, Kanten)
²Scherz, der; -es, -e; aus, im Scherz
scher|zan|do [sk...] ⟨ital.⟩ (Musik heiter [vorzutragen])
Scherz|ar|ti|kel; Scherz|bold, der; -[e]s, -e (ugs.); Scherz|bol|din
scher|zen; du scherzt, du scherztest
Scherz|fra|ge; Scherz|ge|dicht
scherz|haft; scherz|haf|ter|wei|se; Scherz|haf|tig|keit, die; -
Scherz|keks (ugs.)
Scherzl, das; -s, -[n] (bayr., österr. für Brotanschnitt, Kanten; österr. auch für Schwanzstück vom Rind)
Scher|zo [sk...], das; -s, Plur. -s u. ...zi ⟨ital.⟩ (heiteres Tonstück)
Scherz|rät|sel; Scherz|re|de
scherz|wei|se
Scherz|wort Plur. ...worte
sche|sen (landsch. für eilen); du schest
scheu; scheu sein, werden; [die Pferde] scheu machen od. scheumachen; Scheu, die; -

schiefmäulig

(Angst, banges Gefühl); ohne Scheu
Scheu|che, die; -, -n (Schreckgestalt); **scheu|chen**
scheu|en; sich scheuen; das Pferd hat gescheut; ich habe mich vor dieser Arbeit gescheut
Scheu|er, die; -, -n *(landsch. für Scheune)*
Scheu|er|be|sen; Scheu|er|lap|pen; Scheu|er|leis|te
Scheu|er|mann|krank|heit, Scheuer|mann-Krank|heit ↑D 136, die; - ⟨nach dem dän. Orthopäden Scheuermann⟩ (die Wirbelsäule betreffende Entwicklungsstörung bei Jugendlichen)
scheu|ern; ich scheu[e]re
Scheu|er|sand; Scheu|er|tuch *Plur.* ...tücher
Scheu|klap|pe *meist Plur.;* **Scheule|der** *(svw. Scheuklappe)*
scheu ma|chen, scheu|ma|chen *vgl.* scheu
Scheu|ne, die; -, -n
Scheu|nen|dre|scher; *nur in* [fr]essen wie ein Scheunendrescher *(ugs. für sehr viel essen)*
Scheu|nen|tor, das
Scheu|re|be (eine Reb- u. Weinsorte)
Scheu|sal, das; -s, *Plur.* -e, *ugs.* ...säler
scheuß|lich; Scheuß|lich|keit
Schi *usw. vgl.* Ski *usw.*
Schib|bo|leth [*auch* ʃ...], das; -s, *Plur.* -e u. -s ⟨hebr.⟩ (selten für Erkennungszeichen, Losungswort)
Schicht, die; -, -en (Gesteinsschicht; Überzug; Arbeitszeit, bes. des Bergmanns; Belegschaft); die führende Schicht; Schicht arbeiten; zur Schicht gehen
Schicht|ar|beit, die; -; **Schicht|ar|bei|ter; Schicht|ar|bei|te|rin**
Schicht|be|ginn; Schicht|be|trieb; Schicht|dienst
Schich|te, die; -, -n *(österr. für* [Gesteins]schicht)
schich|ten; Schich|ten|de
Schich|ten|fol|ge *(Geol.);* **Schichten|kopf** *(Bergmannsspr.)*
schich|ten|spe|zi|fisch *(Soziol., Sprachwiss.);* **schich|ten|wei|se** *vgl.* schichtweise
Schicht|ge|stein *(Geol.);* **Schichtholz** *(Forstwirtsch.)*
...schich|tig *(für* lamellar; *z. B.* zweischichtig)
Schicht|kä|se; Schicht|lohn
Schicht|tung
Schicht|un|ter|richt; Schicht|wechsel
schicht|wei|se, schich|ten|wei|se
Schicht|wol|ke *(für* Stratuswolke); **Schicht|zeit**
schick (fein; modisch, elegant); ein schicker Mantel; *vgl.* chic
Schick, der; -[e]s; *vgl.* Chic
schi|cken; Grüße schicken; es schickt sich nicht; er hat sich schnell in diese Verhältnisse geschickt (sich damit abgefunden)
schi|cker *(ugs. für* leicht betrunken)
Schi|cke|ria, die; - ⟨ital.⟩ (besonders modebewusste obere Gesellschaftsschicht)
Schi|cki|mi|cki, der; -s, -s *(ugs. für* jmd., der viel Wert auf modische, schicke Dinge legt; modischer Kleinkram)
schick|lich *(geh.)*; ein schickliches Betragen; **Schick|lich|keit**
Schick|sal, das; -s, -e; **schick|salhaft; schick|sal[s]|er|ge|ben**
Schick|sals|fra|ge; Schick|sals|fügung
Schick|sals|ge|fähr|te; Schick|salsge|fähr|tin
Schick|sals|ge|mein|schaft; Schicksals|glau|be; Schick|sals|göt|tin; Schick|sals|schlag
schick|sals|schwan|ger *(geh.)*
Schick|sals|tag
schick|sals|träch|tig *(geh.)*
Schick|sals|tra|gö|die
Schick|sals|ver|bun|den; Schicksals|ver|bun|den|heit, die; -
schick|sals|voll
Schick|sals|wahl *(Politik* Wahl, von der man eine Entscheidung über das politische Schicksal einer Regierung o. Ä. erwartet)
Schick|sals|wen|de
Schick|schuld *(Rechtsspr.* Bringschuld, bei der das Geld an den Gläubiger zu senden ist)
Schick|se, die; -, -n ⟨jidd.⟩ *(ugs. abwertend für* leichtlebige Frau)
Schi|ckung *(geh. für* Fügung, Schicksal)
schieb|bar; eine schiebbare Abdeckung
Schie|be|bock *(landsch. für* Schubkarre); **Schie|be|büh|ne; Schie|be|dach; Schie|be|fens|ter**
schie|ben; du schobst; du schöbest; geschoben; schieb[e]!
Schie|ber (Riegel, Maschinenteil; ein Tanz; *ugs. auch für* gewinnsüchtiger Geschäftemacher, Betrüger); **Schie|be|reg|ler** (Regler, der geschoben, nicht gedreht wird); **Schie|be|rei; Schie|be|rin; Schie|ber|müt|ze** *(ugs.)*
Schie|be|tür; Schie|be|wi|der|stand *(Physik)*
Schieb|leh|re *(ältere Bez. für* Messschieber)
Schie|bung *(ugs. für* betrügerischer Handel, Betrug)
schiech [*österr.* ʃi:ɐ̯x] *(bayr. u. österr. für* hässlich, zornig, furchterregend)
schied *vgl.* scheiden
Schie|dam [sxi...] (niederländische Stadt); **Schie|da|mer; Schieda|me|rin**
schied|lich *(veraltet für* friedfertig); schiedlich und friedlich; **schied|lich-fried|lich** ↑D 23
Schieds|frau; Schieds|ge|richt; Schieds|ge|richts|bar|keit; Schieds|kom|mis|si|on *(Rechtsspr.);* **Schiedsmann** *Plur.* ...leute *u.* ...männer
Schieds|rich|ter; Schieds|rich|teras|sis|tent; Schieds|rich|ter|as|sis|ten|tin; Schieds|rich|ter|ball; Schieds|rich|ter|be|lei|di|gung; Schieds|rich|ter|ent|schei|dung; Schieds|rich|te|rin
schieds|rich|ter|lich; schieds|rich|tern; ich schiedsrichtere; er hat gestern das Spiel geschiedsrichtert; **Schieds|rich|ter|ur|teil**
Schieds|spruch; Schieds|stel|le
Schieds|ur|teil; Schieds|ver|fah|ren
schief *s.* Kasten Seite 972
Schie|fe, die; -
Schie|fer, der; -s, - (ein Gestein; *landsch. auch für* Holzsplitter)
Schie|fer|bruch, der; **Schie|fer|dach; Schie|fer|ge|bir|ge**
schie|fer|grau; schie|fe|rig, schiefrig; schie|fern (schieferig sein); *Weinbau* Erde mit [zerkleinertem] Schiefer bestreuen); ich schiefere
Schie|fer|öl; Schie|fer|plat|te; Schie|fer|ta|fel
Schie|fe|rung
schief|ge|hen *(ugs. für* misslingen); *vgl.* schief
schief|ge|wi|ckelt *vgl.* schief
Schief|hals *(Med.);* **Schief|heit**
schief|la|chen, sich *(ugs. für* heftig lachen); *vgl.* schief
Schief|la|ge
schief|lau|fen *(ugs. für* misslingen); *vgl.* schief
schief|lie|gen *(ugs. für* einen falschen Standpunkt vertreten; sich irren); *vgl.* schief
schief|mäu|lig *(veraltend für* missgünstig)

schiefrig

schief

- sie macht ein schiefes (missvergnügtes) Gesicht; ein schiefer (scheeler) Blick
- schiefe (nicht zutreffende) Vergleiche
- in ein schiefes Licht geraten (falsch beurteilt werden)
- ↑D 89: die schiefe Ebene; ein schiefer Winkel
- *aber* ↑D 88: der Schiefe Turm von Pisa

Schreibung in Verbindung mit Verben ↑D 56:
- schief sein; schief werden; schief sitzen, liegen, stehen, gehen, laufen; schief halten; jmdn. schief ansehen; schief urteilen; schief denken
- die Decke hat schief gelegen
- den Mund **schief ziehen** *od.* schiefziehen
- sie hat die Absätze **schief getreten** *od.* schiefgetreten
- er hat den Verband schief gewickelt; ein **schief gewickelter** *od.* schiefgewickelter Verband

Aber:
- da bist du aber schiefgewickelt (*ugs. für* sehr im Irrtum)
- die Sache ist [total] schiefgegangen (*ugs. für* misslungen)
- das Unternehmen ist [ziemlich] schiefgelaufen (*ugs. für* missglückt)
- da hast du wohl [ganz] schiefgelegen (*ugs. für* einen falschen Standpunkt vertreten)
- wir haben uns schiefgelacht (*ugs. für* heftig gelacht)

---

schief|rig *vgl.* schieferig
schief tre|ten, **schief|tre|ten** *vgl.* schief
schief|wink|lig
schief zie|hen, **schief|zie|hen** *vgl.* schief
schie|gen (*landsch. für* mit einwärtsgekehrten Beinen gehen, [Schuhe] schief treten)
schiel|äu|gig
Schie|le (österreichischer Maler)
schie|len; sie schielt
schien *vgl.* scheinen
Schien|bein; Schien|bein|bruch; Schien|bein|scho|ner; Schien|bein|schüt|zer
Schie|ne, die; -, -n
schie|nen
Schie|nen|bahn; Schie|nen|brem|se; Schie|nen|bus
Schie|nen|er|satz|ver|kehr
Schie|nen|fahr|zeug
schie|nen|ge|bun|den; schienengebundene Fahrzeuge
schie|nen|gleich (*Verkehrsw.*)
Schie|nen|gü|ter|ver|kehr
Schie|nen|netz; Schie|nen|räu|mer
Schie|nen|stoß (Stelle, an der zwei Schienen aneinandergefügt sind); Schie|nen|strang; Schie|nen|ver|kehr; Schie|nen|weg
¹schier (bald, beinahe, gar); das ist schier unmöglich
²schier (*landsch. für* unvermischt, rein); schieres Fleisch
Schi|er (*Plur. von* Schi)
Schier|ling (eine Giftpflanze); Schier|lings|be|cher; Schier|lings|tan|ne (Tsuga)
Schier|mon|ni|k**oo**g [sxi:...] (eine der Westfriesischen Inseln)
Schieß|aus|bil|dung

Schieß|baum|wol|le
Schieß|be|fehl
Schieß|bu|de; Schieß|bu|den|be|sit|zer; Schieß|bu|den|be|sit|ze|rin; Schieß|bu|den|fi|gur (*ugs. auch für* lächerlicher Mensch)
Schieß|ei|sen (*ugs. für* Schusswaffe)
schie|ßen (*auch Bergmannsspr. für* sprengen; *südd., österr. auch für* verbleichen); du schießt, er schießt; du schossest, er schoss; du schössest; geschossen; schieß[e]!; die Zügel **schießen lassen** *od.* schießenlassen; ein Projekt **schießen lassen** *od.* schießenlassen (*ugs. für* aufgeben)
Schie|ßen, das; -s, -; ↑D 82: es ist zum Schießen (*ugs. für* es ist zum Lachen)
schie|ßen las|sen, schie|ßen|lassen *vgl.* schießen
Schie|ßer (*ugs. für* jmd., der sich Drogen spritzt)
Schie|ße|rei
Schie|ße|rin (*ugs.; svw.* Fixerin)
Schieß|ge|wehr
Schieß|hund (*veraltet für* Hund, der angeschossenes Wild aufspürt); *noch in* aufpassen wie ein Schießhund (*ugs.*)
Schieß|meis|ter (*Bergmannsspr.* Sprengmeister); Schieß|meis|te|rin
Schieß|platz; Schieß|prü|gel, der (*ugs. für* Gewehr)
Schieß|pul|ver; Schieß|schar|te; Schieß|schei|be; Schieß|sport; Schieß|stand; Schieß|übung
schieß|wü|tig
Schiet, der; -s ⟨»Scheiße«⟩ (*nordd.*

für Kot, Dreck; Unangenehmes); schie|tig; Schiet|kram
Schi|fah|rer usw. *vgl.* Skifahrer usw.
Schiff, das; -[e]s, -e
schiff|bar; schiffbar machen; Schiff|bar|keit, die; -; Schiff|bar|ma|chung
Schiff|bau *vgl.* Schiffsbau; Schiff|bau|er *vgl.* ¹Bauer; Schiff|bau|e|rin; Schiff|bau|in|ge|ni|eur; Schiff|bau|in|ge|ni|eu|rin
Schiff|bruch, der; schiff|brü|chig; Schiff|brü|chi|ge, der *u.* die; -n, -n
Schiff|brü|cke
Schiff|chen (*auch für* eine militärische Kopfbedeckung)
Schiff|chen|ar|beit (*svw.* Okkiarbeit)
schif|feln (*landsch. für* Kahn fahren); ich schiff[e]le
schif|fen (*veraltet für* zu Wasser fahren; *derb für* urinieren)
Schif|fer; Schif|fe|rin
Schif|fer|kla|vier (*ugs. für* Ziehharmonika); Schif|fer|kno|ten; Schif|fer|müt|ze; Schif|fer|pa|tent
Schif|fer|schei|ße (*derb*); *nur in der Wendung* dumm wie Schifferscheiße (sehr dumm) sein
Schiff|fahrt, Schiff-Fahrt; Schifffahrts|ge|richt; Schiff|fahrts|ge|sell|schaft; Schiff|fahrts|kun|de, die; - (*für* Navigation); Schifffahrts|li|nie; Schiff|fahrts|po|li|zei; Schiff|fahrts|recht; Schifffahrts|stra|ße; Schiff|fahrts|weg; Schiff|fahrts|zei|chen
Schiff|län|de (*schweiz. für* Anlegestelle, Landungsbrücke); Schiff|müh|le (schwimmende Wassermühle)

schimmlig

Schiffs|agent (Vertreter einer Reederei); **Schiffs|agen|tin; Schiffs|an|le|ger** (Landungsplatz für Binnenschiffe); **Schiffs|arzt; Schiffs|ärz|tin**
Schiffs|bau, *bes. fachspr.* Schiffbau, der; -[e]s; **Schiffs|be|sat|zung; Schiffs|brief**
Schiff|schau|kel, Schiffs|schau|kel (große Jahrmarktsschaukel)
Schiffs|eig|ner; Schiffs|eig|ne|rin; Schiffs|fahrt (Fahrt mit einem Schiff); **Schiffs|fracht; Schiffs|glo|cke; Schiffs|hal|ter; Schiffs|he|be|werk; Schiffs|jour|nal** (Logbuch); **Schiffs|jun|ge; Schiffs|ka|pi|tän; Schiffs|ka|pi|tä|nin; Schiffs|ka|ta|s|t|ro|phe; Schiffs|koch; Schiffs|kö|chin; Schiffs|la|dung; Schiffs|last; Schiffs|mak|ler; Schiffs|mak|le|rin; Schiffs|ma|ni|fest** (für die Verzollung im Seeverkehr benötigte Liste der geladenen Waren); **Schiffs|mann|schaft; Schiffs|me|cha|ni|ker; Schiffs|me|cha|ni|ke|rin; Schiffs|mo|dell; Schiffs|müh|le** (Schiffmühle); **Schiffs|na|me; Schiffs|of|fi|zier; Schiffs|of|fi|zie|rin; Schiffs|pa|pie|re** *Plur.*; **Schiffs|pas|sa|ge; Schiffs|plan|ke; Schiffs|raum** (Rauminhalt eines Schiffs); **Schiffs|rei|se; Schiffs|rumpf**
Schiffs|schau|kel *vgl.* Schiffschaukel
Schiffs|schrau|be; Schiffs|si|re|ne; Schiffs|ta|ge|buch; Schiffs|tau, das; Schiffs|tau|fe; Schiffs|ver|kehr; Schiffs|werft; Schiffs|zoll; Schiffs|zwie|back
Schi|flie|gen *vgl.* Skifliegen
schif|ten (*Bauw.* [Balken] nur durch Nägel verbinden; [zu]spitzen, dünner machen; *Seemannsspr.* die Stellung des Segels verändern; verrutschen [von der Ladung]); **Schif|ter** (*Bauw.* Dachsparren); **Schif|tung**
Schi|ha|serl *vgl.* Skihaserl
Schi|is|mus, der; - ⟨arab.⟩ (eine Glaubensrichtung des Islams); **Schi|it**, der; -en, -en; **Schi|i|ten|füh|rer; Schi|i|tin; schi|i|tisch**
Schi|jö|ring *vgl.* Skijöring
Schi|ka|ne, die; -, -n ⟨franz.⟩ (böswillig bereitete Schwierigkeit; *Sport* [eingebaute] Schwierigkeit in einer Autorennstrecke); **Schi|ka|neur** [...ˈnøːɐ̯], der; -s, -e ⟨jmd., der andere schikaniert⟩; **Schi|ka|neu|rin**
schi|ka|nie|ren; schi|ka|nös

Schi|kjö|ring [...jø:...] *vgl.* Skikjöring
Schi|kurs *vgl.* Skikurs; **Schi|lauf** usw. *vgl.* Skilauf usw.
Schil|cher (*österr. für* ²Schiller [hellroter Wein])
¹**Schild**, das; -[e]s, -er (Erkennungszeichen, Aushängeschild)
²**Schild**, der; -[e]s, -e (Schutzwaffe)
Schild|bür|ger ⟨»mit Schild bewaffneter Städter«; *später* auf die Stadt Schilda[u] bezogen⟩ (engstirniger Mensch, Spießer); **Schild|bür|ge|rin; Schild|bür|ger|streich**
Schild|drü|se; Schild|drü|sen|hor|mon; Schild|drü|sen|krebs; Schild|drü|sen|über|funk|ti|on; Schild|drü|sen|un|ter|funk|ti|on
Schil|der|brü|cke (die Fahrbahn überspannende Beschilderung)
Schil|de|rer (jmd., der etw. schildert)
Schil|der|haus, Schil|der|häus|chen (Holzhäuschen für die Schildwache)
Schil|de|rin ⟨zu Schilderer⟩
Schil|der|ma|ler; Schil|der|ma|le|rin; schil|dern; ich schildere; **Schil|de|rung**
Schil|der|wald (ugs. für Häufung von Verkehrszeichen)
Schild|farn; Schild|knap|pe (Geschichte)
Schild|krot, das; -[e]s (landsch. für Schildpatt)
Schild|krö|te; Schild|krö|ten|sup|pe
Schild|laus
Schild|patt, das; -[e]s (Hornplatte einer Seeschildkröte); **Schild|patt|kamm**
Schild|wa|che (veraltet für militärischer Wachposten [vor einem Eingang])
Schi|leh|rer usw. *vgl.* Skilehrer usw.
Schilf, das; -[e]s, -e ⟨lat.⟩; **schilf|be|deckt** ↑D 59; **Schilf|dach**
Schil|fe, die; -, -n; *vgl.* Schelfe
¹**schil|fen** *vgl.* schelfen
²**schil|fen** (aus Schilf)
schil|fe|rig, schilf|rig *vgl.* schelferig
schil|fern, schel|fern (landsch. für in kleinen Teilen od. Schuppen abschälen; abschilfern); ich schilfere
Schilf|gras; Schilf|halm
schil|fig
Schilf|mat|te
schilf|rig *vgl.* schelferig
Schilf|rohr; Schilf|rohr|sän|ger (ein Vogel)

Schi|lift *vgl.* Skilift
Schill, der; -[e]s, -e (ein Flussfisch, Zander)
Schil|le|bold, der; -[e]s, -e (nordd. für Libelle)
¹**Schil|ler** (dt. Dichter)
²**Schil|ler**, der; -s, - (Farbenglanz; landsch. für zwischen Rot u. Weiß spielender Wein)
schil|le|rig, schill|rig (selten für schillernd)
schil|le|risch; die schillerischen Balladen; Balladen von schillerischem Pathos; *vgl.* schillersch
Schil|ler|kra|gen
Schil|ler|lo|cke (Gebäck; geräuchertes Fischstück)
Schil|ler|mu|se|um, Schil|ler-Mu|se|um
schil|lern; das Kleid schillert in vielen Farben; ich schillere; **schil|lernd**; ein schillernder (verschwommener) Begriff
schil|lersch; die schillerschen od. Schiller'schen Balladen; ihr gelangen Balladen von schillerschem od. Schiller'schem Pathos ↑D 89 u. 135
Schil|ler|wein
Schil|ling, der; -s, -e (frühere österr. Währungseinheit); 6 Schilling; *vgl.* Shilling
schill|rig *vgl.* schillerig
Schil|lum, das; -s, -s ⟨pers.⟩ (Rohr zum Rauchen von Haschisch)
schil|pen, tschil|pen (zwitschern)
schilt *vgl.* schelten
Schil|ten *Plur., auch als Sing. gebr.* (schweiz. für eine Farbe der dt. Spielkarten)
Schi|mä|re, ²Chi|mä|re, die; -, -n ⟨griech.⟩ (Trugbild, Hirngespinst); **schi|mä|risch**
¹**Schim|mel**, der; -s (weißlicher Pilzüberzug auf organischen Stoffen)
²**Schim|mel**, der; -s, - (weißes Pferd)
Schim|mel|be|lag; Schim|mel|bo|gen (nicht od. nur einseitig bedruckter Bogen)
Schim|mel|ge|spann
schim|me|lig, schimm|lig
Schim|mel|kä|se
schim|meln; er sagt, das Brot schimm[e]le
Schim|mel|pilz
Schim|mel|rei|ter, der; -s (geisterhaftes Wesen der dt. Sage; Beiname Wodans)
Schim|mer; schim|mern; er sagt, ein Licht schimmere
schimm|lig, schim|me|lig

Schimpanse

Schim|pan|se, der; -n, -n ⟨afrik.⟩ (ein Menschenaffe)
Schimpf, der; -[e]s; *meist in* mit Schimpf und Schande
schimp|fen
Schimp|fer; Schimpf|fe|rei; Schimp|fe|rin; Schimpf|ka|no|na|de
schimpf|lich (schändlich, entehrend)
Schimpf|na|me; Schimpf|wort *Plur.* ...worte *u.* ...wörter
Schi|na|kel, das; -s, -[n] ⟨ung.⟩ *(österr. ugs. für* kleines Boot)
Schind|an|ger *(veraltet für* Platz, wo Tiere abgehäutet werden)
Schin|del, die; -, -n; **Schin|del|dach**
schin|deln; ich schind[e]le
schin|den; du schindetest, *seltener* schund[e]st; du schündest; geschunden; schind[e]!; **Schin|der** (jmd., der andere quält; *veraltet für* Abdecker); **Schin|de|rei**
Schin|der|han|nes ↑ D 138 (Führer einer Räuberbande am Rhein um 1800); **Schin|de|rin**
Schin|der|kar|re[n] *(früher)*
schin|dern *(obersächs. für* auf dem Eise gleiten); ich schindere
Schind|lu|der; *nur in* mit jmdm. Schindluder treiben *(ugs. für* jmdn. schmählich behandeln)
Schind|mäh|re (altes, verbrauchtes Pferd)
Schin|kel (dt. Baumeister, Maler)
Schin|ken, der; -s, -
Schin|ken|brot; Schin|ken|bröt|chen
Schin|ken|klop|fen, das; -s (ein Spiel)
Schin|ken|kno|chen; Schin|ken|röll|chen; Schin|ken|speck; Schin|ken|wurst
Schinn, der; -s *(bes. nordd. für* Kopfschuppen); **Schin|ne**, die; -, -n *meist Plur. (bes. nordd. für* Kopfschuppe)
Schin|to|is|mus, der; - ⟨jap.⟩ (jap. Religion); **Schin|to|ist**, der; -en, -en; **Schin|to|is|tin**, Shintoistin; **schin|to|is|tisch**
Schi|pis|te *vgl.* Skipiste
Schipp|chen; ein Schippchen machen *od.* ziehen (das Gesicht mit schiefgeworfenem Unterlippe zum Weinen verziehen)
Schip|pe, die; -, -n *(nordd., mitteld. für* Schaufel; *ugs. scherzh. für* unmutig aufgeworfene Unterlippe); **schip|pen**
Schip|pen *Plur., als Sing. gebr.* (eine Spielkartenfarbe; ³Pik); Schippen sticht
Schip|pen|ass, Schip|pen-Ass [*auch* ˈʃɪ...]

schip|pern *(ugs. für* mit dem Schiff fahren); ich schippere
Schi|ras, der; -, - ⟨nach der Stadt in Iran⟩ (ein Teppich; Fettschwanzschaf, dessen Fell als Halbperser gehandelt wird)
Schi|ri, der; -s, -s *(ugs. Kurzw. für* Schiedsrichter)
schir|ken *(landsch. für* einen flachen Stein über das Wasser hüpfen lassen)
Schirm, der; -[e]s, -e
Schirm|bild; Schirm|bild|fo|to|gra|fie, Schirm|bild|pho|to|gra|phie; **Schirm|bild|ge|rät** (Röntgengerät); **Schirm|bild|rei|hen|un|ter|su|chung; Schirm|bild|stel|le**
Schirm|dach
schir|men *(veraltend für* schützen); **Schir|mer; Schir|me|rin**
Schirm|fa|b|rik
Schirm|frau
Schirm|fut|te|ral
Schirm|git|ter|röh|re *(Elektrot.)*
Schirm|herr; Schirm|her|rin; Schirm|herr|schaft
Schirm|hül|le
Schirm|ling (Schirmpilz)
Schirm|ma|cher; Schirm|ma|che|rin
Schirm|müt|ze; Schirm|pilz; Schirm|stän|der
Schir|mung
Schi|rok|ko, der; -s, -s ⟨arab.-ital.⟩ (ein warmer Mittelmeerwind)
schir|ren *(selten für* anschirren, [an]spannen)
Schirr|meis|ter *(früher für* Fahrzeuge u. Geräte verantwortlicher Unteroffizier); **Schirr|meis|te|rin; Schirr|rung**
Schir|ting, der; -s, *Plur.* -e *u.* -s ⟨engl.⟩ (ein Baumwollgewebe)
Schir|wan, der; -[s], -s ⟨nach der aserbaidschanischen Steppe⟩ (ein Teppich)
Schi|scha *vgl.* Shisha
Schis|ma [*auch* ˈsçɪs...], das; -s, *Plur.* ...men *u.* -ta ⟨griech.⟩ ([Kirchen]spaltung); **Schis|ma|ti|ker** (Abtrünniger); **Schis|ma|ti|ke|rin; schis|ma|tisch**
Schi|sport usw. *vgl.* Skisport usw.
Schi|sprin|gen *vgl.* Skispringen
schiss *vgl.* scheißen
Schiss, der; -es, -e *Plur. selten (derb für* Kot; *nur Sing.: ugs. für* Angst); Schiss haben; **Schis|ser**, der; -s, - *(derb für* Angsthase); **Schis|se|rin** *(derb)*
Schiss|la|weng *vgl.* Zislaweng
Schi|ur|laub *vgl.* Skiurlaub
Schi|wa ⟨sanskr.⟩ (eine der Hauptgottheiten des Hinduismus)

schi|zo|gen [*auch* sçi...] ⟨griech.⟩ *(Biol.* durch Spaltung entstanden); **Schi|zo|go|nie**, die; - (Form der ungeschlechtlichen Fortpflanzung)
schi|zo|id [*auch* sçi...] (schizophrenieähnlich)
Schi|zo|pha|sie [*auch* sçi...], die; -, ...ien *(Med.* Sprachwirrtheit)
schi|zo|phren [*auch* sçi...] ⟨griech.⟩ (an Schizophrenie erkrankt); **Schi|zo|phre|nie**, die; -, ...ien *(Med.* eine schwere Psychose)
schi|zo|typ [*auch* sçi...] ⟨griech.⟩ (an Schizotypie erkrankt); **Schi|zo|ty|pie**, die; -, -n *(Med.* eine Psychose)
Schlab|ber, der; -s, -n *(landsch. für* Mundwerk); **Schlab|be|rei; schlab|be|rig**, schlabb|rig; **Schlab|ber|look** [...lʊk], der; -s, -s ⟨dt., engl.⟩ (Mode, bei der die Kleidungsstücke sehr weit geschnitten sind)
schlab|bern *(ugs. für* schlürfend trinken u. essen; *landsch. für* reden, schwatzen); ich schlabbere
schlabb|rig *vgl.* schlabberig
Schlacht, die; -, -en
Schlach|ta, die; - ⟨poln.⟩ (der ehemalige niedere Adel in Polen)
Schlacht|bank *Plur.* ...bänke
schlacht|bar; schlach|ten
Schlach|ten|bumm|ler *(ugs.);* **Schlach|ten|bumm|le|rin**
Schlach|ter, Schläch|ter *(nordd. für* Fleischer)
Schlach|te|rei, Schläch|te|rei *(nordd. für* Fleischerei; Gemetzel, Metzelei); **Schlach|te|rin, Schläch|te|rin**
Schlacht|feld
Schlacht|fest
Schlacht|ge|schrei
Schlacht|ge|wicht; Schlacht|haus; Schlacht|hof; Schlacht|mes|ser, das; **Schlacht|op|fer**
Schlacht|plan
Schlacht|plat|te
schlacht|reif
Schlacht|rei|he *(Militär früher)*
Schlacht|ross, das; -es, -e; **Schlacht|ruf; Schlacht|schiff**
Schlacht|schitz, der; -en, -en ⟨poln.⟩ (Angehöriger der Schlachta)
Schlacht|schwein; Schlacht|tag; Schlacht|tier
Schlach|tung
Schlacht|vieh; Schlacht|vieh|be|schau
schlacht|warm

Schlagwaffe

schlack (bayr. u. schwäb. für träge; schlaff); **Schlack**, der; -[e]s (nordd. für breiige Masse; Schneeregen); **Schlack|darm** (nordd. für Mastdarm)
Schla|cke, die; -, -n (Rückstand beim Verbrennen, besonders von Koks); **schla|cken** (Schlacke bilden); **geschlackt**
Schla|cken|bahn; **Schla|cken|erz**
schla|cken|frei
Schla|cken|gru|be; **Schla|cken|hal|de**
schla|cken|reich
schla|cken|rost
¹**schla|ckern** (landsch. für schlenkern); ich schlackere; mit den Ohren schlackern
²**schla|ckern** (nordd. für nass schneien); es schlackert; **Schla|cker|schnee**; **Schla|cker|wet|ter**
schla|ckig
Schlack|wurst
Schlad|ming (Stadt im Ennstal); **Schlad|min|ger**; **Schlad|min|ge|rin**
Schlaf, der; -[e]s
Schlaf|an|zug; **Schlaf|an|zug|ho|se**; **Schlaf|an|zug|ja|cke**
Schlaf|ap|noe (Med. im Schlaf auftretender Atemstillstand)
Schlaf|at|ta|cke (Med.)
Schlaf|au|ge meist Plur. (bei Puppen; ugs. auch für versenkbarer Autoscheinwerfer)
Schlaf|baum (Baum, auf dem bestimmte Vögel regelmäßig schlafen)
Schlaf|bril|le (Maske, die während des Schlafs vor Licht schützt)
Schläf|chen
Schlaf|couch
Schlä|fe, die; -, -n (Schädelteil)
schla|fen; du schläfst; du schliefst; du schliefest; geschlafen; schlaf[e]!; schlafen gehen; [sich] schlafen legen
Schla|fen|ader; **Schlä|fen|bein**; **Schlä|fen|ge|gend**
Schla|fen|ge|hen, das; -s; vor dem Schlafengehen; **Schla|fens|zeit**
Schlaf|ent|zug
Schlä|fer (auch für noch nicht aktiver Agent od. Terrorist); **Schlä|fe|rin**
schlä|fern; mich schläfert
schlaff; **Schlaff|heit**, die; -
Schlaf|fi, der; -s, -s (ugs. abwertend für energieloser Mensch)
Schlaf|for|scher; **Schlaf|for|sche|rin**
Schlaf|gän|ger (früher für Mieter einer Schlafstelle); **Schlaf|gast**; **Schlaf|ge|le|gen|heit**; **Schlaf|ge|mach** meist Plur.

Schla|fitt|chen ⟨aus »Schlagfittich« = Schwungfedern⟩; jmdn. am od. beim Schlafittchen nehmen, kriegen, packen (ugs. für jmdn. packen)
Schlaf|krank|heit; **Schlaf|la|bor**
Schlaf|lied
schlaf|los; **Schlaf|lo|sig|keit**, die; -
Schlaf|man|gel; **Schlaf|man|ko** (schweiz. für Schlafmangel)
Schlaf|mit|tel
Schlaf|müt|ze (auch scherzh. für Viel-, Langschläfer; träger, schwerfälliger Mensch); **schlaf|müt|zig**; **Schlaf|müt|zig|keit**
Schlaf|platz; **Schlaf|pup|pe**
Schlaf|rat|te (ugs. für Langschläfer); **Schlaf|ratz** (svw. Schlafratte)
Schlaf|raum
schläf|rig; **Schläf|rig|keit**, die; -
Schlaf|rock vgl. ¹Rock; **Schlaf|saal**; **Schlaf|sack**
Schlaf|stadt (Trabantenstadt mit geringen Möglichkeiten zur Freizeitgestaltung)
Schlaf|stel|le; **Schlaf|stel|lung**
Schlaf|stö|rung meist Plur.
Schlaf|sucht, die; -; **schlaf|süch|tig**
Schlaf|ta|blet|te; **Schlaf|trunk**
schlaf|trun|ken; **Schlaf|trun|ken|heit**, die; -
Schlaf-wach-Rhyth|mus ↑D 26 (Physiol.)
Schlaf|wa|gen
schlaf|wan|deln; ich schlafwand[e]le; sie schlafwandelte; er hat (auch ist) geschlafwandelt; zu schlafwandeln; **Schlaf|wand|ler**; **Schlaf|wand|le|rin**; **schlaf|wand|le|risch**
Schlaf|zen|t|rum
Schlaf|zim|mer
Schlaf|zim|mer|blick (ugs. für betont sinnlicher Blick mit nicht ganz geöffneten Lidern)
Schlaf|zim|mer|ein|rich|tung
¹**Schlag**, der; -[e]s, Schläge; Schlag 2 Uhr; Schlag auf Schlag
²**Schlag**, der; -[e]s (österr.; kurz für Schlagobers); Kaffee mit Schlag
Schlag|ab|tausch (Sport, auch übertr.); **Schlag|ader**; **Schlag|an|fall**; **Schlag|an|fall|pa|ti|ent**; **Schlag|an|fall|pa|ti|en|tin**
schlag|ar|tig
Schlag|ball
schlag|bar
Schlag|baum; **Schlag|be|sen** (Musik); **Schlag|boh|rer**; **Schlag|bohr|ma|schi|ne**; **Schlag|bol|zen**; **Schlag|di|s|tanz** (Sport)

Schla|ge, die; -, -n (landsch. für Hammer)
Schlag|ei|sen (Jägerspr.)
Schlä|gel, der; -s, - ([Bergmanns]hammer); auch für Trommelschlägel); vgl. aber ¹Schlegel
Schlä|gel|chen (kleiner Schlag; landsch. leichter Schlaganfall)
schla|gen; du schlägst; du schlugst; du schlügest; er hat geschlagen; schlag[e]!; er schlägt ihn (auch ihm) ins Gesicht; Alarm schlagen; Rad schlagen; ↑D 89; schlagende Verbindung; schlagende Wetter (Bergmannsspr. explosives Gemisch aus Grubengas u. Luft)
Schla|ger ([Tanz]lied, das in Mode ist; etwas, das sich gut verkauft, großen Erfolg hat)
Schlä|ger (Raufbold; Fechtwaffe; Sportgerät); **Schlä|ge|rei**
Schlä|ger|fes|ti|val
Schlä|ge|rin
Schla|ger|mu|sik
schlä|gern (österr. für Bäume fällen, schlagen); ich schlägere
Schla|ger|sän|ger; **Schla|ger|sän|ge|rin**
Schla|ger|spiel (Sport)
Schla|ger|star vgl. ²Star
Schla|ger|text; **Schla|ger|tex|ter** (Verfasser von Schlagertexten); **Schla|ger|tex|te|rin**
Schlä|ger|trupp; **Schlä|ger|trup|pe**
Schlä|ger|typ
Schlä|ge|rung (österr.)
schlag|fer|tig; **Schlag|fer|tig|keit**
schlag|fest
Schlag|flä|che (beim Golfschläger)
Schlag|fluss (veraltet für Schlaganfall)
Schlag|frau (Rudersport)
Schlag|hand (Boxen)
Schlag|holz (beim Schlagball)
Schlag|ho|se (Schneiderei, Mode)
Schlag|in|s|t|ru|ment
schlag|ka|putt (ugs. für völlig erschöpft)
Schlag|keu|le (Sport)
Schlag|kraft, die; -; **schlag|kräf|tig**
Schlag|licht Plur. ...lichter; **schlag|licht|ar|tig**
Schlag|loch
Schlag|mann Plur. ...männer (Rudersport)
Schlag|obers (österr. für Schlagsahne); **Schlag|obers|hau|be**; **Schlag|rahm**
Schlag|ring
Schlag|sah|ne
Schlag|schat|ten; **Schlag|sei|te**
Schlag|stock; **Schlag|waf|fe**

Schlagwerk

Schlag|werk (der Uhr)
Schlag|wet|ter *Plur.* (schlagende Wetter)
Schlag|wort *Plur.* ...worte u. (bes. für Stichwörter eines Schlagwortkatalogs:) ...wörter; **Schlagwort|ka|ta|log; Schlag|wort|wolke** *(EDV)*
Schlag|zahl *(Rudern)*
Schlag|zei|le; schlag|zei|len|trächtig
Schlag|zeug (Gruppe von Schlaginstrumenten); **Schlag|zeu|ger; Schlag|zeu|ge|rin**
Schlaks, der; -es, -e *(ugs. für* lang aufgeschossener, ungeschickter Mensch); **schlak|sig**
Schla|mas|sel, der, *auch, österr. nur,* das; -s (jidd.) *(ugs. für* Unglück, verfahrene Situation); **Schla|mas|tik,** die; -, -en *(landsch. für* Schlamassel*)*
Schlamm, der; -[e]s, *Plur.* -e u. Schlämme; **Schlamm|bad**
Schlamm|bei|ßer (ein Fisch)
schlam|men (mit Wasser aufbereiten; Schlamm absetzen); **schläm|men** (von Schlamm reinigen); **schlam|mig**
Schlämm|krei|de
Schlamm|la|wi|ne
Schlamm|mas|se, Schlamm-Mas|se
Schlamm|pa|ckung
Schlamm|putz (dünner, aufgestrichener Putzüberzug)
Schlamm|schlacht ([Fußball]spiel auf aufgeweichtem Spielfeld; mit herabsetzenden u. unsachlichen Äußerungen geführter Streit)
Schlämm|ver|fu|gung *(Bauw.)*
Schlamp, der; -[e]s, -e *(landsch. für* unordentlicher Mensch)
schlam|pam|pen *(landsch. für* schlemmen); er hat schlampampt
Schlam|pe, die; -, -n, *österr.* **Schläm|pen** *(ugs. abwertend für* unordentliche Frau); **schlam|pen** *(ugs. für* unordentlich sein); **Schlam|per** *(ugs. abwertend für* Mensch, der unordentlich arbeitet od. gekleidet ist); **Schlam|pe|rei** *(ugs. für* Nachlässigkeit; Unordentlichkeit); **Schlam|pe|rin**
Schlam|per|mäpp|chen *(ugs. für* Federmäppchen); **Schlam|per|rol|le** *(ugs.)*
schlam|per|milch *(bayr., österr. ugs. für* schlampig)
schlam|pig *(ugs. für* unordentlich; schluderig); **Schlam|pig|keit**

schlang vgl. schlingen
Schlan|ge, die; -, -n; Schlange stehen ↑D 54
Schlän|gel|chen
schlän|ge|lig, schläng|lig
schlän|geln, sich; ich schläng[e]le mich durch die Menge
schlan|gen|ar|tig
Schlan|gen|be|schwö|rer; Schlangen|be|schwö|re|rin
Schlan|gen|biss; Schlan|gen|brut; Schlan|gen|farm
Schlan|gen|fraß, der; -es *(ugs. für* schlechtes Essen)
Schlan|gen|gift
Schlan|gen|gru|be (Ort, wo Gefahren drohen; gefährliche Situation)
Schlan|gen|gur|ke (Salatgurke)
schlan|gen|haft
Schlan|gen|le|der
Schlan|gen|li|nie
Schlan|gen|mensch; Schlan|gentanz
schläng|lig vgl. schlängelig
schlank; auf die schlanke Linie achten; Kleider, Fitnessprogramme, die schlank machen od. schlankmachen
Schlän|kel, der; -s, -[n] *(österr. ugs. für* Schelm, Schlingel)
schlan|ker|hand *(veraltend für* ohne Weiteres)
Schlank|heit, die; -, -; **Schlank|heitskur; Schlank|heits|pil|le** *(ugs.);* **Schlank|heits|wahn**
schlank ma|chen, schlank|ma|chen vgl. schlank; **Schlank|ma|cher** *(ugs. für* Mittel, das das Abnehmen erleichtern soll)
schlank|weg *(ugs. für* ohne Weiteres)
Schlap|fen, der; -s, - *(bayr., österr. ugs. für* Schlappen)
schlapp *(ugs. für* schlaff, müde, abgespannt); die Hitze hat uns schlapp gemacht od. schlappgemacht; vgl. schlappmachen
Schläpp|chen *(ugs. für* kleiner Schlappen; bei der Gymnastik, beim Ballett u. Ä. getragener Schuh)
Schlap|pe, die; -, -n (Niederlage)
schlap|pen *(ugs. für* lose sitzen [vom Schuh]; *landsch. für* schlurfend gehen)
Schlap|pen, der; -s, - *(ugs. für* bequemer Hausschuh)
Schlap|per|milch, die; - *(landsch. für* saure Milch)
schlap|pern *(landsch. für* schlürfend trinken u. essen; lecken;

ugs. für schwätzen); ich schlappere
Schlapp|heit
Schlapp|hut, der
schlap|pig *(landsch. für* nachlässig)
schlapp|ma|chen ↑D 47 *(ugs. für* nicht durchhalten, am Ende seiner Kräfte sein); sie haben schlappgemacht; vgl. schlapp
Schlapp|ohr *(scherzh. für* Hase)
Schlapp|schwanz *(ugs. abwertend für* willensschwacher, energieloser Mensch)
Schlapp|seil (zwischen zwei Befestigungspunkten lose hängendes Seil zum Balancieren)
Schla|raf|fe, der; -n, -n *(veraltet für* [auf Genuss bedachter] Müßiggänger; Mitglied der Schlaraffia)
Schla|raf|fen|land, das; -[e]s; **Schla|raf|fen|le|ben,** das; -s
Schla|raf|fia, die; - (Schlaraffenland; Vereinigung zur Pflege der Gesellschaft unter Künstlern u. Kunstfreunden)
Schlar|pe, die; -, -n *(landsch. u. schweiz. für* bequemer, ausgetretener [Haus]schuh)
schlau; ein schlaues Kerlchen; vgl. schlaumachen
Schlau|be, die; -, -n *(landsch. für* Fruchthülle, ²Schale); **schlauben** *(landsch. für* enthülsen)
Schlau|ber|ger *(ugs. für* schlauer, pfiffiger Mensch); **Schlau|berge|rei** *(ugs.);* **Schlau|ber|ge|rin**
Schlauch, der; -[e]s, Schläuche; ein Schlauch sein *(ugs. für* sehr anstrengend sein)
schlauch|ar|tig
Schlauch|boot
schlau|chen *(ugs. für* sehr anstrengend sein; *landsch. für* auf jmds. Kosten leben)
schlauch|för|mig
Schlauch|lei|tung
schlauch|los; schlauchlose Reifen
Schlauch|pilz; Schlauch|rei|fen
Schlauch|rol|le (zum Aufrollen des Wasserschlauchs); **Schlauch|wagen**
Schlauch|wurm *(Zool.)*
Schlau|der, die; -, -n *(Bauw.* eiserne Verbindung an Bauwerken); **schlau|dern** (durch Schlaudern befestigen); ich schlaudere
Schläue, die; - (Schlauheit)
schlau|er|wei|se
Schlau|fe, die; -, -n (Schleife)
Schlau|fuchs *(svw.* Schlauberger); **Schlau|füch|sin**

Schleierkraut

Schlau|heit; Schlau|ig|keit *(veraltet)*
Schlau|kopf *(svw.* Schlauberger)
schlau|ma|chen, sich *(ugs. für* sich informieren)
Schlau|mei|er *(svw.* Schlauberger); Schlau|mei|e|rei, die; -, -en; Schlau|mei|e|rin
Schla|wi|ner *(ugs. für* Nichtsnutz, pfiffiger, durchtriebener Mensch); Schla|wi|ne|rin

Schlafittchen

Das nur in umgangssprachlichen Wendungen wie *jemanden am Schlafittchen fassen/packen* gebräuchliche Substantiv wird fälschlicherweise oft *Schlawittchen* ausgesprochen und entsprechend geschrieben. Wortgeschichtlich handelt es sich um eine Bildung zur frühneuhochdeutschen Zusammensetzung *Schla[g]fittich*, mit der eigentlich die Schwungfedern von Enten- und Gänseflügeln bezeichnet werden.

schlecht s. Kasten
schlech|ter|dings (geradezu); das ist schlechterdings unmöglich
schlech|ter|stel|len (zurücksetzen, [wirtschaftlich] benachteiligen); *vgl.* schlecht; Schlẹch|ter|stel|lung
schlecht ge|hen, schlecht|ge|hen *vgl.* schlecht
schlecht ge|launt, schlecht|ge|launt *vgl.* schlecht

Schlẹcht|heit
schlẹcht|hin (in typischer Ausprägung; an sich; geradezu)
schlẹcht|hin|nig *(veraltet für* absolut, völlig)
Schlẹch|tig|keit
schlẹcht|ma|chen (herabsetzen); *vgl.* schlecht
schlẹcht|re|den (durch überzogene Kritik abwerten); *vgl.* schlecht
schlecht sit|zend, schlecht|sit|zend *vgl.* schlecht
schlecht ste|hen, schlecht|ste|hen *vgl.* schlecht
schlẹcht|weg (geradezu, einfach)
Schlẹcht|wet|ter, das; -s; bei Schlechtwetter; Schlẹcht|wet|ter|front; Schlẹcht|wet|ter|geld *(Bauw.);* Schlẹcht|wet|ter|pe|ri|o|de
Schlẹck, der; -s, -e *(südd. u. schweiz. für* Leckerbissen); das ist kein Schleck *(schweiz. für* das ist mühsam, schwierig)
schlẹ|cken
Schlẹ|cker *(ugs. für* Schleckermaul; *österr. landsch. für* Lutscher); Schlẹ|cke|rei; schlẹ|cker|haft *(landsch. für* naschhaft)
Schlẹ|cke|rin; Schlẹ|cker|maul, *schweiz.* Schlẹck|maul *(ugs. für* jmd., der gern nascht)
schlẹ|ckern; ich schleckere
schlẹ|ckig *(landsch. für* naschhaft)
Schlẹck|maul *vgl.* Schleckermaul
Schlẹck|stän|gel *(schweiz. für* [Dauer]lutscher); Schlẹck|werk, das; -[e]s *(landsch.);* Schlẹck|zeug, das; -[e]s *(schweiz.)*

¹Schlẹ|gel, der; -s, -, *österr. auch* Schlö|gel *(landsch. u. österr., schweiz. für* [Kalbs-, Reh]keule); *vgl. aber* Schlägel
²Schlẹ|gel, August Wilhelm (dt. Schriftsteller u. Wissenschaftler)
Schleh|dorn *Plur.* ...dorne (ein Strauch); Schlẹ|he, die; -, -n (Schlehdorn; dessen Frucht); Schlẹ|hen|blü|te; Schlẹ|hen|li|kör
¹Schlei, die; - (Förde an der Ostküste Schleswigs)
²Schlei *vgl.* Schleie
Schlei|che, die; -, -n (schlangenähnliche Echse)
schlei|chen; du schlichst; du schlichest; geschlichen; schleich[e]!; schlei|chend (fast unbemerkt beginnend u. allmählich fortschreitend); schleichende Inflation
Schlei|cher *(svw.* Leisetreter); Schlei|che|rei *(ugs.);* Schlei|che|rin
Schleich|han|del, der; -s
Schleich|kat|ze
Schleich|pfad; Schleich|tem|po
Schleich|weg; auf Schleichwegen
Schleich|wer|bung
Schleie, die; -, -n, Schlei, der; -[e]s, -e (ein Fisch)
Schlei|er, der; -s, -
Schlei|er|eu|le
Schlei|er|fahn|dung (polizeiliche Kontrollen ohne konkreten Anlass od. Verdacht)
schlei|er|haft *(ugs. für* rätselhaft)
Schlei|er|kraut (eine Pflanze)

---

schlecht

I. *Kleinschreibung:*
- schlechtes Wetter
- der schlechte Ruf
- schlecht (schlicht) und recht

II. *Großschreibung* ↑**D 72**:
- etwas, nichts, viel, wenig Schlechtes
- im Guten und im Schlechten

III. *Schreibung in Verbindung mit Verben und Partizipien* ↑**D 56** *u.* **D 58**:
- schlecht sein, schlecht werden, schlecht singen, schlecht spielen usw.
- auf einem Bein kann man schlecht stehen
- jmdn. schlecht beraten; schlecht beraten sein (unklug handeln)
- du hast die Aufgabe schlecht gemacht (schlecht ausgeführt); *aber* sie hat ihn überall ziemlich schlechtgemacht (herabgesetzt)
- der Redner hat schlecht geredet; *aber* wir wollen die Erfolge des Projekts nicht schlechtreden (durch überzogene Kritik abwerten)
- ich kann in diesen Schuhen schlecht gehen; *aber* es wird ihr sicher [sehr] schlecht gehen *od.* schlechtgehen (sie befindet sich in einer üblen Lage)
- als es um die Firma schlecht stand *od.* schlechtstand
- weil die Chancen schlecht stehen *od.* schlechtstehen
- der schlecht gelaunte *od.* schlechtgelaunte Besucher
- eine schlecht bezahlte *od.* schlechtbezahlte Tätigkeit
- ein schlecht sitzender *od.* schlechtsitzender Anzug
- die neue Vereinbarung wird sie nicht schlechterstellen (benachteiligen)
- durch seinen Stellenwechsel hat er sich wirtschaftlich schlechtergestellt

Schleiermacher

schlei|fen

Unregelmäßige Beugung in den Bedeutungen »schärfen«, »die Oberfläche von etw. bearbeiten«, »hart drillen« und (landsch.) »schlittern«:
– ich schliff mein Messer, habe es geschliffen
– du schliffst das Parkett
– geschliffene Diamanten; geschliffene Dialoge
– sie sagt, du schliffest die Rekruten; schleif[e] sie nicht so!
– im Winter sind wir immer geschliffen *(landsch.)*

Regelmäßige Beugung in den Bedeutungen »über den Boden oder eine Fläche ziehen, sich am Boden oder an einer Fläche bewegen« und »niederreißen«:
– sie schleifte die Kiste, hat sie geschleift
– der Vorhang schleifte über den Boden; er hat, *seltener* ist über den Boden geschleift
– die Fahrradkette schleifte am Schutzblech
– schleif[e] die Festung!; die Festung wurde geschleift

In Verbindung mit »lassen« kann bei übertragener Bedeutung getrennt oder zusammengeschrieben werden:
– alles schleifen lassen *od.* schleifenlassen *(ugs. für sich um nichts mehr kümmern)*
Aber nur:
– die Messer schleifen lassen
– die Schleppe des Kleides auf dem Boden schleifen lassen

Schlei|er|ma|cher (dt. Theologe, Philosoph u. Pädagoge)
Schlei|er|schwanz (ein Fisch)
Schlei|er|tanz
Schleif|ap|pa|rat; Schleif|au|to|mat; Schleif|band, das; *Plur.* ...bänder; **Schleif|bank** *Plur.* ...bänke
¹**Schlei|fe,** die; -, -n (Schlinge)
²**Schlei|fe,** die; -, -n *(landsch. für Schlitterbahn)*
schlei|fen s. Kasten
Schlei|fen|blu|me
Schlei|fen|fahrt; Schlei|fen|flug
schlei|fen las|sen, schlei|fen|las|sen *vgl.* schleifen
Schlei|fer (jmd., der etw. schleift; alter Bauerntanz; *Musik* kleine Verzierung; *Soldatenspr.* rücksichtsloser Ausbilder); **Schlei|fe|rei; Schlei|fe|rin**
Schleif|fun|ken|pro|be *(Technik)*
Schleif|kon|takt *(Elektrot.)*
Schleif|lack; Schleif|lack|mö|bel
Schleif|ma|schi|ne; Schleif|mit|tel; Schleif|pa|pier
Schleif|ring *(Elektrot.)*
Schleif|spur; Schleif|stein
Schlei|fung
Schleim, der; -[e]s, -e
Schleim ab|son|dernd, schleim|ab|son|dernd ↑D58; **Schleim|ab|son|de|rung**
Schleim|beu|tel; Schleim|beu|tel|ent|zün|dung
Schleim|drü|se
schlei|men; Schlei|mer *(ugs. für Schmeichler);* **Schlei|me|rin**
Schleim|fisch
Schleim|haut
schlei|mig; schleim|lö|send ↑D59; schleimlösende Mittel; das

Mittel wirkt stark schleimlösend
Schleim|pilz
Schleim|schei|ßer *(derb abwertend für Schmeichler);* **Schleim|schei|ße|rin**
Schleim|sup|pe
Schlei|ße, die; -, -n (dünner Span; früher Schaft der Feder nach Abziehen der Fahne)
schlei|ßen *(veraltet für abnutzen, zerreißen; landsch. für auseinanderreißen; spalten)*; du schleißt; sie schleißt; du schlissest *u.* schleißtest, er schliss *u.* schleißte; geschlissen *u.* geschleißt; schleiß[e]!; Federn schleißen; **Schleiß|fe|der;** schleißig *(landsch. für verschlissen, abgenutzt)*
Schleiz (Stadt im Vogtland); **Schlei|zer; Schlei|ze|rin**
Schle|mihl [*auch* ʃle...], der; -s, -e ⟨hebr.-jidd.⟩ (Pechvogel; *landsch. für* gerissener Kerl)
schlem|men ⟨engl.⟩; *nur in* schlemmen machen, werden
Schlemm, der; -s, -e *(Bridge, Whist);* großer Schlemm (alle Stiche); kleiner Schlemm (alle Stiche bis auf einen)
schlem|men (gut u. reichlich essen); **Schlem|mer; Schlem|me|rei; Schlem|mer|haft; Schlem|me|rin; schlem|me|risch**
Schlem|mer|lo|kal; Schlem|mer|mahl[|zeit]
Schlem|pe, die; -, -n (Rückstand bei der Spirituserzeugung; Viehfutter)

schlen|dern; ich schlendere; **Schlen|der|schritt**
Schlen|d|ri|an, der; -[e]s *(ugs. für* Schlamperei)
Schlen|ge, die; -, -n *(nordd. für* Reisigbündel; Buhne)
Schlen|ke, die; -, -n *(Geol.* Wasserrinne im Moor)
Schlen|ker (schlenkernde Bewegung; kurzer Umweg); **Schlen|ke|rich, Schlenk|rich,** der; -s, -e *(obersächs. für* Stoß, Schwung)
schlen|kern; ich schlenkere die Arme, mit den Armen schlenkern
Schlenk|rich *vgl.* Schlenkerich
schlen|zen *([Eis]hockey u. Fußball* den Ball od. Puck mit einer schiebenden od. schlenkernden Bewegung spielen); du schlenzt; **Schlen|zer,** der; -s, -
Schlepp, der; *nur in Wendungen wie* in Schlepp nehmen, im Schlepp haben
Schlepp|an|ten|ne
Schlepp|bü|gel *(Skisport)*
Schlepp|dach *(Bauw.)*
Schlepp|damp|fer
Schlep|pe, die; -, -n
schlep|pen; schlep|pend
Schlep|pen|kleid
Schlep|per *(auch für* jmd., der Illegale über die Grenze bringt)
Schlep|pe|rei *(ugs.);* **Schlep|pe|rin**
Schlepp|kahn
Schlepp|kleid (Schleppenkleid)
Schlepp|lift *(Skisport)*
Schlepp|netz; Schlepp|netz|fahn|dung *(Kriminologie)*
Schlepp|pin|sel, Schlepp-Pin|sel, der; -s, - (Pinsel für den Steindruck)

schlingern

Schlepp|schiff
Schlepp|schiff|fahrt
Schlepp|seil; Schlepp|start (Segelflugstart durch Hochschleppen mit einem Motorflugzeug)
Schlepp|tau, das; -[e]s, -e
Schlepp|zug
Schle|si|en; Schle|si|er; Schle|si|erin; schle|sisch ↑D 89 u. 142: schlesisches od. Schlesisches Himmelreich (ein Gericht), aber ↑D 150: der Erste Schlesische Krieg
Schles|wig; Schles|wi|ger; Schles|wi|ge|rin
Schles|wig-Hol|stein; Schleswig-Hol|stei|ner; Schleswig-Hol|stei|ne|rin; schles|wig-hol|stei|nisch ↑D 145; aber ↑D 150: der Schleswig-Holsteinische Landtag
schles|wi|gisch, schles|wigsch
schlet|zen (schweiz. mdal. für [die Tür] zuschlagen); du schletzt
Schleu|der, die; -, -n
Schleu|der|ball
Schleu|der|be|ton
Schleu|der|brett (Sport)
Schleu|de|rei
Schleu|de|rer, Schleud|rer
Schleu|der|gang, der (bei der Waschmaschine)
Schleu|der|ge|fahr
Schleu|der|ho|nig
Schleu|de|rin, Schleud|re|rin
Schleu|der|kurs (für Autofahrer)
Schleu|der|ma|schi|ne (Zentrifuge)
schleu|dern; ich schleudere
Schleu|der|preis
Schleu|der|pum|pe (Zentrifugalpumpe)
Schleu|der|sitz; Schleu|der|stan|ge (Gardinenstange); Schleu|der|start (Flugw.)
Schleu|der|trau|ma (Med.)
Schleu|der|wa|re (ugs.)
Schleud|rer, Schleu|de|rer
Schleud|re|rin, Schleu|de|rin
schleu|nig (schnell); schleu|nigst (auf dem schnellsten Wege)
Schleu|se, die; -, -n; schleu|sen; du schleust
Schleu|sen|kam|mer; Schleu|sen|tor, das; Schleu|sen|tür
Schleu|sen|wär|ter; Schleu|sen|wär|te|rin
Schleu|ser (svw. Schlepper); Schleu|ser|ban|de; Schleu|se|rin
schleuß! (veraltet für schließe[!]); schleußt (veraltet für schließt)
schlich vgl. schleichen
Schlich, der; -[e]s, -e (feinkörniges Erz; nur Plur.: ugs. für List, Trick); Schli|che vgl.
schlicht; schlichte Eleganz
Schlich|te, die; -, -n (Klebflüssigkeit zum Glätten u. Verfestigen der Gewebe)
schlich|ten (vermittelnd beilegen; auch für mit Schlichte behandeln; österr., bayr. auch für stapeln); einen Streit schlichten
Schlich|ter; Schlich|te|rin
Schlich|ter|spruch
Schlicht|heit
Schlicht|ho|bel
Schlich|tung; Schlich|tungs|ausschuss; Schlich|tungs|stel|le
Schlich|tungs|ver|fah|ren; Schlich|tungs|ver|such
schlicht|weg
Schlick, der; -[e]s, -e (an organischen Stoffen reicher Schlamm am Boden von Gewässern; Schwemmland); Schlick|ab|la|ge|rung
schli|cken ([sich] mit Schlick füllen); schli|cke|rig, schlick|rig (nordd.)
Schli|cker|milch, die; - (landsch. für Sauermilch)
schli|ckern (landsch. für schwanken; schlittern); sich schlickere
schli|ckig (nordd. für voller Schlick)
Schlick|krap|ferln Plur. (west-, südösterr. ravioliähnliche Teigtaschen)
schlick|rig vgl. schlickerig
Schlick|watt
schlief vgl. schlafen
Schlief, der; -[e]s, -e (landsch. für klitschige Stelle [im Brot]); vgl. Schliff
schlie|fen (Jägerspr. u. bayr., österr. ugs. für in den Bau schlüpfen, kriechen); du schloffst du schlöffest; geschloffen; schlief[e]!; Schlie|fen, das; -s (Jägerspr. Einfahren des Hundes in den [Dachs]bau); Schlie|fer (Jägerspr. Hund, der in den [Dachs]bau schlieft)
Schlief|fen (ehemaliger Chef des dt. Generalstabes)
schlie|fig (landsch. für klitschig [vom Brot])
Schlie|mann (dt. Altertumsforscher)
Schlier, der; -s (bayr. u. österr. für Mergel)
Schlie|re, die; -, -n (nur Sing.: landsch. für schleimige Masse; streifige Stelle [im Glas])
schlie|ren (Seemannsspr. gleiten, rutschen); schlie|rig (landsch. für schleimig, schlüpfrig)
Schlier|sand, der; -[e]s (österr. für feiner [Schwemm]sand)
¹Schlier|see (Ort am ²Schliersee)
²Schlier|see, der; -s
Schlier|se|er; Schlier|se|e|rin
Schließ|an|la|ge; schließ|bar; Schlie|ße, die; -, -n
schlie|ßen; du schließt, sie schließt (veraltet sie schleußt); du schlossest, er schloss; du schlössest; geschlossen; schließ[e]! (veraltet schleuß!)
Schlie|ßer; Schlie|ße|rin
Schließ|fach; Schließ|frucht (Frucht, die sich bei der Reife nicht öffnet); Schließ|ket|te; Schließ|korb
schließ|lich
Schließ|mus|kel
Schließ|rah|men (Druckw.)
Schlie|ßung
Schließ|zeit; Schließ|zy|lin|der (im Sicherheitsschloss)
Schliff, der; -[e]s, -e (geschliffene Fläche [im Glas]; das Schleifen; nur Sing.: das Geschliffensein; landsch. für klitschige Stelle [im Brot], Schlief; nur Sing.: ugs. für gute Umgangsformen)
¹schliff (svw. schliefig)
²schliff vgl. schleifen
Schliff|art
Schliff|flä|che, Schliff-Flä|che
Schliff|form, Schliff-Form
schlif|fig (svw. schliefig)
schlimm s. Kasten Seite 980
schlimms|ten|falls
Schling|be|schwer|den Plur.
Schlin|ge, die; -, -n
¹Schlin|gel, das; -s, - (landsch. für Öse)
²Schlin|gel, der; -s, - (scherzh. für übermütiger Junge; freches Kerlchen); Schlin|gel|chen, Schlin|ge|lein
schlin|gen; du schlangst; du schlängest; sie hat geschlungen; schling[e]!
Schlin|gen|stel|ler; Schlin|gen|stel|le|rin
Schlin|gen|tisch (Med.)
Schlin|ger|be|we|gung; Schlin|ger|kiel (Seitenkiel zur Verminderung des Schlingerns)
Schlin|ger|kurs (bes. Politik Kurs, dem es an Geradlinigkeit fehlt)
schlin|gern (um die Längsachse schwanken [von Schiffen]); das Schiff schlingert; ich schlingere; ↑D 82: ins Schlingern kommen

S
schl

Schlingertank

schlimm

schlim|mer, schlimms|te

Kleinschreibung:
- schlimm sein; schlimm stehen
- im schlimmsten Fall[e]
- schlimme Zeiten; eine schlimme Lage
- sie ist am schlimmsten d[a]ran

Großschreibung der Substantivierung ↑D 72:
- etwas, wenig, nichts Schlimmes
- das Schlimmste fürchten
- zum Schlimmsten kommen; sich zum Schlimmen wenden
- das ist noch lange nicht das Schlimmste; das Schlimmste ist, dass man sich nicht wehren kann
- ich bin auf das, aufs Schlimmste gefasst
- *aber* sie wurde auf das, aufs Schlimmste *od.* auf das, aufs schlimmste (in sehr schlimmer Weise) getäuscht ↑D 75

Schlin|ger|tank (Tank zur Verminderung des Schlingerns)
Schling|pflan|ze
Schling|stich (*Handarbeiten*)
Schling|strauch
Schlipf, der; -[e]s, -e (*schweiz. für* [Berg-, Fels-, Erd]rutsch)
Schlipf|krap|fen *Plur.* (*westösterr. für* Teigtaschen)
Schlipp, der; -[e]s, -e (*engl.*) (*Seemannsspr.* schiefe Ebene für den Stapellauf eines Schiffes)
Schlip|pe, die; -, -n (*nordd. für* Rockzipfel; *landsch. für* enger Durchgang)
schlip|pen (*Seemannsspr.* lösen, loslassen)
Schlip|per, der; -s (*landsch. für* abgerahmte, dicke Milch); **schlip|pe|rig,** schlipp|rig (*landsch. für* gerinnend); **Schlip|per|milch,** die; - (*landsch.*)
schlipp|rig *vgl.* schlipperig
Schlips, der; -es, -e (Krawatte); **Schlips|hal|ter; Schlips|na|del**
Schlit|tel, das; -s, - (*landsch. für* kleiner Schlitten; **schlit|teln** (*schweiz. für* rodeln); ich schlitt[e]le; schlitteln lassen (laufen lassen, sich um etwas nicht kümmern); **schlit|ten** (*landsch. veraltet*)
Schlit|ten, der; -s, - ↑D 54: Schlitten fahren; ich bin Schlitten gefahren
Schlit|ten|bahn; Schlit|ten|fah|ren, das; -s; **Schlit|ten|fahrt; Schlit|ten|hund; Schlit|ten|ku|fe**
Schlit|ter|bahn
schlit|tern ([auf dem Eis] gleiten); ich schlittere
Schlitt|schuh; Schlittschuh laufen ↑D 54; ich bin Schlittschuh gelaufen; **Schlitt|schuh|lau|fen,** das; -s; **Schlitt|schuh|läu|fer; Schlitt|schuh|läu|fe|rin**
Schlitz, der; -es, -e

Schlitz|au|ge; schlitz|äu|gig
schlit|zen; du schlitzt
schlitz|för|mig
Schlitz|mes|ser, das
Schlitz|ohr (*ugs. für* gerissene Person); **schlitz|oh|rig** (*ugs.*); ein schlitzohriger Geschäftsmann; **Schlitz|oh|rig|keit** (*ugs.*)
Schlitz|ver|schluss (*Fotogr.*)
Schlö|gel *vgl.* ¹Schlegel
schloh|weiß (ganz weiß)
Schlor|re, die; -, -n (*landsch. für* Hausschuh); **schlor|ren** (*landsch. für* schlurfen)
schloss *vgl.* schließen
Schloss, das; Schlosses, Schlösser; **schloss|ar|tig; Schlöss|chen**
Schlo|ße, die; -, -n *meist Plur.* (*landsch. für* Hagelkorn); **schlo|ßen** (*landsch.*); es schloßt; es hat geschloßt
Schlos|ser; Schlos|ser|ar|beit; Schlos|se|rei; Schlos|ser|hand|werk, das; -[e]s; **Schlos|se|rin**
schlos|sern; ich schlossere
Schlos|ser|werk|statt
Schloss|gar|ten; Schloss|ge|spenst; Schloss|herr; Schloss|her|rin; Schloss|hof
Schloss|hund; *nur in* heulen wie ein Schlosshund
Schloss|ka|pel|le; Schloss|kel|ler; Schloss|kir|che; Schloss|park; Schloss|ru|i|ne
Schlot, der; -[e]s, *Plur.* -e, *seltener* Schlöte (*ugs. auch für* Nichtsnutz; unangenehmer Mensch); **Schlot|ba|ron** (*veraltend abwertend für* Großindustrieller [im Ruhrgebiet]); **Schlot|fe|ger** (*landsch. für* Schornsteinfeger); **Schlot|fe|ge|rin**
Schlot|te, die; -, -n (Zwiebelblatt; *Bergmannsspr.* Hohlraum im Gestein); **Schlot|ten|zwie|bel**
schlot|te|rig, schlott|rig

Schlöt|ter|ling (*schweiz. für* Spottwort, Anzüglichkeit)
schlot|tern; ich schlottere
schlot|zen (*bes. schwäb. für* genüsslich trinken); du schlotzt
Schlucht, die; -, -en
schluch|zen; du schluchzt; **Schluch|zer**
Schluck, der; -[e]s, *Plur.* -e, *selten* Schlücke
Schluck|auf, der; -s; **Schluck|be|schwer|den** *Plur.*
Schlück|chen; schlück|chen|wei|se
schlu|cken; Schlu|cken, der; -s (Schluckauf); **Schluck|er** (*ugs.*); *meist in* armer Schlucker (mittelloser, bedauernswerter Mensch); **Schlu|cke|rin**
Schluck|imp|fung
schluck|sen (*ugs. für* Schluckauf haben); du schluckst; **Schluck|ser** (*ugs. für* Schluckauf)
Schluck|specht (*ugs. scherzh. für* Trinker)
schluck|wei|se
Schlu|der|ar|beit; Schlu|de|rei
schlu|de|rig, schlud|rig (*ugs. für* nachlässig)
schlu|dern (*ugs. für* nachlässig arbeiten); ich schludere
schlud|rig *vgl.* schluderig
Schluff, der; -[e]s, *Plur.* -e *u.* Schlüffe (Ton; [Schwimm]sand; *landsch. für* enger Durchlass; *südd. veraltend für* Muff)
Schluft, die; -, Schlüfte (*veraltet für* Schlucht, Höhle)
schlug *vgl.* schlagen
Schlum|mer, der; -s; **Schlum|mer|be|cher** (*schweiz.*); **Schlum|mer|kis|sen; Schlum|mer|lied**
schlum|mern; ich schlummere
Schlum|mer|rol|le; Schlum|mer|stünd|chen; Schlum|mer|trunk
Schlumpf, der; -[e]s, Schlümpfe (zwergenhafte Comicfigur)
Schlumps, der; -es, -e (*landsch. für* unordentlicher Mensch)
Schlund, der; -[e]s, Schlünde
Schlun|ze, die; -, -n (*landsch.*

Schmähführerin

abwertend für unordentliche Frau); **schlun|zig** *(landsch.)*
Schlup *vgl.* Slup
Schlupf, der; -[e]s, *Plur.* Schlüpfe *u. -e (Technik;* auch veraltend *für* Unterschlupf)
schlüp|fen *(südd., österr.),* häufiger **schlüp|fen**
Schlüp|fer ([Damen]unterhose)
Schlupf|ja|cke
Schlupf|lid; Schlupf|loch
schlüpf|rig *(auch für* zweideutig, anstößig); **Schlüpf|rig|keit**
Schlupf|stie|fel; Schlupf|wes|pe; Schlupf|win|kel
Schlupf|zeit
Schlup|pe, die; -, -n *(landsch. für* [Band]schleife)
schlur|fen (schleppend gehen); er hat geschlurft; er ist dorthin geschlurft
schlür|fen ([Flüssigkeit] geräuschvoll in den Mund einsaugen; *landsch. für* schlurfen)
Schlur|fer (Schlurfender)
Schlür|fer (Schlürfender)
Schlur|fe|rin
Schlür|fe|rin
Schlu|ri, der; -s, -s *(ugs. für* leichtfertiger, unzuverlässiger Mensch)
schlur|ren *(landsch., bes. nordd. für* schlurfen); **Schlur|ren**, der; -s, - *(nordd. für* Pantoffel)
Schlu|se, die; -, -n *(landsch. für* Schale, Hülle; *auch für* Falschgeld)
Schluss, der; Schlusses, Schlüsse
Schluss|ab|rech|nung; Schluss|ab|stim|mung; Schluss|ak|kord; Schluss|akt; Schluss|ball; Schluss|be|ar|bei|tung; Schluss|be|mer|kung; Schluss|be|richt; Schluss|be|spre|chung; Schluss|bi|lanz *(Kaufmannsspr.);* **Schluss|bild; Schluss|brief** *(Kaufmannsspr.);* **Schluss|drit|tel** *(Eishockey)*
Schlüs|sel, der; -s, -
Schlüs|sel|band, das; *Plur.* ...bänder; **Schlüs|sel|bart**
Schlüs|sel|be|griff
Schlüs|sel|bein; Schlüs|sel|bein|bruch
Schlüs|sel|be|trieb
Schlüs|sel|blu|me
Schlüs|sel|brett; Schlüs|sel|bund, der; *österr. nur so, od.* das; -[e]s, -e
Schlüs|sel|chen
Schlüs|sel|dienst
Schlüs|sel|er|leb|nis *(Psychol.)*
schlüs|sel|fer|tig (bezugsfertig [von Neubauten])

Schlüs|sel|fi|gur; Schlüs|sel|fra|ge; Schlüs|sel|ge|walt; Schlüs|sel|im|mo|bi|lie (mit bes. Bedeutung für ein Stadtviertel o. Ä.); **Schlüs|sel|in|dus|t|rie**
Schlüs|sel|kind (Kind mit eigenem Wohnungsschlüssel, das nach der Schule unbeaufsichtigt ist)
Schlüs|sel|kraft *(bes. österr. für* hoch qualifizierte Fach- od. Führungskraft)
Schlüs|sel|loch
Schlüs|sel|loch|chi|r|ur|gie *(ugs. für* minimalinvasive Chirurgie)
schlüs|seln *(fachspr. für* nach einem bestimmten Verhältnis [Schlüssel] aufteilen); ich schlüss[e]le
Schlüs|sel|po|si|ti|on
Schlüs|sel|qua|li|fi|ka|ti|on; Schlüs|sel|reiz *(Psychol.* Reiz, der eine bestimmte Reaktion bewirkt)
Schlüs|sel|ring
Schlüs|sel|rol|le; Schlüs|sel|ro|man; Schlüs|sel|stel|lung; Schlüs|sel|tech|no|lo|gie
Schlüs|se|lung
Schlüs|sel|wort *vgl.* Wort
schluss|end|lich *(landsch. für* schließlich)
Schluss|fei|er
Schluss|fol|ge *(svw.* Schlussfolgerung); **schluss|fol|gern;** ich schlussfolgere; du schlussfolgerst; geschlussfolgert; um zu schlussfolgern; **Schluss|fol|ge|rung**
Schluss|for|mel
schlüs|sig; schlüssig sein; [sich] schlüssig werden; ich wurde mir darüber schlüssig; ein schlüssiger Beweis
Schluss|ka|pi|tel; Schluss|kurs *(Börse)*
Schluss|läu|fer *(Leichtathletik);* **Schluss|läu|fe|rin** *(Sport)*
Schluss|leuch|te; Schluss|licht
Schluss|ma|cher *(Jargon* jmd., der beruflich im Auftrag von Kund[inn]en deren Liebesbeziehung beendet); **Schluss|ma|che|rin**
Schluss|mann *Plur.* ...männer *od.* ...leute; **Schluss|mi|nu|te;**
Schluss|no|te *(Rechtsspr.);*
Schluss|no|tie|rung *(Börsenw.);*
Schluss|pfiff *(Sport);* **Schluss|pha|se; Schluss|punkt; Schluss|rang** *(schweiz. für* endgültige Platzierung bei sportlichen Wettkämpfen); **Schluss|rech|nung**
Schluss|re|dak|teur; Schluss|re|dak|teu|rin; Schluss|re|dak|ti|on

Schluss|re|de
Schluss-s, das; -, - ↑ D 29
<mark>**Schluss|satz**</mark>, Schluss-Satz
<mark>**Schluss|si|g|nal**</mark>, Schluss-Si|g|nal *(fachspr., bes. Funkw.)*
<mark>**Schluss|si|re|ne**</mark>, Schluss-Si|re|ne
<mark>**Schluss|spurt**</mark>, Schluss-Spurt *(Sport)*
<mark>**Schluss|stein**</mark>, Schluss-Stein *(Archit.)*
<mark>**Schluss|strich**</mark>, Schluss-Strich
<mark>**Schluss|sze|ne**</mark>, Schluss-Sze|ne
Schluss|ver|kauf; Schluss|ver|tei|lung *(Rechtsspr.);* **Schluss|wort** *Plur.* ...worte; **Schluss|wor|te**
Schlütt|li, das; -[s], -[s]; *vgl.* Götti *(schweiz. mdal. für* Säuglingsjäckchen)
Schlutz|krap|fen *Plur. (west-, südösterr.* Teigtaschen)
Schmach, die; -
schmach|be|deckt *(geh.);* ↑ D 59
schmach|be|la|den *(geh.);* ↑ D 59
schmach|ten *(geh.)*
Schmacht|fet|zen *(ugs. abwertend für* rührseliges Lied)
schmäch|tig
Schmacht|korn *Plur.* ...körner *(Landwirtsch.* verkümmertes Korn)
Schmacht|lap|pen *(ugs. abwertend für* Hungerleider; verliebter Jüngling)
Schmacht|lo|cke *(ugs. für* in die Stirn gekämmte Locke)
Schmacht|rie|men *(ugs. für* Gürtel)
schmach|voll *(geh.)*
¹**Schmack**, der; -[e]s, -e (Mittel zum Schwarzfärben)
²**Schmack**, die; -, -en, **Schmą|cke**, die; -, -n *(früher für* kleines Küstenschiff)
Schmä|cker|chen *vgl.* Schmeckerchen
Schmą|ckes *Plur. (landsch. für* Schwung, Wucht; *auch für* Hiebe, Prügel); mit Schmackes
schmąck|haft; Schmąck|haf|tig|keit, die; -
Schmą|cko|fatz, der *u.* das; -[es], -e ⟨poln.⟩ *(ugs. für* Leckerei)
Schmąd, der; -s *(bes. nordd. für* [nasser] Schmutz); **schmąd|dern** *(bes. nordd. für* kleckern, sudeln); ich schmaddere
Schmäh, der; -s, -[s] *(österr. ugs. für* Trick); Schmäh führen (Sprüche machen); **Schmäh|bru|der** *(svw.* Schmähführer)
schmä|hen
Schmäh|füh|rer *(österr. für* jmd., der für [billige, leicht durchschaubare] Tricks od. Witze bekannt ist); **Schmäh|füh|re|rin**

Schmähgedicht

Schmäh|ge|dicht
schmäh|lich; Schmäh|lich|keit
Schmäh|re|de; Schmäh|schrift
Schmäh|sucht, die; -; schmäh|süch|tig; Schmä|hung; Schmäh|wort Plur. ...worte
schmal; schmaler u. schmäler, schmalste, auch schmälste
schmal|brüs|tig
schmä|len (veraltend für zanken; herabsetzen; Jägerspr. schrecken [vom Rehwild])
schmä|lern (verringern, verkleinern); ich schmälere; Schmä|le|rung
Schmal|film; Schmal|fil|mer; Schmal|fil|me|rin; Schmal|film|ka|me|ra
Schmal|hans; nur in da ist Schmalhans Küchenmeister (ugs. für jmd. muss sparsam leben)
Schmal|heit, die; -
Schmal|kal|den (Stadt am Südwestrand des Thüringer Waldes); Schmal|kal|de|ner, Schmal|kal|der; Schmal|kal|de|ne|rin, Schmal|kal|de|rin; schmal|kal|disch; aber ↑D 150: die Schmalkaldischen Artikel (von Luther); der Schmalkaldische Bund (1531)
schmal|lip|pig; schmal|ran|dig
Schmal|reh vgl. Schmaltier
Schmal|sei|te
Schmal|spur (Eisenbahn)
Schmal|spur|aka|de|mi|ker (ugs. abwertend); Schmal|spur|aka|de|mi|ke|rin
Schmal|spur|bahn; schmal|spu|rig
Schmal|te, die; -, -n ⟨ital.⟩ (Kobaltschmelze, ein Blaufärbemittel [für Porzellan u. Keramik]); schmal|ten (veraltend für emaillieren)
Schmal|tier (weibliches Rot-, Damod. Elchwild vor dem ersten Setzen); Schmal|vieh (veraltend für Kleinvieh)
Schmalz, das; -es, -e; Schmalz|brot
Schmäl|ze, die; -, -n (zum Schmälzen der Wolle benutzte Flüssigkeit); vgl. aber Schmelze
schmal|zen (Speisen mit [heißem] Schmalz zubereiten, übergießen); du schmalzt; geschmalzt u. geschmalzen (in übertr. Bedeutung nur so, z. B. es ist mir zu geschmalzen [ugs. für zu teuer]); gesalzen und geschmalzen
schmäl|zen (schmalzen; auch für Wolle vor dem Spinnen einfetten); du schmälzt; geschmälzt

Schmalz|fleisch
Schmalz|ge|ba|cke|ne, das; -n
schmal|zig (abwertend für übertrieben gefühlvoll, sentimental)
Schmalz|ler, der; -s (bes. bayr. für fettdurchsetzter Schnupftabak)
Schmalz|tol|le (ugs. scherzh. für pomadisierte Haartolle)
Schmand, Schmant, der; -[e]s ([saure] Sahne; ostmitteld. für Matsch, Schlamm)
Schmand|kar|tof|feln, Schmantkar|tof|feln Plur.
Schman|kerl, das; -s, -[n]; vgl. Pickerl (bayr., österr. für eine süße Mehlspeise; Leckerbissen)
Schmant vgl. Schmand
schma|rot|zen (auf Kosten anderer leben); du schmarotzt; du schmarotztest; er hat schmarotzt
Schma|rot|zer; schma|rot|zer|haft; Schma|rot|ze|rin; schma|rot|ze|risch
Schma|rot|zer|pflan|ze; Schma|rot|zer|tier; Schma|rot|zer|tum, das; -s; Schma|rot|zer|wes|pe
Schmar|re, die; -, -n (landsch. für lange Hiebwunde, Narbe)
Schmar|ren, Schmarrn, der; -s, - (bayr. u. österr. für eine Mehlspeise; ugs. für wertloses Zeug; Unsinn)
Schma|sche, die; -, -n ⟨poln.⟩ (fachspr. für Fell eines tot geborenen Lammes)
Schmatz, der; -es, Plur. -e, auch Schmätze (ugs. für [lauter] Kuss); Schmätz|chen
schmat|zen; du schmatzt
Schmät|zer (ein Vogel)
Schmauch, der; -[e]s (landsch. für qualmender Rauch); schmau|chen; Schmauch|spu|ren Plur. (Kriminalistik Reste verbrannten Pulvers nach einem Schuss)
Schmaus, der; -es, Schmäuse (veraltend, noch scherzh. für reichhaltiges u. gutes Mahl); schmau|sen (scherzh., sonst veraltend für vergnügt u. mit Genuss essen); du schmaust; Schmau|se|rei (veraltend)
schme|cken
Schme|cker|chen, Schmä|cker|chen, das; -s, - (landsch. für Leckerbissen)
Schmei|che|lei; schmei|chel|haft
Schmei|chel|kätz|chen, Schmei|chel|kat|ze (fam.)
schmei|cheln; ich schmeich[e]le
Schmei|chel|wort Plur. ...worte

Schmeich|ler; Schmeich|le|rin; schmeich|le|risch
schmei|dig (veraltet für geschmeidig); schmei|di|gen (veraltend für geschmeidig machen)
¹schmei|ßen (ugs. für werfen; auch für aufgeben; misslingen lassen); du schmeißt; du schmissest, er/sie schmiss; geschmissen; schmeiß[e]!
²schmei|ßen (Jägerspr. Kot auswerfen; der Habicht schmeißt, schmeißte, hat geschmissen
Schmeiß|flie|ge
Schmelz, der; -es, -e
Schmelz|bad (Technik)
schmelz|bar; Schmelz|bar|keit
Schmelz|but|ter
Schmel|ze, die; -, -n; vgl. aber Schmälze
¹schmel|zen (flüssig werden); du schmilzt, es schmilzt; du schmolzest; du schmölzest; geschmolzen; schmilz!
²schmel|zen (flüssig machen); du schmilzt, veraltend schmelzt; es schmilzt, veraltend schmelzt; du schmolzest, veraltend schmelztest; du schmölzest, veraltend schmelzest; geschmolzen, veraltend geschmelzt; schmilz!, veraltend schmelze!
Schmel|zer; Schmel|ze|rei; Schmel|ze|rin
Schmelz|far|be; Schmelz|glas (Email); Schmelz|hüt|te
Schmelz|kä|se
Schmelz|ofen; Schmelz|punkt; Schmelz|schwei|ßung; Schmelz|tie|gel
Schmel|zung
Schmelz|wär|me; Schmelz|was|ser Plur. ...wasser u. (bes. fachspr.) ...wässer; Schmelz|zo|ne
Schmer, der od. das; -s (landsch. für Bauchfett des Schweines); Schmer|bauch (ugs. svw. Fettbauch)
Schmer|fluss, der; -es (für Seborrhö)
Schmer|le, die; -, -n (ein Fisch)
Schmer|ling (ein Speisepilz)
Schmerz, der; -es, -en; schmerzlindernd, aber den Schmerz lindernd; schmerzstillend, aber den Schmerz stillend ↑D 58
Schmerz|am|bu|lanz
schmerz|arm
schmerz|emp|find|lich; Schmerz|emp|find|lich|keit; Schmerz|emp|fin|dung
schmer|zen; du schmerzt; die Füße schmerzten ihr od. sie; es

schmerzt mich, dass sie nicht geschrieben hat
schmer|zen|reich vgl. schmerzensreich
Schmer|zens|geld
Schmer|zens|kind (veraltet); **Schmer|zens|laut; Schmer|zens|mann,** der; -[e]s (Kunst Darstellung des leidenden Christus); **Schmer|zens|mut|ter,** die; - (Kunst Darstellung der trauernden Maria)
schmer|zens|reich (geh.)
Schmer|zens|schrei
schmerz|er|füllt; Schmerz|for|schung; schmerz|frei; der Patient ist heute schmerzfrei
Schmerz|ge|fühl; Schmerz|gren|ze
schmerz|haft; eine schmerzhafte Operation; **Schmerz|haf|tig|keit**
Schmerz|kli|nik (schmerztherapeutische Klinik)
schmerz|lich; ein schmerzlicher Verlust; **Schmerz|lich|keit,** die; -
schmerz|lin|dernd; ein schmerzlinderndes Medikament ↑D 59; vgl. Schmerz
schmerz|los; Schmerz|lo|sig|keit
Schmerz|mit|tel
Schmerz|pa|ti|ent; Schmerz|pa|ti|en|tin
Schmerz|schwel|le
schmerz|stil|lend; schmerzstillende Tabletten ↑D 59; vgl. Schmerz
Schmerz|ta|b|let|te
Schmerz|the|ra|peut; Schmerz|the|ra|peu|tin; Schmerz|the|ra|peu|tisch; Schmerz|the|ra|pie
schmerz|un|emp|find|lich; schmerz|ver|zerrt; schmerz|voll
Schmet|ten, der; -s ⟨tschech.⟩ (ostmitteld. für Sahne); **Schmet|ten|kä|se** (ostmitteld.)
Schmet|ter|ball (Sport)
Schmet|ter|ling
Schmet|ter|lings|blü|te; Schmet|ter|lings|blüt|ler (Bot.)
Schmet|ter|lings|kas|ten; Schmet|ter|lings|netz; Schmet|ter|lings|samm|lung
Schmet|ter|lings|stil, der; -[e]s (Schwimmstil)
schmet|tern; ich schmettere
Schmi|cke, die; -, -n (nordd. für Peitsche; Ende der Peitschenschnur)
Schmidt, Helmut (fünfter dt. Bundeskanzler)
Schmidt-Rott|luff (dt. Maler u. Grafiker)
Schmied, der; -[e]s, -e
schmied|bar; Schmied|bar|keit

Schmie|de, die; -, -n
Schmie|de|ar|beit
Schmie|de|ei|sen; schmie|de|ei|sern
Schmie|de|feu|er; Schmie|de|ham|mer; Schmie|de|hand|werk; Schmie|de|kunst
Schmie|de|meis|ter; Schmie|de|meis|te|rin
schmie|den
Schmie|de|ofen; Schmie|din
Schmie|ge, die; -, -n (Technik Winkelmaß mit beweglichen Schenkeln; auch landsch. für zusammenklappbarer Maßstab)
schmie|gen; sich schmiegen
schmieg|sam; Schmieg|sam|keit
Schmie|le, die; -, -n (Name verschiedener Grasarten); **Schmiel|gras**
Schmier|dienst (beim Auto)
¹**Schmie|re,** die; -, -n (abwertend auch für schlechtes Theater)
²**Schmie|re,** die; -, -n ⟨hebr.-jidd.⟩ (Gaunerspr. Wache); Schmiere stehen
schmie|ren (ugs. auch für bestechen)
Schmie|ren|ko|mö|di|ant (abwertend); **Schmie|ren|ko|mö|di|an|tin; Schmie|ren|schau|spie|ler** (abwertend); **Schmie|ren|schau|spie|le|rin; Schmie|ren|stück** (abwertend)
Schmie|rer; Schmie|re|rei; Schmie|re|rin
Schmier|fett; Schmier|film
Schmier|fink, der; Gen. -en, auch -s, Plur. -en (ugs. abwertend)
Schmier|geld meist Plur. (ugs.); **Schmier|geld|zah|lung**
Schmier|heft
schmie|rig; Schmie|rig|keit, die; -
Schmier|kä|se; Schmier|mit|tel; Schmier|nip|pel
Schmier|öl; Schmier|pres|se; Schmier|sei|fe
Schmie|rung; Schmier|zet|tel
schmilzt vgl. ¹schmelzen, ²schmelzen
Schmin|ke, die; -, -n; **schmin|ken; Schmink|stift; Schmink|tisch**
¹**Schmir|gel,** der; -s, - (ostmitteld. für Tabakspfeifensaft)
²**Schmir|gel,** der; -s ⟨ital.⟩ (ein Schleifmittel); **schmir|geln;** ich schmirg[e]le; **Schmir|gel|pa|pier**
schmiss vgl. ¹schmeißen
Schmiss, der; -es, -e; **schmis|sig;** eine schmissige Musik
¹**Schmitz,** der; -es, -e (veraltet, noch landsch. für Fleck, Klecks; Druckw. verschwommene Wiedergabe)

²**Schmitz,** der; -es, -e (landsch. für [leichter] Hieb, Schlag)
Schmit|ze, die; -, -n (landsch. für Peitsche, Ende der Peitschenschnur); **schmit|zen** (landsch. für [mit der Peitsche] schlagen)
Schmock, der; -[e]s, Plur. Schmöcke, auch -e u. -s ⟨slowen.⟩; nach Freytags »Journalisten« (gesinnungsloser Zeitungsschreiber)
Schmok, der; -s (nordd. für Rauch)
Schmö|ker, der; -s, - (nordd. für Raucher; ugs. für anspruchsloses, aber fesselndes Buch); **Schmö|ke|rin**
schmö|kern (ugs. für [viel] lesen); ich schmökere
Schmol|le, die; -, -n (bayr., österr. für Brotkrume)
Schmoll|ecke (ugs.)
schmol|len
schmol|lis! (Verbindungsw. Zuruf beim [Brüderschaft]trinken); **Schmol|lis,** das; -, -; mit jmdm. Schmollis trinken
Schmoll|mund
Schmölln (Stadt in Ostthüringen)
Schmoll|win|kel (ugs.)
schmolz vgl. ¹schmelzen, ²schmelzen
Schmon|zes, der; - ⟨jidd.⟩ (ugs. für leeres Gerede; überflüssiger Kram); **Schmon|zet|te,** die; -, -n (ugs. für albernes Machwerk)
Schmor|bra|ten; schmo|ren; jmdn. <mark>schmoren lassen</mark> od. schmorenlassen (ugs. für im Ungewissen lassen); **Schmor|fleisch**
schmor|gen (westmitteld. für knausern; geizig sein)
Schmor|obst; Schmor|pfan|ne; Schmor|topf
Schmu, der; -s (ugs. für leichter Betrug); Schmu machen
schmuck; eine schmucke Uniform
Schmuck, der; -[e]s, -e Plur. selten
<mark>**Schmuck|blatt|te|le|gramm,**</mark> Schmuck-blatt-Telegramm
schmü|cken
Schmuck|käst|chen; Schmuck|kas|ten; Schmuck|kof|fer
schmuck|los; Schmuck|lo|sig|keit, die; -
Schmuck|na|del; Schmuck|stein; Schmuck|stück; Schmuck|te|le|gramm
Schmü|ckung
schmuck|voll (veraltet)
Schmuck|wa|ren Plur.; **Schmuck|wa|ren|in|dus|t|rie**
Schmud|del, der; -s (ugs. für Unsauberkeit); **Schmud|del|ecke** (ugs.); in die Schmuddelecke

Schmuddelei

drängen; **Schmud|de|lei** (*ugs. für* Sudelei)
schmud|de|lig, schmudd|lig (*ugs. für* unsauber)
Schmud|del|kind (*ugs. abwertend*)
Schmud|deln (*ugs. für* sudeln, schmutzen); ich schmudd[e]le
Schmud|del|wet|ter (*ugs. für* nasskaltes, regnerisches Wetter)
schmudd|lig *vgl.* schmuddelig
Schmug|gel, der; -s; **Schmug|ge|lei**
schmug|geln; ich schmugg[e]le; **Schmug|gel|wa|re**
Schmugg|ler; **Schmugg|ler|ban|de**; **Schmugg|le|rin**; **Schmugg|lerring**; **Schmugg|ler|schiff**
schmu|len (*landsch. für* verstohlen blicken, schielen)
schmun|zeln; ich schmunz[e]le
schmur|geln (*landsch. für* in Fett braten); ich schmurg[e]le
Schmus, der; -es ⟨*hebr.-jidd.*⟩ (*ugs. für* leeres Gerede; Schöntun)
Schmu|se|ka|ter; **Schmu|se|kat|ze** (*fam.*)
Schmu|se|kurs (auf Annäherung, Ausgleich abzielender [politischer] Kurs)
schmu|sen (*ugs.*); du schmust; er schmuste; **Schmu|ser** (*ugs.*); **Schmu|se|rei** (*ugs.*); **Schmu|se|rin**
Schmutt, der; -es (*nordd. für* feiner Regen)
Schmutz, der; -es (*südwestd. auch für* Fett, Schmalz); ein Schmutz abweisendes *od.* schmutzabweisendes Material, *aber nur* jeden Schmutz abweisend, sehr schmutzabweisend ↑ D 58
Schmutz|ar|beit
Schmutz|blatt (*Druckw.*)
Schmutz|bürs|te
schmut|zen; du schmutzt
Schmutz|fän|ger; **Schmutz|fink**, der; *Gen.* -en, *auch* -s, *Plur.* -en (*ugs. für* jmd., der schmutzig ist); **Schmutz|fleck**
Schmutz|zi|an, der; -[e]s, -e (*veraltend für* Schmutzfink; *österr. ugs. für* Geizhals)
schmut|zig; sich schmutzig machen; schmutzig gelb, schmutzig grau usw. ↑ D 60; schmutziger oder Schmutziger Donnerstag (*landsch. für* Altweiberfastnacht) ↑ D 89; **Schmutz|ig|keit**
Schmutz|kü|bel|kam|pa|gne (*österr. abwertend für* mit unfairen Mitteln geführte Kampagne)
Schmutz|schicht; **Schmutz|ti|tel** (*Druckw.*); **schmut|zun|emp|find-**

lich; **Schmutz|wä|sche**, die; -; **Schmutz|was|ser** *Plur.* ...wässer, *auch* ...wasser; **Schmutz|zu|la|ge**
Schna|bel, der; -s, Schnäbel; **Schnä|bel|chen**; **Schnä|be|lei** (*ugs. auch für* das Küssen); **Schnä|be|lein**, Schnäb|lein
Schna|bel|flö|te
schna|bel|för|mig
Schna|bel|hieb
...**schnä|be|lig**, ...schnäb|lig (z. B. langschnäb[e]lig)
Schna|bel|kerf (*Zool.*)
schnä|beln (*ugs. auch für* küssen); ich schnäb[e]le; sich schnäbeln
Schna|bel|schuh; **Schna|bel|tas|se**
Schna|bel|tier (ein Eier legendes Säugetier)
Schnäb|lein *vgl.* Schnäbelein
...**schnäb|lig** *vgl.* ...schnäbelig
schna|bu|lie|ren (*ugs. für* mit Behagen essen)
Schnack, der; -[e]s, *Plur.* -s *u.* Schnäcke (*nordd. ugs. für* Plauderei; Scherzwort; Gerede)
schna|ckeln (*bayr. ugs. für* schnalzen); ich schnack[e]le
schna|cken (*nordd. für* plaudern); Platt schnacken
Schna|ckerl, der, *auch* das; -s (*österr. für* Schluckauf)
schnack|seln (*südd., österr. ugs. für* koitieren); ich schnacks[e]le
Schna|der|hüp|fe[r]l, das; -s, -[n], *vgl.* Pickerl (*bayr. u. österr. für* volkstüml. satirischer Vierzeiler)
schnaf|te (*berlin. veraltend für* hervorragend, vortrefflich)
Schna|ke, die; -, -n (eine langbeinige Mücke; *landsch. für* Stechmücke)
schnä|ken (*landsch. für* naschen)
Schna|ken|pla|ge; **Schna|ken|stich**
schnä|kig (*landsch. für* wählerisch [im Essen])
Schnäll|le|per
Schnal|le, die; -, -n (*österr. auch svw.* Klinke)
schnal|len (*südd. auch für* schnalzen); etwas schnallen (*ugs. für* verstehen)
Schnal|len|schuh
schnal|zen; du schnalzt; **Schnal|zer**; **Schnalz|laut**
schnapp!; schnipp, schnapp!
Schnapp|at|mung (*Med.*)
Schnäpp|chen (*ugs. für* vorteilhafter Kauf); **Schnäpp|chen|jagd**; **Schnäpp|chen|jä|ger**; **Schnäppchen|jä|ge|rin**
Schnäpp|chen|preis (*ugs. für* bes. günstiger Kaufpreis)

schnap|pen; Schnap|per
Schnäp|per, Schnep|per (ein Vogel; *Sport* [Sprung]bewegung; Nadel zur Blutentnahme; früher für Schnappschloss); **schnäppern**, schnep|pern (*Sport* in Hohlkreuzhaltung springen); ich schnäppere, ich schneppere; **Schnäp|per|sprung**, Schnep|persprung (*Sport*)
Schnapp|mes|ser, das
Schnapp|schloss
Schnapp|schuss
Schnaps, der; -es, Schnäpse
Schnaps|bren|ner; **Schnaps|bren|ne|rei**; **Schnaps|bren|ne|rin**
Schnaps|chen
Schnaps|dros|sel (*ugs. abwertend*)
schnäp|seln (*ugs. svw.* ¹schnapsen); ich schnäps[e]le
¹**schnap|sen** (*ugs. für* Schnaps trinken); du schnapst
²**schnap|sen** (*bayr., österr. für* Schnapsen spielen); **Schnap|sen**, das; -s (*bayr., österr.* Kartenspiel)
Schnaps|fah|ne (*ugs.*); **Schnaps|fla|sche**; **Schnaps|glas** *Plur.* ...gläser
Schnaps|idee (*ugs. für* seltsame, verrückte Idee)
Schnaps|lei|che (*ugs. scherzh. für* Betrunkener); **Schnaps|na|se** (*ugs.*); **Schnaps|stam|perl** (*bayr., österr. für* Schnapsglas)
Schnaps|zahl (*scherzh. für* Zahl aus gleichen Ziffern)
schnar|chen
Schnar|cher; **Schnar|che|rin**
Schnarch|na|se (*ugs. scherzh. für* jmd., der schnarcht; *ugs. abwertend für* jmd., der sehr langsam ist); **schnarch|na|sig**
Schnar|re, die; -, -n
schnar|ren
Schnarr|werk (bei der Orgel)
Schnat, **Schna|te**, die; -, ...ten (*landsch. für* junges abgeschnittenes ²Reis; Grenze einer Flur)
Schnä|tel, das; -s, - (*landsch. für* Pfeifchen aus Weidenrinde)
Schnat|te|rer; **Schnat|te|rig**, schnatt|rig; **Schnat|te|rin**
Schnat|ter|lie|se (*ugs. für* schwatzhaftes Mädchen)
schnat|tern; ich schnattere
schnatt|rig *vgl.* schnatterig
schnät|zeln (*hess.*; *svw.* schnatzen); ich schnätz[e]le; sich schnätzeln; **schnat|zen** (*hess. für* sich putzen, das Haar aufstecken); du schnatzt; sich schnatzen

schneiteln

Schnau, die; -, -en (*nordd. für* geschnäbeltes Schiff)
schnau|ben; du schnaubst; du schnaubtest (*veraltend* schnobst); du schnaubtest (*veraltend* schnöbest); geschnaubt (*veraltend* geschnoben); schnaub[e]!
schnäu|big (*hess. für* wählerisch)
Schnauf, der; -[e]s, -e (*landsch. für* [hörbarer] Atemzug)
schnau|fen; **Schn**au|fer (*ugs.*)
Schnau|ferl, das; -s, -[n]; *vgl.* Pickerl (*ugs. scherzh. für* altes Auto)
Schnau|pe, die; -, -n (*südd. für* Ausguss an Kannen u. a.)
Schnauz, der; -es, Schnäuze (*bes. schweiz. für* Schnurrbart)
Schnauz|bart; **schn**auz|bär|tig
Schnäuz|chen
Schnau|ze, die; -, -n (*auch derb für* Mund; **schnau|zen**; du schnauzt)
schnäu|zen; du schnäuzt; sich schnäuzen
Schnau|zer, der; -s, - (Hund einer bestimmten Rasse; *ugs. kurz für* Schnauzbart)
schnau|zig (grob [schimpfend])
...**schn**au|zig, ...**schn**äu|zig (*ugs.*; z. B. großschnauzig, großschnäuzig)
Schnäuz|tuch *Plur.* ...tücher (*bayr., österr. veraltend für* Taschentuch)
Schneck, der; -s, -en (*bes. südd., österr. für* Schnecke)
Schne|cke, die; -, -n
Schne|cken|boh|rer (ein Werkzeug); **schn**e|cken|för|mig; **Schn**e|cken|fri|sur; **Schn**e|cken|gang
Schne|cken|ge|häu|se; **Schn**e|cken|haus
Schne|cken|li|nie (*selten für* Spirale); **Schn**e|cken|nu|del (*landsch. für* ein Hefegebäck)
Schne|cken|post, die; - (*scherzh.*); **Schn**e|cken|tem|po, das; -s (*ugs.*)
Schne|ckerl, das; -s, -[n]; *vgl.* Pickerl (*österr. ugs. für* Locke)
schned|de|reng|teng!, **schn**ed|de|reng|teng|teng! (Nachahmung des Trompetenschalles)
Schnee, der; -s; im Jahre, anno Schnee (*österr. für* vor langer Zeit)
schnee|arm; schneearme Winter
Schnee|ball (Kugel aus Schnee; ein Strauch); **schn**ee|bal|len *fast nur im Infinitiv u. Partizip II gebr.*; geschneeballt
Schnee|ball|prin|zip (best. Art der Verbreitung einer Nachricht)

Schnee|ball|schlacht
Schnee|ball|sys|tem (bestimmte, in Deutschland verbotene Form des Warenabsatzes; Schneeballprinzip)
schnee|be|deckt ↑D 59
Schnee|bee|re (ein Strauch)
¹**Schn**ee|berg (Stadt im westlichen Erzgebirge)
²**Schn**ee|berg, der; -[e]s (höchster Gipfel des Fichtelgebirges)
Schnee|be|sen (ein Küchengerät)
schnee|blind; **Schn**ee|blind|heit
Schnee|brett (flach überhängende Schneemassen); **Schn**ee|bril|le
Schnee|bruch (Baumschaden durch zu große Schneelast; *vgl.* ¹Bruch); **Schn**ee|de|cke
Schnee-Ei|fel, **Schn**ee|ei|fel, die; -; *vgl.* Schneifel
schnee|er|hellt ↑D 169
Schnee-Eu|le, **Schn**ee|eu|le
Schnee|fall; **Schn**ee|fall|gren|ze; **Schn**ee|flo|cke; **Schn**ee|frä|se
schnee|frei
Schnee|gans; **Schn**ee|ge|stö|ber
schnee|glatt; auf schneeglatter Fahrbahn; **Schn**ee|glät|te, die; -
Schnee|glöck|chen
Schnee|gren|ze
Schnee|grie|sel (*Meteorol.* Griesel)
Schnee|ha|se; **Schn**ee|hemd (*Militär*); **Schn**ee|hö|he; **Schn**ee|huhn
schnee|ig; schneeige Hänge
Schnee|ka|no|ne (Gerät zur Erzeugung von künstlichem Schnee)
Schnee|ket|te *meist Plur.*
Schnee|kö|nig (*ostmitteld. für* Zaunkönig); er freut sich wie ein Schneekönig (*ugs. für* er freut sich sehr)
Schnee|kö|ni|gin (Märchenfigur)
Schnee|kop|pe, die; - (höchster Berg des Riesengebirges)
Schnee|ku|gel (Spielzeug, das beim Schütteln den Eindruck von Schneetreiben erweckt); **Schn**ee|land|schaft; **Schn**ee|last; **Schn**ee|le|o|pard; **Schn**ee|le|o|par|din
Schnee|mann *Plur.* ...männer
Schnee|mas|se *meist Plur.*; ²**Schn**ee|matsch *vgl.* ²Matsch
Schnee|mensch (Fabelwesen); *vgl. auch* Yeti
Schnee|mo|bil (Kettenfahrzeug zur Fortbewegung im Schnee)
Schnee|mo|nat, **Schn**ee|mond (*alte Bez. für* Januar)
Schnee|pflug; **Schn**ee|räu|mer
Schnee|re|gen
schnee|reich; eine schneereiche Saison

Schnee|ru|te (*österr. für* Schneebesen)
Schnee|schau|fel; **Schn**ee|schleu|der; **Schn**ee|schmel|ze; **Schn**ee|schuh
schnee|si|cher; ein schneesicheres Skigebiet
Schnee|sturm *vgl.* ¹Sturm; **Schn**ee|trei|ben; **Schn**ee|ver|hält|nis|se *Plur.*; **Schn**ee|ver|we|hung; **Schn**ee|was|ser, das; -s; **Schn**ee|wech|te
Schnee|we|he
schnee|weiß
Schnee|witt|chen, das; -s (»Schneeweißchen« (dt. Märchengestalt)
Schnee|zaun
Schne|gel, der; -s, - (*Biol.* [hauslose] Schnecke)
Schneid, der; -[e]s, *bayr. österr.* die; - (*ugs. für* Mut; Tatkraft)
Schneid|ba|cken *Plur.*; **Schn**eid|boh|rer; **Schn**eid|bren|ner
Schnei|de, die; -, -n
Schnei|de|brett, **Schn**eid|brett
Schnei|dei|sen
Schnei|del|holz (*Forstwirtsch.* abgehauene Nadelholzzweige)
Schnei|de|müh|le (*selten für* Sägemühle)
schnei|den; du schnittst; du schnittest; ich habe mir, *auch* mich in den Finger geschnitten; schneid[e]!
Schnei|der
Schnei|de|raum (*Filmtechnik*)
Schnei|de|rei; **Schn**ei|der|ge|sel|le; **Schn**ei|der|ge|sel|lin; **Schn**ei|der|hand|werk, das; -[e]s
Schnei|de|rin; **Schn**ei|der|kos|tüm; **Schn**ei|der|krei|de
Schnei|der|meis|ter; **Schn**ei|der|meis|te|rin
schnei|dern; ich schneidere
Schnei|der|pup|pe; **Schn**ei|der|sitz; **Schn**ei|der|werk|statt
Schnei|de|tech|nik
Schnei|de|tisch (*Filmtechnik*)
Schnei|de|werk|zeug
Schnei|de|zahn
schnei|dig (forsch); **Schn**ei|dig|keit, die; -
Schneid|klup|pe (Werkzeug zum Gewindeschneiden)
schnei|en
Schnei|fel, **Schn**ee-Ei|fel, **Schn**eeeifel, die; - (ein Teil der Eifel)
Schnei|se, die; -, -n ([gerader] Durchhieb [Weg] im Wald)
schnei|teln (*Forstwirtsch.* von überflüssigen Ästen, Trieben befreien); ich schneit[e]le

schnell

schn**e**ll; schnells|tens; so schnell wie (älter als) möglich; ihr müsst jetzt schnell machen (euch beeilen); ↑D 56: ein Rennpferd, ein Fahrzeug schnell machen od. schnellmachen; auf die schnelle Tour (ugs.); auf die Schnelle (ugs. für rasch, schnell); ↑D 89: Schneller od. schneller Brüter (ein Kernreaktor); ↑D 150: Schnelle Medizinische Hilfe; Abk. SMH (vgl. d.)
Schn**e**ll|bahn (Abk. S-Bahn)
Schn**e**ll|boot; Schn**e**ll|bus; Schn**e**ll|dampfer
Schn**e**ll|den|ker (ugs.); Schn**e**ll|denke|rin
Schn**e**ll|dienst
Schn**e**ll|durch|gang, Schn**e**ll|durchlauf
¹Schn**e**ll|le, die; - (Schnelligkeit)
²Schn**e**ll|le, die; -, -n (Stromschnelle)
schn**e**ll|len
Schn**e**ll|ler (landsch. für Geräusch, das durch Schnippen mit zwei Fingern entsteht)
Schn**e**ll|feu|er; Schn**e**ll|feu|er|gewehr; Schn**e**ll|feu|er|pis|to|le (Militär)
schn**e**ll|fü|ßig
Schn**e**ll|gang (Kfz-Technik)
Schn**e**ll|gast|stät|te; Schn**e**ll|gericht
Schn**e**ll|hef|ter
Schn**e**ll|heit, die; - (selten für Schnelligkeit)
Schn**e**ll|lig|keit
Schn**e**ll|im|biss; Schn**e**ll|koch|platte; Schn**e**ll|koch|topf
Schn**e**ll|kraft
Schn**e**ll|kurs
Schn**e**ll|last|wa|gen, Schnell-Lastwa|gen (schnell fahrender Lastkraftwagen)
Schn**e**ll|läu|fer, Schnell-Läu|fer
Schn**e**ll|läu|fe|rin, Schnell-Läu|fe|rin
schn**e**ll|le|big; Schn**e**ll|le|big|keit
Schn**e**ll|le|ser, Schnell-Le|ser
Schn**e**ll|le|se|rin, Schnell-Le|se|rin
Schn**e**ll|mer|ker (ugs. scherzh., oft iron. Mensch mit bes. rascher Auffassung; Schn**e**ll|mer|ke|rin
Schn**e**ll|pa|ket; Schn**e**ll|rei|ni|gung; Schn**e**ll|res|tau|rant; Schn**e**ll|schach
Schn**e**ll|schuss (ugs. für schnelle Maßnahme, Reaktion)
schn**e**lls|tens; schn**e**llst|möglich
Schn**e**ll|stra|ße
Schn**e**ll|test; Schn**e**ll|ver|fah|ren
Schn**e**ll|ver|kehr

Schn**e**ll|wä|sche|rei (svw. Schnellreinigung)
Schn**e**ll|zug (svw. D-Zug)
Schn**e**p|fe, die; -, -n (ein Vogel)
Schn**e**p|fen|jagd; Schn**e**p|fen|vogel; Schn**e**p|fen|zug (Jägerspr.)
Schn**e**p|pe, die; -, -n (mitteld. für Schnabel [einer Kanne]; schnabelförmige Spitze [eines Kleidungsstückes])
Schn**e**p|per vgl. Schnäpper; schn**e**p|pern vgl. schnäppern; Schn**e**p|per|sprung vgl. Schnäppersprung
schn**e**tzeln (bes. schweiz. für [Fleisch] fein zerschneiden); ich schnetz[e]le; geschnetzeltes Fleisch
Schn**e**uß, der; -es, -e (Archit. Fischblasenornament)
Schn**e**u|ze, die; -, -n (früher für Lichtputzschere)
schn**e**u|zen alte Schreibung für schnäuzen
schn**i**|cken (landsch. für schnippen)
Schn**i**ck|schnack, der; -[e]s (ugs. für [törichtes] Gerede; nutzloser Kleinkram)
schn**ie**|ben (mitteld. für schnauben); auch mit starker Beugung: du schnobst; du schnöbest; geschnoben
Schn**ie**|del|wutz, der; -es, -e (ugs. scherzh. für Penis)
schn**ie**|fen (bes. mitteld. für hörbar durch die Nase einatmen)
schn**ie**|geln (ugs. für übertrieben herausputzen); sich schniegeln; ich schnieg[e]le [mich]; geschniegelt und gebügelt od. gestriegelt (fein hergerichtet)
schn**ie**|ke (berlin. für fein, schick)
Schn**ie**|pel, der; -s, - (veraltet für Angeber, Geck; ugs. für Penis)
Schn**i**p|fel, der; -s, - (landsch. für Schnipsel); schn**i**p|feln; ich schnipf[e]le
schn**i**pp!; schnipp, schnapp!
Schn**i**pp|chen; nur noch in jmdm. ein Schnippchen schlagen (ugs. für einen Streich spielen)
Schn**i**p|pel, der od. das; -s, - (ugs. für Schnipsel)
Schn**i**p|pel|boh|nen Plur. (landsch.)
Schn**i**p|pel|chen; Schn**i**p|pe|lei (ugs. abwertend)
schn**i**p|peln; ich schnipp[e]le
schn**i**p|pen; mit den Fingern schnippen
schn**i**p|pisch
schnipp, schnapp!

Schn**i**pp|schnapp[|schnurr], das; -[s] (ein [Karten]spiel)
Schn**i**p|sel, der od. das; -s, - (ugs. für kleines [abgeschnittenes] Stück); Schn**i**p|se|lei (ugs.); schn**i**p|seln; ich schnips[e]le
schn**i**p|sen (svw. schnippen); du schnipst
schn**i**tt vgl. schneiden
Schn**i**tt, der; -[e]s, -e (ugs. auch für Durchschnitt, Gewinn)
Schn**i**tt|blu|me; Schn**i**tt|boh|ne; Schn**i**tt|brot
Schn**i**t|te, die; -, -n (österr. auch für Waffel)
Schn**i**tt|ent|bin|dung (Med. Entbindung durch Kaiserschnitt)
Schn**i**t|ter (veraltend für Mäher); Schn**i**t|te|rin
schn**i**tt|fest; schnittfeste Wurst
Schn**i**tt|flä|che
Schn**i**tt|ge|rin|ne, das; -s, - (landsch., bes. ostmitteld. für Rinnstein); Schn**i**tt|holz
schn**i**t|tig (auch für rassig); ein schnittiges Auto; Schn**i**t|tig|keit
Schn**i**tt|kä|se
Schn**i**tt|kur|ve (Math.)
Schn**i**tt|lauch, der; -[e]s
Schn**i**tt|li|nie
Schn**i**tt|meis|ter (svw. Cutter); Schn**i**tt|meis|te|rin
Schn**i**tt|men|ge (Math.)
Schn**i**tt|mus|ter; Schn**i**tt|mus|ter|bogen
Schn**i**tt|punkt; Schn**i**tt|stel|le (EDV Verbindungsstelle zweier Geräte- od. Anlagenteile)
Schn**i**tt|ver|let|zung
Schn**i**tt|wa|re; schn**i**tt|wei|se
Schn**i**tt|wun|de
Schn**i**tz, der; -es, -e (landsch. für kleines [gedörrtes] Obststück)
Schn**i**tz|ar|beit (Schnitzerei); Schn**i**tz|bank Plur. ...bänke; Schn**i**tz|bild
¹Schn**i**t|zel, der; -s, - (dünne Fleischscheibe zum Braten); Wiener Schnitzel
²Schn**i**t|zel, das, österr. nur so, od. der; -s, - (ugs. für abgeschnittenes Stück)
Schn**i**t|zel|bank Plur. ...bänke (veraltet für Bank zum Schnitzen; Bänkelsängerverse mit Bildern)
Schn**i**t|ze|lei (landsch.)
Schn**i**t|zel|jagd
Schn**i**t|zel|klop|fer (österr. für Fleischklopfer)
schn**i**t|zeln (landsch. auch für schnitzen); ich schnitz[e]le
schn**i**t|zen; du schnitzt

schockgefrostet

Schnit|zer (*ugs. auch für* Fehler)
Schnit|ze|rei; Schnit|ze|rin
Schnitz|kunst, die; -
¹Schnitz|ler (*schweiz. für* jmd., der schnitzt)
²Schnitz|ler (österr. Schriftsteller)
Schnitz|le|rin
Schnitz|mes|ser, das; Schnitz|werk
schno|bern (*landsch. für* schnuppern); ich schnobere
schnöd (*bes. südd., österr., schweiz. für* schnöde)
Schnod|der, der; -s (*derb für* Nasenschleim)
schnod|de|rig, schnodd|rig (*ugs. für* provozierend, unverschämt); schnodd[e]rige Bemerkungen; Schnod|de|rig|keit, Schnodd|rig|keit (*ugs.*); schnodd|rig, schnod|de|rig
schnö|de; schnöder Gewinn, Mammon; schnö|den (*schweiz. für* schnöde reden); Schnöd|heit, *häufiger* Schnö|dig|keit (*geh. abwertend*)
schno|feln (*österr. ugs. für* schnüffeln; durch die Nase sprechen); ich schnof[e]le
Schnor|chel, der; -s, - (Luftrohr für das U-Boot; Teil eines Sporttauchgerätes); schnor|cheln (mit dem Schnorchel tauchen); ich schnorch[e]le
Schnör|kel, der; -s, -; Schnör|ke|lei; schnör|kel|haft; schnör|ke|lig, schnörk|lig; Schnör|kel|kram (*ugs.*); schnör|kel|los (nüchtern, schlicht); schnör|keln; ich schnörk[e]le; Schnör|kel|schrift; schnörk|lig, schnör|ke|lig
schnor|ren (*ugs. für* [er]betteln); Schnor|rer; Schnor|re|rei; Schnor|re|rin
Schnö|sel, der; -s, - (*ugs. für* dummer u. frecher junger Mensch); schnö|se|lig (*ugs.*); Schnö|se|lin
Schnu|cke, die; -, -n (*kurz für* Heidschnucke)
Schnu|ckel|chen (Schäfchen; *auch* Kosewort)
schnu|cke|lig, schnuck|lig (*ugs. für* nett, süß; lecker, appetitlich)
Schnu|cki, das; -s, -s (*ugs.; svw.* Schnuckelchen); Schnu|cki|putz, der; -es, -e (*ugs. für svw.* Schnuckelchen)
schnuck|lig *vgl.* schnuckelig
schnud|de|lig, schnudd|lig (*ugs. für* unsauber; *berlin. für* lecker)
Schnüf|fe|lei
schnüf|feln (*landsch. für* schnüffeln)
schnüf|feln (*auch für* spionieren);
ich schnüff[e]le; Schnüf|fel|stoff (*ugs. für* Mittel, das berauschende Dämpfe abgibt)
Schnuf|fel|tuch (ein Spielzeug aus weichem Stoff für Babys)
Schnüff|ler; Schnüff|le|rin
schnul|len (*landsch. für* saugen)
Schnul|ler (Gummisauger für Kleinkinder)
Schnul|ze, die; -, -n (*ugs. für* sentimentales Kino-, Theaterstück, Lied); Schnul|zen|sän|ger; Schnul|zen|sän|ge|rin; schnul|zig (*ugs.*)
schnup|fen; Tabak schnupfen
Schnup|fen, der; -s, -; Schnup|fen|mit|tel; Schnup|fen|spray
Schnup|fer; Schnup|fe|rin
Schnupf|ta|bak; Schnupf|ta|bak[s]|do|se
Schnupf|tuch *Plur.* ...tücher
schnup|pe (*ugs. für* gleichgültig); es ist mir schnuppe
Schnup|pe, die; -, -n (*landsch. für* verkohlter Docht)
Schnup|per|an|ge|bot (Werbespr.); Schnup|per|kurs; Schnup|per|leh|re (*ugs. für* kurzzeitige Teilnahme an einer betriebl. Ausbildung [zur Erleichterung der Berufswahl])
schnup|pern; ich schnuppere
¹Schnur, die; -, *Plur.* Schnüre, *seltener* Schnuren (Bindfaden)
²Schnur, die; -, -en (*veraltet für* Schwiegertochter)
schnur|ar|tig
Schnür|bo|den (Theater)
Schnür|chen; das geht wie am Schnürchen (*ugs. für* das geht reibungslos)
schnü|ren (auch von der Gangart des Fuchses)
schnur|ge|ra|de, *ugs.* schnur|gra|de
Schnür|ke|ra|mik, die; - (Kulturkreis der Jüngeren Steinzeit)
Schnür|leib, Schnür|leib|chen (veraltet)
schnur|los; schnurlos telefonieren; Schnur|los|te|le|fon
Schnürl|re|gen (österr.); Schnürl|samt (österr. für Cord)
Schnür|mie|der
Schnur|rant, der; -en, -en (*veraltet für* [Bettel]musikant)
Schnurr|bart; Schnurr|bart|bin|de; schnurr|bär|tig
Schnur|re, die; -, -n (scherzhafte Erzählung)
¹schnur|ren (ein brummendes Geräusch von sich geben)
²schnur|ren *usw.* (*landsch. für* schnorren *usw.*)
Schnurr|haar (bei Raubtieren, bes. bei Katzen)
Schnür|rie|men (Schnürsenkel)
schnur|rig (*veraltend für* komisch); ein schnurriger Kauz; Schnur|rig|keit
Schnur|rock, Schnür|rock (*früher für* Männerrock mit Schnüren)
Schnür|schuh; Schnür|sen|kel
schnur|sprin|gen *vorwiegend im Infinitiv u. im Partizip II gebr.*; schnurgesprungen
Schnur|sprin|gen (österr. für Seilspringen)
Schnür|stie|fel
schnur|stracks (*ugs.*)
Schnü|rung
schnurz (*ugs. für* gleich[gültig], egal); das ist mir schnurz; schnurz|pie|pe, schnurz|piep|egal (*ugs.*)
Schnüt|chen; Schnu|te, die; -, -n (*bes. nordd. für* Mund; *ugs. für* [Schmoll]mund, unwilliger Gesichtsausdruck)
Scho|ah, Sho|ah [*auch* ˈʃoː...], die; - ⟨hebr.⟩ (Verfolgung u. Ermordung der Juden zur Zeit des Nationalsozialismus)
schob *vgl.* schieben
Scho|ber, der; -s, - (Scheune; südd., österr. für geschichteter Heu-, Getreidehaufen)
Schö|berl, das; -s, -[n], *vgl.* Pickerl (österr. für eine Suppeneinlage)
scho|bern, schö|bern (*bes. österr. für* in Schober setzen); ich schobere, schöbere
Scho|chen, der; -s, Schöchen (südd., schweiz. für kleinerer Heuhaufen)
¹Schock, das; -[e]s, -e (ein altes Zählmaß = 60 Stück); 3 Schock Eier
²Schock, der; -[e]s, *Plur. veraltet* -e ⟨engl.⟩ (plötzliche nervliche od. seelische Erschütterung; akutes Kreislaufversagen)
Schock|ab|sor|ber (Technik ein Dämpfungssystem)
scho|ckant ⟨franz.⟩ (*veraltend für* anstößig)
Schock|be|hand|lung; Schock|bild (bes. als Warnung auf Tabakerzeugnissen)
scho|cken ⟨engl.⟩ (*ugs. für* schockieren); Scho|cker (*ugs. für* schockierender Roman, Film)
Schock|far|be (besonders grelle Farbe); schock|far|ben
Schock|fo|to (Foto, auf dem etwas Schockierendes zu sehen ist)
schock|ge|fro|ren; schock|ge|fros|tet

schockieren

schön

I. *Kleinschreibung* ↑D 89:
– die schöne Literatur; die schönen Künste; das schöne (weibliche) Geschlecht
– eine schöne Bescherung *(ugs. iron.)*
– gib die schöne *(Kinderspr. für* rechte) Hand!
– am schönsten ↑D 74

II. *Großschreibung*
a) *der Substantivierung* ↑D 72:
– etwas Schönes; nichts Schöneres
– die Schönste unter ihnen; der Schönste der Schönen
– die Welt des Schönen; das Gefühl für das Schöne und Gute
– auf das, aufs Schönste *od.* auf das, aufs schönste übereinstimmen ↑D 75

b) *in Namen* ↑D 134:
– Philipp der Schöne

III. *Schreibung in Verbindung mit Verben:*
a) *Getrenntschreibung:*
– schön sein, schöner sein
– es kann noch schöner werden
– das Bild ist schön geworden
– sich schön anziehen
– die Eier schön, schöner färben
– den Brief [besonders] schön schreiben

b) *Nur in Zusammenschreibung:*
– schönfärben (günstig darstellen)
– schönmachen (Männchen machen)
– schönreden (beschönigen)
– schönschreiben (Schönschrift schreiben)
– schöntun (schmeicheln)

c) *Getrennt- oder Zusammenschreibung:*
– sich für das Fest schön machen *od.* schönmachen

---

scho|ckie|ren ⟨franz.⟩ (einen Schock verursachen, in große Entrüstung versetzen)
scho|cking *vgl.* shocking
Schock|schwe|re|not! *(veraltet)*
Schock|the|ra|pie
schock|wei|se; dreischockweise
Schock|wel|le *meist Plur.;* **Schockwir|kung; Schock|zu|stand**
Schof, der; -[e]s, -e *(nordd. für* Strohbündel [zum Dachdecken]; *Jägerspr.* Kette [von Gänsen *od.* Enten])
scho|fel, schofelig, schofflig ⟨hebr.-jidd.⟩ *(ugs. für* gemein; geizig); ein schof[e]les *od.* schof[e]liges Verhalten; er hat ihn schofel *od.* schof[e]lig behandelt
Scho|fel, der; -s, - *(ugs. für* schlechte Ware)
scho|fe|lig *vgl.* schofel
Schöf|fe, der; -n, -n
Schöf|fen|bank *Plur.* ...bänke
Schöf|fen|ge|richt; Schöf|fen|se|nat *(österr. für* Schöffengericht für bestimmte Delikte)
Schöf|fen|stuhl; Schöf|fin
schof|lig *vgl.* schofel
Scho|gun [ˈʃoːguːn] *vgl.* Shogun
Scho|ki, *häufiger* **Scho|ko,** die; -, -[s] *(ugs.; kurz für* Schokolade)
Scho|ko|drops; Scho|ko|ha|se *(ugs.);* **Scho|ko|keks** *(ugs., Werbespr.);* **Scho|ko|kuss** (mit Schokolade überzogenes Schaumgebäck)
Scho|ko|la|de, die; -, -n ⟨mexik.⟩;
scho|ko|la|den *(als* Schokolade)
scho|ko|la|de[n]|braun
Scho|ko|la|de[n]|eis; Scho|ko|la|de[n]|fa|b|rik
scho|ko|la|de[n]|far|ben, scho|ko|la|de[n]|far|big; Scho|ko|la|de[n]|fi|gur
Scho|ko|la|de[n]|guss
Scho|ko|la|de[n]|ha|se
Scho|ko|la|de[n]|os|ter|ha|se
Scho|ko|la|de[n]|pud|ding
Scho|ko|la|de[n]|sei|te *(ugs. für* die Seite, die am vorteilhaftesten aussieht; jmds. angenehme Wesenszüge)
Scho|ko|la|de[n]|streu|sel
Scho|ko|la|de[n]|ta|fel
Scho|ko|la|de[n]|tor|te
Scho|ko|la|de[n]|weih|nachts|mann *Plur.* ...männer
scho|ko|la|dig
Scho|ko|rie|gel
Scho|lar, der; -en, -en ⟨griech.⟩ ([fahrender] Schüler, Student [im MA.])
Scho|l|arch, der; -en, -en (Schulvorsteher im MA.)
Scho|las|tik, die; - (mittelalterliche Philosophie; engstirnige Schulweisheit); **Scho|las|ti|ker** (Anhänger, Lehrer der Scholastik; *auch für* spitzfindiger Mensch); **Scho|las|ti|ke|rin; scho|las|tisch; Scho|las|ti|zis|mus,** der; - (Überbewertung der Scholastik; *auch für* Spitzfindigkeit)
Scho|li|ast, der; -en, -en ⟨griech.⟩ (Verfasser von Scholien); **Scho|lie,** die; -, -n, *auch:* **Scho|li|on,** das; -s, ...lien (Anmerkung [zu griechischen u. römischen Schriftstellern], Erklärung)
Schol|le, die; -, -n (flacher [Erd-, Eis]klumpen; [Heimat]boden; ein Fisch); **Schol|len|bre|cher**
Schol|len|ge|bir|ge *(Geol.)*
schol|lern (dumpf rollen, tönen)
Schol|li; *nur in* mein lieber Scholli! *(ugs. Ausruf des Erstaunens od.* der Ermahnung)
schol|lig ⟨*zu* Scholle⟩
Schöll|kraut, das; -[e]s (eine Pflanze)
Scho|lo|chow (russischer Schriftsteller)
Schol|ti|sei, die; -, -en *(nordd. veraltet für* Amt des Gemeindevorstehers)
schon; obschon, wennschon; wennschon – dennschon; schon mal *(ugs.)*
schön *s.* Kasten
Schön|berg (österr. Komponist)
Schön|be|zug
Schön|brunn (Schloss in Wien)
Schön|druck *Plur.* ...drucke (Bedrucken der Vorderseite des Druckbogens)
¹**Schö|ne,** die; -n, -n (schöne Frau)
²**Schö|ne,** die; - ⟨*veraltend für* Schönheit⟩
scho|nen; sich schonen
Scho|nen (Landschaft im Süden Schwedens)
schö|nen (schöner erscheinen lassen; *fachspr. für* [Färbungen] verschönern, [Flüssigkeiten] künstlich klar machen)
¹**Scho|ner** (Schutzdeckchen)
²**Scho|ner,** der; -s, - ⟨engl.⟩ (ein mehrmastiges Segelschiff)
schön|fär|ben ([zu] günstig darstellen); ich färbe schön; schöngefärbt; schönzufärben; *aber* das Kleid wurde [besonders] schön gefärbt; **Schönfär|ber; Schön|fär|be|rei** ([zu]

günstige Darstellung); **Schön|fär|be|rin**
Schon|frist; Schon|gang *(Technik)*
Schon|gau|er *(dt. Maler u. Kupferstecher)*
Schon|ge|biet; Schon|ge|he|ge
Schön|geist *Plur.* ...geister; **Schöngeis|te|rei** (einseitige Betonung schöngeistiger Interessen); **schön|geis|tig;** schöngeistige Literatur
Schon|hal|tung
Schön|heit; Schön|heits|chi|r|urg; Schön|heits|chi|r|ur|gie; Schön|heits|chi|r|ur|gin; Schön|heits|farm
Schön|heits|feh|ler
Schön|heits|fleck; Schön|heits|ideal; Schön|heits|kö|ni|gin
Schön|heits|kur; Schön|heits|mittel; Schön|heits|ope|ra|ti|on
Schön|heits|pfläs|ter|chen; Schön|heits|pfle|ge
Schön|heits|re|pa|ra|tur
Schön|heits|sa|lon
Schön|heits|sinn, der; -[e]s
schön|heits|trun|ken *(geh.)*
Schön|heits|wett|be|werb
Schon|kli|ma (den Organismus nicht belastendes Klima)
Schon|kost *(für* Diät)
Schön|ling *(abwertend für* [übertrieben gepflegter] gut aussehender Mann)
schön|ma|chen; der Hund hat schöngemacht (hat Männchen gemacht); *aber* das hat er [besonders] schön gemacht; sie haben sich für das Fest **schön gemacht** *od.* schöngemacht
Schon|platz *(regional für* Arbeitsplatz für Genesende, Schwangere)
schön|rech|nen; er hat die Bilanz schöngerechnet
schön|re|den (beschönigen); er hat das Ergebnis schöngeredet; *aber* die Vortragende hat schön geredet; **Schön|re|de|rei** (schmeichelnde Darstellung);
Schön|red|ner (Schmeichler); **Schön|red|ne|rei** (Schönrederei); **Schön|red|ne|rin; schön|red|ne|risch**
schön|schrei|ben (Schönschrift schreiben); sie haben in der Schule schöngeschrieben; *aber* er hat diesen Aufsatz [besonders] schön geschrieben
Schön|schreib|heft; Schön|schreib|kunst; Schön|schreib|übung
Schön|schrift
schöns|tens

Schön|tu|er; Schön|tu|e|rei; Schön|tu|e|rin; schön|tu|e|risch
schön|tun *(ugs. für* schmeicheln); er hat ihr immer schöngetan
Scho|nung (Nachsicht, das Schonen; junger geschützter Baumbestand)
Schö|nung ⟨zu schönen⟩
scho|nungs|be|dürf|tig
scho|nungs|los; Scho|nungs|lo|sig|keit, die; -
scho|nungs|voll
Schon|ver|mö|gen (Teil des Vermögens eines Beziehers von Sozialleistungen, den dieser nicht anzugreifen braucht)
Schon|wasch|gang
Schon|wet|ter|la|ge; Schön|wet|ter|wol|ke
Schon|zeit *(Jägerspr.)*
Scho|pen|hau|er (dt. Philosoph)
Scho|pen|hau|e|ri|a|ner (Anhänger Schopenhauers); **Scho|pen|hau|e|ri|a|ne|rin**
scho|pen|hau|e|risch; ein schopenhauerisches Werk ↑ D 135 u. 89; schopenhauerisches Denken (nach Art von Schopenhauer); **scho|pen|hau|ersch;** ein **schopenhauersches** *od.* Schopenhauer'sches Werk; **schopenhauersches** *od.* Schopenhauer'sches Denken
Schopf, der; -[e]s, Schöpfe (Haarbüschel; *kurz für* Haarschopf; *landsch. u. schweiz. auch für* Wetterdach; Nebengebäude, [Wagen]schuppen)
Schopf|bra|ten *(österr. für* gebratener Schweinekamm)
Schöpf|brun|nen
Schöpf|chen (kleiner Schopf)
Schöp|fe, die; -, -n *(veraltend für* Gefäß, Platz zum Schöpfen)
Schöpf|ei|mer
¹**schöp|fen** (Flüssigkeit entnehmen)
²**schöp|fen** *(veraltet für* erschaffen)
¹**Schöp|fer** (Schöpfgefäß)
²**Schöp|fer** (Erschaffer, Urheber; *nur Sing.:* Gott)
Schöp|fer|geist, der; -[e]s *(geh.)*
Schöp|fer|hand, die; - *(geh.)*
Schöp|fe|rin
schöp|fe|risch
Schöp|fer|kraft *(geh.);* **Schöp|fer|tum,** das; -s
Schöpf|ge|fäß; Schöpf|kel|le; Schöpf|löf|fel; Schöpf|rad
Schöp|fung; Schöp|fungs|akt
Schöp|fungs|be|richt; Schöp|fungs|ge|schich|te; Schöp|fungs|tag
Schöpp|chen (kleiner Schoppen)

Schöp|pe, der; -n, -n *(nordd. für* Schöffe)
schöp|peln *(landsch. für* gern od. gewohnheitsmäßig [einen Schoppen] trinken); ich schöpp[e]le
schop|pen *(bayr., österr. u. schweiz. für* hineinstopfen, nudeln, zustecken)
Schop|pen, der; -s, - (altes Flüssigkeitsmaß; Glas mit einem viertel [auch halben] Liter Wein [auch Bier]; *südwestd. u. schweiz. auch für* Babyflasche; *landsch. für* Schuppen)
Schöp|pen|stedt (Stadt in Niedersachsen); **Schöp|pen|sted|ter; Schöp|pen|sted|te|rin; schöp|pen|sted|tisch**
Schop|pen|wein
schop|pen|wei|se
Schöps, der; -es, -e *(österr. für* Hammel); **Schöps|chen; Schöp|sen|bra|ten; Schöp|sen|fleisch; Schöp|ser|ne,** das; -n *(österr. für* Hammelfleisch)
schor *vgl.* ¹scheren
scho|ren *(landsch. für* umgraben)
Schorf, der; -[e]s, -e; **schorf|ar|tig; schorf|be|deckt; schorf|fig**
Schörl, der; -[e]s, -e (schwarzer Turmalin)
Schor|le, Schor|le|mor|le, die; -, -n, *selten das;* -s, -s (Getränk aus Wein od. Saft u. Mineralwasser)
Schorn|stein
Schorn|stein|fe|ger; Schorn|stein|fe|ge|rin
schoss *vgl.* schießen
¹**Schoss,** der; Schosses, *Plur.* Schosse[n] *u.* Schösse[r] *(veraltet für* Zoll, Steuer, Abgabe)
²**Schoss,** der; Schosses, Schosse (junger Trieb)
¹**Schoß,** der; -es, Schöße (beim Sitzen durch Oberschenkel u. Unterleib gebildeter Winkel; *geh. für* Mutterleib; Teil der Kleidung)
²**Schoß,** die; -, *Plur.* Schoßen *u.* Schöße *(österr. für* Frauenrock)
Schöß|chen (an der Taille eines Frauenkleides angesetzter [gekräuselter] Stoffstreifen); **Schöß|chen|ja|cke; Schö|ßel,** der; *auch* das; -s, - *(österr. für* Schößchen; Frackschoß)
schos|sen (austreiben); die Pflanze schosst, schossende, hat geschosst; **Schos|ser,** der; -s, - (verfrüht blühende Pflanze)
Schoß|hund; Schoß|hünd|chen
Schoß|kind

Schössling

Schöss|ling (Ausläufer, Trieb einer Pflanze)
Schos|ta|ko|witsch, Dmitri (russischer Komponist)
Schot, die; -, -e[n] (Seemannsspr. Segelleine)
Schöt|chen (kleine ⁴Schote)
¹**Scho|te**, der; -n, -n ⟨hebr.-jidd.⟩ (ugs. für Narr, Einfaltspinsel)
²**Scho|te**, die; -, -n (Schot)
³**Scho|te**, die; -, -n (ugs. für [zum Spaß] erfundene Geschichte)
⁴**Scho|te**, die; -, -n (Fruchtform); **scho|ten|för|mig**; **Scho|ten|frucht**
¹**Schott**, der; -s, -s ⟨arab.⟩ (mit Salzschlamm gefülltes Becken [im Atlasgebirge])
²**Schott**, das; -[e]s, Plur. -en, auch -e (Seemannsspr. wasserdichte [Quer]wand im Schiff)
¹**Schot|te**, der; -n, -n (Bewohner von Schottland)
²**Schot|te**, der; -n, -n (nordd. für junger Hering)
³**Schot|te**, die; - (südd., schweiz. für Molke)
¹**Schot|ten**, der; -s (südd., westösterr. für Quark)
²**Schot|ten**, der; -s, - (ein Gewebe)
Schot|ten|ka|ro; **Schot|ten|muster**
Schot|ten|rock; **Schot|ten|witz**
Schot|ter, der; -s, - (zerkleinerte Steine; auch für von Flüssen abgelagerte kleine Steine); **Schot|ter|de|cke**
schot|tern (mit Schotter belegen); ich schottere; **Schot|ter|pis|te**; **Schot|ter|stra|ße**; **Schot|te|rung**
Schot|tin; **schot|tisch**
Schot|tisch, der; -, -, **Schot|ti|sche**, der; -n, -n (ein Tanz); einen Schottischen tanzen
Schott|land; **Schott|län|der** (selten); **Schott|län|de|rin** (selten); **schott|län|disch** (selten)
Schraf|fe, die; -, -n meist Plur. (Strich einer Schraffur); **schraf|fen** (schraffieren)
schraf|fie|ren (mit Schraffen versehen; stricheln)
Schraf|fie|rung, **Schraf|fung**, **Schraf|fur**, die; -, -en (feine parallele Striche, die eine Fläche hervorheben)
schräg; schräg halten, laufen, liegen, stehen; den Schrank schräg stellen od. schrägstellen; ↑D 58 schräg laufende od. schräglaufende Linien; schräg gegenüber; schräge Musik (ugs. bes. für Jazzmusik)
Schräg|bau, der; -[e]s (Bergmannsspr. ein Abbauverfahren in steil gelagerten Flözen)
Schrä|ge, die; -, -n
schra|gen (veraltet für kreuzweise [zu Schragen] verbinden)
Schra|gen, der; -s, - (veraltet für z. B. als [Toten]bahre, Sägebock od. zum Auslegen von Waren verwendetes, auf kreuzweise verschränkten Füßen ruhendes Gestell)
schrä|gen (schräg abkanten)
Schräg|heck
Schräg|heit; **schräg|hin**; **Schräg|la|ge**
schräg lau|fend, **schräg|lau|fend** vgl. schräg
Schräg|schnitt; **Schräg|schnittpasse|par|tout** [...paspar'tu:]
Schräg|schrift
schräg stel|len, **schräg|stel|len** vgl. schräg
Schräg|strei|fen; **Schräg|strich**
schräg|über (selten für schräg gegenüber)
Schrä|gung (selten für Schräge)
schral (Seemannsspr. ungünstig); schraler Wind; **schra|len**; der Wind schralt
Schram, der; -[e]s, Schräme (Bergmannsspr. horizontaler od. geneigter Einschnitt im Flöz); **Schräm|boh|rer**, **Schram|boh|rer**; **schrä|men** (Schräme machen); **Schräm|ma|schi|ne** (Maschine zur Herstellung eines Schrams)
Schram|me, die; -, -n
Schram|mel|mu|sik ↑D 136, die; - ⟨nach den österr. Musikern Johann u. Josef Schrammel⟩
schram|men; **schram|mig**
Schrank, der; -[e]s, Schränke
Schrank|bett; **Schränk|chen**
Schran|ke, die; -, -n
Schränk|ei|sen (Gerät zum Schränken der Säge)
Schran|ken|ele|ment
Schran|ken, der; -s, - (österr. für Bahnschranke)
schrän|ken (die Zähne eines Sägeblattes wechselweise abbiegen; Jägerspr. die Tritte etwas versetzt hintereinandersetzen [vom Rothirsch])
Schran|ken|an|la|ge
Schran|ken|los; **Schran|ken|lo|sigkeit**, die; -
Schran|ken|wär|ter, **Schran|kenwär|te|rin**
Schrank|fach
schrank|fer|tig; schrankfertige Wäsche
Schrank|kof|fer; **Schrank|spie|gel**
Schrank|tür; **Schrank|wand**
Schran|ne, die; -, -n (südd. veraltend für Fleischer-, Bäckerladen; Getreidemarkt[halle]; bayr., österr. landsch. für Markt[halle])
Schranz, der; -es, Schränze (südd., schweiz. mdal. für Riss)
Schran|ze, die; -, -n, seltener der; -n, -n (abwertend für Höfling)
Schra|pe, die; -, -n (nordd. für Gerät zum Schaben); **schra|pen** (nordd. für schrappen)
Schrap|nell, das; -s, Plur. -e u. -s ⟨nach dem engl. Artillerieoffizier H. Shrapnel⟩ (früher für Sprenggeschoss mit Kugelfüllung; ugs. abwertend für ältere, hässliche Frau)
Schrapp|ei|sen; **schrap|pen** (landsch. für [ab]kratzen); **Schrap|per** (ein Fördergefäß)
Schrap|sel, das; -s, - (nordd. für das Abgekratzte)
Schrat, der; -[e]s, -e, landsch. **Schrä|tel**, der; -s, -, **Schratt**, der; -[e]s, -e (zottiger Waldgeist)
Schrat|te, die; -, -n (Geol. Rinne, Schlucht in Kalkgestein); vgl. ²**Karre**; **Schrat|ten|kalk** (zerklüftetes Kalkgestein)
Schräub|chen; **Schraub|de|ckel**
Schrau|be, die; -, -n
Schrau|bel, die; -, -n (Bot. schraubenförmiger Blütenstand)
schrau|ben
Schrau|ben|bol|zen
Schrau|ben|damp|fer; **Schrau|bendre|her** (fachspr. für Schraubenzieher); **Schrau|ben|fe|der**; **Schrau|ben|flü|gel**
schrau|ben|för|mig
Schrau|ben|ge|win|de; **Schrau|benkopf**; **Schrau|ben|li|nie**; **Schrauben|mut|ter** Plur. ...muttern; **Schrau|ben|pres|se**; **Schrau|benrad**; **Schrau|ben|sal|to**
Schrau|ben|schlüs|sel; **Schrau|benspin|del** (Maschinenbau)
Schrau|ben|win|de (Technik)
Schrau|ben|zie|her
Schrau|ber (ugs. für Mechaniker, Bastler); **Schrau|be|rin**
Schraub|stock Plur. ...stöcke
Schrau|bung
Schraub|ver|schluss
Schraub|zwin|ge
Schre|ber|gar|ten ↑D 136 ⟨nach dem Leipziger Arzt Schreber⟩ (Kleingarten in Gartenkolonien); **Schre|ber|gärt|ner**; **Schreber|gärt|ne|rin**
Schreck, der; -[e]s, -e, Schre|cken,

Schrifterkennung

schre|cken

I. *In der Bedeutung »in Schrecken geraten« wird*
a) *in Zusammensetzungen wie »auf-, hoch-, zurück-, zusammenschrecken« sowohl unregelmäßig als auch regelmäßig gebeugt:*
- du schrickst, *auch* schreckst zurück
- du schrakst, *auch* schrecktest zurück
- sie meinte, du schräkest, *auch* schrecktest zurück
- schrick, *auch* schreck[e] nicht zurück
- *aber heute nur noch:* du bist zurückgeschreckt

b) *»erschrecken« stets unregelmäßig gebeugt:*
- du erschrickst
- du erschrakst
- du bist erschrocken

II. *In den Bedeutungen »in Schrecken [ver]setzen; abschrecken« und (jägersprachlich) »schreien« wird regelmäßig gebeugt:*
- du schreckst sie mit Drohungen; du schrecktest mich mit deiner Ankündigung; dieser Traum schreckt mich; das Telefon hat mich [aus meinen Gedanken] geschreckt; schreck[e] mich nicht so!
- sie schreckte gerade die Eier [ab]
- du [er]schrecktest sie; du hast sie erschreckt
- der Rehbock schreckte, hat geschreckt *(Jägerspr.)*

Vgl. auch ¹erschrecken, ²erschrecken, ³erschrecken

---

der; -s, -; Schrecken erregen; ↑D 58: eine schreckenerregende *od.* Schrecken erregende Verlautbarung; *aber nur* eine höchst schreckenerregende Verlautbarung
Schreck|bild
Schre|cke, die; -, -n *(kurz für Heuschrecke)*
schre|cken *s. Kasten*
Schre|cken *vgl. Schreck*
schre|cken|er|re|gend, Schre|cken er|re|gend; eine schreckenerregende *od.* Schrecken erregende Nachricht; *aber nur noch* schreckenerregender, besonders schreckenerregend, größen Schrecken erregend ↑D 58
Schre|ckens|bi|lanz
schre|ckens|blass; schre|ckens|bleich
Schre|ckens|bot|schaft; Schre|ckens|herr|schaft; Schre|ckens|nach|richt; Schre|ckens|vi|si|on
schreck|er|füllt
Schreck|ge|spenst
schreck|haft; Schreck|haf|tig|keit
schreck|lich *vgl.* schlimm; **Schreck|lich|keit**
Schreck|nis, das; -ses, -se *(geh.)*
Schreck|schrau|be *(ugs. abwertend für unangenehme Frau)*
Schreck|schuss; Schreck|schuss|pis|to|le
Schreck|se|kun|de
Schred|der, der; -s, - ⟨engl.⟩ *(Anlage zum Verschrotten von Autowracks; Zerkleinerungsmaschine für Gartenabfälle)*
Schred|der|ma|te|ri|al
schred|dern
Schrei, der; -[e]s, -e; **Schrei|ad|ler**
Schrei|ba|by *(ugs.)*
Schreib|ar|beit *meist Plur.;* **Schreib|au|to|mat; Schreib|be-**

darf; Schreib|block *vgl.* Block; **Schreib|blo|cka|de; Schreib|bü|ro**
Schrei|be, die; - *(ugs. für Geschriebenes; Schreibgerät; Schreibstil)*
schrei|ben; du schriebst; du schriebest; geschrieben; schreib[e]!; er hat mir sage und schreibe (tatsächlich) zwanzig Euro abgenommen; **Schrei|ben**, das; -s, - *(Schriftstück)*
Schrei|ber; Schrei|be|rei; Schrei|be|rin
Schrei|ber|ling *(abwertend für* [viel u.] *schlecht schreibender Autor)*
Schrei|ber|see|le *(bürokratischer, kleinlicher Mensch)*
schreib|faul; Schreib|faul|heit
Schreib|fe|der; Schreib|feh|ler
Schreib|ge|bühr *meist Plur. (schweiz.)*
schreib|ge|schützt *(bes. EDV vor Änderungen durch unbefugtes Schreiben geschützt)*
schreib|ge|wandt
Schreib|heft; Schreib|kraft; Schreib|krampf; Schreib|map|pe
Schreib|ma|schi|ne; Schreib|ma|schi|nen|pa|pier; Schreib|ma|schi|nen|schrift
Schreib|pa|pier; Schreib|pro|gramm *(EDV);* **Schreib|pult; Schreib|schrank; Schreib|schrift; Schreib|stu|be**
Schreib|tisch; Schreib|tisch|gar|ni|tur; Schreib|tisch|hengst *(ugs. abwertend);* **Schreib|tisch|lam|pe; Schreib|tisch|tä|ter** *(jmd., der ein Verbrechen von anderen ausführen lässt, in führender Position dafür verantwortlich ist);* **Schreib|tisch|tä|te|rin**
Schreib|übung
Schrei|bung
Schreib|un|ter|la|ge; Schreib|un|ter|richt

Schreib|wa|ren *Plur.;* **Schreib|wa|ren|ge|schäft; Schreib|wa|ren|hand|lung**
Schreib|wei|se, die; **Schreib|zeug**, das; -[e]s
schrei|en; du schriest; geschrien; schrei[e]!; die schreiendsten Farben
Schrei|er; Schrei|e|rei *(ugs.);* **Schrei|e|rin; Schrei|hals** *(abwertend)*; **Schrei|krampf**
Schrein, der; -[e]s, -e ⟨lat.⟩ *(schintoistischer Tempel; veraltend für Schrank;* [Reliquien]*behältnis)*
Schrei|ner *(bes. südd., westd., schweiz. für Tischler);* **Schrei|ne|rei; Schrei|ne|rin; schrei|nern**; ich schreinere
Schrift|bag|ger *(Technik)*
schrei|ten; du schrittst; du schrittest; geschritten; schreit[e]!
Schreit|tanz; Schreit|vo|gel
schrem|men *(österr. für mit dem Elektrohammer arbeiten);* du schremmst; **Schremm|ham|mer**
Schrenz, der; -es, -e *(veraltend für minderwertiges Papier, Löschpapier)*
schrie *vgl.* schreien
schrieb *vgl.* schreiben
Schrieb, der; -s, -e, **Schriebs**, der; -es, -e *(ugs., oft abwertend für Schreiben, Brief)*
Schrift, die; -, -en; die deutsche, gotische, lateinische, griechische, kyrillische Schrift
Schrift|art; Schrift|bild
schrift|deutsch; Schrift|deutsch, das; -[s]; **Schrift|deut|sche**, das; -n
Schrif|ten *Plur. (schweiz. für Ausweispapiere);* **Schrif|ten|rei|he; Schrif|ten|ver|zeich|nis; Schrif|ten|wech|sel** *(schweiz. Amtsspr.)*
Schrift|er|ken|nung *(EDV)*

Schriftform

Schrift|form
Schrift|füh|rer; Schrift|füh|re|rin
Schrift|ge|lehr|te (im N. T.)
schrift|ge|mäß
Schrift|gie|ßer; Schrift|gie|ße|rei; Schrift|gie|ße|rin
Schrift|grad; Schrift|gut, das; -[e]s; Schrift|hö|he
Schrift|lei|ter, der; Schrift|lei|te|rin; Schrift|lei|tung
schrift|lich; schriftliche Arbeit; schriftliche Prüfung; jmdm. etwas schriftlich geben; ↑D 72; jmdm. etwas Schriftliches geben; Schrift|lich|keit, die; - (schriftliche Niederlegung)
Schrift|pro|be; Schrift|rol|le; Schrift|sach|ver|stän|di|ge
Schrift|satz; Schrift|set|zer; Schrift-set|ze|rin
Schrift|spra|che; schrift|sprach|lich
Schrift|stel|ler; Schrift|stel|le|rei Plur. selten; Schrift|stel|le|rin; schrift|stel|le|risch; schrift|stel-lern; ich schriftstellere; geschriftstellert
Schrift|stück; Schrift|tum, das; -s; Schrift|typ
Schrift|ver|kehr, der; -s
schrift|ver|stän|dig
Schrift|wech|sel; Schrift|zei|chen; Schrift|zug
schrill; schril|len; Schrill|heit
Schrimp vgl. Shrimp
schrin|nen (nordd. für schmerzen); die Wunde schrinnt
Schrip|pe, die; -, -n (bes. berlin. für Brötchen)
Schritt, der; -[e]s, -e; 5 Schritt weit; Schritt für Schritt; auf Schritt und Tritt; Schritt fahren, Schritt halten
Schritt|feh|ler (Sport)
Schritt|fol|ge (beim Tanzen)
Schritt|ge|schwin|dig|keit
Schritt|kom|bi|na|ti|on (Sport)
Schritt|län|ge
Schritt|ma|cher; Schritt|ma|che|rin; Schritt|ma|cher|ma|schi|ne (Radrennen)
Schritt|mes|ser, der
Schritt|tanz, Schritt-Tanz
Schritt|tem|po, Schritt-Tem|po, das; -s
schritt|wei|se
Schritt|wei|te (bei der Hose); Schritt|zäh|ler
Schrö|der, Gerhard (siebter dt. Bundeskanzler)
Schro|fen, der; -s, - (landsch., bes. österr. für Felsklippe)
schroff
Schroff, der; Gen. -[e]s u. -en, Plur.

-en, Schrof|fen, der; -s, -; vgl. Schrofen
Schroff|heit
schroh (fränk. u. hess. für hässlich; landsch. für sehr dünn)
schröp|fen; Schröp|fer (selten für Schröpfkopf); Schröpf|kopf (Med.)
Schropp|ho|bel vgl. Schrupphobel
Schrot, der od. das; -[e]s, -e (grob gemahlene Getreidekörner; kleine Bleikügelchen); mit Schrot schießen
Schrot|blatt (mittelalterliches Kunstblatt in Metallschnitt)
Schrot|brot
schro|ten (grob zerkleinern); geschrotet, älter geschroten
Schrö|ter (selten für Hirschkäfer)
Schrot|flin|te
Schroth|kur ↑D 136 (nach dem österr. Naturheilkundler J. Schroth) (Naturheilverfahren, das u. a. auf Trockenkostdiät, geringer Flüssigkeitsaufnahme u. Schwitzpackungen basiert)
Schrot|korn
Schrot|ku|gel; Schrot|la|dung
Schröt|ling (Metallstück zum Prägen von Münzen)
Schrot|mehl; Schrot|müh|le; Schrot-sä|ge; Schrot|schuss
Schrot|schuss|krank|heit, die; - (eine Pflanzenkrankheit)
Schrott, der; -[e]s, -e Plur. selten (Altmetall); schrot|ten (ugs. für zu Schrott machen)
Schrott|han|del; Schrott|händ|ler; Schrott|händ|le|rin
Schrott|hau|fen; Schrott|im|mo|bi-lie (ugs. abwertend für Immobilie, die nichts od. nur wenig wert ist); Schrott|kis|te (ugs. abwertend für altes, schrottreifes Auto); Schrott|pa|pier (ugs. abwertend für Wertpapier mit hohem Verlustrisiko); Schrott|platz; Schrott|preis; schrott|reif
Schrott|trans|port, Schrott-Transport; Schrott|ver|wer|tung; Schrott|wert, der; -[e]s
Schrot|waa|ge (Vorrichtung zur Prüfung waagerechter Flächen)
Schrubb|be|sen, Schrubb-Be|sen (landsch.)
schrub|ben (mit einer Bürste o. Ä. reinigen); vgl. schruppen
Schrub|ber ([Stiel]scheuerbürste)
Schrul|le, die; -, -n (seltsame Laune; ugs. auch für eigensinnige alte Frau); schrul|len|haft
schrul|lig; Schrul|lig|keit

schrumm!; schrumm|fi|de|bumm!
Schrum|pel, die; -, -n (landsch. für Falte, Runzel; alte Frau); schrum|pe|lig vgl. schrumplig
schrum|peln (landsch. für schrumpfen); ich schrump[e]le
schrumpf|be|stän|dig; schrumpfbeständige Stoffe
schrumpf|fen
Schrumpf|ger|ma|ne (ugs. abwertend für kleinwüchsiger Mensch)
schrump|fig
Schrumpf|kopf (eingeschrumpfter Kopf eines getöteten Feindes [als Trophäe])
Schrumpf|le|ber; Schrumpf|nie|re
Schrump|fung
schrump|lig, schrum|pe|lig (landsch. für faltig u. eingetrocknet)
Schrund, der; -[e]s, Schründe (südd., österr., schweiz. für Randspalte eines Gletschers; Felsspalte, Kluft); Schrun|de, die; -, -n ([Haut]riss, Spalte)
schrun|dig (landsch. für rissig)
schrup|pen (grob hobeln); vgl. schrubben; Schrupp|fei|le; Schrupp|ho|bel
Schruz, der; -es (obersächs. für Minderwertiges, Wertloses)
Schtetl, Stetl, das; -s, - ⟨jidd.⟩ (früher für kleinere Stadt [in Osteuropa] mit jüdischer, nach eigenen Traditionen lebender Bevölkerung)
Schub, der; -[e]s, Schübe
Schub|ab|schal|tung (Kfz-Technik)
Schub|be|jack, der; -s, -s (nordd. für Schubiack)
schub|ben (nordd. für kratzen)
Schu|ber, der; -s, - (Schutzkarton für Bücher; österr. auch für Absperrvorrichtung, Schieber)
Schu|bert (österr. Komponist)
Schub|fach
Schub|haft (österr. für Abschiebehaft); Schub|häft|ling (österr.)
Schu|bi|ack, der; -s, Plur. -s u. -e ⟨niederl.⟩ (ugs. für Lump, niederträchtiger Mensch)
schu|bi|du (gesungene Silbenfolge ohne Bedeutung aus dem Jazz- od. Popmusik)
Schub|kar|re[n]; Schub|kas|ten; Schub|kraft
Schub|la|de; schub|la|di|sie|ren (schweiz. für unbearbeitet weglegen)
Schub|leh|re (svw. Schiebelehre)
Schub|leich|ter (Schiff)
Schub|leis|tung

Schule

Schüb|lig, Schüb|ling, der; -s, -e (*schweiz. mdal. für* [leicht geräucherte] Wurst)
Schub|mo|dul, der; -s, -n (*Physik*)
Schubs, der; -es, -e (*ugs. für* Stoß)
Schub|schiff
schub|sen (*ugs. für* [an]stoßen); du schubst; **Schub|se|rei** (*ugs.*)
Schub|stan|ge; Schub|um|kehr (Verfahren zur Abbremsung eines Flugzeuges nach der Landung)
schub|wei|se
Schub|wir|kung
schüch|tern; Schüch|tern|heit
schu|ckeln (*landsch. für* schaukeln); ich schuck[e]le
schud|dern (*landsch. für* schauern, frösteln); es schuddert mich
schuf vgl. schaffen
Schu|fa ®, **SCHU|FA,** die; - ⟨Kurzw. aus Schutzorganisation für allgemeine Kreditsicherung⟩ (eine Auskunftei der Kreditwirtschaft); **Schu|fa-Aus|kunft**, **SCHU|FA-Aus|kunft**
Schuf|fel, die; -, -n (ein Gartengerät)
Schuft, der; -[e]s, -e (*abwertend*)
schuf|ten (*ugs. für* hart arbeiten); **Schuf|te|rei** (*ugs.*)
schuf|tig; Schuf|tig|keit
Schuf|tin
Schuh, der; -[e]s, -e; 3 Schuh lang
Schuh|an|zie|her
Schuh|band, das; *Plur.* ...bänder (*landsch. für* Schnürsenkel); **Schuh|ban|del, Schuh|bandl** (*bayr., österr. für* Schuhband, Schnürsenkel); **Schuh|bän|del** (*bes. schweiz. für* Schuhband, Schnürsenkel)
Schuh|bürs|te
Schuh|chen, Schüh|chen
Schuh|creme, **Schuh|crème**
Schuh|fa|b|rik; Schuh|ge|schäft; Schuh|ge|stell (*schweiz. für* Schuhregal); **Schuh|grö|ße; Schuh|kar|ton**
Schuh|la|den *Plur.* ...läden
Schüh|lein
Schuh|leis|ten; Schuh|löf|fel
Schuh|ma|cher; Schuh|ma|che|rei; Schuh|ma|che|rin
Schuh|num|mer
Schuh|platt|ler (ein Volkstanz)
Schuh|put|zer; Schuh|put|ze|rin
Schuh|rie|men; Schuh|soh|le; Schuh|span|ner
Schuh|werk, das; -[e]s; **Schuh|wich|se** (*ugs.*)
Schu|ko ® (*Kurzw. für* Schutzkontakt); *in Verbindungen wie;* **Schu|ko|ste|cker** (*Kurzw. für* Stecker mit besonderem Schutzkontakt)
Schul|ab|bre|cher; Schul|ab|bre|che|rin; Schul|ab|gän|ger; Schul|ab|gän|ge|rin
Schul|ab|schluss; Schul|al|ter, das; -s
Schu|lam|mit vgl. ²Sulamith
Schul|amt
Schul|an|fang; Schul|an|fän|ger; Schul|an|fän|ge|rin
Schul|ar|beit (Hausaufgabe; *österr. auch svw.* Klassenarbeit)
Schul|arzt; Schul|ärz|tin; schul|ärzt|lich
Schul|at|las; Schul|auf|ga|be; Schul|auf|satz; Schul|auf|sicht; Schul|auf|sichts|be|hör|de; Schul|aus|flug
schul|au|to|nom (*österr. Schule in der Verantwortung der einzelnen Schule[n] liegend*); **schul|au|to|no|me** [Ferien]tage; **Schul|au|to|no|mie**
Schul|bahn (*österr. Amtsspr. für* Schullaufbahn)
Schul|bank *Plur.* ...bänke; **Schul|be|ginn,** der; -[e]s; **Schul|be|hör|de**
Schul|bei|spiel
Schul|be|such
schul|bil|dend
Schul|bil|dung; Schul|bub (*südd., österr., schweiz. für* Schuljunge)
Schul|buch; Schul|buch|ak|ti|on (*österr. für* kostenlose Ausstattung mit Schulbüchern)
Schul|bus; Schul|chor
Schuld, die; -, -en; es ist meine Schuld; [an etwas] Schuld od. die Schuld haben; jmdm. Schuld od. die Schuld geben; an etwas Schuld tragen; *aber* ↑D 70: schuld sein; [bei jmdm.] Schulden haben; Schulden machen, *aber:* das Schuldenmachen muss aufhören; du hast dir etwas zuschulden od. zu Schulden kommen lassen
Schuld|ab|än|de|rung (*Rechtswiss.*); **Schuld|an|er|kennt|nis**, das (*Rechtswiss.*); **Schuld|bei|tritt; Schuld|be|kennt|nis**
schuld|be|la|den (*geh.*)
schuld|be|weis; schuld|be|wusst; Schuld|be|wusst|sein
Schuld|buch|for|de|rung (*Wirtsch.*)
schuld|ein|ge|ständ|nis
schul|den; er schuldet ihr Geld
Schul|den|ab|bau
Schul|den|be|ra|ter (Schuldnerberater); **Schul|den|be|ra|te|rin;** **Schul|den|be|ra|tung** (Schuldnerberatung)
Schul|den|berg (*ugs.*); **Schul|den|brem|se** (*ugs.*); **Schul|den|er|lass; Schul|den|fal|le** (*ugs.*)
schul|den|fi|nan|ziert
Schul|den|frei (ohne Schulden); **schul|den|ge|plagt**
Schul|den|gren|ze
Schul|den|haf|tung (*Rechtsspr.*)
Schul|den|land ...länder (*ugs.*); **Schul|den|last; Schul|den|li|mit,** das; **Schul|den|ober|gren|ze; Schul|den|schnitt; Schul|den|staat** (*ugs.*); **Schul|den|sün|der** (*ugs. für* Staat, dessen Verschuldung eine zulässige Höchstgrenze überschreitet)
Schul|den|til|gung
schuld|fä|hig (*Rechtsspr.*); **Schuld|fä|hig|keit,** die; -
Schuld|fra|ge
schuld|frei (ohne Schuld)
Schuld|ge|fühl
Schuld|haft
Schuld|haft, die; - (*früher*)
Schuld|dienst; der; -[e]s
schul|dig; auf schuldig plädieren (Schuldigsprechung beantragen); eines Verbrechens schuldig sein; jmdn. für schuldig erklären; jmdn. schuldig sprechen. schuldigsprechen (verurteilen); **Schul|di|ge,** der *u.* die; -n, -n
Schul|di|ger (*bibl.* jmd., der sich schuldig gemacht hat)
Schul|di|ger|ma|ßen
Schul|dig|keit; seine [Pflicht u.] Schuldigkeit tun
schul|dig spre|chen, schul|dig|spre|chen vgl. schuldig
Schul|dig|spre|chung
Schul|di|rek|tor; Schul|di|rek|to|rin
Schuld|kom|plex (*Psychol.*)
schuld|los; Schuld|lo|sig|keit, die; -
Schuld|ner
Schuld|ner|be|ra|ter; Schuld|ner|be|ra|te|rin; Schuld|ner|be|ra|tung; Schuld|ner|in
Schuld|ner|mehr|heit (*Rechtsspr.*)
Schuld|ner|ver|zug (*Rechtsspr.*)
Schuld|recht (*Rechtsspr.*)
Schuld|schein; Schuld|spruch
Schuld tra|gend, schuld|tra|gend (*österr.*); **Schuld|über|nah|me**
Schuld|um|wand|lung; Schuld|ver|hält|nis; Schuld|ver|schrei|bung
schuld|voll
Schuld|zins *Plur.* ...zinsen
Schuld|zu|wei|sung
Schu|le, die; -, -n; Schule machen (Nachahmer finden); ↑D 89 *u.*

schuleigen

151: die Hohe od. hohe Schule (Reitsport); die höhere Schule (vgl. höher)
schul|ei|gen ↑D 151
Schul|ein|gangs|pha|se (Amtsspr.)
schu|len
Schul|eng|lisch (Englischkenntnisse, die jmd. auf der Schule erworben hat)
schul|ent|las|sen ↑D 59; Schul|ent|las|sung
Schü|ler; Schü|ler|aus|tausch; Schü|ler|aus|weis
schü|ler|haft
Schul|er|hal|ter (österr. für Schulträger)
Schü|le|rin
Schü|ler/-innen, Schü|ler(innen) (kurz für Schülerinnen u. Schüler)
Schü|ler|lot|se (Schüler, der als Verkehrshelfer eingesetzt ist); Schü|ler|lot|sin
Schü|ler|mit|ver|ant|wor|tung; Schü|ler|mit|ver|wal|tung (Abk. SMV); Schü|ler|par|la|ment; Schü|ler|prak|ti|kum; Schü|ler|rat Plur. ...räte
Schü|ler|schaft
Schü|ler|spra|che; Schü|ler|ti|cket; Schü|ler|ver|tre|tung (Abk. SV); Schü|ler|wett|be|werb; Schü|ler|zahl; Schü|ler|zei|tung
Schul|es|sen; Schul|fach; Schul|fe|ri|en Plur.; Schul|fest; Schul|form
schul|frei vgl. hitzefrei
Schul|freund; Schul|freun|din
Schul|funk; Schul|gang, der; Schul|gar|ten; Schul|ge|bäu|de; Schul|ge|bühr; Schul|geld
Schul|ge|lehr|sam|keit
Schul|ge|mein|schafts|aus|schuss (österr. für Gremium aus Lehrern, Eltern u. Schülern)
Schul|ge|setz; Schul|got|tes|dienst; Schul|haus; Schul|heft; Schul|hof; Schul|hort
schu|lisch
Schul|jahr; Schul|jah|res|be|ginn
Schul|ju|gend; Schul|jun|ge, der
Schul|ka|me|rad; Schul|ka|me|ra|din
Schul|kennt|nis|se Plur.; Schul|kind; Schul|klas|se; Schul|land|heim; Schul|leis|tung
Schul|lei|ter, der; Schul|lei|te|rin; Schul|lei|tung
Schul|mäd|chen; Schul|mann Plur. ...männer (Lehrer)
schul|mä|ßig
Schul|me|di|zin, die; -; schul|me|di|zi|nisch
Schul|meis|ter; Schul|meis|te|rin; schul|meis|ter|lich; schul|meis-

tern; ich schulmeistere; geschulmeistert; zu schulmeistern; Schul|meis|ter|schaft
Schul|men|sa
schul|mü|de
Schul|mu|sik; Schul|nach|richt (österr. für Halbjahreszeugnis); Schul|no|te; Schul|or|ches|ter; Schul|ord|nung
Schul|or|ga|ni|sa|ti|ons|ge|setz (österr.; Abk. SchOG)
Schulp, der; -[e]s, -e (Schale der Tintenfische)
Schul|part|ner Plur. (österr. für Lehrende, Schüler[innen] u. Eltern); Schul|part|ner|schaft
Schul|pflicht; schul|pflich|tig; schulpflichtiges Alter; schulpflichtiges Kind
Schul|pfor|ta ([früher Fürstenschule] bei Naumburg)
Schul|po|li|tik; schul|po|li|tisch
Schul|prak|ti|kum
Schul|psy|cho|lo|ge; Schul|psy|cho|lo|gin
Schul|ran|zen
Schul|rat Plur. ...räte; Schul|rä|tin
Schul|recht, das; -[e]s; Schul|re|fe|rat (für Schulen zuständige Abteilung einer Behörde); Schul|re|form; Schul|rei|fe; Schul|rei|se (schweiz. für Klassenfahrt); Schul|sack (schweiz. für Schulranzen; Schulbildung)
Schul|schiff
Schul|schluss, der; ...schlusses
Schul|schwim|men, das; -s; Schul|spei|sung; Schul|sport
Schul|spre|cher; Schul|spre|che|rin
Schul|stress
Schul|stu|fe; Schul|stun|de; Schul|sys|tem; Schul|tag; Schul|ta|sche
Schul|ter, die; -, -n
Schul|ter|blatt
schul|ter|frei
Schul|ter|ge|lenk
Schul|ter|klap|pe
schul|ter|lang; schulterlanges Haar
schul|tern; ich schultere
Schul|ter|pat|te (schweiz. für Schulterklappe); Schul|ter|pols|ter; Schul|ter|rie|men
Schul|ter|schluss (das Zusammenhalten [von Interessengruppen u. a.])
Schul|ter|sieg (beim Ringen); Schul|ter|zu|cken; schul|ter|zu|ckend
Schult|heiß, der; -en, -en (früher für Gemeindevorsteher; im Kanton Luzern Präsident des Regierungsrates); Schult|hei|ßen|amt; Schult|hei|ßin

Schul|trä|ger (Amtsspr.); Schul|tü|te (am ersten Schultag); Schul|typ
Schu|lung; Schu|lungs|kurs
Schul|uni|form; Schul|un|ter|richt; Schul|ver|pfle|gung; Schul|ver|sa|gen; Schul|ver|such; Schul|ver|wal|tung; Schul|ver|wal|tungs|amt
Schul|ver|wei|ge|rer; Schul|ver|wei|ge|rin
Schul|wart (österr. für Hausmeister einer Schule); Schul|war|tin
Schul|wech|sel; Schul|weg; Schul|weis|heit (abwertend für angelerntes Wissen); Schul|we|sen; Schul|wis|sen; Schul|wo|che
Schul|ze, der; -n, -n (veraltet für Gemeindevorsteher)
Schul|zeit
Schul|zen|amt (veraltet)
Schul|zen|t|rum; Schul|zeug|nis; Schul|zim|mer (schweiz. für Klassenzimmer)
Schu|man (franz. Politiker)
Schu|mann (dt. Komponist)
Schüm|li, der; -[s], -[s], Schüm|li|kaf|fee (unter Druck gebrühter Kaffee mit cremigem Schaum)
Schum|mel, der; -s (ugs. für Schummelei, Betrug); Schum|me|lei (ugs.)
schum|meln (ugs. für [leicht] betrügen); ich schumm[e]le
Schum|mer, der; -s, - (landsch. für Dämmerung)
schum|me|rig, schum|rig (ugs. für dämmerig, halbdunkel)
schum|mern (landsch. für dämmern; fachspr. für [Landkarte] schattieren); ich schummere; ↑D 82: im Schummern (landsch. für in der Dämmerung)
Schum|me|rung (fachspr. für Schattierung)
Schumm|ler, der; -s, - (ugs. für jmd., der schummelt); Schumm|le|rin
schumm|rig vgl. schummerig
Schum|per|lied (obersächs. für Liebeslied, derbes Volkslied)
schum|pern (ostmitteld. für auf dem Schoße schaukeln); ich schumpere
Schund, der; -[e]s (Wertloses, Minderwertiges)
Schund|blatt (abwertend für Zeitschrift, die nur Schund enthält); Schund|heft (svw. Schundblatt); Schund|li|te|ra|tur, die; -; Schund|ro|man
schun|keln ([sich] hin u. her wiegen; landsch. für schaukeln);

ich schunk[e]le; **Schun|kel|walzer**
Schupf, der; -[e]s, -e (südd., schweiz. mdal. für Schubs, Stoß, Schwung); **schup|fen**
Schup|fen, der; -s, - (bayr., österr. für Schuppen, Wetterdach)
Schup|fer (österr. ugs. für Stoß, Schubs)
Schupf|nu|del meist Plur. (südd. für Nudel aus Kartoffelpüree, Mehl u. Ei)
¹**Schu|po**, die; - (Kurzw. für Schutzpolizei)
²**Schu|po**, der; -s, -s (veraltet; Kurzw. für Schutzpolizist)
Schupp, der; -[e]s, -e (nordd. für Schubs, Stoß, Schwung)
Schüpp|chen (kleine Schuppe)
Schup|pe, die; -, -n (Haut-, Hornplättchen)
Schup|pe, die; -, -n (landsch. für Schippe)
Schup|pel, der; -s, - (bayr. u. österr. mdal. für Büschel)
schüp|peln (veraltet für schiebend bewegen); ich schüpp[e]le
¹**schup|pen** (landsch. für stoßen, schieben)
²**schup|pen** ([Fisch]schuppen entfernen; Schuppen bilden)
Schup|pen, der; -s, - (Raum für Holz u. a.); vgl. Schupfen
schüp|pen (landsch. für schippen)
Schüp|pen Plur. (landsch. für Schippen)
schup|pen|ar|tig
Schup|pen|bil|dung; **Schup|pen|flech|te** (Med.)
Schup|pen|pan|zer; **Schup|pen|tier**
schup|pig
Schups (vgl. Schubs); **schup|sen** (vgl. schubsen); du schupst
Schur, die; -, -en (Scheren [der Schafe])
Schür|ei|sen
schü|ren; **Schü|rer** (landsch. für Schürhaken)
Schurf, der; -[e]s, Schürfe (Bergmannsspr. Suche nach nutzbaren Lagerstätten)
schür|fen
Schür|fer (Bergmannsspr.); **Schürfe|rin**; **Schürf|kü|bel** (ein Fördergerät); **Schürf|loch**; **Schürf|recht**
Schür|fung
Schürf|wun|de
schür|gen (landsch. für schieben, stoßen, treiben)
Schür|ha|ken
Schu|ri|ge|lei (ugs.); **schu|ri|geln** (ugs. für schikanieren, quälen); ich schurig[e]le

Schur|ke, der; -n, -n (abwertend); **Schur|ken|staat** (abwertend); **Schur|ken|streich** (veraltend); **Schur|ke|rei** (abwertend); **Schur|kin**; **schur|kisch**
Schur|re, die; -, -n (landsch. für Rutsche); **schur|ren** (landsch. für kurz mit knirschendem Geräusch über den Boden scharren)
Schur|wol|le; **schur|wol|len** (aus Schurwolle)
Schurz, der; -es, -e
Schür|ze, die; -, -n
schür|zen; du schürzt
Schür|zen|band, das; Plur. ...bänder
Schür|zen|jä|ger (ugs. für Mann, der ständig Frauen umwirbt)
Schür|zen|kleid; **Schür|zen|zip|fel**
Schusch|nigg (österr. Politiker)
Schuss, der; -es, Schüsse; 2 Schuss Rum; 2 Schuss (auch Schüsse) abgeben; in Schuss (ugs. für in Ordnung) halten, haben
Schuss|ab|ga|be (Amtsspr.)
Schuss|bein (Fußball)
schuss|be|reit
¹**Schus|sel**, der; -s, - od. die; -, -n (ugs. für unkonzentrierter, vergesslicher Mensch)
²**Schus|sel**, die; -, -n (landsch. für Schlitterbahn)
Schüs|sel, die; -, -n
schüs|sel|för|mig
schus|se|lig, schuss|lig (ugs. für unkonzentriert, vergesslich); **Schus|se|lig|keit**
schus|seln (ugs. für fahrig, unruhig sein; landsch. für schlittern); ich schussle
Schus|ser (landsch. für Spielkügelchen); **schus|sern** (landsch.); ich schussere
Schuss|fa|den (Weberei)
Schuss|fahrt (Skisport)
Schuss|feld
schuss|fer|tig; **schuss|fest** (kugelsicher; Jägerspr. an Schüsse gewöhnt)
Schuss|garn (Weberei)
Schuss|ge|le|gen|heit (Sport)
schuss|ge|recht (Jägerspr.)
Schuss|ge|rin|ne (Wasserbau)
schuss|ge|wal|tig (Sportjargon)
schus|sig (landsch. für [über]eilig, hastig)
Schuss|kraft, die; - (Sport)
Schuss|ler (landsch. für mit Schussern Spielender; ugs. svw. ¹Schussel); **Schuss|le|rin**
Schüß|ler|salz, **Schüß|ler-Salz** meist Plur. (nach dem dt. Arzt W. H. Schüßler) (in der Alternativmedizin als Arznei angewandter Mineralstoff)
schuss|lig vgl. schusselig
Schuss|li|nie; **Schuss|rich|tung**
schuss|schwach (Sport); **Schussschwä|che**, Schuss-Schwä|che (bes. Fuß-, Handball)
schuss|si|cher; **schuss|stark** (Sport); **Schuss|stär|ke**, Schuss-Stär|ke
Schuss|ver|let|zung; **Schuss|waf|fe**; **Schuss|waf|fen|ge|brauch** (bes. Polizeiw.); **Schuss|wech|sel**; **Schuss|wei|te**; **Schuss|wun|de**; **Schuss|zahl**
Schus|ter; **Schus|ter|ah|le**; **Schus|te|rei** (veraltet); **Schus|te|rin**
Schus|ter|jun|ge, der (veraltet für Schusterlehrling; berlin. für Roggenbrötchen)
schus|tern (landsch., sonst veraltet für das Schuhmacherhandwerk ausüben; abwertend für Pfuscharbeit machen); ich schustere
Schus|ter|pal|me (eine Pflanze)
Schus|ter|pech; **Schus|ter|pfriem**; **Schus|ter|werk|statt**
Schu|te, die; -, -n (flaches, offenes Wasserfahrzeug; haubenartiger Frauenhut); **Schu|ten|hut**
Schutt, der; -[e]s; **Schutt|ab|la|de|platz**; **Schutt|berg**
Schüt|te|bo|den; **Schütt|be|ton**; **Schütt|bo|den** (landsch.)
Schüt|te, die; -, -n (kleiner Behälter [z. B. für Mehl]; landsch. für Bund); eine Schütte Stroh
Schüt|tel|brot (hartes Fladenbrot)
Schüt|tel|frost; **Schüt|tel|läh|mung**
schüt|teln; ich schüttle
Schüt|tel|reim; **Schüt|tel|rut|sche** (Bergbau)
schüt|ten
schüt|ter (spärlich; schwach)
schüt|tern (schütteln); der Wagen schüttert
Schütt|gut (Wirtsch.; z. B. Kohle, Sand)
Schutt|hal|de; **Schutt|hau|fen**; **Schutt|ke|gel** (Geol.)
Schutt|ofen (Hüttenw.)
Schutt|platz
Schütt|stein (schweiz. für Ausguss, Spülbecken); **Schütt|stroh**
Schüt|tung
Schutz, der; -es, Plur. (Technik:) -e; zu Schutz und Trutz
¹**Schütz**, der; -en, -en (veraltet für ¹Schütze)
²**Schütz**, das; -es, -e (Elektrot. ferngesteuerter Schalter)
³**Schütz**, das; -es, -e, ²**Schüt|ze**, die; -, -n (bewegliches Wehr)

Schutzanstrich

schwach

schwä|cher, schwächs|te

I. Kleinschreibung:
- das schwache (*veraltend für* das weibliche) Geschlecht
- eine schwache Stunde
- *Sprachwiss.*: schwache Deklination; ein schwaches Verb

II. Großschreibung bei der Substantivierung
- ↑D 72:
- etwas Schwaches, alles Schwache
- das Recht des Schwachen

III. *In Verbindung mit adjektivisch gebrauchten Partizipien kann getrennt oder zusammengeschrieben werden* ↑D 58:
- ein schwach begabter *od.* schwachbegabter Schüler
- eine schwach besuchte *od.* schwachbesuchte Veranstaltung
- eine schwach betonte *od.* schwachbetonte, schwächer betonte Silbe
- die schwach bevölkerte *od.* schwachbevölkerte Gegend; die am schwächsten bevölkerten Gegenden
- die schwach bewegte *od.* schwachbewegte See

Vgl. auch schwachmachen, schwachwerden

Schutz|an|strich; Schutz|an|zug
Schutz|be|dürf|nis; schutz|be|dürf|tig; Schutz|be|dürf|ti|ge; Schutz|be|foh|le|ne, der u. die; -n, -n
Schutz|be|haup|tung; Schutz|blech; Schutz|brett; Schutz|brief; Schutz|bril|le; Schutz|bünd|nis; Schutz|dach
¹Schüt|ze, der; -n, -n (Schießender)
²Schüt|ze, die; -, -n (*svw.* ³Schütz)
schüt|zen; du schützt
Schüt|zen, der; -s, - (*Weberei* Gerät zur Aufnahme der Schussspulen, Schiffchen)
Schüt|zen|bru|der; Schüt|zen|fest
Schüt|zen|gel
Schüt|zen|ge|sell|schaft; Schüt|zen|gil|de
Schüt|zen|gra|ben
Schüt|zen|haus
Schüt|zen|hil|fe (*ugs.*)
Schüt|zen|kö|nig; Schüt|zen|kö|ni|gin; Schüt|zen|lie|sel, die; -, -n ↑D 138
Schüt|zen|li|nie; Schüt|zen|pan|zer
Schüt|zen|platz
Schüt|zen|schwes|ter
Schüt|zen|steu|e|rung, Schützsteu|e|rung ⟨*zu* ²Schütz⟩ (*Elektrot.*)
schüt|zens|wert
Schüt|zen|ver|ein; Schüt|zen|wie|se
Schüt|zer (*kurz für* Knie-, Ohrenschützer)
Schutz|far|be; Schutz|fär|bung (*Zool.*); Schutz|film
Schutz|frist; Schutz|ge|biet; Schutz|ge|bühr
Schutz|geist *Plur.* ...geister
Schutz|geld; Schutz|geld|er|pres|sung; Schutz|geld|zah|lung
Schutz|ge|mein|schaft
Schutz|git|ter; Schutz|glas *Plur.* ...gläser; Schutz|ha|fen *vgl.* ²Hafen

Schutz|haft
Schutz|hand|schuh; Schutz|hau|be
Schutz|haus (österr.)
Schutz|hei|li|ge (kath. Rel.)
Schutz|helm
Schutz|herr; Schutz|her|rin; Schutzherr|schaft
Schutz|hül|le; Schutz|hüt|te
schutz|imp|fen; ich schutzimpfe; schutzgeimpft; schutzzuimpfen; Schutz|imp|fung
Schutz|zin
Schutz|klau|sel (Politik, Wirtsch.)
Schutz|klei|dung
Schutz|ling
schutz|los; Schutz|lo|sig|keit, die; -
Schutz|macht
Schutz|mann *Plur.* ...männer *u.* ...leute (*ugs. für* [Schutz]polizist)
Schutz|mar|ke
Schutz|mas|ke; Schutz|maß|nah|me; Schutz|mit|tel
Schutz|pa|t|ron (*svw.* Schutzheilige); Schutz|pa|t|ro|nin
Schutz|plan|ke (Verkehrsw.)
Schutz|po|li|zei (Kurzwort ¹Schupo); Schutz|po|li|zist (Kurzwort ²Schupo); Schutz|po|li|zis|tin
Schutz|raum; Schutz|recht; Schutzschicht; Schutz|schild, der
Schutz|sper|re (Sport befristetes Wettkampfverbot aus gesundheitlichen Gründen)
Schütz|steu|e|rung *vgl.* Schützensteuerung
Schutz su|chend, schutz|su|chend ↑D 26
Schutz|trup|pe
Schutz|um|schlag
Schutz-und-Trutz-Bünd|nis (veraltend); ↑D 26
Schutz|ver|band; Schutz|ver|trag; Schutz|vor|keh|rung; Schutz|vor|rich|tung; Schutz|wall

Schutz|weg (österr. für Fußgängerüberweg); Schutz|wehr, die (veraltet; noch Fachspr.)
schutz|wür|dig
Schutz|zoll; Schutz|zoll|po|li|tik
Schutz|zo|ne
Schw. = Schwester
Schwa|bach (Stadt in Mittelfranken); ¹Schwa|ba|cher
²Schwa|ba|cher, die; - (Druckw. eine Schriftgattung)
Schwa|ba|che|rin
Schwa|ba|cher Schrift, die; - -
Schwa|bel|lei (*ugs. für* Wackelei; *landsch. für* Geschwätz)
schwa|bel|lig, schwabb|lig (*ugs. für* schwammig, fett; wackelnd)
schwab|beln (*ugs. für* wackeln; *landsch. für* schwätzen); ich schwabb[e]le
Schwab|ber, der; -s, - (moppähnlicher Besen auf Schiffen)
schwab|bern; ich schwabbere (*svw.* schwabbeln)
schwabb|lig *vgl.* schwabbelig
¹Schwa|be, der; -n, -n (Bewohner von Schwaben)
²Schwa|be *vgl.* ¹Schabe
schwä|beln (schwäbisch sprechen); ich schwäb[e]le
Schwa|ben
Schwa|ben|al|ter, das; -s (scherzh. für 40. Lebensjahr)
Schwa|ben|spie|gel, der; -s (Rechtssammlung des dt. MA.s)
Schwa|ben|streich (scherzh.)
Schwä|bin; schwä|bisch; die schwäbische Mundart, *aber* ↑D 140: die Schwäbische Alb
Schwä|bisch Gmünd (Stadt in Baden-Württemberg)
Schwä|bisch Hall (Stadt in Baden-Württemberg); schwä|bisch-häl|lisch
schwach *s.* Kasten

schwänzen

schwach|at|mig
schwach be|gabt, schwach|be|gabt vgl. schwach; Schwäch|be|gab|ten|för|de|rung
schwach be|sucht, schwach|be|sucht vgl. schwach
schwach be|tont, schwach|be|tont vgl. schwach
schwach be|völ|kert, schwach|be|völ|kert vgl. schwach
schwach be|wegt, schwach|be|wegt vgl. schwach
schwach|blau
schwach|brüs|tig
Schwä|che, die; -, -n; Schwä|che|an|fall; Schwä|che|ge|fühl
schwä|cheln; ich schwäch[e]le
schwä|chen
schwach ent|wi|ckelt, schwach|ent|wi|ckelt
Schwä|che|zu|stand
Schwach|heit
schwäch|her|zig
Schwach|kopf (abwertend für dummer Mensch); schwach|köp|fig
schwäch|lich; Schwäch|lich|keit
Schwäch|ling
schwach|ma|chen (ugs. für aufregen, nervös machen); wie der mich schwachmacht!; aber was den Körper schwach macht od. schwachmacht (schwächen)
Schwach|mat, der; -en, -en, Schwach|ma|ti|kus, der; -, -se (ugs. für Schwächling)
Schwach|punkt
schwach|sich|tig; Schwach|sich|tig|keit
Schwach|sinn, der; -[e]s (Med. veraltet; ugs. abwertend); schwach|sin|nig (Med. veraltet; ugs. abwertend)
Schwach|stel|le
Schwach|strom, der Plur. selten; Schwach|strom|lei|tung; Schwach|strom|tech|nik
Schwa|chung
schwach wer|den, schwach|wer|den (nachgeben); die Gefahr besteht, dass ich doch noch schwach werde od. schwachwerde; aber der Kranke ist schon zu schwach geworden; mir ist ganz schwach geworden
¹Schwa|de vgl. ²Schwaden
²Schwa|de, die; -, -n, ¹Schwa|den, der; -s, - (Reihe abgemähten Grases od. Getreides)
²Schwa|den, der; -s, -, ¹Schwa|de, die; -, -n (Dampf, Dunst; Bergmannsspr. schlechte [gefährl.] Grubenluft)
schwa|den|wei|se ⟨zu ²Schwade⟩

schwa|dern (südd. für plätschern; schwatzen); ich schwadere
Schwa|dron, die; -, -en ⟨ital.⟩ (früher für kleinste Einheit der Kavallerie); schwa|d|ro|nen|wei|se, schwa|d|rons|wei|se
Schwa|d|ro|neur [...'nø:ɐ̯], der; -s, -e ⟨franz.⟩ (veraltet für jmd., der schwadroniert); Schwa|d|ro|neu|rin; schwa|d|ro|nie|ren (wortreich u. prahlerisch schwatzen)
Schwa|d|rons|chef (Militär früher); schwa|d|rons|wei|se vgl. schwadronenweise
Schwa|fe|lei (ugs. für überflüssiges Gerede); schwa|feln; ich schwaf[e]le (ugs.)
Schwa|ger, der; -s, Schwäger (veraltet auch für Postkutscher); Schwä|ge|rin; schwä|ger|lich; Schwä|ger|schaft
Schwä|her, der; -s, - (veraltet für Schwiegervater od. Schwager); Schwä|he|rin (veraltet für Schwiegermutter od. Schwägerin)
Schwai|ge, die; -, -n (bayr. u. österr. landsch. für Alm)
schwai|gen (bayr. u. österr. für eine Schwaige betreiben, Käse bereiten); Schwai|ger (bayr. u. österr. landsch. für Senner); Schwai|ge|rin; Schwaig|hof
Schwälb|chen
Schwal|be, die; -, -n (ugs. auch für absichtliches Hinfallen im Fußballspiel, um ein gegnerisches Foul vorzutäuschen)
Schwal|ben|nest; Schwal|ben|schwanz
Schwalk, der; -[e]s, -e (nordd. für Dampf, Qualm; Bö); schwal|ken (nordd. für herumbummeln)
Schwall, der; -[e]s, -e (Gewoge, Welle, Guss [Wasser]); Schwall|brau|se (Duscharmatur mit breitem, weichem Strahl)
Schwalm, die; - (Fluss u. Landschaft in Hessen); Schwäl|mer; Schwäl|me|rin
schwamm vgl. schwimmen
Schwamm, der; -[e]s, Schwämme (bayr., österr., schweiz. auch für Pilz); Schwamm drüber! (ugs. für vergessen wir das!)
schwamm|ar|tig
Schwämm|chen
Schwamm|merl, das, bayr. auch der; -s, -[n]; vgl. Pickerl (bayr. u. österr. für Pilz)
schwam|mig; Schwam|mig|keit Plur. selten

Schwamm|spin|ner (ein Schmetterling)
Schwamm|tuch Plur. ...tücher
Schwam|pel, die; -, -n, **Schwam|pel|ko|a|li|ti|on**, Schwam|pel-Ko|a|li|ti|on ⟨aus »Schwarz« und »Ampelkoalition«⟩ (ugs.; svw. Jamaikakoalition)
Schwan, der; -[e]s, Schwäne; Schwän|chen
schwand vgl. schwinden
schwa|nen (ugs.); mir schwant (ich ahne) etwas
Schwa|nen|ge|sang (geh. für letztes Werk eines Künstlers; letztes Aufleben einer zu Ende gehenden Epoche o. Ä.)
Schwa|nen|hals
Schwa|nen|jung|frau, Schwan|jung|frau (Mythol.)
Schwa|nen|teich; Schwa|nen|weiß
schwang vgl. schwingen
Schwang, der; nur noch in im Schwang[e] (gebräuchlich) sein
Schwan|ger; Schwan|ge|re, die; -n, -n; Schwan|ge|ren|be|ra|tung; Schwan|ge|ren|geld; Schwan|ge|ren|gym|nas|tik
Schwan|ge|ren|kon|flikt|be|ra|tung; Schwan|ge|ren|vor|sor|ge
schwän|gern; ich schwängere
Schwan|ger|schaft
Schwan|ger|schafts|ab|bruch; Schwan|ger|schafts|be|klei|dung; Schwan|ger|schafts|di|a|be|tes; Schwan|ger|schafts|gym|nas|tik; Schwan|ger|schafts|kon|flikt; Schwan|ger|schafts|mo|nat; Schwan|ger|schafts|strei|fen meist Plur.
Schwan|ger|schafts|test (Test zum Nachweis einer bestehenden Schwangerschaft)
Schwan|ger|schafts|ur|laub; Schwan|ger|schafts|wo|che
Schwan|ge|rung
Schwan|jung|frau vgl. Schwanenjungfrau
schwank (geh. für biegsam); schwanke Gestalten
Schwank, der; -[e]s, Schwänke
schwan|ken
Schwank|fi|gur
Schwank|schwin|del (Med.)
Schwan|kung; Schwan|kungs|brei|te; Schwan|kungs|ra|te
Schwanz, der; -es, Schwänze; Schwänz|chen
Schwän|ze|lei (ugs.); schwän|zeln (ugs. iron. für geziert gehen); ich schwänz|e|le; Schwän|zel|tanz (Zool.)
schwän|zen (ugs. für [am Schulun-

Schwanzende

schwarz

schwär|zer, schwär|zes|te

I. *Kleinschreibung:*
– schwarz in schwarz
– schwarz auf weiß
– ↑D 89: schwarzer Tee; schwarzes Gold (Kohle, Erdöl); schwarzer Humor; schwarze Magie (böse Zauberei); das schwarze Schaf; eine schwarze Messe
– ein schwarzes (verbotenes) Geschäft; ein schwarzes (illegales) Konto; die schwarze Liste; der schwarze Markt
– ein schwarzer Tag; ein schwarzer Freitag (vgl. *aber* der Schwarze Freitag)

II. *Großschreibung*
a) ↑D 72:
– ein Schwarzer (dunkelhäutiger, -haariger Mensch)
– das Schwarze
– die Farbe Schwarz
– ein Kleid in Schwarz
– das kleine Schwarze anziehen
– aus Schwarz Weiß machen wollen
– ins Schwarze treffen

b) ↑D 140:
– das Schwarze Meer
– der Schwarze Erdteil (Afrika)

c) ↑D 150 *u.* 151:
– die Schwarze Hand (ehemaliger serbischer Geheimbund)
– Schwarzer Holunder (Sambucus nigra); Schwarze Johannisbeere; Schwarze Witwe (eine Spinne)
– der Schwarze Freitag (Name eines Freitags mit großen Börsenstürzen in den USA)

III. *Groß- oder Kleinschreibung bei bestimmten festen Verbindungen mit neuer Gesamtbedeutung und bei einigen fachsprachlichen Verbindungen* ↑D 89:
– das Schwarze *od.* schwarze Brett (Anschlagtafel)
– Schwarzer *od.* schwarzer Peter (ein Kartenspiel)
– der Schwarze *od.* schwarze Tod (Beulenpest im MA.)
– die Schwarze *od.* schwarze Kunst (Zauberei; *veraltet für* Buchdruck)
– der schwarze *od.* Schwarze Mann (Schornsteinfeger, Schreckgestalt)
– schwarzes *od.* Schwarzes Loch *(Astron.)*

IV. *Schreibung in Verbindung mit Verben:*
a) ↑D 56:
– sich schwarz kleiden
– ihre Hände waren schwarz geworden
– sich die Haare schwarz färben *od.* schwarzfärben
– sich mit Ruß das Gesicht schwarz malen *od.* schwarzmalen
– sie können warten, bis sie schwarz werden *od.* schwarzwerden (*ugs. für* bis in alle Ewigkeit)

b) *Zusammenschreibung, wenn eine idiomatische Verbindung mit einem einfachen Verb vorliegt;*
Vgl. schwarzarbeiten, schwarzärgern, schwarzbrennen, schwarzfahren, schwarzgehen, schwarzhören, schwarzkopieren, schwarzmalen, schwarzschlachten, schwarzsehen.
Aber: Waren schwarz exportieren, schwarz verkaufen

V. *In Verbindung mit adjektivisch gebrauchten Partizipien* ↑D 58:
– ein schwarz gestreifter *od.* schwarzgestreifter Stoff
– schwarz gerändertes *od.* schwarzgerändertes Papier

---

terricht o. Ä.] nicht teilnehmen); du schwänzt
Schwanz|en|de
Schwän|zer (*ugs.*); **Schwän|ze|rin**
Schwanz|fe|der; **Schwanz|flos|se**
schwanz|ge|steu|ert (*ugs. für* von seinem Sexualtrieb beherrscht)
...schwän|zig (z. B. langschwänzig)
schwanz|las|tig (vom Flugzeug)
Schwanz|lurch; **Schwanz|spit|ze**; **Schwanz|stück**; **Schwanz|wir|bel**
schwapp!, schwaps!
Schwapp, der; -[e]s, -e, **Schwaps**, der; -es, -e (*ugs. für* klatschendes Geräusch; Wasserguss)
schwap|pen, schwap|sen (*ugs. für* in schwankender Bewegung sein, klatschend überfließen)
schwaps!, schwapp!; **Schwaps** *vgl.* Schwapp; **schwap|sen**; du schwapst; *vgl.* schwappen
Schwä|re, die; -, -n (*geh. für* Geschwür); **schwä|ren** (*geh. für* eitern); **schwä|rig** (*geh.*)
Schwarm, der; -[e]s, Schwärme
schwär|men; **Schwär|mer** (*auch ein* Feuerwerkskörper; ein Schmetterling); **Schwär|me|rei**; **Schwär|me|rin**; **schwär|me|risch**
Schwarm|fi|nan|zie|rung (*Wirtsch.* Crowdfunding)
Schwarm|geist *Plur.* ...geister
Schwarm|in|tel|li|genz (*Fachjargon* Fähigkeit eines Kollektivs zu sinnvoll erscheinendem Verhalten)
Schwärm|zeit (bei Bienen)
Schwar|te, die; -, -n (dicke Haut [z. B. des Schweins]; *ugs. für* dickes [altes] Buch; zur Verschalung dienendes rohes Brett)
schwar|ten (*ugs. für* verprügeln; *selten für* viel lesen)
Schwar|ten|ma|gen (eine Wurstart); **schwar|tig**
schwarz *s.* Kasten
Schwarz, das; -[es], - (Farbe); ein Abendkleid in Schwarz; er spielte Schwarz aus (*Kartenspiel*); Schwarz (schwarze Kleidung, Trauerkleidung) tragen; in Schwarz (Trauerkleidung) gehen; *vgl.* Blau

Schwarz|ach (Name mehrerer Orte)
Schwarz|af|ri|ka (die Länder Afrikas, die zumeist von Schwarzen bewohnt u. regiert werden); **Schwarz|af|ri|ka|ner**; **Schwarz|af|ri|ka|ne|rin**; **schwarz|af|ri|ka|nisch**
Schwarz|ar|beit, die; -; **schwarz|ar|bei|ten**; ich arbeite schwarz; schwarzgearbeitet; schwarzzuarbeiten ↑D47; **Schwarz|ar|bei|ter**; **Schwarz|ar|bei|te|rin**
schwarz|är|gern, sich (ugs. für sich sehr ärgern)
schwarz|äu|gig; **schwarz|bär|tig**
Schwarz|bee|re (südd. u. österr. neben Heidelbeere)
Schwarz|blech
schwarz|braun ↑D23
schwarz|bren|nen (ohne Lizenz); sie haben Schnaps, CDs schwarzgebrannt
Schwarz|bren|ne|rei
Schwarz|brot
Schwarz|buch (Zusammenstellung von Dokumenten über Gräueltaten); **Schwarz|bu|che**
schwarz|bunt; schwarzbunte Kühe
Schwarz|dorn Plur. ...dorne
Schwarz|dros|sel (Amsel)
¹**Schwar|ze**, der u. die; -n, -n (dunkelhäutiger, -haariger Mensch)
²**Schwar|ze**, der; -n (veraltet für Teufel)
³**Schwar|ze**, das; -n; ins Schwarze treffen ↑D72
⁴**Schwar|ze**, der; -n, -n (österr. für Mokka ohne Milch)
Schwär|ze, die; -, -n (nur Sing.: das Schwarzsein; Farbe zum Schwarzmachen)
schwär|zen (schwarz färben; südd., österr. veraltend für schmuggeln); du schwärzt; **Schwär|zer** (südd., österr. veraltend für Schmuggler)
Schwarz|er|de (dunkler Humusboden)
Schwär|ze|rin
schwarz|fah|ren ↑D47 (ohne Berechtigung ein [öffentl.] Verkehrsmittel benutzen); sie ist schwarzgefahren; **Schwarz|fah|rer**; **Schwarz|fah|re|rin**; **Schwarz|fahrt**
schwarz fär|ben, **schwarz|fär|ben** vgl. schwarz
Schwarz|fäu|le (eine Pflanzenkrankheit); **Schwarz|fil|ter** (Fotogr.); **Schwarz|fleisch** (landsch. für durchwachsener geräucherter Speck)
schwarz|ge|hen (ugs. für wildern;

unerlaubt über die Grenze gehen); er ist schwarzgegangen ↑D47
schwarz-gelb, **schwarz|gelb** ↑D23; eine schwarz-gelbe od. schwarzgelbe Koalition (aus Christdemokraten u. Liberalen); die Wirtschaftspolitik von Schwarz-Gelb od. Schwarzgelb
Schwarz|geld (illegale Einnahme) **schwarz ge|rän|dert**, **schwarz|ge|rän|dert** vgl. schwarz; **schwarz ge|streift**, **schwarz|ge|streift** vgl. schwarz
schwarz|grau; **schwarz|haa|rig**
Schwarz|han|del vgl. ¹Handel; **Schwarz|han|dels|ge|schäft**; **Schwarz|händ|ler**; **Schwarz|händ|le|rin**
schwarz|hö|ren ↑D47 (Rundfunk ohne Genehmigung mithören); sie hat schwarzgehört; **Schwarz|hö|rer**; **Schwarz|hö|re|rin**
Schwarz|kit|tel (Wildschwein; abwertend für kath. Geistlicher)
Schwarz|kon|to (illegales Konto)
Schwarz|ko|pie|ren (ohne Lizenz)
Schwarz|kunst, die; - (svw. Schabkunst); **Schwarz|künst|ler**; **Schwarz|künst|le|rin**
schwärz|lich; schwärzlich braun
Schwarz|ma|len (pessimistisch darstellen); vgl. schwarz; **Schwarz|ma|ler** (ugs. für Pessimist); **Schwarz|ma|le|rei** (ugs. für Pessimismus); **Schwarz|ma|le|rin**
Schwarz|markt; **Schwarz|marktpreis**
Schwarz|meer|flot|te, die; -; **Schwarz|meer|ge|biet**, das; -[e]s
Schwarz|plätt|chen (Mönchsgrasmücke); **Schwarz|pul|ver**
Schwarz|rock Plur. ...röcke (abwertend für kath. Geistlicher)
schwarz-rot-gol|den, **schwarz|rot|gol|den**; eine schwarz-rot-gold[e]ne od. schwarzrotgold[e]ne Fahne; die Fahne Schwarz-Rot-Gold oder Schwarzrotgold
Schwarz|sau|er, das; -s (ein norddeutsches Gericht aus Fleischragout od. Gänseklein)
schwarz|schlach|ten ([in Not-, Kriegszeiten] ohne amtl. Genehmigung heimlich schlachten); sie schlachteten schwarz; er hat oft schwarzgeschlachtet ↑D47; **Schwarz|schlach|tung**
schwarz|se|hen ↑D47 (ugs. für ohne Anmeldung fernsehen; pessimistisch sein); sie sieht

immer schwarz; für seine Zukunft hat er [ziemlich] schwarzgesehen; aber das sollte man nicht zu schwarz sehen ↑D47; **Schwarz|se|her** (ugs. für Pessimist; jmd., der ohne Anmeldung fernsieht); **Schwarz|se|he|rei**; **Schwarz|se|he|rin**; **schwarz|se|he|risch**
Schwarz|sen|der
Schwarz|specht; **Schwarz|storch**
Schwarz|tee
Schwär|zung
Schwarz|wald, der; -[e]s (dt. Gebirge); **Schwarz|wald|bahn**, die; -; **Schwarz|wäl|der**; Schwarzwälder Kirschtorte; **Schwarz|wäl|de|rin**; **schwarz|wäl|de|risch**
Schwarz|wald|haus; **Schwarz|waldhoch|stra|ße**, die; - ↑D143
Schwarz|was|ser|fie|ber, das; -s (Malaria)
schwarz-weiß, **schwarz|weiß** ↑D23; schwarz-weiß malen od. schwarzweiß malen (undifferenziert, einseitig positiv od. negativ darstellen); eine Fotografie in Schwarz-Weiß od. Schwarzweiß
Schwarz-Weiß-Auf|nah|me, **Schwarz|weiß|auf|nah|me**; **Schwarz-Weiß-Fern|se|her**, **Schwarz|weiß|fern|se|her**; **Schwarz-Weiß-Film**, **Schwarzweiß|film**; **Schwarz-Weiß-Fo|to|gra|fie**, **Schwarz|weiß|fo|to|gra|fie**; **Schwarz-Weiß-Ma|le|rei**, **Schwarz|weiß|ma|le|rei**
schwarz wer|den, **schwarz|wer|den** (ugs.); sie können warten, bis sie schwarz werden od. schwarzwerden (bis in alle Ewigkeit)
Schwarz|wild (Jägerspr. Wildschweine); **Schwarz|wurst** (südwestd. für Blutwurst); **Schwarzwurz** (eine Heilpflanze); **Schwarz|wur|zel** (eine Gemüsepflanze)
Schwatz, der; -es, -e (ugs. für Geplauder, Geschwätz); **Schwatz|ba|se** (ugs. für geschwätzige Person)
Schwätz|chen; **schwat|zen**, bes. südd. **schwät|zen**; du schwatzt, bes. südd. schwätzt; **Schwät|zer**; **Schwät|ze|rei**; **Schwät|ze|rin**; **schwät|ze|risch**
schwatz|haft; **Schwatz|haf|tig|keit**, die; -
Schwatz|maul (derb abwertend)
Schwaz (österreichische Stadt im Inntal)

Schwebe

Schwe|be, die; -; *nur in* in der Schwebe (*auch für* unentschieden, noch offen)
Schwe|be|bahn; Schwe|be|bal|ken (ein Turngerät); Schwe|be|baum (im Pferdestall)
schwe|ben
Schwe|be|stoff (*svw.* Schwebstoff); Schwe|be|stütz (Turnen); Schwe|be|teil|chen; Schwe|be|zu|stand
Schweb|flie|ge; Schweb|stoff (Chemie)
Schwe|bung (Physik)
Schwe|de, der; -n, -n
Schwe|den
Schwe|den|bom|be® (*österr. für* Schaumkuss)
Schwe|den|feu|er; Schwe|den|küche; Schwe|den|plat|te; Schweden|punsch; Schwe|den|rät|sel (eine besondere Form des Kreuzworträtsels); Schwe|den|schan|ze (Befestigungsanlage)
Schwe|din
schwe|disch ↑D 89 u. 142: hinter schwedischen Gardinen (ugs. für im Gefängnis); *vgl.* deutsch; Schwe|disch, das; -[s] (Sprache); *vgl.* Deutsch; Schwe|di|sche, das; -n; *vgl.* ²Deutsche
Schwe|fel, der; -s (chemisches Element, Nichtmetall; Zeichen S); schwe|fel|arm; schwe|fel|ar|tig
Schwe|fel|ban|de (*ugs. für* ²Bande)
Schwe|fel|blu|me, Schwe|fel|blü|te, die; - (Chemie); Schwe|fel|di|oxid, Schwe|fel|di|oxyd *vgl.* Oxid
Schwe|fel|far|be; schwe|fel|far|ben, schwe|fel|far|big; schwe|fel|gelb
Schwe|fel|ge|ruch; schwe|fel|hal|tig
Schwe|fel|holz, Schwe|fel|hölz|chen (*veraltet für* Streichholz)
schwe|fe|lig *vgl.* schweflig
Schwe|fel|kies (ein Mineral)
Schwe|fel|koh|len|stoff
Schwe|fel|kopf (ein Pilz); Schwe|fel|kur; Schwe|fel|le|ber (für medizinische Bäder verwendete Schwefelverbindung)
schwe|feln; ich schwef[e]le
Schwe|fel|pu|der, Schwe|fel|quel|le; Schwe|fel|sal|be
schwe|fel|sau|er (Chemie); Schwe|fel|säu|re, die; -; Schwe|fe|lung; Schwe|fel|ver|bin|dung
Schwe|fel|was|ser|stoff, der; -[e]s (ein giftiges Gas); schwef|lig, schwef|lig
Schwe|gel, Schwie|gel, die; -, -n (mittelalterliche Querpfeife; Flötenwerk an älteren Orgeln);

Schweg|ler (Schwegelbläser); Schweg|le|rin
Schweif, der; -[e]s, -e
schwei|fen (*geh. für* ziellos [durch die Gegend] ziehen); ein Brett schweifen (ihm eine gebogene Gestalt geben)
Schweif|sä|ge; Schweif|stern (*veraltet für* Komet); Schwei|fung
schweif|we|deln (*veraltet auch für* kriecherisch schmeicheln); ich schweifwed[e]le; geschweifwedelt; zu schweifwedeln
Schwei|ge|ge|bot; Schwei|ge|geld; Schwei|ge|lüb|de; Schwei|ge|marsch; Schwei|ge|mi|nu|te
schwei|gen (still sein); du schwiegst; du schwiegest; geschwiegen; schweig[e]!; die schweigende Mehrheit; Schwei|gen, das; -s
Schwei|ge|pflicht
Schwei|ger ↑D 88: der Große Schweiger (*Bez. für* Moltke); schweig|sam; Schweig|sam|keit
Schwein, das; -[e]s, -e (*nur Sing.: ugs. auch für* Glück); kein Schwein (*ugs. für* niemand)
schwein|chen|ro|sa
Schwei|ne|ba|cke; Schwei|ne|bauch; Schwei|ne|bra|ten
Schwei|ne|do|ping (*ugs. abwertend für* Verwendung von Antibiotika in der Schweinezucht)
Schwei|ne|fett; Schwei|ne|fi|let; Schwei|ne|fleisch
Schwei|ne|fraß (*derb für* minderwertiges Essen)
Schwei|ne|grip|pe (eine auch auf Menschen u. von Mensch zu Mensch übertragbare Viruserkrankung bei Schweinen)
Schwei|ne|hund (*ugs. abwertend*); der innere Schweinehund (*ugs. für* Feigheit, Bequemlichkeit)
Schwei|ne|igel usw. *vgl.* Schweinigel usw.
Schwei|ne|ko|ben, *nordd.* Schwei|ne|ko|fen
Schwei|ne|ko|te|lett; Schwei|ne|le|ber; Schwei|ne|len|de
Schwei|ne|mast, die; Schwei|ne|mast|an|la|ge; Schwei|ne|mäs|te|rei; Schwei|ne|pest
Schwei|ne|rei (*derb für* Schmutz; ärgerliche Sache, Anstößiges)
Schwei|ne|rip|pe
schwei|nern (vom Schwein); Schwei|ner|ne, das; -n (*bayr., österr. für* Schweinefleisch)
Schwei|ne|schmalz; Schwei|ne|schnit|zel *vgl.* ¹Schnitzel; Schwei|ne|stall

schwei|ne|teu|er (*ugs. für* sehr teuer)
Schwei|ne|zucht
Schwei|ne|zy|k|lus (Wirtsch. regelmäßig wiederkehrende starke [Preis]schwankungen)
Schwein|furt (Stadt am Main); Schwein|fur|ter; Schwein|fur|te|rin
Schweins|hund (*selten für* Schweinehund)
Schwein|igel (*ugs. für* schmutziger od. unflätiger Mensch); Schwein|ige|lei (ugs.); schwein|igeln (*ugs. für* unanständige Witze erzählen); ich schweinig[e]le; geschweinigelt; zu schweinigeln
schwei|nisch
Schwein|kram (*bes. nordd. ugs. abwertend für* Unanständiges)
Schweins|bors|te; Schweins|bra|ten (*südd., österr., schweiz. für* Schweinebraten)
Schweins|ga|lopp; im Schweinsgalopp (*ugs. scherzh. für* schnell u. nicht besonders sorgfältig)
Schweins|keu|le; Schweins|kopf
Schweins|le|der; schweins|le|dern
Schweins|ohr (auch ein Gebäck); Schweins|rü|cken; Schweins|schnit|zel (*österr. für* Schweineschnitzel); Schweins|stel|ze (*österr. für* Eisbein)
Schweiß, der; -es, -e *Plur.* selten (*Jägerspr. auch für* Blut des Wildes)
Schweiß|ab|son|de|rung
Schweiß|ap|pa|rat
Schweiß|aus|bruch; Schweiß|band, das; *Plur.* ...bänder
schweiß|be|deckt ↑D 59
Schweiß|bil|dung; Schweiß|blatt (*svw.* Armblatt)
Schweiß|bren|ner; Schweiß|draht
Schweiß|drü|se
schwei|ßen (Werkstoffe durch Wärme, Druck fest miteinander verbinden; *Jägerspr.* bluten [vom Wild]); du schweißt; du schweißtest; geschweißt
Schwei|ßer (Facharbeiter für Schweißarbeiten); Schwei|ße|rin
Schweiß|fähr|te (*Jägerspr.*)
schweiß|feucht
Schweiß|fleck; Schweiß|fuß
schweiß|ge|ba|det; schweiß|hemmend
Schweiß|hund (*Jägerspr.*)
schwei|ßig
Schweiß|le|der (ein ledernes Schweißband)
Schweiß|naht
schweiß|nass

Schwergewicht

Schweiß|per|le; Schweiß|po|re
Schweiß|stahl; Schweiß|tech|nik
schweiß|trei|bend; schweiß|trie-
fend ↑ D 59; Schweiß|trop|fen;
Schweiß|tuch Plur. ...tücher;
schweiß|über|strömt
Schwei|ßung
schweiß|ver|klebt
Schweit|zer (elsässischer Missi-
onsarzt)
Schweiz, die; -; die französische,
welsche Schweiz (französisch-
sprachiger Teil der Schweiz),
aber ↑ D 140: die Holsteinische,
die Sächsische Schweiz
¹Schwei|zer (Bewohner der
Schweiz; auch für Melker;
landsch. für Küster in kath. Kirchen)
²Schwei|zer ↑ D 90: Schweizer Bür-
gerinnen und Bürger; Schweizer
Jura (Gebirge), Schweizer Käse,
Schweizer Land (schweizeri-
sches Gebiet; vgl. aber Schwei-
zerland)
Schwei|zer|de|gen (jmd., der
sowohl als Schriftsetzer wie
auch als Drucker ausgebildet ist)
schwei|zer|deutsch ↑ D 149 (schwei-
zerisch mundartlich); vgl.
deutschschweizerisch; Schwei-
zer|deutsch, das; -[s] (deutsche
Mundart[en] der Schweiz)
Schwei|zer Fran|ken, schweiz. auch
Schwei|zer|fran|ken (Währungs-
einheit in der Schweiz)
Schwei|zer|gar|de ↑ D 64 (päpstli-
che Garde); Schwei|zer|häus|chen
(Sennhütte)
Schwei|ze|rin
schwei|ze|risch; die schweizeri-
schen Eisenbahnen; schweizerische Post; aber ↑ D 150: die
Schweizerische Eidgenossenschaft; Schweizerische Bundes-
bahnen (Abk. SBB); Schweizerische Depeschenagentur (Abk.
SDA)
Schwei|zer|land, das; -[e]s (Land
der Schweizer); vgl. aber
²Schweizer
Schwei|zer|volk, das; -[e]s
(schweiz. für Schweizer Volk
(Volk der Schweiz, der Schweizer); ↑ D 64
Schweiz|rei|se; schweiz|weit
Schwejk [ʃvaɪ̯k, auch ʃvejk] (Held
eines Romans des tschech.
Schriftstellers J. Hašek)
Schwel|brand
Schwelch|malz, das; -es (an der
Luft getrocknetes Malz)
schwe||len (langsam flammenlos

[ver]brennen; glimmen); Schwe-
le|rei (Technik)
schwel|gen; in Erinnerungen
schwelgen; Schwel|ger; Schwel-
ge|rei; Schwel|ge|rin; schwel|ge-
risch
Schwel|koh|le; Schwel|koks
Schwel|le, die; -, -n
¹schwel|len (größer, stärker werden;
sich ausdehnen); du schwillst;
er/sie schwillt; du schwollst; du
schwöllest; geschwollen;
schwill!; ihr Hals ist geschwollen; die Brust schwoll ihm vor
Freude
²schwel|len (größer, stärker
machen; ausdehnen); du
schwellst; du schwelltest;
geschwellt; schwell[e]!; der
Wind schwellte die Segel; der
Stolz hat seine Brust geschwellt;
mit geschwellter Brust
Schwel|len|angst, die; - (Psychol.
Angst vor dem Betreten frem-
der Räume, vor ungewohnter
Umgebung)
Schwel|len|land Plur. ...länder
(relativ weit industrialisiertes
Entwicklungsland); Schwel|len-
markt (Markt in einem Schwel-
lenland)
Schwel|len|wert (Psychol.)
Schwel|ler (Teil der Orgel u. des
Harmoniums)
Schwel|kopf (landsch. für überle-
bensgroßer Maskenkopf)
Schwel|kör|per (Med.)
Schwel|lung
Schwel|werk (Schweller)
Schwel|lung
Schwemm|bo|den
Schwem|me, die; -, -n (flache
Stelle eines Gewässers als Bade-
platz für das Vieh; zeitlich
begrenztes überreichl. Waren-
angebot; landsch. für einfaches
Lokal; österr. veraltet für
Warenhausabteilung mit niedri-
gen Preisen)
schwem|men (österr. auch für
Wäsche spülen)
Schwemm|gut; Schwemm|land,
das; -[e]s; Schwemm|sand
Schwemm|sel, das; -s (fachspr. für
Angeschwemmtes)
Schwemm|stein (Bauw.)
Schwen|de, die; -, -n (durch
Abbrennen urbar gemachter
Wald; Rodung); schwen|den
Schwen|gel, der; -s, -
Schwenk, der; -[e]s, Plur. -s, selten
-e (Film durch Schwenken der
Kamera erzielte Einstellung)

schwenk|bar
Schwenk|be|reich, der; Schwenk-
büh|ne (Bergmannsspr.)
schwen|ken; Fahnen schwenken;
Schwen|ker (Kognakglas)
Schwenk|glas; Schwenk|grill;
Schwenk|kran; Schwenk|seil;
Schwen|kung
schwer s. Kasten Seite 1002
schwer|ab|hän|gig (Med.)
Schwer|ar|beit; Schwer|ar|bei|ter;
Schwer|ar|bei|te|rin
Schwer|ath|let; Schwer|ath|le|tik;
Schwer|ath|le|tin
schwer|be|hin|dert, schwer be-
hin|dert (durch eine schwere
körperliche Behinderung dau-
ernd geschädigt [u. dadurch
in der Erwerbsfähigkeit stark
gemindert]); aber nur schwerer, am schwersten behindert
↑ D 62; der Gipsverband hat
ihn schwer behindert; Schwer-
be|hin|der|te, der u. die; -n, -n;
Schwer|be|hin|der|ten|aus-
weis; Schwer|be|hin|der|ten|ge-
setz
schwer be|la|den, schwer be|la|den
vgl. schwer
schwer|be|schä|digt, schwer be-
schä|digt (svw. schwerbehin-
dert); aber schwerer, am
schwersten beschädigt; ein
schwer beschädigtes Fahrzeug
(↑ D 62); Schwer|be|schä|dig|te,
der u. die; -n, -n
schwer be|waff|net, schwer be-
waff|net vgl. schwer; Schwer|be-
waff|ne|te, der u. die; -n, -n,
schwer Be|waff|ne|te, der u.
die; -n, -n
schwer|blü|tig; Schwer|blü|tig|keit,
die; -
Schwe|re, die; - (Gewicht); die
Schwere der Schuld; Schwe|re-
feld (Physik, Astron.)
schwe|re|los; Schwe|re|lo|sig|keit
Schwe|re|not, die; nur in veral-
teten Fügungen wie Schwerenot
[noch einmal]!; dass dich die
Schwerenot!; Schwe|re|nö|ter
(charmanter, durchtriebener
Mann); Schwe|re|nö|te|rin
schwer er|zieh|bar, schwer er|zieh-
bar vgl. schwer; Schwer|er|zieh-
ba|re, der u. die; -n, -n, schwer
Er|zieh|ba|re, der u. die; - -n, - -n
↑ D 72
schwer|fal|len (Schwierigkeiten
bereiten, nicht leicht sein); vgl.
schwer
schwer|fäl|lig; Schwer|fäl|lig|keit
Schwer|ge|wicht (bes. Sport eine

schwergewichtig

schwer

schwe|rer, schwers|te

Kleinschreibung ↑D 89:
– schwere (ernste, getragene) Musik
– schweres (großkalibriges) Geschütz
– schweres Wasser (Sauerstoff-Deuterium-Verbindung)
– schwere (stürmische) See
– ein schwerer Junge (*ugs. für* Gewaltverbrecher)
– ihr Tod war ein schwerer Schlag (großer Verlust) für die Familie

Getrennt- und Zusammenschreibung in Verbindung mit Verben, Adjektiven und Partizipien ↑D 56 u. 59:
– das lässt sich nur schwer machen
– dabei kann man sich schwer verletzen
– er ist auf der Treppe sehr schwer gefallen
– diese Aufgabe ist ihr schwergefallen, *aber* viel zu schwer gefallen
– es hat schwergehalten (es war schwierig), ihn davon zu überzeugen
– du darfst den Vorwurf nicht so schwernehmen (ernst nehmen); *aber* das solltest du nicht allzu schwer nehmen
– ich habe mich, *seltener* mir damit schwergetan (*ugs.*)
– er hat ihr das Leben schwer gemacht *od.* schwergemacht

– sie hat es im Leben schwer gehabt *od.* schwergehabt
– ein schwer erziehbares *od.* schwererziehbares Kind
– die schwer kranken *od.* schwerkranken Patienten
– schwer lösliche *od.* schwerlösliche Substanzen
– [sehr] schwer verdauliche *od.* schwerverdauliche Speisen
– eine schwer verständliche *od.* schwerverständliche Sprache
– ein schwer verträglicher *od.* schwerverträglicher Wein
– ein schwer beladener *od.* schwerbeladener Wagen
– ein schwer bewaffneter *od.* schwerbewaffneter Polizist
– ein schwer verwundet *od.* schwerverwundet
– schwerwiegend (*vgl. d.*) *od.* schwer wiegend
– schwer verletzte *od.* schwerverletzte Opfer
– die Schwerverletzten *od.* schwer Verletzten ↑D 72
Aber nur:
– sehr schwer verdauliche Speisen
– die äußerst schwer verwundeten Soldaten

Vgl. auch schwerbehindert, schwer behindert; schwerbeschädigt, schwer beschädigt

Körpergewichtsklasse); schwer|ge|wich|tig
Schwer|ge|wicht|ler; Schwer|ge|wicht|le|rin
Schwer|ge|wichts|meis|ter; Schwer|ge|wichts|meis|te|rin; Schwer|ge|wichts|meis|ter|schaft
schwer ha|ben, schwer|ha|ben *vgl.* schwer
schwer|hal|ten (schwierig sein); *vgl.* schwer
schwer|hö|rig; Schwer|hö|rig|keit
Schwe|rin (Hauptstadt von Mecklenburg-Vorpommern)
Schwe|r|in|dus|t|rie
Schwe|ri|ner; Schwe|ri|ne|rin
Schwer|kraft, die; -
schwer krank, schwer|krank *vgl.* schwer; Schwer|kran|ke, der *u.* die; -n, -n, schwer Kran|ke, der *u.* die; --n, --n ↑D 72
schwer|kriegs|be|schä|digt (Amtsspr.); Schwer|kriegs|be|schä|dig|te
Schwer|las|ter; Schwer|last|ver|kehr
schwer|lich (kaum)
schwer lös|lich, schwer|lös|lich *vgl.* schwer
schwer ma|chen, schwer|ma|chen *vgl.* schwer
Schwer|me|tall; Schwer|me|tall|emis|si|on

Schwer|mut, die; -; schwer|mü|tig; Schwer|mü|tig|keit
schwer|neh|men (als bedrückend empfinden); *vgl.* schwer
Schwer|öl
Schwer|punkt; schwer|punkt|mä|ßig; Schwer|punkt|streik; Schwer|punkt|the|ma
schwer|reich (*ugs. für* sehr reich); eine schwerreiche Frau; er ist schwerreich
Schwer|spat (ein Mineral)
Schwerst|ar|beit; Schwerst|ar|bei|ter; Schwerst|ar|bei|te|rin
schwerst|be|hin|dert; Schwerst|be|hin|der|te, der *u.* die; -n, -n
schwerst|be|schä|digt; Schwerst|be|schä|dig|te, der *u.* die; -n, -n
schwerst|kran|ke, der *u.* die; -n, -n
schwerst|pfle|ge|be|dürf|tig
Schwerst|pfle|ge|be|dürf|ti|ge, der *u.* die; -n, -n
Schwert, das; -[e]s, -er
Schwer|ter|ge|klirr, Schwert|ge|klirr
Schwert|fisch
schwert|för|mig
Schwert|fort|satz (Teil des Brustbeins)
Schwert|ge|klirr *vgl.* Schwertergeklirr; Schwert|knauf; Schwert|lei|te (*früher für* Ritterschlag)
Schwert|li|lie *vgl.* ³Iris

Schwert|trans|por|ter
Schwert|schlu|cker; Schwert|schlu|cke|rin; Schwert|tanz
Schwert|trä|ger (ein Fisch)
schwer|tun, sich; *vgl.* schwer
Schwert|wal (eine Delfinart)
Schwer|ver|bre|cher; Schwer|ver|bre|che|rin
schwer ver|dau|lich, schwer|ver|dau|lich *vgl.* schwer
schwer ver|letzt, schwer|ver|letzt *vgl.* schwer; Schwer|ver|letz|te, der *u.* die; -n, -n, schwer Ver|letz|te, der *u.* die; --n, --n ↑D 72
schwer ver|ständ|lich, schwer|ver|ständ|lich *vgl.* schwer
schwer ver|träg|lich, schwer|ver|träg|lich *vgl.* schwer
schwer ver|wun|det, schwer|ver|wun|det *vgl.* schwer
schwer|wie|gend, schwer wiegend; schwerer wiegende *od.* schwerwiegendere Bedenken, am schwersten wiegende *od.* schwerwiegends|te Bedenken
Schwes|ter, die; -, -n (*Abk.* Schw.)
Schwes|ter|fir|ma; Schwes|ter|herz (*scherzh., veraltet*)
schwes|ter|lich; Schwes|ter|lie|be (Liebe der Schwester [zum Bruder, zur Schwester])
Schwes|ter|mar|ke (Wirtsch.)
Schwes|tern|hau|be; Schwes|tern-

Schwulität

haus; Schwes|tern|hel|fe|rin; Schwes|tern|lie|be (Liebe zwischen Schwestern); Schwes|tern|or|den; Schwes|tern|paar
Schwes|tern|schaft (Gesamtheit von Schwestern)
Schwes|tern|schu|le; Schwes|tern|schü|le|rin; Schwes|tern|tracht; Schwes|tern|wohn|heim
Schwes|ter|par|tei; Schwes|ter|schiff; Schwes|ter|stadt (Nachbarstadt)
Schwet|zin|gen (Stadt südlich von Mannheim); Schwet|zin|ger; Schwetzinger Spargel; Schwet|zin|ge|rin
Schwib|bo|gen (Kerzenhalter in Form eines Schwebebogens); *Archit.* zwischen zwei Mauerteilen frei stehender Bogen)
Schwie|bo|gen (*bes. südd.* für festlich geschmückter Torbogen; Schwibbogen)
schwieg vgl. schweigen
Schwie|gel vgl. Schwegel
Schwie|ger, die; -, -n (*veraltet für* Schwiegermutter)
Schwie|ger|el|tern *Plur.*; Schwie|ger|mut|ter *Plur.* ...mütter; Schwie|ger|sohn; Schwie|ger|toch|ter; Schwie|ger|va|ter
Schwie|le, die; -, -n; schwie|lig
Schwie|mel, der; -s, - (*landsch. für* Rausch; leichtsinniger Mensch, Zechbruder); schwie|me|lig, schwiem|lig (*landsch. für* schwindlig, taumelig)
schwie|meln (*landsch. für* taumeln; bummeln, leichtsinnig leben); ich schwiem[e]le
schwiem|lig vgl. schwiemelig
schwie|rig; Schwie|rig|keit; Schwie|rig|keits|grad
Schwimm|an|zug; Schwimm|bad; Schwimm|bag|ger; Schwimm|bas|sin; Schwimm|be|cken; Schwimm|be|we|gung *meist Plur.*; Schwimm|bla|se; Schwimm|blatt (*Bot.*); Schwimm|dock
schwim|men; du schwammst; du schwömmest, *auch* schwämmest; geschwommen; schwimm[e]!
Schwimm|mer; Schwimm|me|rin
Schwimm|flos|se; Schwimm|flü|gel; Schwimm|fuß; Schwimm|gür|tel; Schwimm|hal|le; Schwimm|haut; Schwimm|kä|fer; Schwimm|ker|ze; Schwimm|kom|pass; Schwimm|kran
Schwimm|leh|rer; Schwimm|leh|re|rin
Schwimm|meis|ter,

Schwimm-Meis|ter; Schwimm-meis|te|rin, Schwimm-Meis|te|rin
Schwimm|nu|del (eine Schwimmhilfe); Schwimm|sand; Schwimm|sport; Schwimm|sta|di|on; Schwimm|stil; Schwimm|teich; Schwimm|un|ter|richt; Schwimm|vo|gel; Schwimm|wes|te
Schwin|del, der; -s (*ugs. auch für* Lüge; Täuschung)
Schwin|del|an|fall; Schwin|de|lei
schwin|del|er|re|gend, Schwin|del erre|gend; in schwindelerregender od. schwindel erregender Höhe; *aber nur in* äußerst schwindelerregender Höhe, in noch schwindelerregenderer Höhe ↑D 58; schwin|del|frei
Schwin|del|ge|fühl
schwin|del|haft
schwin|de|lig, schwind|lig
schwin|deln; ich schwind[e]le; es schwindelt mir, *seltener* mich
Schwin|del|zet|tel (*österr. ugs. für* Spickzettel)
schwin|den; du schwandst; du schwändest; geschwunden; schwind[e]!
Schwind|ler; Schwind|le|rin; schwind|le|risch
schwind|lig, schwin|de|lig
Schwind|maß, das (*Technik*)
Schwind|span|nung (*Bauw.*)
schwind|sucht; die; - (*veraltet*); schwind|süch|tig (*veraltet*)
Schwin|dung (*Fachspr.*)
Schwing|ach|se (*[Kfz-]Technik*); Schwing|bo|den
Schwing|büh|ne (*Technik*)
Schwin|ge, die; -, -n
Schwin|gel, der; -s, - (ein Rispengras)
schwin|gen (*schweiz. auch für* in besonderer Weise ringen); hin und her schwingen; du schwangst; du schwängest; geschwungen; schwing[e]!
Schwin|gen, das; -s (*schweiz. für* eine Art des Ringens)
Schwin|ger (Boxschlag mit gestrecktem Arm; *schweiz. für* jmd., der das Schwingen betreibt); Schwin|ge|rin
Schwin|ger|kö|nig (*schweiz. für* Sieger in einem Schwinget); Schwin|ger|kö|ni|gin
Schwin|get, der; -s, -e (*schweiz. für* Schwingveranstaltung, -wettkampf); Schwing|fest
Schwing|kreis (*Elektrot.*)
Schwing|quarz (*Technik*)
Schwing|schlei|fer (ein elektr. Werkzeug zum Schleifen)

Schwing|tür
Schwin|gung; Schwin|gungs|dämp|fer; Schwin|gungs|dau|er; Schwin|gungs|kreis (Schwingkreis); Schwin|gungs|zahl
schwipp!; schwipp, schwapp!
Schwip|pe, die; -, -n (*landsch. für* biegsames Ende; Peitsche); schwip|pen (*landsch.*)
Schwipp|schwa|ger (Schwager des Ehepartners od. des Bruders bzw. der Schwester); Schwipp|schwä|ge|rin
schwipp, schwapp!
Schwips, der; -es, -e (*ugs.*)
schwir|be|lig, schwirb|lig (*landsch. für* schwindlig); schwir|beln (*landsch. für* schwindeln; sich im Kreise drehen); ich schwirb[e]le; schwirb|lig vgl. schwirbelig
Schwirl, der; -[e]s, -e (Singvogel)
schwir|ren
Schwirr|vo|gel (*veraltet für* Kolibri)
Schwitz|bad
Schwit|ze, die; -, -n (*kurz für* Mehlschwitze)
schwit|zen; du schwitzt; du schwitztest; geschwitzt
schwit|zig
Schwitz|kas|ten; Schwitz|kur; Schwitz|was|ser
Schwof, der; -[e]s, -e (*ugs. für* öffentliches Tanzvergnügen); schwo|fen (*ugs. für* tanzen)
schwoi|en, schwo|jen ⟨niederl.⟩ (*Seemannsspr.* sich [vor Anker] drehen [von Schiffen]); das Schiff schwoit, schwojet, hat geschwoit, geschwojet
schwor vgl. schwören
schwö|ren; du schworst, *veraltet* schwurst; du schwürest; geschworen; schwör[e]!; auf jmdn., auf eine Sache schwören
Schwuch|tel, die; -, -n (*ugs. abwertend od. diskriminierend für* [feminin wirkender] Homosexueller)
schwul (*ugs. u. Selbstbez. für* homosexuell)
schwül
Schwu|le, der; -n, -n (*ugs. u. Selbstbez. für* Homosexueller)
Schwü|le, die; -
Schwu|len|bar vgl. schwul; Schwu|len|sze|ne vgl. schwul
schwül|heiß ↑D 23
Schwu|li|bus; *nur in* in Schwulibus sein (*ugs. scherzh. für* bedrängt sein); Schwu|li|tät, die; -, -en (*ugs. für* Verlegenheit, Klemme)

Schwulst

Schwulst, der; -[e]s, Schwülste; **schwuls|tig** (aufgeschwollen, aufgeworfen; *österr. für* schwülstig)

schwüls|tig (überladen); **Schwüls|tig|keit**

schwül|warm ↑D 23

schwum|me|rig, schwumm|rig (*ugs. für* schwindelig; bange)

Schwund, der; -[e]s

Schwund|aus|gleich (Technik)

Schwund|stu|fe (Sprachwiss.)

Schwung, der; -[e]s, Schwünge

Schwung|brett; Schwung|fe|der

schwung|haft

Schwung|kraft

schwung|los

Schwung|rad; Schwung|rie|men

Schwung|stem|me (*Turnen*)

schwung|voll

schwupp!; Schwupp, der; -[e]s, -e, **Schwups** (*ugs. für* Stoß);

schwupp|di|wupp!; schwups!; Schwups *vgl.* Schwupp

Schwur, der; -[e]s, Schwüre

schwur|be|lig (*ugs. für* schwindelig, verwirrt)

Schwur|fin|ger *meist Plur.*

Schwur|ge|richt; Schwur|ge|richts|ver|hand|lung; Schwur|hand

Schwyz [ʃviːts] (Kanton der Schweiz u. dessen Hauptort); **Schwy|zer; Schwy|zer|dütsch, Schwy|zer|tütsch,** das; -[s] (*schweiz. mdal. für* Schweizerdeutsch)

schwy|ze|risch

Schwy|zer|ör|ge|li, das; -[s], - (*schweiz. für* eine Harmonika)

Sci|ence-Fic|tion, Sci|ence|fic|tion [ˈsaɪəns ˈfɪkʃn̩], die; - ⟨amerik.⟩ (fantastische Literatur utopischen Inhalts auf naturwissenschaftlich-technischer Grundlage); **Sci|ence-Fic|tion-Ro|man, Sci|ence|fic|tion|ro|man, Sci|ence-fic|tion-Ro|man**

Sci|en|to|lo|ge [saɪənto...], der; -n, -n ⟨amerik.⟩ (Angehöriger der Scientology); **Sci|en|to|lo|gin**

Sci|en|to|lo|gy® [saɪənˈtɔlədʒɪ] ⟨amerik.⟩ (eine Religionsgemeinschaft)

scil., sc. = scilicet

sci|li|cet ⟨lat.⟩ (nämlich; Abk. sc., scil.)

Scil|la *vgl.* Szilla

Sci|pio (Name berühmter Römer)

Scoop [skuːp], der; -s, -s ⟨engl.⟩ (sensationeller [Presse]bericht)

Scoo|ter [ˈskuːtɐ], der; -s, - (Motorroller); *vgl. auch* Stuntscooter

Scor|da|tu|ra, Skor|da|tur, die; - ⟨ital.⟩ (*Musik* Umstimmen von Saiten der Streich- u. Zupfinstrumente)

Score [skɔːɐ̯, skoːɐ̯], der; -s, -s ⟨engl.⟩ (*Sport* Spielstand, Spielergebnis); **sco|ren** [ˈskɔːrən, ˈskoː...] (einen Punkt, ein Tor o. Ä. erzielen); sie haben gescort

Scor|se|se [skɔːˈsɛsi] (amerik. Filmregisseur)

Scotch [skɔtʃ], der; -s, -s ⟨engl.⟩ (schottischer Whisky)

Scotch|ter|ri|er (Hunderasse)

Sco|tis|mus, der; - (philos. Lehre nach dem Scholastiker Duns Scotus); **Sco|tist,** der; -en, -en; **Sco|tis|tin**

Scot|land Yard [...lənt ˈjaːɐ̯t], der; -- ⟨engl.⟩ (Londoner Polizei[gebäude])

Scott (schottischer Dichter)

Scou|bi|dou [skubiˈduː], das; -s, -s ⟨franz.⟩ (Bastelspiel aus bunten Plastikbändern)

Scout [skaʊt], der; -s, -s ⟨engl.⟩ (Pfadfinder; jmd., der etwas aufspüren soll)

Scrab|ble® [ˈskrɛbl], das; -[s], -s ⟨engl.⟩ (ein Gesellschaftsspiel)

Scra|pie [ˈskrɛɪpi], die; - ⟨engl.⟩ (*Tiermed.* vor allem bei Schafen auftretende Tierseuche); **Scra|pie|test**

scrat|chen [ˈskrɛtʃn̩] ⟨engl.⟩; sie scratcht, hat gescratcht; **Scratching** [ˈskrɛtʃ...], das; -s ⟨engl.⟩ (das Hervorbringen akustischer Effekte durch Manipulation der laufenden Schallplatte)

scree|nen [ˈskriːnən] ⟨engl.⟩ (*Fachspr.* [in einer Reihenuntersuchung] überprüfen, untersuchen); gescreent

Scree|ning [ˈskriːnɪŋ], das; -s, -s ⟨engl.⟩ (*Fachspr.* Verfahren zur Reihenuntersuchung)

Screen|shot [ˈskriːnʃɔt], der; -s, -s (*EDV* Abbildung einer Bildschirmanzeige)

Scrip, der; -s, -s ⟨engl.⟩ (*Wirtsch.* Gutschein über nicht gezahlte Zinsen)

scrol|len [ˈskroːlən] ⟨engl.⟩ (*EDV* die Bildschirmdarstellung gleitend verschieben); **Scrol|ling,** das; -s

Scu|do, der; -, ...di ⟨ital.⟩ (alte italienische Münze)

Scud|ra|ke|te [*auch* ˈskat...] (eine militärische Kurz- u. Mittelstreckenrakete)

sculps., sc. = sculpsit

sculp|sit ⟨lat., »hat [es] gestochen«⟩ (Zusatz zum Namen des Stechers auf Kupfer- u. Stahlstichen; *Abk.* sc., sculps.)

Scyl|la (*lat. Form von* Szylla, *griech.* Skylla)

s. d. = sieh[e] dort

SD = South Dakota

SDA, die; - = Schweizerische Depeschenagentur

SDI [ɛsdiːˈlaɪ] = strategic defense initiative (US-amerikanisches Projekt zur Stationierung von [Laser]waffen im Weltraum)

SDS = Societatis Divini Salvatoris (»von der Gesellschaft vom Göttlichen Heiland«; Salvatorianer)

Se., S. = Seine [Exzellenz usw.]

SE = Stadtexpress

Se (*chem. Zeichen für* Selen)

Seal [siːl], der *od.* das; -s, -s ⟨engl.⟩ (Fell der Pelzrobbe; ein Pelz); **Seal|man|tel**

Seals|field [ˈsiːlzfiːld] (österr. Schriftsteller)

Seal|skin [ˈsiːl...], der *od.* das; -[s], -s ⟨engl.⟩ (*svw.* Seal; Plüschgewebe als Nachahmung des Seals)

Sean [ʃɔːn] (m. Vorn.)

Sé|an|ce [zeˈãːs(ə)], die; -, -n ⟨franz.⟩ ([spiritistische] Sitzung)

Se|at|tle [siˈɛtl] (Stadt in den USA)

Se|bas|ti|an (m. Vorn.)

Se|bor|rhö, die; -, -en ⟨lat.; griech.⟩ (*Med.* krankhaft gesteigerte Talgabsonderung)

¹sec = Sekans; Sekunde (*vgl. d.*)

²sec [sɛk] ⟨franz.⟩ (trocken [von franz. Schaumweinen])

Sec|co|re|zi|ta|tiv ⟨ital.⟩ (*Musik* nur von einem Tasteninstrument begleitetes Rezitativ)

Se|cen|tis|mus [zetʃɛn...], der; - ⟨ital.⟩ (Stilrichtung der Barockpoesie in Italien des 17. Jh.s); **Se|cen|tist,** der; -en, -en; **Se|cen|tis|tin**

Se|cen|to [seˈtʃɛnto], das; -[s] (*toskan. Form von* Seicento)

Se|ces|si|on, die; - ⟨lat.⟩ (österr. Form des Jugendstils; Ausstellungsgebäude in Wien); *vgl.* Sezession

Sech, das; -[e]s, -e (messerartiges Teil am Pflug)

sechs; wir sind zu sechsen *od.* zu sechst, wir sind sechs; *vgl.* acht

Sechs, die; -, -en (Zahl); er hat eine Sechs geschrieben; sie hat in Latein eine Sechs geschrieben; *vgl.* Eins *u.* ¹Acht

Sechs|ach|ser (Wagen mit sechs

Seegurke

Achsen; *mit Ziffer* 6-Achser ↑D 29); **sechs|ach|sig**
Sechs|ach|tel|takt ↑D 26; im Sechsachteltakt
Sechs|eck; sechs|eckig
sechs|ein|halb, sechs|und|ein|halb
Sechs|en|der *(Jägerspr.)*
Sech|ser *(landsch. früher auch für Fünfpfennigstück); vgl.* Achter
sech|ser|lei; auf sechserlei Art
Sech|ser|pack, der; -s, -s; **Sech|ser|pa|ckung**
Sech|ser|rei|he (in Sechserreihen)
Sech|ser|tra|gerl *(österr. für Getränkebehälter für 6 Flaschen)*
sechs|fach; Sechs|fa|che *vgl.* Achtfache
Sechs|flach, das; -[e]s, -e, **Sechsfläch|ner** *(für Hexaeder)*
sechs|flä|chig; Sechs|gang|ge|triebe; sechs|hun|dert
sechs|jäh|rig *vgl.* achtjährig
Sechs|kant, das *od.* der; -[e]s, -e; **Sechs|kant|ei|sen; sechs|kan|tig**
sechs|köp|fig *vgl.* achtköpfig
Sechs|ling
sechs|mal *vgl.* achtmal; **sechs|malig**
sechs|mo|na|tig (sechs Monate dauernd); **sechs|mo|nat|lich** (alle sechs Monate)
Sechs|pass, der; -es, ...passe *(Archit.* Verzierungsform mit sechs Bogen)
sechs|sei|tig
Sechs|spän|ner; sechs|spän|nig
sechs|spu|rig; sechsspurige Autobahnen
sechs|stel|lig
Sechs|stern (sechsstrahliger Stern der Volkskunst)
sechs|stün|dig (sechs Stunden dauernd)
sechst *vgl.* sechs
Sechs|ta|ge|ren|nen *(mit Ziffer 6-Tage-Rennen)*
sechs|tä|gig *vgl.* achttägig
sechs|tau|send
sechs|te; sie hat den sechsten Sinn (ein Gespür) dafür; *vgl.* achte
sechs|tei|lig *vgl.* achtteilig
Sechs|tel *vgl.* achtel; **Sechs|tel**, das, *schweiz. meist* der; -s, -; *vgl.* Achtel
sechs|tens
Sechs|und|drei|ßig|flach, das; -[e]s, -e, **Sechs|und|drei|ßig|fläch|ner** *(für* Triakisdodekaeder)
sechs|und|ein|halb, sechs|ein|halb
Sechs|und|sech|zig, das; - (ein Kartenspiel)
sechs|und|zwan|zig *vgl.* acht
sechs|wö|chig (sechs Wochen dauernd)
Sechs|zy|lin|der *(ugs. für* Sechszylindermotor *od.* damit ausgerüsteter Kraftwagen); **Sechs|zy|lin|der|mo|tor** *(mit Ziffer* 6-Zylinder-Motor); **sechs|zy|lind|rig** *(mit Ziffer* 6-zylindrig ↑D 29)
Sech|ter, der; -s, - ⟨lat.⟩ (ein altes [Getreide]maß; *bayr., österr. für* Eimer, Milchgefäß)
sech|zehn *vgl.* acht
sech|zehn|hun|dert
sech|zehn|jäh|rig *vgl.* achtjährig
Sech|zehn|me|ter|raum *(Fußball)*
sech|zig *vgl.* achtzig
Sech|zig, die; -, -en (Zahl)
sech|zi|ger *vgl.* achtziger
Sech|zi|ger *vgl.* Achtziger
Sech|zi|ge|rin *vgl.* Achtzigerin
Sech|zi|ger|jah|re *Plur.*
sech|zig|jäh|rig *vgl.* achtjährig
Se|con|da, die; -, -s; *vgl.* Secondo
se|cond|hand [ˈsɛkəntˈhɛnt] ⟨engl.⟩ (aus zweiter Hand); **Se|condhand|shop** [ˈsɛkəntˈhɛntʃɔp], der; -s, -s (Laden, in dem gebrauchte Kleidung u. a. verkauft wird)
Se|cond Life® [ˈsɛkənt ˈlaɪf], das; - - ⟨engl.⟩ (eine virtuelle Welt im Internet)
Se|con|do, der; -s, -s ⟨ital.⟩ *(schweiz. für* Zuwanderer der zweiten Generation)
Se|cond Screen [ˈsɛkənt ˈskriːn], der; - -s, - -s ⟨*Jargon* zweite, parallel zum Fernsehgerät genutzte Informationsquelle mit Bildschirm)
Se|c|ret Ser|vice [ˈsiːkrɪt ˈsœːɐ̯vɪs], der; - - ⟨engl.⟩ (britischer [politischer] Geheimdienst)
Se|cu|ri|ty [sɪˈkjuːrɪti], die; -, -s ⟨*engl. Bez. für* Sicherheit, Sicherheitsdienst)
SED, die; - = Sozialistische Einheitspartei Deutschlands (Staatspartei der DDR [1946–1989])
Se|da *(Plur. von* Sedum)
se|da|tiv *(Med.* beruhigend, schmerzstillend); **Se|da|tiv**, das; -s, -e, **Se|da|ti|vum**, das; -s, ...va *(Med.* Beruhigungsmittel)
Sed|card [...kaːɐ̯t], die; -, -s ⟨nach Sebastian Sed, dem Geschäftsführer einer brit. Modelagentur⟩ (Bewerbungsunterlage für ²Models)
SED-Dik|ta|tur
Se|dez, das; -es ⟨lat.⟩ (Sechzehntelbogengröße [Buchformat]; *Abk.* 16°); **Se|dez|for|mat**
Se|dia ges|ta|to|ria [- dʒ...], die; - - ⟨ital.⟩ (Tragsessel des Papstes bei feierlichen Aufzügen)
se|die|ren ⟨lat.⟩ *(Med.* beruhigen)
Se|di|ment, das; -[e]s, -e ⟨lat.⟩ (Ablagerung, Schicht); **se|diment|är** (durch Ablagerung entstanden); **Se|di|men|tär|gestein**
Se|di|men|ta|ti|on, die; -, -en (Ablagerung); **Se|di|ment|gestein; se|di|men|tie|ren**
Se|dis|va|kanz, die; -, -en ⟨lat.⟩ (Zeitraum, während dessen das Amt des Papstes *od.* eines Bischofs unbesetzt ist)
Sed|na, die; - *od.* der; -[s]; *meist ohne Artikel* ⟨nach einer Göttin der Inuit⟩ (ein Planetoid des Sonnensystems)
Se|dum, das; -s, Seda ⟨lat.⟩ *(Bot.* Fetthenne)
¹**See**, der; -s, Se|en (stehendes Binnengewässer)
²**See**, die; -, Se|en *(nur Sing.:* Meer; Seegang; Seemannsspr. [Sturz]welle)
See|aal; See|ad|ler
See|al|pen *Plur.* (Teil der Westalpen)
See|amt
see|ar|tig, se|en|ar|tig
See|bad; See|bär; See|be|ben
see|be|schä|digt *(für* havariert)
See|be|stat|tung; See|blick (ein Zimmer mit Seeblick)
See|blo|cka|de; See|büh|ne
See-Ele|fant, See|ele|fant, der; -en, -en (große Robbe)
see|er|fah|ren ↑D 25
See-Er|fah|rung, See|er|fah|rung
see|fah|rend; See|fah|rer; See|fahre|rin; See|fahrt
See|fahrt|buch; See|fahrt|schu|le
see|fest (seetüchtig)
See|fest ([Sommer]fest an einem See)
See|fisch; See|fracht; See|fracht|geschäft
See|frau *(zu* Seemann)
See|funk; See|gang, der; -[e]s
See Ge|ne|za|reth, ökum. Gen|nesa|ret, der; -s - (bibl. Name für den See von Tiberias)
See|gefrör|ni, die; -, ...nen *(schweiz. für* das Zufrieren, Zugefrorensein eines Sees)
See|gras; See|gras|mat|rat|ze
See|grund
See|gur|ke (ein [meerbewohnender] Stachelhäuter)

Seehafen

See|ha|fen; See|han|del; See|heil|bad; See|herr|schaft, die; - See|hö|he (bes. österr. für Meter über dem Meeresspiegel)
See|hund; See|hunds|fän|ger; See|hunds|fell
See|igel; See|igel|kak|tus
See|jung|fer (eine Libelle); See|jung|frau (eine Märchengestalt)
See|ka|dett; See|kar|te; See|kas|se (Versicherung für in der Seefahrt beschäftigte Personen)
see|klar; Schiffe seeklar machen
See|kli|ma, das; -s
see|krank; See|krank|heit, die; -
See|krieg; See|kuh; See|lachs
See|land (dänische Insel; niederländische Provinz)
Seel|chen; See|le, die; -, -n (südd. ugs. auch für mit Salz u. Kümmel bestreutes kleines Weißbrot); meiner Seel! ↑D 13; die unsterbliche Seele
See|len|ach|se (nur in Feuerwaffen)
See|len|adel (geh.); See|len|amt (kath. Kirche Totenmesse)
See|len|blind|heit (für Agnosie)
See|len|bräu|ti|gam (bes. Mystik Christus)
See|len|frie|de[n]; See|len|grö|ße, die; -; See|len|gü|te (geh.); See|len|heil; See|len|hirt (veraltend für Geistlicher); See|len|hir|tin
See|len|klemp|ner (scherzh. für Psychologe); See|len|klemp|ne|rin
See|len|kun|de, die; - (veraltend für Psychologie); see|len|kun|dig
See|len|le|ben, das; - (geh.)
see|len|los (geh.)
See|len|mas|sa|ge (ugs.); See|len|mes|se; See|len|qual (geh.)
See|len|ru|he; see|len|ru|hig
see|len[s]|gut; See|len|stark
See|len|strip|tease [...'strɪpti:s] ⟨dt.; engl.⟩ (ugs., oft abwertend od. scherzh. für öffentliche Zurschaustellung persönlicher Gefühle)
see|len|ver|gnügt (ugs. für heiter)
See|len|ver|käu|fer (ugs. für skrupelloser Mensch; Seemannsspr. zum Abwracken reifes Schiff); See|len|ver|käu|fe|rin
see|len|ver|wandt; See|len|ver|wandt|schaft
see|len|voll (geh.)
See|len|wan|de|rung; See|len|zu|stand
See|leu|te (Plur. von Seemann)
See|lisch; das seelische Gleichgewicht; die seelischen Kräfte
See|lö|we

Seel|sor|ge, die; -; Seel|sor|ger; Seel|sor|ge|rin; seel|sor|ge|risch; seel|sor|ger|lich, seel|sorg|lich
See|luft, die; -; See|macht
See|mann Plur. ...leute; See|män|nin; see|män|nisch
See|manns|amt; See|manns|brauch
See|mann|schaft, die; - (seemännische Kenntnisse)
See|manns|garn, das; -[e]s (erfundene Geschichte); See|manns|heim; See|manns|kno|ten; See|manns|le|ben, das; -s; See|manns|lied; See|manns|los, das; -es; See|manns|spra|che; See|manns|tod
See|mei|le (Zeichen sm)
See|mi|ne
se|en|ar|tig vgl. seeartig; Se|en|kun|de, die; - (für Limnologie)
See|not, die; -; See|not|ret|tung; See|not|ret|tungs|dienst; See|not|ret|tungs|kreu|zer; See|not|zei|chen
Se|en|plat|te
s. e. e. o., s. e. et o. = salvo errore et omissione ⟨lat.⟩ (Irrtum u. Auslassung vorbehalten)
See|pferd|chen; See|po|cke (Krebstier)
See|räu|ber; See|räu|be|rei; See|räu|be|rin; see|räu|be|risch
See|recht; See|rei|se; See|ro|se
Seer|su|cker ['si:ɣsakɐ], der; -s ⟨Hindi-engl.⟩ (kreppähnliches Baumwollgewebe)
See|sack; See|sand; See|schiff|fahrt, die; -; See|schlacht; See|schlan|ge; See|sei|te
See|sen (Stadt am Nordwestrand des Harzes)
See|sper|re; See|stern
See|stra|ße; See|stra|ßen|ord|nung
See|streit|kräf|te Plur.; See|stück (Gemälde mit Seemotiv)
See|tang
see|taug|lich
s. e. et o. vgl. s. e. e. o.
see|tüch|tig
See|ufer
See|ver|bren|nung ([Müll]verbrennung auf ²See); See|ver|si|che|rung; See|vo|gel; See|wal|ze vgl. Seegurke; See|war|te (die Deutsche Seewarte in Hamburg)
see|wärts
See|was|ser|aqua|ri|um
See|weg; See|we|sen, das; -s; See|wet|ter|dienst; See|wind
See|wolf (ein Meeresfisch)
See|zei|chen; See|zoll|ha|fen
See|zun|ge (ein Fisch)
Se|gel, das; -s, -; Se|gel|boot

se|gel|fer|tig
Se|gel|flie|gen nur im Infinitiv gebräuchlich; Se|gel|flie|ger; Se|gel|flie|ge|rin
Se|gel|flug; Se|gel|flug|zeug
Se|gel|jacht, Se|gel|yacht
Se|gel|kurs; Se|gel|los; Se|gel|ma|cher; Se|gel|ma|che|rin
se|geln; ich seg[e]le
Se|gel|oh|ren Plur. (ugs.)
Se|gel|re|gat|ta; Se|gel|schiff; Se|gel|sport; Se|gel|sur|fen, das; -s; Se|gel|törn (Fahrt mit einem Segelboot); Se|gel|tuch Plur. ...tuche
Se|gel|yacht, Se|gel|jacht
Se|gen, der; -s, -; Segen bringen; die Segen bringende od. segenbringende Weihnachtszeit; Segen spendend od. segenspendend
se|gens|reich; Se|gens|spruch; se|gens|voll; Se|gens|wunsch
Se|ger (dt. Technologe)
Se|ger|ke|gel® ↑D 136 (zur Bestimmung der Feuerfestigkeit; Zeichen SK); Se|ger|por|zel|lan, das; -s
Se|ges|tes (Cheruskerfürst; Vater der Thusnelda)
Seg|ge, die; -, -n (nordd. für Riedgras, Sauergras)
Se|ghers (dt. Schriftstellerin)
Seg|ler; Seg|le|rin
Seg|ment, das; -[e]s, -e ⟨lat.⟩ (Abschnitt, Teilstück)
seg|men|tal (in Form eines Segmentes); seg|men|tär (aus Abschnitten gebildet)
seg|men|tie|ren; Seg|men|tie|rung (Gliederung in Abschnitte)
seg|nen; gesegnete Mahlzeit!; Seg|nung
¹Se|gre|ga|ti|on, die; -, -en ⟨lat.⟩ (Biol. Aufspaltung der Erbfaktoren während der Reifeteilung der Geschlechtszellen; veraltet für Ausscheidung, Trennung)
²Se|gre|ga|ti|on [auch segrɪ'geɪʃn], die; -, -s ⟨engl.⟩ (Soziol. Absonderung einer Bevölkerungsgruppe [nach Hautfarbe, Religion])
se|gre|gie|ren
Seg|way® [...veɪ], der; -s, -s ⟨nach der Herstellerfirma⟩ (Stehroller)
Seh|ach|se
seh|be|hin|dert; Seh|be|hin|der|te, der u. die; -n, -n; Seh|be|hin|de|rung
se|hen; du siehst, er/sie sieht; ich sah, du sähest, du sähst; gesehen; sieh[e]!; sieh[e] da!; ich habe es gesehen, aber ich habe

seinerzeitig

es kommen sehen, *selten* gesehen; ↑D 82: ich kenne ihn nur vom Sehen; ihm wird Hören u. Sehen *od.* hören u. sehen vergehen (*ugs.*); ihr solltet euch mal wieder zu Hause sehen lassen; ihre Leistungen können sich sehen lassen *od.* sehenlassen (sind beachtlich) ↑D 55
Se|hens|wert; Se|hens|wür|dig
Se|hens|wür|dig|keit, die; -, -en
Se|her (*Jägerspr. auch* Auge des Raubwildes; *österr. auch für* Fernsehzuschauer)
Se|her|blick; Se|her|ga|be
Se|he|rin; se|he|risch
Seh|feh|ler; seh|ge|schä|digt; Seh|ge|schä|dig|te, der *u.* die; -n, -n
Seh|ge|wohn|heit *meist Plur.;* Seh|hil|fe; Seh|kraft, die; -; Seh|kreis; Seh|loch (*für* Pupille)
Seh|ne, die; -, -n
seh|nen, sich; stilles Sehnen ↑D 82
Seh|nen|ent|zün|dung; Seh|nen|reflex (*Med.*); Seh|nen|riss
Seh|nen|satz (*Math.*)
Seh|nen|schei|de; Seh|nen|schei|den|ent|zün|dung; Seh|nen|zer|rung
Seh|nerv
seh|nig
sehn|lich
Sehn|sucht, die; -, ...süchte
sehn|süch|tig; sehn|suchts|voll
Seh|öff|nung; Seh|or|gan (Auge)
Seh|pro|be; Seh|prü|fung
sehr; so sehr; zu sehr; gar sehr; sehr fein (*Abk.* ff); sehr viel, sehr vieles; sehr bedauerlich; er hat die Note »sehr gut« erhalten; *vgl.* ausreichend
seh|ren (*mdal. für* verletzen)
Seh|rohr (*für* Periskop)
Seh|schär|fe; Seh|schlitz
seh|schwach; Seh|schwä|che; Seh|schwa|chen|schu|le
Seh|stäb|chen (*Med.*); Seh|stö|rung; Seh|test; Seh|ver|mö|gen, das; -s; Seh|zen|t|rum (*Med.*)
Sei|ber, Sei|fer, der; -s (*landsch. für* ausfließender Speichel [bes. bei kleinen Kindern]); sei|bern, sei|fern; ich seibere, seifere
Sei|cen|to [sei̯ˈtʃento], das; -[s] ⟨ital.⟩ (*Kunst* das 17. Jh. in Italien); *vgl.* Secento
Seich, der; -[e]s, Sei|che, die; - (*landsch. derb für* Urin; seichtes Gerede; schales Getränk); sei|chen (*derb für* urinieren)
Sei|chel, das; -s, -[n]; *vgl.* Pickerl (*österr. ugs. für* Feigling)
Seiches [sɛ(ː)ʃ] *Plur.* ⟨franz.⟩ (periodische Niveauschwankungen von Seen usw.)
seicht; Seicht|heit, Seich|tig|keit
seid (2. Pers. Plur. Indikativ Präs. *von* ²sein); ihr seid immer willkommen; seid vorsichtig!; *vgl. aber* seit
Sei|de, die; -, -n
Sei|del, das; -s, - ⟨lat.⟩ (Gefäß; Flüssigkeitsmaß; 3 Seidel Bier
Sei|del|bast, der; -[e]s, -e (ein Strauch)
sei|den (aus Seide); sei|den|ar|tig
Sei|den|at|las *Plur.* -se; Sei|den|blu|se; Sei|den|fa|den; Sei|den|glanz; Sei|den|kra|wat|te; Sei|den|ma|le|rei; sei|den|matt; Sei|den|pa|pier
Sei|den|rau|pe; Sei|den|rau|pen|zucht
Sei|den|schal; Sei|den|spin|ner (ein Schmetterling)
Sei|den|stra|ße, die; - (eine alte asiatische Karawanenstraße)
sei|den|weich; Sei|ber usw.
Sei|en|de, das; -n (*Philos.*)
Sei|fe, die; -, -n (Waschmittel; *Geol.* Ablagerung); eine grobe Seife
sei|fen (abseifen; *Geol.* Minerale auswaschen); sei|fen|ar|tig
Sei|fen|bla|se; Sei|fen|flo|cke
Sei|fen|ge|bir|ge (erz- od. edelsteinhaltiges Gebirge)
Sei|fen|kis|ten|ren|nen
Sei|fen|lap|pen; Sei|fen|lau|ge
Sei|fen|oper (*ugs. für* triviale Rundfunk- od. Fernsehserie)
Sei|fen|pul|ver; Sei|fen|scha|le; Sei|fen|schaum
Sei|fen|sie|der; jmdm. geht ein Seifensieder auf (*ugs. für* jmd. begreift etwas); Sei|fen|sie|de|rin
Sei|fen|spen|der
Sei|fer usw. *vgl.* Seiber usw.
Seif|fen (Kurort im Erzgebirge)
sei|fig
Seif|ner (*veraltet für* Erzwäscher)
Sei|ge, die; -, -n (*Bergmannsspr.* vertiefte Rinne, in der das Grubenwasser abläuft); sei|ger (*Bergmannsspr.* senkrecht)
sei|gern (*veraltet für* seihen, sickern; *Hüttenw.* [sich] ausscheiden; ausschmelzen); ich seigere
Sei|ger|riss (bildlicher Durchschnitt eines Bergwerks); Sei|ger|schacht (*Bergbau* senkrechter Schacht); Sei|ge|rung
Seig|neur [zɛnˈjøːɐ̯], der; -s, -s ⟨franz.⟩ (*veraltet für* vornehmer Weltmann)
Sei|he, die; -, -n (*landsch.*)
sei|hen (*landsch. für* durch ein Sieb gießen, filtern)
Sei|her (*landsch. für* Sieb für Flüssigkeiten); Sei|herl, das; -s, -[n]; *vgl.* Pickerl (*österr. für* [Tee]sieb)
Seih|tuch *Plur.* ...tücher (*landsch.*)
Seil, das; -[e]s, -e; auf dem Seil laufen, tanzen (*vgl. aber* seiltanzen); über das Seil hüpfen, springen (*vgl. aber* seilhüpfen, seilspringen); [am] Seil ziehen
Seil|bahn
¹sei|len (Seile herstellen)
²sei|len (*nordd. für* segeln)
Sei|ler; Sei|le|rei; Sei|le|rin
Sei|ler|meis|ter; Sei|ler|meis|te|rin
Seil|gar|ten (künstliche Anlage zum Klettern)
seil|hüp|fen *vorwiegend im Infinitiv u. im Partizip II gebräuchlich;* seilgehüpft; *vgl.* Seil; Seil|hüp|fen, das; -s
Seil|park (*bes. schweiz. für* Seilgarten)
Seil|schaft (die durch ein Seil verbundenen Bergsteiger; *übertr. für* Gruppe von Personen, die eng zusammenarbeiten)
Seil|schwe|be|bahn
seil|sprin|gen *vorwiegend im Infinitiv u. im Partizip II gebräuchlich;* seilgesprungen; *vgl.* Seil; Seil|sprin|gen, das; -s
Seil|steu|e|rung (*Bobsport*)
seil|tan|zen *vorwiegend im Infinitiv u. im Partizip II gebräuchlich;* seilgetanzt; *vgl.* Seil; Seil|tän|zer; Seil|tän|ze|rin
Seil|trom|mel; Seil|win|de; Seil|zie|hen, das; -s; Seil|zug
Seim, der; -[e]s, -e (*veraltend für* dicker [Honig]saft)
sei|mig (*veraltend für* dickflüssig)
¹sein; seine Schwester, sein Kind; *aber* ↑D 85: Seine (*Abk.* S[e].), Seiner (*Abk.* Sr.) Exzellenz; *vgl.* ¹dein *u.* sein
²sein s. Kasten Seite 1008
Sein, das; -s; das Sein und das Nichtsein; das wahre Sein
sei|ne, sei|ni|ge ↑D 76: wir wollen jedem das Seine *od.* das seine zukommen lassen; er muss das Seine *od.* das seine dazu beitragen, tun; sie ist die Seine *od.* die seine; er sorgte für die Sei|nen *od.* die seinen
Sei|ne [ˈzɛːn(ə)], die; - (französischer Fluss)
sei|ner|seits
sei|ner|zeit (damals, dann; *Abk.* s. Z.); sei|ner|zei|tig

seinesgleichen

²sein

– ich bin, du bist, er/sie/es ist, wir sind, ihr seid, sie sind
– ich sei, du seist, er/sie/es sei, wir seien, ihr seiet, sie seien
– ich war, du warst, er/sie/es war, wir waren, ihr wart, sie waren
– ich wäre, du wärst, er/sie/es wäre, wir wären, ihr wärt, sie wären
– das wars, *auch* war's ↑D 14
– seiend; gewesen
– sei, seid ruhig!
– Seien Sie bitte so freundlich ...

Verbindungen mit dem Verb »sein« werden getrennt geschrieben:
– da sein; heraus sein; hier sein; zusammen sein
– sie wollte ihn Sieger sein lassen

Aber:
– ich möchte das lieber sein lassen *od.* seinlassen (*ugs. für* nicht tun)
– das Dasein, das Sosein, das Zusammensein
– das So-oder-anders-Sein ↑D 27

---

sei|nes|glei|chen; Leute seinesgleichen; er hat nicht seinesgleichen
sei|net|hal|ben (veraltend)
sei|net|we|gen; sei|net|wil|len; *nur in* um seinetwillen
sei|ni|ge *vgl.* seine
sein las|sen, sein|las|sen *vgl.* ²sein
Sei|sing, der; -s, -e (*svw.* Zeising)
Seis|mik, die; - ⟨griech.⟩ (Erdbebenkunde); seis|misch (die Seismik bzw. Erdbeben betreffend)
Seis|mo|graf, Seis|mo|graph, der; -en, -en (Gerät zur Aufzeichnung von Erdbeben); seis|mo|gra|fisch, seis|mo|gra|phisch
Seis|mo|gramm, das; -s, -e (Aufzeichnung der Erdbebenwellen)
Seis|mo|graph usw. *vgl.* Seismograf
Seis|mo|lo|ge, der; -n, -n; Seis|mo|lo|gie, die; - (*svw.* Seismik); Seis|mo|lo|gin; seis|mo|lo|gisch
Seis|mo|me|ter, das; -s, - (Gerät zur Messung der Erdbebenstärke); seis|mo|me|trisch
seit; *Präposition mit Dativ:* seit dem Zusammenbruch; seit alters ↑D 70; seit damals, gestern, heute; seit Kurzem *od.* kurzem; seit Langem *od.* langem; *Konjunktion:* seit ich hier bin; *vgl.* aber seid

seit
Im Gegensatz zur mit *d* geschriebenen Verbform *seid (ihr seid)* enden die Präposition und die Konjunktion *seit (seit drei Jahren; ihr geht es besser, seit sie Sport treibt)* mit *t*.

seit|ab (abseits)
Sei|tan, der; -[s], *auch* das; -[s] ⟨jap.⟩ (Gastron. Fleischersatz aus Weizen)
seit|dem; seitdem ist sie gesund;

seitdem ich hier bin; *aber* seit dem Tag, an dem ...
Sei|te *s.* Kasten Seite 1009
Sei|ten|air|bag (Kfz-Technik)
Sei|ten|al|tar; Sei|ten|an|sicht; Sei|ten|arm; Sei|ten|auf|prall|schutz
Sei|ten|aus (Sport)
Sei|ten|aus|gang
Sei|ten|aus|li|nie (Sport)
Sei|ten|bau *Plur.* ...bauten
Sei|ten|blick; Sei|ten|bli|cke|ge|sell|schaft, die; - (österr. für medienpräsente Gesellschaftsschicht)
Sei|ten|ein|gang
Sei|ten|ein|stei|ger; Sei|ten|ein|stei|ge|rin
Sei|ten|fens|ter; Sei|ten|flü|gel; Sei|ten|front
Sei|ten|füh|rung (der Reifen)
Sei|ten|gang, der; Sei|ten|ge|wehr
Sei|ten|hal|bie|ren|de, die; -n, -n (Math.); zwei Seitenhalbierende
Sei|ten|hieb
sei|ten|lang; seitenlange Briefe, *aber* ein vier Seiten langer Brief
Sei|ten|leit|werk (Flugw.)
Sei|ten|li|nie
Sei|ten|por|tal; Sei|ten|ram|pe
Sei|ten|ru|der (Flugw.)
sei|tens ↑D 70 *Präposition mit Genitiv (Amtsspr.):* seitens des Angeklagten wurde Folgendes eingewendet; Sei|ten|schei|be
Sei|ten|schiff (Archit.)
Sei|ten|schnei|der (ein Werkzeug)
Sei|ten|schritt
sei|ten|schwim|men *im Allgemeinen nur im Infinitiv gebräuchlich;* Sei|ten|schwim|men, das; -s
Sei|ten|sprung
sei|ten|stän|dig (Bot. von Blättern)
Sei|ten|ste|chen, das; -s
Sei|ten|stra|ße; Sei|ten|strei|fen; Sei|ten|stück; Sei|ten|ta|sche; Sei|ten|teil, das, *auch* der; Sei|ten|trakt; Sei|ten|trieb (Bot.)
Sei|ten|tür
sei|ten|ver|kehrt

Sei|ten|wa|gen; Sei|ten|wahl (Sport); Sei|ten|wech|sel
sei|ten|wei|se
Sei|ten|wind; Sei|ten|zahl; Sei|ten|zu|griff (EDV Aufruf einer Webseite)
seit|her; seit|he|rig
...sei|tig (z. B. allseitig)
seit|lich
Seit|ling, der; -s, -e (ein Pilz)
seit|lings (veraltet)
Seit|pferd (Turnen)
seit|wärts *vgl.* abwärts; Seit|wärts|be|we|gung; seit|wärts|tre|ten
Sei|wal ⟨norw.⟩ (eine Walart)
Sejm [sɛjm], der; -s ⟨poln.⟩ (oberste polnische Volksvertretung)
sek, Sek. = Sekunde
SEK (Währungscode für schwed. Krone)
Se|kans, der; -, *Plur.* -, *auch* Sekanten ⟨lat.⟩ (Math. Verhältnis der Hypotenuse zur Ankathete im rechtwinkligen Dreieck; *Zeichen* sec)
Se|kan|te, die; -, -n (Gerade, die eine Kurve schneidet)
Se|kel, Sche|kel, der; -s, - ⟨hebr.⟩ (altbabylon. u. hebr. Gewichts- u. Münzeinheit)
sek|kant ⟨ital.⟩ (österr. für lästig, zudringlich)
Sek|ka|tur, die; -, -en (österr. für Quälerei, Belästigung); sek|kie|ren (österr. für quälen, belästigen)
Se|kond|hieb ⟨ital.; dt.⟩ (ein Fechthieb)
¹Se|kret, das; -[e]s, -e ⟨lat.⟩ (Med. Absonderung; *veraltet für* vertrauliche Mitteilung)
²Se|kret, die; - (stilles Gebet des Priesters während der Messe)
Se|kre|tär, der; -s, -e ⟨lat.-franz.⟩ (Beamter des mittleren Dienstes; Funktionär in einer Partei, Gewerkschaft o. Ä.; kaufmännischer Angestellter; Schreibschrank; Greifvogel)

Selamlik

Sei|te

die; -, -n
- siehe Seite 20 (*Abk. s. S. 20*)
- der Text folgt auf Seite 3–7 od. auf den Seiten 3–7
Vgl. auch Saite
Groß- und Getrenntschreibung:
- die linke, rechte Seite
- auf der Seite der Schwächeren sein
- von allen Seiten
- von zuständiger Seite
- etwas zur Seite legen
- jemandem zur Seite treten, stehen
Klein- und Zusammenschreibung:
- beiseite (*vgl. d.*)
- seitens (*vgl. d.*)
- meinerseits, ihrerseits; beiderseits; allseits, allerseits
- väterlicherseits, mütterlicherseits
- deutscherseits, englischerseits (*seltener für* von deutscher, englischer Seite)
- einerseits, andererseits (*auch* anderseits)
- abseits (*vgl. d.*)
- diesseits; beidseits
- bergseits
Klein- und Zusammenschreibung oder Groß- und Getrenntschreibung ↑**D 63**:
- <mark>aufseiten</mark>, auf Seiten
- <mark>vonseiten</mark>, von Seiten
- <mark>zuseiten</mark>, zu Seiten

Se|kre|ta|ri|at, das; -[e]s, -e (Kanzlei, Geschäftsstelle)
Se|kre|tä|rin
se|kre|tie|ren ⟨lat.⟩ (*Med.* absondern); **Se|kre|ti|on**, die; -, -en (*Med.* Absonderung); **se|kre|to|risch**
Sekt, der; -[e]s, -e ⟨ital.⟩; **Sękt|du|sche** (das Übergießen od. Nassspritzen mit Sekt [zur Feier eines sportlichen Erfolges])
Sęk|te, die; -, -n ⟨lat.⟩ ([kleinere] Glaubensgemeinschaft); **Sek|ten|an|hän|ger**; **Sęk|ten|an|hän|ge|rin**, **Sęk|ten|we|sen**, das; -s
Sękt|fla|sche; **Sękt|flö|te**; **Sękt|früh|stück**; **Sękt|glas** *Plur.* ...gläser
Sek|tie|rer ⟨lat.⟩ (jmd., der von einer politischen, religiösen o. ä. Richtung abweicht); **Sek|tie|re|rin**; **sek|tie|re|risch**; **Sek|tie|rer|tum**, das; -s
Sek|ti|on, die; -, -en ⟨lat.⟩ (Abteilung, Gruppe, Fachbereich; *Med.* Leichenöffnung)
Sek|ti|ons|be|fund (*Med.*)
Sek|ti|ons|chef (Abteilungsvorstand; *in Österr.* höchster Beamtenrang); **Sek|ti|ons|che|fin**
sek|ti|ons|wei|se
Sękt|kelch; **Sękt|kel|le|rei**; **Sękt|kor|ken**; **Sękt|kü|bel**; **Sękt|lau|ne**
Sęk|tor, der; -s, ...oren ⟨lat.⟩ ([Sach]gebiet, Bezirk; *Math.* Ausschnitt); **sek|to|ral** (einen Sektor betreffend)
Sęk|to|ren|gren|ze
sek|to|ri|ell (*bes. schweiz. für* sektoral)
Sękt|scha|le; **Sękt|steu|er**, die
Se|kund, die; -, -en ⟨lat.⟩ (*österr. svw.* Sekunde [in der Musik])

Se|kun|da, die; -, ...den (*veraltend für* die 6. u. 7. Klasse eines Gymnasiums)
Se|kund|ak|kord (*Musik*)
Se|kun|da|ner (Schüler einer Sekunda); **Se|kun|da|ne|rin**
Se|kun|dant, der; -en, -en ⟨lat.⟩ (Beistand, Zeuge [im Zweikampf]; Berater eines Sportlers); **Se|kun|dan|tin**
se|kun|där ⟨franz.⟩ (zweitrangig; untergeordnet; nachträglich hinzukommend; Neben...)
Se|kun|där|arzt (*österr. für* Assistenzarzt); **Se|kun|där|ärz|tin**
Se|kun|där|elek|t|ron (*Physik* durch Beschuss mit einer primären Strahlung aus einem festen Stoff ausgelöstes Elektron); **Se|kun|där|emis|si|on** (*Physik* Emission von Sekundärelektronen); **Se|kun|där|ener|gie** (*Technik* aus einer Primärenergie gewonnene Energie)
Se|kun|där|leh|rer (*schweiz.*); **Se|kun|där|leh|re|rin**
Se|kun|där|li|te|ra|tur *Plur. selten* (wissenschaftliche u. kritische Literatur über Dichter, Dichtungen, Dichtungsepochen)
Se|kun|där|roh|stoff *meist Plur.* (*regional für* Altmaterial)
Se|kun|där|schu|le (*schweiz. für* Realschule)
Se|kun|där|sta|tis|tik (Auswertung von nicht primär für statistische Zwecke gesammelten Daten)
Se|kun|där|strom (*Elektrot.*)
Se|kun|där|stu|fe (ab dem 5. Schuljahr)
Se|kun|där|tu|gend (Tugend von minderem Rang)
Se|kun|där|wick|lung (*Elektrot.*)
Se|kun|da|wech|sel (*Bankw.*)
Se|künd|chen
Se|kun|de, die; -, -n ⟨lat.⟩ ($^1/_{60}$ Minute, *Abk.* Sek. [Zeichen s; *veraltet od. noch sek.*]; *Geom.* $^1/_{60}$ Minute [*Zeichen* "]; *Musik* zweiter Ton der diaton. Tonleiter; Intervall im Abstand von 2 Stufen; *Druckerspr.* am Fuß der dritten Seite eines Bogens stehende Zahl mit Sternchen)
Se|kun|den|kle|ber
se|kun|den|lang; sekundenlanges Zögern, *aber* ein vierzig Sekunden langer Herzstillstand
Se|kun|den|schlaf; **Se|kun|den|schnel|le**, die; -; in Sekundenschnelle; **Se|kun|den|zei|ger**
se|kun|die|ren (*lat.-franz.*) (beistehen [im Zweikampf]; helfen, schützen; jmdm. sekundieren
se|kund|lich, **se|künd|lich** (in jeder Sekunde)
Se|kun|do|ge|ni|tur, die; -, -en (*früher für* Besitz[recht] des zweitgeborenen Sohnes)
Se|ku|rit®, das; -s ⟨nlat.⟩ (nicht splitterndes Glas)
sel. = selig
se|la! ⟨hebr.⟩ (*veraltend für* abgemacht!, Schluss!)
Se|la, das; -s, -s (Musikzeichen in den Psalmen)
Se|la|don [*auch* ...dõ:], das; -s, -s ⟨wohl nach dem graugrünen Gewand des franz. Romanhelden Céladon⟩ (chinesisches Porzellan mit grüner Glasur); **Se|la|don|por|zel|lan**
Se|lam *vgl.* Salam
Se|lam|lik, der; -[s], -s ⟨arab.-türk.⟩

S
Sela

selbander

selbst

- von selbst; selbst wenn ↑D 126
- selbst (sogar) bei Glatteis fährt er schnell

Getrenntschreibung:
- selbst backen; selbst brauen; selbst machen; selbst nutzen; selbst verdienen usw.

In Verbindung mit einem adjektivisch gebrauchten od. substantivierten Partizip kann getrennt oder zusammengeschrieben werden ↑D 58:
- ein selbst gebackener od. selbstgebackener Kuchen
- selbst gebrautes od. selbstgebrautes Bier
- selbst gedrehte od. selbstgedrehte Zigaretten
- ein selbst ernannter od. selbsternannter Experte
- selbst gemachte od. selbstgemachte Marmelade
- eine selbst genutzte od. selbstgenutzte Eigentumswohnung
- ein selbst geschneiderter od. selbstgeschneiderter Anzug
- selbst verdientes od. selbstverdientes Geld
- ein selbst verschuldeter od. selbstverschuldeter Unfall
- sie verschenkt gern Selbstgemachtes od. selbst Gemachtes

Zusammenschreibung:
- selbstentzündlich (von selbst entzündlich)
- selbstklebend (von selbst klebend)
- *Ebenso:* selbstredend, selbstvergessen, selbstverständlich usw.

Vgl. auch selber

(Empfangsraum im orientalischen Haus)
selb|an|der (*veraltet für* zu zweit)
selb|dritt (*veraltet für* zu dritt)
sel|be; zur selben (zu derselben) Zeit
sel|ber (*meist ugs. für* selbst)
Sel|ber|ma|chen, das; -s ↑D 82 (*ugs.*)
sel|big (*veraltet*); zu selbiger Stunde, zur selbigen Stunde
selbst *s. Kasten*
Selbst, das; -; ein Stück meines Selbst; Selbst|ab|hol|ler; Selbst|ab|ho|le|rin; Selbst|ach|tung, die; -; Selbst|ak|zep|tanz (*Psychol.*); Selbst|ana|ly|se
selb|stän|dig *vgl.* selbstständig; Selb|stän|dige *vgl.* Selbstständige; Selb|stän|dig|keit *vgl.* Selbstständigkeit
Selbst|an|kla|ge; Selbst|an|ste|ckung; Selbst|an|zei|ge
Selbst|auf|ga|be; Selbst|auf|lö|sung
Selbst|auf|merk|sam|keit (*Psychol.*)
Selbst|auf|op|fe|rung; Selbst|aus|beu|tung; Selbst|aus|kunft (Angaben zur eigenen Person)
Selbst|aus|lö|ser (*Fotogr.*)
Selbst|be|die|nung *Plur. selten* (*Abk.* SB); Selbst|be|die|nungs|la|den; Selbst|be|die|nungs|res|tau|rant
Selbst|be|frie|di|gung (Masturbation); Selbst|be|fruch|tung (*Bot.*)
Selbst|be|halt, der; -[e]s, -e (*Versicherungsw.* Selbstbeteiligung)
Selbst|be|haup|tung; Selbst|be|herr|schung; Selbst|be|kös|ti|gung; Selbst|be|schei|dung, die; - (*geh.*)
Selbst|be|schrän|kung; Selbst|be|schul|di|gung

Selbst|be|stä|ti|gung; Selbst|be|stäu|bung (*Bot.*)
selbst|be|stimmt (eigenverantwortlich); Selbst|be|stim|mung; Selbst|be|stim|mungs|recht
Selbst|be|tei|li|gung (*Versicherungsw.*); Selbst|be|trug
Selbst|be|weih|räu|che|rung (*ugs. abwertend*)
selbst|be|wusst; Selbst|be|wusst|sein
Selbst|be|zeich|nung
Selbst|be|zich|ti|gung; Selbst|be|zich|ti|gungs|schrei|ben
selbst|be|zo|gen (egozentrisch)
Selbst|bild (*Psychol.*); Selbst|bild|nis
Selbst|bin|der
Selbst|bio|gra|fie, Selbst|bio|gra|phie
Selbst|dar|stel|ler; Selbst|dar|stel|le|rin; Selbst|dar|stel|lung
Selbst|dis|zi|p|lin, die; -
selbst|durch|schrei|bend; selbstdurchschreibendes Papier
Selbst|ein|schät|zung
Selbst|ein|tritt (*Wirtsch.*)
Selbst|ent|fal|tung
selbst|ent|zünd|lich *vgl.* selbst; Selbst|ent|zün|dung
Selbst|er|fah|rung; Selbst|er|fah|rungs|grup|pe; Selbst|er|hal|tung; Selbst|er|hal|tungs|trieb
Selbst|er|kennt|nis
selbst er|nannt, selbst|er|nannt *vgl. selbst*
Selbst|er|nied|ri|gung
Selbst|er|zeu|ger; Selbst|er|zeu|ge|rin
Selbst|fah|rer; Selbst|fah|re|rin
Selbst|fi|nan|zie|rung
Selbst|fin|dung (*geh.*)
selbst ge|ba|cken, selbst|ge|ba-

cken *vgl. selbst*; selbst ge|braut, selbst|ge|braut *vgl. selbst*
selbst ge|dreht, selbst|ge|dreht *vgl. selbst*
selbst|ge|fäl|lig; Selbst|ge|fäl|lig|keit
Selbst|ge|fühl, das; -[e]s
selbst ge|macht, selbst|ge|macht *vgl. selbst*
selbst|ge|nüg|sam
selbst ge|nutzt, selbst|ge|nutzt *vgl. selbst*
selbst|ge|recht; Selbst|ge|rech|tig|keit
selbst ge|schnei|dert, selbst|ge|schnei|dert *vgl. selbst*; selbst ge|schrie|ben, selbst|ge|schrie|ben *vgl. selbst*
Selbst|ge|spräch
selbst ge|strickt, selbst|ge|strickt *vgl. selbst*
selbst|ge|wiss (*geh. für* selbstbewusst); Selbst|ge|wiss|heit (*geh.*)
selbst|haf|tend; selbsthaftende Etiketten
Selbst|hass (*bes. Psychol.*)
Selbst|hei|lung (*Med.*); Selbst|hei|lungs|kraft *meist Plur.*
selbst|herr|lich; Selbst|herr|lich|keit
Selbst|hil|fe; Selbst|hil|fe|grup|pe
Selbst|in|duk|ti|on (*Elektrot.*)
Selbst|iro|nie
selbs|tisch (*geh. für* egoistisch)
Selbst|jus|tiz; Selbst|kas|tei|ung
selbst|kle|bend
Selbst|kon|t|rol|le
Selbst|kos|ten *Plur.*; Selbst|kos|ten|preis; Selbst|kos|ten|rech|nung
Selbst|kri|tik; selbst|kri|tisch
Selbst|la|der; Selbst|la|de|waf|fe
Selbst|läu|fer (etw., was wie von selbst Erfolg hat)
Selbst|laut (Vokal)

Selbst|lob
selbst|los; Selbst|lo|sig|keit
Selbst|me|di|ka|ti|on (Med.)
Selbst|mit|leid
Selbst|mord; Selbst|mord|an|schlag; Selbst|mord|at|ten|tat
Selbst|mord|at|ten|tä|ter; Selbst|mord|at|ten|tä|te|rin
Selbst|mör|der; Selbst|mör|de|rin
selbst|mör|de|risch; selbst|mord|ge|fähr|det
Selbst|mord|kom|man|do; Selbst|mord|ra|te; Selbst|mord|ver|such
Selbst|op|ti|mie|rung; Selbst|por|trät
selbst|quä|le|risch
selbst|re|dend
Selbst|re|fe|renz (fachspr. für Rückbeziehung, Bezugnahme auf sich selbst; Math., Logik Eigenschaft von Sätzen, sich in ihrer Aussage auf sich selbst zu beziehen)
selbst|re|fe|ren|zi|ell, selbst|re|fe|ren|ti|ell (auf sich selbst bezogen); Selbst|re|fle|xi|on
selbst|rei|ni|gend; Selbst|rei|ni|gung
selbst|schä|di|gend
Selbst|schuss; Selbst|schuss|an|la|ge
Selbst|schutz, der; -es
selbst|si|cher; Selbst|si|cher|heit Plur. selten
selbst|stän|dig, selb|stän|dig; sich selbstständig od. selbständig machen; Selbst|stän|di|ge, Selb|stän|di|ge, der u. die; -n, -n;
Selbst|stän|dig|keit, Selb|stän|dig|keit
Selbst|stel|ler (Rechtsspr.); Selbst|stel|le|rin
Selbst|stu|di|um
Selbst|sucht, die; -; selbst|süch|tig
selbst|tä|tig
Selbst|täu|schung
Selbst|tö|tung (Selbstmord)
selbst|tra|gend (aus sich heraus statisch stabil; österr., schweiz. auch für sich selbst finanzierend)
Selbst|über|he|bung; Selbst|überschät|zung; Selbst|über|win|dung
Selbst|un|fall (schweiz. für verschuldeter Unfall, an dem keine anderen Personen beteiligt waren)
Selbst|un|ter|richt
Selbst|ver|ach|tung, die; -
selbst|ver|ant|wor|tet (Amtsspr.); Selbst|ver|ant|wor|tung, die; -
Selbst|ver|brau|cher; Selbst|ver|brau|che|rin
Selbst|ver|bren|nung
selbst ver|dient, selbst|ver|dient vgl. selbst
Selbst|ver|ges|sen
Selbst|ver|lag, der; -[e]s
selbst|ver|let|zend; selbstverletzendes Verhalten
Selbst|ver|let|zung
Selbst|ver|leug|nung
Selbst|ver|liebt; Selbst|ver|liebt|heit
Selbst|ver|mark|tung
Selbst|ver|pfle|gung, die; -
Selbst|ver|pflich|tung
Selbst|ver|schul|den (Amtsspr.)
selbst ver|schul|det, selbst|ver|schul|det vgl. selbst
Selbst|ver|sor|ger; Selbst|ver|sor|ge|rin
Selbst|ver|ständ|lich; Selbst|ver|ständ|lich|keit; Selbst|ver|ständ|nis
Selbst|ver|stüm|me|lung
Selbst|ver|such (Med.)
Selbst|ver|tei|di|gung
Selbst|ver|trau|en
Selbst|ver|wal|tung
Selbst|ver|wirk|li|chung
Selbst|vor|wurf
Selbst|wahr|neh|mung
Selbst|wert|ge|fühl (Psychol.)
Selbst|zen|sur, die; -
Selbst|zer|flei|schung
Selbst|zer|stö|re|risch; Selbst|zer|stö|rung
Selbst|zucht, die; - (geh.)
selbst|zu|frie|den; Selbst|zu|frie|den|heit
Selbst|zün|der (Kfz-Technik [Automit] Dieselmotor)
Selbst|zweck Plur. selten
Selbst|zwei|fel
sel|chen (bayr. u. österr. für räuchern); Sel|cher (bayr. u. österr. für jmd., der mit Geselchtem handelt); Sel|che|rei (bayr. u. österr. für Fleisch- u. Wurstträucherei); Sel|che|rin; Selch|fleisch; Selch|kam|mer; Selch|kar|ree (österr. für Kasseler Rippenspeer); Selch|rol|ler (österr. für geräucherter Rollbraten)
Sel|d|schu|ke, der; -n, -n (Angehöriger eines türk. Volksstammes); Sel|d|schu|kin
se|le|gie|ren (lat.) (fachspr. für auswählen)
Se|lek|ta, die; -, ...ten (früher für Oberklasse, Begabtenklasse)
se|lek|tie|ren (auswählen)
Se|lek|ti|on, die; -, -en (lat.-engl.) (Auswahl; Biol. Auslese); se|lek|ti|o|nie|ren (svw. selektieren)

Se|lek|ti|ons|druck, der; -[e]s; Se|lek|ti|ons|leh|re; Se|lek|ti|ons|the|o|rie
se|lek|tiv (auswählend; mit Auswahl; Funkw. trennscharf); Se|lek|ti|vi|tät, die; - (Funkw. Trennschärfe)
Se|lek|tor, der; -s, -en (lat.-engl.) ([von Geheimdiensten] bei der Auswertung großer Datenmengen verwendeter Suchbegriff)
Se|len, das; -s (griech.) (chemisches Element, Halbmetall; Zeichen Se); Se|le|nat, das; -[e]s, -e (Salz der Selensäure)
Se|le|ne (griechische Mondgöttin)
se|le|nig (Chemie Selen enthaltend); selenige Säure; Se|le|nit, das; -s, -e (Salz der selenigen Säure)
Se|le|no|gra|fie, Se|le|no|gra|phie, die; - (Beschreibung u. kartografische Darstellung der Mondoberfläche)
Se|le|no|lo|gie, die; - (Mondkunde, besonders Mondgeologie); se|le|no|lo|gisch
Se|len|säu|re (Chemie)
Se|len|zel|le (ein elektrotechnisches Bauelement)
Se|leu|ki|de, Se|leu|zi|de, der; -n, -n (Angehöriger einer makedonischen Dynastie in Syrien); Se|leu|ki|din, Se|leu|zi|din
Self... ['self...] (Selbst...)
Self|ak|tor, der; -s, -s (Spinnmaschine)
Self|ful|fil|ling Pro|phe|cy ['selffʊl-fɪlɪŋ 'prɔfəsi], die; - -, - -s (sich selbst erfüllende Voraussage)
Sel|fie ['selfi], das; -s, -s (engl.) ([spontanes] digitales Selbstporträt); Sel|fie|stick, der; -s, -s (engl.) (am Smartphone befestigte Stange zur Aufnahme eines Selfies)
Self|made|man [...meɪtmən], der; -s, ...men ['...men] (jmd., der sich aus eigener Kraft hochgearbeitet hat)
Self|scan|ning, Self-Scanning ['selfskenɪŋ] (engl.) (bes. schweiz. für das Nutzen einer Selbstbedienungskasse)
se|lig (Abk. sel.); selige Weihnachtszeit; selig sein; selig werden; jmdn. selig machen od. seligmachen (beglücken); vgl. seligpreisen, seligsprechen
Se|li|ge, der u. die; -n, -n
Se|lig|keit
se|lig ma|chen, se|lig|ma|chen vgl. selig

se|lig|prei|sen; wir können uns seligpreisen, noch immer so erfolgreich zu sein; **Se|lig|prei|sung**

se|lig|spre|chen (kath. Kirche); der Mönch wurde vom Papst seliggesprochen; **Se|lig|spre|chung**

Sel|le|rie [...ri, *österr. auch* ...'ri:], der; -s, -[s] *od.*, *österr. auch*, die; -, *Plur.* -, *österr.* ...|en ⟨griech.⟩ (eine Gemüsepflanze); **Sel|le|rie|sa|lat; Sel|le|rie|salz**

Sel|ma (w. Vorn.)

sel|ten; seltener, seltens|te; ↑D 89: seltene Erden (*Chemie* Oxide der Seltenerdmetalle; *unrichtige Bez. für* die Seltenerdmetalle selbst); selten gut (*ugs. für* besonders gut); ein seltener Vogel (*ugs. auch für* sonderbarer Mensch)

Sel|ten|erd|me|tall (*Chemie*)

Sel|ten|heit; Sel|ten|heits|wert, der; -[e]s

Sel|ters (Name verschiedener Orte); Selterser Wasser

Sel|ter[s]|was|ser *Plur.* ...wässer

selt|sam; selt|sa|mer|wei|se; Selt|sam|keit

¹Sem (bibl. m. Eigenn.)

²Sem, das; -s, -e ⟨griech.⟩ (*Sprachwiss.* kleinster Bestandteil der Wortbedeutung)

Se|man|tik, die; - (Lehre von der Bedeutung sprachlicher Zeichen); **se|man|tisch**

Se|ma|phor, das *od.*, *österr. nur,* der; -s, -e (Signalmast; optischer Telegraf); **se|ma|pho|risch**

Se|ma|sio|lo|gie, die; -; ...ien (Wortbedeutungslehre); **se|ma|sio|lo|gisch**

Se|mes|ter, das; -s, - ⟨lat.⟩ ([Studien]halbjahr); **Se|mes|ter|an|fang; Se|mes|ter|be|ginn; Se|mes|ter|en|de; Se|mes|ter|fe|ri|en** *Plur.*; **Se|mes|ter|start; Se|mes|ter|zeug|nis**

...se|mes|t|rig (z. B. sechssemestrig)

se|mi... ⟨lat.⟩ (halb...); **Se|mi...** (Halb...)

Se|mi|fi|na|le (*Sport*)

Se|mi|ko|lon, das; -s, *Plur.* -s *u.* ...la ⟨lat.; griech.⟩ (Strichpunkt)

se|mi|lu|nar ⟨lat.⟩ (halbmondförmig); **Se|mi|lu|nar|klap|pe** (*Med.* eine Herzklappe)

Se|mi|nar, das; -s, *Plur.* -e, *österr. u. schweiz. auch* -ien (Übungskurs an Hochschulen; kirchl. Institut zur Ausbildung von Geistlichen [z. B. Priestern]; *schweiz. für* Lehrerbildungsanstalt); **Se|mi|nar|ar|beit**

Se|mi|na|rist, der; -en, -en (Seminarschüler); **Se|mi|na|ris|tin;** **se|mi|na|ris|tisch**

Se|mi|nar|lei|ter; Se|mi|nar|lei|te|rin

Se|mi|nar|schein; Se|mi|nar|übung

Se|mio|lo|gie, Se|mi|o|tik, die; - ⟨griech.⟩ (Lehre von den Zeichen, Zeichentheorie; *auch svw.* Symptomatologie)

se|mi|per|me|a|bel ⟨lat.⟩ (*Chemie, Biol.* halbdurchlässig); ...a|b|le Membran; **Se|mi|per|me|a|bi|li|tät,** die; -

se|mi|pro|fes|si|o|nell; Se|mi|pro|fi

Se|mi|ra|mis (assyrische Königin)

Se|mit, der; -en, -en ⟨zu ¹Sem⟩ (Angehöriger einer eine semitische Sprache sprechenden Völkergruppe); **Se|mi|tin; se|mi|tisch**

Se|mi|tist, der; -en, -en (Erforscher der alt- u. der neusemit. Sprachen u. Literaturen); **Se|mi|tis|tik,** die; -; **Se|mi|tis|tin; se|mi|tis|tisch**

Se|mi|vo|kal (*Sprachwiss.* Halbvokal)

Sem|mel, die; -, -n (bes. österr., bayr.); **sem|mel|blond**

Sem|mel|brö|sel; Sem|mel|kloß; Sem|mel|knö|del (bayr., österr.); **Sem|mel|kren** (österr. für Meerrettichsoße); **Sem|mel|mehl**

Sem|mel|weis (ungarischer Arzt)

Sem|me|ring, der; -[s] (Alpenpass)

Sem|pach (schweiz. Ortsn.)

Sem|pa|cher See, der; - -, *schweiz.* **Sem|pa|cher|see,** der, -s (See im Schweizer Mittelland)

Sem|per (dt. Baumeister)

sem|pern (österr. ugs. für nörgeln, jammern)

Sem|st|wo, das; -s, -s ⟨russ.⟩ (ehemaliges russisches Selbstverwaltungsorgan)

sen. = senior

Sen, der; -[s], -[s] (kleinste Währungseinheit in Japan, Kambodscha, Indonesien u. Malaysia)

Se|nat, der; -[e]s, -e ⟨lat.⟩ (Rat [der Alten] im alten Rom; Teil der Volksvertretung, z. B. in den USA; Regierungsbehörde in Hamburg, Bremen u. Berlin; akademische Verwaltungsbehörde; Richterkollegium bei Obergerichten)

Se|na|tor, der; -s, ...oren (Mitglied des Senats; Ratsherr); **Se|na|to|rin; se|na|to|risch**

Se|nats|be|schluss; Se|nats|prä|si|dent; Se|nats|prä|si|den|tin; Se|nats|sit|zung; Se|nats|spre|cher; Se|nats|spre|che|rin; Se|nats|vor|la|ge

Se|na|tus Po|pu|lus|que Ro|ma|nus (»Senat und Volk von Rom«) (*Abk.* S. P. Q. R.)

Sen|cken|berg (dt. Arzt u. Naturforscher); **Sen|cken|ber|gisch;** Senckenbergische Naturschende Gesellschaft ↑D 150

Send, der; -[e]s, -e (*früher für* [Kirchen]versammlung; geistliches Gericht)

Send|bo|te (veraltend); **Send|bo|tin**

Sen|de|an|la|ge; Sen|de|an|stalt; Sen|de|be|reich, der; **Sen|de|fol|ge; Sen|de|for|mat** (bestimmter Typ von Fernseh- od. Rundfunksendung)

Sen|de|ge|biet; Sen|de|ge|fäß (*schweiz. für* Sendeformat); **Sen|de|haus**

Sen|de|lei|ter, der; **Sen|de|lei|te|rin**

---

sen|den

– ich sandte *u.* sendete
– du sandtest *u.* sendetest
– *selten* wenn er könnte, sendete (*nicht:* sändte) er ein Fax
– gesandt *u.* gesendet; send[e]t

In der Bedeutung »schicken« sind die Vergangenheitsformen mit »a« häufiger. Im Bereich Technik werden nur die Formen mit »e« verwendet:

– ich sandte, *auch* sendete ihr einen Brief

Aber nur: er sendete einen Funkspruch; das Hörspiel wurde später gesendet

---

Sen|de|pau|se; Sen|de|plan

Sen|de|platz (Zeit, zu der eine Sendung [regelmäßig] ausgestrahlt wird)

Sen|der; Sen|der|an|la|ge

Sen|de|raum; Sen|de|rei|he

Sen|der|such|lauf (*Rundfunk*)

Sen|de|saal; Sen|de|schluss; Sen|de|sta|ti|on; Sen|de|ter|min

Sen|de- und Emp|fangs|ge|rät ↑D 31

Sen|de|zei|chen; Sen|de|zeit; Sen|de|zent|ra|le; Sen|de|zent|rum

Send|ge|richt (*zu* Send) (*früher*)

Send|schrei|ben

Sen|dung

Sen|dungs|be|wusst|sein

Se|ne|ca (römischer Dichter u. Philosoph)

Se|ne|fel|der (österreichischer Erfinder des Steindruckes)

sensorisch

¹Se|ne|gal, der; -[s] (afrikanischer Fluss)
²Se|ne|gal, -s, auch mit Artikel der; -[s] (Staat in Afrika); Se|ne|ga|le|se, der; -n, -n; Se|ne|ga|le|sin; se|ne|ga|le|sisch
Se|ne|ga|wur|zel, die; - ⟨indian.; dt.⟩ (ein Arzneimittel)
Se|ne|schall, der; -s, -e ⟨franz.⟩ (Oberhofbeamter im merowingischen Reich)
Se|nes|zenz, die; - ⟨lat.⟩ (Med. das Altern; Altersschwäche)
Senf, der; -[e]s, -e ⟨griech.⟩
senf|far|ben, senf|far|big
Senf|gas (ein Giftgas)
Senf|glas Plur. ...gläser; Senf|gur|ke; Senf|korn Plur. ...körner; Senf|pflas|ter
Senf|so|ße, Senf|sau|ce
Senf|ten|berg (Stadt südwestlich von Cottbus)
Senf|tun|ke
Sen|ge, die; - ⟨landsch. für ²Prügel⟩
sen|gen; sen|ge|rig, seng|rig (landsch. für angebrannt)
Se|n|hor [sɛnˈjoːɐ̯], der; -s, -es ⟨port.⟩ (port. Bez. für Herr; Besitzer); Se|n|ho|ra, die; -, -s ⟨port. Bez. für Dame, Frau; Besitzerin⟩; Se|n|ho|ri|ta, die; -, -s ⟨port. Bez. für unverheiratete Frau⟩
se|nil ⟨lat.⟩ ([geistig] greisenhaft); Se|ni|li|tät, die; -
se|ni|or (»älter«) (hinter Namen der, selten auch die Ältere; Abk. sen.); Karl Meyer senior; Lisa Müller senior
Se|ni|or, der; -s, ...oren (Ältester; Vorsitzender; Sportler etwa zwischen 20 u. 30 Jahren; meist Plur.: ältere Menschen)
Se|ni|o|rat, das; -[e]s, -e (veraltet für Ältestenwürde, Amt des Vorsitzenden; auch für Majorat, Ältestenrecht)
Se|ni|or|chef; Se|ni|or|che|fin
Se|ni|or Con|sul|tant [ˈsiːnɪə̯ -], der; -, -s, -s ⟨engl.⟩ (Unternehmensberater mit mehrjähriger Berufserfahrung)
Se|ni|o|ren|al|ter, das; -s; Se|ni|o|ren|be|ra|tung; se|ni|o|ren|ge|recht; seniorengerechte Wohnungen
Se|ni|o|ren|gym|nas|tik; Se|ni|o|ren|heim; Se|ni|o|ren|klas|se (Sport); Se|ni|o|ren|kon|vent (Verbindungsw.); Se|ni|o|ren|nach|mit|tag; Se|ni|o|ren|re|si|denz; Se|ni|o|ren|sport; Se|ni|o|ren|stu|di|um

Se|ni|o|ren|tel|ler (Gastron.); Se|ni|o|ren|treff
Se|ni|o|rin
Se|ni|or(inn)en (kurz für Seniorinnen u. Senioren)
Senk|blei, das (Bauw.)
Sen|ke, die; -, -n
Sen|kel, der; -s, - (kurz für Schnürsenkel; schweiz. auch für Senkblei); etwas, jmdn. in den Senkel stellen (schweiz. für etwas zurechtrücken, jmdn. zurechtweisen)
sen|ken; Sen|ker (ein Werkzeug; auch für Steckling)
Senk|fuß; Senk|gru|be; Senk|kas|ten; Senk|lot
senk|recht; senkrecht [herunter]fallen, stehen; ↑D 72: das ist das einzig Senkrechte (ugs. für Richtige); Senk|rech|te, die; -n, -n; zwei -[n]
Senk|recht|start; Senk|recht|star|ter (ein Flugzeugtyp; ugs. auch für jmd., der schnell Karriere macht); Senk|recht|star|te|rin
Senk|rü|cken
Sen|kung
Sen|kungs|abs|zess (Med.)
Senk|waa|ge (Physik Gerät zur Bestimmung der Dichte von Flüssigkeiten)
Senn, der; -[e]s, -e, schweiz. auch der; -en, -en, bayr., österr. auch Sen|ne, der; -n, -n (bayr., österr., schweiz. für Bewirtschafter einer Sennhütte, Almhirt)
Sen|na, die; - ⟨arab.⟩ (Blätter der Sennespflanze)
¹Sen|ne vgl. Senn
²Sen|ne, die; -, -n (veraltet für Alm)
³Sen|ne, die; - (südwestliches Vorland des Teutoburger Waldes)
sen|nen (bayr., österr., schweiz. für eine Alm bewirtschaften)
¹Sen|ner (bayr., österr. svw. Senn)
²Sen|ner (Pferd aus der ³Senne)
Sen|ne|rei (bayr., österr. für Sennhütte, Käserei in den Alpen); Sen|ne|rin (Bewirtschafterin einer Almhütte)
Sen|nes|blatt meist Plur. ⟨arab.; dt.⟩ (svw. Senna); Sen|nes|blät|ter|tee (ein Abführmittel)
Sen|nes|pflan|ze (Kassie); Sen|nes|scho|te
Senn|hüt|te; Sen|nin (svw. Sennerin); Senn|wirt|schaft
Se|non, das; -s ⟨nach dem kelt. Stamm der Senonen⟩ (Geol. zweitjüngste Stufe der oberen Kreideformation)
Se|ñor [zɛnˈjoːɐ̯], der; -s, -es

⟨span.⟩ (span. Bez. für Herr); Se|ño|ra, die; -, -s ⟨span. Bez. für Frau⟩; Se|ño|ri|ta, die; -, -s ⟨span. Bez. für unverheiratete Frau⟩
Sen|sal, der; -s, -e ⟨ital.⟩ (österr. für Kursmakler); Sen|sa|lie, Sen|sa|rie, die; -, ...ien (österr. für Maklergebühr); Sen|sa|lin
Sen|sa|rie vgl. Sensalie
Sen|sa|ti|on, die; -, -en ⟨franz., »Empfindung«⟩ (aufsehenerregendes Ereignis); sen|sa|ti|o|nell
Sen|sa|ti|ons|be|dürf|nis, das; -ses; Sen|sa|ti|ons|gier
Sen|sa|ti|ons|lüs|tern
Sen|sa|ti|ons|ma|che (abwertend); Sen|sa|ti|ons|nach|richt; Sen|sa|ti|ons|pres|se, die; -; Sen|sa|ti|ons|pro|zess; Sen|sa|ti|ons|sucht, die; -
Sen|se, die; -, -n; [jetzt ist aber] Sense! (ugs. für Schluss!, jetzt ist es genug!); sen|sen (mit der Sense mähen)
Sen|sen|mann (veraltet für Schnitter; verhüllend für Tod)
Sen|sen|wurf (Sensenstiel)
sen|si|bel ⟨franz.⟩ (reizempfindlich, empfindsam; feinfühlig); ...i|b|le Nerven; sensible (nicht für die Öffentlichkeit bestimmte) Daten ↑D 89; Sen|si|bel|chen (abwertend für empfindsame Person)
Sen|si|bi|li|sa|tor, der; -s, ...oren ⟨lat.⟩ (die Lichtempfindlichkeit der fotografischen Schicht verstärkender Farbstoff)
sen|si|bi|li|sie|ren (empfindlich machen); Sen|si|bi|li|sie|rung
Sen|si|bi|li|tät, die; -, -en ⟨franz.⟩ (Empfindlichkeit, Empfindsamkeit; Feinfühligkeit)
sen|si|tiv ⟨lat.(-franz.)⟩ (sehr empfindlich; leicht reizbar; feinnervig); Sen|si|ti|vi|tät, die; -, -en ([Über]empfindlichkeit)
Sen|si|to|me|ter, das; -s, - ⟨lat.; griech.⟩ (Fotogr. Lichtempfindlichkeitsmesser); Sen|si|to|me|trie, die; - (Lichtempfindlichkeitsmessung)
Sen|sor, der; -s, Sensoren ⟨lat.⟩ (Technik Messfühler; Berührungsschalter)
Sen|so|ri|en Plur. (Med. Gebiete der Großhirnrinde, in denen Sinnesreize bewusst werden)
Sen|so|rik, die; -, -en (ein Teilgebiet der Messtechnik; die Sensoren in einem Gerät od. System)
sen|so|risch (die Sinne betreffend)

Sen|so|ri|um, das; -s, ...ien (Gespür; vgl. auch Sensorien)
Sen|sor|tas|te (Elektrot.)
Sen|su|a|lis|mus, der; - (Philos. Lehre, nach der alle Erkenntnis allein auf Sinneswahrnehmung zurückführbar ist); **Sen|su|a|list**, der; -en, -en; **Sen|su|a|lis|tin**; sen|su|a|lis|tisch
Sen|su|a|li|tät, die; - (Med. Empfindungsvermögen); **sen|su|ell** ⟨franz.⟩ (die Sinne betreffend)
Sen|ta (w. Vorn.)
Sen|tenz, die; -, -en ⟨lat.⟩ (einprägsamer Ausspruch; Sinnspruch); **sen|tenz|ar|tig** (einprägsam, in der Art einer Sentenz); **sen|tenz|haft** (svw. sentenziös); **sen|ten|zi|ös** ⟨franz.⟩ (sentenzartig; sentenzenreich)
Sen|ti|ment [zãti'mã:], das; -s, -s ⟨franz.⟩ (Empfindung, Gefühl)
sen|ti|men|tal [zentimen...] ⟨engl.⟩ (oft abwertend für [übertrieben] empfindsam; rührselig)
sen|ti|men|ta|lisch (veraltet für sentimental; Literaturwiss. die verloren gegangene Natürlichkeit durch Reflexion wiederzugewinnen suchend); naive und sentimentalische Dichtung ↑D 89
sen|ti|men|ta|li|sie|ren
Sen|ti|men|ta|li|tät, die; -, -en (oft abwertend für Empfindsamkeit, Rührseligkeit)
Se|nus|si, der; -, Plur. - u. ...ssen (Anhänger eines islam. Ordens)
Se|oul [sɔʊl] (Hauptstadt von Südkorea)
SEPA, -, ohne Artikel ⟨Abk. für engl. single euro payments area⟩ (einheitlicher europäischer Zahlungsverkehrsraum)
se|pa|rat ⟨lat.⟩ (abgesondert; einzeln); **Se|pa|rat|druck** Plur. ...drucke (Sonderdruck); **Se|pa|rat|ein|gang** (bes. schweiz.); **Se|pa|rat|frie|de|(n)**
Se|pa|ra|ti|on, die; -, -en ⟨lat.⟩ (veraltend für Absonderung; Trennung)
Se|pa|ra|tis|mus, der; - (Streben nach Loslösung eines Gebietes aus dem Staatsganzen); **Se|pa|ra|tist**, der; -en, -en; **Se|pa|ra|tis|tin**; se|pa|ra|tis|tisch
Se|pa|ra|tor, der; -s, ...oren (fachspr. für Zentrifuge)
Se|pa|ree, **Sé|pa|rée** [zepaˈreː], das; -s, -s ⟨franz.⟩ (Sonderraum, Nische in einem Lokal; Chambre séparée)

se|pa|rie|ren (absondern)
Se|phar|de, der; -n, -n, **Se|phar|di**, der; -, ...dim [...diːm, auch ...ˈdiːm] ⟨hebr.⟩ (ein spanisch-portugiesischer od. orientalischer Jude); **Se|phar|din**; se|phar|disch
se|pia ⟨griech.⟩ (graubraunschwarz); vgl. beige
Se|pia, die; -, ...ien (Zool. Tintenfisch; nur Sing.: ein Farbstoff)
Se|pia|kno|chen; **Se|pia|schale**; **Se|pia|zeich|nung**; **Se|pie**, die; -, -n (Sepia [Tintenfisch])
Sepp, **Sep|pel** (m. Vorn.)
Sep|pel|ho|se (kurze Trachtenlederhose); **Sep|pel|hut** (Trachtenhut)
Sep|sis, die; -, Sepsen ⟨griech., »Fäulnis«⟩ (Med. Blutvergiftung)
Sept. = September
Sep|ta (Plur. von Septum)
Sept|ak|kord (svw. Septimenakkord)
Sep|ta|rie, die; -, -n ⟨lat.⟩ (Geol. Knolle mit radialen Rissen in kalkhaltigen Tonen); **Sep|ta|ri|en|ton**, der; -[e]s
Sep|tem|ber, der; -[s], - ⟨lat.⟩ (der neunte Monat des Jahres, Herbstmond, Scheiding; Abk. Sept.)
==Sep|tem|ber-Ok|to|ber-Heft==, **Sep|tem|ber/Ok|to|ber-Heft** ↑D 26 u. 156
Sep|tett, das; -[e]s, -e ⟨ital.⟩ (Musikstück für sieben Stimmen od. Instrumente; auch für die sieben Ausführenden)
Sep|tim, die; -, -en ⟨lat.⟩ (österr. svw. Septime)
Sep|ti|me, die; -, -n (Musik siebenter Ton der diatonischen Tonleiter; ein Intervall im Abstand von sieben Stufen)
Sep|ti|men|ak|kord
sep|tisch ⟨griech.⟩ (die Sepsis betreffend; mit Keimen behaftet)
Sep|tu|a|ge|si|ma, die; Gen. -, bei Gebrauch ohne Artikel auch ...mä ⟨lat.⟩ (neunter Sonntag vor Ostern); Sonntag Septuagesima od. Septuagesimä
Sep|tu|a|gin|ta, die; - ([angeblich] von siebzig Gelehrten angefertigte Übersetzung des A. T. ins Griechische)
Sep|tum, das; -s, Plur. ...ta u. ...ten ⟨lat.⟩ (Med. Scheidewand, Zwischenwand in einem Organ)
seq. = sequens

seqq. = sequentes
Se|quel [ˈsiːkwəl], das; -s, -s ⟨engl.⟩ (Fortsetzungsfilm)
se|quens ⟨lat.⟩ (veraltet für folgend; Abk. seq.); **se|quen|tes** (veraltet für die Folgenden; Abk. seqq.)
se|quen|ti|ell vgl. ==sequenziell==
Se|quenz, die; -, -en ([Aufeinander]folge, Reihe; liturg. Gesang; Wiederholung einer musikal. Figur auf verschiedenen Tonstufen; kleinere filmische Handlungseinheit; Serie aufeinanderfolgender Spielkarten; EDV Folge von Befehlen, Daten)
==**se|quen|zi|ell**==, se|quen|ti|ell (EDV fortlaufend, nacheinander zu verarbeiten)
¹**Se|ques|ter**, der, auch das; -s, - ⟨lat.⟩ (svw. Sequestration; Med. abgestorbenes Knochenstück)
²**Se|ques|ter**, der; -s, - (Rechtsspr. [Zwangs]verwalter)
Se|ques|t|ra|ti|on, die; -, -en (Rechtsspr. Beschlagnahme; [Zwangs]verwaltung); **se|ques|t|rie|ren**
Se|quo|ia, die; -, -s, **Se|quo|ie** [...jə], die; -, -n ⟨indian.⟩ (ein Nadelbaum, Mammutbaum)
Se|ra (Plur. von Serum)
Sé|rac [zeˈrak], der; -s, -s ⟨franz.⟩ (Geogr. zacken- od. turmartiges Gebilde aus Gletschern)
Se|ra|fim Plur. (ökum. für Seraphim); vgl. Seraph; **se|ra|fisch**
¹**Se|rail** [zeˈrai], der; -s, -s ⟨pers.⟩ (Wolltuch)
²**Se|rail**, das; -s, -s (Palast [des Sultans])
Se|ra|pei|on, das; -s, ...eia ⟨ägypt.-griech.⟩, **Se|ra|pe|um**, das; -s, ...peen (Serapistempel)
Se|raph, der; -s, Plur. -e u. -im ⟨hebr.⟩ ([Licht]engel des A. T.); vgl. Serafim; **se|ra|phisch** (zu den Engeln gehörend, engelgleich; verzückt)
Se|ra|pis (altägyptischer Gott)
Ser|be, der; -n, -n (Angehöriger eines südslawischen Volkes)
ser|beln (schweiz. für kränkeln, welken); ich serb[e]le
Ser|bi|en (Staat in Südosteuropa)
Ser|bi|en und Mon|te|ne|g|ro (früherer Staat in Südosteuropa)
Ser|bin; **ser|bisch**; serbische Bohnensuppe; **Ser|bisch**, das; -[s]; vgl. Deutsch; **Ser|bi|sche**, das; -n; vgl. ²Deutsche
ser|bisch-mon|te|ne|g|ri|nisch
Ser|bo|kro|a|tisch, das; -[s]

Sesselrücken

(zusammenfassende Bez. für die Sprachen Bosnisch, Kroatisch u. Serbisch); *vgl.* Deutsch; **Ser|bo|kro|a|ti|sche,** das; -n; *vgl.* ²**Deutsche**
Se|ren (*Plur. von* Serum)
Se|re|na|de, die; -, -n ⟨franz.⟩ (Abendmusik, -ständchen)
Se|ren|ge|ti-Na|ti|o|nal|park, der; -[e]s (Wildreservat in Tansania)
Se|re|nis|si|mus, der; -, ...mi ⟨lat.⟩ (*veraltet für* Durchlaucht; *meist scherzh. für* Fürst eines Kleinstaates)
Se|re|ni|tät, die; - ⟨lat.⟩ (*veraltet für* Heiterkeit)
Serge [zɛrʃ], die, *auch, österr. nur* der; -, -n [...ʒn̩] ⟨franz.⟩ (ein Gewebe)
Ser|geant [...ʒant, *engl.* ˈsaːɐ̯dʒənt], der; -en, -en, *bei engl. Ausspr.* der; -[s], -s ⟨franz.(-engl.)⟩ (Unteroffizier)
se|ri|a|li|sie|ren (*EDV* strukturierte Daten in eine sequenzielle Darstellungsform umwandeln, um sie zu speichern); **Se|ri|a|li|sie|rung**
Se|rie [...jə], die; -, -n ⟨lat.⟩; **se|ri|ell** (serienmäßig; in Reihen); **serielle Musik**
Se|ri|en|an|fer|ti|gung; Se|ri|en|ein|bre|cher; Se|ri|en|ein|bre|che|rin; Se|ri|en|fa|bri|ka|ti|on; Se|ri|en|fer|ti|gung; Se|ri|en|feu|er (*schweiz. für* Schnellfeuer)
Se|ri|en|kil|ler; Se|ri|en|kil|le|rin; se|ri|en|mä|ßig
Se|ri|en|mör|der; Se|ri|en|mör|de|rin; Se|ri|en|pro|duk|ti|on; se|ri|en|reif; Se|ri|en|rei|fe; Se|ri|en|schal|ter; Se|ri|en|schal|tung (*Elektrot.* Reihenschaltung)
Se|ri|en|tä|ter (*Kriminalistik*); **Se|ri|en|tä|te|rin**
Se|ri|en|tod (*Fernsehen*); den Serientod sterben; **se|ri|en|wei|se**
Se|ri|fe, die; -, -n *meist Plur.* ⟨engl.⟩ (kleiner Abschlussstrich bei Schrifttypen); **se|ri|fen|los**
Se|ri|gra|fie, Se|ri|gra|phie, die; -, ...jen ⟨griech.⟩ (*Druckw.* Siebdruck)
se|ri|ös ⟨franz.⟩ (ernsthaft, [vertrauens]würdig); **Se|ri|o|si|tät**
Ser|mon, der; -s, -e ⟨lat.⟩ (*veraltet für* Predigt; *ugs. für* langweiliges Geschwätz)
Sernf, der (Fluss im Schweizer Kanton Glarus)
Se|ro (*regional; kurz für* Sekundärrohstoff[e])

Se|ro|di|a|g|nos|tik ⟨lat.; griech.⟩ (*Med.* Erkennen einer Krankheit durch Untersuchung des Serums)
Se|ro|lo|gie, die; - (Lehre vom Blutserum); **se|ro|lo|gisch**
se|rös ⟨lat.⟩ (aus Serum bestehend, Serum absondernd)
Se|ro|to|nin, das; -s, -e ⟨lat.⟩ (*Med.* hormonähnlicher Stoff in Darm u. Magen)
Ser|pel, die; -, -n ⟨lat.⟩ (Röhren bewohnender Borstenwurm)
Ser|pent, der; -[e]s, -e ⟨lat.⟩ (ein altes Blasinstrument)
Ser|pen|tin, der; -s, -e (ein Mineral, Schmuckstein)
Ser|pen|ti|ne, die; -, -n (in Schlangenlinie verlaufender Weg an Berghängen; Windung); **Ser|pen|ti|nen|straße**
Ser|pen|tin|ge|stein
Ser|ra|del|la, Ser|ra|del|le, die; -, ...llen ⟨port.⟩ (eine Futterpflanze)
Se|rum, das; -s, *Plur.* ...ren *u.* ...ra ⟨lat.⟩ (*Med.* wässriger Bestandteil des Blutes; Impfstoff); **Se|rum|be|hand|lung; Se|rum|kon|ser|ve; Se|rum|krank|heit**
Ser|val, der; -s, *Plur.* -e *u.* -s ⟨franz.⟩ (ein Raubtier)
Ser|va|ti|us, Ser|vaz (m. Vorn.)
Ser|ve|la, die *od.* der; -, *Plur.* -s, *schweiz.* - ⟨franz.⟩ (*landsch. für* Zervelatwurst; *schweiz. neben* Cervelat); **Ser|ve|lat|wurst** *vgl.* Zervelatwurst
Ser|ver [ˈsœːɐ̯vɐ], der; -s, - ⟨engl.⟩ (*EDV* Rechner mit bestimmten Aufgaben in einem Netzwerk); **ser|ver|ba|siert** (*EDV*)
¹**Ser|vice** [...ˈviːs], das; *Gen.* - *u.* -s, *Plur.* - ⟨franz.⟩ ([Tafel]geschirr)
²**Ser|vice** [ˈsœːɐ̯vɪs], der, *österr. auch* das; -[s], -s [...vɪs(ɪs)] ⟨engl.⟩ ([Kunden]dienst, Bedienung; *Tennis* Aufschlag[ball])
Ser|vice|bü|ro; Ser|vice|ge|bühr; Ser|vice|leis|tung; Ser|vice|mit|ar|bei|ter; Ser|vice|mit|ar|bei|te|rin; Ser|vice|netz (Kundendienstnetz); **ser|vice|ori|en|tiert; Ser|vice|pack** [...pɛk], das; -s, -s ⟨engl.⟩ (*EDV* Patches enthaltendes Programmpaket zur Aktualisierung von Softwareprodukten)
Ser|vice pu|b|lic [sɛrˈvis pyˈblik], der; - - ⟨franz.⟩ (*schweiz. für* vom Staat erbrachte u. zu erbringende Dienstleistung)
Ser|vice|un|ter|neh|men

[ˈsœːɐ̯vɪs...]; **Ser|vice|wüs|te** (*ugs. für* das völlige Fehlen akzeptabler Dienstleistungen); **Ser|vice|zen|t|rum; Ser|vice|zuschlag**
ser|vi|cie|ren [sœːɐ̯vɪˈsiː...] (*österr. für* eine Dienstleistung erbringen); du servicierst; **Ser|vi|cie|rung** (*österr.*)
ser|vie|ren [zɛr...] ⟨franz.⟩ (bei Tisch bedienen; auftragen; *Tennis* den Ball aufschlagen)
Ser|vie|rer; Ser|vie|re|rin; Ser|vier|tisch; Ser|vier|toch|ter (*schweiz. für* Serviererin); **Ser|vier|wa|gen**
Ser|vi|et|te, die; -, -n
Ser|vi|et|ten|kloß (*Gastron.*); **Ser|vi|et|ten|knö|del** (*österr.*)
Ser|vi|et|ten|ring
Ser|vi|et|ten|tech|nik (das Basteln, Verschönern von Gegenständen mithilfe von Servietten)
ser|vil ⟨lat.⟩ (unterwürfig); **Ser|vi|lis|mus,** der; -, ...men (*selten für* Servilität); **Ser|vi|li|tät,** die; -, -en (Unterwürfigkeit)
Ser|vit, der; -en, -en ⟨lat.⟩ (Angehöriger eines Bettelordens; *Abk.* OSM). **Ser|vi|tin** (Angehörige des weiblichen Zweiges der Serviten)
Ser|vi|tut, die; -, -en, *auch* das; -[e]s, -e (*bes. österr. u. schweiz. Rechtsspr.* Dienstbarkeit, Grundlast)
Ser|vo|brem|se (Bremse mit einer die Bremswirkung verstärkenden Vorrichtung); **Ser|vo|len|kung; Ser|vo|mo|tor**
ser|vus! ⟨»[Ihr] Diener«⟩ (*bes. bayr. u. österr.* freundschaftl. Gruß)
Se|sam, der; -s, -s ⟨semit.⟩ (eine Pflanze mit ölhaltigem Samen); Sesam, öffne dich! (Zauberformel [im Märchen])
Se|sam|bein (*Med.* ein Knochen)
Se|sam|brot; Se|sam|bröt|chen; Se|sam|öl
Ses|sel, der; -s, - ⟨griech.⟩ (eine Heil- u. Gewürzpflanze)
Ses|sel, der; -s, - ⟨([gepolsterter] Stuhl mit Armlehnen; *österr. für* Stuhl); **Ses|sel|bahn**
Ses|sel|fur|zer (*derb für* Verwaltungs-, Büroangestellter)
Ses|sel|kle|ber (*österr., schweiz. für* an seinem [politischen] Amt zu lange festhaltender Mensch); **Ses|sel|kle|be|rin**
Ses|sel|leh|ne
Ses|sel|leis|te (*österr. für* Fußleiste); **Ses|sel|lift**
Ses|sel|rü|cken, das; -s (*bes. österr.*

sesshaft

für Wechsel in den Führungspositionen)
sess|haft; Sess|haf|tig|keit
Ses|si|on, die; -, -en ⟨lat.⟩ (Sitzung[szeit], Sitzungsperiode)
Ses|ter, der; -s, - ⟨lat.⟩ (altes Hohlmaß)
Ses|terz, der; -es, -e ⟨lat.⟩ (altrömische Münze); Ses|ter|zi|um, das; -s, ...ien (1000 Sesterze)
Ses|ti|ne, die; -, -n ⟨ital.⟩ (eine Lied- u. Strophenform)
¹Set *vgl.* Seth
²Set [sɛt], das, *auch* das; -[s], -s ⟨engl.⟩ (Satz [= Zusammengehöriges]; Platzdeckchen)
³Set [sɛt], das; -[s], - (*Druckw.* Dickteneinheit bei den Monotypeschriften); 7 Set
⁴Set [sɛt], der; -[s], -s (*Film, Fernsehen* Drehort; Szenenaufbau, Dekoration); am Set
Seth, ökum. ¹Set (bibl. m. Eigenn.); Se|thit, der; -en, -en (Abkömmling von Seth)
Set|te|cen|to [...'tʃɛn...], das; -[s] ⟨ital.⟩ (das 18. Jh. in Italien [als Stilbegriff])
Set|ter, der; -s, - ⟨engl.⟩ (Hund einer bestimmten Rasse)
Set|ting, das; -s, -s ⟨engl.⟩ (Umgebung, in der etw. stattfindet)
Set-up, Set|up ['sɛtlap], das; -s, -s ⟨engl.⟩ (*EDV* Hilfsprogramm, das neue Software auf dem Computer installiert)
Setz|ar|beit (*Bergmannsspr.* nasse Aufbereitung)
Setz|ei
set|zen (*Jägerspr. auch für* gebären); du setzt; sich setzen; sich ein Denkmal setzen lassen; sie sollten die Kinder sich setzen lassen; wir müssen das Gesagte sich erst einmal setzen lassen *od.* setzenlassen (es erst einmal verarbeiten)
Set|zer (Schriftsetzer); Set|ze|rei; Set|ze|rin; Setz|feh|ler (*Druckw.*)
Setz|gut, das; -[e]s (*Landwirtsch.*)
Setz|ham|mer (ein Schmiedehammer); Setz|ha|se (*Jägerspr.*);
Setz|holz (ein Gartengerät)
Setz|kas|ten
Setz|kopf (Nietkopf)
Setz|lat|te (*Bauw.* Richtscheit)
Setz|ling (junge Pflanze; Zuchtfisch)
Setz|li|nie (*Druckw.*)
Setz|lis|te (Turniersport)
Setz|ma|schi|ne (*Druckw.*)
Setz|mei|ßel (ein Schmiedewerkzeug); Setz|zung

Setz|waa|ge (*svw.* Wasserwaage)
Seu|che, die; -, -n; Seu|chen|be|kämp|fung; Seu|chen|ge|fahr
seu|chen|haft; Seu|chen|herd
Seu|chen|wan|ne (*bes. Landwirtsch.*)
seuf|zen; du seufzt; Seuf|zer
Seuf|zer|brü|cke, die; - (in Venedig)
Seu|rat [sø'ra] (franz. Maler)
Se|ve|rin, Se|ve|ri|nus (m. Vorn.)
Se|ve|rus (römischer Kaiser)
Se|ve|so|gift, Se|ve|so-Gift, das; -[e]s ⟨nach der ital. Stadt⟩ (emotional für Dioxin)
Se|vil|la [...'vɪlja] (spanische Stadt); Se|vil|la|ner; Se|vil|la|ne|rin
Sè|v|res ['sɛːvrə] (Vorort von Paris); Sè|v|res|por|zel|lan ↑ D 143
Se|was|to|pol (Stadt auf der Krim)
Sex [sɛks, zɛks], der; -[es] ⟨engl.⟩ (Geschlecht[lichkeit]; Geschlechtsverkehr)
Se|xa|ge|si|ma, die; *Gen.* -, *bei Gebrauch ohne Artikel auch* ...mä (achter Sonntag vor Ostern); Sonntag Sexagesima *od.* Sexagesimä
Se|xa|ge|si|mal|sys|tem, das; -s (*Math.* Zahlensystem, das auf der Basis 60 aufgebaut ist)
Sex-Ap|peal, Sex|ap|peal ['sɛks(-)ə...], der; -s ⟨engl.-amerik.⟩ (sexuelle Anziehungskraft)
Sex|bom|be (*ugs. für* Frau mit starkem sexuellem Reiz); Sex|film; Sex|fo|to; Sex|gier; sex|hung|rig; Sex|idol
Se|xis|mus, der; - ([Diskriminierung aufgrund der] Vorstellung, dass eines der beiden Geschlechter dem anderen von Natur aus überlegen sei); Se|xist, der; -en, -en; Se|xis|tin; se|xis|tisch
Sex|ma|ga|zin; Sex|muf|fel (*ugs.*)
Se|xo|lo|ge, der; -n, -n (Sexualforscher); Se|xo|lo|gie, die; -; Se|xo|lo|gin; se|xo|lo|gisch
Sex|per|te, der; -n, -n (*scherzh. für* Experte in sexuellen Fragen); Sex|per|tin, die; -, -nen
Sex|sa|lon (*schweiz. für* Bordell); Sex|shop; Sex|sym|bol
Sext, die; -, -en ⟨lat.⟩ (drittes Tagesgebet des Breviers; *österr. svw.* Sexte)
Sex|ta, die; -, ...ten (veraltende Bez. für erste Klasse eines Gymnasiums)
Sext|ak|kord (*Musik* erste Umkehrung des Dreiklangs mit der Terz im Bass)

Sex|ta|ner (Schüler der Sexta); Sex|ta|ner|bla|se (*ugs. scherzh. für* schwache Blase); Sex|ta|ne|rin
Sex|tant, der; -en, -en (Winkelmessinstrument)
Sex|te, die; -, -n (*Musik* sechster Ton der diaton. Tonleiter; Intervall im Abstand von 6 Stufen)
Sex|tett, das; -[e]s, -e ⟨ital.⟩ (Musikstück für sechs Stimmen *od.* sechs Instrumente; *auch für* die sechs Ausführenden)
Sex|til|li|on, die; -, -en ⟨lat.⟩ (sechste Potenz einer Million)
Sex|to|le, die; -, -n (*Musik* Figur von 6 Noten gleicher Form mit dem Zeitwert von 4 od. 8 Noten)
Sex|tou|ris|mus
se|xu|al ⟨lat.⟩ (*meist in Zusammensetzungen, sonst seltener für* sexuell)
Se|xu|al|auf|klä|rung; Se|xu|al|de|likt; Se|xu|al|er|zie|hung
Se|xu|al|ethik
Se|xu|al|for|scher; Se|xu|al|for|sche|rin; Se|xu|al|for|schung
Se|xu|al|hor|mon
Se|xu|al|hy|gi|e|ne, die; -
se|xu|a|li|sie|ren (die Sexualität überbetonen); Se|xu|a|li|sie|rung
Se|xu|a|li|tät, die; - (Geschlechtlichkeit)
Se|xu|al|kun|de, die; -; Se|xu|al|kun|de|un|ter|richt
Se|xu|al|le|ben, das; -s; Se|xu|al|mo|ral; Se|xu|al|pä|da|go|gik; Se|xu|al|pa|tho|lo|gie
Se|xu|al|prak|tik; Se|xu|al|psy|cho|lo|gie
Se|xu|al|tä|ter; Se|xu|al|tä|te|rin
Se|xu|al|trieb
Se|xu|al|ver|bre|chen; Se|xu|al|ver|bre|cher; Se|xu|al|ver|bre|che|rin
Se|xu|al|ver|kehr, der; -s
Se|xu|al|wis|sen|schaft; Se|xu|al|wis|sen|schaft|ler (*schweiz., österr. auch für* Sexualwissenschaftler); Se|xu|al|wis|sen|schaft|le|rin; Se|xu|al|wis|sen|schaft|ler; Se|xu|al|wis|sen|schaft|le|rin
se|xu|ell ⟨franz.⟩ (die Sexualität betreffend, geschlechtlich)
Se|xus, der; -, - ⟨lat.⟩ (Geschlecht)
se|xy ['sɛksi, 'zɛksi] ⟨engl.⟩ (*ugs. für* erotisch-attraktiv); sexy Wäsche; Se|xy|ness (erotische Anziehungskraft)
Sey|chel|len [ze'ʃɛ...] *Plur.* (Inselgruppe u. Staat im Indischen Ozean); Sey|chel|len|nuss, Sey|chel|len-Nuss (Frucht der Sey-

chellennusspalme); **Sey|chel|ler; Sey|chel|le|rin; sey|chel|lisch**
Seyd|litz (preuß. Reitergeneral)
se|zer|nie|ren ⟨lat.⟩ (*Med.* [ein Sekret] absondern); **Se|zer|nie|rung** (*Med.* Absonderung)
Se|zes|si|on, die; -, -en ⟨lat.⟩ (Absonderung, Trennung; Abfall der nordamerikanischen Südstaaten); **Se|zes|si|o|nist,** der; -en, -en (Angehöriger einer Sezession; früher für Anhänger der nordamerik. Südstaaten im Sezessionskrieg); **Se|zes|si|o|nis|tin; se|zes|si|o|nis|tisch**
Se|zes|si|ons|krieg (1861–65)
Se|zes|si|ons|stil, der; -[e]s (*Kunst*)
se|zie|ren ⟨lat.⟩ (anatomisch zerlegen); **Se|zier|mes|ser,** das
sf = sforzando, sforzato
SFB, der; - = Sender Freies Berlin
SfH, die; - = Stiftung für Hochschulzulassung (*vgl.* ZVS)
SFOR, Sfor [ɛsfɔːɐ̯], die; - ⟨engl.; *Kurzwort für* Stabilization Force⟩ (ehem. internationale Truppe unter NATO-Führung in Bosnien u. Herzegowina)
s-för|mig, S-för|mig [ˈɛs...] ↑D 29 (in der Form eines S)
SFOR-Trup|pe, Sfor-Trup|pe
sfor|zan|do, sfor|za|to ⟨ital.⟩ (*Musik* verstärkt, stark [hervorgehoben]; *Abk.* sf)
Sfor|zan|do, das; -s, *Plur.* -s *u.* ...di, **Sfor|za|to,** das; -s, *Plur.* -s *u.* ...ti
sfr, Sfr., SFr. *vgl.* ²Franken
sfu|ma|to ⟨ital.⟩ (*Kunst* duftig; mit verschwimmenden Umrissen)
s. g. = sogenannt
SG, die; - = Spielgemeinschaft; Sportgemeinschaft
s-Ge|ni|tiv [ˈɛs...] (*Sprachwiss.*)
SGML, die *od.* das; - *meist ohne Artikel* = standard generalized mark-up language (*EDV* eine normierte Form der Textmarkierung)
Sgraf|fi|to, das; -s, *Plur.* -s *u.* ...ti ⟨ital.⟩ (*Kunst* Kratzputz [Wandmalerei])
's-Gra|ven|ha|ge [sxraːvənˈhaːxə] (*offizielle niederländische Form von* Den Haag)
sh, s = Shilling
Sha|ding [ˈʃeɪ...], das; -[s], -s *Plur.* selten ⟨engl.⟩ (*EDV* Erzeugung von Tiefenwirkung in der Computergrafik)
Shag [ʃɛk], der; -s, -s ⟨engl.⟩ (fein geschnittener Pfeifentabak); **Shag|pfei|fe; Shag|ta|bak**
¹**Shake** [ʃeɪk], der; -s, -s ⟨engl.⟩ (ein Mischgetränk; Modetanz der späten 1960er-Jahre)
²**Shake,** das; -s, -s (starkes Vibrato im Jazz)
Shake|hands [...hɛ(ː)nts], das; -, - (Händeschütteln)
Sha|ker, der; -s, - (Mixbecher)
Shake|s|peare [ˈʃeɪkspiːɐ̯] ⟨engl. Dichter⟩; **shake|s|pearesch** [ˈʃeɪkspiːrəʃ]; shakespearesche *od.* Shakespeare'sche Dramen, Sonette; shakespearesche *od.* Shakespeare'sche Lebensnähe; **shake|s|pea|risch;** shakespearische Dramen, Sonette; shakespearische Lebensnähe
Sha|lom! *vgl.* Schalom!
Sham|poo [ˈʃampu, *österr.* ...ˈpoː], **Sham|poon** [ʃɛmˈpuːn, *auch, österr. nur* ʃamˈpoːn], das; -s, -s ⟨Hindi-engl.⟩ (flüssiges Haarwaschmittel); **sham|poo|nie|ren** *vgl.* schamponieren
Shang|hai [ʃ..., *auch* ʃ...] *vgl.* Schanghai
Shan|non [ˈʃɛnən], der; -[s] (irischer Fluss)
Shan|ty, *auch* 'ʃa...], das; -s, -s ⟨engl.⟩ (Seemannslied); **Shan|ty|chor**
Sha|ping|ma|schi|ne [ˈʃeɪ...] ⟨engl.; griech.⟩ (Metallhobelmaschine, Schnellhobler)
Share [ʃɛːɐ̯], der; -, - ⟨engl.⟩ (*engl. Bez. für* Aktie)
Share|hol|der-Va|lue, Share|hol|der|va|lue [ˈʃɛːɐ̯hoʊldərˈvɛljuː], der; -[s], -s ⟨engl.⟩ (*Wirtsch.* Marktwert des sich auf die Aktionäre aufteilenden Eigenkapitals eines Unternehmens)
Share|ware [...vɛːɐ̯], die; -, -s ⟨*EDV* zu Testzwecken kostengünstig angebotene Software⟩
Shaw [ʃɔː] (irisch-englischer Dichter)
Shed|bau [ʃ...] usw. *vgl.* Schedbau usw.
She-DJ [ˈʃiːˈdiːdʒeɪ], die; -, -s ⟨engl.⟩ ⟨*schweiz. für* w. DJ⟩
Shef|field [ʃ...] (englische Stadt)
Shel|ley [ˈʃɛli] (Familienname eines engl. Dichterehepaares)
Shen|yang [ʃ...] *vgl.* Schenjang
She|riff [ʃ...], der; -s, -s ⟨engl.⟩ (Verwaltungsbeamter in England; höchster Vollzugsbeamter [einer Stadt] in den USA)
Sher|lock Holmes [ˈʃœːɐ̯... ˈhoʊmz, *auch* ˈʃɛr... ˈhoːlms] (englische Romanfigur [Detektiv])
Sher|pa [ʃ...], der; -[s], -s ⟨tibet.-engl.⟩ (Angehöriger eines tibetischen Volksstammes [der als Lastträger u. Bergführer bei Expeditionen im Himalajagebiet arbeitet]); **Sher|pa|ni,** die; -, -s
Sher|ry [ˈʃɛri], der; -s, -s ⟨engl.⟩ (spanischer Wein, Jerez)
's-Her|to|gen|bosch [shɛrtoːxənˈbɔs] (*offizielle niederländische Form von* Herzogenbusch)
Shet|land [ʃ..., *auch* ...lɛnt], der; -[s], -s ⟨nach den schott. Inseln⟩ (ein grau melierter Wollstoff)
Shet|land|in|seln, Shet|land-In|seln *Plur.* (Inselgruppe nordöstlich von Schottland); **Shet|land|po|ny;** **Shet|land|wol|le,** die; -
Shi|at|su [ʃ...], das; -[s] ⟨jap.⟩ (Druckmassage)
Shift|tas|te [ʃ...] ⟨engl.; dt.⟩ (Umschalttaste)
Shi|i|ta|ke [ʃi-i...], der; -[s], -s ⟨jap.⟩ (asiat. Speisepilz); **Shi|i|ta|ke|pilz**
Shil|ling [ʃ...], der; -s, -s ⟨engl.⟩ (frühere Münzeinheit in Großbritannien; 20 Shilling = 1 Pfund Sterling; *Abk.* s *od.* sh); 10 Shilling; *vgl. aber* Schilling
Shim|my [ˈʃimi], der; -s, -s ⟨amerik.⟩ (Tanz der 1920er-Jahre)
Shirt [ʃœːɐ̯t], das; -s, -s ⟨engl.⟩ ([kurzärmeliges] Hemd)
Shi|sha [ˈʃiːʃa], die; -, -s, Shi|scha ⟨pers.-türk.-arab.⟩ (Wasserpfeife)
Shit [ʃ...], der *u.* das; -s ⟨engl.⟩ (*ugs. für* Haschisch)
Shit|storm [ˈʃitstɔːɐ̯m], der; -s, -s ⟨engl.⟩ (*EDV* Entrüstungssturm [mit Beleidigungen] in einem Internetbeitrag)
Sho|ah [*auch* ˈʃoː...] *vgl.* Schoah
sho|cking [ʃ..., ʃɔ...] ⟨engl.⟩ (*ugs. für* anstößig)
Sho|gun, Scho|gun [ˈʃoːguːn], der; -s, -e ⟨jap.⟩ (früher Titel japanischer Feldherren)
Shoo|ting [ˈʃuːtɪŋ], das; -s, -s ⟨engl.⟩ (Aufnahme von Werbefotos o. Ä.)
Shoo|ting|star [ˈʃuː...], der; -s, -s ⟨engl., »Sternschnuppe«⟩ (Person *od.* Sache, die schnell an die Spitze gelangt [z. B. im Schlagergeschäft]; Senkrechtstarter)
Shop [ʃ...], der; -s, -s ⟨engl.⟩ (Laden, Geschäft)
Sho|pa|ho|lic [ʃɔpəˈhɔlɪk], der; -s, -s ⟨engl.⟩ (jmd., der zwanghaft ständig etwas kauft)
shop|pen (einen Einkaufsbummel machen); **Shop|per,** der; -s, - (jmd., der einkauft; größere [Hand]tasche); **Shop|pe|rin;**

Shopping

si|cher

si|che|rer, si|chers|te

I. *Groß- oder Kleinschreibung*
a) *Kleinschreibung:*
– es ist am sichersten, wenn wir hier verschwinden
– auf Nummer sicher sein
– auf Nummer sicher gehen

b) *Großschreibung* ↑ D 72*:*
– wir suchen etwas Sicheres
– das Sicherste sind Gürtelreifen
– es ist das Sicherste, was du tun kannst
– es ist das Sicherste, sofort zu verschwinden
– ich fühle mich im Sichern (geborgen)

II. *Schreibung in Verbindung mit Verben:*
– du kannst sicher sein, dass sie dir helfen wird
– ein Arzneimittel, das sicher wirkt
– die Polizei will die Straßen auch nachts wieder si|cher machen *od.* sichermachen
– in diesen Schuhen kann man sicher gehen; er ist in diesen Schuhen sicher gegangen

Aber:
– sie will in dieser Sache [ganz] sichergehen (Gewissheit haben)
– ein Beweisstück sicherstellen

III. *In Verbindung mit adjektivisch gebrauchten Partizipien* ↑ D 58*:*
– ein sicher wirkendes *od.* sicherwirkendes Arzneimittel
Aber nur:
– die sichergestellten Beweismittel

Shop|ping, das; -s (Einkaufsbummel)
Shop|ping|cen|ter, Shop|ping-Cen|ter, das; -s, - (Einkaufszentrum)
Short|list [ʃ...], die; -, -s ⟨engl.⟩ (engere Auswahlliste)
Shorts [ʃ...] *Plur.* ⟨engl.⟩ (kurze sportl. Hose)
Short Sto|ry, die; -, -, -s, **Short|sto|ry,** die; -, -s [ˈʃɔːɐ̯tstɔri, *auch* ˈʃɔːt ˈstɔːri] ⟨angelsächs. Bez. für Kurzgeschichte⟩
Short|track [...trɛk], der; -s ⟨engl.⟩ (Eisschnelllauf auf einer kurzen Bahn)
Shor|ty, das, *auch* der; -s, -s ⟨engl.⟩ (Damenpyjama mit kurzer Hose)
Show [ʃoʊ̯], die; -, -s ⟨engl.⟩ (Schau, Vorführung; buntes, aufwendiges Unterhaltungsprogramm); **Show|block** *Plur.* ...blöcke (Show als Einlage in einer Fernsehsendung)
Show|busi|ness [ˈʃoʊ̯bɪznɪs], das; - ⟨engl. »Schaugeschäft«⟩ (Unterhaltungsindustrie)
Show|case [ˈʃoʊ̯keɪ̯s], der *od.* das; - u. -s, *Plur.* -s (engl., »Schaukasten«⟩ (Präsentation, Vorführung [zu PR-Zwecken])
Show|down, Show-down [ˈʃoʊ̯daʊ̯n], der; -[s], -s (Entscheidungskampf)
Show|ge|schäft
Show|man [ˈʃoʊ̯mən], der; -s, ...men [...mən] (im Showgeschäft Tätiger)
Show|mas|ter, der; -s, - ⟨anglisierend⟩ (Unterhaltungskünstler, der eine Show präsentiert); **Show|mas|te|rin**
Show|view® [ˈʃoʊ̯vjuː], das; -s (Videoprogrammierung über Ziffernreihen)
Shred|der [ʃ...] ⟨*englische Schreibung von* Schredder⟩
Shrimp [ʃr...], Schrimp, der; -s, -s *meist Plur.* ⟨engl.⟩ (kleine Krabbe)
Shuf|fle|board [ˈʃafl̩bɔːɐ̯t], das; -s ⟨engl.⟩ (ein Spiel)
Shunt [ʃant], der; -s, -s ⟨engl.⟩ (*Elektrot.* parallel geschalteter Widerstand)
Shut|ter|bril|le [ˈʃatɐ...] ⟨engl.; dt.⟩ (für das Betrachten von 3-D-Projektionen konzipierte Brille mit Gläsern aus Flüssigkristall)
Shut|tle [ˈʃatl̩], der *od.* das; -s, -s ⟨engl.⟩ ([Fahrzeug im] Pendelverkehr; *kurz für* Spaceshuttle); **Shut|tle|bus**
Shy|lock [ˈʃaɪ̯...], der; -[s], -s ⟨nach Shakespeares »Kaufmann von Venedig«⟩ (*geh. für* hartherziger Geldverleiher)
si ⟨ital.⟩ (Solmisationssilbe)
Si ⟨*chem. Zeichen für* Silicium⟩
SI, das; - = Système International d'Unités (internationales Einheitensystem)
SIA, der; - = Schweizerischer Ingenieur- und Architektenverein
Si|al, das; -[s] ⟨*Geol.* oberer Teil der Erdkruste⟩

Si|am (alter Name von Thailand); **Si|a|me|se,** der; -n, -n; **Si|a|me|sin; si|a|me|sisch;** siamesische Zwillinge; **Si|am|kat|ze**
Si|be|li|us (finnischer Komponist)
Si|bi|lant, der; -en, -en ⟨lat.⟩ (*Sprachwiss.* Zischlaut, z. B. s)
Si|bi|rer (*svw.* Sibirier); **Si|bi|re|rin**
Si|bi|ri|en
Si|bi|ri|er; Si|bi|ri|e|rin; si|bi|risch
Si|biu (rumänische Stadt; *vgl.* Hermannstadt)
Si|byl|la, ¹Si|byl|le [...ˈbɪ...] (w. Vorn.)
²**Si|byl|le,** die; -, -n ⟨griech.⟩ (weissagende Frau, Wahrsagerin)
si|byl|li|nisch (wahrsagerisch; geheimnisvoll)
sic! [ziːk, zɪk] ⟨lat.⟩ (so!, wirklich so!)
sich
Sich|aus|wei|nen, das; -s ↑ D 82
Si|chel, die; -, -n; **si|chel|för|mig**
si|cheln (mit der Sichel abschneiden); ich sich[e]le
Si|chel|wa|gen (Streitwagen im Altertum)
si|cher *s.* Kasten
si|cher|ge|hen (Gewissheit haben)
Si|cher|heit
Si|cher|heits|ab|stand; Si|cher|heits|au|to; Si|cher|heits|be|auf|trag|te; Si|cher|heits|be|hör|de; Si|cher|heits|be|stim|mung *meist Plur.*
Si|cher|heits|bin|dung (*Sport*)
Si|cher|heits|den|ken
Si|cher|heits|dienst
Si|cher|heits|di|rek|ti|on (österr. für

sieben

²**sie|ben**

(Zahlwort)
Kleinschreibung ↑D 78 *u.* 89:
– sieben auf einen Streich
– wir sind zu sieben *od.* zu siebt *(älter* siebent)
– wir sind sieben; sie kommt mit sieben[en]
– die sieben Sakramente; die sieben Todsünden; die sieben fetten und die sieben mageren Jahre
– die sieben freien Künste (im MA.)
– Schneewittchen und die sieben Zwerge
– für jemanden ein Buch mit sieben Siegeln sein (jemandem völlig unverständlich sein)
– um sieben Ecken (ugs. *für* weitläufig) mit jmdm. verwandt sein
– die sieben Weltwunder

Großschreibung in Namen ↑D 88:
– Sieben Berge (Landschaft in Niedersachsen)
– die Sieben Schwaben

Vgl. auch acht; Sieben

Sicherheitsbehörde eines Bundeslandes]; **Si|cher|heits|fach**
Si|cher|heits|fa|den; Si|cher|heits|ga|ran|tie *(bes. Politik);* **Si|cher|heits|glas** *Plur.* ...gläser; **Si|cher|heits|grün|de** *Plur.;* aus Sicherheitsgründen; **Si|cher|heits|gurt**
si|cher|heits|hal|ber
Si|cher|heits|ket|te; Si|cher|heits|ko|pie; Si|cher|heits|kraft *meist Plur.;* **Si|cher|heits|leis|tung** *(Wirtsch.);* **Si|cher|heits|li|nie** (schweiz. *auch* für Fahrstreifenbegrenzung); **Si|cher|heits|lü|cke; Si|cher|heits|man|gel** *meist Plur.;* **Si|cher|heits|maß|nah|me**
Si|cher|heits|na|del
Si|cher|heits|of|fi|zier; Si|cher|heits|of|fi|zie|rin
Si|cher|heits|or|gan *meist Plur.* (mit Staatsschutz u. Ä. befasste Dienststelle)
Si|cher|heits|po|li|tik; si|cher|heits|po|li|tisch
Si|cher|heits|puf|fer *(Wirtsch., Bankw.)*
Si|cher|heits|rat, der; -[e]s (UN-Behörde); **Si|cher|heits|ri|si|ko** (jmd. *od.* etwas die Sicherheit Gefährdendes)
Si|cher|heits|schloss; Si|cher|heits|schuh; Si|cher|heits|stan|dard; Si|cher|heits|sys|tem *(Technik)*
Si|cher|heits|tech|nik; si|cher|heits|tech|nisch
Si|cher|heits|ven|til *(Technik);* **Si|cher|heits|ver|schluss**
Si|cher|heits|vor|keh|rung; Si|cher|heits|vor|schrift
si|cher|lich; si|chern; ich sichere
si|cher|stel|len (sichern; in [polizeilichen] Gewahrsam geben *od.* nehmen); ein Beweisstück sicherstellen; um sicherzustellen, dass nichts passiert; **Si|cher|stel|lung**
Si|che|rung; Si|che|rungs|ab|tre|tung *(Wirtsch.)*
Si|che|rungs|dienst *(seltener);* **Si|che|rungs|ge|ber** *(Wirtsch.);* **Si|che|rungs|ge|be|rin; Si|che|rungs|hy|po|thek** *(Wirtsch.)*
Si|che|rungs|kas|ten
Si|che|rungs|ko|pie *(EDV)*
Si|che|rungs|neh|mer *(Wirtsch.);* **Si|che|rungs|neh|me|rin**
Si|che|rungs|über|eig|nung *(Wirtsch.);* **Si|che|rungs|ver|wah|rung** *(Rechtsspr.)*
si|cher wir|kend, si|cher|wir|kend *vgl.* sicher
Sich-ge|hen-Las|sen, das; -s ↑D 27
Sich|ler (ein Schreitvogel)
Sicht, die; -, -en; auf, bei, nach Sicht *(Kaufmannsspr.);* auf lange Sicht; außer Sicht, in Sicht kommen, sein
sicht|bar; etwas sichtbar machen; **Sicht|bar|keit; sicht|bar|lich** *(veraltet)*
Sicht|be|reich
Sicht|be|ton; Sicht|blen|de; Sicht|ein|la|ge *(Bankw.)*
¹**sich|ten** (auswählen, durchsehen)
²**sich|ten** (erblicken)
Sicht|feld; Sicht|flug; Sicht|gren|ze
sich|tig *(Seemannsspr.* klar); sichtiges Wetter
Sicht|kar|te (Zeitkarte im Personenverkehr); **Sicht|kar|ten|in|ha|ber** *(Amtsspr.);* **Sicht|kar|ten|in|ha|be|rin**
sicht|lich (offenkundig)
Sicht|li|nie; Sicht|schutz
¹**Sich|tung** (das Auswählen)
²**Sich|tung,** die; - (das Erblicken)
Sich|tungs|tur|nier *(Sport)*
Sicht|ver|hält|nis|se *Plur.*
Sicht|ver|merk; sicht|ver|merk|frei *(Amtsspr.)*
Sicht|wech|sel *(Bankw.)*
Sicht|wei|se; Sicht|wei|te
Sicht|wer|bung
Si|chu|an ['sɪtʃuan] (chin. Provinz)
¹**Si|cke,** die; -, -n *(Technik* rinnenförmige Biegung, Kehlung)
²**Si|cke, Sie|ke,** die; -, -n *(Jägerspr.* Vogelweibchen)
si|cken (mit ¹Sicken versehen); gesickt; **Si|cken|ma|schi|ne**
Si|cker|gru|be
si|ckern; er sagt, das Wasser sickere; **Si|cker|was|ser** *Plur.* ...wässer, *auch* ...wasser
sic tran|sit glo|ria mun|di *(lat.)* (so vergeht die Herrlichkeit der Welt)
Sid|dhar|tha [...'dar...] ⟨sanskr.⟩ (weltlicher Name Buddhas)
Side|board ['saɪtbɔːɐ̯t], das; -s, -s ⟨engl.⟩ (Anrichte, Büfett)
Side|cut ['saɪtkat], der; -s, -s ⟨engl.⟩ (Frisur, bei der eine Kopfseite rasiert ist)
¹**si|de|risch** *(lat.)* (auf die Sterne bezüglich; Stern...); siderisches Jahr (Sternjahr) ↑D 89
²**si|de|risch** *(griech.)* (aus Eisen; auf Eisen reagierend); siderisches Pendel *(Parapsychologie)* ↑D 89
Si|de|rit, der; -s, -e (gelbbraunes Eisenerz); **Si|de|ro|lith,** der; *Gen.* -s *u.* -en, *Plur.* -e[n] (Eisensteinmeteorit)
Si|don (phönizische Stadt)
Si|do|nia, Si|do|nie (w. Vorn.)
Si|do|ni|er (Bewohner von Sidon); **Si|do|ni|e|rin; si|do|nisch**
sie; sie kommt, sie kommen; Mode für sie und ihn
¹**Sie** ↑D 84 (Höflichkeitsanrede an eine Person *od.* mehrere Personen gleich welchen Geschlechts:) kommen Sie bitte!; jmdn. mit Sie anreden; ↑D 76; das steife Sie; (veraltete Anrede an eine Person weiblichen Geschlechts:) höre Sie! ↑D 85
²**Sie,** die; -, -[s] (ugs. *für* Mensch *od.* Tier weiblichen Geschlechts); es ist eine Sie; ein Er u. eine Sie
Sieb, das; -[e]s, -e; **sieb|ar|tig**
Sieb|bein (ein Knochen)
Sieb|druck *Plur.* ...drucke *(Druckw.)*
¹**sie|ben** (durchsieben)
²**sie|ben** *s. Kasten*

S
sieb

Sieben

Sie|ben, die; -, Plur. -, auch -en (Zahl); eine böse Sieben; vgl. ¹Acht
sie|ben|ar|mig; siebenarmiger Leuchter
Sie|ben|bür|gen (dt. Name von Transsilvanien); Sie|ben|bür|ger; Sie|ben|bür|ge|rin; sie|ben|bür|gisch
Sie|ben|eck; sie|ben|eckig
sie|ben|ein|halb, sie|ben|und|ein|halb
Sie|be|ner vgl. Achter; sie|be|ner|lei; auf siebenerlei Art
sie|ben|fach; Sie|ben|fa|che vgl. Achtfache
Sie|ben|ge|bir|ge, das; -s
Sie|ben|ge|stirn, das; -[e]s (Sterngruppe)
sie|ben|hun|dert
sie|ben|jäh|rig; aber ↑D 151: der Siebenjährige Krieg
Sie|ben|kampf (Mehrkampf der Frauen in der Leichtathletik)
sie|ben|köp|fig
sie|ben|mal vgl. achtmal; sie|ben|ma|lig
Sie|ben|mei|len|schritt meist Plur. (ugs. scherzh. für riesiger Schritt); Sie|ben|mei|len|stie|fel Plur.
Sie|ben|me|ter, der; -s, - (Hallenhandball)
Sie|ben|mo|nats|kind
Sie|ben|punkt (ein Marienkäfer)
Sie|ben|sa|chen Plur. (ugs. für Habseligkeiten); seine Siebensachen packen
Sie|ben|schlä|fer (Nagetier; volkstüml. für 27. Juni als Lostag für eine Wetterregel)
Sie|ben|schritt, der; -[e]s (ein Volkstanz)
sie|ben|sei|tig
Sie|ben|sit|zer; sie|ben|stel|lig
Sie|ben|stern (Primelgewächs)
sie|bent (älter für siebt)
sie|ben|tau|send
sie|ben|te, sieb|te vgl. achte
sie|ben|tei|lig
sie|ben|tel vgl. siebtel; Sie|ben|tel vgl. Siebtel
sie|ben|tens, sieb|tens
sie|ben|und|ein|halb, sie|ben|ein|halb
sie|ben|und|sieb|zig vgl. acht; sie|ben|und|sieb|zig|mal vgl. achtmal
sieb|för|mig
Sieb|kreis (Elektrot.)
Sieb|ma|cher; Sieb|ma|che|rin
Sieb|ma|schi|ne
Sieb|röh|re (Bot.)
Sieb|schal|tung (Elektrot.)
Sieb|schöp|fer (österr. für Schaumlöffel)
siebt vgl. ²sieben
sieb|te, sie|ben|te vgl. achte
sieb|tel vgl. achtel; Sieb|tel, das, schweiz. meist der; -s, -
sieb|tens, sie|ben|tens
sieb|zehn vgl. acht; sieb|zehn|hun|dert
sieb|zehn|jäh|rig vgl. achtjährig
sieb|zehn|te ↑D 151: Siebzehnter (17.) Juni (Tag des Gedenkens an den 17. Juni 1953, den Tag des Aufstandes in der DDR); vgl. achte
sieb|zehn|und|vier, das; - (ein Kartenglücksspiel)
sieb|zig vgl. achtzig
Sieb|zig, die; -, -en (Zahl)
sieb|zi|ger vgl. achtziger; Sieb|zi|ger vgl. Achtziger; Sieb|zi|ge|rin vgl. Achtzigerin
Sieb|zi|ger|jah|re Plur.
sieb|zig|jäh|rig vgl. achtjährig
siech (veraltend für krank, hinfällig); sie|chen; Sie|chen|haus (veraltet); Siech|tum, das; -s
Sie|de, die; - (landsch. für gesottenes Viehfutter); Sie|de|fleisch (südd., schweiz. neben Siedfleisch); sie|de|heiß (selten für siedend heiß; vgl. sieden); Sie|de|hit|ze
sie|deln; ich sied[e]le
sie|den; du sottest u. siedetest; du söttest u. siedetest; gesotten u. gesiedet; sied[e]!; siedend heiß
Sie|de|punkt; Sie|der; Sie|de|rei
Sie|de|was|ser|re|ak|tor (Kernphysik)
Sied|fleisch (südd., schweiz. für Suppenfleisch)
Sied|ler; Sied|le|rin; Sied|lung
Sied|lungs|bau; Sied|lungs|dich|te; Sied|lungs|form; Sied|lungs|ge|biet; Sied|lungs|geo|gra|fie, Sied|lungs|geo|gra|phie
Sied|lungs|haus; Sied|lungs|kun|de, die; Sied|lungs|land, das; -[e]s; Sied|lungs|po|li|tik; Sied|lungs|pro|gramm
¹Sieg, der; -[e]s, -e
²Sieg, die; - (rechter Nebenfluss des Rheins)
Sie|gel, das; -s, - ⟨lat.⟩ (Stempelabdruck; [Brief]verschluss)
Sie|gel|be|wah|rer (früher)
Sie|gel|lack
sie|geln; ich sieg[e]le
Sie|gel|ring
Sie|ge|lung, Sieg|lung
sie|gen (Stadt in Nordrhein-Westfalen)
Sie|ger; Sie|ger|eh|rung; Sie|ge|rin
Sie|ger|kranz; Sie|ges|kranz
Sie|ger|land, das; -[e]s (Landschaft); Sie|ger|län|der; Sie|ger|län|de|rin; sie|ger|län|disch
Sie|ger|macht; Sie|ger|mann|schaft; Sie|ger|mie|ne; Sie|ger|po|dest; Sie|ger|po|kal
Sie|ger|stra|ße, die; -; nur in Wendungen wie auf der Siegerstraße sein (im Begriff sein zu siegen)
sie|ges|be|wusst
Sie|ges|bot|schaft; Sie|ges|fei|er
Sie|ges|freu|de; sie|ges|froh
Sie|ges|ge|schrei
sie|ges|ge|wiss; Sie|ges|ge|wiss|heit
Sie|ges|göt|tin; Sie|ges|kranz vgl. Siegerkranz; Sie|ges|preis; Sie|ges|säu|le; Sie|ges|se|rie (Sport)
sie|ges|si|cher
Sie|ges|sträh|ne (Sport); Sie|ges|tor; Sie|ges|tref|fer (Sport)
sie|ges|trun|ken (geh.)
Sie|ges|wil|le, der; -; Sie|ges|zug
Sieg|fried (germanische Sagengestalt; m. Vorn.); ↑D 134: Jung Siegfried
sieg|ge|wohnt
sieg|haft (geh. für siegessicher; veraltet für siegreich)
Sieg|hard (m. Vorn.)
Sieg|lind, Sieg|lin|de (w. Vorn.)
sieg|los
Sieg|lung, Sie|ge|lung
Sieg|mar, Sig|mar
Sieg|mund, Si|gis|mund (m. Vorn.)
Sieg|prä|mie; sieg|reich
Sieg|tref|fer (svw. Siegestreffer)
Sieg|wurz (Gladiole)
sie|he! (Abk. s.); siehe da!; sie|he dort! (Abk. s. d.); sie|he oben! (Abk. s. o.); sie|he un|ten! (Abk. s. u.); sieht vgl. sehen
SI-Ein|heit [ɛsˈiː...] (internationale Basiseinheit; vgl. SI)
Sie|ke vgl. ²Sicke
Siel, der od. das; -[e]s, -e (nordd. u. fachspr. für Abwasserleitung; kleine Deichschleuse); Siel|bau Plur. ...bauten
Sie|le, die; -, -n (Riemen[werk der Zugtiere]); in den Sielen (mitten in der Arbeit) sterben
sie|len, sich (landsch. für sich mit Behagen hin u. her wälzen)
Sie|len|ge|schirr
Sie|len|zeug, Siel|zeug
¹Sie|mens (Familienn.; ®)
²Sie|mens, das; -, - (elektrischer Leitwert; Zeichen S)

Silberzeug

Sie|mens-Mar|tin-Ofen ↑D 137 (zur Stahlerzeugung; *Abk.* SM-Ofen)
Sie|mens|stadt (Stadtteil von Berlin)
sie|na ⟨ital.⟩ (rotbraun); ein siena Muster; *vgl.* blau *u.* beige
Sie|na (italienische Stadt); **Sie|na|er|de**, die; - ↑D 143 (eine Malerfarbe); **Sie|ne|se**, der; -n, -n; **Sie|ne|ser**; **Sie|ne|sin**
Sien|kie|wicz [ʃɛŋˈkjɛvɪtʃ] (polnischer Schriftsteller)
Si|er|ra [s...], die; -, *Plur.* ...rren *u.* -s ⟨span.⟩ (Gebirgskette)
Si|er|ra Le|o|ne (Staat in Afrika)
Si|er|ra Le|o|ner, **Si|er|ra-Le|o|ner**; **Si|er|ra Le|o|ne|rin**, **Si|er|ra-Le|o|ne|rin**; **si|er|ra-le|o|nisch**
Si|er|ra Ne|va|da, die; - - ⟨»Schneegebirge«⟩ (spanisches u. amerikanisches Gebirge)
Si|es|ta, die; -, *Plur.* ...sten *u.* -s ⟨ital.⟩ ([Mittags]ruhe)
Siet|land *Plur.* ...länder (*nordd. für* tief liegendes Marschland); **Sietwen|dung** (*nordd. für* Binnendeich)
Sie|vert, das; -[s], - ⟨nach dem schwed. Radiologen R. M. Sievert⟩ (*Physik, Med.* Maßeinheit für die Belastung durch Strahlung; *Zeichen* Sv)
sie|zen (mit »Sie« anreden); du siezt
Sif (*germ. Mythol.* Gemahlin Thors)
Siff, der; -s ⟨*ugs. für* Schmutz⟩; **siffig**
Sif|flö|te ⟨franz.⟩ (eine hohe Orgelstimme)
Si|gel, das; -s, - ⟨lat.⟩, **Si|gl|le**, die; -, -n ⟨franz.⟩ [...gl] (festgelegtes Abkürzungszeichen)
Sight|see|ing [ˈsaɪtsiːɪŋ], das; -s, -[s] ⟨engl.⟩ (Besichtigung von Sehenswürdigkeiten); **Sightsee|ing|tour**, **Sight|see|ing-Tour** (Besichtigungsfahrt)
Si|gil|la|rie, die; -, -n (fossile Pflanzengattung)
Si|gis|mund *vgl.* Siegmund
Si|gle [...gl] *vgl.* Sigel
Sig|ma, das; -s, -s ⟨griechischer Buchstabe: Σ, σ, ς⟩
Sig|mar *vgl.* Siegmar
Sig|ma|rin|gen (Stadt a. d. Donau)
Sig|ma|rin|ger; **sig|ma|rin|ge|risch**
sign. = signatum
Si|g|na (*Plur. von* Signum)
Si|g|nal, das; -s, -e ⟨lat.⟩
Si|g|nal|an|la|ge; **Si|g|nal|buch**
Si|g|na|le|ment [...ˈmã:, *schweiz.* ...ˈment], das; -s, -s, *schweiz.* das; -[e]s, -e ⟨franz.⟩ ([Personen]beschreibung; *Landwirtsch.* Zusammenstellung der ein bestimmtes Tier kennzeichnenden Angaben)
Si|g|nal|far|be; **Si|g|nal|feu|er**; **Si|g|nal|flag|ge**
Si|g|nal|gast *Plur.* ...gasten (Matrose)
Si|g|nal|glo|cke; **Si|g|nal|horn**
Si|g|nal|li|sa|ti|on ⟨*schweiz. für* Ausschilderung; Beschilderung⟩
si|g|na|li|sie|ren (Signal[e] übermitteln); **Si|g|na|li|sie|rung**
Si|g|nal|lam|pe; **Si|g|nal|licht** *Plur.* ...lichter; **Si|g|nal|mast**, der
Si|g|nal|reiz (*svw.* Schlüsselreiz)
Si|g|nal|sys|tem; **Si|g|nal|über|tra|gung**; **Si|g|nal|wir|kung**
Si|g|na|tar, der; -s, -e ⟨lat.⟩ (*veraltet für* Unterzeichner); **Si|g|na|ta|rin**
Si|g|na|tar|macht ([einen Vertrag] unterzeichnende Macht); **Si|g|na|tar|staat**
Si|g|na|ti|on [sɪˈgnɛːtʃn], die; -, -s ⟨engl.⟩ (*österr. für* Erkennungsmelodie)
si|g|na|tum (unterzeichnet; *Abk.* sign.)
Si|g|na|tur, die; -, -en (Namenszeichen, Unterschrift; symbol. Landkartenzeichen; Buchnummer in einer Bibliothek)
Si|g|net [*auch* zɪnˈjeː], das; -s, *Plur.* -s, *bei dt. Ausspr.* -e ⟨franz.⟩ (Buchdrucker-, Verleger-, Firmenzeichen)
si|g|nie|ren [...ˈgniː...] ⟨lat.⟩ (mit einer Signatur versehen)
Si|g|nier|stun|de
si|g|ni|fi|kant ⟨lat.⟩ (bedeutsam, kennzeichnend); **Si|g|ni|fi|kanz**, die; -, -en (Bedeutsamkeit)
Si|g|nor [sɪnˈjoːɐ̯], der; -, -i ⟨ital.⟩ *(ital. Bez. für* Herr *[mit folgendem Namen]);* **Si|g|no|ra**, die; -, *Plur.* -s *u.* ...re *(ital. Bez. für* Frau*);* **Si|g|no|re**, der; -, ...ri *(ital. Bez. für* Herr *[ohne folgenden Namen])*
Si|g|no|ria, **Si|g|no|rie**, die; -, ...ien *(früher für* die höchste Behörde der italienischen Stadtstaaten*)*
Si|g|no|ri|na, die; -, *Plur.* -s, *auch* ...ne *(ital. Bez. für* unverheiratete Frau*)*; **Si|g|no|ri|no**, der; -, *Plur.* -s, *auch* ...ni *(frühere ital. Bez. für* junger Herr*)*
Si|g|num, das; -s, ...na ⟨lat.⟩ (Zeichen; verkürzte Unterschrift)
Si|g|rid (w. Vorn.)
Si|g|rist, der; -en, -en ⟨lat.⟩ *(schweiz. für* Küster, Mesner)
Si|g|ris|tin
Si|g|run (w. Vorn.)
Si|ka|hirsch ⟨jap.; dt.⟩ (ein ostasiatischer Hirsch)
Sikh [...k], der; -[s] *u.* die; -, -s (Anhänger[in] einer ind. Religionsrichtung)
Sik|ka|tiv, das; -s, -e ⟨lat.⟩ (Trockenmittel für Ölfarben)
Sik|kim (ind. Bundesstaat im Himalaja); **Sik|ki|mer**; **Sik|ki|me|rin**; **sik|ki|misch**
Sil|age [...ˈʒə] *vgl.* Ensilage
Si|lan, das; -s, -e (*Chemie* Siliciumwasserstoff)
Sil|be, die; -, -n; **Sil|ben|maß**; **Sil|ben|rät|sel**; **Sil|ben|tren|nung**
Sil|ber, das; -s (chemisches Element, Edelmetall; *Zeichen* Ag; *vgl.* Argentum
...sil|ber *vgl.* ...silber
Sil|ber|ar|beit; **Sil|ber|bar|ren**; **Sil|ber|berg|werk**; **Sil|ber|be|steck**
Sil|ber|blick (*ugs. scherzh. für* leicht schielender Blick)
Sil|ber|bro|kat; **Sil|ber|dis|tel**; **Sil|ber|draht**; **Sil|ber|fa|den**
Sil|ber|far|ben, **sil|ber|far|big**
Sil|ber|fisch|chen (ein Insekt); **Sil|ber|fuchs**
Sil|ber|geld, das; -[e]s
Sil|ber|glanz (*auch veraltet für* Argentit); **sil|ber|glän|zend**
sil|ber|grau; **sil|ber|haa|rig**; **sil|ber|hal|tig**; **sil|ber|hell**
Sil|ber|hoch|zeit
sil|be|rig, **silb|rig**
Sil|ber|ling (eine alte Silbermünze)
Sil|ber|lö|we (Puma); **Sil|ber|me|dail|le**; **Sil|ber|mö|we**; **Sil|ber|mün|ze**
sil|bern; silbern färben; ↑D 89: **silberne** *od.* Silberne Hochzeit, *aber* ↑D 150: Silbernes Lorbeerblatt (eine Auszeichnung für besondere Sportleistungen)
Sil|ber|pa|pier; **Sil|ber|pap|pel**; **Sil|ber|preis**; **Sil|ber|rei|her**
Sil|ber|schei|be (*ugs. für* Compact Disc)
Sil|ber|schmied; **Sil|ber|schmie|din**
Sil|ber|stift (ein Zeichenstift)
Sil|ber|streif, **Sil|ber|strei|fen**; *meist in* Silberstreif[en] am Horizont (Zeichen beginnender Besserung)
Sil|ber|ta|b|lett; **Sil|ber|tan|ne**
sil|ber|ver|gol|det; ein silbervergoldeter Pokal (ein vergoldeter silberner Pokal)
sil|ber|weiß
Sil|ber|zeug (*ugs. für* Silbergerät

Silberzwiebel

Sil|ber|zwie|bel (Perlzwiebel)
...**sil|big** (z. B. dreisilbig)
sil|bisch (eine Silbe bildend)
...**silb|ler**, ...**sil|ber** (z. B. Zweisilbler, Zweisilber)
silb|rig, **sil|be|rig**
Sild, der; -[e]s, -[e] ⟨skand.⟩ (pikant eingelegter junger Hering)
Si|len, der; -s, -e ⟨griech.⟩ (Fabelwesen der griechischen Sage)
Si|len|ti|um! ⟨lat.⟩ (Ruhe!)
Sil|ge, die; -, -n ⟨griech.⟩ (ein Doldengewächs)
Sil|hou|et|te [zi'lu̯ɛ...], die; -, -n ⟨franz.⟩ (Umriss; Schattenriss, Scherenschnitt); **sil|hou|et|tie|ren** (veraltend)
Si|li|cat vgl. Silikat
Si|li|ci|um vgl. Silizium
Si|li|con vgl. Silikon
Si|li|con Val|ley ['sɪlɪkn 'veli], das; - -[s] (Zentrum der amerik. Elektronik- u. Computerbranche bei San Francisco)
si|lie|ren ⟨span.⟩ (im Silo einlagern)
Si|li|fi|ka|ti|on, die; -, -en ⟨lat.⟩ (Geol. Verkieselung); **si|li|fi|zie|ren**
Si|li|kat, fachspr. **Si|li|cat**, das; -[e]s, -e (Chemie Salz der Kieselsäure)
Si|li|kon, fachspr. **Si|li|con**, das; -s, -e (sehr wärme- u. wasserbeständiger Kunststoff)
Si|li|kon|bu|sen; **Si|li|kon|im|plan|tat**; **Si|li|kon|kis|sen**
Si|li|ko|se, die; -, -n (Med. Steinstaublunge)
Si|li|zi|um, fachspr. **Si|li|ci|um**, das; -s ⟨lat.⟩ (chemisches Element, Nichtmetall; Zeichen Si)
Sil|ke (w. Vorn.)
Sil|len Plur. ⟨griech.⟩ (altgriechische parodistische Spottgedichte auf Dichter u. a.)
Si|lo, der od. das; -s, -s ⟨span.⟩ (Großspeicher [für Getreide, Erz u. a.]; Gärfutterbehälter)
Si|lo|fut|ter; **Si|lo|turm**

Silhouette
Das Wort geht auf den Namen eines französischen Politikers zurück. Es hat seine französische Schreibweise im Deutschen behalten.

Si|lur, das; -s (Geol. eine Formation des Paläozoikums)
Si|lu|rer (Angehöriger eines vor-

kelt. Volksstammes in Wales); **Si|lu|re|rin**
si|lu|risch (die Silurer betreffend; Geol. das Silur betreffend; im Silur entstanden)
Sil|van, **Sil|va|nus** (m. Vorn.)
Sil|va|ner (eine Reb- u. Weinsorte)
¹**Sil|ves|ter** (m. Vorn.)
²**Sil|ves|ter**, der, auch das; -s, - meist ohne Artikel ⟨nach Papst Silvester I.⟩ (letzter Tag im Jahr)
Sil|ves|ter|abend; **Sil|ves|ter|ball** vgl. ²Ball; **Sil|ves|ter|fei|er**; **Sil|ves|ter|kon|zert**; **Sil|ves|ter|nacht**; **Sil|ves|ter|par|ty**
Sil|via (w. Vorn.)
Sil|vret|ta, **Sil|vret|ta|grup|pe**, **Sil|vret|ta-Grup|pe**, die; - (Gebirgsgruppe der Zentralalpen); **Sil|vret|ta-Hoch|al|pen|stra|ße**, die; -
¹**Si|ma**, die; -, Plur. -s u. ...men ⟨griech.⟩ (Archit. Traufrinne antiker Tempel)
²**Si|ma**, das; -[s] ⟨nlat.⟩ (Geol. unterer Teil der Erdkruste)
Si|mandl, das; -s, -[n] ⟨eigtl. Mann, der durch eine »Sie« beherrscht wird⟩ (bayr. u. österr. ugs. für Pantoffelheld)
Sim|bab|we (Staat in Afrika); **Sim|bab|wer**; **Sim|bab|we|rin**; **sim|bab|wisch**
Si|me|on (bibl. m. Eigenn. u. Vorn.)
Si|mi|li|stein ⟨lat.; dt.⟩ (unechter Schmuckstein)
SIM-Kar|te ⟨zu engl. Subscriber Identification Module⟩ (Speicherchip von Mobiltelefonen)
Sim|men|tal (schweizerische Landschaft); **Sim|men|ta|ler**; **Sim|men|ta|le|rin**
Sim|mer, das; -s, - (ein altes Getreidemaß)
sim|mern (köcheln); ich simmere
Sim|mer|ring® (eine Antriebswellendichtung)
Si|mon (Apostel; m. Vorn.)
Si|mo|ne (w. Vorn.)
Si|mo|ni|des ⟨griech. Lyriker⟩
Si|mo|nie, die; -, ...ien ⟨nach dem Zauberer Simon⟩ (Kauf od. Verkauf von geistlichen Ämtern)
si|mo|nisch (nach Art Simons)
sim|pel ⟨franz.⟩ (einfach, einfältig); sim|p|le Frage; **Sim|pel**, der; -s, - (landsch. für Dummkopf)
Sim|plex, das; -, Plur. -e u. ...plizia ⟨lat.⟩ (Sprachwiss. einfaches, nicht zusammengesetztes Wort)
Sim|p|li|cis|si|mus, Sim|p|li|zis|si|mus, der; - ⟨nlat.⟩ (Titel[held]

eines Romans von Grimmelshausen; frühere polit.-satir. deutsche Wochenschrift)
Sim|p|li|fi|ka|ti|on, die; -, -en (seltener für Simplifizierung)
sim|p|li|fi|zie|ren ⟨lat.⟩ (in einfacher Weise darstellen; vereinfachen); **Sim|p|li|fi|zie|rung**
Sim|p|li|zia (Plur. von Simplex)
Sim|p|li|zis|si|mus vgl. Simplicissimus
Sim|p|li|zi|tät, die; -, -en (Einfachheit, Schlichtheit)
Sim|p|lon, der; -s, **Sim|p|lon|pass**, der; -es, **Sim|p|lon-Pass**, der; -es; **Sim|p|lon|stra|ße**, **Sim|p|lon-Stra|ße**, die; -; **Sim|p|lon|tun|nel**, **Sim|p|lon-Tun|nel**, der; -s
Sims, der od. das; -es, -e ⟨lat.⟩ (waagerechter [Wand]vorsprung; Leiste)
Sim|sa|la|bim (Zauberwort)
Sim|se, die; -, -n (ein Riedgras; landsch. für Binse)
sim|sen (ugs. für eine SMS versenden); du simst, hast gesimst; **Sim|ser**; **Sim|se|rin**
Sims|ho|bel
Sim|son, seltener Sam|son (bibl. m. Eigenn.)
Si|mu|lant, der; -en, -en ⟨lat.⟩ (jmd., der eine Krankheit vortäuscht); **Si|mu|lan|tin**
Si|mu|la|ti|on, die; -, -en ⟨lat.⟩ (Vortäuschung; Nachahmung im Simulator o. Ä.)
Si|mu|la|tor, der; -s, ...oren (Gerät, in dem bestimmte Bedingungen u. [Lebens]verhältnisse realistisch herstellbar sind)
si|mu|lie|ren ⟨lat.⟩ (vorgeben; sich verstellen; übungshalber im Simulator o. Ä. nachahmen)
si|mul|tan ⟨lat.⟩ (gleichzeitig)
Si|mul|tan|büh|ne (Theater)
Si|mul|tan|dol|met|schen, das; -s; **Si|mul|tan|dol|met|scher**; **Si|mul|tan|dol|met|sche|rin**
Si|mul|ta|nei|tät, **Si|mul|ta|ni|tät**, die; -, -en (fachspr. für Gemeinsamkeit, Gleichzeitigkeit)
Si|mul|tan|kir|che (Kirchengebäude für mehrere Bekenntnisse); **Si|mul|tan|schu|le** (Gemeinschaftsschule); **Si|mul|tan|spiel** (Schachspiel gegen mehrere Gegner gleichzeitig)
sin = Sinus
Si|nai [...nai], der; -[s] (Gebirgsmassiv auf der gleichnamigen ägyptischen Halbinsel)
Si|nai|ge|bir|ge, **Si|nai-Ge|bir|ge**,

das; -s; **Si|nai|halb|in|sel**, Si-nai-Halb|in|sel, die; -
Si|n|an|th|ro|pus, der; -, ...pi ⟨griech.⟩ (*Anthropol.* Peking-mensch)
Si|na|t|ra, Frank [freŋk] (amerik. Sänger u. Filmschauspieler)
Si|nau, der; -s, -e (Frauenmantel, eine Pflanze)
si|ne an|no ⟨lat., »ohne [Angabe des] Jahr[es]«⟩ (veralteter Hinweis bei Buchtitelangaben; *Abk.* s. a.)
si|ne i|ra et stu|dio [- - - st...] ⟨»ohne Zorn u. Eifer«⟩ (sachlich)
Si|ne|ku|re, die; -, -n ⟨lat.⟩ (müheloses Amt; Pfründe)
si|ne lo|co ⟨lat., »ohne [Angabe des] Ort[es]«⟩ (veralteter Hinweis bei Angaben von Buchtiteln; *Abk.* s. l.); si|ne lo|co et an|no ⟨»ohne [Angabe des] Ort[es] u. [des] Jahr[es]«⟩ (veralteter Hinweis bei Angaben von Buchtiteln; *Abk.* s. l. e. a.)
si|ne tem|po|re [- - ...re] ⟨ohne akademisches Viertel, pünktlich; *Abk.* s. t.⟩; *vgl.* cum tempore
Sin|fo|nie, die; -, ...ien ⟨griech.⟩ (groß angelegtes Orchesterwerk in meist vier Sätzen)
Sin|fo|nie|kon|zert, Sym|pho|nie|kon|zert; Sin|fo|nie|or|ches|ter, Sym|pho|nie|or|ches|ter
Sin|fo|ni|et|ta, die; -, ...tten ⟨ital.⟩ (kleine Sinfonie)
Sin|fo|ni|ker, Sym|pho|ni|ker (Verfasser von Sinfonien; *nur Plur.*: Mitglieder eines Sinfonieorchesters); Sin|fo|ni|ke|rin, Sympho|ni|ke|rin
sin|fo|nisch, sym|pho|nisch (sinfonieartig); sinfonische, symphonische Dichtung
Sing. = Singular
Sing|aka|de|mie
Sin|ga|pur [*auch* ...'puːɐ̯] (Staat u. Stadt an der Südspitze der Halbinsel Malakka); Sin|ga|pu|rer; Sin|ga|pu|re|rin; sin|ga|pu|risch
sing|bar; Sing|dros|sel
Sin|ge|grup|pe (DDR)
sin|gen; du sangst; du sängest; gesungen; sing[e]!; die **Singende** *od.* singende Säge (ein Musikinstrument) ↑D 89; Sin|gen (Ho|hen|twiel) (Stadt im Hegau)
Sin|ge|ner; Sin|ge|ne|rin
Sin|ge|rei (ugs.)
Sin|ger-Song|wri|ter ['sɪŋɐˈsɔŋ-raɪ̯tɐ] ⟨engl.⟩ (jmd., der selbst

geschriebene Lieder singt); Singer-Song|wri|te|rin
Sing|ha|le|se [zɪŋɡa...], der; -n, -n (Angehöriger eines indischen Volkes auf Sri Lanka); Sing|ha|le|sin; sing|ha|le|sisch
Sing|kreis (kleinerer Chor)
sin|gle [...ŋl] (alleinstehend); wir sind alle jung und single
¹Sin|gle [...ŋl], das; -[s], -s ⟨engl.⟩ (Einzelspiel [im Tennis o. Ä.])
²Sin|gle, die; -, -s (kleine Schallplatte)
³Sin|gle, der; -[s], -s (alleinstehender Mensch); Sin|g|le|treff, der (ugs.)
Sing|grün, das; -s, -[e] (Immergrün)
Sing|sang, der; -[e]s (ugs.)
Sing|schwan
Sing-Sing, das; -[s], -s ⟨Staatsgefängnis von New York bei der Industriestadt Ossining (*früher* Sing Sing)⟩ (ugs. *für* Gefängnis)
Sing|spiel; Sing|stim|me; Sing|stun|de
Sin|gu|lar, der; -s, -e ⟨lat.⟩ (*Sprachwiss.* Einzahl; *Abk.* Sing.)
sin|gu|lär (vereinzelt; selten)
Sin|gu|la|re|tan|tum, das; -s, *Plur.* -s *u.* Singulariatantum (*Sprachwiss.* nur im Singular vorkommendes Wort, z. B. »das All«)
Sin|gu|lar|form; sin|gu|la|risch (im Singular [gebraucht])
Sin|gu|la|ris|mus, der; - (*Philos.*)
Sin|gu|la|ri|tät, die; -, -en *meist Plur.* (vereinzelte Erscheinung; Besonderheit)
Sing|vo|gel; Sing|wei|se, die
si|nis|ter ⟨lat.⟩ (*selten für* unheilvoll); sinist[e]re Pläne
sin|ken; er/sie/es sinkt; ich sank, du sankst; du sänkest; gesunken; sink[e]!; sinkende Unfallzahlen
Sink|flug (*Flugw.*)
Sink|kas|ten (bei Abwasseranlagen); Sink|stoff (Substanz, die sich im Wasser absetzt)
Sinn, der; -[e]s, -e; bei, von Sinnen sein
sinn|be|to|nend; *aber* das gegen den Sinn betonende Ablesen von Texten
sinn|be|tö|rend (geh.)
Sinn|bild; sinn|bild|lich
sin|nen; du sannst; du sännest, *veraltet* sönnest; gesonnen; sinn[e]!; *vgl.* gesinnt *u.* gesonnen
sin|nen|froh
Sin|nen|lust, die; -; Sin|nen|mensch; Sin|nen|rausch, der; -[e]s; Sin|nen|reiz

sinn|ent|leert; sinn|ent|stel|lend
Sin|nen|welt, die; -
sinn|er|füllt; ein sinnerfülltes Leben
Sinn|er|gän|zung (*Sprachwiss.*)
Sin|nes|än|de|rung; Sin|nes|art
sin|nes|be|hin|dert (*bes. österr. Päd.* im Gehör- od. Sehsinn behindert); Sin|nes|be|hin|der|te, der *u.* die; -n, -n
Sin|nes|ein|druck; Sin|nes|or|gan
Sin|nes|reiz (*Biol.* Reiz, der auf ein Sinnesorgan einwirkt)
Sin|nes|stö|rung; Sin|nes|täu|schung; Sin|nes|wahr|neh|mung; Sin|nes|wan|del; Sin|nes|zel|le *meist Plur.* (*Anat., Zool.*)
sinn|fäl|lig; Sinn|fäl|lig|keit, die; -
Sinn|fra|ge (Frage nach dem Sinn, bes. des menschlichen Daseins)
sinn|frei (ohne Sinn)
Sinn|ge|bung; Sinn|ge|dicht; Sinn|ge|halt, der
sinn|ge|mäß; sinn|haft (geh. *für* sinnvoll); Sinn|haf|tig|keit, die; -
sin|nie|ren (ugs. *für* in Nachdenken versunken sein); Sin|nie|rer; Sin|nie|re|rin
sin|nig (*meist iron. für* sinnvoll; *veraltet für* nachdenklich); sin|ni|ger|wei|se; Sin|nig|keit
Sinn|kri|se
sinn|lich; Sinn|lich|keit
sinn|los; Sinn|lo|sig|keit
sinn|reich; Sinn|spruch
sinn|stif|tend, Sinn stiftend ↑D 58
Sinn|su|che
sinn|ver|wandt; sinn|ver|wir|rend; sinn|voll
sinn|wid|rig; Sinn|wid|rig|keit
Sinn|zu|sam|men|hang
Si|no|lo|ge, der; -n, -n; Si|no|lo|gie, die; - ⟨griech.⟩ (Chinakunde); Si|no|lo|gin; si|no|lo|gisch
sin|te|mal (*veraltet für* da, weil)
Sin|ter, der; -s, - (*mineral.* Ablagerung aus Quellen); Sin|ter|glas, das; -es; sin|tern ([durch]sickern; Sinter bilden; *Technik* durch Erhitzen zusammenbacken lassen); Sin|ter|ter|ras|se
Sint|flut ⟨»umfassende Flut«⟩ (A. T.); *vgl.* Sündflut; sint|flut|ar|tig
Sin|ti|za, Sin|te|za, die; -, -s ⟨Romani⟩ (weiblicher Sinto)
Sin|to, der; -, ...ti *meist Plur.* (das als diskriminierend empfundene Wort »Zigeuner« ersetzende Selbstbezeichnung für einen in Deutschland lebenden Angehörigen der Gruppe; *vgl.* ²Rom)
Si|nus, der; -, *Plur. - u.* -se ⟨lat.⟩

Sinusitis

(*Med.* Ausbuchtung, Hohlraum; *Math.* eine Winkelfunktion im rechtwinkligen Dreieck, Zeichen sin)

Si|nu|si|tis, die; -, ...itiden (*Med.* Entzündung der Nasennebenhöhlen)

Si|nus|kur|ve (*Math.*); Si|nusschwin|gung (*Physik*)

Si|on vgl. Zion

Si|oux ['ziːʊks, *engl.* suː], der *u.* die; -, - (Angehörige[r] einer Sprachfamilie der nordamerik. Indianer)

Si|pho, der; -s, ...onen (griech.) (*Zool.* Atemröhre von Schnecken, Muscheln u. a.)

Si|phon [...fõ, *österr.* ziˈfoːn], der, *auch* das; -s, -s (Geruchsverschluss bei Wasserausgüssen; Getränkegefäß, bei dem die Flüssigkeit durch Kohlensäure herausgedrückt wird)

Si|pho|no|pho|re, die; -, -n *meist Plur.* (griech.) (*Zool.* Staats- od. Röhrenqualle)

Si|phon|ver|schluss (Geruchsverschluss)

Sip|pe, die; -, -n

Sip|pen|haft; Sip|pen|haf|tung

Sip|pen|ver|band (*Völkerkunde*)

Sipp|schaft (*abwertend für* Verwandtschaft; Gesindel)

Sir [sœːɐ̯], der; -s, -s (engl.) (*engl.* Anrede [ohne Namen] »Herr«; *vor Vorn.* engl. Adelstitel)

Si|rach (bibl. m. Eigenn.); *vgl.* Jesus Sirach

Sire [siːr] (franz.) (franz. Anrede an einen Monarchen)

Si|re|ne, die; -, -n (griech., nach den Fabelwesen der griech. Sage) (Nebelhorn, Warngerät; verführerische Frau; *Zool.* Seekuh); Si|re|nen|alarm; Si|re|nen|ge|heul; Si|re|nen|ge|sang

si|re|nen|haft (verführerisch)

Si|re|nen|pro|be

Si|ri|us, der; - (griech.) (ein Stern); si|ri|us|fern (*geh.*)

Sir|rah, die; - (arab.) (ein Stern)

sir|ren (hell klingen, surren)

Sir|ta|ki, der; -[s], -s (griech.) (ein griechischer Volkstanz)

Si|rup, der; -s, -e *od.* -s (arab.) (dickflüssiger Rüben- od. Obstsaft); si|rup|ähn|lich

Si|sal, der; -s (nach der mexik. Stadt); Si|sal|aga|ve; Si|sal|hanf (Faser aus Agavenblättern; Si|sal|läu|fer

sis|tie|ren (lat.) ([Verfahren] einstellen; *bes. Rechtsspr.* jmdn.

zur Feststellung seiner Personalien auf die Polizeiwache bringen); Sis|tie|rung

Sis|t|rum, das; -s, Sistren (griech.) (altägyptische Rassel)

Si|sy|phos (griech.), Si|sy|phus (Gestalt der griechischen Sage)

Si|sy|phus|ar|beit ↑ D 136 (vergebliche Arbeit)

Si|tar, die; -, -[s], *selten*: der; -[s], -[s] (iran.) (indische Laute)

Sit|com, die; -, -s (engl.) (Situationskomödie)

Site [saɪt], die; -, -s (engl.) (*EDV* Website)

Sit-in, Sit|in [sɪtˈlɪn], das; -[s], -s (amerik.) (Sitzstreik)

Sit|te, die; -, -n

Sit|ten (Hauptstadt des Kantons Wallis)

Sit|ten|bild

Sit|ten|co|dex vgl. Sittenkodex

Sit|ten|de|zer|nat; Sit|ten|ge|mäl|de; Sit|ten|ge|schich|te

Sit|ten|ko|dex, Sit|ten|co|dex

Sit|ten|ko|mö|die; Sit|ten|leh|re

sit|ten|los; Sit|ten|lo|sig|keit, die; -

Sit|ten|po|li|zei

Sit|ten|rich|ter; Sit|ten|rich|te|rin

Sit|ten|schil|de|rung

sit|ten|streng; Sit|ten|stren|ge

Sit|ten|strolch

Sit|ten|ver|derb|nis (*geh.*); Sit|ten|ver|fall

sit|ten|wid|rig; Sit|ten|wid|rig|keit

Sit|tich, der; -s, -e (ein Papagei)

sitt|lich; Sitt|lich|keit

Sitt|lich|keits|de|likt

Sitt|lich|keits|ver|bre|chen; Sitt|lich|keits|ver|bre|cher; Sitt|lich|keits|ver|bre|che|rin

sitt|sam (veraltend); Sitt|sam|keit, die; -

Si|tu|a|ti|on, die; -, -en (lat.); si|tu|a|ti|ons|be|dingt

Si|tu|a|ti|ons|ko|mik

Si|tu|a|ti|ons|ko|mö|die

si|tu|a|ti|ons|spe|zi|fisch

si|tu|a|tiv (durch die Situation bedingt)

si|tu|ie|ren (franz.) (in einen Zusammenhang stellen; einbetten)

si|tu|iert (in bestimmten [wirtschaftlichen] Verhältnissen lebend); sie ist besser situiert als er

Si|tu|la, die; -, ...ulen (lat.) (bronzezeitlicher Eimer)

Si|tus, der; -, - (lat.) (*Med.* Lage [von Organen]); *vgl.* in situ

sit ve|nia ver|bo (lat.) (man verzeihe das Wort!; *Abk.* s. v. v.)

Sitz, der; -es, -e

Sitz|bad; Sitz|ba|de|wan|ne

Sitz|bank *Plur.* ...bänke

Sitz|blo|cka|de; Sitz|ecke

sit|zen *s. Kasten Seite 1025*

sit|zen blei|ben, sit|zen|blei|ben *vgl.* sitzen; Sit|zen|blei|ber; Sit|zen|blei|be|rin

sit|zend; sitzende Tätigkeit

sit|zen las|sen, sit|zen|las|sen *vgl.* sitzen

...sit|zer (z. B. Zweisitzer)

Sitz|fal|te; Sitz|flä|che

Sitz|fleisch, das; -[e]s (*ugs. scherzh. für* Ausdauer)

Sitz|ge|le|gen|heit

Sitz|grup|pe

...sit|zig (z. B. viersitzig)

Sitz|kis|sen; Sitz|mö|bel

Sitz|nach|bar; Sitz|ord|nung

Sitz|pink|ler (*ugs.*); Sitz|pink|le|rin (*ugs. scherzh.*)

Sitz|platz; Sitz|po|si|ti|on; Sitz|rei|he

Sitz|rie|se (*ugs. scherzh. für* jmd. mit kurzen Beinen u. langem Oberkörper); Sitz|rie|sin

Sitz|sack (aus einer mit kleinen Kügelchen aus Styropor o. Ä. gefüllten Hülle bestehendes Sitzmöbel)

Sitz|stan|ge; Sitz|streik

Sit|zung

Sit|zungs|be|richt; Sit|zungs|geld (*Politik*); Sit|zungs|pro|to|koll; Sit|zungs|saal; Sit|zungs|zim|mer

Sitz|ver|tei|lung (in einem Parlament o. Ä.)

Six|pack [...pɛk], das *od.* der; -s, -s (engl. Bez. für Sechserpackung)

Six|ti|na, die; - (nach Papst Sixtus IV.) (Kapelle im Vatikan); six|ti|nisch; *aber* ↑ D 150: Sixtinische Kapelle, Sixtinische Madonna

Si|zi|li|a|ne, die; -, -n (ital.) (eine Versform)

Si|zi|li|a|ner, Si|zi|li|er (Bewohner von Sizilien); Si|zi|li|a|ne|rin, Si|zi|li|e|rin; si|zi|li|a|nisch, si|zi|lisch; *aber* ↑ D 151: Sizilianische Vesper (Volksaufstand in Palermo während der Ostermontagsvesper 1282)

Si|zi|li|en (süditalienische Insel)

Si|zi|li|er usw. *vgl.* Sizilianer usw.

SJ = Societatis Jesu (lat., »von der Gesellschaft Jesu«) (Jesuit)

SK = Segerkegel

Ska, der; -[s] (jamaikanischer Musikstil)

Ska|bi|es, die; - (lat.) (*Med.* Krätze); ska|bi|ös

Ska|bi|o|se, die; -, -n (eine Wiesenblume)

Skelet

sit|zen
- du sitzt (*bes. schweiz. auch* sitzest)
- er/sie/es sitzt
- du saßest; er/sie/es saß
- ich meinte, du säßest bereits
- gesessen; sitz[e]!
- ich habe (*südd., österr., schweiz.:* bin) gesessen
- einen sitzen haben (*ugs. für* betrunken sein)
- ich bin noch nicht zum Sitzen gekommen ↑D 82

Man schreibt »sitzen« in wörtlicher Bedeutung getrennt vom folgenden »bleiben« oder »lassen« ↑D 55:
- ich will jetzt hier sitzen bleiben
- wir sind auf der Bank sitzen geblieben
- er hätte das Kind ruhig sitzen lassen können

Bei übertragener Bedeutung kann getrennt oder zusammengeschrieben werden ↑D 55:
- sie ist sitzen geblieben *od.* sitzengeblieben (*ugs. für* ist in der Schule nicht versetzt worden)
- wir sind auf den Blumen sitzen geblieben *od.* sitzengeblieben (*ugs. für* haben sie nicht verkaufen können)

- ich habe den Vorwurf nicht auf mir sitzen lassen *od.* sitzenlassen (nicht unwidersprochen gelassen)
- die Lehrer haben ihn sitzen lassen *od.* sitzenlassen (*ugs. für* in der Schule nicht versetzt)
- ich habe ihn sitzen lassen, *seltener* sitzen gelassen *od.* sitzenlassen, *seltener* sitzengelassen (*ugs. für* im Stich gelassen), als er meine Hilfe brauchte

---

Ska|ger|rak, das *od.* der; -s (Meeresteil zwischen Norwegen u. Jütland)
skål! [sko:l] ⟨skand.⟩ (*skand. für* prost!, zum Wohl!)
Ska|la, die; -, *Plur.* ...len, *selten* -s ⟨ital., »Treppe«⟩ (Maßeinteilung [an Messgeräten]; Stufenfolge; *vgl.* Skale *u.* Scala; **Ska|la|hö|he**
ska|lar (*Math.* durch reelle Zahlen bestimmt); **Ska|lar**, der; -s, -e (*Math.* durch einen reellen Zahlenwert bestimmte Größe; *Zool.* ein Buntbarsch)
Skal|de, der; -n, -n ⟨altnord.⟩ (altnordischer Dichter u. Sänger); **Skal|den|dich|tung**; **Skal|din**; **skal|disch**
Ska|le, die; -, -n (*in der Bedeutung* »Maßeinteilung« *bes. fachspr. für* Skala); **Ska|len|ef|fekt** (*Wirtsch.* Rückgang der Stückkosten durch Erhöhung der Produktionsmenge); **Ska|len|zeiger**
ska|lie|ren (in eine Skala einstufen); **Ska|lie|rung**
Skalp, der; -s, -e ⟨engl.⟩ (früher abgezogene behaarte Kopfhaut des Gegners als Siegeszeichen)
Skal|pell, das; -s, -e ⟨lat.⟩ (kleines chirurgisches Messer)
skal|pie|ren (den Skalp nehmen)
Skan|dal, der; -s, -e ⟨griech.⟩; **Skan|dal|au|tor**; **Skan|dal|au|to|rin**; **skan|dal|frei**; **Skan|dal|ge|schich|te**
skan|da|li|sie|ren (Anstoß nehmen); sich über etw. skandalisieren; **Skan|da|li|sie|rung** (absichtliche Herbeiführung eines Skandals)
Skan|dal|nu|del (*ugs.*)
skan|da|lös (anstößig; unerhört)
Skan|dal|pres|se, die; -
skan|dal|süch|tig; **skan|dal|träch|tig**; **skan|dal|um|wit|tert**
skan|die|ren ⟨lat.⟩ (taktmäßig nach Versfüßen lesen; rhythmisch sprechen, rufen)
Skan|di|na|vi|en
Skan|di|na|vi|er; **Skan|di|na|vi|e|rin**
skan|di|na|visch; *aber* ↑D 140: die Skandinavische Halbinsel
Ska|po|lith, der; *Gen.* -s *od.* -en, *Plur.* -e[n] ⟨lat.; griech.⟩ (ein Mineral)
Ska|pu|lier, das; -s, -e ⟨lat.⟩ (bei der Mönchstracht Überwurf über Brust u. Rücken)
Ska|ra|bä|en|gem|me
Ska|ra|bä|us, der; -, ...äen ⟨griech.⟩ (Pillendreher, Mistkäfer des Mittelmeergebietes; dessen Nachbildung als Siegel, als Amulett [im alten Ägypten])
Ska|ra|muz, der; -[es], -e ⟨ital.⟩ (Figur des prahlerischen Soldaten im franz. u. ital. Lustspiel)
Skarn, der; -s, -e ⟨schwed.⟩ ⟨*Geol.* vorwiegend aus Kalk-Eisen-Silikaten bestehendes Gestein⟩
skar|tie|ren ⟨ital.⟩ (*österr. Amtsspr. für* alte Akten aussortieren)
Skat, der; -[e]s, *Plur.* -e u. -s (*nur Sing.:* ein Kartenspiel; zwei verdeckt liegende Karten beim Skatspiel)
Skat|abend; **Skat|bru|der** (*ugs.*)
Skate|board ['skɛɪt...], das; -s, -s ⟨engl.⟩ (Rollerbrett); **Skate|boar|der** (Skateboardfahrer); **Skate|boar|de|rin**
¹**ska|ten** (*ugs. für* Skat spielen)
²**ska|ten** ['skɛɪtn̩] ⟨engl.⟩ (Rollschuh laufen); **Skate|night** ['skɛɪtnaɪt], die; -, -s ⟨engl.⟩ (nächtliche Veranstaltung für Inlineskater in [größeren] Städten)
Skate|park ['skɛɪt...] (größere Anlage zum Skateboardfahren)
¹**Ska|ter** (*ugs. für* Skatspieler)
²**Ska|ter** ['skɛɪtɐ] ⟨engl.⟩ (Rollschuhläufer, Skateboardfahrer); **Ska|ter|an|la|ge**
¹**Ska|te|rin**
²**Ska|te|rin** ['skɛɪtə...]
Ska|ter|park ['skɛɪtɐ...] (Anlage für ²Skater)
Skat|freund; **Skat|freun|din**
Skat|ge|richt, das; -[e]s (in Altenburg)
Ska|ting ['skɛɪt...], das; -s (das Rollschuhlaufen mit Inlineskates)
Skat|kar|te
Skat|ol, das; -s ⟨griech.; lat.⟩ (eine chemische Verbindung)
Ska|to|pha|ge usw. *vgl.* Koprophage usw.
Skat|par|tie; **Skat|run|de**; **Skat|spiel**; **Skat|spie|ler**; **Skat|spie|le|rin**; **Skat|tur|nier**
Skeet|schie|ßen ['ski:t...], das; -s ⟨engl.; dt.⟩ (Wurftaubenschießen mit Schrotgewehren)
Ske|let ⟨griech.⟩ (teilweise noch in

Skeleton

der Med. gebrauchte Nebenform von Skelett)

Ske|le|ton [...tn̩], der; -s, -s ⟨engl.⟩ (niedriger Sporttrennschlitten)

Ske|lett, das; -[e]s, -e ⟨griech.⟩ (Knochengerüst, Gerippe; tragendes Grundgerüst)

Ske|lett|bau Plur. ...bauten (Gerüst-, Gerippebau); **Ske|lett|bau|wei|se**, die; -; **Ske|lett|bo|den** (Geol.)

Ske|lett|bürs|te (eine Haarbürste mit weit auseinanderstehenden Borsten); **Ske|lett|form**

ske|let|tie|ren (das Skelett bloßlegen)

Skep|sis, die; - ⟨griech.⟩ (Zweifel, kritisch prüfende Haltung)

Skep|ti|ker (Zweifler; Vertreter des Skeptizismus); **Skep|ti|ke|rin**

skep|tisch (zweifelnd; misstrauisch; kühl u. streng prüfend)

Skep|ti|zis|mus, der; - (Zweifel [an der Möglichkeit sicheren Wissens]; skeptische Haltung)

Sketch [skɛtʃ], der; -[e]s, -e ⟨engl.; »Skizze«⟩ (kurze, effektvolle Bühnenszene im Kabarett od. Varieté)

Ski [ʃiː], Schi, der; -s, Plur. - auch -er ⟨norw.⟩; Ski alpin, Ski nordisch; ↑D54: Ski fahren, Ski laufen; aber jmdm. das Skifahren, Skilaufen beibringen; Ski und eislaufen, eis- und Ski laufen; aber das Ski- und Eislaufen, das Eis- und Skilaufen; Ski Heil! (Skiläufergruß)

Skia|gra|fie, Skia|gra|phie, die; -, ...ien ⟨griech.⟩ (antike Schattenmalerei)

Ski|ak|ro|ba|tik, Schi|ak|ro|ba|tik

Ski|a|s|ko|pie, die; -, ...ien ⟨griech.⟩ (Med. Verfahren zur Feststellung von Brechungsfehlern des Auges)

Ski|ath|lon (eine Wintersportdisziplin)

Ski|bob, Schi|bob (lenkbarer, einkufiger Schlitten)

Ski|cross, Schi|cross (Wettkampf für vier gleichzeitig startende Skifahrer)

Ski|fah|ren, Schi|fah|ren, das; -s; vgl. Ski

Ski|fah|rer, Schi|fah|rer; **Ski|fah|re|rin**, Schi|fah|re|rin

Skiff, das; -[e]s, -e u. -s ⟨engl.⟩ (Sport nord. Einmannruderboot)

Ski|flie|gen, Schi|flie|gen, das; -s;

Ski|flug, Schi|flug

Ski|frei|zeit, Schi|frei|zeit

Ski|ge|biet, Schi|ge|biet

Ski|gym|nas|tik, Schi|gym|nas|tik

Ski|ha|serl, Schi|ha|serl, das; -s, -[n]; vgl. Pickerl (ugs. für junge Anfängerin im Skilaufen)

Ski|jö|ring, **Ski|kjö|ring** [...jø:...], Schi|jö|ring, Schi|kjö|ring [...jø:...], das; -s, -s ⟨norw.⟩ (Skilauf mit Pferde- od. Motorradvorspann)

Ski|kurs, Schi|kurs

Ski|lang|lauf, Schi|lang|lauf

Ski|lauf, Schi|lauf; **Ski|lau|fen**, Schi|lau|fen, das; -s

Ski|läu|fer, Schi|läu|fer; **Ski|läu|fe|rin**, Schi|läu|fe|rin

Ski|leh|rer, Schi|leh|rer; **Ski|leh|re|rin**, Schi|leh|re|rin

Ski|lift, Schi|lift

Skim|ming, das; -s ⟨engl.⟩ (EDV eine Technik des Kreditkartenbetrugs)

Skin, der; -s, -s (kurz für Skinhead); **Skin|head** [...hɛt], der; -s, -s ⟨engl.⟩ ([zu Gewalttätigkeit neigender] Jugendlicher mit kahl geschorenem Kopf)

Skink, der; -[e]s, -e ⟨griech.⟩ (Glatt- od. Wühlechse)

Skip, der; -s, -s ⟨engl.⟩ (Mannschaftsführer beim Curling)

Ski|pass, Schi|pass

Ski|pis|te, Schi|pis|te

Skip|per ⟨engl.⟩ (Kapitän einer [Segel]jacht); **Skip|pe|rin**

Ski|ren|nen, Schi|ren|nen

Ski|rol|ler, Schi|rol|ler (dem Ski ähnliches Sportgerät mit Rollen)

Ski|sport, Schi|sport

Ski|sprin|gen, Schi|sprin|gen, das; -s, -; **Ski|sprin|ger**, Schi|springer; **Ski|sprin|ge|rin**, Schi|sprin|ge|rin; **Ski|sprung**, Schi|sprung

Ski|spur, Schi|spur

Ski|stie|fel, Schi|stie|fel; **Ski|stock**, Schi|stock Plur. ...stöcke

Ski|un|fall, Schi|un|fall

Ski|ur|laub, Schi|ur|laub

Ski|wachs, Schi|wachs

Ski|wan|dern, Schi|wan|dern, das; -s; **Ski|was|ser**, Schi|was|ser, das; -s (ein Getränk)

Ski|zir|kus, Schi|zir|kus (System von Skiliften; alpine Skirennen mit den dazugehörenden Veranstaltungen)

Skiz|ze, die; -, -n ⟨ital.⟩; **Skiz|zen|block** vgl. Block; **Skiz|zen|buch**

skiz|zen|haft

skiz|zie|ren (entwerfen; andeuten)

Skiz|zier|pa|pier; **Skiz|zie|rung**

Skla|ve, der; -n, -n ⟨slaw.⟩ (unfreier, rechtloser Mensch)

Skla|ven|ar|beit; **Skla|ven|han|del**

Skla|ven|tum, das; -s; **Skla|ve|rei**

Skla|vin; **skla|visch**

Skle|ra, die; -, ...ren ⟨griech.⟩ (Med. Lederhaut des Auges)

Skle|ri|tis, die; -, ...itiden (Entzündung der Lederhaut des Auges)

Skle|ro|der|mie, die; -, ...ien (krankhafte Hautverhärtung)

Skle|ro|me|ter, das; -s, - (Härtemesser [bei Kristallen])

Skle|ro|se, die; -, -n (Med. krankhafte Verhärtung von Geweben u. Organen); **skle|ro|tisch**

Sko|li|on, das; -s, ...ien ⟨griech.⟩ (altgriechisches Tischlied, Einzelgesang beim Gelage)

Sko|li|o|se, die; -, -n (Med. seitliche Verkrümmung der Wirbelsäule)

Sko|lo|pen|der, der; -s, - ⟨griech.⟩ (tropischer Tausendfüßer)

skon|tie|ren ⟨ital.⟩ (Wirtsch. Skonto gewähren); **Skon|to**, der od. das; -s, Plur. ...ti, seltener -s ⟨[Zahlungs]abzug, Nachlass [bei Barzahlung])

Skon|t|ra|ti|on, die; -, -en ⟨ital.⟩ (Wirtsch. Fortschreibung, Bestandsermittlung von Waren durch Eintragung der Zu- u. Abgänge); **skon|t|rie|ren**

Skon|t|ro, das; -s, -s (Nebenbuch der Buchhaltung zur täglichen Ermittlung von Bestandsmengen); **Skon|t|ro|buch**

Skoo|ter [ˈskuː...], der; -s, - ⟨engl.⟩ ([elektrisches] Kleinauto auf Jahrmärkten)

Skop, der; -s, -s ⟨angelsächs.⟩ (früher Dichter u. Sänger in der Gefolgschaft angelsächs. Fürsten)

Skop|je (Hauptstadt von ²Mazedonien)

Skop|ze, der; -n, -n ⟨russ.⟩ (Angehöriger einer russischen Sekte des 19. Jh.s); **Skop|zin**

Skor|but, der; -[e]s ⟨mlat.⟩ (Med. Krankheit durch Mangel an Vitamin C); **skor|bu|tisch**

Skor|da|tur vgl. Scordatura

Skore [skɔːɐ̯], das; -s, -s ⟨engl.⟩ (Sport schweiz. svw. Score); **sko|ren** (Sport österr. u. schweiz. neben scoren)

Skor|pi|on, der; -s, -e ⟨griech.⟩ (ein Spinnentier; nur Sing.: ein Sternbild)

Sko|te, der; -n, -n (Angehöriger eines alten irischen Volksstammes in Schottland); **Sko|tin**

Slowfood

Skoltom, das; -s, -e ⟨griech.⟩ (Med. Gesichtsfelddefekt)
skr = schwedische Krone
Skrei, der; -s, -s ⟨norw.⟩ (Kabeljau)
Skrilbent, der; -en, -en ⟨lat.⟩ (veraltend für Schreiberling); **Skrilbenltin**
Skript, das; -[e]s, Plur. -e[n] u. (bes. für Drehbücher:) -s ⟨engl.⟩ (schriftliche Ausarbeitung; Nachschrift einer Hochschulvorlesung; Drehbuch; EDV kleines Programm)
Skriptlgirl, das; -s, -s ⟨engl.⟩ (Mitarbeiterin eines Filmregisseurs, die die Einstellung für jede Aufnahme einträgt)
Skriptlsprache (EDV einfache Programmiersprache)
Skripltum, das; -s, Plur. ...ten u. ...ta ⟨lat.⟩ (älter für Skript)
skripltulral (die Schrift betreffend)
skrolfullös ⟨lat.⟩ (Med. an Skrofulose leidend); **Skrolfullolse**, die; -, -n (Haut- u. Lymphknotenerkrankung bei Kindern)
skroltal ⟨lat.⟩ (Med. zum Skrotum gehörend); **Skroltallbruch**, der; **Skroltum**, das; -s, ...ta (Hodensack)
¹**Skrulpel**, das; -s, - ⟨lat.⟩ (altes Apothekergewicht)
²**Skrulpel**, der; -s, - meist Plur. (Bedenken; Gewissensbiss); **skrulpellos**; **Skrulpelllolsigkeit**
skrulpullös (bildungsspr. für ängstlich; peinlich genau)
Skudlde, die; -, -n (kleinste Hausschafrasse)
Skuld (germ. Mythol. Norne der Zukunft)
Skull, das; -s ⟨engl.⟩ (Ruder); **Skullboot**; **skulllen** (rudern); **Skullller** (Sportruderer); **Skullllelrin**
Skulplteur [...'tø:ɐ̯], der; -s, -e ⟨franz.⟩ (Künstler, der Skulpturen herstellt); **Skulplteulrin**
skulpltielren ⟨lat.⟩ (ausmeißeln)
Skulpltur, die; -, -en (plastisches Bildwerk; nur Sing.: Bildhauerkunst); **skulpltulral** (in der Art, der Form einer Skulptur)
Skulpltulrenlsammllung
¹**Skunk**, der; -s, Plur. -e od. -s (indian.-engl.) (Stinktier)
²**Skunk**, der; -s, -s meist Plur. (Pelz des Stinktiers)
skurlril ⟨etrusk.-lat.⟩ (verschroben, eigenwillig; drollig); **Skurlrilliltät**, die; -, -en
S-Kurlve ['εs...] ↑D 29
Skus, der; -, - ⟨franz.⟩ (Trumpfkarte im Tarockspiel)

Skultalri (albanische Stadt); **Skultalrilsee**, **Skultalri-See**, der; -s
Skylbealmer ['skaɪbi:mɐ], der; -s, - ⟨engl.⟩ (starker Scheinwerfer, der Lichtstrahlen am Nachthimmel aussendet)
Skyelterlriler ['skaɪ...] ⟨engl.⟩ (Hunderasse)
Skyllab ['skaɪlεp] ⟨engl.⟩ (Name einer amerik. Raumstation)
Skyllight ['skaɪlaɪt], das; -s, -s ⟨engl.⟩ (Seemannsspr. Oberlicht)
Skylline ['skaɪlaɪn], die; -, -s (Silhouette einer Großstadt)
Skyllla (griech. Form von Szylla)
skylpen ['skaɪpn̩] ⟨nach der Software Skype⟩ (über das Internet telefonieren); ich skype; geskypt
Skylthe, der; -n, -n (Angehöriger eines alten nordiranischen Reitervolkes); **Skylthilen** (Land); **Skylthin**; **skylthisch**
s. l. = sine loco
Slack|line ['slεklaɪn], die; -, -s ⟨engl.⟩ (zwischen zwei Punkten gespanntes Band zum Balancieren); **Slack|li|ning**, das; -[s] ⟨engl.⟩ (das Balancieren auf der Slackline)
Slallom, der; -s, -s ⟨norw.⟩ (Ski- u. Kanusport Torlauf; auch übertr. für Zickzacklauf, -fahrt); Slalom fahren, Slalom laufen
Slallom|kurs; **Slallom|lauf**; **Slallom|läulfer**; **Slallom|läulfe|rin**; **Slallom|sieg**
Slam [slεm], der; -s, -s ⟨engl.⟩ (kurz für Poetry-Slam)
slam|men ['slεmən] ⟨engl.⟩ (an einem Poetry-Slam teilnehmen)
Slam-Po|e|t|ry, **Slam|po|e|t|ry** ['slεmpoʊətri], die; - ⟨engl.⟩ (beim Poetry-Slam vorgetragene Dichtung)
Slang [slεŋ], der; -s, -s ⟨engl.⟩ (saloppe Umgangssprache; Jargon)
Slap|stick ['slεpstɪk], der; -s, -s ⟨engl.⟩ (grotesk-komischer Gag, vor allem im [Stumm]film)
Slash [slεʃ], der; -, -s ⟨engl.⟩ (Schrägstrich, z. B. in Internetadressen)
s-Laut ['εs...] ↑D 29
Slalwe, der; -n, -n ⟨slaw.⟩; **Slalwen|tum**, das; -s; **Slalwin**; **slalwisch** (slawisch machen)
Slalwislmus, der; -, ...men (slawische Spracheigentümlichkeit in einer anderen Sprache)
Slalwist, der; -en, -en; **Slalwisltik**, die; - (Wissenschaft von den slaw. Sprachen u. Literaturen); **Slalwisltin**; **slalwisltisch**

Slalwolnilen (Gebiet in Kroatien); **Slalwolniler**; **Slalwolnilelrin**; **slalwolnisch**
Slalwolphillie, die; - ⟨slaw.; griech.⟩ (Slawenliebe)
s. l. e. a. = sine loco et anno
Sleiplnir ⟨altnord.⟩ (germ. Mythol. das achtbeinige Pferd Odins)
Slelvogt (dt. Maler u. Grafiker)
Slilbolwitz, **Slilwolwitz**, der; -[es], -e ⟨serbokroat.⟩ (ein Pflaumenbranntwein)
Slice [slaɪs], der; -s, -s [...sɪs] ⟨engl.⟩ (bestimmter Schlag beim Golf u. beim Tennis)
Slick, der; -s, -s ⟨engl.⟩ (breiter Rennreifen ohne Profil)
Slide|show ['slaɪt...] ⟨engl.⟩ ([automatisch ablaufende] Vorführung einer Serie digitaler Bilder)
Slilding Tack|ling ['slaɪdɪŋ 'tεk...] vgl. Tackling
Sling|pumps, der; -, - ⟨engl.⟩ (über der Ferse mit einem Riemchen gehaltener Pumps)
Slip, der; -s, -s ⟨engl. »Unterrock«⟩ (beinlose Unterhose); **Slip|ein|lalge**
Slilpon, der; -s, -s (Herrensportmantel mit Raglanärmeln)
Slip|per, der; -s, -s ⟨engl.⟩ (Schlupfschuh mit niedrigem Absatz)
Slilwolwitz vgl. Slibowitz
Slolgan ['sloʊgn̩], der; -s, -s ⟨gälisch-engl.⟩ (Schlagwort)
Sloop [slu:p] vgl. Slup
Slot, der; -s, -s ⟨engl.⟩ (EDV Steckplatz; Flugw. Zeitfenster für die Starts u. Landungen von Flugzeugen)
Slolterldijk [...daɪk] (dt. Philosoph u. Schriftsteller)
Slotlmalschilne (ein Spielautomat)
Slolwalke, der; -n, -n (Angehöriger eines westslawischen Volkes); **Slolwalkei**, die; - (Staat in Mitteleuropa); **Slolwalkin**
slolwalkisch; **Slolwalkisch**, das; -[s] (Sprache); vgl. Deutsch; **Slolwalkilsche**, das; -n; vgl. ²Deutsche
Slolwelne, der; -n, -n (Einwohner von Slowenien); **Slolwelnilen** (Staat im Süden Mitteleuropas); **Slolwelniler** (Slowene); **Slolwelnilelrin**; **slolwelnisch**; **Slolwelnisch**, das; -[s] (Sprache); vgl. Deutsch; **Slolwelnilsche**, das; -n; vgl. ²Deutsche
Slow Food, das; - -[s] ['sloʊfu:t] ⟨engl.⟩ (naturbelassenes Essen, das in Ruhe verzehrt wird)

Slowfox

Slow|fox ['sloʏ...], der; -[es], -e ⟨engl.⟩ (ein Tanz)
Slow Mo|tion ['- 'moʊʃn], die; - - ⟨engl.⟩ (Zeitlupe; in Zeitlupe abgespielter Film[ausschnitt])
Slum [slam], der; -s, -s *meist Plur.* ⟨engl.⟩ (Elendsviertel); **Slum|be|woh|ner; Slum|be|woh|ne|rin**
Slup, die; -, -s ⟨engl.⟩ (Küstenschiff, Segeljacht)
sm = Seemeile
Sm (*chem. Zeichen für Samarium*)
S. M. = Seine Majestät
small [smɔːl] ⟨engl.⟩ (Kleidergröße: klein; *Abk.* S)
Small Cap ['smɔːlkɛp], der; - -s, - -s, **Small|cap**, der; -s, -s ⟨engl.⟩ (Wertpapier eines kleinen Unternehmens)
Small Talk ['smɔːltɔːk], der; - -s, - -s, **Small|talk**, der, *auch* das; -s, -s ⟨engl.⟩ (beiläufige Konversation)
Smal|te *vgl.* Schmalte
Sma|ragd, der; -[e]s, -e ⟨griech.⟩ (ein Edelstein)
Sma|rag|dei|dech|se
sma|rag|den (aus Smaragd; smaragdgrün); **sma|ragd|grün**
smart ⟨engl.⟩ (modisch elegant, schneidig; clever)
Smart|board, das; -s, -s, **Smart Board**, das; - -s, - -s ['smaːɐ̯tbɔːɐ̯t] ⟨engl.⟩ (elektronische Wandtafel)
Smart|card, die; -, -s, **Smart Card**, die; - -, - -s ⟨engl.⟩ (Plastikkarte als Zahlungsmittel, Datenträger od. Ausweis)
Smart|home, das; -s, -s, **Smart Home**, das; - -s, - -s ⟨engl.⟩ (Wohnung mit zahlreichen elektron. [über Smartphone] steuerbaren Ausstattungsmerkmalen)
Smar|tie, der; -s, -s (*ugs. für* jmd., der smart ist)
Smart|phone [...foʏn], das; -s, -s, **Smart Phone**, das; - -s, - -s ⟨engl.⟩ (Handy, das auch Adressen u. Termine verwalten, Fotos aufnehmen usw. kann)
Smash [smɛʃ], der; -[s], -s ⟨engl.⟩ (Tennis, Badminton Schmetterschlag)
Smeg|ma, das; -[s] ⟨griech.⟩ (*Med.* Absonderung der Vorhauttalgdrüsen)
Sme|ta|na (tschech. Komponist)
SMH = Schnelle Medizinische Hilfe (*DDR* ärztl. Notdienst)
Smi|ley ['smaɪli], der od. das; -s, -s

(*EDV* Emoticon in Form eines lächelnden Gesichts)
SM-Ofen [ɛsˈɛm...] = Siemens-Martin-Ofen
Smog, der; -[s], -s ⟨engl.⟩ (mit Abgasen, Rauch u. a. gemischter Dunst od. Nebel über Industriestädten); **Smog|alarm**
Smok|ar|beit; smo|ken ⟨engl.⟩ (Stoff fälteln); eine gesmokte Bluse
Smo|king, der; -s, -s ⟨engl.⟩ (Gesellschaftsanzug mit seidenen Revers für Herren); **Smoking|schlei|fe**
Smo|lensk (russische Stadt)
Smoo|thie ['smuːði], der; -s, -s ⟨engl.⟩ (Mixgetränk aus Obst u. Milchprodukten)
Smör|gås|bord [...goːs...], der; -s, -s ⟨schwed.⟩ (Tafel mit verschiedenen, meist kalten Vorspeisen)
Smör|re|bröd, das; -[s], -s ⟨dän.⟩ (reich belegtes Brot)
smor|zan|do ⟨ital.⟩ (*Musik* verlöschend); **Smor|zan|do**, das; -s, *Plur.* -s u. ...di
¹**SMS®**, der; - (*meist ohne Artikel*) ⟨aus engl. Short Message Service⟩ (ein Mobilfunkdienst, mit dem kurze Nachrichten vom Mobilfunkteilnehmer gesendet werden); eine Nachricht per SMS versenden
²**SMS**, die; -, - (*ugs. auch* SMSen), *bes.* österr. u. schweiz. *auch:* das; -, - (über den Mobilfunkdienst versendete Nachricht; Textnachricht); eine SMS erhalten; **SMS-Nach|richt**
Smut|je, der; -[s], -s (*Seemannsspr.* Schiffskoch)
SMV, die; -, -[s] = Schülermitverantwortung, Schülermitverwaltung
Smyr|na (türkische Stadt; *heutiger Name* Izmir; **Smyr|na|er** (ein Teppich); **smyr|na|isch;**
Smyr|na|tep|pich, Smyrna-Teppich
Sn = Stannum (*chem. Zeichen für* Zinn)
Snack [snɛk], der; -s, -s ⟨engl.⟩ (Imbiss); **Snack|bar**, die
Snail|mail, Snail-Mail ['snɛɪlmeɪl] ⟨engl.⟩; »Schneckenpost«⟩ (*EDV* Briefpost im Gegensatz zur elektronischen Post)
Snap|chat® ['snɛptʃɛt], das; -[s] *meist ohne Artikel* (ein Sofortnachrichtendienst für Smartphones u. Tablets)
Snea|ker ['sniː...], der; -s, *Plur.* -s

u. - ⟨amerik.⟩ (sportlich wirkender Schuh)
Sneak|pre|view, Sneak-Pre|view ['sniːk(ˈ)priːvjuː], die; -, -s ⟨engl.⟩ (Überraschungsvoraufführung eines Films)
snif|fen ⟨engl.⟩ (*ugs. für* sich durch das Einatmen von Dämpfen berauschen)
Snob, der; -s, -s ⟨engl.⟩ (vornehmtuender, eingebildeter Mensch)
Snö|ber (*schweiz. ugs. für* Snowboarder); **Snö|be|rin**
Sno|bi|le|ty [...ˈbaɪəti], die; - ⟨engl. -⟩ (vornehm tuende Gesellschaft)
Sno|bis|mus, der; -, ...men; **sno|bis|tisch**
Snow|bike® ['snoʊbaɪk], das; -s, -s ⟨engl.⟩ (eine Art Skibob); **snow|bi|ken** nur im Infinitiv üblich (mit dem Snowbike fahren)
Snow|board ['snoʊbɔːɐ̯t], das; -s, -s ⟨engl.⟩ (als Sportgerät dienendes Brett zum Gleiten auf Schnee); **Snow|board|cross**, der, *auch* das; -, -e *Plur.* selten (Wettkampf für vier od. mehr gleichzeitig startende Snowboarder); **snow|boar|den** (mit dem Snowboard gleiten); wir snowboarden, snowboardeten, sind *od.* haben gesnowboardet; **Snow|boar|der; Snow|boar|de|rin; Snow|boar|ding**, das; -s (das Snowboarden)
Snow|ci|e|ty [snoʊˈsaɪəti], die; - (*bes.* österr. *ugs. für* die vornehme Gesellschaft in den Wintersportorten)
snow|ki|ten ['snoʊkaɪtn] ⟨engl.⟩ (mit Skiern u. Lenkdrachen fahren); wir snowkiten, snowkiteten, sind *od.* haben gesnowkitet; **Snow|ki|ter; Snow|ki|te|rin; Snow|ki|ting**, das; -s (das Snowkiten)
¹**so** s. Kasten Seite 1029
²**so** (Solmisationssilbe)
s. o. = sieh[e] oben!
So. = Sonntag
SO = Südost[en]
Soap [soʊp], die; -, -s ⟨engl.⟩ (Seifenoper)
so|a|ve ⟨ital.⟩ (*Musik* lieblich, sanft, angenehm, süß)
so|bald; *Konjunktion:* sobald ich komme, *aber (Adverb):* so bald nicht; kommt so bald wie *od.* als möglich
Soc|cer ['sɔkɐ], das, *auch* der; -s ⟨engl.⟩ (*amerik. Bez. für* Fußball)
So|cial Bot ['soʊʃl -], der; -s, -s

¹so

- so einer, so eine, so eins *od.* eines
- so etwas, *ugs.* so was
- so dass (*vgl. auch* sodass)
- so an die 100 Leute, so gegen acht Uhr
- so ein Mann, so eine Person
- so wahr mir Gott helfe
- so schnell, so lang[e] wie *od.* als möglich
- die Meisterschaft war so gut wie gewonnen
- ich will so sein, so werden, so bleiben

- ich so: … (*ugs.*)
- etwas so betrachten, so sehen, so nennen
- so betrachtet, so gesehen
- die sogenannten *od.* so genannten Schwellenländer

Zur Getrennt- oder Zusammenschreibung von »sobald, sofern, sogleich, solang« usw. vgl. die einzelnen Stichwörter.

---

er krank wurde; *aber* er arbeitete es, trotzdem er krank wurde

So|cial Free|zing ['soʊʃl 'friːzɪŋ], das; --[s] ⟨engl.⟩ (Einfrieren unbefruchteter Eizellen, um zu einem späteren Zeitpunkt Nachwuchs bekommen zu können)

So|cial Me|dia ['soʊʃl 'miːdjə], die *Plur.* ⟨engl.⟩ (*EDV* Gesamtheit der Weblogs, Wikis, sozialen Netzwerke u. Ä., über die im Internet miteinander kommuniziert wird); So|cial-Me|dia-Mar|ke|ting (individuelle Werbung in sozialen Netzwerken)

So|ci|e|tas Je|su, die; - - ⟨*lat. Gen.* Societatis Jesu⟩ ⟨*lat.,* »Gesellschaft Jesu«⟩ (der Orden der Jesuiten; *Abk.* SJ)

So|ci|e|tas Ver|bi Di|vi|ni, die; - - - ⟨»Gesellschaft des Göttlichen Wortes«⟩ (kath. Missionsgesellschaft von Steyl in der niederl. Provinz Limburg; *Abk.* SVD)

So|ci|e|ty [sə saɪəti], die; - ⟨engl.⟩ (*kurz für* High Society)

Söck|chen

So|cke, die; -, -n

So|ckel, der; -s, -; So|ckel|be|trag (bei Lohnerhöhungen)

So|cken, der; -s, - (*landsch. für* Socke)

Sod, der; -[e]s, -e (*veraltet für das* Sieden; *nur Sing.:* Sodbrennen)

¹So|da, die; - *u.* das; -s ⟨span.⟩ (Natriumkarbonat)

²So|da, das; -s ⟨span.⟩ (Sodawasser)

So|da|le, der; -n, -n ⟨lat.⟩ (Mitglied einer Sodalität); So|da|li|tät, die; -, -en (katholische Genossenschaft, Bruderschaft)

So|da|lith, der; *Gen.* -s *od.* -en, *Plur.* -e[n] ⟨span.; griech.⟩ (ein Mineral)

so|dann

so|dass, so dass; er arbeitete Tag und Nacht, sodass *od.* so dass

So|da|was|ser *Plur.* …wässer (kohlensäurehaltiges Mineralwasser)

Sod|bren|nen, das; -s (brennendes Gefühl im Magen u. in der Speiseröhre)

Sod|brun|nen (*schweiz. für* Ziehbrunnen)

So|de, die; -, -n (*landsch., bes. nordd. für* Rasenstück; ziegelsteingroßes Stechtorfstück; *veraltet für* Salzsiederei)

So|dom (biblische Stadt); Sodom u. Gomorrha (Zustand der Lasterhaftigkeit); *vgl.* Gomorrha

So|do|mie, die; - ⟨nlat.⟩ (Geschlechtsverkehr mit Tieren); So|do|mit, der; -en, -en (Einwohner von Sodom; Sodomie Treibender); So|do|mi|tin; so|do|mi|tisch

So|doms|ap|fel (Gallapfel)

so|eben; sie kam soeben herein; *aber* sie hat es so eben (gerade) noch geschafft

Soest [zoːst] (Stadt in Nordrhein-Westfalen); Soes|ter; Soester Börde (Landstrich); Soes|te|rin

So|fa, das; -s, -s ⟨arab.⟩; So|fa|ecke; So|fa|kis|sen; So|fa|mel|ker (*ugs. für* Landwirt, der seine Milchquote verpachtet)

so|fern (*falls*); sofern er seine Pflicht getan hat, …; *aber* mir liegt die Sache so fern, dass …

soff *vgl.* saufen

Soff|fin, SoFFin, der; -[s] (<= Sonderfonds Finanzmarktstabilisierung) (*Wirtsch.*)

Sof|fit|te, die; -, -n *meist Plur.* ⟨ital.⟩ (Deckendekoration einer Bühne); Sof|fit|ten|lam|pe

So|fia (Hauptstadt Bulgariens); . So|fi|a|er; *vgl. auch* Sofioter; So|fi|a|e|rin

So|fi|o|ter (*zu* Sofia); So|fi|o|te|rin

so|fort; er soll sofort kommen; *aber* immer so fort (immer so weiter)

So|fort|bild|ka|me|ra

So|fort|hil|fe

so|for|tig; sofortige Hilfe

So|fort|maß|nah|me

So|fort|nach|richt (*bes. EDV* sofort digital übermittelte Nachricht); So|fort|nach|rich|ten|dienst; So|fort|pro|gramm

So|fort|ren|te ([auch vor dem Rentenalter] sofort ausgezahlte Rente); So|fort|wir|kung

soft [sɒft] ⟨engl.⟩ (*ugs. für* sanft, zärtlich); ein softer Typ

Soft|ball [...bɔːl], der; -s ⟨engl.-amerik.⟩ (Form des Baseballs mit größerem Ball u. kleinerem Feld)

Soft|co|py [...kɔpi], die; -, -s, Soft Co|py, die; - -, - -s ⟨engl.⟩ (*EDV* Darstellung von Daten od. Texten auf dem Monitor)

Soft|co|ver ⟨engl.⟩ (Buch mit weichem, flexiblem Einband)

Soft|drink, der; -s, -s, Soft Drink, der; - -s, - -s ⟨engl.⟩ (alkoholfreies Getränk)

Soft Drug [- 'drag], die; - -, - -s ⟨engl.⟩ (Rauschgift mit geringerem Suchtpotenzial)

Soft|eis, das; -es (sahniges, weiches Speiseeis); drei Softeis kaufen

Sof|tie ['sɒfti], der; -s, -s (*ugs. für* Mann von sanftem Wesen)

Soft|por|no, der; -s, -s

Soft|rock, der; -[s], Soft Rock, der; - -[s] (leisere, melodischere Form der Rockmusik)

Soft|shell [...ʃ...], die; - *u.* der; - ⟨engl.⟩ (ein atmungsaktives u. wasserabstoßendes Gewebe für Jacken, Schuhe u. Ä.)

Soft Skill [sɒft skɪl], der *od.* das; - -s, - - *meist Plur.* ⟨engl.⟩ (Fähigkeit im Umgang mit anderen Menschen)

Soft|ware ['sɒftvɛːɐ̯], die; -, -s ⟨engl.⟩ (*EDV* die zum Betrieb einer Datenverarbeitungsanlage benötigten Programme)

Soft|ware|ent|wick|ler; Soft|ware|ent|wick|le|rin; Soft|ware|fir|ma; Soft|ware|her|stel|ler; Soft|ware|her|stel|le|rin

Softwarepaket

Soft|ware|pa|ket (EDV mehrere Programme, die aufeinander abgestimmt sind)
sog. = sogenannt
Sog, der; -[e]s, -e (unter landwärts gerichteten Wellen seewärts ziehender Meeresstrom; saugende Luftströmung)
so|gar; er kam sogar zu mir nach Hause; *aber* sie hat so gar kein Vertrauen zu mir
so|ge|nannt, so ge|nannt (Abk. sog.); vgl. ¹so
sog|gen (sich in Kristallform niederschlagen)
so|gleich (sofort); er soll sogleich kommen; *aber* sie sind sich alle so gleich, dass ...
Sohl|bank Plur. ...bänke (Bauw. Fensterbank)
Soh|le, die; -, -n ⟨lat.⟩ (Fuß-, Talsohle; Bergmannsspr. untere Begrenzungsfläche einer Strecke; *landsch. auch für* Lüge)
soh|len (*landsch. auch für* lügen)
Soh|len|gän|ger (Zool. Gruppe von Säugetieren)
Soh|len|le|der, Sohl|le|der
söh|lig (Bergmannsspr. waagerecht)
Sohn, der; -[e]s, Söhne; **Söhn|chen**; **Soh|ne|mann**, der; -[e]s, ...männer (fam.)
Soh|nes|lie|be; Soh|nes|pflicht
sohr (nordd. für dürr, welk)
Sohr, der; -s (nordd. für Sodbrennen)
¹Söh|re, die; - (Teil des Hessischen Berglandes)
²Söh|re, die; - (nordd. für Dürre); **söh|ren** (nordd. für verdorren)
soi|g|niert [zoa̯ˈɲiːɐt] ⟨franz.⟩ (veraltend für gepflegt)
Soi|ree, Soi|rée [zoa̯ˈreː, s...], die; -, ...reen ⟨franz.⟩ (Abendgesellschaft)
So|ja, die; -, ...jen od. das; -s, ...jen ⟨jap.-niederl.⟩ (eiweißhaltige Nutzpflanze)
So|ja|boh|ne; So|ja|mehl; So|ja|öl; So|ja|so|ße, So|ja|sau|ce
So|jus ⟨russ., »Bund, Bündnis«⟩ (Raumschiffserie der UdSSR)
So|kra|tes (griech. Philosoph); **So|k|ra|tik**, die; - ⟨griech.⟩ (Lehrart des Sokrates); **So|k|ra|ti|ker** (Schüler des Sokrates; Verfechter der Lehre des Sokrates); **so|k|ra|ti|ke|rin; so|k|ra|tisch**; sokratische Lehrart; die sokratische Lehre ↑D 89 u. 135
sol ⟨ital.⟩ (Solmisationssilbe)
¹Sol (römischer Sonnengott)

²Sol, der; -[s], -[s] ⟨span.⟩ (peruanische Währungseinheit)
³Sol, das; -s, -e (Chemie kolloide Lösung)

so|lang, so|lan|ge
(während, währenddessen) *Zusammenschreibung nur bei der Konjunktion und dem Adverb:*
– solang[e] ich krank war, bist du bei mir geblieben
– du musst das erledigen, solang[e] du Urlaub hast
– ich werde das, solang[e] ich kann, verhindern
– mache das ruhig erst fertig, ich warte solang[e]

Getrenntschreibung bei allen anderen Verbindungen:
– ich warte so lang[e] wie od. als möglich
– du hast mich so lange warten lassen, dass ich eingeschlafen bin
– du musst so lange warten, bis alle da sind
– dreimal so lang[e] wie nötig

So|la|nin, das; -s ⟨lat.⟩ (giftiges Alkaloid verschiedener Nachtschattengewächse)
So|la|num, das; -s, ...nen (Bot. Nachtschattengewächs)
so|lar ⟨lat.⟩ (die Sonne betreffend)
So|lar|an|la|ge; So|lar|au|to
So|lar|bat|te|rie (Sonnenbatterie)
so|lar|be|trie|ben; So|lar|ener|gie
So|la|ri|sa|ti|on, die; -, -en (Fotogr. Umkehrung der Lichteinwirkung bei starker Überbelichtung des Films)
so|la|risch (svw. solar)
So|la|ri|um, das; -s, ...ien (Anlage für künstliche Sonnenbäder unter UV-Bestrahlung)
So|lar|jahr (Astron.); **So|lar|kol|lek|tor** (Energietechnik); **So|lar|kon|s|tan|te** (Meteorol.); **So|lar|kraft**, die; -; **So|lar|kraft|werk; So|lar|mo|bil; So|lar|pa|neel** (seltener); **So|lar|pa|nel** (ein od. mehrere Solarmodule); **So|lar|park**
So|lar|ple|xus [...ˈpleː...], der; - (Med. Nervengeflecht im Oberbauch; Sonnengeflecht)
So|lar|strom, der; -[e]s; **So|lar|tech|nik**, die; -
So|lar|teur [...ˈtøːɐ̯], der; -s, -e (Fachkraft für Bau u. Instandhaltung von Solaranlagen); **So|lar|teu|rin**

So|lar|ther|mie, die; -, -n Plur. selten (Energietechnik); **so|lar|ther|misch** (Meteorol., Physik, Energietechnik die Sonnenenergie, -wärme betreffend)
So|lar|zel|le
So|la|wech|sel ⟨ital.; dt.⟩ (Finanzw. Wechsel, bei dem sich der Aussteller selbst zur Zahlung verpflichtet)
Sol|bad
solch s. Kasten Seite 1031
sol|cher|art; solcherart Dinge; *aber* Dinge solcher Art
sol|cher|lei; sol|cher|ma|ßen
Sold, der; -[e]s, -e ⟨lat.⟩ (Militär)
Sol|da|nel|le, die; -, -n ⟨ital.⟩ (Troddelblume)
Sol|dat, der; -en, -en ⟨lat.⟩
Sol|da|ten|fried|hof; Sol|da|ten|le|ben, das; -s; **Sol|da|ten|spra|che; Sol|da|ten|tum**, das; -s
Sol|da|tes|ka, die; -, ...ken (rücksichtslos u. gewalttätig vorgehendes Militär)
Sol|da|tin; sol|da|tisch
Sold|buch
Söld|ner; Söld|ner|füh|rer; Söld|ner|heer; Söld|ne|rin
Sol|do, der; -s, Plur. -s u. ...di (frühere italienische Münze)
So|le, die; -, -n (kochsalzhaltiges Wasser); **So|le|be|cken** (Schwimmbecken mit warmem, salzhaltigem Wasser); **Sol|ei** (in Salzlake eingelegtes hart gekochtes Ei); **So|len|lei|tung**
so|lenn ⟨lat.⟩ (veraltend für feierlich); **So|len|ni|tät**, die; -, -en (veraltend für Feierlichkeit)
So|le|no|id, das; -[e]s, -e ⟨griech.⟩ (Physik zylindrische Metallspule, die vom Stromdurchfluss wie ein Stabmagnet wirkt)
So|let|ti®, das; -s, - (österr. für kleine dünne Salzstange)
Sol|fa|ta|ra, Sol|fa|ta|re, die; -, ...ren ⟨ital.⟩ (Ausdünstung schwefelhaltiger heißer Dämpfe in ehem. Vulkangebieten)
sol|feg|gie|ren [...feˈdʒiː...] ⟨ital.⟩ (Musik Solfeggien singen)
Sol|feg|gio [...ˈfedʒo], das; -s, ...ggien [...ˈfedʒjən] (auf der Solmisationssilben gesungene Übung)
Sol|fe|ri|no (italienisches Dorf)
¹So|li (Plur. von Solo)
²So|li, der; -s (ugs.; kurz für Solidaritätszuschlag)
so|lid österr. nur so, **so|li|de** ⟨lat.⟩ (fest; haltbar, zuverlässig; gediegen)

solch

Man schreibt »solch« immer klein:
– solches sollte nicht möglich sein
– es gibt immer solche und solche
– ein solcher ist mir unbekannt
– das Leben als solches, der Mensch als solcher

Beugung:
– solcher, solche, solches
– solch einer, solch eine, solch ein[e]s
– solch ein Widersinn; ein solcher Widersinn

– solch feiner Stoff *od.* solcher feine Stoff
– solch gute *od.* solche guten, *auch* gute Menschen
– solche Gefangenen, *auch* Gefangene
– das Leben solch frommer Leute *od.* solcher frommen, *auch* frommer Leute
– mit solch schönem Schirm, mit solch einem schönen Schirm, mit einem solch[en] schönen Schirm
– in solcher erzieherischen, *seltener* erzieherischer Absicht

---

So|li|dar|ab|ga|be (*bes. österr. für* Solidarbeitrag); So|li|dar|bei|trag; So|li|dar|ge|mein|schaft; So|li|dar|haf|tung (*Rechtsspr., Wirtsch.* Haftung von Gesamtschuldnern)
so|li|da|risch (gemeinsam, übereinstimmend, eng verbunden)
so|li|da|ri|sie|ren, sich (sich solidarisch erklären); So|li|da|ri|sie|rung
So|li|da|ris|mus, der; - (Richtung der [kath.] Sozialphilosophie)
So|li|da|ri|tät, die; - (Zusammengehörigkeitsgefühl, Gemeinsinn); So|li|da|ri|täts|ad|res|se; So|li|da|ri|täts|bei|trag; So|li|da|ri|täts|er|klä|rung; So|li|da|ri|täts|ge|fühl; So|li|da|ri|täts|kund|ge|bung; So|li|da|ri|täts|spen|de; So|li|da|ri|täts|streik; So|li|da|ri|täts|zu|schlag
So|li|dar|pakt (*Politik*); So|li|dar|prin|zip; So|li|dar|ren|te (steuerfinanzierte Zusatzrente); So|li|dar|schuld|ner (*Rechtsspr.* Gesamtschuldner); So|li|dar|schuld|ne|rin; So|li|dar|sys|tem (*Politik*)
so|li|de *vgl.* solid
so|li|die|ren (*veraltet für* befestigen, versichern)
So|li|di|tät, die; - (Festigkeit, Haltbarkeit; Zuverlässigkeit)
so|li|lo|qui|um, das; -s, ...ien (*lat.*) (Selbstgespräch in der antiken Bekenntnisliteratur)
So|ling, die; -, *Plur.* -s, *auch* -e; *auch* das *od.* der; -s, -s (ein Rennsegelboot)
So|lin|gen (Stadt in Nordrhein-Westfalen); So|lin|ger; Solinger Stahlwaren; So|lin|ge|rin
So|lip|sis|mus, der; - (*lat.*) (philos. Lehre, nach der die Welt für den Menschen nur in seinen Vorstellungen besteht); So|lip|sist, der; -en, -en; So|lip|sis|tin; so|lip|sis|tisch
So|list, der; -en, -en (Einzelsänger,

-spieler); So|lis|ten|kon|zert; So|lis|tin; so|lis|tisch
¹So|li|tär, der; -s, -e ⟨franz.⟩ (einzeln gefasster Edelstein)
²So|li|tär, das; -s (Brettspiel für eine Person)
So|li|tude [...'ty:t], So|li|tü|de ⟨franz.⟩ (»Einsamkeit«) die; -, -n (Name von Schlössern u. a.)
Sol|jan|ka, die; -, -s ⟨russ.⟩ (eine Fleischsuppe)
¹Soll, das; -s, Sölle (*zu* Suhle) (*Geol.* runder See eiszeitlicher Herkunft)
²Soll, das; -[s], -[s]; das Soll und [das] Haben; das Soll und das Muss
Soll|ar|beits|zeit, Soll-Ar|beits|zeit
Soll|be|stand, Soll-Be|stand
Soll|be|trag, Soll-Be|trag
Soll|bruch|stel|le, Soll-Bruch|stel|le (*Technik*)
Soll|ein|nah|me, Soll-Ein|nah|me
sol|len; ich habe gesollt, *aber* ich hätte das nicht tun sollen
Söl|ler, der; -s, - ⟨lat.⟩ (*Archit.* offene Plattform oberer Stockwerke; *landsch. für* Dachboden)
Sol|ling, der; -[s] (Teil des Weserberglandes)
Soll-Ist-Ver|gleich (*Wirtsch.* Gegenüberstellung von Soll- u. Istzahlen)
Soll|kauf|mann, Soll-Kauf|mann (*veraltet*)
Soll|sei|te, Soll-Sei|te
Soll|stär|ke, Soll-Stär|ke
Soll|zahl, Soll-Zahl (*Wirtsch.*)
Soll|zin|sen, Soll-Zin|sen *Plur.*
Soll|zu|stand, Soll-Zu|stand
Sol|mi|sa|ti|on, die; - ⟨ital.⟩ (*Musik* Tonleitersystem; absolute Solmisation mit den Silben do, re, mi, fa, sol, la, si; relative Solmisation mit den Silben do, re, mi, fa, so, la, ti); Sol|mi|sa|ti|ons|sil|be; sol|mi|sie|ren
Soln|ho|fen (Ort in Mittelfranken); Soln|ho|fe|ner, Soln|ho|fer;

Solnhof[en]er Schiefer, Platten; Soln|ho|fe|ne|rin, Soln|ho|fe|rin
so|lo ⟨ital.⟩ (*bes. Musik* als Solist; *ugs. für* allein); ganz solo; solo tanzen; So|lo, das; -s, *Plur.* -s u. ...li (Einzelvortrag, -spiel, -tanz); ein Solo singen, spielen, tanzen
So|lo|al|bum; So|lo|ge|sang; So|lo|in|s|t|ru|ment; So|lo|kar|ri|e|re; So|lo|ma|schi|ne (*Motorsport*)
So|lon (griech. Gesetzgeber); so|lo|nisch (weise wie Solon); solonische Weisheit; die solonische Gesetzgebung
So|lo|part; So|lo|sän|ger; So|lo|sän|ge|rin; So|lo|stim|me; So|lo|sze|ne (Einzelauftritt, -spiel)
So|lo|tanz; So|lo|tän|zer; So|lo|tän|ze|rin
So|lo|thurn (Kanton u. Stadt in der Schweiz); So|lo|thur|ner; So|lo|thur|ne|rin; so|lo|thur|nisch
Sol|ö|zis|mus, der; -, ...men ⟨griech.⟩ (*Rhet.* grober Sprachfehler)
Sol|per, der; -s (»Salpeter«) (*westmitteld. für* Salzbrühe); Sol|per|fleisch (*westmitteld. für* Pökelfleisch)
Sol|quel|le; Sol|salz
Sol|sche|ni|zyn, Alexander (russ. Schriftsteller)
Sol|sti|ti|um, das; -s, ...ien ⟨lat.⟩ (*Astron.* Sonnenwende)
Sol|ti [ʃ...], György [dʒœrtʃ] (ungarischer Dirigent)
so|lu|bel ⟨lat.⟩ (*Chemie* löslich, auflösbar); ...u|b|le Mittel
So|lu|ti|on, die; -, -en (Arzneimittellösung)
Sol|veig (skand.) (w. Vorn.)
Sol|vens, das; -, *Plur.* ...venzien *u.* ...ventia ⟨lat.⟩ (*Med.* [Schleim] lösendes Mittel)
sol|vent (*bes. Wirtsch.* zahlungsfähig); Sol|venz, die; -, -en (Zahlungsfähigkeit)
sol|vie|ren (eine Schuld abzahlen; *Chemie* auflösen)

Solwasser

Sol|was|ser, So|le|was|ser *Plur.* ...wässer, *auch* ...wasser
So|ma, das; -s, -ta ⟨griech.⟩ (*Med.* Körper [im Gegensatz zu Geist, Seele, Gemüt])
So|ma|li, der; -[s], -s (Angehöriger eines ostafrikanischen Volkes)
So|ma|lia (Staat in Afrika); So|ma|li|er; So|ma|li|e|rin
So|ma|li|land, das; -[e]s (nordostafrik. Landschaft); so|ma|lisch
so|ma|tisch ⟨griech.⟩ (*Med.* das Soma betreffend, körperlich); so|ma|to|gen (körperlich bedingt); So|ma|to|lo|gie, die; - (Lehre vom menschlichen Körper)
Som|b|re|ro, der; -s, -s ⟨span.⟩ (breitrandiger Strohhut)
so|mit [*auch* ˈzo:...] (also); somit bist du der Aufgabe enthoben; *aber* ich nehme es so (in dieser Form, auf diese Weise) mit
Som|me|li|er [...ˈli̯e:], der; -s, -s ⟨franz.⟩ (Weinkellner); Som|me|li|è|re [...ˈli̯e:rə], die; -, -n
Som|mer, der; -s, -; Sommer wie Winter; sommers (*vgl. d.*); sommersüber (*vgl. d.*)
Som|mer|abend; Som|mer|an|fang; Som|mer|auf|ent|halt; Som|mer|fahr|plan; Som|mer|fe|ri|en *Plur.*; Som|mer|fest; Som|mer|fri|sche, die; -, -n (*veraltend*)
Som|mer|gers|te; Som|mer|ge|trei|de; Som|mer|halb|jahr; Som|mer|haus; Som|mer|hit; Som|mer|hit|ze
söm|me|rig (*landsch. für* einen Sommer alt); sömmerige Karpfen
Som|mer|kleid; Som|mer|klei|dung; Som|mer|kol|lek|ti|on; Som|mer|kurs; som|mer|lich
Som|mer|loch (*ugs. für* Saure-Gurken-Zeit)
Som|mer|mär|chen (wunderbares, großartiges Ereignis, das in einem Sommer stattfindet)
Som|mer|mo|nat
söm|mern (*landsch. für* sonnen; [Vieh] im Sommer auf der Weide halten); ich sömmere
Som|mer|nacht; Som|mer|nachts|traum (Komödie von Shakespeare)
Som|mer|olym|pi|a|de; Som|mer|pau|se; Som|mer|preis; Som|mer|re|gen; Som|mer|rei|se; Som|mer|re|si|denz; Som|mer|ro|del|bahn
som|mers ↑D 70; *aber* des Sommers

Som|mer|saat; Som|mer|sai|son
Som|mers|an|fang (*selten für svw.* Sommeranfang)
Som|mer|schluss|ver|kauf; Som|mer|schuh; Som|mer|se|mes|ter
Som|mer|sitz
Som|mer|ski|ge|biet, Som|mer|schi|ge|biet
Som|mer|smog; Som|mer|son|nen|wen|de; Som|mer|spie|le *Plur.* (die Olympischen Sommerspiele)
Som|mer|spros|se *meist Plur.*; som|mer|spros|sig
som|mers|über; *aber* den Sommer über
Som|mers|zeit (Jahreszeit; *vgl.* Sommerzeit)
Som|mer|tag; som|mer|tags ↑D 70
Som|mer|the|a|ter (*ugs. auch für* Aktivitäten von Politikern während der Parlamentsferien)
Som|mer|tou|ris|mus
Som|me|rung, die; -, -en (*Landwirtsch.* Sommergetreide)
Söm|me|rung (*landsch. für* das Sömmern)
Som|mer|ur|laub
Som|mer|vo|gel (*landsch., bes. schweiz. mdal. für* Schmetterling); Som|mer|weg; Som|mer|wet|ter, das; -s
Som|mer|zeit (Jahreszeit; um meist eine Stunde vorverlegte Zeit während des Sommers; *vgl.* Sommerszeit)
som|nam|bul ⟨lat.⟩ (schlafwandelnd, mondsüchtig); Som|nam|bu|le, der *u.* die; -n, -n (Schlafwandler[in]); Som|nam|bu|lis|mus, der; -
so|nach [*auch* ˈzo:...] (folglich, also); *aber* sprich es so nach, wie ich es dir vorspreche
So|na|gramm, das; -s, -e ⟨lat.; griech.⟩ (*Sprachwiss.*)
So|nant, der; -en, -en ⟨lat.⟩ (*Sprachwiss.* Silben bildender Laut; so|nan|tisch (*Sprachwiss.*)
So|nar, das; -s, -e ⟨engl., Kurzw.⟩ (*Technik* Verfahren zur Ortung von Gegenständen mithilfe ausgesandter Schallimpulse); So|nar|ge|rät
So|na|te, die; -, -n ⟨ital.⟩ (aus drei od. vier Sätzen bestehendes Musikstück für ein od. mehrere Instrumente); So|na|ti|ne, die; -, -n (kleinere, leichtere Sonate)
Son|de, die; -, -n ⟨franz.⟩ (*Med.* Instrument zum Einführen in Körper- od. Wundkanäle;

Technik Vorrichtung zur Förderung von Erdöl od. Erdgas; *auch kurz für* Raumsonde)
son|der (*veraltet für* ohne); *Präposition mit Akkusativ:* sonder allen Zweifel, sonder Furcht
Son|der|ab|schrei|bung (*Wirtsch.*); Son|der|ab|zug; Son|der|ak|ti|on (*bes. Kaufmannsspr.*); Son|der|an|fer|ti|gung; Son|der|an|ge|bot; Son|der|aus|füh|rung; Son|der|aus|ga|be; Son|der|aus|stat|tung; Son|der|aus|stel|lung
Son|der|bar; etwas Sonderbares; son|der|ba|rer|wei|se; Son|der|bar|keit
Son|der|be|auf|trag|te; Son|der|be|hand|lung (*auch nationalsoz. verhüllend für* Liquidierung); Son|der|bei|trag
Son|der|be|wa|cher (*Sport*); Son|der|be|wa|che|rin; Son|der|bo|nus; Son|der|bot|schaf|ter; Son|der|bot|schaf|te|rin
Son|der|brief|mar|ke
Son|der|bund, der (z. B. in der Schweiz 1845 bis 1847)
Son|der|burg (dänische Stadt)
Son|der|bus; Son|der|de|po|nie; Son|der|de|zer|nat; Son|der|druck *Plur.* ...drucke; Son|der|edi|ti|on; Son|der|ein|heit (*bes. Militär*); Son|der|ein|satz; Son|der|er|laub|nis; Son|der|fahr|plan; Son|der|fahrt; Son|der|fall, der; Son|der|form; Son|der|ge|neh|mi|gung; son|der|glei|chen
Son|der|heft; Son|der|heit (*selten*); in Sonderheit (*geh. für* besonders, im Besonderen); in Sonderheit[,] wenn ↑D 127
Son|der|in|te|res|se *meist Plur.*; Son|der|klas|se; Son|der|kom|man|do; Son|der|kom|mis|si|on; Son|der|kon|di|ti|on *meist Plur.* (*bes. Kaufmannsspr.*); Son|der|kon|to; Son|der|kos|ten *Plur.*
son|der|lich ↑D 72: nichts Sonderliches (Ungewöhnliches)
Son|der|ling
Son|der|lö|sung; Son|der|mel|dung; Son|der|müll (gefährliche Stoffe enthaltender Müll)
¹son|dern; *Konjunktion:* nicht nur der Bruder, sondern auch die Schwester
²son|dern; ich sondere
Son|der|num|mer; Son|der|par|tei|tag; Son|der|pos|ten; Son|der|preis; Son|der|pro|gramm; Son|der|ra|batt; Son|der|ra|ti|on; Son|der|recht

Sonograph

Son|der|re|ge|lung, Son|der|reg|lung; Son|der|rol|le
son|ders; samt und sonders
Son|der|schau; Son|der|schicht
Son|der|schu|le (Förderschule); Son|der|schü|ler; Son|der|schü|le|rin; Son|der|schul|leh|rer; Son|der|schul|leh|re|rin
Son|der|sen|dung
Son|ders|hau|sen (Stadt südl. von Nordhausen); Son|ders|häu|ser; Son|ders|häu|se|rin
Son|der|sit|zung; Son|der|spra|che (Sprachwiss.); Son|der|sta|tus; Son|der|stel|lung; Son|der|stem|pel; Son|der|steu|er, die
Son|de|rung
Son|der|ur|laub; Son|der|ver|kauf; Son|der|ver|mö|gen (Rechtsspr.); Son|der|weg; Son|der|wunsch; Son|der|zei|chen (Druckw.)
Son|der|zie|hungs|recht meist Plur. (Wirtsch. Abk. SZR)
Son|der|zug; Son|der|züg|lein (schweiz. für Sonderregelung, Abweichung vom Üblichen)
son|die|ren ⟨franz.⟩ ([mit der Sonde] untersuchen; ausforschen, vorfühlen); Son|die|rung; Son|die|rungs|ge|spräch
So|nett, das; -[e]s, -e ⟨ital.⟩ (eine Gedichtform)
Song [sɔŋ], der; -s, -s ⟨engl.⟩ (Lied [oft mit sozialkritischem Inhalt])
Song|wri|ter [...raɪtɐ], der; -s, - ⟨engl.⟩ (jmd., der Songs schreibt); Song|wri|te|rin, die; -, -nen
Son|ja (w. Vorn.)
Sonn|abend, der; -s, -e; Abk. Sa.; vgl. Dienstag, sonn|abend|lich; sonn|abends ↑D 70; vgl. Dienstag

Sonnabend / Samstag
Die beiden Wochentagsbezeichnungen werden in jeweils unterschiedlichen Regionen unterschiedlich bevorzugt: Im Süden überwiegt der Gebrauch von *Samstag*, im Norden und vor allem im Osten ist überwiegend *Sonnabend* üblich. Im Westen und auch schon im Norden scheint sich *Samstag* allmählich durchzusetzen.

Son|ne, die; -, -n
Son|ne|berg (Stadt am Südrand des Thüringer Waldes)

son|nen; sich sonnen
Son|nen|an|be|ter (jmd., der sich gerne sonnt u. bräunt); Son|nen|an|be|te|rin
son|nen|arm; sonnenarme Jahre
Son|nen|auf|gang
Son|nen|bad; son|nen|ba|den meist nur im Infinitiv u. Part. II gebr.; sonnengebadet
Son|nen|bahn; Son|nen|ball, der; -[e]s
Son|nen|bank Plur. ...bänke (Gerät zum Bräunen)
Son|nen|bat|te|rie (Vorrichtung, mit der Sonnenenergie in elektrische Energie umgewandelt wird); Son|nen|blen|de
Son|nen|blu|me; Son|nen|blu|men|kern
Son|nen|brand; Son|nen|bräu|ne, die; -; Son|nen|bril|le
Son|nen|creme, Son|nen|crème
Son|nen|dach; Son|nen|deck
son|nen|durch|flu|tet (geh.)
Son|nen|ein|strah|lung; Son|nen|ener|gie; Son|nen|fins|ter|nis; Son|nen|fleck, der; -[e]s, -e[n]
son|nen|ge|bräunt
Son|nen|ge|flecht (für Solarplexus)
Son|nen|glast (geh.); Son|nen|glut
Son|nen|gott
son|nen|hell; son|nen|hung|rig
Son|nen|hut, der; Son|nen|jahr
son|nen|klar (ugs.)
Son|nen|kol|lek|tor (zur Wärmegewinnung aus Sonnenenergie)
Son|nen|kö|nig, der; -s (Beiname Ludwigs XIV. von Frankreich)
Son|nen|kraft
Son|nen|krin|gel; Son|nen|kult
Son|nen|licht, das; -[e]s; Son|nen|nä|he; Son|nen|pro|tu|be|ranz meist Plur. (Astron.)
Son|nen|rad; Son|nen|schei|be; Son|nen|schein, der; -[e]s; Son|nen|schirm
Son|nen|schutz; Son|nen|schutz|creme, Son|nen|schutz|crème; Son|nen|schutz|mit|tel, das
Son|nen|se|gel; Son|nen|sei|te
son|nen|sel|lig
Son|nen|stäub|chen; Son|nen|stich; Son|nen|strahl
Son|nen|stu|dio (Bräunungsstudio)
Son|nen|sturm (Astron.); Son|nen|sys|tem; Son|nen|tag
Son|nen|tau (eine Pflanze)
Son|nen|tier|chen (ein Einzeller)
Son|nen|uhr; Son|nen|un|ter|gang

son|nen|ver|brannt
Son|nen|wa|gen (Mythol.)
Son|nen|wär|me; Son|nen|wär|me|kraft|werk
Son|nen|war|te (Observatorium zur Sonnenbeobachtung)
Son|nen|wen|de, die; Son|nen|wend|fei|er, Sonn|wend|fei|er
Son|nen|zel|le (zur Erzeugung von elektrischer Energie aus Sonnenenergie)
son|nig
Sonn|sei|te (österr. u. schweiz. neben Sonnenseite); sonn|sei|tig (österr., schweiz.)
Sonn|tag, der; -[e]s, -e (Abk. So.); des Sonntags, aber ↑D 70: sonntags; ↑D 31: sonn- und alltags, sonn- und feiertags, sonn- und festtags, sonn- und werktags; vgl. Dienstag
Sonn|tag|abend vgl. Dienstagabend
sonn|tä|gig vgl. ...tägig
sonn|täg|lich vgl. ...täglich
Sonn|tag|mit|tag vgl. Dienstagabend; Sonn|tag|mor|gen vgl. Dienstagabend; Sonn|tag|nach|mit|tag vgl. Dienstagabend; Sonn|tag|nacht vgl. Dienstagnacht
sonn|tags ↑D 70; vgl. Dienstag u. Sonntag
Sonn|tags|ar|beit; Sonn|tags|aus|ga|be; Sonn|tags|bei|la|ge; Sonn|tags|bra|ten; Sonn|tags|dienst
Sonn|tags|fah|rer (abwertend); Sonn|tags|fah|re|rin
Sonn|tags|fra|ge (Meinungsumfrage nach der bei gedachten Wahlen am nächsten Sonntag zu wählenden Partei)
Sonn|tags|got|tes|dienst
Sonn|tags|jä|ger (abwertend); Sonn|tags|jä|ge|rin
Sonn|tags|ki|nd; Sonn|tags|re|de
Sonn|tags|ru|he; Sonn|tags|schu|le (früher für Kindergottesdienst); Sonn|tags|vor|le|sung; Sonn|tags|zei|tung
Sonn|tag|vor|mit|tag vgl. Dienstagabend
sonn|ver|brannt (neben sonnenverbrannt)
Sonn|wend|fei|er vgl. Sonnenwendfeier
Son|ny|boy ['sɔni..., 'sani...], der; -s, -s ⟨engl.⟩ (sympathischer [junger] Mann mit unbeschwert-fröhlichem Charme)
So|no|graf, So|no|graph, der; -en, -en ⟨lat.; griech.⟩

Sonografie

So|no|gra|fie, So|no|gra|phie, die; -, ...ien ⟨lat.; griech.⟩ (Med. Untersuchung mit Ultraschall)
so|nor ⟨lat.⟩ (klangvoll, volltönend); **So|no|ri|tät,** die; -, -en

sonst

Man schreibt »sonst« immer getrennt vom folgenden Wort:
– hast du sonst noch eine Frage, sonst noch [et]was auf dem Herzen?
– ist sonst jemand, sonst wer bereit[,] mitzuhelfen?
– ich hätte fast sonst was (ugs. für wer weiß was) gesagt
– kann ich Ihnen sonst wie helfen?
– sie könnte ja sonst wo sein
– da könnte ja sonst jemand, sonst wer (ugs. für irgendjemand) kommen

sons|tig; die sonstigen Möglichkeiten; ↑D 72: über Sonstiges wurde nicht gesprochen; das Sonstige, alles Sonstige erledigen wir morgen; Essen, Kleidung und Sonstiges (vgl. auch übrig)
sonst je|mand, sonst was usw. vgl. sonst
Sont|ho|fen (Ort im Allgäu)
so|oft, sooft du zu mir kommst, immer ...; aber ich habe es dir so oft gesagt, dass ...
Soon|wald, der; -[e]s (Gebirgszug im südöstlichen Hunsrück)
Soor, der; -[e]s, -e (Med. Pilzbelag in der Mundhöhle); **Soor|pilz**
So|phia, So|phie, So|fie [auch 'zɔfi] (w. Vorn.); die Kalte Sophie (landsch. für 15. Mai); **So|phi|en|kir|che** ↑D 136
So|phis|ma, das; -s, ...men ⟨griech.⟩, **So|phis|mus,** der; -, ...men (Trugschluss; Spitzfindigkeit)
So|phist, der; -en, -en (jmd., der spitzfindig, haarspalterisch argumentiert; urspr. griech. Wanderlehrer); **So|phis|te|rei**
So|phis|tik, die; - (philosophische Lehre; sophistische Denkart, Argumentationsweise)
So|phis|tin; so|phis|tisch (spitzfindig, haarspalterisch)
so|pho|kle|isch; sophokleisches Denken; sophokleische Tragödien ↑D 89 u. 135;

So|pho|k|les (griechischer Tragiker)
So|phro|sy|ne, die; - ⟨griech.⟩ (antike Tugend der Besonnenheit)
So|por, der; -s ⟨lat.⟩ (Med. starke Benommenheit); **so|po|rös**
So|pot (polnische Stadt an der Ostsee; vgl. Zoppot)
So|p|ran, der; -s, -e ⟨ital.⟩ (höchste Frauen- od. Knabenstimme; Sopransänger[in]); **So|p|ra|nist,** der; -en, -en (Knabe mit Sopranstimme); **So|p|ra|nis|tin**
So|p|ra|por|te, Sup|ra|por|te, die; -, -n ⟨ital.⟩ [reliefartiges] Wandfeld über einer Tür)
So|p|ron [ʃ...] vgl. Ödenburg
So|ra|bist, der; -en, -en; **So|ra|bis|tik,** die; - (Wissenschaft von der sorbischen Sprache u. Kultur); **So|ra|bis|tin; so|ra|bis|tisch**
So|ra|ya (w. Vorn.)
Sor|be, der; -n, -n (Angehöriger einer westslaw. Volksgruppe); **Sor|ben|sied|lung**
Sor|bet [auch ...'be:], der od. das; -s, -s, **Sor|bett,** der od. das; -[e]s, -e ⟨arab.⟩ (eisgekühltes Getränk; Halbgefrorenes)
Sor|bin ⟨zu Sorbe⟩
Sor|bin|säu|re (Chemie ein Konservierungsstoff)
sor|bisch; Sor|bisch, das; -[s] (Sprache); vgl. Deutsch; **Sor|bi|sche,** das; -n; vgl. ²Deutsche
¹**Sor|bit,** der; -s ⟨lat.⟩ (Chemie ein sechswertiger Alkohol; ein pflanzlicher Wirkstoff)
²**Sor|bit,** der; -s ⟨nach dem britischen Forscher Sorby⟩ (Bestandteil der Stähle)
Sor|bonne [...'bɔn], die; - (die älteste Pariser Universität)
Sor|di|ne, die; -, -n, **Sor|di|no,** der; -s, Plur. -s u. ...ni ⟨ital.⟩ (Musik Dämpfer); vgl. con sordino
Sor|dun, der od. das; -s, -e (Schalmei des 16. u. 17. Jh.s; früheres dunkel klingendes Orgelregister)
So|re, die; -, -n ⟨Gaunerspr.⟩ (Diebesgut, Hehlerware)
Sor|ge, die; -, -n; Sorge tragen; **sor|gen;** sich sorgen
Sor|gen|fal|te; sor|gen|frei
Sor|gen|kind; Sor|gen|last
sor|gen|los (ohne Sorgen); **sor|gen|schwer; Sor|gen|tel|le|fon; sor|gen|voll**
Sor|ge|pflicht; Sor|ge|recht

(Rechtsspr.); gemeinsames Sorgerecht; **Sor|ge|rechts|streit**
Sorg|falt, die; -; **sorg|fäl|tig; Sorg|fäl|tig|keit,** die; -; **Sorg|falts|pflicht**
Sor|gho [...go], der; -s, -s ⟨ital.⟩, **Sor|ghum** [...gʊm], das; -s, -s (eine Getreidepflanze)
sorg|lich (veraltend)
sorg|los; Sorg|lo|sig|keit
sorg|sam; Sorg|sam|keit, die; -
Sorp|ti|on, die; -, -en ⟨lat.⟩ (Chemie Aufnahme eines Gases od. gelösten Stoffes durch einen anderen festen od. flüssigen Stoff)
Sor|rent (italienische Stadt)
sor|ry! ⟨engl.⟩ (ugs. für Entschuldigung!)
Sor|te, die; -, -n ⟨lat.⟩ (Art, Gattung; Wert, Güte)
Sor|ten Plur. (Bankw. ausländische Geldsorten, Devisen)
Sor|ten|fer|ti|gung (Wirtsch.); **Sor|ten|ge|schäft; Sor|ten|han|del** (Wirtsch.); **Sor|ten|kal|ku|la|ti|on; Sor|ten|kurs** (Bankw.); **Sor|ten|markt** (Bankw.); **Sor|ten|pro|duk|ti|on** (Wirtsch.)
sor|ten|rein
Sor|ten|ver|zeich|nis; Sor|ten|zet|tel (Kaufmannsspr.)
sor|tie|ren (sondern, auslesen, sichten); **Sor|tie|rer; Sor|tie|re|rin; Sor|tier|ma|schi|ne**
sor|tiert (auch für hochwertig); **Sor|tie|rung**
Sor|ti|le|gi|um, das; -s, ...ien (Weissagung durch Lose)
Sor|ti|ment, das; -[e]s, -e ⟨ital.⟩ (Warenangebot, -auswahl eines Kaufmanns; auch für Sortimentsbuchhandel)
Sor|ti|men|ter (Angehöriger des Sortimentsbuchhandels, Ladenbuchhändler); **Sor|ti|men|te|rin; Sor|ti|ments|buch|han|del; Sor|ti|ments|buch|händ|ler; Sor|ti|ments|buch|händ|le|rin**
SOS [ɛsloː'ɛs] (internationales Seenotzeichen, gedeutet als save our ship = rette[t] unser Schiff! od. save our souls = rette[t] unsere Seelen!)
so|sehr, sosehr ich diesen Plan auch billige, ...; aber er lief so sehr, dass ...
SOS-Kin|der|dorf ↑D 28 (Einrichtung zur Betreuung u. Erziehung elternloser od. verlassener Kinder in familienähnlichen Gruppen)

so wahr

so|viel, so viel

Zusammenschreibung bei der Konjunktion:
- soviel ich weiß, ist es umgekehrt
- sie hat Urlaub, soviel ich weiß

Getrenntschreibung bei allen anderen Verbindungen:
- so viel für heute
- sein Wort bedeutet so viel wie ein Eid
- rede nicht so viel!
- du kannst haben, so viel wie du willst; du kannst so viel haben, wie du willst
- so viel als
- so viel wie (*Abk.* svw.)
- so viel wie (*älter:* als) möglich
- noch einmal so viel

- er hat halb, doppelt so viel Geld wie (*seltener:* als) du
- so viel [Geld] wie du hat er auch
- du weißt so viel, dass ...
- ich habe so viel Zeit, dass ...
- er musste so viel leiden
- so viele Gelegenheiten
- so vieles Schöne

Ableitungen:
- zum sovielten Mal
- das sovielte Mal

---

¹so|so (drückt Ironie od. Zweifel aus); soso, du warst also gestern krank

²so|so (*ugs. für* nicht [gerade] gut; ungünstig); es steht damit soso

SOS-Ruf ↑D 28

So|ße [österr. zo:s], Sau|ce [ˈzoːsə, österr. zoːs], die; -, -n ⟨franz.⟩ (Brühe, Tunke; *in der Tabakbereitung* Beize)

so|ßen (*svw.* saucieren)

So|ßen|löf|fel, Sau|cen|löf|fel; **So|ßen|schüs|sel**, Sau|cen|schüs|sel

sost. = sostenuto

sos|te|nu|to ⟨ital.⟩ (*Musik* gehalten, getragen; *Abk.* sost.)

Sot|ter, der; -, -e ⟨griech.⟩ (Retter, Heiland; Ehrentitel Jesu Christi); **So|te|rio|lo|gie**, die; -, ...ien (*Theol.* Lehre vom Erlösungswerk Jesu Christi, Heilslehre)

Sot|schi (russ. Stadt am Schwarzen Meer)

Sott, der od. das; -[e]s (*nordd. für* Ruß)

Sot|ti|se, die; -, -n meist Plur. ⟨franz.⟩ (*veraltet, aber noch landsch. für* Dummheit; Grobheit; freche, stichelnde Äußerung)

sot|to vo|ce [- ...tʃə] ⟨ital.⟩ (*Musik* halblaut, gedämpft)

Sou [suː], der; -, -s ⟨franz.⟩ (frühere französische Münze im Wert von 5 Centimes)

Sou|bret|te [zu...], die; -, -n ⟨franz.⟩ (Sängerin heiterer Sopranpartien in Oper u. Operette)

Sou|chong [ˈzuː(ˈ)ʃɔŋ], der; -[s], -s ⟨chin.-franz.⟩ (chinesischer Tee); **Sou|chong|tee**

Souf|flé, Souf|flee [zu...], das; -s, -s ⟨franz.⟩ (*Gastron.* Eierauflauf)

Souf|fleur [zuˈfløːɐ̯], der; -s, -e (*Theater* jmd., der soufliert); **Souf|fleur|kas|ten**; **Souf|fleu|se**, die; -, -n ⟨zu Souffleur⟩

souf|flie|ren (flüsternd vorsprechen)

Soul [soʊl], der; -[s] ⟨amerik.⟩ (Jazz od. Popmusik mit starker Betonung des Expressiven)

Sound [saʊnt], der; -s ⟨amerik.⟩ (*Musik* Klang[wirkung]; musikalische Stilrichtung)

Sound|check [ˈsaʊnt...]; **Sound|chip**; **Sound|kar|te** (*EDV*)

so|und|so (*ugs. für* unbestimmt wie ...); soundso breit, groß, viel usw.; Seite soundso; *aber* etwas so und so (so und wieder anders) erzählen; ↑D 81: [der] Herr Soundso

so|und|so|viel|mal; *bei besonderer Betonung* soundso viel Mal

so|und|so|viel|te; *der* soundsovielte Mai, Abschnitt usw.; *aber* ↑D82: am Soundsovielten des Monats

Sound|track [ˈsaʊnttrɛk], der; -s, -s ⟨engl.⟩ (Tonspur eines Films; Filmmusik)

Sou|per [zuˈpeː], das; -s, -s ⟨franz.⟩ (festliches Abendessen); **sou|pie|ren**

Sou|ples|se [suˈplɛs(ə)], die; - ⟨franz.⟩ (*schweiz. für* Geschmeidigkeit, Eleganz)

Sour|cing [ˈsɔːɐ̯sɪŋ], das; -s (*Wirtsch.* Beschaffung von Gütern u. Dienstleistungen); **Sour|cing-Ma|na|ger**; **Sour|cing-Ma|na|ge|rin**

Sou|sa|fon, Sou|sa|phon [zu...], das; -s, -e ⟨nach dem amerikanischen Komponisten J. Ph. Sousa⟩ (eine Basstuba)

Sous|chef [ˈsuːʃɛf], der; -s, -s ⟨franz.⟩ (*schweiz. für* Stellvertreter des [Bahnhofs]vorstandes; *Gastron.* Stellvertreter des Küchenchefs); **Sous|che|fin**

Sous|sol [suˈsɔl], das u. der; -s, -s (*schweiz. für* Untergeschoss)

Sou|ta|che [zuˈtaʃ(ə)], Su|tasch, die; -, -n (schmale, geflochtene Litze); **sou|ta|chie|ren**

Sou|ta|ne [zu..., *auch* su...], die; -, -n ⟨franz.⟩ (Gewand der kath. Geistlichen); **Sou|ta|nel|le**, die; -, -n (bis ans Knie reichender Gehrock der katholischen Geistlichen)

Sou|ter|rain [zutɛˈrɛ̃ː, *auch* ˈzuː...], das; -s, -s ⟨franz.⟩ (Kellergeschoss); **Sou|ter|rain|woh|nung**

Sou|th|amp|ton [saʊˈθɛmptn̩] (britische Stadt)

South Ca|ro|li|na [ˈsaʊθ kɛrəˈlaɪnə] (Südkarolina; *Abk.* SC)

South Da|ko|ta [ˈsaʊθ dəˈkoʊtə] (Süddakota; *Abk.* SD)

Sou|ve|nir [zuvə...], das; -s, -s ⟨franz.⟩ (Andenken, Erinnerungsstück)

Sou|ve|nir|la|den

sou|ve|rän [zuvə...] ⟨franz.⟩ (unumschränkt; selbstständig; überlegen)

Sou|ve|rän, der; -s, -e (Herrscher; Landes-, Oberherr; *bes. schweiz. für* Gesamtheit der Wähler); **Sou|ve|rä|nin**

Sou|ve|rä|ni|tät, die; -, -en (Unabhängigkeit; Landes-, Oberhoheit); **Sou|ve|rä|ni|täts|an|spruch**

Sove|reign [ˈzɔvrɪn], der; -[s], -s ⟨engl.⟩ (frühere engl. Goldmünze)

so|viel, so viel *s. Kasten*

so|viel|mal *bei besonderer Betonung* so viel Mal; *aber nur* so viele Male

so wahr; so wahr mir Gott helfe

so was

so|weit, so weit

Zusammenschreibung bei der Konjunktion:
– soweit ich es beurteilen kann, wird …
– sie ist gesund, soweit mir bekannt ist

Getrenntschreibung bei allen anderen Verbindungen:
– ich bin [noch nicht] so weit
– es, die Sache ist so weit
– es geht ihm so weit gut, nur …

– so weit wie od. als möglich will ich nachgeben
– wirf den Ball so weit wie möglich
– es kommt noch so weit, dass …
– so weit, so gut
– ich kann den Weg so weit übersehen, dass …
– eine Sache so weit fördern, dass …

---

so̱ was, **so̱|was** ⟨ugs. für so etwas⟩

Sow|chos ['sɔfxɔs], der; -, …cho̱se, **Sow|cho̱|se** […'x…, auch …'ç…], die; -, -n, österr. nur so ⟨russ.⟩ (Staatsgut in der Sowjetunion)

so|weit, so weit s. Kasten

so|we̱|nig, so we̱|nig

Zusammenschreibung bei der Konjunktion:
– sowenig ich mich daran gewöhnen kann, dass …

Getrenntschreibung bei allen anderen Verbindungen:
– ich bin so wenig (ebenso wenig) dazu bereit wie du
– tu das so wenig wie od. als möglich
– ich habe so wenig Geld wie du
– du hast so wenig gelernt, dass du durchfallen wirst

So|we̱|to ⟨aus engl. South Western Township = südwestliche Township⟩ (südwestl. Stadtteil von Johannesburg)

so|wie, so wie

Zusammenschreibung bei der Konjunktion:
– sowie (sobald) er kommt, soll er nachsehen
– sie wird es dir geben, sowie sie damit fertig ist
– wissenschaftliche und technische sowie (und, und auch) schöne Literatur
– er sowie seine Frau war od. waren da

Getrenntschreibung beim Vergleich »so … wie«:
– es kam so, wie ich es erwartet hatte
– so, wie ich ihn kenne, kommt er nicht
– wir machen es so wie immer

---

so|wie|so

So̱w|jet [auch 'zɔ…], der; -s, -s ⟨russ., »Rat«⟩ (Form der Volksvertretung *[in der Sowjetunion]*; *nur Plur.:* Sowjetbürger)

so|wje̱|tisch

So|wje̱t|re|pu|blik; Sow|jet|russland; Sow|jet|stern; Sow|jet|uni|on, die; -; *Abk.* SU (bis 1991)

so|wo̱hl; sowohl die Eltern als [auch] od. wie [auch] die Kinder

So|wo̱hl-als-a̱uch, das; -

So|zi̱, der; -s, -s u. Sozen (*abwertend kurz für* Sozialdemokrat)

So|zi̱a, die; -, -s ⟨lat.⟩ (*meist scherzh. für* Beifahrerin auf einem Motorrad od. -roller)

so|zi|a|bel (*Soziol.* umgänglich, gesellig); …a|b|le Menschen; **So|zi|a|bi|li|tät,** die; -

so|zi|a̱l (die Gesellschaft, die Gemeinschaft betreffend, gesellschaftlich; gemeinnützig, wohltätig); sozial schwach; der od. die sozial Schwache; ↑D 89: die soziale Frage; soziale Sicherheit; sozialer Wohnungsbau; soziale od. Soziale Marktwirtschaft; soziale Netzwerke

So|zi|a̱l|ab|bau, der; -[e]s

So|zi|a̱l|ab|ga|be *meist Plur.;* **so|zi|al|ab|ga|ben|frei**

So|zi|a̱l|ab|zug (*schweiz.*)

So|zi|a̱l|amt; So|zi|a̱l|ar|beit; So|zi|a̱l|ar|bei|ter; So|zi|a̱l|ar|bei|te|rin

So|zi|a̱l|aus|gleich; So|zi|a̱l|bei|trä|ge *Plur.;* **So|zi|a̱l|be|richt; So|zi|a̱l|be|ruf**

so|zi|a̱l|dar|wi|nis|tisch

So|zi|a̱l|de|mo|krat; So|zi|a̱l|de|mo|kra|tie (Sozialdemokratische Partei; Gesamtheit der sozialdemokratischen Parteien); **So|zi|a̱l|de|mo|kra|tin; so|zi|a̱l|de|mo|kra|tisch;** *aber* ↑D 150: die Sozialdemokratische Partei Deutschlands (*Abk.* SPD)

So|zi|a̱l|ein|kom|men; So|zi|a̱l|ethik; So|zi|a̱l|fall, der

So|zi|a̱l|fonds (für soziale Zwecke eingerichteter Fonds); der Europäische Sozialfonds ↑D 150

So|zi|a̱l|for|schung; So|zi|a̱l|für|sor|ge (Sozialhilfe der DDR)

So|zi|a̱l|ge|bäu|de

So|zi|a̱l|ge|richt; So|zi|a̱l|ge|richts|bar|keit; So|zi|a̱l|ge|richts|ge|setz

So|zi|a̱l|ge|schich|te; So|zi|a̱l|ge|setz|ge|bung

So|zi|a̱l|hil|fe; So|zi|a̱l|hil|fe|emp|fän|ger; So|zi|a̱l|hil|fe|emp|fän|ge|rin

So|zi|a|li|sa|ti|o̱n, die; - (Prozess der Einordnung des Individuums in die Gesellschaft)

so|zi|a|li|sie|ren (verstaatlichen; in die Gesellschaft einordnen); **So|zi|a|li|sie|rung**

So|zi|a|lis|mus, der; -, …men (Gesamtheit der Theorien, politischen Bewegungen u. Staatsformen, die auf gemeinschaftlichen od. staatlichen Besitz der Produktionsmittel u. eine gerechte Verteilung der Güter hinzielen); **So|zi|a|list,** der; -en, -en; **So|zi|a|lis|tin**

so|zi|a|lis|tisch ↑D 89: sozialistischer Realismus (eine auf dem Marxismus gründende künstler. Richtung in kommunist. Ländern), *aber* ↑D 150: Sozialistische Einheitspartei Deutschlands (Staatspartei der DDR; *Abk.* SED)

So|zi|a̱l|jahr (*österr., schweiz. für* Freiwilliges Soziales od. freiwilliges soziales Jahr)

So|zi|a̱l|kauf|haus (preisgünstiger Secondhandshop)

So|zi|a̱l|kom|pe|tenz (Fähigkeit einer Person, in ihrer sozialen Umwelt selbstständig zu handeln); **So|zi|a̱l|kon|takt**

So|zi|a̱l|kri|tik; so|zi|a̱l|kri|tisch

So|zi|a̱l|kun|de, die

So|zi|a̱l|kür|zung; So|zi|a̱l|las|ten *Plur.*

So|zi|a̱l|leh|re (*christl. Kirche*)

So|zi|a̱l|leis|tung *meist Plur.*

so|zi|a̱l|li|be|ral, so|zi|al-li|be|ral

So|zi|a̱l|lohn; So|zi|a̱l|markt

So|zi|a̱l|mi|nis|ter; So|zi|a̱l|mi|nis|te|rin; So|zi|a̱l|mi|nis|te|ri|um

Spammerin

So|zi|al|neid; So|zi|al|öko|no|mie
So|zi|al|päd|a|go|ge; So|zi|al|päd|a|go|gik; So|zi|al|päd|a|go|gin; so|zi|al|päd|a|go|gisch
So|zi|al|part|ner (Politik); So|zi|al|part|ner|schaft; so|zi|al|part|ner|schaft|lich
So|zi|al|plan
So|zi|al|po|li|tik; So|zi|al|po|li|ti|ker; So|zi|al|po|li|ti|ke|rin; so|zi|al|po|li|tisch
So|zi|al|pres|ti|ge; So|zi|al|pro|dukt (Wirtsch.); So|zi|al|psy|cho|lo|gie
So|zi|al|raum; so|zi|al|räum|lich (bes. Soziol. die gesellschaftliche u. räumliche Lebenswelt betreffend)
So|zi|al|recht; So|zi|al|re|fe|rat (für Soziales zuständige Abteilung); So|zi|al|re|fe|rent; So|zi|al|re|fe|ren|tin; So|zi|al|re|form
So|zi|al|ren|te; So|zi|al|rent|ner; So|zi|al|rent|ne|rin
so|zi|al|re|vo|lu|ti|o|när
So|zi|al|staat Plur. ...staaten; So|zi|al|sta|ti|on; So|zi|al|sta|tis|tik; So|zi|al|struk|tur; So|zi|al|sys|tem; So|zi|al|ta|rif; So|zi|al|tel|le|fon (österr.)
So|zi|al|un|ter|neh|men (Wirtsch. Unternehmen, das gemeinnützige Zwecke verfolgt); So|zi|al|un|ter|neh|mer; So|zi|al|un|ter|neh|me|rin
So|zi|al|ver|hal|ten
So|zi|al|ver|mö|gen (Wirtsch.)
so|zi|al|ver|si|chert; So|zi|al|ver|si|che|rung (Abk. SV); So|zi|al|ver|si|che|rungs|bei|trag
so|zi|al ver|träg|lich, so|zi|al|ver|träg|lich
So|zi|al|we|sen
So|zi|al|wis|sen|schaft meist Plur.; So|zi|al|wis|sen|schaft|ler (schweiz., österr. auch für Sozialwissenschaftler); So|zi|al|wis|sen|schaft|le|rin; So|zi|al|wis|sen|schaft|ler|in; so|zi|al|wis|sen|schaft|le|rin
So|zi|al|woh|nung; So|zi|al|zu|la|ge
So|zi|e|tät, die; -, -en (Gesellschaft; Genossenschaft)
so|zio|de|mo|gra|fisch, so|zio|de|mo|gra|phisch (die Zugehörigkeit zu einer bestimmten sozialen Gruppe betreffend)
So|zio|gra|fie, So|zio|gra|phie, die; -, ...ien (Soziol. Darstellung der Formen menschlichen Zusammenlebens innerhalb bestimmter Räume u. Zeiten)
So|zio|gramm, das; -s, -e (Soziol. grafische Darstellung sozialer Beziehungen innerhalb einer Gruppe)
so|zio|kul|tu|rell (die soziale Gruppe u. ihr Wertesystem betreffend)
So|zio|lekt, der; -[e]s, -e (Sprachwiss. Sprachgebrauch von Gruppen, Institutionen o. Ä.)
So|zio|lin|gu|is|tik (Sprachwiss. wissenschaftliche Betrachtungsweise des Sprechverhaltens verschiedener Gruppen, Schichten o. Ä.); so|zio|lin|gu|is|tisch
So|zio|lo|ge, der; -n, -n
So|zio|lo|gie, die; -, ...ien (lat.; griech.) (Wissenschaft zur Erforschung komplexer Erscheinungen u. Zusammenhänge in der menschlichen Gesellschaft)
So|zio|lo|gin; so|zio|lo|gisch
so|zio|öko|no|misch
So|zi|us, der; -, Plur. ...zien, ...zii, auch -se (lat.) (Wirtsch. Teilhaber; Beifahrer[sitz]); So|zi|us|sitz (Rücksitz auf dem Motorrad)
so|zu|sa|gen (gewissermaßen); aber er versuchte, es so zu sagen, dass es verständlich ist
Sp. (Buchw.) = Spalte
SP, SP Schweiz (Sozialdemokratische Partei der Schweiz)
¹Spa [spa:] (belgische Stadt)
²Spa, das, auch der; -[s], -s ⟨nach ¹Spa⟩ (Wellnessbad)
Space|lab [ˈspeɪslep], das; -[s], -s ⟨engl.⟩ (von ESA u. NASA entwickeltes Raumlabor)
Space|shut|tle [...ʃatl], der od. das; -s, -s (Raumfähre)
Spach|tel, der; -s, - od., österr. nur, die; -, -n; Spach|tel|ma|le|rei; Spach|tel|mas|se
spach|teln (ugs. auch für [tüchtig] essen); ich spacht[e]le
spack (landsch. für dürr; eng)
Spa|cken, der; -s, -, Spa|cko, der; -s, -s (derbes Schimpfwort)
Spa|dil|le [...ˈdɪljə], die; -, -n (höchster Trumpf im Lomber)
Spa|er [spa:...] ⟨zu ¹Spa⟩
¹Spa|gat, der, österr. nur so, od. das; -[e]s, -e ⟨ital.⟩ (Gymnastik Körperhaltung, bei der die Beine so weit gespreizt sind, dass sie eine Gerade bilden)
²Spa|gat, der; -[e]s, -e ⟨ital.⟩ (bayr., österr. für Bindfaden)
Spa|gat|pro|fes|sor (ugs. scherzh. für Professor, dessen Universitäts- u. Wohnort weit auseinanderliegen); Spa|gat|pro|fes|so|rin
Spa|ghet|ti [...ˈgɛ...], die; -, - (ugs. auch -s), Spa|get|ti, die; -, - (ugs. auch -s) meist Plur., bes. fachspr. Spa|ghet|to [...ˈgɛ...], der; -[s], Spaghetti meist Plur. ⟨ital.⟩; Spaghetti bolognese
Spa|ghet|ti|eis, Spa|get|ti|eis
spä|hen
Spä|her; Spä|he|rei; Spä|he|rin
Spa|hi [sp..., auch ʃp...], der; -s, -s ⟨pers., »Krieger«⟩ (früher für [adliger] Reiter im türkischen Heer; Angehöriger einer aus Nordafrikanern gebildeten französischen Reitertruppe)
Späh|trupp (für Patrouille)
Spa|ke, die; -, -n (nordd. für Hebel, Hebebaum)
spa|kig (nordd. für schimmelig)
Spa|la|to (ital. Form von Split)
Spa|lett, das; -[e]s, -e ⟨ital.⟩ (österr. für hölzerner Fensterladen)
Spa|lier, das; -s, -e (Gitterwand; Doppelreihe von Personen als Ehrengasse); Spalier stehen
Spa|lier|baum; Spa|lier|obst
Spalt, der; -[e]s, Plur. -e, schweiz. auch Spälte
spalt|bar; Spalt|bar|keit, die; -
spalt|breit; eine spaltbreite Öffnung; Spalt|breit, der; -, Spalt breit, der; - -; die Tür einen Spaltbreit od. Spalt breit öffnen
Spält|chen
Spal|te, die; -, -n (auch für Schnitz, Scheibe; Abk. [Buchw.] Sp.)
spal|ten; gespalten u. gespaltet; in adjektivischem Gebrauch fast nur gespalten; gespaltenes Holz, eine gespaltene Zunge
Spal|ten|brei|te
spal|ten|lang; ein spaltenlanger Artikel, aber drei Spalten lang; spal|ten|wei|se
spalt|er|big (Biol.)
Spalt|fuß
...spal|tig (z. B. zweispaltig)
Spalt|le|der; Spalt|pilz; Spalt|pro|dukt (Physik, Chemie); Spalt|stock Plur. ...stöcke (schweiz. für Hackklotz)
Spal|tung
Spam [spem], der od. das; -s, -s od. die; -, -s ⟨engl.⟩ (unerwünscht zugesandte E-Mail zu Werbezwecken); Spam|fil|ter (EDV)
Spam|mail, Spam-Mail (EDV)
spam|men [ˈspɛm...] ⟨engl.⟩ (Spams verschicken); Spam|mer, der; -s, - ⟨engl.⟩ (jmd., der Spams verschickt); Spam|me|rin

Span, der; -[e]s, Späne; span|ab|he|bend ↑D 59 (Technik); Spän|chen
Span|d|ril|le, die; -, -n ⟨ital.⟩ (Archit. Bogenwickel)
spa|nen (Späne abheben); spanende Werkzeuge; ¹spä|nen (mit Metallspänen abreiben); ²spä|nen (landsch. für entwöhnen); Span|fer|kel (noch nicht entwöhntes Ferkel)
Späng|chen
Span|ge, die; -, -n; Span|gen|schuh
Spa|ni|el, der; -s, -s ⟨engl.⟩ (ein Jagd- u. Haushund)
Spa|ni|en; Spa|ni|er; Spa|ni|e|rin
Spa|ni|o|le, der; -n, -n (Nachkomme von einst aus Spanien vertriebenen Juden)
spa|nisch; das kommt mir spanisch (ugs. für seltsam) vor; ↑D 89 u. 142: spanischer Reiter (Militär ein bestimmtes Hindernis); spanischer Stiefel (ein Folterwerkzeug); spanische Wand (svw. Paravent), aber ↑D 150 u. 151: der Spanische Erbfolgekrieg; die Spanische Reitschule (in Wien) ; Spanische Fliege (ein Insekt)
Spa|nisch, das; -[s] (Sprache); vgl. Deutsch; Spa|ni|sche, das; -n; vgl. ²Deutsche
Spa|nisch-Gui|nea (früher für Äquatorialguinea)
Span|korb
spann vgl. spinnen
Spann, der; -[e]s, -e (oberer Teil, Rist des menschlichen Fußes)
Spann|be|ton; Spann|be|ton|brü|cke; Spann|be|ton|kon|s|t|ruk|ti|on
Spann|bett|tuch
Spann|dienst (früher für spezieller Frondienst); Hand- und Spanndienst leisten
Span|ne, die; -, -n (ein altes Längenmaß)
span|nen
span|nend; das span|nends|te Buch
span|nen|lang (veraltet)
Span|ner (ugs. auch für Voyeur); Span|ne|rin
spann|fä|hig; Spann|gar|di|ne; Spann|gurt
Spann|kraft, die; -; Spann|la|ken; Spann|rah|men (Buchbinderei)
Spann|tep|pich (bes. schweiz. für Teppichboden)
Span|nung
Span|nung füh|rend, span|nung|füh|rend ↑D 58

Span|nungs|ab|fall (Elektrot.)
Span|nungs|bo|gen (Spannung erzeugende Abfolge von Ereignissen); Span|nungs|feld
span|nungs|füh|rend (Elektrot.)
Span|nungs|ge|biet
Span|nungs|ge|la|den
Span|nungs|ko|ef|fi|zi|ent (Physik)
span|nungs|los
Span|nungs|mes|ser, der; Span|nungs|mo|ment, der; Span|nungs|prü|fer; Span|nungs|reg|ler
span|nungs|reich
Span|nungs|ver|hält|nis
span|nungs|voll
Span|nungs|wand|ler (Elektrot.)
Span|nungs|zu|stand
Spann|vor|rich|tung; Spann|wei|te
Span|plat|te; Span|schach|tel
Spant, das, in der Luftfahrt auch der; -[e]s, -en meist Plur. (rippenähnl. Bauteil zum Verstärken der Außenwand von Schiffs- u. Flugzeugrümpfen)
Span|ten|riss (eine Schiffskonstruktionszeichnung)
Spar|bat|zen (schweiz. für Spargroschen); Spar|be|trag; Spar|bren|ner; Spar|brief; Spar|buch; Spar|bü|ch|se; Spar|ein|la|ge
spa|ren; Spa|rer
Spa|rer|frei|be|trag (Steuerw.)
Spare ribs ['spɛːgrɪbs] Plur. ⟨engl.⟩ (Schälrippchen)
Spa|re|rin
Spar|flam|me; Spar|för|de|rung
Spar|gel, der; -s, -, schweiz. auch die; -, -n; Spar|gel|beet; Spar|gel|ge|mü|se, das; -s; Spar|gel|grün, das; -s; Spar|gel|kraut, das; -[e]s; Spar|gel|spit|ze
Spar|gel|ste|cher; Spar|gel|ste|che|rin; Spar|gel|sup|pe
Spar|gel|tar|zan, der; -s, Plur. -e od. -s (ugs. scherzh. für schmächtiger Junge od. Mann)
Spar|gi|ro|ver|kehr; Spar|gro|schen; Spar|gut|ha|ben
Spark, der; -[e]s (eine Pflanze)
Spar|kas|se; Spar|kas|sen|buch; Spar|kon|to
Spar|kurs; Spar|lam|pe (Glühlampe mit niedrigem Stromverbrauch)
spär|lich; Spär|lich|keit, die; -
Spar|maß|nah|me meist Plur.; Spar|mo|dus; Spar|pa|ket; Spar|pfen|nig; Spar|plan; Spar|po|li|tik; Spar|prä|mie; Spar|pro|gramm; Spar|quo|te
Spar|re, der; -, -n (svw. Sparren)
spar|ren ⟨engl.⟩ (Boxen mit jmdm. im Training boxen); er hat zwei Stunden gesparrt

Spar|ren, der; -s, -; Spar|ren|dach; spar|rig (Bot. seitwärts abstehend); sparrige Äste
Spar|ring, das; -s (Boxtraining); Spar|rings|kampf; Spar|ring[s]part|ner; Spar|ring[s]part|ne|rin
spar|sam; Spar|sam|keit, die; -
Spar|schä|ler (Küchengerät zum Schälen von Obst u. Gemüse)
Spar|schwein; Spar|strumpf
Spart, der od. das; -[e]s, -e (svw. Esparto)
Spar|ta
Spar|ta|ki|a|de ⟨sp..., auch sp...⟩ (altgriechische Stadt)
Spar|ta|ki|a|de ⟨sp..., auch sp...⟩, die; -, -n (Sportveranstaltung in osteuropäischen Ländern [bis 1990])
Spar|ta|kist, der; -en, -en (Angehöriger des Spartakusbundes); Spar|ta|kis|tin; Spar|ta|kus (Führer eines röm. Sklavenaufstandes); Spar|ta|kus|bund, der; -[e]s (kommunist. Kampfbund 1917/18)
Spar|ta|ner ⟨sp..., auch sp...⟩ (Bewohner von Sparta); Spar|ta|ne|rin; spar|ta|nisch; spartanische (strenge, harte) Zucht
Spar|te, die; -, -n (Abteilung, Fach, Gebiet; Geschäfts-, Wissenszweig; Zeitungsspalte)
Spar|ten|ge|werk|schaft (auf eine Berufsgruppe beschränkte Gewerkschaft)
Spar|ten|sen|der (auf eine spezielle Programmkategorie beschränkter Fernsehsender)
spar|ten|über|grei|fend
Spar|te|rie, die; - ⟨franz.⟩ (Flechtwerk aus Spänen od. Bast)
Spart|gras (svw. Espartogras)
Spar|ti|at ⟨sp..., auch sp...⟩, der; -en, -en (dorischer Vollbürger im alten Sparta); Spar|ti|a|tin
spar|tie|ren ⟨sp..., sp...⟩ ⟨ital.⟩ (Musik in Partitur setzen)
Spar- und Dar|le|hens|kas|se ↑D 31
Spar|ver|si|on; Spar|ver|trag; Spar|ziel; Spar|zins; Spar|zwang
spas|misch, spas|mo|disch ⟨sp..., auch sp...⟩ ⟨griech.⟩ (Med. krampfhaft, krampfartig)
spas|mo|gen (krampferzeugend)
Spas|mo|ly|ti|kum, das; -s, ...ka (krampflösendes Mittel); spas|mo|ly|tisch
Spas|mus, der; -, ...men (Krampf)
Spaß, der; -es, Späße, österr. auch Spass, der; -es, Späße; Spaß (österr. auch Spass) machen
Spaß|brem|se (ugs. für Spielverderber, Langweiler)

Speech

spät
später, spätestes
– spätestens; am spätesten
– von [morgens] früh bis [abends] spät
In Verbindung mit Verben wird »spät« getrennt geschrieben ↑D 56:
– spät sein, werden
– zu spät kommen
– der Komponist hat die Oper spät vollendet

Bei Substantivierungen:
– die zu spät Kommenden, die zu spät Gekommenen
– das Zuspätkommen *od.* Zu-spät-Kommen
Bei adjektivisch gebrauchten Partizipien kann getrennt oder zusammengeschrieben werden ↑D 58:
– eine spät vollendete *od.* spätvollendete Oper

Späßchen
spaßen; du spaßt; **Spaßerei**
Spaßeshalber
Spaßetteln, *österr. auch* **Spassetteln** *Plur. (österr. ugs. für* Scherz); Spaßetteln machen
spaßfrei (sehr nüchtern; langweilig)
Spaßgesellschaft; spaßhaft; spaßhalber *(bes. österr.)*
spaßig; Spaßigkeit
Spaßmacher; Spaßmacherin
Spaßverderber; Spaßverderberin
Spaßvogel *(scherzh.)*
Spastiker [ʃp..., *auch* sp...] ⟨griech.⟩ (an einer spasmischen Krankheit Leidender); **Spastikerin**
spastisch (mit Erhöhung des Muskeltonus einhergehend)
spat *(veraltet für* spät)
¹**Spat,** der; -[e]s, *Plur.* -e *u.* Späte (ein Mineral)
²**Spat,** der; -[e]s (Pferdekrankheit)
spät s. Kasten
spätabends; *aber* eines Spätabends
Spätantike
Spätaussiedler; Spätaussiedlerin
Spätbarock
Spätburgunder (eine Reb- u. Weinsorte)
Spätdienst
Späte, die; - *(veraltet); noch in* in der Späte
Spatel, der; -s, - *(österr. nur so) u.* die; -, -n *(svw.* Spachtel)
Spaten, der; -s, -
Spatenforschung (archäologische Forschung durch Ausgrabungen); **Spatenstich**
Spätentwickler; Spätentwicklerin
später; bis später; **späterhin**
spätestens; Spätestfolge
spätgebärende, die; -n, -n, **spät Gebärende,** die; - -n, - -n; **Spätgeburt**

Spätgotik
Spatha [sp..., *auch* ʃp...], die; -, ...then ⟨griech.⟩ *(Bot.* Blütenscheide kolbiger Blütenstände)
spathaltig ⟨zu ¹Spat⟩
Spatheimkehrer
Spätherbst; spätherbstlich
Späti, der; -[s], -s *(bes. berlin. kurz für* Spätkauf)
Spatien [ʃp..., *auch* sp...] *(Plur. von* Spatium); **Spatienbreite** *(Druckw.);* **Spatienkeil**
spatig (spatkrank; *vgl.* ²Spat)
spatiieren, spationieren [ʃp..., *auch* sp...] ⟨lat.⟩ *(Druckw.* [mit Zwischenräumen] durchschießen, sperren)
spatiös (weit, geräumig)
Spatium, das; -s, ...ien *(Druckw.* Zwischenraum; schmales Ausschlussstück)
Spätjahr *(für* Herbst)
Spätkauf, Spätverkauf (kleines Geschäft mit erweiterten Öffnungszeiten, das Getränke, Tabakwaren u. Ä. verkauft)
Spätlatein; spätlateinisch
Spätlese; Spätling
Spätmittelalter
Spätnachmittag; eines Spätnachmittags; **spätnachmittags**
Spätnachrichten *Plur.;* **Spätphase; Spätprogramm; Spätromantik; Spätschaden; Spätschicht**
Spätsommer; spätsommerlich
Spätverkauf *vgl.* Spätkauf
spät vollendet, spätvollendet *vgl.* spät
Spätvorstellung; Spätwerk
Spätwestern *(Film)*
Spatz, der; *Gen.* -en, *auch* -es, *Plur.* -en; **Spätzchen**
Spatzenhirn *(ugs. abwertend)*
Spatzennest; Spätzin
Spätzle *Plur.* (schwäbische Mehlspeise); mit Spätzle
Spätzli *Plur. (schweiz. für* Spätzle)
Spätzünder *(ugs.);* **Spätzünderin**
Spätzündung
spazieren ⟨lat.⟩; spazieren fahren,

führen, gehen usw.; spazieren gegangen; spazieren zu fahren; spazieren gehende *od.* spazierengehende Menschen
Spazierengehen, das; -s ↑D 82
spazieren reiten
Spazierfahrt
Spaziergang, der; **Spaziergänger; Spaziergängerin**
Spaziergeher *(österr.);* **Spaziergeherin**
Spazierritt; Spazierstock *Plur.* ...stöcke; **Spazierweg**
SPD, die; - = Sozialdemokratische Partei Deutschlands; **SPD-Fraktion; SPD-geführt;** die SPD-geführten Länder
Specht, der; -[e]s, -e (ein Vogel)
spechten *(österr. ugs. für* spähen, spionieren); ich specht[e]le; **spechten** *(bayr.);* **Spechtler** *(österr. ugs.);* **Spechtlerin**
Spechtmeise *(svw.* Kleiber)
Special [ˈspɛʃ], das; -s, -s ⟨engl.⟩ (Sondersendung, Sonderbericht zu einem Thema)
Special Effect [- ɪˈfɛkt], der; - -s, - -s ⟨engl.⟩ *(Film, Fernsehen* [von Computern erzeugter] Bild- od. Toneffekt)
Speck, der; -[e]s, *Plur. (Sorten:)* -e
speckbäuchig; Speckhals
speckig
Speckkuchen; Specknacken; Speckschwarte; Speckseite
Specksoße, Specksauce
Speckstein *(für* Steatit)
spedieren ⟨ital.⟩ ([Güter] versenden, befördern, verfrachten)
Spediteur [...ˈtøːɐ̯], der; -s, -e (Transportunternehmer); **Spediteurin**
Spedition, die; -, -en (Transportunternehmen; Versand[abteilung])
Speditionsfirma; Speditionsgeschäft; Speditionskauffrau; Speditionskaufmann
speditiv *(schweiz. für* rasch)
Speech [spiːtʃ], der; -es, *Plur.* -e *u.* -es [...ɪs] ⟨engl.⟩ (Rede)

Spee

Speed

¹Speed [spi:t], der; -[s], -s ⟨engl.⟩ (*bes. Sport* Geschwindigkeit)
²Speed, das; -[s] (*Jargon* Aufputsch-, Rauschmittel)
Speed|be|werb (*österr. Skisport* Abfahrt u. Super-G)
Speed|da|ting, **Speed-Da|ting** ['spi:ddɛɪtɪŋ], das; -s, -s ⟨engl.⟩ (Veranstaltung zur Partnersuche mit kurzen Gesprächen zwischen wechselnden Personen)
Speed|ska|ting, **Speed-Ska|ting** (Wettlauf auf Inlineskates)
Speed|sta|cking [...stɛkɪŋ], das; -[s] ⟨engl.⟩ (schnelles Stapeln von Plastikbechern als Wettkampfsport)
Speed|way [...veɪ], der; -s, -s (*Motorsport* Rennstrecke)
Speed|way-Ren|nen, **Speed|way|ren|nen**
Speer, der; -[e]s, -e; den Speer werfen; **Speer|län|ge**
Speer|wer|fen, das; -s ↑D82; **Speer|wer|fer**; **Speer|wer|fe|rin**; **Speer|wurf**
spei|ben (*bayr. u. österr. mdal. für* erbrechen); er hat gespieben
Spei|che, die; -, -n
Spei|chel, der; -s; **Spei|chel|drü|se**; **Spei|chel|fluss**, der; -es
Spei|chel|le|cker (*abwertend*); **Spei|chel|le|cke|rei**; **Spei|chel|le|cke|rin**; **spei|chel|le|cke|risch**
spei|cheln; ich speich[e]le
Spei|chel|pro|be
Spei|chel|pro|duk|ti|on, die; -
Spei|chel|test (*bes. Gerichtsmedizin*)
Spei|chen|kranz
Spei|cher, der; -s, -
spei|cher|bar
Spei|cher|bild (*svw.* Hologramm)
Spei|cher|frist (*Rechtsspr.*)
Spei|cher|ka|pa|zi|tät
Spei|cher|kar|te (*EDV*); **Spei|cher|me|di|um** (*EDV*)
spei|chern; ich speichere
Spei|cher|ofen (*für* Regenerativofen)
Spei|cher|platz (*bes. EDV*)
Spei|cher|slot (*EDV*)
Spei|che|rung
spei|en; du spiest; gespien
Spei|er|ling (ein Obstbaum mit gerbstoffhaltigen Früchten)
Speil|gatt, **Speil|gat** (*Seemannsspr.*) rundes Loch in der Schiffswand zum Wasserablauf)
Speik, der; -[e]s, -e ⟨lat.⟩ (Name mehrerer Pflanzen)
Speil, der; -[e]s, -e (Holzstäbchen [zum Verschließen des Wurstdarmes]); **spei|len**
¹Speis, der; -es ⟨lat.⟩ (*landsch. für* Mörtel)
²Speis, die; -, -en (*bayr. u. österr. für* Speisekammer
Spei|se, die; -, -n (*auch für* Mörtel); [mit] Speis und Trank ↑D13
Spei|se|brei; **Spei|se|eis**; **Spei|se|fett**; **Spei|se|fisch**; **Spei|se|gast|stät|te**; **Spei|se|kam|mer**
Spei|se|kar|te, *seltener* Speisenkarte
spei|sen; du speist; er/sie speis|te; gespeist (*schweiz. übertr. od. mdal.* gespiesen)
Spei|sen|auf|zug; **Spei|sen|fol|ge**
Spei|sen|kar|te *vgl.* Speisekarte
Spei|se|öl; **Spei|se|op|fer**; **Spei|se|plan**; **Spei|se|quark**; **Spei|se|rest**; **Spei|se|röh|re**; **Spei|se|saal**; **Spei|se|schrank**
Spei|se|täub|ling (ein Pilz)
Spei|se|wa|gen (bei der Eisenbahn)
Spei|se|was|ser *Plur.* ...wässer, *auch* ...wasser (für Dampfkessel)
Spei|se|zet|tel; **Spei|se|zim|mer**
Speis|ko|balt (ein Mineral)
Spei|sung
Speitäub|ling, **Spei|teu|fel** (ein Pilz)
spei|übel
Spek|ta|bi|li|tät [sp..., *auch* ʃp...], die; -, -en ⟨lat.⟩ (an Hochschulen Anrede an den Dekan); Eure (*Abk. Ew.*) Spektabilität
¹Spek|ta|kel [ʃp...], der; -s, - (*ugs. für* Krach, Lärm)
²Spek|ta|kel, das; -s, - (*veraltet für* Schauspiel)
spek|ta|keln (*ugs. für* lärmen); ich spektak[e]le
spek|ta|ku|lär (aufsehenerregend)
Spek|ta|ku|lum, das; -s, ...la (*scherzh. für* ²Spektakel)
Spek|t|ra [ʃp..., *auch* sp...] (*Plur. von* Spektrum); **spek|t|ral** ⟨lat.⟩ (das Spektrum betreffend)
Spek|t|ral|ana|ly|se; **Spek|t|ral|far|be**; **Spek|t|ral|klas|se** (*Astron.*); **Spek|t|ral|li|nie**
Spek|t|ren (*Plur. von* Spektrum)
Spek|t|ros|kop, das; -s, -e (Vorrichtung zum Bestimmen der Wellenlängen von Spektrallinien); **Spek|t|ros|ko|pie**, die; -, ...|en; **spek|t|ros|ko|pisch**
Spek|t|rum, das; -s, *Plur.* ...tren u. ...tra ⟨lat.⟩ (durch Lichtzerlegung entstehendes farbiges Band; *übertr. für* Vielfalt)
Spe|ku|la (*Plur. von* Spekulum)
Spe|ku|lant, der; -en, -en ⟨lat.⟩ (jmd., der spekuliert); **Spe|ku|lan|tin**
Spe|ku|la|ti|on, die; -, -en (auf Mutmaßungen beruhende Erwartung; auf Gewinne aus Preisveränderungen abzielende Geschäftstätigkeit; *Philos.* Vernunftstreben nach Erkenntnis jenseits der Sinnenwelt)
Spe|ku|la|ti|ons|bla|se (durch spekulative Börsengeschäfte überhöhte Aktienpreise); **Spe|ku|la|ti|ons|ge|schäft**; **Spe|ku|la|ti|ons|ge|winn**; **Spe|ku|la|ti|ons|kauf**; **Spe|ku|la|ti|ons|ob|jekt**; **Spe|ku|la|ti|ons|pa|pier**; **Spe|ku|la|ti|ons|steu|er**, die
Spe|ku|la|ti|us, der; -, - ⟨niederl.⟩ (ein Gebäck)
spe|ku|la|tiv ⟨lat.⟩ (auf Mutmaßungen beruhend; auf Gewinne aus Preisveränderungen abzielend; *Philos.* in reinen Begriffen denkend)
spe|ku|lie|ren (Spekulationsgeschäfte machen; mit etwas rechnen)
Spe|ku|lum [sp..., *auch* ʃp...], das; -s, ...la (*Med.* Spiegel)
Spe|läo|lo|ge [ʃp..., *auch* sp...], der; -n, -n ⟨griech.⟩; **Spe|läo|lo|gie**, die; - (Höhlenkunde); **Spe|läo|lo|gin**; **spe|läo|lo|gisch**
Spelt, der; -[e]s, -e, Spelz, der; -es, -e (eine Getreideart)
Spe|lun|ke, die; -, -n ⟨griech.⟩ (verrufene Kneipe)
Spelz *vgl.* Spelt
Spel|ze, die; -, -n (Getreidekornhülse; Teil des Gräserblütenstandes); **spel|zig**
Spen|cer ['spɛnsɐ] ⟨engl. Philosoph⟩; *vgl. aber* Spenser
spen|da|bel ⟨lat.⟩ (*ugs. für* freigebig); ...a|ble Spender
Spen|de, die; -, -n; **spen|den**
Spen|den|af|fä|re; **Spen|den|ak|ti|on**; **Spen|den|auf|kom|men**; **Spen|den|auf|ruf**; **Spen|den|be|reit|schaft**, die; -; **Spen|den|be|schei|ni|gung**; **Spen|den|do|se**; **Spen|den|ga|la**; **Spen|den|geld** *meist Plur.*; **Spen|den|kon|to**; **Spen|den|quit|tung**
Spen|den|samm|ler; **Spen|den|samm|le|rin**; **Spen|den|samm|lung**
Spen|den|sie|gel (Gütezeichen für die Verwendung eingeworbener Spenden)
Spen|der; **Spen|der|aus|weis** (für

Sphinx

Organspender); **Spen|de|rin**; **Spen|der|or|gan** *(Med.)*
spen|die|ren (freigebig für jmdn. bezahlen)
Spen|dier|ho|sen; *nur* in die Spendierhosen anhaben *(ugs.)*
Spen|dung
spen|geln *(österr. für* Blech bearbeiten); ich speng[e]le
Speng|ler *(bes. südd., österr., schweiz. für* Klempner); **Speng|le|rei; Speng|le|rin**
Spen|ser ['spɛnsɐ] *(engl. Dichter);* vgl. aber Spencer
Spen|zer, der; -s, - ⟨engl.⟩ (kurzes, eng anliegendes Jäckchen)
Sper|ber, der; -s, - (ein Greifvogel)
Sper|ber|eu|le
sper|bern *(schweiz. für* scharf blicken); ich sperbere
Spe|ren|zchen, Spe|ren|zi|en *Plur.* ⟨lat.⟩ *(ugs. für* Umschweife, Schwierigkeiten); [keine] Sperenzchen *od.* Sperenzien machen
Sper|ling, der; -s, -e; **Sper|lings|vo|gel**
Sper|ma [ʃp..., *auch* sp...], das; -s, *Plur.* ...men *u.* -ta ⟨griech.⟩ *(Biol.* männliche Samenzellen enthaltende Flüssigkeit)
Sper|ma|to|ge|ne|se, die; -, -n (Samenbildung im Hoden)
Sper|ma|tor|rhö, die; -, -en *(Med.* Samenfluss ohne geschlechtliche Erregung)
Sper|ma|to|zo|on, das; -s, ...oen (svw. Spermium)
Sper|men *(Plur. von* Sperma)
Sper|mi|en *(Plur. von* Spermium)
Sper|mio|ge|ne|se, die; - (svw. Spermatogenese)
Sper|mi|um, das; -s, ...ien (reife männliche Keimzelle)
sperr|an|gel|weit *(ugs.)*
Sperr|bal|lon; Sperr|bat|te|rie *(Militär);* **Sperr|baum; Sperr|be|trag; Sperr|be|zirk; Sperr|bild|schirm** *(EDV)*
Sper|re, die; -, -n
sper|ren *(südd., österr. auch für* schließen); sich sperren
Sperr|feu|er *(Militär)*
Sperr|flä|che *(Verkehrsw.* markierte, nicht zu befahrende Fläche auf Straßen); **Sperr|frist** *(Rechtsspr.);* **Sperr|ge|biet; Sperr|gut; Sperr|gut|ha|ben; Sperr|holz; Sperr|holz|plat|te**
sperr|ig
Sperr|ket|te; Sperr|klau|sel; Sperr|klin|ke *(Technik);* **Sperr|kon|to; Sperr|kreis** *(Elektrot.)*

Sperr|li|nie *(österr. für* Linie auf der Straße, die nicht überfahren werden darf)
Sperr|mau|er; Sperr|mi|no|ri|tät *(Wirtsch.)*
Sperr|müll
Sperr|rad, **Sperr-Rad**, das; -[e]s, ...räder; **Sperr|rie|gel**, **Sperr-Riegel**, der; -s, -
Sperr|sitz; Sperr|stun|de
Sperr|ung
Sperr|ver|merk; Sperr|zeit (Polizeistunde); **Sperr|zoll** *Plur.* ...zölle; **Sperr|zo|ne**
Spe|sen *Plur.* ⟨ital.⟩ ([Un]kosten, Auslagen); **Spe|sen|ab|rech|nung; spe|sen|frei**
Spe|sen|platz *(Bankw.);* **Spe|sen|rech|nung**
Spe|sen|rit|ter (jmd., der hohe Spesen macht u. sich daran bereichert); **Spe|sen|rit|te|rin**
Spe|sen|skan|dal
Spes|sart, der; -s (Bergland im Mainviereck)
spet|ten ⟨ital.⟩ *(schweiz. regional für* [im Haushalt, in einem Geschäft] aushelfen); **Spet|te|rin** *(schweiz. regional für* Stundenhilfe)
Spey|er (Stadt am Rhein); **Spey|e|rer, Spey|rer, Spey|le|rin, Spey|re|rin; spey|le|risch, spey|risch**
Spe|ze|rei *meist Plur.* ⟨ital.⟩ *(veraltend für* Gewürze)
¹**Spe|zi**, der; -s, -[s] ⟨lat.⟩ *(südd., österr. für* [Busen]freund)
²**Spe|zi**®, das; -s, -[s] oder die; -, -s (Getränk aus Limonade u. Cola)
spe|zi|al *(Werbespr.,* sonst veraltet *für* speziell)
Spe|zi|al, das; -s, -e; *vgl.* Special
Spe|zi|al... (Sonder..., Einzel..., Fach...)
Spe|zi|al|aus|bil|dung; Spe|zi|al|dis|zi|p|lin; Spe|zi|al|ef|fekt; Spe|zi|al|ein|heit; Spe|zi|al|fahr|zeug; Spe|zi|al|ge|biet; Spe|zi|al|ge|rät; Spe|zi|al|ge|schäft
Spe|zi|a|li|sa|ti|on, die; -, -en *(seltener für* Spezialisierung)
spe|zi|a|li|sie|ren; sich spezialisieren; **Spe|zi|a|li|sie|rung**
Spe|zi|a|list, der; -en, -en (Fachmann); **Spe|zi|a|lis|ten|tum**, das; -s; **Spe|zi|a|lis|tin**
Spe|zi|a|li|tät, die; -, -en (Besonderheit; Fachgebiet)
Spe|zi|a|li|tä|ten|res|tau|rant
Spe|zi|al|sla|lom (Wettkampfart im alpinen Skisport); **Spe|zi|al|sprung|lauf; Spe|zi|al|trai|ning; Spe|zi|al|wis|sen**

spe|zi|ell (besonders; eigens; hauptsächlich); ↑D 72: im Speziellen (im Einzelnen)
Spe|zi|es [ʃp..., *auch* sp...], die; - (besondere Art einer Gattung, Tier- od. Pflanzenart)
Spe|zi|e|sis|mus, der; - ⟨engl.⟩ (Anschauung, nach der der Mensch allen anderen Arten überlegen u. daher berechtigt sei, deren Vertreter nach seinem Gutdünken zu behandeln)
Spe|zi|es|ta|ler *(früher für* ein harter Taler im Gegensatz zu Papiergeld)
Spe|zi|fi|ka|ti|on, die; -, -en (Einzelaufstellung, -aufzählung)
Spe|zi|fi|ka|ti|ons|kauf *(Wirtsch.)*
Spe|zi|fi|kum, das; -s, ...ka (Besonderes, Entscheidendes; *Med.* gegen eine bestimmte Krankheit wirksames Mittel)
spe|zi|fisch ([art]eigen; kennzeichnend, eigentümlich); spezifisches Gewicht *(Physik);* spezifischer Widerstand *(Physik)*
Spe|zi|fi|zi|tät, die; -, -en (Eigentümlichkeit, Besonderheit)
spe|zi|fi|zie|ren (einzeln aufführen; untergliedern); **Spe|zi|fi|zie|rung**
Sphä|re, die; -, -n ⟨griech., »Himmel[skugel]«⟩ ([Gesichts-, Wirkungs]kreis; [Macht]bereich)
Sphä|ren|har|mo|nie; Sphä|ren|mu|sik
sphä|risch (die [Himmels]kugel betreffend); sphärische Trigonometrie *(Math.* Berechnung von Dreiecken auf der Kugeloberfläche)
Sphä|ro|id, das; -[e]s, -e (kugelähnl. Figur, Rotationsellipsoid); **sphä|ro|i|disch** (kugelähnlich)
Sphä|ro|lith, der; *Gen.* -s *u.* -en, *Plur.* -e[n] (kugeliges Mineralgebilde); **sphä|ro|li|thisch**
Sphä|ro|lo|gie, die; - (Lehre von der Kugel)
Sphä|ro|me|ter, das; -s - (Kugel-, Dickenmesser)
Sphä|ro|si|de|rit, der; -s, -e (ein Mineral)
Sphen, der; -s, -e ⟨griech.⟩ (ein Mineral)
Sphe|no|id, das; -[e]s, -e (eine Kristallform); **sphe|no|i|dal** (keilförmig)
Sphink|ter, der; -s, ...ere ⟨griech.⟩ *(Med.* Schließmuskel)
¹**Sphinx**, die; - (geflügelter Löwe mit Frauenkopf in der griechischen Sage; Sinnbild des Rätselhaften)

Sphinx

²**Sphinx**, die; -, -e, *in der archäol. Fachspr. meist* der; -, *Plur.* -e *u.* Sphingen (ägyptisches Steinbild in Löwengestalt, meist mit Männerkopf; Symbol des Sonnengottes od. des Königs)
Sphra|gis|tik, die; - ⟨griech.⟩ (Siegelkunde)
Sphyg|mo|graf, **Sphyg|mo|graph**, der; -en, -en ⟨griech.⟩ (*Med. früher für* Pulsschreiber)
Spick, der; -[e]s, -e (*Schülerspr. landsch. für* Spickzettel)
Spick|aal (*nordd. für* Räucheraal)
Spi|ckel, der; -s, - (*schweiz. für* Zwickel an Kleidungsstücken)
¹**spi|cken** (Fleisch zum Braten mit Speckstreifen durchziehen)
²**spi|cken** (*Schülerspr.* in der Schule abschreiben); **Spi|cker** (*auch svw.* Spickzettel); **Spi|cke|rin**
Spick|gans (*nordd. für* geräucherte Gänsebrust)
Spick|na|del
Spick|zet|tel (*Schülerspr.* zum Spicken vorbereiteter Zettel)
Spi|der [ˈspaɪ...], der; -s, - ⟨engl.⟩ (offener Sportwagen; *EDV* Suchmaschine, die selbstständig Websites durchsucht u. diese indiziert)
Spie|gel, der; -s, - ⟨lat.⟩
Spie|gel|bild; **spie|gel|bild|lich**
spie|gel|blank
Spie|gel|ei
Spie|gel|fech|ter (abwertend); **Spie|gel|fech|te|rei**; **Spie|gel|fech|te|rin**
Spie|gel|flä|che; **Spie|gel|ge|wöl|be** (*Archit.*); **Spie|gel|glas** *Plur.* ...gläser
spie|gel|glatt
spie|ge|lig (veraltet)
Spie|gel|karp|fen
Spie|gel|mi|nis|ter (*österr.* [in einer großen Koalition] einer von jeweils zwei Ministern, die ihre Entscheidungen gegenseitig abstimmen müssen); **Spie|gel|mi|nis|te|rin**
spie|geln; ich spieg[e]le; sich spiegeln
Spie|gel|re|flex|ka|me|ra
Spie|gel|saal; **Spie|gel|schrank**; **Spie|gel|schrift**; **Spie|gel|strich** (waagerechter Strich vor Unterabsätzen); **Spie|gel|te|le|s|kop**
Spie|ge|lung, Spieglung
spie|gel|ver|kehrt
Spieg|lung, Spiegelung
Spie|ker, der; -s, - (*nordd. für* großer [Schiffs]nagel); **spie|kern** (*nordd.*); ich spiekere

Spie|ker|oog (eine der Ostfriesischen Inseln)
Spiel, das; -[e]s, -e
Spiel|ab|bruch; **Spiel|abend**, Spie|le|abend; **Spiel|al|ter**, das; -s; **Spiel|an|lei|tung**; **Spiel|an|teil** (*Sport*); **Spiel|an|zug**; **Spiel|art**; **Spiel|aus|gang**; **Spiel|au|to|mat**; **Spiel|ball** *vgl.* ¹Ball; **Spiel|bank** *Plur.* ...banken; **spiel|bar**; eine schwer spielbare Komposition
Spiel|be|ginn
Spiel|bein (*Sport, bild. Kunst; Ggs.* Standbein)
spiel|be|rech|tigt (*Sport*); **Spiel|be|rech|ti|gung**
Spiel|berg [ˈspiːlbəːɡ], Steven [ˈstiːvn̩] (amerik. Filmregisseur u. -produzent)
Spiel|be|trieb
Spiel|ca|si|no, Spiel|ka|si|no; **Spiel|dau|er**; **Spiel|do|se**
Spie|le|abend, Spiel|abend
spie|len; spielen gehen; Schach spielen; die Kinder spielen Fangen; sich mit etwas spielen (*südd., österr. für* etwas nicht ernsthaft betreiben; etwas leicht bewältigen); die Muskeln **spielen lassen** *od.* spielenlassen
spie|lend (mühelos)
Spie|len|de
spiel|ent|schei|dend ↑D 59
Spie|ler; **Spie|le|rei**; **Spie|le|rin**
spie|le|risch
Spie|ler|na|tur
Spie|ler|öff|nung (bes. Sport)
Spie|ler|trai|ner (*Sport* Trainer, der selbst mitspielt); **Spie|ler|trai|ne|rin**
Spie|ler|trans|fer
Spiel|feld; **Spiel|feld|hälf|te**
Spiel|fi|gur; **Spiel|film**; **Spiel|flä|che**; **Spiel|fol|ge**; **Spiel|form** (Spielart)
spiel|frei
Spiel|freu|de; **spiel|freu|dig**
Spiel|füh|rer (Sport); **Spiel|füh|re|rin** (Sport)
Spiel|ge|fähr|te; **Spiel|ge|fähr|tin**
Spiel|geld; **Spiel|ge|mein|schaft** (*Abk.* SG); **Spiel|ge|rät**
Spiel|ge|stal|ter (*Sport*); **Spiel|ge|stal|te|rin**
Spiel|hahn (*Jägerspr.* Birkhahn)
Spiel|hälf|te; **Spiel|hal|le**; **Spiel|höl|le** (abwertend)
Spiel|ka|me|rad; **Spiel|ka|me|ra|din**
Spiel|kar|te
Spiel|ka|si|no *vgl.* Spielcasino
Spiel|kind (Kind im Spielalter; verspielter Mensch)
Spiel|klas|se (*Sport*)

Spiel|kon|so|le (Gerät für elektronische Spiele); **Spiel|lei|den|schaft**
Spiel|lei|ter, der; **Spiel|lei|te|rin**; **Spiel|lei|tung**
Spiel|ma|cher (*Sport*); **Spiel|ma|che|rin** (*Sport*)
Spiel|mann *Plur.* ...leute; **Spiel|manns|dich|tung**; **Spiel|manns|zug**
Spiel|mar|ke; **Spiel|mi|nu|te** (*Sport*); **Spiel|oper**
Spiel|ort (bes. Theater, Sport)
Spie|lo|thek, die; -, -en (Einrichtung zum Verleih von Spielen; *auch für* Spielhalle)
Spiel|pau|se; **Spiel|pha|se**; **Spiel|plan**; **Spiel|platz**
Spiel|raum; **Spiel|re|gel**
Spiel|rhyth|mus (Ballspiele); **Spiel|run|de**; **Spiel|saal**
Spiel|sa|chen *Plur.*
Spiel|schuld
Spiel|schul|e; **Spiel|stand**
spiel|stark (*Sport*); **Spiel|stär|ke**
Spiel|stät|te (*svw.* Spielort)
Spiel|stra|ße
Spiel|sucht; **spiel|süch|tig**
Spiel|tag; **Spiel|teu|fel**; **Spiel|tisch** (auch Teil der Orgel); **Spiel|trieb**; **Spiel|uhr**; **Spiel|ver|lauf** (*Sport*)
Spiel|ver|der|ber; **Spiel|ver|der|be|rin**
Spiel|ver|ei|ni|gung (*Abk.* Spvg., Spvgg.); **Spiel|ver|lauf**
Spiel|wa|ren *Plur.*; **Spiel|wa|ren|ge|schäft**; **Spiel|wa|ren|händ|ler**; **Spiel|wa|ren|händ|le|rin**; **Spiel|wa|ren|in|dus|t|rie**
Spiel|wei|se; **Spiel|werk**; **Spiel|wie|se**; **Spiel|witz**, der; -es; **Spiel|zeit**
Spiel|zeug; **Spiel|zeug|ei|sen|bahn**; **Spiel|zeug|in|dus|t|rie**; **Spiel|zeug|pis|to|le**
Spiel|zim|mer; **Spiel|zug**
Spier, der od. das; -[e]s, -e (*nordd. für* Spitze; Grasspitze); **Spier|chen**; ein Spierchen (*nordd. für* ein wenig)
Spie|re, die; -, -n (*Seemannsspr.* Rundholz, Segelstange)
Spier|ling (ein Fisch)
Spier|strauch
Spieß, der; -es, -e (Kampf-, Jagdspieß; Bratspieß; Erstlingsform des Geweihs der Hirscharten; *Soldatenspr.* Kompaniefeldwebel; *Druckw.* im Satz zu hoch stehendes, deshalb mitdruckendes Ausschlussstück)
Spieß|bock (einjähriger Rehbock)
Spieß|bra|ten
Spieß|bür|ger, Spie|ßer (*abwertend für* engstirniger Mensch); **Spieß-**

Spiritualisierung

bür|ge|rin, Spie|ße|rin; spieß|bür|ger|lich; Spieß|bür|ger|lich|keit; Spieß|bür|ger|tum
spie|ßen; du spießt; sich spießen (österr. für klemmen, nicht vorangehen); die Sache spießt sich
Spie|ßer vgl. Spießbürger; spie|ßer|haft; Spie|ße|rin vgl. Spießbürgerin
spie|ße|risch; Spie|ßer|tum, das; -s
spieß|för|mig
Spieß|ge|sel|le (abwertend); Spieß|ge|sel|lin
Spieß|glanz, der; -es, -e meist Plur. (Sammelbez. für verschiedene Minerale)
spie|ßig; Spie|ßig|keit
Spieß|ru|te; Spießruten laufen ↑D 54; Spieß|ru|ten|lauf; Spieß|ru|ten|lau|fen, das; -s ↑D 82
Spi|ka [ʃp..., auch sp...], die; - ⟨lat., »Ähre«⟩ (ein Stern)
Spike [ʃpaɪk, spaɪk], der; -s, -s ⟨engl.⟩ (Dorn für Laufschuhe od. Autoreifen; nur Plur.: rutschfester Laufschuh, Spike[s]reifen); Spike[s]|rei|fen
Spill, das; -[e]s, Plur. -e od. -s ([Anker]winde)
Spil|la|ge [...ʒə], die; -, -n (Wirtsch. Wertverlust durch Eindringen von Feuchtigkeit)
Spil|le, die; -, -n (landsch. für Spindel)
spil|le|rig vgl. spillrig
Spil|ling, der; -s, -e (gelbe Pflaume)
spill|rig, spil|le|rig (landsch. für dürr)
Spin [spɪn], der; -s, -s ⟨engl.⟩ (Physik Drehimpuls der Elementarteilchen im Atom; Sport Effet)
Spi|na bi|fi|da, die; - - ⟨lat.⟩ (Med. Spaltbildung der Wirbelsäule)
spi|nal [ʃp..., auch sp...] ⟨lat.⟩ (Med. die Wirbelsäule, das Rückenmark betreffend); spinale Kinderlähmung
Spi|nat, der; -[e]s, Plur. (Sorten:) -e ⟨pers.-arab.⟩ (ein Gemüse)
Spi|nat|wach|tel (ugs. abwertend für schrullige [alte] Frau)
Spind, der u. das; -[e]s, -e (einfacher, schmaler Schrank)
Spin|del, die; -, -n
Spin|del|baum (ein Zierstrauch)
spin|del|dürr
Spin|del|la|ger Plur. ...lager; Spin|del|schne|cke
spin|dig (svw. spundig)
Spin|dok|tor [ʃp...] ⟨engl.⟩ (für Öffentlichkeitsarbeit [in einer polit. Partei] Verantwortlicher); Spin|dok|to|rin
Spi|nell, der; -s, -e ⟨ital.⟩ (ein Mineral)
Spi|nett, das; -[e]s, -e ⟨ital.⟩ (kleines Cembalo)
Spin|na|ker, der; -s, - ⟨engl.⟩ (Seemannsspr. großes Beisegel)
Spinn|dü|se (bei Textilmaschinen)
Spin|ne, die; -, -n
spin|ne|feind (ugs.); nur in jmdm. spinnefeind sein
spin|nen; du spinnst; du spannst; du spönnest, auch spännest; gesponnen; spinn[e]!
Spin|nen|ar|me Plur. (lange, dürre Arme); Spin|nen|bei|ne Plur.
Spin|nen|netz
Spin|ner; Spin|ne|rei; Spin|ne|rin; Spin|ner|lied
spin|nert (abwertend, bes. südd. für leicht verrückt)
Spinn|fa|den; Spinn|fa|ser; Spinn|ge|we|be, Spinn|nen|ge|we|be (svw. Spinnwebe)
Spin|ning® [sp...], das; -s ⟨engl.⟩ (ein Fitnesstraining auf speziellen stationären Fahrrädern)
Spinn|ma|schi|ne; Spinn|rad; Spinn|ro|cken; Spinn|stoff; Spinn|stu|be
Spinn|we|be (Spinnennetz)
Spinn|wir|tel
Spin-off [sp...], das od. der; -[s], -s ⟨engl.⟩ (Wirtsch. Ausgliederung einzelner Geschäftsbereiche aus dem Mutterunternehmen; von Universitätsangehörigen gegründete Firma, die auf den an der Universität geleisteten Forschungen aufbaut)
spi|nös [ʃp..., auch sp...] ⟨lat.⟩ (veraltend für schwierig; heikel)
Spi|no|za [ʃp...] (niederl. Philosoph); Spi|no|za|isch ↑D 89 u. 135; spinozaische Lehre, spinozaische Schriften; Spi|no|zis|mus, der; - (Lehre des Spinoza); spi|no|zis|tisch
Spint, der od. das; -[e]s, -e (landsch. für Fett; weiches Holz); spin|tig (landsch.)
spin|ti|sie|ren (ugs. für grübeln); Spin|ti|sie|rer; Spin|ti|sie|re|rei; Spin|ti|sie|re|rin
Spi|on, der; -s, -e ⟨ital., »Späher«⟩
Spi|o|na|ge [...ʒə], die; - ⟨franz.⟩ (Auskundschaftung von wirtschaftlichen, politischen u. militärischen Geheimnissen)
Spi|o|na|ge|ab|wehr; Spi|o|na|ge|af|fä|re; Spi|o|na|ge|ap|pa|rat; Spi|o|na|ge|dienst; Spi|o|na|ge|fall, der; Spi|o|na|ge|film; Spi|o|na|ge|netz; Spi|o|na|ge|ring
spi|o|nie|ren; Spi|o|nie|re|rei (ugs.)
Spi|o|nin
Spi|räe [ʃp..., auch sp...], die; -, -n ⟨griech.⟩ (Spierstrauch)
spi|ral ⟨griech.⟩ (fachspr. für spiralig); Spi|ral|bin|dung (Buchw. Bindung mit einer Wendel aus Draht od. Kunststoff); Spi|ral|block (Schreibblock mit Spiralbindung); Spi|ral|boh|rer (schraubenförmiger Bohrer)
Spi|ra|le, die; -, -n (Schneckenlinie; ugs. für spiralförmiges Pessar)
Spi|ral|fe|der
spi|ral|för|mig
spi|ra|lig (spiralförmig)
Spi|ral|li|nie; Spi|ral|ne|bel; Spi|ral|win|dung
Spi|rans ['ʃp..., auch 'sp...], die; -, ...ranten, Spi|rant [ʃp..., auch sp...], der; -en, -en ⟨lat.⟩ (Sprachwiss. Reibelaut, Frikativlaut, z. B. f); spi|ran|tisch

Sperenzchen, Sperenzien
Diesen Wörtern liegt das mittellateinische sperantia (= Hoffnung) zugrunde (gemeint ist die Hoffnung, dass man etwas erreicht, indem man sich ziert, Umstände macht). Deshalb werden sie in der ersten Silbe mit e, und nicht, wie man gelegentlich sieht, mit i geschrieben.

Spi|ril|le, die; -, -n meist Plur. ⟨griech.⟩ (Bakterie von gedrehter Form, Schraubenbakterie)
Spi|rit [sp...], der; -s, -s ⟨lat.-engl.⟩ (Geist [eines Verstorbenen]; Geist, Grundhaltung einer bestimmten Sache, Epoche)
Spi|ri|tis|mus [ʃp..., sp...], der; - ⟨lat.⟩ (Glaube an Erscheinungen von Seelen Verstorbener)
Spi|ri|tist, der; -en, -en; Spi|ri|tis|tin; spi|ri|tis|tisch
spi|ri|tu|al (geistig; übersinnlich)
¹Spi|ri|tu|al [ʃp..., auch sp...], der; Gen. -s u. -en, Plur. -en (Seelsorger, Beichtvater in kath. theol. Anstalten u. Klöstern)
²Spi|ri|tu|al [ʃp..., ˈspɪrɪtjuəl], das, auch der; -s, -s ⟨amerik.⟩ (geistl. Lied der Afroamerikaner im Süden der USA)
Spi|ri|tu|a|li|en [ʃp..., auch sp...] Plur. ⟨lat.⟩ (MA. für geistliche Dinge)
spi|ri|tu|a|li|sie|ren [ʃp..., auch sp...] (vergeistigen); Spi|ri|tu|a|li|sie|rung

Spiritualismus

Spi|ri|tu|a|lis|mus, der; - (Lehre von der Wirklichkeit u. Wirksamkeit des Geistes); Spi|ri|tu|a|list, der; -en, -en; Spi|ri|tu|a|lis|tin; spi|ri|tu|a|lis|tisch
Spi|ri|tu|a|li|tät, die; - (Geistigkeit)
spi|ri|tu|ell ⟨franz.⟩ (geistig; geistlich)
Spi|ri|tu|o|se, die; -, -n meist Plur. (alkoholisches Getränk); Spi|ri|tu|o|sen|ge|schäft
¹Spi|ri|tus [sp...], der; -, - ⟨lat.⟩ (Hauch, Atem, [Lebens]geist)
²Spi|ri|tus [ʃp...], der; -, Plur. (Sorten:) -se (Weingeist, Alkohol)
Spi|ri|tus as|per [sp...-], der; -, - -i (Sprachwiss. für den h-Anlaut im Altgriechischen; Zeichen ʽ)
Spi|ri|tus|bren|ner
Spi|ri|tus fa|mi|li|a|ris, der; - - ⟨geh. für guter Geist des Hauses; Vertraute[r] der Familie⟩
Spi|ri|tus|ko|cher; Spi|ri|tus|lack; Spi|ri|tus|lam|pe
Spi|ri|tus Rec|tor [sp... -], der; - - ⟨geh. für leitende, treibende Kraft⟩
Spir|kel, der; -s, - ⟨nordostd. für Griebe; schmächtiger Mensch⟩
Spi|ro|chä|te [ʃp..., auch sp...], die; -, -n ⟨griech.⟩ (Med. ein Krankheitserreger)
Spi|ro|er|go|me|ter [ʃp..., auch sp...], das; -s, - ⟨lat.; griech.⟩ (Med. Gerät zur Messung der körperlichen Leistungsfähigkeit anhand des Sauerstoffverbrauchs)
Spi|ro|me|ter, das; -s, - ⟨Med. Atemmesser⟩; Spi|ro|me|t|rie, die; -, ...jen (Messung [u. Aufzeichnung] der Atmung)
Spir|re, die; -, -n ⟨Bot. ein Blütenstand⟩
Spis|sen, das; -s ⟨Jägerspr. Balzlockruf des Haselhahns⟩
Spi|tal, das, auch der; -s, ...täler ⟨lat.⟩ ⟨landsch. für Krankenhaus; veraltet für Altenheim⟩; Spi|ta|ler, Spi|täl|er, Spitt|ler (veraltet, noch landsch. für Insasse eines Spitals); Spi|tals|arzt ⟨österr.⟩; Spi|tals|ärz|tin
Spi|t|lex, die; - ⟨schweiz. für spitalexterne Pflege⟩
Spit|tal an der Drau (Stadt in Kärnten)
Spit|tel, das, auch der; -s, - ⟨landsch. für Spital⟩
Spit|te|ler, Carl (schweiz. Dichter)
Spitt|ler vgl. Spitaler
spitz; eine spitze Zunge haben (gehässig reden); ein spitzer

Winkel (Geom.) ↑D 89; spitz zulaufen; ein Werkzeug spitz schleifen od. spitzschleifen
Spitz, der; -es, -e (eine Hunderasse; landsch. für leichter Rausch; bayr., österr., schweiz. für Spitze)
Spitz|ahorn
Spitz|bart; spitz|bär|tig
Spitz|bauch; Spitz|bein (unterstes Teil des Fußes des geschlachteten Schweins)
spitz|be|kom|men (spitzkriegen [vgl. d.])
Spitz|ber|gen (Insel in der Inselgruppe Svalbard)
Spitz|bo|gen; Spitz|bo|gen|fens|ter; spitz|bo|gig
Spitz|boh|rer
Spitz|bu|be, südd., österr. u. schweiz. Spitz|bub; Spitz|bü|be|rei; Spitz|bü|bin; spitz|bü|bisch
Spitz|dach
spit|ze (ugs. für hervorragend); ein spitze Auto; er hat spitze gespielt; die neue CD ist spitze; das finde ich spitzer
Spit|ze, die; -, -n; an der Spitze stehen; auf Spitz und Knopf stehen (bes. südd. für vor einer knappen Entscheidung stehen)
Spit|zel, der; -s, -; spit|zeln; ich spitz[e]le
spit|zen; du spitzt
Spit|zen|blu|se
Spit|zen|club vgl. Spitzenklub; Spit|zen|deck|chen
Spit|zen|er|zeug|nis
Spit|zen|funk|ti|o|när; Spit|zen|funk|ti|o|nä|rin
Spit|zen|ge|schwin|dig|keit
Spit|zen|ge|spräch (bes. Politik)
Spit|zen|grup|pe
Spit|zen|häub|chen; Spit|zen|hau|be
Spit|zen|kan|di|dat; Spit|zen|kan|di|da|tin
Spit|zen|klas|se
Spit|zen|klöp|pe|lei; Spit|zen|klöpp|le|rin
Spit|zen|klub, Spit|zen|club
Spit|zen|kön|ner; Spit|zen|kön|ne|rin; Spit|zen|kraft
Spit|zen|kra|gen
Spit|zen|leis|tung; Spit|zen|lohn; Spit|zen|mann|schaft; Spit|zen|or|ga|ni|sa|ti|on; Spit|zen|par|tie; Spit|zen|platz
Spit|zen|po|li|ti|ker; Spit|zen|po|li|ti|ke|rin
Spit|zen|po|si|ti|on; Spit|zen|qua|li|tät
Spit|zen|rei|ter; Spit|zen|rei|te|rin

Spit|zen|spiel (Sport); Spit|zen|spie|ler; Spit|zen|spie|le|rin
Spit|zen|sport; Spit|zen|sport|ler; Spit|zen|sport|le|rin
Spit|zen|stel|lung
Spit|zen|steu|er|satz
Spit|zen|tanz
Spit|zen|tech|no|lo|gie
Spit|zen|tuch Plur. ...tücher
Spit|zen|ver|band
Spit|zen|ver|die|ner; Spit|zen|ver|die|ne|rin
Spit|zen|ver|kehr; Spit|zen|wein; Spit|zen|wert; Spit|zen|zeit
Spit|zer (kurz für Bleistiftspitzer)
spitz|fin|dig; Spitz|fin|dig|keit
Spitz|fuß (Med.); Spitz|gie|bel; Spitz|ha|cke
spit|zig (veraltend)
Spitz|keh|re
Spitz|kli|cker, der; -s, - ⟨landsch. für Schlitzohr⟩
spitz|krie|gen (ugs. für merken, durchschauen); ich kriege etwas spitz; ich habe etwas spitzgekriegt; spitzzukriegen
Spitz|küh|ler (ugs. für Spitzbauch); Spitz|mar|ke (Druckw.); Spitz|maus; Spitz|na|me
spitz|na|sig; spitz|oh|rig
Spitz|pfei|ler (für Obelisk)
spitz schlei|fen, spitz|schlei|fen vgl. spitz
Spitz|weg (dt. Maler)
Spitz|we|ge|rich (eine Heilpflanze)
spitz|wink|lig
spitz|zün|gig; Spitz|zün|gig|keit
Splanch|no|lo|gie [sp...], die; - ⟨griech.⟩ (Med. Lehre von den Eingeweiden)
Splat|ter|mo|vie [ˈsplætəmuːvi] ⟨engl.⟩ (blutrünstiger Horrorfilm)
Spleen [ʃpliːn, spliːn], der; -s, Plur. -e u. -s ⟨engl.⟩ (seltsamer Einfall; Schrulle, Marotte); splee|nig; Splee|nig|keit
Spleiß, der; -es, -e (Seemannsspr. Verbindung von zwei Seilenden)
Splei|ße, die; -, -n ⟨landsch. für Span, Splitter⟩
splei|ßen ⟨landsch. für fein spalten; Seemannsspr. Tauenden miteinander verflechten⟩; du spleißt; du splisstest od. spleißtest; er/sie spliss od. spleißte; gesplissen od. gespleißt; spleiß[e]!
Splen [spleːn, auch ʃp...], der; -s, -es ⟨griech.⟩ (Med. Milz)
splen|did [ʃp..., auch sp...] ⟨lat.⟩ (veraltend für freigebig; glanzvoll; Druckw. aufgelockert)

sportbegeistert

Splen|did Iso|la|tion [ˈsplɛndɪt aɪsəˈleɪʃn], die; - - ⟨engl.⟩ (Bündnislosigkeit)
Spließ, der; -es, -e (Holzspan unter den Dachziegelfugen; Schindel); **Spließ|dach**
Splint, der; -[e]s, -e (Vorsteckstift als Sicherung); **Splint|holz** (weiche Holzschicht unter der Rinde)
Spliss, der; -es, -e (landsch. für Splitter; kleiner Abschnitt; nur Sing.: gespaltene Haarspitzen)
splis|sen (landsch. für spleißen); du splisst; du splisstest; gesplisst; splisse! u. spliss!
¹Split [sp...] (Stadt in Kroatien); vgl. Spalato
²Split [ʃp..., auch sp...], der; -s, -s ⟨engl.⟩ (Wirtsch. Aufteilung von Aktien in neue Aktien mit kleinerem Nennwert)
Split|screen, Split-Screen [ˈsplɪtskriːn], der; -s, -s ⟨engl.⟩ (EDV geteilte Bildschirmansicht)
Splitt, der; -[e]s, -e (zerkleinertes Gestein für den Straßenbau; nordd. für Span, Schindel)
split|ten [ʃp..., sp...] ⟨engl.⟩ (das Splitting anwenden; aufteilen); gesplittet
Split|ter, der; -s, -
Split|ter|bom|be; Split|ter|bruch
split|ter|fa|ser|nackt (ugs.)
split|ter|frei; splitterfreies Glas
Split|ter|gra|ben (Militär)
Split|ter|grup|pe
split|te|rig, splitt|rig
Split|ter|mi|ne
split|tern; ich splittere
split|ter|nackt (ugs.)
split|ter|par|tei
split|ter|si|cher
Split|ter|wir|kung
Split|ting [ʃp..., auch sp...], das; -s ⟨engl.⟩ (Form der Haushaltsbesteuerung, bei der das Einkommen der Ehegatten zusammengezählt u. beiden zu gleichen Teilen angerechnet wird; Verteilung der Erst- u. Zweitstimme auf verschiedene Parteien [bei Wahlen]); **Split|ting|vor|teil**
splitt|rig, split|te|rig
Splü|gen, der; -s, **Splü|gen|pass,** der; -es (Alpenpass an der schweizerisch-italienischen Grenze)
SPÖ, die; - = Sozialdemokratische Partei Österreichs
Spo|di|um [ʃp..., auch sp...], das; -s ⟨griech.⟩ (Chemie Knochenkohle)

Spo|du|men, der; -s, -e (ein Mineral)
Spoerl [ʃpœ...] (dt. Schriftsteller)
Spoi|ler [ʃp..., auch sp...], der; -s, - ⟨amerik.⟩ (Luftleitblech)
Spö|ken|kie|ker [sp...] (nordd. für Geisterseher, Hellseher); **Spö|ken|kie|ke|rei** (nordd. svw. Spintisiererei); **Spö|ken|kie|ke|rin**
Spo|li|en [ʃp..., auch sp...] Plur. ⟨lat.⟩ (Nachlass katholischer Geistlicher; Archit. aus anderen Bauten wiederverwendete Bauteile); **Spo|li|en|recht** (im MA. das Recht, den Nachlass katholischer Geistlicher einzuziehen)
Spo|li|um, das; -s, ...ien (Beutestück [im alten Rom])
Spom|pa|na|de[l]n Plur. (österr. ugs. für Dummheiten)
spon|de|isch [ʃp..., auch sp...] ⟨griech.⟩ (in, mit Spondeen); **Spon|de|us,** der; -, ...deen (ein Versfuß)
spon|die|ren ⟨lat.⟩ (österr. für den Magistertitel erwerben, verliehen bekommen; vgl. sponsieren)
Spon|dyl|ar|th|ri|tis [ʃp..., auch sp...] ⟨griech.⟩ (Med. Entzündung der Wirbelgelenke); **Spon|dy|li|tis,** die; -, ...itiden (Wirbelentzündung); **Spon|dy|lo|se,** die; -, -n (krankhafte Veränderung an den Wirbelkörpern u. Bandscheiben)
Spon|gia [sp..., auch ʃp...], die; -, ...ien ⟨griech.⟩ (Biol. Schwamm); **spon|gi|form** (schwammförmig)
Spon|gin, das; -s (Stoff, aus dem das Skelett der Hornschwämme besteht); **spon|gi|ös** (schwammig; locker)
spon|sern [ʃp...] ⟨engl.⟩ (als Sponsor fördern); ich sponsere, habe gesponsert
Spon|si|on, die; -, -en ⟨lat.⟩ (österr. für [akademische Feier zur] Verleihung des Magistertitels)
Spon|sor [ʃp..., auch ˈspɒnsə], der; -s, Plur. ...oren [...ˈzoː...] u. -s [ˈspɒnsəs] ⟨engl.⟩ (Förderer, Geldgeber [im Sport]; Person, Gruppe, die Rundfunk- od. Fernsehsendungen [zu Reklamezwecken] finanziert)
spon|so|ren (sponsern); ich sponsore, habe gesponsert
Spon|so|ren|geld meist Plur.; **Spon|so|ren|lauf** (Sportveranstaltung, bei der Spenden gesammelt werden); **Spon|so|rin; Spon|so|ring** [auch ˈspɒnsə...], das; -s, -s (das Sponsern); **Spon|sor|schaft**

spon|tan [ʃp..., auch sp...] ⟨lat.⟩; **Spon|tan|be|wer|bung** (schweiz. für Initiativbewerbung); **Spon|ta|ne|i|tät, Spon|ta|ni|tät,** die; -, -en
Spon|ti, der; -s, -s (ugs. für Angehöriger einer undogmatischen linksgerichteten Gruppe); **Spon|ti|grup|pe**
Spor, der; -[e]s, -e (landsch. für Schimmel[pilz])
Spo|ra|den [ʃp..., auch sp...] Plur. ⟨griech.⟩ (Inseln im Ägäischen Meer)
spo|ra|disch ([nur] gelegentlich)
Spor|an|gi|um, das; -s, ...ien (Bot. Sporenbildner u. -behälter)
spor|co [ʃp..., auch sp...] ⟨ital.⟩ (mit Verpackung); vgl. Sporko
Spo|re, die; -, -n ⟨griech.⟩ (ungeschlechtliche Fortpflanzungszelle bestimmter Pflanzen; Dauerform von Bakterien; eine Sporen bildende od. sporenbildende, Sporen tragende od. sporentragende Pflanze
Spo|ren (Plur. von Sporn u. Spore)
Spo|ren bil|dend, spo|ren|bil|dend
↑D 58
Spo|ren|blatt; Spo|ren|kap|sel
spo|ren|klir|rend
Spo|ren|pflan|ze; Spo|ren|schlauch; Spo|ren|tier|chen
Spo|ren tra|gend, spo|ren|tra|gend
↑D 58
Spör|gel, der; -s, - (eine Futterpflanze)
spo|rig (landsch. für schimmelig)
Spor|ko [ʃp..., auch sp...], das; -s ⟨ital.⟩ (Bruttogewicht); vgl. sporco
Sporn, der; -[e]s, Plur. Sporen u., bes. fachspr. -e; einem Pferd die Sporen geben
spor|nen (veraltend)
Sporn|räd|chen
sporn|streichs (unverzüglich)
Spo|ro|phyt [ʃp..., auch sp...], der; -en, -en ⟨griech.⟩ (Bot. Sporenpflanze)
Spo|ro|zo|on, das; -s, ...zoen meist Plur. (Zool. Sporentierchen)
Sport, der; -[e]s, Plur. (Arten:) -e ⟨engl.⟩; Sport treibend; sporttreibend
Sport|ab|zei|chen; Sport|amt (Behörde)
Sport|an|geln, das; -s
Sport|ang|ler; Sport|ang|le|rin
Sport|an|la|ge; Sport|art; Sport|ar|ti|kel
Sport|arzt; Sport|ärz|tin
sport|be|geis|tert

S
spor

Sportbeilage

Sport|bei|la|ge (einer Zeitung); **Sport|be|richt; Sport|be|richt|er|stat|tung; Sport-BH; Sport|boot; Sport|bund; Sport|club** vgl. **Sportklub**
Sport|cou|pé
Sport|di|rek|tor; Sport|di|rek|to|rin
Sport|dress
Spor|tel, die; -, -n meist Plur. ⟨griech.⟩ (früher für Gebühr, die direkt dem Gerichtsherrn zufloss); **Spor|tel|frei|heit,** die; - (Kostenfreiheit)
spor|teln (nebenbei Sport treiben); ich sport[e]le
Sport|er|eig|nis; Sport|fan; Sport|feld; Sport|fest
Sport|fi|schen, das; -s
Sport|flie|ger; Sport|flie|ge|rei, die; -; **Sport|flie|ge|rin**
Sport|flug|zeug
Sport|freund; Sport|freun|din
Sport|funk|ti|o|när; Sport|funk|ti|o|nä|rin
Sport|geist (svw. Sportsgeist); **Sport|ge|mein|schaft** (Abk. SG); **Sport|ge|rät**
sport|ge|recht
Sport|ge|richt; Sport|ge|richts|bar|keit Plur. selten; **Sport|ge|schäft; Sport|ge|schich|te; Sport|ge|wehr; Sport|hal|le; Sport|hemd; Sport|herz; Sport|hoch|schu|le; Sport|ho|se; Sport|ho|tel**
spor|tiv ⟨engl.⟩ (sportlich)
Sport|jour|na|list; Sport|jour|na|lis|tin
Sport|ka|me|rad; Sport|ka|me|ra|din; Sport|ka|me|rad|schaft
Sport|ka|no|ne (svw. Sportskanone); **Sport|kap|pe** (leichte Kappe aus Stoff mit längerem Schild); **Sport|klei|dung; Sportklub, Sport|club**
Sport|leh|rer; Sport|leh|re|rin
Sport|ler; Sport|ler|herz; Sport|le|rin
sport|lich; sport|lich-ele|gant ↑D 23; **Sport|lich|keit,** die; -
sport|mä|ßig, sports|mä|ßig
Sport|me|di|zin, die; -; **Sport|me|di|zi|ner; Sport|me|di|zi|ne|rin; sport|me|di|zi|nisch**
Sport|mel|dung; Sport|müt|ze; Sport|nach|rich|ten Plur.; **Sport|pferd; Sport|platz**
Sport|pres|se, die; -
Sport|re|por|ter; Sport|re|por|te|rin
Sport|scha|den; Sport|schieds|ge|richt; Sport|schuh; Sport|schu|le
Sport|schüt|ze; Sport|schüt|zin
Sport|sen|dung

Sports|freund (ugs. Anrede); **Sports|freun|din**
Sports|geist, der; -[e]s; **Sports|ka|no|ne** (ugs.); **Sports|mann** Plur. ...leute, auch ...männer
sports|mä|ßig, sport|mä|ßig
Sport|spra|che; Sport|sta|cking ['spɔːɐ̯stɛkɪŋ], das; -[s] ⟨engl.⟩ (Speedstacking); **Sport|sta|di|on; Sport|stät|te; Sport|strumpf**
Sport|stu|dent; Sport|stu|den|tin
Sports|wear ['spɔːɐ̯tsvɛːɐ̯], die; - ⟨engl.⟩ (sportliche [Freizeit]kleidung)
Sport|tau|chen, das; -s
Sport|tau|cher; Sport|tau|che|rin
Sport|teil, der (einer Zeitung)
Sport trei|bend, sport|trei|bend ↑D 58
Sport|un|fall; Sport|un|ter|richt; Sport|ver|an|stal|tung; Sport|ver|band
Sport|ver|ein (Abk. SV; ↑D 31; Turn- u. Sportverein; Abk. TuS)
Sport|ver|let|zung; Sport|waf|fe; Sport|wa|gen; Sport|wart
Sport|wis|sen|schaft
Sport|wis|sen|schaft|ler (schweiz., österr. auch für Sportwissenschaftler); **Sport|wis|sen|schaf|te|rin; Sport|wis|sen|schaft|ler; Sport|wis|sen|schaft|le|rin**
Sport|zei|tung; Sport|zen|t|rum
Spot [sp...], der; -s, -s ⟨engl.⟩ (kurzer Werbetext, -film; kurz für Spotlight)
Spot|ge|schäft (Geschäft gegen sofortige Lieferung u. Kasse [im internationalen Verkehr])
Spo|ti|fy® ['spɒtɪfaɪ] -[s] ohne Artikel (ein Streamingdienst für Musik)
Spot|light [...laɪt], das; -s, -s (auf einen Punkt gerichtetes Licht)
Spot|markt (Markt, auf dem Rohöl frei verkauft wird)
Spott, der; -[e]s; **Spott|bild**
spott|bil|lig (ugs.)
Spott|dros|sel
Spöt|te|lei; spöt|teln; ich spött[e]le
spot|ten; Spöt|ter; Spöt|te|rei; Spöt|te|rin
Spott|fi|gur; Spott|ge|burt (geh. abwertend); **Spott|ge|dicht; Spott|geld,** das; -[e]s (ugs.)
spöt|tisch
Spott|lied; Spott|lust, die; -; **Spott|na|me; Spott|preis** (ugs.); **Spott|sucht,** die; -; **Spott|vers; Spott|vo|gel**
S. P. Q. R. = Senatus Populusque Romanus (Senat und Volk von Rom)

sprach vgl. sprechen
Sprach|at|las (Kartenwerk zur Sprachgeografie; vgl. ⁴Atlas); **Sprach|bar|ri|e|re** (Sprachwiss.); **Sprach|bau,** der; -[e]s
sprach|be|gabt
Sprach|be|herr|schung; Sprach|be|ra|tung; Sprach|com|pu|ter; Sprach|denk|mal Plur. ...mäler; geh. ...male
Spra|che, die; -, -n
Sprach|emp|fin|den
Sprach|en|fra|ge; Sprach|en|kampf; Sprach|en|recht; Sprach|en|schu|le; Sprach|en|stu|di|um
Sprach|ent|wick|lung; Sprach|er|ken|nung (EDV); **Sprach|er|werb; Sprach|fä|hig|keit; Sprach|fa|mi|lie**
Sprach|fas|sung (Version eines Textes in einer bestimmten Sprache)
Sprach|feh|ler
sprach|fer|tig; Sprach|fer|tig|keit
Sprach|for|scher; Sprach|for|sche|rin; Sprach|for|schung
Sprach|füh|rer; Sprach|ge|biet; Sprach|ge|brauch, der; -[e]s; **Sprach|ge|fühl,** das; -[e]s; **Sprach|ge|mein|schaft; Sprach|ge|nie**
Sprach|geo|gra|fie, Sprach|geo|gra|phie
Sprach|ge|schich|te; sprach|ge|schicht|lich
Sprach|ge|sell|schaft; Sprach|ge|setz
Sprach|ge|walt, die; -; **sprach|ge|wal|tig**
sprach|ge|wandt; Sprach|ge|wandt|heit, die; -
Sprach|gren|ze; Sprach|gut, das; -[e]s; **Sprach|heil|schu|le**
...spra|chig (z. B. fremdsprachig)
Sprach|in|sel; Sprach|kar|te
Sprach|ken|ner; Sprach|ken|ne|rin
Sprach|kennt|nis|se Plur.; **Sprach|kom|pe|tenz; Sprach|kri|tik; Sprach|kul|tur**
Sprach|kun|de (veraltend)
sprach|kun|dig
sprach|kund|lich (veraltet)
Sprach|kunst, die; -; **Sprach|kurs; Sprach|la|bor; Sprach|laut**
Sprach|leh|re; Sprach|leh|rer; Sprach|leh|re|rin
Sprach|len|kung
sprach|lich
...sprach|lich (z. B. fremdsprachlich)
sprach|los; Sprach|lo|sig|keit
Sprach|ma|ni|pu|la|ti|on

springen

Sprach|mitt|ler (geh.); Sprach|mitt|le|rin
Sprach|norm; Sprach|nor|mung
Sprach|pfle|ge, die; -, -n; Sprach|phi|lo|so|phie; Sprach|psy|cho|lo|gie; Sprach|raum; Sprach|re|ge|lung; Sprach|rein|heit; Sprach|rei|se
sprach|rich|tig; Sprach|rich|tig|keit
Sprach|rohr; Sprach|schatz, der; -es; Sprach|schicht; Sprach|schnit|zer
Sprach|schöp|fer; Sprach|schöp|fe|rin; sprach|schöp|fe|risch
Sprach|schwie|rig|keit; Sprach|sil|be; Sprach|spiel; Sprach|stamm; Sprach|sta|tis|tik; Sprach|stil; Sprach|stö|rung; Sprach|stu|di|um; Sprach|sys|tem; Sprach|ta|lent
Sprach|tech|no|lo|gie (fachspr.)
Sprach|teil|ha|ber; Sprach|teil|ha|be|rin
sprach|üb|lich
Sprach|übung; Sprach|un|ter|richt; Sprach|ver|ar|bei|tung; Sprach|ver|ein; Sprach|ver|wir|rung; Sprach|wan|del
sprach|wid|rig
Sprach|wis|sen|schaft
Sprach|wis|sen|schaf|ter (schweiz., österr. auch für Sprachwissenschaftler); Sprach|wis|sen|schaf|te|rin; Sprach|wis|sen|schaft|ler; Sprach|wis|sen|schaft|le|rin; sprach|wis|sen|schaft|lich
Sprach|witz
Sprach|zen|t|rum (Teil des Gehirns); Sprach|zeug|nis
sprang vgl. springen
sprat|zen (Hüttenw. Gasblasen auswerfen)
Spray [ʃpreː, spreɪ], der od. das; -s, -s ⟨engl.⟩ (Flüssigkeitszerstäuber; in feinsten Tröpfchen versprühte Flüssigkeit); Spray|do|se
spray|en; gesprayt
Spray|er, der; -s, - (jmd., der sprayt); Spray|e|rin
Sprech|akt (Sprachwiss.); Sprech|an|la|ge; Sprech|bla|se (in Comics); Sprech|büh|ne; Sprech|chor
spre|chen; du sprichst; du sprachst; du sprächest; gesprochen; sprich!; vor sich hin sprechen; das Kind lernt sprechen; ↑D 82; das lange Sprechen strengt mich an; sie wollten die Gefangenen nicht miteinander sprechen lassen; aber die Fakten für sich sprechen lassen od. sprechenlassen; die Waffen sprechen lassen od. sprechenlassen
Spre|cher; Spre|che|rin
Spre|cher/-innen, Spre|cher(innen) (kurz für Sprecherinnen u. Sprecher)
spre|che|risch
Sprech|er|laub|nis; Sprech|er|zie|hung

Sprecherziehung
Das Wort *Sprecherziehung* sollte nicht zwischen *r* und *z* getrennt werden, da sonst eine irritierende und das Lesen hemmende Trennung entsteht.

sprech|fä|hig
Sprech|funk; Sprech|funk|ge|rät
Sprech|ge|sang
Sprech|kun|de, die; -; sprech|kund|lich
Sprech|kunst
Sprech|leh|rer; Sprech|leh|re|rin
Sprech|pau|se; Sprech|rol|le; Sprech|sil|be; Sprech|stö|rung
Sprech|stun|de; Sprech|stun|den|hil|fe (veraltend)
Sprech|tag; Sprech|the|a|ter; Sprech|übung; Sprech|un|ter|richt; Sprech|ver|bot; Sprech|wei|se, die; -, -n; Sprech|werk|zeu|ge *Plur.*; Sprech|zeit; Sprech|zim|mer
Spree, die; - (linker Nebenfluss der Havel); Spree-Athen (scherzh. für Berlin)
Spree|wald, der; -[e]s ↑D 143; Spree|wäl|der; Spreewälder Tracht; Spree|wäl|de|rin
Spre|he, die; -, -n (westmitteld. u. nordwestd. für ³Star)
Sprei|ßel, der, österr. das; -s, - (landsch., bes. bayr., österr. für Splitter, Span); Sprei|ßel|holz, das; -es (österr. für Kleinholz)
Spreit|de|cke, Sprei|te, die; -, -n (landsch. für Lage [Getreide zum Dreschen]; [Bett]decke); sprei|ten (veraltend für ausbreiten); Sprei|t|la|ge (landsch. für Getreidelage)
spreiz|bei|nig
Spreiz|dü|bel
Sprei|ze, die; -, -n (Turnübung)
sprei|zen; du spreizt; gespreizt
Spreiz|fuß; Spreiz|sprung (Turnen)
Sprei|zung
Spreiz|win|del
Spreng|bom|be
Spren|gel, der; -s, - (Amtsgebiet eines Bischofs, Pfarrers; österr. für Amtsbezirk)
spren|gen
Spreng|ge|schoss vgl. Geschoss; Spreng|gra|na|te; Spreng|kam|mer; Spreng|kap|sel; Spreng|kom|man|do; Spreng|kopf; Spreng|kör|per; Spreng|kraft; Spreng|la|dung
Spreng|laut (für Explosiv)
Spreng|meis|ter; Spreng|meis|te|rin
Spreng|mit|tel, das; Spreng|pa|t|ro|ne; Spreng|pul|ver; Spreng|punkt; Spreng|satz
Spreng|sel, der od. das; -s, - (ugs. für Sprenkel)
Spreng|stoff; Spreng|stoff|an|schlag; Spreng|stoff|gür|tel; spreng|stoff|hal|tig; Spreng|stoff|wes|te
Spreng|trupp; Spren|gung
Spreng|wa|gen
Spreng|werk (Bauw. Träger mit Streben)
Spreng|wir|kung
Spren|kel, der; -s, - (Fleck, Tupfen)
spren|ke|lig, sprenk|lig
spren|keln; ich sprenk[e]le; ein gesprenkeltes (getupftes) Fell
sprenk|lig, spren|ke|lig
spren|zen (südwestd. für stark sprengen; regnen); du sprenzt
Spreu, die; -; spreu|ig
spricht vgl. sprechen
Sprich|wort *Plur.* ...wörter; Sprich|wör|ter|samm|lung; sprich|wört|lich; sprichwörtliche Redensart
Sprie|gel, der; -s, - (Bügel für das Wagenverdeck; landsch. für Aufhängeholz der Fleischer)
Sprie|ße, die; -, -n (Bauw. Quer-, Stützbalken; landsch. für Sprosse)
Sprie|ßel, das; -s, -[n] (österr. für Sprosse)
¹sprie|ßen (Bauw. stützen); du sprießt; du sprießtest; gesprießt; sprieß[e]!
²sprie|ßen (hervorwachsen); es sprießt; es spross, es sprösse; gesprossen; sprieß[e]!
Sprieß|holz (Bauw.)
Spriet, das; -[e]s, -e (Seemannsspr. dünne Spiere)
¹Spring, der; -[e]s, -e (landsch. für das Sprudeln; Quelle)
²Spring, die; -, -e (Seemannsspr. Leine zum Festmachen; Trosse zum ausgeworfenen Anker)
Spring|blen|de (Fotogr.)
Spring|brun|nen
sprin|gen; du springst; du sprangst; du sprängest;

Springer

gesprungen; spring[e]!; ein paar Euro springen lassen od. springenlassen (ugs.)
Sprin|ger; Sprin|ge|rin
Sprin|ger|le, das; -s, - (ein südd. Gebäck); von den Springerle sind keine mehr da
Sprin|ger|li, das; -[s], -[s]; vgl. Götti (schweiz. svw. Springerle)
Sprin|ger|stie|fel (von Fallschirmspringern getragener Schnürstiefel)
Spring|flut
Spring|form (eine Kuchenform)
Sprin|gin|kerl, das; -s, -n (österr. für Springinsfeld)
Spring|ins|feld, der; -[e]s, -e (scherzh.)
Spring|kä|fer; Spring|kraut, das; -[e]s (eine Pflanzengattung)
spring|le|ben|dig
Spring|maus; Spring|mes|ser, das
Spring|pferd; Spring|prü|fung
Spring|rei|ten, das; -s; Spring|rei|ter; Spring|rei|te|rin
Spring|schnur (österr.); Spring|seil, Sprung|seil
Spring|ti|de (svw. Springflut)
Spring|wurz, Spring|wur|zel
Sprink|ler, der; -s, - ⟨engl.⟩ (Berieselungsgerät); Sprink|ler|an|la|ge (Feuerlöschanlage)
Sprint, der; -s, -s ⟨engl.⟩ (Sport Kurzstreckenlauf); sprin|ten
Sprin|ter, der; -s, -; Sprin|te|rin
Sprin|ter|ren|nen (Radsport)
Sprint|stre|cke; Sprint|ver|mö|gen, das; -s
Sprit, der; -s, -e Plur. selten (kurz für Spiritus; ugs. für Treibstoff); ↑D58: eine spritsparende od. Sprit sparende Fahrweise; aber nur eine besonders spritsparende, noch spritsparendere Fahrweise; sprit|durs|tig (ugs.)
Sprit|fres|ser (ugs. abwertend)
sprit|tig (wie Sprit riechend, schmeckend)
Sprit|preis (ugs.); Sprit|schlu|cker (ugs. abwertend)
Sprit|spa|ren, das; -s (ugs.); sprit|spa|rend, Sprit spa|rend vgl. Sprit; Sprit|ver|brauch (ugs.)
Spritz|ap|pa|rat; Spritz|ar|beit; Spritz|be|ton; Spritz|beu|tel (Gastron.); Spritz|dü|se
Sprit|ze, die; -, -n
sprit|zen; du spritzt
Spritz|en|haus (veraltend); Sprit|zen|meis|ter (früher)
Sprit|zer; Spritz|ze|rei
Spritz|fahrt (ugs.)
Spritz|ge|ba|cke|ne, das; -n

Spritz|gie|ßen, das; -s (Technik); Spritz|guss, der; -es (Technik)
sprit|zig; Sprit|zig|keit, die; -
Spritz|kan|ne (schweiz. für Gießkanne)
Spritz|ku|chen
Spritz|lack; Spritz|la|ckie|rung
Spritz|ma|le|rei; Spritz|pis|to|le; Spritz|tour (ugs.)
spröd, sprö|de
Sprö|de, die; - (älter für Sprödigkeit); Spröd|heit; Srö|dig|keit
Spross, der; -es, -e[n] (Nachkomme; Pflanzentrieb; Jägerspr. Teil des Geweihs); Spross|ach|se (Bot.); Spröss|chen
Spros|se, die; -, -n (Querholz der Leiter; Hautfleck; auch für Spross [Geweihteil])
spros|sen; du sprosst, er/sie/es sprosst; du sprosstest; gesprosst; sprosse! u. sprost!
Spros|sen|kohl, der; -[e]s (österr. für Rosenkohl)
Spros|sen|lei|ter, die; Spros|sen|wand (ein Turngerät)
Spros|ser, der; -s, - (ein Vogel)
Spröss|ling (scherzh.)
Spros|sung (veraltend)
Sprot|te, die; -, -n (ein Fisch)
Spruch, der; -[e]s, Sprüche
Spruch|band, das; Plur. ...bänder
Spruch|buch; Spruch|dich|tung
Sprü|che|klop|fer (ugs. abwertend); Sprü|che|klop|fe|rei; Sprü|che|klop|fe|rin
Spruch|kam|mer (frühere Entnazifizierungsbehörde)
Sprüch|lein
spruch|reif
Spruch|weis|heit
Spru|del, der; -s, -
Spru|del|kopf (veraltet für aufbrausender Mensch)
spru|deln (österr. auch für quirlen); ich sprud[e]le
Spru|del|stein (für Aragonit)
Spru|del|was|ser Plur. ...wässer
Sprud|ler (österr. für Quirl)
Sprue [spru:], die; - ⟨engl.⟩ (Med. chronische Erkrankung des Dünndarms; Zöliakie)
Sprüh|do|se
sprü|hen
Sprüh|fla|sche; Sprüh|pflas|ter; Sprüh|re|gen
Sprung, der; -[e]s, Sprünge; auf dem Sprung sein
Sprung|an|la|ge; Sprung|bal|ken (beim Weitsprung); Sprung|ball (Basketball); Sprung|be|cken; Sprung|bein; sprung|be|reit; Sprung|brett; Sprung|de|ckel

Sprung|fe|der; Sprung|fe|der|ma|trat|ze
sprung|fer|tig
Sprung|ge|lenk; Sprung|gru|be
sprung|haft; Sprung|haf|tig|keit
Sprung|hö|he; Sprung|hü|gel; Sprung|kraft; Sprung|lauf (Skisport); Sprung|pferd (Turnen); Sprung|schan|ze (Skisport); Sprung|seil; Sprung|stab (Leichtathletik); Sprung|tuch Plur. ...tücher; Sprung|turm; Sprung|wurf (Handball, Basketball)
SP Schweiz vgl. SP
Spu|cke, die; - (ugs. für Speichel)
spu|cken (speien); Spuck|napf
Spuk, der; -[e]s, -e (Gespenst); spu|ken (gespensterhaftes Unwesen treiben); Spu|ke|rei (ugs.); Spuk|ge|schich|te; Spuk|ge|stalt; spuk|haft
Spül|au|to|mat
Spül|be|cken
Spu|le, die; -, -n
Spü|le, die; -, -n
spu|len
spü|len
Spu|ler (an der Nähmaschine)
Spü|ler; Spü|le|rin
Spül|gang
Spül|licht, das; -s, -e (veraltend für Spülwasser)
Spül|kas|ten
Spül|ma|schi|ne
Spül|ma|schi|ne; Spül|mit|tel, das; Spül|stein (landsch.); Spül|tisch; Spül|trog (schweiz. für Spülbecken)
Spü|lung; Spül|wasch|gang
Spül|was|ser Plur. ...wässer, auch ...wasser
Spul|wurm
Spu|man|te [sp...], der; -[s], -s ⟨ital.⟩ (ital. Bez. für Schaumwein)
¹Spund, der; -[e]s, Plur. Spünde u. -e ⟨ital.⟩ (Fassverschluss; Tischlerei Feder)
²Spund, der; -[e]s, -e (junger Mann)
Spund|boh|le (Bauw.); Spund|boh|rer
spun|den (Tischlerei mit Spund versehen; [Bretter] durch Feder u. Nut verbinden)
spun|dig (landsch. für nicht richtig durchgebacken)
Spund|loch; Spun|dung
Spun|dus, der; - (österr. ugs. für Respekt; Furcht); Spund|wand (wasserdichte Bohlen- od. Eisenwand); Spund|zap|fen
Spun|ten, der; -s, - (schweiz. für

Staatsliga

¹Spund; *schweiz. mdal. für* einfache Gaststätte)
Spur, die; -, -en
spur|bar
Spur|brei|te
spu|ren (*Skisport* die erste Spur legen; *ugs. für* gefügig sein)
spü|ren
Spu|ren|ele|ment *meist Plur.* (für den Organismus unentbehrliches, aber nur in sehr geringen Mengen benötigtes Element)
Spu|ren|le|ger (*Skisport*); **Spu|ren|nach|weis**; **Spu|ren|si|che|rung**; **Spu|ren|su|che** *Plur. selten*
Spü|rer
Spur|hal|te|as|sis|tent (*Kfz-Technik*)
Spür|hund
...spu|rig (z. B. schmalspurig)
Spur|kranz (bei Schienenfahrzeugen)
spur|los
Spür|na|se (*übertr. ugs.*)
Spür|pan|zer
Spur|ril|le (*Verkehrsw.*)
spur|si|cher
Spür|sinn, der; -[e]s
Spurt, der; -[e]s, *Plur.* -s, *selten* -e (engl.) (schneller Lauf)
spur|ten; **spurt|schnell**; **spurt|stark**; **Spurt|ver|mö|gen**, das; -s
Spur|wech|sel; **Spur|wei|te**
Spu|ta (*Plur. von* Sputum)
spu|ten, sich (sich beeilen)
Sput|nik [ʃp..., *auch* sp...], der; -s, -s (russ., »Gefährte«) (Bez. für die ersten sowjetischen Erdsatelliten)
Spu|tum [ʃp..., *auch* sp...], das; -s, ...ta (lat.) (*Med.* Auswurf)
Spvg., **Spvgg.** = Spielvereinigung
Spy|ware ['spaɪvɛːɐ̯], die; -, - ⟨engl.⟩ (*EDV* Software zum Ausspähen von Daten)
Squa|len, das; -s, -e ⟨lat.⟩ (*Chemie, Biol.* organische Substanz, ein Antioxidans)
Square [skwɛːɐ̯], der *od.* das; -[s], -s ⟨engl.⟩ (*engl. Bez. für* Quadrat; Platz)
Square|dance [...dɛːns], der; -, -s (amerik. Volkstanz)
Squash [skvɔʃ], das; -[s] ⟨engl.⟩ (Fruchtsaft mit Fruchtfleisch; dem Tennis ähnliches Ballspiel)
Squat|ter ['skvɔtɐ], der; -s, - ⟨engl.⟩ (jmd., der illegal auf unbebautem Land siedelt; *auch für* Hausbesetzer); **Squat|te|rin**
Squaw [skwɔː], die; -, -s ⟨indian.-engl.⟩ (nordamerikanische Indianerfrau)

Squi|re ['skvaɪɐ̯], der; -[s], -s ⟨engl.⟩ (engl. Gutsherr)
sr = Steradiant
Sr. = Seiner (Durchlaucht usw.)
SR, der; - = Saarländischer Rundfunk
Sr = *chemisches Zeichen für* Strontium
SRG, die; - = Schweizerische Radio- und Fernsehgesellschaft
SRI = socially responsible investing (das Einbeziehen sozialer u. ökologischer Kriterien in Investitionsentscheidungen)
SRI-Fonds
Sri Lan|ka ⟨singhales.⟩ (Inselstaat im Indischen Ozean)
Sri Lan|ker, Sri-Lan|ker ↑D 145; **Sri Lan|ke|rin**, Sri-Lan|ke|rin
sri-lan|kisch
SS. = Sante, Santi
SSD, der; - = Staatssicherheitsdienst (der DDR)
SSO = Südsüdost[en]
SSR, die; - = Sozialistische Sowjetrepublik (bis 1991); *vgl.* SSSR
SSSR, die; - ⟨*für russ.* СССР = Union der Sozialistischen Sowjetrepubliken (bis 1991)⟩ (Sowjetunion)
SSW = Südsüdwest[en]
s. t. = sine tempore
St = ¹Saint; ²Saint; Stratus
St. = Sankt; ¹Saint; Stück; Stunde
S. T. = salvo titulo
st! (Ruf, mit dem man [leise] auf sich aufmerksam machen will; Aufforderung, leise zu sein)
Sta. = Santa
¹**Staat**, der; -[e]s, -en ⟨lat.⟩; von Staats wegen; **Staaten bildende** *od.* staatenbildende Insekten
²**Staat**, der; -[e]s (*ugs. für* Prunk); Staat machen (prunken)
Staa|ten bil|dend, **staa|ten|bil|dend** ↑D 58
Staa|ten|bund ⟨*zu* ¹Bund⟩
Staa|ten|ge|mein|schaft
staa|ten|los; **Staa|ten|lo|se**, der u. die; -n, -n; **Staa|ten|lo|sig|keit**, die; -; **Staa|ten|sys|tem**
staat|lich; **staat|li|cher|seits**; **Staat|lich|keit**, die; - (Status eines Staates)
Staats|af|fä|re; **Staats|akt**; **Staats|ak|ti|on**
Staats|ama|teur (Amateursportler, der vom Staat so sehr gefördert wird, dass er den Sport wie ein Profi betreiben kann); **Staats|ama|teu|rin**
Staats|amt
Staats|an|ge|hö|ri|ge, der u. die

Staats|an|ge|hö|rig|keit, die; -, -en
Staats|an|lei|he
Staats|an|walt; **Staats|an|wäl|tin**; **Staats|an|walt|schaft**; **staats|an|walt|schaft|lich**
Staats|ap|pa|rat; **Staats|ar|chiv**; **Staats|aus|ga|be** *meist Plur.*; **Staats|bank** *Plur.* ...banken; **Staats|ban|kett**; **Staats|bank|rott**
Staats|be|am|te; **Staats|be|am|tin**
Staats|be|gräb|nis; **Staats|be|such**; **Staats|be|trieb**; **Staats|bi|b|lio|thek**
Staats|bür|ger; **Staats|bür|ge|rin**; **Staats|bür|ger|kun|de**, die; - (Unterrichtsfach, bes. in der DDR); **staats|bür|ger|lich**; **Staats|bür|ger|schaft**; **Staats|bür|ger|schafts|nach|weis** (*österr.*)
Staats|bürg|schaft
Staats|chef; **Staats|che|fin**
Staats|die|ner; **Staats|die|ne|rin**; **Staats|dienst**
staats|ei|gen; **Staats|ei|gen|tum**
Staats|ein|nah|me *meist Plur.*
staats|er|hal|tend
Staats|ex|a|men; **Staats|fei|er|tag**
Staats|feind; **Staats|fein|din**; **staats|feind|lich**; **Staats|feind|lich|keit**, die; -
Staats|fi|nan|zen *Plur.*; **Staats|fi|nan|zie|rer** (Kreditinstitut, das Staaten Geld leiht); **Staats|flag|ge**; **Staats|form**; **Staats|forst**
Staats|frau; **Staats|füh|rung**; **Staats|gast**; **Staats|ge|biet**
staats|ge|fähr|dend; **Staats|ge|fähr|dung**
Staats|ge|fäng|nis; **Staats|ge|heim|nis**; **Staats|geld** *Plur.*; **Staats|ge|richts|hof**; **Staats|ge|walt**; **Staats|gren|ze**
Staats|grund|ge|setz (*österr. für* Gesetzeswerk mit Grundrechten [als Teil der Verfassung])
Staats|grün|dung; **Staats|haus|halt**; **Staats|ho|heit**, die; -
Staats|ka|len|der (*in der Schweiz* Verzeichnis der Behörden eines Kantons od. des Bundes)
Staats|kanz|lei; **Staats|kanz|ler** (*Geschichte*); **Staats|ka|pi|ta|lis|mus**; **Staats|ka|ros|se**; **Staats|kas|se**; **Staats|kir|che**
Staats|kne|te (*ugs. für* vom Staat gezahltes Geld)
Staats|kos|ten *Plur.*; auf Staatskosten
Staats|kri|se; **Staats|kunst**, die; -; **Staats|leh|re**
Staats|li|ga (*österr. für* oberste Liga mancher Sportarten)

Staatsmacht

Staats|macht; Staats|mann *Plur.* ...männer; staats|män|nisch
Staats|meis|ter (*Sport österr. für* Landesmeister); Staats|meis|te|rin; Staats|meis|ter|schaft
Staats|mi|nis|ter; Staats|mi|nis|te|rin; Staats|mi|nis|te|ri|um
Staats|mo|no|pol; staats|mo|no|po|lis|tisch
Staats|not|stand
Staats|ober|haupt; Staats|oper
Staats|or|gan
Staats|pa|pier *meist Plur.* (*Finanzw.*)
Staats|par|tei (in Staaten mit Einparteiensystem)
Staats|plei|te (*ugs. für* Staatsbankrott)
Staats|po|li|tik; staats|po|li|tisch
Staats|prä|si|dent; Staats|prä|si|den|tin
Staats|prü|fung; die erste, die zweite Staatsprüfung
Staats|qual|le (ein Nesseltier)
Staats|quo|te (Verhältnis der Staatsausgaben zum Sozialprodukt)
Staats|rä|son
Staats|rat *Plur.* ...räte; Staats|rä|tin; Staats|rats|vor|sit|zen|de
Staats|recht; Staats|recht|ler; Staats|recht|le|rin; staats|recht|lich
Staats|re|gie|rung
Staats|re|li|gi|on
Staats|sä|ckel
Staats|schau|spie|ler; Staats|schau|spie|le|rin
Staats|schrei|ber (*schweiz. für* Vorsteher einer Staatskanzlei); Staats|schrei|be|rin
Staats|schul|den *Plur.*; Staats|schul|den|quo|te
Staats|schutz, der; -es; Staats|schüt|zer (*ugs.*); Staats|schüt|ze|rin
Staats|se|kre|tär; Staats|se|kre|tä|rin
Staats|si|cher|heit; Staats|si|cher|heits|dienst, der; -[e]s (*früher* politische Geheimpolizei der DDR; *Abk.* SSD)
Staats|streich; Staats|the|a|ter
staats|tra|gend
Staats|trau|er; Staats|un|ter|neh|men; Staats|ver|bre|chen; Staats|ver|dros|sen|heit; Staats|ver|schul|dung; Staats|ver|trag; Staats|volk; Staats|we|sen; Staats|wirt|schaft; Staats|wis|sen|schaft
Staats|ziel (*Rechtsspr.* dem Staat in der Verfassung vorgegebenes Ziel [z. B. Umweltschutz])
Stab, der; -[e]s, Stäbe; 25 Stab Roheisen; Stab|an|ten|ne
Sta|bat Ma|ter [st... -], das; - -, - - ⟨lat., »die Mutter [Jesu] stand [am Kreuze]«⟩ ([vertonte] mittelalterliche Sequenz)
Stäb|chen; Stab|ei|sen
Sta|bel|le, die; -, -n ⟨roman.⟩ (*schweiz. für* Stuhl, dessen Beine [u. Lehne] einzeln in die Sitzfläche eingelassen sind)
stä|beln (*landsch. für* [Pflanzen] anbinden); ich stäb[e]le
sta|bend (*für* alliterierend)
Sta|berl, der; -s (eine Gestalt der Wiener Posse)
stab|för|mig
Stab|füh|rung (musikalische Leitung)
Stab|hoch|sprin|ger; Stab|hoch|sprin|ge|rin; Stab|hoch|sprung
sta|bil ⟨lat.⟩ (beständig, fest; kräftig, widerstandsfähig); stabil machen (stabilisieren)
Sta|bi|li|sa|ti|on, die; -, -en ⟨lat.⟩
Sta|bi|li|sa|tor, der; -s, ...oren (Vorrichtung zur Verringerung der Kurvenneigung bei Kraftwagen; Zusatz, der die Zersetzung chemischer Verbindungen verhindern soll; elektrischer Spannungsregler)
sta|bi|li|sie|ren (stabil machen); Sta|bi|li|sie|rung
Sta|bi|li|sie|rungs|flä|che (*Flugw.*); Sta|bi|li|sie|rungs|flos|se (bei Autos, Schiffen u. a.)
Sta|bi|li|tät, die; -, -en
Sta|bi|li|täts|kul|tur *Plur. selten* (*bes. Wirtsch.* Geldwertstabilität als ein weithin anerkanntes Ziel der [Finanz]politik); Sta|bi|li|täts|pakt; Sta|bi|li|täts|po|li|tik
Stab|lam|pe; Stab|mi|xer (elektrisches Gerät zum Mixen)
Stab|reim (Anlautreim, Alliteration); stab|rei|mend
Stabs|arzt; Stabs|ärz|tin
Stabs|chef; Stabs|che|fin
Stabs|feld|we|bel; Stabs|feld|we|be|lin
stab|sich|tig (*für* astigmatisch); Stab|sich|tig|keit
Stabs|of|fi|zier; Stabs|of|fi|zie|rin
Stabs|stel|le
Stabs|ve|te|ri|när; Stabs|ve|te|ri|nä|rin
Stab|ta|schen|lam|pe
Stab|wech|sel (beim Staffellauf)
Stab|werk (*got. Archit.*)
stacc. = staccato
stac|ca|to [ʃt..., *auch* st...] ⟨ital.⟩ (*Musik* deutlich abgesetzt; *Abk.* stacc.); Stac|ca|to [ʃt..., *auch* st...] *vgl.* Stakkato
stach *vgl.* stechen
Sta|chel, der; -s, -n
Sta|chel|bee|re
Sta|chel|draht; Sta|chel|draht|ver|hau; Sta|chel|draht|zaun
Sta|chel|hals|band
Sta|chel|häu|ter (*Zool.*)
sta|che|lig, stach|lig; Sta|che|lig|keit, Stach|lig|keit, die; -
sta|cheln; ich stach[e]le
Sta|chel|schwein
stach|lig *usw. vgl.* stachelig *usw.*
Stack, das; -[e]s, *Plur.* -e *u.* -s (*Seew.* Buhne); Stack|deich
stad (*österr. u. bayr. ugs. für* still)
Sta|del, der; -s, *Plur.* -, *schweiz. auch* Städel (*bayr., österr., schweiz. für* Scheune, kleines [offenes] Gebäude)
Sta|den, der; -s, - (*südd. für* Ufer[straße])
sta|di|al ⟨griech.-lat.⟩ (stufenweise, abschnittsweise)
Sta|di|on, das; -s, ...ien ⟨griech.⟩ (*auch* altgriechisches Wegmaß); Sta|di|on|an|sa|ge; Sta|di|on|run|de; Sta|di|on|spre|cher; Sta|di|on|spre|che|rin
Sta|di|um, das; -s, ...ien ([Zu]stand, Entwicklungsstufe, Abschnitt)
Stadt, die; -, Städte [*auch* 'ʃtɛ...]
Stadt|amt (*bes. österr. für* Verwaltungsbehörde einer Stadt)
Stadt|an|sicht; Stadt|ar|chiv
stadt|aus|wärts
Stadt|au|to|bahn; Stadt|bahn; Stadt|bahn|hal|te|stel|le
Stadt|bau *Plur.* ...bauten (städtischer Bau); Stadt|bau|amt; Stadt|bau|rat; Stadt|bau|rä|tin
stadt|be|kannt
Stadt|be|völ|ke|rung; Stadt|be|woh|ner; Stadt|be|woh|ne|rin; Stadt|be|zirk; Stadt|bi|b|lio|thek; Stadt|bild; Stadt|bü|che|rei; Stadt|bum|mel (*ugs.*)
Stadt|chef (*ugs. für* Bürgermeister); Stadt|che|fin
Städt|chen [*auch* 'ʃtɛ...]
Stadt|chro|nik
Stadt|di|rek|tor; Stadt|di|rek|to|rin
Städ|te|bau [*auch* 'ʃtɛ...], der; -[e]s; städ|te|bau|lich
Städ|te|bil|der [*auch* 'ʃtɛ...] *Plur.* (*Kunstwiss.*)
Städ|te|bund [*auch* 'ʃtɛ...], der (im MA.; *österr. für* Städtetag)
stadt|ein|wärts

Städ|te|kampf [auch 'ʃtɛ...]; **Stadt|el|tern|rat** Plur. ...räte
Stadt|ent|wäs|se|rung
Stadt|ent|wick|lung (Politik)
Städ|te|part|ner|schaft [auch 'ʃtɛ...]
Städ|te|pla|ner; Städ|te|pla|ne|rin
Städ|ter [auch 'ʃtɛ...]; **Städ|te|rin**
Stadt|er|neu|e|rung
Städ|te|tag [auch 'ʃtɛ...]
Stadt|ex|press (Zug des Personennahverkehrs; Abk. SE)
Stadt|fahrt
stadt|fein; sich stadtfein machen
Stadt|fest; Stadt|flucht; Stadt|führer; Stadt|füh|rung; Stadt|garten; Stadt|gas, das; -es; **Stadt|gebiet; Stadt|ge|mein|de; Stadt|geschich|te; Stadt|ge|spräch; Stadt|gra|ben; Stadt|gren|ze; Stadt|gue|ril|la; Stadt|hal|le; Stadt|haus**
Stadt|in|di|a|ner (ugs. für jmd., der seine Ablehnung der bestehenden Gesellschaft durch auffällige Kleidung [u. Gesichtsbemalung] zum Ausdruck bringt); **Stadt|in|di|a|ne|rin**
Stadt|in|ne|re
städ|tisch [auch 'ʃtɛ...]; **Stadt|käm|me|rer; Stadt|käm|me|rin**
Stadt|kas|se; Stadt|kern; Stadt|kreis
stadt|kun|dig
Städt|lein [auch 'ʃtɛ...]
Stadt|mar|ke|ting; Stadt|mau|er; Stadt|meis|ter|schaft (Sport); **Stadt|mensch; Stadt|mis|si|on; Stadt|mit|te; Stadt|mu|se|um; Stadt|mu|si|kant** (früher); **Stadt|park; Stadt|par|la|ment; Stadt|pfei|fer** (früher)
Stadt|phy|si|ka, die; -, -[s], **Stadt|phy|si|kus,** der; -, -se ⟨lat.⟩ (österr. für Amtsärztin bzw. Amtsarzt)
Stadt|plan
Stadt|pla|ner; Stadt|pla|ne|rin; Stadt|pla|nung
Stadt|prä|si|dent (Oberbürgermeister); **Stadt|prä|si|den|tin**
Stadt|rand; Stadt|rand|er|ho|lung; Stadt|rand|sied|lung
Stadt|rat Plur. ...räte; **Stadt|rä|tin**
Stadt|recht; Stadt|rei|ni|gung; Stadt|rund|fahrt; Stadt|sä|ckel (scherzh.); **Stadt|sa|nie|rung; Stadt|schloss**
Stadt|schrei|ber; Stadt|schrei|be|rin
Stadt|schü|ler|rat Plur. ...räte
Stadt|staat
Stadt|strei|cher; Stadt|strei|che|rin
Stadt|teil; Stadt|teil|ar|beit; Stadt-
teil|bi|b|li|o|thek; Stadt|teil|ma|nage|ment (vgl. Quartiersmanagement); **Stadt|teil|ma|na|ger; Stadt|teil|ma|na|ge|rin**
Stadt|teil|po|li|tik; Stadt|teil|po|li|ti|ker; Stadt|teil|po|li|ti|ke|rin
Stadt|the|a|ter; Stadt|tor; Stadt|vä|ter Plur.; **Stadt|ver|kehr**
Stadt|ver|ord|ne|te, der u. die; -n, -n; **Stadt|ver|ord|ne|ten|ver|samm|lung**
Stadt|ver|wal|tung; Stadt|vier|tel; Stadt|wald; Stadt|wap|pen; Stadt|wer|ke Plur.; **Stadt|woh|nung; Stadt|zen|t|rum**
Staël [sta(:)l], Madame de (franz. Schriftstellerin)
Sta|fel, der; -s, Stäfel ⟨roman.⟩ (schweiz. für Alpweide mit Hütte[n])
Sta|fet|te, die; -, -n ⟨ital.⟩ (früher für Meldereiter; Gruppe von Personen, die, etappenweise wechselnd, etwas [schnell] übermitteln); **Sta|fet|ten|lauf**
Staf|fa|ge [...ʒə], die; -, -n ⟨französierende Bildung⟩ (Belebung [eines Bildes] durch Figuren, Nebensächliches, Ausstattung)
Staf|fel, die; -, -n; 4 × 100-m-Staffel od. 4-mal-100-Meter-Staffel
↑**D 26**
Staf|fel|an|lei|he (Wirtsch.); **Staf|fel|be|tei|li|gung** (Wirtsch.)
Staf|fe|lei
staf|fel|för|mig
Staf|fel|ge|schoss (Bauw., Archit. eingerückte Etage)
Staf|fel|lauf (Sport); **Staf|fel|mie|te**
staf|feln; ich staffe[e]le
Staf|fel|preis; Staf|fel|rech|nung
Staf|fel|span|ne (Wirtsch.)
Staf|fe|lung, Staffllung
staf|fel|wei|se
Staf|fel|wett|be|werb (Sport)
staf|fie|ren ⟨franz.⟩ (österr. für schmücken, putzen; einen Stoff auf einen anderen aufnähen)
Staf|fie|rer; Staf|fie|re|rin; Staf|fie|rung
Staff|lung, Staffellung
Stag, das; -[e]s, -e[n] (Seemannsspr. [Stahl]tau zum Verspannen eines Mastes)
Stage [steːʒ], der; -s, -s [...ʒ] u. die; -, -s [...ʒ] ⟨franz.⟩ (schweiz. für Aufenthalt bei einer Firma o. Ä. zur weiterführenden Ausbildung od. als Praktikum)
Stage|di|ving ['steɪdʒdaɪvɪŋ], das; -s, -s ⟨engl.⟩ (Sprung von der Bühne ins Publikum)
Stag|fla|ti|on [ʃt..., auch st...], die;

-, -en ⟨aus Stagnation u. Inflation⟩ (von wirtschaftlichem Stillstand begleitete Inflation)
Sta|gi|aire [staˈʒiːɐ], der; -[s], -s ⟨franz.⟩ (schweiz. für jmd., der einen Stage absolviert)
Sta|g|na|ti|on [ʃt..., auch st...], die; -, -en ⟨lat.⟩ (Stillstand); **sta|g|nie|ren; Sta|g|nie|rung**
Stag|se|gel (Seemannsspr. an einem Stag gefahrenes Segel)
stahl vgl. stehlen
Stahl, der; -[e]s, Plur. Stähle, selten Stahle
Stahl|ar|bei|ter; Stahl|ar|bei|te|rin
Stahl|bad; Stahl|band, das; Plur. ...bänder; **Stahl|bau** Plur. ...bauten; **Stahl|be|ton**
stahl|blau
Stahl|blech; Stahl|bürs|te; Stahl|draht
stäh|len
stäh|lern (aus Stahl)
Stahl|er|zeu|gung; Stahl|fe|der; Stahl|flach|stra|ße (Straßenbau); **Stahl|fla|sche**
stahl|grau, stahl|hart
Stahl|helm; Stahl|in|dus|t|rie; Stahl|kam|mer
Stahl|ko|cher (ugs. für Stahlarbeiter); **Stahl|ko|che|rin**
Stahl|kon|s|t|ruk|ti|on; Stahl|plat|te; Stahl|pro|duk|ti|on
Stahl|rohr; Stahl|rohr|mö|bel
Stahl|ross (scherzh. für Fahrrad)
Stahl|seil
Stahl|ske|lett|bau|wei|se
Stahl|ste|cher; Stahl|ste|che|rin; Stahl|stich
Stahl|trä|ger; Stahl|tros|se; Stahl|tür; Stahl|werk; Stahl|wol|le, die; -
stak vgl. ¹**stecken**
Sta|ke, die; -, -n, **Sta|ken,** der; -s, - (landsch. für Stange zum Schieben von Flößen, Kähnen)
Stake|hol|der ['steɪkhoʊldɐ], der; -s, - ⟨engl.⟩ (Wirtsch. Person, für die es von Belang ist, wie ein bestimmtes Unternehmen sich verhält [z. B. Aktionär, Lieferant])
sta|ken (landsch. für mit Staken fortbewegen)
Sta|ket [ʃta...], das; -[e]s, -e ⟨niederl.⟩ (Lattenzaun); **Sta|ke|te,** die; -, -n (bes. österr. für Zaunlatte); **Sta|ke|ten|zaun**
Stak|ka|to, Stac|ca|to [ʃt..., auch st...], das; Plur. -s u. ...ti ⟨ital.⟩ (Musik kurz abgestoßener Vortrag); vgl. staccato
stak|sen (ugs. für mit steifen

Schritten gehen); du stakst; stak|sig

Sta|lag|mit [ʃt..., auch st...], der; Gen. -s u. -en, Plur. -e[n] ⟨griech.⟩ (Tropfstein vom Boden her, Auftropfstein); sta|lag|mi|tisch

Stal|lak|tit, der; Gen. -s u. -en, Plur. -e[n] (Tropfstein an Decken, Abtropfstein); Sta|lak|ti|ten|ge|wöl|be (in der stalaktitischen Baukunst); sta|lak|ti|tisch

Sta|lin [ʃt..., auch st...] (sowjetischer Politiker)

Sta|lin|grad vgl. Wolgograd

Sta|li|nis|mus, der; - (von Stalin geprägte Interpretation des Marxismus u. die von ihm danach geprägte Herrschaftsform); Sta|li|nist, der; -en, -en; Sta|li|nis|tin; sta|li|nis|tisch

Sta|lin|or|gel (früher für sowjetischer Raketenwerfer)

stal|ken ['stɔːkŋ̍] ⟨engl.⟩ (jmdn. durch fortwährende Nachstellungen terrorisieren); Stal|ker ['stɔːkɐ], der; -s, - ⟨engl.⟩ (jmd., der eine andere Person fortgesetzt beleidigt, verfolgt od. ihr auflauert); Stal|ke|rin; Stal|king, das; -[s]

Stall, der; -[e]s, Ställe

Stall|bur|sche; Ställ|chen; Stall|dünger (natürl. Dünger)

stal|len (im Stall unterbringen, im Stall untergebracht sein)

Stall|füt|te|rung

Stall|ge|fähr|te (Rennsport); Stall|ge|fähr|tin

Stall|ge|ruch (auch für Zugehörigkeit zu einem bestimmten Verein)

Stall|ha|se (Hauskaninchen)

Stall|knecht (veraltend)

Stall|la|ter|ne, Stall-La|ter|ne

Stall|magd (veraltend)

Stall|meis|ter; Stall|meis|te|rin

Stall|or|der (bes. Rennsport Anweisung an einen Fahrer od. Jockey, einen Konkurrenten aus dem eigenen Team od. Rennstall taktisch zu begünstigen)

Stall|pflicht

Stall|lung

Stall|wa|che (auch für Präsenz am Regierungssitz während der Parlamentsferien)

Stam|bul [ʃt..., auch st...] (Stadtteil von Istanbul)

Sta|mi|no|di|um [ʃt..., auch st...], das; -s, ...ien ⟨lat.⟩ (Bot. unfruchtbares Staubblatt)

Stamm, der; -[e]s, Stämme

Stamm|ak|tie; Stamm|baum; Stamm|beiz (bes. schweiz. für Stammkneipe); Stamm|be|legschaft; Stamm|be|set|zung; Stamm|buch; Stamm|burg

stamm|bür|tig (Bot. am Stamm ansetzend [von Blüten])

Stämm|chen

Stamm|da|ten Plur. (EDV)

Stamm|ein|la|ge (Wirtsch.)

stam|meln; ich stamm[e]le

stam|men

stam|mern (nordd. für stammeln); ich stammere

Stamm|mes|be|wusst|sein; Stamm|mes|füh|rer; Stamm|mes|füh|re|rin; Stamm|mes|fürst; Stamm|mes|fürs|tin

Stamm|mes|ge|schich|te; stamm|mes|ge|schicht|lich

Stamm|mes|häupt|ling; Stamm|mes|kun|de, die; Stamm|mes|na|me

Stamm|mes|sen

Stamm|mes|spra|che; Stamm|mes|ver|band; Stamm|mes|zu|ge|hö|rig|keit

Stamm|form; Stamm|gast Plur. ...gäste; Stamm|ge|richt

stamm|haft

Stamm|hal|ter (erster männlicher Nachkomme)

Stamm|haus

stäm|mig; Stäm|mig|keit, die; -

Stamm|ka|pi|tal; Stamm|knei|pe (ugs.)

Stamm|kun|de, der; Stamm|kun|din; Stamm|kund|schaft

Stamm|land Plur. ...länder

Stamm|ler; Stamm|le|rin

Stamm|lo|kal

Stamm|mann|schaft, Stamm-Mann|schaft

Stamm|mie|te, Stamm-Mie|te

Stamm|mie|ter, Stamm-Mie|ter

Stamm|mut|ter, Stamm-Mut|ter Plur. ...mütter

Stamm|per|so|nal; Stamm|platz; Stamm|pu|b|li|kum; Stamm|re|gis|ter (Bankw.); Stamm|rol|le (Militär früher); Stamm|sil|be; Stamm|sitz

Stamm|spie|ler (Sport); Stamm|spie|le|rin

Stamm|ta|fel

Stamm|tisch; Stamm|tisch|po|li|ti|ker; Stamm|tisch|po|li|ti|ke|rin

Stamm|ton Plur. ...töne (Musik)

Stamm|va|ter

stamm|ver|wandt; Stamm|ver|wandt|schaft

Stamm|vo|kal; Stamm|wäh|ler meist Plur.; Stamm|wäh|le|rin; Stamm|wort; Stamm|wür|ze

Stamm|zel|le (Med. undifferen-

zierte, d. h. keinem endgültigen Zelltyp angehörende Zelle)

Stamm|zel|len|for|schung, Stamm|zell|for|schung; Stamm|zel|len|spen|der, Stamm|zell|spen|der; Stamm|zel|len|spen|de|rin, Stamm|zell|spen|de|rin

Sta|mo|kap, der; -[s] (Kurzw. für staatsmonopolistischer Kapitalismus)

Stam|pe, die; -, -n (bes. berlin. für Gaststätte, Kneipe)

Stam|pe|de [ʃt..., auch st..., engl. stæmˈpiːd], die; -, Plur. -n, bei engl. Aussprache -s ⟨engl.⟩ (wilde Flucht einer in Panik geratenen [Rinder]herde)

Stam|per, der; -s, - (Schnapsglas ohne Fuß); Stam|perl, das; -s, -[n]; vgl. Pickerl (bayr. u. österr. für Stamper); stam|pern (bayr., österr. ugs. für scheuchen, jagen)

Stampf|be|ton (Bauw.)

Stamp|fe, die; -, -n (ein Werkzeug zum Stampfen)

stamp|fen; Stampf|er; Stampf|kar|tof|feln Plur. (landsch. für Kartoffelbrei)

Stam|pi|g|lie [...ˈpɪljə], die; -, -n ⟨ital.⟩ (österr. für Stempel)

Stan [sten] (m. Vorn.)

stand vgl. stehen

Stand

der; -[e]s, Stände

– einen schweren Stand haben
– er ist gut im Stande (bei guter Gesundheit)
– jemanden in den Stand setzen[,] etwas zu tun
– standhalten (vgl. d.)

In folgenden Fällen kann zusammen- oder auch getrennt geschrieben werden:

– außerstande od. außer Stande
– imstande od. im Stande sein
– instand od. in Stand halten
– instand od. in Stand setzen
– zustande od. zu Stande bringen, kommen

Stand-alone-Ge|rät [stentəˈloʊn..., ˈstændəloʊn...] ⟨engl.⟩ (Technik, EDV elektron. Gerät, das selbstständig betrieben werden kann); Stand-alone-Lö|sung (Lösung, die auf Eigenständigkeit, eigenständiges Funktionieren zielt)

Stan|dard [ʃt..., auch st...], der; -s,

Stanniolpapier

-s ⟨engl.⟩ (Maßstab, Norm; Qualitäts- od. Leistungsniveau)
Stan|dard|aus|rüs|tung; Stan|dard|brief
stan|dard|deutsch; Stan|dard|deutsch, Stan|dard|deut|sche, das
Stan|dard|far|be; Stan|dard|form
stan|dar|di|sie|ren (normen); **Stan|dar|di|sie|rung**
Stan|dard|kal|ku|la|ti|on (Wirtsch.)
Stan|dard|klas|se (Sport)
Stan|dard|kos|ten Plur. (Wirtsch.); **Stan|dard|kos|ten|rech|nung**
Stan|dard|lö|sung; stan|dard|mä|ßig; Stan|dard|mo|dell; Stan|dard|preis
Stan|dard|si|tu|a|ti|on (z. B. Freistoß, Eckstoß im Fußball)
Stan|dard|soft|ware
Stan|dard|spra|che (Sprachwiss. gesprochene u. geschriebene Form der Hochsprache)
Stan|dard|tanz
Stan|dard|werk (mustergültiges Sach- od. Fachbuch)
Stan|dard|wert (Festwert)
Stan|dar|te, die; -, -n ⟨franz.⟩ (kleine [quadratische] Fahne [als Hoheitszeichen]; Jägerspr. Schwanz des Fuchses u. des Wolfes); **Stan|dar|ten|trä|ger**
Stand|bein (Sport, bild. Kunst; Ggs. Spielbein)
Stand|bild
Stand|box (Standlautsprecher)
Stand-by, Stand|by [ˈstɛntbaɪ], das; -[s], -s ⟨engl.⟩ (Form der Flugreise ohne feste Platzbuchung; Elektronik Bereitschaftsschaltung); **Stand-by-Be|trieb**, **Stand|by|be|trieb**
Stand|chen
Stan|de, die; -, -n, **Stan|den**, der; -, - (landsch. für ²Kufe, Bottich)
Stän|de Plur. (ständische Volksvertretung); **Stän|de|kam|mer**
Stän|del, Stän|del|wurz vgl. **Stendel, Stendelwurz**
Stan|den vgl. Stande
Stän|de|ord|nung; Stän|de|or|ga|ni|sa|ti|on
Stan|der, der; -s, - (Dienstflagge am Auto z. B. von hohen Regierungsbeamten; Seemannsspr. kurze, dreieckige Flagge)
Stän|der, der; -s, - (Jägerspr. auch Fuß des Federwildes)
Stän|de|rat, der; -[e]s, ...räte (in der Schweiz Vertretung der Kantone in der Bundesversammlung u. deren Mitglied); **Stän|de|recht**

Stän|der|lam|pe (schweiz. für Stehlampe); **Stän|der|pilz**
Stan|des|amt; stan|des|amt|lich; standesamtliche Eheschließung; **Stan|des|be|am|te; Stan|des|be|am|tin**
stan|des|be|wusst; Stan|des|bewusst|sein; Stan|des|dün|kel; Stan|des|eh|re (veraltet)
stan|des|ge|mäß
Stan|des|herr (früher)
Stan|des|or|ga|ni|sa|ti|on; Stan|des|per|son; Stan|des|pflicht; Stan|des|rect; Stan|des|re|gis|ter
Stan|de|staat Plur. ...staaten (früher)
Stan|des|un|ter|schied; Stan|des|ver|tre|tung; Stän|de|tag (früher)
stand|fest; Stand|fes|tig|keit, die; -
Stand|fo|to (Film)
Stand|fuß|ball, der; -[e]s (ugs.)
Stand|gas, das; -es (Kfz-Technik)
Stand|geld (Marktgeld)
Stand|ge|richt (Militär)
Stand|glas Plur. ...gläser (Messzylinder)
stand|haft; Stand|haf|tig|keit, die; -
stand|hal|ten ↑D 47; er hält stand; sie hat standgehalten; standzuhalten
Stand|hei|zung (Kfz-Technik)
stän|dig (dauernd); ständiges Mitglied, ständige Vertretung, aber ↑D 150: Ständiger Internationaler Gerichtshof; Ständige Konferenz der Kultusminister der Länder, ständige Impfkommission (des Robert-Koch-Instituts, Abkürzung STIKO)
Stan|ding [ˈstɛndɪŋ], das; -s ⟨engl.⟩ (Rang, Ansehen)
Standing Ovations [ˈstɛndɪŋ oˈveɪʃns] Plur. ⟨engl.⟩ (Ovationen im Stehen)
stän|disch (die Stände betreffend; nach Ständen gegliedert)
Standl, das; -s, -[n] (bayr., österr. ugs. für Verkaufsstand); **Standler; Stand|le|rin**
Stand|licht Plur. ...lichter (bei Kraftfahrzeugen)
Stand|mie|te
Stand|ort, der; -[e]s, -e (Militär auch svw. Garnison)
Stand|ort|be|stim|mung; Stand|ort|da|ten Plur.; **Stand|ort|fak|tor** (Wirtsch.); **Stand|ort|vor|teil; Stand|ort|wech|sel**
Stand|pau|ke (ugs. für Strafrede)
Stand|punkt; Stand|quar|tier
Stand|recht, das; -[e]s (Kriegs-

strafrecht); **stand|recht|lich;** standrechtliche Erschießung
stand|si|cher; Stand|si|cher|heit, die; -
Stand|spur; Stand|strei|fen; Stand|uhr
Stand-up-Co|me|di|an [ˈstɛndəp..., ˈstɛntlap...] ⟨engl.⟩ (Alleinunterhalter)
Stand-up-Pad|deln, das; -s ⟨engl.; dt.⟩ (vgl. Stehpaddeln); **Stand|vo|gel; Stand|waa|ge**
Stan|ge, die; -, -n (Jägerspr. auch Stamm des Hirschgeweihs, Schwanz des Fuchses); von der Stange kaufen (Konfektionsware kaufen)
Stän|gel, der; -s, - (Teil der Pflanze)
Stän|gel|blatt
Stän|gel|chen, Stän|ge|lein, Stängelein (kleine Stange; kleiner Stängel)
...stän|ge|lig, ...stäng|lig (z. B. kurzsläng[e]lig)
stän|gel|los
stän|geln (an Stangen anbinden); ich stäng[e]le
Stan|gen|boh|ne; Stan|gen|holz
Stan|gen|pferd (an der Deichsel gehendes Pferd eines Gespanns); **Stan|gen|rei|ter** (früher für Reiter auf dem Stangenpferd); **Stan|gen|rei|te|rin**
Stan|gen|sel|le|rie; Stan|gen|spar|gel
Stan|gen|weiß|brot
Stäng|lein vgl. Stängelchen
...stäng|lig vgl. ...stängelig
Sta|nis|laus, Sta|nis|law [...laf] (m. Vorn.)
Sta|nit|zel, Sta|nitzl, das; -s, -[n] ⟨ital.⟩ (bayr. u. österr. für spitze Tüte)
stank vgl. stinken
Stank, der; -[e]s (ugs. für Zank, Ärger); **Stän|ker**, (svw. Stänkerer); **Stän|ke|rei; Stän|ke|rer** (ugs. abwertend); **Stän|ke|rin**
stän|kern (ugs. für Gestank verbreiten; für Ärger, Unruhe sorgen); ich stänkere
Stan|ley [ˈstɛnli] (m. Vorn.)
Stan|ley|mes|ser® [ˈstɛnli...] ⟨engl.; dt.⟩ (bes. österr. für Teppichmesser)
Stan|ni|ol, das; -s, -e ⟨nlat.⟩ (eine silberglänzende Zinnfolie, ugs. auch für Aluminiumfolie)
Stan|ni|ol|blätt|chen; Stan|ni|ol|fo|lie; Stan|ni|ol|pa|pier

Stannum

Stan|num [st..., *auch* ʃt...], das; -s ⟨*lat. Bez. für* Zinn; *chem. Zeichen* Sn⟩

Stans (Hauptort des Halbkantons Nidwalden)

stan|te pe|de [st... -] ⟨*lat.*, »stehenden Fußes«⟩ (*ugs. scherzh. für* sofort)

¹Stan|ze, die; -, -n ⟨*ital.*⟩ (*Verslehre* achtzeilige Strophenform)

²Stan|ze, die; -, -n (Ausschneidewerkzeug, -maschine für Bleche u. a.; Prägestempel)

stan|zen; du stanzt

Stanz|form; Stanz|ma|schi|ne

Sta|pel, der; -s, -; vom Stapel gehen, lassen, laufen

Sta|pel|be|trieb (*EDV*)

Sta|pel|holz

Sta|pe|lie, die; -, -n ⟨nach dem niederl. Arzt J. B. van Stapel⟩ (Aasblume od. Ordensstern)

Sta|pel|lauf

sta|peln; ich stap[e]le

Sta|pel|platz; Sta|pel|stuhl; Sta|pe|lung; Sta|pel|wa|re; sta|pel|wei|se

Stap|fe, die; -, -n, Stap|fen, der; -s, - (Fußspur); stap|fen

Stap|fen *vgl.* Stapfe

Sta|phy|lo|kok|kus [ʃt..., *auch* st...], der; -, ...kken *meist Plur.* ⟨*griech.*⟩ (*Med.* traubenförmige Bakterie)

Stap|ler (*kurz für* Gabelstapler)

Stap|ler|fah|rer; Stap|ler|fah|re|rin

Staps, der; -es, -e (*obersächs. für* ungelenker Bursche)

¹Star, der; -[e]s, -e ⟨*zu* starr⟩ (Augenkrankheit); ↑D 151: der graue, grüne, schwarze Star

²Star [ʃt..., *auch* st...], der; -s, -s ⟨*engl.*, »Stern«⟩ (berühmte Persönlichkeit [beim Theater, Film]; *kurz für* Starboot)

³Star, der; -[e]s, -e (ein Vogel)

Star, der; -[e]s, -e (*landsch. für* Widder)

Star|al|lü|ren *Plur.* (launenhafte Eigenheiten eines ²Stars)

Star|an|walt (berühmter Anwalt); Star|an|wäl|tin

Star|auf|ge|bot

starb *vgl.* sterben

Star|be|set|zung

star|blind

Star|boot [ʃt..., *auch* st...] ⟨*engl.; dt.*⟩ (ein Sportsegelboot)

Star|di|ri|gent; Star|di|ri|gen|tin

stä|ren (*landsch. für* brünstig sein nach dem Stär)

Sta|ren|kas|ten, Star|kas|ten

Star|gast ⟨*zu* ²Star⟩

stark

stär|ker, stärks|te

– eine starke Natur; sie hat starke Nerven
– (*Sprachwiss.:*) starke Deklination; ein starkes Verb

Großschreibung:
– das Recht des Starken
– August II., der Starke

Schreibung in Verbindung mit Verben und Partizipien ↑D 56 *u.* 58:

– stark sein, stark werden
– sie hat sich für den Plan starkgemacht (*ugs. für* sehr eingesetzt)
– der Trainer hat seine Mannschaft starkgeredet (ihren Erfolg herbeigeredet)
– taktische Fehler hatten den Gegner stark gemacht *od.* starkgemacht
– eine stark behaarte *od.* starkbehaarte Brust
– stark bewachte *od.* starkbewachte Gefangene

Stark|bier; Stark|bier|fest

Stär|ke, die; -, -n; Stär|ke|ge|halt

stär|ke|hal|tig

Stär|ke|mehl

stär|ken

Star|ken|burg (Südteil des Regierungsbezirks Darmstadt); star|ken|bur|gisch

Stär|ke|zu|cker

Star|king, der; -s, -s (Apfelsorte)

stark|kno|chig; stark|lei|big

stark|ma|chen, sich; *vgl.* stark

stark|re|den *vgl.* stark

Stark|re|gen (*bes. Meteorol.*)

Stark|strom *Plur. selten;* Stark|strom|tech|nik, die; -; Stark|strom|tech|ni|ker

Star|kult ⟨*zu* ²Star⟩

Stär|kung; Stär|kungs|mit|tel, das

Star|let, Star|lett [ʃt..., *auch* 'st...], das; -s, -s ⟨*engl.*, »Sternchen«⟩ (Nachwuchsfilmschauspielerin)

Star|man|ne|quin

Starn|ber|ger See, der; - -s

Sta|rost [st..., *auch* ʃt...], der; -en, -en ⟨*poln.*⟩ (früher für polnischer Landrat); Sta|ros|tei (Amt eines Starosten)

starr; ein starres Prinzip

Starr|ach|se (*Kfz-Technik*)

Star|re, die; -

star|ren; von *od.* vor Schmutz starren

Star|re|por|ter; Star|re|por|te|rin

Starr|heit, die; -

Starr|kopf (*abwertend für* eigensinniger Mensch); starr|köp|fig

Starr|krampf, der; -[e]s (*kurz für* Wundstarrkrampf)

Starr|sinn, der; -[e]s; starr|sin|nig

Starr|sucht, die; - (*für* Katalepsie)

Stars and Stripes [- ənt 'straɪps] *Plur.* (Nationalflagge der USA, Sternenbanner)

Start, der; -[e]s, *Plur.* -s, *selten* -e ⟨*engl.*⟩; fliegender Start; stehender Start

Start|au|to|ma|tik; Start|bahn; Start|be|rech|ti|gung

start|be|reit

Start|block *Plur.* ...blöcke (*Sport*)

star|ten

Star|ter (*Sport* Person, die das Zeichen zum Start gibt; jmd., der startet; Anlasser eines Motors); Star|te|rin

Star|ter|kit ['staːɐ̯tɐ...] ⟨*engl.*⟩ (Startausstattung)

Start|er|laub|nis

Start|er|lis|te (*Sport*); Star|ter|set ['staːɐ̯tɐ...] ⟨*engl.*⟩ (Grundausstattung); Star|ter|zahl (*Sport*)

Start|flag|ge; Start|geld; Start|gut|ha|ben

Start|hil|fe; Start|hil|fe|ka|bel

Start|ka|pi|tal

start|klar

Start|kom|man|do

Start|läu|fer (*Sport*); Start|läu|fe|rin

Start|li|nie; Start|loch; Start|ma|schi|ne (*Rennsport*); Start|num|mer; Start|pass; Start|pis|to|le; Start|platz; Start|ram|pe; Start|recht, das; -[e]s; Start|schuss

Start|schwie|rig|keit *meist Plur.*

Start|sei|te (*EDV* Homepage)

Start|si|gnal; Start|skript, das; -[e]s, -[n] *u.* -s (*EDV*); Start|sprung

Start-Stopp-Au|to|ma|tik (*Kfz-Technik*); Start-Stopp-Sys|tem

Start-und-Lan|de-Bahn

Start-up ['staːɐ̯tʌp], das, *selten:* der; -s, -s ⟨*engl.*⟩, Start-up-Un|ter|neh|men (neu gegründetes Wirtschaftsunternehmen)

Start|ver|bot; Start|zei|chen

Start-Ziel-Sieg ↑D 26

Sta|se, Sta|sis [st..., *auch* ʃt...], die; -, Stasen ⟨*griech.*⟩ (*Med.* Stauung)

Sta|si, die, *selten* der; - (*ugs. kurz für* Staatssicherheitsdienst der DDR); Sta|si|ak|te; Sta|si|mit|ar|bei|ter; Sta|si|mit|ar|bei|te|rin

Status Nascendi

¹statt

(anstatt)
Präposition mit Genitiv:
– statt meiner
– statt eines Rates
– ich möchte diese Blume statt derer, die Sie mir gegeben haben (*vgl.* deren / derer)
– die Ärztin, statt deren *od.* derer der Assistent operiert hatte, war selbst krank geworden (*vgl.* deren / derer)
– der Kanzler, statt dessen (für den) eine Ministerin erschienen war, ließ grüßen; *aber* der Kanzler konnte nicht kommen, stattdessen (dafür) schickte er seine Ministerin

Veraltet oder ugs. mit Dativ:
– statt einem Stein; statt dem Vater

Standardsprachlich mit Dativ, wenn der Genitiv nicht erkennbar wird:
– statt Worten will ich Taten sehen

Konjunktion:
– statt mit Drohungen versucht er es mit Ermahnungen
– statt dass ... ↑D 126
– statt zu ... ↑D 117
– die Nachricht kam an mich statt an dich
– sie gab das Geld ihm statt mir

Sta|sis [st..., *auch* ʃt...] *vgl.* Stase
Sta|si|un|ter|la|gen|be|hör|de, die; - (ugs.)
Staß|furt (Stadt südl. von Magdeburg); **Staß|fur|ter; Staß|fur|te|rin**
State De|part|ment [ˈsteɪt dɪˈpaːʁtmənt], das; - -[s] ⟨engl.⟩ (das Außenministerium der USA)
State|ment [ˈsteɪtmənt], das; -s, -s ⟨engl.⟩ (Verlautbarung)
State of the Art [ˈsteɪt əv ðɪ ˈaːʁt], der; - - - - ⟨engl.⟩ (neuester Stand [in der Entwicklung von etw.])
sta|tie|ren ⟨lat.⟩ (als Statist *od.* Statistin tätig sein)
Stä|tig|keit, die; - (Störrigkeit [von Pferden]); *vgl. aber* Stetigkeit
Sta|tik [ʃt..., *auch* st...], die; -, -en ⟨griech.⟩ (Lehre von den Kräften im Gleichgewicht); **Sta|ti|ker** (Bauingenieur mit speziellen Kenntnissen in der Statik); **Sta|ti|ke|rin**
Sta|ti|on, die; -, -en ⟨lat.⟩
sta|ti|o|när (an einen festen Standort gebunden; die Behandlung, den Aufenthalt in einem Krankenhaus betreffend); stationäre Behandlung
sta|ti|o|nie|ren (an bestimmte Plätze stellen; aufstellen); **Sta|ti|o|nie|rung; Sta|ti|o|nie|rungs|kos|ten** *Plur.*
Sta|ti|ons|arzt; Sta|ti|ons|ärz|tin
Sta|ti|ons|pfle|ger; Sta|ti|ons|pfle|ge|rin; Sta|ti|ons|schwes|ter
Sta|ti|ons|tas|te (zur automatischen Einstellung eines Radiosenders)
Sta|ti|ons|vor|stand (*österr. u. schweiz. für* Stationsvorsteher); **Sta|ti|ons|vor|ste|her** (Bahnhofsvorsteher); **Sta|ti|ons|vor|ste|he|rin**

sta|tisch [ʃt..., *auch* st...] ⟨griech.⟩ (die Statik betreffend; stillstehend, ruhend)
stä|tisch (störrisch, widerspenstig [von Pferden])
Sta|tist, der; -en, -en ⟨lat.⟩ (*Theater u. übertr.* stumme Person; Nebenfigur); **Sta|tis|te|rie,** die; -, ...ien (Gesamtheit der Statisten u. Statistinnen); *vgl. auch* statieren
Sta|tis|tik, die; -, -en ([vergleichende] zahlenmäßige Erfassung, Untersuchung u. Darstellung von Massenerscheinungen)
Sta|tis|ti|ker; Sta|tis|ti|ke|rin
Sta|tis|tin
sta|tis|tisch (zahlenmäßig); *aber* ↑D 150: das Statistische Bundesamt (in Wiesbaden)
Sta|tiv, das; -s, -e ([dreibeiniges] Gestell für Apparate)
Sta|to|blast [ʃt..., *auch* st...], der; -en, -en ⟨griech.⟩ (*Biol.* ungeschlechtlicher Fortpflanzungskörper der Moostierchen)
Sta|to|lith, der; *Gen.* -s *u.* -en, *Plur.* -e[n] (*Med.* Steinchen im Gleichgewichtsorgan; *Bot.* Stärkekorn in Pflanzenwurzeln)
Sta|tor [ʃt..., *auch* st...], der; -s, ...oren ⟨lat.⟩ (nicht rotierender Teil einer elektrischen Maschine)
¹**statt** *s.* Kasten
²**statt;** an meiner statt; an Eides-, an Kindes-, an Zahlungs statt
statt|des|sen; die Kanzlerin konnte nicht kommen, stattdessen (dafür) schickte sie einen Minister; *vgl.* ¹statt
Stät|te, die; -, -n
statt|fin|den ↑D 47; es findet statt ↑D 71; es hat stattgefunden; stattzufinden

statt|ge|ben ↑D 47; *zur Beugung vgl.* stattfinden
statt|ha|ben ↑D 47 (*veraltet*); es hat statt ↑D 71; es hat stattgehabt; stattzuhaben
statt|haft; Statt|haf|tig|keit, die; -
Statt|hal|ter (*früher für* Stellvertreter); **Statt|hal|te|rin; Statt|hal|ter|schaft**
statt|lich (*zu* ²Staat (Prunk)) (ansehnlich); **Statt|lich|keit,** die; -
sta|tu|a|risch [ʃt..., *auch* st...] ⟨lat.⟩ (statuenhaft)
Sta|tue [...tuə], die; -, -n (Standbild, Bildsäule); **sta|tu|en|haft**
Sta|tu|et|te, die; -, -n ⟨franz.⟩ (kleine Statue)
sta|tu|ie|ren ⟨lat.⟩ (aufstellen; festsetzen; bestimmen); ein Exempel statuieren (ein warnendes Beispiel geben)
Sta|tur [ʃt...], die; -, -en (Gestalt, Wuchs)
Sta|tus [ʃt..., *auch* st...], der; -, - (Zustand, Stand; Lage, Stellung); die Beschreibung des Status; die wirtschaftlichen Status verschiedener Länder

Status

Das aus dem Lateinischen stammende Substantiv lautet im Genitiv und im Plural gleich wie im Nominativ Singular, also *des Status* und *die Status*. Ein Unterschied besteht lediglich in der Aussprache. Im Plural wird das *u* lang gesprochen.

Sta|tus|den|ken
Sta|tus Nas|cen|di, der; - - (Zustand chemischer Stoffe im Augenblick ihres Entstehens)

S Stat

1055

Status quo

¹ste|cken

(sich irgendwo, in etwas befinden, dort festsitzen, befestigt sein)
Beugung (vgl. aber ²stecken):
– du steckst
– *Vergangenheit:* du stecktest, *älter u. geh.* stakst
– *Konjunktiv II:* du stecktest, *älter u. geh.* stäkest
– der Schreck steckte, *älter u. geh.* stak ihm noch in den Gliedern
– ihre Füße steckten, *älter u. geh.* staken in hochhackigen Schuhen
– gesteckt; steck[e]!

Man schreibt »stecken« in wörtlicher Bedeutung getrennt von »bleiben« und »lassen«:
– stecken bleiben; ich bleibe stecken; der Nagel ist stecken geblieben
– er hat den Schlüssel stecken lassen, *seltener* stecken gelassen

Bei übertragener Bedeutung kann getrennt oder zusammengeschrieben werden:
– sie ist während des Vortrags stecken geblieben *od.* steckengeblieben
– du kannst dein Geld stecken lassen *od.* steckenlassen, ich bezahle

---

Sta|tus quo, der; - - (gegenwärtiger Zustand)
Sta|tus quo an|te, der; - - - (Zustand vor dem bezeichneten Tatbestand, Ereignis)
Sta|tus|sym|bol [ʃt..., *auch* st...]
Sta|tut [ʃt...], das; -[e]s, -en ([Grund]gesetz; Satzung); sta|tu|ta|risch (auf Statut beruhend, satzungs-, ordnungsgemäß)
Sta|tu|tar|stadt (*österr. für* Stadt mit eigenem Stadtrecht)
Sta|tu|ten|än|de|rung; sta|tu|ten|ge|mäß; sta|tu|ten|wid|rig
Stau, der; -[e]s, *Plur.* -s *od.* -e; Stau|an|la|ge
Staub, der; -[e]s, *Plur.* (Technik:) -e *u.* Stäube; Staub saugen *od.* staubsaugen (*vgl. d.*); ein Staub abweisendes *od.* staubabweisendes Gewebe; *aber nur ein noch staubabweisenderes Gewebe* ↑D 58
Staub|al|l|er|gie
staub|be|deckt; ein staubbedecktes Regal
Staub|be|sen; Staub|beu|tel; Staub|blatt (*Bot.*)
Stäub|chen; staub|dicht
Stau|be|cken
stau|ben; es staubt
stäu|ben (zerstieben)
Stau|be|ra|tung (eines Automobilklubs)
stäu|bern (*landsch. für* Staub entfernen); ich stäubere
Staub|ex|plo|si|on; Staub|fa|den (*Bot.*); Staub|fän|ger (*ugs.*)
staub|frei
staub|ge|bo|ren; Staub|ge|bo|re|ne, der *u.* die; -n, -n (*bibl.*)
Staub|ge|fäß (*Bot.*)
stau|big
Staub|korn *Plur.* ...körner; Staub|lap|pen; Staub|la|wi|ne
Stäub|ling (ein Pilz)

Staub|lun|ge; Staub|man|tel; Staub|pin|sel
staub|sau|gen, Staub sau|gen; er staubsaugte *od.* saugte Staub; er hat [den Teppich] gestaubsaugt; er hat Staub gesaugt; um zu staubsaugen *od.* Staub zu saugen
Staub|sau|ger; Staub|schicht
staub|tro|cken (vom Lack)
Staub|tuch *Plur.* ...tücher; Staub|we|del; Staub|wol|ke; Staub|zu|cker, der; -s
Stau|che, die; -, -n *meist Plur.* (*landsch. für* Pulswärmer)
stau|chen; Stau|cher (*ugs. für* Zurechtweisung); Stau|chung
Stau|damm
Stau|de, die; -, -n
stau|den|ar|tig; Stau|den|ge|wächs; Stau|den|sa|lat (*landsch. für* Kopfsalat); stau|dig
stau|en (hemmen; *Seemannsspr.* [Ladung auf Schiffen] unterbringen); sich stauen
Stau|er (jmd., der Schiffe be- u. entlädt); Stau|fe|rin
Stauf, der; -[e]s, -e (*veraltet für* Humpen; Hohlmaß); 5 Stauf
Stau|fe, der; -n, -n, Stau|fer, der; -s, - (Angehöriger eines schwäbischen Fürstengeschlechtes); Stau|fe|rin; Stau|fer|zeit, die; -
Stauf|fen|berg, Claus Schenk Graf von (dt. Widerstandskämpfer)
Stauf|fer|büch|se, Stauf|fer-Büch|se (nach dem Hersteller; Schmiervorrichtung); Stauf|fer|fett, Stauf|fer-Fett, das; -[e]s
stau|fisch (zu Staufe)
Stau|ge|fahr (bes. Verkehrsw.)
Stau|mau|er
stau|nen; Stau|nen, das; -s; Staunen erregen
stau|nen|er|re|gend, Stau|nen er|re|gend; ein staunenerregender *od.* Staunen erregender Vorfall, *aber nur* ein großes Staunen erregender Vorfall, ein äußerst staunenerregender Vorfall ↑D 58
stau|nens|wert
¹Stau|pe, die; -, -n (eine Hundekrankheit)
²Stau|pe, die; -, -n (*früher für* öffentliche Züchtigung); stäu|pen (*früher für* [öffentlich] auspeitschen)
Stau|punkt; Stau|raum; Stau|see; Stau|stu|fe
Stau|ung; Stau|ungs|be|hand|lung
Stau|was|ser *Plur.* ...wasser; Stau|wehr *vgl.* ²Wehr; Stau|werk
St. Chris|toph und Ne|vis [sŋt - - 'ni:vɪs] (*svw.* St. Kitts u. Nevis)
Std. = Stunde
Ste = Sainte
Stea|di|cam® ['stɛdikɛm], die; -, -s ⟨engl.⟩ (*Film* [Handkamera mit] Tragevorrichtung, die das Verwackeln des Bildes verhindert)
Steak [ste:k, stɛjk], das; -s, -s ⟨engl.⟩ (kurz gebratene Fleischschnitte); Steak|haus
Steak|house [...haʊs], das; -, -s ⟨engl.⟩
Stea|mer ['sti:...], der; -s, - ⟨engl.⟩ (Dampfschiff)
Stea|rin ['ʃt..., *auch* st...], das; -s, -e ⟨griech.⟩ (Rohstoff für Kerzen); Ste|a|rin|ker|ze
Ste|a|tit, der; -s, -e (ein Talk; Speckstein)
Ste|a|to|py|gie, die; - (*Med.* starker Fettansatz am Gesäß)
Ste|a|to|se, die; -, -n (*Med.* Verfettung)
Stech|ap|fel
Stech|bei|tel; Stech|ei|sen
ste|chen; du stichst; du stachst; du stächest; gestochen; stich!; er sticht ihn/sie, *auch* ihm/ihr ins Bein
Ste|chen, das; -s, - (*Sport*)
ste|chend; ein stechender Geruch

1056

Steiermärker

ste|hen
– du stehst; du stand[e]st; du stündest od. ständest; gestanden; steh[e]!
– ich habe (südd., österr., schweiz. bin) gestanden
– zu Diensten stehen, zu Gebote stehen, zur Verfügung stehen
– das wird dich, auch dir teuer zu stehen kommen

Großschreibung der Substantivierung ↑D 72:
– sie schläft im Stehen
– ihr fällt das Stehen schwer
– das Auto zum Stehen bringen

Man schreibt »stehen« in wörtlicher Bedeutung getrennt von »bleiben« und »lassen«:
– stehen bleiben (nicht weitergehen); sie ist einfach dort stehen geblieben
– man hat die Angeklagten stehen lassen (sie durften sich nicht hinsetzen)

Bei übertragener Bedeutung kann getrennt oder zusammengeschrieben werden:
– man hat ihn einfach am Bahnhof stehen lassen od. stehenlassen, *seltener* stehen gelassen od. stehengelassen
– die Uhr ist stehen geblieben od. stehengeblieben
– sie hat die Suppe stehen lassen od. stehenlassen

Vgl. auch stehend

Ste|cher
Stech|flie|ge; Stech|he|ber
Stech|kar|te (Karte für die Stechuhr)
stech|lus|tig; stechlustige Mücken
Stech|mü|cke; Stech|pad|del; Stech|pal|me; Stech|rüs|sel; Stech|schritt (*Militär*)
Stech|uhr (eine Kontrolluhr)
Stech|vieh (*österr. für* Kälber u. Schweine)
Steck|be|cken (Bettpfanne)
Steck|brief; steck|brief|lich
Steck|do|se
¹ste|cken *s. Kasten Seite* 1056
²ste|cken (etwas ins einfüge, hineinbringen, etwas festhalten); du stecktest; gesteckt; steck[e]!
Ste|cken, der; -s, - (¹Stock)
ste|cken blei|ben, ste|cken|blei|ben *vgl.* ¹stecken
ste|cken blei|ben, das; -s ↑D 82
ste|cken las|sen, ste|cken|las|sen *vgl.* ¹stecken
Ste|cken|pferd
Ste|cker
Ste|ckerl|fisch (*bes. südd., österr. für* Fisch, der auf einen Stock gespießt über offenem Feuer gebraten wird)
Steck|kar|te (*EDV* leicht austauschbare Leiterplatte)
Steck|kis|sen; Steck|kon|takt
Steck|ling (abgeschnittener Pflanzenteil, der neue Wurzeln bildet)
Steck|mo|dul (*EDV*)
Steck|mu|schel
Steck|na|del; Steck|na|del|kopf; steck|na|del|kopf|groß
Steck|platz (*EDV* Anschlussstelle für eine Steckkarte)
Steck|reis, das; Steck|rü|be; Steck|schach; Steck|scha|le (*Blumenbinderei*)
Steck|schloss (Sicherung gegen Einbruch); Steck|schlüs|sel
Steck|schuss
Steck|schwamm (*Blumenbinderei*)
Steck|tuch *Plur.* ...tücher (*österr. für* Kavalierstaschentuch)
Steck|va|se; Steck|zwie|bel
Ste|din|gen, Ste|din|ger Land, das; - -[e]s (Marsch zwischen der Hunte u. der Weser unterhalb von Bremen); Ste|din|ger (»Gestadebewohner«); Ste|din|ge|rin; Ste|din|ger Land *vgl.* Stedingen
Steel|band ['sti:lbɛnt, ...bænd], die; -, -s ⟨engl.⟩ (⁴Band, deren Instrumente aus leeren Ölfässern bestehen)
Stee|ple|chase ['sti:plt̮ʃeɪs], die; -, *Plur.* -n *u.* -s [...sɪs] ⟨engl.⟩ (Wettrennen mit Hindernissen, Jagdrennen); Steep|ler, der; -s, - (Pferd für Hindernisrennen)
Ste|fan *vgl.* Stephan; Ste|fa|nia, Stefa|nie *vgl.* Stephania; Stef|fen *vgl.* Stephan; Stef|fi (w. Vorn.)
Steg, der; -[e]s, -e; *Schreibung in Straßennamen* ↑D 162 *u.* 163
Ste|go|don [ʃt..., *auch* st...], das; -s, ...donten ⟨griech.⟩ (urweltliches Rüsseltier)
Ste|go|sau|ri|er (urweltlicher Kriechtier)
Steg|reif (»Steigbügel«); aus dem Stegreif (unvorbereitet); Steg|reif|büh|ne; Steg|reif|dich|ter; Steg|reif|dich|te|rin; Steg|reif|ko|mö|die; Steg|reif|the|a|ter, das
Steh|auf, der; -, - (ein altes Trinkgefäß); Steh|auf|männ|chen
Steh|bier|hal|le
Steh|bünd|chen (an Blusen od. Kleidern)
Steh|ca|fé; Steh|emp|fang
ste|hen *s. Kasten*
ste|hen blei|ben, ste|hen|blei|ben *vgl.* stehen
Ste|hen|blei|ben, das; -s ↑D 82
ste|hend; stehenden Fußes; ↑D 89: das stehende Heer (*vgl.* Miliz); ↑D 72: alles in ihrer Macht Stehende
ste|hen las|sen, ste|hen|las|sen *vgl.* stehen
Ste|her (Radrennfahrer hinter einem Schrittmacher; Rennpferd für lange Strecken); Ste|he|rin; Ste|her|ren|nen (*Radsport, Pferdesport*)
Steh|gei|ger; Steh|gei|ge|rin
Steh|im|biss
Steh|kon|vent (*scherzh. für* Personengruppe, die sich stehend unterhält)
Steh|kra|gen; Steh|lam|pe; Steh|lei|ter, die
steh|len; du stiehlst, er stiehlt; du stahlst, du stählest, *selten* stöhlest; gestohlen; stiehl!
Steh|ler; Hehler und Stehler; Steh|le|rin
Steh|pad|deln, das; -s (im Stehen auf einer Art Surfbrett ausgeführtes Paddeln)
Steh|platz; Steh|pult
Steh|rol|ler (elektr. Fahrzeug mit zwei parallelen Rädern)
Steh|satz, der; -es (*Druckw.*); Steh|tisch; Steh|ver|mö|gen, das; -s
Stei|er|mark, die; - (österr. Bundesland); Stei|er|mär|ker (*vgl.*

S
Stei

Steiermärkerin

auch Steirer usw.); Stei|er|mär|ke|rin; stei|er|mär|kisch
steif; ein steifer Hals; ein steifer Grog; steif sein, werden; du musst das Bein steif halten, *aber* die Ohren steifhalten; Sahne steif schlagen *od.* steifschlagen
steif|bei|nig; Stei|fe, die; -, -n (*nur Sing.:* Steifheit; Stütze); stei|fen
Steiff|tier® ⟨nach der Stofftierherstellerin Margarete Steiff⟩ (ein Stofftier)
steif|hal|ten *vgl.* steif
Steif|heit; Stei|fig|keit, die; -
steif|lei|nen (aus steifem Leinen); Steif|lei|nen; Steif|lein|wand
steif schla|gen, steif|schla|gen *vgl.* steif
Stei|fung, die; -, -en
Steig, der; -[e]s, -e (steiler, schmaler Weg)
Steig|bü|gel; Steig|bü|gel|hal|ter (abwertend für Helfer bei jmds. Karriere)
Stei|ge, die; -, -n (steile Fahrstraße; Lattenkiste)
Steig|ei|sen
stei|gen; du stiegst; du stiegest; gestiegen; steig[e]!; ↑D 82; das Steigen der Kurse; einen Drachen steigen lassen; eine Party steigen lassen *od.* steigenlassen (*ugs.*)
Stei|ger (Aufsichtsperson im Bergbau)
Stei|ge|rer (jmd., der bei einer Versteigerung bietet)
Stei|ge|rin (w. Aufsichtsperson im Bergbau; w. Person, die bei einer Versteigerung bietet)
stei|gern; ich steigere; du steigerst dich
Stei|ge|rung (*auch für* Komparation; *schweiz. auch für* Versteigerung); stei|ge|rungs|fä|hig
Stei|ge|rungs|ra|te (*Wirtsch.*)
Stei|ge|rungs|stu|fe; erste Steigerungsstufe (*für* Komparativ); zweite Steigerungsstufe (*für* Superlativ)
Steig|fä|hig|keit (bei Kraftfahrzeugen); Steig|fell (*Skisport*); Steigflug; Steig|hö|he
Steig|lei|ter, die; Steig|lei|tung
Steig|rie|men (am Pferdesattel)
Stei|gung; Stei|gungs|ta|fel (*Eisenbahn*); Stei|gungs|win|kel
Steig|wachs (*Skisport*)
steil
Steil|ab|fahrt (*Skisport*)
Stei|le, die; -, -n (Steilheit)
Steil|feu|er; Steil|feu|er|ge|schütz

Steil|hang
Steil|heit
Steil|kur|ve; Steil|küs|te; Steil|pass (*Sport*); Steil|rand; Steil|schrift; Steil|spiel, das; -[e]s (*Sport*); Steil|ufer; Steil|vor|la|ge (*Sport*)
Steil|wand; Steil|wand|zelt
Stein, der; -[e]s, -e; eine zwei Stein starke Mauer (*Bauw.*)
Stein|ad|ler
stein|alt (sehr alt)
Stein|axt; Stein|bank *Plur.* ...bänke; Stein|bau *Plur.* ...bauten
Stein|bei|ßer (ein Fisch)
Stein|block *vgl.* Block; Stein|bock; Stein|bo|den; Stein|boh|rer
Stein|brech, der; -[e]s, -e (eine Pflanze)
Stein|bre|cher (Maschine, die Gestein zerkleinert); Stein|bruch
Stein|butt (ein Fisch)
Stein|damm; Stein|druck *Plur.* ...drucke; Stein|ei|che
stei|nen (*veraltet für* umgrenzen)
stei|nern (aus Stein); ein steinernes Kreuz, *aber* ↑D 140: das Steinerne Meer (in den Alpen)
Stein|er|wei|chen, das; *nur in* zum Steinerweichen (*ugs.*)
Stein|flie|se; Stein|frucht; Steinfuß|bo|den; Stein|gar|ten (Felsengarten); Stein|grab
Stein|gut, das; -[e]s, *Plur.* (*Sorten:*) -e
Stein|ha|gel
stein|hart
Stein|hau|er; Stein|hau|e|rin
Stein|hau|fen; Stein|haus; Steinholz (ein Fußbodenbelag)
Stein|hu|der Meer, das; - -[e]s (See zwischen Weser u. Leine)
stei|nig
stei|ni|gen; Stei|ni|gung
Stein|kauz; Stein|klee, der; -s
Stein|koh|le; Stein|koh|len|bergwerk; Stein|koh|len|för|de|rung; Stein|koh|len|for|ma|ti|on, die; - (*Geol.* eine Formation des Paläozoikums); Stein|koh|len|lager; Stein|koh|len|re|vier; Steinkoh|len|ze|che; Stein|koh|len|zeit, die; - (*für* Karbon)
Stein|la|wi|ne; Stein|lei|den (*Med.*)
Stein|mandl, das; -s, -[n] (*bayr. u. österr. für* Wegzeichen aus Stein)
Stein|mar|der; Stein|mau|er
Stein|mei|er, Frank-Walter (zwölfter dt. Bundespräsident)
Stein|metz, der; -en, -e[n]; Steinmet|zin
Stein|nel|ke; Stein|obst

Stein|öl, das; -[e]s (*veraltet für* Petroleum)
Stein|pilz; Stein|plat|te
¹stein|reich; steinreicher Boden
²stein|reich; steinreiche Familien
Stein|salz; Stein|sarg
Stein|schlag; Stein|schlag|ge|fahr
Stein|schleu|der
Stein|schmät|zer (ein Vogel)
Stein|schnei|de|kunst, die; -; Steinschnei|der (*svw.* Graveur); Steinschnei|de|rin
Stein|set|zer (Pflasterer); Stein|setze|rin
Stein|wein (ein Frankenwein)
Stein|werk (Steinbruchbetrieb)
Stein|wild; Stein|wurf; Stein|wüste; Stein|zeich|nung
Stein|zeit; Stein|zeit|er|näh|rung; stein|zeit|lich; Stein|zeit|mensch
Stein|zeug
Stei|per, der; -s, - (*landsch. für* [untergestellte] Stütze)
Steir|er (*zu* Steiermark); Steir|eran|zug (österr. Trachtenanzug); Steir|er|hut; Steir|e|rin; stei|risch
Steiß, der; -es, -e; Steiß|bein; Steiß|la|ge (*Med.*)
Stek [st..., *auch* ʃt...], der; -s, -s (Seemannsspr. Knoten)
Ste|le [st..., *auch* ʃt...], die; -, -n ⟨griech.⟩ (Grabsäule od. -tafel)
Stel|la (w. Vorn.)
Stel|la|ge [...ʒə], die; -, -n ⟨niederl.⟩ (Gestell, Ständer); Stel|lage|ge|schäft (Börsentermingeschäft)
stel|lar [ʃt..., *auch* st...] ⟨lat.⟩ (die Fixsterne betreffend)
Stel|lar|as|t|ro|nom (*lat.; griech.*); Stel|lar|as|t|ro|no|mie
Stell|dich|ein, das; -[s], -[s] (*veraltend für* Verabredung)

Stel|le

die; -, -n

– an erster Stelle, an zweiter Stelle
– zur Stelle sein
– anstelle *od.* an Stelle von Worten
– anstelle *od.* an Stelle der Mutter
– *aber* an die Stelle der Mutter ist der Vormund getreten

stel|len
Stel|len|ab|bau, der; -[e]s; Stel|lenan|ge|bot; Stel|len|aus|schreibung; Stel|len|be|set|zung; Stellen|bil|dung; Stel|len|bör|se; Stellen|dienst|al|ter; Stel|len|ge|such

Stepptänzerin

stel|len|los
Stel|len|markt (*svw.* Arbeitsmarkt); Stel|len|pro|zent (*schweiz. für* Arbeitsumfang in Prozent); Stel|len|rück|gang
Stel|len|su|che *Plur. selten;* stel|len|su|chend ↑D 72: ein Stellensuchender
Stel|len|ver|mitt|lung; Stel|len|wech|sel
stel|len|wei|se
Stel|len|wert
Stel|ler, der; -s, - (*Volleyball*); Stel|le|rin
Stell|flä|che; Stell|he|bel
...stel|lig (z. B. vierstellig, *mit Ziffer* 4-stellig); ↑D 29
Stel|ling, die; -, *Plur.* -e, *auch* -s (*Seemannsspr.* an Seilen hängendes Brettgerüst zum Arbeiten an der Bordwand eines Schiffes)
Stell|ma|cher (*landsch. für* Wagenbauer); Stell|ma|che|rei; Stell|ma|che|rin
Stell|mes|ser, das (*schweiz. für* Schnappmesser)
Stell|platz; Stell|pro|be (*Theater*); Stell|rad; Stell|schrau|be
Stel|lung (*österr. auch für* Musterung); Stellung nehmen; Stel|lung|nah|me, die; -, -n
Stel|lungs|be|fehl; Stel|lungs|kampf; Stel|lungs|krieg
stel|lungs|los; Stel|lungs|lo|se, der u. die; -n, -n; Stel|lungs|lo|sig|keit, die; -
Stel|lungs|pflicht (*österr., schweiz. für* Verpflichtung, sich zur Musterung einzufinden); stel|lungs|pflich|tig
Stel|lungs|spiel (*Sport*)
Stel|lung[s]|su|che *Plur. selten;* auf Stellung[s]suche sein; stel|lung[s]|su|chend; Stel|lung[s]|su|chen|de, der u. die; -n, -n
stell|ver|tre|tend; die stellvertretende Vorsitzende; Stell|ver|tre|ter; Stell|ver|tre|te|rin; Stell|ver|tre|ter|krieg; Stell|ver|tre|tung
Stell|wand
Stell|werk (*Eisenbahn*); Stell|werks|meis|ter; Stell|werks|meis|te|rin
St.-Elms-Feu|er *vgl.* Elmsfeuer
Stelz|bein (*ugs.*)
Stel|ze, die; -, -n (*österr. auch für* Eisbein, Hachse); Stelzen laufen ↑D 54
stel|zen (*meist iron.*); du stelzt
Stel|zen|läu|fer; Stel|zen|läu|fe|rin
Stelz|fuß; Stelz|gang, der; -[e]s;
stel|zig

Stelz|vo|gel; Stelz|wur|zel (*Bot.*)
Stem|ma [ʃt..., *auch* st...], das; -s, -ta (Stammbaum, bes. der verschiedenen Handschriften eines literarischen Werks)
Stemm|bo|gen (*Skisport*)
Stem|me, die; -, -n (*Turnen*)
Stemm|ei|sen
stem|men
Stemm|mei|ßel, Stemm-Mei|ßel, der; -s, -
Stem|pel, der; -s, -; Stem|pel|far|be
Stem|pel|geld (*ugs. für* Arbeitslosenunterstützung)
Stem|pel|kar|te; Stem|pel|kis|sen; Stem|pel|mar|ke
stem|peln; ich stemp[e]le; stempeln gehen (*ugs. für* Arbeitslosenunterstützung beziehen)
stem|pel|pflich|tig (*österr. für* gebührenpflichtig)
Stem|pel|schnei|der (Berufsbez.); Stem|pel|schnei|de|rin
Stem|pel|stän|der; Stem|pel|steu|er, die
Stem|pe|lung, Stemp|lung
Stem|pen, der; -s, - (*bayr. für* kurzer Pfahl, Pflock)
Sten|del, Stän|del, der; -s, -, **Sten|del|wurz**, Stän|del|wurz (eine Orchideengattung)
Sten|dhal [stɛˈdal] (franz. Autor)
Sten|ge, die; -, -n (*Seemannsspr.* Verlängerung des Mastes)
Sten|gel *alte Schreibung für* Stängel usw.
¹Ste|no, die; - (*ugs. Kurzw. für* Stenografie); ²Ste|no, das; -s, -s (*ugs. Kurzw. für* Stenogramm)
ste|no... (*griech.*) (*eng...*); Ste|no... (Eng...)
Ste|no|block (*ugs. svw.* Stenogrammblock); *vgl.* Block
Ste|no|graf, Ste|no|graph, der; -en, -en; **Ste|no|gra|fie**, Ste|no|gra|phie, die; -, ...ien (Kurzschrift); **ste|no|gra|fie|ren**, ste|no|gra|phie|ren; **Ste|no|gra|fin**, Ste|no|gra|phin; **ste|no|gra|fisch**, ste|no|gra|phisch
Ste|no|gramm, das; -s, -e (Text in Stenografie); Ste|no|gramm|block *vgl.* Block; Ste|no|gramm|hal|ter
Ste|no|graph, Ste|no|gra|phie *vgl.* **Stenograf, Stenografie**
Ste|no|kar|die [ʃt..., *auch* st...], die; -, ...ien (*Med.* Herzbeklemmung [bei Angina Pectoris])
Ste|no|kon|to|rist; Ste|no|kon|to|ris|tin
Ste|no|se [ʃt..., st...], Ste|no|sis

[ʃt..., *auch* st...], die; -, ...osen (*Med.* Verengung [der Blutgefäße])
ste|no|therm [ʃt..., *auch* st...] (*Biol.* nur geringe Temperaturschwankungen ertragend)
ste|no|top [ʃt..., *auch* st...] (*Biol.* begrenzt verbreitet)
ste|no|ty|pie|ren [ʃt...] (in Kurzschrift aufnehmen u. danach in Maschinenschrift übertragen); Ste|no|ty|pist, der; -en, -en; Ste|no|ty|pis|tin
Stent [st...], der; -s, -s ⟨engl.⟩ (*Med.* eine Gefäßprothese, die in verengte Gefäße eingebracht wird, um diese zu dehnen)
Sten|tor [ʃt..., *auch* st...] (stimmgewaltiger Held der griech. Sage); Sten|tor|stim|me
Stenz, der; -es, -e (*ugs. für* eitler, selbstgefälliger junger Mann)
Step [ʃt..., *auch* st...] *alte Schreibung für* Stepp
Ste|phan, Ste|fan, Stef|fen (m. Vorn.); Ste|pha|nia, Ste|fa|nia, Ste|pha|nie, Ste|fa|nie [*auch* ʃtɛˈfaːni, *österr.* ...ˈniː] (w. Vorn.)
Ste|pha|nit, der; -s, -e (ein Mineral)
Ste|pha|ni|tag
Ste|phans|dom, der; -[e]s (in Wien); Ste|phans|tag
Stepp [ʃt..., *auch* st...], der; -s, -s ⟨engl.⟩ (eine Tanzart); Stepp tanzen
Stepp|ae|ro|bic [ʃt..., *auch* st...], das; -s *od.* die; - ⟨engl.⟩ (Aerobic an stufenartigen Geräten)
Stepp|de|cke
Step|pe, die; -, -n ⟨russ.⟩ (baumlose, wasserarme Ebene)
¹step|pen (nähen)
²step|pen [ʃt..., *auch* st...] ⟨engl.⟩ (Stepp tanzen)
Step|pen|be|woh|ner; Step|pen|be|woh|ne|rin
Step|pen|flo|ra; Step|pen|fuchs; Step|pen|gras; Step|pen|huhn; Step|pen|wolf (*svw.* Präriewolf)
Step|per [ʃt..., *auch* st...] (Stepptänzer; Fitnessgerät)
Step|pe|rei ⟨zu ¹steppen⟩
¹Step|pe|rin (Näherin)
²Step|pe|rin [ʃt..., *auch* st...] (Stepptänzerin)
Stepp|fut|ter; Stepp|ja|cke
Stepp|ke, der; -[s], -s (*ugs., bes. berlin. für* kleiner Kerl)
Stepp|ma|schi|ne; Stepp|naht
Stepp|schritt
Stepp|sei|de; Stepp|stich
Stepp|tanz; Stepp|tän|zer; Stepp|tän|ze|rin

Ster

Ster, der; -s, *Plur.* -e *u.* -s ⟨griech.⟩ (ein Raummaß für Holz); 3 Ster
Ste|ra|di|ant, der; -en, -en ⟨griech.; lat.⟩ (*Math.* Einheit des Raumwinkels; *Zeichen* sr)
Ster|be|ab|lass (*kath. Kirche*); **Ster|be|amt** (*kath. Kirche*)
Ster|be|be|glei|ter; Ster|be|be|glei|te|rin; Ster|be|be|glei|tung
Ster|be|bett; Ster|be|buch; Ster|be|da|tum; Ster|be|fall; Ster|be|ge|läut; Ster|be|geld; Ster|be|glo|cke; Ster|be|hil|fe; Ster|be|hil|fe|ver|ein; Ster|be|kas|se; Ster|be|kreuz
ster|ben; du stirbst; du starbst; du stürbest; gestorben (*vgl. d.*); stirb!; jmdn. in Würde sterben lassen; ein Projekt sterben lassen *od.* sterbenlassen (*ugs.*)
Ster|ben, das; -s; im Sterben liegen; das große Sterben (die Pest); es ist zum Sterben langweilig (*ugs. für* sehr langweilig)
Ster|bens|angst
ster|bens|elend; ster|bens|krank; ster|bens|lang|wei|lig
Ster|bens|see|le; *nur in* keine, nicht eine Sterbensseele (niemand); **Ster|bens|wort, Ster|bens|wört|chen** (*ugs.*); nur in kein Sterbenswort, kein Sterbenswörtchen
Ster|be|ort *Plur.* ...orte; **Ster|be|ra|te**
Ster|be|ri|si|ko (*bes. fachspr.*); **Ster|be|sa|k|ra|men|te** *Plur.* (*kath. Kirche*); **Ster|be|stun|de; Ster|be|tag; Ster|be|ur|kun|de; Ster|be|zim|mer**
sterb|lich; Sterb|li|che, der *u.* die; -n, -n
Sterb|lich|keit; Sterb|lich|keits|zif|fer
ste|reo [ʃt..., *auch* st...] ⟨griech.⟩ (*kurz für* stereofon); die Schallplatte wurde stereo aufgenommen
Ste|reo, das; -s, -s (*kurz für* Stereofonie, Stereotypplatte)
ste|reo... (starr, massiv, unbeweglich; räumlich, körperlich)
Ste|reo... (Fest..., Raum..., Körper...)
Ste|reo|an|la|ge; Ste|reo|bild (Raumbild); **Ste|reo|che|mie** (Lehre von der räumlichen Anordnung der Atome im Molekül); **Ste|reo|emp|fang**
ste|reo|fon, ste|reo|phon
Ste|reo|fo|nie, Ste|reo|pho|nie, die; - (Technik der räumlich wirkenden Tonübertragung)

ste|reo|fo|nisch, ste|reo|pho|nisch
Ste|reo|fo|to|gra|fie, Ste|reo|pho|to|gra|phie (Herstellung von Stereoskopbildern)
Ste|reo|laut|spre|cher
Ste|reo|me|ter, das; -s, - (optisches Gerät zur Messung des Volumens fester Körper)
Ste|reo|me|t|rie, die; - (Geometrie des Raumes; Raumlehre)
ste|reo|me|t|risch (körperlich, Körper...)
ste|reo|phon, Ste|reo|pho|nie usw. *vgl.* stereofon, Stereofonie usw.
Ste|reo|pho|to|gra|phie *vgl.* Stereofotografie
Ste|reo|plat|te; Ste|reo|sen|dung
Ste|reo|s|kop, das; -s, -e (Vorrichtung, durch die man Bilder plastisch sieht); **Ste|reo|s|ko|pie,** die; - (Raumbildtechnik); **ste|reo|s|ko|pisch**
Ste|reo|sound; Ste|reo|ton *Plur.* ...töne (räumlich wirkender ²Ton)
ste|reo|typ ([fest]stehend, unveränderlich; *übertr. für* ständig [wiederkehrend], leer, abgedroschen; mit feststehender Schrift gedruckt)
Ste|reo|typ, das; -s, -e (*Psychol.* stereotypes Urteil)
Ste|reo|typ|druck *Plur.* ...drucke (Druck von der Stereotypplatte)
Ste|reo|ty|peur [...pøːɐ̯], der; -s, -e ⟨franz.⟩ (*Druckw.* jmd., der Matern herstellt u. ausgießt); **Ste|reo|ty|peu|rin**
Ste|reo|ty|pie, die; -, ...ien ⟨griech.⟩ (*Druckw.; nur Sing.* Herstellung u. Ausgießen von Matern; *Psychol.* ständiges Wiederholen von Äußerungen od. Bewegungsabläufen); **ste|reo|ty|pie|ren** (*Druckw.*)
Ste|reo|typ|me|tall; Ste|reo|typ|plat|te (feste Druckplatte)
ste|ril [ʃt..., *auch* st...] ⟨lat.⟩ (unfruchtbar; keimfrei); **Ste|ri|li|sa|ti|on,** die; -, -en (Unfruchtbarmachung; Entkeimung)
Ste|ri|li|sa|tor, der; -s, ...oren (Entkeimungsapparat); **Ste|ri|li|sier|ap|pa|rat**
ste|ri|li|sie|ren (keimfrei machen; zeugungsunfähig machen); **Ste|ri|li|sie|rung**
Ste|ri|li|tät, die; - (Unfruchtbarkeit; Keimfreiheit)
Ste|rin [ʃt..., *auch* st...], das; -s, -e ⟨griech.⟩ (eine organische chemische Verbindung)
Ster|ke, die; -, -n (*nordd. für* Färse)

Ster|let, Ster|lett, der; -s, -e ⟨russ.⟩ (ein Fisch)
Ster|ling ['stɛr..., 'stœːɐ̯...], der; -s, -e ⟨*vgl.* Pfund Sterling)
¹Stern, der; -s, -e ⟨engl.⟩ (*Seemannsspr.* Heck des Schiffes)
²Stern, der; -[e]s, -e (Himmelskörper)
Stern|anis (ein asiat. Gewürz)
Stern|bild; Stern|blu|me
Stern|chen|nu|del *meist Plur.* (eine Suppeneinlage)
Stern|deu|ter (*für* Astrologe); **Stern|deu|te|rei; Stern|deu|te|rin; Stern|deu|tung**
Ster|ne|koch (mit einem od. mehreren Sternen ausgezeichneter Koch); **Ster|ne|kö|chin**
Ster|nen|ban|ner
ster|nen|hell (*svw.* sternhell)
Ster|nen|him|mel (*svw.* Sternhimmel)
Ster|nen|kind (*verhüll. für* vor od. kurz nach der Geburt gestorbenes Kind)
ster|nen|klar (*svw.* sternklar)
Ster|nen|licht, das; -[e]s
ster|nen|los; ster|nen|wärts
Ster|nen|zelt, das; -[e]s (*geh.*)
Ster|ne|res|tau|rant (mit einem od. mehreren Sternen ausgezeichnetes Restaurant)
Stern|fahrt (*für* Rallye)
stern|för|mig
Stern|for|scher; Stern|for|sche|rin
Stern|frucht (Karambole); **Stern|ge|wöl|be** (*Archit.*)
Stern|gu|cker (*ugs.*); **Stern|gu|cke|rin**
stern|ha|gel|voll (*ugs. für* sehr betrunken)
Stern|hau|fen (*Astron.*)
stern|hell
Stern|him|mel; Stern|jahr (*svw.* siderisches Jahr); **Stern|kar|te**
stern|klar
Stern|kun|de, die; -; **stern|kun|dig**
Stern|marsch, der; **Stern|mo|tor; Stern|na|me; Stern|ort,** der; -[e]s, ...örter; **Stern|schnup|pe**
Stern|sin|gen, das; -s (Volksbrauch zur Dreikönigszeit); **Stern|sin|ger; Stern|sin|ge|rin**
Stern|stun|de (glückliche Schicksalsstunde)
Stern|sys|tem; Stern|war|te; Stern|wol|ke (*Astron.*); **Stern|zei|chen; Stern|zeit** (*Astron.*)
Ste|ro|id, das; -[e]s, -e *meist Plur.* ⟨Kunstw.⟩ (*Biochemie* eine organische Verbindung)
Stert, der; -[e]s, -e (*nordd. für* ²Sterz [Schwanz usw.])

Stichentscheid

¹**Sterz**, der; -es, -e ⟨bayr. u. österr. für eine [Mehl]speise⟩

²**Sterz**, der; -es, -e (Schwanz; Führungsteil am Pflug)

ster|zeln (den Hinterleib aufrichten [von Bienen])

stet ⟨veraltet⟩; stete Vorsicht; **Ste|te, Stet|heit,** die; - ⟨veraltend für Stetigkeit⟩

Ste|tho|s|kop [ʃt..., auch st...], das; -s, -e ⟨griech.⟩ (Med. Hörrohr)

ste|tig (fortwährend); **Ste|tig|keit;** vgl. aber Stätigkeit

Stetl vgl. Schtetl

stets; stets|fort ⟨schweiz. für fortwährend⟩

Stet|tin (poln. Szczecin); **Stet|ti|ner; Stet|ti|ner Haff,** das; - -[e]s, Oder|haff, das; -[e]s; **Stet|ti|ne|rin**

¹**Steu|er,** das; -s, - (Lenkvorrichtung)

²**Steu|er,** die; -, -n (Abgabe); direkte, indirekte Steuer

Steu|er|ab|kom|men

Steu|er|ab|setz|be|trag ⟨österr. für Steuergutschrift⟩

Steu|er|ab|zug; Steu|er|am|nes|tie; Steu|er|än|de|rungs|ge|setz; Steu|er|an|ge|le|gen|heit; Steu|er|an|pas|sungs|ge|setz; Steu|er|an|spruch; Steu|er|auf|kom|men; Steu|er|auf|sicht

Steu|er|aus|fall meist Plur.

Steu|er|aus|gleichs|kon|to; Steu|er|aus|schuss

¹**Steu|er|bar** ⟨Amtsspr. steuerpflichtig⟩

²**steu|er|bar** (sich steuern lassend); **Steu|er|bar|keit**

Steu|er|be|frei|ung

steu|er|be|güns|tigt

Steu|er|be|hör|de; Steu|er|be|las|tung; Steu|er|be|mes|sungs|grund|la|ge

Steu|er|be|ra|ter; Steu|er|be|ra|te|rin

Steu|er|be|scheid; Steu|er|be|trag; Steu|er|be|trug; Steu|er|be|voll|mäch|tig|te, der u. die; **Steu|er|bi|lanz; Steu|er|bo|nus**

Steu|er|bord, das; -[e]s, -e (rechte Schiffsseite); **steu|er|bord[s]**

Steu|er|di|ckicht; Steu|er|ein|he|bung ⟨österr. für Steuererhebung⟩; **Steu|er|ein|nah|me** meist Plur.

Steu|e|rer, Steu|rer

Steu|er|er|he|bung (Festsetzung u. Einzug von Steuern)

Steu|er|er|hö|hung; Steu|er|er|klä|rung, Steu|er|er|lass; Steu|er|er|leich|te|rung; Steu|er|er|mä|ßi|gung; Steu|er|er|mitt|lungs|ver|fah|ren; Steu|er|er|stat|tung

Steu|er|ex|per|te; Steu|er|ex|per|tin

Steu|er|fach|an|ge|stell|te

Steu|er|fahn|der; Steu|er|fahn|de|rin; Steu|er|fahn|dung

steu|er|fi|nan|ziert

Steu|er|flucht; Steu|er|flücht|ling

Steu|er|for|mu|lar

Steu|er|frau ⟨zu Steuermann⟩

steu|er|frei; Steu|er|frei|be|trag; Steu|er|frei|heit

Steu|er|fuß ⟨schweiz. für jährlich festgelegter Steuersatz⟩

Steu|er|ge|heim|nis; Steu|er|geld

Steu|er|ge|rät (Elektrot.)

Steu|er|ge|rech|tig|keit, die; -; **Steu|er|ge|setz; Steu|er|hel|fer; Steu|er|hin|ter|zie|hung**

Steu|er|iden|ti|fi|ka|ti|ons|num|mer

Steu|e|rin (w. Form zu Steuerer)

Steu|er|kar|te; Steu|er|klas|se

Steu|er|knüp|pel (im Flugzeug)

Steu|er|last; steu|er|lich

steu|er|los; ein steuerloses Schiff

Steu|er|mann Plur. ...leute, auch ...männer

Steu|er|mar|ke; Steu|er|mess|be|trag

steu|er|min|dernd

Steu|er|mit|tel Plur.; aus Steuermitteln finanziert

Steu|er|mo|ral

steu|ern; ich steu[e]re; ein Boot steuern; dem Übel steuern ⟨geh. für entgegenwirken⟩

Steu|er|nach|lass

Steu|er|oa|se (Land mit bes. günstigen steuerlichen Verhältnissen); **steu|er|op|ti|miert** ([von einer Geldanlage o. Ä.] so gestaltet, dass möglichst wenig Steuern zu zahlen sind); **Steu|er|op|ti|mie|rung; Steu|er|pa|ra|dies** (ugs.)

Steu|er|pflicht; steu|er|pflich|tig

Steu|er|po|li|tik; steu|er|po|li|tisch

Steu|er|pro|gres|si|on

Steu|er|prü|fer; Steu|er|prü|fe|rin

Steu|er|pult; Steu|er|rad

Steu|er|recht; steu|er|recht|lich

Steu|er|re|form

Steu|er|ru|der

Steu|er|satz

Steu|er|säu|le (Kfz-Technik)

Steu|er|schät|zung

Steu|er|schrau|be (nur in Wendungen wie die Steuerschraube anziehen, an der Steuerschraube drehen)

Steu|er|schuld; Steu|er|sen|kung; Steu|er|straf|recht, das; -[e]s

Steu|er|sün|der (ugs.); **Steu|er|sün|de|rin** (ugs.)

Steu|er|sys|tem

Steu|er|ta|bel|le; Steu|er|ta|rif

Steu|e|rung; Steu|er|ven|til

Steu|er|ver|an|la|gung; Steu|er|ver|ge|hen

Steu|er|ver|güns|ti|gung; Steu|er|ver|güns|ti|gungs|ab|bau|ge|setz

Steu|er|ver|gü|tung

Steu|er|ver|mei|dung

Steu|er|vogt ⟨schweiz. abwertend für Fiskus⟩

Steu|er|vo|r|aus|zah|lung

Steu|er|vor|rich|tung

Steu|er|vor|teil

Steu|er|werk (EDV)

Steu|er|we|sen, das; -s

Steu|er|zah|ler; Steu|er|zah|le|rin

Steu|er|zet|tel; Steu|er|zu|schlag

Steu|rer, Steu|e|rer; **Steu|re|rin,** Steu|e|rin

Ste|ven [...v...], der; -s, - ⟨nordd. für das Schiff vorn u. hinten begrenzender Balken⟩

Ste|via ['st..., seltener 'ʃt...], das; -[s] meist o. Art. ⟨nach dem span. Botaniker P.J. Esteve⟩ (aus der gleichnamigen Pflanze gewonnenes Süßungsmittel)

Ste|ward ['stjuːɐt], der; -s, -s ⟨engl.⟩ (Betreuer an Bord von Flugzeugen, Schiffen u. a.)

Ste|war|dess ['stjuːɐ..., auch ...'dɛs], die; -, -en

Ste|wi®, der; -[s], -[s] ⟨schweiz. für Wäscheständer, Wäschespinne⟩

Stey|ler, der; -s, - (Angehöriger des Ordens der Steyler Missionare; vgl. Societas Verbi Divini)

Steyr (oberösterr. Stadt)

StGB, das; - = Strafgesetzbuch

St. George's vgl. Saint George's

sti|bit|zen (ugs. für sich listig aneignen); du stibitzt

Sti|bi|um [ʃt..., auch st...], das; -s ⟨griech.-lat.⟩ (lat. Bez. für Antimon; Zeichen Sb)

Stich, der; -[e]s, -e; im Stich lassen; etwas hält Stich (erweist sich als einwandfrei)

Stich|bahn (Eisenbahn); **Stich|blatt** (Handschutz bei Fechtwaffen); **Stich|bo|gen** (flacher Rundbogen)

Sti|chel, der; -s, - (ein Werkzeug); **Sti|che|lei** (auch für Neckerei; Boshaftigkeiten)

Sti|chel|haar; sti|chel|haa|rig

sti|cheln (auch für boshafte Bemerkungen machen); ich stich[e]le; ↑D82: er kann das Sticheln nicht lassen

Stich|ent|scheid ⟨schweiz. für Entscheidung durch die Stimme

des Präsidenten bei Stimmengleichheit)
stich|fest; hieb- und stichfest ↑D 31
Stich|flam|me; **Stich|fra|ge**; **Stich|gra|ben**
Stich hal|ten vgl. Stich
stich|hal|tig, österr. **stich|häl|tig**
Stich|hal|tig|keit, österr. **Stich|häl|tig|keit**, die: -
sti|chig (säuerlich)
Stich|jahr; **Stich|kampf** (Sport); **Stich|ka|nal** (Wasserbau); **Stich|kap|pe** (Bauw.)
Stich|ler ⟨zu sticheln⟩
Stich|ling (ein Fisch)
Sti|cho|my|thie [ʃt..., auch st...], die; -, ...ien ⟨griech.⟩ (verweise wechselnde Rede u. Gegenrede in einem Versdrama)
Stich|pro|be; **stich|pro|ben|ar|tig**; **stich|pro|ben|wei|se**
Stich|punkt; **stich|punkt|ar|tig**
Stich|sä|ge; **Stich|stra|ße**
sticht vgl. stechen
Stich|tag; **Stich|ver|let|zung**; **Stich|waf|fe**; **Stich|wahl**
Stich|wort Plur. (für Wort, das in einem Wörterbuch, Lexikon o. Ä. behandelt wird) ...wörter u. (für Einsatzwort für Schauspieler od. für kurze Aufzeichnung aus einzelnen wichtigen Wörtern) ...worte
stich|wort|ar|tig
Stich|wort|re|gis|ter; **Stich|wort|ver|zeich|nis**
Stich|wun|de
Stick [stɪk], der; -s, -s ⟨engl.⟩ (kurz für Joystick, USB-Stick u. a.)
Sti|ckel, der; -s, - ⟨südd. u. schweiz. für Stecken; Stützstange für Erbsen, Reben u. a.⟩
sti|cken
¹**Sti|cker** (jmd., der stickt)
²**Sti|cker** [auch st...], der; -s, - ⟨engl.⟩ (Aufkleber)
Sti|cke|rei; **Sti|cke|rin**; **Stick|garn**
sti|ckig
Stick|luft, die; -
Stick|ma|schi|ne
Stick|mus|ter; **Stick|mus|ter|tuch** Plur. ...tücher
Stick|oxid, **Stick|oxyd**
Stick|rah|men
Stick|stoff, der; -[e]s (chemisches Element, Gas; Zeichen N; vgl. Nitrogenium)
Stick|stoff|bak|te|ri|en Plur.; **Stickstoff|dün|ger**; **stick|stoff|frei** ↑D 25; **stick|stoff|hal|tig**
stie|ben; du stobst, auch stiebtest; du stöbest, auch stiebtest; gestoben, auch gestiebt; stieb[e]!; Funken stieben

Stief|bru|der
Stie|fel, der; -s, - (Fußbekleidung; Trinkglas in Stiefelform); **Stiefel|chen**; **Stie|fe|let|te**, die; -, -n (Halbstiefel); **Stie|fel|knecht**
stie|feln (ugs. für gehen, stapfen, trotten); ich stief[e]le
Stie|fel|schaft, der
Stief|el|tern Plur.; **Stief|ge|schwister** Plur.; **Stief|kind**; **Stief|mut|ter** Plur. ...mütter
Stief|müt|ter|chen (Zierpflanze)
stief|müt|ter|lich
Stief|schwes|ter; **Stief|sohn**; **Stieftoch|ter**; **Stief|va|ter**
stieg vgl. steigen
Stie|ge, die; -, -n (Verschlag, flache [Latten]kiste; Zählmaß [20 Stück]; enge Holztreppe; bes. südd., österr. für Treppe[nflur])
Stie|gen|be|leuch|tung; **Stie|gen|ge|län|der**; **Stie|gen|haus** (südd., österr. für Treppenhaus)
Stieg|litz, der; -es, -e ⟨slaw.⟩ (Distelfink)
stiehlt vgl. stehlen
stie|kum ⟨hebr.-jidd.⟩ (ugs. für heimlich, leise)
Stiel, der; -[e]s, -e (Griff; Stängel); mit Stumpf und Stiel
Stiel|au|ge (ugs. scherzh. in Stielaugen machen)
Stiel|be|sen; **Stiel|bürs|te**
stie|len (mit Stiel versehen)
Stiel|glas Plur. ...gläser
...stie|lig (z. B. kurzstielig)
Stiel|kamm
stiel|los; ein stielloses Glas; vgl. aber stillos
Stiel|mus, das; -es (landsch. für Gemüse aus Rübenstielen u. -blättern)
Stiel|stich (Stickerei)
stie|men (nordd. für dicht schneien; qualmen); **Stiem|wet|ter**, das; -s (nordd. für Schneesturm)
stier (starr; österr., schweiz. mdal. auch für ohne Geld)
Stier, der; -[e]s, -e
¹**stie|ren** (starr blicken)
²**stie|ren** (svw. rindern)
³**stie|ren** (bayr., österr. für stochern, stöbern)
stie|rig (brünstig [von der Kuh])
Stier|kampf; **Stier|kampf|are|na**; **Stier|kämp|fer**; **Stier|kämp|fe|rin**
stierln (österr. ugs. für stöbern); ich stierl[e]
Stier|na|cken; **stier|na|ckig**
Stie|sel, **Stie|ßel**, der; -s, - (ugs. für Flegel); **stie|se|lig**, **sties|lig**, **stie|ße|lig**, **stieß|lig**
stieß vgl. stoßen

¹**Stift**, der; -[e]s, -e (Bleistift; Nagel)
²**Stift**, der; -[e]s, -e (ugs. für halbwüchsiger Junge, Lehrling)
³**Stift**, das; -[e]s, -e, selten -er (fromme Stiftung; veraltet für Altenheim)
stif|teln; ich stift[e]le; gestiftelte Karotten
¹**stif|ten** (spenden; gründen; bewirken)
²**stif|ten**; nur in stiften gehen (ugs. für ausreißen, fliehen)
¹**Stif|ter** (österr. Schriftsteller)
²**Stif|ter**/**Stif|ter|fi|gur** (bild. Kunst); **Stif|te|rin**
Stif|terl, das; -s, -[n]; vgl. Pickerl (österr. für kleine Weinflasche)
Stif|ter|ver|band für die Deutsche Wissenschaft
Stifts|da|me; **Stifts|fräu|lein**; **Stiftsherr**; **Stifts|kir|che**; **Stifts|schu|le**
Stif|tung
Stif|tungs|brief; **Stif|tungs|fest**
Stif|tungs|rat Plur. ...räte (kath. Kirche); **Stif|tungs|ur|kun|de**
Stift|zahn
Stig|ma [ʃt..., auch st...], das; -s, Plur. ...men u. -ta ⟨griech., »Stich«⟩ ([Wund-, Brand]mal; Bot. Narbe der Blütenpflanzen; Zool. äußere Öffnung der Tracheen; Biol. Augenfleck)
Stig|ma|ti|sa|ti|on, die; -, -en (Auftreten der fünf Wundmale Christi bei einem Menschen)
stig|ma|ti|sie|ren (brandmarken, zeichnen); **Stig|ma|ti|sier|te**, der u. die; -n, -n; **Stig|ma|ti|sie|rung**
Stil [ʃt..., auch st...], der; -[e]s, -e ⟨lat.⟩ (Einheit der Ausdrucksformen [eines Kunstwerkes, eines Menschen, einer Zeit]; Darstellungsweise, Art [Bau-, Schreibart usw.]); alten Stils (Abk. a. St.), neuen Stils (Abk. n. St.);
Stil|art; **stil|bil|dend**; stilbildend für eine Epoche
Stil|blü|te; **Stil|bruch**, der; **Stil|ebe|ne** (Sprachwiss.)
stil|echt; stilechte Möbel
Stil|ele|ment; **Stil|emp|fin|den**; **Stil|ent|wick|lung**
Sti|lett [ʃt..., auch st...], das; -s, -e ⟨ital.⟩ (kleiner Dolch)
Sti|let|to, der; -s, -s ⟨ital.-engl.⟩ (Damenschuh mit sehr spitzem hohem Absatz); **Sti|let|to|ab|satz**
Stil|feh|ler; **Stil|fi|gur**; **Stil|fra|ge**
Stilf|ser Joch, das; - -[e]s (ein Alpenpass)

Stimmvolk

still

Kleinschreibung ↑D 89:
- stiller Teilhaber, stille Reserven, stille Rücklagen, stille Beteiligung *(Kaufmannsspr.)*
- das stille Örtchen *(ugs. scherzh. für* Toilette*)*
- eine stille Messe *(kath. Kirche)*

Großschreibung:
- im Stillen (unbemerkt)
- ↑D 140: der Stille Ozean
- ↑D 151: der Stille Freitag (Karfreitag); die Stille Woche (Karwoche)

Schreibung in Verbindung mit Verben:
- still sein, still werden, still bleiben
- in der Kirche sollen wir ganz still (ruhig) sitzen
- die Kinder sollten lernen, still zu sitzen *od.* stillzusitzen (sich zu konzentrieren)
- du musst die Lampe, den Kopf ganz still (ruhig) halten

Vgl. aber stillhalten, stilllegen, stillliegen, stillschweigen, stillstehen

---

Still|ge|fühl, das; -[e]s; still|ge|recht; stil|ge|treu
Stil|iko|ne, Stil-Iko|ne (jmd., dessen [Kleidungs]stil von vielen als nachahmenswert empfunden wird)
sti|li|sie|ren (lat.) (nur in den wesentlichen Grundstrukturen darstellen); Sti|li|sie|rung
Sti|list, der; -en, -en (jmd., der guten Stil beherrscht); Sti|lis|tik, die; -, -en (Stilkunde); Sti|lis|tin
stillis|tisch
Stil|kri|tik (bes. Kunstwiss.); stil|kri|tisch
Stil|kun|de; stil|kund|lich
still s. Kasten
Still [st...], das; -s, -s (engl.) ([Video]standfoto)
stil|le (ugs. für still)
Sti|le, die; -; in aller Stille
Stil|le|ben alte Schreibung für Stillleben
stil|le|gen usw. alte Schreibung für stilllegen usw.
Still|leh|re
still|en
Still|geld (schweiz. für Unterstützung für stillende Mütter)
still|ge|legt vgl. stilllegen
still|ge|stan|den! (militärisches Kommando)
Still|grup|pe (Treffen stillender Mütter)
Still|hal|te|ab|kom|men
still|hal|ten (alles geduldig ertragen; nichts tun); du musst stillhalten; wir haben lange genug stillgehalten; vgl. aber still
Still|le|ben, Still-Le|ben, das; -s, - (Malerei bildl. Darstellung von Gegenständen in künstl. Anordnung)
still|le|gen (außer Betrieb setzen); ich lege still; stillgelegt; stillzulegen; eine stillgelegte Fabrik
Still|le|gung, Still-Le|gung
still|lie|gen (außer Betrieb sein); die Fabrik hat stillgelegen; aber das Kind hat ganz still (ruhig) gelegen
still|los; ein stilloses Verhalten; vgl. aber stiellos; Stil|lo|sig|keit
still|schwei|gen (schweigen, nichts verraten); er hat lange stillgeschwiegen; Still|schwei|gen; jmdm. Stillschweigen auferlegen; still|schwei|gend
still sit|zen, still|sit|zen (konzentriert sein; sich nicht beschäftigen); aber still (ruhig) sitzen; vgl. still
Still|stand
still|ste|hen (in der Bewegung aufhören); sein Herz hat stillgestanden; die Zeit schien stillzustehen; stillgestanden! (Militär); aber das Kind hat lange ganz still (ruhig) gestanden
Stil|lung, die; -
still|ver|gnügt
Still|zeit
Stil|mit|tel, das; Stil|mix; Stil|mö|bel; Stil|no|te (Sport); Stil|rich|tung; Stil|schicht (svw. Stilebene)
stil|si|cher; Stil|si|cher|heit, die; -
Stil|treue
Stil|übung; Stil|un|ter|su|chung
stil|voll; Stil|wan|del; stil|wid|rig
Stil|wör|ter|buch
Stimm|ab|ga|be; Stimm|auf|wand
Stimm|aus|zäh|lung; Stimm|band, das; Plur. ...bänder
stimm|be|rech|tigt; Stimm|be|rech|tig|te, der u. die; -n, -n; Stimm|be|rech|ti|gung
Stimm|be|zirk
stimm|bil|dend; Stimm|bil|dung
Stimm|bruch, der; -[e]s
Stimm|bür|ger (schweiz.); Stimm|bür|ge|rin
Stimm|chen; Stim|me, die; -, -n
stim|men
Stim|men|an|teil; Stim|men|aus|zäh|lung; Stim|men|fang; Stim|men|ge|winn
Stim|men|ge|wirr
Stim|men|gleich|heit; Stim|men|kauf; Stim|men|mehr (schweiz.); Stim|men|mehr|heit
Stim|men|stark; die stimmenstärkste Partei
Stimm|ent|hal|tung
Stim|men|ver|hält|nis; Stim|men|ver|lust; Stim|men|zu|wachs
Stim|mer (eines Musikinstrumentes); Stim|me|rin
stimm|fä|hig
Stimm|frei|ga|be (schweiz. für Verzicht einer Partei auf eine Abstimmungsempfehlung)
Stimm|füh|rung (Musik); Stimm|ga|bel
stimm|ge|wal|tig
stimm|haft (Sprachwiss. weich auszusprechen); Stimm|haf|tig|keit, die; -
stim|mig ([überein]stimmend)
...stim|mig (z. B. vierstimmig, mit Ziffer 4-stimmig)
Stimm|ig|keit
Stimm|la|ge; stimm|lich
Stimm|lo|kal (bes. südd., österr., schweiz. für Wahllokal)
stimm|los (Sprachwiss. hart auszusprechen); Stimm|lo|sig|keit, die; -
Stimm|recht
Stimm|rit|ze; Stimm|schlüs|sel (Gerät zum Klavierstimmen); Stimm|stock (in Streichinstrumenten)
Stim|mung; stim|mungs|an|fäl|lig
Stim|mungs|ba|ro|me|ter (ugs.); Stim|mungs|bild; Stim|mungs|ka|no|ne (ugs. für jmd., der für gute Stimmung sorgt)
Stim|mungs|ka|pel|le; Stim|mungs|kil|ler (ugs. für langweiliger Mensch, der die Stimmung beeinträchtigender Sachverhalt)
Stim|mungs|ma|che; Stim|mungs|mu|sik; Stim|mungs|um|schwung
Stim|mungs|voll; Stim|mungs|wan|del
Stimm|vieh (abwertend)
Stimm|volk (schweiz. für Gesamt-

Stimmzettel

heit der Stimmberechtigten);
Stimm|zet|tel
Sti|mu|lans [ʃt..., *auch* st...], das; -, *Plur.* ...lantia *u.* ...lanzien ⟨lat.⟩ (*Med.* anregendes Mittel)
Sti|mu|lanz, die; -, -en (Anreiz, Antrieb)
Sti|mu|la|ti|on, die; -, -en (Stimulierung); **sti|mu|lie|ren; Sti|mu|lie|rung** (Erregung, Anregung, Reizung)
Sti|mu|lus, der; -, ...li (Reiz, Antrieb)
Stink|asant (*svw.* Asant.
stink|be|sof|fen (*derb*)
Stink|bom|be
Stink|ke|fin|ger (*ugs. für* eine obszöne Geste)
stin|ken; du stankst; du stänkest; gestunken; stink[e]!
Stin|ker (*ugs. für* unangenehmer Mensch); **Stin|ke|rin**
stink|faul (*ugs.*); **stink|fein** (*ugs.*)
stin|kig
Stink|kä|fer (*landsch. für* Mistkäfer)
stink|lang|wei|lig (*ugs.*)
Stink|lau|ne (*ugs. für* sehr schlechte Laune)
Stink|mar|der (*Jägerspr.* Iltis); **Stink|mor|chel**
stink|nor|mal (*ugs.*); **stink|sau|er** (*ugs. für* sehr verärgert)
Stink|stie|fel (*derb für* unangenehmer Mensch)
Stink|tier
stink|vor|nehm (*ugs.*)
Stink|wan|ze
Stink|wut (*ugs.*)
Stint, der; -[e]s, -e (ein Fisch)
Sti|pen|di|at, der; -en, -en ⟨lat.⟩ (jmd., der ein Stipendium erhält); **Sti|pen|di|a|tin**
Sti|pen|di|en|ver|ga|be
Sti|pen|di|um, das; -s, ...ien (Geldbeihilfe für Schüler[innen], Studierende, Gelehrte)
Stipp, der; -[e]s, -e, **Stip|pe**, die; -, -n (*landsch. für* Kleinigkeit; Punkt; Pustel; Tunke); auf den Stipp (sofort)
Stipp|be|such (*nordd.*)
Stipp|chen, das; -s, - (eitriger Belag [bes. auf den Rachenmandeln])
stip|pen (*ugs. für* tupfen, tunken)
stip|pig (*landsch. für* gefleckt; mit Pusteln besetzt); **Stip|pig|keit**, die; - (*landsch.*)
Stipp|vi|si|te (*ugs. für* kurzer Besuch)
Sti|pu|la|ti|on [ʃt..., *auch* st...], die; -, -en ⟨lat.⟩ (vertragliche Abmachung, Übereinkunft)

sti|pu|lie|ren; Sti|pu|lie|rung
stirbt *vgl.* sterben
Stirn, die; -, -en, *geh.* **Stir|ne**, die; -, -n
Stirn|band, das; *Plur.* ...bänder; **Stirn|bein**
Stir|ne *vgl.* Stirn
Stirn|flä|che; Stirn|glat|ze
Stirn|höh|le; Stirn|höh|len|ent|zün|dung; Stirn|höh|len|ver|ei|te|rung
Stirn|lo|cke; Stirn|reif; Stirn|rie|men
Stirn|run|zeln, das; -s; **stirn|run|zelnd**
Stirn|sei|te; Stirn|wand; Stirn|zie|gel
St. John's *vgl.* Saint John's
St. Kitts und Ne|vis [snt - - ˈniːvɪs] (Staat im Bereich der Westindischen Inseln)
St. Lu|cia [snt ˈluːʃə] (Staat im Bereich der Westindischen Inseln); *vgl.* Lucianer
Sto. = Santo
Stoa [st...], die; -, Stoen ⟨griech.⟩ (*nur Sing.:* altgriechische Philosophenschule; altgriechische Säulenhalle)
stob *vgl.* stieben
Stö|ber, der; -s, - (*Jägerspr.* Hund, der zum [Auf]stöbern des Wildes gebraucht wird); **Stö|be|rei** (*landsch. auch für* Großreinemachen); **Stö|ber|hund**
stö|bern (*ugs. für* suchen, [wühlend] herumsuchen; *Jägerspr.* aufjagen; flockenartig umherfliegen; *landsch. auch für* sauber machen); ich stöbere; es stöbert (*landsch. für* es schneit)
Sto|chas|tik [st..., *auch* ʃt...], die; - ⟨griech.⟩ (Betrachtungsweise der analytischen Statistik nach der Wahrscheinlichkeitstheorie); **sto|chas|tisch**
Sto|cher, der; -s, - (Werkzeug zum Stochern); **Sto|cher|kahn**
sto|chern; ich stochere
¹Stock, der; -[e]s, Stöcke (Stab u. Ä., Baumstumpf); über Stock und Stein; in den Stock (Fußblock) legen
²Stock, der; -[e]s, - (Stockwerk); das Haus hat zwei Stock, ist zwei Stock hoch; ein Haus von drei Stock
³Stock [st...], der; -s, -s ⟨engl.⟩ (*Wirtsch.* Vorrat, Warenlager; Grundkapital)
Stock|aus|schlag (*Forstwirtsch.* Bildung von Sprossen an Baumstümpfen)
stock|be|sof|fen, stock|be|trun|ken (*ugs. für* völlig betrunken)

Stock|bett (Etagenbett)
stock|blind (*ugs.*)
Stock|brot (aus Teig, der um einen Stock gewickelt wird, über offenem Feuer gebackenes Brot)
Stock|car [st...], der; -s, -s ⟨engl.⟩ (*Motorsport* mit starkem Motor ausgestatteter Serienwagen für Autorennen); **Stock|car-Ren|nen**, **Stock|car|ren|nen**
Stöck|chen; Stock|de|gen
stock|dumm (*ugs. für* sehr dumm); **stock|dun|kel** (*ugs.*)
Stö|ckel, der; -s, - (*ugs. für* hoher Absatz); **Stö|ckel|ab|satz**
stö|ckeln (*ugs. für* auf Stöckeln laufen); ich stöck[e]le
Stö|ckel|schuh
sto|cken (nicht vorangehen; *bayr. u. österr. auch für* gerinnen); ↑D 82: ins Stocken geraten, kommen; gestockte Milch (*bayr. u. österr. für* Dickmilch)
Sto|cken|te
Sto|cke|rau (Stadt in Niederösterreich)
Sto|ckerl, das; -s, -[n]; *vgl.* Pickerl (*bayr., österr. für* Hocker; Podest); **Sto|ckerl|platz** (*bayr., österr. für* Siegerrang)
Stock|fäu|le (*Forstwirtsch.*)
Stock|feh|ler (*Hockey, Eishockey*)
stock|fins|ter (*ugs. für* völlig finster)
Stock|fisch (*ugs. auch für* wenig gesprächiger Mensch)
Stock|fleck, Stock|fle|cken; stock|fle|ckig
stock|hei|ser (*ugs. für* sehr heiser)
Stock|holm [*auch* ...ˈhɔlm] (Hauptstadt Schwedens); **Stock|hol|mer; Stock|hol|me|rin**
sto|ckig (muffig; stockfleckig)
...stö|ckig (z. B. vierstöckig, *mit Ziffer* 4-stöckig; ↑D 29)
stock|kon|ser|va|tiv (*ugs.*)
Stöckl, das; -s, -[n] (*österr. für* Nebengebäude)
Stöck|li, das; -[s], -[s]; *vgl.* Götti (*schweiz. für* Nebengebäude eines Bauernhofs; Altenteil; *auch für* Ständerat)
Stock|na|gel
stock|nüch|tern (*ugs.*)
Stock-Op|ti|on, Stock|op|ti|on [ˈstɔkɔpʃn̩, *auch* ...ˈɔptsjoːn], die; -, -en, *bei engl. Ausspr.* -s, *meist Plur.* ⟨engl.⟩ (*Wirtsch.* Mitarbeiterbeteiligung in Form von Aktien)
Stock|punkt (Temperatur der Zähigkeitszunahme von Ölen)
Stock|ro|se (Malve)

stock|sau|er *(ugs. für sehr verärgert, sehr wütend)*
Stock|schirm; Stock|schla|gen, das; -s *(Eishockey)*; Stock|schnup|fen, der; -s; Stock|schwämm|chen *(ein Pilz)*
stock|steif *(ugs. für völlig steif)*; stock|taub *(ugs. für völlig taub)*
Stock|uhr *(österr. veraltet für Standuhr)*
Sto|ckung
Stock|werk
Stock|zahn *(bayr., österr., schweiz. für Backenzahn)*
Stoff, der; -[e]s, -e; Stoff|bahn; Stoff|bal|len; Stoff|be|hang
Stoff|fel, der; -s, - *(ugs. für ungeschickter, unhöflicher Mensch, Tölpel)*; stoff|fe|lig, stoff|lig *(ugs. für tölpisch, unhöflich)*
Stoff|far|be, Stoff-Far|be
Stoff|fet|zen, Stoff-Fet|zen
Stoff|fül|le, Stoff-Füll|le
stoff|hal|tig *(selten für materiell)*
stoff|lich *(materiell)*; Stoff|lich|keit
stoff|lig vgl. stoffelig
Stoff|rest; Stoff|samm|lung; Stoff|ser|vi|et|te; Stoff|tier
Stoff|wech|sel; Stoff|wech|sel|krank|heit
stöh|nen ↑D 82: *leises Stöhnen*
stoi! *[st...]* ⟨russ.⟩ *(halt!)*
Sto|i|ker *[ʃt..., auch st...]* ⟨griech.⟩ *(Anhänger der Stoa; Vertreter des Stoizismus)*; Sto|i|ke|rin; sto|isch *(zur Stoa gehörend; unerschütterlich, gleichmütig)*; Sto|i|zis|mus, der; - *(Lehre der Stoiker; Unerschütterlichkeit, Gleichmut)*
Sto|la *[ʃt..., auch st...]*, die; -, ...len ⟨griech.⟩ *(Gewand, Umhang)*
Stol|berg (Harz) *(Kurort in Sachsen-Anhalt)*
Stol|berg (Rhld.) *(Stadt bei Aachen)*
Stol|ge|büh|ren *[ʃt..., auch st...]* Plur. *(Pfarramtsnebenbezüge)*
Stoll|berg (Erzgeb.) *(Stadt in Sachsen)*
Stol|le, die; -, -n, ¹Stol|len, der; -s, - *(ein Weihnachtsgebäck)*
²Stol|len, der; -s, - *(Zapfen am Hufeisen, an [Fußball]schuhen; Bergmannsspr. waagerechter Grubenbau; Verslehre eine Strophe des Aufgesangs im Meistersang)*
Stol|len|bau, der; -[e]s; Stoll|len|gang, der; Stoll|len|mund|loch *(Bergmannsspr.)*
Stoll|per|draht
Stoll|pe|rer; Stoll|pe|rin

stol|pern; *ich stolpere*
Stol|per|stein *(Schwierigkeit, an der etwas, jmd. scheitern kann)*
stolz; Stolz, der; -es
Stol|ze *(Erfinder eines Kurzschriftsystems)*; Stol|ze-Schrey; *das Kurzschriftsystem Stolze-Schrey*
stolz|ge|schwellt; *mit stolzgeschwellter Brust*
stolz|zie|hen *(stolz einherschreiten)*
Sto|ma *[st..., auch ʃt...], das; -s, -ta* ⟨griech.⟩ *(Med. Mund-, Spaltöffnung; künstlicher Darmausgang o. Ä.; Biol. Spaltöffnung des Pflanzenblattes)*; sto|ma|chal *(Med. den Magen betreffend)*; Sto|ma|ti|tis, die; -, ...itiden *(Entzündung der Mundschleimhaut)*; Sto|ma|to|lo|gie, die; - *(Lehre von den Erkrankungen der Mundhöhle)*; sto|ma|to|lo|gisch
Stone|henge *['stoʊnhentʃ]* *(Kultstätte der Jungsteinzeit u. frühen Bronzezeit in Südengland)*
stop! *[ʃt..., -st...]* ⟨engl.⟩ *(auf Verkehrsschildern halt!; im Telegrafenverkehr für Punkt)*; vgl. stopp!
Stop *alte Schreibung für Stopp (Tennis)*
Stop-and-go *['stɔpənt'goʊ], das; -[s], -[s]* ⟨engl.⟩ *(langsames Fahren mit häufigem Anhalten)*
Stop-and-go-Ver|kehr *[...'goʊ...], der; -[e]s (durch langsames Fahren u. häufiges Anhalten der Fahrzeuge gekennzeichneter Verkehr)*
Stopf|buch|se, Stopf|büch|se *(Maschinenteil)*
Stopf|ei
stop|fen; Stop|fen, der; -s, - *(landsch. für Stöpsel, Kork)*; Stop|fer
Stopf|garn; Stopf|na|del; Stopf|pilz
Stop|fung
Stop|over, Stop-over *['st..., auch ...'ɔʊvɐ], der; -s, -s* ⟨engl.⟩ *(Zwischenaufenthalt)*
stopp! *(halt!)*; vgl. stop!; Stopp, der; -s, -s *(Halt, Unterbrechung; bes. Tennis Stoppball)*
Stopp|ball *(Sport)*
¹Stop|pel, der; -s, -[n] *(österr. für Stöpsel)*
²Stop|pel, die; -, -n; Stop|pel|bart *(ugs.)*; stop|pel|bär|tig
Stop|pel|feld
Stop|pel|fri|sur; Stop|pel|haar
stop|pe|lig, stopp|lig
stop|peln *(Ähren u. A. aufsam-*

meln; *österr. auch für nach Kork riechen [beim Wein]*); *ich stopp[e]le*
Stop|pel|zie|her *(österr. für Korkenzieher)*
stop|pen *(anhalten; mit der Stoppuhr messen)*
Stop|per *(Fußball Mittelläufer)*; Stop|pe|rin
Stopp|licht Plur. ...lichter
stopp|lig vgl. stoppelig
Stopp|preis, Stopp-Preis *(Höchstpreis)*; Stopp|schild; Stopp|si|g|nal; Stopp|stra|ße; Stopp|uhr
Stöp|sel, der; -s, -
stöp|seln; *ich stöps[e]le*
¹Stör, der; -[e]s, -e *(ein Fisch)*
²Stör, die; -, -en *(südd., österr. u. schweiz. früher für Arbeit, die ein Gewerbetreibender im Hause des Kunden verrichtet)*
³Stör, die; - *(Fluss in Schleswig-Holstein)*
Stör|ak|ti|on
stör|an|fäl|lig; Stör|an|fäl|lig|keit
Sto|rax *['st..., auch 'ʃt...], auch 'ʃt...]* vgl. Styrax
Storch, der; -[e]s, Störche; Storch|bein; storch|bei|nig
stor|chen *(ugs. für wie ein Storch einherschreiten)*
Stor|chen|nest; Stör|chin; Störch|lein; Storch|nest *(svw. Storchennest)*
Storch|schna|bel *(eine Pflanze; Gerät zum mechanischen Verkleinern od. Vergrößern von Zeichnungen)*
¹Store *[ʃtoːɐ̯, auch st..., schweiz. 'ʃtoːra], der; -s, -s, schweiz. meist die; -, -n* ⟨franz.⟩ *(Fenstervorhang; schweiz. für Markise; Sonnenvorhang)*
²Store *[stɔːɐ̯], der; -s, -s (engl. Bez. für Vorrat, Lager; Laden)*
Sto|ren, der; -s, - *(schweiz. neben ¹Store)*
¹stö|ren *(südd. u. österr. für auf der ²Stör arbeiten)*
²stö|ren *(hindern, belästigen); sich stören; ich störte mich an seinem Benehmen*
Stö|ren|fried, der; -[e]s, -e *(abwertend)*
¹Stö|rer *(südd. u. österr. für auf der ²Stör Arbeitender; Landfahrer)*
²Stö|rer *(jmd., der, ²stört)*; Stö|re|rei; Stö|re|rin
Stör|fak|tor; Stör|fall *(bes. in einem Kernkraftwerk)*; Stör|feu|er; stör|frei
stor|gen *(landsch. für als Land-*

streicher umherziehen); **Stör|ger** (*landsch. für* Landstreicher)
Stör|ge|räusch
Storm (dt. Schriftsteller)
Stor|ma|nö|ver
Stor|marn (Gebiet u. Landkreis im südlichen Holstein); **Stor|mar|ner**; **Stor|mar|ne|rin**; **stor|marnsch**
stor|nie|ren [ʃt..., *auch* st...] ⟨ital.⟩ (*Kaufmannsspr.* rückgängig machen; Buchungsfehler berichtigen); **Stor|nie|rung**
Stor|no, der *u.* das; -s, ...ni (Berichtigung; Rückbuchung, Löschung); **Stor|no|bu|chung**
Stor|no|ver|si|che|rung (*österr.*)
stör|rig (*seltener für* störrisch); **Stör|rig|keit** (*selten*)
stör|risch; **Stör|risch|keit**
Stör|schnei|de|rin (*zu* ²Stör)
Stör|schutz (gegen Rundfunkstörungen); **Stör|sen|der**; **Stör|stel|le**
Stör|te|be|ker (ein Seeräuber)
Stor|ting [ʃt..., *auch* st...], das; -[s] (norwegische Volksvertretung)
Stö|rung; **Stö|rungs|feu|er** (*svw.* Störfeuer)
stö|rungs|frei (*bes.* Technik)
Stö|rungs|front (*Meteorol.*)
Stö|rungs|stel|le (für Störungen [im Fernsprechverkehr] zuständige Abteilung); **Stö|rungs|su|che**
Stö|rungs|zo|ne (*Geol.* Verschiebung innerhalb des Gesteins; *Meteorol.* Tiefdruckgebiet)
Sto|ry [ˈstɔri], die; -, -s ⟨engl.⟩ (Geschichte, Bericht)
Stoß, der; -es, Stöße (*Bergmannsspr. auch für* seitliche Begrenzung eines Grubenbaus)
Stoß|band, das; *Plur.* ...bänder; **Stoß|bor|te** (an der Hose)
Stöß|chen
Stoß|dämp|fer; **Stoß|de|gen**
Stö|ßel, der; -s, - (Stoßgerät; *Kfz-Technik* Bauteil zwischen Nocken u. Ventil eines Verbrennungsmotors)
stoß|emp|find|lich
sto|ßen; du stößt, er/sie/es stößt; du stießest; gestoßen; stoß[e]!; er stößt ihr, *auch* sie in die Seite
Stö|ßer (*auch für* Sperber)
Sto|ße|rei
Stoß|fän|ger (*Kfz-Technik*)
stoß|fest
Stoß|ge|bet; **Stoß|ge|schäft**
stö|ßig; ein stößiger Ziegenbock
Stoß|kraft; **stoß|kräf|tig**
stoß|lüf|ten; *nur im Infinitiv und Partizip II gebr.:* mehrmals täglich kurz stoßlüften; stoßgelüftet
Stoß|rich|tung; **Stoß|seuf|zer**
stoß|si|cher
Stoß|stan|ge; **Stoß|the|ra|pie** (*Med.*)
Stoß|trupp (*Militär*); **Stoß|trupp|ler**
Stoß|ver|kehr, der; -[e]s (Verkehr zur Zeit der stärksten Verkehrsdichte); **Stoß|waf|fe**
stoß|wei|se
Stoß|zahn; **Stoß|zeit** (*Verkehrsw.*)
Sto|tin|ka [st...], die; -, ...ki ⟨bulgar.⟩ (Untereinheit des Lew)
Stot|te|rei (*ugs.*); **Stot|te|rer**, Stotterer; **stot|te|rig**, stott|rig; **Stot|te|rin**, Stott|re|rin; **stot|tern**; ich stottere; ↑D 82: ins Stottern geraten; etwas auf Ratenzahlung kaufen (*ugs. für* auf Ratenzahlung kaufen)
Stott|rer *vgl.* Stotterer
Stott|re|rin *vgl.* Stotterin
stott|rig *vgl.* stotterig
Stotz, der; -es, -e, *schweiz. nur* **Stot|zen**, der; -s, - (*landsch. für* Baumstumpf; Bottich; *schweiz. für* Keule eines Schlachttiers)
stot|zig (*südwestd. u. schweiz. mdal. für* steil)
Stout [staʊt], der; -[s], -s ⟨engl.⟩ (dunkles englisches Bier)
Stöv|chen, **Stöv|chen** (*nordd. für* Kohlenbecken; Wärmevorrichtung für Tee od. Kaffee)
Sto|ve [...və], die; -, -n (*nordd. für* Trockenraum)
sto|wen (*nordd. für* dämpfen, dünsten); gestowtes Obst
StPO = Strafprozessordnung
Str. = Straße
stra|ban|zen usw. *vgl.* strawanzen usw.
Stra|bo, **Stra|bon** [st...] (griechischer Geograf u. Geschichtsschreiber)
¹**Strac|cia|tel|la** [stratʃa...], das; -[s] ⟨ital.⟩ (eine Speiseeissorte)
²**Strac|cia|tel|la**, die; -, ...le ⟨ital.⟩ [Eier]einlaufsuppe)
strack (*landsch. für* gerade, straff, steif; faul, träge; *auch für* völlig betrunken)
stracks (geradeaus; sofort)
Strad|dle [ˈstrɛdl], der; -[s], -s ⟨engl.⟩ (*Leichtathletik* ein Sprungstil im Hochsprung)
¹**Stra|di|va|ri** [st...] (italienischer Meister des Geigenbaus)
²**Stra|di|va|ri**, die; -, -[s] (Stradivarigeige); **Stra|di|va|ri|gei|ge**

Straf|ak|ti|on; **Straf|an|dro|hung**; **Straf|an|stalt**; **Straf|an|trag**; **Straf|an|zei|ge**; **Straf|ar|beit**
Straf|auf|he|bung; **Straf|auf|he|bungs|grund**
Straf|auf|schub; **Straf|aus|maß** (*österr. für* Strafmaß); **Straf|aus|set|zung**
Straf|bank *Plur.* ...bänke (*Sport*)
straf|bar; **Straf|bar|keit**
Straf|be|fehl; **Straf|be|fug|nis**; **Straf|be|scheid**
straf|be|wehrt (*Rechtsspr.* mit Strafe bedroht)
Stra|fe, die; -, -n; **Straf|ecke** (*Sport*); **stra|fen**
Straf|ent|las|se|ne, der *u.* die; -n, -n
Straf|er|lass; **straf|er|schwe|rend**
straf|ex|er|zie|ren (*nur im Infinitiv u.* Partizip I *u.* II gebräuchlich)
Straf|ex|pe|di|ti|on
straff
straff|fäl|lig; **Straff|fäl|lig|keit**, die; -
straf|fen (straff machen); **Straff|heit**, die; -
straf|frei; **Straf|frei|heit**, die; -
Straf|fung; **straff zie|hen**, straffziehen; den Gurt straff ziehen *od.* straffziehen
Straf|ge|fan|ge|ne; **Straf|ge|richt**; **Straf|ge|richts|bar|keit**
Straf|ge|setz; **Straf|ge|setz|buch** (*Abk.* StGB); **Straf|ge|setz|ge|bung**
Straf|ge|walt, die; -; **Straf|jus|tiz**; **Straf|kam|mer**; **Straf|ko|lo|nie**; **Straf|kom|pa|nie** (*Militär*); **Straf|la|ger** *Plur.* ...lager
sträf|lich; sträflicher Leichtsinn; **Sträf|lich|keit**, die; -
Sträf|ling; **Sträf|lings|klei|dung**
straf|los; **Straf|lo|sig|keit**, die; -
Straf|man|dat; **Straf|maß**, das; **Straf|maß|nah|me**
straf|mil|dernd; **Straf|mil|de|rung**
Straf|mi|nu|te (*Sport*)
straf|mün|dig
Straf|nach|lass
Straf|por|to; **Straf|pre|digt**
Straf|pro|zess; **Straf|pro|zess|ord|nung** (*Abk.* StPO)
Straf|punkt (*Sport*)
Straf|rah|men (*Rechtsspr.* Spielraum für die Strafzumessung); **Straf|raum** (*Sport*)
Straf|recht; **Straf|recht|ler**; **Straf|recht|le|rin**; **straf|recht|lich**; **Straf|rechts|re|form**
Straf|re|gis|ter; **Straf|re|gis|ter|aus|zug** (*österr., schweiz.*); **Straf|re|gis|ter|be|schei|ni|gung** (*österr.*)
Straf|rich|ter; **Straf|rich|te|rin**

Straßenecke

Straf|run|de *(Biathlon)*
Straf|sa|che; Straf|se|nat
Straf|stoß *(Sport)*
Straf|tat; Straf|tat|be|stand
Straf|tä|ter; Straf|tä|te|rin
Straf|til|gung; Straf|til|gungs|grund
Straf|um|wand|lung; Straf|ver|bü-
ßung; Straf|ver|ei|te|lung; Straf-
ver|fah|ren
Straf|ver|fol|ger (Mitarbeiter einer
Strafverfolgungsbehörde); Straf-
ver|fol|ge|rin; Straf|ver|fol|gung;
Straf|ver|fol|gungs|be|hör|de
Straf|ver|fü|gung
straf|ve|ri|fi|zie|ren *nur im Infinitiv
u. Partizip II gebr. (Sport österr.)*;
Straf|ve|ri|fi|zie|rung *(Sport
österr. für* Festlegung eines zu
wertenden Ergebnisses bei irre-
gulär verlaufenen Spielen)
straf|ver|schär|fend; Straf|ver-
schär|fung
straf|ver|set|zen *nur im Infinitiv u.
Partizip II gebr.*; strafversetzt;
Straf|ver|set|zung
Straf|ver|tei|di|ger; Straf|ver|tei|di-
ge|rin; Straf|voll|stre|ckung
Straf|voll|zug; Straf|voll|zugs|an-
stalt
straf|wei|se; straf|wür|dig
Straf|zet|tel; Straf|zet|tel; Straf|zu-
mes|sung
Strahl, der; -[e]s, -en; Strahl|an-
trieb
Strah|le|mann *Plur.* ...männer *(ugs.
für* jmd., der ein [übertrieben]
fröhliches Gesicht macht)
strah|len
sträh|len *(landsch. u. schweiz.
mdal. für* kämmen)
Strah|len|be|hand|lung; Strah|len-
be|las|tung; Strah|len|bio|lo|gie
Strah|len|bre|chung; Strah|len|bün-
del; Strah|len|che|mie
strah|lend; ihr strah|lends|tes
Lächeln
Strah|len|do|sis; strah|len|för|mig
Strah|len|krank|heit; Strah|len-
kranz; Strah|len|kun|de, die; -
Strah|len|pilz; Strah|len|schä|di-
gung; Strah|len|schutz, der; -es
Strah|len|the|ra|pie; Strah|len|tier-
chen; Strah|len|tod
Strah|ler *(schweiz. auch für*
[Berg]kristallsucher)
Sträh|ler *vgl.* Strehler
Strahl|flug|zeug (Düsenflugzeug)
strah|lig
...strah|lig (z. B. achtstrahlig, *mit
Ziffer* 8-strahlig; ↑D 29)
Strahl|kraft, die; Strahl|rich|tung;
Strahl|rohr; Strahl|stär|ke; Strahl-
trieb|werk

Strah|lung; Strah|lungs|ener|gie;
Strah|lungs|gür|tel; Strah-
lungs|in|ten|si|tät; Strah|lungs-
wär|me
Strähn, der; -[e]s, -e *(österr. für*
Büschel von Wolle od. Garn)
Strähn|chen *Plur.* (getönte od.
gefärbte Haarsträhnen)
Sträh|ne, die; -, -n; sträh|nig
straight [streɪt] *(engl.) (Jargon*
heterosexuell)
Strak, das; -[e]s, -e *(Schiffbau*
Verlauf der Linien eines Boots-
körpers); stra|ken *(Schiffbau,
Technik* vorschriftsmäßig ver-
laufen [von einer Kurve]; streichen, strecken)
Stral|sund [*auch* ...'zʊ...] (Hafen-
stadt an der Ostsee); Stral|sun-
der; Stral|sun|de|rin
Stra|min, der; -s, -e *(niederl.)* (Git-
tergewebe für Kreuzstickerei)
Stra|min|de|cke
stramm; ein strammer Junge;
strammer *od.* Strammer Max
(Spiegelei u. Schinken auf Brot)
↑D89; *vgl.* strammstehen,
stramm ziehen
stram|men *(landsch. für* straff
anziehen)
Stramm|heit; strammstehen; ich
stehe stramm; strammgestan-
den; strammzustehen
stramm ziehen, strammzie|hen;
jmdm. den Hosenboden
stramm ziehen *od.* strammziehen; ein Seil stramm ziehen *od.*
strammziehen
Stram|pel|an|zug; Stram|pel|hös-
chen
stram|peln; ich stramp[e]lle
Stram|pel|sack
stramp|fen *(südd. u. österr. für*
stampfen; strampeln)
Stramp|ler (Strampelanzug)
Strand, der; -[e]s, Strände
Strand|an|zug; Strand|bad; Strand-
burg; Strand|ca|fé; Strand|dis|tel
stran|den; Strand|gut; Strand|ha-
fer
Strand|hau|bit|ze; *nur in Wendun-
gen wie* voll, betrunken, blau
wie eine Strandhaubitze sein
(ugs. für völlig betrunken sein)
Strand|kleid; Strand|korb; Strand-
krab|be; Strand|läu|fer (ein
Vogel); Strand|mu|schel (Wind-
u. Sonnenschutz in Form eines
nach vorn offenen Igluzeltes);
Strand|pro|me|na|de; Strand-
recht
Stran|dung
Strand|wa|che

Strang, der; -[e]s, Stränge; über
die Stränge schlagen *(ugs.)*
Stran|ge, die; -, -n *(schweiz. neben*
Strang); eine Strange Garn,
Wolle
strän|gen *(veraltend für* [ein Zug-
tier] anspannen)
Stran|gu|la|ti|on, Stran|gu|lie|rung,
die; -, -en *(griech.)* (Erdrosse-
lung; *Med.* Abklemmung);
stran|gu|lie|ren
Stran|gu|rie [st..., *auch* ʃt...], die;
-, ...ien *(Med.* Harnzwang)
Stra|paz, die; -, -en *(österr. für*
Strapaze); Stra|pa|ze, die; -, -n
(ital.) ([große] Anstrengung)
stra|paz|fä|hig *(österr. für* strapa-
zierfähig); Stra|pa|zier|bar; Stra-
pa|zier|bar|keit, die; -
stra|pa|zie|ren (übermäßig
anstrengen, beanspruchen)
stra|pa|zier|fä|hig; Stra|pa|zier|fä-
hig|keit, die; -
stra|pa|zi|ös (anstrengend)
Straps, der; -es, -e *(engl.)*
(Strumpfhalter)
Stras|bourg [strasˈbuːʀ] *(franz.
Schreibung von* Straßburg)
Stras|burg (Stadt in der nörd-
lichen Uckermark)
Strass, der; *Gen.* - u. -es, *Plur.* -e
⟨nach dem Erfinder Stras⟩
(Edelsteinimitation)
straß|auf, straß|ab (überall in den
Straßen)
Straß|burg (Stadt im Elsass); *vgl.*
Strasbourg, Straß|bur|ger;
Straßburger Münster; Straß-
burger Eide; Straß|bur|ge|rin;
straß|bur|gisch
Sträß|chen; Stra|ße, die; -, -n (*Abk.*
Str.); *Schreibung in Straßenna-
men* ↑D162 *u.* 163
Stra|ßen|an|zug
Stra|ßen|ar|bei|ten; Stra|ßen|ar|bei-
ter; Stra|ßen|ar|bei|te|rin
Stra|ßen|bahn; Stra|ßen|bah|ner
(ugs. für Angestellter der Stra-
ßenbahn); Stra|ßen|bah|ne|rin;
Stra|ßen|bahn|fah|rer; Stra|ßen-
bahn|fah|re|rin
Stra|ßen|bahn|gar|ni|tur *(österr.)*
Stra|ßen|bahn|hal|te|stel|le
Stra|ßen|bahn|wa|gen
Stra|ßen|ban|kett *vgl.* ²Bankett
Stra|ßen|bau *Plur.* -ten; Stra|ßen-
bau|amt
Stra|ßen|be|gren|zungs|grün
Stra|ßen|be|kannt|schaft; Straßen-
be|lag; Stra|ßen|be|leuch|tung;
Stra|ßen|bild; Stra|ßen|ca|fé;
Stra|ßen|damm; Stra|ßen|de|cke;
Stra|ßen|dorf; Stra|ßen|ecke

Straßenfeger

Stra|ßen|fe|ger (regional; ugs. auch für attraktive Fernsehsendung); Stra|ßen|fe|ge|rin
Stra|ßen|fest; Stra|ßen|füh|rung; Stra|ßen|fuß|ball; Stra|ßen|glät|te; Stra|ßen|gra|ben
Stra|ßen|han|del; Stra|ßen|händ|ler; Stra|ßen|händ|le|rin
Stra|ßen|kampf; Stra|ßen|kar|te
Stra|ßen|keh|rer (bes. südd.); Stra|ßen|keh|re|rin
Stra|ßen|kind; Stra|ßen|kreu|zer (ugs.); Stra|ßen|kreu|zung
Stra|ßen|künst|ler; Stra|ßen|künst|le|rin
Stra|ßen|la|ge; Stra|ßen|lärm; Stra|ßen|la|ter|ne; Stra|ßen|mäd|chen (für Prostituierte); Stra|ßen|meis|te|rei
Stra|ßen|mu|si|kant; Stra|ßen|mu|si|kan|tin
Stra|ßen|na|me; Stra|ßen|netz; Stra|ßen|pflas|ter; Stra|ßen|pros|ti|tu|ti|on
Stra|ßen|put|zer (schweiz. regional für Straßenkehrer); Stra|ßen|put|ze|rin
Stra|ßen|rand; Stra|ßen|raub; Stra|ßen|räu|ber; Stra|ßen|räu|be|rin
Stra|ßen|rei|ni|gung; Stra|ßen|ren|nen (Radsport); Stra|ßen|sän|ger; Stra|ßen|sän|ge|rin
Stra|ßen|schild, das; Stra|ßen|schlacht; Stra|ßen|schuh; Stra|ßen|sei|te; Stra|ßen|sper|re; Stra|ßen|sper|rung; Stra|ßen|strich (ugs. für Straßenprostitution)
Stra|ßen|the|a|ter; Stra|ßen|tun|nel; Stra|ßen|über|füh|rung; Stra|ßen|un|ter|füh|rung
Stra|ßen|ver|kehr, der; -s; Stra|ßen|ver|kehrs|ord|nung (Abk. StVO); Stra|ßen|ver|kehrs-Zu|las|sungs-Ord|nung, die; - (Abk. StVZO)
Stra|ßen|ver|zeich|nis; Stra|ßen|wal|ze; Stra|ßen|zei|tung; Stra|ßen|zoll; Stra|ßen|zug
Stra|ßen|zu|stand; Stra|ßen|zu|stands|be|richt
Stra|ße-Schie|ne-Ver|kehr, der; -[e]s ↑D 26
Stra|te|ge ([ʃt..., st...], der; -n, -n ⟨griech.⟩ (jmd., der strategisch vorgeht)
Stra|te|gie, die; -, ...ien (Kriegskunst; genau geplantes Vorgehen); Stra|te|gie|be|ra|ter; Stra|te|gie|be|ra|te|rin; Stra|te|gie|be|ra|tung; Stra|te|gie|pa|pier; Stra|te|gie|schwenk; Stra|te|gin; stra|te|gisch; strategische Verteidigung

Stra|ti|fi|ka|ti|on ([ʃt..., auch st...], die; -, -en ⟨lat.⟩ (Geol. Schichtung; Landwirtsch. Schichtung von Saatgut in feuchtem Sand od. Wasser); stra|ti|fi|zie|ren (Geol. die Reihenfolge der Schichten feststellen; Landwirtsch. [Saatgut] schichten)
Stra|ti|gra|fie, Stra|ti|gra|phie, die; -, ...ien ⟨lat.; griech.⟩ (Geol. Schichtenkunde); stra|ti|gra|fisch, stra|ti|gra|phisch
Stra|to|sphä|re, die; - (Schicht der Erdatmosphäre in einer Höhe von etwa 12 bis 80 km); Stra|to|sphä|ren|flug; stra|to|sphä|risch
Stra|tus, der; -, ...ti ⟨lat.⟩ (tiefer hängende, ungeglätterte Schichtwolke; Abk. St); Stra|tus|wol|ke
Strau|be, die; -, -n ⟨bayr., österr. für ein Schmalzgebäck)
sträu|ben; sich sträuben; ↑D 82: da hilft kein Sträuben
strau|big (landsch. für struppig)
Strauch, der; -[e]s, Sträucher; strauch|ar|tig
Strauch|dieb (veraltet für herumstreifender Dieb)
strau|cheln; ich strauch[e]le
strau|chig; Sträuch|lein
Strauch|rit|ter (veraltet abwertend)
Strauch|werk, das; -[e]s
Straus, Oscar (österr. Komponist)
Straus|berg (Stadt östlich von Berlin)
Strauss, Richard (dt. Komponist)
¹Strauß (Name mehrerer österreichischer Komponisten; eigene Schreibung der Familie: Strauss)
²Strauß, der; -es, -e (ein Vogel); Vogel Strauß; vgl. Vogel-Strauß-Politik
³Strauß, der; -es, Sträuße (Blumenstrauß; geh. veraltend für Kampf)
Sträuß|chen
Strau|ßen|ei; Strau|ßen|farm; Strau|ßen|fe|der
Strauß|wirt|schaft (landsch. für durch Zweige [Strauß] kenntlich gemachter Ausschank für eigenen [neuen] Wein)
stra|wan|zen, stra|ban|zen (bayr. u. österr. für sich herumtreiben)
Stra|wan|zer, Stra|ban|zer; Stra|wan|ze|rin, Stra|ban|ze|rin
Stra|win|sky [...ki], eigene Schreibung des Komponisten, nach Transkriptionssystem eigtl. Stra|win|s|ki (russ. Komponist)

Straz|za ([ʃt..., auch st...], die; -, ...zzen ⟨ital.⟩ (Abfall bei der Seidenverarbeitung)
Straz|ze, die; -, -n (Kaufmannsspr. Kladde)
strea|men ['stri:mən] ⟨engl.⟩ (EDV durch Streaming übertragen); gestreamt; Strea|ming ['stri:...], das; -[s] ⟨engl.⟩ (EDV Verfahren zur Übertragung von Bild u. Ton an Endgeräte in Echtzeit); Strea|ming|dienst (EDV Anbieter von Streaming)
Streb, der; -[e]s, -e (Bergmannsspr. Kohlenabbaufront zwischen zwei Strecken)
Streb|bau, der; -[e]s (bergmänn. Gewinnungsverfahren)
Stre|be, die; -, -n (schräge Stütze)
Stre|be|bal|ken; Stre|be|bo|gen
stre|ben ↑D 82: das Streben nach Geld
Stre|be|pfei|ler
Stre|ber; Stre|be|rei
stre|ber|haft; Stre|be|rin; stre|be|risch; stre|bern (bes. österr.); ich strebere; Stre|ber|tum, das; -s
Stre|be|werk (Bauw.)
streb|sam; Streb|sam|keit, die; -
Stre|bung (geh.)
streck|bar; Streck|bar|keit, die; -
Streck|bett (Med.)
Stre|cke, die; -, -n (Bergmannsspr. auch meist waagerecht vorgetriebener Grubenbau); zur Strecke bringen (Jägerspr. erlegen)
stre|cken; jmdn. zu Boden strecken
Stre|cken|ab|schnitt; Stre|cken|ar|bei|ter; Stre|cken|ar|bei|te|rin; Stre|cken|flug; Stre|cken|füh|rung; Stre|cken|netz
Stre|cken|re|kord (Sport); Stre|cken|sper|rung (bes. Eisenbahn); Stre|cken|strich (Druckw.); Stre|cken|tau|chen; Stre|cken|wär|ter; Stre|cken|wär|te|rin
stre|cken|wei|se
Stre|cker (svw. Streckmuskel)
Streck|me|tall
Streck|mus|kel; Stre|ckung
Streck|ver|band; Streck|win|kel (für Supplementwinkel)
Stree|ru|witz (österr. Schriftstellerin)
Street-Art, Street|art ['stri:tla:ɐt], die; - ⟨engl.⟩ (moderne Kunstrichtung)
Street|ball ['stri:tbɔ:l], der; -s ⟨engl.⟩ (auf Höfen gespielte Variante des Basketballs)
Street|dance ['stri:tdɛ:ns], der; - ⟨engl.⟩ (improvisierter, auf der

Straße entstandener Tanzstil); **Street|dan|cer; Street|dan|ce|rin**
Street|food ['striːfuːt], das; -[s], -s Plur. selten ⟨engl.⟩ (Gastron. Speisen, die im Gehen verzehrt werden)
Street|wear ['striːtvɛːɐ̯], die; - ⟨engl.⟩ (Alltagskleidung)
Street|work ['striːtvœːɐ̯k], die; - ⟨engl.⟩ (Hilfe u. Beratung für Drogenabhängige u. a. innerhalb ihres Wohnbereichs); **Street|wor|ker**, der; -s, -; **Street|wor|ke|rin**
Streh|ler (ein Werkzeug zum Gewindeschneiden)
Streich, der; -[e]s, -e; **Streich|bürs|te**
Strei|che, die; -, -n (früher für Flanke einer Festungsanlage)
Strei|chel|ein|heit (scherzh. für freundliche Zuwendung, Lob)
Strei|chel|ge|he|ge
strei|cheln; ich streich[e]le; **Strei|chel|zoo**
Strei|che|ma|cher; Strei|che|ma|che|rin
strei|chen; du strichst; du strichest; gestrichen; streich[e]!
Strei|chen, das; -s (ein Gangfehler beim Pferd; Geol. Verlauf der Streichlinie)
Strei|cher (Spieler eines Streichinstrumentes)
Strei|che|rei (ugs.)
Strei|che|rin
streich|fä|hig; Streich|fä|hig|keit, die; -; **streich|fer|tig;** streichfertige Farbe; **Streich|fett** (streichfähiges Speisefett); **Streich|flä|che; Streich|form; Streich|garn**
Streich|holz (Zündholz); **Streich|holz|schach|tel; Streich|in|s|t|ru|ment; Streich|kä|se; Streich|kon|zert**
Streich|li|nie (Geol. waagerechte Linie auf der Schichtfläche einer Gebirgsschicht)
Streich|mu|sik; Streich|or|ches|ter; Streich|quar|tett; Streich|quin|tett; Streich|trio
Strei|chung; Streich|wurst
Streif, der; -[e]s, -e; vgl. Streifen
Streif|band, das; Plur. ...bänder (Postw.); **Streif|band|zei|tung**
Strei|fe, die; -, -n (zur Kontrolle eingesetzte kleine Militär- od. Polizeieinheit, auch für Fahrt, Gang einer solchen Einheit)
strei|fen; Strei|fen, der; -s, -, seltener Streif, der; -[e]s, -e
Strei|fen|be|am|te; Strei|fen|be|am|tin

Strei|fen|bil|dung
Strei|fen|dienst
strei|fen|för|mig
Strei|fen|füh|rer; Strei|fen|füh|re|rin; Strei|fen|gang, der
Strei|fen|po|li|zist; Strei|fen|po|li|zis|tin; Strei|fen|wa|gen
strei|fen|wei|se
Strei|fe|rei (Streifzug)
strei|fig
Streif|licht Plur. ...lichter
Streif|schuss; Streif|zug
Streik, der; -[e]s, -s ⟨engl.⟩ (Arbeitsniederlegung)
Streik|ak|ti|on; Streik|auf|ruf
Streik|bre|cher; Streik|bre|che|rin; Streik|bruch, der; **streik|brü|chig**
Streik|dro|hung
strei|ken
Strei|ken|de, der u. die; -n, -n
Streik|geld; Streik|kas|se; Streik|ko|mi|tee; Streik|lei|tung; Streik|lo|kal; Streik|pos|ten; Streik|recht; Streik|wel|le
Streit, der; -[e]s, -e; **Streit|axt**
streit|bar; Streit|bar|keit
strei|ten; du strittst; du strittest; gestritten; streit[e]!
Strei|ter; Strei|te|rei; Strei|te|rin
Streit|fall; Streit|fra|ge; Streit|ge|gen|stand; Streit|ge|spräch
Streit|hahn, der; -[e]s, ...hähne; **Streit|ham|mel** (ugs. für streitsüchtiger Mensch)
Streit|hansl, der; -s, -[n] (südd., österr. ugs. für svw. Streithahn)
strei|tig, strittig; die Sache ist streitig (Rechtsspr. nur so) od. strittig; aber nur jmdm. etwas streitig machen; **Strei|tig|keit** meist Plur.
Streit|kräf|te Plur. (der mögliche Singular »Streitkraft« wird nur selten gebraucht)
Streit|kul|tur; Streit|lust, die; -; **streit|lus|tig; Streit|macht**
Streit|ob|jekt; Streit|punkt
Streit|ross (veraltet)
Streit|sa|che
Streit|schlich|ter; Streit|schlich|te|rin; Streit|schrift; Streit|stand Plur. selten (Rechtsspr. Gesamtheit strittiger Punkte)
Streit|sucht, die; -; **streit|süch|tig**
Streit|ver|kün|dung (Rechtsspr.)
Streit|wa|gen
Streit|wert
Stre|mel, der; -s, - (nordd. für [langer] Streifen); seinen Stremel wegarbeiten (ugs. für zügig arbeiten)
strem|men (landsch. ugs. für zu eng, zu straff sein; beengen); es

stremmt; sich stremmen (landsch. für sich anstrengen)

streng
– am strengs|ten; strengs|tens
Groß- und Kleinschreibung ↑D 75:
– auf das, aufs Strengste od. auf das, aufs strengste
Schreibung in Verbindung mit Verben ↑D 56:
– streng sein; streng riechen; streng urteilen; jemanden streng bestrafen usw.
– du musst das nicht so streng nehmen (genau nehmen)
– eine streng genommene od. strenggenommene Wertung
– streng genommen[,] ist das nicht ganz zutreffend

Stren|ge, die; -; vgl. aber Strang; **stren|gen** (veraltet für einengen; straff anziehen)
streng ge|nom|men, streng|ge|nom|men vgl. streng
streng|gläu|big; Streng|gläu|big|keit, die; -
streng neh|men vgl. streng
strengs|tens
stren|zen (südd. ugs. für stehlen)
Strep|to|kok|kus [ʃt..., auch st...], der; -, ...kken meist Plur. ⟨griech.⟩ (eine Bakterie)
Strep|to|my|zin, fachspr. meist **Strep|to|my|cin**, das; -s (ein Antibiotikum)
¹**Stre|se|mann** (dt. Staatsmann)
²**Stre|se|mann**, der; -s (ein Gesellschaftsanzug)
Stress, der; -es, -e ⟨engl.⟩ (Med. starke körperliche u. seelische Belastung; ugs. auch für Ärger); Stress auslösende od. stressauslösende Faktoren; **Stress|ab|bau**, der; -[es]
Stress aus|lö|send, stress|aus|lö|send ↑D 58
stres|sen (ugs. für als Stress wirken; überbeanspruchen); der Lärm stresst; ich bin gestresst
Stress|fak|tor
stress|frei; stress|ge|plagt
Stress|hor|mon (z. B. Adrenalin)
stres|sig (ugs. für aufreibend, [sehr] anstrengend)
stress|re|sis|tent
Stress|si|tu|a|ti|on, Stress-Si|tu|a|ti|on; Stress|test
Stretch [strɛtʃ], der; -[e]s, -es ⟨engl.⟩ (ein elastisches Gewebe)
stret|chen (Stretching betreiben);

Stretching

du stretchst; **Stret|ching** ['strɛt-ʃɪŋ], das; -s (aus Dehnungsübungen bestehende Form der Gymnastik)
Stretch|li|mo ['strɛtʃ...], die; -, -s (ugs.; kurz für Stretchlimousine); **Stretch|li|mou|si|ne** ⟨engl.; franz.⟩ (bes. lange Limousine)
Streu, die; -, -en Plur. selten
Streu|be|sitz, der; -es; **Streu|bombe** (Militär); **Streu|büch|se**
Streue, die; -, -n Plur. selten (schweiz. neben Streu)
streu|en; Streu|er (Streubüchse)
Streu|fahr|zeug; Streu|feu|er (Militär); **Streu|gut,** das; -[e]s; **Streu|ko|lon|ne; Streu|licht,** das; -[e]s; **Streu|mu|ni|ti|on** (Militär)
streu|nen (sich herumtreiben)
Streu|ner (ugs.); **Streu|ne|rin**
Streu|obst; Streu|obst|wie|se
Streu|pflicht; Streu|salz; Streusand, der; -[e]s
Streu|sel, der od. das; -s, - meist Plur.; **Streu|sel|ku|chen**
Streu|sied|lung
Streu|ung; Streu|ungs|ko|ef|fi|zient; Streu|ungs|maß, das (Statistik)
Streu|wa|gen; Streu|zu|cker
strich vgl. streichen
Strich, der; -[e]s, -e (südd. u. schweiz. mdal. auch für Zitze; ugs. auch für Straßenprostitution); **Strich|ät|zung** (Druckerspr.)
Strich|code, Strich|kode (Verschlüsselung bestimmter Angaben [auf Waren] in Form paralleler Striche); **Strich|ein|tei|lung**
stri|cheln; ich strich[e]le
Stri|cher (ugs. für Strichjunge); **Stri|che|rin**
Strich|jun|ge (ugs., oft abwertend)
Strich|kampf (Sport schweiz. für Abstiegskampf)
Strich|kode vgl. Strichcode
strich|lie|ren (österr. für strichein)
Strich|mäd|chen (ugs., oft abwertend für Prostituierte)
Strich|männ|chen
Strich|punkt (Semikolon)
Strich|re|gen; Strich|vo|gel
strich|wei|se; Strich|zeich|nung
Strick, der; -[e]s, -e (ugs. scherzh. auch für Spitzbube)
Strick|ap|pa|rat; Strick|ar|beit; Strick|beu|tel; Strick|bünd|chen
stri|cken; Stri|cker; Stri|cke|rei; Stri|cke|rin; Strick|garn; Strick|ja|cke; Strick|kleid
Strick|lei|ter, die; **Strick|lei|ter|ner|ven|sys|tem** (Zool.)
Strick|ma|schi|ne; Strick|mo|de;

Strick|mus|ter; Strick|na|del; Strick|stoff; Strick|strumpf; Strick|wa|re meist Plur.; **Strick|wes|te; Strick|zeug**
Stri|du|la|ti|ons|or|gan [ʃt..., auch st...] ⟨lat.; griech.⟩ (Zool. Werkzeug mancher Insekten zur Erzeugung zirpender Töne)
Strie|gel, der; -s, - ⟨lat.⟩ (Gerät mit Zacken; harte Bürste [zur Pflege des Pferdefells])
strie|geln; ich strieg[e]le
Strie|me, die; -, -n, häufiger **Strie|men,** der; -s, -; **strie|mig**
Strie|zel, der; -s, - (landsch. ugs. für Lausbub; landsch., österr. für eine Gebäckart); **Strie|zel|markt** (Weihnachtsmarkt in Dresden)
strie|zen (ugs. für quälen; nordd. ugs. auch für stehlen)
Strike [straɪk], der; -s, -s ⟨engl.⟩ (das Abräumen mit dem ersten Wurf beim Bowling)
strikt [ʃt..., auch st...] ⟨lat.⟩ (streng; genau); **strik|te** (seltener für strikt)
Strik|tur, die; -, -en (Med. Verengung von Körperkanälen)
Strind|berg (schwed. Dichter)
string. = stringendo
String [st...], der; -s, -s ⟨engl.⟩ (EDV Zeichenkette; auch kurz für Stringtanga); **strin|gen|do** [strɪnˈdʒe...] ⟨ital.⟩ (Musik schneller werdend)
strin|gent [ʃt..., auch st...] ⟨lat.⟩ (bündig, zwingend); **Strin|genz,** die; -
String|re|gal [ˈʃt..., auch ˈst...], das; -s, -e ⟨engl.; dt.⟩ (Regal, dessen Bretter in ein an der Wand befestigtes Metallgestell eingelegt sind)
String|tan|ga [ˈst...] ⟨engl.; Tupi⟩ (Tanga[slip], dessen rückwärtiger Teil nur aus einem schnurförmigen Stück Stoff besteht)
Strip [ʃt..., auch st...], der; -s, -s ⟨engl.-amerik.⟩ (kurz für Striptease; [Wundpflaster]streifen)
Strip|pe, die; -, -n (landsch. für Bindfaden; Band; ugs. scherzh. für Fernsprechleitung)
strip|pen [ʃt..., auch st...] ⟨engl.-amerik.⟩ (ugs. für einen Striptease vorführen; Druckw. [Zeilen] im Film montieren)
Strip|pen|zie|her (ugs. für Drahtzieher); **Strip|pen|zie|he|rin**
Strip|per; Strip|pe|rin (ugs. für Stripteasetänzerin)
Strip-Po|ker, Strip|po|ker [ʃt..., auch st...], das u. der; -s ⟨engl.-amerik.⟩ (Kartenglücksspiel, bei dem der/die Verlierer[in] ein Kleidungsstück ablegen muss)
Strip|tease [ˈʃtrɪptiːs, auch ˈst...], der, auch das; -, -s [...tiːzəs] (Entkleidungsvorführung [in Nachtlokalen]); **Strip|tease|lo|kal; Strip|tease|tän|zer; Strip|tease|tän|ze|rin**
Stritt, der; -[e]s (bayr. für Streit)
strit|tig vgl. streitig
Stritt|mat|ter (dt. Schriftsteller)
Striz|zi, der; -s, -s (bes. bayr., österr. ugs. für Strolch; Zuhälter)
Stro|bel, der; -s, - (landsch. für struppiger Haarschopf); **stro|be|lig** (landsch. für strubbelig usw.); **stro|beln** (landsch. für struppig machen; struppig sein); ich strob[e]le; **strob|lig** vgl. strobelig
Stro|bo|s|kop [st..., auch ʃt...], das; -s, -e ⟨griech.⟩ (ein optisches Gerät zur Messung von Drehzahlen o. Ä.); **stro|bo|s|ko|pisch; Stro|bo|s|kop|licht** (schnell aufblitzendes Licht)
Stroh, das; -[e]s; **Stroh|bal|len**
stroh|blond; Stroh|blu|me; Strohbund, das; **Stroh|dach**
stroh|dumm (sehr dumm)
stro|hern (aus Stroh)
Stroh|far|ben, stroh|far|big
Stroh|feim, Stroh|fei|me, Stroh|fei|men vgl. Feim
Stroh|feu|er; stroh|ge|deckt
Stroh|halm; Stroh|hau|fen; Stroh|hut, der; **Stroh|hüt|te**
stro|hig (auch für wie Stroh; saftlos, trocken)
Stroh|kopf (ugs. für Dummkopf)
Stroh|mann Plur. ...männer u. ...leute (vorgeschobene Person)
Stroh|mat|te; Stroh|pres|se; Strohpup|pe; Stroh|sack; Stroh|schober (südd., österr.); **Stroh|schuh**
stroh|tro|cken; Stroh|wisch
Stroh|wit|we (ugs. für Ehefrau, die vorübergehend ohne ihren Mann lebt); **Stroh|wit|wer** (ugs.); vgl. Strohwitwe
Stroke-Unit [ˈstrəʊkjuːnɪt], die; -, -s ⟨engl.⟩ (Med. auf die Behandlung von Schlaganfallpatienten spezialisierte Krankenstation)
Strolch, der; -[e]s, -e; **strol|chen; Strol|chen|fahrt** (schweiz. für Fahrt mit einem gestohlenen Wagen)
Strom, der; -[e]s, Ströme; es regnet in Strömen; ein Strom füh-

Stubenhockerin

rendes *od.* stromführendes Kabel; ein stromsparendes *od.* Strom sparendes Gerät
strom|ab
Strom|ab|nah|me; Strom|ab|neh|mer
strom|ab|wärts; strom|an; strom|auf, strom|auf|wärts
Strom|aus|fall
Strom|au|to|bahn (Leitung für große Mengen von elektrischem Strom)
¹Strom|bo|li [st...] (eine der Liparischen Inseln); **²Strom|bo|li,** der; - (Vulkan auf ¹Stromboli)
strö|men
Stro|mer (*ugs.* für Herumtreiber, Landstreicher, Strolch; *meist Plur.: Wirtsch.* Stromerzeuger); **Stro|me|rin; stro|mern;** ich stromere
Strom|er|zeu|ger; Strom|er|zeu|ge|rin; Strom|er|zeu|gung
Strom füh|rend, strom|füh|rend ↑ D 58; vgl. Strom
Strom|ge|win|nung; Strom|ka|bel
Strom|ki|lo|me|ter (bei Flüssen Entfernung zur Quelle od. Mündung)
Strom|kon|zern; Strom|kos|ten; Strom|kreis; Strom|lei|tung
Ström|ling (eine Heringsart)
Strom|li|nie; Strom|li|ni|en|form; strom|li|ni|en|för|mig; Strom|li|ni|en|wa|gen
Strom|lü|cke (Lücke in der Stromversorgung)
Strom|markt; Strom|men|ge; Strom|mes|ser, der; **Strom|mix** (Anteil der einzelnen Energieträger an der gesamten Stromerzeugung); **Strom|netz; Strom|netz|be|trei|ber; Strom|netz|be|trei|be|rin; Strom|preis; Strom|preis|brem|se** (*Politik, Wirtsch.* Maßnahme zur Regulierung der Strompreise); **Strom|rech|nung; Strom|schlag; Strom|schnel|le**
strom|spa|rend, Strom spa|rend ↑ D 58; vgl. Strom
Strom|spar|mo|dus
Strom|sper|re; Strom|stär|ke; Strom|stoß
Strom|tank|stel|le; Strom|ta|rif; Strom|tras|se
Strö|mung; Strö|mungs|ge|schwin|dig|keit; Strö|mungs|leh|re
Strom|un|ter|bre|cher; Strom|ver|brauch; Strom|ver|sor|ger; Strom|ver|sor|gung; Strom|wen|der; Strom|wirt|schaft; Strom|zäh|ler
Stron|ti|um [st..., *auch* ʃt...], das; -s ⟨nach dem schottischen Dorf Strontian⟩ (chemisches Element, Metall; *Zeichen* Sr)
Stro|ph|an|thin [ʃt..., *auch* st...], das; -s, -e ⟨griech.⟩ (ein Arzneimittel); **Stro|ph|an|thus,** der; -, - (Heilpflanze, die das Strophanthin liefert)
Stro|phe, die; -, -n ⟨griech.⟩
Stro|phen|an|fang; Stro|phen|bau, der; -[e]s; **Stro|phen|en|de; Stro|phen|form; Stro|phen|lied**
...**stro|phig** (z. B. dreistrophig, *mit Ziffer* 3-strophig; ↑ D 29)
stro|phisch (in Strophen geteilt)
Stropp, der; -[e]s, -s (*Seemannsspr.* kurzes Tau mit Ring od. Schlinge; *landsch.* für Aufhänger)
Stros|se, die; -, -n (*Bergmannsspr.* Stufe, Absatz)
Stot|ter (*österr.* für jmd., der im Abfall stöbert); **Stöt|te|rin**
strot|zen; du strotzt; das Kind strotzt vor *od.* von Energie
strub (*schweiz. mdal.* für struppig; schwierig); strüber, strübste
strub|be|lig, strubb|lig (*ugs.*); **Strub|bel|kopf; strubb|lig** vgl. strubbelig
Stru|del, der; -s, - ([Wasser]wirbel; *landsch., bes. südd. u. österr.* für ein Gebäck)
stru|deln; ich strud[e]le
Stru|del|teig (*Kochkunst*)
Stru|del|topf (*Geol.* Kolk, Gletschermühle)
Struk|to|gramm, das; -s, -e ⟨lat.; griech.⟩ (*EDV* graf. Darstellung der logischen Struktur eines Programms)
Struk|tur [ʃt..., *auch* st...], die; -, -en ⟨lat.⟩ ([Sinn]gefüge, Bau; Aufbau, innere Gliederung); **struk|tu|ral** (seltener für strukturell)
Struk|tu|ra|lis|mus, der; - (*Sprachwiss.* Richtung, die Sprache als ein geschlossenes Zeichensystem versteht u. die Struktur dieses Systems erfassen will); **Struk|tu|ra|list,** der; -en, -en; **Struk|tu|ra|lis|tin; struk|tu|ra|lis|tisch**
Struk|tur|ana|ly|se; Struk|tur|än|de|rung; struk|tur|be|stim|mend struk|tu|rell
Struk|tur|fonds (Fonds der EU zur Förderung strukturschwacher Regionen)
Struk|tur|for|mel (*Chemie*); **Struk|tur|ge|we|be; Struk|tur|hil|fe**
struk|tu|rie|ren (mit einer Struktur versehen); **Struk|tu|riert|heit; Struk|tu|rie|rung**
struk|tur|kon|ser|va|tiv (an vorhandenen Strukturen, Formen festhaltend; *Ggs.* wertkonservativ)
Struk|tur|kri|se; Struk|tur|po|li|tik; Struk|tur|re|form
struk|tur|schwach (industriell nicht entwickelt)
Struk|tur|ta|pe|te; Struk|tur|wan|del
strul|len (*bes. nordd. ugs.* für urinieren)
Stru|ma [ʃt..., *auch* st...], die; -, Plur. ...men *u.* ...mae (*lat.*) (*Med.* Kropf); **stru|mös** (kropfartig)
Strumpf, der; -[e]s, Strümpfe
Strumpf|band Plur. ...bänder
Strümpf|chen
Strumpf|fa|b|rik; Strumpf|hal|ter; Strumpf|ho|se; Strumpf|mas|ke; strumpf|so|ckig (*landsch.* für auf Strümpfen); **Strumpf|wa|re; Strumpf|wir|ker; Strumpf|wir|ke|rei; Strumpf|wir|ke|rin**
Strunk, der; -[e]s, Strünke (als Rest übrig gebliebener Pflanzenstiel od. Baumstumpf); **Strünk|chen**
strunz|dumm (*ugs.* für sehr dumm)
strun|zen (*landsch., bes. westd.* angeben, prahlen); du strunzt
strup|fen (*südd. u. schweiz. mdal.* für [ab]streifen)
strup|pig; Strup|pig|keit, die; -
Struw|wel|kopf (*landsch.* für Strubbelkopf); **Struw|wel|pe|ter,** der; -s, - (*fam.* für Kind mit struwweligem Haar; *nur Sing.:* Gestalt aus einem Kinderbuch)
Strych|nin [ʃt..., *auch* st...], das; -s ⟨griech.⟩ (ein giftiges Alkaloid; ein Arzneimittel)
Stu|art [ˈʃtuːart, *engl.* ˈstjuːɐt], der; -s, -s *u.* die; -, -s ⟨Angehörige[r] eines schottischen Geschlechts⟩; **Stu|art|kra|gen**
Stu|bai, das; -[s] (ein Tiroler Alpental); **Stu|bai|er Al|pen** Plur.; **Stu|bai|tal**
Stub|ben, der; -s, - (*nordd.* für [Baum]stumpf; *auch* für grobschlächtiger Mensch, Flegel)
Stub|ben|kam|mer, die; - (Kreidefelsen auf Rügen)
¹Stüb|chen, das; -s, - (ein altes Flüssigkeitsmaß)
²Stüb|chen (kleine Stube)
Stu|be, die; -, -n
Stu|ben|äl|tes|te; Stu|ben|ar|rest; Stu|ben|dienst; Stu|ben|flie|ge; Stu|ben|ge|lehr|te
Stu|ben|ho|cker (*ugs.*); **Stu|ben|ho|cke|rei** (*ugs.*); **Stu|ben|ho|cke|rin**

Stubenküken

Stu|ben|kü|ken, österr. **Stu|ben|kü-cken** (sechs bis acht Wochen altes Küken)
Stu|ben|mu|si, die; - (bayr., österr. für Volksmusik[gruppe])
stu|ben|rein
Stu|ben|ti|ger (scherzh. für Katze)
Stu|ben|wa|gen (im Haus verwendeter Korbwagen für Säuglinge)
Stü|ber, der; -s, - ⟨niederl.⟩ (frühere niederrhein. Münze; auch kurz für Nasenstüber)
Stü|berl, das; -s, -[n]; vgl. Pickerl (bayr., österr. für kleine Stube, Gaststube)
Stuck, der; -[e]s ⟨ital.⟩ (aus Gips hergestellte Ornamentik)
Stück, das; -[e]s, -e (Abk. St.); 5 Stück Zucker; Stücker zehn (ugs. für ungefähr zehn); ein Stück weit
Stuck|ar|beit
Stück|ar|beit, die; - (Akkordarbeit)
Stu|cka|teur [...ˈtøːɐ], der; -s, -e ⟨franz.⟩ (Stuckarbeiter, -künstler); **Stu|cka|teu|rin**; **Stu|cka|tor**, der; -s, ...oren ⟨ital.⟩ (Stuckkünstler); **Stu|cka|to|rin**; **Stu|cka|tur**, die; -, -en (Stuckarbeit)
Stück|chen; **stück|chen|wei|se**
Stuck|de|cke
stü|ckeln; ich stück[e]le; **Stü|cke|lung**, **Stück|lung**
stu|cken (landsch. ugs. für angestrengt lernen)
stü|cken (selten für zusammen-, aneinanderstücken)
stu|cke|rig (nordd.); **stu|ckern** (nordd. für holpern, rütteln)
Stü|cke|schrei|ber (Schriftsteller, der Theaterstücke, Fernsehspiele o. Ä. verfasst); **Stü|cke|schrei|be|rin**
Stück|fass (ein Weinmaß); **Stück|ge|wicht**; **Stück|gut** (stückweise verkaufte od. als Frachtgut aufgegebene Ware)
stu|ckie|ren ⟨ital.⟩ (selten für [Wände] mit Stuck versehen)
Stück|kauf; **Stück|koh|le**; **Stück|kos|ten** Plur.; **Stück|lis|te**; **Stück|lohn**
Stück|lung, Stü|cke|lung
Stück|no|tie|rung; **Stück|preis**; **Stück|rech|nung**
stück|wei|se
Stück|werk; nur in Stückwerk sein, bleiben; **Stück|zahl**
Stück|zin|sen Plur. (Bankw. bis zu einem Zwischentermin aufgelaufene Zinsen)
stud. = studiosus, z. B. stud. medicinae ⟨lat.⟩ (Student der Medizin; Abk. stud. med)

Stu|dent, der; -en, -en ⟨lat.⟩ (Hochschüler)

Studenten / Studierende

Als geschlechtsneutrale Bezeichnung setzt sich die Form *Studierende* immer mehr durch. Sie wird auch verwendet, wenn man die Paarformel *Studenten und Studentinnen* nicht zu oft wiederholen will.

Stu|den|ten|aus|weis; **Stu|den|ten|be|we|gung**
Stu|den|ten|blu|me (Name verschiedener Pflanzen)
Stu|den|ten|bu|de; **Stu|den|ten|fut|ter** vgl. ¹Futter; **Stu|den|ten|ge|mein|de**; **Stu|den|ten|heim**; **Stu|den|ten|knei|pe**; **Stu|den|ten|lied**; **Stu|den|ten|müt|ze**; **Stu|den|ten|par|la|ment**
Stu|den|ten|pfar|rer; **Stu|den|ten|pfar|re|rin**
Stu|den|ten|pro|test; **Stu|den|ten|re|vol|te** (ugs.); **Stu|den|ten|schaft**
Stu|den|ten|spra|che; **Stu|den|ten|un|ru|hen** Plur.; **Stu|den|ten|ver|bin|dung**
Stu|den|ten|ver|tre|ter; **Stu|den|ten|ver|tre|te|rin**
Stu|den|ten|werk; **Stu|den|ten|wohn|heim**; **Stu|den|ten|zeit**
Stu|den|tin; **Stu|den|t(inn)en** (kurz für Studentinnen u. Studenten)
stu|den|tisch
Stu|di, der; -s, -s u. die; -, -s (ugs. für Student[in])
Stu|die [...jə], die; -, -n (Entwurf, kurze [skizzenhafte] Darstellung; Vorarbeit)
Stu|di|en (Plur. von Studie u. Studium)
Stu|di|en|ab|bre|cher; **Stu|di|en|ab|bre|che|rin**; **Stu|di|en|ab|schluss**
Stu|di|en|an|fän|ger; **Stu|di|en|an|fän|ge|rin**
Stu|di|en|as|ses|sor; **Stu|di|en|as|ses|so|rin**
Stu|di|en|auf|ent|halt
stu|di|en|be|dingt; studienbedingte Kosten; **stu|di|en|be|glei|tend**
Stu|di|en|bei|hil|fe (österr. für staatl. Stipendium); **Stu|di|en|bei|trag** (österr. für Studiengebühren); **Stu|di|en|be|wer|ber**; **Stu|di|en|be|wer|be|rin**
Stu|di|en|brief; **Stu|di|en|buch**
Stu|di|en|da|ten
Stu|di|en|di|rek|tor; **Stu|di|en|di|rek|to|rin**

Stu|di|en|ein|gangs|pha|se (bes. österr. für Lehrveranstaltungen zur Orientierung der Studienanfänger); **Stu|di|en|fach**; **Stu|di|en|freund**; **Stu|di|en|freun|din**
Stu|di|en|gang, der; **Stu|di|en|ge|bühr**; **Stu|di|en|grup|pe**; **Stu|di|en|hal|ber**; **Stu|di|en|jahr**
Stu|di|en|kol|leg (Vorbereitungskurs an einer Hochschule, bes. für ausländische Studierende)
Stu|di|en|kol|le|ge; **Stu|di|en|kol|le|gin**
Stu|di|en|kom|mis|si|on (österr. Gremium zur Durchführung des Lehr- u. Prüfungsbetriebs)
Stu|di|en|ord|nung; **Stu|di|en|ori|en|tie|rung**
Stu|di|en|plan; **Stu|di|en|platz**
Stu|di|en|rat Plur. ...räte; **Stu|di|en|rä|tin**; **Stu|di|en|re|fe|ren|dar**; **Stu|di|en|re|fe|ren|da|rin**
Stu|di|en|re|form; **Stu|di|en|rei|se**; **Stu|di|en|zeit**; **Stu|di|en|zweck**; zu Studienzwecken
stu|die|ren; eine studierte Kollegin; ↑D 82: Probieren od. probieren geht über Studieren od. studieren
Stu|die|ren|de, der u. die; -n, -n; **Stu|die|ren|den|aus|weis**; **Stu|die|ren|den|ge|mein|de**; **Stu|die|ren|den|par|la|ment**; **Stu|die|ren|den|werk**; **Stu|die|ren|den|wohn|heim**
Stu|dier|stu|be; **Stu|dier|te**, der u. die; -n, -n (ugs. für jmd., der studiert hat); **Stu|di|ker** (ugs. scherzh., sonst veraltend für Student); **Stu|di|ke|rin**
Stu|dio, das; -s, -s ⟨ital.⟩ (Atelier; Film- u. Rundfunk Aufnahmeraum; Versuchsbühne); **Stu|dio|büh|ne**; **Stu|dio|film**; **Stu|dio|gast**
Stu|dio|mu|si|ker; **Stu|dio|mu|si|ke|rin**
Stu|di|o|sa, die; -, ...ae (scherzh. für Studentin); **Stu|di|o|sus**, der; -, ...si (scherzh. für Student)
Stu|di|um, das; -s, ...ien (wissenschaftl. [Er]forschung; Hochschulbesuch, -ausbildung; [kritisches] Durchlesen, -arbeiten); **Stu|di|um ge|ne|ra|le** [ʃt..., auch st...], das; - - (frühe Form der Universität im MA.; Vorlesungen allgemeinbildender Art an einer Hochschule)
Stu|fe, die; -, -n; **stu|fen**
Stu|fen|bar|ren (Turnen); **Stu|fen|dach**; **Stu|fen|fol|ge**
stu|fen|för|mig
Stu|fen|gang, der; **Stu|fen|ge|bet** (kath. Kirche früher); **Stu|fen|heck**; **Stu|fen|lei|ter**, die

Stürmerin

stu|fen|los
Stu|fen|plan; Stu|fen|py|ra|mi|de; Stu|fen|ra|ke|te
stu|fen|wei|se
stu|fig (mit Stufen versehen); ...stu|fig (z. B. fünfstufig, *mit Ziffer* 5-stufig; ↑D 29); Stu|fung
Stuhl, der; -[e]s, Stühle (*auch kurz für* Stuhlgang); elektrischer Stuhl; der Heilige, der Päpstliche Stuhl ↑D 150; Stuhl|bein
Stühl|chen
Stuhl|drang, der; -[e]s (*Med.*);
Stuhl|ent|lee|rung
Stüh|le|rü|cken, das; -s (*auch für* Wechsel in Führungspositionen)
Stuhl|fei|er, die; -; Petri Stuhlfeier (kath. Fest)
Stuhl|gang, der; -[e]s
Stuhl|kan|te; Stuhl|kis|sen; Stuhl|leh|ne; Stuhl|rei|he
Stuhl|un|ter|su|chung
Stu|ka [*auch* ˈʃtuka], der; -s, -s *u.* die; -, -s (*kurz für* Sturzkampfflugzeug)
Stuk|ka|teur *usw. alte Schreibung für* Stuckateur *usw.*
Stul|le, die; -, -n (*nordd., bes. berlin. für* Brotschnitte)
Stulp|är|mel (*svw.* Stulpenärmel)
Stul|pe, die; -, -n (Aufschlag an Ärmeln u. a.)
stül|pen
Stul|pen|är|mel; Stul|pen|handschuh; Stul|pen|stie|fel
Stülp|na|se
stumm; Stum|me, der *u.* die; -n, -n
Stum|mel, der; -s, -; Stum|mel|af|fe
Stum|mel|chen, Stüm|mel|chen
stüm|meln (*landsch. für* Bäume stark zurückschneiden); ich stümm[e]le
Stum|mel|pfei|fe; Stum|mel|schwanz
Stumm|film; Stumm|heit, die; -
Stum|pe, der; -n, -n, ¹Stum|pen, der; -s, - (*landsch. für* [Baum]stumpf)
²Stum|pen, der; -s, - (Grundform des Filzhutes; Zigarre)
Stüm|per (abwertend für Nichtskönner); Stüm|pe|rei; stüm|perhaft; Stüm|pe|rin; stüm|pern (schlecht arbeiten); ich stümpere
stumpf; Stumpf, der; -[e]s, Stümpfe; mit Stumpf und Stiel (restlos); Stümpf|chen; stump|fen (stumpf machen); Stumpf|heit
Stumpf|näs|chen, Stumpf|na|se; stumpf|na|sig
Stumpf|sinn, der; -[e]s; stumpf|sin|nig; Stumpf|sin|nig|keit

stumpf|wink|lig
Stünd|chen

Stun|de
die; -, -n
(*Abk.* Std., *auch* St.; *Zeichen* h [*Astron.* ʰ])
– die Stunde null
– von Stund an (*veraltend für* von diesem Augenblick an)
– ich habe zwei Stunden lang telefoniert, *aber* ich habe stundenlang telefoniert
– eine halbe Stunde
– in anderthalb Stunden
– eine viertel Stunde *od.* eine Viertelstunde
– in drei viertel Stunden *od.* in drei Viertelstunden (*aber* in einer Dreiviertelstunde); *vgl.* Viertel

stun|den (Frist zur Zahlung geben)
Stun|den|buch (Gebetbuch des MA.s); Stun|den|frau (*landsch. für* Frau, die einige Stunden im Haushalt hilft); Stun|den|ge|bet; Stun|den|ge|schwin|dig|keit; Stun|den|glas *Plur.* ...gläser (Sanduhr); Stun|den|halt (*schweiz. für* [stündl.] Marschpause); Stun|den|ho|tel
Stun|den|ki|lo|me|ter (*ugs. für* Kilometer je Stunde; *vgl.* km/h)

Stundenkilometer
Das Wort bezeichnet die Anzahl der Kilometer, die in einer Stunde bei gleichbleibender Geschwindigkeit zurückgelegt werden. Da man das zusammengesetzte Wort nicht einfach als »Stunde pro Kilometer« oder »Kilometer einer Stunde« auflösen kann, wird es gelegentlich als unlogische oder unsinnige Wortbildung kritisiert.

stun|den|lang; ich habe stundenlang gewartet; *aber* sie lag eine Stunde lang, ganze Stunden lang wach
Stun|den|lauf (*Sport*)
Stun|den|lohn; Stun|den|plan; Stun|den|schlag; Stun|den|takt; im Stundentakt
stun|den|wei|se
stun|den|weit; sie liefen stundenweit, *aber* drei Stunden weit

Stun|den|zahl; Stun|den|zei|ger (bei der Uhr)
...stün|dig (z. B. zweistündig [zwei Stunden dauernd], *mit Ziffer* 2-stündig; ↑D 29)
Stünd|lein
stünd|lich (jede Stunde)
...stünd|lich (z. B. zweistündlich [alle zwei Stunden wiederkehrend], *mit Ziffer* 2-stündlich; ↑D 29)
Stun|dung ⟨zu stunden⟩
Stunk, der; -s (*ugs. für* Zank, Unfrieden, Nörgelei)
Stunt [stant], der; -s, -s ⟨engl.⟩ (gefährliches, akrobatisches Kunststück [als Filmszene]); Stunt|frau; Stunt|girl; Stunt|man [...mən], der; -s, ...men [...mən] (*Film* Double für Stunts); Stunt|scoo|ter [...skuːtɐ] (nicht motorisierter Roller für Akrobatik); Stunt|wo|man [...vʊmən], die; -, ...women [...vɪmɪn]
stu|pend [ʃt..., *auch* ʃt...] ⟨lat.⟩ (erstaunlich)
Stupf, der; -[e]s, -e (*südd., schweiz. mdal. für* Stoß); stup|feln, *schweiz. nur* stup|fen (*südd., österr. u. schweiz. ugs. für* stupsen); Stup|fer (*südd., österr. u. schweiz. ugs. für* Stups)
stu|pid [ʃtu..., *auch* st...] ⟨lat.⟩ (dumm, stumpfsinnig); stu|pi|de ⟨lat.⟩; Stu|pi|di|tät, die; -, -en
Stu|por, der; -s (*Med.* Starrheit, Regungslosigkeit)
Stups, der; -es, -e (*ugs. für* Stoß); stup|sen (*ugs. für* stoßen); du stupst; Stups|na|se (*ugs.*)
stur (*ugs. für* unbeweglich, hartnäckig); stur Heil (*ugs. für* mit großer Sturheit); auf stur schalten (*ugs. für* auf keine Bitte o. Ä. eingehen); Stur|heit (*ugs.*)
sturm (*südwestd. u. schweiz. mdal. für* verworren, schwindelig); mir ist sturm
¹Sturm, der; -[e]s, Stürme; Sturm laufen; Sturm läuten
²Sturm, der; -[e]s (*österr. für* in Gärung übergegangener Weinmost, *svw.* Federweißer)
Sturm|an|griff; Sturm|ball (*Seew.*); *vgl.* ¹Ball; Sturm|band, das; *Plur.* ...bänder (Kinnriemen)
sturm|be|reit
Sturm|bö; Sturm|bock (ein Belagerungsgerät); Sturm|böe; Sturm|boot; Sturm|deich
stür|men
Stür|mer; Stür|me|rei (*ugs.*); Stürmer|foul (*Sport*); Stür|me|rin

sturmerprobt

sturm|er|probt (kampferprobt)
Stür|mer und Drän|ger, der; -s - -s, - - - (Literaturwiss.)
Stur|mes|brau|sen, das; -s (geh.)
Sturm|fah|ne (früher); Sturm|feuer|zeug; Sturm|flut
sturm|frei (ugs.); sturmfreie Bude
Sturm|fri|sur (scherzh.); Sturm|gepäck (Militär)
sturm|ge|peitscht; die sturmgepeitschte See
Sturm|glo|cke
Sturm|hau|be; die Große Sturmhaube, Kleine Sturmhaube (Gipfel im Riesengebirge)
Sturm|hut, der (svw. Eisenhut)
stür|misch; Sturm|la|ter|ne; Sturm|lauf; Sturm|läu|ten, das; -s; Sturm|lei|ter, die; Sturm|mö|we
sturm|reif (Militär)
Sturm|rei|he (Sport)
Sturm|rie|men (Militär Kinnriemen)
Sturm|scha|den
Sturm|schritt; meist in im Sturmschritt
sturm|schwach (Sport)
Sturm|si|gnal; Sturm|spit|ze; Sturm|tief (Meteorol.)
Sturm und Drang, der; Gen. - - -[e]s u. - - - (Literaturwiss.); Sturm-und-Drang-Zeit, die; - ↑D 26
Sturm|vo|gel; Sturm|war|nung; Sturm|wind; Sturm|zei|chen
Sturz, der; -es, Plur. Stürze, auch (für Träger:) Sturze (jäher Fall; Bauw. waagerechter Träger als oberer Abschluss von Tür- od. Fensteröffnungen)
Sturz|acker; Sturz|bach
sturz|be|trun|ken (ugs. für völlig betrunken)
Stür|ze, die; -, -n (landsch. für Topfdeckel)
Stur|zel, Stür|zel, der; -s, - (landsch. für stumpfes Ende, [Baum]stumpf)
stür|zen; du stürzt
Sturz|flug; Sturz|flut; Sturz|ge|burt (Med.); Sturz|gut (z. B. Kohle, Schotter); Sturz|helm
Sturz|kampf|flug|zeug (im 2. Weltkrieg; Abk. Stuka); Sturz|pflug (Landwirtsch. selten); Sturz|re|gen; Sturz|see; die; -, -n
Stuss, der; -es ⟨hebr.-jidd.⟩ (ugs. für Unsinn); Stuss reden
Stut|buch (Stammtafeln der zur Zucht verwendeten Pferde)
Stu|te, die; -, -n
Stu|ten, der; -s, - (landsch. für [längliches] Weißbrot)
Stu|ten|zucht

Stut|foh|len (w. Fohlen)
Stutt|gart (Stadt am Neckar); Stutt|gart-Bad Cann|statt ↑D 147; Stutt|gar|ter; Stutt|gar|te|rin
¹Stutz, der; -es, Plur. -e od. Stütze (landsch. für Stoß; verkürztes Ding [Federstutz u. a.]; Wandbrett; schweiz. mdal. für steiler Hang, bes. steiles Wegstück); auf den Stutz (landsch. für plötzlich; sofort)
²Stutz, der; -es, Stütze (schweiz. ugs. für Franken); hundert Stutz od. Stütze
Stütz, der; -es, -e (Turnen)
Stütz|bal|ken
Stüt|ze, die; -, -n
stut|zen; du stutzt
Stut|zen, der; -s, - (kurzes Gewehr; Wadenstrumpf; Ansatzrohrstück; bayr., österr. auch für Kniestrumpf)
stüt|zen; du stützt
Stut|zer (veraltend für geckenhaft wirkender, eitler Mann; schweiz. auch für Stutzen [Gewehr]); stut|zer|haft; Stut|zer|haf|tig|keit, die; -; stut|zer|mä|ßig; Stut|zer|tum, das; -s
Stutz|flü|gel (Musik kleiner, kurzer Flügel)
Stütz|ge|we|be (Med.)
stut|zig; stutzig werden; stüt|zig (südd. für stutzig; widerspenstig)
Stütz|keh|re (Turnen); Stütz|kor|sett; Stütz|last; Stütz|mau|er; Stütz|pfei|ler
Stütz|punkt; Stütz|punkt|trai|ner; Stütz|punkt|trai|ne|rin
Stütz|rad; Stütz|sprung (Turnen); Stütz|strumpf
Stutz|uhr (kleine Standuhr)
Stüt|zung; Stüt|zungs|kauf (Finanzw.); Stüt|zungs|maß|nah|me meist Plur. (bes. Wirtsch.)
Stütz|ver|band (Med.)
St. Vin|cent und die Gre|na|di|nen [snt ˈvɪnsnt - - -] St. Vincents und die Grenadinen (Inselstaat im Bereich der Westindischen Inseln); vgl. Vincenter
StVO = Straßenverkehrsordnung
StVZO = Straßenverkehrs-Zulassungs-Ordnung
sty|gisch [st...] (zum Styx gehörend; schauerlich, unheimlich)
Style [staɪl], der; -s, -s ⟨engl. Bez. für Stil⟩; sty|len [ˈstaɪ...] ⟨engl.⟩ (entwerfen, gestalten); gestylt; Sty|ling, das; -s, -s (Formgebung; äußere Gestaltung; Aufmachung eines Menschen)

sty|lish, sty|lisch [ˈstaɪlɪʃ] ⟨engl.⟩ (stilvoll); Sty|list, der; -en, -en (Formgestalter; jmd., der das Styling [bes. von Menschen] entwirft, gestaltet); Sty|lis|tin
Sty|lit [st..., auch ʃt...], der; -en, -en ⟨griech.⟩ (auf einer Säule lebender frühchristl. Eremit)
Stym|pha|li|de [st..., auch ʃt...]; der; -n, -n meist Plur. ⟨griech.⟩ (Vogelungeheuer in der griech. Sage)
Sty|rax [ˈsty..., auch ˈʃt...], Sto|rax [ˈst..., auch ˈʃt...], der; -[es], -e ⟨griech.⟩ (eine Heilpflanze; Balsam)
Sty|rol [ʃt..., auch st...], das; -s ⟨griech.; arab.⟩ (eine chem. Verbindung)
Sty|ro|por® [ʃt..., auch st...], das; -s ⟨griech.; lat.⟩ (ein Kunststoff)
Styx [st..., auch ʃt...], der; - (Fluss der Unterwelt in der griech. Sage)
s. u. = sieh[e] unten!
SU, die; - = Sowjetunion
Su|a|da, Su|a|de, die; -, ...den ⟨lat.⟩ (Redeschwall)
¹Su|a|he|li, Swa|hi|li, der; -[s], -[s] (Afrikaner, dessen Muttersprache ²Suaheli ist)
²Su|a|he|li, Swa|hi|li, das; -[s] (Sprache); vgl. Kisuaheli
Su|á|rez [...es] Francisco (span. Theologe, Jesuit)
su|a|so|risch ⟨lat.⟩ (überredend)
sub... ⟨lat.⟩ (unter...); Sub... (Unter...)
sub|al|pin, sub|al|pi|nisch ⟨lat.⟩ (Geogr. räumlich an die Alpen anschließend; bis zur Nadelwaldgrenze reichend)
sub|al|tern ⟨lat.⟩ (untergeordnet; unselbstständig); Sub|al|tern|be|am|te; Sub|al|tern|be|am|tin
Sub|al|ter|ne, der u. die; -n, -n
sub|ant|ark|tisch ⟨lat.; griech.⟩ (Geogr. zwischen Antarktis u. gemäßigter Klimazone gelegen)
sub|ark|tisch (zwischen Arktis u. gemäßigter Klimazone gelegen); subarktische Zone
Sub|bot|nik, der; -[s], -s ⟨russ.⟩ (DDR für [freiwilliger] unentgeltl. Arbeitseinsatz)
Sub|dia|kon ⟨lat.; griech.⟩ (kath. Kirche früher für Inhaber der untersten der höheren Weihen)
Sub|do|mi|nan|te [oder ...ˈnan...] ⟨lat.⟩ (Musik die Quarte vom Grundton aus)
sub|fos|sil ⟨lat.⟩ (Biol. in geschichtl. Zeit ausgestorben)
sub|gla|zi|al ⟨lat.⟩ (Geol. unter dem Gletschereis befindlich)

Subsumtion

su|bi|to ⟨ital.⟩ (*Musik* schnell, sofort anschließend)

Sub|jekt [*Sprachwiss. auch* 'zʊpjɛkt], das; -[e]s, -e ⟨lat.⟩ (*Sprachwiss.* wahrnehmendes, denkendes Wesen; *abwertend für* gemeiner Mensch)

Sub|jek|ti|on, die; -, -en (*Rhet.* Aufwerfen einer Frage, die man selbst beantwortet)

sub|jek|tiv [*auch* 'zʊ...] (dem Subjekt angehörend, in ihm begründet; persönlich; einseitig, parteiisch, unsachlich)

Sub|jek|ti|vis|mus, der; - (philos. Denkrichtung, nach der das Subjekt für die Geltung der Erkenntnis entscheidend ist; *auch für* Ichbezogenheit); sub|jek|ti|vis|tisch

Sub|jek|ti|vi|tät, die; - (persönl. Auffassung; Einseitigkeit)

Sub|jekt|satz (*Sprachwiss.*)

Sub|junk|tiv [*auch* ...'ti:f], der; -s, -e ⟨lat.⟩ (selten für Konjunktiv)

Sub|ka|te|go|rie ⟨lat.; griech.⟩ (*bes. Sprachwiss.* Unterordnung, Untergruppe einer Kategorie)

Sub|kon|ti|nent ⟨lat.⟩ (geogr. geschlossener Teil eines Kontinents, der aufgrund seiner Größe u. Gestalt eine gewisse Eigenständigkeit hat); der indische Subkontinent

Sub|kul|tur ⟨lat.⟩ (bes. Kulturgruppierung innerhalb eines übergeordneten Kulturbereichs); sub|kul|tu|rell

sub|ku|tan ⟨lat.⟩ (*Med.* unter der Haut, unter die Haut)

sub|lim ⟨lat.⟩ (erhaben; fein; nur einem feineren Verständnis od. Empfinden zugänglich)

Sub|li|mat, das; -[e]s, -e (Ergebnis einer Sublimation; eine Quecksilberverbindung); Sub|li|ma|ti|on, die; -, -en ⟨*Chemie* unmittelbarer Übergang eines festen Stoffes in den Gaszustand u. umgekehrt)

sub|li|mie|ren (erhöhen; läutern, verfeinern; in künstler. Leistung[en] umsetzen; *Chemie* der Sublimation unterwerfen); Sub|li|mie|rung

Sub|li|mi|tät, die; - (selten für Erhabenheit)

sub|ma|rin ⟨lat.⟩ (*Biol.* unterseeisch)

Sub|mer|si|on, die; -, -en ⟨lat.⟩ (*Geol.* Untertauchen des Festlandes unter den Meeresspiegel)

Sub|mis|si|on, die; -, -en ⟨lat.⟩ (*Wirtsch.* öffentl. Ausschreibung; Vergabe an denjenigen, der das günstigste Angebot macht; *veraltet für* Ehrerbietigkeit, Unterwürfigkeit; Unterwerfung); Sub|mis|si|ons|kar|tell (*Wirtsch.*); Sub|mis|si|ons|weg; im Submissionsweg[e]

Sub|mit|tent, der; -en, -en (Bewerber [um einen Auftrag]; [An]bieter); Sub|mit|ten|tin; sub|mit|tie|ren (sich [um einen Auftrag] bewerben)

sub|op|ti|mal ⟨engl.⟩ (weniger gut)

Sub|or|di|na|ti|on, die; -, -en ⟨lat.⟩ (*Sprachwiss.* Unterordnung; *veraltend für* Unterordnung, Gehorsam); sub|or|di|nie|ren; subordinierende (unterordnende) Konjunktion (z. B. »wenn«)

Sub|pi|xel (*EDV* Untereinheit eines Pixels)

Sub|plot (*Dichtung, Film* Nebenhandlung; *EDV* grafische Darstellungsform)

sub|po|lar ⟨lat.⟩ (*Geogr.* zwischen Polarzone u. gemäßigter Klimazone gelegen)

Sub|prime ['sappraɪm], der; -[s] ⟨engl.⟩ (*Wirtsch., Bankw.* Markt für Subprimekredite)

Sub|prime|kre|dit ⟨engl.; franz.⟩ (*Wirtsch., Bankw.* Hypothekenkredit mit erhöhtem Ausfallrisiko)

sub|se|quent ⟨lat.⟩ (*Geogr.* den weicheren Schichten folgend [von Flüssen])

sub|si|di|är, älter sub|si|di|a|risch ⟨lat.⟩ (helfend, unterstützend; zur Aushilfe dienend); Sub|si|di|a|ris|mus, der; -, Sub|si|di|a|ri|tät, die; -, -en (Prinzip, das dem Staat nur die helfende Ergänzung der Selbstverantwortung kleiner Gemeinschaften zugesteht); Sub|si|di|a|ri|täts|prin|zip, das; -s

Sub|si|di|en *Plur.* (veraltet für Hilfsgelder)

Sub|sis|tenz, die; -, -en ⟨lat.⟩ (veraltet für [Lebens]unterhalt); Sub|sis|tenz|wirt|schaft (bäuerl. Produktion nur für den eigenen Bedarf)

Sub|skri|bent, der; -en, -en ⟨lat.⟩; Sub|skri|ben|tin; sub|skri|bie|ren (Bücher vorausbestellen)

Sub|skript, das; -[e]s, -e (tiefgestelltes Zeichen [in Formeln])

Sub|skrip|ti|on, die; -, -en (Vorausbestellung von später erscheinenden Büchern); Sub|skrip|ti|ons|preis

sub spe|cie ae|ter|ni|ta|tis [- sp... -] ⟨lat.⟩ (unter dem Gesichtspunkt der Ewigkeit)

Sub|spe|zi|es, die; -, - ⟨lat.⟩ (*Biol.* Unterart)

Sub|stan|dard ⟨engl.⟩ (*Sprachwiss.* Sprachebene unterhalb der Standardsprache; *bes. österr. für* unterdurchschnittliche [Wohn]qualität); Sub|stan|dard|woh|nung

Sub|s|tan|ti|a|li|tät *vgl.* Substanzialität; sub|s|tan|ti|ell *vgl.* substanziell; sub|s|tan|ti|ie|ren *vgl.* substanziieren *usw.*

Sub|s|tan|tiv, das; -s, -e ⟨lat.⟩ (*Sprachwiss.* Hauptwort, Dingwort, Nomen, z. B. »Haus, Wald, Ehre«); sub|s|tan|ti|vie|ren (zum Substantiv machen); sub|s|tan|ti|viert; sub|s|tan|ti|vi|sch; sub|s|tan|ti|vierung (z. B. »das Schöne, das Laufen«); sub|s|tan|ti|visch

Sub|s|tanz, die; -, -en ([körperl.] Masse, Stoff, Bestand[teil]; *nur Sing.: Philos.* das Dauernde, das Wesentliche; *auch für* Materie)

Sub|s|tan|zi|a|li|tät, Sub|s|tan|ti|a|li|tät, die; - (Wesentlichkeit, Substanzsein); sub|s|tan|zi|ell, sub|s|tan|ti|ell (wesenhaft, wesentlich; stofflich; materiell; nahrhaft); sub|s|tan|zi|ie|ren, sub|s|tan|ti|ie|ren (mit Substanz erfüllen, begründen, fundieren); Sub|s|tan|zi|ie|rung, Sub|s|tan|ti|ie|rung, die; -, -en

sub|s|tanz|los; Sub|s|tanz|lo|sig|keit, die; -; Sub|s|tanz|ver|lust

sub|s|ti|tu|ier|bar; sub|s|ti|tu|ie|ren ⟨lat.⟩ (*fachspr. für* austauschen, ersetzen); Sub|s|ti|tu|ie|rung

¹Sub|s|ti|tut, das; -[e]s, -e (*svw.* Surrogat)

²Sub|s|ti|tut, der; -en, -en (Verkaufsleiter); Sub|s|ti|tu|tin

Sub|s|ti|tu|ti|on, die; -, -en ⟨lat.⟩ (*fachspr. für* Stellvertretung, Ersetzung); Sub|s|ti|tu|ti|ons|pro|be (*Sprachwiss.*)

Sub|s|t|rat, das; -[e]s, -e ⟨lat.⟩ (*fachspr. für* [materielle] Grundlage; Substanz; *Sprachwiss.* überlagerte sprachliche Grundschicht; *Landwirtsch.* Nährboden)

sub|su|mie|ren ⟨lat.⟩ (ein-, unterordnen; unter einem Thema zusammenfassen); Sub|su|mie|rung; Sub|sum|ti|on, die; -, -en;

subsumtiv

sub|sum|tiv (*Philos.* unterordnend; einbeifend)
Sub|teen ['sapti:n], der; -s, -s ⟨amerik.⟩ (Mädchen od. Junge im Alter von etwa zehn Jahren)
sub|til ⟨lat.⟩ (zart, fein, sorgsam; spitzfindig, schwierig; **Sub|ti|li|tät**, die; -, -en
Sub|tra|hend, der; -en, -en ⟨lat.⟩ (abzuziehende Zahl)
sub|tra|hie|ren (*Math.* abziehen)
Sub|trak|ti|on, die; -, -en (das Abziehen); **Sub|trak|ti|ons|ver|fah|ren**; **sub|trak|tiv** (auf Subtraktion beruhend)
Sub|tro|pen *Plur.* ⟨lat.; griech.⟩ (*Geogr.* Gebiete des Übergangs von den Tropen zur gemäßigten Klimazone); **sub|tro|pisch**
Sub|un|ter|neh|men (*Wirtsch.*); **Sub|un|ter|neh|mer** (*Wirtsch.*); **Sub|un|ter|neh|me|rin**
Su|b|urb ['sabœ:ɐ̯p], die; -, -s ⟨engl.; *inoffiz. Bez. für* Vorstadt⟩
Su|b|ur|bia [sa'bœ:ɐ̯bia], die; - ⟨engl.⟩ (Gesamtheit der um die großen Industriestädte wachsenden Trabanten- u. Schlafstädte)
sub|ur|bi|ka|risch [zʊp|ʊ...] ⟨lat.⟩ (*kath. Kirche* vor Rom gelegen); suburbikarisches Bistum
Sub|ven|ti|on, die; -, -en *meist Plur.* ⟨lat.⟩ (*Wirtsch.* zweckgebundene Unterstützung aus öffentl. Mitteln; **sub|ven|ti|o|nie|ren**; **Sub|ven|ti|o|nie|rung**; **Sub|ven|ti|ons|ab|bau**; **Sub|ven|ti|ons|be|geh|ren** (*Wirtsch.*)
Sub|ver|si|on, die; -, -en ⟨lat.⟩ (Umsturz); **sub|ver|siv** (zerstörend, umstürzlerisch)
sub vo|ce [- ...tsə] ⟨lat.⟩ (unter dem [Stich]wort; *Abk.* s. v.)
Sub|woo|fer ['sapvʊfɐ], der; -s, - ⟨engl.⟩ (ein Basslautsprecher)
Sub|zen|t|rum ⟨lat.⟩ (zweiter, weniger wichtiger Mittelpunkt eines Gebiets, einer Stadt)
Such|ak|ti|on; **Such|an|zei|ge**; **Such|ar|beit**; **Such|au|to|ma|tik**; **Such|bild**; **Such|dienst**
Su|che, die; -, -n
su|chen; **Su|cher**; **Su|che|rei**
Such|flug|zeug; **Such|funk|ti|on** (*EDV*); **Such|hund**; **Such|lauf**; **Such|lis|te**
Such|ma|schi|ne (*EDV* Programmsystem zur Informationsrecherche im Internet); **Such|mel|dung**; **Such|schein|wer|fer**; **Such|schiff**
Sucht, die; -, *Plur.* Süchte *od.* Suchten; **Sucht|ge|fahr**; **sucht|ge|fähr|det**
Sucht|gift, das (*österr. amtl. für* Drogen, Rauschgift); **Sucht|gift|dea|ler**; **Sucht|gift|dea|le|rin**; **Sucht|gift|fahn|der**; **Sucht|gift|fahn|de|rin**
süch|tig; **Süch|ti|ge**, der u. die; -n, -n; **Süch|tig|keit**, die; -
sucht|krank; **Sucht|kran|ke**
Sucht|mit|tel (süchtig machende Droge); **Sucht|po|ten|zi|al**, **Sucht|po|ten|ti|al**
Such|trupp
Sucht|ver|hal|ten (*Fachspr.*)
Su|chu|mi (Hauptstadt von Abchasien)
su|ckeln (*landsch. für* nuckeln); ich suck[e]le
¹**Su|c|re** (Hauptstadt Boliviens)
²**Su|c|re**, der; -, - ⟨span.⟩ (frühere ecuadorian. Währungseinheit)
Sud, der; -[e]s, -e (Flüssigkeit, in der etwas gekocht wurde; durch Auskochen erhaltene Lösung)
¹**Süd** (Himmelsrichtung; *Abk.* S); Nord und Süd; *fachspr.* der Wind kommt aus Süd; Autobahnausfahrt Frankfurt-Süd *od.* Frankfurt Süd ↑D 148; *vgl.* Süden
²**Süd**, der; -[e]s, -e *Plur. selten* (*geh. für* Südwind); der warme Süd blies uns ins Haus
Süd|af|ri|ka; Republik Südafrika; **Süd|af|ri|ka|ner**; **Süd|af|ri|ka|ne|rin**; **süd|af|ri|ka|nisch**; *aber* ↑D 140: die Südafrikanische Union (*ehem. Bez. für* Republik Südafrika)
Süd|ame|ri|ka; **Süd|ame|ri|ka|ner**; **Süd|ame|ri|ka|ne|rin**; **süd|ame|ri|ka|nisch**
Su|dan, -s, *auch mit Artikel* der; -[s] ⟨arab.⟩ (Staat in Mittelafrika); **Su|da|ner** *vgl.* Sudanese; **Su|da|ne|rin** *vgl.* Sudanesin; **Su|da|ne|se**, der; -n, -n (Bewohner des Sudans); **Su|da|ne|sin**; **su|da|ne|sisch**
süd|asi|a|tisch; **Süd|asi|en**
Su|da|ti|on, die; - ⟨lat.⟩ (*Med.* das Schwitzen)
Süd|aus|t|ra|li|en
Süd|ba|den *vgl.* Baden
Süd|da|ko|ta (Staat in den USA)
Sud|den Death ['sadn 'dεθ], der; - -, - - ⟨engl.⟩ (*Sport* Spielentscheidung durch das erste gefallene Tor in einem zusätzlichen Spielabschnitt)
süd|deutsch *vgl.* deutsch / Deutsch; **Süd|deut|sche**, der u. die

Süd|deutsch|land
Su|del, der; -s, - (*schweiz. für* flüchtiger Entwurf, Kladde; *landsch. für* Schmutz; Pfütze)
Su|de|lei (*ugs.*); **Su|del|ler**, **Sud|ler** (*ugs.*); **Su|del|le|rin**, **Sud|le|rin**; **su|de|lig**, **sud|lig** (*ugs.*)
su|deln (*ugs. für* Schmutz verursachen; schmieren; pfuschen); ich sud[e]le; **Su|del|wet|ter**, das; -s ⟨*landsch.*⟩
Sü|den, der; -s (Himmelsrichtung; *Abk.* S); der Wind kommt aus Süden; sie zogen gen Süden; *vgl.* ¹Süd
Süd|eng|land
Sü|der|dith|mar|schen (Teil von Dithmarschen)
su|dern (*österr. ugs. abwertend für* jammern, nörgeln)
Sü|der|oog (eine Hallig)
Su|de|ten *Plur.* (Gebirge in Mitteleuropa); **su|de|ten|deutsch**; **Su|de|ten|land**, das; -[e]s; **su|de|tisch** (die Sudeten betreffend)
Süd|eu|ro|pa; **Süd|eu|ro|pä|er**; **Süd|eu|ro|pä|e|rin**; **süd|eu|ro|pä|isch**
Süd|flü|gel
Süd|frank|reich
Süd|frucht *meist Plur.*
Süd|halb|ku|gel (*Geogr.*); **Süd|hang**
Süd|haus (für die Bierherstellung)
Süd|hol|land; **Süd|ita|li|en**
Süd|ka|ro|li|na (Staat in den USA)
Süd|ko|rea ↑D 143 (*nicht amtliche Bez. für* Republik Korea); **Süd|ko|re|a|ner**; **Süd|ko|re|a|ne|rin**; **süd|ko|re|a|nisch**
Süd|küs|te
Süd|län|der, der; **Süd|län|de|rin**; **süd|län|disch**
südl. Br., s. Br. = südlicher Breite
Sud|ler *vgl.* Sudeler
Sud|le|rin *vgl.* Sudelerin

süd|lich
– südlicher Breite (*Abk.* s[üdl]. B.)
– ↑D 89: der südliche Sternenhimmel, *aber* ↑D 150: das Südliche Kreuz (ein Sternbild)

An »südlich« kann ein Substantiv im Genitiv oder mit »von« angeschlossen werden. Der Anschluss mit »von« wird bei artikellosen [geografischen] Namen bevorzugt:
– südlich des Äquators; südlich der Donau
– südlich von Berlin, *seltener* südlich Berlins

Suleika

sud|lig vgl. sudelig
Süd|nord|ka|nal, der; -s (Kanal in Nordwestdeutschland)
Su|do|ku [auch zu'do:ku], das; -[s], -s ⟨jap.⟩ (ein Rätselspiel mit Zahlenquadraten)
Süd|os|se|ti|en (Gebiet im Norden Georgiens)
¹Süd|ost (Himmelsrichtung; Abk. SO)
²Süd|ost, der; -[e]s, -e Plur. selten (Wind)
Süd|ost|asi|en
Süd|os|ten, der; -s (Abk. SO); gen Südosten; vgl. ¹Südost
süd|öst|lich; Süd|ost|wind
Süd|pfan|ne
Süd|pol; Süd|po|lar|ex|pe|di|ti|on; Süd|po|lar|meer, das; -[e]s
Süd|rho|de|si|en (früherer Name von Simbabwe)
Süd|see, die; - (Pazifischer Ozean, bes. der südl. Teil); Süd|see|in|su|la|ner; Süd|see|in|su|la|ne|rin
Süd|sei|te; süd|sei|tig
Süd|spit|ze (bes. Geogr.)
Süd|staat meist Plur. (bes. in den USA)
Süd|sudan, -s, auch mit Artikel der; -[s] (Staat in Afrika); Süd|su|da|ne|se, Süd|su|da|ne|sin; süd|su|da|ne|sisch
¹Süd|süd|ost (Himmelsrichtung; Abk. SSO)
²Süd|süd|ost, der; -[e]s, -e Plur. selten (Südsüdostwind; Abk. SSO); Süd|süd|os|ten, der; -s (Abk. SSO)
¹Süd|süd|west (Himmelsrichtung; Abk. SSW)
²Süd|süd|west, der; -[e]s, -e Plur. selten (Südsüdwestwind; Abk. SSW); Süd|süd|wes|ten, der; -s (Abk. SSW)
Süd|teil, der
Süd|ti|rol (Gebiet der Provinz Bozen; früher der 1919 an Italien gefallene Teil des altösterr. Kronlandes Tirol); Süd|ti|ro|ler; Süd|ti|ro|le|rin; süd|ti|ro|lisch
Süd|viet|nam; süd|viet|na|me|sisch
süd|wärts
Süd|wein
¹Süd|west (Himmelsrichtung; Abk. SW)
²Süd|west, der; -[e]s, -e Plur. selten (Wind)
süd|west|deutsch vgl. deutsch / Deutsch; Süd|west|deutsch|land
Süd|wes|ten, der; -s (Abk. SW); gen Südwesten

Süd|wes|ter, der; -s, - (wasserdichter Seemannshut)
süd|west|lich
Süd|west|staat, der; -[e]s (anfängliche Bez. des Landes Baden-Württemberg)
Süd|west|wind; Süd|wind
Su|es (ägypt. Stadt); vgl. Suez; Su|es|ka|nal, der; -s ↑D 143 (Kanal zw. Mittelmeer u. Rotem Meer)
Su|e|ve usw. vgl. Swebe usw.
Su|ez [...ɛs, auch ...ɛts] (franz. Schreibung von Sues); Su|ez|ka|nal (franz. Schreibung von Sueskanal)
Suff, der; -[e]s ⟨ugs. für das Betrunkensein; Trunksucht⟩
Süf|fel, der; -s, - (landsch. für Säufer); süf|feln ⟨ugs. für gern Alkohol trinken⟩; ich süff[e]le
süf|fig ⟨ugs. für gut trinkbar⟩
Süf|fi|sance [...'zã:s], die; - ⟨franz.⟩ (svw. Süffisanz); süf|fi|sant; Süf|fi|sanz, die; - (Selbstgefälligkeit; Spott)
Suf|fix [auch ...'fɪks], das; -es, -e ⟨lat.⟩ (Sprachwiss. hinten an den Wortstamm angefügtes Wortbildungselement); Suf|fi|xo|id, das; -[e]s, -e (einem Suffix ähnliches Wortbildungselement)
suf|fi|zi|ent ⟨lat.⟩ (bes. Med. genügend, ausreichend); Suf|fi|zi|enz, die; - (Hinlänglichkeit; Med. ausreichende Leistungsfähigkeit [eines Organs])
Süff|ler, Süff|ling (landsch. für jmd., der gern u. viel trinkt); Süff|le|rin
Suf|fra|gan, der; -s, -e ⟨lat.⟩ (einem Erzbischof unterstellter Diözesanbischof)
Suf|fra|get|te, die; -, -n ⟨engl.⟩ (engl. Frauenrechtlerin)
Suf|fu|si|on, die; -, -en ⟨lat.⟩ (Med. Blutaustritt unter die Haut)
Su|fi, der; -[s], -s ⟨arab.⟩ (Anhänger des Sufismus); Su|fis|mus, der; - (eine asketisch-mystische Richtung im Islam)
Su|gam|b|rer, der; -s, - (Angehöriger eines germ. Volkes); Su|gam|b|re|rin
sug|ge|rie|ren ⟨lat.⟩ (seelisch beeinflussen; einreden)
sug|ges|ti|bel (beeinflussbar); ...i|b|le Menschen; Sug|ges|ti|bi|li|tät, die; - (Beeinflussbarkeit)
Sug|ges|ti|on, die; -, -en (seelische Beeinflussung); sug|ges|tiv (seelisch beeinflussend; verfänglich); Sug|ges|tiv|fra|ge (Frage,

die eine bestimmte Antwort nahelegt)
Sug|ges|to|pä|die, die; - (ganzheitlich orientierte Lernmethode)
Su|go, der; -[s], -s od. die; -, -s (ital. Bez. für [Tomaten]soße)
Suhl (Stadt am SW-Rand des Thüringer Waldes)
Suh|le, die; -, -n (Lache; feuchte Bodenstelle); suh|len, sich (bes. Jägerspr. sich in einer Suhle wälzen [vom Rot- u. Schwarzwild])
Süh|ne, die; -, -n; Süh|ne|al|tar süh|nen; Süh|ne|op|fer; Süh|ne|rich|ter; Süh|n|op|fer; Süh|nung
sui ge|ne|ris ⟨lat.⟩ (nur durch sich selbst eine Klasse bildend, einzig, besonders)
Sui|te ['sųiːt(ə)], die; -, -n ⟨franz.⟩ (zusammengehörende Zimmer in einem [luxuriösen] Hotel; Musik Folge von [Tanz]sätzen)
Su|i|zid, der, auch das; -[e]s, -e ⟨lat.⟩ (Selbstmord); su|i|zi|dal (selbstmörderisch); Su|i|zi|dent, der; -en, -en (Selbstmörder); Su|i|zi|den|tin
Su|i|zid|hil|fe, die; -; Su|i|zid|ra|te; Su|i|zid|ri|si|ko; Su|i|zid|ver|such
Su|jet [zy'ʒe:], das; -s, -s ⟨franz.⟩ (Gegenstand künstlerischer Darstellung; Stoff)
Suk|ka|de, die; -, -n ⟨roman.⟩ (kandierte Fruchtschale)
Suk|ku|bus, der; -, ...kuben ⟨lat.⟩ (weiblicher Buhlteufel des mittelalterlichen Volksglaubens); vgl. Inkubus
suk|ku|lent ⟨lat.⟩ (Bot. saftvoll, fleischig); Suk|ku|len|te, die; -, -n (Pflanze trockener Gebiete); Suk|ku|lenz, die; - (Bot. Saftfülle)
Suk|kurs, der; -es, -e ⟨lat.⟩ (schweiz., sonst veraltet für Hilfe, Unterstützung)
Suk|zes|si|on, die; -, -en ⟨lat.⟩ ([Rechts]nachfolge; Thronfolge; Biol. Entwicklungsreihe); Suk|zes|si|ons|krieg (Erbfolgekrieg); Suk|zes|si|ons|staat Plur. ...staaten (Nachfolgestaat)
suk|zes|siv (allmählich [eintretend]; in sukzessiver Abwärtstrend; suk|zes|si|ve (allmählich, nach u. nach); etwas verändert sich sukzessive
¹Su|la|mith [auch ...'mi:t] (w. Vorn.)
²Su|la|mith, ökum. Schu|lam|mit (bibl. w. Eigenn.)
Su|la|we|si (eine der Großen Sundainseln)
Sul|ei|ka (w. Vorn.)

Sule

Süleiman

Sü|lei|man, Sü|ley|man (türk. Vorname)

Sul|fat, das; -[e]s, -e ⟨lat.⟩ (Salz der Schwefelsäure)

Sul|fid, das; -[e]s, -e (Salz der Schwefelwasserstoffsäure); **sul|fi|disch** (Schwefel enthaltend)

Sul|fit, das; -s, -e (Salz der schwefligen Säure); **Sul|fit|lau|ge**

Sul|fo|n|a|mid, das; -[e]s, -e *meist Plur.* (ein chemotherapeutisches Arzneimittel gegen Infektionskrankheiten)

Sul|fur, das; -s ⟨lat. *Bez. für* Schwefel; *Zeichen* S)

Sul|ky [...ki, *auch* 'sal...], der, *auch* das; -s, -s ⟨engl.⟩ (zweirädriger Wagen für Trabrennen)

Süll, der *od.* das; -[e]s, -e *(nordd. für* [hohe] Türschwelle; *Seemannsspr.* Lukeneinfassung)

Sul|la (röm. Feldherr u. Staatsmann)

Sul|tan, der; -s, -e ⟨arab., »Herrscher«⟩ (Titel islamischer Herrscher); **Sul|ta|nat,** das; -[e]s, -e (Sultansherrschaft); **Sul|ta|nin**

Sul|ta|ni|ne, die; -, -n (große kernlose Rosine)

Sulz, die; -, -en, **Sul|ze,** die; -, -n *(südd., österr., schweiz. für* Sülze); **Sül|ze,** die; -, -n (Fleisch, Fisch u. a. in Gallert); **sul|zen** *(südd., österr. für* sülzen); du sulzt; gesulzt; **sül|zen** (zu Sülze verarbeiten; *ugs. auch für* [dummes Zeug] reden, quatschen); du sülzt; gesülzt; **Sülz|ko|te|lett**

Su|mach, der; -[s], Plur. -e u. -s ⟨arab.⟩ (ein Gerbstoffe lieferndes Holzgewächs); *vgl.* ¹Schmack

Su|ma|t|ra [*auch* 'zu:...] (zweitgrößte der Großen Sundainseln)

Su|mer (das alte Südbabylonien); **Su|me|rer,** der; -s, - (Angehöriger des ältesten Volkes in Südbabylonien); **Su|me|re|rin; su|me|risch** *vgl.* deutsch / Deutsch; **Su|me|risch,** das; -[s] (Sprache); *vgl.* Deutsch; **Su|me|ri|sche,** das; -n; *vgl.* ²Deutsche

Süle

summ!; summ, summ!

Sum|ma, die; -, *Summen* ⟨lat.⟩ (in der Scholastik die zusammenfassende Darstellung von Theologie u. Philosophie; *veraltet für* Summe; *Abk.* Sa.); *vgl.* in summa

sum|ma cum lau|de ⟨»mit höchstem Lob«⟩ (höchstes Prädikat bei Doktorprüfungen)

Sum|mand, der; -en, -en *(Math.* hinzuzuzählende Zahl); **sum|ma-**

risch (kurz zusammengefasst); **sum|ma sum|ma|rum** (alles in allem)

Sum|ma|ti|on, die; -, -en *(bes. Math.* Bildung einer Summe; Aufrechnung); **Süm|m|chen**

Sum|me, die; -, -n; in Summe *(österr. für* insgesamt)

sum|men; eine Melodie summen

Sum|men|bi|lanz *(Wirtsch.);* **Sum|men|ver|si|che|rung**

Sum|mer (Vorrichtung, die Summtöne erzeugt); **Sum|mer|zei|chen**

sum|mie|ren ⟨lat.⟩ (zusammenzählen); sich summieren (anwachsen); **Sum|mie|rung**

Summ|ton *Plur.* ...töne

Sum|mum Bo|num, das; - - ⟨lat.⟩ *(Philos.* höchstes Gut; Gott); **Sum|mus Epi|s|co|pus,** der; - - (oberster Bischof, Papst; *früher für* Landesherr als Oberhaupt einer ev. Landeskirche in Deutschland)

Su|mo, das; - ⟨jap.⟩ (eine japanische Form des Ringkampfes)

Sum|per, der; -s, - *(österr. ugs. für* Spießer, Banause)

Sumpf, der; -[e]s, Sümpfe; **Sumpf|bi|ber** (Nutria); **Sumpf|blü|te** *(abwertend für* moralische Verfallserscheinung; Auswuchs); **Sumpf|bo|den**

Sumpf|dot|ter|blu|me

sump|fen *(ugs. für* zechen)

sümp|fen *(Bergmannsspr.* entwässern; *Töpferei* Ton mit Wasser ansetzen)

Sumpf|fie|ber (Malaria); **Sumpf|gas; Sumpf|ge|biet; Sumpf|ge|gend; Sumpf|huhn** *(auch ugs. scherzh. für* unsolider Mensch); **sump|fig; Sumpf|land,** das; -[e]s; **Sumpf|ot|ter,** der (der Nerz); **Sumpf|pflan|ze; Sumpf|zy|p|res|se**

Sums, der; -es *(ugs. svw.* Gesums; [einen] großen Sums machen

Sun|blo|cker ['san...], der; -s, - ⟨engl.⟩ (Sonnenschutzmittel mit hohem Lichtschutzfaktor)

Sund, der; -[e]s, -e (Meerenge [zwischen Ostsee u. Kattegat])

<mark>**Sun|da|in|seln,** **Sun|da-In|seln** *Plur.*
↑D 143</mark> (südostasiat. Inselgruppe); die Großen, die Kleinen <mark>Sundainseln</mark> *od.* Sunda-Inseln

Sün|de, die; -, -n; **Sün|den|ba|bel,** das; -s *(meist scherzh.);* **Sün|den|be|kennt|nis; Sün|den|bock** *(ugs.);* **Sün|den|fall,** der; **Sün|den|last,** die; -; **Sün|den|lohn,** der; -[e]s *(geh.)*

Sün|den|los, sünd|los; Sün|den|lo|sig|keit, Sünd|lo|sig|keit, die; -

Sün|den|pfuhl *(abwertend, scherzh.);* **Sün|den|re|gis|ter** *(ugs.);* **Sün|den|ver|ge|bung**

Sün|der; Sün|de|rin; Sün|der|mie|ne *(ugs.);* **Sünd|flut** *(volkstümliche Umdeutung von* Sintflut *[vgl. d.])*

sünd|haft; sündhaft teuer *(ugs.);* **Sünd|haf|tig|keit,** die; -

sün|dig; sün|di|gen; sünd|lich *(landsch. svw.* sündig)

sünd|los usw. *vgl.* sündenlos usw.

Sun|dow|ner ['sandaʊn...], der; -s, - ⟨engl.⟩ ([alkohol.] Getränk, das zum Sonnenuntergang eingenommen wird)

sünd|teu|er *(ugs. für* überaus teuer)

Sun|nis|mus, der; - ⟨arab.⟩ (eine Hauptrichtung des Islams); **Sun|nit,** der; -en, -en (Angehöriger der orthodoxen Hauptrichtung des Islams); **Sun|ni|tin; sun|ni|tisch**

Sün|tel, der; -s (Bergzug im Weserbergland)

¹**Su|o|mi** *(finn. Name für* Finnland)
²**Su|o|mi,** das; - (finn. Sprache)

su|per ⟨lat.⟩ *(ugs. für* hervorragend, großartig); das war super, eine super Schau; er hat super gespielt

Su|per, das; -s *meist ohne Artikel (kurz für* Superbenzin); Super E10 (mit einem bis zu 10-prozentigen Anteil Bioethanol)

su|per... (über...); **Su|per...** (Über...)

Su|per|al|ko|ho|li|ka *Plur. (südtirol.* Spirituosen)

su|perb, süperb ⟨franz.⟩ (vorzüglich; prächtig)

Su|per|ben|zin

Su|per|car|go, der; -s, -s ⟨lat.; span.⟩ *(Seemannsspr., Kaufmannsspr.* bevollmächtigter Frachtbegleiter)

Su|per|cup *(Fußball früher)*

su|per|fein *(ugs. für* sehr fein)

Su|per|food [...fuːt, *auch* 's(j)uː...], das; -[s], -s ⟨engl.⟩ *(bes. gesunde[s], nährstoffreiche[s] Nahrungsmittel)*

Su|per|frau

Su|per-G [...dʒiː], der; -[s], -[s] ⟨engl.⟩ (alpiner Skiwettbewerb zwischen Abfahrtslauf u. Riesenslalom)

Su|per-GAU *(Jargon* besonders katastrophaler GAU)

su|per|gut *(ugs. für* sehr gut)

Su|per|held; Su|per|hel|din

Su|per|he|te|ro|dyn|emp|fän|ger ⟨lat.; griech.; dt.⟩ (ein Rundfunkempfänger)
Su|per|in|ten|dent [*auch* 'zu:...], der; -en, -en ⟨lat.⟩ (höherer ev. Geistlicher); **Su|per|in|ten|den|tin**; **Su|per|in|ten|den|tur**, die; -, -en (Superintendent[inn]enamt, -wohnung)
Su|pe|ri|or, der; -s, ...oren (Oberer, Vorgesetzter, bes. in Klöstern); **Su|pe|ri|o|rin**; **Su|pe|ri|o|ri|tät**, die; - (Überlegenheit)
Su|per|kar|go *vgl.* Supercargo
su|per|klug (*ugs. für* sehr klug)
Su|per|la|tiv, der; -s, -e ⟨lat.⟩ (Sprachwiss. 2. Steigerungsstufe, Höchststufe, Meiststufe, z. B. »schönste«; *übertr. für* etwas, was zum Besten gehört); **su|per|la|ti|visch** [*auch* ...'ti:...]
Su|per League [- li:g], die; - - (*Sport* höchste Schweizer Fußballliga)
Su|per|lear|ning ['suːpɐlɐːɡnɪŋ], das; -s ⟨engl.⟩ (*svw.* Suggestopädie)
su|per|leicht (*ugs. für* sehr leicht)
Su|per|macht; **Su|per|mann** *Plur.* ...männer; **Su|per|ma|ra|thon** (Leichtathletik Laufwettbewerb über mehr als die Marathonstrecke); **Su|per|markt**
Su|per|mo|del, das (*ugs. für* bes. berühmtes Fotomodell)
su|per|mo|dern (*ugs. für* sehr modern)
Su|per|na|tu|ra|lis|mus *vgl.* Supranaturalismus
Su|per|no|va (*Astron.* bes. lichtstarke Nova); *vgl.* ¹Nova
Su|per|phos|phat ⟨lat.; griech.⟩ (phosphorhaltiger Kunstdünger)
Su|per|preis (besonders günstiger Preis)
Su|per|reich (*ugs. für* sehr reich)
Su|per|re|vi|si|on (*Wirtsch.* Nach-, Überprüfung)
Su|per|rie|sen|sla|lom
su|per|schlau (*ugs. für* sehr schlau); **su|per|schnell** (*ugs. für* sehr schnell)
Su|per|skript, das; -[e]s, -e (hochgestelltes Zeichen [in Formeln])
Su|per|star (*ugs. für* bes. großer, berühmter Star); *vgl.* ²Star
Su|per|strat, das; -[e]s, -e (*Sprachwiss.* bodenständig gewordene Sprache eines Eroberervolkes); *vgl.* Substrat
Su|per|tan|ker (*ugs.*)
Su|per|vi|si|on, die; - ⟨lat.⟩ (Beratung eines Arbeitsteams, einer Organisation zur Erhöhung der Effektivität; Beaufsichtigung von Psychotherapeuten); **Su|per|vi|sor** [*engl.* 's(j)uːpɐvaɪzɐ], der; -s, ...oren, *bei engl. Aussspr.* -s, -s (psychologisch ausgebildete Person, die Supervision betreibt); **Su|per|vi|so|rin**
Su|per|zei|chen (*Kybernetik*)
su|pi (*ugs. emotional für* super); das ist supi, eine supi Sache; es hat supi funktioniert
Su|pi|num, das; -s, ...na ⟨lat. Verbform⟩
Süpp|chen; **Sup|pe**, die; -, -n
Sup|pé (österr. Komponist)
Sup|pen|fleisch; **Sup|pen|grün**, das; -s; **Sup|pen|huhn**
Sup|pen|kas|par, der; -s ↑D 138 (Gestalt aus dem »Struwwelpeter«); **Sup|pen|kas|per** (*ugs. für* Kind, das ungern Suppe isst)
Sup|pen|kel|le; **Sup|pen|kno|chen**; **Sup|pen|kraut**
Sup|pen|kü|che (karitative Einrichtung, die warme Mahlzeiten für Bedürftige anbietet)
Sup|pen|löf|fel; **Sup|pen|nu|del**; **Sup|pen|schüs|sel**; **Sup|pen|tas|se**; **Sup|pen|tel|ler**; **Sup|pen|ter|ri|ne**; **Sup|pen|topf**; **Sup|pen|wür|fel**; **sup|pig**
Sup|ple|ant, der; -en, -en ⟨franz.⟩ (*schweiz. für* Ersatzmann [in einer Behörde]); **Sup|ple|an|tin**
Sup|ple|ment, das; -[e]s, -e ⟨lat.⟩ (*Buchw.* Ergänzung[sband, -teil]; *kurz für* Supplementwinkel); **Sup|ple|ment|band**, der; **Sup|ple|ment|lie|fe|rung**; **Sup|ple|ment|win|kel** (*Math.* Ergänzungswinkel)
sup|ple|to|risch (*veraltet für* ergänzend, stellvertretend)
sup|plie|ren (*veraltet, österr. noch für* Schulstunden vertretungsweise halten); **Sup|plier|stun|de** (*österr.*)
Sup|pli|kant, der; -en, -en ⟨lat.⟩ (*veraltet für* Bittsteller); **Sup|pli|kan|tin**; **sup|pli|zie|ren** (*veraltet für* ein Bittgesuch einreichen)
Sup|ply-Chain-Ma|nage|ment [səˈplaɪtʃɛɪn...], das; -s (*Wirtsch.* Management, das den Fluss aller Materialien u. Informationen in der Wertschöpfungskette optimiert)
sup|po|nie|ren ⟨lat.⟩ (voraussetzen; unterstellen)
Sup|port, der; -[e]s, -e ⟨lat.⟩ (*Technik* schlittenförmiger Werkzeugträger auf dem Bett einer Drehbank; *EDV* Unterstützung, Hilfe); **Sup|port|dreh|bank**
Sup|po|si|ti|on, die; -, -en ⟨lat.⟩ (Voraussetzung; Unterstellung); **Sup|po|si|to|ri|um**, das; -s, ...ien (*Med.* Arzneizäpfchen); **Sup|po|si|tum**, das; -s, ...ta (*veraltet für* Vorausgesetztes, Annahme)
Sup|pres|si|on, die; -, -en ⟨lat.⟩ (*Med.* Unterdrückung; Zurückdrängung); **sup|pres|siv**; **sup|pri|mie|ren**
su|p|ra|lei|tend ⟨lat.; dt.⟩; supraleitender Draht; **Su|p|ra|lei|ter**, der (elektr. Leiter, der bei Unterschreiten einer bestimmten Temperatur völlig widerstandslos Strom leitet)
su|p|ra|na|ti|o|nal ⟨lat.⟩ (übernational [von Kongressen, Gemeinschaften u. a.])
Su|p|ra|na|tu|ra|lis|mus, **Su|per|na|tu|ra|lis|mus**, der; - ⟨lat.⟩ (Glaube an Übernatürliches); **su|p|ra|na|tu|ra|lis|tisch**, **su|per|na|tu|ra|lis|tisch**
Su|p|ra|por|te *vgl.* Sopraporte
Su|p|re|mat, der *od.* das; -[e]s, -e ⟨lat.⟩, **Su|p|re|ma|tie**, die; -, ...ien ([päpstl.] Obergewalt; Vorrangstellung)
Su|p|re|ma|tis|mus, der; - ⟨lat.-russ.⟩ (eine Art des Konstruktivismus); **su|p|re|ma|tis|tisch**
Su|p|re|mat[s]|eid (*früher für* Eid der engl. Beamten u. Geistlichen, mit dem sie den Supremat des engl. Königs anerkannten)
Su|p|re|mum, das; -s, ...ma ⟨lat.⟩ (*Math.* obere Grenze einer beschränkten Menge)
Sur, die; -, -en (*bayr., österr. für* Pökel, Salzlake)
Su|re, die; -, -n ⟨arab.⟩ (Kapitel des Korans)
su|ren (*bayr., österr. für* pökeln)
Surf|brett ['sœːɐ̯f...] ⟨engl.; dt.⟩
sur|fen ['sœːɐ̯fn̩] ⟨engl.⟩ (auf dem Surfbrett fahren; im Internet nach Informationen suchen); **Sur|fer**; **Sur|fe|rin**; **Sur|fing**, das; -s (Wellenreiten, Brandungsreiten auf einem Surfbrett); Windsurfen
Sur|fleisch (*österr. für* Pökelfleisch)
Surf|ver|hal|ten ['sœːɐ̯f...] ⟨engl.; dt.⟩ (*EDV*)
Su|ri|mi, das; -[s] ⟨jap.⟩ (Krebsfleischimitat)
¹Su|ri|nam *vgl.* ²Suriname; **²Su|ri|nam**, *auch* **¹Su|ri|na|me** [syri...],

Suriname

der; -[s] (Fluss im nördl. Südamerika); ²Su|ri|na|me [syri...], *auch* ¹Su|ri|nam (Republik im nördl. Südamerika); Su|ri|na|mer; Su|ri|na|me|rin; su|ri|na|misch

Sur|plus ['sœːɐ̯pləs], das; -, - ⟨engl.⟩ (*Wirtsch.* Überschuss, Gewinn)

sur|re|al [*auch* ˈzʏ...] ⟨franz.⟩ (unwirklich)

Sur|re|a|lis|mus [*auch* zʏʀe...], der; - ⟨franz.⟩ (Kunst- u. Literaturrichtung, die das Traumhaft-Unbewusste künstlerisch darstellen will); Sur|re|a|list, der; -en, -en; Sur|re|a|lis|tin; sur|re|a|lis|tisch

sur|ren

Sur|ro|gat, das; -[e]s, -e ⟨lat.⟩ (Ersatz[mittel, -stoff], Behelf);
Sur|ro|ga|ti|on, die; -, -en (*Rechtsswiss.* Austausch eines Vermögensgegenstandes gegen einen anderen, der den gleichen Rechtsverhältnissen unterliegt)

Sur|round|sys|tem [sə'raʊnt...], das; -s, -e ⟨engl.; griech.⟩ (Mehrkanaltonsystem, mit dem ein gleichmäßig verteilter Raumklang erzeugt wird)

Su|sa (altpers. Stadt)

Su|san ['suːzn̩] (w. Vorn.); Su|san|na, Su|san|ne (w. Vorn.); Su|se (w. Vorn.)

Su|shi ['zuːʃi], das; -[s], -[s] ⟨jap.⟩ (japanisches Gericht in Form kleiner Häppchen aus essigsaurem Reis u. verschiedenen Zutaten, bes. rohem Fisch u. a. Meerestieren); Su|shi|bar

Su|si (w. Vorn.)

Su|si|ne, die; -, -n ⟨ital.⟩ (eine ital. Pflaume)

sus|pekt ⟨lat.⟩ (verdächtig)

sus|pen|die|ren ⟨lat.⟩ (zeitweilig aufheben; [einstweilen] des Dienstes entheben; *Med.* anheben, aufhängen; *Chemie* eine Suspension herbeiführen); Sus|pen|die|rung

Sus|pen|si|on, die; -, -en ([einstweilige] Dienstenthebung; zeitweilige Aufhebung; *Med.* Anhebung, Aufhängung; *Chemie* Aufschwemmung feinstverteilter fester Stoffe in einer Flüssigkeit); sus|pen|siv (aufhebend, aufschiebend)

Sus|pen|so|ri|um, das; -s, ...ien (*Med.* Tragverband, z. B. für den Hodensack; *Sport* Schutz für die m. Geschlechtsteile)

süß; am süßesten; Süß, das; -es (*Druckw.* geleistete, aber noch nicht bezahlte Arbeit)

Sü|ße, die; -; sü|ßen; du süßt

Süß|holz (eine Pflanzengattung; Droge)

Süß|holz|rasp|ler (*ugs. für* Schmeichler)

Sü|ßig|keit

Süß|kar|tof|fel; Süß|kir|sche

süß|lich; Süß|lich|keit

Süß|most; Süß|mos|ter (jmd., der Süßmost o. Ä. herstellt); Süß|mos|te|rei; Süß|mos|te|rin

Süß|rahm|but|ter

süß|sau|er

Süß|spei|se; Süß|stoff

Süß|wa|re *meist Plur.*

süß|wa|ren|frei; eine süßwarenfreie Kasse

Süß|wa|ren|ge|schäft

Süß|was|ser; Süß|was|ser|fisch; Süß|was|ser|tier

Süß|wein

Sust, die; -, -en (*schweiz. früher für* öffentl. Rast- u. Lagerhaus)

Sus|ten, der; -s, Sus|ten-Pass, der; -es (schweiz. Alpenpass)

sus|zep|ti|bel ⟨lat.⟩ (veraltet für empfänglich); ...i|b|le Natur

Sus|zep|ti|on, die; -, -en (*Bot.* Reizaufnahme der Pflanze); sus|zi|pie|ren (einen Reiz aufnehmen [von Pflanzen])

Sul|tasch *vgl.* Soutache

sut|je (*nordd. für* sacht, sanft)

Süt|ter|lin|schrift, Süt|ter|lin-Schrift, die; - ↑D 136 (nach dem dt. Pädagogen u. Grafiker L. Sütterlin) (Grundlage der von 1915 bis 1940 an den Schulen verwendeten Schreibschrift)

Su|tur, die; -, -en ⟨lat.⟩ (*Med.* [Knochen-, Schädel]naht)

su|um cu|i|que ⟨lat.⟩, »jedem das Seine« (preuß. Wahlspruch)

SUV [*auch* zʊf, ɛsjuːˈviː], das *od.* der; -[s], -[s] = sport utility vehicle ⟨engl.⟩ (Geländewagen)

¹Su|va (Hauptstadt von Fidschi)

²Su|va, die; - = Schweizerische Unfallversicherungsanstalt

s. v. = salva venia; sub voce

Sv = Sievert

¹SV, der; - = Sportverein

²SV, die; - = Sozialversicherung

³SV, die; -, -s = Schülervertretung

sva. = so viel als

Sval|bard ⟨norw.⟩ (norw. Inselgruppe im Nordpolarmeer)

SVD = Societas Verbi Divini

Sven (m. Vorn.); Sven|ja (w. Vorn.)

SVP, die; - = Schweizerische Volkspartei; Südtiroler Volkspartei

s. v. v. = sit venia verbo

svw. = so viel wie

SW = Südwest[en]

Swa|hi|li; *vgl.* ¹Suaheli, ²Suaheli

Swa|mi, der; -; -[s], -s ⟨Hindi⟩ (hinduistischer Mönch, Lehrer)

Swap [svɔp], der; -s, -s ⟨engl.⟩ (*Bankw.*, *Börse* Austausch bestimmter Rechte, Pflichten o. Ä.; Differenz zwischen Kassakurs u. Terminkurs); Swap|ge|schäft (*Börse* Devisenaustauschgeschäft)

SWAPO, die; - = South West African People's Organization (südwestafrikanische Befreiungsbewegung)

swap|pen ['svɔ...] sw. V.; hat ⟨engl.⟩ (*Börsenw.; EDV*)

Swa|si, der u. die; -, - (Bewohner[in] von Swasiland); Swa|si|land (Staat in Südafrika); Swa|si|län|der (*österr. für* Swasi); Swa|si|län|de|rin; swa|si|län|disch

Swas|ti|ka, die; -, ...ken, *auch* der; -[s], -s ⟨sanskr.⟩ (altind. Bez. des Hakenkreuzes)

Swea|ter ['sv̩ɛ...], der; -s, - ⟨engl.⟩ (*svw.* Sweatshirt); Sweat|shirt ['svɛ...] (weit geschnittener Pullover)

Swe|be, der; -n, -n (Angehöriger eines Verbandes westgerm. Stämme); Swe|bin; swe|bisch

Swe|den|borg (schwed. Naturphilosoph)

Swift (engl.-ir. Schriftsteller)

Swim|ming|pool, der; -s, -s ⟨engl.⟩ (Schwimmbecken)

Swi|ne, die; - (Hauptmündungsarm der Oder)

Swin|egel, der; -s, - (*nordd. für* Igel)

Swi|ne|mün|de (poln. Świnoujście)

Swing, der; -[s] ⟨engl.⟩ (ein Stil des Jazz; *Wirtsch.* Kreditgrenze bei bilateralen Handelsverträgen); swin|gen; swingte; geswingt

Swin|ger (*ugs. auch für* jmd., der ein promiskuitives Sexualleben hat); Swin|ge|rin; Swin|ger|klub, Swin|ger|club

Swing|fox

Świ|no|uj|ście [ʃfinɔˈujɕtɕɛ] (Hafenstadt u. Seebad auf Usedom, *vgl.* Swinemünde)

Swiss, die; - (schweiz. Luftfahrtgesellschaft); Swiss|air [...sɛːɐ̯], die; - ⟨engl.⟩ (ehem. schweiz. Luftfahrtgesellschaft

swit|chen ['svɪtʃn̩] ⟨engl.⟩ (*Wirtsch.* ein über ein Drittland abgewickeltes Außenhandelsgeschäft tätigen; [hin u. her] wechseln; zappen); geswitcht
SWR, der; - = Südwestrundfunk
Sy|ba|ris (antike griech. Stadt in Unteritalien); **Sy|ba|rit**, der; -en, -en (Einwohner von Sybaris; *veraltet für* Schlemmer); **sy|ba|ri|tisch**
Syd|ney ['sɪdnɪ] (Hauptstadt von Neusüdwales in Australien)
Sy|e|ne (*alter Name von* Assuan); **Sy|e|nit**, der; -s, -e ⟨griech.⟩ (ein Tiefengestein); **Sy|e|nit|gneis**; **Sy|e|nit|por|phyr**
Sy|ko|mo|re, die; -, -n ⟨griech.⟩ (ägypt. Maulbeerfeigenbaum); **Sy|ko|mo|ren|holz**
Sy|ko|phant, der; -en, -en (im alten Athen gewerbsmäßiger Ankläger; *veraltet für* Verräter, Verleumder); **Sy|ko|phan|tin**; **sy|ko|phan|tisch** (*veraltet*)
Sy|ko|se, die; -, -n ⟨griech.⟩ (*Med.* Bartflechte[nbildung])
syll... ⟨griech.⟩ (mit..., zusammen...); **Syll...** (Mit..., Zusammen...)
syl|la|bisch ⟨griech.⟩ (*veraltet für* silbenweise); **Syl|la|bus**, der; -, *Plur. - u.* ...bi (Zusammenfassung; Verzeichnis [der früher durch den Papst verurteilten Lehren])
Syl|lep|se, Syl|lep|sis, die; -, ...epsen (*Rhet.* Zusammenfassung, eine Form der Ellipse); **syl|lep|tisch**
Syl|lo|gis|mus, der; -, ...men ⟨griech.⟩ (*Philos.* logischer Schluss vom Allgemeinen auf das Besondere); **syl|lo|gis|tisch**
¹**Syl|phe**, der; -n, -n, *auch* die; -, -n ⟨lat.⟩ ([m.] Luftgeist des mittelalterl. Zauberglaubens)
²**Syl|phe**, die; -, -n (ätherisch zartes weibliches Wesen)
Syl|phi|de, die; -, -n (w. ¹Sylphe; schlanke, anmutige junge Frau); **syl|phi|den|haft**
Sylt (eine der Nordfriesischen Inseln)
Syl|ves|ter *vgl.* ¹Silvester

Silvester
Die Bezeichnung für den letzten Tag im Jahr wird, anders als der Vorname *Sylvester/Silvester*, ausschließlich mit *i* geschrieben.

Syl|vin, das, *auch* der; -s, -e ⟨nach dem Arzt Sylvius⟩ (ein Mineral)
sym... ⟨griech.⟩ (mit..., zusammen...); **Sym...** (Mit..., Zusammen...)
Sym|bi|ont, der; -en, -en ⟨griech.⟩ (*Biol.* Partner einer Symbiose); **Sym|bi|o|se**, die; -, -n (»Zusammenleben« ungleicher Lebewesen zu gegenseitigem Nutzen); **sym|bi|o|tisch** (in Symbiose lebend)
Sym|bol, das; -s, -e ⟨griech.⟩ (Wahrzeichen; Sinnbild; Zeichen); **Sym|bol|bild** (nur symbolisch gemeinte Abbildung); **Sym|bol|cha|rak|ter**, der; -s; **Sym|bol|fi|gur**; **Sym|bol|fo|to**; **sym|bol|haft**; **Sym|bol|haf|tig|keit**, die; -
Sym|bo|lik, die; - (sinnbildliche Bedeutung od. Darstellung; Bildersprache; Verwendung von Symbolen); **sym|bo|lisch**
sym|bo|li|sie|ren (sinnbildlich darstellen); **Sym|bo|li|sie|rung**
Sym|bo|lis|mus, der; - (Strömung in Literatur u. bildender Kunst als Reaktion auf Realismus u. Naturalismus); **Sym|bo|list**, der; -en, -en; **Sym|bo|lis|tin**; **sym|bo|lis|tisch**
Sym|bol|kraft, die; -; **Sym|bol|spra|che** (*EDV*); **sym|bol|träch|tig**; **Sym|bol|träch|tig|keit**, die; -
Sym|link, der; -[s], -s ⟨engl.⟩ (Link, der nicht direkt zu einer Datei führt, sondern auf den zu ihr führenden Pfad verweist)
Sym|ma|chie, die; -, ...ien ⟨griech.⟩ (Bundesgenossenschaft der altgriech. Stadtstaaten)
Sym|me|t|rie, die; -, ...ien ⟨griech.⟩ (spiegelbildliche Übereinstimmung); **Sym|me|t|rie|ach|se** (*Math.* Spiegelachse); **Sym|me|t|rie|ebe|ne**
sym|me|t|risch
sym|pa|the|tisch ⟨griech.⟩ (von geheimnisvoller Wirkung); sympathetische Tinte (unsichtbare Geheimtinte)
Sym|pa|thie, die; -, ...ien ([Zu]neigung; Wohlgefallen)
Sym|pa|thie|be|kun|dung; Sym|pa|thie|er|klä|rung; Sym|pa|thie|kund|ge|bung; Sym|pa|thie|streik; Sym|pa|thie|trä|ger (jmd., der die Sympathie anderer auf sich zieht); **Sym|pa|thie|trä|ge|rin**
Sym|pa|thi|kus, der; - (*Med.* Teil des vegetativen Nervensystems)
Sym|pa|thi|sant, der; -en, -en (jmd., der einer Gruppe od.

---

synchron

einer Anschauung wohlwollend gegenübersteht); **Sym|pa|thi|san|tin**
sym|pa|thisch (anziehend; ansprechend; zusagend); **sym|pa|thi|sie|ren** (gleiche Anschauungen haben); mit jemandem sympathisieren
Sym|pho|nie *vgl.* Sinfonie
Sym|phy|se, die; -, -n ⟨griech.⟩ (*Med.* Verwachsung; Knochenfuge); **sym|phy|tisch** (zusammengewachsen)
Sym|ple|ga|den *Plur.* (zwei zusammenschlagende Felsen vor dem Eingang ins Schwarze Meer [in der griech. Sage])
Sym|po|si|on, Sym|po|si|um, das; -s, ...ien ⟨griech.⟩ (wissenschaftl. Tagung; Trinkgelage im alten Griechenland)
Sym|p|tom, das; -s, -e ⟨griech.⟩ (Anzeichen; Merkmal; Krankheitszeichen); **Sym|p|to|ma|tik**, die; - (*Med.* Gesamtheit von Symptomen); **sym|p|to|ma|tisch** (anzeigend; warnend; bezeichnend); **Sym|p|to|ma|to|lo|gie**, die; - (*Med.* Lehre von den Krankheitszeichen)
syn... ⟨griech.⟩ (mit..., zusammen...); **Syn...** (Mit..., Zusammen...)
sy|n|a|go|gal ⟨griech.⟩ (den jüd. Gottesdienst od. die Synagoge betreffend); **Sy|n|a|go|ge**, die; -, -n (gottesdienstl. Versammlungsort der jüd. Gemeinde)
sy|n|al|lag|ma|tisch ⟨griech.⟩ (*Rechtsspr.* gegenseitig)
Sy|n|a|lö|phe, die; -, -n (*Verslehre* Verschmelzung zweier Silben)
sy|n|an|d|risch ⟨griech.⟩ (*Bot.* mit verwachsenen Staubblättern); synandrische Blüte
Sy|n|ap|se, die; -, -n ⟨griech.⟩ (*Biol.* Verbindung zwischen Zellen zur Reizübertragung)
Sy|n|ä|re|se, Sy|n|ä|re|sis, die; -, ...resen ⟨griech.⟩ (*Sprachwiss.* Zusammenziehung zweier Vokale zu einer Silbe)
Sy|n|äs|the|sie, die; -, ...ien ⟨griech.⟩ (*Med.* Miterregung eines Sinnesorgans bei Reizung eines andern; *Rhet.* sprachlich ausgedrückte Verschmelzung mehrerer Sinneseindrücke, z. B. »schreiendes Rot«); **sy|n|äs|the|tisch**
syn|ch|ron [...k...] ⟨griech.⟩ (gleichzeitig, zeitgleich, gleichlaufend;

sync

Synchrongetriebe

auch für synchronisch); **Syn|chron|ge|trie|be; Syn|chro|nie,** die; - *(Sprachwiss.* Darstellung des Sprachzustandes eines bestimmten Zeitraums)
Syn|chro|ni|sa|ti|on, die; -, -en *u.* Syn|chro|ni|sie|rung (Herstellen des Synchronismus; Zusammenstimmung von Bild, Sprechton u. Musik im Film; bild- u. bewegungsechte Übertragung fremdsprachiger Partien eines Films)
syn|chro|nisch (die Synchronie betreffend); **syn|chro|ni|sie|ren** ⟨zu Synchronisation⟩; **Syn|chro|ni|sie|rung** *vgl.* Synchronisation
Syn|chro|nis|mus, der; -, ...men (Gleichzeitigkeit; Gleichlauf; zeitl. Übereinstimmung); **syn|chro|nis|tisch; Syn|chro|ni|zi|tät,** die; -, -en
Syn|chron|ma|schi|ne; Syn|chron|mo|tor
syn|chron|schwim|men *nur im Infinitiv gebräuchlich;* **Syn|chron|schwim|men,** das; -s *(Sport);* **Syn|chron|schwim|mer; Syn|chron|schwim|me|rin**
Syn|chron|spre|cher; Syn|chron|spre|che|rin; Syn|chron|uhr
Syn|chro|tron, das; -s, *Plur.* -e, *auch* -s *(Kernphysik* Beschleuniger für geladene Elementarteilchen)
Syn|dak|ty|lie, die; -, ...ien ⟨griech.⟩ *(Med.* Verwachsung von Fingern od. Zehen)
syn|de|tisch ⟨griech.⟩ *(Sprachwiss.* durch Bindewort verbunden)
Syn|di|ka, die; -, -s ⟨zu Syndikus⟩
Syn|di|ka|lis|mus, der; - ⟨griech.⟩ *(Bez. für* sozialrevolutionäre Bestrebungen mit dem Ziel der Übernahme der Produktionsmittel durch autonome Gewerkschaften); **Syn|di|ka|list,** der; -en, -en; **Syn|di|ka|lis|tin;** **syn|di|ka|lis|tisch**
Syn|di|kat, das; -[e]s, -e *(Wirtsch.* Verkaufskartell; *Bez. für* geschäftlich getarnte Verbrecherorganisation in den USA); **Syn|di|ka|ti|on,** die; -, -en ⟨engl.⟩ *(Wirtsch.* Verkauf von [lizenzierten] Inhalten)
Syn|di|kus, der; -, *Plur.* -se *u.* ...dizi *(Rechtsspr.* Rechtsbeistand einer Körperschaft)
syn|di|zie|ren *(Wirtsch.* in einem Verkaufskartell zusammenfassen; [lizenzierte] Inhalte weiterverkaufen); **Syn|di|zie|rung**

Syn|drom, das; -s, -e ⟨griech.⟩ *(Med.* Krankheitsbild); depressives Syndrom; prämenstruelles Syndrom; psychovegetatives Syndrom
Sy|n|e|chie, die; -, ...jen ⟨griech.⟩ *(Med.* Verwachsung)
Sy|n|e|dri|on, das; -s, ...ien ⟨griech.⟩ (altgriech. Ratsbehörde; *svw.* Synedrium); **Sy|n|e|d|ri|um,** das; -s, ...ien (Hoher Rat der Juden in griech. u. röm. Zeit)
Sy|n|ek|do|che [...xe], die; -, -n [...'dɔ...] ⟨griech.⟩ *(Rhet., Stilkunde* Setzung des engeren Begriffs für den umfassenderen)
Sy|n|er|ge|tik, die; - ⟨griech.⟩ (die Lehre vom Zusammenwirken; Selbstorganisation); **sy|n|er|ge|tisch** (zusammen-, mitwirkend)
Sy|n|er|gie, die; -, ...ien (Zusammenwirken); **Sy|n|er|gie|ef|fekt** (positive Wirkung, die sich aus dem Zusammenschluss od. der Zusammenarbeit zweier Unternehmen o. Ä. ergibt)
Sy|n|er|gis|mus, der; - *(Theol.* Lehre vom Zusammenwirken des menschl. Willens u. der göttlichen Gnade; *Chemie, Med.* Zusammenwirken von Substanzen od. Faktoren); **sy|n|er|gis|tisch**
Sy|n|e|sis, die; -, ...esen ⟨griech.⟩ *(Sprachwiss.* sinngemäß richtige Wortfügung, die streng genommen nicht der grammatischen Regeln entspricht)
Syn|kar|pie, die; - ⟨griech.⟩ *(Bot.* Zusammenwachsen der Fruchtblätter zu einem einzigen Fruchtknoten)
syn|kli|nal ⟨griech.⟩ *(Geol.* muldenförmig [von Lagerstätten]); **Syn|kli|na|le, Syn|kli|ne,** die; -, -n *(Geol.* Mulde)
Syn|ko|pe ['zynkope, *Musik nur* ...'ko:pə], die; -, ...open ⟨griech.⟩ *(Sprachwiss.* Ausfall eines unbetonten Vokals zwischen zwei Konsonanten im Wortinnern; *Verslehre* Ausfall einer Senkung im Vers; *Med.* kurze Bewusstlosigkeit; *Musik* Betonung eines unbetonten Taktwertes); **syn|ko|pie|ren; syn|ko|pisch**
Syn|kre|tis|mus, der; - ⟨griech.⟩ (Verschmelzung, Vermischung [von Lehren od. Religionen]); **Syn|kre|tist,** der; -en, -en; **Syn|kre|tis|tin; syn|kre|tis|tisch**
Sy|n|od, der; -s, -e ⟨griech.⟩ *(früher*

für oberste Behörde der russ. Kirche); Heiliger Synod
sy|n|o|dal (die Synode betreffend); **Sy|n|o|da|le,** der *u.* die; -n, -n (Mitglied einer Synode); **Sy|n|o|dal|ver|fas|sung; Sy|n|o|dal|ver|samm|lung**
Sy|n|o|de, die; -, -n (Kirchenversammlung, bes. die evangelische); **sy|n|o|disch** *(seltener für* synodal)
Sy|n|ö|kie *vgl.* Synözie
sy|n|o|nym ⟨griech.⟩ *(Sprachwiss.* sinnverwandt); synonyme Wörter; **Sy|n|o|nym,** das; -s, -e, *auch* Synonyma *(Sprachwiss.* sinnverwandtes Wort, z. B. »Frühjahr, Lenz, Frühling«)
Sy|n|o|ny|men|wör|ter|buch *vgl.* Synonymwörterbuch
Sy|n|o|ny|mie, die; -, ...ien (Sinnverwandtschaft [von Wörtern u. Wendungen]); **Sy|n|o|ny|mik,** die; - (Lehre von den sinnverwandten Wörtern); **sy|n|o|ny|misch** *(älter für* synonym)
Sy|n|o|nym|wör|ter|buch (Wörterbuch, in dem Synonyme in Gruppen dargestellt sind)
Sy|n|op|se, Sy|n|op|sis, die; -, ...opsen ⟨griech.⟩ (knappe Zusammenfassung; vergleichende Übersicht; Nebeneinanderstellung von Texten, bes. der Evangelien des Matthäus, Markus u. Lukas)
Sy|n|op|tik, die; -, -en *(Meteorol.* für eine Wettervorhersage notwendige großräumige Wetterbeobachtung)
Sy|n|op|ti|ker (einer der drei Evangelisten Matthäus, Markus u. Lukas); **sy|n|op|tisch** ([übersichtlich] zusammengestellt, nebeneinandergereiht); synoptische Evangelien ↑D 89
Sy|n|ö|zie, die; -, ...ien ⟨griech.⟩ *(Zool.* Zusammenleben verschiedener Organismen, das den Wirtstieren weder schadet noch nützt; *Bot. auch für* Monözie); **sy|n|ö|zisch**
Syn|tag|ma, das; -s, *Plur.* ...men od. ...ta ⟨griech.⟩ *(Sprachwiss.* Verknüpfung von Wörtern zu Wortgruppen, Wortverbindungen); **syn|tag|ma|tisch** (das Syntagma betreffend)
syn|tak|tisch (die Syntax betreffend); syntaktische Fügung; **Syn|tax,** die; -, -en *(Sprachwiss.* Lehre vom Satzbau; Satzlehre)
Syn|the|se, die; -, -n ⟨griech.⟩

Szintigramm

(Zusammenfügung [einzelner Teile zu einem Ganzen]; *Philos.* Aufhebung des sich in These u. Antithese Widersprechenden in eine höhere Einheit; *Chemie* Aufbau einer Substanz); **Syn|the|se|pro|dukt** (Kunststoff)
Syn|the|si|zer ['sɪntəsaɪzɐ], der; -s, - ⟨griech.-engl.⟩ (*Musik* Gerät zur elektron. Klangerzeugung)
Syn|the|tics [zyn'te:tɪks] *Plur.* (*Sammelbez. für* synthet. erzeugte Kunstfasern u. Produkte daraus); **Syn|the|tik**, das; -s *meist ohne Artikel* ([Gewebe aus] Kunstfaser)
syn|the|tisch ⟨griech.⟩ (zusammensetzend; *Chemie* künstlich hergestellt); synthetische Fasern; synthetisches Urteil (*Philos.*); synthetische Edelsteine ↑D 89; **syn|the|ti|sie|ren** (*Chemie* aus einfacheren Stoffen herstellen)
Sy|phi|lis, die; - ⟨nach dem Titel eines lat. Lehrgedichts des 16. Jh.s⟩ (*Med.* eine Geschlechtskrankheit); **sy|phi|lis|krank; Sy|phi|li|ti|ker** (an Syphilis Leidender); **Sy|phi|li|ti|ke|rin; sy|phi|li|tisch**

Siphon
Wie im Französischen, aus dem wir das Wort entlehnt haben, wird *Siphon* mit *i* geschrieben.

Sy|ra|kus (Stadt auf Sizilien); **Sy|ra|ku|ser; Sy|ra|ku|se|rin; sy|ra|ku|sisch**
Sy|rer; Sy|re|rin; Sy|ri|en (die Arabische Republik Syrien; Staat im Vorderen Orient); **Sy|ri|er** usw. *vgl.* Syrer usw.
Sy|rin|ge, die; -, -n ⟨griech.⟩ (Flieder)
¹**Sy|rinx** (griech. Nymphe)
²**Sy|rinx**, die; -, ...ingen ⟨Hirtenflöte; Stimmorgan der Vögel⟩
sy|risch (aus Syrien; Syrien betreffend); *aber* ↑D 140: die Syrische Wüste
Syr|jä|ne, der; -n, -n (Angehöriger eines finnisch-ugrischen Volkes); **Syr|jä|nin**
Sy|ro|lo|ge, der; -n, -n ⟨griech.⟩ (Erforscher der Sprachen, der Geschichte u. der Altertümer Syriens); **Sy|ro|lo|gie**, die; -; **Sy|ro|lo|gin**
Syr|te, die; -, -n ⟨griech.⟩ (*veraltet für* Untiefe, Sandbank); die Große Syrte, die Kleine Syrte (zwei Meeresbuchten an der Küste Nordafrikas)

Sisyphos
Sisyphus, der der griechischen Sage nach dazu verurteilt war, einen Felsblock einen steilen Berg hinaufzuwälzen, von wo er kurz vor dem Gipfel immer wieder herabrollte, wird in der ersten Silbe mit einem *i*, in der zweiten mit einem *y* geschrieben. Ebenso: *Sisyphusarbeit*.

Sys|tem, das; -s, -e ⟨griech.⟩
Sys|tem|ab|sturz (*EDV*); **Sys|tem|ad|mi|nis|tra|tor** (*EDV* Betreuer einer Datenverarbeitungsanlage); **Sys|tem|ad|mi|nis|tra|to|rin**
Sys|tem|ana|ly|se; Sys|tem|ana|ly|ti|ker (Fachmann in der EDV); **Sys|tem|ana|ly|ti|ke|rin**
Sys|te|ma|tik, die; -, -en (planmäßige Darstellung, einheitl. Gestaltung; *nur Sing.: Biol.* Lehre vom System der Lebewesen); **Sys|te|ma|ti|ker; Sys|te|ma|ti|ke|rin**
sys|te|ma|tisch (das System betreffend; in ein System gebracht; planmäßig)
sys|te|ma|ti|sie|ren (in ein System bringen); **Sys|te|ma|ti|sie|rung**
Sys|tem|bau|wei|se; sys|tem|be|dingt; Sys|tem|cha|rak|ter, der; -s; **Sys|tem|feh|ler** (*EDV*)
sys|tem|feind|lich; sys|tem|fremd; sys|tem|im|ma|nent
sys|te|misch (*Biol., Med.* den gesamten Organismus betreffend; *auch übertr. für* ein Gesamtsystem beeinflussend)
Sys|tem|kon|form; Sys|tem|kri|se; Sys|tem|kri|ti|ker; Sys|tem|kri|ti|ke|rin
sys|tem|los (planlos); **Sys|tem|lo|sig|keit**, die; -
Sys|tem|ma|nage|ment (systematische Unternehmensführung); **Sys|tem|ma|na|ger** (*EDV*); **Sys|tem|ma|na|ge|rin**
sys|te|mo|id (systemähnlich)
Sys|tem|pro|gram|mie|rer (*EDV*); **Sys|tem|pro|gram|mie|re|rin**
Sys|tem|re|le|vant (für ein System bedeutsam); **Sys|tem|re|le|vanz**, die; -
Sys|tem|ri|si|ko
sys|tem|über|grei|fend
Sys|tem|ver|än|de|rer; Sys|tem|ver|än|de|rin; Sys|tem|zwang

Sy|s|to|le [*auch* ˈzʏstole], die; -, ...olen (*Med.* Zusammenziehung des Herzmuskels); **sy|s|to|lisch;** systolischer Blutdruck (*Med.*) ↑D 89
Sy|zy|gie, die; -, ...ien ⟨griech.⟩ (*Astron.* Konjunktion u. Opposition von Sonne u. Mond)
s. Z. = seinerzeit
Szcze|cin [ˈʃtʃetʃin] (poln. Hafenstadt an der Oder); *vgl.* Stettin
Sze|chu|an, Sze|tschu|an [ˈsɛtʃuan] (*ältere Formen von* Sichuan)
Sze|ged, Sze|ge|din ['sɛ...] (ung. Stadt); **Sze|ge|di|ner; Sze|ge|di|ne|rin**
Szek|ler ['sɛ...], der; -s, - (Angehöriger eines ung. Volksstammes); **Szek|le|rin**
Sze|nar, das; -s, -e ⟨lat.⟩ (*seltener für* Szenario, Szenarium); **Sze|na|rio**, das; -s, -s, *auch* ...ien ⟨ital.⟩ ([in Szenen gegliederter] Entwurf eines Films; Modell möglicher Ereignisse; *auch für* Szenarium); **Sze|na|ri|um**, das; -s, ...ien ⟨lat.⟩ (Übersicht über Szenenfolge u. a. eines Theaterstücks)
Sze|ne, die; -, -n ⟨franz.⟩ (Schauplatz; Auftritt als Unterabteilung des Aktes; Vorgang, Anblick; Zank, Vorhaltungen; charakteristischer Bereich für bestimmte Aktivitäten)
Sze|nen|blatt; Sze|nen|gän|ger (*ugs.*); **Sze|nen|gän|ge|rin; Sze|ne|jar|gon; Sze|ne|kneipe** (*ugs.*); **Sze|ne|lo|kal; Sze|ne|ma|ga|zin**
Sze|nen|ap|plaus; Sze|nen|fol|ge; Sze|nen|wech|sel
Sze|ne|rie, die; -, ...ien (Bühnen-, Landschaftsbild)
Sze|ne|treff (*ugs.*); **sze|nig**
sze|nisch (bühnenmäßig)
Szep|ter (*österr. für* Zepter)
Sze|tschu|an [ˈsɛtʃuan] *vgl.* Szechuan
szi|en|ti|fisch ⟨lat.⟩ (*fachspr. für* wissenschaftlich); **Szi|en|tis|mus**, der; - (die auf Wissen u. Wissenschaft gegründete Haltung; Lehre der Szientisten); **Szi|en|tist**, der; -en, -en (Angehöriger einer christl. Sekte); **Szi|en|tis|tin; szi|en|tis|tisch**
Szil|la, *bes. fachspr.* Sci̱l|la, die; -, -od. ...len ⟨griech.⟩ (eine [Heil]pflanze; Blaustern)
Szin|ti|gramm, das; -s, -e (*Med.* durch die Einwirkung der Strahlung radioaktiver Stoffe auf eine

fluoreszierende Schicht erzeugtes Leuchtbild)
Szin|til|la|ti|on, die; -, -en ⟨lat.⟩ (*Astron.* Funkeln [von Sternen]; *Physik* Lichtblitze beim Auftreffen radioaktiver Strahlung auf fluoreszierende Stoffe); **szin|til|lie|ren** (funkeln)
SZR, das; - = Sonderziehungsrecht
Szyl|la, die; - ⟨griech.⟩ (*eindeutschend für lat.* Scylla, *griech.* Skylla; bei Homer Seeungeheuer in einem Felsenriff in der Straße von Messina); zwischen Szylla und Charybdis (in einer ausweglosen Lage)
Szy|ma|now|ski [ʃ...], Karol (poln. Komponist)
Szy|the usw. *vgl.* Skythe usw.

T

t = Tonne
T (Buchstabe); das T; des T, die T, *aber* das t in Rate; der Buchstabe T, t
T = Tera...; Tesla; *chem. Zeichen für* Tritium
T. = Titus
Θ, ϑ = Theta
T, τ = Tau
Ta (*chem. Zeichen für* Tantal)
¹**Tab** [tɛp], der; -s, -s ⟨engl.⟩ (*EDV* Dialogfeld)
²**Tab,** der; -s, -s (*kurz für* Tabulator)
Ta|bak [*auch* 'ta:... *u.*, *bes. österr.*, ...'bak], der; -s, *Plur.* (*Sorten:*) -e ⟨span.⟩
Ta|bak|an|bau, Ta|bak|bau, der; -[e]s; **Ta|bak|blatt; Ta|bak|brü|he; Ta|bak|händ|ler; Ta|bak|händ|le|rin; Ta|bak|in|dus|t|rie; Ta|bak|kon|sum,** der; -s; **Ta|bak|mo|no|pol**
Ta|bak|pflan|ze; Ta|bak|pflan|zer; Ta|bak|pflan|ze|rin; Ta|bak|pflan|zung; Ta|bak|plan|ta|ge; Ta|bak|rauch; Ta|bak|rau|cher; Ta|bak|rau|che|rin

Ta|baks|beu|tel; Ta|baks|do|se; Ta|baks|pfei|fe
Ta|bak|steu|er, die; **Ta|bak|steu|er|er|hö|hung; Ta|bak|strauch**
Ta|bak|tra|fik (*österr. für* Laden für Tabakwaren, Briefmarken, Zeitungen u. Ä.); **Ta|bak|tra|fi|kant** (*österr. für* Besitzer einer Tabaktrafik); **Ta|bak|tra|fi|kan|tin**
Ta|bak|wa|ren *Plur.*; **Ta|bak|wer|bung**
Ta|bas|co®, der; -s ⟨span.⟩ (eine scharfe Würzsoße); **Ta|bas|co|so|ße, Ta|bas|co|sau|ce**
Ta|ba|ti|e|re, die; -, -n ⟨franz.⟩ (*früher für* Schnupftabaksdose; *österr. auch noch für* Zigaretten-, Tabaksdose)
Tab|bou|leh [...bu'le:] *vgl.* Taboulé
ta|bel|la|risch ⟨lat.⟩ (in der Anordnung einer Tabelle); **ta|bel|la|ri|sie|ren** (in Tabellen [an]ordnen); **Ta|bel|la|ri|sie|rung**
Ta|bel|le, die; -, -n ⟨lat.⟩
Ta|bel|len|drit|te, der *u.* die; -n, -n; **Ta|bel|len|en|de; Ta|bel|len|ers|te**
Ta|bel|len|form; ta|bel|len|för|mig
Ta|bel|len|füh|rer; Ta|bel|len|füh|re|rin; Ta|bel|len|füh|rung; Ta|bel|len|kal|ku|la|ti|on (*EDV*) **Ta|bel|len|letz|te; Ta|bel|len|platz; Ta|bel|len|spit|ze; Ta|bel|len|stand,** der; -[e]s; **Ta|bel|len|vor|letz|te,** der *u.* die; -n, -n; **Ta|bel|len|zwei|te,** der *u.* die; -n, -n
ta|bel|lie|ren (auf maschinellem Wege in Tabellenform darstellen); **Ta|bel|lie|rer; Ta|bel|lie|re|rin**
Ta|bel|lier|ma|schi|ne (*EDV* Lochkartenmaschine, die Tabellen ausdruckt)
Ta|ber|na|kel, das, *auch*, *bes. in der kath.* Kirche, der; -s, - ⟨lat.⟩ (*kath. Kirche* Aufbewahrungsort der Eucharistie [auf dem Altar]; Ziergehäuse in der gotischen Baukunst)
Ta|bes, die; - ⟨lat.⟩ (*Med.* Rückenmarksschwindsucht); **Ta|bi|ker** (Tabeskranker); **Ta|bi|ke|rin; ta|bisch**
Ta|b|lar, das; -s, -e ⟨franz.⟩ (*schweiz. für* Gestellbrett)
Ta|b|leau [...'blo:], das; -s, -s ⟨franz.⟩ (wirkungsvoll gruppiertes Bild, bes. im Schauspiel; *veraltet für* Gemälde)
Ta|b|le|dance, Ta|b|le-Dance ['tɛɪbldɛns], der; - ⟨engl.⟩ (erotische Show [in Nachtlokalen])
Ta|b|le d'Hôte [- 'do:t], die; - - ⟨franz.⟩ (*veraltet für* [gemeinschaftliche] Gasthaustafel)

Ta|b|let ['tɛblət], das; -s, -s ⟨engl.⟩ (durch Berühren des Bildschirms mit dem Finger bedienbarer, kleiner u. flacher Computer); **Tab|let|com|pu|ter; Ta|b|let-PC,** der; -[s], -[s]
Ta|b|lett, das; -[e]s, *Plur.* -s, *auch* -e ⟨franz.⟩ (Servierbrett)
Ta|b|let|te, die; -, -n ⟨franz.⟩
ta|b|let|ten|ab|hän|gig; Ta|b|let|ten|ab|hän|gi|ge, der *u.* die; -n, -n; **Ta|b|let|ten|ab|hän|gig|keit,** die; -
Ta|b|let|ten|form, die; -; in Tablettenform; **Ta|b|let|ten|miss|brauch,** der; -[e]s; **Ta|b|let|ten|röhr|chen**
Ta|b|let|ten|sucht, die; -; **ta|b|let|ten|süch|tig; Ta|b|let|ten|süch|ti|ge,** der *u.* die
ta|b|let|tie|ren (in Tablettenform bringen)
Ta|b|li|num, das; -s, ...na ⟨lat.⟩ (getäfelter Hauptraum des altröm. Hauses)
Ta|b|lo|id ['tæblɔɪd], das; -s, -s ⟨engl.⟩ (Boulevardzeitung; ein Zeitungsformat)
Ta|b|lo|id|for|mat
¹**Ta|bor,** der; -[s] (Berg in Israel)
²**Ta|bor** (tschech. Stadt)
Ta|bo|rit, der; -en, -en ⟨nach der Stadt Tabor⟩ (*Geschichte* Angehöriger einer radikalen Gruppe der Hussiten; *vgl.* Hussit); **Ta|bo|ri|tin**
Ta|bou|lé, Tab|bou|leh [...bu'le:], das; -[s], -[s], *auch* die; -, -[s] ⟨arab.-franz.⟩ (libanesischer Salat)
Tä|b|ris, der; -, - ⟨nach der iran. Stadt⟩ (ein Perserteppich)
Tab|tas|te (*kurz für* Tabulatortaste)
ta|bu (polynes., »verboten«) (unverletzlich, unantastbar); *nur prädikativ:* das ist tabu
Ta|bu, das; -s, -s ⟨*Völkerkunde* Gebot bei [Natur]völkern, bes. geheiligte Personen, Tiere, Pflanzen, Gegenstände zu meiden; *allg. für* etwas, das man nicht tun darf⟩; es ist ein Tabu
Ta|bu|bruch; Ta|bu|gren|ze
ta|bu|ie|ren usw. *vgl.* tabuisieren usw.; **ta|bu|i|sie|ren,** ta|bu|ie|ren (für tabu erklären, als Tabu behandeln); **Ta|bu|i|sie|rung,** Ta|bu|ie|rung
Ta|bu|la ra|sa, die; - - ⟨lat., »abgeschabte Tafel«⟩ (*meist übertr. für* unbeschriebenes Blatt); Tabula rasa machen (reinen Tisch machen)

Tagelied

Ta|bu|la|tor, der; -s, ...oren (Taste auf der Computertastatur zum Tabellieren); **Ta|bu|la|tor|tas|te**
ta|bu|los
Ta|bu|rett, das; -[e]s, -e ⟨arab.-franz.⟩ (*schweiz., sonst veraltet für* Hocker, Stuhl ohne Lehne)
Ta|bu|schran|ke; Ta|bu|schwel|le; Ta|bu|the|ma; Ta|bu|vor|schrift; Ta|bu|wort *Plur.* ...wörter; **Ta|bu|zo|ne**
Ta|che|les ⟨hebr.-jidd.⟩; *nur in* Tacheles reden (*ugs. für* offen miteinander reden, jmdm. seine Meinung sagen)
ta|chi|nie|ren (*österr. ugs. für* faulenzen); **Ta|chi|nie|rer** (*österr. ugs. für* Faulenzer); **Ta|chi|nie|re|rin**
Ta|chis|mus [...'ʃis...], der; - ⟨nlat.⟩ (Richtung der abstrakten Malerei, die Empfindungen durch spontane Aufträgen von Farbflecken auszudrücken sucht)
Ta|cho, der; -s, -s (*ugs.; kurz für* Tachometer)
Ta|cho|graf, **Ta|cho|graph**, der; -en, -en ⟨griech.⟩ (Fahrtenschreiber)
Ta|cho|me|ter, der, *auch* das; -s, - ([Fahr]geschwindigkeitsmesser)
Ta|chy|gra|fie, **Ta|chy|gra|phie**, die; -, ...ien (aus Zeichen für Silben bestehendes Kurzschriftsystem des Altertums); **ta|chy|gra|fisch**, **ta|chy|gra|phisch**
Ta|chy|kar|die, die; -, ...ien (*Med.* beschleunigter Herzschlag)
Ta|chy|me|ter, das; -s, - (*Geodäsie* Messgerät für Geländeaufnahmen)
Ta|chy|on, das; -s, ...onen *meist Plur.* (*Kernphysik* hypothet. Elementarteilchen, das Überlichtgeschwindigkeit besitzen soll)
ta|ci|te|isch; die taciteischen Schriften ↑D 89 *u.* 135; **Ta|ci|tus** (altröm. Geschichtsschreiber)
Ta|cker, der; -s, - (*engl.* (Gerät, mit dem etw. geheftet werden kann); **ta|ckern**; ich tackere
Tack|ling ['tɛk...], das; -s, -s ⟨engl.; *eigtl.* »sliding tackling« (*Fußball* Verteidigungstechnik, bei der der Verteidigende in die Füße des Gegners hineinrutscht)
Täcks, Täks, der; -es, -e ⟨engl.⟩ (keilförmiger Stahlnagel)
Tad|dä|us *vgl.* Thaddäus
Ta|del, der; -s, -; **Ta|de|lei**
ta|del|frei; ta|del|haft; ta|del|los
ta|deln; ich tad[e]le
ta|delns|wert; ta|delns|wür|dig

Ta|del|sucht, die; - (*geh. abwertend*); **ta|del|süch|tig**
Tadler; Tadlerin
Tad|schi|ke [...'dʒiː...], der; -n, -n (Angehöriger eines iran. Volkes in Mittelasien); **Tad|schi|kin**; **ta|d|schi|kisch; Tad|schi|kisch**, das; -[s] (Sprache); **Tad|schi|ki|sche**, das; -n; *vgl.* ²Deutsche; **Tad|schi|ki|s|tan** (Staat im Südosten Mittelasiens)
Tadsch Ma|hal, **Taj Ma|hal**, der; -[s] (Mausoleum in Agra in Indien)
Tae|k|won|do [tɛ...], das; -[s] ⟨korean.⟩ (koreanisches System der Selbstverteidigung)
Tael [tɛːl, *auch* teːl], das; -[s], -s (früheres chin. Gewicht); 5 Tael
Taf. = Tafel.
Ta|fel, die; -, -n; *Abk.* Taf.
Ta|fel|an|schrieb, der; -s, -e
ta|fel|ar|tig
Ta|fel|auf|satz; Ta|fel|berg; Ta|fel|be|steck; Ta|fel|bild
Tä|fel|chen
Ta|fel|en|te
ta|fel|fer|tig; ta|fel|för|mig
Ta|fel|freu|den *Plur.*; **Ta|fel|ge|bir|ge; Ta|fel|ge|schirr; Ta|fel|glas** *Plur.* ...gläser; **Ta|fel|leuch|ter; Ta|fel|ma|le|rei; Ta|fel|mu|sik**
ta|feln (*geh. für* speisen); ich taf[e]le
tä|feln (mit Steinplatten, Holztafeln verkleiden); ich täf[e]le
Ta|fel|obst; Ta|fel|öl; Ta|fel|run|de; Ta|fel|sche|re (*Technik)*; **Ta|fel|sil|ber**, das; -s (Tafelbesteck aus Silber)
Ta|fel|spitz, der; -es, -e (*österr. für* Rindfleisch von der Hüfte; eine Rindfleischspeise)
Ta|fel|tuch *Plur.* ...tücher
Tä|fe|lung
Ta|fel|waa|ge; Ta|fel|was|ser *Plur.* ...wässer, *auch* ...wasser; **Ta|fel|wein; Ta|fel|werk**
Tä|fer, der; -s, - (*schweiz., westösterr. für* Täfelung)
Ta|fer|l|klass|ler (*österr. ugs. scherzh. für* Erstklässler); **Ta|fer|l|klass|le|rin**
tä|fern (*schweiz., westösterr. für* täfeln); ich täfere; **Tä|fe|rung** (*schweiz., westösterr. für* Täfelung)
taff *vgl.* tough
Taft, der; -[e]s, -e ⟨pers.⟩ (Stoff aus [Kunst]seide); **taf|ten** (aus Taft); **Taft|kleid**
Tag... (*südd., österr. u. schweiz. in* Zusammensetzungen *für*

Tage..., z. B. Tagbau, Tagblatt, Taggeld, Taglohn u. a.)

¹**Tag**
der; -[e]s, -e

Großschreibung:
– Tag und Nacht, Tag für Tag
– den ganzen Tag
– am, bei Tage
– in acht Tagen; vor vierzehn Tagen
– eines [schönen] Tag[e]s
– im Laufe des heutigen Tag[e]s
– über Tag, unter Tage (*Bergmannsspr.*)

Kleinschreibung ↑D 70:
– tags; tags darauf, tags zuvor
– tagsüber; tagaus, tagein; tagtäglich
– heutigentags; heutzutage
– tagelang (*vgl. d.*)

Groß- oder Kleinschreibung:
– unter Tags, *österr.*, *schweiz.* untertags (den Tag über)
– wir wollen nur Guten *od.* guten Tag sagen
– zutage *od.* zu Tage bringen, fördern, kommen, treten

²**Tag** [tɛk], das; -s, -s ⟨engl.⟩ ([Geheim]zeichen eines Graffitikünstlers; *EDV* Markierungselement einer Beschreibungssprache)
tag|aus; *nur in* tagaus, tagein *od.* tagein, tagaus
Tag-Cloud, **Tag|cloud** ['tɛk...], die; -, -s ⟨engl.⟩ (*EDV* optische Anordnung von (Schlag)wörtern, um deren Gewichtung u. Beziehungen zu veranschaulichen)
Tag|dieb *vgl.* Tag...
Tag|dienst (*Ggs.* Nachtdienst)
Ta|ge|ar|beit (*früher für* Arbeit des Tagelöhners); **Ta|ge|bau** *vgl.* Tag...; **Ta|ge|blatt** *vgl.* Tag...
Ta|ge|buch; ta|ge|buch|ar|tig; Ta|ge|buch|auf|zeich|nung; Ta|ge|buch|ein|trag; Ta|ge|buch|no|tiz; Ta|ge|buch|num|mer (*Abk.* Tgb.-Nr.); **Ta|ge|buch|schrei|ber; Ta|ge|buch|schrei|be|rin**
Ta|ge|dieb (Nichtstuer, Müßiggänger; *vgl.* Tag...); **Ta|ge|geld** *vgl.* Tag...
tag|ein *vgl.* tagaus
ta|ge|lang; *aber* ganze, mehrere, zwei Tage lang
Ta|ge|lied (*Literaturwiss.*)

Tagelohn

Ta|ge|lohn vgl. Tag...; Ta|ge|löh|ner vgl. Tag...; Ta|ge|löh|ne|rin vgl. Tag...; ta|ge|löh|nern vgl. Tag...
Ta|ge|marsch vgl. Tagesmarsch
ta|gen
Ta|ge|rei|se; Ta|ges|ab|lauf
ta|ges|ak|tu|ell
Ta|ges|an|bruch; Ta|ges|ar|beit (Arbeit eines Tages); Ta|ges|aus|flug
Ta|ges|be|darf; Ta|ges|be|fehl
Ta|ges|best|leis|tung (bes. Kegeln); Ta|ges|best|wert; Ta|ges|be|treu|ung
Ta|ges|bruch (durch einstürzende Bergwerksstollen verursachter Einbruch der Erdoberfläche)
Ta|ges|creme, Ta|ges|crème
Ta|ges|de|cke; Ta|ges|ein|nah|me; Ta|ges|er|eig|nis; Ta|ges|form; Ta|ges|gast; Ta|ges|geld (Bankw.); Ta|ges|ge|schäft; Ta|ges|ge|sche|hen; Ta|ges|ge|spräch; Ta|ges|grup|pe; Ta|ges|heim
ta|ges|hell (seltener für taghell)
Ta|ges|höchst|tem|pe|ra|tur (Meteorol.)
Ta|ges|kar|te; Ta|ges|kas|se; Ta|ges|kli|nik
Ta|ges|kurs; Ta|ges|lauf; Ta|ges|leis|tung
Ta|ges|licht, das; -[e]s; Ta|ges|licht|pro|jek|tor (für Overheadprojektor)
Ta|ges|lo|sung; Ta|ges|marsch
Ta|ges|me|nü (preiswertes, jeweils nur an einem Tag angebotenes Menü im Restaurant)
Ta|ges|mut|ter Plur. ...mütter
Ta|ges|ord|nung; Ta|ges|ord|nungs|punkt (Abk. TOP)
Ta|ges|pfle|ge (Tagespflegeeinrichtung; Kosmetik: am Tage anzuwendendes Hautpflegemittel); Ta|ges|pfle|ge|ein|rich|tung; Ta|ges|pfle|ge|platz
Ta|ges|po|li|tik; ta|ges|po|li|tisch
Ta|ges|pres|se, die; -; Ta|ges|pro|gramm; Ta|ges|ra|ti|on; Ta|ges|raum; Ta|ges|rei|se; Ta|ges|satz
Ta|ges|sieg; Ta|ges|sie|ger; Ta|ges|sie|ge|rin
Ta|ges|stät|te
Ta|ges|sup|pe; Ta|ges|tel|ler (bes. österr., schweiz. für nur aus einem Hauptgang bestehendes Tagesmenü); Ta|ges|tem|pe|ra|tur; Ta|ges|treff
Ta|ges|va|ter; Ta|ges|ver|pfle|gung; Ta|ges|wan|de|rung; Ta|ges|wer|tung (Sport); Ta|ges|zeit; Ta|ges|zei|tung; Ta|ges|ziel

Ta|ge|tes, die; -, - ⟨lat.⟩ (Studenten- od. Samtblume)
ta|ge|wei|se
Ta|ge|werk (altes Feldmaß; nur Sing.: geh. für tägliche Arbeit, Aufgabe; Arbeit eines Tages)
Tag|fahr|licht (Kfz-Technik)
Tag|fahrt (Bergmannsspr. Ausfahrt aus dem Schacht)
Tag|fal|ter
Tag|ge|bäu|de (Bergmannsspr. Schachtgebäude)
Tag|geld vgl. Tag...
tag|gen ['tɛɡn̩] ⟨engl.⟩ (ein Graffito mit einem ²Tag markieren; EDV einen Text mit ²Tags strukturieren); Tag|ging ['tɛɡɪŋ], das; -s, -s (das Taggen)
tag|hell
...tä|gig (z. B. sechstägig [sechs Tage dauernd], mit Ziffer 6-tägig; ↑D 29)
Ta|glia|tel|le [talja...] Plur. ⟨ital.⟩ (schmale ital. Bandnudeln)
täg|lich (alle Tage); tägliches Brot; täglicher Bedarf
...täg|lich (z. B. sechstäglich [alle sechs Tage wiederkehrend], mit Ziffer 6-täglich↑D 29)
Tag|li|lie (Bot.)
Tag|lohn vgl. Tag...; Tag|löh|ner vgl. Tag...; Tag|löh|ne|rin vgl. Tag...
Ta|go|re [...'ɡoːɐ̯, ...'ɡoːrə], Rabin|dra|nath (ind. Dichter u. Philosoph)
Tag|por|ti|er (Ggs. Nachtportier); Tag|por|ti|e|rin; Tag|raum (österr. für Tagesraum)
tags; tags darauf, tags zuvor; vgl. ¹Tag
Tag|satz (südd., österr., schweiz. für Tagessatz)
Tag|sat|zung (österr. Rechtsspr. für behördlich bestimmter Termin; schweiz. [früher] für Tagung der Ständevertreter)
Tag|schicht (Ggs. Nachtschicht)
Tag|sei|te
tags|über; tag|täg|lich
Tag|traum; tag|träu|men; taggeträumt; Tag|träu|mer; Tag|träu|me|rin
Tag|und|nacht|glei|che, Tag-und-Nacht-Glei|che, die; - ⟨selten -n⟩, -n; Frühjahrs-Tagundnachtgleiche
Ta|gung; Ta|gungs|bü|ro; Ta|gungs|ge|bäu|de; Ta|gungs|map|pe; Ta|gungs|ort Plur. ...orte; Ta|gungs|teil|neh|mer; Ta|gungs|teil|neh|me|rin
Tag|wa|che, schweiz. auch Tag-

wacht (österr., schweiz. für Weckzeit u. Weckruf der Soldaten)
Tag|werk (bes. südd., österr. für Tagewerk)
Ta|hi|ti (die größte der Gesellschaftsinseln); Ta|hi|ti|a|ner; Ta|hi|ti|a|ne|rin; ta|hi|ti|a|nisch; ta|hi|tisch
¹Tai vgl. ¹Thai
²Tai vgl. ²Thai
Tai-Chi [...'tʃiː], das; -[s] ⟨chin.⟩ ([in der chinesischen Philosophie] Urgrund des Seins, aus dem alles entsteht; auch Abfolge von Übungen mit langsamen, fließenden Bewegungen; Schattenboxen)
Tai|fun, der; -s, -e ⟨chin.⟩ (trop. Wirbelsturm in Südostasien)
Tai|ga, die; -, -s Plur. selten ⟨russ.⟩ (sibirischer Waldgürtel)
Tai|ko|naut, der; -en, -en ⟨chin.⟩ (chinesischer Weltraumfahrer); Tai|ko|nau|tin
Tail|le ['taljə, österr. 'taɪ̯ljə], die; -, -n ⟨franz.⟩ (schmalste Stelle des Rumpfes; Gürtelweite); tail|len|be|tont; Tail|len|wei|te
¹Tail|leur [ta'jøːɐ̯], der; -s, -s (veraltet für Schneider)
²Tail|leur, das; -s, -s (bes. schweiz. für Schneiderkostüm)
tail|lie|ren [ta(l)'jiː...]; tail|liert
Tai|lor|made ['teɪləmeɪt], das; -[s], -s ⟨engl.⟩ (in konventionellen Stil geschneidertes Kostüm)
Taine [tɛːn] (franz. Historiker)
Tai|peh [auch ...'peː] (Hauptstadt Taiwans)
Tai|wan [auch ...'va(ː)n] ([nur von wenigen Staaten offiziell anerkannter] Inselstaat in Ostasien); Tai|wa|ner, der; -s, -, Tai|wa|ne|se, der; -n, -n; Tai|wa|ne|rin, Tai|wa|ne|sin; tai|wa|nisch, tai|wa|ne|sisch
Ta|jine, Tagine [...'dʒiːn], die; -, -s od. der; -s, -s ⟨arab.⟩ (marokkanischer Schmortopf; ein Gericht)
Taj Ma|hal vgl. Tadsch Mahal
Ta|jo [...xo], der; -[s] ⟨span.-port. Fluss⟩; vgl. Tejo
Take [teɪk], der od. das; -s, -s ⟨engl.⟩ (Film, Fernsehen einzelne Szenenaufnahme)
Take-away, Take|away ['teɪkəveɪ], der u. das; -s, -s ⟨engl.⟩ (Imbisslokal, in dem Speisen u. Getränke vor allem zum Mitnehmen verkauft werden)

Ta|kel, das; -s, - ⟨Seemannsspr. schwere Talje; Takelage); **Ta|ke|la|ge** [...ʒə], die; -, -n (Segelausrüstung eines Schiffes)
Ta|ke|ler, **Tak|ler** (im Takelwerk Arbeitender); **Ta|ke|le|rin**, **Tak|le|rin**; **ta|keln**; ich tak[e]le; **Ta|ke|lung**, **Tak|lung**; **Ta|kel|werk**, das; -[e]s
Take-off, **Take|off** ['teɪkˌlɔf], das od. der; -[s], -s ⟨engl.⟩ (Start eines Flugzeugs o. Ä.; Beginn)
Take-out, **Take|out** ['teɪkˌlaʊt], der od. das; -s, -s ⟨engl.⟩ (Restaurant, das Essen zum Mitnehmen verkauft)
Take-over, **Take|over**, das od. der; -s, -s ⟨engl.⟩ ['teɪkˌloʊvɐ] (Wirtsch. Kauf, Übernahme eines Unternehmens)
Tak|ler usw. vgl. Takeler usw.
Täks vgl. Täcks
¹Takt, der; -[e]s, -e ⟨lat.⟩ (nur Sing.: Zeit-, Tonmaß; Zeiteinheit in einem Musikstück; Technik einer von mehreren Arbeitsgängen im Motor, Hub; Arbeitsabschnitt in der Fließbandfertigung od. in der Automation); Takt halten
²Takt, der; -[e]s ⟨franz.⟩ (Feingefühl; Zurückhaltung)
tak|ten (Technik in Arbeitstakten bearbeiten); **Takt|feh|ler**
takt|fest
Takt|fre|quenz (EDV); **Takt|ge|ber** (EDV)
Takt|ge|fühl, das; -[e]s
T-Ak|tie ['te:...] (Aktie der Deutschen Telekom AG)
¹tak|tie|ren (den ¹Takt angeben)
²tak|tie|ren ⟨zu Taktik⟩ (taktisch vorgehen); **Tak|tie|rer** (jmd., der ²taktiert); **Tak|tie|re|rin**
Tak|tik, die; -, -en ⟨griech.⟩ (geschicktes Vorgehen, planmäßige Ausnutzung einer Lage; Militär Truppenführung)
Tak|ti|ker; **Tak|ti|ke|rin**
tak|til (Biol. das Tasten, den Tastsinn betreffend)
tak|tisch
takt|los; **Takt|lo|sig|keit**
Takt|maß; **takt|mä|ßig**
Takt|mes|ser, der; **Takt|stock** Plur. ...stöcke; **Takt|stra|ße** (Technik)
Takt|strich (Musik)
Takt|ver|kehr (Verkehrsw.)
takt|voll
Tal, das; -[e]s, Täler; zu Tal[e] fahren; **tal|ab**; **tal|ab|wärts**
Ta|lar, der; -s, -e ⟨ital.⟩ (langes Amtskleid); **ta|lar|ar|tig**

tal|auf|wärts; **tal|aus**
Tal|bo|den; **Tal|brü|cke**; **Täl|chen**; **tal|ein**; **tal|ein|wärts**; **Tal|en|ge**
Ta|lent, das; -[e]s, -e ⟨griech.⟩ (Begabung, Fähigkeit; jmd., der [auf einem bestimmten Gebiet] besonders begabt ist; altgriech. Gewichts- u. Geldeinheit)
ta|lent|frei; **Ta|lent|frei|heit**, die; -
ta|len|tiert (begabt); **Ta|len|tiert|heit**, die; -
ta|lent|los; **Ta|lent|lo|sig|keit**, die; -
Ta|lent|pro|be; **Ta|lent|schmie|de** (ugs.); **Ta|lent|scout** (Talentsucher[in])
Ta|lent|su|che; **ta|lent|voll**
Ta|ler, der; -s, - (frühere Münze); **ta|ler|groß**; **Ta|ler|stück**
Tal|fahrt
Talg, der; -[e]s, -e ([Rinder-, Hammel]fett); **talg|ar|tig**; **Talg|drü|se**; **tal|gen**; **tal|gig**
Talg|licht Plur. ...lichter
Tal|hang
Ta|lib, der; -[s], -an (seltener für Taliban)
Ta|li|ban, der; -[s], - meist Plur. ⟨Paschtu⟩ (Angehöriger einer radikalen islamischen Miliz in Afghanistan); **Ta|li|ban|kämp|fer**; **Ta|li|ban|kämp|fe|rin**
Ta|li|on, die; -, -en ⟨lat.⟩ (Vergeltung [durch das gleiche Übel]); **Ta|li|ons|leh|re**, die; - (Rechtslehre von der Wiedervergeltung)
Ta|lis|man, der; -s, -e ⟨griech.⟩ (Glücksbringer)
Tal|je, die; -, -n ⟨niederl.⟩ ⟨Seemannsspr. Flaschenzug); **tal|jen** (aufwinden); er taljet, hat getaljet; **Tal|je|reep** (über die Talje laufendes starkes Tau)
¹Talk, der; -[e]s ⟨arab.⟩ (ein Mineral)
²Talk [tɔ:k], der; -s, -s ⟨engl.⟩ (ugs. für Unterhaltung, Plauderei, [öffentliches] Gespräch)
tal|ken ['tɔ:kn̩] (ugs. für sich in einer Talkshow unterhalten); **Tal|ker** (Jargon Talkmaster)
Tal|ke|rin vgl. Talker
Talk|mas|ter ⟨zu ²Talk⟩ (Moderator einer Talkshow); **Talk|mas|te|rin**
Talk|pu|der
Talk|run|de; **Talk|show** ['tɔ:kʃoʊ], die; -, -s ⟨engl.⟩ (Fernsehsendung, in der ein Moderator od. eine Moderatorin u. geladene

Gäste miteinander [über ein Thema] sprechen)
Tal|kum, das; -s ⟨arab.⟩ (feiner weißer ¹Talk als Streupulver); **tal|ku|mie|ren** (Talkum einstreuen)
Tal|ley|rand [...lɛˈrãː] ⟨franz. Staatsmann⟩
Tal|linn (Hauptstadt Estlands); vgl. Reval
Tal|mi, das; -s (vergoldete [Kupfer-Zink-]Legierung; übertr. für Unechtes); **Tal|mi|glanz**; **Tal|mi|gold**; **tal|min** (selten für aus Talmi; unecht); **Tal|mi|wa|re**
Tal|mud, der; Gen. -[e]s u. -, Plur. -e ⟨hebr., »Lehre«⟩ (Sammlung der Gesetze u. religiösen Überlieferungen des nachbibl. Judentums); **tal|mu|disch**; **Tal|mu|dist**, der; -en, -en (Talmudkenner); **Tal|mu|dis|tin**
Tal|mul|de
Ta|lon [...'lõː, österr. ...'loːn], der; -s, -s ⟨franz.⟩ (Kontrollabschnitt einer Eintrittskarte o. Ä.; Spielkartenrest [beim Geben], Kartenstamm [bei Glücksspielen]; Kaufsteine [beim Dominospiel]; Börse Erneuerungsschein bei Wertpapieren; Musik Griffende [»Frosch«] des Bogens)
Tal|schaft (schweiz. u. westösterr. für Land u. Leute eines Tales; Geogr. Gesamtheit eines Tales u. seiner Nebentäler)
Tal|schi vgl. Talski; **Tal|sen|ke**
Tal|ski, **Tal|schi** (bei der Fahrt am Hang der untere Ski)
Tal|soh|le; **Tal|sper|re**
Tal|sta|ti|on (unterer Haltepunkt einer Bergbahn)
Tal|lung (Geogr.); **Tal|wand**; **tal|wärts**
Ta|ma|got|chi [...'gɔtʃi], das od. der; -, -s ⟨jap.-engl.⟩ (kleines Computerspiel)
Ta|ma|ra (w. Vorn.)
Ta|ma|rin|de, die; -, -n ⟨arab.⟩ (eine trop. Pflanzengattung)
Ta|ma|ris|ke, die; -, -n ⟨vulgärlat.⟩ (ein Strauch mit kleinen Blättern u. rosafarbenen Blüten)
Tam|bour [...buːɐ̯, auch ...'buːɐ̯], der; -s, Plur. -e, schweiz. -en ['tambuːrən] ⟨pers.⟩ (veraltend für Trommler; Archit. Zwischenstück bei Kuppelgewölben; Technik Trommel, zylindrischer Behälter [an Maschinen]); **Tam|bour|ma|jor** (Leiter

Tambourmajor

T
Tamb

eines Spielmannszuges); **Tambour|ma|jo|rin**

Tam|bur, der; -s, -e (Stickrahmen)

tam|bu|rie|ren (mit Tamburierstichen sticken; Haare zwischen Tüll u. Gaze einknoten [bei der Perückenherstellung])

Tam|bu|rier|stich (flächendeckender Zierstich)

Tam|bu|rin [auch ...ˈriːn], das; -s, -e (kleine Hand-, Schellentrommel; Stickrahmen)

Tam|bu|riz|za, die; -, -s ⟨serbokroat.⟩ (mandolinenähnliches Saiteninstrument)

Ta|mi|flu®, das; -s ⟨Kunstwort⟩ (Medikament zur Behandlung der Vogelgrippe)

Ta|mil, das; -[s] (Sprache der Tamilen); **Ta|mi|le**, der; -n, -n (Angehöriger eines vorderind. Volkes); **Ta|mi|lin**; **ta|mi|lisch**

Tamp, der; -s, -e, **Tam|pen**, der; -s, - (Seemannsspr. Tau-, Kettenende)

Tam|pon [...pɔŋ, ...pɔn, österr. nur ...ˈpoːn], der; -s, -s (Med. [Watte-, Mull]bausch; Druckw. Ballen, mit denen gestochene Platten für den Druck eingeschwärzt werden); **Tam|po|na|de** [auch tã...], die; -, -n (Med. Aus-, Zustopfung); **Tam|po|na|ge** [...ʒə], die; -, -n (Technik Abdichtung eines Bohrlochs)

tam|po|nie|ren (Med. [mit Tampons] ausstopfen)

Tam|tam [auch ˈtam...], das; -s (chinesisches, mit einem Klöppel geschlagenes Becken; Gong; afrik. Holztrommel; nur Sing.: ugs. für laute, Aufmerksamkeit erregende Betriebsamkeit)

Ta|mu|le usw. vgl. Tamile usw.

tan = Tangens

TAN, die; -, -s ⟨Abk. für Transaktionsnummer⟩ (eine beim Onlinebanking o. Ä. zusätzlich zur PIN anzugebende Codenummer)

Ta|na|g|ra (altgriech. Stadt); **Ta|na|g|ra|fi|gur**, **Ta|na|g|ra-Figur** (Tonfigur aus Tanagra)

Ta|na|na|ri|ve (früherer Name von Antananarivo)

Tand, der; -[e]s ⟨lat.⟩ (wertloses Zeug)

Tän|de|lei; **Tän|de|ler** vgl. Tändler; **Tän|de|le|rin** vgl. Tändlerin

Tan|del|markt (österr. für Trödel-, Flohmarkt); **Tän|del|markt** (landsch. für Trödelmarkt)

tän|deln; ich tänd[e]le

Tan|dem, das; -s, -s ⟨lat.-engl.⟩ (zweisitziges Fahrrad; Wagen mit zwei hintereinandergespannten Pferden; Technik zwei hintereinandergeschaltete Antriebe); **Tan|dem|ach|se** (Kfz-Technik)

Tan|de|mer (Sozialarbeiter, der gemeinsam mit einem behinderten Menschen eine Übung [z. B. im Sport] ausführt); **Tan|de|me|rin**

Tand|ler (bayr. u. österr. ugs. für Tänd[e]ler); **Tänd|ler** (Schäker; landsch. für Trödler); **Tänd|le|rin**; **Tänd|le|rin**

Tang, der; -[e]s, -e ⟨nordisch⟩ (Bezeichnung mehrerer größerer Arten der Braunalgen)

¹**Tan|ga**, der; -s, -s ⟨Tupi⟩ (sehr knapper Bikini od. Slip)

²**Tan|ga** (Stadt in Tanganjika)

Tan|ga|n|ji|ka (Teilstaat von Tansania); **Tan|ga|n|ji|ka|see**, **Tan|ga|n|ji|ka-See**, der; -s; **Tan|ga|n|ji|ker**; **Tan|ga|n|ji|ke|rin**; **tan|ga|n|ji|kisch**

Tan|ga|slip

Tan|gens [ˈtaŋɡens], der; -, - ⟨lat.⟩ (Math. eine Winkelfunktion im Dreieck; Zeichen tan)

Tan|gens|satz, der; -es

Tan|gen|te, die; -, -n (Gerade, die eine gekrümmte Linie in einem Punkt berührt); **Tan|gen|ten|vier|eck**; **tan|gen|ti|al** (eine gekrümmte Linie od. Fläche berührend)

Tan|ger (marokkan. Hafenstadt)

tan|gie|ren (berühren)

Tan|go, der; -s, -s ⟨span.⟩ (ein Tanz)

Tan|g|ram, das; -s ⟨chin.⟩ (ein Spiel)

Tan|ja (w. Vorn.)

Tank, der; -s, Plur. -s, seltener -e ⟨engl.⟩

Tan|ke, die; -, -n (ugs. für Tankstelle); **tan|ken**

Tan|ker; **Tan|ker|flot|te**

Tank|fahr|zeug; **Tank|flug|zeug**; **Tank|füll|lung**; **Tank|in|halt**

Tank|ki|ni, der; -s, -s ⟨engl.⟩ (Bikini mit einem ärmellosen T-Shirt als Oberteil)

Tank|la|ger; **Tank|las|ter**, der (ugs.); **Tank|last|wa|gen**; **Tank|last|zug**

Tank|red (m. Vorn.)

Tank|säu|le; **Tank|schiff**; **Tank|schloss**; **Tank|stel|le**; **Tank|stopp** (ugs.)

Tank|top [ˈtɛŋktɔp], das; -s, -s ⟨engl.⟩ (ärmelloses T-Shirt)

Tank|uhr; **Tank|ver|schluss**; **Tank|wa|gen**; **Tank|wart**; **Tank|war|tin**

Tann, der; -[e]s, -e (geh. für [Tannen]wald); im dunklen Tann

Tann|ast (schweiz. neben Tannenast)

Tan|nat, das; -[e]s, -e ⟨franz.⟩ (Gerbsäuresalz)

Tänn|chen; **Tän|ne**, die; -, -n

tan|nen (aus Tannenholz)

Tan|nen|ast; **Tan|nen|baum**; **Tan|nen|hä|her**; **Tan|nen|harz**, das; **Tan|nen|holz**; **Tan|nen|ho|nig**; **Tan|nen|mei|se**; **Tan|nen|na|del**; **Tan|nen|reis** (geh.); **Tan|nen|rei|sig**; **Tan|nen|wald**; **Tan|nen|zap|fen**; **Tan|nen|zweig**

Tann|häu|ser (ein Minnesänger)

Tan|nicht, **Tän|nicht**, das; -[e]s, -e (veraltet für Tannenwäldchen)

tan|nie|ren ⟨franz.⟩ (mit Tannin behandeln); **Tan|nin**, das; -s, -e (Gerbsäure); **Tan|nin|bei|ze**

Tänn|ling (junge Tanne)

Tann|zap|fen (landsch., bes. schweiz., neben Tannenzapfen)

Tan|sa|nia [auch ...ˈzaːnia] (die Vereinigte Republik Tansania; Staat in Afrika); **Tan|sa|ni|er**; **Tan|sa|ni|e|rin**; **tan|sa|nisch**

Tan|sa|nit, der; -s, -e (ein Edelstein)

Tan|se, die; -, -n (schweiz. für [auf dem Rücken zu tragendes] Gefäß für Milch, Trauben u. Ä.)

Tan|tal, das; -s ⟨griech.⟩ (chemisches Element, Metall; Zeichen Ta)

Tan|ta|li|de, der; -n, -n meist Plur. (Nachkomme des Tantalus); **Tan|ta|lus** (in der griech. Sage König in Phrygien); **Tan|ta|lus|qua|len** Plur. ↑ D 136

Tänt|chen; **Tän|te**, die; -, -n

Tan|te-Em|ma-La|den

tan|ten|haft (betulich)

Tan|tes vgl. Dantes

Tan|ti|e|me [auch tã...], die; -, -n (Kaufmannsspr. Gewinnbeteiligung an einem Unternehmen)

tan|tig (ugs. für tantenhaft)

Tan|t|ra, das; -[s] (Lehre einer religiösen Strömung in Indien)

Tanz, der; -es, Tänze

Tanz|abend; **Tanz|bar**, die; **Tanz|bär**

Tanz|bein; in der Wendung das Tanzbein schwingen (ugs.)

Tarragonesin

Tanz|bo|den *Plur.* ...böden; Tanz|ca|fé; Tänz|chen; Tanz|die|le tän|zeln; ich tänz[e]le tan|zen; du tanzt; die Puppen tanzen lassen; Tän|zer; Tan|ze|rei; Tän|ze|rin; tän|ze|risch Tanz|flä|che; tanz|freu|dig; Tanz|grup|pe; Tanz|ka|pel|le; Tanz|kar|te *(früher);* Tanz|kunst Tanz|kurs, Tanz|kur|sus Tanz|leh|rer; Tanz|leh|re|rin Tanz|lied; Tanz|lo|kal tanz|lus|tig Tanz|ma|rie|chen (Tänzerin im Karneval) Tanz|muf|fel *(ugs.);* Tanz|mu|sik; Tanz|or|ches|ter Tanz|part|ner; Tanz|part|ne|rin Tanz|platz *(veraltend);* Tanz|saal; Tanz|schritt; Tanz|schu|le; Tanz|schü|ler; Tanz|schü|le|rin Tanz|sport; Tanz|stun|de; Tanz|tee; Tanz|the|a|ter; Tanz|tur|nier; Tanz|un|ter|richt; Tanz|ver|an|stal|tung Tao [*auch* taʊ], das; - ⟨chin.,»der Weg«⟩ (das All-Eine, das absolute, vollkommene Sein in der chin. Philosophie); Tao|is|mus, der; - (chin. Volksreligion) Ta|pa, die; -, -s *od.* der; -, -s *meist Plur.* ⟨span.⟩ (in Bars o. Ä. angebotener Appetithappen) Tape [teɪp], das, *auch* der; -[s], -s ⟨engl.⟩ (Band, Tonband); Tape|deck, das; -s, -s (Tonbandgerät ohne Verstärker u. Lautsprecher); ta|pen (*ugs. für* einen Tapeverband anlegen) Ta|per|greis (*ugs. abwertend);* ta|pe|rig, tap|rig (*nordd. für* unbeholfen, gebrechlich); ta|pern (*nordd. für* sich unbeholfen bewegen); ich tapere Ta|pet, das ⟨griech.⟩; *nur noch in* etwas aufs Tapet (*ugs. für* zur Sprache) bringen Ta|pe|te, die; -, -n; Ta|pe|ten|bahn Ta|pe|ten|kleis|ter; Ta|pe|ten|leim Ta|pe|ten|mus|ter; Ta|pe|ten|rol|le; Ta|pe|ten|tür; Ta|pe|ten|wech|sel (*ugs.*) Tape|ver|band [ˈteɪp...] (Verband aus klebenden Binden od. Pflastern) Ta|pe|zier, der; -s, -e ⟨ital.⟩ (*südd. für* Tapezierer); Ta|pe|zier|ar|beit, Ta|pe|zie|rer|ar|beit; ta|pe|zie|ren; Ta|pe|zie|rer (*österr. auch für* Polsterer); Ta|pe|zie|re|rin Ta|pe|zier|tisch; Ta|pe|zier|werk|statt, Ta|pe|zie|rer|werk|statt

Tap|fe, die; -, -n *meist Plur.*, Tap|fen, der; -s, - *meist Plur.* (Fußspur) tap|fer; Tap|fer|keit; Tap|fer|keits|me|dail|le Ta|pi|o|ka, die; - ⟨indian.⟩ (gereinigte Stärke aus Maniokwurzeln); Ta|pi|o|ka|stär|ke Ta|pir [*österr.* ...ˈpiːɐ̯], der; -s, -e ⟨indian.⟩ (südamerik. u. asiat. Tier mit dichtem Fell u. kurzem Rüssel) Ta|pis|se|rie, die; -, ...ien ⟨franz.⟩ (teppichartige Stickerei) Ta|pis|se|rist (Berufsbez.); Ta|pis|se|ris|tin tapp!; tapp, tapp! Tapp, das; -s (ein Kartenspiel) tap|pen; tap|pig *(landsch.);* täp|pisch; tapp|rig *vgl.* taperig Taps, der; -es, -e (*ugs. für* ungeschickter Mensch; Spur von Mensch od. Tier) tap|sen (*ugs. für* plump auftreten); du tapst; tap|sig *(ugs.)* Ta|ra, der; -, -en ⟨arab.⟩ (*Kaufmannsspr.* die Verpackung, deren Gewicht) Ta|ran|tel, die; -, -n ⟨ital.⟩ (südeurop. Wolfsspinne) Ta|ran|tel|la, die; -, *Plur.* -s *u.* ...llen (südital. Volkstanz) Tar|busch, der; -[e]s, -e ⟨pers.⟩ *(arab. Bez. für* ²Fes) tar|dan|do ⟨ital.⟩ (*Musik* zögernd, langsam); Tar|dan|do, das; -s, *Plur.* -s *u.* ...di Ta|ren (*Plur. von* Tara) Ta|rent ⟨ital. Stadt⟩; Ta|ren|ter, Ta|ren|ti|ner; ta|ren|ti|nisch Tar|gi, der; -[s], Tuareg [*auch* ...rɛk] ⟨Angehöriger berberischer Volksstämme in der Sahara⟩ Tar|hon|ya [...ja], die; - ⟨ung.⟩ (eine ung. Mehlspeise) ta|rie|ren ⟨arab.⟩ (Gewicht eines Gefäßes od. einer Verpackung bestimmen od. ausgleichen); Ta|rier|waa|ge Ta|rif, der; -[e]s, -e ⟨arab.-franz.⟩ (planvoll geordnete Zusammenstellung von Güter- od. Leistungspreisen, auch von Steuern u. Gebühren; Preis-, Lohnstaffel; Gebührenordnung) Ta|rif|ab|schluss ta|rif|fä|risch (seltener für tariflich) Ta|rif|aus|ei|n|an|der|set|zung; Ta|rif|au|to|no|mie; Ta|rif|be-

reich; Ta|rif|be|schäf|tig|te; Ta|rif|be|zirk; Ta|rif|dschun|gel; Ta|rif|ein|heits|ge|setz *Plur.* *selten;* Ta|rif|er|hö|hung; ta|rif|ge|bun|den; Ta|rif|grup|pe; Ta|rif|ho|heit ta|ri|fie|ren (tariflich festlegen); Ta|ri|fie|rung Ta|rif|kom|mis|si|on; Ta|rif|kon|flikt ta|rif|lich; Ta|rif|lohn ta|rif|los; ta|rif|mä|ßig Ta|rif|ord|nung; Ta|rif|par|tei *meist Plur.;* Ta|rif|part|ner; Ta|rif|part|ne|rin Ta|rif|po|li|tik; ta|rif|po|li|tisch Ta|rif|recht; ta|rif|recht|lich Ta|rif|ren|te; Ta|rif|run|de; Ta|rif|satz; Ta|rif|streit; Ta|rif|u|ni|on; Ta|rif|ver|bund; Ta|rif|ver|hand|lung Ta|rif|ver|trag; Tarifvertrag für den öffentlichen Dienst (*Abk.* TVöD); ta|rif|ver|trag|lich Ta|rif|wech|sel; Ta|rif|zo|ne Tar|la|tan, der; -s, -e ⟨franz.⟩ (feines Baumwoll- *od.* Zellwollgewebe) Tarn|an|strich; Tarn|an|zug tar|nen; sich tarnen; Tarn|far|be; Tarn|fir|ma; Tarn|kap|pe Tarn|kap|pen|bom|ber (ein [mit Radar nicht erkennbares] amerik. Kampfflugzeug) Tarn|man|tel; Tarn|na|me; Tarn|netz; Tar|nung Ta|ro, der; -s, -s ⟨polynes.⟩ (eine trop. Knollenfrucht) Ta|rock, das, *österr. nur so, od.* der; -s, -s ⟨ital.⟩ (ein Kartenspiel); ta|ro|cken, ta|ro|ckie|ren (Tarock spielen); Ta|rock|spiel Ta|rot [...ˈroː], das *od.* der; -s, -s ⟨franz.-engl.⟩ (dem Tarock ähnliches Kartenspiel, das zu spekulativen Deutungen verwendet wird); Ta|rot|kar|te Tar|pan, der; -s, -e ⟨russ.⟩ (ein ausgestorbenes Wildpferd) Tar|pe|ji|sche Fels, der; -n -en, Tar|pe|ji|sche Fel|sen, der; -n -s (Richtstätte im alten Rom) Tar|quin, Tar|qui|ni|us (in der röm. Sage Name zweier Könige) Tar|qui|ni|er, der; -s, - (Angehöriger eines etrusk.-röm. Geschlechtes); Tar|qui|ni|e|rin Tar|qui|ni|us *vgl.* Tarquin ¹Tar|ra|go|na (span. Stadt) ²Tar|ra|go|na, der; -s, -s (ein span. Wein) Tar|ra|go|ne|se, der; -n, -n Tar|ra|go|ne|sin, die; -, -nen

T
Tarr

Tar|ser ⟨zu ¹Tarsus⟩; **Tar|se|rin;
tar|sisch**
¹Tar|sus ⟨griech.⟩ (Stadt in Kleinasien)
²Tar|sus, der; -, ...sen ⟨griech.⟩
 (*Med.* Fußwurzel; Lidknorpel;
 Zool. »Fuß« des Insektenbeines)
¹Tar|tan, der; -[s], -s ⟨engl.⟩ (Plaid
 in buntem Karomuster; karierter Umhang der Schotten)
²Tar|tan®, der; -s ⟨Kunstwort⟩ (ein
 wetterfester Kunststoffbelag
 für Laufbahnen)
Tar|tan|bahn; Tar|tan|be|lag
Tar|ta|ne, die; -, -n ⟨ital.⟩
 (Fischerfahrzeug im Mittelmeer)

Tatar
Sowohl der Angehörige einer bestimmten, vor allem in Russland beheimateten Bevölkerungsgruppe als auch das nach dieser Gruppe benannte Gericht aus rohem Rindfleisch werden mit einem Wort bezeichnet, in dem kein *r* nach dem ersten *a* geschrieben wird.

tar|ta|re|lisch ⟨griech.⟩ (zur Unterwelt gehörend, unterweltlich)
Tar|ta|ros, ¹Tar|ta|rus, der; -
 (Unterwelt in der griechischen
 Mythologie)
²Tar|ta|rus, der; - ⟨mlat.⟩ (Weinstein)
Tar|te ['tart(ə)], die; -, -n *od.* -s
 ⟨franz.⟩ (*Kochkunst* flacher,
 mit Obst belegter Kuchen)
Tar|t|rat, das; -[e]s, -e (Salz der
 Weinsäure)
Tart|sche, die; -, -n ⟨franz.⟩ (ein
 mittelalterlicher Schild)
Tar|tu (*estn. u. russ. Form von*
 Dorpat)
Tar|tüff, der; -s, -e ⟨nach einer
 Gestalt bei Molière⟩ (Heuchler)
Tar|tu|fo, das; -s, -si ⟨ital.⟩ (mit
 Schokolade überzogene Halbkugel aus Speiseeis)
Tar|zan (Dschungelheld in
 Büchern von E. R. Burroughs)
Täsch|chen; Ta|sche, die; -, -n
Tä|schel|kraut, das; -[e]s
Ta|schen|aus|ga|be; Ta|schen|buch; Ta|schen|com|pu|ter; Ta|schen|dieb; Ta|schen|die|bin; Ta|schen|dieb|stahl; Ta|schen|fahr|plan; Ta|schen|fei|tel *vgl.* Feitel;
Ta|schen|for|mat
Ta|schen|geld; Ta|schen|ka|len-
der; **Ta|schen|kamm; Ta|schen|krebs; Ta|schen|lam|pe; Ta|schen|mes|ser,** das; **Ta|schen|rech|ner; Ta|schen|schirm; Ta|schen|spie|gel**
Ta|schen|spie|ler; Ta|schen|spie|le|rei; ta|schen|spie|lern; ich
 taschenspielere; getaschenspielert; zu taschenspielern
Ta|schen|spie|ler|trick
Ta|schen|trä|ger (*ugs., oft abwertend*); **Ta|schen|trä|ge|rin**
Ta|schen|tuch *Plur.* ...tücher; **Ta|schen|uhr; Ta|schen|wör|ter|buch**
Ta|scherl, das; -s, -[n]; *vgl.* Pickerl
 (*bayr. u. österr. ugs. für* kleine
 Tasche, *auch für* eine Süßspeise)
Tasch|kent (Hauptstadt von
 Usbekistan)
Tasch|ner (*österr. u. südd. für*
 Täschner); **Täsch|ner** (Taschenmacher); **Tasch|ne|rin; Täsch|ne|rin**
Ta|ser ['te:zɐ], der; -s, - ⟨engl.⟩
 (eine Elektroschockpistole)
Task|bar, die; -, -s ⟨engl.⟩ (*EDV*
 Taskleiste); **Task|leis|te** (*EDV*
 Bildschirmbereich, der die aufgerufenen Programme anzeigt)
Tas|ma|ni|en (austral. Insel); **Tas|ma|ni|er; Tas|ma|ni|e|rin; tas|ma|nisch**
TASS, die; - = Telegrafnoe
 Agentstvo Sovetskogo Sojuza
 (Nachrichtenagentur der Sowjetunion, 1925–1991)
Täss|chen
Tas|se, die; -, -n; **Tas|sen|rand**
Tas|so (ital. Dichter)
Tas|ta|tur, die; -, -en ⟨ital.⟩
tast|bar
Tas|te, die; -, -n; **Tast|emp|fin|dung**
tas|ten (*Druckw. auch für* den
 Taster bedienen)
Tas|ten|druck *Plur.* ...drücke; **Tas|ten|in|s|t|ru|ment; Tas|ten|scho|ner; Tas|ten|schrei|ben,** das; -s
 (*seltener für* Tastschreiben);
Tas|ten|te|le|fon; Tas|ter (ein
 Abtastgerät; *Zool. svw.* Palpe;
 Druckw. schreibmaschinenähnl. Teil des Setzmaschine;
 Setzer, der den Taster bedient)
Tast|or|gan; Tast|schrei|ben, das;
 -s (das Schreiben mit einer
 Tastatur); **Tast|sinn,** der; -[e]s
tat *vgl.* tun
Tat, die; -, -en; in der Tat
Ta|ta|mi, die; -, -s ⟨jap.⟩ (Unterlage für Futons o. Ä.)
¹Ta|tar, der; -en, -en (Angehöriger
 einer Bevölkerungsgruppe im
 Wolgagebiet in Südrussland, in
 der Ukraine u. in Westsibirien)
²Ta|tar, das; -s, -[s] ⟨nach den
 Tataren⟩ (rohes, geschabtes
 Rindfleisch [mit Ei u. Gewürzen]); **Ta|tar|beef|steak**
Ta|ta|rei, die; - (die innerasiatische Heimat der Tataren);
 ↑D 140: die Große, die Kleine
 Tatarei
Ta|ta|ren|mel|dung, Ta|ta|ren|nach|richt (*veraltend für* unwahrscheinliche Schreckensnachricht)
Ta|ta|rin *vgl.* ¹Tatar; **ta|ta|risch**
Ta|tar|s|tan [*auch* 'ta:...] (Republik in der Russischen Föderation)
ta|tau|ie|ren ⟨tahit.⟩ (*Völkerkunde* tätowieren)
Tat|aus|gleich (*österr. Rechtsspr.
 für* Wiedergutmachung ohne
 gerichtliches Urteil); außergerichtlicher Tatausgleich
Tat|be|richt; Tat|be|stand; Tat|be|tei|li|gung; Tat|ein|heit, die; -; in
 Tateinheit mit ... (*Rechtsspr.*)
Ta|ten|drang, der; -[e]s
Ta|ten|durst (*geh.*); **ta|ten|durs|tig**
 (*geh.*)
ta|ten|froh
ta|ten|los; Ta|ten|lo|sig|keit, die; -
Tä|ter; Tä|ter|be|schrei|bung; Tä|ter|grup|pe
Tä|te|rin; Tä|ter|schaft
Tat|form, Tä|tig|keits|form (*für*
 Aktiv)
Tat|ge|sche|hen; Tat|her|gang
Ta|ti|an (frühchristl. Schriftsteller)
tä|tig; tä|ti|gen (*Kaufmannsspr.*);
 ein Geschäft, einen Kauf tätigen (*dafür besser:* abschließen)
Tä|tig|keit
Tä|tig|keits|be|reich; Tä|tig|keits|be|richt; Tä|tig|keits|drang, der;
 -[e]s; **Tä|tig|keits|feld**
Tä|tig|keits|form *vgl.* Tatform; **Tä|tig|keits|wort** *Plur.* ...wörter
 (*für* Verb)
Tä|ti|gung (*Kaufmannsspr.*)
Tat|ja|na (w. Vorn.)
Tat|kraft, die; -; **tat|kräf|tig**
tät|lich; tätlich werden; tätlicher
 Angriff; **Tät|lich|keit** *meist Plur.*
Tat|mensch; Tat|mo|tiv
Tat|ort, der; -[e]s, ...orte
Tat|ort|ana|ly|ti|ker (Kriminalistik); **Tat|ort|ana|ly|ti|ke|rin**
tä|to|wie|ren ⟨tahit.⟩ (Zeichnungen mit Farbstoffen in die
 Haut einritzen); **Tä|to|wie|rer;**

Tausend

Tä|to|wie|re|rin; Tä|to|wie|rung (Hautzeichnung)
Tat|ra, die; - (Gebirgskette der Karpaten); ↑D 140: die Hohe, die Niedere Tatra
Tat|sa|che; Tat|sa|chen|be|richt; Tat|sa|chen|ent|schei|dung (vom Schiedsrichter während des Spiels gefällte Entscheidung); Tat|sa|chen|ma|te|ri|al
tat|säch|lich [*auch* ...'zɛ...]; Tat|säch|lich|keit
Tätsch, der; -[e]s, -e (*südd. für* Brei; ein Backwerk)
Tat|sche, die; -, -n (*landsch. für* Hand; leichter Schlag)
tät|scheln; ich tätsch[e]le
tat|schen (*ugs. für* plump anfassen); du tatschst
Tatsch|kerl, das; -s, -[n]; *vgl.* Pickerl (*ostösterr. ugs. svw.* Tascherl [Süßspeise])
Tat|tedl *vgl.* Thaddädl
Tat|ter|greis (*ugs.*); Tat|te|rich, der; -[e]s (*ugs. für* [krankhaftes] Zittern); tat|te|rig, tatt|rig (*ugs.*); tat|tern (*ugs. für* zittern); ich tattere
Tat|ter|sall, der; -s, -s ⟨nach dem engl. Stallmeister⟩ (geschäftl. Unternehmen für Reitsport; Reitbahn, -halle)
¹Tat|too [tɛ'tu:], das; -[s], -s (*engl. Bez. für* Zapfenstreich)
²Tat|too, das, *seltener* der; -s, -s (*engl. Bez. für* Tätowierung)
tatt|rig *vgl.* tatterig
ta|tü|ta|ta!; Ta|tü|ta|ta, das; -[s], -[s] (*ugs.*)
Tat|ver|dacht; tat|ver|däch|tig; Tat|ver|däch|ti|ge; Tat|vor|wurf; Tat|waf|fe
Tatz|[chen]; Tat|ze, die; -, -n (Pfote, Fuß der Raubtiere; *ugs. für* plumpe Hand)
Tat|zeit
Tat|zel|wurm, der; -[e]s (sagenhaftes Kriechtier im Volksglauben einiger Alpengebiete)
Tat|zeug|e; Tat|zeu|gin
¹Tau, der; -[e]s (Niederschlag)
²Tau, das; -[e]s, -e (starkes [Schiffs]seil)
³Tau, das; -s, -s (griech. Buchstabe: T, τ)
taub; sich taub stellen; taube (leere) Nuss; taubes Gestein (*Bergmannsspr.* Gestein ohne Erzgehalt)
taub|blind; Taub|blin|de
Täub|chen
¹Tau|be, die; -, -n
²Tau|be, der *u.* die; -n, -n

tau|ben|blau (blaugrau)
Tau|ben|ei
tau|be|netzt ⟨*zu* ¹Tau⟩
tau|ben|grau (blaugrau)
Tau|ben|haus; Tau|ben|ko|bel (*südd., österr. für* Taubenschlag); Tau|ben|nest; Tau|ben|pla|ge; Tau|ben|post; Tau|ben|schlag
Tau|ben|zucht; Tau|ben|züch|ter; Tau|ben|züch|te|rin
¹Tau|ber, Täu|ber, der; -s, - (männliche Taube)
²Tau|ber, die; - (linker Nebenfluss des Mains)
Tau|ber|bi|schofs|heim (Stadt an der ²Tauber)
Tau|be|rich, Täu|be|rich *vgl.* ¹Tauber
Taub|heit, die; -
Täub|bin
Täub|ling (ein Pilz)
Taub|nes|sel (eine Pflanze)
taub|stumm (veraltend; bes. von Gehörlosen oft als diskriminierend empfunden); Taub|stum|me (veraltend *für* Gehörlose[r])
Tauch|aus|rüs|tung (*svw.* Taucherausrüstung)
Tauch|boot (Unterseeboot)
tau|chen; Tau|chen, das; -s
Tauch|en|te
Tau|cher
Tau|cher|an|zug; Tau|cher|aus|rüs|tung; Tau|cher|bril|le; Tau|cher|glo|cke; Tau|cher|helm *vgl.* ¹Helm
Tau|che|rin
Tau|cher|krank|heit (*svw.* Caissonkrankheit); Tau|cher|ku|gel
Tauch|fahrt; Tauch|gang, der
tauch|klar (von U-Booten)
Tauch|kurs
Tauch|leh|rer; Tauch|leh|re|rin; Tauch|ma|nö|ver; Tauch|sie|der; Tauch|sport; Tauch|sta|ti|on; Tauch|tie|fe; Tauch|tou|ris|mus
¹tau|en; es taut
²tau|en (*nordd. für* mit einem Tau vorwärtsziehen; schleppen)
Tau|en|de
¹Tau|ern, der; -s, - (*Bez. für* Übergänge in den ²Tauern)
²Tau|ern *Plur.* (Gruppe der Ostalpen); ↑D 140: die Hohen, die Niederen Tauern
Tau|ern|bahn ↑D 143; Tau|ern|ex|press; Tau|ern|tun|nel
Tauf|be|cken; Tauf|be|kennt|nis; Tauf|brun|nen; Tauf|buch (*svw.* Taufregister)
Tau|fe, die; -, -n
tau|fen; getauft (*vgl.* d.)

Täu|fer; Täu|fe|rin
Tauf|for|mel; Tauf|ge|lüb|de
Tauf|ge|sinn|te, die *u.* die; -n, -n (*Bez. für* Mennonit[in], Baptist[in] u. Anhänger[in] bestimmter Freikirchen)
Tauf|ka|pel|le; Tauf|ker|ze; Tauf|kir|che; Tauf|kleid
Täuf|ling; Tauf|na|me; Tauf|pa|te; Tauf|pa|tin; Tauf|re|gis|ter
tau|frisch ⟨*zu* ¹Tau⟩
Tauf|scha|le; Tauf|schein; Tauf|spruch; Tauf|stein
tau|gen; das taugt nichts; das taugt mir (*österr. für* gefällt mir)
Tau|ge|nichts, der; *Gen. - u.* -es, *Plur.* -e
taug|lich; Taug|lich|keit
tau|ig (*geh. für* feucht von ¹Tau)
Tau|mel, der; -s; tau|me|lig, taum|lig
Tau|mel|lolch (eine Grasart)
tau|mein; ich taum[e]le; taum|lig *vgl.* taumelig
tau|nass ⟨*zu* ¹Tau⟩
Tau|nus, der; - (Teil des Rheinischen Schiefergebirges)
taupe [to:p] ⟨*lat.-franz.*⟩ (maulwurfgrau)
Tau|punkt
Tau|ri|en (früheres russ. Gouvernement); Tau|ri|er
Tau|rin, das; -s ⟨griech.⟩ (eine organische Säure)
Tau|ris (alter Name für die Krim)
Tau|rus, der; - (Gebirge in Kleinasien)
Tau|salz (*svw.* Streusalz)
Tausch, der; -[e]s, *Plur. -e u.* Täusche; Tausch|bör|se; Tausch|chen; du tauschst
täu|schen; du täuschst; täuschend ähnlich; Täu|scher
Tau|sche|rei (*ugs.*)
Täu|sche|rin
Tausch|ge|schäft; Tausch|han|del *vgl.* ¹Handel
tau|schie|ren ⟨arab.-franz.⟩ (Edelmetalle in unedle Metalle einhämmern); Tau|schie|rung
Tausch|ob|jekt
Täu|schung; Täu|schungs|ma|nö|ver; Täu|schungs|ver|such
Tausch|ver|fah|ren; Tausch|ver|kehr; Tausch|ver|trag; tausch|wei|se
Tausch|wert; Tausch|wirt|schaft
tau|send *s. Kasten Seite 1092*
¹Tau|send, der (veraltend *für* Teufel); nur noch in ei der Tausend!, potztausend!
²Tau|send, die; -, -en (Zahl); *vgl.* ¹Acht

Tausend

tau|send

(*als römisches Zahlzeichen* M)
I. *Kleinschreibung:*
– [acht] von tausend
– bis tausend zählen
– tausend Dank, tausend Grüße
– Land der tausend Seen (Finnland)

II. *Klein- oder Großschreibung bei unbestimmten (d. h. nicht in Ziffern schreibbaren) Mengenangaben:*
– ein paar Tausend *od.* tausend; ein paar Tausend *od.* tausend Bäume, Menschen
– einige, mehrere, viele Tausend *od.* tausend Büroklammern
– einige, mehrere, viele Tausende *od.* tausende
– Tausende *od.* tausende von Menschen
– die Summe geht in die Tausende *od.* tausende
– sie strömten zu Tausenden *od.* tausenden herein
– Tausend und Abertausend *od.* tausend und abertausend Sterne
– Tausende und Abertausende *od.* tausende und abertausende bunter Laternen (*vgl. auch* aber)

III. *Zusammenschreibung in Verbindung mit bestimmten Zahlwörtern:*
– eintausend, zweitausend, zweieinhalbtausend [Personen]
– tausendeins, eintausendeins, eintausendundeins, tausendundeins
– [ein]tausend[und]achtzig
– [ein]tausend[und]ein Liter, bei [ein]tausend[und]einem Liter
– [ein]tausend[und]ein Euro

³**Tau|send**, das; -s, -e (Maßeinheit; *Abk.* Tsd.); das ist ein Tausend Zigarren (eine Kiste mit einem Tausend Zigarren); [fünf] vom Tausend (*Abk.* v. T., p. m.; *Zeichen* ‰); in Tausenden oder tausend (in Listen, Tabellen u. Ä.); *vgl.* tausend
Tau|send|blatt, das; -[e]s (eine Wasserpflanze)
tau|send|ein, tau|send|und|ein (*vgl. d.*); **tau|send|eins**, tau|send|und|eins
Tau|sen|der *vgl.* Achter; **tau|sen|der|lei**
tau|send|fach, **Tau|send|fa|che** *vgl.* Achtfache
tau|send|fäl|tig
Tau|send|fü|ßer; **Tau|send|füß|ler**
Tau|send|gul|den|kraut, **Tau|send|gül|den|kraut**, das; -[e]s (eine Heilpflanze)
Tau|send|jahr|fei|er (*mit Ziffern* 1 000-Jahr-Feier; ↑D 26)
tau|send|jäh|rig; *aber* ↑D 151: das Tausendjährige Reich (*bibl.*; *auch iron. Bez. für die Zeit der nationalsoz. Herrschaft*); *vgl.* achtjährig
Tau|send|künst|ler; **Tau|send|künst|le|rin**
tau|send|mal *vgl.* achtmal, hundertmal; **tau|send|ma|lig**
Tau|send|mark|schein (*mit Ziffern* 1 000-Mark-Schein; ↑D 26)
tau|send|sa|cker|ment! (*veraltet*)
Tau|send|sa|sa (*veraltende Schreibung für* Tausendsassa)
Tau|send|sas|sa, der; -s, -[s] (vielseitig begabter Mensch)
Tau|send|schön, das; -s, -e, **Tau|send|schön|chen** (eine Pflanze)
tau|send|sei|tig

tau|sends|te *vgl.* achte, hundertste; **tau|sends|tel** *vgl.* achtel; **Tau|sends|tel**, das, *schweiz. meist* der; -s, -; *vgl.* Achtel; **Tau|sends|tel|se|kun|de**; **tau|sends|tens**
tau|send|und|ein, tau|send|ein; *vgl.* hundert[und]ein; ein Märchen aus Tausendundeiner Nacht; **tau|send|und|eins** *vgl.* tausendeins
Tau|to|lo|gie, die; -, ...ien (Fügung, die einen Sachverhalt doppelt wiedergibt, z. B. »immer u. ewig«, »voll u. ganz«; *auch svw.* Pleonasmus); **tau|to|lo|gisch**
tau|to|mer (der Tautomerie unterliegend); **Tau|to|me|rie**, die; -, ...ien (*Chemie* eine Art der chem. Isomerie)
Tau|trop|fen; **Tau|was|ser** *Plur.* ...wasser (*svw.* Schmelzwasser)
Tau|werk, das; -[e]s
Tau|wet|ter; **Tau|wind**
Tau|zie|hen, das; -s (*übertr. auch für* Hin u. Her)
Ta|ver|ne, die; -, -n (*ital.*) (italienisches Wirtshaus)
Ta|xa|me|ter, das *od.* der; -s, - ⟨*lat.*; *griech.*⟩ (Fahrpreisanzeiger in Taxis; *veraltet für* Taxi)
Tax|amt
Ta|xa|ti|on, die; -, -en ⟨*lat.*⟩ (Schätzung, Wertermittlung)
ta|xa|tiv (*österr. für* vollständig); taxativ aufzählen
Ta|xa|tor, der; -s, ...oren (Schätzer, Wertermittler)
¹**Ta|xe**, die; -, -n ([Wert]schätzung; [amtlich] festgesetzter Preis; Gebühr)
²**Ta|xe**, die; -, -n (*svw.* Taxi)

tax|frei (gebührenfrei)
Ta|xi, das, *schweiz. auch* der; -s, -s (Auto zur Personenbeförderung gegen Bezahlung); **Ta|xi|chauf|feur**; **Ta|xi|chauf|feu|rin**
ta|xie|ren (schätzen, den Wert ermitteln); **Ta|xie|rung** *vgl.* Taxation
Ta|xi|fah|rer; **Ta|xi|fah|re|rin**; **Ta|xi|fahrt**; **Ta|xi|len|ker** (*österr. für* Taxifahrer); **Ta|xi|len|ke|rin**; **Ta|xi|stand**; **Tax|ler** (*bes. südd., österr. ugs. für* Taxifahrer); **Tax|le|rin**
Ta|xo|no|mie, die; -, ...ien ⟨*griech.*⟩ (Einordnung in ein bestimmtes System); **ta|xo|no|misch**
Tax|preis (geschätzter Preis)
Ta|xus, der; -, - ⟨*lat.*⟩ (*Bot.* Eibe); **Ta|xus|he|cke**
Tax|wert (Schätzwert)
Tay|lor|sys|tem, Tay|lor-Sys|tem ['teɪlɐ..., 'teː...], das; -s (nach dem Amerikaner F. W. Taylor) (System der wissenschaftlichen Betriebsführung mit dem Ziel, einen möglichst wirtschaftlichen Betriebsablauf zu erzielen)
Ta|zet|te, die; -, -n ⟨*ital.*⟩ (eine Narzissenart)
Taz|zerl, das; -s, -[n]; *vgl.* Pickerl (*ital.*) (*österr. ugs. für* Untertasse, Verpackungsteller)
¹**Tb** (*chem. Zeichen für* Terbium)
²**Tb**, **Tbc** = Tuberkulose
Tbc-krank [teːbeːˈtseː...], **Tbk-krank** [teːbeːˈkaː...], **Tb-krank** [teːˈbeː...] ↑D 28 *u.* 97 (tuberkulosekrank); **Tbc-Kran|ke**, **Tbk-Kran|ke**, **Tb-Kran|ke**, der *u.* die; -n, -n ↑D 28
Tbi|lis|si (*georg. Form von* Tiflis)

Tbk = Tuberkulose
Tbk-krank [teːbeːˈkaː...], **Tb-krank** usw. vgl. Tbc-krank usw.
T-Bone-Steak [ˈtiːbɔʏn...] ⟨engl.⟩ (Steak aus dem Rippenstück des Rinds)
Tc (chem. Zeichen für Technetium)
T-Car [ˈtiːkaːɐ̯], das; -s, -s ⟨engl.⟩ (Trainings- od. Ersatzrennwagen)
TCS, der; - = Touring-Club der Schweiz
Te (chem. Zeichen für Tellur)
Teach-in, **Teach|in** [tiːtʃ...], das; -s, -s ⟨amerik.⟩ (Protestdiskussion)
Teak [tiːk], das; -s ⟨engl.⟩ (kurz für Teakholz); **Teak|baum** (ein südostasiat. Baum mit wertvollem Holz); **tea|ken** (selten für aus Teakholz); **Teak|holz**; **Teak|holz|mö|bel**
Team [tiːm], das; -s, -s ⟨engl.⟩ (Arbeitsgruppe; Sport Mannschaft, österr. auch für Nationalmannschaft); **Team|ar|beit**
Team|be|werb (österr. für Mannschaftswettbewerb)
Team|chef; **Team|che|fin**
team|fä|hig; **Team|fä|hig|keit**
Team|ge|dan|ke, der; ...kens; **Team|geist**, der; -[e]s
Team|ka|pi|tän; **Team|ka|pi|tä|nin**
Team|kol|le|ge; **Team|kol|le|gin**
Team|lei|berl (österr. für Nationaltrikot)
Team|lei|ter, der; **Team|lei|te|rin**; **Team|ma|na|ger**; **Team|ma|na|ge|rin**; **Team|mit|glied**; **team|ori|en|tiert**; **Team|sport**
Team|tea|ching, **Team-Tea|ching** [...tiːtʃɪŋ], das; -[s] (gemeinsames Unterrichten durch mehrere Lehrkräfte)
Team|trai|ning (bes. Sport)
Team|work [...vœːɐ̯k], das; -s, -s (Gemeinschaftsarbeit)
Tea|room [ˈtiːruːm], der, schweiz. auch das; -s, -s ⟨engl.⟩ (Teestube; schweiz. für Café, in dem kein Alkohol ausgeschenkt wird)
Tea|ser [ˈtiːzɐ], der; -s, - ⟨engl.⟩ (Neugier erweckendes Werbemittel)
TecDAX® (Aktienindex, der die 30 größten an der Frankfurter Wertpapierbörse notierten Technologieunternehmen umfasst)
Tech|ne|ti|um, das; -s ⟨griech.⟩ (chem. Element; Zeichen Tc)

tech|ni|fi|zie|ren ⟨griech.; lat.⟩; **Tech|ni|fi|zie|rung**
Tech|nik, die; -, -en ⟨griech.⟩
tech|nik|af|fin (eine Vorliebe für Technik habend)
Tech|ni|ker; **Tech|ni|ke|rin**
tech|nik|feind|lich; **Tech|nik|fol|gen|ab|schät|zung**; **Tech|nik|freak**; **tech|nik|gläu|big**
Tech|ni|kum, das; -s, Plur. ...ka, auch ...ken (technische Fachschule)

tech|nisch
⟨griech.-franz.⟩
Kleinschreibung ↑D 89:
– technischer Ausdruck (Fachwort)
– technische Berufe
– [eine] technische Hochschule, [eine] technische Universität
Großschreibung in Namen ↑D 150:
– die Technische Universität (Abk. TU) Berlin
– Technisches Hilfswerk (Name einer Hilfsorganisation; Abk. THW)
– Technischer Überwachungs-Verein (Abk. TÜV)
Als Berufs- oder Funktionsbezeichnung ↑D 89:
– **technischer** od. Technischer Zeichner
– **technische** od. Technische Softwareentwicklerin
– **technischer** od. Technischer Direktor

tech|ni|sie|ren; **Tech|ni|sie|rung**
Tech|ni|zis|mus, der; -, ...men (techn. Fachausdruck)
Tech|no [ˈtɛk...], das od. der; -[s] ⟨engl.⟩ (elektronische, von bes. schnellem Rhythmus bestimmte Tanzmusik)
tech|no|id (durch die Technik bedingt, verursacht)
Tech|no|krat, der; -en, -en ⟨griech.⟩; **Tech|no|kra|tie**, die; -, ...ien (vorherrschende Stellung der Technik in Wirtschaft u. Politik); **Tech|no|kra|tin**; **tech|no|kra|tisch**
Tech|no|lo|ge, der; -n, -n; **Tech|no|lo|gie**, die; -, ...ien (Gesamtheit der techn. Prozesse in einem Fertigungsbereich; techn. Verfahren; nur Sing.: Lehre von der Umwandlung von Rohstoffen in Fertigprodukte)

Tech|no|lo|gie|an|bie|ter (Wirtsch.)
Tech|no|lo|gie|park (Gelände, auf dem Firmen moderne Technologien entwickeln)
Tech|no|lo|gie|trans|fer (Weitergabe technologischer Forschungsergebnisse)
Tech|no|lo|gie|un|ter|neh|men; **Tech|no|lo|gie|zen|t|rum**
Tech|no|lo|gin; **tech|no|lo|gisch**
Tech|no|mu|sik; **Tech|no|par|ty**
Tech|no|pol, das; -s, -e (meist abwertend für beherrschender Einfluss moderner Technologie)
Tech|tel|mech|tel [auch ˈtɛ...], das; -s, - (ugs. für Liebelei, Flirt)
Te|ckel, der; -s, - (fachspr. für Dackel)
TED [tɛt], der; -s ⟨Kurzwort aus Teledialog⟩ (Computer, der telefonische Stimmabgaben annimmt u. hochrechnet)
Ted|dy [...di], der; -s, -s ⟨engl.⟩ (Stoffbär als Kinderspielzeug); **Ted|dy|bär**, der; -en, -en; **Ted|dy|fut|ter** vgl. ²Futter; **Ted|dy|man|tel**
Te|de|um, das; -s, -s ⟨lat., aus »Te Deum laudamus« = »Dich, Gott, loben wir!«⟩ (nur Sing.: kath. Kirche Hymnus der lateinischen Liturgie; musikalisches Werk über diesen Hymnus)
¹**Tee**, der; -s, -s ⟨chin.⟩; schwarzer, grüner, russischer Tee
²**Tee** [tiː], das; -s, -s ⟨engl.⟩ (Golf kleiner Stift, der in den Boden gedrückt u. auf den der Golfball vor dem Abschlag aufgesetzt wird)
TEE, der; -[s], -[s] = Trans-Europ-Express (früher)
Tee|bä|cke|rei (österr. für Teegebäck)
Tee|beu|tel; **Tee|blatt** meist Plur.; **Tee|brett**; **Tee|but|ter** (österr. für Markenbutter)
Tee-Ei, **Tee|ei**
Tee-Ern|te, **Tee|ern|te**
Tee|ge|bäck; **Tee|ge|sell|schaft**; **Tee|glas** Plur. ...gläser; **Tee|haus**
Tee|in vgl. **Tein**
Tee|kan|ne; **Tee|kes|sel** (auch ein Ratespiel); **Tee|kü|che**; **Tee|licht** Plur. ...lichter u. ...e
Tee|löf|fel; **tee|löf|fel|wei|se**
Teen [tiːn], der; -s, -s meist Plur., **Teen|ager** [ˈtiːnɛɪ̯dʒɐ], der; -s, - ⟨engl.⟩ (ugs. für Junge od. Mäd-

teenagerhaft

chen im Alter zwischen 13 u. 19 Jahren); Teen|ager|haft; Teen|ager|idol; Teen|ager-schwan|ger|schaft
Tee|nie, Tee|ny ['tiːni], der; -s, -s ([jüngerer, bes. w.] Teen); Tee-nie|schwarm, Tee|ny|schwarm
Teer, der; -[e]s, -e
Teer|dach|pap|pe; Teer|de|cke
tee|ren; teeren und federn (früher als Strafe)
Teer|far|be; Teer|farb|stoff; Teer-fass; teer|hal|tig; tee|rig
Teer|ja|cke (scherzh. für Matrose)
Tee|ro|se (eine Rosensorte)
Teer|pap|pe; Teer|sei|fe; Teer|stra-ße; Tee|rung
Tee|schal|le; Tee|ser|vice vgl. ¹Ser-vice; Tee|sieb; Tee|sor|te; Tee-strauch; Tee|stu|be
Tee|tas|se; Tee|tisch; Tee|wa|gen; Tee|was|ser, das; -s; Tee|wurst
Te|fil|la, die; - ⟨hebr.⟩ (jüd. Gebet[buch]); Te|fil|lin Plur. (Gebetsriemen der Juden)
Te|flon®, das; -s ⟨Kunstwort⟩ (hitzefeste Kunststoffbe-schichtung in Pfannen o. Ä.)
¹Te|gel, der; -s (kalkreicher Ton)
²Te|gel (Stadtteil u. Flughafen von Berlin); Tegeler Schloss
¹Te|gern|see, der; -s (See in Ober-bayern)
²Te|gern|see (Stadt am gleichna-migen See); Te|gern|se|er; Te-gern|se|e|rin
Te|gu|ci|gal|pa [...s...] (Haupt-stadt von Honduras)
Te|he|ran [auch ...'raːn] (Haupt-stadt Irans)
Teich, der; -[e]s, -e (Gewässer)
Teich|huhn; Teich|molch; Teich|mu-schel
Tei|chos|ko|pie, die; - ⟨griech., »Mauerschau«⟩ (Schilderung von Ereignissen durch einen Schauspieler, der diese außer-halb der Bühne zu sehen scheint)
Teich|pflan|ze; Teich|rohr; Teich-rohr|sän|ger (ein Vogel)
Teich|ro|se; Teich|schilf; Teich-wirt|schaft (Fischzucht in Tei-chen)
teig (landsch. für überreif, weich)
Teig, der; -[e]s, -e; den Teig gehen lassen; Teig|far|be; tei-gig
Teig|ling (schon geformtes, back-fertiges Teigstück)
Teig|mas|se; Teig|men|ge; Teig-räd|chen; Teig|rest; Teig|scha-ber; Teig|schüs|sel; Teig|ta|sche (Kochkunst); Teig|wa|ren Plur.

Teil

der od. das; -[e]s, -e
Großschreibung ↑D 89:
– zum Teil (Abk. z. T.)
– ein großer Teil des Tages
– jedes Teil (Stück) prüfen
– er hat sein[en] Teil getan
– ein gut Teil
– das (selten der) bessere Teil
– sein[en] Teil dazu beitragen
– ich für mein[en] Teil

Kleinschreibung ↑D 70:
– teils (vgl. d.)
– einesteils, meinesteils, an-der[e]nteils
– großenteils, größtenteils, meis-tenteils

Vgl. auch teilhaben, teilnehmen, zuteilwerden

Teil|ab|schnitt (z. B. einer Auto-bahn); Teil|an|sicht; Teil|as|pekt
teil|au|to|ma|ti|siert; Teil|au|to|ma-ti|sie|rung
teil|bar; Teil|bar|keit, die; -
teil|be|dingt (österr. u. schweiz. Rechtsspr. teilweise auf Bewäh-rung); teilbedingte Haft
Teil|be|reich; Teil|be|trag
Teil|chen; Teil|chen|be|schleu|ni|ger (Kernphysik); Teil|chen|strah-lung (Physik)
tei|len; geteilt; zehn geteilt durch fünf ist, macht, gibt (nicht: sind, machen, geben) zwei
Tei|ler; größter gemeinsamer Tei-ler (Abk. g. g. T., ggT)
Teil|er|folg
tei|ler|fremd; teilerfremde Zahlen (Math.)
Teil|er|öff|nung
Tei|le|zu|rich|ter (Anlernberuf); Tei|le|zu|rich|te|rin
Teil|fa|b|ri|kat
Teil|ge|biet; Teil|ge|ständ|nis
Teil|ha|be, die; -; teil|ha|ben ↑D 47; du hast teil ↑D 71, aber du hast keinen Teil; teilgehabt; teilzu-haben; Teil|ha|ber; Teil|ha|be|rin
Teil|ha|ber|schaft
Teil|ha|ber|ver|si|che|rung
teil|haf|tig [auch ...'ha...]; einer Sache teilhaftig sein, werden
...teil|lig (z. B. zehnteilig, mit Zif-fern 10-teilig; ↑D 29)
teil|kas|ko|ver|si|chert; Teil|kas|ko-ver|si|che|rung

Teil|kos|ten|rech|nung; Teil|leh|re (in Österr. verkürzte Lehrausbil-dung); Teil|leis|tung; Teil|men|ge (Math.)
teil|mö|b|liert; Teil|mö|b|lie|rung
Teil|nah|me, die; -; Teil|nah|me|be-din|gung
teil|nah|me|be|rech|tigt; Teil|nah-me|be|rech|tig|te; Teil|nah|me|ge-bühr
Teil|nahms|los; Teil|nahms|lo|sig-keit, die; -; teil|nahms|voll
teil|neh|men ↑D 47; du nimmst teil ↑D 71; teilgenommen; teilzuneh-men; teil|neh|mend; Teil|neh-men|de, der u. die
Teil|neh|mer; Teil|neh|mer|an-schluss (Telefonie); Teil|neh|mer-feld; Teil|neh|me|rin; Teil|neh-mer|kreis; Teil|neh|mer|land; Teil-neh|mer|lis|te; Teil|neh|mer|zahl
teil|rechts|fä|hig (österr. für zum Teil rechtsfähig)
Teil|re|pu|b|lik
teils ↑D 70; teils gut, teils schlecht
Teil|sa|nie|rung (Bauw.)
Teil|satz (Sprachwiss. Satz als Teil eines Satzgefüges od. einer Satzverbindung)
Teil|schuld; Teil|schuld|ver|schrei-bung (für Partialobligation)
Teil|sieg; Teil|sper|rung
teil|staat|lich (Wirtsch.)
Teil|stre|cke; Teil|strich; Teil|stück
Tei|lung; Tei|lungs|zei|chen (für Trennungsstrich)
Teil|ver|hält|nis (Math.)
teil|ver|staat|licht; Teil|ver|staat|li-chung
teil|wei|se
Teil|zah|lung; Teil|zah|lungs|kre|dit
Teil|zeit, die; -; Teilzeit arbeiten; ich arbeite Teilzeit; weil sie Teil-zeit arbeitet; du hast Teilzeit gearbeitet; Teilzeit zu arbeiten; Teilzeit arbeitende od. teilzeit-arbeitende Frauen; in Teilzeit arbeiten; Teil|zeit|ar|beit
teil|zeit|be|schäf|tigt; Teil|zeit|be-schäf|tig|te; Teil|zeit|be|schäf|ti-gung
Teil|zei|ter, der; -s, - (bes. schweiz. für jmd., der Teilzeit arbeitet); Teil|zei|te|rin; Teil|zeit|job (ugs.); Teil|zeit|kraft; Teil|zeit|stel|le
Te|in, Thein, das; -s ⟨chin.-nlat.⟩ (Alkaloid in Tee-blättern, Koffein)
Teint [tɛ̃], der; -s, -s ⟨franz.⟩ (Gesichtsfarbe; Beschaffenheit der Gesichtshaut)
T-Ei|sen ['teː...] (von T-förmigem Querschnitt); ↑D 29

Teis|te, die; -, -n (ein Seevogel)
Tel|ja[s] (letzter Ostgotenkönig)
Tel|jo [tɛʒu] (port. Form von Tajo)
Tek|to|nik, die; - ⟨griech.⟩ (Geol. Lehre vom Bau der Erdkruste); **tek|to|nisch**
Tek|tur, die; -, -en ⟨lat.⟩ (Buchw. Deckblatt, Korrekturstreifen)
Tel. = Telefon
Tel Aviv-Jaf|fa [tɛl a'vi:f...] (Stadt in Israel)
Te|le, das; -[s], -[s] Plur. selten (Jargon Teleobjektiv)
te|le... ⟨griech.⟩ (fern...); **Te|le...** (Fern...)
Te|le|ar|beit, die; - (Form der Heimarbeit, bei der der Arbeitnehmer über Datenleitungen mit dem Arbeitgeber verbunden ist); **Te|le|ar|bei|ter; Te|le|ar|bei|te|rin; Te|le|ar|beits|platz**
Te|le|ban|king [...bɛŋkɪŋ], das; -[s] ⟨engl.⟩ (Abwicklung von Bankgeschäften über Telekommunikation)
Te|le|di|a|log vgl. TED
Te|le|fax, das; -, -e ⟨Kunstw. aus engl. telefacsimile = Fernkopie⟩ (Fernkopie; Fernkopierer; nur Sing.: Fernkopiersystem); **te|le|fa|xen** (fernkopieren); du telefaxt, hast getelefaxt; **Te|le|fax|num|mer**
Te|le|fon [auch 'te:ləfo:n], das; -s, -e ⟨griech.⟩
Te|le|fon|ak|ti|on (telefonisch durchgeführte Befragung, Werbung o. Ä.)
Te|le|fon|an|la|ge; Te|le|fon|an|ruf; Te|le|fon|an|schluss; Te|le|fon|ap|pa|rat
Te|le|fo|nat, das; -[e]s, -e (Telefongespräch, Anruf); **Te|le|fon|ban|king** [...bɛŋkɪŋ], das; -[s] (Erledigung persönlicher Bankangelegenheiten per Telefon)
Te|le|fon|be|ant|wor|ter (schweiz. für Anrufbeantworter)
Te|le|fon|buch; Te|le|fon|dienst; Te|le|fon|fo|rum (Rundfunk, Fernsehen); **Te|le|fon|ge|bühr; Te|le|fon|ge|sell|schaft; Te|le|fon|ge|spräch; Te|le|fon|hö|rer; Te|le|fon|hot|line**
Te|le|fo|nie, die; - (Sprechfunk; Fernmeldewesen)
te|le|fo|nie|ren; te|le|fo|nisch
Te|le|fo|nist, der; -en, -en (Angestellter im Fernsprechverkehr); **Te|le|fo|nis|tin**
Te|le|fo|ni|tis, die; - ⟨ugs. scherzh. für Neigung, oft zu telefonieren)

Te|le|fon|jo|ker (beim Fernsehquiz)
Te|le|fon|ka|bel; Te|le|fon|kar|te; Te|le|fon|kon|fe|renz; Te|le|fon|lei|tung; Te|le|fon|mar|ke|ting; Te|le|fon|netz
Te|le|fon|num|mer
Te|le|fon|rech|nung; Te|le|fon|schnur; Te|le|fon|seel|sor|ge; Te|le|fon|sex; Te|le|fon|spin|ne (ugs. für Konferenztelefon); **Te|le|fon|sprech|zeit; Te|le|fon|ter|ror; Te|le|fon|über|wa|chung; Te|le|fon|ver|bin|dung; Te|le|fon|wert|kar|te** (österr.); **Te|le|fon|zel|le; Te|le|fon|zen|tra|le**
Te|le|fo|to (kurz für Telefotografie); **Te|le|fo|to|gra|fie,** Te|le|pho|to|gra|phie (fotograf. Fernaufnahme)
te|le|gen ⟨griech.⟩ (für Fernsehaufnahmen geeignet)
Te|le|graf, Te|le|graph, der; -en, -en ⟨griech., »Fernschreiber«⟩ (Apparat zur Übermittlung von Nachrichten durch vereinbarte Zeichen)
Te|le|gra|fen|mast, Te|le|gra|phen|mast
Te|le|gra|fie, Te|le|gra|phie, die; - (elektrische Fernübertragung von Nachrichten mit vereinbarten Zeichen); **te|le|gra|fie|ren,** te|le|gra|phie|ren; **te|le|gra|fisch,** te|le|gra|phisch; **Te|le|gra|fist,** Te|le|gra|phist, der; -en, -en; **Te|le|gra|fis|tin,** Te|le|gra|phis|tin
Te|le|gramm, das; -s, -e ⟨griech.⟩
Te|le|gramm|bo|te; Te|le|gramm|bo|tin; Te|le|gramm|for|mu|lar; Te|le|gramm|ge|bühr; Te|le|gramm|stil, der; -[e]s
Te|le|graph usw. vgl. Telegraf usw.
Te|le|ka|me|ra
Te|le|ki|ne|se, die; - ⟨griech.⟩ (das Bewegtwerden von Gegenständen in der Parapsychologie)
Te|le|kol|leg (unterrichtende Sendereihe im Fernsehen)
Te|le|kom (kurz für Deutsche Telekom AG [Unternehmen auf den Telekommunikationssektor]); **Te|le|kom|mu|ni|ka|ti|on** (Kommunikation mithilfe elektronischer Medien)
te|le|ko|pie|ren; Te|le|ko|pie|rer (Fernkopierer); **Te|le|kra|tie,** die; - (Vorherrschaft der elektronischen Medien); **te|le|kra|tisch**
Te|le|lear|ning [...lœ:ɐ̯nɪŋ], das; -s

⟨engl.⟩ (Unterricht mithilfe der Telekommunikation)
Te|le|mach (Sohn des Odysseus)
Te|le|mann (dt. Komponist)
¹**Te|le|mark** (norw. Verwaltungsgebiet)
²**Te|le|mark,** der; -s, -s (früher üblicher Bremsschwung im Skilauf)
Te|le|mark|auf|sprung (beim Skispringen); **Te|le|mark|schwung**
Te|le|ma|tik, die; - ⟨Kurzw. aus Telekommunikation u. Informatik⟩ (auf die Verbindung von Datenverarbeitung u. Telekommunikation gerichteter Forschungsbereich)
Te|le|me|ter, das; -s, - ⟨griech.⟩ (Entfernungsmesser); **Te|le|me|t|rie,** die; -; **te|le|me|t|risch**
Te|le|no|vel|a, die; -, -s (Fernsehfilm in vielen, fast täglichen Fortsetzungen)
Te|le|ob|jek|tiv (Linsenkombination für Fernaufnahmen)
Te|leo|lo|gie, die; - ⟨griech.⟩ (Lehre vom Zweck u. von der Zweckmäßigkeit); **te|leo|lo|gisch**
Te|le|path, der; -en, -en ⟨griech.⟩ (für Telepathie Empfänglicher); **Te|le|pa|thie,** die; - (Fernfühlen ohne körperliche Vermittlung); **te|le|pa|thin; te|le|pa|thisch**
Te|le|phon usw. alte Schreibung für Telefon usw.
Te|le|pho|to|gra|phie vgl. Telefotografie
Te|le|plas|ma (angeblich von Medien abgesonderter Stoff in der Parapsychologie)
Te|le|promp|ter®, der; -s, - ⟨engl.⟩ (Vorrichtung, die es den Moderatoren im Fernsehen ermöglicht, den vorzutragenden Text ohne Blicksenkung vom Monitor abzulesen)
Te|le|shop|ping [...ʃɔpɪŋ], das; -s ⟨griech.-engl.⟩ (Einkaufen per Bestellung von im Fernsehen od. durch andere elektronische Medien angebotenen Waren)
Te|le|s|kop, das; -s, -e ⟨griech.⟩ (Fernrohr); **Te|le|s|kop|an|ten|ne; Te|le|s|kop|au|ge**
te|le|s|ko|pisch (das Teleskop betreffend; [nur] durch das Teleskop sichtbar)
Te|le|s|kop|mast, der (ein ausziehbarer Mast); **Te|le|s|kop|stan|ge**
Te|le|spiel (svw. Videospiel)
Te|le|sta|ti|on (Säule mit einem öffentlichen Fernsprecher)
Te|le|text, der; -[e]s (System zur elektron. Übermittlung von

Teletubbies

Texten u. ihrer Darstellung auf dem Bildschirm eines Fernsehgeräts)

Te|le|tub|bies® [...tabi:s] *Plur.* ⟨engl.⟩ (Figuren einer Fernsehserie für kleine Kinder)

Te|le|vi|si|on, die; - ⟨engl.⟩ (Fernsehen; *Abk.* TV)

Tel|lex, das, *schweiz.* der; -, -e ⟨Kurzw. aus engl. teleprinter exchange⟩ (Fernschreiben, Fernschreiber; *nur Sing.:* Fernschreibnetz); **te|le|xen**; du telext

Tell (Schweizer Volksheld)

Tel|ler, der; -s, -

Tel|ler|brett; **Tel|ler|ei|sen** (Fanggerät für Raubwild)

tel|ler|fer|tig; **Tel|ler|fleisch** (eine Speise); **tel|ler|för|mig**

Tel|ler|ge|richt (ein einfaches Gericht); **Tel|ler|mi|ne** *(Militär);* **Tel|ler|müt|ze**

tel|lern (in Rückenlage mit Handbewegungen schwimmen); ich tellere

Tel|ler|rand; **Tel|ler|tuch** *Plur.* ...tücher; **Tel|ler|wä|scher**; **Tel|ler|wä|sche|rin**

Tells|ka|pel|le, die; -

Tel|lur, das; -s ⟨lat.⟩ (chemisches Element, Halbmetall; *Zeichen* Te); **tel|lu|rig** *(Chemie);* tellurige Säure

tel|lu|risch *(Geol.* auf die Erde bezüglich, von ihr herrührend)

Tel|lu|rit, das; -s, -e (Salz der tellurigen Säure)

Tel|lu|ri|um, das; -s, ...ien *(Astron.* Gerät zur Veranschaulichung der Bewegung der Erde um die Sonne)

Te|lo|pha|se, die; -, -n ⟨griech.⟩ *(Biol.* Endstadium der Kernteilung)

¹**Tel|tow** [...to] (Stadt bei Berlin)

²**Tel|tow**, der; -s (Gebiet südl. von Berlin); **Tel|to|wer**; Teltower Rübchen; **Tel|to|we|rin**; **Tel|tow|ka|nal**, der; -s ↑D 143

Tem|pel, der; -s, - ⟨lat.⟩; **Tem|pel|bau** *Plur.* ...bauten; **Tem|pel|die|ner**; **Tem|pel|die|ne|rin**

Tem|pel|ge|sell|schaft, die; - (christl. Gemeinschaft, deren Ziel der Aufbau eines eschatologischen Gottesreiches u. die Überwindung des biblischen Babylon ist)

Tem|pel|herr (Templer)

Tem|pel|hüp|fen, das; -s *(österr. für* ein hüpfend ausgeführtes Kinderspiel); **Tem|pel|or|den**, der; -s (Templerorden)

Tem|pel|pros|ti|tu|ti|on

Tem|pel|rit|ter; **Tem|pel|schatz**

Tem|pe|ra|far|be ⟨ital.-dt.⟩ (eine Deckfarbe); **Tem|pe|ra|ma|le|rei**

Tem|pe|ra|ment, das; -[e]s, -e ⟨lat.⟩ (Wesens-, Gemütsart; *nur Sing.:* lebhafte Wesensart, Feuer)

tem|pe|ra|ment|los; **Tem|pe|ra|ment|lo|sig|keit**, die; -

Tem|pe|ra|ments|aus|bruch; **Tem|pe|ra|ment[s]|bol|zen** *(ugs.)*

tem|pe|ra|ment|voll

Tem|pe|ra|tur, die; -, -en ⟨lat.⟩ (Wärme[grad, -zustand]; [leichtes] Fieber); **tem|pe|ra|tur|ab|hän|gig**; **Tem|pe|ra|tur|an|stieg**; **Tem|pe|ra|tur|aus|gleich**; **tem|pe|ra|tur|be|stän|dig**; **Tem|pe|ra|tur|reg|ler**; **Tem|pe|ra|tur|rück|gang**; **Tem|pe|ra|tur|schwan|kung**; **Tem|pe|ra|tur|sturz**; **Tem|pe|ra|tur|un|ter|schied**

Tem|pe|renz, die; - (*selten für* Mäßigkeit, bes. im Alkoholgenuss); **Tem|pe|renz|ler**; **Tem|pe|renz|le|rin**; **Tem|pe|renz|ver|ein** (Verein der Gegner des Alkoholmissbrauchs)

Tem|per|guss, der; -es ⟨engl.-dt.⟩ (schmiedbares Gusseisen)

tem|pe|rier|bar; **tem|pe|rie|ren** ⟨lat.⟩ (die Temperatur regeln); **Tem|pe|rie|rung**

Tem|per|koh|le, die; - ⟨engl.-dt.⟩

tem|pern ⟨engl.⟩ *(Hüttenw.* Eisenguss durch Glühverfahren schmiedbar machen); ich tempere

Tem|pest|boot ⟨engl.-dt.⟩ (ein Sportsegelboot)

tem|pes|to|so ⟨ital.⟩ *(Musik* heftig, stürmisch)

Tem|pi pas|sa|ti *Plur.* ⟨ital.⟩ (vergangene Zeiten)

Tem|p|late [...leɪt] ⟨engl.⟩ *(EDV* [Dokument]vorlage)

Tem|p|ler (Angehöriger des Templerordens; Mitglied der Tempelgesellschaft); **Tem|p|le|rin**; **Tem|p|ler|or|den**, der; -s (ein geistl. Ritterorden des Mittelalters)

Tem|po, das; -s, *Plur.* -s u. ...pi ⟨ital.⟩; **Tem|po|kon|trol|le**; **Tem|po|li|mit** (allgemeine Geschwindigkeitsbegrenzung)

Tem|po|mat®, der; *Gen.* -en u. (*seltener)* -[e]s, *Plur.* -en u. (*seltener)* -e (automatische Geschwindigkeitsregelung bei Fahrzeugen)

Tem|po|ra *(Plur. von* Tempus)

tem|po|ral ⟨lat.⟩ *(Sprachwiss.* zeitlich; *Med.* zu den Schläfen gehörend)

Tem|po|ra|li|en *Plur.* (mit der Verwaltung eines kirchlichen Amtes verbundene weltliche Rechte u. Einkünfte der Geistlichen im MA.)

Tem|po|ral|satz *(Sprachwiss.* Umstandssatz der Zeit)

tem|po|rär ⟨franz.⟩ (zeitweilig, vorübergehend)

Tem|po|rär|an|ge|stell|te *(schweiz.* für Leiharbeitnehmer[in])

Tem|po|rär|bü|ro *(schweiz.* für Zeitarbeitsfirma)

tem|po|reich; eine temporeiche Komödie

Tem|po|sün|der; **Tem|po|sün|de|rin**; **Tem|po|ver|lust**

Tem|po-30-Zo|ne

Tem|p|ra|nil|lo [...'nɪljo], der; -s ⟨span.⟩ (eine Rebsorte)

Tem|pus, das; -, ...pora ⟨lat.⟩ *(Sprachwiss.* Zeitform [des Verbs])

ten. = tenuto

Te|na|kel, das; -s, - ⟨lat.⟩ *(Druckw.* Gerät zum Halten des Manuskriptes beim Setzen, Blatthalter)

Te|na|zi|tät, die; - *(Chemie, Physik* Zähigkeit; Ziehbarkeit)

Ten|denz, die; -, -en ⟨lat.⟩ (Streben nach einem bestimmten Ziel; Neigung, Strömung; Zug, Richtung, Entwicklung[slinie])

Ten|denz|be|trieb; **Ten|denz|dich|tung**

ten|den|zi|ell (der Tendenz nach, entwicklungsmäßig); **ten|den|zi|ös** (etwas bezweckend, beabsichtigend; parteilich gefärbt)

Ten|denz|stück; **Ten|denz|wen|de**

Ten|der, der; -s, - ⟨engl.⟩ (Vorratsbehälter od. -wagen der Dampflokomotive [für Kohle u. Wasser]; *Seew.* Begleitschiff, Hilfsfahrzeug)

ten|die|ren ⟨lat.⟩ ([zu etwas] hinneigen); *vgl. aber* tentieren

Te|ne|rif|fa (zu den Kanarischen Inseln gehörende Insel)

Te|niers (niederl. Malergeschlecht)

Tenn, das; -s, -e *(schweiz. Nebenform von* Tenne)

Ten|ne, die; -, -n; **Ten|nen|raum**

¹**Ten|nes|see** [...'si:, *auch* 'te...], der; -[s] (linker Nebenfluss des Ohio)

²**Ten|nes|see** (Staat in den USA; *Abk.* TN)

Terrarium

Ten|nis, das; - ⟨engl.⟩ (ein Ballspiel); Tennis spielen ↑D 54
Ten|nis|arm (Tennisellbogen)
Ten|nis|ball vgl. ¹Ball; Ten|nis|club vgl. Tennisklub; Ten|nis|court
Ten|nis|ell|bo|gen (Med. Entzündung am Ellbogengelenk)
Tennisklub, Ten|nis|club; Ten|nis|leh|rer; Ten|nis|leh|re|rin; Ten|nis|match; Ten|nis|part|ner; Ten|nis|part|ne|rin; Ten|nis|platz; Ten|nis|pro|fi; Ten|nis|ra|cket; Ten|nis|schlä|ger; Ten|nis|schuh
Ten|nis|spiel; Ten|nis|spie|ler; Ten|nis|spie|le|rin; Ten|nis|star vgl. ²Star; Ten|nis|tur|nier; Ten|nis|wand; Ten|nis|zir|kus (ugs. für Tenniswettkämpfe mit den dazugehörigen Veranstaltungen)
Ten|no, der; -[s], -s ⟨jap.⟩ (jap. Kaisertitel); vgl. ¹Mikado
Ten|ny|son [...nɪsn̩] (engl. Dichter)
¹Te|nor, der; -s ⟨lat.⟩ (Haltung; Inhalt, Sinn, Wortlaut)
²Te|nor, der; -s, ...nö̱re ⟨ital.⟩ (hohe Männerstimme; Tenorsänger)
Te|nor|buf|fo; Te|nor|horn Plur. ...hörner; Te|no|rist, der; -en, -en (Tenorsänger); Te|nor|schlüs|sel
Ten|sid, das; -[e]s, -e meist Plur. ⟨lat.⟩ (aktiver Stoff in Waschmitteln u. Ä.)
Ten|si|on, die; -, -en (Physik Spannung der Gase u. Dämpfe; Druck)
Ten|ta|kel, der od. das; -s, - meist Plur. ⟨lat.⟩ (Fanghaar fleischfressender Pflanzen; Fangarm)
Ten|ta|ku|lit, der; -en, -en (eine fossile Flügelschnecke)
Ten|ta|men, das; -s, ...mina (Vorprüfung [z. B. beim Medizinstudium]; Med. Versuch); ten|tie|ren (veraltet, aber noch landsch. für prüfen; versuchen, unternehmen; österr. ugs. für beabsichtigen); vgl. aber tendieren
Te|nue [taˈny:], Te|nü, das; -s, -s ⟨franz.⟩ (schweiz. für vorgeschriebene Art, sich zu kleiden; Anzug)
Te|nu|is, die; -, ...ues ⟨lat.⟩ (Sprachwiss. stimmloser Verschlusslaut, z. B. p)
te|nu|to ⟨ital.⟩ (Musik ausgehalten; Abk. ten.); ben tenuto (gut gehalten)
Teo vgl. Theo; Teo|bald vgl. Theobald; Teo|de|rich vgl. Theoderich
Tel|pi|da|ri|um, das; -s, ...ien ⟨lat.⟩ (temperierter Aufenthaltsraum im römischen Bad)

Tep|li|ce (Kurort in Böhmen); Tep|litz (dt. Form von Teplice)
Tepp vgl. Depp
Tep|pan|ya|ki [...j...], das; -, - meist Plur. ⟨jap.⟩ (auf einer Stahlplatte am Tisch zubereitetes jap. Gericht); tep|pert vgl. deppert
Tep|pich, der; -s, -e
Tep|pich|bo|den; Tep|pich|bürs|te; Tep|pich|flie|se; Tep|pich|ge|schäft; Tep|pich|händ|ler; Tep|pich|händ|le|rin
Tep|pich|kehr|ma|schi|ne; Tep|pich|klop|fer; Tep|pich|stan|ge; Tep|pich|we|ber; Tep|pich|we|be|rin
Te|qui|la [...ˈki:...], der; -[s], -s ⟨span.⟩ (ein mexik. Branntwein)
Ter (span. Fluss)
Te|ra... ⟨griech.⟩ (das Billionenfache einer Einheit, z. B. Terameter = 10^{12} Meter; Zeichen T)
Te|ra|byte [...baɪt] (EDV)

Terrasse
Dieses Wort geht letztlich auf das lateinische *terra* (= Erde) zurück; deshalb schreibt man es mit zwei *r*.

te|ra|to|gen ⟨griech.⟩ (Med. Fehlbildungen bewirkend [bes. von Medikamenten]); Te|ra|to|lo|ge, der; -n, -n; Te|ra|to|lo|gie, die; - ⟨griech.⟩ (Lehre von den Fehlbildungen der Lebewesen); Te|ra|to|lo|gin; ter|a|to|lo|gisch
Ter|bi|um, das; -s ⟨nach dem schwedischen Ort Ytterby⟩ (chemisches Element, Metall; Zeichen Tb)
Te|re|bin|the, die; -, -n ⟨griech.⟩ (Terpentinbaum)
Te|renz (altröm. Lustspieldichter)
Term, der; -s, -e ⟨lat.⟩ (Math. Glied einer Formel, bes. einer Summe; Physik in Zahlenwert von Frequenzen od. Wellenzahlen eines Atoms, Ions od. Moleküls; Sprachwiss. svw. Terminus)
Ter|me, die; -, -n (veraltet für Grenzstein); vgl. aber Therme
Ter|min, der; -[e]s, -e (festgesetzter Tag, Zeitpunkt)
ter|mi|nal (veraltet für die Grenze, das Ende betreffend; Math. am Ende stehend)
Ter|mi|nal [ˈtœːɐ̯gmɪnl], der, auch, EDV nur, das; -s, -s ⟨engl.⟩ (Abfertigungshalle für Fluggäste; Zielbahnhof für Containerzüge; EDV Datenendstation, Abfragestation)

Ter|min|bör|se (Börsenw.)
Ter|min|druck, der; -[e]s; Ter|min|ein|la|ge (Bankw.)
ter|min|ge|mäß; ter|min|ge|recht
Ter|min|ge|schäft (Kaufmannsspr. Lieferungsgeschäft)
Ter|mi|ni (Plur. von Terminus)
ter|mi|nie|ren ⟨lat.⟩ (befristen; zeitlich festlegen); Ter|mi|nie|rung
ter|mi|ni|sie|ren (österr. für terminieren); Ter|mi|ni|sie|rung; Ter|min|ka|len|der; ter|min|lich; Ter|min|markt (Börsenw.); Ter|min|not
Ter|mi|no|lo|ge, der; -n, -n ⟨lat.; griech.⟩; Ter|mi|no|lo|gie, die; -, ...ien (Gesamtheit, Systematik eines Fachwortschatzes); Ter|mi|no|lo|gin; ter|mi|no|lo|gisch
Ter|min|plan; Ter|min|stress; ter|min|treu (bes. Fachspr.); Ter|min|treue
Ter|mi|nus, der; -, ...ni ⟨lat.⟩ (Fachwort, -ausdruck); Ter|mi|nus tech|ni|cus, der; - -, ...ni ...ci (Fachwort, -ausdruck)
Ter|min|ver|ein|ba|rung; Ter|min|ver|ga|be
Ter|mi|te, die; -, -n ⟨lat.⟩ (ein Insekt); Ter|mi|ten|hü|gel; Ter|mi|ten|staat Plur. ...staaten
ter|när ⟨lat.⟩ (Chemie dreifach; Dreistoff...)
Ter|ne, die; -, -n ⟨ital.⟩ (Reihe von drei gesetzten od. gewonnenen Nummern in der alten Zahlenlotterie); Ter|no, der; -s, -s (österr. svw. Terne)
Ter|pen, das; -s, -e ⟨griech.⟩ (Bestandteil ätherischer Öle); ter|pen|frei
Ter|pen|tin, das, österr. meist der; -s, -e (ein Harz); Ter|pen|tin|öl
Ter|p|si|cho|re [...çore] (Muse des Tanzes u. des Chorgesanges)
Ter|ra di Si|e|na, die; - - - ⟨ital.⟩ (Sienaerde, eine braune Farbe)
Ter|rain [...ˈrɛ̃:], das; -s, -s ⟨franz.⟩ (Gebiet; [Bau]gelände, Grundstück); Ter|rain|be|schrei|bung
Ter|ra in|co|g|ni|ta, die; - - ⟨lat., »unbekanntes Land«⟩ (unerforschtes Gebiet)
Ter|ra|kot|ta, Ter|ra|cot|ta, die; -, ...tten ⟨ital.⟩ (nur Sing.: gebrannter Ton; Gefäß od. Bildwerk daraus); ter|ra|kot|ta|far|ben, ter|ra|cot|ta|far|ben
Ter|ra|ri|a|ner ⟨lat.⟩ (Terrarienliebhaber); Ter|ra|ri|a|ne|rin; Ter|ra|ri|en|kun|de, die; -; Ter|ra|ris|tik, die; - (Terrarienkunde); Ter|ra|ri-

Terrasse

um, das; -s, ...ien (Behälter für die Haltung kleiner Lurche u. Ä.)

Ter|ras|se, die; -, -n ⟨franz.⟩ ter|ras|sen|ar|tig; Ter|ras|sen|dach; ter|ras|sen|för|mig; Ter|ras|sen|gar|ten; Ter|ras|sen|haus

Ter|ras|sen|strah|ler (im Freien verwendetes pilzförmiges Heizgerät); Ter|ras|sen|tür

ter|ras|sie|ren (terrassenförmig anlegen); Ter|ras|sie|rung

Ter|raz|zo, der; -[s], ...zzi ⟨ital.⟩ (mosaikartiger Fußbodenbelag); Ter|raz|zo|fuß|bo|den

ter|res|t|risch ⟨lat.⟩ (die Erde betreffend; Erd...; *Fernsehen* nicht über Kabel od. Satellit)

ter|ri|bel ⟨lat.⟩ (*veraltet für* schrecklich); ...i|b|le Zustände

Ter|ri|er, der; -s, - ⟨engl.⟩ (kleiner bis mittelgroßer engl. Jagdhund)

ter|ri|gen ⟨lat.; griech.⟩ (*Biol.* vom Festland stammend)

Ter|ri|ne, die; -, -n ⟨franz.⟩ ([Suppen]schüssel)

ter|ri|to|ri|al ⟨lat.⟩ (zu einem Gebiet gehörend, ein Gebiet betreffend; Ter|ri|to|ri|al|gewalt; Ter|ri|to|ri|al|ge|wäs|ser; Ter|ri|to|ri|al|heer (*Militär*); Ter|ri|to|ri|al|ho|heit

Ter|ri|to|ri|a|li|tät, die; - (Zugehörigkeit zu einem Staatsgebiet); Ter|ri|to|ri|a|li|täts|prin|zip

Ter|ri|to|ri|al|kom|man|do (*Militär*); Ter|ri|to|ri|al|staat *Plur.* ...staaten; Ter|ri|to|ri|al|ver|tei|di|gung (*Militär*)

Ter|ri|to|ri|um, das; -s, ...ien [...jən] (Grund; Bezirk; [Staats-, Hoheits]gebiet)

Ter|roir [tɛˈʀoaːɐ̯], das; -s, -s ⟨franz.⟩ (den Charakter eines Weins bestimmende natürliche Umgebung)

Ter|ror, der; -s ⟨lat.⟩ (Gewaltherrschaft, Gewaltaktionen)

Ter|ror|akt; Ter|ror|an|griff; Ter|ror|an|schlag; Ter|ror|at|ta|cke; Ter|ror|be|kämp|fung

Ter|ror|camp (*ugs. für* Ausbildungslager für Terroristen)

Ter|ror|grup|pe; Ter|ror|herr|schaft ter|ro|ri|sie|ren ⟨franz.⟩ (Terror ausüben; unter Druck setzen); Ter|ro|ri|sie|rung

Ter|ro|ris|mus, der; - (Ausübung von [polit. motivierten] Gewaltakten); Ter|ro|rist, der; -en, -en; Ter|ro|ris|tin; ter|ro|ris|tisch

Ter|ror|jus|tiz; Ter|ror|kom|man-

do; Ter|ror|me|tho|de; Ter|ror|mi|liz; Ter|ror|netz|werk; Ter|ror|or|ga|ni|sa|ti|on; Ter|ror|pro|zess; ter|ror|trup|pe; ter|ror|ver|däch|tig; Ter|ror|ver|däch|ti|ge, der u. die; -n, -n; Ter|ror|wel|le; Ter|ror|zel|le

¹Ter|tia, die; -, ...ien ⟨lat., »dritte«⟩ (*veraltende Bez.* [Unter- u. Obertertia] *für die* 4. u. 5. Klasse eines Gymnasiums)

²Ter|tia, die; - (*Druckw.* ein Schriftgrad)

Ter|ti|al, das; -s, -e (*veraltet für* Jahresdrittel)

Ter|ti|a|na|fie|ber (*Med.* Dreitagewechselfieber)

Ter|ti|a|ner (Schüler der ¹Tertia); Ter|ti|a|ne|rin

ter|ti|är ⟨franz.⟩ (an dritter Stelle; das Tertiär betreffend)

Ter|ti|är, das; -s (*Geol.* älterer Teil der Erdneuzeit); Ter|ti|är|for|ma|ti|on, die; -

Ter|ti|a|ri|er *vgl.* Terziar

Ter|ti|a|ri|e|rin *vgl.* Terziarin

Ter|ti|a|rin *vgl.* Terziarin

Ter|ti|um Com|pa|ra|ti|o|nis, das; - -, ...ia - ⟨lat.⟩ (Vergleichspunkt)

Ter|tul|li|an (röm. Kirchenschriftsteller)

Terz, die; -, -en ⟨lat.⟩ (ein Fechthieb; *Musik* dritter Ton der diaton. Tonleiter; Intervall im Abstand von 3 Stufen); Terz machen (*ugs. für* sich lautstark beschweren, Krawall machen)

Ter|zel, der; -s, - (*Jägerspr.* männlicher Falke)

Ter|ze|rol, das; -s, -e ⟨ital.⟩ (kleine Pistole)

Ter|zett, das; -[e]s, -e (dreistimmiges Gesangstück; *auch für* Gruppe von drei Personen; dreizeilige Strophe des Sonetts)

Ter|zi|ar, des; -s, -en, Ter|ti|a|ri|er, der; -s, - ⟨lat.⟩ (Angehöriger eines Dritten Ordens); Ter|zi|a|rin, Ter|ti|a|ri|e|rin

Ter|zi|ne, die; -, -n ⟨ital.⟩ (Strophe von drei Versen)

Te|sa|film® (ein Klebeband)

Te|sching, das; -s, *Plur.* -e u. -s (eine kleine Handfeuerwaffe)

Tes|la, das; -, - ⟨nach dem amerik. Physiker⟩ (Einheit der magnetischen Induktion; Zeichen T); **Tes|la|strom**, Tes|la-Strom, der; -[e]s (*Elektrot.* Hochfrequenzstrom sehr hoher Spannung)

¹Tes|sin, der; - (schweiz.-ital. Fluss)

²Tes|sin, das; -s (schweiz. Kanton); Tes|si|ner; tes|si|nisch

Test, der; -[e]s, *Plur.* -s, *auch* -e ⟨engl.⟩ (Probe; Prüfung)

Tes|ta|ment, das; -[e]s, -e ⟨lat.⟩ (letztwillige Verfügung; Bund Gottes mit den Menschen); ↑D 150: Altes Testament (*Abk.* A. T.), Neues Testament (*Abk.* N. T.); tes|ta|men|ta|risch (durch letztwillige Verfügung)

Tes|ta|ments|er|öff|nung

Tes|ta|ments|voll|stre|cker; Tes|ta|ments|voll|stre|cke|rin

Tes|tat, das; -[e]s, -e (Zeugnis, Bescheinigung)

Tes|ta|tor, der; -s, ...oren (Person, die ein Testament errichtet; Erblasser); Tes|ta|to|rin

Tes|ta|zee, die; -, -n *meist Plur.* ⟨lat.⟩ (*Biol.* Schalen tragende Amöbe)

Test|bild (*Fernsehen*); Test|bo|gen

tes|ten (*zu* Test); Tes|ter (jmd., der testet); Tes|ter|geb|nis; Tes|te|rin

Test|fah|rer; Test|fah|re|rin; Test|fahrt; Test|fahr|zeug

Test|fall, der; Test|feld; Test|flug; Test|fra|ge; Test|ge|län|de

tes|tie|ren ⟨lat.⟩ (ein Testat geben, bescheinigen; *Rechtsspr.* ein Testament machen); Tes|tie|rer (*svw.* Testator); Tes|tie|re|rin; Tes|tie|rung

Tes|ti|kel, der; -s, - ⟨lat.⟩ (*Med.* Hoden)

Tes|ti|mo|ni|um, das; -s, *Plur.* ...ien u. ...ia ⟨lat.⟩ (*Rechtsspr.* veraltet für Zeugnis); Tes|ti|mo|ni|um Pau|per|ta|tis, das; - -, ...ia - - (*Rechtsspr.* veraltet für amtliche Bescheinigung der Mittellosigkeit für Prozessführende; *geh. für* Armutszeugnis)

Test|kan|di|dat; Test|kan|di|da|tin

Test|kit ⟨engl.⟩ (Ausstattung für Tests); Test|län|der|spiel (*Sport*); Test|lauf; Test|me|tho|de; Test|ob|jekt

Tes|tos|te|ron, das; -s ⟨lat.⟩ (*Med.* m. Keimdrüsenhormon); Tes|tos|te|ron|spie|gel

Test|par|tie (*Sport, bes.* Fußball)

Test|per|son; Test|pha|se; Test|pi|lot; Test|pi|lo|tin; Test|rei|he; Test|sa|tel|lit; Test|se|rie; Test|sie|ger; Test|sie|ge|rin; Test|spiel

Test|stopp (*kurz für* Atomteststopp); Test|stre|cke

Tes|tu|do, die; -, ...dines ⟨lat., »Schildkröte«⟩ (im Altertum

Schutzdach [bei Belagerungen]; *Med.* Schildkrötenverband); **Tes|tung**; **Test|ver|brauch**, der; -[e]s; **Test|ver|fah|ren**
Te|ta|nie, die; -, ...ien ⟨griech.⟩ (schmerzhafter Muskelkrampf); **te|ta|nisch**
Te|ta|nus [auch 'tɛ...], der; - (*Med.* Wundstarrkrampf); **Te|ta|nus-imp|fung**; **Te|ta|nus|se|rum**
Te|te ['tɛːtə], die; -, -n ⟨franz., »Kopf«⟩ (veraltet für Anfang, Spitze [eines Truppenkörpers])
tête-à-tête [tɛta'tɛːt] ⟨veraltet für vertraulich, unter vier Augen⟩
Tête-à-Tête, Tete-a-Tete, das; -[s], -s (zärtliches Beisammensein)
¹**Te|thys** (in der altgriech. Mythol. Gattin des Okeanos u. Mutter der Gewässer); vgl. aber Thetis
²**Te|thys**, die; - (urzeitliches Meer)
Te|t|ra, der; -[s], -s (*Kurzw. für* Tetrachlorkohlenstoff); **Te|t|ra-chlor|koh|len|stoff**, der; -[e]s ⟨griech.; dt.⟩ (ein Lösungsmittel)
Te|t|ra|chord [...k...], der od. das; -[e]s, -e (Folge von vier Tönen einer Tonleiter)
Te|t|ra|eder, das; -s, - (Vierflächner, dreiseitige Pyramide); **te-tra|ed|risch**
Te|t|ra|gon, das; -s, -e (Viereck); **te|t|ra|go|nal**
Te|t|ra|lin®, das; -s (ein Lösungsmittel)
Te|t|ra|lo|gie, die; -, ...ien ⟨griech.⟩ (Folge von vier eine Einheit bildenden Dichtwerken, Kompositionen u. a.)
Te|t|ra|me|ter, der; -s, - (aus vier Einheiten bestehender Vers)
Te|t|ra|po|die, die; -, ...ien (vierfüßige Verszeile)
Te|t|rarch, der; -en, -en (»Vierfürst«) (im Altertum Herrscher über den vierten Teil eines Landes); **Te|t|rar|chie**, die; -, ...ien (Vierfürstentum)
Te|t|ro|de, die; -, -n (elektron. Bauelement; Vierpolröhre)
Tet|zel (Ablassprediger zur Zeit Luthers)
Teu|chel, der; -s, - (südd. u. schweiz. für hölzerne Wasserleitungsröhre)
teu|er; teu|rer, teu|ers|te; ein teures Kleid; das kommt mir *od.* mich teuer zu stehen
Teu|e|rung; **Teu|e|rungs|aus|gleich**; **Teu|e|rungs|ra|te**; **Teu|e|rungs-wel|le**; **Teu|e|rungs|zu|la|ge**

Teu|fe, die; -, -n (*Bergmannsspr.* Tiefe)
Teu|fel, der; -s, -; zum Teufel jagen (*ugs.*); zum Teufel! (*ugs.*); auf Teufel komm raus (*ugs. für* ohne Vorsicht, bedenkenlos)
Teu|fe|lei; **Teu|fe|lin**
Teu|fels|aus|trei|ber (*für* Exorzist); **Teu|fels|aus|trei|be|rin**; **Teu|fels-aus|trei|bung** (*für* Exorzismus)
Teu|fels|bra|ten (*ugs. für* boshafter Mensch; tollkühner Bursche)
Teu|fels|brut, die; - (*ugs.*)
Teu|fels|gei|ge (*svw.* Bumbass)
Teu|fels|kerl (*ugs.*); **Teu|fels|kreis**; **Teu|fels|kunst**; **Teu|fels|weib** (*ugs.*); **Teu|fels|werk**; **Teu|fels-zeug**, das; -[e]s (*ugs.*)
teu|fen (*Bergmannsspr.* einen Schacht herstellen)
teuf|lisch; ein teuflischer Plan
Teu|fung (*Bergmannsspr.*)
Teu|ro, der; -[s], -s ⟨zusammengezogen aus »teuer« u. »Euro«⟩ (*ugs. für* Euro [im Hinblick auf die mit seiner Einführung verbundene empfundene Preiserhöhung])
Teu|to|bur|ger Wald, der; - -[e]s (Höhenzug des Weserberglandes)
Teu|to|ne, der; -n, -n (Angehöriger eines germ. Volksstammes); **Teu|to|nen|grill** (*ugs. scherzh. für* Strand in einem südlichen Urlaubsland, an dem sich massenhaft deutsche Touristen sonnen); **Teu|to|nia** (*lat.* Bezeichnung für Deutschland); **Teu|to|nin**; **teu|to|nisch** (*auch abwertend für* deutsch)
tex = Tex; **Tex**, das; -, - ⟨*lat.*⟩ (internationales Maß für die längenbezogene Masse textiler Fasern u. Garne; *Zeichen* tex)
Tex., TX = Texas
Te|xa|ner; **Te|xa|ne|rin**; **te|xa|nisch**; **Te|xas** (Staat in den USA; *Abk.* TX)
Te|xas-Fie|ber, Te|xas-Fie|ber, das; -s (Rindermalaria)
Te|xas Ran|ger [- 'rɛɪndʒɐ] vgl. Ranger
Tex|mex, das; - meist ohne Artikel ⟨engl.⟩ (Popmusik mit texanischen u. mexikanischen Stilelementen; für das texanisch-mexikanische Grenzgebiet charakteristisches Essen)
¹**Text**, der; -[e]s, -e ⟨*lat.*⟩ (Wortlaut, Beschriftung; [Buch]stelle)
²**Text**, die; - (*Druckw.* ein Schriftgrad)

Text|ab|druck *Plur.* ...drucke; **Text-ana|ly|se**; **Text|au|to|mat**; **Text-bau|stein**; **Text|buch**
Text|chef (im Pressewesen); **Text-che|fin**
Text|dich|ter; **Text|dich|te|rin**
tex|ten (als SMS o. Ä. schicken); mit jmdm. texten; **Tex|ter**
Tex|ter|fas|ser (jmd., der [berufsmäßig] Texte in eine EDV-Anlage eingibt); **Text|er|fas|se|rin**; **Text|er|fas|sung**
Tex|te|rin; **text|ge|mäß**
Text|ge|stal|ter; **Text|ge|stal|te|rin**; **Text|ge|stal|tung**
tex|til (die Textiltechnik, die Textilindustrie betreffend; Gewebe...); **Tex|til|ar|bei|ter**; **Tex-til|ar|bei|te|rin**; **Tex|til|be|trieb**; **Tex|til|dis|coun|ter**
Tex|til|fa|b|rik; **Tex|til|fa|b|ri|kant**; **Tex|til|fa|b|ri|kan|tin**
tex|til|frei (*scherzh. für* nackt)
Tex|til|ge|wer|be; **Tex|til|groß|han-del** ↑D31: Textilgroß- u. -einzelhandel
Tex|ti|li|en *Plur.* (Gewebe, Faserstofferzeugnisse [außer Papier])
Tex|til|in|dus|t|rie; **Tex|til|ta|pe|te**
Tex|til|tech|ni|ker; **Tex|til|tech|ni|ke-rin**; **Tex|til|ver|ed|ler**; **Tex|til|ver-ed|le|rin**; **Tex|til|wa|ren** *Plur.*
Text|in|ter|pre|ta|ti|on; **Text|kri|tik**
text|las|tig; **text|lich**
Text|lin|gu|is|tik; **Text|pas|sa|ge**
Text|sor|te (*Sprachwiss.*); **Text-stel|le**
Tex|tur, die; -, -en (*Chemie, Technik* Gewebe, Verbindung; Struktur); **tex|tu|rie|ren** (*Textilind.* ein Höchstmaß an textilen Eigenschaften verleihen)
Text|ver|ar|bei|tung (*EDV*); **Text-ver|ar|bei|tungs|ge|rät**; **Text|ver-ar|bei|tungs|pro|gramm**; **Text-ver|ar|bei|tungs|sys|tem**
Text|ver|gleich; **Text|wort** *Plur.* ...worte
Te|zett [auch ...'tsɛt], das; -, - (Buchstabenverbindung »tz«); bis ins, bis zum Tezett (*ugs. für* vollständig)
T-för|mig ['teː...] (in Form eines lat. T); ↑D29
TFT, der; -[s], -[s] ⟨engl.⟩ = thin film transistor (Flachbildschirm); **TFT-Mo|ni|tor**
Tgb.-Nr. = Tagebuchnummer
TGL, die; - = Technische Normen, Gütevorschriften und Lieferbedingungen (*DDR Zeichen für* techn. Standards, z. B. TGL 11801)

TGV

TGV [teʒe've:], der; -[s], -[s]
= train à grande vitesse (franz.
Hochgeschwindigkeitszug)
Th (chem. Zeichen für Thorium)
TH, die; -, -s = technische Hochschule; vgl. technisch
Tha|cke|ray [ˈθekəri] (engl. Schriftsteller)
Thad|dädl, der; -s, -[n] (österr. ugs. für einfältiger Mensch)
Thad|dä|us, ökum. Tad|dä|us (Apostel)
¹Thai, ¹Tai, der; -[s], -[s] (Bewohner Thailands; Angehöriger einer Völkergruppe in Südostasien)
²Thai, ²Tai, das; - (Sprache der Thai)
Thai|bo|xen, das; -s (asiat. Sportart)
Thai|land (Staat in Hinterindien)
Thai|län|der; Thai|län|de|rin; thai|län|disch
Tha|is (altgriech. Hetäre)
Thal|la|mus, der; -, ...mi (griech.) (Med. Hauptteil des Zwischenhirns)
thal|las|so|gen ⟨griech.⟩ (Geogr. durch das Meer entstanden); **Thal|las|so|me|ter**, das; -s, - (Meeresrestiefenmesser; Messgerät für Ebbe u. Flut); **Thal|las|so|the|ra|pie** (Med.)
Tha|lat|ta, Tha|lat|ta ⟨»das Meer, das Meer!«⟩ (Freudenruf der Griechen nach der Schlacht von Kunaxa, als sie das Schwarze Meer erblickten)
Thal|le (Harz) (Stadt an der Bode); **Thal|len|ser; Thal|len|se|rin**
Thal|les (altgriech. Philosoph)
Thal|lia (Muse der heiteren Dichtkunst u. des Lustspieles; eine der drei Chariten)
Thal|li|um, das; -s ⟨griech.⟩ (chemisches Element, Metall; Zeichen Tl)
Thal|lus, der; -, ...lli (Bot. Pflanzenkörper ohne Wurzel, Stängel u. Blätter)
Thäl|mann, Ernst (dt. kommunist. Politiker)
Tha|na|to|lo|gie, die; - ⟨griech.⟩ (Med., Psychol. Sterbekunde)
Thanks|gi|ving Day [θæŋksˈɡɪvɪŋ deɪ], der; - -[s], - -s (Erntedanktag in den USA [4. Donnerstag im November])
Tha|randt (Stadt südwestl. von Dresden); **Tha|rand|ter; Tha|rand|te|rin**
That|cher [ˈθɛtʃɐ], Margaret [ˈmaːɐ̯ɡərɪt] (engl. Politikerin); **That|che|ris|mus**, der; - ⟨nach der engl. Politikerin⟩ (von ihr geprägte Form der Sozial-, Finanz- u. Wirtschaftspolitik)
Thal|ya, die; - (niederösterr. Fluss)
Thea (w. Vorn.)
The|a|ter, das; -s, - ⟨griech.⟩ (ugs. auch für Aufregung; Vortäuschung); **The|a|ter|abend**
The|a|ter|abon|ne|ment; The|a|ter|abon|nent; The|a|ter|abon|nen|tin; The|a|ter|ar|beit; The|a|ter|auf|füh|rung; The|a|ter|bau Plur. ...bauten
The|a|ter|be|such; The|a|ter|be|su|cher; The|a|ter|be|su|che|rin
The|a|ter|büh|ne; The|a|ter|ca|fé
The|a|ter|di|rek|tor; The|a|ter|di|rek|to|rin
The|a|ter|don|ner (spött.); **The|a|ter|ge|schich|te; The|a|ter|grup|pe; The|a|ter|kar|te; The|a|ter|kas|se**
The|a|ter|kri|tik; The|a|ter|kri|ti|ker; The|a|ter|kri|ti|ke|rin
The|a|ter|ma|cher (ugs.); **The|a|ter|ma|che|rin** (ugs.)
The|a|ter|pä|d|a|go|ge; The|a|ter|pä|d|a|go|gik; The|a|ter|pä|d|a|go|gin; the|a|ter|pä|d|a|go|gisch
The|a|ter|pro|be; The|a|ter|pro|gramm; The|a|ter|pu|b|li|kum; The|a|ter|raum
The|a|ter|re|gis|seur; The|a|ter|re|gis|seu|rin; The|a|ter|ring (Besucherorganisation); **The|a|ter|saal; The|a|ter|star** vgl. ²Star
The|a|ter|stück; The|a|ter|vor|stel|lung; The|a|ter|wis|sen|schaft; The|a|ter|wis|sen|schaft|ler (schweiz., österr. auch für Theaterwissenschaftler); **The|a|ter|wis|sen|schaf|te|rin; The|a|ter|wis|sen|schaft|ler; The|a|ter|wis|sen|schaft|le|rin**
The|a|ti|ner, der; -s, - (Angehöriger eines ital. Ordens); **The|a|ti|ne|rin**
the|a|tral ⟨griech.⟩ (das Theater betreffend); **the|a|t|ra|lik**, die; - (übertriebenes schauspielerisches Wesen); **the|a|t|ra|lisch** (bühnenmäßig; gespreizt, pathetisch)
The|ba|is (altgriech. Bez. für das Gebiet um die ägypt. Stadt Theben)
The|ba|ner (Bewohner der griech. Stadt Theben); **The|ba|ne|rin; the|ba|nisch; The|ben** (Stadt im griech. Böotien; im Altertum auch Stadt in Oberägypten)
Thé dan|sant [- dãˈsãː], der; - -, -s -s [- ...ˈsãː] ⟨franz., »Tanztee«⟩ (kleiner [Haus]ball)
The|in vgl. **Tein**
The|is|mus, der; - ⟨griech.⟩ (Lehre von einem persönlichen, außerweltlichen Gott)
Theiß, die; - (linker Nebenfluss der Donau)
The|ist, der; -en, -en ⟨griech.⟩ (Anhänger des Theismus); **The|is|tin; the|is|tisch**
The|ke, die; -, -n ⟨griech.⟩ (Schanktisch; Ladentisch)
The|k|la (w. Vorn.)
The|ma, das; -s, Plur. ...men, auch -ta ⟨griech.⟩ (Aufgabe, Gegenstand; Gesprächsstoff; Leitgedanke [bes. in der Musik])
The|ma|tik, die; -, -en (Themenstellung; Ausführung eines Themas); **the|ma|tisch**
the|ma|ti|sie|ren (zum Thema machen); **The|ma|ti|sie|rung**
The|men|be|reich, der; **The|men|jahr** (unter einem best. Thema stehendes Jahr); **The|men|ka|ta|log; The|men|kom|plex; The|men|kreis; The|men|park; The|men|stel|lung; The|men|wahl; The|men|wech|sel**
The|men|welt; neue, spannende, wechselnde Themenwelten; **The|men|wo|che**
The|mis (griech. Göttin des Rechtes)
The|mis|to|k|les (athenischer Staatsmann)
Them|se, die; - (Fluss in England)
Theo, Teo (m. Vorn.)
Theo|bald (m. Vorn.)
Theo|bro|min, das; -s ⟨griech.⟩ (Alkaloid der Kakaobohnen)
Theo|de|rich (m. Vorn.)
Theo|di|zee, die; -, ...een ⟨griech.⟩ (Rechtfertigung Gottes hinsichtlich des von ihm in der Welt zugelassenen Übels)
Theo|do|lit, der; -[e]s, -e (ein Winkelmessgerät)
Theo|dor (m. Vorn.); **Theo|do|ra, Theo|do|re** (w. Vorn.)
the|o|do|si|a|nisch ↑D 135; aber ↑D 88: der Theodosianische Kodex; **Theo|do|si|us** (röm. Kaiser)
Theo|gno|sie, Theo|gno|sis, die; - ⟨griech.⟩ (Gotteserkenntnis); **Theo|go|nie**, die; -, ...ien (myth. Lehre von Entstehung u. Abstammung der Götter)
Theo|krat, der; -en, -en; **Theo|kra|tie**, die; -, ...ien (»Gottesherrschaft«) (Herrschaftsform, bei

der die Staatsgewalt allein religiös legitimiert ist); **theo|kra|tisch**

Theo|krit (altgriech. Idyllendichter)

Theo|lo|ge, der; -n, -n ⟨griech., »Gottesgelehrter«⟩ (jmd., der Theologie studiert hat, auf dem Gebiet der Theologie beruflich tätig ist); **Theo|lo|gie**, die; -, ...ien (systematische Auslegung u. Erforschung einer Religion); **Theo|lo|gie|pro|fes|sor; Theo|lo|gie|pro|fes|so|rin; Theo|lo|gin**

theo|lo|gisch; theo|lo|gi|sie|ren (etwas unter theologischem Aspekt erörtern)

Theo|man|tie, die; -, ...ien (Weissagung durch göttliche Eingebung)

theo|morph, theo|mor|phisch (in göttlicher Gestalt)

Theo|pha|nie, die; -, ...ien (Gotteserscheinung)

Theo|phil, Theo|phi|lus (m. Vorn.)

The|or|be, die; -, -n ⟨ital.⟩ (tief gestimmte Laute des 16. bis 18. Jh.s)

Theo|rem, das; -s, -e ⟨griech.⟩ ([mathematischer, philosophischer] Lehrsatz)

Theo|re|ti|ker (Ggs. Praktiker); **Theo|re|ti|ke|rin**

theo|re|tisch; die theoretische Physik; theo|re|ti|sie|ren (etwas rein theoretisch erwägen)

Theo|rie, die; -, ...ien; **theo|rie|las|tig; Theo|ri|en|streit**

Theo|soph, der; -en, -en ⟨griech.⟩; **Theo|so|phie**, die; -, ...ien ⟨»Gottesweisheit«⟩ (Erlösungslehre, die durch Meditation über Gott den Sinn des Weltgeschehens erkennen will); **theo|so|phisch**

The|ra|peut, der; -en, -en ⟨griech.⟩ (behandelnder Arzt, Heilkundiger); **The|ra|peu|tik**, die; -, -en (Lehre von der Behandlung der Krankheiten); **The|ra|peu|ti|kum**, das; -s, ...ka (Heilmittel); **The|ra|peu|tin; the|ra|peu|tisch**

The|ra|pie, die; -, -n (Heilbehandlung); **The|ra|pie|for|schung; The|ra|pie|grup|pe; The|ra|pie|hund** (Med., Psychol.); **The|ra|pie|platz; the|ra|pie|ren** (einer Therapie unterziehen); **the|ra|pie|re|sis|tent**

The|re|min, das; -s, -s, auch der; -s, -e ⟨nach dem russ. Erfinder⟩ (elektron. Musikinstrument, das ohne Berührung, nur durch Handbewegungen zwischen zwei Antennen gespielt wird)

The|re|se, The|re|sia (w. Vorn.)

the|re|si|a|nisch ↑D 89 u. 135; eine theresianische Skulptur; aber die Stiftung Theresianische Akademie (in Wien)

The|re|si|en|stadt (tschech. Terezín; Stadt in der Tschechischen Republik; Konzentrationslager der Nationalsozialisten)

therm... ⟨griech.⟩ (warm...); **Therm...** (Wärme...)

ther|mal (auf Wärme, auf warme Quellen bezogen)

Ther|mal|bad; Ther|mal|quel|le; Ther|mal|salz; Ther|mal|schwimm|bad; Ther|mal|was|ser Plur. ...wässer, auch ...wasser

Ther|me, die; -, -n (warme Quelle; Thermalbad); **Ther|men** Plur. (warme Bäder im antiken Rom)

Ther|mi|dor, der; -[s], -s ⟨franz., »Hitzemonat«⟩ (11. Monat des Kalenders der Franz. Revolution: 19. Juli bis 17. Aug.)

Ther|mik, die; -, -en ⟨griech.⟩ (Meteorol. aufwärtsgerichtete Warmluftbewegung); **Ther|mik|se|gel|flug**

ther|misch (die Wärme betreffend, Wärme...)

Ther|mit®, das; -s, -e (große Hitze entwickelndes Gemisch aus pulverisiertem Aluminium u. Metalloxid); **Ther|mit|schwei|ßen**, das; -s

Ther|mo|che|mie [auch ...'mi:] (Untersuchung der Wärmeumsetzung bei chem. Vorgängen); **ther|mo|che|misch**

Ther|mo|chro|mie [...k...], die; - (Chemie Warmefärbung)

Ther|mo|dy|na|mik [auch ...'na:...], die; - (Physik Wärmelehre); **ther|mo|dy|na|misch** [auch ...'na:...]

ther|mo|elek|t|risch [auch ...'lɛ...]; **Ther|mo|elek|t|ri|zi|tät** [auch ...'tɛ:t] (durch Wärmeunterschied erzeugte Elektrizität)

Ther|mo|ele|ment (ein Temperaturmessgerät)

Ther|mo|graf, Ther|mo|graph, der; -en, -en (Temperaturschreiber); **Ther|mo|gra|fie, Ther|mo|gra|phie,** die; - (Verfahren zur fotografischen Aufnahme von Objekten mittels ihrer unterschiedlichen Wärmestrahlung); **Ther|mo|gramm,** das; -s, -e (bei der Thermografie entstehende Aufnahme); **Ther|mo|graph** vgl. Thermograf

Ther|mo|ho|se

Ther|mo|kau|ter, der; -s, - (Med. Glühstift für Operationen)

Ther|mo|man|tel

Ther|mo|me|ter, das; -s, - (ein Temperaturmessgerät)

ther|mo|nu|k|le|ar [auch 'tɛ...] (Physik die bei der Kernreaktion auftretende Wärme betreffend); **Ther|mo|nu|k|le|ar|waf|fe**

Ther|mo|pane® [...'pe:n], das; - (ein Isolierglas); **Ther|mo|pane|fens|ter**

Ther|mo|pa|pier (ein Spezialpapier [z. B. für Faxgeräte])

ther|mo|phil (Biol. die Wärme liebend)

Ther|mo|phor, der; -s, -e (österr. für Wärmflasche; Wärmespeicher)

Ther|mo|plast, der; -[e]s, -e meist Plur. (bei höheren Temperaturen formbarer Kunststoff)

Ther|mo|py|len Plur. (Engpass im alten Griechenland)

Ther|mos|fla|sche® (Warmhaltegefäß); **Ther|mos|kan|ne®; Ther|mos|krug®** (schweiz. für Thermoskanne)

Ther|mo|sphä|re, die; - (Meteorol. Schicht der Erdatmosphäre in etwa 80 bis 130 km Höhe)

Ther|mo|s|tat, der; Gen. -[e]s u. -en, Plur. -e[n] u. das; Gen. -[e]s, Plur. -e (automat. Temperaturregler)

The|ro|phyt, der; -en, -en ⟨griech.⟩ (Bot. einjährige Pflanze)

The|sil|tes (schmäh- u. streitsüchtiger Grieche vor Troja)

the|sau|rie|ren ⟨griech.⟩ ([Geld, Wertsachen, Edelmetalle] horten); **The|sau|rie|rung**

The|sau|rus, der; -, Plur. ...ren u. ...ri (»[Wort]schatz«) (Titel wissenschaftlicher Sammelwerke u. umfangreicher Wörterbücher)

The|se, die; -, -n ⟨griech.⟩ (aufgestellter [Leit]satz, Behauptung); vgl. aber Thesis

The|sei|on, das; -s (Heiligtum des Theseus in Athen)

the|sen|haft; The|sen|pa|pier

The|seus (griech. Sagenheld)

The|sis, die; -, ...sen ⟨griech.⟩ (Verslehre Senkung)

Thes|pis (Begründer der altgriech. Tragödie); **Thes|pis|kar|ren** (Wanderbühne); ↑D 136

Thes|sa|li|en (Landschaft in Nord-

Thessalier

griechenland); **Thes|sa|li|er; Thes|sa|lie|rin;** thes|sa|lisch
Thes|sa|lo|ni|cher (Einwohner von Thessaloniki); **Thes|sa|lo|ni|cherin; Thes|sa|lo|ni|ki** ⟨griech. Name für Saloniki⟩; thes|sa|lonisch
The|ta, das; -[s], -s ⟨griech. Buchstabe: Θ, ϑ⟩
The|tis (Meernymphe der griech. Sage, Mutter Achills); vgl. aber ¹Tethys
Thid|reks|sa|ga, die; - ⟨norw. Sammlung dt. Heldensagen um Dietrich von Bern⟩; ↑D 136
Thig|mo|ta|xis, die; -, ...xen ⟨griech.⟩ (Biol. durch Berührungsreiz ausgelöste Orientierungsbewegung)
Thi|lo vgl. Tilo
Thim|phu (Hauptstadt Bhutans)
Thing, das; -[e]s, -e ⟨nord. Form von Ding⟩ (germ. Volks-, Gerichts- u. Heeresversammlung); vgl. ²Ding; **Thing|platz; Thing|stät|te**
Think|tank, Think-Tank ⟨engl.⟩ [ˈθɪŋktæŋk], der; -s, -s (Denkfabrik)
Thi|o|phen, das; -s ⟨griech.⟩ (schwefelhaltige Verbindung)
Thi|xo|tro|pie, die; - ⟨griech.⟩ (Chemie Eigenschaft gewisser Gele, sich durch Rühren, Schütteln u. Ä. zu verflüssigen)
Tho|los, die, auch der; -, Plur. ...loi u. ...len ⟨griech.⟩ (altgriech. Rundbau mit Säulenumgang)
¹**Tho|ma,** Hans (dt. Maler)
²**Tho|ma,** Ludwig (dt. Schriftsteller)
Tho|ma|ner, der; -s, - (Mitglied des Thomanerchors); **Tho|ma|nerchor,** der; -[e]s (an der Thomaskirche in Leipzig)
¹**Tho|mas,** m. Vorn.)
²**Tho|mas,** ökum. **To|mas** (Apostel); ungläubiger Thomas, ungläubige Thomasse
Tho|mas a Kem|pis (mittelalterl. Theologe)
Tho|mas|kan|tor (Leiter des Thomanerchors)
Tho|mas|mehl ⟨nach dem brit. Metallurgen S. G. Thomas⟩ (Düngemittel)
Tho|mas von Aquin (Kirchenlehrer); **Tho|mis|mus,** der; - (Lehre des Thomas von Aquin); **Tho|mist,** der; -en, -en; **Tho|mis|tin; tho|mis|tisch**
Thon, der; -s, Plur. -s u. -e ⟨franz.⟩ (schweiz. für Thunfisch)

Tho|net|stuhl, Tho|net-Stuhl ⟨nach dem dt. Industriellen M. Thonet⟩ (aus gebogenem Holz hergestellter Stuhl)
Thor ⟨germ. Mythol. Sohn Odins⟩; vgl. Donar
Tho|ra [auch ˈtoː...], die; - ⟨hebr., »Lehre«⟩ (die 5 Bücher Mosis, das mosaische Gesetz)
tho|ra|kal ⟨griech.⟩ (Med. den Brustkorb betreffend)
Tho|ra|rol|le (Rolle mit dem Text der Thora); **Tho|ra|stu|di|um**
Tho|rax, der; -[es], -e ⟨griech.⟩ (Brustkorb; mittleres Segment bei Gliederfüßern); **Tho|rax|drai|na|ge, Tho|rax|drä|na|ge** (Med. künstliche Ableitung von Flüssigkeiten od. Luft aus dem Brustraum)
Tho|ri|um, das; -s ⟨nach dem Gott Thor⟩ (radioaktives chemisches Element, Metall; Zeichen Th)
Thorn (poln. Toruń)
Thors|ten vgl. Torsten
Thor|vald|sen, Thor|wald|sen (dän. Bildhauer)
Thot, Thoth (ägypt. Gott)
Thra|ker (Bewohner von Thrakien); **Thra|ke|rin; Thra|ki|en** (Gebiet auf der Balkanhalbinsel); thra|kisch
Thrash|me|tal, Thrash-Me|tal [ˈθræʃˈmetl], der; -[s] ⟨engl.⟩ (schnelle Form des Heavy Metal)
Thra|zi|er usw. vgl. Thraker usw.
Thread [θret], der; -[s], -s ⟨engl.⟩ (EDV Reihenfolge der Ausführungsschritte eines Programms; Folge von Beiträgen in einem Internetforum)
Thrill [θrɪl], der; -s, -s ⟨engl.⟩ (Nervenkitzel); **Thril|ler,** der; -s, - (Film, Roman o. Ä., der Spannung u. Nervenkitzel erzeugt)
Thrips, der; -, -e ⟨griech.⟩ (Zool. Blasenfüßer)
Throm|bo|se, die; -, -n ⟨griech.⟩ (Med. Verstopfung von Blutgefäßen durch Blutgerinnsel); **Throm|bo|se|nei|gung; throm|botisch** (Med.)
Throm|bo|zyt, der; -en, -en ⟨Med. Blutplättchen); **Throm|bus,** der; -, ...ben ⟨Med. Blutgerinnsel, Blutpfropf⟩
Thron, der; -[e]s, -e ⟨griech.⟩; **Thron|an|wär|ter; Thron|an|wär|te|rin; Thron|be|stei|gung;**
thro|nen; Thron|er|be, der; **Thro|ner|bin; Thron|fol|ge; Thron|fol|ger; Thron|fol|ge|rin**

Thron|ju|bi|lä|um; Thron|prä|ten|dent; Thron|prä|ten|den|tin; Thron|re|de; Thron|saal; Thron|ses|sel; Thron|ver|zicht
Thu|ja, österr. auch **Thu|je,** die; -, ...jen ⟨griech.⟩ (Lebensbaum)
thu|ky|di|de|isch ⟨griech.⟩; die thukydideischen Reden ↑D 89 u. 135; **Thu|ky|di|des** (altgriech. Geschichtsschreiber)
Thu|le (in der Antike sagenhafte Insel im hohen Norden)
Thu|li|um, das; -s ⟨chemisches Element, Metall; Zeichen Tm⟩
Thumb|nail [ˈθʌmneɪl], das, auch: der; -s, -s ⟨engl.⟩ (EDV kleines Vorschaubild [in der Größe eines Daumennagels])
Thun (schweiz. Stadt); **Thu|ner See,** der; - -s, schweiz. **Thu|ner|see,** der; -s
Thun|fisch, Tun|fisch ⟨griech.; dt.⟩
Thur, die; - (linker Nebenfluss des Hochrheins); **Thur|gau,** der; -[e]s ⟨schweiz. Kanton⟩; **Thur|gau|er; thur|gau|isch**
Thü|rin|gen; Thü|rin|ger; Thüringer Wald; **Thü|rin|ge|rin; thü|rin|gisch**
Thurn und Ta|xis (ein Adelsgeschlecht); die **thurn-und-taxis|sche** od. Thurn-und-Taxis'sche Post ↑D 89, 135 u. 139
Thus|nel|da (Gattin des Arminius)
THW, das; -, -s Plur. selten = Technisches Hilfswerk
Thy|mi|an, der; -s, -e ⟨griech.⟩ (eine Gewürz- u. Heilpflanze)
Thy|mus, der; -, ...mi ⟨griech.⟩ (hinter dem Brustbein gelegene Drüse, Wachstumsdrüse); **Thy|mus|drü|se** (svw. Thymus)
Thy|re|o|i|di|tis, die; -, ...itiden ⟨griech.⟩ (Med. Schilddrüsenentzündung)
Thy|ris|tor, der; -s, ...oren ⟨griech.-lat.⟩ (Elektrot. steuerbares Halbleiterelement)
Thyr|sos, der; -, ...soi, **Thyr|sus,** der; -, ...si ⟨griech.⟩ (Bacchantenstab)
ti ⟨ital.⟩ (Solmisationssilbe)
Ti (chem. Zeichen für vgl. ²Titan)
Ti|a|ra, der; -, -s u. ...ren ⟨pers.⟩ (Kopfbedeckung der altpers. Könige; dreifache Krone des Papstes)
Ti|ber, der; -[s] (ital. Fluss)
Ti|be|ri|as (Stadt am See Genezareth)
Ti|be|ri|us (röm. Kaiser)
¹**Ti|bet** [auch ...ˈbeːt] (Hochland in Zentralasien)

tief
- zutiefst
- tiefblau, tiefrot, tiefschwarz
- tiefernst, tieftraurig
- tiefgründig

Groß- und Kleinschreibung:
- etwas Tiefes
- alles Hohe und Tiefe
- etwas auf das, aufs Tiefste od. auf das, aufs tiefste beklagen ↑D 75

Schreibung in Verbindung mit Verben und adjektivisch gebrauchten Partizipien ↑D 56 u. 58:
- tief sein, tief werden, tief atmen, tief graben, tief liegen, tief stehen
- tief bohren (in der Tiefe bohren), vgl. aber tiefbohren
- wenn die Schwalben tief fliegen, vgl. aber tiefliegen
- mit tief bewegter od. tiefbewegter Stimme
- tief empfundenes od. tiefempfundenes Mitleid
- die tief erschütterte od. tieferschütterte Frau
- tiefgehende od. tief gehende, tiefergehende od. tiefer gehende Untersuchungen, aber nur tiefgehendere Untersuchungen; eine [noch] tiefer gehende od. tiefergehende Reform
- tief greifende, tiefer greifende od. tiefgreifende, tiefgreifendere Veränderungen
- tief liegende od. tiefliegende Augen; aber nur tiefer liegende Augen
- eine tief verschneite od. tiefverschneite Landschaft
- Vgl. auch tieferlegen, tiefgefrieren, tiefkühlen, tiefstapeln, tieftauchen; tiefgekühlt, tiefschürfend, tiefst...

²Ti|bet, der; -[e]s, -e (ein Wollgewebe; eine Reißwollart)
Ti|be|ta|ner usw. vgl. Tibeter usw.
Ti|be|ter; Ti|be|te|rin; ti|be|tisch
Ti|bor (m. Vorn.)
Tic [tɪk], der; -s, -s 〈franz.〉 (Med. krampfartiges Zusammenziehen der Muskeln; Zucken)
Tick, der; -s, -s (wunderliche Eigenart, Schrulle; auch für Tic)
ti|cken; du tickst wohl nicht ganz richtig (ugs.); Ti|cker (ugs. für Fernschreiber)
Ti|cket, das; -s, -s 〈engl.; »Zettel«〉 (Fahrkarte, Flugkarte, Eintrittskarte; ugs. auch für Strafmandat); Ti|cket|au|to|mat; Ti|cke|ting, das; -[s] (Verkauf von Tickets); Ti|cket|steu|er (ugs. für Luftverkehrsabgabe)
tick|tack!; Tick|tack, das; -s
Ti|de, die; -, -n (nordd. für regelmäßig wechselnde Bewegung der See; Flut); Ti|de|hub vgl. Tidenhub; Ti|den Plur. (Gezeiten); Ti|den|hub (Wasserstandsunterschied bei den Gezeiten)
Tie|break, Tie-Break [ˈtaɪ...], der od. das; -s, -s 〈engl.〉 (Tennis Satzverkürzung [beim Stand von 6 : 6]); ↑D 41
Tieck (dt. Dichter)
tief s. Kasten
Tief, das; -s, -s (Fahrrinne; Meteorol. Gebiet tiefen Luftdrucks)
Tief|aus|läu|fer (Meteorol.)
Tief|bahn|hof, der ([weitgehend] unterirdisch angelegter Bahnhof)
Tief|bau; Tief|bau|amt
tief be|wegt, tief|be|wegt vgl. tief
tief|blau

tief|boh|ren (fachspr. für bis in große Tiefe bohren); Tief|boh|rung
Tief|de|cker (Flugzeugtyp)
Tief|druck, der; -[e]s, Plur. (Druckw.:) -e
Tief|druck|ge|biet (Meteorol.)
Tie|fe, die; -, -n; Tief|ebe|ne
tief emp|fun|den, tief|emp|fun|den; vgl. tief, tiefstempfunden
Tie|fen|be|strah|lung (Med.)
tie|fen|ent|spannt; Tie|fen|ent|span|nung
Tie|fen|ge|stein; Tie|fen|in|ter|view; Tie|fen|li|nie; Tie|fen|mes|sung
Tie|fen|psy|cho|lo|gie; tie|fen|psy|cho|lo|gisch
Tie|fen|rausch (beim Tieftauchen)
Tie|fen|schär|fe (Fotogr. ugs. für Schärfentiefe)
Tie|fen|wir|kung
tie|fer|le|gen (Kfz-Technik); ein tiefergelegtes Auto
tief|ernst
tief er|schüt|tert, tief|er|schüt|tert vgl. tief
tief|flie|gen (Flugw. im Tiefflug fliegen); aber das Flugzeug ist zu tief geflogen; wenn die Schwalben tief fliegen, gibt es Regen
Tief|flie|ger; Tief|flie|ger|an|griff
Tief|flug; Tief|flug|ver|bot
Tief|gang, der (Schiffbau); Tief|gang|mes|ser, der
Tief|ga|ra|ge
tief|ge|frie|ren; ein tiefgefrorener Hase
tief ge|fühlt, tief|ge|fühlt
tief|ge|hend, tief ge|hend vgl. tief
tief|ge|kühlt ↑D 57: tiefgekühltes Gemüse od. Obst; das Obst ist tiefgekühlt
tief|ge|stellt; tiefgestellte Ziffern
tief|gläu|big
Tief|grab
tief grei|fend, tief|grei|fend vgl. tief
tief|grün|dig
tief|küh|len (svw. tiefgefrieren)
Tief|kühl|fach; Tief|kühl|ket|te; Tief|kühl|kost; Tief|kühl|schrank; Tief|kühl|tru|he
Tief|la|der (Wagen mit tief liegender Ladefläche)
Tief|land Plur. ...länder od. ...lande; Tief|land|bucht
tief lie|gend, tief|lie|gend vgl. tief
Tief|par|ter|re; Tief|punkt
tief|rot
Tief|schlaf; Tief|schlag ([Box]hieb unterhalb der Gürtellinie); Tief|schnee; Tief|schnee|fah|ren, das; -s (Ski)
tief|schür|fend (sehr gründlich); eine tiefschürfende Abhandlung
tief|schwarz
Tief|see, die; -; Tief|see|for|schung; Tief|see|tau|cher; Tief|see|tau|che|rin
Tief|sinn, der; -[e]s; tief|sin|nig; Tief|sin|nig|keit
tiefst...; in Verbindung mit Partizipien, z. B. tiefstempfunden, tiefstgehend, tiefstschürfend usw.; vgl. aber tief
Tief|stand
Tief|sta|pe|lei; tief|sta|peln (Ggs. hochstapeln); tiefgestapelt, tiefzustapeln; Tief|stap|ler; Tief|stap|le|rin
Tief|start (Sport)
tief ste|hend, tief|ste|hend; bei

tiefstempfunden

tief stehender *od.* **tiefstehender Sonne**
tiefst|emp|fun|den; tiefstempfundenes Mitleid
Tiefst|kurs; Tiefst|preis
Tiefst|strah|ler
Tiefst|stand; Tiefst|tem|pe|ra|tur; Tiefst|wert
tief|tau|chen *(Sport); nur im Infinitiv und Partizip II gebr.*
tief|trau|rig
tief ver|schneit, **tief|ver|schneit** *vgl.* tief
tief|zie|hen *(Technik* Blech in einen Hohlkörper umformen)
Tie|gel, der; -s, -
Tien|gen *vgl.* Waldshut-Tiengen
Ti|en|schan [*auch* 'tjɛ...], der; -[s] (Gebirgssystem Innerasiens)
Ti|en|t|sin (chin. Stadt)
Tier, das; -[e]s, -e; **Tier|art**
Tier|arzt; Tier|ärz|tin; tier|ärzt|lich; eine tierärztliche Hochschule, *aber* ↑**D 150**: die Tierärztliche Hochschule Hannover
Tier|buch; Tier|freund; Tier|freundin; Tier|fut|ter *vgl.* ¹Futter
Tier|gar|ten; Tier|gärt|ner; Tier|gärt|ne|rin; tier|ge|recht; Tier|ge|schich|te
Tier|ge|stalt; in Tiergestalt; **tier|haft**
Tier|hal|ter; Tier|hal|te|rin; Tier|hal|tung
Tier|händ|ler; Tier|händ|le|rin; Tier|hand|lung
Tier|heil|kun|de, die; **Tier|heim**
tie|risch *(ugs. auch für* sehr)
Tier|kli|nik
Tier|kör|per|be|sei|ti|gungs|an|stalt *(Amtsspr. svw.* Abdeckerei)
Tier|kreis, der; -es *(Astron.);* **Tier|kreis|zei|chen**
Tier|kun|de (Zoologie *[nur Sing.];* zoologisches Lehrwerk)
tier|lieb; Tier|lie|be; tier|lie|bend
Tier|me|di|zin, die; -; **Tier|mehl;**
Tier|park; Tier|pen|si|on; Tier|pfle|ger; Tier|pfle|ge|rin; Tier|prä|pa|rat (konservierter Tierkörper)
Tier|pro|duk|ti|on, die; - *(regional für* Viehzucht)
Tier|quä|ler; Tier|quä|le|rei; Tier|quä|le|rin
Tier|reich; Tier|ret|tung; Tier|ret|tungs|dienst; Tier|schau
Tier|schutz, der; -es; **Tier|schüt|zer; Tier|schüt|ze|rin; Tier|schutz|ge|setz; Tier|schutz|ver|ein**
Tier|seu|che; Tier|ver|such; Tier|welt

Tier|zucht, die; -; **Tier|züch|ter; Tier|zücht|le|rin**
Tif|fa|ny|lam|pe [...fəni...] ⟨nach dem amerik. Kunsthandwerker⟩ (Lampe mit einem aus bunten Glasstücken zusammengesetzten Schirm)
Tif|lis ['tiː..., 'tɪ...] (Hauptstadt Georgiens); *vgl. auch* Tbilissi
Ti|fo|so, der; -, ...si ⟨ital.⟩ *(ital. Bez. für* [Fußball]fan)
Ti|ger, der; -s, - ⟨griech.-lat.⟩
Ti|ger|au|ge (Edelstein aus der Quarzgruppe); **Ti|ger|fell; Ti|ger|hai; Ti|ger|in; Ti|ger|kat|ze; Ti|ger|li|lie; Ti|ger|look; Ti|ger|mü|cke** (eine Stechmückenart)
ti|gern (streifig machen; *ugs. für* irgendwohin gehen); ich tigere
Ti|ger|staat *(Wirtsch.* asiatischer Staat mit hohem Wirtschaftswachstum)
Tight [taɪt], die; -, -s ⟨engl.⟩ (eng anliegende Sporthose)
Ti|g|ris, der; - (Strom in Vorderasien)
Ti|ki|ta|ka, **Ti|ki-Ta|ka**, das; -[s] ⟨span.⟩ *(Fußball* Kurzpassspiel)
Ti|la|pia, der; -s, -s *od.* ...ien (ein afrik. Buntbarsch)
Til|bu|ry [...bəri], der; -[s], -s ⟨engl.⟩ *(früher für* leichter zweirädriger Wagen in Nordamerika)
Til|de, die; -, -n ⟨span.⟩ (span. u. port. Aussprachezeichen; *Druckw.* Wiederholungszeichen: ~)
tilg|bar; til|gen; Til|gung
Til|gungs|an|lei|he *(Wirtsch.);* **Til|gungs|ka|pi|tal; Til|gungs|ra|te; Til|gungs|sum|me**
Till (m. Vorn.); **Til|la** (w. Vorn.)
Till Eu|len|spie|gel (niederd. Schelmengestalt)
Till|mann, Til|man, Til|mann (m. Vorn.)
Til|ly [...li] (Feldherr im Dreißigjährigen Krieg)
Til|man, Til|mann *vgl.* Tillmann
Ti|lo, Thi|lo (m. Vorn.)
Til|sit (Stadt an der Memel)
Til|si|ter, der; -s, - (ein Käse)
Tim, Timm (m. Vorn.)
Tim|b|re ['tɛ̃ːbrə], das; -s, -s ⟨franz.⟩ (Klangfarbe der Gesangsstimme); **tim|b|rie|ren**
Tim|buk|tu (Stadt in Mali)
ti|men ['taɪ...] ⟨engl.⟩ *(Sport* mit der Stoppuhr messen; zeitlich abstimmen); ein gut getimter Ball

Time-out ['taɪm'|aʊt], das; -[s] -s *(Basketball, Volleyball* Auszeit)
Ti|mer ['taɪmɐ], der; -s, - ⟨engl.⟩ (Zeitschaltuhr; Terminkalender)
Times [taɪms], die; - (engl. Zeitung)
Time|sha|ring [...ʃɛːrɪŋ], das; -[s] ⟨engl.⟩ (gekauftes Wohnrecht an einer Ferienwohnung während einer bestimmten Zeit)
Ti|ming, das; -s, -s (zeitl. Abstimmen von Abläufen)
Timm *vgl.* Tim
Ti|mo (m. Vorn.)
Ti|mo|kra|tie, die; -, ...ien ⟨griech.⟩ (Herrschaft der Besitzenden); **ti|mo|kra|tisch**
Ti|mon, Timon von Athen (athen. Philosoph u. Sonderling; Urbild des Menschenhassers)
Ti|mor (eine Sundainsel); **Ti|mo|rer; Ti|mo|re|rin; ti|mo|re|sisch; Ti|mor-Les|te** (Staat in Südostasien)
Ti|mo|the|us (Gehilfe des Paulus)
Ti|mo|the|us|gras, das; -es (ein Futtergras)
Ti|mur, Ti|mur-Leng (mittelasiat. Eroberer)
TIN, die; -, -s = tax identification number (Steueridentifikationsnummer)
Ti|na, Ti|ne, Ti|ni (w. Vorn.)
Tin|der®, das; -[s] *meist ohne Artikel* ⟨engl.⟩ (Dating-App); **tin|dern** *(ugs.)*
tin|geln *(ugs. für* [mal hier, mal dort] im Tingeltangel auftreten); ich ting[e]le
Tin|gel|tan|gel [*auch* ...'ta...], der *u., österr. nur,* das; -s, - *(ugs. für* Tanzlokal; Varieté)
Ti|ni *vgl.* Tina
Tink|ti|on, die; -, -en ⟨lat.⟩ *(Chemie* Färbung); **Tink|tur**, die; -, -en ([Arznei]auszug)
Tin|nef, der; -s ⟨hebr.-jidd.⟩ *(ugs. für* Schund; dummes Zeug)
Tin|ni|tus, der; -, - ⟨lat.⟩ (Rauschen, Klingeln *od.* Pfeifen in den Ohren)
Tin|te, die; -, -n; **Tin|ten|fass**
Tin|ten|fisch
Tin|ten|fleck, Tin|ten|fle|cken; Tin|ten|kil|ler; Tin|ten|klecks; Tin|ten|kleck|ser *(ugs. svw.* Schreiberling); **Tin|ten|kleck|se|rin; Tin|ten|ku|li**
Tin|ten|pilz
Tin|ten|rol|ler (dem Kugelschrei-

ber ähnliches Schreibgerät); **tin|ten|schwarz; Tin|ten|stift** vgl. ¹**Stift; Tin|ten|strahl|dru|cker**
tin|tig
Tint|ling (Tintenpilz)
Tin|to|ret|to (ital. Maler)
Tip alte Schreibung für Tipp
Ti|pi, das; -s, -s ⟨Indianerspr.⟩ (kegelförmiges Indianerzelt)
Tipp, der; -s, -s ⟨nützlicher Hinweis; Vorhersage bei Lotto u. Toto; ugs. für ausgefüllter Wettschein⟩
Tip|pel, der; -s, - (nordd. für Punkt; österr. ugs. für Beule); vgl. Dippel
Tip|pel|bru|der (ugs. für Landstreicher)
Tip|pel|chen (landsch. für Tüpfelchen); bis aufs Tippelchen
Tip|pe|lei (ugs.); **tip|pe|lig,** tipp|lig (landsch. für kleinlich)
tip|peln (ugs. für zu Fuß gehen, wandern); ich tipp[e]le; **Tip|pel|schwes|ter**
¹**tip|pen** (leicht berühren; ugs. für auf einer Tastatur schreiben); er hat ihn, auch ihn auf die Schulter getippt
²**tip|pen** (wetten)
Tip|pen, das; -s ⟨ein Kartenspiel⟩
Tip|per ⟨zu ²tippen⟩; **Tip|pe|rin**
Tipp-Ex®, das; - (Korrekturflüssigkeit od. -streifen); **Tipp|fehler** (ugs. für Fehler beim ¹Tippen)
Tipp|ge|mein|schaft ⟨zu ²tippen⟩
tipp|lig vgl. tippelig
Tipp|schein
Tipp|se, die; -, -n (ugs. abwertend für Sekretärin)
Tipp|spiel (kommerzielle Wette)
tipp|topp ⟨engl.⟩ (ugs. für hochfein; tadellos)
Tipp|zet|tel (Wettzettel)
Ti|ra|de, die; -, -n ⟨franz.⟩ (Wortschwall; Musik tonleiterartige Verzierung)
Ti|ra|mi|su, das; -[s], -s ⟨ital.⟩ (Süßspeise aus Mascarpone u. in Kaffee getränkten Biskuits)
Ti|ra|na (Hauptstadt Albaniens)
Ti|rass, der; -es, -e ⟨franz.⟩ (Jägerspr. Deckgarn, -netz); **ti|ras|sie|ren** ([Vögel] mit dem Tirass fangen)
ti|ri|li|li, das; -s; **ti|ri|lie|ren** (pfeifen, singen [von Vögeln])
ti|ro! ⟨franz., »schieße hoch!«⟩ ⟨Jägerspr. Zuruf an den Schützen, wenn Federwild vorbeistreicht⟩
Ti|ro (Freund Ciceros)

Ti|rol (österr. Bundesland); **Ti|ro|ler;** Tiroler Ache; **Ti|ro|le|rin; ti|ro|le|risch** (bes. österr.)
Ti|ro|li|enne [...ˈliɛn], die; -, -n ⟨franz.⟩ (ein Rundtanz)
ti|ro|lisch (tirolerisch)
ti|ro|nisch ⟨zu Tiro⟩; tironische Noten (altröm. Kurzschriftsystem); ↑D 89 u. 135
Ti|ryns (altgriech. Stadt); **Ti|rynther; Ti|ryn|the|rin; ti|ryn|thisch**
Tisch, der; -[e]s, -e; bei Tisch (beim Essen) sein; zu Tisch gehen; Gespräch am runden Tisch
Tisch|abend|mahl (gemeinsames, an einem Tisch eingenommenes Essen nach einem Gottesdienst)
Tisch|bein; Tisch|be|sen; Tisch|blatt (fachspr. u. schweiz. neben Tischplatte); **Tisch|bom|be** (schweiz. für Tischfeuerwerk); **Tisch|com|pu|ter; Tisch|da|me; Tisch|de|cke**
ti|schen (schweiz. für den Tisch decken); du tischst; **tisch|fer|tig**
Tisch|feu|er|werk; Tisch|fuß|ball, der; -[e]s; **Tisch|fuß|ball|spiel; Tisch|ge|bet; Tisch|ge|sell|schaft; Tisch|ge|spräch; Tisch|grill; Tisch|herr; Tisch|kan|te; Tisch|kar|te; Tisch|ki|cker** (Standfußballspiel); **Tisch|lam|pe; Tisch|läu|fer**
Tisch|lein|deck|dich, das; -
Tisch|ler; Tisch|ler|ar|beit; Tisch|le|rei; Tisch|le|rin
tisch|lern; ich tischlere; **Tisch|ler|plat|te; Tisch|ler|werk|statt**
Tisch|ma|nie|ren Plur.
Tisch|nach|bar; Tisch|nach|ba|rin
Tisch|ord|nung; Tisch|plat|te; Tisch|rand Plur. ...ränder; **Tisch|rech|ner; Tisch|re|de; Tisch|re|ser|vie|rung; Tisch|rü|cken,** das; -s; **Tisch|se|gen; Tisch|sit|te**
Tisch|ten|nis; Tisch|ten|nis|ball; Tisch|ten|nis|plat|te; Tisch|ten|nis|schlä|ger; Tisch|ten|nis|spiel; Tisch|ten|nis|spie|ler; Tisch|ten|nis|spie|le|rin
Tisch|tuch Plur. ...tücher; **Tisch|tuch|klam|mer; Tisch|vor|la|ge; Tisch|wein; Tisch|zeit**
Ti|si|pho|ne [...ne] (eine der drei Erinnyen)
Tit. = Titel
¹**Ti|tan,** **Ti|ta|ne,** der; ...nen, ...nen (einer der riesenhaften, von Zeus gestürzten Götter der griech. Sage; übertr. für jmd., der durch außergewöhnliche Machtfülle o. Ä. beeindruckt)

²**Ti|tan,** das; -s ⟨griech.⟩ (chem. Element, Metall; Zeichen Ti)
Ti|ta|ne vgl. ¹Titan
Ti|tan|ei|sen|erz
ti|ta|nen|haft (riesenhaft)
Ti|ta|nia (Feenkönigin, Gemahlin Oberons)
Ti|ta|nic [...ɪk], die; - (engl. Passagierschiff, das 1912 nach Zusammenstoß mit einem Eisberg unterging)
Ti|ta|ni|de, der; -n, -n ⟨griech.⟩ (Nachkomme der Titanen)
ti|ta|nisch (riesenhaft)
Ti|ta|no|ma|chie, die; - (Kampf der Titanen gegen Zeus in der griech. Sage)
Ti|tan|ra|ke|te ⟨zu ¹Titan⟩
Ti|tel [auch ˈtɪt...], der; -s, - ⟨lat.⟩ (Abk. Tit.)
Ti|tel|am|bi|ti|on meist Plur.; **Ti|tel|an|wär|ter** (Sport); **Ti|tel|an|wär|te|rin**
Ti|tel|auf|la|ge; Ti|tel|bild; Ti|tel|blatt; Ti|tel|bo|gen
Ti|tel|ei (Gesamtheit der dem Textanfang vorangehenden Seiten mit den Titelangaben eines Druckwerkes)
Ti|tel|fa|vo|rit (bes. Sport); **Ti|tel|fa|vo|ri|tin**
Ti|tel|fi|gur; Ti|tel|ge|schich|te
Ti|tel|ge|winn (bes. Sport)
Ti|tel|held; Ti|tel|hel|din
Ti|tel|kampf (Sport)
Ti|tel|kir|che (Kirche eines Kardinalpriesters in Rom)
ti|tel|los; ti|teln (mit Titel versehen); ich tit[e]le
Ti|tel|part, Ti|tel|par|tie (Titelrolle)
Ti|tel|rol|le; Ti|tel|schrift; Ti|tel|schutz, der; -es ⟨Rechtsspr.⟩; **Ti|tel|sei|te; Ti|tel|song; Ti|tel|sto|ry**
Ti|tel|sucht, die; - ⟨ugs.⟩; **ti|tel|süch|tig**
Ti|tel|trä|ger; Ti|tel|trä|ge|rin
Ti|tel|ver|tei|di|ger; Ti|tel|ver|tei|di|ge|rin
Ti|tel|zei|le
Ti|ter, der; -s, - ⟨franz.⟩ (Maß für die Feinheit eines Seiden-, Reyonfadens; Chemie Gehalt einer Lösung)
Ti|thon, das; -s ⟨griech.⟩ (Geol. oberste Stufe des Malms)
Ti|ti|ca|ca|see, der; -s (See in Südamerika)
Ti|ti|see, der; -s (See im südlichen Schwarzwald)
Ti|to|is|mus, der; - ⟨nach dem jugoslaw. Staatspräsidenten Josip Broz Tito⟩ (kommunist. Staatsform im ehem. Jugoslawien)

T
Tito

Titration

Ti|t|ra|ti|on, die; -, -en ⟨lat.⟩ (Bestimmung des Titers, Ausführung einer chem. Maßanalyse); **Ti|t|re** ['tiːtr, ...trə], der; -s, -s *(veraltet für* Titer; *im franz. Münzwesen Bez. für* Feingehalt); **tit|rie|ren** *(Chemie)*
tit|schen *(landsch. für* eintunken); du titschst
Tit|te, die; -, -n *(derb für* w. Brust)
Ti|tu|lar, der; -s, -e ⟨lat.⟩ *(veraltet für* Titelträger)
Ti|tu|lar... (nur dem Titel nach)
Ti|tu|lar|bi|schof; Ti|tu|lar|pro|fes|sor; Ti|tu|lar|pro|fes|so|rin; Ti|tu|lar|rat *Plur.* ...räte; **Ti|tu|lar|rä|tin**
Ti|tu|la|tur, die; -, -en (Betitelung); **ti|tu|lie|ren** (Titel geben, benennen); **Ti|tu|lie|rung**
Ti|tu|lus, der; -, ...li (mittelalterliche Bildunterschrift)
Ti|tus (röm. Kaiser; altröm. m. Vorn.; *Abk.* T.)
Tiu (altgerm. Gott); *vgl.* Tyr, Ziu
¹Ti|vo|li (ital. Stadt)
²Ti|vo|li, das; -[s], -s (Vergnügungsort; Gartentheater; italienisches Kugelspiel)
Ti|xo®, der; -s, -s *(österr. für* durchsichtiges Klebeband)
Ti|zi|an (ital. Maler); **ti|zi|a|nisch;** tizianische Malweise ↑D 89 *u.* 135; **ti|zi|an|rot**
tja! [tja(ː)]
Tjalk, die; -, -en ⟨niederl.⟩ (ein einmastiges Küstenfahrzeug)
Tjost, der; -, -en *od.* die; -, -[e]s, -e ⟨franz.⟩ (mittelalterl. Reiterzweikampf mit scharfen Waffen)
tkm = Tonnenkilometer
Tkm = tausend Kilometer
Tl = *Zeichen für* Thallium
TL = ²Lira; Teelöffel
Tm = *Zeichen für* Thulium
TM = Trademark *(vgl. d.)*
Tme|sis, die; -, ...sen ⟨griech.⟩ (Sprachwiss. Trennung eigentlich zusammengehörender Wortteile, z. B. »ich *vertraue* dir ein Geheimnis *an*«)
TN = Tennessee
TNT, das; -[s] = Trinitrotoluol (ein Sprengstoff)
Tö, die; -, -s *od.* das; -s, -s *(ugs.; kurz für* Toilette)
Toast [toːst], der; -[e]s, *Plur. -e u.* -s ⟨engl.⟩ (geröstete Weißbrotschnitte; Trinkspruch); **Toast|brot; toas|ten** ([Weißbrot] rösten; einen Trinkspruch ausbringen); **Toas|ter** (elektr. Gerät zum Rösten von [Weiß]brot)

To|ba|go *vgl.* Trinidad
To|bak, der; -[e]s, -e *(veraltet für* Tabak); *vgl.* anno
To|bel, das, *österr.* der; -s, - *(südd., österr., schweiz. für* enge [Wald]schlucht)
to|ben; To|be|rei
To|bi|as (m. Vorn.)
To|bog|gan, der; -s, -s ⟨indian.⟩ (ein kufenloser [kanad. Indianer]schlitten)
Tob|sucht, die; -; **tob|süch|tig; Tob|süch|ti|ge; Tob|suchts|an|fall**
Toc|ca|ta, Tok|ka|ta, die; -, ...ten ⟨ital.⟩ (ein Musikstück)
Toch|ter, die; -, Töchter
Toch|ter|bank *Plur.* ...banken
Töch|ter|chen
Toch|ter|fir|ma; Toch|ter|ge|schwulst *(für* Metastase); **Toch|ter|ge|sell|schaft** *(Wirtsch.);* **Toch|ter|kir|che**
Töch|ter|lein; töch|ter|lich
Töch|ter|schu|le *(veraltet);* höhere Töchterschule
Toch|ter|un|ter|neh|men *(Wirtsch.)*
Toch|ter|zel|le
Tod, der; -[e]s, -e; zu Tode fallen, hetzen, erschrecken

---

tod-/tot-, Tod-/Tot-

Zusammensetzungen mit »Tod«:
– Mit *d* schreibt man Zusammensetzungen, die das Substantiv *Tod* als Bestimmungswort haben: *todbereit* (zum Tode bereit), *todgeweiht; Todfeind, Todsünde, Todkranker.*
– In vielen Fällen dient das Wort nur als Verstärkung des Ausdrucks mit der Bedeutung »sehr, äußerst«: *todblass, todernst, todkrank, todmüde, todunglücklich.*

Zusammensetzungen mit »tot«:
– Mit *t* schreibt man Zusammensetzungen, die das Adjektiv *tot* als Bestimmungswort haben: *sich totarbeiten, totfahren, totsagen, totschießen, tottreten; Totgeburt, Totgeglaubter, Totschlag.*

---

tod|bang; tod|be|reit
tod|blass *vgl.* totenblass
tod|bleich *vgl.* totenbleich
tod|brin|gend ↑D 59
Tod|dy [...di], der; -[s], -s ⟨Hindi-engl.⟩ (Palmwein; grogartiges Getränk)
tod|elend *(ugs. für* sehr elend)

tod|ernst *(ugs. für* sehr ernst)
To|des|ah|nung; To|des|angst; To|des|an|zei|ge; To|des|art; To|des|da|tum; To|des|dro|hung; To|des|en|gel; To|des|fall, der; **To|des|fol|ge** *Plur. selten (Rechtsspr.);*
To|des|furcht; To|des|ge|fahr; To|des|jahr; To|des|kampf
To|des|kan|di|dat; To|des|kan|di|da|tin; To|des|la|ger
To|des|mut; to|des|mu|tig
To|des|nach|richt; To|des|not *(geh.);* **To|des|op|fer; To|des|qual; To|des|ort**
To|des|schein *(schweiz. für* Totenschein); **To|des|schuss; To|des|schüt|ze; To|des|schüt|zin**
To|des|schwa|d|ron (paramilitärisch organisierte Terrorgruppe, die mit tödlichen Gewaltaktionen ihr Ziel verfolgt)
To|des|spi|ra|le (Eiskunstlauf)
To|des|stoß; To|des|stra|fe; To|des|strei|fen *(svw.* Todeszone); **To|des|stun|de; To|des|tag; To|des|trieb** *(Psychol.);* **To|des|ur|sa|che; To|des|ur|teil; To|des|ver|ach|tung**
to|des|wür|dig; To|des|zeit; To|des|zel|le; To|des|zo|ne ([Grenz]gebiet, das durch Schussanlagen, Minen u. Ä. gesichert ist)
tod|feind; einander todfeind sein
Tod|feind; Tod|fein|din
tod|ge|weiht *(geh.);* **Tod|ge|weih|te**, der *u.* die; -n, -n
tod|krank; Tod|kran|ke
tod|lang|wei|lig *(ugs.)*
töd|lich
tod|matt *(ugs.);* **tod|mü|de** *(ugs.)*
To-do [tuˈduː], das; -s, -s *meist Plur.* ⟨engl.⟩ (zu erledigende Aufgabe); **To-do-Lis|te**
tod|schick *(ugs.);* **tod|si|cher** *(ugs.);* **tod|ster|bens|krank** *(ugs.)*
tod|still *vgl.* totenstill
Tod|sün|de
Todt|moos (Ort im Schwarzwald)
tod|trau|rig; tod|un|glück|lich; tod|wund *(geh.)*
Toe|loop, Toe-Loop ['tuːluːp, 'tɔʏ...], der; -[s], -s ⟨engl.⟩ (Sprung beim Eiskunstlauf)
töff!; töff, töff!; Töff, der; -s, -[s] *(schweiz. mdal. für* Motorrad)
Tof|fee [...fi, ...fe], das; -s, -s ⟨engl.⟩ (eine Weichkaramelle)
Tof|fel, Töf|fel, der; -s, - (dummer Mensch)
töff, töff!; Töff|töff, das; -s, -s (Kinderspr. Auto)
To|fu, der; -[s] ⟨jap.⟩ (eiweißreiches Produkt aus Sojabohnen)

Tongainseln

Tol|ga, die; -, ...gen ⟨lat.⟩ ([altröm.] Obergewand)
Tög|ge|li|kas|ten (schweiz. für Tischfußball)
tog|geln ⟨engl.⟩ (EDV ein- od. ausschalten)
Tog|gen|burg, das; -s (schweiz. Tallandschaft)
to go [tʊ 'gɔʊ] ⟨engl.⟩ (zum Mitnehmen); Pizza to go
To|go (Staat in Westafrika)
To|go|er; To|go|le|rin; to|go|isch; To|go|le|se usw. vgl. Togoer usw.
To|hu|wa|bo|hu, das; -[s], -s ⟨hebr., »wüst und leer«⟩ (Wirrwarr, Durcheinander)
Toi|let|te [toa...], die; -, -n ⟨franz.⟩ (Frisiertisch; [feine] Kleidung; Klosett); Toilette machen (sich [gut] anziehen)

Toilette
Zusammensetzungen mit dem Wort *Toilette* werden in Österreich ohne Fugen-n gebildet, z. B. *Toiletteartikel, Toilettebürste, Toilettespiegel.* Sie kommen in dieser Form sonst nur gelegentlich vor.

Toi|let|ten|ar|ti|kel; Toi|let|ten|bürs|te
Toi|let|ten|frau; Toi|let|ten|mann
Toi|let|ten|pa|pier; Toi|let|ten|schüs|sel
Toi|let|ten|sei|fe; Toi|let|ten|spie|gel; Toi|let|ten|tisch; Toi|let|ten|was|ser Plur. ...wässer
Toise [toa:s], die; -, -n ⟨franz.⟩ (altes franz. Längenmaß)
toi, toi, toi! (ugs. für unberufen!)
To|ka|dil|le [...'dɪljə], das; -s ⟨span.⟩ (ein Brettspiel)
To|kai|er, To|ka|jer ⟨nach der ung. Stadt Tokaj⟩ (ung. Natursüßwein); **To|kai|er|wein, To|ka|jer|wein**
To|kaj [...kai] (ung. Stadt)
To|ken ['tɔʊkn̩], das; -s, -[s] ⟨engl.⟩ (bes. EDV Folge zusammenhängender Zeichen od. Folge von Bits)
To|kio (Hauptstadt Japans)
To|kio|er, To|kio|ter; To|kio|e|rin, To|kio|te|rin
Tok|ka|ta vgl. **Toccata**
To|kyo usw. vgl. Tokio usw.
To|lar, der; -s, -s (frühere slowen. Währungseinheit; Währungscode SIT)
Töl|le, die; -, -n (ugs. für Hund, Hündin)
Tol|le|da|ner; Toledaner Klinge; **To|le|da|ne|rin; To|le|do** (span. Stadt)
to|le|ra|bel ⟨lat.⟩ (erträglich, zulässig); ...a|b|le Werte
to|le|rant (duldsam; nachsichtig; weitherzig)
To|le|ranz, die; -, Plur. (Technik:) -en (Duldsamkeit; Technik zulässige Abweichung vom vorgegebenen Maß); **To|le|ranz|be|reich,** der (Technik); **To|le|ranz|do|sis** (für den Menschen zulässige Strahlenbelastung); **To|le|ranz|edikt; To|le|ranz|gren|ze**
to|le|rier|bar; to|le|rie|ren (dulden, gewähren lassen); **To|le|rie|rung**
toll; ein tolles Treiben; die tollen Tage (Fastnacht); **toll|dreist**
Tol|le, die; -, -n (ugs. für Büschel; Haarschopf)
tol|len; Toll|le|rei; Toll|haus; Toll|heit
Tol|li|tät, die; -, -en (Fastnachtsprinz od. -prinzessin)
Toll|kir|sche
toll|kühn; Toll|kühn|heit
Toll|patsch, der; -[e]s, -e ⟨ung.⟩ (ugs. für ungeschickter Mensch); **toll|pat|schig** (ugs.); **Toll|pat|schig|keit,** die; -
Toll|wut; toll|wü|tig
Tol|patsch usw. alte Schreibung für Tollpatsch usw.
Töl|pel, der; -s, -; **Töl|pe|lei; töl|pel|haft; töl|pisch**
Tols|toi (russ. Dichter)
Tölt, der; -[e]s ⟨isländ.⟩ (spezielle Gangart bes. des Islandponys)
Töl|te|ke, der; -n, -n (Angehöriger eines altmex. Kulturvolkes); **Tol|te|kin; tol|te|kisch**
töl|ten ⟨zu Tölt⟩
To|lu|bal|sam, To|lu-Bal|sam, der; -s ↑D 143 ⟨nach der Hafenstadt Tolú in Kolumbien⟩ (ein Pflanzenbalsam)
To|lu|i|din, das; -s (eine Farbstoffgrundlage)
To|lu|ol, das; -s (ein Lösungsmittel)
To|ma|hawk [...hɔːk], der; -s, -s ⟨indian.⟩ (Streitaxt der [nordamerik.] Indianer)
To|mas vgl. ²Thomas
To|ma|si di Lam|pe|du|sa (ital. Schriftsteller)
To|ma|te, die; -, -n ⟨mexik.⟩
To|ma|ten|ket|chup
To|ma|ten|mark, das; **To|ma|ten|pü|ree** (schweiz. für Tomatenmark); **to|ma|ten|rot; To|ma|ten|saft; To|ma|ten|sa|lat; To|ma|ten|so|ße, To|ma|ten|sau|ce; To|ma|ten|sup|pe; to|ma|ti|sie|ren** (Gastron. mit Tomatenmark versehen)
Tom|bak, der; -s ⟨malai.⟩ (eine Legierung, Goldimitation)
Tom|bo|la, die; -, Plur. -s, selten ...bolen ⟨ital.⟩ (Verlosung)
Tom|ke (m. od. w. Vorn.)
Tom|my [...mi], der; -[s], -s ⟨engl.⟩ (m. Vorn.; Spitzname des engl. Soldaten)
To|mo|gra|fie, To|mo|gra|phie, die; -, ...ien ⟨griech.⟩ (Med. schichtweises Röntgen [nur Sing.]; dabei erzeugtes Diagnosebild)
Tomsk (westsibir. Stadt)
Tom|tom, Tom-Tom, das; -s, -s ⟨Hindi-engl.⟩ (eine Trommel)
¹Ton, der; -[e]s, Plur. (Sorten:) -e (Verwitterungsrückstand tonerdehaltiger Silikate)
²Ton, der; -[e]s, Töne ⟨griech.⟩ (Laut usw.); Ton in Ton gemustert; **Ton|ab|neh|mer**
to|nal (Musik auf einen Grundton bezogen); **To|na|li|tät,** die; -, -en (Bezogenheit aller Töne auf einen Grundton)
ton|an|ge|bend ↑D 59
Ton|arm
¹Ton|art (Musik)
²Ton|art ⟨zu ¹Ton⟩; **ton|ar|tig**
Ton|auf|nah|me; Ton|auf|zeich|nung; Ton|aus|fall
Ton|band, das; Plur. ...bänder
Ton|band|auf|nah|me; Ton|band|ge|rät; Ton|band|pro|to|koll
Ton|bank Plur. ...bänke (nordd. für Ladentisch, Schanktisch)
Ton|bild; Ton|blen|de
Tøn|der ['tœndɐ, 'tʏnɐ] ⟨dän. Form von Tondern); **Ton|dern** (dän. Stadt)
Ton|dich|ter; Ton|dich|te|rin; Ton|dich|tung
Ton|do, das, fachspr. auch der; -s, Plur. -s u. ...di ⟨ital.⟩ (Rundbild, bes. in der Florentiner Kunst des 15. u. 16. Jh.s)
to|nen (Fotogr. den Farbton verbessern)
¹tö|nen (färben)
²tö|nen (klingen)
To|ner, der; -s, - ⟨engl.⟩ (Druckfarbe für Kopiergeräte o. Ä.)
Ton|er|de; essigsaure Tonerde
tö|nern (aus ¹Ton); tönernes Geschirr
Ton|fall, der; **Ton|film; Ton|fol|ge; Ton|fre|quenz**
Ton|ga (Inselstaat im Pazifik); **Ton|ga|er; Ton|ga|e|rin; Ton|ga-**

tongaisch

in|seln *Plur.*; ton|ga|isch; Ton|ga|spra|che
Ton|ge|bung *(Musik, Sprachwiss.)*
Ton|ge|fäß; Ton|ge|schirr; Ton|gru|be; ton|hal|tig; tonhaltige Erde
Ton|hö|he
¹To|ni, To|ny (m. u. w. Vorn.)
²To|ni, der; -s, -s ⟨*DDR ugs.* für Funkstreifenwagen der Volkspolizei⟩
To|nic [...ɪk], das; -[s], -s ⟨engl.⟩ *(kurz für* Tonicwater); To|nic|wa|ter [ˈtɔnɪkvɔ:tɐ], das; -[s], -[s] (chininhaltige Limonade)
to|nig ⟨*zu* ¹Ton⟩ (tonartig)
...to|nig (z. B. hochtonig)
...tö|nig (z. B. eintönig)
To|ni|ka, die; -, ...ken ⟨griech.⟩ *(Musik* Grundton eines Tonstücks; der darauf aufgebaute Dreiklang)
To|ni|kum, das; -s, ...ka ⟨griech.⟩ *(Pharm.* stärkendes Mittel)
Ton|in|ge|ni|eur; Ton|in|ge|ni|eu|rin
¹to|nisch *(Musik* die Tonika betreffend); tonischer Dreiklang
²to|nisch *(Med.* kräftigend; den Tonus betreffend)
Ton|ka|bi|ne
Ton|ka|boh|ne ⟨indian.; dt.⟩ (ein Aromatisierungsmittel)
Ton|ka|me|ra; Ton|kon|ser|ve; Ton|kopf; Ton|kunst; Ton|künst|ler; Ton|künst|le|rin; Ton|la|ge; Ton|lei|ter, die
ton|los; Ton|lo|sig|keit, die; -
Ton|ma|le|rei
Ton|meis|ter *(Film, Rundfunk)*; Ton|meis|te|rin
Ton|na|ge [...ʒə, *österr.* ...ʃ], die; -, -n (Rauminhalt eines Schiffes)
Tönn|chen
Ton|ne, die; -, -n ⟨mlat.⟩ *(auch* Maßeinheit für Masse = 1 000 kg; *Abk.* t)
Ton|nen|dach; Ton|nen|ge|halt, der (Raumgehalt eines Schiffes)
Ton|nen|ge|wöl|be
Ton|nen|ki|lo|me|ter (Maßeinheit für Frachtsätze; *Zeichen* tkm);
Ton|nen|le|ger (Fahrzeug, das Seezeichen [Tonnen] auslegt)
ton|nen|schwer (sehr schwer); *aber* fünf Tonnen schwer
ton|nen|wei|se
...ton|ner (z. B. Dreitonner, *mit* Ziffer 3-Tonner, Laster mit 3 t Ladegewicht)
Ton|pfei|fe ⟨*zu* ¹Ton⟩
Ton|qua|li|tät; Ton|schnei|der (beim Tonfilm); Ton|schnei|de|rin; Ton|set|zer *(für* Komponist)
Ton|set|ze|rin

Ton|sil|le, die; -, -n *meist Plur.* ⟨lat.⟩ *(Med.* Gaumen-, Rachenmandel); Ton|sil|lek|to|mie, die; -, ...ien ⟨lat.; griech.⟩ (operative Entfernung der Gaumenmandeln); Ton|sil|li|tis, die; -, ...itiden (Mandelentzündung)
Ton|spur *(Film)*; Ton|stö|rung; Ton|stück (Musikstück); Ton|stu|dio
Ton|sur, die; -, -en ⟨lat.⟩ *(früher für* kahl geschorene Stelle auf dem Kopf kath. Geistlicher); ton|su|rie|ren (die Tonsur schneiden)
Ton|ta|fel
Ton|tau|be *(Sport* Wurftaube); Ton|tau|ben|schie|ßen
Ton|tech|ni|ker; Ton|tech|ni|ke|rin
Ton|trä|ger
Tö|nung (Art der Farbgebung)
To|nus, der; -, Toni ⟨griech.⟩ *(Med.* Spannungszustand der Gewebe, bes. der Muskeln)
Ton|wa|re
Ton|wert
To|ny *vgl.* ¹Toni; Ton|zei|chen
Tool [tu:l], das; -s, -s ⟨engl.⟩ *(EDV* Programm von geringem Umfang); Tool|bar [ˈtu:l...] (eine Funktionsleiste der Benutzeroberfläche); Tool|set (Software zum Erstellen, Bearbeiten od. Prüfen anderer Software)
top ⟨engl.⟩ (von höchster Güte; hochmodern); er ist immer top gekleidet
Top, das; -s, -s ⟨engl.⟩ ([ärmelloses] Oberteil)
TOP, der; -[s], -[s] *mit Zahlen meist ohne Artikel u. ungebeugt* = Tagesordnungspunkt
top... ⟨engl.⟩ (sehr, in hohem Maße, z. B. topmodern)
Top... ⟨engl.⟩ (Spitzen..., z. B. Topmodel, Topstar)
top|ak|tu|ell
To|pas [*österr. meist* ˈto:...], der; -es, -e ⟨griech.⟩ (ein Schmuckstein); to|pas|far|ben, to|pas|far|big
Topf, der; -[e]s, Töpfe
Topf|fa|vo|rit; Topf|fa|vo|ri|tin
Topf|blu|me; Töpf|chen
topf|eben (ganz eben, flach)
top|fen (in einen Topf pflanzen)
Top|fen, der; -s *(bayr. u. österr. für* Quark); Top|fen|knö|del *(bayr., österr.)*; Top|fen|kol|lat|sche *(österr.)*; Top|fen|pa|lat|schin|ke *(österr.)*; Top|fen|stru|del *(bayr., österr.)*; Top|fen|ta|scherl *(bayr., österr.)*
Töp|fer; Töp|fe|rei

Töp|fer|er|de; Töp|fer|hand|werk, das; -[e]s; Töp|fe|rin
Töp|fer|markt; Töp|fer|meis|ter; Töp|fer|meis|te|rin
¹töp|fern (irden, tönern)
²töp|fern (Töpferwaren machen); ich töpfere
Topf|fer|schei|be; Topf|fer|wa|re
Topf|gu|cker *(ugs.)*; Topf|gu|cke|rin
top|fit ⟨engl.⟩ (in bester [körperlicher] Verfassung)
Topf|ku|chen; Topf|lap|pen; Topf|markt
Top|form, die; - *(bes. Sport* Bestform)
Topf|pflan|ze; Topf|rei|ni|ger; Topf|schla|gen, das; -s (ein Spiel)
top|ge|setzt *(Sport* als Nummer eins gesetzt)
To|pik, die; - ⟨griech.⟩ (Lehre von den Topoi; *vgl.* Topos)
To|pi|nam|bur, der; -s, *Plur.* -s *u.* -e *od.* die; -, -en ⟨brasilian.⟩ (eine Gemüse- u. Futterpflanze)
to|pisch ⟨griech.⟩ *(Med.* örtlich, äußerlich wirkend)
Top|la|ge (sehr gute Lage)
top|less ⟨engl.-amerik., »oben ohne«⟩ (busenfrei)
Top|ma|nage|ment *(Wirtsch.* Spitze der Unternehmensleitung); Top|ma|na|ger; Top|ma|na|ge|rin
Top|mann|schaft; Top|mo|del *vgl.* ²Model; Top|ni|veau
To|po|graf, To|po|graph, der; -en, -en ⟨griech.⟩ (Vermessungsingenieur); To|po|gra|fie, To|po|gra|phie, die; -, ...ien (Orts-, Lagebeschreibung, -darstellung); to|po|gra|fisch, to|po|gra|phisch
To|poi *(Plur. von* Topos)
To|po|lo|gie, die; - (Lehre von der Lage u. Anordnung geometrischer Gebilde im Raum); to|po|lo|gisch
To|po|ny|mie, To|po|ny|mik, die; - (Ortsnamenforschung)
To|pos, der; -, ...poi *(Sprachwiss.* feste Wendung, immer wieder gebrauchte Formulierung, z. B. »wenn ich nicht irre«)
topp! (zustimmender Ausruf)
Topp, der; -s, *Plur.* -e[n] *u.* -s *(Seemannsspr.* oberstes Ende eines Mastes; *ugs. scherzh. für* oberster Rang im Theater)
¹top|pen *(Seemannsspr.* [die Rahen] zur Mastspitze ziehen; *Chemie* Benzin durch Destillation vom Rohöl scheiden)

Tortilla

²top|pen (übertreffen); ich toppe, du toppst, er/sie toppt, getoppt

Topp|flag|ge

Top|ping, das; -[s], -s ⟨engl.⟩ (Kochkunst Garnierung)

topp|las|tig (Seew. zu viel Gewicht in der Takelage habend)

Topp|se|gel; Topp|se|gel

Topps|gast, der; -[e]s, -en (Matrose, der das Toppsegel bedient)

top|se|c|ret […ˈsiːkrɪt] ⟨engl.⟩ (streng geheim)

Top|spiel (Sport); Top|spie|ler; Top|spie|le|rin

Top|spin (bes. Golf, Tennis, Tischtennis starker Drall des Balls in Flugrichtung)

Top|star (Spitzenstar; vgl. ²Star); Top|team (Spitzenteam)

Top Ten Plur. od. die; - , - , -s (Hitparade [mit zehn Titeln, Werken u. a.])

Top|ver|die|ner; Top|ver|die|ne|rin

Toque [tɔk], die; -, -s ⟨span.-franz.⟩ (kleiner barettartiger Frauenhut; Kochmütze)

¹Tor, das; -[e]s, -e (große Tür; Sport Angriffsziel); Schreibung in Straßennamen: ↑D 162 u. 163

²Tor, der; -en, -en (törichter Mensch)

Tor|aus, das; - (Sport); Tor|aus|beu|te (Sport); Tor|bi|lanz (Sport)

Tor|bo|gen

Tor|chan|ce (Sport)

Tord|alk, der; Gen. -[e]s od. -en, Plur. -e[n] ⟨schwed.⟩ (ein arkt. Seevogel)

Tor|dif|fe|renz (Sport)

To|re|a|dor, der; Gen. -s u. -en, Plur. -e[n] ⟨span.⟩ (Stierkämpfer)

Tor|ein|fahrt

To|re|ra, die; -, -s ⟨span.⟩ (Stierkämpferin)

Tor|er|folg (Sport)

To|re|ro, der; -[s], -s (Stierkämpfer)

To|res|schluss vgl. Torschluss

To|reu|tik, die; - ⟨griech.⟩ (Kunst der Metallbearbeitung)

Torf, der; -[e]s, Plur. (Arten:) -e; Torf stechen

Torf|bal|len; Torf|bo|den; Torf|er|de; Torf|feu|e|rung; Torf|ge|win|nung

tor|fig; Torf|moor; Torf|moos Plur. …moose; Torf|mull

Tor|fol|ge (Sport Reihenfolge der erzielten Tore)

Tor|frau (Sport)

Torf|ste|cher; Torf|stich; Torf|streu

Tor|ga|rant (Sport Spieler, der oft Tore erzielt); Tor|ga|ran|tin

Tor|gau (Stadt a. d. Elbe); Tor|gau|er; Tor|gau|e|rin; tor|gau|isch

tor|ge|fähr|lich (Sport); Tor|ge|fähr|lich|keit

törg|ge|len ⟨zu ¹Torkel⟩ (südtirol. für im Spätherbst den neuen Wein trinken); ich törgg[e]le

Tor|heit

Tor|hö|he; Tor|hun|ger (Fußball, Handball Wille, viele Tore zu erzielen); tor|hung|rig; eine torhungrige Mannschaft; Tor|hü|ter (bes. Sport); Tor|hü|te|rin

tö|richt; tö|rich|ter|wei|se

To|ries […ɪs] Plur. (früher die Konservative Partei in England); vgl. Tory

Tö|rin ⟨zu ²Tor⟩

To|ri|no (ital. Form von Turin)

Tor|ins|tinkt; Tor|jä|ger (Sport); Tor|jä|ge|rin

¹Tor|kel, der; -s, - od. die; -, -n (landsch. für Weinkelter)

²Tor|kel, der; -s, - ⟨landsch. für ungeschickter Mensch; nur Sing.: Taumel; unverdientes Glück⟩

tor|keln (ugs. für taumeln); ich tork[e]le

Törl, das; -s, -[n] (österr. für Felsendurchgang; Gebirgsübergang)

Tor|lauf (für Slalom); Tor|li|nie; Tor|li|ni|en|tech|nik Plur. selten (Fußball technische Methode, um den vollständigen Eintritt des Balls ins Tor festzustellen); Tor|li|ni|en|tech|no|lo|gie Plur. selten

tor|los; torloses Unentschieden

Tor|mann Plur. …männer, auch …leute (svw. Torwart, -hüter)

Tor|men|till, der; -s ⟨lat.⟩ (Blutwurz; eine Heilpflanze)

Tor|mög|lich|keit (Sport)

Törn, der; -s, -s ⟨engl.⟩ (Fahrt mit einem Segelboot)

Tor|na|do, der; -s, -s ⟨engl.⟩ (kleinräumiger Wirbelsturm)

Tor|nis|ter, der; -s, - ⟨slaw.⟩ ([Fell-, Segeltuch]ranzen, bes. des Soldaten)

To|ron|ter; To|ron|te|rin; To|ron|to (kanad. Stadt)

Tor|out […laʊt] (Sport österr. für Toraus)

tor|pe|die|ren ⟨lat.⟩ (mit Torpedo[s] beschießen, versenken; übertr. für stören, verhindern); Tor|pe|die|rung

Tor|pe|do, der; -s, -s (Unterwassergeschoss); Tor|pe|do|boot

Tor|pfei|ler; Tor|pfos|ten

Tor|qua|tus (altröm. m. Eigenn. [Ehrenname])

tor|quie|ren ⟨lat.⟩ (Technik krümmen, drehen)

Torr, das; -s, - ⟨nach E. Torricelli (vgl. d.)⟩ (alte Maßeinheit des Luftdrucks)

Tor|raum (Fußball, Handball); Tor|raum|li|nie

tor|reif (bes. Fußball); eine torreife Situation

Tor|ren|te, der; -, -n ⟨ital.⟩ (Geogr. Gießbach, Regenbach)

Tor|res|stra|ße, Tor|res-Stra|ße, die; - ↑D 143 ⟨nach dem span. Entdecker⟩ (Meerenge zwischen Australien u. Neuguinea)

Tor|ri|cel|li […ˈtʃɛ…] (ital. Physiker); tor|ri|cel|lisch; die torricellische Leere (im Luftdruckmesser); ↑D 89 u. 135

Tor|rich|ter (Sport); Tor|rich|te|rin

Tor|schluss, der; -es, To|res|schluss; vor Torschluss, Toresschluss; Tor|schluss|pa|nik

Tor|schuss (Sport)

Tor|schüt|ze (Sport); Tor|schüt|zen|kö|nig; Tor|schüt|zen|kö|ni|gin; Tor|schüt|zin

Tor|si|on, die; -, -en ⟨lat.⟩ (bes. Technik Verdrehung, Verdrillung, Verwindung)

Tor|si|ons|elas|ti|zi|tät; Tor|si|ons|fes|tig|keit (Verdrehungsfestigkeit)

Tor|si|ons|mo|dul (Materialkonstante, die bei der Torsion auftritt); Tor|si|ons|waa|ge

Tor|so, der; -s, Plur. -s u. …si ⟨ital.⟩ (unvollständig erhaltene Statue; Bruchstück)

Tors|ten, Thors|ten (m. Vorn.)

Tort, der; -[e]s ⟨franz.⟩ (veraltend für Kränkung, Unbill); jmdm. einen Tort antun; zum Tort

Tört|chen; Tor|te, die; -, -n ⟨ital.⟩

Tor|te|lett, das; -s, -s, Tor|te|let|te, die; -, -n (Törtchen aus Mürbeteigboden)

Tor|tel|li|ni, die; -, - (ugs. auch -s) meist Plur., bes. fachspr. Tor|tel|li|no, der; -s, Tortellini meist Plur. ⟨ital.⟩ (gefüllte, ringförmige Nudel)

Tor|ten|auf|satz; Tor|ten|bo|den

Tor|ten|dia|gramm

Tor|ten|guss; Tor|ten|he|ber; Tor|ten|schau|fel

Tor|til|la […ˈtɪlja], die; -, -s ⟨span.⟩ (Fladenbrot; Omelette)

Tortur

tot

Kleinschreibung ↑D 89:
- der tote Punkt; ein totes Gleis; im toten Winkel
- toter Mann (*Bergmannsspr.* abgebaute Teile einer Grube)
- toter Briefkasten (Agentenversteck für Mitteilungen u. a.)

Großschreibung:
- ↑D 72: etwas Starres und Totes
- der, die Tote
- ↑D 140: das Tote Gebirge (in Österr.), das Tote Meer
- ↑D 150: die Tote Hand (öffentlich-rechtliche Körperschaft oder Stiftung, bes. Kirche, Klöster, im Hinblick auf ihr nicht veräußerbares od. vererbbares Vermögen)

Getrenntschreibung:
- tot sein; tot scheinen; sich tot stellen; tot umfallen

Getrennt- oder Zusammenschreibung ↑D 58:
- ein tot geborenes *od.* totgeborenes Kind
- ein tot geglaubter *od.* totgeglaubter Soldat

Vgl. aber totarbeiten, totfahren usw.

Tor|tur, die; -, -en ⟨lat.⟩ (Folter, Qual)
To|ruń ['tɔrʊn] (poln. Stadt; *vgl.* Thorn)
To|rus, der; -, Tori ⟨lat.⟩ (*Math.* eine ringförmige geometr. Fläche)
Tor|ver|hält|nis (Sport)
Tor|wa|che (*früher*); Tor|wäch|ter
Tor|wand (Sport); Tor|wart (Sport); der Verein hat zwei Torwarte
Tor|wär|ter (*früher*); Tor|war|tin
Tor|weg
Tor|wurf (Sport)
To|ry [...ri], der; -s, -s *u.* ...ies (Vertreter der konservativen Politik in Großbritannien); *vgl.* Tories;
To|ry|is|mus [...'ɪs...], To|rys|mus [...'rɪ...], der; - (*früher*) to|ry|is|tisch, to|rys|tisch
Tos|be|cken (Wasserbau)
Tos|ca|na (ital. Schreibung von Toskana)
Tos|ca|ni|ni (ital. Dirigent)
to|sen; der Bach tos|te
Tos|ka|na, der; - (ital. Landschaft); Tos|ka|ner; Tos|ka|ne|rin; tos|ka|nisch
tot *s.* Kasten
to|tal ⟨franz.⟩ (gänzlich, völlig; Gesamt...); To|tal, das; -s, -e (*schweiz. für* Gesamt, Summe)
To|tal|an|sicht
To|tal|aus|fall; To|tal|aus|ver|kauf
To|tal|le, die; -, -n (Film Kameraeinstellung, die das Ganze einer Szene erfasst)
To|ta|li|sa|tor, der; -s, ...oren (staatl. Einrichtung zum Abschluss von Wetten auf Rennpferde; *Kurzw.* Toto)
to|ta|li|tär (diktatorisch, sich alles unterwerfend [vom Staat]; selten für ganzheitlich); To|ta|li|ta-

ris|mus, der; - ⟨lat.⟩; to|ta|li|ta|ris|tisch
To|ta|li|tät, die; -, -en (franz.) (Gesamtheit, Ganzheit); To|ta|li|täts|an|spruch
To|tal|ope|ra|ti|on (*Med.*); To|tal|re|vi|si|on (*bes. schweiz. Rechtsspr.*); To|tal|scha|den; To|tal|über|wa|chung (meist abwertend); To|tal|ver|lust
tot|ar|bei|ten, sich (*ugs.*); ich arbeite mich tot; totgearbeitet; totzuarbeiten ↑D 56
tot|är|gern, sich (*ugs. für* sich sehr ärgern); ich habe mich totgeärgert ↑D 56
To|te, der *u.* die; -n, -n
To|tem, das; -s, -s ⟨indian.⟩ (*Völkerkunde* bei Naturvölkern Ahnentier u. Stammeszeichen der Sippe); To|tem|fi|gur; To|tem|glau|be
To|te|mis|mus, der; - (Glaube an die übernatürliche Kraft des Totems u. seine Verehrung); to|te|mis|tisch
To|tem|pfahl; To|tem|tier
tö|ten
To|ten|acker (veraltet für Friedhof)
to|ten|ähn|lich
To|ten|amt (*kath. Kirche*); To|ten|bah|re; To|ten|be|schwö|rung; To|ten|bett
to|ten|blass, tod|blass; To|ten|bläs|se; to|ten|bleich, tod|bleich
To|ten|eh|rung; To|ten|fei|er; To|ten|fest; To|ten|frie|den (*schweiz. für* Totenruhe); To|ten|glo|cke; To|ten|gott; To|ten|grä|ber; To|ten|grä|be|rin; To|ten|hemd; To|ten|kla|ge
To|ten|kopf; To|ten|kopf|schwär|mer (ein Schmetterling)
To|ten|kult (Völkerkunde)

To|ten|mahl (*bes. österr.*, sonst selten od. geh. für Leichenschmaus)
To|ten|mas|ke; To|ten|mes|se *vgl.* [1]Messe; To|ten|op|fer; To|ten|reich *Plur. selten;* To|ten|ru|he; To|ten|schä|del; To|ten|schein; To|ten|sonn|tag; To|ten|stadt (*für* Nekropole); To|ten|star|re
to|ten|still, tod|still; To|ten|stil|le
To|ten|tanz; To|ten|vo|gel; To|ten|wa|che
tot|fah|ren; er hat ihn totgefahren ↑D 56
tot ge|bo|ren, tot|ge|bo|ren *vgl.* tot
Tot|ge|burt
tot ge|glaubt, tot|ge|glaubt *vgl.* tot; Tot|ge|glaub|te, der *u.* die; -n, -n, tot Ge|glaub|te, der *u.* die; --n, --n
Tot|ge|sag|te, der *u.* die; -n, -n
Tot|holz (Forstwirtsch.)
To|ti|la (Ostgotenkönig)
tot|krie|gen ↑D 47 (*ugs.*); er ist nicht totzukriegen (er hält viel aus) ↑D 56; tot|la|chen, sich (*ugs. für* heftig lachen); ich habe mich [fast, halb] totgelacht ↑D 56; das ist zum Totlachen ↑D 82; tot|lau|fen, sich (*ugs. für* von selbst zu Ende gehen); es hat sich totgelaufen ↑D 56; tot|ma|chen (*ugs. für* töten); er hat den Käfer totgemacht ↑D 56
Tot|mann|brem|se, Tot|mann|knopf (*Eisenbahn* eine Bremsvorrichtung)
To|to, das, *auch* der; -s, -s (*Kurzw. für* Totalisator; Sport-, Fußballtoto)
To|to|er|geb|nis *meist Plur.;* To|to|ge|winn; To|to|schein; To|to|tipp
Tot|punkt (Technik)
Tot|rei|fe (Landwirtsch.)

Tracing

tot|sa|gen; sie wurde totgesagt ↑D 56 ; **tot|schie|ßen;** der Hund wurde totgeschossen ↑D 56
Tot|schlag, der; -[e]s
Tot|schlag|ar|gu|ment *(ugs.)*
tot|schla|gen; er wurde [halb] totgeschlagen; er hat seine Zeit totgeschlagen *(ugs.* ↑D 56 ; **Tot|schlä|ger; Tot|schlä|ge|rin**
tot|schwei|gen; sie hat den Vorfall totgeschwiegen ↑D 56
tot stel|len *vgl.* tot
tot|tram|peln; er wurde totgetrampelt ↑D 56 ; **tot|tre|ten;** er hat den Käfer totgetreten ↑D 56
Tö|tung; fahrlässige Tötung
Tö|tungs|ab|sicht; Tö|tungs|de|likt; Tö|tungs|ver|such
Tot|zeit *(Technik)*
Touch [tatʃ], der; -s, -s ⟨engl.⟩ (Anstrich; Anflug, Hauch)
Touch|dis|play ['tatʃ...] *(EDV)*
tou|chie|ren [tu'ʃi:...] ⟨franz.⟩ *(Sport* [nur leicht] berühren)
Touch|pad ['tatʃped], das; -s, -s ⟨engl.⟩ *(EDV* Fläche, auf der man durch Berührung mit dem Finger (anstelle einer Maus) Steuerungsbefehle erzeugt)
Touch|screen ['tatʃskri:n], der; -s, -s ⟨engl.⟩ (Computerbildschirm, der auf Antippen mit dem Finger o. Ä. reagiert)
tough [taf] ⟨engl.⟩, taff *(ugs. für* robust, durchsetzungsfähig); eine **toughe** *od.* taffe Frau, ein **tougher** *od.* taffer Typ
Tou|lon [tu'lõ:] (franz. Stadt)
Tou|louse [tu'lu:s] (franz. Stadt)
Tou|louse-Lau|t|rec [...'lu:slo'trek] (franz. Maler u. Grafiker)
Tou|pet [tu'pe:], das; -s, -s ⟨franz.⟩ (Halbperücke; Haarersatz; *schweiz. regional auch für* Unverfrorenheit)
tou|pie|ren (dem Haar durch Auflockern ein volleres Aussehen geben); **Tou|pie|rung**
Tour [tu:ɐ̯], die; -, -en ⟨franz.⟩; in einer Tour *(ugs. für* ohne Unterbrechung); auf Touren kommen (eine hohe Geschwindigkeit erreichen; *übertr. auch für* in Schwung kommen)
Tou|raine [tu'rɛ:n], die; - (westfranz. Landschaft)
Tour de France ['tu:ɐ̯ da 'frã:s], die; - - -, -s - - [tu:ɐ̯ - -] ⟨franz.⟩ (in Frankreich alljährlich von Berufsradsportlern in Etappen ausgetragenes Radrennen)
Tour de Suisse [- də 'svɪs], die; - - -,

-s - - [turdə] (schweiz. Radrennen)
Tour d'Ho|ri|zon [- dɔri'zõ:], die; - -, -s [tu:ɐ̯ -] *(informativer Überblick)*
tou|ren ['tu:...]; wir sind durch Asien getourt
Tou|ren|gän|ger *(südd., österr., schweiz. für* jmd., der eine Bergod. Skiwanderung macht); **Tou|ren|gän|ge|rin; Tou|ren|ge|her** *(südd., österr.);* **Tou|ren|ge|he|rin**
Tou|ren|ski, Tou|ren|schi
Tou|ren|wa|gen; Tou|ren|zahl *(svw.* Drehzahl); **Tou|ren|zäh|ler** (Drehzahlmesser)
Tour|guide [...gaɪd] ⟨amerik.⟩ (einheimischer Reisebegleiter)
Tou|ri ['tu:...], der; -s, -s *(ugs. Kurzwort für* Tourist)
Tou|ris|mus, der; - ⟨engl.⟩ (Fremdenverkehr); **Tou|ris|mus|branche; Tou|ris|mus|in|dus|t|rie; Tou|ris|mus|ver|ein; Tou|ris|mus|wirt|schaft**
Tou|rist, der; -en, -en (Urlaubsreisender); **Tou|ris|ten|at|trak|ti|on; Tou|ris|ten|hoch|burg; Tou|ris|ten|in|for|ma|ti|on** *vgl.* Touristinformation; **Tou|ris|ten|klas|se** (preiswerte Reiseklasse im See- u. Luftverkehr)
Tou|ris|ten|strom
Tou|ris|tik, die; - (Gesamtheit der touristischen Einrichtungen u. Veranstaltungen); **Tou|ris|ti|ker** (Fachmann für Touristik); **Tou|ris|ti|ke|rin; Tou|ris|tin; Tou|rist|in|fo,** die *(ugs. kurz für* Touristinformation), **Tou|rist|in|for|ma|ti|on,** *auch* Tou|ris|ten|in|for|ma|ti|on; **tou|ris|tisch**
Tour|nai [tʊr'nɛ:] (belg. Stadt); **Tour|nai|tep|pich, Tour|nai-Teppich**
Tour|né [tʊr...], das; -s, -s ⟨franz.⟩ *(Kartenspiel* aufgedecktes Kartenblatt, dessen Farbe als Trumpffarbe gilt)
Tour|ne|dos [...nə'do:], das; -, - (runde Lendenschnitte)
Tour|nee, die; -, *Plur.* -s u. ...neen (Gastspielreise von Künstlern) **Tour|nee|lei|ter,** der; **Tour|nee|lei|te|rin; Tour|nee|ver|an|stal|ter; Tour|nee|ver|an|stal|te|rin**
tour-re|tour [tu:rrɛ'tu:r] ⟨franz.⟩ *(österr. für* hin u. zurück)
To|wa|risch|tsch, der; -[s], *Plur.* -i, *auch* -i ⟨russ.⟩ *(russ. Bez. für* Genosse)
To|w|er ['taʊ...], der; -s, - ⟨engl.⟩, »Turm« (ehemalige Königsburg

in London; Flughafenkontrollturm); **To|w|er|brü|cke,** die; -
Town|house ['taʊnhaʊs], das; -, -s ⟨engl.⟩ (städtisches Reihenhaus)
Town|ship ['taʊnʃɪp], die; -, -s ⟨von Farbigen bewohnte städtische Siedlung [in Südafrika])
To|x|al|bu|min, das; -s ⟨griech.; lat.⟩ (eiweißartiger Giftstoff)
to|xi|gen (Giftstoffe erzeugend; durch Vergiftung verursacht)
To|xi|ko|lo|ge, der; -n, -n ⟨griech.⟩; **To|xi|ko|lo|gie,** die; - (Lehre von den Giften u. ihren Wirkungen); **To|xi|ko|lo|gin; to|xi|ko|lo|gisch**
To|xi|kum, das; -s, ...ka *(Med.* Gift); **To|xin,** das; -s, -e *(Med.* organischer Giftstoff [von Bakterien])
to|xisch (giftig; durch Gift verursacht); **To|xi|zi|tät,** die; -
Toyn|bee [...bi] (engl. Historiker)
TP = Triangulationspunkt, trigonometrischer Punkt
Trab, der; -[e]s; Trab laufen, rennen, reiten ↑D 54 ; jmdn. auf Trab bringen, in Trab halten *(ugs.)*
¹**Tra|bant,** der; -en, -en *(früher für* Begleiter; Diener; *Astron.* Mond; *Technik* künstl. Erdmond, Satellit)
²**Tra|bant**®, der; -s, -s (Kraftfahrzeug aus der DDR)
Tra|ban|ten|stadt (selbstständige Randsiedlung einer Großstadt)
Trab|bi, Tra|bi, der; -s, -s *(kurz für* ²Trabant)
tra|ben
Tra|ber (Pferd); **Tra|ber|bahn**
Tra|bi *vgl.* Trabbi
Trab|renn|bahn; Trab|ren|nen
Trab|zon [...pson, *auch* ...'pson] (türk. Hafenstadt)
Tra|chea, die; -, ...een *(Med.* Luftröhre); **Tra|chee,** die; -, ...een (Atmungsorgan niederer Tiere; *Bot.* Wasser leitendes pflanzl. Gefäß)
Tracht, die; -, -en; Tracht tragen; eine Tracht Prügel *(ugs.)*
trach|ten; nach etwas trachten
Trach|ten|an|zug; Trach|ten|fest; Trach|ten|grup|pe *vgl.* ¹Gruppe
Trach|ten|ja|cke; Trach|ten|ka|pel|le; Trach|ten|kos|tüm; Trach|ten|um|zug
träch|tig; Träch|tig|keit
Tracht|ler *(landsch. für* Teilnehmer an einem Trachtenfest); **Tracht|le|rin**
Tra|chyt, der; -s, -e ⟨griech.⟩ (ein Ergussgestein)
Tra|cing ['treɪsɪŋ], das; -[s], -s

Track

⟨engl.⟩ (*Wirtsch.* Rückverfolgung [z. B. eines Fahrtweges]; *EDV* Fehleranalyse)
Track [trɛk], der; -s, -s ⟨engl.⟩ (*Schifffahrt* Schiffsroute; *EDV* abgegrenzter Bereich auf einem Datenträger; Musikstück, Nummer [bes. auf einer CD])
tra|cken ['trɛ...] ⟨engl.⟩ (*bes. EDV* verfolgen, z. B. jmds. Aufenthaltsort); **Track|list**, die; -, -s, **Track|lis|te** (*EDV*)
Trade|mark ['treɪt...], die; -, -s ⟨engl.⟩ (*engl. Bez. für* Warenzeichen; *Abk.* TM)
tra|den ['treɪdn̩] ⟨engl.⟩ (*Wirtsch., Börsenw.* [mit Aktien] handeln); **Tra|der**, der; -s, -; **Tra|de|rin**
Tra|des|kan|tie, die; -, -n (nach dem Engländer Tradescant) (Dreimasterblume, eine Zierpflanze)
Trade-Uni|on, **Trade|uni|on** ['treɪt(')juːnjən], die; -, -s ⟨engl.⟩ (*engl. Bez. für* Gewerkschaft)
tra|die|ren ⟨lat.⟩ (überliefern)
Tra|ding ['treɪ...], das; -s (*Wirtsch., Börsenw.* Handel)
Tra|di|ti|on, die; -, -en (Überlieferung; Herkommen; Brauch)
Tra|di|tio|nal [trəˈdɪʃənl̩], das; -s, -s ⟨engl.⟩ (altes, immer wieder gespieltes od. gesungenes [folkloristisches] Musikstück)
Tra|di|ti|o|na|lis|mus, der; - (bewusstes Festhalten an der Tradition); **Tra|di|ti|o|na|list**, der; -en, -en; tra|di|ti|o|na|lis|tisch
tra|di|ti|o|nell ⟨franz.⟩ (überliefert, herkömmlich)
Tra|di|ti|ons|be|wusst, **Tra|di|ti|ons|be|wusst|sein**
tra|di|ti|ons|ge|bun|den; tra|di|ti|ons|ge|mäß
Tra|di|ti|ons|kon|zern; **Tra|di|ti|ons|mar|ke**
tra|di|ti|ons|reich
Tra|di|ti|ons|tur|nier; **Tra|di|ti|ons|ver|ein**
traf *vgl.* treffen
träf (*schweiz. für* treffend, schlagend)
Tra|fal|gar (Kap an der span. Atlantikküste südöstl. von Cádiz)
Tra|fik, die; -, -en ⟨franz.⟩ (*bes. österr. für* [Tabak]laden)
Tra|fi|kant, der; -en, -en; **Tra|fi|kan|tin**
Tra|fo, der; -[s], -s (*kurz für* Transformator); **Tra|fo|sta|ti|on**
Traft, die; -, -en ⟨poln.⟩ (*nordostd.*

für großes Floß auf der Weichsel)
träg, trä|ge
Tra|gant, der; -[e]s, -e ⟨griech.⟩ (eine Pflanze; Gummisubstanz als Bindemittel)
Trag|bah|re
Trag|bal|ken, *auch* **Tra|ge|bal|ken**; **Trag|band**, das; *Plur.* ...bänder
trag|bar
Trag|büt|te, **Trag|de|cke**
Tra|ge, die; -, -n
trä|ge, träg
Tra|ge|bal|ken *vgl.* Tragbalken
Tra|ge|gurt, *seltener* Traggurt; **Tra|ge|korb**, *seltener* Tragkorb
Tra|ge|laph, der; -en, -en ⟨griech.⟩ (altgriech. Fabeltier)
tra|gen; du trägst, er trägt; du trugst; du trügest; getragen; trag[e]!; ↑D 82: zum Tragen kommen; **tra|gend**; eine tragende (grundlegende) Rolle spielen
Trä|ger; **Trä|ge|rin**
Trä|ger|kleid; **Trä|ger|ko|lon|ne**
Tra|gerl, das; -s, -[n]; *vgl.* Pickerl (*österr. für* Tragegestell)
Trä|ger|lohn
trä|ger|los; ein trägerloses Kleid
Trä|ger|ra|ke|te; **Trä|ger|rock**; **Trä|ger|schaft**; **Trä|ger|schür|ze**
Trä|ger|wech|sel (Übergang der Verantwortung auf eine andere Körperschaft)
Trä|ger|wel|le (*Funktechnik*)
Tra|ge|ta|sche, **Tra|ge|tü|te**
Tra|ge|zeit, Tragzeit (Dauer der Trächtigkeit)
trag|fä|hig; **Trag|fä|hig|keit**, die; -
Trag|flä|che, **Trag|flä|chen|boot**
Trag|gurt *vgl.* Tragegurt
Trag|heit, die; -, -en
Träg|heits|ge|setz (*Physik*); **Träg|heits|mo|ment**, das
Trag|him|mel (Baldachin)
Trag|holz (*svw.* Fruchtholz)
tra|gie|ren ⟨griech.⟩ (*veraltend für* eine Rolle [tragisch] spielen)
Tra|gik, die; - (Kunst des Trauerspiels; schweres, schicksalhaftes Leid); **Tra|gi|ker** (Trauerspieldichter); **Tra|gi|ke|rin**
Tra|gi|ko|mik; tra|gi|ko|misch (halb tragisch, halb komisch); **Tra|gi|ko|mö|die** (Schauspiel, in dem Tragisches u. Komisches miteinander verbunden sind)
tra|gisch; tra|gi|scher|wei|se
Trag|korb *vgl.* Tragekorb
Trag|kraft; trag|kräf|tig
Trag|last; **Trag|luft|hal|le**

Tra|gö|de, der; -n, -n ⟨griech.⟩ (Heldendarsteller)
Tra|gö|die, die; -, -n (Trauerspiel; [großes] Unglück)
Tra|gö|di|en|dar|stel|ler; **Tra|gö|di|en|dar|stel|le|rin**; **Tra|gö|di|en|dich|ter**; **Tra|gö|di|en|dich|te|rin**
Tra|gö|din
Trag|rie|men; **Trag|seil**; **Trag|ses|sel**; **Trag|tier**
Trag|wei|te
Trag|werk (*Bauw., Flugzeugbau*)
Trag|zeit *vgl.* Tragezeit
Traid|bo|den; **Traid|kas|ten** (*österr.* Völkerkunde Getreidespeicher)
Trail [treɪl], der; -s, -s ⟨engl.⟩ (*engl. Bez. für* Wanderpfad)
Trai|ler ['treɪ...], der; -s, - ⟨engl.⟩ (Anhänger [zum Transport von Booten, Containern u. a.]; als Werbung für einen Film gezeigte Ausschnitte)
Trail|run|ning, **Trail-Run|ning** [...ranɪŋ], das; -s ⟨engl.⟩ (Laufsport auf unbefestigten Wegen)
Train [trɛ̃ː, *auch, österr. nur* trɛːn], der; -s, -s ⟨franz.⟩ (*früher für* Tross, Heeresfuhrwesen)
Trai|nee [trɛːˈniː, trɛ...], der; -s, -s ⟨engl.⟩ (jmd., der für eine bestimmte Aufgabe vorbereitet wird)
Trai|ner ['trɛː..., 'trɛː..., 'trɛː...], der; -s, - (jmd., der Sportler systematisch auf Wettkämpfe vorbereitet; Betreuer von Rennpferden; *schweiz. auch kurz für* Trainingsanzug); **Trai|ner|bank** *Plur.* ...bänke; **Trai|ner|fuchs** (*ugs. für* sehr erfahrener, schlauer Trainer); **Trai|ne|rin**
Trai|ner|li|zenz; **Trai|ner|schein**; **Trai|ner|wech|sel**
trai|nie|ren [trɛ...]
Trai|ning, das; -s, -s [ˈtrɛː...]; **Trai|nings|an|zug**; **Trai|nings|camp**; **Trai|nings|ein|heit**; **trai|nings|frei**; **Trai|nings|ho|se**; **Trai|nings|ja|cke**; **Trai|nings|la|ger** *Plur.* ...lager
Trai|nings|me|tho|de; **Trai|nings|mög|lich|keit**
Trai|nings|part|ner; **Trai|nings|part|ne|rin**; **Trai|nings|plan**; **Trai|nings|pro|gramm**; **Trai|nings|rück|stand**; **Trai|nings|zeit**; **Trai|nings|zen|t|rum**
Trai|teur [trɛˈtøːɐ̯], der; -s, -e ⟨franz.⟩ (Leiter einer Großküche; *schweiz. für* Hersteller u. Lieferant von Fertiggerichten); **Trai|teu|rin** [...ˈtøːrɪn]
Tra|jan [*österr.* ˈtraː...], **Tra|ja|nus** (röm. Kaiser); **Tra|jans|säu|le**,

die; - ↑D 136; **Tra|jans|wall**, der; -[e]s; **Tra|ja|nus** *vgl.* Trajan
Tra|jekt, der *od.* das; -[e]s, -e ⟨lat.⟩ ([Eisenbahn]fährschiff; *veraltet für* Überfahrt)
Tra|jek|to|ri|en *Plur.* (*Math.* Kurven, die sämtliche Kurven einer ebenen Kurvenschar schneiden)
Tra|keh|nen (Ort in Ostpreußen)
¹**Tra|keh|ner**; Trakehner Hengst
²**Tra|keh|ner** (Pferd)
Trakl (österr. Dichter)
Trakt, der; -[e]s, -e ⟨lat.⟩ (Gebäudeteil; *bes. Med.* Längsausdehnung, z. B. Darmtrakt)
trak|ta|bel (*veraltet für* leicht zu behandeln, umgänglich); ...a|b|ler Mensch
Trak|tan|den|lis|te (*schweiz. für* Tagesordnung); **trak|tan|die|ren** (*schweiz. für* auf die Tagesordnung setzen); **Trak|tan|dum**, das; -s, ...den (*schweiz. für* Tagesordnungspunkt)
Trak|tat, das *od.* der; -[e]s, -e ([wissenschaftl.] Abhandlung; religiöse Schrift); **Trak|tät|chen** (*abwertend für* kleine Schrift [mit religiösem Inhalt])
trak|tie|ren (schlecht behandeln, quälen); **Trak|tie|rung**
Trak|ti|on, die; -, -en (*bes. Physik, Technik* das Ziehen, Zugkraft)
Trak|tor, der; -s, ...oren (Zugmaschine, Schlepper); **Trak|to|rist**, der; -en, -en ⟨lat.-russ.⟩ (*regional für* Traktorfahrer); **Trak|to|ris|tin**
Tral|je, die; -, -n ⟨niederl.⟩ (*nordd. für* Gitter[stab])
tral|la!, **tral|la|la!** [*auch* 'tra...], **tral|la|la|la!** [*auch* 'tra...]
Träl|le|borg *frühere Schreibung für* Trelleborg
träl|lern; ich trällere
¹**Tram**, der; -[e]s, *Plur.* -e *u.* Träme (österr. svw. Tramen)
²**Tram**, die; -, -s, *schweiz.* das; -s, -s ⟨engl.⟩ (Straßenbahn); **Tram|bahn** (*südd. für* Straßenbahn)
Trä|mel, der; -s, - (*landsch. für* Klotz, Baumstumpf); **Tra|men**, der; -s, - (*südd. für* Balken)
Tram|hal|te|stel|le (*südd. für* Straßenbahnhaltestelle)
Tra|min (Ort in Südtirol)
¹**Tra|mi|ner**; Traminer Wein
²**Tra|mi|ner** (eine Reb- u. Weinsorte)
Tra|mon|ta|na, **Tra|mon|ta|ne**, die; -, ...nen ⟨ital., »von jenseits des Gebirges«⟩ (ein kalter Nordwind in Italien)

Tramp [trɛ...], der; -s, -s ⟨engl.⟩ (Landstreicher, umherziehender Gelegenheitsarbeiter [bes. in den USA]; Trampschiff)
Tramp, der *od.* das; -s, - (*ugs. für* plumper Mensch)
tram|peln; ich tramp[e]le
Tram|pel|pfad; **Tram|pel|tier** (zweihöckeriges Kamel; *ugs. für* plumper Mensch)
tram|pen ['trɛ...] ⟨engl.⟩ (per Anhalter reisen); **Tram|per**; **Tram|pe|rin**
Tramp|fahrt (Fahrt eines Trampschiffes)
Tram|po|lin [*auch* ...'li:n], das; -s, -e ⟨ital.⟩ (ein Sprunggerät); **Tram|po|lin|sprung**
Tramp|schiff; **Tramp|schiff|fahrt** (nicht an feste Linien gebundene Frachtschifffahrt)
Tram|way [...vaɪ], die; -, -s ⟨engl.⟩ (*ostösterr. für* Straßenbahn)
Tran, der; -[e]s, *Plur.* (Sorten:) -e (flüssiges Fett von Seesäugetieren, Fischen)
Tran|ce ['trã:s(ə)], die; -, -n ⟨franz.⟩ (schlafähnlicher Zustand [in Hypnose]); **Tran|ce|zu|stand**
Tran|che ['trã:ʃ(ə)], die; -, -n ⟨franz.⟩ (fingerdicke Fleischod. Fischschnitte; *Wirtsch.* Teilbetrag einer Wertpapieremission)
Trän|chen (kleine Träne)
tran|chie|ren [trã'ʃi:...] ⟨franz.⟩ ([Fleisch, Geflügel, Braten] zerlegen); **Tran|chier|mes|ser**, das
Trä|ne, die; -, -n; **träˈnen**
Trä|nen|bein (*Med.*); **Trä|nen|drü|se**
trä|nen|er|stickt; **trä|nen|feucht**
Trä|nen|fluss; **Trä|nen|gas**, das; -es
trä|nen|nass; **trä|nen|reich**
Trä|nen|sack; **Trä|nen|schlei|er**
trä|nen|über|strömt
Tran|fun|zel, *selten* **Tran|fun|sel** (*ugs. für* schlecht brennende Lampe; [geistig] schwerfälliger Mensch)
tra|nig (voller Tran; wie Tran; *ugs. für* langweilig, langsam)
trank *vgl.* trinken
Trank, der; -[e]s, Tränke; **Tränk|chen**
Trän|ke, die; -, -n (Tränkplatz für Tiere); **trän|ken**
Trank|op|fer; **Trank|sa|me**, die; - (*schweiz. für* Getränk)
Tränk|stoff
Trän|kung
Tran|lam|pe
Tran|qui|li|zer ['trɛŋkvılaɪzɐ], der;

-s, - ⟨engl.⟩ (beruhigendes Medikament)
tran|quil|lo [tra...] ⟨ital.⟩ (*Musik* ruhig)
trans..., **Trans...** ⟨lat.⟩ ([nach] jenseits)
Trans|ak|ti|on, die; -, -en ⟨lat.⟩ (größeres finanzielles Unternehmen)
Trans|ak|ti|ons|steu|er (*Finanzw.*)
trans|al|pin; **trans|al|pi|nisch** ([von Rom aus] jenseits der Alpen liegend)
trans|at|lan|tisch (überseeisch)
Trans|bai|ka|li|en (Landschaft östl. vom Baikalsee)
Trans|da|nu|bi|en (ungarische Region an der Donau)
Tran|se, die; -, -n (*ugs. für* Transvestit)
Tran|sept, der *od.* das; -[e]s, -e ⟨mlat.⟩ (*Archit.* Querhaus)
Trans-Eu|rop-Ex|press (*veraltet;* Zug in europ. Personenverkehr [bis 1987])
Trans|fer, der; -s, -s ⟨engl.⟩ (*Wirtsch.* Zahlung ins Ausland in fremder Währung; *Psychol., Päd.* Übertragung erlernter Vorgänge auf eine andere Aufgabe; *Sport* Wechsel eines Berufsspielers zu einem anderen Verein; Weitertransport im Reiseverkehr); **Trans|fer|ab|kom|men**
Trans|fer|fens|ter (*Fußball* Zeitraum des Jahres, in dem Profispieler in einen anderen Klub wechseln können)
trans|fe|rie|ren (Geld in eine fremde Währung umwechseln; *österr. Amtsspr.* [dienstlich] versetzen); **Trans|fe|rie|rung**
Trans|fer|leis|tung (svw. Transfer)
Trans|fer|lis|te (*Fußball*)
Trans|fer|stra|ße (*Technik*)
Trans|fer|uni|on (*Politik, Wirtsch.* finanzielle Risiken gemeinsam tragende Verantwortungsgemeinschaft)
Trans|fi|gu|ra|ti|on, die; -, -en ⟨lat.⟩ ([Darstellung der] Verklärung Christi)
trans|flek|tiv ⟨lat.⟩ (*Technik* teilweise reflektierend)
Trans|for|ma|ti|on, die; -, -en ⟨lat.⟩ (Umformung; Umwandlung; Umgestaltung); **Trans|for|ma|ti|ons|gram|ma|tik** (*Sprachwiss.*)
Trans|for|ma|tor, der; -s, ...oren (elektr. Umspanner; *Kurzw.* Trafo). **Trans|for|ma|tor|an|la|ge**
Trans|for|ma|to|ren|häus|chen, **Trans|for|ma|tor|häus|chen**

T
Tran

transformieren

trans|for|mie|ren (umformen, umwandeln; umspannen); Trans|for|mie|rung
trans|fun|die|ren ⟨lat.⟩ (Med. [Blut] übertragen); Trans|fu|si|on, die; -, -en; Trans|fu|si|ons|me|di|zin (Teilgebiet der Medizin)
trans|gen ⟨lat.⟩ (Biol. ein zusätzliches, eingeschleustes Gen von einer anderen Art in sich tragend)
Trans|gen|der [transˈdʒɛndɐ], der; -s, - ⟨lat.; engl.⟩ (jmd., der seine Geschlechtszugehörigkeit nicht akzeptiert)
Tran|sis|tor, der; -s, ...oren ⟨engl.⟩ (Elektronik ein Halbleiterbauelement); Tran|sis|tor|ge|rät
tran|sis|to|rie|ren, tran|sis|to|ri|sie|ren
Tran|sis|tor|ra|dio
Tran|sit [auch ...ˈzɪt, ˈtran...], der; -s, -e ⟨ital.⟩ (Wirtsch. Durchfuhr von Waren; Durchreise von Personen); Tran|sit|ab|kom|men; Tran|sit|han|del vgl. ¹Handel; tran|si|tie|ren (Wirtsch. durchlaufen, passieren)
Tran|si|ti|on, die; -, -en ⟨lat.⟩ (bes. Fachspr. Übergang); Tran|si|ti|ons|pha|se
tran|si|tiv ⟨lat.⟩ (Sprachwiss. ein Akkusativobjekt fordernd; zielend); transitives Verb; Tran|si|tiv, das; -s, -e (zielendes Verb, z. B. [den Hund] »schlagen«); Tran|si|ti|vum, das; -s, ...va (älter für Transitiv)
Tran|sit|land Plur. ...länder
tran|si|to|risch (vorübergehend); Tran|si|to|ri|um, das; -s, ...ien (Wirtsch. vorübergehender Haushaltsposten [für die Dauer eines Ausnahmezustands])
Tran|sit|rei|sen|de; Tran|sit|ver|bot (Durchfuhrverbot); Tran|sit|ver|kehr, der; -[e]s; Tran|sit|vi|sum; Tran|sit|weg; Tran|sit|zoll
Trans|jor|da|ni|en (früherer Name von Jordanien)
Trans|kau|ka|si|en (Landschaft zwischen Schwarzem Meer u. Kaspischem Meer); trans|kau|ka|sisch
Trans|kei, die; - ([formal unabhängige] Republik in Südafrika [jenseits des Flusses Kei])
trans|kon|ti|nen|tal ⟨lat.⟩ (einen Erdteil durchquerend)
trans|skri|bie|ren ⟨lat.⟩ (Sprachwiss. einen Text in eine andere Schrift, z. B. eine phonet. Umschrift, übertragen; Wörter aus Sprachen, die keine Lateinschrift haben, annähernd lautgerecht in Lateinschrift wiedergeben [vgl. Transliteration]; Musik umsetzen); Tran|skrip|ti|on, die; -, -en
Trans|la|ti|on, die; -, -en ⟨lat.⟩ (Fachspr. Übertragung, Übersetzung)
Trans|li|te|ra|ti|on, die; -, -en ⟨lat.⟩ (Sprachwiss. buchstabengetreue Umsetzung eines Textes in eine andere Schrift [bes. aus nicht lateinischer in lat. Schrift] mit zusätzlichen Zeichen); trans|li|te|rie|ren
Trans|lo|ka|ti|on, die; -, -en ⟨lat.⟩ (Biol. Verlagerung eines Chromosomenbruchstückes in ein anderes Chromosom); trans|lo|zie|ren (Biol. sich verlagern)
trans|lu|zent, trans|lu|zid ⟨lat.⟩ (durchsichtig, durchscheinend)
Trans|mis|si|on, die; -, -en ⟨lat.⟩ ([Vorrichtung zur] Kraftübertragung von einem Antriebssystem auf mehrere Maschinen); Trans|mis|si|ons|rie|men
trans|mit|tie|ren (übertragen, übersenden)
trans|na|ti|o|nal (Wirtsch. übernational)
trans|oze|a|nisch (jenseits des Ozeans liegend)
trans|pa|rent ⟨lat.-franz.⟩ (durchscheinend; durchsichtig; durchschaubar)
Trans|pa|rent, das; -[e]s, -e (Spruchband; durchscheinendes Bild); Trans|pa|rent|pa|pier (Pauspapier)
Trans|pa|renz, die; -, -en (Durchsichtigkeit; Durchschaubarkeit); Trans|pa|renz|ge|bot; Trans|pa|renz|re|gel
trans|pa|zi|fisch (jenseits des Pazifiks)
Trans|pho|bie (ausgeprägte Abneigung gegen Transsexualität)
Trans|spi|ra|ti|on, die; - ⟨lat.⟩ (Schweißbildung; Hautausdünstung; Bot. Abgabe von Wasserdampf, bes. an den Blättern); trans|s|pi|rie|ren
Trans|plan|tat, das; -[e]s, -e ⟨lat.⟩ (überpflanztes Gewebestück); Trans|plan|ta|ti|on, die; -, -en (Med. Überpflanzung von Organen, Gewebeteilen od. lebenden Zellen; Bot. Pfropfung); Trans|plan|ta|ti|ons|me|di|zin, die; -; trans|plan|tie|ren (Med.)
Trans|pon|der, der; -s, - ⟨engl.⟩ (Nachrichtentechnik Gerät zum Empfangen u. Senden von Funksignalen)
trans|po|nie|ren ⟨lat.⟩ (Musik in eine andere Tonart übertragen); Trans|po|nie|rung
Trans|port, der; -[e]s, -e ⟨lat.⟩ (Beförderung); trans|por|ta|bel (beförderbar); ...a|b|ler Ofen
Trans|port|an|la|ge (Förderanlage); Trans|port|ar|bei|ter; Trans|port|ar|bei|te|rin; Trans|port|band, das; Plur. ...bänder; Trans|port|be|häl|ter; Trans|port|be|ton; Trans|port|box
Trans|por|ter, der; -s, - ⟨engl.⟩ (Transportauto, -flugzeug, -schiff)
Trans|por|teur [...ˈtøːɐ̯], der; -s, -e ⟨franz.⟩ (jmd., der etwas transportiert; Zubringer an der Nähmaschine); Trans|por|teu|rin
trans|port|fä|hig; Trans|port|fä|hig|keit; Trans|port|flug|zeug; Trans|port|füh|rer; Trans|port|ge|fähr|dung; Trans|port|ge|wer|be; Trans|port|gut
trans|por|tie|ren (befördern); Trans|por|tie|rung
Trans|port|kas|ten; Trans|port|kis|te; Trans|port|kos|ten Plur.
Trans|port|mit|tel, das; Trans|port|schiff; Trans|port|un|ter|neh|men; Trans|port|we|sen, das; -s
Trans|po|si|ti|on, die; -, -en ⟨lat.⟩ (Übertragung eines Musikstückes in eine andere Tonart)
Trans|ra|pid®, der; -[s] (eine Magnetschwebebahn)
Trans|se|xu|a|li|tät, die; - ⟨lat.⟩ (Med., Psychol. Gefühl der Zugehörigkeit zum anderen Geschlecht, häufig verbunden mit dem Bestreben nach Geschlechtsanpassung); trans|se|xu|ell; Trans|se|xu|el|le, der u. die; -n, -n
Trans|sib [auch ˈtra...], die; - (kurz für Transsibirische Eisenbahn); trans|si|bi|risch (Sibirien durchquerend); aber ↑D 150: die Transsibirische Eisenbahn
Trans|sil|va|ni|en (alter Name von Siebenbürgen); trans|sil|va|nisch; aber ↑D 140: die Transsilvanischen Alpen
Trans|subs|tan|ti|a|ti|on, die; -, -en ⟨lat.⟩ (kath. Kirche Verwandlung von Brot u. Wein in Leib u. Blut Christi); Trans|subs|tan|ti|a|ti|ons|leh|re, die; -
Trans|su|dat, das; -[e]s, -e ⟨lat.⟩

tran

Traumdichtung

(Med. abgesonderte Flüssigkeit in Körperhöhlen)
Tran|syl|va|ni|en usw. vgl. Transsilvanien usw.
Trans|uran, das; -s, -e meist Plur. ⟨lat.-griech.⟩ (künstlich gewonnenes radioaktives Element mit höherem Atomgewicht als Uran)
Tran|su|se, die; -, -n ⟨ugs. für langweiliger Mensch⟩
Trans|vaal (Provinz der Republik Südafrika)
trans|ver|sal ⟨lat.⟩ (quer verlaufend, schräg); Trans|ver|sa|le, die; -, -n (Gerade, die eine geometr. Figur durchschneidet; drei Transversale[n]; Trans|ver|sal|wel|le (Physik)
Trans|ves|tis|mus, der; - ⟨lat.⟩ (Med., Psychol. im sexuellen Verhalten Tendenz zur Bevorzugung von Kleidungsstücken, die für das andere Geschlecht typisch sind); Trans|ves|tit, der; -en, -en; Trans|ves|ti|tin; Trans|ves|ti|tis|mus vgl. Transvestismus
tran|s|zen|dent ⟨lat.⟩ (übersinnlich, -natürlich); tran|s|zen|den|tal (Philos. aller Erfahrungserkenntnis zugrunde liegend; Scholastik svw. transzendent); transzendentale Logik ↑D 89; Tran|s|zen|denz, die; - (das Überschreiten der Grenzen der Erfahrung, des Bewusstseins); tran|s|zen|die|ren
Tran|tü|te (ugs. für langsamer, [geistig] schwerfälliger Mensch)
Trap, der; -s, -s ⟨engl.⟩ (Geruchsverschluss)
Tra|pez, das; -es, -e ⟨griech.⟩ (Viereck mit zwei parallelen, aber ungleich langen Seiten; quer an zwei Seilen hängende Stange für akrobatische Übungen); Tra|pez|akt (am Trapez ausgeführte Zirkusnummer); Tra|pez|form; tra|pez|för|mig; Tra|pez|künst|ler; Tra|pez|künst|le|rin; Tra|pez|li|nie
Tra|pe|zo|eder, das; -s, - (Geom. Körper, der von gleichschenkeligen Trapezen begrenzt wird)
Tra|pe|zo|id, das; -[e]s, -e (Viereck ohne parallele Seiten)
Tra|pe|zunt (früherer Name von Trabzon)
trapp!; trapp, trapp, trapp!
Trapp, der; -[e]s, -e ⟨schwed.⟩ (Geol. großflächiger, in mehreren Lagen treppenartig übereinanderliegender Basalt)

¹Trap|pe, die; -, -n, Jägerspr. auch der; -n, -n ⟨slaw.⟩ (ein Steppenvogel)
²Trap|pe, die; -, -n ⟨nordd. für [schmutzige] Fußspur⟩
trap|peln (mit kleinen Schritten rasch gehen); ich trapp[e]le; trap|pen (schwer auftreten)
Trap|per, der; -s, - ⟨engl., »Fallensteller«⟩ (nordamerik. Pelzjäger)
Trap|pist, der; -en, -en ⟨nach der Abtei La Trappe⟩ (Angehöriger des Ordens der reformierten Zisterzienser mit Schweigegelübde); Trap|pis|ten|kä|se; Trap|pis|ten|klos|ter; Trap|pis|ten|or|den, der; -s; Trap|pis|tin (Angehörige des w. Trappistenordens)
Trap|schie|ßen ⟨engl.; dt.⟩ (Wurftaubenschießen mit Schrotgewehren)
trap|sen (ugs. für sehr laut auftreten); du trapst
tra|ra!; Tra|ra, das; -s (ugs. für Lärm; großartige Aufmachung, hinter der nichts steckt)
Trash [trɛʃ], der; -[s] ⟨engl.⟩ (Schund, Ramsch); tra|shig (ugs. für kitschig, geschmacklos); ein trashiger Film
Tra|si|me|ni|sche See, der; -n -s; ↑D 140 (in Italien)
Trass, der; -es, -e ⟨niederl.⟩ (vulkanisches Tuffgestein)
Tras|sant, der; -en, -en ⟨ital.⟩ (Wirtsch. Aussteller eines gezogenen Wechsels); Tras|san|tin; Tras|sat, der; -en, -en (zur Bezahlung eines Wechsels Verpflichteter); Tras|sa|tin
Tras|se, die; -, -n ⟨franz.⟩ ([abgesteckter] Verlauf eines Verkehrsweges, einer Versorgungsleitung usw.; Bahnkörper, Bahn-, Straßendamm); Tras|see, das; -s, -s ⟨schweiz. für Trasse⟩; Tras|see|füh|rung (schweiz.); Tras|sen|füh|rung
tras|sie|ren (eine Trasse abstecken, vorzeichnen; Wirtsch. einen Wechsel auf jmdn. ziehen od. ausstellen); Tras|sie|rung
Tras|te|ve|re ⟨ital., »jenseits des Tibers«⟩ (röm. Stadtteil); Tras|te|ve|ri|ner; Tras|te|ve|ri|ne|rin
trat vgl. treten
Tratsch, der; -[e]s ⟨ugs. für Geschwätz, Klatsch⟩; trat|schen; du tratschst; Trat|sche|rei
Trat|te, die; -, -n ⟨ital.⟩ (Bankw. gezogener Wechsel)

Trat|to|ria, die; -, ...ien ⟨ital.⟩ (ital. Bez. für Wirtshaus)
Trau|al|tar
Träub|chen
Trau|be, die; -, -n; trau|ben|för|mig; Trau|ben|ho|lun|der; Trau|ben|kamm (Stiel der Weintraube); Trau|ben|kern; Trau|ben|kern|öl; Trau|ben|kur; Trau|ben|le|se; Trau|ben|most; Trau|ben|saft; Trau|ben|wick|ler (ein Schmetterling); Trau|ben|zu|cker, der; -s
trau|big
Traud|chen, Trau|de[l], Trud|chen, Tru|de (w. Vorn.)
trau|en; der Pfarrer traut das Paar; jmdm. trauen (vertrauen); sich trauen; ich traue mich nicht (selten mir nicht), das zu tun
Trau|er, die; -; Trau|er|an|zei|ge; Trau|er|ar|beit, die; - (Psychol.); Trau|er|be|glei|ter; Trau|er|be|glei|te|rin; Trau|er|be|glei|tung; Trau|er|bin|de; Trau|er|bot|schaft; Trau|er|brief; Trau|er|fall, der; Trau|er|fa|mi|lie (bes. schweiz. für Hinterbliebene bei einem Todesfall); Trau|er|fei|er; Trau|er|flor; Trau|er|gast Plur. ...gäste; Trau|er|ge|fol|ge; Trau|er|ge|leit; Trau|er|ge|mein|de; Trau|er|got|tes|dienst; Trau|er|haus; Trau|er|hil|fe; Trau|er|jahr; Trau|er|kar|te; Trau|er|klei|dung; Trau|er|kloß (ugs. scherzh. für langweiliger, energieloser Mensch)
Trau|er|mahl (geh.)
Trau|er|man|tel (ein Schmetterling)
Trau|er|marsch, der; Trau|er|mie|ne
trau|ern; du trau|er[e]st
Trau|er|nach|richt; Trau|er|rand; Trau|er|re|de; Trau|er|schlei|er; Trau|er|spiel; Trau|er|wei|de; Trau|er|zeit; Trau|er|zug
Trau|fe, die; -, -n
träu|feln; ich träuf[e]le; träu|fen (veraltet für träufeln)
Trau|gott (m. Vorn.)
trau|lich; Trau|lich|keit
Traum, der; -[e]s, Träume
Trau|ma, das; -s, Plur. ...men u. -ta ⟨griech.⟩ (starke seelische Erschütterung; Med. Wunde); trau|ma|tisch; trau|ma|ti|sie|ren ([seelisch] verletzen); Trau|ma|ti|sie|rung
Traum|au|to; Traum|be|ruf; Traum|bild; Traum|buch; Traum|deu|ter; Traum|deu|te|rin; Traum|deu|tung; Traum|dich|tung

Traumen

Trau|men (*Plur. von* Trauma)
träu|men; ich träumte von meinem Bruder; mir träumte von ihm; es träumte mir (*geh.*); das hätte ich mir nicht träumen lassen (*ugs. für* hätte ich nie geglaubt)
Träu|mer; **Träu|me|rei**; **Traum|er|geb|nis**; **Träu|me|rin**
träu|me|risch
Traum|fa|b|rik (Welt des Films)
Traum|fän|ger (eine Art Mobile, dem die Fähigkeit zugeschrieben wird, böse Träume abzuhalten)
Traum|frau; **Traum|ge|bil|de**; **Traum|ge|sicht** *Plur.* ...gesichte
traum|haft
Trau|mi|net, der; -s, -s (*österr. ugs. scherzh. für* Feigling)
Traum|job; **Traum|land**; **Traum|mann** *Plur.* ...männer; **Traum|no|te**; **Traum|paar**; **Traum|strand**
Traum|tän|zer (*abwertend*); **Traum|tän|ze|rin**
traum|ver|lo|ren; **traum|ver|sun|ken**
traum|wan|deln usw. *vgl.* schlafwandeln usw.; **traum|wand|le|risch**; **Traum|welt**; **Traum|ziel**
traun! (*geh. veraltet für* in der Tat!)
Traun, die; - (rechter Nebenfluss der Donau)
Trau|ner, der; -s, - (*österr. für* flaches Lastschiff); **Traun|see**, der; -s (oberösterr. See); **Traun|vier|tel**, das; -s (oberösterr. Landschaft)
trau|rig; **Trau|rig|keit**
Trau|ring; **Trau|schein**; **Trau|spruch**
traut; trautes Heim; trauter Freund
Traut|chen *vgl.* Traudchen
¹**Trau|te** (w. Vorn.); *vgl.* Traude[l]
²**Trau|te**, die; - (*ugs. für* Vertrauen, Mut); keine Traute haben
Trau|ung; **Trau|zeu|ge**; **Trau|zeu|gin**
Tra|vel|ler|scheck [ˈtrɛ...] ⟨engl.⟩ (Reisescheck)
tra|vers ⟨franz.⟩ (quer [gestreift]); traverse Stoffe
Tra|vers [...ˈvɛːɐ̯, *auch* ...ˈvɛrs], der; - (Gangart beim Dressurreiten)
Tra|ver|se, die; -, -n ⟨*Archit.* Querbalken, Ausleger; *Technik* Querverbinder zweier fester od. parallel beweglicher Maschinenteile; *Wasserbau* Querbau zur Flussregelung; *Bergsteigen* Querung⟩; **Tra|ver|sen|sys|tem** (*Technik*)
tra|ver|sie|ren (*Reiten* eine Reit-

bahn in der Diagonale durchreiten; *Fechten* durch Seitwärtstreten dem gegnerischen Angriff ausweichen; *Bergsteigen* eine Wand od. einen Hang horizontal überqueren); **Tra|ver|sie|rung**
Tra|ver|tin, der; -s, -e ⟨ital.⟩ (mineralischer Kalkabsatz bei Quellen u. Bächen)
Tra|ves|tie, die; -, ...ien ⟨lat.⟩ ([scherzhafte] Umgestaltung [eines Gedichtes]); **tra|ves|tie|ren** (*auch für* ins Lächerliche ziehen); **Tra|ves|tie|show** ⟨lat.; engl.⟩ (Darbietung, bei der vorwiegend Männer in Frauenkleidung auftreten)
Trawl [trɔːl], das; -s, -s ⟨engl.⟩ (Grundschleppnetz); **Trawl|er**, der; -s, - (ein Fischdampfer)
Trax, der; -[es], -e ⟨aus amerik. Traxcavator®⟩ (*schweiz. für* Planierraupe)
Treat|ment [ˈtriːtmənt], das; -s, -s ⟨engl.⟩ (*Film, Fernsehen* Vorstufe des Drehbuchs)
Tre|be, die; *nur in* in auf [die] Trebe gehen (*ugs. für* sich herumtreiben); **Tre|be|gän|ger** (*ugs. für* jugendlicher Herumtreiber); **Tre|be|gän|ge|rin**
Tre|ber *Plur.* (Rückstände [beim Keltern u. Bierbrauen])
Tre|cen|tist [...tʃ...], der; -en, -en ⟨ital.⟩ (Dichter, Künstler des Trecentos); **Tre|cen|tis|tin**; **Tre|cen|to** [...ˈtʃɛ...], das; -[s] (*Kunstwiss.* das 14. Jh. in Italien)
Treck, der; -s, -s (Zug von Menschen, Flüchtenden [mit Fuhrwerken]; **tre|cken** ⟨engl.⟩ (ziehen; mit einem Treck wegziehen); *vgl.* trekken
Tre|cker (Traktor)
Tre|cking usw. *vgl.* **Trekking** usw.
¹**Treff**, das; -s, -s ⟨franz.⟩ (Kreuz, Eichel [im Kartenspiel])
²**Treff**, der; -[e]s, -e (*veraltet für* Schlag, Hieb; Niederlage)
³**Treff**, der; -s, -s (*ugs. für* Treffen, Zusammenkunft)
Treff|ass, Treff-Ass [*auch* ˈtrɛf...] ⟨*zu* ¹Treff⟩
tref|fen; du triffst; du trafst; du träfest; getroffen; triff!; **Tref|fen**, das; -s, -; **tref|fend**
Tref|fer; **Tref|fer|an|zei|ge**; **Tref|fer|quo|te**; **Tref|fer|zahl**
treff|lich; **Treff|lich|keit**, die; -
Treff|punkt
treff|si|cher; **Treff|si|cher|heit**

Treib|an|ker; **Treib|ar|beit**; **Treib|ball**, der; -[e]s; **Treib|eis**
trei|ben; du triebst; du triebest; getrieben; treib[e]!; zu Paaren treiben; sich vom Wind treiben lassen; *aber* man darf sich im Leben nicht einfach <mark>treiben lassen</mark> *od.* treibenlassen; **Trei|ben**, das; -s, *Plur.* (*für* Treibjagden:) -; **trei|bend**; die treibende Kraft
Trei|ber; **Trei|be|rei**; **Trei|be|rin**
Treib|fäus|tel (*Bergmannsspr.* schwerer Bergmannshammer)
Treib|gas; **Treib|gut**
Treib|haus; **Treib|haus|ef|fekt**, der; -[e]s (Einfluss der Erdatmosphäre auf den Wärmehaushalt der Erde); **Treib|haus|gas** (Gas, das zum Treibhauseffekt beiträgt, z. B. Kohlendioxid); **Treib|haus|kul|tur**; **Treib|haus|luft**, die; -
Treib|holz; **Treib|jagd**; **Treib|la|dung**; **Treib|mi|ne**; **Treib|mit|tel**; **Treib|netz**; **Treib|öl**; **Treib|rie|men**; **Treib|sand**
Treib|satz (*Technik; auch übertr. für* Antrieb, Impuls)
Treib|stoff; **Treib|stoff|preis**; **Treib|stoff|zoll** (*schweiz.*); *vgl.* ¹Zoll; **Treib|stoff|zu|schlag** (Flugw.)
Trei|chel, die; -, -n (*schweiz. für* eine Kuhglocke)
Trei|del, der; -s, -n (*früher für* Zugtau zum Treideln); **Trei|de|ler** (*svw.* Treidler)
trei|deln (ein Wasserfahrzeug vom Ufer aus stromaufwärts ziehen); ich treid[e]le
Trei|del|pfad; **Trei|del|weg** (Leinpfad); **Treid|ler** (jmd., der einen Kahn treidelt)
trei|fe ⟨hebr.-jidd.⟩ (nach jüd. Speisegesetzen unrein; Ggs. koscher)
<mark>**trek|ken**</mark>, tre|cken ⟨engl.⟩ (Trekking betreiben)
<mark>**Trek|king**</mark>, Tre|cking, das; -s, -s ⟨engl.⟩ (mehrtägige Wanderung od. Fahrt [durch ein unwegsames Gebiet]); <mark>**Trek|king|bike**</mark>, Tre|cking|bike [...baɪk], das; -s, -s (Fahrrad, das bes. für längere Touren mit Gepäck geeignet ist); <mark>**Trek|king|rad**</mark>, Tre|cking|rad; <mark>**Trek|king|tour**</mark>, Tre|cking|tour
Trel|le|borg (schwed. Stadt)
Tre|ma, das; -s, *Plur.* -s *u.* -ta ⟨griech.⟩ (Trennpunkte, Trennungszeichen [über einem von zwei getrennt auszusprechen-

den Vokalen, z. B. franz. naïf »naiv«]; *Med.* Lücke zwischen den mittleren Schneidezähnen)
Tre|ma|to|de, die; -, -n *meist Plur.* (*Biol.* Saugwurm)
tre|mo|lan|do ⟨ital.⟩ (*Musik* bebend, zitternd); **tre|mo|lie|ren**, tre|mu|lie|ren mit dem Gesang [übersteigert] beben u. zittern); **Tre|mo|lo**, das; -s, *Plur.* -s u. ...li
Tre|mor, der; -s, ...ores ⟨lat.⟩ (*Med.* das Muskelzittern)
Trem|se, die; -, -n (*nordd. für* Kornblume)
Tre|mu|lant, der; -en, -en ⟨lat.⟩ (Orgelhilfsregister)
tre|mu|lie|ren *vgl.* tremolieren
Trench|coat [ˈtrɛntʃ...], der; -[s], -s ⟨engl.⟩ (ein Wettermantel)
Trend, der; -s, -s ⟨engl.⟩ (Grundrichtung einer Entwicklung)
trend|be|wusst
tren|deln (*landsch. für* nicht vorankommen); ich trend[e]le
Trend|for|scher; Trend|for|sche|rin; Trend|for|schung (wissenschaftliche Beschäftigung mit den zu erwartenden Trends auf technischem, wirtschaftlichem u. sozialem Gebiet)
tren|dig (*svw.* trendy)
Trend|li|nie (*Statistik* [in Diagrammen] Darstellung einer Tendenz)
Trend|mel|dung; Trend|scout [...skaʊt] ⟨engl.⟩ (jmd., der Trends nachspürt); **Trend|setter**, der; -s, - ⟨engl.⟩ (jmd., der den Trend bestimmt; etwas, was einen Trend auslöst); **Trend|set|te|rin; Trend|sport, Trend|sport|art; Trend|um|kehr; Trend|wen|de**
tren|dy (*ugs. für* modisch; dem Trend entsprechend)
trenn|bar; Trenn|bar|keit, die; -
Trenn|di|ät (eine Schlankheitsdiät)
tren|nen; sich trennen
Trenn|kost (Trenndiät)
Trenn|li|nie; Trenn|mes|ser, das
Trenn|punkt|e *Plur.* (Trema)
Trenn|scharf; Trenn|schär|fe
Trenn|schei|be; Trenn|stab (z. B. zwischen verschiedenen Waren auf der Supermarktkasse); **Trenn|strich**
Tren|nung; Tren|nungs|ent|schä|digung; Tren|nungs|geld; Trennungs|li|nie; Tren|nungs|schmerz; Tren|nungs|strich; Tren|nungs|zei|chen

Trenn|wand
Tren|se, die; -, -n ⟨niederl.⟩ (leichter Pferdezaum); **Tren|sen|ring**
Trente-et-qua|rante [trãtekaˈrãːt], das; - ⟨franz.⟩, »dreißig und vierzig« (ein Kartenspiel)
Tren|ti|ner (*zu* Trento); **Tren|ti|ne|rin**
Tren|to (*ital. Form von* Trient)
tren|zen (*Jägerspr.* in besonderer Weise röhren [vom Hirsch]; *bayr., österr. für* sabbern, weinerlich jammern)
Tre|pan, der; -s, -e ⟨franz.⟩ (*Med.* Bohrer zum Öffnen der Schädeldecke); **Tre|pa|na|ti|on**, die; -, -en ⟨*Med.* Öffnung der Schädeldecke mit dem Trepan⟩
Tre|pang, der; -s, *Plur.* -e u. -s (malai.) (getrocknete Seegurke)
tre|pa|nie|ren (*zu* Trepanation) (*Med.*)
trepp|ab; trepp|auf; treppauf, treppab laufen
Trepp|chen
Trep|pe, die; -, -n; Treppen steigen
Trep|pel|weg (*bayr., österr. für* Treidelweg)
Trep|pen|ab|satz; Trep|pen|aufgang; Trep|pen|be|leuch|tung; Trep|pen|flur, der; **Trep|pen|ge|län|der; Trep|pen|gie|bel; Treppen|haus; Trep|pen|läu|fer; Trep|pen|lift; Trep|pen|po|dest; Treppen|rei|ni|gung; Trep|pen|stei|gen**, das; -s; **Trep|pen|stu|fe; Trep|pen|wan|ge** (die Stufen verbindendes Seitenteil einer [Holz]treppe); **Trep|pen|witz**
Tre|sen, der; -s, - (*nordd. u. mitteld. für* Laden-, Schanktisch)
Tre|sor, der; -s, -e ⟨franz.⟩ (Panzerschrank; Stahlkammer); **Tre|sor|raum; Tre|sor|schlüs|sel**
Tres|pe, die; -, -n (ein Gras); **tres|pig** (voller Trespen [vom Korn])
Tres|se, die; -, -n ⟨franz.⟩ (Borte)
Tres|sen|rock; Tres|sen|stern; Tressen|win|kel
tres|sie|ren (Perückenmacherei kurze Haare mit Fäden aneinanderknüpfen)
Tres|ter, der; -s, - (Tresterbranntwein; *Plur.*: Rückstände beim Keltern); **Tres|ter|brannt|wein; Tres|ter|schnaps**
Tret|au|to; Tret|boot; Tret|ei|mer
tre|ten; du trittst; du tratst (tratest); du trätest; getreten; tritt!; er tritt ihn (*auch* ihm) auf den Fuß
Tre|ter (*ugs. für* [sehr bequemer] Schuh); **Tre|te|rei** (*ugs.*)

Tret|mi|ne; Tret|müh|le (*ugs. für* gleichförmiger [Berufs]alltag); **Tret|rad; Tret|rol|ler**

treu
treu|er, treu|es|te, treus|te
– jemandem etwas zu treuen Händen übergeben (anvertrauen)
Getrenntschreibung in Verbindung mit Verben ↑D 56:
– treu sein, bleiben

Getrennt- oder Zusammenschreibung in Verbindung mit adjektivisch gebrauchten Partizipien ↑D 58:
– ein mir treu ergebener *od.* treuergebener Freund
– eine treu gesinnte *od.* treugesinnte Freundin
– ein treu sorgender *od.* treusorgender Vater

Treu|bruch, der; **treu|brü|chig**
treu|deutsch (*ugs. für* typisch deutsch); **treu|doof** ↑D 23 (*ugs. für* naiv u. dümmlich)
Treue, die; -; in guten Treuen (*schweiz. für* im guten Glauben); auf Treu und Glauben ↑D 13; meiner Treu!; **Treue|ak|ti|on; Treue|bruch**, der; **Treue|eid; Treu|eid; Treue|ge|löb|nis**
Treue|pflicht (*Rechtsspr.*)
Treue|prä|mie; Treue|ra|batt
treu er|ge|ben, treu|er|ge|ben *vgl.* treu
Treue|schwur
treu ge|sinnt, treu|ge|sinnt *vgl.* treu
Treu|hand, die; - (*Rechtsspr.* Treuhandgesellschaft); **Treu|hand|an|stalt**, die; -
Treu|hän|der (jmd., dem etwas »zu treuen Händen« übertragen wird); **Treu|hän|der|de|pot** (*Bankw.*); **Treu|hän|de|rin; treu|hän|de|risch**
Treu|hand|ge|schäft (*Rechtswiss.*)
Treu|hand|ge|sell|schaft (Gesellschaft, die fremde Rechte ausübt)
treu|hän|dig, treu|hän|disch (*österr. für* treuhänderisch)
Treu|hand|kon|to; Treu|hand|schaft
treu|her|zig; Treu|her|zig|keit
treu|lich (*veraltend für* getreulich)
treu|los; Treu|lo|sig|keit
Treu|pflicht *vgl.* Treuepflicht

treu sor|gend, **treu|sor|gend** vgl. treu

Tre|vi|ra®, das; -[s] (ein Gewebe aus synthetischer Faser)

Tre|vi|sa|ner; Tre|vi|so (ital. Stadt)

Tri|a|de, die; -, -n ⟨griech.⟩ (Dreizahl, Dreiheit; [kriminelle] chin. Geheimorganisation)

Tri|a|ge [...ʒə], die; -, -n (Ausschuss [bei Kaffeebohnen]; Einteilung von Verletzten; *schweiz. für* Vorauswahl)

Tri|al ['traɪəl], das; -s, -s ⟨engl.⟩ (Geschicklichkeitsprüfung von Motorradfahrern)

Tri|al-and-Er|ror-Me|tho|de ['traɪələnt'lɛrɐ...], die; - ⟨engl. , »Versuch und Irrtum«⟩ (*Psychol.* ein Lernverfahren; *Kybernetik* eine Problemlösungsmethode)

Tri|a|log, der; -[e]s, -e ⟨Kunstw.⟩ (Gespräch mit drei Teilnehmern); **tri|a|lo|gisch**

Tri|an|gel ⟨österr. ...'a...⟩, der; -s, - *od.* die; -, -n, *österr.* das; -s, - ⟨lat.⟩ (*Musik* ein Schlaggerät)

tri|an|gu|lär (dreieckig)

Tri|an|gu|la|ti|on, die; -, -en (*Geodäsie* Festlegung eines Netzes von trigonometrischen Punkten); **Tri|an|gu|la|ti|ons|punkt** (Zeichen TP)

tri|an|gu|lie|ren; Tri|an|gu|lie|rung

Tri|a|non [...'nõ], das; -s, -s (Name zweier Versailler Lustschlösser)

Tri|a|ri|er ⟨lat.⟩ (altröm. Legionsveteran in der 3. [letzten] Schlachtreihe)

Tri|as, die; -, - ⟨griech., »Dreiheit«⟩ (Dreizahl, Dreiheit; *nur Sing.: Geol.* unterste Formation des Mesozoikums); **Tri|as|for|ma|ti|on**, die; -; **tri|as|sisch**

Tri|ath|let (jmd., der Triathlon betreibt); **Tri|ath|le|tin; Tri|ath|lon**, der *u.* das; -s, -s ⟨griech.⟩ (Mehrkampf aus Schwimmen, Radfahren u. Laufen an einem Tag; *Skisport* Mehrkampf aus Langlauf, Schießen u. Riesenslalom)

Tri|ba|de, die; -, -n ⟨griech.⟩ (*veraltet für* Lesbierin)

Tri|bal ['traɪbl], das; -s, -s ⟨engl.⟩ (tätowiertes Stammesmotiv); **Tri|ba|lis|mus**, der; - ⟨lat.-engl.⟩ (Stammesbewusstsein, Stammesegoismus)

Tri|bun, der; *Gen.* -s *u.* -en, *Plur.* -e[n] ⟨lat.⟩ ([altröm.] Volksführer)

Tri|bu|nal, das; -s, -e ([hoher] Gerichtshof)

Tri|bu|nat, das; -[e]s, -e (Amt, Würde eines Tribuns)

Tri|bü|ne, die; -, -n ⟨franz.⟩; **Tri|bü|nen|platz**

tri|bu|ni|zisch ⟨lat.⟩ (einen Tribunen betreffend)

Tri|bus, die; -, - (Wahlbezirk im alten Rom)

Tri|but, der; -[e]s, -e (Abgabe, Steuer); etwas fordert einen hohen Tribut (hohe Opfer); einer Sache Tribut zollen (sich ihr beugen); **tri|bu|tär** (*veraltet für* tributpflichtig); **Tri|but|last; tri|but|pflich|tig**

Tri|chi|ne, die; -, -n ⟨griech.⟩ (schmarotzender Fadenwurm); **tri|chi|nen|hal|tig; Tri|chi|nen|schau; Tri|chi|nen|schau|er; Tri|chi|nen|schau|e|rin**

tri|chi|nös (mit Trichinen behaftet); **Tri|chi|no|se**, die; -, -n (Trichinenkrankheit)

Trich|ter, der; -s, -; **trich|ter|för|mig**

Trich|ter|ling (ein Pilz)

Trich|ter|mün|dung (*Geogr.* trichterförmige Flussmündung)

trich|tern; ich trichtere

Trick, der; -s, -s ⟨engl.⟩ (Kunstgriff; Kniff; List); **Trick|auf|nah|me**

Trick|be|trug; Trick|be|trü|ger; Trick|be|trü|ge|rin

Trick|dieb; Trick|die|bin; Trick|diebstahl

Trick|film; Trick|kis|te (*ugs.*)

trick|reich

Trick|schi|lauf|en vgl. Trickskilaufen

trick|sen (*ugs. für* mit Tricks arbeiten, bewerkstelligen); **Trick|ser** (*ugs.*); **Trick|se|rei** (*ugs.*)

Trick|ski|lau|fen, das; -s (Sportart, bei der auf besonderen Skiern artistische Sprünge, Drehungen u. Ä. gemacht werden)

Trick|tech|nik

Trick|track, das; -s, -s ⟨franz.⟩ (ein Brett- u. Würfelspiel)

tri|cky [...ki] ⟨engl.⟩ (*ugs. für* trickreich)

Tri|cot (*in dieser franz. Schreibung schweiz. neben* Trikot)

Tri|dent, der; -[e]s, -e ⟨lat.⟩ (Dreizack)

Tri|den|ti|ner (*zu* Trient); Tridentiner Alpen; **Tri|den|ti|ne|rin; tri|den|ti|nisch**; *aber* ↑D 88: das Tridentinische Konzil; das Tridentinische Glaubensbekenntnis;

Tri|den|ti|num, das; -s (das Tridentinische Konzil)

Tri|du|um, das; -s, ...duen ⟨lat.⟩ (Zeitraum von drei Tagen)

trieb vgl. treiben

Trieb, der; -[e]s, -e; **trieb|ar|tig**

Trieb|be|frie|di|gung; Trieb|fe|der

trieb|ge|steu|ert

trieb|haft; Trieb|haf|tig|keit

Trieb|hand|lung; Trieb|kraft; Trieb|le|ben, das; -s

trieb|mä|ßig

Trieb|mör|der; Trieb|mör|de|rin

Trieb|rad; Trieb|sand

Trieb|tä|ter; Trieb|tä|te|rin

Trieb|ver|bre|chen; Trieb|ver|bre|cher; Trieb|ver|bre|che|rin

Trieb|wa|gen; Trieb|werk

Trief|au|ge; trief|äu|gig

trie|fen; du triefst; du trieftest, *geh.* troffst; du trieftest, *geh.* tröffest; getrieft, *selten noch* getroffen; trief[e]!; von *od.* vor Fett triefen; **trief|nass**

[1]**Triel**, der; -[e]s, -e (ein Vogel)

[2]**Triel**, der; -[e]s, -e (*südd. für* Wamme; Maul); **trie|len** (*südd. für* sabbern); **Trie|ler** (*südd. für* Sabberlätzchen)

Tri|en|na|le, die; -, -n ⟨lat.⟩ (dreijährige Veranstaltung, bes. in der bildenden Kunst, im Film)

Tri|en|ni|um, das; -s, ...ien ⟨lat.⟩ (Zeitraum von drei Jahren)

Tri|ent (ital. Stadt); vgl. Trento *u.* Tridentiner

Trier (Stadt an der Mosel)

Tri|e|re, die; -, -n ⟨griech.⟩ (ein antikes Kriegsschiff)

Tri|e|rer ⟨zu Trier⟩; **Tri|e|re|rin; tri|e|risch**

Tri|est (Stadt an der Adria); **Tri|es|ter; Tri|es|te|rin**

trie|zen (*ugs. für* quälen, plagen); du triezt

trifft vgl. treffen

Tri|fle ['traɪfl], das; -s, -s ⟨engl.⟩ (eine engl. Süßspeise)

Tri|fo|kal|bril|le (lat.; dt.); **Tri|fo|kal|glas** *Plur.* ...gläser (Brillenglas mit drei verschieden geschliffenen Teilen für drei Entfernungen)

Tri|fo|li|um, das; -s, ...ien ⟨lat.⟩ (*Bot.* Dreiblatt, Kleeblatt)

Tri|fo|ri|um, das; -s, ...ien ⟨lat.⟩ (*Archit.* säulengetragene Galerie in Kirchen)

Trift, die; -, -en (Weide; Holzflößung; *auch svw.* [1]Drift); **trif|ten** (loses Holz flößen)

[1]**trif|tig** (*svw.* driftig)

²**trif|tig** ([zu]treffend); triftiger Grund; **Trif|tig|keit**, die; -
Tri|ga, die; -, *Plur*. -s *u*. ...gen ⟨lat.⟩ (Dreigespann)
Tri|ge|mi|nus, der; -, ...ni ⟨lat.⟩ (*Med.* aus drei Ästen bestehender fünfter Hirnnerv); **Tri|ge|mi|nus|neu|r|al|gie**
Trig|ger, der; -s, - ⟨engl.⟩ (*Elektrot.* einen [Schalt]vorgang auslösender Impuls); **trig|gern** (*bes. EDV* auslösen, aktivieren); ich triggere
Tri|glyph, der; -s, -e, **Tri|gly|phe**, die; -, -n ⟨griech.⟩ (*Archit.* dreiteiliges Feld am Fries des dorischen Tempels)
tri|go|nal ⟨griech.⟩ (*Math.* dreieckig); **Tri|go|nal|zahl** (*Math.*)
Tri|go|no|me|t|rie, die; - (Dreiecksmessung, -berechnung); **tri|go|no|me|t|risch**; trigonometrischer Punkt (*Zeichen* TP)
Trike [traɪk], das; -s, -s ⟨engl.⟩ ([motorradähnliches] Fahrzeug mit drei Rädern)
tri|klin ⟨griech.⟩; triklines System (ein Kristallsystem)
Tri|kli|ni|um, das; -s, ...ien (altröm. Esstisch, an drei Seiten von Speisesofas umgeben)
Tri|ko|lo|re, die; -, -n ⟨franz.⟩ (dreifarbige [franz.] Fahne)
¹**Tri|kot** [...'koː, *auch* 'tri...], der, *selten* das; -s, -s ⟨franz.⟩ (maschinengestrickter od. gewirkter Stoff)
²**Tri|kot**, das; -s, -s (Kleidungsstück)
Tri|ko|ta|ge [...ʒə, *österr.* ...ʃ], die; -, -n *meist Plur.* (Wirkware)
Tri|kot|wer|bung (Werbung auf den Trikots von Sportlern)
tri|la|te|ral ⟨lat.⟩ (dreiseitig); **tri|li|ne|ar** ⟨lat.⟩ (mit drei Linien versehen)
Tril|ler ⟨ital.⟩; **tril|lern**; ich trillere; **Tril|ler|pfei|fe**
Tril|li|ar|de, die; -, -n ⟨lat.⟩ (tausend Trillionen); **Tril|li|on**, die; -, -en (eine Million Billionen)
Tri|lo|bit, der; -en, -en ⟨griech.⟩ (ein urweltliches Krebstier)
Tri|lo|gie, die; -, ...ien ⟨griech.⟩ (Folge von drei [zusammengehörenden] Dichtwerken, Kompositionen u. a.)
Tri|ma|ran, der; -s, -e ⟨lat.; tamil.-engl.⟩ (Segelboot mit drei Rümpfen)
tri|me|di|al (die Trimedialität betreffend); **Tri|me|di|a|li|tät**, die; - (Vernetzung von Radio-,

Fernseh- und Internetangeboten der Rundfunkanstalten)
Tri|mes|ter, das; -s, - ⟨lat.⟩ (Zeitraum von drei Monaten; Drittteljahr eines Unterrichtsjahres)
Tri|me|ter, der; -s, - ⟨griech.⟩ (aus drei Versfüßen bestehender Vers)
Trimm, der; -[e]s ⟨engl.⟩ (*Seemannsspr.* Lage eines Schiffes bezüglich Tiefgang u. Schwerpunkt; ordentlicher u. gepflegter Zustand eines Schiffes)
Trimm-dich-Pfad
trim|men (*bes. Seemannsspr.* zweckmäßig verstauen, in die optimale Lage bringen; *Funktechnik* auf die gewünschte Frequenz einstellen; [Hunden] das Fell scheren; *ugs. für* in einen gewünschten Zustand bringen; ein auf alt getrimmter Schrank; trimm dich durch Sport!
Trim|mer (*Technik* verstellbarer Kleinkondensator; jmd., der sich durch Sport trimmt; jmd., der Hunde trimmt; Gerät zum Scheren von Hunden; **Trim|me|rin**
Trimm|rad (stationäres Fahrrad für Trainingszwecke)
Trim|mung (Längsrichtung eines Schiffes)
tri|mo|dal ⟨lat.⟩ (die Transportwege Straße, Schiene u. Wasser kombinierend)
tri|na|ti|o|nal ⟨nlat.⟩ (drei Nationen gemeinsam betreffend)
Tri|ne, die; -, -n (*ugs.* Schimpfwort; dumme Trine)
Tri|ni|dad (südamerik. Insel)
Tri|ni|dad und To|ba|go (Staat im Karibischen Meer)
Tri|ni|ta|ri|er, der; -s, - ⟨lat.⟩ (Bekenner der Dreieinigkeit; Angehöriger eines kath. Bettelordens); **Tri|ni|ta|ri|e|rin**
Tri|ni|tät, die; - (*christl. Rel.* Dreieinigkeit, Dreifaltigkeit); **Tri|ni|ta|tis** (Sonntag nach Pfingsten); **Tri|ni|ta|tis|fest**
Tri|ni|t|ro|to|lu|ol, das; -s (stoßunempfindlicher Sprengstoff; *Abk.:* TNT); *vgl.* Trotyl
trink|bar; **Trink|bar|keit**
Trink|be|cher; **Trink|brannt|wein**
trin|ken; du trankst; du tränkest; getrunken; trink[e]!
Trin|ker; **Trin|ke|rei**; **Trin|ker|heil|an|stalt**; **Trin|ke|rin**
trink|fest; **Trink|fes|tig|keit**
Trink|fla|sche

trink|freu|dig; **Trink|freu|dig|keit**
Trink|ge|fäß; **Trink|ge|la|ge**; **Trink|geld**; **Trink|glas** *Plur.* ...gläser; **Trink|hal|le**; **Trink|halm**; **Trink|horn**; **Trink|kul|tur**; **Trink|kur** *vgl.* ¹**Kur**; **Trink|lied**; **Trink|milch**; **Trink|pau|se**; **Trink|scha|le**; **Trink|spruch**
Trink|was|ser *Plur. meist* ...wässer
Trink|was|ser|auf|be|rei|tung; **Trink|was|ser|auf|be|rei|tungs|an|la|ge** ↑D 22; **Trink|was|ser|qua|li|tät**; **Trink|was|ser|schutz|ge|biet**; **Trink|was|ser|tal|sper|re**; **Trink|was|ser|ver|ord|nung**; **Trink|was|ser|ver|sor|gung**
Tri|nom, das; -s, -e ⟨griech.⟩ (*Math.* dreigliedrige Zahlengröße); **tri|no|misch**
Trio, das; -s, -s ⟨ital.⟩ (Musikstück für drei Instrumente, *auch für* die drei Ausführenden; Gruppe von drei Personen)
Tri|o|de, die; -, -n ⟨griech.⟩ (*Elektrot.* Verstärkerröhre mit drei Elektroden)
Tri|o|le, die; -, -n ⟨ital.⟩ (*Musik* Figur von 3 Tönen im Taktwert von 2 od. 4 Tönen; *ugs. auch für* Geschlechtsverkehr zu dritt)
Tri|o|lett, das; -[e]s, -e ⟨franz.⟩ (eine Gedichtform)

> **Trilogie**
> Die Bezeichnung für eine Folge von drei [zusammengehörenden] Dichtwerken, Kompositionen o. Ä. ist zusammengesetzt aus griechisch *tri-* (nicht *trio-*!) »drei-« und *logos* »Wort, Rede«. Das häufig in eine Dreizahl bezeichnenden Wörtern griechischer Herkunft auftretende *o* (*Triode*, *Triole* usw.) gehört dabei stets zum zweiten Wortbestandteil, nicht aber zu *tri-*.

Trip, der; -s, -s ⟨engl.⟩ (Ausflug, Reise; Rauschzustand durch Drogeneinwirkung, *auch für* die dafür benötigte Dosis)
¹**Tri|pel**, das; -s, - ⟨franz.⟩ (die Zusammenfassung dreier Dinge, z. B. Dreieckspunkte)
²**Tri|pel**, das; -s, -s (*Sport* dreifacher Gewinn)
³**Tri|pel**, das; -s, -s ⟨nach Tripolis⟩ (*Geol.* Kieselerde)
Tri|pel|al|li|anz (*Völkerrecht* Allianz von drei Staaten)
Tri|ph|thong, der; -[e]s, -e

Triplé

⟨griech.⟩ (*Sprachwiss.* Dreilaut, drei eine Silbe bildende Selbstlaute, z. B. ital. miei »meine«)

Tri|plé, das; -s, -s ⟨franz.⟩ (*Billard* Zweibandenspiel)

Tri|plik, die; -, -en ⟨lat.⟩ (*veraltend für* Antwort des Klägers auf eine Duplik)

tri|plo|id (einen dreifachen Chromosomensatz enthaltend)

Trip|ma|dam, die; -, -en ⟨franz.⟩ (eine Pflanze)

Tri|po|den (*Plur. von* Tripus)

Tri|po|lis (Hauptstadt Libyens); **Tri|po|li|ta|ni|en** (Gebiet in Libyen); **tri|po|li|ta|nisch**

trip|peln; ich tripp[e]le; **Trip|pel|schritt**

Trip|per, der; -s, - ⟨zu nordd. drippen = tropfen⟩ (eine Geschlechtskrankheit)

Tri|p|tik *vgl.* Triptyk

Tri|p|ty|chon, das; -s, *Plur.* ...chen u. ...cha ⟨griech.⟩ (dreiteiliger Altaraufsatz)

Tri|p|tyk, Tri|p|tik, das; -s, -s ⟨engl.⟩ (dreiteiliger Grenzübertrittsschein für Wohnanhänger u. Wasserfahrzeuge)

Tri|pus, der; -, ...poden ⟨griech.⟩ (Dreifuß, altgriech. Gestell für Gefäße)

Tri|re|me, die; -, -n ⟨lat.⟩ (*svw.* Triere)

Tris|me|gis|tos, der; - ⟨griech., »der Dreimalgrößte«⟩ (Beiname des ägypt. Hermes)

Tris|mus, der; -, ...men ⟨griech.⟩ (*Med.* Kiefersperre)

trist ⟨franz.⟩ (traurig, öde)

Tris|tan (mittelalterliche Sagengestalt)

Tris|te, die; -, -n [bayr., österr. u. schweiz. *für* um eine Stange aufgehäuftes Heu od. Stroh]

Tris|tesse [...'tɛs], die; -, -n ⟨franz.⟩ (Traurigkeit); **Trist|heit**, die; -

Tris|ti|en *Plur.* ⟨lat.⟩ (Trauergedichte)

Tri|t|a|go|nist, der; -en, -en ⟨griech.⟩ (dritter Schauspieler auf der altgriech. Bühne)

Tri|ti|um, das; -s ⟨griech.⟩ (schweres Wasserstoffisotop; *Zeichen* T)

¹**Tri|ton**, das; -s, ...onen (schwerer Wasserstoffkern)

²**Tri|ton** (griech. fischleibiger Meergott, Sohn Poseidons)

³**Tri|ton**, der; ...onen, ...onen (Meergott im Gefolge Poseidons)

Tri|to|nus, der; - ⟨griech.⟩ (*Musik* übermäßige Quarte)

tritt *vgl.* treten

Tritt, der; -[e]s, -e; Tritt halten

Tritt|brett; Tritt|brett|fah|rer (*ugs. für* jmd., der von einer Sache zu profitieren versucht, ohne selbst etwas dafür zu tun); **Trittbrett|fah|re|rin**

tritt|fest; Tritt|lei|ter, die; **tritt|si|cher; Tritt|si|cher|heit**, die; -;

Tritt|sie|gel (*Fachspr.* Fußabdruck eines Wirbeltiers)

Tri|umph, der; -[e]s, -e ⟨lat.⟩ (großer Sieg, Erfolg; *nur Sing.:* Siegesfreude, -jubel); **tri|um|phal**

Tri|um|pha|tor, der; -s, ...oren (feierlich einziehender Sieger); **Tri|um|pha|to|rin**

Tri|umph|bo|gen; tri|umph|gekrönt; Tri|umph|ge|schrei

tri|um|phie|ren (siegen; jubeln)

Tri|umph|wa|gen; Tri|umph|zug

Tri|um|vir, der; *Gen.* -s *u.* -n, *Plur.* -n ⟨lat.⟩ (Mitglied eines Triumvirats); **Tri|um|vi|rat**, das; -[e]s, -e (Dreimännerherrschaft [im alten Rom])

tri|va|lent ⟨lat.⟩ (*fachspr. für* dreiwertig)

Tri|via *Plur.* ⟨lat.⟩ ([allgemein] Wissenswertes)

tri|vi|al ⟨lat.⟩ (platt, abgedroschen); **tri|vi|a|li|sie|ren** (*bildungsspr. für* etwas ins Triviale ziehen); **Tri|vi|a|li|sie|rung; Tri|vi|a|li|tät**, die; -, -en

Tri|vi|al|li|te|ra|tur *Plur. selten;* **Tri|vi|al|ro|man; Tri|vi|al|schrift|stel|ler; Tri|vi|al|schrift|stel|le|rin**

Tri|vi|um, das; -s ⟨lat.⟩ (im mittelalterl. Universitätsunterricht die Fächer Grammatik, Dialektik und Rhetorik)

Tri|zeps, der; -[es], -e ⟨lat.⟩ (*Med.* Oberarmmuskel)

Tro|as, die; - (im Altertum kleinasiat. Landschaft)

Tro|ca|de|ro, der; -[s] (Name eines ehemaligen Palastes in Paris)

tro|chä|isch ⟨griech.⟩ (aus Trochäen bestehend); **Tro|chä|us**, der; -, ...äen ([antiker] Versfuß)

Tro|chi|lus, der; -, ...ilen ⟨griech.⟩ (*Archit.* Hohlkehle in der Basis ionischer Säulen)

Tro|chit, der; *Gen.* -s *u.* -en, *Plur.* -en ⟨griech.⟩ (Stängelglied versteinerter Seelilien); **Tro|chi|ten|kalk** (*Geol.* viele Trochiten enthaltender Kalkstein)

Tro|cho|pho|ra, die; -, ...phoren (*Biol.* Larve der Ringelwürmer)

tro|cken *s. Kasten Seite 1121*

Tro|cken|an|la|ge; Tro|cken|ap|pa|rat

Tro|cken|bau (*Bauw.* Errichtung von Wänden, Decken o. Ä. aus Metallschienen u. Gipskartonplatten; in Trockenbauweise hergestelltes Bauteil); **Tro|cken|bau|mon|teur; Tro|cken|bau|mon|teu|rin**

Tro|cken|bee|ren|aus|le|se

Tro|cken|bio|top; Tro|cken|blu|me; Tro|cken|bo|den

tro|cken bü|geln, tro|cken|bü|geln (durch Bügeln trocknen); *vgl.* trocken

Tro|cken|dock; Tro|cken|ei, das; -[e]s (Eipulver); **Tro|cken|eis** (feste Kohlensäure); **Tro|cken|ele|ment; Tro|cken|far|be**

tro|cken föh|nen, tro|cken|föh|nen (durch Föhnen trocknen); *vgl.* trocken

Tro|cken|fut|ter; Tro|cken|füt|te|rung; Tro|cken|ge|mü|se; Tro|cken|ge|stell; Tro|cken|hau|be; Tro|cken|he|fe

Tro|cken|heit; tro|cken|le|gen ↑D 47 (entwässern; mit frischen Windeln versehen); **Tro|cken|le|gung**

Tro|cken|mau|er (ohne Mörtel errichtete Mauer)

Tro|cken|milch; Tro|cken|ofen; Tro|cken|pe|ri|o|de; Tro|cken|platz; Tro|cken|prä|pa|rat

Tro|cken|ra|sie|rer (*ugs.*); **Tro|cken|ra|sur**

Tro|cken|raum

tro|cken rei|ben, tro|cken|rei|ben ↑D 47 (durch Reiben trocknen); *vgl.* trocken

Tro|cken|schi|kurs *vgl.* Trockenskikurs

Tro|cken|schleu|der

tro|cken schleu|dern, tro|cken|schleu|dern ↑D 47 (durch Schleudern trocknen); *vgl.* trocken

tro|cken sit|zen (ohne Getränk sitzen); *vgl.* trocken

Tro|cken|ski|kurs, Tro|cken|schi|kurs

Tro|cken|spin|ne (Wäschespinne)

Tro|cken|spi|ri|tus, der; -

tro|cken|ste|hen (*fachspr.*); *vgl.* trocken

Tro|cken|übung (*Sport* vorbereitende Übung beim Erlernen einer sportl. Tätigkeit); **Tro|cken|wä|sche**

tro|cken wi|schen, tro|cken|wi|schen ↑D 47 (durch Wischen trocknen); *vgl.* trocken

Tro|cken|zeit; Tro|cken|zo|ne (*Geogr.*)

tro|cken

Kleinschreibung:
– trockene Wäsche
– trockener Humor
– ein trockener Wein; dieser Wein ist am trockensten

Großschreibung:
– auf dem Trockenen (auf trockenem Boden) stehen
– auf dem Trockenen sein/sitzen (*ugs. für* festsitzen, nicht weiterkommen; [aus finanziellen Gründen] in Verlegenheit sein; nichts mehr zu trinken haben)
– nach dem Regen wieder im Trockenen (auf trockenem Boden) sein; dort werden wir endlich im Trockenen (*ugs. für* geborgen) sein
– sein Schäfchen ins Trockene bringen, im Trockenen haben (*ugs. für* sich wirtschaftlich sichern, gesichert haben)

Schreibung in Verbindung mit Verben:
– die Haare trocken schneiden
– die Wäsche wird bald ganz trocken sein
– wir wollen trocken (im Trockenen) sitzen; *aber* sie ließen uns bei dieser Einladung trockensitzen (ohne Getränke sitzen)
– die Kartoffeln sollen [ganz] trocken (an einem trockenen Ort) liegen
– der Anzug darf nur trocken (in trockenem Zustand) gereinigt werden
– sich trocken rasieren
– die Wäsche trocken schleudern *od.* trockenschleudern (durch Schleudern trocknen)
– das Hemd trocken bügeln *od.* trockenbügeln (durch Bügeln trocknen); *aber nur* trocken (in trockenem Zustand) bügeln
– die Fläche soll trocken gerieben *od.* trockengerieben (durch Reiben getrocknet) werden
– den Fußboden trocken wischen *od.* trockenwischen (durch Wischen trocknen); *aber nur* trocken den Fußboden trocken (mit einem trockenen Tuch) wischen
– die Haare trocken föhnen *od.* trockenföhnen (durch Föhnen trocknen)
– der Sumpf wird trockengelegt (ausgetrocknet, entwässert)
– die Kuh hat mehrere Wochen trockengestanden (keine Milch gegeben)

Tröck|ne, die; - (*schweiz. für* anhaltende Trockenheit)
trock|nen; Trock|ner; Trock|nung
Trock|nungs|raum (*schweiz. für* Trockenraum)
Trod|del, die; -, -n (kleine Quaste); **Trod|del|blu|me**
Trod|del|chen, Tröd|del|chen
Trö|del, der; -s (*ugs. für* alte, wertlose Gegenstände; Kram); **Trödel|bu|de; Trö|de|lei** (*ugs. abwertend für* störendes, lästiges Trödeln)
Trö|del|frit|ze (*ugs. abwertend für* männliche Person, die ständig trödelt)
Trö|del|kram; Trö|del|la|den
Trö|del|lie|se *vgl.* Trödelfritze
Trö|del|markt
trö|deln (*ugs. für* beim Arbeiten u. Ä. langsam sein; schlendern); ich tröd[e]le; **Tröd|ler; Tröd|le|rin, Tröd|ler|la|den**
Tro|er *vgl.* Trojaner
Trog, der; -[e]s, Tröge
Tro|ja usw. *vgl.* Troja usw.
Troi|er *vgl.* Troyer
Troi|ka, die; -, -s ‹russ.› (russ. Dreigespann)
tro|isch *vgl.* trojanisch
Trois|dorf ['troː...] (Stadt in Nordrhein-Westfalen)
Tro|ja, Tro|ia (antike kleinasiat. Stadt); **Tro|ja|ner,** Tro|ia|ner (Bewohner von Troja; *EDV auch für* trojanisches Pferd [Computervirus]); **Tro|ja|ne|rin,** Tro|ia|ne|rin; **tro|ja|nisch,** tro|ia|nisch ↑D89: die trojanischen *od.* trojanischen Helden; ein trojanisches *od.* trojanisches Pferd (*EDV* ein besonderes Computervirus), *aber* (↑D 150): das Trojanische *od.* Troianische Pferd (bei Homer); der Trojanische *od.* Troianische Krieg
trö|len (*schweiz. für* [den Gerichtsgang] leichtfertig *od.* mutwillig verzögern); **Trö|le|rei; trö|le|risch**
Troll, der; -[e]s, -e (Kobold); **Trollblu|me; troll|len, sich** (*ugs.*)
Trol|ley [...li], der; -s, -s ‹engl.› (Rollkoffer)
Trol|ley|bus [...li...] ‹engl.› (*bes. schweiz. für* Oberleitungsbus)
Trol|lin|ger, der; -s, - (eine Reb- u. Weinsorte)
Troll|kind (*svw.* Wechselbalg)
Trom|be, die; -, -n ‹ital.(-franz.)› (*Meteorol.* Wasser-, Sand-, Windhose)
Trom|mel, die; -, -n; **Trom|melbrem|se**
Tröm|mel|chen; Trom|mel|lei (*ugs.*)
Trom|mel|fell; Trom|mel|feu|er
trom|meln; ich tromm[e]le
Trom|mel|re|vol|ver; Trom|melschlag; Trom|mel|schlä|gel; Trommel|schlä|ger; Trom|mel|schlä|ge|rin; Trom|mel|stock *Plur.* ...stöcke
Trom|mel|wasch|ma|schi|ne
Trom|mel|wir|bel
Tromm|ler; Tromm|le|rin
Trom|pe|te, die; -, -n ‹franz.›
trom|pe|ten; er hat trompetet
Trom|pe|ten|baum; Trom|pe|ten|signal; Trom|pe|ten|so|lo; Trom|pe|ten|stoß; Trom|pe|ten|tier|chen (ein Wimpertierchen)
Trom|pe|ter; Trom|pe|te|rin
Trom|pe|ter|vo|gel
Trom|sø [...zø] (norwegische Stadt)
Trond|heim (norw. Schreibung von Drontheim)
Tro|pe, die; -, -n, Tro|pus, der; -, ...tropen ‹griech.; »Wendung«› (Vertauschung des eigentlichen Ausdrucks mit einem bildlichen, z. B. »Bacchus« für »Wein«)
Tro|pen *Plur.* (heiße Zone zwischen den Wendekreisen)
Tro|pen|an|zug; Tro|pen|arzt; Tropen|ärz|tin; Tro|pen|fie|ber, das; -s; **Tro|pen|helm; Tro|pen|in|stitut; Tro|pen|kli|ma,** das; -s; **Tropen|kol|ler,** der; -s; **Tro|pen|krank|heit; Tro|pen|me|di|zin,** die; -; **Tro|pen|pflan|ze**
tro|pen|taug|lich; Tro|pen|taug|lich|keit, die; -
¹Tropf, der; -[e]s, Tröpfe (*ugs. für* einfältiger Mensch)
²Tropf, der; -[e]s, -e (*Med.* Vorrichtung für die Tropfinfusion)

tropfbar

trotz

Präposition mit Genitiv:
– trotz des Regens
– trotz vieler Ermahnungen

Besonders südd., schweiz. und österr. auch mit Dativ:
– trotz dem Regen
– trotz vielen Ermahnungen

Allgemein häufiger mit Dativ, wenn Artikel oder Pronomen fehlen, und immer, wenn der Genitiv im Plural nicht erkennbar ist oder wenn ein Genitivattribut zwischen »trotz« und das davon abhängende Substantiv tritt:
– trotz heftigem Regen
– trotz nassem Asphalt

– trotz Beweisen
– trotz Atomkraftwerken
– trotz des Bootes heftigem Schwanken

Ebenso in:
– trotz alledem, trotz alledem
– trotz allem

Ein stark gebeugtes Substantiv im Singular ohne Artikel und Attribut bleibt oft ungebeugt:
– trotz Regen [und Kälte]
– trotz Umbau

---

tropf|bar; tropf|bar|flüs|sig
Tröpf|chen; Tröpf|chen|in|fek|ti|on
tröpf|chen|wei|se
tröp|feln; ich tröpf[e]le
trop|fen; Trop|fen, der; -s, -
Trop|fen|fän|ger; Trop|fen|form;
trop|fen|för|mig; trop|fen|wei|se
Tropf|fla|sche; Tropf|in|fu|si|on
tropf|nass
Tropf|stein; Tropf|stein|höh|le
Tropf|teig (*österr.* für flüssiger Teig für eine Suppeneinlage)
Tro|phäe, die; -, -n ⟨griech.⟩ (Siegeszeichen [erbeutete Fahnen u. Ä.]; Jagdbeute [z. B. Geweih])
tro|phisch ⟨griech.⟩ (*Med.* die Ernährung betreffend)
Tro|pi|ka, die; - ⟨griech.⟩ (schwere Form der Malaria)
tro|pisch (zu den Tropen gehörend; heiß; *Rhet.* bildlich)
Tro|pis|mus, der; -, ...men (*Bot.* Krümmungsbewegung der Pflanze, die durch äußere Reize hervorgerufen wird)
Tro|po|sphä|re, die; - (*Meteorol.* unterste Schicht der Erdatmosphäre)
¹Tro|pus *vgl.* Trope
²Tro|pus, der; -, Tropen (im gregorianischen Gesang der Kirchenton u. die Gesangsformel für das Schluss-Amen; melodische Ausschmückung von Texten im gregorianischen Choral)
tross! (*landsch.* für schnell!)
Tross, der; -es, -e ⟨franz.⟩ (*Militär* früher für die Truppe mit Verpflegung u. Munition versorgender Wagenpark; *übertr.* für Gefolge, Haufen)
Tros|se, die; -, -n (starkes Tau; Drahtseil)
Tross|schiff, Tross-Schiff
Trost, der; -[e]s; ein Trost bringen-
der *od.* trostbringender Brief
↑D 58; trost|be|dürf|tig
Trost brin|gend, trost|brin|gend *vgl.* Trost
trös|ten; sich trösten; Trös|ter; Trös|te|rin
tröst|lich
trost|los; Trost|lo|sig|keit
Trost|pflas|ter; Trost|preis
trost|reich
Trost|run|de (Sport)
Trös|tung; Trost|wort *Plur.* ...worte
Trö|te, die; -, -n (*landsch.* für [Kinder]trompete); trö|ten (*landsch.*)
Trott, der; -[e]s, -e *Plur.* selten (lässige Gangart; *ugs.* für langweiliger, routinemäßiger [Geschäfts]gang; eingewurzelte Gewohnheit)
Trott|baum (Teil der [alten] Weinkelter); Trot|te, die; -, -n (*südwestd. u. schweiz.* für [alte] Weinkelter)
Trot|tel, der; -s, - (*ugs.* für einfältiger Mensch, Dummkopf); Trot|te|lei
trot|tel|haft; Trot|tel|haf|tig|keit, die; -
trot|te|lig; Trot|te|lig|keit, die; -;
Trot|te|lin
Trot|tel|lum|me (Art der Lummen)
trot|teln (*ugs.* für langsam [u. unaufmerksam] gehen); ich trott[e]le; trot|ten (*ugs.* für schwerfällig gehen)
Trot|teur [...ˈtøːɐ̯], der; -s, -s ⟨franz.⟩ (Laufschuh mit niedrigem Absatz)
Trot|ti|nett, das; -s, -e ⟨franz.⟩ (*schweiz.* für Kinderroller)
Trot|toir [...ˈtoa̯ːɐ̯], das; -s, *Plur.* -e u. -s (*schweiz.* für Bürgersteig)
Tro|tyl, das; -s (*svw.* Trinitrotoluol)
trotz *s.* Kasten
Trotz, der; -es; aus Trotz; dir zum Trotz; Trotz bieten
Trotz|al|ter, das; -s
trotz|dem; trotzdem ist es falsch; *auch als Konjunktion:* trotzdem (*älter* trotzdem dass) du nicht rechtzeitig eingegriffen hast
trot|zen; du trotzt
Trotz|er (*Bot.* zweijährige Pflanze, die im zweiten Jahr keine Blüten bildet)
trot|zig
Trotz|ki (russ. Revolutionär); Trotz|kis|mus, der; - (von Trotzki begründete u. vertretene revolutionäre Theorie); Trotz|kist, der; -en, -en; Trotz|kis|tin; trotz|kis|tisch
Trotz|kopf; trotz|köp|fig; Trotz|pha|se; Trotz|re|ak|ti|on; Trotz|ver|hal|ten
Trou|ba|dour [ˈtruːbaduːɐ̯, *auch* ...ˈduːɐ̯], der; -s, *Plur.* -e u. -s ⟨franz.⟩ (provenzal. Minnesänger des 12. u. 13. Jh.s)
Trou|ble [ˈtrabl], der; -s ⟨engl.⟩ (*ugs.* für Ärger, Unannehmlichkeiten)
Trou|b|le|shoo|ter [...ʃuː...], der; -s, - ⟨engl.⟩ (jmd., der sich bemüht, Probleme *od.* Konflikte zu lösen); Trou|b|le|shoo|te|rin
Trou|vère [truˈvɛːɐ̯], der; -[s], -s ⟨franz.⟩ ([nord]franz. Minnesänger des 12. u. 13. Jh.s)
Troy|er, Troi|er, der; -s, - (Matrosenunterhemd; grobmaschiger Rollkragenpullover mit Reißverschluss)
Troyes [troa] (franz. Stadt)
Troy|ge|wicht (*zu* Troyes) (Gewicht für Edelmetalle u. a. in Großbritannien u. in den USA)
Trub, der; -[e]s (*fachspr.* für Bodensatz beim Wein, Bier)

1122

trüb, trü|be; im Trüben fischen (*ugs.* unklare Zustände zum eigenen Vorteil ausnutzen)
Trü|be, die; -
Tru|bel, der; -s
trü|ben; Trüb|heit
Trüb|nis, die; -, -se (*veraltet*)
Trüb|sal, die; -, -e
trüb|se|lig; Trüb|se|lig|keit
Trüb|sinn, der; -[e]s; **trüb|sin|nig**
Trüb|stoff *meist Plur.; vgl.* Trub
Trü|bung
Truch|sess, der; *Gen.* -es, *älter* -en, *Plur.* -e (im MA. für Küche u. Tafel zuständiger Hofbeamter)
Truck [trak], der; -s, -s ⟨engl.⟩ (*amerik. u. internat. Bez. für* Lastkraftwagen); **Tru|cker,** der; -s, - ⟨engl.⟩ (Lastwagenfahrer); **Tru|cke|rin**
Truck|sys|tem ⟨engl.⟩ (frühere Form der Lohnzahlung in Waren, Naturalien)
Trud|chen, Tru|de, Tru|di (w. Vorn.)
tru|deln (*Fliegerspr.* drehend niedergehen od. abstürzen; *landsch. für* würfeln); ich trud[e]le
Tru|di *vgl.* Trude
Truf|faut [try'fo], François [frã'sǫa] (französischer Filmregisseur)
Trüf|fel, die; -, -n, *ugs. meist* der; -s, - ⟨franz.⟩ (ein Pilz; eine kugelförmige Praline); **Trüf|fel|le|ber|pas|te|te**
trüf|feln (mit Trüffeln anrichten); ich trüff[e]le
Trüf|fel|schwein; Trüf|fel|wurst
trug *vgl.* tragen
Trug, der; -[e]s; Lug und Trug
Trug|bild; Trug|dol|de (*Bot.*)
trü|gen; du trogst; du trögest; getrogen; trüg[e]!; **trü|ge|risch**
Trug|ge|bil|de; Trug|schluss
Tru|he, die; -, -n; **Tru|hen|de|ckel**
Trul|lo, der; -s, Trulli ⟨ital.⟩ (für Apulien typisches rundes Haus mit konischem Dach)
Trum, der *od.* das; -[e]s, *Plur.* -e *u.* Trümer ⟨Nebenform von ¹Trumm⟩ (*Bergmannsspr.* Abteilung eines Schachtes; kleiner Gang; *Maschinenbau* frei laufender Teil des Förderbandes od. des Treibriemens)
Tru|man [...mən] (Präsident der USA)
¹Trumm, der *od.* das; -[e]s, *Plur.* -e *u.* Trümmer (*svw.* Trum)
²Trumm, das; -[e]s, Trümmer (*landsch. für* großes Stück, Exemplar)

Trüm|mer *Plur.* ([Bruch]stücke); etwas in Trümmer schlagen
Trüm|mer|feld; Trüm|mer|flo|ra; Trüm|mer|frau (*früher*); **Trüm|mer|ge|stein; Trüm|mer|grund|stück**
trüm|mer|haft
Trüm|mer|hau|fen; Trüm|mer|land|schaft; Trüm|mer|schutt
Trumpf, der; -[e]s, Trümpfe ⟨lat.⟩ (eine der [wahlweise] höchsten Karten beim Kartenspielen, mit denen Karten anderer Farben gestochen werden können)
Trumpf|ass, Trumpf-Ass
trump|fen (mit einer Trumpfkarte stechen; als Trumpf ausspielen); er hat das Herzass gestochen
Trumpf|far|be; Trumpf|kar|te; Trumpf|kö|nig
Trunk, der -[e]s, Trünke *Plur. selten* (*geh.*); **trun|ken;** sie ist trunken vor Freude
Trun|ken|bold, der; -[e]s, -e (*abwertend*); **Trun|ken|bol|din**
Trun|ken|heit, die; -
trun|kie|ren ⟨*lat.-engl.*⟩ (*EDV* eine Zeichenfolge durch Platzhalter abkürzen, ersetzen o. Ä.); **Trun|kie|rung**
Trunk|sucht, die; - (*veraltend*)
Trupp, der; -s, -s ⟨franz.⟩
Trüpp|chen
Trup|pe, die; -, -n
Trup|pen|ab|bau; Trup|pen|ab|zug
Trup|pen|arzt; Trup|pen|ärz|tin
Trup|pen|auf|marsch; Trup|pen|auf|sto|ckung; Trup|pen|be|such;
Trup|pen|be|treu|ung; Trup|pen|be|we|gung; Trup|pen|ein|heit
Trup|pen|füh|rer; Trup|pen|füh|re|rin; Trup|pen|gat|tung; Trup|pen|kon|tin|gent; Trup|pen|kon|zen|t|ra|ti|on; Trup|pen|pa|ra|de; Trup|pen|stär|ke
Trup|pen|stel|ler (Nation od. Organisation, die Truppen für einen militärischen Einsatz stellt);
Trup|pen|stel|le|rin; Trup|pen|teil, der
Trup|pen|trans|port; Trup|pen|trans|por|ter; Trup|pen|übungs|platz; Trup|pen|un|ter|kunft; Trup|pen|ver|pfle|gung
trupp|wei|se
Trü|sche, die; -, -n (ein Fisch)
Trust [trast], der; -[e]s, *Plur.* -e *u.* -s ⟨engl.⟩ (Konzern); **trust|ar|tig**
Trus|tee [...'ti:], der; -s, -s ⟨engl. *Bez. für* Treuhänder⟩; **trust|frei**
Tru|te, die; -, -n (*schweiz. für* Truthenne)
Trut|hahn; Trut|hen|ne; Trut|huhn

Trutz, der; -es (*veraltet*); zu Schutz und Trutz; Schutz- und-Trutz-Bündnis (*vgl. d.*); **Trutz|burg; trut|zen** (*veraltet für* trotzen); du trutzt; **trut|zig** (*geh. veraltend*)
TRY (Währungscode für türk. Lira)
Try|pa|no|so|ma, das; -s, ...men ⟨griech.⟩ (*Zool.* Geißeltierchen)
Tryp|sin, das; -s ⟨griech.⟩ (Ferment der Bauchspeicheldrüse)
Tsa|t|si|ki *vgl.* Zaziki
¹Tschad, der; -[s] (*kurz für* Tschadsee)
²Tschad, -s, *auch mit Artikel* der; -[s] (Staat in Afrika); **Tscha|der; Tscha|de|rin; tscha|disch**
Tscha|dor, der; -s, -s ⟨pers.⟩ ([von iranischen Frauen getragener] langer Schleier)
Tschad|see, Tschad-See, der; -s ↑D 143 (See in Zentralafrika)
Tschai|kow|s|ky [...ki], eigene Schreibung des Komponisten, nach üblichem Transkriptionssystem eigtl. Tschaikows|ki (russ. Komponist)
Tscha|ko, der; -s, -s ⟨ung.⟩ (*früher für* Kopfbedeckung bei Militär u. Polizei)
Tschap|ka, die; -, -s ⟨poln.⟩ (Kopfbedeckung der Ulanen); *vgl. aber* Schapka
Tschap|perl, das; -s, -[n]; *vgl.* Pickerl (*österr. ugs. für* tapsiger Mensch)
Tschar|dasch alte Schreibung für Csardas
tschau!, ciao! [tʃaʊ̯] ⟨ital.⟩ (*ugs.* [Abschieds]gruß)
Tsche|che, der; -n, -n
Tsche|cherl, das; -s, -[n]; *vgl.* Pickerl (*österr. ugs. für* kleines, einfaches Gast-, Kaffeehaus)
tsche|chern (*österr. ugs. für* schwer arbeiten; viel Alkohol trinken)
Tsche|chi|en (*kurz für* Tschechische Republik); **Tsche|chin; tsche|chisch;** *aber* ↑D 88: die Tschechische Republik; **Tsche|chisch,** das; -[s] (Sprache); *vgl.* Deutsch; **Tsche|chi|sche,** das; -n; *vgl.* ⁴Deutsche; **Tsche|chi|sche Re|pu|b|lik** (Staat in Mitteleuropa)
Tsche|cho|slo|wa|ke, der; -n, -n; **Tsche|cho|slo|wa|kei,** die; - (ehem. Staat in Mitteleuropa; *Abk.* ČSFR); **Tsche|cho|slo|wa|kin; tsche|cho|slo|wa|kisch**
Tsche|chow (russ. Schriftsteller)
Tsche|ki|ang (chin. Provinz)
Tsche|kist, der; -en, -en ([in Ländern des ehemaligen Ostblocks]

Tschekistin

Angehöriger des Staatssicherheitsdienstes); **Tsche|kis|tin**
tschen|t|schen (südösterr. für nörgeln); du tschentschst
Tscher|kes|se, der; -n, -n (Angehöriger einer Gruppe kaukas. Volksstämme); **Tscher|kes|sin**; **tscher|kes|sisch**
Tscher|no|byl (ukrain. Stadt)
Tscher|no|sem, Tscher|no|s|jom [...'sjom], das; -[s] ⟨russ.⟩ (fachspr. für Schwarzerde)
Tsche|ro|ke|se, der; -n, -n (Angehöriger eines nordamerik. Indianerstammes); **Tsche|ro|ke|sin**
Tscher|wo|nez, der; -, ...wonzen (ehem. russ. Währungseinheit)
Tsche|t|sche|ne, der; -n, -n (Angehöriger eines kaukas. Volkes)
Tsche|t|sche|ni|en (Republik in der Russischen Föderation)
Tsche|t|sche|nin; tsche|t|sche|nisch
Tschi|buk [auch 'tʃiː...], der; -s, -s ⟨türk.⟩ (lange türkische Tabakspfeife)
Tschick, der; -s, -[s] ⟨ital.⟩ (österr. ugs. für Zigarette[nstummel]); **tschi|cken** (österr. ugs. für rauchen)
Tschi|kosch alte Schreibung für Csikos
tschil|pen, schil|pen (zwitschern)
Tschi|nel|len Plur. ⟨ital.⟩ (Becken [messingnes Schlaginstrument])
tsching!; tsching|bum!
Tschis|ma, der; -s, ...men ⟨ung.⟩ (niedriger, farbiger ung. Stiefel)
Tschuk|t|sche, die; -n, -n (Angehöriger eines altsibir. Volkes); **Tschuk|t|schin**
Tschur|t|schen, die; -, - ⟨österr. landsch. für Kiefernzapfen⟩
tschüs!, tschüss! (ugs. für auf Wiedersehen!); wir wollen dir tschüs od. <mark>Tschüs</mark>, tschüss od. <mark>Tschüss</mark> sagen
Tschusch, der; -en, -en ⟨österr. ugs. abwertend für Ausländer, bes. Südslawe, Türke⟩
Tsd. = Tausend
Tse|t|se|flie|ge ⟨Bantu; dt.⟩ (Stechfliege, die bes. die Schlafkrankheit überträgt); **Tse|t|se|pla|ge**
T-Shirt ['tiːʃœːɐ̯t] ⟨engl.⟩ ([kurzärmliges] Oberteil aus Trikot)
Tshwa|ne ['tsvaːnə] (vorgeschlagener neuer Name für Pretoria)
Tsi|nan (chin. Stadt)
Tsing|tau (chin. Stadt)
Tsu|ga, die; -, Plur. -s u. ...gen ⟨jap.⟩ (Schierlings- od. Hemlocktanne)
Tsu|na|mi [auch 'tsuː...], der; -s,

-[s] od. die; -, -[s] ⟨jap.⟩ ([durch Seebeben ausgelöste] Flutwelle); **Tsu|na|mi|ka|tas|t|ro|phe**
TSV = Turn- und Sportverein[igung]
TTIP ['tiːtɪp] - ohne Artikel ⟨engl.; Kurzw. für Transatlantic Trade and Investment Partnership⟩ (geplantes Freihandelsabkommen zw. EU und USA)
T-Trä|ger ['teː...], der; -s, - ↑D 29 (Bauw.)
TU, die; - = technische Universität; vgl. technisch
Tu|a|reg [auch ...'rɛk] (Plur. von Targi)
¹**Tu|ba**, die; -, Plur. ...ben u. -s ⟨lat.⟩ (Blechblasinstrument)
²**Tu|ba**, die; -, ...ben ⟨ Med. Eileiter, Ohrtrompete⟩
Tüb|bing, der; -s, -e od. -s ⟨Bergmannsspr. Tunnel-, Schachtringsegment⟩
Tu|be, die; -, -n ⟨lat.⟩ (röhrenförmiger Behälter [für Farben u. a.]; Med. auch für Tuba)
Tu|ben (Plur. von Tuba u. Tubus)
Tu|ben|schwan|ger|schaft
Tu|ber|kel, der; -s, -, österr. auch die; -, -n ⟨lat.⟩ (Med. Knötchen)
Tu|ber|kel|bak|te|rie; Tu|ber|kel|ba|zil|lus
tu|ber|ku|lar (knotig)
Tu|ber|ku|lin, das; -s (Substanz zum Nachweis von Tuberkulose)
tu|ber|ku|lös (mit Tuberkeln durchsetzt)
Tu|ber|ku|lo|se, die; -, -n (eine Infektionskrankheit; Abk. Tb, Tbc, Tbk); **Tu|ber|ku|lo|se|für|sor|ge; tu|ber|ku|lo|se|krank** (Abk. Tbc-krank, Tb-krank, Tbk-krank); **Tu|ber|ku|lo|se|kran|ke**
Tu|be|ro|se, die; -, -n ⟨lat.⟩ (eine aus Mexiko stammende stark duftende Zierpflanze)
Tü|bin|gen (Stadt am Neckar); **Tü|bin|ger; Tü|bin|ge|rin**
Tu|bist, der; -en, -en (Tubaspieler); **Tu|bis|tin**
tu|bu|lär, tu|bu|lös ⟨lat.⟩ (Med. röhrenförmig)
Tu|bus, der; -, Plur. ...ben u. -se (bei optischen Geräten das linsenfassende Rohr; bei Glasgeräten der Rohransatz)
Tuch, das; -[e]s, Plur. Tücher u. (Arten:) -e
tuch|ar|tig; Tuch|bahn
Tü|chel|chen
tu|chen (aus Tuch)
Tu|chent, die; -, -en ⟨österr. für mit Federn gefüllte Bettdecke⟩

Tuch|fa|b|rik; Tuch|fa|b|ri|kant; Tuch|fa|b|ri|kan|tin
Tuch|füh|lung, die; -; nur in Wendungen wie [mit jmdm.] Tuchfühlung haben; [mit jmdm.] auf Tuchfühlung sein, sitzen; wir bleiben auf Tuchfühlung (in Verbindung)
Tuch|han|del; Tuch|händ|ler; Tuch|händ|le|rin
Tüch|lein
Tuch|ma|cher; Tuch|ma|che|rin; Tuch|man|tel
Tu|chol|s|ky [...ki] (dt. Journalist u. Schriftsteller)
tüch|tig; Tüch|tig|keit
Tu|cke, die; -, -n (ugs. abwertend für [feminin wirkender] Homosexueller)
Tü|cke, der; -, -n
tu|ckern (vom Motor); sie sagt, der Motor tuckere
tü|ckisch; eine tückische Krankheit; **tück|schen** (ostmitteld. u. nordd. für heimlich zürnen); du tückschst
tuck|tuck! (Lockruf für Hühner)
Tü|del|kram, Tü|del|kram (nordd. ugs. für Nebensächlichkeit)
tü|de|lig (nordd. für unbeholfen)
Tü|del|kram (Nebensächlichkeit)
Tü|der, der; -s, - (nordd. für Seil zum Anbinden von Tieren auf der Weide); **tü|dern** (nordd. für Tiere auf der Weide anbinden; in Unordnung bringen)
Tu|dor [auch 'tjuːdɐ], der; -[s], -s (Angehöriger eines engl. Herrschergeschlechtes); **Tu|dor|bo|gen** (Archit.); **Tu|dor|stil**, der; -[e]s
Tu|e|rei (ugs. für Ziererei)
¹**Tuff**, der; -[e]s, -s ⟨landsch. für Strauß, Büschel [von Blumen o. Ä.]⟩
²**Tuff**, der; -[e]s, -e ⟨ital.⟩ (ein Gestein)
<mark>**Tuff|fels**</mark>, Tuff-Fels, <mark>**Tuff|fel|sen**</mark>, Tuff-Fel|sen; **tuf|fig; Tuff|stein**
Tüf|tel|ar|beit (ugs.); **Tüf|te|lei** (ugs.); **Tüf|te|ler** usw. vgl. Tüftler usw.; **tüf|teln** (ugs. für eine knifflige Aufgabe mit Ausdauer zu lösen suchen); ich tüft[e]le
Tuf|ting... ['taf...] ⟨engl.⟩ (in Zus. Spezialfertigungsart für Auslegeware u. Teppiche, bei der Schlingen in das Grundgewebe eingenäht werden); **Tuf|ting|tep|pich; Tuf|ting|ver|fah|ren**, das; -s
Tüft|ler; Tüft|le|rin; tüft|lig
Tu|gend, die; -, -en
Tu|gend|bold, der; -[e]s, -e (iron.

*für tugendhafter Mensch); Tu|gend|bol|din; tu|gend|haft; Tu|gend|haf|tig|keit, die; -; Tu|gend|held (auch iron.); Tu|gend|hel|din
tu|gend|los; Tu|gend|lo|sig|keit, die; -; tu|gend|sam (veraltend)
Tu|gend|wäch|ter (iron.); Tu|gend|wäch|te|rin
Tui|le|ri|en [tɥilə...] Plur. ⟨»Ziegeleien«⟩ (ehem. Residenzschloss der franz. Könige in Paris)
Tu|is|ko, Tu|is|to (germ. Gottheit, Stammvater der Germanen)
Tu|kan [auch ...'ka:n], der; -s, -e ⟨indian.⟩ (Pfefferfresser [ein mittel- u. südamerik. Vogel])
Tu|la (russ. Stadt)
Tu|la|ar|beit, Tu|la-Ar|beit (Silberarbeit mit Ornamenten)
Tu|la|rä|mie, die; -, ...ien ⟨indian.; griech.⟩ (Hasenpest, die auf Menschen übertragen werden kann)
Tu|li|pan, der; -[e]s, -e, Tu|li|pa|ne, die; -, -n ⟨pers.⟩ (veraltet für Tulpe)
Tüll, der; -s, Plur. (Arten:) -e ⟨nach der franz. Stadt Tulle⟩ (netzartiges Gewebe); Tüll|blu|se
Tül|le, die; -, -n (landsch. für [Ausguss]röhrchen; kurzes Rohrstück zum Einstecken)
Tüll|gar|di|ne
Tul|lia (altröm. w. Eigenn.)
Tul|li|us (altröm. m. Eigenn.)
Tulln (Bezirk u. Stadt in Niederösterreich)
Tüll|schlei|er; Tüll|vor|hang
Tul|pe, die; -, -n ⟨pers.⟩
Tul|pen|feld, Tul|pen|zwie|bel
...tum (z. B. Besitztum, das; -s, ...tümer)
tumb (altertümelnd scherzh. für einfältig)
¹Tum|ba, die; -, ...ben ⟨griech.⟩ (Scheinbahre beim kath. Totengottesdienst; Überbau eines Grabes mit Grabplatte)
²Tum|ba, die; -, -s ⟨span.⟩ (eine große Trommel)
Tum|b|ler ['tamblɐ] ⟨engl.⟩ (schweiz. für Wäschetrockner)
tü|meln ⟨verkürzte Bildung zu deutsch-, volkstümeln⟩ (ugs., oft ironisch für eine nationale Gesinnung übertrieben hervorheben, pflegen)
...tüm|lich (z. B. eigentümlich)
Tum|mel, der; -s, - (landsch. für Rausch)
tum|meln (bewegen); sich tummeln ([sich be]eilen; auch für

herumtollen); ich tumm[e]le [mich]; Tum|mel|platz
Tümm|ler ⟨»Taumler«⟩ (früher für Trinkgefäß mit abgerundetem Boden, Stehauf)
Tümm|ler (Delfin; eine Taube)
Tu|mor, der; -s, Plur. ...oren, nicht fachspr. auch ...ore ⟨lat.⟩ (Med. Geschwulst); Tu|mor|bil|dung; Tu|mor|er|kran|kung; Tu|mor|wachs|tum; Tu|mor|zel|le
Tüm|pel, der; -s, -
Tu|mu|li (Plur. von Tumulus)
Tu|mult, der; -[e]s, -e ⟨lat.⟩ (Lärm; Unruhe; Auflauf; Aufruhr)
tu|mult|ar|tig
Tu|mul|tu|ant, der; -en, -en (Unruhestifter; Ruhestörer, Aufrührer); Tu|mul|tu|an|tin
tu|mul|tu|a|risch, tu|mul|tu|ös (mit Lärm, Erregung einhergehend)
Tu|mu|lus, der; -, ...li ⟨lat.⟩ (vorgeschichtliches Hügelgrab)
tun; ich tue od. tu, du tust, er/sie tut, wir tun, ihr tut, sie tun; du tatst (tatest), er/sie tat; du tätest; tuend; getan; tu[e]!, tut!; vgl. dick[e]tun, guttun, schöntun, wohltun
Tun, das; -s; das Tun und Treiben
Tün|che, die; -, -n; tün|chen; Tün|cher (landsch.); Tün|che|rin; Tün|cher|meis|ter; Tün|cher|meis|te|rin
Tun|d|ra, der; -, ...ren ⟨finn.-russ.⟩ (baumlose Kältesteppe jenseits der arktischen Waldgrenze); Tun|d|ren|step|pe
Tu|nell, das; -s, -e (landsch., vor allem südd. u. österr. neben Tunnel)
tu|nen ['tju:...] ⟨engl.⟩ (die Leistung [eines Kfz-Motors] nachträglich steigern); ein getunter Motor, Wagen
Tu|ner ['tju:nɐ], der; -s, - (Elektronik Kanalwähler)
Tu|ne|si|en (Staat in Nordafrika); Tu|ne|si|er; Tu|ne|si|e|rin; tu|ne|sisch
Tun|fisch vgl. Thunfisch
Tun|gu|se, der; -n, -n (svw. Ewenke); Tun|gu|sin; tun|gu|sisch
Tu|nicht|gut, der; Gen. - u. -[e]s, Plur. -e
Tu|ni|ka, die; -, ...ken ⟨altröm. Untergewand⟩
Tu|ning ['tju:...], das; -s, -s ⟨engl.⟩ ([individueller] Umbau eines Kfz, um dessen Leistung zu erhöhen)
Tu|nis (Hauptstadt Tunesiens); Tu|ni|ser; Tu|ni|se|rin; tu|ni|sisch

Tun|ke, die; -, -n; tun|ken
tun|lich (veraltend für ratsam, angebracht); Tun|lich|keit, die; -; tun|lichst (svw. möglichst)
¹Tun|nel, der; -s, Plur. - u. -s ⟨engl.⟩; vgl. auch Tunell
²Tun|nel ['tanl], der; -s, -[s] ⟨engl.⟩ (das Ohrläppchen dehnender Schmuckring); Tun|nel|bau
Tun|nel|blick, der; -[e]s (eingeschränkte Sehfähigkeit; starrer Blick; übertr. auch für eingeengte Sichtweise)
Tun|ne|ling ['tanəlɪŋ], das; -[s] ⟨engl.⟩ (EDV eine Sicherheitsvorkehrung bei der Datenübertragung)
tun|neln (ugs., bes. Fußball den Ball zwischen den Beinen des Gegners hindurchspielen); ich tunn[e]le
Tun|nel|röh|re
Tun|te, die; -, -n (ugs. für Homosexueller mit femininem Gebaren); tun|ten|haft; tun|tig
Tun|wort vgl. Tuwort
Tu|pa|ma|ra, die; -, -s; Tu|pa|ma|ro, der; -s, -s ⟨nach dem Inkakönig Túpac Amaru⟩ (uruguayischer Stadtguerrilla)
Tu|pel, das; -s, - ⟨Kunstw.⟩ (Math. zusammengehörende Elemente einer Menge)
Tupf, der; -[e]s, -e (südd., österr. u. schweiz. für Tupfen)
Tüp|fel, der od., österr. nur, das; -s, - (Pünktchen); Tüp|fel|chen; das Tüpfelchen auf dem i; das i-Tüpfelchen ↑D 29
Tüp|fel|farn
tüp|fe|lig, tüpf|lig
tüp|feln; ich tüpf[e]le
tup|fen; Tup|fen, der; -s, - (Punkt; [kreisrunder] Fleck); Tup|fer
tüpf|lig, tüp|fe|lig
¹Tu|pi, der; -[s], -[s] (Angehöriger einer südamerik. Sprachgemeinschaft)
²Tu|pi, das; - (indian. Verkehrssprache in Südamerika)
Tup|per|par|ty® [engl. 'ta...] ⟨engl.⟩ (gesellige, private Veranstaltung zum Verkauf von Tupperware®-Artikeln [bes. Aufbewahrungsbehältern aus Plastik])
Tür, die; -, -en; von Tür zu Tür; du kriegst die Tür nicht zu! (ugs. für das ist nicht zu fassen!)
Tu|ran (Tiefland in Mittelasien)
Tu|ran|dot (pers. Märchenprinzessin)
Tür|an|gel

Turanier

Tu|ra|ni|er; Tu|ra|ni|e|rin; tu|ra|nisch (aus Turan)

Tu|ras, der; -, -se (Technik Kettenstern [bei Baggern])

Tur|ban, der; -s, -e ⟨pers.⟩ ([moslem.] Kopfbedeckung); tur|ban|ar|tig

Tur|bel|la|rie, die; -, -n meist Plur. ⟨lat.⟩ (Zool. Strudelwurm)

Tur|bi|ne, die; -, -n ⟨franz.⟩ (Technik eine Kraftmaschine)

Tur|bi|nen|an|trieb; Tur|bi|nen|flug|zeug; Tur|bi|nen|haus

Tur|bo, der; -s, -s (Kfz-Technik; kurz für Turbolader)

Tur|bo|ab|i|tur, Tur|bo-Ab|i|tur (ugs. für Abitur nach zwölf Schuljahren)

tur|bo|geil (ugs. für großartig)

Tur|bo|ge|ne|ra|tor

Tur|bo|ka|pi|ta|lis|mus (ugs. für ungebremster Kapitalismus)

Tur|bo|kom|pres|sor (Kreiselverdichter); Tur|bo|la|der; Tur|bo|mo|tor

Tur|bo|prop, das; -s, -s (kurz für Turbo-Prop-Flugzeug); Tur|bo-Prop-Flug|zeug, Tur|bo|prop-Flug|zeug, Tur|bo|prop|flug|zeug (Turbinen-Propeller-Flugzeug)

Tur|bo|ven|ti|la|tor (Kreiselüfter)

tur|bu|lent (stürmisch, ungestüm)

Tur|bu|lenz, die; -, -en (turbulentes Geschehen; Physik Auftreten von Wirbeln in einem Luft-, Gas- od. Flüssigkeitsstrom)

Tür|chen; Tür|drü|cker; Tü|re, die; -, -n (landsch. neben Tür)

tü|ren|knal|lend (ugs. für die Türen laut zuschlagend)

Turf, der; -s ⟨engl., »Rasen«⟩ (Pferderennbahn)

Tür|fal|le (schweiz. für Türklinke); Tür|flü|gel; Tür|fül|lung

Tur|gen|jew (russ. Dichter)

Tur|gor, der; -s ⟨lat.⟩ (Med. Spannungszustand des Gewebes; Bot. Innendruck der Pflanzenzellen)

Tür|griff; Tür|he|ber

Tür|hü|ter; Tür|hü|te|rin

...tü|rig (z. B. viertürig)

Tu|rin (ital. Stadt); vgl. Torino; Tu|ri|ner; Tu|ri|ne|rin; tu|ri|nisch

Tür|ke, der; -n, -n; einen Türken bauen (ugs., oft als diskriminierend empfunden, für etwas vortäuschen, vorspielen)

Tür|kei, die; -

tür|ken (ugs., oft als diskriminierend empfunden, für vortäuschen, fälschen)

Tür|ken, der; -s (österr. landsch. für Mais)

Tür|ken|bund, der; -[e]s, ...bünde (eine Lilienart); Tür|ken|säbel; Tür|ken|sitz, der; -es; Tür|ken|tau|be; Tür|ken|tum, das; -s (türkische Wesensart)

Tur|ke|s|tan (innerasiatisches Gebiet)

Tür|key ['tœːɐ̯ki], der; -s, -s ⟨engl.⟩ (unangenehmer Zustand, nachdem die Wirkung eines Rauschgiftes nachgelassen hat)

Tür|kin

tür|kis ⟨franz.⟩ (türkisfarben); ein türkis[farbenes], türkises Kleid

¹Tür|kis, der; -es, -e (ein Schmuckstein)

²Tür|kis, das; - (türkisfarbener Ton); in Türkis ↑D 72

tür|kis|blau

tür|kisch; Tür|kisch, das; -[s] (Sprache); vgl. Deutsch; Tür|ki|sche, das; -n; vgl. ²Deutsche

Tür|kisch|rot, das; -[s]

tür|kis|far|ben, tür|kis|far|big

tür|kis|grün

tur|ki|sie|ren (türkisch machen)

Tür|klin|ke; Tür|klop|fer; Tür|knauf

Turk|me|ne, der; -n, -n (Angehöriger eines Turkvolkes); Turk|me|ni|en vgl. Turkmenistan; Turk|me|nin; turk|me|nisch; Turk|me|ni|stan (Staat in Mittelasien)

Tur|ko|lo|ge, der; -n, -n ⟨türk.; griech.⟩ (Wissenschaftler auf dem Gebiet der Turkologie); Tur|ko|lo|gie, die; - (Erforschung der Turksprachen u. -kulturen); Tur|ko|lo|gin

Turk|spra|che; Turk|stamm; Turk|ta|ta|ren Plur. (Turkvolk der Tataren); Turk|volk (Volk mit einer Turksprache)

Turm, der; -[e]s, Türme

Tur|ma|lin, der; -s, -e ⟨singhales.-franz.⟩ (ein Schmuckstein)

Turm|bau Plur. ...bauten; Türm|chen; Turm|dreh|kran

¹tür|men (aufeinanderhäufen)

²tür|men ⟨hebr.⟩ (ugs. für weglaufen, ausreißen)

Tür|mer; Tür|me|rin; Turm|fal|ke; Turm|hau|be; turm|hoch

...tür|mig (z. B. zweitürmig)

Turm|sprin|gen, das; -s (Sport); Turm|uhr; Turm|wäch|ter; Turm|zim|mer

Turn [tœːɐ̯n], das; -s, -s ⟨engl.⟩ (Kehre im Kunstfliegen); vgl. aber Törn

Turn|an|zug

Tur|n|a|round ['tœːɐ̯nəraʏnt], der;

-[s], -s ⟨engl.⟩ (bes. Wirtsch. Umschwung in der wirtschaftlichen Situation eines Unternehmens)

Turn|beu|tel

tur|nen; Tur|nen, das; -s; Tur|ner; Tur|ne|rei; Tur|ne|rin; tur|ne|risch; Tur|ner|schaft

Turn|fest; Turn|ge|rät; Turn|hal|le; Turn|hemd; Turn|ho|se

Tur|nier, das; -s, -e ⟨franz.⟩ (früher für ritterliches, jetzt sportliches Kampfspiel; Wettkampf); tur|nie|ren (veraltet)

Tur|nier|pferd; Tur|nier|platz; Tur|nier|rei|ter; Tur|nier|rei|te|rin; Tur|nier|sieg; Tur|nier|sie|ger; Tur|nier|sie|ge|rin; Tur|nier|tanz; Tur|nier|tän|zer; Tur|nier|tän|ze|rin

Turn|klei|dung

Turn|leh|rer; Turn|leh|re|rin

Turn|pat|schen (österr. ugs. für Turnschuh)

Turn|schuh; fit wie ein Turnschuh (ugs. für sehr fit)

Turn|schuh|ge|ne|ra|ti|on, die; - (Generation von Jugendlichen [bes. der 80er-Jahre], die lässige Kleidung bevorzugt)

Turn|stun|de; Turn|übung; Turn|un|ter|richt

Tur|nus, der; - u. -ses, - u. -se ⟨griech.⟩ (Reihenfolge; Wechsel; Umlauf; österr. auch für Arbeitsschicht, praktische Ausbildungszeit des Arztes); im Turnus; Tur|nus|arzt (österr.); Tur|nus|ärz|tin

tur|nus|ge|mäß; tur|nus|mä|ßig

Turn|va|ter, der; -s; Turnvater Jahn

Turn|ver|ein (Abk. TV); ↑D 31: Turn- und Sportverein (Abk. TuS)

Turn|wart; Turn|war|tin

Turn|zeug, das; -[e]s

Tür|öff|ner; Tür|öff|nung

Tu|ron, das; -s (Geol. zweitälteste Stufe der Oberen Kreide)

Tür|pfos|ten; Tür|rah|men

Tür|rie|gel; Tür|schild, das; Türschlie|ßer; Tür|schloss; Türschnal|le (österr. für Türklinke); Tür|schwel|le; Tür|spalt

Tür|ste|her; Tür|ste|he|rin

Tür|stock Plur. ...stöcke (Bergmannsspr. senkrecht aufgestellter Holzpfahl, Streckenausbauteil; bayr., österr. für [Holz]einfassung der Türöffnung); Tür|sturz Plur. -e u. ...stürze (Bauw.)

tur|teln (girren); ich turt[e]le; Tur|tel|tau|be

Typographie

TuS [tʊs] = Turn- und Sportverein
Tusch, der; -[e]s, *Plur.* -e u. -s (Musikbegleitung bei einem Hochruf)
Tu|sche, die; -, -n ⟨franz.⟩
Tu|sche|lei; tu|scheln (heimlich [zu]flüstern); ich tusch[e]le
¹**tu|schen** ⟨franz.⟩ (mit Tusche zeichnen); du tuschst
²**tu|schen** (*landsch. für* zum Schweigen bringen); du tuschst
Tu|scher, der; -s, - (*österr. ugs. für* Knall)
Tusch|far|be
tu|schie|ren (*fachspr. für* ebene Metalloberflächen [nach Markierung mit Tusche] herstellen)
Tusch|kas|ten; Tusch|ma|le|rei; Tusch|zeich|nung
Tus|ku|lum, das; -s, ...la ⟨lat.⟩ (nach dem altröm. Tusculum) (*veraltet für* [ruhiger] Landsitz)
Tus|nel|da *vgl.* Thusnelda
Tus|se, die; -, -n (*svw.* Tussi)
Tus|si, die; -, -s (*ugs. abwertend für* Mädchen, Frau, Freundin)
tut!; tut, tut!
Tu|tan|ch|a|mun, Tu|t|en|ch|a|mun (ägypt. König)
Tu|tand, der; -en, -en ⟨lat.⟩ (von einem Tutor, einer Tutorin betreute Person); **Tu|tan|din**
Tüt|chen
Tu|te, die; -, -n (*ugs. für* Signalhorn; *landsch. auch für* Tüte)
Tü|te, die; -, -n
Tu|tel, die; -, -en ⟨lat.⟩ (Vormundschaft); **tu|te|la|risch**
tu|ten ↑D 82: von Tuten und Blasen keine Ahnung haben (*ugs.*)
Tu|t|en|ch|a|mun *vgl.* Tutanchamun
Tü|ten|sup|pe (*ugs. für* Instantsuppe)
Tu|tor, der; -s, ...oren ⟨lat.⟩ (jmd., der Studienanfänger betreut; *im röm. Recht für* Vormund)
Tu|to|ri|al [t(j)uˈtɔːriəl, tuˈtoː...], das; -[s], -s ⟨engl.⟩ (*bes. EDV* Anleitung, Übung); **Tu|to|rin; Tu|to|ri|um,** das; -s, ...rien ([begleitende] Übung an einer Hochschule)
Tut|si, der; -[s], -[s] *u.* die; -, -[s] (Angehörige[r] eines afrik. Volkes)
Tüt|tel, der; -s, - (*landsch. für* Pünktchen); **Tüt|tel|chen** (*ugs. für* ein Geringstes)
tut|ti ⟨ital., »alle«⟩ (*Musik*); **Tut|ti,** das; -[s], -[s] (volles Orchester)
Tut|ti|frut|ti, das; -[s], -[s] ⟨ital.; »alle Früchte«⟩ (eine Süßspeise; *veraltet für* Allerlei)

Tut|ti|spie|ler (Orchestermusiker ohne solistische Aufgaben); **Tut|ti|spie|le|rin**
tut, tut!
Tu|tu [tyˈtyː], das; -[s], -s ⟨franz.⟩ (Ballettröckchen)
TÜV® [tʏf], der; -[s] = Technischer Überwachungs-Verein
Tu|va|lu (Inselstaat im Pazifik); **Tu|va|lu|er; Tu|va|lu|e|rin; tu|va|lu|isch**
TÜV-ge|prüft ↑D 28; **TÜV-Pla|ket|te**®
Tu|wort, Tun|wort *Plur.* ...wörter (*veraltend für* Verb)
TV [teːˈfaʊ̯, *auch* tiːˈviː], das; -[s], -s = Television
TV, der; - = Turnverein
TV-Koch; TV-Kö|chin
TV-Mo|de|ra|tor; TV-Mo|de|ra|to|rin
TVöD = Tarifvertrag für den öffentlichen Dienst
TV-Pre|mi|e|re; TV-Re|ch|te; TV-Sen|der; TV-Se|rie; TV-Star
Twain [tweɪn], Mark (amerik. Schriftsteller)
Tweed [tviːt], der; -s, *Plur.* -s *u.* -e ⟨engl.⟩ (ein Gewebe)
Tweet [tviːt], der *od.* das; -s, -s ⟨engl.⟩ (*EDV* beim Twittern gesendete Nachricht); **twee|ten** (selten für twittern)
Twen, der; -[s], -s ⟨anglisierend⟩ (junger Mann, junge Frau in den Zwanzigern)
Twen|ter, der; -s, - (*nordd. für* zweijähriges Schaf, Rind *od.* Pferd)
Twerk [twœːɐ̯k], der; -[s] ⟨engl.⟩ ([lasziver] Tanzstil mit Betonung der Bewegungen von Gesäß u. Hüften); **twer|ken** (Twerk tanzen); **Twer|king,** das; -[s]
Twie|te, die; -, -n (*nordd. für* Zwischengässchen)
Twill, der; -s, *Plur.* -s *u.* -e ⟨engl.⟩ (Baumwollgewebe [Futterstoff]; Seidengewebe)
Twin|set, das, *auch* der; -[s], -s ⟨engl.⟩ (Pullover u. Strickjacke von gleicher Farbe u. aus gleichem Material)
¹**Twist,** der; -[e]s, -e ⟨engl.⟩ (mehrfädiges Baumwoll[stopf]garn)
²**Twist,** der; -s, -s ⟨amerik.⟩ (ein Tanz); **twis|ten** (Twist tanzen)
Twit|ter®, das; -[s] *meist ohne Artikel* (System zur Versendung von Kurznachrichten über das Internet); **Twit|ter|ac|count, Twit|ter-Ac|count; Twit|te|rer,** des; -s,-; **Twit|te|rin; twit|tern** (Kurz-

nachrichten über das Internet senden u. empfangen); ich twittere, habe getwittert
Two|stepp [ˈtuːstɛp], der; -s, -s ⟨engl., »Zweischritt«⟩ (ein Tanz)
TX, Tex. = Texas
¹**Ty|che** (griech. Göttin des Glücks u. des Zufalls)
²**Ty|che,** die; - (Schicksal, Zufall, Glück)
Ty|coon [taɪˈkuːn], der; -s, -s ⟨jap.-amerik.⟩ (mächtiger Geschäftsmann *od.* Parteiführer)
¹**Tym|pa|non,** ¹**Tym|pa|num,** das; -s, ...na ⟨griech.⟩ (*Archit.* Giebelfeld über Fenstern u. Türen [oft mit Reliefs geschmückt])
²**Tym|pa|num,** das; -s, ...na (altgriech. Handtrommel; trommelartiges Schöpfrad in der Antike; *Med. veraltend* Paukenhöhle [im Ohr])
¹**Typ,** der; -s, -en ⟨griech.⟩ (*nur Sing.*: *Philos.* Urbild, Beispiel; *Psychol.* bestimmte psycholog. Ausprägung; *Technik* Gattung, Bauart, Muster, Modell)
²**Typ,** der; *Gen.* -s, *auch* -en, *Plur.* -en (*ugs. für* Mensch, Person)
Ty|pe, die; -, -n ⟨franz.⟩ (gegossener Druckbuchstabe, Letter; *ugs. für* komische Figur; *bes. österr. svw.* ¹Typ [*Technik*])
ty|pen ([industrielle Artikel] nur in bestimmten notwendigen Größen herstellen)
Ty|pen|druck *Plur.* ...drucke; **Ty|pen|he|bel; Ty|pen|rad** (für Schreibmaschinen); **Ty|pen|rei|ni|ger; Ty|pen|setz|ma|schi|ne**
Ty|ph|li|tis, die; -, ...itiden ⟨griech.⟩ (*Med.* Blinddarmentzündung)
Ty|phon, das; -s, -e ⟨griech.-lat.⟩ (Schiffssirene)
ty|phös ⟨griech.⟩ (typhusartig)
Ty|phus, der; - (eine Infektionskrankheit); **Ty|phus|epi|de|mie; Ty|phus|er|kran|kung**
Ty|pik, die; -, -en ⟨griech.⟩ (*Psychol.* Lehre vom Typ)
ty|pisch; ty|pi|scher|wei|se
ty|pi|sie|ren (typisch darstellen, gestalten, auffassen; typen; *österr. für* die Normentsprechung bestätigen); **Ty|pi|sie|rung**
Ty|po, die; -, -s (*ugs. kurz für* Typografie)
Ty|po|graf, Ty|po|graph, der; -en, -en (Schriftsetzer; Zeilensetzmaschine)
Ty|po|gra|fie, Ty|po|gra|phie, die; -,

T
Typo

1127

Typografin

...jen (Buchdruckerkunst; typografische Gestaltung)
Ty|po|gra|fin, Ty|po|gra|phin ty|po|gra|fisch, ty|po|gra|phisch; typografischer od. typographischer Punkt (vgl. Punkt)
Ty|po|lo|gie, die; -, ...jen (Lehre von den Typen, Einteilung nach Typen); **ty|po|lo|gisch**
Ty|po|skript, das; -[e]s, -e (maschinengeschriebenes Manuskript)
Ty|pung ⟨zu typen⟩
Ty|pus, der; -, Typen (svw. ¹Typ [Philos., Psychol.])
Tyr (altgerm. Gott); vgl. Tiu, Ziu
Ty|rann, der; -en, -en (griech.) (Gewaltherrscher; auch herrschsüchtiger Mensch); **Ty|ran|nei,** die; -, -en (Gewaltherrschaft; Willkür[herrschaft])
Ty|ran|nen|herr|schaft; Ty|ran|nen|tum, das; -s; **Ty|ran|nin**
Ty|ran|nis, die; - (Gewaltherrschaft, bes. im alten Griechenland)
ty|ran|nisch (gewaltsam, willkürlich); **ty|ran|ni|sie|ren** (gewaltsam, willkürlich behandeln; unterdrücken); **Ty|ran|ni|sie|rung**
Ty|ran|no|sau|rus, der; -, ...rier (riesiger Dinosaurier); **Ty|ran|no|sau|rus Rex,** der; - -
Ty|ras (ein Hundename)
Ty|ri|er, ökum. Ty|rer (Bewohner von Tyros); **Ty|ri|e|rin, ökum. Ty|re|rin; ty|risch; Ty|ros** (phöniz. Stadt)
Ty|ro|sin, das; -s ⟨griech.⟩ (Biochemie eine Aminosäure)
Tyr|rhe|ner (Bewohner Etruriens); **Tyr|rhe|ne|rin; tyr|rhe|nisch;** aber ↑D 140: das Tyrrhenische Meer (Teil des Mittelmeeres)
Ty|rus (lat. Name von Tyros)
Tz vgl. Tezett

U

u. in Firmennamen auch & = und
U (Buchstabe); das U; des U, die U, aber das u in Mut; der Buchstabe U, u
U = Unterseeboot; chem. Zeichen für Uran
Ü (Buchstabe; Umlaut); das Ü; des Ü, die Ü, aber das ü in Mütze; der Buchstabe Ü, ü
u. a. = und and[e]re, und and[e]res, unter and[e]rem, unter and[e]ren
UAH (Währungscode für Griwna)
u. a. m. = und and[e]re mehr, und and[e]res mehr
u. Ä. [m.] = und Ähnliche[s] [mehr] (vgl. ähnlich)
u. A. w. g., U. A. w. g. = um [od. Um] Antwort wird gebeten
U-Bahn (kurz für Untergrundbahn); ↑D 29; **U-Bahn|hof; U-Bahn-Netz; U-Bahn-Sta|ti|on; U-Bahn-Tun|nel** ↑D 28
übel s. Kasten
Übel, das; -s, -; das ist von, geh. vom Übel
übel be|ra|ten, übel|be|ra|ten vgl. übel
übel ge|launt, übel|ge|launt vgl. übel
übel ge|sinnt, übel|ge|sinnt vgl. übel
Übel|keit
übel|lau|nig; Übel|lau|nig|keit

übel neh|men, übel|neh|men; sie nahm uns das übel
übel|neh|me|risch
übel rie|chend, übel|rie|chend vgl. übel
Übel|sein, das; -s; **Übel|stand** (veraltend)
Übel|tat (geh.); **Übel|tä|ter; Übel|tä|te|rin**
übel|wol|len; Menschen, die uns übelwollen; übelwollende Menschen; **Übel|wol|len,** das; -s
übel|wol|lend
¹üben; ein Klavierstück üben
²üben (landsch. für drüben)
über s. Kasten Seite 1129
über...; in Verbindung mit Verben: unfeste Zusammensetzungen ↑D 47, z. B. überbauen (vgl. d.), er baut über, hat übergebaut; überzubauen; feste Zusammensetzungen, z. B. überbauen (vgl. d.), er überbaut, hat überbaut; zu überbauen
über|ak|tiv; Über|ak|ti|vi|tät
über|all [auch ...'lal]; **über|all|her, über|all her;** sie kamen von überallher od. überall her; **überall|hin**
über|al|tert; Über|al|te|rung Plur. selten (bes. Statistik)
Über|an|ge|bot
über|ängst|lich
über|an|stren|gen; ich habe mich überanstrengt; **Über|an|stren|gung**
über|ant|wor|ten (geh. für übergeben, überlassen); die Gelder wurden ihr überantwortet; **Über|ant|wor|tung**
über|ar|bei|ten (landsch.); sie hat einige Stunden übergearbeitet; **über|ar|bei|ten;** sich überarbeiten; du hast dich völlig überar-

---

übel

- üble Nachrede; übler Ruf
- die Verhältnisse sind hier am übelsten
- ich habe nicht übel Lust, das zu tun (ich möchte es tun)
- wir wurden übelst beschimpft
- beinahe hätte ich mich übelst blamiert

Großschreibung ↑D 72:
- er hat nichts, etwas Übles getan
- es wäre das Übelste, wenn ...

Schreibung in Verbindung mit Verben und adjektivisch gebrauchten Partizipien:
- übel sein; mir ist übel
- übel riechen
- jemandem übel mitspielen
- sie wäre übel beraten, wenn sie sich darauf einließe
- sie wird es uns nicht übel nehmen od. übelnehmen
- ein übel gelaunter od. übelgelaunter Chef
- übel gesinnte od. übelgesinnte Nachbarn
- übel riechende od. übelriechende Abfälle
- ein übel beratener od. übelberatener Kunde

Aber:
- jemandem übelwollen; übelwollende Menschen

überdimensionieren

über

Präposition mit Dativ und Akkusativ:
- das Bild hängt über dem Sofa, *aber* das Bild über das Sofa hängen
- überm *(vgl. d.)*, übers *(vgl. d.)*
- über Gebühr; über Land fahren; über die Maßen
- über Nacht; über Tag *(Bergmannsspr.)*
- über Wunsch, Antrag von ... *(österr. Amtsspr. für auf Wunsch, Antrag von ...)*
- über kurz oder lang ↑ D 72
- Kinder über acht Jahre
- Gemeinden unter 10 000 Einwohner
- über dem Lesen ist sie eingeschlafen

Adverb:
- über und über (sehr; völlig)
- die ganze Zeit über
- wir mussten über (mehr als) zwei Stunden warten
- Gemeinden von über (mehr als) 10 000 Einwohnern
- die über Siebzigjährigen *(mit Ziffern* 70-Jährigen)
- er ist mir über (überlegen)
- das ist mir über (zu viel)

---

beitet; sie hat den Aufsatz überarbeitet; **Über|ar|bei|tung**
über|aus
über|ba|cken; das Gemüse wird überbacken
¹**Über|bau**, der; -[e]s, *Plur.* -e u. -ten (vorragender Oberbau, Schutzdach; *Rechtsspr.* Bau über die Grundstücksgrenze hinaus)
²**Über|bau**, der; -[e]s, -e (nach Marx die auf den wirtschaftl. u. sozialen Grundlagen basierenden Anschauungen einer Gesellschaft u. die entsprechenden Institutionen)
über|bau|en; er hat übergebaut (über die Baugrenze hinaus); **über|bau|en**; er hat die Einfahrt (mit einem Dach) überbaut; **Über|bau|ung**
über|be|an|spru|chen; du überbeanspruchst den Wagen; sie ist überbeansprucht; überzubeanspruchen; **Über|be|an|spru|chung**
Über|be|griff (*seltener für* Oberbegriff)
über|be|hal|ten (*landsch. für* übrig behalten); wir behalten nichts über, haben nichts überbehalten; überzubehalten
über|be|hü|ten *oft im Partizip II*; ein überbehütetes Kind; **Über|be|hü|tung**
Über|bein (verhärtete Sehnengeschwulst)
über|be|kom|men *(ugs.)*; ich bekam das fette Essen bald über, habe es überbekommen; überzubekommen
über|be|las|ten; du überbelastest den Wagen, sie ist überbelastet; überzubelasten; **Über|be|las|tung**
über|be|le|gen; der Raum war überbelegt; überzubelegen; **Über|be|le|gung**
über|be|lich|ten *(Fotogr.)*; du überbelichtest die Aufnahme, sie ist

überbelichtet; überzubelichten; **Über|be|lich|tung**
Über|be|schäf|ti|gung, die; -, -en
über|be|set|zen; der Zug war überbesetzt; überzubesetzen; **Über|be|set|zung**
über|be|to|nen; sie überbetont diese Entwicklung, sie hat die lange Zeit überbetont; überzubetonen; **Über|be|to|nung**
über|be|trieb|lich; überbetriebliche Mitbestimmung
über|be|völ|kert (übervölkert); **Über|be|völ|ke|rung**
über|be|wer|ten; er überbewertet diese Vorgänge; er hat sie überbewertet; überzubewerten; **Über|be|wer|tung**
über|be|zah|len; er ist überbezahlt; überzubezahlen; **Über|be|zah|lung**
über|biet|bar; **über|bie|ten**; sich überbieten; der Rekord wurde überboten; **Über|bie|tung**
über|bin|den *(Musik)*; diese Töne müssen übergebunden werden; **über|bin|den** *(schweiz. für* [eine Verpflichtung] auferlegen); die Aufgabe wurde ihr übergebunden
Über|biss *(ugs. für* das Überstehen der oberen Schneidezähne)
über|bla|sen *(Musik* bei Holz- u. Blechblasinstrumenten durch stärkeres Blasen die höheren Töne hervorbringen)
über|blei|ben *(landsch. für* übrig bleiben); es bleibt nicht viel über, es ist nicht viel übergeblieben; überzubleiben; **Über|bleib|sel**, das; -s, -
über|blen|den; die Bilder werden überblendet; **über|blen|dung** *(Film* die Überleitung eines Bildes in ein anderes)
Über|blick; **über|bli|cken**; sie hat den Vorgang überblickt; **Über|blicks|dar|stel|lung**; **über|blicks|wei|se**

über|bor|den (über die Ufer treten; über das normale Maß hinausgehen, ausarten); der Betrieb ist, *auch* hat überbordet
über|bra|ten; *nur in* jmdm. eins überbraten (*ugs. für* einen Schlag, Hieb versetzen)
über|breit; **Über|brei|te**
Über|brettl, das; -s, - ([frühere Berliner] Kleinkunstbühne)
über|brin|gen; er hat die Nachricht überbracht; **Über|brin|ger**; **Über|brin|ge|rin**; **Über|brin|gung**
über|brück|bar; **über|brü|cken**; sie hat den Gegensatz klug überbrückt; **Über|brü|ckung**
Über|brü|ckungs|bei|hil|fe; **Über|brü|ckungs|hil|fe**; **Über|brü|ckungs|kre|dit**
über|brü|hen
über|bu|chen; einen Flug überbuchen; überbuchte Hotels; **Über|bu|chung**
über|bür|den *(geh.)*; sie ist mit Arbeit überbürdet; **Über|bür|dung**
Über|dach; **über|da|chen**; der Bahnsteig wurde überdacht; **Über|da|chung**
Über|dampf, der; -[e]s (der nicht für den Gang der Maschine notwendige Dampf)
über|dau|ern; die Altertümer haben Jahrhunderte überdauert
Über|de|cke; **über|de|cken** *(ugs.)*; ich habe das Tischtuch übergedeckt; **über|de|cken**; mit Eis überdeckt; **Über|de|ckung**
über|deh|nen ([bis zum Zerreißen] dehnen, auseinanderziehen); der Muskel ist überdehnt; **Über|deh|nung**
über|den|ken; sie hat es lange überdacht
über|deut|lich
über|dies *[auch* 'y:...]
über|di|men|si|o|nal (übermäßig groß); **über|di|men|si|o|nie|ren**

U
über

Überdimensionierung

meist im Partizip II gebraucht (viel zu groß gestaltet); ein überdimensionierter Verwaltungsapparat; **Über|di|men|si|o|nie|rung**

über|do|sie|ren; er überdosiert das Medikament, hat es überdosiert; überzudosieren; **Über|do|sie|rung; Über|do|sis;** eine Überdosis Schlaftabletten

über|dre|hen; die Uhr ist überdreht; **über|dreht** (*ugs. für* überspannt; unnatürlich munter)

¹**Über|druck,** der; -[e]s, *Plur. meist* ...drücke, *seltener* ...drucke (zu starker Druck)

²**Über|druck,** der; -[e]s, ...drucke (nochmaliger Druck auf Geweben, Papier u. Ä.); **über|dru|cken;** die Briefmarke wurde überdruckt

Über|druck|ka|bi|ne; Über|druck|ven|til

Über|druss, der; -es; **über|drüs|sig;** *mit Gen.:* des Lebens, des Freundes überdrüssig sein; seiner überdrüssig sein, *selten auch mit Akk.:* ich bin ihn überdrüssig

über|dün|gen; die Felder sind völlig überdüngt; **Über|dün|gung**

über|durch|schnitt|lich

über|eck; übereck stellen

Über|ei|fer; über|eif|rig

über|eig|nen; das Haus wurde ihm übereignet; **Über|eig|nung**

über|ei|le; über|ei|len; sich übereilen; du hast dich übereilt; **übereilt** (verfrüht); ein übereilter Schritt; **Über|ei|lung**

über|ei|n|an|der

Man schreibt »übereinander« mit dem folgenden Verb in der Regel zusammen, wenn es den gemeinsamen Hauptakzent trägt ↑D 48:
– übereinanderlegen, übereinanderstellen
– die Beine übereinanderschlagen
– Kisten übereinanderstapeln usw.

Aber: übereinander reden, übereinander herfallen, sich übereinander ärgern usw.

U Über

über|ein|kom|men; ich komme überein; übereingekommen; um übereinzukommen; **Über|ein|kom|men,** das; -s, - (Abmachung, Einigung); **Über|ein|kunft,** die; -, ...künfte (Übereinkommen)

über|ein|stim|men; wir stimmen überein, haben übereingestimmt; übereinzustimmen; **Über|ein|stim|mung**

über|ein|tref|fen vgl. übereinkommen

über|emp|find|lich; Über|emp|find|lich|keit

über|er|fül|len; sie übererfüllt das Soll; sie hat es übererfüllt; überzuerfüllen; **Über|er|fül|lung**

Über|er|näh|rung

über|er|reg|bar; Über|er|reg|bar|keit, die; -

über|es|sen; ich habe mir die Speise übergegessen; **über|es|sen, sich;** ich habe mich übergegessen (zu viel gegessen)

über|fach|lich

über|fah|ren; ich bin übergefahren (über den Fluss); **über|fah|ren;** das Kind ist überfahren worden; er hätte mich bei den Verhandlungen fast überfahren (*ugs. für* überrumpelt); **Über|fahrt; Über|fahrts|zeit**

Über|fall, der; **über|fall|ar|tig; über|fal|len;** man hat sie überfallen

über|fal|len (*Jägerspr.* ein Hindernis überspringen [vom Schalenwild])

Über|fall|ho|se (sehr weite Kniebundhose)

über|fäl|lig (zur erwarteten Zeit noch nicht eingetroffen); ein überfälliger (verfallener) Wechsel

Über|fall|kom|man|do, *österr.* **Über|falls|kom|man|do**

Über|fang (farbige Glasschicht auf Glasgefäßen); **über|fan|gen;** die Vase ist blau überfangen; **Über|fang|glas**

über|fär|ben (*fachspr. für* abfärben); die Druckschrift hat überfärbt; **über|fär|ben;** der Stoff soll überfärbt werden

über|fein; über|fei|nern; ich überfeinere; überfeinert; **Über|fei|ne|rung**

über|fir|nis|sen; die Truhe wurde überfirnisst

über|fi|schen; überfischte Gewässer; **Über|fi|schung**

Über|fleiß; über|flei|ßig

über|flie|gen (*ugs. für* nach der anderen Seite fliegen); die Hühner sind übergeflogen; **über|flie|gen;** er hat die Alpen überflogen; ich habe das Buch überflogen; **Über|flie|ger** (jmd., der begabter, tüchtiger u. schneller erfolgreich ist als der Durchschnitt); **Über|flie|ge|rin**

über|flie|ßen; das Wasser ist übergeflossen; sie floss über vor Dankbarkeit; **über|flie|ßen;** das Gelände ist von Wasser überflossen

Über|flug (das Überfliegen)

über|flü|geln; er hat alle überflügelt; **Über|flü|ge|lung, Über|flüg|lung**

Über|fluss, der; -es; **Über|fluss|ge|sell|schaft**

über|flüs|sig; Über|flüs|si|ger|wei|se

über|flu|ten; das Wasser ist übergeflutet; **über|flu|ten;** der Strom hat die Dämme überflutet; **Über|flu|tung**

über|for|dern; er hat mich überfordert; **Über|for|de|rung**

über|for|men (*geh. für* mit einer neuen Form überdecken); **Über|for|mung**

Über|fracht; über|frach|ten (*svw.* ¹überladen); **Über|frach|tung**

über|fra|gen (Fragen stellen, auf die man nicht antworten kann); **über|fragt;** ich bin überfragt

über|frem|den; Über|frem|dung

über|fres|sen, sich; du hast dich überfressen (*derb*)

über|freund|lich

über|frie|ren; die Straße ist überfroren; überfrierende Nässe

Über|fuhr, die; -, -en (*österr. für* Fähre)

über|füh|ren, ¹**über|füh|ren** (an einen anderen Ort bringen); man überführte ihn in eine Spezialklinik *od.* führte ihn in eine Spezialklinik über; die Leiche wurde nach ... übergeführt *od.* überführt; ²**über|füh|ren** (einer Schuld); der Mörder wurde überführt; **Über|füh|rung;** Überführung der Leiche; Überführung einer Straße; Überführung eines Verbrechers; **Über|füh|rungs|kos|ten** *Plur.*

Über|fül|le; Über|fül|len; über|füllt; überfüllte Züge; **Über|fül|lung**

Über|funk|ti|on

über|füt|tern; ein überfütterter Hund; **Über|füt|te|rung**

Über|ga|be; Über|ga|be|ver|hand|lun|gen, *österr. auch* **Über|gabs|ver|hand|lun|gen** *Plur.*; **Über|ga|be|ver|trag,** *österr. auch* **Über|gabs|ver|trag** (*Rechtsspr.*)

Über|gang, der; -[e]s; **Über|gangs|bahn|hof; Über|gangs|bei|hil|fe; Über|gangs|be|stim|mung; Über-**

gangs|er|schei|nung; Über|gangs|frist; Über|gangs|geld (Sozialvers.)
über|gangs|los
Über|gangs|lö|sung; Über|gangs|man|tel; Über|gangs|pha|se; Über|gangs|re|ge|lung; Übergangs|re|gie|rung; Über|gangs|ren|te; Über|gangs|sta|di|um
über|gangs|wei|se; Über|gangs|zeit; Über|gangs|zu|stand
Über|gar|di|ne
über|ge|ben; ich habe ihm eins übergegeben (ugs. für einen Schlag, Hieb versetzt); über|ge|ben; er hat die Festung übergeben; ich habe mich übergeben (erbrochen)
Über|ge|bot (höheres Gebot bei einer Versteigerung)
über|ge|hen; wir gingen zum nächsten Thema über; das Grundstück ist in andere Hände übergegangen; die Augen gingen ihr über (sie war überwältigt; geh. auch für sie hat geweint); über|ge|hen (unbeachtet lassen); sie überging ihn; sie hat den Einwand übergangen; Über|ge|hung; mit Übergehung
über|ge|meind|lich
über|ge|nau; über|ge|nug
Über|ge|nuss (österr. Amtsspr. Überzahlung)
über|ge|ord|net
Über|ge|päck (Flugw.)
Über|ge|wicht, das; -[e]s; über|ge|wich|ten (Börsenw. überproportional berücksichtigen); Bankaktien sind in diesem Investmentfonds übergewichtet; über|ge|wich|tig
über|gie|ßen; sie hat die Milch übergegossen; über|gie|ßen (oberflächlich gießen; oben begießen); sie hat die Blumen nur übergossen; mit etw. übergossen sein; Über|gie|ßung
über|gip|sen
über|gla|sen (mit Glas decken); du überglast; er überglaste den Balkon; der Balkon ist überglast; Über|gla|sung
über|glück|lich
über|gol|den; der Ring wurde übergoldet
über|groß; Über|grö|ße
über|grü|nen; das Haus ist [mit Efeu] übergrünt
Über|guss

über|ha|ben (ugs. für satthaben; angezogen haben; landsch. für übrig haben); sie hat die ständigen Klagen übergehabt
über|hal|ten (Forstwirtsch. stehen lassen); eine Kiefer überhalten; Über|häl|ter (Forstwirtsch. Baum, der beim Abholzen stehen gelassen wird)
Über|ham|mer (bes. österr. ugs. für Hit, tolle Sache)
Über|hand|nah|me, die; -
über|hand|neh|men; etwas nimmt überhand; es hat überhandgenommen; überhandzunehmen
Über|hang
über|hän|gen; sie hat den Käfig mit einem Tuch überhängt; vgl. ²hängen
¹über|hän|gen; die Felsen hingen über; vgl. ¹hängen
²über|hän|gen; sie hat den Mantel übergehängt; vgl. ²hängen
Über|hang|man|dat (in Direktwahl gewonnenes Mandat, das über die Zahl der einer Partei nach dem Stimmenverhältnis zustehenden Parlamentssitze hinausgeht); Über|hangs|recht
über|happs, über|haps (bayr., österr. ugs. für übereilt; ungefähr)
über|hart; überharter Einsatz
über|has|ten; das Tempo ist überhastet; Über|has|tung
über|häu|fen; sie war mit Arbeit überhäuft; der Tisch ist mit Papieren überhäuft; Über|häu|fung
über|haupt
über|he|ben; ich habe mich überhoben (landsch. für verhoben)
über|heb|lich (anmaßend); Über|heb|lich|keit; Über|he|bung (veraltend)
Über|hel|ge, die; - (Forstwirtsch.)
über|hei|zen (zu stark heizen); das Zimmer ist überheizt
über|hin (veraltet für oberflächlich); etwas überhin prüfen
über|hit|zen (zu stark erhitzen); du überhitzt; der Ofen ist überhitzt; Über|hit|zung
über|hö|hen (höher bauen; auch für verklären); einen Damm überhöhen; etwas Alltägliches künstlerisch überhöhen; überhöht (zu hoch); überhöhte Preise; Über|hö|hung
über|ho|len (Seemannsspr.); die Segel wurden übergeholt; das Schiff hat übergeholt (sich auf die Seite gelegt); über|ho|len; er

hat ihn überholt; die Maschine ist überholt worden
Über|hol|ma|nö|ver; Über|hol|spur
über|holt (nicht mehr aktuell, nicht mehr zeitgemäß); überholte Ansichten
Über|ho|lung; über|ho|lungs|be|dürf|tig
Über|hol|ver|bot; Über|hol|ver|such; Über|hol|vor|gang; Über|hol|weg
über|hö|ren (ugs.); ich habe mir den Schlager übergehört; über|hö|ren; das möchte ich überhört haben!
Über-Ich, Über|ich (Psychol.)
über|in|di|vi|du|ell
Über|in|ter|pre|ta|ti|on; über|in|ter|pre|tie|ren
über|ir|disch
über|kan|di|delt (ugs. für überspannt)
Über|ka|pa|zi|tät (Wirtsch.)
über|kip|pen; er ist nach vorn übergekippt
über|kle|ben; überklebte Plakate
Über|kleid; über|klei|den; der Balken wird mit Spanplatten überkleidet (veraltend); Über|klei|dung (Überkleider); Über|klei|dung (veraltend für Verkleidung [eines Wandschadens])
über|klet|tern; er hat den Zaun überklettert
über|klug
über|ko|chen; die Milch ist übergekocht; über|ko|chen; die Suppe muss noch einmal überkocht werden
über|kom|men (Seemannsspr. über das Deck spülen, spritzen; landsch. für etwas endlich geben od. sagen); die Brecher kommen über; er ist damit übergekommen; über|kom|men; Ekel überkam sie, hat sie überkommen; überkommene Bräuche
Über|kom|pen|sa|ti|on; über|kom|pen|sie|ren (in übersteigertem Maße ausgleichen)
über|kon|fes|si|o|nell
über Kopf, über|kopf vgl. Kopf
Über|kopf|ball (Tennis)
über Kreuz vgl. Kreuz
über|kreu|zen; sich überkreuzen; mit überkreuzten Beinen dasitzen
über|krie|gen (ugs.; svw. überbekommen)
über|kro|nen; der Zahn wurde überkront
über|krus|ten

über|küh|len (*österr. für* [langsam] abkühlen)
¹über|la|den; der Anhänger wurde überladen; *vgl.* ¹laden
²über|la|den; überladener Stil
Über|la|dung
über|la|gern; überlagert; sich überlagern; **Über|la|ge|rung**
Über|land|bus; Über|land|fahrt; Über|land|lei|tung
über|lang; Über|län|ge
über|lap|pen; überlappt; **Über|lap|pung**
über|las|sen (*landsch. für* übrig lassen); sie hat ihm etwas übergelassen; **über|las|sen** (abtreten; anvertrauen); sie hat mir das Haus überlassen; **Über|las|sung**
über|las|ten; über|las|tet; über|las|tig; Über|las|tung
Über|lauf (Ablauf für überschüssiges Wasser); **Über|lauf|be|cken**
über|lau|fen; das Wasser läuft über; er ist zum Feind übergelaufen; die Galle ist ihm übergelaufen; **über|lau|fen;** die Ärztin wird von Kranken überlaufen; es hat mich kalt überlaufen; **Über|läu|fer** (Soldat, der zum Gegner überläuft; *Jägerspr.* Wildschwein im zweiten Jahr)
über|laut
über|le|ben; diese Vorstellungen sind überlebt; **Über|le|ben|de,** der *u.* die; -n, -n
Über|le|bens|chan|ce
über|le|bens|fä|hig; Über|le|bens|fä|hig|keit; Über|le|bens|fra|ge
über|le|bens|groß; eine überlebensgroße Abbildung; **Über|le|bens|grö|ße**
Über|le|bens|kampf; Über|le|bens|stra|te|gie; Über|le|bens|trai|ning
über|le|bens|wich|tig
über|le|gen (*ugs. für* darüberlegen); sie legte eine Decke über
¹über|le|gen (bedenken, nachdenken); er überlegte lange; ich habe mir das überlegt; ↑D 82: nach reiflichem Überlegen
²über|le|gen; sie ist mir überlegen; **Über|le|gen|heit**
über|le|gens|wert
über|legt (*auch für* sorgsam); **Über|le|gung;** mit Überlegung
über|lei|ten; ein Lied leitete zum zweiten Teil über; **Über|lei|tung**
über|le|sen ([schnell] durchlesen; [bei oberflächlichem Lesen] nicht bemerken); er hat den Brief nur überlesen; er hat diesen Druckfehler überlesen
Über|licht|ge|schwin|dig|keit

über|lie|fern; überlieferte Bräuche; **Über|lie|fe|rung**
Über|lie|ge|frist (*Rechtsspr.* Frist, in der eine Vorstrafe o. Ä. nach der Tilgung noch gespeichert bleibt)
über|lie|gen (länger als vorgesehen in einem Hafen liegen [von Schiffen]); **Über|lie|ge|zeit**
Über|lin|gen (Stadt am Bodensee); **Über|lin|ger See,** der; - -s (Teil des Bodensees)
über|lis|ten; er wurde überlistet; **Über|lis|tung**
überm (*ugs. für* über dem); ↑D 14; überm Haus
über|ma|chen (*veraltend für* vererben, vermachen); sie hat ihm ihr Vermögen übermacht
Über|macht, die; -, ...mächte; **über|mäch|tig**
über|ma|len (*ugs.*); sie hat [über den Rand] übergemalt; **über|ma|len;** das Bild war übermalt; **Über|ma|lung**
über|man|nen; der Schlaf hat sie übermannt
über|manns|hoch
Über|man|tel
über|mar|chen (*schweiz. für* eine festgesetzte Grenze überschreiten)
Über|maß, das; -es; im Übermaß; **über|mä|ßig**
über|mäs|ten; übermästete Tiere
Über|mensch, der; **über|mensch|lich; Über|mensch|lich|keit**
Über|mit|tags|be|treu|ung (Schule)
über|mit|teln; ich übermitt[e]le; er hat diese freudige Nachricht übermittelt; **Über|mit|te|lung, Über|mitt|lung**
über|mor|gen; übermorgen Abend ↑D 69
über|mo|ti|viert
über|mü|de; über|mü|den; über|mü|det; Über|mü|dung
Über|mut; über|mü|tig
übern (*ugs. für* über den); ↑D 14; übern Graben
über|nächs|te; am übernächsten Tag
über|nach|ten; er hat hier übernachtet; **über|näch|tig,** *österr. nur so, sonst meist* **über|näch|tigt** (von zu langem Aufbleiben müde); **über|nächt|ler** (*schweiz. für* in Stall, Schuppen usw. Übernachtender); **Über|nach|tung**
Über|nah|me, die; -, -n; feindliche Übernahme (*Wirtsch.*)
Über|nah|me|an|ge|bot

Über|nah|me|kan|di|dat; Über|nah|me|kan|di|da|tin
Über|nah|me|schlacht (*emotional*)
Über|nah|me|stel|le (*österr. für* Annahmestelle)
Über|na|me (Spitzname)
über|na|ti|o|nal
über|na|tür|lich
über|neh|men; sie hat das Geschäft übernommen; ich habe mich übernommen
über|neh|men; sie hat die Tasche übergenommen (*ugs.*)
Über|neh|mer; Über|neh|me|rin
Über|nut|zung
über|ord|nen; er ist ihm übergeordnet; **Über|ord|nung**
Über|or|ga|ni|sa|ti|on, die; -, -en (Übermaß von Organisation); **über|or|ga|ni|siert**
über|ört|lich; über|par|tei|lich
über|pin|seln
Über|preis (überhöhter Preis)
über|pri|vi|le|giert
Über|pro|duk|ti|on
über|pro|por|ti|o|nal
über|prüf|bar; über|prü|fen; Über|prü|fung; Über|prü|fungs|kom|mis|si|on
über|pu|dern
über|qua|li|fi|ziert
über|quel|len; der Eimer quoll über; der Teig ist übergequollen
über|quer (*veraltend für* über Kreuz); **über|que|ren; Über|que|rung**
über|ra|gen (größer sein); sie hat alle überragt
über|ra|gen (hervorstehen); der Balken hat übergeragt
über|ra|gend (andere, anderes weit übertreffend); eine überragende Leistung
über|ra|schen; du überraschst; er wurde überrascht; **über|ra|schend; über|ra|schen|der|wei|se; Über|ra|schung**
Über|ra|schungs|an|griff; Über|ra|schungs|be|such; Über|ra|schungs|coup; Über|ra|schungs|ef|fekt
Über|ra|schungs|ei®
Über|ra|schungs|er|folg; Über|ra|schungs|gast; Über|ra|schungs|mann|schaft (*Sport*); **Über|ra|schungs|mo|ment,** das
über|re|agie|ren (unangemessen heftig reagieren); **Über|re|ak|ti|on;** Überreaktion der Haut
über|rech|nen (rechnerisch überschlagen)
über|re|den; sie hat mich dazu

übersprechen

überredet; Über|re|dung; Überre|dungs|kunst
über|re|gi|o|nal
Über|re|gu|lie|rung
über|reich
über|rei|chen; überreicht
über|reich|lich
Über|rei|chung
Über|reich|wei|te
über|reif; Über|rei|fe
über|rei|ßen; sie hat den Ball überrissen *(Tennis)*; er hat wieder nichts überrissen *(österr. ugs. für verstanden, begriffen)*
über|rei|zen; seine Augen sind überreizt; Über|reizt|heit; Überrei|zung
über|ren|nen; sie wurde überrannt
Über|re|prä|sen|ta|ti|on; über|reprä|sen|tiert
Über|rest
über|rie|seln *(geh.)*; ein Schauer überrieselte sie
Über|rock *(veraltet für Gehrock, Überzieher)*
Über|roll|bü|gel *(bes. bei Sport- u. Rennwagen)*; über|rol|len; er wurde überrollt
über|rum|peln; der Feind wurde überrumpelt; Über|rum|pe|lung, Über|rump|lung
über|run|den *(im Sport)*; Über|rundung
übers *(ugs. für über das)*; ↑D 14 ; übers Wochenende
über|sä|en (besäen); übersät (dicht bedeckt); der Himmel ist mit Sternen übersät
über|satt; über|sät|ti|gen; eine übersättigte Lösung *(Chemie)*; Über|sät|ti|gung
über|säu|ern; Über|säu|e|rung
Über|schall|flug; Über|schall|flugzeug
Über|schall|ge|schwin|dig|keit
über|schat|ten; Über|schat|tung
über|schät|zen; überschätzt; Über|schät|zung
über|schau|bar; Über|schau|barkeit; über|schau|en; überschaut
über|schäu|men; der Sekt schäumte über
über|schie|ßen *(landsch. für überfließen; über ein Maß hinausgehen)*
über|schläch|tig *(fachspr. für durch Wasser von oben angetrieben)*
über|schla|fen; das muss ich erst [noch] überschlafen
Über|schlag, der; -[e]s, ...schläge;

über|schla|gen; die Stimme ist übergeschlagen
¹über|schla|gen; ich habe die Kosten überschlagen; er hat sich überschlagen
²über|schla|gen; das Wasser ist überschlagen *(landsch. für lauwarm)*
über|schlä|gig (ungefähr)
Über|schlag|la|ken *(Teil der Bettwäsche)*
über|schläg|lich (überschlägig)
Über|schlags|rech|nung
über|schlags|wei|se
über|schlie|ßen *(Druckw.)*
über|schnap|pen; der Riegel des Schlosses hat od. ist übergeschnappt; die Stimme ist übergeschnappt; du bist wohl übergeschnappt *(ugs. für du hast wohl den Verstand verloren)*
über|schnei|den, sich; Überschnei|dung
über|schnei|en; überschneite Dächer
über|schnell
über|schrei|ben; das Haus ist auf ihn überschrieben; Über|schreibung (Übereignung [einer Forderung usw.])
über|schrei|en; er hat ihn überschrien
über|schrei|ten; du hast die Grenze überschritten; ↑D 82 : das Überschreiten der Gleise ist verboten; Über|schrei|tung
Über|schrift
Über|schuh
über|schul|det; Über|schul|dung
Über|schuss; Über|schüs|sig; Überschuss|pro|duk|ti|on
über|schüt|ten; sie hat mich mit Vorwürfen überschüttet; Überschüt|tung
Über|schwang, der; -[e]s; im Überschwang der Gefühle; über|schwäng|lich; Überschwäng|lich|keit
über|schwap|pen; die Suppe ist übergeschwappt
über|schwem|men; Über|schwemmung; Über|schwem|mungs|gebiet; Über|schwem|mungs|ka|tas|t|ro|phe
über|schweng|lich usw. alte Schreibung für überschwänglich usw.
über|schwer; überschwere Last
Über|see *ohne Artikel*; Waren von Übersee, aus Übersee; Übersee|brü|cke; Über|see|damp|fer; Über|see|ha|fen; über|see|isch; überseeischer Handel

über|seh|bar; über|se|hen *(ugs.)*; du hast dir dieses Kleid übergesehen; über|se|hen; ich habe den Fehler übersehen
über|sen|den; der Brief wurde ihr übersandt; Über|sen|dung
über|setz|bar; Über|setz|bar|keit
über|set|zen (ans andere Ufer bringen od. gelangen); wir setzen über; er hat den Wanderer übergesetzt; über|set|zen (in eine andere Sprache übertragen); ich habe den Satz ins Englische übersetzt
Über|set|zer; Über|set|ze|rin
über|setzt *(schweiz. für überhöht)*; übersetzte Preise, übersetzte Geschwindigkeit
Über|set|zung; Über|set|zungs|arbeit; Über|set|zungs|bü|ro; Überset|zungs|feh|ler; Über|setzungs|pro|gramm
Über|sicht, die; -, -en; über|sich|tig (veraltend für weitsichtig); über|sicht|lich (leicht zu überschauen); Über|sicht|lich|keit; Über|sichts|kar|te; Über|sichtsta|fel
über|sie|deln, über|sie|deln (den Wohnort wechseln); ich sied[e]le über od. ich übersied[e]le; ich bin damals übergesiedelt od. übersiedelt
Über|sie|de|lung, Über|sied|lung
Über|sied|ler; Über|sied|le|rin
Über|sied|lung, Über|sie|de|lung
über|sinn|lich; Über|sinn|lich|keit, die; -
Über|soll
über|sonnt
über|span|nen; ich habe den Bogen überspannt; über|spannt (übertrieben; verschroben); Über|spannt|heit
Über|span|nung (zu hohe Spannung in einer elektrischen Anlage); Über|span|nung; Überspan|nungs|schutz
über|spie|len; sie überspielte die peinliche Situation; er hatte die Deckung überspielt *(Sport)*; er hat die CD auf Kassette überspielt; über|spielt *(Sport* durch [zu] häufiges Spielen überanstrengt; *österr. für* häufig gespielt, nicht mehr neu [vom Klavier]); Über|spie|lung
über|spit|zen (übertreiben); überspitzt (übermäßig); Über|spitztheit; Über|spit|zung
über|spre|chen *(Rundfunk, Fernsehen* in eine aufgenommene [fremdsprachige] Rede

1133

überspringen

einen anderen Text hineinsprechen)
über|sprin|gen; der Funke ist übergesprungen; **über|sprin|gen;** ich habe eine Klasse übersprungen; **Über|sprin|gung**
über|spru|deln; das Wasser ist übergesprudelt
Über|sprung|hand|lung (*Verhaltensf.* bestimmte Verhaltensweise in Konfliktsituationen)
über|spü|len; das Ufer ist überspült
über|staat|lich
Über|stän|der (*Forstwirtsch.* überalterter, nicht mehr wachsender Baum); **über|stän|dig**
über|stark
über|ste|chen (im Kartenspiel eine höhere Trumpfkarte ausspielen); er hat übergestochen; **über|ste|chen;** er hat ihn überstochen
über|ste|hen; der Balken steht über; **über|ste|hen;** sie überstand die Operation; die Gefahr ist überstanden
über|stei|gen; sie hat den Grat überstiegen; das übersteigt meinen Verstand
über|stei|gen; sie ist übergestiegen
über|stei|gern (überhöhen); **Über|stei|ge|rung**
Über|stei|gung
über|stel|len (*Amtsspr.* jmdn. [weisungsgemäß] einer anderen Stelle übergeben); er wurde überstellt; **Über|stel|lung**
über|stem|peln; ich überstemp[e]le
Über|sterb|lich|keit (höhere Sterblichkeit als erwartet)
über|steu|ern (*Elektrot.* einen Verstärker überlasten, sodass der Ton verzerrt wird; *Kfz-Technik* zu starke Wirkung des Lenkradeinschlags zeigen); **Über|steu|e|rung**
über|stim|men
über|strah|len
über|stra|pa|zie|ren; ein überstrapaziertes Schlagwort
über|strei|chen; die Wand wird nicht tapeziert, sondern nur übergestrichen; **über|strei|chen;** er hat die Täfelung mit Lack überstrichen
über|strei|fen
über|streu|en; mit Zucker überstreut
über|strö|men; der Fluss hat die Felder weithin überströmt
über|strö|men; überströmende Herzlichkeit

Über|strumpf (*veraltend*)
über|stül|pen
Über|stun|de; Überstunden machen; **Über|stun|den|geld; Über|stun|den|pau|scha|le; Über|stun|den|zu|schlag**
über|stür|zen (übereilen); er hat die Angelegenheit überstürzt; die Ereignisse überstürzten sich; **Über|stür|zung**
über|tak|ten (*EDV* mit zu hoher Taktfrequenz betreiben); **Über|tak|tung**
über|ta|rif|lich; übertarifliche Bezahlung
über|täu|ben; das hat seinen Schmerz übertäubt
über|tau|chen (*österr. ugs. für* [eine Krankheit, Krise] überstehen)
über|teu|ern; überteuerte Ware; **Über|teu|e|rung**
über|ti|teln; Über|ti|te|lung (*Theater* Text auf einer Anzeigetafel oberhalb der Bühne)
über|töl|peln; ich übertölp[e]le; **Über|töl|pe|lung, Über|tölp|lung**
über|tö|nen; Über|tö|nung
Über|topf
Über|trag, der; -[e]s, ...träge
über|trag|bar; Über|trag|bar|keit
¹**über|tra|gen;** ich habe ihm das Amt übertragen; die Krankheit hat sich auf mich übertragen
²**über|tra|gen;** eine übertragene Bedeutung; übertragene (*österr. für* gebrauchte, abgetragene) Kleidung
Über|tra|ger (*Fernmeldewesen* Transformator); **Über|trä|ger; Über|trä|ge|rin; Über|tra|gung**
Über|tra|gungs|ge|schwin|dig|keit; Über|tra|gungs|netz
Über|tra|gungs|sa|tel|lit; Über|tra|gungs|ver|merk; Über|tra|gungs|wa|gen (*Abk.* Ü-Wagen); **Über|tra|gungs|weg**
über|trai|niert
über|tref|fen; ihre Leistungen haben alles übertroffen
über|trei|ben; Über|trei|bung
über|tre|ten; er ist zur evangelischen Kirche übergetreten; sie hat, ist beim Weitsprung übergetreten (*Sport*); **über|tre|ten;** ich habe das Gesetz übertreten; ich habe mir den Fuß übertreten (*landsch. für* vertreten); **Über|tre|tung; Über|tre|tungs|fall,** der; *nur in* im Übertretungsfall[e] (*Amtsspr.*)
über|trie|ben; Über|trie|ben|heit
Über|tritt

über|trump|fen (überbieten, ausstechen); übertrumpft
über|tun (*ugs.*); ich habe mir einen Mantel übergetan; **über|tun,** sich (*landsch. für* sich übernehmen); du hast dich übertan
über|tün|chen
über|über|mor|gen
Über|va|ter (Respekt einflößende, beherrschende Figur)
über|ver|si|chern; die Schiffsladung war überversichert; **Über|ver|si|che|rung**
über|ver|sorgt; Über|ver|sor|gung
über|ver|tre|ten (*schweiz. für* überrepräsentiert); **Über|ver|tre|tung**
über|völ|kern; diese Provinz ist übervölkert; **Über|völ|ke|rung**
über|voll
über|vor|sich|tig
über|vor|tei|len; er wurde übervorteilt; **Über|vor|tei|lung**
über|wach
über|wa|chen (beaufsichtigen); er wurde überwacht
über|wach|sen; mit Moos überwachsen
über|wäch|tet *alte Schreibung für* überwechtet
Über|wa|chung; Über|wa|chungs|dienst; Über|wa|chungs|ka|me|ra; Über|wa|chungs|staat (*abwertend*); **Über|wa|chungs|stel|le; Über|wa|chungs|sys|tem; Über|wa|chungs|vi|deo**
über|wal|len (sprudelnd überfließen); das Wasser ist übergewallt; **über|wal|len** (*geh.*); von Nebel überwallt
über|wäl|ti|gen; er wurde überwältigt; **über|wäl|ti|gend; Über|wäl|ti|gung**
über|wäl|zen (abwälzen); die Kosten wurden auf die Gemeinden überwälzt

---

über was / worüber

Über was kommt in der gesprochenen Sprache recht häufig vor: *Über was habt ihr gesprochen?* Im geschriebenen Standarddeutsch wird in der Regel *worüber* verwendet: *Worüber habt ihr gesprochen?*

über|wech|seln; sie ist aufs Gymnasium übergewechselt
über|wech|tet (von einem Schneeüberhang bedeckt)
Über|weg

u. dgl. [m.]

üb|rig
– übriges Verlorenes; übrige kostbare Gegenstände
Großschreibung der Substantivierung ↑D 72:
– ein Übriges tun (mehr tun, als nötig ist)
– im Übrigen (sonst, ferner)
– das, alles Übrige
– die, alle Übrigen
Schreibung in Verbindung mit Verben und adjektivisch gebrauchten Partizipien:
– er hat von seinem Vermögen nichts übrig behalten
– von dem Kuchen wird nichts übrig bleiben
– ihr wolltet mir doch ein Stück Kuchen übrig lassen!
– solange wir etwas Geld übrig haben …
– der übrig gebliebene *od.* übriggebliebene Kuchen

Bei übertragener Bedeutung:
– etwas für jmdn. übrighaben (jmdn. mögen)
– ↑D 55: uns wird nichts anderes übrig bleiben *od.* übrigbleiben, als nachzugeben
– ↑D 55: sie haben uns nichts anderes übrig gelassen *od.* übriggelassen, als zur Polizei zu gehen

---

über|wei|sen; sie hat das Geld überwiesen
über|wei|ßen (hell überstreichen); er hat die Wand überweißt
Über|wei|sung; Über|wei|sungs|auf|trag; Über|wei|sungs|for|mu|lar; Über|wei|sungs|schein
über|weit; Über|wei|te; Kleider in Überweiten
Über|welt; über|welt|lich (übersinnlich, übernatürlich)
über|wend|lich (*Handarbeit*); überwendlich nähen (so nähen, dass die Fäden über die aneinandergelegten Stoffkanten hinweggehen); überwendliche Naht; **über|wend|lings;** überwendlings nähen
über|wer|fen; sie hat den Mantel übergeworfen; **über|wer|fen,** sich; wir haben uns überworfen (verfeindet); **Über|wer|fung**
über|wer|tig (*Psychol.*); **Über|wer|tig|keit,** die; -; **Über|wer|tung**
Über|we|sen
über|wie|gen ([an Zahl od. Einfluss] stärker sein); die Laubbäume überwiegen; die Mittelmäßigen haben überwogen; **über|wie|gend** [*auch* ’y:…]
über|wind|bar; über|win|den; die Schwierigkeiten wurden überwunden; **Über|win|der; Über|win|de|rin; Über|win|dung**
über|win|tern; ich überwintere; das Getreide hat gut überwintert; **Über|win|te|rung**
über|wöl|ben; der Raum wurde überwölbt; **Über|wöl|bung**
über|wu|chern; das Unkraut hat den Weg überwuchert; **Über|wu|che|rung**
Über|wurf (Umhang; *Ringen* ein Hebegriff; *österr., schweiz. u. landsch. auch für* Zierdecke, Tagesdecke)

Über|zahl, die; -; in der Überzahl sein; **über|zah|len** (zu hoch bezahlen); **über|zäh|len** (nachzählen); sie hat den Betrag noch einmal überzählt; **über|zäh|lig; Über|zah|lung**
über|zeich|nen (*ugs. für* über den vorgesehenen Rand zeichnen); **über|zeich|nen;** die Anleihe ist überzeichnet; **Über|zeich|nung**
Über|zeit, die; -, -en (*schweiz. für* Überstunden); **Über|zeit|ar|beit,** die; -; **Über|zeit|lich**
über|zeu|gen; sie hat ihn überzeugt; sich überzeugen; **über|zeu|gend;** das überzeugendste Argument; **über|zeugt** (fest an etwas glaubend); eine überzeugte Demokratin; **Über|zeugt|heit; Über|zeu|gung; Über|zeu|gungs|ar|beit,** die; -; **Über|zeu|gungs|kraft,** die; -
Über|zeu|gungs|tä|ter (*Rechtsspr.* jmd., der um einer [politischen, religiösen o. ä.] Überzeugung willen straffällig geworden ist); **Über|zeu|gungs|tä|te|rin**
Über|zeu|gungs|treu
über|zie|hen; er zieht eine Jacke über, hat eine Jacke übergezogen; **über|zie|hen;** sie überzieht den Kuchen mit einem Zuckerguss; er hat sein Konto überzogen; das Bett überziehen (*österr. für* beziehen); er hat es endlich überzogen (*österr. für* verstanden); **Über|zie|her**
Über|zie|hung (*bes. Bankw.*); **Über|zie|hungs|kre|dit; Über|zie|hungs|zins** *meist Plur.*
über|zo|gen (übertrieben)
über|züch|tet; der Hund ist überzüchtet
über|zu|ckern
Über|zug; Über|zugs|pa|pier

über|zwerch [*auch* …ˈtsvɛ…] (*landsch. für* quer, über Kreuz; verschroben; übermütig)
Ubi|er, der; -s, - (Angehöriger eines germ. Volksstammes); **Ubi|e|rin**
Ubi|quist, der; -en, -en ⟨*lat.*⟩ (*Biol.* auf der gesamten Erdkugel verbreitete Pflanzen- od. Tierart); **ubi|qui|tär** (überall verbreitet)
üb|lich ↑D 72: seine Rede enthielt nur das Übliche; **üb|li|cher|wei|se; Üb|lich|keit,** die; -
U-Bo|gen ↑D 29
U-Boot, bundeswehramtlich **Uboot** ↑D 28 (Unterseeboot; *Abk.* U); **U-Boot-Krieg** ↑D 26
üb|rig *s. Kasten*
üb|rig blei|ben, üb|rig|blei|ben *vgl. übrig*
üb|ri|gens
üb|rig|ha|ben; *in der Wendung* etwas für jmdn. übrighaben (jmdn. mögen); *vgl. übrig*
üb|rig las|sen, üb|rig|las|sen *vgl. übrig*
Übung; Übungs|ar|beit; Übungs|auf|ga|be; Übungs|buch
übungs|hal|ber
Übungs|hang; Übungs|lei|ter, der; **Übungs|lei|te|rin; Übungs|platz; Übungs|pro|gramm; Übungs|sa|che,** die; **Übungs|schie|ßen; Übungs|stück**
Ücht|land *vgl.* Üechtland
Ucker|mark, die; - (nordostd. Landschaft); **Ucker|mär|ker; Ucker|mär|ke|rin; ucker|mär|kisch**
Ud, Oud [u:t], die; -, -s ⟨*arab.*⟩ (Laute mit 4 bis 7 Saitenpaaren)
u. desgl. [m.] = und desgleichen [mehr]
u. dgl. [m.] = und dergleichen [mehr]

u. d. M. = unter dem Meeresspiegel
ü. d. M. = über dem Meeresspiegel
Udo (m. Vorn.)
UdSSR, die; - = Union der Sozialistischen Sowjetrepubliken (bis 1991)
u. E. = unseres Erachtens
Üechtland [ˈyːɛxt...], **Üchtland,** das; -[e]s (in der Schweiz); *vgl.* Freiburg im Üchtland
Uecker [ˈykər], die; - (nordd. Fluss)
UEFA, die; - = Union of European Football Associations (Europäischer Fußballverband); **UEFA-Pokal** ↑D 28
U-Eisen (Walzeisen von u-förmigem Querschnitt); ↑D 29; **U-Eisen-förmig** ↑D 26
Uelzen [ˈʏ...] (Stadt in der Lüneburger Heide); **Uelzener, Uelzer; Uelzeǀnerin, Uelzerin**
Uerdingen [ˈyːɐ̯...] (Stadtteil von Krefeld)
UFA®, die; - = Universum-Film-AG (deutsche Filmproduktionsgesellschaft); **UFA-Film** ↑D 28; **UFA-Filmproduktion** ↑D 28
Ufer, das; -s, -; *Schreibung in Straßennamen:* ↑D 162 u. 163
Ufer|bau *Plur.* ...bauten; **Ufer|befestigung; Ufer|böschung; Ufer|führung; Ufer|geld** (Hafengebühr); **Ufer|landschaft; Ufer|läufer** (ein Vogel)
ufer|los; seine Pläne gingen ins Uferlose
Uferǀpromenade; Uferǀschwalbe; Uferstraße; Uferweg
uff!
u. ff. = und folgende [Seiten]
Uffizien *Plur.* (Palast mit Gemäldesammlung in Florenz)
Uffz. = Unteroffizier
Ufo, UFO, das; -[s], -s ⟨engl.; Kurzw. für unidentified flying object⟩ (unbekanntes Flugobjekt)
Ufo|loge; Ufo|logie, die; - (Beschäftigung mit Ufos); **Ufo|login**
u-förmig, U-förmig (in Form eines lat. U); ↑D 29
UG = Untergeschoss
Uganda (Staat in Afrika); **Ugander; Uganderin; ugandisch**
ugrisch *vgl.* finnisch-ugrisch
uh!
U-Haft ↑D 28 (*kurz für* Untersuchungshaft)

U-Haken ↑D 29
Uhland (dt. Dichter)

Uhr

die; -, -en

– Punkt, Schlag acht Uhr
– es ist zwei Uhr nachts
– es ist ein Uhr, *aber* es ist eins
– es ist 6:30 [Uhr], 6.30 [Uhr], 6³⁰ [Uhr] (*gesprochen* sechs Uhr dreißig)
– es schlägt 12 [Uhr]
– um fünf [Uhr] aufstehen
– ich komme um 20 Uhr
– der Zug fährt um halb acht [Uhr] abends
– ich wartete bis zwei Uhr nachmittags
– Achtuhrzug (*mit Ziffer* 8-Uhr-Zug; ↑D 26)

Uhr|band, das; *Plur.* ...bänder; **Uhrchen**
Uhren|industrie; Uhren|kasten; Uhren|radio
Uhr|kette; Uhr|macher; Uhrmacherei; Uhr|macherin; Uhr|tasche; Uhr|werk; Uhr|zeiger; Uhr|zeiger|sinn; *nur in* im u. entgegen dem Uhrzeigersinn; **Uhr|zeit**
UHT-Milch ⟨= Ultra-high-Temperature-Milch⟩ (schweiz. für H-Milch)
Uhu, der; -s, -s (ein Vogel)
Uhudler, der; -s, - (österr. Weinsorte)
ui!
UIC, der; - = UEFA-Intertotocup (ein europ. Fußballwettbewerb)
Uigure, der; -n, -n (Angehöriger eines Turkvolkes); **Uigurin**
ui je! (österr. für oje!)
UK [juːˈkeɪ], das; - = United Kingdom [of Great Britain and Northern Ireland] ⟨engl.⟩ (Vereinigtes Königreich [Großbritannien u. Nordirland])
Ukas, der; -ses, -se ⟨russ.⟩ (Erlass, Verordnung [des Zaren])
Ukelei, der; -s, *Plur.* -e u. -s ⟨slaw.⟩ (ein Karpfenfisch)
Ukraine [*auch* uˈkraɪ̯nə], die; - (Staat in Osteuropa); **Ukrainer; Ukrainerin,** die; -, -nen; **Ukrainisch,** das; -[s] (Sprache); *vgl.* Deutsch; **Ukrainische,** das; -n; *vgl.* ²Deutsche
Ukulele, die *od.* das; -, -n ⟨hawaiisch⟩ (kleine Gitarre)
UKW [uːkaːˈveː] ⟨ohne Artikel⟩

= Ultrakurzwelle; **UKW-Empfänger** ↑D 28; **UKW-Sender**
Ul, die; -, -en (nordd. *für* Eule, Handbesen)
Ulan, der; -en, -en ⟨türk.-poln.⟩ (*früher für* Lanzenreiter)
Ulan-Bator (Hauptstadt der Mongolei)
¹**Ulema,** der; - ⟨arab.-türk., »die Gelehrten«⟩ (Gesamtheit der islamischen Rechts- u. Religionsgelehrten)
²**Ulema,** der; -s, -s (islamischer Rechts- u. Religionsgelehrter)
Ulen|flucht, die; -, -en ⟨»Eulenflug«⟩ (nordd. *für* Dachöffnung des westfäl. Bauernhauses); **Ulen|spiegel** (Nebenform von Eulenspiegel)
Ulfilas, Wulfila (Bischof der Westgoten)
Uli [*auch* ˈuː...], **Ulli** (m. od. w. Vorn.)
Ulixes, Ulysses (lat. Name von Odysseus)
Ulk, der; *Gen.* -s, *seltener* -es, *Plur.* -e (Spaß; Unfug)
Ulk, der; -[e]s, -e (nordd. *für* Iltis)
ulken; Ulkerei; ulkig (ugs.); **Ulknudel** (ugs. scherzh.)
Ulkus, das; -, Ulzera ⟨lat.⟩ (Med. Geschwür)
Ulla (w. Vorn.)
Ulli *vgl.* Uli
¹**Ulm** (Stadt an der Donau)
²**Ulm,** ¹**Ulme,** die; -, ...men (Bergmannsspr. seitliche Fläche im Bergwerksgang)
²**Ulme,** die; -, -n ⟨lat.⟩ (ein Laubbaum); **Ulmen|blatt**
Ulmer ⟨zu ¹Ulm⟩; Ulmer Spatz; **Ulmerin**
Ulrich (m. Vorn.)
Ulrike (w. Vorn.)
¹**Ulster** [*auch* ˈal...] ⟨engl.⟩ (hist. Provinz im Norden der Insel Irland)
²**Ulster** [*auch* ˈal...], der; -s, - (weiter [Herren]mantel; schwerer Mantelstoff)
ult. = ultimo
Ulti|ma Ratio ↑D 40, die; - - ⟨lat.⟩ (letztes Mittel)
ultimativ (in Form eines Ultimatums; nachdrücklich); **Ultimatum,** das; -s, ...ten (letzte, äußerste Aufforderung)
ultimo (am Letzten [des Monats]; *Abk.* ult.); ultimo März; bis ultimo *od.* Ultimo März; bis ultimo (ugs. für sehr lange); **Ultimo,** der; -s, -s (letzter Tag [des Monats]); **Ultimo|geschäft**

Umbruch

um

Präposition mit Akkusativ:
- um vieles, um nichts, um ein Mehrfaches größer
- um alles in der Welt [nicht]
- einen Tag um den anderen
- um Rat fragen
- ich komme um 20 Uhr (*vgl.* Uhr)
- ich gehe um Milch (*österr. für* um Milch zu holen)
- um ein Bedeutendes, um ein Beträchtliches (viel)

Adverb:
- um sein (*ugs. für* vorüber sein); da die Zeit um ist, um war; die Zeit ist um gewesen
- links um! (*vgl.* links)
- es waren um [die] (etwa) zwanzig Kinder
- Gemeinden von um (etwa) 10 000 Einwohnern

Konjunktion:
- um zu; er kommt, um uns zu helfen ↑D 116
- um so zu wirken, setzte er eine traurige Miene auf

Großschreibung ↑D 81:
- das Um und Auf (*österr. für* das Ganze, das Wesentliche)

Vgl. auch umeinander; umsonst; umso; ums (um das) *u.* willen

---

Ul|tra, der; -s, -s ⟨lat.⟩ (polit. Fanatiker, [Rechts]extremist; [rechtsradikaler] fanatischer Fußballanhänger)
Ul|tra|book® [...bʊk], das; -s, -s ⟨engl.⟩ (bes. dünnes, leichtes Notebook)
ul|tra|cool (*Jugendspr.*)
ul|tra|flach; **ul|tra|hart**
ul|tra|kon|ser|va|tiv
ul|tra|kurz; **Ul|tra|kurz|wel|le** (*Physik, Rundfunk* elektromagnetische Welle unter 10 m Länge; *Abk.* UKW); **Ul|tra|kurz|wel|len|emp|fän|ger**; **Ul|tra|kurz|wel|len|sen|der**
ul|tra|lang
Ul|tra|leicht|flug|zeug (besonders leicht u. einfach gebautes [Sport]flugzeug)
Ul|tra|ma|ra|thon (*Leichtathletik* Supermarathon)
ul|tra|ma|rin ⟨lat., »übers Meer« [eingeführt]⟩ (kornblumenblau); **Ul|tra|ma|rin**, das; -s
Ul|tra|mi|k|ros|kop (zur Beobachtung kleinster Teilchen)
ul|tra|mon|tan ⟨lat.⟩ (streng päpstlich gesinnt); **Ul|tra|mon|ta|nis|mus**, der; - (streng päpstliche Gesinnung [im ausgehenden 19. Jh.])
ul|tra|or|tho|dox
ul|tra|rot (*svw.* infrarot); **Ul|tra|rot**
Ul|tra|schall, der; -[e]s (mit dem menschlichen Gehör nicht mehr wahrnehmbarer Schall)
Ul|tra|schall|be|hand|lung; **Ul|tra|schall|di|a|g|nos|tik**; **Ul|tra|schall|schwei|ßung**; **Ul|tra|schall|un|ter|su|chung** (*Med., Technik*); **Ul|tra|schall|wel|le** *meist Plur.*
ul|tra|scharf
Ul|tra|strah|lung (kosmische Höhenstrahlung)
ul|tra|vi|o|lett ([im Sonnenspektrum] über dem violetten Licht; *Abk.* UV); ultraviolette Strahlen (*kurz* UV-Strahlen; ↑D 28); **Ul|tra|vi|o|lett**, das; -[s] (*Abk.* UV)
Ulu|ru (Ayers Rock, Berg in Australien)
Ulys|ses *vgl.* Ulixes
Ul|ze|ra (*Plur. von* Ulkus); **Ul|ze|ra|ti|on**, die; -, -en ⟨lat.⟩ (*Med.* Geschwürbildung; **ul|ze|rie|ren** (geschwürig werden); **ul|ze|rös** (geschwürig); ulzeröses Organ
um *s.* Kasten
um...; *in Verbindung mit Verben: unfeste Zusammensetzungen* ↑D 47, z. B. umbauen (*vgl. d.*), umgebaut; *feste Zusammensetzungen*, z. B. umbauen (*vgl. d.*), umbaut
um|ackern; umgeackert
um|ad|res|sie|ren; umadressiert
uma|mi ⟨jap.⟩ (einen herzhaften Geschmack vermittelnd)
um|än|dern; **Um|än|de|rung**
um Ant|wort wird ge|be|ten, **Um Ant|wort wird ge|be|ten** (*Abk.* u. [*od.* U.] A. w. g.)
um|ar|bei|ten; der Anzug wurde umgearbeitet; **Um|ar|bei|tung**
um|ar|men; er hat sie umarmt; sie umarmten sich; **Um|ar|mung**
Um|bau, der; -[e]s, *Plur.* -e *u.* -ten
Um|bau|ar|beit *meist Plur.*
um|bau|en (anders bauen); das Theater wurde völlig umgebaut
um|bau|en (mit Bauten umschließen); er hat seinen Hof mit Ställen umbaut; umbauter Raum
um|be|hal|ten; sie hat den Schal umbehalten
um|be|nen|nen; **Um|be|nen|nung**
¹**Um|ber** *vgl.* Umbra
²**Um|ber**, der; -s, -n ⟨lat.⟩ (ein Speisefisch des Mittelmeeres)
Um|ber|to (m. Vorn.)
um|be|schrie|ben; der umbeschriebene Kreis (Umkreis)
um|be|set|zen; die Rolle wurde umbesetzt; **Um|be|set|zung**
um|be|sin|nen, sich; ich habe mich umbesonnen
um|bet|ten; wir haben den Kranken, die Toten umgebettet; **Um|bet|tung**
um|bie|gen
um|bil|den; die Regierung wurde umgebildet; **Um|bil|dung**
um|bin|den; sie hat ein Tuch umgebunden; **um|bin|den**; er hat den Finger mit Leinwand umbunden
um|bla|sen; der Wind hat sie fast umgeblasen; **um|bla|sen**; von Winden umblasen
Um|blatt (inneres Hüllblatt der Zigarre)
um|blät|tern; umgeblättert
Um|blick; **um|bli|cken**, sich
Um|b|ra, die; -, Um|ber, der; -s ⟨lat.⟩ (ein brauner Farbstoff)
um|bran|den; von Wellen umbrandet
um|brau|sen; von Beifall umbraust
um|bre|chen; den Acker umbrechen; der Zaun ist umgebrochen worden; **um|b|re|chen** (*Druckw.* den Drucksatz in Seiten einteilen); er umbricht den Satz; der Satz wird umbrochen, ist noch zu umbrechen; **Um|bre|cher** (*Druckw.* Metteur); **Um|b|re|che|rin**
Um|b|rer, der; -s, - (Angehöriger eines italischen Volksstamms); **Um|b|re|rin**
Um|b|ri|en (ital. Region)
um|brin|gen; umgebracht
um|b|risch (aus Umbrien)
Um|bruch, der; -[e]s, ...brüche (grundlegende [polit.] Ände-

Umbruchkorrektur

rung, Umwandlung; *Druckw.* das Umbrechen); Um|bruch|kor|rek|tur; Um|bruch|pha|se; Um|bruch|si|tu|a|ti|on
um|bu|chen; einen Betrag umbuchen; sie hat die Reise umgebucht; Um|bu|chung
um|da|tie|ren; er hat den Brief umdatiert
um|den|ken; Um|denk|pro|zess, Um|den|kungs|pro|zess
um|deu|ten; Um|deu|tung
um|di|ri|gie|ren; wir haben den Transport umdirigiert
um|dis|po|nie|ren (seine Pläne ändern); ich habe umdisponiert
um|drän|gen; sie wurde von allen Seiten umdrängt
um|dre|hen; sich umdrehen; er dreht jeden Pfennig, Cent um (ist sehr sparsam); sie hat den Spieß umgedreht (ist ihrerseits [mit denselben Mitteln] zum Angriff übergegangen); du hast dich umgedreht
Um|dre|hung; Um|dre|hungs|geschwin|dig|keit; Um|dre|hungszahl
Um|druck *Plur.* ...drucke (*nur Sing.:* ein Vervielfältigungsverfahren; Ergebnis dieses Verfahrens); Um|druck|ver|fah|ren
um|düs|tern, sich (*geh.*)
um|ei|n|an|der; sich umeinander kümmern; umeinander herumtanzen
um|ei|n|an|der|lau|fen (*bes. südd., österr. für* herumlaufen)
um|er|zie|hen; sie wurden politisch umerzogen; Um|er|ziehung, die; -, -en; Um|er|ziehungs|la|ger *Plur.* ...lager
um|fä|cheln (*geh.*); der Wind hat mich umfächelt
um|fah|ren (fahrend umwerfen; *landsch. für* fahrend einen Umweg machen); er hat das Verkehrsschild umgefahren; ich bin [beinahe eine Stunde] umgefahren; um|fah|ren (um etwas herumfahren); er umfuhr das Hindernis; er hat die Insel umfahren; Um|fahrt; Um|fahrung (*österr. u. schweiz. auch svw.* Umgehungsstraße); Um|fah|rungs|stra|ße (*österr., schweiz.*)
Um|fall, der; -[e]s (*ugs. für* plötzlicher Gesinnungswandel)
um|fal|len; sie ist tot umgefallen; bei der Abstimmung ist er doch noch umgefallen (*ugs.*); ↑D 82: sie war zum Umfallen müde

(*ugs.*); Um|fal|ler (*auch Fußball*); Um|fal|le|rin
Um|fang; um|fan|gen (*geh.*); die Nacht umfing uns; ich halte ihn umfangen; um|fäng|lich
um|fang|mä|ßig, um|fangs|mä|ßig; um|fang|reich; Um|fangs|be|rechnung; um|fangs|mä|ßig, umfang|mä|ßig
um|fär|ben; der Mantel wurde umgefärbt
um|fas|sen (anders fassen; *landsch. auch für* das Gewehr in jmdn. legen); der Schmuck wird umgefasst; er fasste die Frau um; um|fas|sen (umschließen; in sich begreifen); ich habe ihn umfasst; die Sammlung umfasst alles Wesentliche; um|fas|send; Um|fas|sung; Um|fas|sungs|mau|er
Um|feld; das soziale Umfeld
um|fir|mie|ren (einen anderen Handelsnamen annehmen); wir haben umfirmiert; Um|fir|mierung
um|flech|ten; eine umflochtene Weinflasche
um|flie|gen (*landsch. für* fliegend einen Umweg machen; *ugs. für* hinfallen); das Flugzeug war eine weite Strecke umgeflogen; das Schild ist umgeflogen; um|flie|gen; die Krähen haben den alten Turm umflogen
um|flie|ßen; umflossen von ...
um|flo|ren (*geh.*); Tränen umflorten seinen Blick
um|for|men; er formt den Satz um; Um|for|mer (*Elektrot.*); Um|formtech|nik
um|for|mu|lie|ren
Um|for|mung
Um|fra|ge; Umfrage halten; Um|fra|ge|er|geb|nis; Um|fra|ge|hoch
um|fra|gen; die Meinungsforscher haben wieder umgefragt
Um|fra|ge|tief
um|frie|den, *seltener* um|frie|di|gen (*geh. für* mit einem Zaun umgeben); er hat seinen Garten umfriedet, *seltener* umfriedigt; Um|frie|di|gung, *häufiger* Um|frie|dung
um|fül|len; Um|fül|lung
um|funk|ti|o|nie|ren (die Funktion von etwas ändern; zweckentfremdet einsetzen); die Veranstaltung wurde zu einer Protestversammlung umfunktioniert; Um|funk|ti|o|nie|rung
Um|gang; um|gäng|lich (freund-

lich, erträglich); Um|gäng|lich|keit, die; -
Um|gangs|form *meist Plur.*
Um|gangs|recht *Plur. selten* (*Rechtsspr.* Recht der Eltern auf persönlichen Umgang mit dem eigenen Kind)
Um|gangs|spra|che; um|gangs|sprach|lich
Um|gangs|ton *Plur.* ...töne
um|gar|nen; sie hat ihn umgarnt; Um|gar|nung
um|gau|keln; der Schmetterling hat die Blüten umgaukelt
um|ge|ben (*landsch.*); er gab mir den Mantel um, hat mir den Mantel umgegeben (umgehängt); um|ge|ben; er umgab das Haus mit einer Hecke; sie war von Kindern umgeben; sich umgeben mit ...
Um|ge|bin|de|haus (*Bauw.*)
Um|ge|bung
Um|ge|gend (*ugs.*)
um|ge|hen; ein Gespenst geht dort um; er ist umgegangen (*landsch. für* hat einen Umweg gemacht); um|ge|hen; sie umgeht alle Fragen; er hat das Gesetz umgangen; um|ge|hend; mit umgehender (nächster) Post; Um|ge|hung; Um|ge|hungs|stra|ße
um|ge|kehrt; es verhält sich umgekehrt, als du denkst
um|ge|stal|ten; Um|ge|stal|tung
um|ge|wöh|nen; sich umgewöhnen
um|gie|ßen; sie hat den Wein umgegossen
um|git|tern; umgittert; Um|git|te|rung
um|glän|zen (*geh.*); von Licht umglänzt
um|gol|den (*geh.*); umgoldet
um|gra|ben; Um|gra|bung
um|grei|fen (in einen anderen Griff wechseln); er hat bei der Riesenfelge umgegriffen; um|grei|fen (umfassen); sie hatte den Stock fest umgriffen
um|gren|zen; sie umgrenzte das Aufgabengebiet; der Garten ist von Steinen umgrenzt; Um|gren|zung
um|grup|pie|ren; umgruppiert; Um|grup|pie|rung
um|gu|cken, um|ku|cken, sich (*ugs. für* sich umsehen)
um|gür|ten (*früher*); ich habe mir das Schwert umgegürtet; um|gür|ten (*früher*); sich umgürtet, mit dem Schwert umgürtet

um|ha|ben *(ugs.);* sie hat nicht einmal ein Tuch umgehabt
um|hal|sen
um|hä|keln; ein umhäkeltes Taschentuch
um|hal|sen; sie hat ihn umhalst; **Um|hal|sung**
Um|hang; um|hän|gen; ich hängte mir den Mantel um; ich habe die Bilder umgehängt (anders gehängt); *vgl.* ²hängen; **um|hän|gen** (hängend umgeben); das Bild war mit Flor umhängt *od.* umhangen; *vgl.* ²hängen
Um|hän|ge|ta|sche, Um|häng|tasche; Um|hän|ge|tuch, Um|hangtuch, Um|häng|tuch *Plur.* ...tücher
um|hau|en (abschlagen, fällen usw.); er haute, *geh.* hieb den Baum um; das hat mich umgehauen *(ugs. für* das hat mich in großes Erstaunen versetzt)
um|he|gen *(geh.);* **Um|he|gung**
um|her (im Umkreis)
um|her... (bald hierhin, bald dorthin ..., z. B. umherlaufen; er läuft umher, ist umhergelaufen)
um|her|bli|cken; um|her|fah|ren; um|her|ge|hen; um|her|geis|tern; um|her|ir|ren; um|her|lau|fen; um|her|schlei|chen; um|herschlen|dern; um|her|schwei|fen; um|her|schwir|ren; um|her|strei|chen; um|her|strei|fen; um|her|tra|gen; um|her|zie|hen
um|hin|kom|men (umhinkönnen)
um|hin|kön|nen *nur verneint:* ich kann nicht umhin[,] es zu tun; ich habe nicht umhingekonnt; nicht umhinzukönnen
um|hö|ren; sich; ich habe mich danach umgehört
um|hül|len; umhüllt mit ...; **Um|hül|lung**
Umi|ak, der *od.* das; -s, -s ⟨eskim.⟩ (Boot der Eskimofrauen)
U/min = Umdrehungen pro Minute
um|in|ter|pre|tie|ren (umdeuten)
um|ju|beln; umjubelt
um|kämpfen *meist im 2. Part. gebr.;* die Festung war hart umkämpft
Um|kar|ton *(fachspr.)*
Um|kehr, die; -; **um|kehr|bar; Um|kehr|bar|keit,** die; -
um|keh|ren; sich umkehren; sie ist umgekehrt; sie hat die Tasche umgekehrt; **Um|kehr|film** (Film, der beim Entwickeln ein Positiv liefert); **Um|kehr|schluss; Um|kehrung**

um|kip|pen; der Stuhl kippte um; er ist bei den Verhandlungen umgekippt *(ugs. für* hat seinen Standpunkt geändert); sie ist plötzlich umgekippt *(ugs. für* ohnmächtig geworden); der See ist umgekippt (biologisch abgestorben); **Um|kip|pen,** das; -s
um|klam|mern; Um|klam|me|rung
um|klapp|bar; um|klap|pen
Um|klei|de, die; -, -n *(ugs. für* Umkleideraum); **Um|klei|de|ka|bi|ne; Um|klei|de|mög|lich|keit**
um|klei|den, sich; ich habe mich umgekleidet (anders gekleidet)
um|klei|den (umgeben, umhüllen); umkleidet mit, von ...
Um|klei|de|raum; Um|klei|dung, die; -
Um|klei|dung
um|kni|cken; sie ist [mit dem Fuß] umgeknickt
um|kom|men; er ist im Krieg umgekommen; ↑D 82: die Hitze ist ja zum Umkommen *(ugs.)*
um|ko|pie|ren *(Fototechnik)*
um|krän|zen; umkränzt; **Um|krän|zung**
Um|kreis, der; -es *Plur. (Geom.):* -e; **um|krei|sen;** der Storch hat das Nest umkreist; **Um|krei|sung**
um|krem|peln *(ugs. auch für* völlig ändern)
um|ku|cken *vgl.* umgucken
um|kur|ven *(ugs. für* mit einer Kurve umfahren)
um|la|ckie|ren
um|la|den; die Säcke wurden umgeladen; *vgl.* ¹laden; **Um|la|dung**
Um|la|ge (Steuer; Beitrag)
um|la|gern (an einen anderen Platz bringen [zum Lagern]); die Waren wurden umgelagert; **um|la|gern** (umgeben, eng umschließen); umlagert von ...; *vgl.* lagern; **Um|la|ge|rung; Um|la|ge|rung**
Um|la|ge|sys|tem; Um|la|ge|ver|fah|ren *(Versicherungsw.)*
Um|land, das; -[e]s (ländliches Gebiet um eine [Groß]stadt); **Um|land|ge|mein|de**
Um|lauf *(auch für* Fruchtfolge; *Med.* eitrige Entzündung am Finger od. Hand); in Umlauf geben, sein (von Zahlungsmitteln); **Um|lauf|bahn; um|lau|fen;** der Mond umläuft die Erde in 28 Tagen; ich habe den Platz umlaufen
um|lau|fen (laufend umwerfen; *landsch. für* einen Umweg

machen; weitergegeben werden); sie hätte das Kind fast umgelaufen; wir sind umgelaufen; eine Nachricht ist umgelaufen
Um|lauf|ren|di|te *Plur. selten (Wirtsch.* Rendite festverzinslicher, im Umlauf befindlicher Wertpapiere)
Um|lauf[s]|ge|schwin|dig|keit; Um|lauf[s]|zeit
Um|lauf|ver|mö|gen *(Wirtsch.)*
Um|laut (ä, ö, ü); **um|lau|ten;** ein umgelautetes U ist ein Ü
Um|le|ge|kal|len|der; Um|le|ge|kra|gen; um|le|gen; ein Braten, umlegt mit Gemüse; **um|le|gen** *(derb auch für* erschießen); er legte den Mantel um; er hat die Karten umgelegt (gewendet od. anders gelegt); **Um|le|gung; Um|le|gung** *(auch für* Flurbereinigung)
um|lei|ten (anders leiten); der Verkehr wurde umgeleitet; **Um|lei|tung; Um|lei|tungs|schild,** das
um|len|ken; die Fahrzeuge wurden umgelenkt; **Um|len|kung**
um|ler|nen; sie hat umgelernt
um|lie|gend; umliegende Häuser
Um|luft, die; - *(Technik* aufbereitete, zurückgeleitete Luft)
Um|ma, die; - ⟨arab.⟩ (die religiöse Gemeinschaft aller Muslime)
um|mä|hen *(auch ugs. für* umfahren, niederstrecken)
um|man|geln *(ugs. für* überfahren); er hat ein Schild umgemangelt
um|man|teln; ich ummant[e]le; ein ummanteltes Kabel; **Um|man|te|lung**
um|mau|ern (mit Mauerwerk umgeben); **Um|mau|e|rung**
um|me *(ugs.); nur in* für umme (umsonst)
um|mel|den; ich habe mich umgemeldet; **Um|mel|dung**
um|mo|deln (ändern, umgestalten); umgemodelt; **Um|mo|de|lung, Um|mod|lung**
um|mün|zen; die Niederlage wurde in einen Sieg umgemünzt (umgedeutet)
um|nach|tet *(geh. für* verwirrt); **Um|nach|tung** *(geh.)*
um|nä|hen; sie hat den Saum umgenäht (eingeschlagen u. festgenäht); **um|nä|hen;** eine umnähte (eingefasste) Kante
um|ne|beln; sie war leicht umnebelt (benommen); **Um|ne|be|lung, Um|neb|lung**

umnehmen

um|neh|men (ugs.); sie hat eine Decke umgenommen
um|nie|ten (derb für niederschlagen, -schießen); sie haben ihn umgenietet
Um|or|ga|ni|sa|ti|on; um|or|ga|ni|sie|ren
um|ori|en|tie|ren; Um|ori|en|tie|rung
um|pa|cken (anders packen); der Koffer wurde umgepackt
um|pflan|zen (mit Pflanzen umgeben); umpflanzt mit ...; um|pflan|zen (verpflanzen); die Blumen wurden umgepflanzt; Um|pflan|zung; Um|pflan|zung
um|pflü|gen; er hat den Acker umgepflügt; Um|pflü|gung
um|pla|nen (neu planen); Um|pla|nung
um|po|len (Physik, Elektrot. Plus- u. Minuspol vertauschen); umgepolt; Um|po|lung
um|prä|gen; die Goldstücke wurden umgeprägt; Um|prä|gung
um|pro|gram|mie|ren; Um|pro|gram|mie|rung
um|pum|pen; die Ladung des Tankers wurde umgepumpt
um|pus|ten (ugs.)
um|quar|tie|ren; er wurde umquartiert; Um|quar|tie|rung
um|rah|men (mit anderem Rahmen versehen); das Bild muss umgerahmt werden; um|rah|men (mit Rahmen versehen, einrahmen); die Vorträge wurden von musikalischen Darbietungen umrahmt; Um|rah|mung; Um|rah|mung
um|ran|den; sie hat den Artikel mit Rotstift umrandet; um|rän|dert; seine Augen waren rot umrändert; Um|ran|dung
um|ran|gie|ren; umrangiert
um|ran|ken; von Rosen umrankt; Um|ran|kung
Um|raum (umgebender Raum)
um|räu|men; wir haben das Zimmer umgeräumt; Um|räu|mung
um|rech|nen; sie hat Euro in Schweizer Franken umgerechnet; Um|rech|nung; Um|rech|nungs|kurs
um|rei|ßen (einreißen; zerstören); er hat den Zaun umgerissen; um|rei|ßen (im Umriss zeichnen; andeuten); sie hat die Situation kurz umrissen
um|rei|ten (reitend umwerfen); er hat den Mann umgeritten; um|rei|ten; er hat das Feld umritten
um|ren|nen; er hat sie umgerannt

Um|rich|ter, der; -s, - (Elektrot. Stromrichter zum direkten Energieaustausch zwischen zwei verschiedenartigen Wechselstromnetzen)
um|rin|gen; von Kindern umringt
Um|riss; Um|riss|zeich|nung
Um|ritt
um|rüh|ren; umgerührt
um|run|den; Um|run|dung
um|rüst|bar; um|rüs|ten (für bestimmte Aufgaben technisch verändern); die Maschine wurde umgerüstet; Um|rüs|tung
ums (um das); ↑D 14; es geht ums Ganze; ein Jahr ums od. um das andere
um|sä|beln (ugs. für zu Fall bringen); er hat den Stürmer umgesäbelt
um|sä|gen
um|sat|teln (ugs. übertr. auch für einen anderen Beruf ergreifen); Um|sat|te|lung, Um|satt|lung
Um|satz; Um|satz|ana|ly|se (Wirtsch.); Um|satz|an|stieg; Um|satz|be|tei|li|gung; Um|satz|ein|bu|ße; Um|satz|mi|nus; Um|satz|plus, das; -; Um|satz|pro|vi|si|on; Um|satz|ren|di|te (Gewinn im Verhältnis zum Umsatz); Um|satz|rück|gang
um|satz|stark; Um|satz|stei|ge|rung; Um|satz|steu|er, die; Um|satz|war|nung; Um|satz|ziel
um|säu|men; das Kleid muss noch umgesäumt werden (der Saum muss umgelegt u. genäht werden); um|säu|men; das Dorf ist von Bergen umsäumt (umgeben)
um|schal|ten; die Ampel schaltet auf Rot um; Um|schal|ter; Um|schalt|he|bel; Um|schalt|tas|te (zum Umschalten von Klein- auf Großbuchstaben bei einer Tastatur); Um|schal|tung
Um|schal|lung (Verschalung)
um|schat|ten (geh.); ihre Augen waren umschattet
Um|schau, die; -; Umschau halten; um|schau|en, sich (landsch.)
Um|schicht (Bergmannsspr. Wechsel); um|schich|ten; das Heu wurde umgeschichtet; um|schich|tig (wechselweise); Um|schich|tung; Um|schich|tungs|pro|zess
um|schif|fen (in ein anderes Schiff bringen); die Waren, die Passagiere wurden umgeschifft; um|schif|fen; er hat die Klippe umschifft (die Schwierigkeit umgangen); Um|schif|fung; Um|schif|fung
Um|schlag (auch für Umladung); Um|schlag|bahn|hof
um|schla|gen (umsetzen; umladen); die Güter wurden umgeschlagen; das Wetter ist, auch hat umgeschlagen; um|schla|gen (einpacken); die Druckbogen werden umschlagen (Druckw. gewendet); Um|schlag|ent|wurf
Um|schlag|ha|fen vgl. ²Hafen; Um|schlag|platz; Um|schlag|sei|te (Buchw.); Um|schlag|tuch, Um|schla|ge|tuch Plur. ...tücher
Um|schlag|zeich|nung
um|schlei|chen; die Katze hat das Futter umschlichen
um|schlich|ten (österr.); er hat das Holz umgeschlichtet
um|schlie|ßen; von einer Mauer umschlossen; Um|schlie|ßung
um|schlin|gen; ich habe mir das Tuch umgeschlungen; um|schlin|gen; sie hielt ihn fest umschlungen; Um|schlin|gung; Um|schlin|gung
Um|schluss (Amtsspr. gegenseitiger Besuch od. gemeinsamer Aufenthalt von Häftlingen in einer Zelle)
um|schmei|cheln; sie wird von der Katze umschmeichelt
um|schmei|ßen (ugs.); er hat den Tisch umgeschmissen
um|schmel|zen; das Altmetall wurde umgeschmolzen; Um|schmel|zung
um|schnal|len; umgeschnallt
um|schrei|ben (neu, anders schreiben; übertragen); er hat den Aufsatz umgeschrieben; die Hypothek wurde umgeschrieben; um|schrei|ben (mit anderen Worten ausdrücken); wir hat unsere Aufgabe mit wenigen Worten umschrieben; Um|schrei|bung (Neuschreibung; andere Buchung); Um|schrei|bung (andere Form des Ausdrucks); um|schrie|ben (Med. auch für deutlich abgegrenzt, bestimmt); eine umschriebene Hautflechte; Um|schrift
um|schub|sen (ugs.); er hat ihn umgeschubst
um|schul|den (Wirtsch. Kredite umwandeln); Um|schul|dung
um|schu|len; Um|schü|ler; Um|schü|le|rin; Um|schu|lung
um|schüt|ten; umgeschüttet
um|schwär|men; umschwärmt
um|schwe|ben; umschwebt

U-Musik

Um|schwei|fe *Plur.*; ohne Umschweife (geradeheraus)
um|schwen|ken; er ist plötzlich umgeschwenkt
um|schwir|ren; von Mücken umschwirrt
Um|schwung, der; -[e]s, ...schwünge (*nur Sing.: schweiz. auch für* Umgebung des Hauses)
um|se|geln; sie hat die Insel umsegelt; **Um|se|ge|lung, Um|seg|lung**
um|se|hen, sich
um sein *vgl.* um
um|sei|tig; um|seits (*Amtsspr.*)
um|setz|bar; um|set|zen; sie setzte die Pflanzen um; er hat seinen Plan in die Tat umgesetzt; ich habe mich umgesetzt; **Um|set|zung**
Um|sich|grei|fen, das; -s; *vgl.* greifen
Um|sicht, die; -; **um|sich|tig; Um|sich|tig|keit**
um|sie|deln; ich sied[e]le um; umgesiedelt; **Um|sie|de|lung; Um|sied|ler; Um|sied|le|rin; Um|sied|lung**
um|sin|ken; sie ist vor Müdigkeit umgesunken
um|so; umso besser; umso größer; umso schöner; **um|so mehr[,] als** ↑D127
um|sonst
um|sor|gen; der Kranke wurde umsorgt
um|so we|ni|ger[,] als ↑D127
um|span|nen (neu, anders [be]spannen; *auch für* transformieren); der Strom wurde auf 9 Volt umgespannt; **um|span|nen** (umfassen); seine Arbeit hat viele Wissensgebiete umspannt; **Um|span|ner** (*für* Transformator); **Um|span|nung; Um|spann|werk**
um|spie|len; er hat die Abwehr umspielt (*Sport*)
um|spin|nen; umsponnener Draht
um|sprin|gen; der Wind sprang um; er ist übel mit dir umgesprungen; **um|sprin|gen**; die Hunde umsprangen sie; **Um|sprung**
um|spu|len; das Tonband wird umgespult
um|spü|len; von Wellen umspült
Um|stand; unter Umständen (*Abk.* u. U.); in anderen Umständen (*verhüllend für* schwanger) sein; mildernde Umstände (*Rechtsspr.*); keine Umstände machen; gewisser Umstände halber, eines gewissen Umstandes halber, *aber* umständehalber, umstandshalber
um|stän|de|hal|ber *vgl.* Umstand
um|ständ|lich; Um|ständ|lich|keit
Um|stands|an|ga|be (*Sprachwiss.*); **Um|stands|be|stim|mung; Um|stands|er|gän|zung; Um|stands|für|wort**
um|stands|hal|ber *vgl.* Umstand
Um|stands|kleid; Um|stands|klei|dung
Um|stands|krä|mer (*ugs. für* umständlicher Mensch)
um|stands|los
Um|stands|mo|de
Um|stands|satz; Um|stands|wort *Plur.* ...wörter (Adverb); **um|stands|wört|lich** (adverbial)
um|ste|chen; wir haben das Beet umgestochen; **um|ste|chen** (mit Stichen befestigen); die Stoffkanten werden umstochen
um|ste|cken (anders stecken); sie hat die Blumen umgesteckt; *vgl.* ²stecken; **um|ste|cken**; umsteckt mit ...; *vgl.* ²stecken
um|ste|hen (*landsch. für* verenden; verderben); umgestanden (verdorben [von Flüssigkeiten]; verendet [von Tieren]); **um|ste|hen**; umstanden von ...; **um|ste|hend** ↑D72: im Umstehenden finden sich die näheren Erläuterungen; er soll Umstehendes beachten; das Umstehende (auf der anderen Seite Gesagte), die Umstehenden (die Zuschauer)
Um|stei|ge|bahn|hof; um|stei|ge|frei (*Verkehrsw.*); umsteigefreie Bahnverbindungen; **um|stei|gen**; sie ist umgestiegen; **Um|stei|ger; Um|stei|ge|rin**
um|stel|len; er stellte die Mannschaft um; der Schrank wurde umgestellt; sich umstellen; **um|stel|len** (umgeben); die Polizei hat das Haus umstellt; **Um|stel|lung; Um|stel|lungs|pro|zess**
um|stem|peln; der Pass wurde umgestempelt
um|steu|ern (anders ausrichten); der Satellit soll umgesteuert werden; **Um|stieg**, der; -[e]s, -e
um|stim|men; er hat sie umgestimmt; **Um|stim|mung**
um|sto|ßen
um|strah|len; umstrahlt von ...
um|stri|cken (neu, anders stricken); sie hat den Pullover umgestrickt; **um|stri|cken**; umstrickt ([unlösbar] umgeben, umgarnt) von Intrigen; **Um|stri|ckung; Um|stri|ckung**
um|strit|ten
um|strö|men; umströmt von ...
um|struk|tu|rie|ren; umstrukturiert; **Um|struk|tu|rie|rung**
um|stül|pen; er hat das Fass umgestülpt; **um|stül|pen** (*Druckw.*); er hat das Papier umstülpt; **Um|stül|pung**
Um|sturz *Plur.* ...stürze; **Um|sturz|be|we|gung; um|stür|zen**; das Gerüst ist umgestürzt; **Um|stürz|ler; Um|stürz|le|rin; um|stürz|le|risch; um|stür|zung; Um|sturz|ver|such**
um|tan|zen; sie haben das Feuer umtanzt
um|tau|fen; er wurde umgetauft
Um|tausch; um|tau|schen; sie hat das Kleid umgetauscht; **Um|tausch|recht**
um|tei|len (*schweiz. für* neu zuordnen); jmdn. in den Zivildienst umteilen; umgeteilt werden; **Um|tei|lung**
um|ti|teln; der Film wurde umgetitelt
um|top|fen; der Gärtner hat die Pflanze umgetopft
um|to|sen (*geh.*); umtost von ...
um|trei|ben (planlos herumtreiben); er wurde von Angst umgetrieben
um|tre|ten (durch eine od. mehrere Tritte zu Fall bringen)
Um|trieb (*Landwirtsch.* Zeit vom Pflanzen eines Baumbestandes bis zum Fällen; Nutzungszeit bei Reben, Geflügel, Vieh; *Bergmannsspr.* Strecke, die an Schächten vorbei- od. um sie herumführt; *meist Plur.: schweiz. für* Aufwand [z. B. an Zeit, Arbeit, Geld]); **Um|trie|be** *Plur.* (umstürzlerische Aktivitäten; *vgl.* Umtrieb); **um|trie|big** (rege, rührig); **Um|trie|big|keit**
Um|trunk, der; -[e]s, *Plur.* -e u. Umtrünke
UMTS ⟨engl.⟩ = **u**niversal **m**obile **t**elecommunication **s**ystem (Mobilfunkstandard mit direktem Zugang zum Internet u. vielen multimedialen Funktionen); **UMTS-Han|dy; UMTS-Li|zenz**
um|tun (*ugs.*); sich umtun; ich habe mich danach umgetan
U-Mu|sik, die; - ↑D28 (*kurz für* Unterhaltungsmusik); *Ggs.* E-Musik

umverlegen

um|ver|le|gen; ein Kabel umverlegen

Um|ver|pa|ckung (für Verkauf od. Transport einer Ware entbehrliche Verpackung)

um|ver|tei|len; Um|ver|tei|lung

um|wach|sen; mit Gebüsch umwachsen

um|wal|len (geh.); von Nebel umwallt

Um|wal|lung ⟨zu ²Wall⟩

Um|wälz|an|la|ge (Anlage für den Abfluss verbrauchten u. den Zustrom frischen Wassers o. Ä.); um|wäl|zen; Um|wälz|pum|pe; Um|wäl|zung

um|wan|deln (ändern); ich wand[e]le um; sie war wie umgewandelt; um|wan|deln (geh. für um etwas herumwandeln); sie hat den Platz umwandelt; Um|wan|de|lung vgl. Umwandlung

um|wan|dern; ich umwandere den See, habe den See umwandert

Um|wand|lung, seltener Um|wan|de|lung (Änderung); Um|wand|lungs|pro|zess

um was / worum

Um was kommt in der gesprochenen Sprache recht häufig vor: *Um was geht es hier eigentlich?* Im geschriebenen Standarddeutsch wird in der Regel *worum* verwendet: *Worum geht es hier eigentlich?*

um|wech|seln; ich wechs[e]le um; er hat das Geld umgewechselt; Um|wechs|lung, seltener Um|wech|se|lung

Um|weg

Um|we|gen|ta|bi|li|tät (Wirtsch. mit einem Projekt verbundene indirekte Einnahmen)

um|we|hen; das Zelt wurde umgeweht ([vom Wind] umgerissen); um|we|hen; umweht von ...

Um|welt; Um|welt|alarm; Um|welt|auf|la|ge (Auflage zum Schutz der Umwelt); Um|welt|au|to (ugs. für umweltfreundlicheres Auto); Um|welt|be|auf|trag|te

um|welt|be|dingt

Um|welt|be|din|gung meist Plur.; Um|welt|be|hör|de; Um|welt|be|las|tung; Um|welt|be|richt

um|welt|be|wusst; Um|welt|be|wusst|sein

Um|welt|bun|des|amt

Um|welt|ein|fluss; Um|welt|fak|tor

um|welt|feind|lich; Um|welt|flücht|ling; Um|welt|for|schung

um|welt|freund|lich; Um|welt|freund|lich|keit, die; -

um|welt|ge|recht

Um|welt|ka|ta|s|t|ro|phe

Um|welt|kom|mis|sar (ein Amt der EU-Kommission); Um|welt|kom|mis|sa|rin

Um|welt|kri|mi|na|li|tät

Um|welt|mi|nis|ter; Um|welt|mi|nis|te|rin; Um|welt|mi|nis|te|ri|um

um|welt|neu|t|ral; Um|welt|or|ga|ni|sa|ti|on; Um|welt|pa|pier (Recyclingpapier); Um|welt|pla|ket|te (svw. Feinstaubplakette)

Um|welt|po|li|tik; Um|welt|po|li|ti|ker; Um|welt|po|li|ti|ke|rin; um|welt|po|li|tisch

Um|welt|scha|den meist Plur.

um|welt|schäd|lich; um|welt|scho|nend

Um|welt|schutz, der; -es; Um|welt|schüt|zer; Um|welt|schüt|ze|rin; Um|welt|schutz|or|ga|ni|sa|ti|on

Um|welt|se|nat; Um|welt|se|na|tor; Um|welt|se|na|to|rin

Um|welt|sün|der (ugs.); Um|welt|sün|de|rin (ugs.)

Um|welt|tech|nik Plur. selten; Um|welt|tech|no|lo|gie; Um|welt|ver|band; Um|welt|ver|schmut|zung

um|welt|ver|träg|lich; Um|welt|ver|träg|lich|keit

Um|welt|zer|stö|rung

Um|welt|zo|ne (Gebiet, in dem [bis auf bestimmte Ausnahmen] nur Kfz mit Feinstaubplakette fahren dürfen)

um|wen|den; er wandte od. wendete die Seite um, hat sie umgewandt od. umgewendet; sich umwenden; Um|wen|dung

um|wer|ben; eine viel umworbene od. vielumworbene Sängerin

um|wer|fen; er warf den Tisch um; diese Nachricht hat ihn umgeworfen (ugs. für aus der Fassung gebracht); um|wer|fend; umwerfende Komik

um|wer|ten; alle Werte wurden umgewertet; Um|wer|tung

um|wi|ckeln (neu, anders wickeln); ich wick[e]le um; er hat die Schnur umgewickelt; um|wi|ckeln; umwickelt mit ...; Um|wi|cke|lung, Um|wick|lung; Um|wi|cke|lung, Um|wick|lung

um|wid|men (Amtsspr. für einen anderen Zweck bestimmen); in Industriegelände umgewidmetes Agrarland; Um|wid|mung

um|win|den; sie hat das Tuch umgewunden; um|win|den; umwunden mit ...

um|wit|tern (geh.); von Geheimnissen, Gefahren umwittert

um|wo|ben (geh.); von Sagen umwoben

um|wo|gen (geh.); umwogt von ...

um|woh|nend ↑D 72; die Umwohnenden

Um|woh|ner; Um|woh|ne|rin

um|wöl|ken; seine Stirn war vor Unmut umwölkt; Um|wöl|kung

um|wüh|len; umgewühlt

um|zäu|nen; Um|zäu|nung

um|zeich|nen (anders zeichnen); um|zeich|nen; er hat das Bild umgezeichnet

um|zie|hen, sich umziehen; ich habe mich umgezogen; wir sind [nach Frankfurt] umgezogen; um|zie|hen; der Himmel hat sich umzogen; umzogen mit ...

um|zin|geln; ich umzing[e]le; das Lager wurde umzingelt; Um|zin|ge|lung, Um|zing|lung

Um|zo|nung (schweiz. für raumplanerische Umwidmung [eines Gebiets])

um zu vgl. um

Um|zug; um|zugs|hal|ber; Um|zugs|kos|ten Plur.; Um|zugs|tag

um|zün|geln; ich umzüng[e]le; umzüngelt von Flammen

UN [uːˈɛn] Plur.; auch in singularischer Verwendung ⟨Abk. für engl. United Nations⟩ (Vereinte Nationen); die UN beschließen od. beschließt; vgl. auch UNO u. VN

un|ab|än|der|lich [auch ˈʊ...]; Un|ab|än|der|lich|keit

un|ab|ding|bar [auch ˈʊ...]; Un|ab|ding|bar|keit; un|ab|ding|lich

un|ab|hän|gig; Un|ab|hän|gig|keit; Un|ab|hän|gig|keits|er|klä|rung

un|ab|kömm|lich [auch ˈkœ...]; Un|ab|kömm|lich|keit, die; -

un|ab|läs|sig [auch ˈʊ...]

un|ab|seh|bar [auch ˈʊ...]; unabsehbare Folgen; die Kosten steigen ins Unabsehbare; Un|ab|seh|bar|keit

un|ab|setz|bar [auch ...ˈzɛ...]

un|ab|sicht|lich

un|ab|steig|bar [auch ˈʊ...] (Sportjargon)

un|ab|weis|bar [auch ˈʊ...]; un|ab|weis|lich

un|ab|wend|bar [auch ˈʊ]; ein unabwendbares Verhängnis; Un|ab|wend|bar|keit

acht|sam; Un|acht|sam|keit

un|ähn|lich; Un|ähn|lich|keit

un|ak|zep|ta|bel

Unbeliebtheit

un|an|bring|lich (Postw. unzustellbar)
un|an|fecht|bar [auch ...'fɛ...]; Un|an|fecht|bar|keit, die; -
un|an|ge|bracht; un|an|ge|foch|ten; un|an|ge|mel|det; un|an|ge|messen; Un|an|ge|mes|sen|heit
un|an|ge|nehm
un|an|ge|passt; Un|an|ge|passt|heit
¹un|an|ge|se|hen (nicht angesehen)
²un|an|ge|se|hen (Amtsspr. ohne Rücksicht auf); Präp. mit Gen. od. Akk.: unangesehen der Umstände od. unangesehen die Umstände
un|an|ge|strengt; un|an|ge|tas|tet; unangetastet bleiben
un|an|greif|bar [auch ...'graɪ̯...]; Un|an|greif|bar|keit, die; -
un|an|nehm|bar [auch ...'neː...]; Un|an|nehm|bar|keit, die; -
Un|an|nehm|lich|keit meist Plur.
un|an|sehn|lich; Un|an|sehn|lich|keit
un|an|stän|dig; Un|an|stän|dig|keit
un|an|stö|ßig; Un|an|stö|ßig|keit, die; -
un|an|tast|bar [auch 'ʊ...]; Un|an|tast|bar|keit, die; -
un|ap|pe|tit|lich; Un|ap|pe|tit|lich|keit
¹Un|art (schlechte Angewohnheit; Unartigkeit)
²Un|art, der; -[e]s, -e (veraltet für unartiges Kind)
un|ar|tig; Un|ar|tig|keit
un|ar|ti|ku|liert (unverständlich, undeutlich ausgesprochen)
Una Sanc|ta, die; - - ⟨lat., »die eine heilige [Kirche]«⟩ (Selbstbez. der röm.-kath. Kirche)
un|äs|the|tisch (unschön)
un|at|trak|tiv
Unau, das; -[s], -s ⟨Tupi⟩ (ein südamerik. Faultier)
un|auf|dring|lich; Un|auf|dring|lich|keit, die; -
un|auf|fäl|lig; Un|auf|fäl|lig|keit, die; -
un|auf|find|bar [auch 'ʊ...]
un|auf|ge|for|dert
un|auf|ge|klärt
un|auf|ge|regt
un|auf|halt|bar [auch 'ʊ...]; un|auf|halt|sam; Un|auf|halt|sam|keit, die; -
un|auf|hör|lich [auch 'ʊ...]
un|auf|lös|bar [auch 'ʊ...]; Un|auf|lös|bar|keit, die; -; un|auf|lös|lich [auch 'ʊ...]; Un|auf|lös|lich|keit, die; -
un|auf|merk|sam; Un|auf|merk|sam|keit
un|auf|rich|tig; Un|auf|rich|tig|keit

un|auf|schieb|bar [auch 'ʊ...]; Un|auf|schieb|bar|keit, die; -
un|aus|bleib|lich [auch 'ʊ...]
un|aus|denk|bar [auch 'ʊ...]
un|aus|führ|bar [auch 'ʊ...]; Un|aus|führ|bar|keit, die; -
un|aus|ge|bil|det
un|aus|ge|füllt; Un|aus|ge|füllt|sein, das; -s
un|aus|ge|gli|chen; Un|aus|ge|gli|chen|heit
un|aus|ge|go|ren; un|aus|ge|reift
un|aus|ge|schla|fen
un|aus|ge|setzt (unaufhörlich)
un|aus|ge|spro|chen
un|aus|ge|wo|gen; Un|aus|ge|wo|gen|heit
un|aus|lösch|lich [auch 'ʊ...]; ein unauslöschlicher Eindruck
un|aus|rott|bar [auch 'ʊ...]; ein unausrottbares Vorurteil
un|aus|sprech|bar [auch 'ʊ...]; un|aus|sprech|lich
un|aus|steh|lich [auch 'ʊ...]; Un|aus|steh|lich|keit, die; -
un|aus|tilg|bar [auch 'ʊ...]
un|aus|weich|lich [auch 'ʊ...]
un|au|to|ri|siert
Un|band, der; -[e]s, Plur. -e u. ...bände (landsch. für Wildfang)
un|bän|dig
un|bar (bargeldlos)
un|barm|her|zig; Un|barm|her|zig|keit
un|be|ab|sich|tigt
un|be|ach|tet; un|be|acht|lich (Rechtsspr.)
un|be|an|stan|det; un|be|ant|wor|tet; un|be|ar|bei|tet; un|be|auf|sich|tigt
un|be|baut
un|be|dacht (unüberlegt, vorschnell); eine unbedachte Äußerung; un|be|dach|ter|wei|se; Un|be|dacht|heit; un|be|dacht|sam; Un|be|dacht|sam|keit
un|be|dankt (österr. für nicht ausreichend gewürdigt)
un|be|darft (unerfahren; naiv); Un|be|darft|heit
un|be|deckt
un|be|denk|lich; Un|be|denk|lich|keit, die; -; Un|be|denk|lich|keits|be|schei|ni|gung
un|be|deu|tend; Un|be|deu|tend|heit
¹un|be|dingt [auch ...'dɪ...]; aber nur unbedingte Reflexe; Un|be|dingt|heit
un|be|ein|druckt
un|be|ein|fluss|bar [auch ...'flʊ...]; Un|be|ein|fluss|bar|keit, die; -;
un|be|ein|flusst

un|be|fahr|bar [auch ...'faːɐ̯...]
un|be|fan|gen; Un|be|fan|gen|heit
un|be|fes|tigt
un|be|fleckt; aber↑D 150: die Unbefleckte Empfängnis [Mariens]
un|be|frie|di|gend; un|be|frie|digt; Un|be|frie|digt|heit
un|be|fris|tet; unbefristetes Darlehen
un|be|fugt; Un|be|fug|te, der u. die; -n, -n
un|be|gabt; Un|be|gabt|heit, die; -
un|be|greif|lich [auch 'ʊ...]; un|be|greif|li|cher|wei|se; Un|be|greif|lich|keit
un|be|grenzt; Un|be|grenzt|heit, die; -
un|be|grün|det
un|be|haart
Un|be|ha|gen; un|be|hag|lich; Un|be|hag|lich|keit
un|be|han|delt; un|be|hau|en; aus unbehauenen Steinen
un|be|haust (geh. für kein Zuhause habend)
un|be|hel|ligt [auch ...'hɛ...]
un|be|herrscht; Un|be|herrscht|heit
un|be|hin|dert
un|be|hol|fen; Un|be|hol|fen|heit
un|be|irr|bar [auch 'ʊ...]; Un|be|irr|bar|keit, die; -; un|be|irrt [auch 'ʊ...]; Un|be|irrt|heit, die; -

un|be|kannt

Kleinschreibung:
– eine unbekannte Frau
– [nach] unbekannt verzogen
– Anzeige gegen unbekannt erstatten

Großschreibung ↑D 72 u. 151:
– der große Unbekannte
– eine Gleichung mit mehreren Unbekannten (Math.)
– das Grab des Unbekannten Soldaten

un|be|kann|ter|wei|se; Un|be|kannt|heit
un|be|klei|det
un|be|küm|mert [auch ...'kʏ...]; Un|be|küm|mert|heit
un|be|las|tet
un|be|lebt; eine unbelebte Straße
un|be|leckt; von etwas unbeleckt sein (ugs. für von etwas nichts wissen, verstehen)
un|be|lehr|bar [auch ...'leːɐ̯...]; Un|be|lehr|bar|keit
un|be|leuch|tet
un|be|lich|tet (Fotogr.)
un|be|liebt; Un|be|liebt|heit, die; -

un|be|mannt
un|be|merkt
un|be|mit|telt
un|be|nom|men [auch ˈʊ...]; es bleibt ihm unbenommen
un|be|nutz|bar [auch ...ˈnʊ...]; un|be|nutzt
un|be|ob|ach|tet
un|be|quem; Un|be|quem|lich|keit
un|be|re|chen|bar [auch ˈʊ...]; Un|be|re|chen|bar|keit
un|be|rech|tigt; un|be|rech|tig|ter|wei|se
un|be|rück|sich|tigt [auch ...ˈrʏ...]
un|be|ru|fen; in unberufene Hände gelangen; un|be|ru|fen!
un|be|rühr|bar; Un|be|rühr|ba|re, der u. die; -n, -n (jmd., der in Indien der niedrigsten od. gar keiner Kaste angehört); un|be|rührt; Un|be|rührt|heit, die; -
un|be|scha|det; unbeschadet seines Rechtes od. seines Rechtes unbeschadet; un|be|schä|digt
un|be|schäf|tigt
un|be|schei|den; Un|be|schei|den|heit
un|be|schol|ten (untadelig, integer); Un|be|schol|ten|heit, die; -; Un|be|schol|ten|heits|zeug|nis
un|be|schrankt; unbeschrankter Bahnübergang
un|be|schränkt [auch ...ˈʃrɛ...] (nicht eingeschränkt); vgl. eGmuH; Un|be|schränkt|heit, die; -
un|be|schreib|lich [auch ˈʊ...]; Un|be|schreib|lich|keit
un|be|schrie|ben; ein unbeschriebenes Blatt sein (ugs.)
un|be|schützt
un|be|schwert; Un|be|schwert|heit
un|be|seelt
un|be|se|hen [auch ˈʊ...]; das glaubt man unbesehen
un|be|setzt
un|be|si|chert (Bankw.)
un|be|sieg|bar [auch ˈʊ...]; Un|be|sieg|bar|keit, die; -; un|be|sieg|lich; Un|be|sieg|lich|keit, die; -; un|be|siegt
un|be|son|nen; Un|be|son|nen|heit
un|be|sorgt
un|be|spiel|bar [auch ˈʊ...]; der Platz war unbespielbar; un|be|spielt; unbespielte Kassetten
un|be|stän|dig; Un|be|stän|dig|keit
un|be|stä|tigt [auch ...ˈʃtɛ...]
un|be|stech|lich [auch ...ˈʃtɛ...]; Un|be|stech|lich|keit, die; -
un|be|stimm|bar [auch ...ˈʃtɪm...]; Un|be|stimm|bar|keit; un|be|stimmt; unbestimmtes Fürwort (für Indefinitpronomen); Un|be|stimmt|heit; Un|be|stimmt|heits|re|la|ti|on (Begriff der Quantentheorie)
un|be|streit|bar [auch ˈʊ...]; un|be|strit|ten [auch ...ˈʃtrɪ...]
un|be|tei|ligt [auch ...ˈtaɪ...]
un|be|tont
un|be|trächt|lich [auch ...ˈtrɛ...]; Un|be|trächt|lich|keit, die; -
un|be|tre|ten; unbetretenes Gebiet
un|be|trof|fen
un|beug|bar [auch ...ˈbɔʏ...]; un|beug|sam; unbeugsamer Wille; Un|beug|sam|keit, die; -
un|be|wacht
un|be|waff|net
un|be|wäl|tigt; die unbewältigte Vergangenheit
un|be|wan|dert vgl. bewandert
un|be|weg|lich; Un|be|weg|lich|keit; un|be|wegt
un|be|weibt (scherzh. für ohne [Ehe]frau)
un|be|wie|sen
un|be|wohn|bar [auch ˈʊ...]; un|be|wohnt
un|be|wusst; Un|be|wuss|te, das; -n; Un|be|wusst|heit
un|be|zahl|bar [auch ˈʊ...]; Un|be|zahl|bar|keit, die; -; un|be|zahlt
un|be|zähm|bar [auch ˈʊ...]; Un|be|zähm|bar|keit, die; -
un|be|zwei|fel|bar [auch ˈʊ...]
un|be|zwing|bar [auch ˈʊ...]; un|be|zwing|lich [auch ˈʊ...]
Un|bil|den Plur. (geh. für Unannehmlichkeiten); die Unbilden der Witterung
Un|bil|dung, die; -
Un|bill, die; - (geh. für Unrecht); un|bil|lig (geh.); unbillige (nicht angemessene) Härte; Un|bil|lig|keit (geh.)
un|blu|tig
un|bot|mä|ßig; Un|bot|mä|ßig|keit
un|brauch|bar; Un|brauch|bar|keit, die; -
un|bü|ro|kra|tisch
un|buß|fer|tig (christl. Rel.); Un|buß|fer|tig|keit, die; -
UN-Char|ta, die; - (1945 unterzeichnete Gründungsurkunde der Vereinten Nationen [UN])
un|christ|lich; Un|christ|lich|keit, die; -, -en
Un|cle Sam [ˈʌŋkl̩ ˈsɛm] (scherzh. für die USA, bes. die US-Regierung)
un|cool (Jugendspr.)
und (Abk. u., bei Firmen auch &); und and[e]re, and[e]res (Abk. u. a.); und and[e]re mehr, und and[e]res mehr (Abk. u. a. m.); und Ähnliche[s] (Abk. u. Ä.); drei und drei ist, macht, gibt (nicht sind, machen, geben) sechs; ... und, und, und (ugs. für und dergleichen mehr)
Un|dank; un|dank|bar; eine undankbare Aufgabe; Un|dank|bar|keit
un|da|tiert
und der|glei|chen (mehr) (Abk. u. dgl. [m.]); und des|glei|chen (mehr) (Abk. u. desgl. [m.])
un|de|fi|nier|bar [auch ...ˈniːɐ̯...]
un|de|kla|riert
un|de|kli|nier|bar [auch ...ˈniːɐ̯...]
un|de|mo|kra|tisch
un|denk|bar; un|denk|lich
un|der|co|ver [ˈandɐkavɐ] ⟨engl.⟩; undercover (verdeckt) ermitteln
Un|der|co|ver|agent ⟨engl.; lat.⟩ (Geheimagent, der sich in eine heimlich zu überwachende Gruppe einschleust); Un|der|co|ver|agen|tin
Un|der|cut [ˈandɐkat], der; -, -s ⟨engl.⟩ (Frisur, bei der der untere Kopfbereich rasiert ist)
Un|der|dog [ˈandɐdɔk], der; -, -s ⟨engl.⟩ ([sozial] Benachteiligter, Schwächerer)
un|der|dressed [ˈandɐdrɛst] ⟨engl.⟩ (zu schlecht angezogen); Ggs. overdressed)
Un|der|ground [ˈandɐɡraʊnt], der; -[s] ⟨engl., »Untergrund«⟩
Un|der|state|ment [andɐˈsteɪtmənt], das; -s, -s ⟨engl.⟩ (Untertreibung)
un|deut|lich; Un|deut|lich|keit
Un|de|zi|me, die; -, -n ⟨lat.⟩ (Musik elfter Ton der diaton. Tonleiter; Intervall im Abstand von 11 Stufen)
un|dicht; Un|dicht|heit, die; -, -en (Fachspr.); Un|dich|tig|keit, die; -
un|dif|fe|ren|ziert
Un|di|ne, die; -, -n ⟨lat.⟩ (w. Wassergeist)
Un|ding, das; -[e]s, -e (Unmögliches; Unsinniges)
un|di|p|lo|ma|tisch
un|dis|ku|ta|bel [auch ...ˈtaː...]
un|dis|zi|p|li|niert; Un|dis|zi|p|li|niert|heit
Und-Kon|to (von mehreren, nur gemeinschaftlich verfügungsberechtigten Personen geführtes Konto)
und/oder; geben Sie uns bitte Ihre Adresse und/oder Telefonnummer

Unfallgefahr

un|dog|ma|tisch; un|do|ku|men|tiert; un|dra|ma|tisch
Und|set, Sigrid (norw. Dichterin)
und so fort (Abk. usf.); und so wei|ter (Abk. usw.)
Un|du|la|ti|on, die; -, -en ⟨lat.⟩ (Physik Wellenbewegung; Geol. Sattel- u. Muldenbildung durch Gebirgsbildung); Un|du|la|ti|ons|the|o|rie, die; - (Physik Wellentheorie); un|du|la|to|risch (Physik wellenförmig)
un|duld|sam; Un|duld|sam|keit
un|du|lie|ren ⟨lat.⟩ (bes. Med., Biol. wellenförmig verlaufen)
un|durch|dring|bar [auch 'ʊ...]
un|durch|dring|lich [auch 'ʊ...]; Un|durch|dring|lich|keit
un|durch|führ|bar [auch 'ʊ...]; Un|durch|führ|bar|keit, die; -
un|durch|läs|sig; Un|durch|läs|sig|keit, die; -
un|durch|schau|bar [auch 'ʊ...]; Un|durch|schau|bar|keit
un|durch|sich|tig; Un|durch|sich|tig|keit
und vie|le[s] an|de|re [mehr] (Abk. u. v. a. [m.]); und zwar ↑D 105
un|eben; Un|eben|heit
un|echt; unechte Brüche (Math.); Un|echt|heit, die; -
un|edel; uned|le Metalle
un|egal (landsch. für uneben)
un|ehe|lich; ein uneheliches Kind; vgl. nicht ehelich; Un|ehe|lich|keit, die; -

unehelich
Das Adjektiv *unehelich* wird häufiger als abwertend empfunden. In diesen Fällen verwendet man (so z. B. in Gesetzestexten) die wertneutrale Formulierung *nicht ehelich*.

Un|eh|re (geh.); jemanden in Unehren (unehrenhaft) entlassen; un|eh|ren|haft; Un|eh|ren|haf|tig|keit; un|ehr|er|bie|tig; Un|ehr|er|bie|tig|keit, die; -
un|ehr|lich; Un|ehr|lich|keit, die; -, -
un|eid|lich; uneidliche Erklärung
un|ei|gen|nüt|zig; Un|ei|gen|nüt|zig|keit, die; -
un|ei|gent|lich
un|ein|bring|lich [auch 'ʊ...] (Rechtsspr., Wirtsch.)
un|ein|ge|schränkt; Un|ein|ge|schränkt|heit
un|ein|ge|weiht
un|ein|heit|lich; Un|ein|heit|lich|keit
un|ein|hol|bar

un|ei|nig; Un|ei|nig|keit
un|ein|neh|mbar [auch 'ʊ...]; Un|ein|nehm|bar|keit, die; -
un|eins; uneins sein
un|ein|sich|tig; Un|ein|sich|tig|keit
un|ei|tel
un|emp|fäng|lich; Un|emp|fäng|lich|keit, die; -; un|emp|find|lich; Un|emp|find|lich|keit, die; -
un|end|lich; von eins bis unendlich (Math.; Zeichen ∞); bis ins Unendliche (unaufhörlich, immerfort); der Weg scheint bis ins Unendliche zu führen; im, aus dem Unendlichen; unendliche Mal, unendliche Male; aber unendlichmal; Un|end|lich|keit, die; -; un|end|lich|mal vgl. unendlich
un|ent|behr|lich [auch ...'beːɐ̯...]; Un|ent|behr|lich|keit
un|ent|deckt [auch ...'dɛ...]
un|ent|gelt|lich [auch ...'gɛlt...]
un|ent|rinn|bar [auch 'ʊ...]; Un|ent|rinn|bar|keit, die; -
un|ent|schie|den; Un|ent|schie|den, das; -s, - (Sport u. Spiel); Un|ent|schie|den|heit, die; -
un|ent|schlos|sen; Un|ent|schlos|sen|heit
un|ent|schuld|bar [auch 'ʊ...]; un|ent|schul|digt
un|ent|wegt [auch 'ʊ...]
un|ent|wirr|bar [auch 'ʊ...]
un|er|ach|tet ['ʊ...] (veraltet für ungeachtet [vgl. d.])
un|er|bitt|lich [auch 'ʊ...]; Un|er|bitt|lich|keit; un|er|fah|ren; Un|er|fah|ren|heit, die; -
un|er|find|lich [auch 'ʊn...]
un|er|forsch|lich [auch ...'fɔ...]; un|er|forscht
un|er|freu|lich
un|er|füll|bar [auch 'ʊ...]; Un|er|füll|bar|keit, die; -; un|er|füllt; Un|er|füllt|heit, die; -
un|er|gie|big; Un|er|gie|big|keit, die; -
un|er|gründ|bar [auch 'ʊ...]; Un|er|gründ|bar|keit, die; -; un|er|gründ|lich [auch 'ʊ...] (geheimnisvoll, rätselhaft); Un|er|gründ|lich|keit
un|er|heb|lich; Un|er|heb|lich|keit
¹un|er|hört (unglaublich); sein Verhalten war unerhört
²un|er|hört; ihre Bitte blieb unerhört
un|er|kannt; un|er|kenn|bar [auch 'ʊ...]; Un|er|kenn|bar|keit, die; -
un|er|klär|bar [auch 'ʊ...]; Un|er|klär|bar|keit, die; -; un|er|klär|lich [auch 'ʊ...]; Un|er|klär|lich|keit

un|er|läss|lich [auch 'ʊ...]
un|er|laubt; unerlaubte Handlung
un|er|le|digt
un|er|mess|lich [auch 'ʊ...] ↑D 72 ins Unermessliche steigen; Un|er|mess|lich|keit
un|er|müd|lich [auch 'ʊ...]; Un|er|müd|lich|keit, die; -
un|ernst; Un|ernst
un|er|quick|lich (unerfreulich)
un|er|reich|bar [auch 'ʊ...]; Un|er|reich|bar|keit; un|er|reicht
un|er|sätt|lich [auch 'ʊ...]; Un|er|sätt|lich|keit
un|er|schlos|sen
un|er|schöpf|lich [auch 'ʊ...]; Un|er|schöpf|lich|keit, die; -
un|er|schro|cken; Un|er|schro|cken|heit; un|er|schüt|ter|lich [auch 'ʊ...]; Un|er|schüt|ter|lich|keit, die; -
un|er|schwing|lich [auch 'ʊ...]
un|er|setz|bar; un|er|setz|lich; Un|er|setz|lich|keit
un|er|sprieß|lich [auch ...'ʃp...] (nicht förderlich, nicht nützlich)
un|er|träg|lich [auch 'ʊ...]; Un|er|träg|lich|keit, die; -, -en
un|er|wähnt; nicht unerwähnt bleiben; un|er|war|tet [auch ...'va...]; un|er|wil|dert; un|er|wünscht; un|er|zo|gen
UNESCO, die; - = United Nations Educational, Scientific and Cultural Organization ⟨engl.⟩ (Organisation der Vereinten Nationen für Erziehung, Wissenschaft u. Kultur)
UNESCO-Lis|te, die; - (von der UNESCO geführtes Verzeichnis der Natur- u. Kulturdenkmäler); UNESCO-Welt|er|be, das; -s (in das Verzeichnis bedeutsamer u. erhaltenswerter Stätten aufgenommenes Natur- od. Kulturdenkmal)
un|ethisch
un|fä|hig; Un|fä|hig|keit
un|fair (regelwidrig, unerlaubt; unfein; ohne sportl. Anstand); Un|fair|ness
Un|fall, der; Un|fall|arzt; Un|fall|ärz|tin; Un|fall|be|tei|lig|te, der u. die; Un|fall|chi|r|ur|gie
Un|fäl|ler, der; -s, - (bes. Psychol. jmd., der häufig in Unfälle verwickelt ist)
Un|fall|fah|rer; Un|fall|fah|re|rin
Un|fall|flucht vgl. ²Flucht; Un|fall|fol|ge meist Plur.; un|fall|frei; Un|fall|ge|fahr

unfallgeschädigt

un|fall|ge|schä|digt; Un|fall|ge|schä|dig|te, der u. die
Un|fall|her|gang; Un|fall|hil|fe Plur. selten; Un|fall|kli|nik; Un|fall|kom|man|do; Un|fall|op|fer; Un|fall|ort; Un|fall|quo|te; Un|fall|ra|te; Un|fall|ren|te; Un|fall|scha|den; Un|fall|schutz, der; -es; Un|fall|sta|ti|on; Un|fall|sta|tis|tik; Un|fall|stel|le
Un|fall|tod; Un|fall|to|te, der u. die meist Plur.
un|fall|träch|tig
Un|fall|ur|sa|che; Un|fall|ver|hü|tung; Un|fall|ver|let|z|te, der u. die; Un|fall|ver|si|che|rung
Un|fall|ver|ur|sa|cher; Un|fall|ver|ur|sa|che|rin
Un|fall|wa|gen (Wagen, der einen Unfall hatte; Rettungswagen); Un|fall|zeit
Un|fall|zeu|ge; Un|fall|zeu|gin
un|fass|bar [auch ˈʊ...]; un|fass|lich
un|fehl|bar [auch ˈʊ...]; Un|fehl|bar|keit, die; -; Un|fehl|bar|keits|glau|be|[n] (kath. Kirche)
un|fein; Un|fein|heit
un|fern; als Präposition mit Gen.: unfern des Hauses
un|fer|tig; Un|fer|tig|keit
Un|flat, der; -[e]s (geh. für widerlicher Schmutz, Dreck); un|flä|tig; Un|flä|tig|keit
un|flek|tiert (Sprachwiss. ungebeugt)
un|fle|xi|bel
un|flott (ugs.); nicht unflott aussehen
un|folg|sam; Un|folg|sam|keit
Un|form; un|för|mig (ohne schöne Form; sehr groß); un|för|m|lich (nicht förmlich; veraltet für unförmig)
un|fran|kiert
un|frei; Un|frei|heit; un|frei|wil|lig
un|freund|lich; er war unfreundlich zu ihm, selten gegen ihn; Un|freund|lich|keit
Un|frie|de, der; -ns, Un|frie|den, der; -s
un|fri|siert
un|fromm
un|frucht|bar; Un|frucht|bar|keit, die; -; Un|frucht|bar|ma|chung
Un|fug, der; -[e]s
...ung (z. B. Prüfung, die; -, -en)
un|ga|lant
un|gang|bar; ein ungangbarer (nicht begehbarer) Weg
Un|gar, der; -n, -n; Un|ga|risch; aber ↑D 150: die Ungarische Rhapsodie [von Liszt]; Un|ga|risch, das; -[s] (Sprache);

vgl. Deutsch; Un|ga|ri|sche, das; -n; vgl. ²Deutsche; un|gar|län|disch (selten)
Un|garn
un|gast|lich; Un|gast|lich|keit, die; -
un|ge|ach|tet; Präp. mit Gen.: ungeachtet wiederholter Bitten od. wiederholter Bitten ungeachtet; dessen ungeachtet od. des ungeachtet; ungeachtet [dessen], dass ...
un|ge|ahn|det [auch ...ˈa:...] (unbestraft)
un|ge|ahnt [auch ...ˈa:...]
un|ge|bär|dig (geh. für ungezügelt); Un|ge|bär|dig|keit
un|ge|be|ten; ungebetener Gast
un|ge|beugt
un|ge|bil|det
un|ge|bo|ren; ungeborenes Leben
un|ge|bräuch|lich; Un|ge|bräuch|lich|keit, die; -; un|ge|braucht
un|ge|bremst
un|ge|bro|chen
Un|ge|bühr, die; - (veraltend); un|ge|büh|rend; un|ge|bühr|lich; ungebührliches Verhalten; Un|ge|bühr|lich|keit
un|ge|bun|den; Un|ge|bun|den|heit, die; -
un|ge|deckt; ungedeckter Scheck
un|ge|dient (Militär ohne Wehrdienst geleistet zu haben); Un|ge|dien|te, der; -n, -n
un|ge|druckt
Un|ge|duld; un|ge|dul|dig
un|ge|duscht
un|ge|eig|net
un|ge|fähr [auch ...ˈfɛːɐ̯]; von ungefähr (zufällig); Un|ge|fähr, das; -s (veraltend für Zufall)
un|ge|fähr|det [auch ...ˈfɛːɐ̯...]
un|ge|fähr|lich; Un|ge|fähr|lich|keit, die; -
un|ge|fäl|lig; Un|ge|fäl|lig|keit
un|ge|färbt
un|ge|fes|tigt; ungefestigter Charakter
un|ge|fil|tert
un|ge|formt
un|ge|fragt
un|ge|früh|stückt (ugs. scherzh. für ohne gefrühstückt zu haben)
un|ge|fü|ge (geh. für ungefüge)
un|ge|ges|sen (nicht gegessen; ugs. scherzh. für ohne gegessen zu haben)
un|ge|glie|dert
un|ge|hal|ten (ärgerlich); Un|ge|hal|ten|heit
un|ge|hei|ßen (geh. für unaufgefordert)
un|ge|heizt

un|ge|hemmt
un|ge|heu|er [auch ...ˈhɔy...]; ungeheurer, ungeheuerste; ungeheure Verschwendung; ↑D 72: die Kosten steigen ins Ungeheure; Un|ge|heu|er, das; -s, -; un|ge|heu|er|lich [auch ˈʊ...]; Un|ge|heu|er|lich|keit
un|ge|hin|dert
un|ge|ho|belt [auch ...ˈhoː...] (auch für ungebildet; grob)
un|ge|hö|rig; Un|ge|hö|rig|keit
un|ge|hor|sam; Un|ge|hor|sam
un|ge|hört
Un|ge|geist, der; -[e]s (geh.); un|geis|tig
un|ge|kämmt
un|ge|kannt; mit ungekannter Liebenswürdigkeit
un|ge|klärt
un|ge|kocht
un|ge|krönt; der ungekrönte König (übertr. für der beste, erfolgreichste) der Schwimmer
un|ge|kün|digt
un|ge|küns|telt; un|ge|kürzt; un|ge|küsst
Un|geld (mittelalterl. Abgabe)
un|ge|le|gen; ihr Besuch kam mir ungelegen; Un|ge|le|gen|heit
un|ge|legt; nur in der Verbindung ungelegte Eier (ugs. für etw., was noch nicht spruchreif ist)
un|ge|leh|rig; un|ge|lehrt
un|ge|lenk, un|ge|len|kig; Un|ge|len|kig|keit, die; -
un|ge|lernt; ein ungelernter Arbeiter; Un|ge|lern|te, der u. die; -n, -n
un|ge|le|sen; un|ge|liebt; un|ge|lo|gen
un|ge|löscht; ungelöschter Kalk
un|ge|löst; ungelöste Aufgaben
Un|ge|mach, das; -[e]s (geh.)
un|ge|mäß; jmdm., einer Sache ungemäß (nicht angemessen) sein
un|ge|mein [auch ...ˈmaɪ̯n]
un|ge|mes|sen [auch ...ˈmɛ...]
un|ge|min|dert; mit ungeminderter Stärke
un|ge|mischt
un|ge|müt|lich; Un|ge|müt|lich|keit, die; -
un|ge|nannt
un|ge|nau; Un|ge|nau|ig|keit
un|ge|neh|migt; eine ungenehmigte Demonstration
un|ge|niert [...ʒe...] (zwanglos); Un|ge|niert|heit
un|ge|nieß|bar [auch ...ˈniː...]; Un|ge|nieß|bar|keit, die; -

Unheil

un|ge|nü|gen, das; -s (geh.); un|ge-
nü|gend vgl. ausreichend
un|ge|nutzt, un|ge|nützt
un|ge|öff|net
un|ge|ord|net
un|ge|pflegt; Un|ge|pflegt|heit
un|ge|plant; un|ge|prüft; un|ge-
rächt
un|ge|ra|de, landsch. ungrad, ugs.
un|gra|de; ungerade Zahl
(Math.) ↑D 89
un|ge|rad|zah|lig (Math.)
un|ge|rahmt
un|ge|ra|ten (unerzogen)
un|ge|rech|net; Präp. mit Gen.:
ungerechnet des Schadens
un|ge|recht; un|ge|rech|ter|wei|se;
un|ge|recht|fer|tigt; un|ge|recht-
fer|tig|ter|wei|se; Un|ge|rech|tig-
keit
un|ge|re|gelt
un|ge|reimt; Un|ge|reimt|heit
un|gern
un|ge|rührt (unbeteiligt, gleichgül-
tig); Un|ge|rührt|heit, die; -
un|ge|rupft; er kam ungerupft
(ugs. für ohne Schaden) davon
un|ge|sagt; vieles blieb ungesagt
un|ge|sal|zen
un|ge|sät|tigt; ungesättigte
Lösung (Chemie) ↑D 89
un|ge|säu|ert; ungesäuertes Brot
¹un|ge|säumt (ohne Saum)
²un|ge|säumt (geh. veraltend für
sofort)
un|ge|schält; ungeschälter Reis
un|ge|schaut (österr. ugs. für
unbesehen)
un|ge|sche|hen; etwas ungesche-
hen machen
un|ge|scheut (geh. für frei, ohne
Scheu)
Un|ge|schick; un|ge|schick|lich (ver-
altend für ungeschickt); Un|ge-
schick|lich|keit
un|ge|schickt; Un|ge|schickt|heit
un|ge|schlacht (plump, grob-
schlächtig); ein ungeschlachter
Mensch; Un|ge|schlacht|heit
un|ge|schla|gen (unbesiegt)
un|ge|schlecht|lich; ungeschlecht-
liche Fortpflanzung
un|ge|schlif|fen (auch für ohne
Manieren); Un|ge|schlif|fen|heit
un|ge|schmä|lert (ohne Einbuße)
un|ge|schmei|dig
un|ge|schminkt
un|ge|schönt
un|ge|scho|ren
un|ge|schrie|ben; ein ungeschrie-
benes Gesetz
un|ge|schult
un|ge|schützt

un|ge|se|hen
un|ge|sel|lig; Un|ge|sel|lig|keit,
die; -
un|ge|setz|lich; Un|ge|setz|lich|keit
un|ge|si|chert
un|ge|sit|tet
un|ge|stalt (veraltet für formlos,
missgestaltet); un|ge|stal|tet
(nicht gestaltet)
un|ge|stem|pelt
un|ge|stillt; ungestillte Sehnsucht
un|ge|stört; Un|ge|stört|heit, die; -
un|ge|straft; ungestraft davon-
kommen
un|ge|stüm (geh. für schnell, hef-
tig); Un|ge|stüm, das; -[e]s
un|ge|sühnt
un|ge|sund
un|ge|süßt; ungesüßter Tee
un|ge|tan; etwas ungetan lassen
un|ge|teilt
un|ge|tes|tet
un|ge|treu (geh.)
un|ge|trübt; ungetrübte Freude
Un|ge|tüm, das; -[e]s, -e
un|ge|übt
un|ge|wandt
un|ge|wa|schen
un|ge|wiss ↑D 72: im Ungewissen
bleiben, lassen, sein; eine
Fahrt ins Ungewisse; Un|ge-
wiss|heit
Un|ge|wit|ter (veraltet für Unwet-
ter)
un|ge|wöhn|lich; Un|ge|wöhn|lich-
keit; un|ge|wohnt
un|ge|wollt; eine ungewollte
Schwangerschaft
un|ge|würzt
un|ge|zählt (auch für unzählig)
un|ge|zähmt
un|ge|zeich|net; ungezeichnete
Flugblätter
Un|ge|zie|fer, das; -s
un|ge|zie|mend (geh.)
un|ge|zo|gen; Un|ge|zo|gen|heit
un|ge|zu|ckert
un|ge|zü|gelt; ungezügelter Hass
un|ge|zwun|gen; Un|ge|zwun|gen-
heit
un|gif|tig; dieser Pilz ist ungiftig
Un|glau|be[n]; un|glaub|haft; un-
gläu|big; ein ungläubiger Tho-
mas (ugs. für jmd., der an allem
zweifelt); Un|gläu|bi|ge, der u.
die; -n, -n
un|glaub|lich; es geht ins, grenzt
ans Unglaubliche ↑D 72
un|glaub|wür|dig; Un|glaub|wür-
dig|keit, die; -
un|gleich; un|gleich|ar|tig
Un|gleich|be|hand|lung
un|gleich|er|big (für heterozygot);

un|gleich|för|mig; un|gleich|ge-
schlecht|lich (Biol.)
Un|gleich|ge|wicht; Un|gleich|heit
un|gleich|mä|ßig; Un|gleich|mä|ßig-
keit
Un|glei|chung (Math.)
Un|gleich|ver|tei|lung
un|gleich|zei|tig; Un|gleich|zei|tig-
keit
Un|glück, das; -[e]s, -e
un|glück|lich; Un|glück|li|che, der u.
die; -n, -n; un|glück|li|cher|wei|se
Un|glücks|bo|te; Un|glücks|bo|tin;
Un|glücks|bot|schaft
un|glücks|e|lig; un|glück|se|li|ger-
wei|se; Un|glück|se|lig|keit
Un|glücks|fah|rer; Un|glücks|fah|re-
rin
Un|glücks|fall, der; Un|glücks|ma-
schi|ne; Un|glücks|mensch; Un-
glücks|nach|richt; Un|glücks|ort;
Un|glücks|ra|be (ugs.)
un|glücks|schwan|ger (geh.)
Un|glücks|stel|le; Un|glücks|tag;
Un|glücks|wa|gen; Un|glücks-
wurm (ugs.)
Un|gna|de, die; -; [bei jmdm.] in
Ungnade fallen; un|gnä|dig
un|grad, un|gra|de; vgl. ungerade
un|gra|zi|ös
un|greif|bar; Un|greif|bar|keit Plur.
selten
Un|gu|la|ten Plur. ⟨lat.⟩ (Zool. Huf-
tiere)
un|gül|tig; Un|gül|tig|keit, die; -;
Un|gül|tig|keits|er|klä|rung; Un-
gül|tig|ma|chung (Amtsspr.)
Un|gunst; zu seinen, zu seines
Freundes Ungunsten; zuun-
gunsten od. zu Ungunsten der
Arbeiterinnen
un|güns|tig; Un|güns|tig|keit, die; -
un|gus|ti|ös vgl. gustiös
un|gut; nichts für ungut (es war
nicht böse gemeint)
un|halt|bar [auch ...'ha...];
unhaltbare Zustände; Un|halt-
bar|keit
un|hal|tig (Bergmannsspr. kein
Erz usw. enthaltend)
un|hand|lich; Un|hand|lich|keit
un|har|mo|nisch
Un|heil; Unheil bringende od.
unheilbringende Veränderungen; ein Unheil kündendes od.
unheilkündendes Zeichen; ein
Unheil verkündendes od.
unheilverkündendes Zeichen;
aber nur: großes Unheil bringend, kündend, verkündend;
äußerst unheilbringend, unheil-
kündend, unheilverkündend
↑D 58

un|heil|bar [auch ...'haɪ...]; Un|heil|bar|keit
Un|heil brin|gend, un|heil|brin|gend vgl. Unheil
un|heil|dro|hend
un|hei|lig; Un|hei|lig|keit
Un|heil kün|dend, un|heil|kün|dend vgl. Unheil
un|heil|schwan|ger (geh.)
Un|heil|stif|ter; Un|heil|stif|te|rin
Un|heil ver|kün|dend, un|heil|ver|kün|dend vgl. Unheil
un|heil|voll
un|heim|lich [auch 'ʊ...] (ugs. auch für sehr); Un|heim|lich|keit
un|his|to|risch
un|höf|lich; Un|höf|lich|keit
Un|hold, der; -[e]s, -e (böser Geist; Wüstling, Sittlichkeitsverbrecher); Un|hol|din
un|hör|bar [auch 'ʊ...]; Un|hör|bar|keit, die; -
un|hy|gi|e|nisch
uni ['ʏni, auch y'ni:] ⟨franz.⟩ (einfarbig, nicht gemustert); ein uni Kleid; uni gefärbte od. unigefärbte Stoffe ↑D 58; ¹Uni, das; -s, -s (einheitliche Farbe); in verschiedenen Unis
²Uni, die; -, -s (ugs.; kurz für Universität)
UNICEF ['u:nitsɛf, auch 'ʊ...], die; -, meist ohne Artikel = United Nations International Children's Emergency Fund ⟨engl.⟩ (Weltkinderhilfswerk der UNO)
unie|ren ⟨franz.⟩ (vereinigen [bes. von Religionsgemeinschaften]); ↑D 89: unierte Kirchen (die mit der röm.-kath. Kirche wieder vereinigten Ostkirchen; die ev. Unionskirchen); Uni|fi|ka|ti|on, die; -, -en; vgl. Unifizierung; uni|fi|zie|ren (vereinheitlichen); Uni|fi|zie|rung (Vereinheitlichung, Vereinigung)
uni|form (gleich-, einförmig)
Uni|form [auch 'ʊ..., südd., österr. 'u:ni...], die; -, -en ⟨franz.⟩ (einheitl. Dienstkleidung); Uni|form|hemd; uni|for|mie|ren (einheitlich kleiden; gleichförmig machen) Uni|for|mier|te, der u. die; -n, -n; Uni|for|mie|rung; Uni|for|mi|tät, die; -, -en (Einförmigkeit); Uni|form|ver|bot
uni ge|färbt, uni|ge|färbt vgl. uni
Uni|kat [uni...], das; -[e]s, -e ⟨lat.⟩ (einzige Ausfertigung); Uni|kum, das; -s, Plur. (für [in seiner Art] Einziges:) ...ka, (für Sonderling:) -s, österr. ...ka

uni|la|te|ral ⟨nlat.⟩ (einseitig); Uni|la|te|ra|lis|mus (staatliches Handeln ohne internationale Rücksichtnahme)
un|in|for|miert; Un|in|for|miert|heit, die; -
un|in|s|pi|riert
un|in|te|r|es|sant (langweilig, reizlos); un|in|te|r|es|siert (ohne innere Anteilnahme); Un|in|te|r|es|siert|heit, die; -
Unio mys|ti|ca, die; - - ⟨lat.⟩ (geheimnisvolle Vereinigung der Seele mit Gott in der Mystik)
Uni|on, die; -, -en (Bund, Vereinigung [bes. von Staaten]); Europäische Union (Abk. EU); Christlich Demokratische Union [Deutschlands] (Abk. CDU); Christlich-Soziale Union (Abk. CSU); Junge Union (vgl. jung)
Uni|o|nist, der; -en, -en (Anhänger einer Union, z. B. der amerikanischen im Unabhängigkeitskrieg 1776/83); Uni|o|nis|tin; uni|o|nis|tisch
Uni|on Jack ['ju:njən 'dʒɛk], der; -s, - -s ⟨engl.⟩ (brit. Nationalflagge)
Uni|ons|frak|ti|on (Fraktion der Unionsparteien)
Uni|ons|kir|che
Uni|ons|par|tei meist Plur. (eine der beiden Parteien CDU u. CSU)
Uni|ons|po|li|ti|ker; Uni|ons|po|li|ti|ke|rin; uni|ons|re|giert
uni|pe|tal ⟨lat.; griech.⟩ (Bot. einblättrig)
uni|pol|lar (Elektrot. einpolig; unipolare Leitfähigkeit; Uni|po|lar|ma|schi|ne
un|ir|disch (nicht irdisch)
uni|sex ⟨engl.⟩ (geschlechtsneutral); die Toilette ist unisex; Uni|sex, der; -[es] ⟨engl.⟩ (Verwischung der Unterschiede zwischen den Geschlechtern [im Erscheinungsbild]); Uni|sex|ta|rif (Versicherungsw. einheitlicher Tarif für beide Geschlechter)
uni|so|no ⟨ital.⟩ (Musik auf demselben Ton od. in der Oktave [zu spielen]); Uni|so|no, das; -s, Plur. -s u. ...ni (Musik)
Uni|ta|ri|er, der; -s, - ⟨lat.⟩ (Anhänger einer protestant. Richtung, die die Einheit Gottes betont u. die Dreifaltigkeit ablehnt); Uni|ta|ri|e|rin

uni|ta|risch (Einigung bezweckend); Uni|ta|ris|mus, der; - (Streben nach Stärkung der Zentralgewalt; Lehre der Unitarier); Uni|tät, die; -, -en (Einheit, Einzig[artig]keit)
Uni|ted Na|tions [ju:'naɪtɪd 'neɪʃənz] usw. vgl. UN, UNESCO usw.
Uni|ted Press In|ter|na|tio|nal [- - ɪntɐ'neʃənl], die; - - - ⟨engl.⟩ (eine US-amerik. Nachrichtenagentur; Abk. UPI)
Uni|ted States [of Ame|ri|ca] [- 'steɪts (- ɛ'mɛrɪkə)] Plur. (Vereinigte Staaten [von Amerika]; Abk. US[A])
uni|ver|sal, uni|ver|sell ⟨lat.⟩ (allgemein, gesamt; umfassend); Uni|ver|sal|bil|dung
Uni|ver|sal|er|be, der; Uni|ver|sal|er|bin; Uni|ver|sal|ge|lehr|te; Uni|ver|sal|ge|nie; Uni|ver|sal|ge|schich|te (Weltgeschichte)
Uni|ver|sa|li|en Plur. (Philos. Allgemeinbegriffe, allgemeingültige Aussagen); Uni|ver|sa|lis|mus, der; - (Lehre vom Vorrang des Allgemeinen, Ganzen vor dem Besonderen, Einzelnen; auch für Universalität); uni|ver|sa|lis|tisch; Uni|ver|sa|li|tät, die; - (Allgemeinheit; Allseitigkeit; alles umfassende Bildung)
Uni|ver|sal|mit|tel, das (Allerweltsmittel, Allheilmittel)
uni|ver|sell vgl. universal
Uni|ver|si|a|de, die; -, -n (Studentenwettkämpfe nach dem Vorbild der Olympischen Spiele)
uni|ver|si|tär (die Universität betreffend)
Uni|ver|si|tät, die; -, -en
Uni|ver|si|täts|aus|bil|dung; Uni|ver|si|täts|bi|b|lio|thek; Uni|ver|si|täts|buch|hand|lung
Uni|ver|si|täts|di|rek|tor (österr.); Uni|ver|si|täts|di|rek|to|rin
Uni|ver|si|täts|ins|ti|tut; Uni|ver|si|täts|kli|nik; Uni|ver|si|täts|lauf|bahn
Uni|ver|si|täts|lehr|gang (österr. für weiterführende Lehrveranstaltung für eine bestimmte berufliche Qualifikation)
Uni|ver|si|täts|me|di|zin, die; - (an der Universität erforschte u. angewandte Medizin)
Uni|ver|si|täts|prä|si|dent; Uni|ver|si|täts|prä|si|den|tin; Uni|ver|si|täts|pro|fes|sor; Uni|ver|si|täts|pro|fes|so|rin

unpädagogisch

Uni|ver|si|täts|rat (Selbstverwaltungsgremium an einer Universität); Uni|ver|si|täts|stadt; Uni|ver|si|täts|stu|di|um
Uni|ver|sum, das; -s, ...sen
UNIX® ['ju:nɪks], das; - (EDV ein Betriebssystem für vernetzte Computer)
un|kal|ku|lier|bar
un|ka|me|rad|schaft|lich; Un|ka|me|rad|schaft|lich|keit, die; -
un|ka|putt|bar (Werbespr. nicht zerstörbar)
Un|ke, die; -, -n (ein Froschlurch); un|ken (ugs. für Unglück prophezeien); Un|ken|art
un|kennt|lich; Un|kennt|lich|keit, die; -; Un|kennt|nis, die; -
Un|ken|ruf (auch für pessimistische Voraussage)
un|keusch (veraltend); Un|keusch|heit, die; -
un|kind|lich; Un|kind|lich|keit
un|kirch|lich
un|klar ↑D 72: im Unklaren bleiben, lassen, sein; Un|klar|heit
un|kleid|sam
UN-Kli|ma|be|richt ↑D 28
un|klug; Un|klug|heit
un|kol|le|gi|al
un|kom|men|tiert
un|kom|pli|ziert
un|kon|kret
un|kon|t|rol|lier|bar [auch ...'liːɐ̯...]; un|kon|t|rol|liert
un|kon|ven|ti|o|nell
un|kon|zen|t|riert; Un|kon|zen|t|riert|heit
un|ko|or|di|niert
un|kör|per|lich
un|kor|rekt; Un|kor|rekt|heit
Un|kos|ten Plur.; sich in Unkosten stürzen (ugs.)

Unkosten

Bei diesem Wort wird die Vorsilbe *Un-* nicht im verneinenden Sinn gebraucht, sondern verstärkend wie in *Unmenge* oder *Unzahl*. Im heutigen Sprachgebrauch wird es kaum noch von *Kosten* unterschieden. Allerdings ist *Unkosten* in der Fachsprache der Betriebswirtschaft nicht zulässig, dort spricht man nur von *Kosten*.

Un|kos|ten|bei|trag
Un|kraut; Un|kraut|ver|nich|ter (Substanz); Un|kraut|ver|nich|tungs|mit|tel
un|krie|ge|risch

un|kri|tisch
Unk|ti|on, die; -, -en ⟨lat.⟩ (Med. veraltet für Einreibung, Einsalbung)
un|kul|ti|viert; Un|kul|tur, die; - (Mangel an Kultur)
un|künd|bar [auch ...ky...]; Un|künd|bar|keit
un|kun|dig; des Lesens unkundig
un|künst|le|risch
un|la|ckiert
Un|land, das; -[e]s, Unländer (Landwirtsch. nicht nutzbares Land)
un|längst (vor Kurzem)
un|lau|ter; unlauterer Wettbewerb ↑D 89
un|leid|lich; Un|leid|lich|keit
un|les|bar; un|le|ser|lich [auch ...'leː...]; Un|le|ser|lich|keit, die; -
un|leug|bar [auch 'ʊ...]
un|lieb; un|lie|bens|wür|dig; un|lieb|sam; Un|lieb|sam|keit
un|li|mi|tiert (unbegrenzt)
un|li|niert (österr. nur so), un|li|ni|iert
Un|lo|gik, die; -; un|lo|gisch
un|lös|bar [auch ...'løː...]; Un|lös|bar|keit, die; -; un|lös|lich [auch ...'løː...]
Un|lust, die; -; Un|lust|ge|fühl; un|lus|tig
UN-Man|dat (Mandat der Vereinten Nationen)
un|ma|nier|lich
un|männ|lich
Un|maß, das; -es (Unzahl, übergroße Menge)
Un|mas|se (sehr große Menge)
un|maß|geb|lich [auch ...'geː...]
un|mä|ßig; Un|mä|ßig|keit, die; -
un|me|lo|disch
Un|men|ge
Un|mensch, der; -en, -en (grausamer Mensch); un|mensch|lich [auch ...'mɛ...]; Un|mensch|lich|keit
un|merk|lich [auch 'ʊ...]
un|me|tho|disch
un|mi|li|tä|risch
un|miss|ver|ständ|lich [auch ...'ʃtɛ...]
un|mit|tel|bar; Un|mit|tel|bar|keit
un|mö|b|liert
un|mo|dern; un|mo|disch
un|mög|lich [auch ...'møː...]; nichts Unmögliches ↑D 72 verlangen; Un|mög|lich|keit
Un|mo|ral; un|mo|ra|lisch
un|mo|ti|viert (unbegründet)
un|mün|dig; Un|mün|dig|keit
un|mu|si|ka|lisch; un|mu|sisch

Un|muß, der; -es ⟨zu Muße⟩ (mdal. für Unruhe, Ärger)
Un|mut, der; -[e]s; un|mu|tig; un|muts|voll
un|nach|ahm|lich [auch ...'aː...]
un|nach|gie|big; Un|nach|gie|big|keit
un|nach|sich|tig; Un|nach|sich|tig|keit, die; -; un|nach|sicht|lich (älter für unnachsichtig)
un|nah|bar [auch 'ʊ...]; Un|nah|bar|keit, die; -
Un|na|tur, die; -; un|na|tür|lich; Un|na|tür|lich|keit
un|nenn|bar [auch 'ʊ...]
un|nor|mal
un|no|tiert (Börse)
un|nö|tig; un|nö|ti|ger|wei|se
un|nütz; un|nüt|zer|wei|se
UNO, Uno, die; - = United Nations Organization ⟨engl.⟩ (Organisation der Vereinten Nationen); vgl. UN u. VN

UNO

Organization und die deutsche Entsprechung *Organisation* sind nicht Teil des offiziellen Namens der Vereinten Nationen. Deshalb empfiehlt die Deutsche Gesellschaft für die Vereinten Nationen, nur die Abkürzung *UN* zu verwenden.

UNO-Ge|ne|ral|se|k|re|tär, Uno-Ge|ne|ral|se|k|re|tär ↑D 28; vgl. UNO; UNO-Ge|ne|ral|se|kre|tä|rin, Uno-Ge|ne|ral|se|kre|tä|rin;
UNO-Kli|ma|be|richt, Uno-Kli|ma|be|richt
un|öko|no|misch
un|or|dent|lich; Un|or|dent|lich|keit, die; -; Un|ord|nung, die; -
un|or|ga|nisch
un|or|ga|ni|siert
un|or|tho|dox
un|or|tho|gra|fisch, un|or|tho|gra|phisch
UNO-Si|cher|heits|rat, Uno-Si|cher|heits|rat, der; -[e]s ↑D 28; vgl. UNO
UNO-Sol|dat, Uno-Sol|dat ↑D 28; vgl. UNO; UNO-Sol|da|tin, Uno-Sol|da|tin
UNO-Waf|fen|in|s|pek|tor, Uno-Waf|fen|in|s|pek|tor ↑D 28; vgl. UNO; UNO-Waf|fen|in|s|pek|to|rin, Uno-Waf|fen|in|s|pek|to|rin
un|paar; Un|paar|hu|fer (Zool.)
un|paa|rig; Un|paar|ze|her (Zool.)
un|pä|d|a|go|gisch

unparteiisch

> **un|recht / Un|recht**
>
> *Kleinschreibung:*
> – in unrechte Hände gelangen
> – am unrechten Platz sein
> – unrecht sein
> – ihr habt **unrecht** *od.* Unrecht daran getan
> – **unrecht** *od.* Unrecht bekommen, haben, behalten
> – jemandem **unrecht** *od.* Unrecht geben, tun
>
> – es geschieht ihm [ein] Unrecht
> – ein Unrecht begehen
> – im Unrecht sein
> – jemanden ins Unrecht setzen
> – jemandem ein Unrecht [an]tun
> – zu Unrecht bestehen
>
> *Vgl.* recht / Recht
>
> *Großschreibung:*
> – das Unrecht; des Unrecht[e]s
> – etwas Unrechtes tun; an den Unrechten kommen
> – besser Unrecht leiden als Unrecht tun

un|par|tei|isch (neutral, nicht parteiisch); ein unparteiisches Urteil; Un|par|tei|i|sche, der *u.* die; -n, -n; un|par|tei|lich (keiner bestimmten Partei angehörend); Un|par|tei|lich|keit, die; -
un|pass (veraltend für unwohl; landsch. für ungelegen); jmdm. unpass kommen; un|pas|send
un|pas|sier|bar [auch ...ˈsiːɐ̯...]
un|päss|lich ([leicht] krank; unwohl); Un|päss|lich|keit
un|pa|the|tisch
Un|per|son ([von den Medien] bewusst ignorierte Person)
un|per|sön|lich; unpersönliches Fürwort (für Indefinitpronomen); Un|per|sön|lich|keit, die; -
un|pfänd|bar [auch ...ˈpfɛ...]
un|plat|ziert (Sport); unplatziert (ungezielt) schießen
un|plau|si|bel (nicht plausibel)
un|plugged [ˈanplakt] ⟨engl.⟩ (Jargon ohne elektronische Verstärkung gespielt od. gesungen)
un po|co ⟨ital.⟩ (Musik ein wenig)
un|po|e|tisch
un|po|liert; unpoliertes Holz
un|po|li|tisch
un|po|pu|lär
un|prak|tisch
un|prä|ten|ti|ös
un|prä|zis; un|prä|zi|se
un|pro|b|le|ma|tisch
un|pro|duk|tiv; unproduktive Arbeit; Un|pro|duk|ti|vi|tät
un|pro|fes|si|o|nell
un|pro|por|ti|o|niert; Un|pro|por|ti|o|niert|heit, die; -
un|pünkt|lich; Un|pünkt|lich|keit
un|qua|li|fi|ziert (auch für unangemessen, ohne Sachkenntnis); unqualifizierte Bemerkungen
un|ra|siert
¹Un|rast, der; -[e]s, -e (veraltet für ruheloser Mensch, bes. Kind)
²Un|rast, die; - (Ruhelosigkeit)
Un|rat, der; -[e]s (geh. für

Schmutz); Unrat wittern (Schlimmes ahnen)
un|ra|ti|o|nell; ein unrationeller Betrieb
un|rat|sam
un|re|al; un|re|a|lis|tisch; unrealistische Vorstellungen haben
un|recht / Un|recht s. Kasten
un|recht|mä|ßig; unrechtmäßiger Besitz; un|recht|mä|ßi|ger|wei|se; Un|recht|mä|ßig|keit
Un|rechts|be|wusst|sein
Un|rechts|staat (abwertend)
un|re|di|giert (vom Herausgeber nicht überarbeitet)
un|red|lich; Un|red|lich|keit
un|re|ell; ein unreelles Geschäft
un|re|flek|tiert (ohne Nachdenken [entstanden]; spontan)
un|re|gel|mä|ßig; unregelmäßige Verben (Sprachwiss.); Un|re|gel|mä|ßig|keit
un|re|gier|bar [auch ...ˈɡiːɐ̯...]
un|reif; Un|rei|fe
un|rein; ins Unreine schreiben
↑D72; Un|rein|heit; un|rein|lich; Un|rein|lich|keit
un|ren|ta|bel; ...a|b|ler Betrieb; Un|ren|ta|bi|li|tät, die; -
UN-Re|so|lu|ti|on [uːˈɛn...]
un|rett|bar [auch ˈʊ...]; sie waren unrettbar verloren
un|rich|tig; un|rich|ti|ger|wei|se; Un|rich|tig|keit
un|rit|ter|lich
un|ro|man|tisch
Un|ruh, die; -, -en (Teil der Uhr, des Barometers usw.); Un|ru|he (fehlende Ruhe; *ugs. auch für* Unruh); Un|ru|he|herd
Un|ru|he|stif|ter; Un|ru|he|stif|te|rin
un|ru|hig
un|rühm|lich; Un|rühm|lich|keit
un|rund (Technik)
uns
un|sach|ge|mäß
un|sach|lich; Un|sach|lich|keit

un|sag|bar [auch ˈʊ...]; un|säg|lich [auch ˈʊ...]
un|sanft; jmdn. unsanft wecken
un|sau|ber; Un|sau|ber|keit
un|schäd|lich; ein unschädliches Mittel; Un|schäd|lich|keit, die; -; Un|schäd|lich|ma|chung
un|scharf; unschärfer, unschärfste; Un|schär|fe; Un|schär|fe|be|reich, der (Optik); Un|schär|fe|re|la|ti|on (Physik)
un|schätz|bar [auch ˈʊ...]
un|schein|bar; Un|schein|bar|keit
un|schick|lich (geh. für unanständig); Un|schick|lich|keit
un|schlag|bar [auch ˈʊ...]
Un|schlitt, das; -[e]s, -e (veraltend für Talg); Un|schlitt|ker|ze
un|schlüs|sig; Un|schlüs|sig|keit
un|schmelz|bar [auch ˈʊ...]
un|schön
un|schöp|fe|risch
Un|schuld, die; -; un|schul|dig; ein unschuldiges Mädchen; *aber* ↑D 151: Unschuldige Kinder (kath. Fest); Un|schul|di|ge, der *u.* die; -n, -n; un|schul|di|ger|wei|se
Un|schulds|be|teu|e|rung *meist* Plur.; Un|schulds|en|gel (iron.); Un|schulds|lamm (iron.); Un|schulds|mie|ne; Un|schulds|ver|mu|tung (Rechtsspr.); un|schulds|voll
un|schwer (leicht)
Un|se|gen, der; -s (geh.)
un|selb|stän|dig vgl. **unselbstständig**
un|selbst|stän|dig; un|selb|stän|dig; **Un|selbst|stän|dig|keit**, Un|selb|stän|dig|keit
un|se|lig; unseliges Geschick; un|se|li|ger|wei|se (geh.)
un|sen|si|bel; un|sen|ti|men|tal
¹un|ser; unsere, unsre Freundin; unser Freund; unserm, unserem, unsrem Freund; unser von allen unterschriebener Brief;

unter...

un|ten

- nach unten; von unten; bis unten
- weiter unten
- nach unten hin; nach unten zu
- von unten her; von unten hinauf
- man wusste kaum noch, was unten und was oben war

Getrenntschreibung in Verbindung mit Verben:
- unten sein; unten bleiben
- unten liegen; unten stehen
- bei jmdm. unten durch sein (*ugs. für* sich jmds. Wohlwollen verscherzt haben)

In Verbindung mit einem adjektivisch gebrauchten Partizip kann getrennt oder zusammengeschrieben werden ↑D 58:
- die unten liegenden *od.* untenliegenden Schichten
- die unten erwähnten *od.* untenerwähnten Fakten
- die unten genannten *od.* untengenannten, die unten stehenden *od.* untenstehenden Bemerkungen
- Untenstehendes *od.* unten Stehendes ist zu beachten

Vgl. auch oben

---

unseres Wissens (*Abk.* u. W.);
↑D 88: Unsere Liebe Frau (Maria, Mutter Jesu); ↑D 150: Uns[e]rer Lieben Frau[en] Kirche; *vgl.* ¹dein
²un|ser (*Genitiv von* »wir«); unser sind drei; gedenke, erbarme dich unser (*nicht* unserer)
un|se|re, uns|re, uns|ri|ge ↑D 76: die Unser[e]n, Unsren, Unsrigen *od.* unser[e]n, unsren, unsrigen; das Uns[e]re, Unsrige *od.* uns[e]re, unsrige; *vgl.* deine, deinige
un|ser|ei|ner, un|ser|eins
un|se|rer|seits, un|ser|seits, uns|rer|seits
un|se|res|glei|chen, un|sers|glei|chen, uns|res|glei|chen
un|se|res|teils, uns|res|teils
un|se|ret|hal|ben, un|sert|hal|ben, uns|ret|hal|ben (*veraltend*)
un|se|ret|we|gen, *selten* un|sert|we|gen, uns|ret|we|gen
un|se|ret|wil|len, un|sert|wil|len, uns|ret|wil|len (*veraltend*)
un|se|ri|ös; unseriöses Angebot
un|ser|seits *vgl.* unsererseits
un|sers|glei|chen *vgl.* unseresgleichen; un|sert|hal|ben *vgl.* unserethalben; un|sert|we|gen *vgl.* unseretwegen; un|sert|wil|len *vgl.* unseretwillen
Un|ser|va|ter, das; -s, - (*landsch., bes. schweiz. reformiert für* Vaterunser)
un|se|xy (*ugs. für* unattraktiv); unsexy aussehen, wirken
un|si|cher; im Unsichern (zweifelhaft) sein ↑D 72; Un|si|cher|heit; Un|si|cher|heits|fak|tor
UN-Si|cher|heits|rat (Sicherheitsrat der Vereinten Nationen)
un|sicht|bar; Un|sicht|bar|keit, die; -; un|sich|tig (undurchsichtig)
un|sink|bar [*auch* ...'zɪ...]
Un|sinn, der; -[e]s; un|sin|nig; un|sin|ni|ger|wei|se; Un|sin|nig|keit

un|sinn|lich
Un|sit|te; un|sitt|lich; unsittlicher Antrag; Un|sitt|lich|keit
UN-Sol|dat [uː'|en...]; UN-Sol|da|tin
un|so|zi|al
un|so|lid, un|so|li|de
un|so|li|da|risch; Un|so|li|da|ri|tät, die; - (*selten*)
un|so|li|de, un|so|lid; Un|so|li|di|tät, die; -
un|sor|tiert
un|so|zi|al; unsoziales Verhalten
un|spek|ta|ku|lär
un|spe|zi|fisch
un|spiel|bar [*auch* 'ʊ...]
un|sport|lich; Un|sport|lich|keit
uns|re *vgl.* unsere; uns|rer|seits *vgl.* unsererseits; uns|res|glei|chen *vgl.* unseresgleichen; uns|res|teils *vgl.* unseresteils
uns|ret|hal|ben *vgl.* unserethalben; uns|ret|we|gen *vgl.* unseretwegen; uns|ret|wil|len *vgl.* unseretwillen; uns|ri|ge *vgl.* unsere
un|sta|bil; Un|sta|bi|li|tät
Un|stä|te, die; - (*veraltet für* Unruhe); *vgl. aber* unstet
un|statt|haft
un|sterb|lich [*auch* 'ʊn...]; Un|sterb|lich|keit, die; -; Un|sterb|lich|keits|glau|be[n]
Un|stern, der; -[e]s (*geh. für* Unglück); unter einem Unstern stehen
un|stet; unstetes Leben; *vgl. aber* Unstäte; Un|stet|heit, die; - (unstete [Wesens]art); un|ste|tig (*veraltend für* unstet); Un|ste|tig|keit
un|still|bar ['ʊ...]
un|stim|mig; Un|stim|mig|keit
un|sträf|lich [*auch* ...ˈʃtrɛː...] (*veraltend für* untadelig)
un|strei|tig [*auch* ...ˈʃtraɪ...] (sicher, bestimmt); un|strit|tig [*auch* ...ˈʃtrɪ...]
un|struk|tu|riert

Un|strut, die; - (linker Nebenfluss der Saale)
Un|sum|me (sehr große Summe)
un|sym|met|risch
un|sym|path, der; -en, -en (*ugs., oft scherzh. für* unsympathischer Mensch); Un|sym|pa|thin (*seltener*)
un|sym|pa|thisch
un|sys|te|ma|tisch
un|ta|de|lig [*auch* ...ˈtaː...], un|tad|lig [*auch* ...ˈtaːt...]; ein untadeliges, untadliges Leben
un|ta|len|tiert
Un|tat (Verbrechen); Un|tät|chen (*landsch. für* kleiner Makel); *nur in* es ist kein Untätchen an ihr
un|tä|tig; Un|tä|tig|keit
un|taug|lich; Un|taug|lich|keit, die; -
un|teil|bar [*auch* 'ʊ...]; Un|teil|bar|keit; un|teil|haf|tig; einer Sache unteilhaftig sein
un|ten *s.* Kasten
un|ten|an; untenan sitzen, stehen
un|ten|drun|ter (*ugs.*); un|ten|durch; untendurch gehen; *vgl. aber* unten
un|ten er|wähnt, un|ten|er|wähnt *vgl.* unten
un|ten ge|nannt, un|ten|ge|nannt *vgl.* unten
un|ten|her; *aber* von unten her; un|ten|her|um (*ugs. für* im unteren Teil; unten am Körper); un|ten|hin; *aber* nach unten hin
un|ten lie|gend, un|ten|lie|gend *vgl.* unten
un|ten|rum (*svw.* untenherum)
un|ten ste|hend, un|ten|ste|hend *vgl.* unten
un|ter *s.* Kasten Seite 1152
Un|ter, der; -s, - (Spielkarte)
un|ter...; in Verbindung mit Verben: unfeste Zusammensetzungen, z. B. unterhalten (*vgl. d.*), er hält unter, hat untergehalten; unterzuhalten; *feste* Zusam-

Unterabteilung

ụn|ter

Präposition mit Dativ und Akkusativ: – unter dem Tisch stehen, unter den Tisch stellen – unter der Bedingung, dass ... – Kinder unter zwölf Jahren haben keinen Zutritt – unter ander[e]m, unter ander[e]n (*Abk.* u. a.) – unter einem (*österr. Amtsspr. für* zugleich) – unter Tage (*Bergmannsspr.*) – unter üblichem Vorbehalt (bei Gutschrift von Schecks; *Abk.* u. ü. V.) – unter Umständen (*Abk.* u. U.)	*Adverb:* – es waren unter (weniger als) 100 Gäste – unter (noch nicht) zwölf Jahre alte Kinder – Gemeinden von unter (weniger als) 10 000 Einwohnern – die unter Zwölfjährigen

mensetzungen, z. B. unterhạlten (*vgl. d.*), er unterhält, hat unterhalten; zu unterhalten
Ụn|ter|ab|tei|lung; Ụn|ter|arm; Ụn|ter|art (*Biol.*); Ụn|ter|aus|schuss; Ụn|ter|bau *Plur.* ...bauten; Ụn|ter|bauch
un|ter|bau|en; er hat den Sockel unterbaut; Un|ter|bau|ung
Ụn|ter|be|griff
Ụn|ter|be|klei|dung
un|ter|be|legt; ein unterbelegtes Hotel; Un|ter|be|le|gung
un|ter|be|lịch|ten (*Fotogr.*); du unterbelichtest; die Aufnahme ist unterbelichtet; unterzubelichten; un|ter|be|lịch|tet; ein unterbelichtetes Foto; er ist etwas unterbelichtet (*ugs. für* dumm); Un|ter|be|lịch|tung
un|ter|be|schäf|tigt; Un|ter|be|schäf|ti|gung
un|ter|be|setzt; die Dienststelle ist unterbesetzt
Ụn|ter|bett
un|ter|be|wer|ten; er unterbewertet diese Leistung; er hat sie unterbewertet; unterzubewerten; Ụn|ter|be|wer|tung
un|ter|be|wusst; Ụn|ter|be|wusst|sein
un|ter|be|zah|len; sie ist unterbezahlt; unterzubezahlen; *selten* sie unterbezahlt ihre Angestellten; Ụn|ter|be|zah|lung
Ụn|ter|be|zirk
un|ter|bie|ten; Un|ter|bie|tung
Ụn|ter|bi|lanz (Verlustabschluss)
un|ter|bin|den (*ugs.*); sie hat ein Tuch untergebunden; un|ter|bịn|den; der Handelsverkehr ist unterbunden; Un|ter|bịn|dung
un|ter|blei|ben
Ụn|ter|bo|den; Ụn|ter|bo|den|schutz (Kfz-Wesen); Ụn|ter|bo|den|wä|sche
un|ter|brẹ|chen; Un|ter|brẹ|cher (*Elektrot.*); Un|ter|brẹ|cher|kon|takt; Un|ter|brẹ|cher|wer|bung (Fernsehen); Un|ter|brẹ|chung

un|ter|brei|ten (darlegen; vorschlagen); er hat ihm einen Plan unterbreitet; Un|ter|brei|tung
un|ter|brịn|gen; Ụn|ter|brịn|gung
Ụn|ter|bruch, der; -[e]s, ...brüche (*schweiz. neben* Unterbrechung)
un|ter|bü|geln (*ugs. für* rücksichtslos unterdrücken)
un|ter|bụt|tern (*ugs. für* rücksichtslos unterdrücken; zusätzlich verbrauchen); das Geld wurde noch mit untergebuttert
un|ter|chlo|rig [...k...] (*Chemie*); unterchlorige Säure
Ụn|ter|deck (ein Schiffsteil)
Ụn|ter|de|ckung (*Kreditw.*)
un|ter der Hạnd (im Stillen, heimlich)
un|ter|dẹs|sen, *älter* un|ter|dẹs
Ụn|ter|druck *Plur.* ...drücke, *seltener* ...drucke
un|ter|drụ̈|cken; sie hat ihren Unwillen unterdrückt; Un|ter|drụ̈|cker; Un|ter|drụ̈|cke|rin; un|ter|drụ̈|cke|risch
Un|ter|drụck|kam|mer (Technik)
Un|ter|drụ̈|ckung
un|ter|du|cken (*landsch.*); sie hat ihn im Bad untergeduckt
un|ter|durch|schnitt|lich
un|tẹ|re; die unter[e]n Klassen, *aber* ↑ D 140: Unterer Neckar (Region in Baden-Württemberg); *vgl.* unterste

un|ter|ei|n|ạn|der

Man schreibt »untereinander« mit dem folgenden Verb in der Regel zusammen, wenn es den gemeinsamen Hauptakzent trägt ↑ D 48:
– untereinanderlegen, untereinanderliegen, untereinanderschreiben usw.
Aber:
– untereinander austauschen, untereinander hinschreiben, sich untereinander kennen usw.

Ụn|ter|ein|heit
un|ter|ent|wị|ckelt; unterentwickelte Länder; Ụn|ter|ent|wịck|lung
un|ter|er|nährt; Ụn|ter|er|näh|rung
un|ter|fah|ren; einen Viadukt unterfahren; Ụn|ter|fahr|schutz (Kfz-Wesen)
Ụn|ter|fa|mi|lie (*Biol.*)
un|ter|fan|gen; du hast dich unterfangen[,] einen Roman zu schreiben; die Mauer wird unterfangen (*Bauw.* abgestützt); Ụn|ter|fan|gen, das; -s, - (Vorhaben; Wagnis)
un|ter|fạs|sen (*ugs.*); sie gehen untergefasst
un|ter|fer|ti|gen (*Amtsspr.* unterschreiben); Un|ter|fer|tig|te, der u. die; -n, -n
Ụn|ter|feue|rung (Technik)
un|ter|flie|gen; er hat den Radar unterflogen
un|ter|flur (Technik); etwas unterflur einbauen; Ụn|ter|flur|ga|ra|ge; Ụn|ter|flur|hy|d|rant (unter der Straßendecke liegende Zapfstelle); Ụn|ter|flur|mo|tor (unter dem Fahrzeugboden eingebauter Motor); Ụn|ter|flur|stra|ße (unterirdische Straße)
un|ter|for|dern
Ụn|ter|fran|ken
un|ter|füh|ren
Ụn|ter|füh|rer (Militär)
Ụn|ter|füh|rung; Ụn|ter|füh|rungs|zei|chen (für gleiche untereinanderstehende Wörter; Zeichen „)
Ụn|ter|funk|ti|on (*Med.*)
Ụn|ter|fut|ter ⟨*zu* ²Futter⟩; un|ter|füt|tern
Ụn|ter|gang, der; -[e]s, ...gänge; Ụn|ter|gangs|stim|mung
un|ter|gä|rig; untergäriges Bier; Ụn|ter|gä|rung, die; -
un|ter|ge|ben; Ụn|ter|ge|be|ne, der u. die; -n, -n
un|ter|ge|hen; die Sonne ist untergegangen; ↑ D 72: sein Stern ist im Untergehen [begriffen]

Untermauerung

un|ter|ge|ord|net
Un|ter|ge|schoss, südd., österr. auch Un|ter|ge|schoß
Un|ter|ge|stell
Un|ter|ge|wicht, das; -[e]s; un|ter|ge|wich|ten (Börsenw.); Finanzexperten raten, südeuropäische Aktien unterzugewichten (ihren Anteil in Investmentfonds zu senken); un|ter|ge|wich|tig
Un|ter|gla|sur|far|be
un|ter|glie|dern; Un|ter|glie|de|rung (das Untergliedern)
Un|ter|glie|de|rung (Unterabteilung)
un|ter|gra|ben; sie hat den Dünger untergegraben; un|ter|gra|ben; das hat ihre Gesundheit untergraben; Un|ter|gra|bung
Un|ter|gren|ze
Un|ter|griff (Griff beim Ringen u. Turnen; österr. auch für beleidigende Äußerung, versteckter Angriff); un|ter|grif|fig (abwertend für beleidigend, unsachlich)
Un|ter|grund; Un|ter|grund|bahn (U-Bahn); ↑D 28; Un|ter|grund|be|we|gung
un|ter|grün|dig
Un|ter|grund|kämp|fer; Un|ter|grund|kämp|fe|rin; Un|ter|grund|li|te|ra|tur, die; -; Un|ter|grund|mu|sik; Un|ter|grund|or|ga|ni|sa|ti|on
Un|ter|grup|pe
un|ter|ha|ben (ugs. für etwas unter anderer Kleidung tragen); nichts unterhaben
un|ter|ha|ken (ugs.); sie hatten sich untergehakt
un|ter|halb; als Präposition mit Gen.: der Neckar unterhalb Heidelbergs (von Heidelberg aus flussabwärts)
Un|ter|halt, der; -[e]s; un|ter|hal|ten; ich habe mich gut unterhalten; er wird vom Staat unterhalten; un|ter|hal|ten (ugs.); er hat die Hand untergehalten, z. B. unter den Wasserhahn; Un|ter|hal|ter; Un|ter|hal|te|rin
un|ter|halt|sam (fesselnd); Un|ter|halt|sam|keit
Un|ter|halts|an|spruch; Un|ter|halts|ar|bei|ten Plur. (schweiz. für Wartungsarbeiten); Un|ter|halts|bei|trag; un|ter|halts|be|rech|tigt; Un|ter|halts|kla|ge; Un|ter|halts|kos|ten Plur.
Un|ter|halts|pflicht; un|ter|halts|pflich|tig; un|ter|halts|ver|pflich|tet; Un|ter|halts|zah|lung
Un|ter|hal|tung; Un|ter|hal|tungs|bei|la|ge; Un|ter|hal|tungs|elek|tro|nik; Un|ter|hal|tungs|film; Un|ter|hal|tungs|in|dus|t|rie; Un|ter|hal|tungs|kos|ten Plur.; Un|ter|hal|tungs|li|te|ra|tur Plur. selten
Un|ter|hal|tungs|mu|sik, die; - (kurz U-Musik)
Un|ter|hal|tungs|pro|gramm; Un|ter|hal|tungs|ro|man; Un|ter|hal|tungs|sen|dung; Un|ter|hal|tungs|teil, der; Un|ter|hal|tungs|wert
un|ter|han|deln; sie hat über den Abschluss des Vertrages unterhandelt; Un|ter|händ|ler; Un|ter|händ|le|rin; Un|ter|hand|lung
Un|ter|haus (im Zweikammerparlament); das britische Unterhaus; Un|ter|haus|mit|glied; Un|ter|haus|sit|zung
un|ter|he|ben; dann wird der Eischnee untergehoben
Un|ter|hemd
Un|ter|hit|ze, die; -; bei Unterhitze backen
un|ter|höh|len; unterhöhlt
Un|ter|holz (niedriges Gehölz im Wald)
Un|ter|ho|se
Un|ter|ins|tanz
un|ter|ir|disch
Un|ter|ita|li|en
Un|ter|ja|cke
un|ter|jäh|rig (irgendwann im Laufe eines Jahres); unterjährige Zinszahlungen
un|ter|jo|chen; das Volk wurde unterjocht; Un|ter|jo|chung
un|ter|ju|beln; das hat er ihm untergejubelt (ugs. für heimlich zugeschoben)
un|ter|kant (schweiz.); unterkant des Fensters, auch unterkant Fenster
un|ter|kel|lern; ich unterkellere; das Haus wurde nachträglich unterkellert; Un|ter|kel|le|rung
Un|ter|kie|fer, der; Un|ter|kie|fer|drü|se; Un|ter|kie|fer|kno|chen
un|ter|klas|sig (Sport einer unteren Spielklasse angehörend)
Un|ter|kleid; Un|ter|klei|dung
un|ter|kom|men; sie ist gut untergekommen; das ist mir noch nie untergekommen (landsch., bes. südd., österr. für vorgekommen); Un|ter|kom|men, das; -s, -
Un|ter|kör|per
un|ter|kö|tig (landsch. für eitrig entzündet)
un|ter|krie|chen (ugs.)

un|ter|krie|gen (ugs. für bezwingen; entmutigen); ich lasse mich nicht unterkriegen
un|ter|küh|len; un|ter|kühlt; Un|ter|küh|lung
Un|ter|kunft, die; -, ...künfte
Un|ter|la|ge
Un|ter|lags|bo|den (schweiz. für fugenloser Fußboden)
Un|ter|land, das; -[e]s (tiefer gelegenes Land; Ebene); Un|ter|län|der, der; -s, - (Bewohner des Unterlandes); Un|ter|län|de|rin
Un|ter|län|ge
Un|ter|lass, der; ohne Unterlass
un|ter|las|sen; sie hat es unterlassen; Un|ter|las|sung; Un|ter|las|sungs|de|likt; Un|ter|las|sungs|er|klä|rung; Un|ter|las|sungs|kla|ge; Un|ter|las|sungs|sün|de
Un|ter|lauf, der; -[e]s, ...läufe
un|ter|lau|fen; er hat ihn unterlaufen (Ringen); es sind einige Fehler unterlaufen, seltener untergelaufen; un|ter|läu|fig (Technik von unten angetrieben); Un|ter|lau|fung (auch für Blutunterlaufung)
Un|ter|le|der
Un|ter|le|gen; untergelegter Stoff; diese Absicht hat man mir untergelegt
¹un|ter|le|gen; der Musik wurde ein anderer Text unterlegt
²un|ter|le|gen (Partizip II zu unterliegen [vgl. d.])
Un|ter|le|ge|ne, der u. die; -n, -n
Un|ter|le|gen|heit, die; -; Un|ter|le|gen|heits|ge|fühl
Un|ter|leg|schei|be (Technik); Un|ter|le|gung (einer Absicht); Un|ter|le|gung (Verstärkung usw.)
Un|ter|leib; Un|ter|leib|chen (bes. schweiz. für Unterhemd)
Un|ter|leibs|krank|heit; Un|ter|leibs|lei|den; Un|ter|leibs|ope|ra|ti|on; Un|ter|leibs|schmerz
Un|ter|lid
un|ter|lie|gen (ugs.); das Badetuch hat, südd. ist untergelegen; un|ter|lie|gen; sie ist ihrer Gegnerin unterlegen
Un|ter|lip|pe
un|term (ugs. für unter dem); unterm Dach
un|ter|ma|len; die Szene wurde durch Musik untermalt; Un|ter|ma|lung
Un|ter|mann, der; -[e]s, ...männer (Sport, Artistik unterster Mann bei einer akrobatischen Übung)
un|ter|mau|ern; Un|ter|mau|e|rung

un|ter|mee|risch (in der Tiefe des Meeres befindlich)
Un|ter|men|ge (*Math.* Teilmenge)
un|ter|men|gen; die schlechte Ware wurde mit untergemengt; un|ter|men|gen (vermischen); untermengt mit ...
Un|ter|mensch (*bes. nationalsoz.*)
Un|ter|mie|te; zur Untermiete wohnen; Un|ter|mie|ter; Un|ter|mie|te|rin
un|ter|mi|nie|ren; Un|ter|mi|nie|rung
un|ter|mi|schen; sie hat das Wertlose mit untergemischt; un|ter|mi|schen; untermischt mit ...
un|ter|mo|to|ri|siert (mit zu schwachem Motor ausgestattet)
un|tern ↑D 14 (*ugs. für* unter den); untern Tisch fallen
Un|ter|nächt|e *Plur.* (*landsch. für* die Zwölf Nächte)
un|ter|neh|men (*ugs. für* unter den Arm nehmen); er hat den Sack untergenommen
un|ter|neh|men; sie hat nichts unternommen; Un|ter|neh|men, das; -s, -; un|ter|neh|mend (aus, mit Unternehmungsgeist)
Un|ter|neh|mens|an|lei|he (*Wirtsch.* eine Schuldverschreibung)
Un|ter|neh|mens|be|ra|ter; Un|ter|neh|mens|be|ra|te|rin; Un|ter|neh|mens|be|ra|tung
Un|ter|neh|mens|be|reich; Un|ter|neh|mens|füh|rung
Un|ter|neh|mens|grün|der; Un|ter|neh|mens|grün|de|rin; Un|ter|neh|mens|grün|dung
Un|ter|neh|mens|kul|tur
Un|ter|neh|mens|lei|ter, der; Un|ter|neh|mens|lei|te|rin; Un|ter|neh|mens|lei|tung
un|ter|neh|mens|nah (*Wirtsch.*); unternehmensnahe Dienstleister; Un|ter|neh|mens|phi|lo|so|phie
Un|ter|neh|mens|plei|te (*ugs.*)
Un|ter|neh|mens|po|li|tik
Un|ter|neh|mens|pro|fil
Un|ter|neh|mens|spit|ze
Un|ter|neh|mens|steu|er, Un|ter|neh|men|steu|er, die
Un|ter|neh|mens|stra|te|gie; Un|ter|neh|mens|ziel
Un|ter|neh|mer; Un|ter|neh|mer|frei|heit, die; -; Un|ter|neh|mer|geist, der; -[e]s; Un|ter|neh|mer|ge|winn; Un|ter|neh|me|rin
un|ter|neh|me|risch
Un|ter|neh|mer|per|sön|lich|keit
Un|ter|neh|mer|schaft; Un|ter|neh|mer|tum, das; -s; Un|ter|neh|mer|ver|band
Un|ter|neh|mung; Un|ter|neh|mungs|geist, der; -[e]s; Un|ter|neh|mungs|lust; un|ter|neh|mungs|lus|tig
Un|ter|of|fi|zier (*Abk.* Uffz., *in der Schweiz* Uof); Un|ter|of|fi|zie|rin; Un|ter|of|fi|ziers|an|wär|ter (*beim Militär meist ohne Fugen-s*); Un|ter|of|fi|ziers|an|wär|te|rin; Un|ter|of|fi|ziers|mes|se; Un|ter|of|fi|ziers|schu|le
un|ter|ord|nen; er ist ihr untergeordnet; un|ter|ord|nend; Un|ter|ord|nung
Un|ter|pfand (*veraltet für* Pfand; *geh. für* Beweis, Zeichen für etwas)
un|ter|pflü|gen; untergepflügt
Un|ter|pri|ma [*auch* ...'pri:...]
un|ter|pri|vi|le|giert; Un|ter|pri|vi|le|gier|te, der u. die; -n, -n
Un|ter|punkt
un|ter|que|ren; das Atom-U-Boot hat den Nordpol unterquert
un|ter|re|den, sich; du hast dich mit ihm unterredet; Un|ter|re|dung
un|ter|re|prä|sen|tiert; Frauen sind im Parlament unterrepräsentiert
Un|ter|richt, der; -[e]s, -e *Plur. selten*; un|ter|rich|ten; er ist gut unterrichtet; un|ter|richt|lich
Un|ter|richts|aus|fall; Un|ter|richts|be|ginn, der; -[e]s; Un|ter|richts|be|such (*Schule*); Un|ter|richts|brief; Un|ter|richts|ein|heit; Un|ter|richts|fach; Un|ter|richts|film; Un|ter|richts|for|schung
un|ter|richts|frei *vgl.* hitzefrei
Un|ter|richts|ge|gen|stand
Un|ter|richts|kun|de, die; -; un|ter|richts|kund|lich
Un|ter|richts|leh|re; Un|ter|richts|ma|te|ri|al; Un|ter|richts|me|tho|de
Un|ter|richts|mi|nis|ter; Un|ter|richts|mi|nis|te|rin; Un|ter|richts|mi|nis|te|ri|um
Un|ter|richts|mit|tel
Un|ter|richts|prak|ti|kant (*österr. für* Junglehrer im Praxisjahr, Referendar); Un|ter|richts|prak|ti|kan|tin; Un|ter|richts|pra|ti|kum (*österr. auch für* Referendariat)
Un|ter|richts|pro|gramm; Un|ter|richts|raum; Un|ter|richts|schritt; Un|ter|richts|spra|che; Un|ter|richts|stun|de; Un|ter|richts|wei|se; Un|ter|richts|ziel

Un|ter|rich|tung
Un|ter|rock *vgl.* ¹Rock
un|ter|rüh|ren
un|ters (*ugs. für* unter das); unters Bett
Un|ter|saat (*Landwirtsch.* eine Art des Zwischenfruchtanbaus)
un|ter|sa|gen; das Rauchen ist untersagt; Un|ter|sa|gung
Un|ter|satz; fahrbarer Untersatz (*ugs. scherzh. für* Auto)
Un|ters|berg, der; -[e]s (Bergstock der Salzburger Kalkalpen); Un|ters|ber|ger Kalk|stein, der; - -[e]s
un|ter|schät|zen; unterschätzt
un|ter|scheid|bar
un|ter|schei|den; die Bedeutungen müssen unterschieden werden; Un|ter|schei|dung; Un|ter|schei|dungs|merk|mal; Un|ter|schei|dungs|ver|mö|gen, das; -s
Un|ter|schen|kel; un|ter|schen|kel|am|pu|tiert
Un|ter|schicht; Un|ter|schich|ten|fern|se|hen (*abwertend*)
¹un|ter|schie|ben (darunter schieben); er hat ihr ein Kissen untergeschoben
²un|ter|schie|ben [*auch* ...ˈʃi:...]; er hat ihm eine schlechte Absicht untergeschoben, *auch* unterschoben; ein untergeschobenes Kind
Un|ter|schied, der; -[e]s, -e; zum Unterschied von; im Unterschied zu; un|ter|schie|den (verschieden); un|ter|schied|lich; Un|ter|schied|lich|keit; un|ter|schieds|los
un|ter|schläch|tig (durch Wasser von unten angetrieben); ein unterschlächtiges Mühlrad
Un|ter|schlag, der; -[e]s, Unterschläge (Schneidersitz; *Druckw.* äußerstes [unteres] Ende der Seite); un|ter|schla|gen; mit untergeschlagenen Beinen; un|ter|schla|gen (veruntreuen); sie hat [die Beitragsgelder] unterschlagen; Un|ter|schla|gung
Un|ter|schleif, der; -[e]s, -e (*veraltet für* Unterschlagung)
un|ter|schlie|ßen (*Druckw.*); der Setzer hat hier und da ein Wort untergeschlossen
Un|ter|schlupf *Plur. selten*; un|ter|schlüp|fen, *südd.* un|ter|schlup|fen
un|ter|schnei|den
un|ter|schrei|ben
un|ter|schrei|ten; die Einnahmen

Unterwaschung

haben den Voranschlag unterschritten; **Un|ter|schrei|tung**
Un|ter|schrift; Un|ter|schrif|ten|ak|ti|on; Un|ter|schrif|ten|kam|pa|gne; Un|ter|schrif|ten|lis|te; Un|ter|schrif|ten|map|pe; Un|ter|schrif|ten|samm|lung
un|ter|schrift|lich (*Amtsspr.* mit od. durch Unterschrift)
un|ter|schrifts|be|rech|tigt; Un|ter|schrifts|be|rech|ti|gung; Un|ter|schrifts|be|stä|ti|gung; Un|ter|schrifts|pro|be; un|ter|schrifts|reif
Un|ter|schuss (*veraltet für* Defizit)
Un|ter|schutz|stel|lung
un|ter|schwef|lig; unterschweflige Säure
un|ter|schwel|lig (unterhalb der Bewusstseinsschwelle)
Un|ter|see, der; -s (Teil des Bodensees)
Un|ter|see|boot (*Abk.* U-Boot, U)
un|ter|see|isch
Un|ter|sei|te; un|ter|seits (an der Unterseite)
Un|ter|se|kun|da [*auch* ...'kʊ...]
un|ter|set|zen; ich habe den Eimer untergesetzt; **un|ter|set|zen;** untersetzt (gemischt) mit ...; **Un|ter|set|zer** (Schale für Blumentöpfe u. a.); **un|ter|setzt** (von gedrungener Gestalt); **Un|ter|setzt|heit,** die; -; **Un|ter|set|zung** (*Kfz-Technik*); **Un|ter|set|zungs|ge|trie|be**
un|ter|spickt (*österr. für* mit Fett durchzogen)
un|ter|spie|len (als nicht so wichtig hinstellen); die Sache wurde unterspielt
un|ter|sprit|zen (*Med.* [Gesichtspartien] durch Injizieren einer Substanz unterfüttern)
un|ter|spü|len
un|terst...
Un|ter|staats|se|kre|tär [*auch* 'ʊ...]; **Un|ter|staats|se|kre|tä|rin** [*auch* 'ʊ...]
Un|ter|stand (*österr. auch für* Unterkunft); **Un|ter|stän|der** (Stützbalken; *Heraldik* unterer Teil des Schildes); **un|ter|stän|dig** (*Bot.*); unterständiger Fruchtknoten; unterständiger Baumwuchs; **un|ter|stands|los** (*österr. neben* obdachlos)
un|ters|te; der unterste Knopf, *aber* ↑D 72: das Unterste zuoberst, das Oberste zuunterst kehren
un|ter|ste|hen (unter einem schützenden Dach stehen); sie haben

beim Regen untergestanden; **un|ter|ste|hen;** er unterstand einem strengen Lehrmeister; es hat keinem Zweifel unterstanden (es gab keinen Zweifel); du hast dich unterstanden (gewagt); untersteh dich [nicht][,] uns zu verraten!
un|ter|stel|len; ich habe den Wagen untergestellt; ich habe mich während des Regens untergestellt; **un|ter|stel|len;** er ist meinem Befehl unterstellt; man hat ihr etwas unterstellt ([Falsches] über sie behauptet, [Unbewiesenes] als wahr angenommen); **Un|ter|stel|lung,** die; - (das Unterstellen); **Un|ter|stel|lung** (befehlsmäßige Unterordnung; [falsche] Behauptung)
un|ter|steu|ern (*Kfz-Technik* zu schwache Wirkung des Lenkradeinschlags zeigen); der Wagen hat untersteuert
Un|ter|stock, der; -[e]s, ...stöcke; **Un|ter|stock|werk**
un|ter|stop|fen
un|ter|strei|chen ↑D 82: etwas durch Unterstreichen hervorheben; **Un|ter|strei|chung**
Un|ter|strich (*EDV* anstelle eines Leerzeichens gesetzter tiefer waagerechter Strich)
Un|ter|strö|mung
Un|ter|stu|fe
un|ter|stüt|zen; er hat den Arm [unter das Kinn] untergestützt; **un|ter|stüt|zen;** ich habe ihn mit Geld unterstützt; die zu Unterstützende; **Un|ter|stüt|zer; Un|ter|stüt|ze|rin**
Un|ter|stüt|zung; un|ter|stüt|zungs|be|dürf|tig; Un|ter|stüt|zungs|bei|hil|fe; Un|ter|stüt|zungs|emp|fän|ger; Un|ter|stüt|zungs|emp|fän|ge|rin
Un|ter|stüt|zungs|geld; Un|ter|stüt|zungs|kas|se; Un|ter|stüt|zungs|satz
Un|ter|such, der; -[e]s, -e (*schweiz. neben* Untersuchung).
un|ter|su|chen; Un|ter|su|chung
Un|ter|su|chungs|aus|schuss; Un|ter|su|chungs|be|fund; Un|ter|su|chungs|be|richt; Un|ter|su|chungs|er|geb|nis
Un|ter|su|chungs|ge|fan|ge|ne; Un|ter|su|chungs|ge|fäng|nis; Un|ter|su|chungs|haft, die (*kurz* U-Haft); **Un|ter|su|chungs|häft|ling**
Un|ter|su|chungs|kom|mis|si|on

Un|ter|su|chungs|rich|ter; Un|ter|su|chungs|rich|te|rin
Un|ter|su|chungs|zim|mer (beim Arzt)
Un|ter|tag|ar|bei|ter, *häufiger* **Un|ter|ta|ge|ar|bei|ter** (*Bergbau*); **Un|ter|ta|ge|bau** *Plur.* ...baue
un|ter|tags (*österr. u. schweiz.* neben tagsüber)
un|ter|tan (*veraltend für* untergeben); **Un|ter|tan,** der; *Gen.* -s, *älter* -en, *Plur.* -en; **Un|ter|ta|nen|geist,** der; -[e]s
un|ter|tä|nig (ergeben); Ihr untertänigster Diener (*veraltet*); **Un|ter|tä|nig|keit,** die; -; **Un|ter|ta|nin**
un|ter|ta|rif|lich
Un|ter|tas|se; fliegende Untertasse
un|ter|tau|chen; der Schwimmer ist untergetaucht; der Verbrecher war schnell untergetaucht (verschwunden); **un|ter|tau|chen;** die Robbe hat das Schleppnetz untertaucht
Un|ter|teil, das, *auch* der
un|ter|tei|len; die Skala ist in 10 Teile unterteilt; **Un|ter|tei|lung**
Un|ter|tem|pe|ra|tur
Un|ter|ter|tia [*auch* ...'tɛ...]
Un|ter|ti|tel; un|ter|ti|teln
Un|ter|ton *Plur.* ...töne
un|ter|tou|rig (*Technik* mit zu niedriger Drehzahl)
un|ter|trei|ben; er hat untertrieben; **Un|ter|trei|bung**
un|ter|tun|neln; der Berg wurde untertunnelt; **Un|ter|tun|ne|lung**
un|ter|ver|mie|ten; sie hat ein Zimmer untervermietet; **Un|ter|ver|mie|tung**
un|ter|ver|si|chern (zu niedrig versichern); **Un|ter|ver|si|che|rung**
un|ter|ver|sor|gen; unterversorgte Gebiete; **Un|ter|ver|sor|gung**
un|ter|ver|tre|ten (*schweiz. für* unterrepräsentiert); **Un|ter|ver|tre|tung**
Un|ter|wal|den nid dem Wald (schweiz. Halbkanton; *Kurzform* Nidwalden); **Un|ter|wal|den ob dem Wald** (schweiz. Halbkanton; *Kurzform* Obwalden); **Un|ter|wald|ner; Un|ter|wald|ne|rin; un|ter|wald|ne|risch**
un|ter|wan|dern; die Partei wurde unterwandert; **Un|ter|wan|de|rung**
un|ter|wärts (*ugs.*)
Un|ter|wä|sche, die; -
un|ter|wa|schen; das Ufer ist unterwaschen; **Un|ter|wa|schung**

Unterwasser

Un|ter|was|ser, das; -s (Grundwasser)
Un|ter|was|ser|ar|chäo|lo|gie; Un|ter|was|ser|auf|nah|me; Un|ter|was|ser|film; Un|ter|was|ser|gym|nas|tik; Un|ter|was|ser|ka|me|ra; Un|ter|was|ser|mas|sa|ge; Un|ter|was|ser|sta|ti|on; Un|ter|was|ser|streit|kräf|te *Plur.;* Un|ter|was|ser|welt
un|ter|wegs (auf dem Wege)
un|ter|wei|sen; er hat sie beide unterwiesen; Un|ter|wei|sung
Un|ter|welt; un|ter|welt|lich
un|ter|wer|fen; Un|ter|wer|fung; Un|ter|wer|fungs|ges|te
Un|ter|werks|bau, der; -[e]s *(Bergmannsspr.* Abbau unterhalb der Fördersohle)
un|ter|wer|tig; Un|ter|wer|tig|keit
un|ter|win|den *(veraltet);* sich einer Sache unterwinden (sie übernehmen); unterwunden
un|ter|wür|fig [*auch* 'ʊ...]; Un|ter|wür|fig|keit, die; -
Un|ter|zahl, die; - (bes. Sport)
un|ter|zeich|nen; Un|ter|zeich|ner; Un|ter|zeich|ne|rin; Un|ter|zeich|ne|te, der u. die; -n, -n *(Amtsspr.);* der Rechts-, Linksunterzeichnete *od.* der rechts, links Unterzeichnete (bei Unterschriften); Un|ter|zeich|nung
Un|ter|zeug, das; -[e]s *(ugs.)*
un|ter|zie|hen; ich habe eine wollene Jacke untergezogen; un|ter|zie|hen; du hast dich diesem Verhör unterzogen
un|ter|zu|ckert *(Med.* an zu niedrigem Blutzuckerspiegel leidend); Un|ter|zu|cke|rung
un|tief (seicht); Un|tie|fe (große Tiefe; *auch für* seichte Stelle)
Un|tier (Ungeheuer)
un|tilg|bar [*auch* 'ʊ...]
un|tot (nicht endgültig tot; als Zombie od. Vampir existierend); Un|to|te *(svw.* Vampir; Zombie)
un|trag|bar [*auch* 'ʊ...]; Un|trag|bar|keit
un|trai|niert
un|trenn|bar [*auch* 'ʊ...]
un|treu; Un|treue
un|tröst|lich [*auch* 'ʊ...]
un|trüg|lich [*auch* 'ʊ...]; ein untrügliches Zeichen
un|tüch|tig; Un|tüch|tig|keit, die; -
Un|tu|gend
un|tun|lich *(veraltend)*
un|ty|pisch
un|über|biet|bar [*auch* 'ʊ...]

un|über|brück|bar [*auch* 'ʊ...]
un|über|hör|bar [*auch* 'ʊ...]
un|über|legt; Un|über|legt|heit
un|über|schau|bar [*auch* 'ʊ...]
un|über|schreit|bar [*auch* 'ʊ...]
un|über|seh|bar [*auch* 'ʊ...]
un|über|setz|bar [*auch* 'ʊ...]
un|über|sicht|lich; Un|über|sicht|lich|keit
un|über|steig|bar [*auch* 'ʊ...]
un|über|trag|bar [*auch* 'ʊ...]
un|über|treff|lich [*auch* 'ʊ...]; un|über|treff|lich|keit, die; -; un|über|trof|fen [*auch* 'ʊ...]
un|über|wind|bar [*auch* 'ʊ...]; un|über|wind|lich [*auch* 'ʊ...]
un|üb|lich
un|um|gäng|lich [*auch* 'ʊ...]; Un|um|gäng|lich|keit
un|um|geh|bar [*auch* 'ʊ...]
un|um|kehr|bar [*auch* 'ʊ...]
un|um|schränkt [*auch* 'ʊ...]
un|um|stöß|lich [*auch* 'ʊ...]; Un|um|stöß|lich|keit
un|um|strit|ten [*auch* 'ʊ...]
un|um|wun|den [*auch* ...'vʊ...] (offen, freiheraus)
un|un|ter|bro|chen [*auch* ...'brɔ...]
un|un|ter|scheid|bar [*auch* 'ʊ...]
un|ver|än|der|lich [*auch* 'ʊ...]; Un|ver|än|der|lich|keit, die; -; un|ver|än|dert [*auch* ...'ɛ...]
un|ver|ant|wort|lich [*auch* 'ʊ...]; Un|ver|ant|wort|lich|keit
un|ver|ar|bei|tet [*auch* ...'la...]; unverarbeitete Eindrücke
un|ver|äu|ßer|lich [*auch* 'ʊ...]
un|ver|bau|bar [*auch* 'ʊ...]; unverbaubarer Fernblick; un|ver|baut
un|ver|bes|ser|lich [*auch* 'ʊ...]; Un|ver|bes|ser|lich|keit, die; -
un|ver|bil|det (noch natürlich)
un|ver|bind|lich [*auch* ...'bɪ...]; Un|ver|bind|lich|keit
un|ver|bleit; unverbleites Benzin
un|ver|blümt [*auch* 'ʊ...]
un|ver|braucht
un|ver|brüch|lich [*auch* 'ʊ...]; unverbrüchliche Treue
un|ver|bürgt [*auch* ...'bʏrk...]
un|ver|däch|tig [*auch* ...'dɛ...]
un|ver|dau|lich [*auch* ...'daʊ...]; Un|ver|dau|lich|keit; un|ver|daut [*auch* ...'daʊt]
un|ver|dient [*auch* ...'di:...]; un|ver|dien|ter|ma|ßen; un|ver|dien|ter|wei|se
un|ver|dor|ben; Un|ver|dor|ben|heit, die; -
un|ver|dros|sen [*auch* ...'drɔ...]
un|ver|dünnt
un|ver|ehe|licht

un|ver|ein|bar [*auch* 'ʊ...]; Un|ver|ein|bar|keit
un|ver|fälscht [*auch* ...'fɛ...]; Un|ver|fälscht|heit, die; -
un|ver|fäng|lich [*auch* ...'fɛ...]
un|ver|fro|ren [*auch* ...'fro:...] (keck; frech); Un|ver|fro|ren|heit
un|ver|gäng|lich [*auch* ...'gɛ...]; Un|ver|gäng|lich|keit
un|ver|ges|sen; un|ver|gess|lich [*auch* 'ʊ...]
un|ver|git|tert
un|ver|gleich|bar [*auch* 'ʊ...]; un|ver|gleich|lich [*auch* 'ʊ...]
un|ver|go|ren; unvergorener Süßmost
un|ver|hält|nis|mä|ßig [*auch* ...'hɛ...]; Un|ver|hält|nis|mä|ßig|keit
un|ver|hei|ra|tet
un|ver|hofft [*auch* ...'hɔ...]
un|ver|hoh|len [*auch* ...'ho:...]
un|ver|hüllt
un|ver|käuf|lich [*auch* ...'kɔʏ...]; Un|ver|käuf|lich|keit, die; -
un|ver|kenn|bar [*auch* 'ʊ...]
un|ver|klei|det
un|ver|krampft
un|ver|langt; unverlangt eingesandte Manuskripte
un|ver|läss|lich
un|ver|letz|lich; un|ver|letz|lich [*auch* 'ʊ...]; Un|ver|letz|lich|keit, die; -; un|ver|letzt
un|ver|lier|bar [*auch* 'ʊ...]
un|ver|lösch|lich [*auch* 'ʊ...] (geh.)
un|ver|mählt
un|ver|meid|bar [*auch* 'ʊ...]; un|ver|meid|lich [*auch* 'ʊ...]
un|ver|merkt (veraltend für unbemerkt)
un|ver|min|dert
un|ver|mischt
un|ver|mit|telt
Un|ver|mö|gen, das; -s (Mangel an Kraft, Fähigkeit); un|ver|mö|gend; Un|ver|mö|gend|heit, die; - (selten für Armut); Un|ver|mö|gen|heit, die; - (veraltet für Unvermögen); Un|ver|mö|gens|fall, der; -[e]s *(Amtsspr.);* im Unvermögensfall[e]
un|ver|mu|tet
Un|ver|nunft; un|ver|nünf|tig; Un|ver|nünf|tig|keit
un|ver|öf|fent|licht; un|ver|packt; un|ver|putzt
un|ver|rich|tet; unverrichteter Dinge (ohne etwas erreicht zu haben); unverrichteter Sache
un|ver|rück|bar [*auch* 'ʊ...]
un|ver|schämt; Un|ver|schämt|heit
un|ver|schlei|ert

Unzurechnungsfähigkeit

un|ver|schlos|sen [auch ...'ʃlɔ...]
un|ver|schlüs|selt
un|ver|schul|det [auch ...'ʃʊ...]; un|ver|schul|de|ter|ma|ßen; un|ver|schul|de|ter|wei|se
un|ver|se|hens [auch ...zeː...]
un|ver|sehrt; Un|ver|sehrt|heit, die; -
un|ver|sieg|bar [auch 'ʊ...]; un|ver|sieg|lich [auch 'ʊ...]
un|ver|söhn|bar [auch ...'zøː...]; un|ver|söhn|lich [auch ...'zøː...]; Un|ver|söhn|lich|keit
un|ver|sorgt
Un|ver|stand (Mangel an Verstand); un|ver|stan|den; un|ver|stän|dig (ohne den nötigen Verstand); Un|ver|stän|dig|keit; un|ver|ständ|lich (undeutlich; unbegreiflich); Un|ver|ständ|lich|keit; Un|ver|ständ|nis
un|ver|stellt [auch ...'ʃtɛ...]
un|ver|steu|ert [auch ...'ʃtɔɪ̯...]
un|ver|sucht [auch ...'zuː...]; meist in nichts unversucht lassen
un|ver|träg|lich [auch ...'trɛ...]; Un|ver|träg|lich|keit, die; -, -en; Un|ver|träg|lich|keits|re|ak|ti|on (Med.)
un|ver|wandt; jmdn. unverwandt ansehen
un|ver|wäs|sert
un|ver|wech|sel|bar [auch 'ʊ...]; Un|ver|wech|sel|bar|keit, die; -
un|ver|wehrt [auch ...'veː...]; das bleibt dir unverwehrt (unbenommen)
un|ver|wes|lich [auch ...'veː...]
un|ver|wisch|bar [auch 'ʊ...]
un|ver|wund|bar [auch 'ʊ...]; Un|ver|wund|bar|keit
un|ver|wüst|lich [auch 'ʊ...]; Un|ver|wüst|lich|keit, die; -
un|ver|zagt; Un|ver|zagt|heit, die; -
un|ver|zeih|bar [auch 'ʊ...]; un|ver|zeih|lich [auch 'ʊ...]
un|ver|zicht|bar [auch 'ʊ...]; un|ver|zins|lich [auch 'ʊ...]; un|ver|zollt
un|ver|züg|lich [auch 'ʊ...]
un|vol|len|det [...'lɛ...]
un|voll|kom|men [auch ...'kɔ...]; Un|voll|kom|men|heit
un|voll|stän|dig [auch ...'ʃtɛ...]; Un|voll|stän|dig|keit
un|vor|be|rei|tet
un|vor|denk|lich; in unvordenklichen Zeiten (sehr weit zurückliegend)
un|vor|ein|ge|nom|men; Un|vor|ein|ge|nom|men|heit, die; -
un|vor|greif|lich [auch 'ʊ...] (veraltet für ohne einem anderen vorgreifen zu wollen)

un|vor|her|ge|se|hen; un|vor|her|seh|bar
un|vor|schrifts|mä|ßig
un|vor|sich|tig; un|vor|sich|ti|ger|wei|se; Un|vor|sich|tig|keit
un|vor|stell|bar [auch 'ʊ...]
un|vor|teil|haft
UN-Waf|fen|in|s|pek|teur, UN-Waf|fen|in|s|pek|tor ↑D 28; vgl. UNO; UN-Waf|fen|in|s|pek|teu|rin, UN-Waf|fen|in|s|pek|to|rin
un|wäg|bar [auch 'ʊ...]; Un|wäg|bar|keit, die; -, -en
un|wahr; un|wahr|haf|tig (geh.); Un|wahr|haf|tig|keit; Un|wahr|heit
un|wahr|schein|lich; Un|wahr|schein|lich|keit
un|wan|del|bar [auch 'ʊ...]; Un|wan|del|bar|keit, die; -
un|weg|sam; unwegsames Gebiet
un|weib|lich; sie wirkt unweiblich
un|wei|ger|lich [auch 'ʊ...]
un|weit; als Präposition mit Gen.: unweit des Flusses
un|wert (geh.); Un|wert, der; -[e]s
Un|we|sen, das; -s; er trieb sein Unwesen
un|we|sent|lich
Un|wet|ter; Un|wet|ter|scha|den; Un|wet|ter|war|nung
un|wich|tig; Un|wich|tig|keit
un|wi|der|leg|bar [auch 'ʊ...]; un|wi|der|leg|lich [auch 'ʊ...]
un|wi|der|ruf|lich [auch 'ʊ...]; zum unwiderruflich letzten Mal
un|wi|der|spro|chen [auch 'ʊ...]
un|wi|der|steh|lich [auch 'ʊ...]; Un|wi|der|steh|lich|keit
un|wie|der|bring|lich [auch 'ʊ...]; Un|wie|der|bring|lich|keit, die; -
Un|wil|le[n], der; Unwillens; un|wil|lent|lich; un|wil|lig
un|will|kom|men
un|will|kür|lich [auch ...'kyː.ʀ...]
un|wirk|lich; Un|wirk|lich|keit
un|wirk|sam; ein unwirksames Mittel; Un|wirk|sam|keit, die; -
un|wirsch (unfreundlich)
un|wirt|lich (unbewohnt, einsam; unfruchtbar); eine unwirtliche Gegend; Un|wirt|lich|keit, die; -
un|wirt|schaft|lich; Un|wirt|schaft|lich|keit, die; -
Un|wis|sen, das; -s; un|wis|send; Un|wis|sen|heit
un|wis|sen|schaft|lich
un|wis|sent|lich
un|wohl; mir ist unwohl; unwohl sein; Un|wohl|sein, das; -s; wegen Unwohlseins
Un|wort Plur. ...wörter u. ...worte

(unschönes, unerwünschtes Wort)
Un|wucht, die; -, -en (ungleich verteilte Massen [an einem Rad])
un|wür|dig; Un|wür|dig|keit, die; -
Un|zahl, die; - (sehr große Zahl)
un|zähl|bar [auch 'ʊ...]

un|zäh|lig
[auch 'ʊ...]
– unzählige Flüchtlinge; unzählige Kranke; unzählige Angestellte
– ich habe es unzählige Mal versucht
– unzählige Male hatte sie ihm geholfen

Großschreibung der Substantivierung ↑D 72:
– es haben sich Unzählige an der Aktion beteiligt
– die Hoffnungen Unzähliger wurden enttäuscht

un|zähm|bar [auch 'ʊ...]
Un|ze, die; -, -n ⟨lat.⟩ (Gewicht)
Un|zeit, die; nur noch in zur Unzeit (zu unpassender Zeit); un|zeit|ge|mäß; un|zei|tig (unreif)
un|zen|siert
un|zen|su|riert (österr., schweiz.)
un|zen|wei|se
un|zer|brech|lich [auch ...'brɛ...]; Un|zer|brech|lich|keit, die; -
un|zer|kaut
un|zer|reiß|bar [auch 'ʊ...]
un|zer|stör|bar [auch 'ʊ...]; un|zer|stört
un|zer|trenn|bar [auch 'ʊ...]; un|zer|trenn|lich ['ʊ...]
Un|zi|al|buch|sta|be; Un|zi|a|le, die; -, -n ⟨lat.⟩ (zollgroßer Buchstabe); Un|zi|al|schrift, die; -
un|zie|mend; un|ziem|lich (veraltend für ungehörig)
un|zi|vi|li|siert
Un|zucht, die; -; un|züch|tig; Un|züch|tig|keit
un|zu|frie|den; Un|zu|frie|den|heit
un|zu|gäng|lich; Un|zu|gäng|lich|keit
un|zu|kömm|lich (österr. für nicht ausreichend, unzulänglich); Un|zu|kömm|lich|keit, die; -, -en (österr. u. schweiz. für Missstand; Unzulänglichkeit)
un|zu|läng|lich; Un|zu|läng|lich|keit
un|zu|läs|sig; Un|zu|läs|sig|keit
un|zu|mut|bar; Un|zu|mut|bar|keit
un|zu|rech|nungs|fä|hig; Un|zu|rech-

U
Unzu

unzureichend

nungs|fä|hig|keit, die; -; un|zu|rei|chend; un|zu|sam|men|hängend; un|zu|stän|dig, Un|zu|ständig|keit
un|zu|stell|bar
un|zu|träg|lich; Un|zu|träg|lich|keit
un|zu|tref|fend ↑D 72: Unzutreffendes bitte streichen!
un|zu|ver|läs|sig; Un|zu|ver|läs|sigkeit; un|zweck|mä|ßig; Un|zweckmä|ßig|keit, die; -; un|zwei|deutig; Un|zwei|deu|tig|keit, die; -
un|zwei|fel|haft [auch ...'tsvaɪ...]
Upa|ni|schad, die; -, ...schaden meist Plur. ⟨sanskr.⟩ (Gruppe altindischer philosophisch-theologischer Schriften)
Up|cy|c|ling ['apsaɪklɪŋ], das; -s ⟨engl.⟩ (wertsteigernde Weiternutzung, Wiederverwertung von Abfallstoffen)
Up|date ['apdɛɪt], das; -s, -s ⟨engl.⟩ (EDV Aktualisierung; aktualisierte [u. verbesserte] Version eines Programms o. Ä.); up|daten (aktualisieren); er updatet, sie hat upgedatet; upzudaten
Up|grade ['apgrɛɪt], das; -s, -s ⟨engl.⟩ (swv. Update; Touristik verbesserte Leistung; up|graden (ein Upgrade vornehmen); sie upgradet, er hat upgegradet; upzugraden; Up|gra|ding, das; -[s], -s
Up|hill ['ap...], das; -s, -s ⟨engl.⟩ (Radrennen den Berg hinauf)
UPI [ju:pi:'laɪ], die; - = United Press International (US-amerikanische Nachrichtenagentur)
Up|load ['aploʊt], der, seltener das; -s, -s ⟨engl.⟩ (EDV); up|loaden (EDV [Daten] hochladen); ich uploade, habe upgeloadet

uploaden
Die Eindeutschung englischer Verben wie to upload führt zu ungewohnten und oft als sehr unschön empfundenen Beugungsformen, die durch die Verwendung von Synonymen (hier: hochladen) vermieden werden können.

U
unzu

Up|loa|der, der; -s, - (EDV)
Up|per|class ['apɐklɑːs], die; - ⟨engl.⟩ (Oberschicht)
Up|per|cut ['apɐkat], der; -s, -s ⟨engl.⟩ (Boxen Aufwärtshaken)
üp|pig; Üp|pig|keit, die; -
Upp|sa|la (schwed. Stadt); Upp|sa|la|er; Upp|sa|la|e|rin

ups! ⟨engl.⟩ (hoppla!)
up to date ['ap tʊ 'dɛɪt] ⟨engl.⟩ (zeitgemäß, auf der Höhe)
Ur, der; -[e]s, -e (Auerochse)
Ur|ab|stim|mung (Abstimmung aller Mitglieder, bes. einer Gewerkschaft über die Ausrufung eines Streiks)
Ur|adel
Ur|ahn; Ur|ah|ne, die (Urgroßmutter); Ur|ah|ne, der (Urgroßvater; Vorfahr)
Ural, der; -[s] (Gebirge zwischen Asien u. Europa; Fluss); ural|al|ta|isch; uralaltaische Sprachen; Ural|ge|biet; ural|lisch (aus der Gegend des Ural)
ur|alt; Ur|al|ter, das; -s; von uralters her ↑D 70
ur|ame|ri|ka|nisch (von Grund auf amerikanisch)
Ur|ä|mie, die; -, ...ien ⟨griech.⟩ (Med. Harnvergiftung); ur|ämisch
Uran, das; -s ⟨nach dem Planeten Uranus⟩ (radioaktives chemisches Element, Metall; Zeichen U); Uran|an|rei|che|rung; Uran|berg|werk; Uran|erz
Ur|an|fang; ur|an|fäng|lich
Ur|angst
uran|hal|tig; Uran-238-haltig
Ura|nia (Muse der Sternkunde; Beiname der Aphrodite); Ura|nis|mus, der; - (selten für Homosexualität); Ura|nist, der; -en, -en
Uran|mi|ne; Uran|mu|ni|ti|on
Ura|nos vgl. ¹Uranus
Uran|pech|blen|de (radiumhaltiges Mineral)
¹Ura|nus, Ura|nos (griech. Gott des Himmels)
²Ura|nus, der; - (ein Planet)
uras|sen (österr. ugs. für verschwenden); du urasst
Urat, das; -[e]s, -e ⟨griech.⟩ (Chemie Harnsäuresalz); ura|tisch
ur|auf|füh|ren; die Oper wurde uraufgeführt; Ur|auf|füh|rung
Urä|us|schlan|ge ⟨griech.; dt.⟩ (afrik. Hutschlange, als Sonnensymbol am Diadem der altägypt. Könige)
ur|ban ⟨lat.⟩ (städtisch; gebildet; weltmännisch)
Ur|ban (m. Vorn.)
Ur|ban Gar|de|ning ['œːɐbən-], das; - -[s] ⟨englisch⟩ (Gartenbau innerhalb von Städten)
Ur|ba|ni|sa|ti|on, die; -, -en; ur|ba|ni|sie|ren (verstädtern); Ur|ba|ni|sie|rung; Ur|ba|nist, der; -en, -en

(Wissenschaftler im Bereich der Urbanistik); Ur|ba|nis|tik, die; - (Wissenschaft des Städtebaus); Ur|ba|nis|tin
Ur|ba|ni|tät, die; - (Bildung, weltmännische Art; städtische Atmosphäre)
ur|bar; urbar machen; urbares Land; Ur|bar [auch 'u:ɐ̯...], das; -s, -e, Ur|ba|ri|um, das; -s, ...ien (mittelalterliches Güter- u. Abgabenverzeichnis großer Grundherrschaften; Grundbuch); ur|ba|ri|sie|ren (schweiz. für urbar machen); Ur|ba|ri|sie|rung (schweiz. für Urbarmachung); Ur|ba|ri|um vgl. Urbar
Ur|bar|ma|chung
Ur|be|deu|tung; Ur|be|ginn; von Urbeginn der Welt; Ur|be|stand|teil, der
Ur|be|völ|ke|rung; Ur|be|woh|ner; Ur|be|woh|ne|rin
ur|bi et or|bi ⟨lat., »der Stadt [d. i. Rom] und dem Erdkreis«⟩; etwas urbi et orbi (allgemein) verkünden
Ur|bild; ur|bild|lich
ur|chig (schweiz. für urwüchsig)
Ur|chris|ten|tum; ur|christ|lich
ur|cool (bes. österr. Jugendspr.)
Urd (germ. Mythol. Norne der Vergangenheit)
Ur|darm (Biol. einen Hohlraum umschließende Einstülpung mit einer Mündung nach außen); Ur|darm|tier (für Gasträa)
ur|deutsch (typisch deutsch)
Ur|druck Plur. ...drucke (Erstveröffentlichung eines Schachproblems)
Ur|du, das; - (eine neuind. Sprache, Amtssprache in Pakistan)
ur|ei|gen; ur|ei|gen|tüm|lich
Ur|ein|woh|ner; Ur|ein|woh|ne|rin
Ur|el|tern Plur.
Ur|en|kel; Ur|en|ke|lin
Ure|ter, der; -s, Plur. ...teren, auch - ⟨griech.⟩ (Med. Harnleiter); Ure|th|ra, die; -, ...thren (Harnröhre); ure|tisch (harntreibend)
Ur|fas|sung
Ur|feh|de (im MA. eidliches Friedensversprechen mit Verzicht auf Rache); Urfehde schwören
Ur|form; ur|for|men nur im Infinitiv u. Partizip II gebr. (Technik)
Urft, die; - (rechter Nebenfluss der Rur); Urft-Tal|sper|re, Urft|tal|sper|re, die; - ↑D 143
ur|geil (bes. österr. Jugendspr.)

Urteilsvollzug

Ur|ge|mein|de (urchristliche Gemeinde)
ur|ge|müt|lich
ur|gent ⟨lat.⟩ (veraltet für dringend); Ur|genz, die; -, -en (österr. für Mahnung zur schnelleren Erledigung)
ur|ger|ma|nisch
Ur|ge|schich|te, die; -; Ur|ge|schicht|ler; Ur|ge|schicht|le|rin; ur|ge|schicht|lich
Ur|ge|sell|schaft; Ur|ge|stalt
Ur|ge|stein; Ur|ge|walt
ur|gie|ren ⟨lat.⟩ (österr. für drängen)
Ur|groß|el|tern Plur.; Ur|groß|mut|ter; ur|groß|müt|ter|lich; Ur|groß|va|ter; ur|groß|vä|ter|lich
Ur|grund
Ur|he|ber; Ur|he|be|rin; Ur|he|ber|recht; ur|he|ber|recht|lich; Ur|he|ber|rechts|ge|setz (Abk. UrhG); Ur|he|ber|schaft; Ur|he|ber|schutz, der; -es
Ur|hei|mat
UrhG, das; -[s] = Urheberrechtsgesetz
Uri (schweiz. Kanton)
Uria, Uri|as, ökum. Uri|ja vgl. Uriasbrief
Uri|an, der; -s, -e (unwillkommener Gast; nur Sing.: Teufel)
Uri|as vgl. Uria; Uri|as|brief (Brief, der dem Überbringer Unheil bringt)
Uri|el [...e:l, auch ...ɛl] (einer der Erzengel)
urig (urtümlich; originell)
Uri|ja vgl. Uria
Urin, der; -s, -e Plur. selten ⟨lat.⟩ (Harn); Uri|nal, das; -s, -e (Harnflasche; Becken zum Urinieren für Männer); Urin|ge|ruch; uri|nie|ren; Urin|pro|be
Ur|in|s|tinkt

Urinstinkt

Das Wort *Urinstinkt* sollte nicht zwischen *n* und *s* getrennt werden, da sonst eine irritierende und das Lesen hemmende Trennung entsteht.

Urin|un|ter|su|chung
Ur|kan|ton (Kanton der Urschweiz)
Ur|kir|che
Ur|knall, der; -[e]s (Explodieren der Materie bei der Entstehung des Weltalls)
ur|ko|misch
Ur|kraft, die

Ur|kun|de, die; -, -n; ur|kun|den (fachspr. für in Urkunden schreiben, urkundlich erscheinen)
ur|kun|den|echt (von Schreibgeräten u. Ä.); Ur|kun|den|fäl|schung; Ur|kun|den|for|schung; Ur|kun|den|leh|re
ur|kund|lich; Ur|kunds|be|am|te; Ur|kunds|re|gis|ter
URL, die; -, -s, selten der; -s, -s = Uniform Resource Locator (Internetadresse)
Ur|land|schaft
Ur|laub, der; -[e]s, -e; in od. im Urlaub sein; ur|lau|ben (ugs.); Ur|lau|ber; Ur|lau|be|rin
Ur|laubs|an|spruch; Ur|laubs|be|kannt|schaft; Ur|laubs|bräu|ne; Ur|laubs|do|mi|zil; Ur|laubs|flie|ger (ugs.); Ur|laubs|fo|to; Ur|laubs|ge|fühl; Ur|laubs|geld; Ur|laubs|kas|se; Ur|laubs|lis|te; Ur|laubs|ort, der; -[e]s, ...orte
ur|laubs|reif
Ur|laubs|rei|se; Ur|laubs|re|sort (Ferienanlage); Ur|laubs|schein; Ur|laubs|sper|re; Ur|laubs|tag; Ur|laubs|ver|tre|tung; Ur|laubs|zeit
Ur|meer; Ur|mensch, der; ur|mensch|lich
Ur|me|ter, der od. das; -s (in Paris aufbewahrtes ursprüngliches Normalmaß des Meters)
Ur|mut|ter Plur. ...mütter (Stammmutter)
Ur|ne, die; -, -n ⟨lat.⟩; Ur|nen|bei|set|zung; Ur|nen|be|stat|tung; Ur|nen|fried|hof
Ur|nen|gang, der (svw. Wahl)
Ur|nen|grab; Ur|nen|hain; Ur|nen|hal|le
Ur|ner (von Uri); Urner See (Teil des Vierwaldstätter Sees); Ur|ne|rin; ur|ne|risch (aus Uri)
Ur|ning, der; -s, -e; vgl. Uranist
uro|ge|ni|tal ⟨griech.; lat.⟩ (zu den Harn- u. Geschlechtsorganen gehörend); Uro|ge|ni|tal|sys|tem
Uro|lith, der; Gen. -s u. -en, Plur. -e[n] ⟨griech.⟩ (Harnstein)
Uro|lo|ge, der; -n, -n (Arzt für Krankheiten der Harnorgane); Uro|lo|gie, die; -; Uro|lo|gin; uro|lo|gisch
Ur|oma (fam.); Ur|opa (fam.)
Uro|s|ko|pie, die; -, ...ien ⟨griech.⟩ (Harnuntersuchung)
Ur|pferd (Zool.); Ur|pferd|chen
Ur|pflan|ze
ur|plötz|lich
Ur|pro|dukt; Ur|pro|duk|ti|on (Gewinnung von Rohstoffen)

Ur|quell, Ur|quel|le
Urs (m. Vorn.)
Ur|sa|che; Ur|sa|chen|for|schung
ur|säch|lich; Ur|säch|lich|keit
Ur|schel, die; -, -n (landsch. für törichte [junge] Frau)
ur|schen (ostmitteld. für vergeuden); du urschst
Ur|schlamm, der; -[e]s
Ur|schleim, der; -[e]s
Ur|schrei, der (lauter, ungehemmter Schrei); Ur|schrei|the|ra|pie (Psychol.)
Ur|schrift; ur|schrift|lich
Ur|schweiz (Gebiet der ältesten Eidgenossenschaft [Uri, Schwyz, Unterwalden])
Ur|sel (w. Vorn.)
ur|sen|den nur im Infinitiv u. Partizip II gebr.; Ur|sen|dung (erstmalige Sendung im Rundfunk od. Fernsehen)
Ur|se|ren|tal, das; -[e]s (Tal der oberen Reuß im Kanton Uri); Urs|ner; Urs|ne|rin
urspr. = ursprünglich
Ur|spra|che
Ur|sprung Plur. ...sprünge
ur|sprüng|lich (Abk. urspr.); Ur|sprüng|lich|keit
Ur|sprungs|ge|biet; Ur|sprungs|land; Ur|sprungs|nach|weis; Ur|sprungs|zeug|nis
urst (regional ugs. für großartig, sehr [schön])
Ur|stand, der; -[e]s, Urstände (veraltet für Urzustand); Ur|ständ, die; - (veraltet für Auferstehung); nur scherzh. in fröhliche Urständ feiern
Ur|stoff; ur|stoff|lich
Ur|strom|tal
Ur|su|la (w. Vorn.)
Ur|su|li|ne, die; -, -n, Ur|su|li|ne|rin, die; -, -nen ⟨nach der Märtyrerin Ursula⟩ (Angehörige eines kath. Ordens); Ur|su|li|nen|schu|le; Ur|su|li|ne|rin vgl. Ursuline
Ur|sün|de (erster Sündenfall)
Ur|sup|pe, die; - (Urschlamm, Urschleim)
Ur|teil, das; -s, -e
Ur|teil|chen (Elementarteilchen)
ur|tei|len; Ur|teils|be|grün|dung
ur|teils|fä|hig; Ur|teils|fä|hig|keit
Ur|teils|fin|dung; Ur|teils|kraft Plur. selten; ur|teils|los
Ur|teils|schel|te (öffentliche Kritik an einem gerichtlichen Urteil)
Ur|teils|spruch; Ur|teils|ver|kün|dung; Ur|teils|ver|mö|gen, das; -s; Ur|teils|voll|stre|ckung; Ur|teils|voll|zug

Urtext

Ur|text
Ur|tier|chen *meist Plur.* (einzelliges tierisches Lebewesen)
Ur|ti|ka|ria, die; - ⟨lat.⟩ (*Med.* Nesselsucht)
Ur|trieb
ur|tüm|lich; Ur|tüm|lich|keit, die; -
Ur|typ, Ur|ty|pus
¹**Uru|gu|ay** [...ˈɡu̯aɪ̯, *auch* ˈuː...], der; -[s] (Fluss in Südamerika)
²**Uru|gu|ay** (Staat in Südamerika); **Uru|gu|a|yer; Uru|gu|a|ye|rin; uru|gu|a|yisch**
Ur|ur|ahn; Ur|ur|en|kel; Ur|ur|en|ke|lin; Ur|ur|groß|va|ter, Ur|ur|groß|mut|ter
Ur|va|ter (Stammvater); **ur|vä|ter|lich; Ur|vä|ter|zeit;** seit Urväterzeiten
Ur|ver|trau|en
ur|ver|wandt; Ur|ver|wandt|schaft
Ur|viech, Ur|vieh (*ugs. scherzh. für* urwüchsiger Mensch)
Ur|vo|gel; Ur|volk
Ur|wahl (*Politik*); **Ur|wäh|ler; Ur|wäh|le|rin**
Ur|wald; Ur|wald|ge|biet
Ur|welt; ur|welt|lich
ur|wüch|sig; Ur|wüch|sig|keit
Ur|zeit; seit Urzeiten; **ur|zeit|lich**
Ur|zel|le
Ur|zeu|gung (elternlose Entstehung von Lebewesen)
Ur|zi|dil (österr. Schriftsteller)
Ur|zu|stand; ur|zu|ständ|lich
u. s. = ut supra
US[A] *Plur.* = United States [of America] (Vereinigte Staaten [von Amerika])
Usa|bi|li|ty [juːzəˈbɪlɪti], die; - ⟨engl.⟩ (*EDV* Benutzbarkeit, Benutzerfreundlichkeit)
Usam|ba|ra (Gebirgszug in Tansania); **Usam|ba|ra|veil|chen**
US-Ame|ri|ka|ner [uːˈlɛs...] ↑D 28; **US-Ame|ri|ka|ne|rin; US-ame|ri|ka|nisch** ↑D 28 *u.* 97
Usance [yˈzãːs], die; -, -n ⟨franz.⟩ (Brauch, Gepflogenheit); **usance|mä|ßig; Usan|cen|han|del** (Devisenhandel in fremder Währung)
Usanz [u...], die; -, -en (*schweiz. für* Usance)
USB, der; -[s], -s ⟨*Abk. für engl.* Universal Serial Bus⟩ (universeller Anschluss beim PC)
Us|be|ke, der; -n, -n (Angehöriger eines Turkvolkes); **Us|be|kin; us|be|kisch, Us|be|kisch,** das; -[s] (Sprache); **Us|be|ki|sche,** das; -n; *vgl.* ²Deutsche; **Us|be|ki|s|tan** (Staat im nördl. Mittelasien)

US-Bot|schaft [uːˈlɛs...] ↑D 28
USB-Stick [uːlɛsˈbeːstɪk], der; -s, -s ⟨engl.⟩ (als Datenspeicher dienendes kleines stäbchenförmiges Gerät)
US-Bun|des|staat
US-Bür|ger; US-Bür|ge|rin
Uschi (w. Vorn.)
USD (Währungscode für US-Dollar)
US-Dol|lar [uːˈlɛs...] ↑D 28; *vgl.* Dollar
Use|dom (Insel in der Ostsee)
User [ˈjuː...], der; -s, - ⟨engl.⟩ (*EDV* Benutzer, Anwender; *Jargon* Drogenkonsument); **Use|rin**
usf. = und so fort
Uso, der; -s ⟨ital.⟩ (Brauch, Gewohnheit); *vgl.* Usus
US-Prä|si|dent [uːˈlɛs...] ↑D 28; **US-Prä|si|den|tin**
usu|ell ⟨franz.⟩ (gebräuchlich)
Usur|pa|ti|on, die; -, -en ⟨lat.⟩ (widerrechtliche Besitz-, Machtergreifung); **Usur|pa|tor,** der; -s, ...oren; **usur|pa|to|risch; usur|pie|ren; Usur|pie|rung**
Usus, der; - ⟨lat.⟩ (Brauch, Gewohnheit, Sitte)
usw. = und so weiter
UT = Utah
Uta, Ute (*dt. Sage* Mutter der Nibelungenkönige; w. Vorn.)
Utah [ˈjuːta] (Staat in den USA; *Abk.* UT)
Uten|sil, das; -s, -ien *meist Plur.* ⟨lat.⟩ ([notwendiges] Gerät, Gebrauchsgegenstand)
ute|rin ⟨lat.⟩ (*Med.* auf die Gebärmutter bezüglich); **Ute|rus,** der; -, ...ri (Gebärmutter)
Ut|gard (*germ. Mythol.* Reich der Dämonen u. Riesen)
uti|li|tär ⟨lat.⟩ (auf den Nutzen bezüglich); **Uti|li|ta|ri|er** (*svw.* Utilitarist); **Uti|li|ta|ris|mus,** der; - (Nützlichkeitslehre, -standpunkt); **Uti|li|ta|rist,** der; -en, -en (nur auf den Nutzen Bedachter; Vertreter des Utilitarismus); **Uti|li|ta|ris|tin; uti|li|ta|ris|tisch**
Ut|lan|de *Plur.* (»Außenlande« (Landschaftsbez. für die Nordfries. Inseln, bes. die Halligen mit Pellworm u. Nordstrand)
Uto|pia, Uto|pi|en, das; -s *meist ohne Artikel* ⟨griech.⟩ (erdachtes Land)
Uto|pie, die; -, ...ien (als unausführbar geltender Plan; Zukunftstraum)
Uto|pi|en *vgl.* Utopia

uto|pisch (unerfüllbar); **Uto|pis|mus,** der; -, ...men (Neigung zu Utopien; utopische Vorstellung); **Uto|pist,** der; -en, -en; **Uto|pis|tin**
Ut|ra|quis|mus, der; - ⟨lat.⟩ (Lehre der Utraquisten); **Ut|ra|quist,** der; -en, -en (Anhänger einer hussitischen Richtung, die das Abendmahl in beiderlei Gestalt [Brot u. Wein] forderte); **Ut|ra|quis|tin; ut|ra|quis|tisch**
Ut|recht (niederl. Provinz u. Stadt); **Ut|rech|ter; Ut|rech|te|rin**
Ut|ril|lo [uˈtrɪljo] (franz. Maler)
ut su|p|ra ⟨lat.⟩ (*Musik* wie oben; *Abk.* u. s.)
Utz (m. Vorn.)
u. U. = unter Umständen
u. ü. V. = unter üblichem Vorbehalt (bei Gutschrift von Schecks)
UV = ultraviolett (*in* UV-Strahlen, UV-A-Strahlen usw.)
u. v. a. = und viele[s] andere
u. v. a. m. = und viele[s] andere mehr
UV-A-Strah|len *Plur.* ↑D 26 (*bes. fachspr. für* langwellige ultraviolette Strahlen); **UV-A-Strah|lung**
UV-be|strahlt [uːˈfaʊ...] ↑D 28 *u.* 97; **UV-B-Strah|len** (*bes. fachspr. für* kurzwellige ultraviolette Strahlen); **UV-B-Strah|lung**
UV-Fil|ter ↑D 28 (*Fotogr.* Filter zur Dämpfung der ultravioletten Strahlen)
UV-Lam|pe ↑D 28 (Höhensonne)
UV-Schutz, der; -es ↑D 28
UV-Strah|len *Plur.* ↑D 28 (*Abk. für* ultraviolette Strahlen); **UV-Strah|lung,** die; - (Höhenstrahlung)
Uvu|la, die; -, ...lae ⟨lat.⟩ (*Med.* Gaumenzäpfchen); **uvu|lar** (*Sprachwiss.* mit dem Zäpfchen gebildet)
u. W. = unseres Wissens
Ü-Wa|gen ↑D 28 (*kurz für* Übertragungswagen)
Uwe (m. Vorn.)
u. Z. = unsere[r] Zeitrechnung
Uz, der; -es, -e (*ugs. für* Neckerei)
Uz|bru|der (*ugs. für* jmd., der gern andere neckt); **uzen;** du uzt; **Uze|rei; Uz|na|me** (*ugs.*)
u. zw. = und zwar
U-18-Na|ti|o|nal|mann|schaft, U18-Na|ti|o|nal|mann|schaft
Ü-30-Par|ty, Ü30-Par|ty (*ugs. scherzh. für* Party für über Dreißigjährige)

V

v = velocitas ⟨lat.⟩ (*Zeichen für Geschwindigkeit*)
v. = vom; von; vor *(vgl. d.)*
v. = vide; vidi
V (Buchstabe); das V; des V, die V, *aber* das v in Steven; der Buchstabe V, v
V (*chem. Zeichen für* Vanadium)
V = Volt; Volumen (Rauminhalt)
V, vert. = vertatur
V = 5 (röm. Zahlzeichen)
V. = Vers
v. a. = vor allem
VA = Voltampere; Virginia
va banque, Va|banque [va'bã:k] ⟨franz., »es gilt die Bank«⟩; *nur in* va banque *od.* Vabanque spielen (alles aufs Spiel setzen); **Va|banque|spiel**
va|cat ⟨lat., »es fehlt«⟩ (nicht vorhanden, leer); *vgl.* Vakat
Vache|le|der ['vaʃ...], das; -s ⟨franz.; dt.⟩ (glaciertes Sohlenleder)
Va|de|me|cum, Va|de|me|kum, das; -s, -s ⟨lat.⟩ (Taschenbuch; Ratgeber)
Va|de|me|kum *vgl.* Vademecum
Va|di|um, das; -s, ...ien ⟨germ.-mlat.⟩ (*im älteren dt. Recht* symbolisches Pfand)
va|dos ⟨lat.⟩ (*Geol. in Bezug auf* Grundwasser *von Niederschlägen herrührend*)
Va|duz [fa'dʊts, *auch* va'du:ts] (Hauptstadt Liechtensteins)
vae vic|tis! ⟨lat., »wehe den Besiegten!«⟩
vag, va|ge (unbestimmt)
Va|ga|bon|da|ge [...ʒə], die; - ⟨franz.⟩ (Landstreicherei)
Va|ga|bund, der; -en, -en (Landstreicher); **Va|ga|bun|den|le|ben,** das; -s; **Va|ga|bun|den|tum,** das; -s; **va|ga|bun|die|ren** [(arbeitslos) umherziehen]; vagabundierende Ströme *(Elektrot.)*; **Va|ga|bun|din**
Va|gant, der; -en, -en (fahrender Student od. Kleriker im MA.); **Va|gan|ten|dich|tung; Va|gan|ten|lied; Va|gan|tin**

va|ge, vag (unbestimmt); **Vag|heit**
va|gie|ren *(geh. für* umherziehen*)*
Va|gi|na [*auch* 'va:...], die; -, ...nen ⟨lat.⟩ (*Med. w.* Scheide); **va|gi|nal** (die Scheide betreffend); **Va|gi|nis|mus,** der; -, ...men (*Med.* Scheidenkrampf)
Va|gus, der; - ⟨lat.⟩ (*Med.* ein Hirnnerv)
va|kant [v...] ⟨lat.⟩ (leer; unbesetzt, frei); **Va|kanz,** die; -, -en (freie Stelle; *landsch. für* Ferien)
Va|kat, das; -[s], -s *(Druckw.* leere Seite); *vgl.* vacat
Va|ku|o|le, die; -, -n *(Biol.* mit Flüssigkeit od. Nahrung gefülltes Bläschen im Zellplasma, insbesondere der Einzeller)
Va|ku|um, das; -s, Plur. ...kua *od.* ...kuen (luftleerer Raum)
Va|ku|um|ap|pa|rat; Va|ku|um|brem|se
va|ku|u|mie|ren (etw. luftdicht verpacken)
Va|ku|um|me|ter, das; -s, - (Unterdruckmesser); **Va|ku|um|pum|pe** ([Aus]saugpumpe); **Va|ku|um|röh|re**
va|ku|um|ver|packt; Va|ku|um|ver|pa|ckung
Vak|zin, das; -s, -e ⟨lat.⟩ (*svw.* Vakzine); **Vak|zi|na|ti|on,** die; -, -en *(Med.* Schutzimpfung); **Vak|zi|ne,** die; -, -n (Impfstoff aus Krankheitserregern); **vak|zi|nie|ren; Vak|zi|nie|rung** (*svw.* Vakzination)
va|la|bel ⟨franz.⟩ *(schweiz. für* geeignet); ...a|ble Alternativen
Va|land [f...] (*ältere Nebenform von* Voland)
val|le! [...le] ⟨lat., »leb wohl!«⟩
Va|len|cia [...tsi̯a, ...si̯a] (span. Stadt); **Va|len|ci|a|ner; Va|len|ci|a|ne|rin**
Va|len|ci|ennes|spit|ze [...lã'si̯ɛn...] (nach der franz. Stadt) (sehr feine Klöppelspitze)
Va|lens (röm. Kaiser)
Va|len|tin (m. Vorn.); **Va|len|tins|tag** (14. Febr.)
Va|lenz, die; -, -en ⟨lat.⟩ (*Chemie* Wertigkeit; *Sprachwiss.* Eigenschaft des Verbs, im Satz Ergänzungen zu fordern)
Va|le|ri|a|na, die; -, ...nen (*Bot.* Baldrian)
Va|le|rie [*auch* ...'ri:] (w. Vorn.)
Va|le|ri|us (röm. Kaiser)
Va|lé|ry [...le'ri:] (franz. Dichter)
Va|les|ka (w. Vorn.)
¹**Va|let** [*auch* ...'le:t], das; -s, -s

⟨lat.⟩ (Lebewohl; veralteter Abschiedsgruß); Valet sagen
²**Va|let** [...'le:], der; -s, -s ⟨franz.⟩ (Bube im franz. Kartenspiel)
Va|leur [...'løːɐ̯], der; -s, -s, *auch* die; -, -s ⟨franz.⟩ *(veraltet für* Wert[papier]; *Malerei* Farbwert, Farbabstufung)
va|lid, va|li|de ⟨lat.⟩ (zuverlässig, gültig); **Va|li|da|ti|on,** die; -, -en (Gültigkeitserklärung; *auch svw.* Validierung); **va|li|de** *vgl.* valid; **va|li|die|ren** ([rechts]gültig machen); **Va|li|die|rung; Va|li|di|tät,** die; - (Gültigkeit [eines Versuchsergebnisses])
Va|li|um®, das; -s ⟨Kunstwort⟩ (ein Beruhigungsmittel)
val|le|ra! [v..., *auch* f...]; **val|le|ri, val|le|ra!**
Val|let|ta (Hauptstadt von Malta)
Va|lo|ren *Plur.* ⟨lat.⟩ *(Wirtsch.* Wertsachen, Wertpapiere); **Va|lo|ren|ver|si|che|rung; Va|lo|ri|sa|ti|on,** die; -, -en *(staatl.* Preisbeeinflussung zugunsten der Produzenten); **va|lo|ri|sie|ren** (Preise durch staatl. Maßnahmen anheben); **Va|lo|ri|sie|rung** *(svw.* Valorisation)
Val|pa|rai|ser; Val|pa|rai|se|rin; Val|pa|ra|í|so [*auch* ...'raɪ...] (Stadt in Chile)
Va|lu|ta, die; -, ...ten ⟨ital.⟩ (Geld in ausländischer Währung; [Gegen]wert; *nur Plur.:* Zinsscheine ausländ. Wertpapiere)
Va|lu|ta|an|lei|he
Va|lu|ta|mark, die; - (ehem. Rechnungseinheit in der DDR)
va|lu|tie|ren (ein Datum festsetzen, das für den Zeitpunkt der Leistung maßgebend ist; *selten für* bewerten)
Val|va|ti|on, die; -, -en ⟨franz.⟩ *(Wirtsch.* [Ab]schätzung [von Münzen]; Wertbestimmung)
Vamp [vɛ...], der; -s, -s ⟨engl.⟩ (verführerische, kalt berechnende Frau)
Vam|pir [*auch* 'vam...], der; -s, -e ⟨serbokroat.⟩ (eine Fledermausart; *Volksglauben* Blut saugendes Nachtgespenst); **Vam|pi|rin**
van [van, *auch* fan] ⟨niederl.⟩ (von); z. B. van Dyck
Van [vɛn], der; -s, -s ⟨engl.⟩ (geräumiges Auto, Transporter)
Va|na|di|um, Va|na|din, das; -s ⟨nlat.⟩ (chemisches Element, Metall; *Zeichen* V)
Van-Al|len-Gür|tel [vɛn'ɛ...], der;

Vancouver -s ↑D 137 〈nach dem amerik. Physiker〉 (ein Strahlungsgürtel der Erde)
Van|cou|ver [vɛnˈkuː...] (Insel u. Stadt in Kanada)
Van|da|le, der; -n, -n *meist Plur.* (Angehöriger eines germ. Volksstammes; *übertr. für* zerstörungswütiger Mensch); **Van|da|lin**
van|da|lisch (*auch für* zerstörungswütig)
Van|da|lis|mus, der; - (Zerstörungswut)
Van-Dyck-Braun [vanˈdaɪk..., *auch* f...], das; -[s] ↑D 137; *vgl.* Dyck
Va|nes|sa (w. Vorn.)
Va|nil|le [...ˈnɪl(j)ə, ˈvanɪl], die; - 〈franz.〉 (eine trop. Orchidee; Gewürz)
Va|nil|le|eis; Va|nil|le|kip|ferl (*österr. für* ein Gebäck [in Form von Hörnchen] mit Vanille); **Va|nil|le|pud|ding; Va|nil|le|scho|te** 〈zu ⁴Schote〉; **Va|nil|le|so|ße,** **Va|nil|le|sau|ce; Va|nil|le|stan|ge; Va|nil|le|zu|cker**
Va|nil|lin, das; -s (Riech- u. Aromastoff; Vanilleersatz)
Va|nu|a|tu [vɛ...] (Inselstaat im Pazifik); **Va|nu|a|tu|er; Va|nu|a|tu|e|rin; va|nu|a|tu|isch**
Va|po|ri|sa|ti|on, die; - 〈lat.〉 (*Med.* Anwendung von Wasserdampf zur Blutstillung); **va|po|ri|sie|ren** (*veraltend für* verdampfen)
Va|que|ro [...ˈkeː...], der; -[s], -s 〈span.〉 (Cowboy im Südwesten der USA u. in Mexiko)
var. = Varietät
Va|ra|na|si (Stadt in Indien); *vgl.* Benares
Va|r|an|ger|fjord, der; -[e]s (nordöstlichster Fjord in Norwegen)
Va|rel [f...] (Stadt in Niedersachsen)
Va|ria *Plur.* 〈lat.〉 (*Buchw.* Vermischtes, Allerlei)
va|ri|a|bel 〈franz.〉 (veränderlich, [ab]wandelbar); ...a|b|le Kosten; **Va|ri|a|bi|li|tät,** die; - (Veränderlichkeit); **Va|ri|a|b|le,** die; -n, *Plur.* -n, *ohne Artikel fachspr. auch* - (*Math.* veränderliche Größe; *Ggs.* Konstante); zwei Variable[n]
Va|ri|an|te, die; -, -n (Abwandlung; verschiedene Lesart; Spielart); **va|ri|an|ten|reich; Va|ri|anz,** die; -, -en (Abweichung, Unterschied)
Va|ri|a|ti|on, die; -, -en (Abwechslung; Abänderung; Abwandlung); **Va|ri|a|ti|ons|brei|te; va|ri|a|ti|ons|fä|hig; Va|ri|a|ti|ons|mög|lich|keit; va|ri|a|ti|ons|reich**
Va|ri|e|tät, die; -, -en (geringfügig abweichende Art; *Abk.* var.)
Va|ri|e|té, Va|ri|e|té, *schweiz. auch* **Va|ri|e|té,** das; -s, -s 〈franz.〉 (Theater mit wechselndem, unterhaltsamem Programm); **va|ri|e|té|reif; Va|ri|e|té|the|a|ter**
va|ri|ie|ren (verschieden sein; abweichen; [ab]wandeln)
va|ri|kös 〈lat.〉 (*Med.* die Krampfadern betreffend); **Va|ri|ko|se,** die; -, -n (Krampfaderleiden); **Va|ri|ko|si|tät,** die; -, -en (Krampfaderbildung); **Va|ri|ko|ze|le,** die; -, -n 〈lat.; griech.〉 (Krampfaderbruch)
Va|ri|nas [*auch* ...ˈriː...], der; -, *Plur.* (Sorten:) - 〈nach dem früheren Namen der venezolan. Stadt Barinas〉 (südamerik. Tabak)
Va|ri|o|la, die; -, *Plur.* ...lä u. ...olen, **Va|ri|o|le,** die; -, -n *meist Plur.* 〈lat.〉 (*Med.* Pocken)
Va|rio|me|ter, das; -s, - 〈lat.; griech.〉 (Vorrichtung zur Messung von Luftdruck- od. erdmagnetischen Schwankungen)
Va|ris|ki|sche, Va|ris|zi|sche Ge|bir|ge, das; -n -s (mitteleurop. Gebirge der Steinkohlenzeit)
Va|ris|tor, der; -s, ...oren 〈engl.〉 (*Elektrot.* spannungsabhängiger Widerstand)
Va|rix, die; -, Varizen 〈lat.〉 (*Med.* Krampfader)
Va|ri|ze, die; -, -n (*svw.* Varix)
Va|ri|zel|le, die; -, -n *meist Plur.* (Windpocke)
Va|rus (altrömischer Feldherr)
Va|sa, der; -[s], - (Angehöriger eines schwedischen Königsgeschlechts)
Va|sall, der; -en, -en 〈franz.〉 (Lehnsmann im MA.); **Va|sal|len|staat** *Plur.* ...staaten; **Va|sal|len|treue; Va|sal|len|tum,** das; -s; **Va|sal|lin**
Väs|chen 〈*zu* Vase〉
Vas|co da Ga|ma (portugiesischer Seefahrer)
Va|se, die; -, -n 〈franz.〉
Va|sek|to|mie, die; -, ...ien 〈lat.; griech.〉 (*Med.* Sterilisation durch operative Entfernung eines Stückes des Samenleiters)
Va|se|lin, das; -s, **Va|se|li|ne,** die; - 〈Kunstwort〉 (Salbengrundlage)
va|sen|för|mig; Va|sen|ma|le|rei
Va|so|mo|to|ren *Plur.* 〈lat.〉 (*Med.* Gefäßnerven); **va|so|mo|to|risch**
Va|ter, der; -s, Väter; **Va|ter|bild; Va|ter|chen**
Va|ter|bin|dung
Va|ter|fi|gur; Va|ter|freu|den *Plur.; in* Vaterfreuden entgegensehen, entgegenblicken (*scherzh. für* Vater werden); **Va|ter|haus**
Va|ter|ka|renz (*österr. für* Recht der Väter, unter denselben sozialrechtlichen Bedingungen wie Mütter den Karenzurlaub in Anspruch zu nehmen)
Va|ter|land *Plur.* ...länder; **va|ter|län|disch; Va|ter|lands|lie|be; va|ter|lands|lie|bend; va|ter|lands|los; Va|ter|lands|ver|rä|ter; Va|ter|lands|ver|tei|di|ger**
vä|ter|lich; vä|ter|li|cher|seits; Vä|ter|lich|keit, die; -
Va|ter|lie|be
va|ter|los
Vä|ter|mo|nat *meist Plur.* (Monat, in dem ein Vater Elternzeit in Anspruch nimmt)
Va|ter|mör|der (*ugs. auch für* hoher, steifer Kragen)
Va|ter|na|me, Va|ters|na|me (Familien-, Zuname); **Va|ter|recht** (*Völkerkunde*)
Va|ter|schaft, die; -, -en; **Va|ter|schafts|be|stim|mung; Va|ter|schafts|kla|ge; Va|ter|schafts|test**
Va|ters|na|me *vgl.* Vatername
Va|ter|stadt; Va|ter|stel|le; *nur in* Vaterstelle vertreten
Va|ter|tag (Himmelfahrtstag)
Va|ter|un|ser, das; -s, -; *aber im Gebet:* Vater unser im Himmel
Va|ti, der; -s, -s (Koseform von Vater)
Va|ti|kan [v...], der; -s (Residenz des Papstes in Rom; oberste Behörde der kath. Kirche); **va|ti|ka|nisch;** *aber* ↑D 150: die Vatikanische Bibliothek, das Vatikanische Konzil; **Va|ti|kan|stadt,** die; -
Vaud [vo] (*franz. Form von* Waadt)
Vau|de|ville [vod(ə)ˈviːl], das; -s, -s 〈franz.〉 (franz. volkstüml. Lied; Singspiel)
Vaughan Wil|li|ams [vɔːn ˈwɪljəmz], Ralph (engl. Komponist)
V-Aus|schnitt [ˈfaʊ...] ↑D 29
v. Chr. = vor Christo, vor Christus
v. Chr. G. = vor Christi Geburt
VCS = Verkehrs-Club der Schweiz
v. d. = vor der (*bei Ortsnamen,*

Venia Legendi

z. B. Bad Homburg v. d. H. [vor der Höhe])
VDE, der; - = VDE Verband der Elektrotechnik Elektronik Informationstechnik *(so die von der allgemeinen Rechtschreibung abweichende eigene Schreibung);* **VDE-ge|prüft** [faʏdeːˈleː...]
VDI, der; - = Verein Deutscher Ingenieure
VdK, der; - = Verband der Kriegs- und Wehrdienstopfer, Behinderten und Sozialrentner
VDM = Verbi Divini Minister *od.* Ministra* ⟨lat.⟩ (schweiz. für ordinierter reformierter Theologe *od.* ordinierte reformierte Theologin)
VDS = Verband Deutscher Studentenschaften, *jetzt* Vereinigte Deutsche Studentenschaften
vdt. = vidit
VEB, der; - = volkseigener Betrieb *(DDR);* volkseigen
Vech|ta [f...] (Stadt in Niedersachsen); **Vech|ta|er; Vech|ta|e|rin**
Vech|te [f...], die; - (ein Fluss)
Ve|da, We|da, der; -[s], *Plur.* ...den *u.* -s ⟨sanskr.⟩ (die heiligen Schriften der alten Inder)
Ve|det|te, die; -, -n ⟨franz.⟩ *(svw.* ²*Star)*
ve|disch, we|disch ⟨*vgl.* Veda⟩
Ve|du|te, die; -, -n ⟨ital.⟩ *(Malerei naturgetreue Darstellung einer Landschaft);* **Ve|du|ten|ma|ler; Ve|du|ten|ma|le|rei; Ve|du|ten|ma|le|rin**
ve|gan ⟨lat.-engl.⟩; vegan leben; **Ve|ga|ner** (strenger Vegetarier, der auf tier. Produkte in jeder Form verzichtet); **ve|ga|ner|bund**, der; **Ve|ga|ne|rin**
ve|ge|ta|bil *vgl.* vegetabilisch; **Ve|ge|ta|bi|li|en** *Plur.* ⟨lat.⟩ *(Fachspr.,* sonst veraltend pflanzl. Nahrungsmittel); **ve|ge|ta|bi|lisch** (pflanzlich, Pflanzen...)
Ve|ge|ta|ri|a|ner *(svw.* Vegetarier)
Ve|ge|ta|ri|er (jmd., der sich vorwiegend von pflanzl. Kost ernährt); **Ve|ge|ta|ri|er|bund**, der; **Ve|ge|ta|ri|e|rin**
ve|ge|ta|risch (pflanzlich, Pflanzen...); **Ve|ge|ta|ris|mus**, der; - (Ernährung durch pflanzl. Kost)
Ve|ge|ta|ti|on, die; -, -en (Pflanzenwelt, -wuchs; **Ve|ge|ta|ti-**

ons|ge|biet; Ve|ge|ta|ti|ons|kult *(Rel.);* **ve|ge|ta|ti|ons|los; Ve|ge|ta|ti|ons|or|gan; Ve|ge|ta|ti|ons|pe|ri|o|de; Ve|ge|ta|ti|ons|punkt**
ve|ge|ta|tiv (zur Vegetation gehörend, pflanzlich; *Biol.* ungeschlechtlich; *Med.* unbewusst); vegetatives Nervensystem (dem Einfluss des Bewusstseins entzogenes Nervensystem)
ve|ge|tie|ren (kümmerlich [dahin]leben)
veg|gie [ˈvɛdʒi, ...gi] ⟨engl.⟩ *(ugs. für* vegetarisch); **Veg|gie**, der; -s, -s *(ugs. für* jmd., der sich vegetarisch ernährt)
Veg|gie|bur|ger [...bɶːɐ̯gɐ] (Gemüseburger)
ve|he|ment ⟨lat.⟩ (heftig); **Ve|he|menz**, die; -
Ve|hi|kel, das; -s, - ⟨lat.⟩ (schlechtes, altmodisches Fahrzeug; Hilfsmittel)
Veil|ge|lein *(veraltet für* Veilchen); **Veil|gerl**, das; -s, -[n]; *vgl.* Pickerl (*bayr., österr. für* Veilchen)
Veil (franz. Politikerin)
Veil|chen; veil|chen|blau
Veil|chen|duft; Veil|chen|strauß; Veil|chen|wur|zel
Veit [faɪ̯t] (m. Vorn.); *vgl.* Vitus
Veits|boh|ne *(landsch. für* Saubohne)
Veits|tanz, der; -es *(älter für* Chorea)
Vek|tor, der; -s, ...oren ⟨lat.⟩ (physikal. *od.* math. Größe, die durch Pfeil dargestellt wird u. durch Richtung u. Betrag festgelegt ist); **Vek|tor|glei|chung** *(Math.);* **Vek|tor|gra|fik**, **Vek|tor|gra|phik** *(EDV* auf Bildlinien statt auf Pixeln beruhende Darstellungsart); **vek|to|ri|ell; vek|to|ri|sie|ren** (in eine Vektorgrafik umwandeln); **Vek|to|ri|sie|rung; Vek|tor|raum** *(Math.);* **Vek|tor|rech|nung**
Vel|la *(Plur. von* Velum)
Vel|lar, der; -s, -e ⟨lat.⟩ (*Sprachwiss.* Gaumensegellaut, Hintergaumenlaut, z. B. k)
Vel|laz|quez [...ˈlaskɛs], *span.* **Ve|láz|quez** [beˈlaθkeθ] (span. Maler)
Vel|lin *[auch* ...ˈlɛ̃...], das; -s ⟨franz.⟩ (weiches Pergament; ungeripptes Papier)
Vello *[auch* ˈvɛ...], das; -s, -s ⟨*verkürzt aus* Velozipéd⟩ *(schweiz. für* Fahrrad); Velo fahren (Rad fahren); **Vel|lo|drom**, das; -s, -e

⟨franz.⟩ ([geschlossene] Radrennbahn); **Ve|lo|fah|ren**, das; -s *(schweiz.);* **Ve|lo|fah|rer; Ve|lo|fah|re|rin; Ve|lo|tour** *(schweiz.)*
¹**Ve|lours** [vəˈluːɐ̯, veː...], der; -, - (Samt; Gewebe mit gerauter, weicher Oberfläche)
²**Ve|lours**, das; -, - (samtartiges Leder); **Ve|lours|le|der**
Ve|lo|zi|ped, das; -[e]s, -e ⟨franz.⟩ *(veraltet für* Fahrrad)
Vel|pel [f...], der; -s, - ⟨ital.⟩ *(Nebenform von* Felbel)
Velt|lin [v..., *auch, schweiz. nur* f...], das; -s (Talschaft oberhalb des Comer Sees)
¹**Velt|li|ner**; ein Veltliner Ort
²**Velt|li|ner** (Einwohner des Veltlin; Weinsorte); **Velt|li|ne|rin**
Ve|lum, das; -s, ...la ⟨lat.⟩ (Teil der gottesdienstl. Kleidung kath. Priester; Kelchtuch; *Med.* Gaumensegel; **Ve|lum pal|la|ti|num**, das; - -, ...la ...na *(Med.* Gaumensegel; weicher Gaumen)
Vel|vet, der *od.* das; -s, -s ⟨engl.⟩ (Baumwollsamt)
Ven|dée [vãˈ...], *franz.* **Ven|dée** [...ˈdeː], die; - (franz. Departement); **Ven|de|er; Ven|de|e|rin**
Ven|de|mi|aire [vãdeˈmi̯ɛːɐ̯], der; -[s], -s ⟨franz., »Weinmonat«⟩ (1. Monat des Kalenders der Franz. Revolution: 22. Sept. bis 21. Okt.)
Ven|det|ta, die; -, ...tten ⟨ital.⟩ ([Blut]rache)
Ve|ne, die; -, -n ⟨lat.⟩ (Blutgefäß, das zum Herzen führt)
Ve|ne|dig (ital. Stadt); *vgl.* Venezia; **Ve|ne|di|ger|grup|pe**, die; - (Gebirgsgruppe)
Ve|nen|ent|zün|dung
Ve|ne|ra|bi|le [...le], das; -[s] ⟨lat.⟩ (Allerheiligstes in der kath. Kirche)
ve|ne|risch ⟨zu ¹Venus⟩ *(Med.* auf die Geschlechtskrankheiten bezogen); venerische Krankheiten ↑D 89
Ve|ne|ter (Bewohner von Venetien); **Ve|ne|te|rin; Ve|ne|ti|en** (ital. Region)
Ve|ne|zia *(ital. Form von* Venedig); **Ve|ne|zi|a|ner** (Einwohner von Venedig); **Ve|ne|zi|a|ne|rin; ve|ne|zi|a|nisch**
Ve|ne|zo|la|ner; Ve|ne|zo|la|ne|rin; ve|ne|zo|la|nisch; Ve|ne|zu|e|la (Staat in Südamerika)
Ve|nia Le|gen|di, die; - - ⟨lat.⟩ (Erlaubnis, an Hochschulen zu lehren)

veni, vidi, vici

ve|ni, vi|di, vi|ci ['ve:ni 'vi:di 'vi:tsi] ⟨lat., »ich kam, ich sah, ich siegte«⟩ (Ausspruch Cäsars)
Venn [f...], das; -s ⟨svw. Fenn⟩; ↑**D 140**: Hohes Venn (Teil der Eifel)
Ven|ner [f...], der; -s, - (schweiz. für Pfadfinderführer; früher auch für Fähnrich); **Ven|ne|rin**
ve|nös ⟨lat.⟩ (Med. die Vene[n] betreffend)
Ven|til, das; -s, -e ⟨lat.⟩
Ven|ti|la|ti|on, die; -, -en ([Be]lüftung, Luftwechsel); **Ven|ti|la|tor,** der; -s, ...oren
Ven|til|funk|ti|on; Ven|til|gum|mi, der u. das
ven|ti|lie|ren (lüften; übertr. sorgsam erwägen); **Ven|ti|lie|rung**
Ven|til|spiel; Ven|til|steue|rung
Ven|tose [vã'to:s], der; -[s], -s ⟨franz., »Windmonat«⟩ (6. Monat des Kalenders der Franz. Revolution: 19. Febr. bis 20. März)
ven|tral ⟨lat.⟩ (Med. den Bauch betreffend; bauchwärts)
Ven|tri|kel, der; -s, - (Kammer [in Herz, Hirn usw.]); **ven|t|ri|ku|lär** (den Ventrikel betreffend)
Ven|tri|lo|quist, der; -en, -en (Bauchredner); **Ven|t|ri|lo|quis|tin**
¹**Ve|nus** [v...] (röm. Liebesgöttin)
²**Ve|nus,** die; - (ein Planet)
Ve|nus|berg (weiblicher Schamberg); **Ve|nus|flie|gen|fal|le** (eine fleischfressende Pflanze); **Ve|nus|hü|gel** (svw. Venusberg); **Ve|nus|son|de** (Raumsonde zur Erforschung des Planeten Venus)
ver... (Vorsilbe von Verben, z. B. verankern, du verankerst, verankert, zu verankern)
Ve|ra (w. Vorn.)
ver|ab|fol|gen (Amtsspr. veraltend für aus-, abgeben)
ver|ab|re|den; ver|ab|re|de|ter|ma|ßen; Ver|ab|re|dung
ver|ab|rei|chen; Ver|ab|rei|chung
ver|ab|säu|men (versäumen)
ver|ab|scheu|en; ver|ab|scheu|ens|wert; Ver|ab|scheu|ung; ver|ab|scheu|ungs|wür|dig
ver|ab|schie|den; sich verabschieden; **Ver|ab|schie|dung** (österr. auch für [ev.] Trauerfeier); **ver|ab|schie|dungs|reif**
ver|ab|so|lu|tie|ren; Ver|ab|so|lu|tie|rung
ver|ach|ten; das ist nicht zu verachten (ugs. für das ist gut, schön); **ver|ach|tens|wert**

Ver|äch|ter; Ver|äch|te|rin
ver|acht|fa|chen
ver|ächt|lich; Ver|ächt|lich|machung; Ver|ach|tung, die; -; **ver|ach|tungs|voll; ver|ach|tungs|wür|dig**
Ve|ra|cruz, eindeutschend auch **Ve|ra|kruz** [...'kru:s] (Staat u. Stadt in Mexiko)
ver|al|bern; Ver|al|be|rung
ver|all|ge|mei|ner|bar; ver|all|ge|mei|nern; ich verallgemeinere
Ver|all|ge|mei|ne|rung
ver|al|ten; veraltend; veraltet
Ve|ran|da, die; -, ...den, ugs. auch: ...das (engl.); **ve|ran|da|ar|tig; Ve|ran|da|auf|gang; Ve|ran|da|tür**
ver|än|der|bar; ver|än|der|lich; das Barometer steht auf »veränderlich«; **Ver|än|der|li|che,** die; -n, -n (eine mathematische Größe, deren Wert sich ändern kann; Ggs. Konstante); zwei Veränderliche; **Ver|än|der|lich|keit**
ver|än|dern; sich verändern; unter veränderten Bedingungen; **Ver|än|de|rung**
ver|ängs|ti|gen; ver|ängs|tigt; Ver|ängs|ti|gung
ver|an|kern; Ver|an|ke|rung
ver|an|la|gen (die Steuerschuld festsetzen; österr. Wirtsch. [Geld] anlegen)
ver|an|lagt; künstlerisch veranlagt sein; **Ver|an|la|gung; Ver|an|la|gungs|steu|er,** die
ver|an|las|sen; du veranlasst, er/sie veranlasst; du veranlasstest; veranlasst; veranlasse!; sich veranlasst sehen; **Ver|an|las|ser; Ver|an|las|se|rin; Ver|an|las|sung;** zur weiteren Veranlassung (Amtsspr.; Abk. z. w. V.); **Ver|an|las|sungs|wort** Plur. ...wörter (für Kausativ)
ver|an|schau|li|chen; Ver|an|schau|li|chung
ver|an|schla|gen (ansetzen); du veranschlagtest; er hat die Kosten viel zu niedrig veranschlagt; **Ver|an|schla|gung**
ver|an|stal|ten; Ver|an|stal|ter; Ver|an|stal|te|rin
Ver|an|stal|tung; Ver|an|stal|tungs|for|mat (bestimmter Typ von Veranstaltung); **Ver|an|stal|tungs|hin|weis; Ver|an|stal|tungs|in|for|ma|ti|ons|dienst; Ver|an|stal|tungs|ka|len|der; Ver|an|stal|tungs|ma|na|ge|ment; Ver|an|stal|tungs|ort; Ver|an|stal|tungs|plan; Ver|an|stal-**

tungs|pro|gramm; Ver|an|stal|tungs|raum; Ver|an|stal|tungs|rei|he
ver|ant|wort|bar; ver|ant|wor|ten; ver|ant|wort|lich; Ver|ant|wort|li|che; Ver|ant|wort|lich|keit
Ver|ant|wor|tung; Ver|ant|wor|tungs|be|reich; ver|ant|wor|tungs|be|wusst; Ver|ant|wor|tungs|be|wusst|sein; ver|ant|wor|tungs|freu|dig; Ver|ant|wor|tungs|ge|fühl, das; -[e]s; **ver|ant|wor|tungs|los; Ver|ant|wor|tungs|lo|sig|keit; Ver|ant|wor|tungs|trä|ger; Ver|ant|wor|tungs|trä|ge|rin; ver|ant|wor|tungs|voll**
ver|äp|peln (ugs. für veralbern, anführen); ich veräpp[e]le ihn; **Ver|äp|pe|lung, Ver|äpp|lung** (ugs.)
ver|ar|beit|bar; Ver|ar|beit|bar|keit, die; -
ver|ar|bei|ten; Ver|ar|bei|tung
ver|ar|gen (geh.); jmdm. etwas verargen
ver|är|gern; Kunden verärgern; verärgert sein; **Ver|är|ge|rung**
ver|ar|men; Ver|ar|mung
Ver|ar|sche, die; - (derb); **ver|ar|schen** (derb für zum Narren halten); **Ver|ar|schung** (derb)
ver|arz|ten (ugs. für [ärztl.] behandeln); **Ver|arz|tung** (ugs.)
ver|aschen (Chemie ohne Flamme verbrennen)
ver|äs|teln, sich; sie sagt, die Straße veräst[e]le sich dort; **Ver|äs|te|lung,** selten **Ver|äst|lung**
ver|ät|zen; Ver|ät|zung
ver|auk|ti|o|nie|ren (versteigern)
ver|aus|ga|ben (ausgeben); sich verausgaben (sich bis zur Erschöpfung anstrengen); **Ver|aus|ga|bung**
ver|aus|la|gen; Ver|aus|la|gung
ver|äu|ßer|lich; Ver|äu|ßer|lich|keit
ver|äu|ßer|li|chen (äußerlich, oberflächlich machen, werden); **Ver|äu|ßer|li|chung**
ver|äu|ßern (verkaufen); **Ver|äu|ße|rung**
Verb, das; -s, -en ⟨lat.⟩ (Sprachwiss. Zeitwort, Tätigkeitswort, z. B. »laufen, bauen«)
ver|bal (als Verb gebraucht; wörtlich; mündlich); verbale Klammer; **Ver|bal|le,** das; -s, ...lien (Sprachwiss. von einem Verb abgeleitetes Wort)
Ver|bal|in|ju|rie, die; -, -n (Beleidigung mit Worten)

ver|bal|li|sie|ren (in Worten ausdrücken; *Sprachwiss.* zu einem Verb umbilden); **Ver|ba|lis|mus**, der; - (Vorherrschaft des Wortes statt der Sache [im Unterricht]); **ver|ba|lis|tisch**

ver|ba|li|ter (*veraltend für* wörtlich)

ver|bal|lern (*ugs. für* verschießen)

ver|ball|hor|nen ⟨nach dem Buchdrucker Bal[l]horn⟩ (verschlimmbessern); **Ver|ball|hor|nung**

Ver|bal|no|te ⟨lat.⟩ (zu mündlicher Mitteilung bestimmte vertrauliche diplomatische Note)

Ver|bal|stil, der; -[e]s (Stil, der das Verb bevorzugt; Ggs. Nominalstil); **Ver|bal|sub|s|tan|tiv** (*Sprachwiss.* zu einem Verb gebildetes Substantiv, das [zum Zeitpunkt der Bildung] eine Geschehensbezeichnung ist, z. B. »Gabe, Zerrüttung«)

Ver|band, der; -[e]s, ...bände

ver|ban|deln (*landsch., österr. für* verbinden)

Ver|band|kas|ten vgl. Verbandskasten

Ver|bands|ge|mein|de (*Amtsspr.*)

Ver|bands|kas|se

Ver|bands|kas|ten, Ver|band|kas|ten

Ver|bands|lei|ter, der; **Ver|bands|lei|te|rin**

Ver|bands|li|ga (*Sport*)

Ver|band[s]|ma|te|ri|al; **Ver|band[s]|päck|chen**; **Ver|band[s]|platz**

Ver|bands|prä|si|dent; **Ver|bands|prä|si|den|tin**

Ver|band[s]|stoff

Ver|bands|vor|sit|zen|de; **Ver|bands|vor|stand**

Ver|band[s]|wat|te; **Ver|band[s]|zeug**; **Ver|band[s]|zim|mer**

ver|ban|nen; **Ver|ban|nung**; **Ver|ban|nungs|ort**

ver|ba|ri|ka|die|ren

ver|ba|seln (*landsch. für* versäumen, vergessen, verlieren)

Ver|bas|kum, das; -s, ...ken ⟨lat.⟩ (*Bot.* Königskerze)

ver|bau|en

ver|bau|ern (*abwertend für* [geistig] abstumpfen); ich verbau[e]re; **Ver|bau|e|rung**, die; -

Ver|bau|ung

ver|be|am|ten; **Ver|be|am|tung**

ver|bei|ßen; die Hunde hatten sich ineinander verbissen; sich den Schmerz verbeißen (nicht anmerken lassen); sich in eine Sache verbeißen (*ugs. für* hartnäckig daran festhalten)

ver|bel|len (*Jägerspr.* durch Bellen zum verwundeten od. verendeten Wild führen)

Ver|be|ne, die; -, -n ⟨lat.⟩ (*Bot.* Eisenkraut)

ver|ber|gen; *vgl. auch* ²verborgen; **Ver|ber|gung**

Ver|bes|se|rer, Ver|beß|rer; **Ver|bes|se|rin, Ver|beß|rin**

ver|bes|sern; **ver|bes|se|rung**, **Ver|beß|rung**; **ver|bes|se|rungs|be|dürf|tig**; **ver|bes|se|rungs|fä|hig**; **Ver|bes|se|rungs|vor|schlag**

ver|bes|se|rungs|wür|dig

Ver|beß|rer usw. vgl. Verbesserer usw.

ver|beu|gen, sich; **Ver|beu|gung**

ver|beu|len

ver|bie|gen; **Ver|bie|gung**

ver|bies|tern, sich (*landsch. für* sich verirren; sich in etwas verrennen; ich verbiestere mich; **ver|bies|tert** (*ugs. für* verbissen, verdrießlich, verstört)

ver|bie|ten; Betreten verboten!

ver|bil|den

ver|bild|li|chen; **Ver|bild|li|chung**

Ver|bil|dung

ver|bil|li|gen; **Ver|bil|li|gung**

ver|bim|sen (*ugs. für* verprügeln)

ver|bin|den; **Ver|bin|der** (*Sport*); **Ver|bin|de|rin**

ver|bind|lich (höflich, zuvorkommend; bindend, verpflichtend); eine verbindliche Zusage; **Ver|bind|lich|keit**; **Ver|bind|lich|keits|er|klä|rung**

Ver|bin|dung; um sich in Verbindung zu setzen; **Ver|bin|dungs|frau** (*Abk.* V-Frau); **Ver|bin|dungs|gra|ben**; **Ver|bin|dungs|li|nie**; **Ver|bin|dungs|mann** *Plur.* ...männer u. ...leute (*Abk.* V-Mann)

Ver|bin|dungs|of|fi|zier; **Ver|bin|dungs|of|fi|zie|rin**

Ver|bin|dungs|stel|le; **Ver|bin|dungs|stra|ße**; **Ver|bin|dungs|stück**; **Ver|bin|dungs|tür**

Ver|biss, der; -es, -e (*Jägerspr.* Abbeißen von Knospen, Trieben u. Ä. durch Wild)

ver|bis|sen; ein verbissener Gegner; ein verbissenes Gesicht; **Ver|bis|sen|heit**

ver|bit|ten; ich habe mir eine solche Antwort verbeten

ver|bit|tern; ich verbittere; **ver|bit|tert**; **Ver|bit|te|rung**

¹**ver|bla|sen** (*Jägerspr.* erlegtes Wild mit einem Hornsignal anzeigen); den Hirsch, die Strecke verblasen

²**ver|bla|sen** (schwülstig); ein verblasener Stil; **Ver|bla|sen|heit**

ver|blas|sen; die Farbe verblasst; verblasste Kindheitserinnerungen

ver|blät|tern; eine Seite verblättern

ver|bläu|en (*ugs. für* verprügeln)

Ver|bleib, der; -[e]s

ver|blei|ben

Ver|blei|ben, das; -s; dabei muss es sein Verbleiben haben (*Amtsspr.*)

ver|blei|chen (bleich werden); du verblichst; du verblichest; verblichen; *vgl.* ²bleichen

ver|blei|en (mit Blei versehen, auslegen; *auch für* plombieren); **Ver|blei|ung**

ver|blen|den (*Bauw. auch* [Mauerwerk o. Ä. mit besserem Material] verkleiden); **Ver|blen|dung**

ver|bleu|en alte Schreibung für verbläuen

ver|bli|chen; verblichenes Bild

Ver|bli|che|ne, der u. die; -n, -n (*geh. für* Tote)

ver|blö|den (*ugs.*); **Ver|blö|dung**

ver|blüf|fen; verblüfft sein; **ver|blüf|fend**; **Ver|blüfft|heit**, die; -; **Ver|blüf|fung**

ver|blü|hen

ver|blümt (umschreibend)

ver|blu|ten; **Ver|blu|tung**

ver|bo|cken (*ugs. für* fehlerhaft ausführen; verderben, verpfuschen)

Ver|bod|mung (svw. Bodmerei)

ver|bo|gen; verbogenes Blech

ver|boh|ren, sich (*ugs. für* sich verrennen); **ver|bohrt**; er ist verbohrt (*ugs. für* uneinsichtig, starrköpfig); **Ver|bohrt|heit**

¹**ver|bor|gen** (ausleihen)

²**ver|bor|gen**
– eine verborgene Gefahr
– verborgene Talente
– ein verborgenes Tal

Großschreibung der Substantivierung ↑D 72:
– das Verborgene und das Sichtbare
– Gott, der ins Verborgene sieht
– im Verborgenen (unbemerkt) bleiben
– im Verborgenen blühen

Verborgenheit

Ver|bor|gen|heit
ver|bos ⟨lat.⟩ (*geh. für* [allzu] wortreich, weitschweifig)
ver|bö|sern (*scherzh. für* schlimmer machen); ich verbösere
Ver|bot, das; -[e]s, -e; ver|bo|ten; ver|bo|te|ner|wei|se
Ver|bots|schild, das; Ver|bots|ta|fel
ver|bots|wid|rig; Ver|bots|zei|chen
ver|brä|men (am Rand verzieren; [eine Aussage] verschleiern, ausschmücken); Ver|brä|mung
ver|bra|ten (*ugs. für* verbrauchen)
Ver|brauch, der; -[e]s, *Plur.* (*fachspr.*) ...bräuche; ver|brau|chen; Ver|brau|cher; Ver|brau|cher|auf|klä|rung; Ver|brau|cher|be|ra|tung; Ver|brau|cher|ge|nos|sen|schaft (Konsumgenossenschaft)
Ver|brau|che|rin; Ver|brau|cher|in|for|ma|ti|on; Ver|brau|cher|kre|dit; Ver|brau|cher|markt
Ver|brau|cher|mi|nis|ter; Ver|brau|cher|mi|nis|te|rin; Ver|brau|cher|mi|nis|te|ri|um
Ver|brau|cher|or|ga|ni|sa|ti|on; Ver|brau|cher|por|tal; Ver|brau|cher|preis
Ver|brau|cher|schutz, der; -es; Ver|brau|cher|schüt|zer; Ver|brau|cher|schüt|ze|rin; Ver|brau|cher|schutz|mi|nis|ter; Ver|brau|cher|schutz|mi|nis|te|rin; Ver|brau|cher|schutz|mi|nis|te|ri|um
Ver|brau|cher|ver|band; Ver|brau|cher|zen|t|ra|le®
Ver|brauchs|gut; Ver|brauchs|len|kung; Ver|brauchs|pla|nung
Ver|brauchs|steu|er, Ver|brauch|steu|er, die; -; Ver|brauchs|wert
Ver|bre|chen; Ver|bre|chen, das; -s, -; Ver|bre|chens|be|kämp|fung
Ver|bre|cher; Ver|bre|cher|al|bum (*veraltend*); Ver|bre|che|rin; ver|bre|che|risch; Ver|bre|cher|jagd; Ver|bre|cher|kar|tei; Ver|bre|cher|tum, das; -s
ver|brei|ten; er hat diese Nachricht verbreitet; sich verbreiten (etwas ausführlich darstellen); die verbreitets|te Meinung (*ugs.*); Ver|brei|ter; Ver|brei|te|rin
ver|brei|tern (breiter machen); ich verbreitere; Ver|brei|te|rung
Ver|brei|tung, die; -; Ver|brei|tungs|ge|biet
ver|brenn|bar; Ver|bren|nen; das Holz ist verbrannt; du hast dir den Mund verbrannt (*ugs. für* dir durch Reden geschadet)

Ver|bren|nung; Ver|bren|nungs|ma|schi|ne; Ver|bren|nungs|mo|tor
ver|brie|fen [urkundlich] sicherstellen); ein verbrieftes Recht
ver|brin|gen (*Amtsspr. auch für* irgendwohin schaffen); jmdn. in Sicherheitsverwahrung verbringen; Ver|brin|gung
ver|brü|dern, sich; ich verbrüdere mich; Ver|brü|de|rung
ver|brü|hen; Ver|brü|hung
ver|bu|chen; Ver|bu|chung
ver|bud|deln (*ugs. für* vergraben)
Ver|bum, das; -s, *Plur.* ...ba u. ...ben ⟨lat.⟩ (*svw.* Verb); Verbum finitum (*Plur.* Verba finita; Personalform des Verbs)
ver|bum|fie|deln (*ugs. für* verschwenden; verlieren); ich verbumfied[e]le
ver|bum|meln; er hat seine Zeit verbummelt (*ugs. für* nutzlos vertan); ver|bum|melt (*ugs. für* heruntergekommen)
Ver|bund, der; -[e]s, *Plur.* -e u. Verbünde (Verbindung); Ver|bund|bau|wei|se
ver|bun|den; jmdm. sehr verbunden (*geh. für* dankbar) sein
ver|bün|den, sich; die [mit uns, miteinander] verbündeten Staaten
Ver|bun|den|heit, die; -
Ver|bün|de|te, der u. die; -n, -n
ver|bund|fah|ren (innerhalb eines Verkehrsverbundes verschiedene öffentliche Verkehrsmittel benutzen)
Ver|bund|fens|ter; Ver|bund|glas
Ver|bund|lam|pe (Bergmannsspr. elektr. Lampe in Verbindung mit einer Wetterlampe)
Ver|bund|ma|schi|ne
Ver|bund|netz (zur gemeinsamen Stromversorgung)
Ver|bund|pflas|ter|stein
Ver|bund|ski|pass, Ver|bund|schi|pass
Ver|bund|sys|tem
Ver|bund|wirt|schaft (Zusammenschluss mehrerer Betriebe zur Steigerung der Wirtschaftlichkeit)
ver|bür|gen; sich verbürgen
ver|bür|ger|li|chen; Ver|bür|ger|li|chung, die; -
Ver|bür|gung
ver|bü|ßen; eine Strafe verbüßen; Ver|bü|ßung
ver|bü|xen (*nordd. für* verprügeln); du verbüxt
Verb|zu|satz (*Sprachwiss.* der nicht verbale Bestandteil einer unfesten Zusammensetzung mit einem Verb als Grundwort, z. B. »durch« in »durchführen«)
ver|char|tern (ein Schiff od. Flugzeug vermieten)
ver|chro|men [...k...] (mit Chrom überziehen); Ver|chro|mung
Ver|cin|ge|to|rix (ein Gallierfürst)
Ver|dacht, der; -[e]s, Plur. -e u. Verdächte; ver|däch|tig; Ver|däch|ti|ge, der u. die; -n, -n; ver|däch|ti|gen; Ver|däch|ti|gung
Ver|dachts|grund; Ver|dachts|mo|ment, das
ver|dad|deln (*bes. nordd. ugs. für* verspielen); ich verdadd[e]le
ver|dam|men; ver|dam|mens|wert
Ver|damm|nis, die; -, -se *Plur. selten* (*Rel.*)
ver|dammt (*ugs. auch für* sehr); Ver|dam|mung
ver|damp|fen; Ver|damp|fer (*Technik*); Ver|damp|fung; Ver|damp|fungs|an|la|ge
ver|dan|ken (*schweiz. auch für* für etwas Dank abstatten)
ver|darb *vgl.* verderben
ver|da|ten (in Daten umsetzen)
ver|dat|tert (*ugs. für* verwirrt)
Ver|dau, der; -[e]s (*Biol.* Verdauung); ver|dau|en; ver|dau|lich; leicht verdauliche od. leichtverdauliche Nahrungsmittel; ein schwer verdauliches od. schwerverdauliches Essen; Ver|dau|lich|keit, die; -
Ver|dau|ung; Ver|dau|ungs|ap|pa|rat; Ver|dau|ungs|be|schwer|den *Plur.*; Ver|dau|ungs|ka|nal; Ver|dau|ungs|or|gan; Ver|dau|ungs|stö|rung; Ver|dau|ungs|trakt
Ver|deck, das; -[e]s, -e
ver|de|cken; verdeckte Ermittler
Ver|den (Al|ler) [f...] (Stadt an der Aller); Ver|de|ner; Ver|de|ne|rin
ver|den|ken; jmdm. etwas verdenken
Ver|derb, der; -[e]s; auf Gedeih und Verderb; ver|der|ben; du verdirbst; du verdarbst; du verdürbest; verdorben; verdirb!; das Fleisch ist verdorben; er hat mir den ganzen Ausflug verdorben
Ver|der|ben, das; -s; Ver|der|ben brin|gend, ver|der|ben|brin|gend; eine Verderben bringende od. verderbenbringende Politik, *aber nur* eine großes Verderben bringende Politik, eine höchst verderbenbringende Politik ↑D 58
Ver|der|ber; Ver|der|be|rin

V
Verb

vereinzelt

ver|derb|lich; verderbliche Esswaren; Ver|derb|lich|keit, die; -
Ver|derb|nis, die; -, -se *(veraltend)*
ver|derbt (verdorben [von Stellen in alten Handschriften]); Ver|derbt|heit, die; -
ver|deut|li|chen; Ver|deut|li|chung
ver|deut|schen; du verdeutschst; Ver|deut|schung
¹Ver|di (ital. Komponist)
²Ver|di = Vereinte Dienstleistungsgewerkschaft *(eigene Schreibung der Organisation:* ver.di)
ver|dicht|bar; ver|dich|ten; Ver|dich|ter *(Technik);* Ver|dich|tung
ver|di|cken; Ver|di|ckung
ver|die|nen; das Verdienen (der Gelderwerb) wird schwerer; Ver|die|nen|de, der u. die; -n, -n; Ver|die|ner; Ver|die|ne|rin
¹Ver|dienst, der; -[e]s, -e (Lohn, Gewinn)
²Ver|dienst, das; -[e]s, -e (Anspruch auf Anerkennung)
Ver|dienst|aus|fall; Ver|dienst|be|schei|ni|gung; Ver|dienst|ent|gang, der; -[e]s *(österr. für* Verdienstausfall); Ver|dienst|gren|ze
Ver|dienst|kreuz (ein Orden)
ver|dienst|lich
Ver|dienst|me|dail|le
Ver|dienst|mög|lich|keit
Ver|dienst|or|den
Ver|dienst|span|ne
ver|dienst|voll
ver|dient; ver|dien|ter|ma|ßen; ver|dien|ter|wei|se
Ver|dikt, das; -[e]s, -e ⟨lat.⟩ ([Verdammungs]urteil)
Ver|ding, der; -[e]s, -e *(svw.* Verdingung); ver|din|gen; du verdingst; du verdingtest; verdungen, *auch* verdingt; verding[e]!; sich als Gehilfe verdingen
ver|ding|li|chen; Ver|ding|li|chung
Ver|din|gung *(veraltet)*
ver|dirbt *vgl.* verderben
ver|do|len ⟨*zu* Dole⟩ (überdecken)
ver|dol|met|schen; Ver|dol|met|schung
ver|don|nern *(ugs. für* verurteilen)
ver|don|nert *(ugs. veraltend für* erschreckt, bestürzt)
ver|dop|peln; Ver|dop|pe|lung, Ver|dopp|lung
ver|dor|ben *vgl.* verderben; Ver|dor|ben|heit
ver|dor|ren; verdorrt
ver|dö|sen *(ugs.);* die Zeit verdösen; *vgl.* dösen
ver|drah|ten (mit Draht verschließen; *Elektrot.* mit Schaltdrähten verbinden)
ver|drän|gen; Ver|drän|gung; Ver|drän|gungs|me|cha|nis|mus; Ver|drän|gungs|wett|be|werb
ver|dre|cken *(ugs. für* verschmutzen)
ver|dre|hen; Ver|dre|her *(ugs.);* Ver|dre|he|rin; ver|dreht *(ugs. für* verwirrt; verschroben); Ver|dreht|heit *(ugs.);* Ver|dre|hung
ver|drei|fa|chen; Ver|drei|fa|chung
ver|dre|schen *(ugs. für* verprügeln)
ver|drie|ßen (missmutig machen, verärgern); du verdrießt; er verdross; du verdrössest; verdrossen; verdrieß[e]!; es verdrießt mich; ich lasse es mich nicht verdrießen
ver|drieß|lich; Ver|drieß|lich|keit
ver|dril|len (miteinander verdrehen); Ver|dril|lung *(für* Torsion)
ver|dros|sen; Ver|dros|sen|heit
ver|dru|cken
ver|drü|cken *(ugs. auch für* essen); sich verdrücken *(ugs. für* sich heimlich entfernen)
ver|druckst ⟨*zu* drucksen⟩ *(ugs. für* schüchtern, gehemmt)
Ver|druss, der; -es, -e
ver|duf|ten; [sich] verduften *(ugs. für* sich unauffällig entfernen)
ver|dum|men; Ver|dum|mung
ver|dump|fen; Ver|dump|fung
Ver|dun [...'dœ:] (franz. Stadt)
ver|dun|keln; ich verdunk[e]le; Ver|dun|ke|lung, Ver|dunk|lung; Ver|dun|ke|lungs|ge|fahr, Ver|dunk|lungs|ge|fahr, die; -
ver|dün|nen
ver|dün|ni|sie|ren, sich *(ugs. für* sich entfernen)
Ver|dün|nung
ver|duns|ten (langsam verdampfen); ver|düns|ten *(selten für* zu Dunst machen); Ver|duns|tung; Ver|düns|tung; Ver|duns|tungs|käl|te *(Physik);* Ver|duns|tungs|mes|ser, der
Ver|du|re [...'dy:...], die; -, -n ⟨franz.⟩ (ein in grünen Farben gehaltener Wandteppich)
ver|durs|ten
ver|düs|tern; ich verdüstere
ver|dut|zen (verwundern); ver|dutzt (verwirrt); Ver|dutzt|heit, die; -
ver|eb|ben
ver|edeln; ich vered[e]le; Ver|ede|lung, Ver|ed|lung; Ver|ede|lungs|ver|fah|ren, Ver|ed|lungs|ver|fah|ren
ver|ehe|li|chen, sich; Ver|ehe|li|chung
ver|eh|ren; Ver|eh|rer; Ver|eh|re|rin
Ver|eh|rung; ver|eh|rungs|voll; ver|eh|rungs|wür|dig
ver|ei|di|gen; vereidigte Sachverständige; Ver|ei|di|gung
Ver|ein, der; -[e]s, -e; im Verein mit ...; Verein Deutscher Ingenieure *(Abk.* VDI); *vgl.* eingetragen
ver|ein|bar; ver|ein|ba|ren; die vereinbarten Ziele; Ver|ein|bar|keit
ver|ein|bar|ter|ma|ßen; Ver|ein|ba|rung; ver|ein|ba|rungs|ge|mäß
ver|ei|nen, ver|ei|ni|gen; vereint *(vgl. d.)*
ver|ein|fa|chen; Ver|ein|fa|chung
ver|ein|heit|li|chen; Ver|ein|heit|li|chung
ver|ei|ni|gen
Ver|ei|nig|te Ara|bi|sche Emi|ra|te (Staat am Pers. Golf)
Ver|ei|nig|tes Kö|nig|reich [Groß|bri|tan|ni|en und Nord|ir|land]
Ver|ei|nig|te Staa|ten [von Ame|ri|ka]; *vgl.* US[A] *u.* Ver. St. v. A.
Ver|ei|ni|gung; Ver|ei|ni|gungs|frei|heit (Koalitionsfreiheit)
ver|ein|nah|men (einnehmen); Ver|ein|nah|mung
ver|ein|sa|men; Ver|ein|sa|mung
Ver|eins|an|la|ge; ver|eins|ei|gen; das vereinseigene Stadion
ver|ein|sei|ti|gen (in einseitiger Weise darstellen)
Ver|eins|elf, die *(Fußball);* Ver|eins|far|be *meist Plur.;* Ver|eins|ge|schich|te; Ver|eins|haus; Ver|eins|heim
ver|eins|in|tern; vereinsinterne Regelungen; Ver|eins|le|ben, das; -s; Ver|eins|lei|tung; Ver|eins|lo|kal
ver|eins|los *(Sport* bei keinem Verein unter Vertrag)
Ver|eins|mann|schaft
Ver|eins|mei|er *(ugs. abwertend);* Ver|eins|mei|e|rei
Ver|eins|mit|glied; Ver|eins|prä|si|dent; Ver|eins|prä|si|den|tin; Ver|eins|re|gis|ter
Ver|eins|sat|zung; Ver|eins|spit|ze; Ver|eins|sport; Ver|eins|sta|tut *(bes. österr.);* Ver|eins|vor|sitz; Ver|eins|vor|sit|zen|de, der u. die; -n, -n; Ver|eins|vor|stand; Ver|eins|wech|sel; Ver|eins|we|sen, das; -s
ver|eint; mit vereinten Kräften, *aber* ↑D 150: die Vereinten Nationen *(Abk.* UN, VN)
ver|ein|zeln; ich vereinz[e]le; ver-

Vereinzelung

ein|zelt; vereinzelte Niederschläge; Vereinzelte saßen im Freien; **Ver|ein|ze|lung**
ver|ei|sen (von Eis bedeckt werden; *Med.* durch Kälte unempfindlich machen); die Tragflächen ver|eis|ten; ver|eist; **Ver|ei|sung**
ver|ei|teln; ich vereit[e]le; **Ver|ei|te|lung**, **Ver|eit|lung**
ver|ei|tern; **Ver|ei|te|rung**
Ver|eit|lung vgl. Vereitelung
ver|ekeln; jmdm. etwas verekeln; **Ver|eke|lung**, **Ver|ek|lung**
ver|elen|den; **Ver|elen|dung**; **Ver|elen|dungs|the|o|rie** (Theorie, nach der sich die Lebensverhältnisse der Arbeiterklasse im Kapitalismus ständig verschlechtern)
Ve|re|na (w. Vorn.)
ver|en|den
ver|en|gen; ver|en|gern; **Ver|en|ge|rung**; **Ver|en|gung**
ver|erb|bar; ver|er|ben; ver|erb|lich
Ver|er|bung; **Ver|er|bungs|leh|re**
ver|es|tern (*Chemie* zu Ester umwandeln); ich verestere; **Ver|es|te|rung**
ver|ewi|gen; **Ver|ewig|te**, der u. die; -n, -n; **Ver|ewi|gung**
Verf. = Verfasser, Verfasserin
¹ver|fah|ren (vorgehen, handeln); ich bin so verfahren, dass ...; so darfst du nicht mit ihr verfahren (umgehen); ich habe mich verfahren (bin einen falschen Weg gefahren); ↑D 82: ein Verfahren ist auf dieser Strecke kaum möglich
²ver|fah|ren (ausweglos scheinend); verfahrene Situation
Ver|fah|ren, das; -s, -; ein neues Verfahren; **Ver|fah|rens|fra|ge**
Ver|fah|rens|recht; ver|fah|rens|recht|lich
Ver|fah|rens|re|gel; **Ver|fah|rens|tech|nik**; **Ver|fah|rens|wei|se**
Ver|fall, der; -[e]s; in Verfall geraten; ver|fal|len; das Haus ist verfallen; er ist dem Alkohol verfallen
Ver|fall|er|klä|rung (*Rechtsspr.*)
Ver|fall[s]|da|tum
Ver|falls|er|schei|nung
Ver|fall[s]|tag; **Ver|falls|zeit**
Ver|fall|zeit (*Bankw.*)
ver|fäl|schen; **Ver|fäl|schung**
ver|fan|gen; sich verfangen; du hast dich in Widersprüchen verfangen
ver|fäng|lich; eine verfängliche Situation; **Ver|fäng|lich|keit**

ver|fär|ben; **Ver|fär|bung**
ver|fas|sen; sie hat den Brief verfasst; **Ver|fas|ser**; **Ver|fas|se|rin**; **Ver|fas|ser|schaft**, die; -
Ver|fas|sung; ver|fas|sung|ge|bend, nicht amtlich auch **ver|fas|sungs|ge|bend**
Ver|fas|sungs|än|de|rung; **Ver|fas|sungs|be|schwer|de**; **Ver|fas|sungs|bruch**
Ver|fas|sungs|dienst, der; -[e]s (eine Abteilung im österr. Bundeskanzleramt)
Ver|fas|sungs|feind; **Ver|fas|sungs|fein|din**; ver|fas|sungs|feind|lich
Ver|fas|sungs|ge|mäß
Ver|fas|sungs|ge|richt; **Ver|fas|sungs|ge|richts|hof**; **Ver|fas|sungs|kla|ge**
ver|fas|sungs|kon|form; ver|fas|sungs|mä|ßig; **Ver|fas|sungs|mä|ßig|keit**, die; -; **Ver|fas|sungs|mehr|heit** (für eine Verfassungsänderung erforderlicher Stimmenanteil); **Ver|fas|sungs|ord|nung**
Ver|fas|sungs|or|gan (*Politik*)
Ver|fas|sungs|rang, der; -[e]s (durch die Verfassung zu schützender Stellenwert)
Ver|fas|sungs|recht; ver|fas|sungs|recht|lich; **Ver|fas|sungs|rich|ter**; **Ver|fas|sungs|rich|te|rin**
Ver|fas|sungs|schutz, der; -es; **Ver|fas|sungs|schüt|zer** (*ugs.*); **Ver|fas|sungs|schüt|ze|rin**
Ver|fas|sungs|treu; **Ver|fas|sungs|ur|kun|de**; ver|fas|sungs|wid|rig
ver|fau|len; **Ver|fau|lung**
ver|fech|ten (verteidigen); er hat sein Recht tatkräftig verfochten; **Ver|fech|ter**; **Ver|fech|te|rin**; **Ver|fech|tung**, die; -
ver|feh|len (nicht erreichen, nicht treffen); sich verfehlen (*veraltend für* eine Verfehlung begehen); **Ver|feh|lung**
ver|fein|den, sich; sich mit jmdm. verfeinden; **Ver|fein|dung**
ver|fei|nern; ich verfeinere; **Ver|fei|ne|rung**
ver|fe|men (für vogelfrei erklären; ächten); **Ver|fem|te**, der u. die; -n, -n; **Ver|fe|mung**
ver|fer|ti|gen; **Ver|fer|ti|gung**
ver|fes|ti|gen; **Ver|fes|ti|gung**
ver|fet|ten; **Ver|fet|tung**
ver|feu|ern; **Ver|feu|e|rung**
ver|fil|men; **Ver|fil|mung**
ver|fil|zen; du verfilzt; **Ver|fil|zung**
ver|fins|tern; ich verfinstere; **Ver|fins|te|rung**

ver|fit|zen (*ugs. für* verwirren); sie hat die Wolle verfitzt
ver|fla|chen; **Ver|fla|chung**
ver|flech|ten; **Ver|flech|tung**
ver|flie|gen (verschwinden); der Zorn ist verflogen; sich verfliegen (mit dem Flugzeug vom Kurs abkommen)
ver|flie|sen (*fachspr. für* mit Fliesen versehen)
ver|flie|ßen vgl. verflossen
ver|flixt (*ugs. für* verflucht; *auch für* unangenehm, ärgerlich)
Ver|floch|ten|heit
ver|flos|sen; verflossene od. verflossne Tage; **Ver|flos|se|ne**, der u. die; -n, -n (*ugs. für* früherer Freund od. Ehemann, frühere Freundin od. Ehefrau)
ver|flu|chen; ver|flucht (verdammt; sehr); so ein verfluchter Idiot; es ist verflucht heiß; verflucht u. zugenäht!
ver|flüch|ti|gen; sich verflüchtigen (*auch ugs. scherzh. für* sich heimlich entfernen); **Ver|flüch|ti|gung**
Ver|flu|chung
ver|flüs|si|gen; **Ver|flüs|si|gung**
Ver|folg (*Amtsspr.* Verlauf); *nur in* im od. in Verfolg der Sache
ver|fol|gen; die lange verfolgten (angestrebten) Ziele; **Ver|fol|ger**; **Ver|fol|ge|rin**; **Ver|folg|te**, der u. die; -n, -n
Ver|fol|gung; **Ver|fol|gungs|jagd**; **Ver|fol|gungs|ren|nen** (*Radsport*); **Ver|fol|gungs|wahn**
ver|form|bar; **Ver|form|bar|keit**
ver|for|men; **Ver|for|mung**
ver|frach|ten; **Ver|frach|ter|in**; **Ver|frach|tung**
ver|fran|zen, sich (*Fliegerspr.* sich verfliegen; *ugs. auch für* sich verirren); du verfranzt dich
ver|frem|den; **Ver|frem|dung**; **Ver|frem|dungs|ef|fekt**
¹ver|fres|sen (*derb für* für Essen ausgeben); sein ganzes Geld verfressen
²ver|fres|sen (*derb für* gefräßig); **Ver|fres|sen|heit**, die; - (*derb*)
ver|fro|ren
ver|frü|hen, sich; ver|früht; sein Dank kam verfrüht; **Ver|frü|hung**
ver|füg|bar; verfügbares Kapital; **Ver|füg|bar|keit**
ver|fu|gen; Kacheln verfugen
ver|fü|gen (bestimmen, anordnen; besitzen)
Ver|fu|gung
Ver|fü|gung ↑D 31: zur Verfügung

1168

Vergnügungsviertel

u. bereithalten, *aber* bereit- u. zur Verfügung halten; **ver|fü|gungs|be|rech|tigt**
Ver|fü|gungs|ge|walt
ver|füh|ren; ver|füh|rer; Ver|füh|re|rin; ver|füh|re|risch
Ver|füh|rung; Ver|füh|rungs|kunst
ver|fuhr|wer|ken *(schweiz. für* verpfuschen*)*
ver|fül|len *(bes. Bergmannsspr.);* **Ver|fül|lung**
ver|füt|tern (als ¹Futter geben)
Ver|ga|be, die; -, -n; Vergabe von Arbeiten; **Ver|ga|be|ge|setz** (zur Regelung der Vergabe öffentlicher Aufträge); **Ver|ga|be|kri|te|ri|um**
ver|ga|ben *(schweiz. für* [testamentarisch] schenken, vermachen*);* **Ver|ga|bung** *(schweiz. für* Schenkung, Vermächtnis*)*
ver|ga|ckei|ern *(ugs. für* zum Narren halten*);* ich vergackeiere
ver|gaf|fen, sich *(ugs. für* sich verlieben*)*
ver|gagt [...'gɛ...] ⟨dt.; engl.-amerik.⟩ *(ugs. für* voller Gags*)*
ver|gäl|len (verbittern; *Chemie* ungenießbar machen); er hat ihm die Freude vergällt; vergällter Alkohol; **Ver|gäl|lung**
ver|ga|lop|pie|ren, sich *(ugs. für* irren, einen Missgriff tun*)*
ver|gam|meln *(ugs. für* verderben; verwahrlosen*);* die Zeit vergammeln *(ugs. für* vertrödeln*)*
ver|gan|den ⟨*zu* Gand⟩ *(schweiz. für* verwildern [von Alpweiden]*);* **Ver|gan|dung**
ver|gan|gen *vgl.* vergehen
Ver|gan|gen|heit; Ver|gan|gen|heits|be|wäl|ti|gung; Ver|gan|gen|heits|form *(Sprachwiss.)*
ver|gäng|lich; Ver|gäng|lich|keit
ver|gan|ten ⟨*zu* Gant⟩ *(südd., österr. mdal. veraltet u. schweiz. für* zwangsversteigern*);* **Ver|gan|tung**
ver|ga|sen (*Chemie* in gasförmigen Zustand überführen; mit [Gift]gasen verseuchen, töten); **Ver|ga|ser** (Vorrichtung zur Erzeugung des Luft-Kraftstoff-Gemisches für Verbrennungskraftmaschinen)
vergaß *vgl.* vergessen
Ver|ga|sung
ver|gat|tern (mit einem Gatter versehen; *ugs. für* jmdn. zu etwas verpflichten); ich vergattere; **Ver|gat|te|rung**
ver|ge|ben; eine Chance vergeben; er hat diesen Auftrag vergeben; seine Sünden sind ihm vergeben worden; ich vergebe mir nichts, wenn ...; **ver|ge|bens**
Ver|ge|ber; Ver|ge|be|rin
ver|geb|lich; Ver|geb|lich|keit
ver|ge|büh|ren *(österr. Amtsspr.* Gebühren erheben od. entrichten*);* du vergebührst
Ver|ge|bung, *(geh.)*
ver|ge|gen|ständ|li|chen; Ver|ge|gen|ständ|li|chung
ver|ge|gen|wär|ti|gen [*auch* ...'vɛ...], sich; **Ver|ge|gen|wär|ti|gung**
ver|ge|hen; die Jahre sind vergangen; vergangene Zeiten; sich vergehen; er hat sich an ihr vergangen; **Ver|ge|hen,** das; -s, -
ver|gei|gen *(ugs. für* zu einem Misserfolg machen*)*
ver|gei|len (*Bot.* durch Lichtmangel aufschießen [von Pflanzen]); **Ver|gei|lung**
ver|geis|ti|gen; Ver|geis|ti|gung
ver|gel|ten; sie hat immer Böses mit Gutem vergolten; vergilt!; jemandem ein »Vergelts Gott!« zurufen ↑D 14
Ver|gel|tung; Ver|gel|tungs|ak|ti|on; Ver|gel|tungs|maß|nah|me; Ver|gel|tungs|schlag; Ver|gel|tungs|waf|fe
ver|ge|mein|schaf|ten; Ver|ge|mein|schaf|tung
ver|ge|sell|schaf|ten; Ver|ge|sell|schaf|tung
ver|ges|sen; du vergisst, er vergisst; du vergaßest; du vergäßest; vergessen; vergiss!; etwas vergessen; die Arbeit über dem Vergnügen vergessen; an etwas vergessen (*landsch., bes. südd. u. österr. für* an etwas nicht rechtzeitig denken)
Ver|ges|sen|heit, die; -
Ver|ges|sen|wer|den, das; -s
ver|gess|lich; Ver|gess|lich|keit
ver|geu|den; ver|geu|de|risch; Ver|geu|dung
ver|ge|wal|ti|gen; Ver|ge|wal|ti|ger; Ver|ge|wal|ti|ge|rin; Ver|ge|wal|ti|gung; Ver|ge|wal|ti|gungs|op|fer
ver|ge|wis|sern, sich; ich vergewissere mich ihrer Sympathie; **Ver|ge|wis|se|rung**
ver|gie|ßen
ver|gif|ten; Ver|gif|tung; Ver|gif|tungs|er|schei|nung; Ver|gif|tungs|ge|fahr
Ver|gil (altröm. Dichter)
ver|gil|ben; vergilbte Papiere, Gardinen
Ver|gi|li|us *vgl.* Vergil
ver|gip|sen; du vergipst
Ver|giss|mein|nicht, das; -[e]s, -[e] (eine Blume)
ver|gisst *vgl.* vergessen
ver|git|tern; ich vergittere
ver|gla|sen; du verglast; er verglaste; verglaste (glasige, starre) Augen; **Ver|gla|sung**
Ver|gleich, der; -[e]s, -e; im Vergleich mit, zu ...; ein gütlicher Vergleich
ver|gleich|bar; Ver|gleich|bar|keit
ver|glei|chen; sie hat beide Bilder verglichen; sich vergleichen; die Parteien haben sich verglichen; die vergleichende Anatomie; vergleich[e]! (*Abk.* vgl.)
Ver|gleichs|form (Steigerungsform des Adjektivs)
Ver|gleichs|gläu|bi|ger *(Rechtsspr.);* **Ver|gleichs|gläu|bi|ge|rin**
Ver|gleichs|grö|ße; Ver|gleichs|grup|pe; Ver|gleichs|kampf *(Sport);* **Ver|gleichs|mie|te; Ver|gleichs|mög|lich|keit; Ver|gleichs|ob|jekt; Ver|gleichs|par|ti|kel** *(Sprachwiss.);* **Ver|gleichs|pe|ri|o|de** *(bes. österr., schweiz.);* **Ver|gleichs|por|tal** *(EDV)*
Ver|gleichs|schuld|ner *(Rechtsspr.);* **Ver|gleichs|schuld|ne|rin**
Ver|gleichs|test; Ver|gleichs|ver|fah|ren
ver|gleichs|wei|se
Ver|gleichs|wert *(bes. Statistik);* **Ver|gleichs|zahl; Ver|gleichs|zeit|raum**
Ver|glei|chung
ver|glet|schern; Ver|glet|sche|rung
ver|glim|men
ver|glü|hen
ver|gnat|zen *(landsch. für* verärgern*);* ich bin vergnatzt
ver|gnü|gen; sich vergnügen; **Ver|gnü|gen,** das; -s, -; viel Vergnügen!; **ver|gnü|gens|hal|ber**
ver|gnüg|lich; ver|gnügt
Ver|gnü|gung *meist Plur.;* **Ver|gnü|gungs|fahrt**
ver|gnü|gungs|hal|ber
ver|gnü|gungs|hung|rig
Ver|gnü|gungs|in|dus|t|rie; Ver|gnü|gungs|park; Ver|gnü|gungs|rei|se; Ver|gnü|gungs|stät|te; Ver|gnü|gungs|steu|er
Ver|gnü|gungs|sucht, die; -; **ver|gnü|gungs|süch|tig**
Ver|gnü|gungs|vier|tel

V
Verg

1169

vergolden

ver|gol|den; Ver|gol|der; Ver|gol|de|rin; Ver|gol|dung
ver|gön|nen ([aus Gunst] gewähren); es ist mir vergönnt
ver|got|ten (svw. vergöttlichen)
ver|göt|tern; ich vergöttere; Ver|göt|te|rung
ver|gött|li|chen (zum Gott machen; als Gott verehren); Ver|göttli|chung; Ver|got|tung
ver|gra|ben
ver|grä|men (verärgern; Jägerspr. verscheuchen); ver|grämt
ver|grät|zen (landsch. für verärgern); du vergrätzt
ver|grau|en (grau werden); vergraute Wäsche
ver|grau|len (ugs. für verärgern [u. dadurch vertreiben])
ver|grei|fen; sich an jmdm., an einer Sache vergreifen; du hast dich im Ton vergriffen
ver|grei|sen; du vergreist; er vergreis|te; Ver|grei|sung, die; - (das Vergreistsein; das Vergreisen)
ver|grel|len (landsch. für zornig machen); man hat ihn vergrellt
ver|grif|fen; das Buch ist vergriffen (nicht mehr lieferbar)
ver|grö|bern; Ver|grö|be|rung
Ver|grö|ße|rer (Optik)
ver|grö|ßern; ich vergrößere
Ver|grö|ße|rung; Ver|grö|ße|rungs|ap|pa|rat; Ver|grö|ße|rungs|glas; Ver|grö|ße|rungs|spie|gel
ver|gu|cken, sich (ugs. für sich verlieben)
ver|gül|den (geh. für vergolden)
Ver|gunst; nur noch in mit Vergunst (mit Verlaub)
ver|güns|ti|gen; Ver|güns|ti|gung
ver|gur|ken (ugs. für verderben)
ver|gü|ten (auch für veredeln); Ver|gü|tung
verh. = verheiratet; Zeichen ∞
ver|ha|bern, sich (österr. ugs. abwertend für sich verbünden, paktieren); mit jmdm. verhabert sein; Ver|ha|be|rung
Ver|ha|ckert, das; -s (österr. für Brotaufstrich aus Schweinefett u. a.)
ver|hack|stü|cken (ugs. für bis ins Kleinste besprechen u. kritisieren)
Ver|haft, der; -[e]s (veraltet für Verhaftung); ver|haf|ten; ver|haf|tet (auch für eng verbunden); einer Sache verhaftet sein
Ver|haf|te|te, der u. die; -n, -n
Ver|haf|tung; Ver|haf|tungs|wel|le
ver|ha|geln; ich verhag[e]le

ver|ha|ken, sich; die Geweihe verhakten sich ineinander
ver|hal|len; sein Ruf verhallte
Ver|halt, der; -[e]s, -e (veraltet für Verhalten; Sachverhalt)
¹ver|hal|ten (stehen bleiben; zurückhalten; österr. u. schweiz. Amtsspr. zu etwas verpflichten); sie verhielt auf der Treppe; er verhält den Harn; ich habe mich abwartend verhalten; (österr., schweiz.:) die Behörde verhielt ihn zur Zahlung einer Geldbuße
²ver|hal|ten; verhaltener (gedämpfter, unterdrückter) Zorn; verhaltene (verzögerte) Schritte; verhaltener (gezügelter) Trab
Ver|hal|ten, das; -s
Ver|hal|ten|heit
ver|hal|tens|auf|fäl|lig (Psychol.); Ver|hal|tens|auf|fäl|lig|keit (Psychol.)
Ver|hal|tens|co|dex vgl. Verhaltenskodex
Ver|hal|tens|for|scher; Ver|hal|tens|for|sche|rin; Ver|hal|tens|for|schung; Ver|hal|tens|fra|ge
ver|hal|tens|ge|stört (svw. verhaltensauffällig)
Ver|hal|tens|ko|dex, Ver|hal|tens|co|dex
Ver|hal|tens|maß|re|gel meist Plur.; Ver|hal|tens|mus|ter (Psychol.); Ver|hal|tens|re|gel; Ver|hal|tens|steu|e|rung
Ver|hal|tens|the|ra|peut; Ver|hal|tens|the|ra|peu|tin; Ver|hal|tens|the|ra|pie
Ver|hal|tens|wei|se
Ver|hält|nis, das; -ses, -se; geordnete Verhältnisse; Ver|hält|nis|glei|chung (Math.)
ver|hält|nis|mä|ßig; Ver|hält|nis|mä|ßig|keit Plur. selten
Ver|hält|nis|wahl; Ver|hält|nis|wahl|recht, das; -[e]s; Ver|hält|nis|wort Plur. ...wörter (für Präposition); Ver|hält|nis|zahl
Ver|hal|tung; Ver|hal|tungs|maß|re|gel (selten)
ver|han|del|bar; ver|han|deln; über, selten um etwas verhandeln
Ver|hand|ler; Ver|hand|le|rin; Ver|hand|lung; Ver|hand|lungs|ba|sis
ver|hand|lungs|be|reit; Ver|hand|lungs|be|reit|schaft, die; -
Ver|hand|lungs|er|geb|nis
ver|hand|lungs|fä|hig; ver|hand|lungs|frei (österr. für ohne Gerichtsverhandlung)

Ver|hand|lungs|füh|rer; Ver|hand|lungs|füh|re|rin; Ver|hand|lungs|füh|rung; Ver|hand|lungs|grund|la|ge; Ver|hand|lungs|mas|se; Ver|hand|lungs|part|ner; Verhand|lungs|part|ne|rin
Ver|hand|lungs|pau|se; Ver|hand|lungs|run|de; Ver|hand|lungs|sa|che; Ver|hand|lungs|spra|che; Ver|hand|lungs|tag (bes. Rechtsspr.)
Ver|hand|lungs|tisch; sich an den Verhandlungstisch setzen; an den Verhandlungstisch zurückkehren; Ver|hand|lungs|weg; nur in auf dem Verhandlungsweg (durch Verhandeln)
ver|han|gen; ein verhangener Himmel
ver|hän|gen; mit verhängten (locker gelassenen) Zügeln; vgl. ²hängen
Ver|häng|nis, das; -ses, -se; ver|häng|nis|voll
Ver|hän|gung
ver|harm|lo|sen; du verharmlost; er verharmlos|te; Ver|harm|lo|sung
ver|härmt
ver|har|ren (geh.); Ver|har|rung
ver|har|schen; Ver|har|schung
ver|här|ten; Ver|här|tung
ver|has|peln (verwirren); ich verhasp[e]le mich (ugs. für verwirre mich beim Sprechen); Ver|has|pe|lung, Ver|hasp|lung
ver|hasst
ver|hät|scheln (ugs. für verzärteln); Ver|hät|sche|lung, Ver|hätsch|lung
ver|hatscht (österr. ugs. für ausgetreten; unpassend); verhatschte Schuhe
Ver|hau, der od. das; -[e]s, -e
¹ver|hau|en (ugs. für durchprügeln); er verhaute ihn; sich verhauen (ugs. sich schwer irren)
²ver|hau|en (ugs. für unmöglich); der sieht ja verhauen aus
ver|he|ben, sich
ver|hed|dern (ugs. für verwirren); ich verheddere [mich]
ver|hee|ren (verwüsten, zerstören); ver|hee|rend; das ist verheerend (sehr unangenehm; furchtbar); verheerende Folgen haben; Ver|hee|rung
ver|heh|len (geh.); er hat uns die Wahrheit verhehlt
ver|hei|len; Ver|hei|lung
ver|heim|li|chen; Ver|heim|li|chung
ver|hei|ra|ten; sich verheiraten

Verkehrsknotenpunkt

ver|hei|ra|tet (Abk. verh.; Zeichen ⚭); Ver|hei|ra|te|te, der u. die; -n, -n; Ver|hei|ra|tung
ver|hei|ßen; sie hat mir das verheißen; vgl. ¹heißen
Ver|hei|ßung; ver|hei|ßungs|voll
ver|hei|zen; du verheizt Kohlen; jmdn. verheizen (ugs. für jmdn. rücksichtslos einsetzen)
ver|hel|fen; sie hat mir dazu verholfen
ver|herr|li|chen; Ver|herr|li|chung
ver|het|zen; Ver|het|zung
ver|heu|ern (Seemannsspr. svw. heuern); ich verheuere
ver|heult (ugs. für verweint)
ver|he|xen; das ist wie verhext!; Ver|he|xung
Ver|hieb (Bergmannsspr. Art u. Richtung, in der der Kohlenstoß abgebaut wird)
ver|him|meln (ugs. für vergöttern)
ver|hin|dern; Ver|hin|de|rung; Ver|hin|de|rungs|fall, der; nur in im Verhinderungsfall[e] (Amtsspr.)
ver|hoch|deut|schen
ver|hof|fen (sichern [vom Wild])
ver|hoh|len (verborgen); mit kaum verhohlener Schadenfreude
ver|höh|nen; ver|hoh|ne|pi|peln (ugs. für verspotten); ich verhohnepip[e]le; Ver|höh|nung
ver|hö|kern (ugs. für [billig] verkaufen)
Ver|hol|bo|je (Seemannsspr.); ver|ho|len ([ein Schiff] an eine andere Stelle bringen)
ver|hol|zen; Ver|hol|zung
Ver|hör, das; -[e]s, -e; ver|hö|ren; Ver|hör|me|tho|de
ver|hor|nen; Ver|hor|nung
ver|hu|deln (landsch. für durch Hast, Nachlässigkeit verderben)
ver|hül|len; ver|hüllt; eine kaum verhüllte Drohung; Ver|hül|lung
ver|hun|dert|fa|chen
ver|hun|gern ↑D 82: vor dem Verhungern retten
ver|hun|zen (ugs. für verderben; verunstalten); du verhunzt; Ver|hun|zung (ugs.)
ver|hu|ren (derb für [sein Geld] bei Prostituierten ausgeben); ver|hurt (derb für sexuell ausschweifend)
ver|huscht (ugs. für scheu u. zaghaft)
ver|hü|ten (verhindern)
ver|hüt|ten (Erz auf Hüttenwerken verarbeiten); Ver|hüt|tung

Ver|hü|tung; Ver|hü|tungs|me|tho|de; Ver|hü|tungs|mit|tel
ver|hut|zelt (zusammengeschrumpft)
Ve|ri|fi|ka|ti|on, die; -, -en ⟨lat.⟩ (das Verifizieren); ve|ri|fi|zier|bar (nachprüfbar); Ve|ri|fi|zier|bar|keit, die; -; ve|ri|fi|zie|ren (durch Überprüfen die Richtigkeit bestätigen)
ver|in|ner|li|chen; Ver|in|ner|li|chung
ver|ir|ren, sich; Ver|ir|rung
Ve|ris|mus, der; - ⟨lat.⟩ (krass wirklichkeitsgetreue künstlerische Darstellung); Ve|rist, der; -en, -en; Ve|ris|tin; ve|ris|tisch
ve|ri|ta|bel (franz.) (wahrhaft; echt); ...a|b|le Größe
ver|ja|gen
ver|jäh|ren; Ver|jäh|rung; Ver|jäh|rungs|frist
ver|jan|kern (österr. ugs. für verjubeln, verlieren); ich verjankere
ver|jaz|zen; ein verjazztes Lied
ver|ju|beln (ugs. für [sein Geld] für Vergnügungen ausgeben)
ver|jün|gen; er hat das Personal verjüngt; sich verjüngen; die Säule verjüngt sich (wird [nach oben] dünner)
Ver|jün|gung; Ver|jün|gungs|kur
ver|ju|xen (ugs. für vergeuden, verulken); du verjuxt
ver|ka|beln (mit Kabeln anschließen); Ver|ka|be|lung
ver|ka|cken (derb)
ver|kad|men vgl. kadmieren
ver|kal|ben; die Kuh hat verkalbt
ver|kal|ken (ugs. auch für alt werden, die geistige Frische verlieren)
ver|kal|ku|lie|ren, sich (sich verrechnen, falsch veranschlagen)
Ver|kal|kung
ver|kannt; ein verkanntes Genie
ver|kan|ten
ver|kap|pen (unkenntlich machen); ver|kappt; ein verkappter Spion, Betrüger; Ver|kap|pung
ver|kap|seln; ich verkaps[e]le; Ver|kap|se|lung, Ver|kaps|lung
ver|kars|ten ⟨zu ²Karst⟩; Ver|kars|tung
ver|kar|ten (für eine Kartei auf Karten schreiben); Ver|kar|tung
ver|ka|se|ma|tu|ckeln (ugs. für verkonsumieren; genau erklären); ich verkasematuck[e]le
ver|kä|sen (zu Käse werden)
ver|käs|teln (einschachteln)

ver|käs|ten (Bergbau auszimmern)
Ver|kä|sung
ver|ka|tert (ugs. für an den Folgen übermäßigen Alkoholgenusses leidend)
Ver|kauf, der; -[e]s, ...käufe; der Verkauf von Textilien, in der Kaufmannsspr. gelegentl. auch der Verkauf in Textilien; An- und Verkauf ↑D 31
ver|kau|fen; du verkaufst; er verkauft, verkaufte, hat verkauft (nicht korrekt: du verkäufst; er verkäuft); viele verkaufte Exemplare; Ver|käu|fer; Ver|käu|fe|rin
ver|käuf|lich; Ver|käuf|lich|keit
Ver|kaufs|ab|tei|lung; Ver|kaufs|ar|gu|ment; Ver|kaufs|aus|stel|lung; Ver|kaufs|be|din|gung; Ver|kaufs|er|folg; Ver|kaufs|er|lös; Ver|kaufs|fah|rer; Ver|kaufs|fah|re|rin; Ver|kaufs|flä|che
Ver|kaufs|för|dernd; Ver|kaufs|för|de|rung; Ver|kaufs|ge|spräch; Ver|kaufs|hit (ugs.); Ver|kaufs|lei|ter, der; Ver|kaufs|lei|te|rin
ver|kaufs|of|fen; verkaufsoffener Sonntag
Ver|kaufs|preis; Ver|kaufs|raum; Ver|kaufs|schla|ger; Ver|kaufs|stand; Ver|kaufs|stel|le; Ver|kaufs|the|ke; Ver|kaufs|tisch; Ver|kaufs|wert; Ver|kaufs|zahl meist Plur.
Ver|kehr, der; Gen. -s, seltener -es, Plur. (fachspr.) -e; ver|keh|ren
ver|kehr|lich; verkehrliche Erschließung
Ver|kehrs|am|pel; Ver|kehrs|amt; Ver|kehrs|an|bin|dung; Ver|kehrs|auf|kom|men; Ver|kehrs|be|ein|träch|ti|gung; Ver|kehrs|be|hin|de|rung; Ver|kehrs|be|las|tung
Ver|kehrs|be|ru|higt; Ver|kehrs|be|ru|hi|gung
Ver|kehrs|be|trieb meist Plur.; Ver|kehrs|bü|ro; Ver|kehrs|cha|os; Ver|kehrs|de|likt
Ver|kehrs|dich|te, die; -; Ver|kehrs|dis|zi|p|lin, die; -; Ver|kehrs|ein|schrän|kung; Ver|kehrs|er|zie|hung; Ver|kehrs|flä|che; Ver|kehrs|flug|zeug; Ver|kehrs|fluss
ver|kehrs|frei
Ver|kehrs|füh|rung
Ver|kehrs|funk; Ver|kehrs|ge|fähr|dung; Ver|kehrs|ge|sche|hen
ver|kehrs|güns|tig
Ver|kehrs|hin|der|nis; Ver|kehrs|in|sel; Ver|kehrs|kno|ten|punkt;

Verkehrskontrolle

Ver|kehrs|kon|t|rol|le; Ver|kehrs|la|ge; Ver|kehrs|lärm; Ver|kehrs|leit|sys|tem; Ver|kehrs|lö|sung; Ver|kehrs|mel|dung
Ver|kehrs|mi|nis|ter; Ver|kehrs|mi|nis|te|rin; Ver|kehrs|mi|nis|te|ri|um
Ver|kehrs|mit|tel; Ver|kehrs|netz; Ver|kehrs|op|fer; Ver|kehrs|ord|nung
Ver|kehrs|plan; Ver|kehrs|pla|ner; Ver|kehrs|pla|ne|rin; Ver|kehrs|pla|nung
Ver|kehrs|po|li|tik; ver|kehrs|po|li|tisch; Ver|kehrs|po|li|zei; Ver|kehrs|po|li|zist; Ver|kehrs|po|li|zis|tin
Ver|kehrs|recht; Ver|kehrs|re|gel *meist Plur.*; Ver|kehrs|re|ge|lung, Ver|kehrs|reg|lung
ver|kehrs|reich
Ver|kehrs|row|dy *(abwertend)*
Ver|kehrs|schild, das
Ver|kehrs|schrift, die; - (erster Grad der Kurzschrift)
Ver|kehrs|schutz|mann
ver|kehrs|si|cher; Ver|kehrs|si|cher|heit, die; -; Ver|kehrs|si|cher|heits|zen|t|rum; Ver|kehrs|sig|nal; Ver|kehrs|si|tu|a|ti|on
Ver|kehrs|spin|ne *(österr. für grafische Darstellung von Verkehrswegen)*
Ver|kehrs|spra|che
Ver|kehrs|sta|tis|tik; Ver|kehrs|stau; Ver|kehrs|steu|er, die ⟨*Wirtsch.*⟩; Ver|kehrs|sto|ckung; Ver|kehrs|stö|rung; Ver|kehrs|strei|fe; Ver|kehrs|strom
Ver|kehrs|sün|der *(ugs.)*; Ver|kehrs|sün|de|rin
Ver|kehrs|ta|fel *(bes. österr., schweiz.)*
Ver|kehrs|taug|lich|keit, die; -; Ver|kehrs|teil|neh|mer; Ver|kehrs|teil|neh|me|rin; Ver|kehrs|to|te *meist Plur.*; Ver|kehrs|tüch|tig|keit, die; -; Ver|kehrs|un|fall
Ver|kehrs|ver|bin|dung; Ver|kehrs|ver|bund
Ver|kehrs|ver|ein; Ver|kehrs|vor|schrift; Ver|kehrs|wacht; Ver|kehrs|weg; Ver|kehrs|wert ⟨*Wirtsch.*⟩; Ver|kehrs|we|sen
ver|kehrs|wid|rig; Ver|kehrs|zei|chen; Ver|kehrs|zen|t|ra|le
ver|kehrt; verkehrt herum; Ver|kehrt|heit; Ver|keh|rung
ver|kei|len; die Autos verkeilten sich [ineinander]; jmdn. verkeilen *(ugs. für jmdn. verprügeln)*
ver|ken|nen; er wurde von allen verkannt; Ver|ken|nung

ver|ket|ten; Ver|ket|tung
ver|ket|zern; ich verketzere; Ver|ket|ze|rung
ver|kie|seln *(fachspr. für von Kieselsäure durchtränkt werden)*; Ver|kie|se|lung
ver|kip|pen ([Abfallstoffe] auf Deponien ablagern); Ver|kip|pung
ver|kit|schen (kitschig gestalten; *landsch. für* [billig] verkaufen)
ver|kit|ten (mit Kitt befestigen)
ver|kla|gen
ver|klam|mern; ich verklammere; Ver|klam|me|rung
ver|klap|pen ([Abfallstoffe] ins Meer versenken); Ver|klap|pung
ver|kla|ren *(nordd. für* [mühsam] erklären; *Seemannsspr.* über Schiffsunfälle eidlich aussagen)
ver|klä|ren (ins Überirdische erhöhen)
Ver|kla|rung (gerichtliche Feststellung bei Schiffsunfällen)
Ver|klä|rung
ver|klat|schen *(ugs. für* verraten)
ver|klau|sen ⟨zu landsch. klausen = anstauen⟩ *(bes. südd., österr., schweiz. für* einen Wasserlauf durch Treibgut versperren)
ver|klau|su|lie|ren (schwer verständlich formulieren; mit vielen Vorbehalten versehen); Ver|klau|su|lie|rung
Ver|klau|sung (das Verklausen)
ver|kle|ben; Ver|kle|bung
ver|kle|ckern *(ugs.)*; ich verkleckere
ver|klei|den; Ver|klei|dung
ver|klei|nern; ich verkleinere; Ver|klei|ne|rung; Ver|klei|ne|rungs|form
ver|kleis|tern *(ugs. für* verkleben); ich verkleistere; Ver|kleis|te|rung *(ugs.)*
ver|klem|men; ver|klemmt (gehemmt, voller Komplexe); Ver|klemmt|heit
ver|kli|ckern *(ugs. für* erklären)
ver|klin|gen
ver|klop|pen *(ugs. für* verprügeln; [unter Wert] verkaufen)
ver|klüf|ten ⟨*Jägerspr.*⟩ sich im Bau vergraben)
ver|klum|pen; Ver|klum|pung
ver|kna|cken ⟨jidd.⟩ *(ugs. für* [gerichtlich] verurteilen)
ver|knack|sen, sich *(ugs.)*; du hast dir den Fuß verknackst (verstaucht)
ver|knal|len *(ugs. für* [sinnlos] verschießen); sich verknallen

(ugs. für sich heftig verlieben); du hast dich, bist in sie verknallt
ver|knap|pen; Ver|knap|pung *(ugs. für* zu einer Freiheitsstrafe verurteilen)
ver|knäu|len; sich verknäulen
ver|knaut|schen; du verknautschst
ver|knei|fen; das Lachen verkneifen; sich etwas verkneifen (auf etwas verzichten; etwas unterdrücken)
ver|kne|ten
ver|knif|fen (verbittert); Ver|knif|fen|heit
ver|knit|tern; ich verknittere
ver|knö|chern; du verknöcherst; ver|knö|chert *(ugs. auch für* alt, geistig unbeweglich); Ver|knö|che|rung
ver|knor|peln; sie sagt, das Gewebe verknorp[e]lt; Ver|knor|pe|lung, Ver|knorp|lung
ver|knorzt *(schweiz. ugs. für* stur, unflexibel; missgestaltet)
ver|kno|ten
ver|knül|len *(landsch. für* zerknüllen)
ver|knüp|fen; Ver|knüp|fung; Ver|knüp|fungs|punkt
ver|knu|sen; jmdn. nicht verknusen *(ugs. für* nicht ausstehen) können
ver|ko|chen ([zu] lange kochen)
¹ver|koh|len ⟨jidd.⟩ *(ugs. für* veralbern; scherzhaft belügen)
²ver|koh|len (in Kohle umwandeln); Ver|koh|lung
ver|ko|ken (zu ¹Koks machen, werden); Ver|ko|kung
ver|kom|men; er verkam im Schmutz; ein verkommener Mensch; Ver|kom|men|heit
ver|kom|pli|zie|ren
ver|kon|su|mie|ren *(ugs. für* aufessen, verbrauchen)
ver|kopft (vom Intellekt beherrscht)
ver|kop|peln; Ver|kop|pe|lung, Ver|kopp|lung
ver|kor|ken (mit einem Korken verschließen); ver|kork|sen *(ugs. für* verderben); du verkorkst
ver|kör|nen *(Technik* granulieren)
ver|kör|pern; ich verkörpere; Ver|kör|pe|rung
ver|kos|ten (kostend prüfen); Wein verkosten; Ver|kos|ter; Ver|kos|te|rin; Ver|kos|ti|gen; Ver|kös|ti|gung; Ver|kos|tung
ver|kra|chen *(ugs. für* zusammenbrechen); sich verkrachen *(ugs.*

Verlockung

für sich entzweien); **ver|kracht** (*ugs. für* gescheitert); eine verkrachte Existenz
ver|kraft|bar
ver|kraf|ten (ertragen [können])
ver|kral|len; ich verkrallte mich in der Rinde
ver|kra|men (*ugs. für* verlegen)
ver|kramp|fen, sich; **ver|krampft; Ver|kramp|fung**
ver|krat|zen
ver|krau|chen, sich (*landsch. für* sich verkriechen)
ver|krau|ten; der See verkrautet
ver|krie|chen, sich
ver|krit|zeln (*ugs.*)
ver|kröp|fen (*Bauw. svw.* kröpfen); **Ver|kröp|fung**
ver|krü|meln, sich (*ugs. für* sich unauffällig entfernen)
ver|krü|men; ver|krüm|mung
ver|krüm|peln (*landsch. für* zerknittern); ich verkrump[e]le
ver|krüp|peln; ich verkrüppele; verkrüppelte Beine; **Ver|krüp|pe|lung, Ver|krüpp|lung**
ver|krus|ten; Ver|krus|tung
ver|ku|cken, sich ⟨sw. V.; hat⟩ (*nordd. für* sich vergucken)
ver|küh|len, sich (*landsch. für* sich erkälten); **Ver|küh|lung**
ver|küm|mern; ver|küm|mert; Ver|küm|me|rung
ver|kün|den (*geh.*); **Ver|kün|der** (*geh.*); **Ver|kün|de|rin** (*geh.*)
ver|kün|di|gen (*geh.*); **Ver|kün|di|ger** (*geh.*); **Ver|kün|di|ge|rin**
Ver|kün|di|gung, Ver|kün|dung; das kath. Fest Mariä Verkündigung, *ugs.* Maria Verkündigung
ver|kup|fern; Ver|kup|fe|rung
ver|kup|peln; Ver|kup|pe|lung, Ver|kupp|lung
ver|kür|zen; verkürzte Arbeitszeit; **Ver|kür|zung**
ver|kut|zen, sich (*österr. für* verschlucken); ich verkutze mich, habe mich verkutzt
ver|la|chen (auslachen)
Ver|lad, der; -[e]s (*schweiz. für* Verladung); **Ver|la|de|bahn|hof; Ver|la|de|brü|cke; Ver|la|de|kran**
ver|la|den *vgl.* ¹laden; **Ver|la|der; Ver|la|de|ram|pe; Ver|la|de|rin; Ver|la|dung**
Ver|lag, der; -[e]s, -e
ver|la|gern; Ver|la|ge|rung
Ver|lags|an|stalt; Ver|lags|buch|händ|ler; Ver|lags|buch|händ|le|rin; Ver|lags|[buch]|hand|lung
Ver|lags|haus; Ver|lags|ka|ta|log
Ver|lags|kauf|frau; Ver|lags|kauf-
mann; Ver|lags|lei|ter, der; **Ver|lags|lei|te|rin**
Ver|lags|post|amt (*in Österreich* Postamt, das Zeitungen u. Ä. versendet)
Ver|lags|pro|gramm; Ver|lags|pros|pekt; Ver|lags|recht; Ver|lags|ver|trag; Ver|lags|we|sen
Ver|laine [...'lɛːn] (franz. Dichter)
ver|lam|men; das Schaf hat verlammt
ver|lan|den (von Seen usw.); **Ver|lan|dung**
ver|lan|gen; Ver|lan|gen, das; -s, -; auf Verlangen
ver|län|ger|bar; ver|län|gern; ich verlängere; **ver|län|gert;** verlängerter Rücken (*ugs. scherzh. für* Gesäß); **Ver|län|ger|te,** der; -n, -n (*österr. für* dünner Kaffee [aus der Espressomaschine])
Ver|län|ge|rung; Ver|län|ge|rungs|ka|bel; Ver|län|ge|rungs|schnur
ver|lang|sa|men; Ver|lang|sa|mung
ver|läp|pern (*ugs. für* [Geld] vergeuden); ich verläppere; **Ver|läp|pe|rung**
Ver|lass, der; -es; es ist kein Verlass auf ihn
¹**ver|las|sen;** sich auf eine Sache, einen Menschen verlassen; sie verließ fluchtartig das Lokal
²**ver|las|sen** (vereinsamt); das Dorf lag verlassen da; **Ver|las|sen|heit**
Ver|las|sen|schaft (*bes. österr. für* Hinterlassenschaft); **Ver|las|sen|schafts|ab|hand|lung** (*österr. Amtsspr. für* gerichtl. Verfahren zur Ermittlung von Erben u. Übergabe des Erbes)
ver|läss|lich (zuverlässig); **Ver|läss|lich|keit,** die; -
ver|läs|tern; Ver|läs|te|rung
Ver|laub, der; *nur noch in* mit Verlaub
Ver|lauf, der; -[e]s, Verläufe; im Verlauf; **ver|lau|fen;** die Sache ist gut verlaufen; sich verlaufen; er hat sich verlaufen; **Ver|laufs|form** (*Sprachwiss.* sprachl. Fügung, die angibt, dass ein Geschehen gerade abläuft, z. B. »er ist beim Arbeiten«)
ver|lau|sen; Ver|lau|sung
ver|laut|ba|ren; es verlautbart, dass ...; **Ver|laut|ba|rung; ver|lau|ten;** wie verlautet
ver|le|ben
ver|le|ben|di|gen (anschaulich, lebendig machen); **Ver|le|ben|di|gung**
ver|lebt; ein verlebtes Gesicht
¹**ver|le|gen** ⟨*zu* legen⟩ (an einen anderen Platz legen; auf einen anderen Zeitpunkt festlegen; im Verlag herausgeben; *Technik* [Rohre u. a.] legen, zusammenfügen); ↑D 82: [das] Verlegen von Rohren
²**ver|le|gen** ⟨*zu* liegen⟩ (befangen, unsicher); es war verlegen; **Ver|le|gen|heit; Ver|le|gen|heits|ge|schenk; Ver|le|gen|heits|lö|sung**
Ver|le|ger; Ver|le|ge|rin; ver|le|ge|risch; Ver|le|ger|zei|chen
Ver|le|gung
ver|lei|den; es ist mir alles verleidet; **Ver|lei|der,** der; -s (*schweiz. mdal. für* Überdruss); er hat den Verleider bekommen
Ver|leih, der; -[e]s, -e; **ver|lei|hen;** sie hat das Buch verliehen; ↑D 82: [das] Verleihen von Geld; **Ver|lei|her; Ver|lei|he|rin; Ver|lei|hung**
ver|lei|men; Ver|lei|mung
ver|lei|ten (verführen)
ver|leit|ge|ben ⟨*zu* Leitgeb⟩ (*landsch. veraltet für* Bier od. Wein ausschenken)
Ver|lei|tung
ver|ler|nen
ver|le|sen; Ver|le|sung
ver|letz|bar; Ver|letz|bar|keit
ver|let|zen; er ist verletzt; **ver|let|zend; ver|letz|lich; Ver|letz|lich|keit**
ver|letzt; Ver|letz|te, der u. die; -n, -n; **Ver|let|zung; ver|let|zungs|be|dingt; Ver|let|zungs|ge|fahr; Ver|let|zungs|pau|se; Ver|let|zungs|ri|si|ko**
ver|leug|nen; Ver|leug|nung
ver|leum|den; Ver|leum|der; Ver|leum|de|rin; ver|leum|de|risch; Ver|leum|dung; Ver|leum|dungs|kam|pa|g|ne
ver|lie|ben, sich; **ver|liebt;** ein verliebtes Paar; **Ver|lieb|te,** der u. die; -n, -n; **Ver|liebt|heit**
ver|lie|ren; du verlorst; du verlörest; verloren (*vgl. d.*); verlier[e]!; sich verlieren; **Ver|lie|rer; Ver|lie|re|rin; Ver|lie|rer|stra|ße;** auf der Verliererstraße sein
Ver|lies, das; -es, -e ([unterird.] Gefängnis, Kerker)
ver|lin|ken (*EDV* durch Links verbinden); **Ver|lin|kung** (*EDV*)
ver|lo|ben; Ver|lo|bung; Ver|löb|nis, das; -ses, -se; **Ver|lob|te,** der u. die; -n, -n; **Ver|lo|bung; Ver|lo|bungs|an|zei|ge; Ver|lo|bungs|ring; Ver|lo|bungs|zeit**
ver|lo|cken; ein verlockendes Angebot; **Ver|lo|ckung**

verlodern

ver|lo|ren

- ↑D 89: **verlorene** *od.* Verlorene Eier (in kochendem Wasser ohne Schale gegarte Eier), *aber nur*
- der verlorene Sohn
- auf verlorenem Posten stehen

Schreibung in Verbindung mit Verben und Partizipien:
- verloren sein; das Spiel ist längst verloren gewesen
- sie hatten das Spiel schon verloren geglaubt
- wir dürfen das Spiel nicht frühzeitig **verloren geben** *od.* verlorengeben

- das Buch darf nicht **verloren gehen** *od.* verlorengehen
- mein Pass ist **verloren gegangen** *od.* verlorengegangen
- der Krieg, der **verloren ging** *od.* verlorenging
- das bereits **verloren geglaubte** *od.* verlorengeglaubte Spiel wurde doch noch gewonnen

---

ver|lo|dern (*geh. für* lodernd verlöschen)
ver|lo|gen; Ver|lo|gen|heit
ver|lo|hen (*geh. für* erlöschen)
ver|loh|nen (lohnen)
ver|lor *vgl.* verlieren
ver|lo|ren *s.* Kasten
verlo|ren ge|ben, ver|lo|ren|ge|ben *vgl.* verloren
ver|lo|ren ge|hen, ver|lo|ren|ge|hen *vgl.* verloren
Ver|lo|ren|heit
¹ver|lö|schen *vgl.* ¹löschen
²ver|lö|schen; die Kerze verlischt (*auch* verlöscht); *vgl.* ²löschen
ver|lo|sen *vgl.* ¹losen; Ver|lo|sung
ver|lö|ten; einen verlöten (*ugs. für* Alkohol trinken)
ver|lot|tern (*ugs.*); Ver|lot|te|rung
ver|lu|dern (*ugs. für* verkommen); Ver|lu|de|rung
ver|lum|pen (verkommen)
Ver|lust, der; -[e]s, -e; Ver|lust|angst; ver|lust|arm; Ver|lust|be|trieb; ver|lust|frei; Ver|lust|ge|schäft
ver|lus|tie|ren, sich (*scherzh. für* sich vergnügen)
ver|lus|tig; einer Sache verlustig gehen (eine Sache verlieren)
Ver|lust|lis|te; ver|lust|reich; Ver|lust|zo|ne (*Wirtsch.*)
verm. = vermählt (Zeichen ∞)
ver|ma|chen (vererben; *ugs. für* überlassen)
Ver|mächt|nis, das; -ses, -se; Ver|mächt|nis|neh|mer (*Rechtsspr.*); Ver|mächt|nis|neh|me|rin
ver|mah|len (zu Mehl machen); *vgl. aber* vermalen
ver|mäh|len; sich vermählen; ver|mählt (*Abk.* verm. [*Zeichen* ∞]); Ver|mäh|lte, der *u.* die; -n, -n; Ver|mäh|lung; Ver|mäh|lungs|an|zei|ge
ver|mah|nen (*veraltend für* ernst ermahnen); Ver|mah|nung
ver|ma|le|dei|en (*veraltend für* verfluchen); Ver|ma|le|dei|ung

ver|ma|len ([Farben] malend verbrauchen); *vgl. aber* vermahlen
ver|männ|li|chen
ver|man|schen, vermantschen (*ugs. für* vermischen)
ver|mar|ken (*fachspr. für* vermessen)
ver|mark|ten (*Wirtsch.* [bedarfsgerecht zubereitet] auf den Markt bringen); **Ver|mark|tung**
Ver|mar|kung (*fachspr. für* Vermessung)
ver|mas|seln (*zu* ¹Massel) (*ugs. für* zunichtemachen); ich vermass[e]le
ver|mas|sen (etwas zur Massenware machen; in der Masse aufgehen); du vermasst
ver|ma|ßen (Maße bestimmen)
Ver|ma|ßung (*zu* vermaßen)
ver|mau|ern
Ver|meer van Delft [vɐr... fan, *auch* van -], Jan (niederländischer Maler)
ver|meh|ren; vermehrte Anstrengungen; Ver|meh|rung
ver|meid|bar; ver|mei|den; sie hat diesen Fehler vermieden; ver|meid|lich; Ver|mei|dung
ver|meil [...'mɛːj] ⟨franz.⟩ (hochrot); *vgl. auch* beige; Ver|meil, das; -s ⟨vergoldetes Silber⟩
ver|mei|nen ([irrtümlich] glauben); ver|meint|lich
ver|mel|den (mitteilen)
ver|men|gen; Ver|men|gung
ver|mensch|li|chen; Ver|mensch|li|chung
Ver|merk, der; -[e]s, -e; ver|mer|ken; am Rande vermerken
¹ver|mes|sen; Land vermessen; er hat sich vermessen, alles zu verraten (*geh.*)
²ver|mes|sen; ein vermessenes (tollkühnes) Unternehmen; Ver|mes|sen|heit (Kühnheit)
Ver|mes|sung; Ver|mes|sungs|in|ge|ni|eur (*Abk.* Verm.-Ing.); Ver|mes|sungs|in|ge|ni|eu|rin (*Abk.* Verm.-Ing.)
Ver|mes|sungs|schiff; Ver|mes|sungs|ur|kun|de
Ver|mi|cel|les [vɛrmi'sɛl] *Plur.* ⟨franz.⟩ (*schweiz. für* Süßspeise aus Kastanienpüree)
Ver|mi|cel|li [vɛrmi'tʃɛli] *Plur.* ⟨ital.⟩ (Fadennudeln)
ver|mi|ckert, ver|mie|kert (*ugs. für* klein, schwächlich)
ver|mie|sen (*ugs. für* verleiden); du vermiest; er vermies|te
ver|mie|ten; Ver|mie|ter; Ver|mie|te|rin; Ver|mie|tung
Ver|mil|lon [...miˈjõː], das; -s ⟨franz.⟩ (feinster Zinnober)
ver|min|dern; Ver|min|de|rung
ver|mi|nen
Verm.-Ing. = Vermessungsingenieur[in]
Ver|mi|nung
ver|mi|schen; Ver|mi|schung
ver|mis|sen; als vermisst gemeldet; die vermissten (fehlenden) Dokumente; jegliches Taktgefühl **vermissen lassen** *od.* vermissenlassen; Ver|miss|te, der *u.* die; -n, -n; Ver|miss|ten|an|zei|ge
Ver|mis|sung (*bes. Amtsspr.*)
ver|mit|tel|bar; ver|mit|teln; ich vermittel[e]; ver|mit|tels[t]; *Präp. mit Gen.:* vermittels[t] des Eimers; Ver|mitt|ler; Ver|mitt|le|rin; Ver|mitt|ler|rol|le
Ver|mitt|lung; Ver|mitt|lungs|aus|schuss; Ver|mitt|lungs|ge|büh|r; Ver|mitt|lungs|stel|le; Ver|mitt|lungs|ver|such
ver|mö|beln (*ugs. für* verprügeln); ich vermöb[e]le
ver|mo|dern; Ver|mo|de|rung, Ver|mod|rung
ver|mö|ge (*geh.*); *Präp. mit Gen.:* vermöge seines Geldes
ver|mö|gen; Ver|mö|gen, das; -s, -; ver|mö|gend; Ver|mö|gens|ab|ga|be; Ver|mö|gens|be|ra|ter; Ver|mö|gens|be|ra|te|rin

verplempern

Ver|mö|gens|be|steu|e|rung; Ver|mö|gens|bil|dung; Ver|mö|gens|er|klä|rung; Ver|mö|gens|la|ge
ver|mö|gens|los
Ver|mö|gens|recht; Ver|mö|gens|steu|er, Ver|mö|gen|steu|er, die
Ver|mö|gens|ver|si|che|rung; Ver|mö|gens|ver|tei|lung; Ver|mö|gens|ver|wal|ter; Ver|mö|gens|ver|wal|te|rin; Ver|mö|gens|ver|wal|tung
Ver|mö|gens|wert; ver|mö|gens|wirk|sam; vermögenswirksame Leistungen
Ver|mö|gens|zu|wachs; Ver|mö|gens|zu|wachs|steu|er *(Steuerw.)*
ver|mög|lich *(!landsch. u. schweiz. für* wohlhabend)
Ver|mont (Staat in den USA; *Abk.* VT)
ver|moo|ren; vermoorte Wiesen
ver|mor|schen; vermorscht
ver|mot|tet
ver|mü|ckert, *auch* ver|mü|kert *(landsch. für* klein, schwächlich)
ver|mül|len; Ver|mül|lung
ver|mum|men (fest einhüllen); sich vermummen (durch Verkleidung u. Ä. unkenntlich machen); Ver|mum|mung; Ver|mum|mungs|ver|bot
¹ver|mu|ren *(zu* Mure) *(Geol.* durch Schutt verwüsten)
²ver|mu|ren *(engl.) (Seew.* vor zwei Anker legen); *vgl.* muren
ver|murk|sen *(ugs. für* verderben)
ver|mu|ten; ver|mut|lich
Ver|mu|tung; ver|mu|tungs|wei|se
ver|nach|läs|sig|bar; ver|nach|läs|si|gen; Ver|nach|läs|si|gung
ver|na|dern *(österr. ugs. für* verraten, verleumden)
ver|na|geln; ver|na|gelt *(ugs. auch für* äußerst begriffsstutzig); Ver|na|ge|lung, Ver|nag|lung
ver|nä|hen
ver|nar|ben; Ver|nar|bung
ver|nar|ren; in jmdn., in etwas vernarrt sein; Ver|narrt|heit
ver|na|schen; ein Mädchen, einen Mann vernaschen *(ugs. für* mit ihm schlafen); ver|nascht *(svw.* naschhaft)
ver|ne|beln; ich verneb[e]le; Ver|ne|be|lung, Ver|neb|lung
ver|nehm|bar; ver|neh|men; er hat das Geräusch vernommen; der Angeklagte wurde vernommen; Ver|neh|men, das; -s; dem Vernehmen nach
Ver|nehm|las|sung *(schweiz. für* [Verfahren der] Stellungnahme zu einer öffentlichen Frage); Ver|nehm|las|sungs|ver|fah|ren *(schweiz. für* Einholung von Stellungnahmen zu einem Gesetzgebungs- od. Verordnungsprojekt)
ver|nehm|lich
Ver|neh|mung ([gerichtl.] Befragung); ver|neh|mungs|fä|hig; ver|neh|mungs|un|fä|hig
ver|nei|gen, sich; Ver|nei|gung
ver|nei|nen; Ver|nei|ner; Ver|nei|ne|rin; Ver|nei|nung; Ver|nei|nungs|fall; Ver|nei|nungs|wort *Plur.* ...wörter
ver|net|zen; Ver|net|zung
ver|nich|ten; eine vernichtende Kritik; Ver|nich|ter; Ver|nich|te|rin; Ver|nich|tung; Ver|nich|tungs|feld|zug; Ver|nich|tungs|krieg
Ver|nich|tungs|la|ger; Ver|nich|tungs|waf|fe; Ver|nich|tungs|werk; Ver|nich|tungs|wut
ver|ni|ckeln; ich vernick[e]le; Ver|ni|cke|lung, Ver|nick|lung
ver|nie|ten (mit Nieten verschließen); Ver|nie|tung
Ver|nis|sa|ge […ʒə], die; -, -n *(franz.)* (Ausstellungseröffnung [in kleinerem Rahmen])
Ver|nunft, die; -; ver|nunft|be|gabt; Ver|nunft|ehe
Ver|nünf|te|lei *(abwertend)*; ver|nünf|teln; ich vernünft[e]le
ver|nunft|ge|mäß; Ver|nunft|glau|be[n]; Ver|nunft|hei|rat
ver|nünf|tig; ver|nünf|ti|ger|wei|se
Ver|nünft|ler *(veraltend)*; Ver|nunft|mensch, der; Ver|nunft|we|sen; ver|nunft|wid|rig; Ver|nunft|wid|rig|keit
ver|nu|ten (durch Nut verbinden); Ver|nu|tung
ver|öden; Ver|ödung
ver|öf|fent|li|chen; Ver|öf|fent|li|chung
ver|ölen (ölig werden)
Ve|ro|na (ital. Stadt)
¹Ve|ro|ne|se, der; -n, -n, Ve|ro|ne|ser (Einwohner von Verona)
²Ve|ro|ne|se (ital. Maler)
Ve|ro|ne|ser *vgl.* ¹Veronese; Ve|ro|ne|ser Er|de, die; - - (Farbe); Ve|ro|ne|ser Gelb, das; - -[s]; Ve|ro|ne|sin; ve|ro|ne|sisch
¹Ve|ro|ni|ka (w. Vorn.)
²Ve|ro|ni|ka, die; -, ...ken (nach der hl. Veronika) (Ehrenpreis [eine Pflanze])
ver|ord|nen; Ver|ord|nung; Ver|ord|nungs|blatt

ver|or|ten (einen festen Platz in einem Bezugssystem zuweisen); Ver|or|tung
ver|paa|ren, sich *(Zool.)*; ver|paart
ver|pach|ten; Ver|päch|ter; Ver|päch|te|rin; Ver|pach|tung
ver|pa|cken; Ver|pa|ckung; Ver|pa|ckungs|ma|te|ri|al; Ver|pa|ckungs|ord|nung
ver|päp|peln *(ugs. für* verzärteln); du verpäppelst dich
ver|par|ken *(österr. für* zuparken)
ver|part|nern; sich verpartnern; Ver|part|ne|rung ([von gleichgeschlechtl. Personen] das Eingehen einer eheähnl. Verbindung)
¹ver|pas|sen (versäumen); sie hat den Zug verpasst
²ver|pas|sen *(ugs. für* geben; schlagen); die Uniform wurde ihm verpasst; jmdm. eins verpassen
ver|pat|zen *(ugs. für* verderben)
ver|pei|len *(salopp für* durcheinanderbringen, vergessen); er ist total verpeilt (geistig orientierungslos, durcheinander)
ver|pen|nen *(ugs. für* verschlafen)
ver|pes|ten; Ver|pes|tung
ver|pet|zen *(ugs. für* verraten)
ver|pfän|den; Ver|pfän|dung
ver|pfei|fen *(ugs. für* verraten); er hat ihn verpfiffen
ver|pflan|zen; Ver|pflan|zung
ver|pfle|gen; Ver|pfle|gung; Ver|pfle|gungs|geld; Ver|pfle|gungs|satz
ver|pflich|ten, sich verpflichten; sie ist mir verpflichtet; Ver|pflich|tung; Ver|pflich|tungs|ge|schäft *(Rechtswiss.)*
ver|prün|den *(südd. u. schweiz. für* durch lebenslänglichen Unterhalt versorgen); Ver|pfrün|dung *(südd., schweiz.)*
ver|pfu|schen *(ugs. für* verderben); ein völlig verpfuschtes Leben
ver|pi|chen (mit Pech ausstreichen)
ver|pi|cken *(österr. für* verkleben)
ver|pie|seln, sich *(landsch. für* sich entfernen, davonlaufen)
ver|pis|sen; sich verpissen *(derb für* sich [heimlich] entfernen; ich habe mich verpisst
ver|pla|nen; Ver|pla|nung
ver|plap|pern, sich *(ugs. für* etwas ausplaudern)
ver|plat|ten (mit Platten versehen)
ver|plät|ten *(ugs. für* verprügeln)
Ver|plat|tung
ver|plau|dern ([Zeit] mit Plaudern verbringen); sich verplaudern
ver|plem|pern *(ugs. für* vergeuden)

verp

verplomben

ver|plom|ben; Ver|plom|bung
ver|po|li|ti|sie|ren (österr., schweiz. abwertend übermäßig politisieren); Ver|po|li|ti|sie|rung
ver|pö|nen ⟨dt.; lat.⟩ (veraltend für missbilligen; [bei Strafe] verbieten); ver|pönt (unerwünscht)
ver|pop|pen; ein verpoppter (mit den Mitteln der Popkunst veränderter) Klassiker
ver|pras|sen; er hat das Geld verprasst
ver|prel|len (verwirren, verärgern; Jägerspr. [Wild] verscheuchen)
ver|pro|vi|an|tie|ren (mit Proviant versorgen); Ver|pro|vi|an|tie|rung
ver|prü|geln
ver|puf|fen ([schwach] explodieren; auch für ohne Wirkung bleiben); Ver|puf|fung
ver|pul|vern (ugs. für unnütz verbrauchen)
ver|pum|pen (ugs. für verleihen)
ver|pup|pen, sich; Ver|pup|pung (Umwandlung der Insektenlarve in die Puppe)
ver|pus|ten; sich verpusten (ugs. für Luft schöpfen)
Ver|putz (Mauerbewurf)
ver|put|zen (ugs. auch für [Geld] vergeuden; [schnell] aufessen); Ver|put|zer (Bauw.); Ver|put|ze|rin
ver|qual|men (ugs. für mit Rauch, Qualm erfüllen)
ver|quält; verquälte (von Sorgen gezeichnete) Züge
ver|qua|sen (nordd. für vergeuden); du verquast; ver|quast (landsch. für verworren)
ver|quat|schen; sich verquatschen; die Zeit verquatschen
ver|quel|len; das Fenster verquillt; vgl. ¹quellen
ver|quer; eine verquere Welt; ver|quer|ge|hen (ugs. für misslingen)
ver|qui|cken (vermischen); Ver|qui|ckung
ver|quir|len (mit einem Quirl o. Ä. verrühren)
ver|quol|len; verquollene Augen
ver|raf|fen (Jugendspr. vergessen, verpassen)
ver|ram|meln, ver|ram|men; Ver|ram|me|lung, ver|ram|mung
ver|ram|schen (ugs. für zu Schleuderpreisen verkaufen)
ver|rannt vgl. verrennen
Ver|rat, der; -[e]s; ver|ra|ten; Ver|rä|ter; Ver|rä|te|rei; Ver|rä|te|rin; ver|rä|te|risch

ver|ratzt; nur in verratzt sein (ugs. für verloren sein)
ver|rau|chen; ein verrauchter Saal; sein Zorn war verraucht (hatte sich gelegt); ver|räu|chern; eine verräucherte Kneipe
ver|rau|schen; der Beifall verrauschte
ver|re|chen|bar
ver|rech|nen (österr. auch für in Rechnung stellen); sich verrechnen (auch für sich täuschen); Ver|rech|nung; Ver|rech|nungs|ein|heit (Wirtsch.); Ver|rech|nungs|kon|to; Ver|rech|nungs|scheck
ver|re|cken (derb für verenden; elend umkommen)
ver|reg|nen; verregnet
ver|rei|ben; Ver|rei|bung
ver|rei|sen; sie ist verreist
ver|rei|ßen (landsch. auch für zerreißen); er hat das Theaterstück verrissen (vernichtend kritisiert)
ver|rei|ten, sich (einen falschen Weg reiten)
ver|ren|ken; sich verrenken; ich habe mir den Fuß verrenkt; Ver|ren|kung
ver|ren|nen; sich in etwas verrennen, verrannt haben (hartnäckig an etwas festhalten)
ver|ren|ten (Amtsspr.); Ver|ren|tung
ver|rich|ten; Ver|rich|tung
ver|rie|geln; ich verrieg[e]le; Ver|rie|ge|lung, Ver|rieg|lung
ver|rin|gern; ich verringere; Ver|rin|ge|rung
ver|rin|nen
Ver|riss, der; -es, -e (vernichtende Kritik); vgl. verreißen
ver|ro|hen
ver|roh|ren (fachspr. für Rohre verlegen); Ver|roh|rung
Ver|ro|hung
ver|rol|len; der Donner verrollt in der Ferne
ver|ros|ten
ver|rot|ten (verfaulen, modern; zerfallen); Ver|rot|tung
ver|rucht; Ver|rucht|heit, die; -
ver|rü|cken
ver|rückt; verrückt werden; sich verrückt stellen; sich nicht verrückt machen lassen (ugs.)
Ver|rück|te, der u. die; -n, -n; Ver|rückt|heit
ver|rückt|spie|len (ugs.); das Thermometer spielt verrückt (zeigt kaum glaubliche Temperaturen an); Ver|rückt|wer|den, das; -s;

das ist zum Verrücktwerden (ugs.)
Ver|ruf, der (schlechter Ruf); in Verruf bringen, geraten, kommen; ver|ru|fen (übel beleumdet); die Gegend ist verrufen
ver|rüh|ren; zwei Eier verrühren
ver|run|zelt (runzelig)
ver|ru|ßen; der Schornstein ist verrußt; Ver|ru|ßung
ver|rut|schen
Vers [österr. auch v...], der; -es, -e ⟨lat.⟩ (Zeile, Strophe eines Gedichtes; Abk. V.); ich kann mir keinen Vers darauf od. daraus machen (ugs.)
ver|sach|li|chen; Ver|sach|li|chung
ver|sa|cken (wegsinken; ugs. für liederlich leben)
ver|saf|ten (zu Saft verarbeiten)
ver|sa|gen; er hat ihr keinen Wunsch versagt; ich versagte mir diesen Genuss; ↑D 82: das Unglück ist auf menschliches Versagen zurückzuführen; Ver|sa|gens|angst; Ver|sa|ger; Ver|sa|ge|rin; Ver|sa|gung
Ver|sail|ler [...'zaɪ...] ↑D 141; Versailler Vertrag; Ver|sailles [...'zaɪ] (franz. Stadt)
Ver|sal, der; -s, -ien meist Plur. ⟨lat.⟩ (großer [Anfangs]buchstabe); Ver|sal|buch|sta|be
ver|sal|zen (fachspr. für von Salzen durchsetzt werden; sich mit Salzen bedecken; ugs. auch für verderben, die Freude an etwas nehmen); versalzt u. (übertr. nur:) versalzen; die Suppe versalzen; der Fluss versalzt immer mehr; wir haben ihm die Freude versalzen
ver|sam|meln; Ver|samm|lung; Ver|samm|lungs|frei|heit, die; -; Ver|samm|lungs|lei|ter; Ver|samm|lungs|lei|te|rin; Ver|samm|lungs|lo|kal; Ver|samm|lungs|ort; Ver|samm|lungs|recht
Ver|sand, der; -[e]s (Versendung); Ver|sand|ab|tei|lung; ver|sand|be|reit; Ver|sand|buch|han|del
ver|san|den (sich mit Sand füllen; vom Sand zugedeckt werden; nachlassen, aufhören)
ver|sand|fer|tig
Ver|sand|ge|schäft; Ver|sand|gut; Ver|sand|han|del; Ver|sand|haus; Ver|sand|haus|ka|ta|log; Ver|sand|kos|ten Plur.
ver|sandt, ver|sen|det vgl. senden
Ver|san|dung
Ver|sand|zen|t|rum
Vers|an|fang; Vers|art

Verschluss-Schraube

ver|sa|til ⟨lat.⟩ (beweglich, vielseitig)
Ver|satz, der; -es (das Versetzen, Verpfänden; *Bergmannsspr.* Auffüllung von Hohlräumen unter Tage, Gestein zur Auffüllung)
Ver|satz|amt (*bayr. u. österr. für* Leihhaus); Ver|satz|stück (bewegliche Bühnendekoration; *österr. auch für* Pfandstück)
ver|sau|beu|teln (*ugs. für* beschmutzen; verlegen, verlieren); ich versaubeut[e]le
ver|sau|en (*derb*)
ver|sau|ern (sauer werden; *ugs. auch für* geistig verkümmern); ich versau[e]re
ver|sau|fen (*derb*)
ver|säu|men; Ver|säum|nis, das; -ses, -se, *veraltet* die; -, -se; Ver|säum|nis|ur|teil (*Rechtsspr.*); Ver|säu|mung
Vers|bau, der; -[e]s
ver|scha|chern (*abwertend für* verkaufen); ich verschachere
ver|schacht|elt
ver|schaf|fen; du hast dir Genugtuung verschafft
ver|schal|len (mit Brettern verkleiden)
ver|schal|ten; sich verschalten
Ver|schal|lung
ver|schämt; verschämt tun; Ver|schämt|heit; Ver|schämt|tun, das; -s
ver|schan|deln (*ugs. für* verunzieren); ich verschand[e]le; Ver|schan|de|lung, Ver|schand|lung
ver|schan|zen; das Lager wurde verschanzt; sich hinter Ausreden verschanzen; Ver|schan|zung
ver|schär|fen; Ver|schär|fung
ver|schar|ren
ver|schat|ten
ver|schät|zen, sich
ver|schau|en, sich (*österr. für* sich beim Hinsehen irren; *österr. ugs. für* sich verlieben)
ver|schau|keln (*ugs. für* betrügen); ich verschauk[e]le
ver|schei|den (*geh. für* sterben); er ist verschieden
ver|schei|ßen (*derb für* mit Kot beschmutzen)
ver|schei|ßern (*derb für* zum Narren halten); ich verscheißere
ver|sche|nken
ver|scher|beln (*ugs. für* [billig] verkaufen)
ver|scher|zen; du hast dir ihre Sympathie verscherzt

ver|scheu|chen
ver|scheu|ern (*ugs. für* verkaufen)
ver|schi|cken; Ver|schi|ckung
ver|schieb|bar; Ver|schie|be|bahn|hof (Rangierbahnhof); ver|schie|ben; Ver|schie|bung
¹ver|schie|den (*geh. für* gestorben)

²ver|schie|den

– verschieden lang
– verschiedene Mal *od.* verschiedene Male

Großschreibung der Substantivierung ↑D72:
– etwas Verschiedenes; Ähnliches und Verschiedenes
– wir kommen zum Tagesordnungspunkt Verschiedenes
– Verschiedenes war mir unklar
– wenn Verschiedene behaupten, dass …
– die Bedenken Verschiedener ausräumen

ver|schie|den|ar|tig; Ver|schie|den|ar|tig|keit
ver|schie|de|ne Mal vgl. ²verschieden
ver|schie|de|ner|lei
ver|schie|den|far|big; ver|schie|den|ge|schlecht|lich; ver|schie|den|ge|stal|tig
Ver|schie|den|heit; ver|schie|dent|lich
ver|schie|ßen (*auch für* ausbleichen); *vgl.* verschossen
ver|schif|fen; Ver|schif|fung; Ver|schiff|fungs|ha|fen *vgl.* ²Hafen
ver|schil|fen ([mit Schilf] zuwachsen)
ver|schim|meln
Ver|schiss (*derb für* schlechter Ruf); *nur noch in* in Verschiss geraten, kommen
ver|schis|sen; es bei jmdm. verschissen haben (*derb für* bei jmdm. in Ungnade gefallen sein)
ver|schla|cken; der Ofen ist verschlackt; Ver|schla|ckung
¹ver|schla|fen; ich habe [mich] verschlafen
²ver|schla|fen; er sieht verschlafen aus; Ver|schla|fen|heit, die; -
Ver|schlag, der; -[e]s, Ver|schlä|ge
¹ver|schla|gen; es verschlägt mir die Sprache; es verschlägt (*landsch. für*) nützt) nichts
²ver|schla|gen ([hinter]listig); Ver|schla|gen|heit

ver|schlag|wor|ten (einem Schlagwort zuordnen)
ver|schläm|men; der Fluss ist verschlammt; Ver|schläm|men (mit Schlamm füllen); die Abfälle haben das Rohr verschlämmt
ver|schlam|pen; Ver|schlam|pung
ver|schlam|pen (*ugs.*)
ver|schlan|ken (verkleinern, reduzieren); die Produktion verschlanken; Ver|schlan|kung
ver|schlech|tern; ich verschlechtere; Ver|schlech|te|rung
ver|schlei|ern; ich verschleiere; Ver|schlei|e|rung; Ver|schlei|e|rungs|tak|tik; Ver|schlei|e|rungs|ver|such
ver|schlei|fen; Ver|schlei|fung
ver|schlei|men; Ver|schlei|mung
Ver|schleiß, der; -es, -e (Abnutzung; *österr. Amtsspr. auch für* Kleinverkauf, Vertrieb)
ver|schlei|ßen; etwas verschleißen (etwas [stark] abnutzen); Waren verschleißen (*österr. Amtsspr. für* verkaufen, vertreiben); du verschlisst, *österr. auch* verschleißtest; verschlissen, *österr. auch* verschleißt; Ver|schlei|ßer (*österr. veraltend für* Kleinhändler); Ver|schlei|ße|rin
Ver|schleiß|er|schei|nung; Ver|schleiß|fes|tig|keit; Ver|schleiß|prü|fung; Ver|schleiß|teil, das
ver|schlem|men (verprassen)
ver|schlep|pen; einen Prozess verschleppen; eine verschleppte Grippe; Ver|schlep|pung; Ver|schlep|pungs|ma|nö|ver; Ver|schlep|pungs|tak|tik
ver|schleu|dern; Ver|schleu|de|rung
ver|schließ|bar; ver|schlie|ßen *vgl.* verschlossen; Ver|schlie|ßung
ver|schlimm|bes|sern; Ver|schlimm|bes|se|rung
ver|schlim|mern; ich verschlimmere; Ver|schlim|me|rung
ver|schlin|gen; Ver|schlin|gung
ver|schlos|sen; Ver|schlos|sen|heit, die; -
ver|schlu|cken; sich verschlucken
ver|schlu|dern (*ugs. für* verlieren, verlegen; verkommen lassen); ich verschludere
Ver|schluss; Ver|schluss|de|ckel
Ver|schlüs|seln; Ver|schlüs|se|lung
Ver|schluss|kap|pe; Ver|schluss|laut (*für* Explosiv)
Ver|schluss|sa|che, Ver|schluss-Sa|che
Ver|schluss|schrau|be, Ver|schluss-Schrau|be

Verschlussstreifen

Ver|schluss|strei|fen, Ver-schluss-Strei|fen
Ver|schluss|zeit (Belichtungszeit)
ver|schmach|ten (geh.)
ver|schmä|hen; Ver|schmä|hung
ver|schmä|lern; sich verschmälern; ich verschmälere
ver|schmau|sen
¹ver|schmel|zen vgl. ¹schmelzen
²ver|schmel|zen (zusammenfließen lassen; ineinander übergehen lassen); vgl. ²schmelzen
Ver|schmel|zung
ver|schmer|zen
ver|schmie|ren; Ver|schmie|rung
ver|schmitzt (schlau, verschlagen); Ver|schmitzt|heit
ver|schmockt (ugs. für effektvoll, ohne wirklichen Gehalt); Ver|schmockt|heit
ver|schmo|ren; verschmorte Kabel
ver|schmust (ugs.)
ver|schmut|zen; verschmutzt; Ver|schmut|zung
ver|schnap|pen, sich (landsch. für sich verplappern)
ver|schnarcht (ugs. für langweilig, verschlafen)
ver|schnau|fen; sich verschnaufen; Ver|schnauf|pau|se
ver|schnei|den (auch für kastrieren); verschnitten; Ver|schnei|dung
ver|schneit; verschneite Wälder
ver|schnip|peln (landsch. für verschneiden)
Ver|schnitt, der; -[e]s, -e (auch für Mischung alkoholischer Flüssigkeiten); Ver|schnit|te|ne, der; -n, -n (für Kastrat)
ver|schnör|keln; verschnörkelte Ornamente; Ver|schnör|ke|lung, Ver|schnörk|lung
ver|schnup|fen (ugs. für verärgern); mit dieser Bemerkung verschnupfte sie ihn; verschnupft (einen Schnupfen habend; ugs. auch für verärgert, gekränkt); Ver|schnupft|heit
ver|schnü|ren; Ver|schnü|rung
ver|schol|len
ver|schö|nen; jmdn. verschonen
ver|schö|nern; sie hat [mir] das Fest verschönt; ver|schö|nern; ich verschönere; Ver|schö|ne|rung
Ver|schö|nung
ver|schor|fen; die Wunde verschorft; Ver|schor|fung
ver|schos|sen; ein verschossenes (ausgebleichtes) Kleid; in jmdn. verschossen (ugs. für heftig verliebt) sein

ver|schram|men; verschrammt
ver|schrän|ken; mit verschränkten Armen; Ver|schrän|kung
ver|schrau|ben; Ver|schrau|bung
ver|schre|cken (ängstigen, verstört machen); vgl. schrecken
ver|schrei|ben; Ver|schrei|bung; ver|schrei|bungs|pflich|tig
ver|schrei|en (veraltend für verleumden, beschimpfen); vgl. verschrien
Ver|schrieb, der; -s, -e (schweiz. für Schreibfehler, falsche Schreibung)
ver|schrien; er ist als Geizhals verschrien
Ver|schrif|tung (das Verschriftlichen)
ver|schro|ben (seltsam; wunderlich); Ver|schro|ben|heit
ver|schro|ten (zu Schrot machen)
ver|schrot|ten (zu Schrott machen, als Altmetall verwerten); Ver|schrot|tung
ver|schrum|peln (ugs.); Ver|schrum|pe|lung, Ver|schrump|lung
Ver|schub (bes. österr. Eisenbahn das Verschieben, Rangieren); Ver|schub|gleis; Ver|schub|lok
ver|schüch|tern; verschüchterte; das Kind war völlig verschüchtert; Ver|schüch|te|rung
ver|schul|den; Ver|schul|den, das; -s; ohne [sein] Verschulden
ver|schul|det; ver|schul|de|ter|ma|ßen; Ver|schul|dung
ver|schu|len (dem Schulunterricht annähern; Landwirtsch. Sämlinge ins Pflanzbeet umpflanzen); das Studium verschulen; Ver|schu|lung
ver|schup|fen (landsch. für fortstoßen, stiefmütterlich behandeln)
ver|schus|seln (ugs. für verlieren, verlegen, vergessen)
ver|schus|tern (österr. für verlegen, verlieren, verschwenden)
ver|schüt|ten; Ver|schüt|te|te, der u. die; -n, -n
ver|schütt|ge|hen (Gaunerspr.) (ugs. für verloren gehen)
Ver|schüt|tung
ver|schwä|gert; Ver|schwä|ge|rung
ver|schwei|gen; Ver|schwei|gung
ver|schwei|ßen; Ver|schwei|ßung
ver|schwe|len (schwelend verbrennen); Ver|schwe|lung
ver|schwen|den; Ver|schwen|der; ver|schwen|de|risch; Ver|schwen|dung
Ver|schwen|dungs|sucht, die; -; ver|schwen|dungs|süch|tig

ver|schwie|gen; Ver|schwie|gen|heit; Ver|schwie|gen|heits|pflicht
ver|schwim|men; es verschwimmt [mir] vor den Augen
ver|schwin|den; du verschwandst; du verschwändest; verschwunden; verschwind[e]!; Ver|schwin|den, das; -s; niemand bemerkte sein Verschwinden
ver|schwis|tert; Ver|schwis|te|rung
ver|schwit|zen (ugs. auch für vergessen); verschwitzt
ver|schwol|len; verschwollene Augen
ver|schwom|men; verschwommene Vorstellungen; Ver|schwom|men|heit, die; -
ver|schwö|ren, sich; eine verschworene Gemeinschaft
Ver|schwö|rer; Ver|schwö|re|rin, der u. die; Ver|schwö|rer; Ver|schwö|re|rin; ver|schwö|re|risch; Ver|schwor|ne, der u. die; vgl. Verschworene; Ver|schwö|rung; Ver|schwö|rungs|theo|rie
ver|schwun|den vgl. verschwinden
Vers|dra|ma (in Versen abgefasstes Drama)
ver|se|hen; er hat seinen Posten treu versehen; ich habe mich mit Nahrungsmitteln versehen; ich habe mich versehen (geirrt); ehe man sichs versieht (veraltend für schneller, als man erwartet); Ver|se|hen, das; -s, - (Irrtum); aus Versehen; ver|se|hent|lich (aus Versehen)
Ver|seh|gang, der; -[e]s, ...gänge (Gang des kath. Priesters zur Spendung der Sakramente an Kranke, bes. an Sterbende)
ver|seh|ren (veraltet für verletzen, beschädigen); versehrt; Ver|sehr|te, der u. die; -n, -n; Ver|sehr|ten|sport, der; -[e]s; Ver|sehrt|heit
ver|sei|fen; Ver|sei|fung (fachspr. für Spaltung der Fette in Glyzerin u. Seifen durch Kochen in Alkalien)
ver|selbst|stän|di|gen, ver|selb-stän|di|gen, sich; Ver|selbst-stän|di|gung, Ver|selb|stän|di|gung
Ver|se|ma|cher (abwertend)
ver|sem|meln (ugs. für zu einem Misserfolg machen); ich semm[e]le
ver|sen|den; versandt u. versendet; vgl. senden; Ver|sen|der; Ver|sen|de|rin; Ver|sen|dung
ver|sen|gen; die Hitze hat den Rasen versengt; Ver|sen|gung

Verspillerung

ver|senk|bar; eine versenkbare Nähmaschine; **Ver|senk|büh|ne**
ver|sen|ken (zum Sinken bringen); sich in ein Buch versenken (vertiefen); **Ver|sen|kung**
Vers|epos (vgl. Versdrama)
Ver|se|schmied (abwertend)
ver|ses|sen (eifrig bedacht, erpicht); auf etwas versessen sein; **Ver|ses|sen|heit,** die; -
ver|set|zen; der Schüler wurde versetzt; sich in jmds. Lage versetzen; sie hat ihn versetzt (ugs. für vergeblich warten lassen); er hat seine Uhr versetzt (verkauft, ins Leihhaus gebracht); **Ver|set|zung**
Ver|set|zungs|zei|chen (Musik Zeichen zur Erhöhung od. Erniedrigung einer Note)
ver|seu|chen; Ver|seu|chung
Vers|form; Vers|fuß
Ver|si|che|rer; ver|si|che|rin
ver|si|chern; die Versicherung versichert dich gegen Unfall; ich versichere mich meines Vertrauens (geh.), auch ich versichere dir mein Vertrauen; ich versichere dir, dass ...
Ver|si|cher|te, der u. die; -n, -n; **Ver|si|cher|ten|kar|te** (von den Krankenkassen)
Ver|si|che|rung; Ver|si|che|rungs|agent; Ver|si|che|rungs|agen|tin
Ver|si|che|rungs|an|spruch; Ver|si|che|rungs|bei|trag; Ver|si|che|rungs|be|trug; Ver|si|che|rungs|fall, der
Ver|si|che|rungs|ge|ber; Ver|si|che|rungs|ge|be|rin; Ver|si|che|rungs|ge|sell|schaft; Ver|si|che|rungs|kar|te (von den Kfz-Versicherungen)
Ver|si|che|rungs|kauf|frau; Ver|si|che|rungs|kauf|mann
Ver|si|che|rungs|kon|zern
Ver|si|che|rungs|leis|tung
Ver|si|che|rungs|mak|ler; Ver|si|che|rungs|mak|le|rin; Ver|si|che|rungs|neh|mer; Ver|si|che|rungs|neh|me|rin
Ver|si|che|rungs|pflicht, die; -; **Ver|si|che|rungs|pflicht|gren|ze; ver|si|che|rungs|pflich|tig**
Ver|si|che|rungs|po|li|ce; Ver|si|che|rungs|prä|mie; Ver|si|che|rungs|recht; Ver|si|che|rungs|schein; Ver|si|che|rungs|schutz, der; -es **Ver|si|che|rungs|steu|er, Ver|si|che|rungs|steu|er,** die
Ver|si|che|rungs|sum|me
Ver|si|che|rungs|steu|er vgl. Versicherungssteuer

Ver|si|che|rungs|trä|ger; Ver|si|che|rungs|trä|ge|rin; Ver|si|che|rungs|un|ter|neh|men; Ver|si|che|rungs|ver|trag
Ver|si|che|rungs|ver|tre|ter; Ver|si|che|rungs|ver|tre|te|rin
Ver|si|che|rungs|wert; Ver|si|che|rungs|we|sen, das; -s; **Ver|si|che|rungs|wirt|schaft; Ver|si|che|rungs|zeit** meist Plur.
ver|si|ckern; Ver|si|cke|rung
ver|sie|ben (ugs. für verderben; verlieren; vergessen); er hat [ihm] alles versiebt
ver|sie|geln; ich versieg[e]le; **Ver|sie|ge|lung, Ver|sieg|lung**
ver|sie|gen (austrocknen)
Ver|sieg|lung vgl. Versiegelung
Ver|sie|gung, die; -
ver|siert ‹lat.›; in etwas versiert (erfahren, bewandert) sein; **Ver|siert|heit,** die; -
Ver|si|fex, der; -es, -e ‹lat.› (Verseschmied)
ver|sifft (ugs. für verschmutzt)
Ver|si|fi|ka|ti|on, die; -, -en ‹lat.›; **ver|si|fi|zie|ren** (in Verse bringen)
Ver|sil|be|rer; ver|sil|bern (ugs. auch für verkaufen); ich versilb[e]re; **Ver|sil|be|rung**
ver|sim|peln (ugs. für zu sehr vereinfachen; dumm werden); ich versimp[e]le
ver|sin|ken; versunken
Ver|sinn|bild|li|chen; Ver|sinn|bild|li|chung
ver|sinn|li|chen; Ver|sinn|li|chung
Ver|si|on, die; -, -en ‹franz.› (Fassung; Lesart; Ausführung); **ver|si|o|nie|ren** (EDV eine Datei speichern, ohne ältere Versionen zu überschreiben); **Ver|si|o|nie|rung**
ver|sippt (verwandt); **Ver|sip|pung**
ver|sit|zen (ugs. für [die Zeit] mit Herumsitzen verbringen; beim Sitzen zerknittern [von Kleidern]); vgl. versessen
ver|skla|ven; Ver|skla|vung
Vers|kunst; Vers|leh|re
ver|slu|men [...'sla...] ‹dt.; engl.› (zum Slum werden); verslumte Stadtteile; **Ver|slu|mung**
Vers|maß, das
ver|snobt ‹dt.; engl.› (in der Art eines Snobs, um gesellschaftliche Exklusivität bemüht)
Ver|so, das; -s, -s ‹lat.› (fachspr. für [Blatt]rückseite)
ver|sof|fen (derb für trunksüchtig)
ver|soh|len (ugs. für verprügeln)

ver|söh|nen; sich versöhnen; **Ver|söh|ner; Ver|söh|ne|rin**
Ver|söhn|ler (veraltend für jmd., der aus opportunist. Gründen Abweichungen von der Parteilinie o. Ä. nicht entschieden genug bekämpft); **Ver|söhn|le|rin**
ver|söhn|lich; Ver|söhn|lich|keit
Ver|söh|nung; Ver|söh|nungs|fest (jüd. Rel.); **Ver|söh|nungs|tag**
ver|son|nen (sinnend, träumerisch); **Ver|son|nen|heit**
ver|sor|gen; Ver|sor|ger; Ver|sor|ge|rin; Ver|sor|gung, die; -
Ver|sor|gungs|amt; Ver|sor|gungs|an|spruch; Ver|sor|gungs|aus|gleich; ver|sor|gungs|be|rech|tigt; Ver|sor|gungs|be|rech|tig|te, der u. die; -n, -n
Ver|sor|gungs|ein|heit (Militär)
Ver|sor|gungs|eng|pass
Ver|sor|gungs|ge|nuss (österr. Amtsspr. für Pension für Hinterbliebene); **Ver|sor|gungs|la|ge**
Ver|sor|gungs|lei|tung; Ver|sor|gungs|lü|cke; Ver|sor|gungs|netz; Ver|sor|gungs|punkt; Ver|sor|gungs|quo|te ([bei Kinderbetreuung o. Ä.] Verhältnis zw. Zahl der Angebote u. möglichem Bedarf); **Ver|sor|gungs|schwie|rig|kei|ten** Plur.; **Ver|sor|gungs|si|cher|heit; Ver|sor|gungs|un|ter|neh|men**
Ver|sor|gungs|werk
ver|sot|ten (durch sich ablagernde Rauchrückstände verunreinigt werden [von Schornsteinen]); **Ver|sot|tung**
ver|spach|teln (ugs. auch für aufessen)
ver|spakt (nordd. für angefault)
ver|span|nen; Ver|span|nung
Ver|spar|ge|lung (abwertend für Veränderung des Landschaftsbildes durch Windkrafträder)
ver|spä|ten, sich; **ver|spä|tet; Ver|spä|tung**
ver|spei|sen (geh.); **Ver|spei|sung**
ver|spe|ku|lie|ren
ver|sper|ren; Ver|sper|rung
ver|spie|geln (mit Spiegeln od. einer spiegelnden Beschichtung versehen); **Ver|spie|ge|lung**
ver|spielt; ver|spielt; ein verspielter Junge; bei jmdm. verspielt haben; **Ver|spielt|heit**
ver|spie|ßern (zum Spießer werden); ich verspießere
ver|spil|lern (Bot. vergeilen); die Pflanze verspillert; **Ver|spil|le|rung**

V
Vers

verspinnen

ver|spin|nen; Wolle verspinnen; *vgl.* versponnen
ver|splei|ßen *(Seemannsspr.* spleißend verbinden); zwei Tauenden [miteinander] verspleißen
ver|spon|nen (wunderlich, seltsam)
ver|spot|ten; Ver|spot|tung
ver|spray|en *(schweiz. für* mit Graffiti besprühen)
ver|spre|chen; die versprochene Belohnung; **Ver|spre|chen,** das; -s, -; **Ver|spre|cher; Ver|sprechung**
ver|spren|gen; Ver|spreng|te, der; -n, -n *(Militär);* **Ver|spren|gung**
ver|sprin|gen ([von einem Ball] unkontrolliert wegspringen)
ver|sprit|zen
ver|spro|chen *vgl.* versprechen
ver|spro|che|ner|ma|ßen
ver|spru|deln *(österr. für* verquirlen)
ver|sprü|hen (zerstäuben)
ver|spun|den, ver|spün|den; ein Fass verspunden *od.* verspünden
ver|spü|ren
ver|staat|li|chen; Ver|staat|li|chung
ver|städ|tern *(auch* ...ʃtɛ...] (städtisch machen, werden); ich verstädtere; **Ver|städ|te|rung**
ver|stäh|len *(fachspr. für* mit einer Stahlschicht überziehen); **Ver|stäh|lung**
Ver|stand, der; -[e]s; **Ver|stan|deskraft; ver|stan|des|mä|ßig; Ver|stan|des|mensch,** der; **Ver|standes|schär|fe,** die; -
ver|stän|dig (besonnen)
ver|stän|di|gen, sich mit jmdm. verständigen
Ver|stän|dig|keit, die; - (Klugheit)
Ver|stän|di|gung; Ver|stän|digungs|be|reit|schaft, die; -; **Ver|stän|di|gungs|pro|b|lem; Ver|stän|di|gungs|schwie|rig|kei|ten** *Plur.;* **Ver|stän|di|gungs|ver|such**
ver|ständ|lich; ver|ständ|li|cher|wei|se; Ver|ständ|lich|keit
Ver|ständ|nis, das; -ses, -se *Plur.* selten; **ver|ständ|nis|in|nig**
ver|ständ|nis|los; ver|ständ|nis|lo|sig|keit, die; -; **ver|ständ|nis|voll**
ver|stän|kern *(ugs.);* ich verstänkere
ver|stär|ken; in verstärktem Maße; **Ver|stär|ker; Ver|stär|ker|röh|re**
Ver|stär|kung; Ver|stär|kungs|pfei|ler
ver|stä|ten *(schweiz. für* festmachen [bes. das Fadenende])

ver|stat|ten *(veraltet für* gestatten); **Ver|stat|tung**
ver|stau|ben
ver|stäu|ben; Insektizide verstäuben
ver|staubt *(auch für* altmodisch, überholt)
ver|stau|chen; ich habe mir den Fuß verstaucht; **Ver|stau|chung**
ver|stau|en ([auf relativ engem Raum] unterbringen)
Ver|steck, das; -[e]s, -e; Versteck spielen
ver|ste|cken; sie hatte die Ostereier gut versteckt; sich verstecken; *vgl.* ²stecken; **Ver|ste|cken,** das; -s; er will Verstecken spielen; **Ver|ste|cken|spie|len,** das; -s
Ver|ste|ckerl, das; -s, **Ver|ste|ckerl|spiel,** das; -[e]s *(ostösterr. neben* Versteckspiel); **Ver|steck|spiel**
Ver|steckt|heit, die; -
ver|ste|hen; verstanden; jmdm. etwas zu verstehen geben; **Ver|ste|hen,** das; -s
ver|stei|fen *(auch Bauw.* abstützen, unterstützen); sich auf etwas versteifen (auf etwas beharren); **Ver|stei|fung**
ver|stei|gen, sich; er hatte sich in den Bergen verstiegen; du verstiegst dich zu übertriebenen Forderungen *(geh.)*
Ver|stei|ge|rer; Ver|stei|ge|rin
ver|stei|gern; ich versteigere
Ver|stei|ge|rung
Ver|stei|ge|rungs|edikt *(österr. Amtsspr. für* Bekanntmachung einer Versteigerung)
ver|stei|nen *(veraltet für* mit Grenzsteinen versehen)
ver|stei|nern (zu Stein machen, werden); ich versteinere; wie versteinert; **Ver|stei|ne|rung**
ver|stell|bar; Ver|stell|bar|keit, die; -; **ver|stel|len; Ver|stel|lung; Ver|stel|lungs|kunst**
ver|step|pen (zu Steppe werden); das Land ist versteppt; **Ver|step|pung**
ver|ster|ben; *meist im Präteritum u. im Partizip II gebr.:* verstarb, verstorben *(vgl. d.)*
ver|ste|ti|gen *(bes. Wirtsch.* gleichmäßig u. beständig machen); **Ver|ste|ti|gung**
ver|steu|ern; Ver|steu|e|rung
ver|stie|ben *(veraltet für* in Staub zerfallen; wie Staub verfliegen); der Schnee ist verstoben
ver|stie|gen (überspannt); **Ver|stie|gen|heit**
ver|stim|men *(auch für* verärgern);

ver|stimmt; Ver|stimmt|heit; Ver|stim|mung
ver|stockt (uneinsichtig, störrisch); **Ver|stockt|heit**
ver|stoh|len (heimlich); **ver|stoh|le|ner|wei|se**
ver|stol|pern *(Sport);* ich verstolpere den Ball
ver|stop|fen; Ver|stop|fung
ver|stor|ben *(Zeichen* †); **Ver|stor|be|ne,** der *u.* die; -n, -n
ver|stö|ren (verwirren); es verstört mich, dass ...; **ver|stört; Ver|stört|heit,** die; -; **Ver|stö|rung**
Ver|stoß, der; -es, ...stöße; **ver|sto|ßen; Ver|sto|ßung**
ver|strah|len (ausstrahlen; durch Radioaktivität verseuchen); **Ver|strah|lung**
ver|stre|ben; Ver|stre|bung
ver|strei|chen *(auch für* vorübergehen; vergehen); verstrichen
ver|streu|en; verstreut
ver|stri|cken; sich [in Widersprüche] verstricken; **Ver|stri|ckung**
ver|strö|men (zur Stromerzeugung benutzen); Kohle verstromen
ver|strö|men; einen Duft verströmen
Ver|stro|mung
ver|strub|beln *(ugs.);* ich verstrubb[e]le ihr die Haare
ver|stüm|meln; verstümmelt; **Ver|stüm|me|lung,** *seltener* Verstümm|lung
ver|stum|men
Ver|stumm|lung *vgl.* Verstümmelung
Ver. St. v. A. = Vereinigte Staaten von Amerika
Ver|such, der; -[e]s, -e; **ver|su|chen**
Ver|su|cher; Ver|su|che|rin
Ver|suchs|ab|tei|lung; Ver|suchs|an|la|ge; Ver|suchs|an|ord|nung
Ver|suchs|an|stalt; Ver|suchs|bal|lon; Ver|suchs|feld; Ver|suchs|ge|län|de
Ver|suchs|ka|nin|chen *(ugs. für* Versuchstier, Versuchsperson)
Ver|suchs|lei|ter; Ver|suchs|lei|te|rin; Ver|suchs|per|son (Vp., VP); **Ver|suchs|pha|se; Ver|suchs|rei|he**
Ver|suchs|sta|ti|on; Ver|suchs|tier
ver|suchs|wei|se
Ver|su|chung
ver|süh|nen *(veraltet für* versöhnen)
ver|sum|pern *(österr. ugs. für* verwahrlosen, versumpfen); ich versumpere; er wäre fast versumpert; **ver|sump|fen** *(ugs. auch für* moralisch verkommen); **Ver|sump|fung**

Verträumtheit

ver|sün|di|gen, sich (geh.); Ver|sün|di|gung (geh.)
ver|sun|ken; in etwas versunken sein; Ver|sun|ken|heit
ver|sus Präp. mit Akk. ⟨lat.⟩ (gegen; Abk. vs.)
ver|sü|ßen; Ver|sü|ßung
vert. = vertatur
ver|tä|feln; ich vertäf[e]le; Ver|tä|fe|lung, Ver|täf|lung
ver|ta|gen; Ver|ta|gung
ver|tän|deln (nutzlos [die Zeit] verbringen); ich vertänd[e]le
ver|ta|tur! ⟨lat.⟩ (man wende!, man drehe um!; Abk. vert. [Druckw. V])
ver|tau|ben (Bergmannsspr. in taubes Gestein übergehen); Ver|tau|bung
ver|täu|en (Seemannsspr. durch Taue festmachen); das Schiff ist vertäut
ver|tausch|bar; Ver|tausch|bar|keit, die; -; ver|tau|schen; Ver|tau|schung
ver|tau|send|fa|chen
Ver|ta|gung (Seemannsspr.)
ver|te! ⟨lat.⟩ (Musik wende um!, wenden!)
ver|te|b|ral (Med. die Wirbelsäule betreffend, zu ihr gehörend); Ver|te|b|rat, der; -en, -en meist Plur. (Zool. Wirbeltier)
ver|tei|di|gen (auch Sport); Ver|tei|di|ger; Ver|tei|di|ge|rin; Ver|tei|di|gung
Ver|tei|di|gungs|aus|ga|ben Plur.; Ver|tei|di|gungs|bei|trag; Ver|tei|di|gungs|be|reit|schaft, die; -; Ver|tei|di|gungs|bünd|nis
Ver|tei|di|gungs|drit|tel (Eishockey)
Ver|tei|di|gungs|fall; Ver|tei|di|gungs|haus|halt; Ver|tei|di|gungs|krieg; Ver|tei|di|gungs|li|nie
Ver|tei|di|gungs|mi|nis|ter; Ver|tei|di|gungs|mi|nis|te|rin; Ver|tei|di|gungs|mi|nis|te|ri|um; Ver|tei|di|gungs|pakt; Ver|tei|di|gungs|po|li|tik; ver|tei|di|gungs|po|li|tisch; Ver|tei|di|gungs|schrift
Ver|tei|di|gungs|stel|lung; Ver|tei|di|gungs|waf|fe; Ver|tei|di|gungs|zu|stand
ver|tei|len; Ver|tei|ler; Ver|tei|ler|do|se; Ver|tei|le|rin
Ver|tei|ler|kas|ten; Ver|tei|ler|netz; Ver|tei|ler|ring; Ver|tei|ler|schlüs|sel; Ver|tei|ler|ta|fel
Ver|tei|lung; Ver|tei|lungs|kampf; Ver|tei|lungs|schlüs|sel; Ver|tei|lungs|stel|le

Ver|tei|lungs|zahl|wort (für Distributivzahl)
ver|te|le|fo|nie|ren (ugs.); sie hat zehn Euro verteletoniert
ver|te, si pla|cet! ⟨lat.⟩ (Musik bitte wenden!; Abk. v. s. pl.)
ver|teu|ern; sich verteuern; ich verteu[e]re; Ver|teu|e|rung
ver|teu|feln (als böse, schlecht hinstellen); ich verteuf[e]le; ver|teu|felt (ugs. für verzwickt; über die Maßen; verwegen); Ver|teu|fe|lung, Ver|teuf|lung
ver|ti|cken (ugs. für verkaufen)
ver|tie|fen; sich in eine Sache vertiefen; Ver|tie|fung
ver|tie|ren (zum Tier werden, machen); ver|tiert (tierisch)
ver|ti|kal ⟨lat.⟩ (senkrecht, lotrecht); Ver|ti|ka|le, die; -, -n; vier -[n]; Ver|ti|kal|ebe|ne; ver|ti|ka|li|sie|ren (Wirtsch. sich als Produzent am Vertrieb beteiligen); Ver|ti|ka|li|sie|rung; Ver|ti|kal|kreis
Ver|ti|ko, das; selten der; -s, -s (angeblich nach dem Tischler Vertikow) (kleiner Zierschrank)
ver|ti|ku|tie|ren ⟨lat.⟩ ([Rasen] lüften, entfilzen); Ver|ti|ku|tie|rer; Ver|ti|ku|tier|ge|rät
ver|til|gen; Ver|til|gung, die; -, -en
Ver|til|gungs|mit|tel, das
ver|tip|pen (ugs. für falsch ¹tippen); sich vertippen; vertippt
ver|to|nen; das Gedicht wurde vertont; Ver|to|ner (selten); Ver|to|ne|rin
¹Ver|to|nung (das Vertonen)
²Ver|to|nung (Darstellung von Küstenansichten [von See aus])
ver|tor|fen (zu Torf werden); Ver|tor|fung
ver|trackt (ugs. für verwickelt; ärgerlich); Ver|trackt|heit (ugs.)
Ver|trag, der; -[e]s, ...träge
ver|tra|gen; Zeitungen vertragen (schweiz. neben austragen); Ver|trä|ger (schweiz. auch für jmd., der Zeitungen u. Ä. austrägt); Ver|trä|ge|rin
ver|trag|lich (dem Vertrag nach; durch Vertrag)
ver|träg|lich; die Speise ist gut verträglich; Ver|träg|lich|keit
ver|trag|los; vertragloser Zustand
Ver|trags|ab|schluss; Ver|trags|aus|stieg Plur. selten
Ver|trags|be|diens|te|te, der u. die (Angestellte[r] bei der EU; österr. für nicht beamtete[r] öffentliche Bedienstete[r])
Ver|trags|bruch; ver|trags|brü|chig;

Ver|trags|brü|chi|ge, der u. die; -n, -n
ver|trag|schlie|ßend; vertragschließende Parteien; Ver|trag|schlie|ßen|de, der u. die; -n, -n; Ver|trags|ent|wurf; ver|trags|ge|mäß; Ver|trags|ho|tel
Ver|trags|los vgl. vertragslos
Ver|trags|par|tei; Ver|trags|part|ner; Ver|trags|part|ne|rin; Ver|trags|punkt; Ver|trags|schluss
Ver|trags|spie|ler (Sport); Ver|trags|spie|le|rin
Ver|trags|staat (Staat, der mit anderen vertraglich gebunden ist)
Ver|trags|stra|fe; Ver|trags|text
Ver|trags|ver|hält|nis; Ver|trags|werk; Ver|trags|werk|statt; ver|trags|wid|rig; Ver|trags|wid|rig|keit
ver|trau|en
Ver|trau|en, das; -s; [großes] Vertrauen erwecken
<mark>ver|trau|en|er|we|ckend</mark>, Ver|trau|en er|we|ckend; ein <mark>vertrauenerweckender</mark> od. Vertrauen erweckender Verkäufer; aber nur ein großes Vertrauen erweckender Verkäufer; ein äußerst vertrauenerweckender, noch vertrauenerweckenderer Verkäufer ↑D 58
Ver|trau|ens|an|walt; Ver|trau|ens|arzt; ver|trau|ens|ärzt|lich; eine vertrauensärztliche Untersuchung
Ver|trau|ens|ba|sis; Ver|trau|ens|be|weis
ver|trau|ens|bil|dend; vertrauensbildende Maßnahmen
Ver|trau|ens|bruch, der; Ver|trau|ens|fra|ge
Ver|trau|ens|frau; Ver|trau|ens|grund|la|ge; Ver|trau|ens|kri|se; Ver|trau|ens|leh|rer; Ver|trau|ens|leh|re|rin
Ver|trau|ens|mann Plur. ...männer u. ...leute (Abk. V-Mann); Ver|trau|ens|per|son; Ver|trau|ens|sa|che
ver|trau|ens|se|lig; Ver|trau|ens|se|lig|keit
Ver|trau|ens|stel|lung; Ver|trau|ens|ver|hält|nis; Ver|trau|ens|ver|lust
ver|trau|ens|voll; Ver|trau|ens|vor|schuss; Ver|trau|ens|vo|tum
ver|trau|ens|wür|dig; Ver|trau|ens|wür|dig|keit, die; -
ver|trau|ern
ver|trau|lich; Ver|trau|lich|keit
ver|träu|men; ver|träumt; Ver|träumt|heit

ver|traut; jmdn., sich mit etwas vertraut machen; Ver|trau|te, der u. die; -n, -n; Ver|traut|heit
ver|trei|ben; Ver|trei|ber; Ver|trei|be|rin; Ver|trei|bung
ver|tret|bar; vertretbare Sache (BGB); Ver|tret|bar|keit, die; -
ver|tre|ten; Ver|tre|ter; Ver|tre|ter|be|such; Ver|tre|te|rin; Ver|tre|tung; in Vertretung (Abk. i. V., I. V. [vgl. d.]); Ver|tre|tungs|kör|per|schaft; Ver|tre|tungs|leh|rer; Ver|tre|tungs|leh|re|rin; Ver|tre|tungs|stun|de; Ver|tre|tungs|voll|macht; ver|tre|tungs|wei|se
Ver|trieb, der; -[e]s, -e (Verkauf)
Ver|trie|be|ne, der u. die; -n, -n
Ver|trieb|ler (jmd., der im Verkauf arbeitet); Ver|trieb|le|rin; Ver|triebs|ab|tei|lung; Ver|triebs|ge|sell|schaft; Ver|triebs|ka|nal; Ver|triebs|kos|ten Plur.
Ver|triebs|lei|ter, der; Ver|triebs|lei|te|rin; Ver|triebs|netz; Ver|triebs|recht; Ver|triebs|weg
ver|trim|men (ugs. für verprügeln)
ver|trin|ken; sein Geld vertrinken
ver|trock|nen
ver|trö|deln (ugs. für [seine Zeit] unnütz hinbringen); Ver|trö|de|lung, Ver|tröd|lung (ugs.)
ver|trös|ten; Ver|trös|tung
ver|trot|teln (ugs.); ver|trot|telt
ver|trus|ten [...'tra...] (Wirtsch. zu einem Trust vereinigen); Ver|trus|tung
ver|tschüs|sen, sich (österr. ugs. für sich entfernen, verschwinden)
ver|tü|dern (nordd. für verwirren); sich vertüdern; ich vertüdere
Ver|tum|na|li|en Plur. (ein altröm. Fest)
ver|tun (verschwenden); vertan; sich vertun (ugs. für sich irren)
ver|tu|schen (ugs.); du vertuschst; Ver|tu|schung; Ver|tu|schungs|ver|such
ver|übeln (übel nehmen); ich ver|üb[e]le; jmdn. etwas verübeln
ver|üben; ein Verbrechen verüben
ver|ul|ken; Ver|ul|kung
Ve|rum, das; -s, Vera ⟨lat.⟩ (Med. das echte Medikament im Gegensatz zum Placebo)
ver|un|eh|ren (veraltet für im Ansehen schädigen)
ver|un|fal|len (Amtsspr. verunglücken); Ver|un|fall|te, der u. die; -n, -n (Amtsspr.)
ver|un|glimp|fen (schmähen, beleidigen); Ver|un|glimp|fung

ver|un|glü|cken; Ver|un|glück|te, der u. die; -n, -n
ver|un|kla|ren, ver|un|klä|ren (unverständlicher machen)
ver|un|krau|ten; der Acker ist verunkrautet
ver|un|mög|li|chen (bes. schweiz. für verhindern, vereiteln)
ver|un|rei|ni|gen; Ver|un|rei|ni|gung
ver|un|si|chern; ich verunsichere; Ver|un|si|che|rung
ver|un|stal|ten (entstellen); Ver|un|stal|tung
ver|un|treu|en (unterschlagen); Ver|un|treu|er; Ver|un|treu|e|rin; Ver|un|treu|ung
ver|un|zie|ren (verschandeln); Ver|un|zie|rung
ver|ur|sa|chen; Ver|ur|sa|cher; Ver|ur|sa|che|rin; Ver|ur|sa|cher|prin|zip, das; -s (Rechtsspr.); Ver|ur|sa|chung, die; -
ver|ur|tei|len; ein zum Scheitern verurteilter Plan; Ver|ur|teil|te, der u. die; -n, -n; Ver|ur|tei|lung
Ver|ve, die; - ⟨franz.⟩ (Schwung)
ver|viel|fa|chen; Ver|viel|fa|chung
ver|viel|fäl|ti|gen; Ver|viel|fäl|ti|ger; Ver|viel|fäl|ti|gung
Ver|viel|fäl|ti|gungs|zahl|wort (z. B. achtmal, dreifach)
ver|vier|fa|chen
ver|voll|komm|nen; sich vervollkommnen; Ver|voll|komm|nung; ver|voll|komm|nungs|fä|hig
ver|voll|stän|di|gen; Ver|voll|stän|di|gung
verw. = verwitwet
¹ver|wach|sen; die Narbe ist verwachsen; mit etwas verwachsen (innig verbunden) sein; sich verwachsen ([beim Wachsen] verschwinden)
²ver|wach|sen (schief gewachsen, verkrüppelt)
³ver|wach|sen (Ski falsch ²wachsen); er hat [sich] verwachst
Ver|wach|sung
ver|wa|ckeln; die Aufnahme ist verwackelt (unscharf); Ver|wa|cke|lung, Ver|wack|lung
ver|wäh|len, sich
Ver|wahr (veraltet); nur noch in in Verwahr geben, nehmen
ver|wah|ren (veraltet auch für in Haft nehmen, unterbringen); es ist alles gut verwahrt (aufbewahrt); sich gegen etwas verwahren (etwas energisch zurückweisen)
Ver|wah|rer; Ver|wah|re|rin
ver|wahr|lo|sen; du verwahrlost;

Ver|wahr|los|te, der u. die; -n, -n; Ver|wahr|lo|sung
Ver|wahr|sam, der; -s; in Verwahrsam geben, nehmen
Ver|wah|rung
ver|wai|sen (elternlos werden; einsam werden); du verwaist; er/sie verwaist; ver|waist; ein verwaistes Haus
ver|wal|ken (ugs. für verprügeln)
ver|wal|ten; Ver|wal|ter; Ver|wal|te|rin; Ver|wal|tung; Ver|wal|tungs|aka|de|mie; Ver|wal|tungs|akt; Ver|wal|tungs|an|ge|stell|te, der u. die; Ver|wal|tungs|ap|pa|rat; Ver|wal|tungs|auf|ga|be meist Plur.; Ver|wal|tungs|auf|wand
Ver|wal|tungs|be|am|te; Ver|wal|tungs|be|am|tin; Ver|wal|tungs|be|hör|de; Ver|wal|tungs|be|zirk
Ver|wal|tungs|chef (ugs.); Ver|wal|tungs|che|fin (ugs.)
Ver|wal|tungs|dienst, der; -[e]s
Ver|wal|tungs|di|rek|tor; Ver|wal|tungs|di|rek|to|rin
Ver|wal|tungs|ge|bäu|de; Ver|wal|tungs|ge|bühr
Ver|wal|tungs|ge|richt; Ver|wal|tungs|ge|richts|hof
Ver|wal|tungs|kos|ten Plur.
Ver|wal|tungs|rat Plur. ...räte; Ver|wal|tungs|rä|tin; Ver|wal|tungs|rats|vor|sit|zen|de
Ver|wal|tungs|recht; Ver|wal|tungs|re|form; Ver|wal|tungs|rich|ter; Ver|wal|tungs|rich|te|rin
Ver|wal|tungs|stra|fe (bes. österr. für von einer Behörde verhängte Strafe)
ver|wal|tungs|tech|nisch
Ver|wal|tungs|vor|schrift
ver|wam|sen (ugs. für verprügeln); du verwamst
ver|wan|del|bar; ver|wan|deln; ich verwand[e]le; Ver|wand|lung
Ver|wand|lungs|künst|ler; Ver|wand|lungs|künst|le|rin
ver|wand|lungs|reich
ver|wandt (zur gleichen Familie, Art gehörend); Ver|wand|te, der u. die; -n, -n; Ver|wandt|schaft; ver|wandt|schaft|lich; Ver|wandt|schafts|grad
ver|wan|zen (auch für mit Abhörwanzen versehen)
ver|wanzt (voller Wanzen)
ver|war|nen; Ver|warn|geld; Ver|war|nung; Ver|war|nungs|geld (Amtsspr.)
ver|wa|schen
ver|wäs|sern; ich verwässere
Ver|wäs|se|rung, Ver|wäss|rung

Verzettlung

ver|we|ben; *meist schwach gebeugt, wenn es sich um die handwerkliche Tätigkeit handelt:* bei dieser Matte wurden Garne unterschiedlicher Stärke verwebt; *meist stark gebeugt bei übertragener Bedeutung:* zwei Melodien sind miteinander verwoben
ver|wech|sel|bar; ver|wech|seln
↑D 82: zum Verwechseln ähnlich
Ver|wech|se|lung, Ver|wechs|lung; Ver|wech|se|lungs|ge|fahr, Ver|wechs|lungs|ge|fahr
ver|we|gen; Ver|we|gen|heit
ver|we|hen; vom Winde verweht
ver|weh|ren; jmdm. etwas verwehren; **Ver|weh|rung**
Ver|we|hung
ver|weich|li|chen; Ver|weich|li|chung
Ver|wei|ge|rer, der; -s, - (*auch kurz für* Kriegsdienstverweigerer); **Ver|wei|ge|rin**
ver|wei|gern; Ver|wei|ge|rung; Ver|wei|ge|rungs|fall[e] (*im Verweigerungsfall[e]* (*Rechtsspr.*); **Ver|wei|ge|rungs|hal|tung**
Ver|weil|dau|er (*Fachspr.*)
ver|wei|len; sich verweilen
ver|weint; verweinte Augen
Ver|weis, der; -es, -e (ernste Zurechtweisung; Hinweis)
ver|wei|sen (*auch veraltend für* verbieten; tadeln); sie hat dem Jungen seine Frechheit verwiesen; **Ver|wei|sung**
ver|wel|ken
ver|welt|li|chen (weltlich machen); **Ver|welt|li|chung,** die; -
ver|wend|bar; Ver|wend|bar|keit, die; -
ver|wen|den; ich verwandte *od.* verwendete, habe verwandt *od.* verwendet
Ver|wen|dung; zur besonderen Verwendung (*Abk. z. b. V.*); **ver|wen|dungs|fä|hig; Ver|wen|dungs|mög|lich|keit; Ver|wen|dungs|wei|se; Ver|wen|dungs|zweck**
ver|wer|fen; der Plan wurde verworfen; die Arme verwerfen (*schweiz.* heftig gestikulieren)
ver|werf|lich; Ver|werf|lich|keit
Ver|wer|fung (*auch für* geol. Schichtenstörung)
ver|wert|bar; Ver|wert|bar|keit, die; -; **ver|wer|ten**
Ver|wer|ter; Ver|wer|te|rin
Ver|wer|tung; Ver|wer|tungs|ge|sell|schaft (zur Wiederverwertung von Müll; zur Wahrnehmung gewisser Schutzrechte)
¹**ver|we|sen** (sich zersetzen, in Fäulnis übergehen)
²**ver|we|sen** (*veraltet für* stellvertretend verwalten); du verwest
Ver|we|ser; Ver|we|se|rin
ver|wes|lich
Ver|we|sung; Ver|we|sungs|ge|ruch
ver|wet|ten
ver|wi|chen (*veraltend für* vergangen); im verwichenen Jahre
ver|wich|sen (*ugs. für* verprügeln; [Geld] vergeuden)
ver|wi|ckeln; ver|wi|ckelt
Ver|wi|cke|lung, Ver|wick|lung
ver|wie|gen (*fachspr. für* wiegen)
Ver|wie|ger; Ver|wie|ge|rin
Ver|wie|gung
ver|wil|dern; ver|wil|dert; Ver|wil|de|rung
¹**ver|win|den** (über etwas hinwegkommen); verwunden; den Schmerz verwinden
²**ver|win|den** (*Technik* verdrehen)
Ver|win|dung
ver|win|dungs|fest (*Technik*)
ver|win|kelt (winklig)
ver|wir|ken; sein Leben verwirken
ver|wirk|li|chen; sich [selbst] verwirklichen; **Ver|wirk|li|chung**
Ver|wir|kung (*Rechtsspr.*)
ver|wir|ren; ein verwirrendes Durcheinander; *vgl.* verworren
Ver|wirr|spiel; ver|wirrt (*auch für* geistig verwirrt); **Ver|wirrt|heit; Ver|wir|rung**
ver|wirt|schaf|ten (mit etwas schlecht wirtschaften)
ver|wi|schen; Ver|wi|schung
ver|wit|tern; das Gestein ist verwittert; ich verwittere; **Ver|wit|te|rung; Ver|wit|te|rungs|pro|dukt**
ver|wit|wet (Witwe[r] geworden; *Abk. verw.*)
ver|wo|ben (eng verknüpft mit etw.); *vgl.* verweben
ver|woh|nen; verwohnte Räume
ver|wöh|nen; ver|wöhnt
Ver|wöhnt|heit; Ver|wöh|nung
ver|wor|fen (lasterhaft, schlecht); **Ver|wor|fen|heit,** die; -
ver|wor|ren; das hört sich ziemlich verworren an; *vgl.* verwirren; **Ver|wor|ren|heit,** die; -
ver|wund|bar; Ver|wund|bar|keit
¹**ver|wun|den** (verletzen)
²**ver|wun|den** *von* ¹verwinden, ²verwinden
ver|wun|der|lich
ver|wun|dern; ich verwundere mich; **Ver|wun|de|rung,** die; -

ver|wun|det; Ver|wun|de|te, der *u.* die; -n, -n; **Ver|wun|de|ten|trans|port; Ver|wun|dung**
ver|wun|schen (verzaubert); ein verwunschenes Schloss
ver|wün|schen (verfluchen; verzaubern); sie hat ihr Schicksal oft verwünscht; **ver|wünscht** (verflucht); verwünscht sei diese Reise!; **Ver|wün|schung**
Ver|wurf (*svw.* Verwerfung [*Geol.*])
ver|wur|schteln, ver|wurs|teln (*ugs. für* verdrehen, verwirren); ich verwurscht[e]le *od.* ich verwurst[e]le
ver|wur|sten; eigene Erlebnisse zu Geschichten verwursten
ver|wur|zeln; Ver|wur|ze|lung, Ver|wurz|lung
ver|wu|scheln (*ugs. für* zerzausen); ich verwusch[e]le
ver|wüs|ten; Ver|wüs|tung
Verz. = Verzeichnis
ver|za|gen (mutlos werden)
ver|zagt; Ver|zagt|heit
ver|zäh|len, sich
ver|zah|nen (an-, ineinanderfügen); **Ver|zah|nung**
ver|za|nken, sich (*ugs. für* in Streit geraten)
ver|zap|fen (durch Zapfen verbinden; *landsch. für* [vom Fass] ausschenken; *ugs. für* etwas [Unsinniges] anstellen, reden); **Ver|zap|fung**
ver|zär|teln; Ver|zär|te|lung, die; -
ver|zau|bern; ich verzaubere; **Ver|zau|be|rung**
ver|zäu|nen; Ver|zäu|nung
ver|zehn|fa|chen
Ver|zehr, der; -[e]s; **Ver|zehr|bon**
ver|zeh|ren; Ver|zeh|rer (selten); **Ver|zeh|re|rin; Ver|zehr|zwang,** der; -[e]s
ver|zeich|nen; Ver|zeich|nis, das; -ses, -se (*Abk.* Verz.)
Ver|zeich|nung; ver|zeich|nungs|frei (*für* orthoskopisch)
ver|zei|gen (*schweiz. für* Anzeige erstatten, anzeigen)
ver|zei|hen; sie hat ihm verziehen
ver|zeih|lich; Ver|zei|hung, die; -
ver|zer|ren; Ver|zer|rung
¹**ver|zet|teln** (für eine Kartei auf Zettel schreiben); ich verzett[e]le
²**ver|zet|teln** (vergeuden); sich verzetteln (sich mit zu vielen Dingen beschäftigen)
¹**Ver|zet|te|lung, Ver|zett|lung** (Aufnahme auf Zettel für eine Kartei)

Verzettelung

²**Ver|zet|te|lung, Ver|zett|lung** (das Sichverzetteln)
Ver|zicht, der; -[e]s, -e; Verzicht leisten; **ver|zicht|bar; ver|zich|ten; Ver|zicht[s]|er|klä|rung; Ver|zicht[s]|leis|tung; Ver|zicht[s]|po|li|tik,** die; -
ver|zieh vgl. verzeihen
¹**ver|zie|hen;** sie verzog das Gesicht; die Eltern verziehen ihr Kind; er ist nach Frankfurt verzogen; sich verziehen (ugs. für verschwinden)
²**ver|zie|hen** vgl. verzeihen
ver|zie|ren; Ver|zie|rung
ver|zim|mern (Bauw.); ich verzimmere; **Ver|zim|me|rung**
¹**ver|zin|ken** (Gaunerspr. verraten, anzeigen)
²**ver|zin|ken** (mit Zink überziehen); **Ver|zin|kung**
ver|zin|nen; Ver|zin|nung
ver|zins|bar; ver|zin|sen; ver|zins|lich; Ver|zins|lich|keit, die; -; **Ver|zin|sung**
ver|zo|cken (ugs. für verspielen)
ver|zo|gen; ein verzogener Junge
ver|zö|gern; Ver|zö|ge|rung; Ver|zö|ge|rungs|tak|tik
ver|zol|len; Ver|zol|lung
ver|zopft (rückständig)
ver|zü|cken
ver|zü|ckern; Ver|zu|cke|rung
ver|zückt; Ver|zückt|heit; Ver|zü|ckung; in Verzückung geraten
Ver|zug, der; -[e]s, Plur. (fachspr.) ...züge (Bergmannsspr. auch gitterartige Verbindung zwischen Ausbaurahmen); Gefahr ist im Verzug (Gefahr droht); im Verzug sein (im Rückstand sein); in Verzug geraten, kommen; in Verzug setzen; ohne Verzug (sofort)
Ver|zugs|zins meist Plur.
ver|zup|fen, sich (bayr., österr. für verschwinden)
ver|zwat|zeln (landsch. für verzweifeln)
ver|zwei|feln; ich verzweif[e]le; ↑D 82; es ist zum Verzweifeln
ver|zwei|felt; Ver|zwei|flung; Ver|zweif|lungs|tat; ver|zweif|lungs|voll
ver|zwei|gen, sich; **Ver|zwei|gung**
ver|zwickt (ugs. für verwickelt, schwierig); eine verzwickte Geschichte; **Ver|zwickt|heit**
ver|zwir|nen (Garne zusammendrehen)
Ve|si|ka|to|ri|um, das; -s, ...ien ⟨lat.⟩ (Med. Blasen ziehendes Mittel, Zugpflaster)

Ves|pa®, die; -, -s ⟨ital.⟩ (ein Motorroller)
Ves|pa|si|an, Ves|pa|si|a|nus (röm. Kaiser)
¹**Ves|per** [f...], die; -, -n ⟨lat.⟩ (Zeit gegen Abend; Abendandacht; Stundengebet)
²**Ves|per** [f...], die; -, -n, südd. auch das; -s, - (bes. südd. für Zwischenmahlzeit [am Nachmittag])
Ves|per|bild (Kunstwiss.); **Ves|per|brot; Ves|per|got|tes|dienst**
ves|pern (bes. südd. für einen [Nachmittags]imbiss einnehmen); ich vespere
Ves|puc|ci [...tʃi], Amerigo (ital. Seefahrer)
Ves|ta (röm. Göttin des häusl. Herdes)
Ves|ta|lin, die; -, -nen (Priesterin der Vesta)
Ves|te [f...], die; -, -n (veraltet für Feste); Veste Coburg
Ves|ti|bül, das; -s, -e ⟨franz.⟩ (Vorhalle)
Ves|ti|bu|lum, das; -s, ...la ⟨lat.⟩ (Vorhalle des altröm. Hauses)
Ves|ti|tur, die; -, -en ⟨lat.⟩ (svw. Investitur)
Ves|ton [...'tõː], der, auch das; -s, -s ⟨franz.⟩ (schweiz. für Herrenjackett)
Ve|suv, der; -[s] (Vulkan bei Neapel); **Ve|su|vi|an,** der; -s, -e (ein Mineral); **ve|su|visch**
Ve|te|ran, der; -en, -en ⟨lat.⟩ (altgedienter Soldat; ehem. langjähriger Mitarbeiter; altes [Auto]modell); **Ve|te|ra|nen|klub, Ve|te|ra|nen|club** (regional für Treffpunkt alter Menschen); **Ve|te|ra|nin**
ve|te|ri|när ⟨franz.⟩ (tierärztlich); **Ve|te|ri|när,** der; -s, -e (Tierarzt); **Ve|te|ri|när|ärzt|lich; Ve|te|ri|nä|rin; Ve|te|ri|när|me|di|zin,** die; - (Tierheilkunde); **ve|te|ri|när|me|di|zi|nisch**
Ve|ti|ver ['vɛtivɐ], das; - ⟨tamil.⟩ (ein Gras)
Ve|to, das; -s, -s ⟨lat.⟩ (Einspruch[srecht]); **Ve|to|macht** (Staat, der in einem Gremium ein Vetorecht hat); **Ve|to|recht**
Vet|tel [f...], die; -, -n (veraltend für unordentliche, ungepflegte [alte] Frau)
Vet|ter, der; -s, -n; **Vet|te|rin** (veraltet); **Vet|tern|schaft; Vet|tern|wirt|schaft,** die; - (abwertend)
Vet|ter|schaft vgl. Vetternschaft

Ve|xier|bild ⟨lat.; dt.⟩
ve|xie|ren ⟨lat.⟩ (veraltet für irreführen; quälen; necken)
Ve|xier|rät|sel; Ve|xier|spie|gel
v-för|mig, V-för|mig ['faʊ...] ↑D 29
V-Frau
VGA ⟨engl.; Kurzw. aus Video Graphic's Array⟩ (Abkürzung für einen Chip zur Steuerung eines Farbbildschirms mit hoher Bildwiederholungsfolge u. hoher Auflösung)
vgl. = vergleich[e]!
v., g., u. = vorgelesen, genehmigt, unterschrieben
v. H. = vom Hundert
¹**VHS,** die; -, - = Volkshochschule
²**VHS** = Video-Home-System
via ⟨lat.⟩; Präp. mit Akk., gewöhnlich nur in Verbindung mit Namen od. allein stehendem Substantiv im Sing. ([auf dem Wege] über); via Köln
Via Ap|pia, die; - - (Straße bei Rom)
Vi|a|dukt, der, auch das; -[e]s, -e (Talbrücke, Überführung)
Vi|a|g|ra®, das; -[s] ⟨engl.⟩ (Medikament zur Behandlung von Potenzstörungen)
Via Ma|la, die; - - (Schlucht in Graubünden)
Vi|a|ti|kum, das; -s, Plur. ...ka u. ...ken (kath. Kirche dem Sterbenden gereichte letzte Kommunion)
Vi|b|ra|fon, Vi|b|ra|phon, das; -s, -e ⟨lat.; griech.⟩ (ein Musikinstrument); **Vi|b|ra|fo|nist, Vi|b|ra|pho|nist,** der; -en, -en; **Vi|b|ra|fo|nis|tin, Vi|b|ra|pho|nis|tin**
Vi|b|ra|ti|on, die; -, -en ⟨lat.⟩ (Schwingung, Beben, Erschütterung); **Vi|b|ra|ti|ons|mas|sa|ge**
vi|b|ra|to ⟨ital.⟩ (Musik bebend); **Vi|b|ra|to,** das; -s, Plur. -s u. ...ti
Vi|b|ra|tor, der; -s, ...oren ⟨lat.⟩ (Gerät, das Schwingungen erzeugt; Gerät zur sexuellen Stimulation)
vi|b|rie|ren (schwingen; beben; zittern)
Vi|b|ro|mas|sa|ge (kurz für Vibrationsmassage)
vi|ce ver|sa ⟨lat.⟩ (umgekehrt; Abk. v. v.)
Vi|co (m. Vorn.)
Vi|comte [...'kõːt], der; -[s], -s (franz. Adelstitel)
Vi|com|tesse [...'tɛs], die; -, -n (w. Form von Vicomte)
¹**Vic|to|ria** (Gliedstaat des Australischen Bundes)

²Vic|to|ria (Hauptstadt der Seychellen)
Vic|to|ria|fäl|le, Vic|to|ria-Fäl|le Plur. (große Wasserfälle des Sambesi)
Vic|to|ria re|gia, die; -, - -s (eine südamerik. Seerose)
Vic|to|ry|zei|chen ['vɪktəri...] ⟨engl.; dt.⟩ (aus Zeige- u. Mittelfinger gebildetes V)
vi|de! [v...] ⟨lat.⟩ (veraltet für siehe!; Abk. v.)
Vi|deo, das; -s, -s ⟨engl.⟩ (ugs.; kurz für Videoband, -clip, -film; nur Sing.: Videotechnik)
Vi|deo|auf|zeich|nung; Vi|deo|band vgl. ¹Band; Vi|deo|bei|trag
Vi|deo|board ⟨engl.⟩ (große elektron. Bildwand); Vi|deo|clip, der; -s, -s ⟨engl.⟩ (kurzer Videofilm zu einem Popmusikstück); Vi|deo|da|tei (EDV digitale Filmdatei); Vi|deo|file [...faɪl] (EDV Filmdatei); Vi|deo|film; Vi|deo|fo|nie, Vi|deo|pho|nie, die; - (das Telefonieren mit Webcam über das Internet); Vi|deo|ge|rät
Vi|deo|jo|ckey, der; -s, -s ⟨engl.⟩ (jmd., der Videoclips präsentiert)
Vi|deo|ka|me|ra; Vi|deo|kas|set|te; Vi|deo|kon|fe|renz; Vi|deo|kunst, die; -; Vi|deo|la|den
Vi|deo-on-De|mand, Vi|deo-on-demand [...diˈmaːnt], das; - ⟨engl.⟩ (Form des Fernsehens, bei der der Zuschauer einen gewünschten Film aus einem Archiv abrufen u. ansehen kann)
Vi|deo|pod|cast ⟨lateinisch-englisch⟩ (audiovisuelle Datei zum Herunterladen aus dem Internet)
Vi|deo|por|tal (Portal im Internet, das Videos zum Ansehen od. Herunterladen anbietet)
Vi|deo|pro|gramm|sys|tem (zur automatischen Videoaufzeichnung von Fernsehsendungen; Abk. VPS)
Vi|deo|re|kor|der, Vi|deo|re|cor|der (Speichergerät für Fernsehsendungen); Vi|deo|re|por|ta|ge; Vi|deo|re|por|ter; Vi|deo|re|por|te|rin; Vi|deo|spiel (elektronisches Spiel, das auf einem Fernsehbildschirm od. Monitor abläuft); Vi|deo|tech|nik, die; -
Vi|deo|text ([geschriebene] Informationen, die über den Fernsehbildschirm abgerufen werden)
Vi|deo|thek, die; -, -en (Sammlung von Videofilmen od. Fernsehaufzeichnungen); Vi|deo|the|kar, der; -s, -e; Vi|deo|the|ka|rin
vi|deo|über|wacht; Vi|deo|über|wa|chung
Vi|deo|wand
vi|di (veraltet für ich habe gesehen; Abk. v.)
vi|die|ren (österr. für beglaubigen, unterschreiben); Vi|di|ma|ti|on, die; -, -en (Beglaubigung)
vi|dit (veraltet für hat [es] gesehen; Abk. vdt.)
Vi|di|wall [...wɔːl], die; -, -s ⟨Kunstw.⟩ (österr. für Videowand)
Viech, das; -[e]s, -er (ugs. für Tier; abwertend für roher Mensch)
Vie|che|rei (ugs. für Gemeinheit; große Anstrengung)
Vieh, das; -[e]s; Vieh|be|stand; Vieh|fut|ter vgl. ¹Futter; Vieh|hal|ter; Vieh|hal|tung
Vieh|han|del vgl. ¹Handel
Vieh|händ|ler; Vieh|händ|le|rin
Vieh|her|de
vie|hisch
Vieh|salz; Vieh|wa|gen; Vieh|wei|de; Vieh|wirt|schaft; Vieh|zeug (ugs.); Vieh|zucht, die; -; Vieh|züch|ter; Vieh|züch|te|rin
viel s. Kasten Seite 1186
Viel, das; -s; viele Wenig machen ein Viel
viel|ar|mig; eine vielarmige Abwehr (Sport)
viel|bän|dig; ein vielbändiges Werk
viel be|fah|ren, viel|be|fah|ren; vgl. viel; ↑D 58
viel be|schäf|tigt, viel|be|schäf|tigt; vgl. viel; ↑D 58
viel be|schwo|ren, viel|be|schwo|ren; vgl. viel; ↑D 58
viel be|spro|chen, viel|be|spro|chen; vgl. viel; ↑D 58
viel|deu|tig; Viel|deu|tig|keit
viel dis|ku|tiert, viel|dis|ku|tiert; vgl. viel; ↑D 58
Viel|eck; viel|eckig
Viel|ehe
vie|ler|lei; vie|ler|orts
viel|fach; er ist um ein Vielfaches klüger; Viel|fa|che, das; -n; das kleinste gemeinsame Vielfache (Abk. k. g. V., kgV)
Viel|falt, das; -[e]s, -e, Viel|fäl|tig|keit, die; -
viel|far|big
Viel|flach, das; -[e]s, -e, Viel|fläch|ner (für Polyeder); viel|flä|chig
Viel|flie|ger (ugs. für jmd., der viel fliegt); Viel|flie|ge|rin
Viel|fraß, der; -es, -e (Marderart; ugs. für jmd., der unmäßig isst)
viel ge|fragt, viel|ge|fragt; vgl. viel; ↑D 58
viel ge|kauft, viel|ge|kauft; vgl. viel; ↑D 58
viel ge|le|sen, viel|ge|le|sen; vgl. viel; ↑D 58
viel ge|prie|sen, viel|ge|prie|sen; vgl. viel; ↑D 58
Viel|ge|reis|te, der u. die; -n, -n
viel ge|schmäht, viel|ge|schmäht; vgl. viel; ↑D 58
viel|ge|stal|tig; Viel|ge|stal|tig|keit, die; -
viel|glied|rig; Viel|glied|rig|keit, die; -
Viel|göt|te|rei, die; - (für Polytheismus)
Viel|heit
viel|hun|dert|mal; aber viele hundert od. Hundert Male; vgl. ¹Mal
viel|köp|fig
viel|leicht
Viel|lieb|chen ⟨Umdeutung aus Valentine bzw. Philippine⟩ (veraltet für zwei zusammengewachsene Früchte)
viel|mal (veraltet für vielmals); viel|ma|lig; viel|mals
Viel|män|ne|rei, die; - (für Polyandrie)
viel|mehr [auch ...ˈmeːɐ̯]; er ist nicht dumm, weiß vielmehr gut Bescheid, aber sie weiß viel mehr als du
viel sa|gend, viel sa|gend; vgl. viel; ↑D 58
viel|schich|tig; Viel|schich|tig|keit
Viel|schrei|ber (abwertend); Viel|schrei|be|rin (abwertend)
viel|sei|tig; Viel|sei|tig|keit, die; -; Viel|sei|tig|keits|prü|fung (Reitsport)
viel|sil|big; viel|spra|chig; viel|stim|mig; viel|stro|phig
viel|tau|send|mal; aber viele tausend od. Tausend Male; vgl. ¹Mal
viel um|wor|ben, viel|um|wor|ben; vgl. viel; ↑D 58
viel ver|spre|chend, viel ver|spre|chend; vgl. viel; ↑D 58
Viel|völ|ker|staat Plur. ...staaten
Viel|wei|be|rei, die; - (für Polygamie)
Viel|zahl, die; -; viel|zäh|lig
Viel|zel|ler (Biol.); viel|zel|lig
viel zi|tiert, viel|zi|tiert; vgl. viel; ↑D 58
Vi|en|ti|ane [...ˈtjaː(ː)n] (Hauptstadt von Laos)

viel

I. *Kleinschreibung:*
a) *Im Allgemeinen wird »viel« kleingeschrieben* ↑D 77:
– die vielen; viele sagen …
– in vielem, mit vielem, um vieles
– wer vieles bringt, …; ich habe viel[es] erlebt
– es gab noch vieles, was (*nicht das od.* welches) besprochen werden sollte
– … und noch viel[es] mehr

b) *Bei Betonung des substantivischen Gebrauchs ist auch Großschreibung möglich* ↑D 77:
– die Vielen *od.* Vielen; Viele *od.* Viele sagen …
– in Vielem *od.* Vielem, mit Vielem *od.* Vielem, um Vieles *od.* Vieles usw.

II. *Beugung:*
– viel[e] Menschen; die vielen Menschen
– vieler schöner Schnee; vieles milde Nachsehen
– mit vieler natürlicher Anmut; mit vielem kalten Wasser; trotz vielen Schlafes
– viel[e] gute Nachbildungen; die Preise vieler guter, *seltener* guten Nachbildungen
– viele Begabte; die Ausbildung vieler Begabter, *seltener* Begabten
– viel Gutes *od.* vieles Gute; mit viel Gutem *od.* mit vielem Guten

III. *Getrennt- oder Zusammenschreibung:*
a) *Zusammenschreibung bei »viel« als Konjunktion:*
– soviel ich weiß, steht noch nichts fest (*vgl.* soviel)

b) *Getrenntschreibung:*
– ich muss so viel arbeiten, dass ich zu nichts komme
– iss nicht so viel!

– zu viel, zu viele Menschen; viel zu viel; allzu viel (*vgl.* allzu)
– viel zu wenig; viel zu gering, zu spät, zu teuer usw.; [noch] viel mehr
– soundso viel; am soundsovielten Mai
– wir haben gleich viel; *aber* gleichviel[,] ob du kommst oder nicht ↑D 127

c) *In Verbindung mit einem adjektivisch gebrauchten Partizip kann getrennt oder zusammengeschrieben werden* ↑D 58:
– eine viel befahrene *od.* vielbefahrene Straße
– der viel beschäftigte *od.* vielbeschäftigte Chef
– ein viel besprochener *od.* vielbesprochener Fall
– ein viel diskutiertes *od.* vieldiskutiertes Buch
– ein viel erörtertes *od.* vielerörtertes Thema
– ein viel gefragtes, viel gekauftes *od.* vielgefragtes, vielgekauftes Produkt
– eine viel gereiste *od.* vielgereiste Frau
– ein viel umworbener, viel gepriesener *od.* vielumworbener, vielgepriesener Star
– eine viel zitierte *od.* vielzitierte Äußerung
– ein vielsagender *od.* viel sagender Blick, *aber* nur ein noch vielsagenderer Blick
– ein vielversprechendes *od.* viel versprechendes Projekt, *aber* nur ein noch vielversprechenderes Projekt

Vgl. auch vielmal[s]; vieltausendmal; vielmehr

---

vier *s. Kasten Seite 1187*
Vier, die; -, -en (Zahl); eine Vier würfeln; sie hat in Latein eine Vier geschrieben; *vgl.* ¹Acht *u.* Eins
Vier|ach|ser (Wagen mit vier Achsen; *mit Ziffer* 4-Achser ↑D 29)
vier|ar|mig
Vier|au|gen|ge|spräch
Vier|bei|ner; vier|bei|nig
vier|blät|te|rig, vier|blätt|rig
vier|di|men|si|o|nal
Vier-drei-drei-Sys|tem, das; -s ↑D 26 (*mit Ziffern* 4-3-3-System; *Fußball*)
Vier|eck; vier|eckig
vier|ein|halb, vier|und|ein|halb
Vie|rer *vgl.* Achter
Vie|rer|bob
Vie|rer|ket|te (*Sport* aus vier Personen bestehende Abwehr)
vie|rer|lei
Vie|rer|rei|he; Vie|rer|zug
vier|fach; Vier|fa|che *vgl.* Achtfache
Vier|far|ben|druck *Plur.* ...drucke;

Vier|far|ben|ku|gel|schrei|ber, Vier|farb|ku|gel|schrei|ber
Vier|flach, das; -[e]s, -e, Vier|fläch|ner (*für* Tetraeder)
Vier|frucht|mar|me|la|de
Vier|fürst (*für* Tetrarch)
Vier|fü|ßer; vier|fü|ßig; Vier|füß|ler
Vier-Gän|ge-Me|nü, Vier|gän|ge|me|nü; Vier|gang|ge|trie|be; vier|gän|gig; Vier|gang|me|nü
Vier|ge|spann
vier|hän|dig; vierhändig spielen
vier|hun|dert
Vier|jah|res|plan
vier|jäh|rig *vgl.* achtjährig
Vier|kampf (*Sport*)
vier|kant (*Seemannsspr.* waagerecht); Vier|kant, das *od.* der; -[e]s, -e; Vier|kant|ei|sen
Vier|kan|ter (*kurz für* Vierkanthof); Vier|kant|hof (eine Form des Bauernhofs)
vier|kan|tig; Vier|kant|schlüs|sel
vier|köp|fig *vgl.* achtköpfig
Vier|lan|de *Plur.* (hamburgische Landschaft)

Vier|ling
Vier|mäch|te|kon|fe|renz
vier|mal *vgl.* achtmal; vier|ma|lig
Vier|mas|ter; Vier|mast|zelt
vier|mo|na|tig (vier Monate dauernd)
vier|mo|to|rig
Vier|pass, der; -es, ...passe (*Archit.* Verzierungsform mit vier Bogen)
Vier|plät|zer (*schweiz. für* Viersitzer); vier|plät|zig
Vier|rad|an|trieb; Vier|rad|brem|se
vier|rä|de|rig, vier|räd|rig
Vier|raum|woh|nung (*regional für* Vierzimmerwohnung)
Vier|ru|de|rer (*für* Quadrireme)
vier|sai|tig; ein viersaitiges Streichinstrument
Vier|schan|zen|tour|nee (*Skispringen*)
vier|schrö|tig (stämmig)
Vier|sei|ten|hof; Vier|seit|hof; Vier|sei|tig
Vier|sit|zer; vier|sit|zig
Vier|spän|ner; vier|spän|nig

Vikariat

vier

Nur Kleinschreibung ↑D 78:
- die vier Elemente
- die vier Evangelisten
- die vier Jahreszeiten
- etwas in alle vier Winde [zer]streuen
- in seinen vier Wänden (*ugs. für zu Hause*) bleiben
- sich auf seine vier Buchstaben setzen (*ugs. scherzh. für sich hinsetzen*)
- unter vier Augen etwas besprechen
- das Mädchen wird bald vier [Jahre]
- die letzten vier
- alle viere von sich strecken (*ugs. für sich ausstrecken und entspannen, auch für sterben*)
- auf allen vieren
- wir sind zu vieren *od.* zu viert
- ein Grand mit vier[en]

Vgl. Vier, acht, drei

vier|spu|rig
vier|stel|lig
Vier|ster|ne|ho|tel
vier|stim|mig (*Musik*); ein vierstimmiger Satz
vier|stö|ckig
vier|stün|dig (vier Stunden dauernd)
viert *vgl.* vier
vier|tä|gig
Vier|tak|ter *vgl.* Zweitakter; **Viertakt|mo|tor**
vier|tau|send
vier|te ↑D 89: die vierte Dimension; der **vierte** *od.* Vierte Stand (*früher für Arbeiterschaft*); *vgl.* achte
vier|tei|len; geviertteilt; **vier|tei|lig**
vier|tel ['fɪ...]; eine viertel Million; *vgl.* achtel; um viertel acht (Viertel nach sieben); in drei viertel Stunden (*od.* drei Viertelstunden); *vgl.* Viertel

Vier|tel

das, *für* »vierter Teil« *schweiz. meist* der; -s, -

- ein Viertel des Kuchens, des Grundstücks
- drei Viertel der Bevölkerung
- bei drei Vierteln (*auch* Viertel) der Bevölkerung
- in drei viertel Stunden (*od.* drei Viertelstunden)
- es ist ein Viertel vor, nach eins
- es ist Viertel vor, nach eins
- es hat ein Viertel eins geschlagen; *aber* es hat viertel eins geschlagen
- es ist fünf Minuten vor drei Viertel
- wir treffen uns um viertel acht, um drei viertel acht

Vgl. Achtel, drei *u.* viertel

Vier|te|le ['fɪ...], das; -s, - (*schwäb. für* [Glas mit einem] Viertelliter Wein); nach dem Genuss von zwei Viertele

Vier|tel|fi|na|le (*Sport*)
Vier|tel|ge|viert (*Druckw.*)
Vier|tel|jahr; **Vier|tel|jahr|hun|dert**
vier|tel|jäh|rig ['fɪ...] (ein Vierteljahr alt, dauernd); **vier|tel|jähr|lich** (alle Vierteljahre wiederkehrend); vierteljährliche Kündigung (alle Vierteljahre mögliche Kündigung)
Vier|tel|li|ter *vgl.* achtel
vier|teln; ich viert[e]le
Vier|tel|no|te
Vier|tel|pfund *vgl.* achtel
Vier|tel|stun|de; eine Viertelstunde, *auch* eine viertel Stunde; *vgl.* achtel; **vier|tel|stün|dig** ['fɪ...] (eine Viertelstunde dauernd); **vier|telstünd|lich** (alle Viertelstunden wiederkehrend)
Vier|tel|ton *Plur.* ...töne
vier|tens
Viert|kläss|ler *vgl.* Erstklässler
viert|letz|te *vgl.* letzte
Vier|tü|rer (Auto mit vier Türen); **vier|tü|rig**
vier|und|ein|halb *vgl.* viereinhalb
vier|und|zwan|zig *vgl.* acht
Vier|und|zwan|zig|flach, das; -[e]s, -e, **Vier|und|zwan|zig|fläch|ner** (*für* Ikositetraeder)
Vie|rung (*Archit.* Geviert; Viereck)
Vie|rungs|kup|pel; Vie|rungs|pfei|ler
Vier|vier|tel|takt [...'fɪ...]; *vgl.* Achtel
Vier|wald|stät|ter See, der; - -s, *schweiz.* **Vier|wald|stät|ter|see,** der; -s (See bei Luzern)
vier|wer|tig
vier|wö|chig
vier|zehn ['fɪ...] *vgl.* acht
Vier|zehn|hei|li|gen (Wallfahrtskirche südl. von Lichtenfels)
vier|zehn|hun|dert ['fɪ...]
vier|zehn|jäh|rig usw. *vgl.* achtjährig usw.
vier|zehn|tä|gig *vgl.* ...tägig; **vier|zehn|täg|lich** *vgl.* ...täglich
Vier|zei|ler; vier|zei|lig

vier|zig ['fɪ...] *vgl.* achtzig
Vier|zig, die; -, -en (Zahl); **vier|ziger** *vgl.* achtziger; **Vier|zi|ger** *vgl.* Achtziger; **Vier|zi|ge|rin** *vgl.* Achtzigerin
Vier|zi|ger|jah|re *Plur.*
vier|zig|jäh|rig *vgl.* achtjährig
Vier|zig|stun|den|wo|che (*mit Ziffern* 40-Stunden-Woche ↑D 26)
Vier|zim|mer|woh|nung [fi:ɐ̯...] (*mit Ziffer* 4-Zimmer-Wohnung ↑D 26)
Vier-zwei-vier-Sys|tem, das; -s ↑D 26 (*mit Ziffern* 4-2-4-System; *Fußball*)
Vier|zy|lin|der *vgl.* Achtzylinder; **Vier|zy|lin|der|mo|tor; vier|zy|lind|rig**
Vi|et|cong, der; -s, -[s] ⟨vietnames.⟩ (*nur Sing.:* polit. Bewegung im früheren Südvietnam; Mitglied dieser Bewegung)
Vi|et|nam [...'na(:)m] (Staat in Südostasien); **Vi|et|na|me|se,** der; -n, -n; **Vi|et|na|me|sin; vi|et|na|mesisch;** **Vi|et|nam|krieg**
vif [*auch* viːf] ⟨franz.⟩ (*landsch. für* lebendig, lebhaft)
Vif|zack, der; -s, -e (*österr. für* sehr regsamer, flott handelnder Mensch)
Vi|gil, die; -, -ien ⟨lat.⟩ (Vortag hoher kath. Feste)
Vi|gi|lie, die; -, -n (bei den Römern die Nachtwache des Heeres)
Vi|g|net|te [vɪnˈjɛ...], die; -, -n ⟨franz.⟩ (kleine Verzierung [in Büchern]; *Fotogr.* Verdeckung bestimmter Stellen des Negativs beim Kopieren; Gebührenmarke für die Autobahnbenutzung)
Vi|gogne [...ˈɡɔnjə], die; -, -n ⟨indian.-franz.⟩ (Mischgarn aus Wolle u. Baumwolle)
vi|go|ro|so ⟨ital.⟩ (*Musik* kräftig, stark, energisch)
Vi|kar, der; -s, -e ⟨lat.⟩ (*kath. Kirche* Amtsvertreter; *ev. Kirche* Theologe nach dem ersten Examen; *schweiz. auch für* Stellvertreter eines Lehrers)
Vi|ka|ri|at, das; -[e]s, -e (Amt eines

vikariieren

Vikars); vi|ka|ri|ie|ren (das Amt eines Vikars versehen)
Vi|ka|rin (ev. w. Vikar)
Vik|tor ⟨lat.⟩ (m. Vorn.)
Vik|tor Ema|nu|el (Name mehrerer ital. Könige)
¹Vik|to|ria (Sieg [als Ausruf]); Viktoria rufen
²Vik|to|ria vgl. ²Victoria
³Vik|to|ria (w. Vorn.)
vik|to|ri|a|nisch; viktorianische Sitten, aber ↑D 151: die Viktorianische Zeit (der engl. Königin Viktoria)
Vik|tu|a|li|en Plur. ⟨lat.⟩ (veraltet für Lebensmittel [für den täglichen Bedarf]); Vik|tu|a|li|en|hand|lung; Vik|tu|a|li|en|markt
Vi|kun|ja, das; -s, -s u. die; -, ...jen ⟨indian.⟩ (höckerloses südamerik. Kamel); Vi|kun|ja|wol|le
Vi|la (Hauptstadt von Vanuatu)
Vil|la, die; -, ...llen ⟨lat.⟩ (vornehmes Einzelwohnhaus)
Vil|lach [f...] (Stadt in Kärnten); Vil|la|cher; Vil|la|che|rin
Vil|la|nell, das; -s, -e, Vil|la|nel|le, die; -, -n ⟨ital.⟩ (ital. Bauern-, Hirtenliedchen, bes. des 16. u. 17. Jh.s)
vil|len|ar|tig; ein villenartiges Haus; Vil|len|vier|tel
Vil|lin|gen-Schwen|nin|gen [f...] (Stadt in Baden-Württemberg)
Vil|lon [viˈjõː] (franz. Lyriker)
Vil|ma (w. Vorn.)
Vil|ni|us (litauische Form von Wilna)
Vils|ho|fen [f...] (Stadt in Bayern)
Vi|mi|nal, der; -s (Hügel in Rom)
Vi|n|ai|g|ret|te [...neˈɡrɛt(ə)], die; -, -n ⟨franz.⟩ (mit Essig bereitete Soße)
Vin|cen|ter [...sn̩...] (Einwohner des Staates St. Vincent u. die Grenadinen); Vin|cen|te|rin
vin|cen|tisch
Vin|ci [...tʃi], Leonardo da (ital. Künstler)
Vin|de|li|ker, Vin|de|li|zi|er, der; -s, - (Angehöriger einer kelt. Volksgruppe); Vin|de|li|ker|in, Vin|de|li|zi|e|rin; vin|de|li|zisch; aber ↑D 140: die Vindelizische Schwelle (Geol. Landschwelle des Erdmittelalters im Alpenvorland)
Vin|di|ka|ti|on, die; -, -en ⟨lat.⟩ (Rechtsspr. Herausgabeanspruch des Eigentümers einer Sache gegenüber deren Besitzer); vin|di|zie|ren; Vin|di|zie|rung vgl. Vindikation

Vi|ne|ta ⟨verderbt aus Jumneta⟩ (sagenhafte untergegangene Stadt an der Ostseeküste)
Vingt-et-un [vɛ̃teˈœ̃ː], Vingt-un [vɛ̃ˈtœ̃ː], das; - ⟨franz., »einundzwanzig«⟩ (ein Kartenglücksspiel)
vi|ni|fi|zie|ren ⟨lat.⟩ (zu Wein verarbeiten)
Vin|ku|la|ti|on, die; -, -en ⟨lat.⟩ (Bankw. Bindung der Übertragungsrechts eines Wertpapiers an die Genehmigung des Emittenten); vin|ku|lie|ren; Vin|ku|lie|rung
Vi|no|thek, die; -, -en ⟨lat.; griech.⟩ (Weinhandlung, -sammlung, -lokal)
Vinsch|gau, Vintsch|gau [f...], der; -[e]s (Talschaft bei Meran)
Vinsch|gerl [f...], das; -s, -[n]; vgl. Pickerl (bayr., österr. für ein Roggengebäck)
Vi|nyl, das; -s (ein Kunststoff); Vi|nyl|plat|te (Schallplatte aus Vinyl)
Vin|zen|tia (w. Vorn.)
Vin|zenz (m. Vorn.)
¹Vi|o|la, Vi|o|le, die; -, Violen ⟨lat.⟩ (Bot. Veilchen)
²Vi|o|la (w. Vorn.)
³Vi|o|la, die; -, ...len ⟨ital.⟩ (Bratsche)
Vi|o|la da Brac|cio [- - ...tʃo], die; ---, ...le -- (Bratsche)
Vi|o|la da Gam|ba, die; - - -, ...le - - (Gambe)
Vi|o|la d'Amo|re, die; - -, ...le - - (Viola mit zusätzl. Resonanzsaiten in Altlage)
Vi|o|le vgl. ¹Viola
Vi|o|len (Plur. von ¹Viola, ³Viola)
vi|o|lent ⟨lat.⟩ (veraltet für heftig, gewaltsam); Vi|o|lenz, die; -
vi|o|lett [v..., schweiz. auch f...] ⟨franz.⟩ (veilchenfarbig); einen Stoff violett färben; vgl. blau; Vi|o|lett, das; -s, -[s] ⟨s (violette Farbe); vgl. Blau
Vi|o|let|ta (w. Vorn.)
Vi|o|lin|bo|gen; Vi|o|li|ne, die; -, -n ⟨ital.⟩ (Geige); Vi|o|li|nist, der; -en, -en (Geiger); Vi|o|li|nis|tin; Vi|o|lin|kon|zert; Vi|o|lin|schlüs|sel
Vi|o|lo|fon, Vi|o|lo|phon, das; -s, -e (im Jazz gebräuchliche Violine)
Vi|o|lon|cel|list [...tʃ...], der; -en, -en (Cellist); Vi|o|lon|cel|lis|tin
Vi|o|lon|cel|lo, das; -s, Plur. -s u. ...celli (Kniegeige)
Vi|o|lo|ne, der; -s, Plur. -s u. ...ni (Vorgänger des Kontrabasses; eine Orgelstimme)
Vi|o|lo|phon vgl. Violofon

VIP [vɪp], V. I. P. [viːˌaɪˈpiː], der; -[s], -s u. die; -, -s = very important person ⟨engl.⟩ (sehr wichtige Person, Persönlichkeit)
Vi|per [v..., schweiz. auch f...], die; -, -n ⟨lat.⟩ (Giftschlange)
VIP-Lounge ⟨vgl. VIP⟩
Vi|ra|go, die; -, Plur. -s u. ...gines (Frau mit männlichem sexuellem Empfinden)
vi|ral ⟨lat.⟩ (Med. durch einen Virus verursacht; EDV schnell weite Verbreitung im Internet findend)
Vir|chow [ˈvɪrço, auch ˈf...] (dt. Arzt)
Vi|re|ment [...rəˈmãː], das; -s, -s ⟨franz.⟩ (im Staatshaushalt die Übertragung von Mitteln von einem Titel auf einen anderen od. auf ein anderes Haushaltsjahr)
Vi|ren (Plur. von Virus); Vi|ren|schutz, der; -es (Schutz vor Computerviren); Vi|ren|war|nung
Vir|gel, die; -, -n ⟨lat.⟩ (Schrägstrich)
Vir|gil vgl. Vergil
¹Vir|gi|nia (w. Vorn.)
²Vir|gi|nia [...dʒ...] (Staat in den USA; Abk. VA)
³Vir|gi|nia [...dʒ... ...g...], die; -, -s (Zigarrensorte); Vir|gi|nia|ta|bak
Vir|gi|ni|e|rin
vir|gi|nisch
Vir|gi|ni|tät, die; - (Jungfräulichkeit; Unberührtheit)
vi|ril ⟨lat.⟩ (Med. männlich); Vi|ri|lis|mus, der; - (Vermännlichung [einer Frau])
Vi|ri|li|tät, die; - (Med. männliche Kraft; Mannbarkeit)
Vi|ro|lo|ge, der; -n, -n ⟨lat.; griech.⟩ (Virusforscher); Vi|ro|lo|gie, die; -; Vi|ro|lo|gin; vi|ro|lo|gisch; vi|rös (durch Viren hervorgerufen)
vir|tu|a|li|sie|ren ⟨franz.⟩ (etw. virtuell machen; EDV Hardware, Datenspeicher o. Ä. durch eine Software nur simulieren); vir|tu|a|li|siert; Vir|tu|a|li|sie|rung ⟨lat.⟩; Vir|tu|a|li|tät, die; -, -en ⟨franz.⟩ (innewohnende Kraft od. Möglichkeit); vir|tu|a|li|ter ⟨lat.⟩ (als Möglichkeit)
Vir|tu|al Re|a|li|ty [ˈvoːɐ̯tʃuəl riˈɛ-lɪti], die; - - ⟨engl.⟩ (virtuelle Realität)
vir|tu|ell ⟨franz.⟩ (der Möglichkeit nach vorhanden, scheinbar); ↑D 89: virtuelles Bild (Optik); virtuelle Realität (vom Computer simulierte Wirklichkeit)

vir|tu|os ⟨ital.⟩ (meisterhaft, technisch vollkommen); **Vir|tu|o|se**, der; -n, -n (hervorragender Meister, bes. Musiker); **Vir|tu|o|sen|tum**, das; -s; **Vir|tu|o|sin** der; -, -nen; **Vir|tu|o|si|tät**, die; - (Kunstfertigkeit; Meisterschaft, bes. als Musiker)

Vir|tus, die; - ⟨lat.⟩ (*Ethik* Tüchtigkeit, Tapferkeit; Tugend)

vi|ru|lent ⟨lat.⟩ (ansteckend [von Krankheitserregern]); **Vi|ru|lenz**, die; - (Ansteckungsfähigkeit [von Bakterien])

Vi|rus, das, außerhalb der Fachspr. auch der; -, ...ren (kleinster Krankheitserreger; zerstörendes, unbemerkt eingeschleustes Computerprogramm); **Vi|rus|er|kran|kung**; **Vi|rus|grip|pe**; **Vi|rus|in|fek|ti|on**; **Vi|rus|krank|heit**

Vi|sa (Plur. von Visum); **vi|sa|frei**; **Vi|sa|frei|heit**, die; -

Vi|sa|ge [...ʒə, österr. ...ʃ], die; -, -n ⟨franz.⟩ (ugs. abwertend für Gesicht)

Vi|sa|gist, der; -en, -en (Kosmetiker, Maskenbildner); **Vi|sa|gis|tin**

Vi|sa|vis, das; -, - (Gegenüber)

vis-à-vis, vis-a-vis [vizaˈviː] (gegenüber)

Vis|count [ˈvaɪkaʊnt], der; -s, -s ⟨engl.⟩ (engl. Adelstitel); **Vis|coun|tess** [...ˈtes], die; -, -es (weibliche Form von Viscount)

Vi|sen (Plur. von Visum)

Vi|si|bi|li|tät, die; - ⟨lat.⟩ (Sichtbarkeit)

Vi|sier, das; -s, -e ⟨franz.⟩ (beweglicher, das Gesicht deckender Teil des Helmes; Zielvorrichtung)

vi|sie|ren (auf etwas zielen)

Vi|sier|fern|rohr; **Vi|sier|li|nie**

Vi|si|on, die; -, -en ⟨lat.⟩ (Erscheinung; Traumbild; Zukunftsentwurf)

vi|si|o|när (traumhaft; seherisch); **Vi|si|o|när**, der; -s, -e (visionär begabter Mensch); **Vi|si|o|nä|rin**

vi|si|o|nie|ren (schweiz. für sich [einen Film o. Ä.] prüfend ansehen)

Vi|si|ons|ra|di|us (Optik Sehachse)

Vi|sit, der; -s, -s ⟨engl.⟩ (EDV einzelne Nutzung eines Angebots im Internet)

Vi|si|ta|ti|on, die; -, -en ⟨lat.⟩ ([Kontroll]besuch des vorgesetzten Geistlichen in den ihm unterstellten Gemeinden)

Vi|si|te, die; -, -n ⟨franz.⟩ (Krankenbesuch des Arztes im Krankenhaus; veraltet, noch scherzh. für Besuch)

Vi|si|ten|kar|te; **Vi|si|ten|kar|ten|par|ty** (meist scherzh.)

vi|si|tie|ren (durch-, untersuchen; besichtigen)

Vi|sit|kar|te (österr. neben Visitenkarte)

vis|kos, selten **vis|kös** ⟨lat.⟩ (zäh[flüssig], leimartig; viskose, selten viskose Körper

Vis|ko|se, die; - (Chemie Zelluloseverbindung); **Vis|ko|si|me|ter**, das; -s, - ⟨lat.; griech.⟩ (Messgerät zur Bestimmung der Viskosität); **Vis|ko|si|tät**, die; - ⟨lat.⟩ (Zähflüssigkeit)

Vis ma|jor, die; - - ⟨lat.⟩ (Rechtsspr. höhere Gewalt)

Vis|ta, die; - ⟨lat.⟩ (Bankw. Sicht, Vorzeigen eines Wechsels); vgl. a vista u. a prima vista; **Vis|ta|wech|sel** (Sichtwechsel)

vi|su|a|li|sie|ren ⟨lat.⟩ (optisch darstellen); **Vi|su|a|li|sie|rung**

vi|su|ell ⟨franz.⟩ (das Sehen betreffend; visueller Typ (jmd., der Gesehenes besonders leicht in Erinnerung behält)

Vi|sum, das; -s, Plur. ...sa u. ...sen ⟨lat.⟩ (Ein- od. Ausreiseerlaubnis; Sichtvermerk im Pass; schweiz. auch für Namenszeichen, Abzeichnung); **Vi|sum|an|trag**; **vi|sum|frei**; **Vi|sum[s]|frei|heit**, die; -; **Vi|sum[s]|zwang**, der; -[e]s

vis|ze|ral ⟨lat.⟩ (Med. Eingeweide...); **Vis|ze|ral|chi|r|urg** ⟨lat.; griech.⟩; **Vis|ze|ral|chi|r|ur|gie** (Chirurgie des Bauch- u. Beckenraums); **Vis|ze|ral|chi|r|ur|gin**; **vis|ze|ral|chi|r|ur|gisch**

Vi|ta, die; -, Plur. Viten u. Vitae ⟨lat.⟩ (Leben, Lebensbeschreibung)

vi|tal (lebenskräftig, -wichtig; frisch, munter); **Vi|tal|fär|bung** (Mikroskopie Färbung lebender Zellen u. Gewebe)

Vi|ta|li|a|ner ⟨lat.; zu Viktualien⟩ (selten für Vitalienbrüder); **Vi|ta|li|en|brü|der** Plur. (Seeräuber in der Nord- u. Ostsee im 14. u. 15. Jh.)

vi|ta|li|sie|ren ⟨lat.⟩ (beleben)

Vi|ta|lis|mus, der; - (philos. Lehre von der »Lebenskraft«)

Vi|ta|list, der; -en, -en (Anhänger des Vitalismus); **Vi|ta|lis|tin**; **vi|ta|lis|tisch**

Vi|ta|li|tät, die; - (Lebendigkeit, Lebensfülle, -kraft)

Vi|t|a|min, das; -s, -e; Vitamin C; des Vitamin[s] C; Vitamin B₁₂; **vi|t|a|min|arm**

Vi|t|a|min-B-hal|tig [...ˈbeː...]

Vi|t|a|min-B-Man|gel, der; -s ↑D 26; **Vi|t|a|min-B-Man|gel-Krank|heit**

vi|t|a|mi|nie|ren, **vi|t|a|mi|ni|sie|ren** (mit Vitaminen anreichern)

Vi|t|a|min|man|gel, der; **Vi|t|a|min|prä|pa|rat**; **vi|t|a|min|reich**; **Vi|t|a|min|stoß**

vite [viːt, vɪt] ⟨franz.⟩ (Musik schnell, rasch)

Vi|tel|li|us (röm. Kaiser)

Vi|tel|lo ton|na|to, das; - - ⟨ital.⟩ (Kochkunst eine ital. Vorspeise)

vi|te|ment [vitəˈmaː] (Musik schnell, rasch)

Vi|ti|um, das; -s, ...tia ⟨lat.⟩ (Med. Fehler, Defekt)

Vi|t|ri|ne, die; -, -n ⟨franz.⟩ (gläserner Schaukasten, Schauschrank)

Vi|t|ri|ol, das; -s, -e ⟨lat.⟩ (veraltet für kristallisiertes, kristallwasserhaltiges Sulfat von Zink, Eisen od. Kupfer); **vi|t|ri|ol|hal|tig**; **Vi|t|ri|ol|lö|sung**

Vi|t|ruv, **Vi|t|ru|vi|us** (altröm. Baumeister)

Vi|tus (m. Vorn.)

Vitz|li|putz|li, der; -[s] ⟨aus »Huitzilopochtli«, einem Stammesgott der Azteken⟩ (Schreckgestalt, Kinderschreck; volkstümlich auch für Teufel)

vi|va|ce [...tʃə] ⟨ital.⟩ (Musik munter, lebhaft); **Vi|va|ce**, das; -, -

vi|va|cis|si|mo (sehr lebhaft); **Vi|va|cis|si|mo**, das; -s, Plur. -s u. ...mi

Vi|val|di (ital. Komponist)

vi|vant! ⟨lat.⟩ (sie sollen leben!)

Vi|va|ris|tik, die; - (das Halten kleiner Tiere im Vivarium)

Vi|va|ri|um, das; -s, ...ien (Aquarium mit Terrarium; auch für Gebäude hierfür)

vi|vat! (er, sie, es lebe!); **Vi|vat**, das; -s, -s (Hochruf)

vi|vat, cres|cat, flo|re|at! (er, sie, es lebe, blühe u. gedeihe!)

vi|vi|par (Biol. lebend gebärend)

Vi|vi|sek|ti|on, die; -, -en (Eingriff am lebenden Tier zu wissenschaftl. Versuchszwecken); **vi|vi|se|zie|ren**

Vi|ze [f..., v...], der; -[s], -s ⟨lat.⟩ (ugs. für Stellvertreter); **Vi|ze** (stellvertretend)

Vi|ze|bür|ger|meis|ter; **Vi|ze|bür|ger|meis|te|rin**

Vi|ze|eu|ro|pa|meis|ter (Sport); **Vi|ze|eu|ro|pa|meis|te|rin**

Vi|ze|kanz|ler; **Vi|ze|kanz|le|rin**

Vi|ze|kö|nig; **Vi|ze|kö|ni|gin**

Vizekonsul

Vi|ze|kon|sul; Vi|ze|kon|su|lin
Vi|ze|meis|ter (Sport); **Vi|ze|meis|te|rin; Vi|ze|meis|ter|schaft**
Vi|ze|prä|si|dent; Vi|ze|prä|si|den|tin; Vi|ze|pre|mi|er; Vi|ze|pre|mi|e|rin; Vi|ze|pre|mi|er|mi|nis|ter; Vi|ze|pre|mi|er|mi|nis|te|rin
Vi|ze|rek|tor (bes. österr.); **Vi|ze|rek|to|rin**
Vi|ze|welt|meis|ter; Vi|ze|welt|meis|te|rin
Vi|zin (zu Vize)
Viz|tum ['fɪ..., auch 'vi:...], der; -s, -e ⟨lat.⟩ (im MA. Verwalter weltl. Güter von Geistlichen u. Klöstern)
v. J. = vorigen Jahres
VJ ['viːdʒeɪ], der; -[s], -s ⟨engl.⟩ = Videojockey
Vla|me [f...] usw. vgl. ¹Flame usw.
Vlies [f...], das; -es, -e ⟨niederl.⟩ ([Schaf]fell; Rohwolle; *Spinnerei* breite Faserschicht); ↑D 88: das Goldene Vlies (griech. Sage)
Vlie|se|li|ne® [f...], die; - (Einlage z. B. zum Verstärken von Kragen u. Manschetten)
Vlis|sin|gen [f...] (niederl. Stadt)
vm. vgl. ¹vorm.
v. M. = vorigen Monats
V-Mann ['faʊ...], der; -[e]s, V-Leute u. V-Männer = Vertrauensmann, Verbindungsmann
VN = Vereinte Nationen *Plur.*; UN u. UNO
v. o. = von oben
Vöck|la|bruck [f...] (oberösterr. Stadt)
Vod|cast ['vɔtkaːst], der; -s, -s ⟨engl.⟩ (Videopodcast)
Vo|gel, der; -s, Vögel
Vo|gel|art; Vo|gel|bad; Vo|gel|bau|er (vgl. ³Bauer; Käfig)
Vo|gel|beer|baum; Vo|gel|bee|re
Vö|gel|chen
Vo|gel|dreck; Vo|gel|dunst, der; -[e]s (Jägerspr. feinster Schrot)
Vö|ge|lein
Vo|ge|ler vgl. Vogler
Vo|gel|fän|ger; Vo|gel|fän|ge|rin
Vo|gel|flug
Vo|gel|flug|li|nie, die; - (kürzeste Verkehrsverbindung zwischen Hamburg u. Kopenhagen)
vo|gel|frei (rechtlos)
Vo|gel|fut|ter vgl. ¹Futter; **Vo|gel|ge|zwit|scher; Vo|gel|grip|pe**, die; - (eine Infektionskrankheit); **Vo|gel|grip|pe|vi|rus**
Vo|gel|händ|ler (früher); **Vo|gel|händ|le|rin**
Vo|gel|häus|chen; Vo|gel|herd (Vogelfangplatz); **Vo|gel|kä|fig;**

Vo|gel|kir|sche; Vo|gel|kun|de, die; - (Ornithologie)
Vo|gel|mie|re (eine Pflanze)
vö|geln (derb für Geschlechtsverkehr ausüben); ich vög[e]le
Vo|gel|nest; Vo|gel|pers|pek|ti|ve (Vogelschau)
Vo|gels|berg, der; -[e]s (Teil des Hessischen Berglandes)
Vo|gel|schau; Vo|gel|scheu|che
Vo|gel|schlag, der; -[e]s, ...schläge (das Zusammenstoßen von fliegenden Vögeln mit z. B. Flugzeugen)
Vo|gel|schutz, der; -es
Vo|gel|schutz|ge|biet; Vo|gel|schutz|war|te
Vo|gel|schwarm; Vo|gel|spin|ne
Vo|gel|stell|ler (Vogelfänger); **Vo|gel|stel|le|rin; Vo|gel|stim|me**
Vo|gel-Strauß-Po|li|tik, die; - ↑D 26
Vo|gel|war|te; Vo|gel|welt
Vo|gel|züch|ter; Vo|gel|züch|te|rin
Vo|gel|zug
Vo|gerl|sa|lat (österr. für Feldsalat)
Vo|ge|sen [v...] *Plur.* (Gebirgszug westl. des Oberrheins)
Vög|lein
Vog|ler (veraltet für Vogelfänger); **Vog|le|rin**
Vogt, der; -[e]s, Vögte (früher für Schirmherr; Richter; Verwalter)
Vog|tei (früher für Amtsbezirk, Sitz eines Vogtes); **vog|tei|lich**
Vög|tin, Vogt|tin
Vogtl. = Vogtland; **Vogt|land**, das; -[e]s (Bergland zwischen Frankenwald, Fichtelgebirge u. Erzgebirge; *Abk.* Vogtl.)
Vogt|län|der; Vogt|län|de|rin; vogt|län|disch; Voice|mail [...meɪl], die; -, -s ([in ein Telefon integriertes] System zur Speicherung u. Weiterleitung mündlicher Nachrichten)
Voice|over, Voice-over ['vɔɪsˌoʊvɐ], das; -s, -s ⟨engl.⟩ (Überlagerung einer Tonaufnahme mit einer Sprechstimme); **Voice|re|kor|der; Voice|re|cor|der** (Flugw. Gerät, das Gespräche u. Geräusche im Cockpit aufzeichnet)
voi|là! [vɔaˈla] ⟨franz., »sieh da!«⟩ (da haben wir es!)
Voile [vɔaːl], der; -, -s ⟨franz.⟩ (ein durchsichtiger Stoff); **Voile|kleid**
voi|pen ['vɔɪpn̩] ⟨zu engl. VoIP = Voice over Internet Protocol⟩ (über das Internet telefonieren); ich voipe; gevoipt
Vo|ka|bel, die; -, -n, österr. auch das; -s, - ⟨lat.⟩ ([einzelnes] Wort einer Fremdsprache); **Vo|ka|bel|**

heft; Vo|ka|bu|lar, das; -s, -e, älter **Vo|ka|bu|la|ri|um**, das; -s, ...ien (Wortschatz)
vo|kal ⟨lat.⟩ (*Musik* die Singstimme betreffend)
Vo|kal, der; -s, -e (*Sprachwiss.* Selbstlaut, z. B. a, e)
Vo|kal|en|sem|ble (kleinerer Chor)
Vo|ka|li|sa|ti|on, die; -, -en (Wandel eines Konsonanten zu einem Vokal; Hilfszeichen in der arab. u. hebr. Schrift)
vo|ka|lisch (den Vokal betreffend)
Vo|ka|li|se, die; -, -n ⟨franz.⟩ (*Musik* Gesangsübung, -stück auf einen od. mehrere Vokale)
vo|ka|li|sie|ren (einen Konsonanten wie einen Vokal sprechen; beim Singen die Vokale bilden); **Vo|ka|li|sie|rung**
Vo|ka|lis|mus, der; - (Vokalbestand einer Sprache)
Vo|ka|list, der; -en, -en (Sänger)
Vo|ka|lis|tin
Vo|kal|mu|sik (Gesang); **Vo|kal|stück** (Vokalmusik)
Vo|ka|ti|on, die; -, -en ⟨franz.⟩ (Berufung in ein Amt)
Vo|ka|tiv [auch ...ˈtiːf], der; -s, -e ⟨*Sprachwiss.* Anredefall⟩
vol. = Volumen (Schriftrolle, ²Band)
Vol.-% = Volumprozent
Vo|land [f...], der; -[e]s (alte Bez. für Teufel); Junker Voland
Vo|lant [voˈlãː], der, *schweiz. meist* das; -s, -s ⟨franz.⟩ (Besatz an Kleidungsstücken, Falbel; *veraltend für* Lenkrad, Steuer)
Vo|la|pük, das; -s (eine künstliche Weltsprache)
vo|la|til ⟨lat.⟩ (*Chemie* flüchtig; *Finanzw.* unbeständig); **Vo|la|ti|li|tät**, die; -, -en
Vo|li|e|re, die; -, -n ⟨franz.⟩ (Vogelhaus)
Volk, das; -[e]s, Völker
Volk|ard vgl. Volkhard
Völk|chen
Vol|ker (Spielmann im Nibelungenlied; m. Vorn.)
Völ|ker|ball, der; -[e]s (Ballspiel)
Völ|ker|bund, der; -[e]s (früher)
Völ|ker|fa|mi|lie, die; -; **Völ|ker|freund|schaft; Völ|ker|ge|misch**
Völ|ker|kun|de, die; -; **Völ|ker|kun|de|mu|se|um; Völ|ker|kund|ler; Völ|ker|kund|le|rin; völ|ker|kund|lich**
Völ|ker|mord
Völ|ker|recht; Völ|ker|recht|ler; Völ|ker|recht|le|rin; völ|ker|recht|lich; völ|ker|rechts|wid|rig

Vollernter

Völ|ker|schaft
Vol|kert vgl. Volkhard
Völ|ker ver|bin|dend, völ|ker|ver|bin|dend; eine **Völker verbindende** od. völkerverbindende Idee; *aber nur* viele Völker verbindend; eine sehr völkerverbindende Veranstaltung
Völ|ker|ver|stän|di|gung; Völ|ker|wan|de|rung
Volk|hard, Vol|kard, Vol|kert (m. Vorn.)
völ|kisch (*bes. nationalsoz.*); Völk|lein
Völk|lin|gen (Stadt im Saarland); Völk|lin|ger; Völklinger Hütte (eine stillgelegte Hochofengruppe); Völk|lin|ge|rin
Volk|mar (m. Vorn.)
volk|reich
Volks|ab|stim|mung; Volks|ak|tie
Volks|ak|ti|o|när; Volks|ak|ti|o|nä|rin
Volks|an|walt (*österr. für* Ansprechpartner bei Bürgerbeschwerden); Volks|an|wäl|tin; Volks|an|walt|schaft (*österr.*)
Volks|ar|mee, die; - (*DDR*); Volks|ar|mist, der; -en, -en (*DDR*); Volks|ar|mis|tin
Volks|auf|stand; Volks|aus|ga|be; Volks|bank *Plur.* ...banken
Volks|be|fra|gung; Volks|be|geh|ren; Volks|be|lus|ti|gung; Volks|be|we|gung; Volks|bi|b|lio|thek; volks|bil|dend; Volks|bil|dung, die; -; Volks|brauch; Volks|buch; Volks|bü|che|rei
Volks|de|mo|kra|tie (Staatsform kommunist. Länder, bei der die gesamte Staatsmacht in den Händen der Partei liegt)
Volks|deut|sche, der u. die; -n, -n
Volks|dich|tung
volks|ei|gen; ein volkseigener Betrieb, *aber* ↑D150: »Volkseigener Betrieb Buntgarnwerke Leipzig« (*Abk.* VEB ...)
Volks|ei|gen|tum; Volks|ein|kom|men; Volks|emp|fin|den; Volks|ent|scheid; Volks|er|he|bung
Volks|ety|mo|lo|gie (volkstümliche, aber etymologisch falsche Herleitung eines unbekannten Wortes); volks|ety|mo|lo|gisch
Volks|feind; Volks|fein|din; volks|feind|lich
Volks|fest
Volks|front (Bündnis der linken bürgerlichen Parteien mit den Kommunisten)
Volks|ge|mur|mel; Volks|glau|be[n]; Volks|grup|pe; Volks|grup|pen|ge|setz (*österr.*); Volks|held

Volks|hel|din; Volks|herr|schaft; Volks|hoch|schu|le (*Abk.* VHS)
Volks|ini|ti|a|ti|ve (*schweiz. für* Volksbegehren)
Volks|kam|mer, die; - (*DDR für* höchstes staatl. Machtorgan)
Volks|kir|che
Volks|kon|gress (Parlament in China u. Libyen); Volks|kor|re|spon|dent (*in der DDR*); Volks|kor|re|s|pon|den|tin
Volks|krank|heit
Volks|kun|de, die; Volks|kund|ler; Volks|kund|le|rin; volks|kund|lich
Volks|kunst, die; -; Volks|lauf
Volks|lied; volks|lied|haft (*Musik*)
Volks|mär|chen
Volks|ma|ri|ne (*DDR*)
Volks|mas|se; Volks|men|ge; Volks|mund, der; -[e]s; Volks|mu|sik; volks|nah; Volks|nä|he; Volks|nah|rungs|mit|tel; Volks|par|tei
Volks|po|li|zei, die; - (*in der DDR*; *Abk.* VP); Volks|po|li|zist; Volks|po|li|zis|tin
Volks|recht, das (*bes. schweiz. für* Recht des Volkes auf direkte Beteiligung an politischen Entscheidungen, z. B. über eine Volksabstimmung)
Volks|re|de; Volksreden halten (*ugs. auch für* lange Reden führen); Volks|red|ner; Volks|red|ne|rin
Volks|re|pu|b|lik (*Abk.* VR)
Volks|schau|spiel; Volks|schau|spie|ler; Volks|schau|spie|le|rin
Volks|schu|le; Volks|schü|ler; Volks|schü|le|rin; Volks|schul|leh|rer; Volks|schul|leh|re|rin
Volks|see|le; Volks|seu|che
Volks|so|li|da|ri|tät (Organisation für solidar. Hilfe, bes. in der DDR)
Volks|sport, der; -[e]s
Volks|spra|che; volks|sprach|lich
Volks|stamm; Volks|stück
Volks|tanz; Volks|tän|zer; Volks|tän|ze|rin; Volks|tanz|grup|pe
Volks|the|a|ter; Volks|tracht; Volks|trau|er|tag; Volks|tri|bun; Volks|tri|bu|nin
Volks|tum, das; -s; volks|tüm|lich; Volks|tüm|lich|keit, die; -
volks|ver|bun|den; Volks|ver|bun|den|heit, die; -
Volks|ver|dum|mung (*ugs. abwertend*); Volks|ver|het|zung
Volks|ver|mö|gen
Volks|ver|tre|ter; Volks|ver|tre|te|rin; Volks|ver|tre|tung
Volks|wa|gen®, der; -s, - (dt. Kraftfahrzeug; *Abk.* VW); Volks|wa|gen|werk
Volks|wei|se, die; Volks|weis|heit
Volks|wirt; Volks|wir|tin
Volks|wirt|schaft
Volks|wirt|schaft|ler (*schweiz. neben* Volkswirtschaftler); Volks|wirt|schaft|le|rin
Volks|wirt|schaft|ler; Volks|wirt|schaft|le|rin; volks|wirt|schaft|lich; Volks|wirt|schafts|leh|re
Volks|wohl
Volks|zäh|lung (*ugs.*); Volks|zäh|le|rin; Volks|zäh|l|lung
Volks|zorn; Volks|zu|ge|hö|rig|keit
voll *s. Kasten Seite* 1192
Voll|aka|de|mi|ker; Voll|aka|de|mi|ke|rin
voll|auf [*auch* ...'laʊf]; vollauf genug
voll|au|to|ma|tisch
voll au|to|ma|ti|siert, voll|au|to|ma|ti|siert; *vgl.* voll; ↑D58
Voll|bad
Voll|bart; voll|bär|tig
voll|be|kom|men ↑D56; *vgl.* voll
voll be|la|den, voll|be|la|den; *vgl.* voll; ↑D58
voll|be|schäf|tigt; Voll|be|schäf|ti|gung, die; -
voll be|setzt, voll|be|setzt; *vgl.* voll; ↑D58
Voll|be|sitz, der; -es; im Vollbesitz seiner Kräfte
Voll|be|trieb (*bes. österr., schweiz. für* uneingeschränkter Betrieb)
Voll|bild (*Med.* alle üblichen Symptome zeigendes Krankheitsbild)
Voll|blut; Voll|blü|ter
voll|blü|tig; Voll|blü|tig|keit, die; -
Voll|blut|mu|si|ker (Musiker, der ganz sein voller Tätigkeit erfüllt ist); Voll|blut|mu|si|ke|rin
Voll|blut|pferd
Voll|brem|sung
voll|brin|gen; ich vollbringe; vollbracht; Voll|brin|gung
voll|bu|sig
Voll|dampf, der; -[e]s
Völ|le|ge|fühl
voll|elas|tisch; voll|elek|t|ro|nisch
voll|en|den; ich vollende; vollendet; zu vollenden; Voll|en|der; Voll|en|de|rin; voll|ends; Voll|en|dung
voll ent|wi|ckelt, voll|ent|wi|ckelt; *vgl.* voll; ↑D58
vol|ler *vgl.* voll
Völ|le|rei (unmäßiges Essen u. Trinken); völ|lern; ich völlere
Voll|ern|ter (*Landwirtsch.* eine Erntemaschine)

V
Voll

1191

Vollerwerbsbauer

voll

I. *Beugung:*
– voll Wein[es], voll [des] süßen Weines
– voll heiligem Ernst
– ein Beutel voll[er] Geldscheine, voll[er] neuer Geldscheine
– voll[er] Angst
– ein Fass voll[er] Öl
– der Saal war voll[er] Menschen, voll von Menschen

II. *Klein- od. Großschreibung*
a) *Kleinschreibung:*
– mit vollem Einsatz
– voll verantwortlich sein
– zehn Minuten nach voll (ugs. für nach der vollen Stunde)

b) *Großschreibung* ↑D 72:
– aus dem Vollen schöpfen; im Vollen leben; ins Volle greifen
– ein Wurf in die Vollen (auf 9 Kegel)
– in die Vollen gehen (ugs. für etwas mit Nachdruck betreiben)

III. *Getrennt- od. Zusammenschreibung*
a) *In Verbindung mit Verben* ↑D 56:
– voll sein, werden
– etwas voll (ganz) begreifen
– sich voll einbringen (ugs.)

– jemanden nicht für voll nehmen (ugs.)
– die Nase voll [von etwas] haben (ugs.)
– den Mund recht voll nehmen (ugs. für prahlen)
– vollfüllen, vollgießen, vollladen, vollaufen, vollmachen, vollpacken, vollschmieren, vollspritzen, volltanken usw., *aber* zu voll füllen, gießen usw.
– sich vollessen, vollfressen, vollsaufen; sich den Bauch vollschlagen
– jemandem die Hucke vollhauen (ugs. für jemanden verprügeln); jemandem die Hucke volllügen (ugs. für jemanden sehr belügen)
– *Vgl. auch* vollbringen, vollenden, vollführen, vollstrecken, vollziehen

b) *In Verbindung mit Partizipien* ↑D 58:
– die voll automatisierte *od.* vollautomatisierte Produktion
– ein voll besetzter *od.* vollbesetzter Bus
– voll entwickelte *od.* vollentwickelte Muskulatur
– voll klimatisierte *od.* vollklimatisierte Räume
– vollgefüllt, vollgeladen, vollgelaufen, vollgetankt usw.

Vgl. auch Arm, Hand, Mund

V · Voll

Voll|er|werbs|bau|er (*bes. österr.*); Voll|er|werbs|bäu|e|rin; Voll|er|werbs|be|trieb (hauptberuflich geführter Landwirtschaftsbetrieb)
voll|es|sen, sich ↑D 56; *vgl.* voll
vol|ley [...li] ⟨engl.⟩; einen Ball volley (aus der Luft) nehmen
Vol|ley, der; -s, -s (*Tennis* Flugball)
Vol|ley|ball, der; -[e]s (ein Ballspiel); Vol|ley|bal|ler, Vol|ley|ball|spie|ler, Vol|ley|bal|le|rin, Vol|ley|ball|spie|le|rin
voll|fett; vollfetter Käse
voll|fres|sen, sich ↑D 56 (*ugs.*); *vgl.* voll
voll|füh|ren; ich vollführe; vollführt; Voll|füh|rung
voll|fül|len ↑D 56; *vgl.* voll
Voll|gas, das; -es; Vollgas geben
Voll|gat|ter (*Technik* eine Säge)
voll|ge|fres|sen (*ugs.*)
Voll|ge|fühl, das; -[e]s; im Vollgefühl ihrer Macht
voll|ge|pumpt; *vgl.* voll; ↑D 58
voll|ge|stopft; *vgl.* voll; ↑D 58
voll|gie|ßen ↑D 56; *vgl.* voll
voll|gül|tig
Voll|gum|mi|rei|fen
Voll|idi|ot (*ugs.*); Voll|idi|o|tin (*ugs.*)
vol|lie|ren (*bes. Tennis* den Ball volley schlagen)
vol|lig

voll|in|halt|lich
voll|jäh|rig; Voll|jäh|rig|keit, die; -; Voll|jäh|rig|keits|er|klä|rung
Voll|ju|rist; Voll|ju|ris|tin
voll|kas|ko|ver|si|chert; Voll|kas|ko|ver|si|che|rung
Voll|kauf|frau; Voll|kauf|mann
voll kli|ma|ti|siert, voll|kli|ma|ti|siert; *vgl.* voll; ↑D 58
voll|kom|men [*auch* 'fɔ...]; Voll|kom|men|heit, die; -
Voll|korn|brot; Voll|korn|keks
voll|kot|zen (*derb*) ↑D 56; *vgl.* voll
Voll|kraft, die; -
voll|krie|gen (*ugs.*) ↑D 56; *vgl.* voll
voll|krit|zeln ↑D 56; *vgl.* voll
voll|la|den ↑D 56; *vgl.* voll u. ¹laden
Voll|last, Voll-Last (*Technik*)
voll|lau|fen ↑D 56; *vgl.* voll u. laufen
voll|lei|big ↑D 169
voll|ma|chen ↑D 56; *vgl.* voll
Voll|macht, die; -, -en; Voll|macht|ge|ber; Voll|macht|ge|be|rin; Voll|machts|ur|kun|de
Voll|mas|sa|ge (Massage des ganzen Körpers)
voll|mast (*Seemannsspr.*); vollmast flaggen; auf vollmast stehen
Voll|ma|tro|se; Voll|ma|tro|sin
Voll|milch; Voll|milch|scho|ko|la|de
Voll|mit|glied; Voll|mit|glied|schaft
Voll|mond; Voll|mond|ge|sicht *Plur.* ...gesichter (*ugs.*)

voll|mun|dig (voll im Geschmack; *auch für* großsprecherisch)
Voll|nar|ko|se
voll|pa|cken ↑D 56; *vgl.* voll
Voll|pap|pe (massive Pappe)
Voll|pen|si|on, die; -
Voll|pfos|ten (*ugs. für sehr dummer Mensch*)
voll|prop|fen ↑D 56; *vgl.* voll
voll|pro|fi (*ugs.*)
voll|pum|pen ↑D 56; *vgl.* voll
Voll|rausch
voll|reif; Voll|rei|fe
voll|sau|fen, sich (*derb*); ↑D 56; *vgl.* voll
voll|schei|ßen (*derb*); ↑D 56; *vgl.* voll
voll|schla|gen (*ugs.*); ↑D 56; *vgl.* voll
voll|schlank
voll|schmie|ren ↑D 56; *vgl.* voll
voll|schrei|ben ↑D 56; *vgl.* voll
voll|sinn; im Vollsinn des Wortes
Voll|sper|rung (*Verkehrsw.*)
voll|sprit|zen ↑D 56; *vgl.* voll
Voll|spur (*Eisenbahn*); voll|spu|rig
voll|stän|dig; Voll|stän|dig|keit, die; -
voll|stock (*Seemannsspr.*); vollstock flaggen; auf vollstock stehen
voll|stop|fen (*ugs.*); ↑D 56; *vgl.* voll
voll|stre|ckbar (*Rechtswiss.*); Voll|streck|bar|keit, die; -
voll|stre|cken; ich vollstrecke; vollstreckt; zu vollstrecken; Voll|stre|cker; Voll|stre|cke|rin

von

(*Abk.* v.)
Präposition mit Dativ:
– von [ganzem] Herzen
– von [großem] Nutzen, Vorteil sein
– von Sinnen sein
– vonseiten (*vgl. d.*) *od.* von Seiten
– von Neuem *od.* neuem; von Weitem *od.* weitem
– von nah und fern; von links, von rechts
– von oben (*Abk.* v. o.); von unten (*Abk.* v. u.)
– von ungefähr; von vorn[e]; von vornherein
– von jetzt, von da an (*ugs.* von jetzt, von da ab)
– von Jugend an (*ugs.* von Jugend ab)
– von Grund auf
– von mir aus; von Haus[e] aus
– von Amts wegen; von Rechts wegen
– von Hand zu Hand; mit Grüßen von Haus zu Haus
– von weit her; von alters her; von dorther; von jeher
– von dannen, hinnen gehen (*veraltet*)
– von wegen! (*ugs. für* auf keinen Fall!)
– von daher (*ugs. für* deshalb)
– die Hälfte von meinem Vermögen (die Hälfte meines Vermögens)
– ein Mensch von intelligentem Aussehen
– die Zeitung von heute

Voll|stre|ckung; Voll|stre|ckungs|be|am|te; Voll|stre|ckungs|be|am|tin; Voll|stre|ckungs|be|scheid
voll|tan|ken ↑ D 56; *vgl.* voll
Voll|text (*EDV*); **Voll|text|su|che**
voll|tö|nend ↑ D 57; **voll|tö|nig**
Voll|tref|fer
voll|trun|ken; Voll|trun|ken|heit
voll|um|fäng|lich (*bes. schweiz. für* in vollem Umfang)
Voll|verb (*Sprachwiss.*)
Voll|ver|pfle|gung, die; -
Voll|ver|samm|lung
Voll|ver|si|on (*EDV* Programmversion ohne Funktionsbeschränkungen)
Voll|wai|se
Voll|wasch|mit|tel
Voll|weib (erotische, vitale Frau)
voll|wer|tig; Voll|wer|tig|keit, die; -;
  Voll|wert|kost, die; -
voll|wich|tig (*Münzkunde*)
Voll|zah|ler; Voll|zah|le|rin
voll|zäh|lig; Voll|zäh|lig|keit, die; -
Voll|zeit, die; -; [in] Vollzeit arbeiten; ich arbeite Vollzeit; **voll|zeit|be|schäf|tigt; Voll|zei|ter** (*bes. schweiz. für* jmd., der Vollzeit arbeitet); **Voll|zei|te|rin**
Voll|zeit|schu|le
voll|zieh|bar; Voll|zieh|bar|keit, die; -
voll|zie|hen; ich vollziehe; vollzogen; zu vollziehen
Voll|zie|hung; Voll|zie|hungs|be|am|te; Voll|zie|hungs|be|am|tin
¹Voll|zug, der; -[e]s (Vollziehung)
²Voll|zug (*bes. Eisenbahn*)
Voll|zugs|an|stalt (Gefängnis)
Voll|zugs|be|am|te; Voll|zugs|be|am|tin
Voll|zugs|ge|walt; Voll|zugs|mel|dung; Voll|zugs|we|sen, das; -s
Vo|lon|tär [*auch* ...lö...], der; -s, -e ⟨*franz.*⟩ (ohne od. gegen geringe Vergütung zur beruflichen Ausbildung Arbeitender)
Vo|lon|ta|ri|at, das; -[e]s, -e (Ausbildungszeit, Stelle eines Volontärs, einer Volontärin)
Vo|lon|tä|rin, die; -, -nen; **vo|lon|tie|ren** (als Volontär[in] arbeiten)
Vols|ker, der; -s, - (Angehöriger eines ehem. Volksstammes in Mittelitalien); **Vols|ke|rin; vols|kisch**
Volt, das; *Gen.* - *u.* -[e]s, *Plur.* - ⟨nach dem ital. Physiker Volta⟩ (Einheit der elektr. Spannung; *Zeichen* V); 220 Volt
Vol|ta|ele|ment ↑ D 136
Vol|taire [...'tɛːɐ̯] (franz. Schriftsteller)
Vol|tai|ri|a|ner (Anhänger Voltaires); **Vol|tai|ri|a|ne|rin**
vol|ta|isch; voltaische Säule ↑ D 89 *u.* 135; *vgl.* voltasch
Volt|me|ter, das; -s, - (Stromstärkemesser); *vgl. aber* Voltmeter
Volt|am|pere (Einheit der elektr. Leistung; *Zeichen* VA)
vol|tasch (nach Volta benannt; galvanisch); **voltasche** *od.* Volta'sche Säule ↑ D 135 *u.* 89
Vol|te, die; -, -n ⟨franz.⟩ (Reitfigur; Kunstgriff beim Kartenmischen; Kniff); die Volte schlagen
vol|tie|ren (*svw.* voltigieren)
Vol|ti|ge [...ʒə], die; -, -n (Sprung eines Kunstreiters auf das Pferd); **Vol|ti|geur** [...'ʒøːɐ̯], der; -s, -e (*veraltet für* Voltigierer; *früher auch für* leichter Reiter in der Kavallerie); **vol|ti|gie|ren** [...'ʒiː...] (eine Volte ausführen; Kunstsprünge auf dem [galoppierenden] Pferd ausführen); **Vol|ti|gie|rer; Vol|ti|gie|re|rin**
Volt|me|ter, das; -s, - (*Elektrot.* Spannungsmesser); *vgl. aber* Voltameter
Volt|se|kun|de (Einheit des magnetischen Flusses; *Zeichen* Vs)
Vo|lu|men, das; -s, *Plur.* - *u.* ...mina ⟨*lat.*⟩ (Rauminhalt [*Zeichen* V]; Band [eines Werkes]; *nur in der Abk.* vol.]; Umfang, Gesamtmenge von etwas)
Vo|lu|men|ge|wicht (*svw.* Volumgewicht); **Vo|lu|men|pro|zent** (*svw.* Volumprozent); **Vo|lu|me|t|rie,** die; - (Messung von Rauminhalten); **Vo|lum|ge|wicht** (spezifisches Gewicht, Raumgewicht)
vo|lu|mi|nös ⟨*franz.*⟩ (umfangreich, massig)
Vo|lum|pro|zent (Hundertsatz vom Rauminhalt; *Abk.* Vol.-%)
Vo|lun|ta|ris|mus, der; - ⟨*lat.*⟩ (philos. Lehre, die allein den Willen als maßgebend betrachtet)
Vo|lun|ta|rist, der; -en, -en; **Vo|lun|ta|ris|tin; vo|lun|ta|ris|tisch**
Vo|lun|ta|tiv, der; -s (*Sprachwiss.* Form des Verbs, die einen Wunsch o. Ä. ausdrückt)
Vö|lu|s|pa, die; - ⟨altnord.⟩ (Eddalied vom Ursprung u. vom Untergang der Welt)
Vo|lu|te, die; -, -n ⟨*lat.*⟩ (*Kunstwiss.* spiralförmige Einrollung am Kapitell ionischer Säulen)
Vol|vu|lus, der; -, ...li ⟨*lat.*⟩ (*Med.* Darmverschlingung)
vom (von dem; *Abk.* v.)
Vom|hun|dert|satz *vgl.* Hundertsatz
vo|mie|ren ⟨*lat.*⟩ (*Med.* sich erbrechen)
von s. Kasten
von|ei|n|an|der; etwas voneinander haben, lernen, wissen; sich voneinander wegbewegen; *aber* voneinandergehen; *vgl.* aneinander; aufeinander
von|ei|n|an|der|ge|hen
von|nö|ten ([dringend] nötig); vonnöten sein
von oben (*Abk.* v. o.)
von Rechts we|gen (*Abk.* v. R. w.)
von|sei|ten, von Sei|ten; vonseiten *od.* von Seiten seines Vaters
von|stat|ten|ge|hen; alles ging gut vonstatten; vonstattengegangen; vonstattenzugehen

von unten

von un|ten (*Abk.* v. u.)

von was / wovon
Von was kommt in der gesprochenen Sprache recht häufig vor: *Von was sollen wir das bezahlen?* Im geschriebenen Standarddeutsch wird in der Regel *wovon* verwendet: *Wovon sollen wir das bezahlen?*

von we|gen! (*ugs. für* auf keinen Fall!)

Voo|doo, Vou|dou [vuˈduː, ˈvuːdu], der; - ⟨westafrik.-kreol.⟩ (Geheimkult auf Haiti)

¹**Vo|po**, der; -s, -s (*ugs.; kurz für* Volkspolizist); ²**Vo|po**, die; - (*ugs.; kurz für* Volkspolizei)

vor (*Abk.* v.); *Präp. mit Dat. u. Akk.*: vor dem Zaun stehen, *aber* vor den Zaun stellen; vor allem (*vgl. d.*); vor diesem; vor alters (*vgl. d.*); vor Kurzem *od.* kurzem; vor der Zeit; vor Ort; Gnade vor Recht ergehen lassen; vor sich gehen; vor sich hin brummen usw.; vor Christi Geburt (*Abk.* v. Chr. G.); vor Christo *od.* Christus (*Abk.* v. Chr.); vor allem[,] wenn/weil (*vgl. d.*)

vor... (*in Zus. mit Verben,* z. B. vorsingen, du singst vor, vorgesungen, vorzusingen)

vor|ab (zunächst, zuerst)

Vor|ab|druck *Plur.* ...drucke

Vor|abend

Vor|abend|mes|se (*kath. Kirche*)

Vor|abend|se|rie (*Fernsehen*)

Vor|ab|in|for|ma|ti|on

Vor|ah|nung; Vor|alarm

vor al|lem (*Abk.* v. a.); vor allem[,] wenn/weil ... ↑**D 127**

Vor|al|pe (*westösterr. für* im Frühjahr vorübergehend bewirtschaftete Bergweide)

Vor|al|pen *Plur.*

vor al|ters (*veraltet für* in alter Zeit); ↑**D 70**

vo|r|an; der Sohn voran, der Vater hinterdrein; **vo|r|an...** (z. B. vorangehen; ich gehe voran; vorangegangen; voranzugehen)

vo|r|an|brin|gen

vo|r|an|ge|hen; vo|r|an|ge|hend; die vorangehenden Ausführungen; *aber* ↑**D 72**: Vorangehendes; im Vorangehenden; der, die, das Vorangehende; *vgl.* folgend

vo|r|an|kom|men

Vor|an|kün|di|gung

vo|r|an|ma|chen (*ugs. für* sich beeilen)

vo|r|an|mel|den; *nur im Infinitiv u. Partizip II gebr.;* vorangemeldet; **Vor|an|mel|dung**

Vor|an|schlag (*Wirtsch.* Kalkulation)

vo|r|an|schrei|ten; vo|r|an|stel|len; vo|r|an|trei|ben

Vor|an|zei|ge

Vor|ar|beit; vor|ar|bei|ten

Vor|ar|bei|ter; Vor|ar|bei|te|rin

Vor|arl|berg [*auch* ˈfoː..., ...] (österr. Bundesland); **Vor|arl|ber|ger; Vor|arl|ber|ge|rin; vor|arl|ber|gisch**

vo|r|auf (*selten für* voran *u.* voraus)

Vor|auf|füh|rung (Aufführung eines Films vor dem eigentlichen Kinostart)

vo|r|auf|ge|hen (*geh.*)

vo|r|aus; sie war allen voraus; *aber* im (*landsch.* zum) Voraus [ˈfoː..., *auch* ...ˈraʊs]

Vo|r|aus, der; - (*Rechtsspr.* besonderer Erbanspruch eines überlebenden Ehegatten)

Vo|r|aus... (z. B. vorausgehen; ich gehe voraus; vorausgegangen; vorauszugehen)

Vo|r|aus|ab|tei|lung (*Militär*)

vo|r|aus|ah|nen; vo|r|aus|be|rech|nen|bar; vo|r|aus|be|rech|nen; vo|r|aus|be|stim|men

vo|r|aus|be|zah|len; Vo|r|aus|be|zah|lung

vo|r|aus|da|tie|ren (mit einem späteren Datum versehen)

vo|r|aus|den|ken; vo|r|aus|ei|len

Vo|r|aus|ex|em|plar

vo|r|aus|fah|ren

vo|r|aus|ge|hen; vo|r|aus|ge|hend; die vorausgehenden Verhandlungen; *aber* ↑**D 72**: Vorausgehendes; im Vorausgehenden; der, die, das Vorausgehende; *vgl.* folgend

vo|r|aus|ge|setzt[,] dass ↑**D 127**

vo|r|aus|ha|ben; jmdm. etwas vorausheben

Vo|r|aus|kas|se

Vo|r|aus|kor|rek|tur

vo|r|aus|lau|fen

vo|r|aus|sag|bar; Vo|r|aus|sa|ge; vo|r|aus|sa|gen

Vo|r|aus|schau; vo|r|aus|schau|en

Vo|r|aus|schei|dung (*Sport*)

vo|r|aus|schi|cken

vo|r|aus|seh|bar; vo|r|aus|se|hen

vo|r|aus|set|zen; Vo|r|aus|set|zung; vo|r|aus|set|zungs|los

Vo|r|aus|sicht, die; -; aller Voraussicht nach; **vo|r|aus|sicht|lich**

Vor|aus|wahl (vorläufige Auswahl)

vo|r|aus|wis|sen

vo|r|aus|zah|len; Vo|r|aus|zah|lung

Vor|bau *Plur.* ...bauten

vor|bau|en (*auch für* vorbeugen); der kluge Mann baut vor

vor|be|dacht; Vor|be|dacht, der; *nur in* mit, ohne Vorbedacht

Vor|be|deu|tung; Vor|be|din|gung

Vor|be|halt, der; -[e]s, -e; mit, unter, ohne Vorbehalt

vor|be|hal|ten; ich behalte es mir vor; ich habe es mir vorbehalten; vorzubehalten

vor|be|halt|lich, *schweiz.* **vor|be|hält|lich** (*Amtsspr.*); *Präp. mit Gen.*: vorbehaltlich unserer Rechte; *schweiz.* vorbehältlich unserer Rechte; **vor|be|halt|los**

Vor|be|halts|gut; Vor|be|halts|klau|sel; Vor|be|halts|ur|teil

vor|be|han|deln; Vor|be|hand|lung

vor|bei; vorbei (vorüber) sein; als sie kam, war bereits alles vorbei

vor|bei... (z. B. vorbeigehen; ich gehe vorbei; vorbeigegangen; vorbeizugehen)

vor|bei|be|neh|men, sich (*ugs. für* sich ungehörig benehmen)

vor|bei|brin|gen

vor|bei|drü|cken, sich (*ugs.*)

vor|bei|dür|fen (*ugs.*)

vor|bei|fah|ren; vor|bei|flie|gen; vor|bei|flie|ßen

Vor|bei|flug (*bes. Raumfahrt*)

vor|bei|füh|ren; vor|bei|ge|hen

vor|bei|kom|men; bei jmdm. vorbeikommen (*ugs. für* jmdn. kurz besuchen)

vor|bei|kön|nen (*ugs.*); **vor|bei|las|sen** (*ugs.*); **vor|bei|lau|fen; vor|bei|lei|ten**

Vor|bei|marsch, der; **vor|bei|mar|schie|ren**

vor|bei|müs|sen (*ugs.*)

vor|bei|rau|schen (*ugs.*); **vor|bei|re|den**; am Thema vorbeireden; **vor|bei|rei|ten**

vor|bei|schau|en; vor|bei|schie|ßen

vor|bei|schram|men (*ugs.*); **vor|bei|wol|len** (*ugs.*)

vor|bei|zie|hen; vor|bei|zwän|gen, sich

vor|be|las|tet; erblich vorbelastet sein; **Vor|be|las|tung**

Vor|be|mer|kung; Vor|be|ra|tung

vor|be|rei|ten; Vor|be|rei|tung; Vor|be|rei|tungs|dienst

Vor|be|rei|tungs|kurs, Vor|be|rei|tungs|kur|sus

Vor|be|rei|tungs|spiel (*Sport*)

Vor|be|rei|tungs|zeit

Vor|be|richt; Vor|be|scheid

Vor|be|sit|zer; Vor|be|sit|ze|rin

vorgenannt

Vor|be|spre|chung
vor|be|stel|len; Vor|be|stel|lung
vor|be|stim|men (svw. vorherbestimmen); Vor|be|stim|mung
vor|be|straft; Vor|be|straf|te, der u. die; -n, -n
vor|be|ten; Vor|be|ter; Vor|be|te|rin
Vor|beu|ge|haft, die (Rechtsw.)
vor|beu|gen ↑D 82: Vorbeugen od. vorbeugen ist besser als Heilen od. heilen
Vor|beu|gung; Vor|beu|gungs|maß|nah|me
vor|be|zeich|net (veraltend für eben genannt, eben aufgeführt)
Vor|bild; vor|bil|den
Vor|bild|funk|ti|on
vor|bild|haft; vor|bild|lich; Vor|bild|lich|keit, die; -
Vor|bil|dung
Vor|bild|wir|kung
vor|bin|den
vor|bla|sen (ugs. für vorsagen)
vor|blät|tern
Vor|blick
vor|boh|ren
Vor|bör|se (der eigentlichen Börsenzeit vorausgehender Wertpapierhandel); vor|börs|lich
Vor|bo|te; Vor|bo|tin
vor|bri|gen
Vor|büh|ne
vor Chris|ti Ge|burt (Abk. v. Chr. G.)
vor|christ|lich
vor Chris|to, vor Chris|tus (Abk. v. Chr.)
Vor|dach
vor|da|tie|ren (vorausdatieren; auch für zurückdatieren); Vor|da|tie|rung
Vor|deck (svw. Vorderdeck)
vor|dem [auch 'foːɐ̯...] (veraltend für früher)
Vor|den|ker (bes. Politik); Vor|den|ke|rin
Vor|der|ach|se; Vor|der|an|sicht
vor|der|asi|a|tisch; Vor|der|asi|en
Vor|der|aus|gang; Vor|der|bank Plur. ...bänke; Vor|der|bein; Vor|der|deck
vor|de|re; der vordere Eingang; aber der Vordere Orient; vgl. vorderst
Vor|der|ein|gang; Vor|der|frau; Vor|der|front; Vor|der|fuß
Vor|der|gau|men; Vor|der|gau|men|laut (für Palatal)
Vor|der|grund; vor|der|grün|dig
vor|der|hand [auch ...'hant] ↑D 63 ⟨zu vor⟩ (einstweilen)
Vor|der|hand, die; - ⟨zu vordere⟩
Vor|der|haus
Vor|der|hirn (Anat.)

Vor|der|in|di|en ↑D 143
Vor|der|kip|per (Kfz-Technik)
Vor|der|la|der (eine alte Feuerwaffe)
Vor|der|mann Plur. ...männer, auch ...leute
Vor|der|pfo|te
Vor|der|rad; Vor|der|rad|an|trieb; Vor|der|rad|brem|se
Vor|der|rei|fen; Vor|der|satz (Sprachwiss.); Vor|der|schiff; Vor|der|schin|ken; Vor|der|sei|te; Vor|der|sitz
vor|derst; zuvorderst; der vorderste Mann, aber ↑D 72: die Vorders|ten sollen sich setzen
Vor|der|ste|ven (Seemannsspr.)
Vor|der|teil, das od. der
Vor|der|tür; Vor|der|zahn; Vor|der|zim|mer
vor|drän|geln, sich; ich dräng[e]le mich vor; vor|drän|gen; sich vordrängen; vor|drin|gen
vor|dring|lich (besonders dringlich); Vor|dring|lich|keit, die; -
Vor|druck Plur. ...drucke
vor|ehe|lich
Vor|ei|lig; Vor|ei|lig|keit
vor|ei|n|an|der ↑D 48: sich voreinander fürchten, sich voreinander hinstellen; vgl. aneinander
vor|ein|ge|nom|men; Vor|ein|ge|nom|men|heit
Vor|ein|sen|dung; gegen Voreinsendung des Betrages
Vor|ein|stel|lung
vor|eis|zeit|lich
Vor|el|tern Plur. (Vorfahren)
vor|ent|hal|ten; ich enthalte vor; ich habe vorenthalten; vorzuenthalten; Vor|ent|hal|tung
Vor|ent|scheid; Vor|ent|schei|dung; Vor|ent|schei|dungs|kampf
¹Vor|er|be, der; ²Vor|er|be, das
Vor|er|bin (zu ¹Vorerbe)
Vor|er|he|bung (bes. bayr., österr. für Vorermittlung)
Vor|er|kran|kung (Versicherungsw.)
Vor|er|mitt|lung (erstes Ermittlungsverfahren)
vor|erst
vor|er|wähnt (Amtsspr.)
vor|er|zäh|len (ugs. für jmdm. etwas weismachen wollen)
Vor|es|sen (schweiz. für Ragout)
Vor|ex|a|men
vor|ex|er|zie|ren (ugs.)
Vor|fa|bri|ka|ti|on; vor|fa|bri|zie|ren
Vor|fahr, der; -en, -en, Vor|fah|re, der; -n, -n
vor|fah|ren

Vor|fah|rin
Vor|fahrt; [die] Vorfahrt haben, beachten; vor|fahrt[s]|be|rech|tigt; Vor|fahrt[s]|recht
Vor|fahrt[s]|re|gel; Vor|fahrt[s]|schild, das; Vor|fahrt[s]|stra|ße; Vor|fahrt[s]|zei|chen
Vor|fall, der; vor|fal|len
Vor|fei|er
Vor|feld; im Vorfeld der Wahlen
Vor|film
vor|fil|tern
vor|fi|nan|zie|ren; Vor|fi|nan|zie|rung
vor|fin|den
Vor|flu|ter (Abzugsgraben; Entwässerungsgraben)
Vor|form; vor|for|men
vor|for|mu|lie|ren
Vor|fra|ge
Vor|freu|de
vor|fris|tig; etwas vorfristig liefern
Vor|früh|ling
vor|füh|len
Vor|führ|da|me
Vor|führ|ef|fekt (scherzh. für Panne bei einer Vorführung)
vor|füh|ren; Vor|füh|rer; Vor|füh|re|rin; Vor|führ|ge|rät; Vor|führ|mo|dell; Vor|füh|rung; Vor|führ|raum; Vor|füh|rungs|raum; Vor|füh|rungs|wa|gen
Vor|ga|be (Richtlinie; Sport Vergünstigung für Schwächere); Vor|ga|be|zeit (Wirtsch.)
Vor|gang
Vor|gän|ger; Vor|gän|ge|rin; Vor|gän|ger|mo|dell
vor|gän|gig (schweiz. svw. vorherig; als Adverb: zuvor; als Präp. mit Gen. [Amtsspr.]: vor)
Vor|gangs|wei|se, die (österr. für Vorgehensweise)
Vor|gar|ten
vor|gau|keln; ich gauk[e]le vor
vor|ge|ben; vorgegeben
Vor|ge|bir|ge
vor|geb|lich (angeblich)
Vor|ge|fasst; vorgefasste Meinung
Vor|ge|fecht
vor|ge|fer|tigt
Vor|ge|fühl; im Vorgefühl ihres Glücks
Vor|ge|gen|wart (svw. Perfekt)
vor|ge|hen; Vor|ge|hen, das; -s; Vor|ge|hens|wei|se, die
vor|ge|la|gert; vorgelagerte Inseln
Vor|ge|län|de
Vor|ge|le|ge (Technik eine Übertragungsvorrichtung)
vor|ge|le|gen; ge|neh|migt, un|ter|schrie|ben (gerichtl. Formel; Abk. v., g., u.)
vor|ge|nannt (Amtsspr.)

vor|ge|ord|net (*veraltet für* übergeordnet)
Vor|ge|plän|kel
Vor|ge|richt (Vorspeise)
vor|ger|ma|nisch
Vor|ge|schich|te; Vor|ge|schicht|ler; Vor|ge|schicht|le|rin; vor|ge|schicht|lich; Vor|ge|schichts|for|schung
Vor|ge|schmack, der; -[e]s
vor|ge|schrie|ben *vgl.* vorschreiben
vor|ge|schrit|ten; in vorgeschrittenem Alter
vor|ge|se|hen *vgl.* vorsehen
Vor|ge|setz|te, der *u.* die; -n, -n;
Vor|ge|setz|ten|ver|hält|nis
Vor|ge|spräch
vor|ges|tern; vorgestern Abend ↑D69; **vor|gest|rig**
vor|ge|zo|gen *vgl.* vorziehen
vor|glü|hen (beim Dieselmotor; *ugs. auch für* sich schon vor einer Party durch Alkoholgenuss in Stimmung bringen)
vor|grei|fen; Vor|greif|lich
Vor|griff
Vor|grup|pe (im Vorprogramm eines Rockkonzerts o. Ä. auftretende Gruppe)
vor|gu|cken (*ugs.*)
vor|ha|ben; Vor|ha|ben, das; -s, -; **vor|ha|ben|be|zo|gen**
Vor|hal|le
Vor|halt (beim Schießen auf bewegliche Ziele die Berücksichtigung der Bewegungsgeschwindigkeit; *Musik* ein dissonanter Ton, der anstelle eines benachbarten Akkordtones steht, in den er sich auflöst; *schweiz. neben* Vorhaltung; **vor|hal|ten; Vor|hal|tung** *meist Plur.* (ernste Ermahnung)
Vor|hand, die; - (*bes.* Tennis, Tischtennis bestimmter Schlag; *beim Pferd* auf den Vorderbeinen ruhender Rumpfteil; Position des [Skat]spielers, der zuerst ausspielt; in [der] Vorhand sein, halten
vor|han|den; vorhanden sein; **Vor|han|den|sein,** das; -s ↑D82
Vor|hang, der; -[e]s, ...hänge
¹**vor|hän|gen;** das Kleid hing unter dem Mantel vor; *vgl.* ¹hängen
²**vor|hän|gen;** sie hat das Bild vorgehängt; *vgl.* ²hängen
Vor|hän|ge|schloss
Vor|hang|stan|ge; Vor|hang|stoff
Vor|haus (*landsch. für* Hausenflur, -flur)
Vor|haut (die Eichel des Penis umhüllende bewegliche Haut);

Vor|haut|ver|en|gung (*für* Phimose)
vor|hei|zen

vor|her
[*auch* ...ˈheːɐ̯]
– vorher (früher, vor diesem Zeitpunkt) war es besser
– etwas vorher tun
– kurz vorher

Schreibung in Verbindung mit Verben:
Getrenntschreibung, wenn »vorher« im Sinne von »früher, vor einem bestimmten Zeitpunkt« gebraucht wird, z. B.
– vorher (früher) gehen
– er hätte das vorher sagen sollen

Zusammenschreibung, wenn »vorher« im Sinne von »voraus« verwendet wird ↑D47:
– vorherbestimmen, vorhergehen, vorhersagen, vorhersehen

vor|her|be|stim|men ↑D47 (vorausbestimmen); er bestimmt vorher; vorherbestimmt; vorherzubestimmen; *aber* sie hat den Zeitpunkt vorher (früher, im Voraus) bestimmt; **Vor|her|be|stim|mung**
vor|her|ge|hen ↑D47 (voraus-, vorangehen); es geht vorher; vorhergegangen; vorherzugehen; *vgl. aber* vorher
vor|her|ge|hend; die vorhergehenden Ereignisse; *aber* ↑D72: Vorhergehendes; im Vorhergehenden (weiter oben); der, die, das Vorhergehende
vor|he|rig [*auch* ˈfoːɐ̯...]
Vor|herr|schaft; vor|herr|schen
vor|her|sag|bar; Vor|her|sa|ge, die; -, -n; **vor|her|sa|gen** ↑D47 (voraussagen); ich sage vorher; vorhergesagt; vorherzusagen; ↑D72: das Vorhergesagte, *aber* das vorher Gesagte; *vgl.* vorher
vor|her|seh|bar; vor|her|se|hen ↑D47 (im Voraus erkennen); ich sehe vorher; vorhergesehen; vorherzusehen; *vgl. aber* vorher
vor|heu|len (*ugs.*)
vor|hin [*auch* ...ˈhɪn]
Vor|hi|n|ein; *nur in der Fügung* im Vorhinein (im Voraus)
Vor|hof; Vor|höl|le
Vor|hut, die; -, -en
vo|rig|e; vorigen Jahres (*Abk.* v. J.); vorigen Monats (*Abk.* v. M.);
↑D72: der, die, das Vorige; im Vorigen; die Vorigen (Personen

des Theaterstückes); *vgl.* folgend
vor|in|dus|t|ri|ell (vor der Industrialisierung)
Vor|in|for|ma|ti|on; vor|in|for|mie|ren
Vor|in|s|tanz (*Rechtsspr.*); **vor|in|s|tanz|lich**
Vor|jahr; Vor|jah|res|er|folg; Vor|jah|res|er|geb|nis; Vor|jah|res|mo|nat; Vor|jah|res|ni|veau; Vor|jah|res|sie|ger; Vor|jah|res|sie|ge|rin; Vor|jah|res|zeit|raum
vor|jäh|rig
vor|jam|mern (*ugs.*)
Vor|kal|ku|la|ti|on (*Kaufmannsspr.*)
Vor|kam|mer
Vor|kämp|fer; Vor|kämp|fe|rin
Vor|kas|se (*svw.* Vorauskasse)
vor|kau|en (*ugs. auch für* in allen Einzelheiten erklären)
Vor|kauf; Vor|käu|fer; Vor|kaufs|recht
Vor|kehr, die; -, -en (*schweiz. für* Vorkehrung); **vor|keh|ren** (*schweiz. für* vorsorglich anordnen); **Vor|keh|rung;** Vorkehrungen treffen
Vor|keim (*Bot.*)
Vor|kennt|nis *meist Plur.*
vor|kli|nisch; die vorklinischen Semester
Vor|knöp|fen (*ugs.*); ich habe ihn mir vorgeknöpft
vor|ko|chen
vor|kom|men; Vor|kom|men, das; -s, -
Vor|komm|nis, das; -ses, -se
Vor|kost (Vorspeise); **Vor|kos|ter; Vor|kos|te|rin**
vor|kra|gen (*Bauw.* herausragen; *seltener für* herausragen lassen)
Vor|kriegs|ge|ne|ra|ti|on; Vor|kriegs|wa|re; Vor|kriegs|zeit
vor|ku|cken (*nordd. für* vorgucken)
vor **Kur|zem** *od.* **kur|zem** *vgl.* kurz
vor|la|den *vgl.* ²laden; **Vor|la|dung**
Vor|la|ge
Vor|land, das; -[e]s, -e
Vor|lass, der; -es, Vorlässe (zu Lebzeiten überlassene Materialsammlung)
vor|las|sen
Vor|lauf (zeitl. Vorsprung; *Chemie* erstes Destillat; *Sport* Ausscheidungslauf)
Vor|läu|fer; Vor|läu|fe|rin; Vor|läu|fer|mo|dell
vor|läu|fig; Vor|läu|fig|keit
Vor|lauf|zeit, Vor|laufs|zeit
vor|laut
vor|le|ben; der Jugend Toleranz vorleben; **Vor|le|ben,** das; -s (früheres Leben)
Vor|le|ge|be|steck

Vorsängerin

vor|le|gen
Vor|le|ger (kleiner Teppich); Vor|le|ge|schloss; Vor|le|gung
vor|leh|nen, sich
Vor|leis|tung
vor|le|sen; Vor|le|se|pa|te; Vor|le|se|pa|tin; Vor|le|se|pult; Vor|le|ser; Vor|le|se|rin; Vor|le|se|tag; Vor|le|se|wett|be|werb
Vor|le|sung; vor|le|sungs|frei
Vor|le|sungs|ge|bühr; Vor|le|sungs|rei|he; Vor|le|sungs|ver|zeich|nis
vor|letzt; zu vorletzt; der vorletzte Mann, *aber* ↑D 80: er ist der Vorletzte [der Klasse]
Vor|lie|be, die; -, -n
vor|lieb|neh|men; ich nehme vorlieb; vorliebgenommen; vorliebzunehmen; *vgl.* fürliebnehmen
vor|lie|gen; das Dokument hat (*südd., österr., schweiz.* ist) vorgelegen
vor|lie|gend; vorliegender Fall; ↑D 72: Vorliegendes; im Vorliegenden (*Amtsspr.*); das Vorliegende; *vgl.* folgend
vor|lings (*Sport* dem Gerät zugewandt)
vor|lü|gen
vorm (*ugs. für* vor dem); vorm Haus[e]
¹vorm. = vormals
²vorm., vm. = vormittags
vor|ma|chen (*ugs.*); jmdm. etwas vormachen (jmdn. täuschen)
Vor|macht, die; -; Vor|macht|stel|lung
Vor|ma|gen (*svw.* Pansen)
vor|ma|lig (ehemalig); der vormalige Besitzer; vor|mals (einst, früher; *Abk.* vorm.); vormals war hier im Park
Vor|mann *Plur.* ...männer, *seltener* ...leute
Vor|marsch, der
Vor|märz, der; -[es] (Periode von 1815 bis zur Märzrevolution von 1848); vor|märz|lich
Vor|mast, der (vorderer Schiffsmast)
Vor|mau|er
Vor|mensch, der (Vorläufer des Urmenschen)
Vor|merk|buch; Vor|merk|de|likt (*österr. Amtsspr.*)
vor|mer|ken; Vor|mer|kung (*auch für* vorläufige Eintragung ins Grundbuch)
Vor|mie|ter; Vor|mie|te|rin
Vor|milch, die; - (*für* Kolostrum)
Vor|mit|tag, der; -[es], -e; heute Vormittag ↑D 69; des Vormittags, *aber* ↑D 70: vormittags; *vgl.* ¹Mittag

vor|mit|tä|gig *vgl.* ...tägig; vor|mit|täg|lich *vgl.* ...täglich; vor|mit|tags *vgl.* Vormittag
Vor|mit|tags|stun|de; Vor|mit|tags|vor|stel|lung
vor|mo|dern; Vor|mo|der|ne
Vor|mo|nat
Vor|mor|phem (*schweiz. für* Vorsilbe, Präfix)
Vor|mund, der; -[e]s, *Plur.* -e u. ...münder; Vor|mun|din; Vor|mund|schaft; Vor|mund|schafts|ge|richt
¹vorn, *ugs.* vor|ne; noch einmal von vorn, *ugs.* vorne beginnen; vorn, *ugs.* vorne sitzen, stehen, liegen
²vorn (*ugs. für* vor den)
Vor|nah|me, die; -, -n (Ausführung)
Vor|na|me
vorn|an [*auch* 'f...]; vornan marschieren
vor|ne *vgl.* ¹vorn; vor|ne|an [*auch* 'fɔr...] (*ugs. für* vornan); vor|ne|he|r|ein [*auch* ...'rain] (*ugs. für* vornherein)
vor|nehm; vornehm tun
vor|neh|men
Vor|nehm|heit
vor|nehm|lich (*geh. für* vor allem, besonders)
Vor|nehm|tu|e|rei, die; - (*abwertend*)
vor|nei|gen; sich vorneigen
vor|ne|über usw. (*ugs. für* vornüber usw.); vor|ne|weg [*auch* ...ə'vɛk], vorn|weg [*auch* ...'vɛk]
vorn|he|r|ein [*auch* ...'rain]; von vornherein
vorn|über; vornüber... (z. B. vornüberstürzen; sie ist vornübergestürzt); vorn|über|beu|gen; vorn|über|fal|len; vorn|über|kip|pen; vorn|über|stür|zen
vorn|weg [*auch* ...'vɛk] *vgl.* vorneweg
Vor|ort, der; -[e]s, Vororte; *vgl.* aber vor Ort
vor Ort (am Ort des Geschehens); vor Ort sein
Vor-Ort-Be|ge|hung; Vor-Ort-Ser|vice, der
Vor|ort[s]|ver|kehr, der; -s; Vor|ort[s]|zug
Vor-Ort-Ter|min
Vor|pe|ri|o|de
vor|pla|nen; Vor|pla|nung
Vor|platz
Vor|pom|mern (Teil des Bundeslandes Mecklenburg-Vorpommern)
Vor|pos|ten
vor|prel|len (*landsch. für* vorpreschen)
Vor|pre|mi|e|re (Voraufführung)

vor|pre|schen
Vor|pro|gramm
vor|pro|gram|mie|ren; vor|pro|gram|miert
Vor|pro|zes|su|al (vor Prozessbeginn)
Vor|prü|fung
Vor|quar|tal (*bes. Wirtsch.*)
vor|quel|len
Vor|rang, der; -[e]s (*österr. auch für* Vorfahrt)
Vor|rang|ge|biet (*Bauw.*)
vor|ran|gig; Vor|ran|gig|keit, die; -
Vor|rang|stel|lung
Vor|rang|stra|ße (*österr. für* Vorfahrtsstraße); Vor|rang|ta|fel (*österr. für* Vorfahrtsschild)
Vor|rat, der; -[e]s, ...räte; vor|rä|tig; etwas vorrätig haben
Vor|rats|da|ten *Plur.*; Vor|rats|da|ten|spei|che|rung (*Politik* Speicherung von Telekommunikationsdaten für einen bestimmten Zeitraum)
Vor|rats|hal|tung; Vor|rats|kam|mer; Vor|rats|kel|ler; Vor|rats|raum; Vor|rats|schrank
Vor|raum

voraus
Voraus ist eine Zusammensetzung aus *vor* und *aus*. Korrekt ist deshalb nur die Schreibung mit einem *r*.

vor|rech|nen
Vor|recht
Vor|re|de; Vor|red|ner; Vor|red|ne|rin
Vor|rei|ter; Vor|rei|te|rin; Vor|rei|ter|rol|le
vor|ren|nen; Vor|ren|nen (*Sport*)
vor|re|vo|lu|ti|o|när
vor|rich|ten (*landsch. für* herrichten); Vor|rich|tung
vor|rü|cken (*österr. Amtsspr. auch für* in die nächste Gehaltsstufe kommen); Vor|rü|ckung (*österr.*)
Vor|ru|he|stand (freiwilliger vorzeitiger Ruhestand); Vor|ru|he|ständ|ler; Vor|ru|he|ständ|le|rin
Vor|ru|he|stands|geld; Vor|ru|he|stands|re|ge|lung
Vor|run|de (*Sport*); Vor|run|den|spiel
vors ↑D 14 (*ugs. für* vor das); vors Haus
Vors. = Vorsitzende[r], Vorsitzer[in]
Vor|saal (*landsch. für* Diele)
vor|sa|gen; Vor|sa|ger; Vor|sa|ge|rin
Vor|sai|son
Vor|sän|ger; Vor|sän|ge|rin

Vorsatz

Vor|satz, der, *Druckw.* das; -es, Vorsätze; **Vor|satz|blatt** (Vorsatzpapier)
vor|sätz|lich; Vor|sätz|lich|keit, die; -
Vor|satz|pa|pier (*Druckw.*)
Vor|schalt|ge|setz (vorläufige gesetzliche Regelung); **Vor|schalt|wi|der|stand** (*Elektrot.*)
Vor|schau
Vor|schein; *nur noch in* zum Vorschein kommen, bringen
vor|schi|cken; vor|schie|ben
vor|schie|ßen (*ugs.*); jmdm. hundert Euro vorschießen
Vor|schiff
vor|schla|fen (*ugs.*)
Vor|schlag; auf Vorschlag von …
vor|schla|gen
Vor|schlag|ham|mer
Vor|schlags|lis|te; Vor|schlags|recht
Vor|schluss|run|de (*Sport*)
vor|schme|cken
vor|schnell; vorschnell urteilen
Vor|schot|mann *Plur.* …männer *u.* …leute (*Segeln*)
vor|schrei|ben; sich an das vorgeschriebene Verfahren halten
Vor|schrift; Dienst nach Vorschrift
vor|schrifts|ge|mäß; vor|schrifts|mä|ßig; vor|schrifts|wid|rig
Vor|schub (*Technik* Vorwärtsbewegung eines Werkzeugs; *EDV* Weitertransport des Papiers in einem Drucker; *veraltet für* Begünstigung, Förderung); jmdm. *od.* einer Sache Vorschub leisten; **Vor|schub|leis|tung**
Vor|schul|al|ter; Vor|schu|le; Vor|schul|er|zie|hung; vor|schu|lisch; Vor|schul|jahr; Vor|schul|kind; Vor|schu|lung
Vor|schuss; Vor|schuss|lor|beer *meist Plur.* (im Vorhinein erteiltes Lob); **Vor|schuss|wei|se; Vor|schuss|zah|lung**
vor|schüt|zen (als Ausrede gebrauchen); keine Müdigkeit vorschützen
vor|schwär|men
vor|schwe|ben (im Sinn haben); mir schwebt etwas Neues vor
vor|se|hen; sieh dich vor!; die vorgesehene Menge abwiegen; das Notstromaggregat hat sich[,] wie vorgesehen[,] selbst eingeschaltet; **Vor|se|hung**, die; -
vor|set|zen
vor sich … *vgl.* vor
Vor|sicht, die; -
vor|sich|tig; Vor|sich|tig|keit, die; -; **vor|sichts|hal|ber; Vor|sichts|maß|nah|me; Vor|sichts|maß|re|gel**
Vor|sig|nal (*Eisenbahn*)
Vor|sil|be
vor|sin|gen
vor|sint|flut|lich (*ugs. für* längst veraltet, unmodern)
Vor|sitz, der; -es, -e
vor|sit|zen ↑D 89: der (dem Ausschuss) vorsitzende Abgeordnete, *aber* der Vorsitzende Richter (Amtsbezeichnung); **Vor|sit|zen|de**, der *u.* die; -n, -n (*Abk.* Vors.)
Vor|sit|zer (Vorsitzender; *Abk.* Vors.); **Vor|sit|ze|rin** (*Abk.* Vors.)
Vor|som|mer
Vor|sor|ge, die; -; Vorsorge treffen; **Vor|sor|ge|ein|rich|tung** (*schweiz. für* Renten-, Pensionskasse); **Vor|sor|ge|maß|nah|me**
vor|sor|gen
Vor|sor|ge|un|ter|su|chung; Vor|sor|ge|voll|macht
vor|sorg|lich
Vor|spann, der; -[e]s, -e *u.* Vorspänne (zusätzliches Zugtier *od.* -fahrzeug; Titel, Darsteller- *u.* Herstellerverzeichnis beim Film, Fernsehen; Einleitung eines Presseartikels o. Ä.); *vgl.* Nachspann
vor|span|nen
Vor|spann|mu|sik (*Film, Fernsehen*)
Vor|spei|se
vor|spie|geln; Vor|spie|ge|lung, Vor|spieg|lung; das ist Vorspieg[e]lung falscher Tatsachen
Vor|spiel; vor|spie|len; Vor|spie|ler; Vor|spie|le|rin
vor|spra|che; vor|spre|chen
vor|sprin|gen; Vor|sprin|ger (beim Skispringen); **Vor|sprin|ge|rin**
Vor|spruch
Vor|sprung
vor|spu|len
vor|spu|ren (*schweiz. für* eine Spur legen); Aufgaben, eine Entwicklung vorspuren (vorzeichnen)
Vor|sta|di|um
Vor|stadt; Vor|städ|ter; Vor|städ|te|rin; vor|städ|tisch
Vor|stadt|ki|no; Vor|stadt|the|a|ter
Vor|stand, der; -[e]s, Vorstände (*österr. auch svw.* Vorsteher)
Vor|stän|din
Vor|stands|chef; Vor|stands|che|fin
Vor|stands|eta|ge; Vor|stands|mit|glied; Vor|stands|sit|zung
Vor|stands|spre|cher; Vor|stands|spre|che|rin
Vor|stands|ver|gü|tung
Vor|stands|vor|sitz; Vor|stands|vor|sit|zen|de
Vor|ste|cker (Splint, Vorsteckkeil)
Vor|steck|keil; Vor|steck|na|del
vor|ste|hen; vor|ste|hend ↑D 72: Vorstehendes; im Vorstehenden (*Amtsspr.*); das Vorstehende; *vgl.* folgend
Vor|ste|her
Vor|ste|her|drü|se (*für* Prostata)
Vor|ste|he|rin
Vor|steh|hund
vor|stell|bar
vor|stel|len; sich etwas vorstellen
vor|stel|lig; vorstellig werden
Vor|stel|lung; Vor|stel|lungs|ga|be, die; -; **Vor|stel|lungs|ge|spräch**
Vor|stel|lungs|kraft; Vor|stel|lungs|run|de; Vor|stel|lungs|ver|mö|gen, das; -s; **Vor|stel|lungs|welt**
Vor|steu|er, die
Vor|ste|ven (*Seew.*)
Vor|stop|per (*Fußball*); **Vor|stop|pe|rin**
Vor|stoß; vor|sto|ßen
Vor|stra|fe; Vor|stra|fen|re|gis|ter
vor|stre|cken; jmdm. Geld vorstrecken
Vor|strei|chen; Vor|streich|far|be
Vor|stu|die; Vor|stu|fe
vor|sünd|flut|lich *vgl.* Sündflut
Vor|tag
vor|tan|zen; Vor|tän|zer; Vor|tän|ze|rin
vor|tas|ten, sich
vor|täu|schen; Vor|täu|schung
Vor|teig (für Hefekuchen, Brot)
Vor|teil, der; -[e]s, -e; von Vorteil; im Vorteil sein; **vor|teil|haft**
Vor|teils|an|nah|me (*Rechtsspr.*); **Vor|teils|ge|wäh|rung** (*Rechtsspr.*)
Vor|trag, der; -[e]s, …träge
vor|tra|gen; Vor|tra|gen|de, der *u.* die; -n, -n; **Vor|trags|abend**
Vor|trags|be|zeich|nung (*Musik*)
Vor|trags|kunst, die; -; **Vor|trags|künst|ler; Vor|trags|künst|le|rin**
Vor|trags|raum; Vor|trags|rei|he; Vor|trags|saal; Vor|trags|si|tu|a|tion
vor|treff|lich; Vor|treff|lich|keit
vor|trei|ben
vor|tre|ten
Vor|trieb (*Physik, Technik, Bergmannsspr.*); **Vor|triebs|ver|lust**
Vor|tritt, der; -[e]s (*schweiz. auch für* Vorfahrt); jmdm. den Vortritt lassen
Vor|trupp
Vor|tuch *Plur.* …tücher (*landsch. für* Schürze)
vor|tur|nen; Vor|tur|ner; Vor|tur|ne|rin; Vor|tur|ne|ri|ge
vo|r|ü|ber; es ist alles vorüber
vo|r|ü|ber|ge|hen; ich gehe vorüber; vorübergegangen; vorüberzuge-

hen; im Vorübergehen ↑D 82; vo‧r|ü|ber|ge|hend
Vor|über|le|gung
vo|r|ü|ber|zie|hen
Vor|übung
Vor|un|ter|su|chung
Vor|ur|teil; vor|ur|teils|frei; vor|ur‧teils|los; Vor|ur|teils|lo|sig|keit, die; -
Vor|vä|ter *Plur. (geh.);* zur Zeit unserer Vorväter
vor|ver|gan|gen; Vor|ver|gan|gen‧heit, die; - (Plusquamperfekt)
Vor|ver|hand|lung
Vor|ver|kauf; Vor|ver|kaufs|stel|le
vor|ver|le|gen; Vor|ver|le|gung
vor|ver|schie|ben (*bes. österr., schweiz. für* vorverlegen)
Vor|ver|si|on
Vor|ver|stär|ker (*Elektrot.*)
vor|ver|ster|ben (*bes. Rechtsspr.* vor einer bestimmten anderen Person sterben)
Vor|ver|trag
vor|ver|ur|tei|len; Vor|ver|ur|tei|lung
vor|vor|ges|tern
vor|vo|ri|ge (vorletzt); vor|vor|letzt; zu vorvorletzt; auf der vorvorletzten Seite
vor|wa|gen, sich
Vor|wahl; vor|wäh|len
Vor|wahl|kampf (*Politik*)
Vor|wahl|num|mer, Vor|wähl|num‧mer
vor|wal|ten (veraltend für bestehen); unter den vorwaltenden Umständen
Vor|wand, der; -[e]s, ...wände
vor|wär|men; Vor|wär|mer
vor|war|nen; Vor|war|nung

vor|wärts
Man schreibt »vorwärts« als Verbzusatz mit dem folgenden Verb zusammen:
– sie will im Leben vorwärtskommen
– es muss vorwärtsgehen mit unserem Projekt
– eine vorwärtsweisende Idee
↑D 58

Man schreibt getrennt, wenn »vor‧wärts« als selbstständiges Adverb gebraucht wird:
– vorwärts einparken
– er ist vorwärts hineingefahren

vor|wärts|drän|gen *vgl.* vorwärts
Vor|wärts|gang, der

vor|wärts|ge|hen *vgl.* vorwärts
vor|wärts|ge|rich|tet; eine vorwärtsgerichtete Strategie
vor|wärts|kom|men *vgl.* vorwärts
vor|wärts|schrei|ten *vgl.* vorwärts
vor|wärts|trei|ben *vgl.* vorwärts
Vor|wärts|ver|tei|di|gung (offensiv geführte Verteidigung)
vor|wärts|wei|send *vgl.* vorwärts
Vor|wä|sche; vor|wa|schen; Vor‧wasch|gang
vor|weg
Vor|weg; *nur in der Fügung* im Vorweg[e] (vorsorglich)
vor|weg... (z. B. vorwegnehmen [*vgl. d.*])
vor|weg|ge|hen
Vor|weg|nah|me, die; -, -n; vor‧weg|neh|men; ich nehme vorweg; vorweggenommen; vorwegzunehmen
vor|weg|sa|gen; vor|weg|schi|cken
Vor|weg|wei|ser (*Verkehrsw.*)
Vor|we|he ⟨zu ¹Wehe⟩
vor|weih|nacht|lich
Vor|weih|nachts|zeit, die; -
Vor|weis, der; -es, -e (*veraltet*)
vor|wei|sen; Vor|wei|sung
Vor|welt, die; -; vor|welt|lich
vor|werf|bar (*Amtsspr.*)
vor|wer|fen
Vor|werk
vor|wie|gen; vor|wie|gend
Vor|win|ter
Vor|wis|sen
vor|wis|sen|schaft|lich
Vor|witz, der; -es (Neugierde; vorlaute Art); vor|wit|zig
Vor|wo|che; vor|wö|chig
vor|wöl|ben; Vor|wöl|bung
¹Vor|wort, das; -[e]s, -e (Vorrede in einem Buch)
²Vor|wort, das; *Plur.* ...wörter (*österr. für* Verhältniswort)
Vor|wurf; vor|wurfs|frei; vor|wurfs‧voll
vor|zäh|len; vor|zau|bern
Vor|zei|chen
vor|zeich|nen; Vor|zeich|nung
vor|zeig|bar
Vor|zei|ge|frau; Vor|zei|ge|mann
vor|zei|gen; Vor|zei|ge|sport|ler (*ugs.*); Vor|zei|ge|sport|le|rin
Vor|zeit
vor|zei|ten; *aber* vor langen Zeiten
vor|zei|tig; Vor|zei|tig|keit, die; - (*Sprachwiss.*)
vor|zeit|lich (der Vorzeit angehörend); Vor|zeit|mensch
Vor|zelt (vor einem Wohnwagen o. Ä. angebautes Zelt)
Vor|zen|sur
Vor|zieh|ef|fekt (Effekt, der etw. verfrüht eintreten lässt); vor|zie‧hen; vorgezogene Neuwahlen
Vor|zim|mer (*österr. auch für* Hausflur, Diele, Vorraum); Vor‧zim|mer|da|me; Vor|zim|mer‧wand (*österr. für* Kleiderablage)
Vor|zin|sen *Plur.* (*für* Diskont)
vor|zu (*schweiz. mdal. für* immer wieder)
Vor|zug; vor|züg|lich [*auch* 'foːɐ̯...]; Vor|züg|lich|keit
Vor|zugs|ak|tie
Vor|zugs|be|hand|lung; Vor|zugs‧milch, die; -; Vor|zugs|preis
Vor|zugs|schü|ler (*österr. für* Schüler mit sehr guten Noten); Vor‧zugs|schü|le|rin
Vor|zugs|stel|lung; vor|zugs|wei|se
Vor|zu|kunft, die; - (*für* Futurum exaktum)
Voß (dt. Schriftsteller); Voß' Nachdichtungen ↑D 16
Vo|ta (*Plur. von* Votum)
vo|ten ['voʊtn̩] ⟨engl.⟩ (*ugs. für* abstimmen); gevotet
Vo|ten (*Plur. von* Votum)
vo|tie|ren (stimmen für)
Vo|ting ['voʊtɪŋ], das; -s, -s ⟨lat.-engl.⟩ (Abstimmung)
Vo|tiv|bild ⟨lat.; dt.⟩ (einem od. einer Heiligen als Dank geweihtes Bild); Vo|tiv|ga|be; Vo|tiv|ka‧pel|le; Vo|tiv|ker|ze; Vo|tiv|kir‧che; Vo|tiv|mes|se; Vo|tiv|ta|fel
Vo|tum, das; -s, *Plur.* ...ten u. ...ta ⟨lat.⟩ (Gelübde; Urteil; Stimme; Entscheid[ung])
Vou|cher ['vaʊtʃɐ], das *od.* der; -s, -[s] ⟨engl.⟩ (*Touristik* Gutschein für im Voraus bezahlte Leistungen)
Vou|dou [vuˈduː, ˈvuːdu] *vgl.* Voodoo
Vou|te ['vuː...], die; -, -n ⟨franz.⟩ (*Bauw.* Verstärkungsteil; Hohlkehle zwischen Wand u. Decke)
vox po|pu|li vox Dei ⟨lat., »Volkes Stimme [ist] Gottes Stimme«⟩ (die öffentl. Meinung [hat großes Gewicht])
Vo|yeur [voaˈjøːɐ̯], der; -s, -e ⟨franz.⟩ (jmd., der als Zuschauer bei sexuellen Betätigungen anderer Befriedigung erfährt); Vo|yeu|rin; Vo|yeu|ris|mus, der; -; vo|yeu|ris|tisch
Vp., VP = Versuchsperson
VP, die; - = Volkspolizei (*in der DDR*)
VPS, das; - = Videoprogrammsystem
VR, die; - = Volksrepublik
Vra|nitz|ky [fˈ...ki] (österr. Politiker)

Vre|ni [f..., *auch* v...] (w. Vorn.)
Vro|ni [f..., *auch* v...] (w. Vorn.)
vs. = versus
Vs = Voltsekunde
V. S. O. P. = very special old pale ⟨engl., »ganz besonders alt und blass«⟩ (Gütekennzeichen für Cognac od. Weinbrand)
v. s. pl. = verte, si placet! (bitte wenden)
v. T., p. m., ‰ = vom Tausend; *vgl.* pro mille
VT = Vermont
v. u. = von unten
vul|gär ⟨lat.⟩ (gewöhnlich; gemein; niedrig)
vul|ga|ri|sie|ren; **Vul|ga|ri|sie|rung**
Vul|ga|ris|mus, der; -, ...men (*bes. Sprachwiss.* vulgärer Ausdruck)
Vul|ga|ri|tät, die; -, -en
Vul|gär|la|tein (Volkslatein)
Vul|gär|spra|che
Vul|ga|ta, die; - (lat. Bibelübersetzung des hl. Hieronymus)
Vul|gi|va|ga, die; - ⟨›Umherschweifende‹⟩ (herabsetzender Beiname der Göttin Venus)
vul|go (gemeinhin [so genannt]);
Vul|go|na|me (*österr. für* Benennung nach dem Namen eines Bauernhofes od. Berufes [im Gegensatz zum Familiennamen])
¹**Vul|kan** (röm. Gott des Feuers)
²**Vul|kan**, der; -s, -e ⟨lat.⟩ (Feuer speiender Berg); **Vul|kan|ausbruch**
Vul|kan|fi|ber, die; - (lederartiger Kunststoff aus Zellulose)
Vul|kan|in|sel
Vul|ka|ni|sa|ti|on, die; -, -en, Vul|ka|ni|sie|rung (Verarbeitung von Rohkautschuk zu Gummi)
vul|ka|nisch (von Vulkanen herrührend)
Vul|ka|ni|seur [...'zø:ɐ̯], der; -s, -e (Facharbeiter in der Gummiherstellung); **Vul|ka|ni|seu|rin** [...'zø:...]; **Vul|ka|ni|sier|an|stalt**; **vul|ka|ni|sie|ren** (Rohkautschuk zu Gummi verarbeiten); **Vul|ka|ni|sie|rung** *vgl.* Vulkanisation
Vul|ka|nis|mus, der; - (Gesamtheit der vulkan. Erscheinungen)
Vul|ka|no|lo|ge, der; -n, -n; **Vul|ka|no|lo|gie**, die; - (Erforschung des Vulkanismus); **Vul|ka|no|lo|gin**
Vul|va, die; -, Vulven ⟨lat.⟩ (*Med.* die äußeren weiblichen Geschlechtsorgane)
Vu|vu|ze|la [vuvuˈzeːla], die; -, -s (lautes südafrikanisches Blasinstrument)

v. u. Z. = vor unserer Zeitrechnung
v. v. = vice versa
VVN, die; - = Vereinigung der Verfolgten des Naziregimes
VW®, der; -[s], -[s] (*kurz für* Volkswagen)
VWD, die; - = Vereinigte Wirtschaftsdienste
VW-Fah|rer ↑D 28; *vgl.* VW; **VW-Fah|re|rin**
VWL = Volkswirtschaftslehre

W

W (Buchstabe); das W; des W, die W, *aber* das w in Löwe; der Buchstabe W, w
W = Watt; Werst; West[en]; *chem. Zeichen für* Wolfram
WA = Washington
Waadt [vaː(ː)t], die; - (.schweiz. Kanton; *franz.* Vaud); **Waadtland**, das; -[e]s (*svw.* Waadt); **Waadt|län|der**; **Waadt|län|de|rin**; **waadt|län|disch**
¹**Waag**, die; - (*bayr. für* Flut, Wasser)
²**Waag**, die; - (linker Nebenfluss der Donau in der Slowakei)
Waa|ge, die; -, -n
Waa|ge|amt; **Waa|ge|bal|ken**; **Waa|ge|geld**; **Waa|ge|meis|ter**; **Waa|ge|meis|te|rin**; **Waa|gen|fa|b|rik**
waa|ge|recht, **waag|recht**; **Waa|ge|rech|te**, **Waag|rech|te**, die; -, -n; vier Waagerechte[n]
Waag|scha|le
Waal, die; - (Mündungsarm des Rheins)
wab|be|lig, **wabb|lig** (*ugs. für* gallertartig wackelnd; unangenehm weich)
wab|beln (*ugs. für* hin u. her wackeln); ich wabb[e]le
wabb|lig *vgl.* wabbelig
Wa|be, die; -, -n; **Wa|ben|ho|nig**
Wa|ber|lo|he (altnord. Dichtung lodernde Feuer)
wa|bern (*landsch. für* sich hin u. her bewegen, flackern)

wach; die ganze Nacht wach sein, wach bleiben; morgens lange früh wach werden; *aber wenn* alte Gefühle wach werden *od.* wachwerden (*wieder auftreten*); sich wach halten; die ganze Nacht wach liegen *od.* wachliegen (nicht einschlafen können); jmdn. wach machen *od.* wachmachen (aufwecken); jmdn. wach rütteln *od.* wachrütteln (wecken); jmdn. wach küssen *od.* wachküssen (wecken); *vgl. aber* wachhalten, wachrufen, wachrütteln
Wach|ab|lö|sung
Wach|au, die; - (Engtal der Donau zwischen Krems u. Melk)
Wach|ba|tail|lon (*Militär*); **Wach|boot**; **Wach|buch**; **Wach|dienst**
Wa|che, die; -, -n; Wache halten, stehen; ein Wache stehender *od.* wachestehender Soldat; **Wa|che|be|am|te** (*österr. Amtsspr. für* Polizist); **Wa|che|be|am|tin**
wa|cheln (*bayr., österr. für* winken)
wa|chen; über jmdn. wachen
Wa|che|ste|hen, das; -s; **Wa|che ste|hend**, **wa|che|ste|hend** ↑D 58
Wach|feu|er; **Wach|frau**
wach|ha|bend; der wachhabende Offizier; **Wach|ha|ben|de**, der *u.* die; -n, -n
wach|hal|ten; die Erinnerungen an etwas wachhalten; *vgl. aber* wach halten
Wach|heit, die; -
Wach|hund
Wach|ko|ma (*Med.* Koma bei geöffneten Augen)
wach küs|sen, **wach|küs|sen** *vgl.* wach
Wach|ler (*südd. für* Gamsbart)
wach lie|gen, **wach|lie|gen** *vgl.* wach
Wach|lo|kal
wach ma|chen, **wach|ma|chen** *vgl.* wach; **Wach|mann** *Plur.* ...männer *u.* ...leute; **Wach|mann|schaft**
Wa|chol|der, der; -s, - (eine Pflanze; ein Branntwein)
Wa|chol|der|baum; **Wa|chol|der|bee|re**; **Wa|chol|der|dros|sel** (ein Singvogel); **Wa|chol|der|schnaps**; **Wa|chol|der|strauch**
Wach|per|so|nal; **Wach|pos|ten**, **Wacht|pos|ten**
wach|ru|fen (hervorrufen; wecken); das hat ihren Ehrgeiz wachgerufen ↑D 56
wach|rüt|teln (↑D 47; aufrütteln); diese Nachricht hat ihn wachgerüttelt; *vgl. aber* wach
Wachs, das, *selten auch* der; -es, -e; **Wachs|ab|guss**
wach|sam; **Wach|sam|keit**, die; -

Waggon

Wachs|bild; wachs|bleich; Wachs-blu|me; Wachs|boh|ne
Wachs|schiff
wach|seln (österr. für [Skier] wachsen); ich wachs[e]le
¹wach|sen (größer werden); du wächst, er wächst; du wuchsest, er wuchs; du wüchsest; gewachsen; wachs[e]!; etwas mit wachsender Sorge beobachten
²wach|sen (mit Wachs glätten); du wachst, er wachst; du wachstest; gewachst; wachs[e]!
wäch|sern (aus Wachs)
Wachs|far|be
Wachs|fi|gur; Wachs|fi|gu|ren|ka|bi|nett
Wachs|ker|ze; Wachs|lein|wand (Wachstuch); Wachs|licht Plur. ...lichter
Wachs|ma|le|rei; Wachs|mal|krei|de; Wachs|mal|stift
Wachs|mo|dell; Wachs|pa|pier; Wachs|plat|te; Wachs|stock Plur. ...stöcke; Wachs|ta|fel
Wach|sta|ti|on (im Krankenhaus); Wach|stu|be
Wachs|tuch
Wachs|tum, das; -s
Wachs|tums|be|schleu|ni|gungs|ge|setz, das; -[e]s (Politik)
Wachs|tums|bran|che (Wirtsch.)
wachs|tums|för|dernd; wachs|tums|hem|mend; Wachs|tums|hor|mon
Wachs|tums|po|ten|zi|al, Wachs|tums|po|ten|ti|al (Wirtsch.); Wachs|tums|ra|te (Wirtsch.)
Wachs|tums|schub (bes. Med.); Wachs|tums|stö|rung
Wachs|tums|wert (Börsenw.)
wachs|weich
Wachs|zel|le
Wachs|zie|her; Wachs|zie|he|rin
Wacht, die; -, -en (geh. für Wache); Wacht halten
Wäch|te alte Schreibung für Wechte
Wach|tel, die; -, -n (ein Vogel); Wach|tel|ei; Wach|tel|hund; Wach|tel|kö|nig (ein Vogel); Wach|tel|ruf; Wach|tel|schlag
Wäch|ter; Wäch|te|rin
Wäch|ter|lied
Wäch|ter|rat (Kontrollorgan für Gesetzgebung u. Wahlen im Iran)
Wäch|ter|ruf
Wacht|meis|ter; Wacht|meis|te|rin
Wacht|pa|ra|de; Wacht|pos|ten vgl. Wachposten
Wach|traum
Wach|turm, Wacht|turm
Wach- und Schließ|ge|sell|schaft
↑D 31

wach wer|den, wach|wer|den vgl. wach
Wach|zim|mer (österr. für Polizeibüro)
Wach|zu|stand
Wa|cke, die; -, -n (veraltet, noch landsch. für Gesteinsbrocken)
Wa|ckel|da|ckel (ugs. für Plüschhund mit bewegl. Kopf)
Wa|ckel|lei
wa|cke|lig, wack|lig
Wa|ckel|kan|di|dat (ugs. für Person, die einen gewissen Unsicherheitsfaktor darstellt); Wa|ckel|kan|di|da|tin
Wa|ckel|kon|takt
wa|ckeln; ich wack[e]le
Wa|ckel|pe|ter (Wackelpudding); Wa|ckel|pud|ding (ugs.)
wa|cker (veraltet für redlich; tapfer)
Wa|cker|stein (südd. für Wacke)
wack|lig vgl. wackelig
Wad, das; -s ⟨engl.⟩ (ein Mineral)
Wa|dai (afrik. Landschaft)
Wad|di|ke, die; - (nordd. für Molke, Käsewasser)
Wa|de, die; -, -n
Wa|den|bein; Wa|den|bein|bruch
Wa|den|bei|ßer (ugs. für kleiner bissiger Hund; hinterhältiger Aufwiegler); Wa|den|bei|ße|rin
Wa|den|krampf; wa|den|lang; Wa|den|wi|ckel
Wa|di, das; -s, -s ⟨arab.⟩ (wasserloses Flusstal in Nordafrika u. im Vorderen Orient)
Wa|di-Qum|ran vgl. Qumran
Wadl, das; -s, -[n]; vgl. Pickerl (bayr., österr. für Wade); Wadl|bei|ßer (bayr., österr. ugs.); Wadl|bei|ße|rin
Wäd|li, das; -[s], -[s]; vgl. Götti (schweiz. für Eisbein)
Wad|schin|ken (ostösterr. für Rindfleisch vom unteren Teil der Keule)
Wa|fer ['veɪ...], der; -s, -[s] ⟨engl.⟩ (dünne Scheibe aus Halbleitermaterial für die Herstellung von Mikrochips)
Waf|fe, die; -, -n; atomare, biologische, chemische Waffen
Waf|fel, die; -, -n ⟨niederl.⟩ (ein Gebäck); Waf|fel|ei|sen
Waf|fen|ar|se|nal; Waf|fen|be|sitz, der; -; Waf|fen|be|sitz|kar|te (Amtsspr.)
Waf|fen|bru|der; Waf|fen|brü|der|schaft
Waf|fen|em|bar|go
waf|fen|fä|hig; waffenfähiges Plutonium

Waf|fen|gang, der (veraltend)
Waf|fen|gat|tung; Waf|fen|ge|setz, das; -es
Waf|fen|ge|walt, die; -
Waf|fen|han|del vgl. ¹Handel; Waf|fen|händ|ler; Waf|fen|händ|le|rin
Waf|fen|in|s|pek|teur; Waf|fen|in|s|pek|teu|rin; Waf|fen|in|s|pek|ti|on; Waf|fen|in|s|pek|tor; Waf|fen|in|s|pek|to|rin
Waf|fen|kun|de, die; -; Waf|fen|la|ger; Waf|fen|lie|fe|rung
waf|fen|los
Waf|fen|narr (ugs. für Liebhaber von Waffen); Waf|fen|när|rin
Waf|fen|pass (österr. für Waffenschein)
Waf|fen|platz (schweiz. für Truppenausbildungsplatz)
Waf|fen|rad®
Waf|fen|recht, das; -s; Waf|fen|re|gis|ter; Waf|fen|ru|he, die; -; Waf|fen|schein; Waf|fen|schmied; Waf|fen|schmie|de; Waf|fen|schmug|gel; Waf|fen|schrank; Waf|fen|schwes|ter
waf|fen|star|rend
Waf|fen|still|stand; Waf|fen|still|stands|ab|kom|men; Waf|fen|still|stands|li|nie
Waf|fen|sys|tem; Waf|fen|tanz (Völkerkunde); Waf|fen|tech|nik
waff|nen (veraltet); sich waffnen
Wa|ga|du|gu vgl. Ouagadougou
wag|bar; Wäg|bar|keit
Wa|ge|hals (veraltend); wa|ge|hal|sig usw. vgl. waghalsig usw.
Wä|gel|chen (kleiner Wagen)
Wa|ge|mut; wa|ge|mu|tig
wa|gen; du wagtest; gewagt; sich wagen
Wa|gen, der; -s, Plur. -, südd. auch Wägen
wä|gen (fachspr., sonst veraltet für das Gewicht bestimmen; geh. für prüfend bedenken); du wägst; du wogst; du wögest; gewogen; wäg[e]!; selten schwache Beugung du wägtest; gewägt; vgl. ²wiegen
Wa|gen|bau|er vgl. ¹Bauer; Wa|gen|bau|e|rin; Wa|gen|burg; Wa|gen|dach; Wa|gen|füh|rer; Wa|gen|füh|re|rin; Wa|gen|he|ber; Wa|gen|in|ne|re; Wa|gen|ko|lon|ne; Wa|gen|la|dung; Wa|gen|pa|pie|re Plur.; Wa|gen|park; Wa|gen|pla|ne; Wa|gen|rad; Wa|gen|schlag (veraltend); Wa|gen|schmie|re; Wa|gen|tür; Wa|gen|typ; Wa|gen|wä|sche
Wa|ge|stück (geh.)
Wag|gerl (österr. Erzähler)
Wag|gon, Wa|gon [va'gɔŋ, ...'gõː,

auch, bes. südd., österr. ...'goːn], *der;* -s, *Plur.* -s, *südd., österr. auch* -e ⟨engl.⟩ ([Eisenbahn]wagen); wag|gon|wei|se, walgon|wei|se
wag|hal|sig, wa|ge|hal|sig; Wag|hal|sig|keit, Wa|ge|hal|sig|keit
¹Wag|ner, *der;* -s, - ⟨*südd., österr. u. schweiz. für* Wagenbauer⟩
²Wag|ner (dt. Komponist)
Wag|ne|ri|a|ner (Anhänger Wagners); Wag|ne|ri|a|ne|rin
Wag|ne|rin ⟨*zu* ¹Wagner⟩
Wag|ner|oper, Wagner-Oper
Wag|nis, *das;* -ses, -se; Wag|nis|fi|nan|zie|rer; Wag|nis|fi|nan|zie|rung (Finanzierung mit Risikokapital)
Wa|gon [va'gɔŋ, ...'goː-, *auch, bes. südd., österr.* ...'goːn] *vgl.* Waggon; wa|gon|wei|se *vgl.* waggonweise
Wä|gung
Wä|he, *die;* -, -n ⟨*südwestd., schweiz. regional für* flacher Kuchen mit süßem od. salzigem Belag⟩
Wah|ha|bis|mus, *der;* - ⟨arab.; nlat.⟩ (Richtung des sunnitischen Islams); Wah|ha|bit, *der;* -en, -en ⟨arab.⟩ (Anhänger des Wahhabismus); Wah|ha|bi|tin, wah|ha|bi|tisch
Wahl, *die;* -, -en
Wahl|abend; Wahl|al|ter; Wahl|amt
Wähl|amt (*österr. für* Schalt-, Telefonzentrale)
Wahl|an|zei|ge
Wahl|arzt (*österr. für* Arzt ohne Kassenzulassung); Wahl|ärz|tin
Wahl|auf|ruf; Wahl|aus|gang; Wahl|aus|schuss
wähl|bar; Wähl|bar|keit
Wahl|be|ein|flus|sung; Wahl|be|nach|rich|ti|gung
wahl|be|rech|tigt; Wahl|be|rech|tig|te; Wahl|be|rech|ti|gung
Wahl|be|tei|li|gung; Wahl|be|zirk; Wahl|bünd|nis; Wahl|bü|ro
Wahl|com|pu|ter (Computer, der bei Stimmabgabe u. -zählung eingesetzt wird); Wahl|de|ba|kel (schwere Wahlniederlage)
Wahl|el|tern *Plur.* (*österr. neben* Adoptiveltern)
wäh|len; wahl|ent|schei|dend ↑D59
Wahl|er; Wähl|er|auf|trag
Wäh|ler|evi|denz (*österr. für* Wählerverzeichnis)
Wahl|er|folg; Wäh|ler|ge|büh|nis
Wäh|ler|ge|mein|schaft; Wäh|ler|grup|pe; Wäh|ler|gunst; Wäh|le|rin; Wäh|ler|in|i|ti|a|ti|ve

wäh|le|risch
Wäh|ler|lis|te; Wäh|ler|schaft; Wäh|ler|schicht; Wäh|ler|stim|me; Wäh|ler|ver|zeich|nis; Wäh|ler|wil|le
Wahl|fach
Wahl|for|scher; Wahl|for|sche|rin; Wahl|for|schung
Wahl|frau
wahl|frei; Wahl|frei|heit
Wahl|gang, *der;* Wahl|ge|heim|nis; Wahl|ge|schenk; Wahl|ge|setz
Wahl|hei|mat
Wahl|hel|fer; Wahl|hel|fe|rin
wäh|lig (*nordd. für* munter)
Wahl|jahr; Wahl|ka|bi|ne; Wahl|kam|pa|g|ne
Wahl|kampf; Wahl|kämp|fer; Wahl|kämp|fe|rin; Wahl|kampf|ma|nö|ver
Wahl|kampf|mo|dus (*bes. ugs.*); Wahl|kampf|the|ma
Wahl|kar|te (*österr. für* Berechtigungskarte für die Wahl außerhalb des Wohnortes od. per Briefwahl); Wahl|kind (*österr. neben* Adoptivkind)
Wahl|kreis
Wahl|lei|ter, *der;* Wahl|lei|te|rin
Wahl|lis|te; Wahl|lo|kal
wahl|los
Wahl|lü|ge; Wahl|mann *Plur.* ...männer; Wahl|mo|dus; Wahl|mög|lich|keit; Wahl|mü|dig|keit; Wahl|nacht; Wahl|nie|der|la|ge
Wahl-O-Mat, *der;* -[en] (elektron. Programm, mit dem man seine Übereinstimmung mit polit. Parteien testen kann)
Wahl|pa|ro|le; Wahl|par|ty; Wahl|pe|ri|o|de; Wahl|pflicht
Wahl|pflicht|fach (Schule)
Wahl|pla|kat; Wahl|pro|gramm; Wahl|pro|pa|gan|da; Wahl|recht; Wahl|re|de
Wähl|schei|be (am Telefon)
Wahl|schein; Wahl|schlap|pe
Wahl|sieg; Wahl|sie|ger; Wahl|sie|ge|rin
Wahl|sonn|tag; Wahl|spren|gel (*österr. für* Wahlbezirk)
Wahl|spruch
Wahl|statt (Ort in Schlesien); Fürst von Wahlstatt (Blücher)
Wahl|sys|tem; Wahl|tag
Wahl|tak|tik; wahl|tak|tisch
Wahl|ton (beim Telefon); *vgl.* ²Ton
Wahl|ur|ne; Wahl|ver|an|stal|tung; Wahl|ver|fah|ren; Wahl|ver|samm|lung; Wahl|ver|spre|chen
Wahl|ver|tei|di|ger (Rechtsspr.); Wahl|ver|tei|di|ge|rin
wahl|ver|wandt; Wahl|ver|wandt|schaft

Wahl|volk, *das;* -[e]s; Wahl|vor|schlag; Wahl|vor|stand
wahl|wei|se
Wahl|wer|ber (*österr. für* Wahlkandidat); Wahl|wer|be|rin
Wahl|wer|bung
Wahl|wie|der|ho|lung
Wahl|zet|tel
Wahl|zu|cker|l (*österr. ugs. für* polit. Zugeständnis vor einer Wahl)
Wahn, *der;* -[e]s; Wahn|bild
wäh|nen
Wahn|fried (Wagners Haus in Bayreuth)
wahn|haft; Wahn|idee
Wahn|kan|te (schiefe Kante am Bauholz)
wahn|schaf|fen (*nordd. für* hässlich, missgestaltet)
Wahn|sinn, *der;* -[e]s
wahn|sin|nig; Wahn|sin|ni|ge, *der u. die;* -n, -n; Wahn|sin|nig|wer|den, *das;* -s; *in* das ist zum Wahnsinnigwerden
Wahn|sinns|ar|beit (*ugs.*); Wahn|sinns|hit|ze (*ugs.*)
Wahn|sinns|tat
Wahn|vor|stel|lung
Wahn|witz, *der;* -es; wahn|wit|zig
wahr; nicht wahr?; sein wahres Gesicht zeigen; wahr sein, bleiben, werden; etwas für wahr halten; seine Drohungen wahr machen *od.* wahrmachen; *vgl.* wahrhaben, wahrnehmen, wahrsagen
wah|ren; dem Anschein wahren
wäh|ren (*geh. für* dauern)
wäh|rend *s. Kasten Seite* 1203
wäh|rend|dem (*ugs. für* während[dessen])
wäh|rend|des (*veraltet für* während[dessen]); wäh|rend|des|sen (unterdessen); er kochte sich währenddessen einen Tee
wahr|ha|ben; *nur in:* etwas nicht wahrhaben wollen; sie will es nicht wahrhaben
wahr|haft
wahr|haf|tig; Wahr|haf|tig|keit, *die;* -
Wahr|heit; Wahr|heits|be|weis; Wahr|heits|fin|dung; Wahr|heits|ge|halt *Plur.* -e; wahr|heits|ge|mäß; wahr|heits|ge|treu
Wahr|heits|lie|be, *die;* -; wahr|heits|lie|bend
Wahr|heits|sinn, *der;* -[e]s
Wahr|heits|su|cher; Wahr|heits|su|che|rin; wahr|heits|wid|rig
wahr|lich (*veraltend für* wirklich)
wahr ma|chen, wahr|ma|chen *vgl.* wahr

Waldstatt

wäh|rend

Konjunktion:
- sie las, während er Radio hörte
- während die einen sich freuten, waren die anderen enttäuscht

Präposition mit Genitiv:
- während des Krieges
- der Zeitraum, während dessen das geschah (vgl. aber währenddessen)
- die Tage, während deren od. derer sie verreist waren

Umgangssprachlich auch mit Dativ:
- während dem Konzert

Standardsprachlich mit Dativ, wenn der Genitiv im Plural nicht erkennbar ist:
- während fünf Jahren, während elf Monaten
- aber während zweier, dreier Jahre

Standardsprachlich auch mit Dativ, wenn ein Genitivattribut zwischen »während« und das davon abhängende Substantiv tritt:
- während meines Freundes letztem Vortrag

---

wahr|nehm|bar; Wahr|nehm|bar|keit, die -

wahr|neh|men ↑D 47; ich nehme wahr; wahrgenommen; wahrzunehmen

Wahr|neh|mung; Wahr|neh|mungs|ver|mö|gen, das; -s

Wahr|sa|ge|kunst, die; -

wahr|sa|gen ↑D 47 (prophezeien); du sagtest wahr od. du wahrsagtest; sie hat wahrgesagt od. gewahrsagt; Wahr|sa|ger; Wahr|sa|ge|rei; Wahr|sa|ge|rin; wahr|sa|ge|risch; Wahr|sa|gung

währ|schaft (schweiz. für dauerhaft, echt)

Wahr|schau, die; - (Seemannsspr. Warnung); Wahrschau! (Vorsicht!); wahr|schau|en ↑D 47 (warnen); ich wahrschaue; gewahrschaut; Wahr|schau|er; Wahr|schau|e|rin, die

wahr|schein|lich [auch 'va:ɐ̯...]; Wahr|schein|lich|keit

Wahr|schein|lich|keits|grad; Wahr|schein|lich|keits|rech|nung; Wahr|schein|lich|keits|the|o|rie

Wah|rung, die; - (Aufrechterhaltung, Bewahrung)

Wäh|rung (gesetzl. Zahlungsmittel); Wäh|rungs|aus|gleich; Wäh|rungs|aus|gleichs|fonds; Wäh|rungs|block vgl. Block; Wäh|rungs|ein|heit; Wäh|rungs|fonds […fõ:] (svw. Währungsausgleichsfonds); Wäh|rungs|ge|mein|schaft

Wäh|rungs|hü|ter (ugs.); Wäh|rungs|hü|te|rin

Wäh|rungs|krieg (durch gezielte Geldentwertung ausgelöster Wirtschaftskonflikt zwischen Staaten); Wäh|rungs|kri|se; Wäh|rungs|kurs; Wäh|rungs|po|li|tik; Wäh|rungs|re|form; Wäh|rungs|re|ser|ve meist Plur.; Wäh|rungs|sys|tem; Europäisches Währungssystem ↑D 88 (Abk. EWS);

Wäh|rungs|uni|on; Währungs-,

Wirtschafts- und Sozialunion ↑D 31

Wahr|zei|chen

Waib|lin|gen (Stadt nordöstlich von Stuttgart); Waib|lin|ger, der; -s, - (Beiname der Hohenstaufen); Waib|lin|ge|rin

Waid, der; -[e]s, -e (eine [Färber]pflanze; blauer Farbstoff)

waid…, Waid…; in der Bedeutung »Jagd« vgl. weid…, Weid…

Wai|se, die; -, -n; Wai|sen|geld; Wai|sen|haus; Wai|sen|kind

Wai|sen|kna|be; gegen jmdn. der reinste Waisenknabe sein (ugs.)

Wai|sen|ren|te

Wa|ke, die; -, -n (nordd. für Öffnung in der Eisdecke)

Wake|board ['weɪk...], das; -s, -s ⟨engl.⟩ (Brett zum Wasserskifahren); Wake|boar|den, Wake|boar|ding, das; -s (das Fahren u. Springen mit dem Wakeboard)

Wal, der; -[e]s, -e (ein Meeressäugetier)

Wa|la, die; -, Walen (altnord. Weissagerin)

Wa|la|che, der; -n, -n (Bewohner der Walachei)

Wa|la|chei, die; - (rumän. Landschaft); ↑D 140: die Große Walachei, die Kleine Walachei

Wa|la|chin, Wal|la|chin; Wa|la|chisch

Wal|burg, Wal|bur|ga (w. Vorn.)

¹Wal|chen|see (Ort am gleichnamigen See); ²Wal|chen|see, der; -s (See in den bayr. Voralpen)

Wald, der; -[e]s, Wälder

Wald|amei|se; Wald|ar|bei|ter; Wald|ar|bei|te|rin; Wald|bo|den; Wald|brand; Wald|chen

Wal|deck (Gebiet des ehem. dt. Fürstentums Waldeck in Hessen; Landkreis in Hessen; Stadt am Edersee); Wal|de|cker; Wal|de|cke|rin; wal|de|ckisch

Wal|de|in|sam|keit (geh.)

Wal|de|mar (m. Vorn.)

Wal|den|ser ⟨nach dem Lyoner Kaufmann Petrus Waldes⟩ (Angehöriger einer rel. Bewegung, die um 1175 in Lyon von Waldes begründet wurde); Wal|den|se|rin

Wal|d|erd|bee|re

Wal|des|dun|kel (geh.); Wal|des|rand (geh. für Waldrand); Wal|des|rau|schen, das; -s (geh.)

Wald|farn; Wald|flä|che; Wald|fre|vel; Wald|ge|biet; Wald|geist Plur. …geister; Wald|ge|län|de; Wald|horn Plur. …hörner; Wald|hu|fen|dorf vgl. Hufe

Wald|hü|ter; Wald|hü|te|rin

wal|dig; eine waldige Gegend

Wald|kauz; Wald|ko|ral|le

Wald|läu|fer; Wald|läu|fe|rin

Wald|lehr|pfad; Wald|lich|tung

Wald|meis|ter, der; -s (eine Pflanze); Wald|meis|ter|bow|le

Wal|do (m. Vorn.)

Wald|ohr|eu|le

Wald|orf|kin|der|gar|ten (privater Kindergarten, der sich am Konzept der Waldorfpädagogik orientiert); Wal|dorf|pä|d|a|go|gik, die; - (an Prinzipien der Anthroposophie orientierte, bes. auf die Entfaltung der Kreativität zielende Pädagogik)

Wal|dorf|sa|lat (Gastron.)

Wal|dorf|schu|le (Privatschule, in der nach den Prinzipien der Waldorfpädagogik unterrichtet wird)

Wald|rand; Wald|re|be (eine Pflanze); wald|reich

Wald|schrat, Wald|schratt (Waldgeist)

Wald|see

Walds|hut-Tien|gen […'ti:ŋ…] (Stadt in Baden-Württemberg)

Wald|spa|zier|gang

Wald|städ|te Plur. (vier Städte am Rhein: Rheinfelden, Säckingen, Laufenburg u. Waldshut)

Wald|statt, die; -, …stätte meist Plur. (einer der Kantone am Vierwaldstätter See [Uri,

Waldsterben

Schwyz, Unterwalden, Luzern]; die Waldstatt Uri)
Wald|ster|ben, das; -s; Wald|stück; Wald|tau|be; Wal|dung
Wald|vier|tel, das; -s (eine niederösterr. Landschaft); Wald|viert|ler; Wald|viert|le|rin
Wald|vö|ge|lein (eine Orchidee)
wald|wärts; Wald|weg
Wa|len|see, der; -s (in der Schweiz)
Wales [weɪlz] (Halbinsel im Westen der Insel Großbritannien)
Wal|fang; die Walfang treibenden od. walfangtreibenden Nationen; Wal|fän|ger
Wal|fang|flot|te; Wal|fang|schiff
Wal|fang trei|bend, wal|fang|treibend ↑D 58
Wal|fisch (volkstüml. für Wal)
Wäl|ger|holz (landsch.); wäl|gern (landsch. für [Teig] glatt rollen); ich wälgere
Wal|hall [auch ...'hal], das; -s ⟨altnord.⟩ (vgl. ¹Walhalla)
¹Wal|hal|la, das; -[s] u. die; - (germ. Mythol. Halle Odins, Aufenthalt der im Kampf Gefallenen)
²Wal|hal|la, die; - (Ruhmeshalle bei Regensburg)
Wa|li|ser (Bewohner von Wales); Wa|li|se|rin; wa|li|se|risch
Wal|ke, die; -, -n (Verfilzmaschine; Vorgang des Verfilzens); ¹wal|ken (Textiltechnik verfilzen; ugs. für kneten; prügeln)
²wal|ken ['wɔːkn̩] ⟨engl.⟩ (Walking betreiben); gewalkt
¹Wal|ker ⟨zu ¹walken⟩
²Wal|ker ['wɔːkɐ] ⟨zu Walking⟩
¹Wal|ke|rin vgl. ¹Walker
²Wal|ke|rin vgl. ²Walker
Wal|kie-Tal|kie ['wɔːkiˈtɔːki], das; -[s], -s ⟨engl.⟩ (tragbares Funksprechgerät)
Wal|king ['wɔːkɪŋ], das; -[s] ⟨engl.⟩ (intensives Gehen [als sportl. Betätigung])
Walk|man® ['wɔːkmən], der; -s, Plur. -s u. ...men [...mən] (kleiner Kassettenrekorder mit Kopfhörern)
Walk|müh|le (früher)
Wal|kü|re [auch 'val...], die; -, -n ⟨altnord.; germ. Mythol. eine der Botinnen Odins, die die Gefallenen nach Walhall geleiten)
¹Wall, der; -[e]s, Plur. -e u. -e ⟨altes Stückmaß [bes. für Fische]: 80 Stück⟩; 2 Wall
²Wall, der; -[e]s, Wälle ⟨lat.⟩ (Erdaufschüttung, Mauerwerk usw.)
Wal|la|by ['vɔləbi], das; -s, -s ⟨engl.⟩ (eine Känguruart)

Wal|lace ['vɔləs], Edgar (engl. Schriftsteller)
Wal|lach, der; -[e]s, -e (kastrierter Hengst)
¹wal|len (sprudeln, bewegt fließen; sich [wogend] bewegen)
²wal|len (veraltet für pilgern)
wäl|len (landsch. für wallen lassen); gewällte Kartoffeln
Wal|len|stein (Heerführer im Dreißigjährigen Krieg)
¹Wal|ler vgl. ¹Wels
²Wal|ler (veraltet für Wallfahrer)
wall|fah|ren; du wallfahrst; du wallfahrtest; gewallfahrt; zu wallfahren; vgl. wallfahrten
Wall|fah|rer; Wall|fah|re|rin
Wall|fahrt; wall|fahr|ten (veraltend für wallfahren); ich wallfahrtete; gewallfahrtet; zu wallfahrten
Wall|fahrts|kir|che; Wall|fahrts|ort
Wall|gra|ben
Wall|holz (schweiz. für Nudelholz)
Wal|li (w. Vorn.)
Wal|lis, das; - (schweiz. Kanton
Wal|li|ser; Wal|li|ser Al|pen; Wal|li|se|rin; wal|li|se|risch
Wal|lo|ne, der; -n, -n (Nachkomme romanisierter Kelten in Belgien u. Nordfrankreich); Wal|lo|nie; Wal|lo|nien; Wal|lo|nin
wal|lo|nisch; wallonische Sprache; Wal|lo|nisch, das; -[s] (Sprache); vgl. Wal|lo|ni|sche, das; -n; vgl. ²Deutsche
Wall Street, die; - -, Wall|street, die; - ['wɔːlstriːt] ⟨amerik.⟩ (Wirtsch. Geschäftsstraße in New York [Bankzentrum]; übertr. für Geld- u. Kapitalmarkt der USA)
Wal|lung
Wal|ly [...li] (w. Vorn.)
Walm, der; -[e]s, -e (dreieckige Dachfläche); Walm|dach
Wal|nuss; Wal|nuss|baum
Wal|lo|ne, die; -, -n ⟨ital.⟩ (Bot. Gerbstoff enthaltender Fruchtbecher der Eiche)
Wal|per|tin|ger vgl. Wolpertinger
Wal|pur|ga, Wal|pur|gis (w. Vorn.)
Wal|pur|gis|nacht
Wal|rat, der od. das; -[e]s ([aus dem Kopf von Pottwalen gewonnene] fettartige Masse); Wal|rat|öl, das; -[e]s
Wal|ross, das; -es, -e
¹Wal|ser, Martin (dt. Schriftsteller)
²Wal|ser, Robert (schweiz. Lyriker u. Erzähler)
Wal|ser|tal, das; -[e]s ⟨nach dem im 13. Jh. eingewanderten Wallisern⟩ (Tal in Vorarlberg); ↑D 140:

das Große Walsertal; das Kleine Walsertal
Wal|statt ['va(ː)...], die; -, ...stätten (veraltet für Kampfplatz; Schlachtfeld)
wal|ten (geh.); Gnade walten lassen; ↑D 82: das Walten der Naturgesetze
Wal|ter, Wal|ther (m. Vorn.)
Wal|tha|ri|lied [auch ...'taː...], das; -[e]s ↑D 136 (ein Heldenepos)
Wal|ther vgl. Walter
Wal|ther von der Vo|gel|wei|de (dt. Dichter des MA.s)
Wal|traud, Wal|traut, Wal|trud (w. Vorn.); Walt|run (w. Vorn.)
Wal|va|ter ['va(ː)...] (Bez. für Odin)
Walz|blech
Wal|ze, die; -, -n (veraltet auch für Wanderschaft eines Handwerksburschen); wal|zen; du walzt
wäl|zen; du wälzt; sich wälzen
Wal|zen|bruch, der; -[e]s, ...brüche
wal|zen|för|mig
Wal|zen|müh|le; Wal|zen|spin|ne; Wal|zen|stra|ße vgl. Walzstraße
Wal|zer; Walzer tanzen; sie schwebten Walzer tanzend od. walzertanzend durch den Raum
Wäl|zer (ugs. für dickes Buch)
Wal|zer|mu|sik; Wal|zer|se|lig|keit; Wal|zer|takt vgl. ¹Takt
Wal|zer|tän|zer; Wal|zer|tän|ze|rin
wal|zig (walzenförmig)
Wälz|la|ger; Wälz|sprung (Straddle)
Walz|stahl; Walz|stra|ße, Wal|zen|stra|ße
Walz|werk; Walz|werk|er|zeug|nis
Wam|me, die; -, -n (vom Hals herabhängende Hautfalte [des Rindes]); Wam|merl, das; -s, -[n]; vgl. Pickerl (bayr., österr. für Bauchfleisch vom Kalb
Wam|pe, die; -, -n (svw. Wamme, ugs. auch für dicker Bauch); wam|pert (österr. ugs. für dickbäuchig)
Wam|pum [auch ...'puːm], der, auch das; -s, Plur. -s u. -e ⟨indian.⟩ (bei nordamerik. Indianern Gürtel aus Muscheln u. Schnecken, als Zahlungsmittel u. Ä. dienend)
Wams, das; -es, Wämser (früher für Jacke); Wäms|chen
wam|sen (landsch. für verprügeln); du wamst
wand vgl. ¹winden
Wand, die; -, Wände
Wan|da (w. Vorn.)
Wand|be|hang; Wand|be|span|nung; Wand|bord vgl. ¹Bord; Wand|brett

W
Wald

1204

Wärmeaustauscher

Wan|del, der; -s; demografischer Wandel
Wan|del|an|lei|he (Bankw.)
wan|del|bar; Wan|del|bar|keit, die; -
Wan|del|gang, der; Wan|del|hal|le
Wan|del|mo|nat, Wan|del|mond (veraltet für April)
wan|deln; ich wand[e]le
Wan|del|ob|li|ga|ti|on; Wan|del|schuld|ver|schrei|bung
Wan|del|stern (veraltet für Planet)
Wan|de|lung, Wand|lung
Wan|der|amei|se
Wan|der|ar|bei|ter; Wan|der|ar|bei|te|rin
Wan|der|aus|stel|lung; Wan|der|büh|ne; Wan|der|bur|sche (früher); Wan|der|bus; Wan|der|cir|cus vgl. Wanderzirkus; Wan|der|dü|ne
Wan|de|rer, Wand|rer
Wan|der|fahrt; Wan|der|fal|ke
Wan|der|ge|sel|le; Wan|der|ge|sel|lin
Wan|der|ge|wer|be (ambulantes Gewerbe); Wan|der|heu|schre|cke; Wan|der|hu|re
Wan|de|rin, Wand|re|rin
Wan|der|jahr meist Plur.; Wan|der|kar|te; Wan|der|le|ber; Wan|der|lied; Wan|der|lust, die; -
wan|dern; ich wandere; ↑D 82: das Wandern ist des Müllers Lust
Wan|der|nie|re; Wan|der|park|platz;
Wan|der|po|kal
Wan|der|pre|di|ger; Wan|der|pre|di|ge|rin
Wan|der|preis; Wan|der|rat|te
Wan|der|schaft; Wan|der|schuh; Wan|ders|mann Plur. ...leute
Wan|der|stab; Wan|der|tag
Wan|der|vo|gel; Wan|der|weg
Wan|der|zir|kus, Wan|der|cir|cus
Wand|fach; Wand|ge|mäl|de
...wan|dig (z. B. dünnwandig)
Wand|kal|en|der; Wand|kar|te
Wand|ler (Technik)
Wand|lung vgl. Wandelung; wand|lungs|fä|hig; Wand|lungs|fä|hig|keit; Wand|lungs|pro|zess
Wand|ma|le|rei
Wand|rer vgl. Wanderer; Wand|re|rin vgl. Wanderin
Wands|be|cker Bo|te, der; - -n (ehem. Zeitung; mit alter Schreibung des Ortsnamens)
Wands|bek (Stadtteil von Hamburg)
Wand|schirm; Wand|schrank; Wand|spie|gel; Wand|spruch; Wand|ta-

fel; Wand|tat|too, das, seltener der; -s, -s (Aufkleber für die Wand)
wand|te vgl. wenden
Wand|tel|ler; Wand|tep|pich; Wand|uhr; Wan|dung; Wand|ver|klei|dung; Wand|zei|tung
Wa|ne, der; -n, -n meist Plur. (germ. Mythol. Angehöriger eines Göttergeschlechts)
Wan|ge, die; -, -n; Wan|gen|kno|chen; Wan|gen|mus|kel
Wan|ger|oog, früher neben Wan|ger|oo|ge [auch 'vaŋ...] (Ostfriesische Insel)
Wäng|lein
Wa|nin ⟨zu Wane⟩
Wank, der; -[e]s; keinen Wank tun, machen (schweiz. für sich nicht bewegen, keinen Finger rühren)
Wan|kel (dt. Ingenieur u. Erfinder; als ® für einen Motor); Wan|kel|mo|tor
Wan|kel|mut; wan|kel|mü|tig; Wan|kel|mü|tig|keit
wan|ken; ins Wanken geraten
wann; dann und wann
Wänn|chen; Wan|ne, die; -, -n
Wan|ne-Ei|ckel (Stadtteil von Herne)
wan|nen; von wannen (veraltet für woher)
Wan|nen|bad
Wann|see, der; -s (in Berlin)
Wanst, der; -[e]s, Wänste (Tierbauch; ugs. für dicker Bauch)
Wänst|chen, Wänst|lein
Want, das; -s, -en meist Plur. (Seemannsspr. starkes [Stahl]tau beim Mast)
Wan|ze, die; -, -n (auch übertr. für Abhörgerät)
wan|zen (volkstüml. für von Wanzen reinigen); du wanzt
WAP [auch wɔp], das; - meist ohne Artikel ⟨engl.⟩ = Wireless Application Protocol (Verfahren zur Verbindung von Handy u. Internet); WAP-Han|dy
Wa|pi|ti, der; -[s], -s ⟨indian.⟩ (eine nordamerik. Hirschart)
wap|pen [auch 'wɔpn̩] ⟨zu WAP⟩
Wap|pen, das; -s, -; Wap|pen|brief; Wap|pen|feld; Wap|pen|kun|de, die; Wap|pen|schild, der od. das; Wap|pen|spruch; Wap|pen|tier
wapp|nen (geh.); ich wappne mich mit Geduld
war vgl. ²sein
Wa|rä|ger, der; -s, - ⟨schwed.⟩ (Wikinger)

Wa|ran, der; -s, -e ⟨arab.⟩ (eine trop. Echse)
warb vgl. werben

wart / ward
Die 2. Person Plural von sein endet im Indikativ Präteritum auf t: [ihr] wart. Mit d dagegen endet die ältere Form der 1. und 3. Person Singular Indikativ Präteritum von werden: [ich, er/sie/es] ward (noch geh. für wurde).

War|dein, der; -[e]s, -e ⟨niederl.⟩ (früher für [Münz]prüfer); war|die|ren (früher für [den Wert der Münzen] prüfen)
Wa|re, die; -, -n
wä|re (1. u. 3. Pers. Sing. Konjunktiv II von ²sein); ich, er, sie, es wäre
Wa|ren|an|ge|bot; Wa|ren|an|nah|me; Wa|ren|aus|ga|be; Wa|ren|aus|tausch; Wa|ren|be|gleit|schein; Wa|ren|be|stand; Wa|ren|ex|port; Wa|ren|han|del; Wa|ren|haus; Wa|ren|im|port
Wa|ren|korb (für die Berechnung der Lebenshaltungskosten zusammengestellte Waren; Link im Internetshop für zum Kauf ausgewählte Objekte)
Wa|ren|kre|dit; Wa|ren|kre|dit|brief (Bankw.)
Wa|ren|kun|de, die; Wa|ren|la|ger; Wa|ren|pro|be; Wa|ren|rück|ver|gü|tung; Wa|ren|sen|dung; Wa|ren|sor|ti|ment; Wa|ren|stem|pel; Wa|ren|test
Wa|ren|tren|ner; Wa|ren|trenn|stab
Wa|ren|um|schlag; Wa|ren|ver|kehr; Wa|ren|wirt|schafts|sys|tem; Wa|ren|zei|chen; Wa|ren|zoll
¹Warf, der od. das; -[e]s, -e (Weberei Gesamtheit der Kettfäden)
²Warf, Warft, die; -, -en (Wurt in Nordfriesland)
War|hol ['wɔːhɔl], Andy (amerik. Maler u. Grafiker)
War|lord ['wɔːlɔːd], der; -s, -s (milit. Machthaber in bürgerkriegsähnlichen Konflikten)
warm s. Kasten Seite 1206
Warm|bier
Warm|blut (Pferd einer bestimmten Rasse); Warm|blü|ter; warm|blü|tig
Warm|du|scher (ugs. für Weichling); Warm|du|sche|rin
Wär|me, die; -
Wär|me|aus|tausch; Wär|me|aus|tau|scher (Technik)

Wärmebehandlung

warm

wär|mer, wärms|te

– auf kalt und warm reagieren
– ↑D 89: warme Miete (einschließlich Heizkosten)

Schreibung in Verbindung mit Verben:
– den Tee warm halten
– sich warm anziehen
– im Zimmer ist es warm geworden, mir zu warm geworden
– sich warm laufen, sich warm machen (beim Sport)
– den Motor warm laufen lassen (auf günstige Betriebstemperatur bringen)
– das Essen warm machen *od.* warmmachen, warm stellen *od.* warmstellen
– mit dem neuen Nachbarn [nicht] warm werden *od.* warmwerden ([nicht] vertraut werden)
– sich einen Geschäftsfreund warmhalten (*ugs. für* die guten Beziehungen zu ihm erhalten)
– die Diskussionsteilnehmer hatten sich allmählich warmgelaufen (die Diskussion war lebhaft geworden)

Wär|me|be|hand|lung; Wär|me|bild|ka|me|ra; wär|me|däm|mend ↑D 59; Wär|me|däm|mung; Wär|me|deh|nung; Wär|me|ein|heit; Wär|me|ener|gie; Wär|me|fla|sche (*bes. österr., schweiz.*); Wär|me|ge|wit|ter; Wär|me|grad
wär|me|hal|tig
wär|me|iso|lie|rend; Wär|me|iso|lie|rung
Wär|me|ka|pa|zi|tät; Wär|me|leh|re; Wär|me|lei|ter, der; Wär|me|leit|zahl; Wär|me|mes|ser, der
wär|men; sich wärmen
Wär|me|pum|pe; Wär|me|quel|le; Wär|me|reg|ler
Wär|me|schutz, der; -es; Wär|me|schutz|ver|ord|nung
Wär|me|spei|cher; Wär|me|strah|len *Plur.*; Wär|me|tau|scher (*Technik*)
Wär|me|tech|nik; wär|me|tech|nisch
Wär|me|ver|lust; Wär|me|zäh|ler
Wärm|fla|sche
Warm|front (*Meteorol.*)
warm|hal|ten *vgl.* warm; Warm|hal|te|plat|te
Warm|haus (beheizbares Gewächshaus)
warm|her|zig; Warm|her|zig|keit, die; -
warm|lau|fen *vgl.* warm
Warm|lau|fen, das; -s; Warm|lau|fen|las|sen, Warm-lau|fen-Las|sen, das; -s ↑D 27
Warm|luft, die; -; Warm|luft|hei|zung
Warm|mie|te (Miete mit Heizung)
Warm-up ['vɔːɐ̯mlap], das; -s, -s ⟨engl.⟩ (das Sichaufwärmen; das Einstimmen von Zuschauern, Zuhörern auf ein Thema)
Warm|was|ser [*auch* 'v...'v...], das; -s; Warm|was|ser|be|rei|ter; Warm|was|ser|hei|zung; Warm|was|ser|ver|sor|gung
warm wer|den, warm|wer|den *vgl.* warm
War|na (bulgarische Stadt)

Warn|an|la|ge; Warn|an|zei|ge
Warn|blink|an|la|ge; Warn|blink|leuch|te; Warn|drei|eck
Warndt, der; -[s] (Berg- u. Hügelland westl. der Saar)
war|nen; War|ner; War|ne|rin
Warn|hin|weis; Warn|kreuz; Warn|leuch|te; Warn|licht *Plur.* ...lichter; Warn|mel|dung; Warn|ruf; Warn|schild, das; Warn|schuss
Warn|schuss|ar|rest (kurze Haftstrafe neben einer Bewährungsstrafe); Warn|si|gnal; Warn|streik; Warn|sys|tem
War|nung
Warn|wes|te (*Verkehrsw.*); Warn|zei|chen
¹Warp, der *od.* das; -s, -e ⟨engl.⟩ (*Weberei* Kettgarn)
²Warp, der; -[e]s, -e ⟨niederl.⟩ (*Seemannsspr.* Schleppanker); Warp|an|ker; war|pen (durch Schleppanker fortbewegen)
Warp|we|ber *vgl.* ¹Warp
War|rant [*auch* 'vɔrənt], der; -s, -s ⟨engl.⟩ (*Wirtsch.* Lagerschein)
War|schau (Hauptstadt Polens); War|schau|er; War|schau|e|rin
War|schau|er Pakt (*früher*); War|schau|er-Pakt-Staa|ten ↑D 26
War|sza|wa [...'ʃa(:)...] (*poln. Form von* Warschau)
wart (2. Pers. Plur. Indikativ Prät. *von* ²sein); ihr wart
Wart, der; -[e]s, -e (*meist in* Zusammensetzungen, z. B. Platzwart)
Wart|burg, die; -; Wart|burg|fest, das; -[e]s (1817)
War|te, die; -, -n (Beobachtungsort); von meiner Warte (meinem Standpunkt) aus
War|te|hal|le; War|te|häus|chen; War|te|lis|te
war|ten; auf sich warten lassen; ↑D 82: das Warten auf ihn hat ein Ende; War|te|pflicht (*Verkehrsw.; Rechtsspr.*)

Wär|ter
War|te|raum; War|te|rei (*ugs.*)
Wär|te|rin
War|te|saal; War|te|schlan|ge; War|te|schlei|fe (*auch übertr.*); War|te|schlei|fen|mu|sik; War|te|stand, der; -[e]s; War|te|zeit; War|te|zim|mer
War|the, die; - (rechter Nebenfluss der unteren Oder)
War|tin ⟨*zu* Wart⟩
Wart|saal (*schweiz. neben* Wartesaal); Wart|turm
War|tung; War|tungs|ar|beit *meist Plur.*; war|tungs|arm; war|tungs|frei; war|tungs|freund|lich; War|tungs|kos|ten *Plur.*
wa|r|um; warum nicht?; nach dem Warum fragen ↑D 81
Wärz|chen; War|ze, die; -, -n; war|zen|för|mig; War|zen|hof; War|zen|schwein; war|zig
was; was ist los?; sie will wissen, was los ist; was für ein; was für einer; (*ugs. auch für etwas:*) was Neues ↑D 72, irgendwas; das ist das Schönste, was ich je erlebt habe; nichts, vieles, allerlei, manches usw., was ..
Wa|sa, der; -[s], - (*svw.* Vasa)
Wa|sa|bi, der *od.* das; -[s] ⟨jap.⟩ (jap. Meerrettich)
wasch|ak|tiv; waschaktive Substanzen
Wasch|an|la|ge; Wasch|an|lei|tung; Wasch|au|to|mat
wasch|bar
Wasch|bär
Wasch|be|cken; Wasch|ben|zin
Wasch|ber|ge *Plur.* (*Bergmannsspr.* Steine, die bei der Aufbereitung der Kohle anfallen)
Wasch|be|ton
Wasch|brett; Wasch|brett|bauch (muskulöser, athletisch geformter Bauch [bei Männern])
Wasch|büt|te
Wä|sche, die; -, -n; Wä|sche|beu|tel

wasch|echt; waschechte Farben
Wä|sche|ge|schäft; Wä|sche|klam|mer; Wä|sche|knopf; Wä|sche|korb, Wasch|korb; Wä|sche|lei|ne; Wä|sche|man|gel, die
wa|schen; du wäschst, sie wäscht; du wuschest; du wüschest; gewaschen; wasch[e]!; sich waschen
Wä|sche|rei; Wä|sche|rin
Wä|sche|schleu|der; Wä|sche|schrank; Wä|sche|spin|ne (zum Wäscheaufhängen); Wä|sche|stän|der; Wä|sche|trock|ner
Wasch|gang, der; Wasch|ge|le|gen|heit; Wasch|haus; Wasch|kes|sel
Wasch|korb vgl. Wäschekorb;
Wasch|kraft *(Werbespr.);* Wasch|kü|che
Wasch|lap|pen *(ugs. auch für* Feigling, Schwächling*)*
Wasch|lau|ge
Wasch|le|der; wasch|le|dern (aus Waschleder)
Wasch|ma|schi|ne; wasch|ma|schi|nen|fest
Wasch|mit|tel, das; Wasch|pro|gramm; Wasch|pul|ver; Wasch|raum; Wasch|sa|lon; Wasch|schüs|sel; Wasch|sei|de; Wasch|stra|ße; Wasch|tisch; Wasch|trock|ner
Wa|schung
Wasch|was|ser, das; -s
Wasch|weib *(ugs. für* geschwätzige Person*)*
Wasch|zet|tel (Klappentext eines Buches)
Wasch|zeug, das; -[e]s; Wasch|zu|ber; Wasch|zwang
¹Wa|sen, der; -s, - *(svw.* Wrasen*)*
²Wa|sen, der; -s, - *(landsch. für* Rasen; *nordd. für* Reisigbündel*)*
Wa|serl, das; -s, -[n]; *vgl.* Pickerl *(österr. ugs. für* unbeholfener Mensch*)*
Was|gau, der; -[e]s (südl. Teil des Pfälzer Walds)
Was|gen|wald, der; -[e]s *(veraltete Bez. für* Vogesen*)*
wash and wear [ˈvɔʃ ənt ˈvɛːɐ̯] *(engl., »waschen und tragen«) (*Kennzeichnung für bügelfreie Textilien*)*
¹Wa|shing|ton [ˈwɔʃɪŋtən] (erster Präsident der USA)
²Wa|shing|ton (Staat in den USA)
³Wa|shing|ton (Hauptstadt der USA)
Wa|shing|to|ner; Wa|shing|to|ne|rin
Was|ser, das; -s, *Plur.* - u. *(für* Mineral-, Spül-, Abwasser u. a. meist:*)* Wässer; leichtes, schweres Wasser *(Chemie);* zu Wasser und zu Land[e]; ein Wasser abstoßendes, Wasser abweisendes *od.* wasserabstoßendes, wasserabweisendes Material, *aber nur* dieses Gewebe ist besonders wasserabweisend, dieser Stoff ist noch wasserabweisender als jener ↑D 58
Was|ser|am|sel
was|ser|arm
Was|ser|auf|be|rei|tung; Was|ser|auf|be|rei|tungs|an|la|ge
Was|ser|bad
Was|ser|ball *(vgl.* ¹Ball*)*
Was|ser|bal|ler, Was|ser|ball|spie|ler; Was|ser|bal|le|rin, Was|ser|ball|spie|le|rin
Was|ser|bau *Plur.* ...ten; Was|ser|be|cken; Was|ser|be|darf; Was|ser|bett; Was|ser|bom|be; Was|ser|bü|fel; Was|ser|burg
Wäs|ser|chen
Was|ser|dampf
was|ser|dicht; wasserdichte Uhren
Was|ser|ei|mer; Was|ser|ein|bruch; Was|ser|eis (ein Speiseeis); Was|ser|fahr|zeug; Was|ser|fall, der; Was|ser|far|be
was|ser|fest
Was|ser|flä|che; Was|ser|fla|sche; Was|ser|floh; Was|ser|flug|zeug
was|ser|ge|kühlt ↑D 59
Was|ser|glas *Plur.* ...gläser (Trinkglas; *nur Sing.:* Kalium- od. Natriumsilikat)
Was|ser|glät|te (Aquaplaning)
Was|ser|gra|ben; Was|ser|gü|te; Was|ser|hahn; Was|ser|här|te; Was|ser|haus|halt
was|ser|hell; wasserhelle Augen
Was|ser|ho|se (Wasser mitführender Wirbelsturm); Was|ser|huhn; Was|ser|hy|a|zin|the
wäs|se|rig usw. *vgl.* wässrig usw.
Was|ser|jung|fer (Libelle)
Was|ser|ka|nis|ter; Was|ser|kes|sel
Was|ser|klo|sett *(Abk.* WC)
Was|ser|ko|cher; Was|ser|kopf *(ugs.)*
Was|ser|kraft, die; Was|ser|kraft|werk
Was|ser|kran *(landsch. für* Wasserhahn*)*
Was|ser|kunst; Was|ser|kup|pe, die; - (Berg in der Rhön)
Was|ser|la|che; Was|ser|lauf
was|ser|le|bend *(Zool.* ↑D 59*)*
Was|ser|lei|che
Wäs|ser|lein
Was|ser|lei|tung; Was|ser|lin|se
was|ser|lös|lich; wasserlösliche Farbe
Was|ser|man|gel, der; -s; Was|ser|mann, der; -[e]s (ein Sternbild); Was|ser|mas|se *meist Plur.*
Was|ser|me|lo|ne; Was|ser|müh|le
was|sern (auf dem Wasser niedergehen); ich wassere
wäs|sern (in Wasser legen; mit Wasser versorgen; Wasser absondern); ich wässere
Was|ser|ni|xe; Was|ser|not, die; - *(veraltet für* Mangel an Wasser; *vgl. aber* Wassersnot)
Was|ser|ober|flä|che; Was|ser|pest, die; - (eine Wasserpflanze); Was|ser|pfei|fe; Was|ser|pflan|ze
Was|ser|pis|to|le; Was|ser|po|li|zei; Was|ser|pum|pe; Was|ser|qua|li|tät; Was|ser|rad
Was|ser|rat|te (jmd., der sehr gern schwimmt)
Was|ser|recht; was|ser|recht|lich
was|ser|reich
Was|ser|re|ser|voir
Was|ser|ret|tung
Was|ser|rohr; Was|ser|rohr|bruch
Was|ser|rutsch|bahn (Rutschbahn ins Wasser); Was|ser|rut|sche
Was|ser|säu|le; Was|ser|scha|den; Was|ser|schei|de *(Geogr.)*
was|ser|scheu; Was|ser|scheu, die; -
Was|ser|schi *vgl.* Wasserski
Was|ser|schlan|ge; Was|ser|schlauch; Was|ser|schloss
Was|ser|schutz|ge|biet; Was|ser|schutz|po|li|zei
Was|ser|ski, Was|ser|schi, der; -[s], *Plur.* -er *od.* -, *als Sportart* das; -[s]
Was|sers|not *(veraltet für* Überschwemmung; *vgl. aber* Wassernot)
Was|ser|spei|er; Was|ser|spie|gel; Was|ser|spiel *meist Plur.*
Was|ser|sport, der; -[e]s; Was|ser|sport|ler; Was|ser|sport|le|rin; was|ser|sport|lich
Was|ser|spü|lung
Was|ser|stand; Was|ser|stands|an|zei|ger; Was|ser|stands|mel|dung; Was|ser|stands|reg|ler
Was|ser|stel|le (z. B. in der Wüste)
Was|ser|stoff, der; -[e]s (chemisches Element, Gas; *Zeichen* H)
was|ser|stoff|blond
Was|ser|stoff|bom|be (H-Bombe)
Was|ser|stoff|per|oxid, Was|ser|stoff|per|oxyd, das; -[e]s
Was|ser|strahl; Was|ser|stra|ße
Was|ser|sucht, die; - (krankhafte Ansammlung von Wasser im Körper; Hydropsie); was|ser|süch|tig
Was|ser|tank; Was|ser|tem|pe|ra|tur; Was|ser|tie|fe; Was|ser|trä|ger

Wasserträgerin

(ugs. auch für jmd., der Hilfsdienste leistet); Was|ser|trä|ge|rin
Was|ser|tre|ten, das; -s; Was|sertrop|fen; Was|ser|turm; Wasser|uhr
was|ser|un|durch|läs|sig
Was|se|rung ⟨zu wassern⟩
Wäs|se|rung
Was|ser|ver|brauch; Was|ser|verdrän|gung; Was|ser|ver|schmut|zung; Was|ser|ver|sor|gung
Was|ser|vo|gel
Was|ser|waa|ge; Was|ser|weg; Wasser|welt; Was|ser|wer|fer; Wasser|werk; Was|ser|wirt|schaft; Was|ser|zäh|ler; Was|ser|zei|chen
wäss|rig, wäs|se|rig, Wäss|rig|keit, Wäs|se|rig|keit
Watch|list, die; -, -s ⟨engl.⟩, Watchlis|te [ˈvɔtʃ...] (Liste von zu beobachtenden Personen, Firmen o. Ä.)
wa|ten; gewatet
Wa|ter|boar|ding [ˈvɔ:tɐbɔ:ɐdɪŋ], das; -s ⟨engl.⟩ (Scheinertränken als Foltermethode)
Wa|ter|kant, die; - (scherzh. für nordd. Küstengebiet)
Wa|ter|loo (Ort in Belgien)
Wa|ter|proof [ˈvɔ:tɐpru:f], der; -s, -s ⟨engl.⟩ (wasserdichter Stoff; Regenmantel)
Wat|sche [auch ˈvat...], die; -, -n u. Wat|schen, die; -, - (bayr., österr. ugs. für Ohrfeige)
wat|sche|lig, watsch|lig (ugs.); watscheln [auch ˈvat...]; ich watsch[e]le
wat|schen [auch ˈvat...] (bayr., österr. ugs. für ohrfeigen)
Wat|schen [auch ˈvat...] vgl. Watsche
Wat|schen|frau [auch ˈvat...]; Watschen|mann (Figur im Wiener Prater; übertr. für Zielscheibe der Kritik)
watsch|lig vgl. watschelig
¹Watt [vɔt] (Erfinder der verbesserten Dampfmaschine)
²Watt, das; -s, - (Einheit der physikal. Leistung; Zeichen W); 40 Watt
³Watt, das; -[e]s, -en (seichter Streifen der Nordsee zwischen Küste u. vorgelagerten Inseln)
Wat|te, die; -, -n ⟨niederl.⟩ (aus weichen, weißen Fasern hergestelltes Material, das zum Verbinden, Auspolstern u. Ä. verwendet wird)
Wat|teau [vaˈtoː] (franz. Maler)
Wat|te|bausch
Wat|ten, das; -s (bayr., österr. für ein Kartenspiel)

Wat|ten|meer ⟨zu ³Watt⟩
Wat|ten|scheid (Stadtteil von Bochum); Wat|ten|schei|der; Wat|ten|schei|de|rin
Wat|te|pad [...pɛd] (kleiner Wattebausch zum Reinigen des Gesichts o. Ä.); Wat|te|pfrop|fen
wat|tie|ren (mit Watte füttern); Wat|tie|rung
wat|tig; wattiger Schnee
Watt|me|ter, das; -s, - (elektr. Messgerät); Watt|se|kun|de (Einheit der Energie u. Arbeit; Abk. Ws)
watt|wan|dern; nur im Infinitiv gebr.; oft als Substantivierung: das Wattwandern; Watt|wan|de|rung
Wat|vo|gel (am Wasser, im Moor o. Ä. lebender Vogel)
Wau, der; -[e]s, -e (Färberpflanze)
wau, wau!; Wau|wau, der; -s, -s (Kinderspr. Hund)
Wa|xing [ˈvɛksɪŋ], das; -[s], -s ⟨engl.⟩ (Beseitigung von Körperhaaren mit Wachs)
WC [veːˈtseː], das; -[s], -s ⟨engl.⟩ = water closet ⟨engl.⟩ (Wasserklosett, Toilette); WC-Bürs|te; WC-Rei|ni|ger; WC-Sitz
WDR, der; - = Westdeutscher Rundfunk
Wea|ra|ble [ˈwɛ:rəbl], das; -s, -s meist Plur. ⟨engl.⟩ (EDV in die Kleidung integrierter od. unmittelbar am Körper getragener Computer, der auf den Nutzer bezogene Daten registriert u. verarbeitet)
Web, das; -[s] ⟨engl.⟩ (kurz für World Wide Web); Web 2.0 (Bezeichnung für die Internetbereiche, in denen Nutzer eigene Beiträge verfassen können)
Web|ad|res|se
Web-App, Web|app [...ɛp], die; -, -s, auch das; -, -s (App, die ihre Inhalte direkt aus dem Internet holt); web|ba|siert (EDV); eine webbasierte Lösung; **Web|be|zahl|dienst**, Web-Be|zahl|dienst ⟨engl.; dt.⟩ (Onlinebezahldienst); Web|brow|ser
Web|cam [...kɛm], die; -, -s (EDV Kamera, deren Aufnahmen ins Internet eingespeist werden)
Web|cast [...kaːst], der; -s, -s ⟨engl.⟩ (live od. als Aufzeichnung abrufbare Sendung im Internet)
Web|de|sign [...dɪzaɪn], das; -s, -s ⟨engl.⟩ (Gestaltung von Webseiten); Web|de|si|g|ner; Web|de|si|g|ne|rin
We|be, die; -, -n (österr. für Gewebe [für Bettzeug])

We|be|lei|ne (Seemannsspr. gewebte Sprosse der Wanten)
we|ben; du webtest, schweiz., sonst geh. u. übertr. wobst; du webtest, geh. u. übertr. wöbest; gewebt, schweiz., sonst geh. u. übertr. gewoben; web[e]!
¹We|ber, Carl Maria von (dt. Komponist)
²We|ber; We|be|rei; We|be|rin
We|ber|kamm; We|ber|knecht (ein Spinnentier); We|ber|kno|ten
We|bern, Anton von (österr. Komponist)
We|ber|schiff|chen, Webschiff|chen; We|ber|vo|gel (Zool.)
Web|feh|ler; Web|garn
Web|hos|ting (EDV Bereitstellung von Speicherplatz auf einem Server)
We|bi|nar®, das; -s, -e (im Internet stattfindendes Seminar)
Web|kan|te
Web|log, das, auch der; -s, -s ⟨engl.⟩ (tagebuchartig geführte, öffentlich zugängliche Webseite)
Web|mas|ter, der; -s, - ⟨engl.⟩ (Betreuer von Websites); Web|mas|te|rin
Web|pelz
Web|ra|dio
Web|schiff|chen vgl. Weberschiffchen
Web|sei|te, die; -, -n (Bestandteil einer Website); Web|site [ˈvɛpsaɪt], die; -, -s ⟨engl.⟩ (sämtliche hinter einer Internetadresse stehenden Seiten); Web|space [...spɛɪs], der; -, -s ⟨engl.⟩ (Speicherplatz im Internet)
Web|stuhl; Web|wa|ren Plur.
web|weit (das Internet umfassend)
Web 2.0, das; des Web[s] 2.0 (EDV durch die Mitwirkung der Benutzer[innen] geprägte Internetangebote); Web-2.0-An|wen|dung
Wech|sel, der; -s, -; Wech|sel|bad
Wech|sel|balg, der ([nach früherem Volksglauben] untergeschobenes hässliches Kind)
Wech|sel|bank Plur. ...banken
Wech|sel|be|zie|hung; wech|sel|be|züg|lich
Wech|sel|bür|ge; Wech|sel|bür|gin; Wech|sel|bürg|schaft
Wech|sel|fäl|le Plur.
Wech|sel|fäl|schung; Wech|sel|fie|ber (für Malaria)
Wech|sel|geld; Wech|sel|ge|sang
wech|sel|haft; Wech|sel|haf|tig|keit
Wech|sel|jah|re|be|schwer|den, Wech-

sel|jah|res|be|schwer|den *Plur.*;
Wech|sel|jah|re *Plur.*
Wech|sel|kas|se; Wech|sel|kre|dit
Wech|sel|kurs; Wech|sel|kurs-
schwan|kung *meist Plur.*
wech|seln; ich wechs[e]le; wech-
selnde Mehrheiten *(Politik)*;
Wäsche zum Wechseln ↑D 82
Wech|sel|pe|ri|o|de *(Fußball Trans-
ferfenster)*; Wech|sel|rah|men;
Wech|sel|re|de
Wech|sel|re|gress *(Bankw.)*; Wech-
sel|rei|te|rei (unlautere Wechsel-
ausstellung)
Wech|sel|schal|ter
Wech|sel|schicht; Wech|sel|schritt
Wech|sel|sei|tig; Wech|sel|sei|tig-
keit
Wech|sel|spiel; Wech|sel|steu|er,
die; Wech|sel|strom; Wech|sel-
stu|be; Wech|sel|sum|me
Wech|se|lung, Wechs|lung
Wech|sel|ver|kehr, der; -s *(Ver-
kehrsw.)*
wech|sel|voll
Wech|sel|wäh|ler; Wech|sel|wäh|le-
rin
wech|sel|warm *(Zool.)*; Wech|sel-
warm|blüt|er *(Zool.)*
Wech|sel|wei|se; wech|sel|wil|lig
Wech|sel|wir|kung
Wechs|ler; Wechs|le|rin
Wechs|lung vgl. Wechselung
Wech|te, die; -, -n (überhängende
Schneemasse; *schweiz. auch für*
Schneewehe); Wech|ten|bil|dung
¹Weck (Familienn.; *als* ® *für* Ein-
kochgeräte)
²Weck, der; -[e]s, -e, We|cke, die; -,
-n, ²We|cken, der; -s, - *(südd.,
österr. für* Weizenbrötchen; Brot
in länglicher Form)
We|ck|a|min, das; -s, -e ⟨Kunstwort
aus wecken u. Amin⟩ (anregendes Kreislaufmittel)
Weck|dienst (per Telefon)
We|cke vgl. ²Weck
we|cken; ¹We|cken, das; -s; Urlaub
bis zum Wecken *(Militär)*
²We|cken vgl. ²Weck
We|cker
We|ckerl, das; -s, -[n]; vgl. Pickerl
(bayr., österr. für längliches
Weizenbrötchen)
Weck|glas® *Plur.* ...gläser ↑D 136;
vgl. ¹Weck
Weck|ruf; Weck|zeit
We|da vgl. Veda
We|de|kind (dt. Dramatiker)
We|del, der; -s, -
We|del|kurs *(Skisport)*
we|deln; ich wed[e]le
We|den *(Plur. von* Weda)

we|der; weder er noch sie haben
od. hat davon gewusst; das
Weder-noch
Wedge [vedʒ], der; -[s], -s [...ɪs]
⟨engl.⟩ (ein Golfschläger; *meist
Plur.*: frittierte Kartoffelspalte;
Schuh mit keilförmigem, durch-
gehendem Absatz)
Wedg|wood ['wedʒwʊt], das; -[s]
⟨nach dem engl. Erfinder⟩ (engl.
Steingut); **Wedg|wood|wa|re**,
Wedg|wood-Wa|re
we|disch vgl. **vedisch**
Week|end ['wiːkɛnd], das; -[s], -s
⟨engl.⟩ (Wochenende)
Weft, das; -[e]s, -e ⟨engl.⟩ *(Weberei
hart gedrehtes Kammgarn)
weg; weg da! (fort!); sie ist ganz
weg (ugs. für begeistert, ver-
liebt); frisch von der Leber weg
(ugs. für ganz offen, unge-
hemmt) reden; sie ist längst darüber weg (hinweg); sie wird
schon weg sein, wenn ...

Weg

der; -[e]s, -e
– im Weg[e] stehen; wohin des
Weg[e]s?
– halbwegs; gerade[n]wegs; kei-
neswegs
– unterwegs
– alle[r]wege, allerwegen
– etwas **zuwege** od. zu Wege
bringen

Schreibung in Straßennamen:
↑D 162 u. 163

weg... *(in Zus. mit Verben, z. B.*
weglaufen, du läufst weg, weg-
gelaufen, wegzulaufen)
We|ga, die; - ⟨arab.⟩ (ein Stern)
weg|ar|bei|ten *(ugs.)*; sie hat alles
weggearbeitet
weg|at|men (eine bestimmte
Atemtechnik anwenden; *ugs.
auch für* etw. selbstbeherrscht
verkraften, freundlich übergehen)
Weg|bau vgl. Wegebau
weg|be|kom|men *(ugs.)*
Weg|be|rei|ter; Weg|be|rei|te|rin
Weg|bie|gung
weg|bla|sen; wie weggeblasen
(ugs. für spurlos verschwunden)
weg|blei|ben *(ugs.)*; sie ist auf ein-
mal weggeblieben
weg|bre|chen; weg|brin|gen *(ugs.)*
weg|den|ken; etw. ist nicht wegzu-
denken
weg|dis|ku|tie|ren *(ugs.)*; weg|drän-

gen; weg|drü|cken; weg|du|cken,
sich
We|ge|bau, Weg|bau, der; -[e]s
We|ge|geld, Weg|geld
We|ge|kreuz vgl. Wegkreuz
We|ge|la|ge|rer; We|ge|la|ge|rin;
we|ge|la|gern (selten); ich wege-
lagere; We|ge|la|ge|rung
we|gen s. Kasten Seite 1210
We|gen|ge
We|ger, der; -s, - (Schiffsplanke)
We|ge|recht
We|ge|rich, der; -s, -e (eine Pflanze)
we|gern *(Schiffbau* die Innenseite
der Spanten mit Wegern bele-
gen); ich wegere; We|ge|rung
We|ges|rand *(geh.)*
we|ges|sen
weg|fah|ren; Weg|fahr|sper|re
(beim Auto)
Weg|fall, der; -[e]s; in Wegfall
kommen *(dafür besser:* wegfal-
len); weg|fal|len
weg|fe|gen; weg|fi|schen; sie hat
ihm die besten Bissen weggefi-
scht; weg|flie|gen; weg|fres-
sen; weg|füh|ren
Weg|ga|be|lung, Weg|gab|lung
Weg|gang, der; -[e]s
weg|ge|ben
Weg|ge|fähr|te; Weg|ge|fähr|tin
weg|ge|hen
Weg|geld vgl. Wegegeld
Weg|gen, der; -s, - *(schweiz. für*
vgl. ²Wecken)
Weg|ge|nos|se; Weg|ge|nos|sin
Weggli, das; -[s], -[s]; vgl. Götti
(schweiz. für Milchbrötchen)
weg|gu|cken *(ugs.)*; weg|ha|ben
(ugs.); die Ruhe weghaben (sich
nicht aus der Fassung bringen
lassen); weg|hän|gen vgl. ²hän-
gen; weg|ho|len; weg|hö|ren
(ugs.); weg|ja|gen; weg|keh|ren
(ugs.); weg|kli|cken *(EDV)*; weg|kom|men
(ugs.); gut dabei wegkommen
(ugs.); weg|krat|zen
Weg|kreuz, We|ge|kreuz; Weg-
kreu|zung
weg|krie|gen *(ugs.)*
weg|ku|cken *(nordd. für* weggucken)
weg|kun|dig
weg|lä|cheln *(ugs. für* etw. freund-
lich [lächelnd] ertragen, übergehen)
weg|las|sen; weg|lau|fen; er ist
weggelaufen; weg|le|gen
Weg|lei|tung *(schweiz. für* Anwei-
sung, Richtlinie)

weg|lo|ben; einen Mitarbeiter
wegloben; weg|lo|cken
weg|los
weg|ma|chen *(ugs.)*

Wegmarke

we|gen

(*Abk.* wg.)
Präposition mit Genitiv:
– wegen eines Diebstahls
– wegen der hohen Preise
– wegen des Vaters *od.* des Vaters wegen
– wegen der Leute *od.* der Leute wegen
Umgangssprachlich auch mit Dativ:
– wegen dem Kind
– wegen mir (meinetwegen)
Ein allein stehendes, stark gebeugtes Substantiv im Singular bleibt im Allgemeinen ungebeugt:
– wegen Diebstahl
– wegen Umbau geschlossen
Standardsprachlich mit Dativ in bestimmten Verbindungen u. wenn bei Pluralformen der Genitiv nicht erkennbar ist:
– wegen [etwas] anderem, wegen Vergangenem
– wegen Geschäften

Standardsprachlich auch mit Dativ, wenn ein Genitivattribut zwischen »wegen« und das davon abhängende Substantiv tritt:
– wegen meines Bruders neuem Auto
Zusammensetzungen u. Fügungen:
– deswegen, dessentwegen
– meinetwegen, deinetwegen, seinetwegen, ihretwegen, unsertwegen, euretwegen *od.* euertwegen
– von Amts wegen
– von Rechts wegen
– von Staats wegen
– von Berufs wegen
– von wegen! (*ugs. für* auf keinen Fall!)

Weg|mar|ke
weg|mü|de (*geh.*)
weg|müs|sen (*ugs.*); ich habe weggemusst
Weg|nah|me, die; -, -n (*Amtsspr.*)
weg|neh|men; weggenommen
weg|pa|cken; weg|put|zen (*ugs. auch für* aufessen); weg|ra|die|ren
Weg|rain; Weg|rand
weg|ra|ti|o|na|li|sie|ren; weg|räu|men; weg|rei|ßen; weg|ren|nen; weg|rol|len; weg|rut|schen
weg|sa|nie|ren (*iron.*); weg|schaf|fen; sie schafften alles weg; weg|schau|en
Weg|scheid, der; -[e]s, -e, österr. die; -, -en, *häufiger* Weg|schei|de, die; -, -n (*veraltend für* Straßengabelung)
weg|sche|ren, sich (*ugs. für* weggehen); scher dich weg!; weg|scheu|chen; weg|schi|cken; weg|schie|ben; weg|schlei|chen; er ist weggeschlichen; sich wegschleichen; weg|schlie|ßen; weg|schmei|ßen (*ugs.*); weg|schnap|pen (*ugs.*)
weg|schnei|den; weg|schüt|ten; weg|se|hen; weg|set|zen; weg|sper|ren; weg|sprin|gen; weg|spü|len; weg|ste|cken (*ugs. auch für* verkraften); weg|steh|len; sich wegstehlen; weg|stel|len; weg|ster|ben (*ugs.*); weg|sto|ßen
Weg|stre|cke
weg|strei|chen
Weg|stück
weg|tra|gen; weg|trei|ben; weg|tre|ten; weggetreten! (milit. Kommando); weg|trin|ken; weg|tun

Weg|über|füh|rung; Weg|un|ter|füh|rung
Weg|war|te (eine Pflanze)
weg|wei|send; Weg|wei|ser
¹Weg|wei|sung (Verkehrsw.)
²Weg|wei|sung (österr., schweiz. für Verbot, Ausweisung)
weg|wer|fen; weg|wer|fend; eine wegwerfende Handbewegung
Weg|werf|fla|sche; Weg|werf|ge|sell|schaft; Weg|werf|men|ta|li|tät, die; -; Weg|werf|win|del
weg|wi|schen; weg|wol|len (*ugs.*)
weg|zap|pen ⟨dt., engl.⟩ (*ugs. für* beim Fernsehen das Programm wechseln); er hat weggezappt
weg|zau|bern
Weg|zeh|rung; Weg|zei|chen
weg|zie|hen; Weg|zug
¹weh; sie hat einen wehen Finger; es war ihm weh ums Herz; das hat wehgetan *od.* weh getan
²weh *vgl.* wehe
Weh, das; -[e]s, -e ↑D 81: mit Ach und Weh; Ach und Weh schreien
we|he, weh; weh[e] dir!; o weh!
¹We|he, die; -, -n *meist Plur.* (das Zusammenziehen der Gebärmutter bei der Geburt)
²We|he, das; -s (*selten für* Weh)
³We|he, die; -, -n (zusammengewehte Anhäufung von Schnee *od.* Sand)
we|hen
Weh|ge|schrei
Weh|kla|ge (*geh.*); weh|kla|gen; ich wehklage; gewehklagt; zu wehklagen
Wehl, das; -[e]s, -e, Weh|le, die; -, -n (*nordd. für* an der Binnenseite eines Deiches gelegener Teich)
weh|lei|dig; Weh|lei|dig|keit
Weh|mut, die; -; weh|mü|tig; Weh|mü|tig|keit; weh|muts|voll
Weh|mut|ter *Plur.* ...mütter (*veraltet für* Hebamme)
¹Wehr, die; -, -en (Befestigung, Verteidigung; *kurz für* Feuerwehr); sich zur Wehr setzen
²Wehr, das; -[e]s, -e (Stauwerk)
wehr|bar
Wehr|be|auf|trag|te
Wehr|be|reich, der; Wehr|be|reichs|kom|man|do
Wehr|dienst
Wehr|dienst|leis|ten|de, Wehr|dienst Leis|ten|de, der u. die; -n, -n
wehr|dienst|taug|lich; Wehr|dienst|taug|lich|keit, die; -
wehr|dienst|un|taug|lich; Wehr|dienst|un|taug|lich|keit, die; -
Wehr|dienst|ver|wei|ge|rer; Wehr|dienst|ver|wei|ge|rung
weh|ren; sich wehren
Wehr|er|satz|dienst
wehr|fä|hig; Wehr|fä|hig|keit, die; -
Wehr|gang, der; Wehr|ge|hän|ge, Wehr|ge|henk; Wehr|ge|rech|tig|keit, die; -; Wehr|ge|setz
wehr|haft; Wehr|haf|tig|keit, die; -
Wehr|kir|che (burgartig gebaute Kirche); Wehr|kun|de, die; -
Wehr|lei|tung (der Feuerwehr)
wehr|los; Wehr|lo|sig|keit, die; -
Wehr|macht, die; - (*früher für* Gesamtheit der [deutschen] Streitkräfte); Wehr|macht[s]|an|ge|hö|ri|ge, der u. die

Wehr|mann Plur. ...männer (österr., schweiz. für Soldat)
Wehr|pass
Wehr|pflicht, die; -; die allgemeine Wehrpflicht; **wehr|pflich|tig**;
Wehr|pflich|ti|ge, der; -n, -n
Wehr|turm; Wehr|übung
weh|tun, weh tun; ich habe mir wehgetan od. weh getan; das braucht nicht wehzutun od. weh zu tun
Weh|weh [auch ...'ve:], das; -s, -s (Kinderspr. Schmerz; kleine Wunde); **Weh|weh|chen**
Weib, das; -[e]s, -er; **Weib|chen**
Wei|bel, der; -s, - (früher u. schweiz. für Amtsbote); **Wei|be|lin; wei|beln** (schweiz. für werbend umhergehen); ich weib[e]le
Wei|ber|fa|sching; Wei|ber|fas[t]|nacht (landsch. für letzter Donnerstag vor Aschermittwoch)
Wei|ber|feind
Wei|ber|ge|schich|te meist Plur. (oft abwertend); **Wei|ber|held; Wei|ber|wirt|schaft** (abwertend)
wei|bisch
Weib|lein; Männlein und Weiblein
weib|lich; weibliches Geschlecht; **Weib|lich|keit**, die; -
Weibs|bild (ugs., oft abwertend für Frau); **Weib|sen**, das; -s, - (ugs. abwertend für Frau); **Weibs|leu|te** Plur.; **Weibs|per|son** (ugs. veraltend); **Weibs|stück** (ugs. abwertend)

---

weich

Schreibung in Verbindung mit Verben ↑**D 56**:
– weich sein, weich werden
– die Butter ist weich geworden
– die Kinder bettelten, bis die Mutter weich wurde od. weichwurde (ugs. für nachgab)
– ein Steak weich klopfen od. weichklopfen
– die Eier weich kochen od. weichkochen
– das Leder weich machen od. weichmachen
– die Wäsche weich spülen od. weichspülen

Aber:
– jemanden weichklopfen (ugs. für zum Nachgeben bewegen)
– jemanden weichmachen (ugs. für zum Nachgeben bewegen)

Vgl. auch weichlöten

Weich|bild (Stadtgebiet)
¹**Wei|che**, die; -, -n (Umstellvorrichtung bei Gleisen)
²**Wei|che**, die; -, -n (Flanke)
Weich|ei (ugs. für Weichling)
¹**wei|chen** (einweichen, weich machen, weich werden); du weichtest; geweicht; weich[e]!
²**wei|chen** (zurückgehen; nachgeben); du wichst; du wichest; gewichen; weich[e]!
Wei|chen|stel|ler; Wei|chen|stel|le|rin; Wei|chen|stel|lung (Maßnahme, die eine zukünftige Entwicklung vorbereitet)
Wei|chen|wär|ter; Wei|chen|wär|te|rin
weich ge|kocht, **weich|ge|kocht** vgl. weich
Weich|heit
weich|her|zig; Weich|her|zig|keit
Weich|holz; Weich|kä|se
weich|klop|fen (ugs. für zum Nachgeben bewegen); vgl. aber weich
weich|lich; Weich|lich|keit, die; -
Weich|ling (Schwächling)
weich|lö|ten (Technik); nur im Infinitiv und Partizip II gebr.; weichgelötet
weich|ma|chen (ugs. für zum Nachgeben bewegen); vgl. aber weich
Weich|ma|cher (Chemie)
weich|scha|lig
¹**Weich|sel**, die; - (osteuropäischer Strom)
²**Weich|sel**, die; -, -n (landsch. u. schweiz.; kurz für Weichselkirsche); **Weich|sel|kir|sche**
weich spü|len, **weich|spü|len**; ich habe die Wäsche weich gespült od. weichgespült; aber nur in diesem Bericht wurden die Probleme weichgespült (ugs. für verharmlost)
Weich|spü|ler; Weich|spül|mit|tel
Weich|tei|le Plur.
Weich|tier meist Plur. (Molluske)
weich wer|den, **weich|wer|den** vgl. weich; **Weich|wer|den**, das; -s
Weich|zeich|ner (fotografische Vorsatzlinse)
¹**Wei|de**, die; -, -n (ein Baum)
²**Wei|de**, die; -, -n (Grasland)
Wei|de|land Plur. ...länder
Wei|del|gras (Lolch; Raigras)
Wei|de|mo|nat (alte dt. Bez., meist für Mai)
wei|den; sich an etwas weiden
Wei|den|baum; Wei|den|busch; Wei|den|ger|te; Wei|den|kätz|chen; Wei|den|rös|chen
Wei|de|platz
Wei|de|rich, der; -s, -e (Name verschiedener Pflanzen)
Wei|de|rind
Wei|de|wirt|schaft, die; -
weid|ge|recht, bes. fachspr. waid|ge|recht
weid|lich (gehörig, tüchtig)
Weid|ling, der; -s, -e (südwestd. u. schweiz. für [Fischer]kahn; vgl. Weitling)
Weid|loch, bes. fachspr. Waid|loch (After beim Wild)
Weid|mann, bes. fachspr. Waid|mann Plur. ...männer; **waid|män|nisch**, bes. fachspr. waid|män|nisch
Weid|manns|dank!, bes. fachspr. Waid|manns|dank!; **Weid|manns|heil!**, bes. fachspr. Waid|manns|heil!
Weid|mes|ser, bes. fachspr. Waid|mes|ser, das; **Weid|sack**, bes. fachspr. Waid|sack (Jägerspr. Pansen [vom Wild]); **Weid|spruch**, bes. fachspr. Waid|spruch (alte Redensart der Jäger); **Weid|werk**, bes. fachspr. Waid|werk, das; -[e]s; **weid|wund**, bes. fachspr. waid|wund (verwundet durch Schuss in die Eingeweide)
Wei|fe, die; -, -n (Textiltechnik Garnwinde); **wei|fen** ([Garn] haspeln)
Wei|gand, der; -[e]s, -e (veraltet für Kämpfer, Held)
wei|gern, sich; ich weigere mich; **Wei|ge|rung; Wei|ge|rungs|fall**, der (Amtsspr.); im Weigerungsfall[e]
Weih vgl. ¹Weihe
Weih|bi|schof
¹**Wei|he**, die; -, -n, Weih, der; -[e]s, -e (ein Greifvogel)
²**Wei|he**, die; -, -n (Rel. Weihung; nur Sing.: geh. für feierl. Stimmung); **Wei|he|akt**
wei|hen
Wei|hen|ste|phan (Stadtteil von Freising)
Wei|her, der; -s, - ⟨lat.⟩ (Teich)
Wei|he|stun|de
wei|he|voll
Weih|ga|be; Weih|kes|sel (Weihwasserkessel)

W
Weih

Weihnacht

Weih|nacht, die; -; weih|nach|ten; geweihnachtet

Weih|nach|ten

das; -, - (Weihnachtsfest)
- zu Weihnachten (bes. nordd. u. österr.)
- an Weihnachten (bes. südd.)
- Weihnachten war sehr kalt

Gelegentlich im landschaftlichen Sprachgebrauch u. zumeist in Österreich u. in der Schweiz wird »Weihnachten« im Plural verwendet:
- die[se] Weihnachten waren verschneit

In Wunschformeln ist allgemein der Plural üblich:
- fröhliche Weihnachten!; frohe Weihnachten!

weih|nacht|lich, *schweiz. auch* weih|nächt|lich
Weih|nachts|abend; Weih|nachtsbä|cke|rei; Weih|nachts|baum; Weih|nachts|ein|kauf; Weih|nachts|en|gel; Weih|nachts|es|sen; Weih|nachts|fei|er; Weih|nachts|feier|tag; *der erste, zweite Weihnachtsfeiertag;* Weih|nachts|fe|ri|en *Plur.;* Weih|nachts|fest; Weih|nachts|gans; Weih|nachts|ge|bäck; Weih|nachts|geld; Weih|nachts|geschäft; Weih|nachts|ge|schenk; Weih|nachts|ge|schich|te; Weih|nachts|gra|ti|fi|ka|ti|on; Weih|nachts|kak|tus; Weih|nachts|kar|te; Weih|nachts|krip|pe; Weih|nachts|lied
Weih|nachts|mann *Plur.* ...männer; Weih|nachts|markt; Weih|nachts-pa|pier; Weih|nachts|plätz|chen; Weih|nachts|spiel; Weih|nachts-stern
Weih|nachts|stol|le, Weih|nachts-stol|len *vgl.* Stolle
Weih|nachts|tag; Weih|nachts|tau-wet|ter *(Meteorol.);* Weih|nachts-tel|ler; Weih|nachts|tisch
Weih|nachts|ver|kehr, der; -s
Weih|nachts|zeit, die; -
Weih|rauch, der; -[e]s, -e (duftendes Harz)
weih|räu|chern; ich weihräuchere
Weihung
Weih|was|ser *Plur.* ...wasser; Weih|was|ser|be|cken; Weih|was|ser-kes|sel
Weih|we|del
weil; sie tut es, weil sie es will
weiland *(veraltet für* vormals)
Weilchen, das; -s; warte ein Weilchen!
Weile, die; -; es dauerte eine gute Weile; aus langer Weile; *vgl.* Langeweile
weilen *(geh. für* sich aufhalten)
Weiler, der; -s, - ⟨lat.⟩ (mehrere beieinanderliegende Gehöfte; kleine Gemeinde)
Weimar (Stadt an der Ilm); Wei|ma|rer; Wei|ma|re|rin; wei|ma|risch
Weimuts|kie|fer, Wey|mouths|kie-fer [ˈvaɪ̯muːts...] ⟨nach Lord Weymouth⟩ (nordamerikanische Kiefer)
Wein, der; -[e]s, -e ⟨lat.⟩; Wein|an-bau, der; -[e]s
Wein|bau, der; -[e]s; Wein|bau|er *vgl.* ²Bauer; Wein|bäu|e|rin; Wein-bau|ge|biet
Wein|bee|re
Wein|bei|ßer (eine Lebkuchenart; Weinkenner)

Wein|berg; Wein|berg[s]|be|sit|zer; Wein|berg[s]|be|sit|ze|rin
Wein|berg|schne|cke
Wein|brand, der; -s, ...brände (ein Branntwein); Wein|brand|boh|ne
wei|nen ↑D 82; in Weinen ausbrechen; ihr war das Weinen näher als das Lachen; das ist zum Weinen!
wei|ner|lich; Wei|ner|lich|keit, die; -
Wein|es|sig
Wein|fass; Wein|fest; Wein|fla|sche
Wein|gar|ten *(landsch. für* Weinberg); Wein|gärt|ner *(landsch. für* Winzer); Wein|gärt|ne|rin
Wein|geist *Plur.* (Sorten:) ...geiste
Wein|glas *Plur.* ...gläser
Wein|gut
Wein|händ|ler; Wein|händ|le|rin; Wein|hand|lung
Wein|hau|er *(österr. für* Winzer); Wein|hau|e|rin
Wein|haus; Wein|he|fe
wei|nig (weinhaltig; weinartig)
Wein|kar|te; Wein|kauf
Wein|kel|ler; Wein|kel|le|rei
Wein|kell|ner; Wein|kell|ne|rin
Wein|kel|ter
Wein|ken|ner; Wein|ken|ne|rin
Wein|kö|ni|gin
Wein|kost, die; -, -en *(österr. für* Weinprobe)
Wein|krampf
Wein|la|ge; Wein|le|se; Wein|lo|kal
Wein|mo|nat, Wein|mond *(alte dt. Bez. für* Oktober)
Wein|pan|scher *(abwertend);* Wein|pan|sche|rin
Wein|pro|be
Wein|ran|ke; Wein|re|be
wein|rot
Wein|schaum *(Gastron.)*
Wein|schaum|creme, Wein|schaum-crème

...weise

Getrennt- und Zusammenschreibung:
- netterweise war sie gekommen; *aber* in netter Weise etwas sagen
- sie hat mir freundlicherweise geholfen; *aber* in freundlicher Weise antworten

Zusammensetzungen aus Adjektiv und »...weise« werden nur adverbiell gebraucht:
- klugerweise sagte er nichts dazu
- anständigerweise hat sie den Schaden bezahlt

Auch Zusammensetzungen aus Substantiv und »...weise« werden normalerweise adverbiell gebraucht:
- sie wurde probeweise eingestellt
- wir sind schrittweise vorgegangen
- die Verträge wurden teilweise erneuert

Bei Bezug auf ein Substantiv, das ein Geschehen ausdrückt, ist jedoch auch adjektivischer Gebrauch möglich:
- eine probeweise Einstellung
- bei schrittweisem Vorgehen
- nach teilweiser Erneuerung

W
Weih

weiß

(Farbe); vgl. auch blau, Weiß
I. Kleinschreibung:
↑D 89:
– die weiße Fahne hissen (als Zeichen des Sichergebens)
– ein weißer Fleck auf der Landkarte (unerforschtes Gebiet)
– weiße Kohle (Wasserkraft)
– ein weißer Rabe (eine Seltenheit)
– eine weiße Weste haben (*ugs. für* unschuldig sein)
– eine weiße Maus (*ugs. veraltet auch für* Verkehrspolizist)
– weiße Mäuse sehen (*ugs. für* [im Rausch] Wahnvorstellungen haben)
– weiße *od.* Weiße Nächte (Nächte, in denen die Sonne nur kurzzeitig untergeht)

II. Großschreibung
a) *der Substantivierung* ↑D 72:
– die Weißen (hellhäutige Menschen)
– eine Weiße (Berliner Bier)
– das Weiße; etwas Weißes
– die Farbe Weiß
– aus Schwarz Weiß, aus Weiß Schwarz machen

b) *in Namen und bestimmten namensähnlichen Fügungen* ↑D 150 *u.* 151:
– die Weiße Elster (ein Fluss)
– die Weiße Frau (Spukerscheinung in Schlössern)
– das Weiße Haus (Amtssitz des Präsidenten der USA in Washington)
– die Weiße Rose (Name einer Widerstandsgruppe während der Zeit des Nationalsozialismus)
– der Weiße Sonntag (Sonntag nach Ostern)
– der Weiße *od.* weiße Tod (Erfrieren)
– der Weiße *od.* weiße Sport (Tennis; Skisport)

III. Schreibung in Verbindung mit Verben und Partizipien ↑D 56 *u.* 58:
– weiß werden
– sich weiß kleiden
– weiß einfärben, weiß übertünchen
– weiß färben *od.* weißfärben
– weiß kalken *od.* weißkalken
– weiß machen *od.* weißmachen; *vgl. aber* weismachen
– weiß tünchen *od.* weißtünchen
– die Wäsche weiß waschen *od.* weißwaschen
– die weiß glühende *od.* weißglühende Sonne
– weiß gekleidete *od.* weißgekleidete Kinder (*aber* in Weiß gekleidete Kinder)
Vgl. aber weißbluten, weißglühen, weißnähen *u.* weißwaschen

---

wein|se|lig
Wein|stein, der; -[e]s (kaliumsaures Salz der Weinsäure)
Wein|steu|er, die
Wein|stock *Plur.* ...stöcke
Wein|stra|ße; die Deutsche Weinstraße ↑D 150
Wein|stu|be; Wein|trau|be; Weinwirt|schaft
Wein|zierl, der; -s, -n (*bayr., österr. mdal. für* Winzer, Weinbauer)
Wein|zwang, der; -[e]s (Verpflichtung, in einem Lokal Wein zu bestellen)
wei|se (klug)
¹Wei|se, der *u.* die; -n, -n (kluger Mensch)
²Wei|se, die; -, -n (Art; Melodie [eines Liedes]; auf diese Weise
...wei|se *s. Kasten Seite 1212*
Wei|sel, der; -s, -, *fachspr.* die; -, -n (Bienenkönigin)
wei|sen (zeigen; anordnen; *bes. schweiz. auch für* beim Jassen besondere, Punkte bringende Kartenkombinationen ankündigen); du weist, er weist; du wiesest, er wies; gewiesen; weis[e]!
Wei|ser (*veraltet für* Uhrzeiger)
Weis|heit; weis|heits|voll

Weis|heits|zahn
weis|lich (*veraltet für* wohlweislich)
weis|ma|chen (*ugs. für* vormachen, einreden usw.); ich mache weis; weisgemacht; weiszumachen
weiß *s. Kasten*
Weiss, Peter (dt. Schriftsteller)
¹Weiß, das; -[s], - (weiße Farbe); in Weiß [gekleidet]; mit Weiß [bemalt]; Stoffe in Weiß
²Weiß, Ernst (österr. Schriftsteller)
³Weiß, Konrad (dt. Lyriker, Dramatiker u. Essayist)
weis|sa|gen; ich weissage; geweissagt; zu weissagen; Weis|sa|ger; Weis|sa|ge|rin; Weis|sa|gung
Weiß|bier; Weiß|bier|du|sche (das Übergießen od. Nassspritzen mit Weißbier [zur Feier eines sportlichen Erfolges])
Weiß|bin|der (*landsch. für* Böttcher; Anstreicher); Weiß|bin|de|rin
Weiß|blech
weiß|blond
weiß|blu|ten *meist nur im Infinitiv gebräuchlich* (sich völlig verausgaben); ↑D 82; bis zum Weißbluten (*ugs. für* sehr, in hohem Maße)
Weiß|brot

Weiß|buch (Dokumentensammlung der dt. Regierung zu einer bestimmten Frage)
Weiß|bu|che (Hainbuche); Weißdorn *Plur.* ...dorne
¹Wei|ße, die; -, -n (Bierart; *auch für* ein Glas Weißbier)
²Wei|ße, der *u.* die; -n, -n (Mensch mit heller Hautfarbe)
³Wei|ße, die; - (Weißsein)
Wei|ße-Kra|gen-Kri|mi|na|li|tät, die; - ↑D 26 (z. B. Steuerhinterziehung)
wei|ßeln (*südd. u. schweiz. für* weißen); ich weiß[e]le
wei|ßen (weiß färben, machen; tünchen); du weißt, er weißt; du weißtest; geweißt; weiß[e]!
Wei|ßen|fels (Stadt an der Saale)
Wei|ße|ritz, die; - (linker Nebenfluss der mittleren Elbe)
Weiß|fisch
Weiß|fluss, der; -es (*Med.* weißlicher Ausfluss aus der Scheide)
Weiß|gar|dist (*früher*)
weiß ge|klei|det, weiß|ge|klei|det *vgl.* weiß
Weiß|ger|ber; Weiß|ger|be|rei; Weiß|ger|be|rin
weiß|glü|hen (*fachspr.*); Eisen

Weißglut

weit

Vgl. auch weiter

I. Groß- und Kleinschreibung:
- am weitesten
- weit und breit
- so weit, so gut
- ↑D 72;
- das Weite suchen (sich [rasch] fortbegeben)
- sich ins Weite verlieren
- bei Weitem *od.* weitem
- von Weitem *od.* weitem

II. Getrennt- und Zusammenschreibung

a) *in Verbindung mit Verben* ↑D 56:
- weit fahren; weil wir weit fahren müssen
- weit bringen; sie hat es weit gebracht
- weit gehen: zu weit gehen; …, was entschieden zu weit geht
- weit springen; er kann sehr weit springen; *vgl. aber* weitspringen

b) *in Verbindung mit Partizipien* ↑D 58 u. 62:
- das ist weit hergeholt
- eine weit gereiste *od.* weitgereiste Forscherin
- weit öffnende *od.* weitöffnende Türen
- weitblickend, weitblickender, am weitblickendsten *od.* weit blickend, weiter blickend, am weitesten blickend
- er stellte weitgehende *od.* weit gehende, weitergehende *od.* weiter gehende Forderungen, *aber nur* er stellte weitergehendere Forderungen; ein [noch] weiter gehender *od.* weitergehender Vorschlag; *aber nur zusammen:* weitestgehend; der Fall ist weitgehend gelöst
- weitgreifende, weitgreifendere *od.* weit greifende, weiter greifende Pläne
- weitreichende, weitreichendere *od.* weit reichende, weiter reichende Vollmachten
- weitschweifende *od.* weit schweifende Gedanken, *aber nur* [viel] weiter schweifende Gedanken
- weittragende, weittragendere *od.* weit tragende, weiter tragende Konsequenzen
- hierbei handelt es sich um weitverbreitete, weitverbreitetste *od.* weit verbreitete, am weitesten verbreitete Pflanzen; die Pflanzen sind [sehr] weit verbreitet
- ein weitverzweigtes, weitverzweigteres *od.* weit verzweigtes, weiter verzweigtes Unternehmen

III. Zusammensetzungen:
- insoweit *(vgl. d.);* inwieweit *(vgl. d.)*
- meilenweit *(vgl. d.);* soweit *(vgl. d.)*
- weither *(vgl. d.);* wethin *(vgl. d.)*

---

weißglühen, weißglühendes Eisen; *vgl. weiß*
Weiß|glut, die; -; **Weiß|gold**
weiß Gott!; sich für weiß Gott was halten *(ugs.)*
weiß|grau
weiß|haa|rig
Weiß|herbst (hell gekelterter Wein aus blauen Trauben); **Weiß|kä|se** (Quark); **Weiß|kohl,** der; -[e]s; **Weiß|kraut,** das; -[e]s
Weiß|la|cker (eine Käsesorte)
weiß|lich
Weiß|ling (ein Schmetterling)
Weiß|ma|cher *(Werbespr.* optischer Aufheller in Waschmitteln)
weiß|nä|hen (Wäsche nähen); ↑D 47: ich nähe weiß; weißgenäht; weißzunähen; **Weiß|nä|her; Weiß|nä|he|rin**
Weiß|pap|pel
Weiß|raum *(fachspr. für* unbedruckter Raum auf einer Seite)
Weiß|rus|se; Weiß|rus|sin; weiß|rus|sisch *vgl.* belarussisch
Weiß|russ|land (Staat in Osteuropa; *vgl.* Belarus)
Weiß|tan|ne
Weiß|wand|rei|fen
Weiß|wa|ren *Plur.*
Weiß|wä|sche (weiße [Koch]wäsche)
weiß|wa|schen ↑D 47; sich, jmdn. weißwaschen *(ugs. für* sich od.

jmdn. von einem Verdacht od. Vorwurf befreien); *meist nur im Infinitiv u. Partizip II* (weißgewaschen) *gebr.; aber* Wäsche weiß waschen *od.* weißwaschen
Weiß|wein; Weiß|wurst
Weiß|zeug, das; -[e]s *(veraltend für* Weißwaren)
Weis|tum, das; -s, …tümer (Aufzeichnung von Rechtsgewohnheiten u. -belehrungen im MA.)
Wei|sung (Auftrag, Befehl)
Wei|sungs|be|fug|nis
wei|sungs|be|rech|tigt; wei|sungs|frei; wei|sungs|ge|bun|den; wei|sungs|ge|mäß
Wei|sungs|recht
wei|sungs|un|ab|hän|gig
weit *s. Kasten*
Weit, das; -[e]s, -e *(fachspr. für* größte Weite [eines Schiffes])
weit|ab
weit|aus; weitaus größer
Weit|blick, der; -[e]s
weit|bli|ckend, weit bli|ckend *vgl.* weit
Wei|te, die; -, -n
wei|ten (weit machen, erweitern)
wei|ter *s. Kasten Seite 1215*
Wei|ter|ar|beit, die; -; **wei|ter|ar|bei|ten** *vgl.* weiter
wei|ter|bau|en
wei|ter|be|för|dern; ich befördere weiter; der Spediteur hat die

Kiste nach Berlin weiterbefördert; *aber* der Kraftverkehr kann Stückgüter weiter befördern als die Eisenbahn; **Wei|ter|be|för|de|rung**
wei|ter be|ste|hen, wei|ter|be|ste|hen *vgl.* weiter
wei|ter|bil|den (fortbilden); **Wei|ter|bil|dung**
wei|ter|brin|gen; der Streit wird uns nicht weiterbringen
wei|ter|den|ken; eine Idee weiterdenken (weiterentwickeln)
wei|ter|emp|feh|len; die Ärztin wurde weiterempfohlen
wei|ter|ent|wi|ckeln; Wei|ter|ent|wick|lung
wei|ter|er|zäh|len
wei|ter|fah|ren; Wei|ter|fahrt
wei|ter|flie|gen; Wei|ter|flug
wei|ter|füh|ren; wei|ter|füh|rend; die weiterführenden Schulen; weiterführende Literatur; **Wei|ter|füh|rung** *Plur.* selten
Wei|ter|ga|be
Wei|ter|gang, der; -[e]s (Fortgang, Entwicklung)
wei|ter|ge|ben
wei|ter|ge|hen (vorangehen); die Arbeiten sind gut weitergegangen; bitte weitergehen!; *aber* ich kann weiter gehen als du; *vgl.* weiter; *vgl. auch* weit
wei|ter|hel|fen

Weizenkeimöl

wei|ter
- weitere neue Bücher
- weiteres Wichtiges

I. Groß- und Kleinschreibung ↑D 72:
a) *Groß- oder Kleinschreibung:*
- bis auf Weiteres od. weiteres
- ohne Weiteres od. weiteres (österr. auch ohneweiters)

b) *Großschreibung:*
- das Weitere hierüber folgt alsbald
- [ein] Weiteres findet sich im nächsten Abschnitt
- als Weiteres erhalten Sie ...
- des Weiteren wurde berichtet ...
- des Weiter[e]n enthoben sein
- alles, einiges Weitere demnächst
- wie im Weiteren dargestellt ...

II. Schreibung in Verbindung mit Verben:
a) *Getrenntschreibung, wenn »weiter« im Sinne von »weiter als« gebraucht wird:*
- weiter gehen, er kann weiter gehen als ich

b) *Zusammenschreibung, wenn »weiter« in der Bedeutung von »vorwärts«, »voran« (auch im übertragenen Sinne) gebraucht wird:*
- weiterbefördern; weiterhelfen usw.

c) *Wird die Fortdauer eines Geschehens ausgedrückt, schreibt man im Allgemeinen zusammen, wenn »weiter« die Hauptbetonung trägt, und getrennt, wenn das Verb gleich stark betont wird:*
- weitermachen; weiterspielen usw.
- sie hat dir weiter (weiterhin) geholfen
- die Probleme werden weiter bestehen od. weiterbestehen

---

wei|ter|hin
wei|ter|kämp|fen
wei|ter|kli|cken *(EDV)*
wei|ter|kom|men
wei|ter|kön|nen *(ugs. für weitergehen, weiterarbeiten können)*
wei|ter|krie|chen
wei|ter|lau|fen *vgl. weitergehen*
wei|ter|le|ben; ich kann so nicht weiterleben
wei|ter|lei|ten; weiterzuleiten; **Wei|ter|lei|tung**
wei|ter|ma|chen *(schweiz. milit. auch für sich zur Beförderung weiter ausbilden lassen);* immer so weitermachen; *aber* er lässt seine Schuhe weiter machen
wei|tern *(selten für erweitern);* ich weitere
Wei|ter|nut|zung
wei|ter|qua|li|fi|zie|ren; sich in Kursen weiterqualifizieren
wei|ter|rei|chen; den Kelch, die Frage weiterreichen; *aber* Waffen, die weiter reichen als 150 km; *vgl.* weiter; *vgl. auch* weit
Wei|ter|rei|se; wei|ter|rei|sen
wei|ters *(österr. für weiterhin)*
wei|ter|sa|gen; er hat es weitergesagt; *aber* ich werde weiter (weiterhin) sagen, was ich denke
wei|ter|schla|fen; wei|ter|se|hen; wei|ter|spie|len *vgl. weiter*
wei|ter|spre|chen; sie konnte vor Schreck nicht weitersprechen
wei|ter|tra|gen; die Fackel weitertragen
wei|ter|trat|schen *(ugs. für weitererzählen)*

Wei|te|rung *meist Plur.* ([unangenehme, schwerwiegende] Folge)
wei|ter|ver|ar|bei|ten; Wei|ter|ver|ar|bei|tung
wei|ter|ver|brei|ten; er hat das Gerücht weiterverbreitet; *aber* diese Krankheit ist heute weiter verbreitet als früher; **Wei|ter|ver|brei|tung**
wei|ter|ver|er|ben
wei|ter|ver|fol|gen; sein Ziel unbeirrt weiterverfolgen
Wei|ter|ver|kauf; wei|ter|ver|kau|fen
wei|ter|ver|mie|ten (in Untermiete geben)
wei|ter|ver|mit|teln
wei|ter|ver|wen|den; Wei|ter|ver|wen|dung
Wei|ter|weg, der; Schnee versperrte den Weiterweg
wei|ter|wis|sen; wir haben nicht mehr weitergewusst
wei|ter|wol|len *(ugs. für weitergehen wollen)*
wei|ter|zah|len
wei|ter|zie|hen
wei|test|ge|hend
wei|test|mög|lich; den Bereich weitestmöglich frei halten
weit|ge|hend, weit ge|hend; eine weitgehende *od.* weit gehende Forderung; *aber* nur ein weitgehend geklärter Fall; *vgl. auch* weit
weit ge|reist, weit|ge|reist *vgl.* weit
weit|grei|fend, weit grei|fend *vgl.* weit
weit|her (aus großer Ferne); *aber* von weit her; damit ist es nicht weit her (das ist unbedeutend)

weit her|ge|holt, weit her|ge|holt *vgl.* weit
weit|her|zig; Weit|her|zig|keit, die; -
weit|hin; weithin zu hören sein
weit|läu|fig; Weit|läu|fig|keit
Weit|ling, Weid|ling, der; -s, -e (bayr., österr. für große Schüssel)
weit|ma|schig; weit|räu|mig
weit|rei|chend, weit rei|chend; weitreichende *od.* weit reichende Konsequenzen
weit|schich|tig
Weit|schuss *(Sport)*
weit|schwei|fend, weit schwei|fend *vgl.* weit
weit|schwei|fig; Weit|schwei|fig|keit
Weit|sicht, die; -; **weit|sich|tig; Weit|sich|tig|keit**
weit|sprin|gen *nur im Infinitiv gebr. (Sport); vgl.* weit; **Weit|sprin|gen,** das; -s
Weit|sprin|ger; Weit|sprin|ge|rin; Weit|sprung *(Sport)*
weit|tra|gend, weit tra|gend *vgl.* weit
Wei|tung
weit|ver|brei|tet, weit ver|brei|tet *vgl.* weit
weit|ver|zweigt, weit ver|zweigt *vgl.* weit
Weit|win|kel *(Fotogr.; kurz für Weitwinkelobjektiv);* **Weit|win|kel|auf|nah|me; Weit|win|kel|ob|jek|tiv**
Wei|zen, der; -s, Plur. (Sorten:) -
Wei|zen|bier; Wei|zen|brot
Wei|zen|ern|te; Wei|zen|feld
Wei|zen|keim *meist Plur.;* **Wei|zen|keim|öl**

W
Weiz

Weizenkleie

Wei|zen|kleie; Wei|zen|korn; Wei|zen|mehl; Wei|zen|preis
Weiz|mann, Chaim [x...] (israelischer Staatsmann)
¹**Weiz|sä|cker,** Carl Friedrich Freiherr von (dt. Physiker u. Philosoph)
²**Weiz|sä|cker,** Richard Freiherr von (sechster dt. Bundespräsident)

welch

welcher, welche, welches
– welch ein Kind; welch Wunder; welch große Forscher
– welch reizendes Kerlchen; welches reizende Kerlchen
– welche berühmten, *seltener* berühmte Frauen
– welche Stimmberechtigten
– die politischen Verhältnisse welchen, *seltener* welches Staates?
– Welches sind die beliebtesten Ferienziele?

wel|che (*ugs. für* etliche, einige); es sind welche hier; *vgl.* welch
wel|cher|art; wir wissen nicht, welcherart (was für ein) Interesse sie veranlasst ...; *aber* wir wissen nicht, welcher Art (Sorte) diese Bücher sind
wel|cher|ge|stalt; wel|cher|lei
wel|ches (*ugs. auch für* etwas); Hat noch jemand Brot? Ich habe welches; *vgl.* welch
Welf, der; -[e]s, -e *od.* das; -[e]s, -er (*Nebenform von* Welpe)
Wel|fe, der; -n, -n (Angehöriger eines dt. Fürstengeschlechtes)
Wel|fin; wel|fisch
welk; welke Blätter; **wel|ken; Welk|heit,** die; -
Well|baum (Welle [am Mühlrad u. a.])
Well|blech; Well|blech|dach
Wel|le, die; -, -n; grüne Welle
wel|len; gewelltes Blech, Haar
wel|len|ar|tig
Wel|len|bad, der; Wel|len|berg; Wel|len|bre|cher
wel|len|för|mig
Wel|len|gang, der; -[e]s; **Wel|len|kamm**
Wel|len|län|ge; Wel|len|li|nie
wel|len|rei|ten, Wellen reiten; sie wollen im Urlaub wellenreiten *od.* Wellen reiten; *aber* er reitet [auf den] Wellen; **Wel|len|rei|ten,** das; -s (*Wassersport*); **Wel|len|rei|ter; Wel|len|rei|te|rin**
Wel|len|sa|lat, der; -[e]s (*ugs. für* ein Nebeneinander sich gegenseitig störender Sender)
Wel|len|schlag, der; -[e]s
Wel|len|sit|tich (ein Vogel)
Wel|len|strah|lung; Wel|len|tal
Wel|ler, der; -s, - (mit Stroh vermischter Lehm zur Ausfüllung von Fachwerk); **wel|lern** (Weller herstellen, [Fachwerk] mit Weller ausfüllen); ich wellere; **Wel|ler|wand** (Fachwerkwand)
Well|fleisch (gekochtes Bauchfleisch vom Schwein)
Well|horn|schne|cke
wel|lig; Wel|lig|keit
Wel|li|né, der; -[s], -s (ein Gewebe)
Wel|ling|ton [...tən] (britischer Feldmarschall; Hauptstadt Neuseelands)
Wel|ling|to|nia, die; -, ...ien (*svw.* Sequoia)
Well|ness, die; ⟨engl.⟩ (Wohlbefinden); **Well|ness|cen|ter; well|nes|sen** *nur im Infinitiv üblich* (sich zur Entspannung leicht körperlich betätigen); *aber nur* zum, beim Wellnessen; **Well|ness|ho|tel**
Well|pap|pe
Well|rad (Technik)
Wel|lung
Wel|pe, der; -n, -n (das Junge von Hund, Fuchs, Wolf)
Wel|pen|schutz
¹**Wels,** der; -es, -e (ein Fisch)
²**Wels** (oberösterreichische Stadt)
welsch (kelt.) (*urspr. für* keltisch, *später für* romanisch, französisch, italienisch; *veraltet für* fremdländisch; *schweiz. svw.* welschschweizerisch); **Wel|sche,** der u. die; -n, -n (*veraltet*); **welschen** (*veraltet für* viele entbehrliche Fremdwörter gebrauchen); du welschst
Welsch|kraut, das; -[e]s (*landsch. für* Wirsing)
Welsch|land, das; -[e]s (*schweiz. für* französischsprachige Schweiz)
Welsch|schwei|zer (Schweizer mit französischer Muttersprache); **Welsch|schwei|ze|rin; welsch|schwei|ze|risch** (die französischsprachige Schweiz betreffend)
Welt, die; -, -en; die Dritte Welt (die Entwicklungsländer); die Vierte Welt (die ärmsten Entwicklungsländer)
welt|ab|ge|wandt; Welt|ab|ge|wandt|heit, die; -
Welt|all
welt|an|schau|lich
Welt|an|schau|ung
Welt|at|las; Welt|aus|stel|lung
Welt|bank, die; -
welt|be|kannt
welt|be|rühmt; Welt|be|rühmt|heit
welt|bes|te; die weltbesten Sprinterinnen; **Welt|best|leis|tung** (Sport); **Welt|best|zeit**
Welt|be|völ|ke|rung, die; -
welt|be|we|gend ↑D 59
Welt|be|zug (Philos.); **Welt|bild; Welt|bund**
Welt|bür|ger; Welt|bür|ge|rin; welt|bür|ger|lich; Welt|bür|ger|tum (das Weltbürgersein)
Welt|chro|nik
Welt|cup (Sport); **Welt|cup|punkt; Welt|cup|ren|nen**
Welt|eli|te (bes. Sport)
Wel|ten|bumm|ler; Wel|ten|bumm|le|rin
Wel|ten|raum (geh. für Weltraum)
welt|ent|rückt (geh.)
Welt|er|be, das; -s, -[n] (Gesamtheit der von der UNESCO anerkannten bes. erhaltenswerten Kultur- u. Naturdenkmäler der Welt; eines dieser Denkmäler)
Welt|er|fah|rung; Welt|er|folg
Wel|ter|ge|wicht ⟨engl./dt.⟩ (eine Körpergewichtsklasse in der Schwerathletik); **Wel|ter|ge|wicht|ler**
Welt|er|näh|rungs|gip|fel
welt|er|schüt|ternd
Welt|esche, die; -; *vgl.* Yggdrasil
welt|fern
Welt|flucht
welt|fremd; Welt|fremd|heit
Welt|frie|de[n], der; ...ens
Welt|geist, der; -[e]s
Welt|geist|li|che, der
Welt|gel|tung; Welt|ge|richt, das; -[e]s; **Welt|ge|sche|hen**
Welt|ge|schich|te; welt|ge|schicht|lich
Welt|ge|sund|heits|or|ga|ni|sa|ti|on, die; - (*vgl.* WHO)
welt|ge|wandt; Welt|ge|wandt|heit
Welt|ge|werk|schafts|bund, der; -[e]s (Abk. WGB)
welt|größ|te; die weltgrößte Messe
Welt|han|del; Welt|han|dels|or|ga|ni|sa|ti|on, die; - (*vgl.* WTO)
Welt|herr|schaft, die; -
Welt|hilfs|spra|che
Welt|jah|res|best|leis|tung (Sport); **Welt|jah|res|best|zeit**
Welt|kar|rie|re; Welt|kar|te
Welt|kir|chen|kon|fe|renz
Welt|klas|se, die; - (Sport); **Welt|klas|se|spie|ler; Welt|klas|se|spie|le|rin; Welt|klas|se|sport|ler; Welt|klas|se|sport|le|rin**
Welt|kli|ma; Welt|kli|ma|rat, der; -

wer

wen|den
- ich wandte *od.* ich wendete
- du wandtest *od.* du wendetest
- gewandt *od.* gewendet
- wend[e]!
- sich wenden
- bitte wenden! (*Abk.* b. w.)

In den Bedeutungen »die Richtung während der Fortbewegung ändern« und »umkehren, umdrehen [und die andere Seite zeigen]« werden nur die Formen mit »e« verwendet:
- sie wendete mit dem Auto, sie hat gewendet
- ein gewendeter Mantel
- das Heu wurde gewendet
- das Blatt hat sich gewendet

Ansonsten sind die Formen mit »a« häufiger:
- er wandte, *seltener* wendete sich zu ihr
- er hat sich zu ihr gewandt, *seltener* gewendet
- er hat nur wenig Geld an die Ausbildung seiner Kinder gewandt, *seltener* gewendet
- sie wandte, *seltener* wendete viel Sorgfalt auf ihre Arbeit

---

-[e]s (Gremium der UN zur Beobachtung weltweiter Klimaveränderungen)
welt|klug; Welt|klug|heit, die; -
Welt|kon|zern
Welt|krieg ↑D 89: der Erste Weltkrieg (1914–1918); der Zweite Weltkrieg (1939–1945)
Welt|ku|gel
Welt|kul|tur (weltweit verbreitete Kultur); **Welt|kul|tur|er|be,** das; -s
Welt|la|ge, die; -; **Welt|lauf,** der; -[e]s
welt|läu|fig; Welt|läu|fig|keit, die; -
welt|lich; Welt|lich|keit, die; -
Welt|li|te|ra|tur, die; -; **Welt|macht**
Welt|mann *Plur.* ...männer; **welt|män|nisch**
Welt|mar|ke
Welt|markt; Welt|markt|füh|rer; Welt|markt|füh|re|rin; Welt|markt|preis
Welt|meer
Welt|meis|ter; Welt|meis|te|rin; welt|meis|ter|lich; Welt|meis|ter|schaft (*Abk.* WM); **Welt|meis|ter|ti|tel**
Welt|mu|sik; Welt|ni|veau
welt|of|fen; Welt|of|fen|heit, die; -
Welt|öf|fent|lich|keit, die; -
Welt|ord|nung
Welt|po|li|tik; welt|po|li|tisch
Welt|post|ver|ein, der; -[e]s
Welt|pre|mi|e|re; Welt|pres|se, die; -; **Welt|pries|ter**
Welt|rang, der; -[e]s; **Welt|rang|lis|te** (*Sport*); **Welt|rang|lis|ten|ers|te,** der *u.* die; -n, -n
Welt|raum, der; -[e]s
Welt|raum|bahn|hof; Welt|raum|be|hör|de
Welt|raum|fah|rer; Welt|raum|fah|re|rin; Welt|raum|fahrt; Welt|raum|fahr|zeug
Welt|raum|flug; Welt|raum|for|schung; Welt|raum|la|bor; Welt|raum|son|de; Welt|raum|sta|ti|on; Welt|raum|te|les|kop

Welt|reich
Welt|rei|se; Welt|rei|sen|de
Welt|re|kord; Welt|re|kord|hal|ter, Welt|re|kord|ler; Welt|re|kord|hal|te|rin, Welt|re|kord|le|rin
Welt|re|li|gi|on
Welt|re|vo|lu|ti|on, die; -
Welt|ruf, der; -[e]s (Berühmtheit)
Welt|ruhm
Welt|schau (Weltsicht [nur Sing.]; Weltausstellung)
Welt|schmerz, der; -es
Welt|si|cher|heits|rat, der; -[e]s
Welt|sicht; Welt|spar|tag
Welt|spit|ze; Welt|spra|che; Welt|stadt; Welt|star *vgl.* ²Star; **Welt|tour|nee**
Welt|um|se|ge|lung, Welt|um|seg|lung; Welt|um|seg|ler; Welt|um|seg|le|rin
welt|um|span|nend
Welt|un|ter|gang; Welt|un|ter|gangs|stim|mung (sehr pessimistische Gemütslage)
Welt|ur|auf|füh|rung
Welt|ver|band (bes. *Sport*)
Welt|ver|bes|se|rer; Welt|ver|bes|se|rin
Welt|wäh|rungs|fonds, der; - (eine Organisation der Vereinten Nationen); **Welt|wäh|rungs|kon|fe|renz**
welt|weit
Welt|wirt|schaft; welt|wirt|schaft|lich; Welt|wirt|schafts|gip|fel; Welt|wirt|schafts|kri|se
Welt|wun|der; Welt|zeit|uhr
wem; Wem|fall, der (*für Dativ*)
wen
Wen|cke (w. Vorn.)
¹**Wen|de,** die; -, -n (einschneidende Veränderung; Drehung, Wendung; eine Turnübung)
²**Wen|de,** der; -n, -n (Sorbe; *nur Plur.:* frühere dt. Bez. für die Slawen)
Wen|de|hals (ein Vogel; *ugs. abwertend für* jmd., der sich [polit.] Änderungen schnell anpasst)

Wen|de|ham|mer (am Ende einer Sackgasse)
Wen|de|kreis
Wen|del, die; -, -, -n (schraubenförmige Wicklung [z. B. eines Lampenglühdrahtes]); **Wen|del|boh|rer**
Wen|de|lin (m. Vorn.)
Wen|del|rut|sche (*Bergmannsspr.* Rutschenspirale zum Abwärtsfördern von Kohlen u. Steinen)
Wen|del|trep|pe
Wen|de|ma|nö|ver; Wen|de|mar|ke (*Sport*)
wen|den s. Kasten
Wen|de|platz; Wen|de|punkt
Wen|de|schal|tung (*Elektrot.*); **Wen|de|schlei|fe** (*Verkehrsw.*)
wen|dig; Wen|dig|keit, die; -
Wen|din 〈zu ²Wende〉; **wen|disch**
Wen|dung
Wen|fall, der (*für Akkusativ*)
we|nig s. Kasten Seite 1218
We|nig, das; -s, -; viele Wenig machen ein Viel; **We|nig|keit,** die; -; meine Wenigkeit (*ugs. scherzh. für* ich)
we|nigs|tens
wenn; wenn auch; wenngleich (doch; *auch durch ein Wort getrennt*, z. B. ich gleich Hans heiße); wennschon; wennschon – dennschon; *aber* wenn schon das nicht geht; ↑D 14: **wenns** *od.* wenn's weiter nichts ist; ↑D 125: komm doch[,] wenn möglich[,] schon um 17 Uhr
Wenn, das; -s, - ↑D 81: das Wenn und das Aber; ohne Wenn und Aber; viele Wenn und Aber
wenn|gleich *vgl.* wenn; **wenn|schon** *vgl.* wenn
¹**Wen|zel** (m. Vorn.)
²**Wen|zel,** der; -s, - (*Kartenspiel* Bube, Unter)
Wen|zels|kro|ne, die; - (böhmische Königskrone)
Wen|zes|laus (m. Vorn.)
wer fragendes, bezügliches u.

we|nig

- nichts weniger als; nicht mehr und nicht weniger; weniger wäre mehr gewesen
- fünf weniger drei ist, macht, gibt (*nicht:* sind, machen, geben) zwei
- du weißt nicht, wie wenig ich habe
- wie wenig gehört dazu!
- du hast für dieses Amt zu wenig Erfahrung, *aber* ein Zuwenig an Fleiß
- umso weniger
- nichtsdestoweniger
- am wenigsten; wenigstens
- ein wenig gelesenes *od.* weniggelesenes Buch
- wenig befahrene *od.* wenigbefahrene Straßen

Groß- und Kleinschreibung:
Im Allgemeinen wird »wenig« kleingeschrieben ↑D 77:
- ein wenig, ein weniges; ein klein wenig
- die wenigen; einige wenige
- wenige glauben, dass ...
- es ist das wenigste; das wenigste, was du tun kannst, ist dies
- zum wenigsten
- sie beschränkt sich auf das wenigste
- die wenigsten glauben das

Bei Substantivierung ist auch Großschreibung möglich:
- das, dies, dieses wenige *od.* Wenige (Geringfügige)
- weniges *od.* Weniges genügt
- mit wenig[em] *od.* Wenigem auskommen
- in dem wenigen, was erhalten ist
- sie freut sich über das wenige *od.* das Wenige, was sie bekommen hat

Beugung:
- wenig Gutes *od.* weniges Gutes, wenig Neues
- mit weniger geballter Energie, mit wenigem guten Getränk
- wenige gute Nachbildungen, die wenigen guten Nachbildungen
- das Leiden weniger guter Menschen, das Leiden weniger Guter
- wenige Gute gleichen viel[e] Schlechte aus

(ugs.) unbestimmtes Pronomen; Halt! Wer da? (*vgl.* Werda); wer (derjenige, welcher) das tut, [der] ...; ist wer (*ugs. für* jemand) gekommen?; wer alles; irgendwer (*vgl.* irgend)

We|ra (w. Vorn.)

Wer|be|ab|tei|lung; Wer|be|agen|tur; Wer|be|ak|ti|on; Wer|be|an|ruf; Wer|be|an|zei|ge; Wer|be|ban|ner; Wer|be|block *Plur.* ...blöcke; **Wer|be|blo|cker,** der; -s, - (Programm zum Ausblenden von Werbung im Internet); **Wer|be|bran|che; Wer|be|ef|fekt**

Wer|be|ein|nah|me *meist Plur.*

Wer|be|ein|schal|tung (*bes. österr. für* Werbeschaltung)

Wer|be|etat

Wer|be|fach|frau; Wer|be|fach|mann

Wer|be|feld|zug; Wer|be|fern|se|hen; Wer|be|film; Wer|be|fil|ter (*EDV*); **Wer|be|flä|che; Wer|be|funk; Wer|be|ge|schenk**

Wer|be|gra|fi|ker; Wer|be|gra|fi|ke|rin

Wer|be|kam|pa|gne

Wer|be|kauf|frau; Wer|be|kauf|mann

Wer|be|kos|ten *Plur.*

wer|be|kräf|tig

Wer|be|lei|ter, der; **Wer|be|lei|te|rin**

Wer|be|mit|tel, das

wer|ben; du wirbst; du warbst; du würbest; geworben; wirb!

Wer|be|pau|se; Wer|be|pla|kat; Wer|be|platz

Wer|ber (österr. auch für Bewerber); **Wer|be|risch**

Wer|be|schal|tung; Wer|be|slo|gan; Wer|be|spot; Wer|be|spruch

Wer|be|text; Wer|be|tex|ter; Wer|be|tex|te|rin

Wer|be|trä|ger; Wer|be|trä|ge|rin

Wer|be|trei|ben|de, der u. die; -n, -n (*Fachspr.*)

Wer|be|trom|mel; die Werbetrommel rühren (*ugs. für* Reklame machen)

Wer|be|ver|trag

wer|be|wirk|sam; Wer|be|wirk|sam|keit

Wer|be|wirt|schaft, die; -

Wer|be|ziel|grup|pe

Wer|be|zweck; *meist in* zu Werbezwecken

werb|lich (die Werbung betreffend)

Wer|bung; Wer|bungs|kos|ten *Plur.* **Wer|bung|trei|ben|de,** der u. die; -n, -n, **Wer|bung Trei|ben|de,** der u. die; - -n, - -n ↑D 58

Wer|da, das; -[s], -s (*Militär* Postenanruf)

Wer|dan|di (germ. Mythol. Norne der Gegenwart)

Wer|de|gang, der

wer|den; du wirst, er wird; du wurdest, *geh. noch* wardst; er wurde, *geh. noch* ward; wir wurden; du würdest; ↑D 13: ich werd verrückt! (*ugs.*); *als Vollverb:* geworden; er ist groß geworden; *als Hilfsverb:* worden; er ist gelobt worden; werd[e]!; ↑D 82: das ist noch im Werden

wer|dend; eine werdende Mutter

Wer|der, der, *selten das;* -s, - (Flussinsel; Landstrich zwischen Fluss u. stehenden Gewässern)

Wer|der (Ha|vel) (Stadt westlich von Potsdam)

Wer|fall, der (*für* Nominativ)

Wer|fel (österr. Schriftsteller)

wer|fen (von Tieren auch für gebären); du wirfst; du warfst; du würfest; geworfen; wirf!; sich werfen

Wer|fer; Wer|fe|rin

Werft, die; -, -en ⟨niederl.⟩ (Anlage zum Bauen u. Ausbessern von Schiffen); **Werft|ar|bei|ter; Werft|ar|bei|te|rin**

Werg, das; -[e]s (Flachs-, Hanfabfall)

Wer|geld (Sühnegeld für Totschlag im germanischen Recht)

wer|gen (aus Werg)

Werk, das; -[e]s, -e; ans Werk!; ans Werk, zu Werke gehen; ins Werk setzen

---

Werk- / Werks-

Zusammensetzungen mit dem ersten Bestandteil Werk- im Sinne von »Fabrik« sind meist mit oder ohne Fugen-s gebräuchlich, z. B. *Werkanlage/Werksanlage, Werkkindergarten/Werkskindergarten.* In Österreich werden überwiegend die Formen mit s verwendet.

Werk|an|ge|hö|ri|ge; Werk|an|la|ge

Werk|ar|beit

Werk|arzt; Werk|ärz|tin

Werk|bank *Plur.* ...bänke

Werk|bü|che|rei

Werk|bund, der; Deutscher Werkbund

Werwolf

Werk|bus
werk|ei|gen vgl. werkseigen
Werk|ein|füh|rung
Wer|kel, das; -s. - (österr. ugs. für Leierkasten, Drehorgel); Wer|kel|frau; Wer|kel|mann Plur. ...männer (ugs. für Drehorgelspieler)
wer|keln (landsch. für [angestrengt] werken); ich werk[e]le
wer|ken (tätig sein; [be]arbeiten)
Werk|fah|rer; Werk|fah|re|rin
Werk|feu|er|wehr (werkeigene Feuerwehr)
Werk|ga|ran|tie; Werk|ge|län|de
Werk|ge|rech|tig|keit, die; - (Theol.)
werk|ge|treu; eine werkgetreue Inszenierung
Werk|hal|le; Werk|kin|der|gar|ten; Werk|kü|che
Werk|leh|rer; Werk|leh|re|rin
Werk|lei|ter, der; Werk|lei|te|rin; Werk|lei|tung
werk|lich (veraltet)
Werk|mann|schaft
Werk|meis|ter; Werk|meis|te|rin
Werk|platz (schweiz. neben Produktionsstandort); der Werkplatz Schweiz
Werk|raum (Raum für Werkunterricht)
Werk|re|al|schu|le (Schulform in Baden-Württemberg)
Werks|an|ge|hö|ri|ge; Werks|an|la|ge
Werks|arzt; Werks|ärz|tin
Werks|bü|che|rei; Werks|bus
Werk|schau (Kunstwiss.)
Werk|schu|le; Werk|schutz, der; -es
werks|ei|gen; eine werkseigene Reparaturwerkstatt
werk|sei|tig vgl. werksseitig
Werks|fah|rer; Werks|fah|re|rin
Werks|feu|er|wehr vgl. Werkfeuerwehr
Werks|ga|ran|tie; Werks|ge|län|de; Werks|hal|le; Werks|kin|der|gar|ten; Werks|kü|che
Werks|lei|ter; Werks|lei|te|rin; Werks|lei|tung
Werks|mann|schaft
Werk|spi|o|na|ge
Werks|schutz, der; -es
werks|sei|tig (vonseiten des Werks)
Werk|statt, die; -, ...stätten
Werk|statt|büh|ne (Theater)
Werk|stät|te, die; -, ...stätten (österr., schweiz., sonst geh. für Werkstatt)
werk|statt|ge|pflegt; ein werkstattgepflegtes Auto
Werk|statt|wa|gen (für Reparatur- od. Wartungsarbeiten eingesetztes [Schienen]fahrzeug; ein fahrbarer Werkzeugschrank)

Werk|stoff; Werk|stoff|for|schung; Werk|stoff-For|schung
werk|stoff|ge|recht
Werk|stoff|in|ge|ni|eur; Werk|stoff|in|ge|ni|eu|rin
Werk|stoff|kun|de, die; -
Werk|stoff|prü|fung
Werks|tor
Werk|stück
Werk|stu|dent; Werk|stu|den|tin
Werks|ver|kauf; Werks|woh|nung; Werks|zeit|schrift
Werk|tag (Arbeitstag); des Werktags, aber ↑D 70: werktags
werk|täg|lich; werk|tags vgl. Werktag; Werk|tags|ar|beit
werk|tä|tig; Werk|tä|ti|ge, der u. die; -n, -n
Werk|ti|tel; Werk|tor; Werk|treue; Werk|un|ter|richt
Werk|ver|kauf
Werk|ver|zeich|nis (Musik, bild. Kunst); Werk|woh|nung; Werk|zeit|schrift
Werk|zeug; Werk|zeug|kas|ten
Werk|zeug|ma|cher; Werk|zeug|ma|che|rin
Werk|zeug|ma|schi|ne; Werk|zeug|schrank; Werk|zeug|stahl
Wer|mut, der; -[e]s, -s (eine Pflanze; Wermutwein); Wer|mut|bru|der (ugs. für [betrunkener] Stadtstreicher); Wer|mut[s]|trop|fen; Wer|mut|wein
Wer|ner, älter Wern|her (m. Vorn.)
Wern|hard (m. Vorn.)
Wer|ra, die; - (Quellfluss der Weser)
Wer|re, die; -, -n (südd., österr. u. schweiz. für Maulwurfsgrille; Gerstenkorn)
Werst, die; -, -en ⟨russ.⟩ (altes russisches Längenmaß; Zeichen W); 5 Werst

---

wert

In der Bedeutung »einen bestimmten Wert haben« steht »wert sein« mit Akkusativ:
– das ist keinen Schuss Pulver (ugs. für nichts) wert
– das ist keinen Heller (ugs. für nichts) wert

In der Bedeutung »würdig« mit Genitiv:
– das ist höchster Bewunderung wert
– es ist nicht der Rede wert
– jemanden des Vertrauens [für] wert achten, halten

Vgl. werthalten, wertschätzen

Wert, der; -[e]s, -e; auf etwas Wert legen; von Wert sein
Wert|ach|tung (veraltet); Wert|an|ga|be; Wert|an|la|ge; Wert|ar|beit, die; -; Wert|aus|gleich; Wert|be|rich|ti|gung (Wirtsch.)
wert|be|stän|dig; Wert|be|stän|dig|keit, die; -
Wert|brief
wer|ten
Wert|er|halt
wert|er|hal|tend; Wert|er|hal|tung
Wert|er|mitt|lung (für Taxation)
Wer|te|ska|la, Wert|ska|la; Wer|te|sys|tem; Wer|te|wan|del
wert|frei; ein wertfreies Urteil
Wert|ge|gen|stand
wert|hal|ten (veraltet für in Ehren halten); jmds. Andenken werthalten
Wer|ther (Titelgestalt eines Romans von Goethe)
wer|tig (bes. Werbespr. qualitätsvoll); wertiges Material; Wer|tig|keit
wert|kon|ser|va|tiv (konservativ in Hinsicht auf Werte, Ideale; Ggs. strukturkonservativ)
Wert|leh|re (Philos.)
wert|los; Wert|lo|sig|keit
Wert|mar|ke
Wert|maß, das; wert|mä|ßig
Wert|mes|ser, der; Wert|min|de|rung
wert|neu|t|ral
Wert|pa|ket
Wert|pa|pier; Wert|pa|pier|bör|se; Wert|pa|pier|ge|schäft; Wert|pa|pier|kenn|num|mer (Börsenw.); Wert|pa|pier|port|fo|lio
Wert|sa|che meist Plur.
wert|schät|zen (veraltend); du schätzt wert od. wertschätzt; wertgeschätzt; wertzuschätzen
Wert|schät|zung
Wert|schöp|fung (Wirtsch.); Wert|schöp|fungs|ket|te
Wert|schrift (schweiz. für Wertpapier); Wert|sen|dung; Wert|ska|la, Wer|te|ska|la; Wert|stei|ge|rung; Wert|stel|lung (Bankw.)
Wert|stoff; Wert|stoff|hof; Wert|stoff|samm|lung; Wert|stoff|ton|ne
Wer|tung; wer|tungs|frei
Wer|tungs|lauf (Motorsport)
Wert|ur|teil; Wert|ver|lust
wert|voll
Wert|vor|stel|lung meist Plur.
Wert|zei|chen
Wert|zu|wachs; Wert|zu|wachs|steu|er, die
wer|wei|ßen (schweiz. für hin u. her raten); du werweißt; gewerweißt
Wer|wolf, der (im Volksglauben

wes

Mensch, der sich zeitweise in einen Wolf verwandelt)
wes (*ältere Form von* wessen); wes das Herz voll ist, des geht der Mund über; wes Brot ich ess, des Lied ich sing!
We|sel (Stadt am Niederrhein)
we|sen (*veraltet für* als lebende Kraft vorhanden sein)
We|sen, das; -s, -; viel Wesen[s] machen; sein Wesen treiben
we|sen|haft (*geh.*); **We|sen|heit** (*geh.*)
we|sen|los; We|sen|lo|sig|keit, die; -
We|sens|art; we|sens|ei|gen; we|sens|fremd; we|sens|ge|mäß; we|sens|gleich; We|sens|merk|mal; we|sens|ver|wandt; We|sens|zug
we|sent|lich ↑D 72: das Wesentliche; etwas, nichts Wesentliches; im Wesentlichen
We|ser, die; - (dt. Strom); **We|ser|berg|land,** das; -[e]s ↑D 143; **We|ser|ge|bir|ge,** das; -s (Höhenzug im Weserbergland)
Wes|fall, der (*für* Genitiv)
wes|halb [*auch* 'vɛs...]
We|sir, der; -s, -e 〈arab.〉 (*früher für* Minister islamischer Herrscher)
Wes|ley [...li] (englischer Stifter des Methodismus); **Wes|ley|a|ner; Wes|ley|a|ne|rin**
Wes|pe, die; -, -n; **Wes|pen|nest; Wes|pen|stich; Wes|pen|tail|le** (sehr schlanke Taille)
Wes|sel|bu|ren (Stadt in Schleswig-Holstein)
wes|sen; wes|sent|we|gen (*veraltet für* weswegen); **wes|sent|wil|len;** nur in um wessentwillen (*veraltend*)
¹**Wes|si,** der; -s, -s (*ugs. für* Einwohner der alten Bundesländer; Westdeutscher); ²**Wes|si,** die; -, -s (*ugs. für* Einwohnerin der alten Bundesländer; Westdeutsche)
Wes|so|brunn (Ort in Oberbayern); **Wes|so|brun|ner;** das Wessobrunner Gebet
¹**West** (Himmelsrichtung; *Abk.* W); Ost und West; *fachspr.* der Wind kommt aus West; Autobahnausfahrt Frankfurt-West *od.* Frankfurt West ↑D 148; *vgl.* Westen
²**West,** der; -[e]s, -e *Plur. selten* (*geh. für* Westwind); der kühle West blies um das Haus
West|af|ri|ka; west|af|ri|ka|nisch
West|aus|t|ra|li|en; west|aus|t|ra|lisch
West|ber|lin ↑D 143; **West|ber|li|ner; West|ber|li|ne|rin**

west|deutsch; West|deut|sche, der *u.* die; **West|deutsch|land**
Wes|te, die; -, -n 〈franz.〉
Wes|ten, der; -s (Himmelsrichtung; *Abk.* W); gen Westen; *vgl.* ¹West; Wilder Westen ↑D 88
West|end, das; -s, -s 〈engl.〉 (vornehmer Stadtteil [Londons])
Wes|ten|ta|sche; Wes|ten|ta|schen|for|mat; im Westentaschenformat (klein)
Wes|tern, der; -[s], - 〈amerik.〉 (Film, der im Wilden Westen spielt)
Wes|ter|wald, der; -[e]s (Teil des Rheinischen Schiefergebirges); **Wes|ter|wäl|der; wes|ter|wäl|disch**
West|eu|ro|pa; West|eu|ro|pä|er; West|eu|ro|pä|e|rin; west|eu|ro|pä|isch; westeuropäische Zeit (*Abk.* WEZ); *aber* ↑D 150: die Westeuropäische Union (*Abk.* WEU)
West|fa|le, der; -n, -n; **West|fa|len; West|fä|lin; west|fä|lisch** ↑D 142: westfälischer Schinken; *aber* ↑D 140: die Westfälische Pforte (*vgl.* ¹Porta Westfalica); ↑D 150: der Westfälische Friede[n]
West|flan|dern (belgische Provinz)
West|flü|gel
West|front (bes. in den beiden Weltkriegen)
West|geld (in der DDR *ugs. für* frei konvertierbare Währung als zweites Zahlungsmittel)
west|ger|ma|nisch
West|in|di|en; west|in|disch; *aber* ↑D 140: die Westindischen Inseln
Wes|ting|house|brem|se® [...haʊs...] ↑D 136 (Eisenbahn)
West|jor|dan|land
West|küs|te
West|ler (in der DDR *ugs. für* Bewohner der Bundesrepublik); **West|le|rin; west|le|risch** ([betont] westlich [westeuropäisch] eingestellt)

west|lich

– westlicher Länge (*Abk.* w[est]. L.)
– ↑D 89: die westliche Hemisphäre, *aber* ↑D 140: die westliche Dwina (ein Fluss in Osteuropa)

An »westlich« kann ein Substantiv im Genitiv oder mit »von« angeschlossen werden. Der Anschluss mit »von« wird bei artikellosen [geografischen] Namen bevorzugt:

– westlich des Rheins; westlich der Oder
– westlich von Berlin, *seltener* westlich Berlins

West|li|che Dwi|na, die; -n -; ↑D 140 (russisch-lettischer Strom; *vgl.* Dwina)
West|mäch|te *Plur.*
West|mark, die; -, - (*ugs. für* Währung der Bundesrepublik Deutschland bis zur Währungsunion 1990)
West|mins|ter|ab|tei, die; - (in London)
¹**West|nord|west** (Himmelsrichtung; *Abk.* WNW)
²**West|nord|west,** der; -[e]s, -e *Plur. selten* (Wind; *Abk.* WNW)
West|nord|wes|ten, der; -s (*Abk.* WNW)
West|ös|ter|reich; West|ös|ter|rei|cher; West|ös|ter|rei|che|rin; west|ös|ter|rei|chisch
west|öst|lich ↑D 89: ein westöstlicher Wind, *aber* ↑D 88: der Westöstliche Diwan (Gedichtsammlung Goethes); **West-Ost-Ver|kehr** ↑D 26
West|over, der; -s, - (Kunstw.) (ärmelloser Pullover)
West|preu|ßen; west|preu|ßisch
West|rom; west|rö|misch; *aber* ↑D 140: das Weströmische Reich
West|sa|moa (Inselstaat im Pazifischen Ozean); *vgl.* Samoa; **West|sa|mo|a|ner; West|sa|mo|a|ne|rin; west|sa|mo|a|nisch**
West|schweiz (*schweiz. für* französischsprachige Schweiz); **West|schwei|zer; West|schwei|ze|rin; west|schwei|ze|risch**
West|sei|te
¹**West|süd|west** (Himmelsrichtung; *Abk.* WSW)
²**West|süd|west,** der; -[e]s, -e *Plur. selten* (Wind; *Abk.* WSW)
West|süd|wes|ten, der; -s (*Abk.* WSW)
West|teil, der
West Vir|gi|nia [- ...'dʒ...] (Staat in den USA; *Abk.* WV)
west|wärts; West|wind
wes|we|gen
wett (*selten für* quitt); wett sein; *vgl. aber* wetteifern, wettlaufen, wettmachen, wettrennen, wettstreiten, wettturnen
Wett|an|nah|me
Wett|be|trug; Wett|be|trü|ger; Wett|be|trü|ge|rin
Wett|be|werb, der; -[e]s, -e
Wett|be|wer|ber; Wett|be|wer|be|rin; wett|be|werb|lich
Wett|be|werbs|be|din|gung *meist Plur.;* **Wett|be|werbs|be|schrän|kung**
wett|be|werbs|fä|hig; Wett|be|werbs|fä|hig|keit, die; -
Wett|be|werbs|nach|teil

wichtig

Wętt|be|werbs|teil|neh|mer; Wętt|be|werbs|teil|neh|me|rin
wętt|be|werbs|ver|zer|rend; Wętt|be|werbs|ver|zer|rung
Wętt|be|werbs|vor|teil
wętt|be|werbs|wid|rig
Wętt|be|werbs|wirt|schaft
Wętt|bü|ro
Wętt|te, die; -, -n; um die Wette laufen
Wętt|ei|fer; Wętt|ei|fe|rer; Wętt|ei|fe|rin
wętt|ei|fern; ich wetteifere; gewetteifert; zu wetteifern
wętt|ten; wetten, dass sie gewinnt?
¹Wętt|ter, der ⟨jmd., der wettet⟩
²Wętt|ter, das; -s, -; kaltes, regnerisches Wetter
węt|ter|ab|hän|gig
Wet|ter|amt; Wet|ter|an|sa|ge
Wet|ter|au, die; - (Senke zwischen Vogelsberg u. Taunus)
Wet|ter|aus|sicht *meist Plur.*
wet|ter|be|dingt
Wet|ter|be|richt; Wet|ter|be|ru|hi|gung; Wet|ter|bes|se|rung
wet|ter|be|stän|dig; wet|ter|be|stim|mend
Wet|ter|dach; Wet|ter|da|ten *Plur.*
Wet|ter|de|ri|vat (*Börsenw.* Derivat, dem Wetterdaten zugrunde liegen); Wet|ter|dienst; Wet|ter|er|eig|nis (insbes. Unwetter); Wet|ter|fah|ne
wet|ter|fest
Wet|ter|fleck (österr. für Lodencape); Wet|ter|frosch
wet|ter|füh|lig; Wet|ter|füh|lig|keit
Wet|ter|füh|rung (Bergmannsspr.)
wet|ter|ge|gerbt
Wet|ter|gott; Wet|ter|hahn; Wet|ter|häus|chen; Wet|ter|ka|p|ri|o|le *meist Plur.*; Wet|ter|kar|te
Wet|ter|kun|de, die; - (Meteorologie); wet|ter|kun|dig; wet|ter|kund|lich (meteorologisch)
Wet|ter|la|ge
wet|ter|leuch|ten; es wetterleuchtet; gewetterleuchtet; zu wetterleuchten; Wet|ter|leuch|ten, das; -s
wet|tern (veraltend *für* gewittern; ugs. *für* laut schelten); ich wettere; es wettert
Wet|ter|pro|g|no|se
Wet|ter|pro|phet (scherzh. *für* Meteorologe); Wet|ter|pro|phe|tin
Wet|ter|re|gel; Wet|ter|sa|tel|lit; Wet|ter|schei|de; Wet|ter|sei|te
wet|ter|si|cher
Wet|ter|sta|ti|on; Wet|ter|sturz; Wet|ter|um|schlag; Wet|ter|um-

schwung; Wet|ter|vor|her|sa|ge; Wet|ter|war|te; Wet|ter|wech|sel
wet|ter|wen|disch
Wet|tex®, das u. der; -, - (österr. für ein Spültuch)
Wętt|fah|rer; Wętt|fah|re|rin; Wętt|fahrt
Wet|tin (Stadt an der Saale); Haus Wettin (ein dt. Fürstengeschlecht)
Wet|ti|ner, der; -s, -; Wet|ti|ne|rin; wet|ti|nisch; *aber* ↑D 88: die Wettinischen Erblande
Wętt|kampf; Wętt|käm|pfer; Wętt|käm|pfe|rin; wętt|kampf|er|probt; Wętt|kampf|klas|se (Sport); wętt|kampf|mä|ßig; Wętt|kampf|stät|te
Wętt|lauf; wętt|lau|fen *nur im Infinitiv gebr.*; Wętt|lau|fen, das; -s
Wętt|läu|fer; Wętt|läu|fe|rin
Wętt|lo|kal (bes. österr.)
wętt|ma|chen; ich mache wett; wettgemacht; wettzumachen
wętt|ren|nen *vgl.* wettlaufen; Wętt|ren|nen, das; -s, -
Wętt|ru|dern, das; -s
Wętt|rüs|ten, das; -s
Wętt|schwim|men, das; -s
Wętt|spiel
Wętt|streit; wętt|strei|ten *vgl.* wettlaufen
Wętt|tau|chen, Wętt-Tau|chen, das; -s
Wętt|teu|fel, Wętt-Teu|fel
wętt|tur|nen ↑D 169; *vgl.* wettlaufen; Wętt|tur|nen, Wętt-Tur|nen, das; -s, -.
węt|zen; du wetzt
Wętz|lar (Stadt an der Lahn)
Wętz|stahl *Plur.* ...stähle; Wetz|stein
WEU, die; - = Westeuropäische Union
Wey|mouths|kie|fer ['vaɪmuːts...] ⟨nach Lord Weymouth⟩ (nordamerikanische Kiefer)
WEZ = westeuropäische Zeit
wg. = wegen
WG, die; -, *Plur.* -s, selten - = Wohngemeinschaft
WGB, der; -s = Weltgewerkschaftsbund
¹Whats|App®, ¹Whats|app ['vɔts[-l]ɛp], das; -[s] *meist ohne Artikel* ⟨engl.⟩ (ein Sofortnachrichtendienst für Smartphones)
²Whats|App®, ²Whats|app, die; -, -s (mit ¹WhatsApp verschickte Nachricht); whats|ap|pen (ugs.)
Whig [v...], der; -s, -s ⟨engl.⟩ (Angehöriger der brit. liberalen Partei); *vgl.* Tory
Whirl|pool® ['vœːɐ̯plʊl], der; -s, -s

⟨engl.⟩ (Bassin mit sprudelndem Wasser)
Whis|key ['vɪski], der; -s, -s ⟨gälisch-engl.⟩ (amerikanischer od. irischer Whisky); Whis|ky ['vɪski], der; -s, -s ⟨[schottischer] Branntwein aus Getreide od. Mais⟩; Whisky pur
Whist [v...], das; -[e]s ⟨engl.⟩ (ein Kartenspiel)
Whistle|blo|w|er ['wɪsl̩bloʊɐ̯], der; -s, - ⟨engl.⟩ (jmd., der Missstände [an seinem Arbeitsplatz] öffentlich macht); Whistle|blo|w|e|rin; Whistle|blo|w|ing, das; -[s], -s (Aufdeckung von Missständen [in Unternehmen, Behörden o. Ä.])
Whist|spiel
White|board ['waɪt...], das; -s, -s ⟨engl.⟩ (weiße, mit speziellen Stiften beschreibbare Wandtafel; elektron., mit einem Computer verbundene Tafel); interaktive Whiteboards
Whit|man ['vɪtmən], Walt [voːlt] (amerik. Lyriker)
WHO, die; - = World Health Organization ⟨engl.⟩ (Weltgesundheitsorganisation)
Who's who ['huːs 'huː] ⟨engl., »Wer ist wer?«⟩ (Titel biografischer Lexika)
WI = ²Wisconsin
wib|be|lig (landsch. *für* nervös)
Wib|ke *vgl.* Wiebke
wich *vgl.* ²weichen
Wichs, der; -es, -e, österr. die; -, -en (Festkleidung der Korpsstudenten); in vollem Wichs
Wichs|bürs|te (ugs. *für* Schuhbürste)
Wich|se, die; -, -n (Schuhwichse; *nur Sing.*: Prügel)
wich|sen (*auch derb für* onanieren); du wichst; Wich|ser (derbes Schimpfwort)
Wichs|lein|wand (österr. ugs. *für* Wachstuch)
Wicht, der; -[e]s, -e ([kleines] Kind; Kobold; *abwertend für* männliche Person)
Wich|te, die; -, -n (*Physik* spezifisches Gewicht)
Wich|tel, der; -s, -, Wich|tel|männ|chen (Heinzelmännchen)
wich|teln (sich in einer Gruppe nach ausgeloster Zuordnung vorweihnachtlich beschenken)
wich|ten (seltener *für* gewichten)
wich|tig; am wichtigsten; ↑D 72: alles Wichtige, etwas, nichts Wichtiges, Wichtigeres; das Wichtigste sagen; etwas, sich wichtig nehmen; *vgl.* wichtigmachen, wichtigtun

W wich

1221

Wichtigkeit

Wich|tig|keit
wich|tig|ma|chen, sich; sie sollte sich nicht wichtigmachen;
Wich|tig|ma|cher (österr. für Wichtigtuer); **Wich|tig|ma|che|rin**
wich|tig|tu|end; **Wich|tig|tu|er**; **Wich|tig|tu|e|rei**; **Wich|tig|tu|e|rin**;
wich|tig|tu|e|risch; **wich|tig|tun**, sich (sich wichtigmachen)
Wich|tung (seltener für Gewichtung)
Wi|cke, die; -, -n ⟨lat.⟩ (eine Pflanze)
Wi|ckel, der; -s, -; **Wi|ckel|ga|ma|sche**
Wi|ckel|kind; **Wi|ckel|kom|mo|de**
wi|ckeln; ich wick[e]le; **Wi|ckel|rock**
Wi|ckel|tisch; **Wi|ckel|tuch** Plur. ...tücher; **Wi|cke|lung**, **Wick|lung**
Wi|ckel|vo|lon|ta|ri|at (abwertend für von Vätern in Anspruch genommene Elternzeit)
Wick|ler
Wi|dah, die; -, -s ⟨nach dem Ort Ouidah in Afrika⟩ (ein afrikanischer Vogel); **Wi|dah|vo|gel**
Wid|der, der; -s, - (m. Zuchtschaf; nur Sing.: ein Sternbild)
wi|der (meist geh. für [ent]gegen); Präp. mit Akk.: das war wider meinen ausdrücklichen Wunsch; wider [alles] Erwarten; wider alle Vernunft; wider besseres Wissen; wider Willen; vgl. aber wieder; das Für und [das] Wider
wi|der...; in Verbindung mit Verben: in unfesten Zusammensetzungen, z.B. widerhallen, widergehallt; in festen Zusammensetzungen, z.B. widersprechen, widersprochen
wi|der|bors|tig (ugs. für widersetzlich); **Wi|der|bors|tig|keit**
Wi|der|christ, der; -[s] (Rel. der Teufel) u. der; -en, -en (Gegner des Christentums)
Wi|der|druck, der; -[e]s, ...drucke (Druckw. Bedrucken der Rückseite des Druckbogens [vgl. Schöndruck]); vgl. aber Wiederdruck
wi|der|ei|n|an|der; widereinander kämpfen, schreiben
wi|der|ei|n|an|der|sto|ßen
wi|der|fah|ren; mir ist ein großes Unglück widerfahren
Wi|der|ha|ken
Wi|der|hall, der; -[e]s, -e (Echo); **wi|der|hal|len**; das Echo hat widergehallt
Wi|der|halt, der; -[e]s (Stütze)
Wi|der|hand|lung (schweiz. für Zuwiderhandlung)

Wi|der|kla|ge (Gegenklage); **Wi|der|klä|ger**; **Wi|der|klä|ge|rin**
Wi|der|klang; **wi|der|klin|gen**
Wi|der|la|ger (Technik Verankerung, Auflagefläche für Bogen, Gewölbe, Träger)
wi|der|leg|bar; **wi|der|le|gen**; diese These ist widerlegt; **Wi|der|le|gung**
wi|der|lich; **Wi|der|lich|keit**
Wi|der|ling (widerlicher Mensch)
wi|der|na|tür|lich; **Wi|der|na|tür|lich|keit**
Wi|der|part, der; -[e]s, -e (Gegner[schaft]); Widerpart geben
wi|der|ra|ten (veraltend für abraten)
wi|der|recht|lich; **Wi|der|recht|lich|keit**
Wi|der|re|de; keine Widerrede!; **wi|der|re|den** (selten für widersprechen); sie hat widerredet
Wi|der|rist (erhöhter Teil des Rückens bei Vierfüßern)
Wi|der|ruf; bis auf Widerruf; **wi|der|ru|fen** (zurücknehmen); er hat sein Geständnis widerrufen
wi|der|ruf|lich [auch ...ˈruːf...] (Rechtsspr.); **Wi|der|ruf|lich|keit**, die; -; **Wi|der|ru|fung**
Wi|der|sa|cher, der; -s, -; **Wi|der|sa|che|rin**
wi|der|schal|len (veraltend für widerhallen)
Wi|der|schein (Gegenschein); **wi|der|schei|nen**
Wi|der|see, die (Seemannsspr. rücklaufende Brandung)
wi|der|set|zen, sich; ich habe mich dem Plan widersetzt; **wi|der|setz|lich**; **Wi|der|setz|lich|keit**
Wi|der|sinn, der; -[e]s (Unsinn; logische Verkehrtheit); **wi|der|sin|nig**; **Wi|der|sin|nig|keit**
wi|der|spens|tig; **Wi|der|spens|tig|keit**
wi|der|spie|geln; der Mond hat sich im Wasser widergespiegelt; **Wi|der|spie|ge|lung**, **Wi|der|spieg|lung**
Wi|der|spiel, das; -[e]s (geh. für das Gegeneinanderwirken)
wi|der|spre|chen; sich widersprechen; du widersprichst dir; **Wi|der|spruch**; **wi|der|sprüch|lich**; **Wi|der|sprüch|lich|keit**; **wi|der|spruchs|frei**; **Wi|der|spruchs|geist**, der; -[e]s, ...geister (nur Sing.: Neigung, zu widersprechen; ugs. für jmd., der widerspricht)
Wi|der|spruchs|kla|ge (Rechtsspr.); **wi|der|spruchs|los**; **wi|der|spruchs|voll**

Wi|der|stand; **wi|der|stän|dig**; **Wi|der|stän|d|ler**; **Wi|der|ständ|le|rin**; **Wi|der|stands|be|we|gung**
wi|der|stands|fä|hig; **Wi|der|stands|fä|hig|keit**
Wi|der|stands|grup|pe
Wi|der|stands|kampf; **Wi|der|stands|kämp|fer**; **Wi|der|stands|kämp|fe|rin**
Wi|der|stands|kraft
Wi|der|stands|li|nie
wi|der|stands|los; **Wi|der|stands|lo|sig|keit**, die; -
Wi|der|stands|mes|ser, der (Elektrot.); **Wi|der|stands|pflicht**, die; -; **Wi|der|stands|recht**; **Wi|der|stands|wil|le**, der; -
wi|der|ste|hen; sie hat der Versuchung widerstanden
Wi|der|strahl (Widerschein)
wi|der|stre|ben (entgegenwirken); es hat ihm widerstrebt; **Wi|der|stre|ben**, das; -s; **wi|der|stre|bend** (ungern)
Wi|der|streit; im Widerstreit der Meinungen; **wi|der|strei|ten**; widerstreitende Interessen
wi|der|wär|tig; **Wi|der|wär|tig|keit**
Wi|der|wil|le, selten **Wi|der|wil|len**; **wi|der|wil|lig**; **Wi|der|wil|lig|keit**
Wi|der|wort Plur. ...worte; Widerworte geben
Wide|screen [ˈvaɪtskriːn], der; -s, -s ⟨engl.⟩ (breites Fernseh- od. Monitorformat)
Wid|get [ˈwɪdʒət], das; -s, -s ⟨engl.-amerik.⟩ (EDV kleines, in eine andere Anwendung integriertes Computerprogramm)
wid|men; sie hat ihm ihr letztes Buch gewidmet
Wid|mung; **Wid|mungs|ex|em|p|lar** (Buchw.); **Wid|mungs|ta|fel**
Wi|do (m. Vorn.)
wid|rig (ungünstig, hinderlich); widrige Umstände; **wid|ri|gen|falls** (Amtsspr.); **Wid|rig|keit**
Wi|du|kind, **Wit|te|kind** (ein Sachsenherzog)
Wi|dum, das; -s, -e (westösterr. für Pfarrgut)
wie; wie geht es dir?; sie ist so schön wie ihre Freundin, aber (bei Ungleichheit): sie ist schöner als ihre Freundin; ↑D 112: er ist so stark wie Ludwig; so schnell wie, älter als möglich; im Krieg wie [auch] (und [auch]) im Frieden; die Auslagen[,] wie [z. B.] Post- und Telefongebühren sowie Eintrittsgelder[,] ersetzen wir; ich begreife nicht, wie so etwas möglich ist; komm

1222

Wiederentdeckung

wie|der

(nochmals, erneut; zurück)
– um, für nichts und wieder nichts; hin und wieder (zuweilen); wieder einmal
Vgl. aber wider

I. *Zusammenschreibung in Verbindung mit Verben und Adjektiven vor allem dann, wenn »wieder« im Sinne von »zurück« verstanden wird:*
– ich kann dir das Geld erst morgen wiedergeben
– der Restbetrag wurde ihr wiedererstattet
– er hat alle geliehenen Bücher wiedergebracht
– kann ich bitte meinen Stift wiederhaben?
– wenn du jetzt gehst, brauchst du nicht mehr wiederzukommen!

II. *Zusammenschreibung auch in folgenden Fällen:*
– wiederkäuen ([von bestimmten Tieren:] nochmals kauen; *auch übertr. für* ständig wiederholen)
– Festtage, die jährlich wiederkehren (sich wiederholen)
– sie hat den Text wörtlich wiedergegeben (wiederholt)
– er wollte den Vorfall wahrheitsgetreu wiedergeben (schildern, darstellen)
– würden Sie den letzten Satz bitte wiederholen
– der Fernsehfilm wurde schon mehrfach wiederholt
– eine Klasse, den Lehrstoff wiederholen
– das Experiment war nicht wiederholbar
– die Kranke ist noch nicht ganz wiederhergestellt (gesundet)
– das Material ist wiederverwertbar
– wiederverwendbare Verpackungen

III. *Getrenntschreibung vor allem dann, wenn »wieder« im Sinne von »nochmals, erneut« verstanden wird:*
– wieder abdrucken, wieder anfangen, das Spiel wieder anpfeifen
– dieses Modell wird jetzt wieder hergestellt (erneut produziert)
– ich werde das nicht wieder tun
– einen Ort wieder aufsuchen
– es ist mir alles wieder eingefallen

IV. *In vielen Fällen ist Getrennt- oder Zusammenschreibung möglich, vor allem dann, wenn der gemeinsame Hauptakzent entweder nur auf »wieder« [oder nur auf dem Verb] oder sowohl auf »wieder« als auch auf dem Verb [oder Adjektiv] liegen kann:*
– ein Theaterstück wieder aufführen *od.* wiederaufführen
– alte Bräuche, die heute wieder aufleben *od.* wiederaufleben
– die alten Vorschriften wieder einführen *od.* wiedereinführen
– wir haben uns auf dem Kongress wiedergesehen (haben ein Wiedersehen gefeiert) *od.* wieder gesehen (sind uns erneut begegnet); *aber nur* der Blinde konnte nach der Operation wieder sehen

Vgl. auch wieder aufbauen, wiederaufbauen; wieder aufnehmen, wiederaufnehmen usw.

---

so schnell, wie du kannst; ↑D 125: er legte sich[,] wie üblich[,] ins Bett; wieso; wiewohl *(vgl. d.)*; wie sehr; wie lange; wie oft; wie viel *(vgl. d.)*; wie [auch] immer; ↑D 81: es kommt auf das Wie an
wie|beln *(landsch. für* sich lebhaft bewegen; *ostmitteld. für* flicken, stopfen); ich wieb[e]le
Wieb|ke, Wieb|ke (w. Vorn.)
¹**Wied**, die; - (rechter Nebenfluss des Mittelrheins)
²**Wied** (mittelrheinisches Adelsgeschlecht)
Wie|de, die; -, -n *(südd., südwestd. für* Weidenband, Flechtband)
Wie|de|hopf, der; -[e]s, -e (Vogel)
wie|der s. Kasten
Wie|der|ab|druck *Plur.* ...drucke
Wie|der|an|pfiff, der; -[e]s *(Sport)*; **Wie|der|an|stoß**, der; -es
wie|der auf|ar|bei|ten, wie|der|auf|ar|bei|ten
Wie|der|auf|bau, der; -[e]s; **Wie|der|auf|bau|ar|beit; wie|der auf|bau|en, wie|der|auf|bau|en**
wie|der auf|be|rei|ten; Wie|der|auf|be|rei|tung; Wie|der|auf|be|rei|tungs|an|la|ge
wie|der|auf|er|ste|hen; Wie|der|auf|er|ste|hung
wie|der auf|füh|ren, wie|der|auf|füh|ren; Wie|der|auf|füh|rung
wie|der|auf|lad|bar
Wie|der|auf|nah|me; Wie|der|auf|nah|me|ver|fah|ren *(Rechtsspr.)*
wie|der auf|neh|men, wie|der|auf|neh|men
wie|der auf|rich|ten, wie|der|auf|rich|ten
Wie|der|auf|rich|tung
Wie|der|auf|stieg
wie|der|auf|tau|chen (sich wiederfinden); *aber* das U-Boot ist wieder aufgetaucht
wie|der be|geg|nen, wie|der|be|geg|nen
Wie|der|be|ginn, der; -[e]s
wie|der|be|kom|men (zurückbekommen); ich habe das Buch wiederbekommen; *aber* er wird diesen Ausschlag nicht wieder (kein zweites Mal) bekommen
wie|der|be|le|ben; einen Verunglückten wiederbeleben; *aber* die Wirtschaft durch Konsumanreize wieder beleben; **Wie|der|be|le|bung; Wie|der|be|le|bungs|ver|such**
wie|der|be|schaf|fen; ich beschaffe wieder; er hat das Bild wiederbeschafft; *aber* wieder beschaffen (nochmals beschaffen)
Wie|der|be|tä|ti|gung *(österr. Rechtsspr. für* verbotene nationalsozialistische Betätigung nach 1945)
wie|der|brin|gen (zurückbringen); sie hat das Buch wiedergebracht; *aber* wenn er das Argument schon wieder bringt ...
Wie|der|druck, der; -[e]s, -e (Neudruck); *vgl. aber* Widerdruck
wie|der ein|fal|len
wie|der ein|füh|ren, wie|der|ein|füh|ren
Wie|der|ein|füh|rung *[auch* ˈviː...]
wie|der ein|glie|dern, wie|der|ein|glie|dern; Wie|der|ein|glie|de|rung; Wie|der|ein|set|zung; Wiedereinsetzung in den vorigen Stand *(Rechtsspr.)*
Wie|der|ein|stieg; Wie|der|ein|tritt; Wie|der|ein|zug
wie|der|ent|de|cken; Wie|der|ent|de|ckung

wiedererkennen

wie|der|er|ken|nen; hast du sie gleich wiedererkannt?; *aber* ich musste wieder erkennen, dass ich mich geirrt hatte
wie|der|er|lan|gen (zurückerlangen); *aber* wieder (erneut) erlangen; **Wie|der|er|lan|gung**
wie|der|er|obern; die Stadt wurde wiedererobert (zurückerobert); *aber* die Stadt wurde wieder (erneut) erobert; **Wie|der|er|oberung**
wie|der er|öff|nen, wie|der|er|öffnen; **Wie|der|er|öff|nung**
wie|der er|star|ken, wie|der|er|starken
wie|der|er|stat|ten; die Bank hat das Geld wiedererstattet (zurückerstattet); *aber* die Bank hat das Geld wieder (erneut) erstattet; **Wie|der|er|stat|tung**
wie|der|er|we|cken; **Wie|der|er|weckung**
wie|der|fin|den
wie|der|for|dern (zurückfordern); ich fordere wieder; er hat das Geld wiedergefordert; *aber* wir wurden vom Gegner wieder (erneut) gefordert
Wie|der|ga|be; die Wiedergabe eines Konzertes auf DVD; **Wie|der|ga|be|lis|te** (*EDV*)
Wie|der|gän|ger (ruheloser Geist eines Toten); **Wie|der|gän|ge|rin**
wie|der|ge|ben (zurückgeben; darbieten); ich gebe wieder; die Freiheit wurde ihm wiedergegeben; sie hat das Gedicht vollendet wiedergegeben; *aber* sie hat ihm die Schlüssel schon wieder (nochmals) gegeben
wie|der|ge|bo|ren; **Wie|der|ge|burt**
wie|der|ge|win|nen (zurückgewinnen); er hat sein verlorenes Geld wiedergewonnen; *aber* wieder gewinnen (nochmals gewinnen)
wie|der|grü|ßen (zurückgrüßen); *aber* seit sie sich wieder (erneut) grüßen ...
wie|der|gut|ma|chen (einen Schaden ausgleichen); wir machen das wieder gut; *aber* das hat er wieder [sehr] gut gemacht; **Wie|der|gut|ma|chung**
wie|der|ha|ben; ich muss das Buch bald wiederhaben (zurückbekommen); *aber* ich muss das Buch bald wieder (erneut) haben
wie|der|her|rich|ten (wieder in Ordnung bringen); *aber* wieder (erneut) herrichten
wie|der|her|stel|len (in den alten Zustand bringen; gesund machen); *aber* solche Produkte werden neuerdings auch bei uns wieder hergestellt; **Wie|der|her|stel|lung**; **Wie|der|her|stel|lungs|kos|ten** *Plur.*
wie|der|hol|bar
wie|der|ho|len (zurückholen); ich hole wieder; er hat seine Bücher wiedergeholt; *aber* wieder holen (nochmals holen)
wie|der|ho|len; ich wiederhole; sie hat ihre Forderungen wiederholt; wie|der|holt (mehrmals)
Wie|der|ho|lung, **Wie|der|ho|lungs|fall**, der; im Wiederholungsfall[e] (*Amtsspr.*)
Wie|der|ho|lungs|ge|fahr; wie|der|ho|lungs|ge|fähr|det
Wie|der|ho|lungs|kurs (*schweiz. für* jährliche Reserveübung nach der Grundausbildung; *Abk.* WK)
Wie|der|ho|lungs|spiel (*Sport*)
Wie|der|ho|lungs|tä|ter (*Rechtswiss.*); **Wie|der|ho|lungs|tä|te|rin**
Wie|der|ho|lungs|zei|chen (*Musik*)
Wie|der|hö|ren, das; -s; auf Wiederhören! (Abschiedsformel am Telefon u. im Rundfunk)
Wie|der|in|be|sitz|nah|me
Wie|der|in|be|trieb|nah|me
Wie|der|in|stand|set|zung
wie|der|käu|en; die Kuh käut wieder; **Wie|der|käu|er**
Wie|der|kauf (Rückkauf); wie|der|kau|fen (zurückkaufen); *aber* wieder (erneut) kaufen; **Wie|der|käu|fer**; **Wie|der|käu|fe|rin**; **Wie|der|kaufs|recht** (*Rechtsspr.*)
Wie|der|kehr, die; -; wie|der|keh|ren (zurückkehren; sich wiederholen)
wie|der|ken|nen (wiedererkennen); ich kenne dich gar nicht wieder!
wie|der|kom|men (zurückkommen); ich komme wieder; sie ist heute wiedergekommen; *aber* wieder kommen (nochmals kommen); **Wie|der|kunft**, die; - (*veraltend für* Rückkehr)
Wie|der|schau|en, das; -s (*landsch.*); auf Wiederschauen!
wie|der|se|hen; *aber* der Blinde konnte nach der Operation wieder sehen; *vgl.* wieder; **Wie|der|se|hen**, das; -s, -; auf Wiedersehen!; jmdm. Auf *od.* auf Wiedersehen sagen; **Wie|der|se|hens|freu|de**
Wie|der|tau|fe (*Rel.*); **Wie|der|täu|fer**
wie|der|tref|fen (wiedersehen); wir haben uns nach vielen Jahren wiedergetroffen; *aber:* ich habe ihn immer wieder getroffen (bin ihm immer wieder begegnet); *vgl.* wieder
wie|der tun
wie|de|r|um
wie|der|ver|ei|ni|gen; ein geteiltes Land wiedervereinigen; *aber* die versprengten Truppen mussten sich wieder vereinigen (sich wieder zusammenschließen); **Wie|der|ver|ei|ni|gung**; wie|der|ver|eint
Wie|der|ver|hei|ra|tung
wie|der|ver|kau|fen (weiterverkaufen); *aber* wieder (erneut) verkaufen; **Wie|der|ver|käu|fer** (Händler); **Wie|der|ver|käu|fe|rin**
wie|der|ver|wend|bar; wie|der|ver|wen|den, *aber* wieder verwenden; **Wie|der|ver|wen|dung**; zur Wiederverwendung (*Abk. z.* Wv.)
wie|der|ver|wert|bar; wie|der|ver|wer|ten, *aber* wieder ver|wer|ten; **Wie|der|ver|wer|tung**
Wie|der|vor|la|ge; zur Wiedervorlage (*Amtsspr.*; *Abk. z.* Wv.)
Wie|der|wahl; wie|der|wäh|len (im Amt bestätigen); *aber* wieder (erneut) wählen
wie|feln (*landsch. für* vernähen, stopfen); ich wief[e]le
wie|fern (*veraltet für* inwiefern)
Wie|ge, die; -, -n
wie|geln (*landsch. für* leise wiegen); ich wieg[e]le
Wie|ge|mes|ser, das
¹wie|gen (das Gewicht feststellen; *fachspr. nur für* Gewicht haben); du wiegst; du wogst; du wögest; gewogen; wieg[e]!; ich wiege das Brot; das Brot wiegt (hat ein Gewicht von) zwei Kilo; *vgl.* wägen
²wie|gen (schaukeln; zerkleinern); du wiegst; du wiegtest; gewiegt; sich wiegen
Wie|gen|druck *Plur.* ...drucke
Wie|gen|fest (*geh. für* Geburtstag)
Wie|gen|lied
wie|hern; ich wiehere
Wiek, die; -, -en (*nordd. für* [kleine] Bucht an der Ostsee)
¹**Wie|land** (Gestalt der germanischen Sage)
²**Wie|land** (dt. Schriftsteller); wie|landisch; wielandische Übersetzungen; *vgl.* wielandsch
wie|landsch; die wielandschen *od.* Wieland'schen Werke
Wie|lands|lied, das; -[e]s
wie lang, wie lan|ge; wie lang ist das her?; wie lang, wie lange ist das her!
Wie|ling, die; -, -e (*Seemannsspr.* Fender für Boote)

wild

- wild wachsen, wild leben
- wild werden
- jmdn. [ganz] wild machen od. wildmachen (in Wut versetzen)

Kleinschreibung ↑D 89:
- wilde Ehe; wilder Wein; wilder Streik; wildes Tier
- er spielt den wilden Mann *(ugs.)*

Großschreibung in Namen:
- ↑D 140: Wilder Westen; Wilder Kaiser (österr. Skigebiet); Wilde Kreuzspitze (Berg in Südtirol)
- ↑D 150: die Wilde Jagd (Geisterheer); der Wilde Jäger (eine Geistergestalt)

Großschreibung der Substantivierung ↑D 72:
- sich wie ein Wilder gebärden *(ugs.)*

In Verbindung mit einem adjektivisch gebrauchten Partizip kann getrennt oder zusammengeschrieben werden ↑D 58:
- wild wachsende od. wildwachsende Pflanzen
- die wild lebenden od. wildlebenden Tiere

Vgl. aber wilddieben

Wien (Hauptstadt Österreichs); **Wie|ner**; Wiener Kalk; Wiener Schnitzel; Wiener Würstchen; **Wie|ne|rin**; **wie|ne|risch**
Wie|ner|le, das; -s, - *(südwestd., westösterr. für* Wiener Würstchen); Kartoffelsalat mit zwei Wienerle
Wie|ner|li, das; -[s], -[s]; *vgl.* Götti *(schweiz. für* Wiener Würstchen*)*
Wie|ner|lied *(bes. österr.)*
wie|nern *(ugs. für* blank putzen); ich wienere
Wie|ner Neu|stadt (österr. Stadt); **Wie|ner|stadt**, die; - (volkstüml. Bezeichnung Wiens); **Wie|ner|wald**, der; -[e]s ↑D 143 (nordöstl. Ausläufer der Alpen)
Wie|pe, die; -, -n *(nordd. für* Strohwisch)
wies *vgl.* weisen
Wies, **Wies|kir|che**, die; - (eine Wallfahrtskirche in Bayern)
Wies|ba|den (Hauptstadt Hessens); **Wies|ba|de|ner**, **Wies|bad|ner**; **Wies|ba|de|ne|rin**, **Wies|bad|ne|rin**; **wies|ba|densch**, **wies|ba|disch**
Wies|bad|ner usw. *vgl.* Wiesbadener usw.
Wies|baum, **Wie|se|baum** (Stange über dem beladenen [Heu]wagen, Heubaum)
Wie|se, die; -, -n
Wie|se|baum *vgl.* Wiesbaum
wie sehr
Wie|sel, das; -s, - (ein Marder); **wie|sel|flink**; **wie|seln** (sich schnell bewegen); ich wies[e]le
Wie|sen|blu|me; **Wie|sen|cham|pi|g|non**; **Wie|sen|grund** *(veraltend)*; **Wie|sen|ker|bel**
Wie|sen|schaum|kraut; **Wie|sen|tal**
Wies|kir|che *vgl.* Wies
Wies|land, das; -[e]s *(schweiz.)*; **Wies|lein** *(zu* Wiese*)*
wie|so

wie|ten *(landsch. für* jäten)
wie viel *[auch* 'vi: -]; wie viel[e] Personen; wievielmal *(vgl. d.)*, *aber* wie viele Male *(vgl.* ¹Mal*)*; ich weiß nicht, wie viel er hat; wenn du wüsstest, wie viel ich verloren habe; [um] wie viel mehr; **wie|vie|ler|lei** *[auch* 'vi:...]; **wie|viel|mal** *[auch* 'vi:...]; *aber* wie viel[e] Mal[e]; *vgl.* ¹Mal u. wie viel; **wie|viel|te** *[auch* 'vi:...]; zum wievielten Male ich das schon gesagt habe; ↑D 80: der Wievielte ist heute?
wie|weit (inwieweit); ich bin im Zweifel, wieweit ich mich darauf verlassen kann, *aber* wie weit ist es von hier bis ...?
wie we|nig *vgl.* wenig
wie|wohl; die einzige, wiewohl wertvolle Belohnung
Wie|wort Plur. ...wörter *(veraltend für* Adjektiv)
Wi-Fi ®, **Wi|Fi** *[oder* 'waɪfaɪ], das; -[s], -s ⟨Kunstw.⟩ (WLAN-Standard)
Wight [waɪt] (britische Insel)
Wig|wam, der; -s, -s ⟨indian.-engl.⟩ (Zelt, Hütte nordamerikanischer Indianer)
Wi|ki, das; -s, -s ⟨hawaiisch⟩ *(EDV* von Internetnutzern zusammengetragene Informationen zu einem bestimmten Thema)
Wi|ki|leaks, **Wi|ki|Leaks** [...'liːks], das, - ⟨meist o. Art.⟩ ⟨hawaiisch; engl.⟩ (Enthüllungsplattform im Internet)
Wi|king, der; -s, -er, **Wi|kin|ger** ⟨altnord.⟩; **Wi|kin|ge|rin**; **Wi|kin|ger|sa|ge**; **Wi|kin|ger|schiff**; **wi|kin|gisch**
Wi|ki|pe|dia, die; -; *meist ohne Artikel* ⟨engl.⟩ (Internetportal mit Informationen zu allen Wissensgebieten, die allgemein zugänglich sind u. von den Nutzern

selbst angelegt u. verändert werden können)
Wi|k|lif *vgl.* Wyclif; **Wi|k|li|fit**, der; -en, -en (Anhänger Wyclifs)
Wi|la|jet, das; -[e]s, -s ⟨arab.-türk.⟩ (Verwaltungsbezirk im Osman. Reich)
wild *s.* Kasten
Wild, das; -[e]s
Wild|bach
Wild|bahn; in freier Wildbahn
Wild|be|stand
Wild|bie|ne
Wild|bret, das; -s (Fleisch des erlegten Wildes)
Wild|card, die; -, -s, **Wild Card**, die; -, - -s [ˈvaɪltkaːɐ̯t] ⟨engl.⟩ *(Tennis* vom Veranstalter vergebenes Startrecht bei einem Turnier)
Wild|dieb; **wild|die|ben**; ich wilddiebe; gewilddiebt; zu wilddieben; **Wild|die|be|rei**; **Wild|die|bin**
¹**Wilde** [waɪld], Oscar (engl. Dichter)
²**Wil|de**, der u. die; -n, -n
Wild|e|ber; **Wild|en|te**
wil|den|zen *(landsch. für* stark nach Wild riechen)
Wild|e|rei; **Wil|de|rer** (Wilddieb); **Wil|de|rin**; **wil|dern**; ich wildere
Wild|fang (ausgelassenes Kind)
Wild|fleisch
wild|fremd *(ugs. für* völlig fremd)
Wild|gans
Wild|gat|ter; **Wild|ge|he|ge**
Wild|he|ger; **Wild|he|ge|rin**
Wild|heit
Wild|heu|er, der (jmd., der an gefährlichen Hängen in den Alpen Heu macht)
Wild|hund
Wild|hü|ter; **Wild|hü|te|rin**
Wild|ka|nin|chen; **Wild|kat|ze**; **Wild|kraut**
wild le|bend, **wild|le|bend** *vgl.* wild
Wild|le|der
Wild|ling (Unterlage für die Ver-

W
Wild

edelung von Obst u. Ziergehölzen; *Forstwirtsch.* wild gewachsenes Bäumchen)
wild ma|chen, wild|ma|chen *vgl.* wild
Wild|nis, die; -, -se
Wild|park; Wild|pferd; Wild|pflan|ze
wild|reich; Wild|reich|tum, der; -s
Wild|reis; Wild|rind
wild|ro|man|tisch
Wild|sau; Wild|scha|den
Wild|schütz, der (*veraltend für* Wilddieb)
Wild|schutz|zaun; Wild|schwein; Wild|spe|zia|li|tät; Wild|tau|be; Wild|tier
wild wach|send, wild|wach|send *vgl.* wild
Wild|was|ser *Plur.* ...wasser (Wildbach); Wild|was|ser|bahn; Wild|was|ser|fahrt
Wild|wech|sel
Wild|west *ohne Artikel;* Wild|westfilm
Wild|wuchs; wild|wüch|sig
Wild|zaun
Will|fried (m. Vorn.)
Will|helm (m. Vorn.)
Will|hel|mi|ne (w. Vorn.)
will|hel|mi|nisch; *aber* ↑D 89: das Wilhelminische Zeitalter (Kaiser Wilhelms II.)
Wil|helms|ha|ven [...fn] (Hafenstadt an der Nordsee); Wil|helms|ha|ve|ner; Wil|helms|ha|ve|ne|rin
Will (m. Vorn.)
Will|le, der; -ns, -n *Plur. selten;* der Letzte *od.* letzte Wille (Testament) ↑D 89; wider Willen; jmdm. zu Willen sein; voll guten Willens; *vgl.* willens
Will|le|gis (m. Vorn.)
will|len ↑D 70; um ... willen, um Gottes willen, um seiner selbst willen, um meinet-, deinet-, dessent-, derent-, seinet-, ihret-, unsert-, euretwillen
Will|len, der; -s, - (*selten für* Wille); will|lens|los; Will|len|lo|sig|keit, die; -
will|lens ↑D 70; willens sein (beabsichtigen[,] etwas zu tun)
Will|lens|akt; Will|lens|äu|ße|rung; Will|lens|bil|dung; Will|lens|er|klä|rung; Will|lens|frei|heit, die; -; Will|lens|kraft
will|lens|schwach; Will|lens|schwä|che *Plur. selten*
will|lens|stark; Will|lens|stär|ke
will|lent|lich (mit voller Absicht)
will|fah|ren, will|fah|ren; du willfahrst; du willfahrtest; willfahrt *od.* gewillfahrt; zu willfahren
will|fäh|rig; Will|fäh|rig|keit, die; -

Will|li (m. Vorn.)
Will|liam [...ljəm] (m. Vorn.)
Will|liams Christ|bir|ne (eine Tafelbirne)
Will|li|bald, Will|li|brord (m. Vorn.)
will|lig (bereit, folgsam); will|li|gen (*geh.*); sie willigte in die Heirat
Will|li|gis *vgl.* Willegis
Will|li|ram (m. Vorn.)
Will|komm, der; -s, -e, *häufiger* Will|kom|men, das; -s, -; ein fröhliches Willkommen!; will|kom|men

willkommen

In Fügungen wie *Herzlich willkommen!* oder *Seien Sie willkommen!* schreibt man *willkommen* klein, da es hier als Adjektiv verwendet wird. Großgeschrieben wird *willkommen* nur, wenn es als Substantiv gebraucht wird: Sie hatten ihm ein herzliches Willkommen bereitet.

Will|kom|mens|gruß
Will|kom|mens|kul|tur; Will|kom|mens|trunk
Will|kür, die; -; Will|kür|akt; Will|kür|herr|schaft; will|kür|lich; Will|kür|maß|nah|me
Will|ly [...li], Willm (m. Vorn.)
Wil|ma (w. Vorn.)
Wil|mar (m. Vorn.)
Will|na (Hauptstadt Litauens; *vgl.* Vilnius)
Will|son [...sn] (Präsident der USA)
Wils|ter (Ortsname); Wils|ter|marsch, die; - (²Marsch nördlich der Niederelbe)
Will|traud, Will|trud (w. Vorn.)
Wim (m. Vorn.)
Wil|max, das; - *meist ohne Artikel* ⟨*aus engl.* worldwide interoperability for microwave access⟩ (*EDV* eine Gruppe von Technologien u. Standards für drahtlose Breitbandübertragungen)
Wim|b|le|don [...dən] (Vorort von London; Austragungsort eines berühmten Tennisturniers)
Wim|mel|bild (Bild, auf dem eine Fülle von einzelnen Personen od. Gegenständen zu sehen ist)
wim|meln; sie sagt, es wimm[e]le von Ameisen
wim|men, wüm|men ⟨*lat.*⟩ (*schweiz. mdal. für* Trauben lesen); gewimmt
¹Wim|mer, der; -s, - (Knorren; Maser[holz]; *auch, bes. südd. für* Schwiele, kleine Warze)

²Wim|mer, die; -, -n ⟨*lat.*⟩ (*landsch. für* Weinlese)
³Wim|mer, der; -s, - (*landsch. für* Winzer)
Wim|mer|holz (*ugs. scherzh. für* Geige, Laute); wim|me|rig
Wim|me|rin (*zu* ³Wimmer)
Wim|merl, das; -s, -[n]; *vgl.* Pickerl (*bayr. u. österr. ugs. für* Hitze- od. Eiterbläschen)
wim|mern; ich wimmere; ↑D 82: das ist zum Wimmern (*ugs.*)
Wim|met, Wüm|met, der; -s ⟨*lat.*⟩ (*schweiz. mdal. für* Weinlese)
Wim|pel, der; -s, - ([kleine] dreieckige Flagge)
Wim|per, die; -, -n
Wim|perg, der; -[e]s, -e, Wim|per|ge, die; -, -n (*Bauw.* gotischer Spitzgiebel)
Wim|pern|schlag (*auch für* sehr kurze Zeitspanne)
Wim|pern|tu|sche
Wim|per|tier|chen (einzelliges Lebewesen)
Win|ckel|mann (dt. Altertumsforscher)
wind (*veraltet*); *nur noch in* wind u. weh (*südwestd. u. schweiz. für* höchst unbehaglich, elend)
Wind, der; -[e]s, -e; von etwas Wind bekommen (*ugs. für* etwas heimlich, zufällig erfahren)
Wind|ab|wei|ser (am Auto)
wind|arm
Wind|bä|cke|rei (*österr. für* Schaumgebäck)
Wind|beu|tel (ein Gebäck; *ugs. auch für* leichtfertiger Mensch); Wind|beu|te|lei (*ugs.*)
Wind|bö, Wind|böe; Wind|bruch
Wind|chill [...tʃil], der; - ⟨*engl.*⟩ (durch Wind verursachte verstärkte Kälteempfindung)
wind|dicht
Win|de, die; -, -n (eine Hebevorrichtung; eine Pflanze)
Wind|ei (*Zool.* Vogelei mit weicher Schale; *Med.* abgestorbene Leibesfrucht; *vgl.* ²Mole)
Win|del, die; -, -n; win|deln; ich wind[e]le; win|del|weich
¹win|den (drehen); du wandest; du wändest; gewunden; wind[e]!; sich winden
²win|den (windig sein; *Jägerspr.* wittern); es windet; das Wild windet
Wind|ener|gie; Wind|ener|gie|an|la|ge
Wind|es|ei|le; in, mit Windeseile
Wind|fang; Wind|farm; Wind|flüch|ter (vom Wind verformter Baum)
wind|ge|schützt

Wind|ge|schwin|dig|keit
Wind|har|fe (Äolsharfe); Wind|hauch
Wind|höf|fig|keit, die; - (Fachspr. durchschnittliches Windaufkommen)
Wind|ho|se (kleinräumiger Wirbelsturm)
Wind|huk (Hauptstadt Namibias)
Wind|hund (ugs. auch für leichtfertiger Mensch)
win|dig (auch für nicht solide)
Wind|ja|cke; Wind|jam|mer, der; -s, - (großes Segelschiff)
Wind|ka|nal; Wind|kraft; Wind|kraft|an|la|ge; Wind|kraft|geg|ner; Wind|kraft|geg|ne|rin; Wind|kraft|werk
Wind|licht Plur. ...lichter
Wind|ma|cher (ugs. für Wichtigtuer); Wind|ma|che|rei; Wind|ma|che|rin
Wind|ma|schi|ne; Wind|mo|tor
Wind|müh|le; Wind|müh|len|flü|gel
Win|dows® ['wɪndɔʊs], das; - meist ohne Artikel ⟨engl.⟩ (EDV Betriebssystem der Softwarefirma Microsoft)
Wind|park
Wind|po|cken Plur. (eine Kinderkrankheit)
Wind|rad; wind|reich; Wind|rich|tung
Wind|rös|chen (für Anemone)
Wind|ro|se (Windrichtungs-, Kompassscheibe)
Wind|sack (an einer Stange aufgehängter Beutel, der Richtung u. Stärke des Windes anzeigt)
Winds|braut, die; - (veraltend für heftiger Wind)
Wind|schat|ten, der; -s (Leeseite eines Berges; geschützter Bereich hinter einem fahrenden Fahrzeug)
wind|schief (ugs. für krumm)
wind|schlüp|fig; wind|schnit|tig
Wind|schutz|schei|be
Wind|schutz|strei|fen (Landwirtsch.)
Wind|sor (englische Stadt; Name des englischen Königshauses)
Wind|spiel (kleiner Windhund)
Wind|stär|ke
wind|still; Wind|stil|le
Wind|stoß
wind|sur|fen meist nur im Infinitiv gebr.; Wind|sur|fer ⟨dt.; engl.⟩; Wind|sur|fe|rin; Wind|sur|fing, das; -s (Segeln auf einem Surfbrett)
Win|dung; Wind|vo|gel (landsch. für Spielzeugdrachen)

Wind|zug, der; -[e]s
Win|fried (m. Vorn.)
Win|gert, der; -s, -e (südd., westd. u. schweiz. für Weingarten, Weinberg)
Win|golf, der; -s, -e (»Freundeshalle« der nord. Mythologie; Name stud. Verbindungen)
Wing|suit ['wɪŋsjuːt], der; -s, -s ⟨engl.⟩ (Fallschirmspringeranzug mit flügelartigen Armen u. Beinen)
Wink, der; -[e]s, -e
win|ke; nur in winke, winke machen (Kinderspr.)
Win|ke|kat|ze (ostasiatischer Glücksbringer)
Win|kel, der; -s, -; im toten Winkel
Win|kel|ad|vo|kat (abwertend); Win|kel|ad|vo|ka|tin
Win|kel|ei|sen; Win|kel|funk|ti|on (Math.); Win|kel|ha|ken (Druckw.)
Win|kel|hal|bie|ren|de, die; -n, -n
win|ke|lig vgl. winklig
Win|kel|klam|mer
Win|kel|maß; Win|kel|mes|ser
win|ken; ich wink[e]le im Arm
Win|kel|ried (schweiz. Held)
Win|kel|schlei|fer (ein Werkzeug)
Win|kel|zug meist Plur.
win|ken; gewinkt (häufig auch gewunken)
Win|ker; Win|ker|flag|ge (Seew.); Win|ker|krab|be
win|ke, win|ke vgl. winke
wink|lig, win|ke|lig
Win|ne|tou [...tu] (Indianergestalt bei Karl May)
Win|ni|peg (kanadische Stadt); Win|ni|peg|see, Win|ni|peg-See, der; -s
Winsch, die; -, -en ⟨engl.⟩ (Seemannsspr. eine Winde)
Win|se|lei (abwertend)
win|seln; ich wins[e]le
Win|ter, der; -s, -; Sommer wie Winter; winters (vgl. d.); wintersüber (vgl. d.)
Win|ter|abend; Win|ter|an|fang; Win|ter|ap|fel; Win|ter|bau, der; -[e]s (das Bauen im Winter)
Win|ter|cam|ping; Win|ter|de|pres|si|on; Win|ter|dienst; Win|ter|ein|bruch; Win|ter|fahr|plan; Win|ter|fe|ri|en Plur.
win|ter|fest; winterfeste Kleidung
Win|ter|frucht (Wintergetreide)
Win|ter|gar|ten; win|ter|gers|te; Win|ter|ge|trei|de; win|ter|glatt; winterglatte Gehwege; Win|ter|ha|fen; Win|ter|halb|jahr
win|ter|hart; winterharte Pflanzen

Win|ter|him|mel
Win|ter|kar|tof|fel; Win|ter|kleid; Win|ter|klei|dung; Win|ter|kohl, der; -[e]s; Win|ter|kol|lek|ti|on (Mode); Win|ter|land|schaft
win|ter|lich
Win|ter|ling (eine Pflanze)
Win|ter|man|tel; Win|ter|mo|de
¹Win|ter|mo|nat (in die Winterzeit fallender Monat)
²Win|ter|mo|nat, Win|ter|mond (alte dt. Bez. für Dezember, früher auch für Januar od. November)
win|tern; er sagt, es wintere schon
Win|ter|nacht; Win|ter|obst
win|ter|of|fen; winteroffene Pässe
Win|ter|olym|pi|a|de; Win|ter|pau|se; Win|ter|quar|tier; Win|ter|rei|fen; Win|ter|rei|se
win|ters; aber des Winters ↑D 70
Win|ter|saat; Win|ter|sa|chen Plur. (Winterkleidung); Win|ter|sai|son; Win|ters|an|fang (Winteranfang); Win|ter|schlaf (Zool.)
Win|ter|schluss|ver|kauf
Win|ter|schuh; Win|ter|se|mes|ter; Win|ter|son|ne; Win|ter|son|nen|wen|de; Win|ter|speck, der; -[e]s (ugs. scherzh.); Win|ter|spie|le Plur.; Olympische Winterspiele
Win|ter|sport; Win|ter|sport|ler; Win|ter|sport|le|rin; Win|ter|sport|ort
Win|ter|star|re (Zool.)
Win|ter|stie|fel
win|ters|über; aber den Winter über
Win|ters|zeit (Jahreszeit)
Win|ter|tag
win|ter|taug|lich; Win|ter|taug|lich|keit, die; -
Win|ter|thur (schweiz. Stadt)
Win|ter|ur|laub
Win|ter|vor|rat; Win|ter|wet|ter
Win|ter|zeit (Jahreszeit; Normalzeit im Vergleich zur Sommerzeit [vgl. d.])
Win-win-Si|tu|a|ti|on ⟨engl.⟩ (Situation, von der alle Beteiligten profitieren)
Win|zer, der; -s, -; Win|zer|ge|nos|sen|schaft; Win|ze|rin; Win|zer|mes|ser, das; Win|zer|sekt
win|zig; winzig klein; Win|zig|keit, die; -; Winz|ling
Wip|fel, der; -s, -
Wip|pe, die; -, -n (Schaukel); wip|pen; Wip|per vgl. ¹Kipper
Wipp|sterz (landsch. für Bachstelze)
wir (früher von Herrschern: Wir); wir alle, wir beide; wir beschei-

Wirbel

denen Leute; wir Armen; wir Deutschen od. wir Deutsche
Wir|bel, der; -s, -; **wir|be|lig**, wirb|lig; **Wir|bel|kno|chen**
wir|bel|los; Wir|bel|lo|se Plur. (Zool. zusammenfassende Bez. für alle Vielzeller außer den Wirbeltieren)
wir|beln; ich wirb[e]le
Wir|bel|säu|le; Wir|bel|säu|len|gym|nas|tik; Wir|bel|säu|len|ver|krüm|mung
Wir|bel|schlep|pe (Flugw. von größeren Flugzeugen im Flug erzeugte Turbulenz); **Wir|bel|sturm** vgl. ¹Sturm; **Wir|bel|tier** (Zool.); **Wir|bel|wind**
wirb|lig vgl. wirbelig
wirbt vgl. werben
wird vgl. werden
wirft vgl. werfen
Wir|ge|fühl, Wir-Ge|fühl Plur. selten (Gemeinschaftsgefühl)
wir|ken; schnell wirkende Mittel; sein segensreiches Wirken ↑ D 82
Wir|ker; Wir|ke|rei; Wir|ke|rin
Wirk|kraft (Wirkungskraft); **Wirk|leis|tung** (Elektrot.)
Wirkl. Geh. Rat = Wirklicher Geheimer Rat
wirk|lich
Wirk|li|che Ge|hei|me Rat, der; -n -n -[e]s, -n -n Räte (früher; Abk. Wirkl. Geh. Rat)
Wirk|lich|keit; wirk|lich|keits|fern
Wirk|lich|keits|form (für Indikativ)
wirk|lich|keits|fremd; wirk|lich|keits|ge|treu; wirk|lich|keits|nah
Wirk|lich|keits|sinn, der; -[e]s
Wirk|lich|keits|treue
wirk|mäch|tig (stark wirkend)
wirk|sam; Wirk|sam|keit, die; -
Wirk|stoff
Wir|kung; Wir|kungs|be|reich, der; -; **Wir|kungs|feld**
Wir|kungs|ge|schich|te; wir|kungs|ge|schicht|lich
Wir|kungs|grad; Wir|kungs|kraft; Wir|kungs|kreis
wir|kungs|los; Wir|kungs|lo|sig|keit, die; -
Wir|kungs|me|cha|nis|mus
wir|kungs|reich
Wir|kungs|stät|te
wir|kungs|voll
Wir|kungs|wei|se, die
Wirk|wa|ren Plur. (Textilind. gewirkte Waren)
wirr; Wir|ren Plur.; **Wirr|heit; wir|rig** (landsch. für wirr; zornig)
Wirr|kopf (abwertend)

Wirr|nis, die; -, -se; **Wirr|sal,** das; -[e]s, -e u. die; -, -e (geh.); **Wir|rung;** Irrungen u. Wirrungen
Wirr|warr, der od. das; -s
wirsch (landsch. für ärgerlich)
Wir|sing, der; -s (ital.), **Wir|sing|kohl,** der; -[e]s
Wirt, der; -[e]s, -e
Wir|tel, der; -s, - (Schwunggewicht an der Spindel; Bot. Aststellung in Form eines Quirls); **wir|tel|för|mig; wir|te|lig,** wirt|lig (quirlförmig)
wir|ten (schweiz. für eine Gastwirtschaft führen)
Wir|tin
wirt|lich (gastlich); **Wirt|lich|keit,** die; -
wirt|lig vgl. wirtelig
Wirt|schaft, wirt|schaf|ten; gewirtschaftet; **Wirt|schaf|ter** (Verwalter); **Wirt|schaf|te|rin**
Wirt|schaft|ler (Wirtschaftskundler; Unternehmer, leitende Persönlichkeit in Handel u. Industrie); **Wirt|schaft|le|rin**
wirt|schaft|lich; Wirt|schaft|lich|keit, die; -
Wirt|schafts|ab|kom|men
Wirt|schafts|asy|lant (oft als diskriminierend empfunden jmd., der [vornehmlich] aus wirtschaftlichen Gründen Asyl sucht); **Wirt|schafts|asy|lan|tin**
Wirt|schafts|auf|schwung
Wirt|schafts|aus|schuss
Wirt|schafts|be|ra|ter; Wirt|schafts|be|ra|te|rin
Wirt|schafts|be|zie|hun|gen Plur.; **Wirt|schafts|block** vgl. Block; **Wirt|schafts|da|ten** Plur.
Wirt|schafts|de|likt; Wirt|schafts|ein|bruch (Wirtsch. starker Rückgang der Wirtschaftsleistung); **Wirt|schafts|em|bar|go; Wirt|schafts|ethik; Wirt|schafts|fak|tor; Wirt|schafts|flücht|ling; Wirt|schafts|för|de|rung**
Wirt|schafts|for|schung; Wirt|schafts|for|schungs|ins|ti|tut
Wirt|schafts|füh|rer; Wirt|schafts|füh|re|rin
Wirt|schafts|ge|bäu|de
Wirt|schafts|geld
Wirt|schafts|ge|mein|schaft (Europäische Wirtschaftsgemeinschaft; Abk. EWG)
Wirt|schafts|geo|gra|fie, Wirt|schafts|geo|gra|phie
Wirt|schafts|ge|schich|te; wirt|schafts|ge|schicht|lich
Wirt|schafts|gip|fel; Wirt|schafts|gym|na|si|um; Wirt|schafts|hil|fe;

Wirt|schafts|hoch|schu|le; Wirt|schafts|in|for|ma|tik, die; -
Wirt|schafts|in|ge|ni|eur; Wirt|schafts|in|ge|ni|eu|rin
Wirt|schafts|jahr
Wirt|schafts|jour|na|list; Wirt|schafts|jour|na|lis|tin
Wirt|schafts|kam|mer; Wirt|schafts|kraft; Wirt|schafts|krieg; Wirt|schafts|kri|mi|na|li|tät; Wirt|schafts|kri|se; Wirt|schafts|la|ge
Wirt|schafts|le|ben, das; -s; **Wirt|schafts|leh|re; Wirt|schafts|len|kung**
wirt|schafts|li|be|ral; Wirt|schafts|li|be|ra|le; Wirt|schafts|li|be|ra|lis|mus
Wirt|schafts|me|di|um meist Plur.
Wirt|schafts|mi|nis|ter; Wirt|schafts|mi|nis|te|rin; Wirt|schafts|mi|nis|te|ri|um
wirt|schafts|nah
Wirt|schafts|ord|nung
Wirt|schafts|po|li|tik; wirt|schafts|po|li|tisch
Wirt|schafts|pres|se, die; -
Wirt|schafts|prog|no|se
Wirt|schafts|prü|fer; Wirt|schafts|prü|fe|rin; Wirt|schafts|prü|fung
Wirt|schafts|psy|cho|lo|gie, die; -
Wirt|schafts|raum; Wirt|schafts|recht, das; -[e]s; **Wirt|schafts|sank|ti|o|nen** Plur.; **wirt|schafts|schwach; Wirt|schafts|se|nat; Wirt|schafts|se|na|tor; Wirt|schafts|se|na|to|rin; Wirt|schafts|spi|o|na|ge; Wirt|schafts|stand|ort; wirt|schafts|stark; Wirt|schafts|sys|tem; Wirt|schafts|teil** (der Zeitung); **Wirt|schafts|theo|rie**
Wirt|schafts|trei|ben|de, der u. die; -n, -n (österr. für Gewerbetreibende)
Wirt|schafts|un|ter|neh|men; Wirt|schafts|ver|band; Wirt|schafts|wachs|tum
Wirt|schafts|wei|se, der u. die (Mitglied des Sachverständigenrats zur Begutachtung der gesamtwirtschaftlichen Entwicklung)
Wirt|schafts|wis|sen|schaft
Wirt|schafts|wis|sen|schaf|ter (schweiz., österr. auch für Wirtschaftswissenschaftler); **Wirt|schafts|wis|sen|schaf|te|rin; Wirt|schafts|wis|sen|schaft|ler; Wirt|schafts|wis|sen|schaft|le|rin; wirt|schafts|wis|sen|schaft|lich**
Wirt|schafts|wun|der (ugs.); **Wirt|schafts|zei|tung; Wirt|schafts|zweig**
Wirts|haus; Wirts|leu|te Plur.
Wirts|or|ga|nis|mus (Biol.); **Wirts|pflan|ze**

Wirts|stu|be
Wirts|tier; Wirts|zel|le
Wirz, der; -es *(schweiz. für* Wirsing*)*
Wisch, der; -[e]s, -e
Wisch|arm (am Scheibenwischer)
wi|schen; du wischst; **Wi|scher** *(ugs. auch für* Tadel*)*
Wi|scher|blatt (am Scheibenwischer)
wisch|fest
Wisch|ges|te (beim Touchscreen)
wi|schig *(nordd. für* zerstreut, kopflos*);* **Wi|schi|wa|schi,** das; -s *(ugs. für* unpräzise Darstellung*)*
Wisch|lap|pen
Wisch|nu (einer der Hauptgötter des Hinduismus)
Wisch|tuch *Plur.* ...tücher
¹**Wis|con|sin,** der; -[s] (linker Nebenfluss des Mississippis)
²**Wis|con|sin** (Staat in den USA; *Abk.* WI)
Wi|sent, der; -s, -e (ein Wildrind)
Wis|mar (Stadt an der Ostsee); **Wis|ma|rer; Wis|ma|re|rin**
Wis|mut, Bis|mut, das; -[e]s (chemisches Element, Metall; *Zeichen* Bi)
wis|peln *(landsch. für* wispern*);* ich wisp[e]le
wis|pern (flüstern); ich wispere
Wiss|be|gier, Wiss|be|gier|de, die; -; **wiss|be|gie|rig**
wis|sen; ich weiß, du weißt, er weiß, ihr wisst; ich wusste, du wusstest; ich wüsste, du wüsstest; gewusst; wisse!; kund und zu wissen tun *(altertümelnd);* wer weiß!; wei̱ßt du, was? (Einleitung zu einem Vorschlag); *aber* weißt du was? (= weißt du etwas?); jmdn. etwas **wissen lassen** *od.* wissenlassen (in Kenntnis setzen)
Wis|sen, das; -s; meines Wissens *(Abk.* m. W.) ist es so; wider besseres Wissen; **Wis|sen|de,** der *u.* die; -n, -n
wis|sens|ba|siert *(EDV)*
Wis|sen|schaft
Wis|sen|schaf|ter *(schweiz., österr. auch für* Wissenschaftler); **Wis|sen|schaft|le|rin**; **Wis|sen|schaft|ler; Wis|sen|schaft|le|rin; wis|sen|schaft|lich;** Wissenschaftlicher Rat (Titel); wissenschaftliche Hilfskräfte ↑D89; **Wis|sen|schaft|lich|keit,** die; -
Wis|sen|schafts|be|griff; Wis|sen|schafts|be|trieb, der; -[e]s; **Wis|sen|schafts|ge|schich|te**
wis|sen|schafts|gläu|big

Wis|sen|schafts|mi|nis|ter; Wis|sen|schafts|mi|nis|te|rin; Wis|sen|schafts|mi|nis|te|ri|um
Wis|sen|schafts|park (Ansiedlung von forschungsorientierten Instituten u. Firmen)
Wis|sen|schafts|the|o|rie; Wis|sen|schafts|zweig
Wis|sens|drang, der; -[e]s
Wis|sens|durst; wis|sens|durs|tig
Wis|sens|ge|biet; Wis|sens|ge|sell|schaft; Wis|sens|lü|cke; Wis|sens|stand; Wis|sens|stoff; Wis|sens|trans|fer *(Fachspr.);* **Wis|sens|ver|mitt|lung; Wis|sens|vor|sprung,** der
wis|sens|wert
wis|sent|lich
wist! *(Fuhrmannsruf* links!)
Wis|ta|rie, die; -, -n *(svw.* Glyzine)
Wit|frau *(schweiz., sonst veraltet);* **Wi|tib,** die; -, -e *(veraltet für* Witwe); **Wit|mann** *Plur.* ...männer *(veraltet für* Witwer)
wit|schen *(ugs. für* schlüpfen, huschen); du witschst
Wit|te|kind *vgl.* Widukind
Wit|tels|bach (oberbayrische Stammburg; Haus Wittelsbach (Herrschergeschlecht); **Wit|tels|ba|cher,** der; -s, - (Angehöriger des dt. Herrschergeschlechtes); **Wit|tels|ba|che|rin**
Wit|ten|ber|ge (Stadt an der unteren Elbe)
Wit|ten|ber|ger ⟨zu Wittenberg, Lutherstadt, *od.* Wittenberge⟩; **Wit|ten|ber|ger|in; wit|ten|ber|gisch** (von Wittenberg od. Wittenberge); *aber* ↑D88: die Wittenbergische Nachtigall *(Bez. für* Luther)
Wit|ten|berg, Lu|ther|stadt (Stadt an der mittleren Elbe)
wit|tern; ich wittere
Wit|te|rung *(auch Jägerspr.* das Wittern u. der vom Wild wahrzunehmende Geruch)
wit|te|rungs|ab|hän|gig; wit|te|rungs|be|dingt; wit|te|rungs|be|stän|dig
Wit|te|rungs|ein|fluss; Wit|te|rungs|ver|hält|nis|se *Plur.*
Witt|gen|stein (österr. Philosoph)
Wit|tib, die; -, -e *(österr. für* Witib); **Wit|til|ber** *(bayr. u. österr. für* Witmann)
Witt|ling (ein Seefisch)
Wit|tum, das; -[e]s, ...tümer *(veraltet für* der Witwe zustehender Besitz)
Wit|we, die; -, -n *(Abk.* Wwe.); **Wit|wen|schaft,** die; -; **Wit|wen|geld; Wit|wen|ren|te; Wit-**

wen|schaft, die; -; **Wit|wen|schlei|er; Wit|wen|tum,** das; -s
Wit|wer *(Abk.* Wwr.); **Wit|wer|ren|te; Wit|wer|schaft,** die; -; **Wit|wer|tum,** das; -s
Witz, der; -es, -e; **Witz|blatt; Witz|blatt|fi|gur; Witz|bold,** der; -[e]s, -e; **Witz|bol|din; Wit|ze|lei; wit|zeln;** ich witz[e]le; **Wit|zi|fi|gur** *(abwertend)*
wit|zig; Wit|zig|keit; Witzigkeit kennt keine Grenzen
witz|los
WK = Wiederholungskurs
w. L. = westlicher Länge
Wla|di|mir *[auch* ˈvla:...] (m. Vorn.)
Wla|di|wos|tok *[auch* ...ˈvɔ...] *(russ.* Stadt)
WLAN [ˈveːlaːn], das; -[s], -s ⟨*aus* engl. wireless local area network⟩ (Computernetzwerk mit Funktechnik)
WM, die; -, -[s] = Weltmeisterschaft
WM-Aus, das; - (das Ausscheiden aus einer WM); **WM-End|run|de; WM-Fie|ber** (Begeisterung vor u. während einer Weltmeisterschaft); **WM-Fi|na|le; WM-Kampf**
WM-Qua|li|fi|ka|ti|on
WM-Teil|nah|me; WM-Teil|neh|mer; WM-Teil|neh|me|rin; WM-Ti|tel; WM-Tur|nier
WNW = Westnordwest[en]
wo; wo ist sie?; wo immer sie auch sein mag; er geht wieder hin, wo er hergekommen ist; der Moment, wo (in dem) er sie das erste Mal sah; ↑D81: das Wo spielt keine Rolle; *vgl.* woanders, woher, wohin, wohinaus, womöglich, wo nicht
w. o. = wie oben
wo|an|ders; ich werde ihn woanders suchen, *aber* wo anders (wo sonst) als hier sollte ich ihn suchen?; **wo|an|ders|her; wo|an|ders|hin**
wob|beln *(Funktechnik* Frequenzen verschieben); die Welle wobbelt; **Wob|bel|span|nung**
wo|bei
Wo|che, die; -, -n
Wo|chen|ar|beits|zeit; Wo|chen|be|ginn; Wo|chen|bett; Wo|chen|blatt; Wo|chen|end|be|zie|hung; Wo|chen|en|de; Wo|chen|end|flug; Wo|chen|end|haus; Wo|chen|end|ler; Wo|chen|end|se|mi|nar; Wo|chen|end|ti|cket
Wo|chen|geld *(österr., sonst veraltet für* Mutterschaftsgeld)

Wochenkarte

wohl

bes|ser, bes|te u. wohl|ler, am wohls|ten
- wohl ihm!
- wohl oder übel (ob er wollte oder nicht) musste er zuhören
- das ist wohl das Beste
- leben Sie wohl!
- wohl **bekomms**! od. bekomm's!

Schreibung in Verbindung mit Verben:
- wohl sein; lass es dir wohl sein
- ich bin wohl; mir ist wohl, wohler, am wohlsten
- es ist mir immer **wohlergangen** od. wohl ergangen
- du sollst dich bei uns **wohlfühlen** od. wohl fühlen
- das wird dir wohltun (aber er wird es wohl [wahrscheinlich] tun)
- sie hat ihm stets wohlgewollt (aber sie wird es wohl [wahrscheinlich] wollen)

Schreibung in Verbindung mit einem adjektivisch gebrauchten Partizip:
- ein **wohlbehütetes** od. wohl behütetes Geheimnis
- eine **wohlversorgte** od. wohl versorgte Frau
- ein **wohldurchdachter** od. wohl durchdachter, **wohlüberlegter** od. wohl überlegter Plan
- **wohlerzogene** od. wohl erzogene Kinder, *aber nur noch* wohlerzogenere Kinder
- **wohlgeformte** od. wohl geformte Sätze, *aber nur noch* wohlgeformtere Sätze
- **wohlgenährte** od. wohl genährte Babys, *aber nur noch* wohlgenährtere Babys
- **wohlschmeckende** od. wohl schmeckende, *aber nur* wohlschmeckendere, die wohlschmeckendsten Gerichte

Vgl. aber:
- wohlbehalten, wohlgemut, wohltuend

Wo|chen|kar|te
wo|chen|lang; *aber* drei Wochen lang
Wo|chen|lohn; Wo|chen|markt; Wo|chen|schau; Wo|chen|spiel|plan; Wo|chen|start; Wo|chen|sta|ti|on (im Krankenhaus); Wo|chen|stun|de
Wo|chen|tag; wo|chen|tags; *aber* des Wochentags ↑D 70
wö|chent|lich (jede Woche)
...wö|chent|lich (z. B. dreiwöchentlich [alle drei Wochen wiederkehrend]; *mit Ziffer* 3-wöchentlich ↑D 29)
wo|chen|wei|se
Wo|chen|zei|tung
...wö|chig (seltener für ...wöchig)
...wö|chig (z. B. dreiwöchig [drei Wochen alt, dauernd]; *mit Ziffer* 3-wöchig ↑D 29)
Wöch|ne|rin
Wo|cken, der; -s, - (nordd. für Rocken)
Wo|dan (höchster germanischer Gott); vgl. Odin u. Wotan
Wod|ka, der; -s, -s ⟨russ.⟩ (ein Branntwein); Wod|ka|fla|sche
Wo|du|ori Voodoo
wo|durch; wo|fern (veraltet für sofern); wo|für
wog vgl. ¹wiegen
Wo|ge, die; -, -n
wo|ge|gen
wo|gen
wo|her; woher es kommt, weiß ich nicht; er geht wieder hin, woher er gekommen ist, *aber* er geht wieder hin, wo er hergekommen ist
wo|he|r|um
wo|hin; ich weiß nicht, wohin sie geht; sieh, wohin sie geht, *aber* sieh, wo sie hingeht
wo|hi|n|auf; wo|hi|n|aus; ich weiß nicht, wohinaus du willst, *aber* ich weiß nicht, wo du hinauswillst; wo|hi|n|ein
wo|hin|ge|gen
wo|hin|ter
wo|hi|n|un|ter
wohl s. Kasten
Wohl, das; -[e]s; auf dein Wohl!; zum Wohl!
wohl|an! (veraltend)
wohl|an|stän|dig ↑D 57; Wohl|an|stän|dig|keit
wohl|auf (geh.); wohlauf sein
wohl|aus|ge|wo|gen, wohl aus|ge|wo|gen *vgl.* wohl
wohl|be|dacht, wohl be|dacht
Wohl|be|fin|den
wohl|be|grün|det, wohl be|grün|det
Wohl|be|ha|gen
wohl|be|hal|ten; er kam wohlbehalten an
wohl|be|hü|tet, wohl be|hü|tet *vgl.* wohl
wohl|be|kannt, wohl be|kannt *vgl.* wohl
wohl|be|leibt (geh.)
wohl|be|ra|ten, wohl be|ra|ten
wohl|be|stallt; ein wohlbestallter Beamter
wohl|do|siert, wohl do|siert
wohl|durch|dacht, wohl durch|dacht *vgl.* wohl
wohl|er|ge|hen, wohl er|ge|hen *vgl.* wohl
Wohl|er|ge|hen, das; -s
wohl|er|hal|ten, wohl er|hal|ten
wohl|er|wo|gen, wohl er|wo|gen *vgl.* wohl

wohl|er|zo|gen, wohl er|zo|gen; *aber nur noch* wohlerzogenere Kinder; Wohl|er|zo|gen|heit, die; -
Wohl|fahrt, die; -; Wohl|fahrts|mar|ke; Wohl|fahrts|pfle|ge; Wohl|fahrts|staat
Wohl|fahrts|ver|band; die freien Wohlfahrtsverbände ↑D 89; [Deutscher] Paritätischer Wohlfahrtsverband ↑D 88
wohl|feil (veraltend); wohl|fei|ler, wohl|feils|te; wohlfeile Ware
wohl|for|mu|liert, wohl for|mu|liert
wohl|füh|len, wohl füh|len, sich; *vgl.* wohl
Wohl|fühl|fak|tor (bes. Psychol.); Wohl|fühl|oa|se
wohl|ge|bo|ren (veraltend); Euer Wohlgeboren (Anrede)
Wohl|ge|fal|len, das; -s
wohl|ge|fäl|lig
wohl|ge|formt, wohl ge|formt; *aber nur noch* wohlgeformtere Sätze
Wohl|ge|fühl, das; -[e]s
wohl|ge|lit|ten
wohl|ge|merkt
wohl|ge|mut (geh. für fröhlich)
wohl|ge|nährt, wohl ge|nährt *vgl.* wohl
wohl|ge|ord|net, wohl ge|ord|net
wohl|ge|ra|ten, wohl ge|ra|ten (veraltend); *aber nur noch* wohlgeratenere Kinder
Wohl|ge|ruch; Wohl|ge|schmack
wohl|ge|setzt, wohl ge|setzt; in wohlgesetzten od. wohl gesetzten Worten; *aber nur in* wohlgesetzteren Worten
wohl|ge|sinnt
wohl|ge|stalt (veraltet)
wohl|ge|tan, wohl ge|tan (ver-

altet); nach **wohlgetaner** od. wohl getaner Arbeit; **wohl|ha|bend**; wohlhabendere Bürger; **Wohl|ha|ben|heit**, die; -
wohl|lig; **Wohl|lig|keit**, die; -
Wohl|klang
wohl|klin|gend, wohl klin|gend; aber nur wohlklingendere Töne
Wohl|laut
wohl|lau|tend, wohl lau|tend; aber nur wohllautendere Klänge
Wohl|le|ben, das; -s
wohl|mei|nend; die wohlmeinenden, wohlmeinenderen Freunde
wohl|pro|por|ti|o|niert, wohl pro|por|ti|o|niert
wohl|rie|chend, wohl rie|chend
wohl|schme|ckend, wohl schme|ckend; aber nur die wohlschmeckendsten Speisen
wohl sein; lass es dir wohl sein; vgl. wohl
Wohl|sein, das; -s; zum Wohlsein!
wohl|si|tu|iert, wohl si|tu|iert
Wohl|stand, der; -[e]s; im Wohlstand leben; **Wohl|stands|bür|ger**; **Wohl|stands|ge|sell|schaft**; **Wohl|stands|kri|mi|na|li|tät**; **Wohl|stands|müll**
Wohl|tat; **Wohl|tä|ter**; **Wohl|tä|te|rin**
wohl|tä|tig; wohltätiger, wohltätigste; **Wohl|tä|tig|keit**
Wohl|tä|tig|keits|ball; **Wohl|tä|tig|keits|ba|sar**, **Wohl|tä|tig|keits|ba|zar**; **Wohl|tä|tig|keits|kon|zert**; **Wohl|tä|tig|keits|ver|an|stal|tung**; **Wohl|tä|tig|keits|ver|ein**
wohl|tem|pe|riert, wohl tem|pe|riert; **Wohl|tem|pe|rier|te Kla|vier**, das; -n -s (Sammlung von Präludien u. Fugen von J. S. Bach)
wohl|tö|nend, wohl tö|nend
wohl|tu|end (angenehm); die Ruhe ist wohltuend, noch wohltuender
wohl|tun vgl. wohl
wohl|über|legt, wohl über|legt vgl. wohl
wohl|un|ter|rich|tet, wohl un|ter|rich|tet
wohl|ver|dient; ein wohlverdienter Urlaub
Wohl|ver|hal|ten
Wohl|ver|leih, der; -[e]s, -[e] (Arnika)
wohl|ver|sorgt, wohl ver|sorgt vgl. wohl
wohl|ver|stan|den, wohl ver|stan|den; er war[,] **wohlverstanden** od. wohl verstanden[,] kein schlechter Mensch

wohl|ver|traut; die wohlvertraute Umgebung
wohl|ver|wahrt, wohl ver|wahrt
wohl|vor|be|rei|tet, wohl vor|be|rei|tet
wohl|weis|lich; sie hat sich wohlweislich gehütet
wohl wis|send; wohl wissend, dass ...
wohl|wol|len vgl. wohl; **Wohl|wol|len**, das; -s; **wohl|wol|lend**; ein wohlwollenderes Urteil
Wohn|ac|ces|soire
Wohn|an|hän|ger; **Wohn|an|la|ge**; **Wohn|an|schrift**
Wohn|bau Plur. ...bauten (nur Sing. österr. auch für Wohnungsbau); **Wohn|bau|för|de|rung**; **Wohn|bau|geld** (österr.)
Wohn|be|bau|ung
Wohn|bei|hil|fe (österr. für Wohngeld); **Wohn|be|reich**; **Wohn|block** vgl. Block; **Wohn|ei|gen|tum**; **Wohn|ein|heit**; **Wohn|ein|rich|tung** (Einrichtung, in der Betreute wohnen; auch Wohnungsausstattung)
woh|nen
Wohn|flä|che; **Wohn|ge|bäu|de**; **Wohn|ge|biet**; **Wohn|ge|gend**
Wohn|geld; **Wohn|geld|ge|setz**
Wohn|ge|mein|schaft (Abk. WG)
wohn|haft (Amtsspr. wohnend)
Wohn|haus; **Wohn|heim**; **Wohn|kom|plex** (Wohnanlage); **Wohn|kü|che**; **Wohn|kul|tur**; **Wohn|la|ge**; **Wohn|lich**; **Wohn|lich|keit**, die; -
Wohn|mo|bil
Wohn|ort Plur. ...orte; **Wohn|ort|nä|he**; **Wohn|qua|li|tät** Plur. selten; **Wohn|raum**
Wohn|raum|len|kung (DDR für behördliche Wohnungsvergabe)
Wohn|recht; **Wohn|sied|lung**
Wohn|sitz; **wohn|sitz|los** (bes. Amtsspr.
Wohn|stift vgl. ³Stift
Wohn|stra|ße; **Wohn|stu|be**
Woh|nung; **Woh|nungs|amt**
Woh|nungs|bau Plur. -ten; **Woh|nungs|bau|för|de|rung**
Woh|nungs|bau|ge|nos|sen|schaft; **Woh|nungs|bau|ge|sell|schaft**
Woh|nungs|brand
Woh|nungs|ei|gen|tum; **Woh|nungs|ei|gen|tü|mer**; **Woh|nungs|ei|gen|tü|me|rin**
Woh|nungs|ein|bruch
Woh|nungs|ein|rich|tung
Woh|nungs|in|ha|ber; **Woh|nungs|in|ha|be|rin**
woh|nungs|los

Woh|nungs|mak|ler; **Woh|nungs|mak|le|rin**
Woh|nungs|man|gel; **Woh|nungs|markt**; **Woh|nungs|not**; **Woh|nungs|pro|s|ti|tu|ti|on**; **Woh|nungs|schlüs|sel**
Woh|nungs|su|che; **woh|nungs|su|chend**; **Woh|nungs|su|chen|de**, der u. die; -n, -n
Woh|nungs|tausch; **Woh|nungs|tür**
woh|nung|su|chend (svw. wohnungssuchend); **Woh|nung|su|chen|de** (svw. Wohnungssuchende)
Woh|nungs|wech|sel
Woh|nungs|zwangs|wirt|schaft
Wohn|vier|tel; **Wohn|wa|gen**; **Wohn|wert**, der; -[e]s
Wohn|zim|mer; **Wohn|zo|ne** (bes. schweiz. für Wohngebiet)
Wöhr|de, die; -, -n (nordd. für um das Wohnhaus gelegenes Ackerland)
Woi|lach, der; -s, -e ⟨russ.⟩ (wollene [Pferde]decke)
Woi|wod, **Woi|wo|de**, der; ...den, ...den ⟨poln.⟩ (früher für Fürst, heute oberster Beamter eines poln. Bezirks); **Woi|wod|schaft** (Amt[sbezirk] eines Woiwoden)
Wok, der; -, -s ⟨chin.⟩ (flacher halbrunder Kochtopf)
wöl|ben; sich wölben; **Wöl|bung**
¹**Wolf** (m. Vorn.)
²**Wolf**, Hugo (österr. Komponist)
³**Wolf**, der; -[e]s, Wölfe (ein Raubtier); **Wölf|chen**
Wolf|diet|rich (m. Vorn.)
wöl|fen (gebären [von Wolf u. Hund])
Wol|fen|büt|tel [auch ...'bytl]] (Stadt in Niedersachsen); **Wol|fen|büt|te|ler**; **Wol|fen|büt|te|le|rin**
Wolf|gang (m. Vorn.)
Wolf|gang|see, Aber|see vgl. Sankt-Wolfgang-See
Wolf|hard (m. Vorn.)
Wölf|in; **wölf|isch**
Wölf|ling (junger Pfadfinder)
¹**Wolf|ram** (m. Vorn.)
²**Wolf|ram**, das; -s (chem. Element, Metall; Zeichen W); **Wolf|ra|mit**, das; -s (Wolframerz)
Wolf|ram von Eschen|bach (dt. Dichter des MA.s); Wolfram von Eschenbachs Lieder, aber die Lieder Wolframs von Eschenbach; eine Wolfram-von-Eschenbach-Ausgabe
Wolfs|an|gel (ein Fanggerät)
Wolfs|burg (Stadt in Niedersach-

sen); **Wolfs|bur|ger; Wolfs|bur|ge|rin**
Wolfs|gru|be (überdeckte Grube zum Fangen von Wölfen)
Wolfs|hund (einem Wolf ähnlicher Schäferhund)
Wolfs|hun|ger (ugs.)
Wolfs|milch (eine Pflanze)
Wolfs|ra|chen (veraltet für Lippen-Kiefer-Gaumen-Spalte)
Wolfs|ru|del; Wolfs|schlucht
Wolfs|spin|ne
Wolfs|spitz (eine Hunderasse)
Wol|ga, die; - (Strom in Osteuropa); **Wol|go|grad** (russische Stadt; früher Stalingrad)
Wo|lhy|ni|en [...'ly:...] usw. vgl. Wolynien usw.
Wölk|chen
Wol|ke, die; -, -n
wöl|ken; sich wölken
Wol|ken|bruch; Wol|ken|de|cke; Wol|ken|feld
Wol|ken|krat|zer (Hochhaus)
Wol|ken|ku|ckucks|heim (Luftgebilde, Hirngespinst)
wol|ken|los; wol|ken|ver|han|gen
Wol|ken|wand
wol|kig
Woll|de|cke
Wol|le, die; -, Plur. (Arten:) -n
¹**wol|len** (aus Wolle)
²**wol|len;** ich will, du willst; du wolltest (Indikativ); du wolltest (Konjunktiv); gewollt; wolle!; ich habe das nicht gewollt, aber ich habe helfen wollen
wöl|len (Jägerspr. das Gewölle auswerfen)
Woll|fa|den; Woll|garn; Woll|ge|we|be; Woll|gras
Woll|hand|krab|be
wol|lig
Wol|lin (eine Ostseeinsel)
Woll|kamm; Woll|käm|mer; Woll|käm|me|rin
Woll|kleid; Woll|knäu|el
Woll|lap|pen, Woll-Lap|pen
Woll|laus, Woll-Laus
Woll|maus (ugs. für größere Staubflocke auf dem Fußboden)
Woll|milch|sau; in der Fügung Eier legende od. eierlegende Wollmilchsau (ugs. scherzh. für Person od. Sache, die alle Bedürfnisse befriedigt, allen Ansprüchen genügt)
Woll|müt|ze; Woll|pul|lo|ver
Woll|sa|chen Plur.
Woll|schwein; Woll|sie|gel; Woll|spin|ne|rei; Woll|stoff; Woll|strumpf

Woll|lust, die; -, Wollüste; **wol|lüs|tig**
Woll|wa|ren Plur.; **Woll|wasch|mit|tel**
woll|weiß
Wol|per|tin|ger, der; -s, - (ein bayrisches Fabeltier)
Wo|ly|ni|en (ukrainische Landschaft); **wo|ly|nisch**
Wol|zo|gen (ein Adelsgeschlecht)
Wo|ma|ni|zer ['vʊmənaɪzɐ], der; -s, - (engl.) (Frauenheld)
Wom|bat, der; -s, -s ⟨austral.⟩ (ein australisches Beuteltier)
wo|mit
wo|mög|lich; womöglich (vielleicht) kommt sie; aber wir sollten uns, wo möglich (kurz für wenn es möglich ist), selbst darum kümmern
Won, der; -[s], - [-s] (korean. Währungseinheit)
wo|nach
Won|der|bra® ['vɔndɐbra:], der; -s, -s (ein Push-up-BH)
wo|ne|ben (selten)
wo nicht; er will ihn erreichen, wo nicht übertreffen
Won|ne, die; -, -n; **Won|ne|ge|fühl; Won|ne|mo|nat, Won|ne|mond** (alte Bez. für Mai); **Won|ne|prop|pen** (landsch. wohlgenährtes [Klein]kind)
won|ne|trun|ken (geh.)
won|nig, won|nig|lich (veraltend)
Wood|stock ['wʊdstɔk] (Ort im amerik. Bundesstaat New York, nach dem das bekannteste Open-Air-Festival der Hippiebewegung benannt wurde)
Woog, der; -[e]s, -e (landsch. für Teich; tiefe Stelle im Fluss)
Woo|pie ['vu:...], der; -s, -s u. die; -, -s ⟨aus engl. well-off older person = wohlhabende ältere Person⟩ (ugs. für wohlhabender Rentner, wohlhabende Rentnerin)
wo|r|an; wo|r|auf; wo|r|auf|hin; wo|r|aus
¹**Worb**, der; -[e]s, Wörbe, ²**Worb**, die; -, ...ben, **Wor|be**, die; -, ...ben (landsch. für Griff am Sensenstiel)
Worces|ter|so|ße, Worces|ter|sauce ['vʊstɐ...] ⟨nach der engl. Stadt Worcester⟩ (pikante Soße zum Würzen)
Words|worth ['vœːɐtsvœːɐθ] (englischer Dichter)
wo|r|ein
wor|feln (früher für Getreide reinigen); ich worf[e]le

Wörgl (österreichische Stadt)
wo|r|in
Wö|ris|ho|fen, Bad (Stadt in Bayern)
Wor|k|a|ho|lic [vœːɐkə'hɔːlɪk], der; -s, -s (engl.) (Psychol. jmd., der zwanghaft ständig arbeitet)
Work|flow ['vœːɐkfloʊ], der; -s, -s (engl.) (Ablauf arbeitsteiliger Prozesse in Unternehmen; Arbeitsablauf bei Computerprogrammen)
Work-Life-Ba|lance ['vœːɐk'laɪfbələns], die; -, -s [...sɪs] Plur. selten (engl.) (Ausgewogenheit beruflicher Anforderungen u. privater Bedürfnisse)
Work-out, Work|out (engl.) ['vœːɐklaʊt], das od. der; -s, -s (Fitnesstraining)
Work|shop ['vœːɐk...] (engl.) (Seminar, Arbeitsgruppe)
Work|sta|tion ['vœːɐksteɪʃn], die; -, -s (engl.) (Arbeitsplatzrechner)
World|cup ['vœːɐltkap], der; -s, -s (engl.) (Weltmeisterschaft [in verschiedenen Sportarten]; Siegestrophäe bei einer Weltmeisterschaft)
World Wide Fund for Na|ture ['vœːɐlt vaɪt 'fant fɔːɐ 'neɪtʃɐ], der; - - - s - - (internat. Naturschutzorganisation; Abk. WWF)
World Wide Web ['vœːɐlt vaɪt 'vɛp], das; - - - [s] (engl.) (EDV weltweites Informationssystem im Internet; Abk. WWW)
Wör|litz (Stadt östlich von Dessau); Wörlitzer Park
Worms (Stadt am Rhein); **Wormser;** Wormser Konkordat (1122);
Worm|se|rin; worm|sisch
Worps|we|de (Ort im Teufelsmoor, nördl. von Bremen)
Wort s. Kasten Seite 1233
Wort|ak|ro|bat (ugs. scherzh.); **Wort|ak|ro|ba|tik; Wort|ak|ro|ba|tin; Wort|ak|zent** (Sprachwiss.)
Wort|art (Sprachwiss.); **Wort|aus|wahl**
Wort|be|deu|tung; Wort|be|deu|tungs|leh|re (für Semantik)
Wort-Bild-Mar|ke (Werbespr.)
Wort|bil|dung (Sprachwiss.)
Wort|bruch; wort|brü|chig
Wört|chen; Wor|te|ma|che|rei (abwertend)
Wör|ter|buch; Wör|ter|ver|zeich|nis
Wort|fa|mi|lie (Sprachwiss.); **Wort|feld** (Sprachwiss.); **Wort|fet|zen; Wort|fol|ge; Wort|for|schung**
Wort|füh|rer; Wort|füh|re|rin
Wort|ge|fecht; Wort|ge|klin|gel (abwertend)

Wort

das; -[e]s, *Plur.* Wörter u. Worte
- aufs Wort
- Wort für Wort; von Wort zu Wort
- Wort halten
- beim Wort nehmen
- zu Wort[e] kommen; sich zu Wort melden

Der Plural »Wörter« wird meist für Einzelwort od. vereinzelte Wörter ohne Rücksicht auf den Zusammenhang gebraucht:
- sag mir drei Wörter, die mit »ex-« anfangen
- dieses Verzeichnis enthält 100 000 Wörter

Der Plural »Worte« wird meist für Äußerung, Ausspruch, Beteuerung, Erklärung, Begriff, Zusammenhängendes oder bedeutsame einzelne Wörter gebraucht:
- sie sprach einige Worte zur Begrüßung
- dies waren seine [letzten] Worte
- ich will nicht viel[e] Worte machen
- geflügelte, goldene Worte
- mit ander[e]n Worten (*Abk.* m. a. W.)
- mit guten, mit wenigen Worten
- drei Worte nenn ich euch, inhaltsschwer

Wort|geo|gra|fie, Wort|geo|graphie
Wort|ge|plän|kel
Wort|ge|schich|te; wort|ge|schicht|lich
wort|ge|treu; wort|ge|wal|tig
wort|ge|wandt; Wort|ge|wandt|heit
wort|gleich (wörtlich übereinstimmend)
Wort|got|tes|dienst
Wort|grup|pe (*Sprachwiss.*); Wort|her|kunft
Wör|ther|see, der; -s, Wör|ther See, der; - -s (in Kärnten)
Wörth|see, der; -s (im oberbayrischen Alpenvorland)
Wort|hül|se (*abwertend*)
wort|ident (*österr. für* wortgleich)
wort|karg; Wort|karg|heit, die; -
Wort|klas|se (*svw.* Wortart)
Wort|klau|be|rei
Wort|kreu|zung (Kontamination)
Wort|kun|de (*Sprachwiss.*)
Wort|laut, der; -[e]s, -e; Wort|leh|re
wört|lich; wörtliche Rede
wort|los; wort|mäch|tig
Wort|mar|ke (*Rechtsspr.*)
Wort|mel|dung; Wort|re|gis|ter
wort|reich; Wort|reich|tum, der; -s
Wort|schatz *Plur.* ...schätze
Wort|schöp|fung; Wort|schwall; Wort|sinn
Wort|spen|de (*österr. für* Wortmeldung, Äußerung)
Wort|spiel; Wort|stamm (*Sprachwiss.*); Wort|streit; Wort|tren|nung
Wort|ver|dre|her; Wort|ver|dre|he|rin
Wort|wahl, die; -; Wort|wech|sel; Wort|witz
wort|wört|lich
Wort|zei|chen (als Warenzeichen schützbares Emblem)
wo|r|ü|ber; wo|r|um; ich weiß nicht, worum es geht; wo|r|un|ter; wo|selbst (*veraltet*)
Wo|tan (*Nebenform von* Wodan)

Wo|t|ru|ba (österr. Bildhauer)
wo|von; wo|vor
wow! [vaʊ] ⟨engl.⟩ (Ausruf der Bewunderung, des Erstaunens); Wow-Ef|fekt ['vaʊ...] (positiver Überraschungseffekt)
Woy|zeck (Titel[held] eines Dramenfragments von G. Büchner)
wo|zu; wo|zwi|schen (selten)
Woz|zeck (Titel[held] einer Oper von A. Berg)
wrack (*Seemannsspr.* völlig defekt; *Kaufmannsspr.* schlecht [von der Ware]); wrack werden
Wrack, das; -[e]s, *Plur.* -s, *selten* -e (stark beschädigtes Fahrzeug; *übertr. für* jmd., dessen Körperkräfte völlig verbraucht sind)
Wrap [rɛp], der od. das; -s, -s ⟨engl.⟩ (gefüllte Teigrolle)
Wra|sen, der; -s, - (*nordd. für* Dampf, Dunst); Wra|sen|ab|zug (über dem Küchenherd)
Wrest|ler ['rɛslɐ], der; -s, -; Wrest|le|rin; Wrest|ling ['rɛslɪŋ], das; -s ⟨engl.⟩ (Catchen [mit Showelementen])
wri|cken, wrig|gen (*nordd. für* ein Boot durch einen am Heck hin u. her bewegten Riemen fortbewegen)
wrin|gen (nasse Wäsche auswinden); du wrangst; du wrängest; gewrungen; wring[e]!
Wroc|ław ['vrɔtsu̯af] (polnische Stadt an der Oder; *vgl.* Breslau)
Wru|ke, die; -, -n (*nordostd. für* Kohlrübe)
Ws = Wattsekunde
WSW = Westsüdwest[en]
WTA, die; - ⟨*Abk. für* Women's Tennis Association⟩ (Verband der weiblichen Tennisprofis); WTA-Tur|nier
WTO = World Trade Organization (Welthandelsorganisation)
Wu|cher, der; -s
Wu|cher|blu|me (Margerite)

Wu|che|rei; Wu|che|rer; Wu|che|rin
wu|che|risch
wu|chern; ich wuchere
Wu|cher|preis; Wu|cher|tum, das; -s
Wu|che|rung
Wu|cher|zin|sen *Plur.*
wuchs *vgl.* ¹wachsen
Wuchs, der; -es, *Plur.* (*fachspr.*) Wüchse; Wuchs|stoff (*Bot.*)
Wucht, die; -
Wucht|brum|me, die; -, -n (*ugs. für* temperamentvolle, vitale [jüngere] weibliche Person von kräftiger Statur)
wuch|ten (*ugs.*)
wuch|tig; Wuch|tig|keit, die; -
wuff! (lautmalend für ein kurzes Bellen des Hundes)
Wühl|ar|beit
wüh|len; Wüh|ler; Wüh|le|rei (*ugs.*); Wüh|le|rin; wüh|le|risch
Wühl|maus
Wühl|tisch (bes. in Kaufhäusern)
Wuh|ne *vgl.* Wune
Wuhr, das; -[e]s, -e, Wuh|re, die; -, -n (*bayr., südwestd. u. schweiz. für* ²Wehr; Buhne)
Wul|fe|nit, das; -s (ein Mineral)
Wulff, Christian (zehnter dt. Bundespräsident)
Wul|fi|la *vgl.* Ulfilas
Wulst, der; -[e]s, *Plur.* Wülste, *fachspr. auch* -e od. die; -, Wülste; Wülst|chen
wuls|tig
Wulst|ling (ein Pilz)
wumm!
wüm|men *vgl.* wimmen
wum|mern (*ugs. für* dumpf dröhnen); es wummert; ich wummere
Wüm|met *vgl.* Wimmet
wum|pe (*ugs. für* gleichgültig); das ist mir wumpe
wund; wund sein, werden; sich die Füße wund laufen *od.* wundlaufen; sich die Haut wund reiben *od.* wundreiben; sich den

Wundarzt

Mund wund reden *od.* wundreden; sich die Finger wund schreiben *od.* wundschreiben; sich den Rücken wund liegen *od.* wundliegen, *aber nur* sie hat sich wund gelegen

Wund|arzt *(veraltend)*; Wund|ärz|tin
Wund|be|hand|lung; Wund|brand, der; -[e]s
Wun|de, die; -, -n

Wun|der

das; -s, -
– Wunder tun, wirken
– kein Wunder; was Wunder, wenn ...
– sein blaues Wunder erleben
– er glaubt[,] Wunder was getan zu haben *(ugs.)*
– sie glaubt, Wunder *od.* wunders wie geschickt sie sei *(ugs.)*

Vgl. wundernehmen

wun|der|bar; wun|der|ba|rer|wei|se
Wun|der|blu|me; Wun|der|ding
Wun|der|dok|tor; Wun|der|dok|to|rin
Wun|der|glau|be; wun|der|gläu|big
Wun|der|hei|ler; Wun|der|hei|le|rin
Wun|der|heil|mit|tel; Wun|der|hei|lung
wun|der|hübsch
Wun|der|ker|ze
Wun|der|kind; Wun|der|kna|be
Wun|der|lam|pe (in Märchen)
Wun|der|land
wun|der|lich (eigenartig); Wun|der|lich|keit
wun|der|mild *(veraltet)*
Wun|der|mit|tel, das
wun|dern; es wundert mich, dass ...; mich wundert, dass ...; ich wundere mich
wun|der|neh|men; es nimmt mich wunder *(schweiz. auch für* ich möchte wissen*)*; es braucht dich nicht wunderzunehmen ↑D71
wun|ders *vgl.* Wunder
wun|der|sam *(geh.)*; wun|der|schön
Wun|der|tat; Wun|der|tä|ter; Wun|der|tä|te|rin; wun|der|tä|tig
Wun|der|tier *(auch ugs. scherzh.)*
Wun|der|tü|te
wun|der|voll
Wun|der|waf|fe; Wun|der|welt; die Wunderwelt der Technik; Wun|der|werk
Wun|der|wuz|zi, der; -s, -s *(österr. ugs. für* Alleskönner*)*
Wund|fie|ber; Wund|in|fek|ti|on
wund lau|fen, wund|lau|fen *vgl.* wund
wund lie|gen, wund|lie|gen *vgl.* wund
Wund|mal *Plur.* ...male; Wund|pflas|ter; Wund|rand; Wund|sal|be; Wund|starr|krampf, der; -[e]s *(für* Tetanus*)*; Wund|ver|band
Wu|ne, Wuh|ne, die; -, -n (ins Eis gehauenes Loch)
Wunsch, der; -[e]s, Wünsche
wünsch|bar *(schweiz. für* wünschenswert*)*
Wunsch|baum (Baum, an dem Zettel, Bänder o. Ä. in der Hoffnung befestigt werden, dies bringe Glück od. erfülle Wünsche); Wunsch|bild; Wunsch|den|ken, das; -s
Wün|schel|ru|te; Wün|schel|ru|ten|gän|ger; Wün|schel|ru|ten|gän|ge|rin
wün|schen; du wünschst; wün|schens|wert
Wunsch|form (Optativ)
Wunsch|geg|ner; Wunsch|geg|ne|rin
wunsch|ge|mäß
Wunsch|kan|di|dat; Wunsch|kan|di|da|tin
Wunsch|kenn|zei|chen (Kfz-Kennzeichen mit Buchstaben u. Ziffern, die der Halter selbst wählt)
Wunsch|kind
Wunsch|ko|a|li|ti|on
Wunsch|kon|zert; Wunsch|lis|te
wunsch|los; wunschlos glücklich
Wunsch|ter|min
Wunsch|traum
Wunsch|vor|stel|lung; Wunsch|zet|tel
wupp|dich!; Wupp|dich, der; *nur in* mit einem Wuppdich *(ugs. für* schnell, gewandt*)*
wup|pen *(nordd. für* bewältigen*)*
Wup|per, die; - (rechter Nebenfluss des Rheins)
¹Wup|per|tal, das; -[e]s (Tal der Wupper)
²Wup|per|tal (Stadt an der Wupper); Wup|per|ta|ler; Wup|per|ta|le|rin
wur|de *vgl.* werden
Wür|de, die; -, -n
wür|de|los; Wür|de|lo|sig|keit
Wür|den|trä|ger; Wür|den|trä|ge|rin
wür|de|voll
wür|dig; wür|di|gen
Wür|dig|keit, die; -; Wür|di|gung
Wurf, der; -[e]s, Würfe; Wurf|bahn
Würf|chen
Wür|fel, der; -s, -; Wür|fel|be|cher; Wür|fel|chen; wür|fe|lig, würf|lig
wür|feln; ich würf[e]le; gewürfeltes Muster
Wür|fel|spiel; Wür|fel|zu|cker
Wurf|ge|schoss, *südd., österr. auch* Wurf|ge|schoß
wurf|ge|wal|tig *(Sportjargon)*; Wurf|kraft, die; - *(Sport)*; Wurf|kreis *(Handball)*
würf|lig *vgl.* würfelig
Wurf|pfeil; Wurf|quo|te *(Basketball, seltener Handball* Verhältnis gelungener zu versuchten Torwürfen*)*; Wurf|sen|dung; Wurf|speer; Wurf|spieß
Wurf|tau|be *(Sport)*; Wurf|tau|ben|schie|ßen
Wür|ge|griff; Wür|ge|mal *Plur.* ...male
wür|gen; mit Hängen und Würgen *(ugs. für* mit großer Mühe*)*
Würg|en|gel *(A. T.)*
Wür|ger (Würgender; ein Vogel); Wür|ge|rin
Wurm, der *(für* »hilfloses Kind« *ugs. auch* das*)*; -[e]s, Würmer; Würm|chen; Wurm|ei
wur|men *(ugs.)*; es wurmt (ärgert) mich
Wurm|farn; Wurm|fort|satz (am Blinddarm); Wurm|fraß
wur|mig
Wurm|krank|heit; Wurm|loch; Wurm|mit|tel
Würm|see, der; -s *(früher für* Starnberger See*)*
wurm|sti|chig
wurscht *vgl.* Wurst
Wurst, die; -, Würste; *aber* das ist mir wurst *od.* wurscht *(ugs.* ganz gleichgültig*)*; Wurst wider Wurst! *(ugs.* wie du mir, so ich dir!*)*; es geht um die Wurst *(ugs.* um die Entscheidung*)*; mit der Wurst nach der Speckseite werfen *(ugs.* mit Kleinem Großes erreichen wollen*)*
Wurst|brot; Wurst|brü|he
Würst|chen; Würst|chen|bu|de; Würst|chen|stand
Wurs|tel, der; -s, - *(bayr. u. österr. für* Hanswurst*)*
Würs|tel, das; -s, - *(österr. für* Würstchen*)*
Wurs|te|lei; wurs|teln *(ugs. für* ohne Überlegung u. Ziel arbeiten*)*; ich wurst[e]le
Wurs|tel|pra|ter, der; -s (Vergnügungspark im Wiener Prater)
wurs|ten (Wurst machen)
Wurs|ter, Wurst|ler *(landsch. für* Fleischer, der bes. Wurst herstellt*)*; Wurs|te|rin, Wurst|le|rin
Wurst|fin|ger *(ugs.)*

Xenophilie

wurs|tig (*ugs. für* gleichgültig); **Wurs|tig|keit** (*ugs.*)
Wurst|kü|che; **Wurst|ler** vgl. Wurster; **Wurst|le|rin** vgl. Wursterin
Wurst|sa|lat; **Wurst|sup|pe**; **Wurst|wa|ren** *Plur.*; **Wurst|zip|fel**
Wurt, die; -, -en, **Wur|te**, die; -, -n (*nordd. für* aufgeschütteter Erdhügel als Wohnplatz [zum Schutz vor Sturmfluten]); vgl. Warf[t]
Würt|tem|berg; **Würt|tem|ber|ger**; **Würt|tem|ber|ge|rin**; **würt|tem|ber|gisch**
Wurt|zit, der; -s, -e ⟨nach dem franz. Chemiker Wurtz⟩ (ein Mineral)
Wurz, die; -, -en (*landsch. für* Wurzel)
Würz|burg (Stadt am Main); **Würz|bur|ger**; **Würz|bur|ge|rin**; **würz|bur|gisch**
Wür|ze, die; -, -n
Wur|zel, die; -, -n (*Math. auch* Grundzahl einer Potenz)
Wur|zel|bal|len; **Wur|zel|be|hand|lung** (*Zahnmed.*); **Wur|zel|bürs|te**
Wür|zel|chen
wur|zel|echt (*Bot.*)
Wur|zel|fa|ser; **Wur|zel|fü|ßer** (ein Urtierchen); **Wur|zel|ge|mü|se**
Wur|zel|haut; **Wur|zel|haut|ent|zün|dung**
wur|ze|lig, wurz|lig
Wur|zel|knol|le
wur|zel|los; **Wur|zel|lo|sig|keit**
wur|zeln; ich wurz[e]le
Wur|zel|sil|be (*Sprachwiss.*)
Wur|zel|stock *Plur.* ...stöcke; **Wur|zel|werk**, das; -[e]s
Wur|zel|zei|chen (*Math.*); **Wur|zel|zie|hen**, das; -s (*Math.*)
wur|zen (*bayr. u. österr. ugs. für* ausbeuten); du wurzt
wür|zen; du würzt; **Würz|fleisch**
wür|zig
wurz|lig vgl. wurzelig
Würz|mi|schung; **Würz|mit|tel**; **Wür|zung**
wusch vgl. waschen
Wu|schel|haar (*ugs. für* lockiges od. unordentliches Haar); **wu|sche|lig** (*ugs.*); **Wu|schel|kopf**; **wu|scheln** (*landsch. für* mit der Hand durch die Haare fahren); ich wusch[e]le
wu|schig (*ugs. für* verwirrt, erregt)
wu|se|lig (*landsch.*); **wu|seln** (*landsch. für* sich schnell bewegen; geschäftig hin u. her eilen; wimmeln); ich wus[e]le
wuss|te vgl. wissen

Wust, der; -[e]s (Durcheinander)
wüst
Wüs|te, die; -, -n
wüs|ten (verschwenderisch umgehen)
Wüs|ten|be|woh|ner; **Wüs|ten|be|woh|ne|rin**
Wüs|te|nei
Wüs|ten|fuchs; **Wüs|ten|kli|ma**; **Wüs|ten|kö|nig** (*geh. für* Löwe); **Wüs|ten|sand**; **Wüs|ten|schiff** (*scherzh. für* Kamel); **Wüs|ten|tier**
Wüst|ling (zügelloser Mensch)
Wüs|tung (verlassene Siedlung; *Bergbau* verlassene Lagerstätte)
Wut, die; -
Wut|an|fall; **Wut|aus|bruch**
wut|be|bend ↑D 59
Wut|bür|ger (*Zeitungsjargon aus* Enttäuschung über politische Entscheidungen heftig protestierender u. demonstrierender Bürger); **Wut|bür|ge|rin**
wü|ten; **wü|tend**
wut|ent|brannt ↑D 59
Wü|ter; **Wü|te|rich**, der; -s, -e; **Wü|te|rin**; **Wut|ge|heul**
Wut|re|de (wütend gehaltene Rede); **wut|schäu|mend**; *aber* vor Wut schäumen
wut|schen (*ugs. für* sich schnell bewegen); du wutschst
wut|schnau|bend ↑D 59
wut|ver|zerrt ↑D 59
Wutz, die; -, -en, *auch* der; -en, -en (*landsch. für* Schwein)
wu|zeln (*bayr. u. österr. ugs. für* drehen, wickeln; sich drängen; *österr. ugs. auch für* Tischfußball spielen); ich wuz[e]le; **Wu|zel|tisch**; **Wuz|ler**; **Wuz|le|rin**
WV = West Virginia
Wwe. = Witwe
WWF, der; -[s] = World Wide Fund for Nature ⟨engl.⟩ (eine Naturschutzorganisation)
Wwr. = Witwer
WWW, das; -[s] = World Wide Web
WY = Wyoming
Wy|an|dot ['vaɪəndɔt], der; -, -s (Angehöriger eines nordamerik. Indianerstammes)
Wy|an|dot|te, das; -, -s *od.* der; -, -n (eine amerik. Haushuhnrasse)
Wy|c|lif ['vɪk...] (engl. Reformator)
Wyk auf Föhr ['vi:k - -] (Stadt auf der Nordseeinsel Föhr)
Wy|o|ming [waɪˈɔʊmɪŋ] (Staat in den USA; *Abk.* WY)

X

X [ɪks] (Buchstabe); das X; des X, die X, *aber* das x in Fax; der Buchstabe X, x; jmdm. ein X für ein U vormachen
X = 10 (röm. Zahlzeichen)
X, das; -, - (unbekannte Größe; unbekannter Name); ein Herr, eine Frau X; der Tag, die Stunde X; *in mathematischen Formeln usw. kleingeschrieben:* 3x = 15
X, χ = Chi
Ξ, ξ = Xi
x-Ach|se ['ɪ...] ↑D 29 (*Math.* Abszissenachse im [rechtwinkligen] Koordinatensystem)
Xan|ten (Stadt am Niederrhein); **Xan|te|ner**; **Xan|te|ne|rin**
Xan|then, das; -s ⟨griech.⟩ (*Chemie* kristalline Substanz als Grundlage bestimmter Farbstoffe)
Xan|thin, das; -s ⟨griech.⟩ (eine Stoffwechselverbindung)
¹**Xan|thip|pe** (Gattin des Sokrates)
²**Xan|thip|pe**, die; -, -n (*ugs. für* zanksüchtige Frau)
Xan|tho|phyll, das; -s ⟨griech.⟩ (*Bot.* gelber Pflanzenfarbstoff)
Xa|ver (m. Vorn.)
Xa|ve|ria (w. Vorn.)
X-Bei|ne ['ɪ...] *Plur.* ↑D 29; **x-bei|nig**, **X-bei|nig** ↑D 29
x-be|lie|big ['ɪ...] ↑D 29; jeder x-Beliebige ↑D 72; vgl. beliebig
X-Chro|mo|som ['ɪ...] ↑D 29 (*Biol.* eines der beiden Geschlechtschromosomen)
Xe (*chem. Zeichen für* Xenon)
X-Ein|heit ['ɪ...] ↑D 29 (Längeneinheit für Röntgenstrahlen)
Xe|nia (w. Vorn.)
Xe|nie, die; -, -n (österr. nur so), **Xe|ni|on**, das; -s, ...ien ⟨griech.⟩ (kurzes Sinngedicht)
Xe|no|kra|tie, die; -, ...ien (selten *für* Fremdherrschaft)
Xe|non, das; -s (chemisches Element, Edelgas; *Zeichen* Xe)
Xe|no|pha|nes (altgriech. Philosoph)
xe|no|phil ⟨griech.⟩ (Fremdem gegenüber aufgeschlossen); **Xe|no|phi|lie**, die; -

xenophob

xe|no|phob ⟨griech.⟩ (Fremdem gegenüber feindlich eingestellt); Xe|no|pho|bie, die; -, ...ien

Xe|no|phon (altgriech. Schriftsteller); xe|no|phon|tisch; die xenophontischen Schriften ↑D 89 u. 135

Xe|res [ç...] vgl. Jerez

Xe|ro|gra|fie, Xe|ro|gra|phie, die; -, ...ien ⟨griech.⟩ (Druckw. ein Vervielfältigungsverfahren); xe|ro|gra|fie|ren, xe|ro|gra|phie|ren; xe|ro|gra|fisch, xe|ro|gra|phisch

Xe|ro|ko|pie, die; -, ...ien (xerografisch hergestellte Kopie); xe|ro|ko|pie|ren

xe|ro|phil (die Trockenheit liebend [von Pflanzen]); Xe|ro|phyt, der; -en, -en (an trockene Standorte angepasste Pflanze)

Xer|xes (Perserkönig)

Xe|t|ra®, das; -[s] ⟨Börsenw. elektronisches Handelssystem für Wertpapiere⟩

x-fach [ˈɪ...] (Math. x-mal so viel); ↑D 30; x-Fa|che, das; -n ↑D 29; vgl. Achtfache

x-för|mig, X-för|mig [ˈɪ...] ↑D 29

X-Ha|ken [ˈɪ...] ↑D 29 (Aufhängehaken für Bilder)

Xi, das; -[s], -s (griechischer Buchstabe: Ξ, ξ)

XL = extra large (Kleidergröße: sehr groß)

x-mal [ˈɪ...] ↑D 29

XML, das od. das; - meist ohne Artikel = Extensible Markup Language (EDV Sprache, mit der die Struktur von Dokumenten beschrieben wird)

XS = extra small (Kleidergröße: sehr klein)

X-Strah|len [ˈɪ...] Plur. ↑D 29 (Röntgenstrahlen)

x-te [ˈɪ...] ↑D 30; x-te Potenz; zum x-ten Mal, zum x-ten Male

XXL = extra extra large (Kleidergröße: extrem groß)

XXS = extra extra small (Kleidergröße: extrem klein)

Xy|len, das; -s (svw. Xylol)

Xy|lo|fon, Xy|lo|phon, das; -s, -e (ein Musikinstrument)

Xy|lo|graf, Xy|lo|graph, der; -en, -en ⟨griech.⟩ (Holzschneider)

Xy|lo|gra|fie, Xy|lo|gra|phie, die; -, ...ien (nur Sing.: Holzschneidekunst; Holzschnitt)

Xy|lo|gra|fin, Xy|lo|gra|phin, xy|lo|gra|fisch, xy|lo|gra|phisch

Xy|lol, das; -s ⟨griech.; arab.⟩ (ein Lösungsmittel)

Xy|lo|me|ter, das; -s, - (Gerät zur Bestimmung des Rauminhalts unregelmäßiger Hölzer)

Xy|lo|phon vgl. Xylofon

Xy|lo|se, die; - (Holzzucker)

Y

Y [ˈʏpsilɔn, österr. oft ʏˈpsi:...] (Buchstabe); das Y; des Y, die Y, aber ein y in Doyen; der Buchstabe Y, y

Y ⟨chem. Zeichen für Yttrium⟩

Y, das; -, - (Bez. für eine unbekannte Größe); in mathematischen Formeln usw. kleingeschrieben: $y = 2x^2$

Υ, υ = ²Ypsilon

¥ = Yen

y-Ach|se [ˈʏpsilɔn...] ↑D 29 (Math. Ordinatenachse im [rechtwinkligen] Koordinatensystem)

Yacht [j...] vgl. Jacht; Yacht|club, Yacht|klub vgl. Jachtklub; Yacht|ha|fen, Jacht|ha|fen

Yak [j...], Jak, der; -s, -s, nicht fachspr. auch das; -s, -s ⟨tibet.⟩ (asiatisches Hochgebirgsrind)

Ya|ku|za [...za], die; -, - ⟨jap.⟩ ([in Japan] der organisierten Kriminalität angehörende Gruppe)

Ya|ma|shi|ta [jamaˈʃi:...], der; -[s], -s ⟨nach dem jap. Kunstturner Yamashita⟩ (ein Pferdsprung)

Ya|mous|sou|k|ro [jamusu...] (Hauptstadt der Elfenbeinküste)

Yams|wur|zel [j...] vgl. Jamswurzel

Yang [j...], das; -s ⟨chin.⟩ (männliches Prinzip in der chinesischen Philosophie)

Yan|gon vgl. Rangun

Yan|kee [ˈjɛŋki], der; -s, -s ⟨amerik.⟩ (Spitzname für den US-Amerikaner); Yan|kee Doo|dle [- duːdl], der; - -[s] ([früheres] Nationallied der US-Amerikaner); Yan|kee|tum, das; -s

Yard [j...], das; -s, -s ⟨engl.⟩ (angelsächsisches Längenmaß; Abk. yd, Plur. yds); 5 Yard[s]

Ya|ren [j...] (Hauptstadt von Nauru)

Yawl [jɔːl], die; -, Plur. -e u. -s ⟨engl.⟩ (ein zweimastiges Segelboot)

Yb ⟨chem. Zeichen für Ytterbium⟩

Ybbs [ɪ...], die; - (rechter Nebenfluss der Donau)

Ybbs an der Do|nau (österr. Stadt)

Y-Chro|mo|som [ˈʏpsilɔn...] ↑D 29 (Biol. eines der beiden Geschlechtschromosomen)

yd = Yard

yds = Yards

Yel|low Press [ˈjɛloˈprɛs], die; - - ⟨engl.⟩ (Sensationspresse)

Yel|low|stone-Na|ti|o|nal|park [ˈjɛlostɔʊn...], der; -[e]s (ein Naturschutzgebiet in den USA)

Yen [j...], Jen, der; -[s], -[s] ⟨jap.⟩ (Währungseinheit in Japan; Währungscode JPY, Zeichen ¥); 5 Yen

Ye|ti [j...], der; -[s], -s ⟨nepales.⟩ (legendärer Schneemensch im Himalajagebiet)

Ygg|dra|sil [ˈyk...] (germ. Mythol. Weltesche, Weltbaum)

Yin [j...], das; -[s] ⟨chin.⟩ (weibliches Prinzip in der chinesischen Philosophie)

yip|pie, jip|pie [ˈjɪpi, auch jɪˈpi:] ⟨engl.⟩ (Ausruf der Freude)

Yip|pie [ˈjɪpi], der; -s, -s ⟨amerik.⟩ (aktionistischer, ideologisch radikalisierter Hippie)

Ylang-Ylang-Baum [ˈiːlaŋˈliːlaŋ...], Ilang-Ilang-Baum ⟨malai.; dt.⟩ (ein trop. Baum); Ylang-Ylang-Öl, Ilang-Ilang-Öl (Öl des Ylang-Ylang-Baumes)

YMCA [waɪˈɛmsiːˈeɪ], die, auch der; - - = Young Men's Christian Association (Christlicher Verein Junger Männer)

Ymir (germ. Mythol. Urriese, aus dessen Körper die Welt geschaffen wurde)

Yng|ling, die; -, -s ⟨norw.; »Jüngling«⟩ (ein Segelboot)

Yo|ga [j...], das, auch der; -[s] ⟨sanskr.⟩ (indisches philos. System [mit körperlichen u. geistigen Übungen])

Yo|ga|leh|rer; Yo|ga|leh|re|rin

Yo|ga|übung

Yo|gi [j...], Yo|gin, der; -[s], -s ⟨sanskr.⟩ (Anhänger des Yoga)

Yo|him|bin [j...], das; -s ⟨Bantuspr.⟩ (Biochemie Alkaloid aus der Rinde eines westafrik. Baumes)

Yo|ko|ha|ma [j...] (Stadt in Japan)

Yonne [jɔn] (linker Nebenfluss der Seine)

York [jɔːk] (englische Stadt)
York|shire ['jɔːkʃə] (englische Grafschaft); York|shire|ter|ri|er
Young|plan ['ja...] ↑D 136 ⟨nach dem amerik. Finanzmann Young⟩ (Plan zur Regelung der dt. Reparationen 1930 bis 1932)
Youngs|ter ['ja...], der; -s, -[s] ⟨engl.⟩ (junger Sportler)
Young|ti|mer ['jaŋtaɪmɐ] ⟨engl.⟩ (älteres, gepflegtes Fahrzeug, das noch kein Oldtimer ist)
You|Tube®, You|tube ['juːtjuːp]; das; -[s] *meist ohne Artikel* ⟨engl.⟩ (ein Internetportal für Videos)
Yo-Yo [joˈjo, *auch* ˈjoːjo] *vgl.* Jo-Jo
Yo-Yo-Ef|fekt *vgl.* Jo-Jo-Effekt
Ypern (belgische Stadt)
¹Yp|si|lon *vgl.* Y (Buchstabe)
²Yp|si|lon, das; -[s], -s (griechischer Buchstabe: Υ, υ)
³Yp|si|lon, das; -s, -s, Yp|si|lon|eu|le, die; -, -n (ein Nachtfalter)
Ysop ['iː...], der; -s, -e ⟨semit.⟩ (eine Heil- u. Gewürzpflanze)
Ystad [...stɔːd] (schwed. Stadt)
Ytong®, der; -s, -s (dampfgehärteter Leichtkalkbeton)
Yt|ter|bi|um, das; -s ⟨nach dem schwedischen Ort Ytterby⟩ (chemisches Element, Seltenerdmetall; *Zeichen* Yb); Yt|ter|er|den *Plur.* (Seltenerdmetalle [die in den Erdmineralien von Ytterby vorkommen]); Yt|t|ri|um, das; -s (chemisches Element, Seltenerdmetall; *Zeichen* Y)
Yu|an [j...], der; -[s], -[s] ⟨chin.⟩ (Währungseinheit in China; *Währungscode* CNY); 5 Yuan
Yu|ca|tán, Yu|ka|tan [jukaˈtan] (Staat u. Halbinsel in Mexiko)
Yuc|ca [j...], die; -, -s ⟨span.⟩ (Palmlilie)
Yu|ka|tan [jukaˈtan] *vgl.* Yucatán
¹Yu|kon [j...], der; - (nordamerikanischer Fluss)
²Yu|kon (kanadisches Territorium); Yu|kon|ter|ri|to|ri|um, Yu|kon-Ter|ri|to|ri|um
Yun [j...], Isang (koreanischer Komponist)
Yup|pie ['jʊpi, *auch* 'ja...], der; -s, -s ⟨aus engl. young urban professional = junger großstädtischer Berufstätiger⟩ (junger karrierebewusster, großstädtischer Mensch)
Yu|suf (m. Vorn.)
Yver|don [ivɛrˈdõː] (schweiz. Stadt)

Yvonne [iˈvɔn] (w. Vorn.)
YWCA [waɪdabljuːsiːˈleɪ], die, *auch* der; - = Young Women's Christian Association (Christlicher Verein Junger Mädchen)

Z

Z (Buchstabe); das Z; des Z, die Z, *aber* das z in Gazelle; der Buchstabe Z, z; von A bis Z
Z. = Zahl; Zeile
Z, ζ = Zeta
Za|ba|io|ne [...ˈjoː...], Za|ba|g|li|o|ne [...baˈljoː...], die; -, -s ⟨ital.⟩ (Weinschaumcreme)
zach (*landsch. für* geizig; zäh)
Za|cha|ri|as (m. Vorn.); *vgl.* Sacharja
Za|chä|us (bibl. Eigenn.)
zack!; zack, zack!
Zack, der; *in der Wendung* auf Zack sein (ugs.)
Zäck|chen
Za|cke, die; -, -n (Spitze); za|cken; gezackt; Za|cken, der; -s, - (bes. südd., österr. Nebenform von Zacke); za|cken|ar|tig
Za|cken|kro|ne; Za|cken|li|nie
za|ckern (*landsch. für* pflügen)
za|ckig (*ugs. auch für* schneidig); Za|ckig|keit, die; -
zack, zack!
zad|de|rig (*landsch. für* zäh, sehnig)
zag (*geh. für* scheu)
Za|gel, der; -s, - (*landsch. für* Schwanz; Büschel)
za|gen (geh.)
zag|haft; Zag|haf|tig|keit, die; -; Zag|heit, die; -
Za|g|reb [z...] (Hauptstadt Kroatiens); Za|g|re|ber; Za|g|re|be|rin
zäh; zäher, am zäh[e]sten
Zäh|heit *alte Schreibung für* Zähheit
zäh flie|ßend, zäh|flie|ßend ↑D 58
zäh|flüs|sig; Zäh|flüs|sig|keit, die; -
Zäh|heit, die; -
Zä|hig|keit

Zahl, die; -, -en (*Abk.* Z.); natürliche Zahlen (Math.)

Zahl / Anzahl

Die alte Unterscheidung, nach der »Zahl« eine Gesamtmenge ausdrückt, »Anzahl« dagegen einen Teil einer Menge, wird im heutigen Sprachgebrauch vor allem dann noch beachtet, wenn es auf eine präzise Aussage ankommt:
– Die Zahl der Zugezogenen lag bei ungefähr 800 Personen, darunter eine größere Anzahl Studenten.

Zahl / Ziffer

Zahl und Ziffer werden im allgemeinen Sprachgebrauch häufig unterschiedslos gebraucht. Ziffern sind die Zeichen, aus denen sich Zahlen zusammensetzen: Die Zahl 2013 besteht aus den Ziffern 2, 0, 1 und 3.

Zahl|ad|jek|tiv (Sprachwiss.)
Zahl|ap|pa|rat
zahl|bar (zu [be]zahlen)
zähl|bar (sich zählen lassend)
Zahl|bar|keit, die; -
Zähl|bar|keit, die; -; Zähl|brett
zäh|le|big
zäh|len; er hat pünktlich gezahlt
zäh|len
Zah|len|an|ga|be
Zah|len|code, Zah|len|ko|de
Zah|len|drei|her; Zah|len|fol|ge
Zah|len|ge|dächt|nis
Zah|len|kode *vgl.* Zahlencode
Zah|len|ko|lon|ne
Zah|len|kom|bi|na|ti|on
Zah|len|lot|te|rie; Zah|len|lot|to
zah|len|mä|ßig
Zah|len|ma|te|ri|al, das; -s; Zah|len|mys|tik; Zah|len|raum; Zah|len|rei|he; Zah|len|schloss; Zah|len|sym|bo|lik
Zah|ler; Zäh|ler
Zahl|gren|ze (Verkehrsw.)
Zähl|kam|mer (Med., Biol. Glasplatte mit Netzeinteilung zum Zählen von Zellen)
Zähl|kan|di|dat (Politik Kandidat ohne Aussicht auf einen Wahlsieg); Zähl|kan|di|da|tin
Zahl|kar|te
Zahl|kell|ner; Zahl|kell|ne|rin
zahl|los; *aber* ↑D 72: sie gehört zu den Zahllosen, die nichts sahen
Zähl|maß

Zahlmeister

Zahl|meis|ter; Zahl|meis|te|rin
zahl|reich vgl. zahllos
Zahl|rohr (Gerät zum Nachweis radioaktiver Strahlen)
Zahl|schein; Zahl|stel|le; Zahl|tag
Zah|lung; Zahlung leisten
Zah|lung
Zah|lungs|an|wei|sung; Zah|lungs|auf|for|de|rung; Zah|lungs|auf|schub; Zah|lungs|be|din|gun|gen Plur.; Zah|lungs|be|fehl (österr., schweiz., sonst veraltet für Mahnbescheid); Zah|lungs|bi|lanz; Zah|lungs|er|in|ne|rung (Amtsspr.); Zah|lungs|er|leich|te|rung
zah|lungs|fä|hig; Zah|lungs|fä|hig|keit
Zah|lungs|frist
zah|lungs|kräf|tig (ugs.)
Zah|lungs|mit|tel; Zah|lungs|mo|ral; Zah|lungs|ter|min
zah|lungs|un|fä|hig; Zah|lungs|un|fä|hig|keit
Zah|lungs|ver|kehr; Zah|lungs|ver|pflich|tung; Zah|lungs|wei|se
zah|lungs|wil|lig
Zähl|werk
Zahl|wort Plur. ...wörter
zahm; ein zahmes Tier
zähm|bar; Zähm|bar|keit, die; -
zäh|men
Zahm|heit
Zäh|mung
Zahn, der; -[e]s, Zähne; sich die Zähne putzen, aber das Zähneputzen nicht vergessen! ↑D 82
Zahn|arzt; Zahn|arzt|hel|fer; Zahn|arzt|hel|fe|rin
Zahn|ärz|tin; zahn|ärzt|lich
Zahn|arzt|pra|xis; Zahn|arzt|stuhl
Zahn|be|hand|lung; Zahn|bein, das; -[e]s (für Dentin); Zahn|be|lag; Zahn|bett; Zahn|bürs|te
Zahn|chen
Zahn|creme, Zahn|crème
Zahn|durch|bruch (für Dentition)
zäh|ne|ble|ckend ↑D 59; zäh|ne|flet|schend
Zäh|ne|klap|pern, das; -s; zäh|ne|klap|pernd ↑D 59
zäh|ne|knir|schend ↑D 59
zäh|neln (selten für zähnen)
zah|nen (Zähne bekommen)
zäh|nen (mit Zähnen versehen)
Zäh|ne|put|zen, das; -s; vgl. Zahn
Zah|ner|satz; Zahn|fäu|le (für Karies); Zahn|fis|tel
Zahn|fleisch; Zahn|fleisch|blu|ten, das; -s; Zahn|fleisch|ent|zün|dung; Zahn|fül|lung; Zahn|hals; Zahn|heil|kun|de, die

zah|nig (veraltet für Zähne habend; gezähnt)
Zahn|im|plan|tat
Zahn|klemp|ner (ugs. scherzh. für Zahnarzt); Zahn|klemp|ne|rin
zahn|krank; Zahn|krank|heit
Zahn|laut (Sprachwiss. Dental)
zahn|los; Zahn|lo|sig|keit, die; -
Zahn|lü|cke; zahn|lü|ckig
Zahn|me|di|zin, die; -; zahn|me|di|zi|nisch
Zahn|pas|ta, Zahn|pas|te; Zahn|pas|ta|tu|be; Zahn|pfle|ge; Zahn|pro|the|se; Zahn|pul|ver; Zahn|putz|be|cher
Zahn|rad; Zahn|rad|bahn
Zahn|rei|ni|gung; Zahn|schmelz; Zahn|schmerz; Zahn|sei|de; Zahn|span|ge
Zahn|stein, der; -[e]s; Zahn|sto|cher
Zahn|tech|nik, die; -; Zahn|tech|ni|ker; Zahn|tech|ni|ke|rin
Zäh|nung (Philat.)
Zahn|wal
Zahn|weh, das; -s; Zahn|wur|zel; Zahn|zwi|schen|raum|bürs|te
Zäh|re, die; -, -n (veraltet für Träne)
Zäh|rin|ger, der; -s, - (Angehöriger eines süddeutschen Fürstengeschlechtes); Zäh|rin|ge|rin
Zähr|te (fachspr. ¹Zärte)
Zain, der; -[e]s, -e (landsch. für Zweig; Metallstab; Rute)
Zai|ne, Zei|ne, die; -, -n (veraltet, noch landsch. für Flechtwerk)
zai|nen (landsch. für flechten)
Za|i|re [zaˈiːrə, ...ˈiːɐ̯] (früherer Name der Demokratischen Republik Kongo); Za|i|rer; Za|i|re|rin; za|i|risch
Za|ko|pa|ne [z...] (polnischer Wintersportplatz, Luftkurort)
Zam|pa|no, der; -[s], -s ⟨nach einer Figur des ital. Films »La Strada«⟩ (prahlerischer Mann)
Zam|perl, das; -s, -[n]; vgl. Pickerl (bayr. für nicht reinrassiger Hund)
Zan|der, der; -s, - ⟨slaw.⟩ (ein Fisch)
Za|nel|la, der; -s, Plur. (Sorten:) -s ⟨ital.⟩ (ein Gewebe)
Zan|ge, die; -, -n; Zän|gel|chen
Zan|gen|be|we|gung; zan|gen|för|mig; Zan|gen|ge|burt
Zank, der; -[e]s; Zank|ap|fel (Gegenstand eines Streites)
zan|ken; sich zanken; Zän|ker (veraltend für zänkischer Mensch)
Zan|ke|rei (ugs. für wiederholtes Zanken)

Zän|ke|rin; zän|kisch
Zank|sucht, die; -; zank|süch|tig
Zä|no|ge|ne|se, die; -, -n ⟨griech.⟩ (Auftreten von Besonderheiten während der Evolution der Tiere); zä|no|ge|ne|tisch
Zapf, der; -[e]s, Zäpfe (selten für Zapfen; Ausschank)
¹Zäpf|chen (Teil des weichen Gaumens)
²Zäpf|chen (kleiner Zapfen)
Zäpf|chen-R, Zäpf|chen-r, das; -, - ↑D 29 (Sprachwiss.)
zap|fen
Zap|fen, der; -s, -; zap|fen|för|mig
Zap|fen|streich (Militär Abendsignal zur Rückkehr in die Unterkunft); der Große Zapfenstreich ↑D 150
Zap|fen|zie|her (südwestd. u. schweiz. für Korkenzieher)
Zap|fer (jmd., der Getränke zapft); Zap|fe|rin; Zapf|hahn
Zäpf|lein vgl. ²Zäpfchen
Zapf|pis|to|le
Zapf|säu|le (bei Tankstellen)
Zapf|stel|le; Zapf|wel|le (Technik)
za|po|nie|ren (mit Zaponlack überziehen); Za|pon|lack (farbloser Lack [als Metallschutz])
Zap|pe|ler, Zapp|ler; zap|pe|lig, zapp|lig; zap|peln; ich zapp[e]le
Zap|pel|phi|lipp, der; -s, Plur. -e u. -s ⟨nach einer Figur aus dem »Struwwelpeter«⟩ (zappeliges, unruhiges Kind)
zap|pen [auch 'zɛ...] ⟨engl.⟩ (ugs. für mit der Fernbedienung in rascher Folge von einem Programm ins andere schalten)
zap|pen|dus|ter (ugs. für sehr dunkel; aussichtslos)
Zap|ping, das; -s (das Zappen)
Zapp|ler vgl. Zappeler; Zapp|le|rin; zapp|lig vgl. zappelig
Zar, der; -en, -en ⟨lat.⟩ (ehemaliger Herrschertitel bei Russen, Serben, Bulgaren)
ZAR (Währungscode für südafrik. Rand)
Za|ra|go|za [saraˈɡɔsa] (spanische Form von Saragossa)
Za|ra|thus|t|ra (Neugestalter der altiran. Religion); vgl. Zoroaster
Za|ren|fa|mi|lie; Za|ren|herr|schaft, die; -; Za|ren|reich; Za|ren|tum
Za|re|witsch, der; -[s], -e (Sohn eines russ. Zaren; russ. Kronprinz); Za|rew|na, die; -, -s (Tochter eines russ. Zaren)
Zar|ge, die; -, -n (fachspr. für Einfassung; Seitenwand)

Za|rin; Za|ris|mus, der; - ⟨Zarenherrschaft⟩; **za|ris|tisch; Za|ri|za,** die; -, Plur. -s u. ...zen ⟨Frau od. Witwe eines Zaren⟩

zart

Schreibung in Verbindung mit Verben und Partizipien:
– zart streicheln, zart lächeln
– eine Salbe, die die Hände **zart** macht od. zartmacht
– **zart** schmelzender od. zartschmelzender Käse
– **zartbesaitet**, zartbesaiteter, zartestbesaitet (auch zartbesaitetst) od. zart besaitet, zarter besaitet, am zartes|ten besaitet
– **zartfühlend**, zartfühlender od. zart fühlend, zarter fühlend, zartestfühlend od. zartfühlendst

Vgl. auch zartbitter, zartrosa usw.

zart|be|sai|tet, za̱rt be|sai|tet vgl. zart
zart|bit|ter; zartbittere Schokolade
¹**Zär|te,** die; -, -n ⟨slaw.⟩ (ein Fisch); vgl. Zährte
²**Zär|te,** die; - (veraltet für Zartheit)
Zär|te|lei; zär|teln; ich zärt[e]le
zart|füh|lend, za̱rt füh|lend vgl. zart; **Zart|ge|fühl,** das; -[e]s
Zart|heit; zärt|lich; Zärt|lich|keit
zart|ro|sa; eine zartrosa Schleife
zart schmel|zend, zart|schmel|zend vgl. zart
Zar|zu|e|la [sarˈsu̯e:la], die; -, -s ⟨span.⟩ (Musik span. Singspiel; span. Fischsuppe)
Za̱|sel, Za̱|ser, die; -, -n (veraltet, noch landsch. für Faser); **Zä|serchen**
za|se|rig (veraltet); **za|sern** (veraltet für fasern); ich zasere
Zä|si|um vgl. Cäsium
Zas|pel, die; -, -n (altes Garnmaß)
Zas|ter, der; -s ⟨aus dem Romani⟩ (ugs. für Geld)
Zä|sur, die; -, -en ⟨lat.⟩ (Einschnitt; Musik Ruhepunkt)
Zat|tel|tracht, die; - (eine mittelalterliche Kleidermode)
Zau|ber, der; -s, -; **Zau|ber|bann; Zau|ber|buch; Zau|be|rei**
Zau|be|rer, Zaub|rer
Zau|ber|flö|te; Zau|ber|for|mel
zau|ber|haft
Zau|ber|hand; nur in wie von od. durch Zauberhand

Zau|be|rin, Zaub|re|rin; zau|be|risch; Zau|ber|kas|ten
Zau|ber|kraft, die; **zau|ber|kräf|tig**
Zau|ber|kunst; Zau|ber|künst|ler; Zau|ber|künst|le|rin; Zau|ber|kunst|stück; Zau|ber|land Plur. ...länder; **Zau|ber|lehr|ling**
zau|bern; ich zaubere
Zau|ber|nuss (svw. Hamamelis)
Zau|ber|spruch; Zau|ber|stab; Zau|ber|trank; Zau|ber|trick; Zau|ber|welt; Zau|ber|wort Plur. ...worte, auch ...wörter
Zaub|rer vgl. Zauberer
Zaub|re|rin vgl. Zauberin
Zau|che, die; -, -n ⟨landsch. für Hündin; liederliche Frau⟩
Zau|de|rei; Zau|de|rer, Zaud|rer; Zau|de|rin, Zaud|re|rin
zau|dern; ich zaudere; ↑D 82: da hilft kein Zaudern
Zaud|rer vgl. Zauderer; **Zaud|re|rin** vgl. Zauderin
Zaum, der; -[e]s, Zäume ⟨über den Kopf u. ins Maul von Zug- u. Reittieren gelegte Vorrichtung aus Riemen u. Metallteilen [zum Lenken u. Führen]⟩; im Zaum halten
zäu|men; Zäu|mung
Zaum|zeug
Zaun, der; -[e]s, Zäune; **Zäun|chen**
zaun|dürr (ugs. für sehr mager)
Zaun|ei|dech|se
zäu|nen (einzäunen)
Zaun|gast Plur. ...gäste
Zaun|kö|nig (ein Vogel)
Zaun|pfahl; ein Wink mit dem Zaunpfahl (ugs. für deutlicher Hinweis)
Zaun|re|be (Name einiger Pflanzen, bes. des Waldnachtschattens); **Zaun|schlüp|fer** (landsch. für Zaunkönig)
Zau|pe, die; -, -n (svw. Zauche)
zau|sen; du zaust; er zaus|te; **zau|sig** (landsch. für zerzaust)
Za|zi|ki, Tsa|t|si|ki, der u. das; -s, -s ⟨neugriech.⟩ (Joghurt mit Knoblauch u. Gurkenstückchen)
Zä|zi|lie vgl. Cäcilie
z. B. = zum Beispiel
z. b. V. = zur besonderen Verwendung
z. D. = zur Disposition
z. d. A. = zu den Akten (erledigt)
ZDF, das; -[s] = Zweites Deutsches Fernsehen
z. E. = zum Exempel
Zea, die; - ⟨griech.⟩ (Bot. Mais)
Ze|ba|oth, ökum. **Ze|ba|ot** Plur.

⟨hebr., »himmlische Heerscharen«⟩; der Herr Zebaot[h] (alttestamentl. Bezeichnung Gottes)
Ze|be|dä|us (bibl. Eigenn.)
Ze|b|ra, das; -s, -s ⟨afrik.⟩; **ze|b|ra|ar|tig; Ze|b|ra|strei|fen** (Kennzeichen von Fußgängerüberwegen)
Ze|b|ro|id, das; -[e]s, -e ⟨afrik.; griech.⟩ (Kreuzung aus Zebra u. Pferd)
Ze|bu, der od. das; -s, -s ⟨tibet.⟩ (ein asiatisches Buckelrind)
Zech|bru|der (ugs. veraltend)
Ze|che, die; -, -n (Rechnung für genossene Speisen u. Getränke; Bergwerk); die Zeche prellen
ze|chen (viel Alkohol trinken)
Ze|chen|ster|ben; Ze|chen|still|le|gung
Ze|cher; Ze|che|rei; Ze|che|rin
Zech|ge|la|ge
Ze|chi|ne, die; -, -n ⟨ital.⟩ (eine alte venezianische Goldmünze)
Zech|prel|ler; Zech|prel|le|rei; Zech|prel|le|rin
Zech|schwes|ter (ugs. veraltend)
Zech|stein, der; -[e]s (Geol. Abteilung des Perms)
Zech|tour
¹**Zeck,** der od. das; -[e]s, -s (landsch. für ein Kinderspiel [Haschen])
²**Zeck,** der; -[e]s, -e ⟨südd. u. österr. neben Zecke); **Ze|cke,** die; -, -n (eine parasitisch lebende Milbe)
ze|cken (landsch. für ¹Zeck spielen; necken reizen)
Ze|cken|hals|band; Ze|cken|stich
Zeck|spiel, das; -[e]s
Ze|de|kia, ökum. Zid|ki|ja (bibl. Eigenn.)
Ze|dent, der; -en, -en ⟨lat.⟩ (Gläubiger, der seine Forderung an einen Dritten abtritt); **Ze|den|tin**
Ze|der, die; -, -n ⟨griech.⟩ (immergrüner Nadelbaum); **ze|dern** (aus Zedernholz); **Ze|dern|holz**
ze|die|ren ⟨lat.⟩ (eine Forderung an einen Dritten abtreten)
Ze|d|re|la|baum (svw. Zedrele); **Ze|d|re|la|holz; Ze|d|re|le,** die; -, -n ⟨lat.⟩ (ein tropischer Baum)
Zee|se, die; -, -n (Schleppnetz); **Zee|sen|boot**
Ze|fan|ja vgl. Zephanja
Zeh, der; -[e]s, -en, **Ze|he,** die; -, -n; der kleine, große Zeh; die kleine, große Zehe
Ze|hen|gän|ger (Zool. Gruppe der Säugetiere; **Ze|hen|na|gel; Ze|hen|spit|ze; Ze|hen|stand**

...zehig

...ze|hig (z. B. fünfzehig; mit Ziffer 5-zehig)

zehn

Kleinschreibung ↑ D 78:
– wir sind zu zehnen *od.* zu zehnt
– sich alle zehn Finger nach etwas lecken (*ugs. für sehr begierig auf etwas sein*)

Großschreibung in Namen ↑ D 88:
– die Zehn Gebote

Vgl. acht

Zehn, die; -, -en (Zahl); *vgl.* ¹Acht
Zehn|cent|stück (*mit Ziffern* 10-Cent-Stück; ↑ D 26)
Zehn|eck; zehn|eckig
zehn|ein|halb, zehn|und|ein|halb
Zehn|en|der (*Jägerspr.*)
zeh|ner; die Zehnerjahre *od.* zehner Jahre
Zeh|ner, der; -s, - (*ugs. auch für* Münze *od.* Schein mit dem Wert 10); *vgl.* Achter
Zeh|ner|bruch, der (*für* Dezimalbruch)
Zeh|ner|jah|re *vgl.* zehner; Zeh|ner|kar|te
zeh|ner|lei; auf zehnerlei Art
Zeh|ner|pack; Zeh|ner|pa|ckung; Zeh|ner|stel|le (*Math.*)
Zehn|eu|ro|schein (*mit Ziffern* 10-Euro-Schein ↑ D 26)
zehn|fach *vgl.* achtfach; Zehn|fa|che, das; -n; *vgl.* Achtfache
Zehn|fin|ger-Blind|schreib|me|tho|de, die; -; Zehn|fin|ger|sys|tem, das; -s
Zehn|flach, das; -[e]s, -e, Zehn|fläch|ner (*für* Dekaeder)
Zehn|fuß|krebs (*für* Dekapode)
Zehn|jah|res|fei|er, Zehn|jahr|fei|er; Zehn|jah|res|plan (*mit Ziffern* 10-Jahres-Plan ↑ D 26)
zehn|jäh|rig *vgl.* achtjährig
Zehn|kampf (*Sport*); Zehn|kämp|fer
Zehn|klas|sen|schu|le (*bes. DDR*)
zehn|köp|fig
zehn|mal *vgl.* achtmal; zehn|ma|lig
Zehn|mark|schein (*früher; mit Ziffern* 10-Mark-Schein ↑ D 26)
Zehn|me|ter|brett (*mit Ziffern* 10-Meter-Brett *od.* 10-m-Brett ↑ D 26)
Zehn|pfen|nig|stück (*früher; mit Ziffern* 10-Pfennig-Stück ↑ D 26)
zehn|sei|tig
zehn|stö|ckig
zehnt *vgl.* zehn; Zehnt, Zehn|te, der; ...ten, ...ten (*früher für* [Steuer]abgabe)

zehn|tä|gig (zehn Tage dauernd)
zehn|tau|send; die oberen Zehntausend *od.* zehntausend
zehn|te *vgl.* achte; Zehn|te *vgl.* Zehnt
zehn|tei|lig
zehn|tel *vgl.* achtel; Zehn|tel, das, *schweiz. meist* der; -s, -; *vgl.* Achtel
Zehn|tel|gramm; Zehn|tel|se|kun|de
zehn|tens
Zehn|ton|ner (*mit Ziffern* 10-Tonner)
Zehnt|recht
zehn|und|ein|halb *vgl.* zehneinhalb
zeh|ren; Zehr|geld (*veraltet*); Zehr|pfen|nig (*veraltet für* Geld für Reiseproviant); Zeh|rung
Zei|chen, das; -s, -; Zeichen setzen
Zei|chen|block *vgl.* Block; Zei|chen|brett
Zei|chen|drei|eck
Zei|chen|er|klä|rung
Zei|chen|fe|der; Zei|chen|film
zei|chen|haft (*geh. für* als Sinnbild wirkend)
Zei|chen|heft; Zei|chen|ket|te (*Fachspr.*)
Zei|chen|leh|rer; Zei|chen|leh|re|rin
Zei|chen|pa|pier; Zei|chen|saal
Zei|chen|schutz, der; -es (rechtlicher Schutz für Warenzeichen)
Zei|chen|set|zung (*für* Interpunktion); Zei|chen|spra|che
Zei|chen|stift, der; Zei|chen|trick|fi|gur; Zei|chen|trick|film; Zei|chen|trick|se|rie; Zei|chen|un|ter|richt; Zei|chen|vor|la|ge
zeich|nen; Aktien zeichnen; für etw. verantwortlich zeichnen
Zeich|nen, das; -s; Zeich|ner; Zeich|ne|rin; zeich|ne|risch
Zeich|nung
zeich|nungs|be|rech|tigt; Zeich|nungs|be|rech|ti|gung
Zei|del|meis|ter (*svw.* Zeidler)
zei|deln (*veraltet für* Honigwaben ausschneiden); ich zeid[e]le
Zeid|ler (*veraltet für* Bienenzüchter); Zeid|le|rei; Zeid|le|rin
Zei|ge|fin|ger, Zeig|fin|ger
zei|gen; etwas zeigen; sich [großzügig] zeigen; Zei|ger
Zei|ge|stab (*österr.*); Zei|ge|stock *Plur.* ...stöcke
Zeig|fin|ger *vgl.* Zeigefinger
zei|hen (*geh. für* bezichtigen); sie zieh ihn der Lüge, hat ihn der Lüge geziehen
Zei|le, die; -, -n (*Abk.* Z.); Zei|len|ab|stand; Zei|len|dorf
Zei|len|gieß|ma|schi|ne, Zei|len|guss|ma|schi|ne
Zei|len|ho|no|rar; Zei|len|län|ge

Zei|len|maß, das; Zei|len|sprung (*Verslehre*); zei|len|wei|se
...zei|ler (z. B. Zweizeiler, *mit Ziffer* 2-Zeiler)
...zei|lig (z. B. sechszeilig, *mit Ziffer* 6-zeilig)
Zei|ne *vgl.* Zaine
Zeis|chen (*veraltend für* kleiner Zeisig)
Zei|sel|bär (*landsch. für* Tanzbär)
¹zei|seln (*landsch. für* eilen, geschäftig sein); ich zeis[e]le
²zei|seln (*schwäb. für* anlocken); ich zeis[e]le
Zei|sel|wa|gen (*zu* ¹zeiseln) (*landsch. für* Leiterwagen)
zei|sen (*bayr. für* auseinanderzupfen); du zeist; er zeist
Zei|sig, der; -s, -e ⟨tschech.⟩ (ein Vogel); zei|sig|grün
Zei|sing, der; -s, -e (*Seemannsspr.* Segeltuchstreifen, Tauende)
Zeiss® (optische u. feinmechanische Erzeugnisse); zeisssche *od.* Zeiss'sche Erzeugnisse
Zeiß, Carl (dt. Mechaniker)
Zeiss|glas *Plur.* ...gläser ↑ D 136
zeit; *Präp. mit Gen.:* zeit meines Lebens
Zeit *s. Kasten Seite* 1241
Zeit|ab|lauf, Zeit|ab|schnitt; Zeit|ab|stand; Zeit|ach|se; Zeit|al|ter; Zeit|an|ga|be; Zeit|an|sa|ge
Zeit|ar|beit; Zeit|ar|bei|ter; Zeit|ar|bei|te|rin; Zeit|ar|beits|fir|ma
Zeit|auf|nah|me (*Fotogr.*)
Zeit|auf|wand; zeit|auf|wen|dig, zeit|auf|wän|dig
Zeit|aus|gleich (*bes. österr. für* Ausgleich der Überstunden durch Freizeit)
Zeit|be|gren|zung; Zeit|bom|be; Zeit|bud|get; Zeit|dau|er; Zeit|do|ku|ment; Zeit|druck, der; -[e]s; Zeit|ein|heit; Zeit|ein|tei|lung
Zei|ten|fol|ge *Plur. selten* (*für* Consecutio Temporum)
Zeit|en|wen|de, Zeit|wen|de
Zeit|er|fas|sung; Zeit|er|fas|sungs|ge|rät
Zeit|er|schei|nung; Zeit|er|spar|nis; Zeit|fah|ren, das; -s (*Radsport*); Zeit|fak|tor, der; -s; Zeit|feh|ler (*Reiten*); Zeit|fens|ter (eingeschobener Zeitraum); Zeit|form (*für* Tempus); Zeit|fra|ge
zeit|fremd
zeit|fres|send, Zeit fres|send; zeit|fressende *od.* Zeit fressende Arbeiten, *aber nur* viel Zeit fressend; noch zeitfressend; sehr zeitfressend; die zeitfressend|sten Arbeiten ↑ D 58; zeit|ge|bun|den

Zelloidinpapier

Zeit
die; -, -en
- zu meiner, seiner, uns[e]rer Zeit
- zu aller Zeit, *aber* all[e]zeit
- auf Zeit (*Abk.* a. Z.)
- eine Zeit lang *od.* Zeitlang warten; *aber nur* einige, eine kurze Zeit lang
- es ist an der Zeit; von Zeit zu Zeit; Zeit haben
- auf Zeit spielen (*Sport*)
- ein zeitsparendes *od.* Zeit sparendes Verfahren (vgl. zeitsparend, Zeit sparend)

Zusammensetzungen:
- beizeiten; vorzeiten
- zurzeit (gerade jetzt; *Abk.* zz., zzt.), zuzeiten (bisweilen), *aber* zur Zeit, zu der Zeit, zu Zeiten (*Abk.* z. Z., z. Zt.) Karls des Großen
- jederzeit, *aber* zu jeder Zeit
- derzeit
- seinerzeit (*Abk.* s. Z.), *aber* alles zu seiner Zeit
- zeitlebens

Zeit|ge|fühl; Zeit|geist, der; -[e]s
zeit|ge|mäß; zeitgemäße Technik
Zeit|ge|nos|se; Zeit|ge|nos|sin; zeitge|nös|sisch
zeit|ge|recht (zeitgemäß; rechtzeitig)
Zeit|ge|schäft (*Kaufmannsspr.*)
Zeit|ge|sche|hen
Zeit|ge|schich|te; zeit|ge|schichtlich
Zeit|ge|schmack; Zeit|ge|winn
zeit|gleich; zeitgleich ankommen
zeit|her (*landsch. für* seither)
zeit|his|to|risch
Zeit|ho|ri|zont
zei|tig; zei|ti|gen (hervorbringen); Erfolge zeitigen
zeit|in|ten|siv (zeitaufwendig)
Zeit|kar|te; Zeit|kon|to
Zeit|kri|tik; zeit|kri|tisch
Zeit lang, Zeit|lang vgl. Zeit
Zeit|lauf, der; -[e]s, *Plur.* ...läufte, seltener ...läufe *meist Plur.*
zeit|le|bens; *aber* zeit seines Lebens
zeit|lich; das Zeitliche segnen ↑D 72 (*veraltend für* sterben)
Zeit|lich|keit, die; - (Leben auf Erden, irdische Vergänglichkeit)
Zeit|li|mit; Zeit|lohn
zeit|los; Zeit|lo|se, die; -, -n (Pflanze [meist für Herbstzeitlose]); Zeit|lo|sig|keit
Zeit|lu|pe, die; Zeit|lu|pen|tem|po, das; -s
Zeit|man|gel, der; -s; Zeit|ma|schine; Zeit|maß, das; Zeit|mes|ser, der (*für* Chronometer); Zeit|messung
zeit|nah, zeit|na|he
Zeit|nah|me, die; -, -n (*Sport*); Zeitneh|mer (*Sport*)
Zeit|not; Zeit|per|so|nal; Zeit|plan; Zeit|punkt
Zeit|raf|fer (*Film*); Zeit|raf|fer|tempo, das; -s
Zeit|rah|men
zeit|rau|bend, Zeit rau|bend; *aber nur* viel Zeit raubend; noch zeitraubender, sehr zeitraubend; das zeitraubends|te Verfahren ↑D 58
Zeit|raum; Zeit|rech|nung
Zeit|rei|se; Zeit|rei|sen|de
zeit|schnells|te (*Sport*); die zeitschnellsten Läuferinnen
Zeit|schrift (*Abk.* Zs., Zschr.); Zeitschrif|ten|auf|satz
Zeit|schrif|ten|ver|lag; Zeit|schriften|ver|le|ger; Zeit|schrif|ten|verle|ge|rin
Zeit|sinn, der; -[e]s
Zeit|sol|dat; Zeit|sol|da|tin
Zeit|span|ne
zeit|spa|rend, Zeit spa|rend; zeitsparende *od.* Zeit sparende Verfahren, *aber nur* viel Zeit sparende Verfahren, [noch] zeitsparendere Verfahren, sehr zeitsparende Verfahren, das zeitsparendste Verfahren ↑D 58
Zeit|sprin|gen, das; -s, - (*Reitsport*); Zeit|stra|fe (*Sport*); Zeit|ta|fel; Zeit|takt; zeit|ty|pisch
Zei|tung
Zei|tung|le|sen, das; -s; Zei|tung lesend, zei|tung|le|send ↑D 58
Zei|tungs|ab|la|ge; Zei|tungs|annon|ce; Zei|tungs|an|zei|ge; Zei|tungs|ar|ti|kel; Zei|tungs|ausschnitt; Zei|tungs|aus|trä|ger; Zei|tungs|aus|trä|ge|rin; Zei|tungs|be|richt; Zei|tungs|en|te (*ugs.*); Zei|tungs|in|se|rat; Zei|tungs|ki|osk
Zei|tungs|kor|res|pon|dent; Zei|tungs|kor|res|pon|den|tin
Zei|tungs|le|ser; Zei|tungs|le|se|rin
Zei|tungs|mel|dung; Zei|tungs|notiz; Zei|tungs|pa|pier; Zei|tungs|por|tal (*EDV*); Zei|tungs|re|dak|ti|on; Zei|tungs|ro|man
Zei|tungs|ver|käu|fer; Zei|tungs|ver|käu|fe|rin
Zei|tungs|ver|lag; Zei|tungs|ver|le|ger; Zei|tungs|ver|le|ge|rin
Zei|tungs|ver|trä|ger (*schweiz. für* Zeitungsausträger); Zei|tungs|ver|trä|ge|rin
Zei|tungs|we|sen; Zei|tungs|wis|sen|schaft
Zeit|ver|geu|dung; Zeit|ver|lust; Zeit|ver|schie|bung; Zeit|ver|schwen|dung
zeit|ver|setzt; eine zeitversetzte Fernsehübertragung
Zeit|ver|trag; Zeit|ver|treib, der; -[e]s, -e; Zeit|ver|zö|ge|rung; Zeitvor|ga|be
zeit|wei|lig; zeit|wei|se
Zeit|wen|de vgl. Zeitenwende
Zeit|wert
Zeit|wort *Plur.* ...wörter; Zeit|wortform; zeit|wört|lich
Zeitz (Stadt an der Weißen Elster)
Zeit|zei|chen (*Rundfunk, Funkw.*)
Zeit|zer; Zeit|ze|rin
Zeit|zeu|ge; Zeit|zeu|gin
Zeit|zo|ne; Zeit|zün|der
Ze|le|b|rant, der; -en, -en ⟨lat.⟩ (die Messe lesender Priester)
Ze|le|b|ra|ti|on, die; -, -en (Feier); ze|le|b|rie|ren (feierlich begehen; die Messe lesen)
Ze|le|b|ri|tät, die; -, -en (*selten für* Berühmtheit)
Zel|ge, die; -, -n (*südd. für* [bestelltes] Feld, Flurstück)
Zell (Name mehrerer Städte)
Zell|la-Meh|lis ↑D 144 (Stadt im Thüringer Wald)
Zell|at|mung, die; -
Zel|le, die; -, -n ⟨lat.⟩
Zel|len|bil|dung; zel|len|för|mig; Zel|len|ge|we|be, Zell|ge|we|be
Zel|len|leh|re (*für* Zytologie); Zel|len|schmelz (*für* Cloisonné)
Zel|ler, der; -s (*österr. ugs. für* Sellerie)
Zell|for|schung
Zell|ge|we|be, Zel|len|ge|we|be; Zell|ge|webs|ent|zün|dung
Zell|glas, das; -es (eine Folie)
zel|lig
Zell|kern; Zell|kul|tur (*Biol., Med.*); Zell|leh|re, Zell-Leh|re vgl. Zellenlehre; Zell|mem|b|ran
Zel|lo|i|din|pa|pier ⟨lat.; griech.⟩

Z
Zell

Zellophan

(*Fotogr.* mit Kollodium beschichtetes Fotopapier)
Zel|lo|phan, das; -s ⟨lat.-griech.⟩ (glasklare Folie); vgl. Cellophan
zel|lo|pha|nie|ren, cel|lo|pha|nie|ren
Zell|stoff (Produkt aus Zellulose)
Zell|stoff|fa|b|rik, **Zell|stoff-Fa|b|rik**
Zell|tei|lung; **Zell|typ**
zel|lu|lar, **zel|lu|lär** ⟨lat.⟩ (aus Zellen gebildet)
Zel|lu|li|tis vgl. Cellulitis
Zel|lu|lo|id, **Cel|lu|lo|id**, das; -[e]s ⟨lat.; griech.⟩ (Kunststoff, Zellhorn)
Zel|lu|lo|se, *fachspr.* **Cel|lu|lo|se**, die; -, *Plur.* (*Sorten:*) -n ⟨lat.⟩ (Hauptbestandteil der pflanzlichen Zellwände; Zellstoff)
Zel|lu|lo|se|ni|t|rat, das; -[e]s (*Chemie* ein sehr schnell verbrennender Stoff; Schießbaumwolle)
Zell|ver|meh|rung; **Zell|wachs|tum**; **Zell|wand**
Zell|wol|le, die; -
Ze|lot, der; -en, -en ⟨griech.⟩ ([Glaubens]eiferer); **Ze|lo|tin**; **ze|lo|tisch**; **Ze|lo|tis|mus**, der; -
¹**Zelt**, der; -[e]s (wiegende Gangart von Pferden, Passgang)
²**Zelt**, das; -[e]s, -e
Zelt|bahn; **Zelt|bla|che** (*schweiz. für* Zeltbahn); **Zelt|blatt** (*österr. für* Zeltbahn); **Zelt|dach** (*Archit.*)
Zel|te, der; -n, -n, **Zel|ten**, der; -s, - (*südd., österr. für* kleiner, flacher [Leb]kuchen)
zel|ten; **gezeltet**
¹**Zel|ter** (jmd., der zeltet)
²**Zel|ter**, der; -s, - (auf Passgang abgerichtetes Damenreitpferd)
Zel|te|rin ⟨zu ¹Zelter⟩
Zelt|he|ring; **Zelt|la|ger** *Plur.* ...lager; **Zelt|lein|wand**, die; -
Zelt|ler (*seltener für* ¹Zelter); **Zelt|le|rin**
Zelt|li, das; -[s], -[s]; vgl. Götti (*schweiz. mdal. für* Bonbon)
Zelt|mast, der
Zelt|mis|si|on, die; - (*ev. Kirche*)
Zelt|pflock; **Zelt|pla|ne**; **Zelt|platz**
Zelt|stadt; **Zelt|stock** *Plur.* ...stöcke; **Zelt|wand**
Ze|ment, der, (*für* Zahnbestandteil:) das; -[e]s, -e ⟨lat.⟩ (Baustoff; Bestandteil der Zähne; Kunststoff zur Befestigung von Endoprothesen)
Ze|men|ta|ti|on, die; -, -en (Härtung der Stahloberfläche; Abscheidung von Metallen)
Ze|ment|bo|den; **Ze|ment|dach**
ze|men|tie|ren (mit Zement ausfüllen, verputzen; *übertr. auch für* [einen Zustand, Standpunkt] unverrückbar festlegen); **Ze|men|tie|rung**
Ze|ment|sack; **Ze|ment|si|lo**
Zen [z..., *auch* ts...], das; -[s] (japanische Richtung des Buddhismus)
Ze|ner|di|o|de ↑D 136 ⟨nach dem Physiker C. M. Zener⟩ (eine Halbleiterdiode)
Ze|nit, der; -[e]s ⟨arab.⟩ (Scheitelpunkt [des Himmels]); **Ze|nit|hö|he**
Ze|no, **Ze|non** (Name zweier altgriechischer Philosophen; byzantinischer Kaiser)
Ze|no|taph vgl. Kenotaph
zen|sie|ren ⟨lat.⟩ (benoten; [auf unerlaubte Inhalte] prüfen); **Zen|sie|rung**
Zen|sor, der; -s, ...oren (altröm. Beamter; jmd., der Zensur ausübt); **Zen|so|rin**; **zen|so|risch** (den Zensor betreffend)
Zen|sur, die; -, -en (*nur Sing.:* behördl. Prüfung [u. Verbot] von Druckschriften u. a.; [Schul]note); **zen|su|rie|ren** (*österr., schweiz. für* prüfen, beurteilen)
Zen|sus, der; -, - (Schätzung; Volkszählung)
Zent, die; -, -en ⟨lat.⟩ (germanischer Gerichtsverband)
Zen|taur, **Ken|taur**, der; -en, -en ⟨griech.⟩ (Wesen der griechischen Sage mit menschlichem Oberkörper u. Pferdeleib); **Zen|tau|rin**, **Ken|tau|rin**
Zen|te|nar, der; -s, -e ⟨lat.⟩ (*selten für* Hundertjähriger); **Zen|te|nar|aus|ga|be**; **Zen|te|nar|fei|er**
Zen|te|na|ri|um, das; -s, ...ien (Hundertjahrfeier)
zen|te|si|mal (hundertteilig); **Zen|te|si|mal|waa|ge**
zent|frei (*früher für* dem Zentgericht nicht unterworfen); **Zent|ge|richt** (*früher*)
Zent|graf (*früher*); **Zent|grä|fin**
Zen|ti|... (ein Hundertstel einer Einheit, z. B. Zentimeter = 10^{-2} Meter; Zeichen c)
Zen|ti|fo|lie, die; -, -n (Rosenart)
Zen|ti|gramm ($1/100$ g; *Zeichen* cg)
Zen|ti|li|ter ($1/100$ l; *Zeichen* cl)
Zen|ti|me|ter [*auch* ...'me:...], der; -s, - ($1/100$ m; *Zeichen* cm)
zen|ti|me|ter|dick; **zen|ti|me|ter|groß**
Zen|ti|me|ter|maß, das
Zent|ner, der; -s, - (100 Pfund od. 50 kg; *Abk.* Ztr.; *Österreich u. Schweiz* 100 kg [Meterzentner], *Zeichen* q)
Zent|ner|ge|wicht; **Zent|ner|last**
zent|ner|schwer; **zent|ner|wei|se**
zen|t|ral ⟨griech.⟩ (in der Mitte; im Mittelpunkt befindlich, von ihm ausgehend; Haupt...)
Zen|t|ral|ab|i|tur (*Schule*)
Zen|t|ral|af|ri|ka; **Zen|t|ral|af|ri|ka|ner**; **Zen|t|ral|af|ri|ka|ne|rin**; **Zen|t|ral|af|ri|ka|nisch**; *aber*
↑D 150: die Zentralafrikanische Republik
Zen|t|ral|ame|ri|ka (festländischer Teil Mittelamerikas); **zen|t|ral|ame|ri|ka|nisch**
zen|t|ral|asi|a|tisch; **Zen|t|ral|asi|en**
Zen|t|ral|aus|schuss (*österr. auch für* oberste Ebene der Personalvertretung)
Zen|t|ral|bank *Plur.* ...banken; **Zen|t|ral|bank|chef**; **Zen|t|ral|bank|che|fin**
Zen|t|ral|bau *Plur.* ...bauten (*Archit.*)
zen|t|ral|be|heizt (mit Zentralheizung)
Zen|t|ral|be|hör|de (oberste Behörde)
Zen|t|ra|le, die; -, -n (*auch Geom.* Mittelpunktslinie)
Zen|t|ral|eu|ro|pa (Mitteleuropa); **zen|t|ral|eu|ro|pä|isch**
Zen|t|ral|fi|gur; **Zen|t|ral|flug|ha|fen** (Flughafen, der nach allen Flugrichtungen offen ist u. allen Fluggesellschaften dient)
zen|t|ral|ge|heizt (svw. zentralbeheizt)
Zen|t|ral|ge|walt; **Zen|t|ral|hei|zung**; **Zen|t|ral|in|s|ti|tut**
Zen|t|ra|li|sa|ti|on, die; -, -en ⟨franz.⟩ (Zentralisierung)
zen|t|ra|li|sie|ren (zusammenziehen, in einem [Mittel]punkt vereinigen); **Zen|t|ra|li|sie|rung**
Zen|t|ra|lis|mus, der; - ⟨lat.⟩ (Streben nach Zusammenziehung [der Verwaltung u. a.]); **zen|t|ra|lis|tisch**
Zen|t|ra|li|tät, die; - (Mittelpunktslage von Orten)
Zen|t|ral|ko|mi|tee (oberstes Organ kommunistischer [u. sozialistischer] Parteien; *Abk.* ZK)
Zen|t|ral|kraft, die (*Physik*)
Zen|t|ral|la|ger
Zen|t|ral|mas|siv, das; -s (in Frankreich)
Zen|t|ral|ma|tu|ra (*österr. für* Zentralabitur)
Zen|t|ral|ner|ven|sys|tem; **Zen|t|ral|-**

or|gan; Zen|t|ral|per|s|pek|ti|ve; Zen|t|ral|rat; Zen|t|ral|re|gie|rung Zen|t|ral|schweiz (eine schweiz. Großregion); Zen|t|ral|stel|le Zen|t|ral|ver|band; Zen|t|ral|ver|wal|tung
zen|t|rie|ren (auf die Mitte einstellen); Zen|t|rie|rung
Zen|t|rier|vor|rich|tung
zen|t|ri|fu|gal ⟨griech.; lat.⟩ (vom Mittelpunkt wegstrebend); Zen|t|ri|fu|gal|kraft; Zen|t|ri|fu|gal|pum|pe (Schleuderpumpe)
Zen|t|ri|fu|ge, die; -, -n (Schleudergerät zur Trennung von Flüssigkeiten); zen|t|ri|fu|gie|ren (mithilfe der Zentrifuge zerlegen)
zen|t|ri|pe|tal (zum Mittelpunkt hinstrebend); Zen|t|ri|pe|tal|kraft
zen|t|risch ⟨griech.⟩ (im Mittelpunkt befindlich, mittig); Zen|t|ri|win|kel (Mittelpunktswinkel)
Zen|t|rum, das; -s, ...tren (Mittelpunkt; Innenstadt; Haupt-, Sammelstelle; nur Sing.: Partei des politischen Katholizismus 1870–1933); Zen|t|rums|par|tei
Zen|tu|rie, die; -, -n ⟨lat.⟩ (altrömische Soldatenabteilung von 100 Mann); Zen|tu|rio, der; -s, ...onen (Befehlshaber einer Zenturie)
Zen|zi (w. Vorn.)
Zeo|lith, der; Gen. -s u. -en, Plur. -e[n] ⟨griech.⟩ (ein Mineral)
Ze|phan|ja, ökum. Ze|fan|ja (bibl. Prophet)
Ze|phir, Ze|phyr, der; -s, -e ⟨griech.⟩ (ein Baumwollgewebe; nur Sing.: geh. für milder Wind); ze|phi|risch, ze|phy|risch (geh. für säuselnd, lieblich); Ze|phir|wol|le, Ze|phyr|wolle
Ze|phyr usw. vgl. Zephir usw.
¹Zep|pe|lin (Familienn.)
²Zep|pe|lin, der; -s, -e (Luftschiff)
Zep|ter, österr. Szep|ter, das, seltener der; -s, - ⟨griech.⟩ (Herrscherstab)
Zer vgl. Cer
zer... (Vorsilbe von Verben, z. B. zerbröckeln, du zerbröckelst, zerbröckelt, zu zerbröckeln)
Ze|rat, das; -[e]s, -e ⟨lat.⟩ (Wachssalbe)
zer|bei|ßen; zer|bers|ten
Zer|be|rus, Cer|be|rus, der; -, -se ⟨griech. Sage für den Eingang der Unterwelt bewachende Hund; scherzh. für grimmiger Wächter)
zer|beu|len; zer|bom|ben
zer|bre|chen; zer|brech|lich; Zer|brech|lich|keit

zer|brö|ckeln; Zer|brö|cke|lung, Zer|bröck|lung
zer|brö|seln (zerbröckeln)
Zerbst (Stadt in Sachsen-Anhalt); Zerbs|ter; Zerbs|te|rin
zer|deh|nen
zer|dep|pern (ugs.); ich zerdeppere
zer|drü|cken
Ze|re|a|lie [...i̯ə], die; -, ...ien meist Plur. ⟨lat.⟩ (Getreide; Feldfrucht)
Ze|re|bel|lum, fachspr. Ce|re|bel|lum, das; -s, ...bella ⟨lat.⟩ (Med. Kleinhirn)
ze|re|b|ral (das Zerebrum betreffend); Ze|re|b|ral, Ze|re|b|ral|laut, der; -[e]s, -e (Sprachwiss. mit der Zungenspitze am Gaumen gebildeter Laut)
ze|re|b|ro|spi|nal (Med. Hirn u. Rückenmark betreffend)
Ze|re|b|rum, fachspr. Ce|re|b|rum, das; -s, ...bra (Med. Großhirn, Gehirn)
Ze|re|mo|nie [auch, österr. nur, ...'mo:ni̯a], die; -, ...i̯en [auch ...'mo:ni̯ən] ⟨lat.⟩ (feierliche Handlung; Förmlichkeit); ze|re|mo|ni|ell (feierlich; förmlich; steif); Ze|re|mo|ni|ell, das; -s, -e ([Regeln für] feierliche Handlungen)
Ze|re|mo|ni|en|meis|ter; Ze|re|mo|ni|en|meis|te|rin
ze|re|mo|ni|ös (steif, förmlich)
Ze|re|sin, fachspr. Ce|re|sin, das; -s ⟨lat.⟩ (gebleichtes Erdwachs aus hochmolekularen Kohlenwasserstoffen)
Ze|re|vis, das; -, - ⟨kelt.⟩ (Verbindungsw. veraltet Bier; Käppchen der Verbindungsstudenten)
zer|fah|ren; Zer|fah|ren|heit, die; -
Zer|fall, der; -[e]s, ...fälle (nur Sing.: Zusammenbruch, Zerstörung; Kernphysik spontane Spaltung des Atomkerns)
zer|fal|len
zer|falls|er|schei|nung; Zer|falls|pro|dukt; Zer|falls|stoff
zer|fa|sern
zer|fet|zen; zer|fet|zung
zer|flat|tern
zer|fled|dern vgl. zerfledern
zer|fle|dern (ugs. für durch häufigen Gebrauch abnutzen, zerfetzen [von Büchern, Zeitungen o. Ä.]); ich zerfledere
zer|flei|schen (zerreißen); du zerfleischst; Zer|flei|schung
zer|flie|ßen
zer|fran|sen
zer|fres|sen

zer|fur|chen; zer|furcht; eine zerfurchte Stirn
zer|ge|hen
zer|gen (landsch. für necken)
zer|glie|dern; Zer|glie|de|rung
zer|grü|beln; ich zergrüb[e]le mir den Kopf
zer|ha|cken; zer|hau|en
zer|kau|en
zer|klei|nern; ich zerkleinere; Zer|klei|ne|rung; Zer|klei|ne|rungs|ma|schi|ne
zer|klüf|tet; Zer|klüf|tung
zer|knal|len
zer|knäu|len (landsch.)
zer|knaut|schen (ugs.)
zer|knirscht; Zer|knirscht|heit; Zer|knir|schung, die; -
zer|knit|tern; zer|knül|len
zer|ko|chen
zer|kör|nen (für granulieren)
zer|krat|zen
zer|krü|meln
zer|ku|geln, sich (österr. ugs. für sich kaputtlachen)
zer|las|sen; zerlassene Butter
zer|lau|fen (svw. zerfließen)
zer|leg|bar; Zer|leg|bar|keit, die; -; zer|le|gen; Zer|leg|spiel; Zer|le|gung
zer|le|sen (durch Lesen abnutzen); ein zerlesenes Buch
zer|lö|chern
zer|lumpt (ugs.)
zer|mah|len
zer|mal|men; Zer|mal|mung
zer|man|schen, zer|mant|schen (ugs. für zerquetschen)
zer|mar|tern, sich; ich habe mir den Kopf zermartert
Zer|matt (schweiz. Kurort)
zer|mür|ben; Zer|mürbt|heit; Zer|mür|bung
zer|na|gen
zer|nich|ten (veraltet für vernichten)
Ze|ro [z...], die; -, -s od. das; -s, -s ⟨arab.⟩ (Null, Nichts; im Roulett Gewinnfeld des Bankhalters)
Ze|ro|graf, Ze|ro|graph, der; -en, -en ⟨griech.⟩ (die Zerografie Ausübender); Ze|ro|gra|fie, Ze|ro|gra|phie, die; -, ...ien (Wachsgravierung); Ze|ro|gra|fin, Ze|ro|gra|phin
Ze|ro|plas|tik, Ke|ro|plas|tik, die; - (Wachsbildnerei)
Ze|ro|tin|säu|re, die; - (Bestandteil des Bienenwachses)
zer|pflü|cken
zer|plat|zen
zer|pul|vern (für pulverisieren)
zer|quält; ein zerquältes Gesicht

zerquetschen

zer|quet|schen
zer|rau|fen; sich das Haar zerraufen
Zerr|bild
zer|re|den
zer|reib|bar; zer|rei|ben; Zer|rei|bung
zer|rei|ßen; sich zerreißen; Zer|reiß|fes|tig|keit, die; -; Zer|reiß|pro|be; Zer|rei|ßung
zer|ren; Zer|re|rei
zer|rin|nen
zer|ris|sen; Zer|ris|sen|heit
Zerr|spie|gel
Zer|rung
zer|rup|fen
zer|rüt|ten (zerstören); zer|rüt|tet; zerrüttete Ehen; Zer|rüt|tung
zer|sä|gen
zer|schel|len; zerschellt
zer|schie|ßen
zer|schla|gen; Zer|schla|gung
zer|schlei|ßen; ein zerschlissener Mantel
zer|schlit|zen
zer|schmei|ßen (ugs.)
zer|schmet|tern; zerschmetterte Glieder; Zer|schmet|te|rung
zer|schnei|den; Zer|schnei|dung
zer|schram|men
zer|schrun|det (zerfurcht)
zer|schun|den; seine Haut war ganz zerschunden
zer|set|zen; Zer|set|zung; Zer|set|zungs|er|schei|nung; Zer|set|zungs|pro|dukt; Zer|set|zungs|pro|zess
zer|sie|deln ([die Natur] durch Siedlungen zerstören); ich zersied[e]le; Zer|sie|de|lung
zer|sin|gen (ein Lied o. Ä. im Laufe der Zeit in Text u. Melodie verändern, abwandeln)
zer|spal|ten; er hat das Holz zerspalten u. zerspaltet; vgl. spalten; Zer|spal|tung
zer|spa|nen; Zer|spa|nung
zer|splei|ßen (veraltet für [völlig] aufspalten)
zer|split|tern; Zer|split|te|rung
zer|sprat|zen (Geol. sich aufblähen u. zerbersten [von glühenden Gesteinen])
zer|spren|gen; Zer|spren|gung
zer|sprin|gen
zer|stamp|fen
zer|stäu|ben; Zer|stäu|ber; Zer|stäu|bung
zer|ste|chen
zer|stie|ben
zer|stör|bar; zer|stö|ren; Zer|stö|rer; Zer|stö|re|rin; zer|stö|re|risch; Zer|stö|rung; Zer|stö|rungs|trieb; Zer|stö|rungs|wut; zer|stö|rungs|wü|tig
zer|sto|ßen
zer|strah|len (Kernphysik); Zer|strah|lung
zer|strei|ten, sich
zer|streu|en; zer|streut; Zer|streut|heit, die; -; Zer|streu|ung; Zer|streu|ungs|lin|se (Optik)
zer|stü|ckeln; Zer|stü|cke|lung, Zer|stück|lung
zer|talt (Geogr. durch Täler stark gegliedert)
zer|tei|len; Zer|tei|lung
zer|tep|pern (svw. zerdeppern)
Zer|ti|fi|kat, das; -[e]s, -e ⟨lat.⟩ ([amtl.] Bescheinigung, Zeugnis); Zer|ti|fi|ka|ti|on, die; -, -en (das Ausstellen eines Zertifikats); zer|ti|fi|zie|ren; zertifiziert; Zer|ti|fi|zie|rung
zer|tram|peln
zer|tren|nen; Zer|tren|nung
zer|tre|ten; Zer|tre|tung
zer|trüm|mern; ich zertrümmere; Zer|trüm|me|rung
Zer|ve|lat|wurst [z..., auch ts...], Ser|ve|lat|wurst ⟨ital.; dt.⟩ (Dauerwurst)
Zer|vix, Cer|vix, die; -, ...ices ⟨lat.⟩ (Anat. Hals, Nacken; halsförmiger Organteil)
zer|wer|fen, sich (sich entzweien, verfeinden)
zer|wir|ken; das Wild zerwirken (Jägerspr. die Haut des Wildes abziehen u. das Wild zerlegen)
zer|wüh|len
Zer|würf|nis, das; -ses, -se
zer|zau|sen; Zer|zau|sung
zer|zup|fen
zes|si|bel ⟨lat.⟩ (Rechtsspr. abtretbar)
Zes|si|on, die; -, -en (Übertragung eines Anspruchs von dem bisherigen Gläubiger auf einen Dritten); vgl. zedieren; Zes|si|o|nar, der; -s, -e (jmd., an den eine Forderung abgetreten wird); Zes|si|o|na|rin
Zes|te, die; -, -n ⟨franz.⟩ (Kochkunst sehr feiner Streifen aus der Schale einer Zitrusfrucht); Zes|ten|rei|ßer (Gerät zum Herstellen von Zesten)
Ze|ta, das; -[s], -s (griech. Buchstabe: Z, ζ)
Ze|ter, das; nur noch in Zeter u. Mord[io] schreien (ugs.); Ze|ter|ge|schrei (ugs.); ze|ter|mor|dio!; nur noch in zetermordio schreien (ugs.); Ze|ter|mor|dio, das; -s (ugs.); ze|tern (ugs.); ich zetere
Zett vgl. Z (Buchstabe)
Zet|ta... ⟨griech., ital.⟩ (das Trilliardenfache einer Einheit, z. B. Zettameter = 10^{21} m)
¹Zet|tel, der; -s, - (Weberei Kette; Reihenfolge der Kettfäden)
²Zet|tel, der; -s, - ⟨lat.⟩ (Streifen, kleines Blatt Papier)
Zet|tel|lei (Aufnahme in Zettelform, karteimäßige Bearbeitung; auch für Zettelkram; unübersichtliches Arbeiten)
Zet|tel|kas|ten; Zet|tel|kram
zet|teln (landsch. für verstreuen, weithin ausbreiten); ich zett[e]le; ²verzetteln
Zet|tel|wirt|schaft (ugs. abwertend)
zeuch!, zeuchst, zeucht (geh. veraltet für zieh[e]!, ziehst, zieht)
Zeug, das; -[e]s, -e; jmdm. etwas am Zeug flicken (ugs. für an jmdm. kleinliche Kritik üben)
Zeug|amt (Militär früher für das Zeughaus verwaltende Behörde)
Zeug|druck Plur. ...drucke (gefärbter Stoff)
Zeu|ge, der; -n, -n; Zeu|ge Je|ho|vas, der; -n -, -n - (Anhänger eine Religionsgemeinschaft)
¹zeu|gen (erzeugen)
²zeu|gen (bezeugen); es zeugt von Fleiß
Zeu|gen|an|ga|be meist Plur.; Zeugenangaben zufolge; Zeu|gen|auf|ruf (bes. schweiz. für behördliche Bitte an Zeugen eines Ereignisses, sich zu melden)
Zeu|gen|aus|sa|ge; Zeu|gen|bank Plur. ...bänke; Zeu|gen|be|ein|flus|sung; Zeu|gen|be|fra|gung; Zeu|gen|ein|ver|nah|me (österr., schweiz.)
Zeu|gen|schaft, die; -
Zeu|gen|schutz, der; -[e]s
Zeu|gen|schutz|pro|gramm
Zeu|gen|stand, der; -[e]s
Zeu|gen|su|che; Zeu|gen|ver|neh|mung
Zeug|haus (Militär früher für Lager für Waffen u. Vorräte)
Zeu|gin; Zeu|gin Je|ho|vas, die; - -, -nen - (Anhängerin einer Religionsgemeinschaft)
Zeug|ma, das; -s, Plur. -s u. -ta ⟨griech.⟩ (Sprachwiss. Beziehung eines Prädikats auf verschiedene Satzglieder [z. B. er schlug die Stühl' u. Vögel tot])
Zeug|nis, das; -ses, -se; Zeug|nis|ab|schrift; Zeug|nis|aus|ga|be; Zeug|nis|über|ga|be

Zifferblatt

Zeug|nis|ver|wei|ge|rung; Zeug|nisver|wei|ge|rungs|recht
Zeugs, das; - (*ugs. für* Gegenstand, Sache); so ein Zeugs
Zeu|gung; Zeu|gungs|akt
zeu|gungs|fä|hig; Zeu|gungs|fä|higkeit, die; -
Zeu|gungs|glied (*für* Penis)
zeu|gungs|un|fä|hig; Zeu|gungs|unfä|hig|keit, die; -
Zeug|wart (*bes. Sport* Person, die sich um Ausrüstung, Geräte u. Ä. kümmert); Zeug|war|tin
Zeus (höchster griechischer Gott); Zeus|tem|pel ↑ D 136
Zeu|te, die; -, -n (*rhein., hess. für* Zotte [Schnauze])
Zeu|xis (altgriechischer Maler)
ZGB, das; - = Zivilgesetzbuch (*in der Schweiz*)
z. H., z. Hd. = zu Händen, zuhanden
Zib|be, die; -, -n (*nordd., mitteld. für* Mutterschaf, -kaninchen; *abwertend für* Frau, Mädchen)
Zi|be|be, die; -, -n ⟨arab.-ital.⟩ (*südd., österr. für* große Rosine)
Zi|be|li|ne, die; - ⟨slaw.⟩ (ein Wollgarn, -gewebe)
Zi|bet, der; -s ⟨arab.⟩ (Drüsenabsonderung der Zibetkatze [Duftstoff]); Zi|bet|kat|ze
Zi|bo|ri|um, das; -s, ...ien ⟨griech.⟩ (in der röm.-kath. Kirche Aufbewahrungsgefäß für Hostien; Altarbaldachin)
Zi|cho|rie, die; -, -n ⟨griech.⟩ (Pflanzengattung der Korbblütler mit zahlreichen Arten [z. B. Wegwarte]; ein Kaffeezusatz); Zi|chori|en|kaf|fee, der; -s
Zi|cke, die; -, -n (weibliche Ziege); *vgl.* Zicken; Zi|ckel, das; -s, -[n]; zi|ckeln (Ziegenjunge werfen)
zi|cken (*ugs. für* überspannt, launisch, eigensinnig sein); Zi|cken *Plur.* (*ugs. für* Dummheiten); mach keine Zicken!
Zi|cken|alarm (*ugs. abwertend für* Streit [unter Frauen]); Zi|ckenkrieg (*ugs. abwertend für* zi|ckig (*ugs. für* überspannt, eigensinnig)
zick|zack; zickzack den Berg hinunterlaufen; Zick|zack, der; -[e]s, -e; im Zickzack laufen; zick|za|cken; gezickzackt
Zick|zack|kurs; Zick|zack|kur|ve; Zick|zack|li|nie
Zi|der *vgl.* Cidre
Zid|ki|ja *vgl.* Zedekia
Zie|che, die; -, -n (*südd. u. österr. für* Bettbezug u. a.); *vgl.* Züchen

Ziech|ling (Schaber des Tischlers)
Zie|fer, das; -s, - (*südwestd. für* Federvieh)
zie|fern (*mitteld. für* wehleidig sein; vor Schmerz, Kälte zittern); ich ziefere
Zie|ge, die; -, -n
Zie|gel, der; -s, -; Zie|gel|bren|ner; Zie|gel|bren|ne|rei; Zie|gel|brenne|rin; Zie|gel|dach
Zie|ge|lei; zie|geln (veraltet für Ziegel machen); ich zieg[e]le; geziegelte Dächer
Zie|gel|ofen
zie|gel|rot
Zie|gel|stein
Zie|gen|bart (*auch* ein Pilz); Ziegen|bock; Zie|gen|her|de; Zie|genkä|se; Zie|gen|le|der
Zie|gen|lip|pe (ein Pilz)
Zie|gen|mel|ker (ein Vogel)
Zie|gen|milch
Zie|gen|pe|ter, der; -s, - (*ugs. für* Mumps)
Zie|ger, der; -s, - (*südd., österr. für* Quark, Kräuterkäse)
Zieg|ler (veraltet für Ziegelbrenner); Zieg|le|rin
Zieh|brun|nen
Zie|he, die; - (*landsch. für* Pflege u. Erziehung); ein Kind in Ziehe geben; Zieh|el|tern *Plur.*
zie|hen; du zogst; du zögest; gezogen; zieh[e]!; *vgl.* zeuch! usw.; nach sich ziehen; Tee ziehen lassen
Zieh|har|mo|ni|ka
Zieh|kind (*landsch.*); Zieh|mut|ter *Plur.* ...mütter (*landsch.*)
Zieh|pflas|ter (*svw.* Zugpflaster)
Zieh|sohn; Zieh|toch|ter
Zie|hung
Zie|hungs|ge|rät (Gerät, mit dem Gewinnzahlen ausgelost werden)
Zieh|va|ter (*landsch.*)
Ziel, das; -[e]s, -e
Ziel|bahn|hof
Ziel|band, das; *Plur.* ...bänder
ziel|be|wusst; Ziel|be|wusst|heit
zie|len; zie|lend (*für* transitiv); zielendes Verb
Ziel|fahn|dung (gezielte Fahndung)
Ziel|fahrt (*Motorsport* kleinere Sternfahrt)
Ziel|fern|rohr
ziel|füh|rend
Ziel|ge|biet (*Militär*)
Ziel|ge|nau
Ziel|ge|ra|de (*Sport* letztes gerades Bahnstück vor dem Ziel)
ziel|ge|rich|tet

Ziel|grup|pe; ziel|grup|pen|ge|recht; ziel|grup|pen|spe|zi|fisch
Ziel|ha|fen
Ziel|ka|me|ra
Ziel|kauf (*Wirtsch.*)
Ziel|kur|ve (*Sport*)
Ziel|land *Plur.* ...länder (Land als Ziel für Tourismus, Exporte u. a.); Ziel|li|nie
ziel|los; Ziel|lo|sig|keit, die; -
ziel|ori|en|tiert
Ziel|pub|li|kum (*bes. schweiz. für* Zielgruppe)
Ziel|punkt
Ziel|rich|ter; Ziel|rich|te|rin
Ziel|schei|be; Ziel|set|zung
ziel|si|cher; Ziel|si|cher|heit, die; -
Ziel|spra|che (Sprachwiss.)
Ziel|sprint
Ziel|stel|lung (regional für Zielsetzung)
ziel|stre|big; Ziel|stre|big|keit
Ziel|vor|ga|be; Ziel|vor|rich|tung; Ziel|vor|stel|lung
Ziel|was|ser (*scherzh. für* Alkohol, der zum vermeintlich besseren Zielen vom Schützen getrunken wird)
Ziem, der; -[e]s, -e (veraltet für oberes Keulenstück)
zie|men (*geh. veraltend*); es ziemt sich, es ziemt mir
Zie|mer, der; -s, - (Rückenbraten [vom Wild]; Ochsenziemer)
ziem|lich (*fast, annähernd*)
Ziep|chen, Zie|pel|chen (*landsch. für* Küken, Hühnchen)
zie|pen (*landsch., bes. nordd. für* zupfend ziehen; einen leichten ziehenden Schmerz bewirken; einen Pfeifton von sich geben)
Zier, die; -; Zier|rat alte Schreibung *für* Zierrat; Zier|de, die; -, -n
zie|ren; sich zieren; Zie|re|rei
Zier|fisch; Zier|gar|ten; Zier|ge|müse; Zier|gras; Zier|karp|fen; Zierkür|bis; Zier|leis|te
zier|lich; Zier|lich|keit, die; -
Zier|pflan|ze; Zier|pup|pe; Zier|rand
Zier|rat, der; -[e]s, -e
Zier|stich
Zier|strauch; Zier|vo|gel
Zie|sel, der, *österr. das;* -s, - ⟨slaw.⟩ (ein Nagetier)
Ziest, der; -[e]s, -e ⟨slaw.⟩ (eine Heilpflanze)
Zie|ten, Zie|then (preuß. Reitergeneral)
Ziff. = Ziffer
Zif|fer, die; -, -n ⟨arab.⟩ (Zahlzeichen; *Abk.* Ziff.); arabische, römische Ziffern; Zif|fer|blatt, Zif|fern|blatt

Z
Ziff

1245

...zif|fe|rig, ...ziff|rig (z. B. zwei-ziff[e]rig, mit Ziffer 2-ziff[e]rig)
Zif|fern|blatt, Zif|fer|blatt
Zif|fer[n]|kas|ten *(Druckw.)*; zif|fern|mä|ßig; Zif|fer|schrift
...ziff|rig vgl. ...zifferig

zig

(ugs.)
- zig Euro
- mit zig Sachen in die Kurve

In Zusammensetzungen:
- zigfach, zigmal
- *aber* zum zigsten Mal
- ein Zigfaches ↑D 72
- Zigtausend *od.* zigtausend Menschen
- Zigtausende *od.* zigtausende von Menschen

Zi|ga|ret|te, die; -, -n ⟨franz.⟩
Zi|ga|ret|ten|asche; Zi|ga|ret|ten|au|to|mat; Zi|ga|ret|ten|etui; Zi|ga|ret|ten|fa|b|rik; Zi|ga|ret|ten|kip|pe
Zi|ga|ret|ten|län|ge; *in* auf eine Zigarettenlänge *(ugs.)*
Zi|ga|ret|ten|pa|ckung; Zi|ga|ret|ten|pa|pier; Zi|ga|ret|ten|pau|se; Zi|ga|ret|ten|qualm; Zi|ga|ret|ten|rauch; Zi|ga|ret|ten|rau|cher; Zi|ga|ret|ten|rau|che|rin
Zi|ga|ret|ten|schach|tel; Zi|ga|ret|ten|schmug|gel; Zi|ga|ret|ten|spit|ze; Zi|ga|ret|ten|stum|mel; Zi|ga|ret|ten|ta|bak
Zi|ga|ril|lo [*selten auch* ...'rɪljo], der, *auch* das; -s, -s ⟨span.⟩ (kleine Zigarre)
Zi|gärr|chen
Zi|gar|re, die; -, -n
Zi|gar|ren|ab|schnei|der; Zi|gar|ren|asche; Zi|gar|ren|etui; Zi|gar|ren|fa|b|rik; Zi|gar|ren|kis|te
Zi|gar|ren|rauch; Zi|gar|ren|rau|cher; Zi|gar|ren|rau|che|rin
Zi|gar|ren|spit|ze; Zi|gar|ren|stum|mel
Zi|ger, der; -s, - *(schweiz. für* Molkenkäse; Kräuterkäse)
Zi|geu|ner, der; -s, -

Zigeuner

Die Bezeichnungen *Zigeuner*, *Zigeunerin* werden vom Zentralrat Deutscher Sinti und Roma als diskriminierend abgelehnt. Deshalb sollte die Menschengruppe lieber als *Sinti und Roma* bezeichnet werden.

Zi|geu|ne|rin
Zi|geu|ner|ka|pel|le; Zi|geu|ner|le|ben; Zi|geu|ner|mu|sik
zi|geu|nern (*meist abwertend, veraltend* sich herumtreiben); ich zigeunere
Zi|geu|ner|pri|mas
Zi|geu|ner|schnit|zel *(Gastron.)*
Zi|geu|ner|spra|che *(veraltend)*
zig|fach, zig|hun|dert, zig|mal, zigs|te, zig|tau|send vgl. zig
Zi|gi, die; -, -s *(ugs.; kurz für* Zigarette)
Zi|ka|de, die; -, -n ⟨lat.⟩ (ein Insekt); Zi|ka|den|männ|chen
zi|li|ar ⟨lat.⟩ *(Med.* die Wimpern betreffend)
Zi|li|ar|kör|per (ein Abschnitt der mittleren Hautschicht des Auges); Zi|li|ar|mus|kel; Zi|li|ar|neu|r|al|gie (Schmerzen in Augapfel u. Augenhöhle)
Zi|li|a|te, die; -, -n *meist Plur.* (*Biol.* Wimpertierchen)
Zi|lie, die; -, -n *(Med.* feines Haar; Wimper)
Zi|li|zi|en usw. vgl. Kilikien usw.
¹Zi|l|le (dt. Zeichner)
²Zi|l|le, die; -, -n ⟨slaw.⟩ *(ostmitteld., österr. für* leichter, flacher [Fracht]kahn); Zi|l|len|schlep|per
Zi|l|ler|tal, das; -[e]s; Zi|l|ler|ta|ler; Zillertaler Alpen
Zil|li|on, die; -, -en *(ugs. für* eine unvorstellbar große Zahl)
Zill|me|rung ⟨nach dem Mathematiker Zillmer⟩ (*Versicherungsw.* Verfahren zur Verrechnung der Abschlusskosten eines Versicherungsvertrages mit den Beitragszahlungen)
Zilp|zalp, der; -s, -s (ein Singvogel)
Zim|bab|we (*engl. Schreibung von* Simbabwe)
Zim|bal, das; -s, *Plur.* -e *u.* -s ⟨griech.⟩ (mit Hämmerchen geschlagenes Hackbrett)
Zim|bel, die; -, -n (a gemischte Orgelstimme; kleines Becken)
Zim|ber, Kim|ber, der; -s, -n (Angehöriger eines germ. Volksstammes); Zim|be|rin, Kim|be|rin; zim|b|risch, kim|b|risch; *aber nur* die zimbrischen Sprachinseln; ↑D 140: die Zimbrische Halbinsel (Jütland)
Zi|ment, das; -[e]s, -e ⟨lat.⟩ *(bayr. u. österr. veraltet für* metallenes zylindrisches Maßgefäß)
Zi|mier, das; -s, -e ⟨griech.⟩ (Helmschmuck)
Zim|mer, das; -s, -
Zim|mer|an|ten|ne
Zim|mer|ar|beit, Zim|me|rer|ar|beit
Zim|mer|brand
Zim|mer|de|cke; Zim|mer|ecke
Zim|me|rei
Zim|me|rein|rich|tung
Zim|me|rer; Zim|me|rer|ar|beit vgl. Zimmerarbeit
Zim|me|rer|hand|werk (*seltener für* Zimmerhandwerk)
Zim|mer|farn; Zim|mer|flucht (Reihe nebeneinanderliegender Zimmer; vgl. ¹Flucht)
Zim|mer|frau
Zim|mer|hand|werk
...zim|me|rig, ...zimm|rig (z. B. zweizimm[e]rig, mit Ziffer 2-zimm[e]rig)
Zim|me|rin *(zu* Zimmerer) *(westösterr. auch für* Zimmermädchen)
Zim|mer|kell|ner; Zim|mer|laut|stär|ke; Zim|mer|lin|de
Zim|mer|ling *(Bergmannsspr.* Zimmermann)
Zim|mer|mäd|chen; Zim|mer|mann *Plur.* ...leute; Zim|mer|mie|te
zim|mern; ich zimmere
Zim|mer|num|mer; Zim|mer|pflan|ze; Zim|mer|ser|vice [...sœːɐvɪs], der, *österr. auch* das
Zim|mer|stun|de *(österr., schweiz. für* Ruhestunde des Personals)
Zim|mer|su|che; Zim|mer|tan|ne; Zim|mer|tem|pe|ra|tur; Zim|mer|the|a|ter
Zim|me|rung
Zim|mer|ver|mitt|lung
...zimm|rig vgl. ...zimmerig
zim|per|lich; Zim|per|lich|keit
Zim|per|lie|se, die; -, -n *(ugs. für* zimperliches Mädchen)
zim|pern *(landsch. für* zimperlich sein, tun); ich zimpere
Zimt, der; -[e]s, *Plur. (Sorten:)* -e (ein Gewürz); Zimt|baum
Zimt|far|ben, zimt|far|big
zim|tig
Zimt|stan|ge; Zimt|stern
Zimt|zi|cke, Zimt|zie|ge (Schimpfwort)
Zin|cke|nit, der; -s ⟨nach dem dt. Bergdirektor Zincken⟩ (ein Mineral)
Zin|cum, das; -s *(latinisierte Nebenform von* Zink)
Zin|del|taft ⟨griech.; pers.⟩ (ein Gewebe)
Zin|der, der; -s, - *meist Plur.* ⟨engl.⟩ (ausgeglühte Steinkohle)
Zi|ne|ra|ria, die; -, ...ien ⟨lat.⟩ (Zierpflanze)
Zi|ne|ra|rie, die; -, ...ien ⟨lat.⟩
Zin|fan|del, der; -[s], - (Rebsorte; ein Rotwein)

Zirkusdirektorin

¹Zin|gel, der; -s, -[n] (ein Fisch)
²Zin|gel, der; -s, - ⟨lat.⟩ (veraltet für Ringmauer)
Zin|gu|lum, das; -s, Plur. -s u. ...la (Gürtel[schnur] der Albe)
¹Zink, das; -[e]s (chemisches Element, Metall; Zeichen Zn)
²Zink, der; -[e]s, -en (ein historisches Blasinstrument)
Zink|ät|zung; Zink|blech; Zink|blende
Zin|ke, die; -, -n (Zacke)
¹zin|ken (mit Zinken versehen)
²zin|ken (von, aus ¹Zink)
Zin|ken, der; -s, - ([Gauner]zeichen; ugs. für große Nase)
Zin|ken|blä|ser; Zin|ke|nist, der; -en, -en (schwäb., sonst veraltet Zinkenbläser, Stadtmusikant); Zinke|nis|tin
Zin|ker (ugs. für Falschspieler); Zinke|rin
...zin|kig (z. B. dreizinkig, mit Ziffer 3-zinkig)
Zink|leim|ver|band (Med.)
Zin|ko|gra|fie, Zin|ko|gra|phie, die; -, ...ien ⟨dt.; griech.⟩ (Zinkflachdruck); Zin|ko|ty|pie, die; -, ...ien (Zinkhochätzung)
Zink|oxid, Zink|oxyd vgl. Oxid;
Zink|sal|be; Zink|sarg; Zink|sulfat; Zink|wan|ne; Zink|weiß
Zinn, das; -[e]s (chemisches Element, Metall; Zeichen Sn); vgl. Stannum; Zinn|be|cher
Zin|ne, die; -, -n (zahnartiger Mauerabschluss)
zin|nern (von, aus Zinn)
Zinn|fi|gur; Zinn|fo|lie (Blattzinn); Zinn|gie|ßer; Zinn|gie|ße|rin
Zin|nie, die; -, -n (nach dem dt. Botaniker Zinn) (eine Gartenblume)
Zinn|kraut, das; -[e]s (Ackerschachtelhalm)
Zinn|krug
¹Zin|no|ber, der; -s, - ⟨pers.⟩ (ein Mineral)
²Zin|no|ber, der, auch, österr. nur, das; -s (eine rote Farbe)
³Zin|no|ber, der; -s (ugs. für Blödsinn, wertloses Zeug)
zin|no|ber|rot; Zin|no|ber|rot, das; -[s]
Zinn|sol|dat; Zinn|tel|ler
Zinn|wal|dit, der; -s ⟨nach dem Ort Zinnwald⟩ (ein Mineral)
¹Zins, der; -es, -en ⟨lat.⟩ (Ertrag)
²Zins, der; -es, -e (früher für Abgabe; landsch., bes. südd., österr. u. schweiz. für Miete)
zins|bar; Zins|cou|pon (Bankw., Börsenw. Zinsschein); zin|sen

(schweiz., sonst veraltet für Zins[en] zahlen); du zinst; Zinsen|dienst; Zin|sen|last (österr., schweiz.)
zin|sen|los (bes. österr.)
Zins|er|hö|hung; Zins|er|trag
Zin|ses|zins Plur. ...zinsen; Zin|seszins|rech|nung
Zins|fuß Plur. ...füße; Zins|ga|rantie; Zins|gro|schen (früher)
zins|güns|tig
Zins|haus (bes. südd., österr. für Mietshaus); Zins|herr|schaft
zins|los
Zins|ni|veau (Wirtsch.)
Zins|pflicht, die; - (im MA.); zinspflich|tig
Zins|po|li|tik; zins|po|li|tisch
Zins|ri|si|ko; Zins|satz; Zins|senkung; Zins|steu|er; Zins|swap (Bankw., Börsenw.); Zins|ter|min (Zinszahlungstag)
zins|ver|bil|ligt; Zins|ver|bil|li|gung
Zins|wett|be (Zinsswap); Zins|wucher; Zins|zahl (Abk. Zz.)
Zin|zen|dorf (Stifter der Herrnhuter Brüdergemeine)
Zi|on, Si|on, der; -[s] ⟨hebr.⟩ (Tempelberg in Jerusalem; ohne Artikel auch für Jerusalem)
Zi|o|nis|mus, der; - (Bewegung zur Gründung u. Sicherung eines nationalen jüdischen Staates)
Zi|o|nist, der; -en, -en (Anhänger des Zionismus); Zi|o|nis|tin; zi|o|nis|tisch
Zi|o|nit, der; -en, -en (Angehöriger einer schwärmerischen christl. Sekte des 18. Jh.s); Zi|o|ni|tin
Zip|da|tei [auch 'zɪp...] ⟨engl., dt.⟩ (EDV komprimierte Datei)
¹Zipf, der; -[e]s (südd. u. ostmitteld. für Pips)
²Zipf, der; -[e]s, -e (österr. ugs. für Zipfel)
Zip|fel, der; -s, -; zip|fe|lig; Zip|felmüt|ze; zip|feln (ugs. für einen zipfeligen Saum haben); zipf|lig
Zi|pol|le, die; -, -n ⟨lat.⟩ (nordd., auch mitteld. für Zwiebel)
Zipp®, der; -s, -s (österr. für Reißverschluss)
Zipp|dros|sel, ¹Zip|pe, die; -, -n (landsch. für Singdrossel)
²Zip|pe, die; -, -n (ugs. für Zigarette)
zip|pen [auch 'zɪp...] (EDV in einer Zipdatei speichern)
Zip|per, der; -s, - ⟨engl.⟩ (ugs. für Reißverschluss)
Zip|per|lein, das; -s (veraltet für [Fuß]gicht)
Zipp|ho|se (Hose, deren Beine mit Reißverschlüssen befestigt sind)

Zip|po® [auch 'z...], das; -s, -s (ein Feuerzeug)
Zipp-off-Ho|se (Zipphose)
Zip|pus, der; -, Plur. Zippen u. Zippi ⟨lat.⟩ (antiker Gedenk-, Grenzstein)
Zipp|ver|schluss ⟨engl.; dt.⟩ (österr. für Reißverschluss); vgl. Zipp®
Zips, der; - (Gebiet in der Slowakei); Zip|ser; Zip|se|rin
Zir|be, Zir|bel, die; -, -n (landsch. für eine Kiefer)
Zir|bel|drü|se (Med.)
Zir|bel|kie|fer, die (vgl. Arve); Zir|bel|nuss
Zir|co|ni|um vgl. Zirkonium
zir|ka vgl. circa
Zir|ka|an|ga|be vgl. Circaangabe
Zir|ka|preis vgl. Circapreis
Zir|kel, der; -s, - ⟨griech.⟩
Zir|kel|kas|ten
zir|keln (Kreis ziehen; [ab]messen); ich zirk[e]le; Zir|kel|rund
Zir|kel|schluss
Zir|kon, der; -s, -e ⟨nlat.⟩ (ein Mineral); Zir|ko|ni|um, chem. fachspr. Zir|co|ni|um, das; -s (chem. Element; Zeichen Zr)
zir|ku|lar, zir|ku|lär ⟨griech.⟩ (kreisförmig)
Zir|ku|lar, das; -s, -e (schweiz., sonst veraltet für Rundschreiben); Zir|ku|lar|no|te (Völkerrecht mehreren Staaten gleichzeitig zugestellte Note gleichen Inhalts
Zir|ku|la|ti|on, die; -, -en (Kreislauf, Umlauf); zir|ku|lie|ren
zir|kum... ⟨griech.⟩ (um..., herum...); Zir|kum... (Um..., Herum...)
zir|kum|flek|tie|ren (mit Zirkumflex versehen); Zir|kum|flex, der; -[es], -e (Sprachwiss. ein Dehnungszeichen; Zeichen ^, z. B. â)
Zir|kum|po|lar|stern (Stern, der für den Beobachtungsort nie untergeht)
zir|kum|skript (Med. umschrieben, [scharf] abgegrenzt); Zir|kum|skrip|ti|on, die; -, -en (Abgrenzung kirchlicher Gebiete)
zir|kum|ter|res|t|risch (im Umkreis der Erde)
Zir|kum|zi|si|on, die; -, -en ⟨lat.⟩ (Med. Beschneidung)
Zir|kus, Cir|cus, der; -[ses], -se (großes Zelt od. Gebäude, in dem Artistik, Tierdressuren u. a. gezeigt werden; nur Sing.: ugs. Durcheinander, Trubel)
Zir|kus|di|rek|tor, Cir|cus|di|rektor; Zir|kus|di|rek|to|rin, Cir|cus-

Z
Zirk

Zirkuspferd

di|rek|to|rin; **Zir|kus|pferd**, Cir-cus|pferd; **Zir|kus|zelt**, Circuszelt

Zir|pe, die; -, -n ⟨landsch. für Grille, Zikade⟩; **zir|pen**

Zir|ren (Plur. von Zirrus)

Zir|rho|se, die; -, -n ⟨griech.⟩ (Med. chron. Wucherung von Bindegewebe mit nachfolgender Verhärtung u. Schrumpfung)

Zir|ro|ku|mu|lus ⟨lat.⟩ (Meteorol. Schäfchenwolke)

Zir|ro|stra|tus (ungegliederte Streifenwolke in großer Höhe)

Zir|rus, der; -, Plur. - u. Zirren (Federwolke); **Zir|rus|wol|ke**

zir|zen|sisch ⟨griech.⟩ (den Zirkus betreffend, in ihm abgehalten)

zis|al|pin, **zis|al|pi|nisch** ⟨lat.⟩ ([von Rom aus] diesseits der Alpen liegend)

Zi|sche|lei; **zi|scheln**; ich zisch[e]lle

zi|schen; du zischst; **Zisch|laut**

Zi|se|leur [...lø:ɐ̯], der; -s, -e ⟨franz.⟩ (Metallstecher); **Zi|se|leu|rin**; **zi|se|lie|ren** ([in Metall] mit Punze, Ziselierhammer [kunstvoll] einarbeiten); **Zi|se|lie|rer** (Ziseleur); **Zi|se|lie|re|rin**; **Zi|se|lie|rung**

¹**Zis|ka** (dt. Form von Žižka)

²**Zis|ka** (w. Vorn.)

Zis|la|weng, der ⟨franz.⟩; in der Fügung mit einem Zislaweng (ugs. für mit Schwung)

zis|pa|da|nisch ([von Rom aus] diesseits des Pos liegend)

Zis|sa|li|en Plur. ⟨lat.⟩ (fehlerhafte Münzen, die wieder eingeschmolzen werden)

Zis|so|i|de, die; -, -n ⟨griech.⟩ (Math. Efeublattkurve; ebene Kurve dritter Ordnung)

Zis|ta, **Zis|te**, die; -, Zisten ⟨griech.⟩ (altgriech. zylinderförmiger Korb; frühgeschichtliche Urne)

Zis|ter|ne, die; -, -n ⟨griech.⟩ (Behälter für Regenwasser); **Zis|ter|nen|was|ser**

Zis|ter|zi|en|ser, der; -s, - (Angehöriger eines kath. Ordens); **Zis|ter|zi|en|se|rin**; **Zis|ter|zi|en|ser|or|den**, der; -s

Zist|rös|chen, **Zist|ro|se** ⟨griech.; dt.⟩ (eine Pflanze)

Zi|ta (w. Vorn.)

Zi|ta|del|le, die; -, -n ⟨franz.⟩ (Befestigungsanlage innerhalb einer Stadt od. einer Festung)

Zi|tat, das; -[e]s, -e ⟨lat.⟩

Zi|ta|ten|le|xi|kon; **Zi|ta|ten|schatz**

Zi|ta|ti|on, die; -, -en (veraltet für [Vor]ladung vor Gericht; auch für Zitierung)

Zi|ther, die; -, -n ⟨griech.⟩ (ein Saiteninstrument); **Zi|ther|spiel**, das; -[e]s

zi|tie|ren ⟨lat.⟩ ([eine Textstelle] wörtlich anführen; vorladen); **Zi|tie|rung**

Zi|t|rat, fachspr. **Ci|t|rat**, das; -[e]s, -e ⟨lat.⟩ (Salz der Zitronensäure)

¹**Zi|t|rin**, der; -s, -e (gelber Bergkristall)

²**Zi|t|rin**, das; -s (Bestandteil eines gelben Farbstoffs)

Zi|t|ro|nat, das; -[e]s, -e ⟨franz.⟩ (kandierte Fruchtschale einer Zitronenart)

Zi|t|ro|ne, die; -, -n ⟨ital.⟩

Zi|t|ro|nen|baum; **Zi|t|ro|nen|fal|ter**

zi|t|ro|nen|far|ben, **zi|t|ro|nen|far|big**; **zi|t|ro|nen|gelb**

Zi|t|ro|nen|gras (ein südostasiat. Gewürz); **Zi|t|ro|nen|li|mo|na|de**; **Zi|t|ro|nen|me|lis|se**; **Zi|t|ro|nen|pres|se**; **Zi|t|ro|nen|saft**

zi|t|ro|nen|sau|er (Chemie); **Zi|t|ro|nen|säu|re**, die; -

Zi|t|ro|nen|scha|le; **Zi|t|ro|nen|was|ser**

Zi|t|rul|le, die; -, -n ⟨franz.⟩ (veraltet für Wassermelone)

Zi|t|rus|frucht (Zitrone, Apfelsine u. a.); **Zi|t|rus|öl**; **Zi|t|rus|pflan|ze**

Zit|ter|aal; **Zit|ter|gras**

zit|te|rig, **zitt|rig**

zit|tern; ich zittere; ↑D 82: sie hat das Zittern (ugs.)

Zit|ter|pap|pel

Zit|ter|par|tie (Spiel, bei dem eine Mannschaft bis zuletzt um den Sieg fürchten muss)

Zit|ter|ro|chen (ein Fisch)

zitt|rig vgl. zitterig

Zit|wer, der; -s, - ⟨pers.⟩ (Korbblütler, dessen Samen als Wurmmittel verwendet werden)

Zit|ze, die; -, -n (Organ zum Säugen bei w. Säugetieren)

Ziu (altgerm. Gott); vgl. Tiu, Tyr

zi|vi, der; -s, -s u. die; -, -s (kurz für Zivildienstleistende[r])

zi|vil ⟨lat.⟩ (bürgerlich); zivile (niedrige) Preise; ziviler Bevölkerungsschutz, Ersatzdienst

Zi|vil, das; -s (bürgerl. Kleidung)

Zi|vil|an|zug; **Zi|vil|be|ruf**; **Zi|vil|be|schä|dig|te**, der u. die; -n, -n

Zi|vil|be|völ|ke|rung; **Zi|vil|cou|ra|ge**

Zi|vil|die|ner (österr. für Zivildienstleistender); **Zi|vil|dienst**, der; -[e]s; **Zi|vil|dienstbe|auf|trag|te**; **Zi|vil|dienst|leis|ten|de**, der u. die; -n, -n, Zi|vildienst **Leis|ten|de**, der u. die; - -n, - -n

Zi|vil|ehe (standesamtlich geschlossene Ehe)

Zi|vil|fahn|de|r, **Zi|vil|fahn|de|rin**; **Zi|vil|fahn|dung**

Zi|vil|ge|richt

Zi|vil|ge|sell|schaft (Politik, Soziol.)

Zi|vil|ge|setz|buch (Abk. [in der Schweiz] ZGB)

Zi|vi|li|sa|ti|on, die; -, -en (durch Fortschritt von Wissenschaft u. Technik verbesserte Lebensbedingungen); **Zi|vi|li|sa|ti|ons|krank|heit** meist Plur.

zi|vi|li|sa|ti|ons|mü|de; **Zi|vi|li|sa|ti|ons|mü|dig|keit**

Zi|vi|li|sa|ti|ons|müll

zi|vi|li|sa|to|risch

zi|vi|li|sie|ren (der Zivilisation zuführen); **Zi|vi|li|siert**; **Zi|vi|li|siert|heit**; **Zi|vi|li|sie|rung**

Zi|vi|list, der; -en, -en (Nichtsoldat); **Zi|vi|lis|tin**; **zi|vi|lis|tisch**

Zi|vil|kam|mer (Spruchabteilung für privatrechtl. Streitigkeiten bei Landgerichten); **Zi|vil|kla|ge**

Zi|vil|klei|dung; **Zi|vil|le|ben**

Zi|vil|lis|te (für den Monarchen bestimmter Betrag im Staatshaushalt)

Zi|vil|op|fer; **Zi|vil|per|son**

Zi|vil|pro|zess (Gerichtsverfahren, dem die Bestimmungen des Privatrechts zugrunde liegen); **Zi|vil|pro|zess|ord|nung** (Abk. ZPO); **Zi|vil|pro|zess|recht**

Zi|vil|recht; **zi|vil|recht|lich**

Zi|vil|schutz, der; -es

Zi|vil|stand (schweiz. für Familien-, Personenstand); **Zi|vil|stands|amt** (schweiz. auch für Standesamt); **Zi|vil|stands|be|am|te** (schweiz.); **Zi|vil|stands|be|am|tin**

Zi|vil|strei|fe

Zi|vil|tech|ni|ker (österr.); **Zi|vil|tech|ni|ke|rin**

Zi|vil|trau|ung; **Zi|vil|ver|fah|ren**; **Zi|vil|ver|tei|di|gung**

zi|zerl|weis (bayr., österr. ugs. für nach u. nach, ratenweise)

Žiž|ka [ˈʒɪʃ...] (Hussitenführer); vgl. ¹Ziska

ZK, das; -, Plur. -, selten -s = Zentralkomitee

Zlo|ty [ˈzlɔtɪ], **Złoty** [ˈzuɔ...], der; -[s], -s ⟨poln.⟩ (polnische Währungseinheit; Währungscode PLN); 5 Zloty

Zmi|t|tag, der od. das; -s (schweiz. mdal. für Mittagessen)

Zmor|ge[n], der od. das; -[s], - (schweiz. mdal. für Frühstück)

Zn (chem. Zeichen für Zink)
Znacht, der od. das; -s ⟨schweiz. mdal. für⟩ Abendessen)
Znü|ni, der od. das; -[s], -[s]; vgl. Götti ⟨schweiz. mdal. für Vormittagsimbiss⟩
Zo|bel, der; -s, - ⟨slaw.⟩ (Marder; Pelz); **Zo|bel|pelz**
Zo|ber, der; -s, - (landsch. für Zuber)
Zoc|co|lo, der; -[s], Zoccoli meist Plur. ⟨ital.⟩ (schweiz. für Holzsandale)
zo|ckeln (svw. zuckeln); ich zock[e]le
zo|cken ⟨jidd.⟩ (ugs. für Glücksspiele machen; Jugendspr. auch für ein [Computer]spiel spielen); **Zo|cker,** der; -s, - (Glücksspieler); **Zo|cke|rin; Zo|cker|pa|pier** (ugs. für Wertpapier mit äußerst hohem Kursrisiko)
zo|di|a|kal ⟨griech.⟩ (den Zodiakus betreffend); **Zo|di|a|kal|licht,** das; -[e]s, -er (Astron. pyramidenförmiger Lichtschein in der Richtung des Tierkreises); **Zo|di|a|kus,** der; - (Tierkreis)
Zoe (Name byzantinischer Kaiserinnen)
Zo|fe, die; -, -n; **Zo|fen|dienst**
Zoff, der; -s (ugs. für Ärger, Streit, Unfrieden); **zof|fen,** sich (ugs. für sich streiten)
zog vgl. ziehen
zö|ger|lich (zögernd)
zö|gern; ich zögere; ↑D 82; nach anfänglichem Zögern; ohne Zögern einspringen
Zög|ling
Zo|he, die; -, -n (südwestd. für Hündin)
Zoigl, Zeugl, der; -s, - (regional für eine Biersorte)
Zo|la [z...] (franz. Schriftsteller)
¹**Zö|les|tin,** der; -s, -e ⟨lat.⟩ (ein Mineral)
²**Zö|les|tin, Zö|les|ti|nus** (m. Vorn.); **Zö|les|ti|ne** (w. Vorn.)
Zö|les|ti|ner, der; -s, - (Angehöriger eines ehemaligen katholischen Ordens); **Zö|les|ti|ne|rin**
Zö|les|ti|nus vgl. ²Zölestin
zö|les|tisch (veraltet für himmlisch)
Zö|li|a|kie, die; -, -n ⟨griech.-nlat.⟩ (Med. chronische Verdauungsstörung)
Zö|li|bat, das, Theol. der; -[e]s ⟨lat.⟩ (pflichtmäßige Ehelosigkeit aus religiösen Gründen, bes. bei kath. Geistlichen)
Zö|li|ba|tär; Zö|li|ba|tär, der; -s, -e (jmd., der im Zölibat lebt); **Zö|li|ba|tä|rin**
Zö|li|bats|zwang, der; -[e]s (Abgabe)
¹**Zoll,** der; -[e]s, Zölle ⟨griech.⟩
²**Zoll,** der; -[e]s, - (altes Längenmaß, Zeichen ″); 3 Zoll breit; vgl. zollbreit u. Zollbreit
Zoll|ab|fer|ti|gung
Zoll|amt; zoll|amt|lich
Zoll|an|mel|dung
zoll|bar (zollpflichtig)
Zoll|be|am|te; Zoll|be|am|tin
Zoll|be|hör|de
zoll|breit; ein zollbreites Brett, aber das Brett ist einen Zoll breit; **Zoll|breit,** der; -, -, **Zoll breit,** - -, - -; keinen **Zollbreit** od. Zoll breit zurückweichen
Zoll|bürg|schaft; Zoll|de|kla|ra|ti|on; Zoll|ein|neh|mer (früher)
zol|len; jmdm. Respekt zollen
...zöl|ler (z. B. Achtzöller)
Zoll|er|klä|rung
Zoll|fahn|der; Zoll|fahn|de|rin; Zoll|fahn|dung
Zoll|for|ma|li|tät meist Plur.
zoll|frei; Zoll|frei|heit, die; -
Zoll|ge|biet; Zoll|gren|ze
zoll|hoch, aber einen Zoll hoch
...zöl|lig, auch, österr. nur **...zöl|lig** (z. B. vierzollig, vierzöllig, mit Ziffer 4-zollig, 4-zöllig)
Zoll|in|halts|er|klä|rung
Zoll|kon|t|rol|le
zoll|lang ↑D 25, aber einen Zoll lang
Zoll|li|nie, Zoll-Li|nie, die; -, -n
Zöll|ner (früher für Zoll-, Steuereinnehmer; veraltend Zollbeamter); **Zöll|ne|rin**
Zoll|ord|nung
zoll|pflich|tig
Zoll|recht; Zoll|schran|ke
Zoll|stab (österr. für Zollstock)
Zoll|sta|ti|on; Zoll|stel|le
Zoll|stock Plur. ...stöcke
Zoll|ta|rif; Zoll|uni|on; Zoll|ver|trag
Zoll|wa|che (österr. für uniformierter, bewaffneter Zolldienst)
Zöl|lom, das; -s, -e ⟨griech.⟩ (Biol. Leibeshöhle [der Säugetiere])
Zom|bie [...bi], der; -[s], -s ⟨westafrik.⟩ (wiedererweckter Toter)
Zö|me|te|ri|um, das; -s, ...ien ⟨griech.⟩ (Ruhestätte, Friedhof, auch für Katakombe)
zo|nal, zo|nar ⟨griech.-lat.⟩ (zu einer Zone gehörend, eine Zone betreffend)
Zo|ne, die; -, -n ⟨griech.-lat.⟩ (abgegrenztes Gebiet)
Zo|nen|gren|ze (nach dem 2. Weltkrieg für Grenze zwischen den Besatzungszonen; Verkehrsw. Zahlgrenze)
Zo|nen|ta|rif; Zo|nen|ver|tei|di|gung, die; - (Basketball); **Zo|nen|zeit**
Zö|no|bit, der; -en, -en ⟨griech.⟩ (im Kloster lebender Mönch)
Zö|no|bi|um, das; -s, ...ien (Kloster; Biol. kolonieartiger Zusammenschluss von Einzellern)
Zoo, der; -s, -s ⟨griech.⟩ (kurz für zoologischer Garten)
Zoo|di|rek|tor; Zoo|di|rek|to|rin
zoo|gen [tsoo...] (aus tierischen Resten gebildet [von Gesteinen])
Zoo|gra|fie, Zoo|gra|phie [tsoo...], die; -, ...ien (Benennung u. Einordnung der Tierarten)
Zoo|hand|lung
Zoo|lat|rie [tsoo...], die; -, ...ien (Tierkult)
Zoo|lith [tsoo...], der; Gen. -s od. -en, Plur. -e[n] (Tierversteinerung)
Zoo|lo|ge [tsoo...], der; -n, -n; **Zoo|lo|gie** [tsoo...], die; - (Tierkunde); **Zoo|lo|gin; zoo|lo|gisch;** ein zoologischer Garten, aber ↑D 150: der Zoologische Garten Frankfurt
Zoom [zu:m], das u. der; -s, -s ⟨engl.⟩ (Objektiv mit veränderlicher Brennweite; Vorgang, durch den der Aufnahmegegenstand näher an den Betrachter herangeholt od. weiter von ihm entfernt wird; EDV Bildausschnittvergrößerung od. -verkleinerung); **Zoom|be|reich; zoo|men;** gezoomt; **Zoom|ob|jek|tiv**
Zo|on po|li|ti|kon, das; - - - ⟨griech.⟩ (der Mensch als Gemeinschaftswesen [bei Aristoteles])
Zoo-Or|ches|ter, Zoo|or|ches|ter
zoo|phag [tsoo...] (fleischfressend [von Pflanzen]); **Zoo|pha|ge** [tsoo...], der; -n, -n (fleischfressende Pflanze)
Zoo|phyt [tsoo...], der od. das; -en, -en (veraltete Bez. für Hohltier od. Schwamm)
Zoo|tech|ni|ker [auch 'tso:...] (regional für [Zoo]tierpfleger); **Zoo|tech|ni|ke|rin**
Zoo|to|mie [tsoo...], die; - (Tieranatomie)
Zoo|top [tsoo...], der u. das; -s, -e ⟨griech.⟩ (Biol. Lebensraum von Tieren)
Zoo|wär|ter (ugs.); **Zoo|wär|te|rin**
Zopf, der; -[e]s, Zöpfe; ein alter Zopf (ugs. für überlebter Brauch); **Zöpf|chen; zop|fig**

Zopfmuster

zu

I. *Wortart:*
a) *Präposition mit Dativ:*
– zu dem Garten; zum Bahnhof
– zu zweien, zu zweit
– vier zu eins (4 : 1)

b) *Konjunktion:*
– er bat ihn[,] zu helfen
– die zu versichernde Angestellte, *aber* die zu Versichernde, *entsprechend:* der aufzunehmende Fremde, der Aufzunehmende
Zur Kommasetzung ↑D 116 u. 117

c) *Adverb:*
– zu viel, zu wenig, zu weit, zu spät
– zu sein (*ugs. für* geschlossen sein); alle Läden sind zu gewesen

d) *als »Vorwort« des Verbs:*
– der Hund ist mir zugelaufen
– der Vogel ist mir zugeflogen

II. *Zusammen- oder Getrenntschreibung:*
– zuäußerst; zuoberst; zutiefst; zuunterst
– zuzeiten (bisweilen), *aber* zu Großmutters Zeiten, zu Zeiten Goethes
– zuletzt, *aber* zu guter Letzt
– zugrunde *od.* zu Grunde gehen
– zugunsten *od.* zu Gunsten
– zu Haus[e] *od.* zuhaus[e] sein
– zulasten *od.* zu Lasten
– jemandem etwas zuleide *od.* zu Leide tun
– mir ist fröhlich zumute *od.* zu Mute
– sich etwas zunutze *od.* zu Nutze machen
– mit etwas zurande *od.* zu Rande kommen
– jemanden zurate *od.* zu Rate ziehen
– zuschanden *od.* zu Schanden werden
– sich etwas zuschulden *od.* zu Schulden kommen lassen
– zuseiten (*vgl. d.*) *od.* zu Seiten
– zustande *od.* zu Stande kommen
– zutage *od.* zu Tage fördern, treten
– zuungunsten *od.* zu Ungunsten
– zuwege *od.* zu Wege bringen
– zu Berge stehen
– jemandem zu Dank verpflichtet sein; zu herzlichstem Dank verpflichtet
– sich etwas zu eigen machen
– zu Ende gehen
– zu Herzen gehen
– jemandem zu Ohren kommen
– zu Recht bestehen
– zu Werke gehen
– zu Willen sein
– zum (zu dem; *vgl.* zum)
– zur (zu der; *vgl.* zur)
– sie sind der Stadt zu (stadtwärts) gegangen

III. *Großschreibung als erster Bestandteil eines Gebäudenamens* ↑D 150:
– Zum Löwen (Gasthaus)
– Zur Alten Post (Gasthaus)
– das Gasthaus [mit dem Namen] »Zum Löwen«, »Zur Alten Post«, *aber* das »Gasthaus zum Löwen«

IV. *Groß- oder Kleinschreibung bei Familiennamen:*
– Familie Zur Nieden, *auch* Familie zur Nieden

Zopf|mus|ter; Zopf|stil, der; -[e]s ⟨Kunstwiss.⟩
Zop|pot (poln. Sopot)
Zo|res, der; - ⟨hebr.-jidd.⟩ (*landsch. für* Ärger; Gesindel)
Zo|ril|la, der; -s, -s, *auch* der; -, -s ⟨span.⟩ (eine afrik. Marderart)
Zorn, der; -[e]s
Zorn|ader (Zornesader); **Zorn|ausbruch** (Zornesausbruch); **Zornbin|kel,** der; -s, -[n] (*österr. ugs. für* jähzorniger Mensch)
zorn|ent|brannt ↑D 59
Zor|nes|ader; Zor|nes|aus|bruch; Zor|nes|rö|te, die; -
zor|nig
Zorn|rö|te, die; - (Zornesröte)
zorn|schnau|bend ↑D 59
Zo|ro|as|ter (Nebenform von Zarathustra); **zo|ro|as|t|risch;** die zoroastrische Lehre ↑D 89 u. 135
Zos|se, der; -n, -n, **Zos|sen,** der; -, - ⟨hebr.-jidd.⟩ (*landsch. für* Pferd)
Zos|ter, der; -[s], - ⟨griech.⟩ (Med. Gürtelrose)
Zo|te, die; -, -n (unanständiger Witz); **zo|ten; Zo|ten|rei|ßer; Zo|ten|rei|ße|rin**
zo|tig; Zo|tig|keit
Zot|te, die; -, -n (*südwestd. u. mitteld. für* Schnauze, Ausgießer)
Zot|tel, die; -, -n (Haarbüschel; Quaste, Troddel u. a.)
Zot|tel|bär; Zot|tel|haar
zot|te|lig, zott|lig
zot|teln (*ugs. für* langsam gehen); ich zott[e]le
zot|tig; zott|lig *vgl.* zottelig
ZPO = Zivilprozessordnung
Zr (*chem. Zeichen für* Zirkonium)
Zs. = Zeitschrift
Zschok|ke (schweiz. Schriftsteller)
¹**Zscho|pau** (Stadt im Erzgebirge)
²**Zscho|pau,** die; - (Fluss in Sachsen)
Zschr. = Zeitschrift
Z-Sol|dat ['tsɛt...] (*kurz für* Zeitsoldat)
z. T. = zum Teil
Ztr. = Zentner
zy *s.* Kasten
zu... (*in Zus. mit Verben,* z. B. zunehmen, du nimmst zu, zugenommen, zuzunehmen)
zu|al|ler|al|ler|letzt; zu|al|ler|erst; zu|al|ler|letzt; zu|al|ler|meist
Zu|ar|beit; zu|ar|bei|ten; sie haben ihm fleißig zugearbeitet
zu|äu|ßerst
Zu|bau, der; -[e]s, -ten (*österr. für* Anbau); **zu|bau|en**
Zu|be|hör, das, *seltener* der; -[e]s, *Plur.* -e, *schweiz. auch* -den; *vgl.* Zugehör
Zu|be|hör|in|dus|t|rie; Zu|be|hör|teil, das
zu|bei|ßen
zu|be|kom|men (*ugs.*); sie hat die Tür zubekommen
Zu|ber, der; -s, - (*landsch. für* [Holz]bottich)
zu|be|rei|ten; Zu|be|rei|ter; Zu|be|rei|tung
zu|be|to|nie|ren; zubetoniert
Zu|bett|ge|hen, das; -s ↑D 27 u. 82
zu|be|we|gen; sich aufeinander zubewegen; *aber* sie war nicht dazu zu bewegen
zu|bil|li|gen; Zu|bil|li|gung
zu|bin|den
Zu|biss

Zugabe

zu|blei|ben *(ugs.)*
zu|blin|zeln
zu|brin|gen
Zu|brin|ger; Zu|brin|ger|bus; Zu|brin|ger|dienst; Zu|brin|ger|stra|ße; Zu|brin|ger|ver|kehr
Zu|brot (zusätzlicher Verdienst)
Zu|bu|ße *(veraltet für Zuschuss)*
zu|but|tern *(ugs. für* [Geld] zusetzen*)*
Zuc|chet|to [tsʊˈkɛ...], der; -s, ...tti *meist Plur.* ⟨ital.⟩ *(schweiz. für* Zucchini*)*
Zuc|chi|ni [...ˈkiːni], die; -, -, *bes. fachspr.* Zuc|chi|no, der; -s, ...ni *meist Plur.* (ein gurkenähnliches Gemüse)
Zü|chen, der; -s, - *(landsch. svw.* Zieche*)*
Zucht, die; -, -en; Zucht|buch
Zucht|bul|le; Zucht|eber
züch|ten; Züch|ter
Zucht|er|folg
Züch|te|rin; züch|te|risch
Zucht|haus; Zucht|häus|ler; Zucht|häus|le|rin; Zucht|haus|stra|fe
Zucht|hengst
züch|tig *(oft spött. für* sittsam*)*
Züch|ti|gen *(geh.)*
Züch|tig|keit, die; - *(scherzh., veraltet)*
Züch|ti|gung *(geh.)*
zucht|los; Zucht|lo|sig|keit
Zucht|mit|tel, das *(Rechtsspr.)*
Zucht|per|le; Zucht|stier; Zucht|tier
Züch|tung; Zucht|vieh; Zucht|wahl
zuck!; Zuck, der; -[e]s, -e; in einem Zuck
zu|ckeln *(ugs. für* gemächlich gehen, fahren); ich zuck[e]le
zu|cken; der Blitz zuckt
zü|cken; den Geldbeutel zücken
Zu|cker, der; -s, *Plur.* (Sorten:) -
Zu|cker|bä|cker *(südd., österr. für* Konditor); Zu|cker|bä|cke|rin; Zu|cker|bä|cker|stil *(abwertend für* [sowjetischer] Baustil nach dem 2. Weltkrieg*)*
Zu|cker|brot; Zu|cker|cou|leur (gebrannter Zucker zum Färben von Lebensmitteln); Zu|cker|do|se; Zu|cker|erb|se; Zu|cker|fa|b|rik
Zu|cker|fest (Fest der Muslime nach dem Fastenmonat)
zu|cker|frei; zuckerfreie Bonbons
Zu|cker|ge|halt, der
Zu|cker|gla|sur; Zu|cker|guss
zu|cker|hal|tig
Zu|cker|harn|ruhr *(für* Diabetes mellitus*)*
Zu|cker|hut, der

zu|cke|rig, zuck|rig
Zu|cker|kand, der; -[e]s, Zu|cker|kan|dis, der; - *(österr. für* Kandiszucker*)*
zu|cker|krank; Zu|cker|krank|heit
Zu|ckerl, das; -s, -[n]; *vgl.* Pickerl *(bayr. u. österr. für* Bonbon*)*
Zu|cker|le|cken, das; *nur in* kein Zuckerlecken sein (unangenehm, anstrengend sein)
zu|ckern; ich zuckere
Zu|cker|raf|fi|na|de; Zu|cker|raf|fi|ne|rie
Zu|cker|rohr; Zu|cker|rü|be
Zu|cker|schle|cken *vgl.* Zuckerlecken; Zu|cker|scho|te (Zuckererbse); Zu|cker|stan|ge; Zu|cker|streu|er
zu|cker|süß
Zu|cker|tü|te; Zu|cker|was|ser; Zu|cker|wat|te; Zu|cker|wür|fel; Zu|cker|zan|ge
Zuck|fuß, der; -es (fehlerhafter Gang des Pferdes)
Zuck|may|er, Carl (dt. Schriftsteller u. Dramatiker)
Zuck|mü|cke
zuck|rig *vgl.* zuckerig
Zu|ckung
Zu|de|cke *(ugs. für* Bettdecke*)*
zu|de|cken
zu|dem (außerdem)
zu|die|nen *(schweiz. für* Handreichung tun*)*
zu|dik|tie|ren
zu|dre|hen
zu drei|en, zu dritt
zu|dring|lich; Zu|dring|lich|keit
zu dritt *vgl.* zu dreien
zu|dröh|nen, sich *(ugs. für* sich berauschen*)*
zu|drü|cken
zu ei|gen; sich etwas zu eigen machen ↑D 72
zu|eig|nen *(geh. für* widmen; schenken); zugeeignet; Zu|eig|nung
zu|ei|n|an|der; er fragte, wie wir uns zueinander verhalten würden, zueinanderfinden *od.* zueinander finden; zueinanderpassen *od.* zueinander passen; *vgl.* aneinander
zu|ei|n|an|der|fin|den, zu|ei|n|an|der fin|den
zu|ei|n|an|der|hal|ten, zu|ei|n|an|der hal|ten
zu|ei|n|an|der|pas|sen, zu|ei|n|an|der pas|sen
zu|ei|n|an|der|ste|hen (zusammenhalten); *aber* sie weiß nicht, wie die beiden zueinander stehen (welche Beziehung sie haben)

zu En|de *vgl.* Ende
zu|er|ken|nen; Zu|er|ken|nung
zu|erst; der zuerst genannte Verfasser ist nicht mit dem zuletzt genannten zu verwechseln; zuerst einmal; *aber* zu zwei
Zu|er|werb, der; -[e]s *(svw.* Nebenerwerb); Zu|er|werbs|be|trieb *(Landwirtsch.)*
zu|fä|cheln
zu|fah|ren
Zu|fahrt; Zu|fahrts|stra|ße; Zu|fahrts|weg
Zu|fall, der
zu|fal|len
zu|fäl|lig; zu|fäl|li|ger|wei|se; Zu|fäl|lig|keit
Zu|falls|aus|wahl *(Statistik);* Zu|falls|be|kannt|schaft; Zu|falls|er|geb|nis; Zu|falls|grö|ße *(Math.)* Zu|falls|streu|be|reich *(Statistik);* Zu|falls|streu|ung *(Statistik);* Zu|falls|tref|fer
zu|fas|sen
zu|fli|cken *(ugs.)*
zu|flie|gen; zu|flie|ßen
Zu|flucht, die; -, -n; Zu|fluchts|nah|me, die; -, -n; Zu|fluchts|ort, der; -[e]s, -e; Zu|fluchts|stät|te
Zu|fluss
zu|flüs|tern
zu|fol|ge ↑D 63 *Präposition, bei Nachstellung mit Dativ:* dem Gerücht zufolge, demzufolge *(vgl. d.), bei Voranstellung mit Genitiv:* zufolge des Gerüchtes
zu|frie|den *s. Kasten Seite 1252*
zu|frie|den|ge|ben, sich; *vgl.* zufrieden
Zu|frie|den|heit
zu|frie|den|las|sen *vgl.* zufrieden
zu|frie|den|stel|len, zu|frie|den stel|len *vgl.* zufrieden
zu|frie|den|stel|lend, zu|frie|den stel|lend *vgl.* zufrieden
Zu|frie|den|stel|lung, die; -
zu|frie|ren
zu|fü|gen; Zu|fü|gung
Zu|fuhr, die; -, -en
Zu|füh|ren *(auch für* [vorläufig] verhaften); Zu|füh|rung
Zu|füh|rungs|lei|tung; Zu|füh|rungs|rohr
zu Fuß; wir gehen lieber zu Fuß
Zu|fuß|ge|hen, das; -s ↑D 27 *u.* 82
¹Zug, der; -[e]s, Züge; Zug um Zug; Dreihnrzug *(mit Ziffer* 3-Uhr-Zug ↑D 26); im Zuge (in Verbindung mit) dieser Entwicklung
²Zug *(Kanton u. Stadt in der Schweiz)*
Zu|ga|be

Zugabteil

zu|frie|den

– zufrieden mit dem Ergebnis
Schreibung in Verbindung mit Verben und Partizipien:
– zufrieden machen, zufrieden sein, zufrieden werden
– jemanden zufriedenlassen
– sich zufriedengeben; sie hat sich damit zufriedengegeben; sie hat sich mit wenig zufriedenzugeben
– alle Kundinnen zufriedenstellen *od.* zufrieden stellen; die Gäste waren zufriedengestellt *od.* zufrieden gestellt; wir waren bemüht darum, alle zufriedenzustellen *od.* zufrieden zu stellen
– ein zufriedenstellendes *od.* zufrieden stellendes *(aber nur* zufriedenstellenderes*)* Ergebnis

---

Zug|ab|teil; *vgl. auch* Zugsabteil
Zu|gang
zu|gan|ge; zugange sein *(ugs.)*
zu|gän|gig (zugänglich)
zu|gäng|lich; Zu|gäng|lich|keit
Zu|gangs|be|rech|ti|gung
Zu|gangs|code, Zu|gangs|kode
Zug|an|ker *(Bauw.* auf Zug beanspruchter Eisenhaken zur Befestigung von Mauerwerk, Balken o. Ä.*)*
Zug|aus|kunft *(bes. österr. für* Reiseauskunft der Bahn*)*
Zug|be|glei|ter; Zug|be|glei|te|rin
Zug|bin|dung (Gültigkeit eines Tickets nur für best. Züge)
Zug|brü|cke
zu|ge|ben; zugegeben *(vgl. d.)*
zu|ge|dacht *(geh.);* diese Auszeichnung war ihr zugedacht
Zu|ge|führ|te, der *u.* die; -n, -n *(Amtsspr.* Verhaftete[r]*)*
zu|ge|ge|ben; zugegeben, dass dein Freund recht hat; **zu|ge|ge|be|ner|ma|ßen**
zu|ge|gen *(geh. für* anwesend, dabei*)*
zu|ge|hen; auf jmdn. zugehen; auf dem Fest ist es lustig zugegangen; die Tür geht nicht zu *(ugs.)*
Zu|ge|he|rin, Zu|geh|frau *(südd., westösterr. für* Aufwartefrau*)*
Zu|ge|hör, das; -[e]s, *schweiz. auch* die; - *(österr. u. schweiz. Rechtsspr., sonst veraltet für* Zubehör*)*
zu|ge|hö|ren *(geh.)*
zu|ge|hö|rig; Zu|ge|hö|rig|keit; Zu|ge|hö|rig|keits|ge|fühl
zu|ge|knöpft; sie war sehr zugeknöpft *(ugs. für* verschlossen*);* **Zu|ge|knöpft|heit,** die; -
Zü|gel, der; -s, -; **Zü|gel|hand,** die; - (linke Hand des Reiters); **Zü|gel|hil|fe**
zü|gel|los; Zü|gel|lo|sig|keit
zü|geln *(schweiz. auch für* umziehen*);* ich züg[e]le; **Zü|ge|lung, Züg|lung**
Zü|gen|glöck|lein *(bayr. u. österr. für* Totenglocke*)*

Zu|ger (von, aus ²Zug)
Zu|ge|reis|te, der *u.* die; -n, -n
Zu|ge|rin ⟨*zu* Zuger⟩
zu|ge|risch; Zu|ger See, der; - -s, *(schweiz.)* **Zu|ger|see,** der; -s
zu|ge|sel|len; sich zugesellen
zu|ge|stan|den; zugestanden, dass dich keine Schuld trifft; **zu|ge|stan|de|ner|ma|ßen; Zu|ge|ständ|nis; zu|ge|ste|hen**
zu|ge|tan; er ist ihr von Herzen zugetan
zu|ge|wandt, zu|ge|wen|det *vgl.* zuwenden
Zu|ge|winn; Zu|ge|winn|ge|mein|schaft *(Rechtsspr.)*
zu|ge|zo|gen; neu zugezogene Familien; zugezogene Gardinen; **Zu|ge|zo|ge|ne,** der *u.* die; -n, -n
Zug|fahrt
zug|fest; Zug|fes|tig|keit, die; -
Zug|füh|rer; *vgl. auch* Zugsführer; **Zug|füh|re|rin**
zug|ge|bun|den
Zug|hub, der; -[e]s, -e *(Bergmannsspr.* ein Hebegerät*)*
zu|gie|ßen; sie goss Wasser zu
zu|gig (windig)
zü|gig (in einem Zuge; *schweiz. auch für* zugkräftig*)*
...zü|gig (z. B. zweizügig [von Schulen])
Zü|gig|keit, die; - (das Zügigsein)
Zug|kon|trol|le
Zug|kraft, die; **zug|kräf|tig**
Zug|last
zu|gleich
Zug|lei|ne
Zü|gle|te, die; -, -n *(schweiz. mdal. für* Umzug, Wohnungswechsel*)*
Zug|luft, die; -
Züg|lung *vgl.* Zügelung
Zug|ma|schi|ne; Zug|num|mer; Zug|per|so|nal; Zug|pferd; Zug|pflas|ter
zu|grei|fen; greifen Sie zu!
Zug|rei|sen|de
Zu|griff, der; -[e]s, -e
zu|grif|fig *(schweiz. für* zugreifend, tatkräftig*)*
zu|griffs|be|rech|tigt *(bes. EDV);*

Zu|griffs|be|rech|ti|gung; Zu|griffs|mög|lich|keit; Zu|griffs|ra|te
Zu|griffs|recht; Zu|griffs|zeit
zu|grun|de, zu Grun|de; zugrunde *od.* zu Grunde gehen, legen, liegen, richten; es scheint etwas anderes zugrunde *od.* zu Grunde zu liegen; zugrunde liegend *od.* zu Grunde liegend *od.* zugrundeliegend ↑D 58
Zu|grun|de|ge|hen, das; -s (↑D 27 u. 82)
Zu|grun|de|le|gung; unter Zugrundelegung dieser Tatsachen
Zugs|ab|teil *(österr.)*
Zug|sal|be
Zug|scheit Plur. ...scheite *(landsch. für* Ortscheit*)*
Zug|seil
Zugs|füh|rer *(österr.)*
Zug|spit|ze, die; - (höchster Berg Deutschlands); **Zug|spitz|platt,** das; -s
Zug|stan|ge; Zug|stück
Zugs|ver|kehr *(österr., schweiz.);* **Zugs|ver|spä|tung** *(österr.)*
Zug|te|le|fon; Zug|tier
zu|gu|cken, zu|ku|cken *(ugs.);* zugeguckt, zugekuckt
Zug-um-Zug-Leis|tung *(Rechtswiss.);* ↑D 26
Zug|un|glück
zu|guns|ten, zu Guns|ten; *bei Voranstellung mit Genitiv:* zugunsten *od.* zu Gunsten bedürftiger Kinder, *bei Nachstellung mit Dativ (seltener):* dem Freund zugunsten *od.* zu Gunsten; *vgl.* Gunst
zu|gut; zugut haben *(schweiz. für* guthaben*)*
zu|gu|te|hal|ten; zu|gu|te|kom|men
zu gu|ter Letzt *vgl.* Letzt
zu|gu|te|tun; sich etwas darauf zugutetun, dass ... (stolz darauf sein, dass ...); sich etwas zugutetun (sich etwas gönnen)
Zug|ver|bin|dung; Zug|ver|kehr; Zug|ver|spä|tung

zumüllen

Zug|vieh; Zug|vo|gel
Zug|vor|rich|tung
zug|wei|se
Zug|wind; Zug|zwang; unter Zugzwang stehen
zu|ha|ben (*ugs. für* geschlossen haben)
zu|ha|ken; das Kleid zuhaken
zu|hal|ten
Zu|häl|ter; Zu|häl|te|rei *Plur. selten;* **Zu|häl|te|rin; zu|häl|te|risch**
¹zu|han|den; zuhanden (verfügbar) sein
²zu|han|den *vgl.* ↑**D 63** (*Abk.* z. H., z. Hd.); zuhanden *od.* zu Händen des Herrn/der Frau X, *meist* zuhanden *od.* zu Händen von Herrn/von Frau X, *auch* zuhanden *od.* zu Händen Herrn/Frau X
zu|han|den|kom|men (in jmds. Hände gelangen)
zu|hän|gen *vgl.* ²hängen
zu|hau|en; *zur Beugung vgl.* hauen
zu|hauf ↑**D 63** (*geh. für* in großer Anzahl); es gab Kartoffeln zuhauf; kommet zuhauf!

zu Hau|se, zu|hau|se
– ich bin in Berlin zu Haus[e] *od.* zuhaus[e]
– sich wie zu Haus[e] *od.* zuhaus[e] fühlen
– etwas für zu Haus[e] *od.* zuhaus[e] mitnehmen
– ich freue mich auf zu Haus[e] *od.* zuhaus[e]

Vgl. auch Haus

Zu|hau|se, das; -[s]; sie hat kein Zuhause mehr
Zu|hau|se|ge|blie|be|ne, der u. die; -n, -n, **zu|hau|se Ge|blie|be|ne,** der u. die; - -n, - -n, **zu Hau|se Ge|blie|be|ne,** der u. die; - - -n, - - -n ↑**D 58**
zu|hef|ten; zu|hei|len
zu Hil|fe *vgl.* Hilfe
Zu|hil|fe|nah|me, die; -, -n *Plur. selten*
zu|hin|terst; zu|höchst
zu|hor|chen (*landsch. für* zuhören)
zu|hö|ren; Zu|hö|rer
Zu|hö|rer|bank *Plur.* ...bänke
Zu|hö|re|rin; Zu|hö|rer|schaft
Zui|der|see ['zɔy...], die; - *od.* der; -s; *vgl.* Ijsselmeer
zu|in|nerst (*geh.*)
zu|ju|beln
Zu|kauf (*bes. Finanzw.*); **zu|kau|fen**

zu|keh|ren; sie hat mir den Rücken zugekehrt
zu|klap|pen; zu|kle|ben; zu|knal|len (*ugs.*); **zu|knei|fen; zu|knöp|fen;** zugeknöpft (*vgl. d.*); **zu|kno|ten**
zu|kom|men; er ist auf mich zugekommen; sie hat ihm das Geschenk zukommen lassen, *seltener* gelassen; ihr etwas zukommen zu lassen
zu|kor|ken
Zu|kost
zu|ku|cken *vgl.* zugucken
Zu|kunft, die; -, Zukünfte
zu|künf|tig; Zu|künf|ti|ge, der u. die; -n, -n (Verlobte[r])
Zu|kunfts|angst; Zu|kunfts|aus|sich|ten *Plur.*
zu|kunfts|fä|hig; Zu|kunfts|fä|hig|keit, die; -
zu|kunfts|fest (*bes. Politikjargon*)
Zu|kunfts|for|scher; Zu|kunfts|for|sche|rin; Zu|kunfts|for|schung
zu|kunfts|ge|rich|tet; zu|kunfts|ge|wandt
Zu|kunfts|glau|be[n]; zu|kunfts|gläu|big
Zu|kunfts|mu|sik (*ugs.*)
zu|kunfts|ori|en|tiert
Zu|kunfts|per|s|pek|ti|ve; Zu|kunfts|plan; Zu|kunfts|pro|g|no|se
zu|kunfts|reich
Zu|kunfts|ro|man
zu|kunfts|si|cher; Zu|kunfts|si|che|rung, die; -
Zu|kunfts|staat *Plur.* ...staaten; **Zu|kunfts|stand|ort**
Zu|kunfts|tech|no|lo|gie
zu|kunfts|träch|tig
zu|kunfts|vi|si|on
zu|kunfts|voll
zu|kunft[s]|wei|send
zu|lä|cheln; zu|la|chen
Zu|la|dung
Zu|la|ge
zu Lan|de; bei uns zu Lande; **hierzulande** *od.* hier zu Lande; zu Wasser u. zu Lande
zu|lan|gen
zu|läng|lich (hinreichend); **Zu|läng|lich|keit**
zu|las|sen; sofern die Regel es zulässt
zu|läs|sig (erlaubt); **Zu|läs|sig|keit**
Zu|las|sung
Zu|las|sungs|an|trag; Zu|las|sungs|num|mer; Zu|las|sungs|sche|in (*österr., sonst ugs. für* Kraftfahrzeugschein); **Zu|las|sungs|stel|le; Zu|las|sungs|stopp** (z. B. für Ärzte [*bes. schweiz.*], für Gentechpflanzen); **Zu|las|sungs|ver|fah|ren**

zu|las|ten, zu Las|ten; zulasten *od.* zu Lasten des ... *od.* von ...
Zu|lauf; zu|lau|fen
zu|le|gen; zugelegt
zu|leid, zu|lei|de, zu Leid, zu Lei|de; nur in jmdm. etwas **zuleid[e]** *od.* zu Leid[e] tun ↑**D 63**
zu|lei|ten
Zu|lei|tung; Zu|lei|tungs|rohr
zu|ler|nen (*ugs.*)
zu|letzt; aber zu guter Letzt
zu|lie|be, *südd., österr. auch* **zu|lieb** ↑**D 63** Präp. mit vorangestelltem *Dat.:* mir, dir usw. zuliebe
Zu|lie|fe|rant, der; -en, -en; **Zu|lie|fer|be|trieb**
Zu|lie|fe|rer (*Wirtsch.*); **Zu|lie|fe|rer|in|dus|t|rie; Zu|lie|fe|rin; Zu|lie|fer|in|dus|t|rie; zu|lie|fern; Zu|lie|fe|rung**
zul|len (*landsch. für* saugen)
zu|lo|sen (*bes. Sport*); die zugelosten Gruppengegner
Zulp, der; -[e]s, -e (*ostmitteld. für* Schnuller); **zul|pen** (*ostmitteld. für* saugen)
Zu|lu, der; -[s], -[s] (Angehöriger eines Bantustammes in Südafrika)
Zu|luft, die; - (*Technik* zugeleitete Luft)
zum (zu dem); zum einen ..., zum anderen ...; ↑**D 72**: zum Ersten, zum Zweiten, zum Dritten; zum Höchsten, Mindesten, Wenigsten; zum ersten Mal[e]; zum letzten Mal[e]; zum Teil (*Abk.* z. T.); etwas zum Besten geben, haben, halten; es steht nicht zum Besten (nicht gut); zum Besten der Armen; sich zum Besten kehren, lenken, wenden; ↑**D 82**: das ist zum Weinen, zum Totlachen; *zur Schreibung von* »zum« *als Teil von Eigennamen vgl.* zu
zu|ma|chen (*ugs.*); zugemacht; auf und zumachen ↑**D 31**
zu|mal ↑**D 63** (besonders); zumal [da, wenn]
zu|mau|ern
Zum|ba® [*auch* z...], das; -s *meist ohne Artikel gebr.* (Fitnesstraining zu lateinamerikanischer Musik)
zum Bei|spiel (*Abk.* z. B.; ↑**D 105**)
zu|meist
zu|mes|sen; zugemessen
zum Ex|em|pel (*veraltend für* zum Beispiel; *Abk.* z. E.)
zu|min|dest; aber zum Mindesten
zum Teil (*Abk.* z. T.)
zu|mül|len (*ugs.*)

zu|mut|bar; im Rahmen des Zumutbaren; **Zu|mut|bar|keit**
zu|mu|te, zu Mu|te; mir ist gut, schlecht zumute *od.* zu Mute
zu|mu|ten; Zu|mu|tung
zum Vo|r|aus (*landsch. für* im Voraus)
zu|nächst; zunächst ging er nach Hause; zunächst dem Hause *od.* dem Hause zunächst; **Zu|nächstlie|gen|de,** das; -n
zu|na|geln; zu|na|hen
Zu|nah|me, die; -, -n (Vermehrung)
Zu|na|me, der; -ns, -n (Familienname; *veraltend für* Beiname)
zünd|bar; Zünd|blätt|chen
Zun|del, der; -s (*veraltet für* Zunder)
zün|deln (*bes. südd., österr. für* mit Feuer spielen); ich zünd[e]le
zün|den; zün|dend; zündende Ideen
Zun|der, der; -s, - (ein altes Zündmittel; *Technik* Oxidschicht)
Zün|der ([Gas-, Feuer]anzünder; Zündvorrichtung in Sprengkörpern; *österr. auch svw.* Zündhölzer)
Zun|der|schwamm (ein Pilz)
Zünd|flam|me; Zünd|fun|ke[n]
Zünd|holz; Zünd|höl|zchen; Zünd|holz|schach|tel
Zünd|hüt|chen; Zünd|ka|bel; Zünd|ker|ze; Zünd|la|dung
Zünd|ler (*österr. für* Brandstifter); **Zünd|le|rin**
Zünd|na|del; Zünd|na|del|ge|wehr (*früher*)
Zünd|plätt|chen (*svw.* Zündblättchen); **Zünd|schloss; Zünd|schlüssel; Zünd|schnur; Zünd|stoff**
Zün|dung
Zünd|ver|tei|ler; Zünd|vor|rich|tung; Zünd|zeit|punkt
zu|neh|men *vgl.* ab
zu|neh|mend (mehr u. mehr)
zu|nei|gen; Zu|nei|gung
Zunft, die; -, Zünfte
Zunft|ge|nos|se; Zunft|haus
zünf|tig (*ugs. auch für* ordentlich)
Zünft|ler (*früher für* Angehöriger einer Zunft)
Zunft|meis|ter; Zunft|ord|nung; Zunft|recht; Zunft|wap|pen; Zunftzwang
Zun|ge, die; -, -n
Zün|gel|chen; zün|geln; ich züng[e]le
Zun|gen|bre|cher
zun|gen|fer|tig; Zun|gen|fer|tig|keit, die; -
Zun|gen|kuss; Zun|gen|laut (*für* Lingual); **Zun|gen|pier|cing**

Zun|gen-R, Zun|gen-r, das; -, - ↑D 29 (*Sprachwiss.*)
Zun|gen|schlag; Zun|gen|spit|ze
Zun|gen|wurst
Züng|lein
zu|nich|te; zunichte sein
zu|nich|te|ma|chen (zerstören)
zu|nich|te|wer|den
zu|ni|cken
zu|nie|derst (*landsch. für* zuunterst)
Züns|ler, der; -s, - (ein Kleinschmetterling)
zu|nut|ze, zu Nut|ze; sich etwas zunutze machen *od.* zu Nutze machen
zu|oberst
zu|or|den|bar
zu|ord|nen; Zu|ord|nung
zu|pa|cken
zu|par|ken; ein zugeparkter Hof
zu|pas|sen (*bes. Fußball*); er hat ihm den Ball zugepasst
zu|pass|kom|men, zu|pas|se|kommen
zup|fen
Zupf|gei|ge (*ugs. veraltet für* Gitarre); **Zupf|gei|gen|hansl,** der; -s, - (eine Liedersammlung)
Zupf|in|s|t|ru|ment
zu|pflas|tern
zu|pres|sen; zugepresst
zu|pros|ten
zur (zu der); zur Folge haben; sich zur Ruhe setzen; zur Schau stellen; zur Zeit (*Abk.* z. Z., z. Zt.) Karls des Großen, *aber* sie ist zurzeit krank; *zur* Schreibung von »zur« *als Teil eines Eigennamens vgl.* zu
zu|ran|de, zu Ran|de; mit etwas zurande *od.* zu Rande kommen; *vgl.* ¹Rand
zu|ra|te, zu Ra|te; jmdn. zurate *od.* zu Rate ziehen
zu|ra|ten
zu|rau|nen (*geh.*)
Zür|cher (*schweiz. nur so; vgl.* Züricher)
Zür|cher *vgl.* Züricher; **Zür|che|rin** *vgl.* Züricherin; **zür|che|risch**
zur Dis|po|si|ti|on (zur Verfügung; *Abk.* z. D.); zur Disposition stellen; **Zur|dis|po|si|ti|onstel|lung**
zu|re|chen|bar; Zu|re|chen|bar|keit
zu|rech|nen
Zu|rech|nung; zu|rech|nungs|fä|hig; Zu|rech|nungs|fä|hig|keit, die; -
zu|recht...; *nur in Zus. mit Verben,* z. B. zurechtkommen usw., *aber* zu Recht bestehen
zu|recht|bas|teln; zu|recht|bie|gen; zu|recht|fei|len; zu|recht|fin|den,

sich; zu|recht|kom|men; zu|rechtle|gen; zu|recht|ma|chen (*ugs.*)
zu|recht|rü|cken; zu|recht|schneiden; zu|recht|schus|tern (*ugs.*); zurecht|set|zen; zu|recht|stel|len; zurecht|stut|zen
zu|recht|wei|sen; Zu|recht|wei|sung
zu|recht|zim|mern
zu|re|den; Zu|re|den, das; -s; trotz allem Zureden, trotz allen *od.* alles Zuredens
zu|rei|chen; zu|rei|chend; zureichende Gründe
zu|rei|ten
Zü|rich [*schweiz.* ˈtsyrɪç] (Kanton u. Stadt in der Schweiz)
Zü|ri|ch]biet [*auch:* ˈtsy...], das; -s (*svw.* Kanton Zürich); **Zü|ri[ch]bie|ter**
Zü|ri|cher, *in der Schweiz nur* Zürcher; **Zü|ri|che|rin,** *in der Schweiz nur* Zür|che|rin; **zü|ri|che|risch,** *in der Schweiz nur* zü|rche|risch
Zü|rich|see, Zü|rich-See, der; -s
Zu|rich|te|bo|gen (*Druckw.*)
Zu|rich|ten; Zu|rich|ten, das; -s; **Zurich|ter; Zu|rich|te|rei; Zu|rich|terin; Zu|rich|tung**
zu|rie|geln
zür|nen (*geh.*)
zu|rol|len
zur|ren ⟨niederl.⟩ (*Seemannsspr.* festbinden); **Zur|ring,** der; -s, *Plur.* -s u. -e (*Seemannsspr.* Leine zum Zurren)
Zur|schau|stel|lung; *aber das* **Zurschaustellen** *od.* das Zur-Schau-Stellen
zu|rück; zurück sein; einen Blick auf den Weg zurück (auf den Rückweg) werfen, *aber* einen Blick auf den [hinter einem liegenden] Weg zurückwerfen; ↑D 81: es gibt kein Zurück mehr
zu|rück... (*in Zus. mit Verben,* z. B. zurücklegen, du legst zurück, wenn du zurücklegst, zurückgelegt, zurückzulegen)
zu|rück|bau|en (*Fachspr.*)
zu|rück|be|glei|ten
zu|rück|be|hal|ten; Zu|rück|be|haltung; Zu|rück|be|hal|tungs|recht (*Rechtsw.*)
zu|rück|be|kom|men
zu|rück|be|or|dern
zu|rück|beu|gen
zu|rück|be|we|gen
zu|rück|be|zah|len
zu|rück|bil|den; sich zurückbilden; **Zu|rück|bil|dung**
zu|rück|blät|tern
zu|rück|blei|ben
zu|rück|blen|den (*Film*)

zusammenfahren

zu|rück|bli|cken
zu|rück|brin|gen; zurückzubringen
zu|rück|bu|chen; zurückzubuchen
zu|rück|da|tie|ren (mit einem früheren Datum versehen)
zu|rück|den|ken
zu|rück|drän|gen; Zu|rück|drän|gung
zu|rück|dre|hen
zu|rück|dür|fen
zu|rück|ei|len
zu|rück|er|bit|ten
zu|rück|er|hal|ten
zu|rück|er|obern; Zu|rück|er|obe|rung
zu|rück|er|stat|ten; Zu|rück|er|stat|tung
zu|rück|fah|ren
zu|rück|fal|len
zu|rück|fin|den
zu|rück|flie|gen
zu|rück|flie|ßen
zu|rück|for|dern
zu|rück|fra|gen
zu|rück|füh|ren; Zu|rück|füh|rung
zu|rück|ge|ben
zu|rück|ge|blie|ben (oft abwertend)
zu|rück|ge|hen; zurückzugehen
zu|rück|ge|win|nen
zu|rück|ge|zo|gen; Zu|rück|ge|zo|gen|heit, die; -
zu|rück|grei|fen
zu|rück|ha|ben; etwas zurückhaben wollen
zu|rück|hal|ten; sich zurückhalten; zu|rück|hal|tend; die zurückhaltends|te Äußerung; Zu|rück|hal|tung
zu|rück|ho|len
zu|rück|käm|men
zu|rück|kämp|fen, sich (bes. Sport); die Mannschaft hat sich ins Spiel zurückgekämpft
zu|rück|kau|fen
zu|rück|keh|ren
zu|rück|klap|pen
zu|rück|kom|men
zu|rück|kön|nen (ugs.); wir haben nicht mehr zurückgekonnt
zu|rück|kreb|sen (schweiz. für nachgeben)
zu|rück|krie|gen (ugs.)
zu|rück|las|sen; Zu|rück|las|sung
zu|rück|le|gen (österr. auch für [ein Amt] niederlegen)
zu|rück|leh|nen, sich
zu|rück|lie|gen
zu|rück|mel|den
zu|rück|müs|sen (ugs.); zurückgemusst
Zu|rück|nah|me, die; -, -n; zu|rück|neh|men
zu|rück|pfei|fen (auch ugs. für von einem Auftrag zurückziehen)
zu|rück|pral|len

zu|rück|rei|chen; bis in vergangene Jahrhunderte zurückreichend
zu|rück|rol|len
zu|rück|ru|dern (auch ugs. für etw. rückgängig machen)
zu|rück|ru|fen; ich rufe zurück
zu|rück|schal|ten
zu|rück|schau|dern; sie ist zurückgeschaudert
zu|rück|schau|en
zu|rück|scheu|en
zu|rück|schi|cken
zu|rück|schie|ben (österr. auch für rückwärtsfahren)
zu|rück|schla|gen
zu|rück|schnei|den
zu|rück|schrau|ben; du musst deine Ansprüche zurückschrauben
¹zu|rück|schre|cken; er schrak zurück; sie ist zurückgeschreckt, selten sie ist zurückgeschrocken; vgl. schrecken; aber übertr.: vor etwas zurückschrecken (etwas nicht wagen); sie schreckten davor zurück, sind davor zurückgeschreckt
²zu|rück|schre|cken; das schreckte ihn zurück; vgl. schrecken
zu|rück|seh|nen, sich
zu|rück sein vgl. zurück
zu|rück|sen|den; zurückgesandt u. zurückgesendet
zu|rück|set|zen; sich zurückgesetzt fühlen; Zu|rück|set|zung
zu|rück|spie|len
zu|rück|spu|len
zu|rück|ste|cken
zu|rück|ste|hen; zurückzustehen
zu|rück|stel|len (österr. auch für zurückgeben, -senden); Zu|rück|stel|lung
zu|rück|sto|ßen
zu|rück|stu|fen; Zu|rück|stu|fung
zu|rück|stut|zen
zu|rück|trei|ben
zu|rück|tre|ten
zu|rück|tun (ugs.); einen Schritt zurücktun
zu|rück|ver|fol|gen
zu|rück|ver|lan|gen
zu|rück|ver|set|zen; sich zurückversetzen
zu|rück|ver|wei|sen
zu|rück|wan|dern
zu|rück|wei|chen
zu|rück|wei|sen; Zu|rück|wei|sung
zu|rück|wen|den; zurückgewandt
zu|rück|wer|fen
zu|rück|wir|ken
zu|rück|wol|len (ugs.); sie hat nicht mehr zurückgewollt
zu|rück|zah|len; Zu|rück|zah|lung

zu|rück|zie|hen; zurückgezogen leben; sich zurückziehen
zu|rück|zu|cken
Zu|ruf; auf Zuruf; zu|ru|fen
Zur|ver|fü|gung|stel|lung; aber das Zurverfügungstellen od. das Zur-Verfügung-Stellen
zur|zeit (Abk. zz., zzt.); sie ist zurzeit krank, aber sie lebte zur Zeit Karls des Großen
Zu|sa|ge, die; -, -n; zu|sa|gen
zu|sä|gen; ein Brett zusägen
zu|sa|gend
zu|sam|men s. Kasten Seite 1256
Zu|sam|men|ar|beit, die; -
zu|sam|men|ar|bei|ten (Tätigkeiten auf ein Ziel hin vereinigen); die beiden Firmen haben beschlossen[,] zusammenzuarbeiten
zu|sam|men|bal|len; Zu|sam|men|bal|lung
zu|sam|men|bas|teln; er hat sich ein Auto zusammengebastelt; aber sie haben gestern zusammen (gemeinsam) gebastelt
Zu|sam|men|bau Plur. -e (für Montage); zu|sam|men|bau|en; er hat das Modellschiff zusammengebaut; aber sie wollen zusammen (gemeinsam) bauen
zu|sam|men|bei|ßen; sie hat die Zähne zusammengebissen
zu|sam|men|be|kom|men (zusammenbringen); sie werden die nötigen Unterschriften zusammenbekommen; aber wir haben dieses Geschenk zusammen (gemeinsam) bekommen
zu|sam|men|bin|den
zu|sam|men|blei|ben (sich nicht wieder trennen)
zu|sam|men|brau|en (ugs.); was für ein Zeug hast du da zusammengebraut!
zu|sam|men|bre|chen
zu|sam|men|brin|gen; er hat die Gegner zusammengebracht; aber sie werden das Gepäck zusammen (gemeinsam) bringen
Zu|sam|men|bruch, der; -[e]s, ...brüche
zu|sam|men|drän|gen; die Menge wurde zusammengedrängt; sich zusammendrängen
zu|sam|men|drück|bar
zu|sam|men|drü|cken; sie hat den Karton zusammengedrückt; aber sie haben die Schulbank zusammen (gemeinsam) gedrückt
zu|sam|men|fah|ren; die Radfahrer sind zusammengefahren; sie ist

Zusammenfall

zu|sạm|men

- zusammen mit ihr
- zusammenarbeiten, zusammenballen, zusammenbeißen
- zusammenbinden: ich binde zusammen, habe zusammengebunden, um zusammenzubinden

Von einem folgenden Verb oder Partizip wird getrennt geschrieben, wenn »zusammen« svw. »gemeinsam, gleichzeitig« bedeutet (das Verb wird in diesen Fällen meist deutlich stärker betont):
- sie können nicht zusạmmen [in einem Raum] ạrbeiten
- wir sind zusạmmen ạngekommen
- jetzt sollen alle zusạmmen sịngen

Nur getrennt:
- zusammen sein; wenn er mit uns zusammen ist; sie waren zusammen gewesen; *aber* das Zusammensein

---

bei dem Knall zusammengefahren; *aber* sie sind zusammen (gemeinsam) gefahren
Zu|sạm|men|fall, der; -[e]s
zu|sạm|men|fạl|len (einstürzen; gleichzeitig erfolgen); das Haus ist zusammengefallen; Sonn- und Feiertag sind zusammenfallen
zu|sạm|men|fạl|ten; hast du das Papier zusammengefaltet?
zu|sạm|men|fạs|sen; er hat den Inhalt der Rede zusammengefasst; **Zu|sạm|men|fạs|sung**
zu|sạm|men|fe|gen *vgl.* zusammenkehren
zu|sạm|men|fịn|den, sich (sich treffen, sich zusammentun)
zu|sạm|men|flị|cken (*ugs.*); *auch übertr.:* der Arzt hat ihn wieder zusammengeflickt
zu|sạm|men|flie|ßen (sich vereinen); wo Fulda und Werra zusammenfließen; **Zu|sạm|men|fluss**
zu|sạm|men|fü|gen (vereinigen); er hat alles schön zusammengefügt; sich zusammenfügen; **Zu|sạm|men|fü|gung**
zu|sạm|men|füh|ren (zueinander hinführen); die Flüchtlinge wurden zusammengeführt; *aber* wir werden den Blinden zusammen (gemeinsam) führen; **Zu|sạm|men|füh|rung**
zu|sạm|men|ge|hen *vgl.* zusammen
zu|sạm|men|ge|hö|ren (eng verbunden sein); wir haben immer zusammengehört; *aber* das Auto wird uns zusammen (gemeinsam) gehören; **zu|sạm|men|ge|hö|rig**; **Zu|sạm|men|ge|hö|rig|keit**; **Zu|sạm|men|ge|hö|rig|keits|ge|fühl**
zu|sạm|men|ge|setzt; zusammengesetztes Wort (Kompositum)

zu|sạm|men|ge|wür|felt
zu|sạm|men|ha|ben (*ugs.*); ich bin froh, dass wir jetzt das Geld dafür zusammenhaben
Zu|sạm|men|halt, der; -[e]s; **zu|sạm|men|hal|ten** (sich nicht trennen lassen; verbinden); die beiden Freunde haben immer zusammengehalten; sie hat die beiden Stoffe [vergleichend] zusammengehalten
Zu|sạm|men|hang; im *od.* in Zusammenhang stehen
¹**zu|sạm|men|hän|gen** *vgl.* ¹hängen
²**zu|sạm|men|hän|gen**; er wollte die beiden Bilder zusammenhängen; *vgl.* ²hängen
zu|sạm|men|hän|gend
zu|sạm|men|hang[s]|los; **Zu|sạm|men|hang[s]|lo|sig|keit**, die; -
zu|sạm|men|hau|en (*ugs.*); sie haben ihn zusammengehauen; er hatte den Tisch in fünf Minuten zusammengehauen
zu|sạm|men|hẹf|ten; sie hat die Stoffreste zusammengeheftet
zu|sạm|men|kau|fen; er hat sich seine Möbel günstig zusammengekauft; *aber* sie werden das Auto zusammen (gemeinsam) kaufen
zu|sạm|men|keh|ren (*bes. südd., österr.*); hast du die Scherben zusammengekehrt?; *aber* wir können den Hof zusammen (gemeinsam) kehren
zu|sạm|men|klạp|pen; sie hat den Fächer zusammengeklappt; er ist vor Erschöpfung zusammengeklappt (*ugs.*)
zu|sạm|men|klau|ben (*bes. südd., österr.*)
zu|sạm|men|kle|ben; er hat das Modellschiff zusammengeklebt
zu|sạm|men|knei|fen; sie hat die Lippen zusammengekniffen

zu|sạm|men|knül|len; sie knüllte die Zeitung zusammen
zu|sạm|men|kom|men (sich begegnen); alle Teams sind zusammengekommen; *aber* wenn möglich, wollen wir zusammen (gemeinsam) kommen
zu|sạm|men|kra|chen (*ugs.*); zwei Autos sind auf der Kreuzung zusammengekracht
zu|sạm|men|krạt|zen (*ugs.*); sie hat ihr Geld zusammengekratzt
Zu|sạm|men|kunft, die; -, ...künfte
zu|sạm|men|lạ̈p|pern, sich (*ugs. für* sich aus kleinen Mengen ansammeln); das hat sich ganz schön zusammengeläppert
zu|sạm|men|lau|fen (sich treffen; ineinanderfließen); um zusammenzulaufen; die Farben sind zusammengelaufen; *aber* wir wollen ein Stück zusammen (gemeinsam) laufen
zu|sạm|men|le|ben; sie haben lange zusammengelebt (einen gemeinsamen Haushalt geführt); sie haben sich gut zusammengelebt (sich aufeinander eingestellt); **Zu|sạm|men|le|ben**, das; -s
zu|sạm|men|leg|bar
zu|sạm|men|le|gen (vereinigen; falten); die Kurse wurden zusammengelegt; um das Tischtuch zusammenzulegen; **Zu|sạm|men|le|gung**
zu|sạm|men|le|sen (sammeln); er hat die Früchte zusammengelesen; *aber* wir wollen das Buch zusammen (gemeinsam) lesen
zu|sạm|men|nä|hen; sie hat die Stoffbahnen zusammengenäht; *aber* morgen wollen sie zusammen (gemeinsam) nähen
zu|sạm|men|neh|men (sich beherrschen); sich zusammennehmen
zu|sạm|men|pạ|cken; du kannst

Zusatzbremsleuchte

deine Sachen zusammenpacken; *aber* wir wollten doch zusammen (gemeinsam) packen

zu|sạm|men|pạs|sen; das hat gut zusammengepasst

zu|sạm|men|pị|cken (*bayr., österr. ugs. für* zusammenkleben)

Zu|sạm|men|prall; zu|sạm|men|prạl|len; zwei Autos sind auf der Kreuzung zusammengeprallt

zu|sạm|men|prẹs|sen; sie hatte die Hände zusammengepresst

zu|sạm|men|rạf|fen (gierig an sich bringen); er hat ein großes Vermögen zusammengerafft

zu|sạm|men|rau|fen, sich (*ugs. für* sich einigen); man hatte sich schließlich zusammengerauft

zu|sạm|men|räu|men; alle Sachen werden jetzt zusammengeräumt!

zu|sạm|men|rẹch|nen; er hat die Kosten zusammengerechnet

zu|sạm|men|rei|men; ich kann mir das nicht zusammenreimen (habe keine Erklärung dafür)

zu|sạm|men|rei|ßen, sich (*ugs. für* sich zusammennehmen); ich habe mich zusammengerissen

zu|sạm|men|rọl|len; sich zusammenrollen; sie haben den Teppich zusammengerollt

zu|sạm|men|rọt|ten, sich; die Meuterer hatten sich zusammengerottet; Zu|sạm|men|rọt|tung

zu|sạm|men|rụ|cken *vgl.* zusammen

zu|sạm|men|ru|fen; die Schüler wurden in den Hof zusammengerufen

zu|sạm|men|sạ|cken (*ugs. für* zusammenbrechen)

Zu|sạm|men|schau

zu|sạm|men|schei|ßen (*derb für* scharf abkanzeln)

zu|sạm|men|schla|gen (*ugs. für* schwer verprügeln)

zu|sạm|men|schlie|ßen, sich (sich vereinigen); um sich zusammenzuschließen

Zu|sạm|men|schluss

zu|sạm|men|schmẹl|zen; der Vorrat ist zusammengeschmolzen

zu|sạm|men|schnü|ren; sie hat die Kleidungsstücke zusammengeschnürt; die Angst hat seine Kehle zusammengeschnürt

zu|sạm|men|schrau|ben *vgl.* zusammen

zu|sạm|men|schrẹ|cken *vgl.* schrecken

zu|sạm|men|schrei|ben; die beiden Wörter werden zusammengeschrieben; dieses Buch ist aus anderen Büchern zusammengeschrieben; *aber* wir wollen dieses Buch zusammen (gemeinsam) schreiben; Zu|sạm|men|schrei|bung

zu|sạm|men|schrụmp|fen; der Vorrat ist zusammengeschrumpft

zu|sạm|men|schụs|tern (*ugs.*); er hat das Regal zusammengeschustert

zu|sạm|men|schwei|ßen (durch Schweißen verbinden; eng vereinigen); die Schienen wurden zusammengeschweißt; die Gefahr hat die Gruppe noch mehr zusammengeschweißt

zu|sạm|men sein *vgl.* zusammen

Zu|sạm|men|sein, das; -s

zu|sạm|men|sẹt|zen (nebeneinandersetzen, zueinanderfügen); um das Puzzle zusammenzusetzen; sich zusammensetzen; Zu|sạm|men|sẹt|zung (*auch für* Kompositum)

zu|sạm|men|sịn|ken; sie ist zusammengesunken

zu|sạm|men|sịt|zen; sie haben den ganzen Tag zusammengesessen

zu|sạm|men|spiel, das; -[e]s; zu|sạm|men|spie|len; die Elf hat gut zusammengespielt; *aber* die Kinder haben schön zusammen (gemeinsam) gespielt

zu|sạm|men|stau|chen (*ugs. für* zurechtweisen); ich wurde zusammengestaucht

zu|sạm|men|stẹ|cken *vgl.* zusammen

zu|sạm|men|stẹ|hen; sie haben im Hof zusammengestanden; sie haben immer zusammengestanden (zusammengehalten)

zu|sạm|men|stẹl|len (nebeneinanderstellen, zueinanderfügen); die Kinder haben sich zusammengestellt; um das Menü zusammenzustellen; Zu|sạm|men|stẹl|lung

zu|sạm|men|stịm|men; seine Angaben, die Instrumente haben nicht zusammengestimmt

Zu|sạm|men|stoß; zu|sạm|men|sto|ßen; zwei Autos sind zusammengestoßen

zu|sạm|men|strei|chen (*ugs.*); der Etat wurde rigoros zusammengestrichen (gekürzt)

zu|sạm|men|strö|men; die Menschen sind zusammengeströmt

zu|sạm|men|stụ|ckeln; der Text ist aus verschiedenen Aufsätzen zusammengestückelt

Zu|sạm|men|sturz; zu|sạm|men|stụ̈r|zen; das Gerüst ist zusammengestürzt

zu|sạm|men|su|chen; ich musste das Werkzeug erst zusammensuchen; *aber* lasst uns zusammen (gemeinsam) suchen!

zu|sạm|men|tra|gen (sammeln); sie haben das Holz zusammengetragen; *aber* ihr sollt den Sack zusammen (gemeinsam) tragen

zu|sạm|men|trẹf|fen (begegnen); sie sind im Theater zusammengetroffen; Zu|sạm|men|trẹf|fen, das; -s, -

zu|sạm|men|trei|ben; sie haben die Herde zusammengetrieben; *aber* sie haben die Herde zusammen (gemeinsam) auf die Weide getrieben

zu|sạm|men|tre|ten; man hat ihn brutal zusammengetreten; das Parlament ist zusammengetreten (hat sich versammelt)

zu|sạm|men|trọm|meln (*ugs. für* herbeirufen); sie hat alle Freunde zusammengetrommelt

zu|sạm|men|tun (*ugs. für* vereinigen); sie haben sich zusammengetan; *aber* wir wollen das zusammen (gemeinsam) tun

zu|sạm|men|wạch|sen (in eins wachsen); der Knochen ist wieder zusammengewachsen

zu|sạm|men|wịr|ken (vereint wirken); hier haben alle Kräfte zusammengewirkt; Zu|sạm|men|wịr|ken, das; -s

zu|sạm|men|woh|nen; sie hatten lange zusammengewohnt (einen gemeinsamen Haushalt)

zu|sạm|men|wụ̈r|feln; das Team war bunt zusammengewürfelt

zu|sạm|men|zäh|len (addieren); sie hat die Zahlen zusammengezählt; *aber* lasst uns zusammen (gemeinsam) zählen!; das Zusammenzählen; Zu|sạm|men|zäh|lung

zu|sạm|men|zie|hen; sie hat das Loch im Strumpf zusammengezogen; die Truppen wurden zusammengezogen; er hat die Zahlen zusammengezogen; sich haben den Wagen zusammen (gemeinsam) gezogen; Zu|sạm|men|zie|hung

zu|sạm|men|zụ|cken (eine zuckende Bewegung machen); ich bin bei dem Knall zusammengezuckt

Zu|sạtz; Zu|sạtz|ạb|kom|men; Zu|sạtz|an|ge|bot; Zu|sạtz|aus|bil|dung; Zụ|satz|be|stim|mung; Zu-

satz|brems|leuch|te *(Kfz-Technik);* Zu|satz|ge|rät; Zu|satz|gewinn
zu|sätz|lich
Zu|satz|nut|zen
Zu|satz|steu|er, die; Zu|satz|ta|rif; Zu|satz|ter|min; Zu|satz|ver|si|cherung; Zu|satz|zahl (beim Lotto)
zu Scha|den *vgl.* Schaden
zu|schal|ten; wir haben uns zugeschaltet
zu|schan|den, zu Schan|den; zuschanden *od.* zu Schanden machen, werden
zu|schan|zen; er hat ihr den Posten zugeschanzt
zu|schar|ren
zu|schau|en
Zu|schau|er; Zu|schau|er|be|tei|li|gung; Zu|schau|er|fra|ge *(bes. Fernsehen);* Zu|schau|e|rin
Zu|schau|er|ku|lis|se; Zu|schau|er|quo|te; Zu|schau|er|rang; Zu|schau|er|raum; Zu|schau|er|schaft; Zu|schau|er|tri|bü|ne; Zu|schau|er|zahl
zu|schau|feln
zu|schi|cken
zu|schie|ben *(ugs. auch für [heimlich] zukommen lassen)*
zu|schie|ßen *(beisteuern);* sie hat schon viel Geld zugeschossen
Zu|schlag
zu|schla|gen
Zu|schlag|frei *(bes. Eisenbahn)*
Zu|schlag|kal|ku|la|ti|on *vgl.* Zuschlagskalkulation
Zu|schlag|kar|te *(Eisenbahn)*
zu|schlag|pflich|tig *(bes. Eisenbahn)*
Zu|schlag|satz, Zu|schlags|satz
Zu|schlags|kal|ku|la|ti|on, Zu|schlag|kal|ku|la|ti|on
Zu|schlags|satz *vgl.* Zuschlagsatz
Zu|schlag|stoff *(Technik)*
zu|schlie|ßen
zu|schnap|pen
Zu|schnei|de|ma|schi|ne; zu|schnei|den; Zu|schnei|der; Zu|schnei|de|rin
zu|schnei|en
Zu|schnitt
zu|schnü|ren
zu|schrau|ben
zu|schrei|ben; die Schuld an diesem Unglück wird ihm zugeschrieben; Zu|schrei|bung
Zu|schrift
zu|schul|den, zu Schul|den; du hast dir etwas zuschulden *od.* zu Schulden kommen lassen
Zu|schuss; Zu|schuss|be|trieb; Zu|schuss|bo|gen *(Druckw.);* Zu|schuss|ren|te; Zu|schuss|wirt|schaft, die; -
zu|schus|tern *(ugs. für heimlich zukommen lassen; zusetzen);* er hat ihr das Amt zugeschustert
zu|schüt|ten
zu|se|hen ↑D 82; bei genauerem Zusehen
zu|se|hends *(rasch; offenkundig)*
Zu|se|her *(österr. neben* Zuschauer); Zu|se|he|rin
zu sein
zu|sei|ten, zu Sei|ten ↑D 63 *mit Genitiv:* zuseiten *od.* zu Seiten des Festzuges
zu|sen|den *vgl.* Zu|sen|dung
zu|set|zen
zu|si|chern; Zu|si|che|rung
Zu|spät|kom|men, das; -s; entschuldigen Sie bitte mein Zuspätkommen! ↑D 27 u. 82
Zu|spei|se *(österr. für* Beilage)
zu|sper|ren *(südd., österr. für* abschließen)
Zu|spiel, das; -[e]s *(Sport)*
zu|spie|len
zu|spit|zen; Zu|spit|zung
zu|spre|chen; Zu|spre|chung
Zu|spruch, der; -[e]s (Anklang, Zulauf; Trost); großen, viel Zuspruch finden
Zu|stand
zu|stan|de, zu Stan|de; zustande *od.* zu Stande bringen, kommen
Zu|stan|de|brin|gen, das; -s
Zu|stan|de|kom|men, das; -s ↑D 27 u. 82
zu|stän|dig; zuständig sein nach *(österr. für* ansässig sein in)
zu|stän|di|gen|orts
Zu|stän|dig|keit; Zu|stän|dig|keits|be|reich, der
zu|stän|dig|keits|hal|ber
Zu|stands|än|de|rung; Zu|stands|glei|chung *(Physik)*
Zu|stands|pas|siv *(Sprachwiss.);* Zu|stands|verb *(Sprachwiss.)*
zu|stat|ten|kom|men
zu|ste|chen
zu|ste|cken
zu|ste|hen
zu|stei|gen
Zu|stell|be|zirk *(Postw.);* zu|stel|len; Zu|stel|ler; Zu|stel|le|rin; Zu|stell|ge|bühr *(Postw. früher);* Zu|stel|lung; Zu|stel|lungs|ur|kun|de *(Amtsspr.);* Zu|stell|ver|merk *(Postw.)*
zu|steu|ern
zu|stif|ten (die Mittel einer Stiftung aufstocken); Zu|stif|ter; Zu|stif|te|rin; Zu|stif|tung
zu|stim|men; Zu|stim|mung; Zu|stim|mungs|pflich|tig
zu|stim|mungs|ra|te
zu|stop|fen; zu|stöp|seln
zu|sto|ßen; ihr ist ein Unglück zugestoßen
zu|stre|ben
Zu|strom; zu|strö|men
Zu|stupf, der; -[e]s, *Plur.* -e u. ...stüpfe *(schweiz. für* Zuschuss, Zuverdienst)
zu|stut|zen
zu|ta|ge, zu Ta|ge; zutage *od.* zu Tage bringen, fördern, kommen, treten
Zu|tat *meist Plur.*
zu|tei|len; Zu|tei|lung; Zu|tei|lungs|plan
zu|teil|wer|den *(geh.);* ein großes Glück wurde uns zuteil, ist uns zuteilgeworden
zu|tex|ten *(ugs. für* auf jmdn. einreden)
zu|tiefst (völlig; im Innersten)
zu|tra|gen (heimlich berichten); sich zutragen (geschehen)
Zu|trä|ger; Zu|trä|ge|rei; Zu|trä|ge|rin
zu|träg|lich *(geh. veraltend);* Zu|träg|lich|keit
zu|trau|en; das ist ihm zuzutrauen; Zu|trau|en, das; -s
zu|trau|lich; Zu|trau|lich|keit
zu|tref|fen
zu|tref|fend; die zutreffendste Beschreibung; Zu|tref|fen|de, das; -n; Zutreffendes ankreuzen; zu|tref|fen|den|falls
zu|trei|ben
zu|trin|ken
Zu|tritt
zut|schen *(landsch. für* lutschen, saugen); du zutschst
zu|tul|lich, zu|tun|lich (zutraulich)
zu|tun *(ugs. für* hinzufügen; schließen); ich habe kein Auge zugetan; Zu|tun, das; -s (Hilfe, Unterstützung); ohne mein Zutun; zu|tun|lich *vgl.* zutulich
zu|un|guns|ten, zu Un|guns|ten (zum Nachteil); zuungunsten *od.* zu Ungunsten vieler Antragsteller, *bei (seltener) Nachstellung mit Dativ:* dem Antragsteller zuungunsten *od.* zu Ungunsten; *vgl.* Gunst
zu|un|terst; das Oberste zuunterst kehren
zu|ver|die|nen *(ugs. für* dazuverdienen)
Zu|ver|dienst, der; -; Zu|ver|dienst|gren|ze (Höchstbetrag für steuerfreie Nebeneinkommen)

Zwangsurlaub

zu|ver|läs|sig; Zu|ver|läs|sig|keit; Zu|ver|läs|sig|keits|fahrt; Zu|ver|läs|sig|keits|prü|fung; Zu|ver|läs|sig|keits|test
Zu|ver|sicht, die; -; zu|ver|sicht|lich; Zu|ver|sicht|lich|keit, die; -
zu viel; zu viel des Guten; es sind zu viele Menschen; er weiß zu viel; du hast viel zu viel gesagt; besser zu viel als zu wenig
Zu|viel, das; -[s] ↑D81; ein Zuviel ist besser als ein Zuwenig
zu vie|ren, zu viert
zu|vor (geh. für vorher); meinen herzlichen Glückwunsch zuvor!; vgl. zuvorkommen, zuvortun
zu|vor|derst (ganz vorn); zu|vör|derst (veraltend für zuerst)
zu|vor|kom|men (schneller sein); ich komme ihm zuvor; zuvorgekommen; zuvorzukommen; aber alles, was zuvor (vorher) gekommen war
zu|vor|kom|mend (liebenswürdig); der zuvorkommends[te Gastgeber; Zu|vor|kom|men|heit
zu|vor|tun (geh. für besser tun); ich tue es ihm zuvor; aber was zuvor (vorher) zu tun ist
Zu|waa|ge, die; -, -n (bayr., österr. für Knochen[zugabe] zum Fleisch)
Zu|wachs, der; -es, Zuwächse (Vermehrung, Erhöhung); zu|wachsen; zu|wachs|ra|te
Zu|wan|de|rer, Zu|wand|rer; Zu|wan|de|rer|fa|mi|lie; Zu|wan|de|rin, Zu|wand|re|rin; zu|wan|dern; Zu|wan|de|rung; Zu|wan|de|rungs|ge|setz; Zu|wand|rer vgl. Zuwanderer; Zu|wand|re|rin vgl. Zuwanderin
zu|war|ten (untätig warten)

zu was / wozu
Zu was kommt in der gesprochenen Sprache recht häufig vor: *Zu was brauchst du das Geld?* Im geschriebenen Standarddeutsch wird in der Regel *wozu* verwendet: *Wozu brauchst du das Geld?*

zu|we|ge, zu We|ge; nur in Wendungen wie zuwege od. zu Wege bringen; [gut] zuwege od. zu Wege sein (ugs. für wohlauf sein)
zu|we|hen
zu|wei|len
zu|wei|sen; Zu|wei|sung
zu|wen|den; ich wandte od. wendete mich ihr zu; er hat sich ihr

zugewandt od. zugewendet; Zu|wen|dung
zu we|nig; du weißt [viel] zu wenig; du weißt auch zu wenig!; es gab zu wenig[e] Parkplätze
Zu|we|nig, das; -[s] ↑D81; ein Zuviel ist besser als ein Zuwenig
zu|wer|fen
zu|wi|der; zuwider sein, werden; dem Gebot zuwider; das, er ist mir zuwider; zu|wi|der|han|deln (Verbotenes tun); ich hand[e]le zuwider; zuwidergehandelt; zuwiderzuhandeln; Zu|wi|der|han|deln|de, der u. die; -n, -n; Zu|wi|der|hand|lung
zu|wi|der|lau|fen; sein Verhalten läuft meinen Absichten zuwider; zuwiderzulaufen
zu|win|ken
zu|zah|len
zu|zäh|len
Zu|zah|lung
Zu|zäh|lung
zu|zei|ten ↑D63 (bisweilen); aber zu Zeiten Karls d. Gr.
zu|zeln (bayr. u. österr. ugs. für lutschen; lispeln); ich zuz[e]le
zu|zie|hen; ich habe mir die Grippe zugezogen; Zu|zie|hung, die; -
Zu|zug; der Zuzug weiterer Aussiedler; Zu|zü|ger (schweiz. für Zuzügler); Zu|zü|ge|rin; Zu|züg|ler; Zu|züg|le|rin

zu|züg|lich

(Kaufmannsspr. unter Hinzurechnung; Abk. zzgl.)
Nach der Präposition »zuzüglich« steht der Genitiv:
– zuzüglich der Versandkosten
– zuzüglich eines vereinbarten Betrags

Ein allein stehendes, stark gebeugtes Substantiv bleibt im Singular gewöhnlich ungebeugt:
– zuzüglich Porto

Im Plural wird »zuzüglich« mit dem Dativ verbunden, wenn der Genitiv nicht erkennbar ist:
– zuzüglich Beträgen für Verpackung und Versand

Zu|zugs|ge|neh|mi|gung
zu zweien, zu zweit
zu|zwin|kern
Zvie|ri ['tsfiə...], der od. das; -[s], -[s]; vgl. Götti (bes. schweiz. mdal. für Nachmittagsimbiss)
ZVS, die; - = Zentralstelle für die Vergabe von Studienplätzen (früher; vgl. SfH)
zwa|cken (ugs. für kneifen)
zwang vgl. zwingen
Zwang, der; -[e]s, Zwänge
zwän|gen (bedrängen; klemmen; einpressen); sich zwängen; Zwän|ge|rei (schweiz. für Drängen; eigensinniges Beharren)
zwang|haft
Zwang|huf (eine Hufkrankheit)
zwang|läu|fig (Technik nicht gewünschte Bewegungen ausschließend); vgl. aber zwangsläufig; Zwang|läu|fig|keit; vgl. aber Zwangsläufigkeit
zwang|los; Zwang|lo|sig|keit
Zwangs|an|lei|he
Zwangs|ar|beit; Zwangs|ar|bei|ter; Zwangs|ar|bei|te|rin
Zwangs|auf|ent|halt
Zwangs|aus|gleich (österr. für Zwangsvergleich)
zwangs|be|glü|cken (jmdm. etwas Unerwünschtes aufdrängen); zwangsbeglückt; nur im Infinitiv u. Partizip II gebr.; Zwangs|be|glü|ckung
Zwangs|be|wirt|schaf|tung
Zwang|schie|ne (bei Gleiskrümmungen, Weichen u. a.)
Zwangs|ehe; Zwangs|ein|wei|sung
zwangs|er|näh|ren; zwangsernährt; nur im Infinitiv u. Partizip II gebr.; Zwangs|er|näh|rung
Zwangs|geld; Zwangs|hand|lung (Psychol.); Zwangs|hei|rat; Zwangs|herr|schaft; Zwangs|hy|po|thek; Zwangs|idee
Zwangs|ja|cke; Zwangs|kurs (Bankw.); Zwangs|la|ge
zwangs|läu|fig (automatisch, anders nicht möglich); vgl. aber zwangläufig; Zwangs|läu|fig|keit; vgl. aber Zwangläufigkeit
Zwangs|li|zenz; Zwangs|maß|nah|me
Zwangs|mit|glied (ugs. für Pflichtmitglied)
Zwangs|mit|glied|schaft (ugs. für Pflichtmitgliedschaft); Zwangs|mit|tel; Zwangs|neu|ro|se; Zwangs|pau|se; Zwangs|pfand; Zwangs|ra|batt, der (erzwungener Preisnachlass [für Medikamente]); Zwangs|räu|mung; Zwangs|re|gu|lie|rung (Börsenw.); Zwangs|spa|ren, das; -s
zwangs|um|sie|deln; zwangsumgesiedelt; nur im Infinitiv u. Partizip II gebr.; Zwangs|um|sied|lung
Zwangs|ur|laub (ugs.)

Z
Zwan

Zwangsverfahren

zwei

Genitiv zweier, *Dativ* zweien, zwei
– wir sind zu zweien *od.* zu zweit
– herzliche Grüße von uns zweien ↑ D 78
– zweier guter, *selten* guten Menschen
– zweier Liebenden, *seltener* Liebender
Vgl. auch acht, drei

Die Formen »zween« *für das männliche,* »zwo« *für das weibliche Geschlecht sind veraltet. Wegen der leichteren Unterscheidbarkeit von* »drei« *ist* »zwo« *(ohne Unterschied des Geschlechtes) beim Telefonieren üblich geworden und von dort in die Umgangssprache gedrungen. Die Form* »zwote« *für die Ordnungszahl* »zweite« *ist gleichfalls sehr verbreitet.*

Zwangs|ver|fah|ren (*Rechtsswiss.*); Zwangs|ver|gleich
zwangs|ver|hei|ra|ten; zwangsverheiratet; *nur im Infinitiv u. Partizip II gebr.*
zwangs|ver|schi|cken (*für* deportieren); *vgl.* zwangsumsiedeln; Zwangs|ver|schi|ckung
Zwangs|ver|set|zung
zwangs|ver|si|chern; zwangsversichert; *nur im Infinitiv u. Partizip II gebr.*; Zwangs|ver|si|cherung
zwangs|ver|stei|gern; zwangsversteigert; *nur im Infinitiv u. Partizip II gebr.*; Zwangs|ver|stei|gerung
Zwangs|ver|wal|tung
Zwangs|voll|stre|ckung
zwangs|vor|füh|ren; zwangsvorgeführt; *nur im Infinitiv u. Partizip II gebr.*; Zwangs|vor|füh|rung
Zwangs|vor|stel|lung (*Psychol.*)
zwangs|wei|se
Zwangs|wirt|schaft
zwan|zig *vgl.* achtzig
Zwan|zig, die; -, -en (Zahl)
Zwan|zig|cent|stück (*mit Ziffern* 20-Cent-Stück; ↑ D 26)
zwan|zi|ger; die Zwanzigerjahre *od.* zwanziger Jahre; die Goldenen Zwanziger; die Goldenen Zwanzigerjahre
Zwan|zi|ger, der; -s, - (*ugs. auch für* Münze od. Schein mit dem Wert 20); *vgl.* Achter
Zwan|zi|ge|rin *vgl.* Achtzigerin
Zwan|zi|ger|jah|re *Plur.*
Zwan|zig|eu|ro|schein (*mit Ziffern* 20-Euro-Schein; ↑ D 26)
zwan|zig|flach, das; -[e]s, -e, Zwan|zig|fläch|ner (*für* Ikosaeder)
zwan|zig|jäh|rig *vgl.* achtjährig
Zwan|zig|mark|schein (*früher; mit Ziffern* 20-Mark-Schein; ↑ D 26)
zwan|zigs|te ↑ D 151: Zwanzigster Juli (20. Juli 1944, der Tag des Attentats auf Hitler); *vgl.* achte
zwan|zig|tau|send
Zwan|zig|uhr|nach|rich|ten *Plur.* (*mit Ziffern* 20-Uhr-Nachrichten); Zwan|zig|uhr|vor|stel|lung

zwar; er ist zwar alt, aber rüstig; viele Sorten, und zwar ...
zwat|ze|lig (*landsch. für* zappelig); zwat|zeln; ich zwatz[e]le
Zweck, der; -[e]s, -e; zwecks (*vgl. d.*); zum Zweck[e]
Zweck|auf|wand (*Finanzw.*); Zweck|bau *Plur.* ...bauten; Zweckbe|haup|tung (nur der Erreichen eines bestimmten Ziels dienende Behauptung); Zweck|bestim|mung; Zweck|bin|dung (*Finanzw.*); Zweck|bünd|nis; Zweck|den|ken
zweck|dien|lich; Zweck|dien|lich|keit, die; -
Zwe|cke, die; -, -n (*landsch. für* kurzer Nagel mit breitem Kopf); zwe|cken (*landsch. für* anzwecken)
zweck|ent|frem|den; zweckentfremdet; *meist nur im Infinitiv u. Partizip II gebr.*; Zweck|ent|frem|dung
zweck|ent|spre|chend; zweck|frei
zweck|ge|bun|den; Zweck|ge|bun|den|heit
zweck|ge|mäß; Zweck|ge|mein|schaft; Zweck|ge|sell|schaft; zweck|ge|wid|met (*bes. österr.*)
zweck|haft
zweck|los; Zweck|lo|sig|keit, die; -
Zweck|lü|ge
zweck|mä|ßig; zweck|mä|ßi|ger|wei|se; Zweck|mä|ßig|keit; Zweck|mä|ßig|keits|er|wä|gung
Zweck|op|ti|mis|mus; Zweck|pes|si|mis|mus; Zweck|pro|pa|gan|da
zwecks ↑ D 70 (*Amtsspr.* zum Zweck von); *Präp. mit Gen.:* zwecks eines Handels
Zweck|satz (Finalsatz); Zweck|spa|ren, das; -s; Zweck|steu|er, die; Zweck|stil; Zweck|ver|band (Vereinigung von [wirtschaftlichen] Unternehmungen); Zweck|ver|mö|gen (*Rechtsswiss.*)
zweck|voll; zweck|wid|rig
zween *vgl.* zwei
Zweh|le, die; -, -n (*westmitteld. für* Tisch-, Handtuch)
zwei *s.* Kasten
Zwei, die; -, -en (Zahl); eine Zwei würfeln; er schreibt in Latein nur Zweien; *vgl.* [1]Acht *u.* Eins
Zwei|ach|ser (Wagen mit zwei Achsen; *mit Ziffer* 2-Achser; ↑ D 29); zwei|ach|sig
Zwei|ak|ter *vgl.* Einakter. zwei|ak|tig
zwei|ar|mig
Zwei|bei|ner (*scherzh. für* Mensch); zwei|bei|nig
Zwei|bett|zim|mer (*mit Ziffer* 2-Bett-Zimmer)
Zwei|brü|cken (Stadt in Rheinland-Pfalz); Zwei|brü|cker, *seltener* Zwei|brü|cke|ner; Zwei|brü|cke|rin, *seltener* Zwei|brü|cke|ne|rin
Zwei|bund, der; -[e]s (*früher*)
Zwei|cent|stück (*mit Ziffer* 2-Cent-Stück; ↑ D 26)
Zwei|de|cker (Flugzeug)
zwei|deu|tig; Zwei|deu|tig|keit
zwei|di|men|si|o|nal
Zwei|drit|tel|ge|sell|schaft (Gesellschaft, in der etwa ein Drittel der Menschen arm od. von Armut bedroht ist)
Zwei|drit|tel|mehr|heit
zwei|ei|ig; zweieiige Zwillinge
zwei|ein|halb, zwei|und|ein|halb
Zwei|er *vgl.* Achter; Zwei|er|be|zie|hung; Zwei|er|bob; Zwei|er|ka|jak
zwei|er|lei
Zwei|er|rei|he
Zwei|eu|ro|stück (*mit Ziffer* 2-Euro-Stück; ↑ D 26)
zwei|fach *vgl.* zwiefach; Zwei|fa|che, das; -n; *vgl.* Achtfache
Zwei|fa|mi|li|en|haus
Zwei|far|ben|druck *Plur.* ...drucke
zwei|far|big
Zwei|fel, der; -s, -; zwei|fel|haft; zwei|fel|los
zwei|feln; ich zweif[e]le
Zwei|fels|fall; im Zweifelsfall[e]
Zwei|fels|fra|ge
zwei|fels|frei; zwei|fels|oh|ne
Zwei|fel|sucht, die; -; Zwei|fler; Zwei|fle|rin; zwei|fle|risch
zwei|flü|ge|lig *vgl.* zweiflüglig; Zwei|flüg|ler, der; -s, - (*Zool.*); zwei|flüg|lig
Zwei|fran|ken|stück (*mit Ziffer* 2-Franken-Stück); Zwei|fränk|ler

zwei|te

Kleinschreibung:
- die zweite Geige spielen; er ist zweiter Geiger
- etwas aus zweiter Hand kaufen
- er ist sein zweites Ich (bester Freund)
- in zweiter Linie
- das ist ihr zur zweiten Natur geworden
- der zweite Rang
- sie singt die zweite Stimme
- der zweite Stock eines Hauses
- der zweite Bildungsweg

Großschreibung in Namen und namenähnlichen Verbindungen ↑D 150 u. 151:
- Zweites Deutsches Fernsehen (*Abk.* ZDF)
- das Zweite Programm (ZDF)
- die Zweite Bundesliga
- die Zweite Republik (Staatsform Österreichs nach 1945)
- der Zweite Weltkrieg
- das Zweite *od.* zweite Gesicht (Gabe, Zukünftiges vorauszusehen)

Großschreibung der Substantivierung ↑D 80:
- sie hat wie keine Zweite gearbeitet
- es ist noch ein Zweites zu erwähnen
- jeder Zweite
- zum Ersten, zum Zweiten ...

Vgl. auch achte *u.* erste

(schweiz. svw. Zweifrankenstück)
Zwei|fron|ten|krieg
Zwei|füßer (*svw.* Zweibeiner)
¹**Zweig,** Arnold (dt. Schriftsteller)
²**Zweig,** Stefan (österr. Schriftsteller)
³**Zweig,** der; -[e]s, -e
Zweig|bahn
Zwei|gelt, der; -s (eine Rotweinsorte)
zwei|ge|schlech|tig (*Bot.*); **Zwei|ge|schlech|tig|keit,** die; -
zwei|ge|schos|sig *vgl.* ...geschossig
zwei|ge|sich|tig
zwei|ge|spann
zwei|ge|stri|chen (*Musik*); zweigestrichene Note
zwei|ge|teilt; Zwei|ge|schäft
zwei|glei|sig; zwei|glie|de|rig, zwei|glied|rig
Zweig|li|nie; Zweig|nie|der|las|sung; Zweig|stel|le
Zweig|ver|ein; Zweig|werk
Zwei|hän|der (Schwert, das mit beiden Händen geführt wird); **zwei|hän|dig**
zwei|häu|sig (*Bot.* entweder mit m. od. w. Blüten auf einer Pflanze); **Zwei|häu|sig|keit,** die; -
Zwei|heit (*für* Dualismus)
zwei|hun|dert; Zwei|hun|dert|eu|ro|schein (*mit Ziffern* 200-Euro-Schein; ↑D 26); **Zwei|hun|dert|mark|schein** (*früher; mit Ziffern* 200-Mark-Schein; ↑D 26)
Zwei|jah|res|plan; zwei|jäh|rig
Zwei|kam|mer|sys|tem
Zwei|kampf
Zwei|ka|nal|ton (*Fernsehen*)
zwei|keim|blät|te|rig, zwei|keim|blätt|rig (*Bot.*)
Zwei|klas|sen|ge|sell|schaft
zwei|köp|fig

Zwei|kreis|brem|se (*Kfz-Technik*); **Zwei|kreis|sys|tem** (*Finanzw.*)
Zwei|li|ter|fla|sche (*mit Ziffer* 2-Liter-Flasche)
zwei|mäh|dig (*svw.* zweischürig)
zwei|mal ↑D 31: ein- bis zweimal (1- bis 2-mal); *vgl.* achtmal
zwei|ma|lig
Zwei|mann|boot (*mit Ziffer* 2-Mann-Boot); **Zwei|mann|zelt** (*mit Ziffer* 2-Mann-Zelt)
Zwei|mark|stück (*früher; mit Ziffer* 2-Mark-Stück; ↑D 26)
Zwei|mas|ter (Segelschiff)
Zwei|me|ter|mann *Plur.* ...männer
zwei|mo|na|tig (zwei Monate dauernd)
zwei|mo|to|rig
Zwei|par|tei|en|sys|tem
Zwei|pfen|nig|stück (*früher; mit Ziffer* 2-Pfennig-Stück; ↑D 26)
Zwei|pfün|der (*mit Ziffer* 2-Pfünder)
Zwei|pha|sen|strom
Zwei|rad; zwei|rä|de|rig, zwei|räd|rig; Zwei|rad|fah|rer; Zwei|rad|fah|re|rin
Zwei|raum|woh|nung (*regional für* Zweizimmerwohnung)
Zwei|rei|her; zwei|rei|hig
Zwei|ru|de|rer (*für* Bireme)
zwei|sam; Zwei|sam|keit
zwei|schlä|fe|rig, zwei|schläf|rig, zwei|schläf|rig *vgl.* einschläfig
zwei|schnei|dig
zwei|schü|rig (zwei Ernten liefernd [von der Wiese])
zwei|sei|tig; zwei|sil|big
Zwei|sit|zer; zwei|sit|zig
zwei|spal|tig
Zwei|spän|ner; zwei|spän|nig
zwei|spra|chig; Zwei|spra|chig|keit, die; -
zwei|spu|rig

Zwei|staa|ten|lö|sung; zwei|stel|lig; zweistellige Zahlen; **zwei|stim|mig; zwei|stö|ckig; zwei|strah|lig**
Zwei|strom|land
zwei|stück|wei|se
Zwei|stu|fen|ra|ke|te; zwei|stu|fig
zwei|stün|dig (zwei Stunden dauernd); zweistündige Fahrt
zwei|stünd|lich (alle zwei Stunden [wiederkehrend]); zweistündlich einen Esslöffel voll
zweit *vgl.* zwei
zwei|tä|gig *vgl.* ...tägig; **zwei|täg|lich** *vgl.* ...täglich
Zwei|tak|ter (*ugs. für* Zweitaktmotor *od.* damit ausgerüstetes Fahrzeug); **Zwei|takt|mo|tor**
zwei|tau|send; Zwei|tau|sen|der ([über] 2 000 m hoher Berg)
Zweit|aus|fer|ti|gung
zweit|bes|te; sie ist die zweitbeste Schülerin, *aber* sie ist die Zweitbeste in der Klasse ↑D 72
Zweit|bun|des|li|gist
Zweit|druck *Plur.* ...drucke
zwei|te *s. Kasten*
Zwei|tei|ler; zwei|tei|lig; Zwei|tei|lung
zwei|tens
Zwei|te[r]-Klas|se-Ab|teil ↑D 26
Zweit|fahr|zeug; Zweit|fri|sur (Perücke); **Zweit|ge|rät**
zweit|größ|te; zweit|häu|figs|te; zweit|höchs|te
Zweit|job (*ugs.*)
zweit|klas|sig; Zweit|klas|sig|keit, die; -
Zweit|kläss|ler *vgl.* Erstklässler; **Zweit|kläss|le|rin**
Zweit|klass|wa|gen (*schweiz.*)
zweit|letz|te *vgl.* letzte
Zweit|li|gist, der; -en, -en (*Sport*)
Zweit|mei|nung (Beurteilung durch

Z Zwei

zweitourig

einen zweiten Arzt, Spezialisten o. Ä.)
zwei|tou|rig
zweit|ran|gig
Zweit|schlag *(Militär)*
zweit|schlech|tes|te
Zweit|schlüs|sel; Zw**ei**t|schrift
Zweit|spra|che
zweit|stärks|te
Zweit|stim|me
zwei|tü|rig
Zweit|ver|wer|tung; Zw**ei**t|wa|gen
zweit|wich|tigs|te
Zweit|woh|nung
zwei|und|ein|halb vgl. zweieinhalb; zw**ei**|und|zw**a**n|zig
zwei|wer|tig
zwei|wö|chig (zwei Wochen dauernd)
Zwei|zei|ler; zw**ei**|zei|lig
Zwei|zim|mer|woh|nung *(mit Ziffer 2-Zimmer-Wohnung)*
Zwei|zü|ger, der; -s, - (in zwei Zügen lösbare Schachaufgabe)
Zwei|zy|lin|der *(ugs. für Zweizylindermotor od. damit ausgerüstetes Fahrzeug);* Zw**ei**|zy|lin|der|mo|tor; zw**ei**|zy|lin|d|rig *(mit Ziffer 2-zylindrig; ↑D 29)*
Zwen|ke, die; -, -n (ein Süßgras)
zwerch *(landsch. für quer)*
Zwerch|fell; Zw**e**rch|fell|at|mung, die; -; zw**e**rch|fell|er|schüt|ternd; zw**e**rch|fell|er|schüt|tern|des Lachen
Zwerg, der; -[e]s, -e; zw**e**rg|ar|tig; Zw**e**rg|baum; zw**e**r|gen|haft
Zwer|gen|kö|nig (im Märchen); Zw**e**r|gen|kö|ni|gin; Zw**e**r|gen|volk (im Märchen)
zwerg|haft; Zw**e**rg|haf|tig|keit
Zwerg|huhn; zw**e**r|gig; Zw**e**r|gin
Zwerg|kie|fer, die; Zw**e**rg|obst; Zw**e**rg|pin|scher
Zwerg|pla|net (kleinerer Himmelskörper im Sonnensystem mit eigener Umlaufbahn um die Sonne)
Zwerg|pu|del; Zw**e**rg|staat
Zwerg|wuchs *(Biol., Med. veraltet);* zw**e**rg|wüch|sig

> **zwergwüchsig**
>
> Viele Menschen empfinden die Bezeichnung *zwergwüchsig* als abwertend, sie sollte daher vermieden werden. Als alternative Bezeichnung gibt es *kleinwüchsig.*

Zwet|sche, die; -, -n; Zw**e**t|schen|baum; Zw**e**t|schen|kern; Zw**e**t-schen|ku|chen; Zw**e**t|schen|mus; Zw**e**t|schen|schnaps
Zwetsch|ge *(südd., schweiz. u. fachspr. für Zwetsche);* Zw**e**tsch-ke *(bes. österr. für Zwetsche);* Zw**e**tsch|ken|knö|del *(österr.);* Zw**e**tsch|ken|rös|ter *(österr. für gedünstete Pflaumen)*
Zwi|ckau (Stadt in Sachsen); Zw**i**-ckau|er; Zw**i**|ckau|e|rin
Zwi|cke, die; -, -n *(landsch. für Beißzange; auch für als Zwilling mit einem männlichen Kalb geborenes Kuhkalb)*
Zwi|ckel, der; -s, - (keilförmiger Stoffeinsatz; *Bauw.* dreieckiges Verbindungsstück); Zw**i**|ckel|tag *(österr. für Brückentag)*
zwi|cken; er zwickt ihn, *auch* ihm ins Bein
Zwi|cker (Klemmer, Kneifer)
Zwick|müh|le (Stellung im Mühlespiel); in der Zwickmühle *(ugs. für in einer misslichen Lage)*
Zwie|back, der; -[e]s, Plur. ...bäcke *u.* -e
Zwie|bel, die; -, -n ⟨lat.⟩
Zwie|bel|fisch *(Druckw. fälschlich aus anderer Schrift gesetzter Buchstabe)*
Zwie|bel|ge|wächs; Zw**ie**|bel|hau|be (Turmdachform); Zw**ie**|bel|ku-chen; Zw**ie**|bel|mus|ter, das; -s (beliebtes Muster der Meißner Porzellanmanufaktur)
zwie|beln *(ugs. für quälen; übertriebene Anforderungen stellen);* ich zwieb[e]le
Zwie|bel|ring; Zw**ie**|bel|scha|le; Zw**ie**|bel|sup|pe; Zw**ie**|bel|turm
Zwie|bra|che, die; -, -n *(veraltet für zweites Pflügen des Brachackers im Herbst);* zw**ie**|bra|chen
zwie|fach *(veraltend für zweifach)*
zwie|fäl|tig *(veraltend)*
Zwie|ge|sang; Zw**ie**|ge|spräch
Zwie|laut *(für Diphthong)*
Zwie|licht, das; -[e]s; zw**ie**|lich|tig; eine zwielichtige Gestalt
Zwie|na|tur
¹Zwie|sel (Stadt in Bayern)
²Zwie|sel, die; -, -n, *auch* der; -s, - *(landsch. für Gabelzweig; Gabelung)*
Zwie|sel|bee|re *(landsch. für Vogelkirsche);* Zw**ie**|sel|dorn Plur. ...dörner (Stechpalme)
zwie|se|lig, zwies|lig (gespalten); zw**ie**|seln, sich (sich gabeln, spalten); zw**ie**s|lig vgl. zwieselig
Zwie|spalt, der; -[e]s, Plur. -e u. ...spälte
zwie|späl|tig; Zw**ie**|späl|tig|keit

Zwie|spra|che
Zwie|tracht, die; - *(geh.);* zw**ie**-träch|tig
Zwilch, der; -[e]s, -e *(svw.* Zwillich); zw**i**l|chen (aus Zwillich)
Zwil|le, die; -, -n *(nordd. für Holzgabel; kleine Schleuder)*
Zwil|lich, der; -s, -e (Gewebe); Zw**i**l-lich|ho|se
Zwil|ling, der; -s, -e; siamesische Zwillinge; Zw**i**l|lings|bru|der
Zwil|lings|for|mel *(Sprachwiss.)*
Zwil|lings|for|schung; Zw**i**l|lings-frucht; Zw**i**l|lings|ge|burt; Zw**i**l-lings|paar; Zw**i**l|lings|rei|fen; Zw**i**l-lings|schwes|ter
Zwing|burg *(früher)*
Zwin|ge, die; -, -n (ein Werkzeug)
zwin|gen; du zwangst; du zwängest; gezwungen; zwing[e]!; zw**i**n|gend
Zwin|ger (Gang, Platz zwischen innerer u. äußerer Burgmauer; fester Turm; Käfig für wilde Tiere; umzäunter Auslauf für Hunde); Dresdener Zwinger (Barockbauwerk in Dresden)
Zwing|herr *(früher);* Zw**i**ng|herr-schaft
Zwing|li, Ulrich (Huldrych) (schweiz. Reformator); Zw**i**ng|li-a|ner (Anhänger der Lehre Zwinglis); Zw**i**ng|li|a|ne|rin
zwin|ken *(veraltet für zwinkern)*
zwin|kern; ich zwinkere
zwir|beln; ich zwirb[e]le
Zwirn, der; -[e]s, Plur. (Sorten:) -e
¹zwir|nen (von, aus Zwirn)
²zwir|nen (Garne zusammendrehen)
Zwir|ne|rei (Zwirnarbeit; Zwirnfabrik); Zw**i**rns|fa|den

> **zwi|schen**
>
> Präposition mit Dativ oder Akkusativ:
> – zwischen den Tischen stehen, *aber* etwas zwischen die Tische stellen
> – die Gegensätze zwischen den Arbeitgebern und den Arbeitnehmern (zwischen der Arbeitgeberschaft auf der einen und der Arbeitnehmerschaft auf der anderen Seite)
> – *aber* die Gegensätze zwischen den Arbeitgebern und zwischen den Arbeitnehmern (innerhalb der Arbeitgeberschaft und innerhalb der Arbeitnehmerschaft)
> – dazwischen, inzwischen

Zwi|schen|akt; Zwi|schen|akt|mu|sik; Zwi|schen|ap|plaus
Zwi|schen|be|mer|kung; Zwi|schen|be|richt; Zwi|schen|be|scheid; Zwi|schen|bi|lanz
zwi|schen|blen|den *(Film); nur im Infinitiv u. Partizip II gebr.*; zwischengeblendet
Zwi|schen|buch|han|del; Zwi|schen|deck; Zwi|schen|de|cke *(Bauw.)*; Zwi|schen|ding
zwi|schen|drein *(ugs.; Frage wohin?)*; zwischendrein legen; zwi|schen|drin *(ugs.; Frage wo?)*; zwischendrin liegen
zwi|schen|durch *(ugs.)*; zwischendurch fallen
Zwi|schen|er|geb|nis; Zwi|schen|fall, der
zwi|schen|fi|nan|zie|ren; Zwi|schen|fi|nan|zie|rung
Zwi|schen|fra|ge; Zwi|schen|gang (eines Menüs); Zwi|schen|gas *(Kfz-Technik)*; Zwi|schen|ge|richt *(Gastron.)*; Zwi|schen|ge|schoss, *südd., österr. auch* Zwi|schen|ge|schoß
Zwi|schen|glied; Zwi|schen|grö|ße
Zwi|schen|han|del; Zwi|schen|händ|ler; Zwi|schen|händ|le|rin
zwi|schen|hi|n|ein *(schweiz.)*
Zwi|schen|hirn; Zwi|schen|hoch; Zwi|schen|hol|ding (zw. Anteilseigner u. weiterer Holding)
zwi|schen|in|ne *(landsch.)*
Zwi|schen|kie|fer; Zwi|schen|kie|fer|kno|chen
Zwi|schen|knor|pel
Zwi|schen|la|ger; zwi|schen|la|gern; Zwi|schen|la|ge|rung
zwi|schen|lan|den; *meist im Infinitiv u. Partizip II gebr.*; zwischengelandet; *seltener:* das Flugzeug landet in Rom zwischen; Zwi|schen|lan|dung
Zwi|schen|lauf *(Sport)*; Zwi|schen|lö|sung; Zwi|schen|mahl|zeit
zwi|schen|mensch|lich; zwischenmenschliche Beziehungen
zwi|schen|par|ken *(ugs. für* vorübergehend unterbringen*)*
Zwi|schen|prü|fung
Zwi|schen|raum; Zwi|schen|reich
Zwi|schen|ruf; Zwi|schen|ru|fer; Zwi|schen|ru|fe|rin
Zwi|schen|run|de
Zwi|schen|satz *(Sprachwiss.)*
Zwi|schen|schritt
zwi|schen|spei|chern *(EDV); meist im Infinitiv u. Partizip II gebr.*; zwischenzuspeichern, zwischengespeichert; *seltener:* das Programm speichert die Daten zwischen; Zwi|schen|spiel; Zwi|schen|spurt
zwi|schen|staat|lich
Zwi|schen|sta|ti|on
Zwi|schen|stock[|werk] *(svw.* Zwischengeschoss*)*
Zwi|schen|stopp; Zwi|schen|stu|fe; Zwi|schen|ton
Zwi|schen|trä|ger; Zwi|schen|trä|ge|rin
Zwi|schen|tür; Zwi|schen|ver|pfle|gung *(schweiz.)*; Zwi|schen|wand; Zwi|schen|welt
Zwi|schen|wirt *(Biol.)*
Zwi|schen|zeit; zwi|schen|zeit|lich
Zwi|schen|zeug|nis
Zwi|schen|zin|sen *Plur.*
Zwist, der; -[e]s, -e
zwis|tig *(veraltet)*; Zwis|tig|keit
zwit|schern; ich zwitschere
Zwit|ter, der; -s, - (Wesen mit männlichen u. weiblichen Geschlechtsmerkmalen)
Zwit|ter|bil|dung; Zwit|ter|blü|te; Zwit|ter|form
zwit|ter|haft; Zwit|ter|haf|tig|keit, die; -
zwit|te|rig, zwitt|rig
Zwit|ter|stel|lung; Zwit|ter|we|sen
zwitt|rig *vgl.* zwitterig; Zwitt|rig|keit, die; -
zwo *vgl.* zwei

zwölf

– wir sind zu zwölfen *od.* zu zwölft
– es ist fünf [Minuten] vor zwölf *(ugs. auch für* es ist allerhöchste Zeit*)*
– ↑D 89: die zwölf Apostel

Großschreibung als Bestandteil von mehrteiligen Namen ↑D 88:
– die Zwölf Nächte (nach Weihnachten), auch »Zwölfen« genannt

Vgl. auch acht

Zwölf, die; -, -en (Zahl); er hat eine Zwölf geschossen; *vgl.* ¹Acht
Zwölf|ach|ser (Wagen mit zwölf Achsen; *mit Ziffern* 12-Achser; ↑D 29); zwölf|ach|sig *(mit Ziffern* 12-achsig; ↑D 29)
Zwölf|eck; zwölf|eckig
zwölf|ein|halb, zwölfundeinhalb
Zwölf|en|der *(Jägerspr.)*
Zwölf|er *vgl.* Achter; zwöl|fer|lei
zwölf|fach; Zwölf|fa|che, das; -n; *vgl.* Achtfache
Zwölf|fin|ger|darm
Zwölf|flach, das; -[e]s, -e, Zwölf|fläch|ner *(für* Dodekaeder*)*
zwölf|jäh|rig *vgl.* achtjährig
Zwölf|kampf *(Turnen)*; Zwölf|kämp|fer
zwölf|mal *vgl.* achtmal; zwölf|ma|lig
Zwölf|mei|len|zo|ne
zwölft *vgl.* zwölf
Zwölf|ta|fel|ge|setz|ze *Plur.*
zwölf|tau|send
zwölf|te *vgl.* achte
zwölf|tel *vgl.* achtel; Zwölf|tel, das, *schweiz. meist* der; -s, -; *vgl.* Achtel
Zwölf|ten *Plur.* (*landsch. für* die »Zwölf Nächte«; *vgl.* zwölf)
zwölf|tens
Zwölf|tö|ner (Vertreter der Zwölftonmusik); Zwölf|ton|mu|sik, die; - (Kompositionsstil)
Zwölf|ton|ner (*mit Ziffern* 12-Tonner; ↑D 29)
zwölf|und|ein|halb *vgl.* zwölfeinhalb
Zwölf|zy|lin|der *(ugs. für* Zwölfzylindermotor od. damit ausgerüstetes Kraftfahrzeug*)*; Zwölf|zy|lin|der|mo|tor; zwölf|zy|lin|drig *(mit Ziffern* 12-zylindrig; ↑D 29)
zwo|te *vgl.* zwei
z. w. V. = zur weiteren Veranlassung
z. Wv. = zur Wiederverwendung; zur Wiedervorlage
Zy|an, *chem. fachspr.* Cy|an, das; -s ⟨griech.⟩ (chem. Verbindung aus Kohlenstoff u. Stickstoff)
Zy|a|ne, die; -, -n (Kornblume)
Zy|a|nid, das; -s, -e (Salz der Blausäure)
Zy|an|ka|li, *älter* Zy|an|ka|li|um, das; -s (stark giftiges Kaliumsalz der Blausäure)
Zy|a|no|se, die; -, -n (Med. bläuliche Verfärbung der Haut)
Zy|a|no|ty|pie, die; -, ...ien (Blaupause)
Zy|a|thus *vgl.* Kyathos
Zy|go|ma [*auch* ...'go:...], das; -s, ...omata ⟨griech.⟩ (Med. Jochbogen)
zy|go|morph (Bot. mit nur einer Symmetrieebene (von Blüten))
Zy|go|te, die; -, -n (Biol. befruchtete Eizelle nach der Verschmelzung beider Geschlechtskerne)
Zy|k|la|den *vgl.* Kykladen
Zy|k|la|me, die; -, -n ⟨griech.⟩ (*österr. u. schweiz. für* Zyklamen); Zy|k|la|men, das; -s, - (Alpenveilchen)
Zy|k|len (*Plur. von* Zyklus)

Zykliker

Zy|k|li|ker (altgriechischer Dichter von Epen, die später zu einem Zyklus mit Ilias u. Odyssee als Mittelpunkt gestaltet wurden)
zy|k|lisch, *chem. fachspr.* cy|c|lisch (kreisläufig, -förmig; sich auf einen Zyklus beziehend; regelmäßig wiederkehrend)
Zy|k|lo|i|de, die; -, -n (mathematische Kurve)
Zy|k|lo|id|schup|pe (dünne Fischschuppe mit hinten abgerundetem Rand)
Zy|k|lon, der; -s, -e ⟨engl.⟩ (Wirbelsturm; als ®: Fliehkraftabscheider [für Staub]); **Zy|k|lo|ne**, die; -, -n (*Meteorol.* Tiefdruckgebiet)
Zy|k|lop, der; -en, -en (einäugiger Riese der griech. Sage); **Zy|k|lo|pen|mau|er** (frühgeschichtliche Mauer aus unbehauenen Bruchsteinen); **Zy|k|lo|pie**, die; -, ...jen (*Med.* eine Gesichtsfehlbildung); **zy|k|lo|pisch** (riesenhaft)
zy|k|lo|thym (*Psychol.* [seelisch] aufgeschlossen, gesellig mit wechselnder Stimmung); **Zy|k|lo|thy|me**, der u. die; -n, -n; **Zy|k|lo|thy|mie**, die; -
Zy|k|lo|t|ron, das; -s, *Plur.* -s, *auch* ...one (Beschleuniger für positiv geladene Elementarteilchen)
Zy|k|lus, der; -, Zyklen (Kreis[lauf]; Folge; Reihe)
Zy|lin|der [tsi..., tsy...], der; -s, - ⟨griech.⟩
...zy|lin|d|rig (z. B. Achtzylinder)
Zy|lin|der|block *Plur.* ...blöcke (*Kfz-Technik*); **Zy|lin|der|bü|ro** (Schreibsekretär mit Rollverschluss)
zy|lin|der|för|mig
Zy|lin|der|glas *Plur.* ...gläser (nur in einer Richtung gekrümmtes Brillenglas)
Zy|lin|der|hut
Zy|lin|der|kopf (*Kfz-Technik*); **Zy|lin|der|kopf|dich|tung**
Zy|lin|der|pro|jek|ti|on (Kartendarstellung besonderer Art)
Zy|lin|der|schloss
...zy|lin|d|rig (z. B. achtzylindrig)
zy|lin|d|risch (walzenförmig)
Zy|ma|se, die; - ⟨griech.⟩ (die alkoholische Gärung bewirkendes Gemisch von Enzymen); **Zy|mo|lo|gie**, die; - (Gärungslehre); **Zy|mo|tech|nik**, die; - (Gärungstechnik); **zy|mo|tisch** (Gärung bewirkend)
Zy|ni|ker ⟨griech.⟩ (zynischer Mensch); *vgl. aber* Kyniker; **Zy|ni|ke|rin**
zy|nisch (auf grausame, beleidigende Weise spöttisch; gefühllos, mitleidlos)
Zy|nis|mus, der; -, ...men (*nur Sing.:* philosophische Richtung der Kyniker; zynische Einstellung; zynische Äußerung)
Zy|per|gras (einjähriges Riedgras); **Zy|per|kat|ze**
Zy|pern (Inselstaat im Mittelmeer)
Zy|per|wein
Zy|p|rer (Bewohner von Zypern); **Zy|p|re|rin**
Zy|p|res|se, die; -, -n ⟨griech.⟩ (bes. im Mittelmeerraum wachsender Nadelbaum); **zy|p|res|sen** (aus Zypressenholz); **Zy|p|res|sen|hain; Zy|p|res|sen|holz; Zy|p|res|sen|kraut**
Zy|p|ri|an, Zy|p|ri|a|nus (ein Heiliger)
Zy|p|ri|ot, der; -en, -en, **Zy|p|ri|o|te**, der; -n, -n (Zyperngrieche; *vgl.* Zyprer); **Zy|p|ri|o|tin**; **zy|p|ri|o|tisch**
zy|p|risch (von Zypern)
Zy|ri|a|kus (ein Heiliger)
zy|ril|lisch, ky|ril|lisch ⟨nach dem Slawenapostel Kyrill⟩; zyrillische, kyrillische Schrift **TD 135**
Zys|t|al|gie, die; -, ...jen ⟨griech.⟩ (*Med.* Blasenschmerz)
Zys|te, die; -, -n ⟨griech.⟩ (mit Flüssigkeit gefüllte Geschwulst)
Zys|tek|to|mie, die; -, ...jen (*Med.* operative Entfernung einer Zyste)
zys|tisch (*Med.* blasenartig; auf die Zyste bezüglich); **Zys|ti|tis**, die; -, ...titiden (Entzündung der Harnblase)
Zys|to|s|kop, das; -s, -e (*Med.* Blasenspiegel)
Zy|to|de, die; -, -n ⟨griech.⟩ (*Biol.* kernloses Protoplasmaklümpchen)
zy|to|gen (von der Zelle gebildet)
Zy|to|lo|ge (Zellforscher); **Zy|to|lo|gie**, die; - (Zellenlehre); **Zy|to|lo|gin**; **zy|to|lo|gisch**
Zy|to|plas|ma (Zellplasma)
Zy|to|s|ta|ti|kum, das; -s, ...ka (*Biol.*, *Med.* das Zellwachstum hemmende Substanz); **zy|to|s|ta|tisch**
Zy|to|s|tom, das; -s, -e, **Zy|to|s|to|ma**, das; -s, -ta (*Biol.* Zellmund der Einzeller)
Zy|to|to|xin (*Biol.*, *Med.* Zellgift); **zy|to|to|xisch** (*Med.*, *Biol.* [die Zelle] schädigend, vergiftend); **Zy|to|to|xi|zi|tät**, die; - (*Biol.*, *Med.* Eigenschaft, als Zellgift zu wirken)
zz., zzt. = zurzeit
z. Z., z. Zt. = zur Zeit, zu Zeiten
Zz. = Zinszahl
zzgl. = zuzüglich

3-D-Dru|cker, 3-D-Dru|cker *vgl.* dreidimensional; **3-D-Film**, 3-D-Film (*Film, Fernsehen*)

80er-Jah|re, 80er Jah|re *vgl.* achtziger

Das Wort des Jahres

Das Wort des Jahres wird seit 1977 von der Gesellschaft für deutsche Sprache in Wiesbaden bestimmt. Die Jury stützt sich bei der Auswahl des nach ihrem Befund für das jeweilige Jahr charakteristischsten Wortes vor allem auf Belege aus den Medien.

Jahr	Wort	Jahr	Wort
2018	Heißzeit	1997	Reformstau
2017	Jamaika-Aus	1996	Sparpaket
2016	postfaktisch	1995	Multimedia
2015	Flüchtlinge	1994	Superwahljahr
2014	Lichtgrenze	1993	Sozialabbau
2013	GroKo	1992	Politikverdrossenheit
2012	Rettungsroutine	1991	Besserwessi
2011	Stresstest	1990	die neuen Bundesländer
2010	Wutbürger	1989	Reisefreiheit
2009	Abwrackprämie	1988	Gesundheitsreform
2008	Finanzkrise	1987	Aids, Kondom
2007	Klimakatastrophe	1986	Tschernobyl
2006	Fanmeile	1985	Glykol
2005	Bundeskanzlerin	1984	Umweltauto
2004	Hartz IV	1983	heißer Herbst
2003	das alte Europa	1982	Ellenbogengesellschaft
2002	Teuro	1981	Nulllösung
2001	11. September	1980	Rasterfahndung
2000	Schwarzgeldaffäre	1979	Holocaust
1999	Millennium	1978	konspirative Wohnung
1998	Rot-Grün	1977	Szene